For travellers who savour the golden age of travel.

Once you step aboard one of our famous trains or our deluxe river cruiser, you are stepping back into a bygone age of travel. A rich and golden era, where the art of travelling was a wonderful adventure in itself. Orient-Express offers today's traveller a level of luxury and comfort more in keeping with the elegance of the 1920s. Craftsmanship and attention to detail is evident wherever you look. And you can enjoy service every bit as special as the train itself while settling down to a mouth watering meal, the pinnacle of haute cuisine. For quite simply the most glamorous way to travel, step aboard the legendary Venice Simplon-Orient- Express. You will be transported in sumptuous style through some of Europe's most spectacular scenery. Or choose a journey aboard the beautifully restored British Pullman and visit England's most beautiful cities and historic landmarks.

For a more exotic experience, sit back in colonial splendour as the Eastern & Oriental Express winds its way from Singapore through the jungles of Malaysia and the temples of Thailand.

Finally, you can explore a land made famous by Rudyard Kipling from the comfort of the deluxe river cruiser Road To Mandalay as it sails down the Ayeyarwady (Irrawaddy) River in Myanmar. This beautiful and unspoilt country, formerly known as Burma, is waiting to reveal its mysteries to the adventurous of heart.

For journeys that will live in your memory for life, contact your travel agent or Venice Simplon-Orient-Express Deutschland GmbH, Oststrasse 122, 40210 Düsseldorf. Tel: (211) 36 08 95. The adventure starts here.

ORIENT-EXPRESS TRAINS & CRUISES

VENICE SIMPLON-ORIENT-EXPRESS DEUTSCHLAND GMBH, OSTSTRASSE 122, D-40210 DÜSSELDORF
TELEFON: +211 - 36 08 95   FAX: +211 - 35 29 34

ISBN 0 946393 65 6

ISSN 0965 - 6979

Columbus Reiseführer 5. Ausgabe

Originalausgabe der Columbus Press, Columbus House, 28 Charles Square, GB-London N1 6HT.
Tel: 0044 (171) 417 0700. Telefax: 0044 (171) 417 0710.

Verkaufsbüro Deutschland: Aurikelweg 9, D-38108 Braunschweig.
Tel: (05309) 21 23. Telefax: (05309) 28 77.

Mai 1996

Alle Rechte vorbehalten. Nachdruck, auch auszugsweise, verboten. Kein Teil dieses Werkes darf ohne schriftliche Einwilligung des Verlages in irgendeiner Form (Fotokopie, Mikrofilm oder andere Verfahren) reproduziert oder unter Verwendung elektronischer Systeme verarbeitet, vervielfältigt oder verbreitet werden.

Satz und Reproduktion: Tower Litho, London EC2; Target Litho, London EC2; Kingswood Steele, N1.
Druck und Bindung: BPC Consumer Books, Bristol, Großbritannien.

Projekt- und Redaktionelle Leitung	Nonke Beyer
Redaktion	Britta Bauer, Jerica Cebin, Anja Thies
Layout und Herstellung	Anke Dessin
Anzeigenherstellung	Gavin Crosswell, Neil Deacon, Karen Harkness, Daniel Josty, Annmarie Kiddle, Reid Savage, Andrew Swan
Herstellungsassistenz	Andrea Savva
Umschlagentwurf	Warren Evans
Kartographie	David Burles
Leitung Vertrieb und Marketing (deutschsprachiger Raum)	Günter und Helga Knop
Leitung Vertrieb und Marketing (englischsprachiger Raum)	Stephen Collins
Anzeigenvertriebsleitung	George Armstrong
Anzeigenvertriebsassistenz	Mavis Thomas
Kundendienstleitung	Dean Dokubo
Anzeigen-Kundendienst	Carly Assell, Ashleigh Baldwin, Dee Britton, Jenny Browne, Kelly Edwards, Maria Hamilton, Susan Nicholas,
Geschäftsführung	Nigel Barklem, Philip Barklem, David Frank (USA), Sir Michael Grylls MP, Jeremy Isaac, Bruce Law, Brian Quinn, Nigel Wray

Wir danken den Fremdenverkehrsämtern und Botschaften für ihre freundliche Unterstützung.

Trotz intensiver Bemühungen um möglichst genaue Informationen kann der Verlag für den Inhalt keine Gewähr übernehmen. Columbus Press übernimmt keine Haftung für Geschäftsabschlüsse oder andere Vereinbarungen, die mit den Inserenten, aufgeführten Organisationen oder Einzelpersonen geschlossen werden.

COLUMBUS REISEFÜHRER
1996/97

5. Ausgabe

DAS NACHSCHLAGEWERK FÜR DIE DEUTSCHSPRACHIGE TOURISTIKINDUSTRIE

Columbus Press
Fachbücher für die internationale Reisebranche

Columbus Reiseführer 5. Ausgabe
Für Reisebüros, angehende Reiseverkehrskaufleute, Geschäftsreisende und alle, die viel reisen – ein zuverlässiges Nachschlagewerk über alle Länder der Erde. Notwendige Informationen wie Visa- und Gesundheitsbestimmungen in Verbindung mit Insidertips, z. B. in den Rubriken Nachtleben, Unterkunft und Geschäftsverkehr, vermitteln Ihnen alles, was Sie als Expedient oder Reisender wissen müssen. Jährlich neu. Erscheinungsdatum der 5. Ausgabe (1996/97): Juni 1996.

Columbus Atlas 3. Ausgabe
Der Columbus Atlas – die internationale Ausgabe in englischer Sprache – weltweit in der Touristikbranche im Einsatz. **Neu in der 3. Ausgabe:** Kurorte in Deutschland, Skigebiete, Freizeitparks, Eisenbahn- und Fährverbindungen in Europa. Klima- und Highwaykarten von Nordamerika und neue Gebietskarten von Zentraleuropa, Australien, China/Hongkong und der Karibik. Und natürlich die bewährten Karten über Flughäfen mit 3-Letter-Codes, weltumspannende Kreuzfahrten, National-/Freizeitparks USA, saubere Strände Mittelmeer, Gebietskarten vielbesuchter Regionen usw. usw. Die 3. Ausgabe – komplett überarbeitet und besonders preisgünstig, über 140 Seiten. Erscheinungsdatum: Juni 1996.

NEU: World Travel Wall Map
Die Welt als Wandkarte im speziellen Design für die Reisebranche. Zur Förderung des Verkaufes und als interessantes Zubehör für die fachgerechte Präsentation Ihres Reisebüros ist diese Karte ein Blickfang für jeden Kunden. Hervorragend als Unterrichtsmaterial für Schulen geeignet. Politische Gliederung, Kreuzfahrtrouten, Flughäfen, Sportereignisse und vieles mehr. Erläuterungen und Beschriftungen in englischer Sprache. Natürlich zu einem günstigen Preis. Maße: 200 x 80 cm. Zum Aufziehen geeignet.

World Travel Guide 15. Ausgabe (NEU: auch auf CD-ROM ab Mitte 1996)
Der World Travel Guide (die englische Ausgabe des Reiseführers) dient als Nachschlagewerk für Reisebüros und Reisende im englischsprachigen Raum. Die Kontaktadressen zu Beginn eines jeden Kapitels sind speziell auf Großbritannien, USA, Kanada, Australien und Neuseeland zugeschnitten. Umfassende Länderkunde in der Sprache der internationalen Touristikindustrie – eine ideale Verbindung zwischen Sprache und Beruf! Erscheinungsdatum der 15. Ausgabe (1996/97): Mai 1996. Systemanforderungen: IBM-kompatibler PC mit CD-ROM-Laufwerk, Microsoft Windows 3.1 oder höher, 4 MByte RAM.

 -

Bestellcoupon (Stand: 5/96, frühere Bestellcoupons sind ungültig, Änderungen vorbehalten)

Nehmen Sie diese Gelegenheit wahr und bestellen Sie Ihre Columbus Nachschlagewerke, solange der Vorrat reicht. Bitte beachten Sie, daß nachfolgende Preise **nur für Reisebüros** gelten. Schicken Sie Ihren ausgefüllten Bestellcoupon an:

Columbus Press Ltd., Aurikelweg 9, D-38108 Braunschweig. Tel: 05309/21 23, Fax: 05309/28 77.

Alle Preise sind Stückpreise (Einzel- oder im günstigen Paketangebot)

____ Stück **Columbus Spar-Paket** (Reiseführer, Atlas und Wandkarte) **DM 168,-**, in der Schweiz **sfr 149,-**, in Österreich **DM 176,-**.

____ Stück **Columbus Klassik-Paket** (Reiseführer und Atlas) **DM 148,-**. In der Schweiz **sfr 127,-**.

____ Stück **Columbus Reiseführer DM 106,-**, zzgl. Versandkosten und MwSt. In der Schweiz **sfr 106,-**, zzgl. Versandkosten.

____ Stück **Columbus Atlas** (engl.) **DM 41,-**, zzgl. Versandkosten und MwSt. In der Schweiz **sfr 41,-**, zzgl. Versandkosten.

____ Stück **Columbus Wandkarte** (engl.) **DM 29,-**, zzgl. Versandkosten und MwSt. In der Schweiz **sfr 29,-**, zzgl. Versandk.

____ Stück **World Travel Guide** (Buch) **DM 106,-**, zzgl. Versandkosten und MwSt. In der Schweiz **sfr 106,-**, zzgl. Versandk.

____ Stück **World Travel Guide** (CD-ROM) **DM 99,-**, zzgl. Versandkosten und MwSt. In der Schweiz **sfr 99,-**, zzgl. Versandk.

Unsere Kunden aus **Österreich** bitten wir,
nachfolgend Ihre **U.-Ident.-Nr** einzutragen: *ATU*_____
Bitte beachten Sie, daß die Versandkosten nach Österreich ca. DM 30,- betragen, da die Ware aus Deutschland angeliefert wird – wir möchten Sie daher nochmals auf die kostengünstigen Columbus Pakete hinweisen.

Lieferanschrift

Name des Reisebüros (soweit zutreffend):_____

Straße, PLZ, Ort:_____

Datum:_____ Telefon:_____ Fax:_____

Ihr Name: _____ Unterschrift:_____

Diese Firmen geben ihren Kunden, was sie brauchen: erstklassige Reiseunterlagen von JPM

Für eine noch größere Marktwirkung können auch Sie diese Publikationen personalisieren lassen

PUBLIKATIONEN

Kreuzfahrtführer »nach Maß« und Miniführer zu über 500 verschiedenen Zielen

Wir unterstützen die Reiseindustrie weltweit

Weitere Informationen:

Kerstin Hellborg oder Marie-Elisabeth Minder
12 Avenue W.- Fraisse
CH-1006 Lausanne, Schweiz
Tel: +41 (21) 617 75 61
Telefax: +41 (21) 616 12 57

Inhaltsverzeichnis

A27	Einleitung
A29	DRV-Tagung
A50	Länderinformation mit CRS
A52	Karten: Südafrika und Südasien
A53	Karten: Europa und Nahost
A54	Weltkarte, politische Gliederung
A56	Weltkarte, Zeitzonen

	Abu Dhabi – siehe *Vereinigte Arabische Emirate*
1	**Afghanistan**
2	**Ägypten**
	Ajman – siehe *Vereinigte Arabische Emirate*
	Alabama – siehe *USA*
	Alaska – siehe *USA*
6	**Albanien**
	Alberta – siehe *Kanada*
	Alderney – siehe *Großbritannien und Nordirland*
10	**Algerien**
13	**Amerikanische Jungferninseln**
14	**Amerikanisch-Samoa**
	Andaman-Inseln – siehe *Indien*
15	**Andorra**
17	**Angola**
19	**Anguilla**
21	**Antarktis**
21	**Antigua und Barbuda**
	Antillen (Französisch) – siehe *Guadeloupe* und *Martinique*

Antillen (Niederländisch) – siehe *Aruba, Bonaire, Curaçao, St. Eustatius, St. Maarten* und *Saba*
24 **Äquatorialguinea**
25 **Argentinien**
Arizona – siehe *USA*
Arkansas – siehe *USA*
29 **Armenien**
32 **Aruba**
37 **Aserbaidschan**
Australian Capital Territory – siehe *Australien*
39 **Äthiopien**
41 **Australien**
45 —Australian Capital Territory
46 —New South Wales
47 —Northern Territory
49 —Queensland
50 —South Australia
51 —Tasmania
52 —Victoria
53 —Western Australia
Azoren – siehe *Portugal*
54 **Bahamas, Die**
57 **Bahrain**
Balearen – siehe *Spanien*
Bali – siehe *Indonesien*
Bangaram Island – siehe *Indien*
59 **Bangladesch**
61 **Barbados**
Barbuda – siehe *Antigua und Barbuda*
64 **Belarus**
Belau – siehe *Mikronesien*
67 **Belgien**
71 **Belize**
73 **Benin**
Bequia – siehe *St. Vincent und die Grenadinen*
75 **Bermuda**
77 **Bhutan**
Bikini – siehe *Mikronesien*
Bioko – siehe *Äquatorialguinea*

Birma – siehe *Myanmar*
80 **Bolivien**
82 **Bonaire**
Bora-Bora – siehe *Französisch-Polynesien*
Borneo – siehe *Malaysia, Indonesien* und *Brunei*
Bosnien – siehe *Bosnien-Herzegowina*
84 **Bosnien-Herzegowina**
85 **Botswana**
Bougainville – siehe *Papua-Neuguinea*
90 **Brasilien**
Britische Antarktik-Gebiete – siehe *Antarktis* und *Abhängige Gebiete Großbritanniens*
99 **Britische Jungferninseln**
British Columbia – siehe *Kanada*
100 **Brunei**
102 **Bulgarien**
Bundesrepublik Deutschland – siehe *Deutschland*
106 **Burkina Faso**
Burma – siehe *Myanmar*
108 **Burundi**
Cabinda – siehe *Angola*
Caicos – siehe *Turks- und Caicos-Inseln*
Carolinen – siehe *Mikronesien*
Carriacou – siehe *Grenada*
110 **Cayman-Inseln**
Ceuta – siehe *Spanien*
Ceylon – siehe *Sri Lanka*
112 **Chile**
115 **China, Volksrepublik**
Christmas-Insel – siehe *Kiribati*
Chuuk – siehe *Mikronesien*
Colorado – siehe *USA*
Comino – siehe *Malta*
Commonwealth-Länder (Mitgliedstaaten) – siehe *Einleitung*
Connecticut – siehe *USA*
128 **Cook-Inseln**
130 **Costa Rica**

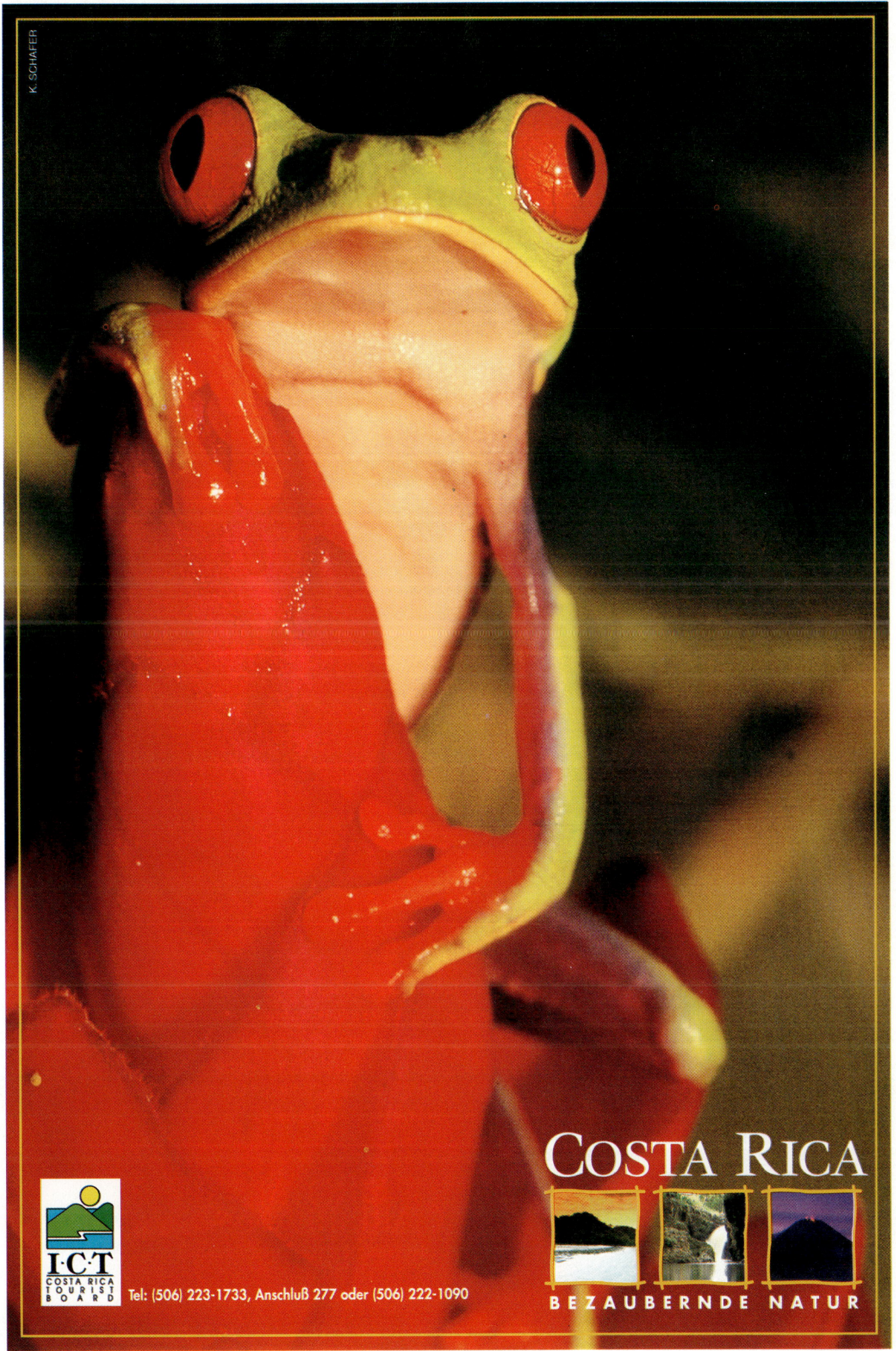

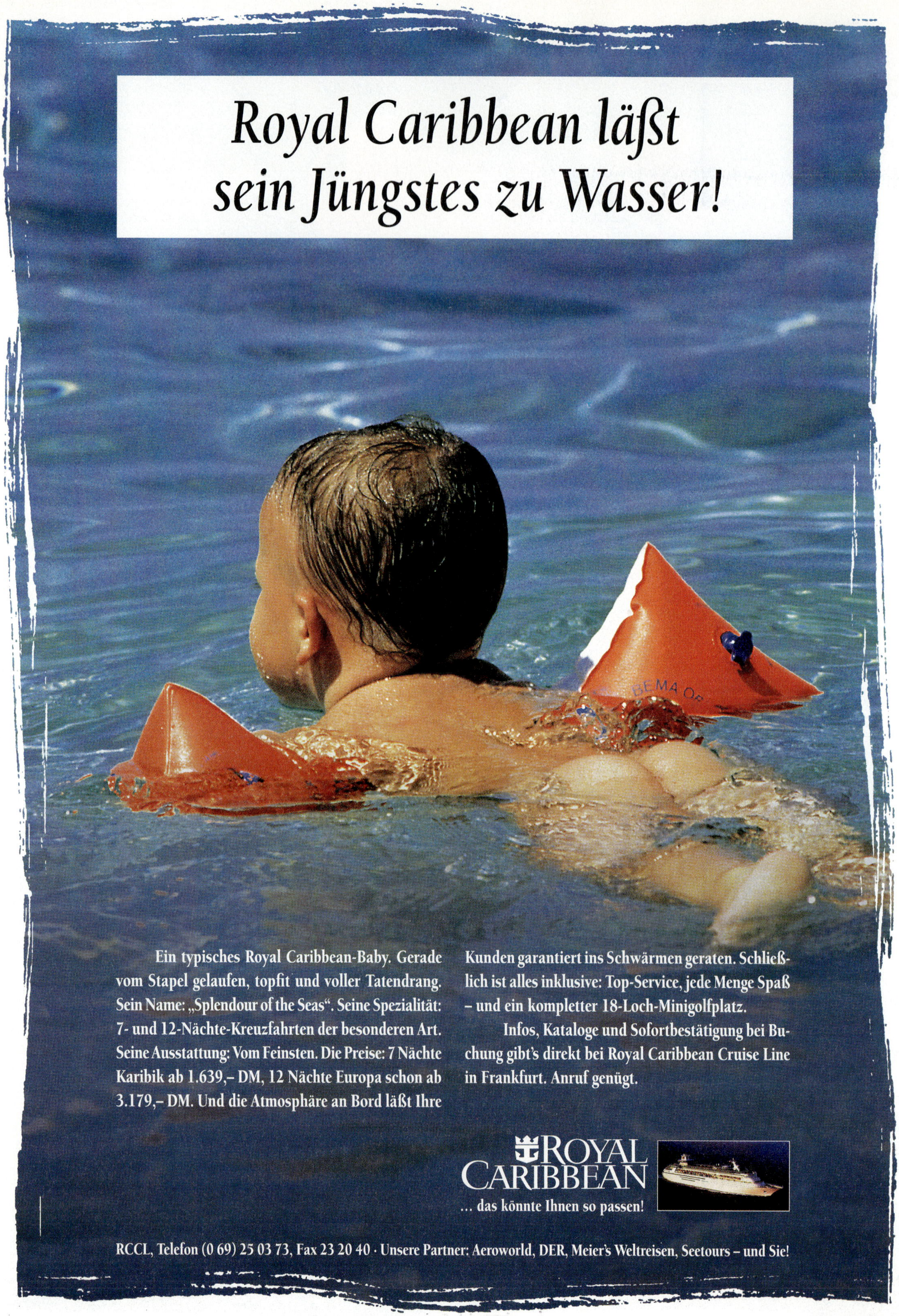

Royal Caribbean läßt sein Jüngstes zu Wasser!

Ein typisches Royal Caribbean-Baby. Gerade vom Stapel gelaufen, topfit und voller Tatendrang. Sein Name: „Splendour of the Seas". Seine Spezialität: 7- und 12-Nächte-Kreuzfahrten der besonderen Art. Seine Ausstattung: Vom Feinsten. Die Preise: 7 Nächte Karibik ab 1.639,– DM, 12 Nächte Europa schon ab 3.179,– DM. Und die Atmosphäre an Bord läßt Ihre Kunden garantiert ins Schwärmen geraten. Schließlich ist alles inklusive: Top-Service, jede Menge Spaß – und ein kompletter 18-Loch-Minigolfplatz.

Infos, Kataloge und Sofortbestätigung bei Buchung gibt's direkt bei Royal Caribbean Cruise Line in Frankfurt. Anruf genügt.

... das könnte Ihnen so passen!

RCCL, Telefon (0 69) 25 03 73, Fax 23 20 40 · Unsere Partner: Aeroworld, DER, Meier's Weltreisen, Seetours – und Sie!

night & day

Jetzt können Sie unter 14 wöchentlichen NONSTOP-Verbindungen wählen:
Täglich fliegen wir für Sie um 10:10 Uhr oder um 22:15 Uhr ab Frankfurt mit Ziel Rio oder Sao Paulo.
Gemeinsam mit unserem Partner Lufthansa sind wir Tag und Nacht für Sie im Einsatz.
8 x Sao Paulo NONSTOP
6 x Rio NONSTOP
Das größte NONSTOP-Wochenangebot, das es je gab.

BRASILIENS FLUGLINIE
VARIG

133	**Côte d'Ivoire**
135	**Curaçao**
138	**Dänemark**
	Delaware – siehe *USA*
	Desiderade – siehe *Guadeloupe*
142	**Deutschland**
156	**Djibouti**
158	**Dominica**
160	**Dominikanische Republik**
	Dubai – siehe *Vereinigte Arabische Emirate*
162	**Ecuador**
165	**El Salvador**
	Elfenbeinküste – siehe *Côte d'Ivoire*
	Enewetak – siehe *Mikronesien*
	England – siehe *Großbritannien und Nordirland*
167	**Eritrea**
169	**Estland**
171	**Falkland-Inseln**
	Family-Inseln – siehe *Bahamas*
	Faröer – siehe *Dänemark*
	Fernando Pó – siehe *Äquatorialguinea*
172	**Fidschi**
174	**Finnland**
	Florida – siehe *USA*
	Föderierte Staaten von Mikronesien – siehe *Mikronesien*
	Formentera – siehe *Spanien*
179	**Frankreich**
191	**Französische Überseegebiete** (einschl. Australische und Antarktik-Gebiete Frankreichs, Wallis und Futuna, Mayotte und St. Pierre et Miquelon)
191	**Französisch-Guayana**
193	**Französisch-Polynesien**
	Französische Antillen – siehe *Guadeloupe* und *Martinique*
	Fuerteventura – siehe *Spanien*
	Fujairah – siehe *Vereinigte Arabische Emirate*
195	**Gabun**

— Die neueste Idee von Air France: L'Espace 180 —

Wir bringen Sie auf 180.

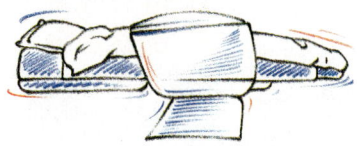

Auf 180 Grad, um genau zu sein. Denn als weltweit erste Airline bietet Air France auf Langstreckenflügen Sitze, die sich zu einem 1,97 m langen Bett umklappen lassen. Und damit Sie sich an Bord wie zu Hause fühlen, haben wir auch sonst an alles gedacht. Angefangen bei Daunendecke und Kopfkissen über Pyjama und Nachttischlampe bis hin zu einer halbhohen Trennwand für ungestörten Schlaf. Wenn Sie diese neue Kultur des Fliegens einmal ganz in Ruhe erleben möchten, dann fliegen Sie doch einfach mit der L'Espace Europe nach Paris und von dort aus weiter auf einem Langstreckenflug mit L'Espace 180. Mehr darüber bei Ihrem Reisebüro oder Air France Verkaufsbüro.

Inhaltsverzeichnis

	Galapagos-Inseln – siehe *Ecuador*	231	—England
197	**Gambia**	236	—Schottland
	Gemeinschaft Unabhängiger Staaten – siehe *Armenien*, *Aserbaidschan*, *Belarus*, *Georgien*, *Kasachstan*, *Kirgisistan*, *Moldawien*, *Russische Föderation*, *Tadschikistan*, *Turkmenistan*, *Ukraine* und *Usbekistan*	238	—Wales
		239	—Nordirland
		241	—Isle of Man
		242	—Alderney
		242	—Guernsey
		243	—Jersey
199	**Georgien**	245	—Sark und Herm
	Georgia – siehe *USA*	245	**Abhängige Gebiete Großbritanniens**
202	**Ghana**	246	**Guadeloupe**
208	**Gibraltar**	248	**Guam**
	Gilbert-Inseln – siehe *Kiribati*	249	**Guatemala**
	Gomera – siehe *Spanien*		Guayana, Französisch – siehe *Französisch-Guayana*
	Grande Terre – siehe *Guadeloupe*		
209	**Grenada**		Guernsey – siehe *Großbritannien und Nordirland*
	Grenadinen – siehe *St. Vincent und die Grenadinen*		
		251	**Guinea, Republik**
212	**Griechenland**	253	**Guinea-Bissau**
226	**Grönland**	255	**Guyana**
228	**Großbritannien und Nordirland**	257	**Haiti**

ESTRAVEL DESTINATION MANAGEMENT

Anne Samlik
Manager für Incoming
Estravel Ltd

INFORMATIONEN VON:

Tel: (372)-6-266 233
Telefax: (372)-6-266 232
Tlx: (537) 173223
Amadeus TLLEE2124
E-mail: incom@estravel.ee
http://www.estravel.ee

REISIBÜROO ESTRAVEL

Estravel Ltd ist der größte Reiseveranstalter in Estland und einer der ältesten. Eine unserer Hauptaufgaben besteht in der professionellen Reisebuchung für unsere Reisebüropartner. Wir bieten Destination Services nach Finnland und in die Baltischen Staaten. Fragen Sie nach unseren Preisen!

American Express hat uns zum einzigen AMEX-Travel-Representative in Estland ernannt, wir bieten auch Dienste für American-Express-Kredikartenbesitzer sowie finanziellen Service. Unser Personal wurde von den besten AMEX-Ausbildern geschult. Verdient Ihr Kunde nicht den allerbesten Serivce, den es gibt?

Finnair (die nationale Fluggesellschaft Finnlands), als unsere Muttergesellschaft, gibt unseren Kunden eine weitere Versicherung unserer Professionalität. Als Zweigstelle der neuen NORVISTA-Reisebüros, die Finnair gehören, haben wir Branchen in allen größeren Städten, die von Finnair angeflogen werden, um Ihren Kunden behilflich zu sein.

Wenn wir in fünfzig Jahren Trans-Atlantik Erfahrung eines gelernt haben, ist es, daß man sich nicht auf fünfzig Jahren ausruhen kann.

Mit jeder Erfahrung, die wir in den 50 Jahren gemacht haben, sind wir ein Stück gewachsen.
Und damit auch unser Streckennetz, das heute über 100 Destinationen in den USA, der Karibik und Mexiko verfügt.
Unsere aktuellen Tarifangebote teilen wir Ihnen gerne mit 069/770601.

	Hawaii – siehe *USA*		Isla de Magarita – siehe *Venezuela*
	Herm – siehe *Großbritannien und Nordirland*	290	**Island**
	Herzegowina – siehe *Bosnien-Herzegowina*		Isle of Man – siehe *Großbritannien und Nordirland*
	Hierro – siehe *Spanien*		Isle of Wight – siehe *Großbritannien und Nordirland*
	Hispaniola – siehe *Dominikanische Republik* und *Haiti*	296	**Israel**
	Holland – siehe *Niederlande*	301	**Italien**
259	**Honduras**	311	**Jamaika**
261	**Hongkong**	314	**Japan**
	Ibiza – siehe *Spanien*		Java – siehe *Indonesien*
	Idaho – siehe *USA*	319	**Jemen**
	Illinois – siehe *USA*		Jersey – siehe *Großbritannien und Nordirland*
	Indiana – siehe *USA*	321	**Jordanien**
264	**Indien**	325	**Jugoslawien, Bundesrepublik**
272	**Indonesien**		Kalifornien – siehe *USA*
	Iowa – siehe *USA*	327	**Kambodscha**
280	**Irak**	329	**Kamerun**
282	**Iran**		Kamputschea – siehe *Kambodscha*
285	**Irland, Republik**	331	**Kanada**

Talk of the Town Hotel

Die Insel St. Eustatius gehört zu den Niederländischen Antillen und hat eine bewegte Vergangenheit und gastfreundliche Bewohner. Talk of the Town ist ein kleines familienbetriebenes Hotel mit 18 Zimmern am Stadtrand. Alle Zimmer sind zeitgenössisch-karibisch eingerichtet und haben Klimaanlage, warmes und kaltes Wasser, private Duschen, Kabelfernsehen, Radio und Telefon. Doppel- und Twinbetten sowie extralange oder -breite Betten stehen zur Verfügung.

Frühstück, Mittag- und Abendessen werden in unserem geschmackvoll eingerichteten Speisezimmer serviert. Sie haben die Wahl zwischen leckeren einheimischen und internationalen Gerichten. Unser freundliches Personal macht es Ihnen leicht, sich in unserem karibischen Paradies wie zu Hause zu fühlen.

Talk of the Town hat eine ausgezeichnete Küche und ein gemütliches Speisezimmer, bei uns können Sie jedoch bei Bedarf auch gern selbst kochen.

In Zusammenarbeit mit **Dive Statia** bieten wir außerdem Pauschalreisen an für Sporttaucher und Besucher, die es werden wollen – schon ab US$ 498 für 5 Übernachtungen und 8 Tauchgänge. Tauchen Sie in die faszinierende karibische Unterwasserwelt ein!

Talk of the Town, L.E. Saddlerweg, St. Eustatius, Netherlands Antilles.
Tel: 599 3 82236. Fax: 599 3 82640.
Unser Büro in Deutschland: Inter Connect, Tel: (089) 55 53 35.

INMARIS PERESTROIKA SAILING
Maritime Service GmbH

100 russische oder ukrainische Seeleute und Kadetten setzen für Sie bis zu 4000 Quadratmeter Segel!

WINDJAMMER-TOURISMUS
auf echten Segelschulschiffen für Jung und Alt

Kadettenkabinen, Doppelkabinen, Luxuskabinen

⚓ **Seereisen nach Fahrplan:** Ost- und Nordsee, Island, Mittelmeer, Atlantik, Schwarzes Meer.

⚓ **1996/97: Rund Kap Hoorn**
Teneriffa, Karibik, Panama, Galapagos, Valparaiso, Montevideo, Rio, Recife, Kap Verde, Teneriffa.

⚓ **Incentive-Reisen:** Ihr Team braucht Training? Ihr Team braucht Motivation?
Mehrtagesreisen für Ihre Mitarbeiter, Verkäufer oder Manager: Zusammen und unter Anleitung von Kapitän, Offizieren und Bootsleuten wird kooperatives, soziales und zielgerichtetes Handeln erfahren.

⚓ **Tagesfahrten:** Bis zu 300 Gäste auf originalhölzernen Seemannsplanken; z. B. während der Kieler und Travemünder Woche, den Rostocker Hafentagen, der Sail '96 in Rostock, St. Petersburg, Kopenhagen und des Hamburger Hafengeburtstages, Amsterdam, Kopenhagen, St. Malo u. a. Orte.

Martin-Luther-Straße 3, D-20459 Hamburg. Telefon (040) 37 27 97. Telex 214088. Telefax (040) 37 17 36.

EXECUTIVE AIR

FÜR AUSFLÜGE MIT VERSCHIEDENEN TRANSPORTMITTELN

... mit Hubschrauber, Wasserflugzeug, Flugzeug, Motorjacht, Dampfer oder Limousine.

Beispiel: Besuchen Sie ein Restaurant im wunderschönen Stockholm-Archipel per Hubschrauber, Rückkehr innerhalb von zwei Stunden. Maximal 5 Passagiere; Preis: SKr 7400 alles inklusive.

Oder: Nehmen Sie das Flugzeug nach Kiruna und genießen Sie die Mitternachtssonne, Rückkehr am selben Tag. Flugzeit anderthalb Stunden. Maximal 10 Passagiere; Preis: SKr 66.000 alles inklusive.

Wir chartern alle Arten von Flugzeugen (z. B. zweimotorige Bizjets, Propellerflugzeuge oder Pistons), für einen bis zu 44 Passagieren, je nach Kundenwunsch.

  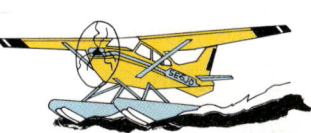

TEL 46-8-28 28 10   FAX 46-8-28 75 03
Spezialisten für Geschäftsreisen in die Russische Föderation und die Baltischen Staaten.
Wenden Sie sich an Sven-Olof Rosen – Managing Director.

334	—Alberta	364	Kiribati
336	—British Columbia	366	**Kolumbien**
337	—Manitoba	370	**Komoren**
338	—New Brunswick	371	**Kongo**
339	—Newfoundland und Labrador	373	**Korea, DVR (Nord)**
340	—Northwest Territories	375	**Korea, Republik (Süd)**
341	—Nova Scotia		Koror – siehe *Mikronesien*
342	—Ontario		Korsika – siehe *Frankreich*
344	—Prince Edward Island		Kosovo – siehe *Jugoslawien*
345	—Québec		Kosrae – siehe *Mikronesien*
346	—Saskatchewan		Kreta – siehe *Griechenland*
347	—Yukon	383	**Kroatien**
	Kanal-Inseln – siehe *Großbritannien und Nordirland*	387	**Kuba**
		394	**Kuwait**
	Kanarische Inseln – siehe *Spanien*		La Palma – siehe *Spanien*
	Kansas – siehe *USA*		Labrador – siehe *Kanada*
348	**Kap Verde**		Lakshadweep-Inseln – siehe *Indien*
	Karibik-Inseln – siehe *Amerikanische Jungferninseln, Anguilla, Antigua und Barbuda, Aruba, Bahamas, Barbados, Islas de la Bahía* (Honduras), *Belize Cayes* (Belize), *Bermuda, Bonaire, Britische Jungferninseln, Cancún* (Mexiko), *Cayman-Inseln, Cozumel* (Mexiko), *Curaçao, Dominica, Dominikanische Republik, Grenada, Guadeloupe, Haiti, Isla de Margaritas* (Venezuela), *Isla Mujeres* (Mexiko), *Islas de Maize* (Nicaragua), *Jamaika, Kuba, Martinique, Montserrat, Providencia* (Kolumbien), *Puerto Rico, Saba, St. Eustatius, St. Lucia, St. Maarten, St. Martin* (Guadeloupe), *St. Vincent und die Grenadinen, San Andreas* (Kolumbien), *San Blas* (Panama), *Trinidad und Tobago* sowie *Turks- und Caicos-Inseln*		Lanzarote – siehe *Spanien*
		395	**Laos**
			Las Palmas – siehe *Spanien*
			Les Saintes – siehe *Guadeloupe*
		398	**Lesotho**
		403	**Lettland**
		406	**Libanon**
		411	**Liberia**
		413	**Libyen**
		415	**Liechtenstein**
		416	**Litauen**
			Lombok – siehe *Indonesien*
			Louisiana – siehe *USA*
		419	**Luxemburg**
		421	**Macau**
		423	**Madagaskar**
			Madeira – siehe *Portugal*
			Mahoré – siehe *Französische Überseegebiete*
			Maine – siehe *USA*
351	**Kasachstan**		Maize, Isla de – siehe *Nicaragua*
355	**Katar**		Majuro – siehe *Mikronesien*
357	**Kenia**		Makedonien – siehe *Mazedonien, Ehemalige Jugoslawische Republik*
	Kentucky – siehe *USA*		
361	**Kirgisistan**	426	**Malawi**

CUNARD INTERNATIONALE SEEREISEN

SIE ERKENNEN UNS AN DER SPITZE

Wenn irgendwo auf den Weltmeeren ein signalroter Schornstein auftaucht, so ist dieses ein gutes Zeichen. Und zwar für über 155 Jahre gewachsene, distinguierte Kreuzfahrt der Reederei CUNARD. Einmal im Leben, mindestens, sollten Sie auf einem unserer internationalen Schiffe die Weite suchen.

Es wird ein unvergeßliches Erlebnis des Reisens werden – wir von CUNARD arbeiten dafür hart und mit Leidenschaft. Eine Flotte renommiertester Schiffe erwartet Sie.

QUEEN ELIZABETH 2
Einzig wahrer Oceanliner mit langer Tradition und modernstem Lifestyle. Regelmäßiger Transatlantik-Dienst, See- und Weltreisen.

SEA GODDESS I & II
Individuelles, exklusives Yachting auf besonderen Routen, z. B. Alaska, Ostafrika, Karibik, Indonesien und Mittelmeer.

VISTAFJORD, SAGAFJORD und ROYAL VIKING SUN
Elegante, internationale Kreuzfahrten zwischen der Karibik, Südsee, Afrika, Nord- und Südamerika, Alaska, Nord- und Südeuropa und Weltreisen.

CUNARD COUNTESS und CUNARD DYNASTY
Die preiswürdigen und legeren Erlebnis-Kreuzfahrten mit der persönlichen Note – für Junge und Junggebliebene – in der Karibik, Alaska und im Panamakanal.

WENN SIE GROSSES VORHABEN – DENKEN SIE EINFACH AN DIE SPITZE.

429	**Malaysia**	474	**Mosambik**
435	**Malediven**		Mustique – siehe *St. Vincent und die Grenadinen*
437	**Mali**		
	Mallorca – siehe *Spanien*	476	**Myanmar**
439	**Malta**	479	**Namibia**
	Man, Isle of – siehe *Großbritannien und Nordirland*	487	**Nauru**
			Nebraska – siehe *USA*
	Manitoba – siehe *Kanada*	488	**Nepal**
	Margarita, Isla de – siehe *Venezuela*		Neue Hebriden – siehe *Vanuatu*
	Marianen, Nördliche – siehe *Mikronesien*		Neuguinea – siehe *Papua-Neuguinea* und *Indonesien*
	Marie-Galante – siehe *Guadeloupe*		
443	**Marokko**	491	**Neukaledonien**
	Marshall-Inseln – siehe *Mikronesien*	493	**Neuseeland**
446	**Martinique**		Neuseeländische Gebiete – siehe *Neuseeland*
	Maryland – siehe *USA*		
	Massachusetts – siehe *USA*		Nevada – siehe *USA*
448	**Mauretanien**		Nevis – siehe *St. Kitts und Nevis*
450	**Mauritius**		New Brunswick – siehe *Kanada*
	Mayotte – siehe *Französische Überseegebiete*		New Hampshire – siehe *USA*
			New Jersey – siehe *USA*
453	**Mazedonien, Ehemalige Jugoslawische Republik**		New Mexico – siehe *USA*
			New South Wales – siehe *Australien*
	Melanesien – siehe *Papua-Neuguinea, Vanuatu* und *Salomonen*		New York – siehe *USA*
			Newfoundland und Labrador – siehe *Kanada*
	Melilla – siehe *Spanien*		
	Menorca – siehe *Spanien*	495	**Nicaragua**
454	**Mexiko**	497	**Niederlande**
	Michigan – siehe *USA*		Niederländische Antillen – siehe *Aruba, Bonaire, Curaçao, Saba, St. Eustatius* und *St. Maarten*
462	**Mikronesien, Pazifische Inseln von**		
463	—Republik Palau (Belau)		
464	—Marshall-Inseln	502	**Niger**
465	—Föderierte Staaten von Mikronesien	504	**Nigeria**
466	—Nördliche Marianen		Nordirland – siehe *Großbritannien und Nordirland*
	Minnesota – siehe *USA*		
	Mississippi – siehe *USA*		Nördliche Marianen – siehe *Mikronesien*
	Missouri – siehe *USA*		Norfolk-Inseln – siehe *Australien*
466	**Moldawien**		North Carolina – siehe *USA*
468	**Monaco**		North Dakota – siehe *USA*
470	**Mongolei**		Northern Territory – siehe *Australien*
	Montana – siehe *USA*		Northwest Territories – siehe *Kanada*
	Montenegro – siehe *Jugoslawien*	507	**Niue**
472	**Montserrat**	508	**Norwegen**

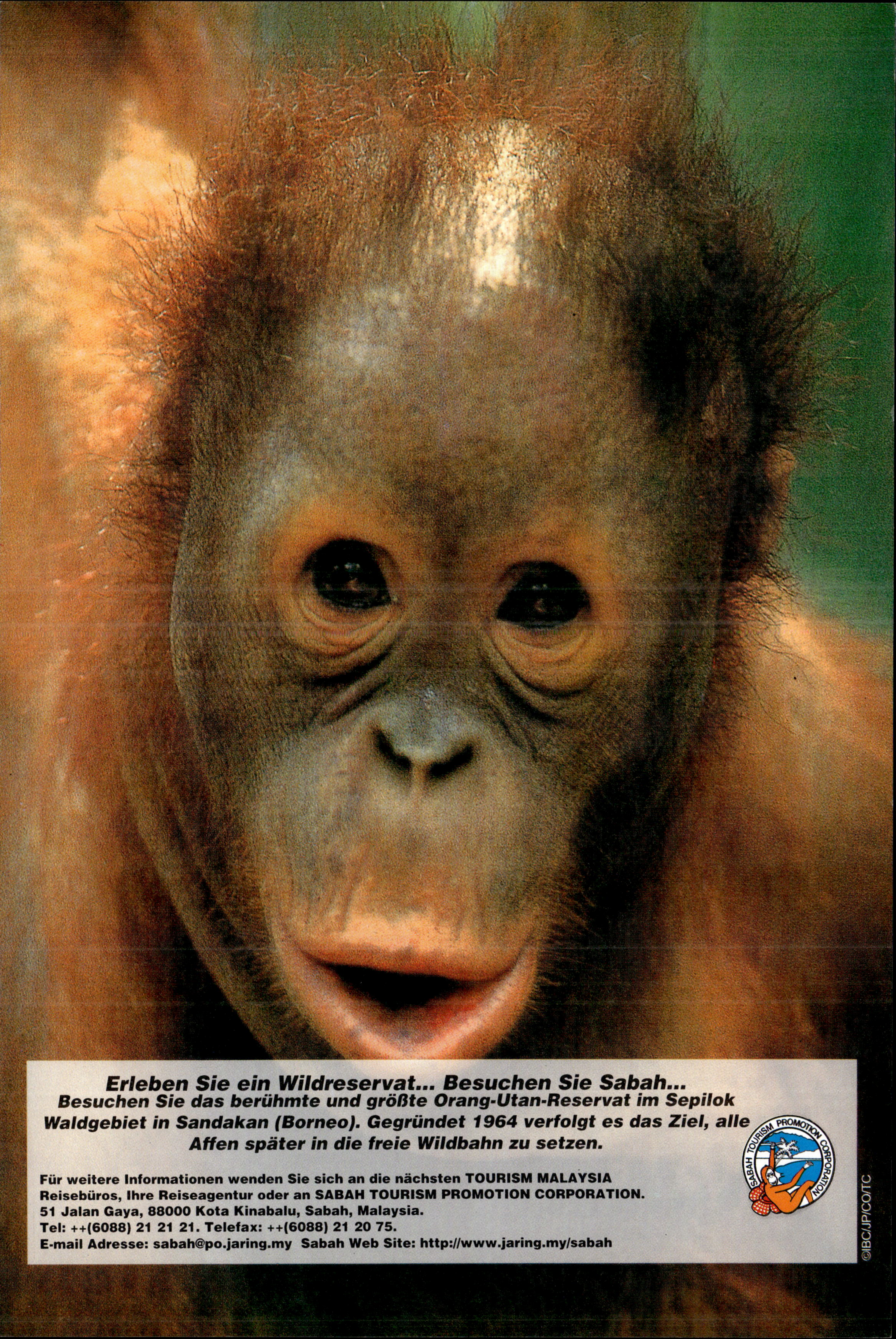

Erleben Sie ein Wildreservat... Besuchen Sie Sabah...
Besuchen Sie das berühmte und größte Orang-Utan-Reservat im Sepilok
Waldgebiet in Sandakan (Borneo). Gegründet 1964 verfolgt es das Ziel, alle
Affen später in die freie Wildbahn zu setzen.

Für weitere Informationen wenden Sie sich an die nächsten TOURISM MALAYSIA
Reisebüros, Ihre Reiseagentur oder an SABAH TOURISM PROMOTION CORPORATION.
51 Jalan Gaya, 88000 Kota Kinabalu, Sabah, Malaysia.
Tel: ++(6088) 21 21 21. Telefax: ++(6088) 21 20 75.
E-mail Adresse: sabah@po.jaring.my Sabah Web Site: http://www.jaring.my/sabah

	Obervolta – siehe *Burkina Faso*
	Ohio – siehe *USA*
	Oklahoma – siehe *USA*
513	**Oman**
	Ontario – siehe *Kanada*
	Oregon – siehe *USA*
	Orkney-Inseln – siehe *Großbritannien und Nordirland*
	Osterinsel – siehe *Chile*
515	**Österreich**
522	**Pakistan**
	Palau – siehe *Mikronesien*
525	**Panama**
527	**Papua-Neuguinea**
530	**Paraguay**
532	**Pazifik, Der**
	Pazifische Inseln – siehe *Amerikanisch-Samoa, Republik Palau* (Mikronesien), *Cook-Inseln, Föderierte Staaten von Mikronesien* (Mikronesien), *Fidschi, Französisch-Polynesien, Hawaii* (USA), *Indonesien, Kiribati, Marshall-Inseln* (Mikronesien), *Nauru, Neukaledonien, Nördliche Marianen* (Mikronesien), *Papua-Neuguinea, Philippinen, Tahiti* (Französisch-Polynesien), *Tonga, Tuvalu, Vanuatu, Wallis und Futuna* (Französische Überseegebiete) und *West-Samoa*
	Penang – siehe *Malaysia*
	Pennsylvania – siehe *USA*
533	**Peru**
536	**Philippinen**
	Pohnpei – siehe *Mikronesien*
539	**Polen**
	Polynesien, Französisch – siehe *Französisch-Polynesien*
	Ponape (Pohnpei) – siehe *Mikronesien*
548	**Portugal**
553	—Madeira
554	—Azoren

Besuchen Sie die unberührte Wildnis von Afrikas Wäldern

Ngamo-Foto-Safaris lädt Sie in die neue Lodge bei den Viktoria-Fällen ein – die Jafuta Lodge.

Wir bieten drei Lodges in drei verschiedenen ökologischen Regionen, in denen Sie die Buschlandschaft mit erfahrenen Führern kennenlernen können. Außerdem bieten wir in allen drei Lodges auch Auto-Safaris und Buschwanderungen.

Jafuta Lodge, in der Nähe der Viktoria-Fälle
- 8 Chalets mit insgesamt 16 Betten
- Großes Boma (afrikanischer Grillplatz) mit Bar, Swimming Pool und Eßbereich
- Großräumige Zimmer mit Ventilatoren und Teppichboden
- Gekacheltes Badezimmer
- Buschwanderungen

Ganda Lodge, in der Nähe des Hwange Nationalparks
- 8 zweistöckige Chalets mit Balkon und insgesamt 16 Betten
- Großzügig angelegte Zimmer mit Teppichboden
- Wasserloch, das von einer großen Anzahl von Tieren besucht wird, 15 Min. zum Hwange Nationalpark
- Swimming Pool
- Auto-Safaris und Buschwanderungen

Sijarira Lodge in Binga am Lake Kariba
- Direkt am Seeufer gelegen
- Kreuzfahrten bei Sonnenuntergang
- Beeindruckende Vogelwelt
- Swimming Pool
- Auto-Safaris, Buschwanderungen und Angel-Safaris

BUCHUNGEN BEI: NGAMO SAFARIS, PO BOX 467, BULAWAYO, SIMBABWE. TEL: +263 9 77967 / 61495 TELEFAX: +263 9 74825

	Principé – siehe *São Tomé und Principé*		*Kitts und Nevis*
555	**Puerto Rico**		St. Croix – siehe *Amerikanische Jungferninseln*
	Québec – siehe *Kanada*		
	Queensland – siehe *Australien*	575	**St. Eustatius**
	Raratonga – siehe *Cook-Inseln*		St. John – siehe *Amerikanische Jungferninseln*
	Ras al-Khaimah – siehe *Vereinigte Arabische Emirate*		
		576	**St. Kitts und Nevis**
	Redonda – siehe *Antigua und Barbuda*	578	**St. Lucia**
557	**Réunion**	580	**St. Maarten**
	Rhode Island – siehe *USA*		St. Martin – siehe *Guadeloupe*
559	**Ruanda**		St. Pierre et Miquelon – siehe *Französische Überseegebiete*
560	**Rumänien**		
564	**Russische Föderation**		St. Thomas – siehe *Amerikanische Jungferninseln*
573	**Saba**		
	Sabah – siehe *Malaysia*	582	**St. Vincent und die Grenadinen**
	St. Barthélémy – siehe *Guadeloupe*		Saipan – siehe *Mikronesien*
	St. Christopher und Nevis – siehe *St.*	586	**Salomonen**

Reisen raubt Ihnen zweimal die Zeit.
Einmal gewinnen wir sie zurück.

Geschäftsreisen sind äußerst zeitintensiv. Deshalb ist es doppelt unangenehm, wenn auch deren Abwicklung diese Eigenschaft besitzt. Ein Aufwand, den wir Ihnen gern ersparen möchten – und die damit verbundenen Kosten übrigens gleich mit! (Immerhin bilden Reisekosten in Unternehmen den dritthöchsten Ausgabenposten …)

Wir tun dies auf dreierlei Art: Erstens können wir für Sie dank unserer weltweiten Präsenz günstige Konditionen z. B. bei Fluggesellschaften, Hotels oder Autovermietern aushandeln. Zweitens liefern wir Ihnen ausführliche „Management Reports", die Ihnen helfen, das Reisebudget optimal einzusetzen, und außerdem interessante Möglichkeiten zur Kostenreduzierung aufzeigen. Und drittens haben wir für Sie ein globales Netzwerk mit mehr als 3.200 Reisebüros und Repräsentanzen in 160 Ländern aufgebaut. Die beste Garantie, überall einen optimalen Anschluß zu Ihrem nächsten Ziel zu haben – und natürlich einen ebensolchen Service.

Möchten Sie mehr über den Business Travel Service von American Express wissen? Dann sollten Sie diesen Coupon an American Express, TMS-Verkaufsinnendienst, Postfach 11 01 01, 60036 Frankfurt/Main, schicken. Oder – um Zeit zu sparen – einfach an 0 69/75 76 35 55 faxen.

Ja, der Business Travel Service von American Express interessiert mich.

Schicken Sie mir bitte weitere Informationen darüber so schnell wie möglich an folgende Adresse:

Name, Vorname

Firma

Position

Straße, Nr.

PLZ, Ort

Telefon

HABEN SIE VOR, KROATIEN ZU BESUCHEN?

DANN NEHMEN SIE KONTAKT MIT ATLAS AUF – ATLAS IST DIE FÜHRENDE KROATISCHE REISEAGENTUR, 1923 GEGRÜNDET UND IN FOLGENDEN BEREICHEN DER TOURISMUSINDUSTRIE TÄTIG:

Incentives aus aller Welt, professionelle Organisation von Konferenzen und Seminaren, Busreisen in Kroatien und ganz Europa, Pilgerfahrten nach Međugorje, Tagesausflüge und Bootsfahrten zu den Inseln.

Unterkunftsreservierungen und Fahrkartenverkauf; Eintrittskarten für Sportveranstaltungen und kulturelle Ereignisse; Special-Interest-Reisen, darunter z. B. Kunst, Geschichte, Architektur, Kur- und Anti-Stress-Programme, Skifahren, Ökotouren, Weintouren, Abenteuerurlaub wie Kajak- oder Kanufahren, Rafting, Radfahren, Bergwandern und Ballonfahrten.

Zur Verfügung stehen moderne, vollklimatisierte Setra-Busse, Pkw mit Fahrer, die exklusive »weiße Flotte«, ein Funk-Kommunikationsnetz mit 24-Stunden-Dienst im ganzen Land, das Nautica Club-Restaurant in Dubrovnik, die Galerie Sebastian und eine Seilbahn (Dubrovnik).

MITGLIED VON:
ACTA, API, ASTA, ATS, COTAL, DRV, IATA, ICCA, JATA, ORV, TRAVEL CONTACTS, UFTAA, USTOA, WTT.

ATLAS HAUPTSITZ: 20000 DUBROVNIK, Pile 1 - Tel: +385 (20) 44 22 22 - Fax: +385 (20) 41 11 00 • **ATLAS GESCHÄFTSZENTRUM:** 10000 ZAGREB, Lastovska 23 - Tel: +385 (1) 612 44 44 Fax: +385 (1) 611 16 96
Präsident: Frau Pave Župan Rusković
ATLAS MARKETING BÜRO: 1804 Riggs Place, NW, Washington DC 20009 - Tel: +1 (202) 667 74 11 - Fax: +1 (202) 462 71 60 - Toll free: (800) 738 4537 • **ATLAS OPERATIONS BÜRO:** 60 East 42nd Street, New York, NY 10165 - Tel: +1 (212) 697 67 67 - Fax: +1 (212) 697 76 78 - Gebührenfrei: (800) 528 5275

70 Jahre Branchenerfahrung 1923-1993

587	**Sambia**
	Samoa, Amerikanisch – siehe *Amerikanisch-Samoa*
	Samoa, West – siehe *West-Samoa*
594	**San Marino**
	Sansibar – siehe *Tansania*
595	**São Tomé und Príncipe**
	Sarawak – siehe *Malaysia*
	Sardinien – siehe *Italien*
	Sark – siehe *Großbritannien und Nordirland*
	Saskatchewan – siehe *Kanada*
596	**Saudi-Arabien**
	Schottland – siehe *Großbritannien und Nordirland*
599	**Schweden**
606	**Schweiz**
612	**Senegal**
	Serbien – siehe *Jugoslawien*
614	**Seychellen**
	Sharjah – siehe *Vereinigte Arabische Emirate*
	Shetland-Inseln – siehe *Großbritannien und Nordirland*
617	**Sierra Leone**
619	**Simbabwe**
621	**Singapur**
	Sizilien – siehe *Italien*
625	**Slowakische Republik**
633	**Slowenien**
635	**Somalia**
	South Australia – siehe *Australien*
	South Carolina – siehe *USA*
	South Dakota – siehe *USA*
	South-Sandwich-Inseln – siehe *Falkland-Inseln*
637	**Spanien**
648	—Balearen
649	—Kanarische Inseln
	Spanische Gebiete in Nordafrika – siehe

	Spanien	748	**Die Staaten A - Z**
651	**Sri Lanka**	748	—Alabama
	Süd-Georgien – siehe *Falkland-Inseln*	750	—Alaska
653	**Südafrika**	750	—Arizona
663	**Sudan**	754	—Arkansas
	Sulawesi – siehe *Indonesien*	754	—Colorado
	Sumatra – siehe *Indonesien*	755	—Connecticut
665	**Suriname**	755	—Delaware
	Svalbard – siehe *Norwegen*	756	—Florida
668	**Swasiland**	774	—Georgia
671	**Syrien**	775	—Hawaii
679	**Tadschikistan**	776	—Idaho
	Tahiti – siehe *Französisch-Polynesien*	776	—Illinois
681	**Taiwan, China**	777	—Indiana
684	**Tansania**	777	—Iowa
	Tasmania – siehe *Australien*	778	—Kalifornien
	Teneriffa – siehe *Spanien*	786	—Kansas
	Tennessee – siehe *USA*	786	—Kentucky
	Texas – siehe *USA*	786	—Louisiana
687	**Thailand**	788	—Maine
	Tibet – siehe *China, Volksrepublik*	788	—Maryland
	Timor – siehe *Indonesien*	789	—Massachusetts
	Tobago – siehe *Trinidad und Tobago*	790	—Michigan
690	**Togo**	791	—Minnesota
692	**Tonga**	792	—Mississippi
	Tortola – siehe *Britische Jungferninseln*	792	—Missouri
694	**Trinidad und Tobago**	793	—Montana
	Truk (Chuuk) – siehe *Mikronesien*	793	—Nebraska
697	**Tschad**	793	—Nevada
699	**Tschechische Republik**	794	—New Hampshire
713	**Tunesien**	794	—New Jersey
717	**Türkei**	795	—New Mexico
724	**Turkmenistan**	796	—New York
726	**Turks- und Caicos-Inseln**	799	—North Carolina
728	**Tuvalu**	799	—North Dakota
730	**Uganda**	800	—Ohio
732	**Ukraine**	801	—Oklahoma
	Umm al-Qaiwain – siehe *Vereinigte Arabische Emirate*	801	—Oregon
		802	—Pennsylvania
734	**Ungarn**	802	—Rhode Island
740	**Uruguay**	803	—South Carolina
742	**USA**	803	—South Dakota

"Denken Sie an Indien. Denken Sie an Taj."

Das Taj Mahal Hotel, Bombay: zeitlose Eleganz kombiniert mit modernem Stil.

Die Taj Group bietet Ihnen mehr Wege, die Wunder Indiens zu entdecken, als jede andere Hotelgruppe. Eben weil wir ganz einfach die größte sind. TAJ LUXURY HOTELS: acht internationale Grand Luxe Hotels sind in allen Großstädten vertreten, angeführt von dem legendären Taj Mahal Hotel in Bombay. TAJ RESIDENCY HOTELS: erstklassige Hotels, ideal für Geschäftsreisende, im Herzen von Indiens Handelszentren gelegen. TAJ LEISURE HOTELS: beschauliche Strand-Resorts, märchenhafte Paläste, versteckte Garden Retreats inmitten idyllischer Landschaft und angenehme Cultural Centre Hotels in Städten mit geschichtsträchtigen Attraktionen.

Lake Palace, Udaipur: unvergleichliche Opulenz, einzigartige Ruhe.

TAJ LUXURY HOTELS: The Taj Mahal Hotel, Bombay; The Taj Mahal Hotel, New Delhi; Taj Palace Hotel, New Delhi; Taj Bengal, Calcutta; The Taj West End, Bangalore; Taj Coromandel, Madras; The Taj Mahal Hotel, Lucknow; Taj Samudra, Colombo.

TAJ RESIDENCY HOTELS: Taj Residency, Bangalore; Taj Residency, Hyderabad; Taj Residency, Visakhapatnam; Taj Residency, Aurangabad; Taj Residency, Ernakulam; Taj Residency, Indore.

TAJ PALACE HOTELS: Rambagh Palace, Jaipur; Jai Mahal Palace, Jaipur; Lake Palace, Udaipur.

TAJ RESORT HOTELS: The Aguada Hermitage, Goa; Fort Aguada Beach Resort, Goa; Taj Holiday Village, Goa; Fisherman's Cove, Madras; Em-boo-dhu Fin-olhu Island Resort, Maldives.

TAJ GARDEN RETREATS: Taj Garden Retreat, Madurai; Taj Garden Retreat, Coonoor; Taj Garden Retreat, Kumarakom; Taj Garden Retreat, Varkala.

TAJ CULTURAL CENTRE HOTELS: Taj-View Hotel, Agra; Taj Ganges, Benares; Hotel Chandela, Khajuraho; Hotel de L'Annapurna, Kathmandu; Taj Malabar, Cochin.

THE TAJ GROUP *of* HOTELS

Für Reservierungen, eine Ausgabe unseres Hotelverzeichnisses oder unserer Broschüren über bestimmte Hotels. Faxen Sie uns:

(91-22) 283 7272

und erwähnen Sie "TAJTWTG/R"

Die o. a. Hotelliste ist nicht vollständig.

DIE TAJ GROUP. INDIENS *Erste*. SÜDASIENS *Beste*.

RESERVIERUNGEN AUCH DURCH

803	—Tennessee		Washington State – siehe *USA*
804	—Texas		Weissrussland – siehe *Belarus*
805	—Utah		West Virginia – siehe *USA*
806	—Vermont	823	**West-Samoa**
806	—Virginia		Western Australia – siehe *Australien*
806	—Washington DC		Westindische Inseln – siehe *Karibik-Inseln*
807	—Washington State		
808	—West Virginia		Westliche Sahara – siehe *Mauretanien* und *Marokko*
808	—Wisconsin		
809	—Wyoming		Wight, Isle of – siehe *Großbritannien und Nordirland*
809	**Usbekistan**		
	Utah – siehe *USA*		Wisconsin – siehe *USA*
812	**Vanuatu**		Wyoming – siehe *USA*
813	**Vatikanstadt**		Yap – siehe *Mikronesien*
814	**Venezuela**		Yukon – siehe *Kanada*
818	**Vereinigte Arabische Emirate**	825	**Zaïre**
	Vereinigte Staaten – siehe *USA*	827	**Zentralafrikanische Republik**
	Vermont – siehe *USA*	829	**Zypern**
	Victoria – siehe *Australien*		
821	**Vietnam**		
	Virginia – siehe *USA*		
	Wales – siehe *Großbritannien und Nordirland*	835	Gesundheit
		842	Behindertengerechtes Reisen
	Wallis und Futuna – siehe *Französische Überseegebiete*	845	Die Welt des Buddhismus
		846	Die Welt des Islam
	Washington DC – siehe *USA*	847	Ökotourismus

Einleitung – Zur Benutzung des Reiseführers

Willkommen zur fünften, völlig überarbeiteten, Ausgabe des **Columbus Reiseführers**, der auf über 850 Seiten noch mehr aktuelle Informationen für Sie bereithält. Die positiven Reaktionen aus der Tourismusbranche haben uns gezeigt, daß der **Columbus Reiseführer** in vielen Reisebüros bereits unentbehrliches Hilfsmittel bei der Kundenberatung geworden ist. Neu in dieser Ausgabe ist ein Kapitel über die DRV-Konferenz in Florida, das Mitgliedern wichtige Informationen liefern wird. Ein weiterer Zusatz sind auch Vorschläge zu Rundreisen in bestimmten Ländern. Niue hat dieses Jahr zum ersten Mal einen eigenen Eintrag, nachdem es vorher als Teil von Neuseeland behandelt wurde.
Die Einträge über Krisengebiete wie Bosnien-Herzegowina, Ruanda, Somalia und Zaïre sind mit entsprechenden Hinweisen und Warnungen aufgenommen, in der Hoffnung, daß sich die Lage in den betroffenen Ländern baldmöglichst wieder normalisieren wird.
Im Zuge des gestiegenen Umweltbewußtseins wächst auch das Interesse am sanften Reisen ständig, vor allem in Deutschland wurde auf diesem Gebiet Pionierarbeit geleistet. Wir haben diesem Trend in einem Kapitel mit Kontaktadressen zum Thema Ökotourismus Rechnung getragen. Das Kapitel über Behindertenreisen enthält Informationen, die Buchungen für behinderte Kunden erleichtern sollen.
Trotz weltweiter Konjunktur- und Wirtschaftsflaute werden weiter steigende Einnahmen aus der Tourismusbranche gemeldet. Angesichts der Erschließung immer neuer Ferienziele ist effektive Kundenberatung wichtiger denn je. Besonders die Bundesbürger sind ausgesprochen reisefreudig – vom Fernweh geplagt, geben sie im europäischen Vergleich weitaus mehr als andere Nationen für Auslandsreisen aus. Wie auch immer Ihre Kunden die schönsten Wochen des Jahres verbringen möchten, ob Sonnenbaden und Faulenzen an Traumstränden, Aktivurlaub und Abenteuer in Fernost, Fahrradurlaub in Schleswig-Holstein oder Pauschalreisen durch die neuen Republiken in Osteuropa mit ihren historischen Städten und oft noch unverfälschten Naturlandschaften, der **Columbus Reiseführer** hilft bei der richtigen Wahl. Wir sagen Ihnen, wo es am schönsten ist, welche kulinarischen Köstlichkeiten Feriengäste erwarten, wie sie sich am besten die Zeit vertreiben können und welche Verkehrsverbindungen vor Ort zur Verfügung stehen.
Alles Wissenswerte über ein Land haben Sie immer griffbereit zur Hand, damit Sie alle Fragen schnell und präzise beantworten können. In übersichtlicher Form finden Sie detaillierte, aktuelle und ausführliche Informationen über alle Länder dieser Welt. Die einzelnen Kapitel sind jeweils in verschiedene Rubriken gegliedert, die das Auffinden der gesuchten Informationen erleichtern sollen. Kurzfristige Änderungen sind, vor allem angesichts der umwälzenden Veränderungen der letzten Zeit, nicht auszuschließen, weshalb die Redaktion trotz intensiver Bemühungen um Aktualität und Genauigkeit keine inhaltliche Gewähr für die gemachten Angaben übernehmen kann.

ALLE LÄNDER IN EINEM BAND

Der Reiseführer enthält Angaben über jedes bei Redaktionsschluß international anerkannte Land der Erde, die Länder sind alphabetisch aufgelistet, und jedes Kapitel unterteilt sich in verschiedene Rubriken: **Geographie * Staatsform * Sprache * Religion * Ortszeit * Netzspannung * Post- und Fernmeldewesen * Reisepaß/Visum * Geld * Duty Free * Gesetzliche Feiertage * Gesundheit * Reiseverkehr - International * Reiseverkehr - National * Unterkunft * Urlaubsorte und Ausflüge * Sozialprofil * Wirtschaftsprofil** und **Klima**. Innerhalb der einzelnen Rubriken gibt es oft weitere Unterteilungen. Wo eine Rubrik für ein bestimmtes Land nicht relevant war, wurde sie weggelassen. Dem Kapitel vorangestellt sind jeweils die wichtigsten Kontaktadressen, d. h. die der Fremdenverkehrsämter (einschl. der Zentrale im Zielland) und/oder einschlägiger Reisebüros sowie der diplomatischen Vertretungen einschließlich der Konsulate (jeweils in dieser Reihenfolge). Konsulate, die Visa ausstellen, wurden mit vollständiger Adresse (bei visumfreier Einreise in das betreffende Land nur mit Telefonnummer) angegeben, Vertretungen ohne Visumerteilung nur mit Ortsangabe (es sei denn, es handelt sich um die einzige Vertretung). Die Republiken der Gemeinschaft Unabhängiger Staaten (GUS) sind einzeln aufgeführt. Einige Inselgruppen, Staaten und Territorien haben kein eigenes Kapitel, sondern wurden nach geographischen und politischen Gesichtspunkten zusammengefaßt. Dies gilt vor allem für Archipele im Pazifik und in der Karibik. Im Zweifelsfall am besten immer im Inhaltsverzeichnis nachsehen. Ebenfalls in diesem Buch finden Sie ein Verzeichnis der Codes für den Zugang zum **CRS-System** nach Ländern geordnet (s. S. A50-A51). Die TIMATIC-Info-Codes in jedem Länderkapitel erlauben einen blitzschnellen Zugriff zu allen wichtigen aktuellen Veränderungen im internationalen Reiseverkehr. Laden Sie ganz einfach TIMATIC auf Ihr CRS-System und rufen Sie die relevanten Informationen ab, in dem Sie die Daten für die gewünschte Rubrik direkt eintippen. Nachstehend weitere Einzelheiten zu den einzelnen Rubriken.

KARTEN

Direkt unter der jeweiligen Länderüberschrift finden Sie eine Karte, aus der die geographische Lage, die Bodenbeschaffenheit des Landes und die wichtigsten Städte ersichtlich sind. Innerhalb der Länderportraits sind z. T. weitere Karten eingefügt, viele davon im Vierfarbdruck, die zusammen mit den Farb- und Schwarzweißfotos der Veranschaulichung dienen. Gegebenenfalls sind auch Stadtpläne ausgewählter Städte und Karten einzelner Regionen aufgeführt, die für Touristen oder Geschäftsreisende besonders interessant sind.
Detailliertere Karten des Nahen Ostens, Europas, der Karibikregion, Südafrikas, Südostasiens und des Südpazifiks sowie eine Weltkarte und eine Zeitzonenkarte befinden sich auf den Seiten A56. Alle Länderportraits mit Farbfotos und -karten wurden durch die finanzielle Unterstützung des Fremdenverkehrsamts des jeweiligen Landes ermöglicht und spiegeln keine redaktionelle Entscheidung aufgrund besonderer Präferenzen für bestimmte Länder wider.

ALLGEMEINE INFORMATIONEN

Das Wichtigste in Kürze: Geographie, Hauptstadt, Bevölkerungszahl, Staatsform, Sprache, Religion, Ortszeit, ggf. mit regionalen Zeitzonen und Netzspannung.

POST- UND FERNMELDEWESEN

Angaben zum **Telefonnetz**, dem **Postverkehr**, **Telefax-**, **Telex-** und **Telegrammdiensten**. Eine Tabelle zeigt, auf welchen Wellenlängen die Sendungen der **Deutschen Welle** am besten empfangen werden können. Die Frequenzen sind sowohl in MHz als auch in Meterband angegeben. Da sich der Einsatz der Kurzwellenfrequenzen im Verlauf eines Jahres mehrfach ändert, empfiehlt es sich, bei Bedarf eine aktuelle Frequenzliste bei der Deutschen Welle anzufordern (Adresse: D-50588 Köln, Tel: 0221-389-0).
Die angegebenen Telefonnummern sind in der Regel die jeweiligen Inlandsnummern, d. h. bei Anwahl aus dem Ausland ist nach der Landesvorwahlnummer gleich die Kennzahl des gewünschten Ortsnetzes zu wählen (ohne die erste Null bzw. bei Spanien und einigen anderen Ländern ohne die Neun), dann die jeweilige Rufnummer des Teilnehmers; Ausnahmen sind die Wiener Telefonnummern, bei denen die Vorwahl vom Ausland aus (1) ist (im innerösterreichischen Fernsprechverkehr ist die Wiener Ortsnetzkennzahl 0222) und die Russische Föderation, bei der man die Null der Vorwahl auch bei Anrufen aus dem Ausland beibehält. Aus Deutschland, Österreich und der Schweiz wählt man 00 vor der jeweiligen Landesvorwahl.

REISEPASS/VISUM

Eine Tabelle vermittelt auf einen Blick die wichtigsten Paß- und Visabestimmungen für Deutsche, Österreicher und Staatsbürger anderer EU-Länder sowie Schweizer. Zusätzlich sind Informationen über die Einreisebestimmungen für Staatsangehörige aller anderen Länder aufgenommen. Aus Gründen der besseren Übersicht und Klarheit wurde darauf verzichtet, bestimmte Gruppen wie Inhaber von diplomatischen Pässen oder *Laissez-Passer*-Pässen der Vereinten Nationen, die generell vom Visumzwang befreit sind, mit aufzuführen. Daneben finden Sie selbstverständlich Angaben zu den verschiedenen Visaarten mit jeweiliger Gültigkeitsdauer, Formalitäten bei der Antragstellung, der durchschnittlichen Bearbeitungszeit der Visaanträge, Aufenthaltsgenehmigungen und Verlängerungsmöglichkeiten. Da sich die Bestimmungen für Ein- und Durchreise und die Visagebühren oft kurzfristig ändern, empfiehlt es sich, in Zweifelsfällen bei den zuständigen Vertretungen nachzufragen. Das gilt vor allem für Reisen in die GUS-Staaten. Es ist wichtig, jeweils den Grund der Reise und die geplante Aufenthaltsdauer anzugeben und sich zu vergewissern, welche Unterlagen mit dem Antrag eingereicht werden müssen. Unter Umständen sind auch für Stopover Transitvisa erforderlich.
Anmerkung: Seit dem Inkrafttreten des Schengener Abkommens am 26. März 1995 fallen bei Reisen zwischen den Unterzeichnerstaaten Deutschland, Frankreich, Portugal, Spanien und den Benelux-Ländern jegliche Personen- und Warenkontrollen an den Grenzen weg (Dänemark, Finnland, Griechenland, Italien, Österreich und Schweden werden sich zu einem späteren Zeitpunkt anschließen).

GELD

Diese Rubrik enthält Informationen über Devisenbestimmungen, die Währungseinheiten und die Öffnungszeiten der Banken. Einer Tabelle sind Wechselkurse der letzten vier Jahre zwischen der betreffenden Landeswährung und der DM bzw. dem US-Dollar zu entnehmen (Mittelwert der An- und Verkaufspreise). Darüber hinaus finden Sie wichtige Hinweise über etwaige Formalitäten beim Geldwechsel und zum Gebrauch von Kreditkarten, Reise- und Euroschecks mit Angabe des jeweiligen Garantiehöchstbetrages. In 33 europäischen Ländern und Mittelmeer-Anrainerstaaten können mittlerweile Waren und Dienstleistungen mit Euroschecks bezahlt werden. In weiteren 13 Staaten, vor allem in Osteuropa, ist eine Ausstellung in DM zur Bargeldbeschaffung bei Banken möglich. Bei Ländern, die Postsparern die Möglichkeit geben, vom Postsparbuch Geld in der jeweiligen Landeswährung abzuheben, ist dies ebenfalls vermerkt. Bei Abhebungen im Ausland muß immer der Ausweis oder Reisepaß vorgelegt werden. Die angegebenen Währungseinheiten waren die bei Redaktionsschluß gesetzlichen Zahlungsmittel; bedenken Sie jedoch, daß besonders in Ländern mit hoher Inflationsrate häufig neue Banknoten oder Münzen relativ kurzfristig eingeführt oder bisher gültige Zahlungsmittel aus dem Verkehr gezogen werden. In einigen Ländern gelten neben der Landeswährung auch andere Währungen als Zahlungsmittel. In der Regel können US-Dollar und DM in nahezu allen Ländern bei Banken und Wechselstuben gewechselt werden; in einigen Ländern ist es jedoch günstiger, eine andere Währung mitzuführen, in solchen Fällen wurde besonders darauf hingewiesen. In den Ländern des ehemaligen Französisch-Äquatorialafrika und vielen westafrikanischen Ländern etwa, die sich zur Französischen Währungszone zusammengeschlossen haben, empfiehlt es sich, Französische Francs oder FF-Reiseschecks mitzunehmen. In bestimmten Ländern kann man eingewechseltes Geld nicht oder nur am Flughafen bzw. an der Grenze zurücktauschen, meist ist in diesen Fällen auch ein Höchstbetrag festgesetzt. Generell ist es ratsam, nie mehr Geld umzutauschen, als voraussichtlich benötigt wird. Die Öffnungszeiten der Bankschalter an Flughäfen sind, falls vorhanden, jeweils in der Rubrik *Reiseverkehr - International* aufgeführt.
In Ländern, in denen es zwei oder drei verschiedene Wechselkurse gibt, ist jeweils der für Touristen günstigste angegeben. Es versteht sich von selbst, daß die Wechselkurstabelle nur als Leitfaden dienen kann, zumal die Wechselkurse im In- und Ausland von Bank zu Bank schwanken. Die angegebenen Daten beruhen auf Angaben der *Financial Times*. Aktuelle Informationen erhalten Sie von Banken, den zuständigen Botschaften und Fremdenverkehrsämtern – die Adressen finden Sie zu Anfang der Länderkapitel.

DUTY FREE

Die wichtigsten Ein- und Ausfuhrbestimmungen, einschl. Einfuhrverboten und Einfuhrbeschränkungen. Die Angaben erheben keinen Anspruch auf Vollständigkeit. Die Vorschriften für die Ein- und Ausfuhr von Tieren, Pflanzen, Fleisch oder Fleischprodukten, Warenproben, Mustern usw. sind oft überaus kompliziert, weshalb in diesen Fällen auf eine ausführliche Darlegung verzichtet wurde. Detaillierte Auskünfte erteilen die zuständigen Botschaften, die Zollbehörden und die Außenhandelskammern.

Einleitung – Zur Benutzung des Reiseführers

GESETZLICHE FEIERTAGE

Aufgeführt sind alle gesetzlichen Feiertage im Zeitraum Mai 1996 bis Mai 1997, an denen Banken und Geschäfte geschlossen sind. Islamische Feiertage sind oft nicht mit dem genauen Datum angegeben, da sie sich nach den Mondphasen oder dem Mondkalender richten (Verschiebung zum Gregorianischen Kalender jeweils um etwa 11 Tage). Die angegebenen Daten sind ungefähre Angaben, eine Verschiebung um ein bis zwei Tage ist möglich. Nähere Informationen im Kapitel **Welt des Islam**. Gleiches gilt für hinduistische und buddhistische Feiertage. Im Zweifelsfall geben Fremdenverkehrsämter und Botschaften gern Auskunft.

GESUNDHEIT

Die Tabelle in dieser Rubrik enthält kurz zusammengefaßt die wichtigsten Informationen über Impfbestimmungen und empfohlene Vorsichtsmaßnahmen. Die Angaben entsprechen den Empfehlungen der Weltgesundheitsorganisation WHO in Genf und den geltenden Vorschriften der einzelnen Länder. Wo eine Schutzimpfung »nur« empfohlen und nicht zwingend vorgeschrieben wird, ist es dennoch ratsam, ärztlichen Rat über den aktuellen Stand einzuholen. Im allgemeinen sind die hygienischen und sanitären Verhältnisse in Feriengebieten und Städten meist besser als in ländlichen Gegenden. Bei Pflichtimpfungen sollte man rechtzeitig vor Reisebeginn mit dem Impfprogramm beginnen, um einen möglichst guten Schutz zu gewährleisten. Bestimmte Impfungen vertragen sich nicht miteinander und erfordern daher mehr Zeit. Bei unzureichender Impfreaktion sollte ein Nachimpftermin wahrgenommen werden. Für Kinder und Schwangere sind u. U. besondere Impfmaßnahmen vorgeschrieben. Alle Pflichtimpfungen müssen in den Internationalen Impfpaß eingetragen werden, den u. a. Tropeninstitute und Gesundheitsämter ausstellen. Weitere Informationen sind der Übersichtstabelle für Schutzimpfungen im Kapitel **Gesundheit** zu entnehmen. Hier finden Sie auch wichtige Kontaktadressen. In jedem Fall sollten sich Reisende beim Gesundheitsamt oder einer anderen kompetenten Informationsstelle über die aktuelle Situation im Zielland erkundigen.

REISEVERKEHR - International

Informationen über die günstigsten Verkehrsverbindungen auf dem Luft-, Wasser- und Straßenweg in das Zielland. Die wichtigste Fluggesellschaft des betreffenden Landes wird genannt, die durchschnittlichen Flugzeiten von Frankfurt, meist auch von Wien und Zürich und die wichtigsten internationalen Flughäfen mit Angaben über Flughafeneinrichtungen, Zubringerdienste und Flughafengebühren.

REISEVERKEHR - National

Diese Rubrik informiert über die wichtigsten Verkehrsverbindungen im Binnenverkehr des jeweiligen Landes mit Angaben über die öffentlichen Nahverkehrssysteme, speziell in Großstädten, das Straßen- und Schienennetz sowie den Schiffsverkehr auf Flüssen, Seen und an der Küste (Fähren, Fährhäfen, Anbieter von Flußkreuzfahrten usw.). Beim Eisenbahnverkehr wurden die Hauptverbindungen angegeben und die wichtigsten Sonderfahrkarten und Fahrpreisermäßigungen aufgezählt. Auf Preisangaben wurde in der Regel verzichtet, da sich diese oft kurzfristig ändern. Verkehrsbestimmungen und erforderliche Fahrzeugpapiere werden ebenfalls aufgeführt. Ferner für europäische Länder Hinweise über die Dichte des Netzes von Tankstellen, die bleifreies Benzin anbieten. Weitere Auskünfte erteilen die betreffenden Fremdenverkehrsämter, der ADAC, der ARBÖ bzw. andere Verkehrsclubs, die Informationsstellen der nationalen Eisenbahngesellschaft oder auch die DB-AG-, SBB- und ÖBB-Büros.

UNTERKUNFT

Hier finden Sie Angaben über die Unterkunftsmöglichkeiten, einschl. Hotels, Camping, Pensionen, »Urlaub auf dem Bauernhof«, Jugendherbergen, Ferienhäusern und Ferienwohnungen sowie Hinweise auf die verschiedenen nationalen Kategorisierungssysteme zur Einstufung von Hotels und ggf. die Anschrift des nationalen Hotelverbandes.

URLAUBSORTE UND AUSFLÜGE

Beschreibungen der wichtigsten Urlaubsorte, der schönsten Ferienregionen, Sehenswürdigkeiten und Ausflugsziele sowie der gebotenen Freizeitmöglichkeiten. Einige Länder kommen aufgrund der unsicheren innenpolitischen Lage gegenwärtig weniger als Reiseziele in Frage, dennoch wurden die wichtigsten touristischen Attraktionen der betreffenden Länder aufgeführt in der Hoffnung, daß sie möglichst bald wieder von Nutzen sein können. Auf die jeweilige politische Lage und etwaige Sperrgebiete wird hingewiesen.
Rundreisen: Einige Länder bieten auch Vorschläge für 5- oder 7tägige Rundreisen.

SOZIALPROFIL

Ein Überblick über die kulturellen Eigenheiten des Landes und die angebotenen Freizeitmöglichkeiten, wobei es uns vor allem auf das Lokalkolorit ankommt. Die Informationen sind nach folgenden Stichpunkten gegliedert:
Essen & Trinken: Beschreibungen der kulinarischen Spezialitäten der jeweiligen nationalen Küche und empfehlenswerter Getränke sowie Angabe der Schankstunden.
Nachtleben: Vergnügungsviertel und Unterhaltungsmöglichkeiten in den wichtigsten Städten und Urlaubsregionen.
Einkaufstips: Besonders empfehlenswerte Reisemitbringsel, typische Souvenirs, gute Einkaufszentren sowie Öffnungszeiten der Geschäfte.
Sport: Eine Beschreibung der Sportmöglichkeiten sowie der beliebtesten Publikumssportarten.
Veranstaltungskalender: Eine Auswahl der interessantesten und buntesten Feste und Veranstaltungen im laufenden Jahr, z. T. mit Erläuterungen. Die Verkehrsämter geben auf Wunsch gerne weitere Auskünfte.
Sitten & Gebräuche: Tips, die helfen, Mißverständnisse zu vermeiden – zu landestypischen Sitten, Werten und Verhaltensweisen, Kleidungsvorschriften und gern gesehenen Geschenken. Ferner Hinweise zum richtigen Trinkgeld und Angaben über Beschränkungen beim Fotografieren.

WIRTSCHAFTSPROFIL

Abriß der wirtschaftlichen Verhältnisse jedes Landes mit Angaben zu Landwirtschaft, Industrie und Handel sowie, wo bekannt, Informationen über die Bedeutung des Tourismus.
Geschäftsverkehr: Tips für Geschäftsreisende sowie übliche Geschäftszeiten. Außerdem die Adressen der Industrie- und Handelskammer des jeweiligen Landes und anderer für Deutschland, Österreich und die Schweiz wichtiger Organisationen wie etwa der Deutsch-Uruguayischen Handelskammer oder des Taipei Trade Office in Frankfurt/M.
Konferenzen/Tagungen: Konferenzlokalitäten und -einrichtungen sowie Kontaktadressen von Organisationen, die Planungshilfen anbieten.

KLIMA

Kurzbeschreibung des Klimas mit mindestens einer Klimatabelle pro Land, aus der die durchschnittlichen monatlichen Höchst- und Tiefsttemperaturen, die Niederschlagsmenge, die Luftfeuchtigkeit und die Sonnenscheinstunden ersichtlich sind. Außerdem Tips, welche **Kleidung** man am besten einpackt.

DRV-TAGUNG

Ein Kurzportrait des Deutschen Reisebüro-Verbandes e. V., einem der wichtigsten Reisebüro-Verbände weltweit, mit allgemeinen Informationen über die DRV-Jahrestagungen und speziellen Angaben über die diesjährige Tagung in Florida.

GESUNDHEIT

Wichtige allgemeine Hinweise für die Gesundheitsvorsorge, insbesondere bei Reisen in tropische Länder, als Ergänzung zu den spezifischen Informationen in jedem Länderkapitel. Angaben über wichtige Krankheiten, Malariaprophylaxe, Unfälle, Insektenstiche, Bißwunden, Schwangerschaft, Empfängnisverhütung, Immunisierung und Kontaktstellen. Auf den Karten S. 839 und 841 sind die Malaria- und Gelbfieber-Endemiegebiete (potentielles Risiko durch vorhandene Erreger) und Infektionsgebiete (aktuelle Meldung von Krankheitsfällen) abgebildet. Regionen mit hohem und niedrigem Malariavorkommen sind unterschiedlich gekennzeichnet. Es ist unbedingt erforderlich, aktuelle Informationen über die vorgeschriebenen bzw. empfohlenen Schutzimpfungen für das jeweilige Zielland einzuholen.

BEHINDERTENGERECHTES REISEN

Trotz der Bemühungen von Betroffenen und Interessengruppen wurden die Belange behinderter Reisender bislang nur unzureichend berücksichtigt oder ganz übergangen. So blieben Behinderten viele Reiseziele mangels behindertengerechter Einrichtungen und aufgrund unzulänglicher Kenntnis der bestehenden Möglichkeiten seitens der Reisebüros bislang verschlossen. Die Begegnung mit anderen Kulturen und Menschen sollte jedoch jedem offenstehen und die Wahl des Ferienortes nach Neigung erfolgen und keinen Beschränkungen unterliegen. Wir haben uns bemüht, die vorhandenen Einrichtungen (Unterkunft, Verkehrsmittel) und Angebote für behinderte Reisende möglichst umfassend aufzuführen, wobei der Schwerpunkt auf Europa liegt. In einigen Ländern (Skandinavien, Niederlande, USA, Australien) ist man dabei konsequenter vorgegangen und hat schon größere Fortschritte gemacht. Es gibt einige Spezialveranstalter, die z. T. auf langjährige Erfahrungen zurückgreifen können und Organisationen, die nützliche Informationen weitergeben, um Buchungen für behinderte Reisende zu erleichtern und einen gelungenen Ferienaufenthalt zu ermöglichen. Einige von ihnen sind im Adressenteil aufgeführt.

DIE WELT DES BUDDHISMUS

Eine kurze Einführung als Ergänzung zu den Informationen in den Rubriken *Gesetzliche Feiertage* und *Sozialprofil* der Länderportraits von Staaten mit buddhistischer Bevölkerung. Grundlagen der buddhistischen Lehre, Feiertage und religiöse Feste sowie verschiedene Richtungen des Buddhismus.

DIE WELT DES ISLAM

Eine kurze Einführung als Ergänzung zu den Informationen in den Rubriken *Gesetzliche Feiertage* und *Sozialprofil* in den Länderportraits islamischer Staaten. Grundlagen der islamischen Glaubenssätze, Frauen im Islam, islamische Feiertage und Feste.

ÖKOTOURISMUS

Sanftes Reisen ist seit einiger Zeit in aller Munde und die Umwelt- und Sozialverträglichkeit des Tourismus rückt angesichts der Probleme, die speziell der Massentourismus verursacht, immer mehr ins Blickfeld der Öffentlichkeit. Großangelegte Tourismusprojekte, die einzig auf die Bedürfnisse der Urlauber zugeschnitten sind, stoßen zunehmend auf Kritik. Sanfte Verkehrsmittel werden immer beliebter, und das vermehrte Interesse schlägt sich im Reiseangebot der Veranstalter nieder. Zahlreiche Initiativen auf nationaler und internationaler Ebene haben sich gebildet, die sich für Veränderungen einsetzen und das Bewußtsein der Tourismusproblematik fördern.

LISTE DER COMMONWEALTH-LÄNDER

Mitgliedsländer: Antigua und Barbuda, Australien, Bahamas, Bangladesch, Barbados, Belize, Botswana, Brunei, Dominica, Gambia, Ghana, Grenada, Großbritannien, Guyana, Indien, Jamaika, Kamerun, Kanada, Kenia, Kiribati, Lesotho, Malawi, Malaysia, Malediven, Malta, Mauritius, Namibia, Nauru, Neuseeland, Nigeria (z. Zt. von der Mitgliedschaft suspendiert), Pakistan, Papua-Neuguinea, Salomonen, Sambia, St. Kitts und Nevis, St. Lucia, St. Vincent und die Grenadinen, Seychellen, Sierra Leone, Singapur, Simbabwe, Sri Lanka, Südafrika, Swasiland, Tansania, Tonga, Trinidad und Tobago, Tuvalu, Uganda, Vanuatu, West-Samoa und Zypern.

Abhängige und Assoziierte Staaten: *Australien:* Australische Antarktische Territorien, Coral Sea Island Territory, Kokos-Inseln, Heard und MacDonald-Inseln, Norfolk-Inseln, Weihnachtsinseln (Pazifik).
Großbritannien: Anguilla, Ascension-Insel, Bermuda, Britisches Antarktik-Territorium, Britische Jungferninseln, Britisches Territorium im Indischen Ozean, Cayman-Inseln, Falkland-Inseln, Gibraltar, Hongkong, Isle of Man, Kanalinseln, Montserrat, Pitcairn, St. Helena, Südgeorgien, Südliche Sandwich-Inseln, Tristan da Cunha, Turks- und Caicos-Inseln.
Neuseeland: Cook-Inseln, Niue, Ross Dependency, Tokelau.

Ein Verband stellt sich vor

MITGLIEDER

Wir, der **Deutsche Reisebüro Verband e. V. (DRV)**, sind der Bundesverband deutscher Reisebüros und Reiseveranstalter. Derzeit zählt der DRV mehr als 4600 Mitglieder. Davon sind ca. 3800 Reiseveranstalter und Reisebüros, sogenannte ordentliche Mitglieder und über 700 Unternehmen sogenannte außerordentliche Mitglieder. Zu den außerordentlichen Mitgliedern gehören zum einen Unternehmen, deren Leistungen über Reisebüros vermittelt werden, wie z. B. Fluggesellschaften, Hotelketten, Mietwagen, Reedereien usw. und zum anderen Unternehmen, die Dienstleistungen für die Reisebranche erbringen. Das wiederum können touristische Organisationen der Urlaubsländer, die Betreiber von CRS-Systemen, Beratungsunternehmen, Softwareanbieter, Versicherungen usw. sein. Ein Wirtschaftsverband kann die Interessen seiner Mitglieder und die der Branche um so nachdrücklicher vertreten, je mehr Mitglieder er hat und je geschlossener diese im Verband auftreten und ihn unterstützen.

GRÖSSE

Bei deutschen Reisebüros und Reiseveranstaltern sind über 50.000 Personen beschäftigt; davon befinden sich ca. 7400 in der Ausbildung. Die Branche setzt jährlich etwa 40 Milliarden DM um. Die Mitgliedsunternehmen des DRV erreichen über 70% des Branchenumsatzes. Nach dem amerikanischen Verband (ASTA) und dem britischen Verband (ABTA) ist der DRV der bedeutendste Reisebüro-Verband weltweit.

AUFGABEN

Die Aufgaben des deutschen Reisebüroverbandes sind vielfältig. Es geht zum Beispiel darum – vor allem in kritischen Zeiten – die Vorteile der Veranstalterreise und die Leistungsfähigkeit der Reisebranche der Öffentlichkeit bewußt zu machen, und so ein positives Klima zu schaffen. Gegenüber Parlament und Regierung sind günstige rechtliche und wirtschaftliche Rahmenbedingungen sicherzustellen.

Darüberhinaus berät der Verband seine Mitglieder in wirtschaftlichen und rechtlichen, aber auch in alltäglichen praktischen Fragen. Der DRV unterstützt seine Mitglieder bei der Weiterbildung und Weiterentwicklung durch Workshops, Seminare und Schulungen, die zu günstigen Bedingungen offenstehen.

Der DRV vertritt die Interessen der Reisebüros und Reiseveranstalter gegenüber Leistungsträgern, den Beförderungsgesellschaften zu Lande, zu Wasser und in der Luft, wie auch gegenüber den Leistungsträgern in

den Urlaubsgebieten der deutschen Touristen.
Die unternehmerische Selbständigkeit in den neuen Bundesländern wird besonders durch das DRV-Kontaktbüro in Berlin gefördert.

Weiterhin stellt der DRV im betriebswirtschaftlichen Bereich eine große Palette von Dienstleistungen für jede einzelne Mitgliedsfirma zur Verfügung. Diese reichen von Marktforschungsdaten bis zur Einzelberatung in betriebswirtschaftlichen Fragen. Ein Schwerpunkt der Arbeit in den letzten Jahren war die Information über Kommunikationstechnologien und deren optimale unternehmerische Nutzung. Eine große Rolle spielt die Beratung der Mitgliedsfirmen im Reiserecht, Wettbewerbsrecht und über die allgemeinen Geschäftsbedingungen. Der DRV berät seine Mitgliedsfirmen auch in allen arbeitsrechtlichen Fragen.

DRV-TARIFGEMEINSCHAFT

Seit 1991 gibt es die DRV-Tarifgemeinschaft. Die Zugehörigkeit ist für DRV-Mitglieder nicht obligatorisch, sondern freiwillig. Tarifverträge werden mit den drei Gewerkschaften Öffentliche Dienste, Transport und Verkehr (ÖTV), Handel, Banken und Versicherungen (HBV) und der deutschen Angestellten-Gewerkschaft (DAG) ausgehandelt.

AUS- UND FORTBILDUNG

Der Erfolg der Mitglieder wird sehr stark von der Qualität ihrer Mitarbeiter beeinflußt. Deshalb haben Aus- und Fortbildung beim DRV einen besonderen Stellenwert. Unser Berliner Büro ist Ihr Ansprechpartner für diesen Bereich.
Ca. 1400 Mitgliedsfirmen sind Ausbildungsbetriebe. Der Verband selber bringt Lehrbücher für die verschiedenen Wissensgebiete heraus. Er pflegt engen Kontakt mit den Fachlehrern der kaufmännischen Berufsschulen und sorgt dafür, daß der Unterricht praxisnah gestaltet werden kann. Die berufliche Fortbildung wird durch Seminare, Tagungen und Studienreisen gefördert. Dabei greift der DRV auf die Möglichkeiten und das Know-how der Mitgliedsfirmen zurück.

WILLY SCHARNOW-STIFTUNG

Darüber hinaus ist die Geschäftsführung der Willy Scharnow-Stiftung beim DRV angesiedelt. Diese Stiftung wurde zur Förderung der beruflichen Bildung im Tourismus 1953 von Willy Scharnow ins Leben gerufen. Die Beratungsqualität durch die Mitarbeiter hängt entscheidend von deren eigenen Erfahrungen in den Zielgebieten ab. Deshalb ist die Stiftung zu einer wichtigen Einrichtung in der Fortbildung junger Reisekaufleute geworden.

DRV-FACHAUSSCHÜSSE

Ein wichtiger Bereich für die Mitwirkung der Mitglieder im Verband, aber auch für die Verbandsleistungen zugunsten der Mitglieder, sind die Fachausschüsse. Ein Blick auf die Zusammensetzung der Gremien des Verbandes zeigt die Vielschichtigkeit der Branche. Es gibt 19 Ausschüsse und Arbeitsgruppen, die sich teilweise auch in Kontaktkreisen mit ihren jeweiligen Gesprächspartnern, z. B. Deutsche Bahn AG, Deutsche Lufthansa AG, Ferienfluggesellschaften und Vertretern des Deutschen Fremdenverkehrs treffen.
In den Ausschüssen Presse und Öffentlichkeitsarbeit, Recht, Aus- und Fortbildung, Information und Technologie, Betriebswirtschaft, Marktforschung und Statistik, Steuern, Mittelstandsfragen, Linienluftverkehr,

Ferienflugverkehr, Schiffahrt, Bahnangelegenheiten/ Schienentouristik, Omnibusangelegenheiten/Bustouristik, Urlaub in Deutschland/Incoming, Zielgebietsangelegenheiten, Umwelt und Kultur arbeiten ca. 150 ehrenamtliche Mitglieder.

VORSTAND UND GESCHÄFTSFÜHRUNG

Präsident des Verbandes ist Gerd Hesselmann, Vizepräsidenten sind Dr. Gerhard Heine, Hannover (Recht) und Rainer Lentz, Hamburg (Bahn). Weitere Vorstandsmitglieder: Martin Buese, Kiel (Umwelt und Kultur), Gerhard Falke, Bremen (Bus), H. Jürgen Henkel, Essen (Steuern), Magdalene Hieke, Ibbenbüren (Mittelstand), Walter Krombach, Frankfurt (Linienluftverkehr), Peter Maciejewski, Wiesbaden (Schiffahrt), Helmut Moll, Neu-Isenburg (Aus- und Fortbildung), Wolfgang Schambach, Worms (Information und Technologie), Klaus Scheyer, Regensdorf (Bedarfsluftverkehr), Lutz Schröder, Magdeburg (Sonderaufgaben), Hans Hermann Waitz, München (Urlaub in Deutschland/Incoming, Finanzen) und Knut Wehner, Düsseldorf (Zielgebietsangelegenheiten). Geschäftsführer des Verbandes sind Knut Wiesner (Sprecher) und Leonhard Reeb.

SITZ DES VERBANDES

Der Deutsche Reisebüro-Verband hat seinen Sitz in der Mannheimerstraße 15 in 60329 Frankfurt am Main. Nach Beschluß des Vorstandes aus 1995 wird der Verband im Jahr 2000 nach Berlin umziehen.

DIE DRV-KONFERENZ

Der **Deutsche Reisebüro Verband (DRV)**, gegründet 1950, vertritt die Interessen deutscher Reisebüros und Reiseveranstalter. Derzeit zählt der Verband 4500 aktive und 700 außerordentliche Mitglieder wie z. B. Firmen, Unternehmen und Institutionen, die eng mit der Tourismusindustrie zusammenarbeiten.

Ca. 55.000 Personen sind in deutschen Reisebüros und bei Reiseveranstaltern beschäftigt, und jährlich werden über 40 Milliarden DM, das entspricht 27 Milliarden US$, umgesetzt. 70% dieses Umsatzes erwirtschaften Mitglieder des **DRV**. Neben ASTA und ABTA ist der **DRV** einer der bedeutendsten Reisebüro-Verbände weltweit. Jedes Jahr treffen sich Mitglieder des **DRV** auf einem Kongreß, um über gegenwärtige wie auch mögliche zukünftige Probleme und Strategien zu diskutieren. Die Konferenz findet dieses Jahr vom **3. - 7. November in Orlando, Florida** statt. Für diese 46. alljährliche Mitgliedskonferenz werden in etwa 1500 Mitglieder erwartet. Wie üblich setzen sich auch dieses Jahr die Delegierten aus Geschäftsleitern, Direktoren und Firmeninhabern deutscher Reisebüros zusammen. Außerdem findet eine "Messe" im DISNEY'S CONTEMPORARY RESORT statt, in dem, wie auch im DISNEY'S DIXIE LANDING RESORT, die Konferenzgäste ihre Unterkünfte haben werden.

Vor sowie auch nach der Konferenz werden Teilnehmern zahlreiche attraktive Touren angeboten. Eine 7tägige Reiseroute müßte die Besucher mit den Hauptattraktionen Floridas vertraut machen können. Kreuzfahrten werden ebenfalls im Angebot stehen und einige Reiserouten könnten sogar Besuche der Nachbarstaaten einschließen.

FLORIDA

Lage: Südostküste der USA.

Fremdenverkehrsamt Florida

Schillerstraße 10

D-60313 Frankfurt/M.

Tolle Einkaufsmöglichkeiten sind die Hauptattraktion

The Florida Mall sättigt all Ihre Einkaufswünsche. Hier finden Sie bekannte Geschäfte wie Saks Fifth Avenue (Eröffnung im Nov. '96), Dillard's, JCPenny, Gayfers und Sears. Außerdem über 200 Spezialgeschäfte wie The Gap, Limited, Victoria's Secret, Warner Brothers Studio Store und Godiva Chocolatier.

In Ihrer Erholungspause können Sie sich dann zwischen einem Snack oder einem kompletten Essen in unserem Komplex mit 18 Eßlokalen wie dem Food Court oder einer Cafeteria oder anderen guten Restaurants entscheiden. Gäste des anliegenden Sheraton Plaza Hotels werden sich für die Vorteile unseres "Privilege Programs" interessieren, ein Einkaufsprogramm mit Rabatt für Besucher. Informieren Sie sich beim Guest Service Center.

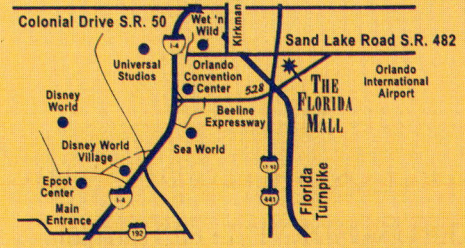

THE FLORIDA MALL

Sand Lake Road (SR 482) und South Orange Blossom Trail (Hwy 441).
Täglich geöffnet von 10.00-21.30 Uhr, sonntags 11.00-18.00 Uhr.
(407) 851-6255

Tel: (069) 131 07 31. Telefax: (069) 131 06 47.

(nur schriftliche Anfragen, auch zuständig für Österreich und die Schweiz)

Orlando Tourism Bureau

Kleine Hochstraße 9

D-60313 Frankfurt/M.

Tel: (069) 28 96 85. Telefax: (069) 29 59 74.

Mo-Fr 09.00-17.00 Uhr (nicht für den Publikumsverkehr geöffnet).

(auch zuständig für Österreich und die Schweiz)

Florida Division of Tourism

Department of Commerce

Suite 511

Collins Building

107 West Gaines Street

Tallahassee, FL 32399-2000

Tel: (904) 488 56 07, 488 91 87. Telefax: (904) 487 01 34.

Besucheranfragen und Prospektversand:

126 Van Buren Street

Tallahassee, FL 32399-2000

Tel: (904) 487 14 62.

Florida Hotel/Motel Association

200 West College Avenue

PO Box 1529

Tallahassee FL 32302-1529

Tel: (904) 224 28 88. Telefax: (904) 222 34 62.

Florida Association of RV Parks & Campgrounds

1340 Vickers Drive
Tallahassee, FL 32303-3041
Tel: (904) 562 71 51. Telefax: (904) 562 71 79.

Orlando/Orange County Convention & Visitors Bureau
Suite 100
6700 Forum Drive
Orlando, FL 32821-8087
Tel: (407) 363 58 49. Telefax: (407) 363 58 99.

FLÄCHE: 170.314 qkm.

BEVÖLKERUNGSZAHL: 13.679.000 (1993).

BEVÖLKERUNGSDICHTE: 80,3 pro qkm.

HAUPTSTADT: Tallahassee. **Einwohner:** 124.773 (1990).

GEOGRAPHIE: Dieses ehemalige Indianergebiet bietet alles von einfacher Abgeschiedenheit in der Sonne bis zu Luxus im großen Stil. Die Halbinsel ist eines der Hauptferiengebiete der USA mit ihren gewundenen Wasserwegen, Süßwasserseen, Hügeln, Wäldern, Sümpfen, Städten, 13.560 km Küste, vielen Buchten, Inseln und einem wundervollen Klima. An der südöstlichen Spitze liegen Miami und der berühmt-berüchtigte Miami Beach, wo die Sonne das ganze Jahr über scheint. Floridas größter Strand, *Miracle Strip*, erstreckt sich an der Nordküste von Apalachicola nach Pensacola und besteht aus über 160 km reinen weißen und oft einsamen Sandstränden. In der Nähe von Tampa gibt es 45 km Sandstrand an der Pinellas Suncoast, die Walt Disney World, das Kennedy-Weltraumzentrum und viele weitere Touristenattraktionen.

ORTSZEIT: MEZ - 6.

REISEVERKEHR

FLUGZEUG: Durchschnittliche Flugzeiten: *Miami* – Frankfurt: 10 Std. 15; *Miami* – Wien: 11 Std. (reine Flugzeit, Umsteigen in Zürich oder New York); *Miami* – Zürich: 10 Std. 15.

Tampa – Frankfurt: 13 Std. 35 (einschl. Zwischenaufenthalt von 1 Std. 55 in Charlotte); *Tampa* – Zürich: 10 Std. 45 (reine Flugzeit, Umsteigen in Atlanta).

Orlando – Frankfurt: 12 Std. 20 (einschl. 1 Std. 50 Zwischenaufenthalt in Charlotte); *Orlando* – Zürich: 11 Std. 20 (reine Flugzeit, Umsteigen in Atlanta). Verbindungen von Wien sind nur über Frankfurt/M. möglich.

Internationale Flughäfen: *Miami* (MIA) liegt 11 km nordwestlich der Stadt (Fahrzeit 15 Min.), Tel: (305) 876 70 00. Ein Bus pendelt rund um die Uhr vom Flughafen zum Geschäftsviertel und hält auf Wunsch an den Hotels. Die Buslinie 20 fährt von 06.00-01.00 Uhr alle 30 Min. Taxis und Limousinen sind vorhanden. *Greyhound*-Busse fahren nach Homestead, Islamorada, Key Largo, Key West und Marathon.

Tampa (TPA) liegt 8 km westlich der Stadt (Fahrzeit 15 Min.), Tel: (813) 870 87 00. Es gibt Busse, Taxis und Limousinen.

Orlando (MCO) liegt 16 km südöstlich der Stadt (Fahrzeit 25 Min.), Tel: (407) 825 20 01. Mietwagen, Busse, Taxis und Limousinen stehen zur Verfügung.

SCHIFF: Der Hafen von Miami wird als Welthauptstadt der Kreuzfahrten bezeichnet und bietet Schiffe für jede Gelegenheit – von der Konferenz an Bord über die Wochenendfahrt bis zu ausgedehnten Seereisen. Der zweitwichtigste Hafen für Kreuzfahrten in Florida ist Port Everglades in Fort Lauderdale. Port Canaveral

und Port of Palm Beach sind weitere Häfen an der Ostküste; die wichtigsten Anlaufstellen für Kreuzfahrten an der Westküste sind St. Petersburg und Tampa. Einige der wichtigsten Reedereien in Florida sind *Admiral, Carnival, Chandris Fantasy-Celebrity Cruises, Commodore, Costa, Crown, Cunard, Dolphin, Holland America, Norwegian American, Premier, Princess, Regency, Royal Caribbean, Royal Viking, Seabourn, SeaEscape, Sitmar* und *Sun Line.*

BAHN: Der *Amtrak*-Bahnhof in Miami liegt 11 km nördlich des Geschäftsviertels. Der Bahnhof ist der südliche Endbahnhof des Bahnnetzes der Ostküste für Züge aus New York und Boston.
Eine Nebenlinie endet in Sarasota, einige Kilometer südlich von Tampa am Golf von Mexiko. Es gibt keine Direktverbindung zwischen den beiden Bahnhöfen.

BUS/PKW: Die größten Straßen Floridas führen von Daytona Beach nach St. Petersburg (I-4), von Jacksonville zur Grenze nach Alabama (I-10), von St. Petersburg nach Tampa (I-275), von der südlichen Westküste nach Ft. Lauderdale (I-75) und von Clearwater nach Vero Beach (State 60). Die meisten Straßen sind ausgezeichnet.

Durchschnittliche Pkw-Fahrzeiten: Miami – Orlando: 4 Std; Tampa – Orlando: 1 Std. 30.
Alle Fahrzeiten bei Fahrt ohne Halt und innerhalb der Geschwindigkeitsbegrenzungen.

Durchschnittliche *Greyhound*-Fahrzeiten: Miami (Tel: (305) 374 61 60) – Orlando: 7 Std. 15; Miami – St. Petersburg: 8 Std. 30; Miami – Tampa: 10 Std.

URLAUBSORTE & AUSFLÜGE

MIAMI/MIAMI BEACH: Miami ist der größte Hafen der Welt für Kreuzfahrten (mit Stegkapazität für 14 Schiffe) und sowohl auf dem Wasser- als auch auf dem Luftweg ein ideales Sprungbrett in die Karibik. Der frühere Winterurlaubsort ist heute das ganze Jahr über viel besucht. Die Temperaturen sind ganzjährig angenehm – zwischen 20°C im Dezember und 27°C im August. Hotelzimmer und Apartments sind von April bis Mitte Dezember wesentlich billiger. Die Insel Miami Beach ist durch einen Damm und Brücken mit dem Festland verbunden. 80 Häuserblocks und 800 Gebäude sind um den Flamingo-Park gruppiert. Diese Gegend rühmt sich der größten Ansammlung von Art Deco-Gebäuden.

Miamis Stadtbild hat sich in den letzten Jahren durch Sanierungs- und Neubauprojekte stark verändert. Der 1988 eröffnete *Bayside Market Place*, ein Neubaukomplex mit Geschäften, Restaurants und Pavillons rings um den Jachthafen, wurde für 93 Mio. US$ erbaut. Der 12 ha große *Bayfront Park* zieht sich an der Bucht entlang und verbindet Bayfront mit Riverwalk. Greater Miami oder Metropolitan Dade County setzt sich aus mehreren Ortschaften zusammen, darunter Miami, Miami Beach, Coral Gables, South Miami, Hialeah, Key Biscayne, Coconut Grove und Little Havanna (mit kubanischen Restaurants und Cafés). Im Nordosten liegt die beliebte *Sunny Isles Motel Row*, im Südwesten das *Miracle-Mile*-Einkaufsgebiet in Coral Gables (mit venetianischem Stadtbad) und das moderne Universitätsgelände. Im *Greynolds Park* im Norden gibt es Picknickplätze, Bootsvermietungen und einen Golfplatz. Eine Kuriosität ist das Kloster von *St. Bernard de Clairvaux* aus dem 12. Jahrhundert, das vom

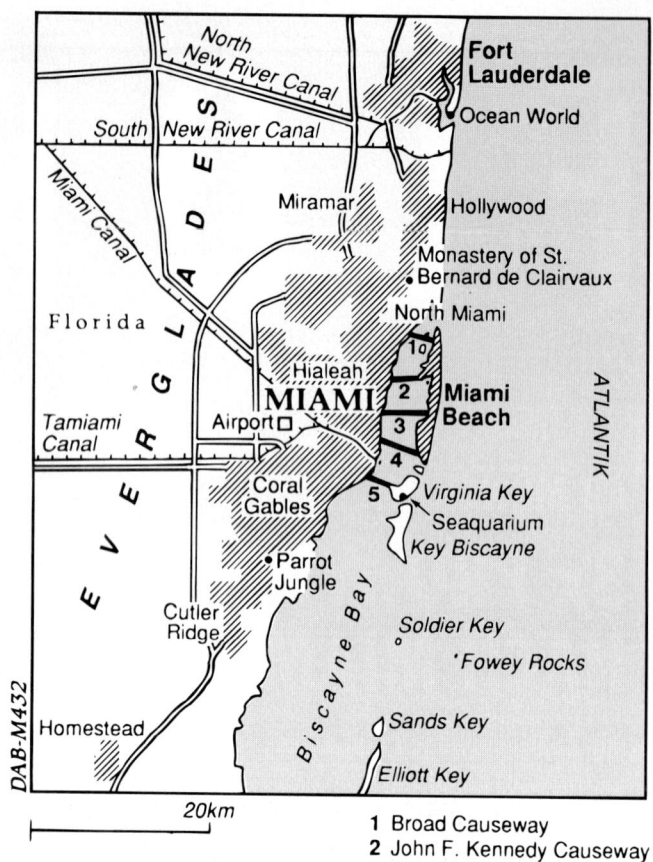

1 Broad Causeway
2 John F. Kennedy Causeway
3 Julia Tuttle Causeway
4 MacArthur Causeway
5 Rickenbacker Causeway

Verleger William Randolf Hearst in Spanien gekauft und dann Stein für Stein importiert wurde. Kulturell interessant sind das *Miami Wax Museum*, das *Metropolitan Museum Art Center*, das *Lowe Art Museum* mit einer umfassenden Sammlung primitiver Kunst sowie europäischer und orientalischer Gemälde und das *Bass Museum of Art*. Die *American Sightseeing Tours* führen täglich halb- oder ganztägig durch das Stadtgebiet von Greater Miami; außerdem bieten verschiedene Reiseveranstalter Rundfahrten per Boot an.

Von **Watson Island** kann man aus dem Hubschrauber einen Blick aus der Vogelperspektive auf Miami und Miami Beach werfen. Der Rundflug dauert 14 Min. Der *Fairchild Tropical Garden* in der Old Cutler Road in Süd-Miami ist mit 33 ha farbenprächtigen tropischen Pflanzen aus aller Welt, einem Regenwald, Palmen, einem Senkgarten und einem Pflanzenhaus mit seltenen Arten der größte Botanische Garten der USA. Die

Geschäftsleute fliegen, um Zeit zu sparen. LOT macht es möglich.

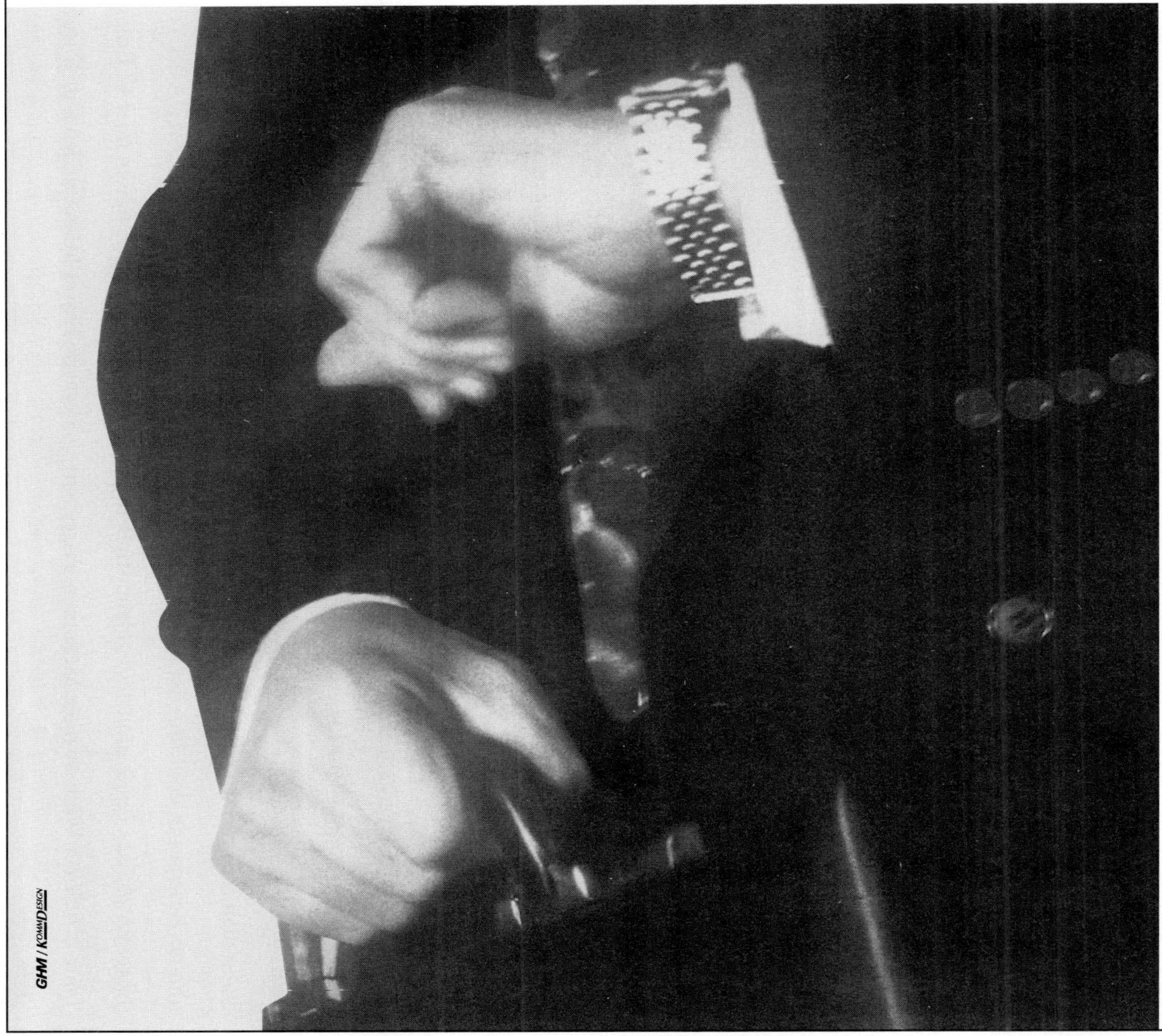

Zeit ist das Investment der Geschäftsreisenden. So hat LOT die Verbindungen von Frankfurt nach Warschau, Krakau und Kattowitz erhöht, damit Sie noch flexibler planen können.

Mit 55 Flügen pro Woche von sieben deutschen Flughäfen bietet LOT die größte Auswahl. Die nationalen Verbindungen sorgen für einen perfekten Transfer zum gewünschten Ziel. Und das mit einer Flotte, die zu den jüngsten im Markt zählt.

Bei LOT steht eben der Gast im Mittelpunkt – und alles, was das Fliegen für Sie einfacher und bequemer macht.

Nähere Informationen erhalten Sie in Ihrem Reisebüro oder direkt bei LOT unter Telefon (069) 23 19 81.

POLISH AIRLINES
LOT
We make Europe closer

MIAMI

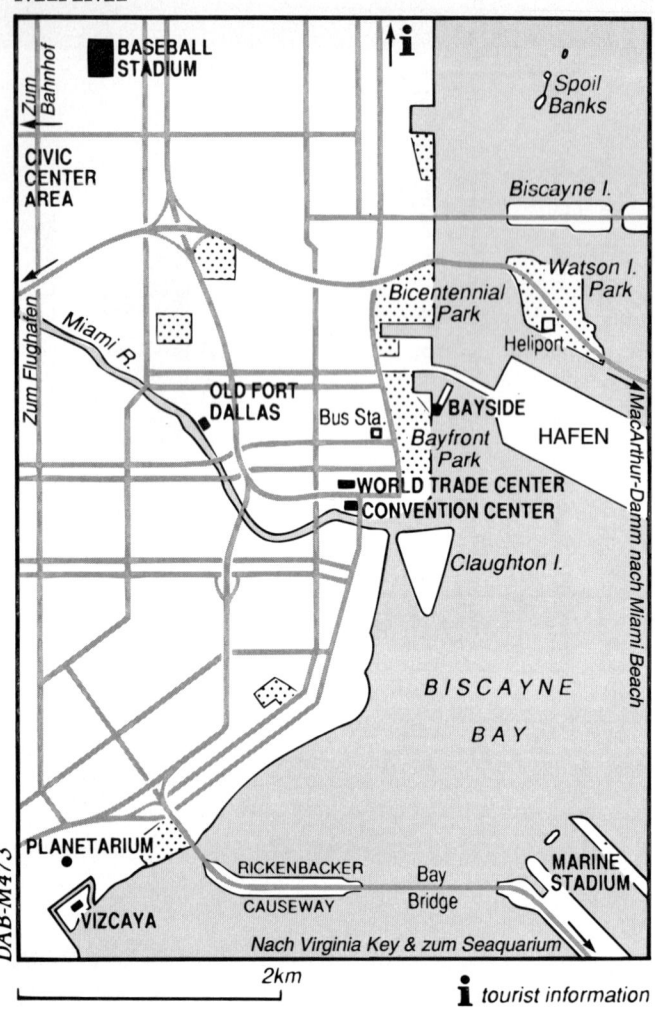

HMS *Bounty* in Bayside ist eine Nachbildung des berühmten Schiffs aus dem 18. Jahrhundert mit voller Takelage, das durch das Buch »Meuterei auf der Bounty« berühmt wurde. Die *Lion Country Safari* ist eine 800 km lange Fahrt auf dem Southern Boulevard nach Westen durch einen Wildschutz- und Freizeitpark, in dem etwa 1000 afrikanische, asiatische und amerikanische Tiere relativ frei leben. Im *Miami Metrozoo*, unweit der Hauptverkehrsstraße Floridas, 152nd Street West, wird der natürliche Lebensraum der Tiere simuliert. Im *Miccosukee Indian Village*, westlich von Miami, kann man erfahren, wie dieser Indianerstamm (es gibt ihn noch heute) in der Mitte der Everglades (s. u.) lebte. Im *Monkey Jungle* südlich der Hauptstraßenabfahrt 216 Street West, »wo die Menschen eingesperrt sind und die Affen frei herumlaufen«, kann man eine Affenkolonie sehen, die in einem üppigen Tropendschungel lebt. Zu den Hauptattraktionen zählen der *Wild Monkey Swimming Pool*, der *Amazing Rainforest* und der *Ape Encounter*. *Vizcaya*, südlich des Geschäftsviertels von Miami und der Biscayne Bay, ist ein schöner Palast mit 70 Räumen im Stil der italienischen Renaissance. Er liegt in einem 4 ha großen kultivierten Garten und beherbergt eine ausgezeichnete Sammlung von Möbeln und Kunstgegenständen. Das *Miami Museum of Science & Space Transit Planetarium* liegt in der Nähe von Vizcaya in der South Miami Avenue und bietet zahlreiche Attraktionen, einschl. einer Laserschau. Der *Parrot Jungle*, 18 km südlich von Miami, ist Habitat von 1100 Vögeln. Der *Everglades National Park* westlich von Miami ist das größte subtropische Wildnisgebiet in Nordamerika. Er erstreckt sich auf 1,4 Mio. ha über drei Bundesstaaten und nimmt den größten Teil der Südspitze Floridas ein. Der Nationalpark beheimatet 600 Fischarten, 300 Vogelarten sowie zahllose Arten von Säugetieren und Pflanzen, die nirgendwo sonst auf der Welt wachsen. Es gibt Wanderpfade, Schwimmgebiete, Lagerstellen, Wanderungen mit Führung, Reitwege sowie Möglichkeiten zum Boot und Kanu fahren. Das übrige Gebiet der Everglades wird jedoch nach und nach entwässert, wodurch der Lebensraum einiger Indianerstämme und Tierarten zerstört wird. Nördlich der Everglades verbindet der *Tamari Trail* Miami und Tampa. Der einzige Zugang von hier zu dem 5439 qkm großen Naturgebiet ist der Wasserweg.

Die weltberühmten **FLORIDA KEYS** erstrecken sich über 290 km und führen über 42 Brücken von der Biscayne Bay in Miami zu den Dry Tortugas, die nur 145

km von Havanna entfernt liegen und allgemein als »Ende der Welt« bekannt sind. Sie sind in die *Upper, Middle* und *Lower Keys* unterteilt. Die Umgebung der Keys wird hauptsächlich von smaragd-grünen Lagunen, tiefblauem Meer, raschelnden Palmen, rauschenden Pinien und oliv-grünen Mangroven dominiert. **Key Largo** ist ein Taucherparadies, nicht zuletzt, weil man hier Nordamerikas einziges lebendes Korallenriff im *John Pennekamp Coral Reef State Park* oder *Key Largo National Marine Sanctuary* besichtigen kann. Diese beiden Schutzgebiete bieten 55 Korallenarten und fast 500 verschiedene Fischarten; eine Erkundungsfahrt mit dem Glasbodenboot durch den John Pennekamp Coral Reef State Park ist möglich, der 21.000 ha Korallenrif-

fe beinhaltet. In Key Largo gibt es außerdem das einzige Unterwasserhotel der Welt, in dem die Gäste ihre Abendstunden inmitten der bunten Meeresfauna verbringen können. **Islamorada Key** in den Upper Keys ist die Hauptinsel der »Purple Isles«-Gruppe, die sich aus den Inseln Plantation Keys, Windley Key, Upper/Lower Matecumbe Key zusammensetzen. Diese Insel, als »*Sportfishing Capital of the World*« bekannt, macht ihrem Namen alle Ehre. Angler können hier u. a. nach Sailfish, Marlin, Dolphins (nicht Flipper), Kingfish, Snapper, Barracuda und Grouper fischen. Aber auch Segeln, Tauchen, Jet Skiing und Windsurfen sind hier allzeit beliebte Sportvergnügen. Außerdem befindet sich in Islamorada Key einer der ältesten und beliebtesten Marine Parks im ganzen Land, das *Theater of the Sea*. In **Key Marathon**, dem Herzen der

Florida Keys, leben große Herden einer seltenen Seekuhart. *Crane Point Hammock*, ein 240 qkm großes Wildschutzgebiet, und das *Dolphin Research Center* sind weitere Anziehungspunkte dieser Insel. Das größte Lower Key, **Big Pine Key**, ist ein tropisches Naturparadies, auf dem eine Rehart ihr zuhause hat sowie auch Alligatoren zu finden sind. Autofahrer sollten beim Befahren des *National Key Deer Refuge* besonders darauf achten, das Wild nicht zu stören. Das bekannteste Key ist jedoch **Key West**, eine etwa 3 qkm große Insel mit bezaubernden Holzhäuschen, wie man sie auch auf den Bahamas findet, und einer faszinierenden Vergangenheit. 1931 kaufte sich Ernest Hemingway ein Landhaus und verbrachte 10 Jahre seines Lebens hier, in denen er viele seiner berühmten Bücher schrieb. Heute zieht es viele Touristen zu dem *Ernest Hemingway Home and Museum*, wie auch zu seiner beliebtesten Kneipe. Zu den weiteren Sehenswürdigkeiten auf Key West gehören *Audubon House of Gardens*, das Haus des berühmten Ornithologen des 19. Jahrhunderts, die *East Martello Museum and Art Gallery*, das *Key West Aquarium*, das *Key West Lighthouse Museum* und *Turtle Kraals*, wo man 400 Pfund schwere Schildkröten und seltene Vogelarten aus der Nähe beobachten kann. Das *Miami Seaquarium* in **Virginia Key** und an der Biscayne Bay ist ein tropisches Inselparadies, in dem man Schwertwale, Delphine (einschl. »Flipper«) und Seelöwen bewundern kann. *Planet Ocean* auf dem Virginia Key erreicht man über den Rickenbacker-Damm, hier werden die Rätsel der Weltmeere untersucht und erklärt. Man kann einen Wirbelsturm hautnah erleben, durch Wolken gehen, ein U-Boot besichtigen und

die Entstehung der Meere beobachten. **Key Biscayne**, 10 km vom Geschäftsviertel Miamis entfernt, ist ebenfalls über den Rickenbacker-Damm zu erreichen. Zu den Hauptattraktionen dieses Urlaubsortes gehören die schönen Strände, ein Zoo, ein Picknickhain und Badehäuser. Man kann mit einer Kleinbahn fahren und den *Bill Baggs Cape Florida State Park* mit Picknick-, Angel-, Boots- und Bademöglichkeiten besuchen. Die weltberühmte *Pinellas Suncoast* ist von Tampa aus über die Staatsautobahn in 30 Min. zu erreichen. Das ganzjährige Urlaubsgebiet hat durchschnittlich 361 Sonnenscheintage im Jahr. An der 205 km langen Küste liegen 45 km Sandstrände sowie die Urlaubsorte *Clearwater Beach*, *Dunedin*, *Holiday Isles*, *Madeira Beach*, St. Pete Beach, Tarpon Springs (*Sponge Docks*), *Treasure Island* und St. Petersburg, ein besonders bei Senioren beliebter Urlaubsort. **St. Petersburg** befindet sich an Floridas Westküste, und grenzt im Osten an Tampa Bay und im Westen an den Golf von Mexico. Die *Pinellas Peninsula* und deren berühmten Strände sind nur einen Katzensprung von Floridas Hauptattraktionen entfernt,

wie den Busch Gardens, Walt Disney World Vacation Kingdom, Sea World, Universal Studios und vielem mehr. Das *Salvador Dali-Museum* in St. Petersburg beherbergt die größte Sammlung des spanischen Künstlers weltweit. Das *St. Petersburg Museum of Fine Arts* ist für seine Ausstellungen von französischen, impressionistischen Malern bekannt. **St. Pete Beach** befindet sich 30-Minuten-Autofahrt vom Tampa International Airport und durchschnittlich 90 Minuten von allen Attraktion Central Floridas entfernt. Wunderschöne puderweiße Sandstrände und ein schier unendliches Wassersportangebot machen es zu einem idealen Urlaubsort. In der Umgebung besteht auch ein großartiges Kultur- und Freizeitangebot mit St. Petersburg selbst und seinen Theatern, Konzerthallen und Museen oder auch ein Ausflug nach Disney World, Sea World, Cypress Gardens oder Universal Studios. In der Nähe finden Sportbegeisterte auch Pferde- und Hunderennbahnen, Baseball- und American Football-Stadien oder können rasante Jai-Alai-Spiele miterleben. Die *Suncoast Sanctuary* an den **Indian Shores** ist das größte Vogelkrankenhaus in Nordamerika. Über 500

Vögel gibt es hier zu sehen, inklusive einer großen brütenden Kolonie von permanent verletzten braunen Pelikanen. Exemplare der Meeresfauna werden im *Clearwater Marine Aquarium* ausgestellt. *Boatyard Village* ist ein von 1890 wiederaufgebautes Fischerdorf, das in der Bucht von **Tampa Bay** zu finden ist. *Celebration Station* in **Clearwater** ist ein kleiner Vergnügunspark mit Autoskootern, Bootskootern und vielem mehr.

In **ORLANDO** im Herzen von Florida wird Freizeitvergnügen großgeschrieben. Die Stadt hat 47 Parks und 54 Seen.

Eola Park, die 20 ha großen *Le Gardens,* das *Orange Country Historical Museum* und das *Cartoon Museum* sind sehr sehenswert. Das Restaurant/Theater *Celebrity* bietet in jeder Saison fünf verschiedene Inszenierungen.

Orlando liegt in der Nähe von *Disneyland,* einer der größten Touristenattraktionen der USA (s. u.). Vom *Citrus Tower* am Highway 27 in **Clermont** genießt man einen schönen Blick über die Zitrusfrucht-Anbauregion von Zentralflorida. *Sea World* ist der größte Meeres-Freizeitpark der Welt; hier werden Schwertwale, Delphine, Pinguine, Haie, Robben und Seelöwen gehalten. Der 64 ha große Freizeitpark *Boardwalk & Baseball* lockt mit 30 nervenkitzelnden Bahnen (einschl. Floridas schnellster Achterbahn), Shows und vielen anderen Attraktionen. Im *Medieval Times,* westlich von **Kissimmee**, wird man mit Hilfe einer Burg aus dem 11. Jahrhundert, Banketten, Schwertkämpfen und Turnieren ins frühe Mittelalter zurückversetzt. Das NASA Kennedy-Weltraumzentrum (*Spaceport USA*) an der Ostküste veranstaltet Foto- und Kunstaustellungen sowie eine Filmvorführung in einem »IMAX Theater«, das u. a. den Abschuß der Weltraum-Shuttle auf einer großen Leinwand zeigt. Im *Gatorland Zoo* nördlich von Kissimmee befindet sich die größte Alligatorenfarm der Welt mit wilden Tieren Floridas, Vögeln, einem urzeitlichen Sumpfweg und Tausenden von Alligatoren und Krokodilen. In den dreißiger Jahren wurde mit dem Bau der ansprechenden *Florida Cypress Gardens* (7 ha) in **Winter Haven** begonnen. Sie bestehen aus zahlreichen schön angelegten Gärten, moosbewachsenen Zypressen, Blumen, Teichen und Grotten sowie einem kleinen Zoo. Hier finden die Southern Ice-Eiskunstlaufshow, die Aquacade-Hochsprung- und Schwimmshow und die berühmte Wasserskishow statt. In *Silver Springs* fährt man in Glasbodenbooten durch eine Dschungelatmosphäre. Zu den Attraktionen des nahegelegenen *Wild-Waters*-Freizeitparks zählen Fahrten auf künstlichen Wasserwegen, ein Wellenbad und ein Minigolfplatz. Für energiegeladene Wanderer ist der *Florida Hiking Trail* gedacht, der sich über eine Länge von 2100 km durch die Mitte des Bundesstaats schlängelt. Orlandos neueste Attraktion sind die *Universal Studios,* ein 178 ha großes Filmstudio und Unterhaltungsgebiet, das Shows und Modelle vieler bekannter Kinofilme zeigt, z. B. aus »ET«, »Der weiße Hai« und »Zurück in die Zukunft«, die alle hier gedreht wurden. Die Besichtigungstour durch die Filmstudios gewährt einen interessanten Einblick in die glitzernde Film- und Fernsehwelt.

Disneyland (*Walt Disney World*): Dieser äußerst beliebte, 112.000 ha große Freizeitpark liegt 32 km südwestlich von Orlando am *Lake Buena Vista* und umfaßt ein 2880 ha großes Naturschutzgebiet. Der Park wurde 1971 eröffnet und zieht heute 20 Mio. Besucher pro Jahr an. Zwischen den einzelnen Teilen wird man auf Kleinbahnen, Fähren und Booten befördert. *Walt*

Ihr Urlaub beginnt in unserem Flughafen

Üppige Vegetation, hochmoderne Verkehrsmittel und moderne Kunst beschreiben nicht nur eine junge, dynamische Stadt, sondern auch den Orlando International Airport. Hier eröffnet sich Ihnen ein völlig neues Reiseerlebnis, denn Orlando International bietet mehr nationale Verbindungen als jeder andere Flughafen in Florida. Der Orlando International ist die Garantie für eine reibungslose An- und Abreise in Ihrem Urlaub oder Ihrer Geschäftsreise in Central Florida. *Weitere Informationen über Passagierdienste von:*

Orlando International Airport • Marketing & International Development
One Airport Boulevard • Orlando, FL 32827 • Tel: 407 825 38 87 • Telefax: 407 850 92 17 • WWW URL: HTTP://FCN.STATE.FL.US/GOAA/INDEX.HTML

Millionen werden im Orlando International Airport herzlich willkommen geheißen

Orlando International Airport ist die erste Adresse für Flugreisende nach Central Florida und Orlando selbst. Hier wurden 1995 über 22,4 Mio. Passagiere begrüßt, von denen 2,4 Mio. mit internationalen Flügen ankamen.

Delta Air Lines, einer der Hauptanbieter für Flüge zum Orlando International Airport, ist die offizielle Fluglinie der Olympischen Spiele 1996. Orlandos Fluggesellschaften bieten inzwischen 69 verschiedene Ziele innerhalb der USA, 42% mehr als alle anderen Flughäfen in Florida. Nonstop-Flüge zu 16 internationalen Städten sind im Angebot.

Orlando International Airport erhielt 1995 auch nationale und internationale Auszeichnungen für Kundenbetreuung. Eine Umfrage unter 40.000 Reisenden, die von der International Air Transport Association durchgeführt wurde, wählte den Orlando International Airport zum besten Nordamerikanischen Flughafen für Kundenbetreuung. International kam der Flughafen auf Platz 4 – hinter Manchester, Singapurs Changi und Amsterdam Schiphol – im Bereich der Kundeneinrichtungen. Der Flughafen ist ebenfalls der Spitzenreiter in Nordamerika was Bodentransport, Einkaufsmöglichkeiten und Restaurants betrifft. Zusätzlich erhielt der Flughafen den State of Florida Design Arts Award für eine innovative Gestaltung.

Der Flughafen gilt als ein hervorragendes Beispiel für ästhetisches und technisches Design mit dem Hauptthema »Florida«. Hier finden Besucher ein regelrechtes Spiegelbild Central Floridas von Anfang bis Ende, von Oben und Unten. Der moderne, hochtechnische Terminal ist bekannt für seine einzigartige Architektur. Die lineare Struktur aus Zement und Stein scheint förmlich aus der üppig-tropischen Landschaft herauszuwachsen. Die Grundfläche des Terminals von 345 ha beinhaltet geschützte Natur mit Seen und Inseln. Passagiere fühlen sich bei der Ankunft in einträchtiger Harmonie mit der natürlichen Landschaft Floridas.

Besonderer Wert beim Design des Terminals wurde auf Zweckmäßigkeit, Komfort und klare Linie gelegt. Die drei individuellen Gebäude mit jeweils drei Stockwerken sind mit einem automatischen Laufband verbunden, das Passagiere vom Hauptgebäude des Terminals zu den jeweiligen An- und Abflugsteigen bringt. Die drei Stockwerke garantieren einen ungehinderten Verkehr. Reisende müssen maximal 280 m zurücklegen, bevor sie auf die eine oder andere Form von automatisiertem Transport treffen, somit sind kurze Wege garantiert. Alle Verkaufsschalter liegen nicht mehr als 70 m vom Haupteingang entfernt. Der Flughafen ist 13 km vom Zentrum Orlandos entfernt und ist gleichzeitig der 18. größte Flughafen der USA.

Orlando International Airport wartet auch mit einer Fülle von Einkaufsmöglichkeiten auf, insgesamt 38 Geschäfte sind in den Terminals untergebracht. Hier finden Flugreisende alles, von der Tageszeitung bis zum Mobiltelefon in national bekannten Geschäften. Zahlreiche Attraktionen der Orlando-Region haben hier Souvenirgeschäfte. Auch die Gastronomie kommt nicht zu kurz, Reisende finden hier eine große Auswahl für alle erdenklichen Geschmäcker, von Schnellimbissen bis hin zu eleganten Restaurants. Banken, Wechselstuben und andere Einrichtungen, auf die internationale Reisende Wert legen, sind ebenfalls vertreten. Das Orlando International Airport Hyatt Regency bietet 447 Zimmer und zahlreiche Konferenzeinrichtungen auf einer Fläche von 32.000 qm.

Über 90 Fluggesellschaften bedienen den Flughafen momentan. Zukunftspläne sehen allerdings einen weiteren Ausbau und die Umwandlung des Flughafens zum ersten intermodalen Gateway für Orlando und Central Florida. Neue Terminals, ein größeres Angebot an Zubringerdiensten, eine vierte Landebahn und Einrichtungen für Hochgeschwindigkeits- und normale Züge sind hierfür vorgesehen.

Der Orlando International Airport ist bemüht, allen Passagieren ein angenehmes, komfortables, sicheres, pünktliches und preisgünstiges Reisen zu ermöglichen.

Für weitere Informationen setzen Sie sich mit Carolyn Fennel, Greater Orlando Aviation Authority, in Verbindung.
Tel: (407) 825 20 55.

DISCOVER ORLANDO... MARRIOTT STYLE

8800 Meadow Creek Drive
Orlando, FL 32821

Residence Inn von Marriott, Lake Buena Vista

Unsere Suiten sind so groß, daß manche denken, wir seien Orlandos Königreich!

Bieten Sie Ihren Kunden genügend Platz zum Entspannen im Residence Inn von Marriott, Lake Buena Vista. Nur 5 km von Walt Disney World's Magic Kingdom® und nur wenige Minuten von Universal Studios®, Sea World® und Wet 'n Wild® entfernt.

Unterkünfte: 688 großzügige 1 Zimmer mit Bad oder 2 Zimmer/2 Bäder-Suiten mit vollausgerüsteter Kochnische, abgetrennter Wohn- und Eßecke, Kabel-TV mit Fernbedienung.

Einrichtungen: Täglich kontinentales Frühstück gratis, 24-Std.-Überwachung, Snacks und Getränke am Pool, Lebensmittelgeschäft, Zimmermädchen/Küchensäuberung täglich, Filmkanal, Information.

Sport: 3 Swimmingpools, 2 Whirlpools, Tennisplatz mit Flutlicht, Kinderspielplatz und gleich nebenan ein 18-Loch Weltmeisterschaftsgolfplatz.

Buchungen: Sabre: 30042 • Apollo: 15477 • Worldspan: MCORI • System 1: MCORIN • Amadeus: MCORIR
Gebührenfrei: 0130 85 44 22 • Hotel (direkt): (407) 239 77 00 • Telefax: (407) 239 76 05

8701 World Center Drive
Orlando, FL 32821

Marriott's Orlando World Center

Ferien als Teil Ihres Urlaubs, Marriott's Orlando World Center liegt nur wenige Minuten von Walt Disney World's Magic Kingdom®, Universal Studios Florida® entfernt und bietet Unterhaltung für die ganze Familie. Unterbringung in einem der 1503 Deluxe Zimmer mit Balkon oder Terrasse oder einer der 85 luxuriösen Suiten. Alle Deluxe Zimmer bieten Minibar, Kabelfarbfernsehen mit Filmkanal, Telefon mit Anrufbeantworter, Fön, Kaffee/Tee gratis, Bügeleisen und -brett sowie einen Tresor. Einrichtungen und Aktivitäten:

- 18-Loch Weltmeisterschaftsgolfplatz
- Kinderaktivitäten unter Aufsicht
- Lagunenpool mit Wasserfällen und Rutsche, beheiztes Hallenbad, Whirlpools und Saunas
- Autoverleih
- Kartenverkauf und Shuttleservice zu allen Attraktionen
- Souvenirgeschäft, Boutiquen und Sportläden
- 7 Restaurants und 2 Salons, von lässig bis elegant

Spezialpauschalangebote. Buchungen und Information: 0130 85 44 22 • (407) 239 42 00

Reservations: 01 30 85 44 22

Marriott Vacation Club

Cypress Harbour – Hervorragende Lage inmitten der International-Drive-Region mit ihren einzigartigen Attraktionen, schier endlosen Unterhaltungs-, Einkaufsmöglichkeiten und Restaurants. Ruhiger See zum Bootfahren, 3 beheizte Swimmingpools mit Sonnenterrasse und Strand, Tennisplätze mit Flutlicht, Sportraum, Klubhaus, Animationsprogramm und Golf in der Nähe.

Sabal Palms, Royal Palms, Imperial Palm Villas – Unnachahmlicher Luxus und Abgeschiedenheit in der Umgebung von Lake Buena Vista. Walt Disney World's Magic Kingdom®, Epcot® Center und MGM Studios® sind einfach und schnell von hier erreichbar. Beheizte Swimmingpools mit Sonnenterrasse, Sportraum und Sauna, Grillplatz und Klubhaus. Unsere Gäste können ebenfalls alle Einrichtungen des Marriott's Orlando World Center benutzen. Imperial Palm Villas Unterkünfte bieten 3 Schlafzimmer.

Cypress Harbour • 11251 Harbour Villa Road • Orlando, FL 32821
Sabal Palms • 8505 World Center Drive • Orlando, FL 32821
Imperial Palm Villas & Royal Palms • 8404 Vacation Way • Orlando, FL 32821

Disney World ist das ganze Jahr über geöffnet. Das 104 ha große *EPCOT Center* (»Experimentelle Prototyp-Ortschaft von Morgen«) wurde 1982 eröffnet und behandelt verschiedene Themengebiete wie wissenschaftliche Erfolge und Entdeckungen. Zu den Hauptattraktionen gehören »Raumschiff Erde«, »Das Universum der Energie«, »Die Welt der Bewegung«, »Reise in die Phantasie«, »Das Land«, »Computerzentrale«, »Horizonte«, »Lebendes Meer« und »Die Wunder des Lebens«. Das *World Showcase* (auch im EPCOT Center) stellt Ausstellungsstücke aus 11 Nationen um eine *World Showcase Lagoon* herum aus – Kanada, Großbritannien, Frankreich, Japan, »Das amerikanische Abenteuer«, Italien, Deutschland, China, Marokko, Mexiko und Norwegen sind vertreten.

Vacation Kingdom ist eine Gruppe von Urlaubshotels unter bestimmten Mottos auf einem 100 ha großen Gelände. Zur Auswahl stehen das *Polynesian Village*, das *Disney Inn*, der *Fort-Wilderness*-Campingplatz, das *Grand Floridian Beach Resort* und das *Caribbean Beach Resort*. Es gibt Tagungsräume, Restaurants, Geschäfte, Nachtklubs, Unterhaltungsräume, Meisterschaftsgolfplätze, Tennisplätze, Reitmöglichkeiten, Swimmingpools, Bootsfahrten und Wasserskiausrüstungen sowie das *River Country Water Adventure*, den tropischen Garten *Discovery Islands*, Naturschutzgebiete und den *Typhoon Lagoon Water Park*.

Innerhalb des Vacation Kingdom gibt es das *Magic Kingdom*, das auf einem 40 ha großen Gelände 45 Abenteuer anbietet. Es ist in sieben Länder unterteilt, jedes mit Unterhaltung, Restaurants und Geschäften, die auf beliebten Disneythemen von Vergangenheit und Zukunft beruhen: *Adventureland, Liberty Square, Frontierland, Main Street, Fantasyland, Tomorrowland*

und *Mickey's Birthday Land*.

Die *Disney MGM Studios* sind aktive Fernseh- und Filmstudios mit Produktions-, Tour- und Unterhaltungseinrichtungen.

Das *Walt Disney World Village* umfaßt den *Disney Village Market Place* (mit 30 Geschäften, 10 Restaurants, dem *Empress Lilly*-Flußboot und *Village Lounge*), das *Disney Village Clubhouse & Village Resort, Hotel Plaza, Village Office Plaza, Conference Center* und *Pleasure Island* – eine 2,4 ha große Nachtrestaurant- und Unterhaltungsanlage.

SOZIALPROFIL

ESSEN & TRINKEN: Kubanische und mexikanische Küche ist in Miami sehr beliebt. Da Florida eine Halbinsel ist, sind Meeresfrüchte die Spezialität des Bundesstaates. Frische Steinkrebse kann man in keinem anderen Ort der USA essen.

NACHTLEBEN: Miami hat viele Theater und Veranstaltungssäle. Die bekanntesten sind die *Theaters of Performing Arts* im *Miami Beach Convention Center Complex* und das *Coconut Grove Playhouse* (3500 Main Highway), das die größeren Broadway-Hits aufführt. Die *Opera Guild of Greater Miami* bucht bekannte Stars, ihre Shows werden normalerweise im *Dade Country* oder im *Miami Beach Auditorium* aufgeführt. In den meisten Hotels und Urlaubsorten gibt es Nachtklubs. Die Coconut-Grove-Region mit modernen Nachtklubs und Cocktailbars bietet in Bars und auf der Straße ein pulsierendes Nachtleben. Man spaziert herum, um zu sehen, wo am meisten los ist. Die kubanischen Abendrestaurants sprühen meist vor Leben und bieten auch die besten Einrichtungen. *Les Violins* und *Les Folies* am Biscayne Boulevard werden sehr empfohlen, da sie ausgezeichnete Shows und gute Mahlzeiten bieten.

EINKAUFSTIPS: Miami: Die beliebtesten Einkaufsstraßen der Stadt sind die Flagler Street zwischen Biscayne Bay und Miami Avenue und der Biscayne Boule-

vard zwischen der Flagler Street und der nördlich gelegenen 16th Street mit dem ultramodernen *Omni Shopping Complex*. Auf dem Gelände des *Tropicaire*-Autokinos (7751 Bird Road, Miami) wird jedes Wochenende ein Flohmarkt abgehalten.

Miami Beach: Größte Einkaufsstraße ist die Lincoln Road Mall. Nördlich von Miami Beach liegt das Bal Harbour-Einkaufsgebiet.

SPORT: Florida bietet unzählige Sportmöglichkeiten. **Windhundrennen** finden in Pensacola, Jacksonville, Daytona Beach, Orange Lake, St. Petersburg, Sarasota, Tampa, Bonita Springs, Palm Beach, Miami und Fort Lauderdale statt. **Jai Alai** wird in Chattaahoochee, Daytona Beach, Tampa, Palm Beach, Fort Lauderdale und Miami gespielt. **Trabrennen** werden in Pompano ausgetragen und **Vollblut-Pferderennen** in Tampa, Miami und Fort Lauderdale. Beliebte Publikumssportarten sind **Basketball** (Miami Arena in Miami), **American Football** (*Miami Dolphins*-Team im Joe Robbie Stadium in Miami, *Orlando Thunder*-Team in Orlando und *Tampa Bay Buccaneers*-Team in Tampa). **Polo** wird im *Palm Beach Polo and Country Club* in Palm Beach gespielt. Weitere Sportmöglichkeiten sind **Golf, Fischen, Bootrennen, Autorennen, Rodeo, Baseball, Tennis, Segeln, Tauchen** und **Radfahren**. Zum Fischen braucht man ggf. eine Genehmigung.

VERANSTALTUNGSKALENDER

25. - 27. Mai '96 *Zellwood Sweetcorn Festival.* **14. - 23 Juni** *Florida Film Festival.* **24./25. Juni** *A World of Orchids* (internationale Orchideenschau).
Juli *Silver Spurs Rodeo.* **6./7., 13./14. Sept.** *Night of Joy at the Walt Disney World Magic Kingdom.*
Okt. *The Oldsmobile Scramble Golf Tournament*, Walt Disney World Resort. **19./20. Okt.** *Disney in the Park*, Lake Eola. **26. Okt.** *Church Street Station's Halloween Mini Monster Mash*, Orlando. **1. - 30. Nov.** *Cypress Gardens 1996 Chrysanthemen-Festival.* **2./3. Nov.** *Fall Fiesta in the Park*, Lake Eola. **3. - 7. Nov.** *DRV-Jahrestagung*, Orlando. **8. - 10. Nov.** *21st Annual Festival of the Masters*, Disney Village Masterplace. **9./10. Nov.** *Veterans Weekend Celebrations*, Silver Springs.

KLIMA

Das Klima wird vom nahen Atlantik beeinflußt, der die Sommertemperaturen mildert. Es gibt zahlreiche Gewitter, die Region leidet auch unter Wirbelstürmen und weniger heftigen Tropenstürmen, die in den Monaten Juli bis Oktober viel Regen mit sich bringen. Die Winter sind mild.

Kleidung: Leichte Baumwoll- und Regensachen. Gegen die starke Mittagssonne im Sommer sollte man Sonnenschutz wie Sonnenbrillen, Sonnenhüte und langärmelige Hemden/Blusen mitnehmen. Strandkleidung nicht vergessen.

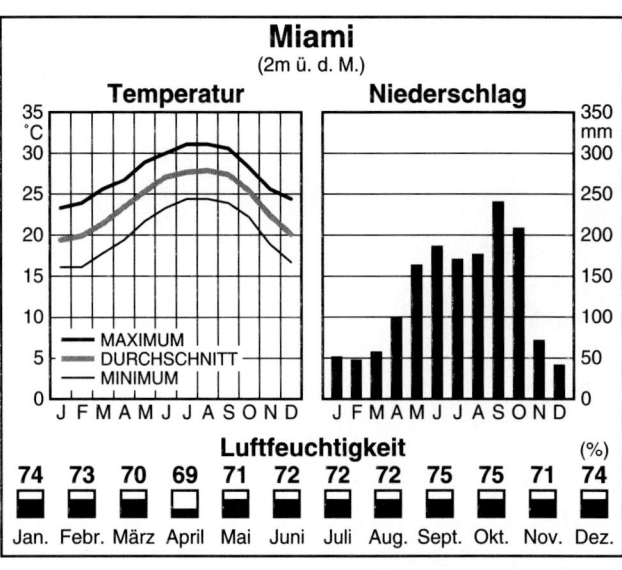

Länder-Information mit CRS

Die nachstehende Anleitung ermöglicht den Zugang zu den neuesten Informationen über Flughafengebühren, Währung, Zollbestimmungen, Gesundheit, Reisepaß- und Visabestimmungen mit dem CRS-System.

- Falls nötig, laden Sie TIMATIC in Ihrem CRS. Einige CRS-Systeme laden TIMATIC automatisch.
- *System GALILEO:*   Kürzel: TI-DFT/###/$$
- *System SABRE:*   Kürzel: TIDFT/###/$$
- *System START/Amadeus:* Kürzel: TIDFT/###/$$
- *System WORLDSPAN:*   Kürzel: TI-DFT/###/$$
- Ersetzen Sie $$ mit einem der folgenden Codes:
  - Flughafengebühren   TX
  - Währung   CY
  - Zollbestimmungen   CS
  - Gesundheit   HE
  - Reisepaßbestimmungen PA
  - Visabestimmungen   VI
- ### entspricht dem Buchstaben-Code der folgenden Länder:

Land	###	Land	###
Afghanistan	KBL	Djibouti	JIB
Ägypten	CAI	Dominica	DOM
Albanien	TIA	Dominikanische Republik	SDQ
Algerien	ALG	Ecuador	UIO
Amerikanische Jungferninseln	STT	El Salvador	SAL
Amerikanisch-Samoa	PPG	Eritrea	ASM
Andorra	ALV	Estland	TLL
Angola	LAD	Falkland-Inseln	MPN
Anguilla	AXA	Fidschi	NAN
Antigua und Barbuda	ANU	Finnland	HEL
Äquatorialguinea	SSG	Frankreich	PAR
Argentinien	BUE	Französisch-Guayana	CAY
Armenien	EVN	Französisch-Polynesien	PPT
Aruba	AUA	Gabun	LBV
Aserbaidschan	BAK	Gambia	BJL
Äthiopien	ADD	Georgien	TBS
Australien	SYD	Ghana	ACC
Bahamas	NAS	Gibraltar	GIB
Bahrain	BAH	Grenada	GRN
Bangladesch	DAC	Griechenland	ATH
Barbados	BGI	Grönland	SFJ
Belarus	MSQ	Großbritannien und Nordirland	LHR
Belgien	BRU	Guadeloupe	PTP
Belize	BZE	Guam	JFK
Benin	COO	Guatemala	GUA
Bermuda	BDA	Guinea, Republik	CKY
Bhutan	PBH	Guinea-Bissau	BXO
Bolivien	LPB	Guyana	GEO
Bonaire	BON	Haiti	PAP
Bosnien-Herzegowina	SJJ	Honduras	TGU
Botswana	GBE	Hongkong	HKG
Brasilien	GIG	Indien	DEL
Britische Jungferninseln	EIS	Indonesien	CGK
Brunei	BWN	Irak	BGW
Bulgarien	SOF	Iran	THR
Burkina Faso	OUA	Irland	DUB
Burundi	BJM	Island	KEF
Cayman-Inseln	GCM	Israel	TLV
Chile	SCL	Italien	ROM
China, VR	PEK	Jamaika	KIN
Cook-Inseln	RAR	Japan	TYO
Costa Rica	SJO	Jemen	SAH
Côte d'Ivoire	ABJ	Jordanien	AMM
Curaçao	CUR	Jugoslawien (Bundesrepublik)	BEG
Dänemark	CPH	Kambodscha (Königreich)	PNH
Deutschland	FRA	Kamerun	DLA

Länder-Information mit CRS

Land	###	Land	###
Kanada	YOW	Portugal	LIS
Kap Verde	SID	Puerto Rico	SJU
Kasachstan	ALA	Réunion	RUN
Katar	DOH	Ruanda	KGL
Kenia	NBO	Rumänien	BUH
Kirgisistan	FRU	Russische Föderation	SVO
Kiribati	TRW	Saba	SAB
Kolumbien	BOG	St. Eustatius	EUX
Komoren	HAH	St. Kitts und Nevis	SKB
Kongo	BZV	St. Lucia	SLU
Korea, Demokratische Volksrep. (Nord)	FNJ	St. Maarten	SXM
Korea, Republik (Süd)	SEL	St. Vincent und die Grenadinen	SVD
Kroatien	ZAG	Salomonen	HIR
Kuba	HAV	Sambia	LUN
Kuwait	KWI	San Marino	BLQ
Laos	VTE	São Tomé und Principe	TMS
Lesotho	MSU	Saudi-Arabien	RUH
Lettland	RIX	Schweden	STO
Libanon	BEY	Schweiz	ZRH
Liberia	MLW	Senegal	DKR
Libyen	TIP	Seychellen	SEZ
Liechtenstein	ZRH	Sierra Leone	FNA
Litauen	VNO	Simbabwe	HRE
Luxemburg	LUX	Singapur	SIN
Macau	MFM	Slowakische Republik	BTS
Madagaskar	TNR	Slowenien	LJU
Malawi	LLW	Somalia	MGQ
Malaysia	KUL	Spanien	MAD
Malediven	MLE	Sri Lanka	CMB
Mali	BKO	Südafrika	DUR
Malta	MLA	Sudan	KRT
Marokko	RBA	Suriname	PBM
Martinique	FDF	Swasiland	MTS
Mauretanien	NKC	Syrien	DAM
Mauritius	MRU	Tadschikistan	DYU
Mazedonien, Ehem. Jugosl. Republik	SKP	Taiwan, China	TPE
Mexiko	MEX	Tansania	DAR
Moldawien	KIV	Thailand	BKK
Monaco	MCM	Togo	LFW
Mongolei	ULN	Tonga	TBU
Montserrat	PLH	Trinidad und Tobago	POS
Mosambik	MPM	Tschad	NDJ
Myanmar	RGN	Tschechische Republik	PRG
Namibia	WDH	Tunesien	TUN
Nauru	INU	Türkei	ANK
Nepal	KTM	Turkmenistan	ASB
Neukaledonien	NOU	Turks- und Caicos-Inseln	GDT
Neuseeland	WLG	Tuvalu	FUN
Nicaragua	MGA	Uganda	EBB
Niederlande	AMS	Ukraine	KBT
Niger	NIM	Ungarn	BUD
Nigeria	LOS	Uruguay	MVD
Niue	IUE	USA	JFK
Norwegen	OSL	Usbekistan	TAS
Oman	MCT	Vanuatu	VLI
Österreich	VIE	Vatikanstadt	ROM
Pakistan	ISB	Venezuela	CCS
Panama	PTY	Vereinigte Arabische Emirate	AUH
Papua-Neuguinea	POM	Vietnam	HAN
Paraguay	ASU	West-Samoa	APW
Peru	LIM	Zaïre	FIH
Philippinen	MNL	Zentralafrikanische Republik	BGF
Polen	WAW	Zypern	LCA

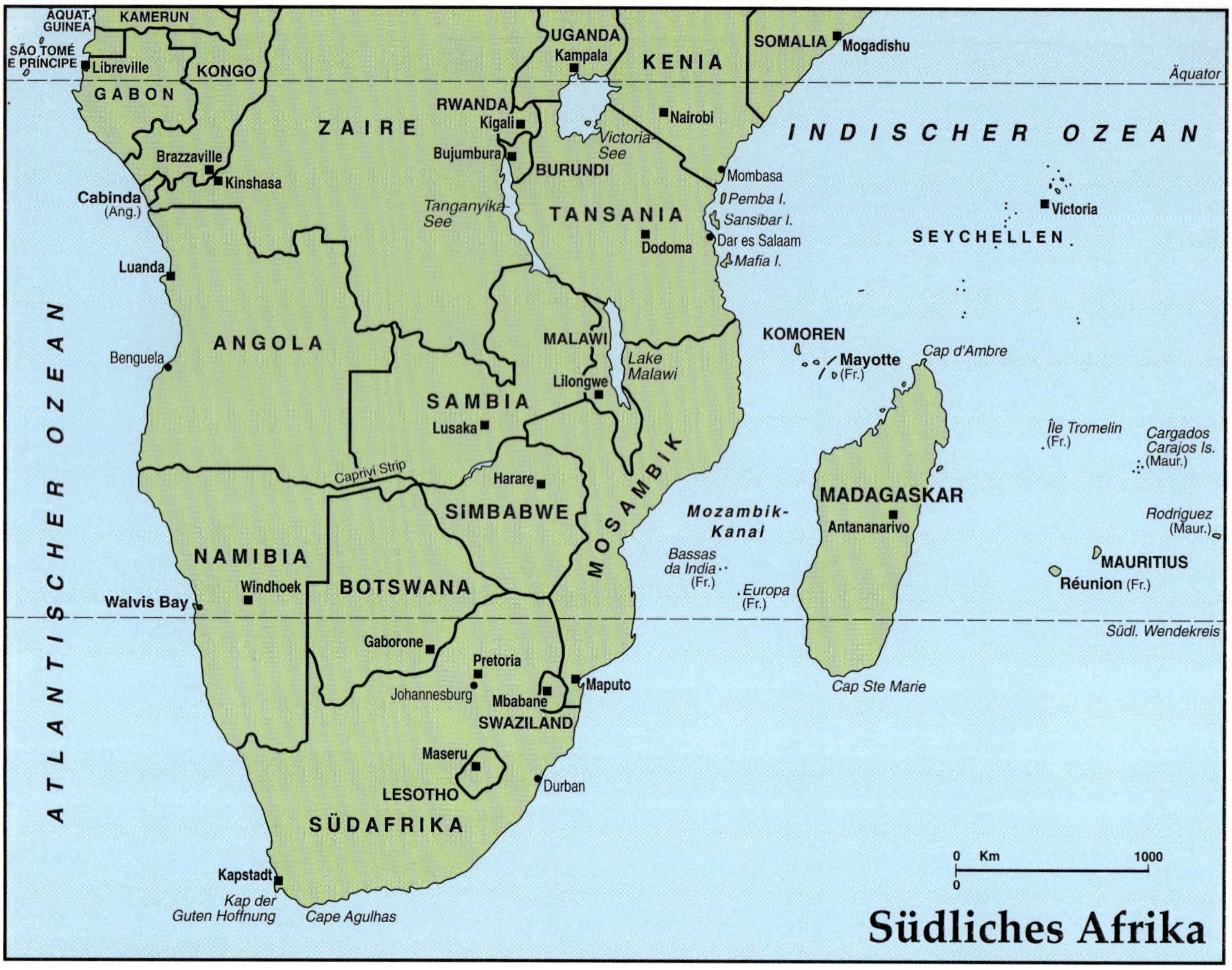
Südliches Afrika
ÄQUAT. GUINEA
KAMERUN
SÃO TOMÉ E PRÍNCIPE
Libreville
GABON
KONGO
UGANDA
Kampala
KENIA
SOMALIA
Mogadishu
Äquator
RWANDA
Kigali
ZAIRE
Nairobi
Bujumbura
BURUNDI
Victoria-See
Brazzaville
Kinshasa
INDISCHER OZEAN
Mombasa
Cabinda (Ang.)
Tanganyika-See
TANSANIA
Pemba I.
Sansibar I.
Dar es Salaam
Mafia I.
Dodoma
Victoria
SEYCHELLEN
Luanda
ATLANTISCHER OZEAN
ANGOLA
Benguela
MALAWI
Lake Malawi
Lilongwe
KOMOREN
Mayotte (Fr.)
Cap d'Ambre
SAMBIA
Lusaka
Caprivi Strip
Harare
SIMBABWE
MOSAMBIK
Mozambik-Kanal
Île Tromelin (Fr.)
Cargados Carajos Is. (Maur.)
MADAGASKAR
Antananarivo
Rodriguez (Maur.)
NAMIBIA
Windhoek
BOTSWANA
Bassas da India (Fr.)
Europa (Fr.)
MAURITIUS
Réunion (Fr.)
Walvis Bay
Südl. Wendekreis
Gaborone
Pretoria
Johannesburg
Mbabane
Maputo
SWAZILAND
Cap Ste Marie
Maseru
LESOTHO
Durban
SÜDAFRIKA
0 Km 1000
Kapstadt
Kap der Guten Hoffnung
Cape Agulhas

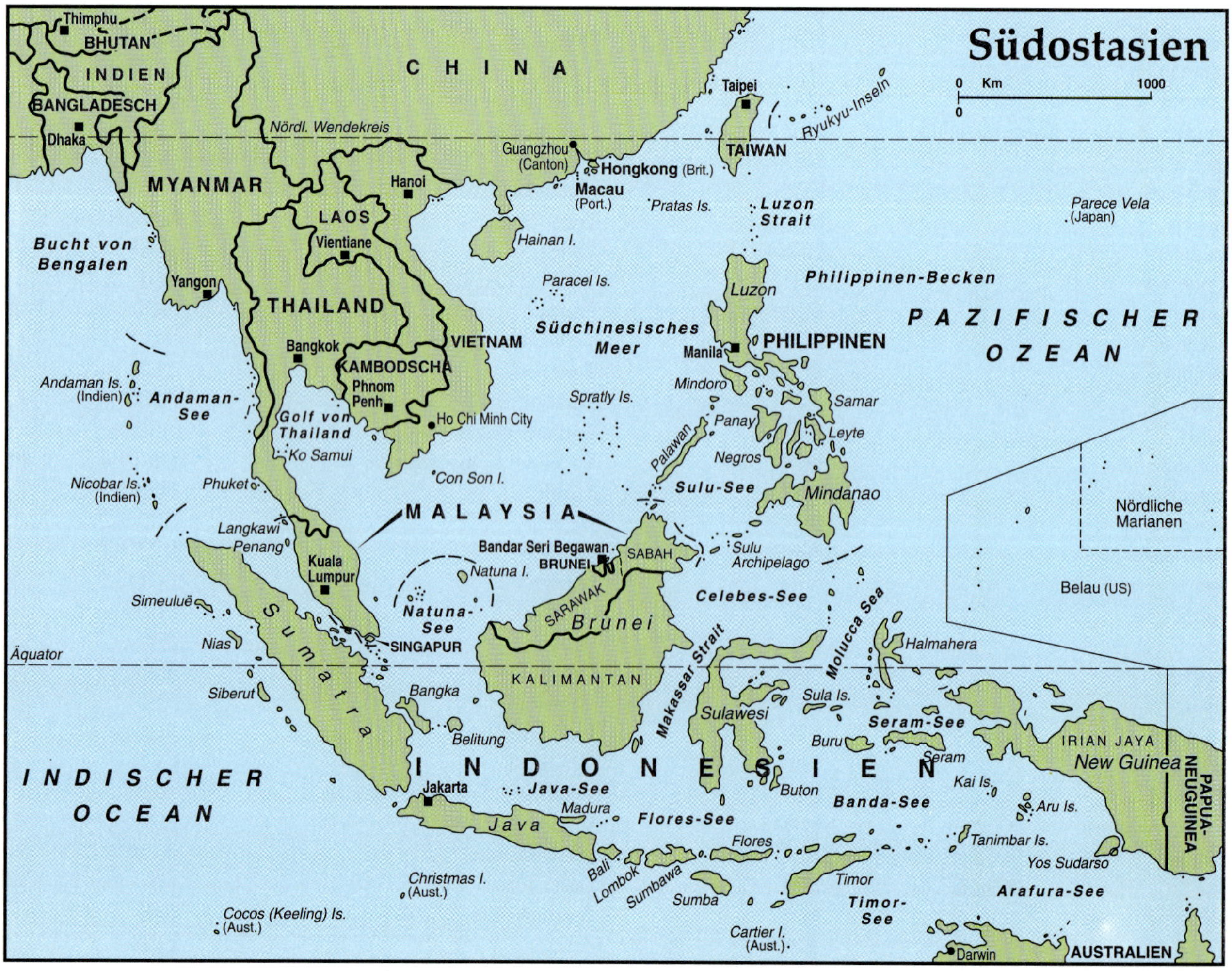
Südostasien
Thimphu
BHUTAN
INDIEN
BANGLADESCH
Dhaka
CHINA
0 Km 1000
Taipei
Ryukyu-Inseln
TAIWAN
Nördl. Wendekreis
Guangzhou (Canton)
Hongkong (Brit.)
Macau (Port.)
MYANMAR
Hanoi
Pratas Is.
Luzon Strait
Parece Vela (Japan)
LAOS
Vientiane
Bucht von Bengalen
Hainan I.
Yangon
Paracel Is.
Luzon
Philippinen-Becken
THAILAND
Südchinesisches Meer
PAZIFISCHER OZEAN
VIETNAM
Bangkok
KAMBODSCHA
Manila
PHILIPPINEN
Andaman Is. (Indien)
Andaman-See
Phnom Penh
Mindoro
Samar
Golf von Thailand
Ho Chi Minh City
Spratly Is.
Panay
Leyte
Ko Samui
Palawan
Negros
Nicobar Is. (Indien)
Phuket
Con Son I.
Sulu-See
Mindanao
MALAYSIA
Nördliche Marianen
Langkawi
Penang
Bandar Seri Begawan
BRUNEI
SABAH
Sulu Archipelago
Kuala Lumpur
Natuna I.
Belau (US)
Simeuluë
Natuna-See
SARAWAK
Brunei
Celebes-See
Nias
Sumatra
SINGAPUR
Makassar Strait
Molucca Sea
Halmahera
Äquator
KALIMANTAN
Siberut
Bangka
Sula Is.
Sulawesi
Seram-See
Belitung
Buru
IRIAN JAYA
New Guinea
PAPUA-NEUGUINEA
INDISCHER OCEAN
INDONESIEN
Seram
Jakarta
Java-See
Buton
Kai Is.
Madura
Banda-See
Aru Is.
Java
Flores-See
Flores
Tanimbar Is.
Bali
Lombok
Sumbawa
Timor
Yos Sudarso
Christmas I. (Aust.)
Sumba
Arafura-See
Timor-See
Cocos (Keeling) Is. (Aust.)
Cartier I. (Aust.)
Darwin
AUSTRALIEN

A54 Weltkarte — Politische Gliederung

COLUMBUS REISEFÜHRER 1996/97

A56 Weltkarte — Zeitzonen

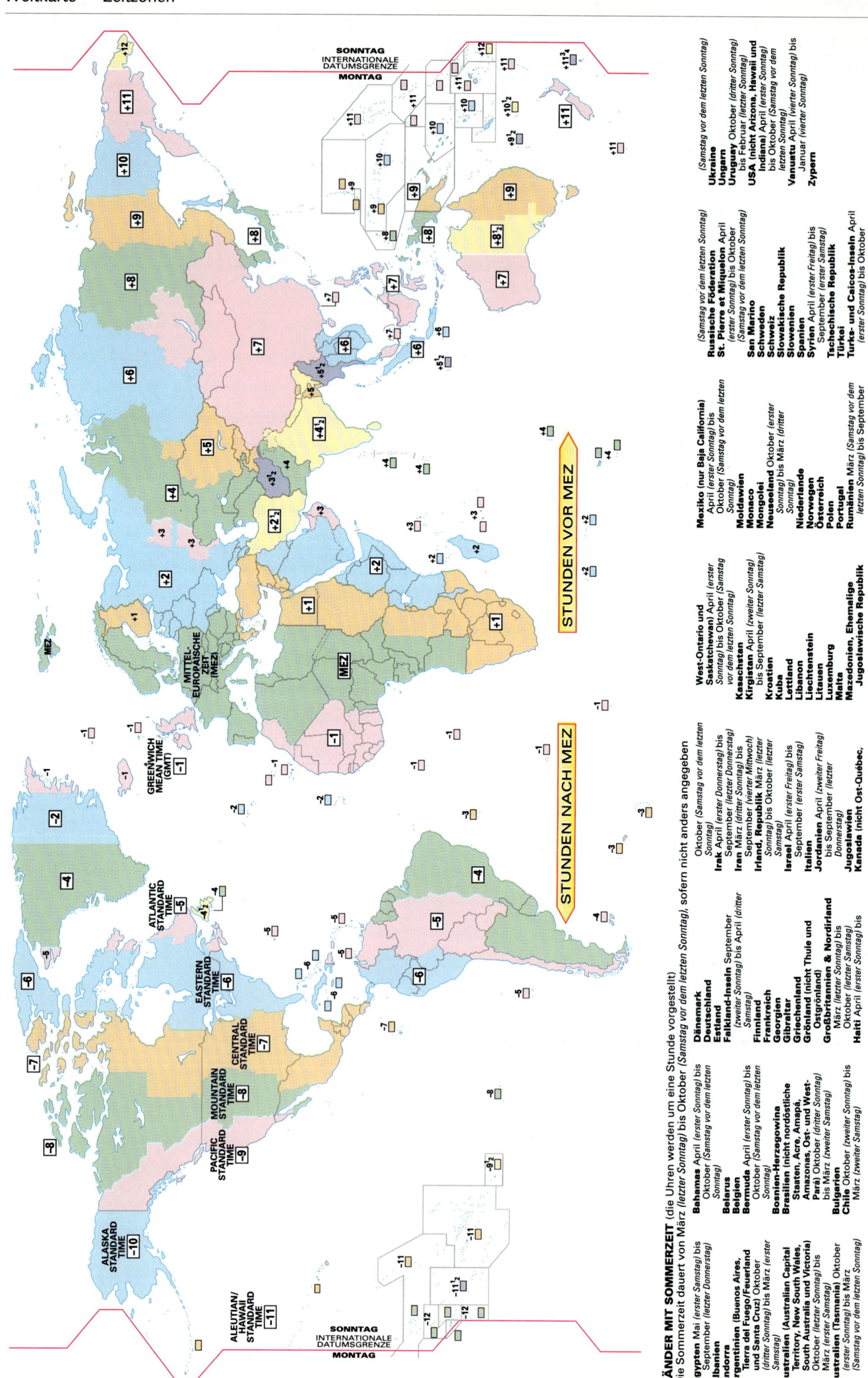

Afghanistan

Lage: Südwestasien; nordwestlicher Teil des indischen Subkontinents.

Anmerkung: Gegenwärtig wird von Reisen nach Afghanistan aufgrund des andauernden Bürgerkrieges abgeraten. Die Botschaft der Bundesrepublik Deutschland ist weiterhin geschlossen. Auskünfte über die aktuelle Lage erteilen die Afghanische Botschaft sowie das Auswärtige Amt in Bonn, das Außenministerium in Wien und das EDA in Bern. Eine Besserung der Lage ist zur Zeit noch nicht absehbar, da es zwischen den einzelnen Mudschaheddin-Gruppen aufgrund ethnischer und religiöser Konflikte immer wieder zu bewaffneten Auseinandersetzungen kommt.

Ariana Afghan Airlines
Friedrich-Ebert-Anlage 3
D-60327 Frankfurt/M.
Tel: (069) 74 78 64. Telefax: (069) 741 15 29.
Mo-Do 09.00-17.30 Uhr, Fr 09.00-17.00 Uhr.
Afghan Tourist Organization (ATO)
Ansari Wat
Shar-i-Nau
Kabul
Tel: (093) 3 03 23.
Botschaft des Islamischen Staates Afghanistan
Liebfrauenweg 1a
D-53125 Bonn
Tel: (0228) 25 19 27, 25 67 97. Telefax: (0228) 25 53 10.
Mo-Do 09.00-14.00 Uhr.
Botschaft des Islamischen Staates Afghanistan
Friedrich-Schmidt-Platz 3/3/25
A-1080 Wien
Tel: (0222) 402 84 03. Telefax: (0222) 402 84 04.
Mo-Fr 09.00-14.00 Uhr.
Botschaft des Islamischen Staates Afghanistan
32 Avenue Raphaël
F-75016 Paris
Tel: (1) 45 27 66 09, 45 25 05 29. Telefax: (1) 45 24 46 87.
Mo-Fr 10.00-13.30 Uhr.
(zuständig für die Schweiz)
Botschaft der Bundesrepublik Deutschland
Ghazi Ayub Khan Wat
Shar-i-Nav
Kabul
Tel: (093) 2 07 82. Telex: 249.

TIMATIC INFO-CODES

Abrufbar über Ihr CRS-System (für START/Amadeus Ama-Maske benutzen). Für Galileo bitte TI-DFT eingeben (mit Bindestrich).

Flughafengebühren	TI DFT/ KBL /TX
Währung	TI DFT/ KBL /CY
Zollbestimmungen	TI DFT/ KBL /CS
Gesundheit	TI DFT/ KBL /HE
Reisepassbestimmungen	TI DFT/ KBL /PA
Visabestimmungen	TI DFT/ KBL /VI

Österreich und die Schweiz unterhalten keine Vertretungen in Afghanistan. Die österreichische Interessenvertretung erfolgt durch die Botschaft in Islamabad (s. Pakistan), die schweizerische Interessenvertretung durch die Botschaft in Teheran (s. Iran).

FLÄCHE: 652.225 qkm.
BEVÖLKERUNGSZAHL: 21.538.000 (1992).
BEVÖLKERUNGSDICHTE: 33 pro qkm.
HAUPTSTADT: Kabul. **Einwohner:** 1.400.000 (1993).
GEOGRAPHIE: Afghanistan grenzt im Norden an Turkmenistan, Usbekistan und Tadschikistan, im Nordosten an China, im Osten und Süden an Pakistan und im Westen an den Iran. Die Großgliederung zeigt drei Landschaften: das Hochland im Süden, Afghanisch-Turkestan im Norden und das Hindukusch-Gebirge im Nordosten. Letzteres steigt bis auf 7200 m Höhe an und wird durch das Bamian-Tal von der Koh-i-Baba-Bergkette getrennt, in der auch der Fluß Helmand entspringt. Nördlich und südwestlich dieser Berge befinden sich fruchtbare Schwemmlandebenen, auf denen Ackerbau betrieben wird. Im Nordosten liegt die Hauptstadt Kabul. Weitere größere Städte sind Jalalabad, Kandahar, Mazar-i-Sharif und Herat.
STAATSFORM: Islamische Republik seit 1990. Staatsoberhaupt: Burhanuddin Rabbani seit Mai 1992. Regierungschef ist seit Mitte 1994 Mohammed Arsala Rhamani. Im Frühjahr 1993 zeichnete sich eine politische Lösung des kurzfristig während Konfliktes ab, als die größten Mudschaheddin-Gruppen ein Abkommen unterzeichneten, das den amtierenden Präsidenten, Burhanuddin Rabbani, auf mindestens 18 Monate in seinem Amt bestätigte und Hekmatyar zum damaligen Premierminister machte. Bereits Ende Juni kam Kabul jedoch erneut unter Granatenbeschuß. Die Kampfhandlungen konzentrieren sich vor allem auf Kabul und Nordafghanistan.
SPRACHE: Offizielle Landessprachen sind Paschtu und Dari-Persisch. Einige Afghanen sprechen Französisch, vereinzelt auch Englisch, Deutsch oder Russisch.
RELIGION: Zu 99% Islamisch (19% Schiiten und 80% Sunniten); auch hinduistische, jüdische und christliche Glaubensgemeinschaften.
ORTSZEIT: MEZ + 3 Std. 30.
NETZSPANNUNG: 220 V, 50 Hz.
POST- UND FERNMELDEWESEN: Telefon: Es gibt keinen Selbstwählferndienst und nur sehr wenige internationale Telefonleitungen. **Telex/Telegramme** können im Hauptpostamt in Kabul (schließt um 21.00 Uhr) aufgegeben werden. Aufgrund der kriegerischen Auseinandersetzungen ist dieser Service jedoch nicht zuverlässig. **Post:** Luftpostsendungen nach Europa sind normalerweise ca. eine Woche unterwegs, momentan nimmt die Deutsche Bundespost nur Sendungen auf dem Luftweg an.
DEUTSCHE WELLE
Der Einsatz der Kurzwellenfrequenzen ändert sich mehrfach im Laufe eines Jahres, und Sendungen auf den folgenden Frequenzen werden jeweils nur zu bestimmten Tageszeiten ausgestrahlt. Näheres in der Einleitung.

MHz	21,560	15,275	13,780	11,795	9,545
Meterband	13	19	22	25	31

REISEPASS/VISUM

Wichtiger Hinweis: Die Einreisebestimmungen mancher Länder können sich kurzfristig ändern - rufen Sie sicherheitshalber auf Ihrem CRS-System (TIMATIC-Info-Code-Fenster in diesem Kapitel) den aktuellen Stand ab bzw. wenden Sie sich an die zuständige diplomatische Vertretung. Etwaige Zahlen in der Tabelle beziehen sich auf nachfolgende Fußnoten.

	Paß erforderlich?	Visum erforderlich?	Rückflugticket erforderlich?
Deutschland	Ja	Ja	Ja
Österreich	Ja	Ja	Ja
Schweiz	Ja	Ja	Ja
Andere EU-Länder	Ja	Ja	Ja

Anmerkung: Aufgrund des Bürgerkrieges in Afghanistan ist die Einreise äußerst schwierig. Genauere Informationen erteilt die zuständige Botschaft (Adressen s. o.).
REISEPASS: Allgemein erforderlich.
VISUM: Allgemein erforderlich.
Unterlagen: (a) Antrag. (b) Bei Geschäftsvisa: Genehmigung des Außenministeriums. (c) Gültiger Reisepaß. (d) 2 Paßfotos. (e) Gebühr.
Anmerkung: Vor der Ausreise muß man sich eine Ausreise- und/oder Wiedereinreisegenehmigung ausstellen lassen.

GELD

Währung: 1 Afghani (Af) = 100 Puls. Banknoten sind im Wert von 5.000, 1.000, 500, 100, 50, 20 und 10 Af in Umlauf; Münzen im Wert von 5, 2 und 1 Af.
Kreditkarten werden derzeit nicht akzeptiert, Einzelheiten von Aussteller der betreffenden Kreditkarte.
Wechselkurse

	Af Sept. '92	Af Febr. '94	Af Jan. '95	Af Jan. '96
1 DM	35,51	1050,96	2232,76	3304,35
1 US$	49,80	1824,43	3460,82	4750,00

Devisenbestimmungen: Unbegrenzte Einfuhr von Fremdwährungen, jedoch Deklarationspflicht; Ausfuhr in Höhe des deklarierten Betrages. Die Einfuhr der Landeswährung ist unbegrenzt, die Ausfuhr ist eingeschränkt (genaue Angaben zur Zeit nicht erhältlich).
Öffnungszeiten der Banken: Sa-Mi 08.00-12.00 und 13.00-16.30 Uhr, Do 08.00-13.30 Uhr.

DUTY FREE

Folgende Artikel können zollfrei nach Afghanistan eingeführt werden:
Tabakwaren für den persönlichen Bedarf;
unbegrenzte Einfuhr von Parfüm.
Ein- und Ausfuhrbeschränkungen: Die Einfuhr von Alkohol für den persönlichen Bedarf ist deklarationspflichtig. Die Ausfuhr von Antiquitäten, Teppichen und Fellen ohne vorherige Genehmigung ist verboten. Alle wertvollen Artikel (Radios, Kameras, usw.) müssen bei der Einreise deklariert werden.

GESETZLICHE FEIERTAGE

1. Mai '96 Tag der Arbeit. **19. Mai** Islamisches Neujahr. **28. Mai** Al Ashoura. **28. Juli.** Geburtstag des Propheten. **18. Aug.** Unabhängigkeitstag. **9. Jan. '97** Beginn des Ramadan. **10. Febr.** Eid al-Fitr. **11. März** Neujahr (iranischer Kalender). **18. April** Eid al-Adha. **27. April** Revolutionstag. **1. Mai** Tag der Arbeit. **9. Mai** Islamisches Neujahr. **18. Mai** Al Ashoura.
Anmerkung: Die angegebenen Daten für islamische Feiertage richten sich nach dem Mondkalender und verschieben sich daher von Jahr zu Jahr. Während des Fastenmonats Ramadan, der dem Festtag Eid al-Fitr vorangeht, essen Mohammedaner nicht tagsüber, sondern erst nach Sonnenuntergang, wodurch der normale Geschäftsablauf gestört werden kann. Diese Unterbrechungen können auch während des Eid al-Fitr auftreten. Dieses Fest, ebenso wie das Eid al-Adha, hat keine festgelegte Zeitdauer und kann je nach Region 2-10 Tage dauern. Nähere Informationen im Kapitel *Welt des Islam* (s. Inhaltsverzeichnis).

GESUNDHEIT

In der folgenden Tabelle aufgeführte Impfvorschriften können sich kurzfristig ändern. Es wird stets empfohlen, auf Ihrem CRS-System (TIMATIC-Info-Code-Fenster in diesem Kapitel) den aktuellen Stand der Gesundheitsbestimmungen abzurufen bzw. rechtzeitig vor der Reise ärztlichen Rat einzuholen.

	Vorsichtsmaßnahmen empfohlen	Impfschein erforderlich
Gelbfieber	Ja	1
Cholera	2	2
Typhus & Polio	Ja	-
Malaria	3	-
Essen & Trinken	4	-

[1]: Eine Impfbescheinigung wird von allen Reisenden verlangt, die aus Infektionsgebieten kommen.
[2]: Eine Impfbescheinigung gegen Cholera ist für die Einreise nach Afghanistan nicht erforderlich, das Risiko einer Infektion ist jedoch nicht auszuschließen. Da die Wirksamkeit der Schutzimpfung umstritten ist, empfiehlt es sich, rechtzeitig vor Antritt der Reise ärztlichen Rat einzuholen. Näheres unter *Gesundheit* (s. Inhaltsverzeichnis).
[3]: Malariaschutz ist von Mai bis November für alle Gebiete unter 2000 m erforderlich. Chloroquin-Resistenz der hier weniger häufigen, aber gefährlicheren Form *Plasmodium falciparum* wurde gemeldet.
[4]: Wasser sollte generell vor der Benutzung zum Trinken, Zähneputzen und zur Eiswürfelbereitung entweder abgekocht oder anderweitig sterilisiert werden. Milch ist außerhalb der Stadtgebiete nicht pasteurisiert und sollte ebenfalls abgekocht werden. Milchprodukte sollten aus pasteurisierter bzw. abgekochter Milch hergestellt sein. Fleisch- und Fischgerichte nur gut durchgekocht und heiß serviert essen. Der Genuß von Schweinefleisch, rohen Salaten und Mayonnaise sollte vermieden werden. Gemüse sollte gekocht und Obst geschält werden.
Tollwut kommt vor. Wer ein erhöhtes Risiko eingeht (z. B. längerer Aufenthalt in abgelegenen Gebieten), sollte vor Reiseantritt eine Schutzimpfung erwägen. Bei Bißwunden so schnell wie möglich ärztliche Hilfe in Anspruch nehmen. Weitere Einzelheiten im Kapitel *Gesundheit* (s. Inhaltsverzeichnis).
Hepatitis A, B und *E* treten auf.
Gesundheitsvorsorge: Der Abschluß einer Reisekrankenversicherung wird dringend empfohlen. Die medizinischen Einrichtungen sind begrenzt. Ärzte und Krankenhäuser erwarten häufig sofortige Barbezahlung für Behandlungen.

REISEVERKEHR - International

FLUGZEUG: Die nationale Fluggesellschaft heißt *Ariana Afghan Airlines (FG)* (Adresse s. o.). Wöchentliche Direktflüge nach Kabul über Moskau und Taschkent wurden bis vor einiger Zeit von London und Paris ange-

Afghanistan / Ägypten

boten. Derzeit ist der Flughafen in Kabul jedoch bis auf weiteres geschlossen. Es können sich kurzfristig Änderungen ergeben.
Durchschnittliche Flugzeiten: *London* – Kabul: 10-11 Std. (einschl. zweistündigem Aufenthalt in Moskau); *Paris* – Kabul: 9-10 Std.
Verzögerungen bei längerem Zwischenaufenthalt möglich.
Internationaler Flughafen: *Kabul Airport* (KBL) liegt 16 km außerhalb der Stadt. Am Flughafen gibt es eine Bank, eine Cafeteria, einen Parkplatz, ein Postamt und ein Restaurant. Die Taxifahrt zum Stadtzentrum dauert ca. 30 Min. Das Angebot der Flughafeneinrichtungen in Kabul wurde vor kurzem erweitert, und in Grenznähe sind neue Flugplätze gebaut worden.
BAHN: Das Streckennetz besteht aus einer Schmalspurbahn, die von Turkmenistan über den Grenzfluß Amu Dar'ya zum Endbahnhof Hairatan verläuft. Es gibt Pläne, die Strecke bis nach Kabul zu verlängern, aber die Arbeiten wurden immer wieder durch Aktivitäten der Mudschaheddin behindert.
BUS/PKW: Auf der Straße zwischen dem Iran und Pakistan verkehren Busse. Gute Straßenverbindungen gibt es von Mazar-i-Sharif und Herat nach Turkmenistan und Usbekistan. Aufgrund der unsicheren politischen Lage ist die Straßenbenutzung nicht ungefährlich.

REISEVERKEHR - National

FLUGZEUG: Inlandsflüge verbinden Kabul mit Herat, Kandahar und Mazar-i-Sharif.
BUS/PKW: In einigen Gegenden ist die Straßenbenutzung immer noch sehr gefährlich. Das Straßennetz umfaßt etwa 22.000 km, 2800 km davon sind befestigt. Die Straßen von Mazar-i-Sharif über Kabul und Kandahar nach Herat sind bei jedem Wetter befahrbar. Von Kabul aus gibt es Busverbindungen in die Provinzen. Ein Abkommen mit Pakistan und Usbekistan sieht die Zusammenarbeit bei Ausbau und Verbesserung des Straßennetzes vor.
STADTVERKEHR: In Kabul gibt es Busse, Oberleitungsbusse und Taxis.

UNTERKUNFT

HOTELS: Das einzige Hotel Afghanistans von internationalem Standard ist das *Hotel Intercontinental* in Kabul. Eine Regierungssteuer von 5% wird erhoben, Bedienungsgeld wird jedoch nicht berechnet. In der Hauptstadt steht zudem eine begrenzte Auswahl mittlerer bis einfacher Unterkünfte zur Verfügung, in denen meist ein Bedienungsgeld berechnet wird. In anderen Landesteilen findet man nur sehr einfache Unterkünfte. In einigen ländlichen Gebieten werden Hotels von einfachem Standard von der jeweiligen Provinzregierung betrieben.
CAMPING: An der Hauptverbindungsstraße gibt es mehrere Campingplätze, darunter Bande Amir. In Nuristan gibt es Herbergen für Touristen.

URLAUBSORTE & AUSFLÜGE

Die touristischen Einrichtungen sind sehr begrenzt. In der Hauptstadt **Kabul**, die stark unter dem langjährigen Bürgerkrieg gelitten hat, gibt es nur wenige Bauwerke und Denkmäler von historischer Bedeutung – der *Garten von Babur*, mehrere Moscheen und Mausoleen sowie das *Kunstmuseum* gehören zu den wichtigsten Sehenswürdigkeiten. Reisen außerhalb der Stadtgrenze sind Touristen im allgemeinen nicht gestattet. Falls die Genehmigung doch erteilt wird, empfiehlt sich ein Besuch des Paghman-Tals (westlich von Kabul, 90 Min. Fahrzeit), wo die wohlhabenden Afghanen Landhäuser besitzen. Weitere Ausflugsziele im Norden sind Karez-i-Amir, Charikar und das Chakardara-Tal. Die *Große Moschee* in **Mazar-i-Sharif** wird alljährlich von zahlreichen Pilgern besucht. **Jalalabad**, die Hauptstadt der Provinz Nangarhar, ist ein reizvoller Winterurlaubsort mit schönen Zypressenhainen. Der **Hindukusch**, eine wilde und abgelegene Region, besteht aus zwei riesigen Bergketten und ist ideal für Besucher, die das einfache Leben lieben und keinen Komfort erwarten. Autotouren in dieser Region sind möglich, allerdings kann es auf den steil ansteigenden Straßen oft zu Pannen kommen. Die atemberaubend schönen Berge, Täler und Seen entschädigen jedoch für alle Strapazen. **Bamian** ist die größte Ortschaft. Bereits in frühchristlicher Zeit gab es hier einen wichtigen Handelsplatz, die Ruinen eines alten Palastes erinnern an die einstige Stellung. In **Herat**, im Westen Afghanistans, steht die größte Moschee des Landes. Sehenswert ist auch das beeindruckende *Mausoleum der Königin Gauhar Shad*.

SOZIALPROFIL

ESSEN & TRINKEN: Die afghanische Küche ist der indischen sehr ähnlich. Die meisten modernen Restaurants in Kabul bieten afghanische Spezialitäten wie *Pilaus*, *Kebabs*, *Bolani* und *Ashak* und auch internationale Gerichte an. Die Hauptzutaten der afghanischen Küche sind Reis und Hammelfleisch sowie *Nan*, das köstliche afghanische Fladenbrot. Traditionelle Gerichte und *Tschai* (Tee) findet man überall in *Tschaikhanas* (Teehäusern) zu günstigen Preisen, in denen das Trinkgeld bereits enthalten ist. Außerhalb der besseren Hotels und Restaurants gibt es nur wenige Bars, da Alkohol nur an Nichtmoslems ausgeschenkt wird.
NACHTLEBEN: Traditionelle Musik und Tänze werden in Hotels und Restaurants aufgeführt.
EINKAUFSTIPS: Schöne Andenken sind Mäntel und Jacken aus Lammfell und Wildleder, turkmenische Hüte, Stickereien aus Kandahar, Istaff-Keramik, Glaswaren aus Herat, Nomadenschmuck, handgeknüpfte Teppiche und Läufer, Holzschnitzereien aus Nuristan, Seide, Messing-, Kupfer- und Silberarbeiten. Für viele der o. a. Artikel braucht man eine Ausfuhrgenehmigung. **Öffnungszeiten der Geschäfte:** Sa-Mi 08.00-12.00 und 13.00-16.30 Uhr, Do 08.00-13.30 Uhr. Einige Geschäfte schließen mittwochs ganztägig und donnerstags halbtags.
SPORT: Nationalsport ist *Buzkashi*, eine Art Polo aus der Zeit Alexanders des Großen ohne feste Spielregeln. Anstelle des Balls wird ein Ziegenkopf benutzt. Dieser Sport wird im Kabuler Ghazi-Stadion (Ende Okt.) und während des afghanischen Neujahrs in Kunduz gespielt.
SITTEN & GEBRÄUCHE: Außerhalb Kabuls findet man engverbundene Stammesgemeinschaften mit klar definierten Frauen- und Männerrollen. Religiöses und traditionelles Brauchtum spielen innerhalb der Familie eine wichtige Rolle. Es gilt als eine Beleidigung, die Fußsohlen zu zeigen. Gästezimmer sind unbekannt, und Gäste teilen den Raum mit der Familie. Frauen sollten ihre Schultern bedecken und Hosen oder lange Röcke tragen. Der Händedruck wird als Begrüßung akzeptiert, obwohl man sich traditionell zur Begrüßung umarmt und die Nasen aneinanderreibt. Rauchen ist weit verbreitet und an europäischen Preisen gemessen billig. Es ist ein Kompliment, wenn man vom Gastgeber eine Zigarette angeboten bekommt. **Fotografieren:** Vorsicht bei der Motivwahl, vor allem militärische Einrichtungen dürfen nicht fotografiert werden.

WIRTSCHAFTSPROFIL

WIRTSCHAFT: Die Landwirtschaft erbringt ca. 60% des Bruttosozialproduktes. Die Mehrheit der Bevölkerung lebt am Rande des Existenzminimums, und der langjährige Krieg hat ihre Lage noch verschlechtert. Schätzungen zufolge sollen seit 1979 ein Drittel der Bauern ihre Höfe verlassen haben. Angesichts der häufigen Versorgungsengpässe sah sich die Regierung gezwungen, Nahrungsmittel zu importieren. Afghanistan besitzt große Erdgasvorkommen sowie Kohle, Salz, Baryt und andere Erze. Wasserkraftwerke decken etwa 80% des Energiebedarfs. Die Fertigungswirtschaft konzentriert sich auf die Bereiche Textilien, chemische Düngemittel, Leder und Kunststoffe (Plastik). Die ehemalige UdSSR war bislang der wichtigste Handelspartner, daneben bestehen Handelsbeziehungen mit den EU-Ländern und Pakistan. Afghanistan bemüht sich vor allem um verstärkte wirtschaftliche Kooperation mit Pakistan. Trotz des insgesamt guten Wirtschaftspotentials wird es selbst nach Beendigung des Krieges noch Jahre dauern, bis die Kriegsfolgen vollständig behoben sind.
GESCHÄFTSVERKEHR: Handeln ist üblich, und mündliche Verträge werden geachtet. Vorherige Terminvereinbarung empfiehlt sich. **Geschäftszeiten:** Sa-Do 08.00-12.00 und 13.00-16.30 Uhr, einige Büros haben auch mittwochs ganztägig und Donnerstag nachmittags geschlossen.
Kontaktadressen: *Afghan Chamber of Commerce and Industry* (Industrie- und Handelskammer), Mohd Jan Khan Wat, Kabul. Tel: (093) 2 67 96. Telex: 245.
Federation of Afghan Chambers of Commerce and Industry, Darulaman Wat, Kabul.

KLIMA

Obwohl Afghanistan auf dem gleichen Breitengrad liegt wie die Südstaaten der USA, ist es durch die gebirgige Landschaft wesentlich kühler. In Hochlagen über 2500 m herrschen nahezu ganzjährig winterliche Bedingungen, über 4000 m ist Leben unmöglich. Im Hochland im Süden sind die Sommer sehr heiß und Winter hart. Im ganzen Land gibt es große Temperaturschwankungen zwischen Tag und Nacht, Sommer und Winter.

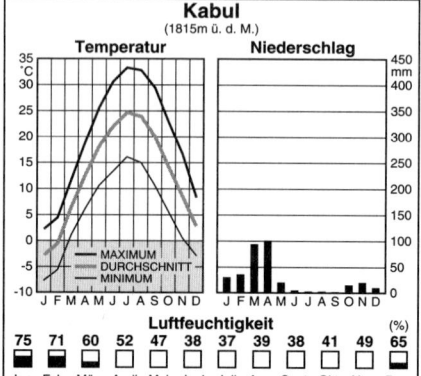

Kabul (1815m ü. d. M.)

Ägypten

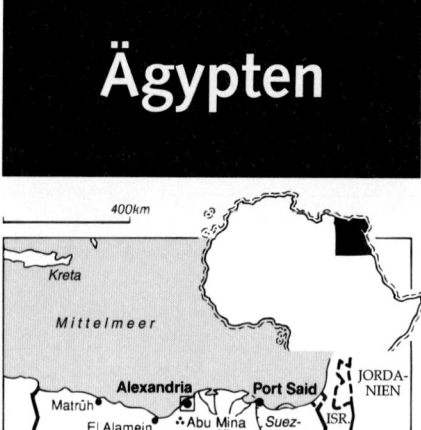

☐ *Internationaler Flughafen*

Lage: Nordostafrika.

Anmerkung: In einigen Regionen, insbesondere in den zwischen Kairo und Luxor gelegenen Provinzen Assiut, El Minya und Quena, kommt es immer wieder zu Terroranschlägen islamischer Fundamentalisten, die einen Regierungssturz herbeiführen wollen. Dabei sind auch Touristen und touristische Einrichtungen gefährdet. Von Reisen auf dem Land- und Seeweg in und nach Assiut wird dringend abgeraten. Auch im Raum Luxor sollten Ausflüge auf die Stadt selbst und auf das antike Theben beschränkt werden. Der Reiseweg von Kairo nach Luxor oder Assuan sollte nur mit dem Flugzeug angetreten werden. Viele beliebte Feriengebiete, darunter Sinai, die Badeorte am Roten Meer, Alexandria und das Nil-Delta, gelten jedoch als unbedenklich. Die Sicherheitsvorkehrungen vor allem in Kairo sind jedoch verschärft worden. Aktuelle Auskünfte vom Fremdenverkehrsamt, dem Auswärtigen Amt in Bonn, dem Außenministerium in Wien und der EDA in Bern. Grundsätzlich dürfen alle asphaltierten Straßen befahren werden. Sperrgebiete sind das Gebiet Dashur, südlich von Mersa El Alam und die Libysche Wüste.

Ägyptisches Fremdenverkehrsamt
Kaiserstraße 64a
D-60329 Frankfurt/M.
Tel: (069) 25 21 53, 25 23 19. Telefax: (069) 23 98 76.
Mo-Fr 09.00-17.00 Uhr.
Ägyptisches Fremdenverkehrsamt
Elisabethstraße 4/5/1
A-1010 Wien
Tel: (0222) 587 66 33. Telefax: (0222) 587 66 34.
Mo-Fr 09.00-17.00 Uhr.
Egyptian General Authority for the Promotion of Tourism
Misr Travel Tower
Abbassia Square
Kairo
Tel: (02) 82 35 70. Telex: 20799.
Egyptian General Company for Tourism and Hotels
4 Latin America Street
Garden City

TIMATIC INFO-CODES

*Abrufbar über Ihr CRS-System (für START/Amadeus Ama-Maske benutzen). Für Galileo bitte TI-DFT eingeben (**mit** Bindestrich).*

Flughafengebühren	TI DFT/ CAI /TX
Währung	TI DFT/ CAI /CY
Zollbestimmungen	TI DFT/ CAI /CS
Gesundheit	TI DFT/ CAI /HE
Reisepassbestimmungen	TI DFT/ CAI /PA
Visabestimmungen	TI DFT/ CAI /VI

Kairo
Tel: (02) 302 64 70. Telefax: (02) 302 44 56.
Botschaft der Arabischen Republik Ägypten
Kronprinzenstraße 2
D-53173 Bonn
Tel: (0228) 95 68 30. Telefax: (0228) 36 43 04.
Mo-Fr 09.00-15.00 Uhr.
Konsularabteilung (Visumerteilung)
Südstraße 135
D-53175 Bonn
Tel: (0228) 95 12 70. Telefax: (0228) 951 27 20.
Mo-Fr 10.00-15.00 Uhr.
Geschäftsbereich: Nordrhein-Westfalen.
Botschaft der Arabischen Republik Ägypten – Außenstelle Berlin
Waldstraße 15
D-13156 Berlin
Tel: (030) 477 10 48. Telefax: (030) 477 10 49.
Mo, Di, Mi, Fr 09.00-12.00 Uhr.
Geschäftsbereich: Ostdeutschland, Berlin.
Generalkonsulat der Arabischen Republik Ägypten
Eysseneckstraße 34
D-60322 Frankfurt/M.
Tel: (069) 59 05 57/58. Telefax: (069) 597 21 31.
Mo-Fr 10.00-13.00 Uhr.
Geschäftsbereich: Saarland, Hessen, Bayern, Rheinland-Pfalz, Baden-Württemberg.
Generalkonsulat der Arabischen Republik Ägypten
Harvestehuderweg 50
D-20149 Hamburg
Tel: (040) 410 10 31/32. Telefax: (040) 410 61 15.
Mo-Fr 10.00-13.00 Uhr.
Geschäftsbereich: Norddeutschland.
Botschaft der Arabischen Republik Ägypten
Kreindlgasse 22
A-1190 Wien
Tel: (0222) 368 11 34. Telefax: (0222) 368 11 34 27.
Mo-Fr 09.00-17.00 Uhr.
Konsularabteilung (Visumerteilung)
Trautsongasse 6
A-1080 Wien
Tel: (0222) 402 67 21. Telefax: (0222) 408 36 04 10.
Mo-Fr 09.00-12.00 Uhr.
Botschaft der Arabischen Republik Ägypten
Elfenauweg 61
CH-3006 Bern
Tel: (031) 352 80 12/13. Telefax: (031) 352 06 25.
Mo-Fr 09.00-15.00 Uhr, *Konsularabt.*: 09.00-14.00 Uhr.
Botschaft der Bundesrepublik Deutschland
8B Sharia Hassan Sabri
Kairo (Zamalek)
Tel: (02) 341 00 15. Telefax: (02) 341 05 30.
Botschaft der Republik Österreich
Sharia El Nile
Cnr 5 Sharia Wissa Wassef
5th Floor
Riyadh-Tower
11111 Kairo (Giza)
Tel (02) 570 29 75. Telefax: (02) 570 29 79.
Generalkonsulat mit Sichtvermerksbefugnis in Alexandria.
Botschaft der Schweizerischen Eidgenossenschaft
10 Sharia Abd al-Khalek Saroit
PO Box 633
Kairo
Tel: (02) 575 81 33, 75 82 84, 77 05 45. Telefax: (02) 574 52 36.

FLÄCHE: 1.001.450 qkm.
BEVÖLKERUNGSZAHL: 56.488.000 (1993).
BEVÖLKERUNGSDICHTE: 56,6 pro qkm.
HAUPTSTADT: Kairo (El Kahira). **Einwohner:** 6.800.000 (1992).
GEOGRAPHIE: Ägypten grenzt im Norden an das Mittelmeer, im Süden an den Sudan, im Westen an Libyen und im Osten an das Rote Meer und Israel. Der Nil teilt das Land in zwei ungleichmäßige Hälften, östlich des Suezkanals liegt die Sinai-Halbinsel. 90% der Bevölkerung leben in dem von der Landwirtschaft geprägten, sattgrünen Niltal am Delta, hinter dem die zumeist flache Wüste beginnt. Die wenigen Oasen sind die einzigen Überbleibsel der ehemals fruchtbaren Niederungen im Westen des Landes. Schmale Küstenregionen am Mittelmeer und an der afrikanischen Seite des Roten Meeres sind bewohnt, aber Sinais Küsten sind ebenso trocken wie das Binnenland der Halbinsel. Der Staudamm von Assuan bremst die Flut, die früher regelmäßig das Niltal überschwemmte, und dient der Elektrizitätserzeugung.
STAATSFORM: Präsidialrepublik; Staatsoberhaupt: Präsident Mohamed Hosni Mubarak. Regierungschef: Ministerpräsident Atef Mohamed Naguib Sidki. Neue Verfassung seit 1980, Zweikammerparlament (Parlament und Shura-Rat).
SPRACHE: Offizielle Landessprache ist Arabisch. Französisch und Englisch werden ebenfalls häufig gesprochen.
RELIGION: 90% Muslime, christliche Minderheiten, einschl. der Koptischen Kirche sowie eine kleine jüdische Gemeinde.
ORTSZEIT: MEZ + 1.
NETZSPANNUNG: 220 V, 50 Hz. In einigen ländlichen Gebieten 110-380 V. Rundstecker.

POST- UND FERNMELDEWESEN: Telefon: Selbstwählferndienst. **Landesvorwahl: 20. Telefax:** Einige der großen Hotels in Kairo haben Telefaxanschlüsse, am besten vor Reiseantritt erkundigen. **Telex/Telegramme:** Durchgehend geöffnet sind folgende Büros: 19 Sharia El Alfit, Kairo; 26 Sharia July, Zamalek; 85 Sharia Abdel Khalek Sarwat, Sharia Attaba und El Tayaran, Nasser City. Telexgeräte stehen auch in den großen Hotels zur Verfügung. Ein internationaler Telegrammdienst wird in den Hauptpostämtern von Kairo, Alexandria, Luxor und Assuan angeboten. **Post:** Postlagernde Sendungen sind möglich, bei Abholung wird eine Gebühr berechnet. Sendungen im internationalen Postverkehr kommen schnell ans Ziel. Postämter sind täglich von 09.00-14.00 Uhr geöffnet außer freitags. Das Hauptpostamt in Kairo hat 24 Stunden geöffnet.
DEUTSCHE WELLE
Der Einsatz der Kurzwellenfrequenzen ändert sich mehrfach im Laufe eines Jahres, und Sendungen auf den folgenden Frequenzen werden jeweils nur zu bestimmten Tageszeiten ausgestrahlt. Näheres in der Einleitung.

MHz	17,845	15,275	13,780	11,795	9,545
Meterband	16	19	22	25	31

REISEPASS/VISUM

Wichtiger Hinweis: Die Einreisebestimmungen mancher Länder können sich kurzfristig ändern – rufen Sie sicherheitshalber auf Ihrem CRS-System (TIMATIC-Info-Code-Fenster in diesem Kapitel) den aktuellen Stand ab bzw. wenden Sie sich an die zuständige diplomatische Vertretung. Etwaige Zahlen in der Tabelle beziehen sich auf nachfolgende Fußnoten.

	Paß erforderlich?	*Visum erforderlich?*	*Rückflugticket erforderlich?*
Deutschland	Ja	Ja	Nein
Österreich	Ja	Ja	Nein
Schweiz	Ja	Ja	Nein
Andere EU-Länder	Ja	Ja	Nein

Ein- und Durchreiseverbot: Die ägyptische Regierung behält sich das Recht vor, Staatsangehörigen von Algerien, Iran, Irak, Marokko, Libanon und Tunesien sowie Palästinensern die Ein- und Durchreise zu verweigern. Die Bearbeitungszeit für Visaanträge dieser Staatsangehörigen (Anträge müssen in Kairo beantragt werden) beträgt mindestens 6 bis 8 Wochen. Man sollte sich vor Abreise erkundigen, da sich Bestimmungen häufig ändern.
REISEPASS: Allgemein erforderlich, muß noch mindestens 6 Monate über die Aufenthaltsdauer hinaus gültig sein.
VISUM: Allgemein erforderlich, ausgenommen sind Staatsbürger folgender Länder: Bahrain, Djibouti, Jemen, Katar, Libyen, Malta, Oman, Saudi Arabien, Syrien und Vereinigte Arabische Emirate. Auch hier sollte beim zuständigen Konsulat nachgefragt werden, da sich die Einreisebestimmungen öfters ändern.
Hinweis: Es ist dringend zu raten, vor Antritt der Reise ein Visum beim zuständigen Ägyptischen Konsulat zu beantragen, da ein Visum bei der Ankunft in Kairo nur wenigen Staatsbürgern ausgestellt wird, unter Umständen mit vielen Einschränkungen.
Visaarten: Touristen- und Geschäftsvisa (jeweils für einmalige und mehrfache Einreise), Transitvisa. Für Geschäftsvisa muß ein Firmenschreiben mit Firmenstempel vorgelegt werden, das detailliert Aufenthaltsort (genaue Adresse) und Aufenthaltsdauer angibt. Falls eine Einladung aus Ägypten vorliegt, sollte eine Kopie dieser Einladung beigefügt werden.
Visagebühren: Für Staatsbürger aus Dänemark, Deutschland, Finnland, den GUS-Staaten, Norwegen, Schweden, den USA und Zypern: *Touristenvisa:* 35 DM (ein- und mehrmalige Einreise); *Geschäftsvisa:* 45 DM (ein- und mehrmalige Einreise). Für Staatsbürger aller anderen Länder: *Touristenvisa:* 50 DM (einmalige Einreise) und 65 DM (mehrmalige Einreise); *Geschäftsvisa:* 75 DM (einmalige Einreise) und 115 DM (mehrmalige Einreise).
Österreich: *Touristenvisa:* 300 öS (einmalige Einreise) und 380 öS (dreimalige Einreise); *Geschäftsvisa:* 450 öS (einmalige Einreise) und 680 öS (dreimalige Einreise).
Schweiz: *Touristenvisa:* 50 sfr (einmalige Einreise) und 60 sfr (mehrmalige Einreise); *Geschäftsvisa:* 67 sfr (einmalige Einreise) und 103 sfr (mehrmalige Einreise). Die Gebühren richten sich generell nach der Nationalität des Antragstellers, Dauer und Anlaß des Besuches und müssen bar oder per Postanweisung bezahlt werden. Schecks werden nicht angenommen. Die Visagebühren werden pro Reisepaß berechnet, nicht nach der Anzahl der eingetragenen Personen.
Gültigkeitsdauer: 3 Monate ab Ausstellungsdatum für einmonatigen Aufenthalt (einfach/mehrmalige Einreise). Verlängerung im Land ist möglich.
Antragstellung: Beim zuständigen ägyptischen Konsulat (Adressen s. o.).
Unterlagen: (a) 1 Paßfoto. (b) Gültiger Reisepaß. (c) Antragsformular. (d) Gebühren in bar oder per Postanweisung. (e) Frankierter Rückumschlag für Einschreiben.
Bearbeitungszeit: Falls alle Unterlagen vollständig vorhanden sind, wird der Antrag umgehend bearbeitet. Generell 2 Tage plus Postweg.
Anmerkung: Alle Besucher müssen sich innerhalb einer Woche bei der Meldebehörde registrieren lassen. Die Anmeldung wird i. allg. vom Hotel vorgenommen.

GELD

Währung: 1 Ägyptisches Pfund (E£) = 100 Piaster. Banknoten gibt es im Wert von 100, 50, 20, 10, 5 und 1 E£; Münzen sind in den Nennbeträgen 20, 10 und 5 Piaster in Umlauf.
Geldwechsel: Fremdwährungen dürfen nur in offiziellen Banken umgetauscht werden, der Umtausch muß jeweils auf dem amtlichen Währungsformular festgehalten werden.
Kreditkarten: *Eurocard, American Express, Diners Club* und *Visa* werden angenommen. Einzelheiten vom Aussteller der betreffenden Kreditkarte.
Euroschecks werden in Banken bis zu einem Garantiehöchstbetrag von umgerechnet 400 DM bzw. 700 E£ akzeptiert.
Wechselkurse

	E£ Sept. '92	E£ Febr. '94	E£ Jan. '95	E£ Jan. '96
1 DM	2,37	1,95	2,18	2,37
1 US$	3,32	3,39	3,41	3,40

Devisenbestimmungen: Keine Beschränkungen bei der Einfuhr von Fremdwährungen, es besteht jedoch Deklarationspflicht. Die Ausfuhr von Fremdwährungen ist auf den deklarierten Betrag beschränkt. Die Ein- und Ausfuhr ägyptischer Währung ist auf 100 E£ beschränkt.
Öffnungszeiten der Banken: So-Do 09.00-13.30 Uhr.

DUTY FREE

Folgende Artikel können zollfrei nach Ägypten eingeführt werden:
200 Zigaretten oder 25 Zigarren oder 200 g Tabak;
2 l alkoholische Getränke;
Parfüm oder Eau de toilette in angemessener Menge;
Geschenke bis zum Wert von 500 E£.
Anmerkung: Wertsachen über 500 E£, einschl. Bargeld, Reiseschecks, Kreditkarten und Gold müssen bei der Einreise deklariert werden.
Einfuhrverbot: Medikamente (außer zum persönlichen Gebrauch), Lebensmittel.

GESETZLICHE FEIERTAGE

29. April - 3. Mai '96 2. Bairam. **1. Mai** Tag der Arbeit. **20. Mai** Islamisches Neujahr. **18. Juni** Befreiungsfest. **23. Juli** Revolutionsfest. **29. Juli** Mouloud (Geburtstag des Propheten). **6. Okt.** Militärfest. **24. Okt.** Suezfest. **23. Dez.** Siegesfest. **10. Jan. - 9. Febr. '97** Ramadan. **10.-13. Febr.** 1. Bairam. **7. April** Ostern. **19.-24. April** 2. Bairam. **25. April** Sinaifest. **1. Mai** Tag der Arbeit. **10. Mai** Islamisches Neujahr.
Anmerkung: Die angegebenen Daten für islamische Feiertage richten sich nach dem Mondkalender und verschieben sich daher von Jahr zu Jahr. Während des Fastenmonats Ramadan, der dem Festtag 2. Bairam vorangeht, essen Mohammedaner nicht tagsüber, sondern erst nach Sonnenuntergang, wodurch der normale Geschäftsablauf gestört werden kann. Diese Unterbrechungen können auch während des 2. Bairam auftreten. Dieses Fest, ebenso wie der 1. Bairam, hat keine bestimmte Zeitdauer und kann je nach Region 2-10 Tage dauern. Weitere Informationen im Kapitel *Welt des Islam* (s. Inhaltsverzeichnis).

GESUNDHEIT

In der folgenden Tabelle aufgeführte Impfvorschriften können sich kurzfristig ändern. Es wird stets empfohlen, auf Ihrem CRS-System (TIMATIC-Info-Code-Fenster in diesem Kapitel) den aktuellen Stand der Gesundheitsbestimmungen abzurufen bzw. rechtzeitig vor der Reise ärztlichen Rat einzuholen.

	Vorsichtsmaßnahmen empfohlen	*Impfschein erforderlich*
Gelbfieber	Nein	1
Cholera	Ja	2
Typhus & Polio	Ja	-
Malaria	3	-
Essen & Trinken	4	-

[1]: Eine Impfbescheinigung gegen Gelbfieber wird von allen Reisenden verlangt, die aus Infektionsgebieten kommen und über ein Jahr alt sind. Die folgenden Länder und Regionen werden von den ägyptischen Behörden als Infektionsgebiete betrachtet: alle Länder des afrikanischen Kontinents südlich der Sahara (einschl. Mali, Mauretanien, Niger und Tschad) mit Ausnahme von Lesotho, Mosambik, Namibia, Südafrika, Swasiland und Simbabwe; Sudan südlich des 15. Breitengrades (wer ohne Impfschein einreist, muß eine offizielle Bescheinigung vorlegen); São Tomé und Principe; Belize, Bolivien, Brasilien, Costa Rica, Ecuador, Franz.-Guayana, Guatemala, Guyana, Honduras, Kolumbien, Nicaragua, Panama, Peru, Suriname, Trinidad und Tobago sowie Venezuela.
[2]: Eine Impfbescheinigung gegen Cholera ist keine Einreisebedingung, das Risiko einer Infektion ist jedoch nicht auszuschließen. Da die Wirksamkeit der Schutz-

impfung umstritten ist, empfiehlt es sich, rechtzeitig vor Antritt der Reise ärztlichen Rat einzuholen. Näheres unter *Gesundheit* (s. Inhaltsverzeichnis).
[3]: *Plasmodium vivax* und die gefährlichere Form *Plasmodium falciparum* können von Juni bis Oktober in der Region um Al Faiyoum auftreten.
[4]: Leitungswasser ist normalerweise gechlort und relativ sauber; Durchfallerkrankungen und leichte Magenverstimmungen können jedoch auftreten. Für die ersten Wochen des Aufenthalts empfiehlt es sich daher, abgefülltes Wasser zu trinken, welches überall erhältlich ist. Milch ist nicht pasteurisiert und sollte abgekocht werden. Dosenmilch oder Milchpulver nur mit keimfreiem Wasser anrühren. Milchprodukte müssen aus abgekochter Milch hergestellt sein. Außerhalb der Städte sollte Trinkwasser vorsichtshalber abgekocht oder anderweitig sterilisiert werden. Fisch- und Fleischgerichte nur gut durchgekocht und heiß serviert essen. Obst sollte geschält und Gemüse gekocht werden.
Tollwut kommt vor. Wer ein erhöhtes Risiko eingeht (z. B. längerer Aufenthalt in entlegenen Gebieten), sollte vor Reiseantritt eine Schutzimpfung erwägen. Bei Bißwunden so schnell wie möglich ärztliche Hilfe in Anspruch nehmen. Weitere Informationen unter *Gesundheit* (s. Inhaltsverzeichnis).
Bilharziose-Erreger kommen in manchen Teichen und Flüssen vor (vor allem im Nildelta), das Schwimmen und Waten in Binnengewässern sollte daher vermieden werden. Gut gepflegte Schwimmbecken mit gechlortem Wasser sind unbedenklich.
Hepatitis A kommt vor.
Gesundheitsvorsorge: Krankenhäuser und Apotheken stehen Besuchern vor allem in den Urlaubsgebieten zur Verfügung. Die ärzliche Versorgung, insbesondere außerhalb Kairos, entspricht jedoch nicht europäischen Standarts. Der Abschluß einer Reisekrankenversicherung mit Notrückführung wird dringend empfohlen.

REISEVERKEHR - International

FLUGZEUG: Ägyptens nationale Fluggesellschaft *Egyptair (MS)* hat Vertretungen in Deutschland (Frankfurt/M., Berlin, Düsseldorf und München), Österreich (Wien) und der Schweiz (Zürich, Genf).
Durchschnittliche Flugzeiten: *Frankfurt* – Kairo: 4 Std; *Berlin* – Kairo: 4 Std; *Frankfurt* – Luxor: 5 Std; *Berlin* – Luxor: 5 Std; *Wien* – Kairo: 3 Std. 30; *Wien* – Luxor: 4 Std. 30; *Zürich* – Kairo: 4 Std. 30; *Zürich* – Luxor: 5 Std. 30; *London* – Kairo: 4 Std. 45; *Los Angeles* – Kairo: 16 Std. 40; *New York* – Kairo: 14 Std. 35; *Singapur* – Kairo: 11 Std. 45; *Sydney* – Kairo: 21 Std. 30.
Internationale Flughäfen: *Kairo International* (CAI) liegt 22 km außerhalb der Stadt in Heliopolis (Mindestfahrzeit 30 Min., während der Stoßzeiten erheblich länger). Ein Zubringerbus und Taxen fahren zur Innenstadt und zu den großen Hotels. Wagen mit Chauffeur werden von örtlichen und internationalen Firmen angeboten, Hotelzubringer stehen ebenfalls zur Verfügung. Duty-free-Shops (Terminal 1 und 2), Mietwagen-, Post- und Wechselschalter, Bars, Souvenirläden, Hotelreservierungsdienst und Apotheken sind vorhanden. In den Terminals 1 und 2 sind die Restaurants durchgehend geöffnet.
El Nouzha (ALY) liegt 5 km südöstlich von Maydan al-Tahir (Alexandria). Linienbusse und Taxen fahren auch nach Kairo, Fahrtdauer rund drei Stunden.
Luxor Airport (LXR) ist 5,5 km von Luxor entfernt. Wagen mit Chauffeuren sowie örtlicher Taxidienst vorhanden (Fahrzeit nach Kairo-Innenstadt 15 min.). Wechselstube, Post und Duty-free-Shops.
Flughafengebühren: 21 E£.
SCHIFF: Die größten Seehäfen sind Alexandria, Port Said und Suez.
BAHN: Es gibt keine Bahnstrecke in den Sinai. Der Endbahnhof im Süden ist in Assuan, im Westen (entlang der Küste) in As Salum.
BUS/PKW: Die Grenzen zu den Nachbarländern sind von ägyptischer Seite aus offen mit Ausnahme der sudanesischen. Einreise von Ägypten in den Sudan nur mittels Flugzeug möglich.

REISEVERKEHR - National

FLUGZEUG: *Egyptair* fliegt von Kairo nach Alexandria, Luxor, Assuan, Abu Simbel, New Valley und Hurghada. Die regionalen Niederlassungen der Fluggesellschaften geben weitere Informationen über die Flugzeiten. Der Streckenplan der *Air Sinai* ist über *Egyptair* erhältlich.
SCHIFF: Ein Tragflächenboot verbindet Hurghada mit Sharm El Sheik auf der Sinai-Halbinsel. Außerdem stehen tägliche Fährverbindungen zur Verfügung (Fahrzeit: 4-5 Std.). Die traditionellen Segelboote auf dem Nil (*Felluccas*) können stundenweise gemietet werden. Die sudanesische Eisenbahngesellschaft unterhält eine Dampferlinie von Assuan nach Wadi Halfa. 5tägige (Standardtour), 7tägige und 15tägige Kreuzfahrten auf dem Nil werden von Luxor nach Assuan, manchmal auch von Kairo nach Assuan angeboten. Es gibt über 188 Boote aller Kategorien in Privatbesitz, die den Nil befahren.
BAHN: Gute Verbindungen auf der Ost-West-Linie von Sallom an der libyschen Grenze nach Alexandria und Kairo und am Nil entlang nach Luxor und Assuan. Port Said und Suez sind ebenfalls mit der Bahn zu erreichen. Regelmäßiger Zugverkehr zwischen Kairo und Alexandria in kurzen Abständen; mehrere klimatisierte Luxuszüge mit Schlaf- und Speisewagen verkehren auf der Strecke Kairo – Luxor – Assuan. Sie wurden im Hinblick auf die florierende Touristikindustrie im Nildelta eingesetzt. Kombinierte Fahrkarten, mit denen man Preisnachlässe in Hotels bekommt, sind für Assuan und Luxor erhältlich. Ermäßigungen für Reisegruppen, Studenten, Kinder und Inhaber eines Jugendherbergsausweises. Mitgliedern des JHV wird z. B. ein Nachlaß von 50% gewährt. Gutscheine sind unter Vorlage des Mitgliedsausweises vom *Egyptian Youth Hostels Travel Bureau* erhältlich. Adresse: 1 El Ibrahimy-Street, Garden City, Kairo, Tel/Telefax: (02) 355 03 29. Weitere Informationen vom Fremdenverkehrsamt.
BUS/PKW: Neben dem gut ausgebauten Straßennetz im Niltal und im Nildelta gibt es Asphaltstraßen, die entlang der Küste am Roten Meer und am Mittelmeer verlaufen. Im Zeitraum von Oktober bis Februar gibt es in den Wüstengebieten (Sinai, Hurghada) schwere Unwetter, die manche Straßen unpassierbar machen; Ausweichrouten fehlen zumeist. In Wüstengebieten sollte man nur mit Führer und entsprechender Ausrüstung selbst fahren. Weitere Informationen vom *Egyptian Automobile Club* (Kairo). **Busse:** Das nationale Busnetz versorgt das Niltal und die Küstenstraßen. **Taxis** mit Taxameter gibt es in den größeren Städten (s. *Stadtverkehr*). Gruppentaxis für lange Strecken sind verhältnismäßig preiswert, Fahrpreise sollte man jedoch vor Fahrtantritt vereinbaren. **Mietwagen:** *Avis, Hertz, Budget Rental* und einheimische Firmen. **Unterlagen:** Ein internationaler Führerschein und ein Versicherungsnachweis werden benötigt. Ein *Carnet de Passage* oder die Hinterlegung einer ähnlichen Sicherheit ist für die vorübergehende Einfuhr eines Automobils erforderlich. Alle Fahrzeuge (einschl. Motorrad) sind gesetzlich verpflichtet, einen Feuerlöscher und ein rotes Warndreieck mitzuführen. Dieselfahrzeuge dürfen nicht eingeführt werden.
STADTVERKEHR: Die staatliche *Cairo Transport Authority* betreibt Busse, Straßenbahnen und Fähren in Kairo. In der Innenstadt gilt ein Einheitstarif. Zusätzlich kann man Privatbusse, Sammeltaxen und Minibusse benutzen. Letztere warten normalerweise an den Bahnhöfen auf eine volle Fuhre, andere haben regelmäßige Abfahrtszeiten, die Preise sind drei- bis viermal höher als die der staatlichen Busse. Wichtigste Verkehrsmittel des guten Kairoer Nahverkehrssystems sind die modernen Vorortzüge und die U-Bahn. In den Bussen und Straßenbahnen in Alexandria gibt es 1. und 2. Klasse, die Fahrpreise richten sich nach der Entfernung.
FAHRZEITEN von Kairo zu den folgenden größeren ägyptischen Städten (ungefähre Angaben in Std. und Min.):

	Flugzeug	Schiff	Bahn	Bus/Pkw
Alexandria	0.30	-	2.30	3.00
Luxor	1.00	b	17.00	12.00
Assuan	2.00	b	19.00a	16.00
Port Said	0.45	-	3.00	3.00
St. Kath.	0.30	-	-	4.00
Hurghada	1.00	-	-	8.00
Sh'm El Sh'k	1.30	-	-	7.00
Marsa Matr'h	1.30	-	9.00	5.00
El Arish	1.00	-	9.00	5.00
Ismailia	-	-	2.30	2.00
Suez	-	-	4.00	4.00
New Valley	2.00	-	-	12.00

Anmerkung: (a) Nachtfahrt. (b) Weitere Informationen s. o. unter *Schiff*.

UNTERKUNFT

Der Tourismus ist eine der Haupteinnahmequellen des Landes, und Hotels sind in der Nähe aller historisch interessanten Stätten zu finden. Zimmer aller Kategorien und für jeden Geldbeutel stehen zur Verfügung. Die Palette reicht von Luxushotels bis zu Jugendherbergen.
HOTELS: In den Großstädten gibt es preiswerte Qualitätshotels, besonders im Winter empfiehlt sich Vorausbuchung. Kleinere Hotels sind oft sehr preisgünstig. 1993 gab es in Ägypten 437 Hotels und 67 Hoteldörfer. Die meisten der Hotels gehören der *Egyptian Hotel Association* an: 8 Sharia El Sad El Ali, Dokki, Kairo. Tel: (02) 71 21 34, 348 84 68. Telefax: (02) 360 89 56. **Kategorien:** 1-5 Sterne. Geltungsbereich: Die dem ägyptischen Hotelverband angeschlossenen Hotels. **Anmerkung:** Hotelrechnungen werden zzgl. Steuer und 12% Bedienungsgeld berechnet.
JUGENDHERBERGEN: Die insgesamt 15 Jugendherbergen befinden sich in den großen Städten und beliebten Ferienregionen. Nähere Auskünfte vom Fremdenverkehrsamt oder von der *Egyptian Youth Hostels Association*, 1 El Ibrahimy-Street, Garden City, Kairo. Tel/Telefax: (02) 355 03 29.
WÜSTENTOUREN: Wüstentouren können bei örtlichen Reiseveranstaltern gebucht werden. Man sollte bedenken, daß Wüstenfahrten ohne erfahrenen Führer, ohne absolut fahrtüchtige Fahrzeuge und ohne ausreichende Wasservorräte lebensgefährlich sind.
CAMPING: Es gibt rund 16 offizielle Zeltplätze mit adäquaten Einrichtungen, z. B. in Alexandria, El Alamein, Kairo, Luxor, Assiut, Suez, Hurghada, Sharm El Sheikh, Nueba und am St. Katherinenkloster. Weitere Möglichkeiten bestehen u. a. in Dahab, Ras Muhammed und Marsa Alam, jedoch sind die sanitären Anlagen hier nicht immer ausreichend. Wildes Campen ist nicht gestattet. Weitere Informationen vom Fremdenverkehrsamt.

URLAUBSORTE & AUSFLÜGE

Zu den Höhepunkten jeder Ägyptenreise zählen Kairo, Alexandria (Nordküste), faszinierende Nilkreuzfahrten, Luxor (das alte Theben), der grandiose Felsentempel Abu Simbel, Assuan und die Schätze der Pharaonen, die Sinai-Halbinsel und das sagenhafte Rote Meer. Die Kombination von schönen Strandurlaubsorten und faszinierenden historischen Stätten macht Ägypten zu einem der interessantesten Urlaubsländer, das überdies einfach zu erreichen ist.

Kairo

Die pulsierende Hauptstadt mit ihrer erstaunlichen Vielfalt verbindet Elemente Afrikas, des Orients und Westeuropas. Man braucht zumindest ein paar Tage für die Besichtigung der 7-Millionen-Stadt. Das *Ägyptische Museum* besitzt die größte und eine der bedeutendsten Sammlungen pharaonischer und byzantinischer Kunst. Kult- und Gebrauchsgegenstände aus fünf Jahrtausenden sind hier ausgestellt. Weltbekannt ist der Schatz aus dem Grab des Pharaos Tutanchamun, der um 1360 v. Chr. lebte. Im Herzen der Kairoer City liegt der *Tahrir-Platz* (Platz der Revolution). Mehrstöckige Häuser im französisch-neoklassischen Stil sind typisch für dieses Viertel, das im 19. Jahrhundert von Pascha Ismail gebaut wurde, dessen ehrgeizige Modernisierungspläne das Land in den Ruin stürzten. Von der Aussichtsplattform des auf einer Insel im Nil gelegenen *Cairo Tower* hat man einen wundervollen Blick auf die Stadt. Der 187 m hohe Turm steht in einem wohlhabenden Villenviertel. Einen reizvollen Gegensatz hierzu bietet das geschäftige Treiben des *Khan El Khalili-Basars*, wo man günstig traditionelle Lederarbeiten, Messingwaren und hübsche, handgeschneiderte Kleider kaufen kann. In dem Gewirr enger Straßen wird man oft von geschäftstüchtigen Händlern angesprochen. Eine Rundfahrt durch die Kairoer Altstadt, einem reichen Hort islamischer Kunst und Architektur, ist eine faszinierende Reise in die Vergangenheit. Die *Zitadelle* (12. Jh.) und die nahegelegenen *Moscheen* von *Al Rif'ai* und *Sultan Hassan* sollte man sich unbedingt ansehen. Kairo hat über 1000 Moscheen, eine der schönsten ist die im 10. Jh. erbaute *Al Azhar-Moschee*, der auch eine Medresse angeschlossen ist. Es gibt viel zu entdecken in Kairo, an jeder Straßenecke stößt man auf interessante Sehenswürdigkeiten. Besuchenswert sind auch das *Koptische Museum* und das *Museum der Islamischen Kunst*. Die Kairoer Museen sind im Sommer in der Regel von 08.00-13.00 Uhr, im Winter von 09.00-16.00 Uhr geöffnet. Freitags ist um die Mittagszeit oft geschlossen.
Im Zeitalter der Pharaonen war das Ostufer des Nils für die Lebenden bestimmt, das Westufer für die Toten. Das heutige Westufer ist der modernste Teil der ägyptischen Hauptstadt mit der Universität, dem Vorort Zamalek und den Wohnblocks von Dokki – am Stadtrand jedoch beginnt abrupt das Ägypten der *Fellachen* (Landbevölkerung) mit Dattelpalmen, Kanälen, Lehmdörfern und üppigen grünen Feldern. Weiter südlich ist der Kontrast zwischen Alt und Neu noch größer. Kasinos und Luxushotels weichen plötzlich Sanddünen und den großartigen, alles überragenden *Pyramiden von Gizeh*. Die größte der drei Pyramiden ist über 137 m hoch und besteht aus ca. drei Millionen riesigen Steinblöcken. Durch ein Labyrinth von Tunneln und Treppen kann man tief in das Innere der Pyramiden vordringen. Daneben steht die majestätische *Sphinx*, die schon Alexander den Großen, Julius Cäsar, Kleopatra und Napoleon in Erstaunen versetzte. Pferde und Kamele können hier gemietet werden. Abends wird der nächtliche Himmel durch ein Lichtspektakel erhellt: die Pyramiden und Sphinx werden wirkungsvoll zur Geltung gebracht.
Der bekannte Kur- und Winterurlaubsort **Helwan** liegt 30 km von Kairo entfernt. Im nahegelegenen **Sakkara** befindet sich die *Stufenpyramide des Königs Djoser*, die noch älter ist als die Pyramiden von Gizeh. Besonders in der *Nekropolis* (Totenstadt) gibt es außergewöhnliche Steinreliefs, die sehr sehenswert sind. Eselritte von Gizeh nach Sakkara werden angeboten. 50 km weiter südlich liegt der Salzwassersee **Al Faiyoum**, den schon der griechische Geschichtsschreiber Herodot um 450 v. Chr. besuchte (Malariarisiko).

Nilfahrten

Zahlreiche Reiseunternehmen bieten Kreuzfahrten auf dem Nil an, die meisten Schiffe verkehren zwischen **Luxor** und **Assuan**. Einige Touren beinhalten Abstecher nach **Abydos** und **Denderha**. Die Luxor/Assuan-Kreuzfahrten dauern fünf Tage, die Fahrt über Abydos und Denderha sieben Tage. Einige Firmen bieten gelegentlich auch längere Fahrten an nach **El Minya**, einer hübschen Stadt mit römischen, griechischen und pharaonischen Ruinen, oder weiter nach **Kairo**.
Unzählige Ausflugsdampfer befahren den Nil, der Standard ist im allgemeinen recht hoch. Je nach Bauart

KAIRO

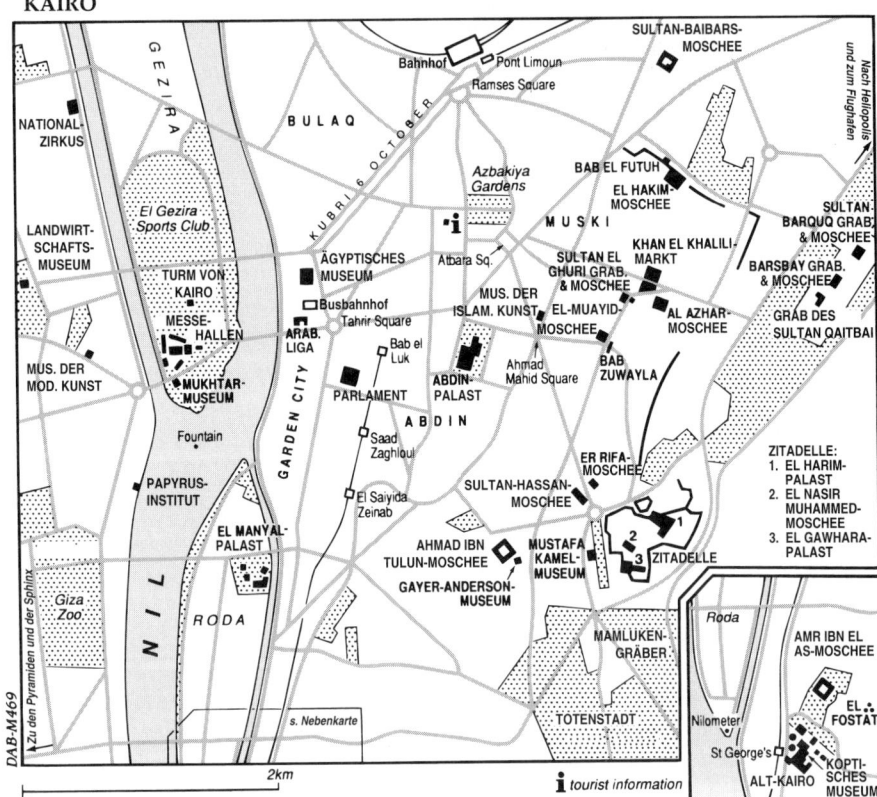

befördern sie zwischen 50 und 100 Fahrgäste. Es ist ratsam, über ein Reisebüro zu buchen, das sich auf Kreuzfahrten spezialisiert hat. Zumeist werden Buchungen nur für die gesamte Reisedauer entgegengenommen. Traditionelle *Felluccas* können gemietet werden.

Die Nordküste

Alexandria ist moderner als Kairo, zahlreiche griechische und römische Baudenkmäler erinnern jedoch an die frühere Bedeutung der Stadt als Kulturzentrum. Ihre herrliche Lage am Mittelmeer macht die wichtige Hafenstadt zu einem der beliebtesten Ferienziele der Ägypter.
Die Strände im Norden des Landes erstrecken sich von der libyschen Grenze bis zum Nildelta und entlang der Nordküste der Sinai-Halbinsel. Der westlich von Alexandria gelegene Urlaubsort **Mersa Matrûh** bietet feinen Sandstrand; von hier aus kann man die **Siwa-Oase** (Stätte des Amun-Orakels, die Herodot und Alexander den Große befragten) an der libyschen Grenze besuchen. Herrliche Strände gibt es auch in **El Alamein, Baltim, Gamasa, Sisi Kreir** und **Ras El Bar**. Die Badesaison dauert bis Dezember.

Luxor

Luxor, Homers »Theben der hundert Tore«, liegt ca. 500 km südlich von Kairo. Hier erwarten den Besucher zahlreiche bedeutende archäologische Stätten: u. a. die mächtigen *Tempel des Amon* in 2,5 km entfernten **Karnak** mit riesigen Statuen, Obelisken und Hallen (ähnlich wie in Gizeh gibt es auch hier eine Light-Show) und das berühmte *Tal der Könige*, in dem 64 Pharaone begraben und auf einem riesigen, aus dem Fels gehauenen Steinrelief dargestellt sind. Das Grab der Amun-Her-Chopeschef gilt als die schönste im *Tal der Königinnen*. Die Farben der Bilder in der Bildergalerie haben sich wunderbar erhalten. Auch der Anblick der übrigen Tempel, Grabstätten und Monumente ist überwältigend. Seit 1988 kann man diese imposante Ansicht auch vom Heißluftballon aus genießen.

Assuan

Assuan ist besonders im Winter ein schöner Ferienort mit zahlreichen Tempeln und Klöstern. Auf der *Elephantine-Insel* befindet sich das uralte Nilometer (Wasserstandsanzeiger). Bekannt ist die Stadt vor allem durch den Assuan-Damm, einem der drei größten Staudämme der Welt. Zwei Kilometer südlich liegt *Philae*, ein klassischer Tempel, der aufgrund des Stausees verlegt werden mußte. Die beiden herrlichen Tempel von Ramses II. in **Abu Simbel** überstanden die sechziger Jahre vor allem dank der Hilfe der UNESCO. Einer der guterhaltenen Tempel in Ägypten steht in **Edfu**, 120 km nördlich von Assuan. Dreimal wöchentlich kann man von Assuan den Nil hinunter in den Sudan fahren.

Sinai und das Rote Meer

Ras Mohammed, Sharm El Sheik, Dahab, Nueba und **El Arish** gehören zu den beliebtesten Ferienzielen auf der Sinai-Halbinsel. Fast alle bieten Taucherzentren, die für jede Fähigkeitsstufe gerüstet sind. Die Aussicht über den Golf von Akaba auf die saudiarabischen Berge ist herrlich. Die Temperaturen bleiben warm bis zum Jahresende. Überall an der Ostküste Sinais gibt es Feriendörfer mit ausgezeichneten Wassersportmöglichkeiten. Die Palmenstrände grenzen hier direkt an die Wüste. Der nördlichste Mangrovenwald der Welt befindet sich in Ras Mohammed am südlichsten Punkt der Sinai-Halbinsel.
Das zerklüftete Sinaigebirge im Landesinneren hat zahlreiche imposante Gipfel. Der fast 2300 m hohe *Gabal Musa* gilt als der biblische **Berg Sinai**. Das berühmte **St. Katherinenkloster** liegt am Nordfuß des Gabal Katharina, der bis auf 2637 m ansteigt. Im 4. Jahrhundert von Einsiedlern gegründet, wurde die Anlage in den folgenden Jahrhunderten ständig erweitert. Das Kloster ist im Besitz bedeutender Nachlässe und Manuskripte, die zum großen Teil ausgestellt sind. Saladins massive Festung Qalaat Al Gundi, während der ersten Zeitzeugen der Kreuzzüge im 12. und 13. Jahrhundert, zieht ebenso viele Besucher an wie Al Tur, die am Roten Meer liegende Hauptstadt des Südlichen Sinai. Die Westküste des Roten Meeres wurde erst vor kurzem für den Tourismus entdeckt. Die ganzjährig angenehmen Wassertemperaturen sorgen für einen schönen Badeurlaub. **Hurghada**, ca. 400 km südlich von Suez, ist ein Ferienort mit vielen Freizeitanlagen und einem wundervollen Korallenriff, das für Taucher wie geschaffen ist. Das nahegelegene moderne Feriendorf **El Gufton** bietet ebenfalls vielfältige Erholungsmöglichkeiten.

SOZIALPROFIL

ESSEN & TRINKEN: In der ägyptischen Kochkunst vereinen sich einige der besten Geschmacksrichtungen nahöstlicher Küche. Große Hotel- und kleine Spezialitätenrestaurants sind in allen Städten zu finden. Einige Restaurants der großen Hotels in Kairo bieten neben der ausgezeichneten einheimischen Küche auch die besten internationalen Gerichte an. Einheimische Spezialitäten sind z. B. Bohnengerichte (*Foul*), Kebabs und *Hummus* (Kichererbsenpüree). Obwohl Ägypten ein islamisches Land ist, wird Alkohol in guten Restaurants und Cafeteria-ähnlichen Bars ausgeschenkt.
NACHTLEBEN: Anspruchsvolle Nachtklubs, Diskotheken und ausgezeichnete Restaurants sind in Kairo und Alexandria zu finden. In Luxor und Assuan gibt es ein ähnliches Unterhaltungsangebot, abends finden Grillparties an den Ufern des Nils statt.
EINKAUFSTIPS: Khan El Khalili, der alte Kairoer Basar, ist eine Fundgrube für Reproduktionen antiker Gegenstände, außerdem werden interessanter Schmuck, Gewürze, Kupfer- und Messingartikel und koptische Stoffe angeboten. Die moderneren Einkaufszentren finden man am nahegelegenen Tehrir-Platz. **Öffnungszeiten der Geschäfte:** Täglich außer Freitag (islamischer Sonntag) zwischen 09.00 und 19.00 Uhr; Mittagspause. Unterschiedliche Öffnungszeiten im Fastenmonat Ramadan, die Geschäfte sind dann auch manchmal am Sonntag geschlossen.

SPORT: Tennis-, Golf- und **Reitclubs** findet man vor allem in Kairo und Alexandria. Weitere Informationen sind in den Hotels erhältlich. Ein öffentlicher Golfplatz liegt am Fuß der Gizeh-Pyramiden. **Wassersport:** Ägyptens Küsten bieten wunderschöne Korallenriffe. Taucherclubs und Ausrüstungsverleihe gibt es inzwischen fast überall. Die ersten, für Sporttaucher erschlossenen Gebiete wie Sharm El Sheikh, Dahab und Nueba, liegen am Golf von Akaba auf der Sinai-Halbinsel. Inzwischen wurden aber auch Taucherclubs an der Küste des Roten Meeres in Hurghada und Ras Mohammed (ausgezeichnete Tauchgründe) eröffnet. Ausbilder für Anfänger und Fortgeschrittene stehen zur Verfügung.
Anmerkung: Die Korallenriffe des Roten Meeres stehen unter Naturschutz, und Souvenirjäger, die Korallen abbrechen, müssen mit hohen Geldbußen rechnen.
VERANSTALTUNGSKALENDER
Juni '96 *Internationales Windsurfing-Festival*, Hurghada (Rotes Meer). **Juli** (1) *Internationales Dokumentarfilm-Festival*, Kairo. (2) *Sajed-Noiser-Meisterschaften im Gewichtheben*, Kairo. **Aug.** *Wafa El Nil-Festival*. **Sept.** (1) *Internationales Theater-Festival*, Kairo. (2) *Internationales Filmfestival*, Alexandria. (3) *Internationales Fahrradrennen*, Kairo. **Okt.** (1) *Pharaoh-Rallye-Festival*, landesweit. (2) *Internationales Yacht-Festival*, Kairo. (3) *Abu Simbel-Festival* (Krönung Ramses II.). **Nov.** (1) *Pferdeschau arabischer Vollblüter*, Zahra. (2) *Internationales Wettangeln*, Sharm El Sheikh/Südliches Sinai. **Dez.** (1) *Internationales Filmfestival*, Kairo. (2) *Internationale Ruderregatta*, Luxor. **Jan. '97** *Internationale Buchmesse*, Kairo. **Febr.** *Internationales Anglerfest*, Hurghada (Rotes Meer). **März** *Internationale Messe*, Kairo.
SITTEN & GEBRÄUCHE: In erster Linie vom Islam beeinflußt; in vielen Gebräuchen spiegelt sich die religiöse Überlieferung wider. Die Leute sind höflich und gastfreundlich und erwarten ähnlichen Respekt von ihren Gästen. Zur Begrüßung gibt man sich die Hand. Zurückhaltende Bekleidung ist vielerorts angemessen, vor allem sollten Frauen in Moscheen oder tagsüber auf der Straße von großzügigen Dekolletés und Miniröcken Abstand nehmen. Moderne westliche Bekleidung wird jedoch in allen modernen Nachtklubs, Restaurants, Hotels und Bars in Kairo, Alexandria und anderen beliebten Urlaubsorten akzeptiert. Offizielle oder gesellschaftliche Veranstaltungen und vornehme Restaurants erfordern elegantere Kleidung. **Fotografieren** in Pyramiden, Museen und Grabstätten ist gebührenpflichtig.
Trinkgeld: 10-12% wird auf Hotel- und Restaurantrechnungen aufgeschlagen, ein Trinkgeld von 5% extra ist üblich. Taxifahrer erwarten etwa 10%.

WIRTSCHAFTSPROFIL

WIRTSCHAFT: Nach seiner Machtübernahme im Jahre 1954 führte der damalige Staatspräsident Gamal Abdel Nasser eine Planwirtschaft nach sowjetischem Vorbild ein; westliche Investitionen wurden ausgeschlossen. Nach seinem Tod fand allmählich eine Wandlung statt, vor allem unter Muhammad Anwar Sadat As (1970 Staatspräsident), der die investitionsfreundliche Politik der *Infitah* (Offenheit) einführte. In den siebziger Jahren hatte die ägyptische Wirtschaft aufgrund des Ölbooms und erhöhter Einnahmen aus dem Tourismus und dem Suezkanal hohe Zuwachsraten zu verzeichnen. Mit dem sinkenden Ölpreis fielen jedoch auch die Einnahmen. Der beträchtliche Devisenmangel konnte nur durch umfangreiche amerikanische Kredite ausgeglichen werden. Der bürokratisch-umständliche und reformbedürftige öffentliche Dienst verschlingt einen Großteil der Einkünfte. Wichtigste Industriezweige des Landes sind Erdöl, Aluminium und Textilien. Außerdem gibt es ein großes Stahlwerk und mehrere Fahrzeug-Montagefabriken. Dienstleistungssektor: 52%, Industrie: 30%. Die Landwirtschaft, die rund 20% des Bruttosozialprodukts erbringt, erzeugt in erster Linie Baumwolle. Die hohe Bewässerung von Baumwolle erschöpft zunehmend den Wasserstand des Nils; der Nil dient jedoch großen Bevölkerungsteilen des Landes (90%) der Trinkwasserversorgung.
Die wichtigsten Handelspartner Ägyptens sind Italien, USA, Frankreich, GUS, Griechenland und Deutschland. Die Regierung ist bemüht, Zuschüsse für Nahrungsmittel, Elektrizität und Öl allmählich abzubauen – die ärmeren Bevölkerungsschichten sind jedoch auf sie angewiesen, und die Ankündigung eines Subventionsabbaus hat sogar zu Unruhen geführt.
Seit dem Golfkrieg ist das internationale Ansehen Ägyptens gestiegen, die Wirtschaftsaussichten haben sich verbessert – vor allem die zähen Verhandlungen der Regierung mit dem Internationalen Währungsfonds sind in eine konstruktive Phase eingetreten. Die ägyptische Wirtschaft steht nun vor der Herausforderung, sich auf die Umwälzungen in der GUS und Osteuropa einzustellen, die zurzeit die größten Absatzmärkte des Landes darstellten. Die Anschläge islamischer Fundamentalisten, die sich z. T. auch gegen ausländische Besucher richten, haben sich nachteilig auf die Touristikindustrie ausgewirkt. Die Ergebnisse des Jahres 1992 (3,2 Mio. Touristen) werden wohl nicht so schnell wieder eingeholt werden. 1994 reisten 2,6 Mio. Touristen nach Ägypten.
Einnahmen aus Suezkanalgebühren 1992: 1,9 Mrd. US$.

Ägypten / Albanien

GESCHÄFTSVERKEHR: Anzug bzw. Kostüm sind für Geschäftsreisende üblich. Islamische Bräuche sollten respektiert werden. Englisch- und Französischkenntnisse sind weit verbreitet, Visitenkarten auf Arabisch sind jedoch gern gesehen. **Geschäftszeiten:** So-Do 09.00-14.00 Uhr (freitags geschlossen).
Kontaktadressen: *Handelsabteilung der Ägyptischen Botschaft,* Paracelsusstraße 72, D-53177 Bonn. Tel: (0228) 33 09 20, 33 02 32. Telefax: (0228) 33 14 84.
German-Arab Chamber of Commerce (Deutsch-Arabische Handelskammer), PO Box 385, 11511 Ataba-Kairo. Tel: (02) 341 36 62/3/4. Telefax: (02) 341 36 63.
Österreichisch-Ägyptische Handelskammer, Opernring 1, Stiege R, Tür 201, A-1010 Wien. Tel: (0222) 581 65 00. Telefax: (0222) 581 65 65.
The Commercial Counsellor at the Austrian Embassy (Österreichischer Handelsbeauftragter), PO Box 2470, Kairo. Tel: (02) 341 11 50, 341 55 63, 340 76 07. Telefax: (02) 341 28 92.
Ägyptische Handelsmission, 4 Boulevard de Théâtre, CH-1204 Genf. Tel: (022) 819 91 11. Telefax: (022) 819 91 00.
Federation of Chambers of Commerce (Dachverband der Handelskammern), 4 Sharia el-Falaki, Kairo. Tel: (02) 355 11 64. Telex: 92645.
Alexandria Chamber of Commerce, 31 Sharia el-Ghorfa Altogariya, Alexandria. Tel: (03) 80 93 39. Telex: 4180.
Cairo Chamber of Commerce, 4 Sharia el-Falaki, Kairo. Tel: (02) 355 82 61. Telefax: (02) 356 36 03.
KONFERENZEN/TAGUNGEN: In Kairo gibt es zahlreiche große Hotels und drei große Tagungsstätten mit Konferenzeinrichtungen. Hervorzuheben ist besonders das 12 km östlich vom Flughafen gelegene neue Kairoer Konferenzzentrum mit Kapazitäten für 2500 Teilnehmer, Ausstellungshalle und Bankettsaal. In der Haupthalle des neuen Tagungszentrums der Universität von Alexandria finden 2400 Delegierte Platz. 1992 hielt der Amerikanische Reisebüro-Verband *(ASTA)* seinen Kongreß in Kairo ab, über 8000 Teilnehmer waren zugegen. Weitere Informationen über Konferenzlokalitäten vom Fremdenverkehrsamt oder beim *Cairo International Conference Centre,* Sharia el-Nasr, Nasr City, Kairo. Tel: (02) 263 46 32. Telefax: (02) 263 46 40.

KLIMA

Heiß und trocken im Sommer, im Winter trocken und tagsüber warm mit kalten Nächten. Außer in den Küstengebieten kaum Niederschläge. Im April bläst der heiße, staubige Wüstenwind Khamsin.
Kleidung: Leichte Baumwoll- oder Leinensachen im Sommer, wärmere Kleidung für kalte Abende im Winter.

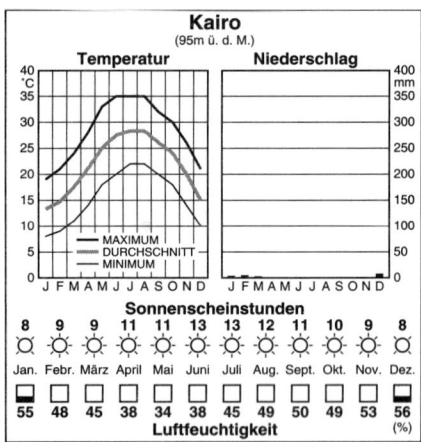

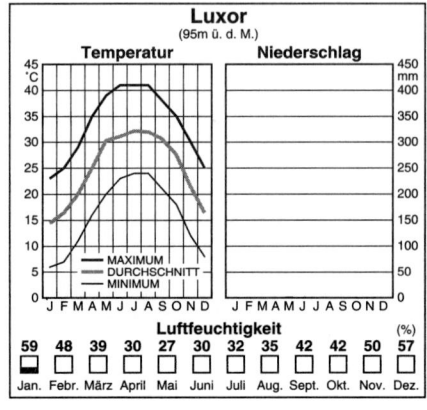

Albanien

Lage: Südosteuropa, Adria-Küste.

Deutsch-Albanische Freundschaftsgesellschaft e. V.
Bilser Straße 9
D-22297 Hamburg
Tel/Telefax: (040) 511 13 20.
Do 16.00-18.00 Uhr.
Skanderbeg Reisen GmbH
Postfach 10 22 04
D-44722 Bochum
Wittener Straße 71
D-44789 Bochum
Tel: (0234) 30 86 86, (0177) 308 68 60 (Mobiltelefon).
Telefax: (0234) 30 85 05.
Mo-Fr 09.00-13.00 und 14.00-17.00 Uhr.
Egnatia Tours
Piaristengasse 60
A-1080 Wien
Tel: (0222) 405 53 46. Telefax: (0222) 405 66 68 33.
Mo-Fr 08.30-17.00 Uhr.
Agil Tours
Münstergasse 12
CH-8001 Zürich
Tel: (01) 262 15 35. Telefax: (01) 262 15 40.
Mo-Fr 09.00-18.00 Uhr, Sa 09.00-13.00 Uhr.
Tirana Travel Agency
c/o Daiti Hotel
Tirana
Tel: (042) 3 45 72. Telefax: (042) 3 43 59.
Alburist
Bulevardi Dëshmorët e Kombit 8
Tirana
Tel/Telefax: (042) 2 79 58.
Botschaft der Republik Albanien
Dürenstraße 35-37
D-53173 Bonn
Tel: (0228) 35 10 44/45, *Konsularabt.:* 35 10 46. Telefax: (0228) 35 10 48.
Mo-Fr 08.00-16.30 Uhr, *Konsularabt.:* Mo-Fr 08.30-13.00 Uhr (tel. Auskünfte); Mo, Mi, Fr 09.00-12.00 Uhr (Publikumsverkehr).
Botschaft der Republik Albanien
Blaasstraße 24
A-1190 Wien
Tel: (0222) 368 98 46 11. Telefax: (0222) 368 14 83.
Mo-Fr 10.00-12.00 Uhr (nach Vereinbarung).
Botschaft der Republik Albanien
Eigerstraße 46
CH-3007 Bern
Tel: (031) 372 07 07. Telefax: (031) 372 41 88.
Mo-Fr 09.00-12.00 Uhr.
Botschaft der Bundesrepublik Deutschland
Rruga Skënderbeu 8
Tirana
Tel: (042) 3 20 50. Telefax: (042) 3 34 97.
Österreichische Botschaft
Rruga Frederik Shiroka 3
Tirana
Tel: (042) 3 31 44. Telefax: (042) 3 31 40.
Botschaft der schweizerischen Eidgenossenschaft
Rruga e Elbasanit 81
Tirana
Tel: (042) 423 48 90. Telefax: (042) 423 48 89.

FLÄCHE: 28.748 qkm.
BEVÖLKERUNGSZAHL: 3.363.000 (1992). Mehrheitlich Albaner (Gegen im Norden und Tosken im Süden), rund 2% Minderheiten: 60.000 Griechen (1993), 4697 Mazedonier, 100 Montenegriner und 1261 sonstige, u. a. Aromunen, Sinti, Juden, Türken (alle 1989).
BEVÖLKERUNGSDICHTE: 117 pro qkm.
HAUPTSTADT: Tirana. **Einwohner:** 270.000 (1993).
GEOGRAPHIE: Albanien grenzt im Nordwesten an Montenegro, im Norden an Kosovo/Serbien, im Nordosten an Mazedonien, im Südosten und Süden an Griechenland, im Südwesten an das Ionische Meer und im Westen an die Adria. Außer der Küstenniederung wird das Land von zerklüfteten Gebirgsketten durchzogen. Gute Sandstrände, schöne Seen und ausgedehnte Wälder bieten reizvolle Kontraste.
STAATSFORM: Präsidialrepublik seit 1991; seit 1992 Einkammerparlament mit 140 Abgeordneten, von denen 100 in Wahlkreisen direkt gewählt werden; Präsident: Sali Berisha (Demokratische Partei), seit April 1992. Regierungschef: Aleksandër Meksi (Demokratische Partei), seit April 1992. Eine neue Verfassung ist in Vorbereitung.
SPRACHE: Amtssprache ist Albanisch (gehört zur indoeuropäischen Sprachfamilie) auf der Basis der toskischen Mundart. Im Süden spricht die griechische Minderheit Griechisch.
RELIGION: Zur Zeit des 2. Weltkriegs gehörten schätzungsweise 70% der Bevölkerung dem Islam an (etwa 50% Sunniten und 22% Bektaschi, einem Derwisch-Orden mit Hauptsitz in Tirana). Überwiegend im Süden und Osten des Landes gab es 20% Orthodoxe (mit eigener autokephaler Kirche) und im Norden 10% katholische Christen. Die Schließung aller religiösen Kultstätten (1967) und das in der sozialistischen Verfassung (1976) verankerte Verbot der Religionsausübung wurde Ende 1990 aufgehoben. Seitdem ist ein Wiederaufleben der traditionellen Religionen (erster Papstbesuch 1993, katholischer Mutter-Teresa-Orden, Öffnung islamischer Schulen und Moscheen) zu beobachten, ebenso wie verstärkte missionarische Aktivitäten eines breiten Spektrums religiöser Gruppen aus dem Ausland von protestantischen Sekten bis zu den Bahai. Heute vermutlich 30% sunnitische Moslems (einschließlich der Bektaschi), 6% Orthodoxe und 4% katholische Christen. Es gibt jedoch keine offiziellen Zählungen, die Angaben der Glaubensgemeinschaften liegen häufig um ein Vielfaches höher (besonders die Zahl der Orthodoxen, die von griechischer Seite als Argument für territoriale Ansprüche auf Südalbanien ins Feld geführt wird).
ORTSZEIT: MEZ (MEZ + 1 im Sommer).
NETZSPANNUNG: 220 V, 50 Hz.
POST- UND FERNMELDEWESEN: Telefon: Selbstwählferndienst nur in einigen größeren Städten: Tirana (042), Berat, Durrës (052), Elbasan (0545), Gjirokastra (0726), Korça (0824), Shkodra (0224) und Vlora.
Landesvorwahl: 355. Post: Mit wochenlangen Zustellungszeiten oder auch Verlust ist zu rechnen. Es wird empfohlen, alle Sendungen per Einschreiben aufzugeben. Die Modernisierung des Post- und Fernmeldewesens soll in den nächsten Jahren in Angriff genommen werden. Öffnungszeiten der Postämter: Mo-Sa 09.00-13.00 und 16.00-19.00 Uhr.
DEUTSCHE WELLE
Der Einsatz der Kurzwellenfrequenzen ändert sich mehrfach im Laufe eines Jahres, und Sendungen auf den folgenden Frequenzen werden jeweils nur zu bestimmten Tageszeiten ausgestrahlt. Näheres in der Einleitung.

MHz	15,275	13,780	11,785	9,545	6,075
Meterband	19	22	25	31	49

REISEPASS/VISUM

Wichtiger Hinweis: Die Einreisebestimmungen mancher Länder können sich kurzfristig ändern – rufen Sie sicherheitshalber auf Ihrem CRS-System (TIMATIC-Info-Code-Fenster in diesem Kapitel) den aktuellen Stand ab bzw. wenden Sie sich an die zuständige diplomatische Vertretung. Etwaige Zahlen in der Tabelle beziehen sich auf nachfolgende Fußnoten.

	Paß erforderlich?	Visum erforderlich?	Rückflugticket erforderlich?
Deutschland	Ja	Nein	Nein
Österreich	Ja	Nein	Nein
Schweiz	Ja	Nein	Nein
Andere EU-Länder	Ja	Nein	Nein

REISEPASS: Allgemein erforderlich.
VISUM: Staatsangehörige der Mitgliedsländer der Europäischen Union, der Schweiz sowie von Bulgarien, Island, Kanada, Liechtenstein, Norwegen, der Türkei und den USA brauchen kein Visum. Staatsangehörigen der folgenden Länder wird bei der Einreise ein Visum ausgestellt: Ägypten, Bahrain, Israel, Katar, Kuwait, Oman,

Albanien

ROGNER INTERNATIONAL HOTELS & RESORTS

- Internationales 4-Sterne-Hotel
- 136 Zimmer
  Nichtraucherzimmer für Damen und Herren
  116 Doppelzimmer
  9 Junior-Suiten
  6 Suiten mit Kitchenette
  4 Suiten
  1 Behinderten Zimmer
- Alle Zimmer sind mit Dusche/WC, Telefon, Minibar, Satelliten und Pay TV mit Radio, individuell regelbarer Klimaanlage, Fön, Zimmersafe und Schlüsselkarte ausgestattet.
- Restaurant "Apollonia", Bar/Café "Pirro"
- Bewachte Tiefgarage
- Tennis, Swimmingpool
- AUTOVERMIETUNG HERTZ, INTERNATIONALES REISEBÜRO für Rundfahrten, Ausflüge usw. BUCHUNGSBÜRO FÜR AUSTRIAN AIRLINES und SWISS AIR direkt im Hotel

Weitere Informationen:
Rogner Hotel Europapark, Bulevardi Deshmoret e Kombit, Tirana / Albanien
Tel: 00 355 42 35035 Fax: 00 355 42 35050

Albanien – das Land der Sonne und Gastfreundschaft

Saudi-Arabien und der Vereinigten Arabischen Emirate; Paßfotos sind nicht erforderlich. Alle Einreisenden haben je nach Herkunftsland eine Einreisegebühr zwischen 5 und 28 US-Dollar zu entrichten. Bei Zahlung in anderer Währung sind erhebliche Kursverluste zu erwarten.
Visaarten: Geschäftsvisum (zur ein- oder mehrfachen Einreise) und Touristenvisum.
Visagebühren: Unterschiedlich, je nach Nationalität des Antragstellers.
Unterlagen: (a) Antragsformular. (b) Gültiger Reisepaß. (c) Für Urlaubsreisen Nachweis ausreichender Geldmittel für die Dauer des Aufenthalts (ca. 3000 US$). (d) Für Geschäftsreisen zusätzlich Firmenschreiben und/oder Schreiben des Sponsors.
Bearbeitungszeit: Durchschnittlich 20 Tage.
Aufenthaltsgenehmigung: Auskünfte erteilt die Botschaft.

GELD

Währung: 1 Lek (Lk)= 100 Qindarka. Banknoten gibt es in den Werten 1000, 500, 200, 100, 50, 10, 5, 3, 2 und 1 Lek; Münzen in den Nennbeträgen 50, 20, 10 und 5 Qindarka sowie 1 und 2 Lek.
Geldwechsel: Zum offiziellen Kurs auf der Bank möglich. Bequemer ist der Tausch bei den Wechselstuben in den größeren Hotels, jedoch ist der Kurs hier etwas schlechter. Bei den geduldeten ambulanten Geldwechslern neben der Bank auf dem Skanderbeg-Platz in Tirana hingegen kann man geringfügig bessere Kurse (aber auch Dollar-Blüten) einhandeln.
Zahlungsweise: Bargeld ist nach wie vor das wichtigste Zahlungsmittel. Wer nur die benötigten Geldbeträge eintauscht, erspart sich Umstände und eine Münzen-Kollektion in Fremdwährungen beim Rücktausch. Neben dem offiziellen Zahlungsmittel, dem Lek, werden Devisen meist gern akzeptiert. Es empfiehlt sich, hinreichend Devisen in kleineren Sortierungen mitzunehmen, denn wenn es um harte Währungen geht, fehlt das Wechselgeld häufig selbst im Flughafen, beim Kassierern von Einreisegebühren und Ausreisegebühr, in Wechselstuben, Taxis usw.
Kreditkarten: Akzeptiert werden *American Express* und *Eurocard*, jedoch nur in wenigen größeren Hotels und einigen Devisenläden. Einzelheiten vom Aussteller der jeweiligen Kreditkarte.
Euroschecks werden von Banken unter Vorlage des Passes eingelöst und inzwischen von einigen Hotels akzeptiert.

Wechselkurse

	Lk Sept. '92	Lk Febr. '94	Lk Jan. '95	Lk Jan. '96
1 DM	74,41	63,59	64,79	65,29
1 US$	110,58	110,38	100,43	93,85

Anmerkung: Seit Sommer 1992 gelten von der Inflation bestimmte, am Dollar orientierte freie Wechselkurse, die in etwa der vorherigen Schwarzmarktkursen entsprechen. Der Kurs des albanischen Lek hat sich inzwischen bei 100 bis 110 Lekë pro 1 US-Dollar eingespielt. DM-Beträge variieren je nach DM/US-Dollar Parität zwischen rund 50 und 70 Lekë/DM.
Devisenbestimmungen: Die Deklaration der Devisen bei Ein- und Ausreise scheint fallweise wieder aufzuleben. Um Ärger bei der Ausreise zu vermeiden, sollte man das entsprechende Formular bei der Einreise verlangen, ausfüllen und bis zur Ausreise gut aufbewahren. Die Ein- und Ausfuhr der Landeswährung ist verboten.
Öffnungszeiten der Banken: April - September: Mo-Sa 07.00-14.00 Uhr. Oktober - März: Mo-Sa 07.30-14.30 Uhr.

DUTY FREE

Artikel für den persönlichen Bedarf können zollfrei nach Albanien eingeführt werden, darunter:
Tabakprodukte;
alkoholische Getränke;
Parfüm.
Ein- und Ausfuhrverbot: Die Einfuhr von Waffen und Munition (außer Jagdwaffen) sowie Narkotika und Drogen ist verboten. Die Ausfuhr von Edelmetallen und alten Münzen, antiken Objekten, alten Trachten von künstlerischem oder folkloristischem Wert, alten Urkunden und Büchern sowie alten und neuen Kunstwerken, soweit sie zum »nationalen Kulturgut« gehören, ist verboten bzw. genehmigungspflichtig.

GESETZLICHE FEIERTAGE

1. Mai '96 Internationaler Tag der Arbeit. **10. Mai** Beginn des kleinen Bajram. **28. Nov.** Fahnentag/Unabhängigkeitstag, 1912. **25. Dez.** Weihnachten. **1./2. Jan. '97** Neujahr. **10. Febr.** Beginn des großen Bajram (nach dem Fastenmonat Ramadan). **31. März** Christlicher Ostermontag. **7. April** Orthodoxer Ostermontag. **1. Mai** Internationaler Tag der Arbeit.

GESUNDHEIT

In der folgenden Tabelle aufgeführte Impfvorschriften können sich kurzfristig ändern. Es wird stets empfohlen, auf Ihrem CRS-System (TIMATIC-Info-Code-Fenster in diesem Kapitel) den aktuellen Stand der Gesundheitsbestimmungen abzurufen bzw. rechtzeitig vor der Reise ärztlichen Rat einzuholen.

	Vorsichtsmaßnahmen empfohlen	Impfschein erforderlich
Gelbfieber	Nein	1
Cholera	Nein	Nein
Typhus & Polio	Nein	-
Malaria	Nein	-
Essen & Trinken	2	-

[1]: Eine Impfbescheinigung gegen Gelbfieber wird von allen Reisenden verlangt, die aus Infektionsgebieten kommen und über ein Jahr alt sind.
[2]: Leitungswasser ist nicht überall hygienisch unbedenklich und z. B. in verschiedenen Stadtteilen von Tirana von unterschiedlicher Qualität sowie meist nur stundenweise verfügbar. Lebensmittelinfektionen haben in jüngster Zeit signifikant zugenommen. Es wird daher empfohlen, auf Flaschengetränke zurückzugreifen. Hepatitis A und B treten auf.
Gesundheitsvorsorge: Der Abschluß einer Reisekrankenversicherung wird unbedingt empfohlen. Angesichts der dürftigen medizinischen Versorgungslage sollten Vorsorgeuntersuchungen (z. B. Zähne) vor Antritt der Reise nach Albanien gemacht werden. Benötigte Medikamente in ausreichender Menge und eine gut bestückte Reiseapotheke sollten mitgeführt werden.

TIMATIC INFO-CODES

Abrufbar über Ihr CRS-System (für START/Amadeus Ama-Maske benutzen). Für Galileo bitte TI-DFT eingeben (mit Bindestrich).

Flughafengebühren	TI DFT/ TIA /TX
Währung	TI DFT/ TIA /CY
Zollbestimmungen	TI DFT/ TIA /CS
Gesundheit	TI DFT/ TIA /HE
Reisepassbestimmungen	TI DFT/ TIA /PA
Visabestimmungen	TI DFT/ TIA /VI

COLUMBUS REISEFÜHRER 1996/97

REISEVERKEHR - International

FLUGZEUG: Tirana-Rinas ist Flugziel für *Adria Airways* (5 x pro Woche Ljubljana), *Albanian Airlines* (4 x pro Woche München), *Alitalia* (7 x pro Woche Rom), *Austrian Airlines* (6 x pro Woche Wien), *Croatian Airlines* (2 x pro Woche Zagreb), *Swissair* (5 x pro Woche Zürich, im Auftrag von ICPI 2 x pro Woche Frankfurt), *Malev* (3 x pro Woche Budapest) und *Olympic Airways* (2 x pro Woche Athen). Für Charterflüge nach New York und Europa wirbt *Arberia Airlines*. Für Reisen in den Osten Albaniens können Flüge nach Ohrid/Mazedonien mit kurzer Fahrt zur Landesgrenze interessant sein. Ebenso Verbindungen nach Korfu (Fähre nach Albanien) und anderen Orten in Griechenland mit anschließendem Transfer auf dem Landwege nach Südalbanien.
Durchschnittliche Flugzeiten: Man erreicht Tirana in 1 Std. bis 1 Std. 30 von Bari, Budapest, Frankfurt, Ljubljana und teilweise von Rom; in 2-3 Std. von München, Rom, Wien, Zagreb, Zürich und Athen. Von Berlin, Bremen, Düsseldorf, Hamburg und Hannover ist eventuelles Umsteigen notwendig.
Internationaler Flughafen: *Tirana-Rinas (TIA)* liegt 25 km außerhalb der Stadt und hat einen kleinen Duty-free-Shop. Den 12 Abflügen bzw. Landungen pro Tag sind Flughafen und Personal kaum gewachsen. Modernisierung und Ausbau des Flughafens ist in Planung. Noch muß man vor den Schaltern bei Ein- und Ausreise mit längeren Wartezeiten und Gedränge rechnen. Achtung: Taschen- und Gepäckdiebe nutzen diese Situation. Check-in-Zeit ca. eine Stunde vor Abflug. Buszubringerdienst für Flüge der *Albanian Airlines* sind vom/bis zum Stadtbüro in Tirana verfügbar (Pruga Kongresi I Përmetit 202, in der Nähe des Skanderbeg-Platzes). Fahrzeit: 40 Min., Preis ca. 1 US$ oder Taxis (ab 10 US$).
Grenzgebühr: Zu der im Flugticket enthaltenen Flughafengebühr wird bei der Ein- und Ausreise noch zusätzlich eine Grenzgebühr verlangt. Für EU-Mitglieder: Einreise 5 US$, Ausreise 10 US$ (passende Dollarnoten bereithalten).
SCHIFF: Das Kriegsgeschehen in den ehemaligen jugoslawischen Republiken hat zugleich den Straßen- und Schienenweg vom Westen nach Albanien blockiert. Dadurch hat der Schiffsverkehr zugenommen. Von Slowenien, Italien und Griechenland aus kann man die größten Häfen Albaniens per Schiff erreichen.
Personenfähren: Die schnellste Fährverbindung über die Adria ist eine Personenfähre von Bari nach Durrës (täglich, 3 Std. 30), zugleich die einzige mit Ermäßigungen für Studenten und albanische Staatsbürger mit albanischem Reisepaß. Beliebt für Tagesausflüge ist die preiswerte Linie Korfu/Griechenland – Saranda (750 Lekë pro Person) mit 3-4 Überfahrten täglich. **Autofähren:** Nach Durrës kommt man von Triest aus 2 x pro Woche (22 Std.), von Koper/Slowenien bis zu 3 x pro Woche, allerdings mit häufig wechselnden Abfahrtszeiten, 3 x pro Woche von Ortona (22 Std.), 3 x pro Woche von Bari (9 Std.), 3 x pro Woche von Brindisi und 2 x wöchentlich von Ancona. Nach Vlora dauert die nächtliche Überfahrt von Brindisi 8 Std. (tägliche Überfahrten). Von Otranto aus wird Vlora bis zu 4 x pro Woche angelaufen. In italienischen Häfen wird eine Gebühr vor der Ein- bzw. Ausschiffung verlangt (genaueres vor Ort). Die Reedereien ändern die Fahrpläne kurzfristig je nach Konjunktur. Ein Überprüfen der Fahrzeiten vor der Abreise wird empfohlen. Außerdem sollte man sich im jeweiligen Hafenbüro nach den unterschiedlich langen Meldezeiten erkundigen. Für Reisen nach Südalbanien kommen auch Fährverbindungen von Italien nach Griechenland in Frage.
BAHN: Internationale Verbindungen hat Albanien von Shkodra nach Podgorica (ehemals Titograd, Montenegro). Diese Strecke wurde 1985, den damaligen Reiseeinschränkungen entsprechend, ausschließlich für den Güterverkehr verwendet.
BUS/PKW: Albanien ist auf dem Landweg mit allen Nachbarländern verbunden. Inzwischen sind acht Grenzübergänge geöffnet: einer mit Montenegro: *Hani i Hotit* (Strecke Podgorica – Shkodra); einer mit Kosovo/Serbien: *Morina* (Strecke Prizren – Kukës); vier mit Mazedonien: *Bilata* (Strecke Dibra – Pehkopia); *Qafa e Thanës*, westlich des Ohrid-Sees (Strecke Struga – Elbasan); *Gorica*, östlich des Ohrid-Sees (Strecke Ohrid – Pogradec); *Tushemisht*, westlich des Großen Prespa-Sees (Strecke Bitaola – Korça) und zwei mit Griechenland: *Kapshtica*, zwischen dem Großen und Kleinen Prespa-See (Strecke Florina bzw. Kestoria – Korça) und *Kakavia* (Strecke Ioannina – Igoumenitsa – Gjirokastra). Weitere Grenzöffnungen, u. a. mit Griechenland, sind beabsichtigt. Internationaler Buslinienverkehr nach Mazedonien, Bulgarien und Griechenland. Die Einreise mit dem eigenen Pkw ist nicht unbedingt zu empfehlen. Zwar gibt es in Tirana bewachte Parkplätze (Parkgebühr ca. 8 US$ für 24 Std.), aber das Einbruch- bzw. Diebstahlrisiko ist auch tagsüber groß. In Albanien ist es u.a. möglich, sich privat von jemandem gegen Entgeld in dessen Pkw mitnehmen zu lassen. Gute Veranstalter vereinbaren die Abholung bereits am Flughafen oder an der Grenze. Die Treibstoffbeschaffung ist teilweise immer noch mühselig. Seit 1992 besteht in Albanien eine Haftpflichtversicherung für Kraftfahrzeuge. Seit 1993 muß man auch in Besitz der Grünen Versicherungskarte sein. Gesetzlich vorgeschriebene Deckungssummen sind relativ niedrig. Eine eigene Vollkaskoversicherung ist unbedingt zu empfehlen. Als Ausländer hat man es oft schwer, Schuldfragen und Schadensregulierungen vernünftig zu klären. **Maut:** Pkw 1 US$ pro Tag, Kleinbusse 4 US$ pro Tag, Lkw 8 US$ pro Tag.
BUS: Es gibt Busverbindungen von Tirana nach Istanbul, Sofia und Athen.

REISEVERKEHR - National

BAHN: Das Streckennetz der albanischen Eisenbahn – einspurig und nicht elektrifiziert (Dieselbetrieb) – hat eine Länge von rund 720 km und verbindet vom Norden aus Shkodra, Lezha, Milot (hier Abzweigung der Gebirgsstrecke nach Rrëshen – Burrel – Klos) und Laç über den Knotenpunkt Vlora entweder mit Tirana oder mit Durrës. Weiter nach Süden gelangt man mit der Bahn von Durrës – Kavaja zur Abzweigung Rrogozhina. Von hier aus verläuft eine Route nach Osten über Elbasan – Librazhd nach Pogradec (am Ohrid-See). Die Strecke nach Süden führt von Rrogozhina über Lushnja und Fieri nach Ballsh (auf der Strecke nach Gjirokastra) oder von Fieri in die Hafenstadt Vlora. Die Bahnanlagen und Wagenparks sind heruntergekommen. Geringer Zugverkehr führt zu katastrophaler Überfüllung. Die Reisegeschwindigkeit ist minimal.
BUS/PKW: Von rund 18.000 km gelten rund 7500 km als Hauptstraßen. Sie werden staatlich unterhalten und sind für normale Motorfahrzeuge mehr oder weniger geeignet. Davon sind bisher nur 2850 km asphaltiert. Drei Viertel dieser asphaltierten Straßen sind alt und durch die Belastung schwerer Lkws sowie durch erhöhtes Verkehrsaufkommen in einem schlechten Zustand. (Transit-) Autobahnen sind in Planung. Auf allen Straßen wird um höchste Vorsicht gebeten. Fußgänger, Tiere, Radfahrer, Ochsenkarren, Pferdefuhrwerke und Landfahrzeuge benutzen die Fahrbahn gleichermaßen.
Bus: Immer noch das wichtigste Verkehrsmittel. Alle Strecken werden privat betrieben. Von Tirana aus werden die Hauptrouten (Durrës, Shkodra, Korça, Gjirokastra/Saranda) teilweise mehrmals täglich befahren.
Pkw: Strenge Geschwindigkeitsbegrenzungen, im folgenden jeweils für Pkw/Lkw angegeben: innerhalb von Ortschaften max. 40/35 km/h und auf Landstraßen max. 80/60 km/h. Weitere Tempolimits je nach Gelände- und Straßenbelag: auf nicht asphaltierten Straßen im Flachland, auf asphaltierten Gefälle- bzw. Steigungsstrecken im Flachland und generell im Bergland max. 50/45 km/h; auf Schotterstraßen im Bergland und auf asphaltierten Gefälle- bzw. Steigungsstrecken in den Bergen max. 40/35 km/h. Für Fahrzeuge mit Anhänger und Motorräder eigene Regelungen. Es gelten die kontinental üblichen Verkehrsregeln und Schilder. Landkarten, auch die neuesten, sind lückenhaft, die Orientierung ist daher nicht immer einfach. Erschwert wird dieser Umstand durch fehlende oder unzureichende Wegweiser. Nach dem Umsturz wurde Albanien von der Motorisierungswelle erfaßt. Der Straßenzustand hat sich infolge des erhöhten Verkehrsaufkommens weiter verschlechtert und strapaziert Fahrzeuge wie Fahrgäste. Unfälle sind nicht selten. Zu den meisten Unfallursachen gehören: überhöhte Geschwindigkeit, Alkohol am Steuer, technisch defekte Fahrzeuge, schlechte Straßenverhältnisse und fehlende Beschilderung. Benzin ist relativ teuer. Bleifreies Benzin gibt es nicht. Der einheimische Dieselkraftstoff ist von minderer Qualität. Benzingutscheine (für Importkraftstoff) sind an bestimmten Verkaufsstellen erhältlich. Tankstellen und Werkstätten sind noch dünn gesät. Schon das Aufpumpen eines Reifens erfordert Organisationstalent. Doch gibt es immer mehr private Tankstellen, die die Versorgungslage allmählich verbessern; allerdings sind diese teurer. Es wird ebenfalls darauf hingewiesen, daß die Polizei gerne Strafzettel für »falsches Parken« bzw. »unkorrektes Abbiegen« verteilt. Verstöße gegen die Straßenverkehrsordnung (vor allem von Ausländern begangen) werden nicht selten mit hohen Geldbußen bestraft.
Fahrzeiten: Tirana – Durrës oder Elbasan: ca. 1 Std; Tirana – Shkodra: 3 Std; Tirana – Berat oder Vlora: 3-4 Std; Tirana – Korça: 5 Std; Gjirokastra – Saranda: 6-7 Std.
STADTVERKEHR: Busse in Tirana, inzwischen privat betrieben, sind billig, jedoch meist in schlechtem Zustand und überfüllt. **Taxis** findet man vor internationalen Hotels oder in Tirana am zentralen Taxistand auf dem *Sheshi* (»Platz«) *Avni Rustemi*. Bei Besuchen in abgelegenere Viertel vereinbart man am besten gleich die Rückfahrt, da u. a. Telefonmöglichkeiten häufig fehlen. Mietwagen, sowie repräsentative Fahrzeuge sind in Tirana bei Verleihfirmen, auch international bekannten, zu bekommen. Ein Privatchauffeur mit Wagen ist die bequemste und zuverlässigste Alternative, die bei guten Veranstaltern bereits vor der Albanienreise zu buchen ist.

UNTERKUNFT

HOTELS: Im ganzen Land gibt es rund 30 Hotels. Es gibt verschiedene Kategorien, u. a. 2-4 Sternehotels. Mit dem gehobenen europäischen Standard kann man sie jedoch nicht vergleichen. Der Service fällt sehr unterschiedlich aus, Komfort ist einfach bis sehr einfach. Manchmal gibt es Probleme mit der Wasser- und Stromversorgung. Sauberkeit und Hygiene lassen allgemein zu wünschen übrig. Das landesdurchschnittliche Standardhotel bietet Zimmer meist ohne eigene Dusche und WC an. Die Hygiene in öffentlichen Einrichtungen entspricht nicht westlichen Erwartungen. Komfort und Qualität können nicht unbedingt erwartet werden. Die Preise sind rapide gestiegen, besonders für Touristen. Zum Teil erwartet das Personal erst ein Trinkgeld, bevor es bereit ist, seinen Aufgaben nachzugehen. Gute Hotels werden in Tirana meist von Geschäftsreisenden und Politikern in Anspruch genommen. Falls möglich, sollte im voraus gebucht werden, auf Reservierungen ist jedoch nicht immer Verlaß. Alternativen wären Privatunterkünfte, Appartements oder Zimmer. Hotelneubauten sind im Kommen. So wurde im Sommer 1995 in Tirana das *Rogner Hotel Europa* eröffnet. Der Standard des Hotels entspricht internationalem Niveau. Zimmer sind u. a. mit Dusche/WC, Telefon, Klimaanlage und Fax-Anschlüssen ausgestattet.
CAMPING: Campingplätze an der Adriaküste bieten im Sommer 4-Bett-Wohnwagen an. Es wird davon abgeraten, frei zu zelten sowie die Ferien im Wohnmobil zu verbringen.

URLAUBSORTE & AUSFLÜGE

Seit dem Sturz des Hoxha-Systems (Enver Hoxha gründete die albanische Kommunistische Partei) gibt es kaum noch Beschränkungen für Touristen aus dem Ausland. Derzeit hofft die albanische Regierung, beraten von der Europäischen Bank für Wiederaufbau und Entwicklung, auf eine touristische Vermarktung der großen landschaftlichen Schönheiten und des kulturellen Erbes. Geplant werden große Hotelneubauten und Feriendörfer, Autobahnverbindungen zu den in Frage kommenden Stränden, sowie Naturresorts mit Hotelanlagen bzw. Feriendörfern. In diesem Land gibt es viel zu entdecken: landschaftliche Schönheiten wie die weiten Strände, eine zerklüftete Bergwelt mit zahlreichen Karsthöhlen, Flüssen und Seen, eine besondere Flora und Fauna und, neben schweren ökologischen Sünden, auch eine unberührte Natur sowie faszinierende archäologische Stätten und historische Orte. Zeitgeschichtliche Museen sind in der Phase der historischen Umwertung oder wurden ganz geschlossen. Das Enver-Hoxha-Museum in Tirana wurde in das Zentrum für Internationale Kultur umgewandelt. Archäologische Museen müssen vor Plünderungen geschützt werden und sind teilweise geschlossen. Angegebene Öffnungszeiten sind eher unverbindlich. Urlauber müssen offiziell für Eintrittskarten mehr bezahlen als Einheimische. Einige entlegene, landschaftlich schöne Orte, wie die Prespa- oder Lura-Seen, die Täler von Valbona, Thethi oder auch der Dajti-Berg sind heute dem Tourismus geöffnet. Viele einzigartige Kulturdenkmäler sind einen Besuch wert. Man begegnet herzliche Gastfreundschaft und Aufgeschlossenheit, aber auch Belästigungen und Diebstahl. Übervorteilung und aufdringliche Bettelei sind an touristischen Orten üblich.
Die folgenden Orte sind leicht zugänglich und touristisch gut erschlossen:
APOLLONIA: Zufahrt von Fieri. Wurde von den alten Griechen gegründet und nach dem Gott Apollo (zwei Kultsäulen sind erhalten) benannt. Apollonia hat einen Handelshafen an der Mündung der Vjosa. Die Römer benutzten die Stadt als Ausgangspunkt der *Via Egnatia*. Während dieser Zeit wurde die Stadt groß und wohlhabend. Später mußte Apollonia aufgegeben werden, da die Stadt durch die Verlagerung des Flußbettes vom Wasser abgeschnitten wurde. Das Stadtzentrum ist ausgegraben. Teile der Stadtmauer, Bauten und Straßenanlagen sind zu sehen. Im ehemals orthodoxen Kloster aus dem 13. Jahrhundert befindet sich ein sehenswertes Museum.
BERAT trägt den Beinamen »Stadt der tausend Fenster«. Die malerische Altstadt türkischen Ursprungs erstreckt sich an den Gebirgshängen entlang des Flusses Osum und ist durch eine siebenbögige Brücke mit Teilen der Stadt verbunden. Die Burg ist ein eigenes, sehenswertes Stadtviertel mit vielen Sakralbauten. Das *Onufri-Museum* bewahrt in einer orthodoxen Kirche gut restaurierte Ikonen auf. **Ausflugsziele:** Auf dem Weg nach Berat liegt das *Kloster Ardenica*, das zu einer Hotelanlage umgebaut wird. Bewirtung ist im bescheidenen Umfang möglich. Hier gibt es auch große Baumwollplantagen, die zu Zeiten der politischen Freundschaft mit China angebaut wurden.
BUTRINT: Von Saranda aus zu erreichen. Siedlungsort seit dem 1. Jahrtausend v. Chr., dann im 1. Jahrhundert v. Chr. als Buthroton griechische und kurz vor der Zeitwende römische Kolonie. Weiträumige Ausgrabungen (Theater, Dionysos-Altar, Asklepius-Tempel, Nymphäum, römische Häuser und Badeanlagen, frühchristliche Basiliken, frühchristliches Baptisterium mit einem der schönsten je freigelegten Mosaike). Stadtmauern aus allen Epochen, besonders beeindruckend das *Löwentor*, die *Venezianische Festung* auf der ehemaligen Akropolis mit schönem Ausblick auf den Vivar-Kanal, der den Butrint-See mit dem Ionischen Meer verbindet, und die *Festungsbauten* von Ali Pascha Tepelena.

DURRËS ist die zweitgrößte Stadt Albaniens und ist ferner ein wichtiges Industriezentrum. Außerdem befindet sich hier der Haupthafen Albaniens. Griechische Kolonisatoren nannten ihn Epidamnos (627 v. Chr.), im Römischen Reich hieß er Dyrrachium (illyrische Namenswurzel). Vom *Venezianischen Turm* am Hafen führt die mittelalterliche Stadtmauer zum *Amphitheater* aus dem 2. Jahrhundert v. Chr. In diesem Theater befindet sich eine frühchristliche Grabkapelle mit einem – für Albanien – seltenen Wandmosaik. Zwischen dem 1. und 3. Jahrhundert war Durrës ein bedeutender Hafen und Handelsplatz, als Nahtstelle der berühmten Heer- und späteren Handelsstraße Via Egnatia zwischen Rom und Byzanz (dem heutigen Istanbul). Erdbeben haben große Teile des alten Durrës im Meer versinken lassen oder verschüttet, es wurde aber wieder erneuert. An dem heute verwahrlosten langgestreckten Strand von Durrës Plazh ist nur das Hotel Adriatik aus den fünfziger Jahren in Takt. Ferienwohnungen und Hütten sind von ehemals politisch Verfolgten besetzt. Das Jugendferienlager ist Standquartier des italienischen Militärs für die Hilfsaktion »Pelikan«. Die ehemaligen Nomenklatura-Herbergen sind zum Teil von ausländischen Geschäftsleuten belegt.
GJIROKASTRA: Byzantinischen Ursprungs (um 1200). Als Museumsstadt geschützt. Altstadt mit besonderem Stadtbild und charakteristischen Stadthäusern aus dem 18. und 19. Jahrhundert. Die engen Gassen wurden stilecht restauriert. Dominierende *Festung* aus dem 13. Jahrhundert, von Ali Pascha Tepelena (1811) erweitert, mit schöner Aussicht und Militär-Museum.
Ausflugsziele: Auf dem Weg nach Gjirokastra kann folgendes besichtigt werden: *Ujë i Ftohtë* (»kaltes Wasser«) bei Tepelena am Fluß Drino und *Gryka e Këlcyrës* an der Vjosa, Richtung Përmet. In Richtung Kakavia (Grenzübergang nach Griechenland) liegt *Glina* mit der bekannten Mineralquelle.
KORÇA: 1510 erstmals schriftlich erwähnt. Zentrum im Osten des Landes. Zunächst Verwaltungssitz unter den Türken. Erst Ende des 18. Jahrhunderts, nach dem Untergang der benachbarten, hoch in den Bergen gelegenen bedeutenden Aromunengründung *Voskopoja*, konnte Korça seine günstige Lage am Kreuzungspunkt zahlreicher Karawanenstraßen nutzen. Seit dem 19. Jahrhundert wirtschaftliche und kulturelle Metropole mit internationalen Handelsbeziehungen. Sehenswert ist heute die *Mirahor-Moschee* (1496), älteste Einkuppelmoschee des Landes; weiterhin das *Museum für die Kunst des Mittelalters* und das denkmalgeschützte, aber verfallende Basarviertel mit den vielen *Hans*, den ehemaligen orientalischen Herbergen.
KRUJA: Der »Balkon der Adria« (600 m ü. d. M.) befindet sich an einem Bergmassiv. Die Stadt war einst der Stammsitz des Nationalhelden Skanderbeg. Er verteidigte diese *Burg* erfolgreich gegen die eindringenden osmanischen Heere bis zu seinem Tode (Grab in Lezha). Der Aufstieg zur Burg erfolgt durch die rekonstruierte Basarstraße. Im Burggelände steht außer dem Museum (Hoxhas Tochter Pranvera wurde für den Entwurf ausgezeichnet) ein wiederaufgebautes Stadthaus, das eine Kaffeestube beherbergt. Zu besichtigen gibt es außerdem den Glockenturm, Ausgrabungen und ein intaktes Stadtviertel mit Kirche im alten Friedhof.
POGRADEC: Im Sommer überfüllt. Für Sommerfrische sorgt der tiefe – und deshalb kalte – Ohrid-See. Ein Besuch empfiehlt sich vor allem im Mai oder Juni, wenn der Natur- und Erholungspark *Drilon* in Blüte steht. Durch die Öffnung des Grenzübergangs *Tushemisht* ist ein Abstecher zur Klosteranlage *Sveti Naum* jenseits der Grenze möglich (gegründet um 1000 von St. Naum, einem Schüler Kyrills und Methods).
SARANDA: Der früher ruhige Erholungsort am Ionischen Meer ist heute Anlaufstelle für Tagestouristen vom gegenüberliegenden Korfu.
SHKODRA: Eine der ältesten Städte des Landes, wenn nicht sogar Europas. Am gleichnamigen See gelegen, den Albanien mit Montenegro teilt. Überragt wird die Stadt von der *Burg Rozafa*. Ihre Gründungslegende, aber auch steinerne Zeugen und Dokumente aus illyrischer Zeit mit ihren Königen und späteren Feudalgeschlechtern, den Besatzungen und Freiheitsbewegungen, bieten albanische Geschichte zuhauf. Mehr als das Museum und die Kaffeebar lohnt das großartige Panorama den Aufstieg, der auch einen schönen Ausblick auf die *Bleimoschee* bietet. Einem der bedeutendsten Dichter Albaniens, *Migjeni*, ist ein Museumshaus gewidmet, und ein anderes erinnert an die drei Generationen der Familie Marubi, die die Fotografie einführte (1858/59).
Ausflugsziele: Von hier aus kann man die 108 m lange *Mes-Brücke* über den Kir (nördlich) und die *Drin-Stauseen* von *Vau i Dejes* und *Koman* erreichen.
TIRANA: Eine der typischen jungen Stadtgründungen – Backstube, *Hamam* (türkisches Bad), Moschee und eine Wegkreuzung waren 1614 die Keimzelle der Hauptstadt. Die heutigen Wahrzeichen, *Ethem-Bey-Moschee* und Uhrturm, entstanden erst 200 Jahre später. Das alte Basarviertel mußte 1961 dem Kulturpalast weichen. Erst seit 1920 ist Tirana Hauptstadt. Die Anlage des Stadtzentrums stammt aus italienischer Zeit, wie auch die Regierungsgebäude am *Skanderbeg-Platz* bis zur Universität; Ausnahmen: die *Kunsthalle*, die *Kongreßhalle* und die »Pyramide«, die als Museum für Enver Hoxha errichtet und zum internationalen Kulturzentrum umfunktioniert wurde. Heute ist Tirana nicht nur bevölkerungsreichste Stadt, sondern politisches, wirtschaftliches, kulturelles und geistiges Zentrum – sowie Standort der bedeutendsten nationalen Museen für Archäologie, Geschichte und Bildende Künste. Den besten Überblick hat man vom *Heldenfriedhof* mit dem Denkmal »Mutter Albanien«. Auf dem Friedhof wurden alle kommunistischen Parteigrößen entfernt.
Ausflugsziele: Peza, Dajti und die Burg Petrela.
VLORA: Schon in der Antike eine bekannte Hafenstadt mit bedeutender Bitumen- und Salzgewinnung. Heute ist Vlora zweitwichtigste Hafenstadt des Landes und hat zusätzlich Öl- und Wasserquellen im Hinterland. Der Ausflugsort *Kusbaba* bietet die beste Aussicht auf die Stadt. Von hier aus kann man ebenfalls die *Muradite-Moschee* (1538-42 vom berühmten Baumeister Mimar Sinan erbaut), das *Unabhängigkeitsdenkmal* und den Hafen bis zu den Salinen an der Lagune von Narta sehen. Das Haus, von dessen Balkon 1912 die Unabhängigkeit proklamiert wurde, ist als Museum diesem Ereignis gewidmet.
Ausflugsziele: Um die *Insel Sazan* in der Bucht von Vlora gab es wegen ihrer militärstrategischen Bedeutung häufig Auseinandersetzungen. Auch Chruschtschow wollte von hier aus die Meerenge von Otranto (Italien ist nur 73 km entfernt) und damit den Zugang zur Adria kontrollieren. Erholung bieten Strand und Meer sowie beim Llogara-Paß der *Naturpark* mit einigen Ferienhäusern. Ausgesprochen reizvoll ist die Küstenstraße nach Saranda im Süden, die durch die »Albanische Riviera« mit den kleinen Orten Dhërmi, Himara und Borsh und durch die Zitrusplantagen von Lukova führt. Die Terrassierung der Hänge wurde Mitte der sechziger Jahre teils unter Einsatz von Zwangsarbeit durchgeführt.

SOZIALPROFIL

ESSEN & TRINKEN: Private Restaurants beleben das allgemeine Gastronomieangebot. In Tirana findet man außer einem »Restaurant Berlin« vier italienische Gaststätten, zwei französische und seit Herbst 1993 sogar eine chinesische. Hier werden meist importierte Lebensmittel und Getränke angeboten. Die Restaurants sind zwar für Durchschnittsalbaner unerschwinglich (etwa 500-700 Lekë pro Person), sind aber dennoch so gut besucht, daß Reservierung und pünktliches Erscheinen nötig sind. Außerhalb der Hauptstadt gibt es weniger Publikum und entsprechend weniger Gaststätten. Die einheimische Küche ist Balkanküche mit türkischem Einschlag (und entlehntem Vokabular: *Byrek, Qofte, Shishquebap*), aber auch mit mancherlei Varianten. Traditionell wird alles in reichlich Öl gesotten. Auf der Speisekarte stehen Gemüse und Fleisch, Brot gehört zu jeder Mahlzeit. Bekannte Spezialitäten sind *Fërgesë Tiranë*, ein heißes Pfannengericht aus Fleisch- und Leberstücken mit Ei und Tomaten sowie *Tavllë Kosi* bzw. *Tavllë Elbanasi*, Hammelfleisch in Joghurt überbacken. Gerühmt wird der *Koran*, eine Lachsforellenart aus dem Ohrid-See, auch der *Shkodra-Karpfen* ist eine Kostprobe wert. *Kukurec*, gefüllte Schafsdärme (im Süden besonders beliebt) und gebackene Hammelköpfe gelten als Ehrung für den Gast. Erfrischend im Sommer ist *Tarator*, eine kalte Joghurt-Gurkensuppe. Ein spezieller Nachtisch ist *Oshaf*, ein Feigen- und Schafsmilch-Pudding aus Gjirokastra. Überhaupt ist Albanien ein Eldorado für Freunde süßer Torten, honiggetränkter Kuchen, Puddings und Eis oder (besonders im Süden) kandierter Früchte, *Reçel*. Das übliche Hotelfrühstück, in der Regel nicht im Übernachtungspreis enthalten und separat beim Kellner zu bezahlen, ist am kontinentalen Frühstück orientiert. Ein rustikales einheimisches Frühstück wie *Pilaf* (Reisgericht) oder *Paça*, eine kräftige Suppe aus Innereien, ist nicht jedermanns Sache, wird jedoch in Hotels nicht angeboten. Die Versorgungslage hat sich verbessert, weil viele Familien durch Familienmitglieder im Ausland unterstützt werden. Auch die privatisierten landwirtschaftlichen Kleinstbetriebe tragen zur Selbstversorgung bei. Für die Grundnahrungsmittel kommt internationale Hilfe auf. **Getränke:** Nach dem Zusammenbruch der heimischen Industrie werden zur Zeit fast alle Getränke importiert, von österreichischem Dosenbier, mazedonischem Wein, bis hin zu Cola-Imitationen und Anisschnaps aus Griechenland. Für die Einheimischen werden die Importe zum finanziellen Problem. Rar geworden sind die guten heimischen Weine. Besonders vermissen wird der Kenner den *Raki*, einen klaren Tresterschnaps *(Raki Rrushi)*, wobei der privat offerierte und (legal) selbst gebrannte natürlich jeweils der beste ist. Immer schon eine seltene Spezialität war Maulbeerschnaps *(Raki Mani)*, den man nur in der Gegend um Korça als Selbstgebrannten findet. In manchen Hotels werden noch beide albanischen Weinbrände, *Konjak Skënderbeu* und der *Ekstra* aus Korça mit seinem besonderen Aroma, angeboten. Feingemahlener, nach Belieben zusammen mit Zucker gekochter *Kafe Turke* (Türkischer Kaffee) wetteifert mit dem italienischen *Ekspres* (Espresso) um die Gunst des Publikums. In den Kaffeestuben sitzen meist nur Männer.
NACHTLEBEN: Das billigste und beliebteste Vergnügen ist das abendliche Flanieren auf dem Hauptboulevard in jeder Siedlung, der *Xhiro*, und das Fernsehen. Die eigene Filmproduktion ist eingestellt. Abenteuer- und Actionfilme sowie Pornographie haben Konjunktur. Theater, Oper und Konzert fristen dagegen ein Schattendasein. Erfolgreich werden die ersten Diskotheken betrieben, eine bis 2.00 Uhr nachts, eine andere wirbt mit 24-Stunden-Betrieb. Stromausfälle setzen besonders im Winter allen Freizeitvergnügen Grenzen.
EINKAUFSTIPS: Albanien hat alte kunsthandwerkliche Traditionen im Weben von Teppichen (*Qilim*, vom Tischläufer bis zu größten Formaten) und Stoffen, Filigranarbeiten in Silber und Kupfer, Holzschnitzerei und Keramik, Sticken und Nähen. Die Kunsthandwerksbetriebe und die Glasfabrik haben die Arbeit eingestellt. An allen touristischen Punkten, vor den Hotels und Ausflugslokalen bieten Kunsthandwerker oder Kinder Handarbeiten an (vom Musikinstrument über Schnitzereien bis zur gehäkelten Bordüre). Maler versuchen ihr Glück mit lieblichen oder nationalen Motiven. Gebrauchskeramik gibt es auf jedem Markt. Feilschen um einen akzeptablen Preis wird auch Touristen nicht übelgenommen. Ihnen wird die Ware ohnehin überteuert angeboten, und man nutzt ihre Unkenntnis häufig aus. Straßenhändler bieten außerdem Antiquitäten an (s. *Duty Free*). Vorsicht bei zu verlockenden Angeboten und Geschäftsvorschlägen.
Öffnungszeiten der Geschäfte: Mo-Sa 07.00-12.00 und 16.00-19.00 Uhr (Abweichungen möglich). Auch sonntags haben viele Geschäfte geöffnet. Basare, Verkaufsstände entlang der Landstraßen und fliegende Händler in den Städten haben ihre eigenen Verkaufszeiten.
SITTEN & GEBRÄUCHE: Zur Begrüßung gibt man sich die Hand. Traditionell berühren Männer untereinander sich seitlich mit den Köpfen. Anrede: Herr *(Zoti)* und Frau *(Zonja)* mit akademischen Titeln. Die seit dem 2. Weltkrieg auch unter Nichtkommunisten gängige Anrede *Shoku* (mit der Bedeutung: Kamerad/Kollege/Genosse/Freund) ist, wie alles politisch Linke, verpönt. Ausführliche, mehrfache Fragen nach dem Wohlbefinden des Gesprächspartners und dem seiner Familienangehörigen eröffnen das Gespräch und sind bei Begegnungen und jedem Telefonat üblich. Kenntnisse des *Kanun* (des traditionellen Gewohnheitsrechtes) sind angesichts des Wiederauflebens alter Sitten unentbehrlich, wenn man vermeiden will, Anstoß zu erregen. Blumen bei häuslichen Einladungen mitzubringen ist nicht üblich. Kleine Gastgeschenke hingegen, unauffällig abgegeben, werden gern akzeptiert. Bei Todesfällen wird ein Kondolenzbesuch der Bekannten erwartet. »Ja« und »nein« wird in Albanien auf besondere Weise gezeigt und man sollte sich spontaner Gesten mit dem Kopf enthalten. »Ja«: kurzes seitliches Kopfschütteln. »Nein«: Heben des Kopfes, unterstrichen durch einen Schnalzlaut und, wenn nötig, von einer Bewegung des Zeigefingers begleitet. Jeder Versuch, sich in albanischer Sprache zu verständigen, wird mit Sympathie aufgenommen. Es wird i. allg. legere Kleidung getragen. Rocklänge und Extravaganz der Damenmode werden nicht mehr von prüden Moralvorstellungen diktiert. Kurze Hosen bei Männern sind sowohl am Strand als auch in der Stadt akzeptabel. **Sicherheit:** Öffentliche Ordnung und Sicherheit haben sich weitgehend normalisiert. Ausländische Besucher sollten sich nicht durch übertriebene Warnungen vor Kriminaldelikten in den Medien erschrecken lassen. Dennoch sollte man als Tourist vorsichtig sein. Selbst auf diplomatische Auskünfte ist nicht immer Verlaß. Albanien ist ein Entwicklungsland und erlebt immer wieder Spannungen. Ausländische Besucher gelten als reich. Demonstratives Zurschaustellen von z. B. teurem Schmuck sollte man vermeiden. Große Geldsummen sollten sicherheitshalber nicht herumgetragen werden. Äußerst interessant für Diebe sind Reisepässe, da albanische Staatsbürger durch Einreisebeschränkungen anderer Länder ihr Land kaum verlassen können. Aufpassen muß man auch auf Devisen, Wertsachen, Fotoapparate, Uhren und Mäntel – auf alles, was sich leicht zu Geld machen läßt. Welche Konsumgüter dazugehören, führen die fliegenden Händler am Straßenrand und in den Basaren deutlich vor. Mehr Gepäckstücke als Hände provozieren zur »Erleichterung«. Auch verschlossene Autos sind kein Tresor. Bei Streifzügen durch einsame Straßen und in abgelegenen Gegenden oder zu touristischen Sehenswürdigkeiten abseits des allgemeinen Publikumverkehrs ist das Risiko, belästigt oder beraubt zu werden, besonders groß, vor allem bei Dunkelheit. Frauen werden leicht Opfer von Zudringlichkeiten. **Trinkgeld** wird in Restaurants und für Dienstleistungen erwartet und ist angesichts der niedrigen Löhne und Gehälter für den Einheimischen wichtig. Geschenke erfordern meist eine Gegenleistung. Gegen Wirtschaftskriminalität (Bestechung und Korruption) wurde eine spezielle Finanzpolizei etabliert.

WIRTSCHAFTSPROFIL

WIRTSCHAFT: Albanien ist derzeit das ärmste Land Europas und gehört zu den armen Ländern der Erde – der Lebensstandard entspricht in etwa dem des Jemen oder des Kongo. Das Land ist jedoch reich an Bodenschätzen. Die ergiebigen Lagerstätten von Chrom- (drittgrößter Chromproduzent und zweitgrößter Exporteur), Kupfer-, Nickel- und Eisenerz sind nur unvollkommen erschlossen, desgleichen die Naturschönheiten, die künftig touristisch ausgebeutet werden sollen. Gefördert wer-

Albanien / Algerien

den im Land Erdöl und Bitumen, Braunkohle, Bauxit, Gips und Salze. Es kommen eine Reihe anderer Mineralien und Stoffe vor. Der Zusammenbruch des Ostblocks und seiner Märkte, fehlende Devisen für Ersatzteil- und Grundstoffimport, Energiemangel, Streiks, der Zusammenbruch des Verkehrssystems, mangelndes Know-how und unklare politische Strukturen haben die Industrie und die Wirtschaft insgesamt in den letzten Jahren zurückgeworfen. Fördernde sowie verarbeitende Industrie leiden unter veralteter Technologie. Nur in wenigen Bereichen, neben dem Tourismus vor allem in der Erdöl- und Chromförderung, bestehen Aussichten auf größeres ausländisches Engagement. Import von Konsumgütern und Handel florieren. 58% der Beschäftigten sind in der Landwirtschaft tätig. Parzellierung und Privatisierung der landwirtschaftlichen Genossenschaften haben zwar die Selbstversorgung auf dem Lande verbessert, insgesamt aber hängt die Grundversorgung der Bevölkerung weiterhin von EU-Nahrungsmittelhilfe ab. Seit 1991 ist Albanien Mitglied des Internationalen Währungsfonds, der Weltbank und der Europäischen Bank für Wiederaufbau und Entwicklung und erhält Unterstützung auch dem G-24 für die politische, wirtschaftliche und soziale Umstrukturierung. Die Transformation und die Politik zur Stabilisierung der zerrütteten Staatsfinanzen nötigt der Bevölkerung große Opfer ab. Zwischen 15% (laut Zeitung der Regierungspartei) und über 30% (Opposition) Arbeitslosigkeit bei verkürzter Arbeitslosenhilfe sowie minimale Löhne bei freigegebenen Preisen bergen weiter das Risiko sozialer und politischer Unruhen. Zugleich drängt es vor allem Jugendliche in die Arbeitsemigration. Die Regierung hofft auf umfangreiche Joint-ventures. Die gesetzlichen Voraussetzungen dafür sind geschaffen. Die Klärung der übrigen Rahmenbedingungen wie stabile gesellschaftliche Strukturen und berechenbare politische Verhältnisse wird noch länger andauern. Familien-Clans, alte und neue politische Seilschaften, daneben die organisierte Kriminalität (z. B. Drogen- und Zigarettenschmuggel), Scientologen und andere »Importe« ringen um Einfluß. Der politische Ausdifferenzierungsprozeß ist noch nicht abgeschlossen. Die Randlage am Krisen- und Kriegsgebiet des ehemaligen Jugoslawien, der ungelöste Kosovo-Konflikt und griechische Gebietsansprüche, über Minderheiten- und Religionsfragen artikuliert, sind zusätzlich ungünstige Faktoren.
GESCHÄFTSVERKEHR: Repräsentatives Auftreten und äußerliche Indikatoren (von der gewählten Unterkunft bis zu Marken-Image) werden beachtet. Visitenkarten sind üblich. Rechtzeitige Terminvereinbarung ist empfehlenswert. Bei ausländischen Besuchern ist man auf Pünktlichkeit eingestellt. **Geschäftszeiten:** Mitte 1993 wurde die 5-Tage-Woche mit 40 Stunden Arbeitszeit eingeführt. Mo-Fr 07.00-14.00 Uhr (Behörden und Banken bis 12.00 Uhr). Bei Handel und Gewerbe werden lange Mittagspausen gehalten. Nicht alle Geschäfte haben am Wochenende geschlossen, sie haben dann abweichende Ruhetage.
Kontaktadressen: *Handelsabteilung der Botschaft der Republik Albanien,* Dürenstraße 35-37, D-53173 Bonn. Tel: (0228) 35 10 46. Telefax: (0228) 35 10 48.
Dhoma e Tregtisë (Albanische Handelskammer), Tirana. Tel: (042) 2 29 34, 2 42 46. Telefax: (042) 2 79 97, 428 77.

KLIMA

Typisches Mittelmeerklima, besonders ausgeprägt in den westlichen Küstenniederungen: feuchtmilde Winter und trockene warme Sommer. Im gebirgigen Landesinneren Klima kontinentaler Prägung: im Sommer warm, die Winter jedoch sind eher kalt bis sehr kalt. Hauptniederschläge im Winter, in höheren Lagen Schnee. Beste Reisezeit für Mitteleuropäer ist Mai/Juni oder Mitte September bis Mitte Oktober.
KLEIDUNG: Im Sommer leichte Kleidung, für Abende besonders am Meer auch etwas Warmes. Im Winter Pullover und Mantel (öffentliche Gebäude und Restaurants häufig nicht geheizt), festes Schuhzeug und Regenschutz.

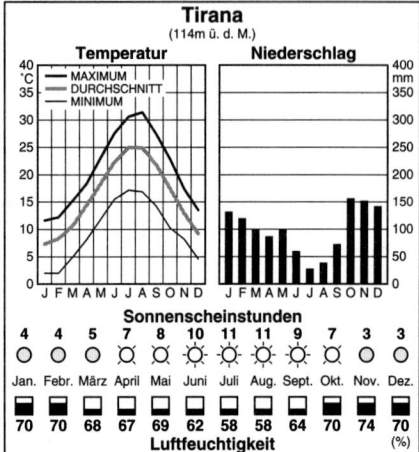

Algerien

Lage: Nordafrika, Mittelmeerküste.

Anmerkung: Angesichts der wiederholten Anschläge islamischer Fundamentalisten auf Ausländer wird derzeit von Reisen nach Algerien dringend abgeraten. Die Botschaften Deutschlands, Österreichs und der Schweiz in Algier sind bis auf weiteres geschlossen. Auskünfte über die aktuelle Sicherheitslage erteilen das Auswärtige Amt in Bonn, das Außenministerium in Wien und das EDA in Bern.

Air Algérie (Fremdenverkehrsamt)
Friedenstraße 5
D-60311 Frankfurt/M.
Tel: (069) 23 32 81/82/83. Telefax: (069) 23 37 05.
Mo-Fr 09.00-17.00 Uhr.
(auch für Österreich und die Schweiz zuständig)
Air Algérie
12 Rue de Chantepoulet
CH-1201 Genf
Tel: (022) 731 51 80. Telefax: (022) 731 05 62.
Mo-Fr 08.30-12.30 und 14.00-18.00 Uhr.
Air Algérie
Zürich-Flughafen, Terminal B
PB 1358
CH-8058 Zürich
Tel: (01) 816 35 48. Telefax: (01) 816 43 25.
Mo-Fr 09.00-18.00 Uhr.
(Prospektversand)
Opérateur National Algérien du Tourisme (ONAT)
25-27 Rue Khélifa-Boukhalfa
16000 Algier
Tel: (02) 74 33 76/77. Telefax: (02) 74 32 14.
Algerisches Generalkonsulat (mit Visumerteilung)
Rheinstraße 13
D-60325 Frankfurt/M.
Tel: (069) 975 82 60. Telefax: (069) 74 79 15.
Mo-Fr 09.00-14.00 Uhr.
Botschaft der Demokratischen Volksrepublik Algerien (ohne Visumerteilung)
Rheinallee 32
D-53173 Bonn
Tel: (0228) 8 20 70. Telefax: (0228) 82 07 44.
Mo-Fr 09.00-16.00 Uhr.
Außenstelle der Botschaft (mit Visumerteilung)
Stavanger Straße 18
D-10439 Berlin

TIMATIC INFO-CODES

Abrufbar über Ihr CRS-System (für START/Amadeus Ama-Maske benutzen). Für Galileo bitte TI-DFT eingeben (mit Bindestrich).

Flughafengebühren	TI DFT/ ALG /TX
Währung	TI DFT/ ALG /CY
Zollbestimmungen	TI DFT/ ALG /CS
Gesundheit	TI DFT/ ALG /HE
Reisepassbestimmungen	TI DFT/ ALG /PA
Visabestimmungen	TI DFT/ ALG /VI

Tel/Telefax: (030) 445 92 04/05.
Mo-Fr 09.00-13.00 Uhr.
Botschaft der Demokratischen Volksrepublik Algerien
Konsularabteilung
Rudolfinergasse 16-19
A-1190 Wien
Tel: (0222) 36 98 85 30. Telefax: (0222) 369 88 56.
Mo-Do 09.00-11.00 Uhr.
Konsulat der Demokratischen Volksrepublik Algerien
308 Route de Lausanne
CH-1293 Bellevue
Tel: (022) 774 19 19. Telefax: (022) 774 19 06.
Mo-Fr 08.30-16.30 Uhr.

FLÄCHE: 2.381.741 qkm.
BEVÖLKERUNGSZAHL: 26.375.000 (1992).
BEVÖLKERUNGSDICHTE: 11 pro qkm.
HAUPTSTADT: Algier (El Djezair). **Einwohner:** 3.000.000 (Großraum, 1992).
GEOGRAPHIE: Algerien liegt an der nordafrikanischen Küste und grenzt im Osten an Tunesien und Libyen, im Südosten an Niger, im Südwesten an Mali und im Westen an Mauretanien und Marokko. Algerien ist das zweitgrößte Land Afrikas mit einer 1000 km langen Mittelmeerküste. Im Küstenstreifen, in dem 90% der Bevölkerung leben, liegen die größten Städte, fruchtbares Land und die Urlaubsorte. Parallel zur Küste liegen die Hochebenen des Atlas, eines Faltengebirges wie die Alpen, mit den Hauptketten Tell-Atlas und Sahara-Atlas. Die Berge sind z. T. über 2000 m hoch und mit Zedern-, Kiefern- und Zypressenwäldern bedeckt. Südlich des Tell-Atlas befindet sich das Hochland der Schotts, der abflußlosen Salzseen. Der größte Teil des Landes (85%) wird von der Sahara eingenommen. In diesem Gebiet leben nur etwa 500.000 Menschen, zumeist Nomaden mit Ziegen- und Kamelherden. Durch Erdölförderung und Bergbau sind in den vorher so gut wie unbewohnten Regionen der nördlichen Sahara neue Industriezentren wie etwa Hassi Messaoud entstanden. Die Kies- und Sandebenen im äußersten Süden werden von zwei Bergketten durchzogen, dem majestätischen Hoggar-Massiv, das fast bis auf 3000 m ansteigt, und dem Tassili N'Ajjer. Beide Gebirge sind seit langer Zeit Zentren der Tuareg-Kultur.
STAATSFORM: Seit 1962 Demokratische Volksrepublik. Staatsoberhaupt: General Liamine Zéroual, seit Jan. 1994. Regierungschef: Mokdad Sifi, seit April 1994. Die einzige zugelassene Partei ist die *Front de Libération Nationale.* Das Ergebnis pluralistischer Wahlen im Dezember 1991 wurde durch das Eingreifen des Militärs für ungültig erklärt, seither herrscht Ausnahmezustand.
SPRACHE: Die offizielle Landessprache ist Arabisch, Geschäfts- und Behördensprache ist immer noch überwiegend Französisch. Im Süden werden Berberdialekte gesprochen.
RELIGION: Über 90% der Bevölkerung des Landes ist islamisch, überwiegend Sunniten.
ORTSZEIT: MEZ.
NETZSPANNUNG: 220 V, 50 Hz. Kein Adapter erforderlich.
POST- UND FERNMELDEWESEN: Telefon: Selbstwählferndienst. **Landesvorwahl: 213.** Öffentliche Telefonzellen in allen Postämtern, großen Hotels und den Hauptstraßen. **Telex/Telegramme:** Telexdienst im Hauptpostamt Algier (Adresse s. u.) sowie in den Hotels Aurassi und Aletti. Telegrammaufgabe in jedem Postamt zwischen 09.00 und 19.00 Uhr. **Post:** Von größeren Städten sind Sendungen nach Europa 2-4 Tage unterwegs, länger von kleineren Ortschaften aus. Post wird von Samstag bis Donnerstag zugestellt. Pakete, die mit normaler Post geschickt werden, können bis zu zwei Monate unterwegs sein, bevor sie in Algerien ankommen, und die Zollabfertigung verzögert die Paketauslieferung noch zusätzlich. Öffnungszeiten der Postämter: Sa-Mi 08.00-17.00 Uhr, Do 08.00-12.00 Uhr, das Hauptpostamt in Algier (5 Boulevard Mohamed Khémisti) hat durchgehend geöffnet.
DEUTSCHE WELLE
Der Einsatz der Kurzwellenfrequenzen ändert sich mehrfach im Laufe eines Jahres, und Sendungen auf den folgenden Frequenzen werden jeweils nur zu bestimmten Tageszeiten ausgestrahlt. Näheres in der Einleitung.

MHz	15,135	13,780	9,545	6,075	1,557
Meterband	19	22	31	49	MW

REISEPASS/VISUM

Wichtiger Hinweis: Die Einreisebestimmungen mancher Länder können sich kurzfristig ändern – rufen Sie sicherheitshalber auf Ihrem CRS-System (TIMATIC-Info-Code-Fenster in diesem Kapitel) den aktuellen Stand ab bzw. wenden Sie sich an die zuständige diplomatische Vertretung. Etwaige Zahlen in der Tabelle beziehen sich auf nachfolgende Fußnoten.

	Paß erforderlich?	Visum erforderlich?	Rückflugticket erforderlich?
Deutschland	Ja	Ja	Ja
Österreich	Ja	Ja	Ja
Schweiz	Ja	Ja	Ja
Andere EU-Länder	Ja	Ja	Ja

Einreiseverbot: Wer israelische Sichtvermerke im Reisepaß hat, muß sich einen Zweitpaß ausstellen lassen, um nach Algerien einreisen zu können.

REISEPASS: Allgemein erforderlich, muß noch mindestens 6 Monate gültig sein.
VISUM: Allgemein erforderlich, ausgenommen sind Staatsbürger von Argentinien, Benin, Guinea, Jemen, der Nachfolgestaaten des ehemaligen Jugoslawien, Mauretanien, Mali, Malta, Senegal, Seychellen, Syrien und Tunesien.
Visaarten: Transit-, Besuchs- und Geschäftsvisa.
Visagebühren: Unterschiedlich je nach Nationalität des Antragstellers. Genaue Auskünfte erteilen die Konsularabteilungen der Botschaften (Adressen s. o.). Deutsche Staatsbürger 33 DM, Österreicher 200 öS und Schweizer 27 sfr.
Gültigkeitsdauer: Die Reise muß innerhalb von sechs Wochen nach Ausstellung des Visums angetreten werden, die Aufenthaltsdauer beginnt mit dem Einreisedatum. *Besuchsvisa:* 90 Tage. *Transitvisa:* Zur zweimaligen Einreise innerhalb von 90 Tagen. *Geschäftsvisa:* Im Ermessen der Botschaft.
Antragstellung: Algerisches Generalkonsulat bzw. Konsularabteilung der Botschaft. (Adressen s. o.).
Unterlagen: (a) Antragsformular in dreifacher Ausführung. (b) 3 Paßfotos. (c) Reisepaß, der noch mindestens 6 Monate gültig ist. (d) Für Geschäftsvisa ein Einführungsschreiben der Firma.
Der postalischen Antragstellung sollten ein frankierter und adressierter Umschlag, ein Zahlungsbeleg und ein Einschreiben-Freiumschlag beigelegt werden.
Bearbeitungszeit: Ausstellung i. allg. zum nächsten Tag. Bei postalischem Antrag drei Tage.
Aufenthaltsgenehmigung: Anfragen sind an die Botschaft zu richten.
Anmerkung: Ausländische Einwohner Algeriens und Besucher, die länger als 3 Monate im Land waren, benötigen eine Ausreisegenehmigung.

GELD

Währung: 1 Dinar (DA) = 100 Centimes. Banknoten sind in den Werten 200, 100, 50, 20 und 10 DA in Umlauf; Münzen in den Nennbeträgen 50, 20, 10, 5 und 1 DA sowie 20, 10, 5 und 1 Centime.
Geldwechsel: Bei jeder Einreise sind von jedem Erwachsenen Devisen im Wert von mindestens 1000 DA umzutauschen (für Reisende unter 18 Jahren die Hälfte; bei Pauschalreisen ist dies normalerweise im Preis inbegriffen). Die ausgestellte Quittung sollte gut aufbewahrt werden. Außerhalb der Flughäfen und Grenzposten ist der Umtausch begrenzt, u. U. jedoch in der Nationalbank *(La Banque d'Algérie)* und den größeren Hotels möglich.
Kreditkarten: *American Express* und *Eurocard* werden in begrenztem Umfang akzeptiert. Einzelheiten vom Aussteller der betreffenden Kreditkarte.
Reiseschecks werden in begrenztem Umfang akzeptiert.
Euroschecks werden allgemein nicht akzeptiert, es bestehen jedoch begrenzte Verwendungsmöglichkeiten. In der Regel werden Euroschecks von großen Banken angenommen. Höchstwert pro Scheck 4500 Dinar.
Wechselkurse

	DA Sept. '92	DA Febr. '94	DA Jan. '95	DA Jan. '96
1 DM	15,00	13,87	27,77	36,47
1 US$	21,03	24,08	43,05	52,43

Devisenbestimmungen: Die Einfuhr von Fremdwährungen (außer Goldmünzen) ist unbegrenzt, muß aber deklariert werden. Jeder Besucher muß bei der Einreise eine Einreisekarte und eine Devisendeklaration ausfüllen, die dann vom Einreisebeamten abgestempelt wird. Bei jedem Geldumtausch erhält man eine Quittung, der Betrag wird in die Devisendeklaration eingetragen. Das Formular und die Quittungen müssen bei der Ausreise wieder abgegeben werden. Die Devisendeklaration muß u. U. im Hotel vorgelegt werden, um sicherzustellen, daß die Dinar für die Bezahlung der Hotelrechnung rechtmäßig erworben wurden. Bei der Einreise müssen mindestens 1000 DA umgetauscht werden (bei Pauschalreisen ist dies normalerweise im Preis inbegriffen). Wer in Algerien Fahrkarten ins Ausland kauft, muß speziell dafür Devisen umtauschen (mindestens 1000 DA) und die Umtauschquittung sowie die Deklaration vorlegen. Die Ein- und Ausfuhr ist auf 50 DA beschränkt.
Anmerkung: Devisenvergehen werden schwer bestraft, vor dem Umtauschen auf dem Schwarzmarkt wird daher gewarnt. Dieser konzentriert sich auf französische Francs und tragbare elektronische Geräte.
Öffnungszeiten der Banken: Sa-Mi 09.00-15.00 Uhr (Do und Fr ist das arabische Wochenende).

DUTY FREE

Folgende Artikel können zollfrei nach Algerien eingeführt werden:
200 Zigaretten oder 50 Zigarren oder 250 g Tabak;
1 l Spirituosen.
Anmerkung: Die Einfuhr von persönlichem Schmuck aus Gold, Edelsteinen und Perlen muß deklariert werden. Für persönlichen Schmuck über 100 g ist eine vorläufige Einfuhrgenehmigung erforderlich, andernfalls wird dieser bis zur Ausreise an der Grenzstelle aufbewahrt.

GESETZLICHE FEIERTAGE

1. Mai '96 Tag der Arbeit. **19. Mai** Islamisches Neujahr. **30. Mai** Ashoura. **19. Juni** Ben Bellas Entmachtung. **5. Juli** Unabhängigkeitstag. **28. Juli** Mouloud (Geburtstag des Propheten). **1. Nov.** Jahrestag der Revolution. **10. Dez.** Leilat Al-Meiraj (Himmelfahrt des Mohammed). **1. Jan. '97** Neujahr. **10. Jan.** Beginn des Ramadan. **10. Febr.** Eid al-Fitr (Ende des Ramadan). **18. April** Beginn des Eid al-Adha. **1. Mai** Tag der Arbeit.
Anmerkung: Die angegebenen Daten für islamische Feiertage richten sich nach dem Mondkalender und verschieben sich daher von Jahr zu Jahr. Während des Fastenmonats Ramadan, der dem Festtag Eid-al-Fitr vorangeht, essen Mohammedaner nicht tagsüber, sondern erst nach Sonnenuntergang, wodurch der normale Geschäftsablauf gestört werden kann. Diese Unterbrechungen können auch während des Eid al-Fitr auftreten. Dieses Fest, ebenso wie das Eid al-Adha, hat keine festgelegte Zeitdauer; es dauert i. allg. zwei Tage. Weitere Informationen im Kapitel *Welt des Islam* (s. Inhaltsverzeichnis).

GESUNDHEIT

In der folgenden Tabelle aufgeführte Impfvorschriften können sich kurzfristig ändern. Es wird stets empfohlen, auf Ihrem CRS-System (TIMATIC-Info-Code-Fenster in diesem Kapitel) den aktuellen Stand der Gesundheitsbestimmungen abzurufen bzw. rechtzeitig vor der Reise ärztlichen Rat einzuholen.

	Vorsichtsmaßnahmen empfohlen	*Impfschein erforderlich*
Gelbfieber	Ja	1
Cholera	2	2
Typhus & Polio	3	-
Malaria	4	-
Essen & Trinken	5	-

[1]: Eine Impfbescheinigung gegen Gelbfieber wird von Reisenden aus Infektionsgebieten verlangt, die über ein Jahr alt sind.
[2]: Eine Impfbescheinigung gegen Cholera ist für die Einreise nach Algerien nicht erforderlich, das Risiko einer Infektion ist jedoch nicht auszuschließen. Da die Wirksamkeit der Schutzimpfung umstritten ist, empfiehlt es sich, rechtzeitig vor Antritt der Reise ärztlichen Rat einzuholen. Aktuelle Auskünfte erteilen ferner Gesundheitsämter und Tropeninstitute. Näheres unter *Gesundheit* (s. Inhaltsverzeichnis).
[3]: Typhus kommt vor, Poliomyelitis nicht.
[4]: Begrenztes Malariarisiko der weniger gefährlichen Form *Plasmodium vivax* in zwei Regionen, Arib (Dept. Aïn-Defla) und Ihrir (Dept. Illizi).
[5]: Leitungswasser ist normalerweise gechlort und relativ sauber, es können jedoch u. U. leichte Magenverstimmungen auftreten. Für die ersten Wochen des Aufenthalts wird daher abgefülltes Wasser empfohlen, welches überall erhältlich ist. Trinkwasser außerhalb der großen Städte kann unsauber sein und sollte sterilisiert werden. Milchpulver nur mit sauberem Wasser anrühren. Fleisch, Geflügel, Meeresfrüchte, Obst und Gemüse sind i. allg. unbedenklich.
Tollwut kommt vor. Wer ein erhöhtes Risiko eingeht (z. B. längerer Aufenthalt in abgelegenen Gebieten), sollte vor Reiseantritt eine Schutzimpfung erwägen. Bei Bißwunden so schnell wie möglich ärztliche Hilfe in Anspruch nehmen. Weitere Einzelheiten im Kapitel *Gesundheit* (s. Inhaltsverzeichnis).
Bilharziose-Erreger kommen in manchen Teichen und Flüssen vor, das Schwimmen oder Waten in Binnengewässern sollte daher vermieden werden. Gut gepflegte Schwimmbecken mit gechlortem Wasser sind ungefährlich.
Hepatitis A tritt auf.
Gesundheitsvorsorge: Der Abschluß einer Reisekrankenversicherung wird dringend empfohlen. Die medizinischen Einrichtungen im Norden sind gut, im Süden jedoch begrenzt. In Notfällen ist die Behandlung kostenlos. Bei Aufenthalten in der Wüste sind Sonnenschutz und Feuchtigkeitscreme (Trockenheit) unerläßlich.

REISEVERKEHR - International

FLUGZEUG: Algeriens nationale Fluggesellschaft *Air Algérie (AH)* bietet Flugdienste nach Algier von Frankfurt/M., Genf und Zürich. Von Frankreich (Paris, Lyon, Marseille, Toulouse) gibt es auch Verbindungen nach Oran, Constantine und Annaba (Adressen der Vertretungen s. o.).
Durchschnittliche Flugzeiten: *Frankfurt* – Algier: 2 Std. 30 (Direktverbindung); *Genf* – Algier: 1 Std; *Zürich* – Algier: 1 Std. 15 (beide nonstop).
Internationale Flughäfen: *Algier (ALG)* (Houari Boumediène) liegt 19 km östlich von Algier. Busverbindung zur Stadt, Fahrzeit etwa 30 Min. Taxistand. Flughafeneinrichtungen: Bank/Wechselstube, Duty-free-Shop, Kunstgewerbeladen, Postamt, Tourist-Information, Autovermietung (*Algérie Auto Tourisme*) und Restaurant.
Oran (ORN) (Es Senia) liegt 10 km außerhalb der Stadt und ist per Taxi oder Linienbus erreichbar. Bank, Mietwagenschalter (ONAT) und Imbißstand.
Annaba (AAE) (El Mellah) liegt 12 km von Annaba entfernt. Linienbusverbindung alle 30 Min. Taxistand. Restaurant, Bank und Mietwagenschalter der ONAT.
Constantine (Ain El Bey) liegt 9 km außerhalb der Stadt. Busse, Taxis und begrenzte Flughafeneinrichtungen.
SCHIFF: Die wichtigsten Häfen sind Algier, Annaba, Arzew, Béjaia und Oran. Passagierschiffe von den Mittelmeerhäfen (u. a. Marseille) laufen regelmäßig Algier und Oran an. Die beiden größten Reedereien sind *Compagnie Nationale d'Algérie Navigation* und *Compagnie de Navigation Mixte*.
BAHN: Der *Transmaghreb* fährt täglich von Casablanca (Marokko) über Oran nach Tunis (Tunesien).
BUS/PKW: Die wichtigsten Grenzübergänge sind Maghnia (Marokko), Souk-Ahras, Tebessa und El Kala (Tunesien), Fort Thiriet (Libyen), In Guezzam (Niger) und Bordj Mokhtar (Mali). In der Küstenregion ist das Straßennetz gut ausgebaut, einige Asphaltstraßen führen auch in die Städte der nördlichen Sahara. Die beiden Trans-Sahara-Highways sind die einzigen Asphaltstraßen im Süden des Landes, eine verläuft Richtung Westen durch Reggane bis zur marokkanischen Küste, die andere durch Tamanrasset und Djanet nach Ghardaia und Algier. Die Fahrstrecke hängt oft von der Jahreszeit ab. Man sollte bedenken, daß Wüstenstraßen normalerweise nur bis zu 10 m breite, unbefestigte Sandpisten sind und daher nur mit gutausgerüsteten Fahrzeugen mit Allradantrieb befahren werden sollten. **BUS:** Die *SNTV (nationale Reise- und Transportgesellschaft)* fährt von Algerien nach Libyen, Tunesien, Marokko und Niger.

REISEVERKEHR - National

FLUGZEUG: *Air Algérie* bietet Linienflüge zu den großen Geschäftszentren Annaba, Constantine und Oran. Unregelmäßiger Flugverkehr zwischen Algier, Oran, Constantine, Annaba und den kleineren Städten und Oasen (z. B. Ouargla und Ghardaia) sowie Verbindungen in die Ölstädte (z. B. In Amenas und Hassi Messaoud). Die Flüge sind i. allg. pünktlich, im Sommer verspäten sich u. U. die Abflüge in die südliche Landeshälfte durch Sandstürme. Trotz dieser Verzögerungen ist das Flugzeug das zuverlässigste Verkehrsmittel für Reisen in die südlichen Landesteile. Von den Oasen Djanet und Tamanrasset erreicht man das Tassili N'Ajjer-Plateau und das Hoggar-Gebirge.
Anmerkung: Fahrplan- und Tarifauskünfte sind von *Air Algérie* erhältlich, die auch Buchungen vornimmt und Tickets verkauft. In jeder Stadt, die von *Air Algérie* angeflogen wird, gibt es ein Buchungs- und Reisebüro der Fluggesellschaft. In den abgelegeneren Zweigstellen, die nicht mit Computer oder Telexgeräten ausgestattet sind, sollten Reservierungen frühzeitig vorgenommen und bestätigt werden. In den Zweigstellen der Großstädte muß man mit langen Wartezeiten rechnen.
SCHIFF: Staatliche Fähren verbinden die größeren Hafenstädte Algier, Annaba, Arzew, Béjaia, Djidjelli, Ghazaouet, Mostaganem, Oran und Skikda.
BAHN: Das algerische Streckennetz umfaßt 4000 km. Täglich verkehren Züge zwischen Algier, Oran, Béjaia, Skikda, Annaba und Constantine.
BUS/PKW: Das Straßennetz ist vor allem im Norden des Landes recht gut ausgebaut. Im Süden gibt es dagegen nur wenige asphaltierte Straßen. Wer auf eigene Faust durch die Wüste fährt, muß Benzin- und Wasservorräte für die gesamte Reise mitnehmen. Das Fahrzeug muß zudem absolut fahrtüchtig sein – es gibt kaum Pannendienste. **Fernbusse:** Überlandbusse verkehren regelmäßig zwischen den größeren Städten, sind allerdings verhältnismäßig teuer und nicht für lange Strecken, z. B. von der Küste bis in die südlichen Landesteile, zu empfehlen. Die Busbahnhöfe liegen unweit der Stadtzentren von Algier und Oran.
Mietwagen: Bei Aufenthalten bis zu drei Monaten kann der eigene Wagen zollfrei mitgenommen werden. An der Grenze muß man eine Versicherung abschließen. Man benötigt einen Eigentumsnachweis. Mietwagen erhält man vom staatlichen Reisebüro ONAT an den Flughäfen, in Hotels oder in den meisten größeren Städten. **Unterlagen:** Internationaler Führerschein. Ein *Carnet de Passage* kann erforderlich sein, wenn man sein eigenes Fahrzeug benutzt. Weitere Informationen von ONAT.
STADTVERKEHR: In Algier, den Vororten der Hauptstadt und in der Küstenregion verkehren Linienbusse. Es gibt Sammelfahrscheine für zehn Fahrten; Tages-, Wochen- und länger gültige Zeitkarten. Pläne für den Bau einer U-Bahn befinden sich noch im Anfangsstadium.
Taxis: In allen Städten gibt es zahlreiche Taxis mit Taxameter, oft teilt man sich ein Taxi mit anderen Fahrgästen. Nach Sonnenuntergang wird ein Zuschlag erhoben. Private Taxis sind oft nicht versichert und daher nicht zu empfehlen. In den Stoßzeiten gibt es häufig Staus.
FAHRZEITEN von Algier zu den folgenden größeren Städten (ungefähre Angaben in Std. und Min.):

	Flugzeug	Bus/Pkw
Constantine	0.45	4.00
Ghardaia	0.55	6.00
Oran	0.50	4.00
Tlemcen	1.00	6.00
Béjaia	0.45	3.00
Biskra	1.15	5.00

Algerien

El Oued	1.25	6.00
Annaba	0.55	6.00
H. Messaoud	1.05	8.00

UNTERKUNFT

Das Fremdenverkehrsamt (ONAT) veröffentlicht eine Broschüre mit Hoteladressen und Preisen für Übernachtung, Mietwagen, Flughafen- und Hoteltransfer sowie Ausflugsfahrten (erhältlich in den Vertretungen von *Air Algérie* und den algerischen Botschaften).
HOTELS: In Algier und anderen wichtigen Handelszentren beschränkt sich das Hotelangebot im wesentlichen auf Luxushotels und preiswerte Hotels. Letztere sind bei einheimischen Geschäftsreisenden und für Verwandtenbesuche sehr beliebt und daher oft überfüllt. Trotz Reservierung kann ein Zimmer in diesen Hotels nicht garantiert werden. Geschäftsreisenden wird empfohlen, nur in den besten Hotels Zimmer zu buchen. **Kategorien:** Alle Hotels werden von der Regierung kontrolliert und sind nach dem Sterne-System klassifiziert: Deluxe (**5 Sterne**), 2. Klasse (**3-4 Sterne**) und Touristenklasse (**1-2 Sterne**).
An der Küste: In den Urlaubsorten an der Mittelmeerküste werden ständig neue Hotels gebaut, viele bieten einen verhältnismäßig hohen Standard. In vielen besseren Urlaubshotels gibt es auch Nachtklubs. Die meisten guten Hotels gehören dem staatlichen Reisebüro ONAT, das im ganzen Land Zweigstellen hat. ONAT-Büros reservieren nur Zimmer in ihren eigenen Hotels. Vom 1. Okt. - 31. Mai gelten Winterpreise, den Rest des Jahres Sommersaisonpreise.
In den Oasen: Die wenigen guten Hotels in den großen Oasen im Süden wie Ghardaia und Ouargla liegen weit voneinander entfernt. Während der Saison (Juni - September) ist es wichtig, frühzeitig zu buchen. Eine Reservierung über ONAT ist vor allem in der Hochsaison zu empfehlen, da die Anzahl der Unterkünfte begrenzt ist. Während der Saison lohnt es sich, die ersten Tage in einem ONAT-Hotel zu übernachten und sich dann bei Bedarf nach einer anderen Unterkunft umzusehen.
Im Süden: Hotelzimmer im äußersten Süden des Landes sind heiß umkämpft. In Djanet z. B., einem beliebten Zwischenstopp auf Sahara-Expeditionen und Ausgangspunkt für Touren zum Tassili N'Ajjer, ist das einzige Hotel das *Zeribas*, das lediglich aus einem *Campement* aus 20 Strohhütten besteht. Seit sich die Oase Tamanrasset zu einem beliebten Winterurlaubsort entwickelt hat, stehen auch bessere Hotels zur Verfügung. Die Auswahl an Hotelzimmern ist trotzdem insgesamt noch immer begrenzt.
CAMPING: Das Zelten auf Gemeindeland und am Strand ist kostenlos, man benötigt nur eine Genehmigung der örtlichen Behörden. Zeltplätze mit guten Einrichtungen gibt es in Larhat, Ain El Turk und Annaba.
JUGENDHERBERGEN: Jugendherbergen sind in Algerien fast überall zu finden.

URLAUBSORTE & AUSFLÜGE

Die Küste

Die Hauptstadt **Algier** war schon in der Antike eine wichtige Hafenstadt. Dank des trockenen Wüstenklimas sind zahlreiche eindrucksvolle Ruinen (besonders in Tipasa, s. u.) erhalten geblieben. Viele Bauwerke stammen aus der Mitte des 19. Jahrhunderts, als die Franzosen Algier zum Geschäfts- und Handelszentrum ausbauten. Für orientalisches Flair sorgen die winkligen Gassen, die Moscheen, die *Kasbah* (arabisches Altstadtviertel), die Medressen (islamische Hochschulen) und nicht zuletzt die schönen türkischen Häuser und Paläste. Das *Bardo-Museum für Völkerkunde* und die *Nationalgalerie* gehören zu den besten Museen Nordafrikas. Trotz dieser Sehenswürdigkeiten halten sich nur wenige Touristen längere Zeit in der Hauptstadt auf. Sie ist oft nur eine Zwischenstation auf dem Weg zur Küste oder in den Süden des Landes, da man hier Fahrkarten und Unterkünfte für das Landesinnere buchen kann.
Nicht weit von der Hauptstadt entfernt liegen einige Küstenurlaubsorte. **Zeralda** ist ein Badeort mit einem Feriendorf und einem nachgebauten Nomadendorf. **Tipasa** bietet gut erhaltene Ruinen römischer, punischer und christlicher Bauwerke sowie ein numidisches Mausoleum. Die Schluchten von **Chiffa** und die **Kabylei** ziehen Besucher aufgrund ihrer landschaftlichen Schönheit an. Hier liegen weitläufige Feigen- und Olivenhaine, die im Winter zu Skipisten werden.
Östlich von Algier liegt die **Türkisküste** mit felsigen Buchten und langen Stränden, die von der Hauptstadt aus einfach erreichbar sind und gute Sport-, Kreuzfahrt- und Wassersportmöglichkeiten bieten. Auf der Sidi-Fredj-Halbinsel gibt es einen Jachthafen, ein Freilichttheater und zahlreiche Freizeitanlagen und Sporteinrichtungen.
An der Westküste, im Umkreis der zweitgrößten algerischen Stadt Oran, erwarten den Urlauber schöne Strände, historische Stätten und Moscheen. Oran ist hauptsächlich Finanzzentrum, in der Nähe liegen jedoch mehrere schöne Ferienstrände mit gut ausgestatteten Hotels, u. a. Ain El Turk, Les Andalouses, Canastel, Kristel, Monastagem und Sablettes. Les Andalouses ist das größte Touristenzentrum der Region mit sehr guten Wassersportmöglichkeiten, mehreren Nachtklubs und ausgezeichneten Hotels.

Das Hochland

Vom 12. bis 16. Jahrhundert war **Tlemcen** eine bedeutende Kaiserstadt. Hier in den bewaldeten Ausläufern des Tell-Atlas ist es auch im Hochsommer angenehm kühl. Zu den Sehenswürdigkeiten gehören die *Große Moschee*, die *Mansourah-Festung* und die *Almohad-Wehrgänge*. Constantine liegt im Osten des Landes auf einem mächtigen Plateau, das nur über Brücken zu erreichen ist, die das Flußtal des Rhumel überspannen. Die älteste bewohnte Stadt Algeriens wurde von den Karthagern gegründet, die sie Cirta nannten. Zu den Sehenswürdigkeiten gehören der *Ahmed Bey-Palast* (einer der schönsten Paläste des Maghreb) und die *Djamma El Kebir-Moschee*.

Die Sahara

Die Sahara ist die eindrucksvollste und unwirtlichste Landschaft Algeriens. Obwohl die Wüste kaum bewohnt ist, zieht sie im Winter in zunehmendem Maße Touristen an. Hotels sind hier relativ gut und preiswert, besonders während der Saison ist es jedoch oft nicht leicht, in den Oasen Unterkunft zu finden – am besten reserviert man im voraus über ONAT. *Air Algérie* betreibt von Algier aus regelmäßige Flugdienste nach Ghardaia, Djanet und Tamanrasset sowie zu den kleineren Städten, Oasen und Ölfeldern. Im Hochsommer verzögern sich Flüge manchmal bei schlechtem Wetter. Der Zustand der Straßen ist gut, aber Sandstürme im Sommer und Regen im Winter können selbst die Hauptstrecken beeinträchtigen. Die meisten algerischen Oasen entsprechen nicht der europäischen Vorstellung von kleinen palmenbewachsenen Wüsteninseln, sondern sind oft verhältnismäßig große Städte mit hübsch angelegten, von Mauern umgebenen Gärten, Moscheen, Geschäften und Denkmälern. Als Ausgangspunkt für Sahara-Expeditionen bieten sich **Laghouat** an oder die fünf Städte von **M'Zab**, bildschöne Dörfer mit weißen Häuschen auf Erdwällen, die im Abstand von ca. einem Kilometer aus einem Wüstengraben aufragen. Die bekannteste dieser Ortschaften ist **Ghardaia**. Diese Region wird von einer sehr alten islamischen Sekte bewohnt, den Mozabiten. Die Oasenstadt **El Golea** hat ein interessantes altes Fort. Von **Tamanrasset**, der einzigen größeren Stadt im äußersten Süden, kann man das **Hoggar-Gebirge** und die westliche Wüste am besten erforschen. »Tam«, wie sie auch genannt wird, ist ein beliebter Winterurlaubsort und seit kurzem auch Erdölzentrum. Die Stadt wird regelmäßig von Kamelkarawanen der *Les hommes Al* aufgesucht, der blaugekleideten Tuareg-Nomaden. Im Geschäftsverkehr von und nach Westafrika wird hier ebenfalls gern Zwischenstation gemacht.
Die kleine Oase **Djanet**, eine weitere willkommene Durchgangsstation für Geschäftsreisende und Trans-Sahara-Expeditionen, liegt auf dem **Tassili N'Ajjer**, dem »Plateau der Abgründe«. Diese große vulkanische Ebene wird von riesigen Schluchten durchzogen, ursprünglich von großen Flüssen gebildet, die heute jedoch längst ausgetrocknet sind oder unterirdisch verlaufen. Das Gebiet umfaßt 130.000 qkm, und manche der hier gefundenen Felsmalereien sind über 6000 Jahre alt. Einheimische Reisebüros in Algier oder Djanet organisieren Ausflüge hierher, die zwischen einem Tag und einer Woche dauern.

SOZIALPROFIL

ESSEN & TRINKEN: In Algier und in den meistbesuchten Küstenstädten gibt es eine gute Auswahl an Restaurants, die überwiegend französische oder italienische Gerichte anbieten, obwohl die z. T. scharf gewürzten Soßen sie von der europäischen Küche unterscheiden. Selbst die klassischen Gerichte haben einen unverkennbaren algerischen Geschmack. Fischgerichte sind ganz besonders schmackhaft. Zur Mahlzeit gehören meistens eine Suppe oder ein Salat, gebratenes Fleisch (Lamm- oder Rindfleisch) oder Fisch als Hauptmahlzeit und frisches Obst als Nachtisch. In den Städten gibt es Imbißstände mit *Brochettes* (Merguez), getoastetes Baguette mit verschiedenen Füllungen, auf Wunsch mit scharfer Soße. Sehr schmackhaft ist *Shakshuba* (Gemüseeintopf mit Zwiebeln, Paprika, Tomaten und Eiern). Im südlichen Landesteil ist die Auswahl begrenzt, und die Speisekarte richtet sich danach, was gerade erhältlich ist. Die einheimische Küche, wie man sie als Gast in Privathaushalten angeboten bekommt, besteht oft aus Braten (normalerweise Lamm), *Cous-Cous* (mit einer Gemüsesoße (frisch besonders schmackhaft)) und frischem Obst als Nachtisch. Nahrungsmittel sind verhältnismäßig teuer.
Getränke: Alkoholausschank nur in Hotels und Restaurants der gehobenen Preisklasse; Hotelbars sind geöffnet, bis der letzte Gast gegangen ist. Algerien hat einige gute, einheimische Weine, die Auswahl im Land ist jedoch gering. Wer die Gelegenheit hat, sollte die Rotweine *Medea*, *Mansourah* und *Mascara* probieren. Die Roséweine *Medea*, *Mascara* und *Lismara* sind ebenfalls zu empfehlen. In den größeren Hotels erhält man auch europäische Weine. Alkohol in Algerien ist sehr teuer. Als Besucher sollte man die ablehnende Haltung des Islam gegenüber alkoholischen Getränken respektieren.
NACHTLEBEN: In den größeren Städten umfaßt das Unterhaltungsangebot folkloristische Musik- und Tanzveranstaltungen, Nachtklubs, Diskotheken und Hotelrestaurants. Einige Kinos in Oran und Algier zeigen französisch- und englischsprachige Filme.

EINKAUFSTIPS: Schöne Andenken sind Lederwaren, Läufer, Kupfer- und Messingartikel, einheimische Kleider und Schmuck. Berberteppiche haben herrliche Muster. Aus der Sahara werden schön lackierte Korbwaren sowie Ton- und Steingutwaren angeboten. Auf den Märkten und in kleinen Geschäften ist Feilschen üblich. Die *Rue Didouche Mourad* ist die beste Einkaufsstraße in Algier. Es gibt zwei staatliche Kunstgewerbezentren mit Festpreisen (eines davon am Flughafen von Algier). **Öffnungszeiten der Geschäfte:** Sa-Mi 08.00-19.30 Uhr und Do 08.00-12.00 Uhr.
SPORT: Fußball und Pferderennen sind sehr beliebt. Die Mittelmeerküste bietet gute Wassersport- und **Bademöglichkeiten**, vor allem in Algier und Annaba.
SITTEN & GEBRÄUCHE: Französische Höflichkeits- und Umgangsformen sind angebracht, wenn man jemanden kennenlernt. Gastfreundschaft spielt in der arabischen und somit auch in der algerischen Kultur eine große Rolle. In den größeren Städten ist die Bevölkerung, wie in Europa, an ein betriebsames Stadtleben gewöhnt. Im südlichen Landesteil sind die Leute offener und freundlicher. **Fotografieren:** Militärische Einrichtungen und Soldaten sollten nicht fotografiert werden. **Trinkgeld:** 10% ist üblich.

WIRTSCHAFTSPROFIL

WIRTSCHAFT: Erdöl und Erdgas haben der Landwirtschaft den Rang abgelaufen und sind heute die bedeutendsten Wirtschaftszweige. Trotz umfangreicher Investitionen in die Landwirtschaft, deren Haupterzeugnisse Trauben, Getreide und Zitrusfrüchte sind, werden nicht genügend Nahrungsmittel für den Eigenbedarf produziert. Erdöl und Erdgas sind die wichtigsten Exportgüter, Algerien ist jedoch als Mitglied der OPEC an die vereinbarten Quoten gebunden. Weitere Ausfuhrgüter sind Obst, Wein, Eisenerz, Phosphor und andere Bodenschätze. Haupthandelspartner des Landes sind Frankreich, Deutschland, Italien, die USA und Spanien; aus diesen Ländern bezieht Algerien auch die meisten Maschinen, Ausrüstungs- und Verbrauchsgüter. Seit 1972 wird der internationale Handel über einige staatliche Handelsorganisationen abgewickelt, mit umfassenden Wirtschaftsreformen ist jedoch zu rechnen. Die früher strengen Beschränkungen für ausländische Investoren wurden inzwischen aufgehoben. Die Arbeitslosigkeit betrug 1993 27%.
GESCHÄFTSVERKEHR: In größeren Firmen ist Terminvereinbarung erforderlich. Geschäftsleute sprechen Französisch oder Arabisch. Preise werden ausgehandelt, Dolmetscher sind daher nicht unbedingt hilfreich; Geduld ist wichtiger. Als Besucher wird man oft in Hotels oder Restaurants eingeladen, der Gastgeber wird selten von seiner Frau begleitet. Privateinladungen sind selten. Der Fastenmonat Ramadan ist für Geschäftsbesuche weniger geeignet. Zwischen Oktober und Mai ist das Klima am angenehmsten. **Geschäftszeiten:** In der Regel Sa-Mi 08.00-12.00 und 14.00-17.30 Uhr, Do 08.00-12.00 Uhr.
Kontaktadressen: Außenhandelsstelle der Wirtschaftskammer Österreich, BP 734, DZ-16000 Alger-Gare. Tel: (02) 69 01 33, 69 31 47. Telefax: (02) 69 38 26. (*Vorübergehend geschlossen.*)
Chambre Nationale de Commerce (Nationale Handelskammer), BP 100, Algier. Tel: (02) 57 55 55. Telefax: (02) 62 99 91.
Institut National Algérien du Commerce Extérieur (COMEX) (Außenhandelsinstitut), 6 Boulevard Anatole-France, Algier. Tel: (02) 62 70 44. Telex: 52763.

KLIMA

Die Sommertemperaturen sind im ganzen Land hoch, im südlichen Landesteil ist es jedoch besonders heiß. Während dieser Zeit sind die Straßen nur schwer befahrbar, der Flugverkehr wird oft durch Sandstürme behindert. In den Städten im Norden ist es oft schwül, nur an der Küste sorgen Meeresbrisen für Abkühlung. Die Oasen im Süden sind im Winter sehr angenehm und ziehen viele Besucher an. In der Wüste sinken die Temperaturen nachts stark ab. An der Küste gibt es häufig Stürme. Im ganzen Land nur geringer Niederschlag, im südlichen Landesteil tritt Regen selten auf.

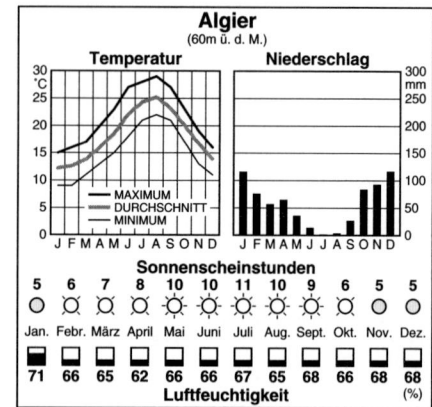

Amerikanische Jungferninseln

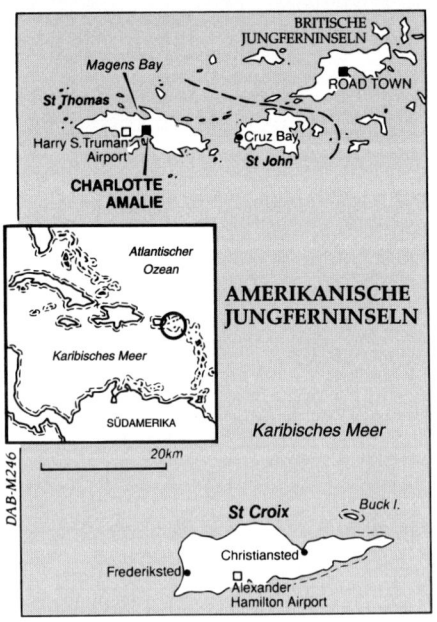

St. Croix, St. John und St. Thomas

Lage: Karibik.

U. S. Virgin Islands Division of Tourism
Otto-Hahn-Straße 23
D-50997 Köln
Tel: (02236) 84 17 43. Telefax: (02236) 4 30 45.
Mo-Fr 09.00-17.00 Uhr.
U. S. Virgin Islands Division of Tourism
PO Box 6400
Charlotte Amalie, St. Thomas
U. S. Virgin Islands 00801
Tel: 774 87 84. Telefax: 774 43 90.
Die Adressen der zuständigen amerikanischen Botschaften finden Sie im Kapitel USA (s. Inhaltsverzeichnis).
Generalkonsulat der Bundesrepublik Deutschland
100 N. Biscayne Boulevard
Miami, FL 33132
USA
Tel: (305) 358 02 90/91. Telefax: (305) 358 03 07.
Österreich und die Schweiz unterhalten keine Vertretungen auf den Amerikanischen Jungferninseln, zuständig sind die jeweiligen Botschaften in Washington, DC (s. USA).

FLÄCHE: 354,8 qkm.
BEVÖLKERUNG: 99.000 (1992).
BEVÖLKERUNGSDICHTE: 279 pro qkm.
HAUPTSTADT: Charlotte Amalie (St. Thomas). Einwohner: 12.331 (1990).
GEOGRAPHIE: Die rund 50 Amerikanischen Jungferninseln sind von türkis glitzerndem Meer umgeben, von üppiger tropischer Vegetation überwachsen und liegen rund 60 km östlich von Puerto Rico. St. Thomas ist lang, schmal und steigt steil zu einem Bergkamm. Die Insel hat einen ausgezeichneten Tiefseehafen. St. John ist größtenteils von dichtem Regenwald bedeckt und hat feine Sandstrände. St. Croix, die größte der Amerikanischen Jungferninseln, besteht aus hügeligem Land, das früher von Plantagen bedeckt war.
STAATSFORM: Außengebiet der USA. Die Inseln haben einen geringeren Grad an Selbstverwaltung als das benachbarte Puerto Rico. Die exekutive Gewalt liegt bei einem, alle 2 Jahre neu gewählten, Gouverneur, derzeit Roy L. Schneider.
SPRACHE: Englisch ist offizielle Landessprache. Spanisch und Kreolisch sind weit verbreitet.
RELIGION: Überwiegend Christen, davon 30.000 Katholiken.
ORTSZEIT: MEZ - 5.
POST-UND FERNMELDEWESEN: Telefon: Selbstwählferndienst. **Landesvorwahl: 1 809. Telefax-** und **Telexgeräte** sind vorhanden. **Post:** Öffnungszeiten der Postämter: Mo-Fr 09.00-17.00 Uhr, Sa 09.00-12.00 Uhr. Luftpostsendungen nach Europa sind bis zu einer Woche unterwegs.
DEUTSCHE WELLE
Der Einsatz der Kurzwellenfrequenzen ändert sich mehrfach im Laufe eines Jahres, und Sendungen auf den folgenden Frequenzen werden jeweils nur zu bestimmten Tageszeiten ausgestrahlt. Näheres in der Einleitung.

MHz	17,860	17,715	15,275	9,545	6,100
Meterband	16	16	19	31	49

REISEPASS/VISUM

Es gelten die gleichen Einreisebestimmungen wie für die USA.

GELD

Währung: 1 US-Dollar (US$) = 100 Cents.
Devisenbestimmungen: Die Ein- und Ausfuhr von Beträgen über 10.000 US$ muß deklariert werden. Weitere Informationen in der entsprechenden Rubrik im Kapitel USA.
Öffnungszeiten der Banken: Mo-Do 09.00-14.30 Uhr, Fr 09.00-14.00 und 15.30-17.00 Uhr.

DUTY FREE

Alle Geschenke und Spirituosen müssen verzollt werden. Im übrigen gelten die gleichen Zollbestimmungen wie in den USA. Weitere Informationen in der Rubrik *Duty Free* im Kapitel USA.

GESETZLICHE FEIERTAGE

27. Mai '96 Gedenktag. **19. Juni** Organic Act Day. **3. Juli** Emanzipationstag. **4. Juli** Unabhängigkeitstag der USA. **24. Juli** * Hurrikan-Gebetstag. **2. Sept.** Tag der Arbeit. **14. Okt.** Columbustag. **16. Okt.** Erntedankfest der Jungferninseln. **1. Nov.** Freiheitstag. **11. Nov.** Veteranentag. **28. Nov.** Erntedankfest der USA. **25./26. Dez.** Weihnachten. **1. Jan. '97** Neujahr. **6. Jan.** Dreikönigsfest. **20. Jan.** Martin-Luther-King-Gedenktag. **17. Febr.** Tag des Präsidenten. **31. März** Transfer-Tag. **28.-31. März** Ostern.
Anmerkung: * Kein gesetzlicher Feiertag, einige Geschäfte und Büros sind jedoch geschlossen.

GESUNDHEIT

In der folgenden Tabelle aufgeführte Impfvorschriften können sich kurzfristig ändern; wir bitten stets empfohlen, auf Ihrem CRS-System (TIMATIC-Info-Code-Fenster in diesem Kapitel) den aktuellen Stand der Gesundheitsbestimmungen abzurufen bzw. rechtzeitig vor der Reise ärztlichen Rat einzuholen.

	Vorsichtsmaßnahmen empfohlen	Impfschein erforderlich
Gelbfieber	Nein	Nein
Cholera	Nein	Nein
Typhus & Polio	Nein	-
Malaria	Nein	-
Essen & Trinken	1	-

[1]: Außerhalb der großen Urlaubsgebiete sollte Trinkwasser sterilisiert werden; Leitungswasser gilt als unbedenklich. Milch ist pasteurisiert, und Milchprodukte, einheimisches Fleisch, Geflügel, Meeresfrüchte, Obst und Gemüse können unbesorgt verzehrt werden.
Hepatitis A kann auftreten.
Vorsicht vor Seeigeln und Quallen.
Gesundheitsvorsorge: Die medizinische Versorgung ist sehr teuer, der Abschluß einer Reisekrankenversicherung wird dringend empfohlen. Die medizinischen Einrichtungen entsprechen dem Standard der USA.

REISEVERKEHR

FLUGZEUG: Täglicher Flugdienst mit *Continental Airlines* von New York (Newark) sowie mit *American Airlines* von Miami und New York (JFK) nach St. Thomas und St. Croix. *Delta* bietet eine Tagesverbindung von New York nach St. Thomas und St. Croix an. *American Airlines* und New York sowie täglich Flugdienste von Atlanta (Georgia) nach St. Thomas. *British Airways* fliegt von London über Antigua und Puerto Rico nach St. Croix und St. Thomas; *Carribean Airlines* verbindet Puerto Rico mit St. Croix und St. Thomas; *American Eagle* betreibt den internen Inselverkehr; *Dolphin Airline* verbindet St. Thomas mit St. Croix und *Seaborne Seaplane* fliegen nach St. Thomas, St. Croix und zu den Britischen Jungferninseln. Wasserflugzeuge fliegen nach St. John, da die Insel keine Landebahn hat.
Durchschnittliche Flugzeiten: *Frankfurt* – St. Croix: 14 Std. (einschl. Zwischenlandung); *New York* – St. Croix: 4 Std. 05; *St. Maarten* – St. Croix: 45 Min. und *St. Thomas* – St. Croix: 30 Min.
Internationale Flughäfen: *St. Thomas* (STT) (Cyril E. King) liegt 3 km von Charlotte Amalie entfernt, *St. Croix* (STX) (Alexander Hamilton) ca. 14,5 km außerhalb von Christiansted.
SCHIFF: Die größten Passagierhäfen sind Charlotte Amalie (St. Thomas) und Frederiksted (St. Croix). Einige Reedereien laufen die Amerikanischen Jungferninseln an auf ihrer Karibikrundfahrt von Miami bzw. Fort Lauderdale/Florida oder San Juan/Puerto Rico. *Commodore Cruises* und *Charger Inc* haben eine Linien von Tortola und Virgin Gorda (Britische Jungferninseln). Es gibt eine Fährverbindung von St. Thomas (Landungssteg East End Red Hook) nach St. John. *Reef Queen Services* (Ausflugsschiffe) fahren von St. Croix nach Buck Island. Die *Red Hook Ferry* verbindet regelmäßig St. Thomas mit Cruz Bay in St. John. Informationen über Kreuzfahrten, die auf den Jungferninseln anlegen, sind vom *Cruise Ship Activities Office* erhältlich. Adresse: West Indian Company Dock, St. Thomas. Tel: 774 87 84. Telefax: 774 43 90.
BUS/PKW: Allgemein gute Verbindungen zwischen allen größeren Städten. Linksverkehr. **Bus:** Auf St. Thomas und St. Croix gibt es Linienverkehr zu folgenden Strecken: Charlotte Amalie – Red Hook – Bordeaux (St. Thomas) und Christiansted – Frederiksted (St. Croix). **Taxis** fahren die Standardstrecken zu festgesetzten und allgemein bekannten Preisen. Oft teilen sich mehrere Fahrgäste ein Taxi. **Mietwagen:** Erhältlich auf den Flughäfen und in den größeren Ortschaften auf St. Thomas und St. Croix; auf St. John gibt es mehrere Verleihfirmen. Jeeps oder Mini-Mokes sind sehr beliebt.
Unterlagen: Der Führerschein des eigenen Landes reicht aus.
FAHRZEITEN von Charlotte Amalie zu anderen größeren Städten der Inseln (ungefähre Angaben in Std. und Min.):

	Flugzeug	Schiff	Bus/Pkw
Christiansted, SC	0.25	-	-
Cruz Bay, SJ	-	0.45	-
Magens Bay	-	-	0.20
Coral World	-	-	0.40

Anmerkung: SC = St. Croix; SJ = St. John.

UNTERKUNFT

Das Hotelangebot ist außerordentlich breit gefächert. Die Übernachtungspreise richten sich nach der Hotelklasse, grundsätzlich sind die Preise mit denen der anderen karibischen Inseln vergleichbar. *Guest Houses* und *Personality Inns* gibt es überall. Der Hotelverband der Insel hat am Flughafen einen Schalter, der bei Buchungen behilflich ist. Informationsstellen: *St. John-St. Thomas Hotel Association*, PO Box 2300, 4D Contant, St. Thomas, U. S. Virgin Islands 00803. Tel: 774 68 35. Telefax: 774 49 93.
St. Croix Hotel Association, PO Box 3869, Christiansted, St. Croix, U. S. Virgin Islands 00820. Tel: 773 71 17. Telefax: 773 58 83.

URLAUBSORTE & AUSFLÜGE

Alle Inseln bieten gute Tauch- und Wassersportmöglichkeiten.
ST. CROIX ist die größte Insel der Gruppe. In **Christiansted,** einer der beiden größeren Städte, spiegelt sich der Einfluß der ehemaligen dänischen Kolonialherrschaft wider. *Fort Christiansvaern* (1774) und die Werftgegend sind interessante historische Stätten. In *Whim Greathouse* wird das Leben auf den großen Plantagen im 17. Jahrhundert dargestellt. Auch **Frederiksted** ist dänischen Ursprungs.
BUCK ISLAND, 10 km von Christiansted entfernt, ist mit dem Boot einfach zu erreichen. Meeresflora und -fauna sind hier besonders eindrucksvoll und werden vom *National Park Service* als geschütztes Unterwasserriff betreut.
ST. THOMAS ist die zweitgrößte und interessanteste Insel der Gruppe. Wie auf St. Croix ist auch hier der dänische Einfluß unverkennbar. Die größte Stadt und gleichzeitig Hauptstadt der Inselgruppe ist **Charlotte Amalie.** Im Einkaufszentrum werden Waren aus aller Welt verkauft; entlang der malerischen Hauptstraße gibt es diverse Geschäfte in restaurierten dänischen Lagerhäusern. Enge Gassen mit Kopfsteinpflaster und zahlreiche Boutiquen führen zum Ufer. *Bluebeard's Castle Tower* ist eine sehenswerte alte Festung. Lohnende Ausflugsziele sind *Fort Christian* (1872), das *Coral World Observatory*, die *Frederick Lutheran Church* (1850), das Regierungsgebäude (1866) auf dem Government Hill, *Venus Pillar* auf dem Magnolia Hill und die Synagoge auf dem Crystal Glade, eine der ältesten in den USA. Eine Fahrt mit dem Unterseeboot *Atlantis Submarine* ist ein unvergeßliches Erlebnis. An der Nordküste befindet sich der traumhafte Magens Beach.
ST. JOHN ist die unberührteste Insel der Gruppe – einen Flughafen gibt es nicht, und etwa zwei Drittel

Amerikanische Jungferninseln / Amerikanisch-Samoa

der Insel stehen unter Naturschutz. *Trunk Bay* ist ein zauberhafter Strand mit guten Tauchgründen. Dafür gibt es allerdings auch nicht viele Unterkunftsmöglichkeiten außer den luxuriösen Hotelanlagen Caneel Bay Plantation und Hyatt Regency. In *Cinnamon Bay* und *Maho Bay* kann man jedoch zelten, außerdem gibt es Ferienhäuser zu mieten.

SOZIALPROFIL

ESSEN & TRINKEN: Dem Feriengast stehen zahlreiche Restaurants zur Verfügung. Meeresfrüchte, Hamburger, Steaks und einheimische Gerichte gehören zum Speiseangebot. St. John's Bay Rum ist ausgezeichnet, und hochprozentig.
NACHTLEBEN: Steel Bands und Limbotänze sind sehr beliebt. Auf St. Thomas gibt es mehrere Nachtklubs; viele Hotels bieten Unterhaltungsprogramme.
EINKAUFSTIPS: Luxusartikel bis zu 200 US$ sind steuerfrei und daher preisgünstig. Die besten Einkaufszentren befinden sich in Charlotte Amalie und auf St. Thomas.
SPORT: Auf St. Croix gibt es drei ausgezeichnete Golfplätze, und auf St. Thomas einen weiteren. **Tennisfans** kommen auf den zahlreichen Tennisplätzen auf St. Croix, St. Thomas und St. John auf ihre Kosten. Außerdem ist **Reiten** möglich (in Fredericksted und Christiansted auf St. Croix). Auf St. Croix, St. John und St. Thomas gehören **Hochseefischen, Tauchen** und andere Wassersportarten zum Freizeitangebot. **Parasailing** wird auf St. Croix und auf St. Thomas angeboten. **Publikumssport:** Pferderennen sind sehr beliebt.
VERANSTALTUNGSKALENDER
April/Mai '96 *Karneval*, St. Thomas. **Mai** *STARfest 1996, VI. Talent-Extravaganza* (Musik, Komiker, usw.), St. Thomas. **Juni/Juli** *Karneval*, St. John. **Juli** *Billfish Tournament*, American Yacht Harbor, St. Thomas. **Aug.** *Arts Alive: Arts & Crafts Festival* (Kunstgewerbemarkt), Tillet Gardens, St. Thomas. **Okt.** (1) *Mumm's Cup-Regatta*, St. Croix Yacht Club. (2) *St. Croix Jazz & Caribbean Music & Art Festival*, St. Croix. **Nov.** *Arts Alive: Arts & Crafts Festival* (Kunstgewerbemarkt), Tillet Gardens, St. Thomas.

WIRTSCHAFTSPROFIL

WIRTSCHAFT: Die Jungferninseln sind nicht Teil des US-amerikanischen Zollgebietes, was dem Tourismus, der Haupterwerbsquelle des Landes, zugute kommt. 90% des Handels wird mit Puerto Rico und den Vereinigten Staaten vollzogen. Auf den Inseln steht eine der größten Erdölraffinerien der Welt; der florierende Rumhandel bringt ebenfalls Devisen ins Land. Im September 1989 suchte allerdings der Wirbelsturm »Hugo« die Insel heim und verursachte 1 Mio. US$ Sachschaden. Die gegenwärtige Bevölkerungsexplosion gibt der Regierung nunmehr Anlaß zur Besorgnis.
Kontaktadressen: *St. Croix Chamber of Commerce*, PO Box 4369, Kingshill, St. Croix, U. S. Virgin Islands 00851. Tel: 773 14 25.
St. Thomas-St. John Chamber of Commerce, PO Box 324, St. Thomas, U. S. Virgin Islands 00804. Tel: 776 00 10.
Department of Agriculture and Tourism, PO Box 6400, Charlotte Amalie, St. Thomas, U. S. Virgin Islands 00801. Tel: 774 87 84. Telefax: 774 43 90.

KLIMA

Das ganze Jahr über heiß, geringe Kühlung durch Passatwinde. In den Niederungen regnet es regelmäßig, besonders zwischen August und Oktober. Weitere Informationen in der entsprechenden Rubrik in den Kapiteln Montserrat bzw. Dominica.
Kleidung: Ganzjährig nur leichte Kleidung. Während der Regenzeit Regenschutz nicht vergessen.

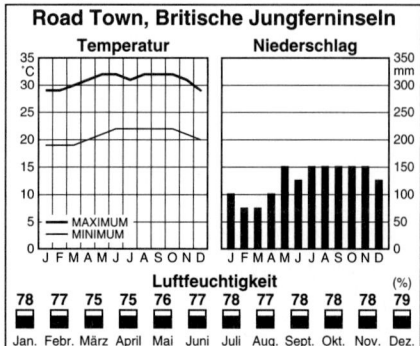
Road Town, Britische Jungferninseln

Amerikanisch-Samoa

Lage: Südpazifik.

United States Travel & Tourism Administration (USTTA)
PO Box 1EN
GB-London W1A 1EN
Tel: (0171) 495 44 66. Telefax: (0171) 409 05 66.
Mo-Fr 09.00-16.00 Uhr.
(Vertretung für Amerikanisch-Samoa)
Office of Tourism
Convention Center
PO Box 1147
Pago Pago
American Samoa 96799
Tel: 633 10 91. Telefax: 633 01 94.
Amerikanisch-Samoa unterhält keine eigenen Auslandsvertretungen. Zuständig sind die amerikanischen Botschaften und Konsulate (s. USA).

FLÄCHE: 195 qkm.
BEVÖLKERUNGSZAHL: 53.000 (1993).
BEVÖLKERUNGSDICHTE: 271,8 pro qkm.
HAUPTSTADT: Pago Pago. **Einwohner:** 3075 (1980).
GEOGRAPHIE: Tutuila ist mit 84,8 qkm die größte der sieben Inseln, aus denen Amerikanisch-Samoa besteht. Ihr vorgelagert ist Aunu'u, Ta'u, Olosega und Ofu bilden die Manu'a-Gruppe, die vulkanischen Ursprungs und sehr gebirgig sind. Die unbewohnten Korallenatolle Rose und Swain's liegen nördlich und westlich der beiden anderen Inselgruppen.
STAATSFORM: Amerikanisches Außengebiet, die Verwaltung der Insel untersteht dem US-Innenministerium. Einheimischer Gouverneur: A. P. Lutali (seit Nov. 1992). Parlament *(Fono)* aus zwei Kammern: einem Senat mit 18 Senatoren, die von den Stammeshäuptlingen für jeweils vier Jahre gewählt werden, sowie dem Repräsentantenhaus, dessen 20 Abgeordnete auf jeweils zwei Jahre gewählt werden.
SPRACHE: Samoanisch, viele Insulaner sprechen auch Englisch.
RELIGION: Verschiedene christliche Glaubensrichtungen.
ORTSZEIT: MEZ - 12.
NETZSPANNUNG: 110 V, 60 Hz.
POST- UND FERNMELDEWESEN: Telefon: Selbstwählferndienst. **Landesvorwahl:** 684. Viele Hotels haben **Telefaxanschlüsse. Telexe/Telegramme** können in Hotels und größeren Städten aufgegeben werden.
Post: Das Hauptpostamt im *Lumana'i Building* in Fagatogo ist rund um die Uhr geöffnet. In den Dörfern Leone und Faguita gibt es weitere Postämter, die Mo-Fr von 08.00-16.00 Uhr und Sa 08.30-12.00 Uhr geöffnet sind.
DEUTSCHE WELLE
Der Einsatz der Kurzwellenfrequenzen ändert sich mehrfach im Laufe eines Jahres, und Sendungen auf den folgenden Frequenzen werden jeweils nur zu bestimmten Tageszeiten ausgestrahlt. Näheres in der Einleitung.

| MHz | 17,845 | 15,105 | 11,795 | 9,735 | 9,690 |
| Meterband | 16 | 19 | 25 | 31 | 31 |

REISEPASS/VISUM

Wichtiger Hinweis: Die Einreisebestimmungen mancher Länder können sich kurzfristig ändern – rufen Sie sicherheitshalber auf Ihrem CRS-System (TIMATIC-Info-Code-Fenster in diesem Kapitel) den aktuellen Stand ab bzw. wenden Sie sich an die zuständige diplomatische Vertretung. Etwaige Zahlen in der Tabelle beziehen sich auf nachfolgende Fußnoten.

	Paß erforderlich?	Visum erforderlich?	Rückflugticket erforderlich?
Deutschland	Ja	Nein	Ja
Österreich	Ja	Nein	Ja
Schweiz	Ja	Nein	Ja
Andere EU-Länder	Ja	Nein	Ja

REISEPASS: Allgemein erforderlich, ausgenommen sind US-Bürger mit Identitätsnachweis. Der Reisepaß muß bei der Ausreise noch mindestens 60 Tage Gültigkeit haben.
VISUM: Für Aufenthalte von bis zu 30 Tagen werden keine Visa verlangt, sofern man eine Buchungsbestätigung und ein Weiterreise- oder Rückflugticket vorweisen kann. Wer länger bleiben möchte, benötigt eine Aufenthaltserlaubnis der Einwanderungsbehörden, die für jeweils 30 Tage ausgestellt wird.
Antragstellung: Visaabteilung der US-Botschaften (Adressen s. Einführung zum Kapitel USA).
Bearbeitungszeit: Anträge sollten mindestens zwei Wochen vor der Abreise gestellt werden.
Aufenthaltsgenehmigung: Anträge an den *Chief Immigration Officer*, PO Box 7, Pago Pago, American Samoa 96799.

GELD

Währung: 1 US-Dollar (US$) = 100 Cents. Weitere Informationen s. *USA*.
Geldwechsel ist in den Banken möglich, am Flughafen gibt es keine Wechselstube.
Kreditkarten: *American Express* wird fast überall, *Eurocard* und *Visa* werden nur z. T. akzeptiert. Einzelheiten vom Aussteller der jeweiligen Kreditkarte.
Reiseschecks in US$ werden empfohlen.
Devisenbestimmungen: Es gibt keinerlei Beschränkungen.
Öffnungszeiten der Banken: Mo-Fr 09.00-15.00 Uhr, Sa 08.30-12.30 Uhr.

DUTY FREE

Die folgenden Artikel können zollfrei nach Amerikanisch-Samoa eingeführt werden:
*200 Zigaretten oder 50 Zigarren oder 680 g Tabak;
2 Flaschen Spirituosen;
Parfüm für den persönlichen Gebrauch.*

GESETZLICHE FEIERTAGE

27. Mai '96 Gedenktag. **4. Juli** Unabhängigkeitstag der USA. **2. Sept.** Tag der Arbeit. **14. Okt.** Kolumbus-Tag. **11. Nov.** Kriegsveteranentag. **28. Nov.** Erntedankfest. **25. Dez.** Weihnachten. **1. Jan. '97** Neujahr. **20. Jan.** Martin-Luther-King-Tag. **17. Febr.** George Washingtons Geburtstag. **17. April** Flaggentag. **27. Mai** Gedenktag.

GESUNDHEIT

In der folgenden Tabelle aufgeführte Impfvorschriften können sich kurzfristig ändern. Es wird stets empfohlen, auf Ihrem CRS-System (TIMATIC-Info-Code-Fenster in diesem Kapitel) den aktuellen Stand der Gesundheitsbestimmungen abzurufen bzw. rechtzeitig vor der Reise ärztlichen Rat einzuholen.

	Vorsichtsmaßnahmen empfohlen	Impfschein erforderlich
Gelbfieber	Ja	1
Cholera	Nein	Nein
Typhus & Polio	2	-
Malaria	Nein	-
Essen & Trinken	3	-

[1]: Eine Impfbescheinigung gegen Gelbfieber wird von allen Reisenden verlangt, die aus Infektionsgebieten kommen und über ein Jahr alt sind.
[2]: Typhus kommt vor, Poliomyelitis nicht.
[3]: Leitungswasser ist normalerweise gechlort und relativ sauber, es können jedoch u. U. leichte Magenbeschwerden auftreten. Für die ersten Wochen des Aufenthaltes empfiehlt es sich daher, abgefülltes Wasser zu trinken, welches überall erhältlich ist. Trinkwasser außerhalb größerer Städte ist nicht immer keimfrei und sollte sterilisiert werden. Milch ist pasteurisiert, und Milchprodukte, einheimisches Fleisch, Geflügel, Meeresfrüchte, Obst und Gemüse sind unbedenklich.
Hepatitis A und *B* treten auf.

Korallen, Quallen, Seeschlangen und giftige Fische kön-

nen eine Gefahr für Badende darstellen.
Gesundheitsvorsorge: Das *LBJ Tropical Medical Centre* hat gute medizinische Einrichtungen. Die *Fag'alu Institution* bietet 24 Std. täglich ärztliche und zahnärztliche Behandlung. Der Abschluß einer Reisekrankenversicherung wird empfohlen.

REISEVERKEHR

FLUGZEUG: Die internationale Fluggesellschaft heißt *Samoa Air*.
Durchschnittliche Flugzeit: *Frankfurt – Pago Pago:* ca. 25 Std., je nach Flugstrecke und Länge der Zwischenaufenthalte (meist über Los Angeles und Auckland).
Internationaler Flughafen: *Tafuna (PPG)* liegt 11,5 km außerhalb der Hauptstadt Pago Pago. Busse und Limousinen stehen zur Verfügung. Der Flughafen hat einen Duty-free-Shop. Es gibt regelmäßige Verbindungen von der Westküste der USA und Hawaii zu den Manu'a-Inseln. Charter- und Besichtigungsflüge werden ebenfalls angeboten.
Flughafengebühren: 3 US$ sind im Ticket enthalten.
SCHIFF: Der internationale Hafen Pago Pago (Tutuila) wird von den folgenden Passagier-/Frachtlinien angelaufen: *China Navigation, Daiwa Line, Farrell Line, Polynesian Shipping* und *Union Steamship*. Es gibt eine wöchentliche Fährverbindung zwischen Pago Pago und den Manu'a-Inseln. Ein Ausflugsboot fährt regelmäßig zu den Dörfern Afono, Vatia und Fagasa an der Nordküste. Weitere Informationen vor Ort.
BUS/PKW: Es gibt 80 km asphaltierte Straßen auf Tutuila und gepflasterte und ungepflasterte Straßen auf allen Inseln. **Mietwagen:** *Avis* und *Hertz* haben Filialen auf den Inseln. Das vorgeschriebene Mindestalter ist hier 25 Jahre, bei einheimischen Autovermietern 21 Jahre. **Busse** verkehren zwischen dem Flughafen und dem Zentrum von Pago Pago. Die *Aiga*-Buslinie bietet preiswerte, aber unregelmäßige Verbindungen zu anderen Ortschaften (Mo-Fr tagsüber, Sa vormittags, man sollte das passende Fahrgeld bereithalten). Es gibt zahlreiche **Taxis**. Die Fahrpreise werden von der Regierung vorgeschrieben und sind in allen Taxis angeschlagen. **Unterlagen:** Der Führerschein des eigenen Landes reicht aus.

UNTERKUNFT

Auf Amerikanisch-Samoa findet man eine große Auswahl an Unterkünften, die Palette reicht von **Hotels** mit internationalem Standard bis zu einfachen Guest Houses. **Privatunterkünfte** können ebenfalls vermittelt werden, nähere Auskünfte erteilt das *Tourism Office*. Diese Art der Unterkunft ist besonders für Besucher interessant, die die Sitten und Gebräuche der Inseln näher kennenlernen möchten. Weitere Informationen u. a. von der *American Hotel & Motel Association*, Suite 600, 1201 New York Avenue, Washington, DC 20005-3931. Tel: (202) 289 31 00. Telefax: (202) 289 31 99.

URLAUBSORTE & AUSFLÜGE

Der Hafen von **Pago Pago** ist der Krater eines erloschenen Vulkans. Eine Seilbahnfahrt bietet einen atemraubenden Blick über den Hafen und die herrliche Bucht, manchmal kann man sogar Upolu im benachbarten West-Samoa sehen.
Tula Village: In der Umgebung dieses traditionellen Dorfes ganz im Osten des Bezirks Tutuila gibt es zahlreiche weiße Sandstrände. Bei Ebbe kann man bisweilen die Riffe aus dem Wasser ragen sehen.
Amanave: Die zerklüftete vulkanische Küste, an der dieses Dorf liegt, ist für ihre außergewöhnliche Schönheit bekannt.
Fagasa liegt in der Nähe der *Forbidden Bay*, die als eine der schönsten Buchten des Südpazifik gilt.
Vaitogi: Hier wird die zweitägige Schildkröten- und Haifisch-Legende aufgeführt. Im nahegelegenen Aoloau kann man Bergtouren buchen.
Kreuzfahrten: Es wird eine zweitägige Kreuzfahrt durch die Inseln (wahlweise ein Tag davon auf West-Samoa) angeboten. Man übernachtet in einem einheimischen *Fale* (inseltypisches Haus) auf der noch relativ unberührten Insel Savaii.

SOZIALPROFIL

ESSEN & TRINKEN: Das vielfältige Angebot umfaßt amerikanische, chinesische, japanische, italienische und polynesische Gerichte. Es gibt zahlreiche Drive-in-Restaurants. Das samoanische Festtagsgericht *Fia Fia* besteht aus Spanferkel, Huhn, Fisch, *Palusami* (Kokosnußkrem in Taroblättern) und im *Umu* oder Erdofen gekocht), Brotfrucht, Kokosnüssen, Bananen, Limonen und Mangos.
Getränke: Das Nationalgetränk *Kava* wird zu religiösen oder feierlichen Anlässen getrunken. Falls man mit Einheimischen Freundschaft schließt, wird man vielleicht zu einer richtigen *Kava*-Zeremonie eingeladen, die sich von der für Touristen veranstalteten erheblich unterscheidet. Bei den authentischen Zeremonien sollte man zuerst einige Tropfen des Getränkes aus seiner Kokosschale vor sich auf den Boden gießen und dabei *Manuia* sagen, was soviel bedeutet wie »Viel Glück«. Die Tasse sollte ganz am Schluß der Zeremonie vollständig ausgetrunken und dann dem Gastgeber zurückgegeben werden. *Kava* ist eine feierliche und sogar heilige Zeremonie, die man nicht mit ungezwungenem Trinken westlichen Stils verwechseln sollte. Manche Urlauber gewöhnen sich erst nach einiger Zeit an den Geschmack des Getränkes.
NACHTLEBEN: Abendunterhaltung bedeutet vor allem Musik und Tanz. Die meisten Gaststätten haben zwischen 16.30 und 18.30 Uhr »Happy Hour«. *Fia Fias*, Festessen mit traditionellen Tänzen, werden von vielen Gaststätten und Restaurants veranstaltet. Einheimische Reiseveranstalter organisieren ebenfalls Fia Fias. Zu Kirchen- und Dorfveranstaltungen sind im allgemeinen auch Besucher willkommen.
EINKAUFSTIPS: Besonders beliebte Mitbringsel sind handgewebte *Tapa*-Stoffe; ein *Puletasi* (Damenkleid) oder *Lavalava* (Herrenanzug), handgearbeitet von einheimischen Schneidern; Muschelperlen und Geldbörsen; Holzschnitzereien; gewobene *Laufala* (Tisch- und Bodenmatten); geschnitzte *Kava*-Tassen; Schallplatten mit samoanischer Musik und zollfreie Waren. **Öffnungszeiten der Geschäfte:** Mo-Fr 08.00-12.00 und 13.30-16.30 Uhr, Sa 08.00-12.30 Uhr.
SPORT: Angeln: Der Pazifik bietet herrliche Fischgründe. Über Hotels und Reiseveranstalter kann man vollausgerüstete Boote mieten. **Wassersport:** Tauchen und Wellenreiten – letzteres vor allem am Carter Beach, in der Alofay Bay und in der Leone Bay. Es gibt viele sichere Strände; einige Hotels haben Swimmingpools und **Tennisplätze**, die auch von Nichtgästen benutzt werden können. **Golf:** Auf Tutuila befindet sich ein 9-Loch-Golfplatz. **Wandern:** Interessante Wanderwege führen ins Innere der Insel.
VERANSTALTUNGSKALENDER: Während der Feiern zum *Flaggentag* (17. April), die bis zu einer Woche dauern können, finden viele Veranstaltungen statt (Sportwettkämpfe, Theateraufführungen, Gesangswettbewerbe). Das *Tennisturnier* der Inseln findet am Karfreitag statt. Die *Tourismuswoche* Anfang Juli umfaßt unterschiedliche Schulungsprogramme. An Manu'as *Cession Day* (»Tag der Abspaltung«, 16. Juli) finden traditionelle Veranstaltungen mit Tanz- und Gesangsdarbietungen statt.
SITTEN & GEBRÄUCHE: Die traditionelle samoanische Gesellschaft ist auf ein komplexes System von Umgangsformen aufgebaut, die vor allem von der älteren Generation noch immer streng eingehalten werden und mit denen sich auch Besucher vertraut machen sollten. So ist etwa außer am Strand allzu knappe Kleidung nicht gern gesehen. Gongschläge am frühen Abend kündigen die Gebetsstunde an, der erste Gongschlag ruft zur Rückkehr ins eigene Haus auf, der zweite zeigt den Gebetsbeginn an und der dritte das Ende der Gebetszeit. Zur Gebetszeit sind laute Geräusche unerwünscht. In einigen Dörfern darf man sonntags nicht schwimmen oder angeln. Wer in ein Privathaus eingeladen wird, überreicht erst zum Abschied ein Geschenk, ein *Mea Alofa* (»Gegenstand der Liebe«) wie Hemden, Gürtel oder Bettzeugstoff. Es ist unhöflich, einen Gastgeber vor der im voraus vereinbarten Zeit zu verlassen. **Trinkgeld** ist unüblich.

WIRTSCHAFTSPROFIL

WIRTSCHAFT: Hauptsächlich Landwirtschaft und Fischerei; zwei Thunfisch-Konservenfabriken beschäftigen über ein Drittel der Erwerbstätigen. Die Leichtindustrie soll ausgebaut werden. Größter Exportmarkt sind die USA, die zugleich bedeutende Handelspartner der Inseln. Der Tourismus gewinnt zunehmend an Bedeutung.
GESCHÄFTSVERKEHR: Legere Kleidung ist angebracht, Männer tragen nur zu besonders formellen Anlässen Krawatten. Die günstigste Zeit für Geschäftsreisen ist zwischen Mai und Oktober.
Kontaktadresse: *American Samoa Development Corporation*, Pago Pago, American Samoa 96799. Tel: 633 42 41. Telex: 782511.

KLIMA

Sehr warmes, tropisches Klima. Schwere Regenfälle gibt es zwischen Dezember und April. Die angenehmsten Bedingungen herrschen im Winter (Mai - September), wenn milde südliche Passatwinde wehen.

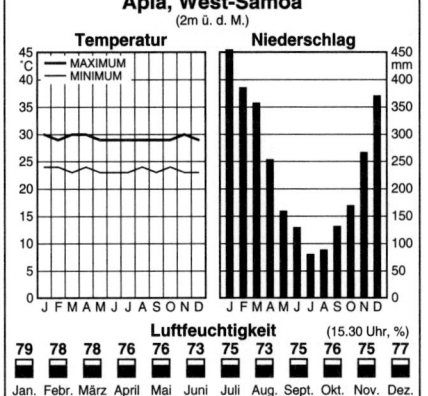

Lage: Südwesteuropa; zwischen Frankreich und Spanien.

Andorra Touristik Delegation
Finsterwalder Straße 28
D-13435 Berlin
Tel: (030) 415 49 14.
Mo-Fr 08.30-17.30 Uhr.
(nur telefonische oder schriftliche Anfragen; auch zuständig für Österreich und die Schweiz)
Sindicat d'Initiativa de las Valls d'Andorra
(Fremdenverkehrsamt)
Carrer Dr Vilanova
Andorra la Vella
Tel: 82 02 14. Telefax: 82 58 23.
Das Fürstentum wird im Ausland weiterhin von den spanischen Botschaften und Konsulaten vertreten (Adressen s. Spanien).
Deutsche Interessenvertretung:
Generalkonsulat der Bundesrepublik Deutschland
Paseig de Gracia 111
Apdo. 389
E-08087 Barcelona
Tel: (93*) 415 36 96. Telefax: (93*) 415 48 56.
Österreichische Interessenvertretung:
Konsularabteilung der Österreichischen Botschaft
Paseo de la Castellana 91
E-28046 Madrid
Tel: (91*) 556 53 15, 556 54 03, 556 55 04. Telefax: (91*) 597 35 79.
Schweizer Interessenvertretung:
Schweizerisches Generalkonsulat
Edificios Trade
Gran via de Carlos III, 94, 7°
E-08028 Barcelona
Tel: (93*) 330 92 11. Telefax: (93*) 490 65 98.
* *Bei Anrufen aus dem Ausland fällt die 9 weg.*

FLÄCHE: 467,8 qkm.
BEVÖLKERUNGSZAHL: 61.087 (1992).
BEVÖLKERUNGSDICHTE: 130 pro qkm.
HAUPTSTADT: Andorra la Vella. **Einwohner:** 20.437 (1990).
GEOGRAPHIE: Andorra liegt in den östlichen Pyrenäen und grenzt im Norden und Osten an Frankreich und im Süden und Westen an Spanien. Das Fürstentum ist gebirgig, Schluchten und enge Täler bestimmen das Landschaftsbild. Der größte Teil des Landes ist bewaldet, in den Tälern wird Viehwirtschaft betrieben. Es gibt vier Flüsse und mehrere Bergseen. Die Haupt-

TIMATIC INFO-CODES

Abrufbar über Ihr CRS-System (für START/Amadeus Ama-Maske benutzen). Für Galileo bitte TI-DFT eingeben (mit Bindestrich).

Flughafengebühren	TI DFT/ ALV /TX
Währung	TI DFT/ ALV /CY
Zollbestimmungen	TI DFT/ ALV /CS
Gesundheit	TI DFT/ ALV /HE
Reisepassbestimmungen	TI DFT/ ALV /PA
Visabestimmungen	TI DFT/ ALV /VI

attraktionen des Landes sind die Wintersportorte und der Kurort Les Escaldes.
STAATSFORM: Bis März 1993 war Andorra ein Doppelfürstentum unter spanischer und französischer Hoheit, praktisch jedoch seit jeher ein souveräner Staat. Im März 1993 wurde die neue Verfassung in einer Volksabstimmung befürwortet, nach der Andorra nun auch de jure ein unabhängiger Staat ist. Im Dezember 1993 fanden die ersten Direktwahlen statt, nach denen eine Koalitionsregierung gebildet wurde. Regierungschef: Oskar Ribas Reig, seit Januar 1990 (1994 im Amt bestätigt). Staatsoberhaupter: Jacques Chirac und Dr. Joan Martí Alanis (Bischof von Seo de Urgell).
SPRACHE: Die offizielle Landessprache ist Katalanisch; Spanisch und Französisch werden ebenfalls gesprochen.
RELIGION: Römisch-katholisch.
ORTSZEIT: MEZ.
NETZSPANNUNG: 220 V, 50 Hz.
POST- UND FERNMELDEWESEN: Telefon: Selbstwählferndienst. **Landesvorwahl: 376. Telex/Telegramme:** Telexdienst vorhanden. Einzelheiten am besten in Hotels erfragen. **Post:** Der Postverkehr innerhalb des Landes ist kostenlos. Post innerhalb Europas ist etwa eine Woche unterwegs. Nach Andorra la Vella kann man postlagernd schreiben. Öffnungszeiten der Postämter (Andorra la Vella): 09.00-13.00 und 15.00-17.00 Uhr. In den anderen Ortschaften sind die Öffnungszeiten unterschiedlich.
DEUTSCHE WELLE
Der Einsatz der Kurzwellenfrequenzen ändert sich mehrfach im Laufe eines Jahres, und Sendungen auf den folgenden Frequenzen werden jeweils nur zu bestimmten Tageszeiten ausgestrahlt. Näheres in der Einleitung.

MHz	13,780	9,735	9,545	7,130	6,075
Meterband	22	31	31	41	49

REISEPASS/VISUM

Wichtiger Hinweis: *Die Einreisebestimmungen mancher Länder können sich kurzfristig ändern – rufen Sie sicherheitshalber auf Ihrem CRS-System (TIMATIC-Info-Code-Fenster in diesem Kapitel) den aktuellen Stand ab bzw. wenden Sie sich an die zuständige diplomatische Vertretung. Etwaige Zahlen in der Tabelle beziehen sich auf nachfolgende Fußnoten.*

	Paß erforderlich?	*Visum erforderlich?*	*Rückflugticket erforderlich?*
Deutschland	1	Nein	Nein
Österreich	1	Nein	Nein
Schweiz	1	Nein	Nein
Andere EU-Länder	1	Nein	Nein

REISEPASS: [1] Gültiger Reisepaß oder Personalausweis erforderlich.
VISUM: Nicht erforderlich, die Einreisebedingungen für Spanien bzw. Frankreich müssen jedoch erfüllt sein – je nachdem, über welches Land die Einreise erfolgt. Wer das Wappen Andorras in seinen Reisepaß gestempelt haben möchte, sollte sich in der Hauptstadt an das *Sindicat d'Initiativa* wenden.
Gültigkeitsdauer: Für Aufenthalte bis zu 3 Monaten ist kein Visum erforderlich.
Aufenthaltsgenehmigung: Beantragung bei den Einwanderungsbehörden, Carrer Joan Maragall, Edifici Rebés, Andorra la Vella.

GELD

Währung: Andorra hat keine eigene Landeswährung. Die französische und die spanische Währung gelten gleichberechtigt. Weitere Informationen in den Kapiteln *Spanien* und *Frankreich*.
Geldwechsel: Banken und Wechselstuben wechseln alle Fremdwährungen.
Kreditkarten: *Diners Club, Visa, American Express* und *Eurocard* werden akzeptiert. Einzelheiten vom Aussteller der jeweiligen Kreditkarte.
Euroschecks werden bis zu einem Garantiehöchstbetrag von 25.000 Pta bzw. 1400 FF je Scheck eingelöst.
Devisenbestimmungen: Alle Währungen können ohne Einschränkungen ein- und ausgeführt werden, hohe Summen sollten jedoch bei der Einreise deklariert werden.
Öffnungszeiten der Banken: Mo-Fr 09.00-13.00 und 15.00-17.00 Uhr, Sa 09.00-12.00 Uhr.

DUTY FREE

Französische und spanische Bestimmungen beachten, da beide Länder mitunter strenge Grenzkontrollen durchführen. Andorra selbst erhebt keine Zölle.

GESETZLICHE FEIERTAGE

1. Mai '96 Tag der Arbeit. **27. Mai** Pfingstmontag. **6. Juni** Fronleichnam. **15. Aug.** Mariä Himmelfahrt. **8. Sept.** Nationalfeiertag*. **12. Okt.** Spanischer Nationalfeiertag. **1. Nov.** Allerheiligen. **6. Dez.** Nikolaustag. **8. Dez.** Mariä Empfängnis. **25./26. Dez.** Weihnachten. **1. Jan. '97** Neujahr. **6. Jan.** Dreikönigsfest. **28. März** Karfreitag. **31. März** Ostermontag. **1. Mai** Tag der Arbeit. **19. Mai** Pfingstmontag. **29. Mai** Fronleichnam.
Anmerkung: * Der 8. Sept. ist der einzige allgemein arbeitsfreie Tag. Im Juni, August und September werden in einzelnen Gemeinden zusätzlich weitere Feiertage begangen.

GESUNDHEIT

In der folgenden Tabelle aufgeführte Impfvorschriften können sich kurzfristig ändern. Es wird stets empfohlen, auf Ihrem CRS-System (TIMATIC-Info-Code-Fenster in diesem Kapitel) den aktuellen Stand der Gesundheitsbestimmungen abzurufen bzw. rechtzeitig vor der Reise ärztlichen Rat einzuholen.

	Vorsichtsmaßnahmen empfohlen	*Impfschein erforderlich*
Gelbfieber	Nein	Nein
Cholera	Nein	Nein
Typhus & Polio	Nein	-
Malaria	Nein	-
Essen & Trinken	Nein	-

Gesundheitsvorsorge: Es gilt die Anspruchsbescheinigung E 111. Schweizern wird der Abschluß einer Reisekrankenversicherung empfohlen.

REISEVERKEHR - International

FLUGZEUG: Die nächstgelegenen **internationalen Flughäfen** liegen in Barcelona und Toulouse. *Barcelona* (*BCN*) in Spanien liegt 200 km von Andorra entfernt. Weitere Informationen über Flughafen und Flughafeneinrichtungen im Kapitel *Spanien*. Transfer nach Andorra mit Sammeltaxen und Bussen. Der Flughafen von *Toulouse* (*TLS*) in Frankreich liegt 180 km von Andorra entfernt. Der nächstgelegene Flughafen ist *Seo de Urgell* (20 km von Andorra), der dreimal täglich von Barcelona angeflogen wird.
BAHN: Bahnverbindungen von Perpignan, Villefranche, Toulouse (Frankreich) und Barcelona nach La Tour de Carol (20 km von Andorra entfernt). Der französische Bahnhof L'Hospitalet ist der Grenze am nächsten. Es gibt Busverbindungen von L'Hospitalet und La Tour de Carol nach Andorra.
BUS/PKW: Der neue Pyrenäentunnel *Tunel del Cadi* bietet bei Anreise von Barcelona über Manresa eine vor allem im Winter günstige und zeitsparende Verbindung. Die Gebühren für die Benutzung sind allerdings hoch. Bergstraßen führen außerdem über den Envalita-Paß nach Perpignan, Tarbes und Toulouse (Frankreich) und in südlicher Richtung nach Barcelona und Lérida (Spanien). Regelmäßige Busverbindungen bestehen von Barcelona aus; es gibt außerdem Taxis und Sammeltaxis. Die Busfahrt von La Tour de Carol dauert ca. 2 Std., es gibt drei Abfahrten täglich. Saisonale Busverbindungen von Aix-les-Thermes (Frankreich) und Seo de Urgell (Spanien).

REISEVERKEHR - National

BUS/PKW: Das Straßennetz umfaßt 186 km, Busse und Minibusse verkehren zwischen den Ortschaften. Eine gute Straße verläuft von der spanischen zur französischen Grenze und führt durch Saint Julia, Andorra la Vella, Les Escaldes, Encamp, Canillo und Soldeu. Es gibt eine größere Ost-West-Verbindungsstraße und eine kleinere Straße nach El Serrat, die im Winter jedoch beide geschlossen sind. **Mietwagen:** Buchung über Reisebüros und Hotels. **Unterlagen:** Der Führerschein des eigenen Landes reicht aus.

UNTERKUNFT

HOTELS: Es gibt über 200 Hotels und Gasthäuser (Kapazität: insgesamt 35.000 Betten), die zum größten Teil nur im Sommer geöffnet haben. Während der Sommermonate (Juli - Aug.) sollte man im voraus buchen. Hotels und Restaurants sind beim *Sindicat d'Initiativa* registriert und müssen angegebene Preise und Dienstleistungen einhalten. Anschrift des Hotelverbandes: *Unio Hotelera de les Valls d'Andorra*, Antic Carrer Major 16, Andorra la Vella. Tel: 82 06 25.
BERGHÖFE bieten einfache und preiswerte Unterkünfte. Normalerweise gibt es Gästezimmer, manchmal auch Etagenbetten. Weitere Informationen vor Ort.
CAMPING: Es gibt 26 Zeltplätze in Andorra, sie liegen zumeist in der Nähe größerer Städte und sind einfach zu finden. Viele bieten Einkaufsmöglichkeiten, Wohnwagenstellplätze und andere Einrichtungen.

URLAUBSORTE & AUSFLÜGE

Andorra ist einer der ältesten Staaten der Welt und hat seine Eigenständigkeit und Individualität bis heute bewahrt. Das bergige Land wird von Nordosten nach Südwesten von einer Straße durchquert, an der die meisten Ortschaften liegen. Viele Dörfer haben romanische Kirchen und Häuser im traditionellen Baustil mit überhängenden Dächern und eisernen oder hölzernen Balkonen. Besonders sehenswert sind die Kirchen von *Sant Romá de les Bons, Sant Climent de Pal* und *Santa Coloma* (imposanter Rundturm). *Sant Cerni de Nagol* und *Sant Marti de la Cortinada* sind für ihre prachtvollen Fresken bekannt. Reizvoll sind auch die steinernen gotischen Wegkreuze, auf die man überall trifft. Nicht nur Gläubige besuchen alljährlich das Heiligtum *Meritxell*, das malerisch inmitten einer Bergkette liegt. Die alte, der Jungfrau von Meritxell geweihte Wallfahrtskirche brannte 1972 ab, heute lädt ein modernes Gebäude des spanischen Architekten Ricard Bofill zu Meditation und Einkehr ein. Im Landesinneren liegen idyllische Ortschaften, von denen sich herrliche Aussichten auf die zerklüftete Landschaft bieten. Auf Wanderungen entdeckt man viele seltene Pflanzen, die nur hier wachsen, und mit etwas Glück begegnet man sogar einem Auerhahn oder sieht einen Adler. Auf zwei Wanderwegen (GR-7 und GR-11) kann man sich auf Schusters Rappen fast ganz Andorra erschließen. Der GR-7 ist ein reizvoller Fernwanderweg, der, in Frankreich beginnend, ganz Andorra durchquert und in Spanien endet. Er verlangt allerdings einige Kondition, da es von *Portella Blanca* an der französischen Grenze steil bergauf bis in das 2400 m hoch gelegene Gebiet von *Els Estanys* geht. Der GR-11 führt von *Port de Siguer*, dem Lauf des *Valira del Nord* folgend, auf den *Coll d'Ordino* (1980 m) zu. Zollfreiheit und gute Wintersportmöglichkeiten ziehen jedes Jahr viele Touristen ins Land und haben den größeren Städten, Andorra la Vella und Les Escaldes, zu einem gewissen Wohlstand verholfen.
Die Hauptstadt des Fürstentums, **Andorra la Vella**, liegt am Zusammenfluß von zwei Bergflüssen. Eine schöne Kirche aus dem 12. Jahrhundert und der alte Regierungssitz, die im 16. Jahrhundert erbaute *Casa de la Vall*, gehören zu den interessantesten Sehenswürdigkeiten. Nahe der Hauptstadt liegt der Kurort **Les Escaldes**, in dem auch einige schöne romanische Bauwerke zu finden sind. Die beiden Städte sind auch der Mittelpunkt des farbenfrohen Festes zu Ehren von *La Vierge de Meritxell* (Anfang Sept.). Die neueste Touristenattraktion *Caldea* in Escaldes-Engordany nützt die natürlichen Thermalwasservorkommen des Ortes und bietet ein modernes »Badeparadies« mit zahlreichen Freizeitanlagen und Einkaufsmöglichkeiten. Abseits der Hauptstraße, 18 km von Les Escaldes entfernt, liegt das Dorf **El Serrat,** von dem sich ein atemberaubender Blick über die Berge eröffnet. Die zwischen der Hauptstadt und der französischen Grenze gelegene Ortschaft **Encamp** ist ebenfalls einen Besuch wert.
Wintersportorte: Das wichtigste Wintersportzentrum ist **Soldeu**, der erste größere Ort hinter dem französischen Grenzübergang Port d'Envarlira. Hier findet man Pisten für Anfänger und Fortgeschrittene sowie eine gute Skischule mit angemessenen Preisen. Weitere Skizentren gibt es in **Pas de la Casa/Grau Roig** an der französischen Grenze sowie in **Arcalis, Arinsal** und **Pal** (alle nördlich von Andorra la Vella). Nähere Informationen vom *Sindicat d'Initiativa* (Adresse s. o.).

SOZIALPROFIL

ESSEN & TRINKEN: Die Küche ist überwiegend katalanisch. Essengehen ist ein recht teures Vergnügen. Qualität und Preise der ca. 250 Restaurants entsprechen denen in kleinen französischen oder spanischen Urlaubsorten. Nationalgerichte sind *Coques* (schmackhafte flache Kuchen), *Trinxat* (ein Kartoffel- und Kohlgericht), einheimische Würste und Käse. Schweinefleisch- und Speckgerichte sind ebenfalls typisch für die andorranische Küche. Supermärkte und Geschäfte verkaufen preiswerte alkoholische Getränke, in den Bars sind sie allerdings teuer. Die Bars sind bis spät geöffnet.
NACHTLEBEN: In den Urlaubsorten und größeren Städten gibt es Bars und Diskotheken, die ganzjährig geöffnet sind.
EINKAUFSTIPS: Zollfreie Waren garantieren günstigen Einkauf. Benzin, Spirituosen, Kameras, einheimische Holzschnitzereien, Uhren usw. sind besonders preiswert. **Öffnungszeiten der Geschäfte:** Mo-Sa 09.00-20.00 Uhr, So 09.00-19.00 Uhr.
SPORT: Besonders in Soldeu (s. *Urlaubsorte & Ausflüge*) gibt es ausgezeichnete **Skipisten** und Loipen, an die sich auch Anfänger ohne weiteres heranwagen können. Die Saison dauert von November bis Mai. Busse holen die Skiläufer in den Hotels und Gasthäusern ab, bringen sie zu den Skihängen und fahren sie am Abend wieder zurück. **Tennis, Schwimmen, Forellenangeln** (Lizenz durch *Sindicat d'Initiativa*), **Tontaubenschießen, Bergwandern** und **Bergsteigen** sind ebenfalls möglich. Das Badeparadies Caldera in Escaldes-Engordany bietet auf 25.000 qm u. a. Heißwasserbäder, Whirlpools, Saunen, türkische Bäder und Duftbäder.
VERANSTALTUNGSKALENDER
Im Sommer gibt es in der Hauptstadt eine Konzertreihe moderner Musik, und auch in Escaldes-Engordany und im Tal von Ordino finden alljährlich Blues- und Jazzfestivals in der warmen Jahreszeit statt. Das Festival von Meritxell im September ist einer der Höhepunkte des Veranstaltungskalenders. Regionale Feste sind ebenfalls besuchenswert:
Andorra la Vella: Drei Tage vom ersten Samstag im August.
Canillo: Drei Tage vom dritten Samstag im Juni.
Encamp: Drei Tage im August.
Escaldes-Engordany: Drei Tage im Juli.
La Massana: Drei Tage im August.
Ordino: Zwei Tage im September.

Andorra / Angola

Sant Julià de Lòria: Drei Tage vom letzten Sonntag im Juli.
SITTEN & GEBRÄUCHE: Legere Kleidung ist in den meisten Situationen angemessen. Die Umgangsformen sind den spanischen ähnlich. **Trinkgeld:** Bedienungsgeld ist normalerweise in der Rechnung enthalten, Portiers und Kellner erwarten weitere 10%.

WIRTSCHAFTSPROFIL

WIRTSCHAFT: Andorra ist in erster Linie ein Agrarland, verfügt jedoch auch über einige Bodenschätze – hauptsächlich Blei, Eisen und Alaun. Kartoffeln und Tabak sind die Haupterzeugnisse des Landes, die Nutzviehhaltung spielt eine geringere Rolle. Das staatliche Elektrizitätswerk deckt 60% des Energiebedarfs. Durch Andorras Zollfreiheit war in den letzten Jahren ein rasches Wirtschaftswachstum zu verzeichnen; europäische und internationale Waren werden günstig angeboten. Das Haupteinkommen des Staates sind Benzin-, Tourismus- und Verbrauchsgütersteuern. Der Fremdenverkehr soll weiter ausgebaut werden. Die EU-Mitgliedschaft Spaniens war in Andorra Anlaß zur Besorgnis, da langfristige Auswirkungen auf die Steuereinnahmen befürchtet wurden. 1991 wurden jedoch die Beziehungen des Landes zur damaligen EG auf eine formelle Basis gestellt. Haupthandelspartner sind Frankreich und Spanien.
GESCHÄFTSVERKEHR: Bei geschäftlichen Treffen geht es in der Regel recht förmlich zu. Termine sollten im voraus vereinbart werden. Mittagessen ist meist nach 14.30 Uhr und kann sich bis 21.00 oder 22.00 Uhr hinziehen. Spanisch- oder Französischkenntnisse sind von Vorteil, obwohl auch Englisch gesprochen wird. Die Geschäftszeiten sind sehr unterschiedlich.

KLIMA

Gemäßigtes Klima mit warmen Sommern und kalten Wintern; Niederschläge über das ganze Jahr verteilt.

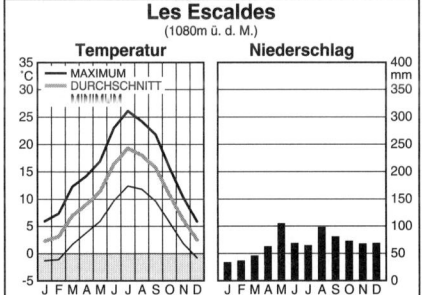

COLUMBUS ATLAS

Auf ca. 100 Seiten enthält dieser Atlas unter anderem europäische Fähr- und Eisenbahnverbindungen und weltumspannende Kreuzfahrtkarten, Straßenkarten, Gebietskarten vielbesuchter Regionen wie z. B. Costa Brava, Florida u. a. Falls Sie bei der Beratung oder Reiseplanung verstärkt auf Karten zurückgreifen möchten, werden Sie diesen speziell auf die Reisebranche zugeschnittenen Atlas unentbehrlich finden – und dazu besonders preisgünstig!

Weitere Einzelheiten von: Columbus Press, Verkaufsabteilung, Aurikelweg 9, D-38108 Braunschweig. Tel: 05309/2123. Telefax: 05309/2877.

Lage: Südwestafrika.

Anmerkung: Die innenpolitische Situation ist nach 20 Jahren Bürgerkrieg trotz der jüngsten Friedensvereinbarung immer noch instabil, und Kampfhandlungen können jederzeit ausbrechen, vor allem in der Nähe der Hauptstadt. Aktuelle Informationen erteilen das Auswärtige Amt in Bonn, das Außenministerium in Wien und das EDA in Bern.

Direcção Nacional de Turismo
Palácio de Vidro
CP 1240
Luanda
Tel: (02) 37 27 50.
Botschaft der Volksrepublik Angola
Kaiser-Karl-Ring 20c
D-53111 Bonn
Tel: (0228) 5 55 70. Telefax: (0228) 65 92 82.
Mo-Fr 09.00-16.00 Uhr, *Konsularabt.*: Mo-Fr 09.00-12.00 Uhr.
(auch zuständig für Österreich und die Schweiz)
Botschaft der Bundesrepublik Deutschland
Avenida 4 de Fevereiro 120
Luanda
Tel: (02) 33 47 73. Telex: 3372.
Botschaft der Schweizerischen Eidgenossenschaft
Rua 4 de Fevereiro 129
2° andar
CP 3163
Luanda
Tel: (02) 33 83 14. Telefax: (02) 33 68 78.
Die Republik Österreich unterhält keine diplomatische Vertretung in Angola, zuständig ist die Botschaft in Harare (s. Simbabwe).

FLÄCHE: 1.246.700 qkm.
BEVÖLKERUNGSZAHL: 10.609.000 (1992).
BEVÖLKERUNGSDICHTE: 8,5 pro qkm.
HAUPTSTADT: Luanda. **Einwohner:** 1.134.000 (1988).
GEOGRAPHIE: Angola grenzt im Norden an Zaïre, im Osten an Sambia, im Süden an Namibia und im Westen an den Atlantischen Ozean. Die Berge an der Küste bilden ein Hochland, das fast die gesamte Fläche des Landes einnimmt. Je weiter man nach Süden kommt und sich der Namib-Wüste nähert, desto trockener wird das Land, im Norden gedeiht jedoch üppige Vegetation. Die kleine Exklave Cabinda, nördlich von Angola, ist von Zaïre und dem Kongo umschlossen.
STAATSFORM: Sozialistische Volksrepublik. Die ersten Wahlen nach 16 Jahren Bürgerkrieg gewann Ende September 1992 der seit 1979 regierende Präsident José Eduardo Dos Santos (*MPLA*). Das Ergebnis wurde jedoch von der von Jonas Savimbi geführten größten Oppositionspartei, *UNITA*, mit dem Vorwurf der Wahlfälschung nicht akzeptiert, und bereits kurz nach den Wahlen lieferten sich Truppen der UNITA Straßenschlachten mit der Polizei. Die Auseinandersetzungen rissen auch 1993 und 1994 nicht ab. Im November 1994 unterzeichnete UNITA einen Friedensvertrag mit der Regierung; es bleibt abzuwarten, ob die Waffenruhe diesmal von Dauer ist.
SPRACHE: Offizielle Landessprache ist Portugiesisch. Die meisten Einwohner sprechen Bantu-Sprachen (Ovimbundu, Kimbundu, Bakongo und Chokwe).
RELIGION: 84% Animisten, 12% Katholiken, 4% Protestanten.
ORTSZEIT: MEZ.
NETZSPANNUNG: 220 V, 50 Hz.
POST- UND FERNMELDEWESEN: Telefon: Selbstwählferndienst nur nach Luanda. **Landesvorwahl: 244.** Gespräche in andere Landesteile müssen mindestens 6 Std. im voraus beim Fernamt angemeldet werden. **Telefaxanschlüsse** stehen nicht zur Verfügung. **Telex/Telegramme:** Der Telegrammdienst ist im allgemeinen recht zuverlässig, Verzögerungen sind jedoch möglich. Telexanschlüsse gibt es in großen Hotels. **Post:** Luftpostsendungen nach Europa sind 5-10 Tage unterwegs. Inlandspost ist verhältnismäßig zuverlässig, Telexe sind jedoch gebräuchlicher.
DEUTSCHE WELLE
Der Einsatz der Kurzwellenfrequenzen ändert sich mehrfach im Laufe eines Jahres, und Sendungen auf den folgenden Frequenzen werden jeweils nur zu bestimmten Tageszeiten ausgestrahlt. Näheres in der Einleitung.

MHz	15,275	15,135	11,795	9,545	6,075
Meterband	19	19	25	31	49

REISEPASS/VISUM

Wichtiger Hinweis: Die Einreisebestimmungen mancher Länder können sich kurzfristig ändern – rufen Sie sicherheitshalber mit Ihrem CRS-System (TIMATIC-Info-Code-Fenster in diesem Kapitel) den aktuellen Stand ab bzw. wenden Sie sich an die zuständige diplomatische Vertretung. Etwaige Zahlen in der Tabelle beziehen sich auf nachfolgende Fußnoten.

	Paß erforderlich?	Visum erforderlich?	Rückflugticket erforderlich?
Deutschland	Ja	Ja	Ja
Österreich	Ja	Ja	Ja
Schweiz	Ja	Ja	Ja
Andere EU-Länder	Ja	Ja	Ja

REISEPASS: Allgemein erforderlich. Kinderausweise müssen ein Lichtbild enthalten, und die entsprechende Nationalität des Kindes muß eingetragen sein. Der Reisepaß muß mindestens 3 Monate über den geplanten Aufenthalt hinaus gültig sein.
VISUM: Allgemein erforderlich; ausgenommen sind Transitreisende, die das Flughafengelände nicht verlassen.
Visaarten: Einfachvisum, Verlängerung im Land möglich.
Visagebühren: 80 DM.
Gültigkeitsdauer: Maximal 45 Tage.
Antragstellung: Konsularabteilung der Botschaft (Adresse s. o.).
Bearbeitungszeit: In der Regel 10 Tage.

GELD

Währung: 1 Neuer Kwanza (Kw) = 100 Lwei. Banknoten gibt es im Wert von 100.000, 50.000, 10.000, 5000, 1000, 500, 100 und 50 Kw; Münzen in den Nennbeträgen 100, 50, 20, 10, 5, 2 und 1 Kw sowie 50 Lwei.
Kreditkarten werden i. allg. nicht akzeptiert.
Wechselkurse

	Kw Sept. '92	Kw Febr. '94	Kw Jan. '95	Kw Jan. '96
1 DM	384,23	3938,45	3270,15	3959,65
1 US$	538,66	6836,98	5068,79	5692,00

Devisenbestimmungen: Bargeld, Reise- und Bankschecks müssen innerhalb von 24 Std. nach Ankunft deklariert werden. Einfuhr der Landeswährung bis zu einem Höchstbetrag von 15.000 Kw, die Ausfuhr ist verboten. Unbegrenzte Einfuhr von Fremdwährungen. Reisende, die eine Rückfahrkarte in Angola kaufen, dürfen Fremdwährungen im Wert von 5000 Kw ausführen.
Öffnungszeiten der Banken: Mo-Fr 08.45-16.00 Uhr.

TIMATIC INFO-CODES

Abrufbar über Ihr CRS-System (für START/Amadeus Ama-Maske benutzen). Für Galileo bitte TI-DFT eingeben (mit Bindestrich).

Flughafengebühren	TI DFT/ LAD /TX
Währung	TI DFT/ LAD /CY
Zollbestimmungen	TI DFT/ LAD /CS
Gesundheit	TI DFT/ LAD /HE
Reisepassbestimmungen	TI DFT/ LAD /PA
Visabestimmungen	TI DFT/ LAD /VI

Angola

DUTY FREE

Folgende Artikel können zollfrei nach Angola eingeführt werden:
Tabak und Parfüm (geöffnete Flaschen) für den persönlichen Gebrauch.
Einfuhrverbot besteht für Schußwaffen und Munition.

GESETZLICHE FEIERTAGE

1. Mai '96 Tag der Arbeit. **1. Aug.*** Tag der Armee. **17. Sept.** Tag des Volkshelden (Dr. Agostinho Netos Geburtstag). **11. Nov.** Unabhängigkeitstag. **1. Dez.*** Tag der Pioniere. **10. Dez.** Jahrestag der Gründung der MPLA. **25. Dez.** Tag der Familie. **1. Jan. '97** Neujahr. **4. Febr.** Jahrestag des bewaffneten Kampfes gegen Portugal. **27. März** Siegestag. **14. April*** Tag der Jugend. **1. Mai** Tag der Arbeit.
Anmerkung: * Der 14. April, 1. August und 1. Dezember sind keine offiziellen Feiertage, werden jedoch in weiten Teilen des Landes als solche behandelt.

GESUNDHEIT

In der folgenden Tabelle aufgeführte Impfvorschriften können sich kurzfristig ändern. Es wird stets empfohlen, auf Ihrem CRS-System (TIMATIC-Info-Code-Fenster in diesem Kapitel) den aktuellen Stand der Gesundheitsbestimmungen abzurufen bzw. rechtzeitig vor der Reise ärztlichen Rat einzuholen.

	Vorsichtsmaßnahmen empfohlen	Impfschein erforderlich
Gelbfieber	Ja	1
Cholera	2	2
Typhus & Polio	Ja	-
Malaria	Ja	-
Essen & Trinken	3	-

[1]: Eine Impfbescheinigung gegen Gelbfieber wird von allen Reisenden verlangt, die aus Infektionsgebieten kommen und über ein Jahr alt sind.
[2]: Eine Impfbescheinigung gegen Cholera ist keine Einreisebedingung, das Risiko einer Infektion besteht jedoch. Da die Wirksamkeit der Schutzimpfung umstritten ist, empfiehlt es sich, rechtzeitig vor der Reise ärztlichen Rat einzuholen. Näheres unter *Gesundheit* (s. Inhaltsverzeichnis).
[3]: Malariaschutz ganzjährig erforderlich, auch in den Stadtgebieten. Chloroquin- und Sulfadoxin/Pyrimethamin-Resistenz der vorherrschenden gefährlicheren Form *Plasmodium falciparum* wurde gemeldet.
[4]: Wasser sollte generell vor der Benutzung zum Trinken, Zähneputzen und zur Eiswürfelbereitung entweder abgekocht oder anderweitig sterilisiert werden. Milch ist außerhalb der Stadtgebiete nicht pasteurisiert und sollte abgekocht werden. Einheimische Milchprodukte aus ungekochter Milch außerhalb der Städte vermeiden. Fleisch- und Fischgerichte nur gut durchgekocht und heiß serviert essen. Der Genuß von Schweinefleisch, rohen Salaten und Mayonnaise sollte vermieden werden. Gemüse sollte gekocht und Obst geschält werden.
Bilharziose-Erreger kommen in manchen Teichen und Flüssen vor, das Schwimmen und Waten in Binnengewässern sollte daher vermieden werden. Gut gepflegte Schwimmbecken mit gechlortem Wasser sind unbedenklich.
Tollwut kommt vor. Wer ein erhöhtes Risiko eingeht (z. B. längerer Aufenthalt in abgelegenen Gebieten), sollte vor Reiseantritt eine Schutzimpfung erwägen. Bei Bißwunden so schnell wie möglich ärztliche Hilfe in Anspruch nehmen. Weitere Informationen im Kapitel *Gesundheit* (s. Inhaltsverzeichnis).
Hepatitis A, B und E treten auf.
Gesundheitsvorsorge: Der Abschluß einer Reisekrankenversicherung ist unbedingt erforderlich. Luanda hat drei große Krankenhäuser: das *Hospital Americo Boavida*, das *Hospital Josefina Machel* und das *Hospital do Prenda*. In anderen Städten gibt es ebenfalls Krankenhäuser. Die Behandlung ist kostenlos, aber oft unzureichend. Eine Reiseapotheke sollte mitgeführt werden, da Medikamente oft nicht zu erhalten sind.

REISEVERKEHR - International

FLUGZEUG: Angolas nationale Fluggesellschaft heißt *TAAG Angola Airlines (DT)*. Flugverbindungen von Deutschland, Österreich und der Schweiz meist über Portugal oder Frankreich.
Durchschnittliche Flugzeit: *Frankfurt* – Luanda: ca. 12 Std. (Aufenthalt in Portugal); *Paris* – Luanda: ca. 8 Std.
Internationaler Flughafen: *Luanda (LAD)* (4 de Fevreiro) liegt 4 km südöstlich der Stadt. Am Flughafen gibt es ein Restaurant, eine Bar, ein Postamt und eine Bank.
Anmerkung: Die Exklave Cabinda erreicht man am besten über Gabun; von dort Weiterflug mit einem Privatflugzeug oder Hubschrauber.
BUS/PKW: Alle Grenzübergänge sind zur Zeit geschlossen. Das Bahnunternehmen *Companhia do Caminho de Ferro de Benguela* wird wahrscheinlich den Betrieb auf der Strecke nach Zaïre erst wieder aufnehmen, wenn sich die Lage im Land stabilisiert hat.

REISEVERKEHR - National

Anmerkung: Überall gibt es strenge Kontrollen – viele Regionen sind nur per Flugzeug zu erreichen. Portugiesische, französische und italienische Firmen, die Geschäftsinteressen im Norden des Landes bzw. in Cabinda haben, besitzen Privatflugzeuge. Aktuelle Informationen von der Botschaft.
FLUGZEUG: Linienflüge der *TAAG Angola Airlines DT* verbinden alle größeren Städte. Inlandflüge sind nicht risikolos.
Durchschnittliche Flugzeiten: *Benguela* – Luanda: 50 Min; *Cabinda* – Luanda: 50 Min; *Huambo* – Luanda: 1 Std; *Namibe* – Luanda: 1 Std. 45 und *Lubango* – Luanda: 1 Std. 10.
BAHN: Es gibt drei Bahnstrecken mit täglichen Verbindungen ins Landesinnere: von Luanda nach Malanje, über Lobito nach Dilolo (zur Zeit nicht in Betrieb) und über Mocamedes nach Menongue. Auf einigen Strecken werden Speisen und Getränke angeboten, Schlafwagen und Klimaanlagen stehen nicht zur Verfügung.
Anmerkung: Aufgrund der unsicheren politischen Lage ist der Schienenverkehr unregelmäßig.
BUS/PKW: Das Straßennetz umfaßte einst rund 8000 km. Der Bürgerkrieg zerstörte einen Großteil der vorhandenen Infrastruktur, und die Straßenbauarbeiten haben gerade erst wieder begonnen. Viele Straßen sind daher derzeit unbefahrbar, man sollte sich genau erkundigen und Ratschlägen vor Ort folgen. **Verkehrsvorschriften:** Internationaler Führerschein erforderlich.
STADTVERKEHR: Busse in Luanda haben Einheitsfahrpreise.

UNTERKUNFT

Die Unterkunftsmöglichkeiten sind begrenzt, daher sollte man mindestens einen Monat im voraus buchen. Im allgemeinen müssen Buchungen über den staatlichen Hotelverband *Anghotel* in Luanda erfolgen; Unterkünfte können nicht am Flughafen gebucht werden. Zahlreiche Hotels sind modern eingerichtet und bieten jetzt Zimmer mit Klimaanlage, Bad oder Dusche, Telefon, Radio und Fernsehen. Unterkünfte gibt es auch im Kissama-Nationalpark (s. *Urlaubsorte & Ausflüge*). Weitere Informationen von der *Direcção Nacional de Turismo* (Adresse s. o.).

URLAUBSORTE & AUSFLÜGE

In **Luanda** kann man die alte portugiesische Festung *São Miguel* (interessantes Armee-Museum) und das Völkerkundemuseum besichtigen. Die einst prächtigen Kolonialbauten zeugen von der früheren Bedeutung der Hafenstadt. Der Geschichte der Sklaverei ist ein eigenes Museum gewidmet, das ca. 25 km von Luanda entfernt an der Küste liegt.
Der **Kissama-Nationalpark**, der während der Regenzeit geschlossen ist, liegt 70 km südlich von Luanda und ist Heimat zahlreicher Tierarten, die der Besucher in freier Wildbahn beobachten kann. In der Mitte des Parkes stehen Bungalows mit Kochgelegenheiten zur Verfügung. Die **Kalandula-Wasserfälle** in der Malange-Region bieten ganz besonders nach der Regenzeit ein beeindruckendes Schauspiel.
Es gibt zahlreiche schöne Strände in Angola. Die Hauptstadt Luanda liegt an einer Bucht, und die *Ilha*-Badestrände sind nur ca. 5 Min. vom Stadtzentrum entfernt. Etwa 45 km südlich von Luanda liegt *Palmeirinhas*, ein weitläufiger menschenleerer Strand in herrlicher Umgebung mit allerdings teilweise schwerer Brandung.

SOZIALPROFIL

ESSEN & TRINKEN: Da es nur wenige Restaurants und Hotels gibt, sollten Tische im voraus reserviert werden. Erstklassiger Service ist allerdings nur im Hotel *Presidente Meridien* erhältlich.
NACHTLEBEN: In Luanda gibt es mehrere Nachtklubs und Kinos. Hier empfiehlt sich ebenfalls rechtzeitige Kartenvorbestellung. Die beliebten *Kizombas* bieten afrikanische Musik und einheimisches Essen.
EINKAUFSTIPS: Traditionelle Kunstgewerbeartikel werden in Luanda angeboten. Außerhalb der großen Städte gibt es kaum Einkaufsmöglichkeiten.
SPORT: **Wassersport** wird auf der Mussolo-Halbinsel angeboten, die Strände in Ilha und Palmeirinhas (45 km südlich von Luanda) bieten gute Bademöglichkeiten, allerdings muß man auf Strömungen achten. Santiago (45 km nördlich von Luanda) hat gute Fischgründe.
SITTEN & GEBRÄUCHE: Die üblichen Höflichkeitsformen sollten beachtet werden.
Fotografieren: Öffentliche Einrichtungen, Veranstaltungen oder Gebäude dürfen nicht fotografiert werden. Eine Kopie der Fotoerlaubnis sollte bei der Botschaft hinterlegt werden, das Original sollte mitgeführt werden. **Trinkgeld** wird offiziell nicht gern gesehen. Wenn nicht in der Rechnung enthalten, ca. 10%. Zigaretten u. ä. werden gern angenommen.

WIRTSCHAFTSPROFIL

WIRTSCHAFT: Angola verfügt über Öl- und Diamantenvorkommen, außerdem wird Kaffee angebaut. Über 50% der Erwerbstätigen sind in der Landwirtschaft beschäftigt. *Gulf Oil* und *Texaco* fördern in den Küstengewässern vor Cabinda Öl; da es jedoch nur eine Raffinerie gibt, wird der Großteil als Rohöl exportiert. Die Zerstörungen während des Bürgerkrieges haben jedoch auch diesen Wirtschaftszweig hart getroffen. Seit der Unabhängigkeit wird die Wirtschaft weitgehend vom Staat kontrolliert. Durch die Rückwanderung von 700.000 Portugiesen verlor das Land qualifizierte Arbeitskräfte. Der Bürgerkrieg, Importkontrollen und Sparmaßnahmen wirkten sich ebenfalls lähmend auf die Wirtschaftsentwicklung aus. Das Land hofft auf Investitionen und technisches Know-how aus den Industrieländern zur Erschließung seiner Ressourcen. Die wichtigsten Handelspartner sind Portugal, Brasilien, Frankreich und die USA (Import von Lebensmitteln und Fertiglagen). Die allgemeine Versorgungslage ist weiterhin schlecht.
GESCHÄFTSVERKEHR: Sommeranzüge oder -kostüme werden empfohlen. Einheimische Geschäftsleute sind leger gekleidet. Für gesellschaftliche Anlässe sind dunkle Farben angebracht. Portugiesisch-, Französisch- oder Spanischkenntnisse sind von Vorteil, da es nur wenige Dolmetscher gibt. Die Urlaubsmonate Juni bis September sollten vermieden werden. **Geschäftszeiten:** Mo-Do 07.30-12.30 und 14.30-18.30 Uhr, Fr 07.30-12.30 und 14.30-17.30 Uhr.
Kontaktadresse: *Associação Comercial de Luanda* (Handelskammer), CP 1275, Luanda. Tel: (02) 32 24 53.

KLIMA

Im Norden während der Sommermonate November bis April heiß und feucht; in den Wintermonaten Mai bis Oktober etwas kühler und erheblich trockener. Im Süden ist es fast durchgehend heiß, im Winter geringfügig kühler.
Kleidung: Sommerliche Leinen- und Baumwollkleidung ganzjährig im Süden, Tropenkleidung für den Sommer im Norden; wärmere Sachen nicht vergessen, denn nachts kann es recht kalt werden. In der Regenzeit Regenschutz in allen Regionen.

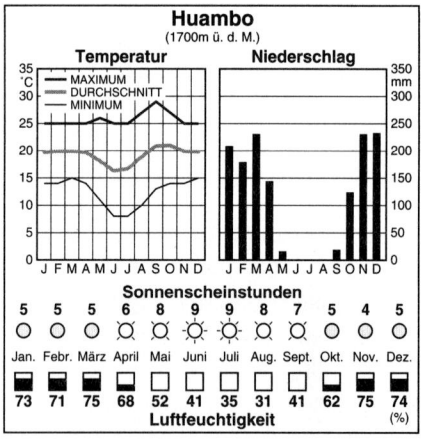

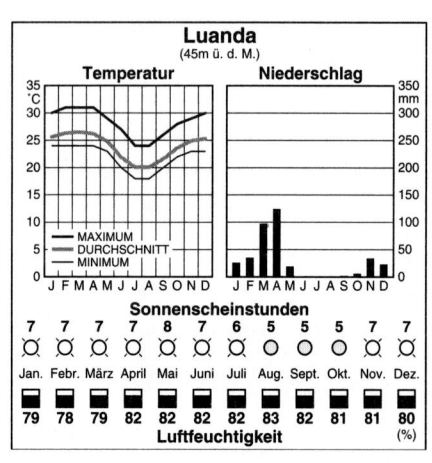

Anguilla

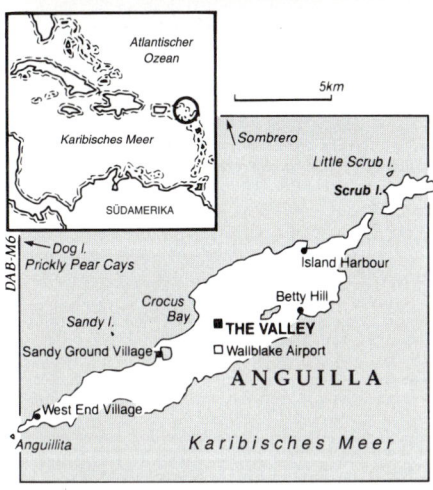

Lage: Karibik, Leeward-Islands.

Anguilla Tourist Office
3 Epirus Road
GB-London SW6 7UJ
Tel: (0171) 937 77 25. Telefax: (0171) 938 47 93.
Mo-Fr 09.30-17.00 Uhr.
Department of Tourism
The Secretariat
The Valley
Anguilla
Tel: 497 24 51. Telefax: 497 30 91.
Anguilla unterhält keine eigenen Auslandsvertretungen. Zuständig sind die britischen Botschaften und Konsulate (s. Großbritannien).

FLÄCHE: Anguilla: 91 qkm. Sombrero: 5 qkm.
BEVÖLKERUNGSZAHL: 8960 (1992).
BEVÖLKERUNGSDICHTE: 93,3 pro qkm.
HAUPTSTADT: The Valley. **Einwohner:** 595 (1992).
GEOGRAPHIE: Zu Anguilla, der nördlichsten der Leeward-Islands, gehören auch die 48 km nördlich der Hauptinsel gelegene unbewohnte Insel Sombrero und einige kleine Koralleninseln. St. Maarten (8 km südlich) sowie St. Kitts und Nevis (112 km südöstlich) sind die nächstgelegenen Inseln. Die Inseln sind überwiegend flach, die langen, feinsandigen weißen Strände zählen zu den schönsten der Welt. Der Crocus Hill ist mit 60 m die höchste Erhebung.
STAATSFORM: »British Dependency«, eigenständige britische Kolonie; Verfassung von 1982. Wahlen finden alle 5 Jahre statt. Regierungschef: Hubert Hughes. Staatsoberhaupt: Königin Elizabeth II., vertreten durch Gouverneur Alan W. Shave.
SPRACHE: Offizielle Landessprache ist Englisch.
RELIGION: Angehörige der römisch-katholischen und anglikanischen Kirche, Baptisten, Methodisten und Herrnhuter, Hindus sowie jüdische und islamische Minderheiten.
ORTSZEIT: MEZ - 3.
NETZSPANNUNG: 110/220 V, 60 Hz.
POST- UND FERNMELDEWESEN: Telefon: Selbstwählferndienst. **Landesvorwahl: 1 809.** Karten- und Münztelefone gibt es überall auf der Insel. Telefonkarten sind u. a. am Flughafen und in vielen Läden erhältlich. **Telefaxe** können im Büro der *Cable and Wireless Ltd.* in The Valley aufgegeben werden. Öffnungszeiten: Mo-Fr 08.00-18.00 Uhr, Sa 09.00-13.00 Uhr und So 10.00-14.00 Uhr. **Telex/Telegramme:** Telexgeräte und Telegrammaufgabe im Büro der Cable and Wireless Ltd. **Post:** Das Hauptpostamt in The Valley hat Mo-Fr 09.00-12.00 und 13.00-15.30 Uhr geöffnet. Außerhalb der Stadt gibt es einen »Postdienst auf Rädern«. Luftpostsendungen nach Europa sind zwischen vier Tagen und zwei Wochen unterwegs.

DEUTSCHE WELLE
Der Einsatz der Kurzwellenfrequenzen ändert sich mehrfach im Laufe eines Jahres, und Sendungen auf den folgenden Frequenzen werden jeweils nur zu bestimmten Tageszeiten ausgestrahlt. Näheres in der Einleitung.

MHz	17,860	17,715	15,275	9,545	6,100
Meterband	16	16	19	31	49

REISEPASS/VISUM

Wichtiger Hinweis: Die Einreisebestimmungen mancher Länder können sich kurzfristig ändern – rufen Sie sicherheitshalber auf Ihrem CRS-System (TIMATIC-Info-Code-Fenster in diesem Kapitel) den aktuellen Stand ab bzw. wenden Sie sich an die zuständige diplomatische Vertretung. Etwaige Zahlen in der Tabelle beziehen sich auf nachfolgende Fußnoten.

	Paß erforderlich?	Visum erforderlich?	Rückflugticket erforderlich?
Deutschland	Ja	Nein	Ja
Österreich	Ja	Nein	Ja
Schweiz	Ja	Nein	Ja
Andere EU-Länder	Ja	Nein	Ja

REISEPASS: Ein gültiger Reisepaß ist allgemein erforderlich. Staatsbürger der USA und Kanadas können, sofern sie im Besitz eines Rückfahrtickets sind, für maximal 6 Monate auch mit einer Geburtsurkunde und Paßfoto, Personalausweis oder einem Führerschein mit Paßfoto einreisen.
VISUM: Allgemein erforderlich, ausgenommen sind Staatsangehörige folgender Länder:
(a) Mitgliedstaaten der EU sowie Schweiz;
(b) Commonwealth-Länder (Mitgliedstaaten s. Inhaltsverzeichnis);
(c) Brasilien, Fiji, Japan, Liechtenstein, Türkei, USA und Venezuela.
Aufenthaltsgenehmigung: Auskünfte erteilt das *Chief Immigration Office,* The Valley, Anguilla. Tel: 497 24 51, Apparat 129.

GELD

Währung: 1 Ostkaribischer Dollar (EC$) = 100 Cents. Banknoten gibt es im Wert von 100, 50, 20, 10 und 5 EC$; Münzen in Umlauf: 25, 10, 5, 2 und 1 Cent. US-

TIMATIC INFO-CODES

Abrufbar über Ihr CRS-System (für START/Amadeus Ama-Maske benutzen). Für Galileo bitte TI-DFT eingeben (mit Bindestrich).

Flughafengebühren	TI DFT/ AXA /TX
Währung	TI DFT/ AXA /CY
Zollbestimmungen	TI DFT/ AXA /CS
Gesundheit	TI DFT/ AXA /HE
Reisepassbestimmungen	TI DFT/ AXA /PA
Visabestimmungen	TI DFT/ AXA /VI

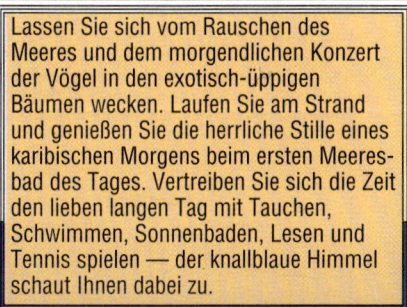

Lassen Sie sich vom Rauschen des Meeres und dem morgendlichen Konzert der Vögel in den exotisch-üppigen Bäumen wecken. Laufen Sie am Strand und genießen Sie die herrliche Stille eines karibischen Morgens beim ersten Meeresbad des Tages. Vertreiben Sie sich die Zeit den lieben langen Tag mit Tauchen, Schwimmen, Sonnenbaden, Lesen und Tennis spielen — der knallblaue Himmel schaut Ihnen dabei zu.

Weitere Informationen erhalten Sie – in den USA – von:
Una Gumbs, 5 Edgegrove Street, Edison, N. J. 08837-3346.
Tel: (908) 738-0246 oder (800) 274-4893.
Fax: (908) 738-5387.

Auf Anguilla:
J. Alan Gumbs,
Rendezvous Bay Hotel,
PO Box 31, Anguilla,
West Indies.
Tel: (809) 497 - 6549.
Fax: (809) 497 - 6026.

Herrliche Lage an einem drei Kilometer langen Strand, einem der schönsten der Karibik. Das Rendezvous Bay Hotel bietet Unterkünfte in geräumigen Villen und Zimmern mit Meeresblick. Einheimische und amerikanische Küche mit Hummer- und Fischgerichten.
Anguilla ist leicht zu erreichen, nur 7 Flugminuten oder 20 Minuten mit dem Schiff von St. Martin/St. Maarten entfernt.

So sieht ein Tag im Rendezvous Bay Hotel aus, ein herrliches Fleckchen Erde von unvergleichlicher, noch unverdorbener Schönheit, wo Sie Ruhe und Einfachheit finden. Hier können Sie kilometerweit an weißen feinen Sandstränden entlanglaufen, ohne einer Menschenseele zu begegnen... unendlich weit entfernt von den Alltagssorgen.

"WHERE THE SUNSETS HEAL YOUR SOUL"

Dollar werden ebenfalls als Zahlungsmittel angenommen.
Geldwechsel: Es gibt nur in der Hauptstadt Banken.
Kreditkarten: *American Express* und *Visa* werden von vielen Hotels und Restaurants akzeptiert. Einzelheiten vom Aussteller der betreffenden Kreditkarte.
Reiseschecks sollten in US-Dollar ausgestellt sein.
Wechselkurse

	EC$ Sept. '92	EC$ Febr. '94	EC$ Jan. '95	EC$ Jan. '96
1 DM	1,93	1,56	1,74	1,88
1 US$	2,70	2,70	2,70	2,70

Anmerkung: Der EC-Dollar ist an den US-Dollar gebunden.
Devisenbestimmungen: Unbegrenzte, aber deklarationspflichtige Einfuhr von Landes- und Fremdwährungen. Die Ausfuhr ist auf den eingeführten und deklarierten Betrag beschränkt.
Öffnungszeiten der Banken: In der Regel Mo-Do 08.00-15.00 Uhr, Fr 08.00-17.00 Uhr. Einige Banken haben kürzere Öffnungszeiten.

DUTY FREE

Folgende Artikel können zollfrei nach Anguilla eingeführt werden:
200 Zigaretten oder 50 Zigarren oder 225g Tabak;
1 l Wein oder Spirituosen.

GESETZLICHE FEIERTAGE

6. Mai '96 Tag der Arbeit. **27. Mai** Pfingstmontag. **30. Mai** Anguilla-Tag. **1. Juni** Nationalfeiertag. **15. Juni** Offizieller Geburtstag der Königin. **5. Aug.** Feiertag. **8. Aug.** Feiertag. **9. Aug.** Tag der Verfassung. **19. Dez.** Tag der Eigenständigkeit. **25./26. Dez.** Weihnachten. **1. Jan. '97** Neujahr. **28.-31. März** Ostern. **5. Mai** Tag der Arbeit. **19. Mai** Pfingstmontag. **30. Mai** Anguilla-Tag.

GESUNDHEIT

In der folgenden Tabelle aufgeführte Impfvorschriften können sich kurzfristig ändern. Es wird stets empfohlen, auf Ihrem CRS-System (TIMATIC-Info-Code-Fenster in diesem Kapitel) den aktuellen Stand der Gesundheitsbestimmungen abzurufen bzw. rechtzeitig vor der Reise ärztlichen Rat einzuholen.

	Vorsichtsmaßnahmen empfohlen	*Impfschein erforderlich*
Gelbfieber	1	1
Cholera	Nein	Nein
Typhus & Polio	Nein	-
Malaria	Nein	-
Essen & Trinken	2	-

[1]: Eine Impfbescheinigung gegen Gelbfieber wird von allen Reisenden verlangt, die aus Infektionsgebieten kommen und über ein Jahr alt sind.
[2]: Außer in größeren Hotels und Restaurants sollte Trinkwasser abgekocht oder anderweitig sterilisiert werden.
Gesundheitsvorsorge: Es gibt vier staatliche und fünf private Ärzte auf Anguilla. Ein Krankenhaus befindet sich in The Valley. Ärztezentren gibt es in The Valley, East End, South Hill und West End. Der Abschluß einer Reisekrankenversicherung wird empfohlen, da die Behandlungskosten hoch sind.

REISEVERKEHR - International

FLUGZEUG: *LIAT (LI)* (Leeward Island Air Transport) und *Winair* bieten Flugdienste nach St. Martin, zu den Britischen und Amerikanischen Jungferninseln und nach St. Kitts an. *Tyden Air* fliegt alle karibischen Inseln an. Weitere Verbindungen mit *American Eagle* von San Juan (Puerto Rico). Charterflüge nach St. Thomas, St. Maarten, St. Kitts und zu den Britischen Jungferninseln werden von *Air Anguilla* angeboten.
Durchschnittliche Flugzeiten: *Frankfurt* – Anguilla: 9 Std. 30 (Umsteigen in Antigua nicht berücksichtigt); *London* – Anguilla: 12 Std. (einschl. Zwischenlandung in Antigua von 2 Std. 30); *Los Angeles* – Anguilla: 10 Std. und *New York* – Anguilla: 6 Std.
Internationaler Flughafen: *Wallblake Airport (AXA)* liegt 3 km südlich von The Valley. Der kleine, moderne Flughafen bietet eine Touristen-Information, Duty-free-shops, Läden und einen Taxistand. Die nächstgelegene Autovermietung ist zu Fuß in etwa 5 Min. zu erreichen.
Flughafengebühren: 26,50 EC$ bei der Ausreise.
SCHIFF: Der wichtigste Hafen Sandy Ground hat eine Landungsstegkapazität von bis zu 1000 Tonnen. Anguilla wird im Rahmen von Karibikkreuzfahrten angelaufen. Es gibt regelmäßige Fährverbindungen zwischen Blowing Point und Marigot auf St. Martin. Eine Nachtfähre (22.15 Uhr, Abfahrt in Anguilla; 22.45 Uhr, Abfahrt in St. Martin) verkehrt in beide Richtungen.

REISEVERKEHR - National

SCHIFF: Verschiedene Rund- und Ausflugsfahrten, u. a. nach *Prickly Pear Cays* (gute Tauch- und Schnorchelgründe) werden angeboten.
BUS/PKW: Das Straßennetz ist relativ gut. Die Hauptverbindungsstraße ist asphaltiert und verläuft über die gesamte 25 km lange Insel. Unbefestigte Straßen führen zum Strand. **Taxis** findet man an Flugplätzen und Häfen, es gibt feste Fahrpreise zu den Hotels. Inselrundfahrten können mit Taxifahrern ausgehandelt werden. Zusätzlich gibt es mehrere **Mietwagenfirmen**, u. a. *Apex, Avis, Hertz* und *Budget*. Fahrräder und Mopeds sind ebenfalls zu mieten. **Unterlagen:** Eine auf 3 Monate befristete Fahrerlaubnis wird bei Vorlage des eigenen Führerscheins gegen eine Gebühr ausgestellt.

UNTERKUNFT

Luxushotels, Guest Houses, Ferienwohnungen und Villen stehen zur Wahl – viele davon in Strandnähe. Segeln, Schnorcheln, Hochseefischen und Tauchen werden von den Hotels organisiert. Die neueren Ferienangebiete befinden sich in *Cap Juluca, Coccoloba* und *The Great House*. Die Preise sind im allgemeinen hoch, in der Nebensaison gibt es allerdings oft Preisnachlässe. Die wenigen günstigen Unterkunftsmöglichkeiten sind entsprechend einfach. In vielen Hotels fehlt eine Klimaanlage. Weitere Informationen sind vom *Anguilla Tourist Office* in London erhältlich. 12 Hotels sind gegenwärtig Mitglieder des Hotelverbandes von Anguilla, Anschrift: *Anguilla Hotel and Tourism Association*, The Valley, Anguilla. Tel: 497 29 44. Telefax: 497 30 91. **Kategorien:** Internationale Kategorien gelten auch hier. Es gibt vier Hotels der De Luxe-Klasse, sechs Hotels der 1. Klasse und zwei Hotels der 2. Klasse.

URLAUBSORTE & AUSFLÜGE

Die kleine entlegene Insel Anguilla ist ideal für Sonnenhungrige und Erholungssuchende. Freizeiteinrichtungen befinden sich meist in Hotelnähe am Strand. Als Ausflüge bieten sich in erster Linie erholsame Spaziergänge an, entlang der herrlichen weißen Korallenstrände rund um die Insel. Das interessante *Heimat- und Naturkundemuseum* in der Stadtmitte von **The Valley** ist einen Besuch wert. *Wallblake House*, ein imposantes Plantagenhaus von 1787, wurde kunstvoll restauriert. Es kann allerdings nicht von innen besichtigt werden. Zu den historischen Wahrzeichen der Insel gehört außerdem *The Fountain*, eine große unterirdische Höhle in der Shoal Bay. Sie enthält bedeutende vorgeschichtliche Felszeichnungen, die darauf schließen lassen, daß die Höhle den Ureinwohnern als Kultstätte diente. Die Ruinen des um 1700 erbauten *Holländischen Forts* in Sandy Hill erinnern an die heftigen Kämpfe, die hier 1796 während der französischen Invasion Anguillas tobten. Das gut erhaltene *Grabmal des Gouverneurs Richardson* (1679-1742) befindet sich ebenfalls in Sandy Hill. Die *Salzseen* in Sandy Ground und Westend sind interessant, da hier noch heute Salz gewonnen wird. Auf Anguilla gibt es über 30 Strände mit versteckten Buchten und Felsenhöhlen, manche sind mehrere Kilometer lang. Boote kann man fast überall mieten. Einige der schönsten Strände sind Rendezvous Bay, Shoal Bay, Road Bay, Maundays Bay, Cove Bay, Meads Bay und Crocus Bay. Abgeschiedenheit findet man auf der von Kokospalmen gesäumten winzigen *Sandy Island*, die nur 5 Bootsminuten von Sandy Ground Harbour entfernt liegt. Die 48 km entfernte *Sombrero Island* mit ihrem malerischen Leuchtturm ist ebenfalls einen Besuch wert. Die kleinen sandigen Koralleninseln *Scub, Dog* und *Prickly Pear Cays* sind bequem mit dem Motorboot zu erreichen.

SOZIALPROFIL

ESSEN & TRINKEN: Die Restaurants bieten eine Mischung europäischer, amerikanischer und einheimischer Gerichte. Die einheimische Küche ist überwiegend kreolisch, frischer Fisch und andere Meerestiere wie Hummer und Wellhornschnecken stehen häufig auf der Speisekarte. Dazu ißt man Bohnen, Tapioka, Süßkartoffeln und anderes Gemüse.
NACHTLEBEN: Auf Anguilla geht es im allgemeinen eher ruhig zu. Das Nachtleben beschränkt sich überwiegend auf die Hotels.
EINKAUFSTIPS: Das Ministerium für Tourismus fördert einheimisches Kunsthandwerk – weltberühmt sind z. B. die auf der Insel gebauten Rennboote, von denen zahlreiche kleine Modelle zum Verkauf stehen. Im *Arts and Crafts Centre* in der Nähe des Museums ist die Auswahl vielleicht am größten. Es gibt einige kleine Galerien, in denen Kunstgewerbeartikel, Zeichnungen und Gemälde einheimischer Künstler verkauft werden. In den wenigen kleinen Boutiquen kann man Badekleidung kaufen, und ein Geschenkartikelladen bietet Porzellan, Kristallwaren und Schmuck. **Öffnungszeiten der Geschäfte:** Unterschiedlich, in der Regel Mo-Sa 09.00-16.00 Uhr.
SPORT: Bootsrennen sind außerordentlich beliebt, sie gehören zu allen Festen und Feiertagen. Es gibt gute **Wassersportmöglichkeiten**, Dank des klaren Wassers und der schönen Korallenriffe, einschl. Schnorcheln (vor allem Sandy Island, Shoal Bay und Little Bay), Tauchen, Segeln und Hochseeangeln. Prickly Pear Cays, Dog Island und Sandy Island bieten die besten Tauchgründe.
VERANSTALTUNGSKALENDER
Auftakt zum *Karneval* ist am Freitag vor dem ersten Montag im August. Eine Woche lang wird gefeiert mit Calypso, Straßentänzern, Umzügen und Parties. An fast jedem Feiertag finden Bootsrennen statt, besonders eindrucksvoll sind die Rennen am *Anguilla-Tag*, den beiden *August-Feiertagen* und am *Neujahrstag*.
SITTEN & GEBRÄUCHE: Die Regierung ist bemüht, den ursprünglichen Charakter der Insel nicht durch übermäßigen Tourismus zu zerstören. Das gesellschaftliche Leben konzentriert sich vor allem auf die Urlaubsorte. Die Atmosphäre ist freundlich-entspannt. Freizeitkleidung ist eigentlich überall angemessen, nur in teuren Restaurants sind Shorts tabu. Badebekleidung sollte man nur am Strand tragen. Britische und afrikanische Einflüsse sind unverkennbar und ergeben eine reizvolle Mischung. **Trinkgeld:** Ein Bedienungsgeld von 15% ist bereits in allen Restaurantrechnungen enthalten. In Hotels werden eine Regierungssteuer von 8% und eine Extrasteuer für Serviceleistungen von 10% erhoben.

WIRTSCHAFTSPROFIL

WIRTSCHAFT: In erster Linie Landwirtschaft und Fischerei (vor allem Hummer). Viehzucht und Getreideanbau dienen ausschließlich dem Eigenbedarf der Insulaner. Salz wird überwiegend nach Trinidad exportiert. Der Bau von Booten bietet ebenfalls viele Arbeitsplätze. Die Arbeitslosigkeit ist allerdings insgesamt hoch. Der Fremdenverkehr spielt eine immer größere Rolle, jährlich kommen etwa 90.000 Besucher auf die Insel, zwei Drittel jedoch nur für Tagesausflüge. Seit den achtziger Jahren sorgt die Expansion des Tourismus für einen wirtschaftlichen Aufschwung. Die Regierung ist jedoch bemüht, exzessive Hotelbauten zu vermeiden und so den Charakter der Insel zu bewahren. Die Einnahmen aus dem Tourismussektor beliefen sich 1991 auf rund 97 Mio. EC$. Anguillaner zahlen keine Einkommenssteuer; das Land bezieht Finanzhilfe aus Großbritannien, das neben den CARICOM-Staaten wichtigster Handelspartner ist.
GESCHÄFTSVERKEHR: Anguilla ist eine kleine Insel mit wenig Geschäftsverkehr – ein leichter Anzug oder Hemd mit Krawatte bzw. ein leichtes Kostüm dürften für geschäftliche Termine ausreichen. **Geschäftszeiten:** Mo-Fr 08.00-12.00 und 13.00-16.00 Uhr.
Kontaktadresse: *Anguilla Chamber of Commerce* (Handelskammer), PO Box 321, The Valley, Anguilla. Tel: 497 27 01. Telefax: 497 58 58.

KLIMA

Ganzjährig heiß, durch Passatwinde gemildert. Regen ist selten, die meisten Niederschläge fallen zwischen Oktober und Dezember. In der heißesten Jahreszeit von Juni bis Oktober gibt es gelegentlich Wirbelstürme.
Kleidung: Sommerkleidung. Regenschutz von Oktober bis Dezember.

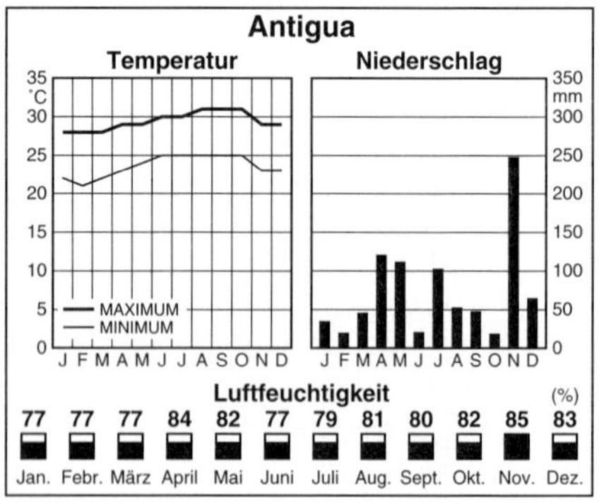
Antigua
Temperatur
Niederschlag
°C
mm
MAXIMUM
MINIMUM
J F M A M J J A S O N D
Luftfeuchtigkeit
(%)
77 77 77 84 82 77 79 81 80 82 85 83
Jan. Febr. März April Mai Juni Juli Aug. Sept. Okt. Nov. Dez.

WELTKARTE?
LÄNDERKARTEN?
ZEITZONENKARTE?
INFORMATION ÜBER
IMPFBESTIMMUNGEN UND
GESUNDHEITSVORKEHRUNGEN?
. . . siehe Inhaltsverzeichnis

Antarktis

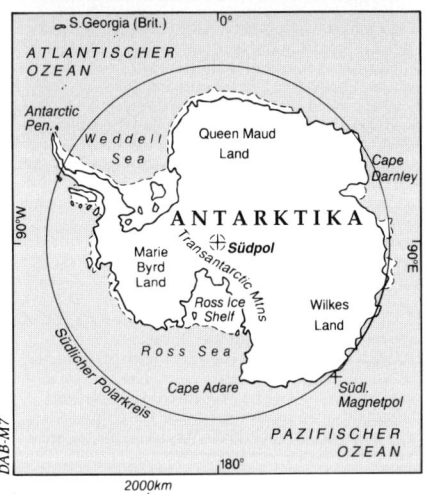

Lage: Südpolargebiet.

Alfred-Wegener-Institut für Polar- und Meeresforschung
Kolumbusstraße
Postfach 12 01 61
D-27515 Bremerhaven
Tel: (0471) 48 31 10-0. Telefax: (0471) 483 11 49.
Publikumsverkehr nach vorheriger Anmeldung.

Die Antarktis bedeckt 21 Mio. qkm um den Südpol (53 Mio. qkm) und umfaßt den Kontinent Antarktika, das Schelfeis, den umgebenden Meeresraum und einige Inselgruppen (Süd-Shetland, Süd-Georgien u. a.). Ein durchschnittlich fast 2000 m dicker Eisschild bedeckt den Kontinent. In der Antarktis herrscht das kälteste und stürmischste Klima der Erde. Die Durchschnittstemperaturen im Sommer betragen -20°C und sinken im Winter auf -50°C. Moose und Flechten wachsen hier, und an den Küsten und vor allem im offenen Meer lebt eine vielfältige Tierwelt. Die in den verschiedenen Forschungsstationen tätigen Wissenschaftler sind die einzigen Bewohner dieses Kontinents.
Die konstitutionelle Position der Antarktis wurde im Antarktisvertrag 1959 festgelegt, der 1961 in Kraft trat und ursprünglich von Argentinien, Australien, Chile, Frankreich, Neuseeland, Norwegen, Großbritannien, Belgien, Japan, Südafrika, der damaligen UdSSR und den USA unterzeichnet wurde. Die ersten sieben der o. a. Nationen beanspruchen historische Rechte auf den Kontinent. Der Vertrag erhält das *Status Quo*, der die Rechte weder anerkennt noch ablehnt, gleichzeitig aber eine weitere Ausdehnung sowie alle zukünftigen Ansprüche verbietet.
Seit 1961 haben weitere 26 Nationen den Vertrag unterzeichnet, darunter die Bundesrepublik Deutschland, Polen, Indien, Italien, Brasilien, China und Uruguay, denen volle beratende Mitgliedschaft zugebilligt wurde.
Seit dem Falklandkrieg 1982 wurde die strategische Bedeutung des Kontinents von den Unterzeichnerstaaten neu überdacht.
Auf dem Kontinent werden zahlreiche wissenschaftliche Forschungen durchgeführt. Das Gebiet wird als die letzte große Wildnis der Welt bezeichnet. Alle 12 ursprünglichen Unterzeichnerstaaten und Deutschland haben hier Forschungsstationen, die Studien zur Paläontologie, zum Naturschutz, zur Umweltverschmutzung sowie geologische und meteorologische Untersuchungen durchführen. Während des kurzen antarktischen Sommers leben mitunter mehrere tausend Wissenschaftler in den Forschungsstationen; die wenigen, die über den Winter bleiben, müssen mit Temperaturen von -50°C rechnen.
Das »Ozonloch«, dessen Erscheinen auf die weltweite Benutzung von FCKW-Gasen zurückgeführt wird, wurde 1987 von einer britischen Forschungsstation entdeckt und verdeutlichte nachhaltig, wie wichtig es ist, grüne Themen in der internationalen Politik zu verankern.
Im November 1991 gab es weiteren Anlaß zur Sorge um die Umwelt, als ein riesiger Eisberg – anfänglich so groß wie Zypern – vom Packeis abbrach und in Richtung der Falkland-Inseln gen Norden trieb. Meteorologen fürchten, daß dies auf schwerwiegende klimatische Veränderungen in der Südpolarregion, vielleicht sogar im globalen Wettersystem hindeutet.
Der Antarktisvertrag beinhaltet keine Klausel über die Ausbeutung der Bodenschätze, und nach sechsjährigen Verhandlungen wurde im November 1988 schließlich ein antarktisches Mineralienabkommen unterzeichnet. Das Abkommen sollte den Abbau der Bodenschätze nicht unterbinden, sondern regulieren und stieß daraufhin auf lautstarke Proteste der Umweltschützer. Im Oktober 1989 fand die 15. Konferenz der Unterzeichnerstaaten statt und brachte das Ziel, die Antarktis als letzte große Wildnis der Welt zu erhalten, einen Schritt näher. Einige Regionen des Kontinents wurden zu Schutzgebieten erklärt, und es wurden strenge Bestimmungen gegen Wasserverschmutzung verabschiedet. Im April 1991 wurde der Antarktisvertrag einer Überprüfung unterzogen. Man rechnete mit langwierigen Verhandlungen, da es Interessengegensätze gab: Frankreich, Australien, Neuseeland und seit kurzem auch Japan und die Bundesrepublik Deutschland befürworteten ein unbegrenztes Abbauverbot der Bodenschätze; Großbritannien, die USA und die ehemalige UdSSR waren dagegen. Zur allgemeinen Überraschung kam es schnell zu einer Einigung, die das Abbau-Verbot auf weitere 50 Jahre verlängert und umfassende Umweltschutzmaßnahmen vorsieht. Das Endergebnis wurde den Regierungen der Unterzeichnerstaaten zur Ratifizierung übersandt (1994: 42 Unterzeichnerstaaten).
KREUZFAHRTEN: Der Tourismus hat inzwischen auch die antarktische Halbinsel erreicht. So besuchten 1994 rund 7000 Touristen den Südpol. Wer sich einen unmittelbaren Eindruck von dieser letzten Wildnis der Erde verschaffen möchte, kann dies seit kurzem im Rahmen von Kreuzfahrten tun. So bietet z. B. *Hanseatic Tours* eine klassische Antarktisreise an, bei der verschiedene Kanäle in der Antarktis und in der Region der Süd-Shetland-Inseln und Süd-Georgiens passiert werden. Hier besteht die Gelegenheit, Pinguin- und Albatrosskolonien sowie See-Elefanten zu beobachten. Der Besuch einer früheren Walfangstation steht ebenfalls auf dem Programm. Die Touren zu den Inseln erfolgt unter strikten Umweltschutzvorschriften. Landgänge sind nur bei günstigen Wetter- und Eisverhältnissen möglich. Die Kreuzfahrten finden mehrmals zwischen den Monaten Dezember und Februar statt, Ausgangs- und Zielhafen ist Ushuaia (Argentinien). Das Erlebnis von Weite und Einsamkeit, die Farbenpracht bizarrer Eisformationen und der Anblick schneebedeckter Berge im Sonnenlicht wird jedem unvergeßlich bleiben.

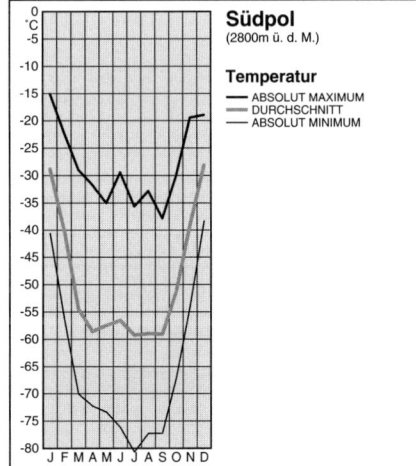

Antigua & Barbuda

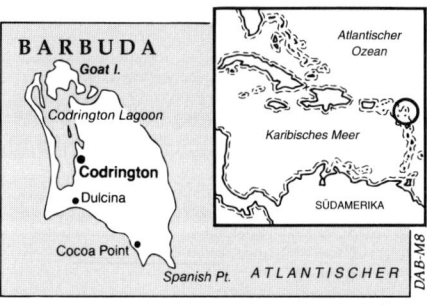

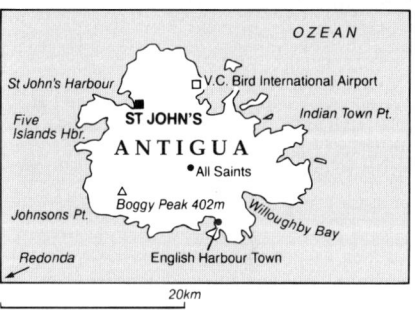

Lage: Karibik, Leeward-Inseln.

Fremdenverkehrsamt von Antigua und Barbuda
Thomasstraße 11
D-61348 Bad Homburg
Tel: (06172) 2 15 04. Telefax: (06172) 2 15 13.
Mo-Fr 09.00-17.30 Uhr.
Antigua Department of Tourism
Long and Thames Streets
PO Box 363
St. John's
Tel: 462 04 80. Telefax: 462 24 83.
Konsulat von Antigua und Barbuda
Postfach 1636
D-61286 Bad Homburg
Tel: (06172) 48 85 00. Telefax: (06172) 2 15 13.
Antigua and Barbuda High Commission (mit Visumerteilung)
15 Thayer Street
GB-London W1M 5LD
Tel: (0171) 486 70 73. Telefax: (0171) 486 99 70.
Mo-Fr 09.00-17.30 Uhr.
Deutsches Honorarkonsulat
Ocean View
Hodges Bay
PO Box 1259
St. John's
Tel: 462 31 74. Telefax: 462 34 96.
Übergeordnete Vertretung ist die Botschaft in Port of Spain (s. Trinidad und Tobago).
Österreich und die Schweiz unterhalten keine Vertretungen in Antigua und Barbuda, zuständig ist die jeweilige Botschaft in Caracas (s. Venezuela).

FLÄCHE: Antigua 280 qkm; Barbuda 161 qkm; Redonda 0,5 qkm.
BEVÖLKERUNGSZAHL: 64.000 (1992).
BEVÖLKERUNGSDICHTE: 145 pro qkm.
HAUPTSTADT: St. John's. **Einwohner:** 36.000 (1986).
GEOGRAPHIE: Der Inselstaat besteht aus den flachen, vulkanischen Inseln Antigua, Barbuda und Redonda, die zur Gruppe der Leeward-Inseln in der nordöstlichen

---

Eine weitere wichtige Veröffentlichung von Columbus Press ist der »World Travel Guide«, der jährlich herausgegeben wird und Informationen in englischer Sprache auf mehr als tausend Seiten über alle Länder der Erde enthält.

Weitere Einzelheiten von:
Columbus Press, Verkaufsabteilung, Aurikelweg 9, D-38108 Braunschweig.
Tel: 05309/2123. **Telefax:** 05309/2877.

TIMATIC INFO-CODES

Abrufbar über Ihr CRS-System (für START/Amadeus Amaßdeus-Maske benutzen). Für Galileo bitte TI-DFT eingeben (mit Bindestrich).

Flughafengebühren	TI DFT/ ANU /TX
Währung	TI DFT/ ANU /CY
Zollbestimmungen	TI DFT/ ANU /CS
Gesundheit	TI DFT/ ANU /HE
Reisepassbestimmungen	TI DFT/ ANU /PA
Visabestimmungen	TI DFT/ ANU /VI

Karibik gehören. **Antiguas** Küste besteht aus mehr als 365 palmengesäumten weißen Sandstränden und zahlreichen kleinen Buchten und Häfen, die einmal vulkanische Krater waren. Das Landesinnere ist flach und sehr fruchtbar. Höchster Punkt der Insel ist Boggy Peak mit 402 m. **Barbuda**, eine flache, von Riffen umgebene Koralleninsel 40 km nördlich von Antigua, ist ein noch unberührtes Naturparadies mit faszinierenden exotischen Vögeln. Die langen, menschenleeren Strände gehören zu den schönsten der Welt. Codrington, die größte Ortschaft der Insel, ist nach einer englischen Familie benannt, die einst die Insel von der britischen Krone für »ein gemästetes Schwein pro Jahr« pachtete. Die Ruinen der ältesten Sklavenplantagen der Westindischen Inseln erinnern an ein trauriges Kapitel der Inselgeschichte. Die Küstengewässer sind reich an Schalentieren und tropischen Fischen. Die unbewohnte Felseninsel **Redonda**, 55 km südwestlich von Antigua, ist die kleinste Insel der Gruppe.

STAATSFORM: Konstitutionelle Monarchie im Commonwealth, unabhängig seit 1981; Regierungschef: Premierminister Lester Bird. Staatsoberhaupt: Königin Elizabeth II., vertreten durch den Gouverneur Sir James Carlisle. Zweikammerparlament bestehend aus Senat und Abgeordnetenhaus, dessen Mitglieder gewählt werden. Barbuda hat einen eigenen Rat, der über beträchtliche Vollmachten verfügt.

SPRACHE: Amtssprache ist Englisch. Umgangssprache ist ein auf Englisch basierendes Patois.

RELIGION: Verschiedene christliche Konfessionen.

ORTSZEIT: MEZ - 5 (MEZ - 6 im Sommer).

NETZSPANNUNG: 220/110 V, 60 Hz; amerikanische Zweistiftstecker, Adapter erforderlich. Einige Hotels haben auch 240 V, 50 Hz, europäische Zweistiftstecker erforderlich.

POST- UND FERNMELDEWESEN: Telefon: Selbstwählferndienst. **Landesvorwahl: 18 09.** Es gibt keine Ortsnetzkennzahlen. Kartentelefone überwiegen, Telefonkarten bekommt man in verschiedenen Läden und in den Büros von *Cable and Wireless* (West Indies) Ltd. in St. John's und English Harbour. **Telefax:** *Cable and Wireless*, St. Mary's Street, PO Box 6542-44, St. John's, bietet diesen Dienst an. Alle Hotels haben Telefaxanschlüsse. **Telex/Telegramme:** Auch dieser Service wird von *Cable and Wireless* angeboten. **Post:** Es gibt einen Schalter für postlagernde Sendungen im Postamt von St. John's. Öffnungszeiten des Postamtes: Mo-Fr 08.00-16.00 Uhr, mit Mittagspause.

DEUTSCHE WELLE

Der Einsatz der Kurzwellenfrequenzen ändert sich mehrfach im Laufe eines Jahres, und Sendungen auf den folgenden Frequenzen werden jeweils nur zu bestimmten Tageszeiten ausgestrahlt. Näheres in der Einleitung.

MHz	17,860	17,715	15,275	9,545	6,100
Meterband	16	16	19	31	49

REISEPASS/VISUM

***Wichtiger Hinweis:** Die Einreisebestimmungen mancher Länder können sich kurzfristig ändern – rufen Sie sicherheitshalber auf Ihrem CRS-System (TIMATIC-Info-Code-Fenster in diesem Kapitel) den aktuellen Stand ab bzw. wenden Sie sich an die zuständige diplomatische Vertretung. Etwaige Zahlen in der Tabelle beziehen sich auf nachfolgende Fußnoten.*

	Paß erforderlich?	*Visum erforderlich?*	*Rückflugticket erforderlich?*
Deutschland	Ja	Nein	Ja
Österreich	Ja	Nein	Ja
Schweiz	Ja	Nein	Ja
Andere EU-Länder	Ja/1	Nein	Ja

REISEPASS: Allgemein erforderlich, ausgenommen sind Staatsbürger von **[1]** Großbritannien, Kanada und den USA, die für Aufenthalte von bis zu 6 Monaten keinen Reisepaß benötigen, falls ein Identitätsnachweis (z. B. Geburtsurkunde, Personalausweis, Einbürgerungsurkunde oder eine Wählerkarte) vorliegt.

VISUM: Allgemein erforderlich, ausgenommen sind Staatsbürger folgender Länder für Aufenthalte von bis zu 6 Monaten, sofern nicht anders angegeben:

(a) Bundesrepublik Deutschland, Österreich, übrige EU-Länder und Schweiz;

(b) Commonwealth-Länder (Mitgliedstaaten s. Inhaltsverzeichnis);

(c) britische Überseebesitzungen;

(d) Argentinien, Brasilien, Japan, Liechtenstein, Malta, Mexiko, Monaco, Norwegen, Peru, San Marino, Suriname, Türkei und Venezuela.

Visagebühren: Einzelvisa: 24 £; Mehrfachvisa: 28 £.

Gültigkeitsdauer: Ein Einzelvisum ist 3 Monate gültig, ein Mehrfachvisum 6 Monate.

Antragstellung: High Commission in London.

Unterlagen: (a) Antragsformular. (b) 2 Paßbilder. (c) Zahlungsbeleg (Zahlung nur mit Postanweisung möglich). (d) Rückflugticket. (e) Gültiger Reisepaß.

Bearbeitungszeit: 2-4 Tage.

Aufenthaltsgenehmigung: Anträge an folgende Adresse: *Prime Minister's Office*, Factory Road, St. John's. Tel: 462 49 56. Telefax: 462 32 25. Es empfiehlt sich, vorher Informationen bei der zuständigen Botschaft einzuholen.

Hinweis: Bei Einreise über die USA müssen auch die Einwanderungsbestimmungen dieses Landes beachtet werden.

GELD

Währung: 1 Ostkaribischer Dollar (EC$) = 100 Cents. Banknoten sind im Wert von 100, 50, 20, 10 und 5 EC$ in Umlauf; Münzen im Wert von 1 EC$ sowie 50, 25, 10, 5, 2 und 1 Cents. US-Dollar werden fast überall angenommen. Der EC$ ist an den US$ gebunden.

Geldwechsel: Es gibt Niederlassungen internationaler Banken in St. John's. US-Dollar und Deutsche Mark können dort wie auch in Hotels und einigen Geschäften umgetauscht werden.

Kreditkarten: *Eurocard, Visa, Mastercard, Diners Club* und *American Express* werden fast überall angenommen. Einzelheiten vom Aussteller der jeweiligen Kreditkarte.

Reiseschecks: Mitnahme von US-Dollar-Reiseschecks empfohlen.

Wechselkurse

	EC$ Sept. '92	EC$ Febr. '94	EC$ Jan. '95	EC$ Jan. '96
1 DM	1,93	1,56	1,74	1,88
1 US$	2,70	2,70	2,70	2,70

Devisenbestimmungen: Unbegrenzte Ein- und Ausfuhr der Landeswährung sowie aller Fremdwährungen.

Öffnungszeiten der Banken: Mo-Do 08.00-14.00 Uhr und Fr 08.00-16.00 Uhr. Die *Bank of Antigua* ist samstags von 09.00-13.00 Uhr geöffnet.

DUTY FREE

Folgende Artikel können zollfrei nach Antigua und Barbuda eingeführt werden:

200 Zigaretten oder 100 Zigarillos oder 50 Zigarren oder 250 g Tabak;
1 l Wein oder Spirituosen;
170 ml Parfüm.

Einfuhrverbot: Schußwaffen und rezeptfreie Medikamente.

GESETZLICHE FEIERTAGE

6. Mai '96 Tag der Arbeit. **27. Mai** Pfingstmontag. **1. Juli** CARICOM-Tag. **5./6. Aug.** Karneval. **1. Nov.** Unabhängigkeitstag. **25./26. Dez.** Weihnachten. **1. Jan. '97** Neujahr. **28. März** Karfreitag. **31. März** Ostermontag. **5. Mai** Tag der Arbeit. **19. Mai** Pfingstmontag.

GESUNDHEIT

In der folgenden Tabelle aufgeführte Impfvorschriften können sich kurzfristig ändern. Es wird stets empfohlen, auf Ihrem CRS-System (TIMATIC-Info-Code-Fenster in diesem Kapitel) den aktuellen Stand der Gesundheitsbestimmungen abzurufen bzw. rechtzeitig vor der Reise ärztlichen Rat einzuholen.

	Vorsichtsmaßnahmen empfohlen	*Impfschein erforderlich*
Gelbfieber	1	1
Cholera	Nein	-
Typhus & Polio	Nein	-
Malaria	Nein	-
Essen & Trinken	2	-

[1]: Eine Impfbescheinigung gegen Gelbfieber wird von allen Reisenden verlangt, die aus Infektionsgebieten kommen und über ein Jahr alt sind.

[2]: Leitungswasser ist normalerweise gechlort und relativ sauber. Für die ersten Wochen des Aufenthaltes empfiehlt es sich, abgefülltes Wasser zu trinken, das überall erhältlich ist. Milch ist pasteurisiert, und einheimische Milchprodukte sind unbedenklich. Einheimisches Fleisch, Meeresfrüchte, Gemüse und Obst können im allgemeinen ebenfalls ohne Bedenken verzehrt werden.

Gesundheitsvorsorge: Der Abschluß einer Reisekrankenversicherung wird empfohlen, da die Kosten der medizinischen Versorgung hoch sind. Ärzte, Krankenhäuser und Privatkliniken stehen zur Verfügung.

REISEVERKEHR - International

FLUGZEUG: Antigua und Barbuda werden von mehreren internationalen Fluggesellschaften angeflogen. Nonstop-Verbindungen ab Frankfurt und Zürich mit *BWIA* ab London mit *British Airways* und *BWIA*, ab Paris mit Air France. *LIAT* (*Leeward Islands Air Transport*) bietet regelmäßige Linienflüge von Antigua zu über 20 der Westindischen Inseln an. Tochtergesellschaften der LIAT (*Four Island Air Services Ltd.* und *Inter Island Air Services Ltd.*) fliegen Ziele innerhalb der Leeward-Inseln an. Mit dem *Inter Caribbean BWIA Airpass* steht Reisenden fast der ganze Karibikraum offen (gültig in allen karibischen Staaten, die von BWIA angeflogen werden: neben Antigua und Barbuda auch Barbados, Grenada, Jamaika, St. Lucia, St. Maarten und Trinidad und Tobago). Innerhalb seiner Gültigkeitsdauer von 30 Tagen berechtigt er zu unbegrenzten Flügen mit BWIA, allerdings müssen die gewünschten Strecken schon beim Kauf festgelegt werden, die Daten der einzelnen Flüge können jedoch auch erst später bestimmt werden. Zulässig ist jeweils nur ein Stopover auf jeder Insel.

Durchschnittliche Flugzeiten: *Frankfurt* – St. John's: 8 Std. 10; *Los Angeles* – St. John's: 9 Std; *New York* – St. John's: 5 Std; *London* – St. John's: 10 Std; *Zürich* – St. John's: 9 Std.

Internationaler Flughafen: *VC Bird International* (ANU) liegt 6 km nordöstlich von St. John's. Er wird von den größeren internationalen Flughäfen aus angeflogen, u. a. von Frankfurt, London, Paris, New York, Miami, Toronto und Montréal; Anschlußflüge zu allen ostkaribischen Inseln, den Amerikanischen Jungferninseln und nach Puerto Rico. Flugzeuge können auch gechartert werden. Flughafeneinrichtungen: Duty-free-Shop (Spirituosen, Parfüm, T-Shirts und andere Souvenirs), Mietwagenschalter, Restaurant, Bar und Bank (Mo-Fr 09.00-15.00 Uhr, Sa 13.30-19.30 Uhr), Taxistand.

Flughafengebühren: 12 US$ bei der Ausreise.

SCHIFF: Der Tiefwasserhafen von St. John's wird von Kreuzfahrtschiffen aus den USA, Puerto Rico, Südamerika und Europa angelaufen. Kombinierte Flug- und Kreuzfahrt-Programme werden u. a. von *Holland America, Royal Caribbean, Cunard, Costa, Sunline, Sitmar* und *Princess Cruises* angeboten. Zahlreiche kleinere Schiffe fahren zu anderen karibischen Inseln.

REISEVERKEHR - National

FLUGZEUG: In der Nähe von Codrington auf Barbuda gibt es eine Landebahn für Kleinflugzeuge.

BUS/PKW: Es gibt fast 1000 km Straßen im Inselstaat, 140 km davon sind Allwetterstraßen. Der Straßenzustand ist nicht immer gut. Es herrscht Linksverkehr. Außerhalb von Ortschaften liegt die Geschwindigkeitsbegrenzung bei 88 km/h. **Bus:** Minibusse, die bis zu 14 Personen befördern können, verkehren unregelmäßig zwischen den Ortschaften. Der Busbahnhof in St. John's ist am Marktplatz. Die Fahrer machen durch Hupen auf sich aufmerksam und warten jedesmal auf eine volle Fuhre. Die Busse verkehren auf festgelegten Strecken und halten nach Wunsch. Gute Verbindungen bestehen zwischen St. John's und English Harbour bzw. Falmouth. **Mietwagen**, auch Jeeps, können vom Heimatland aus gebucht werden, sind jedoch ebenso einfach bei der Ankunft zu erhalten. Es gibt mehrere internationale und einheimische Mietwagenfirmen auf Antigua, einige vermieten auch Mopeds und Fahrräder. Es gibt eine Tagesgebühr ohne Kilometerbegrenzung. Einheitstarife gelten für **Taxis.** US-Dollar werden bevorzugt angenommen.

Unterlagen: Ein Landesführerschein wird benötigt. Bei Vorlage des eigenen Führerscheins wird er auf der Polizeiwache oder vom Autoverleiher gegen eine Gebühr ausgestellt. Ein Fahrtest ist nicht erforderlich.

FAHRZEITEN von St. John's zu den anderen Urlaubsorten in Antigua (ungefähre Angaben in Std. und Min.):

	Bus/Pkw
VC Bird International	0.10
Dickenson Bay	0.10
English Harbou	0.25
St. James's	0.35
Royal Antiguan	0.15
Half Moon Bay	0.45
Long Bay	0.35
Jolly Beach	0.20
Shirley Heights	0.35

UNTERKUNFT

Während der Tenniswoche, der Internationalen Segelwoche und des Karnevals ist rechtzeitige Reservierung unbedingt nötig. Es gibt weder Studenten- oder Billigunterkünfte für junge Leute noch Campingplätze auf Antigua und Barbuda. Am Strand darf man nicht übernachten. Die Unterkunftsmöglichkeiten sind dennoch recht breit gefächert und reichen von einfachen Pensionen bis hin zu luxuriösen Ferienanlagen, meist in Strandlage. Insgesamt stehen 3300 Zimmer zur Verfügung, die Bettenkapazität beträgt 6600.

HOTELS: Im Sommer (Mai-Dezember) sind die Hotelpreise wesentlich niedriger. Viele Hotels schließen im September. Eine Regierungssteuer von 7% und ein Servicezuschlag von 10% werden auf alle Hotelrechnungen aufgeschlagen. Mehrere Hotels bieten Behindertengerechte Unterkünfte an. Alle internationalen Hotels gehören der *Antigua Hotel & Tourist Association* (AHTA) an. Adresse: Lower Redcliffe Street, PO Box 454, St. John's. Tel: 462 03 74. Telefax: 462 37 02.

Kategorien: Es gibt keine offizielle Klassifizierung, rund 50% der Hotelzimmer entsprechen jedoch dem für internationale 4- und 5-Sterne-Hotels üblichen Standard. Klimaanlage bzw. Ventilator gehören zur Ausstattung, vielfach werden auch umfassende Freizeitmöglichkeiten einschließlich guter Sportanlagen geboten. Eine vollständige Preisliste aller Hotels und Pensionen ist vom Fremdenverkehrsamt und am Flughafen *VC Bird International Airport* auf Antigua erhältlich.

ANTIGUA: Die Zimmer der meisten größeren Hotels haben Klimaanlage oder Ventilator. Die Speisekarte ist umfangreich. In den Hotels der besseren Klasse stehen vielfältige Freizeitanlagen wie etwa Tennisplätze zur Verfügung, und es besteht die Möglichkeit, Wassersport zu treiben. Für Abendunterhaltung ist ebenfalls gesorgt. Pensionen sind im Vergleich viel preiswerter, bieten einfache saubere Unterkunft, manchmal auch mit Mahlzeiten. Ferienwohnungen sind ebenfalls vorhanden.

BARBUDA ist touristisch weniger erschlossen als Antigua, die eher herbe Schönheit der Insel hat einen ganz eigenen Charakter. Gegenwärtig gibt es vier Hotels, zwei Villen und einige Pensionen.

URLAUBSORTE & AUSFLÜGE

ANTIGUA: Die Einwohner der Insel behaupten, für jeden Tag des Jahres einen anderen Strand zu haben, und die vielen weichen Sandstrände und kleinen Buchten sind mit Sicherheit die Hauptattraktion der Insel. Die beliebtesten Urlaubsorte haben entweder Hotels am Strand oder in Strandnähe; die meisten sind nach den Stränden benannt, an denen sie liegen. Wer seine Zeit nicht nur am Strand verbringen will, kann viel unternehmen. Die Vogel- und Insektenwelt der Insel ist besonders artenreich, und in den Küstengewässern gibt es viele wunderschöne Korallen und tropische Fische; außerdem kann man auch einige interessante historische Stätten besichtigen. Segelausflüge nach **Bird Island** werden von mehreren Veranstaltern angeboten. Viele Hotels bieten Ausflugsfahrten in Booten mit Glasböden an, von denen aus man das Riff bestaunen kann. Ein restauriertes Piratenschiff bietet Tages- oder Abendtouren an; Essen, reichliche Getränkeauswahl und ein Unterhaltungsprogramm sind im Fahrpreis inbegriffen.
Nelson's Dockyard in English Harbour ist einer der wenigen hurrikanfreien Naturhäfen in der Karibik. Die englischen Admirale Nelson, Rodney und Hood nutzten ihn während der napoleonischen Kriege als sichere Flottenbasis. *Clarence House*, das Nelson's Dockyard überblickt, war der Sitz des Herzogs von Clarence, des späteren Königs William IV. Heute ist Clarence House die Sommerresidenz des Generalgouverneurs und wird regelmäßig für Besucher geöffnet.
Shirley Heights und **Fort James** bezeugen die Entschlossenheit der Briten, etwaige Invasionen durch Befestigungsanlagen abzuschrecken und ihre Stellung in der Kolonie im 18. Jahrhundert zu festigen. Shirley Heights wurde nach General Shirley benannt, dem späteren Gouverneur der Leeward-Inseln (1781). Eines der Hauptgebäude, das *Block House*, wurde 1787 von General Matthew für den Fall einer Belagerung erbaut. In der Nähe ist der Friedhof mit einem Obelisken, der an die Gefallenen des 54. Regiments erinnern soll.
Die **St. John's** *Cathedral* wird von fast allen Besuchern fotografiert und ist auf zahlreichen Ansichtskarten abgebildet. Die Kirche wurde ursprünglich 1683 erbaut, 1745 aber durch ein Steingebäude ersetzt. Ein Erdbeben vernichtete sie fast 100 Jahre später, und 1845 wurde der Grundstein für die heutige Kathedrale gelegt. Die Figuren des Jünger Johannes und von Johannes dem Täufer am Südtor sollen angeblich von einem der Schiffe Napoleons stammen und mit einem britischen Kriegsschiff zur Insel gebracht worden sein. Der Markt befindet sich in der Nähe des Hafens von St. John's und ist besonders Samstag vormittags ein lohnendes, farbenprächtiges Ausflugsziel.
Indian Town ist eines der Naturschutzgebiete Antiguas und liegt im Osten der Insel. Die tosende Brandung des Atlantik hat die Felsen zur *Devil's Bridge* (»Teufelsbrücke«) geformt und Löcher in die Kliffs gewaschen, aus denen die Gischt herausspritzt.
Der See, der heutzutage das Landschaftsbild im Landesinneren beherrscht, ist dagegen Menschenwerk. Er kam durch den Bau des **Potworks Dam** zustande und ist mit 4,5 Milliarden Litern Wasser Antiguas größter See.
Fig Tree Drive ist eine Ringstraße, die durch einen tropischen Regenwald, eine attraktive Hügellandschaft und schöne Fischerdörfer an der Südküste führt. Diese Tour kann man mit einem Taxi unternehmen.
Am **Greencastle Hill** stehen große, geheimnisumwobene Megalithen, die möglicherweise zu Ehren des Sonnengottes und der Mondgöttin errichtet wurden.
Parham im Osten der Insel ist für seine achteckige Kirche aus dem 18. Jahrhundert bekannt, in der noch einige Stuckarbeiten erhalten geblieben sind.
BARBUDA hat wundervolle einsame Strände und ein dichtbewaldetes Landesinneres, in dem Wildschweine, Damwild und zahlreiche Vogelarten ihr Zuhause haben. Das Vogelschutzgebiet im Nordwesten der Insel liegt inmitten einer Lagune, die von Mangroven überzogen ist. Wer einmal die Fregattvögel im Flug gesehen hat, deren Flügel eine Spannbreite von 2 m erreichen, wird den Anblick nie vergessen. Die Insel ist noch relativ unberührt und ein Paradies für Naturfreunde. **Codrington**, die einzige Ortschaft, liegt am Rand einer Lagune; die Bewohner leben hauptsächlich vom Fischfang.
REDONDA: Dieses unbewohnte Felseninselchen liegt ca. 55 km südwestlich von Antigua und war früher einmal wichtig für die Phosphatgewinnung. Pflanzenfreunden ist der ausgezeichnete Guano-Dünger sicher ein Begriff, der früher von hier aus in alle Welt verschickt wurde. Einige englische Exzentriker verhalfen dem Inselchen über ein Jahrhundert lang zu Berühmtheit. 1865 wurde Redonda von einem gewissen Matthew Shiell als Königreich für seinen Sohn Philippe »beansprucht«. Der Nachfolger von »König Philippe I.«, der englische Dichter John Gawsworth, ernannte bekannte Schriftsteller seiner Zeit zu Grafen und Gräfinnen seines Königreichs; zu den Glücklichen gehörten J. B. Priestley, Dylan Thomas und Rebecca West. Die Insel ist unter Vogelkundlern für ihren kleinen Bestand an Höhleneulen bekannt – ein Vogel, der auf Antigua bereits ausgestorben ist.

SOZIALPROFIL

ESSEN & TRINKEN: Freizeitkleidung wird in allen Bars und Restaurants akzeptiert. Übermäßiger Genuß von Alkohol wird ungern gesehen; ist der Wirt der Meinung, daß ein Gast zuviel getrunken hat, wird der weitere Ausschank verweigert. Antiguas kulinarische Spezialität sind Hummer- und Fischgerichte. Größere Hotels bieten eine große Auswahl von importiertem Fleisch, Gemüse, Obst und Käse an. Zu den einheimischen Köstlichkeiten gehören Hummer mit Zitronenbutter, *Funghi* (Maisbrei mit Salzfisch), Hähnchenschmortopf, Hammel- oder Ziegeneintopf, Pilaws und Currygerichte. **Getränke:** Es gibt importierte Weine und Spirituosen, aber auch alkoholfreie Getränke und einheimische Fruchtsäfte werden gereicht. Zu den einheimischen Erfrischungen gehören Cocktails aus frisch gepreßten Fruchtsäften (oft mit einem Schuß Rum gemixt), Kokosmilch, brauner und weißer Rum aus Antigua (*Cavalier*), Rumpunsch sowie das einheimische Bier *Wadadli*. Eisgekühlte Fruchtsäfte schmecken natürlich auch pur. Auf die meisten Restaurantrechnungen wird eine Regierungssteuer von 7% aufgeschlagen.
NACHTLEBEN: Steelbands, Calypsosänger, Combos und Limbotänzer treten fast jeden Abend in Hotels auf. Es gibt mehrere Kasinos und Nachtklubs. Einige Hotels haben ihre eigene Diskothek. Ein wöchentlicher Veranstaltungskalender, *Antiguan Nights*, ist im Verkehrsamt in St. John's erhältlich.
EINKAUFSTIPS: Schöne Mitbringsel sind Kunstdrucke, Steingut, Kleidungsstücke und Batikstoffe sowie Schmuckstücke mit Halbedelsteinen aus Antigua. Feines englisches Porzellan und Kristall, Edelsteine, Parfüms und Uhren sind zu günstigen Preisen zu haben. *Heritage Quay*, im Geschäftsviertel von St. John's, ist ein Einkaufs- und Unterhaltungszentrum mit 40 Duty-free-Shops, einem Theater, Hotel, Restaurant und Kasino. *Redcliffe Quay* bietet ähnliche Einrichtungen. **Öffnungszeiten der Geschäfte:** Mo-Fr 08.30-16.00 Uhr mit Mittagspause; einige Geschäfte und die Apotheken schließen nicht über Mittag. Donnerstags ist nur vormittags geöffnet. Samstags schließen die meisten Läden bereits mittags.
SPORT: Kricket ist Nationalsport und wird auf sehr hohem internationalen Niveau gespielt. **Tennis:** Alle größeren Hotels bieten eigene Plätze. Profis aus aller Welt kommen zu den Internationalen Tenniswochen. **Reitpferde** können über die Hotels ausgeliehen werden. An Feiertagen finden in den *Cassada Gardens* Pferderennen statt. **Squash:** Im *Bucket Club* und im *Temo Sports Club* können Besucher auch Mitglied auf Zeit werden. Es gibt zwei **Golfplätze** auf Antigua: den schön gelegenen 18-Loch-Golfplatz im *Cedar Valley* und den 9-Loch-Golfplatz in der *Half Moon Bay*. Auch im *K Club* auf Barbuda finden Anhänger dieser Sportart gute Bedingungen. Im Cedar Valley kann man für einen Tag, eine Woche oder einen Monat Mitglied werden, und dann außer Golf auch Tennis spielen. **Wassersport:** Die meisten Urlaubshotels stellen Ausrüstungen für die gängigsten Wassersportarten zur Verfügung. Windsurfen ist sehr beliebt, und das nötige Zubehör ist einfach zu mieten. Paragliding ist ebenfalls möglich. Wasserski und kleine Segelboote kann man in großen Hotels ausleihen. Jachtcharter wird in Häfen und Anlegestellen angeboten. Einige Hotels haben eigene Tauchstationen. Sporttaucher- und Hochseeangeltouren (s. u.) können über die Hotels arrangiert werden. Die faszinierenden Korallenriffe in den Küstengewässern von Antigua und Barbuda sind äußerst sehenswert. **Schwimmen:** Über 365 Strände erwarten den Badeurlauber. Antigua ist ein Paradies für **Segelfreunde**; die große Segelregatta, die jährlich Ende April/Anfang Mai abgehalten wird, ist eine der zehn führenden Regatten der Welt. Man kann aber auch einfach eine Jolle mieten, eine einsame Bucht ansteuern oder einen geschützten Strand ganz für sich alleine finden und dort für einen Tag ganz in Ruhe vor Anker gehen. **Hochseeangeln:** Ganzjährig gute Bedingungen. Anfang Juni findet alljährlich ein Turnier für Sportfischer statt. Der bisherige Rekordfang war ein 56pfündiger Königsfisch. **Krabbenrennen:** Ein Sport für die ganz Geruhsamen. Krabbenrennen werden in einigen Bars ein- bis zweimal wöchentlich veranstaltet. Der Gewinn reicht vielleicht, um die nächste Runde auszugeben – zum Millionär wird man dabei jedoch kaum.
VERANSTALTUNGSKALENDER
Ende April/Anfang Mai '96 *Segelwoche* (eine der 10 Topregatten der Welt). **14. - 21. Mai** *21. Antigua-Tenniswoche*. **Juni** *Karneval*, Barbuda. **Ende Juli/Anfang Aug.** *Mittsommerkarneval*, Antigua, 10 Tage ausgelassene Fröhlichkeit mit Calypso- und Steelband Shows, Paraden. **1. Nov.** *Unabhängigkeitstag*. **Anfang Dez.** *Yacht Charter Show*, English Harbour. **Aug. '96 - Jan.'97** *Fußballsaison*. **Jan.** *Internationale Tenniswoche der Herren* (1. Woche). **Jan. - Mai** *Netzballsaison*.
Die genauen Daten dieser alljährlich stattfindenden Veranstaltungen sind vom Fremdenverkehrsamt erhältlich.
SITTEN & GEBRÄUCHE: Freizeitkleidung ist allgemein üblich; wird elegantere Kleidung erwartet, wird bei Einladungen darauf hingewiesen. Den Einheimischen zuliebe sollte man in den Ortschaften nicht zu spärlich bekleidet herumlaufen. Verwandte und gute Freunde umarmen sich bei der Begrüßung. Freunde besuchen einander oft ganz spontan ohne Voranmeldung, Bekannte und Geschäftspartner sollte man jedoch nur nach vorheriger Einladung besuchen. Geschenke gibt man hier eigentlich nur zu besonderen Anlässen. Blumen sind bei formelleren Essenseinladungen angemessen; Alkohol sollte man nur mitbringen, wenn man vorher darauf hingewiesen wurde. Das Rauchen ist fast überall in der Öffentlichkeit gestattet. **Trinkgeld:** 10% Bedienungsgeld ist in den Hotelpreisen enthalten, dazu kommen 7% Regierungssteuer. Taxifahrer erwarten 10% des Fahrpreises, Gepäckträger am Hafen oder Flughafen erwarten 1 EC$ pro Gepäckstück.

WIRTSCHAFTSPROFIL

WIRTSCHAFT: Antigua gehörte zu den ersten Ländern der Karibik, die Anfang der sechziger Jahre begannen, den Tourismus zu fördern. Ende der achtziger Jahre gab es einen zweiten Boom mit der Verwirklichung weiterer Bauvorhaben. Der Tourismus ist heute die Haupteinnahmequelle des Landes und erbringt rund 70% des Bruttosozialproduktes. Es gibt etwa 40 Hotels und mehr als 50 Pensionen und Ferienwohnungen; eine Ausweitung des Angebots ist geplant. Um nicht allein von der Tourismusindustrie abhängig zu sein, versucht die Regierung, der Wirtschaft des Landes eine breitere Basis zu verschaffen. So werden die herstellende Industrie, der Fischfang und die Landwirtschaft verstärkt gefördert, um die Importabhängigkeit zu reduzieren. Einige Firmen in der Leichtindustrie stellen Rum, Textilien und Haushaltsgüter her; es gibt auch eine Montagefabrik für elektronische Bauelemente, die für den Export produziert. Das Bank- und Finanzwesen ist auf ausländische Investitionen spezialisiert. Eine weitere Einnahmequelle ist der Militärstützpunkt der Amerikaner. Außerdem erhält Antigua beträchtliche Entwicklungshilfezahlungen. Das Land hat ein hohes Außenhandelsdefizit und eine negative Zahlungsbilanz. Haupthandelspartner sind die USA, Großbritannien, Kanada und die Länder des karibischen CARICOM-Handelsblocks. Puerto Rico ist ein wichtiger Exportmarkt des Landes.
GESCHÄFTSVERKEHR: Ein leichter Anzug und Krawatte bzw. leichtes Kostüm sind in der Regel angemessen. Bei der Begrüßung oder Vorstellung gibt man sich die Hand und überreicht seine Visitenkarte. **Geschäftszeiten:** Mo-Fr 08.00-12.00 und 13.00-16.30 Uhr.
Kontaktadresse: *Antigua and Barbuda Chamber of Commerce and Industry Ltd* (Industrie- und Handelskammer), PO Box 774, St. John's. Tel: 462 07 43. Telefax: 462 45 75.
KONFERENZEN/TAGUNGEN: Einige der Hotels, die zur Antigua Hotel & Tourist Association (s. *Unterkunft*) gehören, bieten Konferenzeinrichtungen. Informationen sind vom Fremdenverkehrsamt oder direkt von der AHTA erhältlich.

KLIMA

Die Inseln erfreuen sich eines sehr angenehmen tropischen Klimas – die Temperaturen sind das ganze Jahr über warm, der Niederschlagsfall ist relativ gering. Die Wassertemperatur beträgt durchschnittlich 26-28°C.
Kleidung: Leichte Baumwoll- und Leinensachen, zwischen September und Dezember auch Regenkleidung.

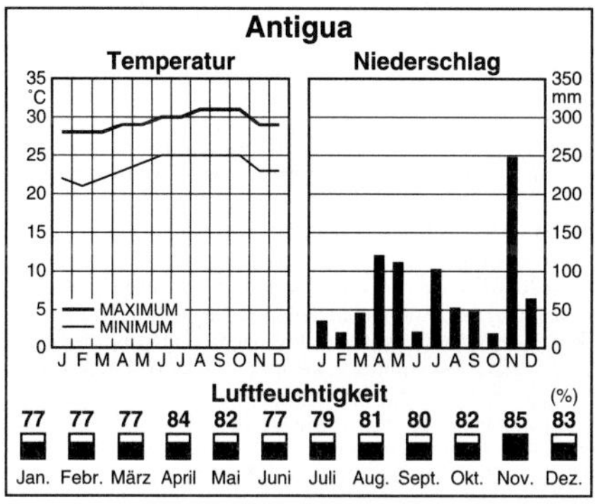

Zur Benutzung dieses Buches beachten Sie bitte auch die *Einleitung*

Äquatorialguinea

□ Internationaler Flughafen

Lage: Westafrika, Golf von Guinea.

Botschaft der Republik Äquatorialguinea
6 Rue Alfred du Vigny
F-75008 Paris
Tel: (1) 47 66 44 33, 47 66 95 70. Telefax: (1) 47 64 94 52.
Mo-Fr 09.30-15.00 Uhr.
(zuständig für Deutschland und die Schweiz)
Botschaft der Republik Äquatorialguinea
Claudio Coello 91
E-28006 Madrid
Tel: (91*) 578 24 18.
(zuständig für Österreich)
* Bei Anrufen aus dem Ausland fällt die 9 weg.
Die Bundesrepublik Deutschland, Österreich und die Schweiz unterhalten keine Vertretungen in Äquatorialguinea, zuständig für Deutschland und die Schweiz ist die jeweilige Botschaft in Yaoundé (s. Kamerun). Die österreichische Interessenvertretung erfolgt durch die Botschaft in Lagos (s. Nigeria).

FLÄCHE: 28.051 qkm.
BEVÖLKERUNGSZAHL: 437.000 (1992).
BEVÖLKERUNGSDICHTE: 15,6 pro qkm.
HAUPTSTADT: Malabo. Einwohner: 33.000 (1986).
GEOGRAPHIE: Äquatorialguinea grenzt im Süden und Osten an Gabun, im Norden an Kamerun und im Westen an den Golf von Guinea. Die Insel Bioko (ehemals Fernando Pó) mit der Hauptstadt Malabo liegt 34 km vor der Küste. Die kleineren Inseln Corisco, Grande und Elobey sowie Annobón (ehemals Pagalu) liegen in Küstennähe. Mbini, die Provinz auf dem Festland, besteht hauptsächlich aus Wäldern, einigen Bergen und Plantagen in den Küstengebieten. Im Norden und Süden der Insel steigt das Land steil an. Die südliche Region ist zerklüftet und unzugänglich, die anderen Berghänge werden landwirtschaftlich genutzt oder sind besiedelt. Oberhalb des Ackerlandes liegen dichte Wälder. Auf den Inseln gibt es wunderschöne Strände.
STAATSFORM: Präsidialrepublik; Staatsoberhaupt: Oberst Teodoro Obiang Nguema Mbasogo, seit 1979. Regierungschef: Silvestre Siale Bileka, seit Januar 1992. Im November 1991 stimmten in einer Volksabstimmung über 90% der Bevölkerung für die Einführung einer neuen Verfassung. Bei den letzten Wahlen 1993, die von der Opposition boykottiert wurden, gewann die Regierungspartei.
Nächste Wahl des Staatsoberhauptes: 1996.

TIMATIC INFO-CODES

Abrufbar über Ihr CRS-System (für START/Amadeus Ama-Maske benutzen). Für Galileo bitte TI-DFT eingeben (mit Bindestrich).

Flughafengebühren	TI DFT/ SSG /TX
Währung	TI DFT/ SSG /CY
Zollbestimmungen	TI DFT/ SSG /CS
Gesundheit	TI DFT/ SSG /HE
Reisepassbestimmungen	TI DFT/ SSG /PA
Visabestimmungen	TI DFT/ SSG /VI

SPRACHE: Offizielle Landessprache ist Spanisch. Die Bantu-Sprachen Fang sowie vereinzelt auch Bubi werden ebenfalls gesprochen. Portugiesisches Kreolisch, Pidgin-Englisch und Ibo sind auch verbreitet.
RELIGION: Überwiegend katholisch; animistische und protestantische Minderheiten kommen vor.
ORTSZEIT: MEZ.
NETZSPANNUNG: 220 V, 50 Hz; nicht einheitlich, Adapter erforderlich.
POST- UND FERNMELDEWESEN: Telefon: Selbstwählferndienst. **Landesvorwahl:** 240. Ferngespräche ins Ausland müssen in Äquatorialguinea meist über die Vermittlung geführt werden. **Post:** Sendungen nach Europa sind ca. zwei Wochen unterwegs.
DEUTSCHE WELLE
Der Einsatz der Kurzwellenfrequenzen ändert sich mehrfach im Laufe eines Jahres, und Sendungen auf den folgenden Frequenzen werden jeweils nur zu bestimmten Tageszeiten ausgestrahlt. Näheres in der Einleitung.

MHz	17,560	15,135	11,795	9,545	7,185
Meterband	16	19	25	31	41

REISEPASS/VISUM

Wichtiger Hinweis: Die Einreisebestimmungen mancher Länder können sich kurzfristig ändern – rufen Sie sicherheitshalber auf Ihrem CRS-System (TIMATIC-Info-Code-Fenster in diesem Kapitel) den aktuellen Stand ab bzw. wenden Sie sich an die zuständige diplomatische Vertretung. Etwaige Zahlen in der Tabelle beziehen sich auf nachfolgende Fußnoten.

	Paß erforderlich?	Visum erforderlich?	Rückflugticket erforderlich?
Deutschland	Ja	Ja	Ja
Österreich	Ja	Ja	Ja
Schweiz	Ja	Ja	Ja
Andere EU-Länder	Ja	Ja	Ja

REISEPASS: Noch mindestens 6 Monate gültiger Reisepaß erforderlich, Kinderausweise werden nicht anerkannt. Kinder benötigen einen eigenen Reisepaß.
VISUM: Allgemein erforderlich.
Visaarten: Geschäfts- und Touristenvisum (beide gebührenpflichtig). Die Antragsformulare müssen bei der zuständigen Botschaft in Paris oder Madrid angefordert werden (internationale Postantwortgutscheine beilegen). Neben dem ausgefüllten Antrag (dreifach) sollten bei der Beantragung 3 Paßfotos und eine Buchungsbestätigung des Reisebüros mitgeschickt werden. Geschäftsreisende brauchen zusätzlich ein Schreiben, das über Zweck und Dauer der Reise Aufschluß gibt. Transitvisa sind generell vorgeschrieben, ausgenommen sind Flugreisende, die am gleichen Tag weiterreisen und das Flughafengelände nicht verlassen. Weiterhin müssen sie im Besitz eines Tickets und der erforderlichen Reisepapiere für das Zielland sein.
Gültigkeitsdauer: Je nach Nationalität. Weitere Informationen von der Botschaft in Paris bzw. Madrid (Adressen s. o.).
Antragstellung: Bei der Botschaft in Paris (bei Wohnsitz in Deutschland oder der Schweiz) bzw. Madrid (bei Wohnsitz in Österreich). Anträge sollten mindestens zwei Monate im voraus gestellt werden.
Ausreisegenehmigung: Eine Ausreisegenehmigung wird am Flughafen ausgestellt.

GELD

Währung: 1 CFA-Franc (CFA Fr) = 100 Centimes. Banknoten gibt es in den Werten von 10.000, 5000, 1000, 500 und 100 CFA Fr; Münzen in den Nennbeträgen 500, 100, 50, 25, 10, 5, 2 und 1 CFA Fr. Das Land gehört zum französischen Währungsbereich, die ehemalige Währung *Ekuele* wird nicht mehr akzeptiert.
Kreditkarten: *Diners Club* wird in begrenztem Umfang akzeptiert. Einzelheiten vom Aussteller der betreffenden Kreditkarte.
Wechselkurse

	CFA Fr Sept. '92	CFA Fr Febr. '94	CFA Fr Jan. '95	CFA Fr Jan. '96
1 DM	170,06	339,41	344,30	342,57
1 US$	238,52	589,20	533,68	492,45

Devisenbestimmungen: Die einheimische Währung kann in unbegrenzter Höhe eingeführt werden. Die Ausfuhr ist auf 3000 CFA Fr begrenzt. Der CFA-Franc kann kaum außerhalb seines Geltungsbereiches umgetauscht werden. Fremdwährungen können in unbegrenzter Höhe ein- und ausgeführt werden, es besteht jedoch Deklarationspflicht.
Öffnungszeiten der Banken: Mo-Sa 08.00-12.00 Uhr.

DUTY FREE

Folgende Artikel können zollfrei nach Äquatorialguinea eingeführt werden:
200 Zigaretten oder 50 Zigarren oder 250 g Tabak;
1 l Wein;
1 l Spirituosen;
eine angemessene Menge Parfüm.
Anmerkung: Es empfiehlt sich, wertvolle Gegenstände bei der Einreise zu deklarieren.
Einfuhrverbot: Spanische Zeitungen dürfen nicht eingeführt werden.

GESETZLICHE FEIERTAGE

1. Mai '96 Tag der Arbeit. 25. Mai Tag der Afrikanischen Einheit; Himmelfahrt. 12. Okt. Nationalfeiertag. 10. Dez. Tag der Menschenrechte. 25. Dez. Weihnachten. 1. Jan. '97 Neujahr. 5. März Unabhängigkeitstag. 28.-31. März Ostern. 1. Mai Tag der Arbeit. 8. Mai Himmelfahrt. 25. Mai Tag der Afrikanischen Einheit.

GESUNDHEIT

In der folgenden Tabelle aufgeführte Impfvorschriften können sich kurzfristig ändern. Es wird stets empfohlen, auf Ihrem CRS-System (TIMATIC-Info-Code-Fenster in diesem Kapitel) den aktuellen Stand der Gesundheitsbestimmungen abzurufen bzw. rechtzeitig vor der Reise ärztlichen Rat einzuholen.

	Vorsichtsmaßnahmen empfohlen	Impfschein erforderlich
Gelbfieber	Ja	1
Cholera	2	2
Typhus & Polio	Ja	-
Malaria	3	-
Essen & Trinken	4	-

[1]: Eine Impfbescheinigung gegen Gelbfieber wird von allen Reisenden verlangt, die aus Infektionsgebieten kommen.
[2]: Eine Impfbescheinigung gegen Cholera ist keine Einreisebedingung, das Risiko einer Infektion besteht jedoch. Da die Wirksamkeit der Schutzimpfung umstritten ist, empfiehlt es sich, rechtzeitig vor der Reise ärztlichen Rat einzuholen. Näheres unter *Gesundheit* (s. Inhaltsverzeichnis).
[3]: Malariaschutz ist ganzjährig erforderlich. Die vorherrschende gefährlichere Malariaart *Plasmodium falciparum* soll Chloroquin-resistent sein.
[4]: Wasser generell vor der Benutzung zum Trinken, Zähneputzen und zur Eiswürfelbereitung entweder abkochen oder anderweitig sterilisieren. Milch ist außerhalb der Stadtgebiete nicht pasteurisiert und sollte ebenfalls abgekocht werden. Der Genuß von Schweinefleisch, rohen Salaten und Mayonnaise sowie Milchprodukten aus ungekochter Milch sollte vermieden werden. Fleisch- und Fischgerichte nur gut durchgekocht und heiß serviert essen. Gemüse sollte gekocht und Obst geschält werden.
Bilharziose-Erreger kommen in manchen Teichen und Flüssen vor, das Schwimmen oder Waten in Binnengewässern sollte daher vermieden werden. Gut gepflegte Schwimmbecken mit gechlortem Wasser sind unbedenklich.
Hepatitis A und E kommen vor. *Hepatitis* B ist hochendemisch.
Gesundheitsvorsorge: Der Abschluß einer Reisekrankenversicherung wird dringend empfohlen. Mückenabwehrmittel, Sonnenschutzmittel mit hohem Lichtschutzfaktor und Sonnenbrille sollten in keinem Reisegepäck fehlen.

REISEVERKEHR - International

FLUGZEUG: Die nationale Fluggesellschaft wurde Anfang 1990 aufgelöst. Die regionale Fluggesellschaft *Air Afrique* betreibt bis auf weiteres nationale und internationale Verbindungen. Es gibt Flüge nach Nigeria, Kamerun und Gabun. *Iberia* bietet einmal wöchentlich Direktflüge von Madrid nach Malabo.
Durchschnittliche Flugzeiten: *Frankfurt* – Malabo: 8 Std. 15 (plus Umsteigen in Madrid).
Internationale Flughäfen: *Malabo* (SSG) und *Bata*.
SCHIFF: Malabo und Bata sind die wichtigsten Hafenstädte mit Schiffsverbindungen nach Spanien und zu den Kanarischen Inseln.
BUS/PKW: Straßenverbindungen bestehen nach Kamerun und Gabun (Buschtaxis stehen zur Verfügung). Mit schlechten Straßenverhältnissen muß gerechnet werden.

REISEVERKEHR - National

FLUGZEUG: Fast tägliche Flugverbindungen zwischen Malabo und Bata, Vorausbuchung wird empfohlen. Inhaber eines internationalen Pilotenscheins können in Malabo Kleinflugzeuge mieten.
SCHIFF: Eine Fähre verkehrt zwischen Malabo, Bata und Douala (Kamerun), die Fahrt dauert etwa 12 Stunden. Es gibt vier verschiedene Preisklassen.
BUS/PKW: Asphaltstraßen sind selten. Auf Bioko liegen die besseren Straßen im nördlichen Teil der Insel. Buschtaxis können stunden- und tageweise gemietet werden und verbinden Malabo mit Luba und Riaba. Autovermietungen gibt es nicht. Bei Reisen mit dem eigenen Pkw sind *Carnet de Passage*, internationaler Führerschein und internationale Zulassung erforderlich. Im Landesinneren sollten nur geländegängige Fahrzeuge benutzt werden.
BAHN: Es gibt keinen Bahnverkehr.

Äquatorialguinea / Argentinien

UNTERKUNFT

Hotels mit europäischem Standard gibt es nur in Malabo und Bata. Nähere Auskünfte erteilen die Botschaften in Paris oder Madrid.

URLAUBSORTE & AUSFLÜGE

Äquatorialguinea erholt sich immer noch von den Auswirkungen der Gewaltherrschaft des hingerichteten Diktators Macías Nguema. Hauptanziehungspunkt für Touristen ist wohl die exotische Landschaft, vor allem die zum Teil noch erhaltenen Regenwälder und die Mangrovenküste in der Provinz Mbini. In der reizvollen Hauptstadt **Malabo** gibt es schöne alte Kolonialgebäude und ein interessantes spanisches Kulturzentrum. Wenn er nicht wolkenverhangen ist, bietet der Berg *Pico de Malabo* eine schöne Aussicht auf die Stadt. Der Ort **Luba**, ca. eine Autostunde von Malabo entfernt, hat herrliche, einsame Strände.

SOZIALPROFIL

ESSEN & TRINKEN: Die wenigen Restaurants konzentrieren sich überwiegend auf Malabo und Bata, nicht alle sind täglich geöffnet.
EINKAUFSTIPS: Öffnungszeiten der Geschäfte: Mo-Sa 08.00-13.00 und 16.00-19.00 Uhr.
SITTEN & GEBRÄUCHE: Ausländische Besucher, ganz besonders Europäer, haben einen gewissen Seltenheitswert in Äquatorialguinea und können mit Neugierde, Gastfreundschaft, zum Teil aber auch mit Mißtrauen rechnen. Ausländische Zigaretten werden gern als Geschenk angenommen. Spanischkenntnisse sind vorteilhaft.
Fotografieren: Eine Genehmigung ist erforderlich, bei der Motivwahl sollte man vorsichtig sein. **Trinkgeld:** 10-15%, wenn nicht bereits in der Rechnung enthalten.

WIRTSCHAFTSPROFIL

WIRTSCHAFT: Äquatorialguinea exportiert hauptsächlich Holz, Kakao, Textilfasern und Bananen. Die Lebensmittelpoduktion deckt knapp den Eigenbedarf. Mehr als 50% der Erwerbstätigen sind in der Landwirtschaft beschäftigt, es gibt keine nennenswerte Industrie. Mineralvorkommen werden vermutet, darunter auch Gold und Uran, allerdings macht die unzulängliche Infrastruktur den Abbau beinahe unmöglich. Vor der Küste wurde Erdgas entdeckt, und bereits 1984 wurden mit spanischer und französischer Hilfe erste Probebohrungen durchgeführt, die auf Erdölvorkommen hindeuten. Wichtigste Handelspartner sind Kamerun, die EU-Länder, vor allem Spanien und Frankreich, sowie USA. Äquatorialguinea ist Mitglied des Zentralafrikanischen Zoll- und Handelsunion (UDEAC) und gehört zum französischen Währungsbereich. Das Land erhält umfangreiche Finanzhilfe aus dem Ausland.
GESCHÄFTSVERKEHR: Sakko und Krawatte bzw. Kostüm werden nur für Termine mit Regierungsbeamten benötigt. Die Monate Dezember und Januar sind die beste Zeit für Geschäftsreisen. Seit dem Anschluß an den französischen Währungsbereich hat der Außenhandel erheblich expandiert. Spanischkenntnisse sind unerläßlich, da es keine Dolmetscherdienste gibt; Englisch oder Französisch werden nur sehr selten gesprochen. Die Unterkunft läßt man sich am besten durch den Geschäftspartner in Äquatorialguinea vermitteln. **Geschäftszeiten:** Mo-Fr 08.00-15.00 Uhr.
Kontaktadresse: *Cámara de Comercio, Agrícola y Forestal de Malabo* (Handelskammer), Apdo. 51, Malabo. Tel: 151.

KLIMA

Ganzjährig tropisches Klima und starke Regenfälle, die zwischen Dezember und Februar etwas nachlassen.
Kleidung: Tropenkleidung aus Baumwolle und Leinen. Regenschutz nicht vergessen.

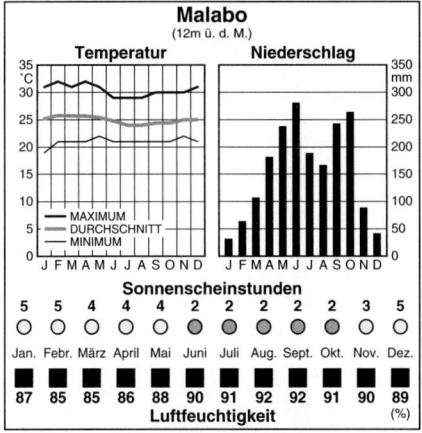

Argentinien

□ Internationaler Flughafen

Lage: Südwestliches Südamerika.

Secretaría de Turismo de la Nación
Calle Suipacha 1111, 21°
1368 Buenos Aires
Tel: (01) 312 56 21. Telefax: (01) 313 68 34.
Botschaft der Argentinischen Republik und Fremdenverkehrsbüro der Republik Argentinien
Adenauerallee 50-52
D-53113 Bonn
Tel: (0228) 228 01-0 (Zentrale), 228 01 46 (touristische Abt.). Telefax: (0228) 228 01 30 (Zentrale), 21 48 09 (touristische Abt.).
Mo-Fr 09.00-13.00 und 14.00-17.00 Uhr.
Geschäftsbereich: Nordrhein-Westphalen
Generalkonsulat der Argentinischen Republik
Dorotheenstraße 89
D-10117 Berlin
Tel: (030) 226 68 90 Telefax: (030) 229 14 00.
Mo-Fr 09.00-14.00 Uhr.
Generalkonsulat der Argentinischen Republik
Mainzer Landstraße 46
D-60325 Frankfurt/M.
Tel: (069) 972 00 30. Telefax: (069) 17 54 19.
Mo-Fr 09.00-13.00 Uhr.
Konsulat der Argentinischen Republik
Mittelweg 141
D-20148 Hamburg
Tel: (040) 441 84 60. Telefax: (040) 410 51 03.
Mo-Fr 09.00-16.00 Uhr.
Botschaft der Argentinischen Republik
Goldschmiedgasse 2/1
A-1010 Wien
Tel: (0222) 533 85 77. Telefax: (0222) 533 87 97.
Mo-Fr 09.00-17.30 Uhr, *Visaabt.:* 09.00-15.00 Uhr.
Botschaft der Argentinischen Republik (ohne Visumerteilung)
Jungfraustraße 1
CH-3005 Bern
Tel: (031) 352 35 65/66. Telefax: (031) 352 05 19.
Mo-Fr 09.00-17.00 Uhr.
Konsulat der Argentinischen Republik (mit Visumerteilung)
Tödistraße 5

TIMATIC INFO-CODES

*Abrufbar über Ihr CRS-System (für START/Amadeus Ama-Maske benutzen). Für Galileo bitte TI-DFT eingeben (**mit Bindestrich**).*

Flughafengebühren	TI DFT/ BUE /TX
Währung	TI DFT/ BUE /CY
Zollbestimmungen	TI DFT/ BUE /CS
Gesundheit	TI DFT/ BUE /HE
Reisepaßbestimmungen	TI DFT/ BUE /PA
Visabestimmungen	TI DFT/ BUE /VI

CH-8002 Zürich
Tel: (01) 201 20 32/35. Telefax: (01) 201 39 19.
Mo-Fr 09.00-13.00 und 14.00-16.00 Uhr, *Visaabt.:* 09.00-13.00 Uhr.
Botschaft der Bundesrepublik Deutschland
Villanueva 1055
1426 Buenos Aires
Casillo de Correo 2979
1000 Buenos Aires
Tel: (01) 777 34 12. Tel/Telefax: (01) 778 25 00.
Botschaft der Republik Österreich
Calle French 3671
1425 Buenos Aires
Casilla Correo Central 4889
1000 Buenos Aires
Tel: (01) 802 71 95, 802 70 96. Telefax: (01) 805 40 16.
Botschaft der Schweizerischen Eidgenossenschaft
Avenida Santa Fé 846, 10° Piso
1059 Buenos Aires
Casilla de Correo Central 4895
1000 Buenos Aires
Tel: (01) 311 64 91. Telefax: (01) 313 29 98.

FLÄCHE: 2.766.889 qkm.
BEVÖLKERUNGSZAHL: 33.487.000 (1993).
BEVÖLKERUNGSDICHTE: 12,1 pro qkm.
HAUPTSTADT: Buenos Aires. **Einwohner:** 12.580.000 (Großraum, 1991).
GEOGRAPHIE: Argentinien grenzt im Westen an Chile, im Osten an den Atlantischen Ozean sowie im Norden und Nordosten an Uruguay, Brasilien, Paraguay und Bolivien. Man unterscheidet vier geographische Regionen: die Wald- und Sumpfgebiete des Gran Chaco und das Mehrstromland, das Hochgebirgsland der Anden, die Steppenebene der Pampas und Patagonien sowie ganz im Süden das Feuerland. Aufgrund der großen Nord-Südausdehnung gibt es verschiedene Klimazonen, die Variationsbreite reicht von großer Hitze im Norden über das angenehme Klima der Pampas bis hin zur antarktischen Kälte im Süden. Die landschaftliche Vielfalt ist einer der Hauptanziehungspunkte des Landes. Die höchste Erhebung Argentiniens ist mit fast 7000 m der Monte Aconcagua. Ein einmaliges Naturschauspiel sind die riesigen Wasserfälle bei Iguaçu, die 72 m tief in den Río Paraná stürzen (Ländereck Argentinien, Brasilien, Paraguay; zu Brasilien gehörend). Im Nordwesten bestehen die in vielen Farben und Formationen schillernden Berge in der sonst trockenen Halbwüste. Im Südwesten liegen die wunderschöne, klare Bergseen, die an die Schweiz erinnern.
STAATSFORM: Bundesrepublik und Präsidialdemokratie. Der Präsident wird nach der jüngsten Verfassungsänderung vom August 1994 auf vier Jahre in Direktwahlen gewählt (einmalige Wiederwahl). Staats- und Regierungschef: Carlos Saúl Menem, seit Juli 1989. Abgeordnetenhaus mit 259 gewählten Mitgliedern, Senat mit 72 ernannten Abgeordneten.
SPRACHE: Landessprache ist Spanisch. Englisch und Italienisch werden vereinzelt gesprochen.
RELIGION: Römisch-katholisch, protestantische Minderheiten.
ORTSZEIT: MEZ - 4 (in manchen Provinzen gibt es Sommerzeit).
NETZSPANNUNG: 220 V, 50 Hz. Adapter erforderlich.
POST- UND FERNMELDEWESEN: Telefon: Selbstwählferndienst ist nicht überall möglich, da die Leitungen oft überlastet sind. Von öffentlichen Telefonzellen können nur Ortsgespräche geführt werden. Es gibt hierfür Telefonkarten oder Marken, die in Kiosken erhältlich sind. Ferngespräche können von speziell gekennzeichneten Läden aus geführt werden. **Landesvorwahl: 54. Telefaxanschlüsse** gibt es in größeren Hotels und Büros. **Telex/Telegramme:** Die staatliche *ENCOTEL*-Gesellschaft in Buenos Aires bietet einen Telexservice. Telexstellen stehen außerdem in Las Heras, Perú, St. Martín, Sarmiento, Corrientes und am Flughafen Ezeiza zur Verfügung. Telegramme in alle südamerikanischen Länder können bei *All America Cables Limited* aufgegeben werden. **Post:** Sendungen nach Europa sind bis zu 5 Tage unterwegs. Das Hauptpostamt in Buenos Aires (Sarmiento 151) hat Mo-Fr 09.00-17.00 Uhr, Sa 09.00-14.00 Uhr geöffnet.
DEUTSCHE WELLE
Der Einsatz der Kurzwellenfrequenzen ändert sich mehrfach im Laufe eines Jahres, und Sendungen auf den folgenden Frequenzen werden jeweils nur zu bestimmten Tageszeiten ausgestrahlt. Näheres in der Einleitung.

MHz	17,860	17,810	17,765	11,795	9,545
Meterband	16	16	16	25	31

REISEPASS/VISUM

Wichtiger Hinweis: Die Einreisebestimmungen mancher Länder können sich kurzfristig ändern – rufen Sie sicherheitshalber auf Ihrem CRS-System (TIMATIC-Info-Code-Fenster in diesem Kapitel) den aktuellen Stand ab bzw. wenden Sie sich an die zuständige diplomatische Vertretung. Etwaige Zahlen in der Tabelle beziehen sich auf nachfolgende Fußnoten.

	Paß erforderlich?	Visum erforderlich?	Rückflugticket erforderlich?
Deutschland	Ja	Nein / 2	Nein
Österreich	Ja	Nein / 2	Nein
Schweiz	Ja	Nein / 2	Nein
Andere EU-Länder	Ja	1 / 2	Nein

COLUMBUS REISEFÜHRER 1996/97

Anmerkung: (a) Die Einreisebestimmungen ändern sich häufig, es ist daher ratsam, sich vor der Abreise noch einmal bei den diplomatischen Vertretungen zu erkundigen. (b) Staatsangehörige einiger weniger Staaten wie Libanon müssen bei der Visumbeantragung eine Buchungsbestätigung für Rück- bzw. Weiterreise nachweisen.
REISEPASS: Gültiger Reisepaß erforderlich mit Ausnahme der Staatsbürger von Bolivien, Brasilien, Chile, Paraguay und Uruguay (Identitätsnachweis reicht aus).
VISUM: Allgemein erforderlich, ausgenommen sind Staatsangehörige der folgenden Länder für Aufenthalte von maximal 90 Tagen, sofern sie als Touristen einreisen:
(a) [1] Mitgliedsländer der Europäischen Union einschl. der Bundesrepublik Deutschland und Österreich sowie der Schweiz;
(b) Barbados, Bolivien, Brasilien, Chile, Costa Rica, Dominica, Dominikanische Republik, Ecuador, El Salvador, Guatemala, Haiti, Honduras, Japan, Jugoslawien (nur Inhaber alter Pässe der ehemaligen Föderativen Republik Jugoslawien), Kanada, Kolumbien, Liechtenstein, Mexiko, Monaco, Norwegen, Paraguay, Peru, Uruguay und USA.
Hinweis: [2] Geschäftsreisende generell und Studenten aller Nationalitäten, falls letztere zu Studienzwecken nach Argentinien reisen, benötigen ein Visum.
Visaarten: Touristen-, Arbeits- und Transitvisum.
Gültigkeit: Je nach Bedarf, bis zu 1 Jahr (Arbeitssvisum), 90 Tage (Touristenvisum), Verlängerungsmöglichkeit vor Ort möglich. Nach 6 Stunden Aufenthalt bis 6 Tage (Transitvisum).
Visagebühren: Die Visagebühren sind häufigen Schwankungen unterworfen, erkundigen Sie sich bei der Botschaft bzw. den Konsulaten.
Antragstellung: Botschaft in Wien bzw. Generalkonsulate, Adressen s. o.
Unterlagen: Unterschiedlich, je nach Nationalität des Antragstellers, in der Regel: (a) Reisepaß. (b) Antragsformular (nicht für Geschäfts- und Arbeitsvisa). (c) Gebühr. (d) Geschäftsleute benötigen ein Firmenschreiben. (e) Zur Beantragung eines Arbeitsvisums sind zusätzlich ein Leumundszeugnis, ein ärztliches Attest und der Vertrag vorzulegen. (f) Staatsangehörige bestimmter Länder bei Beantragung eines Touristenvisums auch Nachweis ausreichender Geldmittel für die Dauer des Aufenthaltes. Bei postalischer Antragstellung sollten ein frankierter und adressierter Rückumschlag und der Zahlungsbeleg beigefügt werden.
Bearbeitungszeit: Etwa 1 Woche.

GELD

Währung: 1 Peso ($A) = 100 Centavos. 1992 wurde der Austral durch den Peso ersetzt. Banknoten sind im Wert von 100, 50, 20, 10, 5, 2 und 1 $A in Umlauf; Münzen in den Nennbeträgen von 1 $A sowie 50, 25, 20, 10, und 5 Centavos.
Geldwechsel: In allen größeren Städten gibt es Banken und *Cambios* (Wechselstuben).
Kreditkarten: *Diners Club, American Express* und *Mastercard* werden akzeptiert. Einzelheiten vom Aussteller der betreffenden Kreditkarte.
Reiseschecks: US-Dollar-Reiseschecks werden empfohlen. Es kann allerdings schwierig sein, diese außerhalb der größeren Städte umzutauschen. Nur wenige Banken/Wechselstuben lösen Thomas Cook-Reiseschecks ein.
Wechselkurse

	$A Sept. '92	$A Febr. '94	$A Jan. '95	$A Jan. '96
1 DM	0,71	0,57	0,65	0,70
1 US$	1,00	1,00	1,00	1,00

Devisenbestimmungen: Es gibt keine Ein- oder Ausfuhrbeschränkungen.
Öffnungszeiten der Banken: Mo-Fr 10.00-15.00 Uhr.

DUTY FREE

Folgende Artikel können zollfrei nach Argentinien eingeführt werden:
2 l Spirituosen;
5 kg Lebensmittel (keine frischen);
400 Zigaretten;
50 Zigarren;
Geschenke im Wert bis zu 200 $A.
Anmerkung: Gold muß deklariert werden. Um Schwierigkeiten zu vermeiden, deklariert man am besten auch Kameras, Schreibmaschinen usw.
Einfuhrverbote: Alle Tiere aus Afrika und Asien (außer Japan), alle Papageienrassen, frische Lebensmittel, insbesondere Fleisch- und Milchprodukte sowie Obst, Betäubungsmittel, Drogen, explosive und pornographische Artikel.

GESETZLICHE FEIERTAGE

1. Mai '96 Tag der Arbeit. **25. Mai** Jahrestag der Revolution von 1810. **10. Juni** Tag der Wiedergewinnung der Falkland-Inseln/Malvinas. **24. Juni** Flaggentag. **9. Juli** Tag der Unabhängigkeit. **17. August** General San Martíns Todestag. **12. Okt.** Tag der Entdeckung Amerikas. **25. Dez.** Weihnachten. **1. Jan. '97** Neujahr. **28. März** Karfreitag. **1. Mai** Tag der Arbeit. **25. Mai** Jahrestag der Revolution von 1810.

GESUNDHEIT

In der folgenden Tabelle aufgeführte Impfvorschriften können sich kurzfristig ändern. Es wird stets empfohlen, auf Ihrem CRS-System (TIMATIC-Info-Code-Fenster in diesem Kapitel) den aktuellen Stand der Gesundheitsbestimmungen abzurufen bzw. rechtzeitig vor der Reise ärztlichen Rat einzuholen.

	Vorsichtsmaßnahmen empfohlen	*Impfschein erforderlich*
Gelbfieber	Nein	Nein
Cholera	Ja	Nein
Typhus & Polio	1	1
Malaria	2	-
Essen & Trinken	3	-

[1]: Typhus tritt auf, ist aber nicht sehr häufig; Poliomyelitis nicht.
[2]: Malariaschutz empfiehlt sich von Oktober bis einschließlich Mai für Besuche aller Regionen unterhalb 1200 m Höhe (Iruya, Orán, San Martín, Santa Victoria (Provinz Salta) und Ledesma, San Pedro und Santa Barbara (Provinz Jujuy). Die weniger gefährliche Form *Plasmodium vivax* herrscht vor.
[3]: Leitungswasser ist im allgemeinen zum Trinken geeignet. Außerhalb der Städte ist Wasser nicht immer keimfrei und sollte deshalb vor der Benutzung abgekocht oder anderweitig sterilisiert werden. Salmonellose tritt verhältnismäßig häufig auf. Milch ist pasteurisiert, einheimische Milchprodukte können ohne Bedenken verzehrt werden. Fleisch-, Geflügel- und Fischgerichte sowie Obst und Gemüse sind ebenfalls unbedenklich.
Tollwut kommt vor. Wer ein erhöhtes Risiko eingeht (z. B. längerer Aufenthalt in abgelegenen Gebieten), sollte vor Reiseantritt eine Schutzimpfung erwägen. Bei Bißwunden so schnell wie möglich ärztliche Hilfe in Anspruch nehmen. Näheres im Kapitel *Gesundheit* (s. Inhaltsverzeichnis).
Hepatitis A ist weit verbreitet.
Gesundheitsvorsorge: Der Abschluß einer Reisekrankenversicherung wird empfohlen. Die Krankenversorgung ist im allgemeinen sehr gut.

REISEVERKEHR - International

FLUGZEUG: Argentinien hat 10 internationale Flughäfen (u. a. Córdoba, Salta, San Carlos de Bariloche, Ezeiza). Argentiniens nationale Fluggesellschaft heißt *Aerolineas Argentinas (AR)*. Es gibt Direktverbindungen von Zürich (über Madrid), Frankfurt und London. Von Wien werden keine Direktflüge angeboten, Verbindungen über Frankfurt, Madrid oder Zürich.
Durchschnittliche Flugzeiten: *Frankfurt* – Buenos Aires: 14 Std; *Wien* – Buenos Aires: 17 Std. (einschl. Wartezeit); *Zürich* – Buenos Aires: 15 Std; *London* – Buenos Aires: 13 Std. 30 (über Madrid); *Los Angeles* – Buenos Aires: 16 Std; *New York* – Buenos Aires: 14 Std. 15; und *Sydney* – Buenos Aires: 16 Std.
Internationaler Flughafen: *Buenos Aires (BUE)* (Ezeiza) liegt 51 km südwestlich der Stadt. Stündlicher Linienbusverkehr in die Innenstadt (Fahrzeit ca. 45 Min.) sowie Verbindungen zum Inlandflughafen *Jorge Newbery* (Aeroparque). Taxis stehen ebenfalls zur Verfügung. Flughafeneinrichtungen: Bank, Restaurants, Geschäfte einschließlich Duty-free-Shop, Mietwagenschalter, Post, Drogerie, Snackbar, Tourist-Information und Limousinen-Service in die Innenstadt (Reservierungen an besonders gekennzeichneten Schaltern in der Ankunftsebene). Von Buenos Aires gibt es regelmäßige Flugverbindungen zu den Nachbarstaaten.
Flughafengebühren: Bei der Anreise: nach Montevideo 2,50 US$, 13 US$ für alle anderen internationalen Ziele.
SCHIFF: Buenos Aires, Quequén, Rosario und Bahía Blanca sind die wichtigsten Häfen. Kreuzfahrten innerhalb Südamerikas werden angeboten. Fähren verkehren auf dem Río Paraná zwischen Paraguay und Buenos Aires. Tragflächenboote und Fährverbindung zwischen Buenos Aires und Montevideo (Uruguay).
BAHN: Das Schienennetz bietet Verbindungen in alle Nachbarstaaten. Fahrpläne und -zeiten werden nicht immer eingehalten, mit Verspätungen und Unterbrechungen muß gerechnet werden.
BUS/PKW: Gute Verbindungsstraßen nach Uruguay, Brasilien, Paraguay, Bolivien und Chile. **Fernbusse:** Tägliche Direktverbindungen von Buenos Aires nach Puerto Alegre, São Paulo und Río de Janeiro.

REISEVERKEHR - National

FLUGZEUG: Inlandflüge sind recht teuer. *Aerolineas Argentinas, Austral Líneas Aéreas* und *Transportes Aéreos Neuquén del Estado* fliegen alle argentinischen Flughäfen an. Die Flüge sind häufig ausgebucht, mit Verspätungen muß gerechnet werden. Alle Flüge sollten im voraus gebucht werden, In- und Auslandsflüge müssen zudem 3 Tage vor Abflug rückbestätigt werden. Der *Visit-Argentina*-Flugpaß gilt 30 Tage und ist bei *Aerolineas* oder *Austral Líneas Aéreos* erhältlich. Er ist nur in Verbindung mit einem Langstreckenticket gültig. Erhältlich sind 4, 6 oder 8 Flugcoupons, die dann bei Bedarf innerhalb Argentiniens eingelöst werden (je ein Coupon pro Flug). Das zuständige Reisebüro kann diesen Flugpaß bei Bedarf mitbuchen. Die Coupons sind wesentlich billiger als Einzelflugkarten, die man im Land kauft.
Flughafengebühren: 3 A$ (große Flughäfen), 1,50 A$ (einige kleine Flughäfen).
BAHN: Das Streckennetz hat eine Gesamtlänge von ca. 34.500 km; 1993 wurde die Staatsbahn aufgelöst, so daß einige Verbindungen, z. B. zu den Iguaçu-Fällen, nicht mehr existieren. Von Buenos Aires aus fahren einige wenige Züge zu größeren Städten, z. B. nach Tucumán. Außerhalb von Buenos Aires sind Auskünfte über Bahnverbindungen kaum erhältlich. Weitere Informationen beim *Informationsbüro Überseeischer Eisenbahnen in Europa*, Tellstraße 45, CH-8400 Winterthur. Tel/Telefax: (052) 213 12 20 (Fahrplan gegen Gebühr).
BUS/PKW: Die Hauptverkehrswege sind ausgezeichnet, abseits der Hauptstraßen muß aber mit schlechten Verkehrsbedingungen gerechnet werden. Busse sind auf langen Strecken zuverlässiger als Züge, das Busnetz ist dicht und sehr gut. Für längere Strecken empfiehlt sich eine Platzreservierung. Komfortable Schnellbusse mit Klimaanlage und Videoanlage verkehren zwischen Buenos Aires und anderen wichtigen Großstädten.
Mietwagen: In Buenos Aires gibt es zahlreiche Autovermietungen, auch in anderen Städten sind Mietwagen erhältlich. **Unterlagen:** Ein internationaler Führerschein ist für Selbstfahrer erforderlich.
STADTVERKEHR: In Buenos Aires gibt es zahlreiche Taxen zu relativ günstigen Preisen, ein U-Bahnnetz, Vorortzüge und *Colectivo*-Minibusse mit Einheitstarifen. In den meisten Städten verkehren Linienbusse, in Rosario gibt es auch Oberleitungsbusse.
FAHRZEITEN von Buenos Aires zu anderen wichtigen argentinischen Städten (ungefähre Angaben in Std. und Min.).

	Flugzeug	Bahn	Bus/Pkw
Córdoba	1.10	12.00	9.00
Bariloche	2.10	36.00	22.00
Iguaçú	1.40	-	20.00
Mendoza	1.50	30.00	17.00
Mar del Plata	0.40	4.00	4.00
Río Gallegos	4.15	-	36.00
Rosario	0.50	4.00	4.00
Salta	2.00	20.00	15.00
Ushuaia	3.00	-	30.00

UNTERKUNFT

HOTELS: Der Standard der Hotels reicht von der Luxusklasse in Buenos Aires bis zu einfachsten Unterkünften in ländlichen Gegenden. Preiswerte Hotels sind in Buenos Aires in der Nähe der *Avenida de Mayo* zu finden. Der Service ist im allgemeinen sehr gut. Alle Hotelrechnungen enthalten 3% Touristensteuer, 24% für Bedienung und 15% Zimmersteuer. Fast alle Hotels haben Klimaanlagen, und viele besitzen ausgezeichnete Restaurants. **Kategorien:** Die *Dirección de Turismo* setzt Zimmerpreise für alle 1-, 2- und 3-Sterne-Hotels, Pensionen und Gasthäuser fest; 4- und 5-Sterne-Hotels bestimmen ihre Preise selbst. Die Kategorien der Hotels, Pensionen, Gasthäuser und Campingplätze richten sich nach dem Standard, dem angebotenen Service und der Bettenzahl. Weitere Auskünfte erteilt die *Asociación de Hoteles de Turismo de la Republica Argentina*, Av. Rivadavia 1157, p. 9, Of. C (1033), C. F., Buenos Aires. Tel: (01) 383 06 69, 383 11 60.
FERIENHÄUSER UND -WOHNUNGEN sind recht preiswert. Sie können tage- oder wochenweise mit oder ohne Reinigungspersonal gemietet werden. Die Vermittlung fast aller Apartments erfolgt zentral über Buenos Aires.
JUGENDHERBERGEN: Vorhanden, manchmal sogar in abgelegeneren Ortschaften. Auch für Nicht-Mitglieder der internationalen Jugendherbergsorganisation.
CAMPING: Motels, Camping- und Wohnwagenplätze gibt es fast überall. Auch in Städten sind Camper willkommen. Campmobile können gemietet werden.

URLAUBSORTE & AUSFLÜGE

BUENOS AIRES: Die argentinische Hauptstadt Buenos Aires (eigentlich »gute Lüfte«) ist nicht nur Handels- und Kulturzentrum des Landes, sondern auch ein elegantes Einkaufsparadies. Besonders sehenswert sind das *Nationale Kunstmuseum*, das *Historische Museum* und das prachtvolle Opernhaus *Teatro Colón*. Die Stadt wurde im 20. Jahrhundert grundlegend modernisiert, daher gibt es nur noch wenige bedeutende historische Gebäude. Die riesige Kathedrale ist eine der wenigen Ausnahmen, sie wurde im 18. Jh. errichtet. San Martín, der Befreier Argentiniens, liegt hier begraben. Die Altstadt mit ihren Gassen und der *Plaza de Mayo* ist jedoch erhalten geblieben. Der *Plaza de Mayo* kam zu traurigem Weltruhm durch die Mütter, die hier noch immer jeden Donnerstag stumm Wache halten, um an ihre während der Militärherrschaft verschwundenen Kinder zu erinnern. Hinter der Plaza de Mayo liegen die *Casa Rosada*, der rosafarbene Palast des Präsidenten, und das im 18. Jh. erbaute ehemalige Rathaus. Nördlich der Plaza de Mayo erreicht man das Einkaufs- und Theaterviertel; Straßenmusikanten gehören in dieser Fußgänger-

„Haaalloo, wer weiß denn hier Bescheid, wie's zum Ende der Welt geht?"

AEROLINEAS ARGENTINAS. Weiter fliegen.

Das Ende der Welt hat bunte Dächer. Steile Straßen schmiegen sich an gewaltige Bergketten. Kormorane machen sich mit weiten Schwingen auf den Weg in die Antarktis. In kleinen, verzauberten Seen spiegeln sich tiefe Wälder. Willkommen in Ushuaia, der südlichsten Stadt der Welt. Und willkommen bei der Fluglinie, die sich dort bestens auskennt – Aerolíneas Argentinas.

AEROLINEAS ARGENTINAS

zone unbedingt dazu. In *La Boca*, einem der ältesten Viertel der Stadt, leben überwiegend Nachkommen italienischer Einwanderer. Das italienische Flair ist unverkennbar, zu den interessantesten Sehenswürdigkeiten zählt das *Museo de Bellas Artes de la Boca* (Kunstmuseum). In *San Telmo*, dem Künstlerviertel von Buenos Aires, sind viele Kolonialgebäude erhalten geblieben. Cafés und eine freundliche Atmosphäre gehören hier ebenso zum Straßenbild wie der bunte Antiquitätenmarkt am Wochenende. Überall in der Stadt gibt es wunderschöne Parkanlagen, die zu ausgedehnten Spaziergängen einladen; der *Botanische Garten* und der *Zoo* sind sehr sehenswert. In Buenos Aires gibt es zahlreiche Bars, die Argentiniens beliebtestes Kulturgut verkörpern: den Tango; natürlich gegen Eintritt, trotzdem ein Muß für jeden Buenos-Aires-Besucher.
DER NORDEN: Hier liegen die ältesten Städte des Landes. **Córdoba** ist die zweitgrößte Stadt Argentiniens und Hauptstadt der gleichnamigen Provinz. Auf einem ausgedehnten Stadtbummel fallen vor allem die interessante koloniale Architektur und die unzähligen Sakralbauten auf. Mit dem Bau der *Kathedrale* wurde 1697 begonnen, fertiggestellt wurde sie allerdings erst Mitte des 18. Jahrhunderts. Sehenswert ist ferner das im 16. Jh. errichtete Karmeliterinnen-Kloster mit der Kapelle der Heiligen Theresa, in dem auch das *Museo de Arte Religiosa* (Museum der Religiösen Kunst) untergebracht ist. **Salta** wurde in der Kolonialzeit gegründet und ist eine der reizvollsten Städte des Landes. Vom Berg *San Bernardo* (1458 m), mit der Seilbahn oder zu Fuß zu erklimmen, hat man einen wunderbaren Ausblick auf die Stadt und die Umgebung. Die Kathedrale mit ihrem goldenen Altar ist äußerst sehenswert. Das Kloster von San Bernardo besitzt ein berühmtes Holzportal (1762 entstanden). Besonders schön ist auch die *Iglesia San Francisco*, deren rot-gelb-grauer Turm, angeblich der höchste in Südamerika, Wahrzeichen der Stadt ist. **Tucuman**, »der Garten Argentiniens«, liegt in einer herrlichen Landschaft. Die Plazas der Stadt schmücken Palmen und Orangenbäume. In der Stadtmitte steht eine wunderschöne Kolonialkirche mit einer blauweiß gekachelten Kuppel. Von hier aus lohnen sich Ausflüge z. B. nach **Cafayate** und zurück nach Salta. Die Felsformationen und bunten Berge sind atemberaubend.
DIE KÜSTE: Das beliebte Seebad **Mar del Plata** an der Atlantikküste hat herrliche, kilometerlange Strände. Erwähnenswert sind auch **Villa Gezell**, **Pinamaz**, **Miramar** und **Necochea** (hier steht das angeblich größte Spielkasino der Welt). In dieser neuen Tourismus-Region entstehen viele moderne Urlaubsorte. Fast überall werden Hochsee-Angelfahrten und andere Wassersportarten angeboten. Das Handelszentrum **Bahía Blanca** ist die größte Stadt im Süden. Auf der **Valdés**-Halbinsel ist eines der besten Tierreservate Südamerikas.
DIE ANDEN: In der Anden-Region, mit ihrer unvergleichlichen Schönheit, gibt es zahlreiche Nationalparks und eine artenreiche Tierwelt. **Monte Cerro Chapelco Tronador** und **San Martín de los Andes** (Nationalpark Lanín) bieten gute Skipisten. Ein sehr beliebter Ort für Touristen ist **San Carlos de Bariloche**, nicht weit von St. Martín de los Andes entfernt. Bariloche, eine kleine, saubere, eher europäisch aussehende Stadt, liegt malerisch in den Bergen an einem tiefblauen, großen See. Von hier aus lohnen sich Wanderausflüge, z. B. zum 2135 m hohen Berg Cerro Colorado. Nicht fern von Mendoza befindet sich der **Monte Aconcagua**, er ist mit fast 7000 m Höhe der höchste Berg Amerikas. Die Provinz **Mendoza** ist das größte Weinanbaugebiet Argentiniens, 40% der 15 Mio. Hektar werden für die Weinherstellung genutzt. Der Wein kann natürlich gleich vor Ort gekostet werden.
FEUERLAND: Die »Tierra del Fuego«, wie die Insel Feuerland auf spanisch heißt, ist im äußersten Süden Südamerikas und gehört zwei Ländern: die westliche Hälfte gehört zu Chile, die östliche zu Argentinien. Das Land ist nur sehr dünn besiedelt. Im Süden gibt es wunderschöne Seen, Wälder und Berge. Ein Teil des Landes steht unter Naturschutz und bietet eine artenreiche Tierwelt. Die Regionalhauptstadt **Ushuaia** ist Ausgangspunkt von Kreuzfahrten in die Antarktis.
RUNDREISEN: 7tägige: (a) Buenos Aires – Ushuaia – Calafate. (b) Calafate – Trelew – Esquel. (c) Buenos Aires – Puerto Madryn – Comodoro Rivadavia.

SOZIALPROFIL

ESSEN & TRINKEN: Restaurants bieten zahlreiche nordamerikanische, europäische und asiatische Gerichte an. Die einheimische Küche ist baskischer, spanischer und italienischer Herkunft. Rindfleisch steht in allen möglichen Variationen auf der Speisekarte. *Churrasco* sind die berühmten Steaks, unter *Parrillada* versteht man gegrilltes Fleisch, Innereien und Würstchen. Zu den typischen argentinischen Spezialitäten zählen *Asado* (Rostbraten), *Arroz con Pollo* (Eintopf mit Reis, Huhn, Eiern, Gemüse und scharfer Soße), *Puchero de Gallina* (Huhn, Würstchen, Maismehl und Kartoffeln), *Empanada* (gefüllte Teigtaschen) und *Queso y dulce* (eine dicke Scheibe Käse mit einer Scheibe Quittengelee). Der erfrischende Mate-Tee ist das Nationalgetränk. Er wird in besonderen Mate-Bechern aus einem meist metallem Halm getrunken und Freunden weitergereicht. Die Restaurants sind ausgezeichnet, man ißt selten vor 21.00 Uhr. Gute Restaurants sind an einem Schild mit drei Gabeln erkennbar. Den Kellner spricht man mit »mozo« an. Hotelgäste werden meist um Abzeichnung der Rechnung gebeten. **Getränke:** In einheimischen Brennereien werden Markenspirituosen wie Whisky und Gin destilliert. Die einheimischen Weine sind ausgezeichnet. Aus karibischem und südamerikanischem Rum werden zahlreiche Cocktails gemixt.
NACHTLEBEN: Buenos Aires hat ein sehr lebhaftes Nachtleben. In den zahlreichen Theatern und Konzertsälen gastieren internationale Künstler von Rang. Die Wirtschaftskrise hat sich allerdings in den berühmten extravaganten Nachtklubs von Buenos Aires nachteilig ausgewirkt. Abendunterhaltung bieten auch die zahlreichen kleineren *Boites* (Klubs). Faszinierend ist der Klang des Tangos, ein dynamischer argentinischer Tanz, der von Buenos Aires aus seinen Siegeszug um die ganze Welt antrat. Spielkasinos gibt es überall in Argentinien.
EINKAUFSTIPS: Typisch für Argentinien sind Lederartikel aller Art (Handschuhe, Mäntel, Jacken, Geldbörsen, usw.), handbestickte Blusen, Wollartikel (insbesondere aus Lamawolle), verzierte Mate-Gefäße, Silberschmuck, Halbedelsteine (Onyx, Lapislazuli, Tigerauge, Achat) und Gitarren. **Öffnungszeiten der Geschäfte:** Mo-Fr 09.00-19.00 Uhr.
SPORT: Fußball, Tennis, Golf, Polo, Pferde- und **Motorrennen** sind die beliebtesten Sportarten. Daß Fußball eine nationale Leidenschaft der Argentinier ist, versteht sich von selbst – die Nationalmannschaft gewann 1978 und 1986 die Fußballweltmeisterschaft. Auch **Reiter** kommen auf ihre Kosten. Es gibt viele Reitställe, die Pferde vermieten oder sogar Ausflüge für mehrere Tage oder Wochen anbieten. Es gibt mehrere **Golf-** und **Tennisplätze**, u. a. im Palermo-Park. **Bademöglichkeiten** bieten die kleinen Urlaubsorte an der Atlantikküste. Der Río San Antonio im Tigre-Delta ist ideal zum **Wasserskifahren**. **Segeln** ist u. a. auf dem Río de la Plata möglich; **Angeln** an der Atlantikküste, in zahlreichen künstlichen Seen und im Río Paraná. Die Seen sind fischreich, es gibt große Forellen- und Lachsbestände. **Skisport:** An den östlichen Andenhängen locken zahlreiche Wintersportorte und ausgezeichnete Pisten, Saison ist von Mai bis September. Bariloche, der älteste Wintersportort, bietet sehr gute Einrichtungen. Die besten Pisten sind in San Antonio, San Bernado, La Canaleta, Puente del Inca und Las Cuevas an der chilenischen Grenze. Die Urlaubsorte Chapelco, Vallecitos und Esquel bieten ebenfalls Wintersportmöglichkeiten.
Anmerkung: Alle Unterkünfte sollten lange im voraus gebucht werden, da es nur wenige Hotels gibt. Der Bau neuer Hotels ist geplant.
VERANSTALTUNGSKALENDER
Jährlich stattfindenden Feste:
Juni '96 *Saltawoche* in Salta.
Juli *Poncho-Woche* in Catamarca; *Jahrmarkt* in Simoca, Provinz Tucumán; *Fiesta de San Santiago* in mehreren Orten; *Doradenfischen* in Formosa.
Aug. *Schneefest* in Río Turbio, Provinz Santa Cruz; *Jujuy-Woche* in Jujuy; *Doradenfest* in Posadas, Provinz Misiones; *Schneefest* in Bariloche; *Internationales Folklorefest* am Río Hondo.
Sept. *Chamamé-Musikfestspiele* in Corrientes; *Landwirtschaftsfest* in Esperanza, Provinz Santa Fé.
Nov. *Seelachs-Wettangeln* in Comodoro Rivadavia.
Dez. *Gaucho-Festival* in Gral. Madaria, Provinz Buenos Aires; *Forellenfest* in San Junín de los Andes, Provinz Neuquén.
Jan. '97 *Meeresfest* in Mar del Plata (letzte Januarwoche); *Jineteada* (Pferde-Einreiten) und *Folklorefest* in Diamante, Provinz Entre Ríos; *Chaya-Festival* (die Chaya ist ein Musikinstrument) in La Rioja; *Doma* (Pferde-Einreiten) und *Folklorefest* in Intendente Alvear, Provinz La Pampa; *Folklorefest* in Cosquín, Provinz Córdoba (letzte Januarwoche).
Febr. *Carneval* in Esquina, Provinz Corrientes; *Pachamama-Festival* (Festival der Mutter Erde) in Amaicha del Valle, Provinz Tucumán; *Großes Forellenfischen* am Río Grande.
März *Traubenerntefest* in Mendoza.
April *Heilige Woche* in Salta; *Lateinamerikanisches Folklorefest* in Salta; Heiligenfest der *Nuestra Senora del Valle* in Catamarca.
SITTEN & GEBRÄUCHE: Man spricht sich mit Señor oder Señora bzw. mit dem Vornamen an – Doña Maria heißt die Nachbarin, Don Julio der Bäcker. Nach einer privaten Einladung gilt es als höflich, der Gastgeberin am nächsten Tag einen Blumenstrauß zu schicken. Legere Kleidung ist fast überall angebracht, nur zu offiziellen Veranstaltungen und in exklusiven Restaurants wird elegantere Garderobe erwartet. Öffentliche Verkehrsmittel, Kinos und Theater sind Nichtraucherzonen. An Bushaltestellen, vor Kinos usw. wird angestanden – Vordrängeln ist höchst unbeliebt. **Trinkgeld** ist üblich. In den Hotels und Restaurants werden 24% Bedienung und Steuern auf die Rechnung gesetzt. Zusätzlich 10-15 % Trinkgeld sind angebracht.

WIRTSCHAFTSPROFIL

WIRTSCHAFT: Argentinien verfügt über umfangreiche Bodenschätze und einen produktiven landwirtschaftlichen Sektor; das Land ist einer der größten Weizenexporteure der Welt. Mais, Ölpflanzen, Sonnenblumenkerne, Sojabohnen und Zucker werden ebenfalls angebaut. Rindfleisch hat als Exportgut in den letzten Jahren an Bedeutung verloren. Die Landwirtschaft erbringt ca. 40% der Exporteinkünfte. Daneben werden Papier, Metalle und Chemikalien ausgeführt. Die Stahl- und petrochemische Industrie wurde vor einiger Zeit privatisiert; die staatliche Telefongesellschaft ist inzwischen teilweise privatisiert worden. Aufgrund der Verstimmungen zwischen Buenos Aires und Santiago de Chile beschränken sich die Handelsbeziehungen zwischen Argentinien und Chile weiterhin auf ein Minimum. Wichtigster Handelspartner in Südamerika ist Brasilien. Die USA liefern einen Großteil der Fertigwaren. Das Handelsvolumen mit den EU-Ländern (u. a. Deutschland und Italien) nimmt ständig zu. In den achtziger Jahren machten die hohe Inflation und beträchtliche Auslandsschulden der argentinischen Wirtschaft schwer zu schaffen. Die von Präsident Alfonsín beschlossenen Sparmaßnahmen – besonders der »Primavera-Plan« von 1988 – wurden zwar von internationalen Finanzexperten begrüßt, lösten jedoch im Inland heftige Proteste mit schweren Zusammenstößen zwischen Demonstranten und Armee aus. Innerhalb eines Jahres wurde Alfonsín abgewählt. Die Regierung von Carlos Saúl Menem bemüht sich darum, das Privatisierungsprogramm voranzutreiben und Argentiniens riesigen Staatsapparat zu modernisieren. 1991 zeigten sich erste Erfolge, als die Inflationsrate fiel und ein Wirtschaftswachstum von 5% verzeichnet werden konnte. Zur Jahreswende 1992 wurde die argentinische Währung, der Austral, abgewertet und in Peso umbenannt. Die positive Wirtschaftsentwicklung hielt auch 1993 an und das Bruttoinlandsprodukt stieg um 6,2%. Die Inflationsrate ist weiterhin rückläufig (1993 bei 7,4%). Die Kapitalflucht ist jedoch noch immer ein großes Problem. Der Fremdenverkehr ist ausbaufähig und konzentriert sich bislang vor allem auf die Hauptstadt und die Badeorte an der Atlantikküste. Jährlich kommen etwa 2,8 Mio. Besucher nach Argentinien (1993), das immer noch als teures Urlaubsland gilt.
GESCHÄFTSVERKEHR: Terminvereinbarungen und Visitenkarten sind üblich. Argentinische Geschäftsleute geben Verhandlungen mit einem gleichrangigen Gesprächspartner den Vorzug, von ausländischen Besuchern wird Pünktlichkeit erwartet. Alle Broschüren sind in spanischer Sprache verfaßt, einige Geschäftsleute sprechen aber auch englisch oder italienisch. **Geschäftszeiten:** Mo-Fr 09.00-19.00 Uhr.
Kontaktadressen: *Wirtschaftsabteilung der Argentinischen Botschaft*, Adenauerallee 50, D-53113 Bonn. Tel: (0228) 22 39 73/83, 22 18 09. Telefax: (0228) 22 02 77.
Cámara de Industria y Comercio Argentino-Alemana (Deutsch-Argentinische Industrie- und Handelskammer), Florida 547, Piso 19°, 1005 Buenos Aires. Tel: (01) 322 01 73. Telefax: (01) 11 81 67.
Handelsabteilung der Argentinischen Botschaft, Goldschmiedgasse 2/1, A-1010 Wien. Tel: (0222) 533 85 42. Telefax: (0222) 533 56 51.
El Consejero Comercial de la Embajada de Austria (Handelsbeauftragter der österreichischen Botschaft), Casilla Correo Central 523, 1000 Buenos Aires. Tel: (01) 814 36 69. Telefax: (01) 814 36 70.
Handelsabteilung der Argentinischen Botschaft, Jungfraustraße 1, CH-3005 Bern. Tel: (031) 352 35 65. Telefax: (031) 351 24 61.
Cámara de Comercio Suizo-Argentina (Schweizerisch-Argentinische Handelskammer), Leandro N. Alem 1074, Piso 10°, 1001 Buenos Aires. Tel: (01) 311 02 53. Telefax: (01) 312 85 73.
Cámara Argentina de Comercio (Argentinische Handelskammer), Avenida Leandro N. Alem 36, 1003 Buenos Aires. Tel: (01) 331 80 51. Telefax: (01) 331 80 55.

KLIMA

Im Nordosten subtropisches Klima mit ganzjährigen Regenfällen. Im Nordwesten heiß und trocken, Regenzeit ist in den Sommermonaten. Subarktisches Klima in Feuerland im Süden. Die große Zentralregion hat ein überwiegend gemäßigtes Klima, in den Sommermonaten, Dezember bis Februar, ist es jedoch zum Teil sehr heiß und feucht; die Winter sind recht kühl.

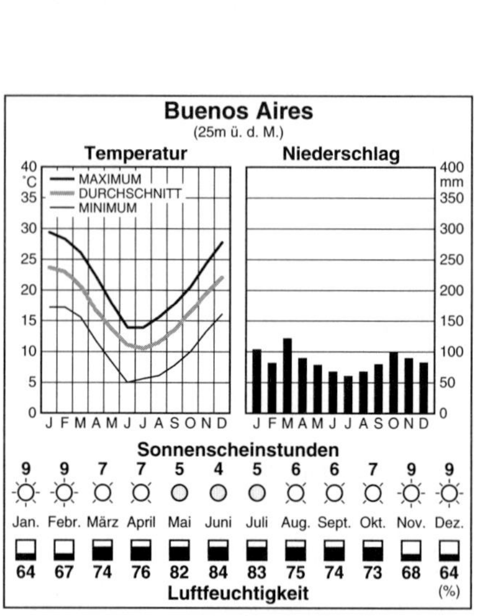

Armenien

Lage: Kaukasus, Transkaukasien.

Anmerkung: Trotz des andauernden Konflikten mit der islamischen Nachbarrepublik Aserbaidschan um die überwiegend von Armeniern bewohnte Enklave Nagornij-Karabach bestehen keine Bedenken für Urlaubsreisen nach Armenien. Die Auseinandersetzung um Nagornij-Karabach, die sich auf aserbaidschanisches Gebiet ausgeweitet hat, konnte bislang trotz wiederholter internationaler Vermittlungsversuche durch den Iran, Rußland, die Türkei und die USA nicht endgültig beigelegt werden. Im Mai 1994 wurde in Moskau ein Waffenstillstand vereinbart, der jedoch immer wieder mißachtet wird. Die Wirtschaftsblockade durch Aserbaidschan und die Energieknappheit wirken sich auf alle Lebensbereiche einschließlich Gesundheitswesen, Strom- und Lebensmittelversorgung aus. Aktuelle Informationen vom Auswärtigen Amt in Bonn, dem Außenministerium in Wien bzw. dem EDA in Bern.

Olympia-Reisen
Siegburger Straße 49
D-53229 Bonn
Tel: (0228) 40 00 30. Telefax: (0228) 46 69 32.
Mo-Fr 08.00-18.00 Uhr
Intourist Service AG
Bleicherweg 15a
CH-8002 Zürich
Tel: (01) 281 11 14. Telefax: (01) 281 11 24.
Mo-Fr 09.00-12.00 und 14.00-18.00 Uhr.
Botschaft der Republik Armenien
Viktoriastraße 15
D-53173 Bonn
Tel/Telefax: (0228) 35 29 03.
Mo-Fr 09.00-13.00 Uhr.
Botschaft der Republik Armenien
Neubaugasse 12-14/1/16
A-1070 Wien
Tel: (0222) 522 74 79/80. Telefax: (0222) 522 74 81.
Mo-Fr 09.30-16.30 Uhr, *Konsularabt.:* 10.00-12.00 Uhr.
(auch für die Schweiz zuständig)
Botschaft der Bundesrepublik Deutschland
Hotel Hrazdan

TIMATIC INFO-CODES

Abrufbar über Ihr CRS-System (für START/Amadeus Ama-Maske benutzen). Für Galileo bitte TI-DFT eingeben (mit Bindestrich).

Flughafengebühren	TI DFT/ EVN /TX
Währung	TI DFT/ EVN /CY
Zollbestimmungen	TI DFT/ EVN /CS
Gesundheit	TI DFT/ EVN /HE
Reisepassbestimmungen	TI DFT/ EVN /PA
Visabestimmungen	TI DFT/ EVN /VI

7. Stock
Ul. Pionerakan 72
Erewan
Tel: (08852) 53 67 74. Telefax: (08852) 15 11 12.
Die diplomatische Vertretung Österreichs und der Schweiz erfolgt durch die Botschaften in Moskau (s. Russische Föderation).

FLÄCHE: 29.800 qkm.
BEVÖLKERUNGSZAHL: 3.500.000 (Schätzung von 1995, keine genauen Angaben möglich, da seit 1991 mehrere tausend Armenier jährlich das Land verlassen).
BEVÖLKERUNGSDICHTE: 119 pro qkm.
HAUPTSTADT: Erewan. Einwohner: 1.200.000 (1994).
GEOGRAPHIE: Armenien liegt im Kleinen Kaukasus und grenzt im Norden an Georgien, im Westen an die Türkei und den Iran und im Osten an Aserbaidschan. Der 4100 m hohe Aragats ist die höchste Erhebung des gebirgigen Landes. Selbst die tiefsten Täler liegen 450-700 m ü. d. M. Größter See der Republik ist der im Osten gelegene Sevan-See.
STAATSFORM: Republik. Staatsoberhaupt: Präsident Lewon Ter-Pjetrosjan, seit August 1990 (im Oktober 1991 in den ersten freien Wahlen des Landes wiedergewählt). Regierungschef: Grant Bagratjan, seit Februar 1993. Einkammerparlament mit Mehrheit nichtkommunistischer Parteien. Seit 1995 trat eine neue armenische Verfassung in Kraft. Armenien ist Mitglied der Gemeinschaft Unabhängiger Staaten.
SPRACHE: Amtssprache ist Armenisch, eine der ältesten Kultursprachen der Welt. Russisch und Kurdisch werden ebenfalls gesprochen. Russisch wird jedoch mittlerweile nur noch selten benutzt.
RELIGION: Überwiegend armenisch-orthodox, daneben russisch-orthodox und moslemisch (mehrheitlich Kurden). Die armenische Kirche ist die älteste christliche Kirche der Welt.
ORTSZEIT: MEZ + 3.
NETZSPANNUNG: 220 V, 50 H. Große Versorgungsprobleme aufgrund der Wirtschaftsblockade, derzeit in Erewan täglich nur höchstens drei Stunden Strom.
POST- UND FERNMELDEWESEN: Telefon: Selbstwählferndienst nach Erewan. **Landesvorwahl:** 374. Alle Ferngespräche ins Ausland müssen über das armenische Fernamt geführt werden. Lange Wartezeiten sind die Regel. Hotels und Geschäftsleute benutzen zunehmend Satellitenverbindungen zur Umgehung der Kommunikationsprobleme innerhalb des Landes und mit den GUS-Partnerländern. **Post:** Der internationale Postverkehr ist unregelmäßig, Sendungen werden in großen Abständen über Moskau befördert. Mit Frankreich wurde ein Abkommen geschlossen, nach dem wöchentlich zwei Postsäcke von der französischen Post über Paris befördert werden; mit langen Verzögerungen muß auch auf diesem Weg gerechnet werden.
DEUTSCHE WELLE
Der Einsatz der Kurzwellenfrequenzen ändert sich mehrfach im Laufe eines Jahres, und Sendungen auf den folgenden Frequenzen werden jeweils nur zu bestimmten Tageszeiten ausgestrahlt. Näheres in der Einleitung.

MHz	21,560	15,275	13,780	9,545	6,075
Meterband	13	19	22	31	49

REISEPASS/VISUM

Wichtiger Hinweis: Die Einreisebestimmungen mancher Länder können sich kurzfristig ändern – rufen Sie sicherheitshalber auf Ihrem CRS-System (TIMATIC-Info-Code-Fenster in diesem Kapitel) den aktuellen Stand ab bzw. wenden Sie sich an die zuständige diplomatische Vertretung. Etwaige Zahlen in der Tabelle beziehen sich auf nachfolgende Fußnoten.

	Paß erforderlich?	Visum erforderlich?	Rückflugticket erforderlich?
Deutschland	Ja	Ja	Nein
Österreich	Ja	Ja	Nein
Schweiz	Ja	Ja	Nein
Andere EU-Länder	Ja	Ja	Nein

REISEPASS: Allgemein erforderlich.
VISUM: Allgemein erforderlich, ausgenommen sind Staatsbürger der anderen Mitgliedsstaaten der GUS und Ungarn.
Visaarten: Einfachvisum ohne Einladung, Einfachvisum mit Einladung, einfaches Transitvisum, mehrfaches Transitvisum.
Visagebühren: *Einfachvisum ohne Einladung:* 100 DM, 700 öS (bei fünftägiger Bearbeitungszeit); *Einfachvisum mit Einladung:* 150 DM, 500 öS (bei fünftägiger Bearbeitungszeit); *Mehrfachvisum:* 200 DM, 2500 öS; *einfaches Transitvisum:* 25 DM, 300 öS und *mehrfaches Transitvisum:* 700 öS. Die Botschaft in Bonn berechnet für *mehrfache Transitvisa* pro Transit je 25 DM.
Anmerkung: Bereits gezahlte Gebühren können nicht zurückerstattet werden.
Gültigkeitsdauer: *Einfachvisum ohne Einladung:* 21 Tage; *Einfachvisum mit Einladung:* gültig für die Dauer der Einladung, max. 3 Monate; *Mehrfachvisum:* in Bonn werden derzeit nur Mehrfachvisa für 3 Monate ausgestellt, Verlängerungsmöglichkeit vor Ort beim Außenministerium auf 6 Monate bzw. 1 Jahr; *einfaches Transitvisum:* 3 Tage; *mehrfaches Transitvisum:* 3 Tage pro Einreise.
Antragstellung: Konsularabteilung der Botschaft (Adressen s. o.).
Unterlagen: (a) 1 Paßfoto. (b) Gültiger Reisepaß. (c) Antragsformular. (d) Gebühr. Der Antrag kann auch per Fax geschickt werden. Bei postalischer Antragstellung sollte ein frankierter Rückumschlag beigelegt werden.
Bearbeitungszeit: 4-5 Tage.

GELD

Währung: Die neue armenische Währung, der 1993 eingeführte Dram, ist einziges legales Zahlungsmittel in Armenien. Die schon für Ende 1992 geplante Einführung des Dram hatte sich lange verzögert, da man eine rasche Entwertung befürchtete. Der Dram ist momentan nur gegen den Rubel konvertierbar.
Währungseinheit: 1 Dram = ca. 200 Rubel. Banknoten sind im Wert von 500, 200,100, 50, 20 und 10 Dram im Umlauf.
Kreditkarten werden derzeit nicht akzeptiert, Einzelheiten vom Aussteller der betreffenden Kreditkarte.
Wechselkurse

	Rbl Sept. '92	Rbl Febr. '94	Rbl Jan. '95	Dram Jan. '96
1 DM	0,38	0,34	0,43	279,65
1 US$	0,56	0,59	0,67	402,00

Anmerkung: Angegeben ist jeweils der offizielle Wechselkurs.
Devisenbestimmungen: Nach Auskunft der Wiener Botschaft derzeit keine Beschränkungen, Einfuhr von Fremd- und Landeswährung nach persönlichem Bedarf.
Öffnungszeiten der Banken: Mo-Fr 09.30-17.30 Uhr.

DUTY FREE

Folgende Artikel können zollfrei nach Armenien eingeführt werden:
400 Zigaretten oder 500 g andere Tabakerzeugnisse;
2l Spirituosen;
Parfüm für den persönlichen Gebrauch;
Geschenke bis zu einem Wert von 1000 Rbl. bzw. 100 DM.
Anmerkung: Bei der Einreise muß eine Zolldeklaration ausgefüllt werden, die bis zur Ausreise aufgehoben werden muß. Auf diesem Formular müssen alle eingeführten privaten Gegenstände einschl. Währungen und Wertgegenstände vermerkt werden. Bei genauer Zollkontrolle können die Zollformalitäten lange Zeit in Anspruch nehmen. Die Ausfuhrbestimmungen sind streng; es ist ratsam, sich bereits bei der Einreise nach den aktuellen Regelungen zu erkundigen.
Einfuhrverbot: Waffen, Munition, Drogen und alles, was als Zubehör für den Drogenkonsum betrachtet werden kann, Pornographie, unmoralische oder subversive Artikel, Perlen und Gegenstände Dritter, die für diese Person importiert werden sollen. Genauere Auskünfte erteilen die Botschaft und Intourist.
Ausfuhrverbot: Wie oben; ungültige Wertpapiere, staatliche Schuldverschreibungen, Lotterielose und Jagdtrophäen nur mit Sondergenehmigung. Kunstgegenstände und Antiquitäten können nur mit vorheriger Erlaubnis ausgeführt werden.

GESETZLICHE FEIERTAGE

9. Mai '96 Friedenstag. **28. Mai** Jahrestag der Erklärung der 1. Armenischen Republik. **21. Sept.** Unabhängigkeitstag. **7. Dez.** Gedenktag an die Erdbebenopfer. **6. Jan. '97** Russ.-orthodoxe Weihnachten. **28.-31. März** Ostern. **24. April** Gedenktag an den Völkermord 1915. **9. Mai** Friedenstag. **28. Mai** Jahrestag der Erklärung der 1. Armenischen Republik.

GESUNDHEIT

In der folgenden Tabelle aufgeführte Impfvorschriften können sich kurzfristig ändern. Es wird stets empfohlen, auf Ihrem CRS-System (TIMATIC-Info-Code-Fenster in diesem Kapitel) den aktuellen Stand der Gesundheitsbestimmungen abzurufen bzw. rechtzeitig vor der Reise ärztlichen Rat einzuholen.

	Vorsichtsmaßnahmen empfohlen	Impfschein erforderlich
Gelbfieber	Nein	Nein
Cholera	1	1
Typhus & Polio	Ja	-
Malaria	2	-
Essen & Trinken	3	-

[1]: Eine Impfbescheinigung gegen Cholera ist keine Einreisebedingung, das Risiko einer Infektion besteht jedoch. Da die Wirksamkeit der Schutzimpfung umstritten ist, empfiehlt es sich, rechtzeitig vor Antritt der Reise ärztlichen Rat einzuholen. Näheres unter *Gesundheit* (s. Inhaltsverzeichnis).
[2]: Malaria kommt ausschließlich in der weniger gefährlichen Form *Plasmodium vivax* in einigen Grenzregionen zum Iran vor.
[3]: Leitungswasser ist normalerweise gechlort und relativ sauber, es können jedoch u. U. leichte Magenstimmungen auftreten. Für die ersten Wochen des Auf-

enthalts empfiehlt es sich daher, abgefülltes Wasser zu trinken, welches überall erhältlich ist. Milch ist pasteurisiert, Milchprodukte sind im allgemeinen unbedenklich. Da das Nutzvieh jedoch nicht mehr regelmäßig geimpft wird, empfiehlt es sich, im Zweifelsfall die Milch abzukochen. Außerhalb der Städte sollte Trinkwasser vorsichtshalber abgekocht oder anderweitig sterilisiert werden. Fisch- und Fleischgerichte nur gut durchgekocht und heiß serviert essen. Obst sollte geschält und Gemüse gekocht werden.
Tollwut kommt vor. Wer ein erhöhtes Risiko eingeht (z. B. längerer Aufenthalt in entlegenen Gebieten), sollte vor Reiseantritt eine Schutzimpfung erwägen. Bei Bißwunden so schnell wie möglich ärztliche Hilfe in Anspruch nehmen. Weitere Informationen unter *Gesundheit* (s. Inhaltsverzeichnis).
Hepatitis A, B und E treten auf.
Gesundheitsvorsorge: Die unzureichende Stromversorgung beeinträchtigt auch die medizinische Versorgung. Eine gutbestückte Reiseapotheke sollte mitgeführt werden. Es ist ratsam, sich vorher zu vergewissern, welche Medikamente eingeführt werden dürfen. Der Abschluß einer Reisekrankenversicherung mit Notrückführung wird dringend empfohlen.

REISEVERKEHR - International

FLUGZEUG: *Air France* fliegt Erewan einmal wöchentlich direkt von Paris aus an. Die nationale armenische Fluggesellschaft *Armenian Airlines* bietet wöchentliche Charterflüge von Paris nach Erewan, außerdem Flugdienste von Amsterdam, Athen, Beirut (Libanon), Teheran (Iran) und den Vereinigten Arabischen Emiraten nach Erewan. Alle anderen Verbindungen gehen über Moskau mit Weiterflug am nächsten Tag. *Aeroflot* bietet Linienflugdienste über Moskau (tgl. von Frankfurt und Wien sowie viermal wöchentlich von Zürich), nach Erewan (zweimal wöchentlich). Man sollte bedenken, daß es angesichts der angespannten innerpolitischen Lage in Armenien immer wieder vorkommt, daß Flüge zwischen Moskau und Erewan storniert werden müssen, weil keine Landeerlaubnis in Erewan erteilt wird. Benzinknappheit, hohe Flugpreise und geringe Nachfrage haben dazu geführt, daß der Flugverkehr innerhalb der GUS abgenommen hat.
Durchschnittliche Flugzeiten: *Paris* – Erewan: 4 Std. 30; *Moskau* – Erewan: 3 Std.
Internationaler Flughafen: *Zvartnots* (EVN), 14 km von Erewan. Busse und Taxis fahren zur Stadtmitte. Aufgrund der Benzinknappheit ist der Busverkehr eingeschränkt, und es gibt weniger Taxis.
BAHN: Es gibt Verbindungen in die Türkei und den Iran sowie nach Georgien und Aserbaidschan. Aufgrund der Krisensituation sind derzeit nur die Strecken nach Georgien und Iran in Betrieb, Stromausfälle und politische Unruhen beeinträchtigen den Verkehr. Zudem muß mit Raubüberfällen gerechnet werden. Das Schienennetz umfaßt 820 km.
BUS/PKW: Es gibt nur eine Verbindungsstraße in den Iran, sie wird hauptsächlich für den Frachtverkehr genutzt. Die Straße von Erewan in die georgische Hauptstadt Tbilisi gilt als unsicher. Die Türkei ist auf dem Straßenweg nicht zu erreichen.

REISEVERKEHR - National

FLUGZEUG: Erewan hat einen kleinen Inlandflughafen, der eingeschränkte Flugdienste innerhalb Armeniens bietet. Benzinknappheit ist ein großes Problem.
BUS/PKW: Es gibt insgesamt 10.200 km Straßen, von denen 9500 km asphaltiert sind. Der Straßenzustand ist oft auch auf Hauptverbindungsstraßen sehr schlecht. Benzin und Diesel sind knapp und teuer, was sich auch auf den früher sehr billigen und guten öffentlichen Nah- und Fernverkehr auswirkt. Es ist üblich, nicht nur Taxis, sondern auch Pkws anzuhalten, um um Mitfahrgelegenheit zu bitten. Angesichts der steigenden Kriminalitätsrate empfiehlt es sich allerdings, nur offizielle Taxis zu benutzen. **Busse** verbinden die größeren Städte.
STADTVERKEHR: Erewan hat ein kleines U-Bahnnetz. Es verkehren Busse und Oberleitungsbusse, Fahrpläne werden jedoch nicht immer eingehalten. Taxis findet man vor allem in der Stadtmitte. Mietwagen mit Chauffeur sind über inoffizielle Beziehungen erhältlich, aber entsprechend teuer. Nach Einbruch der Dunkelheit gibt es keine Straßenbeleuchtung.

UNTERKUNFT

HOTELS: In Erewan gibt es einige große Hotels, deren Standard etwa dem internationaler 3-Sterne-Hotels entspricht. Das Hotel Armenia ist in armenisch-deutscher Hand, die Stromversorgung ist durch eigene Generatoren gesichert. Die Bezahlung erfolgt ausschließlich in Devisen. Das Hotel Hrazdan, das ebenfalls einen Generator hat, beherbergt mehrere diplomatische Vertretungen, ist in staatlicher Hand und wird vornehmlich zur Unterbringung von Staatsgästen genutzt. Einzelreisende können hier jedoch ebenfalls mit besonderer Genehmigung unterkommen. Das Hotel Dwin bietet seinen Gästen eine Telefonverbindung per Satellit an.
CAMPING: Campingmöglichkeiten sind nicht vorhanden.

URLAUBSORTE & AUSFLÜGE

Anmerkung: Obwohl die Benzinknappheit das Reisen in Armenien erschwert, bestehen aus Sicherheitsgründen für Reisende zur Zeit keine Bedenken; die östlichen Randgebiete der Republik im Grenzbereich zu Aserbaidschan sollten gemieden werden. Die im folgenden Abschnitt beschriebenen Sehenswürdigkeiten liegen in Regionen, die vom Kriegsgeschehen nicht betroffen sind und mit größter Wahrscheinlichkeit auch künftig nicht in die Auseinandersetzungen hineingezogen werden. Dennoch sollte man sich vorher beim Auswärtigen Amt in Bonn, dem Außenministerium in Wien bzw. dem EDA in Bern über die aktuelle Lage informieren.
Zahlreiche imposante Baudenkmäler sind Zeugnis der jahrtausendealten Kultur der Armenier. Großartige Kuppelbauten und Basiliken findet man überall in diesem Gebirgsland. Die armenisch-christliche Kunst erlebte ihre Blütezeit im 4.-11. Jahrhundert.
Erewan: Die armenische Hauptstadt an den Ufern des Razdan ist eine der ältesten Städte der Welt und wurde vor annähernd 2800 Jahren gegründet. Leider wurden große Teile der Altstadt in den dreißiger Jahren abgerissen, um, wie behauptet wird, den Sicherheitskräften die Überwachung zu erleichtern. Die neuen Gebäude sind meist in dem für Armenien typischen braun-rosafarbenen Tuffstein erbaut. An klaren Tagen kann man jenseits der türkischen Grenze die beiden Gipfel des Bergs Ararat sehen, wo angeblich die Arche Noah nach der Sintflut strandete. Das *Matenadaran* in der Stadtmitte beherbergt eine Sammlung der ältesten Manuskripte der Welt. Sehenswürdig ist auch die *Kirche der Heiligen Hripsime*. Das *Historische Museum* erlaubt einen Einblick in die armenische Geschichte und Kunstgeschichte. Eine Sammlung von Werkzeugen, die Ausstellungsstücke aus der Stein- und Eisenzeit bis zum 19. Jahrhundert umfaßt, ist besonders interessant.
Etschmiadsin, von 180-340 Hauptstadt des Landes, liegt ca. 20 km von Erewan entfernt und gilt als religiöses Zentrum Armeniens. Die *Kathedrale von Etschmiadsin* ist ein Paradebeispiel klassischer armenischer Architektur. Sie wurde 303 n. Chr. erbaut und ist eine der ältesten christlichen Kirchen der Welt, in welcher heute noch Messen abgehalten werden. Unter den Schätzen der Kathedrale befindet sich auch ein Stück Holz der Arche Noah – so heißt es wenigstens. Die Kirchen in **Ripsime** (618 erbaut), **Gayane** (630) und **Shogakat** (1694) sind ebenfalls sehenswert. Unweit von Etschmiadsin in **Zvartnots** befinden sich die Ruinen der *St. Georgskirche*, die im 7. Jahrhundert errichtet wurden und von legendärer Schönheit gewesen sein sollen. Das *Kloster Geghard* (35 km östlich von Erewan) liegt in einer steilen, steinigen Schlucht und ist eine der eindrucksvollsten Sehenswürdigkeiten des Landes. Die Kirchen des Klosterkomplexes, die aus dem 13. Jahrhundert stammen, sind in ihrem Inneren mit wundervollen Schnitz- und Steinmetzarbeiten bestückt. In einer der Kapellen, die aus massivem Stein direkt aus dem Fels gehauen ist, fließt eine heilige Quelle. In **Garni**, im grünen Tal des Azat-Flusses an der Straße zwischen Geghard und Erewan, steht ein heidnischer Sonnentempel, der im 1. Jahrhundert n. Chr. auf Befehl des Königs Thiridates I. erbaut wurde. Ein Erdbeben zerstörte 1679 den Tempel, der jedoch 1978 völlig restauriert wurde. Garni ist das einzige hellenische Bauwerk auf dem Gebiet der ehemaligen Sowjetunion und bietet eine herrliche Aussicht auf das zauberhafte Tal. Ein römisches Badehaus mit einem gut erhaltenen Mosaikfußboden wurde vor kurzem ganz in der Nähe ausgegraben. Im 53 km von Erewan entfernten **Sardarapat** steht eine Gedenkstätte, die 1968 zur Erinnerung an den Sieg der Armenier über die türkische Macht 1918 erbaut wurde. Architektonische Monumente und faszinierende Skulpturen machen ihren Reiz aus. Bei klarer Witterung kann man den **Sevan-See** schon von weitem sehen. Er liegt rund 70 km von Erewan entfernt. Die herrlichen Strände und sein klares Wasser machen diesen größten See im Kaukasus zu einem idealen Ausflugsziel. Durch unüberlegte hydroelektrische Projekte und Irrigation in den siebziger Jahren hat sich leider der Wasserspiegel bis zu 16 m gesenkt und stellt ein Umweltproblem für die Region dar, da Flora und Fauna stark in Mitleidenschaft gezogen werden. **Sevan** am Nordufer des Sees war einer der beliebtesten Badeorte zu Sowjetzeiten. Heute hofft man auf Auslandsinvestitionen und neue Gäste aus dem In- und Ausland. Geschichtsbewußte werden sich für das *Kloster Sevan* interessieren (9. Jahrhundert). Einst soll es als Exil für in Ungnade gefallene armenische Adelige gedient haben. Nördlich von Sevan, weiter im Bergland, liegt der beliebte Kurort **Dilizan**. Die gesamte Region soll für den Tourismus erschlossen und mehrere Ski- und Kurorte errichtet werden; die Infrastruktur muß jedoch noch entsprechend ausgebaut werden. Das *Kloster Agartsin*, nur wenige Kilometer östlich von Dilizan, war eines der wichtigsten Kulturzentren im Mittelalter. Dieses architektonische Meisterwerk ist eines der wenigen Bauwerke, die aus dieser Zeit (10.-13. Jh.) vollständig erhalten geblieben sind. Das prächtige Refektorium ist besonders imposant. *Kloster Goschawank* (25 km von Dilizan) beherbergt wunderbare Beispiele der kunstfertigen Steinmetzarbeiten, für die die Region im Mittelalter berühmt war. Die Festung *Amberd* auf dem Berg Aragats (50 km von Erewan) ist wie geschaffen für ein Picknick.

SOZIALPROFIL

ESSEN & TRINKEN: Gegrilltes Kalbfleisch und Lammsuppe mit Pinienkernen gehören zu den Spezialitäten der armenischen Küche. Bevor die Auswirkungen der Wirtschaftsblockade spürbar wurden, hatten sich in Armenien gerade die Anfänge einer Restaurant- und Café-Kultur abgezeichnet. Straßenstände und private Gasthäuser konkurrierten mit den farblosen staatlichen Restaurants, die für die Sowjetunion typisch waren. Die hier aufgezählten Gerichte sind in Privathäusern und einigen Restaurants zu bekommen, wenn auch viele Hotels und Restaurants noch die fettige, weniger exotische Küche der Sowjetjahre anbieten. Gegenwärtig sind allerdings sämtliche Nahrungsmittel knapp, es fehlt oft selbst am Brot. Lammfleisch ist traditionell Bestandteil vieler armenischer Gerichte und wird oft gegrillt oder als Schaschlik mit Fladenbrot serviert. Lamm ist auch als Suppengrundlage beliebt, vor allem in der *Bozbash*, die in unzähligen Variationen auftritt, oder als Eintopf, oft in Verbindung mit Obst und Nüssen. In der Nähe der meisten Schaschlik-Stände baumeln frischgeschlachtete Schafskadaver, die Frische des auf dem Grill brutzelnden Fleisches überzeugt wohl auch den Kritiker. Eine Mahlzeit fängt oft mit einer großen Platte kalter Vorspeisen an, darunter mit Reis und Fleisch gefüllte Paprikaschoten und Weinblätter, eingelegtes und frisches Gemüse, salziger weißer Schafskäse, der mit frischen grünen Kräutern und Fladenbrot gegessen wird, sowie verschiedene Sorten *Basturma* (Pökelfleisch). Getrockneten Aprikosen aus dem Kaukasus werden fast magische gesundheitsfördernde Eigenschaften zugeschrieben. Eine weitere Nachtisch-Spezialität wird aus eingedicktem Traubensaft hergestellt: dieser wird in verfestigter Form um verschiendene Nüsse gewickelt. Die *Ischkan*-Forelle aus dem Sevan-See wird als besondere Delikatesse gepriesen, sie ist heute allerdings nur noch selten erhältlich. **Getränke:** Die Produktion armenischer Weine und Weinbrände wurde in den achtziger Jahren im Zuge von Gorbatschows Anti-Alkohol-Kampagne stark eingeschränkt. Einheimische erzählen Besuchern aber heute noch gern, daß Winston Churchill armenischen Weinbrand dem französischen vorzog, nachdem er ihn auf der Jalta-Konferenz erstmalig gekostet hatte. Nach der Traubenernte wird in Armenien an zahlreichen Straßenständen sprudelnder, leicht fermentierter Traubensaft verkauft. Kaffee wird stark, schwarz und in kleinen Tassen angeboten.
NACHTLEBEN: Stromknappheit und Wirtschaftskrise haben das Nachtleben sehr eingeschränkt. Von den zahlreichen Amateurgruppen, 14 professionellen und 25 halbprofessionellen Theaterensembles sind nur wenige übriggeblieben. In Erewan befindet sich eine große Konzerthalle, die momentan kaum genutzt wird.
EINKAUFSTIPS: Diverse Kunstgewerbeartikel aus Seide, Keramik und Holz sowie Gemälde werden in Erewaner Galerien verkauft. Antiquitäten wie Ikonen, Läufer und Teppiche sind sehr teuer und können nur mit einer besonderen Genehmigung exportiert werden. Diese erhält man nur, wenn der Kauf in einem offiziellen Laden und nicht auf einem Markt oder von einer Privatperson getätigt wurde.
VERANSTALTUNGSKALENDER: Mai - Sept. *Musikfestival*, Erewan. **Okt.** *Transkaukasische Melodien*, Erewan.
SITTEN & GEBRÄUCHE: Das gesellschaftliche Leben spielt sich im eigenen Heim ab, Einladungen werden gern ausgesprochen. Armenier sind großzügig und gastfreundlich. Gästen werden trotz aller Knappheit üppige Mahlzeiten vorgesetzt, und ein ums andere Mal werden die Gläser auf das Wohl der Gäste geleert. Eine kleine Aufmerksamkeit wie Blumen, Schokolade oder eine Flasche Importwein ist gern gesehen. Zur Begrüßung gibt man sich die Hand. Visitenkarten werden nicht nur bei geschäftlichen Treffen, sondern generell auch häufig bei der ersten Begegnung mit jemandem überreicht. Die Gespräche kreisen zwangsläufig um die Politik, jedoch ist Zurückhaltung angebracht. Angesichts der steigenden Kriminalität sollte man Wertgegenstände nicht »zur Schau stellen«.
Trinkgeld: Personal in Restaurants erwartet Trinkgeld, zum Teil schon im voraus. Fahrpreise in Taxis sollten grundsätzlich vor der Abfahrt vereinbart werden. Dabei wird der Fahrer oft zunächst einen völlig überhöhten Preis nennen in der Erwartung, daß alle Ausländer reich sind und ohnehin keine Ahnung

Armenien

haben, wieviel verlangt werden kann. Es ist daher ratsam, sich im voraus über die üblichen Tarife zu informieren. Gleiches gilt für Marktstände usw.

WIRTSCHAFTSPROFIL

WIRTSCHAFT: Durch die Blockade des Nachbarstaates Aserbaidschan wurde die auf Importe angewiesene armenische Wirtschaft in eine schwere Krise gestürzt. Lebenswichtige Lieferungen von Lebensmitteln, Heizöl und Benzin wurden an der aserbaidschanisch-armenischen Grenze aufgehalten, so daß die armenische Regierung schließlich Anfang 1992 den Notstand ausrufen mußte. Anlaß waren die andauernden Auseinandersetzungen um die umkämpfte armenische Exklave Nagornij-Karabach. Die Unruhen in Georgien haben die Situation noch verschärft und die lebenswichtige Erdgasversorgung über die dortige Pipeline mehrmals unterbrochen. Erdgaslieferungen aus Turkmenistan sind zu geringfügig, um eine Versorgung zu gewährleisten. Die Ausbeutung der vor wenigen Jahren entdeckten Gas- und Erdölvorkommen wird dieses Problem vermutlich in der Zukunft lösen. Die kontinuierlich sinkende Produktivität spiegelt sich auch in der zunehmenden Arbeitslosigkeit wider. Schätzungen zufolge lebten 1991 fast 70% der Bevölkerung unter der Armutsgrenze. Hunderttausende haben das Land bereits auf der Suche nach Arbeitsplätzen verlassen. Die Inflationsrate betrug 1992 800%, die Preissteigerungsrate 1993 über 1800%. Der wachsende Privatsektor kann diesen Trend eventuell günstig beeinflussen. Der Kupfererzbergbau ist einer der wichtigsten Industriezweige, daneben gibt es auch bedeutende Bauxit-, Zink- und Molybdänvorkommen sowie Gold und Marmor. Nahrungsmittel-, Textil- und chemische Industrie sowie Aluminiumherstellung sind ebenfalls von Bedeutung. Die Fertigungswirtschaft konzentriert sich vor allem auf den Maschinenbau. Die Produktivität wird durch die häufigen Stromausfälle beeinträchtigt. Im Juli 1995 wurde ein Atomkrafwerk wiedereröffnet, welches zur Verbesserung der Energieversorgung beitragen soll. Im Rahmen eines Reformprogramms in Absprache mit dem Internationalen Währungsfonds macht die Privatisierung von Industriebetrieben Fortschritte. Die Reprivatisierung der landwirtschaftlichen Betriebe ist schnell vorangeschritten, angebaut werden hauptsächlich Gemüse, Tabak und Wein. Armenien lieferte früher 60% des Gesamtbedarfs der ehemaligen UdSSR an Pflanzenöl. Eingeführt werden vor allem Verbrauchsgüter und Energieträger. Armenien ist einer der 11 Unterzeichnerstaaten des Schwarzmeerabkommens, das die verstärkte Zusammenarbeit auf wirtschaftlicher und politischer Ebene zwischen den Anrainerstaaten vorsieht. Anfang 1993 schlossen Armenien und die Russische Föderation ein Abkommen über die gegenseitige Zusammenarbeit, das auch die Hilfe Moskaus bei der Stromversorgung sowie der Deckung des Lebensmittel- und Energiebedarfs umfaßt.

GESCHÄFTSVERKEHR: Kontaktadressen: *Bundesverband der Deutschen Industrie, Ost-Ausschuß der Deutschen Wirtschaft,* Gustav-Heinemann-Ufer 84-88, D-50968 Köln. Tel: (0221) 370 84 17. Telefax: (0221) 37 05 40.
Wirtschaftskammer Österreich, Außenwirtschaftsorganisation, Osteuropareferat, Wiedner Hauptstraße 63, A-1045 Wien. Tel: (0222) 5 01 05-4322. Telefax: (0222) 5 02 06-255.
Die wirtschaftlichen Interessen Österreichs werden von der Außenhandelsstelle der Wirtschaftskammer Österreich in Moskau vertreten (s. Russische Föderation).
Interessengemeinschaft Schweiz-GUS, Postfach 690, c/o SHIV (Vorort), CH-8034 Zürich. Tel: (01) 382 23 23. Telefax: (01) 382 23 33.
Armenintorg (Amenische Außenwirtschafts- und Außenhandelsgesellschaft), Ul. H. Kochar 25, 375012 Erewan. Tel: (08852) 22 43 10. Telefax: (08852) 22 00 34.
Industrie- und Handelskammer der Republik Armenien, Ul. Alevardyana 39, 375010 Erewan. Tel: (08852) 56 53 58. Telefax: (08852) 56 50 71.
Ministerium für Außenwirtschaftsbeziehungen, Pl. Respubliki 2, 373010 Erewan. Tel: (08852) 52 05 79.
Handelsministerium, Ul. V. Terjana 69, 375009 Erewan. Tel: (08852) 56 25 91.

KLIMA

Kontinentalklima mit heißen trockenen Sommern und kalten Wintern. Die Durchschnittstemperatur im Januar beträgt -6°C, im Juli 25°C. Über 90% der Fläche liegen mehr als 900 m über dem Meeresspiegel.

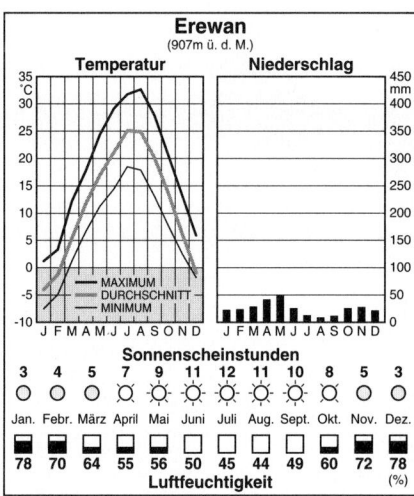

Aruba

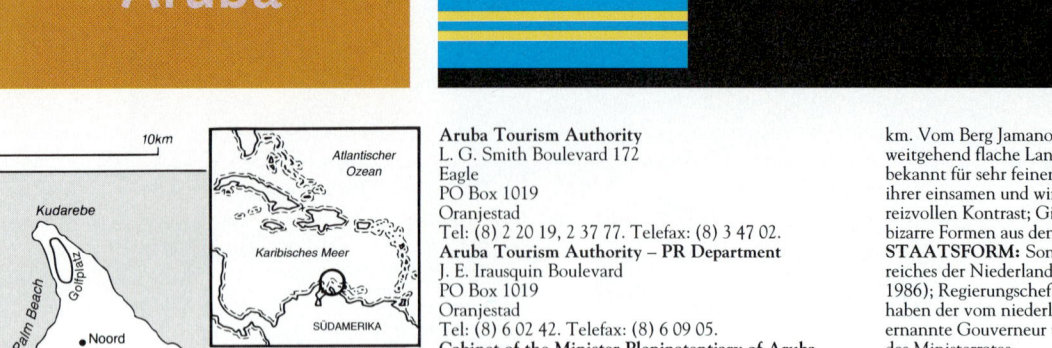

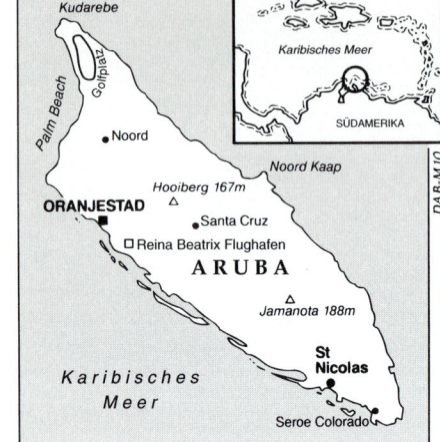

Lage: Südliche Karibik, Leeward-Inseln.

Verkehrsbüro Aruba
Postfach 1948
D-50209 Frechen
Tel: (02234) 27 30 37. Telefax: (02234) 27 30 50.
Mo-Do 09.00-12.30 und 13.00-17.00 Uhr, Fr 09.00-12.30 und 13.00-15.30 Uhr.

Aruba Tourism Authority
L. G. Smith Boulevard 172
Eagle
PO Box 1019
Oranjestad
Tel: (8) 2 20 19, 2 37 77. Telefax: (8) 3 47 02.
Aruba Tourism Authority – PR Department
J. E. Irausquin Boulevard
PO Box 1019
Oranjestad
Tel: (8) 6 02 42. Telefax: (8) 6 09 05.
Cabinet of the Minister Plenipotentiary of Aruba
R. J. Schimmelpennicklaan 1
NL-2517 JN Den Haag
Tel: (070) 356 62 00. Telefax: (070) 345 14 46.
Aruba hat keine eigenen diplomatischen Vertretungen außerhalb der Niederlande. In anderen Ländern werden Arubas Interessen von den niederländischen Botschaften und Konsulaten wahrgenommen (Adressen s. Niederlande).
Deutsches Honorarkonsulat
Caya G. F. (Betico) Groes 42
Oranjestad
Tel: (8) 3 29 39, 2 17 67. Telefax: (8) 3 55 00.
Österreich und die Schweiz unterhalten keine Vertretungen auf den Niederländischen Antillen, zuständig sind die Botschaften in Den Haag (s. Niederlande).

FLÄCHE: 184 qkm.
BEVÖLKERUNGSZAHL: 81.507 (1995).
BEVÖLKERUNGSDICHTE: 443 pro qkm.
HAUPTSTADT: Oranjestad. **Einwohner:** 19.800 (1986).
GEOGRAPHIE: Die holländischen Leeward-Inseln, auch ABC-Inseln genannt, bestehen aus Aruba, Bonaire und Curaçao. Aruba, die kleinste und westlichste dieser Inseln, ist zugleich das letzte Glied in der Inselkette der Antillen. Die Insel liegt 30 km von der Küste Venezuelas entfernt, ist 30 km lang und nirgends breiter als 9 km. Vom Berg Jamanota (188 m) blickt man auf eine weitgehend flache Landschaft herab. Palm Beach ist bekannt für sehr feinen, weißen Sand. Die Ostküste mit ihrer einsamen und windigen Felsenküste bietet einen reizvollen Kontrast; Gischt und Wellen haben hier bizarre Formen aus den Felsen gespült.
STAATSFORM: Sonderstatus innerhalb des Königreiches der Niederlande (innere Unabhängigkeit seit 1986); Regierungschef: J. H. A. Eman. Regierungsgewalt haben der vom niederländischen Staatsoberhaupt ernannte Gouverneur und die 21 gewählten Mitglieder des Ministerrates.
SPRACHE: Offizielle Landessprache ist Holländisch. Englisch und Spanisch werden auch viel gesprochen. Daneben Papiamento, eine Mischung aus Holländisch, Spanisch, Portugiesisch, Englisch und indischen Sprachen. Einige Inselbewohner sprechen sogar etwas Deutsch.
RELIGION: 80% der Bevölkerung sind römisch-katholisch.
ORTSZEIT: MEZ - 5 (im Sommer MEZ - 6).
NETZSPANNUNG: 110 V, 60 Hz.
POST- UND FERNMELDEWESEN: Telefon:

TIMATIC INFO-CODES

Abrufbar über Ihr CRS-System (für START/Amadeus Ama-Maske benutzen). Für Galileo bitte TI-DFT eingeben (mit Bindestrich).

Flughafengebühren	TI DFT/ AUA /TX
Währung	TI DFT/ AUA /CY
Zollbestimmungen	TI DFT/ AUA /CS
Gesundheit	TI DFT/ AUA /HE
Reisepassbestimmungen	TI DFT/ AUA /PA
Visabestimmungen	TI DFT/ AUA /VI

Aruba

auch mit einer Wählerkarte, Geburtsurkunde oder anderen Identitätsnachweisen einreisen können.
VISUM: Angehörige aller Nationalitäten können unter Vorlage einer Rück- oder Weiterfahrkarte bis zu 14 Tage ohne Visum auf Aruba als Touristen bleiben. Es besteht eine Verlängerungsmöglichkeit vor Ort (s. u.). Für Staatsangehörige von Ägypten, Äthiopien, Afghanistan, Bahrain, China (VR), der Dominikanischen Republik, Haiti, Irak, Iran, Jemen, Jordanien, Kambodscha, Katar, Korea-Nord, Kuba, Kuwait, Libyen, Marokko, Mauritius, der Mongolei, Myanmar, Oman, Pakistan, Peru, Saudi-Arabien, dem Sudan, Syrien, Tunesien, den Vereinigten Arabischen Emiraten und Vietnam gilt dies jedoch nur, wenn sie seit mindestens fünf Jahren in einem Land ansässig sind, dessen Bürger von der Visumpflicht ausgenommen sind. [1] Staatsbürger von Belgien, Luxemburg und den Niederlanden können sich bis zu 90 Tage in Aruba als Touristen aufhalten. Bei der Einreise wird ggf. ein Nachweis über ausreichende Geldmittel für die Dauer des Aufenthaltes verlangt. Für Aufenthalte von über 14 Tagen ist eine vorläufige Aufenthaltsgenehmigung der *Directie Openbare Orde en Veiligheid* (Adresse s. u.) erforderlich. Der Antrag kann bei der Einreise gestellt werden. [2] Alle Geschäftsreisenden brauchen eine vorherige Genehmigung der *Directie Openbare Orde en Veiligheid* (D.O.O.V.), Torenstraat 11, San Nicolas, Aruba. Tel: (8) 4 33 22.

GELD

Währung: 1 Aruba-Florin (AFl) = 100 Cents. Banknoten sind im Wert von 250, 100, 50, 25, 10 und 5 AFl in Umlauf; Münzen im Wert von 5 und 1 AFl sowie 100, 50, 25, 10 und 5 Cents.
Geldwechsel: Der US-Dollar ist gängiges Zahlungsmittel.
Wechselkurse

	AFl Sept. '92	AFl Febr. '94	AFl Jan. '95	AFl Jan. '96
1 DM	1,28	1,03	1,16	1,25
1 US$	1,79	1,79	1,79	1,79

Devisenbestimmungen: Unbegrenzte Ein- oder Ausfuhr von Fremdwährungen. Außerhalb Arubas ist die Landeswährung nicht zu wechseln.
Öffnungszeiten der Banken: Mo-Fr 08.00-12.00 und 13.30-16.00 Uhr.

DUTY FREE

Die folgenden Artikel können von Personen über 18 Jahren zollfrei nach Aruba eingeführt werden:
200 Zigaretten oder 100 Zigarren oder 250 g Tabak;
1 l alkoholische Getränke;
250 ml Parfüm (wird mehr eingeführt, ist die gesamte Menge zollpflichtig);
Geschenke bis zu einem Wert von 100 Florin.

GESETZLICHE FEIERTAGE

1. Mai '96 Tag der Arbeit. **16. Mai** Christi Himmelfahrt. **25./26. Dez.** Weihnachten. **1. Jan. '97** Neujahr. **25. Jan.** Gedenktag an den Staatsmann G. F. Croes. **12. Febr.** Karneval. **18. März** Nationalfeiertag. **28.-31. März** Ostern. **30. April** Geburtstag der Königin. **1. Mai** Tag der Arbeit. **8. Mai** Christi Himmelfahrt.

GESUNDHEIT

In der folgenden Tabelle aufgeführte Impfvorschriften können sich kurzfristig ändern. Es wird stets empfohlen, auf Ihrem CRS-System (TIMATIC-Info-Code-Fenster in diesem Kapitel) den aktuellen Stand der Gesundheitsbestimmungen abzurufen bzw. rechtzeitig vor der Reise ärztlichen Rat einzuholen.

	Vorsichtsmaßnahmen empfohlen	Impfschein erforderlich
Gelbfieber	Nein	-
Cholera	Nein	Nein
Typhus & Polio	Nein	-
Malaria	Nein	-
Essen & Trinken	1	-

[1]: Leitungswasser ist im allgemeinen unbedenklich. Milch ist pasteurisiert; Milchprodukte sind daher ebenso zum Verzehr geeignet wie einheimisches Fleisch, Geflügel, Meeresfrüchte, Obst und Gemüse.
Gesundheitsvorsorge: Das Horacio-Oduber-Krankenhaus hat ausgezeichnete medizinische Einrichtungen, und in vielen Hotels gibt es einen Bereitschaftsarzt. Der Abschluß einer Reisekrankenversicherung wird empfohlen. Die neue Posada-Klinik bietet u. a. Hämodialyse-Behandlungen.

REISEVERKEHR - International

FLUGZEUG: Arubas nationale Fluggesellschaft heißt *Air Aruba* (FQ). *KLM Royal Dutch Airlines* bietet Direktflüge nach Oranjestad über Amsterdam u. a. von Frankfurt/M., Wien und Zürich. An bestimmten Tagen wird in St. Maarten zwischengelandet. Ferner 2 x wöchentlich Flugdienste mit *Viasa*: Zürich – Frankfurt – Caracas – Aruba. Charterflüge von Aruba zu anderen Karibikinseln bzw. südamerikanischen Destinationen werden von

---

Selbstwählferndienst. **Landesvorwahl: 297.** Außerhalb der Hauptstadt müssen internationale Telefongespräche bei der Vermittlung angemeldet werden. **Telex/Telegramme:** Dieser Service wird im Telegrafen- und Funkbüro angeboten, das sich im Postgebäude in Oranjestad befindet. Diese Einrichtungen sind auch im *SETAR* vorhanden. Postämter sind von 07.30-12.00 und von 13.00-16.30 Uhr geöffnet. In den meisten Hotels können Gäste ebenfalls Telexe, Faxbriefe und Telegramme aufgeben.

DEUTSCHE WELLE
Der Einsatz der Kurzwellenfrequenzen ändert sich mehrfach im Laufe eines Jahres, und Sendungen auf den folgenden Frequenzen werden jeweils nur zu bestimmten Tageszeiten ausgestrahlt. Näheres in der Einleitung.

MHz	17,765	15,275	13,790	11,785	9,735
Meterband	16	19	22	25	31

REISEPASS/VISUM

Wichtiger Hinweis: Die Einreisebestimmungen mancher Länder können sich kurzfristig ändern – rufen Sie sicherheitshalber auf Ihrem CRS-System (TIMATIC-Info-Code-Fenster in diesem Kapitel) den aktuellen Stand ab bzw. wenden Sie sich an die zuständige diplomatische Vertretung. Etwaige Zahlen in der Tabelle beziehen sich auf nachfolgende Fußnoten.

	Paß erforderlich?	Visum erforderlich?	Rückflugticket erforderlich?
Deutschland	Ja	Nein/2	Ja
Österreich	Ja	Nein/2	Ja
Schweiz	Ja	Nein/2	Ja
Andere EU-Länder	Ja	Nein/1/2	Ja

REISEPASS: Allgemein erforderlich, ausgenommen sind Staatsangehörige von Kanada und den USA, die

Aruba

Air Aruba und Oduber Aviation angeboten.
Durchschnittliche Flugzeiten: *Amsterdam* – Oranjestad: 9 Std; *Frankfurt/Zürich/Wien* – Oranjestad: 10 Std. (über Amsterdam); *Frankfurt/Zürich/Wien* – Oranjestad (über Amsterdam mit Zwischenlandung in St. Maarten): 12 Std; *Los Angeles* – Oranjestad: 10 Std. und *New York* – Oranjestad: 4 Std.
Internationaler Flughafen: Reina Beatrix (AUA) liegt 5 km südöstlich von Oranjestad. Flughafeneinrichtungen: Bank (*Aruba Bank Airport*, tgl. 08.00-16.00 Uhr), Bar (in der Abflughalle), Mietwagenschalter, Cafeteria, Restaurants (11.00-22.30 Uhr), Duty-free-Shop und andere Läden. Taxis verkehren zwischen dem Flughafen und der Stadt; nur begrenzte Busverbindungen. Die Busfahrkarten werden vor Fahrtantritt im Reisebüro gekauft.
Flughafengebühren: 20 US$ pro Passagier, Kinder unter 2 Jahren sind ausgenommen.
FLUGZEITEN von Aruba zu folgenden Bestimmungsorten (ungefähre Angaben in Std. und Min.):

Bonaire	0.40
Curaçao	0.30
Maracaibo	1.00
St. Domingo	2.00
Caracas	0.40
Las Piedras	0.20
Venezuela	0.30
Miami	2.30
New York	4.00

SCHIFF: Da man in Aruba sehr gut und beinahe zollfrei einkaufen kann, ist die Insel ein beliebtes Ziel für Kreuzfahrten.

REISEVERKEHR - National

FLUGZEUG: *Air Aruba* fliegt mehrmals täglich nach Bonaire und Curaçao.
BUS/PKW: Das Straßennetz der Insel ist ausgezeichnet. Die Beschilderung entspricht internationalem Standard. Mit einem **Mietwagen** lernt man die Insel wahrscheinlich am besten und bequemsten kennen. Fast alle großen Autoverleihfirmen (*Hertz, Avis, National* und *Budget*) sowie einige einheimische Firmen sind vertreten. Hotels sind bei der Mietwagenvermittlung gern behilflich, Mindestalter: 23 Jahre. Man kann auch Motorroller, Mopeds und Fahrräder leihen. **Taxi:** Die Taxizentrale befindet sich in Oranjestad (Pos Abao 41, Tel: (8) 2 21 16. Telefax: (8) 3 69 88). Taxis haben keine Taxameter, die Fahrpreise sind jedoch festgelegt und sollten vor Fahrtantritt erfragt werden. Ein Trinkgeld erwartet der Fahrer nur, wenn er mit schwerem Gepäck behilflich ist.
Bus: Öffentliche Busse verkehren zehnmal täglich zwischen den Städten und den Hotels am Eagle Beach und Palm Beach (außer an Sonn- und Feiertagen). Fahrpläne sind bei Hotels oder im Fremdenverkehrsamt erhältlich.
Unterlagen: Internationaler Führerschein oder Führerschein des eigenen Landes.

UNTERKUNFT

HOTELS: Die meisten Hotels liegen in den Ferienzentren Palm Beach und Eagle Beach und bieten sehr hohen Komfort. Viele dieser luxuriös ausgestatteten Hotels liegen direkt am Strand, haben Swimmingpools, Einkaufsmöglichkeiten, Sportanlagen und abendliche Unterhaltungsprogramme. Hotelpreise sind im Sommer bedeutend niedriger, da sich die Hauptsaison hier über den Winter erstreckt. Manche Reiseunternehmer bieten Pauschalreisen außerhalb der Hauptsaison an. Zu den Hotelpreisen muß man 16,55% Steuer und Bedienung hinzurechnen, auf Speisen 15%. **Kategorien:** De Luxe (Hochhauskomplexe mit guten Einrichtungen, ca. 40% aller Hotels) und 1. Klasse (ca. 60% der Hotels). Weitere Informationen erhalten Sie beim Verkehrsbüro Aruba in Frechen (Adresse s. o.) oder von der *Aruba Hotel and Tourism Association (AHATA)*, PO Box 542, Oranjestad. Tel: (8) 2 26 07, 3 31 88. Telefax: (8) 2 42 02.
FERIENHÄUSER UND -WOHNUNGEN: Insgesamt wenig Auswahl, aber günstige Preise. Es gibt einige Ferienanlagen, vor allem in der Nord-Region. Das Fremdenverkehrsamt erteilt gern weitere Auskünfte, ein Verzeichnis ist dort ebenfalls erhältlich.
PENSIONEN: Es gibt nur wenige Pensionen, die meisten davon in der Nähe von Malmok unweit der großen Hotels. Weitere Informationen vom Fremdenverkehrsamt.

URLAUBSORTE & AUSFLÜGE

Arubas größter Anziehungspunkt sind die zahlreichen Strände: *Arashi Beach* mit seiner faszinierenden Unterwasserwelt (am nordwestlichen Ende der Landzunge California Point), *Spaans Lagoen, Commandeurs Baai* und *Bachelor's Beach* (herrlich für Windsurfer) sowie die Sandbänke am *Baby Beach* und am *Grapefield* (alle an der Südküste). Unweit von Baby Beach, bei Seroe Colorado, liegt *Rodger's Beach*; hier ist die Brandung stärker. Die schönsten Strände an der Nordküste sind *Boca Prins, Dos Playa* und *Andicouri*. Eine der eindrucksvollsten Sehenswürdigkeiten dieser Küstenregion ist die *Natural Bridge*, die von der starken Brandung aus dem Korallenriff herausgewaschen wurde. Als größte natürliche Brücke der Karibik ist sie Arubas bekanntestes Naturwunder. Die Brandung an der Nordküste ist sehr stark, und alle Wetter- und Wasserwarnungen sollten ernstgenommen werden. Normalerweise gibt es jedoch immer irgendwo einen Strand, der sicher ist und dabei allen Anforderungen gerecht wird. Nicht jeder Strand ist einsam und verlassen, *Palm Beach* an der Nordwestküste besteht aus 10 km Sandstrand, Palmen und mehrstöckigen Hotelkomplexen. Am *Eagle Beach*, westlich von *Druif Baai* bis südlich von Palm Beach, überwiegen Flachbauhotels. Wer die Einsamkeit vorzieht, sucht sich einfach einen menschenleeren Strand zum Sonnenbaden aus, es gibt genug davon. Man kann auch in das Landesinnere (*Cunucu*) fahren und das Land der Kakteen, *Divi-Divi*-Bäume, der alten Dörfer und unbeschilderten Wege in der oft geheimnisvollen Landschaft durchstreifen. Die eigenartige Form des Divi-Divi-Baums (auch *Watapanas* genannt) hat ihn zum inoffiziellen Wahrzeichen Arubas gemacht. Durch die südwestlichen Passatwinde sind die Bäume oft in den ungewöhnlichsten Formen gewachsen. Man kann die Insel ohne Schwierigkeiten an einem Tag umrunden. Autos können gemietet werden (s. o. unter *Reiseverkehr*). Sehr beliebt sind Entdeckungsfahrten mit besonders ausgerüsteten Unterseebooten, bei denen man die schillernde Unterwasserwelt hautnah erleben kann. *Atlantis Submarines* (Tel: (8) 3 60 90) bieten Touren durch das eindrucksvolle Korallenriff an der Südküste (Abfahrt stündlich). Ähnliche Fahrten werden mit dem *Seaworld Explorer*, einer Art mobilem Unterwasserobservatorium, durchgeführt. Zu sehen gibt es dabei auch einen gesunkenen deutschen Frachter. Informationen unter der Nummer (8) 60 31.
Pastellfarbene Giebel und eine Windmühle, die Stück für Stück aus Holland importiert wurde und heute ein Restaurant beherbergt (*De Olde Mole*), sind typische Zeugnisse des holländischen Erbes in der Hauptstadt *Oranjestad*. Der täglich stattfindende Markt im *Paardenbaai* (Schonerhafen) bietet Fisch, Obst und Gemüse an. Der Fisch wird direkt vom Boot aus verkauft. Das Historische Museum ist im *Zoutman-Fort* untergebracht, dem ältesten Gebäude der Insel (1796). Der *Willem-Turm* wurde 1868 errichtet. Jeden Dienstag findet im Hof ein Minifestival mit Musik statt, das einen Einblick in die Inselkultur ermöglicht. Besuchenswert sind außerdem das Archäologische Museum, das Geologische Museum und das *Numismatik-Museum*. Oranjestad ist bekannt für seine guten Einkaufsmöglichkeiten, die größte Auswahl bietet die Einkaufsstraße *Caya Betico Croes*.
Das **Bubali-Vogelschutzgebiet** erreicht man von der Hauptstadt über die in das Inland führende nördliche Straße. Special-Interest-Exkursionen in verschiedenen Sprachen werden für archäologisch Interessierte, Vogel- und Naturfreunde durchgeführt, nähere Informationen von Herrn E. Boestra, *Marlin Booster Tracking Inc.*, Tel: (8) 4 50 86, Telefax: (8) 4 15 13 oder Herrn Ferdi Maduro, *Corvalou Tours*, Tel: (8) 3 57 42, 3 04 87. In den einsamen Dünen an der Nordspitze der Insel erhebt sich der *California-Leuchtturm*. Taucher können mit Booten zu einem alten deutschen Frachter fahren, der hier während des 2. Weltkrieges sank; dann kann das Tauchervergnügen beginnen und neben dem Wrack kann man auch große Schwärme exotischer Fische bewundern. Auch die *Kapelle Alto Vista* in Altovista an der Nordküste ist einen Besuch wert.
Es gibt mehrere Höhlensysteme auf Aruba. Die *Fontein-Höhlen* wurden früher von den Arawak-Indianern bewohnt, den Ureinwohnern Arubas. Die Höhlenwände schmücken Malereien, die vermutlich einst indianischen Opferritualen dienten. Wilde Fledermäuse finden in den Höhlen von *Quadirikiri* Unterschlupf. Die besterhaltenen

Aruba

▲ Arubas berühmte »Naturbrücke« bei Sonnenuntergang

indianischen Zeichnungen der Insel sind im *Arikok-Nationalpark* zu sehen.

Fast genau im geographischen Mittelpunkt der Insel liegt die alte Siedlung **Santa Cruz**, in der einst das erste Kreuz der Insel errichtet worden sein soll. Auf der Ebene nordwestlich von Santa Cruz erhebt sich der **Hooiberg** (»Heuhaufenberg«). Einige hundert Stufen führen zum Gipfel (165 m), von dem man bis nach Venezuela sehen kann. Nordöstlich liegt die Ortschaft **Noord**, die für die Kirche der Heiligen Anna bekannt ist. Die älteste Kirche Arubas hat einen wundervoll geschnitzten Eichenaltar. Die Straße von Noord führt zum California-Leuchtturm (s. o.). Nördlich von Santa Cruz, in Richtung Küste,

▼ Karneval feiern in Aruba

führt die Straße nach Ayo an riesigen Felsbrocken vorbei, Zeugen einer geologischen Katastrophe, deren Ursache bis heute ungeklärt ist. Folgt man der Straße weiter, gelangt man nach **Bushiribana**, das zur Zeit des Goldrausches auf Aruba seine Blütezeit erlebte. 1824 wurde hier Gold gefunden und bis zum Ausbruch des 1. Weltkrieges geschürft. Schmelzkessel und -öfen sind erhalten geblieben. Nicht weit davon liegen die Ruinen einer Piratenburg. In **Balashi** im Süden wurde ebenfalls Gold gefunden. Im südöstlichen Teil der Insel liegt Arubas zweitgrößte Stadt, **St. Nicolas**. Hier steht die seit April 1991 wieder eröffnete Ölraffinerie, die einmal zu den größten der Welt gehörte und der Stadt zu Wohlstand verhalf. Im östlich gelegenen **Seroe Colorado**, Heimat der Leguane Arubas, gibt es weitere herrliche Strände.

SOZIALPROFIL

ESSEN & TRINKEN: Auf der Insel wird kaum Obst und Gemüse angebaut. Zu den einheimischen Spezialitäten zählen *Stobà* (Eintopf mit Lamm- oder Ziegenfleisch), *Cala* (fritierte Bohnen), *Pastechi* (fleischgefüllte Pasteten), *Ayacas* (in Blätter gewickelte Fleischröllchen) und *Sopito* (dickflüssige Fischsuppe). Die Auswahl internationaler Gerichte ist groß, und selbst auf Hamburger braucht man nicht zu verzichten. Die bekannten Schnellimbißketten haben auch auf Aruba Filialen.

NACHTLEBEN: Im Autokino und dem einzigen anderen Kino werden die neuesten amerikanischen, europäischen und südamerikanischen Filme gezeigt. Bekannt ist Aruba jedoch vor allem für die Spielkasinos, zehn an der Zahl, die von 11.00 Uhr bis in die frühen Morgenstunden geöffnet sind. Oranjestad bietet außerdem mehrere Diskotheken und Nachtklubs mit Revuen und Live-Shows.

EINKAUFSTIPS: Einkaufen in Aruba ist so gut wie zollfrei, und die Geschäfte führen Waren aus aller Welt. Es lohnt sich, Parfüm, Tischdecken und Bettbezüge, Schmuck, Uhren, Kameras, Kristallglas, Porzellan und andere Luxusartikel einzukaufen. Auch einheimische Handarbeiten sind schöne Mitbringsel. **Öffnungszeiten der Geschäfte:** Mo-Sa 10.00-18.00 Uhr.

SPORT: Das klare, warme Wasser, die gleichbleibend guten Windverhältnisse und die ausgezeichneten Sporteinrichtungen machen die Insel zu einem Paradies für Wassersportler. An der Nordküste liegen die Strände Dos Playa und Andicouri, die besonders zum Wellenreiten geeignet sind. Surfer sollten auf die teilweise recht starke Strömung achten. Auf Surfer spezialisiert sind *Divi Winds* (Tel: (8) 2 14 50), *Pelican Watersports* (Tel: (8) 6 36 00), *Red Sail Sports* (Tel: (8) 6 16 03), *Roger's Windsurfing Place* (Tel: (8) 6 19 18) und *Sailboard Vacations* (Tel: (8) 6 25 27). Das klare Wasser erlaubt eine Sicht bis auf 30 m Tiefe, und das Korallenriff ist ideal zum **Tauchen**, ob in voller Ausrüstung oder einfach mit Schwimmflossen und Taucherbrille. Tauch- und Wassersportausrüstungen können von *De Palm Watersports* (Tel: (8) 2 45 45), *Pelican Watersports* (Tel: (8) 3 12 28) und *Red Sail Sports* (Tel: (8) 6 16 03) gemietet werden. Hotels können ebenfalls weiterhelfen. Exkursionen werden z. B. von *Aruba Aqua* (Tel: (8) 2 33 80), *Aruba Pro Dive* (Tel: (8) 2 55 20), *Charlie's Buddies* (Tel: (8) 3 48 77), *Dax Divers* (Tel: (8) 3 60 00), *Mermaid Sport Divers* (Tel: (8) 3 55 46), *Native Divers* (Tel: (8) 3 47 42), *Scuba Aruba* (Tel: (8) 3 41 42), *Aruba Scuba Center* (Tel: (8) 2 52 16) und *Unique Watersports of Aruba* (Tel: (8) 2 58 85) angeboten. Schnorchel-Ausrüstungen bekommt man von *Mi Dushi/Tattoo* (Tel: (8) 2 60 34) und *Wave Dancer* (Tel: (8) 2 55 20). Es gibt gute Fischgründe, u. a. für Thunfisch sowie blauen und weißen Fächerfisch. Boote und Ausrüstungen kann man mieten. **Segler** finden ideale Bedingungen in Aruba, organisierte Tages- oder Mondscheinfahrten werden von verschiedenen Veranstaltern durchgeführt: *Aruba Pirate's* (Tel: (8) 25 44 50), *De Palm Tours* (Tel: (8) 2 45 45), *Mi Dushi/Tattoo* (Tel: (8) 2 89 19), *Red Sail Sports* (Tel: (8) 6 16 03), *Wave Dancer* (Tel: (8) 2 55 20), *Andante* (Tel: (8) 4 77 18), *Pelican Watersports* (Tel: (8) 3 12 28). **Parasegeln** ist ebenfalls beliebt. In den großen Hotels stehen neben **Wasserski**-Ausrüstungen auch **Tennisplätze** zur Verfügung. Es gibt eine hochmoderne **Kegelbahn** mit verschiedenen gastronomischen Einrichtungen (*Eagle Bowling Palace* in Pos Abao, Tel: (8) 3 50 58). Der neue 18-Loch-**Golfplatz**, *Tierra del Sol*, gilt als einer der schwierigsten in der ganzen Karibik. Dieser bislang einzige grüne Parcours der Insel liegt im äußersten Norden in der Nähe des California-Leuchtturmes. Ein Minigolfplatz (*Joe Mendez Adventure Golf Course*) ist ebenfalls vorhanden. *Rancho del Campo* (Tel: (8) 5 02 90), *Ponderosa Ranch* (Tel: (8) 2 50 27) und *Rancho El Paso* (Tel: (8) 6 33 10) bieten verschiedene **Reittouren**, auf denen man die Insel erkunden kann. Die von der Ponderosa Ranch organisierten Touren führen auch zu einer verlassenen Goldmine. **Volleyball**, **Fußball** und **Baseball** werden im *Guillermo-Prospero-Trinidad-Sportzentrum* gespielt.

VERANSTALTUNGSKALENDER
29. April - 1. Mai '96 *National Drag Races* (Autorennen mit internationaler Beteiligung). **16. - 19. Mai** ATEX '96 (Tourismusmesse). **21. - 30. Juni** *Aruba Hi-Winds Windsurfing Tournament* (Windsurfing-Weltcupregatta). **24. Juni** *St. John's Day* (Folkloredarbietungen). **21. - 28. Sept.** *Internationales Theaterfestival*. **27. - 29. Okt.** *Internationales Tiefseefischen*. **3. - 17. Nov.** *Catamaran Regatta* (internationales Katamaranrennen). **4./5. Nov.** *Internationale Schlepp-Rennen*, Palo Margo Rennbahn. **5. Dez.** *Nikolausfest*. **9. Febr. '97** Das fröhliche *Karnevalstreiben* mit farbenprächtigen Paraden erreicht am Sonntag vor Aschermittwoch seinen Höhepunkt. **18. März** *Nationalfeiertag* (historisches Fest mit traditioneller Musik und folkloristischen Darbietungen). **April** *Aruba Culinary Exhibition* (gastronomisches Festival). **30. April** *Geburtstag der Königin* (Paraden und Sportveranstaltungen).

SITTEN & GEBRÄUCHE: Die meisten gesellschaftlichen Begegnungen finden in einer ungezwungenen Atmosphäre in den Hotels statt. Einheimische tragen keine Shorts in der Stadt, sind dergleichen aber von Gästen gewöhnt. Badekleidung gehört an den Strand. Zum Ausgehen am Abend zieht man sich oft eleganter an, besonders zum Besuch der Kasinos. **Trinkgeld:** Hotels und Restaurants berechnen zumeist 15% extra für Bedienung. Ein Bedienungsgeld von 10-15% ist angemessen, wo dieser Zuschlag nicht berechnet wird. Taxifahrer erhalten Trinkgeld nur, wenn sie mit dem Gepäck helfen.

WIRTSCHAFTSPROFIL

WIRTSCHAFT: Nachdem 1824 in Balashi Gold entdeckt wurde, war die Goldgewinnung bis 1916 wichtigster Wirtschaftszweig. Die Förderung wurde jedoch schließlich unwirtschaftlich, und die Goldminen verfielen. Die zweitgrößte Stadt Arubas, St. Nicolas, entwickelte sich 1929 nach der Eröffnung der Lago-Ölraffinerie zum Wirtschaftszentrum der Insel. Die einst größte Raffinerie der Welt, die 1985 geschlossen werden mußte, wurde 1991 von einer amerikanischen Firma wiedereröffnet. Umladung und Lagerung werden ebenfalls von einem amerikanischen Unternehmen übernommen. Inzwischen wird in den umliegenden Gewässern nach Öl und Erdgas gebohrt. Der Tourismus (1994 kamen rund 582.000 Gäste auf die Insel) ist inzwischen Hauptdevisenbringer. Die Anzahl der Touristen erhöht sich von Jahr zu Jahr. Die Feriengäste kommen zum größten Teil aus den USA und Venezuela, aber auch aus der Schweiz und aus Deutschland. Neben dem Tourismus spielen der zollfreie Im- und Export sowie die Lagerung von Waren im Freihafen mit seinen Lade- und Dockanlagen eine wichtige Rolle. Außerdem erfolgt hier die Umladung von Erdölprodukten. Die Leichtindustrie beschränkt sich auf die Bereiche Tabakwaren, Getränke und Konsumgüter.

GESCHÄFTSVERKEHR: Geschäftszeiten: Überwiegend Mo-Fr 08.00-12.00 und 13.30-17.00 Uhr. **Kontaktadressen:** *Aruba Chamber of Commerce and Industry*, PO Box 140, Oranjestad. Tel: (8) 2 15 66. Telefax: (8) 3 39 62.

KONFERENZEN/TAGUNGEN: Auskünfte und Planungshilfen erteilen die Aruba Tourism Authority in Oranjestad (Adresse s. o.) sowie folgende Stellen: *Eco Destination Management Services of Aruba*, Ponton 36 F, PO Box 561, Oranjestad. Tel: (8) 2 60 34, 2 17 26. Telefax: (8) 3 10 78 und *De Palm Tours*, L. G. Smith Boulevard 142, Oranjestad. Tel: (8) 2 44 00, 2 44 01. Telefax: (8) 2 30 12.

KLIMA

Der Passat sorgt bei einer durchschnittlichen Temperatur von 28°C für willkommene Abkühlung auf dieser trockenen, sonnigen Insel. Zwischen Oktober und Dezember muß mit kurzen Regenschauern gerechnet werden.

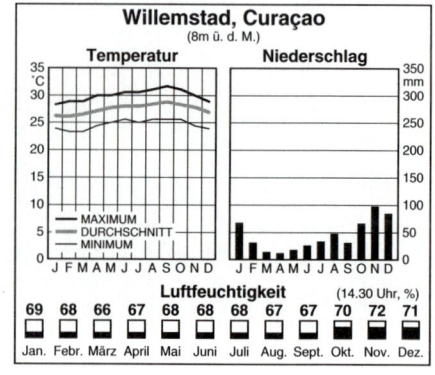

Aserbaidschan

□ Internationaler Flughafen

Lage: Vorderasien.

Anmerkung: Die Beziehungen zum Nachbarland Armenien sind durch die Streitigkeiten um die hauptsächlich von Armeniern bewohnte Enklave Nagornij Karabach weiterhin sehr gespannt; die Auseinandersetzungen haben sich inzwischen auf die Grenzgebiete zu Armenien und den Iran ausgeweitet. Internationale Vermittlungsversuche, darunter ein von der KSZE ausgearbeiteter Friedensplan, haben bisher zu keiner wirklichen Lösung geführt. Der im Mai 1994 in Moskau vereinbarte Waffenstillstand wird weiterhin gebrochen. Grundsätzlich bestehen für Reisen nach Aserbaidschan, insbesondere nach Baku und in die Küstenregion, keine Bedenken. Wie in fast allen Nachfolgestaaten der ehemaligen UdSSR ist die Versorgungslage allerdings schlecht bei ständig steigender Kriminalität. Aufgrund der Krisensituation empfiehlt es sich in jedem Fall, aktuelle Informationen vom Auswärtigen Amt in Bonn, dem Außenministerium in Wien bzw. dem EDA in Bern einzuholen.

Olympia-Reisen
Siegburger Straße 49
D-53229 Bonn
Tel: (0228) 40 00 30. Telefax: (0228) 46 69 32.
Mo-Fr 08.00-18.00 Uhr.
Intourist Service AG
Bleicherweg 15a
CH-8002 Zürich
Tel: (01) 281 11 14. Telefax: (01) 281 11 24.
Mo-Fr 09.00-12.00 und 14.00-18.00 Uhr.
Botschaft der Republik Aserbaidschan
Schloßallee 12
Postfach 210163
D-53179 Bonn
Tel: (0228) 94 38 90, *Konsularabt.*: 943 89 21. Telefax: (0228) 85 86 44.
Mo-Fr 09.00-13.00 und 15.00-18.00 Uhr, *Konsularabt.*: Mo und Do 09.00-12.00 Uhr (Publikumsverkehr); Di und Fr 09.00-12.00 Uhr (für telefonische Anfragen). *(auch für die Schweiz, Niederlande und Luxemburg zuständig)*
Botschaft der Republik Aserbaidschan
Strozzigasse 10

TIMATIC INFO-CODES

Abrufbar über Ihr CRS-System (für START/Amadeus Ama-Maske benutzen). Für Galileo bitte TI-DFT eingeben (mit Bindestrich).

Flughafengebühren	TI DFT/ BAK /TX
Währung	TI DFT/ BAK /CY
Zollbestimmungen	TI DFT/ BAK /CS
Gesundheit	TI DFT/ BAK /HE
Reisepassbestimmungen	TI DFT/ BAK /PA
Visabestimmungen	TI DFT/ BAK /VI

A-1080 Wien
Bei Redaktionsschluß waren weder Telefon-, noch Faxnummer bekannt. Alte Nummern: Tel: (0222) 53 13 73 81. Telefax: (0222) 532 19 39.
Botschaft der Bundesrepublik Deutschland
Ul. Mamedalijew 15
370001 Baku
PO Box N. 28/N. 29
370000 Baku Zentrum
Tel: (012) 98 78 18/19, 98 82 38. Telefax: (012) 98 54 19.
Die diplomatische Vertretung Österreichs und der Schweiz erfolgt durch die Botschaften in Moskau (s. Russische Föderation).

FLÄCHE: 86.600 qkm.
BEVÖLKERUNGSZAHL: 7.391.000 (1994).
BEVÖLKERUNGSDICHTE: 85 pro qkm.
HAUPTSTADT: Baku. **Einwohner:** 1.149.000 (1990).
GEOGRAPHIE: Aserbaidschan liegt an der Schnittstelle zwischen Europa und Asien. Es grenzt an die Russische Föderation, Georgien, Armenien und den Iran. Die Republik Armenien teilt Aserbaidschan in zwei unterschiedlich große Hälften, der kleinere Teil liegt im Westen im Kleinen Kaukasus, der größere erstreckt sich im Osten vom Großen Kaukasus bis zu den Steppen der Muganskaja Ravnina und dem Kaspischen Meer. Die höchsten Erhebungen sind der Schachdag (4243 m) und der G'amysch (3724 m).
STAATSFORM: Republik. Staatsoberhaupt: Präsident Haidar A. Alijew, seit Juni 1993. Regierungschef: Fuad Gulijew. Die Exekutivgewalt liegt beim Nationalrat mit 50 Sitzen. Die alte Verfassung aus Sowjetzeiten ist noch in Kraft. Aserbaidschan ist Mitglied der GUS. Zum Territorium gehören die umkämpfte Enklave Nagornij Karabach und die ehemalige autonome Republik Nachitschewan, die eine eigene Legislative und Exekutive besitzen.
SPRACHE: Amtssprache ist Aserbaidschanisch (seit 1992 latein. Schrift). Russisch, Armenisch und zum Teil Englisch werden ebenfalls gesprochen.
RELIGION: Islam.
ORTSZEIT: MEZ + 2.
POST- UND FERNMELDEWESEN: Telefon: Selbstwählferndienst nach Baku (Ortskennzahl 12) und zu den meisten größeren Orten. **Landesvorwahl:** 944. Einige Landesteile sind nur über das Fernamt zu erreichen. Ferngespräche ins Ausland einschließlich der GUS müssen in Aserbaidschan meist noch über die Vermittlung geführt werden. In einigen Hotels und Postämtern gibt es inzwischen auch Telefonzellen mit Selbstwählferndienst ins Ausland. Die Telefonleitungen sind generell häufig überlastet, und es dauert oft lange, bis eine Verbindung zustande kommt. **Post:** Der internationale Postverkehr ist immer wieder unterbrochen, lange Verzögerungen sind die Regel. Postsendungen sind wochen- oder gar monatelang unterwegs, und Pakete kommen meist beschädigt an. Sendungen per Einschreiben vergrößern die Chancen der Beförderung zum Bestimmungsort, dauern aber im allgemeinen noch länger.
DEUTSCHE WELLE
Der Einsatz der Kurzwellenfrequenzen ändert sich mehrfach im Laufe eines Jahres, und Sendungen auf den folgenden Frequenzen werden jeweils nur zu bestimmten Tageszeiten ausgestrahlt. Näheres in der Einleitung.

| MHz | 21,560 | 15,275 | 13,780 | 11,795 | 9,545 |
| Meterband | 13 | 19 | 22 | 25 | 31 |

REISEPASS/VISUM

Wichtiger Hinweis: Die Einreisebestimmungen mancher Länder können sich kurzfristig ändern - rufen Sie sicherheitshalber in Ihrem CRS-System (TIMATIC-Info-Code-Fenster in diesem Kapitel) den aktuellen Stand ab bzw. wenden Sie sich an die zuständige diplomatische Vertretung. Etwaige Zahlen in der Tabelle beziehen sich auf nachfolgende Fußnoten.

	Paß erforderlich?	Visum erforderlich?	Rückflugticket erforderlich?
Deutschland	Ja	Ja	Nein
Österreich	Ja	Ja	Nein
Schweiz	Ja	Ja	Nein
Andere EU-Länder	Ja	Ja	Nein

Amerkung: Da sich jederzeit Änderungen ergeben können, ist es ratsam, sich vor der Beantragung direkt bei der Botschaft nach den aktuellen Bestimmungen zu erkundigen.
REISEPASS: Allgemein erforderlich.
VISUM: Allgemein erforderlich, ausgenommen sind Staatsbürger der Mitgliedsländer der GUS, sofern sie im Besitz eines gültigen Reisepasses sind. Staatsbürger von Ländern, in denen es keine aserbaidschanische Vertretung gibt, können das Visum direkt am Bakuer Flughafen erhalten.
Visaarten: Touristenvisum (Ausstellung nur bei Vorlage einer Buchungsbestätigung eines aserbaidschanischen Reisebüros); Geschäftsvisum (Ausstellung nur bei Erhalt einer Genehmigung des aserbaidschanischen Außenministeriums, die vom Geschäftspartner in Baku beantragt werden muß); Privatvisum (Ausstellung nur möglich, wenn der Reisende einen zum Besuch lautenden Einladungs-Original aus Baku vorlegen kann); Transitvisum (gültige Einreisepapiere für das Zielland sowie ein Rück- bzw. Weiterflugticket müssen mindestens eine Woche im voraus vorgelegt werden).
Erfolgt die Ein- und/oder Ausreise über Moskau, so ist jeweils zusätzlich zum aserbaidschanischen Einreisevisum ein russisches Transitvisum erforderlich (s. *Russische Föderation*).
Visagebühren: *Geschäftsvisum:* 80 DM; *Privatvisum:* 50 DM; *Touristenvisum:* 60 DM, 40 US$; *Transitvisum:* 40 DM, 20 US$. In der Regel gebührenfrei für Kinder unter 16 Jahren, sofern sie keinen eigenen Reisepaß haben.
Antragstellung: Bei der Botschaft in Bonn (Adresse s. o.).
Unterlagen: (a) 1 Paßfoto. (b) Gültiger Reisepaß. (c) Antragsformular. (d) Zahlungsbeleg über die Gebühr (nur Banküberweisung). Bei postalischer Antragstellung sollte ein frankierter Einschreiben-Rückumschlag (mit Briefmarken im Wert von 4,50/6,50 DM) beigefügt werden. Bei persönlicher Antragstellung empfiehlt sich eine vorherige Terminvereinbarung mit der Konsularabteilung.
Bearbeitungszeit: In der Regel 10 Werktage. In dringenden Fällen ist u. U. auch eine Expreßausstellung möglich.

GELD

Währung: Im August 1992 wurde der Manat eingeführt, der seit 1994 offiziell im Umlauf ist. 1 Manat = 100 Gyapik. Der Manat ist an den Rubel gebunden, 1 Manat = 10 Rubel. Banknoten gibt es im Wert von 10.000, 1000, 500, 250, 100, 50, 10 und 5 Manat. Münzen im Wert von 50, 10, 5 und 1 Gyapik.
Es empfiehlt sich, für die Bezahlung von Hotelrechnungen, für Flug- und Bahnfahrkarten US-Dollar in kleinen Scheinen bereitzuhalten.
Kreditkarten werden nur begrenzt in internationalen Hotels, einigen Restaurants und Touristenläden akzeptiert. Bargeldzahlung wird generell vorgezogen. Einzelheiten vom Aussteller der betreffenden Kreditkarte.
Geldwechsel: US-Dollar und DM werden fast überall angenommen. Nicht ausgegebenes Restgeld in der einheimischen Währung kann bei der Ausreise an der Grenze bei Vorlage der Quittung zurückgetauscht werden, jedoch wird eine beträchtliche Kommissionsgebühr erhoben. Daher und auch angesichts der häufigen Kursschwankungen ist es ratsam, jeweils nur nach Bedarf umzutauschen. Schwarzmarktkurse sind nicht wesentlich günstiger als in Banken und Wechselstuben.
Wechselkurse

	Rbl Sept. '92	Rbl Febr. '94	Rbl Jan. '95	Manat Jan. '96
1 DM	0,38	0,34	0,43	3088,70
1 US$	0,56	0,58	0,67	4440,00

Devisenbestimmungen: Die Ein- und Ausfuhr der Landeswährung ist verboten. Fremdwährungen müssen bei der Einreise deklariert werden, Ausfuhr in Höhe des deklarierten Betrages.
Öffnungszeiten der Banken: Mo-Fr 09.30-17.30 Uhr.

DUTY FREE

Folgende Artikel können zollfrei nach Aserbaidschan eingeführt werden:
250 Zigaretten oder 250 g andere Tabakerzeugnisse;
1 l Spirituosen;
2 l Wein;
Parfüm für den persönlichen Gebrauch.
Einfuhrverbot: Waffen, Munition, Narkotika, Drogen und alles, was als Zubehör für den Drogenkonsum betrachtet werden kann, Pornographie, unmoralische oder subversive Artikel, Perlen und Gegenstände Dritter, die für diese Person importiert werden sollen.
Ausfuhrverbot: Wie oben; ungültige Wertpapiere, staatliche Schuldverschreibungen, Lotterielose und Jagdtrophäen nur mit Sondergenehmigung. Kunstgegenstände und Antiquitäten können mit vorheriger Erlaubnis ausgeführt werden.

GESETZLICHE FEIERTAGE

28. Mai '96 Tag der Republik. **9. Okt.** Tag der Armee. **18. Okt.** Unabhängigkeitstag. **17. Nov.** Tag der nationalen Wiedergeburt. **31. Dez.** Weltweiter aserbaidschanischer Solidaritätstag. **1. Jan. '97** Neujahr. **8. März** Internationaler Tag der Frauen. **28. Mai** Tag der Republik.

GESUNDHEIT

In der folgenden Tabelle aufgeführte Impfvorschriften können sich kurzfristig ändern. Es wird stets empfohlen, auf Ihrem CRS-System (TIMATIC-Info-Code-Fenster in diesem Kapitel) den aktuellen Stand der Gesundheitsbestimmungen abzurufen bzw. rechtzeitig vor der Reise ärztlichen Rat einzuholen.

	Vorsichtsmaßnahmen empfohlen	Impfschein erforderlich
Gelbfieber	Nein	Nein
Cholera	1	Nein
Typhus & Polio	Ja	-
Malaria	Ja	2
Essen & Trinken	3	-

[1]: Eine Impfbescheinigung gegen Cholera ist keine Einreisebedingung, das Risiko einer Infektion besteht

jedoch. Da die Wirksamkeit der Schutzimpfung umstritten ist, empfiehlt es sich, rechtzeitig vor Antritt der Reise ärztlichen Rat einzuholen. Weitere Informationen im Kapitel *Gesundheit* (s. Inhaltsverzeichnis).
[2]: Malariaprophylaxe in einigen kleinen Gebieten in der Grenzregion im Süden sowie im Gebiet von Khachmas im Norden erforderlich. Es tritt ausschließlich die weniger gefährliche Form *Plasmodium vivax* auf.
[3]: Leitungswasser ist normalerweise gechlort und relativ sauber, es können jedoch u. U. leichte Magenverstimmungen auftreten. Für die ersten Wochen des Aufenthalts empfiehlt es sich daher, abgefülltes Wasser zu trinken, welches im allgemeinen überall erhältlich ist. Milch ist nicht pasteurisiert und sollte abgekocht werden. Dosenmilch oder Milchpulver nur mit keimfreiem Wasser anrühren. Milchprodukte sollten aus pasteurisierter bzw. abgekochter Milch hergestellt sein. Außerhalb der Städte sollte Trinkwasser vorsichtshalber abgekocht oder anderweitig sterilisiert werden. Gemüse sollte gekocht und Obst geschält werden.
Tollwut kommt vor. Wer ein erhöhtes Risiko eingeht (z. B. längerer Aufenthalt in entlegenen Gebieten), sollte vor Reiseantritt eine Schutzimpfung erwägen. Bei Bißwunden so schnell wie möglich ärztliche Hilfe in Anspruch nehmen.
Hepatitis A und *E* sind verbreitet, *Hepatitis B* kommt gelegentlich vor.
Diphtherie-Ausbrüche wurden gemeldet.
Gesundheitsvorsorge: Die medizinische Versorgung ist kostenlos für alle Staatsbürger, und auch Touristen werden in Notfällen weitgehend unentgeltlich behandelt. Wer regelmäßig Medikamente einnehmen muß, sollte seine Reiseapotheke ausreichend bestücken. Angesichts der Arzneimittelknappheit, veralteter Geräte und der insgesamt kaum ausreichenden medizinischen Versorgung wird der Abschluß einer Reisekrankenversicherung mit Notrückführung dringend empfohlen.

REISEVERKEHR - International

FLUGZEUG: Die nationale Fluggesellschaft *Azerbaijan Airlines (AHY)* ist in staatlicher Hand. Sie bietet einmal wöchentlich einen Flugdienst von Köln nach Baku. Buchungen bei der *Azal Airlines* (Herr Askerow) unter Tel: (069) 23 56 85-0. Wöchentlicher Flugverkehr mit AHY, außerdem von Teheran (Iran), Dubai (VAE) und Karachi (Pakistan). Täglich angeflogen wird Baku von Istanbul aus abwechselnd von AHY und *Turkish Airlines*. Ansonsten Verbindungen nach Baku über Moskau und St. Petersburg mit Weiterflug am nächsten Tag. Die Flüge auf den Strecken Moskau – Baku bzw. St. Petersburg – Baku haben meist Verspätung oder werden storniert. Relativ zuverlässig soll die neue private Fluggesellschaft *Transaero* sein, die Büros in Moskau hat (Tel: (095) 578 05 37/8/9). Bei Anreise über Moskau Ankunft auf dem internationalen Flughafen Scheremetjewo und Abflug vom 40 km außerhalb der Stadt gelegenen Inlandflughafen Domodedowo (Fahrzeit 80 Minuten).
Durchschnittliche Flugzeiten: *Franfurt/M.* – Baku: 5 Std.; *Frankfurt/M.* – Moskau oder St. Petersburg: 3 Std. 05; *Wien* – Moskau oder St. Petersburg: 3 Std; *Zürich* – Moskau: 3 Std. 30; *Zürich* – St. Petersburg: 3 Std. 15; *Moskau* – Baku: 3 Std.
Internationaler Flughafen: *Bina* (BAK) liegt ca. 20 km oder 30 Autominuten von Baku.
SCHIFF: Passagierfähren verkehren regelmäßig über das Kaspische Meer von Baku nach Krasnowodsk (Turkmenistan) und in die iranischen Hafenstädte Bandar Anzali und Bandar Nowshar. Im Winter wird der Fährverkehr manchmal wegen schlechter Wetterlage vorübergehend eingestellt.
BAHN: Es gibt Verbindungen nach Tbilisi in Georgien und nach Machatschkala in der Russischen Föderation. Die Strecke nach Erewan (Armenien) führt durch die autonome Republik Nachitschewan (Enklave in Armenien) mit Anschluß an die iranische Stadt Tabriz. Aufgrund der Krisensituation ist sie jedoch momentan nicht in Betrieb. Züge verkehren weiterhin auf der Strecke Baku – Teheran. Ein Joint-venture der Regierungen des Iran und Aserbaidschans sieht den Bau einer weiteren Verbindungsstrecke nach Nachitschewan durch den Iran unter Umgehung Armeniens vor. In jüngster Zeit mehren sich die Berichte von Raubüberfällen in Zügen, und es scheint, daß Polizei und Bahnpersonal nicht einschreiten.

REISEVERKEHR - National

BUS/PKW: Das Straßennetz umfaßt insgesamt 31.360 km, von denen 94% asphaltiert sind.
STADTVERKEHR: Es ist mittlerweile üblich, auch Personenwagen anzuhalten und um Mitfahrgelegenheit zu bitten. Fahrpreise für Taxis sollten generell im voraus vereinbart werden. Da Ausländer als reich gelten und man meint, sie würden die gängigen Tarife sowieso nicht kennen, werden oft völlig überhöhte Preise verlangt.

UNTERKUNFT

HOTELS: Die früheren Intourist-Hotels wurden von dem neu gegründeten Aserbaidschanischen Fremdenverkehrsverband übernommen. Was hygienische Verhältnisse, Service, Essen und Trinken angeht, läßt der Standard einiges zu wünschen übrig. Generell muß man auf seine Sachen gut aufpassen, da Diebstähle oft vorkommen. Das Hotel Anba (früher Moskwa) in Baku wird heute von einem türkisch-aserbaidschanischen Joint-venture betrieben und gerade renoviert. Es ist das einzige Hotel in der Hauptstadt, das zuverlässige Telefonverbindungen über einen Satelliten bietet und in dem regelmäßig westliche Zeitungen erhältlich sind. Die Verpflegung ist allerdings eher mittelmäßig und die Unterbringung recht einfach bei überhöhten Preisen. Dennoch ist es für ausländische Touristen vermutlich noch die beste Alternative, da alle anderen Hotels, wie das Aserbaidschan und das New Intourist Hotel, noch weniger Komfort bieten und bei weitem nicht so sicher sind. Das Old Intourist Hotel im Herzen der Altstadt ist recht angenehm, jedoch zum Großteil von Angestellten ausländischer Ölgesellschaften belegt. Das neueste Hotel ist wohl das Hyatt Regency Baku, das sowohl fünf Tagungsräume und einen großen Konferenzraum bietet, wie auch über Fitnessräume, Sauna und ein Casino verfügt.

URLAUBSORTE & AUSFLÜGE

Obwohl Aserbaidschan angesichts der instabilen politischen und wirtschaftlichen Lage momentan wohl kaum als ideales Urlaubsziel gelten kann, bietet das Land zahlreiche interessante historische und architektonische Sehenswürdigkeiten. Dazu kommt eine oft sehr reizvolle Landschaft. Beliebte Urlaubsgebiete waren schon in Sowjetzeiten die Badeorte am Kaspischen Meer.
Die aserbaidschanische Hauptstadt **Baku** ist islamischen Ursprungs und überblickt das Kaspische Meer. Die von einer Stadtmauer umgebene Altstadt *Itscheri Scheher* mit ihren Teehäusern und geschäftigen engen Gassen hat ein typisch orientalisches Flair. Sie wurde kürzlich restauriert. Vom Jungfrauenturm (*Kyz-Kalasy*, 12. Jh.) eröffnet sich ein herrlicher Blick auf die Bucht. Nur einen Katzensprung entfernt stehen zwei alte Karawansereien mit gewölbten Dächern und gemütlichen Höfen aus dem 14. und 16. Jahrhundert, die Händlern auf dem Weg von Nordindien nach Zentralasien willkommene Unterkunft boten. Heute dienen sie als Restaurants. Besuchenswert sind die zahlreichen Moscheen des Altstadtviertels. In der *Dschuma-Moschee* ist das *Museum für Teppiche und Angewandte Kunst* untergebracht, mit einer interessanten Sammlung aserbaidschanischer Teppiche, Schmuckgegenstände, Stickereien, Holzschnitzereien und Filigranarbeiten aus Metall. Das *Synyk-Kalah-Minaret* in der Nähe des Museums wurde 1093 errichtet und ist das älteste erhaltene Bauwerk der Stadt. Nur ein paar Schritte weiter befindet sich der prächtige *Palast* der Schahs von Shirvan. Palast, Mausoleum und Gerichtshof können besichtigt werden. Ebenso prachtvoll sind die Gebäude, die während des Ölbooms um die Jahrhundertwende entstanden. Wahre Märchenfassaden aus Tausendundeiner Nacht im neogotischen oder Renaissance-Stil zeugen von Originalität und Exzentrizität der reichen Ölmagnate, die sie bauen ließen. Auch die Architektur der Folgezeit ist durchaus experimentierfreudig, der 1926 errichtete Bahnhof *Sabuchinsky* ist im Stil einer riesigen Medresse (islamische Koranschule) erbaut. Verschiedene reizvolle Ausflugsziele können im Rahmen von Tagestouren von Baku aus besucht werden. **Kobustan** (ca. 70 km südlich von Baku) ist ein kleines Dorf, das für seine 10.000 Jahre alten Felsenmalereien bekannt ist. Die Höhlen und Felsformationen bedecken eine Fläche von 100 qkm. Häufigste Darstellungsmotive sind Jagdszenen, rituelle Tänze, religiöse Zeremonien, Schiffe und Tiere. In viele Felsen haben römische Soldaten im 1. Jahrhundert ihre Initialen und ihre Kommentare zu den Bildern eingeritzt. Auf der *Halbinsel Abscheron*, die jenseits von Baku ins Kaspische Meer hineinragt, kann man einige Burgen aus dem 14. Jahrhundert besichtigen, die die Schahs von Shirvan als Verteidigungsposten gegen Angriffe vom Meer bauen ließen. Am besten erhalten sind die Festungen in **Ramana**, **Nardaran** und **Mardkyany**. Die Spitze der Halbinsel ist heute Naturschutzgebiet. In Ramana gibt es Reste alter Ölfelder, auf denen sich von Zeit zu Zeit zoroastrische Feueranbeter zu Tanzritualen einfinden. Zarathustra war ein iranischer Religionsstifter, der im 6. Jahrhundert v. Chr. lebte und die altiranische Religion erneuerte. Die brennbaren Gase lockten schon im 18. Jahrhundert indische Feueranbeter an, die hier den *Surakhany-Tempel* bauten, der bis 1918 eine wichtige Wallfahrtsstätte für parsische Pilger aus Indien war (20 km nordöstlich von Baku). Einst befand sich hier ein zoroastrischer Schrein. Einige der Pilgerbehausungen werden heute als Wachsmuseum genutzt, in dem man alles Wissenswerte über die Rituale der Feueranbetung erfährt. 130 km westlich von Baku in den Ausläufern des Kaukasus liegt die alte Hauptstadt **Shumaka**, früher bedeutendes Handelszentrum des Landes. Im 2. Jahrhundert gegründet, zerstörten wiederholt Erdbeben (zuletzt 1902) und plündernde Armeen die antike Stadt, so daß von der einstigen Pracht wenig übrig blieb. Hauptsehenswürdigkeiten sind die *Moschee*, die Ruinen einer *Festung* (beide 10. Jh). und das *Königliche Mausoleum* mit seinen sieben Kuppeln. Archäologische Funde deuten darauf hin, daß **Sheki** (380 km westlich von Baku an der georgischen Grenze) eine der ältesten Siedlungen im Kaukasus ist. Schon vor 2500 Jahren lebten hier Menschen. Eindrucksvoll sind der mit Fresken geschmückte Sommerpalast (18. Jh.) und die alte Festung, die ein Heerführer bauen ließ, der Sheki zur Hauptstadt eines unabhängigen Khanates machte. Die Basare und Karawansereien zeugen von der einstigen Bedeutung der Stadt als Handelszentrum. Einige wurden restauriert und werden heute als Restaurants und Hotels genutzt. Seide, für die Sheki berühmt war, wird immer noch hier hergestellt.

SOZIALPROFIL

ESSEN & TRINKEN: Die aserbaidschanische Küche setzt sich aus türkischen, georgischen und zentralasiatischen Elementen zusammen, erinnert jedoch oft noch stark an das weniger exotische kulinarische Erbe der Sowjetherrschaft. Das hochzelebrierte Nationalgericht *Plow* kann enttäuschend (mit pampigem Reis und fettem Hammelfleisch) oder vorzüglich ausfallen (duftend und würzig mit Pinienkernen, Gemüse und Trockenobst neben dem obligatorischen Reis und Fleisch). Manche Arten Plow enthalten Hühner- anstelle von Hammelfleisch und zusätzlich Kastanien. Schaschlik vom Grill ist beliebt, darunter *Lyulya kebab*, gewürztes Hackfleisch vom Lamm am Spieß, das oft an Straßenständen erhältlich ist. Mahlzeiten werden oft mit einer dickflüssigen Suppe wie etwa *Piti* eingeleitet, einer Hammelfleischsuppe mit Kichererbsen, die in irdenen Töpfen auf kleiner Flamme im Ofen gegart und anschließend in denselben Gefäßen serviert wird. *Dogva* ist eine scharfe Joghurt- und Spinatsuppe mit Reis und Fleischklößchen. Stör kommt frisch und geräuchert auf den Tisch, und Kaviar kommt traditionell aus dem Kaspischen Meer. Steigende Umweltbelastung hat zu einer bedrohlichen Abnahme der Fischbestände geführt, aber Stör ist nach wie vor erhältlich – wenn auch zu gesalzenen Preisen. *Kutab*-Pasteten mit Spinat- oder Kürbisfüllung, eine weitere Spezialität der Region, sind den türkischen *Birekas* ähnlich. Ausländische Besucher sollten beachten, daß in Aserbaidschan, wie in vielen Nachfolgestaaten der ehemaligen Sowjetunion, ein Restaurantbesuch weniger dem gemütlichen Essen und der Unterhaltung dient. Viel eher gibt er Gelegenheit zum gegenseitigen Anstoßen und Tanzen zu lauter Diskomusik. **Getränke:** In den *Tschai Khanas* (Teehäusern) sitzen Männer stundenlang zusammen und trinken gezuckerten schwarzen Tee aus winzigen Gläsern. Ausländische Frauen, die sich in diese ansonsten exklusiv männliche Atmosphäre wagen, werden nicht abgewiesen, aber zumeist intensiv gemustert. Obwohl die meisten Aserbaidschaner der Konfession nach moslemische Schiiten sind, ist Alkohol weithin erhältlich. Wein und Weinbrand werden örtlich hergestellt, russischer Wodka ist beliebt, und importierte Spirituosen werden als Zeichen des Wohlstands geschätzt.
NACHTLEBEN: Einige Restaurants, Nachtbars und Nachtclubs haben in Baku aufgemacht, besucht werden sie vor allem von Touristen und einheimischen Geschäftsleuten. Das Niveau kultureller Veranstaltungen (Konzerte, Oper, Ballet, Theater) ist im allgemeinen nicht sehr hoch.
EINKAUFSTIPS: Wer sich einen echten aserbaidschanischen Teppich als Souvenir mit nach Hause nehmen möchte, sollte in die Teppichweberei nach *Nardaran* fahren. Einheimische Seide, Keramikwaren und andere Kunstgewerbeartikel kann man auf dem *Sharg Bazar* in Baku erstehen; Handeln gehört hier mit dazu. Teppiche oder andere Waren, die vor 1960 hergestellt wurden, unterliegen einer Steuer und können nur mit einer Genehmigung des Kulturministeriums ausgeführt werden. Artikel, die in Kunstgalerien oder Souvenirläden zum Verkauf angeboten werden, haben diese Bescheinigung meist schon. Wer an Marktständen oder von Privatpersonen kauft, muß sich die Genehmigung besorgen.
SITTEN & GEBRÄUCHE: Aserbaidschaner sind sehr freigiebig und machen gern Geschenke, vor allem in Form von Blumen, Souvenirs und kleinen Leckereien. Um soviel Freundlichkeit mit einer Aufmerksamkeit erwidern zu können, packt man am besten einige Kleinigkeiten ins Reisegepäck. Einheimische Frauen halten sich meist sehr im Hintergrund. Sie servieren wohl den ausländischen Gästen das Essen, werden jedoch fast nie daran teilnehmen. Sie freuen sich über einen Blumenstrauß, aber man sollte nicht versuchen, sie in lange Gespräche zu verwickeln und sie auch heraus zu locken. Weibliche Reisende werden mit ausgesuchter Höflichkeit behandelt, die für westliches Empfinden allzu oft in übertriebene Aufmerksamkeiten ausarten kann. Es ist daher ratsam, sich nicht zu auffällig anzuziehen und sich eher zurückhaltend zu verhalten. Zur Begrüßung gibt man sich die Hand. Visitenkarten werden nicht nur bei geschäftlichen Treffen, sondern in der Regel auch beim ersten persönlichen Vorstellen überreicht. **Trinkgeld:** Personal in Restaurants erwartet Trinkgeld, zum Teil schon im voraus. Taxifahrer erhalten ebenfalls Trinkgeld. Man sollte sich generell im voraus über die gängigen Beträge informieren.

Äthiopien

WIRTSCHAFTSPROFIL

WIRTSCHAFT: Aserbaidschan ist eines der ärmsten Länder der ehemaligen Sowjetrepubliken. Die Arbeitslosigkeit ist hoch, und fast zwei Drittel der Bevölkerung leben unter der Armutsgrenze. Das Nationaleinkommen sinkt kontinuierlich, die Inflationsrate ist astronomisch (1992 bei 1100%; 1993: 380%), und die Produktivität in Industrie und Landwirtschaft rückläufig. Aserbaidschan ist immer noch überwiegend ein Agrarland, Baumwolle und Weintrauben sind die wichtigsten landwirtschaftlichen Erzeugnisse. Daneben werden Tee, Zitrusfrüchte, Tabak und Getreide angebaut. Die Schafzucht spielt ebenfalls eine wichtige Rolle. Die bedeutende Störzucht am Kaspischen Meer wird durch wachsende Umweltprobleme bedroht. Das Land verfügt über zahlreiche Rohstoffe (Eisenerz, Schwefelkies, Bauxit, Kupfer, Zink, Kobalt und Edelmetalle) und einige Wasserkraftwerke. Die beträchtlichen Erdölvorkommen lassen für die Zukunft auf Auslandsinvestitionen hoffen. Die Ölvorkommen im Umland der Hauptstadt Baku sind allerdings inzwischen fast vollständig ausgebeutet. Momentan reicht die Erdölproduktion gerade für den Eigenbedarf, und die wenigen Exporte beschränken sich auf die Länder der GUS, in denen das Preisniveau wesentlich niedriger als auf dem Weltmarkt ist. Die Fertigungswirtschaft umfaßt neben der Eisen- und Stahlherstellung die Bereiche Nahrungsmittelverarbeitung, Textil- und petrochemische Industrie sowie Maschinenbau (vor allem Bohrausrüstungen) und Radio- und Fernmeldetechnik. Hauptexportgüter sind Baumwolle, Öl, chemische Erzeugnisse und Nahrungsmittel. Im Gegensatz zu vielen anderen Nachfolgestaaten der Sowjetunion verblieben bislang die meisten Unternehmen in staatlicher Hand, und das Reformprogramm steckt noch in den Anfängen. Finanzielle Unterstützung, Investitionen und zinsgünstige Darlehen kamen bisher vor allem aus den Golfstaaten, außerdem gibt es zahlreiche aserbaidschanisch-türkische Joint-ventures, speziell im Baugewerbe. Aserbaidschan ist einer der Unterzeichnerstaaten des Schwarzmeerabkommens.
GESCHÄFTSVERKEHR: Kontaktadressen: *Bundesverband der Deutschen Industrie, Ost-Ausschuß der Deutschen Wirtschaft,* Gustav-Heinemann-Ufer 84-88, D-50968 Köln. Tel: (0221) 370 84 17. Telefax: (0221) 370 85 40, 370 86 90.
Wirtschaftskammer Österreich, Außenwirtschaftsorganisation, Osteuroparefreat, Wiedner Hauptstraße 63, A-1045 Wien. Tel: (0222) 5 01 05-4322. Telefax: (0222) 5 02 06-255.
Die wirtschaftlichen Interessen Österreichs werden von der Außenhandelsstelle der Wirtschaftskammer Österreich in Moskau vertreten (s. Russische Föderation).
Interessengemeinschaft für die GUS und das Baltikum, Postfach 690, c/o SHIV (Vorort), CH-8034 Zürich. Tel: (01) 382 23 23. Telefax: (01) 382 23 33.
Industrie- und Handelskammer der Republik Aserbaidschan, Ul. Istigialiyat 31/33, 370601 Baku. Tel: (012) 39 85 03.

KLIMA

Mildes Meeresklima. In Bergregionen und Niederungen kann es auch recht kühl werden. Höchste Niederschlagsmenge im Westen.

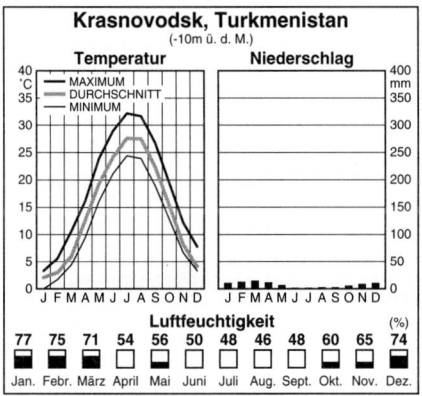

Lage: Nordostafrika.

Anmerkung: Die ehemalige nördliche Provinz Eritrea erklärte im Mai 1993 nach einem Referendum ihre Unabhängigkeit von Äthiopien.

Ethiopian Tourism Commission
PO Box 2183
Addis Abeba
Tel: (01) 51 74 70. Telefax: (01) 51 38 99.
Äthiopische Botschaft
Brentanostraße 1
D-53113 Bonn
Tel: (0228) 23 30 41/43. Telefax: (0228) 23 30 45.
Mo-Fr 09.00-16.00 Uhr. *Konsularabt.:* Mo-Fr 09.00-14.00 Uhr.
Äthiopische Botschaft
Friedrich-Schmitt-Platz 3/3
A-1080 Wien
Tel: (0222) 402 84 10/11. Telefax: (0222) 402 84 13.
Mo-Fr 09.00-17.00 Uhr. *Konsularabt.:* Mo-Fr 09.00-13.00 Uhr.
Äthiopische Botschaft
56 Rue de Moillebeau
CH-1211 Genf
Tel: (022) 733 07 50. *Konsularabt.:* 733 07 59. Telefax: (022) 740 11 29.
Mo-Fr 09.00-13.00 Uhr (tel. auch 14.30-17.30 Uhr).
Botschaft der Bundesrepublik Deutschland
Khabana
PO Box 660 und 1267
Addis Abeba
Tel: (01) 55 04 33. Telefax: (01) 55 13 11.
Botschaft der Republik Österreich
Old Airport Area
PO Box 1219
Addis Abeba
Tel: (01) 71 21 44/45. Telefax: (01) 71 21 40.
Botschaft der Schweizerischen Eidgenossenschaft
Jimma Road

TIMATIC INFO-CODES

Abrufbar über Ihr CRS-System (für START/Amadeus Ama-Maske benutzen). Für Galileo bitte TI-DFT eingeben (mit Bindestrich).

Flughafengebühren	TI DFT/ ADD /TX
Währung	TI DFT/ ADD /CY
Zollbestimmungen	TI DFT/ ADD /CS
Gesundheit	TI DFT/ ADD /HE
Reisepassbestimmungen	TI DFT/ ADD /PA
Visabestimmungen	TI DFT/ ADD /VI

Old Airport Area
PO Box 1106
Addis Abeba
Tel: (01) 71 11 07, 71 05 77. Telefax: (01) 71 21 77.

FLÄCHE: 1.133.380 qkm.
BEVÖLKERUNGSZAHL: 53.574.231 (1993).
BEVÖLKERUNGSDICHTE: 47,3 pro qkm.
HAUPTSTADT: Addis Abeba. **Einwohner:** 2.200.186 (1993).
GEOGRAPHIE: Äthiopien grenzt im Osten an Djibouti und Somalia, im Süden an Kenia, im Westen an den Sudan und im Norden an Eritrea. Die Landesfläche wird überwiegend von einem riesigen Hochland aus Vulkangestein eingenommen, in dem gemäßigtes Klima herrscht. Das Plateau ist von heißer, unwirtlicher Wüste umgeben. Im Norden ist das Land zerklüftet, im Süden flacher und eher für die Landwirtschaft geeignet.
STAATSFORM: Demokratische Volksrepublik. Äthiopien hat seit Juli 1991 eine demokratische Verfassung, die auch den Regionen mehr Selbstverwaltung zugesteht. Seit Juli 1994 gibt es eine verfassungsgebende Versammlung, deren Mitglieder in den ersten freien Wahlen gewählt wurden. Staatsoberhaupt: Meles Zenawi (»Revolutionäre Demokratische Front des äthiopischen Volkes«), seit Juli 1991. Regierungschef: Tamirat Layne, seit Juni 1991. In der Provinz Oromo im Westen des Landes gibt es Autonomiebestrebungen.
SPRACHE: Amharisch ist die offizielle Landessprache, außerdem ca. 80 verschiedene Stammesdialekte, darunter Oromigna im Süden und Tigrinya im Westen. Englisch, Italienisch und Französisch als Bildungs- und Handelssprachen.
RELIGION: Im Norden Christen (äthiopisch-orthodoxe Kirche), im Osten und Süden hauptsächlich Islam und Anhänger des Animismus.
ORTSZEIT: MEZ + 2.
NETZSPANNUNG: Unterschiedlich, z. T. 220 V, 50 Hz.
POST- UND FERNMELDEWESEN: Telefon: Selbstwählferndienst nur *nach* Äthiopien. **Landesvorwahl:** 251. Auslandsgespräche müssen in Äthiopien noch immer über die internationale Vermittlung geführt werden. **Telex/Telegramme:** Internationale Anschlüsse in Büros und Hotels in Addis Abeba. Telexe können auch im Telegrafenamt in Addis Abeba (Churchill Road gegenüber dem Ras Hotel) aufgegeben werden. **Post:** Briefe nach Europa sind ca. zwei Wochen unterwegs.
DEUTSCHE WELLE
Der Einsatz der Kurzwellenfrequenzen ändert sich mehrfach im Laufe eines Jahres, und Sendungen auf den folgenden Frequenzen werden jeweils zu bestimmten Tageszeiten ausgestrahlt. Näheres in der Einleitung.

MHz	15,275	15,135	11,795	9,545	6,075
Meterband	19	19	25	31	49

REISEPASS/VISUM

Wichtiger Hinweis: Die Einreisebestimmungen mancher Länder können sich kurzfristig ändern – rufen Sie sicherheitshalber auf Ihrem CRS-System (TIMATIC-Info-Code-Fenster in diesem Kapitel) den aktuellen Stand ab bzw. wenden Sie sich an die zuständige diplomatische Vertretung. Etwaige Zahlen in der Tabelle beziehen sich auf nachfolgende Fußnoten.

	Paß erforderlich?	Visum erforderlich?	Rückflugticket erforderlich?
Deutschland	Ja	Ja	Ja
Österreich	Ja	Ja	Ja
Schweiz	Ja	Ja	Ja
Andere EU-Länder	Ja	Ja	Ja

Hinweis: Die Einreise ist im allgemeinen nur über den internationalen Flughafen in Addis Abeba möglich, auf anderen Wegen nur mit Sondergenehmigung. Bei der Ankunft muß ein Mindestbetrag von 50 US$ pro Tag nachgewiesen bzw. deklariert werden. Eine Gelbfieber-Impfbescheinigung ist vorzuzeigen.
REISEPASS: Allgemein erforderlich.
VISUM: Allgemein erforderlich, ausgenommen sind Staatsbürger von Djibouti, Eritrea, Kenia und Sudan.
Visaarten: Geschäfts- und Touristenvisa. Durchreisende, die den Flughafen nicht verlassen, benötigen kein Visum.
Visagebühren: Touristenvisum: 108,36 DM, 95 sfr (für 1 Monat), 739 öS. Geschäftsvisum: 111,80 DM, 98 sfr, 762 öS. Mehrfachvisum: 830 öS, sonst unterschiedlich.
Gültigkeitsdauer: 60 Tage (Verlängerungsmöglichkeit).
Antragstellung: Konsularabteilung der Botschaft. Adressen s. o.
Unterlagen: (a) 2 Antragsformulare. (b) Gültiger Reisepaß. (c) 2 Paßfotos. (d) Firmenschreiben mit Angabe des Reisezwecks bei Geschäftsbesuchen. (e) Gebühr. (f) Gelbfieber-Impfbescheinigung. Der postalischen Antragstellung sollten ein frankierter und adressierter Umschlag und der Zahlungsbeleg beigefügt werden.
Bearbeitungszeit: Sofort bei persönlicher Antragstellung; 2 Tage per Post.

Ausreisegenehmigung: Wer sich länger als 15 Tage in Äthiopien aufhält, benötigt eine Ausreisegenehmigung.

GELD

Währung: 1 Äthiopischer Birr (Br) = 100 Cents. Banknoten gibt es im Wert von 100, 50, 10, 5 und 1 Birr; Münzen in den Nennbeträgen 50, 25, 10, 5 und 1 Cent.
Kreditkarten: *American Express* und *Diners Club* werden in größeren Hotels und Restaurants akzeptiert. Einzelheiten vom Aussteller der betreffenden Kreditkarte.
Wechselkurse

	Br Sept. '92	Br Febr. '94	Br Jan. '95	Br Jan. '96
1 DM	1,47	2,84	3,49	4,04
1 US$	2,06	4,94	5,42	5,80

Devisenbestimmungen: Die Ein- und Ausfuhr der Landeswährung ist auf 100 Birr begrenzt. Keine Beschränkungen für Fremdwährungen, jedoch Deklarationspflicht.
Öffnungszeiten der Banken: Mo-Do 08.00-12.00 und 13.00-17.00 Uhr, Fr 08.30-11.30 und 13.00-17.00 Uhr.

DUTY FREE

Folgende Artikel können zollfrei nach Äthiopien eingeführt werden:
100 Zigaretten oder 50 Zigarren oder 225 g Tabak;
1 l alkoholische Getränke;
2 Flacons oder 500 ml Parfüm;
Geschenke bis zum Wert von 10 Birr.

GESETZLICHE FEIERTAGE

6. Mai '96 Maifeiertag. **28. Juli** Mouloud (Geburtstag des Propheten). **11. Sept.** Neujahrstag (Julianischer Kalender: 1989). **12. Sept.** Nationaltag. **27. Sept.** Maskaltag. **7. Jan. '97** Weihnachten. **19. Jan.** Dreikönigsfest. **8. Febr.** Eid al-Fitr. **2. März** Tag der Schlacht von Adowa. **6. April** Tag des Sieges. **19. April** Eid al-Adha. **6. Mai** Maifeiertag.
Anmerkung: (a) In Äthiopien gilt der Julianische Kalender, der 12 Monate mit je 30 Tagen und am Jahresende einen Monat mit 5 oder 6 Tagen hat. Weihnachten fällt in den Januar. Der äthiopische Kalender liegt 7 Jahre und 8 Monate hinter unserer Zeitrechnung. (b) Die angegebenen Daten für islamische Feiertage richten sich nach dem Mondkalender und verschieben sich daher von Jahr zu Jahr. Während des Fastenmonats Ramadan, der dem Festtag Eid al-Fitr vorangeht, essen Mohammedaner nicht tagsüber, sondern erst nach Sonnenuntergang, wodurch der normale Geschäftsablauf gestört werden kann. Diese Unterbrechungen können auch während des Eid al-Fitr auftreten. Dieses Fest, ebenso wie Eid al-Adha, hat keine bestimmte Zeitdauer und kann je nach Region 2-10 Tage dauern. Weitere Informationen im Kapitel *Welt des Islam* (s. Inhaltsverzeichnis).

GESUNDHEIT

In der folgenden Tabelle aufgeführte Impfvorschriften können sich kurzfristig ändern. Es wird stets empfohlen, auf Ihrem CRS-System (TIMATIC-Info-Code-Fenster in diesem Kapitel) den aktuellen Stand der Gesundheitsbestimmungen abzurufen bzw. rechtzeitig vor der Reise ärztlichen Rat einzuholen.

	Vorsichtsmaßnahmen empfohlen	*Impfschein erforderlich*
Gelbfieber	Ja	1
Cholera	2	2
Typhus & Polio	Ja	-
Malaria	3	-
Essen & Trinken	4	-

[1]: Eine Impfbescheinigung gegen Gelbfieber wird von allen Reisenden verlangt.
[2]: Eine Impfbescheinigung gegen Cholera ist keine Einreisebedingung, das Risiko einer Infektion besteht jedoch. Da die Wirksamkeit der Schutzimpfung umstritten ist, empfiehlt es sich, rechtzeitig vor Antritt der Reise ärztlichen Rat einzuholen. Näheres unter *Gesundheit* (s. Inhaltsverzeichnis).
[3]: Malariaschutz ganzjährig für alle Regionen unter 2000 m erforderlich. Hochgradige Chloroquin-Resistenz der gefährlicheren Malariaart *Plasmodium falciparum*.
[4]: Wasser sollte generell vor der Benutzung zum Trinken, Zähneputzen und zur Eiswürfelbereitung entweder abgekocht oder anderweitig sterilisiert werden. Milch ist außerhalb der Stadtgebiete nicht pasteurisiert und sollte ebenfalls abgekocht werden. Milchprodukte aus ungekochter Milch am besten meiden. Fleisch- und Fischgerichte nur gut durchgekocht und heiß serviert essen. Der Genuß von Schweinefleisch, rohen Salaten und Mayonnaise ist zu vermeiden. Gemüse sollte gekocht und Obst geschält werden.
Tollwut kommt vor. Wer ein erhöhtes Risiko eingeht (z. B. längerer Aufenthalt in abgelegenen Gebieten), sollte vor Reiseantritt eine Schutzimpfung erwägen. Bei Bißwunden so schnell wie möglich ärztliche Hilfe in Anspruch nehmen. Einzelheiten im Kapitel *Gesundheit* (s. Inhaltsverzeichnis).
Bilharziose-Erreger kommen in manchen Teichen und Flüssen vor, das Schwimmen oder Waten in Binnengewässern sollte daher vermieden werden. Saubere Schwimmbecken mit gechlortem Wasser sind unbedenklich.
Hepatitis A, B und *E* treten auf.
Gesundheitsvorsorge: Wegen der Höhenlage und der dünnen Luft muß eine Akklimatisierungszeit eingeplant werden. Wer an Herzkrankheiten oder unter hohem Blutdruck leidet, sollte vor der Abfahrt ärztlichen Rat einholen. Weitere Informationen im Kapitel *Gesundheit* (s. Inhaltsverzeichnis). Der Abschluß einer Reisekrankenversicherung wird dringend empfohlen.

REISEVERKEHR - International

FLUGZEUG: Die nationale Fluggesellschaft *Ethiopian Airlines (ET)* bietet mehrmals wöchentlich Flugdienste von Frankfurt/M. nach Addis Abeba.
Durchschnittliche Flugzeiten: *Frankfurt* – Addis Abeba: 6 Std. 30 (nonstop) bzw. 8 Std. (bei Zwischenstopp).
Internationaler Flughafen: *Addis Abeba (ADD)* (Bole International) liegt 8 km südöstlich der Stadt (Fahrzeit ca. 30 Min.). Busverbindung zur Stadt und Taxistand. Flughafeneinrichtungen: Duty-free-Shops, Tourist-Information mit Mietwagenschalter, Bank/Wechselstube, Postamt, Hotelreservierungsschalter, Bar und Restaurant.
Flughafengebühren: 10 US$ (Auslandsflüge).
SCHIFF: Seit der Unabhängigkeit Eritreas ist Äthiopien ein Binnenland. Es gibt jedoch regelmäßige Verbindungen zwischen europäischen Häfen und Massawa und Assab in Eritrea.
BAHN: Die 785 km lange Bahnstrecke zwischen Addis Abeba und Djibouti wird von den Regierungen beider Länder betrieben. Sie ist gegenwärtig für Besucher geschlossen.
BUS/PKW: Die Hauptstrecke führt über Kenia. Es gibt eine Allwetterstraße von Moyale an der Grenze über Yabelo, Dila und Yirga nach Addis Abeba.

REISEVERKEHR - National

FLUGZEUG: *Ethiopian Airlines* fliegt über 40 Städte an. Die Verbindungen im Inlandverkehr sind allerdings oft unregelmäßig.
BAHN: Die einzige Eisenbahnstrecke des Landes führt von Addis Abeba über Dire Dawa nach Djibouti. Die Benutzung ist Touristen gegenwärtig nicht gestattet.
BUS/PKW: Gute Allwetterstraßen führen in die meisten Geschäftszentren und Urlaubsgebiete; die übrigen, unbefestigten Straßen sollten nur mit Fahrzeugen mit Allradantrieb befahren werden. **Bus:** Staatliche und private Busse verkehren im ganzen Land. Fahrpläne und Fahrkarten sind an Busbahnhöfen erhältlich, Touristen benutzen die Busse jedoch selten. **Taxis** in Addis Abeba sind blau-weiß, oft teilt man sich ein Taxi mit anderen Fahrgästen. Fahrpreise sollten vor Fahrtantritt vereinbart werden. **Unterlagen:** Provisorischer äthiopischer Führerschein, der bei der Ankunft erhältlich ist.

UNTERKUNFT

HOTELS: Gute Hotels gibt es in Addis Abeba und anderen Großstädten, in einigen stehen auch Tagungsräume und kleine Ausstellungsräume zur Verfügung. In kleineren Städten sind die Übernachtungspreise im allgemeinen niedriger als in den Großstädten. Auf alle Übernachtungspreise werden 10% Bedienungsgeld und 2% Steuern aufgeschlagen.
Anmerkung: Auf Einladung ist inzwischen auch das Wohnen bei Freunden oder Verwandten möglich.

URLAUBSORTE & AUSFLÜGE

Die Landeshauptstadt **Addis Abeba** liegt 2440 m ü. d. M. im zentralen Hochland. Zu den Sehenswürdigkeiten der Millionenstadt gehören die Ende des 19. Jahrhunderts erbaute *St. Georgskirche*, die *Dreifaltigkeitskirche*, das *Menelik-Mausoleum* und der *Alte Ghibbi-Palast*. Unbedingt sehenswert ist auch das Völkerkundemuseum, das wie die Universität in der ehemaligen *Residenz Haile Selassies* untergebracht ist. Der Samstagsmarkt, einer der größten Afrikas, lädt zum Stöbern ein.
Aksum, die alte Königsstadt des ersten äthiopischen Königreiches, liegt im äußersten Norden des Landes. Berühmt sind die reichverzierten Granitobeliske, die zum Teil über 2000 Jahre alt sind.
Gondar war zwischen 1732 und 1855 Hauptstadt Äthiopiens. Die zahlreichen Schloßruinen und Sakralbauten bezeugen die einstige Bedeutung der Stadt.
Von **Baher Dar** sind die imposanten *Tiss-Issat-Wasserfälle* gut zu erreichen. Die Kleinstadt liegt am Tanasee, auf dessen zahlreichen Inseln sich interessante mittelalterliche Sakralbauten befinden.
In **Lalibela** erhält man einen Eindruck von der tiefen Gläubigkeit der christlichen Äthiopier. Der Anblick der 11 Felskirchen, die im 11. und 12. Jahrhundert aus dem Berg gemeißelt wurden, ist unvergeßlich. **Harar,** in der Nähe von Agaden, ist ebenfalls einen Besuch wert. In der islamisch geprägten Stadt gibt es unzählige Moscheen.
Nationalparks: Äthiopien hat sieben Nationalparks: den *Simien-Nationalpark* (im gleichnamigen Bergmassiv im Norden, hier liegt der Ras Dashen, mit 4620 m der höchste Berg Äthiopiens), den *Awash-Nationalpark* (östlich von Addis Abeba; artenreiche Tierwelt, imposante Wasserfälle), den *Omo-Nationalpark* und den *Mago-Nationalpark* (beide südwestlich der Hauptstadt), den *Langano-Nationalpark* und den *Shala-Abijata-Nationalpark* (beide südlich der Hauptstadt) und den im südlichen Hochland gelegenen *Bale-Nationalpark* (artenreiche Vogelwelt).

SOZIALPROFIL

ESSEN & TRINKEN: Die Restaurants der besten Hotels bieten internationale Küche an; in Addis Abeba gibt es außerdem einige gute chinesische, italienische und indische Restaurants. Das äthiopische Nationalgericht ist *We't* (Fleisch, Huhn oder Gemüseeintopf in scharfer Pfeffersoße), das mit oder auf *Injera* (flaches weiches Brot) serviert wird. Zu den typischen Spezialitäten zählen ferner *Shivro* und *Misir* (Kichererbsen- und Linsengerichte) sowie *Tibs* (knusprig gebratenes Steak). Traditionelle Restaurants in den größeren Städten servieren im großen Stil an einem farbigen Korbtisch, der *Masob* genannt wird. Vor der Mahlzeit werden dem Gast Seife, Wasser und ein sauberes Handtuch gereicht, da man mit dem *Injera* in der rechten Hand das *We't* aufnimmt. Besteck wird nicht benutzt. Äthiopischer Kaffee kommt aus der Provinz Kaffa, der beigefügte Roggen gibt ihm ein ganz besonderes Aroma. *Talla* (äthiopisches Bier) hat einen unverwechselbaren Geschmack; auch *Kaitaka* (reiner Kornalkohol) und *Tej* (alkoholisches Getränk aus fermentiertem Honig) gibt es nur in Äthiopien.
EINKAUFSTIPS: Schöne Mitbringsel sind einheimischer Gold- und Silberschmuck (wird nach Gewicht verkauft), Holzschnitzereien, Lederwaren, Speere, Trommeln, Teppiche und Korbwaren. Auf den Märkten kann man handeln, in den Geschäften sind die Preise zumeist festgesetzt. **Öffnungszeiten der Geschäfte:** Mo-Fr 08.00-12.30 und 15.30-19.30 Uhr, Sa 09.00-13.00 und 15.00-19.00 Uhr (regionale Unterschiede möglich).
SPORT: Einige Reiseveranstalter bieten Safaris in die Nationalparks an. Einzelheiten von der Botschaft oder dem Fremdenverkehrsamt in Addis Abeba. **Bademöglichkeiten** bieten die Seen des *Rift Valley*, vor allem der Langano-See (Vorsicht jedoch vor Bilharziose – am besten vor Ort erkundigen). **Wildwasserfahrten** auf dem Fluß Omo sind ein unvergeßliches Erlebnis. **Trekking, Bergsteigen** und **Angeln** sind ebenfalls möglich.
SITTEN & GEBRÄUCHE: Äthiopier bevorzugen eher konservative Kleidung, Freizeitkleidung ist jedoch im allgemeinen angemessen. Zwanglose private Einladungen werden gern ausgesprochen. In kleineren Ortschaften lassen sich die Einheimischen nicht gerne fotographieren. **Trinkgeld:** Die meisten Hotels und Restaurants setzen 10% Bedienungsgeld auf die Rechnung. Trinkgeld ist im allgemeinen üblich, die Beträge sind allerdings gering. Taxifahrer erwarten kein Trinkgeld.

Eine weitere wichtige Veröffentlichung von Columbus Press ist der »World Travel Guide«, der jährlich herausgegeben wird und Informationen in englischer Sprache auf mehr als tausend Seiten über alle Länder der Erde enthält.

Weitere Einzelheiten von:
Columbus Press, Verkaufsabteilung, Aurikelweg 9, D-38108 Braunschweig.
Tel: 05309/2123. Telefax: 05309/2877.

Äthiopien / Australien

WIRTSCHAFTSPROFIL

WIRTSCHAFT: Äthiopien ist ein Agrarland. Kaffee ist das wichtigste Exportgut, Viehzucht- und Erdölprodukte werden ebenfalls ausgeführt. Hauptabsatzgebiete sind Deutschland, Japan, Italien und die USA. Fertigwaren, Industrieprodukte und Waffen werden überwiegend aus GUS-Ländern importiert. Aufgrund des unwirtlichen heißen Klimas ist Äthiopien eines der am wenigsten entwickelten Länder der Welt. Die Wirtschaft krankt vor allem an der fehlenden Infrastruktur und einem Mangel an qualifizierten Arbeitskräften. Langanhaltende Dürreperioden und der jahrelange Bürgerkrieg in der Nordprovinz Tigre und dem jetzt unabhängigen Eritrea verschlechterten die wirtschaftliche Lage zusätzlich. Es bleibt abzuwarten, welche Maßnahmen die derzeitige Regierung zur Beseitigung der großen wirtschaftlichen Probleme des Landes ergreifen wird. Die ersten Anzeichen stimmen allerdings recht hoffnungsvoll. So hat das Exportvolumen seit 1992 stetig zugenommen.
GESCHÄFTSVERKEHR: Einheimische Geschäftsleute sprechen häufig Englisch. Italienisch- oder Französischkenntnisse können jedoch ebenfalls nützlich sein. Ein paar Brocken Amharisch sind besonders gern gesehen: *Tena Yistillign* heißt »Guten Tag«; *Ishi* – »Ja«; *Yellem* – »Nein« und *Sint New* – »Was kostet das?«. Visitenkarten sind nicht überall üblich. Die Monate Oktober bis Mai sind für Geschäftsreisen am günstigsten. **Geschäftszeiten:** Mo-Fr 08.00-12.00 und 13.00-17.00 Uhr.
Kontaktadressen: *Ethiopian Chamber of Commerce* (Industrie- und Handelskammer), PO Box 517, Addis Abeba. Tel: (01) 51 82 40. Telex: 21213.
Ministry of External Economic Co-operation, PO Box 2559, Addis Abeba. Tel: (01) 15 10 66. Telex: 21320.
Die wirtschaftlichen Interessen Österreichs werden von der Außenhandelsstelle in Kairo (s. Ägypten) wahrgenommen.

KLIMA

Sehr heiß und schwül in den Ebenen, warm in den Gebirgsausläufern und vergleichsweise kühl im Hochland. Der meiste Regen fällt zwischen Juni und September.

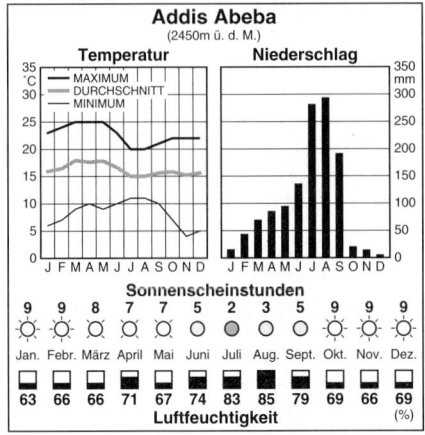

WELTKARTE?

LÄNDERKARTEN?

ZEITZONENKARTE?

INFORMATION ÜBER

IMPFBESTIMMUNGEN UND

GESUNDHEITSVORKEHRUNGEN?

... siehe Inhaltsverzeichnis

Australien

Lage: Indischer/Pazifischer Ozean.

Australian Tourist Commission/ATC (Fremdenverkehrsamt)
Neue Mainzer Straße 22
D-60311 Frankfurt/M.
Tel: (069) 27 40 06 20. Telefax: (069) 27 40 06 40.
Mo-Fr 09.00-17.00 Uhr.
Auch für Österreich und die BENELUX-Staaten zuständig. Von Österreich wählt man: Tel: (0660) 89 02 (Ortstarif).
Australian Tourist Commission/ATC (Fremdenverkehrsamt)
Weißenreinstraße 37
CH-8707 Uetikon am See
Tel: (01) 920 33 10. Telefax: (01) 920 35 95.
Mo-Fr 09.00-13.00 Uhr.
Australian Tourist Commission
Level 4
80 William Street
Woolloomooloo
Sydney, NSW 2011
PO Box 2721
Sydney, NSW 2001
Tel: (02) 360 11 11. Telefax: (02) 361 12 05.
Anmerkung: Die Adressen regionaler Fremdenverkehrsämter sind in den Abschnitten der einzelnen Bundesstaaten aufgeführt.
Australische Botschaft
Godesberger Allee 105-107
D-53175 Bonn
Tel: (0228) 8 10 30. Telefax: (0228) 37 31 45.
Mo-Fr 09.00-12.00 Uhr.
*Die Botschaft erteilt telefonische Visaauskünfte nicht mehr kostenlos, Tel: (0190) 24 20 00 (gebührenpflichtig).
Generalkonsulat ohne Visumerteilung in Frankfurt/M.*
Australische Botschaft
Mattiellistraße 2-4/III
A-1040 Wien
Tel: (0222) 512 85 80. Telefax: (0222) 513 29 08, 504 11 78.
Konsularabt.: Mo-Fr 09.00-12.30 Uhr.
Australisches Konsulat
Alpenstraße 29
CH-3006 Bern
Tel: (031) 351 01 43. Telefax: (031) 352 12 34.
Mo-Do 10.00-12.30 und 13.30-15.00 Uhr, Fr 10.00-12.30 Uhr.
Botschaft der Bundesrepublik Deutschland
119 Empire Circuit
Yarralumla, ACT 2600
Tel: (06) 270 19 11. Telefax: (06) 270 19 51.
Generalkonsulate in Melbourne und Sydney. *Konsulate* in Adelaide, Brisbane, Darwin, Hobart und Perth.
Botschaft der Republik Österreich
12 Talbot Street
Forrest, ACT 2603
PO Box 3375
Manuka, ACT 2603
Tel: (06) 295 15 33, 295 13 76. Telefax: (06) 239 67 51.
Konsulate in Adelaide, Brisbane, Melbourne, Perth und Sydney.
Botschaft der Schweizerischen Eidgenossenschaft
7 Melbourne Avenue
Forrest, ACT 2603
Tel: (06) 273 39 77. Telefax: (06) 273 34 28.
Generalkonsulate in Melbourne und Sydney.

Einführung

FLÄCHE: 7.682.300 qkm.
BEVÖLKERUNGSZAHL: 17.529.000 (1992).
BEVÖLKERUNGSDICHTE: 2,3 pro qkm.

TIMATIC INFO-CODES

Abrufbar über Ihr CRS-System (für START/Amadeus Ama-Maske benutzen). Für Galileo bitte TI-DFT eingeben (mit Bindestrich).

Flughafengebühren	TI DFT/ SYD /TX
Währung	TI DFT/ SYD /CY
Zollbestimmungen	TI DFT/ SYD /CS
Gesundheit	TI DFT/ SYD /HE
Reisepassbestimmungen	TI DFT/ SYD /PA
Visabestimmungen	TI DFT/ SYD /VI

HAUPTSTADT: Canberra. **Einwohner:** 310.100 (1990).
GEOGRAPHIE: Australien grenzt im Norden an die Arafura- und die Timorsee, im Osten an das Korallenmeer und die Tasmansee des Südpazifiks, im Süden und Westen an den Indischen Ozean. Die Küste ist insgesamt 36.738 km lang. Die Ost- und Südostküste sind am dichtesten besiedelt. Australien ist der kleinste Kontinent (oder die größte Insel) der Welt und fast so groß wie das Festland der USA. 40% des Landes liegen in den Tropen. Die Landschaft ist außerordentlich vielfältig, das Spektrum reicht von trostloser roter Wüste bis zu üppig-grünen Regenwäldern. Australiens kilometerlange Strände, Korallenriffe und Surfgebiete sind weltberühmt. Überall stößt man auf Überreste der langen, zum Teil geheimnisumwobenen Vergangenheit. Zur Geschichte Australiens zählen sowohl die prähistorische Kunst der Ureinwohner als auch die Bauten aus der englischen Kolonialzeit. Das Landesinnere besteht überwiegend aus Ebenen mit einigen Seen und Flüssen; Berge erheben sich vor allem in den Küstenregionen. Die Gipfel der Bergkette *Great Dividing Range* im Osten sind die höchsten des Landes.
Der Südosten ist ein riesiges fruchtbares Flachland. Im fernen Nordosten, auf der Cape-York-Halbinsel, herrscht dichter Dschungel vor. Entlang der Ostküste der Halbinsel liegt das weltberühmte **Great Barrier Reef**, ein 2012 km langes Korallenriff. Australien ist das trockenste Land der Welt, mit Schneefeldern so groß wie die Schweiz. Ausmaße und Entfernungen nehmen in diesem Land eine andere Bedeutung an. Die Bodenschätze des Erdteils sind beachtlich. Die geographischen Besonderheiten der einzelnen acht Staaten werden in der entsprechenden Rubrik unter den einzelnen Bundesstaaten erwähnt.
STAATSFORM: Parlamentarische Monarchie im Commonwealth seit 1901; Verfassung von 1901. Regierungschef: John Winston Howard, seit März 1996. Staatsoberhaupt: Königin Elizabeth II.; sie wird durch den Generalgouverneur William George (Bill) Hayden (seit 1989) vertreten. Bundesparlament aus zwei Kammern. Jeder der sechs Bundesstaaten hat seine eigene Legislative und Exekutive. Für den 26.01.2000 ist *de jure* die vollständige Loslösung von Großbritannien und die Ausrufung zur Republik vorgesehen. Ein im Februar 1992 eingeführtes Konjunkturprogramm soll der anhaltenden Rezession entgegenwirken.
SPRACHE: Offizielle Landessprache ist Englisch. Unter den Einwanderern gibt es Minderheiten, die ihre Muttersprache beibehalten haben, u. a. Deutsch, Griechisch, Italienisch und Chinesisch; verschiedene Sprachen werden von den australischen Ureinwohnern gesprochen.
RELIGION: Überwiegend christliche Religionen (anglikanische und römisch-katholische Religionszugehörigkeit) und kleine Gruppen christlicher Sekten und aller anderen Weltreligionen.
ORTSZEIT: In Australien gibt es drei Zeitzonen:
Nordosten/Südosten: MEZ + 9.
Mittelaustralien: MEZ + 8.30.
Westen: MEZ + 7.
Einige Bundesstaaten haben Sommerzeit eingeführt. Im Oktober wird die Uhr eine Stunde vorgestellt, im März eine Stunde zurück.
NETZSPANNUNG: 240/250 V, 50 Hz. Adapter erforderlich.
POST- UND FERNMELDEWESEN: Telefon: Selbstwählferndienst. **Landesvorwahl: 61**. Die öffentlichen Telefonzellen sind rot, grün, gold oder blau. Von den roten Telefonzellen aus können nur Ortsgespräche geführt werden, von allen anderen Telefonzellen aus sind Gespräche in alle Länder mit Selbstwählferndienst und Ferngespräche innerhalb Australiens möglich. Telefonkarten sind beim Zeitungshändler, in Supermärkten und Drogerien erhältlich. **Telefax:** Die *Overseas Telecommunications Commission* (das Übersee-Fernmeldeamt) nimmt Faxbriefe am Schalter entgegen; in Brisbane, Sydney, Melbourne, Perth und Adelaide können Faxbriefe auch kostenlos von Kurieren abgeholt werden. Telefaxbücher sind in Postämtern erhältlich, die Preise sind unterschiedlich. **Telexe/Telegramme** können bei der *Overseas Telecommunications Commission* und deren örtlichen Zweigstellen aufgegeben werden. Telexgeräte stehen in den Hauptpostämtern von Brisbane, Canberra, Sydney, Melbourne, Perth, Adelaide, Newcastle und Hobart zur Verfügung. Die Büros der *Overseas Telecommunications Commission* in Sydney, Brisbane, Canberra und Melbourne sind durchgehend geöffnet. **Post:** Es gibt Postämter in allen Städten der Bundesstaaten. Öffnungszeiten: Mo-Fr 09.00-17.00 Uhr. Auch Postämter nehmen postlagernde Sendungen entgegen. Auf der Anschrift wird der Bundesstaat zumeist mit Kürzel angegeben, gefolgt von der Postleitzahl (Queensland wird z. B. zu QLD, South Australia zu SA usw.).
DEUTSCHE WELLE
Der Einsatz der Kurzwellenfrequenzen ändert sich mehrfach im Laufe eines Jahres, und Sendungen auf den folgenden Frequenzen werden jeweils nur zu bestimmten Tageszeiten ausgestrahlt. Näheres in der Einleitung.

MHz	17,845	15,105	11,795	9,735	9,690
Meterband	16	19	25	31	31

Australien

REISEPASS/VISUM

Wichtiger Hinweis: *Die Einreisebestimmungen mancher Länder können sich kurzfristig ändern – rufen Sie sicherheitshalber auf Ihrem CRS-System (TIMATIC-Info-Code-Fenster in diesem Kapitel) den aktuellen Stand ab bzw. wenden Sie sich an die zuständige diplomatische Vertretung. Etwaige Zahlen in der Tabelle beziehen sich auf nachfolgende Fußnoten.*

	Paß erforderlich?	Visum erforderlich?	Rückflugticket erforderlich?
Deutschland	Ja	Ja	Ja
Österreich	Ja	Ja	Ja
Schweiz	Ja	Ja	Ja
Andere EU-Länder	Ja	Ja	Ja

REISEPASS: Allgemein erforderlich.
VISUM: Genereller Visumzwang, ausgenommen sind Staatsangehörige Neuseelands (gültiger Reisepaß reicht aus).

Visaarten: Besucher- und Geschäftsvisa.
Visagebühren: Besucher- und Geschäftsvisa für Aufenthalte von bis zu 3 Monaten sind gebührenfrei, für Aufenthalte über 3 Monate ist eine Gebühr von 40 DM, 280 öS bzw. 40 sfr zu entrichten. **Gültigkeit:** Abhängig von der Art des Visums, dem Grund des Besuches und der Gültigkeitsdauer des Passes. Besuchervisa für Aufenthalte von maximal 3 Monaten (bzw. 6 Monaten) sind 1 Jahr ab Ausstellungstag gültig, Besuchervisa für Aufenthalte von 3 Monaten (bzw. 6 Monaten) und darüber sind 4 Jahre gültig, es sei denn, der Paß läuft vorher ab.
Antragstellung: Konsularabteilung der Botschaft bzw. Konsulat (Adressen s. o.).
Unterlagen: (a) Antragsformular. (b) Gültiger Reisepaß. (c) 1 Paßfoto. (d) Nachweis ausreichender Geldmittel für die Dauer des Aufenthaltes. (e) Geschäftsreisende müssen den Anlaß ihrer Reise auf Firmenbriefpapier darlegen. Bei postalischer Antragstellung empfiehlt es sich, den Reisepaß per Einschreiben zu schicken und einen frankierten Rückumschlag beizufügen.
Bearbeitungszeit: Im allgemeinen 1-3 Wochen.
Aufenthaltsgenehmigung: Anfragen sind an die australische Botschaft zu richten.

GELD

Währung: 1 Australischer Dollar (A$) = 100 Cents. Banknoten gibt es in den Nennwerten von 100, 50, 20, 10 und 5 A$. Münzen sind in den Werten von 2 und 1 A$ sowie 50, 20, 10 and 5 Cents in Umlauf.
Geldwechsel: Auf allen australischen Flughäfen gibt es Wechselstuben, die bei Ankunft und Abflug aller Flüge geöffnet sind. In internationalen Hotels kann man als Gast auch die gängigeren Währungen umtauschen, günstigere Wechselkurse erhält man jedoch am Flughafen oder in den Banken.
Kreditkarten: *Visa, Diners Club, Eurocard* und *American Express* werden angenommen. Einzelheiten vom Aussteller der betreffenden Kreditkarte.
Reiseschecks aller bekannteren Währungen können eingelöst werden.
Wechselkurse

	A$ Sept. '92	A$ Febr. '94	A$ Jan. '95	A$ Jan. '96
1 DM	0,91	0,81	0,83	0,93
1 US$	1,39	1,40	1,29	1,34

Devisenbestimmungen: Unbegrenzte Einfuhr von Landes- und Fremdwährungen. Beträge über 5000 A$ oder den Gegenwert in Fremdwährungen müssen bei der Ausreise deklariert werden.
Öffnungszeiten der Banken: I. allg. Mo-Do 09.30-16.00 Uhr, Fr 09.30-17.00 Uhr.

DUTY FREE

Die folgenden Artikel können zollfrei nach Australien eingeführt werden:
250 Zigaretten oder 250 g Tabak;
1 l Spirituosen;
Geschenke bis zu einem Gesamtwert von 400 A$ für Personen über 18 Jahre (200 A$ für Personen unter 18 Jahren).
Einfuhrverbot: Striktes Einfuhrverbot von Lebensmitteln und anderen möglichen Übertragern von Krankheiten und Seuchen, Waffen und nicht verschreibungspflichtigen Medikamenten. Drogendelikte werden besonders schwer bestraft.

GESETZLICHE FEIERTAGE

10. Juni '96 Geburtstag der Königin (alle Bundesstaaten außer Western Australia). **25. Dez.** Weihnachten. **26. Dez.** Boxing Day (außer in South Australia). **1. Jan. '97** Neujahr. **26./27. Jan.** Australien-Tag. **28.-31. März** Ostern. **25. April** ANZAC-Tag (Gedenktag zu Ehren der im 1. Weltkrieg in der Schlacht von Gallipoli gefallenen Australier).
Anmerkung: Die oben genannten Feiertage gelten landesweit. Zusätzliche regionale Feiertage sind in dieser Rubrik unter den einzelnen Bundesstaaten aufgeführt.

GESUNDHEIT

In der folgenden Tabelle aufgeführte Impfvorschriften können sich kurzfristig ändern. Es wird stets empfohlen, auf Ihrem CRS-System (TIMATIC-Info-Code-Fenster in diesem Kapitel) den aktuellen Stand der Gesundheitsbestimmungen abzurufen bzw. rechtzeitig vor der Reise ärztlichen Rat einzuholen.

	Vorsichtsmaßnahmen empfohlen	Impfschein erforderlich
Gelbfieber	Ja	1
Cholera	Nein	Nein
Typhus & Polio	Nein	-
Malaria	Nein	-
Essen & Trinken	Nein	-

[1]: Eine Impfbescheinigung gegen Gelbfieber wird von allen Reisenden verlangt, die über ein Jahr alt sind und sich in den vorangegangen sechs Tagen in einer im *Weekly Epidemiological Record* als Infektionsgebiet bezeichneten Region aufgehalten haben.
Sonnenschutz ist unbedingt erforderlich, vor allem zwischen 11.00 und 15.00 Uhr, wenn die Ultraviolettstrahlung der Sonne am stärksten ist. Sonnenbrille, Sonnenhut und Sonnenschutzpräparate mit angemessenem Lichtschutzfaktor gehören in jedes Reisegepäck.
Gesundheitsvorsorge: In Australien gibt es strenge Gesundheitskontrollen bei der Ein- und Ausreise; bei Zuwiderhandlungen drohen hohe Geldstrafen. Wer ohne

die erforderlichen Impfbescheinigungen einreist, kann unter Quarantäne gestellt werden. Die Kosten hierfür müssen von der Fluggesellschaft gedeckt werden. Die Gesundheitsversorgung ist ausgezeichnet. Der Abschluß einer Reisekrankenversicherung wird empfohlen.

REISEVERKEHR - International

FLUGZEUG: Die nationale Fluggesellschaft heißt *Qantas Airways* (QF). Die *Ansett Australia Airlines (AN)* bieten ebenfalls internationale Verbindungen an. Es gibt mehrere Flugpreisermäßigungen, u. a. *Discover Australia* und den *Explorer Airpass*, die ähnliche Bedingungen bieten. Mindestens zwei, jedoch nicht mehr als acht Flugstrecken sind frei. Eine zeitliche Begrenzung gibt es nicht. Preislich am günstigsten ist der *Explorer*. Mit dem *Ansett Australia Airpass* kann man bis zu acht Orte in Australien und Neuseeland anfliegen. Etwa 30 Fluggesellschaften fliegen Australien an.
Durchschnittliche Flugzeiten: *Frankfurt, Wien* oder *Zürich* – Sydney: 24 Std. (bei zwei Zwischenlandungen); *London* – Sydney: 24 Std; *New York* – Perth: 27 Std. 30; *New York* – Sydney: 21 Std; *Singapur* – Sydney: 9 Std. 15; *Singapur* – Perth: 5 Std.
Internationale Flughäfen: Canberra, Sydney, Adelaide, Melbourne, Perth, Darwin, Brisbane, Hobart, Townsville und Cairns. Auf allen Flughäfen gibt es Duty-free-Shops, Banken/Wechselstuben und Mietwagenschalter, die im allgemeinen zu den Abflug- und Ankunftszeiten aller Flüge geöffnet sind.
Canberra Airport liegt 10 km östlich der Stadt (Fahrzeit ca. 20 Min.). Keine Busverbindung, zur Innenstadt fährt man mit dem Taxi oder Mietwagen. Flughafeneinrichtungen: Wechselstube, Bar, Cafeteria, Restaurant, Geschäfte und Mietwagenschalter.
Anmerkung: *Canberra Airport* wurde bis vor kurzem nur für Inlandflüge genutzt.
Sydney Airport (Kingsford Smith) liegt 8 km südlich der Stadt. Flughafenbusse erwarten ankommende Fluggäste, auf Anfrage halten sie an Hotels, Motels, Pensionen oder am Busbahnhof. Fahrzeit zur Innenstadt etwa 30 Min. Linienbusse und Taxis (Fahrzeit ca. 15 Min.) sind ebenfalls vorhanden. Es gibt einen Duty-free-Shop, Banken, Restaurants und Bars, Mietwagenschalter, Parkplatz, Geschäfte, Postamt und eine Tourist-Information (von 05.30 bis eine Stunde nach dem letzten Flug geöffnet).
Adelaide International Airport liegt 7 km südlich der Stadt. Flughafenbusse verkehren im 30-Minutentakt. Linienbusverbindung zur Innenstadt und zu den großen Hotels, Fahrzeit ca. 10-15 Min. Taxistand vorhanden, außerdem Duty-free-Shop, Restaurant, Bar (2 Std. vor und 1 Std. nach jedem Flug geöffnet), Postamt, Konferenzräume, Tourist-Information und Mietwagenschalter.
Melbourne Airport liegt 22 km nordwestlich der Stadt. Ein *Airport Skybus* fährt alle halbe Stunde, Fahrzeit ca. 30 Min. Flughafeneinrichtungen: Cafeteria (ab 06.30 Uhr), Restaurant, eine Bar in der Abfertigungshalle (öffnet 90 Min. vor dem ersten Flug), zwei weitere Bars, Banken, Postamt, Parkplätze und Duty-free-Shop, Tourist-Information, Läden, Mietwagenschalter.
Perth Airport liegt 10 km nordöstlich der Stadt (Fahrzeit 25 Min.). Flughafenbusse verkehren zwischen 05.00-21.00 Uhr, Fahrzeit ca. 25 Min. (Terminal Ausland) bzw. 35 Min. (Terminal Inland). Es gibt Banken, Duty-free-Shops, ein durchgehend geöffnetes Restaurant, eine Cafeteria, eine Bar (24 Std. geöffnet), Parkplätze, Tankstelle sowie Souvenir- und andere Läden (05.00-24.00 Uhr, in der Transit-/Abfertigungshalle von 24.00-05.00 Uhr).
Brisbane International Airport liegt 11 km nordöstlich der Stadt. Flughafenbusse zur Stadt und zu den großen Hotels (Fahrzeit ca. 35 Min.), Busverbindungen zur Gold Coast und zur Sunshine Coast. Parkplatz, Duty-free-Shop, Mietwagenschalter, Restaurant, Bar/Cafeteria und Geschäfte.
Darwin Airport liegt 13 km nordöstlich der Stadt (Fahrzeit 15 Min.). Flughafenbusse warten auf alle ankommenden Flüge aus dem Ausland (tagsüber) und auf die Flüge der *Ansett Australia Airlines, Ansett WA* und *Australian Airlines*. Flughafeneinrichtungen: Kiosk (07.00 Uhr bis zum letzten Abflug), Bar (10.00 Uhr bis zum letzten Abflug), Duty-free-Shop, Konferenzraum, Tourist-Information, Hotel-Reservierungsschalter, Restaurant und Geschäfte.
Hobart Airport liegt 15 km östlich der Stadt (Fahrzeit 40 Min.). Flughafenbusse stehen für ankommende Flüge bereit. Linienbusse und Taxis fahren ebenfalls zur Innenstadt. Es gibt ein Restaurant und eine Bar.
Cairns Airport (Queensland), 4 km außerhalb der Stadt (Fahrzeit 15 Min.). Flughafen- und Linienbusse, Taxistand und Mietwagenschalter. Duty-free-Shop, Restaurant (ab 06.00 Uhr), Bar (30 Min. vor dem ersten Flug bis 30 Min. nach dem letzten Flug), Bank/Wechselstube (öffnet 90 Min. vor Ankunft/Abflug des ersten internationalen Fluges) und Tourist-Information.
Townsville Airport (Queensland) liegt 9 km außerhalb der Stadt (Fahrzeit 20 Min.). Flughafenbusse erwarten *Qantas*- und *Ansett*-Flüge von 07.35-19.49 Uhr. Linienbusverbindung zur Stadt und zu den großen Hotels. Taxistand.
Alle anderen Großstädte erreicht man per Inlandflug über die internationalen Flughäfen.
SCHIFF: Kreuzfahrtschiffe legen in Sydney, Melbourne, Hobart, Perth (Hafen von Fremantle), Adelaide und Brisbane an. Linienschiffe verkehren zwischen Fremantle und Singapur.

REISEVERKEHR - National

FLUGZEUG: Flugzeuge sind in Australien so gebräuchlich wie in kleineren Ländern Busse und Bahnen. Das Linienflugnetz umfaßt über 150.000 km über dem gesamten Kontinent. Es gibt 1. und 2. Klasse. Auf zahlreichen Strecken werden Mahlzeiten serviert. Flugzeuge können auch gemietet werden. Privatpiloten müssen eine schriftliche Prüfung bei den australischen Flugbehörden ablegen, um für den privaten Flugverkehr zugelassen zu werden. Die zwei größten **Inland-Fluggesellschaften** sind *Qantas Domestic (QF)* und *Ansett Australia Airlines (AN)*. *Ansett Australia Airlines* und *Qantas Domestic* fliegen die großen Urlaubsorte und größeren Städte an.
Ansett Express (WX), *Hazelton Airlines (ZL)* und *Eastern Australia Airlines (UN)* fliegen in New South Wales, *Kendell Airlines (KD)* in Victoria und South Australia; *Lloyd Aviation (UD)* in South Australia; *Ansett Australia Airlines (AN)* in Western Australia; *Air North (HS)* im Northern Territory. Die Qantas Tochtergesellschaften *Australian Regional Airlines (TN)* betreiben Flugdienste in Queensland, *Sunstate Airlines (OF)* in Queensland und Victoria. Die *Airlines of Tasmania (IP)* verkehren innerhalb Tasmaniens.
Fast alle australischen Fluggesellschaften bieten Preisnachlässe und verbilligte Flugpässe für bestimmte Zeiträume an. Erkundigen Sie sich bei der *Qantas* nach den Telefonnummern.
SCHIFF: Die australische Küste hat eine Gesamtlänge von 36.738 km. Bootsfahrten können außerdem auf unzähligen Seen, Flüssen und anderen Wasserwegen unternommen werden. Auf dem Fluß Murray verkehren Schaufelraddampfer. Hochsee-Fischerboote am Great Barrier Reef nehmen Passagiere auf und können auch für Ausflugsfahrten gemietet werden. Zahlreiche Veranstalter bieten Kreuzfahrten an. Ein regelmäßiger Autofährdienst verkehrt zwischen Tasmania und Victoria.
BAHN: Das Schienennetz der australischen Eisenbahn umfaßt ca. 40.000 km, es gibt jedoch nur eine Zugverbindung von der Ost- zur Westküste (mit dem *Indian Pacific*). Die Strecke ist 4000 km lang, die Standardspur 1435 mm breit. Die Fahrt dauert 3 Tage; eine Teilstrecke von 500 km Länge ist der längste gerade Schienenstrang der Welt.
Die Züge haben 1. und 2. Klasse. Auf langen Strecken gibt es Schlafwagen, Restaurants und Klimaanlagen. Es verkehren auch einige Autoreisezüge. Vor allem während der Saisonzeit sind Vorausbuchungen zu empfehlen. Ein Aufrücken in die 1. Klasse ist nur dann möglich, wenn Sitzplätze oder Schlafwagen der 2. Klasse auf der jeweiligen Verbindung nicht erhältlich sind.
Nachfolgend eine Aufstellung weiterer Expreßzüge, die jedoch nicht immer täglich verkehren:
Melbourne – Sydney: Nachtfahrt (*Sydney XPT*)*;
Melbourne – Sydney: Tagesfahrt (*Sydney XPT*)*;
Melbourne – Adelaide: Nachtfahrt (*The Overland*)*;
Melbourne – Mildura: Nachtfahrt (*V/Line Road Coach*)*;
Adelaide – Perth: 2tägige Fahrt (*Indian Pacific*)*;
Adelaide – Sydney: 14stündige Fahrt (*Indian Pacific*)*;
Adelaide – Alice Springs: 20stündige Fahrt (*The Ghan*)*;
Sydney – Brisbane: Nachtfahrt (XPT)*;
Sydney – Canberra: 16stündige Tages- und Nachtfahrten (*XPLORER*)*;
Sydney – Perth: 3tägige Fahrt (*Indian Pacific*)*;
Brisbane – Cairns: 36stündige Fahrt (*The Queenslander/Spirit of the Tropics*)*;
Brisbane – Charleville: 15stündige Fahrt (*Westlander*);
Brisbane – Rockhampton: Tagesfahrt (*Spirit of Capricorn*)*;
Perth – Bunbury: Kurzstreckenverbindung (*Australind*)*;
Perth – Kalgoorlie: Kurzstreckenverbindung (*Prospector*)*;
Rockhampton – Brisbane: Tagesfahrt (*Spirit of Capricorn*)*;
Anmerkung: *Pendelverkehr.
Vertretung der australischen Eisenbahnen in Europa: *Brits Australia*, Pflinganser Straße 12a, D-81369 München. Tel: (089) 747 04 29. Telefax: (089) 725 45 16.
Reisegepäck: Langstreckenpassagiere dürfen bis zu 50 kg Gepäck mit sich führen. Große Gepäckstücke können bis zu 30 Min. vor der Abfahrt des Zuges im Gepäckwagen abgegeben werden.
Schlafwagen: Einzel- und Doppelkabinen sind gegen einen Aufpreis für die meisten Langstrecken-Nachtzüge erhältlich. Doppelkabinen (*Twinettes*) gibt es in zwei Preisklassen. In der ersten Klasse sind Duschen, WC und Waschbecken vorhanden. Einzelkabinen (*Roomettes*) enthalten nur WC und Waschbecken; Duschen gibt es am Ende des Wagens. Der *Queenslander, Indian Pacific* und *Ghan* haben nur Schlafwagen der 1. Klasse, bei denen auch ein Preisaufschlag für Mahlzeiten verlangt wird.
Sonderfahrkarten: Jeder Bundesstaat hat sein eigenes Austrail-Pass-System. Der *Austrailpass* ist für 1. und 2. Klasse erhältlich und wahlweise 14, 21, 30, 60 oder 90 Tage gültig. Der *Austrail Flexipass* (ebenfalls 1. und 2. Klasse) ist für 8, 15, 22 oder 29 Tage erhältlich, jeweils 6 Monate nach Ausstellung gültig, kann jedoch nicht auf den Strecken *Adelaide* – Perth und *Adelaide* – Alice Springs benutzt werden. Der *Sunshine Railpass* bietet eine Vergünstigung von 50% für Kinder und Jugendliche zwischen 4 und 16 Jahren. Dieser ist ebenfalls für 1. und 2. Klasse erhältlich und 14, 21 oder 30 Tage gültig. Für die Strecke *Sydney* – Brisbane bzw. *Sydney* – Cairns steht der *East Coast Discovery Pass* zur Verfügung, der 6 Monate ab Ausstellungsdatum gültig ist.
Anmerkung: Fast alle Touristenattraktionen sind mit der Bahn erreichbar. Sammelfahrkarten für mehrere Urlaubsorte sind auch in Reisebüros außerhalb Australiens erhältlich.
Auf Bahnfahrkarten, die außerhalb Australiens gebucht werden, gibt es oft bis zu 30% Ermäßigung. Weitere Informationen vom Fremdenverkehrsamt.
Senioren: Reduzierte Fahrpreise für Bahnen und Reisebusse gelten nur für australische Senioren.
BUS/PKW: Es wird links gefahren. Es gelten internationale Verkehrszeichen. Geschwindigkeitsbegrenzungen: 60 km/h innerhalb geschlossener Ortschaften, ansonsten 100 km/h, sofern nicht anders angezeigt. Anschnallpflicht. Im australischen Hinterland, dem weitgehend unbewohnten *Outback*, sind die Landstraßen selten asphaltiert und von November bis Februar durch starke Regenfälle fast unpassierbar. Zwischen April und Oktober sind die Straßen am besten befahrbar. Die Entfernungen zwischen den Städten sind zum Teil riesig (*Perth* – Darwin: 4000 km; *Darwin* – Broome: 2000 km), daher ist es wichtig, daß Fahrzeuge absolut verkehrstüchtig sind. Wasser, Benzin und Ausrüstung für Notfälle und evtl. Ersatzteile sollten mitgeführt werden. Örtliche Automobilklubs erteilen Auskünfte über die Straßen- und Witterungsverhältnisse.
Mietwagenverleih auf allen größeren Flughäfen und in großen Hotels. Mindestalter: 21 Jahre.
Unterlagen: Internationale und ausländische Führerscheine gelten nur bis zu drei Monaten.
Fernbusse: Busreisen sind mit die billigste Art, diesen Kontinent zu erforschen. Auf Komfort braucht man dabei nicht zu verzichten; Air-condition, bequeme verstellbare Sitze, WC und z. T. Fernsehen gehören zur Standardausstattung. Die größeren Städte sind durch ein ausgezeichnetes Fernbusnetz verbunden. Die bekannteste Busgesellschaft ist *Australian Coaches (Pioneer Express, Bus Australia* und *Greyhound Pioneer)*. Zahlreiche kleinere Busunternehmen verkehren innerhalb und zwischen den einzelnen Bundesstaaten. Ausschließlich in Tasmania verkehren die Busse der *Tasmania Redline Coaches*. Die wichtigsten Verbindungen sind: Sydney – Adelaide; Melbourne (landeinwärts) – Canberra; Melbourne – Adelaide und Broken Hill; Adelaide – Alice Springs, Broken Hill, Perth und Brisbane; Port Hedland – Darwin und Perth; Darwin – Alice Springs und Kakadu; Alice Springs – Ayers Rock und Townsville; Cairns – Brisbane; Brisbane – Sydney (landeinwärts und auf der Küstenstraße) und Brisbane – Melbourne. Verschiedene Reisebuspässe für unbegrenzte Fahrten, die zwischen 7 und 90 Tage gültig sind, werden angeboten; es gibt u. a. den *Aussie Pass*, den *All Australian*, den *Aussie Highlights*, den *Aussie Reef & Rock*, den *Best of the Outback*, den *Western Explorer* und den *Top End Explorer*. Sonderfahrkarten dieser Art sollten vor der Abreise gekauft werden. Reisende, die Mitglieder des *YHA ISIC 26 Memberships* sind, erhalten 15% Rabatt.
Vertretungen in Europa: *Australian Coachlines (Greyhound International* und *Pioneer Express)*, c/o Greyhound International, Sussex House, London Road, GB-East Grinstead, West Sussex RH19 1LD. Tel: (01342) 31 73 17. Telefax: (01342) 32 85 19. Allgemeine Informationsstelle für Verkehrsverbindungen auf dem Landweg: *Australian Destination Centre*, Schöndorfer Straße 149, D-71638 Ludwigsburg. Tel: (07141) 28 48 52/53. Telefax: (07141) 28 48 55.
STADTVERKEHR: In allen größeren Städten gibt es ausgezeichnete öffentliche Verkehrsmittel. Vorortzüge verkehren in allen Landeshauptstädten, besonders gut ausgebaut ist das Nahverkehrsnetz in Sydney und Melbourne. In Melbourne und Adelaide verkehren Straßenbahnen. **Taxis** mit Taxameter sind in allen großen und kleinen Städten zu finden. Der Fahrpreis wird nach einer Grundgebühr und der Entfernung berechnet. Taxifahrer erwarten kein Trinkgeld. Manchmal werden Extragebühren für Gepäckstücke oder telefonische Vorbestellung berechnet. Einige Taxifahrer nehmen Kreditkarten an. Weitere Einzelheiten in den Abschnitten über die einzelnen Bundesstaaten.
FAHRZEITEN von Sydney zu anderen australischen Großstädten (ungefähre Angaben in Std. und Min.):

	Flugzeug	Schiff	Bahn	Bus/Pkw
Canberra	0.40	-	5.00	4.00
Adelaide	1.55	-	28.40	23.40
Brisbane	1.15	-	16.00	16.30
Darwin	5.00	-	-	92.50
Melbourne	1.15	-	13.00	14.30
Perth	4.35	-	65.45	60.00
Hobart	2.05	14.00	-	-

UNTERKUNFT

HOTEL/MOTEL: In jedem Staat gibt es erstklassige Hotels der großen internationalen Ketten wie *Hilton* und *Intercontinental*, preiswertere Hotels befinden sich oft in den Vororten der Städte. Kleinere Hotels mit lokalem Flair sind meistens gemütlicher. Vorzügliche Motels an den *Highways* am Stadtrand bieten in sich abgeschlossene Familienunterkünfte an. Teilweise stehen auch Restaurants zur Verfügung. Fast alle Hotel- und Motelzimmer sind mit Telefon, Dusche und/oder Bad, WC, Kühlschrank und Heißwasserkessel für Tee und Kaffee ausgestattet. Meist muß das Zimmer bis 10.00 oder 11.00 Uhr geräumt sein, oder es muß für eine weitere Übernachtung bezahlt werden. In Hotels, Motels und *Motor Inns* gibt es zumeist ein Restaurant, eine Bar für Hotelgäste und evtl. eine öffentliche Bar (laut Gesetz Pflicht für Hotels). Viele Motels mit vorzüglichem Komfort sind daher nur dem Namen nach keine Hotels, weil sie es vorziehen, ihre Bar nur den Gästen zur Verfügung zu stellen. Motels in ländlichen Gegenden bieten im allgemeinen nur Frühstück an, während *Motor Inns* mit Restaurants und zuweilen einer Hotelbar ausgestattet sind. In Pensionen sind Hotelbars jedoch nicht zugelassen.
Kategorien: Australische Hotels und Motels unterliegen dem Sterne-System der Automobilklubs. Kategorie und Preis richten sich nach Größe und Einrichtung der Zimmer und der Lage des Hotels oder Motels; dies trifft insbesondere für Häuser in Küstennähe zu. Außerhalb der Städte sind Hotels im allgemeinen preiswerter. Hotels ohne Stern sind nicht unbedingt minderwertig, sondern vermutlich nur noch nicht klassifiziert. Nachfolgende Definitionen gelten nur als Richtlinien und können sich jederzeit ändern:
5 Sterne: Internationale Luxushotels mit elegant eingerichteten Zimmern und ausgezeichnetem Service. Zimmer und Suites aller Größen, mehrere Restaurants, durchgehender Zimmerservice, Läden und Freizeitanlagen stehen dem Gast zur Verfügung.
4 Sterne: Ausgezeichnete Hotels, sehr gut ausgestattete und sehr komfortable Zimmer, Klimaanlage, gute Präsentation und guter Service. Restaurant und Zimmerservice.
3 Sterne: Gute Hotels, komfortable Zimmer mit überdurchschnittlich guten Teppichböden, Einrichtungen und Beleuchtung; Heizung und Klimaanlage.
2 Sterne: Gut geführte Hotels mit zweckmäßig eingerichteten Zimmern, Teppichen und Beleuchtung, Heizung und Kühlung.
1 Stern: Einfache Hotels mit zufriedenstellender Einrichtung und Beleuchtung. Motelzimmer haben eigenes Bad/WC. Der Eigentümer wohnt zumeist im Haus.
Anmerkung: Einige Hotels sind zusätzlich mit einem »offenen« Stern gekennzeichnet, wenn die Ausstattung etwas besser ist als die angegebene Kategorie. Nähere Auskunft von der *Australian Hotels Association*, PO Box E350, Level 3, Tourism House, 40 Blackall Street, Barton, ACT 2600. Tel: (06) 273 40 07. Telefax: (06) 273 40 11.
PENSIONEN, PRIVATZIMMER, FERIENWOHNUNGEN und FERIEN AUF DEM BAUERNHOF: Besonders an der Ostküste stehen zahlreiche Ferienwohnungen und -häuser zur Verfügung. Im Landesinneren werden oft Unterkunftsmöglichkeiten auf Bauernhöfen angeboten; von Pensionen auf riesigen Schaffarmen bis hin zu einfachen Schlafquartieren auf kleinen Bauernhöfen ist alles vertreten. Hier erhält man einen guten Einblick in das ländliche Alltagsleben, die Eigentümer sind meist sehr gastfreundlich. Zimmer mit Übernachtung und Frühstück sind in ganz Australien zu finden. Manche Hotels bieten auch Ferienwohnungen an. Einzelheiten beim Fremdenverkehrsamt. In Pensionen darf kein Alkohol ausgeschenkt werden.
Kategorien: 1-5 Sterne, es gelten mehr oder weniger gleichen Kriterien wie für Hotels und Motels (s. o.).
Informationsstelle: *Bed and Breakfast Australia*, PO Box 408, Gordon, NSW 2072. Tel: (02) 498 53 44. Telefax: (02) 498 64 38.
COUNTRY PUBS bieten Mahlzeiten und einfache, aber bequeme Übernachtungsmöglichkeiten für 30 A$ pro Nacht. Voranmeldung ist nicht unbedingt erforderlich. Weitere Auskünfte von: *Australian Pub Stays*, Suite 1, 27-33 Raglan Street, South Melbourne, VIC 3205. Tel: (030) 696 04 33. Telefax: (030) 696 03 29.
JUGENDHERBERGEN: Jugendherbergen gibt es in ganz Australien, besonders in dichtbesiedelten Gebieten und größeren Städten. Die australischen Jugendherbergen sind fast allen internationalen Herbergswerken angeschlossen. Weitere Informationen unter folgender Adresse: *Australian Youth Hostel Association*, National Office, 10 Mallett Street, Camperdown, NSW 2050. Tel: (02) 565 16 99. Telefax: (02) 565 13 25.
STUDENTENZIMMER: Während der Ferienmonate (Mai, August, Ende November bis Ende Februar) können reisende Studenten und Nicht-Studenten preiswert in Wohnheimen der Universitäten und Hochschulen unterkommen.
CAMPING: Es gibt zahlreiche organisierte Campingtouren, die bisweilen in die abgelegensten Gebiete führen. Man schließt sich einer Gruppe mit einem erfahrenen Führer an und hilft beim Kochen, Abwaschen usw. Fahrzeuge und Ausrüstungen werden zur Verfügung gestellt. Außerdem werden besondere Touren mit dem Landrover angeboten. Hier ist die Ausrüstung zwar einfacher, aber Fahrer/Führer und Koch sind trotzdem mit von der Partie. Auf solchen Touren lernt man das australische *Outback* am besten kennen. Auskunft erteilen die örtlichen Fremdenverkehrsämter. Außerhalb der ausgewiesenen Campingplätze, die in ländlichen Kleinstädten, an Autobahnen, an Stränden, Flußufern und in vielen Nationalparks zu finden sind, sollte nicht gezeltet werden, schon wegen der durch die extreme Trockenheit der letzten Jahre erhöhten Brandgefahr. Die zur Verfügung stehenden Einrichtungen sind unterschiedlich, zur Standardausstattung gehören Stromanschluß, fließend heiß und kalt Wasser, Duschen, Toiletten und Waschmaschinen. Eine Reihe von Firmen vermieten auch gutausgestattete **Wohnmobile**. Das Fremdenverkehrsamt erteilt alle notwendigen Auskünfte.
Kategorien: 1-5 Sterne, ähnlich wie für Hotels/Motels (s. o.).

URLAUBSORTE & AUSFLÜGE

Die größten Touristenattraktionen Australiens sind Sydney, das Great Barrier Reef, die Gold Coast von Queensland und Ayers Rock im Northern Territory, mitten im einsamen australischen Hinterland, dem *Outback*. Wildblumen in Western Australia, die malerischen Weinhänge im Barossa Valley, Geisterstädte in Western Australia und die erstaunliche Tier- und Pflanzenwelt Tasmanias ziehen ebenfalls zahlreiche Besucher an. Auf den Inseln Melville und Bathurst leben die *Aborigines*, die australischen Ureinwohner, verhältnismäßig ungestört. Ein Besuch ihrer Siedlungen ca. 80 km nördlich von Darwin ermöglicht faszinierende Einblicke in die Kultur der Aborigines mit ihren uralten Traditionen. Die australische Küste besteht aus kilometerlangen, herrlichen Stränden. Einzelheiten über Urlaubsorte, Ausflüge und Sehenswürdigkeiten in den Kapiteln über die einzelnen Bundesstaaten.
Die Anzahl der angebotenen Abenteuer-, Hobby- und Special-Interest-Urlaube ist beinahe grenzenlos. Safaritouren gehen mit hervorragend ausgestatteten Fahrzeugen auf die Reise. Die Unterbringung auf den großen Schaffarmen ist erstklassig. Der australische Fremdenverkehrsverband veröffentlicht zahlreiche ausführliche Broschüren und Prospekte.
RUNDREISEN: 5tägige: (a) Adelaide – Barossa Valley – River Murray – Adelaide. (b) Hobart – Cradle Mountain – Launceston. (c) Adelaide – Adelaide Hills – Flinders Ranges – Kangaroo Island. (d) Melbourne – Great Ocean Road – Adelaide. (e) Sydney – Hunter Valley – Blue Mountains – Snowy Mountains. **7tägige:** (a) Sydney – Canberra – Khancoban – Melbourne. (b) Darwin – Kakadu – Katherine – Alice Springs – Ayers Rock – Darwin. (c) Brisbane – Hamilton Island – Townsville – Cairns. (d) Alice Springs – Katherine – Kakadu – Bungle Bungles – Broome. (e) Sydney – Jarris Bay – Narooma – Merimbuta – Eden – Melbourne.

SOZIALPROFIL

ESSEN & TRINKEN: Zu den australischen Spezialitäten zählen *Sydney Rock Oysters* (Felsenaustern), *Barramundi* (Flußfisch), *King Prawns* (Riesenkrabben), *Macadamia-Nüsse* und *Yabbies* (kleine Flußhummer). Rindfleisch ist außerordentlich beliebt. In den sogenannten *BYO*-Restaurants (= *Bring Your Own*) darf man mitgebrachte alkoholische Getränke verzehren. Die bedeutendsten Weinanbaugebiete liegen außerhalb von Perth, Sydney, Melbourne und Adelaide. Das größte Weinanbaugebiet ist das Barossa Valley in South Australia. Alle Hotels und fast alle Restaurants schänken Alkohol aus. Laut Gesetz dürfen Privathotels und Pensionen keinen Alkohol verkaufen.
EINKAUFSTIPS: Typisch australische Gelegenheitskäufe sind der ausgezeichnete einheimische Wein; Wolle und Schaffelle, Kleidung, Opale, moderne Skulpturen und Gemälde. Ausstellungen der Kunst der australischen Ureinwohner wie Borkenmalereien, Bumerangs und andere Stammes-Kunstartikel können in Darwin, Alice Springs und den Hauptstädten der Staaten besichtigt werden; die Ausstellungsstücke sind zum Teil zum Verkauf freigegeben. Gemälde haben oft Geschichten aus der »Traumzeit« zum Thema. In zahlreichen Städten gibt es Souvenirläden, die *Australiana* verkaufen (Andenken wie T-Shirts, Bumerangs usw.). **Öffnungszeiten der Geschäfte:** Die meisten Geschäfte sind Mo-Fr 09.00-17.30 Uhr und Sa 09.00-17.00 Uhr geöffnet. In South Australia und West Australia ist samstags ganztägig geöffnet. In Melbourne, Adelaide, Brisbane, Hobart und Darwin sind die Läden freitags bis 21.00 Uhr geöffnet; in Sydney, Canberra und Perth am Donnerstag. Kleine Lebensmittelgeschäfte, Restaurants und Snackbars in den größeren Städten sind bis in die späten Nachtstunden geöffnet.
SPORT: Kricket und **Rugby** gehören zu den Nationalsportarten, europäischer und **australischer Fußball** sind ebenfalls sehr beliebt. **Pferderennen:** Das größte, jährlich am ersten Dienstag im November stattfindende Pferderennen, ist das *Melbourne-Cup*-Pokalrennen. **Skilaufen:** In den Monaten Juni bis August kann man in den Bergregionen im Südosten Ski laufen. Einige der besten Pisten liegen am Kosciusko-Berg (2126 m) südlich von Sydney. **Wassersport:** Wasserski, Hochseefischen, Segeln, Windsurfen und Tauchen sind beliebte Wassersportarten, besonders am 2000 km langen Great Barrier Reef. Unzählige kleine Inseln laden Naturliebhaber zum Erforschen der Unterwasserwelt ein, ob nur mit Taucherbrille oder in voller Ausrüstung. **Hobby-Urlaub** jeglicher Art ist möglich, mit den Schwerpunkten Landwirtschaft, Fliegen, Segelfliegen, Golf, Reiten, Buschwanderungen, Nationalparks, Edelsteinsuche und vielen weiteren Freizeitinteressen. Weitere Einzelheiten unter den *Sport*-Rubriken der einzelnen Bundesstaaten und vom Fremdenverkehrsamt.
VERANSTALTUNGSKALENDER: Eine Auswahl der wichtigsten Veranstaltungen für 1996/97 unter der entsprechenden Rubrik der einzelnen Bundesstaaten.
SITTEN & GEBRÄUCHE: Die Atmosphäre ist ungezwungen. Zur Begrüßung gibt man sich die Hand. Freizeitkleidung ist üblich; zu gesellschaftlichen Anlässen, in exklusiven Restaurants und zu wichtigen geschäftlichen Terminen sollte man sich eleganter anziehen. Einige Restaurants haben Nichtraucherzonen. **Trinkgeld** ist in Australien nicht üblich. 10% für Bedienung in Hotels und Restaurants ist angemessen, aber nicht erforderlich.

WIRTSCHAFTSPROFIL

WIRTSCHAFT: Die Fertigungsindustrie erwirtschaftet etwa ein Sechstel des Bruttosozialprodukts; Eisenverarbeitung, Stahl- und Maschinenbau sind die wichtigsten Wirtschaftszweige. Die Landwirtschaft erbringt ca. 40% der Exporterlöse, hat jedoch in den letzten Jahren seit dem verstärkten Abbau der reichen Mineralvorkommen insgesamt an Bedeutung verloren. Australien hat riesige Kohlevorkommen und ist einer der Hauptexporteure von Kohle (ca. 15% der Exporteinnahmen). Daneben verfügt das Land über weitere bedeutende Vorkommen von Erdöl, Erdgas, Nickel, Zirkon, Eisenerz, Bauxit, Diamanten (in den Kimberley-Bergen) und Uran. Australien ist eines der Hauptförderländer von Uran, das weltweit für die Energieversorgung eine große Rolle spielt. Die australische Wirtschaft krankt seit Jahren an der Abhängigkeit von Rohstoffexporten, die sinkenden Preise für die wichtigsten Exportgüter des Landes (Wolle, Kohle, Aluminium und Aluminiumoxyd) führten zu einer anhaltenden Wirtschaftsflaute mit hohen Arbeitslosenzahlen. Ein Diversifizierungsprogramm hat bisher noch keine nachhaltige Wirkung gezeigt. Im Agrarbereich hat traditionell die Schafzucht den größten wirtschaftlichen Stellenwert. Da Textilbetriebe jedoch heute überwiegend künstliche Fasern benutzen, hat der Wollbedarf abgenommen. Arabische Länder, lange Zeit die Hauptabnehmer lebender Schafe, haben darüberhinaus aus verschiedenen Gründen die Einfuhrquoten verringert. Japan ist mit Abstand Australiens wichtigster Handelspartner (bzgl. Im- und Export). Weitere bedeutende Ein- und Ausfuhrmärkte sind die USA, Neuseeland, China und die EU-Länder (vor allem Großbritannien und Deutschland). Japanische Firmen investierten Ende der achtziger Jahre verstärkt an der australischen Ostküste, vor allem im Bereich Immobilien und in der Tourismusbranche. Die Reiseindustrie stellt z. Zt. die größte Wachstumsbranche des Landes dar. Im Zeitraum Juni 1993 bis Juni 1994 stieg die Zahl der deutschen Besucher allein um 20%. Australien bemüht sich seit einiger Zeit um verbesserte Wirtschaftsbeziehungen mit den aufstrebenden Pazifikländern. Die Regierung hat bislang noch kein Rezept zur erfolgreichen Bekämpfung der anhaltenden Rezession und der hohen Auslandsverschuldung gefunden.
GESCHÄFTSVERKEHR: Immer korrekte Kleidung für Termine in Sydney und Melbourne. Geschäftsleute in Brisbane tragen oft Hemd, Krawatte und Shorts; Geschäftsreisende sollten jedoch zum ersten Treffen nicht ebenso salopp gekleidet erscheinen. Termine müssen im voraus vereinbart werden. Viele Geschäfte werden über einem Drink abgeschlossen. Die Zeit von März bis November ist für Geschäftsreisen zu empfehlen.
Geschäftszeiten: Mo-Fr 09.00-17.00 Uhr.
Kontaktadressen: *German-Australian Chamber of Industry and Commerce* (Deutsch-Australische Industrie- und Handelskammer), PO Box A 980, Sydney South, NSW 2000. Tel: (02) 261 44 75. Telefax: (02) 267 38 07. *Zweigstelle* in Melbourne.
Austrian Foreign Trade Office (Außenhandelsstelle der Wirtschaftskammer Österreich), 19th Floor, 1 York Street, Sydney, NSW 2000. Tel: (02) 247 85 81. Telefax: (02) 251 10 38.
Handelsabteilung der Australischen Botschaft, Mattiellistraße 2-4/III, A-1040 Wien. Tel: (0222) 51 28 58-130. Telefax: (0222) 513 29 08.
Swiss Australian Chamber of Commerce and Industry, Dreikönigsstraße 55, CH-8027 Zürich. Tel: (01) 201 74 26.
Swiss-Australian Chamber of Commerce and Industry (Schweizerisch-Australische Industrie- und Handelskammer), Suite 209, Edgecliff Centre, 203-233 New South Head Road, Edgecliff, NSW 2027. Tel: (02) 326 19 86. Telefax: (02) 328 72 99.
Australian Chamber of Commerce and Industry (ACCI), PO Box E14, Queen Victoria Terrace, Canberra, ACT 2600. Tel: (06) 273 23 11. Telefax: (06) 273 31 96.
International Chamber of Commerce, PO Box E118, Queen Victoria Terrace, Canberra, ACT 2600. Tel: (06) 295 19

61. Telefax: (06) 295 01 70.
Anfragen können auch an die Handelskammern der einzelnen australischen Bundesstaaten gerichtet werden (s. u.).
KONFERENZEN/TAGUNGEN: Erste Anlaufstelle für Informationen über Konferenzlokalitäten ist die Australian Tourist Commission (Adressen s. o.), die auf Anfrage die Broschüre *A Meeting Planners' Guide* verschickt. Die *Association of Australian Convention Bureaux (AACB)*, der über 5000 Tagungsstätten angehören, ist ein weiterer wichtiger Ansprechpartner. Anschrift: Level 2, 80 William Street, Woolloomooloo, NSW 2011. Tel: (02) 83 60 35 00. Telefax: (02) 83 31 77 67. Die regionalen Zweigstellen und örtliche Fremdenverkehrsämter sind ebenfalls gern behilflich. Adressen von Privatfirmen mit Kongreßzentren sind gleichfalls von den obengenannten Organisationen erhältlich.

KLIMA

Australiens Jahreszeiten sind denen in Europa entgegengesetzt.
November bis März: (Frühling/Sommer) Überall warm oder heiß, tropisches Klima im Norden und warm bis heiß mit milden Nächten im Süden.
April bis September: (Herbst/Winter) Im nördlichen und mittleren Australien sind die Tage warm und die Nächte kühl; im Süden gibt es kühle Tage mit gelegentlichen Regenschauern, jedoch überwiegend Sonnenschein. Schneefall kommt nur in den Bergregionen im Südosten vor.
Anmerkung: Weitere Einzelheiten über die klimatischen Bedingungen sind den *Klima*-Rubriken der einzelnen Bundesstaaten zu entnehmen.
Kleidung: Sommerliche Baumwoll- und Leinenkleidung das ganze Jahr über in den mittleren und nördlichen Bundesstaaten, leichte Wollsachen für kühlere Abende nicht vergessen. Wärmere Sachen in den südlichen Bundesstaaten im Winter (Juni bis September). Sonnenbrille, Sonnenhut und Sonnenschutzpräparate mit angemessenem Lichtschutzfaktor unbedingt mitnehmen.

Australian Capital Territory

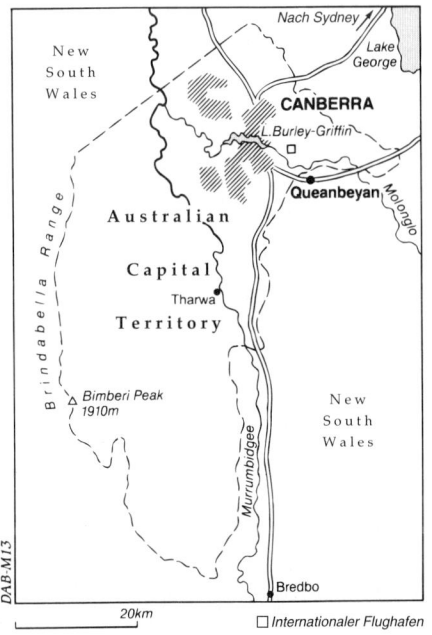

Canberra Tourism Comission
Level 8, CBS Tower
Corner of Akuna and Bunda Streets
PO Box 744
Canberra, ACT 2600
Tel: (06) 205 06 66. Telefax: (06) 205 06 29.

FLÄCHE: 2432 qkm.
BEVÖLKERUNGSZAHL: 299.400 (1993).
BEVÖLKERUNGSDICHTE: 124,8 pro qkm.
HAUPTSTADT: Canberra (zugleich Bundeshauptstadt). Einwohner: 325.400 (1993).
GEOGRAPHIE: Canberra wird von New South Wales umschlossen und liegt an den westlichen Hängen der Great Dividing Range, der Bergkette im Osten des Landes. Die Stadt wurde kurz nach der Jahrhundertwende gegründet, da man für die Bundeshauptstadt einen separaten Bundesstaat schaffen wollte. Etwa die Hälfte der Einwohner Canberras ist unter 26 Jahre alt. Die wunderschöne grüne Landschaft ist von 600 m hohen Bergen umgeben. Der künstliche Burley-Griffin-See ist das Wahrzeichen der rasch wachsenden Stadt. Hügel, Bäume und Grünflächen bestimmen das Bild dieser attraktiven, sauberen und weitläufigen Hauptstadt, der höchstens der Charme des Historischen fehlt.
ORTSZEIT: MEZ + 9 (MEZ + 10 Oktober bis März).

GESETZLICHE FEIERTAGE

Wie im übrigen Australien (s. Einführung), zusätzlich:
7. Okt. '96 Tag der Arbeit. **17. März '97** Canberra-Tag. **29. März** Ostersamstag.

REISEVERKEHR

FLUGZEUG: Bis vor kurzem gab es keine internationalen Direktflüge aus Europa nach Canberra, *Britannia Airways* bieten jedoch jetzt zweimal monatlich Charterflüge direkt nach Canberra über Cairns oder Adelaide an. Abflug vom nördlich von London gelegenen Flughafen Luton. Wer zunächst nach Sydney oder Melbourne fliegt, hat von dort gute Anschlußverbindungen nach Canberra, das einer der Knotenpunkte im inneraustralischen Luftverkehr ist. Der Flughafen liegt 8 km von Canberra entfernt.
BAHN: Direktverbindungen nach Sydney und Melbourne mit Anschluß zu anderen Städten.
BUS/PKW: Reisebusse fahren von Canberra aus nach Sydney (Fahrzeit 4 Std. 15) und Melbourne (Fahrzeit 14 Std. 30), von hier aus gibt es Verbindungen in alle Landesteile.
STADTVERKEHR: Das Busnetz in Canberra ist ausgezeichnet. Tageskarten und Sammelfahrscheine sind erhältlich. Mit dem *Canberra Explorer Bus* erreicht man alle Sehenswürdigkeiten der Stadt; Ein- und Ausstieg nach Belieben.

UNTERKUNFT

Anmerkung: Nähere Einzelheiten über Unterkunftsmöglichkeiten unter der entsprechenden Rubrik im Australien-Überblick (s. o.) oder auf Anfrage vom *Canberra Tourism Comission* (Adresse s. o.).
HOTELS: In Canberra gibt es sowohl internationale Hotels wie etwa *Trusthouse Forte* und *Hilton* als auch kleine Privathotels. Einige der großen Schaffarmen des Bundeslandes bieten auch Übernachtungsmöglichkeiten an.
CAMPING: Vollausgestattete **Wohnmobile** stehen zum Verleih. Näheres beim Fremdenverkehrsamt.

URLAUBSORTE & AUSFLÜGE

Canberra ist eine schön angelegte Stadt mit breiten Straßen, Gärten und reizvollen Parkanlagen. Der *Botanische Garten* ist sehr sehenswert: auf markierten Wegen lernt man die australische Fauna einschließlich des grandiosen Regenwaldes kennen. Das alte *Parliament House* ist eindrucksvoll, wird jedoch heute von dem modernen Parlamentsgebäude, das zur 200-Jahrfeier 1988 fertiggestellt wurde, in den Schatten gestellt. Das imposante *War Memorial* im neobyzantinischen Stil ist zu Recht einer der Hauptanziehungspunkte der Stadt. Jedes Jahr zieht die ANZAC-Parade an dem Mahnmal aus hellem Sandstein vorbei, dessen kupferne Kuppel weithin sichtbar ist. Der riesige künstliche *Burley-Griffin-See*, auf dem Bootsfahrten angeboten werden, wurde nach Canberras berühmtem Architekten benannt. *Blundell's Cottage*, eine Hütte aus Steinplatten, erinnert an die Zeit, in der das Land landwirtschaftlich genutzt wurde. Die Mitte des 19. Jahrhunderts erbaute *Kirche St. John the Baptist* ist älter als die Stadt selbst. Die Buntglasfenster zeigen Motive aus der Pionierzeit. Etwa 70 km südlich der Stadt liegt das Weltraumzentrum *Tidbinbilla Deep Space Tracking Station*, auch einfach *Canberra Space Centre* genannt. Hier sind Modelle von Raumschiffen ausgestellt, und in einem Informationszentrum erfährt man Wissenswertes über die Raumfahrt. Im nahegelegenen Schutzgebiet *Tidbinbilla Nature Reserve* fressen Kängurus Besuchern aus der Hand. Nördlich des Sees befindet sich das Australien-Museum, die Nationalgalerie (ausgezeichnete Sammlung australischer Kunst), eine prächtige Staatsbibliothek (interessante Ausstellungen) und ein Zentrum für Wissenschaft und Technik.
Die nähere Umgebung von Canberra ist recht gebirgig; auf dem 825 m hohen *Black Mountain* steht der einst umstrittene *Telecom*-Fernmeldeturm (195 m). Die Aussicht vom Drehrestaurant im Turm ist ausgezeichnet, und man muß im Restaurant nicht unbedingt etwas zu essen bestellen. Vom Hubschrauber oder Heißluftballon aus kann man ebenfalls die Aussicht genießen.
Die *Snowy Mountains* liegen südlich von Canberra in New South Wales und bieten im Winter herrliche Pisten zum Skilaufen. Im Sommer sind Buschwanderungen, Reitausflüge und Wassersport zu empfehlen. Verschiedene Touren ins Umland werden angeboten.

SOZIALPROFIL

ESSEN: In den Restaurants werden oft Forellen aus den Bächen und Seen der Snowy Moutains serviert. Rind- und Lammfleisch wird von den Farmen der Umgebung geliefert. Es gibt etwa 60 Picknick- und Grillstellen in der Nähe von Canberra, die von Ausflüglern gern in Anspruch genommen werden.
NACHTLEBEN: Canberra wirkt tagsüber recht ruhig, für die Abendunterhaltung sorgen jedoch erstaunlich viele Kneipen, Restaurants, Nachtklubs und Kinos.
EINKAUFSTIPS: Kaufhäuser und Souvenirläden verkaufen Waren aller Art, einschl. einheimischer Kunstgegenstände und Kunstgewerbeartikel. Galerien und Museen sind oft auch außerhalb der Geschäftszeiten geöffnet. **Öffnungszeiten der Geschäfte:** Im allgemeinen Mo-Do 09.00-17.00 Uhr, Fr 09.00-21.00 Uhr und Sa 09.00-17.00 Uhr.
SPORT: Wie überall in Australien sind auch hier die Nationalsportarten **Fußball**, **Kricket** und **Rugby** sehr beliebt. Am Burley-Griffin-See bietet sich **Wassersport** aller Art an. Während der Wintermonate ist in den Hochlagen der Berge **Skilaufen** beliebt. Auf den großen Schaffarmen kann man beim **Schaftreiben, Schafscheren** und **Bumerangwerfen** zuschauen. Ausflüge zu Schaffarmen werden von Canberra aus veranstaltet.
VERANSTALTUNGSKALENDER
14. Sept. - 13. Okt. '96 *Floriade-Festival* (Theater- und Tanzveranstaltungen), Canberra. **13. - 28. Okt.** *National Festival of Australien Theatre*. **Okt.** *Qantas Canberra Cup* (Pferderennen). **Nov.** (1) *ACI Nationale Wein-Show*. (2) *Canberra Internationale Rallye*. **27./28. Jan. '97** *World Cup Showjumping*. **21. - 23. Febr.** *Royal Canberra Show*. **8. - 17. März** *Canberra Festival* (Theateraufführungen, Tänze, Musik, Heißluftballons). **April** *Canberra Marathon*.
Vollständige Liste erhältlich vom *Canberra Tourism Comission* (Adresse s. o.).

WIRTSCHAFTSPROFIL

Kontaktadresse: *Australien Chamber of Commerce and Industry (ACCI)*, PO Box E14, Queen Victoria Terrace, Canberra, ACT 2600. Tel: (06) 273 23 11. Telefax: (06) 273 31 96.
KONFERENZEN/TAGUNGEN: Auskünfte erteilen die *Canberra Tourism Comission* (Adresse s. o.) oder das *Canberra Visitor & Convention Bureau*, Unit 1, JAA House, 19 Napier Close, Deakin, ACT 2600. Tel: (06) 285 39 00. Telefax: (06) 282 27 25.

KLIMA

Sehr warme Sommer mit wenig Regen, kalte Winter mit gelegentlichen Schnee- oder Regenschauern.
Kleidung: Sommer- und Winterkleidung, je nach Jahreszeit. Regenschutz das ganze Jahr über, besonders im Winter.

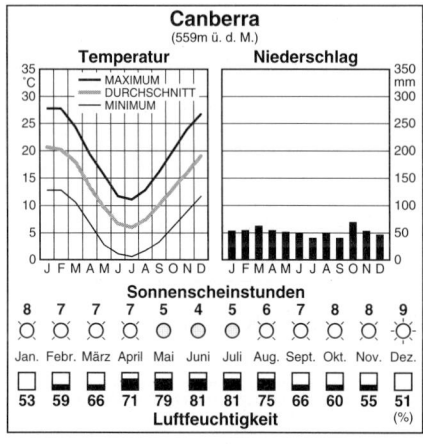

> **Pass- und Visavorschriften mancher Länder können sich kurzfristig ändern – Im Zweifelsfall erkundigen Sie sich bitte vor der Abreise bei der zuständigen Botschaft**

New South Wales

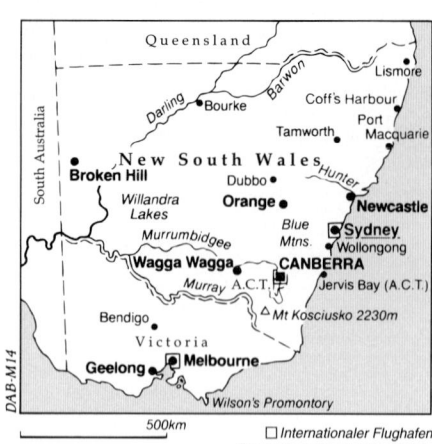

Tourism New South Wales
Gemini House
10-18 Putney Hill
GB-London SW15 6AA
Tel: (0181) 789 10 20. Telefax: (0181) 789 45 77.
Tourism New South Wales
5th & 6th Floors
140 George Street, The Rock
GPO Box 7050
Sydney, NSW 2001
Tel: (02) 931 11 11. Telefax: (02) 931 14 24.
Deutsches Generalkonsulat
13 Trelawney Street
Woollahra, NSW 2025
Tel: (02) 328 77 33. Telefax: (02) 327 96 49.
Österreichisches Generalkonsulat
2 Kingsland Road
Bexley
Sydney, NSW 2207
Tel: (02) 567 10 08. Telefax: (02) 567 23 22, 597 45 87.
Schweizerisches Generalkonsulat
Suite 2301
Plaza II
500 Oxford Street
Bondi Junction, NSW 2022
Tel: (02) 369 42 44, 369 41 08, 369 43 91. Telefax: (02) 369 48 38.

FLÄCHE: 801.600 qkm.
BEVÖLKERUNGSZAHL: 6.023.500 (1993).
BEVÖLKERUNGSDICHTE: 7,5 pro qkm.
HAUPTSTADT: Sydney. Einwohner: 3.719.000 (1993).
GEOGRAPHIE: Die landschaftliche Vielfalt reicht vom subtropischen Norden bis zu den schneebedeckten Snowy Mountains im Süden. Die Küste ist 1300 km lang und besteht aus goldenem Sandstrand. Malerische Wasserwege, einschl. des 1900 km langen Flusses Murray, ziehen sich durch den Bundesstaat.
ORTSZEIT: MEZ + 9 (MEZ + 10 von Oktober bis März) mit Ausnahme der Gegend um Broken Hill: MEZ + 8.30.

GESETZLICHE FEIERTAGE

Wie im übrigen Australien (s. Einführung), zusätzlich: **7. Okt. '96** Tag der Arbeit. **29. März '97** Ostersamstag.

REISEVERKEHR

FLUGZEUG: Täglich landen internationale Flüge aus Europa, Neuseeland, Asien, Afrika, Nord- und Südamerika in Sydney. Flüge von und nach Europa dauern etwa 24 Std. Die folgenden australischen Fluggesellschaften verkehren in New South Wales: *Aeropelican (PO), Aquatic Air (Seaplane), Crane Air (FD), Eastern Airlines (UN), Hazelton Air Services (ZL), Kendall Airlines (KD), Macknight Airlines (MT), Norfolk Airlines (UG), Oxley Airlines (VQ), Yanda Air Services (ST), Sunstate Airlines (OF), Western NSW Airlines (FO), Ansett NSW (WX)* und *Ansett Australia Airlines (AN)*.
Flughafen: *Kingsford Smith*, Sydneys internationaler Flughafen, liegt 8 km vom Stadtzentrum entfernt. Einzelheiten s. o. im Australien-Überblick.
SCHIFF: Sydney ist eine internationale Hafenstadt. Kreuzfahrtschiffe aus Europa, Fernost und den USA legen hier an.
BAHN: Bahnverbindungen bestehen zu allen anderen Bundesstaaten. Ein internes Bahnnetz verbindet fast alle Städte und Urlaubsorte und führt bis nach Canberra im Süden. Auf einigen Strecken verkehren die superschnellen XPT-Züge.
BUS/PKW: Sydney ist ein wichtiger Verkehrsknotenpunkt. Die Entfernungen zu manchen Städten in anderen Bundesstaaten sind gewaltig, mit dem schnellsten Bus fährt man 92 Std. nach Darwin an der Nordküste. New South Wales ist dicht besiedelt und verfügt über ein ausgezeichnetes Straßennetz. Die wichtigsten Schnellstraßen sind der *Barrier Highway* nach Adelaide, der *Hume Highway* nach Canberra und Melbourne, der *New England Highway* nach Brisbane, der *Pacific Highway* an der Küste entlang nach Brisbane und Melbourne sowie der *Mitchell Highway* nach Charleville mit weiteren Verbindungen nach Mount Isa und Darwin im Norden. Ausgezeichnete überregionale Reisebusse sowie städtische Linienbusse erleichtern das Reisen im Fern- und Nahverkehr.
STADTVERKEHR: Sydney hat ein ausgedehntes Vorortzugnetz, eine U-Bahn in der Stadtmitte sowie eine Einschienenbahn. Busse und Fähren stehen ebenfalls zur Verfügung. Es gibt Wochenkarten, Einzel- und Sammelfahrscheine. In den *Sydney Explorer Bus*, der 20 der wichtigsten Sehenswürdigkeiten ansteuert, kann man nach Belieben an jeder Haltestelle zusteigen. Der *Sydney Pass* (Gültigkeit: 3, 5, 7 Tage) ermöglicht freie Fahrt mit öffentlichen Verkehrsmitteln.

UNTERKUNFT

HOTELS: In Sydney findet man Hotels aller Preisklassen, das Angebot reicht von Luxushotels der internationalen Hotelketten bis zu mittleren und kleinen Hotels. Außerhalb der Stadt kann man auch auf Schaffarmen übernachten. Viele Australier bereisen New South Wales, Unterkunft ist daher auch außerhalb der Städte leicht zu finden, vor allem in Motels und Pensionen.
CAMPING: Gut ausgerüstete **Wohnmobile** können gemietet werden. Näheres vom Fremdenverkehrsamt.
Anmerkung: Genauere Informationen s. o. unter der Rubrik *Unterkunft* im Australien-Überblick.

URLAUBSORTE & AUSFLÜGE

New South Wales ist landschaftlich überaus abwechslungsreich. Auf schneebedeckten Hängen kann man Ski laufen; kilometerlange weiße Strände bieten hervorragende Wassersportbedingungen. Die völlige Einsamkeit des Outbacks steht in reizvollem Gegensatz zur weltstädtischen Geschäftigkeit der Hauptstadt des Bundesstaates.
Sydney: Das bekannteste Gebäude Sydneys dürfte wohl das *Opera House* sein. Die unverwechselbare Form des Gebäudes erinnert an die Segelboote im ebenso berühmten Hafen. Das Opernhaus kann täglich, außer Karfreitag und dem 1. Weihnachtsfeiertag, zwischen 09.00 und 16.00 Uhr besichtigt werden. Sydney ist auch eine bedeutende Handels- und Geschäftsstadt mit erstklassigen Kongreß- und Messehallen. Die Innenstadt erinnert beinahe an die Skyline von Manhattan, der blaue Himmel macht Sydney jedoch viel attraktiver.

Sydney

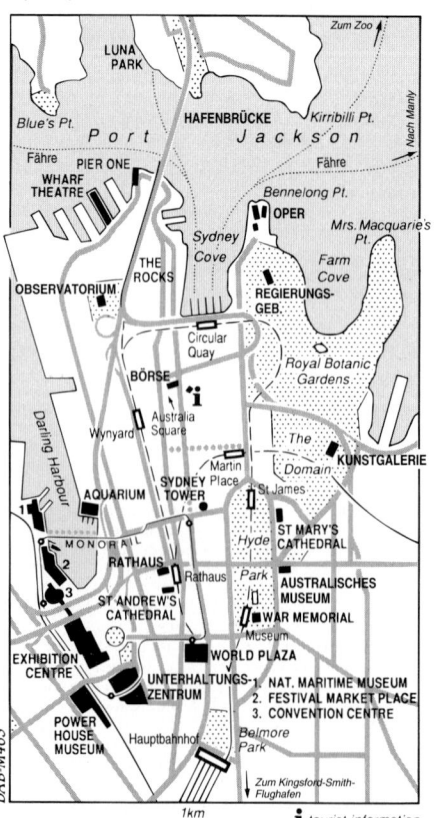

Eine wunderschöne Aussicht hat man vom 300 m hohen *Sydney Tower* außerhalb des *Centre-Point*-Einkaufszentrums (Mo-Fr 09.30-21.30 Uhr, Sa 09.30-11.30 Uhr). Unzählige Konzerthallen, Museen, Kunstgalerien und Theater widerlegen den Ruf Australiens als »kulturelle Wüste«. Unter den vielen weiteren Sehenswürdigkeiten sind der *Taronga Zoo*, die Hafenbrücke, die Kunstgalerie von New South Wales und das Australien-Museum besonders hervorzuheben. Das *Rocks*-Viertel (der »Geburtsort« Australiens) ist restauriert worden. Straßen mit Kopfsteinpflaster, Gaslampen, Kunstgewerbeläden und kleine Restaurants erinnern an die Gründungszeit. Die Stadtteile *Chinatown*, *Paddington* und *Kings Cross* sind Tag und Nacht geschäftig und voller Leben. Am *Darling Harbour*, Sydneys größtem Sanierungsprojekt, hat man Ausstellungshallen, Museen, Grünanlagen, ein Aquarium, zahlreiche Restaurants und ein Einkaufszentrum gebaut. Vom *Circular Quai* aus kann man Hafenrundfahrten machen. Zu Stadtrundfahrten lädt der knallrote *Sydney Explorer Bus* ein. Auf einer Strecke von 18 km hält der Bus an 20 verschiedenen Sehenswürdigkeiten. Die Einschienenbahn bietet eine weitere Möglichkeit, die Stadt zu besichtigen. Sydney ist für seine ausgezeichneten Strände bekannt. *Manly* im Norden ist in 15 Min. mit dem Tragflächenboot zu erreichen, die *Watson's Bay* liegt südlich der Stadt. Fast alle Strände können mit öffentlichen Verkehrsmitteln erreicht werden. Aus Sicherheitsgründen sollte man nur dort schwimmen, wo Flaggen ungefährliche Badestellen markieren.
In den Mangrovensümpfen der *Botany Bay*, Landeplatz der ersten britischen Expedition unter Kapitän Cook, findet man noch heute eine interessante und vielfältige Tier- und Pflanzenwelt.
Außerhalb Sydneys: Freizeitbeschäftigungen aller Art sind in New South Wales möglich. Auf dem *Mount Kosciusko* und in den *Snowy Mountains* kann man im Winter (Juni bis September) Ski laufen; Buschwanderungen sind im Sommer sehr beliebt. Auf dem *Lake Eucumbene* kann man mit dem Boot zur *Grace-Lea*-Insel fahren. Die größten Urlaubsorte der Snowy Mountains sind *Charlotte Pass, Guthega, Perisher Valley, Thredbo* und *Smiggin Holes*. Sonnenanbeter treffen sich an Sydneys berühmten Surf-Stränden von *Bondi, Avalon* und *Palm Beach* und den anderen ausgezeichneten Stränden nördlich und südlich von Sydney. Empfehlenswert sind auch Besuche zum *Hunter-Valley*-Weinanbaugebiet und zum *Ku-Ring-Gai Chase National Park* mit einem Koala-Schutzgebiet. Westlich von Sydney liegen die *Blue Mountains* und der *Warrumbungle National Park* mit seinen bizarren Felsformationen. Aus *Lightning Ridge*, der Grenzstadt im Nordosten, kommen die einzigen schwarzen Opale der Welt. *Broken Hill* in der Nähe der Grenze nach South Australia ist eine weitere Bergbaustadt, in der es heute Golfplätze, Schwimmhallen und Bowling-Klubs gibt. 113 km außerhalb der Stadt an einer guten Straße liegen die *Menindee Lakes*. Der Gesamtumfang der Seen ist achtmal größer als der Hafen von Sydney. Hierher zieht es hauptsächlich Eigentümer von Motor- und Segelbooten.
Norfolk Island: Diese Insel liegt 1400 km vor der australischen Küste und ist am besten per Flugzeug von Sydney aus zu erreichen. Die Vergangenheit der Insel als Strafkolonie spiegelt sich in den schönen Bauwerken der Kolonialzeit wider. Ein großer Teil der Bevölkerung stammt von den Meuterern der *Bounty* ab, die sich damals hier ansiedelten. Unterkunftsmöglichkeiten aller Art stehen zur Verfügung.
Anmerkung: Norfolk Island untersteht unmittelbar der australischen Regierung und gehört nicht zum Bundesstaat New South Wales.
Lord Howe Island: Diese Insel, 700 km nordöstlich von Sydney, ist ca. 1300 qha groß. Die Landschaft besteht aus fruchtbaren Ebenen, üppig bewachsenen Bergen und weißem Sandstrand. Das südlichste Korallenriff der Welt umgibt die Insel, die einigen der seltensten Pflanzen, Vögeln und Meerestieren der Welt einen Lebensraum bietet.

SOZIALPROFIL

ESSEN & TRINKEN: Internationale Gerichte, einheimische Meeresspezialitäten und ausgezeichneter Rot- und Weißwein aus dem Hunter Valley werden angeboten.
NACHTLEBEN: Das Nachtleben von Sydney spielt sich vor allem in King's Cross ab. Es gibt Vergnügungsdampfer mit Restaurants und Tanzveranstaltungen.
EINKAUFSTIPS: Beliebte Andenken aus Australien sind Opale und andere Edelsteine, Kunst und Kunsthandwerk der Eingeborenen sowie Artikel aus Wolle und Schafsfell.
Öffnungszeiten der Geschäfte: Mo-Fr 08.30-17.30 Uhr und Sa 08.30-16.00 Uhr. Viele Läden haben donnerstags bis 21.00 Uhr und sonntags von 10.00-16.00 Uhr geöffnet.
SPORT: Die Brandung an der 2000 km langen Küste von New South Wales zieht **Wellenreiter** aus aller Welt an. Um Sydney herum sind alle nur erdenklichen **Wassersportarten** möglich. Besonders erwähnenswert ist die Regatta von Sydney nach Hobart auf Tasmania. Sie wird alljährlich im Dezember ausgetragen und führt über eine Strecke von 2000 km. Südlich von Sydney liegt die

Australien

Great Dividing Range mit Australiens höchstem Berggipfel. Der Mount Kosciusko ist 2140 m hoch, von Juni bis September kann man hier wunderbar **Ski laufen**.
VERANSTALTUNGSKALENDER
7. - 22. Juni '96 (1) *Sydney Film Festival.* (2) *Internationales Musik Festival*, Sydney. (3) *Folkloric Festival*, Sydney. (4) *Food & Wine Festival*, Manly Beach. **Juli** (1) *Aboriginal Week*, Sydney. (2) *Sydney International Boat Show.* (3) *Wine Show*, Cowra. (4) *Mallee Heißluftballon Rallye*, Mildura. **Aug.** (1) *Tweed Banana Festival & Harvest Week*, Murwillumbah. (2) *Sydney Marathon.* **Sept.** (1) *Voices Festival*, Wagga Wagga. (2) *Jazz Festival*, Manly Beach. (3) *Australian German Beer Festival*, Coffs Harbour. (4) *Festival of the Winds*, Bondi Beach, Sydney. **Okt.** (1) *Country Music by the Sea*, Merimbula. (2) *Tuncurry Austern Festival*, Forster. **Nov.** (1) *Kirschblütenfest*, Young. (2) *Australien Open Golf Championship*, Sydney. **31. Dez.** *New Year's Eve Fireworks Skyshow.* **17. - 26. Jan. '97** *Australasian Country Music Festival.* **20. März** *Sydney Showtime Easter Parade.* **21. März - 1. April** *Royal Easter Show.*
Eine vollständige Liste mit den genauen Daten ist von der *New South Wales Tourism Commission* erhältlich.

WIRTSCHAFTSPROFIL

Kontaktadressen: *State Chamber of Commerce New South Wales* (Industrie- und Handelskammer), PO Box 4280, GPO Sydney, NSW 2001. Tel: (02) 350 81 00. Telefax: (02) 350 81 99.
German-Australian Chamber of Industry & Commerce (Deutsch-Australische Industrie- und Handelskammer), PO Box A 980, Sydney South, NSW 2000. Tel: (02) 261 44 75, 261 44 78. Telefax: (02) 267 38 07.
KONFERENZEN/TAGUNGEN: Sydney bemüht sich seit einiger Zeit um den Rang einer internationalen Kongreßstadt. Das Sydney Convention and Exhibition Centre im Darling-Hafen hat Kapazitäten für 5000 Delegierte. Gute Konferenzeinrichtungen bieten außerdem u. a. das Centrepoint Exhibition and Convention Centre, die Oper, das Powerhouse Museum, Rathaus und Universität von Sydney und das Queen Victoria Buil-ding. Auskünfte erteilen die örtliche *Australian Tourist Commission* (Adresse s. o.) und das *Sydney Convention & Visitors Bureau*, Level 5, 80 William Street, Woolloomooloo, Sydney, NSW 2011. Tel: (02) 331 40 45. Telefax: (02) 360 12 23.

KLIMA

Im Sommer warm und teilweise tropisch, vor allem im Flachland der mittleren Region. In den Bergen im Westen ist es kühler, vor allem im Winter. Die stärksten Regenfälle treten zwischen März und Juni auf.
Kleidung: Leichte Baumwoll- und Leinensachen in den Sommermonaten. Wärmere Bekleidung im Winter, obwohl es auch im Winter sehr warm sein kann.

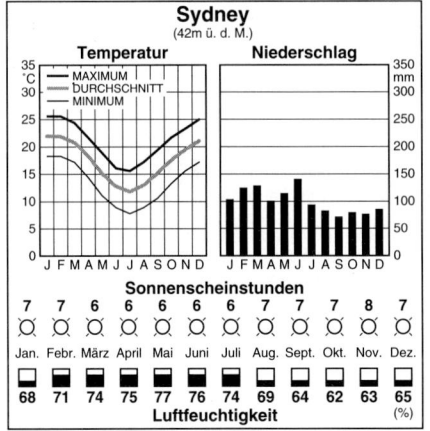

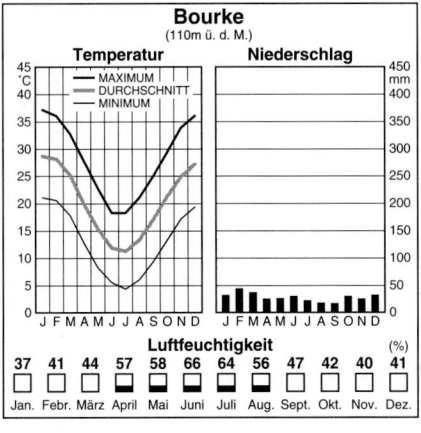

Northern Territory

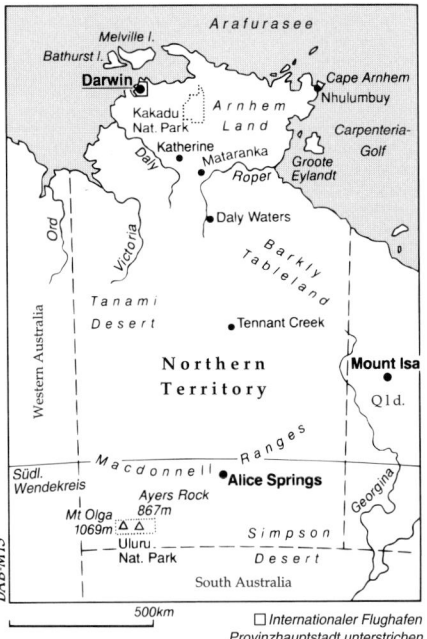

Australia's Northern Territory Tourist Commission (NTTC)
Bockenheimer Landstraße 45
D-60325 Frankfurt/M.
Tel: (069) 72 07 14. Telefax: (069) 72 36 51.
Mo-Fr 09.30-17.00 Uhr.
Northern Territory Tourist Commission
3rd & 4th Floors, Tourism House
43 Mitchell Street
PO Box 1155
Darwin, NT 0800
Tel: (089) 89 39 00. Telefax: (089) 89 38 88.
Darwin Region Tourism Association Inc.
33 Smith Street Mall
PO Box 4392
Darwin, NT 0801
Tel: (089) 81 43 00. Telefax: (089) 81 73 46.
Deutsches Honorarkonsulat
PO Box 398995
Winnellie 0821
Darwin, NT 0800
Tel: (089) 84 37 70, 84 37 69. Telefax: (089) 47 00 37.
Österreichisches Konsulat
346 Carrington Street
Adelaide, SA 5000
Tel: (08) 232 68 99. Telefax: (08) 232 67 60.
(auch für das Northern Territory zuständig)
Schweizerisches Generalkonsulat
Suite 2301
Plaza II
500 Oxford Street
PO Box 282
Bondi Junction, NSW 2022
Tel: (02) 369 42 44, 369 41 08, 369 43 91. Telefax: (02) 369 13 34.
(auch für das Northern Territory zuständig)

FLÄCHE: 1.346.200 qkm.
BEVÖLKERUNG: 171.134 (1994).
BEVÖLKERUNGSDICHTE: 0,1 pro qkm.
HAUPTSTADT: Darwin. **Einwohner:** 78.085 (1994).
GEOGRAPHIE: Das Northern Territory ist von Nord nach Süd 1670 km lang, etwa 1000 km breit und nimmt ca. ein Sechstel der Fläche Australiens ein. Das unwegsame, weitgehend unbewohnte Terrain entspricht der gängigen Vorstellung vom australischen *Outback*.
Die nördliche Region einschl. **Darwin**, der Hauptstadt des Bundesstaates, besteht aus tropischer Vegetation und einem landschaftlich abwechslungsreichen Küstenstreifen. 200 km östlich von Darwin liegt der besonders geschützte Kakadu-Nationalpark im 12.600 qkm großen Arnhem-Land. Spuren der Aborigines sind hier seit mindestens 40.000 Jahren. 310 km von Darwin entfernt liegt die Ortschaft Katherine, nach weiteren 30 km gelangt man zum Nitmiluk- (Katherine Gorge) Nationalpark mit seinen bis zu 100 m tiefen Schluchten.
Südlich der alten Goldgräberstadt Tennant Creek befinden sich *die Devil's Marbles*, die »Murmeln des Teufels«. Die Stadt **Alice Springs**, geographischer Mittelpunkt Australiens, liegt im Süden des Northern Territory. Ausflüge in die Umgebung von Alice Springs sind ein unvergeßliches Erlebnis, einmalige Naturwunder wie der Ayers Rock und der Uluru-Nationalpark (Katatjuta) liegen im Red Centre, wie auch Trephina Gorge, Ormiston, Glen Helen Gorge und die Olga-Felsen in der Nähe des Ayers Rock. Außerdem gibt es hier eine Reihe von Parkanlagen und Schutzgebieten mit einer Vielzahl typisch australischer Vogel- und Wildtierarten.
ORTSZEIT: MEZ + 8.30 (MEZ + 9.30 Oktober bis März).

GESETZLICHE FEIERTAGE

Wie im übrigen Australien (s. Einführung), zusätzlich: **6. Mai '96** Maifeiertag. **5. Aug.** Picknick-Tag. **29. März '97** Ostersamstag. **5. Mai** Maifeiertag.

REISEVERKEHR

FLUGZEUG: Im Northern Territory landen internationale Flüge aus Großbritannien, Singapur, Bangkok, Bali, Brunei und Timor. *Qantas, Singapore Airlines, Garuda, Malaysia Airlines, Ansett Australia* und *Royal Brunei Airlines* fliegen Darwin mehrmals wöchentlich an.
Durchschnittliche Flugzeiten: *Frankfurt* – *Darwin:* 24 Std; *London* – *Darwin:* 24 Std; *Singapur* – *Darwin:* 3 Std; *Bangkok* – *Darwin:* 6 Std; *Bali* – *Darwin:* 90 Min; *Brunei* – *Darwin:* 4 Std. und *Timor* – *Darwin:* 2 Std. Verbindungen nach Darwin von fast allen Flughäfen Asiens.
Flughafen: Der Flughafen von Darwin liegt 12,5 km vom Stadtzentrum entfernt (10 Min.).
Der Flughafen von Alice Springs liegt 14 km vom Stadtzentrum entfernt (15 Min.).
Die Inlandfluglinien *Ansett Australia* und *Qantas* verkehren zwischen dem Northern Territory und allen großen Städten Australiens. Regionalfluggesellschaften sorgen im Pendelverkehr für Anschlüsse zu kleineren Städten und abgelegenen Gegenden.
SCHIFF: Einige internationale Kreuzfahrtschiffe legen in Darwin an, dem einzigen großen Hafen des Northern Territory.
BAHN: Die Hauptstrecke in diesen Bundesstaat führt nur bis Alice Springs, die Fahrt mit dem legendären *Ghan* von Adelaide aus durch die Wüste ist an sich schon ein Erlebnis (Fahrzeit ca. 24 Stunden). Ein regionales Schienennetz ist nicht vorhanden.
BUS/PKW: Die drei größten Schnellstraßen ins Northern Territory sind der *Stuart Highway*, der gen Süden nach Adelaide, Canberra, Melbourne und Sydney führt; *der Barkly Highway*, Richtung Osten nach Mount Isa und Queensland; und der *Victoria Highway*, der Richtung Westen nach Perth führt. Von den Highways zweigen zahlreiche unebene Landstraßen ab. Diese können oft nur mit Fahrzeugen mit Allradantrieb befahren werden und enden nicht selten in unpassierbarer Wüste. Im Northern Territory kann es sehr gefährlich werden, wenn man ohne qualifizierten Führer auf Land- und Nebenstraßen fährt. Ersatzteile, Benzinkanister und Wasservorräte sollten immer mitgeführt werden. An den großen Highways gibt es Raststätten mit Tankstelle sowie Einkaufs- und Unterkunftsmöglichkeiten (etwa alle 200 km).
Fernbus: Die Busgesellschaften *Greyhound Pioneer Australia* und *McCafferty's* verkehren zwischen den größeren Städten des Northern Territory und den Hauptstädten der anderen Bundesstaaten. Die vorzüglich ausgestatteten Reisebusse brauchen 92 Std. für die lange Strecke zwischen Darwin und Sydney. Es gibt eine tägliche Busverbindung von Darwin nach Alice Springs (Fahrzeit: 19 Std.) und zum Kakadu-Nationalpark (Fahrzeit: 3 Std.).
STADTVERKEHR: Linienbusse verkehren in Alice Springs und Darwin (Mo-Sa). In Darwin verkehren Hafenfähren (Mo-Fr).

UNTERKUNFT

Das NTTC in Frankfurt erteilt gern nähere Auskünfte (nur für die Reiseindustrie), eine Broschüre mit Informationen über Unterkunftsmöglichkeiten und Ausflugsfahrten ist ebenfalls erhältlich.
HOTEL: Internationale Hotels gibt es in Darwin, Katherine, Alice Springs und Ayers Rock; Hotels und Motels aller Preisklassen in allen Urlaubsorten und Städten.
LODGE/MOTEL: Preiswerte Lodges und Motels findet man mitunter in den abgelegenen Gebieten.
CAMPING: Das Northern Territory umfaßt eine der unwegsamsten Gegenden der Welt. Die nächste Großstadt liegt in jeder Richtung mindestens 1000 km von Alice Springs entfernt; Fahrzeuge und Wohnmobile müssen daher absolut fahrtüchtig sein. Während der Regenzeit im tropischen Norden (November bis April) ist zu bedenken, daß abwechslungsreiche Straßen zeitweilig nicht passierbar sind. Der *Stuart Highway* zwischen Darwin, Alice Springs und Adelaide (South Australia) ist asphaltiert und kann das ganze Jahr über befahren werden. Campingplätze sind ausreichend vorhanden. Zahlreiche Unternehmen vermieten vollausgerüstete **Wohnmobile**. Rundreisen mit Übernachtung in Zelten können ebenfalls gebucht werden. Einzelheiten von NTTC (Adresse s. o.).

URLAUBSORTE & AUSFLÜGE

Das Northern Territory ist ein riesiges Gebiet mit vielen Gesichtern und einzigartigen Naturwundern. Im Norden, dem *Top End* (Nordzipfel) Australiens, ist das Klima tropisch; in der Regenzeit kann es vor allem in Küsten-

regionen zu monsunartigen Regenfällen kommen, die unbefestigte Straßen unpassierbar machen. Andererseits hat gerade diese Jahreszeit mit ihrer Blütenpracht und dem vielfältigen Tierleben einen ganz besonderen Reiz. Der Süden des Northern Territory, das *Red Centre*, besteht aus trockener, roter Wüste.
Das Tourismusministerium des Northern Territory hat kürzlich beschlossen, einen »ökologiebewußteren« Urlaub zu ermöglichen; bestehende Nationalparks sollen erweitert, ein Besucher-Informationssystem entlang der wichtigsten Touristenrouten eingerichtet und eingehendere Informationen über die Kultur der Aborigines angeboten werden.
Landgebiete und Kultstätten der australischen Ureinwohner: Im Northern Territory gibt es eine Reihe gesetzlich geschützter Stätten, die für die Aborigines von besonderer Bedeutung sind. Unerlaubtes Betreten und Beschädigung der Heiligtümer werden mit hohen Geldstrafen belegt. Eine schriftliche Erlaubnis ist für das Betreten bestimmter Landgebiete der Aborigines notwendig. Diese Berechtigung wird nicht leichtfertig ausgestellt und ist im allgemeinen nicht für Touristen gedacht. Einige Stätten, die für die Aborigines von historischer Bedeutung sind, sind der Öffentlichkeit zugänglich – wie etwa Ayers Rock und Corroboree Rock in der Nähe von Alice Springs sowie Ubirr (Obiri) Rock im Kakadu-Nationalpark (s. u.). Besucher sind willkommen, sollten jedoch Respekt für die Kultstätten und ihre geschichtliche Bedeutung zeigen. Es werden auch von Aborigines geführte Touren angeboten, die sicher den besten Einblick in diese faszinierende alte Kultur geben. Nähere Informationen sowie Landkarten und Antragsformulare für Berechtigungsscheine vom Fremdenverkehrsamt.

Das Top End

Darwin, die Hauptstadt des Bundesstaates, wurde nach der Zerstörung durch den Zyklon Tracy (1974) wiederaufgebaut und ist heute eine moderne Provinzhauptstadt. In Darwin und dem gesamten Nordzipfel des Landes gibt es zwei sehr unterschiedliche Jahreszeiten. In der Regenzeit im Sommer herrscht Monsunklima, mit Gewitterstürmen am Spätnachmittag, hoher Luftfeuchtigkeit und starken Wolkenbrüchen, die die Wasserfälle oft gewaltig anschwellen lassen. Die Schauer halten jedoch meist nur eine Stunde an, und bald scheint wieder die Sonne. Die Trockenzeit dauert von Mai bis Oktober und bringt endlosen Sonnenschein und milde Abende, Feuchtgebiete trocknen aus, Vögel und Wildtiere werden in immer kleiner werdende Oasen zurückgedrängt.
Im *Top End* gibt es herrliche tropische Pflanzen zu bewundern, z. B. im Botanischen Garten in Darwin und in zahlreichen Nationalparks. Südlich von Darwin liegen auch die Naturparks **Howard Springs** und **Berry Springs** und das **Fogg-Dam-Vogelschutzgebiet**. **Mindil Beach** und **Mandorah Beach** in der Nähe der Stadt laden zum Baden ein.
KAKADU-NATIONALPARK: Dieser eindrucksvolle Nationalpark, der auf der *World-Heritage*-Liste der UNESCO aufgeführt ist, liegt östlich von Darwin und kann auf dem Arnhem Highway in 3 Stunden erreicht werden. Zum Park gehören auch die Überschwemmungsgebiete zwischen dem *Wildman-* und dem *Alligator*-Fluß, die zum Van-Diemen-Golf im Norden fließen. Am Steilhang im **Arnhem Land** am Rand des Parkes kann man die prächtigen *Jim-Jim-* und *Twin-Falls*-Wasserfälle bewundern, die über steile Felswände in kristallklare Felsenteiche hinabrauschen. In den Felsengebieten **Ubirr** (Obiri Rock) und **Nourlangie Rock** sind faszinierende, über 20.000 Jahre alte Felsmalereien der Aborigines zu sehen. Zumeist stellen sie mythische und spirituelle Figuren dar und beschreiben die seit Jahrtausenden überlieferte Lebensweise, die auch heute noch eine große Bedeutung für die Aborigines hat.
Im Parkgelände gibt es drei Hotels und einige Campingplätze, die als Ausgangspunkt für Ausflüge in diese einmalige Umgebung dienen. In zahllosen Flüssen und *Billabongs* (»Wasserlöcher«) kann man ausgezeichnet angeln. Der *Barramundi* ist eine ganz besondere Delikatesse. In den Überschwemmungsgebieten findet man 260 verschiedene Vogelarten. Tausende von Vögeln und Wildtieren sind das ganze Jahr über zu sehen. Täglich werden Flüge über dieses Gebiet und auch Angeltrips angeboten. Beliebte Ausflüge sind Bootsfahrten auf dem *South-Alligator*-Fluß und den malerischen *Yellow Waters*, einer Inlandlagune. Hier aalen sich Krokodile in der Sonne und der graziöse *Jabiru* (Australiens einziger Storch) watet durch die Seerosen. Der Kakadu-Nationalpark bietet allen Tierarten des nördlichen Australiens eine Heimat und den Besuchern des *Top End* ein aufregendes Ausflugsziel. Touren und Safaris zwischen 1 und 30 Tagen mit dem Flugzeug, Reisebus oder Geländewagen werden in Darwin angeboten.
KATHERINE GORGE/NITMILUK NATIONAL PARK: Die Ortschaft **Katherine**, ca. 310 km südöstlich von Darwin, liegt im sogenannten »Niemandsland«, dem *Never Never Land*. Dieses Pioniergebiet wurde durch das Buch *We of the Never Never* der Schriftstellerin Aeneas Gunn bekannt. Hier ist das Zentrum der blühenden Rinderzucht des Landes. Die Herrenhäuser *Old Elsey* und *Springvale* erinnern an die ersten Siedler und Gründer der Stadt. Katherine Gorge, 30 km nordöstlich, ist eines der größten Naturwunder Australiens. Eine atemberaubende Bootsfahrt führt durch die bis zu 100 m tiefen Schluchten. Jede der 13 Schluchten hat eigene leuchtende Farben, faszinierende Felsformationen und steile Felswände über kühlem blauen Wasser. Gut instandgehaltene und markierte Wanderwege führen durch die interessantesten Teile des Parks. Schwimmen, Kanufahrten, Bootsfahrten und Hubschrauberflüge sind möglich. Unterkunftsmöglichkeiten aller Art, auch Campingplätze, stehen in der Ortschaft und im Nationalpark zur Verfügung.

Das Red Centre

Alice Springs liegt ungefähr im geographischen Mittelpunkt von Australien. Die hübsche Stadt, umgeben von roter Wüste, ist ein beliebter Urlaubsort und Ausgangspunkt für Exkursionen ins abenteuerliche Outback. Es gibt zahlreiche ausgezeichnete Hotels und Motels, ein Kasino und mehrere Restaurants. Sportarten wie Golf, Tennis, Ballonfahrten und Fallschirmspringen zu zweit werden angeboten.
Das Hauptquartier der *Royal Flying Doctors* (fliegender Ärztedienst) kann, außer an öffentlichen Feiertagen, täglich besichtigt werden. Die Funkschule (*School of the Air*), deren Schüler zuhause über ein Funkgerät am Unterricht teilnehmen, kann während der Schulzeit Mo-Fr 08.00-12.00 Uhr besucht werden. Museen und unter Denkmalschutz stehende Gebäude geben dem Besucher einen Einblick in die Geschichte dieser abgelegenen Stadt. Die *Dreamtime Gallery* und das Zentrum für Künstler und Kunsthandwerker der Aborigines sollte man sich unbedingt ansehen. Die alte Telegrafenstation, 3 km nördlich der Stadt, steht unter Denkmalschutz. Originalgebäude, restaurierte Gerätschaften und eine Ausstellung alter Fotografien, Zeitungen und Dokumente erinnern an die Pionierzeit.
In den Bergketten der MacDonnell Ranges, in der Umgebung westlich und östlich von Alice Springs, findet man bunte Felswände, eindrucksvolle Schluchten und kühle Teiche in den Tälern: Die Schlucht **Standley Chasm** liegt 57 km westlich von Alice Springs, **Glen Helen Gorge** 140 km westlich, **Ormiston Gorge** 130 km westlich und **N'Dhala Gorge** (mit uralten Felszeichnungen) 96 km östlich der Stadt. Etwas weiter entfernt, nämlich ca. 400 km nördlich von Alice Springs, aber unbedingt einen Ausflug wert, liegen die **Devil's Marbles**, zu runden Blöcken erodierte Granitfelsen. Die Aborigines glauben, daß es sich bei ihnen um Eier einer legendären Regenbogenschlange handelt. **Palm Valley** liegt anderthalb Autostunden entfernt im Südwesten von Alice Springs und das **Rainbow-Valley** im Südosten an den Ausläufern der **Simpson-Wüste. Anzac Hill**, etwas außerhalb von Alice Springs, bietet eine gute Aussicht auf Stadt und Umgebung. Die neue Straßenverbindung *Mereenie Loop Road* führt von Glen Helen nach Kings Canyon. Ein Fahrzeug mit Allradantrieb ist hierfür ein Muß. **Kings Canyon**, die größte Schlucht Australiens, ist in knapp 3 Autostunden von Alice Springs zu erreichen. Der grandiose Ausblick macht den etwas mühevollen Aufstieg mehr als wett. Drei Wege unterschiedlicher Schwierigkeitsgrade führen hinauf. Unterwegs kann man viele seltene Pflanzen entdecken. **Château Hornsby**, das einzige Weinanbaugebiet des Bundesstaates, liegt etwa 15 km vom Stadtzentrum entfernt. Im Umkreis von Alice Springs werden mit Vorliebe Grillabende veranstaltet, die auch »Outback-Abende« genannt werden. Mit ein wenig Glück kann man bei den *Corroborees* der Aborigines zusehen. Kamelritte in die Umgebung sind möglich.
AYERS ROCK: Von Alice Springs gelangt man auch zum **Ayers Rock** (450 km oder 5 Autostunden entfernt), dem größten Monolith der Welt, welcher eine bedeutende Rolle in der Mythologie der Aborigines spielt. Ayers Rock ist in der Landessprache der Aborigines als »Uluru« bekannt und soll von ihren Vorfahren errichtet worden sein.
Besucher dürfen den riesigen Felsen besteigen und die Höhlen am Fuß erforschen. Sonnenauf- und -untergänge am Ayers Rock sind sagenhaft und mit keinem anderen Schauspiel der Welt zu vergleichen; die Sonnenstrahlen verändern die Farbe des Felsens von orangefarben über tiefrot bis zu dunkelstem violett, je nachdem, welche atmosphärischen Bedingungen herrschen.
Ayers Rock Resort liegt 22 km von Ayers Rock entfernt und wurde erbaut, um die ständig ansteigende Zahl von Besuchern aufzunehmen. Drei Hotels, zwei Lodges, Ferienwohnungen, Geschäfte, eine Bank, ein Postamt und Campingplätze stehen zur Verfügung. Tägliche Touren zum Ayers Rock, zu den nahegelegenen **Olga-Felsen** (die Aborigines nennen sie *Kata Tjuta*, was soviel wie »vielköpfig« bedeutet) und zu anderen Sehenswürdigkeiten werden angeboten.
Ayers Rock hat einen eigenen Flughafen. Fünf tägliche Flüge nach Alice Springs ermöglichen Weiterflüge nach Sydney und zu anderen Städten. Fahrzeuge können gemietet werden. Alle großen Reisebusunternehmen fahren täglich zum Ayers Rock.
Weitere Sehenswürdigkeiten im Red Centre sind die Siedlungen der Aborigines in **Pitjantjatjara**. Auf der alten Farm **Ross River Homestead** vermitteln Pferde und Blockhütten die Atmosphäre des Outbacks.

SOZIALPROFIL

VERANSTALTUNGSKALENDER
7. Juli '96 *Alice Springs Show*. **14. Juli** *Tennant Creek Show*. **21. Juli** *Katherine Show*. **28. Juli** *Darwin Show*. **10. - 17. Aug.** *Variety Club Car Bash*, Darwin. **9. - 27. Okt.** *Honda Masters Games*, Alice Springs. **27. Okt. - 8. Nov.** *World Solar Car Challenge*, Darwin.
Ein vollständige Aufstellung der vielfältigen Veranstaltungen ist bei NTTC in Frankfurt erhältlich.

WIRTSCHAFTSPROFIL

Kontaktadresse: *Northern Territory Government Dept. of Industry and Dev.*, Central Office, PO Box 4160, Darwin, NT. Tel: (089) 99 57 55. Telefax: (089) 99 43 82.
KONFERENZEN/TAGUNGEN: Die besten Konferenzeinrichtungen bieten in Darwin das Beaufort Hotel, das Darwin Performing Arts Centre, das Diamond Beach Hotel Casino, das Mirambeena Tourist Resort und das Plaza Hotel Darwin. Die wichtigsten Konferenzlokalitäten in Alice Springs sind das Arulen Arts Centre, das Territory Motor Inn und das Lasseters Hotel Casino. Auch außerhalb der Städte stehen Konferenzeinrichtungen zur Verfügung, u. a. das Ayers Rock Resort. Nähere Auskünfte erteilen die *Australian Tourist Commission* (Adresse s. o.) oder das *Northern Territory Convention Bureau*, 43 Mitchell Street, Darwin, NT 0800. Tel: (089) 89 39 00. Telefax: (089) 89 38 88.

KLIMA

Das ganze Jahr über heiß; im tropischen Norden steigen die Temperaturen im Sommer bei hoher Luftfeuchtigkeit bis auf 34°C an. Hier treten vor allem in Küstennähe von November bis April heftige Monsunregen auf. Geringere Luftfeuchtigkeit und leichter Temperaturrückgang in den übrigen Monaten. Im Süden, der zu Zentralaustralien gehört, herrscht ein trockenes Klima. Höchsttemperaturen im Sommer bei 35°C, im Winter (Mai bis September), vor allem in den Monaten Juni/Juli, können die Temperaturen nachts auf den Gefrierpunkt sinken. Tagsüber liegen sie bei 20° und darüber.
Kleidung: Sommerliche Baumwoll- und Leinenkleidung das ganze Jahr über, Regenschutz im Norden während der Regenzeit. Wärmere Wollsachen für die mitunter kühleren Winterabende im Landesinneren.

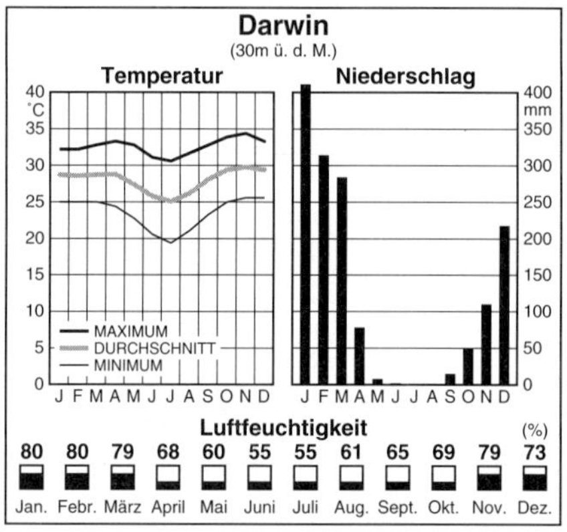

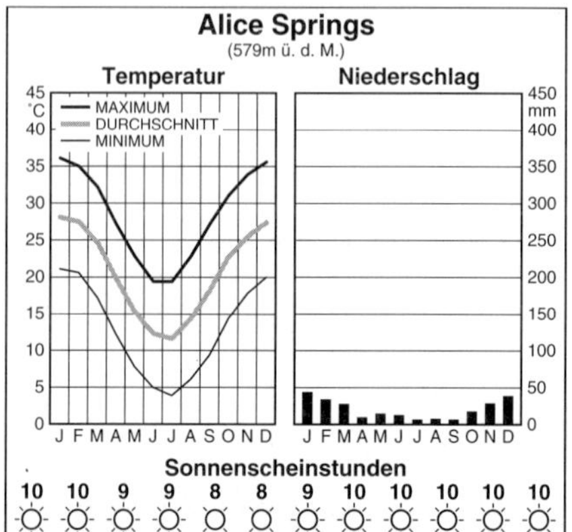

Queensland

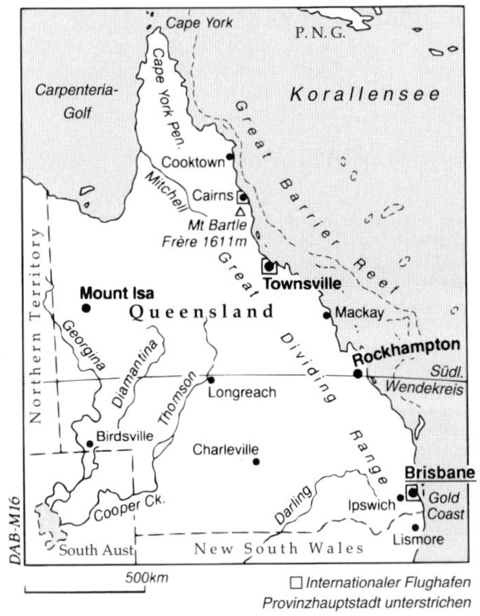

Queensland Tourist and Travel Corporation (QTTC)
Neuhauser Straße 27, 4. Stock
D-80331 München
Tel: (089) 260 96 93. Telefax: (089) 260 35 30.
Mo-Fr 08.00-17.00 Uhr.
Queensland Tourist and Travel Corporation
36th Floor, Riverside Centre
123 Eagle Street
PO Box 328
Brisbane, QLD 4001
Tel: (07) 38 33 54 00. Telefax: (07) 38 33 54 36.
Deutsches Honorarkonsulat
AMP Place, 32nd Floor
10 Eagle Street
Brisbane, QLD 4000
Tel: (07) 32 21 78 19. Telefax: (07) 32 29 76 75.
Österreichisches Konsulat
30 Argyle Street
Breakfast Creek, QLD 4010
PO Box 357
Albion, QLD 4010
Tel: (07) 262 89 55. Telefax: (07) 262 80 82.
Schweizerisches Generalkonsulat
Suite 2301
Plaza II
500 Oxford Street
PO Box 282
Bondi Junction, NSW 2022
Tel: (02) 369 42 44, 369 41 08, 369 43 91. Telefax: (02) 369 13 34.
(auch für Queensland zuständig)

FLÄCHE: 1.727.200 qkm.
BEVÖLKERUNGSZAHL: 3.155.400 (1993).
BEVÖLKERUNGSDICHTE: 1,8 pro qkm.
HAUPTSTADT: Brisbane. **Bevölkerung:** 1.421.700 (1993).
GEOGRAPHIE: Queensland ist zweieinhalbmal so groß wie Texas und etwa fünfmal so groß wie Deutschland. Die Hälfte des Bundesstaates liegt im Wendekreis des Steinbocks. Queensland wird auch der *Sunshine State* genannt – den Urlauber erwarten hier das Great Barrier Reef, unzählige Urlaubsinseln, endlose kilometerlange goldene Sandstrände, Nationalparks, weite Ebenen, üppige Regenwälder, bewaldete Berge und riesige Buschgebiete.
ORTSZEIT: MEZ + 9 (MEZ + 10 Oktober bis März).

GESETZLICHE FEIERTAGE

Wie im übrigen Australien (s. Einführung), zusätzlich: **6. Mai '96** Tag der Arbeit. **29. März '97** Ostersamstag. **5. Mai** Tag der Arbeit.

REISEVERKEHR

FLUGZEUG: *Eagle Farm* ist der internationale Flughafen von Brisbane. Von Frankfurt dauert der Flug etwa 24 Std. Der Flughafen liegt 11 km nordwestlich des Stadtzentrums (ca. 30 Min. Fahrzeit). Flüge aus Europa, Asien, Neuseeland, Kanada und den USA landen hier. Passagiere aus Europa, Asien, Neuseeland und dem fernen Osten können direkt nach *Townsville* (9 km außerhalb der Stadt) fliegen. Der Flughafen in *Cairns* (6 km außerhalb der Stadt) wird von Fluggesellschaften aus Europa, Asien, Neuseeland, Kanada und den USA angeflogen. Hier landet man mitten im tropischen Norden Australiens, ganz in der Nähe des Great Barrier Reef. Weitere Einzelheiten s. o. unter der Rubrik *Reiseverkehr* im allgemeinen Australien-Überblick.
Direktflüge verkehren zwischen Queensland und Sydney, Melbourne, Adelaide, Alice Springs und Darwin. Innerhalb des Bundesstaates bestehen Verbindungen zwischen Brisbane, Cairns, Mount Isa und zahlreichen kleinen Flugplätzen. *Ansett Australian Airlines*, *East West* und *Qantas Airways* sind die größten Fluggesellschaften des Bundesstaates. *Lloyd Air*, *Seair Pacific* und *Sunstate Airlines* sind Charterfluggesellschaften, die sowohl zu den größeren Städten von Queensland als auch zu den Urlaubsorten am Barrier Reef fliegen.
BAHN: Queensland verfügt über ein ausgezeichnetes Bahnnetz. Der *Sunlander*- und der *Queenslander*-Expreß fahren an der Küste entlang von Brisbane nach Cairns. Der *Westlander*, *Spirit of Capricorn* und *Spirit of the Tropics* fahren ins Hinterland. Ein besonderes Erlebnis ist der *Spirit of the Outback*, der Reisende von Brisbane über Rockhampton nach Longreach und zurück bringt, mitten durch einige der unberührtesten Landschaften von Queensland. Der *Sunshine Railpass* berechtigt zu unbegrenzten Zugfahrten in Queensland für einen Zeitraum von 14, 21 oder 30 Tagen. Erste oder Touristenklasse sind erhältlich. Der Paß eignet sich wunderbar dazu, den gesamten Bundesstaat kennenzulernen. Die *Sunshine Rail Tour*, die die Strecke Brisbane – Cairns umfaßt, kann sowohl in Brisbane als auch in Cairns gestartet werden. Die Tour dauert 6 Tage, inklusive Aufenthalt in Hervey Bay, Rockhampton, Townsville, Cairns und auf vereinzelten Inseln. Man reist in größtem Komfort, fünf Übernachtungen in Hotels mit gutem Standard sowie interessante Stadtrundfahrten sind im Preis mit inbegriffen.
BUS/PKW: Die ausgezeichneten *Highways* und Straßennetze sorgen für gute Verbindungen zwischen den Groß- und Kleinstädten. Der *Bruce Highway* führt von Cairns an der Ostküste entlang nach Brisbane und weiter nach New South Wales. Ein ausgedehntes Reisebusnetz ermöglicht unkomplizierte und preiswerte Rundfahrten. Das tropische Landesinnere sollte mit einem Geländewagen befahren werden, da viele Straßen unbefestigt sind. Geländewagen mit Führer kann man mieten. Mehrere Schnellstraßen führen ins Landesinnere, z. B. der *Capricorn Highway* (Rockhampton – Winton), der *Flinders Highway* (Townsville – Mount Isa, Verbindungen zum Northern Territory) und der *Warrego Highway* (Brisbane – Charleville). Die *Mitchell* und *Landsborough Highways* sind teilweise unbefestigt. Diese Schnellstraßen verlaufen vom Norden (Barcaldine) gen Süden (Charleville) bis nach Sydney. Der *Newell Highway* verbindet Brisbane mit Melbourne und führt quer durch das Landesinnere.
STADTVERKEHR: Die Züge des Brisbaner Nah- und Regionalverkehrsnetzes sind einfach zu benutzen und bieten gute Verbindungen z. B. über den Brisbane-Fluß, vor allem im Pendelverkehr. Fähren sind eine weitere Möglichkeit, den Fluß zu überqueren. Das Busnetz ist ausgezeichnet, die Fahrpreise werden nach Zonen berechnet. Bei Zeitungshändlern kann man Sammelkarten für 10 Fahrten kaufen. Tages- und andere Zeitkarten sind ebenfalls erhältlich. Der *City Sights Bus* hält an 20 der interessantesten Sehenswürdigkeiten der Stadt. In Cairns steht ebenfalls ein Busliniennetz zur Verfügung, sonntags verkehren allerdings keine Busse. Mit dem *Cairns Red Explorer* lernt man die Stadt am besten kennen.

UNTERKUNFT

Anmerkung: Genaue Einzelheiten über Übernachtungsmöglichkeiten s. *Unterkunft* im allgemeinen Australien-Überblick und von ATC (Adresse s. o.).
HOTELS: Hotels der internationalen Klasse gibt es in Brisbane, Cairns und an der Gold Coast. Der Standard aller Hotels und Motels in Queensland ist allgemein hoch.
MOTELS: Motels sind vor allem am Stadtrand und in den Vororten zu finden. Zumeist werden Zimmer mit Bad zu angemessenen Preisen angeboten.
FERIENWOHNUNGEN: Voll eingerichtete Ferienwohnungen stehen in fast allen Ferienorten zur Verfügung.
FERIEN AUF DEM BAUERNHOF: Der australische *Holiday-Host*-Service bemüht sich, für jeden Besucher, der seinen Urlaub auf einer Schaffarm, einem Bauernhof oder in einem Privathaus verbringen möchte, den richtigen Gastgeber zu finden. Eine *Farm-Holiday*-Broschüre ist bei QTTC erhältlich.
JUGENDHERBERGEN: Preiswerte schlafsaalähnliche Unterkünfte stehen überall in Queensland zur Verfügung. Eine Broschüre über Jugendherbergen und Backpackerunterkünfte gibt es bei QTTC.
CAMPING: In den Urlaubsgebieten von Queensland gibt es zahlreiche Parks, in denen man zelten kann, die Ausstattung ist unterschiedlich. Die notwendige Genehmigung erteilt das *Queensland Department of the Environment & Heritage*, PO Box 155, Brisbane, QLD 4002. Tel: (07) 32 27 81 87. Telefax: (07) 32 27 65 34. Zahlreiche Unternehmen vermieten auch vollausgerüstete **Wohnmobile.** Einzelheiten und Campingplatzverzeichnis vom Verkehrsamt.

URLAUBSORTE & AUSFLÜGE

In **Brisbane**, Handelszentrum und Hauptstadt des Bundesstaates, herrscht das ganze Jahr über warmes, subtropisches Klima. Seit der »Entdeckung« Queenslands als Urlaubsparadies wächst besonders Brisbane immer mehr, da man von hier aus auch leicht zu den umliegenden Ferienzentren an der Küste gelangen kann. Brisbane ist jedoch nicht nur das »Tor zur Sonne«, sondern hat selbst zahlreiche Attraktionen zu bieten. Am bekanntesten ist wahrscheinlich das *Lone-Pine-Koala-Schutzgebiet* an den Ufern des Brisbane-River. Der *Botanische Garten*, der *Bunya-Park* und die neu angelegten *South Bank Parklands* beheimaten zahlreiche Wildtiere. Brisbane ist auch das kulturelle Zentrum des Bundesstaates. Bekannte Künstler stellen ihre Werke in den Galerien und Museen der Stadt aus. Das *Queensland-Museum* in der Bowen Bridge Road und die Galerie des Ministeriums für die Förderung der Ureinwohner, dem *Department for Aboriginal and Islanders Advancement*, werden denjenigen Besuchern empfohlen, die sich für die kulturelle, künstlerische und wissenschaftliche Geschichte des Bundesstaates interessieren. In Brisbane gibt es oft Open-air-Veranstaltungen, u. a. die *Ekka* (königlich-nationale Ausstellung) und *Warana* (»Sonnenspaß«). Die Geschäfte der Stadt haben auch sonntags geöffnet.
Die **Gold Coast**, wahrscheinlich das populärste Strandgebiet des Landes, ist 42 km lang und besitzt eine Skyline, die der von Miami in nichts nachsteht. Freizeitparks (*Sea World*, *Dream World* und *Movie World*), ein Kasino, Hotels, Restaurants und Nachtklubs sind hier zu finden. Sonnenschein, weiße Strände, beste Brandung zum Surfen und ein großes Freizeitangebot machen die »Goldküste« attraktiv. Im Landesinneren laden grüne Berge, Regenwälder, Wanderwege und malerische Dörfer zu Spaziergängen und Wanderungen ein.
Die **Sunshine Coast**, eine Autostunde nördlich von Brisbane, ist wesentlich ruhiger als die Gold Coast. Der Besucher findet kilometerlange Strände, unberührte Wildnis, Seen und Berge. Ein Besuch zur **Fraser Island**, zu der größten Sandinsel der Welt, die zugleich ein (noch) wahres Naturparadies darstellt, ist sehr lohnenswert. In **Hervey Bay** kann man im Frühjahr Wale beobachten.
Ein Ausflug in die Berglandschaft der **Glasshouse Mountains** lohnt sich nicht nur für Maler und Fotografen. Naturliebhaber werden den **Lamington Nationalpark** in den McPherson Mountains und das **Currumbin-Vogelschutzgebiet** 80 km südlich von Brisbane zu schätzen wissen.
Townsville, die größte Stadt im nördlichen Queensland, besitzt einen internationalen Flughafen. Größte Attraktion der Stadt ist das *Great Barrier Reef Wonderland*, mit einem Aquarium, Museum und Omnimax-Theater. Herrliche Strände, ein Koala-Schutzgebiet und Buschwanderungen locken auf der Resort-Insel *Magnetic Island*, die Townsville vorgelagert ist. Man erreicht sie nach 25minütiger Fahrt mit der Fähre. Kreuzfahrten zu den nahegelegenen Inseln und zum Great Barrier Reef (s. u.) ermöglichen Freizeitvergnügen wie Tauchen, Wanderungen und Wildwasserfahrten.
In **Charters Towers**, 135 km westlich von Townsville, stehen restaurierte Gebäude aus der Goldgräberzeit (Ende des 19. Jahrhunderts).
Cairns ist das Tor zum Norden Australiens. Man kann nicht nur das Great Barrier Reef von hier aus erreichen, sondern auch die Regenwälder der **Atherton Tablelands** im Westen, den **Daintree National Park** (ältester Regenwald der Welt) und **Cape Tribulation** im Norden. In die Wildnis der **Cape-York-Halbinsel**, nördlichster Zipfel Queenslands, wagt man sich besser nur mit einem Geländewagen, der für Flußdurchquerungen ausgerüstet ist. Wichtig sind auch eine Campingausrüstung sowie ausreichend Lebensmittel, Wasser und Benzin. Die Fahrt bis zum Kap dauert drei bis vier Tage. Südlich von Cairns liegt der 14 km lange **Mission-Beach**, dem die **Dunk Island** vorgelagert ist. Ein Ausflug von Cairns in die Lavahöhlen von **Undara** lohnt sich.
GREAT BARRIER REEF: Das Barrierriff ist eines der eindrucksvollsten Naturwunder der Welt. Es erstreckt sich über 2000 km Länge und 25-50 km Breite entlang der Küste von Queensland. Die verschiedensten Meerestiere und -pflanzen leben in den warmen, klaren Gewässern. Das Meer ist hier so klar, daß es eine Sichtweite bis zu 60 m Tiefe erlaubt.
25 Ferieninseln liegen zwischen dem Riff und dem Festland. Heron, Brampton und Lady Elliot in den Coral Cays bieten die besten Tauchmöglichkeiten. Lizard, Bedarra und Orpheus sind ruhig und abgeschieden und ideal für Erholung mit Komfort. Hayman Island ist eine eher exklusive Insel mit 5-Sterne-Hotels. Die Great Keppel Islands werden von jungen Leuten und Partyfreaks bevorzugt. Die Whitsunday-Inseln South Molle, Hamilton, Daydream, Long und Lindeman sowie Magnetic Island (in der Nähe von Townsville, s. o.) sind ganzjährige Ferienzentren, die vor allem auf Familien eingestellt sind, ebenso wie Quoin Island im **Gladstone Harbour.** Hamilton Island ist wegen seiner extensiven Entwicklung bei einigen Leuten umstritten (die Insel hat u. a. ein auf größte Flugzeugtypen eingestellten

50 Australien

Flughafen mitten im Meer). Die tropischen Inseln Dunk und Brampton sind bei Hochzeitsreisenden beliebt; Fitzroy, Newry und Hinchinbrook sind verhältnismäßig unberührt; auf Hook, Whitsunday, Wapparaburra Haven und Great Keppel kann man zelten. Fraser, Moreton, Bribie, North und South Stradbroke liegen außerhalb des Riffgebietes und haben die besten und ruhigsten Surfstrände und schönsten Nationalparks Australiens.

Es wird empfohlen, sich eingehend zu informieren, bevor man sich für ein Ziel entscheidet, da die Inseln sehr unterschiedlich sind, sowohl was Landschaft und Vegetation als auch was Qualität und Quantität touristischer Einrichtungen angeht.

SOZIALPROFIL

ESSEN & TRINKEN: Das Meer und das tropische bzw. subtropische Klima liefern zahlreiche Leckerbissen für die Speisekarte: Schlammkrebse, Riesenkrabben, Makrelen, frischer *Barramundi*-Fisch, Avocados, Mangos, Papayas, Ananas, Erdbeeren, Bananen und die äußerst schmackhafte *Macadamia*-Nuß gehören zu den Spezialitäten von Queensland. Im Fortitude Valley, am Rande der Innenstadt von Brisbane, findet man europäische, asiatische und chinesische Restaurants. Einheimischer Rot- und Weißwein kommt aus den Weinanbaugebieten von Stanthorpe, aus dem Hunter Valley in der Nähe von Sydney und anderen australischen Weinregionen. Alle angebotenen Biersorten stammen aus Brauereien im Bundesstaat.

NACHTLEBEN: Das Nachtleben spielt sich hauptsächlich an den Stränden und in den Ferienzentren des Great Barrier Reef ab. Das Unterhaltungsangebot in Brisbane ist jedoch auch breit gefächert. Die meisten großen Hotels veranstalten Tanzabende, in der Innenstadt gibt es Nachtklubs. *Southbank Parklands* ist bekannt für seine Diskotheken und Restaurants.

SPORT: Wassersport wird hier großgeschrieben. Die Brandung der zahllosen, traumhaften Strände an der Küste eignet sich hervorragend zum Wellenreiten. Zwischen den Korallenriffen kann man wunderbar schnorcheln und tauchen. Segeln und Hochsee-Angelfahrten sind weitere mögliche Freizeitbeschäftigungen. Mehrere **Golfplätze** stehen zur Verfügung, zwei davon in Brisbane. Seinen Hobbys **Squash** und **Tennis** kann man auch nachgehen. Für lange Spaziergänge in die Natur eignen sich die angebotenen **Buschwanderungen**. Tips und Streckenvorschläge sind erhältlich von der *Queensland Federation of Bush Walking*, PO Box 1537, General Post Office, Brisbane.

VERANSTALTUNGSKALENDER
Mai/Juni '96 *Queensland Winter Racing Carnival*, Südost-Queensland. **Juni** (1) *International-Outrigger-Canoe-Meisterschaften*, Hamilton Island. (2) *Goldcoast International Jazz & Blues Festival*. (3) *Cooktown Discovery Festival*. **Juli** *Diamond Shears* and *South Pacific Shearing Championships*, Longreach (Meisterschaften im Schafscheren). 21. Juli *Gold Coast International Marathon*. **Aug.** (1) *Hervey Bay Whale Festival*. (2) *Brisbane Ekka*. 8. -17. Aug. *Brisbane Royal National Show*. **Aug./Sept.** (1) *Australian Heritage Festival*, Jonaryan Woolshed. (2) *The Great Barrier Reef Dive Festival*, Cairns und Port Douglas (Tauch-Festival). 16. - 22. Sept. *World Mountain Bike Championship*. **Sept./Okt.** *Brisbane Warana Festival*, Brisbane (Open-air-Festival mit Tanz, Musik, Lesungen). **Okt.** (1) *Fun in the Sun Festival*, Cairns (Umzüge, Feuerwerk usw.). (2) *Tropicarnival Festival of the Goldcoast*, Surfers Paradise. **März '97** *Gold Coast Indy Car Grand Prix*, Surfers Paradise.

Vollständige Aufstellung mit genauen Daten erhältlich von der *Queensland Tourist and Travel Corporation* in München (Adresse s. o.).

WIRTSCHAFTSPROFIL

Kontaktadresse: *Queensland Chamber of Commerce and Industry*, Industry House, 375 Wickham Terrace, Brisbane, QLD 4000. Tel: (07) 831 16 99. Telefax: (07) 832 31 95.

KONFERENZEN/TAGUNGEN: Die wichtigsten Tagungsstätten in der Hauptstadt des Bundesstaates sind das neu eröffnete Brisbane Convention Centre, das Brisbane Entertainment Centre, Brisbane City Hall, das Queensland Cultural Centre, RNA Exhibition Grounds, das Sheraton Brisbane Hotel, das Hilton International Hotel und das Mayfair Crest International Hotel. Cairns bietet folgende Tagungszentren: das Cairns International, das Cairns Civic Centre, die Cairns Show Grounds, das Sheraton Mirage Resort und das Cairns Hilton. Ausgezeichnete Konferenzlokalitäten stehen auch an der Gold Coast zur Verfügung, darunter das Hotel Conrad und Jupiter's Casino (Kapazität für 2300 Personen) sowie kleinere Tagungsstätten im Royal Pines Resort und im Sheraton Mirage Gold Coast. Auskünfte erteilen die *Australian Tourist Commission* sowie die folgenden Organisationen: *Brisbane Visitors & Convention Bureau*, Brisbane City Hall, PO Box 12260, Elizabeth Street, Brisbane, QLD 4002. Tel: (07) 32 21 84 11. Telefax: (07) 32 29 51 76.
Far North Queensland Promotion Bureau Ltd, Corner of Grafton and Hartley Streets, PO Box 865, Cairns, QLD 4870. Tel: (070) 51 35 88. Telefax: (070) 51 01 27.

KLIMA

Queensland liegt im Wendekreis des Steinbocks. Fast alle Regionen haben ein angenehmes Klima. Ausnahmen sind der äußerste Norden und das trockene, dürre Hinterland im Westen. Brisbane hat im Winter im Durchschnitt sieben Stunden Sonnenschein pro Tag. Von Juli bis August ist die Luftfeuchtigkeit hoch, und es kann schwül sein, an der Küste sorgt jedoch eine stete Brise für ideales Urlaubswetter.

Kleidung: Ganzjährig sommerliche Baumwoll- und Leinenkleidung, leichte Wollsachen für kühle Abende und am frühen Morgen. Regenschutz wird besonders für die Küstenregionen empfohlen.

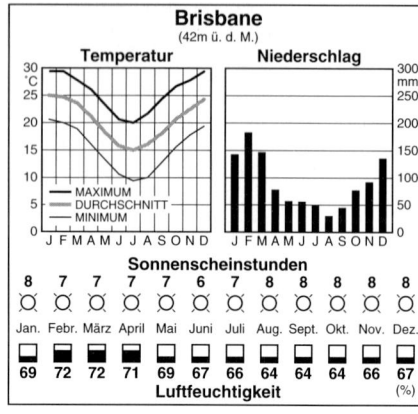

South Australia

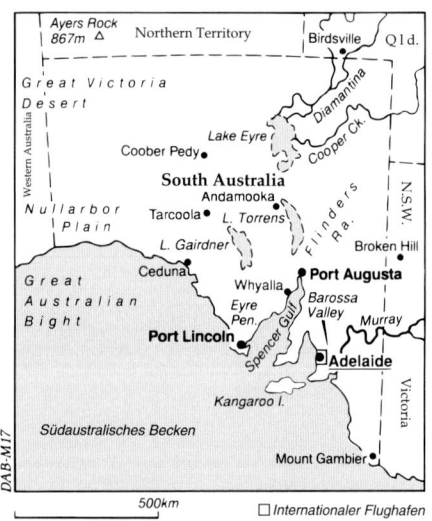

South Australian Tourism Commission
1st Floor, Beaumont House
Lambton Road
GB-London SW20 0LW
Tel: (0181) 944 53 75. Telefax: (0181) 944 53 76.
South Australian Tourism Commission
8th Floor, Terrace Towers
178 North Terrace
PO Box 1972
Adelaide, SA 5001
Tel: (08) 303 22 22. Telefax: (08) 303 22 69.
Deutsches Honorarkonsulat
23 Peel Street, 1st Floor
PO Box 8131
Hindley Street
Adelaide, SA 5000
Tel: (08) 231 63 20.
Österreichisches Konsulat
346 Carrington Street
Adelaide, SA 5000
Tel: (08) 232 68 99. Telefax: (08) 232 67 60.
Schweizerisches Generalkonsulat
420 St. Kilda Road, 7th Floor
PO Box 7026
Melbourne, VIC 3004
Tel: (03) 98 67 22 66, 98 67 25 31. Telefax: (03) 98 66 59 07.
(auch für South Australia zuständig)

FLÄCHE: 984.000 qkm.
BEVÖLKERUNGSZAHL: 1.466.500 (1993).
BEVÖLKERUNGSDICHTE: 1,5 pro qkm.
HAUPTSTADT: Adelaide. **Bevölkerung:** 1.070.200 (1993).
GEOGRAPHIE: Mit Ausnahme von **Adelaide** ist South Australia dünn besiedelt. Der Bundesstaat ist fast dreimal so groß wie Deutschland und zugleich die trockenste Region Australiens, mit felsigem Flachland und Wüsten; einzige Ausnahme ist jedoch das fruchtbare Weinanbaugebiet Barossa Valley. South Australia liegt in der südlichen Mitte des Kontinents und grenzt an fast alle anderen Bundesstaaten. Die landschaftliche Vielfalt reicht von den Strandgebieten in den Vororten von Adelaide zu dem großen, abgelegenen, wüstenähnlichen Hinterland, von den zerklüfteten Bergen der Flinders Ranges bis hin zu den zahlreichen Windungen des Flusses Murray. In Küstennähe liegt die vielbesuchte Urlaubsinsel Kangaroo Island. Adelaide ist eine schöne, europäisch anmutende Stadt an den Ausläufern der Mount Lofty Ranges.
ORTSZEIT: MEZ + 8.30 (MEZ + 9.30 Oktober bis März).

GESETZLICHE FEIERTAGE

Wie im übrigen Australien (s. Einführung), zusätzlich:
20. Mai '96 Adelaide-Cup-Tag. **7. Okt.** Tag der Arbeit. **26. Dez.** Verkündungstag. **29. März '97** Ostersamstag. **19. Mai** Adelaide-Cup-Tag.

REISEVERKEHR

FLUGZEUG: Internationale Flüge landen in *Adelaide*. Von Frankfurt fliegt man etwa 24 Std., Verbindungen zu allen anderen Bundesstaaten sind möglich, nach Darwin, Alice Springs, Perth, Brisbane, Canberra, Melbourne und Sydney. Weitere Einzelheiten unter *Reiseverkehr* im allgemeinen Australien-Überblick (s. o.).
Innerstaatliche Flugverbindungen zu allen regionalen Städten. *Ansett Australian Airlines*, *Australian Airlines* und *Compass Airlines* betreiben die meisten Flüge. Es gibt neun staatliche und 20 private Flughäfen.
Internationaler Flughafen: *Adelaide Airport* liegt 7 km außerhalb der Stadt (ca. 10 Min. Fahrzeit).
SCHIFF: Adelaide ist eine internationale Hafenstadt, in der Passagierschiffe aus Europa und Asien anlegen.
BAHN: Von Adelaide aus fährt der *Ghan*-Expreßzug nach Alice Springs. Vom großen, neuen Umsteigebahnhof gibt es gute regionale und überregionale Anschlußverbindungen.
Weitere Einzelheiten im allgemeinen Australien-Überblick (s. o.).
BUS/PKW: Der Süden des Bundesstaates ist an das überregionale Reisebusnetz angeschlossen, das alle Bundesstaaten miteinander verbindet. Von Sydney nach Adelaide fährt man 24 Std., von Perth nach Adelaide etwa 37 Std. und von Darwin nach Adelaide 46 Std. Das Straßennetz des Bundesstaates umfaßt insgesamt 10.200 km. Die größten Schnellstraßen sind der *Stuart Highway* Richtung Norden nach Darwin über Coober Pedy und Alice Springs, der *Birdsville Track* nach Queensland, der *Eyre Highway* nach Perth im Westen, der *Princes Highway* an der Küste entlang nach Melbourne, und der *Stuart Higway* Richtung Osten nach Canberra und Sydney.
Mietwagen können in den großen Hotels, am Hauptbahnhof und am Flughafen gemietet werden.
STADTVERKEHR: Die öffentlichen Verkehrsmittel in Adelaide sind gut ausgezeichnet; Busse, Straßenbahnen, Vorortzüge und Oberleitungsbusse stehen zur Verfügung. Einzelfahrscheine, Tages- und Wochenkarten können vor Fahrtantritt gekauft werden. Wochentags kann man kostenlos mit der Linie 99B, dem »Bee-line«, durch die Stadt fahren. Auf der Route des *Adelaide Explorer Bus* kann man acht der interessantesten Sehenswürdigkeiten der Stadt, an jeder Haltestelle kann man nach Belieben ein- oder aussteigen.

UNTERKUNFT

Anmerkung: Einzelheiten über Übernachtungsmöglichkeiten unter der entsprechenden Rubrik im allgemeinen Australien-Überblick (s. o.). Weitere Informationen von der ATC oder vom *South Australian Travel Centre*, Ground & 8th Floors, AMP Building, 1 King William Street, Adelaide, SA 5000. Tel: (08) 212 15 05. Telefax: (08) 303 22 49.
HOTELS: In South Australia gibt es über 372 Hotels und Pensionen, allein 126 davon in Adelaide; von preiswerten Herbergen bis zu erstklassigen 5-Sterne-Hotels der internationalen Hotelketten ist für jeden etwas dabei. In ganz South Australia, vor allem in Adelaide und den Adelaide Hills, kann man zudem in Privathäusern bei *Bed & Breakfast* die australische Gastfreundschaft kennenlernen.
CAMPING: Es gibt fast 200 Campingplätze; *Adelaide Caravan Park, West Beach, Marineland Village* und *Port Glanville Caravan Park* liegen in der Umgebung von Adelaide. Alle Campingplätze sind gut ausgestattet und haben Stromanschlüsse. Zahlreiche Unternehmen vermieten vollständig ausgerüstete **Wohnmobile**. Wei-

tere Informationen sind beim Fremdenverkehrsamt erhältlich.
FERIENWOHNUNGEN stehen in South Australia in großer Auswahl zur Verfügung.

URLAUBSORTE & AUSFLÜGE

Adelaide ist die Hauptstadt und mit Abstand die größte Stadt des Bundesstaates. Die Küste um Adelaide ist besonders schön, denn es gibt hier ausgezeichnete Sandstrände. Die beste Aussicht auf Adelaide und die Landschaft der Umgebung hat man vom *Mount Lofty* im Osten. Die Stadt wirkt sehr europäisch, was auf die große Anzahl deutscher und südeuropäischer Einwanderer zurückzuführen ist. Straßencafés, europäische Kirchen, Kunstgalerien und Antiquitätengeschäfte machen den Stadtbummel äußerst abwechslungsreich. Im *Festival-Theatre*-Komplex, der in einer schönen Parkanlage am Torrens-Fluß steht, ist eine ausgezeichnete Tanztruppe zu Hause; außerdem gibt es hier eine Konzerthalle, zwei Theater, zahlreiche Restaurants und ein Open-air-Amphitheater. Jedes zweite Jahr im März findet ein internationales Festival statt (das nächste 1998). Es ist ein bunt gemischtes Festival für jedermanns Geschmack: von Klassik bis Jazz, von der Royal Shakespeare Company bis zum St. Petersburger Ballett. Im *South Australian Museum* ist eine umfassende Sammlung von Kunstwerken und Kultgegenständen der Aborigines untergebracht, ferner kann eine Ausstellungen melanesischer Kunstwerke und der Flora und Fauna von Neuguinea besichtigt werden. Adelaide ist eine großzügig angelegte Stadt, mit Parkanlagen, Golfplätzen, dem Botanischen Garten und einem Zoo. In den letzten Jahren hat sich die Stadt ein jugendlicheres Aussehen zugelegt und dadurch ihren alten Beinamen als »Stadt der Kirchen« verloren. Das Nachtleben ist breit gefächert; es gibt ein Kasino und zahlreiche weltstädtische Restaurants. Nachtschwärmer kommen in den vielen Nachtklubs und Diskotheken in der Hindley Street im Stadtzentrum, gegenüber von Rundle Mall, auf ihre Kosten. 55 km von Adelaide entfernt liegt das Weinanbaugebiet **Barossa Valley**. Um 1830 siedelten sich deutsche Einwanderer hier an. Geschäfte, Restaurants und die Weingüter zeigen unverkennbar deutsche Einflüsse. Tanunda, Angaston und Nuriootpa sind die größten Städte im Tal, alle haben interessante evangelische Kirchen. Auf den Weingütern der Umgebung werden Besichtigungen und Weinproben angeboten. Weitere Weinanbaugebiete sind Mid North, Riverland, McLaren Vale und Coonawarra im Südosten.
Eine Dampffahrt auf dem **Murray**-Fluß führt an üppigem Weideland, Kalksteinklippen und malerischen Weingütern vorbei. Die Läufe des Murray-, Darling- und Murrumbidgee-Flusses bilden insgesamt eines der längsten Flußnetze der Welt – 2600 km von der Quelle bis zum Meer – und versorgen ein großes Gebiet mit Wasser. Flora und Fauna erinnern hier an den tiefen Süden der USA und den Mississippi. Im Golf von St. Vincent, in der Nähe von Adelaide, liegt **Kangaroo Island**, die drittgrößte Insel Australiens, ein naturbelassenes Tierschutzgebiet mit schöner, zerklüfteter Küste. Das schönste Gebiet des Hinterlandes von South Australia liegt in den **Flinders Ranges**, einer Region mit felsigen Bergen, atemberaubenden Schluchten und zahllosen Eukalyptusbäumen. Inmitten der Bergkette liegt *Wilpena Pound*, ein vielbesuchter Urlaubsort. Unterkunftsmöglichkeiten stehen auch in Arkaroola auf dem nördlichen Gipfel zur Verfügung. In der Opalstadt *Coober Pedy* ist es so heiß, daß 45% der Bevölkerung unter der Erde leben. Selbst die Kirche ist unterirdisch. Der Name der Stadt kommt aus der Sprache der Aborigines und bedeutet »Weißer Mann lebt in einem Loch«. In diesem Gebiet werden 90% aller Opale der Welt gefunden. Mit einer Genehmigung kann man selbst nach den Halbedelsteinen suchen. In Andamooka sind die Bedingungen für *Noodlers* (»Amateur-Edelsteinsucher«) besser. Es gibt jedoch nur begrenzte Unterkunftsmöglichkeiten in diesen Städten.

SOZIALPROFIL

ESSEN & TRINKEN: Zu den örtlichen Spezialitäten zählen deutsche Gerichte in der Barossa-Region und, in den Küstengebieten, Krebse, Weißling sowie andere Fische und Schalentiere. Südaustralischer Wein und auch das Bier sind sehr zu empfehlen und können besonders während des Vintage-Festivals, das an das Münchener Oktoberfest erinnert, probiert werden. Die größten Weinanbaugebiete Australiens liegen in diesem Bundesstaat. Die Rot- und Weißweine, die in Adelaide und Umgebung angeboten werden, sind von ausgezeichneter Qualität. Die Brauerei in Adelaide stellt vorzügliches Pilsener und Dunkelbier her.
EINKAUFSTIPS: Zu den Gelegenheitskäufen zählen die ausgezeichneten Qualitätsweine des Barossa Valley. 60% der australischen Weinernte kommt aus diesem Tal. Adelaide ist auf Kultur eingestellt, man stößt überall auf Antiquitätenläden und Kunstgalerien. Die Öffnungszeiten sind ähnlich wie in den anderen Bundesstaaten. Samstags sind die Geschäfte in Adelaide ganztägig geöffnet.
SPORT: Der Murray, drittlängster Fluß der Welt, schlängelt sich durch South Australia. Kreuzfahrten mit dem Flußdampfer, **Segeln** und **Wasserski** sind auf dem Fluß möglich, man kann auch Hausboote mieten. **Hochseefischen** und **Tauchen** sind die beliebtesten Sportarten auf Kangaroo Island. **Ballonfahrten** und **Segelflüge** werden im Barossa Valley angeboten. In Adelaide wird der australische Formel-I-Grand-Prix ausgetragen.
VERANSTALTUNGSKALENDER
18./19. Mai '96 *Gourmet Weekend Clare Valley* (Weinproben und Unterhaltungsprogramme), Clare Valley Wineries. **Juni** *Gawler Three Day Event* (Pferdesport), Gawler. **17./18. Aug.** *Barossa Classic Gourmet Weekend*. **31. Aug. - 7. Sept.** *Royal Adelaide Show* (Landwirtschaftsmesse). **Nov.** *Australia-Formula-I-Grand-Prix*, Adelaide. **21. Nov. - 1. Dez.** *Military Tattoo*. **Jan. '97** *Australian Open Paragliding*. **Febr.** *Australian Compass Cup Cow Race*, Mount Compass (Australiens einziges Kuhrennen). **28. Febr. - 2. März** *World Music and Dance*, Adelaide. **März** *Adelaide Festival of Arts*. **März/April** *Come Out*. **29. - 31. März** *Oakbank Easter Racing Carnival* (Pferderennen). **April** *Barossa Valley Vintage Festival* (Weinproben), Barossa Valley Wineries. **17./18. Mai** *Gourmet Weekend Clare Valley*, Clare Valley Wineries.

WIRTSCHAFTSPROFIL

Kontaktadresse: *South Australian Employers' Chamber of Commerce and Industry Inc.*, (Industrie- und Handelskammer), 136 Greenhill Road, Unley, SA 5061. Tel: (08) 373 14 22. Telefax: (08) 272 96 62.
KONFERENZEN/TAGUNGEN: Die wichtigsten Konferenzlokalitäten sind die Adelaide Convention Centre and Exhibition Hall, das Adelaide Festival Centre, das Hilton International Adelaide, das Royal Showground and Exhibition Hall und das Hotel Ramada Grand. Nähere Auskünfte erteilen die *Australian Tourist Commission*, *Tourism South Australia* in London (Adressen s. o.) oder die *Adelaide Convention & Tourism Authority (ACTA)*, Level 3, 60 Waymouth Street, Adelaide, SA 5000. Tel: (08) 212 47 94. Telefax: (08) 231 92 24.

KLIMA

Lange heiße Sommer und kurze milde Winter, kaum Niederschläge. Eine der heißesten Gegenden ist die Stadt Coober Pedy, 1000 km nordwestlich von Adelaide, in der das Thermometer im Sommer bis auf 45°C ansteigt.
Kleidung: Sommerliche Baumwoll- und Leinenkleidung, wärmere Sachen und Regenschutz für den Winter.

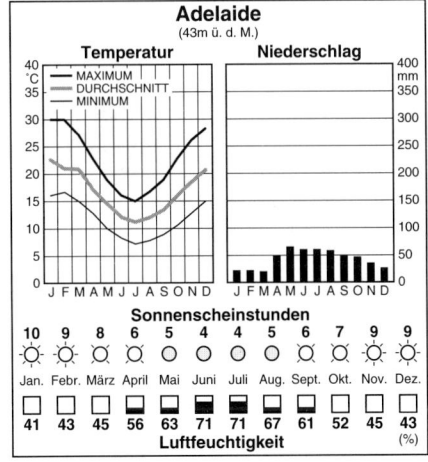

WELTKARTE?

LÄNDERKARTEN?

ZEITZONENKARTE?

INFORMATION ÜBER

IMPFBESTIMMUNGEN UND

GESUNDHEITSVORKEHRUNGEN?

. . . siehe Inhaltsverzeichnis

Tasmania

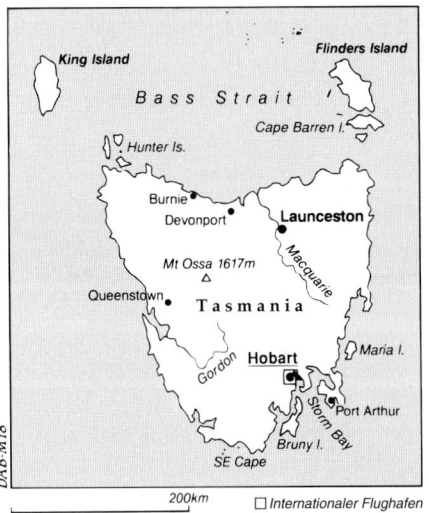

Tasmanian Department of Tourism, Sport & Recreation
Level 13, 14 & 15, Trafalgar Centre
108 Collins Street
Hobart, TAS 7001
PO Box 399
Hobart, TAS 7000
Tel: (002) 30 81 00. Telefax: (002) 31 21 75.
Deutsches Honorarkonsulat
348 Sandy Bay Road
Hobart/Sandy Bay, TAS 7005
Tel: (002) 23 18 14.
Österreichisches Generalkonsulat
897 High Street
PO Box 219
Armadale, VIC 3143
Tel: (03) 509 03 60.
(auch für Tasmania zuständig)
Schweizerisches Generalkonsulat
420 St. Kilda Road, 7th Floor
PO Box 7026
Melbourne, VIC 3004
Tel: (03) 98 67 22 66, 98 67 25 31. Telefax: (03) 98 66 59 07.
(auch für Tasmania zuständig)

FLÄCHE: 67.800 qkm.
BEVÖLKERUNGSZAHL: 472.100 (1993).
BEVÖLKERUNGSDICHTE: 7 pro qkm.
HAUPTSTADT: Hobart. **Einwohner:** 193.300 (1993).
GEOGRAPHIE: Tasmania liegt 240 km südlich von Melbourne, jenseits der Meerenge von Bass. Die beinahe herzförmige Insel ist 296 km lang, im Norden 315 km und im Süden 70 km breit. Die landschaftliche Vielfalt reicht von zerklüfteten (im Winter schneebedeckten) Bergen über dichtes Buschland (im »Horizontalen Wald« wachsen die Bäume seitwärts, so daß die Baumstämme parallel zum Boden verlaufen) bis hin zu idyllischem Farmland. Südlich von Hobart, jenseits des D'Entrecasteaux-Kanals, liegt Bruny Island mit ihren traumhaften Stränden. Die zwei Hälften der Insel sind durch eine schmale Landenge verbunden, auf deren Sanddünen von August bis April Pinguine nisten.
ORTSZEIT: MEZ + 9 (MEZ + 10 Oktober bis März).

GESETZLICHE FEIERTAGE

Wie im übrigen Australien (s. Einführung), zusätzlich: **24. Okt. '96** Hobart Show Day (nur in Hobart). **4. Nov.** Tag der Erholung (nur im Norden von Tasmania). **8. Febr. '97** Devonport-Cup-Tag. **26. Febr.** Launceston-Cup-Tag. **3. März** Tag der Arbeit. **29. März** Ostersamstag. **1. April** Feiertag.

REISEVERKEHR

FLUGZEUG: Internationale Direktflüge nach Tasmania nur von Christchurch (Neuseeland) aus. Tägliche Anschlüsse zu internationalen Flügen mit *Qantas Airways* und *Ansett*. Tasmania ist durch Direktflüge nach Sydney und Melbourne mit dem Festland verbunden, von dort bestehen Anschlußmöglichkeiten zu anderen Städten.
Internationaler Flughafen: Der Flughafen liegt 22 km, etwa 35 Autominuten, von Hobart entfernt.
SCHIFF: Die Fähre *Spirit of Tasmania* verkehrt dreimal pro Woche zwischen Devonport, an der Nordküste Tasmanias, und Melbourne.
BAHN: Auf Tasmania gibt es keine Eisenbahn.

Australien

BUS/PKW: Alle Ortschaften der Insel sind an das insgesamt 22.000 km lange Straßennetz angebunden. Busse verkehren zwischen allen größeren Städten. Schnellstraßen: der *Lyell Highway* führt von Hobart nach Queenstown, der *Huon Highway* von Hobart nach Southport und der *Midland Highway* von Hobart nach Launceston, der *Tasman Highway* führt an der Küste entlang, und der *Bass Highway* verbindet die Häfen an der Nordküste.
Fernbusse: Tasmania wird von zwei Busgesellschaften bedient, den *Hobart Coaches* und den *Tasmania Redline Coaches*.
STADTVERKEHR: Stadtbusse verkehren in Hobart, Launceston und Burnie.

UNTERKUNFT

Anmerkung: Einzelheiten über Unterkunftsmöglichkeiten unter der entsprechenden Rubrik im allgemeinen Australien-Überblick (s. o.). Die ATC in Frankfurt/M. erteilt ebenfalls gern nähere Auskünfte.
HOTELS, MOTELS und GASTHÄUSER: Hotels der internationalen Ketten gibt es in Hobart und Launceston. Hotels der Touristenklasse, Motels und Pensionen aller Komfort- und Preisklassen stehen in allen größeren Ortschaften zur Verfügung. Hotels in Hobart, Launceston und manchen Urlaubsorten sind im allgemeinen etwas teurer.
FERIENWOHNUNGEN und FERIEN AUF DEM BAUERNHOF: s. *Unterkunft* im Australien-Überblick. Näheres auch vom Fremdenverkehrsamt.
CAMPING: Diverse Unternehmen vermieten vollständig ausgerüstete **Wohnmobile.** Weitere Informationen sind beim Fremdenverkehrsamt erhältlich. Auf Picknick- und Rastplätzen am Straßenrand darf man nicht übernachten, es stehen jedoch zahlreiche gut ausgestattete Campingplätze zur Verfügung.

URLAUBSORTE & AUSFLÜGE

Hobart, die Hauptstadt des Bundeslandes Tasmania, liegt an der Südseite der Insel und ist nach Sydney die zweitälteste Stadt Australiens. Hafenanlagen, Landungsbrücken und Lagerhäuser, zum Teil aus dem letzten Jahrhundert, bezeugen die starke Verbundenheit der Stadt mit dem Meer. Der Geschichte Tasmanias wird erklärt im *Van Dieman's Land Memorial Folk Museum*, im *Schiffahrtsmuseum* und in der *Allport-Bibliothek* im *Museum der Schönen Künste*. Westlich der Stadt liegt der 1270 m hohe **Mount Wellington** mit lauschigen Wanderwegen und Picknickstellen. Von der Aussichtsplattform auf dem Gipfel (ca. 20 km mit dem Auto) hat man einen herrlichen Rundblick über Hobart, die Vororte, die Derwent-Mündung und Storm Bay. **Launceston,** die zweitgrößte Stadt, hat einen nostalgischen Anstrich einer alten englischen Kolonialstadt. Ausflüge in die Umgebung, z. B. zur *Cataract-Gorge*-Schlucht und zum *Launceston Wildlife Reserve*, einem Wildschutzgebiet, bieten sich an. Ganz in der Nähe liegt die historische Stadt *Evandale*.
Port Arthur, 100 km von Hobart entfernt, war zu Beginn des 19. Jahrhunderts eine Strafkolonie. Führungen durch das alte Gefängnis werden angeboten. Im nahegelegenen *Eaglehawk Neck* gibt es bizarre Felsformationen.
Die einzigartige Tier- und Pflanzenwelt Tasmanias kann in vielen Nationalparks, u. a. *South West, Ben Lomond, Cradle Mountain-Lake St. Clair, Mount Field* und *Frenchman's Cap*, bewundert werden.

SOZIALPROFIL

NACHTLEBEN: In Hobart und Launceston gibt es Kasinos. *Salamance Place*, das Hobarter Hafenviertel, ist nicht nur für das Kasino im Wrest Point Hotel bekannt. In den alten Lagerhallen bieten zahlreiche gute Nachtklubs vielseitige Unterhaltung.
SPORT: An der Küste sind alle Wassersportarten vertreten. Die Insel ist besonders ideal für **Segler.** Im glasklaren Wasser tummeln sich die verschiedensten Fische. Von Port Arthur aus kann man gut zum **Tiefseefischen** und **Forellenangeln** aufbrechen.
Kanufahrten, Ponyreiten, Buschwanderungen, Segelfliegen, Bergsteigen und viele andere Aktivitäten sind im Rahmen der hier angebotenen Abenteuerurlaube möglich.
VERANSTALTUNGSKALENDER
Juni '96 *Sun Coast Jazz Festival.* **Sept.** *Launceston Garden Festival.* **29. Sept.** *Tulip Festival of Tasmania,* Hobart. **Okt.** *Launceston Show.* **23. - 26. Okt.** *Royal Hobart Agricultural Show.* **Dez.** (1) *Melbourne to Hobart Yacht Race.* (2) *Hobart Summer Festival.* **26. Dez. - 1. Jan. '97** *Sydney to Hobart Yacht Race.*
Eine vollständige Liste ist vom *Tasmanian Department of Tourism, Sport & Recreation* erhältlich (Adresse s. o.).

WIRTSCHAFTSPROFIL

Kontaktadresse: *Tasmania Chamber of Commerce*, PO Box 793H, Hobart, TAS 7001. Tel: (002) 34 59 33. Telefax: (002) 31 12 78.
KONFERENZEN/TAGUNGEN: Die wichtigsten Konferenzlokalitäten in Hobart sind das West Point Federal Hotel, das Casino und Convention Centre und das Sheraton Hobart. In Launceston stehen folgende Tagungsstätten zur Verfügung: das Launceston Convention Centre/Albert Hall, der Federal Launceston International Country Club und Casino und das Launceston Novotel. Auskünfte erteilen ATC sowie das *Tasmanian Convention Bureau*, 16 Davey Street, Hobart, TAS 7000. Tel: (002) 31 00 55. Telefax: (002) 34 84 92.

KLIMA

Das Klima ist ähnlich wie in South Australia: warme, trockene Sommer und eher kalte, feuchte Winter. Im Juli und August liegt Schnee in den Hochlagen über 1600 m.
Kleidung: Sommerliche Baumwoll- und Leinenkleidung, warme Wollsachen für die Wintermonate. Ganzjährig Regenschutz, vor allem im Winter.

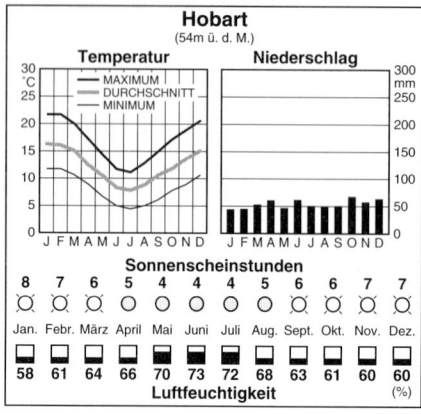

Victoria

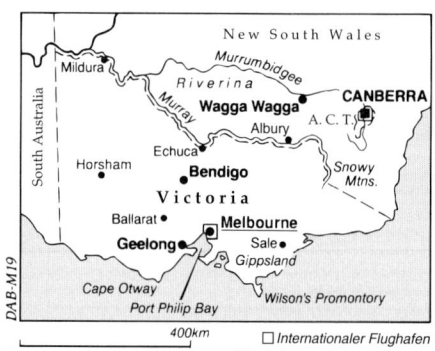

Tourism Victoria
Bert-Brecht-Straße 5
D-64354 Reinheim
Tel: (06162) 8 55 50. Telefax: (06162) 8 55 59.
Mo-Fr 09.00-17.00 Uhr.
Tourism Victoria
55 Swanston Street
GPO Box 2219T
Melbourne, VIC 3000
Tel: (03) 96 53 97 77. Telefax: (03) 96 53 97 33.
Melbourne Convention & Tourism Authority
7 Puers Lane
Jordans
GB-Beaconsfield, Bucks HP9 2TE
Tel: (01494) 87 16 77. Telefax: (01494) 87 57 75.
Deutsches Generalkonsulat
480 Punt Road
PO Box 76
South Yarra, VIC 3141
Tel: (03) 98 28 68 88. Telefax: (03) 98 20 24 14.
Österreichisches Generalkonsulat
897 High Street
PO Box 219
Armadale, VIC 3143
Tel: (03) 509 03 60.
Schweizerisches Generalkonsulat
420 St. Kilda Road, 7th Floor
PO Box 7026
Melbourne, VIC 3004
Tel: (03) 98 67 22 66, 98 67 25 31. Telefax: (03) 98 66 59 07.

FLÄCHE: 227.600 qkm.
BEVÖLKERUNGSZAHL: 4.468.300 (1993).
BEVÖLKERUNGSDICHTE: 19,6 pro qkm.
HAUPTSTADT: Melbourne. **Einwohner:** 3.187.500. (1993).
GEOGRAPHIE: Victoria ist der zweitkleinste Bundesstaat Australiens, hat jedoch die größte Bevölkerungsdichte sowie die höchste landwirtschaftliche und industrielle Produktion. Er liegt im Südosten Australiens und grenzt an South Australia und New South Wales. Die Landschaft besteht aus Bergen, Regenwäldern, Schneefeldern, Tabakplantagen, Weingütern, Weizenfeldern und Gemüsegärten. Es ist durchaus möglich, Melbourne an einem kalten Wintertag zu verlassen, eine Autostunde später die trockene Wüstensonne in Mildura zu genießen oder drei Autostunden später in den Schneefeldern der Bergregionen zu sein. Schnee liegt während der Wintermonate Juni bis September. Aber auch im Sommer kann man in der Kühle der Berge leicht der Sommerhitze entfliehen.
ORTSZEIT: MEZ + 9 (MEZ + 10 Oktober bis März).

GESETZLICHE FEIERTAGE

Wie im übrigen Australien (s. Einführung), zusätzlich: **5. Nov. '96** Melbourne-Cup Tag (nur Großraum Melbourne). **10. März '97** Tag der Arbeit.

REISEVERKEHR

FLUGZEUG: Flüge aus Europa (24 Std. von Frankfurt), Asien und den USA landen auf dem Melbourner Flughafen *Tullamarine* 22 km (35 Min. Fahrzeit) außerhalb der Stadt. Regionale Flugverbindungen zu allen großen Städten Australiens. Weitere Informationen unter der entsprechenden Rubrik im Australien-Überblick (s. o.).
SCHIFF: Passagier- und Autofähren verkehren zwischen Melbourne und Tasmania.
BAHN: Regelmäßige Zugverbindungen tagsüber und nachts von Melbourne nach Sydney. Ein Nachtzug fährt nach Adelaide. Daneben gibt es Verbindungen in andere Großstädte, u. a. nach Canberra, Brisbane und Perth.
BUS/PKW: Das Straßennetz in Victoria umfaßt 156.700 km. Reisebusse fahren in alle anderen Bundesstaaten. Hauptstrecken und Fahrzeiten: *Melbourne* – Canberra: 9 Std. 30; *Melbourne* – Adelaide: 9 Std. 30; *Melbourne* – Sydney: 14 Std. 30; *Melbourne* – Broken Hill: 19 Std. und *Melbourne* – Brisbane: 25 Std. Regionalbusse verbinden die Ortschaften innerhalb des Bundesstaates.
STADTVERKEHR: Melbourne hat ein ausgezeichnetes Stadt- und Regionalbahnnetz sowie eine U-Bahn im Stadtzentrum. Sammelfahrkarten sind gültig für Straßenbahnen, Busse und Stadtbahnen. Die Fahrpreise richten sich nach Zonen. Einzelfahrscheine, Sammel- und Wochenfahrkarten können im voraus gekauft werden. Der *Melbourne Explorer Bus* bietet die Möglichkeit, sich mit der Stadt und ihren Sehenswürdigkeiten vertraut zu machen. Ein-, aus- und wiedereinzusteigen kann man beliebig oft im Verlauf der Tour an jedem Halt. Neuerdings gibt es die »Circle Tram«, eine kostenlose Straßenbahn, die alle 10 Minuten durch die Stadtmitte fährt und an allen wichtigen Punkten hält.

UNTERKUNFT

Unterkunftsmöglichkeiten aller Art – Hotels von internationalem Standard sind vorhanden. Nähere Informationen zu Unterkünften auf Schaffarmen, Bauernhöfen, in Privathäusern und Ferienwohnungen s. o. im Australien-Überblick (auch vom Fremdenverkehrsamt erhältlich). Informationen über Campingplätze von der *Caravan Parks Association Victoria Inc.*, 66 Atherton Road, Oakleigh, VIC 3166. Tel: (03) 95 69 90 06. Telefax: (03) 95 68 28 27. Informationen zu Jugendherbergen vom *Youth Hostels Association of Victoria*, 205 King Street, Melbourne, VIC 3000. Tel: (03) 96 70 38 02. Telefax: (03) 96 70 98 40.

URLAUBSORTE & AUSFLÜGE

Melbourne ist eine Weltstadt mit über 3 Mio. Einwohnern und Stadtvierteln italienischer, griechischer und chinesischer Einwanderer. Die Architektur der Stadt ist oft faszinierend in ihrem Nebeneinander von Alt und Neu; in den Vororten findet man eine Mischung aus aufwendigem Stuckwerk und Gußeisen und im Stadtzentrum grazile Turmspitzen neben modernen Wolkenkratzern. Das *Victoria Arts Centre* besteht aus der Nationalgalerie (mit Australiens größter Kunstsammlung), einer prächtigen Konzerthalle und einem Theaterkomplex, in dem einige der bedeutendsten Aufführungen des Landes stattfinden. Die vielen Parkanlagen der Stadt, das *Parliament House, Captain Cook's Cottage* und weitere unter Denkmalschutz stehende Gebäude sind ebenfalls sehenswert. Sehr empfehlenswert sind ein Besuch der Pferderennbahn, eine Fahrt mit der Straßenbahn, eine Bootsfahrt auf dem *Yarra*-Fluß oder ein Ausflug zum *Phillip-Island*-Naturschutzgebiet, in dem Pinguine und andere australische Wildtiere zu Hause sind. Auch die *Royal Botanic Gardens* sind einen Besuch wert. Der Melbourner Zoo im Royal Park ist einer der größten und schönsten der Welt.
Außerhalb von Melbourne: Die Berge der *Dandenong Ranges* liegen 35 km von Melbourne entfernt. Von der Aussichtsplattform des höchsten Gipfels hat man einen herrlichen Blick über die niedrigeren Bergspitzen hinweg auf die Stadt. Am Dandenong-Berg liegt das *William-Ricketts*-Schutzgebiet, benannt nach einem der ersten Verfechter der Rechte der australischen Ureinwohner.

Australien

Seine beeindruckenden Skulpturen von Gesichtern der Aborigines blicken heute noch geheimnisvoll über die Waldlandschaft. Der *Puffing Billy* (»Schnaufender Billy«), eine alte Eisenbahn mit knallroten Waggons, fährt auf der kurzen Strecke von Belgrave durch die Berge nach Emerald. Reizvoll ist ein Ausflug ins malerische *Yarra Valley* mit seinen Weingütern, sowie Wanderungen zu jeder Jahreszeit im Naturpark *Healesville Sanctuary*. Der Bundesstaat Victoria war einst die Heimat des Gesetzlosen Ned Kelly, der oft als australischer Volksheld bezeichnet wird. Die abenteuerliche Zeit des Goldrausches in den fünfziger und sechziger Jahren des 19. Jahrhunderts war auch die goldene Zeit der *Bushrangers* (Banditen). *Sovereign Hill*, 120 km nordwestlich von Melbourne in Ballarat, ist eine alte, vollständig restaurierte Goldgräberstadt, eine Art Museumsdorf. Weitere Städte aus der Goldgräberzeit sind *Castlemaine* und *Bendigo*.
Im Osten des Bundesstaates liegt *Gippsland*, eine üppige, fruchtbare Region mit Seen und Parkanlagen. Die *Gippsland*-Seen bilden die größte Wasserfläche in Australien. Im trockeneren Westen grasen riesige Schafherden. Ein bekanntes Tierschutzgebiet liegt im *Wilsons Promontory National Park*, im südöstlichsten Zipfel des australischen Festlands. Wilsons Promontory ist Teil der *Wilderness Coast*, die u. a. den *Ninety-Mile-Beach* umfaßt. Wilde Blumen und zahlreiche Vogelarten kann man in den *Grampian Mountains* sehen; dieses Gebirge ist vor über 400 Millionen Jahren entstanden. Urwüchsige Eukalyptuswälder und bizarre Bergformationen versprechen unvergeßliche Eindrücke. Die unberührte Wüstenlandschaft *Desert Wilderness* im Nordwesten Victorias, mit ihrer einzigartigen Tier- und Pflanzenwelt, zieht seine Besucher in ihren Bann. Flirrende Hitze, Salzseen und völlige Einsamkeit vermitteln ein Erlebnis, das gerade Europäer überwältigt und verzaubert. Beeindruckend ist auch ein Besuch im *Murray-Sunset (Yanganyawi)*- und im *Hattah-Kulkyne-National Park*. Die Bergwelt des *Alpine National Park* bietet mit seinen Zweitausendern nicht nur ideale Bedingungen für den Skisport, die frische Bergluft und die Farbenpracht der zahlreichen Blumen laden auch zu ausgedehnten Wanderungen ein. Der *Port-Cambell-Nationalpark*, südwestlich von Melbourne, liegt am schönsten – und gefährlichsten – Küstenstreifen von Victoria. Aktivferien bieten sich in Victoria geradezu an, es gibt zahlreiche schöne Strände, die zum Wassersport einladen: *Port Phillips Bay, Westernport Bay, Ninety-Miles-Beach* (im Gippsland-Seengebiet) und die Strände der *Bellarine*-Halbinsel in der Nähe von Geelong.

SOZIALPROFIL

SPORT: Pferderennen: Das größte Rennen ist der *Melbourne Cup*, der jeweils am ersten Dienstag im November stattfindet. **Fußball** nach australischen Regeln ist eine sehr beliebte Sportart; im Winter werden die meisten großen Fußballspiele des Landes in Melbourne ausgetragen. **Kricket:** Wie in allen ehemaligen englischen Kolonien steht auch in Australien Kricket weit oben in der Rangliste der beliebtesten Sportarten. Auf dem Melbourner *Cricket Ground* werden auch Spiele der höchsten internationalen Ebene ausgetragen. **Tennis:** Ende Januar treffen sich die internationalen Tennisstars zu den offenen australischen Tennismeisterschaften in Melbourne, diese Meisterschaften sind ein Teil der Grand-Slam-Serie.

VERANSTALTUNGSKALENDER
Juni '96 *Melbourne International Film Festival.* **Sept.** (1) *Autumn Moon Festival,* Melbourner Chinatown. (2) *Nationale Blumenausstellung,* Melbourne. **7. - 21. Sept.** *Australian Football League Final Series,* Melbourne. **19. - 28. Sept.** *Royal Melbourne Show,* Melbourner Messegelände. **Okt.** (1) *Melbourne Writers Festival.* (2) *Avantgarde Kunstfestival,* Melbourne. (3) *Spring Racing Carnival* (Pferderennen), Melbourne. **17. Okt. - 2. Nov.** *Melbourne International Festival of the Arts.* **6. Nov.** *Melbourne Cup Horse Races* (Pferderennen), Melbourne. **Dez.** *World Series Kricket.* **24. Dez.** *Carols by Candlelight.* **Jan. '97** *Red Hill Wine & Food Festival.* **14. - 27. Jan.** *Ford Australian Open Tennis,* Melbourne. **Febr.** *Melbourne Food & Wine Festival.* **7. - 16. Febr.** *Music Festival,* Melbourne. **25. Febr.** *Ernte-Picknick der Weinbauern,* Hanging Rock. **März** *Australian Formel Eins Grand Prix,* Melbourne. **27. - 31. März** *Rip Curl Pro Surfing Contest,* Bell's Beach. **April** *Melbourne International Comedy Festival,* Melbourne.
Eine vollständige Aufstellung ist von *Tourism Victoria* (Adresse s. o.) erhältlich.

WIRTSCHAFTSPROFIL

Kontaktadressen: *State of Victoria (Australia)*, Lyoner Straße 44-48, D-60528 Frankfurt/M. Tel: (069) 666 60 28. Telefax: (069) 666 50 15. (Wirtschaftsförderung, Joint-ventures usw.).
Victorian Employers' Chamber of Commerce and Industry, Employers' House, 50 Burwood Road, Hawthorn, VIC 3122. Tel: (03) 98 10 63 33. Telefax: (03) 98 19 36 76.
German-Australian Chamber of Industry and Commerce, 5th Floor, Hoechst House, 606 St. Kilda Road, Melbourne, VIC 3004. Tel: (03) 95 10 58 26. Telefax: (03) 95 10 18 35.

KONFERENZEN/TAGUNGEN: Melbourne ist eine der wichtigsten Kongreßstädte der Welt. Das 1990 eröffnete World Congress Centre hat 28 Konferenzlokalitäten für insgesamt 3500 Teilnehmer. Für 1996 ist die Fertigstellung eines großen Ausstellungs- und Messegeländes geplant, das mittels überdachter Fußwege bequem vom World Congress Centre zu erreichen sein wird. Gute Konferenzeinrichtungen bieten darüber hinaus u. a. das Dallas Brooks Conference Centre, das Melbourne Hilton on the Park, das Hyatt on Collins, das Radisson President Hotel and Convention Centre, das Regent of Melbourne, das Royal Exhibition Building and Convention Centre, das Southern Cross Hotel, das Victorian Arts Centre und das Flinders Park Tennis Centre. Im Februar 1996 soll zusätzlich ein Gebäudekomplex (30.000 qm), das Melbourne Exhibition Centre, mit Freizeitanlagen und Kasino eröffnet werden, das ebenfalls für Tagungen genutzt werden kann. Weitere Informationen vom Fremdenverkehrsamt oder *Melbourne Convention & Tourism Authority* (Adresse s. o.).

KLIMA

Heiß im Sommer und verhältnismäßig kalt im Winter. Die Niederschläge sind über das ganze Jahr verteilt. Im Süden von Victoria ist das Wetter selbst im Sommer sehr wechselhaft, oft kann man alle vier Jahreszeiten an einem Tag erleben.
Kleidung: Sommerliche Baumwoll- und Leinenkleidung, wärmere Wollsachen für die Wintermonate. Leichte Wollsachen und Regenkleidung werden ganzjährig empfohlen, besonders im Süden des Bundesstaates.

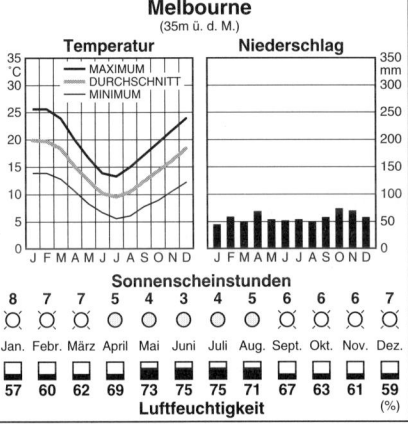

Melbourne (35m ü. d. M.)

Eine weitere wichtige Veröffentlichung von *Columbus Press* ist der »World Travel Guide«, der jährlich herausgegeben wird und auf über tausend Seiten Informationen in englischer Sprache über alle Länder der Erde enthält.

Weitere Einzelheiten von:
Columbus Press, Verkaufsabteilung,
Aurikelweg 9,
D-38108 Braunschweig.
Tel: 05309/2123. **Telefax:** 05309/2877.

Western Australia

□ Internationaler Flughafen
Provinzhauptstadt unterstrichen

Western Australian Tourism Commission (WATC)
Kaiserstraße 8
D-60311 Frankfurt/M.
Tel: (069) 28 88 68. Telefax: (069) 28 88 75.
Mo-Fr 09.00-16.00 Uhr.
Western Australian Tourism Commission
6th Floor, St. George's Court
16 St. George's Terrace
PO Box X2261
Perth, WA 6001
Tel: (09) 220 17 00. Telefax: (09) 220 17 02.
Deutsches Honorarkonsulat
8th Floor
16 St. George's Terrace
Perth, WA 6000
Tel: (09) 325 88 51. Telefax: (09) 221 32 00.
Österreichisches Konsulat
QVI, 31st Floor
250 St. George's Terrace
Perth, WA 6000
GPO Box 7215
Cloisters Square, WA 6000
Tel: (09) 481 36 22. Telefax: (09) 322 68 06.
Schweizerisches Generalkonsulat
420 St. Kilda Road, 7th Floor
PO Box 7026
Melbourne, VIC 3004
Tel: (03) 98 67 22 66, 98 67 25 31. Telefax: (03) 98 66 59 07.
(auch für Western Australia zuständig)

FLÄCHE: 2.525.500 qkm.
BEVÖLKERUNGSZAHL: 1.687.300 (1993).
BEVÖLKERUNGSDICHTE: 0,7 pro qkm.
HAUPTSTADT: Perth. Einwohner: 1.221.300 (1993).
GEOGRAPHIE: Western Australia bedeckt ein Drittel Australiens, ist größer als Westeuropa, hat jedoch weniger Einwohner als Hamburg. Im Osten grenzt Western Australia an South Australia und das Northern Territory. Die Küsten des Bundesstaates liegen am Indischen Ozean und im äußersten Norden an der Timorsee. An der Westküste liegt es näher an Bali und Indonesien als Sydney. Der asiatische Einfluß macht sich bemerkbar, Western Australia unterscheidet sich deutlich von den anderen australischen Bundesstaaten. Die nächstgelegene Landmasse in südlicher Richtung ist die 2600 km entfernte Antarktis. Das Land ist reich an Bodenschätzen: Eisen, Bauxit, Nickel, Erdgas, Erdöl, Diamanten und Gold. Riesige Weizenfelder, Wälder, Wüsten und mehrere Nationalparks bestimmen das Landschaftsbild. *Rottnest Island* ist eine beliebte Ferieninsel; ausgezeichnete Strände findet man auch auf dem Festland, besonders in der Umgebung von Perth. Die Bergregion der *Kimberleys*, hoch im Norden, ist erdgeschichtlich eine der ältesten Landschaften der Welt. Wind und Wetter haben in Jahrtausenden tiefe Schluchten und majestätische Gipfel, trockenes rotes Flachland und Sandsteinküsten voller Fossilien geformt. Im Nordwesten gibt es zwei außergewöhnliche Sehenswürdigkeiten: *Wolf Creek Crater*, ein riesiger Krater mitten in der Wüste, der vor etwa 50.000 Jahren durch den Einfall eines gigantischen Meteoriten entstand; und *Bungle Bungle*, ein 450 qkm großes Sandsteinmassiv. Der 2700 Mio. Jahre alte *Wave-Rock*-Felsen liegt südöstlich von Perth, in der Nähe von Hyden.
ORTSZEIT: MEZ + 7 (MEZ + 8 Oktober bis März).

Australien / Bahamas

GESETZLICHE FEIERTAGE

Wie im übrigen Australien (s. Einführung), zusätzlich: **3. Juni '96** Gründungstag. **30. Sept.** Geburtstag der Königin. **3. März '97** Tag der Arbeit.

REISEVERKEHR

FLUGZEUG: Internationale Flüge aus Europa und Asien landen in Perth. Die Flugzeit von Frankfurt beträgt etwa 22 Std. Es gibt Inlandflüge zu den anderen Bundesstaaten. Die regionale Fluggesellschaft ist *Ansett Australia Airlines (AN)*.
Internationaler Flughafen: *Perth Airport* liegt 10 km außerhalb der Stadt (10-15 Min. Fahrzeit). Es gibt Pläne für einen neuen Flughafen bei Broome.
SCHIFF: Der größte Hafen in Western Australia ist der Hafen von Fremantle, 18 km außerhalb von Perth.
BAHN: Der *Indian-Pacific*-Expreß verkehrt zwischen Perth und Sydney am anderen Ende von Australien und fährt ebenfalls nach Adelaide und Melbourne. Täglich fahren Züge nach Kalgoorlie und Bunbury.
BUS/PKW: Die Schnellstraßen konzentrieren sich in Western Australia fast ausschließlich auf die Küstenregionen. Der *Great Northern Highway*, der Perth mit Port Headland an der Nordwestküste verbindet, ist eine der wenigen Ausnahmen. Die Südküste entlang führt der *Eyre Highway* nach South Australia. Der *Brand/Northwest Coastal Highway* führt von Perth an der Westküste entlang nach Kimberley. Es gibt nur eine Expreßbusverbindung und zwar von Perth nach Adelaide, die Fahrt dauert 35 Std. Es gibt ein gutes Busnetz für Hauptschnellstraßen. Die größten Buslinien (*Greyhound*, *Pioneer Express*, *Bus Australia* und *Australian Coachlines*) bieten verschiedene Buspässe an. Die Highways sind durchgehend geteert. Der Südwesten verfügt über ein sehr gut ausgebautes Straßennetz. Detaillierte Karten erhält man in Perth oder über den *Royal Automobilclub WA*. Trotzdem darf man nicht vergessen, daß Westaustralien in weiten Teilen menschenleer ist und die Fahrt in besiedelte Gegenden Tage dauern kann.
STADTVERKEHR: Nahverkehrszüge fahren von Perth nach Armadale, Midland und Fremantle. In Perth gibt es auch Busse und Fähren. Die Fahrpreise werden nach Zonen berechnet. Mit allen Fahrkarten kann man auf Busse, Bahnen und Fähren umsteigen. Wochentags umfährt der *Clipper Bus* das Stadtzentrum, die Fahrt ist kostenlos.

UNTERKUNFT

Anmerkung: Weitere Informationen über Unterkunftsmöglichkeiten unter der entsprechenden Rubrik im Australien-Überblick (s. o.). Ein Unterkunftsverzeichnis kann vom WATC in Frankfurt/M. angefordert werden (Adresse s. o.).
HOTELS aller Kategorien stehen zur Verfügung, von internationalen 5-Sterne-Hotels bis zu preiswerten Pensionen.
FERIENWOHNUNGEN jeder Größe und Austattung stehen sowohl in Perth als auch in anderen Urlaubsgegenden zur Verfügung. Ferienanlagen in Exmouth und an der Coral Bay sind in Planung.
JUGENDHERBERGEN: Gutes Angebot an Jugendherbergen im ganzen Land.
CAMPING: Zahlreiche Campingplätze sind vorhanden, zumeist in der Nähe der Schnellstraßen. Einige Unternehmen vermieten gut ausgestattete **Wohnmobile**.

URLAUBSORTE & AUSFLÜGE

»In Perth herrscht das Klima, das Kalifornien gern hätte« pflegt man in Western Australia zu sagen. Die Sonne scheint das ganze Jahr über, die ständige Meeresbrise sorgt für angenehme Temperaturen. **Perth** hat in den letzten Jahren einen großen Aufschwung erlebt, moderne Wolkenkratzer überragen die alten Gebäude aus der Kolonialzeit, z. B. das Gerichtsgebäude, das Rathaus und die Alte Mühle. Der *Swan*-Fluß mit seinen zahlreichen eleganten Brücken schlängelt sich durch die Stadt. Eine Bootsfahrt flußaufwärts führt zu Weingütern, bei denen auch die Möglichkeit besteht, Kostproben des edlen Getränkes zu nehmen. *Kings Park*, eine wunderschöne Parkanlage mitten in der Stadt, die *West Australian Art Gallery* und das riesige *Entertainment Centre* ziehen ebenfalls viele Besucher an.
An den Stränden der Westküste ist es fast immer heiß und sonnig. Die meisten Strände sind ohne Schwierigkeiten von Perth aus erreichbar. An den Ufern des Swan in den Vororten kann man auch gut baden.
Vor dem Naturhafen von Fremantle liegt **Rottnest Island**, eine unter Naturschutz stehende Insel und Heimat der Quokkas, kleine, dem Wallaby ähnelnde Beuteltiere. 1696 fand der holländische Entdecker Van Vlaming als erster Europäer Quokkas auf dieser Insel.
Außerhalb von Perth: Die Bergkette der *Darling Ranges* mit ihren Nationalparks liegt in der Nähe von Perth und ist ein beliebtes Ausflugsziel. Weiter östlich im Hinterland liegen die blühende Goldgräberstadt **Kalgoorlie** und Städte wie **Coolgardie**, die im Goldrausch des 19. Jahrhunderts aus dem Boden schossen. Die spektakuläre Felswelle (*Rock Wave*) in der Nähe von **Hyden** sollte man nicht verpassen. Etwas nördlich von Perth, im *Nambung National Park*, sind die berühmten *Pinnacles* zu bewundern. Weiter im Norden, in **Monkey Mia**, kann man in hautnahe Berührung mit Delphinen kommen. Seit Jahren kommen sie neugierig auf die Menschen zu. Die rostfarbene Landschaft wird im Norden von kilometerlangen unberührten Küstenstreifen gesäumt. Trotz der Trockenheit ist der Norden (genauso wie der Süden des Bundesstaates) im September und Oktober mit wilden Blumen übersät. Die bis zu 120 Metern in die Tiefe fallenden Schluchten des *Karijini-Nationalparkes* befinden sich auf halber Strecke zwischen Perth und Broome. In diese Gegend verirren sich nur ein paar abenteuerlustige Touristen, die mit einem Führer den unberührten Nationalpark zu Fuß durchqueren. Solche Touren werden hauptsächlich von März bis November angeboten. Die Bergkette der *Kimberleys*, eine wilde Landschaft voller Legenden der australischen Ureinwohner, liegt im Nordzipfel des Bundesstaates. In dieser Region, einer der geologisch ältesten der Erde, ist in den letzten Jahren mit großem Erfolg nach Diamanten gebohrt worden. **Broome** an der Nordküste ist die Perlenstadt der Welt. *Bungle Bungle National Park* mit seinen bizarren Felsformationen ist einen Ausflug wert. Der Park ist allerdings grundsätzlich von Weihnachten bis Ostern wegen Überflutung geschlossen. Die ausgezeichneten Weingüter und traumhaften Strände im Südwesten des Bundesstaates sind weithin bekannt. An der Südspitze liegt **Albany**, die erste europäische Siedlung in Western Australia, in der viele der alten Gebäude vollständig restauriert worden sind.

SOZIALPROFIL

ESSEN & TRINKEN: Ausgezeichneter Fisch und frische Schalentiere von der Küste um Perth stehen auf der Speisekarte: Riesenkrabben, Felslangusten (von den Einheimischen *Jewfish Barramundi* genannt) und ein Flußhummer, der *Marron* genannt wird. Der einheimische Wein ist ausgezeichnet. Die größten Weingüter liegen im Swan Valley, am Mount Barker und am Margaret-Fluß.
EINKAUFSTIPS: Die Geschäfte haben samstags ganztägig und donnerstags bis spätabends geöffnet.
VERANSTALTUNGSKALENDER
16. - 25. Aug. '96 *Shinju Matsuri Festival of the Pearl*. **Sept.** *World Rally Championships*. **1. - 30. Sept.** *Western Australia Wildflower Festival*. **28. Sept. - 5. Okt.** *Royal Show*, Perth. **1. Dez. - 31. Jan. '97** *Tricentennial Celebrations*. **Febr.** *WA Foodfest*, Perth. **21. - 23. Febr.** *Great Southern Wine Festival*, Albany.
Eine vollständige Aufstellung ist von der WATC in Frankfurt/M. erhältlich.

WIRTSCHAFTSPROFIL

Kontaktadresse: *Chamber of Commerce and Industry of Western Australia* CCIWA (Industrie- und Handelskammer), Confederation House, 190 Hay Street, PO Box 6209, East Perth, WA 6892. Tel: (09) 421 75 55. Telefax: (09) 325 65 50.
KONFERENZEN/TAGUNGEN: Die wichtigsten Konferenzlokalitäten in Perth sind das Hyatt Regency Hotel, das Hilton, das Observation City Resort Hotel, das Perth International Hotel, das Sheraton Hotel, der Superdome sowie das ca. 3 km außerhalb des Stadtzentrums gelegene Burwood Resort and Convention and Exhibition Centre, das Kapazitäten für 2000 Kongreßteilnehmer und 21.000 Aussteller hat. Nähere Auskünfte erteilt die Western Australian Tourism Commission in Frankfurt/M., die auch die Abwicklung in Europa übernimmt. Weitere Informationsstelle: *Perth Convention Bureau*, Level 1, 16 St. George's Terrace, Perth, WA 6000. Tel: (09) 220 17 37. Telefax: (09) 220 17 42.

KLIMA

Die Monsunregenzeit im tropischen Norden des Bundesstaates dauert von Januar bis März. Das Klima im Süden ist subtropisch bis mäßig; die Niederschläge sind über das ganze Jahr verteilt.

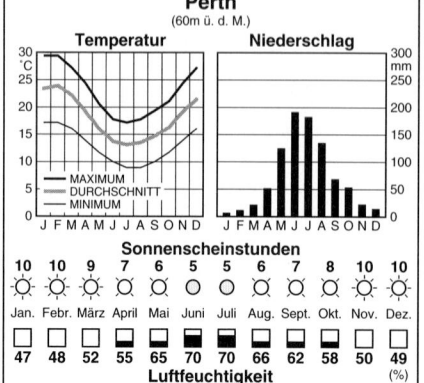

Bahamas

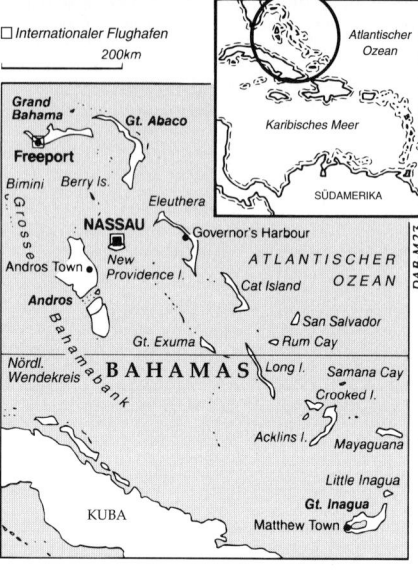

Lage: Nördlich der großen Antillen (Karibik), südöstlich von Florida.

Fremdenverkehrsamt der Bahamas
Leipziger Straße 67d
D-60487 Frankfurt/M.
Tel: (069) 970 83 40. Telefax: (069) 97 08 34 34.
Mo-Fr 09.00-17.00 Uhr.
(auch für Österreich und die deutschsprachige Schweiz zuständig)
The Bahamas Ministry of Tourism
Bay Street
PO Box N-3701
Nassau
Tel: 322 75 00. Telefax: 328 09 45.
High Commission of the Bahamas
10 Chesterfield Street
GB-London W1X 8AH
Tel: (0171) 408 44 88. Telefax: (0171) 499 99 37.
Mo-Fr 09.00-17.00 Uhr, *Konsularabt.*: Mo-Fr 10.30-17.30 Uhr.
(zuständig für Deutschland, Österreich und die Schweiz)
Die Bundesrepublik Deutschland unterhält keine Vertretung auf den Bahamas, zuständig ist die Botschaft in Kingston (s. Jamaika).
Konsulat der Republik Österreich
PO Box 6519-SS
Nassau
Tel: 363 29 29. Telefax: 363 23 08.
Konsulat ohne Pass- und Sichtvermerksbefugnis in Nassau.
Konsulat der Schweizerischen Eidgenossenschaft
Scotiabank Building
PO Box N-4928
Nassau
Tel: 322 83 49.

FLÄCHE: 13.939 qkm.
BEVÖLKERUNGSZAHL: 268.000 (1993).
BEVÖLKERUNGSDICHTE: 19 pro qkm.
HAUPTSTADT: Nassau. **Einwohner:** 171.542 (1990).
GEOGRAPHIE: Die Bahamas bestehen aus 700 flachen Inseln, zumeist kleinen Inselchen (*Cays*). Der gesamte Archipel erstreckt sich über etwa 970 km südöstlich von Florida und ist von klarem, sauberem Wasser umgeben. Die fruchtbare Bodenschicht ist dünn. Durch

TIMATIC INFO-CODES

Abrufbar über Ihr CRS-System (für START/Amadeus Ama-Maske benutzen). Für Galileo bitte TI-DFT eingeben (mit Bindestrich).

Flughafengebühren	TI DFT/ NAS /TX
Währung	TI DFT/ NAS /CY
Zollbestimmungen	TI DFT/ NAS /CS
Gesundheit	TI DFT/ NAS /HE
Reisepassbestimmungen	TI DFT/ NAS /PA
Visabestimmungen	TI DFT/ NAS /VI

Kultivierung auf den bewohnten Inseln hat sich jedoch der Boden verbessert, und eine exotische Blumenpracht schmückt diese Inseln. Auf den anderen besteht die Landschaft zum Teil aus großen Nadelwäldern, felsigem und kargem Land, Sümpfen und vor allem herrlichen Sandstränden. Die Bahamas gliedern sich in die Kleine und Große Bahamabank.
STAATSFORM: Parlamentarische Monarchie, seit 1973. Regierungschef: Hubert Alexander Ingraham, seit August 1992. Staatsoberhaupt: Königin Elizabeth II., vertreten durch den Generalgouverneur Sir Clifford Darling, seit Januar 1992. Zweikammerparlament (Abgeordentenhaus mit 49 Abgeordneten und Senat mit 16 ernannten Mitgliedern).
SPRACHE: Offizielle Landessprache ist Englisch.
RELIGION: Baptisten, anglikanische und römisch-katholische Kirche.
ORTSZEIT: MEZ - 6.
NETZSPANNUNG: 120 V, 60 Hz.
POST- UND FERNMELDEWESEN: Telefon: Selbstwählferndienst. **Landesvorwahl: 18 09.** Auf allen Inseln gibt es automatische Telefonsysteme. Die staatliche Telefongesellschaft *BaTelCo* bietet drahtlose Telefone zur Benutzung auf New Providence an. **Telefaxdienst** im *Centralised Telephone Office* in der East Street, Nassau. **Telexe/Telegramme** können rund um die Uhr in Nassau (BaTelCo) und Freeport (Grand Bahama Telephone Company) aufgegeben werden. **Post:** Luftpostsendungen nach Europa sind ca. 7 Tage unterwegs. Die Postämter sind Mo-Fr 08.30-17.30 Uhr, Sa 08.30-11.30 Uhr geöffnet.
DEUTSCHE WELLE
Der Einsatz der Kurzwellenfrequenzen ändert sich mehrfach im Laufe eines Jahres, und Sendungen auf den folgenden Frequenzen werden jeweils nur zu bestimmten Tageszeiten ausgestrahlt. Näheres in der Einleitung.

MHz	17,860	17,715	15,275	9,545	6,100
Meterband	16	16	19	31	49

REISEPASS/VISUM

Wichtiger Hinweis: *Die Einreisebestimmungen mancher Länder können sich kurzfristig ändern – rufen Sie sicherheitshalber auf Ihrem CRS-System (TIMATIC-Info-Code-Fenster in diesem Kapitel) den aktuellen Stand ab bzw. wenden Sie sich an die zuständige diplomatische Vertretung. Etwaige Zahlen in der Tabelle beziehen sich auf nachfolgende Fußnoten.*

	Paß erforderlich?	*Visum erforderlich?*	*Rückflugticket erforderlich?*
Deutschland	Ja	Nein	Ja
Österreich	Ja	Nein	Ja
Schweiz	Ja	Nein	Ja
Andere EU-Länder	Ja	Nein	Ja

REISEPASS: Allgemein erforderlich, ausgenommen sind Staatsangehörige der USA und Kanada (8 Monate Aufenthalt bei Vorlage der Geburtsurkunde oder anderem Identitätsnachweis). Reisepässe müssen 6 Monate über den Aufenthalt hinaus gültig sein.
Anmerkung: Abgelaufene Reisepässe werden selbst mit einem gültigen Visum nicht anerkannt.
VISUM: Allgemein erforderlich, ausgenommen sind Staatsangehörige folgender Länder für Aufenthalte von bis zu 8 Monaten, sofern nicht anders angegeben:
(a) EU-Länder sowie Schweiz (Bundesrepublik Deutschland, Dänemark, Finnland, Frankreich, Irland, Österreich, Portugal und Schweden jedoch nur bis zu 3 Monaten);
(b) Island, Kanada, Liechtenstein, Norwegen, San Marino, Türkei und USA;
(c) Israel, Japan, Mexiko, Namibia und Südafrika bis zu 3 Monaten;
(d) Polen, Russ. Föderation, Slowakische Republik, Tschechische Republik, Ukraine und Ungarn bis zu 1 Monat;
(e) Argentinien, Bolivien, Brasilien, Chile, Costa Rica, Ecuador, El Salvador, Guatemala, Honduras, Nicaragua, Panama, Paraguay, Peru, Uruguay und Venezuela bis zu 2 Wochen;
(f) Andorra, Antigua und Barbuda, Australien, Bangladesch, Barbados, Belize, Bermuda, Botswana, Brunei, Cayman-Inseln, Djibouti, Dominica, Fidschi, Gambia, Ghana, Grenada, Guyana, Indien, Jamaika, Kenia, Kiribati, Korea-Süd, Lesotho, Malawi, Malaysia, Malta, Mauritius, Neuseeland, Nigeria, Papua-Neuguinea, St. Lucia, St. Vincent und die Grenadinen, Sambia, São Tomé und Principe, Seychelles, Sierra Leone, Simbabwe, Singapore, Salomonen, Sri Lanka, Swasiland, Tansania, Tonga, Trinidad und Tobago, Turks- und Caicos-Inseln, Tuvalu, Uganda, Vanuatu, West-Samoa und Zypern.
Die Aufenthaltsdauer der unter (f) genannten Staatsbürger wird bei der Einreise bestimmt.
Visaarten: Touristenvisa für ein- oder mehrmalige Einreise (*single/multiple entry*). Einzelheiten von der High Commission in London (Adresse s. o.).
Visagebühren: 15 £ (einmalige Einreise), 30 £ (mehrmalige Einreise).
Gültigkeitsdauer: Abhängig von Nationalität und Aufenthaltsdauer. Anträge für einen längeren Aufenthalt sollten an das *Immigration Office* (Einwanderungsamt, s. u.) gestellt werden. Verlängerungsmöglichkeit vor Ort.
Antragstellung: High Commission in London, Adresse s. o.
Unterlagen: (a) Antragsformular. (b) Gültiger Reisepaß. (c) Nachweis ausreichender Geldmittel. (d) 2 Paßfotos. (e) Rückflug- oder Anschlußflugticket (bei Weiterreise auch Visum für das betreffende Land).
Der Nachweis ausreichender Geldmittel wird u. U. verlangt; möglicherweise auch der Nachweis eines Beschäftigungsverhältnisses oder des Schulbesuches und eine polizeiliche Meldebestätigung.
Bearbeitungszeit: Je nach Reisezweck und Nationalität des Antragstellers; mindestens 48 Std.
Aufenthaltsgenehmigung: Anträge sind an das Einwanderungsamt, *Immigration Department*, PO Box N-831, Nassau, New Providence zu richten.

GELD

Währung: 1 Bahama-Dollar (B$) = 100 Cents. Banknoten sind im Wert von 100, 50, 20, 10, 5, 3 und 1 B$ und 50 Cents erhältlich; Münzen in den Nennbeträgen 25, 15, 10, 5 und 1 Cent. Der Bahama-Dollar ist dem US-Dollar gleichgestellt, der gleichwertiges Zahlungsmittel ist.
Kreditkarten: *Diners Club, Eurocard, Visa* und *American Express* werden angenommen. Einzelheiten vom Aussteller der betreffenden Kreditkarte.
Reiseschecks in US$ werden empfohlen.
Wechselkurse

	B$ Febr. '94	B$ Okt. '94	B$ Jan. '95	B$ Jan. '96
1 DM	0,58	0,66	0,65	0,70
1 US$	1,00	1,00	1,00	1,00

Devisenbestimmungen: Die Einfuhr der Landeswährung ist unbeschränkt. Eine Genehmigung der *Central Bank of the Bahamas* ist für die Ausfuhr von Beträgen über 70 B$ erforderlich. Die Ein- und Ausfuhr von Fremdwährungen ist unbegrenzt. Beträge über 10.000 US$ (bzw. Gegenwert) müssen jedoch deklariert werden.
Öffnungszeiten der Banken: Mo-Do 09.30-15.00 Uhr, Fr 09.30-17.00 Uhr.

DUTY FREE

Folgende Artikel dürfen zollfrei auf die Bahamas eingeführt werden:
200 Zigaretten oder 100 Zigarillos oder 50 Zigarren oder 454 g Tabak;
1 l Spirituosen;
Geschenke im Wert von bis zu 56 B$;
Lebensmittel in kleinen Mengen für den persönlichen Bedarf (sofern vakuumverpackt).
Anmerkung: Medikamente können für den Eigenbedarf eingeführt werden, jedoch muß das Rezept vorgelegt werden können.
Einfuhrverbot: Waffen aller Art, Springmesser und Rauschgift.

GESETZLICHE FEIERTAGE

27. Mai '96 Pfingstmontag. **7. Juni** Tag der Arbeit. **10. Juli** Unabhängigkeitstag. **5. Aug.** Tag der Sklavenbefreiung. **12. Okt.** Tag der Entdeckung/Kolumbustag. **25./26. Dez.** Weihnachten. **1. Jan. '97** Neujahr. **28.-31. März** Ostern. **19. Mai** Pfingstmontag.
Anmerkung: Gesetzliche Feiertage, die auf einen Samstag oder Sonntag fallen, werden oft am folgenden Montag begangen.

GESUNDHEIT

In der folgenden Tabelle aufgeführte Impfvorschriften können sich kurzfristig ändern. Es wird stets empfohlen, auf Ihrem CRS-System (TIMATIC-Info-Code-Fenster in diesem Kapitel) den aktuellen Stand der Gesundheitsbestimmungen abzurufen bzw. rechtzeitig vor der Reise ärztlichen Rat einzuholen.

	Vorsichtsmaßnahmen empfohlen	*Impfschein erforderlich*
Gelbfieber	Ja	1
Cholera	Nein	Nein
Typhus & Polio	Nein	-
Malaria	Nein	-
Essen & Trinken	2	-

[1]: Eine Impfbescheinigung gegen Gelbfieber wird von allen Reisenden über ein Jahr verlangt, die aus Infektionsgebieten anreisen.
[2]: Leitungswasser ist im allgemeinen unbedenklich, kann u. U. jedoch leicht salzig schmecken. Milch ist pasteurisiert; Milchprodukte sind daher ebenso zum Verzehr geeignet wie einheimisches Fleisch, Geflügel, Meeresfrüchte, Obst und Gemüse.
Hepatitis A kann auftreten.
Gesundheitsvorsorge: Es gibt öffentliche und private Krankenhäuser auf New Providence und Grand Bahama sowie Ärztezentren auf den Out Islands. Der Abschluß einer Reisekrankenversicherung wird empfohlen.

REISEVERKEHR - International

FLUGZEUG: Die nationale Fluggesellschaft *Bahamasair* (UP) bietet Verbindungen von Miami nach Nassau mit Anschlußflügen nach George Town (Exuma), Freeport International (Grand Bahama), San Salvador, Governor's Harbour (Eleuthera), Stella Maris (Long Island), Rock Sound (Eleuthera), Treasure Cay (Abaco), Marsh Harbour (Abaco) und North Eleuthera (Eleuthera). Repräsentanz für Deutschland, Österreich und die Schweiz in Frankfurt/M. durch Guest Travel. Tel: (06172) 2 60 24. Von Miami, Fort Lauderdale und Orlando gibt es zahlreiche Flugdienste zu den Out Islands, nach Nassau und Grand Bahama. Daneben Charterflugverkehr.
Durchschnittliche Flugzeiten: *Frankfurt* – Nassau: 10 Std; *London* – Nassau: 8 Std; *Los Angeles* – Nassau: 7 Std; *New York* – Nassau: 3 Std; *Miami* – Nassau: 45 Min. und *Singapur* – Nassau: 33 Std.
Internationale Flughäfen: *Nassau International* (NAS) liegt 16 km westlich der Stadt (Fahrzeit 15 Min.). Taxistand vorhanden, jedoch keine Busverbindung. Es gibt eine Bank (Mo-Fr 09.30-15.00 Uhr), Mietwagenschalter, Post (Mo-Fr 09.00-18.00 Uhr), Bar, Restaurant, Tourist-Information (07.00-19.30 Uhr), Geschäfte und einen Duty-free-Shop (07.00-18.00 Uhr).
Freeport International (FPO) liegt 5 km von der Stadt entfernt. Taxis, keine Busse. Bank/Wechselstube, Mietwagenschalter, Bar/Restaurant und Duty-free-Shop (Öffnungszeiten s. *Nassau International*).
Außerdem gibt es Turbo-Prop-Linienflüge zwischen Flughäfen in Florida und Treasure Cay (TCB), Abaco Island, Rock Sound (RSD), Eleuthera und George Town (GCT).
Flughafengebühren: 18 US$, ausgenommen sind Kinder unter 3 Jahren und Transitreisende.
SCHIFF: Internationale Passagierschiffe aus New York und Miami laufen Nassau an. Zu den Reedereien und Kreuzfahrtschiffen, die in den Bahamas anlegen, zählen: *Carnavale, Hanseatic Tours, Nordic Prince, Regal Princess, Oceanic, Crown Prince, Noordam, Seetours* und *Nordic Empress*. Von Nassau gibt es direkte Passagier- und Frachtverbindungen zu den USA, den Westindischen Inseln, nach Großbritannien und Südamerika. In Nassau und auf einigen Out Islands (Eleuthera, Andros und Exuma) werden zur Zeit die Hafengebiete modernisiert. Nähere Informationen beim Fremdenverkehrsamt.

REISEVERKEHR - National

FLUGZEUG: *Bahamasair* verbindet Nassau und Freeport mit den Out Islands (s. o.). Charterflüge sind u. a. bei *Bahamasair Charter, Norman Nixon's Charter, Lucaya Beach Air Service, Kwin Air, Congo Air, Pinder's Charter Service, Miami Air Charter* und *Air Link* erhältlich.
Durchschnittliche Flugzeiten: *Nassau* – Freeport oder Georgetown: 40 Min; *Nassau* – Marsh Harbour oder Treasure Cay: 35 Min; *Nassau* – Governor's Harbour: 30 Min.
SCHIFF: Einmal die Woche läuft ein Post- und Verpflegungsboot aus Nassau die Out Islands an. Passagiere und Mannschaft benutzen die gleichen Einrichtungen an Bord. Vereinbarungen werden mit den Bootskapitänen am Potter's Cay getroffen.
BUS/PKW: Auf den Bahamas wird links gefahren. **Bus:** Auch per *Jitney* (Linienbus) kann man Rundfahrten unternehmen; auf Paradise Island halten die Busse sogar an jedem Hotel. **Mietwagen:** *Avis, Budget* und *Hertz* sind in Nassau und an den Flugplätzen vertreten. Motorräder und Fahrräder können ebenfalls tage- oder wochenweise gemietet werden. **Taxis:** Auf New Providence haben alle Taxis Taxameter, die Fahrpreise sind von der Regierung vorgeschrieben. In Nassau gibt es Pferdekutschen, die mit bis zu drei Fahrgästen auf Stadtrundfahrt gehen.
Unterlagen: Bei maximal dreimonatiger Aufenthaltsdauer ist der Führerschein des eigenen Landes gültig. Für Motorradfahrer besteht Sturzhelmpflicht.
FAHRZEITEN von Nassau zu folgenden größeren Städten (ungefähre Angaben in Std. und Min.):

	Flugzeug	Schiff
Freeport/Gr. Bahama	0.30/0.45	12.00
Marsh Harbour/Abaco	0.45	11.00
Treasure Cay/Abaco	0.45	-
George Town/Exuma	0.45	13.00
Governor's H./Eleuthera	0.30	5.30
Central Andros/Andros	0.15	3.00

UNTERKUNFT

Zimmer für jeden Geldbeutel sind erhältlich, das Spektrum reicht von kleinen, privaten Pensionen bis hin zu

Zur Benutzung dieses Buches beachten Sie bitte auch die *Einleitung*

großen Luxushotels mit Swimmingpool, Privatstränden, Segelbooten, Taucherausrüstungen, Restaurants und Nachtklubs. Das Fremdenverkehrsamt gibt zweimal jährlich einen Hotelführer heraus. Auskünfte erteilt auch die *Bahamas Hotel Association*, Dean's Lane, PO Box N-7799, Nassau. Tel: 322 83 81. Telefax: 326 53 46. **Kategorien:** In vielen größeren Touristenzentren werden Zimmer entweder mit *Modified American Plan* (MAP = Halbpension) oder *European Plan* (EP = nur Übernachtung) angeboten.
HOTELS: Größe und Dienstleistungsangebot der Hotels sind sehr unterschiedlich. Luxushotels locken mit Gepäck-, Pagen- und Zimmerservice, Sport- und Freizeitprogrammen, Geschäften und Swimmingpool; einige haben Privatstrände und selbst Golf- und Tennisplätze. Der Preis für Doppel- und Einzelzimmer ist oft derselbe. In den kleineren Hotels ist die Atmosphäre häufig ungezwungener, es gibt weniger Freizeitanlagen, aber zumeist einen Speisesaal und eine Bar. Neue Hotels wie das *South Ocean Beach Resort* auf der Insel New Providence bieten Sportanlagen und Zimmer mit höchstem Komfort. Im *Crystal Palace* am Cable Beach fehlt es nicht einmal an Kasino, Fitness-Center und Gourmet-Restaurant. In manchen Hotels ist die Bedienung bereits im Preis inbegriffen.
FERIENDÖRFER: Separate Bungalows mit Bedienung, ein Klubhaus mit Bar und Speisesaal – das sind die *Cottage Colonies*. In den Häusern gibt es keine Küchen, aber manche sind für die Zubereitung heißer Getränke oder kleiner Mahlzeiten ausgestattet. Feriendörfer verbinden die Vorzüge eines Hotels, wie z. B. Privatstrände oder Swimmingpool, mit relativer Zurückgezogenheit.
PENSIONEN: *Guest Houses* sind zumeist preiswerter als Hotels, die meisten liegen im Stadtzentrum von Nassau. Viele bieten nur Übernachtung (EP) an, was bei der großen Anzahl von Restaurants kein Problem ist. Zimmer mit und ohne Bad sind erhältlich. Auf den Out Islands sind die Guest Houses klein mit ungezwungener Atmosphäre.
APARTMENT-HOTELS bieten Apartments mit vollständig ausgestatteten Küchen und begrenzten Dienstleistungen. Swimmingpool, Sportmöglichkeiten, Restaurant und Bar sind normalerweise im gleichen Gebäudekomplex untergebracht.
FERIENWOHNUNGEN UND -HÄUSER haben gut eingerichtete Küchen für Selbstversorger und zum Teil ein begrenztes Dienstleistungsangebot. Einige liegen auf großen Gartengrundstücken und verfügen – wie die Feriendörfer – über einen eigenen Strand, allerdings ohne Klubhaus, Bar oder Restaurant. Manche Grundstücke sind kleiner und daher preiswerter, wenn auch weniger komfortabel.
CAMPING ist auf den Bahamas nicht gestattet.

URLAUBSORTE & AUSFLÜGE

Die Bahamas bestehen aus 700 Inseln, von denen etliche noch nicht für den Tourismus erschlossen sind. Alle Inseln sind von klarem Wasser und herrlichem Sandstrand umgeben. Manche sind verhältnismäßig groß (und im Anschluß ausführlich beschrieben), andere winzig und unbewohnt. Auf allen größeren Inseln gibt es komfortable Übernachtungsmöglichkeiten und ein gutes Freizeitangebot.
Nassau und Paradise Island: Nassau, die Hauptstadt der Bahamas, liegt auf der Insel New Providence. Beim Stadtbummel gibt es besonders in der Altstadt viel zu sehen. Auf dem bunten *Straw Market* und in den Geschäften der Bay Street findet man schöne Mitbringsel. In der Stadtbücherei sind neben alten Drucken, Fotografien und Landkarten einige Kunstgegenstände der Arawak-Indianer ausgestellt. Die hübsche *St. Andrew's Presbyterian Church*, kurz *The Kirk* genannt, wurde 1810 erbaut. *Government House*, ein 1801 errichtetes neoklassizistisches Herrenhaus, ist Sitz des Gouverneurs. Malerische Häuser säumen die reizvolle West Hill Street; in dem elegantesten ist heute eines der besten Restaurants der Insel, *Gregcliff*, untergebracht. Das liebevoll restaurierte *Lex House* ist eines der ältesten Bauwerke auf den Bahamas (1793 erbaut). Außerdem lohnt sich ein Besuch des Botanischen Gartens und der Festung *Fort Fincastle* (18. Jh.). Zwei Kasinos locken die Spielfreudigen. Tagsüber sind Sonnenbaden, Tauchen, Fischen oder Segeln sowie Ausflüge zu den Süßwasserseen die beliebtesten Beschäftigungen. Das Unterwasser-Observatorium *Coral World* ist nur wenige Minuten vom Zentrum Nassaus entfernt.
Grand Bahama Island: West End und die junge, moderne Stadt Freeport/Lucaya sind mit dem Flugzeug erreichbar. Die Insel bietet ihren Urlaubern breite, weiße Sandstrände und zwei Kasinos. Ausgezeichnete Einkaufsmöglichkeiten im *International Basar* und im *Port Lucaya Marketplace* sorgen für einen erholsamen, abwechslungsreichen Aufenthalt.
Andros ist die größte und doch am wenigsten bekannte der größeren Inseln. Muntere Bäche plätschern in den dichten Wäldern im noch weitgehend unberührten Inneren der Insel. Vor der Ostküste liegt das größte Korallenriff der Welt außerhalb Australiens. Hinter dem Riff fällt der Meeresboden auf fast 8 km Tiefe ab (»Meereszunge« genannt). Hochseefischen ist hier sehr beliebt.
Zu den **Out Islands** gehören alle Inseln außer New Providence (mit der Hauptstadt Nassau) und Grand Bahama (mit Freeport). Ungewöhnlich schöne, puderweiche Strände und glasklares Wasser sind charakteristisch für die durchaus unterschiedlichen Inseln. Ein entspannter Urlaub in idyllischer Landschaft ist garantiert. Die Out Islands sind zwar abgelegen, aber nicht abgeschnitten. Sie werden u. a. von *Bahamasair* (von Nassau) angeflogen.
Die **Abaco-Inseln** sind eine halbmondförmige Inselkette nördlich von New Providence. Viele der Ortschaften haben die verträumte Atmosphäre von Fischerdörfern, und die Inselbewohner sind seit langer Zeit geschickte Schiffsbauer. Auf Treasure Cay gibt es einen hervorragenden Golfplatz und andere interessante Freizeitmöglichkeiten. Zu den Ausflugszielen zählen das *Alton Lowe-Museum* in New Plymouth, *Elbow Cay*, *Green Turtle Cay* und *Marsh Harbour* mit dem größten Bootsverleih der nördlichen Bahamas.
Eleuthera: Diese Insel ist 177 km lang, aber an den meisten Stellen nicht mehr als 3 km breit. Für Ausflüge empfehlen sich *Boiling Hole* (»kochendes Loch«), *Glass Window Bridge* (»Glasfensterbrücke«), *Harbour Island* (mit Dunmore Town, einer der ältesten Siedlungen der Bahamas), *Spanish Wells* an der Nordküste der Insel, *Preacher's Cave* und die Unterwasserhöhlen in *Hatchet Bay*. Eleuthera hat besonders gute Tauchgründe.
Die **Exuma-Inseln** sind eine 160 km lange Inselkette, deren umliegende Gewässer zu den besten Segelgebieten der Welt gehören. Im *National Land and Sea Park* gibt es eindrucksvolle Korallenriffe, die unter Naturschutz stehen. Landeinwärts findet man einige Häuser der ehemaligen Plantagen, die heute verlassen und verfallen sind; manche Namen der früheren Besitzer sind als Familiennamen der einheimischen Bevölkerung erhalten geblieben. Im April beginnt in Elizabeth Harbour die *Out Island Regatta*.
Cat Island: Die im Osten gelegene »Katzeninsel« bietet mit Mount Alvernia den höchsten Punkt der Bahamas (69 m), einen dichten Naturwald und faszinierende Höhlen der Arawak-Indianer aus der präkolumbianischen Zeit. Auf dem Mount Alvernia liegt die von einem Pater Jerome gebaute Einsiedelei. Die *Cat Island Regatta* findet im August statt.
Bimini liegt zwischen Andros und Florida und soll die besten Fischgründe der Welt haben. Der amerikanische Schriftsteller Ernest Hemingway lebte in Alice Town; Erinnerungsstücke aus seinem Leben sind im Museum ausgestellt.
Berry Island: Beliebt bei Anglern mit ihrem einmaligen Sandstrand und stiller, reizvoller Landschaft. In Great Harbour Cay gibt es einen Golfplatz und den Jachthafen.
Long Island: Die beinahe 100 km lange Insel ist selten mehr als 5 km breit. Zerklüftete Landspitzen an der Küste, Weideland, sanfte Hügel und von der Brandung umspülte Sandstrände sind typisch für die Landschaft dieser Insel.
In der Nähe von Cockburn Town, dem größten Ort auf **San Salvador**, soll Kolumbus auf seiner Suche nach der neuen Welt zuerst gelandet sein. Andere Orte erheben allerdings denselben Anspruch. Sportfischen und Tauchen sind die beliebtesten Freizeitbeschäftigungen auf dieser Insel.

SOZIALPROFIL

ESSEN & TRINKEN: Das Angebot an Restaurants und Bars ist hervorragend. Besondere Spezialitäten sind *Conch* (Meeresmuscheln), *Grouper*-Kotelett (Barsch-Schnitzel), gegrillte, gekochte, geschmorte, gegarte *Crawfish* (Krebse) und Fischfilets in Anchovis-Soße. Der Nachtisch *Guava-duff* (Guajaven-Pudding), serviert mit einer guten Rum-Sauce, ist wohl die Spezialität schlechthin. Frisches Obst wie Ananas, Mango, Brotfrucht und Papaya kommen von den Out Islands. **Getränke:** Rum ist ein wichtiger Bestandteil vieler einheimischer Getränke. Der *Nassau Royal Rum* wird örtlich hergestellt und entweder pur oder mit Kaffee serviert. In den Bars wird am Tresen und/oder am Tisch bedient.
NACHTLEBEN: Viele Hotels haben eine Bar oder einen Nachtklub, und Strandparties und Diskotheken sind überaus zahlreich. In Nassau und Freetown bleiben einige Bars, Kasinos und Nachtklubs die ganze Nacht geöffnet. Live-Unterhaltung mit Calypso-, Reggae- und Goombay-Musik sowie dem berühmt-berüchtigten Limbo sorgt für ausgelassene Stimmung.
EINKAUFSTIPS: Angeboten werden Porzellan, Bestecke, Lederwaren, Stoffe, britische Spirituosen, Gläser und Silberwaren aus Skandinavien, Schweizer Uhren, deutsche und japanische Fotoapparate und französisches Parfüm. Zu den einheimischen Produkten zählen aus Stroh gefertigte Artikel aller Art, Schmuck aus Seemuscheln und Holzschnitzereien. **Öffnungszeiten der Geschäfte:** I. allg. Mo-Sa 09.00-17.00 Uhr.
SPORT: Tennis, Squash, Baseball, Softball, Basketball, Volleyball, Fußball, Rugby, Golf, American Football und **Kricket** werden gern und ausgiebig gespielt. Die Tennis- und Squashplätze sind ausgezeichnet. **Golf:** Es gibt zehn 18-Loch-Golfplätze, auf denen zahlreiche internationale Meisterschaften ausgetragen werden. **Wassersport:** Die Bahamas sind ein Paradies für Wassersportler. Segeln, Fallschirmsegeln, Motorbootrennen, Tauchen, Schwimmen und Wasserskifahren gehören zum Angebot. Die Wassertemperaturen fallen selbst im Winter selten unter 22°C. Ausrüstungen können in Geschäften, Hotels und Jachthäfen gemietet werden.
VERANSTALTUNGSKALENDER
Juni '96 *Caribbean Muzik Festival*. **27. - 30. Juni** *Bahamas Heritage Music Festival*. **10. Juli** *Unabhängigkeitstag* (eine Woche lang Paraden und Festivals). **Okt.** *Great Bahamian Seafood Festival* (mit Freiluftkonzerten, Kunstausstellungen und Paraden), Nassau. **26. Dez.** *Junkanoo Parade* (um 03.00 Uhr morgens beginnt der bunte Straßenumzug zum Klang traditioneller Instrumente), Nassau. **1. Jan. '97** (1) *Junkanoo Parade*. (2) *Neujahrs Regatta*, Montagu Bay – Nassau.
Bei den oben genannten Veranstaltungen handelt es sich um eine Auswahl. Eine Liste mit genauen Daten ist auf Anfrage vom Fremdenverkehrsamt erhältlich (Adresse s. o.).
SITTEN & GEBRÄUCHE: Das Leben verläuft im allgemeinen recht gemächlich. Freizeitkleidung ist üblich; am Abend, zum Tanzen, in Restaurants oder in den Kasinos in Nassau oder Freeport sind viele Besucher eleganter gekleidet, das gleiche gilt auch für die Urlaubsorte außerhalb der Großstädte. Badekleidung wird in den Städten abgelehnt. **Trinkgeld:** 15% Bedienung sind für alle Dienstleistungen einschließlich Taxifahrten angebracht. In einigen Hotels und Restaurants ist das Bedienungsgeld bereits in der Rechnung enthalten.

WIRTSCHAFTSPROFIL

WIRTSCHAFT: Die Bahamas sind eine der wohlhabendsten Inselgruppen der Karibik – der Tourismus ist der größte Industriezweig und erwirtschaftet etwa die Hälfte des Bruttoinlandproduktes. Trotz zunehmenden Wettbewerbes sind die Bahamas immer noch das beliebteste Urlaubsziel in der Karibik. Die Tourismusbranche wurde jedoch von der weltweiten Rezession getroffen, und viele Casinos und Hotels mußten schließen. Die Arbeitslosigkeit lag 1992 bei 20%. Landwirtschaft und Fischfang erbringen etwa 50% des Bruttosozialproduktes, ein Ausbau dieser Sektoren ist vorgesehen. Außerdem spielen die Inseln als Zentrum für Auslandsbanken international eine wichtige Rolle. Die meisten Lebensmittel, Konsumgüter und andere Produkte müssen importiert werden, vor allem aus den USA. Ihren Ölbedarf decken die Bahamas in erster Linie durch indonesische und saudiarabische Importe. Ausländischen Investoren werden finanzielle Anreize geboten, um die Bandbreite der Wirtschaft zu vergrößern. Steuernachlässe werden in Freeport auf Grand Bahama gewährt. Neben den USA sind Kanada, Großbritannien und Japan die wichtigsten Handelspartner der Bahamas.
GESCHÄFTSVERKEHR: Geschäfte werden auf englisch abgewickelt. Voranmeldung, Pünktlichkeit und Visitenkarten werden erwartet. **Geschäftszeiten:** Mo-Fr 09.00-17.00 Uhr.
Kontaktadresse: *Bahamas Chamber of Commerce* (Handelskammer), PO Box N-665, Nassau. Tel: 322 21 45. Telefax: 322 46 49.
Die wirtschaftlichen Interessen Österreichs werden von der Außenhandelsstelle in Houston (s. USA) wahrgenommen.
KONFERENZEN/TAGUNGEN: Die großen Resorts und Hotels, vor allem auf New Providence (Radisson Cable Beach Resort Convention Centre, Crystal Palace) und Grand Bahama (Bahamas Princess Resort), bieten gute Konferenzeinrichtungen für bis zu 1700 Teilnehmer. Informationen und Planungshilfen entweder vom *Bahamas Tourist Office* in Frankfurt/M. (Adresse s. o.) oder von *The Bahamas Ministry of Tourism*, Special Markets Division, Market Plaza, Bay Street, Nassau. Tel: 322 75 00, 322 86 34. Telefax: 328 09 45.

KLIMA

Das Klima der Bahamas ist etwas kühler als auf den anderen karibischen Inselgruppen, da sich die kälteren Luftsysteme des amerikanischen Kontinents bemerkbar machen.

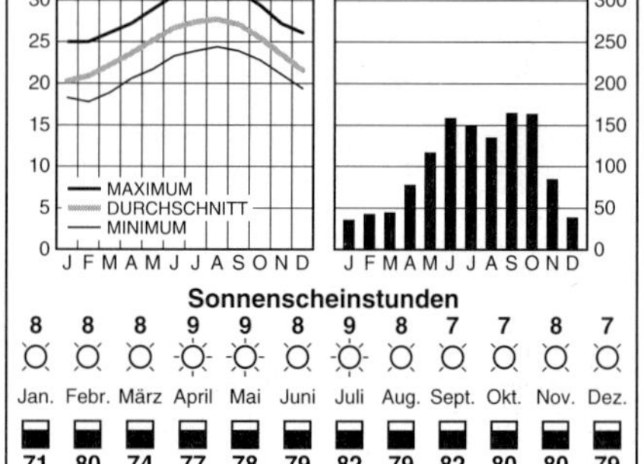

Bahrain

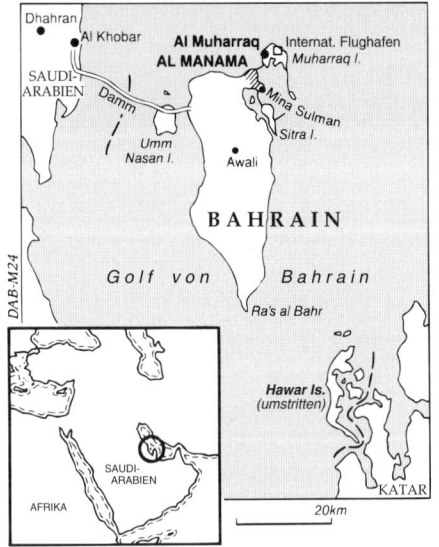

Lage: Vorderasien, Persischer Golf.

Bahrain Tourism Company (BTC)
PO Box 5831
Manama
Tel: 53 05 30. Telefax: 53 08 67.
Botschaft des Staates Bahrain
Plittersdorfer Straße 91
D-53111 Bonn
Tel: (0228) 95 76 10. Telefax: (0228) 957 61 99.
Mo-Fr 09.00-15.00 Uhr.
Botschaft des Staates Bahrain
51 Chemin William Barbey
PO Box 39
CH-1292 Chambésy/Genf
Tel: (022) 758 21 02. Telefax: (022) 758 13 10.
Mo-Fr 09.00-15.30 Uhr.
(auch zuständig für Österreich)
Botschaft der Bundesrepublik Deutschland
Tariq Building
Government Avenue
PO Box 20287
Manama
Tel: 53 02 10. Telefax: 53 62 82.
Österreich und die Schweiz unterhalten keine Vertretungen in Bahrain, zuständig sind die Botschaften in Kuwait (s. Kuwait).

FLÄCHE: 695 qkm.
BEVÖLKERUNGSZAHL: 533.000 (1992).
BEVÖLKERUNGSDICHTE: 767 pro qkm.
HAUPTSTADT: Manama. Einwohner: 136.999 (1991).
GEOGRAPHIE: Bahrain setzt sich aus drei größeren und 30 kleineren Inseln im Persischen Golf zusammen, die 25 km von der Küste Saudi-Arabiens und ca. 30 km von der Halbinsel Katar entfernt liegen. Die Inseln sind flach, die höchste Erhebung ist der Dschebel Dukhan (134 m). Die Hauptinsel hat den Vorteil, über ausreichendes Süßwasser zu verfügen. Im Norden liegen weitläufige Dattelhaine sowie bewässerte Obst- und Gemüsegärten. Der Damm zwischen Bahrain und Saudi-Arabien wurde 1986 fertiggestellt.
STAATSFORM: Emirat. Staatsoberhaupt und

TIMATIC INFO-CODES

Abrufbar über Ihr CRS-System (für START/Amadeus Ama-Maske benutzen). Für Galileo bitte TI-DFT eingeben (mit Bindestrich).

Flughafengebühren	TI DFT/ BAH /TX
Währung	TI DFT/ BAH /CY
Zollbestimmungen	TI DFT/ BAH /CS
Gesundheit	TI DFT/ BAH /HE
Reisepassbestimmungen	TI DFT/ BAH /PA
Visabestimmungen	TI DFT/ BAH /VI

Regierungschef: Scheich Isa Bin Sulman Al-Khalifa (seit 1961). Politische Parteien sind nicht zugelassen. Das Parlament wurde 1975 aufgelöst. Teile der Bevölkerung haben wiederholt verlangt, daß das Parlament wieder eingesetzt wird, welches 1994 zu Unruhen geführt hat.
SPRACHE: Offizielle Landessprache ist Arabisch. Englisch wird in Geschäfts- und Handelskreisen gesprochen.
RELIGION: Islam (Schiiten und Sunniten); christliche, bahaiische, hinduistische und persische Minderheiten.
ORTSZEIT: MEZ + 2.
NETZSPANNUNG: In Manama und anderen Städten 220 V, 50 Hz (Awali: 120 V, 60 Hz), dreipolige Stecker.
POST- UND FERNMELDEWESEN: Telefon: Selbstwählferndienst. **Landesvorwahl: 973.** Es gibt keine Ortsnetzkennzahlen. Kartentelefone sind inzwischen häufiger als Münztelefone. **Telefax**-Service bei der *Bahrain Telephone Company (BATELCO)*, Sh. Mubarak Building, Government Avenue, Manama. **Telex/Telegramme:** Bahrain besitzt eines der modernsten internationalen Telekommunikationsnetze der Golfregion. Das Hauptbüro von *BATELCO* in Manama (Mercury House, Al-Khalifa Avenue) nimmt rund um die Uhr Telexe und Telegramme entgegen. Die Zweigstelle am Flughafen ist ebenfalls 24 Std. geöffnet. Telegrammaufgabe außerdem bei fast allen Postämtern. Das Hauptpostamt ist in Manama. **Post:** Luftpost nach Europa ist etwa 1 Woche unterwegs. Zuverlässige internationale Kurierdienste stehen zur Verfügung, Sendungen nach Europa sind nur einen Tag unterwegs.
DEUTSCHE WELLE
Der Einsatz der Kurzwellenfrequenzen ändert sich mehrfach im Laufe eines Jahres, und Sendungen auf den folgenden Frequenzen werden jeweils nur zu bestimmten Tageszeiten ausgestrahlt. Näheres in der Einleitung.

MHz	21,560	17,845	15,275	13,780	9,545
Meterband	13	16	19	22	31

REISEPASS/VISUM

Wichtiger Hinweis: Die Einreisebestimmungen mancher Länder können sich kurzfristig ändern – rufen Sie sicherheitshalber auf Ihrem CRS-System (TIMATIC-Info-Code-Fenster in diesem Kapitel) den aktuellen Stand ab bzw. wenden Sie sich an die zuständige diplomatische Vertretung. Etwaige Zahlen in der Tabelle beziehen sich auf nachfolgende Fußnoten.

	Paß erforderlich?	Visum erforderlich?	Rückflugticket erforderlich?
Deutschland	Ja	Ja/2	Ja
Österreich	Ja	Ja/2	Ja
Schweiz	Ja	Ja/2	Ja
Andere EU-Länder	Ja	Ja/1/2	Ja

Einreiseverbot: Israelischen Staatsbürgern wird die Einreise verweigert. Personen mit israelischen Sichtvermerken im Paß wird nur die Durchreise gestattet, die Ausreise muß mit demselben Flugzeug erfolgen.
REISEPASS: Allgemein erforderlich.
VISUM: Allgemein erforderlich, ausgenommen sind Staatsbürger von:
(a) **[1]** Großbritannien (nur britische Staatsangehörige, die in Großbritannien und Nordirland geboren wurden; der Paß muß noch mindestens 6 Monate gültig sein);
(b) Katar, Kuwait, Oman, Saudi-Arabien und den Vereinigten Arabischen Emiraten.
Anmerkung: [2] Transitvisa für Kurzurlauber und Geschäftsreisende sind am Flughafen in Bahrain gegen eine Gebühr von 5 BD bzw. 10 BD erhältlich bei Vorlage eines Weiterflugtickets (Gültigkeit 72 Std. bzw. 7 Tage für europäische Reisende). Ein langfristiges Visum, gültig für ein bis zwei Jahre, wird ausgestellt, wenn der Arbeitgeber in Bahrain eine Genehmigung (»No Objection Certificate«) für den Arbeitnehmer beantragt.
Visaarten: Geschäfts-, Touristen- und Transitvisa.
Visumgebühr: 60 sfr bzw. 100 DM.
Gültigkeitsdauer: 3 Monate ab Ausstellungsdatum für eine einmalige Einreise.
Antragstellung: Bei der Botschaft in Genf, Adresse s. o.
Unterlagen: Touristen- und Geschäftsvisa: (a) Reisepaß. (b) 2 Paßfotos. (c) Antragsformular. (d) Adressierter Umschlag, frankiert bzw. mit internationalem Rückantwortschein. (e) Gebühr (Bankscheck/Auslandspostanweisung). (f) Für Touristenvisa zusätzlich Rückflugticket bzw. Buchungsbestätigung. Für Geschäftsvisa außerdem Einführungsschreiben des Arbeitgebers mit Bürgschaft für die gesamten Reisekosten.
Bearbeitungszeit: 1 Tag.

GELD

Währung: 1 Bahrain Dinar (BD) = 1000 Fils. Banknoten sind im Wert von 20, 10, 5 und 1 BD sowie 500 Fils in Umlauf; Münzen in den Nennbeträgen 100, 50, 25, 10 und 5 Fils.
Kreditkarten: *Diners Club, Eurocard, American Express* und *Visa* werden akzeptiert. Einzelheiten vom Aussteller der betreffenden Kreditkarte.
Reiseschecks: US-Dollar-Reiseschecks werden empfohlen.

Wechselkurse

	BD Sept. '92	BD Febr. '94	BD Jan. '95	BD Jan. '96
1 DM	0,25	0,22	0,24	0,26
1 US$	0,37	0,38	0,38	0,38

Devisenbestimmungen: Keine Ein- oder Ausfuhrbeschränkungen für Landes- und Fremdwährungen, große Beträge sollten jedoch deklariert werden.
Öffnungszeiten der Banken: Sa-Mi 07.30-12.00 Uhr und Do 07.30-11.00 Uhr.

DUTY FREE

Folgende Artikel können zollfrei nach Bahrain eingeführt werden:
400 Zigaretten oder 50 Zigarren oder 225 g Tabak für den persönlichen Bedarf;
2 Flaschen Wein oder Spirituosen (nur für Nicht-Moslems); Parfüm für den persönlichen Bedarf.
Einfuhrverbot: Schußwaffen, Munition, Rauschgift, Schmuck und Artikel aus Israel dürfen nur mit einer Einfuhrgenehmigung importiert werden. Perlen, die nicht aus dem Persischen Golf stammen, unterliegen strengen Einfuhrbestimmungen.

GESETZLICHE FEIERTAGE

19. Mai '96 Muharram (Islamisches Neujahr). **28. Mai** Al Ashoura. **28. Juli** Mouloud (Geburtstag des Propheten). **8. Dez.** Leilat al-Meiraj (Himmelfahrt des Propheten). **16. Dez.** Nationalfeiertag. **1. Jan. '97** Neujahr. **10. Jan.** Beginn des Fastenmonats Ramadan. **10. Febr.** Eid al-Fitr (Ende des Ramadan). **18. April** Eid al-Adha (Opferfest). **9. Mai** Muharram (Islamisches Neujahr).
Anmerkung: Die angegebenen Daten für islamische Feiertage richten sich nach dem Mondkalender und verschieben sich daher von Jahr zu Jahr. Während des Fastenmonats Ramadan, der dem Festtag Eid al-Fitr vorangeht, essen Mohammedaner nicht tagsüber, sondern erst nach Sonnenuntergang, wodurch der normale Geschäftsablauf gestört werden kann. Diese Unterbrechungen können auch während des Eid al-Fitr auftreten. Dieses Fest, ebenso wie das Eid al-Adha, hat keine festgelegte Zeitdauer und kann je nach Region 2-10 Tage dauern. Nähere Informationen im Kapitel *Welt des Islam* (s. Inhaltsverzeichnis).

GESUNDHEIT

In der folgenden Tabelle aufgeführte Impfvorschriften können sich kurzfristig ändern. Es wird stets empfohlen, auf Ihrem CRS-System (TIMATIC-Info-Code-Fenster in diesem Kapitel) den aktuellen Stand der Gesundheitsbestimmungen abzurufen bzw. rechtzeitig vor der Reise ärztlichen Rat einzuholen.

	Vorsichtsmaßnahmen empfohlen	Impfschein erforderlich
Gelbfieber	1	1
Cholera	-	-
Typhus & Polio	2	-
Malaria	Nein	-
Essen & Trinken	3	-

[1]: Eine Impfbescheinigung gegen Gelbfieber wird von allen Reisenden verlangt, die aus Infektionsgebieten kommen.
[2]: Typhus kommt vor, Poliomyelitis jedoch nicht.
[3]: Leitungswasser sollte vor der Benutzung zum Trinken, Zähneputzen und zur Eiswürfelbereitung abgekocht oder anderweitig sterilisiert werden. Alle modernen Hotels haben eigene Filteranlagen. Milch ist nicht pasteurisiert und sollte abgekocht werden. Milchpulver nur mit keimfreiem Wasser anrühren. Milchprodukte aus ungekochter Milch sollten vermieden werden. Nur gut durchgekochte und heiß servierte Fleisch- oder Fischgerichte essen. Vorsicht vor Schweinefleisch, Mayonnaise und Salat. Obst sollte geschält und Gemüse gekocht werden.
Tollwut kommt in einigen Regionen vor.
Hepatitis A, B und *E* kommen vor.
Gesundheitsvorsorge: Das Gesundheitswesen ist ausgezeichnet, in den größeren Städten gibt es Krankenhäuser und Spezialkliniken. Der Abschluß einer Reisekrankenversicherung wird dringend empfohlen. In den Apotheken ist eine gute Auswahl an Medikamenten erhältlich.

REISEVERKEHR - International

FLUGZEUG: *Bahrain International* wird von zahlreichen internationalen Fluggesellschaften angeflogen. Die regionale Fluggesellschaft *Gulf Air (GF)*, an der Bahrain Aktienanteile besitzt, bietet Verbindungen von Frankfurt, Genf und Zürich.
Durchschnittliche Flugzeiten: Frankfurt – Bahrain: 6 Std. 30; Zürich – Bahrain: 8 Std. (über Rom); *Los Angeles* – Bahrain: 21 Std. und *New York* – Bahrain: 14 Std.
Internationaler Flughafen: Der Flughafen *Bahrain International (BAH)* (Muharraq) liegt 6,5 km nordöstlich von Manama. Taxis fahren die Gäste zur Hauptinsel (Fahrzeit 5 Min.), die aktuellen Tarife hängen in der Ankunftshalle aus. Flughafeneinrichtungen: Parkplätze,

Bahrain

Mietwagenschalter, Post und Tourist-Information. Die Banken, Snackbar, Bar, Restaurant und Duty-free-Shop sind durchgehend geöffnet.
Flughafengebühren: 3 BD.
SCHIFF: Der größte internationale Hafen ist Mina Sulman auf der Hauptinsel. Die Tiefseehäfen für Öltanker liegen im Nordosten der Insel. Es gibt nur wenige Passagierschiffe, die meisten Besucher reisen per Flugzeug ein.
BUS/PKW: Der König-Fahad-Damm, der Bahrain mit Saudi-Arabien verbindet, wurde 1986 eröffnet. Die Benutzung ist gebührenpflichtig. Es gibt eine Busverbindung, täglich verkehren fünf Busse in jeder Richtung.

REISEVERKEHR - National

SCHIFF: Zwischen den Inseln verkehren Motorboote und Dhaus (Segelboote). Reisebüros in Bahrain verkaufen Tickets oder vermitteln Sonderfahrten.
BUS/PKW: Das ausgezeichnete Straßennetz in Manama ist zum größten Teil erst in den letzten Jahren gebaut worden. Gute Straßenverbindungen in die meisten Ortschaften; vor allem im Norden des Landes gibt es vierspurige Autobahnen. Die Autobahn zwischen der Hauptstadt und dem Flughafen ist sechsspurig. **Busse** verkehren zwischen den meisten Städten und Dörfern, Verspätungen sind allerdings recht häufig. Es gelten Einheitspreise. **Taxis** erkennt man an den orangefarbenen Kotflügeln. Zwischen 24.00 und 05.00 Uhr bezahlt man 50% Zuschlag. Taxis, die außerhalb von Hotels warten, sind teurer. Man sollte den Fahrpreis immer im voraus vereinbaren. **Unterlagen:** Internationaler Führerschein, der vor der Benutzung vom Verkehrsministerium gegengezeichnet werden muß. Ausländische Fahrer müssen eine Prüfung ablegen (ausgenommen sind Führerscheininhaber der USA, Großbritanniens und Australiens, die sich lediglich einem Sehtest unterziehen müssen).

UNTERKUNFT

HOTELS: In Bahrain gibt es zahlreiche Spitzenhotels für Geschäftsleute, jedoch nur wenige preiswerte Unterkünfte. Vorausbuchung wird empfohlen. Manama hat eine Jugendherberge. Weitere Informationen sind von der Botschaft in Genf erhältlich.

URLAUBSORTE & AUSFLÜGE

Bahrain ist die größte Insel im Archipel an der Ostküste Saudi-Arabiens und ist mit ihr durch einen Damm verbunden. Die bedeutenden Süßwasservorkommen (einzigartig in der Golfregion) und zahlreichen Ölraffinerien brachten dem Emirat großen Wohlstand. Wassersport, Golf, Tennis und Pferderennen haben auf allen Inseln zahlreiche Anhänger. Die Skyline der modernen Hauptstadt **Manama** erinnert an die Manhattans. Der *Souk* (Markt) liegt im Herzen der Altstadt in der Nähe des großen Torbogens von *Bab al-Bahrain*. Obwohl die Altstadt von zahlreichen neuen Gebäuden umgeben ist und Neubauten ihr Gesicht verändert haben, fühlt man sich bei einem Gang durch das Gewirr enger Gassen um Jahrhunderte zurückversetzt. Der Goldsouk im Südosten des Marktgeländes ist besonders hübsch und eindrucksvoll. In dem interessanten Archäologischen Museum mit Ausstellungsstücken aus Bronze- und Jungsteinzeit kann man Stunden verbringen. Die imposante *Juma-Moschee* ist ebenfalls sehenswert. Zahlreiche Gebiete, einschl. des Diplomatischen Viertels, sind dem Meer abgewonnen. Die alte Hauptstadt **Bila Al Qadir**, die im 9. Jahrhundert gegründet wurde, liegt etwas außerhalb Manamas. **Muharraq**, die zweitwichtigste Stadt des Landes, erreicht man über einen Autodamm von Ma-nama aus. Die zahlreichen traditionellen Häuser zeugen von der einstigen Bedeutung der Stadt als Handelszentrum. Ein Besuch im Nationalmuseum erinnert an die reiche Vergangenheit der Insel. Der alte Markt beeindruckt durch sein typisch arabisches Flair. In der Nähe des Perlenfischerortes **Budaiya** im Nordwesten der Insel (5 km von Manama) steht die Ruine der Portugiesischen Festung Qalat-al-Bahrain aus dem 16. Jahrhundert.
Weitere Sehenswürdigkeiten: Die *Moschee* in *Suk al Khamis* wurde im 7. Jahrhundert erbaut und ist eine der ältesten Moscheen im Persischen Golf. In der modernen *Fateh-Moschee*, die 1988 fertiggestellt wurde, sind eine Bibliothek und eine Kongreßhalle untergebracht. Zu den eindrucksvollsten Bauwerken zählt das im 19. Jahrhundert errichtete Haus des Scheichs Isa, das charakteristisch für die einheimische islamische Baukunst ist. Das sehenswerte *Siyadi-Haus*, ein typisches Patrizierhaus aus Holz, steht unter Denkmalschutz. Außerdem lohnt sich ein Besuch des *Al-Areen-Naturschutzparks*. Man kann natürlich auch den Korbflechtern in *Khabadad* oder den Töpfern in *A'ali* (11 km von Manama) bei der Arbeit zuschauen. A'ali ist außerdem durch die großen Grabhügel aus vorchristlicher Zeit bekannt. Vielerorts in Bahrain stößt man auf uralte Grabhügel, die ältesten stammen aus der Zeit um 3000 v. Chr. Nicht nur Archäologen werden beeindruckt sein von den verschiedenen bedeutenden Ausgrabungsstätten, insbesondere *Barbar* (3 km von Budaiya) und *Hajjar*. Der *Djebel Dukhan* ist der höchste Punkt Bahrains, von hier bietet sich ein herrlicher Ausblick über den Südteil der Insel an. In der Umgebung des *Shaiks Beach* gibt es schöne Sandstrände und zahlreiche Ferienwohnungen – hier ist auch der Landsitz des Emirs. In der Nähe des Kreisverkehrs auf dem King-Faisal-Highway stellen Handwerker wie in alten Zeiten Dhaus (arabische Segelschiffe) und Reusen auf traditionelle Art her. **Rifa'a** hat prächtige Parkanlagen und ist überhaupt eine elegante Ortschaft, was auch nicht weiter verwundert, da hier die Oberschicht des Landes zu Hause ist. Glanzvolle Paläste sind hier zu sehen.

SOZIALPROFIL

ESSEN & TRINKEN: Es gibt eine gute Auswahl von Restaurants, die u. a. arabische, europäische, indische, chinesische, japanische, libanesische und amerikanische Gerichte anbieten. Lammfleisch steht häufig auf der Speisekarte, es gibt jedoch auch Hähnchen, Puter und Ente. Die Einheimischen essen oft Gemüsecurry mit Reis, Joghurt und *Khubz* (flaches Brot). **Getränke:** Wasser, *Arak* (Trauben- und Anisschnaps) oder Bier sind die üblichen Getränke. Außer während des Fastenmonats Ramadan wird Alkohol in Nachtklubs, guten Restaurants und Luxushotels an Nicht-Moslems ausgeschenkt. Starker arabischer Kaffee und Tee werden überall angeboten.
NACHTLEBEN: In den größeren Städten gibt es Restaurants und Nachtklubs, auch Kinos mit Filmen in englischer und arabischer Sprache.
EINKAUFSTIPS: Importierte Waren werden in zahlreichen Geschäften angeboten; Perlen sind das wichtigste einheimische Erzeugnis. Das Verkehrsamt in Manama bietet verschiedene Kunstgewerbeartikel an. Aus dem Dorf A'ali kommen die berühmten roten Tonwaren. In Bani Jamra sind Weber ansässig, in Jasra Korbflechter. **Öffnungszeiten der Geschäfte:** Sa-Do 08.00-12.30 Uhr, zusätzlich auch Sa-Di 15.30-18.30 Uhr und Mi-Do 15.30-21.00 Uhr.
SPORT: Fußball ist Nationalsport. Es gibt Pläne, ein internationales Stadion zu bauen. Im **Golfklub** von Awali kann man auch kurzfristig Mitglied werden. Freitags finden in Rifa'a Pferde- und Kamelrennen statt. **Fischen, segeln** und **tauchen** kann man nach Herzenslust in Awali, Zallaq und Nabih Salih. Alle größeren Hotels haben Swimmingpools. In Zallaq gibt es einen Segelklub und in Sitra einen Jachtklub. Die besten Wassersportmöglichkeiten (**Surfen, Segeln, Wasserski-** und **Motorbootfahren, Tauchen**) bieten der *Al Bander Resort* und der *Bahrain Yacht Club*.
SITTEN & GEBRÄUCHE: Traditionelle Werte und Bräuche haben hier immer noch Bestand, und der Umgang ist eher formell. Die Haltung gegenüber Frauen ist aber liberaler als in anderen Golfstaaten. Zur Gebetszeit (fünfmal täglich) kommen nicht selten alle anderen Aktivitäten vorübergehend zum Erliegen. Es ist üblich, im Schneidersitz auf einem Kissen oder Sofa zu sitzen, die Fußsohlen zeigt man dabei jedoch nie. Bei einer Einladung gilt es als höflich, zwei Tassen Kaffee oder Tee zu trinken. Von Besuchern in Privathäusern wird im allgemeinen erwartet, daß sie das Schlafzimmer der Gastgeber teilen, da Gästezimmer fast unbekannt sind. Sportkleidung und kurze Röcke auf der Straße sind akzeptabel. Frauen sollten tiefe Ausschnitte und bloße Schultern vermeiden. Rauchen ist weitverbreitet, und Tabakwaren sind preiswerter als in Europa. **Trinkgeld:** Wenn das Trinkgeld nicht in der Rechnung enthalten ist, sind 10% angebracht. Taxifahrer, Gepäckträger usw. erwarten ebenfalls 10%.

WIRTSCHAFTSPROFIL

WIRTSCHAFT: Erdöl steht mit beinahe 76% an der Spitze der Liste der Exportgüter, erwirtschaftete jedoch 1993 nur noch ca. 15% des Bruttosozialproduktes; Aluminium macht 5% der Exportquote aus. Die Erdölvorkommen des Landes nehmen zusehends ab, und die Regierung ist bemüht, die Industrie auszubauen. Außer Aluminium sollen verstärkt Eisenerz und Ammonium-Methan gewonnen werden. Das Bankwesen erlebte in den letzten Jahren einen raschen Aufschwung. Die Offshore-Banken litten jedoch unter den Folgen des Golfkriegs. Die liberalere Wirtschaftspolitik und Gesellschaftsstruktur veranlaßte zahlreiche internationale Firmen, die in der Golfregion Handel treiben, in Bahrain Filialen zu eröffnen. Die wichtigsten Exportmärkte des Landes sind Japan, Saudi-Arabien, die USA und Rep. Korea. Hauptbezugsgebiete sind Großbritannien, Saudi-Arabien, die USA, Japan und Deutschland. 1992 wurde ein neues Gesetz über ausländische Investitionen erlassen, das zusammen mit zusätzlich geschaffenen Anreizen zu erhöhtem Kapitalzufluß ausländischer Firmen führte. Arbeitslosigkeit und Inflationsrate sind gleichbleibend niedrig. Der Tourismus steckt noch in den Kinderschuhen, nach der Eröffnung des Meridian Beach Resorts soll jedoch vor allem der Strandurlaub verstärkt gefördert werden. 1990 kamen bereits fast 1,76 Mio. Feriengäste nach Bahrain.
GESCHÄFTSVERKEHR: Von Geschäftsleuten erwartet man Anzug und Krawatte bzw. Kostüm. Handelt es sich bei dem Geschäftsreisenden um eine Frau, sollte dies rechtzeitig vor dem Besuch deutlich gemacht werden. Persönliche Kontakte und Empfehlungen spielen bei der Abwicklung eine entscheidende Rolle. Internationale Höflichkeitsformen sollten beachtet werden; Handeln ist üblich. Mündliche Vereinbarungen werden als bindend betrachtet. Geschäftsreisen legt man am besten in die Monate Oktober bis April. **Geschäftszeiten:** In der Regel Sa-Do 08.00-13.00 und 15.30-17.30 Uhr. Behörden: Sa-Mi 07.00-14.15 Uhr.
Kontaktadresse: *Bahrain Chamber of Commerce and Industry* (Industrie- und Handelskammer), PO Box 248, Manama. Tel: 23 39 13. Telefax: 24 12 94.
Die wirtschaftlichen Interessen Österreichs werden von der Außenhandelsstelle in Kuwait City (s. Kuwait) wahrgenommen.

KLIMA

Sehr heiß und trocken im Sommer (Juli bis September), zwischen Dezember und März vor allem abends viel kühler, wenig Regen. Die angenehmsten Jahreszeiten sind Frühling und Herbst.
Kleidung: Leichte Baumwoll- und Leinensachen vom Frühling bis zum Herbst. Übergangskleidung von November bis März. Warme Kleidung im Winter und für kühle Abende.

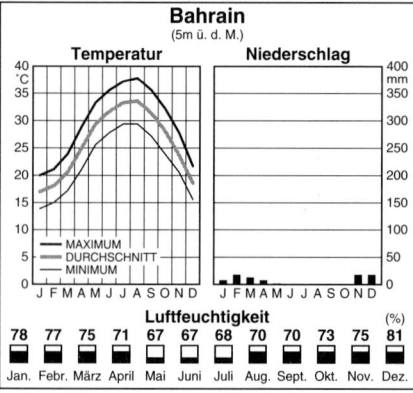

Eine weitere wichtige Veröffentlichung von Columbus Press ist der »World Travel Guide«, der jährlich herausgegeben wird und Informationen in englischer Sprache auf mehr als tausend Seiten über alle Länder der Erde enthält.

Weitere Einzelheiten von:
Columbus Press, Verkaufsabteilung, Aurikelweg 3, D-38108 Braunschweig.
Tel: 05309/2123. Telefax: 05309/2877.

Balearen

... siehe Inhaltsverzeichnis

Bangladesch

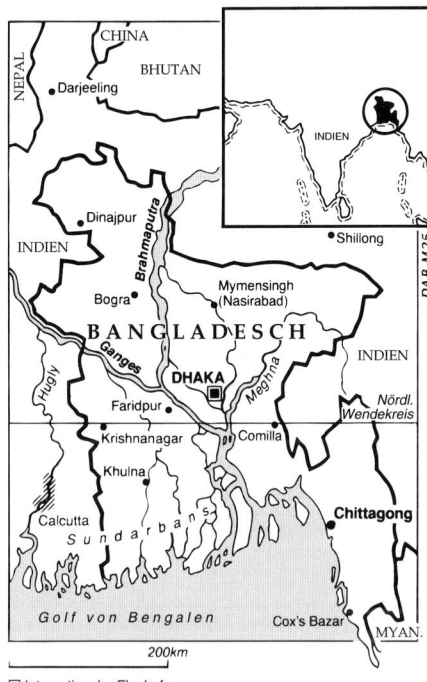

☐ Internationaler Flughafen

Lage: Südostasien.

Anmerkung: Es bestehen generell keine Bedenken für Reisen nach Bangladesch. Aufgrund der vielen Streiks und Auseinandersetzungen oppositioneller Kräfte mit der Polizei empfiehlt es sich jedoch, kurz vor der geplanten Abreise aktuelle Informationen zur Sicherheitslage beim Auswärtigen Amt in Bonn, dem Außenministerium in Wien bzw. dem EDA in Bern einzuholen. Die Chittagong Hill Tracts sind weiterhin Sperrgebiet und vor Besichtigungen von Hochschuleinrichtungen wird weiterhin gewarnt.

Bangladesh Parjatan Corporation (Fremdenverkehrsamt)
233 Old Airport Road
Tejgaon
Dhaka 1215
Tel: (02) 32 51 55. Telex: (02) 64 22 06.
Botschaft der Volksrepublik Bangladesch
Bonner Straße 48
D-53173 Bonn
Tel: (0228) 35 25 25, 36 29 40. Telefax: (0228) 35 41 42.
Mo-Do 09.00-13.00 und 14.00-17.00 Uhr, Fr 09.00-14.00 Uhr.
(auch zuständig für Österreich)
Konsulate in Bremen und München, *Honorargeneralkonsulat* in Frankfurt/M. (alle ohne Visumerteilung).
Generalkonsulat der Volksrepublik Bangladesch
Probusgasse 1
A-1190 Wien
Tel/Fax: (0222) 504 85 35.
Mi 10.00-12.00 Uhr.
Antragsformulare sind erhältlich, Visa werden in Bonn ausgestellt.
Botschaft der Volksrepublik Bangladesch
Via Antonio Bertoloni 14
I-00197 Rom

TIMATIC INFO-CODES

*Abrufbar über Ihr CRS-System (für START/Amadeus Ama-Maske benutzen). Für Galileo bitte TI-DFT eingeben (**mit** Bindestrich).*

Flughafengebühren	TI DFT/ DAC /TX
Währung	TI DFT/ DAC /CY
Zollbestimmungen	TI DFT/ DAC /CS
Gesundheit	TI DFT/ DAC /HE
Reisepassbestimmungen	TI DFT/ DAC /PA
Visabestimmungen	TI DFT/ DAC /VI

Tel: (06) 808 35 95. Telefax: (06) 808 48 53.
Mo-Fr 09.30-13.00 und 14.00-17.00 Uhr.
(auch zuständig für die Schweiz)
Botschaft der Bundesrepublik Deutschland
178 Gulshan Avenue
Gulshan Model Town
Dhaka 12
PO Box 108
Dhaka 2
Tel: (02) 88 47 34/-37, 88 35 96. Telefax: (02) 88 31 41.
Konsulat der Republik Österreich
Khan Mansion
Commercial Area
Dhaka 1000
Tel: (02) 86 87 04, 86 74 72. Telefax: (02) 86 33 60.
Übergeordnet ist die Botschaft in New Delhi (s. Indien).
Botschaft der Schweizerischen Eidgenossenschaft
Road 18, House 31-B, Banai
Dhaka 1213
G.P.O. Box 928
Dhaka 1000
Tel: (02) 60 01 81/82, 88 55 29. Telefax: (02) 88 38 72.

FLÄCHE: 147.570 qkm.
BEVÖLKERUNGSZAHL: 115.200.000 (1993).
BEVÖLKERUNGSDICHTE: 781 pro qkm.
HAUPTSTADT: Dhaka. **Einwohner:** 6.110.000 (mit Vororten, 1991).
GEOGRAPHIE: Bangladesch, ehemals Ostpakistan, grenzt im Westen und Nordwesten an Westbengalen (Indien), im Norden an Assam und Meghalaya (Indien) und im Osten an Assam und Tripura (Indien) sowie im Südosten an Myanmar (vormals Burma). 15% des Landes sind bewaldet. Im Flachland wachsen Bambus, Mangobäume und Palmen. Der größte Teil Bangladeschs besteht aus Tiefland an den Unterläufen und im Delta von Ganges und Brahmaputra und ihrer zahlreichen Nebenflüsse. Im Osten des Landes herrschen bewaldete Hügel vor. Etwa ein Siebtel des Landes steht unter Wasser, es gibt regelmäßig Überschwemmungen. Im April 1991 verwüstete ein Wirbelsturm große Teile der Küste und forderte ca. 150.000 Menschenleben.
STAATSFORM: Republik im Commonwealth seit 1991; Verfassung von 1972, letzte Änderung 1991. Staatsoberhaupt: Präsident Abdur Rahman Biswas, seit 1991. Regierungschefin: Begum Khaleda Zia, seit 1991. Parlament (Jatiya Sangsad) mit 330 Abgeordneten, davon 300 direkt gewählt; 30 Sitze werden für weibliche Abgeordnete reserviert, diese werden von den 300 Abgeordneten gewählt. Legislaturperiode: 5 Jahre. Unabhängig seit 17.12.1971.
SPRACHE: Bengali (Bangla) ist die offizielle Landessprache. Englisch ist Handels- und Bildungssprache.
RELIGION: 87% Moslems, 12% Hindus, buddhistische und christliche Minderheiten. Sitten und Gebräuche hängen stark von der jeweiligen Religionszugehörigkeit ab. Seit 1988 ist der Islam Staatsreligion.
ORTSZEIT: MEZ + 5.
NETZSPANNUNG: 220/240 V, 60 Hz. Stecker sind zwei- oder dreipolig (englische Rundstecker); gelegentlich gibt es Stromausfälle.
POST- UND FERNMELDEWESEN: Telefon: Selbstwählferndienst in begrenztem Umfang (von und nach Dhaka, Chittagong, Khulna und Sylhet). **Landesvorwahl:** 880. **Telefax/Telex/Telegramme:** Telefaxe und Telexe können in weiten Teilen des Landes geschickt und empfangen werden. Telegramme kann man in den Hauptpostämtern aufgeben. Es gibt drei Gebührenklassen. Die Telegrammzustellung ist nicht immer zuverlässig. **Post:** Luftpostsendungen nach Europa sind 3-4 Tage unterwegs, auf dem Landweg mehrere Monate. Blaue Briefkästen sind für Luftpost, rote für Sendungen auf dem Landweg.
DEUTSCHE WELLE
Der Einsatz der Kurzwellenfrequenzen ändert sich mehrfach im Laufe eines Jahres, und Sendungen auf den folgenden Frequenzen werden jeweils nur zu bestimmten Tageszeiten ausgestrahlt. Weiteres in der Einleitung.

MHz	21,640	17,845	11,795	9,655	9,525
Meterband	13	16	25	31	31

REISEPASS/VISUM

Wichtiger Hinweis: Die Einreisebestimmungen mancher Länder können sich kurzfristig ändern – rufen Sie sicherheitshalber auf Ihrem CRS-System (TIMATIC-Info-Code-Fenster in diesem Kapitel) den aktuellen Stand ab bzw. wenden Sie sich an die zuständige diplomatische Vertretung. Etwaige Zahlen in der Tabelle beziehen sich auf nachfolgende Fußnoten.

	Paß erforderlich?	Visum erforderlich?	Rückflugticket erforderlich?
Deutschland	Ja	Nein	Ja
Österreich	Ja	Nein	Ja
Schweiz	Ja	Ja	Ja
Andere EU-Länder	Ja	1	Ja

Anmerkung: Da sich die Einreisebestimmungen häufig kurzfristig ändern, ist es ratsam, sich vor der Abreise bei der zuständigen Botschaft zu erkundigen.
REISEPASS: Allgemein erforderlich. Kinder benötigen einen Kinderausweis mit Foto, falls sie nicht im Paß ihrer Eltern eingetragen sind. Reisepaß muß mindestens noch 3 Monate nach der Ausreise gültig sein.
VISUM: Allgemein erforderlich, ausgenommen sind Staatsangehörige der folgenden Länder:
(a) **[1]** Bundesrepublik Deutschland, Österreich und übrige EU-Staaten (Staatsbürger von Großbritannien und Irland brauchen ein Visum) für Aufenthalte bis zu 15 Tagen;
(b) Australien, Indonesien, Kanada, Malediven, Nepal, Norwegen, die Philippinen, Thailand und die USA für Aufenthalte bis zu 15 Tagen;
(c) Malaysia und Singapur bis zu 30 Tagen;
(d) Guatemala, Guinea-Bissau, Kongo und Korea-Süd für Aufenthalte bis zu 3 Monaten;
(e) Bahamas, Barbados, Bhutan, Botswana, Fidschi, Gabun, Gambia, Grenada, Guyana, Jamaica, Lesotho, Malawi, Mauritius, Nauru, Papua-Neuguinea, Seychellen, Sierra Leone, Vatikanstadt und West-Samoa.
Visaarten: Touristen- und Geschäftsvisa. Für Touristen gibt es Visa zur einmaligen und zweimaligen Einreise *(single/double entry)*, für Geschäftsreisende zur einmaligen und dreimaligen Einreise *(single/triple entry)*.
Visagebühren: *Einmalige Einreise:* 20 DM (Deutsche), 22 DM (Österreicher), 28 DM (Schweizer). *Zwei- und dreimalige Einreise:* 40 DM (Deutsche), 44 DM (Österreicher), 56 DM (Schweizer).
Gültigkeitsdauer: Touristenvisa: 1 Monat (einmalige Einreise), 3 Monate (zweimalige Einreise); Geschäftsvisa: 3 Monate (einmalige Einreise), 6 Monate (dreimalige Einreise).
Antragstellung: Konsularabteilung der Botschaft, Adressen s. o.
Unterlagen: (a) 2 Paßfotos. (b) 2 Antragsformulare (1 Formular bei Beantragung in Rom). (c) Gebühr. (d) Für Geschäftsvisum außerdem Firmenschreiben oder Schreiben des Sponsors, aus dem bei Beantragung eines *triple entry*-Visums hervorgeht, daß die Kosten des Aufenthaltes gedeckt sind.
Bei postalischer Antragstellung sollten ein frankierter und adressierter Umschlag und der Zahlungsbeleg beigefügt werden.
Bearbeitungszeit: 1-2 Tage.

GELD

Währung: 1 Taka (Tk) = 100 Poisha. Banknoten sind im Wert von 500, 100, 50, 20, 10, 5, 2 und 1 Tk in Umlauf. Münzen in den Nennbeträgen 100, 50, 25, 10, und 5 Poisha.
Geldwechsel: Jeder Geldwechsel muß durch eine Quittung belegt werden. Geschäfte in den großen Städten bieten oft einen besseren Wechselkurs als Banken.
Kreditkarten: *Eurocard* in begrenztem Umfang, *Diners Club* und *American Express*. Einzelheiten vom Aussteller der jeweiligen Kreditkarte.
Reiseschecks können am Flughafen in Dhaka eingelöst werden. Banken tauschen Reiseschecks bis zu 50 US$ pro Scheck um.
Wechselkurse

	Tk Sept. '92	Tk Febr. '94	Tk Jan. '95	Tk Jan. '96
1 DM	27,69	22,64	25,68	28,04
1 US$	38,84	39,30	39,80	40,30

Devisenbestimmungen: Die Ein- und Ausfuhr der Landeswährung darf 100 Tk nicht überschreiten. Fremdwährungen können in unbegrenzter Höhe eingeführt werden, müssen aber bei der Einreise deklariert werden, wenn die Summe 1000 US-Dollar überschreitet und dürfen nur in Höhe der deklarierten Summe ausgeführt werden.
Öffnungszeiten der Banken: Sa-Mi 09.00-15.00 Uhr und Do 09.00-13.00 Uhr.

DUTY FREE

Folgende Artikel können zollfrei nach Bangladesch eingeführt werden:
200 Zigaretten oder 50 Zigarren oder 225 g Tabak;
1 Flasche Alkohol;
Parfüm für den persönlichen Bedarf;
Geschenke im Wert von 500 Tk.
Anmerkung: Das bei der Einreise ausgestellte Zollformular unbedingt bis zur Ausreise aufbewahren.

GESETZLICHE FEIERTAGE

1. Mai '96 Tag der Arbeit. **4. Mai** Buddha-Purinama. **19. Mai** Muharram. **Juli** Jamat-Wida. **28. Juli** Geburtstag des Propheten. **Aug./Sept.** Janmashtami. **Sept.** Shab-i-Bharat. **24. Okt.** Durga Puja. **7. Nov.** Tag der Revolution. **16. Dez.** Tag des Sieges. **25. Dez.** Weihnachten. **1. Jan. '97** Neujahr. **10. Febr.** Eid al-Fitr. **21. Febr.** Volkstrauertag. **26. März** Tag der Unabhängigkeit. **14. April** Bangladesch Neujahr. **18. April** Eid al-Adha. **1. Mai** Tag der Arbeit.
Anmerkung: (a) Islamische Feiertage sind bewegliche Feste, die sich nach dem Mondkalender richten und sich daher von Jahr zu Jahr verschieben. Während des Fastenmonats Ramadan, der dem Festtag Eid al-Fitr vorangeht, essen Mohammedaner nicht tagsüber, sondern erst nach Sonnenuntergang, wodurch der normale

Geschäftsablauf gestört werden kann. Diese Unterbrechungen können auch während des Eid al-Fitr auftreten. Dieses Fest, ebenso wie das Eid al-Adha, hat keine bestimmte Zeitdauer und kann je nach Region 2-10 Tage dauern. Weitere Informationen im Kapitel *Welt des Islam* (s. Inhaltsverzeichnis). (b) Hinduistische Feiertage richten sich nach örtlichen astrologischen Beobachtungen, daher kann nur der Monat angegeben werden.

GESUNDHEIT

In der folgenden Tabelle aufgeführte Impfvorschriften können sich kurzfristig ändern. Es wird stets empfohlen, auf Ihrem CRS-System (TIMATIC-Info-Code-Fenster in diesem Kapitel) den aktuellen Stand der Gesundheitsbestimmungen abzurufen bzw. rechtzeitig vor der Reise ärztlichen Rat einzuholen.

	Vorsichtsmaßnahmen empfohlen	*Impfschein erforderlich*
Gelbfieber	Ja	1
Cholera	Ja	2
Typhus & Polio	Ja	-
Malaria	3	-
Essen & Trinken	4	-

[1]: Eine Impfbescheinigung gegen Gelbfieber wird von allen Reisenden (einschl. Säuglingen) verlangt, die aus Infektionsgebieten kommen. Wer ohne diese Bescheinigung einreist, muß mit sechstägiger Quarantäne rechnen. Näheres unter *Gesundheit* (s. Inhaltsverzeichnis).
[2]: Eine Impfbescheinigung gegen Cholera ist keine Einreisebedingung, das Risiko einer Infektion besteht jedoch. Da die Wirksamkeit der Schutzimpfung umstritten ist, empfiehlt es sich, rechtzeitig vor Antritt der Reise ärztlichen Rat einzuholen. Näheres unter *Gesundheit* (s. Inhaltsverzeichnis).
[3]: Malariaschutz ist ganzjährig im ganzen Land erforderlich mit Ausnahme der Hauptstadt Dhaka. Die vorherrschende gefährlichere Form *Plasmodium falciparum* ist Chloroquin- und Sulfadoxin/Pyrimethamin-resistent.
[4]: Wasser sollte generell vor der Benutzung zum Trinken, Zähneputzen und zur Eiswürfelbereitung entweder abgekocht oder anderweitig sterilisiert werden. Milch ist außerhalb der Stadtgebiete nicht pasteurisiert und muß abgekocht werden. Der Genuß von Schweinefleisch, rohen Salaten und Mayonnaise sowie Milchprodukten aus ungekochter Milch sollte vermieden werden. Fleisch- und Fischgerichte sollten nur gut durchgekocht und heiß serviert gegessen werden. Gemüse sollte gekocht und Obst geschält werden.
Tollwut kommt vor. Wer ein erhöhtes Risiko eingeht (z. B. längerer Aufenthalt in abgelegenen Gebieten), sollte vor Reiseantritt eine Schutzimpfung erwägen. Bei Bißwunden so schnell wie möglich ärztliche Hilfe in Anspruch nehmen. Weitere Informationen unter *Gesundheit* (s. Inhaltsverzeichnis).
Hepatitis A, B und *E* kommen vor.
Gesundheitsvorsorge: Der Abschluß einer Reisekrankenversicherung wird dringend empfohlen. Es gibt über 890 staatliche und über 200 private Krankenhäuser.

REISEVERKEHR - International

FLUGZEUG: Bangladeschs nationale Fluggesellschaft heißt *Biman Bangladesh Airlines (BG)*. Flugverbindungen von Wien und Zürich über Frankfurt, London, Paris, Brüssel oder Rom.
Durchschnittliche Flugzeiten: *Frankfurt* – Dhaka: ca. 9 Std. (zweimal wöchentlich); *London* – Dhaka: 10 Std. 20 (täglich); *Los Angeles* – Dhaka: 22 Std; *New York* – Dhaka: 23 Std.
Internationaler Flughafen: *Dhaka International (DAC)* (Zia) liegt 20 km nördlich der Stadt (Fahrzeit 35-45 Min.). Die Busse von *Bangladesh Biman* fahren stündlich zwischen 08.00-22.00 Uhr zur Stadt. Abfahrt Richtung Flughafen vom alten Tejgaon-Flughafengebäude und von den Hotels *Golden Gate* und *Zakaria* aus. *Parjatan*-Busse stehen ebenfalls zur Verfügung. Taxistand, Mietwagenschalter, Restaurant, Postamt, Tourist-Information, Hotel-Reservierungsschalter, Banken und Duty-free-Shop sind vorhanden.
Flughafengebühr: 12 DM. Kinder unter zwei Jahren und Transitreisende, die am selben Tag mit dem nächsten Flug weiterreisen, sind davon ausgenommen.
SCHIFF: Fähren aus Myanmar und Indien fahren zu den südlichen Küstenstädten, die wichtigsten Häfen sind Chittagong und Mongla. Weitere Einzelheiten von der Botschaft.
BAHN: Es gibt Zugverbindungen zwischen Bangladesch und den indischen Staaten Westbengalen und Assam. Fahrrad-Rickschas, Busse oder Gepäckträger sind bei der Grenzüberschreitung zum Anschlußzug behilflich.
BUS/PKW: Zur Zeit sind nur zwei Grenzübergänge zwischen Bangladesch und Indien geöffnet: Benopol (Richtung Kalkutta) und Chiliharti (nach Darjeeling). Die Öffnungszeiten der Grenzübergänge sollte man rechtzeitig im voraus erfragen. Heftige Monsunregen machen die Straßen im Sommer oft unpassierbar. Es besteht zur Zeit keine Möglichkeit, Bangladesch auf dem Landweg von Myanmar aus zu erreichen.

REISEVERKEHR - National

FLUGZEUG: *Biman Bangladesh Airlines* verbindet Dhaka regelmäßig mit den anderen Großstädten des Landes. Inlandflüge sind recht preiswert. Flughafenbusse fahren zum jeweiligen Stadtzentrum. Es bestehen weiterhin Bedenken bezüglich der Zuverlässigkeit der nationalen Fluggesellschaft Biman Bangladesh.
SCHIFF: Fähren verkehren zwischen den Küstenstädten im Süden und dem Ganges-Delta (Dhaka, Narayanganj, Chandpur, Barisal und Khulna); genaue Einzelheiten sind bei den örtlichen Hafenbehörden erhältlich. Die befahrbaren Wasserwege haben eine Gesamtlänge von 8433 km. Auf den Flüssen fahren sogenannte »Rocket«-Fähren und Motorboote der *Bangladesh Inland Waterway Transport Corporation*. Auf den »Rocket«-Fähren gibt es drei Preisklassen.
BAHN: Das Streckennetz hat eine Gesamtlänge von 2818 km und verbindet alle größeren Städte. Im Westen des Landes verkehren Breitspurzüge und im Osten Schmalspurzüge. Die Züge sind eher langsam, aber pünktlich. Flußfähren (s. o.) verbinden die einzelnen Schienenstrecken, bedingt durch die geographische Lage können nicht überall Schienen gelegt werden. Das Eisenbahnwesen wird gerade modernisiert. Auf der Hauptstrecke von Dhaka nach Chittagong fahren täglich mehrere Züge, einige mit Klimaanlagen. Speziell im Osten des Landes werden Eisenbahnzüge häufig überfallen, man sollte daher Bahnfahrten nach Einbruch der Dunkelheit vermeiden. Weitere Einzelheiten von der Botschaft.
BUS/PKW: Die Hauptverkehrswege haben eine Gesamtlänge von 10.407 km, davon rund 4000 km befestigte Straßen. Mit dem Auto kann man jede Ortschaft des Landes erreichen, die Fahrt kann jedoch u. U. lange dauern; oft müssen Fähren benutzt werden. Die katastrophalen Unwetter der letzten Jahre haben große Straßenabschnitte zerstört. Linksverkehr. Preiswerte Busse verbinden alle größeren Städte. **Taxis** gibt es nur am Flughafen und vor den großen Hotels. Fahrpreise sollten vor Fahrtantritt vereinbart werden. **Mietwagen** kann man am Flughafen, beim Fremdenverkehrsamt und in den großen Hotels mieten und werden im allgemeinen mit Chauffeur vermietet. **Unterlagen:** Internationaler Führerschein.
STADTVERKEHR: In Dhaka verkehren die oft hoffnungslos überfüllten Busse der *Bangladesh Road Transport Corporation*. Der Zentrale Busbahnhof liegt an der Station Road (Fulbaria). An den anderen Busbahnhöfen halten in erster Linie Langstreckenbusse. Die Beschriftungen der Busse und Haltestellen sind überwiegend in der Landessprache. Es gibt ca. 10.000 private »Auto-Rickschas« (Dreirad-Taxis), die man aber nicht nachts benutzen sollte. Konventionelle Taxis stehen ebenfalls zur Verfügung.

UNTERKUNFT

HOTELS: Es gibt nur wenige gute Hotels, die meisten davon in der Hauptstadt Dhaka; hier stehen acht internationale Hotels zur Verfügung, u. a. das *Sheraton*, das *Purbani International* und das *Sonargaon*. Hotelpreise gelten nur für Übernachtung *(European Plan)*. Mehrere moderne Hotels in Bangladesch sind der *Bangladesh Parjatan Corporation* (Fremdenverkehrsamt) angeschlossen.

URLAUBSORTE & AUSFLÜGE

Bangladesch besteht aus fünf Verwaltungsbezirken: Dhaka (nördliche Mitte), Rajshahi (Nordwesten), Khulna (Südwesten), Barisal (Süden) und Chittagong (Südosten). Hauptanziehungspunkt für Urlaubsreisende ist neben dem reichen kulturellen Erbe zweifellos die faszinierende Tierwelt.

Dhaka (Nördliche Mitte)

Dhaka, die Hauptstadt von Bangladesch, liegt am Buriganga. Dieser Fluß verbindet alle bedeutenden Binnenhäfen des Landes und ist seit Jahrhunderten Hauptader des Handels. Die Altstadt liegt südlich des Stadtzentrums am Flußufer. Sehenswert sind das geschäftige Hafenviertel und einige alte Gebäude, wie das unvollendete *Lalbagh-Fort* aus dem 17. Jahrhundert, der prächtige *Ahsan-Manzil-Palast* und die ehemaligen Karawansereien *Chota Katra* und *Bara Katra*. Weiter nördlich liegt das Europäische Viertel (auch *British-City* genannt). Hier kann man den *Banga Bhavan* (Palast des Präsidenten), zahlreiche Parkanlagen, den *Dhakeswari-Tempel* und das *Nationalmuseum* besuchen. Im Norden und Osten liegen die modernen Geschäfts- und Diplomatenviertel Motijheel und Gulshan. Interessant sind hier vor allem das Parlamentsgebäude *Ghana Bhavan* und das *Dhaka Exhibition Fair Building* (Messegelände). Zu den Zoologischen und Botanischen Gärten in den Vororten fährt man mit dem Bus oder Taxi. *Saddarghat* und *Badam Tali* an der Buckland Road Bund sind die beiden größten Anlegestellen im Hafen von Dhaka. Hier legen auch die berühmten »Rocket«-Fähren an; Boote können ebenfalls gemietet werden. Am Ufer stehen zahlreiche bedeutende Bauwerke, besonders sehenswert sind die *Khan-Mohammed-Mirdha-Moschee* und das *Mausoleum von Pari Bibi*. In den *Balda-Gärten* wachsen seltene Pflanzen. Dhaka wurde 1608 in der Zeit der Mogulherrschaft gegründet, was die große Anzahl beeindruckender Moscheen erklärt, die der Stadt zusammen mit den Basaren ein ganz eigenes Flair geben. Eine der prächtigsten ist die *Kashaitully-Moschee*. Stadtrundfahrten und verschiedene Ausflüge in die Umgebung werden angeboten. Weitere Auskünfte vom *Parjatan Tourist Information Centre* (Adresse s. o.).
In der Umgebung von Dhaka: *Sonargaon*, ca. 30 km östlich von Dhaka, war zwischen dem 13. und dem frühen 17. Jahrhundert die Hauptstadt der Region. Viele historische Gebäude sind heute leider nur noch Ruinen. Der *Rajendrapur-Nationalpark*, ca. 50 km nördlich der Hauptstadt, beheimatet zahlreiche Vogelarten. Nordwestlich von Dhaka liegt *Dhamrai*, ein Städtchen mit wunderschönen Hindutempeln. Das weiter nördlich gelegene *Mymensingh* ist seit dem 19. Jahrhundert ein bedeutendes Zentrum der Juteerzeugung. Die hier hergestellte Jute ist von höchster Qualtiät. Etwa 160 km von Dhaka entfernt liegt der *Madhupur-Nationalpark* mit Wildreservat.

Rajshahi (Nordwesten)

Die nordwestliche Region **Rajshahi** am Ganges wird trotz zahlreicher archäologischer Ausgrabungsstätten von den meisten Touristen übersehen. In Paharpur liegen das riesige Buddhistenkloster *Somapuri Vihara* (8. Jh.) und der *Satyapir-Vita-Tempel*. Das Museum ist einen Besuch wert. Interessant ist auch die sehr alte Hindusiedlung *Sherpur* in der Nähe von Bogra. *Mahasthanagarh*, ebenfalls in der Nähe von Bogra, geht auf das 3. Jahrhundert v. Chr. zurück. In *Vasu Vihara*, ca. 14 km nordwestlich, stehen alte Klosterruinen. Im Museum können zahlreiche regionale Ausgrabungsstücke besichtigt werden. In *Gaur*, dicht an der Grenze zur indischen Provinz Westbengalen, gibt es viele alte Moscheen. Die Stadt Bogra ist für Touristen weniger interessant, aber ein idealer Ausgangspunkt für Ausflüge nach Paharpur, Mahasthanagarh und Sherpur.

Khulna (Südwesten)

Die Region **Khulna** besteht hauptsächlich aus Sümpfen und Dschungel. Die Stadt gleichen Namens ist Verwaltungshauptstadt der Region und Handelszentrum der Flußschiffahrt. Äußerst sehenswert ist der *Sundarbans-Nationalpark*, ein Küstenstreifen mit üppiger Vegetation und zahlreichen Tierarten. Hier leben die mächtigen Bengalischen Tiger, gefleckte Rotwild, Affen und zahlreiche Vogelarten. Im Winter veranstaltet das Staatliche Fremdenverkehrsamt Gruppenreisen für 10 oder mehr Personen. In **Khulna** und in **Mongla**, dem wichtigsten Hafen der Khulna-Region, kann man auch selbst Boote mieten. Am Heron Point stehen Unterkünfte zur Verfügung. Sehenswert sind auch die Moschee in *Sat Gombud* in der Stadt **Bagerhat** (Heimat des Khan Jahan Ali, einem berühmen Sufi-Mystiker).

Barisal (Süden)

Barisal ist das Verwaltungszentrum der Provinz. Ihre Lage macht die Stadt zum bedeutendsten Flußhafen im Süden des Landes. Die größte Touristenattraktion ist **Kuakata**, ein wunderschöner Ort an der Südspitze von Bangladesch im Bezirk Patuakhali. Am weitläufigen Sandstrand kann man atemberaubende Sonnenuntergänge beobachten.

Chittagong (Südosten)

Chittagong, die zweitgrößte Stadt des Landes, ist Hauptstadt des südöstlichen Verwaltungsgebietes. Die äußerst geschäftige Hafenstadt liegt in einer wunderschönen Landschaft mit grünen Hügeln, Kokospalmen, Moscheen und Minaretten. Das blaue Wasser der Bucht von Bengalen bildet einen hübschen Kontrast.
In der Altstadt gibt es einige eindrucksvolle Kolonialgebäude, vor allem portugiesischen Ursprungs, und reizvolle Moscheen. Die *Shahi-Jama-e-Masjid-Moschee* (17. Jh.) liegt auf einem Hügel und erinnert an eine Festung; noch älter ist die *Qadam-Mubarek-Moschee*. Die *Chilla* von Bada Shah steht westlich von Bakshirhat in der Altstadt; die höher liegenden Viertel waren einst von den Briten besiedelt und bilden heute die Geschäftsviertel der Stadt. Der *Dargah* von Shah Amanat ist ein heiliger Schrein im Herzen der Stadt. In dem ca. 8 km von Chittagong entfernten Dorf um den Bahnhof Pahartali liegt der malerische *Foy's-See*. Das *Grabmal des Sultans Bayazid Bostami*, ein heiliger Schrein auf einem Hügel in der Nähe von Nasirabad, liegt 6 km nordwestlich von Chittagong. Am Sockel des Grabmals steht ein riesiges Becken mit unzähligen Schildkröten, angeblich Abkömmlinge böser Geister. Im äußersten Süden Bangladeschs liegt der geschäftige Urlaubsort *Cox's Bazar* mit dem längsten und breitesten Sandstrand der Welt: *Inani Beach* ist 120 km lang und zwischen 180 m (bei Flut) und 300 m breit (bei Ebbe). Dieser Strand ist bisher noch nicht für den Tourismus erschlossen; ein sehr beliebter Strand ist der *Patenga*. Der Urlaubsort **Rangamati** (80 km von Chittagong) liegt eingebettet in eine reizvolle Hügellandschaft mit idyllischen Seen.

Bangladesch / Barbados

SOZIALPROFIL

ESSEN & TRINKEN: Europäische Speisen werden nur begrenzt angeboten, exklusive Hotels und Restaurants servieren jedoch auch internationale Gerichte. In Dhaka gibt es recht gute chinesische Restaurants. Einheimische Spezialitäten sind hauptsächlich Reisgerichte mit Geflügel oder Lammfleisch. Meeresfrüchte, besonders Krabben, sind sehr empfehlenswert. Verschiedenartige Fleischspieße stehen ebenfalls auf der Speisekarte. *Keora*, *Zorda* und *Sundesh* sind leckere Nachspeisen. Man wird normalerweise am Tisch bedient. Alkoholische Getränke sind teuer und nicht überall und zu jeder Zeit erhältlich, da die islamischen Gesetze strikt eingehalten werden. Die Bars exklusiver Hotels servieren jedoch jederzeit Alkohol, wenn auch zu stolzen Preisen. Alkoholfreie Getränke und Tee *(Tschai)* werden überall angeboten.
NACHTLEBEN: Für abendliche Unterhaltung stehen nur die Bars der exklusiven Hotels zur Verfügung, da es keine Nachtklubs gibt. Im Rahmen religiöser Feste finden oft einheimische Tanz- und Musikdarbietungen statt.
EINKAUFSTIPS: Handgewebte Stoffe, Seide, bedruckte Saris, Masken aus Kokosschalen, Artikel aus Bambus, Perlmutt-Schmuck, rosafarbene Perlen, Lederwaren, Holz- und Korbwaren sowie Folklorepuppen sind hübsche Andenken. Vor allem in Dhaka gibt es viele gute Kunstgewerbeläden, u. a. in Hotels und am Flughafen. **Öffnungszeiten der Geschäfte:** Sa-Do 09.00-20.00 Uhr und Fr 09.00-12.30 und 14.00-20.00 Uhr (Geschäfte in den Touristenzentren haben oft länger geöffnet). Einige Läden haben freitags geschlossen.
SPORT: Kricket und **Fußball** sind beliebte Sportarten. **Volleyball, Badminton, Hockey, Basketball, Rasentennis** und **Rudern** sind ebenfalls beliebt. Die Fußballsaison in Dhaka beginnt im April. Die Spiele werden im Stadion der Hauptstadt und auf anderen Fußballplätzen ausgetragen. Gute Wassersportmöglichkeiten findet man vor allem am Kaptei-See und an der Küste. **Schwimmen** kann man in den Swimmingpools einiger Hotels und Klubs und natürlich im Meer in Cox's Bazar.
SITTEN & GEBRÄUCHE: Im Haus des Gastgebers sitzt man im Schneidersitz auf dem Boden oder Sofa, es gilt jedoch als grobe Beleidigung, dabei die Fußsohlen zu zeigen. Kleine Geschenke werden gern angenommen. Auch Geldgaben gelten als Beleidigung. Religiöse Sitten und Gebräuche sollte man als ausländischer Gast beachten und respektieren. Frauen wird empfohlen, entweder Hosen oder lange Röcke zu tragen. Bei Besuchen religiöser Kultstätten sollte man sich so weit wie möglich bedecken. **Fotografieren:** Die Bewohner ländlicher Gegenden sind nicht an Touristen gewöhnt, daher sollte man grundsätzlich immer fragen, ob man fotografieren darf. Auf keinen Fall einheimische Frauen ohne deren Einverständnis ablichten. Das Fotografieren militärischer Einrichtungen ist nicht gestattet. **Trinkgeld:** 10% für Hotel- und Restaurantpersonal sowie für Taxifahrer.

WIRTSCHAFTSPROFIL

WIRTSCHAFT: Bangladesch ist eines der am wenigsten entwickelten und dichtbesiedeltsten Länder der Welt. Nach Schätzungen leben etwa 60% der Bevölkerung unter der Armutsgrenze. Seine wirtschaftlichen Probleme lassen sich kaum lösen im Hinblick auf die weit verbreitete Armut, Unterernährung und Arbeitslosigkeit, kombiniert mit einer rasch ansteigenden Bevölkerungszahl und geringen Rohstoffvorkommen. Es gibt kaum Industrie und nur wenige Mineralvorkommen. Das Land ist überwiegend auf die Landwirtschaft angewiesen, deren Produktivität jedoch aufgrund der zahlreichen Zyklone und Überschwemmungen stark schwankt. Die Landwirtschaft machte etwa 30% des Bruttosozialprodukts aus. Weizen, Getreide und Reis dienen hauptsächlich der Selbstversorgung, Tee und Jute sind vor allem für den Export bestimmt. Bangladesch produziert ca. 90% des Weltbedarfs an Jute. Während der achtziger Jahre entwickelte sich Baumwolle zu einem der wichtigsten Exportgüter. Es gibt umfangreiche Erdgasvorkommen, die geringen Kohlevorkommen sind von eher minderer Qualität. Ein hoher Prozentsatz der Erwerbstätigen ist in der Juteverarbeitung beschäftigt, Textil-, Zucker- und chemische Industrie sind ebenfalls von Bedeutung. Mit der Abspaltung Bangladeschs von Pakistan verlor das Land gleichzeitig seinen größten Absatzmarkt für Tee. Trotz der Wiederaufnahme der Handelsbeziehungen 1976 konnte das alte Exportniveau bisher noch nicht wieder erreicht werden. Durch die Golfkrise Ende 1990 konnten viele Bangladescher nicht mehr im Persischen Golf arbeiten, und Bangladesch verlor seine größte Einnahmequelle ausländischer Devisen. Die Lage verschlechterte sich zusätzlich durch erhöhte Ölpreise und einen Rückgang im Exportgeschäft. Neueren Datums ist ein bilaterales Handelsabkommen mit Japan. Der Wirbelsturm im April 1991 fügte der Wirtschaft schwere Schäden zu, vor allem der Hafen von Chittagong, größter Umschlagplatz des Landes, wurde fast völlig zerstört. Dadurch ist Bangladesch mehr denn je auf Hilfe aus dem Ausland angewiesen, insbesondere auf die Kredite der Weltbank. Die USA sind der bei weitem wichtigste Absatzmarkt, gefolgt von Großbritannien, Italien, Belgien, Singapur

und Japan. Verschiedene Fertigprodukte werden hauptsächlich von Japan, Kanada und Singapur geliefert. Die Regierung versucht, mit verschiedenen Maßnahmen im Rahmen einer liberaleren Wirtschaftspolitik die industrielle Entwicklung zu fördern.
GESCHÄFTSVERKEHR: Tropenanzüge oder Hemd und Krawatte sind meist angemessen. Für Termine mit Regierungsbeamten sollte ein Anzug getragen werden. Terminvereinbarung und Visitenkarten sind üblich. Die Monate Oktober bis Mai sind die beste Zeit für Geschäftsreisen. **Geschäftszeiten (Behörden):** Sa-Do 08.00-14.30 Uhr.
Kontaktadressen: *Handelsabteilung der Botschaft der Volksrepublik Bangladesch*, Bonner Straße 48, D-53173 Bonn. Tel: (0228) 35 30 06. Telefax: (0228) 35 41 42. *Die wirtschaftlichen Interessen Österreichs werden von der Außenhandelsstelle in Neu Delhi (s. Indien) wahrgenommen.*
Federation of Bangladesh Chambers of Commerce and Industry (Industrie- und Handelskammer), Federation Bhaban, PO Box 2079, Dhaka 1000. Tel: (02) 25 05 66. Telex: 642733.
Ministry of Commerce, Shilpa Bhaban, Motijheel C/A, Dhaka. Telex: 642201.

KLIMA

Tropisch und sehr heiß, Monsunregen treten in den Monaten April bis Oktober auf. Während dieser Zeit sind die Temperaturen am höchsten. Von November bis März ist es etwas kühler. Hauptjahreszeiten: Winter (Nov. - Febr.), Vormonsunzeit (März - Mai), Monsun (Juni - Sept.) und Nachmonsun (Okt. - Nov.).
Kleidung: Ganzjährig leichte Baumwoll- oder Leinenkleidung, Wollsachen am Abend und in der kühleren Jahreszeit. Regenschutz während der Monsunzeit.

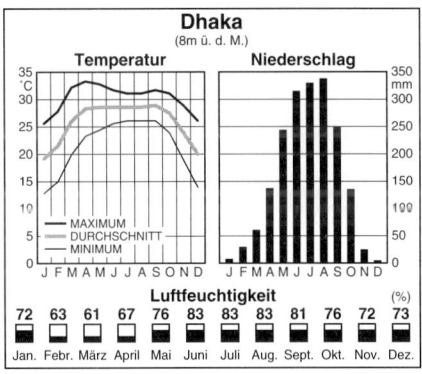

Lage: Karibik, Windward-Inseln.

Fremdenverkehrsamt von Barbados
Neue Mainzer Straße 22
D-60311 Frankfurt/M.
Tel: (069) 23 23 66. Telefax: (069) 23 00 77.
Mo-Fr 09.00-13.00 und 14.00-17.00 Uhr.
(auch zuständig für Österreich und die Schweiz)
Barbados Tourism Authority
Harbour Road
PO Box 242
Bridgetown
Tel: 427 26 23. Telefax: 426 40 80.
Honorarkonsulat von Barbados (mit Visumerteilung)
Rudloffstraße 21
D-27568 Bremerhaven
Tel: (04744) 22 23. Telefax: (04744) 22 21.
Mo-Fr 08.00-13.00 und 14.00-17.00 Uhr.
(übergeordnete Vertretung ist die Botschaft in Brüssel)
Honorargeneralkonsulat von Barbados (mit Visumerteilung)
Brucknerstraße 4
A-1040 Wien
Tel: (0222) 505 74 55. Telefax: (0222) 50 48 79 74
Mo-Fr 09.00-17.00 Uhr.
Botschaft von Barbados
78 Avenue Général Lartigue
B-1200 Brüssel
Tel: (02) 732 17 37, 732 18 67. Telefax: (02) 732 32 66.
Mo-Fr 09.30-17.30 Uhr.
(zuständig für Deutschland, Österreich und die Schweiz)
Deutsches Honorarkonsulat
Dayreus Road
Pleasant Hall
Christchurch
Tel: 427 18 76. Telefax: 427 81 27.
Die Schweizer und österreichische Interessenvertretung erfolgt durch die jeweilige Botschaft in Caracas (s. Venezuela).

FLÄCHE: 430 qkm.
BEVÖLKERUNGSZAHL: 260.000 (1993).
BEVÖLKERUNGSDICHTE: 605 pro qkm.
HAUPTSTADT: Bridgetown. **Einwohner:** 7466 (1980).
GEOGRAPHIE: Barbados ist die östlichste der Karibischen Inseln und liegt etwa 430 km nördlich von Venezuela. Die Strände im Süden und Westen der Insel

TIMATIC INFO-CODES

*Abrufbar über Ihr CRS-System (für START/Amadeus Ama-Maske benutzen). Für Galileo bitte TI-DFT eingeben (**mit Bindestrich**).*

Flughafengebühren	TI DFT/ BGI /TX
Währung	TI DFT/ BGI /CY
Zollbestimmungen	TI DFT/ BGI /CS
Gesundheit	TI DFT/ BGI /HE
Reisepassbestimmungen	TI DFT/ BGI /PA
Visabestimmungen	TI DFT/ BGI /VI

bestehen aus feinem weißen, teilweise rosafarbenen und honiggelben Sand. Das Meer ist strahlend blau oder smaragdgrün und umspült die Korallenriffe. An der Ostküste tobt die Brandung des Atlantik gegen die felsige Küste. Barbados hat ein tropisches Klima, durch die ständig wehenden Passatwinde herrschen fast das ganze Jahr über sehr angenehme Temperaturen. Auf den fruchtbaren Böden der Insel wird hauptsächlich Zuckerrohr angebaut. Die Insel ist überwiegend flach und nur im Norden sanft hügelig. Der Korallenboden der Insel wirkt wie ein natürlicher Filter, und das Wasser in Barbados gehört zu dem saubersten der Welt.

STAATSFORM: Parlamentarische Monarchie im Commonwealth, seit 1966. Regierungschef: Owen Arthur, seit 1994. Staatsoberhaupt: Königin Elizabeth II., vertreten durch die einheimische Generalgouverneurin Dame Nita Barrow, seit 1990. Parlament aus zwei Kammern, dem Senat und dem *House of Assembly* (Repräsentantenhaus), dessen Mitglieder direkt gewählt werden. Die letzten Parlamentswahlen fanden 1991 statt.

SPRACHE: Amtssprache ist Englisch, Umgangssprache *Bajan*, ein kreolischer Dialekt.

RELIGION: Vorwiegend Christen, hauptsächlich Protestanten und Katholiken; auch jüdische, hinduistische und moslemische Glaubensgemeinschaften.

ORTSZEIT: MEZ - 5 (MEZ - 6 im Sommer).

NETZSPANNUNG: 110 V, 50 Hz. Adapter stehen in den meisten Hotels zur Verfügung.

POST- UND FERNMELDEWESEN: Telefon: Einige Ortschaften auf Barbados können aus dem Ausland direkt angewählt werden, Selbstwählferndienst ins Ausland. **Landesvorwahl: 1 809.** Die Telefone in den Hotels können auch von Nicht-Gästen benutzt werden. Telefonate innerhalb der Insel sind kostenlos. **Telefax:** Anschlüsse in den größeren Hotels und bei *Barbados External Telecommunications Ltd.* **Telexe/Telegramme** können bei *Barbados External Telecommunications Ltd.* aufgegeben werden. Die Hauptniederlassung in Bridgetown hat einen Telefon-, Telex- und Telegrammservice. Die Zweigstelle in Wildney, St. Michael, ist rund um die Uhr geöffnet. *Cable and Wireless Ltd.* ist für weltweite Nachrichtenübermittlung zuständig, ihr Büro in der Lower Broad Street ist Mo-Fr 07.00-19.00 Uhr und Sa 07.00-13.00 Uhr geöffnet. Telexgeräte können auch gemietet werden. **Post:** Zustellung in Bridgetown zweimal am Tag, einmal täglich in ländlichen Gebieten. Die roten Briefkästen stehen überall auf der Insel. Das Hauptpostamt in Bridgetown ist Mo-Fr 07.30-17.00 Uhr geöffnet, andere Postämter öffnen Mo 07.30-12.00 und 13.00-15.00 Uhr sowie Di-Fr 08.00-12.00 und 13.00-15.15 Uhr.

DEUTSCHE WELLE

Der Einsatz der Kurzwellenfrequenzen ändert sich mehrfach im Laufe eines Jahres, und Sendungen auf den folgenden Frequenzen werden jeweils nur zu bestimmten Tageszeiten ausgestrahlt. Näheres in der Einleitung.

MHz	17,860	17,715	9,730	9,545	6,100
Meterband	16	16	31	31	49

REISEPASS/VISUM

Wichtiger Hinweis: *Die Einreisebestimmungen mancher Länder können sich kurzfristig ändern – rufen Sie sicherheitshalber auf Ihrem CRS-System (TIMATIC-Info-Code-Fenster in diesem Kapitel) den aktuellen Stand ab bzw. wenden Sie sich an die zuständige diplomatische Vertretung. Etwaige Zahlen in der Tabelle beziehen sich auf nachfolgende Fußnoten.*

	Paß erforderlich?	*Visum erforderlich?*	*Rückflugticket erforderlich?*
Deutschland	Ja	Nein	Ja
Österreich	Ja	Nein	Ja
Schweiz	Ja	Nein	Ja
Andere EU-Länder	Ja	Nein/1	Ja

REISEPASS: Allgemein erforderlich, ausgenommen sind Staatsbürger der USA und Kanadas, die gegen Vorlage eines Identitäts- und Nationalitätsnachweises mit Foto sowie einer gültigen Rückfahrkarte für maximal 6 Monate einreisen dürfen, vorausgesetzt sie haben die Reise in ihrem Heimatland angetreten. Alle anderen Besucher brauchen einen Reisepaß, der noch mindestens 6 Monate gültig sein muß.

VISUM: Touristenvisa sind allgemein erforderlich, ausgenommen sind Staatsbürger der folgenden Länder für Aufenthalte von bis zu 6 Monaten (sofern nicht anders angegeben) bei Nachweis eines Rückflugtickets und ausreichender Geldmittel für die Dauer des Aufenthaltes:

(a) **[1]** Mitgliedstaaten der EU einschl. der Bundesrepublik Deutschland und Österreichs für Aufenthalte von bis zu 28 Tagen (Portugiesen brauchen jedoch ein Visum);

(b) der USA;

(c) Commonwealth-Ländern (Staatsbürger Indiens und Pakistans brauchen jedoch ein Visum; Staatsbürger Südafrikas von bis zu 28 Tagen);

(d) Argentinien, Brasilien, Dominikanische Republik, Fidschi, Hongkong, Island, Israel, Japan, Kolumbien, Korea-Süd, Kuba, Liechtenstein, Norwegen, Peru, Türkei, Tunesien, Venezuela für Aufenthalte von bis zu 3 Monaten;

(e) Costa Rica von bis zu 30 Tagen;

(f) Albanien, Armenien, Aserbaidschan, Belarus, Bulgarien, Chile, Estland, Georgien, Kasachstan, Kirgistan, Kroatien, Kuba, Lettland, Litauen, Mexiko, Moldawien, Nicaragua, Panama, Polen, Rumänien, Russische Föderation, Slowakische Republik, Slowenien, Suriname, Tadschikistan, Tschechische Republik, Turkmenistan, Ukraine, Ungarn und Usbekistan für Aufenthalte von bis zu 28 Tagen.

Hinweis: Generell besteht Verlängerungsmöglichkeit in Barbados.

Visaarten: Touristen- und Geschäftsvisa.

Visagebühren: 50 DM, 350 öS; in Brüssel: *Touristenvisum*: 900 bfr, *Geschäftsvisum*: 1200 bfr (jeweils plus 200 bfr Bearbeitungsgebühr bei postalischer Antragstellung).

Antragstellung: Anträge sind an das Konsulat bzw. die Konsularabteilung zu richten (Adressen s. o.).

Unterlagen: (a) 1 Antrag (in zweifacher Ausfertigung). (b) Paßfoto. (c) Gültiger Reisepaß (ggf. mit Aufenthaltsgenehmigung). (d) Gebühr (bei postalischer Antragstellung in Brüssel nur Banküberweisung, Euroscheck oder internationaler Postanweisung). (e) Firmenschreiben bei Geschäftsreisen. (f) Frankierter Rückumschlag (Einschreiben) bei postalischer Antragstellung (nur bei den Vertretungen in Deutschland und Brüssel).

Bearbeitungszeit: Nur persönliche Antragstellung mit sofortiger Ausstellung in Wien. Ansonsten bis zu 2 Wochen.

Aufenthaltsgenehmigung: Anfragen an das *Immigration Office*, Barbados.

GELD

Währung: 1 Barbados-Dollar (BDS$) = 100 Cents. Banknoten gibt es im Wert von 100, 50, 20, 10, 5 und 2 BDS$; Münzen im Wert von 1 BDS$ und 25, 10, 5 und 1 Cent.

Geldwechsel: Die günstigsten Wechselkurse erhält man bei Banken. Die *Barbados National Bank* und die sechs auf der Insel vertretenen internationalen Banken haben neben ihren Zentralen in Bridgetown Filialen in Hastings, Worthing, Holetown und Speightstown.

Kreditkarten: *Diners Club, American Express* und *Eurocard* werden in den Touristengegenden akzeptiert. Einzelheiten vom Aussteller der betreffenden Kreditkarte.

Reiseschecks werden von allen Banken und den meisten Hotels angenommen. US-Dollar-Reiseschecks werden empfohlen.

Wechselkurse

	BDS$ Sept. '92	BDS$ Febr. '94	BDS$ Jan. '95	BDS$ Jan. '96
1 DM	1,44	1,16	1,30	1,40
1 US$	2,01	2,02	2,01	2,01

Devisenbestimmungen: Landes- und Fremdwährungen dürfen in unbegrenzter Höhe eingeführt werden, müssen jedoch deklariert werden. Ausfuhr jeweils in Höhe der bei der Einreise deklarierten Summe.

Öffnungszeiten der Banken: Im allgemeinen Mo-Do 08.00-15.00 Uhr, Fr 08.00-17.00 Uhr.

DUTY FREE

Die folgenden Artikel dürfen zollfrei nach Barbados eingeführt werden:

200 Zigaretten oder 50 Zigarren oder 230 g Tabak;

1 Flasche Spirituosen;

Parfüm und Eau de toilette für den persönlichen Gebrauch.

Anmerkung: Zigaretten, Tabakwaren und alkoholische Getränke dürfen nur von Personen über 18 Jahren gekauft werden. Bestimmte Artikel können nach der Ankunft jederzeit gegen Vorlage des Reisepasses und eines gültigen Flugtickets zollfrei gekauft und bei der Abreise am Flughafen in Empfang genommen werden.

Einfuhrverbot: Schußwaffen, Munition. Einfuhr von Pflanzen und Tieren nur mit besonderer Genehmigung.

GESETZLICHE FEIERTAGE

1. Mai '96 Tag der Arbeit. **27. Mai** Pfingstmontag. **5. Aug.** Kadooment-Tag. **2. Okt.** Tag der Vereinten Nationen. **30. Nov.** Unabhängigkeitstag. **26./27. Dez.** Weihnachten. **1. Jan. '97** Neujahr. **21. Jan.** Errol-Barrow-Tag. **28. März** Karfreitag. **31. März** Ostermontag. **1. Mai** Tag der Arbeit. **19. Mai** Pfingstmontag.

GESUNDHEIT

In der folgenden Tabelle aufgeführte Impfvorschriften können sich kurzfristig ändern. Es wird stets empfohlen, auf Ihrem CRS-System (TIMATIC-Info-Code-Fenster in diesem Kapitel) den aktuellen Stand der Gesundheitsbestimmungen abzurufen bzw. rechtzeitig vor der Reise ärztlichen Rat einzuholen.

	Vorsichtsmaßnahmen empfohlen	*Impfschein erforderlich*
Gelbfieber	Ja	1
Cholera	Nein	Nein
Typhus & Polio	Nein	-
Malaria	Nein	-
Essen & Trinken	2	-

[1]: Eine Impfbescheinigung gegen Gelbfieber wird von allen Reisenden verlangt, die aus Infektionsgebieten kommen und über ein Jahr alt sind.

[2]: Das Wasser auf Barbados gilt als eines der saubersten der Welt; es wird vom Kalkstein und von den Korallen auf natürliche Art gefiltert und aus unterirdischen Flüssen gepumpt. Milch ist pasteurisiert, und der Konsum von Milchprodukten ist unbedenklich. Einheimisches Geflügel, Fleisch, Meeresfrüchte, Früchte und Gemüse gelten generell ebenfalls als unbedenklich. Seeigel, Korallen und Quallen bilden eine Gefahr für Badende.

Gesundheitsvorsorge: Die Krankenversorgung auf Barbados ist ausgezeichnet. Privatbehandlung ist möglich, einige Privatkliniken stehen zur Verfügung. Es gibt auch deutschsprachige Ärzte. Die beiden Krankenhäuser haben hochqualifiziertes Personal. Der Abschluß einer Reisekrankenversicherung wird empfohlen.

REISEVERKEHR - International

FLUGZEUG: Barbados wird von den folgenden Fluglinien angeflogen: *British West Indian Airlines* (BWIA), *CONDOR, LTU* (über Miami), *British Airways* (BA, über London) und *Martinair* (ab Amsterdam, mit Buszubringern von Dortmund, Münster, Düsseldorf, Essen und Köln).

Durchschnittliche Flugzeiten: *Frankfurt* – Bridgetown: 16 Std. (über Miami); *London* – Bridgetown: 8 Std. 40; *Wien* – Bridgetown: 11 Std. 30 (über London); *Zürich* – Bridgetown: ca. 12 Std. (über London).

Internationaler Flughafen: *Grantley Adams* (BGI) liegt 11 km östlich von Bridgetown, in der Provinz Christchurch. Flughafeneinrichtungen: Post (08.00-15.00 Uhr), Drogerie, Tourist-Information (08.00-22.00 Uhr), Mietwagenschalter, Hotel-Reservierungsschalter, Bank (08.00 Uhr bis zum letzten Flug), Bar, Geschäfte und ein Restaurant. Der Duty-free-Shop hat eine große Auswahl an Schmuck, Parfüm, Porzellan, Kristallglas, Fotoapparaten, Schuhen und Bekleidung. Regelmäßiger Busverkehr zur Stadt; die Fahrt dauert ca. 45 Min. Taxis fahren rund um die Uhr. Fahrzeit: 30 Min.

Flughafengebühren: Beim Abflug werden 25 BDS$ für nationale und internationale Flüge erhoben. Transitreisende, die nicht länger als 24 Std. auf Barbados bleiben, und Kinder unter 12 Jahren sind hiervon ausgenommen.

SCHIFF: Der Hafen in Bridgetown wird, wie auch andere Karibikinseln, von britischen, deutschen und amerikanischen Reedereien im Rahmen von Kreuzfahrten angelaufen. Nähere Informationen vom Fremdenverkehrsamt. Es wird eine geringe Hafengebühr erhoben. Ein neuer Terminal für Kreuzfahrtschiffe wurde Anfang 1994 in Bridgetown eröffnet. Zur Verfügung stehen mehrere Duty-free-Shops, ein Markt für einheimische Waren, Restaurant/Bar, Tourist-Information, Wechselstube, Mietwagenschalter, Telefon- und Telefaxstelle.

REISEVERKEHR - National

FLUGZEUG: *Leeward Islands Air Transport* (LIAT), *B. WI.A., Air Martinique* und *Carib Express* fliegen die meisten karibischen Nachbarinseln an. *Tropicair* und *Aero Services* bieten auch Charterflüge an. Mit einem *Inter-Caribbean BWIA Airpass* steht Reisenden fast der ganze Karibikraum offen (gültig in allen karibischen Staaten, die von BWIA angeflogen werden: Barbados, Antigua und Barbuda, Grenada, Jamaika, St. Lucia, St. Maarten und Trinidad und Tobago). Innerhalb seiner Gültigkeitsdauer von 30 Tagen berechtigt er zu unbegrenzten Flügen mit BWIA, allerdings müssen die gewünschten Strecken schon beim Kauf festgelegt werden, die Daten der einzelnen Flüge können jedoch auch erst später bestimmt werden. Zulässig ist jeweils nur ein Stopover auf jeder Insel.

BUS/PKW: Barbados hat ein gut ausgebautes Straßennetz, und auch die Ostküste ist seit der Fertigstellung der neuen Verbindungsstraße schneller zu erreichen. Die Fahrt von Bridgetown nach Speightstown dauert ca. 30 Min., nach Holetown und Oistins fährt man ca. 20 Min. **Bus:** Ein regelmäßiger Busverkehr mit günstigen Fahrpreisen verbindet Bridgetown mit allen Teilen der Insel. In der Hauptverkehrszeit sind die Busse oft überfüllt. Alle Buslinien enden in Bridgetown. **Taxi:** Standardtarife für alle Strecken, eine Preisliste ist vom Fremdenverkehrsamt erhältlich. **Mietwagen:** Verschiedene Fahrzeugtypen vom Mofa bis zur Limousine können am Flughafen, bei Autovermietungen in Bridgetown oder großen Hotels gemietet werden. Benzin ist verhältnismäßig preiswert. Fahrzeuge sind stunden-, tage- oder wochenweise zu mieten. **Verkehrsbestimmungen:** Man fährt auf der linken Straßenseite. Höchstgeschwindigkeiten: 35 km/h in Stadtgebieten, sonst 80 km/h. **Unterlagen:** Eine örtliche Fahrerlaubnis ist erforderlich (*Visitor's Driver's Licence*). Sie wird in den Büros des *Ministry of Transport*, am Flughafen und auf Polizeirevieren gegen eine Gebühr von 10 BDS$ ausgestellt. Autovermietungen sind ebenfalls bei den nötigen Formalitäten behilflich. Ein gültiger nationaler oder internationaler Führerschein muß vorgelegt werden.

STADTVERKEHR: Bridgetown hat ein Linienbusnetz, und Taxis gibt es überall in der Stadt.

UNTERKUNFT

Die meisten Hotels, Apartments, Ferienhäuser und Pensionen liegen an der Küste zwischen Speightstown und Oistins. Weitere Auskünfte erteilt die *Barbados Hotel & Tourism Association*, 4th Avenue, Belleville, St. Michael. Tel: 426 50 41, 429 71 13. Ein Verzeichnis der Hotels und Ferienwohnungen mit behindertengerechten Einrichtungen ist vom Fremdenverkehrsamt in Frankfurt erhältlich.
HOTELS: Es gibt für jeden Geldbeutel die passende Unterkunft. Das Spektrum reicht von exklusiven Luxushotels bis zu einfachen Pensionen. Die Luxushotels liegen an der Westküste, die preiswerteren Hotels findet man im Südwesten. An der atlantischen Ostküste, die den Passatwinden ausgesetzt ist, gibt es nur wenige Hotels und Pensionen. Die Einheimischen verbringen jedoch ihren Urlaub bevorzugt in diesem für barbadische Verhältnisse fast unwirtlichen Gebiet. In der Hauptsaison im Winter sind die Hotels teurer als im Sommer. Die Winterpreise gelten vom 16. Dezember bis zum 15. April, den Rest des Jahres gelten Sommerpreise. Auf alle Übernachtungspreise wird eine Regierungssteuer von 5% aufgeschlagen, und fast alle Hotels erheben einen Bedienungszuschlag von 10%. Klimaanlagen sind üblich, viele Hotels haben Swimmingpools; geschultes Personal sorgt für einen ausgezeichneten Service. Die in Hotelführern angegebenen Preise gelten fast ausschließlich für Übernachtung ohne Verpflegung. Reservierungen von Unterkünften werden von den zuständigen Reisebüros vorgenommen, erfolgen jedoch nicht kostenlos.
Kategorien: Es gibt kein »Sterne-System«. Hotels bieten in der Regel entweder den sogenannten *European Plan* (EP = nur Übernachtung) oder den *Modified American Plan* (MAP = Halbpension) an. Näheres vom Fremdenverkehrsamt.
GUEST HOUSES: Kleine Pensionen, *Guest Houses* genannt, befinden sich vor allem in Christchurch. Einige haben Kochgelegenheiten.
FERIENHÄUSER UND -WOHNUNGEN: Zahlreiche Ferienwohnungen, Ferienhäuschen und Villen können gemietet werden. An der Nordwestküste entstehen mehrere moderne Anlagen. An der von Touristen weniger besuchten Ostküste gibt es auch ältere, im traditionellen Stil erbaute Häuser. Viele der kleinen Apartment-Hotels, darunter das New Haven Mansion, Shangri-La und Olchris, sind Familienbetriebe. Oft kann man zwischen Selbstversorgung oder Essen im Restaurant wählen. Die Ausstattung ist in der Regel gut, und meist stehen Freizeitanlagen zur Verfügung. Auf alle Preise wird eine Regierungssteuer von 5% aufgeschlagen. Ein Bedienungszuschlag von 10% ist üblich.
JUGENDHERBERGEN: Auskunft erteilt die *Young Men's Christian Association*, Pinfold Street, Bridgetown. Tel: 426 39 10 oder die *Young Women's Christian Association*, Deacons Farm, St. Michael. Tel: 425 73 08.
CAMPING: Auf Barbados darf nicht gezeltet werden.

URLAUBSORTE & AUSFLÜGE

Die ausgeprägten landschaftlichen Unterschiede zwischen der Ost- und Westküste der Insel sind so außergewöhnlich, daß man beiden einen Besuch abstatten sollte. Die Ostküste am Atlantik ist wenig bebaut und ist von einer unverfälschten rauhen Schönheit. Die Westküste ist der Karibik zugewandt. Hier sind zwar fast alle Hotels zu finden, aber die Küste hat dennoch ihren Reiz bewahrt. Das Meer ist glatt, glasklar und wie für den Wassersport geschaffen.
Bridgetown: Barbados wurde 1536 von den Portugiesen »entdeckt«, stand jedoch bis zur Unabhängigkeitserklärung 1966 unter britischer Oberhoheit. Die alte Hauptstadt Bridgetown wirkt besonders englisch – hier gibt es sogar eine Miniaturausgabe des Londoner *Trafalgar Square*, komplett mit einer Statue des englischen Admirals Lord Nelson. Die Stadt ist relativ klein, auf einem Stadtbummel kann man sich ganz in Ruhe die Hauptsehenswürdigkeiten anschauen: *Fairchild-Markt*, die *St.-Michaels-Kathedrale* (1831 erbaut), die Synagoge, *Queen's Park*, *Belleville*, das *Government House* und das Museum von Barbados. Im *Temple Yard* wird ein Rastafari-Straßenmarkt abgehalten.
Von der Pfarrkirche *St. John* hat man einen herrlichen Blick auf die Ostküste. Auf dem Friedhof liegt Ferdinando Paleologus begraben, möglicherweise ein Nachfahr byzantinischer Kaiser.
Codrington College in der Nähe der **Consett Bay** wurde 1745 erbaut und kann täglich besichtigt werden.
Morgan Lewis Windmill steht im Scotland District **St. Andrew**. Die holländische Windmühle, die aus der Zeit der großen Zuckerrohrplantagen stammt, ist noch sehr gut erhalten. Die Mühle ist originalgetreu restauriert worden und für Besucher zugänglich.
Newcastle Coral Stone Gates: Die Tore in **St. Joseph** wurden von Filmemachern der 20th Century Fox für den Streifen »Island in the Sun« errichtet. Die Aussicht auf die wildromantischen Strände der Ostküste ist einmalig. In den terrassenförmig angelegten *Andromeda Gardens* kann man sich bei einem gemütlichen Spaziergang die üppigen Tropenpflanzen ansehen.
Welchman Hall Gully von **St. Thomas** ist eine tiefe Schlucht, die im 19. Jahrhundert mit seltenen Obst- und Gewürzbäumen bepflanzt wurde. Heute gehört sie dem *National Trust* (Bund für Naturschutz und Denkmalpflege).
The East Coast Road, die an der Ostküste entlang führt, bietet einen atemberaubenden Anblick über die tosenden Atlantikwellen, die an der Felsenküste brechen.
Holetown (St. James): Auf dem Denkmal im Ortskern wird 1605 als das Gründungsjahr der ersten britischen Siedlung angegeben, tatsächlich wurde sie jedoch erst 1627 gegründet. Einige Ruinen aus dieser Zeit sind erhalten geblieben. In *St. James*, der ersten Kirche der Stadt, steht ein Taufstein aus dem 17. Jahrhundert. Die Kirchenglocke trägt die Inschrift »God bless King William, 1696«.

Einen Besuch wert ist *Harrisons Cave* in **St. Thomas**. Diese geisterhaft erleuchtete Tropfsteinhöhle mit ihren Stalagmiten und Stalaktiten ist besonders eindrucksvoll. Eine kleine Bahn fährt den Besucher durch die 1,5 km lange Höhle. Tägliche Öffnungszeiten: 09.30-16.00 Uhr.
An der Ostküste der Insel in **Bathsheba** scheinen die kleinen pastellfarbenen Häuser der Stadt an den Kreidefelsen festgewachsen zu sein, die hoch über dem Atlantik aufragen.
Gun Hill von **St. George** war einst ein militärischer Beobachtungsposten. Hier hat ein englischer Soldat, der sich auf seinem Posten langweilte, einen Löwen in die Felswand eingemeißelt. Sehenswert ist ebenfalls die *St. George's Church* aus dem 18. Jahrhundert, die einen wunderschönen Altar hat.
Platinum Coast: Diese Bilderbuchküste wird auch *Millionaires Row* (Straße der Millionäre) genannt. Feine weiße Sandstrände und die kristallklaren türkisfarbenen Gewässer der Karibik laden zum Baden ein.
Speightstown liegt im nordwestlichen **St. Peter.** Dies ist ein für die Westindischen Inseln typisches Dorf mit niedlichen Holzhäusern, Geschäften, alten Kirchen und lebensfrohen, freundlichen Einwohnern. Die Ruinen des einst imposanten *Farley Hill House* sind malerisch mit Hibiskusblüten und Weihnachtssternen überwachsen. Dieses Gutshaus befindet sich nicht weit von Speightstown entfernt. Einen Besuch wert ist ebenfalls *St. Nicholas Abbey*. Das Herrenhaus aus der Zeit der großen Plantagen ist gut erhalten und beeindruckt durch seine persischen Rundbögen und den gutgepflegten Garten.
Am nördlichsten Punkt der Insel (**St. Lucy**) befindet sich die *Animal Flower Cave*. Diese Höhle wurde nach und nach vom Meereswasser ausgespühlt und geformt. Die Korallenfelsen leuchten hier in den verschiedensten Farbschattierungen.
Fährt man von hier aus landeinwärts, so kommt man an ausgedehnten Zuckerrohrfeldern, kleinen Kirchen und Ortschaften mit zauberhaften Holzhäusern vorbei.
Sam Lord's Castle im Süden der Insel, der einstige Wohnsitz eines Plantagenbesitzers, dient jetzt als Hotel und ist mit wunderschönen Möbeln aus barbadischem Mahagoni eingerichtet.
Ökotourismus, oder wie man hier sagt »nature tourism with a soft touch«, gewinnt zunehmend an Bedeutung in Barbados, und die Möglichkeiten für Radfahrer und Wanderfreunde werden erweitert. Informationen, auch über besondere Veranstaltungen, sind vom *Barbados National Trust* vor Ort erhältlich. Adresse: Wildey House, Belleville, St. Michael. Tel: 429 28 44. Die Vielfalt der Biotope auf der Insel ist wirklich eindrucksvoll und erhaltenswert. Vor allem die folgenden Gebiete geben einen besonderen Eindruck der barbadischen Flora und Fauna: Mangrovensümpfe (Graeme Hall Swamp), Feuchtgebiete, tropischer Regenwald und dramatische Schluchten (Turners Hall Woods, Jack-in-the-Box Gully, Welchman Hall Gully), Kalksteinhöhlen (Harrison's Cave), Steilküste, Dünen (Ostküste, Chancery Lane Beach), Korallenriffe und marine Schutzgebiete (Atlantis Submarines, Barbados Marine Reserve) und das Wild Life Reserve.

SOZIALPROFIL

ESSEN & TRINKEN: Auf den Speisekarten der vielen Restaurants findet man internationale und traditionelle einheimische Gerichte zu unterschiedlichen Preisen. Spezialitäten der Insel sind fliegender Fisch, Hummer, Süßkartoffelbrei, Brotfrucht, Okraschoten, Yamswurzeln und *Sea Eggs*, die vom Seeigel stammen und in Monaten mit »r« besonders gut schmecken sollen. Im tropischen Klima der Insel gedeihen Avocados, Birnen, die exotischen *Sour Sops*, Papayas, Mangos, Bananen, Feigen und Kokosnüsse. Seeigel (*Oursin*) ist eine ganz besondere Delikatesse. Hotelgäste müssen ihre Mahlzeiten nicht immer im eigenen Hotel einnehmen, sondern können ohne Aufpreis in einem anderen Hotel der gleichen Klasse essen gehen. **Vorsicht** vor den Früchten des Manchineel-Baumes, die Äpfeln ähnlich sehen – sie sind äußerst giftig! **Getränke:** Große Auswahl an Mixgetränken wie z. B. Sangria oder diversen Cocktails auf Rum-Basis (*Rumpunsch, Planters Punch* usw.). Die auf Barbados gebrannten Rumsorten, u. a. *Mount Gay*, zählen zu den besten der Welt. Kenner schätzen den *Cockspur's Five Star*. Viele Bars erinnern an englische »Pubs« und schenken echtes englisches Bier aus (das sogenannte *Bitter*, halbdunkel und obergärig). *Banks* ist die einheimische (helle) Biersorte.
NACHTLEBEN: Limbotänze, Steelbands und Tanzkapellen sind nur einige der Abendunterhaltungen, die in Nachtklubs, Diskotheken und Bars angeboten werden. Der Eintritt ist oft kostenlos oder relativ preiswert. Bootsfahrten (*Fun Cruises*) an der Küste entlang sind sehr beliebt, Abfahrt ist in der Regel zweimal täglich, und an Bord gibt es diverse Unterhaltungsprogramme, Buffets und Bars. **Informationen:** In den *Barbados News* sind täglich alle stattfindenden Veranstaltungen aufgeführt, wöchentliche Veranstaltungskalender sind in den meisten Hotels erhältlich, ein monatliches Verzeichnis (*What's On*) ist beim Fremdenverkehrsamt erhältlich.
EINKAUFSTIPS: Der Einkaufsbummel ist bei dem reichhaltigen Angebot wirklich ein Vergnügen, und gegen Vorlage von Flugticket und Reisepaß können viele Artikel zollfrei eingekauft werden. Bestimmte Waren kann man sofort mitnehmen, andere werden zum Flughafen oder an den Hafen geliefert und können bei der Abreise abgeholt werden. Die Preise sind nicht die niedrigsten, aber die hohe Qualität der internationalen Waren, von Schmuck, Bekleidung und Keramik macht den Einkauf doch lohnenswert. Rum, Stroharbeiten, Korallenschmuck, Batikstoffe, bunt bedruckte Baumwollstoffe und Holzschnitzereien sind die schönsten Mitbringsel. **Öffnungszeiten der Lebensmittelläden:** Mo-Fr 08.00-19.00/20.00 Uhr, Sa 08.00-13.00 Uhr. **Öffnungszeiten aller anderen Geschäfte:** Mo-Fr 08.00-16.00 Uhr, Sa 08.00-13.00 Uhr.
SPORT: Golf: Es gibt einen Golfplatz mit 18 Löchern und zwei mit 9 Löchern, deren Benutzung man im voraus reservieren muß. Nach seiner Fertigstellung Mitte/Ende 1996 wird der *Royal Westmoreland Golf Course* das Herz jedes Golfers höher schlagen lassen. Geplant ist ein 27-Loch-Parcours, derzeit sind 18 Loch bespielbar. Der Komplex wird auch 360 Ferienhäuser und Apartment-Häuser mit Eigentumswohnungen umfassen. **Reiten:** Es gibt mehrere Reitställe. **Tennis** wird viel gespielt. **Volleyball** und **Hockey** sind ebenfalls beliebt. **Pferderennen:** Es gibt drei große Rennen auf der *Garrison Savannah* im Frühling, Sommer und Herbst. **Wassersport:** Schwimmen, Tauchen, Segeln, Windsurfen und Wasserski an der Süd- und Westküste. Die meisten Hotels stellen Wassersportgeräte und Taucherausrüstungen gegen eine Leihgebühr zur Verfügung. Boote zum Sportfischen können gemietet werden. **Kricket** ist Nationalsport auf Barbados, und in der besonders trockenen Zeit (Januar - Juni) kann man Profis und Amateuren dabei zusehen.
VERANSTALTUNGSKALENDER
24. - 26. Mai '96 *Gospelfest*. **13. Juli - 5. Aug.** *Crop-Over-Festival* (Kostümparaden und Calypsomusik zum Ende der Zuckerrohrernte). **18. - 24. Aug.** *Banks Hockey Festival*. **Nov.** *National Independence Festival of Culture and Arts*, vor dem Unabhängigkeitstag (30. Nov.), mit Tänzen, Shows, Musik und Kunstausstellungen. **Dez.** *United Barbados Open Golf Tournament*. **7./8. Dez.** (1) *Run Barbados* (10-km-Lauf). (2) *Barbados Marathon*. **Jan. '97** *Jazz Festival*. **Febr.** *Holetown Festival* zum Gedenken der Landung der ersten Siedler auf Barbados. **April** *Oistins Fish Festival* zeigt alle Facetten der Fischindustrie. Genaue Daten und Informationen über Sonderveranstaltungen vom Fremdenverkehrsamt.
SITTEN & GEBRÄUCHE: Auf Barbados geht es im allgemeinen gemächlich zu, man genießt das Leben. Architektur und Verwaltungsstruktur erinnern in vielem an englische Provinzstädte. Legere Kleidung wird überall akzeptiert. In Hotels und Restaurants wird abends etwas elegantere Kleidung (Anzug mit Krawatte, Abend- oder Cocktailkleid) erwartet. Im allgemeinen ist Rauchen überall gestattet. Badebekleidung gehört an den Strand.

Barbados / Belarus

Trinkgeld: Gepäckträger erwarten 1 BDS$ pro Gepäckstück. In Restaurants und Nachtklubs überläßt man die Höhe des Trinkgeldes dem Ermessen des Gastes. In Hotels ist der Bedienungszuschlag in der Regel in der Rechnung enthalten, ansonsten sind 10% üblich.

WIRTSCHAFTSPROFIL

WIRTSCHAFT: Größter Wirtschaftszweig auf Barbados ist traditionell der Zuckerrohranbau – die konstant niedrigen Weltmarktpreise der achtziger Jahre veranlassten jedoch die Regierung, den Tourismus zu fördern und die Leichtindustrie auszubauen. Der Tourismus ist mittlerweile größter Arbeitgeber und Devisenbringer des Landes, und die Tendenz ist weiterhin steigend. Die meisten Besucher kamen aus den USA, Europa, den umliegenden Commonwealth-Staaten und Kanada. Die Leichtindustrie (Elektronik-Bauteile, elektrische Geräte) war weniger erfolgreich, da die Nachfrage in den USA, dem Hauptabsatzmarkt dieser Produkte, stark zurückging. Erdölvorkommen sind vor kurzem in den Küstengewässern entdeckt worden, aber die Fördermenge ist bislang gering, und die staatliche Erdölhandelsgesellschaft arbeitet mit Verlust. Barbados bezieht Entwicklungshilfe aus Großbritannien und den USA und ist Mitglied der karibischen Wirtschaftsgemeinschaft CARICOM. Die Regierung versucht, mit Steuervergünstigungen Anreize für ausländische Banken, Versicherungsgesellschaften und internationale Firmen zu schaffen, um der Wirtschaft neue Impulse zu geben. Die wichtigsten Handelspartner sind die CARICOM-Länder, Großbritannien und die USA – 36% aller Importe kommen aus den USA. Exportiert werden hauptsächlich Maschinen, Rohstoffe und Rum.

GESCHÄFTSVERKEHR: Tropenanzüge oder Hemd und Krawatte sind angebracht. Man hält sich an europäische Höflichkeitsformen. **Geschäftszeiten:** Mo-Fr 08.00-16.00 Uhr.
Kontaktadresse: *Barbados Chamber of Commerce and Industry* (Industrie- und Handelskammer), PO Box 189, St. Michael. Tel: 426 20 56. Telefax: 429 29 07.
KONFERENZEN/TAGUNGEN: Geschäftsreisenden und Veranstaltern von Konferenzen und Tagungen steht eine Anzahl von Hotels mit Tagungsräumen zur Verfügung. Es gibt zwei Kongreßzentren. Das neue Sherbourne Conference Centre (3 km von Bridgetown) bietet modernste Einrichtungen mit Kapazitäten für bis zu 800 Teilnehmer. Weitere Auskünfte von: *Bartic Tours*, Dover Convention Centre, Dover, Christchurch. Tel: 428 59 80. Telefax: 428 92 71.

KLIMA

Angenehmes, mildes, tropisches Klima. Ständige Passatwinde bringen willkommene Kühlung. Sonniger und trockener als die anderen karibischen Inseln. Die Trockenzeit dauert von Dezember bis Juni. Von Juli bis November gibt es öfter kurze Regenschauer. Von November bis März scheint die Sonne im Durchschnitt 9-10 Std., zwischen April und Oktober 7-8 Std.
Kleidung: Sommerliche, luftige Baumwoll- und Leinenkleidung. Leichte Wollsachen für kühlere Abende zwischen Dezember und Mai.

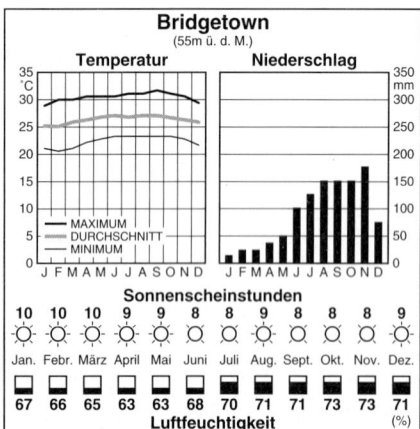

Zur Benutzung dieses Buches beachten Sie bitte auch die *Einleitung*

Belarus (Weissrussland)

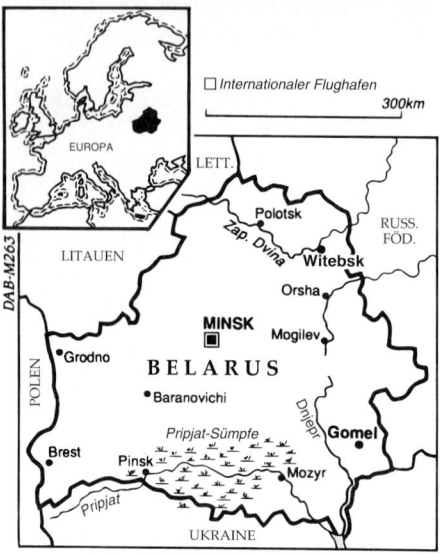

Lage: Osteuropa.

Olympia-Reisen
Siegburger Straße 49
D-53229 Bonn
Tel: (0228) 40 00 30. Telefax: (0228) 46 69 32.
Mo-Fr 08.00-18.00 Uhr.

Intourist Reisen GmbH
Bleicherweg 15a
CH-8002 Zürich
Tel: (01) 281 11 14. Telefax: (01) 281 11 24.
Mo-Fr 09.00-12.00 und 14.00-18.00 Uhr.

Belintourist
Masherava 19
220 078 Minsk
Tel: (0172) 26 98 40. Telefax: (0172) 23 11 43.
Mo-Fr 09.00-18.00 Uhr.

Botschaft der Republik Belarus
Fritz-Schäffer-Straße 20
D-53113 Bonn
Tel: (0228) 201 13-0, *Konsularabt.*: 201 13-30. Telefax: (0228) 201 13-39.
Mo-Fr 09.00-13.00 und 14.30-18.00 Uhr, *Konsularabt.*: Mo-Fr 09.00-13.00 Uhr (außer Mittwoch).

Botschaft der Republik Belarus – Außenstelle Berlin
Unter den Linden 55-61
D-10117 Berlin
Tel: (030) 229 29 78, *Konsularabt.*: 229 95 94. Telefax: (030) 229 95 19.
Konsularabt.: Mo, Mi, Fr 08.00-12.00 Uhr.

Botschaft der Republik Belarus
Erzherzog-Karl-Straße 182
A-1220 Wien
Tel: (0222) 283 64 57, *Konsularabt.*: 283 85 58. Telefax: (0222) 283 58 86.
Mo-Fr 08.00-12.30 und 14.00-18.00 Uhr, *Konsularabt.*: Di, Do, Fr 09.00-12.00 Uhr.

Botschaft der Republik Belarus
Quartierweg 6
CH-3074 Muri/Bern
Tel/Telefax: (031) 952 79 14.
Mo-Fr 10.00-13.00 und 15.00-18.00 Uhr.

Botschaft der Bundesrepublik Deutschland
Uliza Sacharowa 26
Minsk
Tel: (0172) 33 27 14, 33 03 57. Telefax: (0172) 36 85 52.

TIMATIC INFO-CODES

Abrufbar über Ihr CRS-System (für START/Amadeus Ama-Maske benutzen). Für Galileo bitte TI-DFT eingeben (mit Bindestrich).

Flughafengebühren	TI DFT/ MSQ /TX
Währung	TI DFT/ MSQ /CY
Zollbestimmungen	TI DFT/ MSQ /CS
Gesundheit	TI DFT/ MSQ /HE
Reisepassbestimmungen	TI DFT/ MSQ /PA
Visabestimmungen	TI DFT/ MSQ /VI

Die diplomatische Vertretung Österreichs erfolgt durch die Botschaft in Moskau (s. Russische Föderation).
Botschaft der Schweizerischen Eidgenossenschaft
c/o Sulzer Minsk
Ul. Frunze 9-56
220 050 Minsk
Tel/Telefax: (0172) 36 36 60.

FLÄCHE: 207.595 qkm.
BEVÖLKERUNGSZAHL: 10.188.000 (1993).
BEVÖLKERUNGSDICHTE: 49 pro qkm.
HAUPTSTADT: Minsk. Einwohner: 1.661.000 (1993).
GEOGRAPHIE: Belarus grenzt im Nordwesten an Lettland und Litauen, im Norden und Osten an die Russische Föderation, im Süden an die Ukraine und im Westen an Polen. Seen, große Moorgebiete (13% der Gesamtfläche) und Wälder prägen das Landschaftsbild. Mischwälder mit Birken, Eichen, Ahorn und Fichten bedecken ein Drittel der Fläche. Die Tierwelt ist artenreich, und mit etwas Glück kann man Wisenten, Luchsen, Bibern, Wölfen und Bären begegnen. Der Dnjepr und andere große Flüsse durchfließen das überwiegend flache Land, in dem es einige interessante historische Städte gibt.
STAATSFORM: Präsidialrepublik. Staatsoberhaupt: Präsident Alexander G. Lukaschenka, seit Juli 1994. Regierungschef: Michail Tschigir, seit Juli 1994. Eine neue Verfassung ist seit März 1994 in Kraft. Es gibt mehrere Parteien. Die ersten freien Wahlen im Mai 1995 scheiterten. Das Parlament von 1990 mit kommunistischer Mehrheit wurde vorläufig wieder eingesetzt. Belarus ist Mitglied der GUS.
SPRACHE: Amtssprachen sind Weißrussisch und Russisch, daneben Ukrainisch, Polnisch und andere Sprachen ethnischer Minderheiten.
RELIGION: Überwiegend russisch-orthodox; daneben römisch-katholisch, protestantisch, jüdisch und islamisch.
ORTSZEIT: MEZ + 1.
NETZSPANNUNG: 220 V, 50 Hz. Adapter empfohlen.
POST- UND FERNMELDEWESEN: Telefon: Selbstwählferndienst in alle Städte, einschließlich Minsk (0172) und Brest (0162). **Landesvorwahl: 375.** Internationale Ferngespräche aus Belarus müssen rechtzeitig persönlich beim Fernamt angemeldet werden.
Telefax/Telex: Telefax- und Telexgeräte stehen in einigen großen Minsker Hotels (Jubilejnaja und Planeta) zur Verfügung. **Telegramme** kann man in vielen Hotels aufgeben. **Post:** Luftpostsendungen nach Westeuropa sind über 10 Tage unterwegs. Größere Hotels nehmen postlagernde Sendungen entgegen.

DEUTSCHE WELLE
Der Einsatz der Kurzwellenfrequenzen ändert sich mehrfach im Laufe eines Jahres, und Sendungen auf den folgenden Frequenzen werden jeweils nur zu bestimmten Tageszeiten ausgestrahlt. Näheres in der Einleitung.

MHz	21,560	17,845	11,865	9,545	6,140
Meterband	13	16	25	31	49

REISEPASS/VISUM

Wichtiger Hinweis: Die Einreisebestimmungen mancher Länder können sich kurzfristig ändern – rufen Sie sicherheitshalber auf Ihrem CRS-System (TIMATIC-Info-Code-Fenster in diesem Kapitel) den aktuellen Stand ab bzw. wenden Sie sich an die zuständige diplomatische Vertretung. Etwaige Zahlen in der Tabelle beziehen sich auf nachfolgende Fußnoten.

	Paß erforderlich?	Visum erforderlich?	Rückflugticket erforderlich?
Deutschland	Ja	Ja	Nein
Österreich	Ja	Ja	Nein
Schweiz	Ja	Ja	Nein
Andere EU-Länder	Ja	Ja	Nein

Anmerkung: Änderungen der Einreiseformalitäten können sich jederzeit ergeben, deshalb ist es ratsam, sich vor der Beantragung direkt bei den Botschaften nach den aktuellen Bestimmungen zu erkundigen.
REISEPASS: Allgemein erforderlich zur Einreise. Kinder, die in Begleitung der Eltern nach Belarus reisen, müssen in die Pässe ihrer Eltern eingetragen sein (Lichtbild erwünscht, sofern Platz dafür vorgesehen). Reisen Kinder allein, benötigen sie einen eigenen Reisepaß.
VISUM: Genereller Visumzwang, ausgenommen sind Staatsbürger der GUS. Man braucht ein Transitvisum, wenn man über Belarus in die Ukraine oder in die Baltischen Staaten einreist. Es ist jedoch kein Transitvisum erforderlich, wenn man über Belarus in die Russische Föderation einreist.
Visaarten: *Einfaches Visum*, *Touristenvisum* (Nachweis einer Hotelbuchung oder Fax eines Reisebüros erforderlich), *Transitvisum* (48 Std. Aufenthaltsgenehmigung), *Mehrfachvisum* (Jahresvisum bzw. Visum für zwei-, drei- oder mehrmalige Ein- und Ausreise). Für *Geschäfts-* und *Privatvisa* benötigt man eine Einladung. *Sammelvisa* für Touristengruppen (ab 10 Personen).
Anmerkung: Einzel- und Pkw-Reisende können Visa generell erst dann beantragen, wenn ihre Reise von Intourist bestätigt wurde. Im Visumantrag sollte als Reisezweck »Autotourist« angegeben werden.

Visagebühren: *Einfaches Visum*: 60 DM (privat), 90 DM (geschäftlich), 400 öS (privat oder geschäftlich), 90 sfr (privat oder geschäftlich). *Touristenvisum:* 65 DM, 200 öS, 30 sfr. *Transitvisum:* 55 DM, 200 öS, 45 sfr. *Mehrfachvisum:* unterschiedliche Preise, je nach Anzahl der Ein- und Ausreise. *Jahresvisum:* 410 DM, 1600 öS, 450 sfr. *Sammelvisum:* 45 DM, 250 öS, 15 sfr.
Anmerkung: Expreßausstellungen kosten das Doppelte. Visa für Kinder unter 16 Jahren sind generell gebührenfrei.
Gültigkeit: Bis zu einem Jahr. Die Länge des Visums hängt von der Dauer des Aufenthaltes und von der Gültigkeit des Reisepasses ab (z. B. können Visa nur dann ausgestellt werden, wenn der Paß auch gültig ist). Eine Verlängerung ist nur für Diplomaten möglich. Touristen müssen einen neuen Antrag an das Innenministerium stellen.
Antragstellung: Konsularabteilung der Botschaft (Adressen s. o.). Staatsbürger von Ländern, in denen die Republik Belarus keine Vertretung hat, können das Einreisevisum am Minsker Flughafen erhalten.
Bearbeitungszeit: 3-7 Werktage. Expreßausstellungen am gleichen Tag.
Unterlagen: *Einfaches Visum:* (a) Einladung einer juristischen Person in Belarus (Geschäftsreisen) bzw. amtlich bestätigte Einladung einer Privatperson (Privatreisen). (b) Antragsformular. (c) Paßfotos. (d) Gültiger Reisepaß (Original). (e) Gebühr in bar.
Touristenvisum: (a) Voucher eines Reisebüros mit Angaben über Reiseroute, Aufenthaltsdauer, genaue Ein- und Ausreisedaten sowie Anzahl der Reisenden. (b) 1 Antragsformular pro Person. (c) 1 Paßfoto pro Person. (d) Reisepaß in Kopie für Reisegruppen, jedoch Reisepaß im Original, wenn mehrere Einzelpersonen zusammen als Touristen reisen.
Sammelvisum (nur für Touristengruppen): (a) Fotokopien der Reisepässe (Originale nicht erforderlich), eine Liste in zweifacher Ausführung mit Angaben über Namen und Vornamen der Teilnehmer, Geburtsdaten, Paßnummern und Nationalität, außerdem die geplante Reiseroute und geplanten Verkehrsmittel. (b) Von einer Bank bestätigter Einzahlungsbeleg über entrichtete Bearbeitungsgebühr (Deutschland), Gebühr in bar (Österreich).
Transitvisum: (a) Gültige Einreisedokumente für das Zielland. (b) Antragsformular. (c) Paßfoto. (d) Gültiger Reisepaß (Original). (e) Gebühr in bar.
Bei postalischer Antragstellung sollte in jedem Fall ein frankierter Rückumschlag beigefügt werden.
Mehrfachvisum/Dauervisum: Anträge und Unterlagen müssen von Ministerien, der heimischen Firma bzw. der Niederlassung in Belarus beim Außenministerium in Minsk eingereicht werden (Ul. Lenina 19, Minsk. Tel: (0172) 27 29 22). Eine Begründung des Antrages seitens des Antragstellers ist erforderlich. Nach der Zustimmung des Außenministeriums kann das Dauervisum von jeder Botschaft der Republik Belarus ausgestellt werden. Einzelheiten sind bei den Botschaften oder direkt beim Außenministerium zu klären.
Anmerkung: Alle Besucher müssen sich innerhalb von 24 Std. nach der Ankunft entweder im Hotel oder an der nächsten Polizeidienststelle registrieren lassen.

GELD

Währung: Im Mai 1992 wurde der Belarussische Rubel eingeführt, der seit Ende 1994 allein gültiges Zahlungsmittel ist. 1 Rubel (Rbl) = 100 Kopeken. Banknoten sind im Wert von 50.000, 20.000, 10.000, 5000, 1000, 500, 200, 100, 50 Rbl in Umlauf. Die Münzen wurden aus dem Umlauf genommen. Die Regierung hat erfolgreich die astronomische Inflationsrate von 1994 (2220%) unter Kontrolle gebracht, welche zur Zeit auf 280% geschätzt wird.
Geldwechsel: Fremdwährungen sollten nur in offiziellen Wechselstuben und Banken umgetauscht werden. Jeder Geldwechsel muß auf dem Deklarationsformular vermerkt werden, und alle Quittungen sollten bis zur Ausreise aufbewahrt werden. Die meisten Reisekosten, einschl. Unterkunft, Mahlzeiten und Transport, müssen bereits vor der Abreise bezahlt werden, die Mitnahme großer Bargeldsummen ist daher unnötig. Verbliebenes Bargeld in Rubel kann nicht ausgeführt werden.
Kreditkarten: Internationale Kreditkarten wie *American Express, Diners Club, Eurocard, JCB International* und *Visa* werden in einigen größeren Hotels, Läden und Restaurants, in denen mit harter Währung bezahlt werden kann, akzeptiert. Einzelheiten vom Aussteller der betreffenden Kreditkarte.
Euroschecks: Bis zum Garantiehöchstbetrag von 300 US$. Kleinere Beträge sind jedoch empfehlenswert, da manchmal nicht genug Geld vorhanden ist. Einlösung nur bei Banken und großen Hotels.
Reiseschecks: Reiseschecks werden nur von großen Hotels angenommen. Für Einkäufe in den Läden, in denen man mit Westgeld bezahlen kann, wird allerdings Bargeld empfohlen.
Wechselkurse

	Rbl Sept. '92	Rbl Febr. '94	Rbl Jan. '95	Rbl Jan. '96
1 DM	0,38	0,34	0,43	8000
1 US$	0,56	0,58	0,67	11.500

Devisenbestimmungen: Die Ein- und Ausfuhr von Rubel ist nicht gestattet. Verbliebenes Bargeld in Rubel muß bei der Ausreise »zurückgetauscht« werden, man erhält jedoch nur eine Bestätigung der Bank, kein Wechselgeld. Am besten ist es, die eingetauschten Rubel vor der Heimfahrt zu verbrauchen. Die Ein- und Ausfuhr von Fremdwährungen ist unbegrenzt. Es besteht Deklarationspflicht.
Öffnungszeiten der Banken: Mo-Fr 09.30-17.30 Uhr.

DUTY FREE

Folgende Artikel können zollfrei nach Belarus eingeführt werden:
250 Zigaretten oder 250 g andere Tabakerzeugnisse;
1,5 l Spirituosen oder 2 l Wein;
Parfüm für den persönlichen Gebrauch;
Geschenke bis zu einem Wert von 1000 Rbl bzw. 100 DM.
Anmerkung: Bei der Einreise muß eine Zolldeklaration ausgefüllt werden, die bis zur Ausreise aufgehoben werden muß. Auf diesem Formular müssen alle eingeführten privaten Gegenstände einschl. Währungen und Wertgegenstände vermerkt werden. Bei genauer Zollkontrolle können die Zollformalitäten sehr langwierig sein. Die Ausfuhrbestimmungen sind sehr streng; es ist ratsam, sich bereits bei der Einreise nach den aktuellen Regelungen zu erkundigen.
Einfuhrverbot: Waffen, Munition, Narkotika, Drogen und alles, was als Zubehör für den Drogenkonsum betrachtet werden kann, Pornographie, unmoralische oder subversive Artikel, Perlen und Gegenstände Dritter, die für diese Person importiert werden sollen. Aktuelle Auskünfte erteilen die Botschaften.
Ausfuhrverbot: Wie oben; ungültige Wertpapiere, staatliche Schuldverschreibungen, Lotterielose und Jagdtrophäen nur mit Sondergenehmigung. Kunstgegenstände und Antiquitäten können nur mit vorheriger Erlaubnis ausgeführt werden.

GESETZLICHE FEIERTAGE

1. Mai '96 Tag der Arbeit. **9. Mai** Siegestag (2. Weltkrieg). **14. April** Orthodoxes Osterfest. **23. April** Radaunitsa (Orthodoxer Totengedenktag). **27. Juli** Unabhängigkeitstag. **2. Nov.** Allerseelen. **7. Nov.** Tag der Oktoberrevolution. **25. Dez.** Weihnachten. **1. Jan. '97** Neujahr. **7. Jan.** Orthodoxes Weihnachtsfest. **8. März** Internationaler Frauentag. **15. März** Tag der Verfassung. **27. April** Orthodoxes Osterfest.**1. Mai** Tag der Arbeit. **6. Mai** Radaunitsa (Orthodoxer Totengedenktag). **9. Mai** Siegestag (2. Weltkrieg).

GESUNDHEIT

In der folgenden Tabelle aufgeführte Impfvorschriften können sich kurzfristig ändern. Es wird stets empfohlen, auf Ihrem CRS-System (TIMATIC-Info-Code-Fenster in diesem Kapitel) den aktuellen Stand der Gesundheitsbestimmungen abzurufen bzw. rechtzeitig vor der Reise ärztlichen Rat einzuholen.

	Vorsichtsmaßnahmen empfohlen	*Impfschein erforderlich*
Gelbfieber	Nein	Nein
Cholera	Nein	Nein
Typhus & Polio	1	-
Malaria	Nein	-
Essen & Trinken	Nein	-

[1]: Es besteht die Gefahr von Poliomyelitis, die auch durch Wasser oder Lebensmittel übertragen werden kann.
In jüngster Zeit wurden *Diphterie*-Ausbrüche gemeldet. Eine Schutzimpfung wird empfohlen.
Hepatitis A kommt vor.
Gesundheitsvorsorge: Wer auf die Einnahme von Medikamenten angewiesen ist, sollte alle notwendigen Arzneimittel mitnehmen, da sie in Belarus vermutlich nicht erhältlich sind. Die ambulante Behandlung ist in der Regel kostenlos, es sei denn, es handelt sich um ernstere Probleme, die einen Krankenhausaufenthalt notwendig machen. Bei gebuchter Pauschalreise mit Belintourist können die Krankenhauskosten auch gegen nicht in Anspruch genommene touristische Leistungen verrechnet werden. Der Abschluß einer Reisekrankenversicherung wird empfohlen.

REISEVERKEHR - International

FLUGZEUG: Die nationale Fluggesellschaft *Belavia Belarusian Airlines* bietet mehrmals wöchentlich Direktverbindungen von Berlin, Frankfurt/M. und Wien nach Minsk. Linienflüge nach Minsk werden ferner von *Lufthansa, Austrian Airlines* und *Swissair* angeboten. Es gibt keine Direktflüge von der Schweiz (Verbindungen über Wien oder Frankfurt). *Belavia Belarusian Airlines* fliegt außerdem alle wichtigen Städte – insgesamt 26 – in den anderen Mitgliedsländern der GUS an.
Durchschnittliche Flugzeiten: *Berlin* – Minsk: 2 Std. 30; *Frankfurt* – Minsk: 3 Std. 30; *München* – Minsk: 3 Std. 30; *Wien* – Minsk: 3 Std; *Zürich* – Minsk: 4 Std. 25 (einschl. einstündiger Zwischenstopp in Wien); *Genf* – Minsk: 5 Std. 15 (einschl. zweistündiger Zwischenstopp in München); *Moskau* – Minsk: 1 Std.
Internationale Flughäfen: *Minsk 2 (MSQ)*, ca. 50 km von der Stadtmitte. Flughafeneinrichtungen: Post, Autovermietung, Bank, Bar, Geschäfte, Restaurants, Duty-free-Shop und Kinderkrippe. Busse fahren in das Stadtzentrum (Fahrzeit: ca. 45 Min.).
BAHN: Es gibt mehrere Verbindungen von Berlin über Warschau und Brest mit Anschluß nach Minsk. Von Wien besteht ebenfalls eine Verbindung über Warschau und Brest. Weitere Direktzüge oder Kurswagen stehen von anderen west- und osteuropäischen Städten zur Verfügung.
BUS/PKW: Besucher können mit dem eigenen Auto einreisen oder Mietwagen von Intourist benutzen. Es gibt die folgenden Grenzübergänge: Polen und Belarus: Terespol – Brest. Bei Anreise von Österreich über die Slowakische Republik und die Ukraine: Vysné Nemecké – Ushgorod. Es ist mit Wartezeiten an den einzelnen Grenzübergängen zu rechnen. Wer mit dem eigenen Auto einreist, sollte sein Visum bei der ersten Übernachtung im Hotel, Motel oder Campingplatz registrieren lassen. Pkw-Reisende müssen sich bei der Einreise schriftlich verpflichten, das Kraftfahrzeug wieder auszuführen. Es ist ratsam, sein Auto bei *Ingosstrach* zu versichern; Zweigstellen gibt es an allen Grenzübergängen und in größeren Städten. Die Internationale Grüne Versicherungskarte gilt nicht, viele Versicherungsgesellschaften stellen eine besondere Bescheinigung aus. Eine Kurzkaskoversicherung sollte unbedingt abgeschlossen werden. Die Benzinversorgung ist allgemein schlecht. Erhältlich sind nur Normalbenzin und Diesel. Inzwischen kann an Tankstellen jedoch mit Bargeld bezahlt werden. Es ist ratsam, immer einen Kanister zur Reserve mit sich zu führen. Maximal eine Tankfüllung kann zollfrei in Kanistern eingeführt werden. Besucher dürfen nur Strecken befahren, die vorher von Intourist genehmigt wurden (s. u.). Die Versorgung mit Tankstellen und Service-Einrichtungen ist auf den Hauptstrecken (Europastraßen) am besten gewährleistet, die Routen Brest – Minsk – Smolensk – Moskau – Twer – St. Petersburg – Wyborg und Brest – Minsk – Vilnius – Riga – Tallinn – St. Petersburg – Wyborg führen durch Belarus. Weitere Informationen über Unterlagen und Bestimmungen für Reisen mit dem Pkw von Olympia Reisen (Adresse s. o.).

REISEVERKEHR - National

FLUGZEUG: Inlandflüge von Minsk nach Brest, Grodno und in andere wichtige Städte.
Inlandsflughafen: *Minsk 1.*
BAHN: Das Schienennetz umfaßt 5590 km.
BUS/PKW: Das Straßennetz umfaßt 265.600 km, von denen 227.000 km asphaltiert sind. Urlaubsreisen mit Pkw oder Wohnmobil sind möglich, Intourist und Olympia Reisen helfen bei der Organisation. **Unterlagen:** Gültiger Reisepaß mit gültigem Visum; internationaler Führerschein; Intourist-Unterlagen mit der genehmigten Reiseroute, den Übernachtungsorten und den (Miet-) Wagenpapieren; Transporterlaubnis und Durchfahrtgenehmigung; Touristenpapiere. Es empfiehlt sich alle oben genannten Unterlagen in einer notariell beglaubigten Übersetzung immer mit sich zu führen. Bei Aufenthalten von bis zu 12 Monaten sollte der Wagen beim Zollamt oder der nächsten Polizeidienststelle registriert werden. Entfernungen: Minsk – Moskau: 700 km, Minsk – St. Petersburg: 900 km, Minsk – Kiew: 650 km. Einen Autoführer erhält man von Intourist oder Olympia Reisen. **Verkehrsbestimmungen:** Es gelten die in Westeuropa allgemein üblichen Verkehrsregeln und Schilder. Striktes Alkoholverbot (0,0‰). Höchstgeschwindigkeiten: 60 km/h (geschlossene Ortschaften), 90 km/h (Landstraßen). Weitere Einzelheiten s. entsprechende Rubrik im Kapitel *Russische Föderation.*
STADTVERKEHR: Die öffentlichen Verkehrsmittel sind gut und preiswert. Die U-Bahn (Metro) verkehrt zwischen 06.00 und 24.00 Uhr, Busse, Straßenbahnen und Oberleitungsbusse von 05.30 bis 01.00 Uhr. U-Bahnfahrscheine sind an allen Bahnhöfen erhältlich, Busfahrkarten sind auch für Straßenbahnen und Trolleybusse gültig. Man kann sie beim Fahrer oder an jeder Station kaufen. Die gelbgrünen Taxis (zu erkennen am grünen Licht auf der rechten Seite der Windschutzscheibe) kann man auf der Straße anhalten, telefonisch bestellen oder an Taxiständen finden.

UNTERKUNFT

HOTELS: 3- und 2-Sterne-Hotels gibt es in Minsk, Brest, Grodno, Mogilew und Witebsk. In Pinsk steht ein 1-Sterne-Hotel zur Verfügung. Das *Hotel Jubilejnaja* (3 Sterne) in der Minsker Innenstadt bietet Kabelfernsehen, Post, Wechselstube, Zeitungskiosk, Frisör, Schönheitssalon, Sauna, bewachten Parkplatz, Kasino, Restaurant mit internationaler und regionaler Küche, Bar, Schnellimbiß sowie Konferenzeinrichtungen. Geschäftsleute können die Telex- und Telefaxgeräte benutzen. Das ebenfalls in der Stadtmitte gelegene *Hotel Planeta* (2 Sterne) bietet ähnliche Einrichtungen. Weitere Informationen u. a. vom *Minsker Hotelverband*, Pr. Minsk Skaryny 11, Minsk. Tel: (0172) 20 24 96. Zusätzliche Informationsstelle: *Minsktourist*, Ul. Tankavaya 30, Minsk. Tel: (0172) 25 95 36.

Das *Minsky* am Stadtrand der Hauptstadt ist ein Motel, dem ein Campingplatz angeschlossen ist. Tennisplätze, Sauna und gute Langlaufpisten im nahegelegenen Naturschutzgebiet Priluksij sorgen für Abwechslung. Campingplätze sind ansonsten leider nur vereinzelt vorhanden.

URLAUBSORTE & AUSFLÜGE

Weite Ebenen, malerische Dörfer, alte Burgen und Klöster, ausgedehnte Wälder, 3000 Flüsse, 10.000 Seen und reizvolle Hügellandschaften erwarten den Feriengast. Belintourist hat verschiedene ein- bis zweiwöchige Touren mit unterschiedlichen Schwerpunkten im Programm, die für Naturfreunde, Kulturfans und Sportenthusiasten interessant sind.
Die weißrussische Hauptstadt **MINSK** wurde 1067 erstmalig urkundlich erwähnt. Außer den Ruinen der mittelalterlichen Kathedrale (12. Jh.) und einigen Bauwerken aus dem 17. Jh. sind jedoch nur wenige alte Gebäude erhalten geblieben. Als wichtiger Verkehrsknotenpunkt wurde Minsk im 2. Weltkrieg völlig zerstört und ist heute eine moderne Stadt mit breiten Straßen, reizvollen Parks und einem reichhaltigen Kulturangebot. Das Weißrussische Ballett genießt Weltruf, und auch ein Philharmonisches Orchester ist hier zu Hause. Es gibt zahlreiche Museen, das Nationalmuseum für Geschichte und Naturkunde und das Volkskundemuseum sind besonders sehenswert. Den drei bekanntesten weißrussischen Dichtern Kolas, Kupala und Brovka sind ebenfalls Museen gewidmet. Interessant sind außerdem die Nationalgalerie (Ikonen) und das Museum des 2. Weltkriegs. Im Kulturpalast werden Wanderausstellungen gezeigt. Die Kunstgalerie ist vor allem auf moderne Kunst spezialisiert. Im Vorort **Troitskoje Predmestje** erhält man einen Eindruck, wie Minsk früher einmal ausgesehen hat; man spaziert vorbei an hübschen, im 19. Jahrhundert erbauten Häusern, deren Fassaden in gelb, grün oder warmen Rottönen gehalten sind. Aus dem Zeitalter des Barock stammen die *Dreifaltigkeitskathedrale* und die *St. Katherinenkirche*. Am **Mascherov Prospekt** befinden sich nicht nur die großen Hotels, sondern auch einige imposante klassizistische Gebäude wie der *Kulturpalast*. Rund 22 km von der Hauptstadt entfernt, in malerischer Umgebung vor den Toren des Dorfes **Raubitschi,** liegt ein besuchenswertes Volkskundemuseum, das in einer alten Kirche untergebracht ist. Unbedingt einplanen sollte man einen Ausflug zum idyllischen **Minsker See** mit seinen vielen hübschen Inselchen. Von Fichtenwäldern umgeben, ist der See ein beliebtes Naherholungsgebiet (10 km von Minsk). Die typisch russischen Kirchen mit den charakteristischen Zwiebeltürmen kann man außer in Minsk selbst u. a. in Logoisk (40 km von Minsk), Krasnoje (60 km entfernt) und Molodetschno (80 km entfernt) bewundern. 60 km von der Hauptstadt entfernt erinnert das Denkmal von *Chatyn* an das gleichnamige Dorf, das im 2. Weltkrieg von der deutschen Wehrmacht niedergebrannt wurde. Das *Auferstehungskloster* in dem kleinen Dorf **Schirowitsa,** 190 km von Minsk, wurde im 15. Jh. errichtet, Konvent und Theologisches Seminar stammen aus dem 17./18. Jh. **Nesvisch,** etwa 200 km von Minsk, ist eine historische Stadt mit vielen alten Bauwerken. Die Residenz der einst hier ansässigen Familie Radjiwill ist eines der schönsten Schlösser des Landes. Der große Park beeindruckt durch wundervolle Gartenanlagen und viele Seen. Nur wenige Schritte entfernt steht die prächtige katholische Kirche, die im 16. Jh. von dem italienischen Architekten Bernardoni erbaut wurde. Sehenswert sind vor allem die herrlichen Fresken. In **Witebsk** (270 km von Minsk) wurde der bekannte Maler Mark Chagall geboren, ihm ist ein Kunstzentrum gewidmet, und sein Geburtshaus kann besichtigt werden. Witebsk ist eine der ältesten Städte des Landes, 1994 wurde die 1020-Jahrfeier begangen. Die malerische Landschaft dieser Region ist weitgehend unberührt, besonders schön ist die Seenplatte an der lettischen Grenze (s. u.). Die slawische Stadt **Polotsk** – 100 km von Witebsk – wurde im 9. Jh. gegründet und war Zentrum des Christentums im alten Rus (Reich). Die *St. Sophienkirche* (11. Jh.) und die für ihre Fresken bekannte *Jefrossinija-Erlöserkirche* (12. Jh.) sind steinerne Zeugnisse dieser Zeit. Imposant sind auch die beiden Burgen. Höhepunkt jedes Aufenthaltes in dem wichtigen Verkehrsknotenpunkt **Brest** ist zweifelsohne ein Besuch der alten *Brester Festung*, die auch gegen die deutschen Invasionstruppen verteidigt wurde. Ein Museum erzählt die Geschichte des Bauwerkes, und im Geschichts- und Archäologiemuseum sind Exponate zur Stadtgeschichte ausgestellt, die bis in das 13. Jh. zurückreicht. Nicht weit von Brest, nahe der polnischen Grenze, fühlt man sich um Jahrhunderte zurückversetzt. 500 Jahre alte Baumriesen stehen im Landschaftsschutzgebiet *Belavezhskaja Puschtscha*. Hier leben die heute selten gewordenen Wisente noch in freier Wildbahn. Hauptsehenswürdigkeiten in **Grodno,** der fünftgrößten Stadt des Landes, sind der alte Stadtkern, die *Kaloschkirche* und die alte Burg (beide 11. Jh.). Im Norden und Nordwesten des Landes unweit der Grenze nach Litauen und Lettland liegt die *Braslaver Seenplatte*. Die 30 großen und kleinen Seen sind in Wälder eingebettet und bieten gute Wassersportmöglichkeiten. Herrlich wandern kann man auch im *Naturschutzgebiet Bereschinskij*, das sich von der Quelle der lauschigen Beresina bis zum Paliker See hinzieht. Urwälder, Feuchtgebiete, tiefe Flüsse und eine reiche Tier- und Pflanzenwelt machen die Region zu einem einzigartigen Naturparadies, das von der UNESCO in die Liste schützenswerter Biotope aufgenommen wurde.

SOZIALPROFIL

ESSEN & TRINKEN: Weißrussischer *Borschtsch*, eine Suppe aus roter Beete, die heiß mit saurer Sahne serviert wird und *Fillet à la Minsk* sind nur einige der schmackhaften Spezialitäten, die in den Restaurants angeboten werden. Kartoffeln bestimmen die Speisekarte, Pilze und Beeren sind die beliebtesten Beilagen. Auf jeden Fall probieren sollte man *Draschenij*, ein leckeres Kartoffelgericht mit Pilzen, und *Draniki*, das mit eingemachten Beeren gereicht wird. *Motschanka* ist eine mit Schweineschmalz angemachte Suppe, zu der man heiße Eierkuchen ißt. Selbstverständlich braucht man auch auf Gerichte der internationalen Küche nicht zu verzichten, vor allem russische Spezialitäten sind in allen Gaststätten erhältlich. Am besten ißt man in den Hotelrestaurants. Essensgutscheine von Intourist werden fast überall angenommen, und viele Hotels und Restaurants nehmen auch ausländische Währungen an.
Getränke: Der aus über 100 Kräutern gebrannte Likör *Belovjeschkaja* hat einen ganz besonderen Geschmack. Eines der beliebtesten Getränke ist auch hier *Tschai* (schwarzer Tee). Kaffee erhält man zum Essen und in Cafés, die Qualität ist unterschiedlich. Alkoholfreie Getränke, Fruchtsäfte und Mineralwasser sind überall erhältlich. *Kwas* ist ein erfrischendes und ungewöhnliches Getränk aus gegorenem Brot, Mehl und Malz, ideal für heiße Tage. Getränke werden normalerweise per Gramm oder Flasche bestellt. Nach den geltenden Bestimmungen dürfen nicht mehr als 100 g Alkohol pro Person und Mahlzeit verkauft werden. Bars und Cafés schließen normalerweise um 22.00 Uhr.
NACHTLEBEN: Minsk hat ein vielfältiges Kulturleben, Oper, klassisches Ballett, Theater, Zirkus und Marionettentheater stehen zur Auswahl. Im Kulturzentrum kann man die mitreißenden Volkstänze erleben. Brest hat ebenfalls eine Bühne und ein Marionettentheater.
EINKAUFSTIPS: Hübsche Korbwaren, dekorative Holzkästchen, bemalte Teller und andere Kunstgewerbeartikel sind schöne Andenken. In Minsk gibt es besondere Läden, in denen man mit harter Währung bezahlen kann. In diesen Geschäften werden Armbanduhren, Kameras, Wein, Spirituosen, Pelze, Keramik, Glasartikel, Schmuck und Spielsachen – nur gegen Fremdwährungen – angeboten. Kreditkarten werden ebenfalls angenommen. Auch typisch russische Souvenirs wie die beliebten *Matrjoschkas*, die buntbemalten Holzpuppen, sind hier erhältlich. Sogar einen echten Samowar kann man erstehen. In allen anderen Geschäften muß in der Landeswährung bezahlt werden. Auf dem Skarina Prospekt in Minsk gibt es zwei große Kaufhäuser. Fast alle Geschäfte haben sonntags geschlossen; die speziellen Devisen-Läden sind jedoch normalerweise täglich geöffnet. Für Antiquitäten, andere wertvolle Gegenstände, Kunstwerke und Manuskripte braucht man eine Exportgenehmigung. Generell empfiehlt es sich, Kassenbons bis zur Ausreise aufzubewahren, da sie unter Umständen dem Zoll vorgezeigt werden müssen. **Öffnungszeiten der Geschäfte:** Mo-Sa 08.00/09.00-20.00/21.00 Uhr (Lebensmittel) bzw. 09.00-19.00 Uhr (übrige).
SPORT: In Minsk, einem der Austragungsorte der Olympischen Spiele 1980, stehen gute Sportanlagen zur Verfügung. **Tennis, Gymnastik, Leichtathletik, Schwimmen, Fußball** und **Eishockey** sind nur einige der Sportarten, die betrieben werden können. Im Raubitschier Sportzentrum gibt es ebenfalls gute Einrichtungen. Ausgezeichnete **Skilanglaufpisten** in herrlicher Umgebung bietet ein Naturschutzgebiet in der Nähe des Minsker Campingplatzes. **Schlittschuhlaufen** kann man sowohl auf natürlichen Bahnen wie auch auf künstlicher Eisbahn. Gute **Wandermöglichkeiten** bestehen im ganzen Land. Das Braslaver Seengebiet im Norden und Nordwesten der Republik ist ideal für Ferienvergnügen im eigenen Boot. Viele der insgesamt 30 Seen sind durch Kanäle verbunden.
VERANSTALTUNGSKALENDER
Juni '96 (1) *Internationales Mark-Chagall-Plenair*, Witebsk. (2) *Nationales Festival der belorussischen Lieder- und Dichtkunst*, Molodetschno/Minsk. **Juli** (1) *Internationales Festival »Slawischer Basar«*, Witebsk. (2) *Lyrikfestival*, Vjaschinka. **Aug.** *Musikalisches Polessje*, Brest und Gomel. **Okt.** *Belorussische Theaterfestspiele*, Minsk. **Nov.** (1) *Festival des Acapella Chors*, Minsk. (2) *Belorussischer Musikherbst*, Minsk.
SITTEN & GEBRÄUCHE: Zur Begrüßung gibt man sich die Hand. Alle Haus- und Stadtbesuche werden von Intourist organisiert. Gastfreundschaft ist selbstverständlich, und überall wird man freundlichen, aufgeschlossenen Menschen begegnen. Firmengeschenke werden gern angenommen. Nichtraucherzonen sind durch Hinweisschilder gekennzeichnet. **Trinkgeld:** 10% sind üblich. In einigen Hotels in Minsk und anderen Großstädten werden 10-15% für Bedienung auf die Rechnung aufgeschlagen.

WIRTSCHAFTSPROFIL

WIRTSCHAFT: Wie alle ehemaligen Ostblockländer hat auch Belarus große wirtschaftliche Probleme durch die schwierige Umstellung auf ein marktwirtschaftliches System nach Jahrzehnten der Planwirtschaft. Die Arbeitslosigkeit lag 1994 bei ca. 8% (inoffiziell); etwa ein Viertel der Bevölkerung lebt unter der Armutsgrenze. Größter Arbeitgeber ist die Industrie. Der Industriesektor erbrachte 1994 mehr als 50% des Inlandsproduktes, die Landwirtschaft etwa 17%. Kartoffeln und Getreide sind die wichtigsten Agrarerzeugnisse. Die Viehzucht spielt ebenfalls eine Rolle. Beide Bereiche haben bislang erhebliche Produktionseinbußen zu verzeichnen (BIP -20%, Stand 1994). Das Nationaleinkommen ging 1993 um rund 14% zurück, und die Inflationsrate ist weiterhin hoch (1995: 280%), hat sich jedoch gegenüber 1994 erheblich verbessert. Fahrzeug- und Maschinenbau (Landmaschinen, Motorräder und Traktoren), Automontage und chemische Industrie sind die bedeutendsten Industriezweige. Leichtindustrie (v. a. Radios, Fernsehgeräte und Kühlschränke), Bekleidungs- und Nahrungsmittelindustrie (Konserven und Zucker) sind ebenfalls von Bedeutung. Wichtigster Industriestandort ist Minsk. Belarus hat kaum Bodenschätze. Wirtschaftsreformen wurden eingeleitet und zahlreiche Joint-ventures mit ausländischen Firmen, darunter 13 österreichischen, gegründet. Die Zahl der Niederlassungen ausländischer Betriebe wächst ebenfalls. Haupthandelspartner sind die GUS-Staaten, vor allem die Russische Föderation, sowie Deutschland, Polen, Österreich und die USA. Exportiert werden überwiegend chemische Erzeugnisse (v. a. Kalidünger), Produkte der Erdölverarbeitung, Maschinen, Fahrzeuge (v. a. Traktoren) und Nahrungsmittel. Das Land erhält Wirtschaftshilfe u. a. aus Deutschland.
GESCHÄFTSVERKEHR: Korrekte Kleidung und Pünktlichkeit werden erwartet. Englisch ist vor allem im Managementbereich Geschäftssprache. Mitunter wird auch Deutsch gesprochen. Es ist ratsam, sich vereinbarte Termine noch einmal bestätigen zu lassen und Visitenkarten in Russisch und Deutsch bzw. Englisch mitzubringen. Die Verhandlungen ziehen sich oft hin, und es dauert relativ lange, bevor es zu einem Geschäftsabschluß kommt. **Geschäftszeiten:** Mo-Fr 09.00-18.00 Uhr.
Kontaktadressen: *Ost-Ausschuß der Deutschen Wirtschaft*, Gustav-Heinemann-Ufer 84, D-50968 Köln. Tel: (0221) 370 84 17. Telefax: (0221) 370 85 40.
Ost-Ausschuß der Deutschen Wirtschaft, Büro Berlin, Uhlandstraße 28, D-10719 Berlin. Tel: (030) 882 65 96. Telefax: (030) 882 51 93.
Wirtschaftskammer Österreich, Außenwirtschaftsorganisation, Osteuropareferat, Wiedner Hauptstraße 63, A-1045 Wien. Tel: (0222) 5 01 05-4322. Telefax: (0222) 5 02 06-255.
Die Repräsentanz der Deutschen Wirtschaft in Minsk ist z. Zt. im Aufbau.
Die wirtschaftlichen Interessen Österreichs werden von der Außenhandelsstelle der Wirtschaftskammer Österreich in Moskau vertreten (s. Russische Föderation).
Handels-, Industrie- und Wirtschaftskammer Schweiz-Belarus, c/o SHIV (Vorort), Postfach 690, CH-8034 Zürich. Tel: (01) 382 23 23. Telefax: (01) 382 23 32.
Industrie- und Handelskammer der Republik Belarus, Prospekt Masherava 14, 220 060 Minsk. Tel: (0172) 26 99 37. Telefax: (0172) 26 99 36.
Anmerkung: Intourist Reisen haben einen Messedienst, der Geschäftsreisenden auch in Belarus Hilfestellung leisten kann (Adressen s. o.).
KONFERENZEN/TAGUNGEN: Das Minsker 3-Sterne-Hotel Jubilejnaja hat Konferenzeinrichtungen für 250 Teilnehmer einschließlich Simultandolmetschanlage. Das Staatskomitee für Außenwirtschaftsbeziehungen gibt nähere Auskünfte: *State Committee of Foreign Economic Relations*, Government House, 220 010 Minsk. Tel: (0172) 29 63 45. Telefax: (0172) 27 39 24.

KLIMA

Gemäßigtes Kontinentalklima.

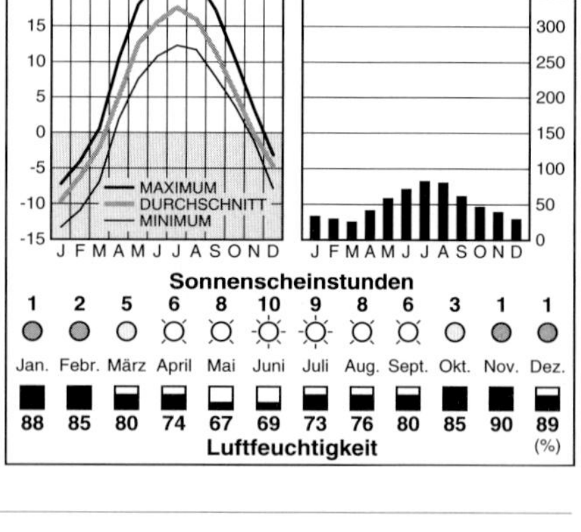

Belgien

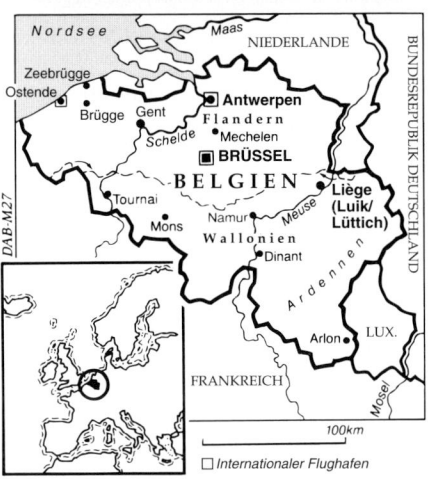

Lage: Westeuropa.

Belgisches Verkehrsamt
Berliner Allee 47
D-40212 Düsseldorf
Tel: (0211) 86 48 40. Telefax: (0211) 13 42 85.
Mo-Fr 08.30-17.00 Uhr.

Tourismuszentrale Flandern
Mariahilfer Straße 121b
A-1060 Wien
Tel: (0222) 596 06 60. Telefax: (0222) 596 06 95.
Mo-Fr 09.30-12.30 Uhr, Do zusätzlich 13.30-17.00 Uhr (Publikumsverkehr); Mo-Fr 09.00-12.30 und 13.30-17.00 Uhr (tel. Auskünfte).

Office de Promotion du Tourisme (O.P.T.)
(Fremdenverkehrszentrale für den wallonischen, französischsprachigen Teil des Landes)
61 Rue Marché-aux-Herbes
B-1000 Brüssel
Tel: (02) 504 02 00. Telefax: (02) 504 02 70.
(*zuständig für Österreich und die Schweiz*)

V.C.G.T.
(Fremdenverkehrszentrale für den flämischen Teil des Landes)
Grasmarkt 61
B-1000 Brüssel
Tel: (02) 504 03 00. Telefax: (02) 513 88 03.

Tourist Information Brussels (TIB)
Grand Place - Hôtel de Ville
B-1000 Brüssel
Tel: (02) 513 89 40. Telefax: (02) 514 45 38.

Königlich-Belgische Botschaft (Büro Berlin)
(mit Visumerteilung)
Esplanade 13
D-13187 Berlin
Tel: (030) 445 91 87. Telefax: (030) 445 91 89.
Mo-Fr 09.00-13.30 Uhr.

Königlich-Belgische Botschaft (Büro Köln) (mit Visumerteilung)
Cäcilienstraße 46
D-50667 Köln
Tel: (0221) 25 31 37. Telefax: (0221) 257 54 37.
Mo-Fr 09.00-13.00 Uhr.

Königlich-Belgische Botschaft (ohne Visumerteilung)
Kaiser-Friedrich-Straße 7
D-53113 Bonn
Tel: (0228) 21 20 01/-06. Telefax: (0228) 22 08 57.
Mo-Fr 09.00-12.30 und 14.00-17.00 Uhr.
(*Hauptbüro*)

Königlich-Belgisches Generalkonsulat (mit Visumerteilung)
Mittelweg 87/Ecke Alsterkamp
D-20149 Hamburg
Tel: (040) 41 70 75/76. Telefax: (040) 45 54 96.
Mo-Fr 09.00-12.30 und 14.00-15.30 Uhr.

Königlich-Belgisches Generalkonsulat (mit Visumerteilung)
Brienner Straße 14
D-80333 München
Tel: (089) 286 60 90. Telefax: (089) 28 20 18.
Mo-Fr 09.00-12.00 Uhr.

Honorarkonsulate ohne Visumerteilung in Aachen, Bremen, Duisburg, Hannover, Kiel, Nürnberg, Saarbrücken und Stuttgart.

Königlich-Belgische Botschaft
Wohllebengasse 6
A-1040 Wien
Tel: (0222) 5 02 07. Telefax: (0222) 502 07 11.
Mo-Fr 09.00-12.00 Uhr.

Konsulate ohne Visumerteilung in Graz, Innsbruck, Linz und Salzburg.

Königlich-Belgische Botschaft
Jubiläumsstraße 41
CH-3005 Bern
Tel: (031) 351 04 62/-65. Telefax: (031) 352 59 61.
Mo-Fr 08.30-12.00 und 14.00-17.30 Uhr. Publikumsverkehr nur Mo-Fr 08.30-11.30 Uhr.

Königlich-Belgisches Generalkonsulat
58 Rue de Moillebeau
CH-1211 Genf 19
Tel: (022) 733 81 50. Telefax: (022) 734 50 79.
Mo-Fr 08.30-12.30 Uhr.

Visumerteilung für die Kantone Genf, Waadt und Wallis. Konsulate ohne Visumerteilung in Basel, Lausanne, Neuenburg und Zürich.

Botschaft der Bundesrepublik Deutschland
190 Avenue de Tervueren/Tervurenlaan
B-1150 Brüssel
Tel: (02) 774 19 11. Telefax: (02) 772 36 92.
Generalkonsulate in Antwerpen und Liège (Luik/Lüttich). *Honorarkonsulate* in Charleroi, Gent, Hasselt und Ostende.

Botschaft der Republik Österreich
47 Rue de l'Abbaye
B-1050 Brüssel
Tel: (02) 649 38 50. Telefax: (02) 648 94 17.
Honorarkonsulate in Antwerpen, Charleroi, Gent und Ostende.

Botschaft der Schweizerischen Eidgenossenschaft
26 Rue de la Loi
Boîte 9
B-1040 Brüssel
Tel: (02) 230 61 45. Telefax: (02) 230 37 81.
Generalkonsulat in Antwerpen.

FLÄCHE: 30.518 qkm.
BEVÖLKERUNGSZAHL: 10.048.000 (1993).
BEVÖLKERUNGSDICHTE: 329 pro qkm.
HAUPTSTADT: Brüssel (Bruxelles, Brussel). Einwohner: 949.070 (mit Vororten, 1993).
GEOGRAPHIE: Belgien grenzt im Süden an Frankreich, im Osten an Deutschland und Luxemburg und im Norden an die Niederlande. Die idyllische Hügellandschaft vieler Landesteile steht in reizvollem Gegensatz zum Wandergebiet der Ardennen mit ihren Wäldern, Schluchten und Flüssen. An der Nordküste gibt es schöne Sandstrände, die sich über 70 km weit hinziehen. Belgien ist ein Land der Burgen und Kirchen, und viele historische Städte bezeugen seine lange Geschichte.
STAATSFORM: Parlamentarisch-demokratische Monarchie. Staatsoberhaupt: König Albert II., seit August 1993. Regierungschef: Jean-Luc Dehaene, seit März 1992. Seit Juli 1993 ist Belgien ein föderativer Bundesstaat, dessen drei autonome Regionen Flandern (flämische Gemeinschaft), Wallonien (französisch- und deutschsprachige Gemeinschaft) sowie Brüssel (flämische und französische Gemeinschaft) jeweils eigene Regierungen und Parlamente haben. Die deutsche Sprachgemeinschaft hat darüber hinaus eine eigene Vertretung innerhalb Walloniens. Außerdem Zweikammerparlament: Das Abgeordnetenhaus ist die Legislative auf nationaler Ebene, während sich der Senat um anfallende Probleme zwischen den Regionen kümmert. Die Regierungschefs der drei Teilstaaten kommen turnusmäßig zu Sitzungen zusammen. Der Bundesregierung obliegt effektiv nur noch die Außen-, Sicherheits- und Steuerpolitik.
SPRACHE: Offizielle Landessprachen sind Niederländisch (Flämisch), Französisch und Deutsch; letzteres wird vorwiegend in der Region Eupen gesprochen.
RELIGION: Hauptsächlich römisch-katholisch. Es gibt islamische, jüdische und protestantische Minderheiten.
ORTSZEIT: MEZ.
NETZSPANNUNG: 220 V, 50 Hz.
POST- UND FERNMELDEWESEN: Telefon: Selbstwählferndienst. **Landesvorwahl:** 32. Die Vermittlung erreicht man unter der Nummer 1324. Telefonkarten zu 100 und 500 bfr sind in Zeitungsläden, Bahnhöfen und Postämtern erhältlich. **Telefax:** Das *Bureau de Télégraphes* in Brüssel bietet einen Telefax-Service an, Adresse: 24 Boulevard de l'Impératrice, B-1000 Brüssel. Tel: (02) 511 69 51. **Telex:** Die meisten Hotels sowie das Brüsseler *Bureau de Télégraphes* bieten diesen Dienst an. **Telegramme** können über die Telefonnummer 1325 (allgemeiner Dienst und außereuropäischer Dienst) aufgegeben werden. Auf Wunsch werden auch Telegramme vom Hotelempfang aus geschickt. **Post:** Der Postverkehr in die europäischen Nachbarländer ist schnell und zuverlässig. An die Postämter der größeren Städte kann man postlagernd schreiben. Briefmarken gibt es in Postämtern, Tabakläden und in vielen Geschäften, die Karten verkaufen. Öffnungszeiten: In der Regel Mo-Fr 09.00-12.00 und 14.00-17.00 Uhr. Am Wochenende können sich diese Öffnungszeiten ändern. In Ferienregionen gelten ebenfalls häufig andere Bestimmungen.
DEUTSCHE WELLE
Der Einsatz der Kurzwellenfrequenzen ändert sich mehrfach im Laufe eines Jahres, und Sendungen auf den folgenden Frequenzen werden jeweils nur zu bestimmten Tageszeiten ausgestrahlt. Näheres in der Einleitung.

MHz	21,560	17,560	11,865	9,545	7,130
Meterband	13	16	25	31	41

REISEPASS/VISUM

Wichtiger Hinweis: Die Einreisebestimmungen mancher Länder können sich kurzfristig ändern – rufen Sie sicherheitshalber auf Ihrem CRS-System (TIMATIC-Info-Code-Fenster in diesem Kapitel) den aktuellen Stand ab bzw. wenden Sie sich an die zuständige diplomatische Vertretung. Etwaige Zahlen in der Tabelle beziehen sich auf nachfolgende Fußnoten.

	Paß erforderlich?	Visum erforderlich?	Rückflugticket erforderlich?
Deutschland	1	Nein	Nein
Österreich	1	Nein	Nein
Schweiz	1	Nein	Nein
Andere EU-Länder	1	Nein	Nein

Anmerkung: Belgien ist Unterzeichner des Schengener Abkommen, das am 26. März 1995 in Kraft trat (s. Einleitung).
REISEPASS: Allgemein erforderlich, ausgenommen sind Staatsbürger der [1] EU-Länder sowie von Andorra, Liechtenstein, Malta, Monaco, San Marino und der Schweiz, sofern sie im Besitz eines gültigen Personalausweises sind.
Anmerkung: Falls ein Reisepaß benötigt wird, muß dieser mindestens noch 3 Monate über den beabsichtigten Aufenthalt hinaus gültig sein.
VISUM: Allgemein erforderlich, ausgenommen sind folgende Staatsbürger für Aufenthalte von bis zu 90 Tagen:
(a) der unter [1] aufgeführten Länder;
(b) Argentinien, Australien, Brasilien, Brunei, Chile, Costa Rica, Ecuador, El Salvador, Guatemala, Honduras, Island, Israel, Jamaika, Japan, Kanada, Korea-Süd, Malawi, Malaysia, Mexiko, Neuseeland, Nicaragua, Norwegen, Panama, Paraguay, Polen, Singapur, der Slowakischen Republik, Slowenien, der Tschechischen Republik, Ungarn, Uruguay, den USA, der Vatikanstadt, Venezuela und Zypern.
Visaarten: Transitvisum; Besuchsvisum (das Touristen- und Geschäftsvisum einschließt). Die Gebühren richten sich nach Nationalität des Antragstellers, Aufenthaltsdauer und Zweck der Reise.
Gültigkeitsdauer: Transitvisa: 24 Std., Besuchsvisa: bis zu 3 Monaten. Eine Verlängerung sollte bei der Botschaft beantragt werden.
Antragstellung: Botschaft oder Konsularabteilung der Botschaft (Adressen s. o.).
Unterlagen: (a) Antragsformular. (b) Paßfoto. (c) Reisepaß (Original). (d) Gebühr. (e) Rückflugticket. Die Anzahl der einzureichenden Anträge und Paßfotos richtet sich nach der Nationalität des Antragstellers.
Bearbeitungszeit: Zwischen 24 Std. und 2 Wochen je nach Nationalität des Antragstellers. Die Antragstellung kann persönlich oder postalisch erfolgen.
Aufenthaltsgenehmigung: Anfragen sind an die Botschaft zu richten.

GELD

Währung: 1 Belgischer Franc (bfr) = 100 Centimes. Banknoten sind in den Nennwerten von 10.000, 1000, 500 und 100 bfr in Umlauf; Münzen in den Werten 50, 20, 5 und 1 bfr sowie 50 Centimes.
Kreditkarten: *Eurocard, American Express, Diners Club* und *Visa* werden in den meisten Restaurants und Hotels angenommen. Einzelheiten vom Aussteller der betreffenden Kreditkarte.
Euroschecks werden bis zum Garantiehöchstbetrag von 7000 bfr angenommen.
Postsparbuch: Man kann bei jedem Postamt in Belgischen Francs abheben. Innerhalb von 30 Tagen darf man insgesamt umgerechnet 2000 DM abheben. Täglicher Höchstbetrag: 1000 DM.
Wechselkurse:

	bfr Sept. '92	bfr Febr. '94	bfr Jan. '95	bfr Jan. '96
1 DM	20,59	20,61	20,54	20,55
1 US$	30,59	35,77	31,83	29,54

Devisenbestimmungen: Unbegrenzte Ein- und Ausfuhr von Landes- und Fremdwährungen.
Öffnungszeiten der Banken: Mo-Fr 09.00-12.00 und 14.00-16.00 Uhr.

TIMATIC INFO-CODES

*Abrufbar über Ihr CRS-System (für START/Amadeus Ama-Maske benutzen). Für Galileo bitte TI-DFT eingeben (**mit Bindestrich**).*

Flughafengebühren	TI DFT/ BRU /TX
Währung	TI DFT/ BRU /CY
Zollbestimmungen	TI DFT/ BRU /CS
Gesundheit	TI DFT/ BRU /HE
Reisepaßbestimmungen	TI DFT/ BRU /PA
Visabestimmungen	TI DFT/ BRU /VI

DUTY FREE

(a) Seit Januar 1993 gibt es keine Beschränkungen mehr für die private Wareneinfuhr (einschließlich von Verbrauchsgütern wie Alkohol und Tabak) innerhalb der Europäischen Union. Es wurden jedoch folgende Richtmengen festgesetzt, bei deren Überschreiten gewerblicher Handel vermutet wird, der im Bestimmungsland zu versteuern ist:
800 Zigaretten;
200 Zigarren;
400 Zigarillos;
1000 g Tabak;
90 l Wein (davon nicht mehr als 60 l Schaumwein);
10 l Spirituosen (über 22%);
20 l alkoholische Getränke (z. B. Portwein oder Sherry) mit einem Alkoholgehalt von höchstens 22%;
110 l Bier.
(b) Für Reisende aus Nicht-EU-Ländern (oder falls die Waren innerhalb der EU zollfrei eingekauft wurden):
200 Zigaretten oder 50 Zigarren oder 100 Zigarillos oder 250 g Tabak;
2 l Wein;
1 l Spirituosen (mehr als 22%) oder 2 l alkoholische Getränke (höchstens 22%);
50 g Parfüm und 250 ml Eau de toilette;
500 g Kaffee oder 200 g Kaffeeauszüge;
100 g Tee oder 40 g Teeauszüge;
andere Artikel bis zu einem Gesamtwert von 7300 bfr.
Anmerkungen: Tabak und Alkohol nur für Personen über 17 Jahre, Kaffee und Tee nur für Personen über 15 Jahre.
Einfuhrverbot: Die Einfuhr von 5 kg Frischfleisch für den persönlichen Gebrauch ist erlaubt. Andere frische, nicht konservierte Lebensmittel müssen deklariert werden.
Mitnahme von Tieren: Hunde und Katzen müssen geimpft sein (z. B. gegen Tollwut). Die Impfung muß mindestens 4 Wochen alt und nicht älter als ein Jahr sein.

GESETZLICHE FEIERTAGE

1. Mai '96 Tag der Arbeit. **16. Mai** Christi Himmelfahrt. **27. Mai** Pfingstmontag. **21. Juli** Nationalfeiertag. **15. Aug.** Mariä Himmelfahrt. **1. Nov.** Allerheiligen. **11. Nov.** Gedenktag zum Ende des 1. Weltkriegs. **25. Dez.** Weihnachten. **1. Jan. '97** Neujahr. **31. März** Ostermontag. **1. Mai** Tag der Arbeit. **8. Mai** Christi Himmelfahrt. **19. Mai** Pfingstmontag.

GESUNDHEIT

In der folgenden Tabelle aufgeführte Impfvorschriften können sich kurzfristig ändern. Es wird stets empfohlen, auf Ihrem CRS-System (TIMATIC-Info-Code-Fenster in diesem Kapitel) den aktuellen Stand der Gesundheitsbestimmungen abzurufen bzw. rechtzeitig vor der Reise ärztlichen Rat einzuholen.

	Vorsichtsmaßnahmen empfohlen	*Impfschein erforderlich*
Gelbfieber	Nein	Nein
Cholera	Nein	Nein
Typhus & Polio	Nein	-
Malaria	Nein	-
Essen & Trinken	Nein	-

Gesundheitsvorsorge: Die medizinische Versorgung ist ausgezeichnet und dementsprechend teuer. Das Formblatt E 111 regelt die Versorgung und Kostenrückerstattung beim Krankheitsfall im Ausland für Staatsbürger der Mitgliedsländer der EU und der EFTA (Ausnahme Schweiz und Liechtenstein). Nach der Behandlung bei einem Vertragsarzt der belgischen Krankenkassen muß der Patient zunächst die Kosten selbst tragen; ca. 75% der Kosten werden dann unter Vorlage des Formblatts E 111 beim Regionalamt der Hilfskasse der Krankenversicherungen zurückerstattet. Ca. 50% der Kosten für rezeptpflichtige Medikamente werden zurückerstattet. Schweizer Reisenden wird der Abschluß einer Reisekrankenversicherung empfohlen.

REISEVERKEHR - International

FLUGZEUG: Belgiens nationale Fluggesellschaft heißt *Sabena (SN)*.
Durchschnittliche Flugzeiten: *Frankfurt* – Brüssel: 1 Std; *Wien* – Brüssel: 1 Std. 45; *Zürich* – Brüssel: 1 Std. 15; *London* – Brüssel: 1 Std; *Los Angeles* – Brüssel: 16 Std. und *New York* – Brüssel: 10 Std.
Internationale Flughäfen: *Brüssel Zaventem* (BRU) liegt 13 km nordöstlich der Stadt (ca. 20 Autominuten). Regelmäßige Zugverbindung zur Stadt, Züge verkehren zum Gare Centrale, Gare du Nord und Gare du Midi im Abstand von 20 Min. zwischen 06.09 und 23.46 Uhr (Fahrzeit ca. 15 Min.). Rückfahrt zwischen 05.39 und 23.14 Uhr. Busverbindungen von und zur Stadt alle 45 Min. (09.05-21.05 Uhr). Taxifahrer berechnen für diese Strecke etwa 1500 bfr. Hoteleigene kostenlose Zubringerbusse zum *Holiday Inn*, *Novotel* und *Sofitel*. Auf dem Flughafen gibt es Parkplätze, einen Mietwagenschalter, eine Tourist-Information, einen Hotel-Reservierungsschalter, ein Postamt, Banken, eine Bar mit 24-Stunden-Service, ein Restaurant und Duty-free-Shops (großes Warenangebot, einschl. Minicomputer).
Antwerpen Deurne (ANR) liegt 3 km außerhalb der Stadt. Die Buslinie 16 fährt zum Hauptbahnhof (20 Min. Fahrzeit). Taxis kosten ca. 700 bfr. Flughafeneinrichtungen: Duty-free-Shop in der Abflughalle (07.00-19.00 Uhr), Läden, Mietwagenschalter, ein Restaurant mit Bar und eine Bank. Der Flughafenbus von Antwerpen (Stadt) zum Brüsseler Flughafen kann von Reisenden, die mit *Sabena* in der Business-Klasse oder Euro-Budget fliegen, kostenlos benutzt werden.
Ostende (OST) liegt 5 km von der Stadtmitte entfernt. Flughafeneinrichtungen: Parkplätze, Mietwagenverleih, Wechselstube, Restaurant, Bar und Duty-free-Shop.
Flughafengebühr: Brüssel: 510 bfr; Antwerpen: 260 bfr.
SCHIFF: Antwerpen ist einer der größten Seehäfen Europas. Fährverkehr nach England von Ostende oder Zeebrugge.
Sally Lines: Ostende – Ramsgate (4 Std. Fahrzeit), *Jetfoil:* Ostende – Ramsgate (1 Std. 40 Fahrzeit). *North Sea Ferries:* Zeebrügge – Hull (14 Std. Fahrzeit).
BAHN: Gute Verbindungen in alle größeren europäischen Städte, Belgien ist an das EC-Netz angeschlossen. Täglich verkehren IC-Züge zwischen Brüssel und Köln mit Halt in Liège (Luik/Lüttich) und Aachen etwa alle 2 Std. Der EC *Jacques Brel* fährt auf der Strecke Paris – Brüssel – Liège (Luik/Lüttich) – Verviers – Aachen – Köln. Verbindungen auch über Luxemburg, Straßburg und Basel. Neu ist die Schnellzugverbindung von Brüssel nach London durch den Kanaltunnel (Fahrzeit 3 Std. 15). Informationen über Fahrpreisvergünstigungen und Sonderfahrkarten finden Sie unter *Reiseverkehr - National*.
BUS/PKW: Ausgezeichnete Straßenverbindungen in alle Nachbarstaaten. Informationen über Unterlagen und Verkehrsvorschriften unter *Reiseverkehr - National*.

REISEVERKEHR - National

FLUGZEUG: Es gibt keinen Inlandflugverkehr. Schnellbusse der *Sabena* fahren vom Brüsseler Flughafen nach Antwerpen, Gent und Liège (Luik/Lüttich). Ein Flughafenbus verkehrt zwischen Antwerpen (Stadt) und dem Brüsseler Flughafen, die Fahrt ist für manche Passagiere kostenlos (s. o.).
BAHN: Belgien hat eines der dichtesten Schienennetze der Welt, Züge verkehren in der Regel im Stundentakt in jeder Richtung. Die Umsteigezeiten beschränken sich meist auf einige Minuten. Im Inlandverkehr sind keine Platzreservierungen nötig. An jedem Bahnhof gibt es diverse Gratisfahrpläne. Kinder von 6-12 Jahren fahren zum halben Preis, unter 6 Jahren gratis. Wer sich Belgien gerne per Bahn und Rad anschauen möchte, hat die Möglichkeit, an 62 Bahnhöfen Räder oder Tandems tageweise zu mieten. Ein Verzeichnis der betreffenden Bahnhöfe sowie weitere Informationen sind von den Belgischen Eisenbahnen, Goldgasse 2, D-50668 Köln erhältlich. Tel: (0221) 13 47 61. Telefax: (0221) 13 27 47.
Fahrpreisermäßigungen: Preiswerte Wochenend-Rückfahrkarten sind für die Hinfahrt gültig ab Freitag bis Sonntag, für die Rückfahrt von Sonnabend bis Montag (an langen Wochenenden verlängert sich die Gültigkeitsdauer). Erhältlich für maximal 6 Personen, dabei 40% Ermäßigung für die ersten 150 km für die 1. Person, 60% für alle übrigen Personen. Ab dem 151. km fährt man umsonst.
Sonderfahrkarten: Netzkarten berechtigen zu unbegrenzten Fahrten auf dem gesamten belgischen Streckennetz. Sie gelten ab bzw. bis zur belgischen Grenze, und man kann sie bei der An- oder Rückreise mit Bundesbahnfahrkarten kombinieren. An den Hauptbahnhöfen in Belgien (und an anderen europäischen Hauptbahnhöfen) können Fahrkarten gelöst werden, die erst von den Grenzbahnhöfen an gültig sind (in Verbindung mit der Netzkarte). Folgende Netzkarten können an allen belgischen Bahnhöfen gekauft werden:
(1) *5-Tage-B-Netzkarte (B-Tourrail):* Berechtigt zu unbegrenzten Fahrten auf den Belgischen Eisenbahnen an 5 beliebigen Tagen innerhalb ihrer Geltungsdauer von einem Monat.
(2) *Benelux-5-Tage-Rundfahrkarte (Benelux-Tourrail):* Berechtigt zu beliebig vielen Fahrten auf dem belgischen, niederländischen und luxemburgischen Streckennetz an 5 Tagen innerhalb eines Zeitraumes von einem Monat. Erhältlich nur an größeren Bahnhöfen in Belgien. Es gibt auch Wochenendermäßigungen für Einzelpersonen und Gruppen innerhalb der Benelux-Staaten.
(3) *Go Pass:* Für junge Leute unter 26 Jahren. 6 Monate gültig für 10 Fahrten der 2. Klasse innerhalb Belgiens. Übertragbar. Werktags nur gültig ab 08.00 Uhr (außer Juli und August).
(4) *Multi Pass:* 2 Monate gültig für 2 einfache Fahrten (zwischen 2 Bahnhöfen) oder eine Hin- und Rückfahrt für 2-5 Personen. Übertragbar. Werktags nur gültig ab 08.00 Uhr (außer Juli und August).
(5) *Golden Railpass:* Für Senioren über 60 Jahre. 1 Jahr gültig für 7 einfache Fahrten zwischen 2 belgischen Bahnhöfen. Kann von Freunden (über 55 Jahre alt) und Kindern (unter 12 Jahre alt) mitbenutzt werden für Hin- und Rückfahrt.
Rail Europ Senioren-Bahnpaß (RES): Erhältlich für Personen über 60 Jahre (unter Vorlage des Personalausweises). Gewährt eine Ermäßigung von 30% auf internationale Fahrkarten in 24 europäischen Ländern.
ZOOM (Euro-Mini-Gruppen): Für 2-5 Personen, von denen eine jünger als 16 Jahre ist. Erwachsene erhalten 25%, Jugendliche unter 19 Jahren 50% Ermäßigung. Gilt in 19 europäischen Ländern.
Die **EURO DOMINO**-Netzkarte ist auch für Belgien erhältlich, und der **InterRail-Paß** gilt ebenfalls. Einzelheiten s. *Deutschland*.
BUS/PKW: Anschnallpflicht für Fahrer und alle weiteren Autoinsassen. Kinder unter 12 Jahren dürfen nicht auf dem Vordersitz sitzen, sofern Platz auf dem Rücksitz ist. Ein Warndreieck muß mitgeführt werden. Bleifreies Benzin (sans plomb/loodvrij) ist an jeder Tankstelle erhältlich. Promillegrenze: 0,8‰. Geschwindigkeitsbegrenzungen: 50 km/h innerhalb geschlossener Ortschaften, 90 km/h auf Landstraßen und 100 km/h auf Autobahnen. Schienenfahrzeuge haben generell Vorfahrt. **Automobilclub:** *Royal Automobile Club de Belgique a.s.b.l.*, 53 Rue d'Arlon, B-1040 Brüssel. Tel: (02) 287 09 80. **Notrufe:** 100 (Krankenwagen/Feuerwehr), 101 (Polizei). **Bus:** Das staatliche Busunternehmen *SNCV* ist für den örtlichen Nahverkehr zuständig. Das regionale Busliniennetz ist ausgezeichnet, Regionalfahrpläne sind u. a. von den Verkaufsstellen der *SNCV* erhältlich. Überlandbusse, die mehrmals unterwegs Halt machen, verkehren zwischen zahlreichen Städten. Abgesehen von den Flughafenbussen der Sabena (s. o. *Flugzeug*) gibt es jedoch keine Schnellbuslinien. **Taxi:** Das Trinkgeld ist bereits im Fahrpreis enthalten. **Mietwagen** für Selbstfahrer und mit Chauffeur sind erhältlich. **Unterlagen:** Der Führerschein des eigenen Landes ist ausreichend. Die Mitnahme der Internationalen Grünen Versicherungskarte ist Pflicht.
STADTVERKEHR: Alle größeren Städte haben ein gutes Nahverkehrsnetz. In Brüssel und Antwerpen gibt es U-Bahnen, Busse und Straßenbahnen; Buslinien und/oder Straßenbahnlinien in allen anderen Städten. Einheitstarif, preisgünstig sind die Sammelfahrscheine (erhältlich für 5 oder 10 Fahrten). Darüber hinaus gibt es Tages- und Touristenkarten.
FAHRZEITEN von Brüssel zu den wichtigsten Großstädten Belgiens und der Nachbarstaaten (ungefähre Angaben in Std. und Min.):

	Flugzeug	Bahn	Pkw/Bus
Arlon	-	2.20	3.00
Antwerpen	-	0.41	0.40
Brügge/Brugge	-	0.53	1.00
Gent	-	0.28	0.50
Liège/Luik/Lütt.	-	1.20	1.10
Ostende	-	1.10	1.20
Namur	-	0.56	1.00
Paris	0.50	2.30	-
Amsterdam	0.40	3.00	-
Rom	2.00	20.00	-
Köln	-	3.00	-
London	0.55	*3.15/**8.30	-

Anmerkung: [*] Schnellzugverbindung durch den Kanaltunnel. [**] Fahrzeit per Zug und Fähre. Bei Überfahrt per Tragflächenboot verkürzt sich die Fahrzeit auf 5 Std. 30 Min.

UNTERKUNFT

HOTELS: Große Auswahl an Hotels, Pensionen und Gasthäusern aller Preiskategorien. Die besten internationalen Hotels findet man in den Großstädten. **Kategorien:** Ein gut sichtbares Schild am Eingang kennzeichnet Hotels, die der Belgische Fremdenverkehrsverband regelmäßig auf ihren Standard überprüft. Das Schild garantiert, daß die gesetzlich vorgeschriebenen Richtlinien hinsichtlich Qualität und Ausstattung eingehalten werden. In allen Benelux-Ländern gibt es darüber hinaus ein weiteres System, nach dem je nach Qualität bis zu 5 Sterne vergeben werden. Die Teilnahme an diesem System ist freiwillig, und es gibt durchaus erstklassige Hotels, die nicht erfaßt sind. Die Aufteilung ist im einzelnen wie folgt:
5 Sterne (H5): Luxushotel. Höchster Komfort, exzellente Einrichtung. 24-Std.-Zimmerservice, À-la-carte-Restaurant, Geschenkboutiquen, Park- und Gepäckservice, Reise- und Theaterkartenbuchung.
4 Sterne (H4): 80% der Zimmer mit Bad, Nachtportier und zeitlich begrenzter Zimmerservice. Telefon auf allen Zimmern. Fahrstuhl.
3 Sterne (H3): 50% der Zimmer mit Bad. Rezeption nur tagsüber geöffnet. Aufenthaltsraum. Fahrstuhl (bei mehr als 2 Stockwerken).
2 Sterne (H2): Mittelklasse. 25% der Zimmer mit Bad/WC. Eine Bar ist vorhanden.
1 Stern (H1): Einfacher Standard. Alle Zimmer haben fließend heiß und kalt Wasser. Frühstück im Angebot.
Kat. H: Minimalstandard. Mind. 1 Badezimmer je 10 Zimmer. Weitere Informationen sind vom Belgischen Verkehrsamt oder von einem der drei regionalen Hotelverbände erhältlich:
Flandern: Horeca Vlaanderen, Anspachlaan 111, BP 4, B-1000 Brüssel. Tel: (02) 513 64 84. Telefax: (02) 513 89 54.
Wallonien: Horeca Wallonie, 83 Chaussée de Charleroi, B-5000 Namur. Tel: (081) 73 63 67. Telefax: (081) 73 76 89.

Brüssel: Horeca Brüssel, 111 Boulevard Anspache, Boîte 4, B-1000 Brüssel. Tel: (02) 513 78 14. Telefax: (02) 513 92 77.

URLAUB AUF DEM BAUERNHOF: In einigen Gegenden im Angebot. An der Küste und in den Ardennen kann, wer Lust dazu hat, auch bei der Arbeit auf dem Bauernhof helfen (gegen eine kleine Gebühr). Nähere Informationen und ein Adressenverzeichnis der Anbieter sind vom Belgischen Verkehrsamt erhältlich. Weitere Auskünfte auch von folgenden Organisationen: *Vlaamse Federatie voor Plattelandstoerisme,* Minderbroedersstraat 8, B-3000 Leuven. Tel: (016) 24 21 58; und *Fetourag* (A.A.B.), 23-25 Rue de la Science, Boîte 7, B-1040 Brüssel. Tel: (02) 230 72 95.

FERIENHÄUSER UND -WOHNUNGEN: Villen, Ferienwohnungen, Zimmer und Bungalows aller Preislagen können überall in Belgien gemietet werden. In den Ardennen und an der Küste ist die Auswahl besonders groß. Die Ferienhäuser und Ferienwohnungen sind gut ausgestattet, einladend und gemütlich. Die Preise sind je nach Ausstattung, Lage, Anzahl der Zimmer und Saison verschieden. An der Küste sind viele Ferienwohnungen und Häuser nach 5 Kategorien eingestuft. Die Einstufung richtet sich nach dem angebotenen Komfort. Maklerbüros erteilen gerne weitere Auskünfte. Einzelheiten über die Angebote in der Region der Ardennen bei *Euro Relais,* Josephstraße 31-33, D-50678 Köln. Tel: (0221) 31 30 01. Telefax: (0221) 31 31 01.

JUGENDHERBERGEN: Es gibt zwei Jugendherbergswerke: Die *Vlaamse Jeugdherbergcentrale* (VJHC) in Flandern und die *Centrale Wallonne* (CWAJ) im französischsprachigen Teil Belgiens. Die flämischen Jugendherbergen sind geräumig und werden häufig von Schulklassen und Jugendgruppen besucht. Die wallonischen Jugendherbergen sind kleiner und in vielem den Jugendherbergen in Frankreich ähnlich. Es geht zwangsloser zu. Eine Liste der Jugendherbergen und anderer preisgünstiger Unterkunftsmöglichkeiten ist auf Anfrage vom Belgischen Verkehrsamt erhältlich oder von: *Infor-Jeunes,* 27 Rue Marché-aux-Herbes, B-1000 Brüssel (Tel: (02) 426 33 33. Telefax: (02) 514 41 11), sowie von *Infor-Jeugd,* Gretrystraat 28, B-1000 Brüssel. Weitere Auskünfte erteilt außerdem die *Vlaamse Jeugdherbergcentrale,* Van Stralenstraat 40, B-2060 Antwerpen. Tel: (03) 232 72 18.

CAMPING: Die meisten der 500 überwiegend ausgezeichneten Campingplätze liegen an der Küste oder in den Ardennen. Adressen, Preise und weitere Informationen sind vom Belgischen Verkehrsamt erhältlich. Die örtliche »Beherbergungssteuer« (Verblijtaks/Taxe de Sejour) ist normalerweise im Preis für den Standplatz inbegriffen. In der Sommersaison zahlt man an der Küste einen Zuschlag von 25%. Mit Erlaubnis des Grundstückseigentümers oder Pächters darf man auch außerhalb der ausgewiesenen Campingplätze zelten.

URLAUBSORTE & AUSFLÜGE

Die Haupturlaubsgebiete des Landes sind die Ardennen und die Küstenregion. Viele historische Städte mit interessanten Museen und Kunstgalerien laden zu einem Besuch ein.

Die Ardennen

Diese Region ist für ihre Seen, Flüsse, ausgedehnten Wälder und Höhlen bekannt; ebenso für ihre gute Küche. Die Maas fließt durch viele der schönsten Urlaubsorte: **Dinant, Annevoie** mit seiner imposanten Burg und den herrlichen Gärten (Wasserspiele, überwältigende Blumenpracht), **Yvoir, Godinne** und **Profondeville** (gute Wassersportmöglichkeiten), **Namur** (Kathedrale, Zitadelle und viele Museen) und **Liwith** (Kirchen und Museen). Der Semois durchfließt das geschäftige **Arlon** und die Kleinstadt **Florenville.** Ganz in der Nähe liegen die Ruinen der *Abtei Orval,* **Bouillon** mit seiner hoch über der Stadt gelegenen Festung, **Botassart, Rochehaut** und **Bohat.** Das wilde Amblève-Tal ist eines der eindrucksvollsten in den Ardennen, und die Höhlen im *Fond de Quarreux* ziehen jährlich viele Touristen an. Interessant ist ein Ausflug zur *Marveilleuse-Grotte* bei Dinant und zur Höhle bei Remouchamps; auch ein Abstecher zu den prähistorischen Höhlen bei Spy, Rochefort, Hotton und Han-sur-Lesse (unterirdischer See) lohnt sich unbedingt. Die Urgeschichte des Menschen wird auch in den prähistorischen Stätten in **Couvin** lebendig. In einer der Höhlen ist ein Museum der Frühgeschichte untergebracht, in dem man u. a. den Zahn eines Neandertalers bewundern kann. Die sieben *Höhlen von Goyet* bei **Gesves** sind eine der bedeutendsten prähistorischen Siedlungen Europas und bilden heute ein einzigartiges unterirdisches Museum. Anschaulich wird gezeigt, wie der Alltag der Menschen von Neandertal und Cromagnon aussah, die vor so langer Zeit hier jagten und lebten. **Saint-Hubert** bietet interessante Museen, eine beeindruckende Basilika (Barockfassade, gotisches Interieur) und einen nahegelegenen Wildpark mit Wanderwegen. Sehenswert in **La Roche-en-Ardenne** sind vor allem die Ruinen einer Schloßanlage der fränkischen Könige. Fundstücke deuten darauf hin, daß hier sogar schon in der Jungsteinzeit Menschen lebten. Das Kunsthandwerkszentrum mit angeschlossenem Museum ist ebenfalls einen Besuch

wert. Auf der Ourthe sind Kajakfahrten und Rafting beliebt. In Antwerpen, Brügge, Brüssel, Gent und Tournai (s. u.) können Sammlungen bedeutender Kunstwerke besichtigt werden. **Yper (Ieper)** ist als einer der Hauptkriegsschauplätze des 1. Weltkrieges in die Geschichte eingegangen.

Die Küste und Westflandern

Die belgische Küste erstreckt sich auf einer Länge von 64 km von Knokke an der holländischen Grenze bis nach De Panne an der Grenze zu Frankreich. Im Sommer verbringen viele Belgier ihre Ferien in einem der vielen Badeorte und tummeln sich an den Sandstränden. Windschutz und Strandkabinen werden von Hotels, Verleihfirmen und Privatvermietern zur Verfügung gestellt. Es gibt keine Kurtaxe. Man kann sich mit Segeln, Reiten, Rudern, Sandsegeln, Golf und Tennis die Zeit vertreiben. Die Strandpromenade ist für den Verkehr gesperrt. Der Strand ist meist flach und feinsandig. Die Flut steigt nur langsam. Nacktbaden ist in Belgien verboten.
Badeorte: De Panne (für Naturfreunde, langer Strand, eine der schönsten Dünen der Nordseeküste, Schutzgebiete), **Koksijde** und **Sint Idesbald** (ruhiger Familienbadeort mit viel Grün), **Oostduinkerke** (beschaulich), **Nieuwpoort** (moderne Küstenstadt), **Westende** (Stille und Natur) und **Lombardsijde, Middelkerke** (breites Freizeitangebot), **Ostende** (abwechslungsreich und international), **Bredene** (herrliche Dünenlandschaft), **De Haan** (ruhig und idyllisch, Landschaftsschutzgebiete), **Wenduine** (Kinderparadies), **Blankenberge** (belebt und beliebt, 3 km langer Strand), **Zeebrügge** (Fährhafen unweit von Brügge) und **Knokke-Heist** (für jeden etwas, von gemütlich-ruhig bis mondän).
Nachtleben: Ostende, Knokke, Blankenberge und Middlekerke.

Ruhige Strände: Zeebrügge, Nieuwpoort, Oostduinkerke.
Historische Städte: Brügge, Damme, Veurne und Yper (Ieper) (s. o.).

Historische Städte

Das an den Ufern der Schelde gelegene **Antwerpen** war im Mittelalter eine der einflußreichsten Städte Europas und ist heute ein lebendiges, interessantes Reiseziel. Die *Kathedrale* (14.-16. Jh.), der *Grote Markt,* das *Rathaus,* das Mitte des 15. Jahrhunderts von Cornelius de Vriedt erbaut wurde, und die *Steen,* eine Festung aus dem 12. Jahrhundert, sind nur einige der zahlreichen Sehenswürdigkeiten der Stadt. Im *Königlichen Museum der Schönen Künste* findet der Besucher u. a. Gemälde von Rubens, Tizian und Lucas Cranach.

Der Tuchhandel verhalf dem tausendjährigen **Brügge,** wie auch Antwerpen, im Mittelalter zu Wohlstand. Die vielen Kanäle, die *Kathedrale,* die *Tuchhalle,* der *Grote Markt* und zahlreiche interessante Museen sind Anziehungspunkte dieser malerischen Stadt, die von Kriegszerstörung und gewaltsamer Stadterneuerung verschont blieb. Beliebtes Fotomotiv ist der hübsche *Beginenhof* am alten Hafen (1245 erbaut), der früher ein Damenstift war. In der *Liebfrauenkirche* steht eine Madonna von Michelangelo. Das in einem mittelalterlichen Gebäude untergebrachte *Memling-Museum* erinnert an den berühmten Maler (Schrein der Hl. Ursula). Das Rathaus stammt aus dem 14. Jahrhundert. Auf den Grachten kann man Bootsfahrten unternehmen, genauso schön ist eine Stadtrundfahrt in der Kutsche. Vom alten Stadtturm hat man einen herrlichen Rundblick über Brügge und kann bis ins reizvolle Polderland schauen. Badefreuden muß man ebenfalls nicht missen, gar nicht weit von Brügge liegen einige schöne Strände. Die Hauptstadt **Brüssel,** Sitz der EU und des Hauptquartiers der NATO, hat Besuchern besonders viel zu bieten. Weltberühmt sind die *St.-Michaels-Kathedrale* (13.-16. Jh.) und der herrliche *Grand-Place* im Herzen der Stadt. Hier stehen das im 15. Jahrhundert im gotischen Stil erbaute *Rathaus* und das *Maison du Roi,* in dem heute das *Stadtmuseum* untergebracht ist. Sehenswert sind auch der *Mont des Arts*, ein Park und Kulturforum, der die obere mit der unteren Stadt verbindet, und der elegante *Palais du Roi*, der im Stil Ludwigs XVI. zwischen 1774 und 1780 erbaut wurde. Die Statue des *Manneken Pis* von 1619 soll den unbeugsamen Geist der Brüsseler symbolisieren. Brüssel hat unzählige Museen. Das *Musée d'Art Ancien*, das für seine Sammlung von Rubensgemälden bekannt ist, und das *Musée d'Art Moderne* (1984 eröffnet) sind zwei der interessantesten. *Ilot Sacré* ist ein Gewirr enger malerischer Gassen nordöstlich des *Grand-Place*. Der elegante *Boulevard de Waterloo* lädt zum Flanieren ein. Die gotische Kirche *Notre Dame du Sablon* aus dem 15./16. Jahrhundert ist ein architektonisches Meisterwerk, nicht weit davon findet sonntags ein Antiquitätenmarkt statt. Der *Petit Sablon* ist ein hübscher kleiner Platz mit gotischen Säulen, auf denen 48 kleine Bronzestatuen stehen, die die mittelalterlichen Gilden Brüssels darstellen.

Am Stadtrand Brüssels in Laeken steht das *Stadtschloß* der königlichen Familie. Der staatliche botanische Garten, das Schlachtfeld von Waterloo (18 km südlich von Brüssel) und der Wald von Soignes sind beliebte Ausflugsziele.

Gent: Geburtsort von Kaiser Karl V., Hauptstadt der alten Grafschaft Flandern und im Mittelalter Stadt des Tuchhandels. Sehenswert sind die *Kathedrale St. Baaf* (weltbekannter Altar), das *Rathaus*, die imposante Burg *s'Gravensteen* (1180 erbaut), das prächtige *d'Hanesteenhyse-Palais*, das mittelalterliche Stadtzentrum und das *Museum der Schönen Künste* (flämische Meister). Der Blumenmarkt am Kouter sonntagmorgens ist ein Geheimtip. Schön ist auch ein Bummel den Graslei-Kai entlang, an dem hübsche Zunfthäuser aus dem 12.-15. Jahrhundert stehen. Alte Zunfthäuser schmücken auch den *Vrijdagmarkt* (Freitagsmarkt), einen großen Platz in der Stadtmitte.

Liège (Luik/Lüttich) ist eine Industriestadt an den Ufern der Meuse (Maas) und internationaler Verkehrsknotenpunkt. Viele historische Gebäude erinnern an ihre bewegte tausendjährige Geschichte. Die *Kirche von St. Jakob*, die *Kathedrale von St. Paul*, deren Grundstein im 10. Jahrhundert gelegt wurde, das *Rathaus* (18. Jh.), das *Curtius-Museum* und der *St. Lambert-Platz* gehören zu den Wahrzeichen der Stadt.

Tournai wurde im frühen Mittelalter gegründet und ist eine der ältesten Städte der Region. Wie viele andere belgische Städte wurde auch Tournai in beiden Weltkriegen zerstört. Einige bedeutende Bauwerke haben die Kriegswirren unbeschadet überstanden, andere wurden sorgfältig restauriert. Die wichtigsten Sehenswürdigkeiten sind die *Kathedrale von Notre Dame* (12. Jh.), der *Glockenturm*, die *Pont de Trous*, das *Museum der Schönen Künste* und die eindrucksvolle *Burg von Antoing*, deren älteste Teile aus dem 5. Jahrhundert stammen. Auf dem Gelände des *Château Beloeil*, 28 km außerhalb der Stadt, liegt Minibel. Hier kann man das Brüsseler Rathaus, das Grand Palais, den Glockenturm von Brügge, die Coo-Wasserfälle und viele andere Sehenswürdigkeiten des Landes im Kleinformat bewundern.

SOZIALPROFIL

ESSEN & TRINKEN: In der belgischen Küche, die viel mit der französischen gemein hat, bereitet man besonders gern Wild und Meeresfrüchte zu. Jede Region hat ihre eigenen Spezialitäten. Man verwendet reichlich Butter, Sahne und Wein bei der Zubereitung. In den meisten Restaurants gibt es Bedienung, aber Cafés mit Selbstbedienung findet man immer häufiger. **Getränke:** Belgisches Bier ist ein guter Durstlöscher, die bekanntesten Biersorten sind *Lambic* (aus Weizen und Gerste) und *Trappist*. Liebhaber sollten sich am hochprozentigen *Duvel* versuchen.

EINKAUFSTIPS: Die besten Mitbringsel sind Keramik und handgefertigte Kupferartikel aus Dinat; die berühmten belgischen Pralinen und belgische Schokolade sowie Fladenkuchen; Diamanten; Kristall aus dem Val Saint Lambert; Juwelen aus Antwerpen; Spitze aus Brügge, Brüssel und Mechelen (Malines) und Holzschnitzereien aus Spa. Die besten Einkaufsmöglichkeiten hat man in Brüssel, Antwerpen, Brügge, Ostende, Namur, Mons, Liège (Luik/Lüttich), Gent und Mechelen. **Öffnungszeiten der Geschäfte:** Kaufhäuser: Mo-Sa 09.00-18.00/18.30 Uhr sowie Fr 09.00-21.00 Uhr. Supermärkte: Mo-Sa 09.00-20.00 Uhr.

NACHTLEBEN: Vor allem Brüssel hat ein reges Nachtleben, mit zahlreichen Restaurants für jeden Geldbeutel. In den zehn Theatern der Stadt werden Stücke in niederländischer und französischer Sprache aufgeführt. Das *Théâtre National* und das *Théâtre Royal des Galeries* sind die großen Bühnen der Stadt. Das *Théâtre Cinq-Quarante* und das *Théâtre de Poche* sind für ihre Experimentierfreudigkeit bekannt. Die 35 Brüsseler Kinos, die unzähligen Diskotheken und Nachtcafés konzentrieren sich auf zwei Stadtviertel: *Port Louise* im Norden und die Straßenzüge zwischen dem *Place Roger* und dem *Place de la Bourse* im Geschäftsviertel. Unter den Nacht- und Jazzklubs sind wohl *Le Crazy*, *Chez Paul*, *Maxim* und *Le Grand Escalier* die berühmtesten. Der *Jazzklub* und das *Bloomdido Jazz Café* sind ebenfalls gut besucht. Die laufenden Musikprogramme der einzelnen Veranstaltungsorte sowie Auskünfte über die zahlreichen Festivals findet man im wöchentlichen Veranstaltungskalender *BBB Agenda*, der in der Tourist-Information erhältlich ist. Auskünfte über Festivals außerhalb der Hauptstadt erteilt das Belgische Verkehrsamt. Das bekannteste ist das *Flandern-Festival*. Antwerpen, Leuven, Mons, Gent, Kortijk und Namur bieten ähnliche, wenn auch nicht ganz so breit gefächerte Abendunterhaltung an. Die Wallonische Oper in Liège (Luik/Lüttich) hat einen guten Ruf, auch die Theaterensembles der Stadt sind bekannt.

SPORT: Golf wird auch in Belgien immer beliebter. **Tennisplätze** gibt es in allen Landesteilen. Gute **Segelmöglichkeiten** an der Küste. **Strandsegeln** ist ebenfalls populär. **Kajakfahren** kann man auf der Maas, Sambre, Lesse sowie anderen kleinen Flüssen in den Ardennen und im Hohen Venn. Täglich laufen Boote aus, die Amateurfischer aufs Meer mitnehmen. Zum **Angeln** in den Kanälen ist eine Sondergenehmigung erforderlich, die auf Postämtern ausgestellt wird. In Oostduinkerke kann man sogar die Krabbenfischer zu Pferd ins Meer begleiten. Die besten **Ski-** und **Langlaufgebiete** findet man im Hohen Venn und in den Ardennen. Der Belgische Alpenklub hat in Freyr eine **Bergsteigerschule**. **Schwimmen, Wasserski, Wandern, Radfahren** und **Reiten** sind weitere Freizeitbeschäftigungen, denen man in Belgien nachgehen kann. **Publikumssport: Radrennen, Autorennen** (Belgischer Grand Prix), **Fußball, Basketball, Ringen** und **Pferderennen.**

VERANSTALTUNGSKALENDER

1996: *100. Geburtstag des Comic Strips* (zahlreiche Veranstaltungen), landesweit.

1997: *Delvaux-Jahr* (Ausstellungen), landesweit.

16. Mai '96 *Heilig-Blut-Prozession*, Brügge. **20. - 29. Juli** *Ghent-Festival*. **Mitte Aug.** *Brüsseler Blumenteppich*. **24./25. Aug.** *Umzug des Goldenen Baums*, Brügge. **Okt. '96 - 2. Febr. '97** *Ausstellungen von Ensor bis Delvaux*, Oostende.

SITTEN & GEBRÄUCHE: Viele Flamen sprechen mit ausländischen Besuchern lieber Englisch als Französisch, auch wenn diese gute Französischkenntnisse besitzen. Wird man zum Essen eingeladen, freuen sich die Gastgeber über einen Blumenstrauß oder ein kleines Geschenk. Rauchen ist überall gestattet. **Trinkgeld:** 16% Trinkgeld ist in der Regel bereits in allen Hotel- und Restaurantrechnungen enthalten. 20-50 bfr sollte man für die Garderobe bereithalten. Toilettenpersonal erwartet 10-15 bfr, Frisöre 20% des Rechnungsbetrages (wenn der Service nicht inbegriffen ist). Taxigebühren schließen im allgemeinen das Trinkgeld bereits mit ein.

WIRTSCHAFTSPROFIL

WIRTSCHAFT: Die traditionell wichtigen Wirtschaftszweige des Landes, die Stahl-, Automobil- und Textilindustrie, wurden durch die Rezession der achtziger Jahre in eine Krise gestürzt. Die Regierungen von Belgien und Luxemburg schlossen 1984 einen Zehnjahresvertrag mit dem Ziel, der angeschlagenen Stahlindustrie beider Länder wieder auf die Beine zu helfen (beide Länder bildeten bereits 1921 eine Wirtschaftsunion und sind auch Mitglieder der EU sowie der Benelux-Union). Auch der Kohlebergbau steckt in der Krise. Die belgische Wirtschaft lebt vom Außenhandel, 70% des Bruttosozialprodukts wird durch Exporte erzielt – einer der höchsten Prozentsätze der Welt. Durch die Abhängigkeit von der Weltwirtschaftslage erwachsen einer derart exportorientierten Wirtschaft große Probleme. Belgien hat nur wenig Bodenschätze und muß fast alle Brenn- und Rohstoffe importieren. Fertigprodukte, Maschinen, Transportmittel und chemische Erzeugnisse sind die wichtigsten Ausfuhrgüter des Landes. Haupthandelspartner sind die EU-Länder Frankreich, Deutschland, die Niederlande und Großbritannien. Angesichts der hohen Staatsverschuldung ist die Regierung bemüht, eine Haushaltssanierung vorzunehmen. Einer Verringerung des Verteidigungshaushalts und der Einstellungsquote von Beamten folgte Mitte 1992 ein völliger Stopp öffentlicher Ausgaben und seit September 1992 eine Erhöhung der Benzin- und Heizölsteuern. Belgien hat nach wie vor mit einer hohen Arbeitslosenquote zu kämpfen, die Mitte1994 bei 13% lag.

GESCHÄFTSVERKEHR: Auf Pünktlichkeit und korrektes Benehmen wird Wert gelegt, generell geht es recht formell zu. Visitenkarten sind gern gesehen. Geschäftssprachen sind Französisch oder Englisch. **Geschäftszeiten:** Mo-Fr 08.30-17.30 Uhr.

Kontaktadressen: *DEBELUX Handelskammer*, Cäcilienstraße 46, D-50667 Köln. Tel: (0221) 257 54 77. Telefax: (0221) 257 54 66.

Chambre de Commerce DEBELUX, 21 Avenue du Boulevard, Manhattan Office Tower, B-1210 Brüssel. Tel: (02) 203 50 40. Telefax: (02) 203 47 58.

Handelsabteilung der Königlich-Belgischen Botschaft, Wohllebengasse 6, A-1040 Wien. Tel: (0222) 5 02 07-40, 504 72 14. Telefax: (0222) 504 72 15.

Le Conseiller Commercial de l'Ambassade d'Autriche (Außenhandelsstelle der Wirtschaftskammer Österreich), 479 Avenue Louise, Boîte 52, B-1050 Brüssel 5. Tel: (02) 648 21 11. Telefax: (02) 640 12 69.

Chambre de Commerce Suisse pour la Belgie et le Grand-Duché de Luxembourg (Schweizerisch-Belgisch-Luxemburgische Handelskammer), 500 Avenue Louise, B-1050 Brüssel. Tel: (02) 649 87 87. Telefax: (02) 649 80 19.

Chambre de Commerce et d'Industrie de Bruxelles (Industrie- und Handelskammer), 500 Avenue Louise, B-1050 Brüssel. Tel: (02) 648 50 02. Telefax: (02) 640 92 28.

Kamer van Koophandel en Nijverheid van Antwerpen (Industrie- und Handelskammer von Antwerpen), Markgravestraat 12, B-2000 Antwerpen. Tel: (03) 232 22 19. Telefax: (03) 233 64 42.

KONFERENZEN/TAGUNGEN: Brüssel ist eine der wichtigsten Kongreßstädte der Welt, Konferenzlokalitäten stehen jedoch auch im ganzen Land zur Verfügung. Weitere Informationen über die vorhandenen Konferenzeinrichtungen sowie Planungshilfen erhalten Sie vom Belgischen Tagungs- und Konferenzbüro *BECIB*, 61 Rue Marché-aux-Herbes/Grasmarkt, B-1000 Brüssel. Tel: (02) 513 27 21. Telefax: (02) 513 88 03, 513 69 50.

KLIMA

Gemäßigtes Klima. Warmes Wetter von Mai bis September. In den Wintermonaten Schneefälle. Die Winter sind jedoch, abgesehen von den Ardennen, nicht allzu kalt.

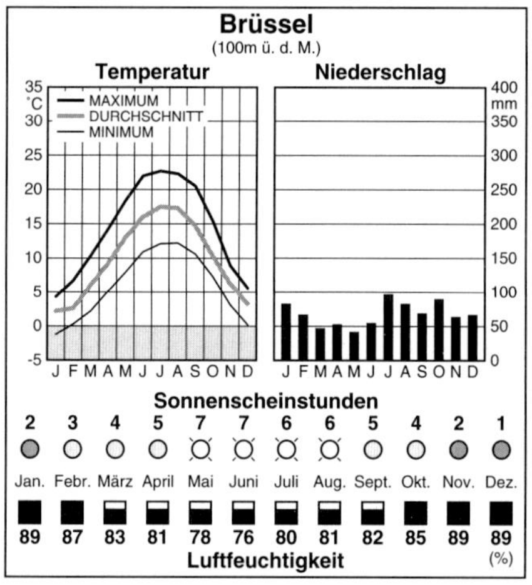

COLUMBUS ATLAS

Auf ca. 100 Seiten enthält dieser Atlas unter anderem europäische Fähr- und Eisenbahnverbindungen und weltumspannende Kreuzfahrtkarten, Straßenkarten, Gebietskarten vielbesuchter Regionen wie z. B. Costa Brava, Florida u. a. Falls Sie bei der Beratung oder Reiseplanung verstärkt auf Karten zurückgreifen möchten, werden Sie diesen speziell auf die Reisebranche zugeschnittenen Atlas unentbehrlich finden – und dazu besonders preisgünstig!

Weitere Einzelheiten von:
Columbus Press, Verkaufsabteilung,
Aurikelweg 9,
D-38108 Braunschweig.
Tel: 05309/2123. Telefax: 05309/2877.

COLUMBUS REISEFÜHRER 1996/97

☐ Internationaler Flughafen

Lage: Mittelamerika, Karibik.

Belize Tourist Board
Bopserwaldstraße 40g
D-70184 Stuttgart
Tel/Telefax: (0711) 23 39 47.
Mo-Fr 09.00-16.00 Uhr.
(auch für Anfragen aus Österreich und der Schweiz zuständig)
Belize Tourist Board
83 North Front Street
PO Box 325
Belize City
Tel: (02) 7 72 13, 7 32 55. Telefax: (02) 7 74 90.
Honorarkonsulat von Belize
Postfach 1551
D-74305 Bietigheim-Bissingen
Tel: (07142) 39 25. Telefax: (07142) 3 32 25.
Mo-Fr 09.00-16.00 Uhr.
Honorarkonsulat von Belize
Franz-Josefs-Kai 13/5/16
A-1010 Wien
Tel: (0222) 533 76 63. Telefax: (0222) 533 81 19.
Öffnungszeiten nach Vereinbarung.
Honorarkonsulat von Belize
1 Rue Pedro Meylan
PO Box 251
CH-1211 Genf 17
Tel: (022) 786 38 83. Telefax: (022) 786 37 20.
Mo-Fr 09.30-13.00 und 14.00-16.00 Uhr.
Honorarkonsulat der Bundesrepublik Deutschland
123 Albert Street
PO Box 2007
Belize City
Tel: (02) 7 33 43.
Österreich und die Schweiz unterhalten keine Vertretungen in Belize, zuständig sind die Botschaften in Mexiko City (s. Mexiko).

FLÄCHE: 22.965 qkm.
BEVÖLKERUNGSZAHL: 204.000 (1993).
BEVÖLKERUNGSDICHTE: 8,9 pro qkm.
HAUPTSTADT: Belmopan. **Einwohner:** 3852 (1993).

TIMATIC INFO-CODES

Abrufbar über Ihr CRS-System (für START/Amadeus Ama-Maske benutzen). Für Galileo bitte TI-DFT eingeben (mit Bindestrich).

Flughafengebühren	TI DFT/ BZE /TX
Währung	TI DFT/ BZE /CY
Zollbestimmungen	TI DFT/ BZE /CS
Gesundheit	TI DFT/ BZE /HE
Reisepassbestimmungen	TI DFT/ BZE /PA
Visabestimmungen	TI DFT/ BZE /VI

GEOGRAPHIE: Belize liegt im Süden der Yucatán-Halbinsel und grenzt im Norden an Mexiko, im Westen an Guatemala und im Osten an den Golf von Honduras. Das Küstengebiet ist flach und sumpfig, der Küste sind zahlreiche Inseln (*Cayes*) vorgelagert. Im Norden gibt es Mangrovensümpfe, Salz- und Süßwasserlagunen, einige Sandstrände und mehrere Flüsse. Im Westen und Süden erhebt sich das dicht bewaldete Maya-Gebirge, im Osten das Cockscomb-Gebirge (»Hahnenkamm«) und weiter westlich die Mountain Pine Ridge. 65% des Landes sind bewaldet. Das Gebiet an der umstrittenen Grenze zu Guatemala ist weitläufig und landschaftlich schöner als das Binnenland. Die kleinen Cayes sind Erhebungen des zweitgrößten Korallenriffs der Welt.
STAATSFORM: Parlamentarische Monarchie im Commonwealth (unabhängig seit September 1981). Regierungschef: Ministerpräsident Manuel Esquivel, seit Juli 1993. Zweikammerparlament aus Senat (8 ernannte Mitglieder) und Repräsentantenhaus (29 gewählte Mitglieder). Staatsoberhaupt ist die britische Königin Elizabeth II., die durch einen Generalgouverneur mit Exekutivbefugnissen vertreten wird. Amtsinhaber ist seit November 1993 Dr. Colville Norbert Young. Im September 1991 wurden nach langem Konflikt diplomatische Beziehungen zum Nachbarstaat Guatemala wieder aufgenommen, nachdem Guatemala Belize als unabhängigen Staat anerkannte.
SPRACHE: Offizielle Landessprache ist Englisch. Mehr als die Hälfte der Einwohner spricht Spanisch. Englisches Kreolisch und verschiedene Indianersprachen sind auch verbreitet.
RELIGION: Römisch-katholisch, protestantische Minderheit.
ORTSZEIT: MEZ - 7.
NETZSPANNUNG: 110 V, 60 Hz.
POST- UND FERNMELDEWESEN: Telefon: Selbstwählferndienst. **Landesvorwahl:** 501. **Telefax:** Eine Telefaxstelle steht in der *Belize Telecommunications LTD Public Booth* (BTL) zur Verfügung. Telefaxanschlüsse sind inzwischen aber auch in den meisten Hotels, bei Organisationen und Reiseveranstaltern vorhanden.
Telex/Telegramme: Dieser Service wird in Postämtern, großen Hotels und bei BTL in Belize City, Belmopan und San Ignacio angeboten. **Post:** Luftpostsendungen nach Europa sind ca. eine Woche unterwegs.
DEUTSCHE WELLE
Der Einsatz der Kurzwellenfrequenzen ändert sich mehrfach im Laufe eines Jahres, und Sendungen auf den folgenden Frequenzen werden jeweils nur zu bestimmten Tageszeiten ausgestrahlt. Näheres in der Einleitung.

MHz	17,860	17,715	15,275	9,545	6,100
Meterband	16	16	19	31	49

REISEPASS/VISUM

Wichtiger Hinweis: Die Einreisebestimmungen mancher Länder können sich kurzfristig ändern – rufen Sie sicherheitshalber auf Ihrem CRS-System (TIMATIC-Info-Code-Fenster in diesem Kapitel) den aktuellen Stand ab bzw. wenden Sie sich an die zuständige diplomatische Vertretung. Etwaige Zahlen in der Tabelle beziehen sich auf nachfolgende Fußnoten.

	Paß erforderlich?	Visum erforderlich?	Rückflugticket erforderlich?
Deutschland	Ja	Nein	Ja
Österreich	Ja	Nein	Ja
Schweiz	Ja	Ja	Ja
Andere EU-Länder	Ja	Nein/1	Ja

REISEPASS: Allgemein erforderlich.
VISUM: Allgemein erforderlich, ausgenommen sind Staatsangehörige folgender Länder für Aufenthalte von bis zu 30 Tagen, sofern nicht anders angegeben:
a) [1] Bundesrepublik Deutschland, übrige EU-Länder (Staatsbürger von Finnland, Großbritannien, Dänemark und Schweden bis zu 6 Monate);
(b) Commonwealth-Länder bis zu 6 Monate (Staatsbürger von Indien, Pakistan, Bangladesch, Nigeria und Südafrika benötigen ein Visum, Mitgliedsstaaten s. Inhaltsverzeichnis);
(c) Chile, Costa Rica, Guatemala und Mexiko;
(d) Island, Norwegen, Tunesien, Uruguay und USA bis zu 6 Monate.
Visaarten: Touristen- und Geschäftsvisa (ein- oder mehrfache Einreise).
Gebühren: Touristen- und Geschäftsvisa kosten 90 DM, 75 sfr oder 325 öS für einmalige Einreise; 615 öS für mehrmalige Einreise.
Gültigkeitsdauer: Touristenvisum 3 Monate, Ausstellung jedoch je nach Bedarf und Reisezweck möglich.
Antragstellung: Konsulate. (Adressen s. o.).
Unterlagen: (a) Antrag. (b) Gültiger Reisepaß. (c) 1 Paßfoto (nur bei Beantragung in Deutschland). (d) Visumgebühr (Verrechnungsscheck in Deutschland). (e) Tabellarische Übersicht mit den wichtigsten Informationen zur Person (nur bei Beantragung in Deutschland). (f) Bestätigte Buchung für Hin- und Rückreise sowie Nachweis ausreichender Geldmittel für die Dauer des Aufenthaltes bei Staatsbürgern bestimmter Länder (Richtwert sind etwa 50 US$ pro Aufenthaltstag).
Bei postalischer Antragstellung sollten ein Einschreiberückumschlag und der Zahlungsbeleg beigefügt werden.
Bearbeitungszeit: In der Regel 3 Werktage (plus Postweg). Bis zu 1 Monat bei Staatsangehörigen einiger Länder wie Indien und Bangladesch, bei denen der Antrag nach Belize gesendet werden muß.
Aufenthaltsgenehmigung: Anträge an das *Immigration and Nationality Ministry*, Belmopan, Belize richten. Einzelheiten sind von der Botschaft zu erfragen.

GELD

Währung: 1 Belize Dollar (Bz$) = 100 Cents. Banknoten sind im Wert von 100, 50, 20, 10, 5, 2 und 1 Bz$ in Umlauf; Münzen im Wert von 1 Bz$ und 50, 25, 10, 5 und 1 Cent.
Geldwechsel: Die Landeswährung ist an den US-Dollar gebunden (1 US$ = 2 Bz$).
Reiseschecks werden eingetauscht.
Kreditkarten: *American Express*, *Visa* und *Eurocard* (teilweise) werden akzeptiert. Einzelheiten vom Aussteller der betreffenden Kreditkarte.
Wechselkurse

	Bz$ Sept. '92	Bz$ Febr. '94	Bz$ Jan. '95	Bz$ Jan. '96
1 DM	1,35	1,16	1,29	1,39
1 US$	2,01	2,01	2,00	2,00

Devisenbestimmungen: Ein- und Ausfuhr der Landeswährung ist auf 100 Bz$ begrenzt. Fremdwährung kann unbegrenzt eingeführt werden, es besteht Deklarationspflicht. Ausfuhr in Höhe des deklarierten Betrages. Ausführliche Auskünfte erteilen die Konsulate.
Öffnungszeiten der Banken: Mo-Fr 08.00-13.00 Uhr, Fr auch 15.00-18.00 Uhr.

DUTY FREE

Folgende Artikel können zollfrei nach Belize eingeführt werden:
200 Zigaretten oder 225 g Tabak;
0,568 l alkoholische Getränke;
1 Flasche Parfüm für den persönlichen Gebrauch.

GESETZLICHE FEIERTAGE

1. Mai '96 Tag der Arbeit. **24. Mai** Commonwealth-Tag. **10. Sept.** St. George's Caye Day (Karneval). **21. Sept.** Tag der Unabhängigkeit. **12. Okt.** Kolumbus-Tag. **19. Nov.** Garifuna-Settlement-Tag. **25./26. Dez.** Weihnachten. **1. Jan. '97** Neujahr. **9. März** Baron Bliss Tag. **28.-31. März** Ostern. **1. Mai** Tag der Arbeit. **24. Mai** Commonwealth-Tag.

GESUNDHEIT

In der folgenden Tabelle aufgeführte Impfvorschriften können sich kurzfristig ändern. Es wird stets empfohlen, auf Ihrem CRS-System (TIMATIC-Info-Code-Fenster in diesem Kapitel) den aktuellen Stand der Gesundheitsbestimmungen abzurufen bzw. rechtzeitig vor der Reise ärztlichen Rat einzuholen.

	Vorsichtsmaßnahmen empfohlen	Impfschein erforderlich
Gelbfieber	Ja	1
Cholera	Nein	Nein
Typhus & Polio	2	-
Malaria	3	-
Essen & Trinken	4	-

[1]: Eine Impfbescheinigung gegen Gelbfieber wird von allen Reisenden verlangt, die aus Infektionsgebieten kommen.
[2]: Typhus kommt vor, Poliomyelitis nicht.
[3]: Malariaschutz ganzjährig erforderlich, ausgenommen sind der Distrikt Belize sowie Stadtgebiete. Die weniger gefährliche Form *Plasmodium vivax* herrscht vor.
[4]: Wasser sollte generell vor der Benutzung zum Trinken, Zähneputzen und zur Eiswürfelbereitung entweder abgekocht oder anderweitig sterilisiert werden. Nur Milchprodukte aus pasteurisierter Milch konsumieren. Milch ist außerhalb der Stadtgebiete nicht pasteurisiert und sollte abgekocht werden. Fleisch- und Fischgerichte nur gut durchgekocht und heiß serviert essen. Der Genuß von Schweinefleisch, rohen Salaten und Mayonnaise sollte vermieden werden. Gemüse sollte gekocht und Obst geschält werden.
Tollwut kommt vor. Wer ein erhöhtes Risiko eingeht (z. B. längerer Aufenthalt in abgelegenen Gebieten), sollte vor Reiseantritt eine Schutzimpfung erwägen. Bei Bißwunden so schnell wie möglich ärztliche Hilfe in Anspruch nehmen. In einigen Regionen stellen Schlangenbisse eine Gefahr dar. Weitere Informationen im Kapitel *Gesundheit* (s. Inhaltsverzeichnis).
Hepatitis A ist endemisch.
Gesundheitsvorsorge: Der Abschluß einer Reisekrankenversicherung wird empfohlen. Es gibt ein Krankenhaus mit 174 Betten in Belmopan und mehrere private Kliniken. Weitere Krankenhäuser stehen in den größeren Städten zur Verfügung.

REISEVERKEHR - International

FLUGZEUG: Belize hat keine nationale Fluggesellschaft. *Continental Airlines* und *American Airlines* bieten

tägliche Verbindungen von Europa an. Weitere Fluggesellschaften fliegen Belize regelmäßig von amerikanischen Flughäfen aus an.
Durchschnittliche Flugzeiten: Flugroute meist über New York bzw. Chicago oder Dallas und Miami bzw. Houston jeweils mit Übernachtung in Miami oder Houston. Von London und Frankfurt gibt es eine tägliche Nonstopverbindung nach Miami mit American Airlines, nach Houston mit Continental Airlines. Anschluß ebenfalls erst am nächsten Tag.
Frankfurt – Belize City: 15 Std. (New York, Houston); *Frankfurt* – Belize City: 12 Std. 10 (Miami); *Zürich* – Belize City: 14 Std. 20 (New York, Miami); *Zürich* – Belize City: 15 Std. 20 (Chicago, Miami); *London* – Belize City: 11 Std. 30 (Miami); *Los Angeles* – Belize City: 8 Std; *Miami* – Belize City: 2 Std; *Guatemala-City* – Belize City: 2 Std; *Cancun* – Belize City: 3 Std. und *New York* – Belize City: 5 Std.
Internationaler Flughafen: *Philip S. W. Goldson International Airport (BZE)* liegt 16 km nordwestlich von Belize City. Flughafeneinrichtungen: Duty-free-Shop (08.00-17.00 Uhr), Bank (08.00-16.00 Uhr), Touristen-Information, Mietwagenschalter, Geschäfte, Restaurant (07.30-16.00 Uhr), Cafeteria und Bar (08.00-17.00 Uhr). Taxis stehen zur Verfügung. 1990 wurde ein neuer Terminal fertiggestellt.
Anmerkung: Die Hauptstadt Belmopan liegt 100 km von Belize City entfernt.
Flughafengebühren: 22,50 Bz$. Transitreisende und Kinder unter 12 Jahren sind davon befreit.
SCHIFF: In den letzten zehn Jahren sind die Hafenanlagen von Belize City erheblich verbessert worden, allerdings legen nur Frachter an. Es gibt einen Motorbootservice zwischen Punta Gorda (im Süden von Belize) und Puerto Barrios (Guatemala).
BUS/PKW: Es gibt Verbindungsstraßen nach Chetumal an der mexikanischen Grenze und nach Melchor de Mencos (Guatemala).

REISEVERKEHR - National

FLUGZEUG: Linienflüge der regionalen Fluggesellschaften verbinden täglich die größeren Städte. *Maya Airways* und *Tropic Air* fliegen täglich von Belize City nach San Pedro (Ambergris Caye) und zu allen größeren Orten. Linienflugverkehr mit *Island Air* vom Festland nach San Pedro. Andere Fluggesellschaften sind *Skybird Airservices* und *Aero Belize*. Kleinflugzeuge können auch gemietet werden. Die 25 regionalen Landebahnen in Belize können per Charterflug erreicht werden. Fünf Charterdienste fliegen von Belize City in die abgelegeneren Regionen.
SCHIFF: Die Zuckerfabriken betreiben einen Motorbootservice an der Küste, Fahrpläne gibt es jedoch nicht. Kleinere Motorboote verbinden die Cayes an der Küste mit Belize City. Auf den Flüssen Belize, Hondo und New River waren Boote einst das einzige Verkehrsmittel ins Landesinnere. Seit dem Bau der befestigten Straßen sind sie jedoch fast verschwunden.
BUS/PKW: Das Straßennetz umfaßt insgesamt 2250 km, davon sind ca. 1500 km befestigt. Hauptstraßen verbinden die acht Städte des Landes. In der Regenzeit wird der Verkehr oft durch heftige Wolkenbrüche teilweise unterbrochen, besonders in der Nähe der Fährhäfen. Das Straßennetz von Belize ist nicht so gut wie das anderer mittelamerikanischer Länder, wird aber besonders im Norden ständig ausgebaut. Die Straße von Belize City nach Belmopan ist gut, die Verbindungsstraße nach Mexiko wird derzeit ausgebessert. **Unterlagen:** Der Führerschein des eigenen Landes wird anerkannt. Wer in Belize mit seinem eigenen Auto fahren möchte, braucht zusätzlich auch alle Fahrzeugpapiere. Vom Zoll bekommt man eine zeitlich begrenzte Erlaubnis, so daß man sein Auto in Belize fahren kann, ohne Zoll für die Ausfuhr zahlen zu müssen, sofern man es nicht im Land verkaufen will. Diese Erlaubnis muß dem Zoll bei der Ausreise wieder ausgehändigt werden. Außerdem muß man an der Grenze eine Fahrzeugversicherung für die Dauer des Aufenthaltes abschließen. Bei längeren Aufenthalten ist der Kauf eines einheimischen Führerscheins notwendig, der bei der *Belize Licensing Authority*, Dean Street, Belize City unter Vorlage eines medizinischen Attests, zweier neuerer Paßfotos sowie 40 Bz$ erhältlich ist. **Mietwagen** sind am Flughafen und in der Hauptstadt erhältlich. **Fernbusse:** Es gibt tägliche Busverbindungen zu allen größeren Städten und zur mexikanischen und guatemalischen Grenze. Fernbusse sind das billigste Fortbewegungsmittel in Belize.
FAHRZEITEN von Belize City zu folgenden größeren Städten (ungefähre Angaben in Std. und Min.):

	Flugzeug	Schiff	Bus/Pkw
Corozal Town	-	-	2.00
Belmopan	0.20	-	1.00
Benque Viejo	-	-	1.45
San Ignacio	-	-	1.30
Dangriga	0.30	-	3.30
Punta Gorda	0.45	-	5.00
San Pedro (Ambergris)	0.15	1.15	-
Caye Caulker	-	0.45	-
Placencia	0.30	7.00	4.00

Hinweis: Von Belmopan nach San Pedro (Ambergris Caye) fliegt man 20-30 Min.

UNTERKUNFT

HOTELS: Belize hat ca. 300 Hotels, davon sind nur wenige erstklassig, kleinere Hotels sind jedoch gut und preiswert. Im Landesinneren gibt es Berghotels. An der Küste stehen ebenfalls gute Unterkünfte zur Verfügung. Auf den größeren Cayes findet man zur Zeit nur wenige Hotels, es werden aber mehrere Feriendörfer gebaut. Alle guten Hotels sind dem Hotelverband von Belize angeschlossen. Eine Liste der Hotels ist vom Belize Tourist Board erhältlich. Auskünfte erteilt auch die *Belize Tourism Industry Association* (BTIA), 99 Albert Street, PO Box 62, Belize City. Tel: (02) 7 57 17, 7 11 44, 7 87 09. Telefax: (02) 7 87 10.
Kategorien: Es gibt drei Kategorien, ausschlaggebend für die Klassifizierung sind Preis und Standard. Die Preise können sich ohne vorherige Ankündigung ändern. Buchungen und Hotelpreise sollte man sich im voraus bestätigen lassen. Es gibt folgende Kategorien:
1. Klasse: Alle Hotelzimmer mit Bad oder Dusche und Klimaanlage. Restaurant und Bar im Hotel.
Mittelklasse: Alle Hotelzimmer mit Bad oder Dusche und Klimaanlage.
Touristenklasse: Fast alle Zimmer mit Bad oder Dusche. Die Hotels auf den Cayes haben ähnliche Kategorien.
FERIENWOHNUNGEN können für jeweils vier Wochen gemietet werden. In Chaa Creek können palmenbedeckte Häuser tageweise gemietet werden.
CAMPING: Es gibt nur wenige Campingplätze. An den Stränden ist Zelten verboten. In Corozal und in San Ignacio gibt es Wohnwagenstellplätze. In Belize City steht der *Caribbean Trailer Court* zur Verfügung; dieser einfach ausgestattete Stellplatz am Ende der New Town Barracks ist nicht eingezäunt. Auf Caye Caulker gibt es private Campingplätze am Strand. Buchungen nimmt das Belize Tourist Board entgegen.

URLAUBSORTE & AUSFLÜGE

Zur besseren Übersicht ist diese Rubrik in drei Regionen aufgeteilt, die jedoch keine Verwaltungsgrenzen widerspiegeln: **das Landesinnere**, **die Küste** und **die Cayes**.
Anmerkung: Die Regierung und die Einwohner von Belize sind sehr naturbewußt und fördern den Ökotourismus. Sie bitten alle Besucher, rücksichtsvoll und umweltbewußt der Fauna, Flora und der Kultur gegenüber zu verhalten. Praktische Hinweise sind vom Belize Tourist Board zu bekommen.

Das Landesinnere

Belmopan ist die neue Hauptstadt des Landes. Sie wurde auf Urwaldrodungen an den Ausläufern des majestätischen Maya-Gebirges errichtet und liegt im geographischen Mittelpunkt des Landes. Belmopan hat nur 3852 Einwohner, von denen die meisten Beamte sind. Die Stadt befindet sich in der ersten Phase eines 20jährigen Entwicklungsplans. Das *Parlamentsgebäude* auf dem Independence Hill ist äußerst eindrucksvoll, die Fassade wurde mit einem uralten Maya-Motiv geschmückt. Belmopan ist nicht nur Regierungszentrum, sondern auch ein interessantes Ausflugsziel in einer wunderschönen Landschaft mit üppiger Vegetation.
Corozal liegt an der Küste und wurde 1850 von geflüchteten mexikanischen Mestizen gegründet. Die Stadt ist heute Zentrum der Zuckerindustrie. Corozal ist umgeben von ausgedehnten Feuchtgebieten, die viele seltene Vogelarten beherbergen.
Das Naturschutzgebiet **Mountain Pine Ridge Forest Reserve** liegt etwa 115 km südlich von Belize City. Es hat zahlreiche kleine Bäche und eine herrliche Aussicht zu bieten. Die Wasserfälle der *Hidden Valley Falls* stürzen 500 m tief ins Tal. Das *Cockscomb Basin Wildlife Preserve* beheimatet diverse Wildkatzenarten, u. a. Jaguare, Pumas und Ozelots, und viele andere Tierarten, darunter den Baird's Tapir.
San Ignacio ist die zweitgrößte Stadt des Landes von Hügeln umgeben. Sie ist die Hauptstadt des Distrikts Cayo. Ganz in der Nähe liegen mehrere Maya-Tempelanlagen, besonders sehenswert ist *Xunantunich* mit dem 1500 Jahre alten *El Castillo*, einer Maya-Pyramide und dem zweithöchsten Bauwerk in Belize. Größtes Bauwerk ist die *Canaa-Pyramide* in **Caracol**, südlich von San Ignacio.

Die Küste

Belize City ist über 300 Jahre alt, wichtigstes Handelszentrum und ein bedeutender Seehafen. In der größten Stadt des Landes kann man reizvolle Kolonialhäuser, Holzgebäude und historische Kathedralen besichtigen. Sehenswert sind *St. John*, die älteste anglikanische Kathedrale in Mittelamerika, und *Government House*, die 1814 errichtete Residenz des britischen Gouverneurs. Die umfangreichste Ausgrabungsstätte Belizes, in *Altun Ha*, liegt an der nördlichen Straße zwischen Belize City und Orange Walk. Altun Ha wurde vor über 2000 Jahren besiedelt.
Cerros bietet fantastische Wassersportmöglichkeiten. Auf der anderen Seite der Bucht befindet sich eine interessante Ausgrabungsstätte.
Dangriga (Stann Creek) ist ein idealer Ausgangspunkt für Bootsfahrten zu den Cayes und für Ausflüge in die Wälder der Umgebung. *Caye Chapel* ist eine Privatinsel mit wunderschönen weißen Stränden, Korallenformationen, einem Jachthafen und eigener Landebahn.
Placencia, ein ruhiges Dorf, liegt an der Spitze der 20 km langen Placencia-Halbinsel. In der geschützten Lagune kann man angeln, schwimmen und sonnenbaden.

Die Cayes

Ambergris Caye ist die beliebteste Ferienregion in Belize. Die Insel mit ihren zahlreichen Stränden liegt 58 km nördlich von Belize City und wird täglich angeflogen. Besonders schön ist das geschäftige Fischerdorf *San Pedro*.
Caye Caulker ist in den letzten Jahren immer beliebter geworden. Das ausgedehnte Unterwasser-Höhlensystem zieht Taucher aus aller Welt an. Wer trocken bleiben möchte, kann sich im Museum Fotografien von tropischen Fischen anschauen.
Auf **Half Moon Caye**, am **Lighthouse Reef**, kann man das *Red-Footed Booby Bird Sanctuary* besuchen. Dieses Vogelschutzgebiet wurde 1982 geschaffen, um den Tölpel und andere Vogel- und Tierarten zu schützen. Taucher können am Lighthouse Reef die atemberaubenden Korallenriffe erforschen, die teilweise auf mehrere tausend Meter abfallen. Sehenswert ist auch das »Blue Hole«, ein besonders tiefes Loch im Meeresboden. Hier kann man den Spuren des berühmten Naturforschers Jacques Cousteau folgen, der diese Gegend 1984 erforschte. Dazu können Ausflugsboote gemietet werden. Zahlreiche andere Cayes erwarten Urlauber, die sich fürs Angeln, Tauchen oder die Tierwelt interessieren.
Anmerkung: Korallen, Orchideen und Schildkröten stehen unter Naturschutz und dürfen nicht entfernt bzw. nicht gejagt werden. In einigen Gegenden darf man nicht mit der Harpune auf Fischfang gehen. Wracks und Kunstschätze sind Eigentum der Regierung. Man sollte sich unbedingt über die geltenden Bestimmungen informieren.

SOZIALPROFIL

ESSEN & TRINKEN: Restaurants servieren nordamerikanische, chinesische, mittelamerikanische und kreolische Gerichte. Qualität und Service sind unterschiedlich, die Speisen sind aber recht preiswert. Es gibt zahlreiche Bars. Zu den einheimischen Spezialitäten gehört *A & P*, ein Getränk aus Anis und Pfefferminze. Der *Old-Belizero*-Rum ist sehr kräftig. Das einheimische *Belikin*-Bier ist äußerst empfehlenswert.
NACHTLEBEN: In Belize City ist abends das Angebot beschränkt. Im Bellevue-Hotel werden Tanzabende veranstaltet. In der Fort-George-Bar kann man dezenter Musik lauschen und den Blick auf den Hafen genießen. Die Einheimischen treffen sich in der Bar an der R Front Street und in der Copa Cabana an der New Road, die mit Lichtorgeln, Lametta, Bambus und Juke-Box aufwartet. Am Wochenende gibt es Live-Musik. Das Hard Rock Café und die Legends Disco sind ebenfalls beliebte Treffpunkte.
EINKAUFSTIPS: Typisch für Belize sind Kunstgewerbeartikel wie Holzschnitzereien und Strohwaren. Finger weg von Korallen und Schildpatt. Sogenannte »In-Bond«-Geschäfte bieten Uhren, Parfüm und andere Duty-free-Artikel an, aber das Angebot ist kleiner als anderswo in der Karibik. **Öffnungszeiten der Geschäfte:** Mo-Sa 08.00-12.00 und 13.00-16.30 und 19.00-21.00 Uhr.
SPORT: Die Korallenriffe ziehen **Taucher** und Schnorchler an. Küste und Flüsse bieten gute **Angelgründe**. Auf den Cayes und an der Südostküste gibt es gute Strände, die ideal für alle Wassersportarten sind (s. *Urlaubsorte & Ausflüge*). **Publikumssport:** Es werden **Fußball**-, **Basketball**- und **Softballspiele**, **Boxkämpfe** und gelegentlich auch **Pferderennen** veranstaltet.
VERANSTALTUNGSKALENDER
Mai '96 (1) *Toledo-Kunstfestival*, Punta Gorda. (2) *Cashew-Festival*, Crooked Tree Village. (3) *Kinderfestival der Künste*, Belize City. (4) *Coconut Festival* (Kunstgewerbe, Tanz und Umzüge), Caye Caulker. **1. Mai** *Tag der Arbeit* (Drachenflug-Wettbewerb, Fahrradrennen, Hafenregatta und Pferderennen). **24. Mai** *Commonwealth-Tag* (Pferde- und Radrennen). **Juni** *Dia de san Pedro* (Festival zu Ehren von St. Peter). **Aug.** *Internationales See- und Luftfestival* (Tanz, Musik und Kulinarisches), San Pedro. **10. Sept.** *St George's Caye Day* (Karneval und Sportveranstaltungen landesweit). **21. Sept.** *Unabhängigkeitstag* (Feuerwerke, Theater, Umzüge landesweit). **12. Okt.** *Panamerikanischer Tag* (Pferde- und Radrennen). **19. Nov.** *Garifuna Settlement-Tag* (Tanz, Musik, Umzüge). **Dez./Vorweihnachtszeit** *Christmas Bram* (Straßenmusikfestival mit Trommeln, Akkordeon, Banjo, Mundharmonika, Kämmen u. a. ungewöhnlichen Instrumenten) Belize City . **Febr. '97** *Fiesta De Carnaval*, landesweit. **März** *Baron-Bliss-Tag* (Hafenregatta, Pferde- und Radrennen), Belize City.
Eine vollständige Liste der Veranstaltungen ist vom Tourist Board in Stuttgart erhältlich.
SITTEN & GEBRÄUCHE: Der britische Einfluß macht sich auch heute noch bemerkbar. Die Gastgeberin freut sich über Blumen oder Pralinen. Belizer sind allgemein sehr gastfreundlich. Freizeitkleidung wird akzep-

tiert, Badekleidung gehört an den Strand. Politische Diskussionen werden leicht hitzig. Rauchen ist überall gestattet. **Trinkgeld:** Die Bedienung ist selten bereits in der Rechnung enthalten. 10% Trinkgeld ist üblich. Taxifahrer erhalten kein Trinkgeld.

WIRTSCHAFTSPROFIL

WIRTSCHAFT: Belize ist immer noch überwiegend ein Agrarland. Hauptexportgüter sind Zucker und Zuckerprodukte, Zitrusfrüchte, Bananen, Meeresfrüchte, Fisch und Rindfleisch sowie Mahagoni und andere Edelhölzer. Der Tourismus hat die höchsten Zuwachsraten zu verzeichnen; ausländische Investitionen, ganz besonders aus Kanada, fördern diese Entwicklung. Es gibt bislang kaum Industrie, von Bedeutung ist allein die exportorientierte Textilbranche. Die wirtschaftliche Entwicklung verlief in den letzten Jahren insgesamt günstig, der Lebensstandard ist jedoch immer noch allgemein niedrig. Trotz allem gibt es einen gewissen Absatzmarkt für Agrarprodukte, Konsumgüter und Baumaterialien. Wichtigster Handelspartner sind die USA (56,6% der Importgüter und 41% der Exportgüter). England, Kanada und Mexiko sind ebenfalls bedeutende Handelspartner. Belize ist Mitglied der karibischen Handelsassoziation CARICOM und damit Handelsumschlagplatz für einige mittelamerikanische Staaten. Die Regierung ist darum bemüht, die Dienstleistungsindustrie zu stärken. 1989 wurde ein internationales Schiffsregister eingerichtet und 1990 eine Gesetzgebung zur Legalisierung von Investitionen im Ausland erlassen. Der Abzug der britischen Truppen 1994 hatte eine negative Auswirkung auf die Wirtschaft. Folgedessen muß Belize jährlich einen Verlust von 60 Millionen Bz$ verzeichnen.
GESCHÄFTSVERKEHR: Einheimische Geschäftsleute sind eher salopp gekleidet, Anzug und Krawatte sind selten. Terminvereinbarung empfiehlt sich, der Tausch von Visitenkarten ist üblich. Oktober bis März ist die beste Zeit für Geschäftsreisen. **Geschäftszeiten:** Mo-Do 08.00-12.00 und 13.00-17.00 Uhr, Fr 08.00-12.00 und 13.00-16.30 Uhr.
Kontaktadresse: *Belize Chamber of Commerce and Industry* (Industrie- und Handelskammer), PO Box 291, Belize City. Tel: (02) 7 59 24. Telefax: (02) 7 49 84.
KONFERENZEN/TAGUNGEN: Es gibt einige Konferenzlokalitäten, Einzelheiten von der Handelskammer (s. o.).

KLIMA

Subtropisch, hohe Luftfeuchtigkeit; die hohen Temperaturen werden durch karibische Winde gemildert. Januar bis April heiß und trocken, die Regenzeit ist zwischen Juni und Oktober.
Kleidung: Leichte Baumwoll- und Leinensachen, Regenschutz nicht vergessen.

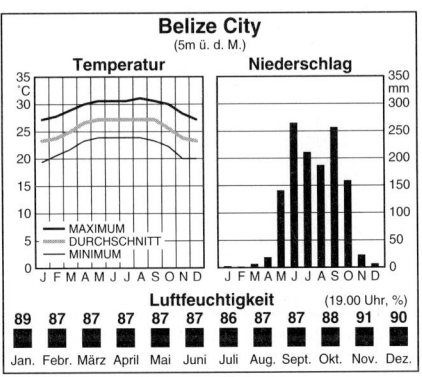

Pass- und Visavorschriften mancher Länder können sich kurzfristig ändern – Im Zweifelsfall erkundigen Sie sich bitte vor der Abreise bei der zuständigen Botschaft

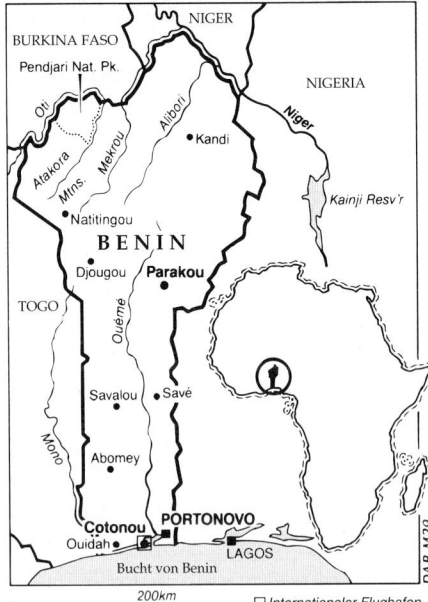

Lage: Westafrika.

Anmerkung: Von Reisen in die abgelegeneren Teile des Landes, besonders in die nördliche Atakora-Region, muß wegen der derzeitigen instabilen Sicherheitslage abgeraten werden.

Ministère du Commerce, du l'Artisanat et du Tourisme (mit Direction du Tourisme et de l'Hôtellerie)
BP 2037
Cotonou
Tel: 31 54 02. Telefax: 31 52 58.
Botschaft der Republik Benin
Rüdigerstraße 10
D-53179 Bonn
Tel: (0228) 94 38 70. Telefax: (0228) 85 71 92.
Mo-Fr 09.00-16.00 Uhr.
Honorarkonsulate ohne Visumerteilung in Berlin, Hamburg, München und Saarbrücken.
Konsulat der Republik Benin
Thiersteiner Allee 12
CH-4002 Basel
Tel: (061) 336 62 80. Telefax: (061) 336 72 46.
Mo-Fr 09.00-11.30 und 13.00-16.30 Uhr.
Visaangelegenheiten nur per Post.
(auch zuständig für Österreich)
Botschaft der Bundesrepublik Deutschland
7 Route Inter-Etats
BP 504
Cotonou
Tel: 31 29 67/68. Telefax: 31 29 62.
Österreich unterhält keine diplomatische Vertretung in Benin, zuständig ist die Botschaft in Abidjan (s. Côte d'Ivoire).
Botschaft der Schweizerischen Eidgenossenschaft
BP 08-0123
Cotonou
Tel: 30 14 68. Telefax: 30 08 96.

FLÄCHE: 112.622 qkm.
BEVÖLKERUNGSZAHL: 5.086.000 (1993).
BEVÖLKERUNGSDICHTE: 45 pro qkm.
HAUPTSTADT: Porto Novo. Einwohner: 164.000 (1984).

TIMATIC INFO-CODES

Abrufbar über Ihr CRS-System (für START/Amadeus Ama-Maske benutzen). Für Galileo bitte TI-DFT eingeben (mit Bindestrich).

Flughafengebühren	TI DFT/ COO /TX
Währung	TI DFT/ COO /CY
Zollbestimmungen	TI DFT/ COO /CS
Gesundheit	TI DFT/ COO /HE
Reisepassbestimmungen	TI DFT/ COO /PA
Visabestimmungen	TI DFT/ COO /VI

GEOGRAPHIE: Benin grenzt im Osten an Nigeria, im Norden an Niger und Burkina Faso sowie im Westen an Togo. Benin erstreckt sich über 700 km von der Bucht von Benin bis zum Niger. Die Küste besteht aus Sandstränden und ist mit Kokospalmen bewachsen. Hinter den Lagunen von den Ortschaften Porto Novo, Cotonou, Ouidah und Grand Popo liegt ein Plateau, das zum Atakora-Gebirge hin ansteigt. Zwei Nebenflüsse des Niger kommen aus dem Hochland. Im Süden fließt der Ouémé-Fluß in die Cotonou-Lagune. Der Mono-Fluß mündet bei Grand Popo in das Meer und bildet die Grenze zu Togo.
STAATSFORM: Präsidialrepublik seit 1991, Verfassung von 1990. Staatsoberhaupt und Regierungschef: Nicéphore Soglo, seit den pluralistischen Wahlen 1991. Parlament mit 85 Abgeordneten, Wahl alle 4 Jahre. Direktwahl des Staatsoberhauptes alle 5 Jahre (einmalige Wiederwahl). 1991 ging das Land vom Einparteiensystem zur parlamentarischen Demokratie über. Die letzten Wahlen fanden im März 1995 statt. Die neue Regierung ist mit der Durchführung zahlreicher Reformen, u. a. des Verwaltungs- und Wirtschaftssystems, beschäftigt. Unabhängig seit 1.8.1960 (ehemalige französische Kolonie, bis 1975 Dahomey).
SPRACHE: Amtssprache ist Französisch. Etwa 60 Dialekte dienen als Umgangssprachen. Im Süden wird Fon/Yoruba gesprochen. Im Norden u.a. Somba, Haussa, Pendi, im Westen Mina. Zum Teil wird auch Englisch gesprochen.
RELIGION: 65% Anhänger von Naturreligionen, 20% Christen (hauptsächlich römisch-katholisch), 15% Moslems, sowie methodistische Minderheit.
ORTSZEIT: MEZ (MEZ - 1 im Sommer).
NETZSPANNUNG: 220 V, 50 Hz (falls Strom vorhanden).
POST- UND FERNMELDEWESEN: Telefon: Selbstwählferndienst. **Landesvorwahl:** 229. Von Telefonzellen aus sind Gespräche teurer. **Telex/Telegramme:** Es gibt öffentliche Telexstellen in Cotonou. **Post:** Luftpostsendungen nach Europa sind 3-5 Tage unterwegs. Auf dem Landweg muß man mit 6-8 Wochen rechnen. In den meisten Hauptpostämtern findet man Schalter für postlagernde Sendungen. Öffnungszeiten: Mo-Sa 08.00-14.00 Uhr.
DEUTSCHE WELLE
Der Einsatz der Kurzwellenfrequenzen ändert sich mehrfach im Laufe eines Jahres, und Sendungen auf den folgenden Frequenzen werden jeweils nur zu bestimmten Tageszeiten ausgestrahlt. Näheres in der Einleitung.

MHz	17,860	15,135	11,795	9,545	7,185
Meterband	16	19	25	31	41

REISEPASS/VISUM

Wichtiger Hinweis: Die Einreisebestimmungen mancher Länder können sich kurzfristig ändern – rufen Sie sicherheitshalber auf Ihrem CRS-System (TIMATIC-Info-Code-Fenster in diesem Kapitel) den aktuellen Stand ab bzw. wenden Sie sich an die zuständige diplomatische Vertretung. Etwaige Zahlen in der Tabelle beziehen sich auf nachfolgende Fußnoten.

	Paß erforderlich?	Visum erforderlich?	Rückflugticket erforderlich?
Deutschland	Ja	Ja	Ja
Österreich	Ja	Ja	Ja
Schweiz	Ja	Ja	Ja
Andere EU-Länder	Ja	Ja	Ja

REISEPASS: Allgemein erforderlich.
VISUM: Allgemein erforderlich, ausgenommen sind Staatsbürger von Burkina Faso, Côte d'Ivoire, Gambia, Ghana, Guinea, Guinea-Bissau, Kap Verde, Kamerun, Liberia, Mali, Mauretanien, Niger, Nigeria, Rumänien, Senegal, Sierra Leone, Südafrika und Togo (bis maximal 90 Tage).
Visaarten: Touristen-, Geschäfts- und Transitvisa.
Gebühren: 20 DM. Transitvisa bis 24 Std. kostenlos.
Gültigkeitsdauer: 15 Tage. Einreise innerhalb von 3 Monaten nach Ausstellung des Visums. Verlängerung vor Ort möglich.
Antragstellung: Konsulat in Basel oder Konsularabteilung der Botschaft in Bonn (Adressen s. o.).
Unterlagen: (a) Gültiger Reisepaß. (b) 3 Anträge. (c) 3 Paßfotos. (d) Impfbescheinigung gegen Gelbfieber. (e) Bei Geschäftsreisen ein Einführungsschreiben der Firma. (f) Gebühr.
Der postalischen Antragstellung sollten ein frankierter und adressierter Umschlag und der Zahlungsbeleg beigefügt werden sowie Einschreibenfreiumschlag.
Bearbeitungszeit: Mindestens 1 Tag.
Aufenthaltsgenehmigung: Nähere Informationen von der Botschaft.

GELD

Währung: 1 CFA Franc (CFA Fr) = 100 Centimes. Banknoten sind in den Werten von 10.000, 5000, 2500, 1000 und 500 CFA Fr in Umlauf. Münzen gibt es in den Nennbeträgen von 250, 100, 50, 25, 10, 5 und 1 CFA Fr. Benin gehört zum französischen Währungsgebiet. Nur die von der *Banque des Etats de l'Afrique Centrale* herausgegebene Währung ist gültig; der der *Banque des Etats de*

l'Afrique de l'Ouest ist kein gesetzliches Zahlungsmittel.
Kreditkarten werden in begrenztem Umfang angenommen. Einzelheiten vom Aussteller der betreffenden Kreditkarte.
Euroschecks: Die *Banque Commerciale du Benin* löst Euroschecks gegen eine Gebühr von ca. 20% ein; es empfiehlt sich daher eher, Reiseschecks mitzunehmen.
Wechselkurse

	CFA Fr Sept. '92	CFA Fr Febr. '94	CFA Fr Jan. '95	CFA Fr Jan. '96
1 DM	169,38	339,41	344,31	342,57
1 US$	251,71	589,20	533,68	492,45

Devisenbestimmungen: Die Einfuhr von Landes- und Fremdwährungen unterliegt keiner Beschränkung, Fremdwährungen müssen jedoch deklariert werden. Die Ausfuhr von Fremdwährungen ist beschränkt auf den Gegenwert von 25.000 CFA Fr.
Öffnungszeiten der Banken: Mo-Fr 08.00-11.00 und 15.00-17.00 Uhr.

DUTY FREE

Folgende Artikel können zollfrei nach Benin eingeführt werden:
200 Zigaretten oder 100 Zigarillos oder 25 Zigarren oder 250g Tabak;
1 Flasche Wein und 1 Flasche Spirituosen;
500 ml Eau de toilette und 250 ml Parfüm.

GESETZLICHE FEIERTAGE

1. Mai '96 Tag der Arbeit. **10. Mai** Eid al-Adha (Opferfest). **16. Mai** Christi Himmelfahrt. **27. Mai** Pfingstmontag. **1. Aug.** Nationalfeiertag. **15. Aug.** Mariä Himmelfahrt. **26. Okt.** Tag der bewaffneten Streitkräfte. **1. Nov.** Allerheiligen. **30. Nov.** Nationalfeiertag. **25. Dez.** Weihnachten. **31. Dez.** Erntetag. **1. Jan. '97** Neujahr. **16. Jan.** Tag der Märtyrer. **11. Febr.** Eid al-Fitr. **30. März** Karfreitag. **31. März** Ostermontag. **1. April** Jugendtag. **19. April** Eid al-Adha. **1. Mai** Tag der Arbeit. **16. Mai** Christi Himmelfahrt. **19. Mai** Pfingstmontag.
Anmerkung: Die angegebenen Daten für islamische Feiertage richten sich nach dem Mondkalender und verschieben sich daher von Jahr zu Jahr. Während des Fastenmonats Ramadan, der dem Festtag Eid al-Fitr vorangeht, essen Mohammedaner nicht tagsüber, sondern erst nach Sonnenuntergang, wodurch der normale Geschäftsablauf gestört werden kann. Diese Unterbrechungen können auch während des Eid al-Fitr auftreten. Dieses Fest, ebenso wie das Eid al-Adha, hat keine bestimmte Zeitdauer und kann je nach Region 2-10 Tage dauern. Weitere Informationen unter *Welt des Islam* (s. Inhaltsverzeichnis).

GESUNDHEIT

In der folgenden Tabelle aufgeführte Impfvorschriften können sich kurzfristig ändern. Es wird stets empfohlen, auf Ihrem CRS-System (TIMATIC-Info-Code-Fenster in diesem Kapitel) den aktuellen Stand der Gesundheitsbestimmungen abzurufen bzw. rechtzeitig vor der Reise ärztlichen Rat einzuholen.

	Vorsichtsmaßnahmen empfohlen	*Impfschein erforderlich*
Gelbfieber	Ja	1
Cholera	2	2
Typhus & Polio	Ja	-
Malaria	3	-
Essen & Trinken	4	-

[1]: Eine Impfbescheinigung gegen Gelbfieber wird von allen Reisenden verlangt, die über ein Jahr alt sind.
[2]: Eine Impfbescheinigung gegen Cholera ist keine Einreisebedingung, das Risiko einer Infektion besteht jedoch. Da die Wirksamkeit der Schutzimpfung umstritten ist, empfiehlt es sich, rechtzeitig vor Antritt der Reise ärztlichen Rat einzuholen. Näheres im Kapitel *Gesundheit* (s. Inhaltsverzeichnis).
[3]: Malariarisiko besteht ganzjährig in allen Landesteilen. Die vorherrschende gefährlichere Form *Plasmodium falciparum* soll Chloroquin-resistent sein.
[4]: Wasser sollte generell vor der Benutzung zum Trinken, Zähneputzen und zur Eiswürfelbereitung abgekocht oder anderweitig sterilisiert werden. Milch ist nicht pasteurisiert und sollte abgekocht werden. Trocken- und Dosenmilch nur mit keimfreiem Wasser anrühren. Der Genuß von Schweinefleisch, Mayonnaise, rohem Salat und Milchprodukten aus ungekochter Milch sollte vermieden werden. Fleisch- oder Fischgerichte sollten nur gut durchgekocht und heiß serviert gegessen werden. Obst sollte geschält und Gemüse gekocht werden.
Tollwut kommt vor. Wer ein erhöhtes Risiko eingeht (z. B. längerer Aufenthalt in abgelegenen Gebieten), sollte vor Reiseantritt eine Schutzimpfung erwägen. Bei Bißwunden so schnell wie möglich ärztliche Hilfe in Anspruch nehmen. Weitere Informationen im Kapitel *Gesundheit* (s. Inhaltsverzeichnis).
Bilharziose-Erreger kommen in Teichen und Flüssen vor, das Schwimmen und Waten in Binnengewässern sollte daher vermieden werden. Gut gepflegte Schwimmbecken mit gechlortem Wasser sind unbedenklich.
Hepatitis A, B und *E* kommen vor.
Gesundheitsvorsorge: Der Abschluß einer Reisekrankenversicherung wird dringend empfohlen.

REISEVERKEHR - International

FLUGZEUG: *Air Afrique (RK)* ist die nationale Fluggesellschaft, an der das Land Anteile besitzt.
Durchschnittliche Flugzeit: Es gibt keine Direktflüge von Frankfurt, Wien oder Zürich nach Cotonou; man muß in Paris (*UTA*) umsteigen.
Internationaler Flughafen: *Cotonou (COO)* (Cadjehoun) liegt 5 km westlich der Stadt. Taxistand vorhanden. Es gibt Bars, Bank, Mietwagenschalter, Duty-free-shop, Post, Restaurants, Touristinformation und Hotelreservierungsschalter.
Flughafengebühren: Ca. 1000 CFA Fr bei der Ausreise.
SCHIFF: Frachtschiffe verkehren regelmäßig zwischen Marseille und Cotonou. Schiffe einheimischer Reedereien verbinden Lagos mit Porto Novo.
BAHN: Es gibt keine Bahnverbindungen von Benin in die Nachbarländer.
BUS/PKW: Es gibt zwei gute Hauptstraßen, eine verbindet Cotonou mit Niamey in Niger, die andere die nigerianische Hauptstadt Lagos mit Porto Novo, Cotonou, Lomé (Togo) und Accra (Ghana). Zwei Straßen führen nach Burkina Faso, eine über Banikoara, die andere über Porga.

REISEVERKEHR - National

FLUGZEUG: Es gibt Flugverbindungen zwischen Cotonou und Parakou, Natitingou, Abomey und Kandi. Man kann auch zweisitzige Flugzeuge mieten.
BAHN: Das Schienennetz umfaßt 600 km. Täglich verkehren Züge von Cotonou nach Porto Novo und Probé sowie nach Ségboroué und Parakou. Auf der Strecke Cotonou – Parakou fährt ein klimatisierter Schnellzug; es gibt keine Schlaf- oder Speisewagen, Imbisse sind jedoch in allen Zügen erhältlich.
Durchschnittliche Fahrzeiten: Von Cotonou nach Parakou fährt man 7-8 Std., nach Ségboroué ca. 2 Std. 30 und nach Pobé 4 Std.
BUS/PKW: Die Straßen sind in verhältnismäßig gutem Zustand, die meisten Straßen von Cotonou nach Bohicon und von Parakou nach Malanville sind asphaltiert. Unbefestigte Straßen sind nur während der Trockenzeit befahrbar. Auf den wichtigsten Straßen verkehren **Busse**. **Mietwagen:** In Cotonou gibt es einige einheimische Mietwagenfirmen. Man kann Wagen oder Kleinbusse auch mit Chauffeur mieten. **Unterlagen:** Internationaler Führerschein.
STADTVERKEHR: In den größeren Städten gibt es genügend Taxis. Man sollte den Fahrpreis im voraus aushandeln.

UNTERKUNFT

Die größeren Hotels in Cotonou bieten einigen Komfort, in anderen Landesteilen stehen jedoch kaum Unterkünfte für Reisende zur Verfügung. In Abomey gibt es ein kleines Hotel und ein Motel, in Natitingou ein komfortables Hotel und ein Motel. Porto Novo hat ein Hotel und Parakou zwei kleine Hotels. In Porga in der Nähe des Pendjari-Nationalparks gibt es zwei Unterkunftsmöglichkeiten (*Campements*), die Ausgangspunkte für Fotosafaris sind. Camping ist nicht erlaubt.

URLAUBSORTE & AUSFLÜGE

Benin, das bislang nicht zu den traditionellen touristischen Zielgebieten Afrikas zählt, hat zahlreiche kulturelle und landschaftliche Reize. Sandstrände, fischreiche Flüsse, kunstvoll errichtete Pfahldörfer, eine lebendige faszinierende Kultur, gastfreundliche Menschen und nicht zuletzt eine vielfältige Fauna und Flora machen einen Besuch in diesem Land lohnenswert.
Abomey, die frühere Hauptstadt des Fon-Königreiches, liegt ca. 100 km nordöstlich der heutigen Hauptstadt Porto Novo. Seine Könige waren berühmt für ihre Amazonen-Heere, mit denen sie in den Krieg zogen und sich lange den Franzosen widersetzten. Es gibt ein ausgezeichnetes Museum zur Geschichte des Abomey-Königreichs, das im riesigen alten Königspalast untergebracht ist. Der Fetisch-Tempel ist ebenfalls sehenswert. Im nahegelegenen *Centre des Artisanats* kann man günstig einheimische Handarbeiten kaufen.
In **Cotonou**, mit über 750.000 Einwohnern die größte Stadt und das Wirtschaftszentrum des Landes, haben die meisten Regierungsbehörden und Botschaften ihren Sitz. Alle vier Tage wird ein großer Markt abgehalten (*Dan Tokpa*), der zu den interessantesten Afrikas gehört. Auch aus der Ferne sichtbar ist der Turm der rot-weißen *Kathedrale*. Der beliebteste Strand der Stadt, »La crique«, wird wie die meisten Strände in Benin von Kokospalmen gesäumt. Eine der touristischen Hauptsehenswürdigkeiten ist *Ganvie* in der Nähe von Cotonou, ein an einer Lagune gelegenes Pfahlbaudorf mit einem schwimmenden Markt. Etwa 32 km weiter östlich liegt die Hafenstadt **Ouidah** mit einem alten portugiesischen Fort (18. Jh.) und dem *Tempel der Heiligen Python*. Ouidah war lange Drehscheibe des Handels zwischen dem Königreich Abomey und Europa, besonders des Sklavenhandels. Das im Fort untergebrachte *Geschichtsmuseum* befaßt sich mit den Auswirkungen des Sklavenhandels. Ouidah ist immer noch Zentrum der Voodoo-Religion. **Possotome** am Ufer des Aheme-Sees ist für seine Heilquellen bekannt.
Die offizielle Hauptstadt **Porto Novo** ist gleichzeitig Verwaltungszentrum des Landes. Hier gibt es zahlreiche typische Beispiele kolonialer und vorkolonialer Kunst und Architektur. Ein Besuch im interessanten *Völkerkundemuseum* sollte auf jedem Programm stehen. Das *Honmé-Museum* im früheren Gouverneurspalast, das auch für kulturelle Veranstaltungen genutzt wird, dokumentiert die Geschichte des Königreichs der Xogbonou. Faszinierend sind die *Königliche Residenz* und das *Zaubertor* in **Ketou**. Der Markt von **Adjarra** ist bekannt für ausgezeichnete Trommeln, Töpfer- und Korbwaren. Auch religiöse Gegenstände wie Fetische, afrikanische Gewürze und Heilkräuter kann man hier erstehen. Das in der Landesmitte gelegene **Parakou** war eines der bedeutendsten Zentren des Bariba-Reiches. In der lebendigen Stadt soll ein wichtiges Freilichtmuseum entstehen. Der bunte Markt ist sehenswert. Touren nach **Nikki**, der alten Hauptstadt, und zu den *Kudou-Wasserfällen* bieten sich an. Der Nordwesten des Landes ist die Heimat des Stammes der Somba, die in **Boukombe** einen interessanten Wochenmarkt abhalten. Die Somba sind berühmt für ihre doppelstöckigen Lehmburgen (*Tata*), die zum Schutz gegen Sklavenjäger gebaut wurden. Die *Tanougou-Wasserfälle* im großartigen *Atakora-Gebirge* mit seiner malerischen Landschaft und die *Kota-Wasserfälle* bieten einmalige Naturerlebnisse.
Benin hat zwei Nationalparks. Besonders vielfältig ist die Tierwelt im **Pendjari-Nationalpark**, in dem man u. a. Geparde, Flußpferde, Elefanten und Krokodile in freier Wildbahn beobachten kann. Geöffnet ist der Park meist von Dezember bis Juni, es gibt auch Unterkunftsmöglichkeiten für Besucher. Der **Nationalpark W** im Grenzgebiet zwischen Niger, Benin und Burkina Faso ist kaum auf Touristen eingestellt.

SOZIALPROFIL

ESSEN & TRINKEN: In Cotonou gibt es mehrere Restaurants und Hotels, die meist französische Gerichte anbieten. Einige Restaurants haben afrikanische Spezialitäten auf der Speisekarte, insbesondere Meeresfrüchte.
NACHTLEBEN: Cotonou bietet fünf Nachtklubs. In den anderen Landesteilen geht man, außer an Festtagen, zumeist früh ins Bett.
EINKAUFSTIPS: Am Cotonouer Jachthafen gibt es zahlreiche Souvenirstände. Auf dem Dan-Tokpa-Markt in Cotonou werden Waren aus Nigeria und anderen Ländern sowie traditionelle Heilmittel und Handwerkskunst angeboten. Kunstgewerbeartikel und andere einheimische Produkte kann man auf Märkten im ganzen Land kaufen. In Cotonou und Abomey gibt es außerdem Kunstgewerbezentren. Zu empfehlen sind Holzschnitzereien (Masken und kleine Statuen), Bronzearbeiten, Wandteppiche und Töpferwaren (vor allem in Parakou und Porto Novo). **Öffnungszeiten der Geschäfte:** Mo-Sa 09.00-13.00 und 16.00-19.00 Uhr.
SPORT: An der Küste bieten sich einige Wassersportmöglichkeiten, Gezeiten und Strömungen machen diese Küstenregion allerdings recht gefährlich. Nur sehr gute Schwimmer sollten sich ins Wasser wagen. In Cotonou und Porto Novo gibt es mehrere Hotels mit Swimmingpool und Tennisplätzen. Im *Club du Benin* in Cotonou kann man ebenfalls **Tennis** spielen; im Jachtklub kommen **Segler** auf ihre Kosten. An der Nakoue-Lagune werden Einbäume und Motorboote vermietet. Zu den Publikumssportarten gehören **Basketball**, **Volleyball**, **Handball** und **Fußball**.
VERANSTALTUNGSKALENDER
Im Dezember (kein festes Datum) wird in Nikki im Departement Borgou im Norden *La Gani* gefeiert, ein farbenprächtiges Festival mit Musik. In Abomey, Porto Novo und Allada finden von November bis Februar ähnliche Feierlichkeiten statt.
SITTEN & GEBRÄUCHE: Die üblichen Höflichkeitsregeln gelten auch hier. Zur Begrüßung gibt man sich die Hand. Die einzelnen Volksstämme haben sich ihre Eigenart bis heute bewahrt, vor allem in Nordbenin begegnet man dem ursprünglichen Afrika. Man sollte beachten, daß im gesellschaftlichen Umgang die Religion eine nicht unerhebliche Rolle spielt. Voodoo ist wahrscheinlich der ungewöhnlichste und bekannteste Geheimkult. Er spielt im gesellschaftlichen und politischen Leben eine bedeutende Rolle. Zwanglose Kleidung wird fast überall akzeptiert. **Fotografieren:** Ministerien, Militäranlagen und andere öffentliche Einrichtungen dürfen nicht fotografiert werden. **Trinkgeld:** 10% sind üblich.

WIRTSCHAFTSPROFIL

WIRTSCHAFT: In Benin, einem der ärmsten Länder der Welt, hat noch immer die Landwirtschaft den größten wirtschaftlichen Stellenwert. 60% der in der Landwirtschaft Erwerbstätigen erwirtschaften 37% des Bruttosozialprodukts. Haupterzeugnisse sind Baumwolle (60%), Erdöl und -produkte, Kaffee sowie Palmprodukte. Der Verfall der Weltmarktpreise und die weltweite

Rezession haben der Wirtschaft arg zugesetzt. Durch die Entdeckung von Erdöl vor der Küste des Landes entstand ein neuer Wirtschaftszweig. Die Ausfuhr von Erdölprodukten machte 1989 noch 21% des Gesamtexports aus, die Vorkommen werden jedoch bald erschöpft sein. Die Leichtindustrie ist nur klein, nahezu alle Verbrauchsgüter und Fertigwaren müssen importiert werden. Das Land gehört zur CFA-Franc-Zone und ist stark von französischer Entwicklungshilfe abhängig. Benin ist Mitglied der westafrikanischen Wirtschaftsgemeinschaft ECOWAS. Exporte gehen hauptsächlich in die USA, nach Portugal, China, Nigeria und Italien. Hauptbezugsgebiete sind Frankreich, die Niederlande, die USA, Ghana, Thailand und Côte d'Ivoire. Der Tourismus soll ausgebaut werden.
GESCHÄFTSVERKEHR: Geschäftsverhandlungen werden meist auf französisch geführt. Die üblichen Höflichkeitsformen sollten beachtet werden. Empfehlenswert sind Tropenanzüge. **Geschäftszeiten:** Mo-Fr 08.00-12.30 und 15.00-18.30 Uhr.
Kontaktadresse: *Chambre de Commerce, d'Agriculture et d'Industrie de la République du Bénin (CCIB)*, BP 31, Cotonou. Tel: 31 32 99. Telefax: 31 57 45.

KLIMA

Im Süden herrscht äquatoriales Klima mit vier Jahreszeiten, 2 Trocken- und 2 Regenzeiten. Von Januar bis April sowie im August ist es trocken. Die Regenzeiten sind von Mai bis Juli sowie von September bis Dezember. Im Norden gibt es zwei Jahreszeiten: Von November bis Mai ist es heiß und trocken, von Juni bis Oktober kühl mit viel Regen.
Kleidung: Leichte Baumwoll- und Leinensachen, synthetische Stoffe sollten vermieden werden. Leichter Regenschutz und etwas wärmere Kleidung für kühle Abende. Sonnenhut und Sonnenschutzcreme sollten in keinem Reisegepäck fehlen.

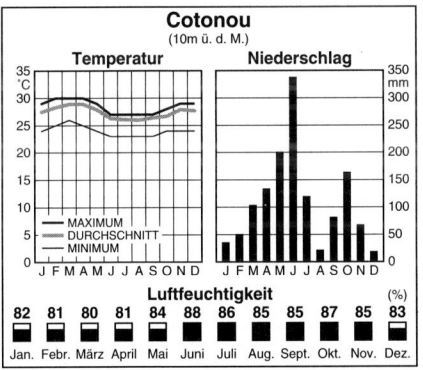

Eine weitere wichtige Veröffentlichung von *Columbus Press* ist der »World Travel Guide«, der jährlich herausgegeben wird und auf über tausend Seiten Informationen in englischer Sprache über alle Länder der Erde enthält.

Weitere Einzelheiten von:
Columbus Press, Verkaufsabteilung,
Aurikelweg 9,
D-38108 Braunschweig.
Tel: 05309/2123. Telefax: 05309/2877.

Bermuda

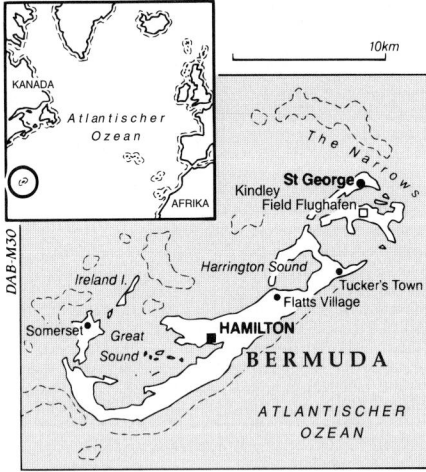

Lage: Westlicher Atlantik.

Bermuda Tourism
c/o Mangum Management GmbH
Herzogspitalstraße 5
D-80331 München
Tel: (089) 26 78 74. Telefax: (089) 260 40 09.
Mo-Fr 09.00-17.00 Uhr.
Department of Tourism
Global House
43 Church Street
Hamilton HM 12
Tel: 292 00 23. Telefax: 292 75 37.
Bermuda wird in Deutschland, Österreich und der Schweiz von den britischen Botschaften vertreten (s. Großbritannien). In Großbritannien ist für Bermuda zuständig:
Bermuda Tourism
1 Battersea Church Road
GB-London SW11 3LY
Tel: (0171) 734 88 13. Telefax: (0171) 352 65 01.
Mo-Fr 09.00-17.00 Uhr.
Deutsches Honorarkonsulat
c/o Gibbons Management Services Ltd.
21 Reid Street
Hamilton HM 11
Tel: 292 69 94. Telefax: 295 10 40.
Österreich und die Schweiz unterhalten keine diplomatischen Vertretungen auf Bermuda, zuständig sind die Botschaften in London (s. Großbritannien).

FLÄCHE: 53,5 qkm.
BEVÖLKERUNGSZAHL: 62.000 (1993).
BEVÖLKERUNGSDICHTE: 1158,9 pro qkm.
HAUPTSTADT: Hamilton. **Einwohner:** 1100 (1992).
GEOGRAPHIE: Bermuda besteht aus einer Kette von 150 Koralleninseln und -inselchen und liegt 1100 km südöstlich von New York im Atlantik. Es gibt keine Flüsse oder Bäche, und die Inseln sind für ihren Süßwasserbedarf ausschließlich auf Regenfälle angewiesen. Die Küste besteht aus vielen kleinen Buchten mit herrlichen rosafarbenen Sandstränden, das Meer ist leuchtend blaugrün, und im Landesinneren wachsen prachtvolle subtropische Pflanzen und Blumen.
STAATSFORM: Britische Kolonie mit interner Selbstverwaltung. Staatsoberhaupt: Königin Elizabeth II., vertreten durch den Gouverneur Lord Waddington.
Regierungschef: David Saul, seit 1995. Das Zweikammerparlament besteht aus einem Senat mit 11 ernannten Vertretern und einem House of Assembly mit 40 gewählten Vertretern. Es ist im wesentlichen für die Innenpolitik verantwortlich, zuständig für die Außenpolitik ist der vom englischen Monarchen ernannte Gouverneur.
SPRACHE: Offizielle Landessprache ist Englisch, außerdem spricht ein kleiner Bevölkerungsteil Portugiesisch. Ein lokaler Dialekt wird ebenfalls gesprochen.
RELIGION: Überwiegend anglikanisch und römisch-katholisch sowie einige andere Glaubensrichtungen.
ORTSZEIT: MEZ - 5 (MEZ - 4 im Sommer).
NETZSPANNUNG: 110 V, 60 Hz. Zweipolige amerikanische Stecker werden benutzt.
POST- UND FERNMELDEWESEN: Telefon: Selbstwählferndienst. **Landesvorwahl: 1 441.** Die *Bermuda Telephone Company* betreibt das interne Telefonnetz. Telefonnummern für Gespräche innerhalb des Landes beginnen mit 29 oder 23, es gibt keine örtlichen Kennzahlen. **Telefax:** Viele Hotels und Büros bieten diesen Service an. **Telex/Telegramme:** *Cable & Wireless Ltd* ist Betreiber des internationalen Telekommunikationsnetzes. Telegramme können im Cable & Wireless-Büro in Hamilton aufgegeben werden. **Post:** Fast alle Briefe werden per Luftpost befördert, auch wenn für den Landweg bezahlt wurde; Luftpostbriefe werden jedoch schneller abgefertigt. Luftpost nach Europa ist 5-7 Tage unterwegs. Es gibt Schalter für postlagernde Sendungen. Die Postämter sind Mo-Fr 08.00-17.00 Uhr geöffnet, das Hauptpostamt in Hamilton auch Sa 08.00-12.00 Uhr.
DEUTSCHE WELLE
Der Einsatz der Kurzwellenfrequenzen ändert sich mehrfach im Laufe eines Jahres, und Sendungen auf den folgenden Frequenzen werden jeweils nur zu bestimmten Tageszeiten ausgestrahlt. Näheres in der Einleitung.

MHz	17,860	17,715	15,275	9,545	6,100
Meterband	16	16	19	31	49

REISEPASS/VISUM

Wichtiger Hinweis: Die Einreisebestimmungen mancher Länder können sich kurzfristig ändern – rufen Sie sicherheitshalber auf Ihrem CRS-System (TIMATIC-Info-Code-Fenster in diesem Kapitel) den aktuellen Stand ab bzw. wenden Sie sich an die zuständige diplomatische Vertretung. Etwaige Zahlen in der Tabelle beziehen sich auf nachfolgende Fußnoten.

	Paß erforderlich?	Visum erforderlich?	Rückflugticket erforderlich?
Deutschland	Ja	Nein	Ja
Österreich	Ja	Nein	Ja
Schweiz	Ja	Nein	Ja
Andere EU-Länder	Ja	Nein	Ja

Anmerkung: Ein Rück- oder Weiterflugticket für ein Land, in das man legal einreisen darf, muß vorgelegt werden. Wer beabsichtigt, die Heimreise von einem Drittland anzutreten, für das ein Visum erforderlich ist, muß sich dieses vor der Einreise nach Bermuda besorgen.
REISEPASS: Allgemein erforderlich, ausgenommen sind Staatsangehörige der USA und Kanadas mit Geburtsurkunde, Ausweis, Einbürgerungsnachweis oder Wählerkarte.
VISUM: Nicht erforderlich für Aufenthalte bis zu 3 Wochen, jedoch genereller Visumzwang für Staatsangehörige der folgenden Länder: Albanien, Algerien, Armenien, Aserbaidschan, Belarus, Bosnien-Herzegowina, Bulgarien, China (VR), Kroatien, Georgien, Haiti, Irak, Iran, Jordanien, Jugoslawien, Kambodscha, Kasachstan, Kirgistan, Korea-Nord, Kuba, Laos, Libanon, Libyen, Marokko, Ehem. jugosl. Republik Mazedonien, Moldavien, Mongolei, Nigeria, Rumänien, Russ. Föderation, Slowakische Republik, Slowenien, Sri Lanka, Syrien, Tadschikistan, Tschechische Republik, Tunesien, Turkmenistan, Ukraine, Usbekistan und Vietnam.
Anmerkung: Staatsbürger der ehemaligen Ostblockstaaten benötigten bislang zur Einreise nach Bermuda ein Visum. Die Regelungen werden zur Zeit jedoch überarbeitet; bitte erkundigen Sie sich im Einzelfall bei einem britischen Konsulat.
Visaarten: Touristen- und Transitvisa.
Visagebühren: 33 £.
Gültigkeit: 3 Monate vom Tag der Ausstellung an.
Antragstellung: Britische Botschaften und Konsulate (Adressen s. *Großbritannien*).
Unterlagen: Ausgefüllter Antrag und bei Geschäftsreisen ein Schreiben des Gastgebers. Ein Rück- oder Weiterflugticket ist Einreisevoraussetzung (s. o.).
Bearbeitungszeit: 6 bis 8 Wochen.
Aufenthaltserlaubnis: Anträge an das *Department of Immigration*, Ministry of Labour and Home Affairs, PO Box HM 1364, Hamilton HM FX. Tel: 295 51 51. Telefax: 295 47 80.

GELD

Währung: 1 Bermuda-Dollar (BD$) = 100 Cents. Die Währung ist an den US-Dollar gebunden. Banknoten sind im Wert von 100, 50, 20, 10, 5 und 2 BD$ in Umlauf; Münzen in den Nennbeträgen 1 BD$ sowie 25, 10, 5 und 1 Cent.
Geldwechsel: Der US-Dollar wird i. allg. als gleichberechtigtes Zahlungsmittel anerkannt. Man darf nur in den offiziellen Banken oder Wechselstuben wechseln.

Kreditkarten: *Eurocard, American Express, Visa* und *Diners Club* werden in den meisten größeren Hotels, Restaurants und Geschäften angenommen. Einzelheiten vom Aussteller der betreffenden Kreditkarte.
Reiseschecks: US-Dollar-Reiseschecks werden überall angenommen. Die Bank am Flughafen ist Mo-Fr 11.00-12.30 und 13.00-16.00 Uhr geöffnet.
Wechselkurse

	BD$ Sept. '92	BD$ Febr. '94	BD$ Jan. '95	BD$ Jan. '96
1 DM	0,67	0,58	0,66	0,70

Devisenbestimmungen: Die Ausfuhr von Fremdwährungen ist auf den bei der Einreise deklarierten Betrag beschränkt. Unbegrenzte Einfuhr der Landeswährung; die Ausfuhr ist auf 250 BD$ beschränkt.
Öffnungszeiten der Banken: Mo-Do 09.30-15.00 Uhr sowie Fr 09.30-15.00 und 16.30-17.30 Uhr.

DUTY FREE

Die folgenden Artikel können zollfrei nach Bermuda eingeführt werden:
200 Zigaretten und 50 Zigarren und 454 g Tabak;
1,137 l Spirituosen und Wein.
Einfuhrverbot: Seetiere, Harpunen, Schußwaffen und Betäubungsmittel. Besucher sollten vom Arzt verschriebene Medikamente bei der Einreise deklarieren, die Bestimmungen sind streng und werden strikt eingehalten. Pflanzen, Obst, Gemüse und Haustiere dürfen nur mit Erlaubnis des *Department of Agriculture, Fisheries and Parks* eingeführt werden. Die Einfuhr von Warenproben, Verkaufsmaterialien und anderen Handelsgütern für Messen und Tagungen muß vor der Einreise über das jeweilige Konferenz-Hotel verzollt werden.

GESETZLICHE FEIERTAGE

24. Mai '96 Bermuda-Tag. **17. Juni** Geburtstag der Königin. **1. Aug.** Kricket-Pokalspiel. **2. Aug.** Somers-Tag. **2. Sept.** Tag der Arbeit. **11. Nov.** Heldengedenktag. **25./26. Dez.** Weihnachten. **1. Jan. '97** Neujahr. **28. März** Karfreitag. **24. Mai** Bermuda-Tag.

GESUNDHEIT

In der folgenden Tabelle aufgeführte Impfvorschriften können sich kurzfristig ändern. Es wird stets empfohlen, auf Ihrem CRS-System (TIMATIC-Info-Code-Fenster in diesem Kapitel) den aktuellen Stand der Gesundheitsbestimmungen abzurufen bzw. rechtzeitig vor der Reise ärztlichen Rat einzuholen.

	Vorsichtsmaßnahmen empfohlen	*Impfschein erforderlich*
Gelbfieber	Nein	Nein
Cholera	Nein	Nein
Typhus & Polio	Nein	-
Malaria	Nein	-
Essen & Trinken	Nein	-

Bermuda ist tollwutfrei.
Gesundheitsversorgung: Der Abschluß einer Reisekrankenversicherung wird empfohlen. Es gibt keine staatliche Krankenversorgung, die Arztkosten sind hoch. In der Nähe von Hamilton gibt es ein gut eingerichtetes 237-Betten-Krankenhaus.

REISEVERKEHR - International

FLUGZEUG: Bermuda hat keine nationale Fluggesellschaft. *Condor* bietet Direktflüge an von Frankfurt nach Bermuda, *British Airways* von London nach Bermuda.
Durchschnittliche Flugzeiten: *Frankfurt* – Bermuda: 8 Std; *London* – Bermuda: 7 Std; *New York* – Bermuda: 2 Std.
Internationaler Flughafen: *Kindley Field* (BDA) liegt 16 km östlich von Hamilton. Busverbindung zur Stadt im 15-Minutentakt (Fahrzeit 30 Min.), außerdem gibt es Taxis. Die Fahrzeit nach Hamilton beträgt 20-30 Min. Es gibt keinen Duty-free-Shop am Flughafen. Zollfreie Artikel können jedoch in den Geschäften der Stadt gekauft und bei der Ausreise am Flughafen abgeholt werden. Die Flughafenbank ist von Mo-Fr 11.00-12.30 und 13.00-16.00 Uhr geöffnet. Die Flughafenbar öffnet um 11.00 Uhr und schließt bei Abflug des letzten Fluges. Weitere Flughafeneinrichtungen: Restaurant (09.00-18.00 Uhr), Geschäfte (09.00-17.00 Uhr) und Tourist-Information.
Flughafengebühren: 20 BD$, ausgenommen sind Kinder unter 2 Jahren und Transitreisende. Bei Charterflügen ist die Gebühr im Ticket mit inbegriffen.
SCHIFF: Es gibt wöchentliche Verbindungen von New York und unregelmäßige Verbindungen von Norfolk, Boston, Philadelphia, Miami, Baltimore und Charleston. Britische Kreuzfahrtschiffe der *P & O Line* und von *Cunard* machen auf ihren Reisen nach Australien und Neuseeland manchmal in Bermuda Halt. *Royal Caribbean Cruise, Chandris* und *Kloster Cruise* bieten eine kombinierte Flug- und Schiffsreise von Großbritannien über New York nach Bermuda an (April bis September).

REISEVERKEHR - National

SCHIFF: Im Hafen von Hamilton verkehren Fähren, die regelmäßig nach Paget, Salt Kettle, Warwick, Somerset, Watford Bridge und Dockyard fahren. An Sonntagen gilt ein eingeschränkter Fahrplan. Einige Hotels verkaufen Fahrkarten zu verbilligten Preisen.
BUS/PKW: Die Hauptinsel hat ein ausgezeichnetes Straßennetz, aber ausländischen Besuchern ist das Autofahren der Umwelt zuliebe nicht gestattet. Mopeds kann man zu den üblichen Preisen mieten (s. u.). Die Geschwindigkeitsbegrenzung liegt bei ca. 35 km/h, und es wird links gefahren. **Bus:** Mit dem Bus kann man preiswert alle Sehenswürdigkeiten ansteuern. Die rosaroten staatlichen Busse sind modern, pünktlich und bequem. Die Fahrt von Hamilton nach St. George's an der nordöstlichen Spitze Bermudas dauert ca. 30 Min., die Fahrt nach Somerset im Süden ca. 45 Min. Man muß den genauen Fahrpreis in Münzen bereithalten. Bei den Postämtern sind außerdem Sammelfahrkarten erhältlich. Einen Fahrplan mit den Reiserouten bekommt man kostenlos. **Taxi:** Alle Taxis haben Taxameter und verlangen zwischen Mitternacht und 6 Uhr morgens einen Zuschlag von 25%. Pro Taxi dürfen nur vier Fahrgäste befördert werden. Die vom Ministerium für Tourismus zugelassenen qualifizierten Fahrer haben eine kleine blaue Fahne am Taxi. **Kutschen:** In Hamilton stehen Pferdekutschen zur Verfügung. **Moped/Fahrradvermietung:** Sehr beliebt auf Bermuda, zumal Besucher aus ökologischen Gründen keine Autos fahren dürfen. Daher gibt es auf Bermuda auch keine Leihwagen. Generell ist pro Haushalt nur ein Pkw erlaubt. Auf Mopeds ist ein Sturzhelm Vorschrift, ebenso eine Haftpflichtversicherung. Das Mindestalter beträgt 16 Jahre, ein Führerschein ist nicht vorgeschrieben. Das *Department of Tourism* veröffentlicht ein Preis- und Adressenverzeichnis.
FAHRZEITEN von Hamilton zu folgenden größeren Städten und zum Flughafen (in Std. und Min.):

	Schiff	Pkw/Bus
Flughafen	-	0.30
St. George's	-	0.30
Somerset	0.30	0.45
Naval Dockyard	0.45	0.45

UNTERKUNFT

Das Department of Tourism veröffentlicht eine Broschüre »Siebter Himmel auf Erden« mit allen Unterkunftsmöglichkeiten. Zimmer sind in Hotels und Pensionen erhältlich, außerdem können Ferienwohnungen und -häuser gemietet werden. Nähere Informationen erhalten Sie beim Fremdenverkehrsamt. Während der Vorsaison von November bis März sind die Hotelpreise reduziert, und es werden zahlreiche Pauschalreisen angeboten.
HOTELS: Alle Hotels auf Bermuda sind von hohem Niveau und bieten Halb- oder Vollpension an. In den Hotels der Spitzenklasse finden Tanzabende mit Live-Unterhaltung statt. Weitere Auskünfte erhalten Sie von der *Bermuda Hotel Association*, Carmel Buildings, 61 King Street, Hamilton HM 19. Tel: 295 21 27. Telefax: 292 66 71.
Kategorien: Die meisten Hotels bieten **Modified American Plan (MAP):** Zimmer, Frühstück und Abendessen, in manchen Hotels auch Nachmittagstee, oder **Bermuda Plan (BP):** Zimmer mit Frühstück an. Etwa 7% der Hotels sind groß und luxuriös. Etwa 16% sind kleiner mit weniger als 150 Zimmern. Sie sind normalerweise preiswerter als Selbstverpflegung, weniger formell als große Hotels und bieten ein geringes Einkaufs- und Vergnügungsangebot.
PENSIONEN (GUEST HOUSES): 50% der Übernachtungsmöglichkeiten sind in Guest Houses. Viele Privathäuser werden heute als Pensionen genutzt. Die kleineren Gasthäuser nehmen oft nicht mehr als 12 Gäste auf. Teilweise besteht die Möglichkeit der Selbstversorgung in Gemeinschaftsküchen. Die großen Pensionen, oft ehemalige Privatvillen, haben weitläufige Gärten, Privatstrände oder Swimmingpools. **Kategorien:** Alle Pensionen haben eine ungezwungene Atmosphäre. Es werden Übernachtungen mit und ohne Frühstück angeboten.
FERIENDÖRFER *(Cottage Colonies)*: Diese Art der Unterkunft ist typisch für Bermuda: kleine, wohlausgestattete Ferienhäuser in einem hübsch angelegten Landschaftsgarten garantieren einen rundum erholsamen Aufenthalt mit Komfort. Das dazugehörige Klubhaus hat einen Speisesaal, einen Aufenthaltsraum und eine Bar. Es gibt keine vollständig ausgestatteten Küchen, aber man kann Getränke und kleine Mahlzeiten zubereiten. Die Atmosphäre ist entspannt und freundlich. Ein Privatstrand oder Swimmingpool steht zur Verfügung.
FERIENCLUBS *(Club Resorts)*: Diese Klubs sind sehr luxuriös und bieten völlige Zurückgezogenheit, stehen aber nur Mitgliedern und eingeladenen Gästen zur Verfügung. Auf der Hauptinsel gibt es zwei Club Resorts.
FERIENHÄUSER UND -WOHNUNGEN: Ferienhäuser stehen meist in prächtigen Gartenanlagen. Alle Häuser haben gut eingerichtete Küchen. Es gibt kein Klubhaus. Mitunter ist ein kleines Frühstück erhältlich. Ein Strand oder Swimmingpool gehört zur Ferienanlage.
Apartments: Diese Ferienwohnungen sind voll eingerichtet und haben eine Küche. Eine tägliche Reinigungskraft steht zur Verfügung. Nur sehr wenige dieser Wohnanlagen haben einen Swimmingpool.
CAMPING: Es gibt keine Campingplätze für Besucher.

URLAUBSORTE & AUSFLÜGE

Hamilton ist die Hauptstadt der Kolonie. Der Senat tagt im Kabinettsgebäude zwischen Parliament Street und Court Street. Das *Sessions House* – hier tagt das Abgeordnetenhaus – kann man besichtigen. Sehenswert ist auch die im 19. Jahrhundert erbaute Kathedrale in der Church Street. Die Front Street, die Hauptgeschäftsstraße, führt von Albouy's Point am Ferry Dock am *Bermuda Yacht Club* vorbei und endet weiter östlich an der King Street. In der Queen Street steht *Perot's Postamt*. Die erste Briefmarke des Landes, die Perot-Briefmarke, wurde hier von 1818 bis 1862 gedruckt. Briefmarken aus Bermuda sind überhaupt schöne Mitbringsel und das nicht nur für Philatelisten. In den Sommermonaten kann man sich mitunter drei große Kreuzfahrtschiffe gleichzeitig im Hafen ansehen. Mit der Fähre sind Hafenrundfahrten oder Ausflüge über den Great Sound zum ländlichen Dorf Somerset möglich. Das im 19. Jahrhundert errichtete *Fort Hamilton* wurde vollständig restauriert und ist wegen seiner gewaltigen Wehrgänge, wuchtigen Kanonen und seines Gewirrs unterirdischer Tunnel einen Besuch wert. Von den Wehrgängen aus genießt man eine atemberaubende Aussicht.
Das *Bermuda Aquarium, Museum and Zoo*, mit dem Bus von Hamilton erreichbar, bietet einen Einblick in Bermudas Geschichte und Umwelt. Die Einrichtung ist aktiv in der Zucht gefährdeter Tierarten und ihrer Wiedereinführung in die Natur.
Die frühere Hauptstadt **St. George's** am östlichen Ende der Inselkette wurde 1612 gegründet. Das alte Gesicht der Stadt und seine historischen Wahrzeichen wurden durch umfangreiche Restaurationsarbeiten wiederhergestellt. Man sollte auch der Ecke zwischen Duke of Clarence Street und Featherhead Alley einen Besuch abstatten, denn dort steht das immer noch funktionstüchtige Modell einer Druckerpresse aus dem 17. Jahrhundert. Das *Confederate Museum* war das Quartier der konföderierten Offiziere während des amerikanischen Bürgerkrieges. Weitere Sehenswürdigkeiten sind die *Stock & Pillory* und eine Nachbildung der *Deliverance*, eines der ersten Schiffe von Bermuda. In St. George's gibt es eine große Anzahl ausgezeichneter Gaststätten, Restaurants und Geschäfte.
Fort Scaur in Somerset ist ein ideales Ausflugsziel für ein Picknick und bietet eine herrliche Aussicht auf den malerischen Ely's Harbour. Das *Gates Fort* wurde 1615 errichtet. Ganz in seiner Nähe steht das *Fort St. Catherine* aus dem Jahre 1622, die älteste und faszinierendste Festungsanlage der Insel.
Die **Ireland-Insel** liegt an der äußersten Spitze des »Angelhakens« von Bermuda. Hier sind im *Maritime Museum* Wrackteile versunkener Schiffe ausgestellt. Interessant sind auch die klassizistischen Gebäude der Royal-Navy-Schiffswerft.
Die Höhlen *Crystal Cave* und *Leamington Cave* sind in der Urlaubssaison täglich geöffnet. Geheimnisvolle unterirdische Seen füllen und leeren sich mit den Gezeiten.
Vom *Gibbs-Hill-Leuchtturm* im Bezirk Southampton hat man die beste Aussicht über die Insel.
Interessante Kirchen sind die *Old Devonshire Church* und

Eine weitere wichtige Veröffentlichung von Columbus Press ist der »World Travel Guide«, der jährlich herausgegeben wird und Informationen in englischer Sprache auf mehr als tausend Seiten über alle Länder der Erde enthält.

Weitere Einzelheiten von:
Columbus Press, Verkaufsabteilung, Aurikelweg 9, D-38108 Braunschweig.
Tel: 05309/2123. Telefax: 05309/2877.

St. Peter's Church. Sogenannte Moongates findet man überall auf der Insel: Einer orientalischen Legende zufolge sollen Hochzeitsreisende durch die Kreise schreiten und einen Wunsch aussprechen. Im frühen 19. Jahrhundert hatte ein Kapitän diese Steinringe auf seinen Reisen nach China entdeckt und nach Bermuda gebracht.

SOZIALPROFIL

ESSEN & TRINKEN: Die Hotelrestaurants bieten fast ausschließlich internationale Gerichte an. Einheimische Spezialitäten sind Bermuda-Hummer (von September bis Mitte April), Muschelpastete, Seeschneckeneintopf, Fischsuppe (mit Sherry, Pfefferschoten und Rum), Hai und Steinfisch. Die Bermudazwiebel wächst nur hier; einheimisches Obst sind Papaya, Erdbeeren (Januar und Februar) und Zitrusfrüchte. Sonntags ißt man oft Kabeljau und Bananen zum Frühstück. Als Nachspeisen werden Yampudding, Bay-Grape-Gelee und eine Schaumcreme aus Guaven-Gelee, Schlagsahne und Sherry angeboten. Eine große Auswahl an Restaurants, Cafés, Bars und Gaststätten bietet Schmackhaftes für jeden Geldbeutel an. Normalerweise wird am Tisch serviert.
Getränke: Zahlreiche einheimische Getränke werden mit Rum gemixt. Ausgefallene Namen wie *Dark and Stormy* oder *Rum Swizzle* sind hier üblich. Englisches, amerikanisches und europäisches Bier ist erhältlich. In den Bars werden Getränke bei der Bestellung bezahlt, die Bedienung erwartet jedesmal ein kleines Trinkgeld.
NACHTLEBEN: Einige Hotels haben Live-Shows, Nachtklubs oder Diskotheken oder veranstalten Grill- und Tanzabende. Die musikalischen Darbietungen sind eine Mischung aus Calypso, lateinamerikanischer Musik und Steelbands.
EINKAUFSTIPS: Importierte Waren wie französische Parfüms, feines englisches Porzellan, Schweizer Uhren, dänische Silberwaren, deutsche Fotoapparate, schottische Tweedkleidung und zahlreiche Spirituosen und Liköre werden in den Geschäften angeboten. Kunstgewerbe, Keramik, Zedernholzartikel, Kleidung (Bermuda-Shorts), Schallplatten und Gemälde sind schöne Mitbringsel. In Antiquitätengeschäften findet man mitunter günstige Angebote. Die ländlichen Geschäfte verkaufen zahlreiche Antiken. Badeanzüge, Sportkleidung und Strohhüte sind von hoher Qualität. Es wird keine Verkaufs- oder Mehrwertsteuer erhoben. **Öffnungszeiten der Geschäfte:** Mo-Sa 09.00-17.00 Uhr (donnerstags schließen manche Geschäfte etwas früher).
SPORT: Golf: Port Royal und der anspruchsvolle Mid-Ocean-Club sind die beiden bekanntesten Golfplätze. Insgesamt stehen acht ausgezeichnete Anlagen zur Verfügung. Die *Bermuda Golf Association*, PO Box HM 433, Hamilton HM BX, erteilt gern Auskünfte über Amateur- und Profi-Meisterschaften. **Tennis:** Dem Besucher stehen fast 100 Tennisplätze zur Verfügung. Die größeren Hotels haben eigene Plätze (teilweise mit Flutlicht). Das ganze Jahr über werden Meisterschaften ausgetragen, Besucher können an manchen Turnieren teilnehmen. Genaue Auskünfte erteilt die *Bermuda Lawn Tennis Association*, PO Box HM 341, Hamilton HM BX.
Schwimmen: Die besten Strände sind Warwick Long Bay, Stonehole, Chaplin und Horseshoe Bay an der Südküste. **Tauchen:** Die Sichtweite unter Wasser ist erstaunlich. Gute Taucher finden in den Riffen zahlreiche versunkene Schiffe, alte Kanonen und ähnliche Überbleibsel vergangener Zeiten. Taucherausrüstungen können gemietet werden. **Fischen:** Bermuda hat ausgezeichnete fischreiche Gewässer für Angler und Sportfischer. Ausrüstungen und Boote können gemietet werden. Sportfischer können ihr Glück mit dem Wahoo, Amberjack, Fächerfisch und Allison-Thunfisch versuchen, Harpunen dürfen jedoch nicht benutzt werden. Durch die Riffe schwimmen Barracudas, Grey Snappers und Yellowtails. An den Ufern kann man Knochenfisch und Pompano fangen. Von Mai bis November werden Wettkämpfe veranstaltet. **Segeln:** In ungeraden Jahren findet im Juni die *Blue-Water-Cruising-Regatta* von Marion (Massachusetts), in geraden Jahren die *Ocean-Yacht-Regatta* von Newport nach Bermuda statt. An der Ocean-Yacht-Regatta nehmen die schnellsten und größten Rennjachten der Welt teil. Diese Regatta wird auch liebevoll »die wilde Jagd zum Zwiebelfeld« (*Thrash to the Onion Patch*) genannt. Die Ankunft der Boote wird eine Woche lang im Bermuda Yacht Club gefeiert. Segelboote und Mannschaften können gemietet werden. **Kricket:** Das jährliche Pokalspiel zwischen den Kricketklubs von St. George's und Somerset wird an zwei aufeinanderfolgenden öffentlichen Feiertagen ausgetragen.
VERANSTALTUNGSKALENDER
1. - 31. Mai '96 *Bermuda Heritage Month* (Kultur- und Sportveranstaltungen finden ihren Höhepunkt am 24. Mai), landesweit. **Mitte Mai** *International Rugby Classic*, Hamilton. **Juni** *Bermuda Ocean Race* (Jachtregatta, Annapolis/USA – Bermuda). **31. Juli** SOCA '96 (karibisches Musikfestival), Hamilton. **1./2. Aug.** *Kricket Ligaspiele*, Somerset. **3. - 6. Aug.** *Bermuda Billfish Tournament* (Angelwettbewerb), Hamilton. **4. Aug.** *»Landratten-Regatta«*, Mangrove Bay, Somerset. **Ende Okt.** *Masters International Black Golf Classic*, Port Royal und Castle Harbour Golf Clubs. **3. - 9. Nov.** *Tennis Meisterschaften*, Hamilton. **Mitte Dez.** *Weihnachtsumzüge*, Hamilton und St. George's. **Jan. - Febr. '97**

Bermuda Festival '97 (Klassik, Jazz, Drama, Tanz). Eine vollständige Liste der Veranstaltungen ist beim Fremdenverkehrsamt erhältlich (Adresse s. o.).
SITTEN & GEBRÄUCHE: Sitten und Gebräuche auf Bermuda sind den britischen sehr ähnlich. Es ist durchaus üblich, wildfremde Leute auf der Straße zu grüßen. Legere Kleidung wird akzeptiert, Badekleidung gehört jedoch an den Strand. In vielen Hotels und Restaurants werden am Abend Jackett und Krawatte erwartet, man sollte sich im voraus erkundigen. Nichtraucherzonen sind entsprechend gekennzeichnet. **Trinkgeld:** 10-15% Trinkgeld sind angemessen. In einigen Hotels und Gaststätten werden festgesetzte Beträge als Trinkgeldsatz auf die Rechnung aufgeschlagen.

WIRTSCHAFTSPROFIL

WIRTSCHAFT: Die Wirtschaft stützt sich in erster Linie auf Deviseneinnahmen aus der Tourismusindustrie. Die Mehrzahl der Touristen kommen aus den USA. Die Steuereinnahmen von ca. 4500 auf Bermuda registrierten Auslandsfirmen tragen zum Ausgleich des enormen Handelsdefizits bei – das Importvolumen, jährlich 500 Mio. US-Dollar, übersteigt das Exportvolumen um das Fünffache. Versicherungen spielen eine große Rolle im Offshore-Finanzwesen. Die Fertigungsindustrie konzentriert sich auf Schiffbau, Schiffsreparatur und Arzneimittel- und Kosmetikaherstellung. Obst und Gemüse werden nur für den Eigenbedarf angebaut. Da wenig Agrarland zur Verfügung steht, müssen fast alle Lebensmittel eingeführt werden, ebenso wie Erdöl, Maschinen und Fertigprodukte. Bermuda hat sich in den letzten Jahren zu einem wichtigen Umschlagplatz für Edelsteine entwickelt. Arbeitslosigkeit besteht kaum und das Einkommen pro Person ist eines der höchsten in der Welt. Die wichtigsten Handelspartner sind die USA, Japan, Schweiz und Großbritannien.
GESCHÄFTSVERKEHR: Bei Geschäftsterminen sind leichter Anzug, Hemd und Krawatte ebenso angemessen wie Bermuda-Shorts. Termine sollten im voraus vereinbart werden, und Visitenkarten werden gern getauscht. Gelegentlich werden Empfehlungsschreiben verlangt. **Geschäftszeiten:** Mo-Fr 09.00-17.00 Uhr.
Kontaktadresse: *Bermuda Chamber of Commerce* (Industrie- und Handelskammer), PO Box HM 655, Hamilton HM CX. Tel: 295 42 01. Telefax: 292 57 79.
Die wirtschaftlichen Interessen Österreichs werden von der Außenhandelskammer in New York (s. USA) wahrgenommen.
KONFERENZEN/TAGUNGEN: Das Fremdenverkehrsamt und die Handelskammer (Adressen s. o.) erteilen alle notwendigen Auskünfte für geplante Tagungen. Man kann sich auch direkt an Hotels in Bermuda wenden.

KLIMA

Das Klima ist halbtropisch ohne Regenzeit bei gemäßigten Temperaturen. Der Golfstrom fließt zwischen Bermuda und dem nordamerikanischen Kontinent. Jahreszeitenwechsel zwischen Mitte November und Mitte Dezember und zwischen Ende März und April. Besucher sollten sowohl auf Frühlings- als auch auf Sommerwetter eingestellt sein. Regenschauer sind mitunter recht heftig, kommen jedoch selten tagsüber vor. Der Sommer dauert von Mai bis Mitte November. Die heißesten Monate sind Juli, August und September. Gegen Ende des Sommers kommt mitunter starker Wind auf.
Kleidung: Leichte Baumwoll- und Leinensachen. Etwas wärmere Bekleidung für die kühleren Monate. Einen leichten Regenmantel oder Schirm nicht vergessen.

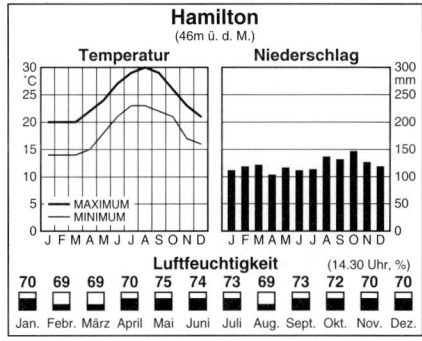

Zur Benutzung dieses Buches beachten Sie bitte auch die *Einleitung*

Bhutan

Lage: Indischer Subkontinent, Himalaja (zwischen Indien im Süden und China im Norden).

Asien-Reisen GmbH & Co
Europaplatz 20
D-70565 Stuttgart
Tel: (0711) 97 16 30. Telefax: (0711) 971 63 30.
Mo-Fr 09.00-18.30 Uhr.
(auch für Österreich und die Schweiz zuständig)
Aviation & Tourism International GmbH
Wasserloser Straße 3a
D-63755 Alzenau
Tel: (06023) 3 00 24. Telefax: (06023) 41 05.
Mo-Fr 09.00-18.00 Uhr.
(auch für Österreich und die Schweiz zuständig)
Bhutan Tourism Corporation Ltd (BTCL)
PO Box 159
Thimphu
Tel: 2 28 54. Telefax: 2 24 79.
Tourism Authority of Bhutan
Ministry of Communications
Thimphu
Tel: 2 32 52. Telefax: 2 36 95.
Etho Metho Tours and Treks
PO Box 360
Thimphu
Tel: 2 31 62. Telefax: 2 28 84.
Kinga Tours and Treks
PO Box 635
Thimphu
Tel: 2 34 68. Telefax: 2 20 88.
Takin Travels and Trekking Co
Gatoen Lam
PO Box 454
Thimphu
Tel: 2 31 29. Telefax: 2 31 30.
Botschaft des Königreiches Bhutan
17-19 Chemin du Champ d'Anier
CH-1209 Genf
Tel: (022) 798 79 71/73. Telefax: (022) 788 25 93.
Mo-Fr 09.00-13.00 und 14.00-17.00 Uhr.
(auch für Deutschland, Österreich und die Schweiz zuständig)
Deutschland, Österreich und die Schweiz unterhalten keine Botschaften in Bhutan. Zuständig sind die Botschaften in New Delhi (s. Indien).

TIMATIC INFO-CODES

Abrufbar über Ihr CRS-System (für START/Amadeus Ama-Maske benutzen). Für Galileo bitte TI-DFT eingeben (mit Bindestrich).

Flughafengebühren	TI DFT/ PBH /TX
Währung	TI DFT/ PBH /CY
Zollbestimmungen	TI DFT/ PBH /CS
Gesundheit	TI DFT/ PBH /HE
Reisepassbestimmungen	TI DFT/ PBH /PA
Visabestimmungen	TI DFT/ PBH /VI

Bhutan

FLÄCHE: 46.500 qkm.
BEVÖLKERUNGSZAHL: 1.532.000 (1993).
BEVÖLKERUNGSDICHTE: 33 pro qkm.
HAUPTSTADT: Thimphu (Thimbu). **Einwohner:** 30.000 (1993).
GEOGRAPHIE: Bhutan liegt an den Südhängen des östlichen Himalaja, grenzt im Norden an China und im Süden, Osten und Westen an Indien. Die Ebenen im Süden liegen auf einer Höhe von 500 m und steigen im Norden auf das 7500 m hohe Himalaja-Plateau an. Es gibt drei Klimazonen. In den Ausläufern der Berge herrschen tropische Temperaturen. Hier findet man Rotwild, Löwen, Leoparden, die seltenen goldenen Affen, üppige Vegetation und zahlreiche Orchideenarten. In der zentralen Himalaya-Region herrscht ein gemäßigtes Klima. Die weitläufigen Laubwälder sind das Habitat von Wildschweinen und Bären. In der Hochregion des Himalaya leben nur sehr wenige Menschen. Auf den steilen Berghängen sind verschiedene Tierarten zu Hause, darunter Schneeleoparden und Moschushirsche.
STAATSFORM: Absolute erbliche Monarchie ohne niedergeschriebene Verfassung, 1. Kabinett seit 1969; 1. König 17.12.1907. Regierungschef und Staatsoberhaupt: König (*Druk-Gyalpo* = »Drachenkönig«) Jigme Singye Wangchuk, seit 1972. 105 der 150 Mitglieder des *Tshog-du* (Ständeparlament) werden alle 3 Jahre direkt gewählt (1 Stimme pro Familie), die restlichen Sitze werden von 35 Regierungsbeamten (z. T. vom König ernannt), 9 Mitgliedern des königlichen Beratungsausschusses und 10 Vertretern buddhistischer Klöster besetzt. Es gibt keine Parteien. Souveräner Staat seit 1971. Die Armee von über 5000 Soldaten untersteht dem König.
SPRACHE: Dzongkha ist die offizielle Landessprache. Durch die Abgelegenheit vieler Dörfer sind die unterschiedlichsten Dialekte erhalten geblieben. Sharchop Kha, der Dialekt des nördlichen Bhutan, ist am weitesten verbreitet. Nepali wird ebenfalls gesprochen, ist aber seit 1989 verboten. Seit 1964 wird Englisch in den Schulen gelehrt und ist daher weit verbreitet.
RELIGION: Mahayana Buddhismus, meist Drukpe-Schule der Kagyupa-Sekte, ist Staatsreligion und hat großen Einfluß auf das gesellschaftliche Leben in Bhutan, 72% Buddhisten. Nepalesische Einwanderer, die einen großen Teil der Bevölkerung stellen (im Süden von Bhutan), sind zumeist Hindus (20% der Bevölkerung), muslimische Minderheit.
ORTSZEIT: MEZ + 5.
NETZSPANNUNG: 220 V, 50 Hz.
POST- UND FERNMELDEWESEN: Telefon: Selbstwählferndienst. **Landesvorwahl:** 975. Alle Auslandsgespräche müssen fernamt in Bhutan angemeldet werden. **Telefax:** In einigen Hotels in den größeren Ortschaften und im TAB-Fremdenverkehrsbüro, Thimbu, möglich. **Telex/Telegramme:** Telexgeräte stehen nur in größeren Ortschaften zur Verfügung. Mit Unterbrechungen muß gerechnet werden. **Post:** Luftpostsendungen nach Bhutan sind bis zu zwei Wochen unterwegs. Sendungen nach Europa brauchen sieben bis zehn Tage. Allerdings haben die Briefmarken einen hohen Sammlerwert und werden nicht selten vom Umschlag entfernt, wodurch sich die Zustellung erheblich verzögern kann.
DEUTSCHE WELLE
Der Einsatz der Kurzwellenfrequenzen ändert sich mehrfach im Laufe eines Jahres, und Sendungen auf den folgenden Frequenzen werden jeweils nur zu bestimmten Tageszeiten ausgestrahlt. Näheres in der Einleitung.

| MHz | 21,640 | 17,845 | 9,680 | 9,655 | 9,525 |
| Meterband | 13 | 16 | 31 | 31 | 31 |

REISEPASS/VISUM

Wichtiger Hinweis: Die Einreisebestimmungen mancher Länder können sich kurzfristig ändern – rufen Sie sicherheitshalber auf Ihrem CRS-System (TIMATIC-Info-Code-Fenster in diesem Kapitel) den aktuellen Stand ab bzw. wenden Sie sich an die zuständige diplomatische Vertretung. Etwaige Zahlen in der Tabelle beziehen sich auf nachfolgende Fußnoten.

	Paß erforderlich?	Visum erforderlich?	Rückflugticket erforderlich?
Deutschland	Ja	Ja	Ja
Österreich	Ja	Ja	Ja
Schweiz	Ja	Ja	Ja
Andere EU-Länder	Ja	Ja	Ja

Anmerkung: Alle Übernachtungen in Bhutan müssen vor der Anreise bestätigt werden. Einzelreisende und kleine Gruppen können unter Betreuung individuell zusammengestellte Reisen unternehmen, auch Trekking ist möglich. Aviation & Tourism International sowie Asien-Reisen (Adressen s. o.) sind bei Reisebuchung und Visabeschaffung behilflich.
REISEPASS: Allgemein erforderlich.
VISUM: Allgemein erforderlich, einzige Ausnahme bilden Staatsbüger Indiens, die kein Visum benötigen. Es werden etwa 4000 Touristenvisa pro Jahr ausgestellt.
Anmerkung: Die Einreise nach Bhutan ist nur über Indien möglich, daher ist zusätzlich ein indisches Visum für zweifache Einreise erforderlich, bei Einreise auf dem Landweg auch eine *Inner-Line-Permission*, ein indisches Transitvisum. Weitere Informationen im Abschnitt *Reisepaß/Visum* im Kapitel *Indien* und vom indischen Fremdenverkehrsamt (Adresse s. *Indien*). Ein Transfer aus Indien kann durch eine bhutanische Agentur organisiert werden. Reisen nach Bhutan sind immer noch mit einigen Schwierigkeiten verbunden, da die Regierung bestrebt ist, die Zahl der Besucher zu begrenzen. Der Reisende kann Vorschläge bezüglich der gewünschten Hotelkategorie sowie oder der Gestaltung des Aufenthaltes über das Reisebüro unterbreiten, die dann in Bhutan akzeptiert werden müssen. Buchungen für Einzelzimmer können nicht garantiert werden. Grundsätzlich sind Rundreisen, Trekking-Touren (mit Unterbringung in Camps oder Zelten bei Vollverpflegung) oder Städteaufenthalte möglich. Trekking-Touren können selbstverständlich auch mit kulturellen Rundreisen kombiniert werden. Der staatlich festgelegte Tagessatz für Touristen liegt zwischen 80-220 US$ (dies ist inklusive Unterkunft, Verpflegung, Transfer und Führer). Einzelreisen sind eher die Ausnahme und sehr viel teurer als Gruppenreisen. Bei Buchungen von weniger als vier Personen muß ebenfalls mit drastischen Preisaufschlägen gerechnet werden.
Visagebühren: 20 US$.
Gültigkeitsdauer: Je nach Dauer des Reiseprogramms.
Antragstellung: Visa müssen vor der Abreise postalisch bei der Bhutan Tourism Corporation in Bhutan beantragt werden. Das Visum wird bei der Einreise ausgestellt, ein Beamter der Einwanderungsbehörden trifft sich dort mit dem Besucher. Die anfallende Gebühr wird ebenfalls bei der Einreise vor Ort entrichtet. Asien-Reisen und Aviation & Tourism International (Adressen s. o.) führen die Reisebuchung durch und beantragen die Visa.
Unterlagen: Es gibt keine Antragsformulare. Visa werden über die Reisebüros beantragt.
Bearbeitungszeit: In der Regel 1-2 Wochen.

GELD

Währung: 1 Ngultrum (NU) = 100 Chetrum. Der Ngultrum ist an die Indische Rupie gebunden (die Rupie ist ebenfalls gültiges Zahlungsmittel). Banknoten sind in den Werten 100, 50, 20, 10, 5, 2 und 1 NU in Umlauf. Münzen in den Nennbeträgen 1 NU sowie 50, 25, 10 und 5 Chetrum.
Kreditkarten: *American Express* und *Diners Club* werden nur begrenzt akzeptiert. Einzelheiten vom Aussteller der betreffenden Kreditkarte.
Wechselkurse

	NU Sept. '92	NU Febr. '94	NU Jan. '95	NU Jan. '96
1 DM	18,99	18,07	20,24	24,64
1 US$	28,23	31,37	31,37	35,42

Devisenbestimmungen: Alle Währungen können in unbegrenzter Höhe eingeführt werden. Ausfuhr in Höhe der bei der Einreise deklarierten Summe.

DUTY FREE

Folgende Artikel können zollfrei nach Bhutan eingeführt werden:
*200 Zigaretten oder 50 Zigarren oder 250 g Tabak;
1 l Spirituosen;
250 ml Eau de toilette.*
Einfuhr- und Ausfuhrverbot: Betäubungsmittel, Pflanzen, Gold- und Silberbarren sowie ungültige Währungen dürfen nicht eingeführt werden. Die Ausfuhr von Antiquitäten, religiösen Artikeln aller Art, Manuskripten und anthropologischen Materialien aller Art ist strengstens verboten.

GESETZLICHE FEIERTAGE

2. Juni '96 Krönungstag. **11. Nov.** Geburtstag seiner Majestät Jigme Singye Wangchuk. **17. Dez.** Nationalfeiertag. **2. Juni '97** Krönungstag.
Anmerkung: Begangen werden außerdem alle buddhistischen Feiertage und das Hindufest Dussera. Buddhistische und hinduistische Feiertage richten sich nach dem Mondkalender und örtlichen astrologischen Beobachtungen.

GESUNDHEIT

In der folgenden Tabelle aufgeführte Impfvorschriften können sich kurzfristig ändern. Es wird stets empfohlen, auf Ihrem CRS-System (TIMATIC-Info-Code-Fenster in diesem Kapitel) den aktuellen Stand der Gesundheitsbestimmungen abzurufen bzw. rechtzeitig vor der Reise ärztlichen Rat einzuholen.

	Vorsichtsmaßnahmen empfohlen	Impfschein erforderlich
Gelbfieber	Ja	1
Cholera	2	2
Typhus & Polio	3	-
Malaria	4	-
Essen & Trinken	5	-

[1]: Eine Impfbescheinigung gegen Gelbfieber wird von allen Reisenden verlangt, die aus Infektionsgebieten kommen

[2]: Eine Impfbescheinigung gegen Cholera ist keine Einreisebedingung, das Risiko einer Infektion besteht jedoch. Da die Wirksamkeit der Schutzimpfung umstritten ist, empfiehlt es sich, rechtzeitig vor Antritt der Reise ärztlichen Rat einzuholen. Näheres unter *Gesundheit* (s. Inhaltsverzeichnis).

[3]: Typhus kommt vor, Poliomyelitis nicht.

[4]: Malariaschutz ganzjährig im Süden der Regionen Chirang, Gaylegphug, Samchi, Samdrupjongkhar und Shemgang. Resistenz gegen Chloroquin und Sulfadoxin/Pyrimethamin bei der gefährlicheren Form *Plasmodium falciparum* ist gemeldet worden.

[5]: Wasser sollte generell vor der Benutzung zum Trinken, Zähneputzen und zur Eiswürfelbereitung entweder abgekocht oder anderweitig sterilisiert werden. Milchprodukte ebenso wie Schweinefleisch, rohe Salate und Mayonnaise am besten meiden. Fleisch- und Fischgerichte nur gut durchgekocht und heiß serviert essen. Gemüse sollte gekocht und Obst geschält werden.
Tollwut kommt vor, vor allem aus dem Thimphu-Tal sind in den letzten Jahren verstärkt Bißwunden durch streunende Hunde gemeldet worden. Eine Schutzimpfung sollte erwogen werden. Weitere Informationen im Kapitel *Gesundheit* (s. Inhaltsverzeichnis).
Hepatitis A, B und E kommen vor.

Gesundheitsvorsorge: Der Abschluß einer Reisekrankenversicherung wird dringend empfohlen. Die medizinische Versorgung ist nicht überall gewährleistet, die vorhandenen medizinischen Einrichtungen sind jedoch gut.

REISEVERKEHR - International

FLUGZEUG: Bhutans nationale Fluggesellschaft heißt *Druk Air Corporation (Royal Bhutan Airlines, KB)*. Es gibt zwei Einreisemöglichkeiten nach Bhutan:
Flug nach New Delhi, mit *Indian Airlines* weiter nach Bagdogra, von hier aus drei Stunden Fahrzeit zur Grenzstadt Phuntsholing; oder mit dem Flugzeug nach Bangkok, New Delhi, Kathmandu, Dhaka oder Kalkutta und mit *Druk Air* weiter nach Paro, einer Kleinstadt 70 km von Thimphu im westlichen Bhutan (2-3x wöchentlich, vgl. *Reiseverkehr* im Kapitel *Indien*). Bei vorheriger Buchung bei einer Agentur in Bhutan kann man sich auch in Indien abholen lassen.

BAHN: Siliguri (Indien) ist der nächstgelegene Hauptbahnhof in der Nähe von Bhutan.

BUS/PKW: Die Grenzstädte Phuntsholing, Gaylegphug, Sarbhang und Samdrupjonghkhar im Süden Bhutans sind durch asphaltierte Straßen mit Ortschaften in den indischen Bundesstaaten Westbengalen und Assam verbunden.

REISEVERKEHR - National

BAHN: Es gibt keinen Schienenverkehr in Bhutan.

BUS/PKW: Das Straßennetz umfaßt ca. 2400 km, davon sind etwa 1900 km asphaltiert. Die größte Straße ist 1989 nach fast dreißigjähriger Arbeit fertiggestellt worden. Sie durchzieht auf ca.700 km Länge in einem weiten Bogen das ganze Land von Phuntsholing im Südwesten zur Hauptstadt Thimphu und weiter über hohe Pässe des Himalaja durch Zentralbhutan bis nach Samdrupjongkhar im Südosten. Der Pele-La-Paß verbindet die Täler der östlichen Region. In den nördlichen Bergketten des Himalaja gibt es keine Straßen. **Fernbusse:** Die ehemals staatlichen Busse sind privatisiert worden und bieten täglich eine Minibusverbindung zwischen Thimphu und Phuntsholing an. Yaks, Ponys und Maultiere sind jedoch noch immer die wichtigsten Transportmittel. **Mietwagen** können von Etho Metho Tours vermittelt werden (Adresse s. o.). **Unterlagen:** Internationaler Führerschein erforderlich.

FAHRZEITEN von Thimphu (auf der Straßenroute) nach:

Bumthang	8.45
Paro	1.30
Phuntsholing	6.00
Punakha	2.30
Tongsa	6.45
Wangdiphodrang	2.15

UNTERKUNFT

Es gibt relativ komfortable Hotels in Phuntsholing, Thimphu, Bumthang und Paro mit heißem und kaltem Wasser, Elektrizität und Telefon. Westlichen Standard darf man jedoch nicht erwarten. *Lodges* stehen in Tongsa, Tashigang und Mongar zur Verfügung. *Guest Houses* im übrigen Bhutan sind sehr einfach eingerichtet. Wie bereits erwähnt, können Einzelzimmerbuchungen nicht garantiert werden.

URLAUBSORTE & AUSFLÜGE

Bhutan, das Land des »donnernden Drachen« ist das geheimnisumwobenste und am wenigsten modernisierte Land in Südasien. Touristen sind nur in begrenzter Zahl und bestimmten Regionen zugelassen, dies bedeutet in den meisten Fällen, daß die Reise über einen Veranstalter gebucht werden muß. Es gibt nur organisierte Gruppenreisen und Individualreisen mit einem einheimischen Führer. Für den Besuch der einzigartigen *Dzongs* (Felsenklöster) sowie des Manas-Wildreservats sind Sondergenehmigungen erforderlich – ein Ausdruck der starken Bemühungen der Regierung, die religiöse und kulturelle Tradition des Landes zu bewahren.
Die bhutanische Hauptstadt **Thimphu** liegt 2400 m ü. d. M. und wirkt eigentlich eher wie ein großes, weitläufiges Dorf. Durch das fruchtbare Tal fließt der Wang Chnu. Der *Tashichhodzong-Palast* ist das wichtigste Verwaltungs- und Religionszentrum des Landes. Das Gebäude wurde durch Feuer und Erdbeben zerstört und 1961 wiederaufgebaut. Der Palast hat 100 große Säle, in denen alle Ministerien, der Nationalversammlungssaal, der Thronsaal des Königs und das größte Kloster des Landes untergebracht sind. Das Kloster ist die Sommerresidenz des Je Khempo und 2000 seiner Mönche. Das jährliche *Thimphu-Festival* wird im Vorhof direkt vor der Halle der Nationalversammlung abgehalten. Im *Handicraft-Emporium* kann man wunderschöne handgewebte Andenken und Kunstgewerbeartikel erwerben.
Die Kleinstadt **Phuntsholing** ist nicht nur ein Handels- und Industriezentrum, sondern auch das Tor nach Bhutan. 5 km außerhalb der Stadt liegt das *Kharbandi-Kloster*. Bhutanesische Briefmarken, die bei Sammlern sehr begehrt sind, kauft man am besten bei der *Philatelistischen Behörde*, die hier ihre Hauptniederlassung hat. Das erste und einzige Kaufhaus des Landes befindet sich ebenfalls in Phuntsholing.
Punakha war einst die Hauptstadt des Landes. Die Stadt liegt nicht sehr hoch und genießt ein verhältnismäßig mildes Klima. Im Tal stehen zahlreiche heilige Tempel. Im *Punakha-Dzong-Kloster* kann man den *Machin-Lhakhag-Tempel* besichtigen, in dem das Grabmal des Ngawang Namgyal liegt, der Bhutan vereinigte.
Tongsa ist der traditionelle Sitz der königlichen Familie. Vom *Dzong* (einem befestigten Kloster) aus hat man einen herrlichen Panoramablick über das Flußtal.
Das **Manas Game Sanctuary** (Wildreservat) im südöstlichen Bhutan ist die Heimat zahlreicher Wildtierarten und ein unvergeßliches Erlebnis für Jeden; allerdings ist für den Besuch des Reservats eine Sondergenehmigung erforderlich.

Weitere Sehenswürdigkeiten: Im *Paro-Tal* kann man das *Takstang* (»Tigernest«)-Kloster bewundern, das förmlich an der Felswand einer 900 m tiefen Schlucht zu kleben scheint. Weiter bergauf liegt die Ruine des befestigten Klosters *Drukgyul Dzong*, das 1954 leider durch ein Erdbeben zerstört wurde. Von hier aus wurde Bhutan gegen die Angriffe der Tibetaner verteidigt. Im *Paro Watchtower* (Wachturm) ist heute das *Nationalmuseum* untergebracht. Vom 3100 m hohen *Dochu-La-Paß* ist die Aussicht auf die Berge des östlichen Himalaya wirklich atemberaubend. **Bumthang** ist der Ausgangspunkt für vier- bis siebentägige Kulturreisen durch die Dörfer der Region. Im Distrikt *Wangdiphodrang* werden Schiefergravierungen und Flechtarbeiten aus Bambus hergestellt.

SOZIALPROFIL

ESSEN & TRINKEN: Reis ist das Grundnahrungsmittel, dazu gibt es Linsen oder scharfen Gemüsecurry. Omelettes, Käse, Schweine- und Yakfleisch, manchmal auch Hühnerfleisch stehen auf der Speisekarte. Dazu trinkt man süßen Tee, an Festtagen mit Yakbutter, oder Fruchtsaft. Aus Getreide gebrauter *Chang* und *Temka* haben einen niedrigen Alkoholgehalt, der destillierte *Arak* ist dagegen recht stark.

EINKAUFSTIPS: Sonntags kann man Märkte besuchen, die einheimische Kleidung, Schmuck und Lebensmittel anbieten. Das *Handicraft-Emporium* in der Hauptstadt Thimphu liegt an der Hauptstraße der Stadt. Es hat täglich außer sonntags geöffnet und bietet Handgewebtes und andere Kunstgewerbeartikel an. Im Hotel *Motithang* in Thimphu wurde kürzlich ein Andenkenladen eröffnet. Die Gold- und Silberschmiede im Thimphu-Tal fertigt handgearbeitete Artikel auf Bestellung an. **Öffnungszeiten der Geschäfte:** Fast alle Geschäfte haben täglich außer dienstags 09.00-21.00 Uhr geöffnet.

SPORT: Bogenschießen ist Nationalsport; obwohl es mehr ritueller Wettkampf als pures Freizeitvergnügen darstellt, ist es trotzdem auch für Zuschauer sehr interessant. **Trekking** durch die unberührte Wildnis des Himalaya, durch grüne Täler und abgelegene Schluchten, gehört zum besonderen Reiz einer Bhutanreise. Auch Trekking ist in Bhutan zahlenmäßig begrenzt, nur in Gruppen möglich und muß über einen Veranstalter gebucht oder mit dem *Trekking Manager* des Fremdenverkehrsamtes in Bhutan im voraus schriftlich vereinbart werden. **Angeln:** Bhutans Flüsse sind besonders forellenreich. **Tierwelt:** In Bhutan gibt es 320 Vogelarten. Besonders zu erwähnen ist der seltene Schwarzhals-Kranich. Das Manas-Wildreservat ist die Heimat zahlreicher Wildtierarten (Sondergenehmigung erforderlich). **Squash, Golf, Badminton, Fußball, Basketball** und **Volleyball** kann man ebenfalls spielen.

VERANSTALTUNGSKALENDER
In den Dzongs, Felsenklöstern und Verwaltungssitzen der geistlichen und weltlichen Macht, werden regelmäßig buddhistische Feste mit traditionellen Tänzen und Riten abgehalten, zu denen sich die Bevölkerung des Umlandes in Festtagskleidung versammelt – derzeit ist für den Besuch der Dzongs allerdings eine Sondergenehmigung erforderlich.
26. Juni '96 *Kurje Lhakhang Tshechu*, Bumthang. **20. - 22. Sept.** *Wangdi Tshechu*. **22. - 24. Sept.** (1) *Thimphu Tshechu*. (2) *Tamshing Phala Choepa* , Bumthang. **26. - 28. Sept.** *Thangbe Mani*. **26. - 29. Okt.** *Jampel Lhakhang Drup*, Bumthang. **17. - 20. Nov.** *Mongar Tahechu*. **18. - 21. Nov.** *Tashigang Tshechu*. **17. - 20. Dez.** (1) *Tongsa Tsechu*. (2) *Lhantsi Tshechu*.

SITTEN & GEBRÄUCHE: Die vielen buddhistischen Schreine und Gebetsmühlen sind ein Zeichen des allumfassenden Einflusses der Religion auf das Alltagsleben. Die Mehrheit der Bevölkerung lebt in ländlichen Gemeinden. *Kadrintsche* heißt »danke« auf Dzongkha. **Fotografieren:** Während der buddhistischen Feste ist Fotografieren erlaubt. Im Zweifelsfall sollte man Personen jedoch immer fragen, ob man sie ablichten darf. **Trinkgeld** ist nicht üblich. Nach eigenem Ermessen können 5-10% gegeben werden.

WIRTSCHAFTSPROFIL

WIRTSCHAFT: Bhutan ist eines der ärmsten Länder der Welt, trotzdem gibt es weder Hungersnöte noch Arbeitslosigkeit. Die Erwerbstätigen sind zu 90% in der Land- und Forstwirtschaft sowie der Fischerei tätig. Sie erwirtschaften 40% des Bruttosozialproduktes. Der Selbstversorgungsgrad ist stark vom Klima abhängig; beispielsweise ging 1983 der Ernteertrag aufgrund des Ausbleibens des Monsuns stark zurück. Seither hat sich die wirtschaftliche Leistungsfähigkeit wieder verbessert, vor allem im Bereich der Getreide- und Holzverarbeitung. Die herstellende Industrie, darunter Textilien, Seife, Streichhölzer, Kerzen und Teppiche, erwirtschaftet nur ca. 5% des Bruttosozialprodukts, das Exportgeschäft soll jedoch angekurbelt werden. 1974 öffnete Bhutan seine Grenzen für eine eingeschränkte Anzahl von Touristen. 1991 beliefen sich die Einnahmen aus dem Fremdenverkehr auf ca. 1,9 Mio. US-Dollar bei 1540 Touristen. 1993 kamen 2997 Besucher. Haupthandelspartner ist Indien (60% der Importe, 87% der Exporte). Bhutan ist Mitglied der South Asian Association for Regional Co-operation (SAARC), die die regionale Zusammenarbeit insbesondere auf wirtschaftlichem Sektor fördert. Wichtigste Exportgüter sind Strom, Holz, Zement, Gewürze (v. a. Kardamom) und landwirtschaftliche Produkte (v. a. Orangen und Kartoffeln). Schwerpunkte der Wirtschafts- und Innenpolitik sind die Erhaltung der nationalen Identität, die Erhöhung der Einkommen und die Verbesserung der Wohnsituation in ländlichen Gebieten, die Förderung von Stromgewinnung vor allem aus erneuerbaren Energien und der Ausbau des Dienstleistungssektors sowie exportorientierter Industrien.

GESCHÄFTSVERKEHR: Äußerst wenige ausländische Geschäftsleute kommen nach Bhutan – vorherige Terminvereinbarung ist in jedem Fall erforderlich. Oktober und November sind am günstigsten für Geschäftsreisen. **Geschäftszeiten:** Mo-Fr 09.00-17.00 Uhr.

Kontaktadresse: *Bhutan Chamber of Commerce and Industry* (Industrie- und Handelskammer), PO Box 147, Thimphu. Tel: 2 31 40. Telefax: 2 39 36.

KLIMA

Tropisch im Süden des Landes, gen Norden und mit ansteigender Höhenlage zunehmend kältere Temperaturen. Die starken Regenfälle der Monsunzeit treten im allgemeinen zwischen Juni und September auf. Tagsüber ist es meist sonnig und klar; vor allem im Winter kann es nachts jedoch empfindlich kalt werden. Oktober, November und April bis Mitte Juni sind die besten Urlaubsmonate mit geringer Niederschlagsmenge und angenehmen Temperaturen. In den südlichen Ausläufern des Himalaya ist es auch im Winter nicht sonderlich kalt.

Kleidung: Im tropischen Süden Sommerkleidung, leichte Wollsachen und Jacken für kühle Abende sowie Regenkleidung. In Hochlagen auch tagsüber Wollpullover, abends und während der Wintermonate dicke Winterkleidung.

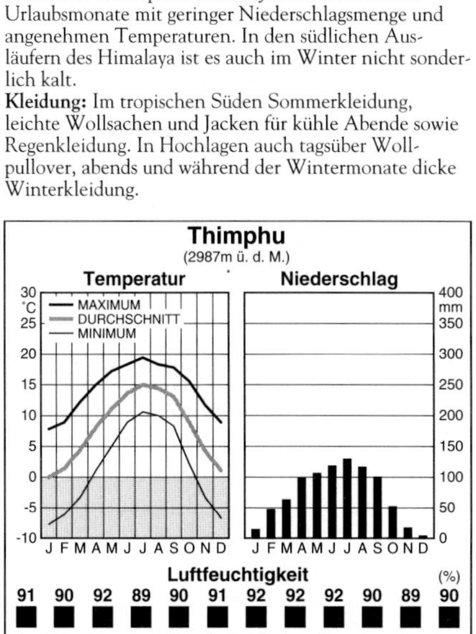

Bolivien

□ *Internationaler Flughafen*
500km

Lage: Südamerika.

Dirección Nacional de Turismo (DITUR)
Calle Mercado 1328
Casilla 1868
La Paz
Tel: (02) 36 74 63. Telefax: (02) 37 46 30.
Honorarkonsulat der Republik Bolivien (mit Visumerteilung)
Poststraße 36
D-20354 Hamburg
Tel: (040) 358 97 53. Telefax: (040) 34 28 56.
Mo-Fr 10.00-13.00 Uhr.
Honorarkonsulat der Republik Bolivien (mit Visumerteilung)
Widenmayerstraße 17
D-80538 München
Tel: (089) 291 38 00. Telefax: (089) 291 37 05.
Mo-Fr 09-12.00 Uhr (telefonische Auskünfte), Di und Do 15.00-17.00 Uhr (Publikumsverkehr).
Botschaft der Republik Bolivien (ohne Visumerteilung)
Konstantinstraße 16
D-53179 Bonn
Tel: (0228) 36 20 38/39. Telefax: (0228) 35 59 52.
Mo-Do 09.00-12.30 und 13.30-16.00 Uhr, Fr 09.00-14.00 Uhr.
Botschaft der Republik Bolivien
Konsularabteilung
Waaggasse 10/4
A-1040 Wien
Tel: (0222) 587 46 75. Telefax: (0222) 586 68 80.
Mo-Fr 09.00-14.30 Uhr.
Generalhonorarkonsulat der Republik Bolivien (mit Visumerteilung)
Gartenstraße 33
CH-8002 Zürich
PO Box 6016
CH-8023 Zürich
Tel: (01) 201 28 33. Telefax: (01) 201 28 25.
Mo-Fr 10.00-12.00 und 14.00-16.00 Uhr.
Generalhonorarkonsulat der Republik Bolivien (mit Visumerteilung)

TIMATIC INFO-CODES

*Abrufbar über Ihr CRS-System (für START/Amadeus Ama-Maske benutzen). Für Galileo bitte TI-DFT eingeben (**mit** Bindestrich).*

Flughafengebühren	TI DFT/ LPB /TX
Währung	TI DFT/ LPB /CY
Zollbestimmungen	TI DFT/ LPB /CS
Gesundheit	TI DFT/ LPB /HE
Reisepassbestimmungen	TI DFT/ LPB /PA
Visabestimmungen	TI DFT/ LPB /VI

20 Rue de Bourg
CH-1003 Lausanne
Tel: (021) 323 14 81. Telefax: (021) 320 03 72.
Mo-Fr 08.30-12.00 Uhr.
Botschaft der Bundesrepublik Deutschland
Avenida Arce 2395
Casilla 5265
La Paz
Tel: (02) 43 08 50/54, 43 18 51. Telefax: (02) 43 12 97.
Honorarkonsulate in Cochabamba, Oruro, Santa Cruz, Sucre und Tarija.
Generalkonsulat der Republik Österreich
Edifício Petrolero, 7°
Avenida 16 de Julio No. 1616
Casilla 83
La Paz
Tel: (02) 32 66 01. Telefax: (02) 39 10 73.
Botschaft der Schweizerischen Eidgenossenschaft
Edifício Petrolero, 6°
Avenida 16 de Julio No. 1616
Casilla 9356
La Paz
Tel: (02) 35 30 91, 35 57 70. Telefax: (02) 39 14 62.

FLÄCHE: 1.098.581 qkm.
BEVÖLKERUNGSZAHL: 7.065.000 (1993).
BEVÖLKERUNGSDICHTE: 6,4 pro qkm.
HAUPTSTADT: Verwaltungshauptstadt und Regierungssitz: La Paz. Einwohner: 1.200.000 (mit Vororten, 1992). Hauptstadt (laut Verfassung): Sucre. Einwohner: 131.769 (1992).
GEOGRAPHIE: Bolivien ist ein Binnenland. Es grenzt im Nordwesten an Peru, im Norden und Osten an Brasilien, im Südosten an Paraguay, im Süden an Argentinien und im Südwesten an Chile. Das Land gliedert sich in drei Hauptregionen. Das weitgehend unfruchtbare Hochplateau *Altiplano*, eingefaßt von Bergketten der Anden, liegt etwa 4000 m ü. d. M. und macht 10% der gesamten Fläche des Landes aus. Etwa 70% der Bevölkerung leben hier, überwiegend im Norden, von denen wiederum fast ein Drittel Stadtbewohner sind. Die zweite Region ist ein fruchtbares Tal, das zwischen 1800 m und 2700 m ü. d. M. liegt. Das feucht-tropische, bewaldete Tiefland (*Llano*) im Osten nimmt 70% der Gesamtfläche ein. Insgesamt leben 59% der Bevölkerung in Städten.
STAATSFORM: Präsidialrepublik seit 1967, Verfassung von 1947 mit zahlreichen Änderungen. Staatsoberhaupt und Regierungschef: Gonzalo Sánchez de Lozada, seit August 1993. Zweikammerparlament besteht aus Senat (27 Mitglieder) und Abgeordnetenhaus (130 Mitglieder). Legislaturperiode: 4 Jahre. Direktwahl des Staatsoberhauptes alle 4 Jahre, keine Wiederwahl. Bolivien ist seit 6.8.1825 unabhängig und war ehemalig eine spanische Kolonie.
SPRACHE: Die offizielle Landessprache ist Spanisch; Indianersprachen Aimará (über 30%), das die Indios des Altiplano sprechen, und Ketschua (etwa 40%), das in anderen Landesteilen gesprochen wird. Englisch sprechen einige Angestellte im öffentlichen Dienst und Geschäftsleute.
RELIGION: Katholiken (92,5%), Katholizismus ist Staatsreligion; Protestanten (ca. 50.000, darunter 12.000 Mennoniten), Bahai.
ORTSZEIT: MEZ - 5.
NETZSPANNUNG: Allgemein 220 V, 50 Hz (110/220 V, 50 Hz in La Paz, 110 V in Potosí). Die meisten Hotels und Häuser haben zweipolige Steckdosen für beide Stromstärken.
POST- UND FERNMELDEWESEN: Telefon: Selbstwähldienst. Landesvorwahl: 591. **Telefaxanschlüsse** sind vorhanden. **Telex/Telegramme:** Telex dienst im Telekommunikationszentrum in La Paz und in einigen Hotels. Telegramme werden von *ENTEL* weitergeleitet, Hauptniederlassung in Ayacucho 267, La Paz. **Post:** Luftpostbriefe nach Europa sind 3-4 Tage unterwegs. Postlagernde Sendungen sind möglich.
DEUTSCHE WELLE
Der Einsatz der Kurzwellenfrequenzen ändert sich mehrfach im Laufe eines Jahres, und Sendungen auf den folgenden Frequenzen werden jeweils nur zu bestimmten Tageszeiten ausgestrahlt. Näheres in der Einleitung.

MHz	17,860	17,810	17,765	11,785	9,545
Meterband	16	16	16	25	31

REISEPASS/VISUM

Wichtiger Hinweis: Die Einreisebestimmungen mancher Länder können sich kurzfristig ändern – rufen Sie sicherheitshalber auf Ihrem CRS-System (TIMATIC-Info-Code-Fenster in diesem Kapitel) den aktuellen Stand ab bzw. wenden Sie sich an die zuständige diplomatische Vertretung. Etwaige Zahlen in der Tabelle beziehen sich auf nachfolgende Fußnoten.

	Paß erforderlich?	Visum erforderlich?	Rückflugticket erforderlich?
Deutschland	Ja	Nein/1	Ja
Österreich	Ja	Nein/1	Ja
Schweiz	Ja	Nein/1	Ja
Andere EU-Länder	Ja	Nein/1	Ja

Anmerkung: Neue Visabestimmungen sind angekündigt.
REISEPASS: Allgemein erforderlich.
VISUM: [1] Geschäftsvisum allgemein erforderlich. Touristenvisum allgemein erforderlich, ausgenommen sind Staatsbürger der folgenden Länder für einen Aufenthalt von 90 Tagen:
(a) Bundesrepublik Deutschland, Österreich und alle übrigen EU-Länder sowie Schweiz, Argentinien, Australien, Chile, Costa Rica, Ecuador, El Salvador, Guatemala, Honduras, Japan, Kanada, alle Karibik-Staaten, Kolumbien, Island, Israel, Neuseeland, Nicaragua, Norwegen, Paraguay, Peru, Uruguay und USA.
Transitreisende benötigen kein Visum, wenn sie ihre Reise in ein anderes Land mit dem gleichen Flug innerhalb von 24 Stunden fortsetzen und den Flughafen nicht verlassen bzw. nicht in Bolivien übernachten. Zudem müssen eine bestätigte Flugreservierung und alle anderen Dokumente für die Weiterreise vorgelegt werden.
Visaarten: Touristen- und Geschäftsvisa.
Visagebühren: Je nach Nationalität verschieden.
Gültigkeitsdauer: Touristenvisa sind vom Einreisetag an 30 Tage gültig, Verlängerungsmöglichkeit vor Ort. Geschäftsvisa 1 Jahr.
Antragstellung: Konsularische Vertretung (Adressen s. o.).
Unterlagen: (a) Paßfoto (für Geschäftsvisa ist ein Firmenschreiben erforderlich). (b) Reisepaß, der mindestens noch 6 Monate gültig ist. (c) Polizeiliches Führungszeugnis. (d) Ärztliche Bescheinigung, daß keine ansteckenden Krankheiten vorliegen. (e) Bearbeitungsgebühr.
Anmerkung: (c) und (d) müssen von einem vereidigten Übersetzer ins Spanische übersetzt und vom Landgericht beglaubigt werden.
Der postalischen Antragstellung sollten ein frankierter und adressierter Umschlag und ein Verrechnungsscheck (über die Visum- und Beglaubigungsgebühren; pro Unterschrift je 50 DM) beigelegt sein.
Bearbeitungszeit: In der Regel 2 Wochen.
Aufenthaltsgenehmigung: Anfragen sind an die Botschaft zu richten.

GELD

Währung: 1 Boliviano (Bs) = 100 Centavos. Der Boliviano ist an den US-Dollar gebunden. Banknoten sind im Wert von 200, 100, 50, 20, 10, 5 und 2 Bs im Umlauf; Münzen in den Nennwerten 2 und 1 Bs sowie 50, 20, 10 und 5 Centavos.
Geldwechsel: Auslandswährungen können in Hotels und *Casas de Cambios* (Wechselstuben) getauscht werden. Da die Inflationsrate in den letzten Jahren stark gesunken ist, gibt es keinen Schwarzmarkt mehr.
Kreditkarten: *Eurocard, Diners Club, Visa* und *American Express* werden nur in begrenztem Umfang akzeptiert. Einzelheiten vom Aussteller der betreffenden Kreditkarte.
Reiseschecks sollten in US-Dollar ausgestellt sein.
Wechselkurse

	Bs Sept. '92	Bs Febr. '94	Bs Jan. '95	Bs Jan. '96
1 DM	2,70	2,59	3,04	3,44
1 US$	4,01	4,49	4,71	4,94

Devisenbestimmungen: Keine Ein- oder Ausfuhrbeschränkungen.
Anmerkung: Geld sollte nur in kleineren Mengen gewechselt werden, da der Rücktausch meist schwierig ist.
Öffnungszeiten der Banken: Mo-Fr 08.30-12.00 und 14.30-17.30 Uhr.

DUTY FREE

Folgende Artikel können zollfrei nach Bolivien eingeführt werden:
200 Zigaretten und 50 Zigarren und 500 g Tabak;
1 geöffnete Flasche Alkohol.
Anmerkung: Kameras müssen bei der Einreise deklariert werden.

GESETZLICHE FEIERTAGE

1. Mai '96 Tag der Arbeit. **25. Mai** Feiertag (nur in Sucre). **6. Juni** Fronleichnam. **16. Juli** Feiertag (nur in La Paz). **6. Aug.** Unabhängigkeitstag. **14. Sept.** Feiertag (nur in Cochabamba). **24. Sept.** Feiertag (nur in Santa Cruz). **1. Okt.** Feiertag (nur in Pando). **1. Nov.** Allerheiligen und Potosí. **18. Nov.** Feiertag (nur in Beni). **25. Dez.** Weihnachten. **1. Jan. '97** Neujahr. **10. Febr.** Feiertag (nur in Oruro). **28. März** Karfreitag. **15. April** Feiertag (nur in Tarija). **1. Mai** Tag der Arbeit. **25. Mai** Feiertag (nur in Sucre).
Anmerkung: In den einzelnen Provinzen und Städten gibt es zusätzliche Feiertage.

GESUNDHEIT

In der folgenden Tabelle aufgeführte Impfvorschriften können sich kurzfristig ändern. Es wird stets empfohlen, auf Ihrem CRS-System (TIMATIC-Info-Code-Fenster in diesem Kapitel) den aktuellen Stand der Gesundheitsbestimmungen abzurufen bzw. rechtzeitig vor der Reise ärztlichen Rat einzuholen.

	Vorsichtsmaßnahmen empfohlen	Impfschein erforderlich
Gelbfieber	Ja	1
Cholera	2	2
Typhus & Polio	-	-
Malaria	3	-
Essen & Trinken	4	-

[1]: Eine Impfbescheinigung gegen Gelbfieber wird von allen Reisenden verlangt, die aus Infektionsgebieten kommen. Eine Impfung empfiehlt sich ferner für Reisende, die in gefährdete Gebiete wie die Departamentos Beni, Chuquisaca, Cochabamba, Pando, Santa Cruz, Tarija und Teile des Departamentos La Paz fahren wollen.
[2]: Eine Impfbescheinigung gegen Cholera ist für die Einreise nach Bolivien nicht erforderlich, das Risiko einer Infektion ist jedoch nicht auszuschließen. Da die Wirksamkeit der Schutzimpfung umstritten ist, empfiehlt es sich, rechtzeitig vor Antritt der Reise ärztlichen Rat einzuholen. Näheres unter *Gesundheit* (s. Inhaltsverzeichnis).
[3]: Malariaschutz ganzjährig erforderlich für alle Regionen unter 2500 m, außer in den Städten, dem Departamento Oruro und den Provinzen Ingawi, Los Andes, Omasuyos und Pacajes (Departamento La Paz) sowie im Süden und im Zentrum des Departamentos Potosí. Vorherrschend ist die benigne Form *Plasmodium vivax*. Die gefährlichere Form *Plasmodium falciparum*, die in den nördlichen Departamentos an der brasilianischen Grenze auftritt, soll Chloroquin-resistent und Sulfadoxin/Pyrimethamin-resistent sein.
[4]: Wasser sollte generell vor der Benutzung zum Trinken, Zähneputzen und zur Eiswürfelbereitung entweder abgekocht oder anderweitig sterilisiert werden. Milch ist außerhalb der Stadtgebiete nicht pasteurisiert und sollte ebenfalls abgekocht werden. Am besten Milchpulver und Dosenmilch benutzen, jedoch nur keimfreies Wasser verwenden. Fleisch- und Fischgerichte sollten nur gut durchgekocht und heiß serviert gegessen werden. Der Genuß von Schweinefleisch, rohen Salaten und Mayonnaise sollte vermieden werden. Gemüse sollte gekocht und Obst geschält werden. *Tollwut* kommt vor und ebenso *Virushepatitis*. Schlangen und Blutegel können eine Gefahr darstellen.
Gesundheitsvorsorge: Der Abschluß einer Reisekrankenversicherung wird dringend empfohlen. Herzkranke sollten sich wegen der extremen Höhenlage von La Paz Zeit für die Akklimatisation nehmen. Für Notfälle steht eine gute amerikanische Klinik in La Paz zur Verfügung.

REISEVERKEHR - International

FLUGZEUG: Boliviens nationale Fluggesellschaft heißt *Lloyd Aereo Boliviano (LAB)*. *Lufthansa* bietet eine Flugverbindung von Frankfurt über Lima mit Anschlußverbindung nach La Paz an. Außerdem Verbindungen über New York (JFK), Miami und Rio de Janeiro.
Durchschnittliche Flugzeiten: *Frankfurt* – La Paz: 18 Std. 30 (inkl. Zwischenlandungen).
Internationale Flughäfen: *La Paz (LPB)* (John F. Kennedy) liegt 14 km südwestlich der Stadt. Taxis und Minibusse sind vorhanden. Es gibt einen Flughafenbus, der rund um die Uhr alle 5 Min. zur Stadt fährt (Fahrzeit 20 Min.). Die Buslinie Z fährt von 06.00-22.00 Uhr zur Stadt, die Fahrt dauert ca. 1 Std. Flughafeneinrichtungen: Duty-free-Shop, Postamt, Bank, Geschäfte, Bars und ein Restaurant, das 24 Std. geöffnet ist.
Santa Cruz (Viru-Viru) ist 16 km von Santa Cruz entfernt. Taxis und Busse fahren zur Stadt. Es gibt einen Duty-free-Shop und ein Restaurant.
Flughafengebühren: 20 US$ bei Ausreise. Die Gebühr kann nicht in der Landeswährung bezahlt werden. Flugtickets werden mit einer Steuer von 12% belegt.
SCHIFF: Obwohl Bolivien keinen Zugang zum Meer hat, ist das Land Mitglied der *International Maritime Organisation*. Europäische und amerikanische Schiffe laufen die Atlantik- und Pazifikküsten an. Von den Häfen Perus, Chiles, Brasiliens und Argentiniens kann man mit dem Zug nach La Paz oder Santa Cruz weiterfahren. Der nächstgelegene Hafen ist Arica (Chile). Der wichtigste Hafen am Titicaca-See ist Guaqui, der von Puno (Peru) aus angelaufen wird. Guaqui ist 90 km von La Paz entfernt und kann mit der Bahn oder dem Bus erreicht werden. Die Verkehrsmittel sind im allgemeinen recht langsam.
BAHN: Es gibt eine Verbindung von La Paz nach Buenos Aires (Argentinien) und nach Arica (Chile). Die Bahnstrecke nach Corumba bietet Anschlußmöglichkeit nach Brasilien. Einmal wöchentlich gibt es eine Verbindung nach Calama (Chile) mit Anschluß per Bus nach Antofagasta.
BUS/PKW: Die Panamerikana verbindet Argentinien mit Peru und durchläuft dabei Bolivien von Süden nach Nordwesten. Während der Regenzeit ist von Autofahrten abzuraten. In den letzten Jahren wurden neue Straßen gebaut, die Hauptverbindungsstraßen sind in gutem Zustand.
Unterlagen: Internationaler Führerschein, bei der *Federación Inter-Americana de Touring y Automovil* unter Vorlage des nationalen Führerscheins erhältlich. Es ist allerdings ratsam, den internationalen Führerschein bereits vor der Abfahrt zu beantragen.

REISEVERKEHR - National

FLUGZEUG: *LAB*, *Aero Xpress (AX)* und *TAM* betreiben den Inlandflugverkehr. *LAB* bietet den *Vibol*-Inlandsflugpass für Touristen an, der im Ausland gekauft werden muß. Aufgrund der schwierigen geographischen und klimatischen Verhältnisse ist das Flugzeug das beste Verkehrsmittel. La Paz (John F. Kennedy), der höchstgelegene Flughafen der Welt, und Santa Cruz (Viru-Viru) sind die größten Flughäfen.
Flughafengebühren: Unterschiedlich, jedoch nicht höher als 3 US$.
SCHIFF: Das Abkommen mit Paraguay erlaubt Schiffahrt auf den Flüssen Paraguay und Paraná, so daß Bolivien Verbindungen zum Meer hat. Bolivien hat außerdem zollfreien Zugang zu den Häfen Matarani in Peru, Antofagasta und Arica in Chile, Rosario und Buenos Aires in Argentinien und Santos in Brasilien. In Bolivien gibt es mehr als 14.000 km schiffbare Flüsse, die fast ganz Bolivien mit dem Amazonasbecken verbinden. Passagierschiffe verkehren zwischen Copacabana und den kleinen Inseln im Titicaca-See.
BAHN: Das Streckennetz umfaßt 3697 km und besteht aus zwei getrennten Schienennetzen im Osten und Westen des Landes. Eine tägliche Direktverbindung gibt es von La Paz nach Cochabamba, die anderen Strecken werden mindestens zweimal wöchentlich befahren. Einige Züge haben Speisewagen, es gibt aber keine Schlafwagen, einige wurden mit neuen Waggons ausgestattet. Bolivien und Brasilien planen den gemeinsamen Bau einer neuen Strecke zwischen Santa Cruz und Cochabamba.
BUS/PKW: Das Straßennetz umfaßt 46.311 km, 1940 km davon sind befestigt. Die meisten Straßen befinden sich in der Region Altiplano und in den Anden. **Mietwagen:** *Hertz* und einheimische Firmen sind in La Paz vertreten. **Bus:** Unregelmäßiger Busverkehr auf den Nebenstrecken. **Taxis** haben feste Fahrpreise und werden häufig mit anderen Fahrgästen geteilt, Trinkgeld ist nicht nötig.
STADTVERKEHR: Die Linienbusse in La Paz werden von einem Zusammenschluß privater Busunternehmer betrieben. Außerdem gibt es **Taxis** (*Trufi*), die auf bestimmten Strecken verkehren sowie Sammeltaxis (*Trufibus*). Die jeweiligen Routen sind an den verschiedenfarbigen Flaggen zu erkennen. Die Fahrpreise sind festgesetzt.
FAHRZEITEN von La Paz zu folgenden größeren bolivianischen Städten (ungefähre Angaben in Std. und Min.):

	Flugzeug	Bahn	Bus/Pkw
Cochabamba	0.25	7.00	6.00
Santa Cruz	0.50	-	24.00
Tarija	1.00	-	18.00
Sucre	0.35	13.00	11.00
Potosí	0.40	12.00	12.00
Bemi	0.35	-	-

UNTERKUNFT

Es lohnt sich, frühmorgens in La Paz anzukommen, da vor allem preiswerte Unterkünfte in dieser Stadt schnell ausgebucht sind.
HOTELS: Es gibt mehrere Luxus- und Spitzenhotels in Bolivien. Bedienung und Steuern (insgesamt ca. 25-27%) werden auf die Rechnung aufgeschlagen. Sofern nicht anders angegeben, gelten die Preise nur für Übernachtung. Preiswerte, zumeist gute Hotels gibt es überall. Nähere Auskünfte vom Hotelverband: *Cámera Dptal. de Hotelería de La Paz*, Calle Panamá, Edificio Shopping Mira Flores, La Paz. Tel: (02) 37 26 18. Telefax: (02) 36 62 90.
PENSIONEN: Recht gute, preiswerte Pensionen stehen in La Paz, Cochabamba und Santa Cruz zur Verfügung.
CAMPING: Campingplätze sind selten in Bolivien. Abenteuerlustige Camper werden jedoch gegen eine Gebühr immer einen Platz zum Zelten finden. Obwohl es keinen Camperverband oder ausgewiesene Campingplätze gibt, kann man auch in Bolivien gut zelten. Mallasa, Valencia und Palca im Flußtal unterhalb von La Florida sowie Chinguihue (10 km von der Stadt entfernt) sind besonders zu empfehlen. Der *Club Andino Boliviano* vermietet Ausrüstungen.

URLAUBSORTE & AUSFLÜGE

Der Regierungssitz **La Paz** liegt 3636 m ü. d. M. und ist damit die höchstgelegene Hauptstadt der Welt. Im Hintergrund erhebt sich die imposante Silhouette des schneebedeckten, 6402 m hohen Monte Illimani. Viele Museen, die *Kathedrale* und die barocke *Basilika Menor de San Francisco* laden zur Besichtigung ein. Interessant ist auch ein Bummel auf der Avenida 16 de Julio, der Prachtstraße der Stadt. Unterkunft findet man in modernen komfortablen Hotels. Beliebte Ausflugsziele sind der *Titicaca-See*, die *Yungas-Täler*, der Skiurlaubsort *Chacaltaya* und die faszinierenden Felsformationen im *Valle de la Luna* (»Mondtal«). Nahe dem Titicaca-See liegt Tiahuanaco, Boliviens wichtigste archäologische Stätte.
Die 2570 m ü. d. M. gelegene »Gartenstadt« **Cochabamba** ist mit Recht stolz auf ihre noch lebendige Folklore und Kultur. Das *Archäologische Museum* verfügt über eine interessante Sammlung alter indianischer Schriftzeichen.
Das Departamento **Santa Cruz** ist für seinen Reichtum an Bodenschätzen bekannt. Die Stadt gleichen Namens hat in den letzten Jahren einen Bauboom erlebt, aber viele Gebäude aus der Kolonialzeit sind erhalten geblieben. Auch in dieser Region haben sich die Bewohner ihre volkstümlichen Traditionen bewahrt. Es gibt viele Angelgründe und gute Badestellen. Die regionale Küche ist mehr als eine Kostprobe wert.
Die Kaiserstadt **Potosí** liegt am Fuß des berühmten *Monte Cerro Rico*, was so viel wie »reicher Berg« bedeutet. Die riesigen Mineralvorkommen (vor allem Silber) verhalfen der Stadt zu ihrem Wohlstand. Die Zahl der Indios, die als Sklaven in Potosís Minen starben, ist legendär. Viele Minen sind noch in Betrieb und einen Besuch wert. Zu Beginn der Kolonialzeit war Potosí die wichtigste und bevölkerungsreichste Stadt des Kontinents, heute gehört sie zu den bedeutendsten historischen Städten Südamerikas. Das »Haus der Münzen«, die alte *Münzprägestätte*, ist nur eines der vielen kulturhistorisch interessanten Bauwerke der an Kirchen und Palästen so reichen Stadt.
Oruro ist eine Bergbaustadt mit vielen Zeugnissen aus der Kolonialzeit. Alljährlich während des Karnevals kann man hier eine der ausdrucksvollsten religiösen Folkloredarbietungen Südamerikas sehen (Febr./März).
Sucre im Departamento Chuquisaca spielte im Unabhängigkeitskampf eine bedeutende Rolle. Die alte Hauptstadt bietet neben vielen beeindruckenden Kirchen und schönen Gebäuden zahlreiche Museen, Bibliotheken und historische Archive wie das *Kathedralen-Museum*, die *Nationalbibliothek*, das *Kolonialmuseum*, das *Völkerkundemuseum* und das *Naturgeschichtliche Museum*. Die Klöster der Stadt, ganz besonders das *Recoleta-Nonnenkloster*, sind sehr beeindruckend.
Tarija, 1957 m ü. d. M. gelegen, ist eine freundliche, einladende Stadt mit angenehmem Klima, vielen Blumen und guten regionalen Weinen – ein ideales Urlaubsziel für Erholungssuchende, die der Hast des Alltags entfliehen möchten.
Die Departamentos **Beni** und **Pando** liegen mitten im bolivianischen Dschungel. Die Region ist für ihre schöne farbenprächtige Landschaft bekannt. Das »Goldene« Pantiti hat viele befahrbare Flüsse und ist ideal für Wanderungen, Angel- und Bootsausflüge. Die beiden größten Städte sind Trinidad und Cobija. Ausflüge in den tropischen Regenwald mit einheimischen Führern geben einen guten Einblick in die Pflanzen- und Tierwelt.

SOZIALPROFIL

ESSEN & TRINKEN: Die bolivianische Küche ist unverwechselbar und gut. Nationalgerichte sind *Empanada Salteña* (Fleisch, Schnittlauch, Rosinen, Kartoffeln, scharfe Soße und Paprika in Teig gebacken), *Lomo Montado* (zartes Steak mit zwei Eiern, garniert mit Reis und gebratener Banane als Beilage), *Picante de Pollo* (Hähnchen nach südlicher Art, Bratkartoffeln, Reis und Salat mit Chili), *Chuño* (gefriergetrocknete Kartoffeln, die in *Chairo*-Suppe gekocht werden) und *Lechón al Horno* (Spanferkel mit Süßkartoffeln und Kochbananen). Restaurants mit internationaler und einheimischer Küche gibt es in La Paz und anderen Städten. **Getränke:** Bolivianisches Bier, besonders *Cruzena*, ist unter den südamerikanischen Biersorten besonders zu empfehlen. *Chicha* wird aus fermentierten Getreiden und Mais gebraut und ist sehr stark. Mineralwasser und andere alkoholfreie Getränke sind überall erhältlich. Man findet immer mehr einheimische Bars, es gibt keine festgesetzten Sperrzeiten.
NACHTLEBEN: In La Paz gibt es zahlreiche Nachtklubs, die meist gegen Mitternacht öffnen, und unzählige *Whiskerias*, wie die einheimischen Bars hier genannt werden. Freitags und samstags finden ab ca. 20.00 Uhr Volksmusik- und Tanzaufführungen statt. In Cochabamba und Santa Cruz gibt es mehrere Diskotheken.
EINKAUFSTIPS: Beliebte Souvenirs sind Holzschnitzereien, Schmuck, Lama- und Alpacadecken, indianische Handarbeiten sowie Gold- und Silberschmuck.
Öffnungszeiten der Geschäfte: Mo-Fr 09.00-12.30 und 15.00-19.30 Uhr, Sa 10.00-15.00 Uhr.

Bolivien / Bonaire

SPORT: **Fußball** ist der beliebteste Publikumssport. **Golf** und **Bergsteigen** werden angeboten. **Skilaufen** ist im April, Mai, September und Oktober möglich. Der Monte Chacaltaya (5486 m) hat die höchstgelegene Skipiste der Welt. **Forellenangeln** ist besonders beliebt.
VERANSTALTUNGSKALENDER
Mai '96 *Fiesta de la Cruz* (Fest des Kreuzes), Achocalla und Copacabana. **Mai/Juni** *Gran-Poder-Tanzfestival*, La Paz. **Juni** *San-Juan-Festival*, La Paz. **Juni** *San Pedro*, in zahlreichen Dörfern am Titicaca-See. **Juli** *Santiago-Festival*. **Ende Jan. '97** *Alasitas-Miniaturen-Festival*, La Paz. **Febr.** *Karneval*, Oruro. **März** *Pujllay-Karneval*, Tarabuco.
SITTEN & GEBRÄUCHE: Die üblichen Höflichkeitsformen gelten auch hier. Traditionen sollten respektiert werden. Die bolivianische Landbevölkerung nennt sich Campesinos und nicht Indios. Westliche Kleidung und Eßgewohnheiten werden auch langsam von den Campesinos übernommen. Bei gesellschaftlichen Anlässen ist elegantere Kleidung angebracht, ansonsten wird legere Freizeitkleidung akzeptiert. Nichtraucherzonen sollten respektiert werden. **Trinkgeld:** Üblich sind 5-10% Trinkgeld in Hotels und Restaurants, obwohl bereits 25% für Bedienung berechnet wird. Gepäckträger erwarten ebenfalls Trinkgeld.

WIRTSCHAFTSPROFIL

WIRTSCHAFT: Trotz zahlreicher Bodenschätze wie Erdgas, Erdöl, Blei, Wolfram, Gold, Silber, Zinn und Antimon hat Bolivien eines der niedrigsten Pro-Kopf-Einkommen in ganz Lateinamerika. Am bedeutendsten ist die Zinnproduktion – Bolivien ist einer der größten Zinnproduzenten der Welt; 48% Export von Erzen. Der Verfall der Weltmarktpreise und die Wirtschaftskrise der achtziger Jahre mit konstant hoher Inflationsrate, schlechten Wechselkursen und wachsenden Auslandsschulden verringerten das Nettoeinkommen der Bevölkerung noch weiter. Die Wirtschaftsentwicklung der letzten Jahre stimmt jedoch hoffnungsvoll, Bolivien konnte 1990 und 1991 bedeutende Produktionssteigerungen in Landwirtschaft und Industrie verzeichnen. Die Landwirtschaft ist einer der wichtigsten Arbeitgeber, die Produktivität war bislang jedoch relativ gering. Die unzureichende Infrastruktur verhinderte höhere Zuwachsraten; der Straßenbau soll jedoch jetzt mit Hilfe eines von Spanien gewährten Kredits vorangetrieben werden. Erdöl und Erdgas erbringen 13% der Exporteinnahmen, Mineralien und Kaffee sind die beiden anderen bedeutenden Einkommensquellen. Der florierende illegale Koka-Handel ist für zahlreiche Bauern die Haupteinnahmequelle. Die Regierung fördert allerdings seit kurzem in verschiedenen Koka-Anbaugebieten den alternativen Anbau von Gewürzen, Obst und Tee, um den Bauern neue Einkommensquellen zu erschließen und den Kokainhandel wirkungsvoll an der Wurzel zu bekämpfen. Bolivien ist Mitglied des Andenpaktes, dem außerdem Ecuador, Kolumbien, Peru und Venezuela angehören. Angestrebt wird die Förderung der Industrialisierung. Die geplante Gas-Pipeline nach Brasilien eröffnet Bolivien ebenfalls gute wirtschaftliche Aufbaumöglichkeiten. Wichtigste Handelspartner des Landes sind die Nachbarländer Brasilien, Chile, Peru und Argentinien, die USA, Japan, Deutschland und England.
GESCHÄFTSVERKEHR: Vorherige Terminabsprachen sind nicht nötig. **Geschäftszeiten:** Mo-Fr 08.30-12.00 und 14.30-17.30 Uhr.
Kontaktadressen: *Cámara Boliviano-Alemana* (Deutsch-Bolivianische Industrie- und Handelskammer), Casilla 2722, La Paz. Tel: (02) 32 75 96. Telefax: (02) 39 17 36. *Die wirtschaftlichen Interessen Österreichs werden von der Außenhandelsstelle in Santiago (s. Chile) wahrgenommen.*
Camara Nacional de Comercio, Avenida Mariscal Santa Cruz 1392, Casilla 7, La Paz. Tel: (02) 35 00 42. Telefax: (02) 39 10 04.

KLIMA

Gemäßigtes Klima mit großen Unterschieden zwischen Tag und Nacht. Zwischen November und März fällt der meiste Niederschlag. Die Nordosthänge der Anden sind subtropisch. La Paz wird oft als unangenehm empfunden, da die Luft durch die Höhenlage sehr dünn ist. In den Bergen wird es nachts empfindlich kühl.
Kleidung: Leichte Baumwollsachen und Regenschutz. In den Regionen des Altiplano und Puna ist wärmere Kleidung angebracht.

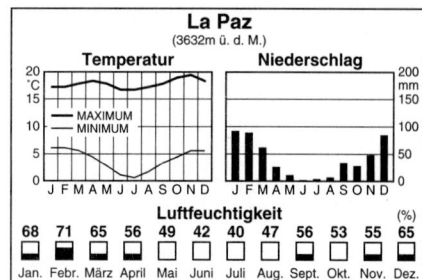

Bonaire

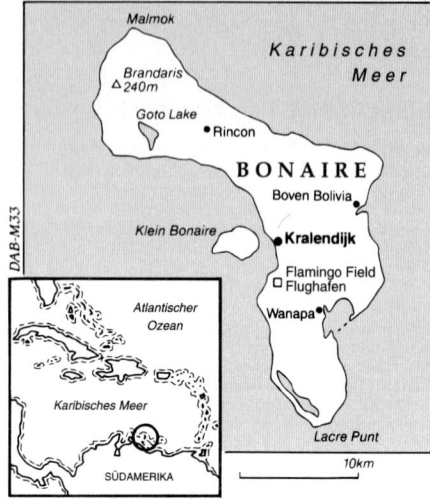

Lage: Karibik, Leeward-Inseln (80 km nördlich von Venezuela).

Bonaire Tourist Office
Visseringlaan 24
NL-2288 ER Rijswijk
Tel: (070) 395 44 44. Telefax: (070) 336 83 33.
(auch zuständig für Deutschland, Österreich und Schweiz)
Tourism Corporation Bonaire
Kaya Simon Bolivar 12
Kralendijk
Bonaire, Niederländische Antillen
Tel: 83 22. Telefax: 84 08.
Büro des Generalbevollmächtigten Ministers der Niederländischen Antillen
Badhuisweg 173-175
PO Box 90706
NL-2597 JP Den Haag
Tel: (070) 351 28 11, 306 61 11. Telefax: (070) 351 27 22.
Honorarkonsulat der Bundesrepublik Deutschland
Kaya Kooyman 48
PO Box 3062
Willemstad
Curaçao, Niederländische Antillen
Tel: 61 33 33. Telefax: 61 50 86.
Übergeordnete Vertretung der Bundesrepublik Deutschland ist die Botschaft in Den Haag. Für Österreich und die Schweiz ist die jeweilige Botschaft in Den Haag zuständig (s. Niederlande).

FLÄCHE: 288 qkm.
BEVÖLKERUNGSZAHL: 11.139 (1992).
BEVÖLKERUNGSDICHTE: 38,7 pro qkm.
HAUPTSTADT: Kralendijk. **Einwohner:** 1700. **Verwaltungshauptstadt der Niederländischen Antillen:** Willemstad (Curaçao).
GEOGRAPHIE: Bonaire ist die zweitgrößte Insel der Niederländischen Antillen. Die Landschaft ist flach und felsig. Da es nur wenig Regen gibt, ist das Land verhältnismäßig trocken. Auf der Insel gibt es herrliche palmengesäumte Badestrände. Gegenüber der Inselhauptstadt Kralendijk liegt die unbewohnte Insel Klein-Bonaire. Bonaire hat eine traumhafte Unterwasserlandschaft und ist als Taucherparadies bekannt.
STAATSFORM: Konstitutionelle parlamentarisch-demokratische Monarchie. Staatsoberhaupt: Königin Beatrix der Niederlande, vertreten durch den Gouverneur Jaime M. Saleh (seit 1990). Regierungschef: Ministerpräsident Miguel A. Pourier, seit 1993. Bonaire ist Teil der Niederländischen Antillen, ebenso wie Curaçao, Saba, St. Eustatius und St. Maarten. Die Niederländischen Antillen, Aruba und die Niederlande haben als autonome Regionen mit eigener Selbstverwaltung den gleichen Status innerhalb des niederländischen Königreiches. Der niederländische Monarch wird durch einen Gouverneur vertreten, während die Niederländischen Antillen einen generalbevollmächtigten Minister in die Regierung des Königreichs entsenden. Außen- und Verteidigungspolitik werden vom Ministerrat des Königreiches entschieden, in dem auch der abgesandte Minister der Niederländischen Antillen vertreten ist. Sitz der Zentralregierung der Niederländischen Antillen ist Willemstad (Curaçao). Das Parlament *(Staten)* der Inseln ist zuständig für die innenpolitische Gesetzgebung – Bonaire wählt 3 der 22 Mitglieder. Die Routineangelegenheiten jeder Inselgruppe (Bonaire, Curaçao und die Windward-Inseln) werden vom jeweiligen Inselrat (9 Mitglieder) unter der Aufsicht des Vizegouverneurs ausgeführt.
SPRACHE: Offizielle Landessprache ist Holländisch. *Papiamento* (eine Mischung aus Portugiesisch, Afrikanisch, Spanisch, Holländisch und Englisch) ist allgemeine Umgangssprache. Englisch und Spanisch werden ebenfalls viel gesprochen.
RELIGION: Überwiegend römisch-katholisch mit protestantischen Minderheiten unterschiedlicher Konfessionen.
ORTSZEIT: MEZ - 5.
NETZSPANNUNG: 127 V, 50 Hz.
POST- UND FERNMELDEWESEN: Telefon: Selbstwählferndienst. **Landesvorwahl: 5997**. **Telexe/Telegramme** können in größeren Hotels und im Postamt von Kralendijk aufgegeben werden. **Post:** Luftpost nach Europa dauert 4-6 Tage, Sendungen auf dem Seeweg bis zu 6 Wochen.
DEUTSCHE WELLE
Der Einsatz der Kurzwellenfrequenzen ändert sich mehrfach im Laufe eines Jahres, und Sendungen auf den folgenden Frequenzen werden jeweils nur zu bestimmten Tageszeiten ausgestrahlt. Näheres in der Einleitung.

MHz	17,860	17,715	15,275	9,545	6,100
Meterband	16	16	19	31	49

REISEPASS/VISUM

Wichtiger Hinweis: Die Einreisebestimmungen mancher Länder können sich kurzfristig ändern – rufen Sie sicherheitshalber auf Ihrem CRS-System (TIMATIC-Info-Code-Fenster in diesem Kapitel) den aktuellen Stand ab bzw. wenden Sie sich an die zuständige diplomatische Vertretung. Etwaige Zahlen in der Tabelle beziehen sich auf nachfolgende Fußnoten.

	Paß erforderlich?	Visum erforderlich?	Rückflugticket erforderlich?
Deutschland	Nein	Nein/2	Ja
Österreich	Ja	Nein/3	Ja
Schweiz	Ja	Nein/3	Ja
Andere EU-Länder	1	Nein/2/3	Ja

REISEPASS: Allgemein erforderlich, ausgenommen sind Staatsbürger von:
(a) **[1]** Belgien, Luxemburg und den Niederlanden, die im Besitz einer *Toeristenkaart* sind;
(b) der Bundesrepublik Deutschland, Brasilien, Mexiko und Trinidad und Tobago mit Personalausweis des jeweiligen Landes;
(c) den USA und Kanada mit Identitätsnachweis (Wählerkarte, beglaubigte Geburtsurkunde oder andere Ausweispapiere reichen aus);
(d) Venezuela und Touristen in Venezuela, die die Niederländischen Antillen besuchen und einen gültigen Personalausweis haben;
(e) San Marino, mit Personalausweis oder Reisepaß, der nicht länger als 5 Jahre abgelaufen ist.
Touristen müssen ggf. bei der Einreise ausreichende Geldmittel für die Dauer ihres Aufenthalts nachweisen.
VISUM: Visumpflicht nur für Staatsbürger folgender Länder, sofern sie dort ihren Wohnsitz haben: Albanien, Armenien, Aserbaidschan, Belarus, Bosnien-Herzegowina, Bulgarien, China (VR), Dominikanische Republik, Estland, Georgien, Haiti, Jugoslawien, Kambodscha, Kasachstan, Kirgistan, Korea-Nord, Kroatien, Kuba, Lettland, Libyen, Litauen, Ehem. jugos. Republik Mazedonien, Rumänien, Russ. Föderation, Tadschikistan, Turkmenistan, Ukraine, Usbekistan und Vietnam.
Ein *Certificate of Admission for Temporary Residence* (CATR) ist jedoch auch für Urlaubsreisen erforderlich, ausgenommen Staatsbürger folgender Länder, sofern die Dauer des Aufenthalts 90 Tage nicht überschreitet:
(a) **[2]** Bundesrepublik Deutschland, Belgien, Großbritannien, Luxemburg, Niederlande und Spanien;
(b) Bolivien, Burkina Faso, Chile, Costa Rica, Ecuador, Israel, Jamaika, Kolumbien, Korea-Süd, Malawi, Mauritius, Niger, Philippinen, Polen, San Marino, Slowakische Republik, Swasiland, Togo, Tschechische Republik und Ungarn;
(c) **[3]** Staatsbürger anderer Länder (darunter Schweizer sowie nicht aufgeführte Bürger der Mitgliedstaaten der Europäischen Union) können ohne CATR für Aufenthalte bis zu 14 Tagen einreisen.

Ist ein *Certificate of Admission for Temporary Residence (CATR)* erforderlich, kann es in den meisten Fällen bei der Einreise ausgestellt werden, dabei müssen Reisepaß und ausreichende Geldmittel für die Dauer des Aufenthaltes vorgelegt werden. Das CATR kann vor Ort verlängert werden.
Antragsstellung: Visumanträge an das Büro des generalbevollmächtigten Ministers der Niederländischen Antillen (Adresse s. o.). Die Niederländischen Botschaften sind keine offiziellen Vertretungen der Niederländischen Antillen, Informationen sind dort jedoch ebenfalls erhältlich (Adressen s. *Niederlande*).
Bearbeitungszeit: Bis zu 1 Monat.
Transitvisum: Passagiere im Besitz von Weiterreiseticket und Identitätsnachweis, die ihre Reise innerhalb von 24 Std. fortsetzen und kein Visum für die Niederländischen Antillen brauchen, benötigen kein Transitvisum.
Aufenthaltsgenehmigung bzw. Arbeitserlaubnis: Anträge an den *Lieutenant Governor of the Island Territory of Bonaire*, Kralendijk. Tel: 61 53 30.

GELD

Währung: 1 Niederländischer-Antillen-Gulden (NAf) = 100 Cents. Banknoten gibt es im Wert von 250, 100, 50, 25, 10 und 5 NAf; Münzen in den Nennbeträgen 100, 50, 25, 10, 5, 2.5 und 1 Cent. Viele Gedenkmünzen, die es in Werten zwischen 10 und 200 NAf gibt, sind legale Zahlungsmittel. Die Währung ist an den US-Dollar gekoppelt.
Kreditkarten: *Eurocard, Diners Club, American Express* und *Visa* werden in größeren Restaurants und Hotels akzeptiert. Einzelheiten vom Hersteller der jeweiligen Kreditkarte.
Reiseschecks werden bevorzugt in US-Dollar angenommen.
Wechselkurse

	NAf	NAf	NAf	NAf
	Sept. '92	Febr. '94	Jan. '95	Jan. '96
1 DM	1,21	1,03	1,15	1,25
1 US$	1,79	1,80	1,80	1,79

Devisenbestimmungen: Die Ein- und Ausfuhr der Landeswährung ist auf 200 NAf beschränkt; Fremdwährungen können uneingeschränkt ein- und ausgeführt werden. Die Einfuhr von Silbermünzen der Niederlande und Surinames ist verboten.
Öffnungszeiten der Banken: Mo-Fr 08.30-11.30 und 13.30-16.00 Uhr.

DUTY FREE

Folgende Artikel können zollfrei von Personen ab 15 Jahren in die Niederländischen Antillen eingeführt werden:
400 Zigaretten oder 50 Zigarren oder 250 g Tabak;
2 l alkoholische Getränke;
250 ml Parfüm (bei Überschreitung ist die Gesamtmenge zollpflichtig);
Geschenke bis zu einem Wert von 100 NAf.
Anmerkung: Für mitgebrachte Hunde und Katzen müssen ein tierärztliches Attest und ein Tollwut-Impfzeugnis vorgelegt werden. Es wird davon abgeraten, Lederwaren und Andenken aus Haiti einzuführen.

GESETZLICHE FEIERTAGE

1. Mai '96 Tag der Arbeit. **16. Mai** Christi Himmelfahrt. **6. Sept.** Bonaire-Tag. **25./26. Dez.** Weihnachten. **1. Jan. '97** Neujahr. **10. Febr.** Karneval. **28. März** Karfreitag. **31. März** Ostermontag. **30. April** Tag der Königin. **1. Mai** Tag der Arbeit. **8. Mai** Christi Himmelfahrt.

GESUNDHEIT

In der folgenden Tabelle aufgeführte Impfvorschriften können sich kurzfristig ändern. Es wird stets empfohlen, auf Ihrem CRS-System (TIMATIC-Info-Code-Fenster in diesem Kapitel) den aktuellen Stand der Gesundheitsbestimmungen abzurufen bzw. rechtzeitig vor der Reise ärztlichen Rat einzuholen.

	Vorsichtsmaßnahmen empfohlen	*Impfschein erforderlich*
Gelbfieber	Ja	1
Cholera	Nein	Nein
Typhus & Polio	Nein	-
Malaria	Nein	-
Essen & Trinken	2	-

[1]: Eine Impfbescheinigung gegen Gelbfieber wird von allen Reisenden verlangt, die aus Infektionsgebieten kommen und über sechs Monate alt sind.
[2]: Leitungswasser wird aus einer Meerwasserentsalzungsanlage gewonnen und ist unbedenklich. In Flaschen abgefülltes Mineralwasser ist überall erhältlich. Milch ist pasteurisiert, und einheimische Milchprodukte sind unbedenklich. Einheimisches Fleisch, Geflügel, Meeresfrüchte, Obst und Gemüse können ohne Bedenken gegessen werden.
Moskitos können während mancher Jahreszeiten (hauptsächlich im Früh- und Mittsommer sowie Früh- und Mittwinter) lästig sein, stellen aber keine Gefahr dar. Insektenschutzmittel werden empfohlen.
Gesundheitsvorsorge: Auf Bonaire gibt es vier Ärzte und ein Krankenhaus mit 60 Betten. Der Abschluß einer Reisekrankenversicherung wird empfohlen.

REISEVERKEHR - International

FLUGZEUG: Die nationale Fluggesellschaft der Niederländischen Antillen heißt *ALM (LM)*. Die niederländische Fluggesellschaft *KLM* fliegt täglich von Amsterdam nach Curaçao, von hier Anschlußverbindung nach Bonaire.
Durchschnittliche Flugzeiten: *Amsterdam* – Bonaire: 11 Std. 30; *Los Angeles* – Bonaire: 10 Std; *New York* – Bonaire: 4 Std. Die Flugzeiten von Deutschland, Österreich und der Schweiz hängen von der jeweiligen Verbindung ab.
Internationaler Flughafen: *Flamingo Field (BON)* liegt 4 km südlich von Kralendijk. Taxis fahren in das Zentrum der Stadt. Flughafeneinrichtungen: Duty-Free-Shop, Tourist-Information, Wechselstube, Geschäfte, Restaurants und Mietwagen.
Flughafengebühren: 10 US$ bei der Ausreise für Personen über 2 Jahren.
SCHIFF: Unregelmäßige Verbindungen nach Venezuela und zu den anderen Karibikinseln.

REISEVERKEHR - National

BUS/PKW: Es herrscht Rechtsverkehr. Auf der ganzen Insel gibt es genügend **Taxis**, deren Fahrpreise von der Regierung festgesetzt und kontrolliert werden. Diverse **Mietwagenfirmen** haben Büros in den Hotels, am Flughafen und in Kralendijk. Fahrräder und Mopeds können ebenfalls gemietet werden. Die Straßen sind recht gut, für längere Fahrten sollte man jedoch einen Jeep mieten. Dies empfiehlt sich ganz besonders bei Ausflügen in den Washington-Nationalpark. **Unterlagen:** Der nationale Führerschein reicht aus. Fahrer müssen mindestens 18 Jahre alt sein.

UNTERKUNFT

HOTELS: Auf Bonaire gibt es mehrere große Hotels von internationalem Standard, die gute Urlaubs- und Freizeiteinrichtungen bieten und auch Ausrüstungen verleihen. Vorausbuchung wird empfohlen. Auskünfte gibt das *Bonaire Tourist Office* (Adresse s. o.).
GUEST HOUSES: Empfehlenswert ist auch die Unterkunft in privaten Bungalows oder Strandvillen, in denen Zimmer vermietet werden.
Anmerkung: Übernachtungspreise sind außerhalb der Saison niedriger (15. April - 20. Dez.).

URLAUBSORTE & AUSFLÜGE

An der herrlichen Küste der Insel Bonaire findet man Ruhe und Abgeschiedenheit, aber auch zahlreiche Wassersportmöglichkeiten. Eine steile Hügellandschaft im Norden, Naturstrände und rauhe Felsenküsten sowie Mangrovenwälder sorgen für ein abwechslungsreiches Landschaftsbild. Bonaires Wasserschutzgebiet, der *Marine Park*, liegt an einem beeindruckenden Korallenriff, das ganzjährig von Meeresbiologen beobachtet wird. Diavorträge über Tauchen und Naturschutz finden häufig in den Hotels und Wassersportzentren statt. In der Tiefebene gibt es *Salzpfannen*, die je nach Algenart eine unterschiedliche Farbe annehmen – das Spektrum reicht von tieflila bis zartrosa. Die dort beschäftigten Salzarbeiter bewohnten bis zur Abschaffung der Sklaverei 1863 die *Sklavenhütten*. Der *Washington-Slagbaai-Nationalpark*, ein 5463 ha großes Tierschutzgebiet, nimmt fast den gesamten Nordwesten der Insel ein. Eine Fahrt auf einer der zwei Straßen durch den Park zeigt dem Besucher die faszinierende Vielfalt der Inselflora und -fauna. Vor allem der Artenreichtum der Vogelwelt ist beeindruckend. Vorsicht vor stacheligen Vertretern, Kakteen gibt es in atemberaubender Vielfalt. In **Kralendijk** selbst sollte man sich den architektonisch interessanten Fischmarkt und den farbenprächtigen Obst- und Gemüsemarkt ansehen.

SOZIALPROFIL

ESSEN & TRINKEN: Restaurants bieten überwiegend kreolische Gerichte an. Verschiedene Meeresfrüchte, eingelegtes *Conch Shell Meat* (Trompetenschneckenfleisch), gegrillter und gewürzter Fisch und Hummer sind häufig auf der Speisekarte zu finden. Eine gute Auswahl chinesischer, indonesischer und europäischer Gerichte ist ebenfalls vorhanden. Viele der Hotels, Restaurants und Bars in Kralendijk schließen gegen Mitternacht, die Preise sind recht hoch.
NACHTLEBEN findet in den Hotels und Restaurants statt. Die Abendunterhaltung besteht meist aus Tanz, Reggae-Musik, Calypso-Steelbands oder einem Besuch im Spielkasino. Außerdem gibt es auf der Insel drei Diskotheken.
EINKAUFSTIPS: Die Steuervergünstigungen der zollfreien Importe machen Parfüm, Schmuck und Spirituosen zu preiswerten Mitbringseln. **Öffnungszeiten der Geschäfte:** Mo-Sa 08.00-12.00 und 14.00-18.00 Uhr.
SPORT: Hauptattraktion der Insel sind die vielfältigen **Wassersportmöglichkeiten. Tauchen** (ob in voller Ausrüstung oder nur mit der Tauchermaske), **Windsurfen** und **Wasserskifahren** sind möglich. Man kann auch Unterricht nehmen. Das Meer ist glasklar und voller bunter tropischer Fische. **Angeln** und **Segeln** sind sehr beliebt, und Boote werden vermietet. Es werden Halbtags- und Ganztagskreuzfahrten innerhalb der Bucht oder nach Klein-Bonaire angeboten. Während der alljährlich im Oktober stattfindenden Segelregatta herrscht auf der gesamten Insel Karnevalsstimmung. Die Regatta wird im neuen Jachthafen abgehalten, der einige Minuten von Kralendijk entfernt liegt. Die Anlegestellen, die Werft und das Trockendock ziehen viele Hobbysegler an. Die größeren Hotels haben **Tennis-** und **Squashanlagen.**
VERANSTALTUNGSKALENDER
15. - 22. Juni '96 *Nikonos Shoot Out.* **24. Juni** *St. Johannestag* (Folkloretänze in verschiedenen Ortschaften). **28. Juni** *St. Peterstag* (Folkloretänze und Gesang). **1. - 31. Aug.** *Familien-Monat.* **6. Sept.** *Bonairetag* (Folkloretänze und Gesang). **7. - 12. Okt.** *Segelregatta.* **31. Dez.** *Straßenfeuerwerk.* **9. - 10. Febr. '97** *Karneval.*
SITTEN & GEBRÄUCHE: Der holländische Einfluß ist auf der ganzen Insel spürbar, aber amerikanische Sitten und Gebräuche nehmen langsam zu. Die Kleidung darf zwanglos sein, leichte Baumwollkleidung wird empfohlen. Badekleidung gehört an den Strand oder ins Schwimmbad. Zum Ausgehen am Abend ziehen sich viele Besucher eleganter an. **Trinkgeld:** Hotels setzen 5-10% Regierungssteuer und 10% Bedienungsgeld auf die Rechnung. Extra Trinkgeld ist in diesem Fall nicht erforderlich. Die Restaurants berechnen i. allg. 10% Bedienungsgeld.

WIRTSCHAFTSPROFIL

WIRTSCHAFT: Durch geschickte Investitionen in den Tourismus während der fünfziger Jahre und die Wiederaufnahme der Salzgewinnung konnte Bonaire die einst chronische Rezession überwinden. Die Wirtschaft erhielt in den siebziger Jahren durch den Bau des Ölumschlaghafens (von Ozeantankern auf Küstenschiffe) der *Bonaire Petroleum Corporation* (BOPEC) weiteren Aufschwung. Die fallenden Ölpreise der letzten Jahre hatten einen negativen Einfluß auf die Wirtschaft der Niederländischen Antillen, die früher als die wohlhabendsten Inseln der Karibik galten. Seit 1979 hat die Ölindustrie der Inseln keinerlei Gewinne mehr erzielen können, und die Pläne für den Bau einer Raffinerie auf Bonaire wurden zurückgestellt. Eine in zunehmendem Maße angewandte neue Umladetechnik auf See verringerte außerdem den Umschlag im Hafen von Bonaire. Die Inseln mit finanzieller Unterstützung der EU-Länder haben verstärkt in den Tourismus investiert. Durch die Einführung von Steuererleichterungen wurde ein Anreiz für Auslandsinvestoren geschaffen. Die landwirtschaftliche Produktion wurde ebenfalls ausgebaut. Durch Einschränkungen im Gemüseimport wurden die Inseln 1986 zu Selbstversorgern. Trotz Bonaires geringer Niederschlagsrate und der dünnen Erdschicht ist die Insel inzwischen ein Hauptexporteur der zur Herstellung von Kosmetika begehrten Aloepflanzen.
GESCHÄFTSVERKEHR: Pünktlichkeit und vorherige Terminvereinbarung sind wichtig. Holländisch und Englisch sind Geschäftssprachen. **Geschäftszeiten:** Mo-Fr 08.00-12.00 und 13.30-16.30 Uhr.
Kontaktadresse: *Bonaire Chamber of Commerce and Industry* (Industrie- und Handelskammer), PO Box 52, Kralendijk. Tel: 61 55 95. Telefax: 61 89 95.

KLIMA

Ganzjährig heiß mit kühlenden Passatwinden. Die Hauptregenzeit ist von Oktober bis Dezember. Die jährliche Durchschnittstemperatur beträgt 28°C, durchschnittlicher Regenfall 87 mm und Windgeschwindigkeit 25,6 km/h. Die Wassertemperatur beträgt 24°C.
Kleidung: Generell leichte Kleidung. Man sollte allerdings wärmere Sachen für kühle Abende einpacken. Leichter Regenschutz.

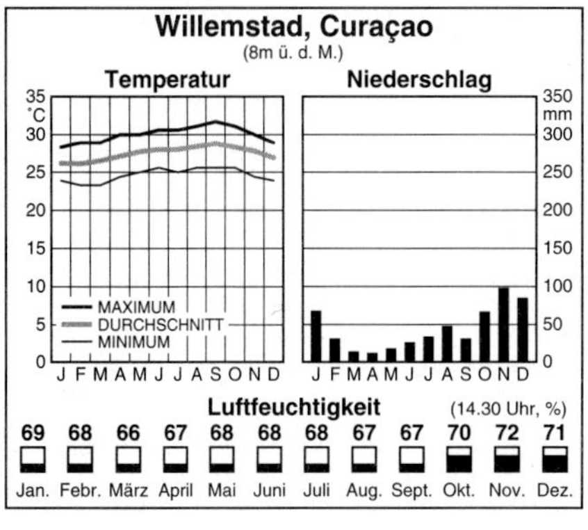

Bosnien-Herzegowina

☐ Internationaler Flughafen

Lage: Südliches Mitteleuropa.

Anmerkung: Angesichts des andauernden Bürgerkrieges und der furchtbaren Zerstörung vieler Städte ist bislang nicht abzusehen, wann Urlaubsreisen nach Bosnien-Herzegowina wieder möglich sein werden – selbst das Fortbestehen der Republik, die im April 1992 von der UNO als unabhängiger Staat anerkannt wurde, ist derzeit in Frage gestellt. Ein Friedensabkommen wurde am 14. Dez. 1995 in Paris unterzeichnet. Mehrere Länder und internationale Organisationen haben finanzielle Hilfe zum Wiederaufbau versprochen. Die folgenden Informationen reflektieren zum größten Teil die Situation vor dem Bürgerkrieg und sind hier in der Hoffnung aufgeführt, daß sie nach der Lösung des Konfliktes bald wieder nützlich sein werden. Die jugoslawischen Fremdenverkehrsämter sind bis auf weiteres geschlossen. Bosnien hat aus verständlichen Gründen kein eigenes Fremdenverkehrsamt eröffnet. Es gibt keine diplomatischen Vertretungen in Sarajevo. Die nächstgelegene deutsche und schweizerische Vertretung ist die jeweilige Botschaft in der ehemaligen jugoslawischen Hauptstadt Belgrad (s. *Bundesrepublik Jugoslawien (Serbien und Montenegro)*, deren Regierung Bosnien-Herzegowina nicht anerkennt). Der Amtsbezirk der österreichischen Botschaft in Zagreb (s. *Kroatien*) umfaßt auch Bosnien-Herzegowina. Aktuelle Informationen vom Auswärtigen Amt in Bonn, dem Außenministerium in Wien und dem EDA in Bern.

Botschaft der Republik Bosnien und Herzegowina (mit Visumerteilung)
Bürgerstraße 12
D-53173 Bonn
Tel: (0228) 36 61 01. Telefax: (0228) 36 58 36.
Mo-Do 08.30-18.00 Uhr, Fr 08.30-16.00 Uhr.
Botschaft der Republik Bosnien und Herzegowina
Spitalgasse 32
CH-3011 Bern
Tel: (031) 312 38 19. Telefax: (031) 312 38 09.
Mo-Fr 09.00-13.00 Uhr.
Die österreichische Interessenvertretung erfolgt durch das Außenministerium in Wien.
Die schweizerische Vertretung erfolgt durch die Botschaft in Wien (s. Österreich).
FLÄCHE: 51.129 qkm.
BEVÖLKERUNGSZAHL: 3.776.000 (1993).
BEVÖLKERUNGSDICHTE: 74 pro qkm.
HAUPTSTADT: Sarajevo. Einwohner: 383.000 (1993).
GEOGRAPHIE: Bosnien-Herzegowina, einst geopolitisches Kernland des jugoslawischen Vielvölkerstaates, grenzt im Osten und Südosten an die Bundesrepublik Jugoslawien (Serbien und Montenegro) und im Norden und Westen an Kroatien. Die 20 km lange Adriaküste im Südosten bietet den einzigen Zugang des Landes zum Meer. Es gibt jedoch keine Hafenstädte.

STAATSFORM: Republik, seit 1992. Staatsoberhaupt: Ministerpräsident Alija Izetbegovic, seit 1990. Regierungschef: Haris Silajdzic, seit Oktober 1993. Die Regierung ist jedoch nur begrenzt handlungsfähig und kontrolliert effektiv nur die Hauptstadt Sarajevo. Im Sommer 1994 wurde eine gemeinsame Regierung aus Serben, Kroaten und Bosniaken gebildet. Es bestand Kriegszustand von 1992-95, ein Friedensabkommen wurde im Dezember 1995 unterzeichnet.
Anmerkung: Als Resultat des Kriegsgeschehens existieren innerhalb der Republik Bosnien-Herzegowina eine »Föderation Bosnien-Herzegowina« und eine »Serbische Republik«. Ende Mai 1994 wurde die muslimisch-kroatische Föderation gebildet, deren neue Verfassung u. a. eine Aufteilung des Gebietes in 8 Bezirke vorsah: in 4 moslemische, 2 kroatische, 2 gemischte und in den Bezirk Sarajevo; der letztere würde international kontrolliert werden (Zweikammerparlament; Präsident: Kresimir Zubak, seit November 1994). Die Serbische Republik wurde im März 1993 ausgerufen und hat eine eigene Verfassung (Parlament; Präsident: Radovan Karadzic, seit 1991. Regierungschef: Dusan Kozic, seit 1994).
SPRACHE: Serbokroatisch. Die Serben benutzen das kyrillische Alphabet, die Kroaten und Bosniaken das lateinische.
RELIGION: Die Mehrheit der Bevölkerung ist moslemisch, außerdem serbisch-orthodoxe und römisch-katholische Religionsangehörige.
ORTSZEIT: MEZ.
NETZSPANNUNG: 220 V, 50 Hz.
POST- UND FERNMELDEWESEN: Telefon: Selbstwählferndienst. **Landesvorwahl:** 387. **Telex**, **Telefax** und andere Fernmeldeeinrichtungen funktionieren zur Zeit nicht störungsfrei, die Leitungen sind immer wieder unterbrochen. Ähnliches gilt für den **Postverkehr**.
DEUTSCHE WELLE
Der Einsatz der Kurzwellenfrequenzen ändert sich mehrfach im Laufe eines Jahres, und Sendungen auf den folgenden Frequenzen werden jeweils nur zu bestimmten Tageszeiten ausgestrahlt. Näheres in der Einleitung.

MHz	15,275	13,780	9,545	6,075	3,995
Meterband	19	22	31	49	75

REISEPASS/VISUM

Aufgrund des Bürgerkrieges bestehen momentan keine Einreisemöglichkeiten. Dies gilt sowohl für die Anreise auf dem Landweg als auch per Flugzeug.

GELD

Währung: 1 Bosnisch-Herzegowinischer Dinar (BHD) = 100 Para. Es gelten je nach Region der jugoslawische, serbische und seit dem im August 1992 eingeführte bosnische Dinar. Angesichts der galoppierenden Inflation sind die DM und der US-Dollar de facto die einzigen Zahlungsmittel. Das Bankwesen ist zusammengebrochen.

GESUNDHEIT

Gesundheitsvorsorge: Die medizinische Versorgung ist nicht gewährleistet.

REISEVERKEHR - International

FLUGZEUG: Es gibt keine nationale Fluggesellschaft, und der Flughafen wird von keiner internationalen Fluggesellschaft angeflogen.

REISEVERKEHR - National

BAHN/PKW/BUS: Die effektive Teilung des Landes und die andauernden Kriegshandlungen machen den Binnenverkehr beinahe unmöglich. Sarajevo ist Verkehrsknotenpunkt der Republik, die Hauptverbindungsstraßen führen nach Banja Luka im Westen und weiter zur kroatischen Hauptstadt Zagreb; in nördlicher Richtung nach Doboj und weiter nach Osijek in Kroatien; im Osten nach Zvornik und weiter nach Belgrad, der Hauptstadt der Bundesrepublik Jugoslawien; in südlicher Richtung nach Mostar und an die Adriaküste sowie nach Foca im Südosten und weiter nach Podgorica, der Hauptstadt Montenegros.

UNTERKUNFT

Wegen des anhaltenden Bürgerkrieges sind nur einige wenige Hotels für Journalisten geöffnet.

URLAUBSORTE & AUSFLÜGE

Anmerkung: Der andauernde Konflikt in Bosnien-Herzegowina hat bisher nicht nur zahlreiche Todesopfer gefordert, sondern auch zur Zerstörung historischer Städte und zahlreichen Umsiedlungsaktionen geführt. Die nachfolgenden Angaben beziehen sich ausschließlich auf Informationen, die vor dem Ausbruch des Bürgerkrieges zutreffend waren. Sie sind in der Hoffnung hier aufgeführt worden, daß nach einer baldigen Beendigung der Kampfhandlungen sowohl die Bevölkerung als auch Besucher die Schönheit dieses Landes wieder in Frieden genießen können. Zur Zeit der Drucklegung wurde das Ausmaß der Kriegsschäden auf 3 Billionen £ geschätzt. In **Bosnien** und der **Herzegowina** sind die Einflüsse verschiedener Kulturen miteinander verschmolzen. Die 500 Jahre dauernde türkische Herrschaft hat vor allem in **Sarajevo** ihre Spuren hinterlassen, wo Kirchen und Moscheen zum Stadtbild gehörten. Die farbenprächtigen Basare zeugten ebenfalls vom osmanischen Erbe. Sarajevo ging bereits einmal durch das Attentat auf den österreichischen Thronfolger Franz Ferdinand, das den Ersten Weltkrieg auslöste, auf tragische Weise in die Weltgeschichte ein. Als einer der Hauptschauplätze des Bürgerkrieges ist die bosnische Hauptstadt nahezu vollständig zerstört. **Travnik** in Bosnien war zur Zeit des Osmanischen Reiches als die Stadt der Wesire bekannt. In **Mostar** hat der Wiederaufbau inzwischen begonnen.

SOZIALPROFIL

ESSEN & TRINKEN: Bosnische Gerichte sind stark von der türkischen Küche beeinflußt. Zu den Spezialitäten zählen der schmackhafte *Bosanski Lonac* (bosnischer Fleisch- und Gemüseeintopf) und die Süßigkeiten *Lokum* (türkischer Honig) und *Halva* (gemahlene Nüsse in Honig).
SPORT: Jahorina ist der bekannteste **Ski-** und **Kurort** des Landes. **Angeln:** Angelscheine sind in Hotels oder Bezirksämtern erhältlich. Die Vorschriften sind regional verschieden. Informationen sollte man an Ort und Stelle einholen. Das Fischen an der Adria ist unbeschränkt, aber Fluß- und Seeangeln und Fischen mit anderen Fanggeräten ist genehmigungspflichtig. Oft kann man auf Anfrage mit einheimischen Bootsbesitzern zum Fischen ausfahren. **Fußball** gehört zu den beliebtesten Sportarten.

WIRTSCHAFTSPROFIL

WIRTSCHAFT: Bosnien-Herzegowina ist der am wenigsten industrialisierte Nachfolgestaat des ehemaligen Jugoslawien mit dem niedrigsten Pro-Kopf-Einkommen aller früheren Republiken des Vielvölkerstaates. Das Land ist reich an Bodenschätzen, und der Bergbau von Bauxit, Eisen und Kohle war vor dem Ausbruch des Bürgerkrieges von wirtschaftlicher Bedeutung. Daneben spielte auch die Investitionsgüterindustrie eine Rolle. Das Auseinanderbrechen von Jugoslawien und der Verlust des jugoslawischen Binnenmarktes wirkte sich verheerend auf die Industrie aus. Zudem verhängte die Regierung in Belgrad eine Wirtschaftsblockade über Bosnien-Herzegowina. Sarajevo stand bereits vor dem Ausbruch des Bürgerkrieges vor dem Staatsbankrott durch die hohe Auslandsverschuldung – Bosnien-Herzegowina wurden 15% der Auslandsschulden des ehemaligen Jugoslawien übertragen. Bosnien-Herzegowina ist überwiegend ein Agrarland, die wichtigsten landwirtschaftlichen Produkte sind Tabak, Mais, Weizen, Kartoffeln, Zuckerrüben und Hanf. Viehzucht wird ebenfalls betrieben. Der Bürgerkrieg hat katastrophale Folgen für die Wirtschaft, die heute vor dem absoluten Ruin steht. Es wird geschätzt, daß ca. vier Fünftel der industriellen Anlagen durch den Bürgerkrieg zerstört wurden und die Elektrizitätsproduktion auf ca. 17% der normalen Produktionskapazität gesunken ist.
Die Kosten des Wiederaufbaus werden von der Weltbank auf 3 Billionen £ geschätzt. Vierzig Länder, darunter die USA, Deutschland und Japan, haben versprochen, einen substantiellen Anteil zu zahlen.

KLIMA

Überwiegend Kontinentalklima mit warmen Sommern und langen, kalten Wintern.

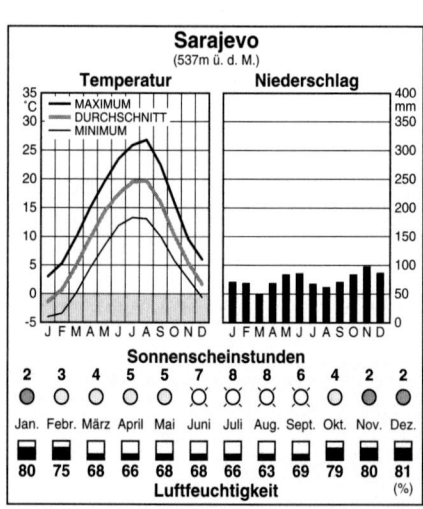

Botswana

Lage: Südliches Afrika.

Exclusiv Safaris u. k. GmbH
Bolacker 6
Postfach 144
CH-4564 Obergerlafingen
Tel: (065) 35 10 58. Telefax: (065) 35 18 79.
(Ab 9. Nov. 1996 gelten neue Nummern: Tel: (032) 675 10 58. Telefax: (032) 675 18 79.)
Zingg Event Travel AG
Albisstraße 30
CH-8134 Adliswil/Zürich
Tel: (01) 709 20 10. Telefax: (01) 709 20 50.
Mo-Fr 08.00-17.00 Uhr.
Department of Tourism
Ministry of Commerce and Industry
Private Bag 0047
Gaborone
Tel: 35 30 24, 31 33 14. Telefax: 37 15 39.
Tourism Regional Office
PO Box 439
Maun
Tel: 66 04 92.
Tourism Regional Office
Box 66
Kasane
Tel: 65 03 57.
Department of Wildlife and National Parks
Private Bag 131
Gaborone
Tel: 37 14 05. Telefax: 37 15 39.
Hotel and Tourism Association of Botswana
Box 968
Gaborone
Tel: 35 71 44.
Botschaft der Republik Botswana
169 Avenue de Tervueren
B-1150 Brüssel
Tel: (02) 735 20 70, 735 13 25. Telefax: (02) 735 63 18.
Mo-Fr 09.00-13.00 und 14.15-17.00 Uhr.
Honorarkonsulat der Republik Botswana
Berzeliusstraße 45
D-22113 Hamburg
Tel: (040) 732 61 91. Telefax: (040) 732 85 06.
Di und Do 11.00-13.00 Uhr.
Geschäftsbereich: Bremen, Hamburg, Niedersachsen, Mecklenburg-Vorpommern und Schleswig-Holstein.
Honorarkonsulat der Republik Botswana
Kieselei 42
D-40883 Ratingen-Hösel
Tel: (02102) 89 64 34 (Anrufbeantworter).
Geschäftsbereich: übrige Bundesländer.
Botschaft der Bundesrepublik Deutschland
Professional House
Broadhurst
Segodithsane Way
Gaborone
Tel: 35 31 43. Telefax: 35 30 38.
Österreich unterhält keine Vertretung in Botswana, zuständig ist die Botschaft in Pretoria (s. Südafrika).
Die Schweiz unterhält keine Vertretung in Botswana, zuständig ist die Botschaft in Harare (s. Simbabwe).

FLÄCHE: 582.000 qkm.
BEVÖLKERUNGSZAHL: 1.443.000 (1993).
BEVÖLKERUNGSDICHTE: 2,5 pro qkm.
HAUPTSTADT: Gaborone. **Einwohner:** 190.000.
GEOGRAPHIE: Botswana grenzt im Norden an Sambia, im Nordosten an Simbabwe, im Süden an Südafrika und im Westen an Namibia. Das unfruchtbare Tafelland der Kalahari-Wüste nimmt nahezu die gesamte Fläche des Landes ein. Etwa ein Fünftel des Landes besteht aus Nationalparks. Im Nordwesten liegt das faszinierende Okavango-Becken mit dem Moremi-Tierschutzgebiet und dem wildreichen Chobe-Nationalpark, im äußersten Südwesten der Kalahari der Gemsbok-Nationalpark. Die Mehrheit der Bevölkerung lebt in der Nähe von Gaborone, Serowe und Kanye an der südafrikanischen Grenze. Die Vegetationsveränderungen während der Regenzeit machen sich ganz besonders in der Makgadikgadi-Salzpfanne und im Okavango-Delta bemerkbar.

TIMATIC INFO-CODES

*Abrufbar über Ihr CRS-System (für START/Amadeus Ama-Maske benutzen). Für Galileo bitte TI-DFT eingeben (**mit** Bindestrich).*

Flughafengebühren	TI DFT/ GBE /TX
Währung	TI DFT/ GBE /CY
Zollbestimmungen	TI DFT/ GBE /CS
Gesundheit	TI DFT/ GBE /HE
Reisepassbestimmungen	TI DFT/ GBE /PA
Visabestimmungen	TI DFT/ GBE /VI

Botswana

Nach heftigen Regengüssen, wie sie in der Regenzeit (Oktober - April) mitunter auftreten, verwandelt sich das Okavango-Delta in eines der wildesten und schönsten Naturschutzgebiete Afrikas.
STAATSFORM: Unabhängige Präsidialrepublik im Commonwealth; Staatsoberhaupt und Regierungschef: Sir K. J. Masire, seit Juni 1980. Parlament aus zwei Kammern: Nationalversammlung mit 36 Sitzen, beratende Häuptlingskammer mit 15 Sitzen. Die letzten Wahlen fanden 1994 statt.
SPRACHE: Offizielle Landessprache ist Englisch. Setswana und andere Bantu-Sprachen werden als Amtssprachen benutzt.
RELIGION: 30% Christen, überwiegend Naturreligionen, Islam und Hinduismus.
ORTSZEIT: MEZ + 1.
NETZSPANNUNG: 220 V, 50 Hz.
POST- UND FERNMELDEWESEN: Telefon: Selbstwählferndienst ist von über 80 Ländern aus möglich. **Landesvorwahl:** 267. Es gibt nur wenige öffentliche Telefonzellen. **Telefaxanschlüsse** sind in zunehmendem Maße vorhanden. **Telexe/Telegramme** kann man in Gaborone und in anderen großen Städten (in größeren Hotels und Hauptpostämtern) aufgeben. **Post:** Luftpostsendungen nach Europa sind 1-3 Wochen unterwegs. Postämter gibt es in allen Städten, aber Post wird nicht zugestellt und muß abgeholt werden.
DEUTSCHE WELLE
Der Einsatz der Kurzwellenfrequenzen ändert sich mehrfach im Laufe eines Jahres, und Sendungen auf den folgenden Frequenzen werden jeweils nur zu bestimmten Tageszeiten ausgestrahlt. Näheres in der Einleitung.

MHz	17,560	15,275	15,135	11,795	6,075
Meterband	16	19	19	25	49

REISEPASS/VISUM

Wichtiger Hinweis: Die Einreisebestimmungen mancher Länder können sich kurzfristig ändern – rufen Sie sicherheitshalber auf Ihrem CRS-System (TIMATIC-Info-Code-Fenster in diesem Kapitel) den aktuellen Stand ab bzw. wenden Sie sich an die zuständige diplomatische Vertretung. Etwaige Zahlen in der Tabelle beziehen sich auf nachfolgende Fußnoten.

	Paß erforderlich?	Visum erforderlich?	Rückflugticket erforderlich?
Deutschland	Ja	Nein	Nein
Österreich	Ja	Nein	Nein
Schweiz	Ja	Nein	Nein
Andere EU-Länder	Ja	1	Nein

REISEPASS: Allgemein erforderlich, muß mindestens noch 6 Monate gültig sein.
VISUM: Allgemein erforderlich, ausgenommen sind Staatsbürger von:
(a) der Bundesrepublik Deutschland, Österreich und der Schweiz;
(b) **[1]** Mitgliedsländern der Europäischen Union (Staatsbürger Spaniens und Portugals benötigen jedoch Visa);
(c) Island, Japan, Liechtenstein, Norwegen, San Marino, Uruguay, den USA und West-Samoa;
(d) Commonwealth-Ländern (Mitgliedstaaten s. Inhaltsverzeichnis; Staatsbürger Ghanas, Indiens, Mauritius, Pakistans und Sri Lankas brauchen jedoch Visa).
Visaarten: Einreisevisum für einfache und mehrmalige Einreise.
Visumgebühren: 250 bfr/25 P.
Gültigkeitsdauer: Maximal 90 Tage.
Antragstellung: Anträge sind grundsätzlich in Brüssel zu stellen (Adresse s. o.).
Unterlagen: (a) Antragsformular. (b) 2 Paßfotos in schwarzweiß. (c) Gebühr. (d) Gültiger Reisepaß.
Aufenthaltsgenehmigung: Wer länger als 90 Tage im Land bleiben möchte, muß eine Aufenthaltsgenehmigung und/oder Arbeitserlaubnis bei folgender Adresse beantragen: *Department of Immigration (HQ)*, PO Box 942, Gaborone. Tel: 37 45 45. Telefax: 35 29 96.

GELD

Währung: 1 Pula (P) = 100 Thebe. Banknoten gibt es im Wert von 100, 50, 20, 10 und 5 Pula; Münzen in den Nennbeträgen 2 und 1 Pula sowie 50, 25, 10, 5 und 1 Thebe. Zum 10. Jahrestag der Unabhängigkeit wurden verschiedene Goldmünzen geprägt, die ebenfalls legale Zahlungsmittel sind.
Kreditkarten: *Eurocard/Mastercard, Visa, American Express* und *Diners Club* werden teilweise akzeptiert. Einzelheiten vom Aussteller der jeweiligen Kreditkarte.
Reisechecks werden auch akzeptiert.
Wechselkurse

	P Sept. '92	P Febr. '94	P Jan. '95	P Jan. '96
1 DM	1,41	1,49	1,76	1,95
1 US$	2,10	2,59	2,73	2,80

Devisenbestimmungen: Die Einfuhr der Landes- und Fremdwährung ist unbegrenzt, der Betrag muß jedoch bei der Einreise deklariert werden. Die Ausfuhr der Landeswährung ist auf 5000 Pula begrenzt, die Ausfuhr von Fremdwährungen ist nur in Höhe des deklarierten Betrags möglich.
Öffnungszeiten der Banken: Mo, Di, Do, Fr 09.00-14.30 Uhr, Mi 08.15-12.00 Uhr und Sa 08.15-10.45 Uhr.

DUTY FREE

Folgende Artikel können zollfrei nach Botswana eingeführt werden:
400 Zigaretten oder 50 Zigarren oder 250 g Tabak;
2 l Wein;
1 l Spirituosen;
50 ml Parfüm;
250 ml Eau de toilette;
andere Waren im Wert von bis zu 200 R*.
Anmerkung: (a) [*] Südafrikanische Rand. (b) Ehepaare sind nur zu einer zollfreien Ration berechtigt. (c) Kameras und Filme müssen deklariert werden. (d) Schußwaffen können nur mit besonderer Genehmigung eingeführt werden. Anträge in zweifacher Anfertigung sind an *Botswana Police Headquarters* zu richten. Gebühr: 100 P pro Antrag. Der Antrag ist für 30 Tage gültig. Das Genehmigungsverfahren ist recht zeitaufwendig.

GESETZLICHE FEIERTAGE

16. Mai '96 Christi Himmelfahrt. **1. Juli** Sir-Seretse-Khama-Tag. **15./16. Juli** Präsidenten-Tage. **30. Sept./1. Okt.** Botswana-Tage. **25./26. Dez.** Weihnachten. **1./2. Jan. '97** Neujahr. **28. März** Karfreitag. **31. März** Ostermontag. **8. Mai** Christi Himmelfahrt.

COLUMBUS REISEFÜHRER 1996/97

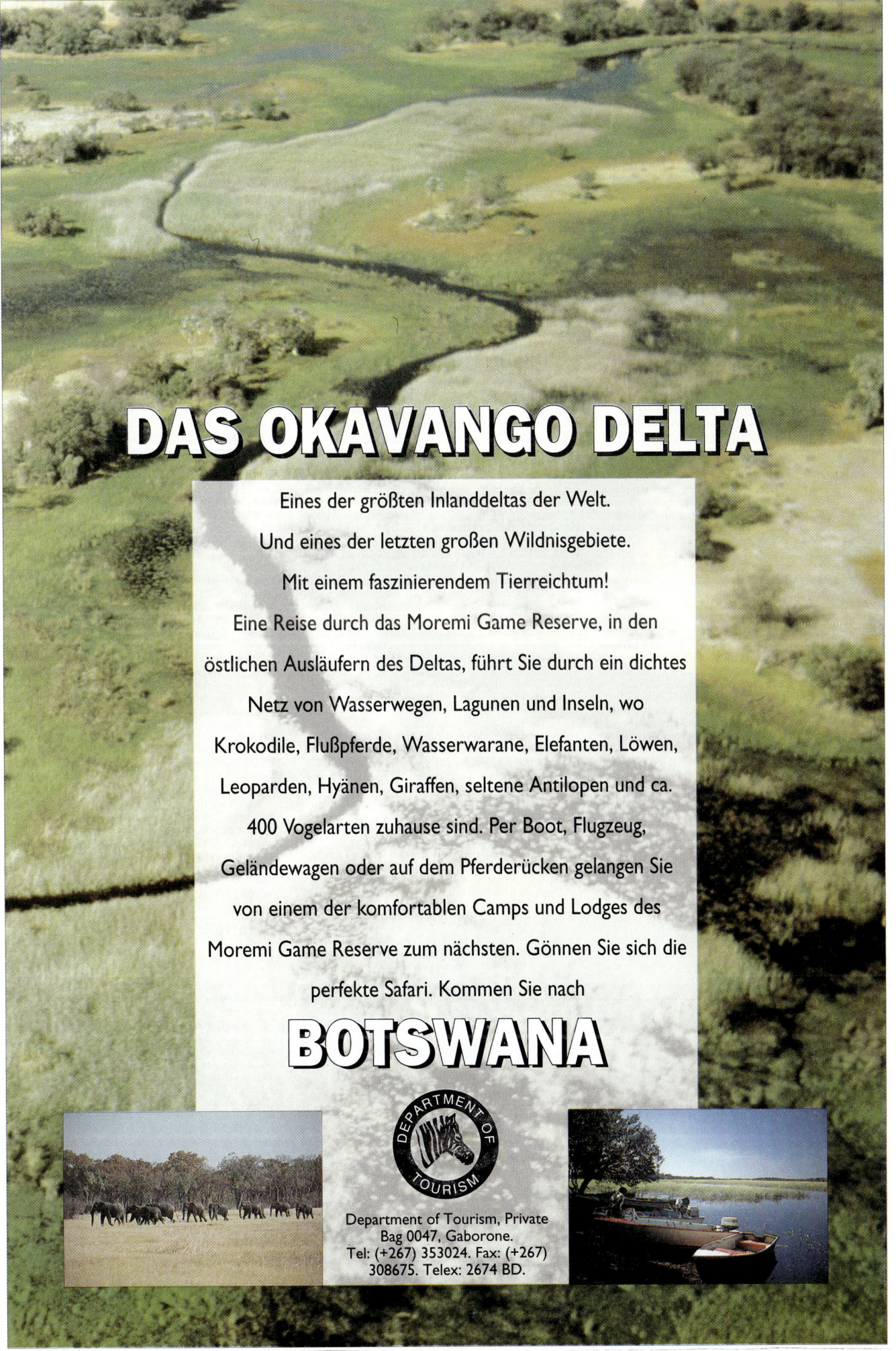

Botswana

GESUNDHEIT

In der folgenden Tabelle aufgeführte Impfvorschriften können sich kurzfristig ändern. Es wird stets empfohlen, auf Ihrem CRS-System (TIMATIC-Info-Code-Fenster in diesem Kapitel) den aktuellen Stand der Gesundheitsbestimmungen abzurufen bzw. rechtzeitig vor der Reise ärztlichen Rat einzuholen.

	Vorsichtsmaßnahmen empfohlen	Impfschein erforderlich
Gelbfieber	1	Nein
Cholera	Nein	Nein
Typhus & Polio	2	-
Malaria	3	-
Essen & Trinken	4	-

[1]: Eine Gelbfieber-Impfung wird empfohlen, ist jedoch nicht zur Einreise vorgeschrieben.
[2]: Typhus kommt vor, Poliomyelitis selten.
[3]: Malariaschutz ist von November bis Mai/Juni in den nördlichen Landesteilen in den Regionen Boteti, Chobe, Ngamiland, Okavango und Tutume erforderlich. Die vorherrschende gefährliche Art *Plasmodium falciparum* soll Chloroquin-resistent sein.
[4]: Wasser sollte außerhalb der großen Städte generell vor der Benutzung abgekocht oder anderweitig sterilisiert werden. Milch ist pasteurisiert, einheimische Milchprodukte können ohne Bedenken verzehrt werden. Fleisch-, Geflügel- und Fischgerichte sowie Obst und Gemüse sind unbedenklich.
Tollwut kommt vor. Wer ein erhöhtes Risiko eingeht (z. B. längerer Aufenthalt in abgelegenen Gebieten), sollte vor Reiseantritt eine Schutzimpfung erwägen. Bei Bißwunden so schnell wie möglich ärztliche Hilfe in Anspruch nehmen. Weitere Informationen unter *Gesundheit* (s. Inhaltsverzeichnis).
Bilharziose-Erreger kommen in manchen Teichen und Flüssen vor, das Schwimmen und Waten in Binnengewässern sollte daher vermieden werden. Gut gepflegte Schwimmbecken mit gechlortem Wasser sind unbedenklich.
Hepatitis A und B treten auf.
Gesundheitsvorsorge: Staub und Hitze können Asthmatikern und Personen mit Stauballergie Probleme bereiten. Personen mit empfindlicher Haut sollten besonders vorsichtig sein, da in der Höhenlage (1000 m ü. d. M.) die Sonnenstrahlung wesentlich weniger gefiltert wird. Hüte und Sonnenschutz werden empfohlen.
In Gaborone, Francistown, Kanye, Molepolole, Mochudi, Maun, Serowe, Mahalapye, Lobatse, Selebi-Phikwe, Ramotswa, Jwaneng und Orapa gibt es Krankenhäuser; in kleineren Orten sind die Krankenhäuser nur schlecht ausgerüstet. Apotheken gibt es in allen größeren Städten. Der Abschluß einer Reisekrankenversicherung wird dringend empfohlen. Es gibt eine staatliche Krankenversorgung und kostenlose Medikamente in den Regierungskrankenhäusern.

REISEVERKEHR - International

FLUGZEUG: Die nationale Fluggesellschaft *Air Botswana* (BP) verkehrt nur innerhalb Afrikas. *British Airways* fliegt zweimal wöchentlich von Frankfurt über London nach Gaborone.
Durchschnittliche Flugzeit: *Frankfurt* – Gaborone: 17 Std. (einschl. Zwischenlandungen).
Internationaler Flughafen: *Seretse Khama* (GBE) liegt 15 km nordwestlich von Gaborone. Es gibt keine regelmäßigen Bus- oder Taxiverbindungen, aber das *President Hotel*, *Oasis Motel* und das *Gaborone Sun Hotel* haben eigene Minibusse (Fahrzeit: ca. 45 Min.).
1992 wurde ein neuer Flughafen in Kasane (Nordbotswana) eröffnet. *Air Botswana* fliegt dreimal wöchentlich Gaborone – Kasane.
Außerdem fliegt Air Botswana täglich den Flughafen *Maun* an. Flüge u. a. ab/bis Johannesburg, ab/bis Victoria Falls und ab/bis Windhoek.
BAHN: Es gibt gute Bahnverbindungen nach Südafrika (Johannesburg – Mafikeng – Ramatlabama – Gaborone) und nach Simbabwe (Bulawayo – Plumtree – Francistown, Bulawayo – Gaborone). Die Fahrzeit von Gaborone nach Bulawayo beträgt 20 Std. Man sollte Proviant und Getränke mitnehmen, da im Zug fast nur alkoholische Getränke verkauft werden. Es gibt vier Klassen, Schlafwagen sind ebenfalls vorhanden. Der Grenzübertritt nach Simbabwe wird teilweise durch langwierige Grenzformalitäten verzögert. Bei Reisen von und nach Südafrika ist ebenfalls mit Verzögerungen zu rechnen; hier gilt das südafrikanische Zollabkommen.
Botswana ist am Bau der Limpopo-Eisenbahnstrecke von Simbabwe nach Mosambik beteiligt, so daß in absehbarer Zeit weitere Verbindungen zur Verfügung stehen werden. Die Erweiterung des Streckennetzes nach Namibia ist ebenfalls geplant.
BUS/PKW: Die Straßen sind in relativ gutem Zustand; sie folgen in etwa den Bahnstrecken und verbinden Botswana mit Südafrika und Simbabwe. Für die Einfuhr von Pkws wird ein *Temporary Import Permit*, sowie eine Haftpflichtversicherung benötigt. Dies gilt auch für Mietwagen.
Maut: Monatskarte 2 P, allerdings beträgt die Mindestgebühr 10 P. Eine Jahreskarte kostet 20 P. Zusätzlich wird außerdem eine Straßensteuer von 5 P pro Jahr erhoben. Alle Gebühren werden am Grenzübergang verlangt. Weitere Informationen vom *Department of Customs and Excise*, Customs and Excise (HQ), Private Bag 0041, Gaborone. Tel/Telefax: 31 24 55.

REISEVERKEHR - National

FLUGZEUG: Das Flugzeug ist das beste Verkehrsmittel und verbindet alle größeren Ortschaften. Es gibt Flughäfen in Francistown, Maun, Selebi-Phikwe, Ghanzi, Pont Drift und Kasane. Zwei Chartergesellschaften sind in Gaborone vertreten: *Okavango Air Services* und *Kalahari Air Services*, die Charterflüge nach Namibia, Südafrika, Lesotho, Swasiland, Simbabwe und Sambia anbieten.
BAHN: Züge verbinden Ramatlabama, Lobatse, Gaborone, Palapye und Francistown. Das Streckennetz wird erweitert.
BUS/PKW: Die Nord-Süd-Verbindung von Lobatse über Francistown bis nach Ramokgwebana und die Straßen von Lobatse nach Kanye, von Francistown nach Kazungula über Nata sowie von Kanye nach Jwaneng sind asphaltiert. Etwa 2500 km der Straßen sind geteert, die übrigen sind Schotter- oder Sandpisten. Der Bau von Schnellstraßen ist geplant. In abgelegene Gegenden sollten Benzinkanister und mindestens 20 l Trinkwasser mitgenommen werden. Ist eine Safari ohne Führer geplant, sollte man sich vorher ausreichend informieren. **Fernbus:** Zwischen Gaborone und Francistown sowie von Francistown nach Nata und Maun gibt es Busverbindungen. Der Bus von Francistown nach Maun verkehrt dreimal wöchentlich, die Fahrzeit beträgt ca. 12-18 Std. **Taxis** findet man in allen größeren Städten. **Mietwagen** gibt es in Gaborone, Francistown oder Maun. Für viele Regionen braucht man Allradantrieb. Man fährt links, und es besteht Anschnallpflicht. Der Tank sollte immer mindestens halbvoll sein, da die Entfernungen zwischen den einzelnen Städten groß sind. Die Höchstgeschwindigkeit außerhalb von Ortschaften beträgt 110 km/h (vom Straßenzustand abhängig), 50 km/h innerhalb von geschlossenen Ortschaften und 30 km/h in Nationalparks. Geschwindigkeitsdelikte werden mit hohen Geldstrafen belegt. **Unterlagen:** Ein internationaler Führerschein ist nicht unbedingt erforderlich, wird jedoch empfohlen. Bei Aufenthalten von über sechs Monaten muß man sich einen botswanischen Führerschein besorgen.
STADTVERKEHR: Es gibt keine öffentlichen Verkehrsmittel außer Sammeltaxis und Minibusse mit festgesetzten Fahrpreisen. Wer ein Taxi nicht mit anderen Fahrgästen teilen möchte, muß mit höheren Fahrpreisen rechnen. Es empfiehlt sich in diesem Fall, den Fahrpreis vor der Abfahrt auszuhandeln.
FAHRZEITEN von Gaborone zu den folgenden größeren Städten (ungefähre Angaben in Std. und Min.):

	Flugzeug	Bahn	Bus/Pkw
Francistown	0.50	6.35	5.00
Selebi-Phikwe	1.00	-	4.30
Ghanzi	1.25	-	11.00
Tshabong	2.00	-	15.00
Lobatse	0.20	1.50	0.45
Maun	1.30	-	12.00
Kasane	2.50	-	13.30

UNTERKUNFT

Hotels, Safari-Lodges und Safari-Camps sind nicht klassifiziert.
HOTELS: Guter Standard der Touristenhotels bei hohen Preisen, die besten Hotels findet man im östlichen Landesteil und in den größeren Städten, vor allem in und um Gaborone sowie in Francistown. Ausstattung und Komfort sind unterschiedlich und zum Teil recht einfach, nicht alle Hotels haben Klimaanlagen. Hotels und Motels gibt es u. a. in Ghanzi, Kanye, Lobatse, Mahalapye, Maun, Molepolole, Palapye, Selebi-Phikwe, Serowe und Tuli.
SAFARI-LODGES & ZELTCAMPS unterschiedlicher Größe und Ausstattung findet man in allen größeren Zentren und Tierparks wie Francistown, Kasane, Maun, dem Okavango-Becken, dem westlichen Chobe-Nationalpark, dem Moremi-Wildreservat und Tuli Block. Manche sind nur einfache Camps mit Waschgelegenheit und daher recht preiswert, andere sind luxuriöse Bungalowanlagen mit Swimmingpools, Kinos, Konferenzräumen und Geschäften. Die *Tsaro* und *Xugana Lodges* im Okavango-Becken werden an Gruppen bis zu sechs Personen vermietet. Im *Lloyd's Camp* in West-Chobe und im *Nxamaseri Camp* im Okavango-Becken finden Besucher in komfortablen Safarizelten Unterkunft. In vielen Zeltcamps kann man Boote, Ausrüstungen und erfahrene Führer mieten. Campingplätze im Moremi-Wildpark, Chobe Nationalpark und um die Salzpfannen müssen im voraus beim *Wildlife Reservation Office* (Tel: 66 12 65. Telefax: 66 12 64) gebucht werden.
CAMPING: In der Nähe einiger Hotels in der Okavango- und Chobe-Region gibt es ausgewiesene Campingplätze. Am Straßenrand ist Zelten ebenfalls erlaubt. Beim Campen auf Privatgrundstücken muß vorher eine Erlaubnis eingeholt werden. Grasfeuer sind unbedingt zu vermeiden, Abfall sollte mitgenommen oder vergraben werden. In abgelegenen Gegenden kann es Löwen geben, deshalb ist Vorsicht geboten.
Nähere Auskünfte erteilt die *Hotel and Tourism Association* (Adresse s. o.).

URLAUBSORTE & AUSFLÜGE

Gaborone

Die botswanische Hauptstadt liegt im Südosten des Landes. Sehenswert ist das ausgezeichnete Nationalmuseum (Öffnungszeiten vor Ort erfragen. Tel: 37 46 16. Telefax: 30 27 97) mit seinen historischen und völkerkundlichen Sammlungen. Neben den interessanten und ständig wechselnden Ausstellungen werden dort auch verschiedene Symposien und Kongresse veranstaltet. Im Museum erhält man außerdem eine außerordentlich hilfreiche und vielfältige Broschüre über Gaborone. Die Stadt hat einige gute Buchhandlungen und Bibliotheken. Der *Botswana-Room* in der Universitätsbibliothek ist ausschließlich Veröffentlichungen über das Land vorbehalten. Es gibt mehrere schöne Kunstgewerbeläden und Märkte, auf denen Lederartikel, Keramik- und Korbwaren sowie handgewebte Stoffe angeboten werden.
Ausflüge: *Gaborone Dam* in der Nähe der Hauptstadt bietet gute Wassersportmöglichkeiten. Wer sich für einheimisches Kunstgewerbe interessiert, kann Tagesausflüge nach *Odi*, *Thamaga* und *Pilane* unternehmen. Ein Besuch der Weberei in *Lentswe-La-Udi*, nördlich von Gaborone, ist besonders zu empfehlen. Einheimische Handarbeiten kosten hier nur einen Bruchteil der Stadtpreise, und die Einnahmen kommen den Kunsthandwerkern zugute, da die Weberei nicht auf Gewinn ausgerichtet ist. *Mochudi*, ebenfalls nördlich von Gaborone, ist die Regionalhauptstadt des Stammes der Kgableng. Im *Phuthadikabo-Museum* können Besucher die faszinierende Geschichte der Kgableng kennenlernen.

Nationalparks

Das Erlebnis ursprünglicher Natur macht Botswana zu einem der reizvollsten Reiseländer Afrikas. Das Land besteht aus rund 80% Halbwüste (Sand mit Dornbüschen und Gestrüpp) mit vielen abgelegenen und wildreichen Gegenden. Für den Besuch vieler Nationalparks wird eine Gebühr verlangt.

Die schönste Region ist das etwa 15.000 qkm große **Okavango-Becken** im Norden des Landes, das zwischen Juni und September sehr einfach von **Maun** zu erreichen ist. Die Stadt ist Ausgangspunkt für alle Safaris in die Naturschutzgebiete und das Okavango-Delta, in dem es neben der vielfältigen und abwechslungsreichen Flora 36 Säugetier-, 80 Fisch- und 200 Vogelarten gibt. Eine der Hauptattraktionen sind sicherlich die etwa 60.000 Elefanten, die hier leben. Das Delta entstand durch eine Veränderung der Erdoberfläche, die das Flußsystem aus dem ursprünglichen Tal verdrängte und das größte Binnenlanddelta der Welt bildete. Das Becken besteht aus endloser Savanne, bewaldeten Berghängen und einem riesigen Netz von schmalen Wasserwegen, die in Lagunen übergehen. Das Papyrus-Schilf der oft klaren und blauen Gewässer ist so dicht, daß die nördliche Gegend nur mit dem *Mokoro* (Einbaum) befahrbar ist. Man kann Krokodile, Nilpferde, Elefanten, Zebras, Giraffen und Hunderte exotischer Vogelarten in freier Wildbahn beobachten. Zahlreiche Safari-Camps liegen in den Sümpfen: darunter *Island Maun Safari Lodge*, *Crocodile Camp* und *Okavango River Lodge*. *Island Safaris* hat einen Swimmingpool und bietet regelmäßige Filmvorführungen. *Chef's Island* kann man mit dem Flugzeug oder Mokoro erreichen; in *Xaxaba* gibt es ein Zeltcamp. Die ganze Region wurde zum Nationalpark erklärt. Wer Maun mit dem Kanu oder Boot und einem erfahrenen Führer verläßt, kann durch das weitverzweigte Netz der Wasserwege zum ca. 300 km nordwestlich gelegenen *Shakawe* in der Nähe der angolanischen Grenze fahren. Die Fahrt ist ganz besonders nachts interessant, dann kann man viele Nachttiere an den Wasserstellen beobachten.

Die *Gcwihaba-Höhlen* mit ihren atemberaubenden Stalaktiten sind 240 km von Tsau entfernt. Der Name bedeutet »Hyänenloch« in der Quingsprache der Buschmänner.

Die Tierwelt des ca. 11.700 qkm großen **Chobe-Nationalparks** ist außerordentlich vielfältig; faszinierend sind die weißen Nashörner und Elefanten, die sich jeden Nachmittag zu Tausenden auf ausgetretenen Pfaden zur Tränke am Chobe-Fluß aufmachen. Am Flußufer sieht man Büffelherden, Nilpferde, Kudus und die grazilen Impalas. Mit Ausnahme bestimmter Teile, die in der Regenzeit (November - April) geschlossen sind, ist der Park das ganze Jahr über geöffnet. Zwischen Mai und September ist ein Besuch besonders lohnenswert, da man täglich Tausende von Tieren beobachten kann. Eine Asphaltstraße führt zu den 69 km entfernten **Viktoria-Fällen** (in Simbabwe). Viele Wege sind allerdings auch hier nur mit Allradantrieb befahrbar.

Eines der schönsten und vielleicht das faszinierendste Tierschutzgebiet im südlichen Afrika ist das 1812 qkm große **Moremi-Wildreservat** im äußersten Nordosten des Okavango-Beckens. Es gibt einige komfortable Unterkunftsmöglichkeiten. Die Straßen sind allerdings schlecht befahrbar, außerdem besteht Malariarisiko.

Der **Nxai-Pan-Nationalpark** liegt 32 km nördlich der Hauptstraße von Francistown nach Maun. Auf dem flachen Grasland weiden während der Regenzeit zahlreiche Tierherden. Die Region ist vor allem für die **Makgadikgadi-Salzpfanne** bekannt, ein prähistorischer See, der nur in der Regenzeit Wasser führt und zu der Zeit mit unzähligen rosa Flamingos bevölkert ist. Riesige Zebra- und Gnuherden kommen hier zur Tränke. Wenn das Wasser im Makgadikgadi sinkt, ziehen die Tiere zum Fluß Boteti, wo sie bis zur nächsten Regenzeit bleiben, um dann weiter nordwärts zum Nxai-Becken zu ziehen.

Zeltmöglichkeiten sind vorhanden, aber man sollte Wasser, Lebensmittel und Benzin mitbringen.

Die **Tsodilo Hills** liegen nördlich des Okavango-Beckens in der Nähe des zu Namibia gehörenden Caprivi-zipfels. Hier gibt es über 1700 Felsmalereien, die hauptsächlich Tierszenen darstellen. Es wird vermutet, daß sie von Vorfahren der Basarwa- und Bantuvölker stammen, die diese Hügel heute noch »Mann, Frau und Kind« nennen. Ähnlichkeiten mit Felsmalereien in Simbabwe, Tansania, Südafrika und Lesotho sind auffallend. Die Hügel können per Flugzeug oder Auto erreicht werden, es gibt jedoch keine Campingplätze oder Süßwasser. Man muß Wasser, Lebensmittel und Benzin mitnehmen.

Das **Khutse-Wildreservat** (etwa 240 km nordwestlich von Gaborone) besteht aus einer großen Savanne, die in der Regenzeit Hunderte von Vögeln anzieht. Die Campingplätze sind recht einfach, man muß Wasser, Benzin und Verpflegung mitbringen. In dieser entlegenen Region leben Buschmänner, die heute noch mit Pfeil und Bogen jagen.

SOZIALPROFIL

ESSEN & TRINKEN: In größeren Städten gibt es Restaurants und Bars, zumeist in Hotels. Die meisten Safari-Lodges und Safari-Camps haben auch Bars und Restaurants, aber das Essen ist außerhalb der größeren Hotels und Restaurants recht einfach.
EINKAUFSTIPS: Beliebte Souvenirs sind Holzschnitzereien, Textilien und Schmuck. **Öffnungszeiten der Geschäfte:** Mo-Fr 08.30-13.00 und 14.00-17.00 Uhr, Sa 08.30-13.00 Uhr.
SPORT: Zahlreiche Fotosafaris und Campereisen in die beeindruckenden Nationalparks und Wildreservate werden angeboten. Man kann Boote und Motorboote mieten, und zum Teil besteht die Möglichkeit, Wasserski zu fahren. In der Nähe der Hauptstadt gibt es einen künstlichen See mit einem Jachtklub, der **Segel-, Wasserski-** und **Angelmöglichkeiten** anbietet; Besucher können auf Einladung eines Mitglieds vorübergehend beitreten.
VERANSTALTUNGSKALENDER
Die *Präsidenten-Tage* (15./16. Juli) und *Botswana-Tage* (30. Sept./1. Okt.) werden mit traditionellen Tänzen und Musik begangen.
SITTEN & GEBRÄUCHE: Tradition spielt eine große Rolle im Leben der meisten Botswaner, Besucher sollten die für Europäer teils ungewöhnlichen Sitten respektieren. Auf dem Land ist man nicht an Touristen gewöhnt. Legere Kleidung ist üblich. **Fotografieren:** Flughäfen, offizielle Gebäude und militärische Anlagen sollten nicht fotografiert werden. Wer Einheimische fotografieren möchte, sollte vorher um Erlaubnis bitten. **Trinkgeld:** In Städten ca. 10%.

WIRTSCHAFTSPROFIL

WIRTSCHAFT: Die botswanische Wirtschaft basiert auf nomadischer Nutzviehhaltung und dem Anbau von Grundnahrungsmitteln wie Mais, Sorghum und Hirse. In den letzten Jahren hat die Landwirtschaft stark unter Dürreperioden gelitten – eine der schlimmsten dieses Jahrhunderts suchte das Land 1991/92 heim. Hauptexportgüter sind Rindfleisch und Mineralien, insbesondere Diamanten, Nickel, Kupfer und Kohle. Dehydriertes Sodiumkarbonat wird seit einiger Zeit in größeren Mengen industriell produziert. Platin-, Gold- und Petroleumvorkommen wurden im Süden des Landes entdeckt, der Abbau soll in den neunziger Jahren beginnen. Botswana ist wirtschaftlich eng mit Südafrika verbunden und gehört wie Lesotho und Swasiland zur Südafrikanischen Zollunion (SACU); allerdings ist Botswana inzwischen nicht mehr vom südafrikanischen Rand abhängig. Hauptbezugsländer sind die Mitgliedstaaten der SACU, weitere Importe kommen aus den Staaten der Europäischen Union. Wichtigster Absatzmarkt ist Europa. Der siebte Nationale Entwicklungsplan (1991-97) hat u. a. die Verbesserung der Beschäftigungslage in Industrie, Handel, Tourismus und Landwirtschaft, die strukturelle Entwicklung ländlicher Gebiete und den Ausbau der touristischen Infrastruktur zum Ziel. Bei der Förderung des Fremdenverkehrs werden ökologische Gesichtspunkte berücksichtigt, um die Erhaltung der einzigartigen Tier- und Pflanzenwelt zu gewährleisten.
GESCHÄFTSVERKEHR: Leichte Tropenkleidung ist angebracht. **Geschäftszeiten:** *April - Okt.*: Mo-Fr 08.00-17.00 Uhr. *Okt. - April*: Mo-Fr 07.30-16.30 Uhr. **Behörden:** Mo-Fr 07.30-16.30 Uhr ganzjährig.
Kontaktadressen: *Botswana National Chamber of Commerce and Industry* (Industrie- und Handelskammer), PO Box 20344, Gaborone. Tel: 5 26 77.
Department of Trade and Investment Promotion (TIPA) (Abteilung zur Förderung von Handel und Industrie), Ministry of Commerce and Industry, Private Bag 00367, Gaborone. Tel: 35 17 90. Telefax: 30 53 75.

KLIMA

Überwiegend gemäßigtes Klima. In der Regenzeit im Sommer von Oktober bis April sehr heiß; trockenes und kühleres Wetter zwischen Mai und September. Frühmorgens und abends ist es oft kühl, im Winter sogar kalt. Die jährliche Niederschlagsmenge nimmt nach Westen und Süden hin ab.

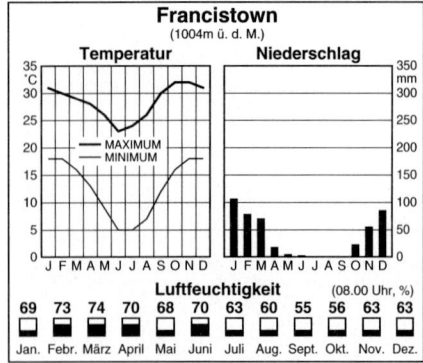

Francistown (1004m ü. d. M.)

Brasilien

Lage: Südamerika.

Deutsch-Brasilianische Tourismus-Kommission e. V.
Parkallee 117
D-28209 Bremen
Tel: (0421) 349 93 79. Telefax: (0421) 347 74 29.
Mo-Fr 08.00-17.00 Uhr.
Instituto Brasileiro de Turísmo (EMBRATUR)
Rua Mariz e Barros 13
22270-000 Rio de Janeiro-RJ
Tel: (021) 273 22 12. Telefax: (021) 273 92 90.
Brasilianische Botschaft (Konsularabteilung)
Quatermarkt 5
D-50667 Köln
Tel: (0221) 257 68 91. Telefax: (0221) 257 68 87.
Mo-Fr 09.00-13.00 Uhr.
Brasilianisches Generalkonsulat
Esplanade 11
D-13187 Berlin
Tel: (030) 445 91 85. Telefax: (030) 445 91 84.
Mo-Fr 09.00-14.00 Uhr (telefonisch bis 15.00 Uhr).
Konsularabt.: Tel: (030) 445 91 86, 446 90 34. Mo-Fr 09.00-13.00 Uhr.
Brasilianisches Generalkonsulat
Stephanstraße 3
D-60313 Frankfurt/M.
Tel: (069) 29 07 08/09. Telefax: (069) 29 05 21.
Mo-Fr 10.00-14.30 Uhr.
Brasilianisches Generalkonsulat
Große Theaterstraße 42
D-20354 Hamburg
Tel: (040) 35 18 27. Telefax: (040) 35 18 29.
Mo-Fr 09.00-13.00 Uhr.
Brasilianisches Generalkonsulat
Widenmayerstraße 47
D-80538 München
Tel: (089) 297 98 58. Telefax: (089) 29 16 07 68.
Mo-Fr 10.00-13.30 Uhr.
Brasilianische Botschaft (ohne Visumerteilung)
Kennedyallee 74
D-53175 Bonn
Tel: (0228) 95 92 30. Telefax: (0228) 37 36 96.
Mo-Do 09.00-13.00 und 14.00-17.00 Uhr, Fr 09.00-15.00 Uhr.
Brasilianische Botschaft
Am Lugeck 1/V/15
A-1010 Wien
Tel: (0222) 512 06 31-0. Telefax: (0222) 513 83 74.
Mo-Fr 10.00-13.00 Uhr.

TIMATIC INFO-CODES

*Abrufbar über Ihr CRS-System (für START/Amadeus Amadeus-Maske benutzen). Für Galileo bitte TI-DFT eingeben (**mit** Bindestrich).*

Flughafengebühren	TI DFT/ GIG /TX
Währung	TI DFT/ GIG /CY
Zollbestimmungen	TI DFT/ GIG /CS
Gesundheit	TI DFT/ GIG /HE
Reisepassbestimmungen	TI DFT/ GIG /PA
Visabestimmungen	TI DFT/ GIG /VI

Konsulate ohne Visumerteilung in Linz, Salzburg und Innsbruck. *Honorarkonsulat* ohne Visumerteilung in Graz.
Brasilianisches Generalkonsulat (mit Visumerteilung)
12 Place Cornavan
CH-1201 Genf
Tel: (022) 732 09 30. Telefax: (022) 731 23 49.
Mo-Fr 09.00-12.00 und 14.00-16.00 Uhr.
Brasilianisches Generalkonsulat (mit Visumerteilung)
Zwierierstraße 35
CH-8004 Zürich
Tel: (01) 291 35 33. Telefax: (01) 291 53 33.
Mo-Fr 09.00-12.30 Uhr.
Brasilianische Botschaft (ohne Visumerteilung)
Monbijoustraße 68
CH-3007 Bern
Postfach 30
CH-3000 Bern 23
Tel: (031) 371 85 15. Telefax: (031) 371 05 25.
Mo-Fr 09.00-17.00 Uhr.
Botschaft der Bundesrepublik Deutschland
Avenida das Nações
Lote 25
70415-900 Brasília-DF
CP 07-0752
70359-970 Brasília-DF
Tel: (061) 244 72 73. Telefax: (061) 244 60 63.
Generalkonsulate in Curitiba, Porto Alegre, Recife, Rio de Janeiro und São Paulo.
Honorarkonsulate in weiteren Städten.
Botschaft der Republik Österreich
Avenida das Nações
Lote 40
70426-900 Brasília-DF
Tel: (061) 243 31 11. Telefax: (061) 243 52 33.
Generalkonsulate in São Paulo und Rio de Janeiro.
Konsulate in weiteren Städten.
Botschaft der Schweizerischen Eidgenossenschaft
Avenida das Nações
Lote 41
70448-900 Brasília-DF
CP 08 671
70312-970 Brasília-DF
Tel: (061) 244 55 00, 244 56 11. Telefax: (061) 244 57 11.
Generalkonsulate in São Paulo und Rio de Janeiro.

FLÄCHE: 8.511.996 qkm.
BEVÖLKERUNGSZAHL: 156.406.000 (1993).
BEVÖLKERUNGSDICHTE: 18,4 pro qkm.
HAUPTSTADT: Brasília. Einwohner: 1.596.274 (1991).
GEOGRAPHIE: Brasilien bedeckt fast die Hälfte Südamerikas (fünftgrößtes Land weltweit) und grenzt mit Ausnahme Chiles und Ecuadors an alle südamerikanischen Länder. Der Atlantik bildet die östliche Grenze. Das Land besteht zu ca. 60% aus Hochebene und zu 40% aus Flachland. Im Süden, am Dreiländereck Brasilien, Argentinien, Paraguay, befinden sich die atemberaubenden Iguaçu-Fälle mitten im Dschungelgebiet. Die Guyana-Hochebene nördlich des Amazonas besteht zum Teil aus dichten Wäldern, zum Teil aus Steinwüste. Zwischen dem Amazonas und den Flüssen des Südens liegt der Bundesstaat Mato Grosso, Brasiliens riesige Hochebene. Die Berge im Südosten, Sierra da Mantiqueira, erreichen eine Höhe von rund 2800 m. Niedrigere Berge, z. B. in Rio de Janeiro, bilden eine schützende Barriere an der Atlantikküste, die durch zahlreiche Lagunen durchbrochen wird. Die Bundesstaaten Minas Gerais (im Süden), São Paulo, Rio de Janeiro und Paraná sind dicht besiedelt. São Paulo hat mit Außenbezirken 15.220.000 Einwohner, Rio de Janeiro 10.190.000.
STAATSFORM: Präsidiale Bundesrepublik seit 1988, letzte Änderung im August 1995. Staats- und Regierungschef: Fernando Henrique Cardoso, seit Jan. 1995. Bundesparlament aus zwei Kammern: Abgeordnetenhaus (513 Mitglieder) und Senat (81 Mitglieder). Direktwahl des Staatsoberhauptes alle 4 Jahre (keine Wiederwahl). Die 26 Bundesstaaten haben alle ein eigenes Länderparlament, dem jeweils ein Gouverneur vorsteht. Zahlreiche Demonstrationen führten Ende 1992 zu einer Parlamentsabstimmung, nach der der amtierende Präsident Fernando Collor de Mello des Amtsvergehens angeklagt und vom Amt suspendiert wurde. In erster Linie wurden ihm Korruption und Veruntreuung staatlicher Gelder vorgeworfen.
SPRACHE: Offizielle Landessprache ist Portugiesisch. Englisch wird vereinzelt gesprochen. Im Süden wird auch Deutsch gesprochen, besonders in Santa Catarina, Rio Grande do Sul und Pararrá (deutsche Emigranten von 1884-1954) ebenso Französisch und Italienisch; rund 180 Idiome der Indianer.
RELIGION: Über 89% der Bevölkerung sind römisch-katholisch; 8% Protestanten, kleinere christliche Gemeinschaften, Minderheiten von Buddhisten, Bahai, Muslimen und Juden; Naturreligionen der Indianer und afrobrasilianische Kulte (u. a. Umbanda, Candomblé).
ORTSZEIT: Brasilien hat mehrere Zeitzonen:
Osten, Nordosten, Pará: MEZ - 4.
Westen, West-Pará, Amapa: MEZ - 5.
Acre: MEZ - 6 (ganzjährig).
NETZSPANNUNG: Salvador (Bahia) 127 V, Brasília

220 V, 60 Hz; Rio de Janeiro und São Paulo 110 V, 60 Hz. Stecker sind zweipolig.
POST- UND FERNMELDEWESEN: Telefon: Selbstwählferndienst. **Landesvorwahl: 55.** Zeitungshändler verkaufen *fichas* (Münzen) für die öffentlichen Telefonzellen. Für jedes Telefonat werden 20% Steuern erhoben. Internationale R-Gespräche sind von jeder Telefonzelle aus möglich. Für sonstige Ferngespräche gibt es besonders gekennzeichnete Telefonbüros. **Telefaxdienst** in den Hauptpostämtern der Großstädte und in großen Hotels. Telefaxanschlüsse sind noch relativ neu. **Telex/Telegramme:** Der internationale Telex/Telegrammservice ist fast überall erhältlich. In Rio de Janeiro (Praca Mauá 7) und in São Paulo stehen die Büros der *Embratel* zur Verfügung. Das Telexbüro am Flughafen von Rio de Janeiro ist täglich durchgehend geöffnet. Das interne Telexnetz umfaßt das ganze Land. **Post:** Der Postverkehr ist verhältnismäßig zuverlässig. Wer Briefe per Einschreiben schickt oder eine Frankiermaschine benutzt, umgeht das Risiko, daß die Briefmarke abgelöst wird. Luftpost nach Europa ist 4-6 Tage, auf dem Seeweg mindestens 4 Wochen unterwegs.
DEUTSCHE WELLE
Der Einsatz der Kurzwellenfrequenzen ändert sich mehrfach im Laufe eines Jahres, und Sendungen auf den folgenden Frequenzen werden jeweils nur zu bestimmten Tageszeiten ausgestrahlt. Näheres in der Einleitung.

MHz	17,860	17,810	17,765	11,785	9,545
Meterband	16	16	16	25	31

REISEPASS/VISUM

Wichtiger Hinweis: *Die Einreisebestimmungen mancher Länder können sich kurzfristig ändern – rufen Sie sicherheitshalber auf Ihrem CRS-System (TIMATIC-Info-Code-Fenster in diesem Kapitel) den aktuellen Stand ab bzw. wenden Sie sich an die zuständige diplomatische Vertretung. Etwaige Zahlen in der Tabelle beziehen sich auf nachfolgende Fußnoten.*

	Paß erforderlich?	*Visum erforderlich?*	*Rückflugticket erforderlich?*
Deutschland	Ja	Nein/1	Ja
Österreich	Ja	Nein/1	Ja
Schweiz	Ja	Nein/1	Ja
Andere EU-Länder	Ja	1/2	Ja

REISEPASS: Allgemein erforderlich, muß noch mindestens 6 Monate bei Antritt der Reise gültig sein. Auf Anfrage müssen ausreichende Geldmittel für die Dauer des Aufenthaltes nachgewiesen werden.
VISUM: [1] Geschäftsvisum allgemein erforderlich ohne Ausnahme. Touristenvisum allgemein erforderlich, ausgenommen sind Staatsbürger folgender Länder für einen Aufenthalt von 90 Tagen:
(a) der Bundesrepublik Deutschland, Österreich und der Schweiz;
(b) [2] der Europäischen Union (Staatsbürger Frankreichs brauchen jedoch ein Visum);
(c) Andorra, Argentinien, den Bahamas, Barbados, Chile, Ecuador, Island, Kolumbien, Liechtenstein, Marokko, Monaco, Namibia, Norwegen, Paraguay, Peru, Philippinen, San Marino, Suriname, Trinidad und Tobago, Uruguay, der Vatikanstadt und Venezuela.
Visaarten: Touristen-, Geschäfts- und Transitvisa. Transitvisa benötigen diejenigen Staatsbürger, die oben nicht aufgeführt sind und die den Transitraum verlassen wollen. Bei postalischer Antragstellung wird eine zusätzliche Gebühr von 25 DM erhoben.
Visumgebühr: Je nach Herkunftsland und Aufenthaltsdauer verschieden. Auskünfte erteilen das zuständige Konsulat bzw. die Konsularabteilung der Botschaft.
Gültigkeit: Touristenvisa sind 90 Tage lang gültig. Eine Verlängerung für weitere 90 Tage kann in Brasilien beantragt werden. Touristen dürfen in Brasilien keine Arbeit aufnehmen.
Antragstellung: Konsulat bzw. Konsularabteilung der Botschaft (Adressen s. o.).
Unterlagen: (a) Gültiger Reisepaß. (b) Antrag. (c) Nachweis über ausreichende Geldmittel für die Dauer des Aufenthaltes. (d) 1 Paßfoto.
Anmerkung: Geschäftsreisende müssen ein Einführungsschreiben der Firma vorlegen. Dieses Schreiben sollte den Besuchsgrund und die Bestätigung der vollen finanziellen Verantwortlichkeit enthalten. Personen unter 18 Jahren müssen, sofern sie nicht mit beiden Eltern einreisen, ein Beglaubigungsschreiben des anderen Elternteils/Vormunds mit sich führen. Bei geschiedenen Eltern mit einem allein erziehungsberechtigten Elternteil wird der betreffende Gerichtsbescheid verlangt und im Todesfall eines oder beider Eltern die Sterbeurkunde(n).
Bearbeitungszeit: Mindestens 7 Tage.
Aufenthaltsgenehmigung: Anträge nimmt das zuständige Konsulat bzw. die Botschaft entgegen.

GELD

Währung: 1 Real (BRL) = 100 Centavos. Banknoten gibt es im Wert von 100, 50, 10, 5 und 1 BRL; Münzen in den Nennbeträgen 1 BRL und 50, 10, 5 und 1 Centavos. Der Real ersetzte im Juli 1994 den Cruzeiro, der wiederum im März 1990 den Cruzado abgelöst hatte.
Geldwechsel: Fast alle Banken und Wechselstuben wechseln Reiseschecks und ausländische Währungen. Der Schwarzmarkt spielt derzeit keine große Rolle mehr.
Kreditkarten: *Eurocard, American Express, Diners Club* und *Visa* werden angenommen. Einzelheiten vom Aussteller der betreffenden Kreditkarte.
Reiseschecks: Touristen können US-Reiseschecks nicht gegen US-Dollar eintauschen.
Wechselkurse

	CR$ Sept. '92	CR$ Febr. '94	BRL Jan. '95	BRL Jan. '96
1 DM	3624,44	284,82	0,55	0,68
1 US$	5386,38	494,44	0,85	0,97

Devisenbestimmungen: Ein- und Ausfuhr der Landeswährung nur in vertretbarer, nicht zu hoher Menge. Die Einfuhr von Auslandswährungen ist nicht begrenzt, muß aber deklariert werden. Die Ausfuhr von Auslandswährungen ist bis zur Höhe des bei der Einreise deklarierten Betrages minus der Ausgaben während des Aufenthaltes möglich. Die Ein- und Ausfuhr von Beträgen über 10.000 US$ muß auf einem Extra-Formular deklariert werden.
Öffnungszeiten der Banken: Mo-Fr 10.00-16.30 Uhr.

DUTY FREE

Die folgenden Artikel können zollfrei im Duty-free-Shop erworben werden:
400 Zigaretten oder 250 g Tabak oder 25 Zigarren;
2 l Spirituosen;
Geschenke für den Eigenbedarf bis 500 US$.
Einfuhrverbot: Tiere, Fleisch- und Käseprodukte. Die Botschaft erteilt nähere Auskunft.

GESETZLICHE FEIERTAGE

1. Mai '96 Tag der Arbeit. **16. Mai** Christi Himmelfahrt. **6. Juni** Fronleichnam. **7. Sept.** Unabhängigkeitstag. **12. Okt.** Tag der nationalen Schutzheiligen Nossa Senhora de Aparecida. **2. Nov.** Allerseelen. **15. Nov.** Tag der Republik. **25. Dez.** Weihnachten. **1. Jan. '97** Neujahr. **10.-14. Febr.** Karneval. **28. März** Karfreitag. **21. April** Tiradentes-Tag (Entdeckung Brasiliens). **1. Mai** Tag der Arbeit. **8. Mai** Christi Himmelfahrt. **29. Mai** Fronleichnam.
Anmerkung: Feiertage, die auf einen Wochentag fallen, werden auf den vorhergehenden Montag verlegt, mit Ausnahme von Neujahr, Tag der Arbeit, Unabhängigkeitstag, Weihnachten und Karfreitag.

GESUNDHEIT

In der folgenden Tabelle aufgeführte Impfvorschriften können sich kurzfristig ändern. Es wird stets empfohlen, auf Ihrem CRS-System (TIMATIC-Info-Code-Fenster in diesem Kapitel) den aktuellen Stand der Gesundheitsbestimmungen abzurufen bzw. rechtzeitig vor der Reise ärztlichen Rat einzuholen.

	Vorsichtsmaßnahmen empfohlen	*Impfschein erforderlich*
Gelbfieber	Ja	1
Cholera	Ja	2
Typhus & Polio	Nein	Nein
Malaria	3	-
Essen & Trinken	4	-

[1]: Eine Impfbescheinigung gegen Gelbfieber wird von allen Reisenden verlangt, die älter als neun Monate sind und aus einem Infektionsgebiet einreisen, sofern sie nicht im Besitz einer Bescheinigung sind, daß die Impfung aus medizinischen Gründen kontraindiziert ist. Infektionsgebiete sind: Angola, Bolivien, Ecuador, Gambia, Guinea, Kamerun, Kenia, Kolumbien, Mali, Nigeria, Peru, Sudan und Zaïre. Besuchern der Landgegenden der Bundesstaaten Acre, Amazonas, Goiás, Maranhão, Mato Grosso, Mato Grosso do Sul, Pará und Rondônia sowie der Gebiete von Amapá und Roraima wird die Schutzimpfung empfohlen.
[2]: Eine Impfbescheinigung gegen Cholera ist für die Einreise nach Brasilien nicht erforderlich, das Risiko einer Infektion besteht jedoch. Da die Wirksamkeit der Schutzimpfung umstritten ist, empfiehlt es sich, rechtzeitig vor Antritt der Reise ärztlichen Rat einzuholen. Näheres unter *Gesundheit* (s. Inhaltsverzeichnis).
[3]: Malariaschutz ganzjährig erforderlich in Gebieten unter 900 m in einigen ländlichen Gegenden der Bundesstaaten Acre, Amazonas, Maranhão, Mato Grosso, Pará, Rondônia und Tocantins, in den Gebieten von Amapá und Roraima sowie in den Außenbezirken von Manaus und Pôrto Velho. In den Amazonasgebieten sowie in den Bergbau- und Agrargebieten besteht ein hohes Malariarisiko. Die vorherrschende gefährlichere Form *Plasmodium falciparum* wird als äußerst Chloroquin- und Sulfadoxin/Pyrimethamin-resistent bezeichnet.
[4]: Wasser sollte vor der Benutzung zum Trinken, Zähneputzen und zur Eiswürfelbereitung entweder abgekocht oder anderweitig sterilisiert werden. Milch ist außerhalb der Stadtgebiete nicht pasteurisiert und sollte abgekocht werden. Trocken- und Dosenmilch nur mit keimfreiem Wasser weiterverarbeiten. Einheimische Milchprodukte außerhalb der Städte vermeiden. Fleisch- oder Fischgerichte sollten nur gut durchgekocht und heiß serviert gegessen werden. Den Genuß von Schweinefleisch, Mayonnaise und Salat am besten vermeiden. Gemüse sollte gekocht und Obst geschält werden.
Tollwut kommt vor. Wer ein erhöhtes Risiko eingeht (z. B. längerer Aufenthalt in abgelegenen Gebieten), sollte vor Reiseantritt eine Schutzimpfung erwägen. Bei Bißwunden so schnell wie möglich ärztliche Hilfe in Anspruch nehmen. Näheres unter *Gesundheit* (s. Inhaltsverzeichnis).
Darm-Bilharziose-Erreger kommen in manchen Teichen und Flüssen vor, das Schwimmen und Waten in Binnengewässern sollte daher vermieden werden. Gut gepflegte Schwimmbecken mit gechlortem Wasser sind unbedenklich.
Hepatitis B, D (Delta-Hepatitis) und *Virushepatitis* treten ebenfalls auf.
Gesundheitsvorsorge: Deutsch-, französisch- oder englischsprachige Ärzte sind am ehesten in São Paulo und Rio de Janeiro zu finden. Das Hauptkrankenhaus in São Paulo ist das *Hospital Samaritano*. Die Kosten der medizinischen Behandlungen sind hoch, der Abschluß einer Reisekrankenversicherung wird empfohlen.

REISEVERKEHR - International

FLUGZEUG: Brasiliens nationale Fluggesellschaft *Varig* (RG) fliegt von folgenden europäischen Städten nach Rio bzw. nach São Paulo: Frankfurt/M., Zürich, Amsterdam, London, Kopenhagen (über London), Paris, Rom, Mailand, Lissabon, Porto und Madrid. Es gibt neuerdings auch den *Mercosur Airpass*, mit dem man zwischen Brasilien, Argentinien, Paraguay und Uruguay fliegen kann. Er ist 10 bzw. 30 Tage gültig.
Durchschnittliche Flugzeiten: *Frankfurt/M.* – Rio de Janeiro: 12 Std. 20; *Frankfurt/M.* – São Paulo: 13 Std; *Zürich* – São Paulo: 12 Std; *London* – Rio de Janeiro: 10 Std. 50; *London* – São Paulo: 11 Std; *Los Angeles* – Rio de Janeiro: 13 Std. 55; *New York* – Rio de Janeiro: 9 Std. 30; *Sydney* – Rio de Janeiro: 19 Std. 55.
Internationale Flughäfen: *Rio de Janeiro* (GIG) (Galeão) liegt 21 km nordwestlich der Stadt. Es gibt einen Flughafenbus zwischen dem internationalen und dem Santos-Dumont-Flughafen und zur Stadt. Im Flughafengelände gibt es Parkplätze, Duty-free-Shops, Banken, Hotelreservierungsschalter, Apotheke, Autoverleih, Post, Läden, Touristinformation und Restaurants.
São Paulo (GRU) (Guarulhos) liegt 25 km nordöstlich der Stadt. Taxis und Flughafenbusse sind vorhanden. Im Flughafen gibt es Duty-free-Shops, Bank, Bars, Autoverleih, Apotheke, Post, Läden, Touristinformation, Hotelreservierungsschalter und Restaurants.
São Paulo (VCP) (Viracopos) liegt 96 km südwestlich der Stadt; Bank, Duty-free-Shop und Restaurant sind vorhanden.
Manaus (MAO) (Internacional Eduardo Gomez) liegt 14 km südöstlich der Stadt. Es gibt Busse zur Stadt und zu anderen Bestimmungsorten.
Salvador (SSA) (Dois de Julho) liegt 36 km außerhalb der Stadt. Taxistand, Bank, Duty-free-Shop und Restaurant.
Brasília International (BSB) liegt 11 km südlich der Stadt. Es gibt Bus- und Taxiverbindungen. Banken, Bars, Autoverleih, Apotheke, Post, Restaurants, Läden und Touristinformation vorhanden.
Flughafengebühren: 15-18 US$ pro Passagier bei Ausreise, je nach Flughafen.
SCHIFF: Die Reedereien *Lamport* und *Holt* bieten Kreuzfahrten von Europa an. Weitere Kreuzfahrtunternehmen sind *Lindblad Travel, Delta, Costa* und *Society Expeditions*. Einige dieser Reedereien veranstalten auch Kreuzfahrten auf dem Amazonas.
BAHN: Es gibt Bahnverbindungen nach Bolivien und Uruguay.
BUS/PKW: Die Busgesellschaft *Pluma* aus Curitiba befährt die 4300 km lange Strecke zwischen Rio und Santiago de Chile. Alle anderen internationalen Bestimmungsorte werden von der Busgesellschaft *Soletur* (Rio de Janeiro) angefahren.

REISEVERKEHR - National

FLUGZEUG: Brasilien hat eines der größten internen Flugnetze der Welt. Alle größeren Städte werden angeflogen. Es besteht ein Shuttle-Service zwischen São Paulo und Rio de Janeiro, ein regulärer Flugdienst von São Paulo nach Brasília und ein weiterer Shuttle-Service zwischen Brasília und Belo Horizonte. Lufttaxis stehen ebenfalls zur Verfügung. An Wochenenden sollte im voraus gebucht werden.
Mit dem *Brasil Airpass* kann man bis zu fünf Strecken fliegen. Er gilt für das gesamte Streckennetz der *Varig* in Brasilien (außer für den Shuttle-Dienst zwischen Rio und São Paulo). Es empfiehlt sich, die gesamte Reise vor Antritt zu planen und zu buchen. Wer das Risiko ausgebuchter Flüge nicht scheut, kann sich allerdings auch noch während der Reise entscheiden. Zusätzlich können weitere vier Reisecoupons gebucht werden. Der Airpass ist ab Reiseantritt 21 Tage gültig.
Flughafengebühren: 5-9 US$ je nach Flughafen.
SCHIFF: Ein Fährdienst verbindet alle Seehäfen. Flußboote sind die besten Verkehrsmittel im Amazonas-

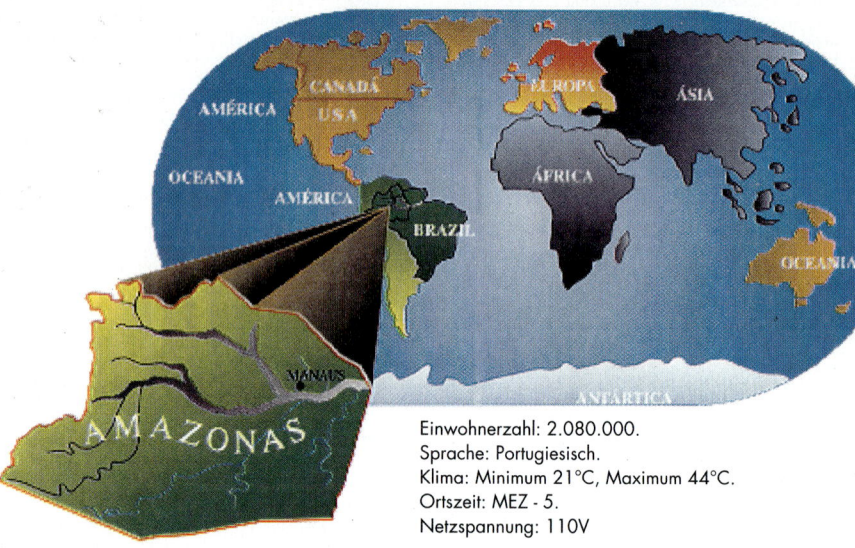

Einwohnerzahl: 2.080.000.
Sprache: Portugiesisch.
Klima: Minimum 21°C, Maximum 44°C.
Ortszeit: MEZ - 5.
Netzspannung: 110V

Mit dem Beginn des nächsten Jahrtausends feiert Brasilien gleichzeitig die 500-Jahrfeier seiner Entdeckung durch die Europäer.

Während der ersten Kolonialjahre war die Eroberung und Besiedlung Amazoniens die größte Herausforderung für die Kolonisten. Die Natur selbst, zusammen mit den Ureinwohnern, leistete erfolgreichen Widerstand und brachte dem »zivilisierten« Menschen seine Grenzen bei.

Und so blieb es bis heute...

Selbst heute noch bestimmen die Flüsse das Leben der Menschen, Tiere und Pflanzen im Amazonasgebiet, dem größten tropischen Regenwald unseres Planeten.

Weltweit weiß man heute, daß Amazonien damals richtig gehandelt hat, indem es seine grandiose Natur und Naturschätze schützte, damit es heute von allen Völkern beobachte besucht und genutzt werden kann.

Im Gegensatz zum unheimlichen und unwirtlichen Eindruck, der sich den ersten europäischen Reisenden bot, bietet das Amazonasgebiet des 20. Jahrhunderts Besuchern ein reales und unvergeßliches Erlebnis, das in aller Sicherheit genossen werden kann.

Der Amazonas lädt Sie nicht nur ein, er wartet auf Sie mit seiner zauberhaften Landschaft von Wäldern, Flüssen und Seen.

Die Reise beginnt in Manaus, der Hauptstadt des größten brasilianischen Bundesstaate Amazonas, mit einer Fläche von 1.5 Mio qkm und zugleich der kleinsten Rodungsrate d ganzen Region. In gerade 2% der Gesamtfläche konzentrieren sich 62 Gemeinden mit einer Gesamtbevölkerung von 2 Mio. Einwohnern, die restlichen 98% sind heute noch unberührter, primärer Urwald.

Im Bundesstaat Amazonas konzentriert sich ein Großteil des tropischen Regenwaldes des Amazonasbeckens mit Tausenden von schiffbaren Flüssen und einer großen Anzahl an Fischen und anderen Wassertieren. 30 m hohe Bäume sind Teil der artenreichen Flora mit einer Vielfalt an Tieren; Vögel, Großkatzen, Affen, Nagetiere und Schildkröten bilde das reichhaltige Ökosystem.

Am linken Ufer des Rio Negro, inmitten des größten tropischen Regenwaldes der Welt, liegt Manaus – eine Stadt, die jeden Besucher überrascht. Die Stadt vereinigt harmonisc drei Zeitepochen in ihrer Geschichte und Wirtschaft.

Aus der Kautschukzeit des 19. Jahrhunderts datieren bedeutende Gebäude wie das Opernhaus und der »Schwimmende Hafen«, der seit über 100 Jahren Anlegeplatz für

ONAS
razer!

chiffe aus aller Welt ist. Aus der Zeit der Freihandelszone (seit 1967) stammt Manaus
oderner Industriebezirk mit umweltbewußter Industrie, moderne Einkaufszentren und
er moderne, internationale Flughafen. Auf dieser Basis und mit dem unglaublichen
otential des Amazonasbeckens bereitet sich Manaus auf die 90er Jahre vor. Ein idealer
usgangspunkt für Öko-Abenteurer, die in dieser pulsierenden Metropole eine
ervorragende Infrastruktur und Freizeitmöglichkeiten vorfinden, wie z. B. Dutzende
stklassiger Hotels, Reiseveranstalter und Restaurants, die internationale und
gionale Gerichte servieren wie die schmackhaften, frischen Amazonasfische und eine
ielfalt an erfrischenden Fruchtsäften, die typisch für die Region sind.

eben diesen vielseitigen Attraktionen, die Manaus bietet, sind auch die kreativen
estivals des Amazonasvolkes zu erwähnen. Die Volksfeste finden in Amphitheatern und
ulturzentren statt, welche in den letzten Jahren gebaut wurden, wie auch das
lympische Sportzentrum und die Uferpromenade.

anaus ist das Tor zum Amazonas. Hier brechen die modernen Reisenden auf, um das
and der Flüsse und Seen zu erkunden. Das Einzugsgebiet des Amazonas beinhaltet ein
ünftel alles Süßwassers der Welt, aufgeteilt in Ströme, Flüsse, Seen, kleine
asserkanäle und überschwemmte Urwälder. 10 km unterhalb Manaus treffen sich
wei der größten Flüsse der Welt, der Rio Solimões und der Rio Negro. Der eine Fluß
ilchig-gelb, der andere schwarz, fließen sie mehrere Kilometer nebeneinander ohne sich
u vermischen und bilden ein unvergeßliches Naturschauspiel.

on diesen Mischungen entsteht der großartige Amazonas. Der Besucher kann viele
nvergeßliche Naturschauspiele im Amazonas besuchen und das ohne auf den Komfort
u verzichten, entweder in regionalen Touristenbooten oder in bezaubernden Urwald-
otels an Flußufern und ruhigen Seen gelegen.

as Ariaú Jungle Tower bietet ein abwechselungsreiches Programm. Früh am Morgen
ören Sie eine Symphonie an Vogelgezwitscher, danach müssen Sie sich zwischen einem
iranha-Angelausflug oder einer Waldwanderung entscheiden. Der Tag klingt mit den
ächtlichen Tierstimmen aus. Sie können sogar im »Haus des Amazonischen Tarzans«
bernachten. Wenden Sie sich an:

io Amazonas Tourismo
ua Silva Ramos 41
9010-180 Manaus-AM
el: 55 92 234 73 08, 232 41 60.
elefax: 55 92 233 56 15.
-mail: treetop@manaus.pegasus.com.br.

EMAMTUR
REMDENVERKEHRSAMT DES
UNDESSTAATES AMAZONAS

v 7 de Setembro, 1546 – Vila Ninita
9005 141 Manaus – Amazonas – Brasilien
el: 55 92 633 28 50/633 30 41/633 13 57
elefax: 55 92 233 99 73

Minas Gerais.

Ein geschichtlicher Abriß Brasiliens

Es ist beinahe unmöglich von Brasilien zu sprechen ohne Minas Gerais zu erwähnen. Die Geschichte und Entwicklungen reichen von der Zeit der portugiesischen Könige bis heute. Minas war der Fundort von Gold und Edelsteinen, heute die zweitgrößte wirtschaftliche Einnahmequelle des Landes. Bergbau, Stahlverarbeitung, Landwirtschaft, Viehhaltung, Automobilindustrie und Tourismus tragen alle einen Großteil zum brasilianischen Bruttosozialprodukt bei. Die alten Städte in Minas reflektieren eine bewegte Geschichte. Koloniale Barockarchitektur ist an fast jeder Ecke in Diamantina, Ouro Preto, Mariana, Sabará, Tiradentes, São João Del Rey und Congonhas zu bewundern. Die zahllosen Kirchen, die über die gesamte Region verstreut sind, halten einzigartige Schätze für Sie bereit, z. B. die 12 Apostel aus Tuffstein des Künstlers Aleijadinho. Die Höhlen, die Erzvorkommen und die zahlreichen Galerien ziehen Besucher aus aller Welt an. Sie sind auf Entdeckungsreise zu den beeindruckenden Wahrzeichen von Maquié und Lapinha oder auf der Suche nach der Heilkraft der Mineralquellen bei Araxá und Caxambu. Genießen Sie das angenehme Klima in Minas und die warmen Tage, die den kalten Nächten weichen, z. B. in Monte Verde, Serra da Bocaina und Maria da Fé. Besuchen Sie Poços de Caldas, eine Stadt direkt am Krater eines erloschenen Vulkans, ein beliebtes Ziel für Hochzeitsreisende. Ufologen treffen sich in São Tomé das Letras, einem geheimnisvollen und mystischen Ort. Abgesehen von der Schönheit der Städte, der unberührten Wälder und Flüsse, ist Minas Gerais auch eine Industrieregion. 28% aller Milcherträge Brasiliens werden hier erwirtschaftet, die regionale Viehwirtschaft macht 14% des gesamten nationalen Ertrages aus. Edel- und Halbedelsteine wie Aquamarine, Turmaline, Topaze, Amethyste und Berylle werden hauptsächlich im Nordosten des Staates gefunden und werden als die schönsten der

Brasilien

Welt gepriesen. Minas Gerais gehört zu den zwei größten Bergbaugebieten (das andere ist Carajás in Pará), hier befinden sich die größten Erzreserven der Welt.
Die Hematit- und Magnetitvorkommen, mit einem durchschnittlich reinen Eisengehalt von 62%, verhalfen Minas zum brasilianischen Stahlverarbeitungszentrum. Es überrascht also nicht, daß der Automobil-hersteller Fiat gerade diesen brasilianischen Staat zum Standort seiner Autofabrik wählte.

Belo Horizonte, die Hauptstadt der Provinz Minas Gerais, hat einen internationalen Flughafen und bietet Zuganschlüsse zu allen brasilianischen Großstädten, wie São Paulo, Rio de Janeiro und Brasilia. Die Hotelauswahl kann sich mit allen anderen internationalen Städten messen.

Die Traditionen und die kulinarischen Spezialitäten von Minas... das ist wieder eine andere, erzählenswerte Geschichte •

**Informationen von: Empresa Mineira de Turismo – Av. Bias Fortes, 50 – Praça da Liberdade Cep 30170-010 – Minas Gerais – Brasilien
Tel: 55 31 212 21 33. Telefax: 55 31 201 39 42**

---

gebiet.
BAHN: Begrenzter Bahnverkehr zwischen den meisten größeren Städten, jedoch oft unzureichende Verbindungen auf Langstrecken. Die langen Strecken und das Klima können Zugfahrten in Brasilien zu einem unbequemen Erlebnis machen. Züge mit Schlaf- und Speisewagen verkehren tagsüber und nachts zwischen São Paulo und Rio de Janeiro.
BUS/PKW: Fernbusse: Das Straßennetz Brasiliens umfaßt 1.824.364 km. Die Busverbindungen des Landes sind ausgezeichnet. Einige Straßen sind jedoch in keinem guten Zustand, so daß lange Strecken unbequem werden können. 97% aller Reisenden fahren mit dem Bus. 2,2% benutzen das Flugzeug und weniger als 1% fahren mit der Bahn. Die modernen Überlandbusse sind schnell und bequem. Verschiedene Busgesellschaften befahren folgende Strecken: *Cometa* (São Paulo – Belo Horizonte); *Penha* (São Paulo – Pôrto Allegro); *Reunidas* (São Paulo – Aracatuba); *Motta* (São Paulo – Campo Grande); *Garcia* (São Paulo – Londrina); *Real-Expresso* (São Paulo – Rio – Brasília); *TransBrasiliana* (Rio – Belém); *Sulamericana* (Curitiba – Foz do Iguaçu) und *Expresso Brasileiro* (São Paulo – Rio). Unterwegs wird in allen Ortschaften Halt gemacht. Die Busse sind in der Regel sehr pünktlich. **Mietwagen:** In allen größeren Städten erhältlich. Parkplätze sind schwer zu finden, die Hauptverkehrsstraßen sollten nach Möglichkeit vermieden werden. Wer selbst mit dem Auto fährt, sollte bedenken, daß im Straßenverkehr oft eigene Gesetze gelten. Zum Tanken wird ein Alkoholgemisch verwendet, das sich doppelt so schnell verbraucht wie normales Benzin. An kühleren Tagen kann es zu Startschwierigkeiten kommen. **Unterlagen:** Internationaler Führerschein oder landeseigener Führerschein in Verbindung mit einer Fahrerlaubnis der brasilianischen Verkehrsbehörde.
STADTVERKEHR: Das Busnetz der Städte ist ausgezeichnet. *Executivo*-Schnellbusse mit Klimaanlagen sind etwas teurer. In São Paulo und Rio kann man auch die Untergrundbahn (je zwei Linien) oder Voroortzüge benutzen. Energiesparende Oberleitungsbusse fahren in São Paulo und werden auch in anderen Städten eingeführt. Die Fahrpreise sind festgesetzt, auf manchen Linien kann man von der Untergrundbahn in den Bus oder Zug umsteigen (z. B. von der Metro in Rio zum Zubringerbus zur Copacabana). In den meisten Städten haben die **Taxis** rote Nummernschilder und Taxameter. Die brasilianisch rasanten Taxifahrer empfehlen übrigens gern bestimmte Geschäfte oder Sehenswürdigkeiten und beziehen eine kräftige Provision für ihre Bemühungen – je teurer das empfohlene Geschäft, desto höher die Provision.

FLUGZEITEN von Brasília zu den folgenden größeren Städten (ungefähre Angaben in Std. und Min.):

Belo Horizonte	1.00
São Paulo	1.20
Rio de Janeiro	1.25
Pôrto Alegre	2.20
Manaus	2.30
Foz do Iguaçu	3.25

UNTERKUNFT

HOTELS: Der Standard der Hotels ist regional verschieden. Die besten Hotels sind im wesentlichen auf die Städte im Süden begrenzt.
Hinweis: Zur Karnevalszeit in Rio müssen Zimmer bereits Monate im voraus gebucht werden.
Rio de Janeiro/São Paulo: Hotels aller Preisklassen.
Brasília: Brasília ist Regierungs- und Verwaltungssitz. Es gibt nur wenige gute Hotels. Die meisten Besucher fliegen von Rio oder São Paulo für einen Tagesausflug oder eine Übernachtung hierher.
Salvador: Geringe Anzahl guter Hotels, einige wenige teure Hotels, Pensionen ebenfalls vorhanden sowie Jugendherbergen und Familienunterkünfte. Zur Carnevalszeit sind alle Unterkunftsmöglichkeiten sehr ausgebucht.
Amazonasbecken: Ein Teil dieser Region wird zum Touristengebiet ausgebaut. **Kategorien:** 1979 wurde ein Sterne-System eingeführt, das fast alle Hotels übernommen haben. Die Klassifizierung entspricht jedoch nicht dem amerikanischen oder europäischen Niveau. Luxushotels haben 5 Sterne. 3-Sterne-Hotels sind preisgünstig und gutbürgerlich, 1-Stern-Hotels bieten nur das Allernotwendigste. Hotelpreise variieren ständig und sind stark von Wechselkursschwankungen beeinflußt.
Anmerkung: Der *Guia do Brasil Quatro Roda* ist der beste Hotelführer des Landes und enthält außerdem hilfreiche Stadtpläne.
CAMPING: Mietwagen stehen zur Verfügung; organisierte Safaris und Campingtouren in das Amazonasgebiet werden angeboten. Das Straßennetz ist ausgezeichnet und wird ständig erweitert. Da jedoch zahlreiche Gegenden Brasiliens weitgehend unerforscht sind, sollte man sich unbedingt an befestigte Straßen halten. Am besten zeltet man in organisierten Gruppen mit offizieller Genehmigung oder übernachtet in registrierten Hotels. Brasilien ist ein friedliches, aber ein so großes Land, daß selbst ein kleiner Unfall fernab von der nächsten menschlichen Behausung verheerende Folgen haben kann.
Inhaber eines internationalen Campingausweises zahlen die Hälfte (ca. 4 US$ pro Person). Insgesamt gibt es etwa 700 Campingplätze in Brasilien; der in den meisten Buchhandlungen und Kiosken in Brasilien erhältliche *Guia Camping* enthält alle notwendigen Informationen. Näheres auch vom *Camping Clube do Brasil* (Campingverband) in Rio de Janeiro.
JUGENDHERBERGEN: Eine Liste der Jugendherbergen ist erhältlich vom *Fundação da Industria de Turismo do Brasil (FIT)*, Rua da Assembleira 10, 20119-900 Centro-Rio de Janeiro-RJ. Tel: (021) 531 14 04. Telefax: (021) 531 14 35.

URLAUBSORTE & AUSFLÜGE
Der Norden

Die Bundesstaaten Amazonas (größter brasilianischer Staat), Pará, Acre, Rondônia, Roraima, Amapá und Tocantins umfassen ein Gebiet von 3.887.800 qkm, haben aber insgesamt nicht mehr als 10.157.000 Einwohner, die meisten davon leben in Belém und Manaus. Der Norden Brasiliens besteht fast ausschließlich aus dichtem Regenwald. Infolge von Straßenbau und ausgedehnten Brandrodungen kann man aber von einer ungestörten Natur in manchen Regionen nicht mehr sprechen; es führt z. B. die Transamazonika-Straße 5000 km quer durch das Amazonasgebiet, parallel zum Fluß von Ost nach West. Der Amazonas, der 2. größte Fluß der Welt, der 12 x so viel Wasser wie der Mississippi. Er ist 6577 km lang und hat über 200 Nebenflüsse. Abenteuerliche Amazonasfahrten von Iquitas (Peru) nach Manaus sind möglich.
In **Manaus**, der Hauptstadt des Amazonas, gibt es eine Freihandelszone – eine ausgezeichnete Gelegenheit für preiswerte Einkäufe. Die neo-klassizistische Fassade des 1896 fertiggestellten *Amazonas-Theaters* ist sehenswert. Der Innenraum ist im Jugendstil gehalten. Seine Kuppel mit blauen, roten, grünen und gelben Kacheln ist überall in der Stadt zu sehen und ist ein guter Orientierungspunkt. Zahlreiche Hotels und Restaurants stehen zur Auswahl, und der Amazonas und seine Nebenflüsse laden zu Bootsfahrten und Angelausflügen ein. Der **Regenwald des Amazonas** ist der größte der Welt. Sein Gebiet bedeckt 40% der Gesamtfläche Brasiliens. Hier sind 1800 verschiedene Vogelarten und 250 Säugetierarten heimisch, die meisten Pflanzen- und Tierarten weltweit. Der Amazonas-Regenwald produziert 50% des weltweiten Sauerstoffvorrates. Das **Amazonas-Becken** und seine Ausläufer liefern 20% des Frischwassers der ganzen Welt. Hier gibt es besonders viele Wasserpflanzen. Die bekanntesten sind die *Victoria-Régina-*

Seerosen, deren Blätter einen Durchmesser von bis zu zwei Metern erreichen. 1500 Fischarten leben in diesem Flußsystem. Von Manaus aus kann man Exkursionen in den Regenwald organisieren. In **Belém** gibt es einige prächtige Kirchen, einen schönen Zoo und einen großen Wochenmarkt zum Stöbern. Besonders sehenswert ist die Basilika *Nossa Senhora de Nazaré*, die Schauplatz der jährlichen »Círio de Nazaré« ist. Das *Goeldi-Museum* hat die größte Sammlung exotischer Pflanzen der Welt. *Ilha de Marajó* (die Marajó-Insel) war die Wiege der Marajoara-Zivilisation. Wer Glück hat, kann hier das seltene Schauspiel eierlegender Meeresschildkroten beobachten. Die Ortschaft **Santarém** ist besonders für Angler interessant, in **Rio Branco** findet man ein Handarbeitszentrum. In **Pôrto Velho** sollte man sich das Eisenbahnmuseum ansehen. **Macapé** liegt am Äquator, hier fließt der Amazonas ins Meer. **Boa Vista** ist für seine Tropenfruchtbäume bekannt.

Der Nordosten

Der Nordosten wird auch die »Goldküste« genannt und umfaßt die Bundesstaaten Bahia, Sergipe, Alagoas, Pernambuco, Paraíba, Rio Grande do Norte, Ceará, Fernando de Noronha, Piaui und Maranhão. 42,8 Mio. Einwohner leben in einem Gebiet von ca. 1.600.000 qkm. Die Region ist bekannt für wohlerhaltene historische und folkloristische Traditionen sowie für endlose, wunderschöne Strände.

Salvador, die Hauptstadt von Bahia, war einst die bedeutendste Stadt Brasiliens. Heute ist sie ein Zentrum des *Candomblé*, des wichtigsten afrobrasilianischen Kultes des Landes. Salvador ist zweiteilig: die Unterstadt, die auf der Höhe des Meeresspiegels liegt und die Oberstadt, die zu Fuß über Treppen oder mit dem Aufzug erreichbar ist. In der Unterstadt befindet sich Salvadors sehenswerter Kunstgewerbemarkt, der *Mercado Modelo*. Häufig in der Unterstadt anzutreffen sind die *Capoeira*-Tänzer. Capoeira ist ein Kampftanz, der von den ehemaligen afrikanischen Sklaven Brasiliens entwickelt wurde. Der Tanz ist sehr beeindruckend, er wird im Rhythmus der Berimbaus (Ein-Saiten-Instrument) begleitet. In der Oberstadt schmücken unzählige Kirchen das Stadtbild, das Kloster *São Francisco de Assis* und die Kirche *Nosso Senhor do Bonfim* sind besonders eindrucksvoll. Einige der Kirchen wurden zu Museen umgebaut. Bunte Häuser, schmale Gassen und vielerlei Einkaufsmöglichkeiten machen die Oberstadt besonders reizvoll. Der Karneval in Salvador wird zu einem unvergeßlichen Erlebnis. Hervorragende Strände säumen die Stadt. Auf **Itaparica** erwarten den Besucher einsame, von Palmen gesäumte Strände. Die Insel kann man von Salvador aus mit der Fähre erreichen. Die Überfahrt dauert ca. 40 Minuten. Prunkvolle Kirchen und Kolonialbauten sind typisch für die Städte **Ilhéus**, **Pôrto Seguro** und **Aracaju**. Porto Seguro ist von besonders historischer Bedeutung: hier setzte Pedro Álvares Cabral, der Entdecker Brasiliens, im Jahre 1500 zum ersten Mal seinen Fuß auf brasilianischen Boden. In **Maceió** wird man in die Kolonialzeit zurückversetzt. Ganze Stadtteile sind erhalten geblieben und zeichnen sich durch ihre weißen Häuser mit roten Ziegeldächern aus. Zahlreiche Kanäle und Wasserwege führen durch **Recife**, das »Venedig Brasiliens«. Recife war bis 1677 unter niederländischer Herrschaft. Die Insel **Itamaracá** ist mit dem Festland durch eine Brücke verbunden. Man sollte hier dem *Fort Orange* einen Besuch abstatten, das 1631 von den Holländern erbaut wurde. In der Stadt **Caruaru** ist fast jeder ein Künstler. Nach UNESCO-Angaben ist es das größte Zentrum für Folklorekunst in Südamerika. In der Karwoche findet im nahegelegenen **Fazenda Nova** das jährliche Passionsspiel statt. Dutzende von Schauspielern und buchstäblich Hunderte von Komparsen nehmen an diesem Spektakel teil. Bauwerke aus der Kolonialzeit, erholsame Strände und ausgezeichnetes Kunsthandwerk zeichnen die Städte **Olinda**, **Natal**, **João Pessoa**, **Fortaleza**, **Teresina** und **São Luis** aus. Die Strände in Ceará Richtung Süden zeichnen sich durch riesige Sanddünen aus. In der Kleinstadt Campina Grande befindet sich *Ingá Rock*, der geheimnisvolle Inschriften aufweist. Archäologen sind der Meinung, daß sie von phönizischen Seeleuten stammen.

Der mittlere Westen

Die Bundesstaaten Goiás, Mato Grosso und Mato Grosso do Sul umfassen ein Gebiet von 1.900.000 qkm und haben ca. 8 Mio. Einwohner. Hier fließt der Araguaia durch riesige Sumpfgebiete. Ausgedehnte Plantagen, wie Kaffee, Reis und Soya, und große Rinderherden bestimmen das Landschaftsbild. Das Klima ist mild und trocken.

Die Hauptstadt **Brasília** (seit 1960) wurde seinerzeit auf die Veranlassung des ehemaligen Präsidenten Kubitschek, weitab von anderen bewohnten Gegenden auf einer riesigen Urwaldrodung von den Architekten Lúcio Costa und Oscar Niemeyer gebaut und ist weithin bekannt für ihre futuristische Architektur. Allgemein wird die Stadt als die »modernste Hauptstadt der Erde« gefeiert. Ihr Grundriß hat die Form eines Flugzeuges. Die Kathedrale Niemeyers bietet bis zu 40.000 Gläubigen Platz. Besonders eindrucksvoll sind die *Praça dos Três Poderes*, der *Pálacio do Planalto* und das Gebäude des Nationalkongresses.

Goiánia, 200 km weiter südwestlich gelegen, dient als Ausgangspunkt für Ausflüge zum *Rio Araguaia*, zur *Bananal-Insel* und zu den Thermalquellen von *Caldas Novas*. **Pantanal**, das größte Umweltschutzgebiet in Brasilien, liegt im Mato Grosso. Hotels im Bauernhaus-Stil veranstalten Ausflüge für Angler und Fotografen. Der **Rio Araguaia** ist als Anglerparadies bekannt. Er hat die größte Anzahl von Fischarten in der ganzen Welt. Man kann ein- oder zweiwöchige Kreuzfahrten auf sogenannten *Boatels* (schwimmenden Hotels) buchen.

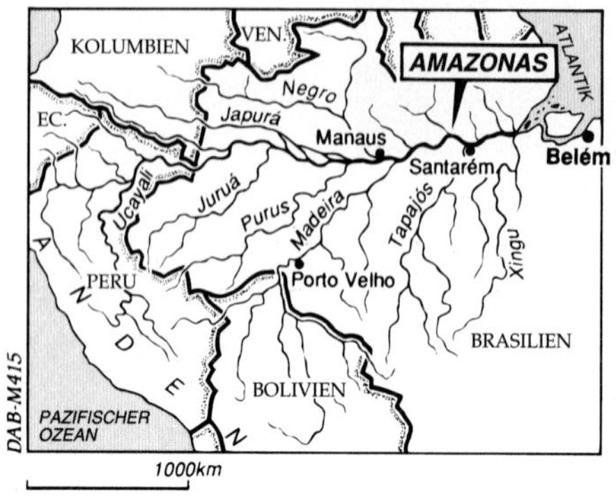

Der Südosten

Die Bundesstaaten São Paulo, Rio de Janeiro, Minas Gerais und Espirito Santo umfassen ein Gebiet von 900.000 qkm mit ausgezeichneter Infrastruktur und ca. 65,6 Mio. Einwohnern. Ausgezeichnete Hotels, historische Stätten sowie mehrere erstklassige Badeorte machen den Südosten zu einem wunderbaren Urlaubsgebiet.

Rio de Janeiro, 125 Jahre Hauptstadt Brasiliens, gilt wohl zu Recht als eine der schönsten Städte der Welt. Die Brasilianer sagen: »Gott erschuf die Welt in 6 Tagen, am 7. erschuf er Rio«. Rio liegt idyllisch zwischen den Bergen am wellenreichen Meer. Es gibt zahlreiche Buchten, kleine Inseln, Felsen und schöne Strände, wie z. B. die berühmte *Copacabana* oder *Ipanema* und *Leblon*. Rios Einwohner, Cariocas genannt, sind freundliche Menschen mit viel Zeit. Der 370 m hohe *Pão de Açúcar* (Zuckerhut) bietet eine wunderbare Aussicht auf die Stadt. Der *Corcovado* ist das Wahrzeichen Rios: Auf dem Gipfel seiner 713 m ragt seit 1931 die 40 m hohe Christus-Statue mit ausgebreiteten Armen. Ganz besonders zu empfehlen ist der Botanische Garten, der in der Kaiserzeit (1808) eingeweiht wurde. Eine Allee mit über 30 m hohen Palmen und die gesamte Anlage mit 7000 verschiedenen Pflanzenarten versetzen Besucher in Staunen. Die Stadt lebt, ganz besonders zur Karnevalszeit. Hier ziehen schon mindestens 1 Woche vor Karnevalsbeginn singende und trommelnde Cariocas durch die Straßen. Wer als Besucher feurig mittanzen will, für den stehen zahlreiche Sambaschulen zur Verfügung. Es gibt natürlich auch zahlreiche sehenswerte Museen, Theater und andere kulturelle Einrichtungen.

São Paulo ist das wichtigste Industrie- und Handelszentrum Brasiliens und eine der größten Städte der Welt – eine Trabantenstadt mit lauter Wolkenkratzern. Es ist nicht das Äußere, das die Stadt ausmacht, vielmehr ihr Inneres; São Paulo bietet dem Besucher die besten Geschäfte des Landes und ein faszinierendes Nachtleben. Das internationale Flair dieser Metropole ist beeindruckend: Nach amerikanischem Frühstück kann man sein Mittagessen in einem japanischen Restaurant genießen, dann auf feine englische Art den Fünfuhrtee zu sich nehmen, Cocktails in einer französischen Bar trinken, im russischen Restaurant zu Abend essen und schließlich den Klängen eines Wiener Orchesters lauschen. Im Goldrausch des 18. Jahrhunderts schossen Städte wie **Ouro Preto** in Minas Gerais wie Pilze aus dem Boden. 1980 wurde sie von der UNESCO zum Weltkulturgut erklärt. **Petrópolis**, **Teresópolis** und **Nova Friburgo** sind nur einige der zahlreichen Kurorte. Das ausgezeichnete Klima, Mineralquellen und erstklassige Hotels sind ideale Voraussetzungen für das Wohlbefinden der Besucher.

Der Süden

Die Bundesstaaten Rio Grande do Sul, Santa Catarina und Paraná umfassen ein Gebiet von 577.800 qkm mit 22,8 Mio. Einwohnern. Das angenehme Klima hat zahlreiche europäische Emigranten angezogen, insbesondere Deutsche und Italiener.

Rio Grande do Sul ist einer der reichsten Bundesstaaten Brasiliens mit ausgezeichneten Urlaubsorten und Hotels. In **Porto Alegre**, der Hauptstadt, gibt es gute Museen und ausgezeichnete Kunstgalerien. Die Stadt liegt in einer überaus reizvollen Landschaft. Die meistbesuchten Strände des Südens sind in **Tramandai** (126 km von Pôrto Alegre entfernt) und **Torres** (209 km entfernt) zu finden. Die Berge Gramado und Canela sind bei Urlaubern ebenfalls beliebt. Im Bundesstaat Santa Catarina, dessen Hauptstadt **Florianópolis** auf einer Insel liegt, sind die besten Strände in *Laguna*, *Itapema* und *Camboriú*. Die Hauptstadt ist mit dem Festland durch zwei Brücken verbunden. In der Nähe findet man die »deutschen« Städte Blumenau, Brusque und Joinville: Die Landschaft soll der am Rhein ähnlich sein. Im Staat Paraná wird fast ausschließlich Kaffee angebaut. Die Bahnfahrt von der Hauptstadt **Curitiba** nach **Paranaguá** ist ein Erlebnis für jeden Besucher. Weitere interessante Sehenswürdigkeiten sind *Vila Velha* (»die Stadt aus Stein«) und die berühmten *Foz do Iguaçu*. Die Iguaçu-Wasserfälle entstehen durch das Zusammentreffen der Flüsse Paraná und Iguaçu, 275 Wasserfälle stürzen aus 60 m in die Schlucht und verursachen eine 30 m hohe Gischt; hier bringen die Sonnenstrahlen wunderschöne Regenbogen. Boote fahren an die herabstürzenden Wassermassen heran, Hubschrauberrundflüge ermöglichen einen guten Blick aus nächster Nähe.

SOZIALPROFIL

ESSEN & TRINKEN: Die brasilianische Küche mit ihren zahlreichen regionalen Varianten unterscheidet sich stark von der amerikanischen und europäischen Küche. Die *Bahia*-Küche z. B. geht auf die Zeit der Sklaverei zurück. Küchenabfälle der Herrschaften und alles, was man selbst fangen konnte, wurde mit Kokosmilch und Palmöl zubereitet und diente den Sklaven als Nahrung. Besondere Spezialitäten sind *Vatapá* (Krabben, Fischöl, Kokosmilch, Brot und Reis), *Sarapatel* (Leber, Herz, Tomaten, Paprikaschoten, Zwiebeln und Soße) und *Caruru* (Krabben, Okra, Zwiebeln und Paprikaschoten). Spezialitäten vom Rio Grande do Sul sind *Churrasco* (gegrilltes Rindfleisch mit einer Soße aus Tomaten und Zwiebeln) und *Galleto al primo Canto* (Hähnchenstücke am Spieß in Weißwein und Öl). Aus dem Amazonasgebiet kommen *Pato no Tucupi* (Ente in aromatischer Wildkräutersoße) und *Tacacá* (eine dickflüssige gelbe Suppe mit Krabben und Knoblauch). Im Nordosten werden viele Gerichte mit getrocknetem Salzfleisch mit Bohnen zubereitet. Besonders beliebt in Rio ist *Feijoada* (dicker Eintopf aus schwarzen Bohnen, Fleischstücken vom Rind und Schwein, Würstchen, Koteletts, Schweineohren und -schwänzen mit Reis, gekochtem Gemüse und Orangenscheiben). Traditionell wird es nur samstags zum Mittagessen zubereitet. Ein Feijoada-Restaurant in São Paulo bietet das Gericht jedoch täglich an. Das Niveau der Restaurants ist sehr unterschiedlich. **Getränke:** Zahlreiche Spirituosen werden im Land produziert und angeboten. Frisch gepresste Fruchtsäfte gibt es überall. *Vitaminas* sind dickflüssige Frucht- oder Gemüsesäfte mit Milch gemixt. Kaffee wird meist mit Milch und Zucker serviert. Das Bier ist ausgezeichnet. Bier vom Faß wird *Chopp* genannt. *Cachaça*, *Pitu* oder *Aguardente* schmecken ähnlich wie Whisky und werden von den Einheimischen (weniger von Besuchern) gern getrunken. Das brasilianische Nationalgetränk ist *Caipirinha* (zerstampfte Limonen, brauner Zucker, Cachaça und zerstoßenes Eis). Es gibt noch die Varianten mit Wodka anstelle des Cachaça, *Caipirosca* genannt und das gleiche mit weißem Rum heißt dann *Caipirissima*. In den Bars bestellt man zum Tisch, zum Teil am Tresen; es gibt keine gesetzlich festgelegten Schankstunden.

NACHTLEBEN: Das vielseitigste Angebot gibt es in Rio und São Paulo. In den größeren Nachtklubs in Rio fangen die Shows erst nach Mitternacht an; zahlreiche kleine Nachtklubs (*Boites*) bieten allabendlich Programme an. Die Nachtlokale in São Paulo sind im allgemeinen eleganter, die Auswahl ist hier größer. Viele Shows fangen früher an als in Rio. Das Programm ist den Tageszeitungen zu entnehmen.

EINKAUFSTIPS: Geschäfte und Märkte in Rio und São Paulo sind bis in die späten Abendstunden geöffnet. Zahlreiche Geschäfte in Rio und Bahia bieten Antiquitäten und Schmuck an. Edelsteine (insbesondere Smaragde), Schmuck (vor allem Silber), Andenken, zum Verkauf freigegebene Antiquitäten und Lederwaren werden überall angeboten. In São Paulo kann man Kleidung, Antiquitäten, Kristallartikel und Keramik erwerben. Vor den »Dschungel-Souvenirs«, die vor allem in Belém im Amazonas-Tal angeboten werden, sei gewarnt – mit dem Erwerb unterstützt man die systematische Plünderung des Regenwaldes. **Öffnungszeiten der Geschäfte:** Mo-Fr 09.00-19.00 Uhr, Sa 09.00-13.00 Uhr. Einkaufszentren: Mo-Sa 10.00-18.00 Uhr, So 13.00-18.00 Uhr. Öffnungszeiten variieren, zahlreiche Geschäfte schließen erst in den späten Abendstunden.

SPORT: **Fußball** ist verständlicherweise eine nationale Leidenschaft, da Brasilien die Fußballweltmeisterschaft viermal gewonnen hat. Andere Ballsportarten und Leichtathletik sind deshalb jedoch nicht weniger beliebt. **Capoeira** ist heute ein Tanzkampf, der damals von den schwarzen Skalven zur Selbstverteidigung entwickelt wurde. Der Kampf wird von den Rhythmen der Berimbau begleitet (ein Instrument, das aus einem mit

SALVADOR DA BAHIA

DAS TOR ZUM GLÜCK

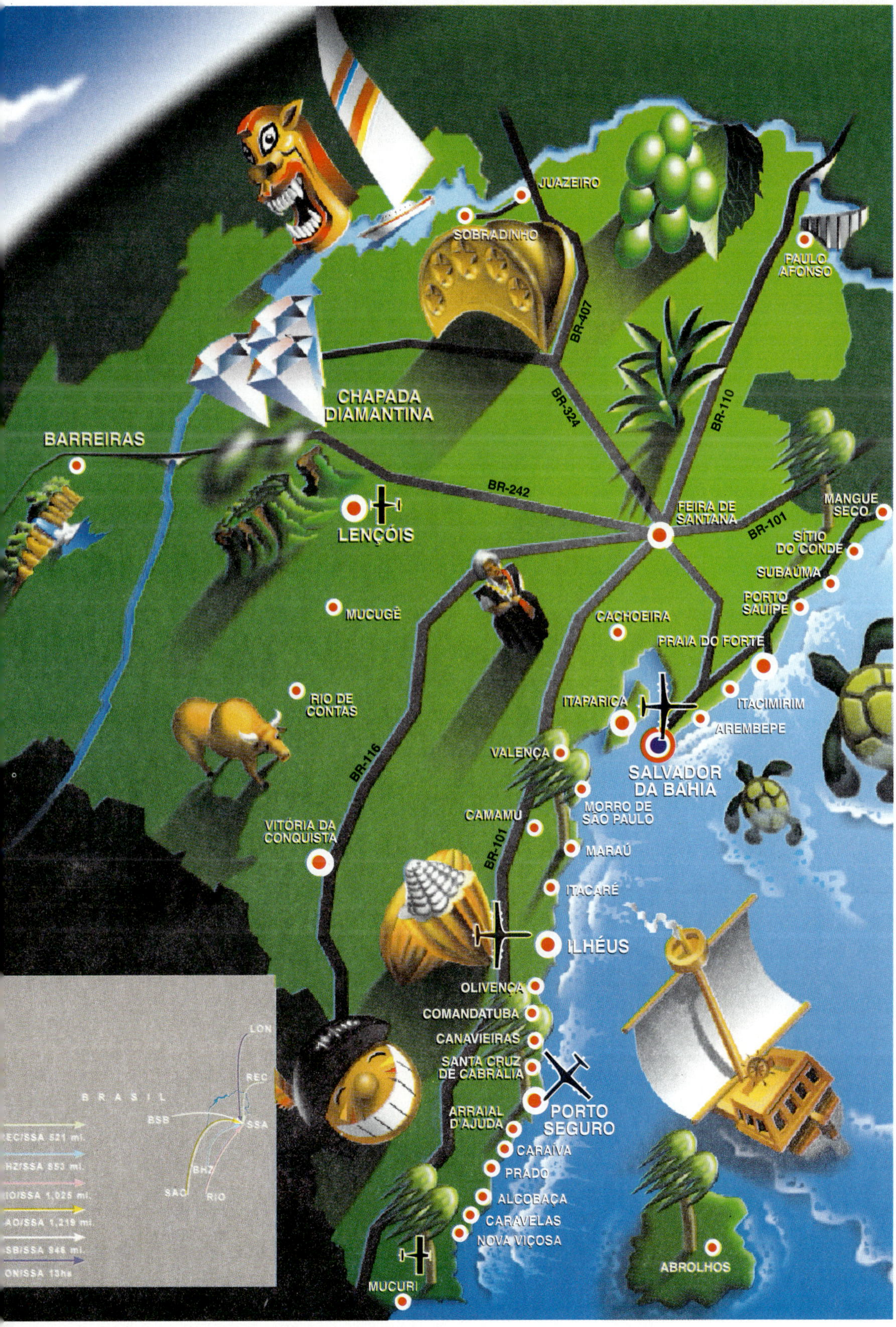

Wenn Sie in Salvador de Bahia ankommen, werden Sie in eine Welt des grenzenlosen Vergnügens und Abenteuers eintauchen. Salvador de Bahia ist das Tor zu 200.000 qkm großer natürlicher Pracht, geheimnisvollen Traditionen, exzessiven Festen und echter Gastfreundlichkeit. All dies und viel mehr erwartet Sie im Land des Glücks. Genießen Sie dieses wirklich einzigartige Reiseerlebnis und kosten Sie unser Angebot voll aus. Packen Sie Ihre Koffer, schnappen Sie Ihr Reiseticket und entdecken Sie Gefühle, wie Sie sie noch nie erlebt haben.

FÜR WEITERE INFORMATIONEN WENDEN SIE SICH BITTE AN:

*Jardim Armação -
Centro de Convenções,
41750-270,
Salvador, Bahia, Brazil.
Fax: 55 71 371-0110*

98 Brasilien

gemäßigter. Die Regenzeit dauert im Norden von Januar bis April, im Nordosten von April bis Juni und in Rio/São Paulo von November bis März.
Kleidung: Sommerliche Baumwoll- und Leinenkleidung, Regenschutz für die Regensaison, warme Bekleidung für den Winter im Süden (Juni bis Juli). Für das Amazonasgebiet wird Tropenkleidung empfohlen.

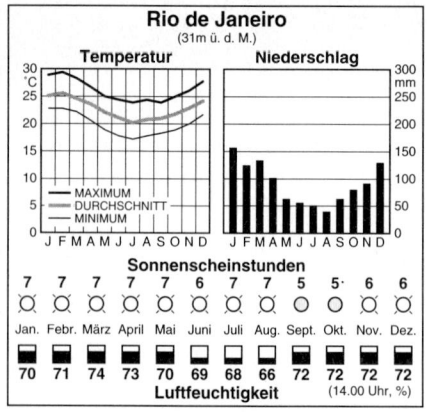

Draht bespannten Holzbogen und einer Kokosnußschale als Resonanzkasten besteht). **Bergsteigen, Drachenfliegen** und **Autorennen** sind häufige Freizeitbeschäftigungen. An der Küste gibt es überall **Wasserski-** und **Tauchklubs. Sportfischen, Angeln** und **Wellenreiten** sind ebenfalls beliebte Freizeitbeschäftigungen.
VERANSTALTUNGSKALENDER
Juni '96 *Folklorefest des Amazonas*, Manaus. **Juni** (1) *Junifeste*, ganz Pernambuco. (2) *São João da Cachoeira*, Bahia. **Juli** *Winterfestspiele*, Campos do Jordao bei São Paulo. **Aug.** *Marathonlauf*, Rio de Janeiro. **2. Augusthälfte** *Curitiba* (Folklore), Paraná. **2. Septemberhälfte** (1) *Anglerwettbewerb*, Pantanal. (2) *Internationale Dourado-Angelmeisterschaft*, Paraná. **Okt.** (1) *Cirio de Nazare* (Kerzenprozession), Belém. (2) *Fest Nossa Senhora da Aparecida*, São Paulo. **31. Dez.** (1) *Silvesterlauf*, São Paulo und Rio de Janeiro. (2) *Silvesterveranstaltungen*, Rio de Janeiro. **Jan. '97** *Festival Iemanja* (Candomblé-Veranstaltung), Salvador. **10. - 14. Febr.** *Karneval*, Salvador, Rio de Janeiro und Recife/Olinda. **April** *Inconfidencia-Woche* (Fest für den nationalen Freiheitsmärtyrer Joaquim Jose da Silva Xavier), Ouro Preto in Minas Gerais.
SITTEN & GEBRÄUCHE: Zur Begrüßung gibt man sich die Hand. Brasilianer sind sehr gastfreundlich und bieten häufig Tee oder Kaffee oder sogar ein ganzes Essen an. Ein Brasilianer hat viel Zeit und überstürzt nichts. Dementsprechend Zeit muß man selber mitbringen in Banken, Imbissen, bei der Gepäckaufbewahrung usw. Ein Blumenstrauß wird als Zeichen der Dankbarkeit und Freundschaft gern angenommen. Andenken aus dem Heimatland des Besuchers sind ebenfalls beliebte Geschenke. Freizeitkleidung ist tagsüber akzeptabel, nur zum Ausgehen am Abend zieht man sich etwas eleganter an. Schriftliche Einladungen zu gesellschaftlichen Ereignissen enthalten im allgemeinen Hinweise zur Garderobe. Rauchen ist fast überall gestattet. Der überwiegende Teil der Bevölkerung ist römisch-katholisch und sehr gläubig, Besucher sollten dies respektieren. In Großstädten haben Taschendiebe Hochsaison, dementsprechend sind Vorsichtsmaßnahmen geboten. **Trinkgeld:** 10% sind angemessen. Mitunter ist das Bedienungsgeld bereits in der Rechnung enthalten.

WIRTSCHAFTSPROFIL

WIRTSCHAFT: Brasilien ist das fünftgrößte Land der Welt und hat das zehntgrößte Bruttosozialprodukt. Ein großer Teil der Bevölkerung ist in der Landwirtschaft tätig (23%), aber auch die herstellende Industrie und der Abbau von Mineralien spielen eine bedeutende Rolle. Brasilien steht in der Weltrangliste der landwirtschaftlichen Exporteure an zweiter Stelle; vor allem Kaffee, Orangensaft, Zucker, Sojabohnen, Geflügel, Rindfleisch und Kakao werden ausgeführt, wobei Kaffee und Orangensaft die meisten Devisen erbringen. Außerdem werden Sisal, Tabak, Mais und Baumwolle angepflanzt. Die industrielle Produktion konzentriert sich auf die Herstellung von Maschinen, elektrischen Geräten, Baumaterialien, Gummi, Chemikalien und Fahrzeugen. Die einstmals umfangreiche Stahlindustrie hat unter der abnehmenden Nachfrage sowie unter der bis 1988 vertretenen Politik des Protektionismus stark gelitten. Eisenerz, Bauxit, Gold, Titan, Mangan, Kupfer und Zinn werden in großen Mengen abgebaut – Brasilien ist der größte Eisenerz-Exporteur der Welt. Fast täglich werden neue Mineralvorkommen entdeckt. Obwohl immer mehr Erdöl in Brasilien gefördert wird, muß der riesige Bedarf durch Importe aus Saudi-Arabien gedeckt werden. Die Bodenschätze sind verantwortlich für den Handelsüberschuß von 12 Millarden US-Dollar (Stand 1992). Die wichtigsten Handelspartner sind die USA, Japan und Deutschland sowie die anderen Mitgliedstaaten der südamerikanischen Handelsvereinigung Mercosur (Argentinien, Paraguay und Uruguay). Brasilien treibt außerdem Handel mit mehreren arabischen Ländern, vor allem Saudi-Arabien. Die typischen Probleme südamerikanischer Länder, galoppierende Inflation und enorme Auslandsschulden, machen auch der brasilianischen Wirtschaft schwer zu schaffen. Präsident Fernando Collor de Mello führte eine neue, einzigartige Methode zum Abbau der Inflation ein – er entzog der Wirtschaft das Kapital, und Privatkonten wurden eingefroren. Der »Novo-Plan« schloß jedoch auch konventionellere Methoden ein, wie z. B. die Kürzung der öffentlichen Ausgaben, die Privatisierung staatlicher Betriebe und eine Steuerreform, die jedoch langfristig keine Besserung brachten. Viele Brasilianer sind noch immer davon überzeugt, daß die rigorose Ausbeutung der Regenwälder die einzige Möglichkeit zur langfristigen Sanierung der Wirtschaft darstellt; lauterwerdende Proteste aus dem In- und Ausland stellen sich dem jedoch entgegen. Die 1992 in Rio de Janeiro abgehaltene Umwelt-Konferenz der UNO verdeutlichte, daß Umweltprobleme global gelöst werden müssen; mehr als 140 Länder unterzeichneten Konventionen zum Schutz des Klimas und der Artenvielfalt. 1992 wurden die Auslandsschulden mit den Hauptgläubiger-Ländern erfolgreich neu verhandelt. Die politische Instabilität nach der Anklage Collor de Mellos wegen Korruption Anfang 1993 scheint jedoch die Besserung der wirtschaftlichen Lage zu stören. Die 1994 neueingeführte Währung Real scheint sich zu bewähren, noch ist sie stabil.
GESCHÄFTSVERKEHR: Bei Geschäftsbesuchen, zu gesellschaftlichen Anlässen, in Restaurants und Nachtklubs sind Anzug und Krawatte bzw. Kostüm oder Kleid angebracht. Termine (möglichst mit gleichrangigen Partnern) sollten im voraus vereinbart werden; bei der Begrüßung werden Visitenkarten überreicht. **Geschäftszeiten:** Mo-Fr 09.00-18.00 Uhr.
Kontaktadressen: *Câmara de Comércio e Indústria Brasil-Alemanha* (Deutsch-Brasilianische Industrie- und Handelskammer), CP 55255, 04 799-970 São Paulo-SP. Tel: (011) 247 06 77. Telefax: (011) 524 70 13. *Weitere Niederlassungen* in Rio de Janeiro und Rio Grande do Sul.
O Cônsul Comercial da Austria (Österreichische Handelskammer), CP 62529, 22257-970 Rio de Janeiro-RJ. Tel: (021) 553 02 85. Telefax: (021) 551 01 42.
Câmara de Comércio Suíço-Brasileira (Schweizer Handelskammer), Avenida Paulista 1009, cj. 1804-18°, 001311-100 São Paulo-SP. Tel: (011) 285 44 58. Telefax: (011) 285 44 50. *Zweigstelle* in Rio de Janeiro.
Confederação Nacional do Comercio (Handelskammer), SCS, Edificio Presidente Dutra, 4° andar, Quadra 11, 70327 Brasília-DF. Tel: (061) 223 05 78.
Confederação Nacional da Indústria (CNI), Avenida Nilo Peçanha 50, 34° andar, 20044 Rio de Janeiro-RJ. Tel: (021) 292 77 66. Telefax: (021) 262 14 95.

KLIMA

Trockenes Buschland im Landesinneren, undurchdringlicher Regenwald am Amazonas und tropische Strände an der Ostküste sorgen für ein regional stark unterschiedliches Klima. Im Süden sind die Temperaturen

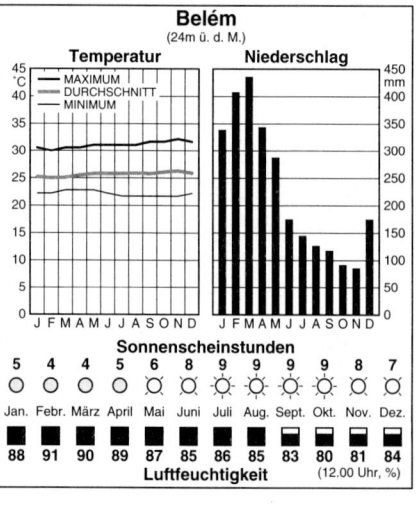

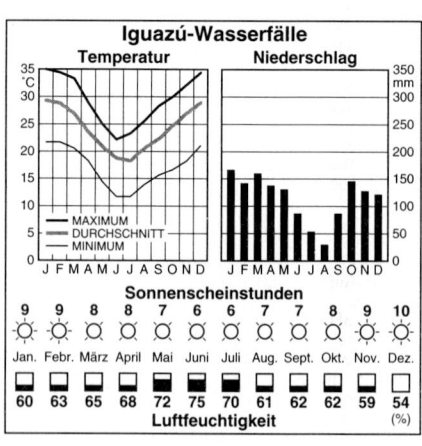

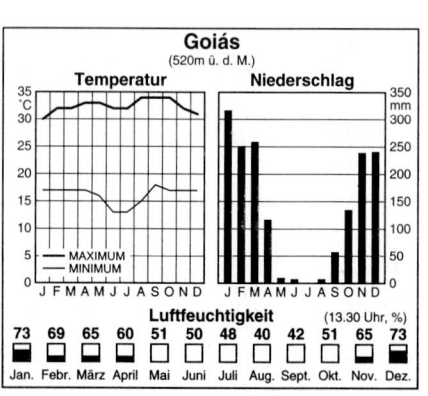

COLUMBUS REISEFÜHRER 1996/97

Britische Jungferninseln

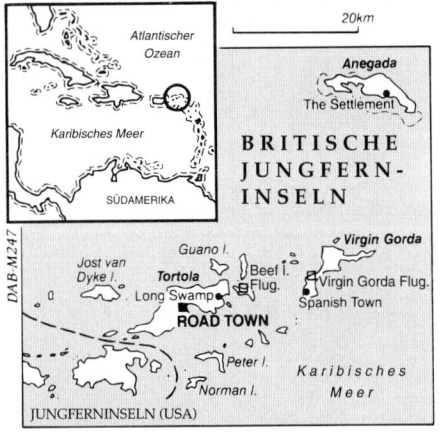

Lage: Östliche Karibik, Leeward-Inseln.

British Virgin Islands Tourist Board
Sophienstraße 4
D-65189 Wiesbaden
Tel: (0611) 30 02 62. Telefax: (0611) 30 07 66.
Mo-Fr 09.30-17.30 Uhr.
British Virgin Islands Tourist Board
Waterfront Drive
PO Box 134
Road Town
Tortola
Tel: 4 31 34. Telefax: 4 61 79.
Die Britischen Jungferninseln unterhalten keine eigenen Auslandsvertretungen. Visa sind bei den britischen Konsulaten erhältlich (s. Großbritannien).
Die Bundesrepublik Deutschland unterhält keine Vertretung auf den Britischen Jungferninseln, zuständig ist die Botschaft in Port of Spain (s. Trinidad und Tobago).
Österreich und die Schweiz unterhalten keine Vertretung auf den Britischen Jungferninseln, zuständig sind die jeweiligen Botschaften in London (s. Großbritannien).

FLÄCHE: 153 qkm.
BEVÖLKERUNGSZAHL: 16.644 (1991).
BEVÖLKERUNGSDICHTE: 108,8 pro qkm.
HAUPTSTADT: Road Town (Tortola). **Einwohner:** 9000 (1994).
GEOGRAPHIE: Die Britischen Jungferninseln bestehen aus über 40 Inseln, von denen nur 15 bewohnt sind. Sie sind die nördlichsten Leeward-Inseln in der östlichen Karibik. Anegada besteht aus Korallen und Kalkstein und ist gleichzeitig die flachste der Inseln. Alle anderen Inseln sind vulkanischen Ursprungs. Die Landschaft ist im allgemeinen bergig, der höchste Punkt ist der Sage Mountain (547 m) auf Tortola, aber es gibt auch viele flachere Gebiete mit Bananen-, Mango- und Palmenhainen. Auf Tortola gibt es Überreste von urzeitlichen Wäldern.
STAATSFORM: Assoziierter Staat im Commonwealth, Verfassung von 1977 mit erheblicher interner Selbstverwaltung. Staatsoberhaupt: Königin Elizabeth II; vertreten durch den Gouverneur David Mackilligin, seit 1995. Regierungschef: Ministerpräsident R. T. O'Neal, seit Sommer 1995. Im Legislativrat werden 9 der 11 Mitglieder direkt gewählt. Der Exekutivrat besteht aus dem Ministerpräsidenten und drei weiteren Ministern, alle aus dem Legislativrat gewählt, sowie dem Gouverneur und dem Generalstaatsanwalt.
SPRACHE: Offizielle Landessprache ist Englisch.
RELIGION: Überwiegend Methodisten; auch Anglikaner, Adventisten, Baptisten und Katholiken.

TIMATIC INFO-CODES

Abrufbar über Ihr CRS-System (für START/Amadeus Amaske benutzen). Für Galileo bitte TI-DFT eingeben (mit Bindestrich).

Flughafengebühren	TI DFT/ EIS /TX
Währung	TI DFT/ EIS /CY
Zollbestimmungen	TI DFT/ EIS /CS
Gesundheit	TI DFT/ EIS /HE
Reisepassbestimmungen	TI DFT/ EIS /PA
Visabestimmungen	TI DFT/ EIS /VI

ORTSZEIT: MEZ - 5.
NETZSPANNUNG: 110 V, 60 Hz.
POST- UND FERNMELDEWESEN: Telefon: Selbstwählferndienst. **Landesvorwahl: 1 809 49.** Es gibt keine Ortsnetzkennzahlen. **Telefax:** *Cable & Wireless* bietet diesen Service an. **Telex/Telegramme** können ebenfalls bei Cable & Wireless aufgegeben werden. Außerhalb der größeren Städte ist dies nur in begrenztem Umfang möglich. **Post:** Luftpost nach Europa ist bis zu einer Woche unterwegs.
DEUTSCHE WELLE
Der Einsatz der Kurzwellenfrequenzen ändert sich mehrfach im Laufe eines Jahres, und Sendungen auf den folgenden Frequenzen werden jeweils nur zu bestimmten Tageszeiten ausgestrahlt. Näheres in der Einleitung.

MHz	17,860	17,715	15,275	9,545	6,100
Meterband	16	16	19	31	49

REISEPASS/VISUM

Wichtiger Hinweis: Die Einreisebestimmungen mancher Länder können sich kurzfristig ändern – rufen Sie sicherheitshalber auf Ihrem CRS-System (TIMATIC-Info-Code-Fenster in diesem Kapitel) den aktuellen Stand ab bzw. werden Sie sich an die zuständige diplomatische Vertretung. Etwaige Zahlen in der Tabelle beziehen sich auf nachfolgende Fußnoten.

	Paß erforderlich?	Visum erforderlich?	Rückflugticket erforderlich?
Deutschland	Ja	1	Ja
Österreich	Ja	Ja	Ja
Schweiz	Ja	Nein	Ja
Andere EU-Länder	Ja	1	Ja

REISEPASS: Allgemein erforderlich mit Ausnahme von Staatsbürgern der USA und Kanadas, die mit einem anerkannten Identitätsnachweis (Geburtsurkunde, Wählerkarte) einreisen können.
VISUM: Allgemein erforderlich, ausgenommen sind Staatsbürger von:
(a) [1] der Bundesrepublik Deutschland (für Aufenthalte von max. 30 Tagen), den übrigen EU-Mitgliedstaaten (mit Ausnahme von Irland, Österreich und Portugal) und der Schweiz;
(b) Commonwealth-Ländern (Mitgliedstaaten s. Inhaltsverzeichnis);
(c) Venezuela für Aufenthalte von max. 30 Tagen;
(d) Island, Liechtenstein, San Marino, Tunesien, der Türkei, Uruguay und den USA, sofern sie im Besitz eines Rückflugtickets sind, ausreichende Geldmittel und gebuchte Unterkünfte vorweisen können.
Anmerkung: Seglern, die die Amerikanischen Jungferninseln besuchen, wird dringend empfohlen vor Abreise im Besitz eines amerikanischen Visums zu sein. Antragstellung an die Botschaften bzw. Konsulate der USA (Adressen s. *USA*).
Visaarten: Touristen-, Geschäfts- und Transitvisa. Transitvisa sind nicht nötig, falls man im Besitz eines Flugtickets ist und innerhalb von 14 Tagen wieder ausreist. Dies gilt nicht für Staatsbürger kommunistischer Länder, die auch für Aufenthalte unter 14 Tagen ein Transitvisum benötigen (sowie Geschäfts- oder Touristenvisa für längere Aufenthalte).
Gültigkeit: Die Einreise muß innerhalb von 3 Monaten nach der Ausstellung des Visums erfolgen, die Länge der Aufenthaltsdauer wird bei der Einreise von den zuständigen Beamten bestimmt.
Visagebühren: Unterschiedlich je nach Nationalität und Alter des Antragstellers.
Antragstellung: Britische Konsulate (s. *Großbritannien*).
Unterlagen: (a) Antrag. (b) Paßfoto. (c) Gültiger Reisepaß. (d) Nachweis ausreichender Geldmittel. Der postalischen Antragstellung sollten ein Freiumschlag und der Zahlungsbeleg der Gebühren beigelegt werden.
Bearbeitungszeit: In der Regel 24 Stunden, eine Woche bis 10 Tage bei postalischer Antragstellung.
Aufenthaltsgenehmigung: Eine Arbeits- und Aufenthalterlaubnis wird benötigt. Der Antrag sollte frühzeitig gestellt werden.

GELD

Währung: 1 US-Dollar (US$) = 100 Cents. Banknoten gibt es im Wert von 1000, 500, 100, 50, 20, 10, 5, 2 und 1 US$; Münzen im Wert von 50, 25, 10, 5 und 1 Cent.
Kreditkarten: *American Express*, *Mastercard* und *Visa* werden angenommen, *Diners Club* dagegen nur vereinzelt. Einzelheiten vom Aussteller der betreffenden Kreditkarte.
Reiseschecks werden in allen größeren Hotels und Restaurants angenommen. Besonders empfehlenswert sind US-Dollar-Reiseschecks. Auf alle Schecks entfällt eine Bearbeitungsgebühr von 10%.
Wechselkurse

	US$ Sept. '92	US$ Febr. '94	US$ Jan. '95	US$ Jan. '96
1 DM	0,67	0,58	0,65	0,70

Devisenbestimmungen: Unbeschränkte Ein- und Ausfuhr von Fremdwährung und der Landeswährung in Höhe des bei der Einreise deklarierten Betrags.
Öffnungszeiten der Banken: Mo-Do 09.00-15.00 Uhr, Fr 09.00-17.00 Uhr.

DUTY FREE

Es gibt keine Einfuhrbeschränkungen für Konsumgüter, die Zolltarife sind jedoch unterschiedlich. Tabakprodukte und alkoholische Getränke dürfen in normalem Umfang (Ermessen des Zollbeamten) eingeführt werden. Andere Artikel können für eine begrenzte Zeit zollfrei eingeführt werden. Für bestimmte Artikel muß eine Sicherheit hinterlegt werden.

GESETZLICHE FEIERTAGE

20. Mai '96 Pfingstmontag. **8. Juni** Geburtstag der Königin. **1. Juli** Tag des Territoriums. **5.-7. Aug.** Karneval. **21. Okt.** Tag der Heiligen Ursula. **14. Nov.** Geburtstag von Prinz Charles. **25./26. Dez.** Weihnachten. **1. Jan. '97** Neujahr. **9. März** Commonwealth-Tag. **28.-31. März** Ostern. **19. Mai** Pfingstmontag.

GESUNDHEIT

[1]: Milch ist pasteurisiert, und der Konsum von Milchprodukten ist unbedenklich. Einheimisches Geflügel,

In der folgenden Tabelle aufgeführte Impfvorschriften können sich kurzfristig ändern. Es wird stets empfohlen, auf Ihrem CRS-System (TIMATIC-Info-Code-Fenster in diesem Kapitel) den aktuellen Stand der Gesundheitsbestimmungen abzurufen bzw. rechtzeitig vor der Reise ärztlichen Rat einzuholen.

	Vorsichtsmaßnahmen empfohlen	Impfschein erforderlich
Gelbfieber	Nein	Nein
Cholera	Nein	Nein
Typhus & Polio	Nein	-
Malaria	Nein	-
Essen & Trinken	1	-

Fleisch, Meeresfrüchte, Obst und Gemüse gelten generell ebenfalls als unbedenklich.
Gesundheitsvorsorge: Tortola hat gute medizinische Einrichtungen und ein Krankenhaus, auf den anderen Inseln gibt es weitere Krankenstationen. Der Abschluß einer Reisekrankenversicherung wird empfohlen.

REISEVERKEHR - International

FLUGZEUG: Flugverbindungen zu den Britischen Jungferninseln werden von *Condor* und *BWIA* ab Frankfurt nach San Juan (Puerto Rico) und Antigua angeboten. *KLM* bietet eine Flugverbindung nach St. Maarten über Amsterdam an. Die Fluggesellschaften *LIAT*, *American Eagle* und *Virgin Islands Airways* fliegen die Jungferninseln an. Weitere Informationen vom Fremdenverkehrsamt (Adresse s. o.).
Durchschnittliche Flugzeiten: Frankfurt – Beef Island: 10 Std; Frankfurt – Virgin Gorda: 10 Std., einschl. Zwischenlandung auf Antigua oder in San Juan (Puerto Rico).
Internationale Flughäfen: Beef Island (EIS) liegt ca. 16 km außerhalb von Road Town (Fahrzeit 20 Min.). Am Flughafen gibt es eine Snackbar (07.00-20.00 Uhr), einen Souvenirladen, einen Taxistand, Touristeninformation und einen Mietwagenschalter.
Virgin Gorda (VIJ) liegt 5 km außerhalb von Spanish Town. Taxis sind vorhanden.
Ein weiterer Flughafen befindet sich auf *Anegada*.
Flughafengebühren: 10 US$ bei internationalen Abflügen.
SCHIFF: Die Haupthäfen der Britischen Jungferninseln sind: West End und Road Town (auf Tortola) und der Jachthafen Spanish Town auf Virgin Gorda. Sie werden im Rahmen von Kreuzfahrten u. a. von *Seetours* und *Hanseatic Tours* angelaufen. Verschiedene regionale Reedereien verbinden Tortola und Virgin Gorda regelmäßig mit den Amerikanischen Jungferninseln.

REISEVERKEHR - National

FLUGZEUG: *Gorda Aero Service* verbindet Virgin Gorda regelmäßig mit Tortola und Anegada. Man kann auch Privatflugzeuge mieten, um die Inseln aus der Luft zu erforschen. Chartermaschinen sind auch von *Fly BVI* erhältlich.
SCHIFF: Die Bootsvermietung ist einer der größten Industriezweige der Inseln. Jachten und Fähren können für Kreuzfahrten und Ausflüge gechartert werden. Die Hauptsaison ist von Dezember bis April. Regelmäßige Fährverbindungen auf den folgenden Routen: Tortola – Virgin Gorda; Tortola – Peter Island und Tortola – Jost van Dyke.
BUS/PKW: Das Straßennetz ist gut ausgebaut. **Taxis** der *BVI Taxi Association* fahren zu Festpreisen auf verschiedenen Standardrouten. Es stehen die unterschiedlichsten Fahrzeugtypen zur Verfügung. Alle Fahrer sind auch Fremdenführer. Man kann Taxis auch stündlich oder auf Tagesbasis mieten. **Mietwagen:** Es gibt neun Mietwagenfirmen auf den Britischen Jungferninseln. **Unterlagen:** Unter Vorlage eines gültigen nationalen Führerscheins wird gegen eine Gebühr von 10 US$ eine befristete Fahrerlaubnis ausgestellt. Haftpflichtversicherung und Führerschein erhält man bei den Ver-

Britische Jungferninseln / Brunei

leihfirmen. **Verkehrsbestimmungen:** Die Höchstgeschwindigkeit auf allen Inseln beträgt 48 km/h. Es wird links gefahren.
FAHRZEITEN von Beef Island zu den folgenden größeren Städten (ungefähre Angaben in Std. und Min.):

	Flugzeug	Bus/Pkw	Schiff
Virgin Gorda	0.05	-	0.30
Peter Island	-	-	0.25
Guana Island	-	-	0.20
Jost van Dyke	-	*0.55	-
St. Thomas (USVI)	0.15	-	0.55
San Juan (PR)	0.35	-	-
Antigua	1.30	-	-

Anmerkung: PR = Puerto Rico. USVI = Amerikanische Jungferninseln. [*] Einschließlich 10-15 Min. Fahrzeit per Boot von West End (Tortola) aus. Die größeren Hotels haben eigene Shuttle-Boote, die die Reisenden direkt von Beef Island abholen.

UNTERKUNFT

In Hotels, Apartmenthäusern und kleinen Pensionen stehen insgesamt etwa 1200 Zimmer zur Verfügung. Unterbringung in Privatzimmern ist ebenfalls möglich. **HOTELS:** Die Hotelauswahl ist groß. Auf alle Hotelrechnungen werden 7% Steuern aufgeschlagen. Weitere Informationen vom Hotel- und Handelsverband: *British Virgin Islands Hotel and Commerce Association*, PO Box 376, Road Town, Tortola. Tel: 4 35 14. Telefax: 4 61 79. **Kategorien:** Die meisten Hotels bieten mehrere Übernachtungspreise an: **Full American Plan (FAP)** – Zimmer mit Vollpension (einschl. Nachmittagstee). **American Plan (AP)** – Zimmer mit drei Mahlzeiten. **Modified American Plan (MAP)** – Zimmer, Frühstück und Abendessen, in manchen Hotels auch Nachmittagstee. **Continental Plan (CP)** – Zimmer mit Frühstück. **European Plan (EP)** – nur Übernachtung.
FERIENHÄUSER UND -WOHNUNGEN: Villen, Häuser und Bungalows können wochen- oder monatsweise gemietet werden. Auch hier werden 7% Steuern auf die Rechnung aufgeschlagen. Weitere Informationen vom Fremdenverkehrsamt (Adresse s. o.).
CAMPING ist nur auf offiziellen Plätzen gestattet. Rucksackurlauber werden nur ungern gesehen.

URLAUBSORTE & AUSFLÜGE

Kilometerlange, herrliche Strände und versteckte Buchten, die Ruhe und Abgeschiedenheit versprechen, machen den besonderen Reiz dieser Inselgruppe aus. **Tortola**, die größte Insel, hat ca. 13.000 Einwohner und zieht besonders viele Segler an. Es gibt eine Brücke nach **Beef Island**, auf der sich auch der internationale Flughafen befindet. **Road Town**, die Hauptstadt der Britischen Jungferninseln, liegt an der Südküste von Tortola. Der farbenfrohe Markt und die Häuser im traditionellen westindischen Stil sind besonders sehenswert.
Das *Bomba-Charger*-Tragflächenboot bietet sich für Ausflüge von Tortola nach Virgin Gorda oder St. Thomas (Amerikanische Jungferninseln) an. Das U-Boot *Aqua Sub* bietet Besuchern die Möglichkeit, die Unterwasserwelt kennenzulernen, ohne naß zu werden.
Die schönsten Strände verteilen sich auf der nördliche Inselhälfte und haben so phantasievolle Namen wie *Smugglers' Cove*, *Long Bay*, *Cane Garden Bay* und *Brewer's Bay*. Vom **Sage Mountain** (547 m) hat man einen herrlichen Blick über die Insel und die Küste.
Interessant sind auch die Koralleninsel **Anegada** und **Salt Island**, wo einmal im Jahr Salz abgebaut und ein Sack davon an die englische Königin geschickt wird. Die ehemalige Pirateninsel **Norman Island** erinnert mit ihren Höhlen an Seemannslieder und Geschichten über Piratenschätze. **Virgin Gorda** ist berühmt für seine *Baths*, ein einzigartiges, halbdunkles Höhlensystem, das man auch von der Meerseite aus erforschen kann. Die meisten Sehenswürdigkeiten kann man nur zu Fuß oder per Boot erreichen. Die kleineren Inseln haben oft eigenartige Namen, die aus der Piraten- und Schmugglerzeit stammen, wie z. B. *Fallen Jerusalem*, *Necker Island* (Eigentum des englischen Millionärs Richard Branson), *Great Camanoe*, *Great Dogs* und *Ginger Island*.

SOZIALPROFIL

ESSEN & TRINKEN: Viele ausgezeichnete Restaurants bieten internationale und einheimische Gerichte an. Lebensmittel werden zum Großteil eingeführt, aber Hummer und Langusten, *Chowder* (sämige Fischsuppe), Muschelauflauf, Meeresschneckensuppe, Hai und andere Fischdelikatessen kommen fangfrisch auf den Tisch. Neben Hotelrestaurants findet man auf Tortola, Virgin Gorda und Jost van Dyke auch andere Restaurants. **Getränke:** Es werden alle Arten von Rumpunsch und Cocktails sowie eine große Auswahl an Wein, importierten Biersorten und Spirituosen angeboten.
NACHTLEBEN: In vielen Hotels gibt es an bestimmten Abenden Unterhaltungsprogramme einschl. Musik und Tanz. Auf Tortola gibt es ein Kino und einen Pub mit Livemusik.
EINKAUFSTIPS: Beliebte Mitbringsel sind Holzschnitzereien, Strohbarbeiten, Schmuck aus Meeresschneckengehäusen (*Conch*) und farbenprächtige Batikstoffe.
SPORT: Segeln – da die Küstengewässer der Inseln zu den besten Segelgebieten der Welt gehören, findet man viele moderne Jachthäfen. Der Jachtklub in Road Town (Tortola) organisiert Regatten und stellt Ausbilder und Lotsen zur Verfügung. Zum **Hochseeangeln** werden Boote vermietet. **Tauchen** – das klare Wasser bietet gute Tauchmöglichkeiten, qualifizierte Ausbilder stehen zur Verfügung. Das Wrack der *HMS Rhone* vor der Küste von Salt Island ist ein beliebtes Tauchziel. **Tennis** – auf Tortola gibt es etliche Tennisplätze. Die Plätze auf Virgin Gorda stehen nur Hotelgästen zur Verfügung.
VERANSTALTUNGSKALENDER
Mai '96 *Spring Caribbean Arts Festival* (Kunstfestival), Long Bay Beach. **Juni** *Hook-In-Hold-On* (Windsurfwettbewerb). **16. Juni** *Leumar Pursuit* (Segelregatta). **Juli/Aug.** *BVI Sommer Festival* (Kunst, Spezialitäten, Musik). **Aug.** *Marlin Fishing Tournament* (Angelwettbewerb). **3./4. Aug.** *Rund um die Britischen Jungferninseln* (Segelregatta). **14. Dez.** *Commodore's Race* (Segelregatta).
Eine vollständige Liste mit genauen Daten ist vom Fremdenverkehrsamt erhältlich.
SITTEN & GEBRÄUCHE: Die Britischen Jungferninseln gehören zum Commonwealth, viele Sitten und Gebräuche sind von den Briten übernommen worden. Der Tourismus wird nur behutsam ausgebaut, wodurch der Reiz der Inseln und Cays bisher erhalten geblieben ist. Das Leben verläuft sehr geruhsam, und Besucher stoßen überall auf alte britische Höflichkeitsformen. Freizeitkleidung reicht aus, aber in *Little Dix Bay* wird formellere Kleidung erwartet. Badekleidung gehört an den Strand. **Trinkgeld:** Alle Hotels berechnen 10-12% für Bedienung.

WIRTSCHAFTSPROFIL

WIRTSCHAFT: Die wichtigsten Industriezweige der Inseln sind der Tourismus und Offshore Banking. In den achtziger Jahren stieg die Zahl der Touristen, die hauptsächlich aus den USA kommen, ständig an. Landwirtschaft wird aufgrund der schlechten Bodenqualität nur begrenzt betrieben. Obst und Gemüse werden angebaut und zusammen mit Fisch, Nutzvieh, Kies und Sand exportiert. Das bedeutendste Exportgut ist Rum, größter Absatzmarkt sind die USA. Lebensmittel und Verbrauchsgüter für den Eigenbedarf werden überwiegend von den Amerikanischen Jungferninseln, den USA selbst, Puerto Rico, Großbritannien und anderen europäischen Staaten importiert. Von den verheerenden Auswirkungen des Hurrikans Hugo erholten sich die Inseln glücklicherweise verhältnismäßig schnell. Offshore-Investitionen werden durch ein 1984 verabschiedetes Gesetz und britische Unterstützung begünstigt. Die Regierung bemüht sich darum, den Tourismus, der durch die allgemeine wirtschaftliche Rezession der Jahre 1991 und 1992 stark zurückgegangen ist, erneut zu fördern. Ein Drittel der Bevölkerung arbeitet direkt oder indirekt für die Tourismusindustrie. Dabei wird jedoch Wert darauf gelegt, die Schönheit der Insel nicht zu zerstören. Die Zahl der Besucher aus deutschsprachigen Ländern nimmt weiterhin zu, 1994 kamen 4090 Urlauber aus Deutschland auf die Insel.
GESCHÄFTSVERKEHR: Die Kleidung sollte nicht allzu salopp sein, leichter Anzug bzw. Kostüm sind angemessen. Die beste Besuchszeit ist zwischen April und Oktober. **Geschäftszeiten:** Mo-Fr 08.30-17.00 Uhr, Sa 08.30-12.30 Uhr.
Kontaktadresse: *British Virgin Islands Hotel and Commerce Association*, PO Box 376, Road Town, Tortola. Tel: 4 35 14. Telefax: 4 61 79.

KLIMA

Das tropische Klima wird durch die Passatwinde gemildert. Unterschiede zwischen Sommer und Winter sind geringfügig. Die Temperaturen liegen im Schnitt zwischen 25° und 30°C. Es gibt wenig Niederschlag mit geringen Unterschieden von Insel zu Insel. Nachts herrschen angenehme Temperaturen.
Kleidung: Leichte, im allgemeinen zwanglose Tropenkleidung.

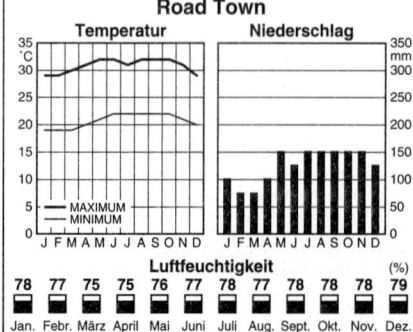

Brunei

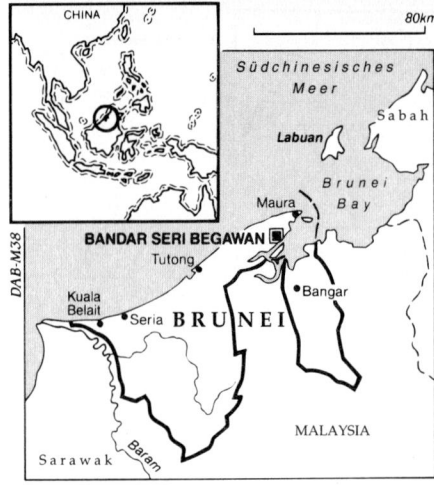

☐ Internationaler Flughafen

Lage: Südostasien, Insel Borneo.

Information Bureau
Department of Information
Prime Minister's Office
Bandar Seri Begawan 2041
Tel: (02) 24 04 00. Telefax: (02) 24 41 04.
Botschaft von Brunei Darussalam
Kaiser-Karl-Ring 18
D-53111 Bonn
Tel: (0228) 67 20 44/-47. Telefax: (0228) 68 73 29.
Mo-Do 09.00-17.00 Uhr, Fr 09.00-12.00 und 14.00-17.00 Uhr.
(auch für Österreich zuständig)
Ambassade de Brunéi Darussalam
4 Rue Logelback
F-75017 Paris
Tel: (1) 42 67 49 47. Telefax: (1) 42 66 15 60.
(auch für die Schweiz zuständig)
High Commission of Brunei Darussalam
19/20 Belgrave Square
GB-London SW1X 8PG
Tel: (0171) 581 05 21. Telefax: (0171) 235 97 17.
Mo-Fr 09.30-13.00 und 14.00-16.30 Uhr.
Botschaft der Bundesrepublik Deutschland
Wisma Raya, 6th Floor
49-50 Jalan Sultan
PO Box 3050
Bandar Seri Begawan 1930
Tel: (02) 22 55 47. Telefax: (02) 22 55 83.
Generalkonsulat der Republik Österreich
5 Taman Jubli
Simpang 75
Jalan Subok
Bandar Seri Begawan 2180
Peti Surat 1303
Bandar Seri Begawan 1913
Tel: (02) 26 10 83. Telefax: (02) 22 30 83.
Die Schweiz unterhält keine diplomatische Vertretung in Brunei, zuständig ist die Botschaft in Singapur (s. Singapur).

FLÄCHE: 5765 qkm.
BEVÖLKERUNGSZAHL: 274.000 (1993).
BEVÖLKERUNGSDICHTE: 47,5 pro qkm.
HAUPTSTADT: Bandar Seri Begawan. **Einwohner:** 50.500 (1986).
GEOGRAPHIE: Brunei ist ein Küstenstaat im Nord-

TIMATIC INFO-CODES	
Abrufbar über Ihr CRS-System (für START/Amadeus Amaduse-Maske benutzen). Für Galileo bitte TI-DFT eingeben (mit Bindestrich).	
Flughafengebühren	TI DFT/ BWN /TX
Währung	TI DFT/ BWN /CY
Zollbestimmungen	TI DFT/ BWN /CS
Gesundheit	TI DFT/ BWN /HE
Reisepaßbestimmungen	TI DFT/ BWN /PA
Visabestimmungen	TI DFT/ BWN /VI

westen der Insel Borneo, umschlossen vom malaysischen Bundesstaat Sarawak, der Brunei in zwei Hälften teilt. Die Landschaft besteht überwiegend aus Dschungel, der von Flüssen durchzogen wird. Die meisten Ortschaften befinden sich an Flußmündungen. Es gibt vier Regierungsbezirke: Brunei/Muara, Tutong, Seria/Belait und Temburong.
STAATSFORM: Sultanat, absolute Monarchie; seit 1984 im Commonwealth. Staatsoberhaupt und Regierungschef: Sultan Haji Hassan al-Bolkiah, seit Oktober 1967. Ministerrat, Religiöser Rat, Staatsrat und Erbfolgerat mit beratender Funktion.
SPRACHE: Offizielle Landessprache ist Malaiisch, mit Englisch und Chinesisch als Handelssprachen.
RELIGION: Die Malaien in der Bevölkerung sind zum größten Teil moslemische Sunniten. Es gibt buddhistische, konfuzianische, taoistische und christliche Minderheiten.
ORTSZEIT: MEZ + 7.
NETZSPANNUNG: 220/240 V, 50 Hz, dreipolige Stecker. Adapter erforderlich.
POST- UND FERNMELDEWESEN: Telefon: Selbstwählferndienst. **Landesvorwahl: 673.** Öffentliche Telefonzellen, meist Kartentelefone, gibt es in den meisten Postämtern und Einkaufszentren, Privatanschlüsse im ganzen Land. Telefonkarten erhält man in Postämtern und im Büro der Telecom. **Telex/Telegramme:** Es gibt keine öffentlichen Telexanschlüsse, aber Regierungsbüros und größere Firmen haben Telexgeräte. Telegramme kann man im staatlichen Telekommunikationsbüro aufgeben. **Post:** Die Rezeption der meisten Hotels bietet einen begrenzten Postdienst. Öffnungszeiten der Postämter: Mo-Do 07.45-16.30 Uhr. Luftpost nach Europa ist 2-5 Tage unterwegs.
DEUTSCHE WELLE
Der Einsatz der Kurzwellenfrequenzen ändert sich mehrfach im Laufe eines Jahres, und Sendungen auf den folgenden Frequenzen werden jeweils nur zu bestimmten Tageszeiten ausgestrahlt. Näheres in der Einleitung.

MHz	21,640	17,845	11,795	9,680	9,525
Meterband	13	16	25	31	31

REISEPASS/VISUM

Wichtiger Hinweis: *Die Einreisebestimmungen mancher Länder können sich kurzfristig ändern – rufen Sie sicherheitshalber auf Ihrem CRS-System (TIMATIC-Info-Code-Fenster in diesem Kapitel) den aktuellen Stand ab bzw. wenden Sie sich an die zuständige diplomatische Vertretung. Etwaige Zahlen in der Tabelle beziehen sich auf nachfolgende Fußnoten.*

	Paß erforderlich?	Visum erforderlich?	Rückflugticket erforderlich?
Deutschland	Ja	1	Ja
Österreich	Ja	Ja	Ja
Schweiz	Ja	2	Ja
Andere EU-Länder	Ja	1	Ja

REISEPASS: Allgemein erforderlich. Der Reisepaß muß mindestens 6 Monate über den Aufenthalt hinaus gültig sein.
VISUM: Allgemein erforderlich, ausgenommen sind Staatsbürger der folgenden Länder, sofern sie eine gültige Einreiseerlaubnis, eine Rückreisemöglichkeit in das eigene Land bzw. Weiterreisemöglichkeit und ausreichende Geldmittel vorweisen können:
(a) [1] Großbritannien(bei Aufenthalten bis zu 30 Tagen), Belgien, Bundesrepublik Deutschland, Dänemark, Frankreich, Luxemburg, Niederlande und Schweden bis zu 14 Tagen (für Aufenthalte über 14 Tage sind Visa erforderlich). Staatsbürger der übrigen Länder der Europäischen Union brauchen auf jeden Fall ein Visum;
(b) [2] Schweiz bis zu 14 Tagen;
(c) Malaysia und Singapur bis zu 30 Tagen;
(d) Japan, Kanada, Korea-Süd, Malediven, Neuseeland und Norwegen bis zu 14 Tagen;
(e) Indonesien, Philippinen, Thailand bis zu 14 Tagen (Einwohner von Indonesien brauchen ein Visum, falls sie auf dem Land- oder Seeweg einreisen);
(f) USA bis zu 90 Tagen;
(g) Transitreisende, die in ein Drittland mit dem nächsten Anschlußflug reisen, ohne dabei den Flughafen zu verlassen (ausgenommen Staatsbürger von Afghanistan, Albanien, Armenien, Aserbaidschan, Belarus, Bosnien-Herzegowina, Bulgarien, China (VR), Estland, Georgien, Israel, Jugoslawien, Kasachstan, Kirgistan, Kroatien, Kuba, Litauen, Ehem. jugosl. Republik Mazedonien, Moldawien, Mongolei, Polen, Rumänien, Russische Föderation, Slowakische Republik, Slowenien, Tadschikistan, Taiwan Republik (China), Tschechische Republik, Turkmenistan, Ungarn und Vietnam).
Visaarten: Touristen- und Transitvisa.
Visagebühren: Touristenvisum 20 DM, Gebühren unterschiedlich.
Antragstellung: Konsulat oder Konsularabteilung der Botschaft (Adressen s. o.).
Unterlagen: (a) Reisepaß. (b) Paßfoto. (c) Antrag. (d) Gebühr. (e) Einführungs- oder Einladungsschreiben bei Geschäftsbesuchen. (f) Kopie des Weiterflug- bzw. Rückflugtickets. Der postalischen Antragstellung sollten ein frankierter und adressierter Rückumschlag sowie der Zahlungsbeleg beigefügt sein.

GELD

Währung: 1 Brunei Dollar (B$) = 100 Cents. Banknoten gibt es im Wert von 10.000, 1000, 500, 100, 50, 25, 10, 5 und 1 B$; Münzen in den Nennbeträgen 50, 20, 10, 5 und 1 Cent. Der Wert des Brunei-Dollar entspricht offiziell dem des Singapur-Dollar.
Geldwechsel: Auslandswährungen und Reiseschecks, die vorzugsweise in US-Dollar ausgestellt sein sollten, können in jeder Bank umgetauscht werden.
Kreditkarten: *American Express, Diners Club, Eurocard, Mastercard* und *Visa* werden teilweise akzeptiert. Einzelheiten vom Aussteller der betreffenden Kreditkarte.
Wechselkurse

	B$ Sept. '92	B$ Febr. '94	B$ Jan. '95	B$ Jan. '96
1 DM	1,07	0,91	0,94	0,99
1 US$	1,59	1,59	1,46	1,42

Devisenbestimmungen: Die Einfuhr der Landeswährung ist unbeschränkt, die Ausfuhr ist auf 1000 B$ beschränkt. Singapur-Dollar dürfen bis zum Gegenwert von 1000 B$ ein- und ausgeführt werden. Indische und indonesische Banknoten werden nicht getauscht. Fremdwährungen sind deklarationspflichtig und können in unbegrenzter Höhe ein- und ausgeführt werden.
Öffnungszeiten der Banken: Mo-Fr 09.00-15.00 Uhr, Sa 09.00-11.00 Uhr.

DUTY FREE

Folgende Artikel können von Personen über 17 Jahren zollfrei nach Brunei eingeführt werden:
200 Zigaretten oder 250 g Tabakartikel;
60 ml Parfüm und 250 ml Eau de toilette;
1,5 l Spirituosen und 12 Dosen Bier für den persönlichen Gebrauch (deklarationspflichtig, nur nichtmoslemischen Personen gestattet).
Anmerkung: Alle Artikel müssen bei der Einreise deklariert werden.
Einfuhrverbot: Schußwaffen, rezeptpflichtige Medikamente und pornographische Erzeugnisse dürfen nicht eingeführt werden. **Auf unerlaubten Drogenbesitz steht die Todesstrafe.**

GESETZLICHE FEIERTAGE

19. Mai '96 Islamisches Neujahr (Hizrah). **1. Juni** Jahrestag des Königlichen Regiments von Brunei. **15. Juli** Geburtstag des Sultans. **28. Juli** Mouloud (Geburtstag des Propheten). **20. Dez.** Isra Meraj. **25. Dez.** Weihnachten. **1. Jan. '97** Neujahr. **10. Jan.** Beginn des Ramadan. **7. Febr.** Chinesisches Neujahr. **10. Febr.** Hari Raya Puasa (Ende des Ramadan). **29. Jan.** Offenbarung des Korans. **23. Febr.** Nationalfeiertag. **9. Mai** Islamisches Neujahr (Hizrah).
Anmerkung: Die angegebenen Daten für islamische Feiertage richten sich nach den Phasen des Mondes und verschieben sich daher von Jahr zu Jahr. Während des Fastenmonats Ramadan, der dem Festtag Hari Raya Puasa vorangeht, essen Mohammedaner nicht tagsüber, sondern erst nach Sonnenuntergang, wodurch der normale Geschäftsablauf gestört werden kann. Diese Unterbrechungen können auch während des Hari Raya Puasa auftreten. Dieses Fest, ebenso wie Hari Raya Haji, hat keine bestimmte Zeitdauer und kann je nach Region 2-10 Tage dauern. Weitere Informationen im Kapitel *Welt des Islam* (s. Inhaltsverzeichnis).

GESUNDHEIT

In der folgenden Tabelle aufgeführte Impfvorschriften können sich kurzfristig ändern. Es wird stets empfohlen, auf Ihrem CRS-System (TIMATIC-Info-Code-Fenster in diesem Kapitel) den aktuellen Stand der Gesundheitsbestimmungen abzurufen bzw. rechtzeitig vor der Reise ärztlichen Rat einzuholen.

	Vorsichtsmaßnahmen empfohlen	Impfschein erforderlich
Gelbfieber	Nein	1
Cholera	2	2
Typhus & Polio	3	-
Malaria	Nein	-
Essen & Trinken	4	-

[1]: Eine Impfbescheinigung gegen Gelbfieber wird von allen Reisenden über ein Jahr verlangt, die aus Infektionsgebieten einreisen oder sich innerhalb der vorangegangenen sechs Tage in Gelbfieber-Endemiegebieten aufgehalten haben.
[2]: Eine Impfbescheinigung gegen Cholera ist keine Einreisebedingung, das Risiko einer Infektion ist jedoch nicht auszuschließen. Da die Wirksamkeit der Schutzimpfung umstritten ist, empfiehlt es sich, rechtzeitig vor Antritt der Reise ärztlichen Rat einzuholen. Näheres unter *Gesundheit* (s. Inhaltsverzeichnis).
[3]: Typhus kommt vor, Poliomyelitis nicht.
[4]: Wasser sollte generell vor der Benutzung zum Trinken, Zähneputzen und zur Eiswürfelbereitung entweder abgekocht der anderweitig sterilisiert werden. Milch ist nicht pasteurisiert und sollte abgekocht werden. Milchprodukte aus ungekochter Milch vermeiden. Fleisch- und Fischgerichte nur gut durchgekocht und heiß serviert essen. Der Genuß von Schweinefleisch, rohen Salaten und Mayonnaise sollte vermieden werden. Gemüse sollte gekocht und Obst geschält werden. *Tollwut* sowie *Hepatitis A, B* und *E* sind ebenfalls endemisch.
Gesundheitsvorsorge: Die medizinischen Einrichtungen sind ausgezeichnet. Die örtlichen Gesundheitsbehörden behalten sich das Recht vor, alle Besucher, die nicht die erforderlichen Impfzeugnisse vorweisen können, zu impfen oder andere Maßnahmen zur Gesundheitsvorsorge vorzunehmen. Der Abschluß einer Reisekrankenversicherung wird empfohlen.

REISEVERKEHR - International

FLUGZEUG: Bruneis nationale Fluggesellschaft *Royal Brunei Airlines (RBI)* bietet dreimal wöchentlich Flugdienste von Frankfurt mit Zwischenlandung in Dubai (bzw. Abu Dhabi) und Bangkok sowie zweimal wöchentlich von Zürich mit Stopps in Bahrain und Kuala Lumpur (Malaysia).
Durchschnittliche Flugzeiten: *Frankfurt/Zürich* – Brunei: 16 Std. 55 (einschließlich Zwischenlandungen); *London* – Brunei: 17 Std; *Los Angeles* – Brunei: 19 Std; *New York* – Brunei: 22 Std; *Singapur* – Brunei: 2 Std; *Bangkok* – Brunei: 3 Std. und *Perth* – Brunei: 5 Std. 40.
Internationaler Flughafen: *Bandar Seri Begawan (BWN)* liegt 10 km nordöstlich der Stadt. Taxis berechnen nach 22.00 Uhr einen Zuschlag. Es gibt zwei Restaurants, ebenso Duty-free-Shops und andere Geschäfte.
Flughafengebühren: 5 B$ für Flüge nach Singapur und Malaysia; andere Zielorte: 12 B$.
SCHIFF: Wichtigster Hafen für Frachtschiffe ist Muara. Linienschiffe und Wassertaxis verkehren zwischen Bandar Seri Begawan und den malaysischen Städten Labuan (Sabah), Lawas, Limbang und Sundar (alle Sarawak).
BUS/PKW: Es gibt mehrere Verbindungsstraßen nach Malaysia, einige sind jedoch nicht asphaltiert.

REISEVERKEHR - National

FLUGZEUG: Es gibt keinen Inlandflugverkehr.
SCHIFF: Linienschiffe und Wassertaxis sind wichtige Transportmittel im ganzen Land und auch innerhalb von Ortschaften.
BUS/PKW: Das Straßennetz umfaßt 750 km. Es herrscht Linksverkehr. **Fernbusse:** Busverbindungen existieren nach Seria (91 km von Bandar Seri Begawan), nach Kuala Belait (16 km von Seria), nach Tutong (48 km von Bandar Seri Begawan) und nach Muara (27 km von Bandar Seri Begawan). Der Busbahnhof befindet sich in der Stadtmitte. **Mietwagen,** auf Wunsch auch mit Chauffeur und Klimaanlage, sind am Flughafen und über die größeren Hotels erhältlich. **Unterlagen:** Internationaler Führerschein nicht unbedingt erforderlich, wird jedoch empfohlen. Eine befristete Fahrerlaubnis wird unter Vorlage des nationalen Führerscheins ausgestellt.
STADTVERKEHR: In Bandar Seri Begawan gibt es **Taxis.** Falls kein Taxameter vorhanden ist, sollte der Fahrpreis vorher ausgehandelt werden. Nach 23.00 Uhr zahlt man 50% Zuschlag; Trinkgeld ist nicht nötig. Taxistände findet man an vielen Hotels und Einkaufszentren.

UNTERKUNFT

In der Hauptstadt gibt es mehrere große Hotels, das Angebot reicht dabei von internationalem Standard (Sheraton Utama) bis zu Hotels der Mittelklasse (Ang's Hotel und Brunei Hotel). Apartmenthotels sind ebenfalls vorhanden. Außerhalb der größeren Städte stehen kaum Unterkünfte zur Verfügung, in Kuala Belait gibt es zwei Hotels.

URLAUBSORTE & AUSFLÜGE

Brunei ist ein dichtbewaldetes Land, das Leben spielt sich überwiegend an der Küste und an den Flußmündungen ab. Die besten Strände findet man in Kuala Belait, in der Nähe von Tutong und in Muara.
BRUNEI MUARA ist der kleinste und zugleich dichtbesiedeltste der vier Bezirke. Die vielleicht eindrucksvollste Sehenswürdigkeit der Hauptstadt **Bandar Seri Begawan** ist die in einer künstlichen Lagune gelegene *Sultan-Omar-Ali-Saifuddin-Moschee* mit ihren prachtvollen goldenen Kuppeln und dem 44 m hohen Minarett, das die Stadt überragt. Für die Moschee ließ man Marmor aus Italien, Buntglas und Kronleuchter aus England und Teppiche aus Belgien und Saudi Arabien importieren. Auch das faszinierende Pfahldorf *Kampong Ayer* (wörtlich »Wasserdorf«) auf dem Brunei-Fluß, das über Holzbrücken und per Boot zu erreichen ist, sollte man sich nicht entgehen lassen. Das Dorf beherbergt ca. 30.000 Menschen und die individuellen Häuser sind durch labyrinthartige Holzgänge und -brücken verbunden. Die *Churchill-Gedenkstätte* mit dem angeschlossenen *Churchill-Museum* ist ebenfalls besuchenswert. Die landeskundliche Abteilung befaßt sich mit der Geschichte Brunei Darussalams seit dem 19. Jahrhundert. Zu dem Gebäudekomplex gehört außerdem das *Hassanal-Bolkiah-Aquarium*, dessen farbenprächtige tropische Fische täglich außer montags zu bewundern sind. Das glanzvolle *Lapau* ist Schauplatz traditioneller königlicher Zeremonien, wie z. B. der Krönung des jetztigen Sultans. Ein schönes Motiv für Erinnerungsfotos ist auch *Istana*

Nuru Iman, die Residenz des Sultans. Der reizvolle *Tasek-Park* mit seinem hübschen Wasserfall ist eine Oase der Ruhe. Nach Herzenslust stöbern kann man auf dem *Tamu*, einem Markt, dessen bunte Obst-, Gemüse- und Blumenstände besonders attraktiv sind. Auch Kunstgewerbeartikel werden feilgeboten. Das interessante *Brunei-Museum* ist in einem schönen Gebäude ca. 6 km vom Stadtzentrum untergebracht. Besonders die völkerkundliche Abteilung und die Sammlung chinesischer Keramik sind sehenswert. Im nahegelegenen *Malaiischen Technologie-Museum* wird die einstige Lebensweise der Bruneier dargestellt. Hier wird gezeigt, wie die malaiischen Menschen damals aus den Naturschätzen der Umgebung Gebrauch gemacht haben. Naturgetreu bauen Goldschmiede und Fischer Modelle nach. In der Nähe, am Ufer des Brunei, liegt das *Grabmal des 5. Sultans Bolkiah*, der wegen seiner Liebe zur Musik und seiner Eroberungslust als »der singende Admiral« bekannt war. Eine Fahrt den Fluß hinauf bietet einen Einblick in traditionelle Dörfer. Diese blieben von der raschen Industrialisierung (nach der Entdeckung von Erdöl) der letzten Jahre fast unberührt. Das 26 km von der Hauptstadt gelegene Museumsdorf *Kampong Parit* ermöglicht ebenfalls eine Reise in die Vergangenheit. Naturfreunde können nur 10 km außerhalb der Hauptstadt in *Wasai Kandal* auf Pfaden durch den Dschungel wandern; die Gegend ist vor allem für ihre Seen bekannt. Genauso schön ist ein Besuch im Erholungsgebiet *Bukit Shahbandar* mit seinen herrlichen Bäumen, Picknickplätzen, Fischteichen und markierten Wanderwegen. Vom Aussichtsturm hat man eine atemberaubende Sicht auf das Südchinesische Meer. Das 199 ha große *Berakas-Waldgebiet* ist bekannt für besonders seltene Baumarten. Ebenfalls im Umkreis der Hauptstadt befinden sich malerische Sandstrände. Etwa 15 Autominuten von Bandar Seri Begawan liegt *Meragang Beach*; noch beliebter ist *Muara Beach*, knapp 27 km entfernt. *Serasa Beach*, in 10 Autominuten von der Hauptstadt zu erreichen, ist ideal für Windsurfer.

Nur 10 Autominuten von *Tutong*, der wichtigsten Stadt des gleichnamigen Regierungsbezirkes, liegt der wohl schönste Strand des Landes, *Pantai Seri Kenangan*, was in der Landessprache so viel wie »der unvergeßliche Strand« bedeutet. Gesäumt wird der vielbesuchte Strand vom Südchinesischen Meer und dem Tutong-Fluß. Ein weiteres reizvolles Ausflugsziel ist *Tasek Merimbun*, ein malerischer See, in dessen Mitte eine hübsche Insel liegt, die durch einen Steg mit dem Ufer verbunden ist. Ein Wanderweg durch den Dschungel bietet die Möglichkeit, die artenreiche Vogelwelt und die interessante Fauna kennenzulernen (ca. 80 Autominuten von der Hauptstadt).

Im Bezirk **BELAIT** gibt es ebenfalls einiges zu entdecken. Das Erholungsgebiet *Sungai Liang* ist eine in Südostasien nahezu einmalige Waldregion, die durch markierte Wanderwege erschlossen ist (ca. 70 km oder 60 Autominuten von der Hauptstadt). Wanderungen mit Führer werden angeboten. Etwa 25 km weiter auf der Straße nach Labi befindet sich ein weiteres schönes Naturschutzgebiet, der 270 ha große *Luagan-Lalak-Park*.

Wer die nötige Kondition mitbringt und eine zwei- bis dreistündige Wanderung bergauf und bergab durch den Dschungel nicht scheut, wird mit dem Anblick des idyllischen *Wasi-Kadir-Wasserfalles* belohnt. Es empfiehlt sich, ausreichend Getränke mitzunehmen. *Lumut Beach*, 100 km von Bandar Seri Begawan und 10 km von Seria gelegen, lädt zum Sonnenbaden und Faulenzen ein. Hauptsehenswürdigkeit in **Kuala Belait** ist die alte Residenz des Sultans, *Istana Mangelela*. Für einen Tagesausflug nach Malaysia kann man mit der Fähre nach **Kampong Sungai Teraban** übersetzen und von dort zu Fuß im kleinen Grenzverkehr seinen Weg nach Sungai Tujoh in der malaysischen Provinz Sarawak fortsetzen. Die traditionellen Langhäuser in **Rampayoh** sind wirklich beeindruckend. In der Nähe von Rampayoh gibt es Wasserfälle und schöne Seen. Vorsicht vor Blutegeln ist jedoch geboten. Langhäuser findet man auch im Bezirk **Temburong** in den tiefen Dschungelgebieten, die nur per Schiff erreichbar sind. Auf der 45minütigen Bootsfahrt von der Hauptstadt nach Temburong kann man Krokodile und Affen sehen. Rund 16 km von der wichtigsten Stadt **Bangar** entfernt liegt der *Batang-Duri-Park* am Temburong-Fluß, in dessen Wasser sich der mächtige Urwald spiegelt. Bei **Kuala Belalong** gibt es ein Zentrum für Feldstudien des tropischen Regenwaldes (*Rainforest Field Study Centre*), in dem bis zu 24 Besucher Unterkunft finden (auch Touristen sind willkommen). Die fast dreistündige Fahrt dorthin ist recht abenteuerlich und ziemlich anstrengend, da die Kanus zeitweise getragen werden müssen. Inmitten des fast 1100 ha großen Naturschutzgebietes *Peradayan* liegt der gleichnamige Erholungspark. Auf einem 1,6 km langen Wanderpfad kann man den 410 m hohen *Bukit Peradayan* und den 310 m hohen *Bukit Petoi* erklimmen und den Panoramablick auf das Südchinesische Meer, die Hügelketten der Umgebung und die Dörfer genießen. Einzigartige geologische Sandsteinformationen und bizarre Höhlen sowie eine fazinierende Fauna sorgen für Abwechslung auf dem Weg.

SOZIALPROFIL

ESSEN & TRINKEN: In den Hotelrestaurants werden malaiische, chinesische, europäische und indische Gerichte angeboten. Die einheimische Küche ist der malaiischen verwandt, bietet viel frischen Fisch und Reis und ist oft stark gewürzt. **Getränke:** Alkohol ist verboten.

EINKAUFSTIPS: Beliebte Souvenirs sind handgearbeitete Silber-, Messing- und Bronzeartikel wie Kannen, Gongs, Kästchen, Tabletts, Löffel, Armreifen und Servriettenringe. Außerdem werden handgewebte Sarongs, Körbe und Matten aus Pandanblättern gern gekauft. **Öffnungszeiten der Geschäfte:** Mo-Sa 08.00-21.30 Uhr. Einkaufszentren sind meist täglich von 10.00-22.00 Uhr geöffnet.
SPORT: **Tennis**, **Squash**, **Badminton**, **Golf**, **Polo**, **Fußball**, **Hockey** sowie **Schwimmen**, **Segeln**, **Windsurfen** und **Tauchen**. Das Hassanal Bolkiah National Stadium in Bandar Seri Begawan hat besonders gute Sportanlagen, u. a. Tennisplätze, ein Fußballfeld, einen Squashplatz und einen Swimmingpool. Golfplätze befinden sich im Jerudong Park (Golf and Country Club) sowie in Seria (Panaga Golf Club). Am schönsten angelegt ist der Parcours des Mentiri Golf Club in Jalan Pengkalan Sibabau im Regierungsbezirk Brunei Muara (internationaler Standard, 18 Löcher). Weitere Informationen sind von den einzelnen Hotels erhältlich.
SITTEN & GEBRÄUCHE: Wenn man ein islamisches Haus oder Gebäude betritt, zieht man sich die Schuhe aus. Beim Besuch einer Moschee sollten Frauen darauf achten, daß Kopf, Dekolletée, Knie und Arme immer bedeckt sind. Es gibt viele Titel in Brunei, *Awang* (abgekürzt Awg) bedeutet »Herr« und *Dayang* (Dyg) »Frau«. Es wird nur die rechte Hand zum Überreichen oder Entgegennehmen benutzt. Männer und Frauen geben einander nicht die Hand. Niemals mit dem Zeigefinger auf jemand oder etwas zeigen, hierzu wird ausschließlich der Daumen der rechten Hand benutzt, wobei die vier übrigen Finger angezogen und an die Handfläche gepreßt werden. Um ein Taxi anzuhalten oder sich einem Bekannten bemerkbar zu machen, winkt man mit der ganzen Hand, jedoch muß die Handfläche nach unten zeigen. Es ist unhöflich, ein Erfrischungsgetränk abzulehnen. Außer zu besonderen Anlässen darf die Kleidung leger sein. **Trinkgeld:** Die meisten Hotels und Restaurants berechnen 10% für Bedienung.

WIRTSCHAFTSPROFIL

WIRTSCHAFT: Hauptstützen der Wirtschaft sind die Erdöl- und Erdgasvorkommen in den Küstengewässern sowie Investitionen aus dem Ausland. Brunei war 1992 nach Indonesien und Malaysia der drittgrößte Erdölproduzent in Südostasien; die Einnahmen garantieren den wenigen Einwohnern einen hohen Lebensstandard (1990 lag das BSP bei 15.650 US$ je Einwohner), und der Sultan ist der reichste Mann der Welt. Die Arbeitslosigkeit lag 1993 bei 5,8%, die Inflationsrate betrug 1992 2,5%. Es gibt zahlreiche Initiativen, die Wirtschaft zu diversifizieren, u. a. durch Steuervergünstigungen und -anreize für ausländische Investoren. Vor allem die Papier-, Holz-, Glas-, Düngemittel- und petrochemische Industrie bieten sich für Entwicklungsprogramme an. Rund 15% des Landes werden landwirtschaftlich genutzt, insbesondere durch den Anbau von Reis, Obst und Maniok. 52% der nationalen Mineralölproduktion werden nach Japan exportiert, dem größten Handelspartner. Singapur, Thailand und die Europäische Union sind weitere wichtige Handelspartner.
GESCHÄFTSVERKEHR: Geschäftsreisen legt man am besten in den Zeitraum April bis November (außerhalb der Monsunzeit). Geschäftssprache ist Englisch. **Geschäftszeiten:** Mo-Fr 09.00-17.00 Uhr, Sa 09.00-12.00 Uhr. **Behörden:** Mo-Do und Sa 07.45-12.15 und 13.30-16.30 Uhr.
Kontaktadressen: *Brunei Darussalam International Chamber of Commerce and Industry* (Industrie- und Handelskammer), PO Box 2246, Bandar Seri Begawan 1922. Tel: (02) 23 66 01. Telefax: (02) 22 83 89.
Die wirtschaftlichen Interessen Österreichs werden von der Außenhandelsstelle in Kuala Lumpur (s. Malaysia) wahrgenommen.

KLIMA

Sehr heißes tropisches Klima fast das ganze Jahr über. Ganzjährig Regen, besonders starke Regenfälle während des Monsuns (Oktober - März).

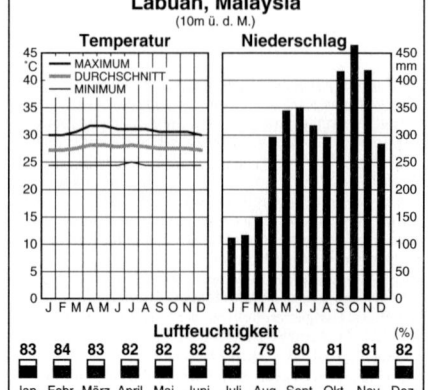

Bulgarien

Lage: Osteuropa.

Bulgarisches Fremdenverkehrsamt
Stephanstraße 3
D-60313 Frankfurt/M.
Tel: (069) 29 52 84/85. Telefax: (069) 29 52 86.
Mo-Fr 08.30-17.30 Uhr.
Bulgarisches Fremdenverkehrsamt
Kochstraße 74
D-10969 Berlin
Tel: (030) 251 16 47. Telefax: (030) 251 25 79.
Mo-Fr 09.00-17.00 Uhr.
Balkan Holiday-Reisebüro
Rechte Wienzeile 13
A-1040 Wien
Tel: (0222) 587 77 62. Telefax: (0222) 587 78 80.
Mo-Fr 08.00-17.00 Uhr.
Balkan Holiday-Reisebüro
Schaffhauserstraße 5
CH-8006 Zürich
Tel: (01) 362 80 70. Telefax: (01) 362 29 58.
Mo-Fr 08.00-12.30 und 13.30-17.30 Uhr.
Bulgarisches Fremdenverkehrsamt
Sweta-Nedelja-Platz 1
1040 Sofia
Tel: (02) 88 41 31. Telefax: (02) 88 20 66.
Balkantourist
Boulevard Vitosha 1
1040 Sofia
Tel: (02) 4 33 31. Telefax: (02) 80 01 34.
Balkan Holiday-International
Triaditsa 5
1000 Sofia
Tel: (02) 87 40 59.
Botschaft der Republik Bulgarien
Auf der Hostert 6
D-53173 Bonn
Tel: (0228) 36 30 61/-65. Telefax: (0228) 35 82 15.
Publikumsverkehr nach vorheriger Anmeldung.

TIMATIC INFO-CODES

*Abrufbar über Ihr CRS-System (für START/Amadeus Ama-Maske benutzen). Für Galileo bitte TI-DFT eingeben (**mit** Bindestrich).*

Flughafengebühren	TI DFT/ SOF /TX
Währung	TI DFT/ SOF /CY
Zollbestimmungen	TI DFT/ SOF /CS
Gesundheit	TI DFT/ SOF /HE
Reisepassbestimmungen	TI DFT/ SOF /PA
Visabestimmungen	TI DFT/ SOF /VI

Konsularabteilung
Am Büchel 17
D-53173 Bonn
Tel: (0228) 36 30 61/-65. Telefax: (0228) 35 10 28.
Mo-Fr 08.30-12.30 Uhr.
Außenstelle Berlin
Leipziger Straße 21-22
D-10117 Berlin
Tel: (030) 200 09 22. Telefax: (030) 208 68 38.
Konsularabt.: Mo, Di, Do, Fr 09.00-12.00 Uhr (Publikumsverkehr), Mo-Fr 14.00-16.00 Uhr (tel. Auskünfte); *andere Abteilungen*: Mo-Fr 09.00-12.00 und 14.00-17.00 Uhr.
Botschaft der Republik Bulgarien
Schwindgasse 8
A-1040 Wien
Tel: (0222) 505 64 44, 505 31 13, 505 06 37. Telefax: (0222) 505 14 23.
Konsularabt.: Mo, Di, Do, Fr 09.00-12.00 Uhr; *andere Abteilungen*: Mo-Fr 08.00-17.00 Uhr.
Botschaft der Republik Bulgarien
Bernastraße 2
CH-3005 Bern
Tel: (031) 351 14 55/56. Telefax: (031) 351 00 64.
Publikumsverkehr nach Vereinbarung.
Konsularabteilung
Bernastraße 4
CH-3005 Bern
Tel: (031) 351 13 67.
Mo-Fr 09.00-12.00 Uhr.
Botschaft der Bundesrepublik Deutschland
Ulica Frédéric Joliot Curie 25
Casa postale 869
1113 Sofia
Tel: (02) 65 04 51. Telefax: (02) 65 02 75.
Botschaft der Republik Österreich
Zar Oswoboditel 13
1000 Sofia
Tel: (02) 80 35 72/73. Telefax: (02) 87 22 60.
Botschaft der Schweizerischen Eidgenossenschaft
Ulica Chipka 33
1504 Sofia
Casa postale 244
1000 Sofia
Tel: (02) 44 31 98, 44 34 30. Telefax: (02) 492 11 86.

FLÄCHE: 110.994 qkm.
BEVÖLKERUNGSZAHL: 8.887.000 (1993).
BEVÖLKERUNGSDICHTE: 80 pro qkm.
HAUPTSTADT: Sofia. **Einwohner:** 1.114.500 (1992).
GEOGRAPHIE: Bulgarien grenzt im Norden an die Donau und Rumänien, im Osten an das Schwarze Meer, im Süden an die Türkei und Griechenland und im Westen an die Bundesrepublik Jugoslawien und die Ehemalige jugoslawische Republik Mazedonien. Die Berge des Balkans durchziehen das Land bis hin zu den goldenen Stränden am Schwarzen Meer. Bulgarien ist ein fruchtbares Agrarland mit dichten Wäldern und zahlreichen Flüssen. Obwohl das Land im Südosten Europas liegt, gibt es selbst im südlichen Thrakien keine extremen Sommertemperaturen. Die Schwarzmeerküste bietet die längsten Strände Europas, die Rhodopen im Süden des Landes sind ein beliebtes Wintersportgebiet.
STAATSFORM: Republik, Einkammerparlament. Regierungschef: Ministerpräsident und BSP-Vorsitzender Schan Widenow, seit Januar 1995. Staatsoberhaupt: Präsident Blagowest Sendow, seit Januar 1995. Neue Verfassung seit Juli 1991. Bei den vorgezogenen Parlamentswahlen im Dezember 1994, erhielt die Sozialistische Partei Bulgariens (BSP) die absolute Mehrheit. Zweitstärkste Fraktion im Parlament ist die Union Demokratischer Kräfte, eine Koalition aus 15 Parteien. Seit Mai 1992 ist Bulgarien Mitglied im Europarat.
SPRACHE: Offizielle Landessprache ist Bulgarisch. Viele Bulgaren, vor allem in den Urlaubsorten, sprechen auch Deutsch, Englisch, Französisch oder Russisch. Es gibt türkisch- und mazedonisch-sprechende Minderheiten.
RELIGION: Orthodoxes Christentum, auch römisch-katholische und islamische Glaubensgemeinschaften.
ORTSZEIT: MEZ + 1 (MEZ + 2 im Sommer).
NETZSPANNUNG: 220 V, 50 Hz.
POST- UND FERNMELDEWESEN: Telefon: Selbstwählferndienst in allen größeren Städten, in manchen ländlichen Gegenden müssen Auslandsgespräche beim Fernamt angemeldet werden. Öffentliche Telefonzellen gibt es in allen größeren Ortschaften. Das Telekommunikationssystem soll in den nächsten Jahren modernisiert werden. **Landesvorwahl: 359. Telefax**-Service ist beim Bulgarischen Telegrafenamt erhältlich.
Telex/Telegramme: In Sofia stehen Telexkabinen in Postämtern und großen Hotels zur Verfügung. Das Hauptpostamt in der Ul. General Gurko ist täglich 24 Std. geöffnet. **Post:** Luftpostsendungen nach Westeuropa sind zwischen 4 Tagen und 2 Wochen unterwegs.
DEUTSCHE WELLE
Der Einsatz der Kurzwellenfrequenzen ändert sich mehrfach im Laufe eines Jahres, und Sendungen auf den folgenden Frequenzen werden jeweils nur zu bestimmten Tageszeiten ausgestrahlt. Näheres in der Einleitung.

MHz	17,560	13,780	9,545	6,075	1,557
Meterband	16	22	31	49	MW

REISEPASS/VISUM

***Wichtiger Hinweis:** Die Einreisebestimmungen mancher Länder können sich kurzfristig ändern – rufen Sie sicherheitshalber auf Ihrem CRS-System (TIMATIC-Info-Code-Fenster in diesem Kapitel) den aktuellen Stand ab bzw. wenden Sie sich an die zuständige diplomatische Vertretung. Etwaige Zahlen in der Tabelle beziehen sich auf nachfolgende Fußnoten.*

	Paß erforderlich?	*Visum erforderlich?*	*Rückflugticket erforderlich?*
Deutschland	Ja	1	Nein
Österreich	Ja	Nein/2	Nein
Schweiz	Ja	1	Nein
Andere EU-Länder	Ja	1	Nein

REISEPASS: Allgemein erforderlich.
VISUM: Allgemein erforderlich, ausgenommen sind Staatsbürger von:
(a) Armenien, Aserbaidschan, Belarus, Estland, Georgien, Kirgistan, Kasachstan, Lettland, Litauen, Moldawien, der Russischen Föderation, Tadschikistan, Turkmenistan, der Ukraine und Usbekistan mit amtlich beglaubigter Einladung;
(b) Bosnien-Herzegowina, Jugoslawien, Kroatien, Kuba, Ehem. jugosl. Republik Mazedonien, der Mongolei, Polen, Rumänien, der Slowakischen Republik, Slowenien, der Tschechischen Republik, Tunesien, Ungarn und den USA;
(c) **[2]** Österreich (für Aufenthalte bis zu 1 Monat, Verlängerungen bei der Einwanderungsbehörde);
(d) **[1]** allen anderen Ländern der Europäischen Union, Australien, Bahrain, Hongkong, Island, Israel, Japan, Kanada, Kuwait, Liechtenstein, Neuseeland, Norwegen, Katar, Saudi-Arabien, Singapur, der Schweiz, Südafrika, Taiwan, den Vereinigten Arabischen Emiraten, Simbabwe und Zypern, falls sie im Besitz eines sogenannten *Touristen-Vouchers* für einen Aufenthalt von mindestens 3 Tagen sind.
Staatsbürger von Korea-Nord, Simbabwe und Zypern erhalten die Visa gebührenfrei.
Anmerkung: Pauschalreisende erhalten einen *Touristen-Voucher* und benötigen kein Visum.
Visaarten: Einreise-, Transit- und Doppeltransitvisa; außerdem Mehrfachvisa, z. B. für häufig nach Bulgarien reisende Geschäftsleute, und Expreßvisa direkt an der Grenze.
Visagebühren: *Einreisevisum oder Transitvisum*: 66 DM (postalische Antragstellung), 72 DM (Expreßausstellung); 380 öS (postalische Antragstellung), 450 öS (Expreßausstellung); 45 sfr (postalische Antragstellung), 70 sfr (Expreßausstellung); *Mehrfachvisum (nur Geschäftsreisende)*: 83 DM (3 Monate Gültigkeit; 95 DM bei Expreßausstellung), 160 DM (1 Jahr Gültigkeit; 173 DM bei Expreßausstellung); 1200 ös (1 Jahr Gültigkeit); 150 sfr.
Kinder mit Kinderausweis brauchen kein eigenes Visum, wenn sie von ihren Eltern begleitet werden. Wenn dies nicht der Fall ist, erhalten Kinder ein kostenloses Visum. Der Kinderausweis sollte jedoch in jedem Fall ein Lichtbild des Kindes aufweisen.
Gültigkeit: 3 Monate.
Antragstellung: Persönlich oder postalisch bei der Konsularabteilung der Botschaft bzw. der Außenstelle. Expreßvisa sind direkt an der Grenze erhältlich.
Unterlagen: (a) Ausgefülltes Antragsformular (bei persönlicher Antragstellung). (b) 1 Paßfoto. (c) Gültiger Reisepaß. (d) Formloser Antrag bei postalischer Antragstellung. (e) Geschäftsvisum: 2 Paßfotos, 2 Antragsformulare, Einladungsschreiben einer bulgarischen Firma, eine Bestätigung der bulgarischen Handelskammer sowie ein Begleitschreiben der Firma des Antragstellers. Bei postalischer Anforderung des Antragsformulars muß ein frankierter Rückumschlag beigelegt werden. Die Bezahlung der Visagebühren erfolgt per Nachnahme.
Bearbeitungszeit: 1 Woche, Geschäftsvisa ca. 2-3 Monate.

GELD

Währung: 1 Lew (Lw) = 100 Stotinki. Die Mehrzahl von Lew ist Lewa. Banknoten gibt es im Wert von 500, 200, 100, 50, 20, 10, 5, 2 und 1 Lw; Münzen in den Nennbeträgen 5, 2 und 1 Lw sowie 50, 20, 10, 5, 2 und 1 Stotinki.
Geldwechsel: Die ausgestellten Umtauschquittungen (*Bordereau*) müssen bei der Ausreise vorgelegt werden.
Kreditkarten: *Diners Club, American Express, Carte Blanche, Eurocard* und *Visa* werden in Touristenzentren akzeptiert. Einzelheiten vom Aussteller der betreffenden Kreditkarte.
Reiseschecks werden akzeptiert.
Euroschecks werden nur bei Banken angenommen. Garantiehöchstbetrag: Gegenwert von 400 DM.
Wechselkurse

	Lw Sept. '92	Lw Febr. '94	Lw Jan. '95	Lw Jan. '96
1 DM	15,29	15,31	42,57	50,10
1 US$	22,72	26,58	65,98	72,02

Devisenbestimmungen: Die Ein- und Ausfuhr der Landeswährung ist verboten. Fremdwährungen können in unbegrenzter Höhe eingeführt werden, müssen jedoch deklariert werden. Es gibt keinen Devisen-Pflichtumtausch. Die Ausfuhr von Fremdwährungen ist auf den deklarierten Betrag beschränkt. Die Landeswährung kann am Flughafen oder in den Wechselbüros gegen Vorlage der *Bordereau* wieder zurückgetauscht werden.
Öffnungszeiten der Banken: Mo-Fr 08.00-11.30 und 14.00-18.00 Uhr, Sa 08.30-11.30 Uhr.

DUTY FREE

Folgende Artikel können zollfrei nach Bulgarien eingeführt werden:
200 Zigaretten oder 50 Zigarren oder 250 g Tabak;
1 l Spirituosen und 2 l Wein;
100 g Parfüm.
Einfuhrverbot: Waffen, Munition, pornographische Schriften und Betäubungsmittel.

GESETZLICHE FEIERTAGE

1. Mai '96 Tag der Arbeit. **24. Mai** Tag der Ausbildung. **24.-26. Dez.** Weihnachten. **1. Jan. '97** Neujahr. **3. März** Nationalfeiertag. **31. März** Ostermontag. **1. Mai** Tag der Arbeit. **24. Mai** Tag der Ausbildung.

GESUNDHEIT

In der folgenden Tabelle aufgeführte Impfvorschriften können sich kurzfristig ändern. Es wird stets empfohlen, auf Ihrem CRS-System (TIMATIC-Info-Code-Fenster in diesem Kapitel) den aktuellen Stand der Gesundheitsbestimmungen abzurufen bzw. rechtzeitig vor der Reise ärztlichen Rat einzuholen.

	Vorsichtsmaßnahmen empfohlen	*Impfschein erforderlich*
Gelbfieber	Nein	Nein
Cholera	Nein	Nein
Typhus & Polio	1	-
Malaria	Nein	-
Essen & Trinken	2	-

[1]: Typhus kommt vor, Poliomyelitis nicht.
[2]: Leitungswasser ist im allgemeinen gechlort und relativ sauber, es können u. U. jedoch leichte Magenverstimmungen auftreten. Für die ersten Wochen des Aufenthaltes wird daher abgefülltes Wasser empfohlen, welches überall erhältlich ist. Milch ist pasteurisiert, und Milchprodukte sind im allgemeinen ebenso unbedenklich wie einheimisches Fleisch, Geflügel, Meeresfrüchte, Obst und Gemüse.
Hepatitis A und *B* treten auf.
Gesundheitsvorsorge: Der Abschluß einer Reisekrankenversicherung wird empfohlen.

REISEVERKEHR - International

FLUGZEUG: Bulgariens nationale Fluggesellschaft *Balkan Bulgarian Airlines (Balkan Air) (LZ)* bietet Direktverbindungen nach Sofia von Frankfurt/M., München, Wien und Zürich.
Durchschnittliche Flugzeiten: *Frankfurt/M.* – Sofia: 2 Std. 05; *München* – Sofia: 1 Std. 50; *Wien* – Sofia: 1 Std. 40 und *Zürich* – Sofia: 2 Std. 15.
Internationale Flughäfen: *Sofia* (SOF) liegt 10 km östlich der Stadt (Fahrzeit 20 Min.). Linienbusse fahren tagsüber ca. alle 10 Min. zum Stadtzentrum, von 21.00-00.30 Uhr alle 20 Min. Flughafeneinrichtungen: Banken/Wechselstube, Postamt, Duty-free-Shops, Restaurant, Apotheke, Mietwagenschalter, Konferenzeinrichtungen und Tourist-Information. Taxistand.
Varna (VAR) liegt 9 km außerhalb der Stadt. Linienbusverbindung in die Innenstadt im 20-Minutentakt. Taxistand vorhanden, außerdem Duty-free-Shop, Bank/Wechselstube, Restaurant, Bar und Mietwagenschalter.
Burgas (BOJ) liegt 13 km außerhalb der Stadt. Linienbusse fahren alle 20 Min. zum Stadtzentrum. Taxistand vorhanden, außerdem Duty-free-Shop, Bank/Wechselstube, Restaurant, Bar und Mietwagenschalter.
Balkantourist organisiert Zubringerbusse von allen Flughäfen.
SCHIFF: Offizielle Grenzübergänge nach Rumänien gibt es an der Donau zwischen Vidin und Calafat (Fähre) und zwischen Ruse und Giurgiu (Brücke).
BAHN: Es gibt keine direkten Züge von Bulgarien nach Westeuropa, jedoch fahrplanmäßige Verbindungen von Sofia nach Bukarest, Thessaloniki und Istanbul mit Speisewagen auf allen Strecken. Es empfiehlt sich, erster Klasse zu reisen.
BUS/PKW: Pkw-Reisende gelangen über Griechenland oder Rumänien nach Bulgarien – die Anreise über das ehemalige Jugoslawien ist bis auf weiteres nicht zu empfehlen. **Unterlagen:** Eigener Führerschein reicht für Kurzbesuche aus, internationaler Führerschein wird jedoch empfohlen.

REISEVERKEHR - National

FLUGZEUG: *Balkan Air* verbindet Sofia mit den größeren Städten des Landes und den Badeorten an der Küste. Die Flugzeit von Sofia nach Varna bzw. Burgas beträgt weniger als eine Stunde.

DIE WELT IN IHRER WESTENTASCHE MIT FLÜGEN VON BALKAN

Das Flugnetz von Balkan deckt Europa, Asien, Amerika und Afrika

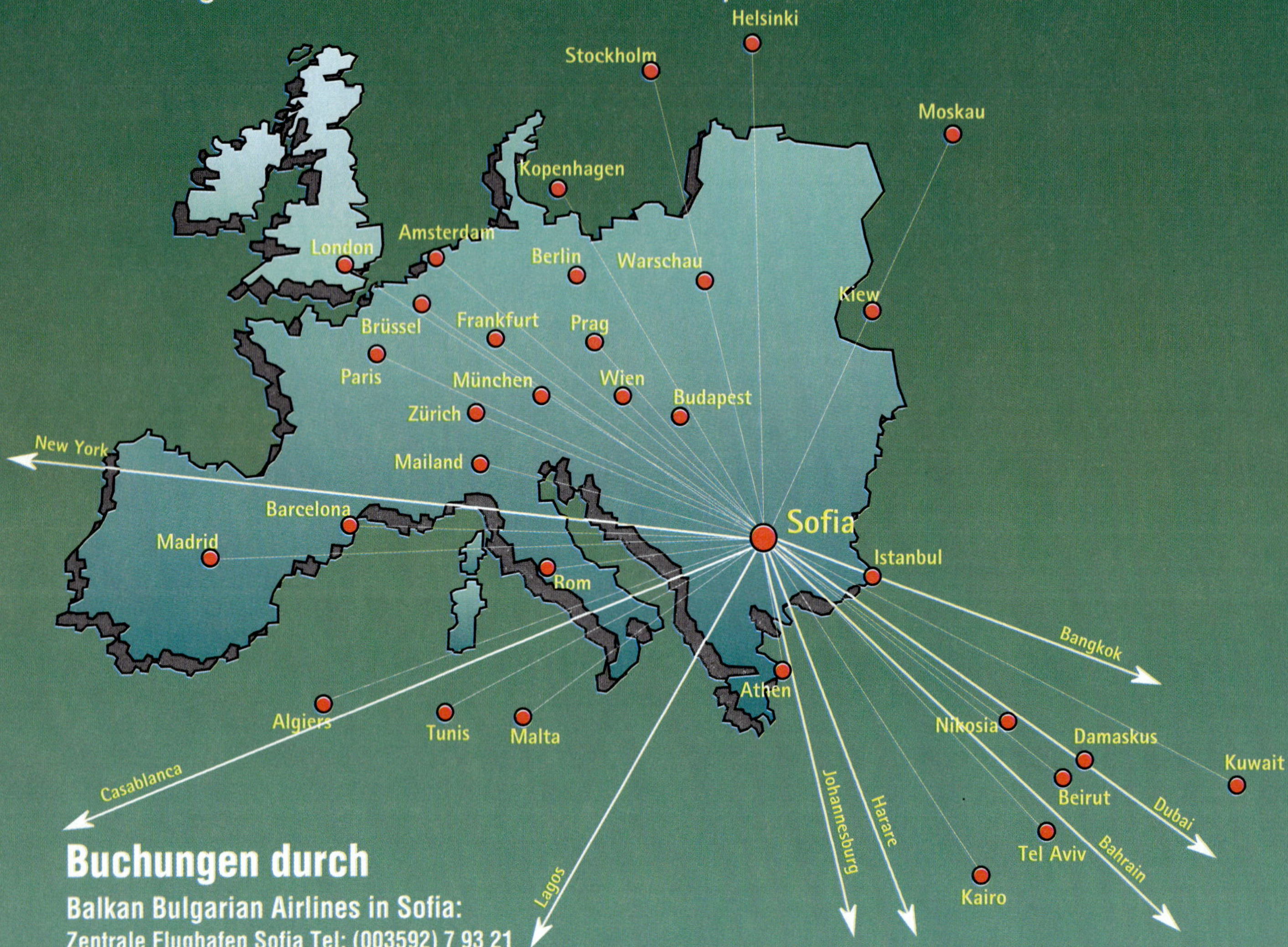

Buchungen durch

Balkan Bulgarian Airlines in Sofia:
Zentrale Flughafen Sofia Tel: (003592) 7 93 21
Tlx: 23097 balkan bg; 22299 balkan bg;
Telefax: (003592) 79 12 06; 79 13 06

Passagiere: Linienflüge – Telefonbuchung in Sofia: 68 41 48, 68 51 94, 68 93 61, 68 94 18;
Flugzeugcharter für Passagierflüge: 65 49 47, Tel/Telefax: 79 80 57

Fracht: Linienflüge: 79 61 04, 79 32 22 26;
Flugzeugcharter: 79 13 44, 79 32 21 13;
Tel/Telefax: 79 41 58

Balkan Airlines Zweigstellen weltweit (Telefonnummern):

ALGIERS - 63 72 28; AMMAN - 61 17 40/1; AMSTERDAM - (020) 624 95 77, 604 12 15; ATHEN - 363 46 75, 360 41 05, 361 52 70, 961 35 21, 969 94 30; BAGHDAD - 717 14 08; BAHRAIN - 21 41 49, 21 32 09; BANGKOK - 253 90 97, 253 30 63; BARCELONA - (343) 370 05 54; BEIRUT - 34 32 60, 34 61 16; BELGRAD - 13 39 43, 222 20 39; **BERLIN - 251 44 60, 251 44 05, 60 91 53 60;** BRÜSSEL - (02) 512 00 71, 512 00 72, 720 39 37; BUDAPEST - 117 18 18, 133 71 83; BUKAREST - 614 85 01, 312 07 11; CASABLANCA - 31 27 97; COLOMBO - 43 76 07, 43 76 08; KAIRO - 393 11 52, 393 12 11; KOPENHAGEN - 33 11 22 57, 315 1 47 74; DAMASKUS - 221 71 12, 221 70 65; DOHA - 87 37 71, 86 62 80, 86 77 00; DUBAI - 22 32 50; **FRANKFURT - 28 41 86, 28 36 69, 690 32 60;** HARARE - 75 76 83, 75 92 71; HELSINKI - (00120) 64 77 52, 49 70 28 24, 82 77 38 19; ISTANBUL - 293 22 39, 245 24 56; JOHANNESBURG - (2711) 883 09 57/8; KIEW - 229 72 03, 296 75 91; KUWAIT - 240 17 32, 240 17 34, 240 17 35, 240 17 36, 243 99 61; LAGOS - 263 36 76, 263 52 67; LISSABON - 3511/352 32 50, 352 24 64; LONDON (171) 637 76 37/8, 631 12 63, (181) 745 65 74; LUXEMBURG - 22 83 33; MADRID - 542 07 20/1; MAILAND - 86 66 71; MALTA - 22 44 13; MOSKAU - 921 02 67, 928 98 66, 578 27 12; **MÜNCHEN - 22 28 91/2;** NAIROBI - 44 59 00, 44 58 99; NEW YORK - (212) 371 20 47, (718) 656 82 35, 656 83 70; NIKOSIA - 36 81 81, 44 20 82; PARIS - 47 42 66 66; PRAG - 26 80 05, 26 90 82, 36 77 63; ROM - 481 44 89, 481 43 41, 65 95 37 01; ST. PETERSBURG - 315 50 30, 315 50 19; SKOPJE - (389) 91/11 30 22; SINGAPUR - (65) 339 59 91, 339 59 27, 464 33 40/1/2; STOCKHOLM - 20 75 21, 0760/6 11 41; SYDNEY - 239 17 22; TEL AVIV - 35 10 24 89, 35 10 24 87, 971 68 18; TIRANA - 2 84 00; TOKIO - (03) 52 76 40 91; TORONTO - 1 (416) 975 45 22; TRIPOLIS - (21821) 4 55 60, (2161) 78 08 49; WIEN - 587 17 67, 587 54 18; WARSCHAU - 621 12 78, 650 45 13; ZÜRICH - 361 61 54/5.

BALKAN BULGARIAN AIRLINES

Von Sofia weltweite Verbindungen

SCHIFF: Von Mai bis September verkehren auf den Flüssen Linienschiffe und Tragflächenboote zwischen den Städten Vidin, Lom und Kozloduj; Orjahovo und Nikopol; Svistov, Tutrakan und Silistra und entlang der Küste am Schwarzen Meer.
BAHN: Das Schienennetz der bulgarischen Staatsbahn umfaßt über 4500 km. Verkehrsknotenpunkt ist Sofia, von hier gibt es Verbindungen in alle großen Städte. Es empfiehlt sich, im voraus zu buchen und erster Klasse zu reisen. Näheres vom Bulgarischen Verkehrsamt oder vom Informationsbüro der Bulgarischen Eisenbahnen in Sofias Kulturpalast. *EURO DOMINO-Netzkarte* und *InterRail-Paß* gelten auch in Bulgarien. Einzelheiten s. *Deutschland*.
BUS/PKW: Bulgarien hat ein gutes Straßennetz, das über 13.000 km umfaßt. Es gelten die internationalen Verkehrszeichen. Folgende Geschwindigkeitsbegrenzungen müssen strikt eingehalten werden: 50 km/h in geschlossenen Ortschaften, 80 km/h außerhalb von Ortschaften und 120 km/h auf Autobahnen. Es besteht absolutes Alkoholverbot am Steuer; bei Verstoß müssen Strafmandate sofort bezahlt werden. Benzingutscheine sind nicht mehr üblich. Man bezahlt an jeder Tankstelle in bar in Lewa. Bei *Balkantourist* ist ein kostenloses Verzeichnis aller Tankstellen in Bulgarien erhältlich. **Taxis** gibt es in allen Städten, auch für Überlandfahrten. Staatliche Taxis haben Taxameter, private Taxis nicht. **Mietwagen** sind ebenfalls problemlos erhältlich; Anbieter: *Hertz*, *Rent-a-Car*, *Europcar* und kleinere Privatfirmen.
STADTVERKEHR: Das Nahverkehrsnetz in Sofia umfaßt Busse, Straßenbahnen und Oberleitungsbusse; eine U-Bahn ist im Bau. Es gelten Einheitsfahrpreise, die Fahrkarten müssen vor Fahrtantritt gekauft werden. In allen größeren Städten gibt es Linienbusse und Taxis, in Plovdiv und Varna verkehren auch Oberleitungsbusse.
FAHRZEITEN von Sofia zu den folgenden größeren Städten (ungefähre Angaben in Std. und Min.):

	Flugzeug	Bahn	Bus/Pkw
Varna	1.00	7.00	8.00
Burgas	1.00	6.00	7.00
Plovdiv	0.40	2.00	2.00
Ruse	1.00	8.00	9.00
Turnovo	-	-	3.30
Vitosha	-	-	0.30
Borovets	-	-	1.30
Pamporovo	-	-	3.30
Goldstrand	*0.45	-	*7.00
Albena	*0.45	-	*7.00
Sonnenstrand	**0.35	-	**6.30

Anmerkung: [*] Vom Flughafen Varna. [**] Vom Flughafen Burgas.

UNTERKUNFT

HOTELS: Zimmer sollten im voraus gebucht werden. Die meisten Hotels gehörten früher dem ehemals staatlichen Touristikunternehmen *Balkantourist* an, dem heute von den *Balkan-Holidays-Reisebüros* und kleineren Privatbetrieben zunehmend Konkurrenz gemacht wird (Adressen s. o.). Vor kurzem wurde das einzige 5-Sterne-Hotel des Landes, das Grand Hotel Varna, privatisiert. **Kategorien:** Es gibt Hotels der Luxus-, ersten und zweiten Klasse. Nur etwa 6% dieser Hotels entsprechen internationalem Standard.
PENSIONEN befinden sich meistens in Küstennähe. Zimmer in Privathäusern können ebenfalls gemietet werden.
CAMPING: Zeltplätze sind in die Kategorien »Spezial«, I und II eingeteilt. Auf Zeltplätzen der beiden ersten Kategorien gibt es Waschgelegenheiten, Duschen, Stromanschluß, Lebensmittelgeschäfte, Restaurants, Telefon und Sportplätze. Alle Campingplätze liegen in der Nähe von Urlaubsorten.
JUGENDHERBERGEN gibt es in 30 größeren Städten. Näheres vom Bulgarischen Verkehrsamt (Adresse s. o.) oder vom Jugendherbergsverband *ORBITA*, Hristo Botev Boulevard 48, 1000 Sofia. Tel: (02) 80 01 02.

URLAUBSORTE & AUSFLÜGE

Sofia

Die Architektur der im 5. Jh. v. Chr. gegründeten Hauptstadt Sofia ist äußerst vielfältig mit Beispielen griechischer, römischer, byzantinischer, bulgarischer und türkischer Baukunst. Zahlreiche Theater, Museen (u. a. das Archäologie- und das Völkerkundemuseum), Opernhäuser, Kunstgalerien (besonders interessant ist die Nationalgalerie im ehemaligen Königlichen Palais), eine Universität, Wochenmärkte, über 300 Grünanlagen (unbedingt sehenswert der Borisova-Park) und Sportstadien sorgen für abwechslungsreiche Stunden. Die Goldkuppeln der eindrucksvollen *Alexander-Nevsky-Kathedrale* sind weithin sichtbar. Sie wurde Anfang des 20. Jh. nach dem Ende des russisch-türkischen Krieges als Dank für die Befreiung von den Türken gebaut und gilt als eines der bedeutendsten Bauwerke auf dem Balkan. In der Krypta hängen herrliche Ikonen, außerdem hat die Kirche einen ausgezeichneten Chor. Es gibt zahlreiche sehenswerte Sakralbauten in Sofia. Die byzantinische *St. Sophienkirche* stammt aus dem 6. Jh., die im 5. Jh. erbaute *St. Georgskirche* hat großartige Freskenmalereien (14. Jh.). Die *Sveta-Petka-Samardshijskakirche* wurde im 14. Jh. errichtet. In den Innenräumen der *Boujouk*-Moschee (der größten in Sofia, bekannt für ihre neun Kuppeln) ist ein Archäologisches Museum untergebracht. Besonders eindrucksvoll ist die *Banja-Bashi*-Moschee. Ein Beispiel moderner Architektur ist der Batemberg-Platz (der ehemalige »Platz des 9. September«) mit den Regierungsgebäuden. Ganz in der Nähe ist man beim Ausschachten eines Tunnels auf römische Ruinen gestoßen; ein Modell zeigt, wie die Stadt zur Zeit der Römer ausgesehen hat.
Ausflugsziele in der Umgebung: 121 km von Sofia entfernt liegt das **Kloster von Rila**, hoch in den Bergen und umgeben von dichtem Nadelwald. Zu besichtigen gibt es erstaunliche Wandgemälde, Holzschnitzereien, alte Waffen, Münzen, auf Schafleder geschriebene Handbücher und Bibeln. Beeindruckend sind auch die ungewöhnlichen baulichen Details der Klosteranlage. Der Einsiedler und Mönch Ivan Rilsky gründete es im 10. Jh. Während der türkischen Besetzung (1396-1896) dienten die Gebäude als Lager und »Zufluchtsstätte« für Meisterwerke bulgarischer Kunst. Der größte Teil der alten Gebäude wurde im 19. Jh. durch Feuer zerstört und neu gebaut, nur der *Hrelioturm* aus dem 14. Jh. ist erhalten geblieben. Von Rila aus kann man schöne Ausflüge und Wanderungen in die Umgebung unternehmen.
Am Rande von Sofia liegt das Naturschutzgebiet **Vitoscha-Gebirge**, das gute Wander- und Wintersportmöglichkeiten bietet. Sessellifte und Drahtseilbahnen führen auf den 2000 m hohen Berggipfel. Es gibt mehrere Skizentren. Außerdem kann die mittelalterliche *Boyanakirche* hier besichtigt werden. Ihre herrlichen Freskenmalereien aus dem Jahre 1200 sollen die ältesten in Bulgarien sein.

Plovdiv

Plovdiv, die zweitgrößte Stadt des Landes, wurde 342 v. Chr. gegründet. Durch die Altstadt fließt die Marica. Das moderne Geschäftszentrum bildet einen interessanten Gegensatz zu den Renaissancegebäuden der Altstadt. In den engen, mit Kopfstein gepflasterten Gassen stehen malerische Häuser aus dem Mittelalter, deren obere Stockwerke sich so sehr neigen, daß sie die gegenüberstehenden Häuser fast berühren. Es gibt zahlreiche römische Ruinen und ein antikes Amphitheater. Das Museum für Archäologie bietet eine ausgezeichnete Sammlung goldener thrakischer Kunstgegenstände und Küchengeräte. Das Völkerkundemuseum und die Kirchen *St. Marina* und *St. Nedelya* sind ebenfalls sehenswert.
Ausflugsziele in der Umgebung: 8 km von Plovdiv entfernt liegt das **Kloster Batchkovo** (11. Jh.). Seltene Wandmalereien, Ikonen, alte Manuskripte und Münzen können hier bewundert werden. Das Kloster liegt im Landesteil Thrakien, zu dem auch die Rhodopen-Bergkette gehört. Bei archäologischen Ausgrabungen sind hier u. a. zahlreiche thrakische Goldgegenstände gefunden worden.
In **Kazanluk** gibt es ein Museum der Rosenölproduktion. In der Stadt wird auch heute noch Rosenöl, einer der wichtigsten Exportartikel Bulgariens, hergestellt. Im ganzen Tal stehen unzählige Überreste aus der griechischen, römischen, thrakischen und türkischen Zeit.
Im 13. und 14. Jh. war **Turnovo** die Hauptstadt Bulgariens. Interessante Sammlungen historischer Kunstwerke (einschl. Reliquien) können hier besichtigt werden. In der Nähe der Stadt liegen das Kloster *Preobrazhenski* und das Freilichtmuseum von Etur.

Am Schwarzen Meer

Die Urlaubsorte am Schwarzen Meer, Bulgariens Riviera, eignen sich hervorragend für Familienferien. Die Küste besteht aus kilometerlangen goldenen Sandstränden; hinter einladenden Buchten erheben sich dichtbewaldete Berge. Viele Urlaubsorte sind ideal für Kinder, weil es keine Gezeiten gibt und der Strand flach abfällt. Selbst 150 m vom Ufer entfernt erreicht das Wasser oft nur Schulterhöhe. Wo es Strömungen gibt, sind diese am Strand deutlich gekennzeichnet. Das Schwarze Meer ist eines der klarsten und saubersten Gewässer der Welt, und der Salzgehalt ist nur halb so hoch wie im Mittelmeer. Der Sand wird von Strömungen, die durch den Bosporus und die Dardanellen fließen, aus dem Mittelmeer angeschwemmt. Sonnenschein und gute, klare Luft sorgen für einen erholsamen Urlaub. Eine ständige leichte Seebrise mildert die Sommerhitze. Badestellen für Kinder sind mit Spielplätzen ausgestattet. In den meisten Urlaubsgegenden werden alle möglichen Wassersportarten angeboten.
SEEBÄDER: Am Schwarzen Meer liegen zahlreiche reizvolle Urlaubsorte. Wegen ihres hervorragenden Klimas sind **Druzhba** (das älteste Seebad) und **Varna** als Seekurorte sehr beliebt. Das luxuriöse Grandhotel Varna ist das Juwel der *Balkantourist*-Hotelkette. **Albena**, Bulgariens neuestes Seebad, wurde nach einer berühmten Dorfschönheit benannt und liegt am Rand eines hübschen Waldes. Dieses Musterbeispiel moderner bulgarischer Baukunst bietet ausgezeichnete Restaurants und ein reges Nachtleben. 15 km von Varna entfernt liegt der **Goldstrand**, zweitgrößter Urlaubsort am Schwarzen Meer. Die Hotels und das Unterhaltungsangebot sind ausgezeichnet. Der **Sonnenstrand** ist ideal für Familienurlaub mit Kleinkindern. Hier wurde im Juni 1993 die Bewegung »Blaue Flagge« ins Leben gerufen, die sich um die Aufnahme Bulgariens in die europäische Umweltschutzorganisation in Kopenhagen bemüht. Es werden außerdem Ökotouren in ausgewählte Naturgebiete angeboten. In der Nähe liegt der alte Fischerort **Nessebar**, der im 7. Jh. gegründet wurde. Hölzerne Fischerkaten und 48 byzantinische Kirchen können hier besichtigt werden.
Die Auswahl an Restaurants und *Mehanas* (einheimische Tavernen) ist in ganz Bulgarien groß. Charakteristisch für die lebhaften Bulgaren sind die freundliche Bedienung, das hervorragende Essen und der ausgezeichnete Wein. Es gibt Diskotheken, Kabaretts und Bars für jeden Geschmack und Geldbeutel. Das »Zelt des Khan« am Sonnenstrand ist einen Besuch wert, ebenso der *Gorski-Zar* (»Waldkönig«) in Albena. Das südbulgarische **Sandansky** in der Nähe der griechischen Grenze hält den Sonnenscheinrekord.

Winterurlaub

Die Beliebtheit Bulgariens als Wintersportgebiet nimmt ständig zu; es stehen ausgezeichnete Pisten für Erwachsene und Kinder zur Verfügung. In den letzten fünf Jahren sind die drei größten Skiorte erheblich ausgebaut worden.
WINTERSPORTORTE: Im nur 70 km von Sofia entfernten **Borovets** wurden bereits einmal die Skiweltmeisterschaften ausgetragen. Borovets liegt in den Rila-Bergen auf einer Höhe von 1300 m. Von November bis April stehen dem fortgeschrittenen Skiläufer die Pisten des 2400 m hohen *Yastrebet* (»Habichtsnest«) zur Verfügung. Zimmer findet man in freundlichen, gemütlichen und gutgeführten Hotels. Fachwerkhäuschen (bis zu 6 Personen) können in einem nahegelegenen Dorf gemietet werden. Das Nachtleben findet überwiegend in den Hotels statt. Das *Mousalla* hat eine Diskothek, in der Hotelbar treten Musikgruppen auf, außerdem gibt es eine Weinbar und Tavernen. Eine besondere Attraktion sind Spazierfahrten mit dem Pferdeschlitten.
Pamporovo, südlich von Plovdiv in der Bergkette der Rhodopen, liegt 1600 m hoch und hat eine der besten Skischulen Europas. 1400 Betten (in sieben Hotels) stehen zur Verfügung. Das moderne *Hotel Perelik* (480 Betten) ist beinahe ein Urlaubsort für sich mit Einkaufspassagen, einem 25 m langen Schwimmbecken, Solarium, Bars und breitem Freizeitangebot. Pamporovo ist Europas südlichster Wintersportort.
Im 1800 m hoch gelegenen **Vitosha**, das die Hauptstadt Sofia überblickt, befindet sich die nationale Skischule. Alle Wintersportorte sind so angelegt worden, daß sie sich gut in die majestätische Berg- und Waldlandschaft einfügen. Moderne Ausrüstungen können gemietet werden.
In den Monaten Dezember bis April schneit es kräftig in den bulgarischen Bergen. Trotz blauen Himmels und strahlenden Sonnenscheins in diesen südlichen Lagen geben manche Reiseveranstalter sogar eine »Schneegarantie«. Vom Restaurant des Fernsehturms in Pamporovo kann man bis nach Griechenland und zum Ägäischen Meer sehen. Die bulgarischen Skigebiete sind vielleicht nicht ganz so weitläufig wie die Wintersportregionen in den Alpen, aber die vorhandenen Pisten eignen sich hervorragend für Anfänger und Fortgeschrittene und zählen zu den besten Europas. Skilanglauf wird immer beliebter; markierte Langlaufstrecken, wie sie selbst in den Alpen nicht besser zu finden sind, führen durch hohen Fichtenwald.

Spezialreisen

Besonders zu empfehlen sind Kreuzfahrten auf der Donau auf einem von zwei modernen Luxusdampfern (für je 236 Passagiere), die durch sieben Länder die Donau hinabfahren. Die zwei- oder dreiwöchige Reise beginnt in Passau oder Wien und endet in Ruse (Ostbulgarien). In allen Anlaufhäfen werden Landgänge veranstaltet. Nach Beendigung der Donaufahrt kann man entweder per Bus eine Rundreise durch Bulgarien machen oder am Schwarzen Meer oder in den Bergen seinen Urlaub fortsetzen. Bei Pauschalreisen ist der Rückflug zum Heimatort inbegriffen.
Wanderurlaub auf markierten Pfaden durch die ursprüngliche Wald- und Berglandschaft wird immer beliebter. Man kann auch mit dem Pferdewagen oder der Schmalspurbahn über Land fahren. In **Plovdiv** und in der Museumsstadt **Koprivstiza** (östlich von Sofia) werden Mal- und Fotografiekurse veranstaltet. Bulgarien ist auch ein guter Ausgangspunkt für Fahrten in benachbarte osteuropäische Länder und in die Türkei. Sonderfahrten werden z. B. nach **Moskau**, **Prag**, **Warschau** und **Istanbul** angeboten.
Neben den offensichtlichen Touristenattraktionen gibt es in Bulgarien auch anerkannte Kurbäder und über 500 Mineralquellen mit traditionsreicher Geschichte, »Kururlaub« bietet sich an.

SOZIALPROFIL

ESSEN & TRINKEN: In der Gastronomie ist die Privatisierung bereits viel weiter vorangeschritten als im Hotelwesen. Essensgutscheine sind nicht mehr üblich.

Derzeit kostet eine viergängige Mahlzeit umgerechnet ca. 10 DM. In Bulgarien ist das Mittagessen die Hauptmahlzeit. Das Abendessen ist ein gesellschaftliches Ereignis mit Tanz in den meisten der rustikalen, gemütlichen Restaurants. Das Essen ist pikant gewürzt, herzhaft und gut; zu den besonderen Leckerbissen gehören kalte Joghurtsuppe mit Gurken, gefüllte Paprikaschoten und Auberginen und *Kebapcheta* (kleine, stark gewürzte Fleischröllchen). Einheimisches Obst ist ausgezeichnet und ganzjährig preiswert. *Banitsa* sind mit Obst oder Käse gefüllte Teigtaschen. In den Restaurants stehen sowohl eine große Auswahl an bulgarischen Gerichten als auch westeuropäische Küche auf dem Speiseplan. Fast alle Hotels haben ein Restaurant; interessanter sind jedoch die volkstümlichen Tavernen und Cafés. **Getränke:** Kaffee wird stark gesüßt getrunken. Kräutertees, vor allem Lindenblütentee, sind sehr beliebt. Unter den Weißweinen sind *Karlauski Misket, Tamianka, Evskinograde* und *Chardonnay* zu empfehlen, zu den besten Rotweinsorten gehören *Trakia* und *Mavroud*.
NACHTLEBEN: In vielen Restaurants werden Musik- und Folkloreabende veranstaltet. In Sofia kann man zur Staatsoper gehen oder zu den klassischen Konzerten des nationalen Volksensembles. Die Nachtklubs in Sofia, in den Urlaubsorten und den anderen Großstädten bieten Tanz und verschiedene Shows.
EINKAUFSTIPS: Kunsthandwerksgegenstände, Spirituosen, Wein, Süßwaren und Rosenöl. Die besten Einkaufsmöglichkeiten in Sofia bieten die Geschäfte am Vitosha Boulevard. **Öffnungszeiten der Geschäfte:** Mo-Fr 10.00-20.00 Uhr. Manche Geschäfte sind auch Sa 08.00-14.00 Uhr geöffnet.
SPORT: Tennis, Minigolf, Reiten, Angeln und **Radfahren. Wintersport:** s. o. unter *Winterurlaub*. Wassersportler können am Schwarzen Meer Ausrüstungen zum **Wasserskifahren, Segeln, Surfen** und **Tauchen** ausleihen.
VERANSTALTUNGSKALENDER
24. Mai - 31. Juni '96 *Musikwochen*, Sofia. **1. - 10. Juni** *Varnaer Sommer* (Theatertage). **2. - 5. Aug.** *Jazztage*. **6. - 10. Aug.** *Folkloretage*, Varna und Goldstrand. **Juni (1. Woche)** *Rosenfest*, Kazanluk. **Juli** *Internationaler Ballettwettbewerb*, Varna. **Mitte Aug.** *Internationales Folklorefestival*, Burgas. **Sept.** *Festival der Kunst und Kammermusik*, Plovdiv. **März '97 (2. Hälfte)** *Musiktage*, Ruse.
Hierbei handelt es sich um eine Auswahl der jährlich stattfindenden Feste, genaue Angaben vom Bulgarischen Fremdenverkehrsamt (Adressen s. o.).
SITTEN & GEBRÄUCHE: Freizeitkleidung ist üblich, Abendkleidung wird nur zu besonderen Anlässen erwartet. Badekleidung gehört an den Strand. Kleine Mitbringsel werden vom Gastgeber gern entgegengenommen. Geldgeschenke sollten nicht gemacht werden. In Bulgarien wird eine Verneinung oft durch Kopfnicken ausgedrückt, während Kopfschütteln Zustimmung bedeuten kann. **Trinkgeld** ist noch relativ unüblich.

WIRTSCHAFTSPROFIL

WIRTSCHAFT: Die Landwirtschaft hat in den letzten Jahren zunehmend an Bedeutung verloren und erbringt nur noch etwa 8% des Bruttoinlandproduktes. Weizen, Mais, Gerste, Zuckerrüben, Wein und Tabak sind die wichtigsten Erzeugnisse. Die landwirtschaftlichen Großbetriebe sind relativ leistungsfähig, eine weitere Mechanisierung der Nahrungsmittelverarbeitung ist vorgesehen. Die Industrie konzentriert sich auf die Bereiche Maschinenbau, Metallverarbeitung, Chemikalien, Petrochemie, Elektronik und Biotechnik. Bedeutend ist auch die Produktion von Transportmitteln (v. a. Lastfahrzeuge und Gabelstapler). Tourismus und Güterfernverkehr sind wichtige Devisenbringer. Nachdem die Zahl der Feriengäste aus Westeuropa, vor allem aus Deutschland und Großbritannien, 1993 um 28% zugenommen hatte, wurde im darauffolgenden Jahr ein rückläufiger Trend verzeichnet. Abgesehen davon sind die Prognosen für die Tourismusindustrie angesichts der guten Wintersportmöglichkeiten, der Badestrände an der Schwarzmeerküste und der vielen Kulturschätze langfristig gut, obwohl ein Ausbau der Infrastruktur notwendig ist. Im Vergleich zu anderen osteuropäischen Ländern sind Bulgariens Auslandsschulden relativ gering, im Juni 1994 wurde zudem ein umfassendes Umschuldungsabkommen mit den Gläubigern im Westen vereinbart. Die Privatisierung schreitet nur langsam voran, insgesamt gibt es derzeit etwa 3000 private touristische Unternehmen in Bulgarien. Ausländischen Firmen wird inzwischen der Erwerb von Grundeigentum in Form von Gemeinschaftsunternehmen mit bulgarischer Mehrheit erlaubt. Bereits im April 1992 hatte das Parlament ein Gesetz zur Privatisierung der Staatsunternehmen verabschiedet, bislang wurden jedoch nur wenige Großbetriebe privatisiert. Die staatlichen Landwirtschaftskooperativen sollen aufgelöst und das Land an die ehemaligen Besitzer zurückgegeben werden. Negative Folgen dieser Reformen waren der Anstieg der Inflation auf zunächst 600% (1994: 96,2%) und die Erhöhung der Arbeitslosenzahl innerhalb eines Jahres auf das Sechsfache (1994 *de facto* rund 20%). Allmählich beginnen ausländische Investoren, sich für Bulgarien zu interessieren; insbesondere der Tourismussektor bietet gute Entwicklungschancen. Bulgarien hat kaum Energievorkommen und muß heute die Marktpreise – in Devisen – für Öl und Gas bezahlen, die früher zu subventionierten Preisen aus der damaligen Sowjetunion importiert wurden. Durch die Auflösung des Wirtschaftsbündnisses RGW sind zahlreiche sichere Exportmärkte verlorengegangen – die Sowjetunion war einst wichtigster Handelspartner Bulgariens – was einen Rückgang der Industrieproduktion um 30% zur Folge hatte. Die daraus resultierenden gravierenden Wirtschaftsprobleme führten zu Demonstrationen und zur Destabilisierung der Regierung. Stromausfälle und Nahrungsmittelknappheit sind immer noch ein Problem. Kredite des Internationalen Währungsfonds und der EU und verbesserte Investitionsbedingungen werden hoffentlich zu einer Verbesserung der Wirtschaftslage führen.
GESCHÄFTSVERKEHR: Termine sollten im voraus vereinbart werden. Es ist üblich, bulgarische Geschäftspartner zum Essen einzuladen. **Geschäftszeiten:** Mo-Fr 08.00-18.00 Uhr.
Kontaktadressen: *Wirtschafts- und Handelsabteilung der Bulgarischen Botschaft*, Am Büchel 17, D-53173 Bonn. Tel: (0228) 35 10 20. Telefax: (0228) 36 16 97. *Handelsabteilung der Bulgarischen Botschaft*, Bernastraße 2, CH-3005 Bern. Tel: (031) 351 14 55/56. Telefax: (031) 351 00 64.
Repräsentanz der Deutschen Wirtschaft, Ul. Frédéric Joliot Curie 25 A, 1113 Sofia. Tel: (02) 65 94 72. Telefax: (02) 65 05 61.
Targovski savetnik pri Avstriisko posolstvo (Außenhandelsstelle der Wirtschaftskammer Österreich), Ul. Han Krum 3, 1000 Sofia. Tel: (02) 80 35 39, 81 02 84, 81 35 56.
Gemischte Handelskammer Schweiz-Bulgarien HSB, Postfach 981, CH-8021 Zürich. Tel: (01) 225 64 26. Telefax: (01) 225 64 27.
Bulgarische Industrie- und Handelskammer, Ul. Suborna 11a, 1040 Sofia. Tel: (02) 87 26 31. Telefax: (02) 87 32 09.
KONFERENZEN/TAGUNGEN: Informationen und Planungshilfen vom *Bulgarischen Hotelverband*, Sweta-Nedelja-Platz 1, 1000 Sofia. Tel: (02) 87 37 22. Telefax: (02) 87 81 91.

KLIMA

Die Sommer sind herrlich warm, mit Niederschlägen muß jedoch gerechnet werden. Im Winter oft starke Schneefälle.

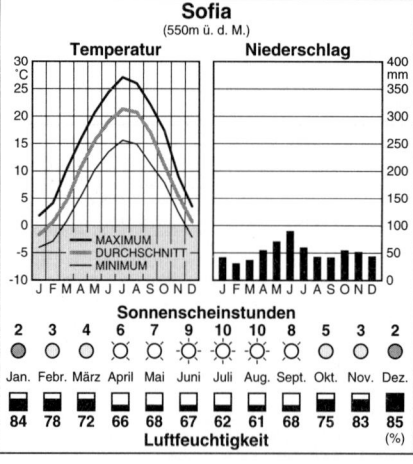

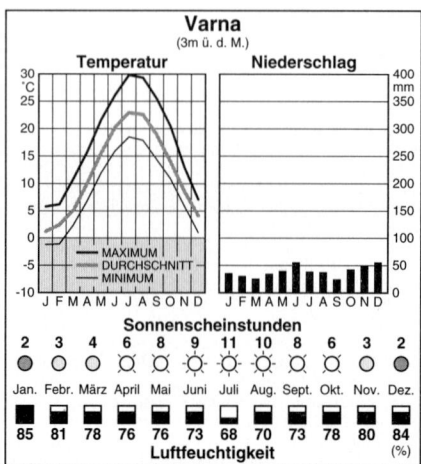

Burkina Faso

☐ *Internationaler Flughafen*

Lage: Westafrika.

Direction de l'Administration Touristique et Hôtelière
BP 624
Ouagadougou 01
Tel: 30 63 96. Telex: 5555.
Botschaft von Burkina Faso
Wendelstadtallee 18
D-53179 Bonn
Tel: (0228) 33 20 63. Telefax: (0228) 33 47 29.
Mo-Fr 09.00-15.00 Uhr.
(auch zuständig für Österreich und die Schweiz)
Honorargeneralkonsulat in München sowie *Honorarkonsulate* in Berlin, Düsseldorf, Hannover, Mainz und Stuttgart (alle ohne Visumerteilung).
Generalhonorarkonsulat von Burkina Faso
Mittelgasse 16
A-1060 Wien
Tel: (0222) 597 83 01. Telefax: (0222) 597 97 35-89.
Mo-Fr 08.00-11.30 Uhr (tel. Anfragen bis 16.00 Uhr).
Konsulat von Burkina Faso (ohne Visumerteilung)
Avenue Eugène Pittard 16
CP 89
CH-1211 Genf 25
Tel: (022) 347 82 06. Telefax: (022) 347 82 69.
Mo-Fr 09.00-12.00 Uhr.
Übergeordnete Vertretung ist die Botschaft in Bonn.
Konsulat von Burkina Faso (ohne Visumerteilung)
Weinbergstraße 29
CH-8006 Zürich
Tel: (01) 261 06 25. Telefax: (01) 252 95 63.
Mo-Fr 09.00-12.00 Uhr.
Übergeordnete Vertretung ist die Botschaft in Bonn.
Botschaft der Bundesrepublik Deutschland
BP 600
Ouagadougou 01
Tel: 30 67 31/32. Telefax: 31 39 91.
Österreich unterhält keine Vertretung in Burkina Faso.
Zuständig ist die Botschaft in Abidjan (s. Côte d'Ivoire).
Botschaft der Schweizerischen Eidgenossenschaft
Avenue Président Guillaume Ouedraogo
BP 578
Ouagadougou 01
Tel: 30 67 29. Telefax: 31 04 66.

FLÄCHE: 274.200 qkm.
BEVÖLKERUNGSZAHL: 9.772.000 (1993).
BEVÖLKERUNGSDICHTE: 36 pro qkm.
HAUPTSTADT: Ouagadougou. **Einwohner:** 441.514 (1985).
GEOGRAPHIE: Burkina Faso liegt in Westafrika und grenzt im Norden und Westen an Mali, im Osten an Niger, im Südosten an Benin und im Süden an Togo, Ghana und Côte d'Ivoire. Während der Norden trocken ist, ist der südliche Landesteil etwas regenreicher und besteht aus bewaldeter Savanne, die in Richtung Norden in Sand und Wüste übergeht. Die Ausläufer der Sahara verschieben sich immer weiter nach Süden und bedrohen auch den schmalen Ackerlandstreifen. Die Ebenen werden von den Flüssen Mouhoun, Nazinon

und Nakambé durchflossen. Wegen der auftretenden Krankheiten (Onchozerkose) meidet die Bevölkerung die Flußtäler.
STAATSFORM: Präsidialrepublik, seit 1960; Staatsoberhaupt: Hauptmann Blaise Compaoré, seit 15. Okt. 1987. Regierungschef: Marc Christian Roch Kaboré, seit März 1994. Volksvertretung (*Assemblée des Députés populaires*) mit 107 Abgeordneten. Neue Verfassung seit 1991. Die ersten demokratischen Wahlen nach langen Jahren der Militärdiktatur gewann im Mai 1992 die Regierungspartei ODP-MT. Die Opposition sprach allerdings von Wahlbetrug, und die Wahlbeteiligung lag nur bei knapp 34%.
SPRACHE: Offizielle Landessprache ist Französisch. More und Dioula werden ebenfalls gesprochen. Teilweise Englisch.
RELIGION: Über 50% Anhänger von Naturreligionen, 43% Moslems und 12% Christen.
ORTSZEIT: MEZ - 1.
NETZSPANNUNG: 220 V, 50 Hz.
POST- UND FERNMELDEWESEN: Telefon: Selbstwählferndienst. **Landesvorwahl: 226.**
Telex/Telegramme: Telegrammaufgabe außerhalb der Hauptstadt nur begrenzt möglich, Telexstellen beschränken sich im wesentlichen ebenfalls auf Ouagadougou. Telex- und Telegrammdienst in allen größeren Hotels. **Post:** Es gibt nur wenige Postämter, Briefmarken erhält man jedoch auch in Hotels. Postlagernde Sendungen sind möglich, beim Abholen wird eine Gebühr erhoben. Postzustellung ist unbekannt, Korrespondenz für alle Ämter und Büros wird an ein Postfach adressiert. Luftpost nach Europa ist bis zu 2 Wochen unterwegs. Öffnungszeiten: Mo-Fr 07.00-12.30 und 15.00-17.30 Uhr. Das Hauptpostamt von Ouagadougou hat Mo-Sa 08.30-12.00 und 15.00-18.30 Uhr geöffnet.
DEUTSCHE WELLE
Der Einsatz der Kurzwellenfrequenzen ändert sich mehrfach im Laufe eines Jahres, und Sendungen auf den folgenden Frequenzen werden jeweils nur zu bestimmten Tageszeiten ausgestrahlt. Näheres in der Einleitung.

MHz	17,860	15,275	11,785	9,765	6,100
Meterband	16	19	25	31	49

REISEPASS/VISUM

Wichtiger Hinweis: Die Einreisebestimmungen mancher Länder können sich kurzfristig ändern – rufen Sie sicherheitshalber auf Ihrem CRS-System (TIMATIC-Info-Code-Fenster in diesem Kapitel) den aktuellen Stand ab bzw. wenden Sie sich an die zuständige diplomatische Vertretung. Etwaige Zahlen in der Tabelle beziehen sich auf nachfolgende Fußnoten.

	Paß erforderlich?	*Visum erforderlich?*	*Rückflugticket erforderlich?*
Deutschland	Ja	Ja	Ja
Österreich	Ja	Ja	Ja
Schweiz	Ja	Ja	Ja
Andere EU-Länder	Ja	Ja	Ja

REISEPASS: Allgemein erforderlich, ausgenommen sind Staatsangehörige von Benin, Côte d'Ivoire, Ghana, Guinea, Mali, Mauretanien, Niger, Senegal, Togo und der Zentralafrikanischen Republik. Gültiger Personalausweis ist hierbei ausreichend. Der Reisepaß muß noch 6 Monate über die Aufenthaltsdauer hinaus gültig sein.
VISUM: Allgemein erforderlich, ausgenommen sind Staatsangehörige der unter *Reisepaß* aufgeführten Länder für Aufenthalte bis zu 90 Tagen. Es ist ratsam, sich vor Reiseantritt bei der Botschaft in Bonn nach den aktuellen Bestimmungen zu erkundigen, da sich die Visavorschriften häufig ändern.
Visaarten: Einreisevisa zur ein- und mehrmaligen Einund Ausreise.
Visagebühren: Für Aufenthalte von bis zu 1 Monat: *Österreich*: 285 öS. Für Aufenthalte von bis zu 3 Monaten: *Deutschland und Schweiz*: 38,23 DM. *Österreich*: 285 öS.
Für Aufenthalte von bis zu 12 Monaten: *Deutschland und Schweiz*: 67,64 DM.
Gültigkeitsdauer: 1, 3 und 12 Monate. Verlängerungsanträge können bei den Einwanderungsbehörden in Burkina Faso gestellt werden.
Antragstellung: Botschaft in Bonn oder Generalkonsulat in Wien (Adressen s. o.).
Unterlagen: (a) Gültiger Reisepaß. (b) 2 Antragsformulare. (c) 2 Paßfotos. (d) Nachweis ausreichender Geldmittel für die Dauer des Aufenthalts. (e) Firmenschreiben bei Geschäftsbesuchen.
Der postalischen Antragstellung sollten ein frankierter und adressierter Umschlag und der Zahlungsbeleg (nur Postanweisung; Bargeld oder Schecks werden nicht akzeptiert) beigefügt werden.
Bearbeitungszeit: Mit den erforderlichen Unterlagen Montag, Mittwoch oder Freitag sofort; bei postalischer Antragstellung einige Tage.
Aufenthaltsgenehmigung: Anträge sind an die Regierung von Burkina Faso zu richten.

GELD

Währung: CFA-Franc (CFA Fr). Banknoten sind im Wert von 10.000, 5000, 2500, 1000 und 500 CFA Fr in Umlauf; Münzen in den Nennbeträgen von 250, 100, 50, 25, 10 und 5 CFA Fr. Diese Zahlungsmittel sind in allen Staaten des ehemaligen Französisch-Westafrika gültig (Benin, Burkina Faso, Côte d'Ivoire, Mali, Niger, Senegal und Togo).
Kreditkarten: *Diners Club* wird akzeptiert, *Eurocard* wird nur begrenzt angenommen. Einzelheiten vom Aussteller der betreffenden Kreditkarte.
Reiseschecks sollten in französischen Francs ausgestellt sein.
Wechselkurse

	CFA Fr Sept. '92	CFA Fr Febr. '94	CFA Fr Jan. '95	CFA Fr Jan. '96
1 DM	169,38	339,41	344,31	342,57
1 US$	251,72	589,20	533,68	492,45

Devisenbestimmungen: Keine Einfuhr- oder Ausfuhrbeschränkungen für Landes- und Fremdwährungen.
Öffnungszeiten der Banken: Mo-Fr 07.30-11.30 und 15.30-16.30 Uhr.

DUTY FREE

Folgende Artikel können zollfrei nach Burkina Faso eingeführt werden:
200 Zigaretten oder 25 Zigarren oder 100 Zigarillos oder 250 g Tabak;
1 l Spirituosen und 1 l Wein;
500 ml Eau de toilette und 250 ml Parfüm.
Anmerkung: Für die Einfuhr von Waffen (z. B. Sportgewehren) ist ein Waffenschein erforderlich, der im Herkunftsland ausgestellt sein muß.

GESETZLICHE FEIERTAGE

1. Mai '96 Maifeiertag. **29. April** Eid al-Adha. **16. Mai** Christi Himmelfahrt. **28. Juli** Mouloud (Geburtstag des Propheten). **4./5. Aug.** Nationalfeiertag. **15. Aug.** Mariä Himmelfahrt. **15. Okt.** Feiertag. **1. Nov.** Allerheiligen. **11. Dez.** Feiertag. **25. Dez.** Weihnachten. **1. Jan. '97** Neujahr. **3. Jan.** Jahrestag der Revolution. **10. Jan.** Beginn des Ramadan. **10. Febr.** Eid al-Fitr. **8. März** Internationaler Frauentag. **31. März** Ostermontag. **18. April** Eid al-Adha. **1. Mai** Maifeiertag. **8. Mai** Christi Himmelfahrt.
Anmerkung: Die angegebenen Daten für islamische Feiertage richten sich nach dem Mondkalender und verschieben sich daher von Jahr zu Jahr. Während des Fastenmonats Ramadan, der dem Festtag Eid al-Fitr vorangeht, essen Mohammedaner nicht tagsüber, sondern erst nach Sonnenuntergang, wodurch der normale Geschäftsablauf gestört werden kann. Diese Unterbrechungen können auch während des Eid al-Fitr auftreten. Dieses Fest, ebenso wie das Eid al-Adha, hat keine bestimmte Zeitdauer und kann je nach Region 2-10 Tage dauern. Weitere Informationen im Kapitel *Welt des Islam* (s. Inhaltsverzeichnis).

GESUNDHEIT

In der folgenden Tabelle aufgeführte Impfvorschriften können sich kurzfristig ändern. Es wird stets empfohlen, auf Ihrem CRS-System (TIMATIC-Info-Code-Fenster in diesem Kapitel) den aktuellen Stand der Gesundheitsbestimmungen abzurufen bzw. rechtzeitig vor der Reise ärztlichen Rat einzuholen.

	Vorsichtsmaßnahmen empfohlen	*Impfschein erforderlich*
Gelbfieber	Ja	1
Cholera	2	2
Typhus & Polio	Ja	-
Malaria	3	-
Essen & Trinken	4	-

[1]: Eine Impfbescheinigung gegen Gelbfieber wird von allen Reisenden verlangt, die über ein Jahr alt sind.
[2]: Eine Impfbescheinigung gegen Cholera ist keine Einreisebedingung, das Risiko einer Infektion besteht jedoch. Da die Wirksamkeit der Schutzimpfung umstritten ist, empfiehlt es sich, rechtzeitig vor Antritt der Reise ärztlichen Rat einzuholen. Auskünfte erteilen auch die Gesundheitsämter und Tropeninstitute. Näheres unter *Gesundheit* (s. Inhaltsverzeichnis).
[3]: Malariaschutz ganzjährig landesweit erforderlich. Die vorherrschende gefährlichere Form *Plasmodium falciparum* soll Chloroquin-resistent sein.
[4]: Wasser sollte generell vor der Benutzung zum Trinken, Zähneputzen und zur Eiswürfelbereitung entweder abgekocht oder anderweitig sterilisiert werden. Milch ist außerhalb der Stadtgebiete nicht pasteurisiert und sollte abgekocht werden. Milchprodukte müssen aus pasteurisierter Milch sein. Nur gut durchgekochte und heiß servierte Fleisch- und Fischgerichte essen. Der Genuß von Schweinefleisch, rohen Salaten und Mayonnaise sollte vermieden werden. Gemüse sollte gekocht und Obst geschält werden.
Tollwut kommt vor. Wer ein erhöhtes Risiko eingeht (z. B. längerer Aufenthalt in abgelegenen Gebieten), sollte vor Reiseantritt eine Schutzimpfung erwägen. Bei Bißwunden so schnell wie möglich ärztliche Hilfe in Anspruch nehmen. Weitere Informationen im Kapitel *Gesundheit* (s. Inhaltsverzeichnis).
Bilharziose-Erreger kommen in manchen Teichen und Flüssen vor, das Schwimmen oder Waten in Binnengewässern sollte daher vermieden werden. Gut gepflegte Schwimmbecken mit gechlortem Wasser sind unbedenklich.
Hepatitis B kommt ebenfalls vor.
Meningokokken-Meningitis kommt in epidemieartigen Ausbrüchen vor.
Gesundheitsvorsorge: Der Abschluß einer Reisekrankenversicherung wird dringend empfohlen.

REISEVERKEHR - International

FLUGZEUG: Die nationale Fluggesellschaft heißt *Air Burkina (VH)*. Preisgünstige Direktflüge nur von Paris aus. *Aeroflot*, *Air France*, *Air Afrique*, *Air Algérie*, *Air Ivoire*, *Ethiopian Airlines* und *UTA* bieten ebenfalls Flüge nach Burkina Faso an. *Air Burkina* fliegt auch die Nachbarländer Côte d'Ivoire (Bouaké) und Mali (Bamako) an.
Durchschnittliche Flugzeiten: *Paris* – Ougadougou: 5 Std. 25; *Brüssel* – Ouagadougou (über Paris): 9 Std. 05.
Internationale Flughäfen: *Ouagadougou (OUA)* liegt 8 km außerhalb der Stadt. Am Flughafen gibt es ein Restaurant und eine Autovermietung, Taxis stehen zur Verfügung.
Borgo liegt 16 km von Bobo Dioulasso entfernt (s. u.).
BAHN: Die einzige internationale Bahnstrecke führt von Ouagadougou nach Côte d'Ivoire. Von Ouagadougou nach Bobo Dioulasso verkehren täglich vier Züge, von denen zwei weiter nach Abidjan (Côte d'Ivoire) fahren. Von Bobo Dioulasso gibt es weitere Verbindungen zu verschiedenen Zielorten in Côte d'Ivoire. Züge nach Abidjan haben Schlaf- und Speisewagen. Gegenwärtig wird das Streckennetz von Ouagadougou nach Tambao an der Grenze zu Mali verlängert, möglicherweise muß das Projekt jedoch wegen fälliger Schuldenrückzahlungen eingestellt und fertiggestellte Streckenabschnitte stillgelegt werden.
BUS/PKW: Es gibt Verbindungsstraßen nach Benin, Côte d'Ivoire, Ghana, Mali, Niger und Togo. Der Straßenzustand läßt allerdings oft zu wünschen übrig. Die Straße nach Ghana wird momentan ausgebessert. Während der Trockenzeit gibt es regelmäßige Busverbindungen von Bobo Dioulasso nach Bamako (Mali) und von Ouagadougou nach Niamey (Niger).

REISEVERKEHR - National

FLUGZEUG: *Borgo Airport*, 16 km außerhalb von Bobo Dioulasso, ist der wichtigste Flughafen für den Inlandflugverkehr. *Air Burkina (VH)* bietet Flüge zu den größeren Städten des Landes an. Lufttaxis sind ebenfalls vorhanden.
BAHN: Es gibt tägliche Verbindungen von Ouagadougou nach Bobo Dioulasso. Die Züge haben zwei Preisklassen, manche haben Schlaf- und Speisewagen und Klimaanlage. Man muß mit überfüllten Wagen rechnen.
BUS/PKW: Die Straßen sind während der Regenzeit (Juni - Okt.) unbefahrbar. Polizeikontrollen verlängern die Fahrzeiten erheblich. **Fernbusse:** In der Trockenzeit gibt es einen Linienbusverkehr, es sollte jedoch unbedingt im voraus gebucht werden. **Taxi:** In größeren Orten gibt es Sammeltaxis, die Fahrpreise werden ausgehandelt. **Mietwagen** mit und ohne Fahrer kann man von der *Burkina Faso Auto Location* im Hotel Independence (Ouagadougou) mieten. **Unterlagen:** Bei Vorlage des eigenen Führerscheins stellen die Behörden eine befristete Fahrerlaubnis aus. Internationaler Führerschein wird empfohlen.

UNTERKUNFT

HOTELS: Es gibt gute Hotels mit Klimaanlage und weiteren Extras wie Swimmingpool und Tennisplätze in Ouagadougou, Bobo Dioulasso, Koudougou, Banfora, Ouahigouya und Arly. Außerdem findet man kleinere komfortable *Guest Houses* (Pensionen) sowie einige Bungalows der Touristenklasse im Arly-Nationalpark. **Kategorien:** Die Regierung vergibt je nach Ausstattung und Dienstleistungen 1-4 Sterne.
CAMPING: Es gibt vier Campingplätze.

URLAUBSORTE & AUSFLÜGE

In der Hauptstadt **Ouagadougou** gibt es ein interessantes Völkerkundemuseum mit einer umfangreichen Sammlung von Mossi-Fundstücken. Die Stadt war einst das Zentrum eines der vielen Königreiche der Mossi. Auch der große Markt, das Färber- und das

Kunstgewerbe-Zentrum sind interessant. An dem künstlichen See ca. 18 km von Ouagadougou entfernt kann man die faszinierende Tierwelt des Landes beobachten. Das alte Mossi-Dorf **Pabre** liegt unweit eines großen Staudammes nördlich der Stadt.

Die herrliche Umgebung von **Banfora** und die 5 km von der Stadt entfernten Wasserfälle sind sehr besuchenswert.

In **Sabou** kann man Krokodile aus nächster Nähe betrachten. Am allerbesten lassen sich Wildtiere in den Nationalparks beobachten: **Pô** (an der Grenze zu Ghana), **W** und **Arly** (beide an der Grenze zu Benin). Hier bekommt man die größten Antilopen Westafrikas, Löwen, zahlreiche Affenarten, Nilpferde und unzählige Vogelarten vor die Kamera. Das Fotografieren ist allerdings nur mit Genehmigung erlaubt. Es gibt einen Touristen-Besucherausweis, der die ganze Saison für alle Nationalparks gültig ist. In **Tiébélé** kann man die wundervoll dekorierten *Gourounsi*-Hütten bewundern. In **Bobo Dioulasso** hat man Gelegenheit, sich traditionelle afrikanische Masken anzusehen. Die berühmte Moschee sollte ebenfalls in keinem Besuchsprogramm fehlen. **Kotédougou** ist für seine Tänzer und die Moschee im sudanesischen Stil berühmt.

SOZIALPROFIL

ESSEN & TRINKEN: Abgesehen von den Hotels gibt es in Ouagadougou und Bobo Dioulasso nur wenige Restaurants. Hauptnahrungsmittel sind Sorghum, Hirse, Reis, Mais, Nüsse, Kartoffeln und Yams. Einheimisches Gemüse und Erdbeeren sind in der jeweiligen Erntezeit erhältlich. Das am weitesten verbreitete Nationalgericht ist *Tô*, ein Teig aus Hirse mit Sorghum oder Mais, der zusammen mit einer Soße gegessen wird. Die Zutaten der Soße sind regional verschieden. Vorsicht: Tô ist sehr scharf gewürzt. Andere Spezialitäten sind *Brochettes* (Fleisch am Spieß) und Geflügelgerichte. **Getränke:** Bier ist sehr preiswert. Das einheimische Bier *Dolo* wird aus Hirse hergestellt.
NACHTLEBEN: In Ouagadougou sorgen mehrere Nachtklubs mit Musik- und Tanzveranstaltungen sowie Freiluftkinos für Abendunterhaltung. Es gibt auch ein klimatisiertes, überdachtes Kino.
EINKAUFSTIPS: Auf den traditionellen Märkten kann man ruhig handeln. Beliebte Mitbringsel sind Holzfiguren, Bronzeartikel, Masken, Leder aus der Gerberei von Ouagadougou, Schmuck, Stoffe, handgewebte Decken und Kunsthandwerke aller Art.
Öffnungszeiten der Geschäfte: Mo-Sa 07.30-12.30 und 15.00-18.00 Uhr. Einige Geschäfte haben auch sonntags geöffnet. In den größeren Städten finden täglich Märkte statt.
SPORT: Schwimmen: Einige Hotels in Ouagadougou haben Swimmingpools, die gegen eine Gebühr auch von Nichtgästen benutzt werden können. Da Bilharziose vorkommt, sollte man nicht in Flüssen, Seen oder stehenden Gewässern baden. **Tennis:** Einige Hotels in Ouagadougou haben Tennisplätze. Besucher können auch im Burkina Faso Club spielen, wenn sie von einem Mitglied eingeladen werden. **Fischen** ist überall gestattet; hierzu darf man weder elektrisches Gerät benutzen noch Netze, deren Maschen kleiner als 3 cm sind. **Reiten:** Pferde kann man im Club Hippique in Ouagadougou mieten.
VERANSTALTUNGSKALENDER
Okt./Nov. '96 *Internationale Afrikanische Kunstausstellung* (SIAO), Ouagadougou.
SITTEN & GEBRÄUCHE: In den Städten herrschen französische Sitten und Gebräuche vor. Kleidung darf leger und dem heißen Wetter angepaßt sein. Zu besonderen Anlässen wird elegantere Kleidung erwartet. Auf dem Lande hat sich in den letzten Jahrhunderten wenig an der Lebensweise geändert, Besucher sollten daher die örtlichen Sitten und Traditionen respektieren. **Trinkgeld:** Die Bedienung ist normalerweise in der Rechnung enthalten (10-15%). Taxifahrer, Hotelangestellte und Gepäckträger erwarten jedoch ein Trinkgeld.

WIRTSCHAFTSPROFIL

WIRTSCHAFT: Burkina Faso gehört nach Einschätzung der Weltbank zu den ärmsten Ländern der Welt. Der Anteil der Landwirtschaft am Bruttosozialprodukt beträgt 45%, und 84% der Erwerbstätigen sind in diesem Bereich beschäftigt (Stand 1992). Die Landwirtschaft hat sich von den Folgen der verheerenden Dürren der achtziger Jahre erholt und liefert Grundnahrungsmittel wie Sorghum, Hirse, Mais und Reis. Das wichtigste Agrarexportprodukt ist Baumwolle. Das Land verfügt neben Gold und Mangan über beträchtliche Bodenschätze, es bestehen jedoch weiterhin Zweifel an der Wirtschaftlichkeit der Förderung. Burkina Faso besitzt eine bescheidene Fertigungswirtschaft, die Textilien, Zucker und Mehl produziert. Die Abhängigkeit von Entwicklungshilfe, vor allem aus Frankreich und dem EU-Entwicklungsfonds, ist groß, woran sich wohl auch in naher Zukunft nichts ändern wird. Das Außenhandelsdefizit ist ebenfalls beträchtlich. Hauptexportgüter des Landes sind Gold und Baumwolle. 13% der Exporte gehen nach Frankreich, das ca. 24% der Importgüter liefert (Stand 1991). Weitere wichtige Handelspartner des Landes sind die Schweiz, Côte d'Ivoire, Italien und Thailand. Burkina Faso gehört zur CFA-Franc-Zone.
GESCHÄFTSVERKEHR: Die meisten Angestellten des öffentlichen Dienstes tragen Nationaltracht. Geschäftssprache ist Französisch; Dolmetscherdienste sind in der Regel erhältlich. **Geschäftszeiten:** Mo-Fr 07.00-12.30 und 15.00-17.30 Uhr.
Kontaktadressen: *Chambre de Commerce, d'Industrie et d'Artisanat du Burkina* (Industrie- und Handelskammer), BP 502, Ouagadougou 01. Tel: 30 61 14. Telefax: 30 61 16.
Die wirtschaftlichen Interessen Österreichs werden von der Außenhandelsstelle in Casablanca (s. Marokko) wahrgenommen.

KLIMA

Tropisch. Die beste Reisezeit ist zwischen Dezember und März. Der östliche *Harmattan*-Wind zwischen November und Februar bringt trockenes und kühles Wetter. Die heißeste Jahreszeit dauert von März bis Juni, gefolgt von der Hauptregenzeit von Juni bis Oktober. Hohe Niederschlagsrate im Südwesten, geringer im Nordosten.
Kleidung: Leichte Sachen und Regenschutz. Tücher gehören ebenfalls ins Reisegepäck als Schutz gegen den *Harmattan*.

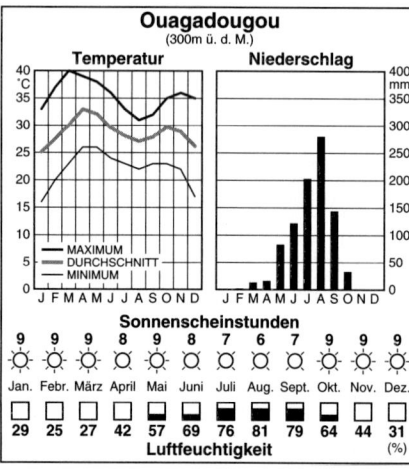

Eine weitere wichtige Veröffentlichung von *Columbus Press* ist der »World Travel Guide«, der jährlich herausgegeben wird und auf über tausend Seiten Informationen in englischer Sprache über alle Länder der Erde enthält.

Weitere Einzelheiten von:
Columbus Press, Verkaufsabteilung,
Aurikelweg 9,
D-38108 Braunschweig.
Tel: 05309/2123. Telefax: 05309/2877.

Burundi

□ *Internationaler Flughafen*

Lage: Zentralafrika.

Anmerkung: Zur Zeit wird davon abgeraten, nach Burundi zu reisen. Die Sicherheitslage ist seit dem Putschversuch im Oktober 1993 und dem Attentat auf die Präsidenten Burundis und des Nachbarlandes Ruanda im April 1994 (gefolgt von einem erneuten Putschversuch) sowie durch die Bürgerkriegssituation in Ruanda, die zu einem Flüchtlingsstrom in die Nachbarländer geführt hat, äußerst angespannt. Aktuelle Informationen erteilen das Auswärtige Amt in Bonn, das Außenministerium in Wien und das EDA in Bern.

Office National du Tourisme
2 Avenue des Euphorbes
BP 902
Bujumbura
Tel: (02) 22 42 08. Telefax: (02) 22 93 90.
Botschaft der Republik Burundi
Drosselweg 2
D-53343 Wachtberg-Niederbachem
Tel: (0228) 34 50 32. Telefax: (0228) 34 01 48.
Mo-Fr 09.00-12.30 Uhr.
(auch zuständig für Österreich und die Schweiz)
Konsulat der Republik Burundi
Schegargasse 5/17
A-1190 Wien
Tel: (0222) 319 93 41. Telefax: (0222) 2 17 09.
Di und Do 10.00-14.00 Uhr.
Botschaft der Bundesrepublik Deutschland
22 Rue de 18 Septembre
BP 480
Bujumbura
Tel: (02) 22 64 12/16. Telefax: (02) 22 10 04.
Botschaft der Schweizerischen Eidgenossenschaft
1 Avenue du Stade
BP 586

TIMATIC INFO-CODES

*Abrufbar über Ihr CRS-System (für START/Amadeus Ama-Maske benutzen). Für Galileo bitte TI-DFT eingeben (**mit** Bindestrich).*

Flughafengebühren	TI DFT/ BJM /TX
Währung	TI DFT/ BJM /CY
Zollbestimmungen	TI DFT/ BJM /CS
Gesundheit	TI DFT/ BJM /HE
Reisepassbestimmungen	TI DFT/ BJM /PA
Visabestimmungen	TI DFT/ BJM /VI

Burundi

Bujumbura
Tel: (02) 22 57 45. Telefax: (02) 22 42 36.
Österreich unterhält keine diplomatische Vertretung in Burundi, zuständig ist die Botschaft in Nairobi (s. Kenia).

FLÄCHE: 27.834 qkm.
BEVÖLKERUNGSZAHL: 6.026.000 (1993).
BEVÖLKERUNGSDICHTE: 216,5 pro qkm.
HAUPTSTADT: Bujumbura. **Einwohner:** 300.000 (1993).
GEOGRAPHIE: Burundi liegt im Herzen Afrikas am Nordzipfel des Tanganjika-Sees, der zusammen mit der schmalen Flußebene des Ruzizi das Land im Westen begrenzt. Das Landesinnere besteht aus Hochland, das im Osten nach Tansania und zum Tal des Malagarasi hin abfällt. Die Landschaft ist hügelig und mit Eukalyptusbäumen, Bananenfeldern, Acker- und Weideland bedeckt. Im Osten geht die fruchtbare Landschaft in Savanne über; an den Berghängen wird Kaffee und Tee angebaut.
STAATSFORM: Präsidialrepublik; neue Verfassung seit März 1992. Staatsoberhaupt: Sylvestre Ntibantunganya, seit April 1994. Regierungschef: Antoine Nduwayo, seit Febr. 1995.
SPRACHE: Amtssprachen sind Französisch und Kirundi, eine Bantu-Sprache. Kisuaheli wird auch viel gesprochen.
RELIGION: Überwiegend römisch-katholisch; protestantische und islamische Minderheiten, außerdem Naturreligionen.
ORTSZEIT: MEZ + 1.
NETZSPANNUNG: 220 V, 50 Hz. Strom ist nicht überall vorhanden.
POST- UND FERNMELDEWESEN: Telefon: Selbstwählferndienst. Landesvorwahl: 257. **Telex/Telegramme:** Telexgeräte und Telegrammaufgabe bei der *Direction des Télécommunications* in Bujumbura. **Post:** Öffnungszeiten des Hauptpostamts in Bujumbura: Mo-Fr 08.00-12.00 und 14.00-16.00 Uhr, Sa 08.00-11.00 Uhr.
DEUTSCHE WELLE
Der Einsatz der Kurzwellenfrequenzen ändert sich mehrfach im Laufe eines Jahres, und Sendungen auf den folgenden Frequenzen werden jeweils nur zu bestimmten Tageszeiten ausgestrahlt. Näheres in der Einleitung.

MHz	15,275	15,135	11,795	9,545	7,185
Meterband	19	19	25	31	41

REISEPASS/VISUM

Wichtiger Hinweis: Die Einreisebestimmungen mancher Länder können sich kurzfristig ändern – rufen Sie sicherheitshalber auf Ihrem CRS-System (TIMATIC-Info-Code-Fenster in diesem Kapitel) den aktuellen Stand ab bzw. wenden Sie sich an die zuständige diplomatische Vertretung. Etwaige Zahlen in der Tabelle beziehen sich auf nachfolgende Fußnoten.

	Paß erforderlich?	Visum erforderlich?	Rückflugticket erforderlich?
Deutschland	Ja	Ja	Ja
Österreich	Ja	Ja	Ja
Schweiz	Ja	Ja	Ja
Andere EU-Länder	Ja	Ja	Ja

REISEPASS: Allgemein erforderlich.
VISUM: Generelle Visumpflicht.
Visaarten: Touristen-, Geschäfts- und Transitvisa. Durchreisende, die den Flughafen nicht verlassen, benötigen kein Transitvisum.
Visumgebühren: 50 DM, 400 öS.
Antragstellung: Botschaft oder Konsularabteilung der Botschaft (Adressen s. o.).
Unterlagen: (a) Gültiger Reisepaß. (b) 3 Antragsformulare (gegen adressierten Freiumschlag bei der Botschaft erhältlich). (c) 3 Paßfotos. (d) Bestätigung des Reisebüros über bezahlte Hin- und Rückreise. (e) Beleg der Postanweisung über Visagebühren. (f) Einschreiben-Freiumschlag.
Bearbeitungszeit: Antragstellung so früh wie möglich.

GELD

Währung: 1 Burundi Franc (BuFr) = 100 Centimes. Banknoten sind im Wert von 5000, 1000, 500, 100, 50, 20 und 10 BuFr in Umlauf; Münzen in den Nennbeträgen von 10, 5 und 1 BuFr.
Geldwechsel: Alle Fremdwährungen müssen in den großen Banken in Bujumbura umgetauscht werden.
Kreditkarten: *Diners Club, American Express* und *Eurocard* werden in größeren Hotels akzeptiert. Einzelheiten vom Aussteller der betreffenden Kreditkarte.
Reiseschecks in Französischen Francs empfohlen.
Wechselkurse

	BuFr Sept. '92	BuFr Febr. '94	BuFr Jan. '95	BuFr Jan. '96
1 DM	136,37	152,62	160,00	178,48
1 US$	202,66	264,95	248,00	256,56

Devisenbestimmungen: Der Im- und Export der Landeswährung ist auf 2000 BuFr beschränkt. Unbegrenzte Einfuhr von Fremdwährungen, es besteht jedoch Deklarationspflicht. Ausfuhr in Höhe der deklarierten Einfuhr.
Öffnungszeiten der Banken: Mo-Fr 08.00-11.30 und 15.00-16.00 Uhr.

DUTY FREE

Folgende Artikel können zollfrei nach Burundi eingeführt werden:
*1000 Zigaretten oder 1 kg Tabak;
1 l Spirituosen;
Parfüm für den persönlichen Bedarf.*
Anmerkung: Gepäck muß deklariert werden. Kameras, Radios und Schreibmaschinen müssen ggf. verzollt werden.

GESETZLICHE FEIERTAGE

1. Mai '96 Tag der Arbeit. **16. Mai** Christi Himmelfahrt. **1. Juli** Unabhängigkeitstag. **15. Aug.** Mariä Himmelfahrt. **1. Nov.** Allerheiligen. **25. Dez.** Weihnachten. **1. Jan. '97** Neujahr. **31. März** Ostermontag. **1. Mai** Tag der Arbeit. **8. Mai** Christi Himmelfahrt.

GESUNDHEIT

In der folgenden Tabelle aufgeführte Impfvorschriften können sich kurzfristig ändern. Es wird stets empfohlen, auf Ihrem CRS-System (TIMATIC-Info-Code-Fenster in diesem Kapitel) den aktuellen Stand der Gesundheitsbestimmungen abzurufen bzw. rechtzeitig vor der Reise ärztlichen Rat einzuholen.

	Vorsichtsmaßnahmen empfohlen	Impfschein erforderlich
Gelbfieber	Ja	1
Cholera	Ja	2
Typhus & Polio	Ja	-
Malaria	3	-
Essen & Trinken	4	-

[1]: Eine Impfbescheinigung gegen Gelbfieber wird von Reisenden verlangt, die aus Infektionsgebieten kommen und über ein Jahr alt sind.
[2]: Eine Impfbescheinigung gegen Cholera ist keine Einreisebedingung, das Risiko einer Infektion besteht jedoch. Da die Wirksamkeit der Schutzimpfung umstritten ist, empfiehlt es sich, rechtzeitig vor Antritt der Reise ärztlichen Rat einzuholen. Näheres unter *Gesundheit* (s. Inhaltsverzeichnis).
[3]: Malaria-Risiko besteht ganzjährig in allen Landesteilen. Die vorherrschende gefährlichere Form *Plasmodium falciparum* soll Chloroquin-resistent sein.
[4]: Wasser sollte generell vor der Benutzung zum Trinken, Zähneputzen und zur Eiswürfelbereitung entweder abgekocht oder anderweitig sterilisiert werden. Milch ist nicht pasteurisiert, daher ebenfalls abkochen. Milchprodukte aus ungekochter Milch am besten vermeiden. Fleisch- und Fischgerichte nur gut durchgekocht und heiß serviert essen. Der Genuß von Schweinefleisch, rohen Salaten und Mayonnaise sollte vermieden werden. Gemüse sollte gekocht und Obst geschält werden.
Tollwut kommt vor. Wer ein erhöhtes Risiko eingeht (z. B. längerer Aufenthalt in abgelegenen Gebieten), sollte vor Reiseantritt eine Schutzimpfung erwägen. Bei Bißwunden so schnell wie möglich ärztliche Hilfe in Anspruch nehmen. Weitere Informationen im Kapitel *Gesundheit* (s. Inhaltsverzeichnis).
Bilharziose-Erreger kommen in manchen Teichen und Flüssen vor, das Schwimmen und Waten in Binnengewässern sollte daher vermieden werden. Gut gepflegte Schwimmbecken mit gechlortem Wasser sind unbedenklich.
Hepatitis A, B und *E* kommen ebenfalls vor.
Hinweis: Neuerdings wird eine Impfbescheinigung gegen *Meningokokken-Meningitis* verlangt.
Gesundheitsvorsorge: Der Abschluß einer Reisekrankenversicherung wird unbedingt empfohlen.

REISEVERKEHR - International

FLUGZEUG: Burundis nationale Fluggesellschaft heißt *Air Burundi (PB)*. Air France fliegt Bujumbura von Paris aus an, *Sabena* bietet Verbindungen von Brüssel an.
Durchschnittliche Flugzeiten: *Frankfurt* – Bujumbura: 15 Std. 30 (inkl. 2 Std. Aufenthalt in Paris); *Brüssel* – Bujumbura: 8 Std.

Internationaler Flughafen: *Bujumbura (BJM)* liegt 11 km nordwestlich der Stadt. Zur Innenstadt fährt man mit dem Taxi.
Flughafengebühren: 36,50 DM (im Rückflugticket enthalten), Transitreisende sind hiervon befreit.
SCHIFF: Fracht- und Passagierschiffverbindungen auf dem Tanganjika-See zwischen Kigoma (Tansania) und Bujumbura; außerdem von Bujumbura nach Kalemi (Zaïre) und Mpulungu (Sambia). Es gibt drei verschiedene Deckklassen. Die Abfahrtszeiten können sich durch Be- und Entladen der Schiffe verzögern.
BUS/PKW: Akzeptable Straßen führen von Zaïre und Ruanda nach Burundi. Die Straßenverbindung von Tansania ist ziemlich schlecht.

REISEVERKEHR - National

FLUGZEUG: Es gibt keine Linienflüge im Binnenverkehr.
BUS/PKW: Die meisten Straßen des Landes sind befestigt. Von Bujumbura führen größere Straßen Richtung Osten nach Muramvya (der ehemaligen Königsstadt), Gitega und weiter sowie Richtung Süden nach Rumonge und Nyanza-Lac. Während der Regenzeit sind die meisten Straßen kaum befahrbar. **Unterlagen:** Internationaler Führerschein erforderlich.
STADTVERKEHR: Linienbusse verkehren in und um Bujumbura und in größeren Städten. Minibusse sind oft billiger und weniger überfüllt als Sammeltaxis. Sie fahren normalerweise erst von der Bushaltestelle ab, wenn das Fahrzeug voll ist. **Taxis:** *Tanus-tanus* (Lastwagentaxis) sind in der Regel sehr überfüllt. **Mietwagen:** *Avis* hat eine Niederlassung in Bujumbura, außerdem können an einheimischen Tankstellen Fahrzeuge gemietet werden.

UNTERKUNFT

HOTELS: Fast alle Hotels des Landes befinden sich in der Hauptstadt Bujumbura. In den anderen Landesteilen gibt es so gut wie keine Unterkünfte für Besucher, mit Ausnahme einiger Hotels in Gitega, Ngozi und Kirundo.
CAMPING: Zelten wird ungern gesehen, besonders in der Nähe größerer Städte. Eine Erlaubnis der örtlichen Behörden sollte unbedingt eingeholt werden.

URLAUBSORTE & AUSFLÜGE

Die Hauptstadt **Bujumbura** liegt am Ufer des Tanganjika-Sees. Die geschäftige Hafenstadt hat 300.000 Einwohner. Die Region wurde gegen Ende des 19. Jahrhunderts von Deutschland kolonialisiert, und man findet noch heute Gebäude aus dieser Zeit, wie z. B. das *Haus des Postmeisters*. Außerdem lohnt ein Besuch der Museen, des islamischen Kulturzentrums und des ausgezeichneten Marktes. Das *Living Museum*, ein rekonstruiertes burundisches Dorf, gewährt einen Einblick in die Handwerkskultur des Landes. Der See bietet eine Vielzahl von Wassersportmöglichkeiten wie Segeln, Wasserski und Fischen. Andere Sehenswürdigkeiten in Burundi sind die alten Königsstädte **Muramvya** und **Gitega** (interessantes Nationalmuseum) sowie das Denkmal in der Form einer kleinen Pyramide in der Nähe von **Rutana** an der Quelle des weißen Nils. In dieser Gegend findet man auch noch traditionelle Dörfer.
Die weltbekannten »Maîtres Tambours du Burundi« (Meistertrommler von Burundi) sind ein musikalisches Ereignis, das man nicht verpassen sollte.
Burundi hat mehrere Nationalparks und Naturreservate, u. a. den *Parc National de la Kibira* (Schimpansen und andere Affenarten), den *Parc National de la Ruvubu* (Büffel) und das *Réserve Gérée de la Rusizi* (Antilopen, Nilpferde, Krokodile).

SOZIALPROFIL

ESSEN & TRINKEN: Die Auswahl ist begrenzt. Gerichte in den Hotels in Bujumbura sind teuer und recht einfach. Eine lokale Spezialität ist gebratener *Ndagara-Fisch* aus dem Tanganjika-See. Es gibt gute französische, indische und griechische Restaurants in der Stadt. Außerhalb von Bujumbura und Gitega findet

---

Eine weitere wichtige Veröffentlichung von Columbus Press ist der »World Travel Guide«, der jährlich herausgegeben wird und Informationen in englischer Sprache auf mehr als tausend Seiten über alle Länder der Erde enthält.

*Weitere Einzelheiten von:
Columbus Press, Verkaufsabteilung, Aurikelweg 9, D-38108 Braunschweig.
Tel: 05309/2123. Telefax: 05309/2877.*

man kaum Restaurants.
NACHTLEBEN: In Bujumbura gibt es diverse Nachtklubs, Restaurants und Bars.
EINKAUFSTIPS: Einheimisches Kunstgewerbe, besonders Korbwaren. **Öffnungszeiten der Geschäfte:** Mo-Fr 08.30-12.00 und 15.00-18.00 Uhr, Sa 08.30-12.30 Uhr.
SPORT: Wassersport (Segeln, Wasserski und **Angeln)** in Bujumbura am Tanganjika-See. Der öffentliche Strand liegt 5 km westlich der Stadt. Im Entente-Sportklub kann man **Tennis, Volleyball, Basketball** und **Golf** spielen. Touristen wird eine befristete Mitgliedschaft angeboten. Das geringe Verkehrsaufkommen und die üppige tropische und subtropische Vegetation machen Burundi zum Wanderparadies.
SITTEN & GEBRÄUCHE: Die üblichen gesellschaftlichen Höflichkeitsformen gelten auch hier. Einheimische Sitten und Gebräuche sollten unbedingt respektiert werden. Die Kleidung sollte nicht zu zwanglos sein. **Trinkgeld** wird nicht automatisch berechnet, ca. 10% sind angemessen.

WIRTSCHAFTSPROFIL

WIRTSCHAFT: Burundi ist immer noch überwiegend ein Agrarstaat und gehört zu den ärmsten Ländern der Welt. Maniok und Süßkartoffeln sind die einzigen einheimischen Grundnahrungsmittel. Hauptexportgüter 1991 sind Kaffee (Exportanteil 81%), Tee, Baumwolle, Häute und Felle. Die Exporterlöse stehen und fallen mit dem Weltmarktpreis für Kaffee, der in den achtziger Jahren konstant niedrig war. Die kleine Bergbauindustrie konzentriert sich auf Gold, Zinnstein, Tungsten und Tantal. Die großen Vanadium-, Nickel- und Uranvorkommen sind bisher noch nicht ausgebeutet worden, und die einheimische Textilindustrie steckt noch in den Kinderschuhen. Burundi wird auch weiterhin von Entwicklungshilfe abhängig sein, die vor allem aus Frankreich, Belgien und Deutschland kommt. Aber auch der EU-Entwicklungsfonds und die Weltbank versuchen, dem Land finanziell unter die Arme zu greifen. Seine Importe bezieht Burundi hauptsächlich aus den obengenannten Ländern sowie aus Japan. Hauptabnehmer der Exportwaren sind die Länder der CFA-Franc-Zone, zu denen auch Burundi gehört, sowie Deutschland, Frankreich, die Niederlande und die USA. Aufgrund der instabilen politischen Lage befindet sich das Land kurz vor dem wirtschaftlichen Zusammenbruch. Das Durchschnittseinkommen pro Person ist eines der niedrigsten in der Welt.
GESCHÄFTSVERKEHR: Leichte Anzüge bzw. Kostüme sind angemessen für Geschäftstermine. Für Geschäftsreisen sind die Monate April bis Oktober bzw. Dezember und Januar am günstigsten. **Geschäftszeiten:** Mo-Fr 07.30-12.00 und 14.00-17.30 Uhr.
Kontaktadressen: *Chambre de Commerce et de l'Industrie du Burundi* (Industrie- und Handelskammer), BP 313, Bujumbura. Tel: (02) 22 22 80.
Die wirtschaftlichen Interessen Österreichs werden von der Außenhandelsstelle in Nairobi (s. Kenia) wahrgenommen.

KLIMA

Heißes äquatoriales Klima am Tanganjika-See und in der Flußebene des Ruzizi. Am See ist es oft windig, im Hochland mild und angenehm mit Durchschnittstemperaturen um 18°C (1000-2000 m). Regenzeit von Oktober bis Mai und Trockenzeit von Juni bis September; eine kurze Trockenzeit gibt es auch im Januar/Februar.
Kleidung: Leichte Baumwoll- und Leinensachen. Wärmeres für kühle Abende, während der Regenzeit Regenschutz.

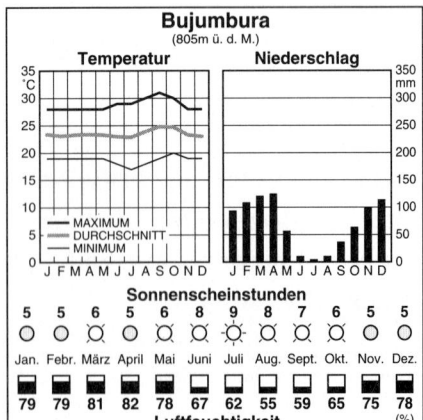

Cayman-Inseln

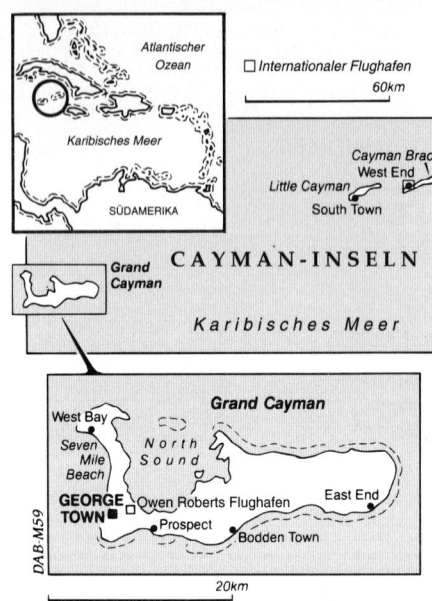

Lage: Karibik, südlich von Kuba; 628 km südlich von Miami/USA.

Cayman Islands Department of Tourism
Repräsentanz Deutschland, Schweiz und Österreich
Marketing Services International
Johanna-Melber-Weg 12
D-60599 Frankfurt/M.
Tel: (069) 603 20 94. Telefax: (069) 62 92 64.
Mo-Do 09.00-17.00 Uhr und Fr 09.00-15.00 Uhr.
Cayman Islands Department of Tourism
The Cricket Square
Elgin Avenue
PO Box 67
Grand Cayman
Tel: 949 06 23. Telefax: 949 40 53.
Die Cayman-Inseln haben keine eigene Botschaft und werden von Großbritannien diplomatisch vertreten (s. Großbritannien).
Die Bundesrepublik Deutschland unterhält keine Vertretung auf den Cayman-Inseln, zuständig ist die Botschaft in Kingston (s. Jamaika).
Die österreichische und schweizerische Interessenvertretung erfolgt durch die Botschaften in London (s. Großbritannien).

FLÄCHE: 259 qkm.
BEVÖLKERUNGSZAHL: 32.200 (1994).
BEVÖLKERUNGSDICHTE: 127 pro qkm.
HAUPTSTADT: George Town. **Einwohner:** 14.000 (1994).
GEOGRAPHIE: Die Cayman-Inselgruppe besteht aus den drei Inseln Grand Cayman, Little Cayman und Cayman Brac und liegt 290 km nordwestlich von Jamaika. Die Inseln sind die Gipfel einer unter dem Meer gelegenen Gebirgskette, die sich von Kuba bis in den Golf von Honduras erstreckt. Kilometerlange weiße Sandstrände ziehen viele ausländische Besucher an. Eine große Korallenbank schützt die Ost- und Westküste.
STAATSFORM: Britische Kronkolonie mit interner Selbstverwaltung. Letzte Verfassungsänderung 1994. Staatsoberhaupt: Königin Elizabeth II., vertreten durch den Gouverneur Michael E. J. Gore, seit September 1992, der für die Außen-, Sicherheits- und Verteidigungspolitik zuständig ist. Er steht außerdem dem Exekutivrat vor, der aus acht Mitgliedern besteht (drei vom Gouverneur ernannte Mitglieder und fünf Mitglieder des Legislativrates, die dieser selbst wählt). Der Legislativrat besteht außerdem aus 18 Mitgliedern, von denen 15 direkt gewählt werden. Bisher gibt es keine politischen Parteien. Zu den Wahlen werden *Teams* gebildet, die beiden größten sind das *Unity-* und das *Progress with Dignity Team.* In den letzten Jahren sind die Rufe nach Unabhängigkeit von Großbritannien fast verstummt. Reformorientierte Kräfte setzen sich für eine genauere Definition der Staatsbürgerschaft und die Schaffung einer *Bill of Rights* ein.
SPRACHE: Offizielle Landessprache ist Englisch. Einige regionale Dialekte.
RELIGION: Überwiegend Protestanten (Presbyterianer). Anglikanische, römisch-katholische, Bahai- und andere Minderheiten.
ORTSZEIT: MEZ - 6.
NETZSPANNUNG: 110 V, 60 Hz. Zweipolige amerikanische Flachstecker.
POST- UND FERNMELDEWESEN: Telefon: Ein modernes Telefonnetz verbindet die Inseln durch Unterseekabel und Satelliten mit allen Ländern der Welt. Selbstwählferndienst nach Europa und in die USA. **Landesvorwahl: 18 09. Telefax:** Zahlreiche Hotels, Banken und Geschäfte bieten diesen Dienst an. Vereinzelt stellen auch private Firmen ihre Telefaxgeräte gegen eine Gebühr zur Verfügung. **Telex/Telegramme:** *Cable & Wireless (West Indies) Ltd.* ist Lizenznehmer auf den Cayman-Inseln und betreibt die Telekommunikationsanlagen des Landes. Im Cable & Wireless-Büro gibt es einen Telex-Service. In vielen Hotels und Apartments sind Telexgeräte installiert. Ein öffentliches Telegrafenamt ist täglich zwischen 07.30 und 18.00 Uhr geöffnet; Empfang und Aufgabe von Telegrammen aus aller Welt. **Post:** Es gibt keine Postzustellung, immer Postfach verwenden. Postlagernde Sendungen sollten an *General Delivery* adressiert sein. Öffnungszeiten: Mo-Fr 08.30-17.00 Uhr, Sa 08.30-12.00 Uhr.
DEUTSCHE WELLE
Der Einsatz der Kurzwellenfrequenzen ändert sich mehrfach im Laufe eines Jahres, und Sendungen auf den folgenden Frequenzen werden jeweils nur zu bestimmten Tageszeiten ausgestrahlt. Näheres in der Einleitung.

MHz	17,860	17,715	15,275	9,545	6,100
Meterband	16	16	19	31	49

REISEPASS/VISUM

Wichtiger Hinweis: Die Einreisebestimmungen mancher Länder können sich kurzfristig ändern – rufen Sie sicherheitshalber mit Ihrem CRS-System (TIMATIC-Info-Code-Fenster in diesem Kapitel) den aktuellen Stand ab bzw. wenden Sie sich an die zuständige diplomatische Vertretung. Etwaige Zahlen in der Tabelle beziehen sich auf nachfolgende Fußnoten.

	Paß erforderlich?	Visum erforderlich?	Rückflugticket erforderlich?
Deutschland	Ja	Nein/2	Ja
Österreich	Ja	Nein/2	Ja
Schweiz	Ja	Nein/2	Ja
Andere EU-Länder	Ja/1	Nein/2	Ja

REISEPASS: [1] Allgemein erforderlich, ausgenommen sind Staatsbürger Großbritanniens, Kanadas und der USA unter Vorlage eines Identitäts- und Nationalitätsnachweises sowie Rück- oder Weiterflugtickets. Einreise für maximal sechs Monate möglich.
VISUM: Allgemein erforderlich, ausgenommen sind Staatsbürger von:
(a) der Bundesrepublik Deutschland, der übrigen EU-Länder und der Schweiz;
(b) der Commonwealth-Staaten (Mitgliedsstaaten s. Inhaltsverzeichnis); Staatsbürger von Brunei, der Malediven, Namibia, Pakistan und St. Kitts brauchen jedoch Visa);
(c) Andorra, Argentinien, Bahrain, Brasilien, Chile, Costa Rica, der Dominikanischen Republik, Ecuador, El Salvador, Guatemala, Haiti, Island, Israel, Japan, Kuwait, Liechtenstein, Mexiko, Monaco, Norwegen, Oman, Panama, Peru, San Marino, Saudi-Arabien, den USA und Venezuela.
Anmerkung: Wer über die USA einreist, benötigt u. U. ein Visum für die USA (Staatsangehörige der Bundesrepublik Deutschland, Österreichs und der Schweiz brauchen keine Visa, s. USA). Ausnahme sind Teilnehmer des sogenannten »Visa Waiver Schemes« (Anträge und Einzelheiten bei internationalen Fluggesellschaften und Reedereien).
Visaarten: Besuchs- und Geschäftsvisa. Gebühren richten sich nach Nationalität und Reisegrund, die britischen Konsulate erteilen weitere Auskünfte.
Geschäftsvisum: [2] Geschäftsreisende brauchen ein *Temporary Gainful Employment Permit*, das vor der Abreise bei den britischen Konsulaten bzw. Botschaften beantragt werden muß. Geschäftsvisa müssen ebenfalls im voraus beim Konsulat bzw. bei der Botschaft beantragt werden.
Visagebühren: 28 £.
Gültigkeitsdauer: 1-6 Monate.

TIMATIC INFO-CODES

Abrufbar über Ihr CRS-System (für START/Amadeus Ama-Maske benutzen). Für Galileo bitte TI-DFT eingeben (mit Bindestrich).

Flughafengebühren	TI DFT/ GCM /TX
Währung	TI DFT/ GCM /CY
Zollbestimmungen	TI DFT/ GCM /CS
Gesundheit	TI DFT/ GCM /HE
Reisepassbestimmungen	TI DFT/ GCM /PA
Visabestimmungen	TI DFT/ GCM /VI

Antragstellung: Britische Konsulate bzw. Botschaften (Adressen s. *Großbritannien*).
Unterlagen: (a) 2 Antragsformulare. (b) Gültiger Reisepaß. (c) 2 Paßfotos. (d) Nachweis der für die Dauer des Aufenthaltes erforderlichen Geldmittel.
Bearbeitungszeit: Verschieden, durchschnittlich ca. 4 Wochen.

GELD

Währung: 1 Cayman-Island-Dollar (CI$) = 100 Cents. Banknoten gibt es im Wert von 100, 50, 25, 10, 5 und 1 CI$; Münzen im Wert von 25, 10, 5 und 1 Cent.
Geldwechsel: US-Dollars, Kanadische Dollars und Britische Pfund werden überall akzeptiert.
Kreditkarten: Es werden alle bekannten Kreditkarten bei größeren Hotels und Restaurants angenommen. Einzelheiten vom Aussteller der betreffenden Kreditkarte.
Reiseschecks: US-Dollar-Reiseschecks werden empfohlen.
Wechselkurse

	CI$ Sept. '92	CI$ Febr. '94	CI$ Jan. '95	CI$ Jan. '96
1 DM	0,57	0,47	0,54	0,58
1 US$	0,85	0,82	0,83	0,83

Devisenbestimmungen: Keine Beschränkungen bei der Ein- und Ausfuhr von Landes- und Fremdwährungen.
Öffnungszeiten der Banken: Mo-Do 09.00-17.00 Uhr, Fr 09.00-16.30 Uhr.

DUTY FREE

Die folgenden Artikel können zollfrei auf die Cayman-Inseln eingeführt werden:
200 Zigaretten oder 50 Zigarren oder 225 g Tabak;
1 l Spirituosen oder 4 l Wein.
Anmerkung: Die Mitnahme von Haustieren ist nur mit Genehmigung des Landwirtschaftsministeriums *(Department of Agriculture)* der Cayman-Inseln möglich.

GESETZLICHE FEIERTAGE

20. Mai '96 Tag der Entdeckung. **11. Juni** Geburtstag der britischen Königin. **1. Juli** Tag der Verfassung. **11. Nov.** Heldengedenktag (1. Weltkrieg). **25./26. Dez.** Weihnachten. **1. Jan. '97** Neujahr. **12. Febr.** Aschermittwoch. **28. März** Karfreitag. **31. März** Ostermontag. **19. Mai** Tag der Entdeckung.

GESUNDHEIT

In der folgenden Tabelle aufgeführte Impfvorschriften können sich kurzfristig ändern. Es wird stets empfohlen, auf Ihrem CRS-System (TIMATIC-Info-Code-Fenster in diesem Kapitel) den aktuellen Stand der Gesundheitsbestimmungen abzurufen bzw. rechtzeitig vor der Reise ärztlichen Rat einzuholen.

	Vorsichtsmaßnahmen empfohlen	*Impfschein erforderlich*
Gelbfieber	Nein	Nein
Cholera	Nein	Nein
Typhus & Polio	Nein	-
Malaria	Nein	-
Essen & Trinken	Nein	-

Gesundheitsvorsorge: Insektenschutzmittel gegen Mücken und Sandflöhe, die lästig werden können, sollten mitgeführt werden. Es besteht jedoch keine Gefahr für die Gesundheit. Auf Grand Cayman gibt es ein gutausgestattetes Krankenhaus mit 52 Betten. Privatärzte, Zahnärzte und Optiker stehen ebenfalls zur Verfügung, sowie ein kleines Krankenhaus auf Cayman Brac. Der Abschluß einer Reisekrankenversicherung wird empfohlen.

REISEVERKEHR - International

FLUGZEUG: Die nationale Fluggesellschaft der Cayman-Inseln heißt *Cayman Airways Ltd.* (KX). Seit Dezember 1994 bietet *Caledonian Airways* einmal wöchentlich eine Direktverbindung ab London an. *British Airways* bietet zweimal wöchentlich eine Verbindung von London nach Grand Cayman (einmal wöchentlich Nonstop). Weitere Verbindungen von Europa über Miami, Weiterflug ist jeweils am gleichen Tag. *American Airlines, United Airlines* und *Northwest* fliegen täglich von Miami nach Grand Cayman. *Cayman Airways* bietet Flüge von Tampa, Atlanta, Houston und Jamaika zu den Cayman-Inseln an.
Durchschnittliche Flugzeiten: *London* – Grand Cayman: 10 Std. 10; *Frankfurt* – Miami: 10 Std; *Miami* – Grand Cayman: 1 Std. 05; *New York* – Grand Cayman: 3 Std. 30.
Internationale Flughäfen: *Grand Cayman* (GCM) (Owen Roberts Airport) liegt ca. 2,4 km östlich der Stadt. Flughafeneinrichtungen: Duty-free-Shop, Mietwagenschalter und Restaurant mit Bar.
Cayman Brac (CYB) (Gerard Smith Airport) liegt 8 km von der Stadt entfernt. Taxis warten auf ankommende Flüge (10 Min. Fahrzeit zur Stadt).
Flughafengebühren: 8 CI$ für Passagiere über 12 Jahren.
SCHIFF: Der Hafen von Grand Cayman wird von vielen internationalen Reedereien im Rahmen von Kreuzfahrten angelaufen. Passagierschiffe verkehren zwischen den Cayman-Inseln und Nordamerika, Mexiko und Europa.

REISEVERKEHR - National

FLUGZEUG: *Cayman Airways* verbindet Grand Cayman mit Cayman Brac. *Island Air* fliegt von Grand Cayman nach Cayman Brac sowie von Grand Cayman nach Little Cayman. Flüge zwischen Little Cayman und Cayman Brac werden ebenfalls von *Island Air* angeboten.
Durchschnittliche Flugzeiten: *Grand Cayman* – Little Cayman: 45 Min; *Grand Cayman* – Cayman Brac: 40 Min; *Cayman Brac* – Little Cayman: 10 Min. (s. u. *Fahrzeiten*).
BUS/PKW: Ein gutes Straßenverkehrsnetz verbindet die Küstenstädte der Inseln. Ein preiswerter, aber unregelmäßiger Linienbusdienst verkehrt zwischen George Town und den Wohngebieten an der West Bay sowie den Hotels am Seven Mile Beach. Fahrräder können preisgünstig gemietet werden. **Taxis** stehen überall zur Verfügung. **Mietwagen:** Alle bekannten Mietwagenfirmen sind in George Town vertreten. Es besteht Versicherungspflicht. Eine Vollkaskoversicherung kann mit den Mietwagenfirmen vereinbart werden. Mopeds und Motorräder können ebenfalls gemietet werden. **Unterlagen:** Gegen Vorlage des nationalen Führerscheins wird ein internationaler oder Touristenführerschein *(Visitor's Driving Permit)* gegen eine Gebühr ausgestellt. Das Mindestalter für den Führerscheinerwerb ist 21 Jahre. **Verkehrsbestimmungen:** Linksverkehr. Die Geschwindigkeitsbegrenzungen müssen genau eingehalten werden. Vorsicht bei Bussen: Die Türen öffnen sich zur Fahrbahnseite.
FAHRZEITEN von George Town zu anderen wichtigen Zentren der Inseln (ungefähre Angaben in Std. und Min.):

	Flugzeug	Schiff	Bus/Pkw
Cayman Brac	0.40	-	-
Little Cayman	0.45	-	-
Rum Point	-	1.15	0.45
Cayman Kai	-	-	0.45

UNTERKUNFT

Die Unterkunftsmöglichkeiten sind vielfältig, es gibt Luxushotels, elegante Apartments mit gut eingerichteten Küchen, preiswerte Hotels und besondere Quartiere für Taucher. Die meisten Apartmenthäuser sind erst in den letzten Jahren gebaut worden und bieten jeglichen modernen Komfort. Fast alle Ferienzentren liegen in Strandnähe und haben Tennisplätze und Schwimmbecken.
HOTELS: Fast alle Hotels liegen an der Küste. Die bekanntesten Hotels stehen am **Seven Mile Beach**, einem der schönsten Sandstrände der Welt. Einige Hotels haben sich auf Aktivurlaube für Taucher spezialisiert. Die großen Hotels (100 Zimmer) sind nur auf Grand Cayman zu finden. Die Preise sind saisonbedingt, in der Hochsaison im Winter liegen sie höher. In einigen Hotels können Kinder unter 12 Jahren im Sommer kostenlos übernachten. Bei der Abreise wird eine Zimmersteuer von 8% erhoben. In vielen Hotels ist der Bedienungszuschlag bereits in der Rechnung enthalten. Nähere Informationen erteilt die *Caymam Island Reservations* in London (Tel: (0171) 491 77 71) und die *Cayman Islands Hotel & Condominium Association* (CIHCA), West Bay Road, PO Box 1367, George Town. Tel: 947 40 57. Telefax: 947 41 43. **Kategorien:** Das Spektrum reicht von luxuriösen Hotels der **1. Klasse** (äußerst komfortabel) bis zu Hotels der **Touristenklasse** (Budget-Hotels).
FERIENHÄUSER UND -WOHNUNGEN: Apartments, Villen, Ferienhäuser für Familien und besondere Quartiere für Taucher können gemietet werden. Die Qualität der Ausstattung reicht von »sehr luxuriös« bis »einfach«. Weitere Auskünfte erteilen das *Department of Tourism* und die CIHCA (Adressen s. o.).

URLAUBSORTE & AUSFLÜGE

Die Mehrheit der 32.900 Inselbewohner lebt auf **Grand Cayman**. Die Meeresflora und -fauna in der Umgebung der größten der drei Inseln ist außerordentlich vielfältig, und die Korallenriffe laden zum Tauchen ein. Die 6 km lange Steinmauer (man nennt sie auch Grand Caymans »Chinesische Mauer«) in Bodden Town wurde ursprünglich zum Schutz vor Piratenüberfällen errichtet. **Seven Mile Beach** ist das größte Urlaubsgebiet, Hotelbauten unterliegen jedoch strengen Kontrollen und fügen sich im großen und ganzen gut in das Landschaftsbild ein. Ganz in der Nähe liegt die *Cayman Turtle Farm*. Mehrere tausend Schildkrötenjunge werden jährlich in die freie Natur gesetzt, um den einheimischen Bestand wieder aufzufüllen. Das Seeschildkrötenfleisch wird dank zunehmender Proteste der Naturschutzorganisationen nicht mehr exportiert. **George Town** ist die Hauptstadt der Cayman-Inseln. Entlang der Hafenpromenade stehen moderne Bankgebäude neben den hübschen Holzhäusern der Einheimischen. Mit seinen interessanten Geschäften und Duty-free-Shops ist George Town eines der wichtigsten Einkaufszentren in der Karibik. Es gibt mehrere Kinos, Nachtklubs und Diskotheken. Neueste Touristenattraktion ist der 24 ha große *Queen Elizabeth II Botanic Garden*, der ausschließlich der artenreichen einheimischen Flora gewidmet ist.
Cayman Brac hat weniger als 2500 Einwohner. Der Name »Brac« (Gälisch für Klippe) bezieht sich auf eine riesige Klippe, die hier aus dem Meer aufragt. Cayman Brac liegt 143 km nordöstlich von Grand Cayman, ist etwa 19 km lang und nicht mehr als 1,5 km breit. Die felsigen Klippen und tiefen Höhlen laden zu Ausflügen ein. Taucher können die Wracks der hier versunkenen Schiffe erforschen. Das *Vogelreservat*, in dem viele seltene Vogelarten leben, ist einen Besuch wert. Cayman Brac ist die »Schatzinsel« des gleichnamigen Kinderbuches von R. L. Stevenson. Man munkelt, daß hier auch heute noch vergessene Piratenschätze vergraben liegen.
Little Cayman liegt 11 km südöstlich von Cayman Brac und hat nur 41 Einwohner. Zahlreiche Vogelarten und Leguane leben auf der Insel, die nur 16 km lang und 3 km breit ist. Ihr Fischreichtum macht sie zum idealen Urlaubsort für Angelfreunde.

SOZIALPROFIL

ESSEN & TRINKEN: Die Restaurants sind ausgezeichnet. Besonders erwähnenswert sind *The Grand Old House, Hemingways, The Wharf* und *The Lobster Pot.* Einheimische Spezialitäten wie Seemuschelsuppe und -salat, *Red Snapper*, Seebarsch und Hummer werden überall angeboten. In vielen Restaurants werden Kreditkarten akzeptiert. **Getränke:** In Restaurants sind alle beliebten europäischen und amerikanischen Getränke zu bekommen. Bier vom Faß ist nur in wenigen Bars erhältlich. Das Niveau der Restaurants ist unterschiedlich. In den meisten Bars wird nur an der Theke bedient. Getränke werden hier üblicherweise bei der Bestellung bezahlt, in Restaurants erhält man eine Gesamtrechnung.
NACHTLEBEN: Die Nachtklubs auf Grand Cayman bieten Unterhaltungsprogramme mit internationalen Künstlern und Diskoabenden. Am Wochenende finden in den Hotels auf Cayman Brac Tanzveranstaltungen statt. Es gibt zwei Theater und zwei Freilichtbühnen. In einigen Hotels werden Filme gezeigt und Dia-Vorträge für die Gäste gehalten.
EINKAUFSTIPS: George Town bietet vielfältige Einkaufsmöglichkeiten, die Auswahl an Geschäften und Duty-free-Shops macht die Stadt zu einem der besten Einkaufszentren in der Karibik. Elegante Boutiquen führen Markenfabrikate großer amerikanischer und europäischer Modehäuser. Qualitätsmöbel und Haushaltsgegenstände aus den USA und Europa werden ebenso angeboten wie Porzellan, Kristallglas, Silberwaren, französisches Parfüm, Kunstgewerbeartikel und Skulpturen. Viele Luxusartikel und Lebensmittel sind zollfrei, für andere Artikel werden maximal 20% Zoll erhoben. **Öffnungszeiten der Geschäfte:** Mo-Fr 09.00-17.00 Uhr, Sa 08.30-12.30 Uhr.
SPORT: Tennis, Fußball, Kricket, Rugby und **Squash** sind beliebte Sportarten auf den Inseln. **Golf:** Der Anfang 1994 in Safehaven eröffnete 18-Loch-Meisterschaftsgolfplatz *The Links* ist für Profis und enthusiastische Golffans gleichermaßen geeignet. Auf dem Britannia-Golfplatz stehen wahlweise 9 oder 18 Löcher zur Verfügung. Viele Besucher kommen zum **Schwimmen, Segeln, Fallschirmsegeln, Surfen, Tauchen** und **Fischen** auf die Inseln. Über 20 Veranstalter bieten Tauchexkursionen an. Am Seven Mile Beach gibt es schon in etwa 200 m Entfernung vom Strand gute Tauchgründe. Die Resorts *Cayman Kai, Cayman Diving Lodge* und *Sunset House* sind hauptsächlich auf Taucher eingestellt, man kann Boote mieten, und Fachgeschäfte bieten die neuesten Ausrüstungen an. Auch Unterwasserkameras stehen zum Verleih. Das Krankenhaus in George Town hat eine Dekompressionskammer – den Cayman *Unbender*. Die Korallenriffe von Cayman Brac und der »Mount Everest« der Taucher (die berühmte steil abfallende North Wall in der Nähe von Grand Cayman) bieten ausgezeichnete Tauchmöglichkeiten. In Küstennähe kann man im seichteren Wasser Korallenbänke erkunden. Strenge Schutzmaßnahmen sind eingeführt worden, um die Vielfalt der wunderbaren Meeresflora und -fauna zu erhalten. Taucher müssen einen international anerkannten Taucherschein haben und sollten sich vor der Abreise erkundigen, ob ihr Brevet auf den Cayman-Inseln Gültigkeit hat. Für Behinderte, die gerne tauchen möchten, bietet *Red Sail Sports* im Hyatt Regency Hotel (Grand Cayman) besondere Kurse mit Fachpersonal. Zwei der Tauchboote sind rollstuhlgängig. Alle, die nicht selbst tauchen wollen, haben die Möglichkeit, an Bord der voll klimatisierten *Atlantis Submarine* die faszinierende Unterwasserwelt und die herrlichen Korallenriffe zu bewundern. Eine Fahrt mit diesem U-Boot, das 28 Passagieren Platz bietet, ist sehr empfehlenswert. **Fischen:** Die Cayman-Inseln sind ein Paradies für Sportfischer, die sich hier aus aller Welt einfinden. Zahlreiche große Fische wie Fächerfische, Thunfische, Schwertfische und Wahoos durchqueren auf ihren jährlichen Wanderungen die Gewässer rund um die Cayman-Inseln. Der große Fischreichtum und das günstige Klima ermöglichen ganzjährigen Fischfang. Die besten Fischgründe liegen zwischen der Westküste von Grand Cayman und den 12 km

Cayman-Inseln / Chile

vor der Küste gelegenen Bänken. Der *Trench* (6-13 km von der Westküste entfernt) ist besonders fischreich.
VERANSTALTUNGSKALENDER
Juni '96 10. *Internationale Flugwoche der Cayman-Inseln.* **1. - 30. Juni** 13. *Million-Dollar-Month-Wettfischen.* **28. Juni - 1. Juli** *Summer Bash Weekend* (Sport, Kunst). **Sept. - Okt.** *Tourismus Wochen 1996.* **20. Okt. - 2. Nov.** 20. *Piratenfestival.* **Jan. '97** *Jährliche Windsurfing-Regatta.* **Febr.** 9. *Biathlon.* **29. März** *Jährliche Oster-Regatta.*
Hierbei handelt es sich um eine Auswahl der jährlich stattfindenden Feste. Weitere Informationen vom Fremdenverkehrsamt (Adresse s. o.).
SITTEN & GEBRÄUCHE: Amerikanische und englische Verhaltensweisen haben die einheimischen Traditionen beeinflußt. Zur Begrüßung gibt man sich die Hand. Einige Familiennamen (wie Ebanks oder Bodden) sind so häufig, daß man bei der gegenseitigen Vorstellung oft Vornamen benutzt, z. B. Mr. Tom oder Mr. Jim. Blumen sind gern gesehene Geschenke als Mitbringsel bei der Ankunft oder als Aufmerksamkeit, wenn man zum Essen eingeladen ist. In vielen Familien wird kein Alkohol getrunken, man sollte daher keine Spirituosen als Geschenke überreichen. Freizeitbekleidung wird fast überall akzeptiert, aber Badekleidung gehört an den Strand. »Oben ohne« ist nicht erlaubt. **Trinkgeld:** 10-15% Trinkgeld sind üblich. Auf den Hotel- und Apartmentrechnungen sind die genauen Beträge bzw. Prozentsätze aufgeführt. Restaurants setzen einen Bedienungszuschlag von 10-15% auf die Rechnung.

WIRTSCHAFTSPROFIL

WIRTSCHAFT: Auf den Cayman-Inseln gibt es keine direkte Besteuerung, die Inseln sind daher eine Steueroase für ausländische Unternehmen. Viele Banken und Versicherungsgesellschaften sind hier registriert, und es gibt 17.000 »Briefkastenfirmen«. Der Tourismus ist die wichtigste Einnahmequelle des Landes. 1993 kamen rund 890.000 Besucher auf die Inseln, die Zahl der Übernachtungen betrug fast 290.000. Landwirtschaft wird kaum betrieben, 90% aller Lebensmittel müssen eingeführt werden. Der Lebensstandard und das Pro-Kopf-Einkommen der Inseln sind verhältnismäßig hoch. Die florierende Wirtschaft hat zahlreiche Emigranten aus Jamaika, Europa und den USA angezogen, ihr Anteil an den Erwerbstätigen beträgt ca. 30%. Arbeitslosigkeit war kaum vorhanden in den achtziger Jahren, mittlerweile liegt die Arbeitslosenquote bei 7%.
GESCHÄFTSVERKEHR: Bei Geschäftsbesuchen sollte man nicht allzu salopp gekleidet sein. Visitenkarten sind gebräuchlich, gelegentlich werden auch Empfehlungsschreiben benutzt. Termine mit Politikern und Regierungsbeamten sind relativ einfach zu vereinbaren. Beamte dürfen keine Geschenke annehmen (außer Jahres- oder Terminkalender zu Weihnachten). Auch in der Privatwirtschaft werden Geld- oder wertvolle Geschenke ungern gesehen. **Geschäftszeiten:** Mo-Fr 08.30-17.00 Uhr.
Kontaktadressen: *Cayman Islands Chamber of Commerce* (Handelskammer), PO Box 1000, George Town, Grand Cayman. Tel: 949 80 90. Telefax: 949 02 20.
Die wirtschaftlichen Interessen Österreichs werden von der Außenhandelsstelle in Caracas (s. Venezuela) wahrgenommen.
KONFERENZEN/TAGUNGEN: Auf Grand Cayman gibt es ein Kongreßzentrum, außerdem stehen in mehreren Hotels Tagungsräume zur Verfügung. Weitere Auskünfte erteilen das Fremdenverkehrsamt, die *Cayman Islands Hotel and Condominium Association* und das *Cayman Islands Department of Tourism* (Adressen s. o.).

KLIMA

Ganzjährig sehr warmes tropisches Klima, Passatwinde bringen willkommene Kühlung. Regenzeit von Mai bis Oktober, die Schauer sind meist kurz und heftig.
Kleidung: Sommerliche Baumwoll- und Leinensachen, Regenmantel oder Schirm während der Regenzeit. Wärmeres für kühle Abende.

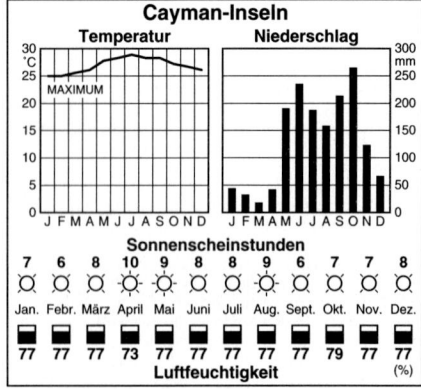

Chile

☐ *Internationaler Flughafen*

Lage: Westküste Südamerikas.

Servicio Nacional de Turismo (SERNATUR)
Avenida Providencia 1550
Casilla 14082
Santiago de Chile
Tel: (02) 236 14 16. Telefax: (02) 236 14 17.
Botschaft der Republik Chile
Kronprinzenstraße 20
D-53173 Bonn
Tel: (0228) 95 58 40, *Konsularabt.:* 595 84 30. Telefax: (0228) 955 84 40.
Mo-Fr 08.30-13.30 und 14.00-17.00 Uhr, *Konsularabt.:* Mo-Fr 08.30-13.00 Uhr.
Generalkonsulat der Republik Chile (mit Visumerteilung)
Leipziger Straße 61
D-10117 Berlin
Tel: (030) 229 25 31. Telefax: (030) 200 43 12.
Mo-Fr 08.00-13.00 Uhr.
Generalkonsulat der Republik Chile (mit Visumerteilung)
Harvestehuder Weg 7
D-20148 Hamburg
Tel: (040) 45 75 85. Telefax: (040) 45 46 05.
Mo-Do 09.00-13.00 Uhr.
Generalkonsulat der Republik Chile (mit Visumerteilung)
Mariannenstraße 5
D-80538 München
Tel: (089) 22 20 11. Telefax: (089) 22 20 12.
Mo-Fr 09.00-13.00 Uhr.
Generalkonsulat in Frankfurt/M. Honorarkonsulate in Bremen, Kiel und Stuttgart (alle ohne Visumerteilung).
Botschaft der Republik Chile
Lugeck 1/III/8 und 10
A-1010 Wien

TIMATIC INFO-CODES

Abrufbar über Ihr CRS-System (für START/Amadeus Amaske benutzen). Für Galileo bitte TI-DFT eingeben (mit Bindestrich).

Flughafengebühren	TI DFT/ SCL /TX
Währung	TI DFT/ SCL /CY
Zollbestimmungen	TI DFT/ SCL /CS
Gesundheit	TI DFT/ SCL /HE
Reisepassbestimmungen	TI DFT/ SCL /PA
Visabestimmungen	TI DFT/ SCL /VI

Tel: (0222) 51 29 20 80. Telefax: (0222) 512 92 08 33.
Mo-Fr 09.00-17.00 Uhr, *Konsularabt.:* Mo-Fr 10.30-13.00 Uhr.
Botschaft der Republik Chile
Eigerplatz 5
CH-3007 Bern
Tel: (031) 371 07 45, *Konsularabt.:* 371 70 50. Telefax: (031) 372 00 25.
Mo-Fr 09.00-13.00 und 15.00-17.00 Uhr, *Konsularabt.:* Mo-Fr 09.00-13.00 Uhr.
Botschaft der Bundesrepublik Deutschland
Calle Agustinas 785, 7°
Casilla 9949
Santiago de Chile
Tel: (02) 633 50 31-35, 633 57 85. Telefax: (02) 633 61 19.
Honorarkonsulate in Antofagasta, Arica, Concepción, Osorno, Puerto Montt, Punta Arenas, Temuco, Valdivia und Valparaíso.
Botschaft der Republik Österreich
Barrios Errázuriz 1968, 3°
Casilla 16196
Santiago de Chile 9
Tel: (02) 223 42 81, 223 47 74. Telefax: (02) 204 93 82.
Konsulat in Valparaíso.
Botschaft der Schweizerischen Eidgenossenschaft
Edificio Forum
Providencia 2653, 16°
Casilla 3875
Santiago de Chile
Tel: (02) 232 26 93, 232 18 72, 231 53 41. Telefax: (02) 232 18 72.

FLÄCHE: 756.626 qkm.
BEVÖLKERUNGSZAHL: 13.822.000 (1993).
BEVÖLKERUNGSDICHTE: 18 pro qkm.
HAUPTSTADT: Santiago de Chile. **Einwohner:** 4.628.320 (1993).
GEOGRAPHIE: Chile liegt an der südamerikanischen Westküste und grenzt im Norden an Peru und im Osten an Bolivien und Argentinien. Zum chilenischen Hoheitsgebiet gehören die Juan-Fernández-Inseln, auf denen Alexander Selkirk (der die Vorlage für Robinson Crusoe lieferte) Schiffbruch erlitt, die Osterinsel sowie Islas de los Desventusados und Isla Salay Gómez. Chile ist 4329 km lang und im Schnitt 180 km breit, die breiteste Ost-West-Ausdehnung ist 450 km bei Antofagasta. Durch ganz Chile erstrecken sich die Anden bis zu 6893 m Höhe (Vulkan Ojos del Salado), zum Meer hin fallen sie stufenförmig ab. Die unterschiedliche Bodenbeschaffenheit und extremen Klimaunterschiede machen sich in der Bevölkerungsdichte und in der jeweiligen Wirtschaft der unterschiedlichen Regionen bemerkbar. Chile kann man in 5 Zonen einteilen: Der Norden besteht aus ununterbrochener heißer Wüste mit einigen wenigen Oasen. Das Gebiet südlich von Copiapó ist Halbwüste. Südlich von Llapel bis Conceptión leben die meisten Einwohner Chiles. Farmen und Weinfelder säumen dieses Gebiet aus. Die 4. Zone zwischen Conceptión und Puerto Montt ist sehr bewaldet und hat viele Seen und Flüsse; hier regnet es die meiste Zeit des Jahres. Der ganze Süden, von Puerto Montt bis Kap Horn, ist nur gering bevölkert. Hier dominiert die Natur mit Wäldern, Gletschern, Fjorden und zahlreichen Inseln. Das Klima ist kalt und stürmisch.
STAATSFORM: Präsidiale Republik seit 1925, Verfassung von 1981, letzte Änderung 1991. Staatsoberhaupt und Regierungschef: Präsident Eduardo Frei Ruiz-Tagle, seit März 1994. Das Parlament besteht aus einem Senat (38 gewählte und 8 auf Lebenszeit durch Oberes Gericht und Regierung ernannte Mitglieder) und dem Abgeordnetenhaus (120 Mitglieder). Direktwahlen des Staatsoberhauptes alle 4 Jahre. Unabhängig seit 12. Febr. 1818 (formelle Proklamation).
SPRACHE: Offizielle Landessprache ist Spanisch. Einige Chilenen sprechen auch Englisch. Verschiedene Indianersprachen.
RELIGION: 77% Katholiken, 13% Protestanten; jüdische, animistische und Bahai-Minderheiten.
ORTSZEIT: Festland und Juan-Fernández-Inseln: MEZ - 5 (MEZ - 4 von Oktober bis März).
Osterinsel: MEZ - 7 (MEZ - 6 von Oktober bis März).
NETZSPANNUNG: 220 V, 50 Hz.
POST- UND FERNMELDEWESEN: Telefon: Selbstwählferndienst. Landesvorwahl: **56.** *Compañía de Teléfonos de Chile* ist Hauptbetreiber des Telefonnetzes, es gibt aber auch einige Privatfirmen. **Telefax:** In den größeren Städten wird dieser Dienst von *Telex Chile, Transradio Chilena* und *ITT Communicaciones* angeboten. Auch in großen Supermärkten gibt es öffentliche Faxstellen. **Telex/Telegramme:** Telexgeräte und Telegrammaufgabe bei *Telex Chile, Transradio Chilena* und *ITT Communicaciones Mundiales* in den größeren Städten. **Post:** Luftpost nach Europa ist etwa 6 Tage unterwegs. Die Postämter haben von Mo-Fr 09.00-18.00 Uhr und Sa 09.00-13.00 Uhr geöffnet.
DEUTSCHE WELLE
Der Einsatz der Kurzwellenfrequenzen ändert sich mehrfach im Laufe eines Jahres, und Sendungen auf den folgenden Frequenzen werden jeweils nur zu bestimmten Tageszeiten ausgestrahlt. Näheres in der Einleitung.

MHz	17,860	17,810	17,765	11,785	9,545
Meterband	16	16	16	25	31

REISEPASS/VISUM

Wichtiger Hinweis: *Die Einreisebestimmungen mancher Länder können sich kurzfristig ändern – rufen Sie sicherheitshalber auf Ihrem CRS-System (TIMATIC-Info-Code-Fenster in diesem Kapitel) den aktuellen Stand ab bzw. wenden Sie sich an die zuständige diplomatische Vertretung. Etwaige Zahlen in der Tabelle beziehen sich auf nachfolgende Fußnoten.*

	Paß erforderlich?	*Visum erforderlich?*	*Rückflugticket erforderlich?*
Deutschland	Ja	Nein	Ja
Österreich	Ja	Nein	Ja
Schweiz	Ja	Nein	Ja
Andere EU-Länder	Ja	1	Ja

REISEPASS: Allgemein erforderlich. Reisepaß muß noch mindestens 6 Monate nach Ausreise gültig sein.
Anmerkung: Kinderausweise müssen eine Eintragung der Staatsangehörigkeit aufweisen, oder bei den Eltern mit eingetragen sein.
VISUM: Da sich Bestimmungen oft kurzfristig ändern, sollte man sich bei der chilenischen Botschaft nach den neuesten Regelungen erkundigen. Gegenwärtig ist für Staatsbürger folgender Länder bei einem Aufenthalt von bis zu 90 Tagen kein Visum erforderlich:
(a) [1] Bundesrepublik Deutschland, Österreich, Schweiz sowie alle Länder der Europäischen Union (Staatsbürger Griechenlands nur für 60 Tage, eine Verlängerung ist im Land möglich);
(b) Argentinien, Australien, Belize, Bolivien, Brasilien, Costa Rica, Ecuador, El Salvador, Fidschi, Guatemala, Honduras, Indonesien, Island, Israel, Jamaika, Japan, Kanada, Kolumbien, Kroatien, Liechtenstein, Malaysia, Marokko, Mexiko, Monaco, Nicaragua, Norwegen, Panama, Paraguay, St. Kitts und Nevis, San Marino, Singapur, Slowenien, Suriname, Südafrika, Tonga, Tunesien, Türkei, Tuvalu, Ungarn, Uruguay, USA und Venezuela;
(c) Peru bis zu 60 Tagen;
(d) Antigua und Barbuda sowie Grenada bis zu 30 Tagen.
Visaarten: Arbeits-, Studenten- und Aufenthaltsvisum. Wer in Chile arbeiten oder studieren möchte, braucht eine besondere Genehmigung. Besucher aus Ländern, die keine diplomatischen Beziehungen mit Chile unterhalten, benötigen Aufenthaltsvisa.
Gültigkeitsdauer: Aufenthaltsvisa bis zu 3 Monaten, abhängig von der Nationalität des Antragstellers und dem Besuchszweck, Verlängerung vor Ort möglich. Andere Visa bis zu 1 Jahr.
Antragstellung: Konsulat oder Konsularabteilung der Botschaft (Adressen s. o.).
Unterlagen: Gültiger Reisepaß und in besonderen Fällen Rückflugticket.
Bearbeitungszeit: Etwa 4 Tage.
Aufenthaltsgenehmigung: Anfragen sind an die Botschaft zu richten, Aufenthaltsgenehmigungen werden jedoch nicht ohne weiteres ausgestellt.

GELD

Währung: 1 Chilean Peso (Chil$) = 100 Centavos. Banknoten gibt es im Wert von 10.000, 5000, 1000 und 500 Chil$; Münzen in den Nennwerten 100, 50, 10, 5 und 1 Chil$.
Geldwechsel: Auslandswährungen können in Banken, Wechselstuben, bevollmächtigten Geschäften, Restaurants, Hotels und Klubs umgetauscht werden. Besucher sollten sich nicht von den besseren Wechselkursen (10-15%) auf dem Schwarzmarkt verführen lassen.
Kreditkarten: *Diners Club, Visa, American Express* und *Eurocard* werden akzeptiert. Einzelheiten vom Aussteller der betreffenden Kreditkarte.
Reiseschecks werden allgemein akzeptiert. Es kann jedoch schwierig werden, außerhalb großer Ortschaften Reiseschecks zu tauschen.
Wechselkurse

	Chil$ Sept. '92	Chil$ Febr. '94	Chil$ Jan. '95	Chil$ Jan. '96
1 DM	252,57	247,04	258,74	282,61
1 US$	375,36	428,85	401,05	406,25

Devisenbestimmungen: Es gibt keine Ein- oder Ausfuhrbeschränkungen.
Öffnungszeiten der Banken: Mo-Fr 09.00-14.00 Uhr.

DUTY FREE

Folgende Artikel können zollfrei nach Chile eingeführt werden:
200 Zigaretten oder 200 g Tabak oder 20 Zigarren oder 20 Zigarillos;
2,5 l Spirituosen (Personen über 18 J.);
Parfüm für den persönlichen Bedarf.
Einfuhrbeschränkungen: Fleisch- und Tierprodukte, Blumen, Obst und Gemüse dürfen ohne Genehmigung nicht eingeführt werden und werden bei Zuwiderhandlung am Flughafen beschlagnahmt.

GESETZLICHE FEIERTAGE

1. Mai '96 Tag der Arbeit. **21. Mai** Seeschlacht von Iquique. **6. Juni** Fronleichnam. **29. Juni** Peter und Paul. **15. Aug.** Mariä Himmelfahrt. **11. Sept.** Tag der Nationalen Befreiung. **18. Sept.** Unabhängigkeitstag. **19. Sept.** Tag des Heeres. **12. Okt.** Tag der Entdeckung Amerikas. **1. Nov.** Allerheiligen. **8. Dez.** Mariä Empfängnis. **25. Dez.** Weihnachten. **31. Dez.** Feiertag. **1. Jan. '97** Neujahr. **28. - 30. März** Ostern. **1. Mai** Tag der Arbeit. **21. Mai** Seeschlacht von Iquique.

GESUNDHEIT

In der folgenden Tabelle aufgeführte Impfvorschriften können sich kurzfristig ändern. Es wird stets empfohlen, auf Ihrem CRS-System (TIMATIC-Info-Code-Fenster in diesem Kapitel) den aktuellen Stand der Gesundheitsbestimmungen abzurufen bzw. rechtzeitig vor der Reise ärztlichen Rat einzuholen.

	Vorsichtsmaßnahmen empfohlen	*Impfschein erforderlich*
Gelbfieber	Nein	Nein
Cholera	1	1
Typhus & Polio	2	-
Malaria	Nein	-
Essen & Trinken	3	-

[1]: Eine Impfbescheinigung gegen Cholera ist für die Einreise nach Chile nicht erforderlich, das Risiko einer Infektion ist jedoch nicht auszuschließen. Da die Wirksamkeit der Schutzimpfung umstritten ist, empfiehlt es sich, rechtzeitig vor Antritt der Reise ärztlichen Rat einzuholen. Näheres unter *Gesundheit* (s. Inhaltsverzeichnis).
[2]: Typhus kommt vor, Poliomyelitis jedoch nicht.
[3]: Wasser sollte generell vor der Benutzung zum Trinken, Zähneputzen und zur Eiswürfelbereitung entweder abgekocht oder anderweitig sterilisiert werden. Milchpulver nur mit keimfreiem Wasser anrühren. Fleisch- und Fischgerichte nur gut durchgekocht und heiß serviert essen. Der Genuß von Schweinefleisch, rohen Salaten und Mayonnaise sollte vermieden werden. Gemüse sollte gekocht und Obst geschält werden. *Virushepatitis* und *Meningokokken-Infektionen* kommen vor.
Gesundheitsvorsorge: Der Abschluß einer Reisekrankenversicherung wird dringend empfohlen.

REISEVERKEHR - International

FLUGZEUG: Chiles nationale Fluggesellschaften heißen *Línea Aéra Nacional de Chile (LAN)* und *Línea Aéra del Cobre SA-LADECO*.
Durchschnittliche Flugzeiten: *Frankfurt/M.* – Santiago de Chile: 17 Std. 15 (mit zwei Zwischenlandungen); *Wien* – Santiago de Chile: 18 Std; *Zürich* – Santiago de Chile: 17 Std; *London* – Santiago de Chile: 18 Std. 45; *Los Angeles* – Santiago de Chile: 15 Std. 35; *New York* – Santiago de Chile: 14 Std. 10; *Singapur* – Santiago de Chile: 33 Std. 45 und *Sydney* – Santiago de Chile: 19 Std. 05.
Internationale Flughäfen: *Santiago de Chile (SCL)* (Comodoro Arturo Merino Benitez) liegt 21 km westlich der Stadt (Fahrzeit 20 Min.). Es gibt einen Kleinbus-Transfer, der über die Fluggesellschaft oder durch Privatunternehmen organisiert werden kann. Der Flughafenbus fährt im 20-Minutentakt zwischen 06.00-21.30 Uhr zur Stadt; zurück geht es von den U-Bahnstationen Los Héroes, Estación Central und Las Rejas sowie von der Avenida Moneda/Ecke San Martín. Taxis stehen ebenfalls zur Verfügung. Am Flughafen gibt es eine Bar, Läden, Restaurants, Bank, Autovermietung, Postamt, Hotelreservierungsschalter und Tourist-Information.
Flughafengebühren: 12,50 US$ bei der Ausreise.
SCHIFF: Empremar (Empresa Marítima del Estado) in Valparaíso ist Chiles Haupthafen. Die wichtigsten Reedereien, die Valparaíso anlaufen, sind *Compañía Chilena de Navegación Interoceánica* (CCNI) und *Compañía SudAmericana de Vapores* (CSAV) (Verbindungen von/nach New York und Europa); *Delta Line Cruises* (USA durch den Panama-Kanal) und *Royal Netherlands Company* (von/nach Rotterdam und Le Havre).
BAHN: Von La Paz (Bolivien) führen Bahnstrecken nach Arica (an der Nordgrenze zu Peru) und (über Oruro) nach Antofagasta. Der Zugverkehr ist unregelmäßig. Nach Argentinien gibt es die ebenfalls unregelmäßige Verbindung Antofagasta – Salta.
BUS/PKW: Der chilenische Abschnitt der Panamerikana beginnt in Arica und reicht im Süden bis Puerto Montt. Die *TEPSA*-Busse verkehren überall in Südamerika und sind auf große Entfernungen eingestellt, selbst von Ecuador kann man per Reisebus nach Chile fahren. Es gibt auch Verbindungen nach Brasilien, Argentinien und Peru.

REISEVERKEHR - National

FLUGZEUG: Regelmäßiger Linienflugverkehr zu den Großstädten, besonders wochentags sind die Verbindungen gut. Der südliche Landesteil ist am besten per Flugzeug erreichbar, und Vorausbuchung wird empfohlen. Die Inlandflüge werden von den chilenischen Fluggesellschaften *LanChile*, *LADECO* und *Aeronorte* sowie von einigen Lufttaxigesellschaften angeboten. Es gibt ein *Visit Chile Ticket* (21 Tage Gültigkeit), das landesweit gültig ist. Dabei muß es eine Rundreise werden, jede Stadt darf nur einmal angeflogen werden, in Santiago de Chile darf nicht umgestiegen werden. Der Preis hängt von der Anzahl der Flugziele und der gewählten Klasse ab. Die Tickets können nur im Ausland gekauft, und die Flüge müssen lange im voraus gebucht werden. Man erhält Gutscheine, die in jedem Verkaufsbüro der *LanChile* gegen Tickets eingetauscht werden können. Eine Rückvergütung ist nur vor Reiseantritt möglich. Die Buchung kann jedoch auch nach Reiseantritt gegen eine Gebühr von 30 US$ umgebucht werden. Die Städte der einzelnen Routen können in frei gewählter Reihenfolge angeflogen werden. Ein Flug auf die Osterinsel im Rahmen dieses Angebotes ist nur bei anschließendem Interkontinentalflug nach Süd- oder Nordchile mit *LanChile* möglich.
LanChile verbindet Santiago de Chile regelmäßig mit der **Osterinsel** auf dem Flug nach Tahiti. Zwischen November und Februar wird zweimal wöchentlich ein Flug angeboten; zu anderen Jahreszeiten nur einmal wöchentlich. Vorausbuchung wird empfohlen. Flugzeit: 5 Std.
Von Valparaíso und Santiago de Chile gibt es im Sommer tägliche Lufttaxiverbindungen zu den **Juan-Fernández-Inseln.**
Flughafengebühr: 12,50 US$ (bzw. Gegenwert in Chil$) bei Abflug aus Santiago de Chile.
SCHIFF: Passagierschiffe entlang der Küste sind selten und unzuverlässig. Einmal im Monat gibt es eine Verbindung von Valparaíso zur **Osterinsel** und der **Robinson-Crusoe-Insel** (Teil der Juan-Fernández-Inseln). Reisebüros vor Ort erteilen nähere Informationen.
BAHN: Das staatliche Streckennetz umfaßt 8185 km. Es beginnt in Santiago de Chile und endet im südlichen Puerto Montt. Bedingt durch die Topographie des Landes ist der Zugverkehr eingeschränkt; auf der Hauptstrecke (Santiago de Chile – Puerto Montt) verkehren jedoch mehrmals täglich klimatisierte Züge mit Schlaf- und Speisewagen. Auf allen wichtigen Strecken fahren auch Autozüge. Weitere Informationen sind bei SERNATUR erhältlich (Adresse s. o.).
BUS/PKW: Das chilenische Straßennetz ist gut und umfaßt 79.593 km. Die Busgesellschaft Panamerikana fährt 3600 km von der peruanischen Grenze bis Puerto Montt, von wo die Carretera Austral weiter nach Süden bis nach Cochrane fährt. In abgelegeneren Gebieten sollte man, wenn man selbst mit dem Auto fährt, Reservekanister mit Benzin und Ersatzreifen bei sich haben. **Fernbus:** Intercity-Busse sind preiswert und zuverlässig. Es gibt eine bequeme Nord-Süd-Verbindung. Die meisten Langstreckenbusse bieten WCs und Erfrischungen, manchmal kann man sogar günstigere Fahrpreise aushandeln. Weitere Informationen von SERNATUR (Adresse s. o.). **Taxi:** Die meisten Taxis haben Taxameter, aber bei längeren Fahrten sollte der Fahrpreis vorher vereinbart werden. Sonntags nach 21.00 Uhr bezahlt man einen Zuschlag von 50%. Die Taxis in Santiago de Chile sind schwarz mit gelbem Dach.
Mietwagen: Fahrzeuge sind an Flughäfen und in größeren Städten erhältlich. Die Mietgebühren setzen sich aus dem Tagessatz, Kilometergeld und 20% Steuern zusammen. Meist müssen auch hohe Kautionen hinterlegt werden. Straßenkarten erhält man vom *Automóvil Club de Chile*, Avenida Vitacura 8620, Santiago de Chile. Tel: (02) 212 57 02. Telefax: (02) 211 92 08. **Unterlagen:** Internationaler Führerschein.
STADTVERKEHR: In Santiago de Chile gibt es ein U-Bahnsystem mit zwei Linien (eine dritte ist im Bau), Busse, Minibusse und Sammeltaxis. Auf je 100 Einwohner kommt ein Taxi. Die U-Bahnen, Busse und Minibusse haben Einheitsfahrpreise, Sammeltaxis sind teurer. In den meisten anderen Städten findet man ebenfalls Busse und Taxis.
FAHRZEITEN von Santiago de Chile zu den folgenden größeren Städten (ungefähre Angaben in Std. und Min.):

	Flugzeug	Bahn	Pkw/Bus
Arica	2.40	84.00	26.00
Concepcíon	1.30	7.00	7.00
Portillo	2.30	-	-
Puerto Montt	1.45	17.00	12.00
Punta Arenas	3.25	-	120.00
Viña del Mar	-	-	1.30
Osterinsel	5.00	-	-

UNTERKUNFT

HOTELS: Landesweit stehen ausgezeichnete Unterkünfte zur Verfügung. Sie sind in Kategorien von 5- bis 2-Sterne-Hotels unterteilt. In Santiago de Chile und in anderen Landesteilen wurden kürzlich mehrere neue Luxushotels eröffnet. Fehlende Hoteleinrichtungen werden durch die gemütliche Atmosphäre wettgemacht. Die Gastfreundschaft der Chilenen ist berühmt, und in ländlichen Gebieten kommt es öfter vor, daß der Eigentümer oder Direktor mit den Gästen ißt. Während der Hauptsaison sollte man in den Urlaubsorten unbedingt rechtzeitig buchen. Die Übernachtungspreise in Santiago de

Chile sind höher als in den Provinzen. In der Hauptsaison (Jan. - März) liegen die Übernachtungspreise in Valparaíso, Viña de Mar und anderen Urlaubsorten ebenfalls höher. Die Mitglieder ausländischer Automobilklubs erhalten in Hotels Rabatt, wenn sie dem *Automóvil Club de Chile* (Adresse s. o.) beitreten. **Mehrwertsteuer:** 18% auf alle Hotelrechnungen. **Familienunterkünfte:** Weit verbreitet und relativ preiswert.
CAMPING: Zeltplätze gibt es in ganz Chile. Die offiziellen Zeltplätze sind teuer, eine Liste ist von der Botschaft erhältlich.
JUGENDHERBERGEN: Nur Mitglieder der *Asociación Chilena de Albergues Turísticos Juveniles* (Avenida Providencia 2594, Of. 420. Tel: (02) 233 32 20) können in chilenischen Jugendherbergen übernachten. Der Mitgliedsausweis kostet 3,50 US$. Für 7,50 US$ kann man auch die Jugendherbergen in Argentinien, Brasilien und Uruguay benutzen. Viele Jugendherbergen sind jedoch sehr überlaufen.

URLAUBSORTE & AUSFLÜGE

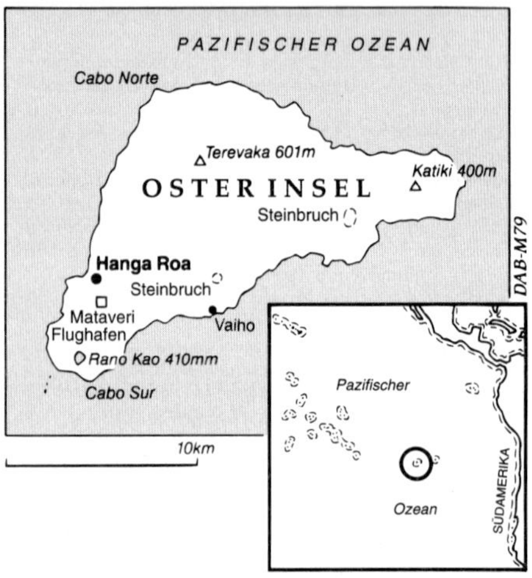

Santiago de Chile hat vier Touristen-Informationszentren, u. a. am internationalen Flughafen. Darüber hinaus gibt es im ganzen Land regionale Touristenbüros. Es werden zahlreiche interessante Ausflugsfahrten angeboten.
Die ca. 30 Nationalparks und 38 Naturreservate des Landes sowie zahlreiche geschützte Gebiete ermöglichen einzigartige Naturerlebnisse. Viele von ihnen wurden von der UNESCO zu »biosphärischen Reservaten« erklärt. Sie wurden eingerichtet, um sowohl die chilenische Flora und Fauna in ihrer Vielfalt zu erhalten, als auch einzelne Arten, die eine wichtige Rolle im Ökosystem des Landes spielen.

Der Norden

Arica liegt an der Nordgrenze zu Peru und ist ein attraktives Ferienzentrum mit herrlichen Stränden und der berühmten *San-Marcos-Kathedrale*. Hochsee-Angelfahrten werden angeboten. Wenn man nach Süden durch die Atacama-Wüste fährt, kommt man zu den heißen Quellen von Mamina und zur Oase des Rica-Tals. Der **Lauca-Nationalpark**, 170 km nordöstlich von Arica, liegt 4500 m über dem Meeresspiegel. Am *Lago Chungará*, einem See in der Mitte des Parkes, gibt es Flamingos und andere Vögel und auch die Vicuñas, eine Lamaart, zu sehen. Die Hafenstadt **Antofagasta** hat einen Flughafen und wird von zahlreichen Reedereien angelaufen; gleichzeitig ist sie auch ein bedeutender Schienenknotenpunkt. Von hier aus kann man die größte Tagebau-Kupfermine der Welt in **Chuquicamata** besuchen. Ein Ausflug an den *Salar de Atacama*, einen riesigen Salzsee, ist ein Erlebnis. Geysire sind ein anderes Naturphänomen dieser Region.
Weiter südlich befindet sich der Ort **Coquimbo** mit einem der besten Häfen der Westküste. Ganz in der Nähe liegt der schöne Badeort **Los Vilos**, von dem man die nahegelegene Insel **La Reine** mit dem Boot erreichen kann. 15 km nördlich von Coquimbo liegt die Provinzhauptstadt **La Serena**. Diese reizvolle und schön angelegte Stadt hat zahlreiche interessante Bauwerke und Straßenzüge. Viele der Neubauten wurden im spanischen Kolonialstil errichtet. Südlich der Stadt liegen schöne Strände. La Serena liegt an der Mündung des Rio Elqui. Das fruchtbare *Elqui-Tal* mit vielen Obstplantagen ist durchaus einen Besuch wert.

Mittlere Region und Inseln

Sanfte grüne Felder, Weinberge und Orangenhaine liegen vor der Silhouette der schneebedeckten Gipfel der Anden in dieser idyllischen Region mit ihrem gemäßigten Klima. **Valparaíso** ist die größte Hafenstadt des Landes mit vielen Sehenswürdigkeiten. Nur 8 km nördlich liegt **Viña del Mar**, Chiles größter und exklusivster Urlaubsort mit Spielkasinos, Klubs und modernen Hotels. Mit seinen kühlen und lauschigen Parkanlagen ist er auch als »Gartenstadt Chiles« bekannt. Der *Quinta-Vergara-Palast* in dem gleichnamigen Park beherbergt eine ausgezeichnete Gemäldegalerie. Der Sportklub Valparaísos hat eine Pferderennbahn, einen Poloplatz und Fußballplätze. Von Valparaíso gibt es gute Bahn- und Straßenverbindungen nach **Santiago de Chile**, der kosmopolitischen Landeshauptstadt. Hotels aller Klassen sind hier vertreten. Im Nordosten der Stadt liegt der *Monte San Cristobal* mit einem Zoo, Grünanlagen und Restaurants. Von hier hat man einen guten Rundblick über die Stadt. Im *Club Hippico* und dem *Prince of Wales Country Club* stehen Sportanlagen zur Verfügung. Auf einem Stadtbummel sollte man vor allem dem *Museo Chileno de Arte Precolombino* einen Besuch abstatten. Gezeigt wird eine hervorragende Auswahl an präkolumbianischen Kunstgegenständen. Im *Museo de Historia Natural* wird die Mumie eines Inkakindes (so wird behauptet) ausgestellt, die in der Umgebung gefunden wurde. Rund um die Stadt kann man viele Weingüter besichtigen. Von Santiago de Chile aus kommt man schnell zu den Skiorten **Portillo** und **Farellones**. Die Skisaison dauert von Juni bis Oktober. Sowohl in- als auch ausländische Skifans kommen aufgrund der hervorragenden Bedingungen hierher. Wer weiter nach Süden durch Chiles Mitte fährt, kommt nach **Talca** mit seinen schönen Gärten und interessanten Museen.
650 km westlich von Valparaíso liegen die **Juan-Fernández-Inseln**, die per Schiff oder Flugzeug erreichbar sind. Alexander Selkirk erlitt hier im 18. Jahrhundert Schiffbruch, und der englische Schriftsteller Daniel Defoe nahm seine Abenteuer als Vorbild für seinen weltberühmten Roman »Robinson Crusoe«.
Die **Osterinsel** gehört ebenfalls zu Chile und liegt 3800 km westlich des Festlandes. Außer den rund 2000 Insulanern ist die Osterinsel von zahlreichen riesigen Steinfiguren geheimnisumwobenen Ursprunges, den *Moai*, bevölkert. Ebenso faszinierend sind der Krater des *Rano-Kao-Vulkans*, die Felsmalereien in *Oronco* und das Museum in der Inselhauptstadt *Hanga Roa*. Am einfachsten ist die Osterinsel mit dem Flugzeug zu erreichen. Fremdenführer und Gasthausbesitzer erwarten die Passagiere am Flugplatz. Hotelunterkünfte können von Santiago de Chile oder Valparaíso aus gebucht werden, aber dies ist nicht unbedingt notwendig. Viele Hotels haben sich auf Reisegruppen spezialisiert und arrangieren auf Wunsch auch Ausflüge. Jeeps, Lastwagen, Motorräder und Pferde kann man mieten.

Der Süden

Ein Besuch der eindrucksvollen Wasserfälle in **Laguna de Laja** ist jedem Besucher zu empfehlen. **Temuco** liegt am Rand des Seengebietes. Der Lago Villarica, der Rio Trancura und der Rio Cincira liegen in dieser schönen Landschaft und sind ein wahres Anglerparadies. Der Lago Todos Los Santos ist ein weiteres schönes Ausflugsziel. Am südlichsten Ende der Bahnlinie und der Panamerikana liegt die malerische Stadt **Puerto Montt.** In der Nähe befindet sich der kleine Fischereihafen **Angelmo**. Abenteuerlustige werden die Insel **Chiloé** besuchen wollen und möglicherweise auch den südlichsten Teil des Landes, die in mehrere Inseln und Inselchen aufgesplitterten *Magellanes*, die spektakulären Gletscher und die rauhe Landschaft der chilenischen Teile Patagoniens und Feuerlandes, die im Sommer ein ganz besonderes Naturerlebnis bieten. Ab Puerto Montt sind die Straßenverhältnisse aber recht schwierig.

SOZIALPROFIL

ESSEN & TRINKEN: In Santiago de Chile gibt es viele internationale Restaurants, die oft auch Unterhaltung bieten. Typische Beispiele der einheimischen Küche sind *Empanadas* (Pasteten mit Fleisch, Geflügel oder Fisch und Zwiebeln, Eiern, Rosinen und Oliven), *Humitas* (gewürzte Maispaste in Maisblättern eingerollt und gekocht), *Cazuela de Ave* (Suppe mit Reis, Gemüse, Huhn und verschiedenen Kräutern), *Bife a lo Pobre* (Steak mit Pommes Frites, gebratenen Zwiebeln und Spiegelei) und *Parrillada* (eine Auswahl von auf dem Holzkohlengrill gegrilltem Fleisch). Meeresfrüchte sind ebenfalls ausgezeichnet. Am bekanntesten sind die großen Hummer der Juan-Fernández-Inseln. Abalonen, Seeigel, Venusmuscheln, Krabben und riesige *Choros* (Muscheln) werden auch oft angeboten. **Getränke:** Chile ist für seinen Wein bekannt. *Pisco* ist ein starkes alkoholisches Getränk aus gepreßten Trauben. Der süße braune *Chicha* und *Aguardiente*, ein Branntwein, werden ebenfalls aus Trauben hergestellt. Bier ist im ganzen Land erhältlich.
NACHTLEBEN: Viele Hotels und Restaurants bieten Abendunterhaltung, außerdem gibt es zahlreiche andere Nachtklubs und Diskotheken. Spielkasinos gibt es in Viña del Mar, Pucón, Puerto Varas und Arica.
EINKAUFSTIPS: Schöne Andenken sind Textilien wie bunte handgewebte Ponchos, Pullover aus Lamawolle, Vicuña-Läufer und Kupferarbeiten. Günstig sind auch chilenische Edelsteine wie Lapislazuli, Jade, Amethyste, Agate und Onyx. **Öffnungszeiten der Geschäfte:** Mo-Fr 10.00-20.00 Uhr, Sa 10.00-14.00 Uhr. Einkaufszentren: Mo-So 10.00-21.00 Uhr.
SPORT: Baseball, Tennis, Volleyball, Hockey, Polo, Rugby, Fußball und **Golf** werden gern gespielt. **Wassersport:** Tauchen, Bootsfahrten und Wasserski. Der Angelklub (*Club de Pesca y Caza*) stellt Angelscheine aus. Im Tal zwischen den beiden Gebirgsketten kann man braune Forellen fangen; Regenbogenforellen findet man eher im südlichen Landesteil. **Wintersport:** Skisaison ist zwischen Juni und September. Der bekannteste Skiort ist Portillo.
VERANSTALTUNGSKALENDER
Mitte Mai '96 *Internationaler Markt*, Puerto Montt. **1. - 7. Okt.** *Exposalut* (lateinamerikanischer Kunstgewerbemarkt). **27. Okt. - 5. Nov.** *Fisa*, Santiago de Chile. **Okt.** *El Ensayo* (Pferderennen), Santiago de Chile. **Jan. '97** (1) *Nationales Golfturnier*. (2) *Derby* (Pferderennen) und (3) *Internationale Reitturniere*, alle in Viña del Mar.
SITTEN & GEBRÄUCHE: Zur Begrüßung gibt man sich die Hand. Die meisten Chilenen haben zwei Nachnamen, bei der Anrede und im Schriftverkehr wird meistens nur der erste benutzt. Die üblichen Höflichkeitsformen sollten beachtet werden. Einladungen in Privatwohnungen sind üblich, kleine Geschenke sind gern gesehen. Zwanglose, zurückhaltende Kleidung wird überall akzeptiert; Frauen sollten außerhalb der Urlaubszentren keine Shorts tragen. **Trinkgeld:** Restaurants und Bars berechnen 10% für Bedienung. Kellner erwarten weitere 10%.

WIRTSCHAFTSPROFIL

WIRTSCHAFT: Die chilenische Wirtschaft mit ihrer hochentwickelten Industrie und einem modernen Dienstleistungssektor ist eine der leistungsfähigsten in ganz Lateinamerika. Die Ausfuhr von Rohstoffen und Agrarprodukten wie Metallen, Erzen, Obst, Fisch und Holz erbringt noch immer den Großteil der Exporterlöse. Kupfer ist ein bedeutendes Ausfuhrgut und macht ca. 35% des Exportvolumens aus (jedoch stark rückläufig). Obwohl Chile Obst und Gemüse nach Nordamerika und Europa exportiert, ist es nicht völlig autark und muß einige Agrarprodukte importieren. In den letzten 30 Jahren wurde die Industrie ausgebaut und umfaßt heute die Stahlindustrie, Öl-, Zement- und Verbrauchsgüterproduktion sowie Schiffbau. Metalle und Erze sowie die Fischerei sind die Haupteinnahmequellen im Außenhandel. Chile ist der größte Kupferexporteur der Welt und produziert ferner Zink, Eisenerz, Molybdän, Mangan, Jod und Lithium. Haupthandelspartner sind die USA, Japan, Argentinien, Großbritannien, Brasilien, Frankreich und Deutschland.
GESCHÄFTSVERKEHR: In Geschäftskreisen geht es recht förmlich zu. Pünktlichkeit ist wichtig; zur Begrüßung und zum Abschied gibt man sich die Hand. Visitenkarten werden nach der Vorstellung ausgetauscht. Geschäftsreisen legt man am besten in die Monate April bis Dezember. **Geschäftszeiten:** Mo-Fr 09.00-18.30 Uhr.
Kontaktadressen: *Cámara Chileno-Alemana* (Deutsch-Chilenische Industrie- und Handelskammer), Casilla 19, Santiago de Chile. Tel: (02) 203 53 20. Telefax: (02) 203 53 25.
Consejero Comercial de la Embajada de Austria (Außenhandelsstelle der Wirtschaftskammer Österreich), Casilla 165-D, Santiago de Chile. Tel: (02) 233 05 57. Telefax: (02) 233 69 71.
Cámara Chileno-Suiza de Comercio A. G. (Schweizerisch-Chilenische Industrie- und Handelskammer), Clasificador 1368, Santiago de Chile. Tel: (02) 633 83 91. Telefax: (02) 633 70 18.
Cámara de Comercio de Santiago de Chile AG (Industrie- und Handelskammer), Casilla 1297, Santiago de Chile. Tel/Telefax: (02) 632 12 32.

KLIMA

Heiß und trocken im Norden, im äußersten Süden dagegen sehr kalt. Die mittleren Regionen haben ein angenehmes, fast mediterranes Klima mit einer Regenzeit von Mai bis August. Südlich von Puerto Montt liegt eine der feuchtesten und windigsten Gegenden der Welt.

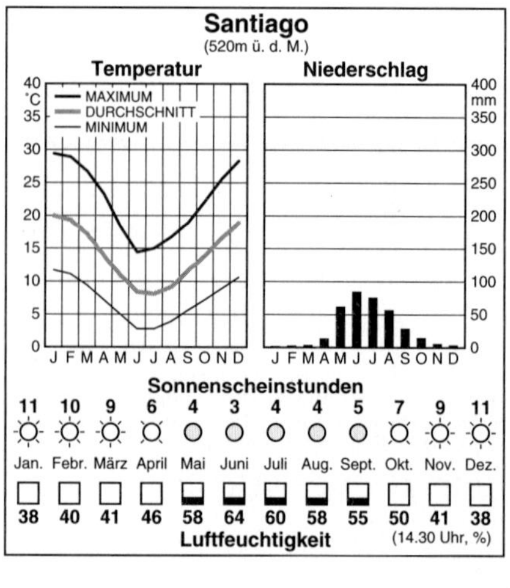

Volksrepublik China

Lage: Ostasien.

Fremdenverkehrsamt der Volksrepublik China
Ilkenhansstraße 6
D-60433 Frankfurt/M.
Tel: (069) 52 01 35. Telefax: (069) 52 84 90.
Mo-Do 09.00-12.00 und 14.00-17.00 Uhr, Fr 09.00-12.00 Uhr.
(auch zuständig für Österreich und die Schweiz)
China International Travel Service (CITS)
103 Fuxingmennei Dajie
100800 Beijing
Tel: (10) 601 11 22. Telefax: (10) 601 20 13.
China National Tourism Administration (CNTA)
6 Dongchangan Dajie
Beijing
Tel: (10) 512 11 22. Telex: 22350.
Botschaft der Volksrepublik China
Kurfürstenallee 12
D-53177 Bonn
Tel: (0228) 95 59 70, *Konsularabt.:* 95 59 80. Telefax: (0228) 36 16 35.
Mo-Fr 09.00-12.00 Uhr.
Außenstelle Berlin
Heinrich-Mann-Straße 9
D-13156 Berlin
Tel: (030) 480 01 61. Telefax: (030) 482 80 45.
Mo-Fr 09.00-12.00 Uhr.
Geschäftsbereich: Berlin und neue Bundesländer.
Generalkonsulat der Volksrepublik China
Elbchaussee 268
D-22605 Hamburg
Tel: (040) 82 27 60 18. Telefax: (040) 822 76 021.
Mo-Fr 09.00-12.00 Uhr.
Geschäftsbereich: Hamburg, Bremen, Niedersachsen und Schleswig-Holstein.
Botschaft der Volksrepublik China
Metternichgasse 4
A-1030 Wien
Tel: (0222) 714 31 49. Telefax: (0222) 713 68 16.

▲ Nächtlicher Fischfang in Yangshuo

COLUMBUS REISEFÜHRER 1996/97

WICHTIGE REISEANBIETER IN DER VOLKSREPUBLIK CHINA

China International Travel Service
Hauptbüro (CITS), 103 Fuxingmennei Avenue, Beijing 100800, Volksrepublik China
Tel: (1) 601 11 22, 601 20 55. Telefax: (1) 601 20 13, 512 20 68. Telex: 22350 (a/b CITSH CN).

China Travel Service
Hauptbüro (CTS), 8 Dongjiaomingxiang, Beijing 100005, Volksrepublik China
Tel: (1) 512 99 33. Telefax: (1) 512 90 08.
Telex: 22487 (a/b CTSHO CN).

China Youth Travel Service
Hauptbüro (CYTS), 23-B Dongjiaomingxiang, Beijing 100006, Volksrepublik China
Tel: (1) 512 77 70. Telefax: (1) 512 05 71.
Telex: 20024 (a/b CYTS CN).

China International Travel Service Beijing
28 Jianguomenwai Street, Beijing 100022, Volksrepublik China
Tel: (1) 515 85 62. Telefax: (1) 515 86 02.

China International Sports Travel Co.
4 Tiyuguan Road, Chongwen District, Beijing 100061, Volksrepublik China
Tel: (1) 701 73 64. Telefax: (1) 701 73 70.

China Comfort Travel
Hauptbüro, 57 Di An Men Xi Dajie, Beijing 100009, Volksrepublik China
Tel: (1) 601 62 88. Telefax: (1) 601 63 36.
Telex: 222862 (a/b KHT CN).

China Women Travel Service
103 Dongsi Nan Street, Beijing 100010, Volksrepublik China
Tel: (1) 55 33 07, 513 63 11. Telefax: (1) 512 90 21. Telex: 21160 (a/b CWTS CN).

China International Travel Service Shaanxi
32 North Changan Road, Xi'an 710061, Volksrepublik China
Tel: (29) 751 20 66. Telefax: (29) 751 14 53.
Telex: 70115 (a/b CITSX CN).

China Travel Service Shaanxi
272 Jiefang Road, Xi'an 710004, Volksrepublik China
Tel: (29) 71 25 57. Telefax: (29) 71 41 52.
Telex: 70148 (a/b CTSS CN).

China International Travel Service Shanghai
33 Zhongshan Road E.1, Shanghai 200002, Volksrepublik China
Tel: (21) 321 72 00. Telefax: (21) 329 17 88.
Telex: 33277 (a/b SCITS CN).

Shanghai Jinjiang Tours Ltd.
27/F Union Building, 100 Yanan Road E., Shanghai 200002, Volksrepublik China
Tel: (21) 329 06 90. Telefax: (21) 320 05 95.
Telex: 33429 (a/b SJJTC CN).

Shanghai CYTS Tours Corp.
2 Hengshan Road, Shanghai 200031, Volksrepublik China
Tel: (21) 433 18 26. Telefax: (21) 433 05 07.
Telex: 30241 (a/b CYTS CN).

China International Travel Service Guilin
14 Ronghu Road, Guilin 541002, Volksrepublik China
Tel: (773) 22 35 18. Telefax: (773) 22 29 36.

Guilin Overseas Tourist Corp.
8 Zhishan Road, Guilin 541002, Volksrepublik China
Tel: (773) 33 40 26. Telefax: (773) 33 53 91.
Telex: 48463 (a/b GLTRA CN).

China Guangxi Tourist Corp.
40 Xinmin Road, Nanning 530212, Volksrepublik China
Tel: (771) 20 20 42. Telefax: (771) 20 41 05.
Telex: 48142 (a/b CITSN CN).

China International Travel Service Guangdong
179 Huanshi Road, Guangzhou 510010, Volksrepublik China
Tel: (20) 666 62 71, 666 77 15. Telefax: (20) 667 80 48. Telex: 44450 (a/b CITS CN).

China Travel Service Guangdong
10 Qiaoguang Road, Guangzhou 510115, Volksrepublik China
Tel: (20) 333 68 88. Telefax: (20) 333 66 25.
Telex: 44217 (a/b CTS CN).

Guangdong Railway China Youth Travel Service
69 Dadao Road, Dongshan, Guangzhou 510600, Volksrepublik China
Tel: (20) 775 24 01, 775 24 07. Telefax: (20) 776 25 09.

Xinjiang Nature Travel Service
64 Dongfeng Road, Urumqi 830002, Volksrepublik China
Tel: (991) 22 77 91. Telefax: (991) 21 71 74.
Telex: 79049 (a/b XJTCA).

The Kunming Scenery-Custom International Tourist Service
2/F Yunnan Hotel, Yongan Road, Kunming 650041, Volksrepublik China
Tel: (871) 313 90 42, 313 65 94, 313 58 60.
Telefax: (871) 313 58 51.

FREMDENVERKEHRSÄMTER IM AUSLAND

China National Tourist Office, London
4 Glentworth Street, London NW1 5PG, Großbritannien
Tel: (171) 935 94 27. Telefax: (171) 487 58 42.

China National Tourist Office, New York
Suite 6413, 350 Fifth Avenue, New York, NY 10118, USA
Tel: (212) 760 97 00 (Information); 760 82 18 (Industrie). Telefax: (212) 760 88 09.

China National Tourist Office, Los Angeles
Suite 201, 333 West Broadway, Glendale, CA 91204, USA
Tel: (818) 545 75 04/5. Telefax: (818) 545 75 06.

Office du Tourisme de Chine, Paris
116 Avenue des Champs-Elysées, 75008 Paris, Frankreich
Tel: (1) 44 21 82 82. Telefax: (1) 44 21 81 00.

China National Tourist Office, Sydney
19th Floor, 44 Market Street, Sydney NSW 2000, Australien
Tel: (2) 299 40 57. Telefax: (2) 290 19 58.

China National Tourism Administration Tokyo Office
6F Hamamatsu Cho Building, 1-27-13 Hamamatsu Cho, Minato-Ku, Tokyo, Japan
Tel: (3) 34 33 14 61. Telefax: (3) 34 33 86 53.

China National Tourist Office, Tel Aviv
PO Box 3281, Tel Aviv 61030, Israel
Tel: (3) 522 62 72/3, 524 08 91. Telefax: (3) 522 62 81.

China National Tourist Office, Singapur
1 Shenton Way, No. 17-05, Ribina House, Singapur 0106
Tel: 221 86 81/2. Telefax: 221 92 67.

Fremdenverkehrsamt der VR China
Ilkenhansstraße 6, 60433 Frankfurt/M., Bundesrepublik Deutschland
Tel: (69) 52 01 35. Telefax: (69) 52 84 90.

China National Tourist Office, Madrid
Gran Via 88, Grupo 2, Planta 16, 28013 Madrid, Spanien
Tel: (1) 548 00 11. Telefax: (1) 548 05 97.

China International Travel Service, Hong Kong
6th Floor, Tower 2, South Seas Centre, 75 Mody Road, Tsim Sha Tsui, Kowloon, Hongkong
Tel: 732 58 88. Telefax: 721 71 54.

FLUGGESELLSCHAFTEN

Air China
Capital International Airport, Beijing, Volksrepublik China
Tel: (1) 456 32 20, 456 32 21. Telex: 210327 (a/b BJKLH CN).

China Eastern Airlines
Hongqiao Airport, Shanghai, Volksrepublik China
Tel: (21) 255 88 99. Telefax: (21) 255 86 68.

China Southern Airlines
Baiyun Airport, Guangzhou, Volksrepublik China
Tel: (20) 666 13 81. Telefax: (20) 666 76 37.

China Northern Airlines
Dongta Airport, Shenyang, Volksrepublik China
Tel: (24) 82 25 63. Telefax: (24) 829 44 32.

Shanghai Airlines
Hongqiao Airport, Shanghai, Volksrepublik China
Tel: (21) 255 85 58. Telefax: (21) 255 81 07.

Xiamen Airlines Ltd
Xiamen, Volksrepublik China
Tel: (592) 62 29 61. Telefax: (592) 62 82 63.

China Southwest Airlines
Shuangliu Airport, Chengdu, Volksrepublik China
Tel: (28) 558 14 66. Telefax: (28) 558 26 30.

China Northwest Airlines
Xiguan Airport, Xi'an, Volksrepublik China
Tel: (29) 42 38 92. Telefax: (29) 724 20 22.

China General Aviation Corporation
Wusu Airport, Taiyuan, Shanxi Province, Volksrepublik China
Tel: (351) 707 56 00. Telefax: (351) 704 00 94.

Xinjiang Airlines
Diwopu Airport, Urumqi, Volksrepublik China
Tel: (991) 33 56 88. Telefax: (991) 33 56 88, 33 52 94.

Sichuan Airlines
9 Third Section, Yihuan Road South, Chengdu, Volksrepublik China
Tel: (28) 555 11 61. Telefax: (28) 558 26 41.

Reisen Sie nach China...
...Ihrem Traumziel

China – majestätisches Land einzigartiger Impressionen. Seine Geschichte erstreckt sich über fünftausend Jahre, und seine unzählbaren Reichtümer sind von unschätzbarem Wert. Sie reichen von der Pracht der Großen Mauer und dem Glanz der kaiserlichen Insignien bis zur unendlichen Freundlichkeit seiner Bewohner.

China ist heute eines der faszinierendsten Reiseziele der Welt.

Nach dem Erfolg von *Besuchen Sie China '92* hat das Fremdenverkehrsamt eine neue Werbekampagne gestartet, um die verschiedenen touristischen Möglichkeiten Chinas hervorzuheben. Zwischen 1993 und 1996 steht jedes Jahr im Zeichen eines bestimmten Themas: *China – Land der Ansichten '93, China – Land der Geschichte '94, China – Land der Folklore '95, China Resort '96.*

Terrakottasoldaten und -pferde in der Nähe von Xi'an

Unsere Kampagne wird schließlich 1997 mit einem zweiten grandiosen *Besuchen-Sie-China-Jahr* ihren Höhepunkt finden.

Für weitere Auskünfte steht Ihnen gern unser Büro zur Verfügung. Gratisbroschüren, Karten und Poster sowie Dias auf Leihbasis sind hier erhältlich. Besucher sind herzlich willkommen. Wir sind immer für Sie da.

Fremdenverkehrsamt der VR China, Ilkenhansstr. 6, D-60433 Frankfurt am Main. Tel: +49 69 52 01 35, Fax: +49 69 52 84 90.

China

Konsularabteilung
Reisnerstraße 55-57
A-1030 Wien
Tel: (0222) 712 55 27. Telefax: (0222) 713 68 16.
Mo und Mi 08.30-11.00 und 14.00-16.00 Uhr, Fr 08.30-11.00 Uhr.
Botschaft der Volksrepublik China
Kalcheggweg 10
CH-3006 Bern
Tel: (031) 352 73 33, *Konsularabt.:* 351 45 93. Telefax: (031) 351 45 73.
Mo-Fr 09.00-12.00 Uhr.
Generalkonsulat der Volksrepublik China
Bellariastraße 20
CH-8002 Zürich
Tel: (01) 201 10 73. Telefax: (01) 201 77 12.
Botschaft der Bundesrepublik Deutschland
5 Dong Zhi Men Wai Da Jie
100600 Beijing
Tel: (10) 532 21 61. Telefax: (10) 532 53 36.
Generalkonsulat in Shanghai.
Botschaft der Republik Österreich
5 Xiu Shui Nan Jie
Jian Guo Men Wai
100600 Beijing
Tel: (10) 532 20 61. Telefax: (10) 532 15 05.
Botschaft der Schweizerischen Eidgenossenschaft
3 Dong Wu Jie
San Li Tun

TIMATIC INFO-CODES

Abrufbar über Ihr CRS-System (für START/Amadeus Ama-Maske benutzen). Für Galileo bitte TI-DFT eingeben (mit Bindestrich).

Flughafengebühren	TI DFT/ PEK /TX
Währung	TI DFT/ PEK /CY
Zollbestimmungen	TI DFT/ PEK /CS
Gesundheit	TI DFT/ PEK /HE
Reisepassbestimmungen	TI DFT/ PEK /PA
Visabestimmungen	TI DFT/ PEK /VI

100600 Beijing
Tel: (10) 532 27 36. Telefax: (10) 532 43 53.

FLÄCHE: 9.571.300 qkm.
BEVÖLKERUNGSZAHL: 1.178.400.000 (1993). Fast ein Viertel der Weltbevölkerung lebt in China.
BEVÖLKERUNGSDICHTE: 123 pro qkm.
HAUPTSTADT: Beijing (Peking). **Einwohner:** 11.020.000 (Großraum, 1992). Die größte Stadt des Landes ist Shanghai mit 13.450.000 Einwohnern (1992, mit Außenbezirken), es gibt mindestens 32 weitere Städte, in denen über 1 Mio. Menschen leben.
GEOGRAPHIE: China ist der Fläche nach das drittgrößte Land der Welt. Im Norden grenzt es an Kasachstan, die Mongolei und die Russische Föderation, im Osten an die Volksrepublik Korea, das Gelbe Meer und das Ostchinesische Meer (mit den Enklaven Hongkong und Macau an der Südostküste), im Süden an Vietnam, Laos, Myanmar (Birma), Indien, Bhutan und Nepal und im Westen an Pakistan, Indien, Afghanistan, Kirgistan und Tadschikistan. China besteht aus 22 Provinzen, 5 autonomen Gebieten und 3 regierungsunmittelbaren Städten. Die landschaftliche Vielfalt ist beeindruckend und reicht vom Hochland im Westen mit majestätischen, über 8000 m hohen Bergen, bis zu den Tiefebenen im Osten. Etwa ein Drittel des Landes besteht aus Gebirge. Die bekanntesten Gebirgsketten sind der Himalaya, die Altai-Berge, die Tianshan-Berge und die Kunlun-Berge. An der Grenze nach Nepal liegt der 8848 m hohe Mount Everest. Im Osten und Westen davon liegen die Qinghai-Hochebene und die Tibet-Hochebene; letztere ist über 4000 m hoch und wird das »Dach der Welt« genannt. Am Fuß der Tianshan-Berge liegt die Turfan-Tiefebene, die mit 154 m unter dem Meeresspiegel Chinas tiefsten Punkt bildet. China hat viele große Flüsse, der Gelbe Fluß (Huang He) und der Yangtse Kiang (Chang Jiang) sind die bekanntesten. Nur 10% der Landfläche Chinas eignen sich für die Landwirtschaft. Die Küste hat eine Gesamtlänge von 18.000 km.
STAATSFORM: Sozialistische Volksrepublik, seit 1949. Staatsoberhaupt: Präsident Jiang Zemin, seit März 1993. Regierungsorgane: Staatsrat mit Ministerpräsident (Li Peng, seit 1988) und Außenminister (Qian Qichen). Einkammerparlament. Der Nationale Volkskongreß (NVK) ist das mächtigste staatliche Organ. Seine 2921 Abgeordneten werden alle 5 Jahre von den Provinzparlamenten, den autonomen Gebieten und Städten sowie der Volksbefreiungsarmee gewählt. Die Kommunistische Partei Chinas (KPCh, 1994: 54 Mio. Mitglieder) ist das oberste, politische Machtzentrum. Das oberste Entscheidungsgremium ist der Ständige Ausschuß des Politbüros mit dem Generalsekretär der Partei (Jiang Zemin, seit Juni 1989), dem Ministerpräsidenten und weiteren fünf Mitgliedern.
SPRACHE: Ofizielle Sprache ist Mandarin Chinesisch. Neben zahlreichen regionalen Dialekten sprechen größere Gruppen Kantonesisch, Fukienesisch, Xiamenhua und Hakka. Die autonomen Regionen haben ihre eigenen Sprachen, wie z. B. Tibetisch und Mongolisch. Die Übersetzer- und Dolmetscherdienste sind gut. Englisch wird z. T. in Geschäften und Hotels sowie von den meisten Reiseleitern gesprochen.
RELIGION: Die drei wichtigsten Religionsrichtungen sind der Buddhismus, der Taoismus und der Islam. Daneben gibt es zahlreiche Protestanten, Katholiken und Lamaisten.
ORTSZEIT: MEZ + 7. Obwohl China ein riesiges Land ist, gilt die Beijinger Standardzeit im ganzen Land.
NETZSPANNUNG: 220 V, 50 Hz. Mehrfachadapter empfohlen.
POST- UND FERNMELDEWESEN: Telefon: Zum Teil Selbstwählferndienst. **Landesvorwahl: 86.** Das Telefonnetz ist veraltet, öffentliche Telefonzellen in Hotels und Geschäften sind durch die Abbildung eines Telefons gekennzeichnet. Oft ist es einfacher, Auslands- als Inlandsgespräche zu führen. In den großen Hotels ist Selbstwählferndienst möglich. Ortsgespräche sind in der Regel kostenlos. **Telex/Telegramme:** Beijing hat eine automatische Telexverbindung mit Europa. **Landesvorwahl: 85.** Telexgeräte gibt es in Hauptpostämtern und Zweigstellen der größeren Städte. Immer häufiger findet man diesen Dienst sowie auch **Telefaxservice** in größeren Hotels, jedoch kann man meist nur Telexe oder Telefaxe empfangen. Die Kosten sind im allgemeinen hoch. **Post** nach Europa

Beijings teuerste Hotels bieten vorzügliche westliche und chinesische Restaurants, Business-Center, Schönheitssalon, Fitness-Center, Sauna, Geschenkeläden und Billardzimmer sowie Telefon mit internationaler Direktwahl, Farbfernsehen und Kühlschrank in den klimatisierten Gästezimmern.

DIESEN SERVICE BIETEN WIR AUCH, ALLERDINGS ZUM HALBEN PREIS – UND MIT DEM FREUNDLICHSTEN PERSONAL IN BEIJING

IHR KOMFORT IST UNSER BERUF

• Ideale Lage im Westen der Stadt • Direkt neben dem Zoo (Pandas) • In der Nähe aller wichtigen Sehenswürdigkeiten • Ausgezeichnete Einkaufsmöglichkeiten, zu Fuß leicht erreichbar • Vorzügliche Restaurants im Hotel

Exhibition Centre Hotel
北京展览馆宾馆
135 XI ZHI MEN WAI STREET, BEIJING, 100044 CHINA
TEL: 831 6633   FAX: 832 7450   TELEX: 222 395 BECH CN

REGIONALES VERKAUFSBÜRO
6/F, HONG KONG PACIFIC CENTRE, 28 HANKOW ROAD,
TSIM SHA TSUI, KOWLOON, HONG KONG
TEL: 739 5179, 739 5180   FAX: 724 5039   TELEX: 55207 TBROS HX

---

ist ca. eine Woche unterwegs. Alle Postsendungen nach China sollten mit der Aufschrift *The People's Republic of China* (»Volksrepublik China«) versehen sein.

DEUTSCHE WELLE
Der Einsatz der Kurzwellenfrequenzen ändert sich mehrfach im Laufe eines Jahres, und Sendungen auf den folgenden Frequenzen werden jeweils nur zu bestimmten Tageszeiten ausgestrahlt. Näheres in der Einleitung.

MHz	21,640	17,845	12,055	11,795	9,525
Meterband	13	16	25	25	31

REISEPASS/VISUM

Wichtiger Hinweis: *Die Einreisebestimmungen mancher Länder können sich kurzfristig ändern – rufen Sie sicherheitshalber auf Ihrem CRS-System (TIMATIC-Info-Code-Fenster in diesem Kapitel) den aktuellen Stand ab bzw. wenden Sie sich an die zuständige diplomatische Vertretung. Etwaige Zahlen in der Tabelle beziehen sich auf nachfolgende Fußnoten.*

	Paß erforderlich?	*Visum erforderlich?*	*Rückflugticket erforderlich?*
Deutschland	Ja	Ja	Ja
Österreich	Ja	Ja	Ja
Schweiz	Ja	Ja	Ja
Andere EU-Länder	Ja	Ja	Ja

REISEPASS: Allgemein erforderlich. Kinderausweise müssen ein Lichtbild und einen Eintrag der jeweiligen Nationalität aufweisen.
VISUM: Allgemein erforderlich.
Visaarten: Touristen-, Gruppen- und Geschäftsvisa. Transitvisa sind i. allg. erforderlich, wenn man bis zu 10 Tagen auf der Durchreise ist. Dieses Visum kann innerhalb Chinas nicht verlängert werden.
Visagebühren: Unterschiedlich, je nach Nationalität des Antragstellers und der Art des Visums.
Deutsche Staatsbürger: *Touristen:* einmalige Einreise 30 DM, zweimalige Einreise 60 DM (jedoch schwer erhältlich). *Geschäftsreisende:* zweimalige Einreise 60 DM, mehrmalige Einreise 90 DM (6 Monate gültig), Jahresvisum 180 DM.
Österreichische Staatsbürger: *Touristen:* einmalige Einreise 300 öS, zweimalige Einreise 500 öS (jedoch schwer erhältlich). *Geschäftsreisende:* zweimalige Einreise 500 öS, mehrmalige Einreise 600 öS (6 Monate gültig), Jahresvisum 900 öS.
Schweizer Staatsbürger: *Touristen:* einmalige Einreise 30 sfr, zweimalige Einreise 50 sfr (jedoch schwer erhältlich). *Geschäftsreisende:* zweimalige Einreise 50 sfr, mehrmalige Einreise 75 sfr (6 Monate gültig), Jahresvisum 150 sfr.
Gültigkeitsdauer: Touristen- und Gruppenvisa werden normalerweise für Teilnehmer von Pauschalreisen ausgestellt. Touristenvisa werden jedoch auch für Individualreisende ausgestellt; die Gültigkeit wird der Dauer des Aufenthaltes angepaßt, im allgemeinen 1 bis 3 Monate. Einmalige Einreisevisa sind 3 Monate und zweimalige Einreisevisa 6 Monate gültig. Die Gültigkeitsdauer für Geschäftsvisa ist unterschiedlich. Transitvisa sind 10 Tage gültig.
Antragstellung: Konsularabteilung der Botschaft bzw. Generalkonsulat (Adressen s. o.). Es ist auch möglich, das Visum in Hongkong zu beantragen unter folgender Adresse: *China International Travel Service Hong Kong Ltd*, 6F Tower Two, South Seas Centre, 75 Mody Road, Tsimshatsui, Kowloon, Hongkong. Tel: (852) 27 32 58 88. Telefax: (852) 27 21 71 54.
Unterlagen: *Touristen- und Geschäftsvisa:* (a) Antragsformular. (b) Paßfoto. (c) Reisepaß, der mindestens noch 6 Monate gültig ist. (d) Nachweis ausreichender Geldmittel. *Geschäftsreisende* erhalten ein Visum nur dann, wenn sie ein Einladungsschreiben eines Ministeriums, einer Firma oder einer offiziellen chinesischen Organisation vorlegen können. Zusätzlich wird ein Schreiben des deutschen Unternehmens mit Angaben über Zweck, Anzahl der Einreisen und Dauer der Reise benötigt. Bei postalischer Antragstellung muß ein frankierter Rückumschlag (Einschreiben) beigelegt werden.

▼ *Punning Tempel*

China

Gruppenvisa: Der Antragstellung muß ein Nachweis (Brief oder Telefax) der chinesischen Reiseagentur beigelegt werden.

Bearbeitungszeit: Anträge sollten so früh wie möglich gestellt werden, jedoch frühestens 50 Tage vor der geplanten Abreise. Da alle Visa von den staatlichen Behörden des Landes ausgestellt und je nach Wichtigkeitsgrad bearbeitet werden, kann es unter Umständen einige Zeit dauern, bis einem Antrag stattgegeben wird. In der Regel dauert die Visabearbeitung 2 Wochen. Eine Expressausstellung ist für verschiedene Aufpreise möglich: bei 20 DM erhält man das Visum in einer Woche, bei 40 DM in zwei Tagen und bei 60 DM noch am selben Tag.

Aufenthaltsgenehmigung: Anfragen sollten an die Botschaft gerichtet werden.

Anmerkung: (a) Die meisten Reisen nach China werden von der offiziellen staatlichen Reiseagentur *China International Travel Service CITS* (Adresse s. o.) organisiert. Normalerweise übernimmt der Reiseveranstalter die Abwicklung der Formalitäten, Individualreisende können dies jedoch auch selbst übernehmen. Grundsätzlich müssen Reisende im Besitz von Rück- oder Weiterreisetickets sein. Nähere Auskunft erteilen die Botschaft und das Fremdenverkehrsamt.
(b) Individualreisen nach Tibet sind zur Zeit nicht möglich, nur organisierte Reisegruppen sind zugelassen (mindestens zwei Teilnehmer). Die Reisenden sollten sich von der nachstehenden Adresse eine Einreiseerlaubnis für Tibet besorgen: *Tibet Tourism Administration of China*, 208 Beijing West Avenue, 850000 Lhasa. Tel: (891) 327 05. Telefax: (891) 346 32.

GELD

Währung: 1 Yuan (Ren Min Bi Yuan) (RMB ¥) = 10 Jiao = 100 Fen. Banknoten gibt es im Wert von 100, 50, 10, 5, 2 und 1 ¥ sowie 5, 2 und 1 Jiao. Münzen sind in den Nennbeträgen von 5 und 1 Jiao und von 5, 2 und 1 Fen in Umlauf.

Geldwechsel: Der RMB ¥ wird außerhalb Chinas nicht gehandelt und ist nur mit Reiseschecks in Hongkong oder China erhältlich. Einzige nationale Bank ist die *People's Bank* mit über 30.000 Filialen. Geldwechsel ist in allen größeren Hotels und in den Banken möglich. In den Hotels und den sogenannten *Friendship Stores* kann man die für Besucher importierten Luxusartikel (wie Spirituosen) in Devisen bezahlen.

Kreditkarten: *Eurocard/Mastercard, Visa, Diners Club* und *American Express* werden in internationalen Hotels und größeren Geschäften angenommen. Einzelheiten vom Aussteller der betreffenden Kreditkarte.

Wechselkurse

	RMB ¥ Sept. '92	RMB ¥ Febr. '94	RMB ¥ Jan. '95	RMB ¥ Jan. '96
1 DM	3,78	5,02	5,45	5,79
1 US$	5,62	8,71	8,45	8,32

Devisenbestimmungen: Die Ein- und Ausfuhr der Landeswährung ist auf 6000 RMB ¥ pro Person begrenzt. Unbegrenzte Einfuhr von Fremdwährungen, jedoch Deklarationspflicht. Ausfuhr in Höhe des bei der Einreise deklarierten Betrages. Die Einfuhr von RMB ¥-Reiseschecks ist ebenfalls unbegrenzt.

Öffnungszeiten der Banken: Mo-Fr 09.30-12.00 und 14.00-17.00 Uhr, Sa 09.00-17.00 Uhr.

DUTY FREE

Reisende, die bis zu 6 Monate im Land bleiben, können folgende Artikel zollfrei nach China einführen:
400 Zigaretten;
2 l alkoholische Getränke;
Parfüm für den persönlichen Gebrauch.
Reisende, die länger als 6 Monate im Land bleiben, dürfen folgende Artikel zollfrei einführen:
600 Zigaretten;
4 l alkoholische Getränke;
Parfüm für den persönlichen Gebrauch.

Anmerkung: Bei der Einreise müssen alle Wertgegenstände (Kameras, Uhren, Schmuck usw.) deklariert werden. Die Kopie dieser Deklaration muß bei der Ausreise wieder vorgelegt werden.

Einfuhrverbot: Manche Kameras und Funkgeräte dürfen nicht eingeführt werden, jeweils abhängig von der Warenmarke. Die Einfuhr von Waffen, Munition, Drogen und pornographischen Artikeln ist verboten.

GESETZLICHE FEIERTAGE

1. Mai '96 Tag der Arbeit. **4. Mai** Tag der Jugend. **1. Juni** Tag der Kinder. **1. Juli** Gründungstag der Kommunistischen Partei Chinas. **1. Aug.** Tag der Armee. **9. Sept.** Tag der Lehrer. **1./2. Okt.** Nationalfeiertage. **1. Jan. '97** Neujahr. **7. Febr.** * Chinesisches Neujahr. **8. März** Internationaler Frauentag. **1. Mai** Tag der Arbeit. **4. Mai** Tag der Jugend.

Anmerkung: [*] Das Datum richtet sich nach dem Mondkalender und ändert sich jährlich.

▲ *Großes Foto: Die Chinesische Mauer. Oben: Morgentee in Guangzhou. Rechts: Ahnentempel, Guangzhou.*

China

GESUNDHEIT

In der folgenden Tabelle aufgeführte Impfvorschriften können sich kurzfristig ändern. Es wird stets empfohlen, auf Ihrem CRS-System (TIMATIC-Info-Code-Fenster in diesem Kapitel) den aktuellen Stand der Gesundheitsbestimmungen abzurufen bzw. rechtzeitig vor der Reise ärztlichen Rat einzuholen.

	Vorsichtsmaßnahmen empfohlen	Impfschein erforderlich
Gelbfieber	1	1
Cholera	-	-
Typhus & Polio	2	-
Malaria	3	-
Essen & Trinken	4	-

[1]: Eine Impfbescheinigung gegen Gelbfieber wird von allen Reisenden verlangt, die aus Infektionsgebieten kommen.
[2]: Poliomyelitis kommt vor, Typhus nicht.
[3]: Malariarisiko besteht in der weniger gefährlichen Form *Plasmodium vivax* in Anhui*, Fujian, Guangdong, Guangxi, Guizhou, Hainan, Hubei*, Hunan*, Jiangsu*, Jiangxi*, Shanghai*, Shandong*, Sichuan, Yünnan und Zheijiang* (**Anmerkung:** * Geringeres Risiko, aber lokale Ausbrüche). Die gefährlichere Form *Plasmodium falciparum* kommt in den Gebieten Hainan, Yünnan und vereinzelt in Guangxi vor. In den Regionen nördlich 33° nördlicher Breite erfolgt die Übertragung von Juli bis November in Höhen unter 1500 m, zwischen 33° und 25° nördlicher Breite von Mai bis Dezember. In den Regionen südlich 25° nördlicher Breite erfolgt die Übertragung das ganze Jahr über.
Ausnahmen bestehen für die folgenden Regionen: Heilongjiang, Jilin, Innere Mongolei, Gansu, Beijing, Shanxi, Ningxia, Qinghai, Xinjiang (außer im Yili-Flußtal) und Xizang (außer im Zangbo-Flußtal im äußersten Südosten).
[4]: Wasser sollte generell vor der Benutzung zum Trinken, Zähneputzen und zur Eiswürfelbereitung entweder abgekocht oder anderweitig sterilisiert werden. Milch ist außerhalb der Stadtgebiete nicht pasteurisiert und sollte abgekocht werden. Fleisch- und Fischgerichte nur gut durchgekocht und heiß serviert essen. Der Genuß von Schweinefleisch, rohen Salaten, Mayonnaise und Milchprodukten aus ungekochter Milch sollte vermieden werden. Gemüse sollte gekocht und Obst geschält werden.
Tollwut kommt vor. Wer ein erhöhtes Risiko eingeht (z. B. längerer Aufenthalt in abgelegenen Gebieten), sollte vor Reiseantritt eine Schutzimpfung erwägen. Bei Bißwunden so schnell wie möglich ärztliche Hilfe in Anspruch nehmen. Weitere Einzelheiten im Kapitel *Gesundheit* (s. Inhaltsverzeichnis).
Bilharziose-Erreger kommen in manchen Teichen und Flüssen vor, das Schwimmen oder Waten in Binnengewässern sollte daher vermieden werden. Gut gepflegte Schwimmbecken mit gechlortem Wasser sind ungefährlich.
Hepatitis A, B und *E* (letztere vor allem im westlichen China) kommen vor.
Meningitis-Ausbrüche kommen in der Mongolei vor.
Gesundheitsvorsorge: Die medizinische Versorgung ist preiswert. Viele der üblichen westlichen Medikamente sind allerdings nicht erhältlich. Es empfiehlt sich daher, Medikamente für den Eigenbedarf in ausreichender Menge mitzuführen, vor allem gegen Darm- und Erkältungskrankheiten. Es wird ebenso empfohlen, Einwegspritzen mitzunehmen. Die Krankenhäuser sind ausgezeichnet. Viele der traditionellen chinesischen Heilmethoden (z. B. Akupunktur) werden noch heute angewendet und finden auch im Westen zunehmend Beachtung. Der Abschluß einer Reisekrankenversicherung wird empfohlen.

REISEVERKEHR - International

FLUGZEUG: China verfügt über 132 Flughäfen und 643 Inlandsfluglinien. Chinas internationale Fluggesellschaft heißt *Air China (CA)*. Sie gehört zur *Civil Aviation Administration of China (CAAC)*. Es gibt Direktverbindungen nach Beijing von Frankfurt/M., Zürich, Wien und vielen anderen europäischen Großstädten. *Lufthansa* fliegt direkt nach Shanghai. Möglich ist auch die Anreise über Hongkong (Weiterfahrt per Flugzeug oder Zug). 1997 werden von *Air China* anläßlich des »Visit China-Jahres« preisgünstige Flugtickets angeboten werden.
Durchschnittliche Flugzeiten: *Frankfurt* – Beijing: 9 Std. 30; *Frankfurt* – Shanghai: ca. 11 Std; *Zürich* – Beijing: 9 Std. 30 und *Wien* – Beijing: 15 Std. (mit Zwischenlandung).
Internationale Flughäfen: *Beijing* (PEK) liegt 26 km nordöstlich der Stadt (Fahrzeit mit dem Bus 90 Min., mit dem Flughafenbus 40 Min., mit dem Taxi 40 Min.). Flughafeneinrichtungen: Taxistand, Duty-free-Shops, Postamt, Bank/Wechselstube, Bar (im Duty-free-Shop), Restaurants, Läden und Tourist-Information.
Guangzhou/Kanton (Baiyun), 7 km außerhalb der Stadt (Fahrzeit 20 Min.). Taxistand, Duty-free-Shops, Post-

amt, Bank/Wechselstube, Bar und Restaurant.
Shanghai (SHA) (Hongqiao), 12 km südwestlich der Stadt (Fahrzeit mit dem Taxi 20 Min., mit dem Bus 30 Min.). Flughafeneinrichtungen: Taxistand, Duty-free-Shops, Postamt, Bank/Wechselstube, Bars und Restaurants. Weitere Flughäfen gibt es in den größeren Städten des Landes.

Flughafengebühren (bei Abreise): *Beijing:* Ausland: 60 RMB ¥. *Shanghai:* Ausland: 60 RMB ¥. *Guangzhou:* Ausland: 115 RMB ¥. *Xi'an:* Ausland: 100 RMB ¥. *Guilin:* Ausland: 145 RMB ¥. Gebührenfrei: Kinder unter 12.

SCHIFF: Die Haupthäfen sind Qingdao, Shanghai, Dalian, Ningbo, Guangzhou, Qinhuangdao, Tianjin, Yantai und Zhanjiang. Es bestehen zahlreiche Fährverbindungen mit Nachbarländern, u. a. *Shanghai – Kobe, Shanghai – Yokohama, Shanghai – Nagasaki, Shanghai – Osaka* und zur Westküste der Republik Korea. *Hanseatic Tours* und *Seetours* bieten Kreuzfahrten an, die entweder ausschließlich chinesische Häfen anlaufen oder dies im Zusammenhang mit einer Ost- oder Südostasientour tun.

BAHN: Internationale Züge bieten in der Regel mehr Komfort als Inlandzüge. Reisende, die viel Zeit mitbringen, können mit der Transsibirischen Eisenbahn von Berlin über Moskau nach Beijing fahren. Transitvisa für Polen, die Russische Föderation und die Mongolei sind hierbei jedoch nötig und sollten vor Abreise beantragt werden.
Beijing – Moskau (Russ. Föderation): 6tägige Fahrt (Strecke: 90001 km);
Beijing – Pyongyang (Nordkorea): Tagesfahrt (Strecke: 1347 km);
Beijing – Mongolei: 4tägige Fahrt (Strecke: 1561 km).
Mehrmals täglich verkehren Züge von Hongkong nach Guangzhou (Kanton).

BUS/PKW: Die wichtigsten Straßen nach China folgen den historischen Handelsrouten über Myanmar (Birma), Indien, die GUS, Mongolei und Nepal.

REISEVERKEHR - National

Anmerkung: Reiserouten werden normalerweise nach besten praktischen Gesichtspunkten von CITS (China International Travel Service) geplant, die auch einen Reiseleiter stellen. Die CITS-Führer sind i. allg. sehr hilfsbereit und zugänglich. Auch für Individualreisende wird das Reisen immer mehr erleichtert. Nähere Auskunft erteilt das Fremdenverkehrsamt.

FLUGZEUG: Für Langstrecken im Binnenverkehr ist das Flugzeug unentbehrlich. Die Zivile Flugverwaltung von China (*Civil Aviation Administration of China, CAAC*) verbindet über 80 Städte mit Beijing. Flugtickets werden normalerweise von den Reiseleitern gekauft und sind in den Reisekosten enthalten. Individualreisende können unterwegs durch den örtlichen chinesischen internationalen Reisedienst CITS buchen, der eine geringe Provision verlangt, oder die Flugtickets im Büro der Fluggesellschaft kaufen. Im Mai, September und Oktober sollte man frühzeitig buchen. Touristen bezahlen einen Zuschlag für Bahnfahrkarten und Flugtickets. Teilweise kann man als Tourist den gleichen Preis wie Einheimische bezahlen, wenn man persönlich am Fahrkartenschalter ansteht. Dies kann jedoch sehr zeitraubend sein.
Es gibt zahlreiche Flugverbindungen nach Hongkong von Beijing, Guangzhou und anderen Städten.

Flughafengebühren: *Beijing:* Inland: 15 RMB ¥. *Shanghai:* Inland: 15 RMB ¥. *Guangzhou:* Inland: 50 RMB ¥. *Xi'an:* Inland: 65 RMB ¥. *Guilin:* Inland: 75 RMB ¥. Gebührenfrei: Kinder unter 12.

SCHIFF: Fährverkehr auf allen größeren Flüssen. Die Küstenfähren verkehren zwischen Dalian, Tianjin (Tientsin), Qingdao (Tsingtao) und Shanghai.
Victoria Cruises bietet ganzjährig 5-tägige-Fahrten auf dem Yangtse Kiang an zwischen Wuhan und Chingqing.

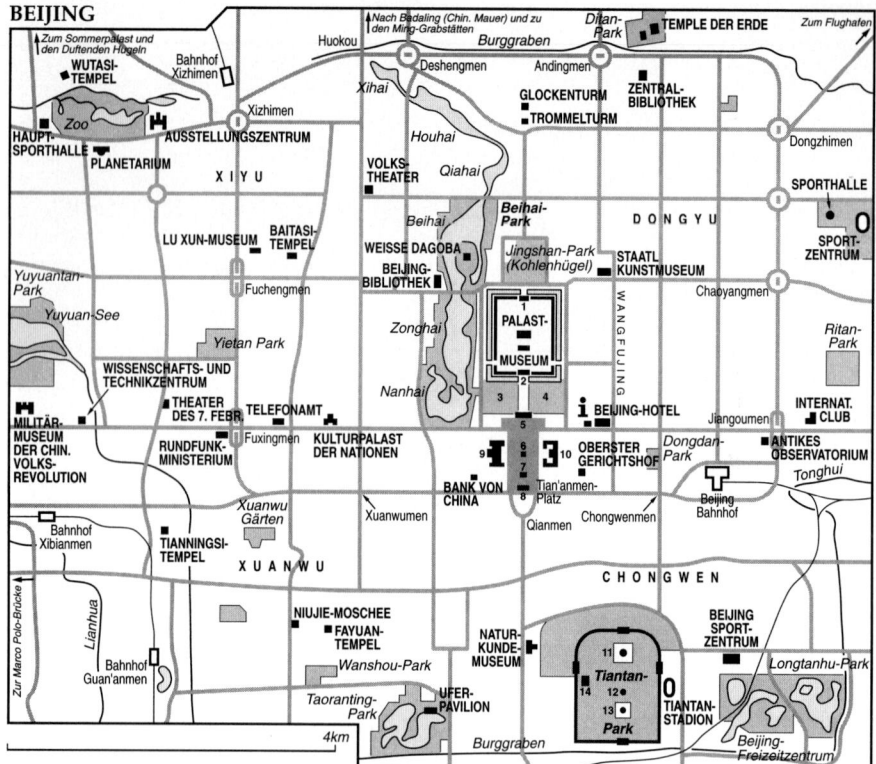

GUGONG (PALAST-MUSEUM) »VERBOTENE STADT« UND TIAN'ANMEN-PLATZ:
1. SHENWUMEN (TOR D. GEISTIGEN TAPFERKEIT)
2. WUMEN (SÜDTOR)
3. ZONGSHAN-PARK
4. KULTURPALAST DER ARBEITER
5. TIAN'ANMEN (TOR DES HIMMLISCHEN FRIEDENS)
6. VOLKSHELDEN-DENKMAL
7. MAO-GEDENKHALLE
8. ZHENGYANG-TOR
9. GROSSE VOLKSHALLE
10. MUSEUM D. REVOLUTION U. GESCHICHTE D. CHIN. VOLKES

TIANTAN-PARK (HIMMELSTEMPEL):
11. QINIAN DIAN (ERNTEDANKSAAL)
12. HUANG DIONG YU (KAISERLICHES HIMMELSGEWÖLBE)
13. HUAN QIU TAN (RUNDHÜGELALTAR)
14. ZHAI GONG (FASTENHALLE)

i Tourist-Information

BAHN: Das Eisenbahnstreckennetz Chinas hat eine Gesamtlänge von 52.000 km, auf der jährlich 950 Mio. Menschen befördert werden. Züge sind Hauptverkehrsmittel im Fracht- und Personenverkehr in China und meist sicher und pünktlich. Die Hauptstrecken führen von Beijing nach Guangzhou, Shanghai, Harbin, Chengdu und Urumqi. Es gibt vier Klassen: Holzsitz, Polstersitz, Hartlieger und Weichlieger (harte oder gepolsterte Betten). Preisnachlässe für Kinder werden nach einem äußerst praktischen System berechnet: Kinder, die kleiner als 1 m sind, fahren kostenlos; Kinder unter 1,30 m bezahlen 25% des Fahrpreises.
Gepäckbestimmungen: Erwachsene können bis zu 20 kg, Kinder bis zu 10 kg und Diplomaten bis zu 35 kg gebührenfrei mitnehmen.
BUS/PKW: Es wird rechts gefahren. 80% der chinesischen Ortschaften sind an das Straßennetz angeschlossen, außer Motno und Tibet. Die Straßen sind nicht immer in gutem Zustand, Fahrzeuge sollten daher absolut verkehrtüchtig sein. Man unterschätzt leicht die Entfernungen. China ist immer noch ein Agrarland, und Autowerkstätten entsprechen nicht dem westlichen Standard. Von Beijing nach Shanghai sind es 1461 km und von Beijing nach Nanjing (Nanking) 1139 km. **Mietwagen** sind erhältlich. **Fernbusse:** Es gibt Busverbindungen zwischen den größeren Städten, die Busse sind jedoch oft überfüllt.
STADTVERKEHR: Kleines U-Bahnnetz in Beijing. In zahlreichen anderen Städten gibt es Straßenbahnen oder Oberleitungsbusse. Weitverzweigte Linienbusnetze gibt es in den meisten Städten. Die offiziellen Reiseleiter bemühen sich darum, daß bei der Benutzung der öffentlichen Verkehrsmittel alles so reibungslos wie möglich verläuft. **Taxis** gibt es in den Großstädten; sie sind jedoch nicht leicht zu finden. Falls das Taxi keinen Taxameter hat, sollte der Fahrpreis im voraus ausgehandelt werden (insbesondere an Bahnhöfen). Das gewünschte Fahrziel schreibt man am besten vor Fahrtantritt auf. Man kann Taxis auch ganztags mieten. Die meisten Einheimischen benutzen Fahrräder oder öffentliche Verkehrsmittel. **Fahrräder** können u. a. in größeren Hotels und bestimmten Geschäften gemietet werden.
FAHRZEITEN von Beijing zu folgenden größeren chinesischen Städten (ungefähre Angaben in Std. und Min.):

	Flugzeug	Bahn
Tianjin	0.50	1.40
Wuhan	1.45	16.00
Xi'an	1.55	22.00
Nanjing	1.40	15.30
Shanghai	1.50	20.00
Chengdu	2.25	60.00
Kunming	3.20	80.00
Guangzhou	3.00	37.00
Urumqi	4.00	95.00

UNTERKUNFT

Unterkünfte werden im allgemeinen vor Reiseantritt vom Reiseveranstalter gebucht, die Auswahl liegt daher zumeist nicht bei dem Reisenden.
HOTELS: Mittlerweile gibt es bereits über 2995 Touristenhotels in China mit einer Zimmerkapazität von insgesamt 400.000. Klimaanlage, Zimmer mit Bad, Konferenz- und Veranstaltungsräume, Bankettsäle, Restaurants mit chinesischer und internationaler Küche, Bars, Swimmingpool, Sauna, Schönheitssalons, medizinische und andere Service-Einrichtungen gehören dabei im allgemeinen zur Standardausstattung. Einige Hotels bieten zusätzlich Einkaufspassagen, Business Center, Banken und Postämter. Zimmer sind einfach zu finden und nach europäischen Maßstäben preiswert, obwohl Preise in 5-Sterne-Hotels in den letzten Jahren erheblich gestiegen sind. Die übrigen Hotels sind generell sauber und zweckmäßig eingerichtet. Hotels südlich des Yangtse-Flusses haben allerdings keine Zentralheizung. Nähere Auskunft erteilt der Hotelverband unter folgender Adresse: *China National Hotel Association,* 9-A Jian Guo Men Nei Avenue, 10074 Beijing. Tel: (10) 513 88 66. Telefax: (10) 512 20 96.

URLAUBSORTE & AUSFLÜGE

China ist ein so großes Land, daß man als Besucher weit reisen muß, um zumindest einen Teil der kul-

turellen und historischen Sehenswürdigkeiten und Naturwunder des Landes sehen zu können. Das staatliche Reisebüro CITS organisiert die meisten Touren in China. Doch immer mehr Spezialreiseveranstalter bieten Gruppen- oder Individualreisen an. Vor allem Städtereisen werden immer beliebter.

Beijing (Peking) und der Nordosten

Beijing ist symmetrisch in drei ineinandergesetzte Rechtecke angelegt. Das innerste Rechteck ist die »Verbotene Stadt«, die früher die Residenz der Ming- und Qing-Kaiser war und heute aus einem Park mit Museum besteht. Im mittleren Rechteck befinden sich einige Parkanlagen und die Wohnstätten hoher Regierungsbeamter. Im äußeren Rechteck liegen die Vorstadt mit interessanten Märkten und die alten Wohnviertel. Eines der imposantesten Sehenswürdigkeiten ist der *Kaiserpalast* in der Verbotenen Stadt: ein großes architektonisches Meisterwerk mit wundervollen Sälen, sechs Hauptpalästen, zahlreichen Nebengebäuden und Gärten. *Mei Shan* (»Kohlenhügel«) ist ein schöner, hochgelegener Park mit atemberaubender Aussicht. *Beihai-Park*, ist einer der schönsten Parks Beijings. Der *Tiananmen-Platz* (»Platz des Himmlischen Friedens«) ist der größte öffentliche Platz der Welt; er ist von Museen, Parkanlagen und der Universität umgeben. Die Umgebung bietet vielfältige Ausflugsmöglichkeiten. Der *Sommerpalast,* auch als *Museum Garden* bekannt, mit seinen schönen Parkanlagen am Kummingsee liegt nur knapp 20 km von Beijing entfernt. Ein Teil der beeindruckenden *Großen Mauer* ist ebenfalls leicht von der Hauptstadt erreichbar: in der Nähe von Badaling kann man sich einen Eindruck dieses einmaligen Bauwerkes verschaffen, das sich über 5000 km erstreckt.

In den *Ming-Grabstätten* sind 13 Kaiser der Ming-Dynastie (1368-1644) beigesetzt. Zwei prächtige Grabstätten hat man bisher ausgegraben, eine davon ist für Besucher zugänglich.

Beidaihe, ein kleiner, reizender Badeort mit Stränden, Tempeln und Parkanlagen, ist ein beliebtes Naherholungsziel der Beijinger.

Chengde ist ein Urlaubsort in den Bergen. Schon die Kaiser der Qing-Dynastie kamen hierher, um der Hitze Beijings zu entfliehen. Es gibt zahlreiche Tempel und Parkanlagen, und auch die Ruinen des Sommerpalastes der Qing-Kaiser sind sehenswert. Der kaiserliche Garten des ehemaligen Palastes ist ein Meisterwerk chinesischer Landschafts- und Gartenbaukunst.

Dalian ist Chinas drittgrößte Hafenstadt. Die Stadt war früher von der Sowjetunion besetzt und hat daher eine interessante Mischkultur. Hafenrundfahrten und Ausflüge in die Wohngebiete, zu den Parkanlagen und den schönen, im Süden gelegenen Stränden werden angeboten.

Harbin ist eine Stadt mit russischem Charakter. Hier konzentriert sich die Industrie des Nordostens. Es gibt einige schöne Parkanlagen und Kriegsdenkmäler. Das Eisskulpturen-Festival jeden Januar ist eine berühmte Attraktion der Stadt.

Hohhot ist die Hauptstadt der Autonomen Region der Inneren Mongolei und wahrscheinlich die farbigste Stadt Chinas. Für Touristen werden mongolische Rodeos unter orientalischen Kuppeln veranstaltet, außerdem Ausflüge in die Grassteppe mit Reitkunstvorführungen und zu den Dörfern, in denen diese ungewöhnlichen und farbenfrohen Volksstämme wohnen.

Shenyang, einst kaiserliche Hauptstadt, ist heute eine große Industriestadt. Die Ruinen des *Kaiserlichen Palastes* und zwei interessante Grabmäler bieten sich zur Besichtigung an.

Die östlichen Provinzen

Fuzhou an der Südostküste ist eine reizvolle Stadt an den Ufern des Flusses Min. Die Geschichte der Stadt läßt sich mindestens bis in die Tang-Dynastie vor 2000 Jahren zurückverfolgen. Zahlreiche Parkanlagen und Tempel beleben das Stadtbild wie auch mehrere heiße Quellen. Schiffswerften und Reparaturwerkstätten beschäftigen einen großen Teil der Erwerbstätigen. Zu den örtlichen Produkten zählen Lackwaren, Shousan-Steinschnitzereien, Papierschirme, Korkschnitzereien und schwarzer Fukien-Tee.

Hangzhou, ca. 190 km südlich von Shanghai, ist eine der sieben alten chinesischen Hauptstädte. Von Marco Polo wurde sie als »schönste und großartigste Stadt der Welt« und als einer der zwei größten Häfen der Welt beschrieben (neben Alexandria). Heute ist Hangzhou ein wohlhabendes Industrie- und Agrarzentrum, jedoch noch immer von zahlreichen Besuchern aus dem In- und Ausland wegen seiner Schönheit geschätzt. Die Seidenfabriken und der kürzlich eröffnete Zoo sind sehenswert. Der wahrscheinlich interessanteste Ausflug führt in das Gebiet des Sees westlich der Stadt, in dem man zwischen Trauerweiden und Pfirsichbäumen, schön geschwungenen Brücken, Steingärten und bunten Pagoden wandelt. Hier trifft man auf die *Pagode der Sechs Harmonien* sowie Grabmäler und heilige Hügel, Klöster und Tempel, wie z. B. den *Linying-Tempel*.

Nanjing, eine weitere ehemalige chinesische Hauptstadt, liegt in herrlicher Landschaft am Ufer des

Yangtse und am Fuß des Zijinshan (Purpurberg). Zahlreiche Tempel, Grabmale, Gartenanlagen und Seen, Museen, heiße Quellen und weitere Sehenswürdigkeiten machen die Stadt attraktiv für Besucher. Zu den größten Attraktionen zählt das *Grab des Ming-Kaisers*. Hier liegt Zhu Yuanzhang begraben, der Gründer der Ming-Dynastie und der einzige Ming-Kaiser, der außerhalb Beijings beerdigt wurde. Reste der mächtigen Stadtmauer aus dieser Periode sind noch zu sehen. Das *Mausoleum* von Chinas erstem Präsidenten, Dr. Sun Yatsen, steht ebenfalls in Nanjing. Die *Yangtse-Brücke* mit ihrem Aussichtsdeck sollte man sich nicht entgehen lassen, ebensowenig wie das *Observatorium* auf dem Purpurberg oder die Gräber der südlichen Tang-Dynastie, die als »*Unterirdischer Palast*« bekannt sind.

Shanghai ist eine der größten Städte der Welt und gleicht in vieler Hinsicht eher New York als Beijing. Die Stadt an der Mündung des Yangtse ist Chinas führendes Industrie-, Handels- und Einkaufszentrum. Außerdem gibt es eine interessante Altstadt, geschäftige Hafenanlagen, herrliche Gärten und Parkanlagen, Museen, Paläste, Pagoden und Tempel zu bewundern. Der *Yu-Yuan-Garten* ist über 400 Jahre alt, zwar recht klein, aber mit vielen liebevollen Details, Pavillons, Steingärten und Seen nach Plänen antiker Gartenbaukunst angelegt. In den Garten gelangt man durch den *Tempelbasar des Stadtgottes;* dort kann jeder nach Belieben bei großer Auswahl etwas erstehen.

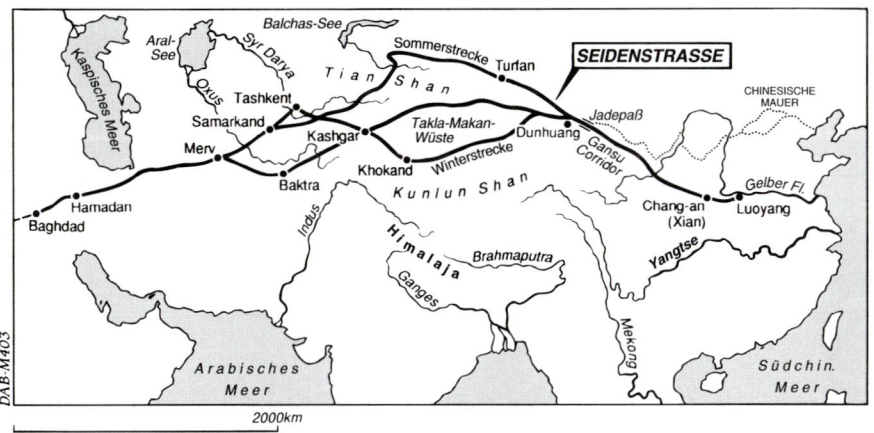

124 China

Einer der bekanntesten buddhistischen Tempel in Shanghai ist der *Tempel des Jade-Buddha*, die Nachbildung eines Palastes aus der Song-Dynastie, mit einer 2 m hohen Statue aus weißer Jade mit Edelsteinen verziert. Weitere Sehenswürdigkeiten sind das *Museum für Kunst und Geschichte* mit Ausstellungsstücken aus allen Dynastien; die *Teppichfabrik*, in der man Teppiche kaufen und verschiffen lassen kann; die *Jadewerkstatt* und der *Kinderpalast*, der einst einem reichen Geschäftsmann gehörte und heute ganz den Kindern der Stadt zur Verfügung steht. Flußfahrten auf dem Huangpu sind eine empfehlenswerte Art und Weise, Shanghai vom Wasser aus kennenzulernen.

Suzhou ist eine der ältesten und schönsten Städte des Landes, deren Gründung über 2500 Jahre zurückliegt. Ein chinesisches Sprichwort lautet: »Im Himmel ist das Paradies, auf Erden gibt es Suzhou«. In dieser Stadt erwarten den Besucher schön angelegte Gärten und Seidenfabriken, die erstklassige Stoffe herstellen. Einzigartig sind auch Stickereien aus Suzhou. Über 400 historische Stätten und Anlagen der Stadt sind geschützt, darunter finden sich so wohlklingende Namen wie »Pavillon der sanften Wellen«, »Garten des bescheidenen Verwalters« und der wunderschöne »Garten zum Verweilen«. Der große Kanal und der Tigerberg sind ebenfalls einen Besuch wert.

Wuxi, nicht weit von Suzhou, ist eine Industriestadt und gleichzeitig Ferienort am Nordufer des Tai-Sees. Hauptanziehungspunkte sind die Gärten, Parkanlagen und Sanatorien am Seeufer, außerdem auch die *Hui-Shan-Tonfigurenfabrik*. Wuxi ist fast völlig vom Yangtse umschlossen, und eine Reihe von Bootsfahrten werden angeboten.

Jinan ist als die »Stadt der Quellen« bekannt, außerdem gibt es hier schöne buddhistische Relikte, Parkanlagen und Seen. Die quadratische *Pagode der vier Tore*, südöstlich von Jinan gelegen, ist die älteste Steinpagode in China (6. Jahrhundert).

Qingdao ist einer der beliebtesten Ferienorte an der Küste. Die Stadt ist zugleich Heimat der bekannten Tsingtao-Brauerei, Überbleibsel der deutschen Kolonisation der Stadt. Im *Qingdao-Aquarium* sind Hunderte seltene und geschützte Fischarten zu sehen.

Die südlichen Provinzen

Changsha, in der Nähe von *Shaoshan* gelegen, ist vor allem eine Stadt der Kultur und Bildung. In Shaoshan gibt es Sehenswürdigkeiten aus Maos Jugendzeit sowie Museen und Schulen, die nach ihm benannt sind.

Guangzhou (Kanton) ist eine subtropische Großstadt an der Südküste und wichtigstes Außenhandelszentrum des Landes. Zu den Sehenswürdigkeiten zählen Parkanlagen, Museen und Tempel. Ausflüge zu den nahegelegenen Bergen bieten sich an. Hier gibt es heiße Quellen, und die Aussicht ist herrlich. Die kantonesische Küche (die in Europa bekannteste chinesische Küche) wird besonders geschätzt. Von hier ist es nicht weit nach Hongkong.

Die zauberhafte Landschaft **Guilins** ist auf zahlreichen Gemälden und Wandteppichen dargestellt. Ihre Schönheit wurde auch in der westlichen Welt bekannt: steile felsige Hügel erheben sich pompös aus der Ebene; rundherum schlängeln sich kleine Flüsse zwischen den Reisfeldern. Bergsteigen, Flußfahrten und erholsame Spaziergänge durch die Parkanlagen und Seenlandschaft bieten sich an.

Kunming ist eine moderne Stadt mit einigen verstreuten Tempeln und hübschen Parkanlagen am See. Sie ist als die »Stadt des ewigen Frühlings« bekannt, da sie ganzjährig ein angenehmes Klima hat. Wanderungen am etwas südlich gelegenen Dian-See lohnen

▲ *Nanjing-Straße in Shanghai*

sich. An seiner westlichen Seite findet man den heiligen Berg Xi Shan. Weiter außerhalb der Stadt liegt der »Versteinerte Wald« bei **Shilin,** ein beliebtes Ausflugsziel, auch bei Einheimischen. 80 km östlich des Steinwaldes liegt eine Karsthöhlengruppe, die alten *Höhlen von Alu*. In den Höhlen sind zahlreiche Stalagmiten, Steinblumen, Steinvorhänge und andere bizarr geformte Tropfsteine zu sehen.

Die 35.000 qkm große tropische Insel **Hainan** liegt im Südchinesischen Meer und wird als »Hawaii von morgen« gepriesen. In der Hauptstadt **Haikou** gibt es unzählige Hochhäuser. Im *International Finance Shopping Center* fühlt man sich wie in jeder anderen Großstadt. Hier sind edelste Mode und Accessoires von internationalem Standard erhältlich. Das alte China läßt sich in Haikou nur in der Altstadt wiederfinden. Am Südzipfel der Insel wird sogar ein internationaler Flughafen gebaut, der in naher Zukunft fertiggestellt sein soll. Die im Süden der Insel gelegene Stadt **Sanya** wird zu einem internationalen Urlaubsort ausgebaut. Hotels, Apartmentkomplexe, Eigentumswohnungen und Büroräume schießen wie Pilze aus dem Boden. Außerhalb der Städte lassen sich allerdings noch Paradiese entdecken: einsame Strände, tropische Obstbäume, herrlicher Sandstrand, Zitrushaine, Reisfelder und Flußlandschaften.

Die mittleren Provinzen

Chengdu ist die Hauptstadt der Sichuan-Provinz und ein bedeutendes landwirtschaftliches Zentrum. Zu den Sehenswürdigkeiten zählen die Schreine aus der Tang-Dynastie, alte Parkanlagen und Bambuswälder, bud-

China

dhistische Tempel und ein uraltes buddhistisches Kloster. Chengdu ist der Ausgangspunkt für Ausflüge nach **Emei Shan** und zu den heiligen Bergen Gongga und Siguniang.

Wuhan am Yangtse ist eine Industriestadt, doch auch hier gibt es buddhistische Tempel, einladende Parkanlagen und Seen.

Xi'an zählte einst zu den größten Städten der Welt. Es war die Hauptstadt von 11 Dynastien. Neben Beijing ist sie die größte Touristenattraktion Chinas. Die berühmteste Sehenswürdigkeit der Stadt ist das bekannte *Qin-Shi-Huangdi-Grabmal* mit seiner Terrakotta-Armee aus über 6000 lebensgroßen Terrakotta-Soldaten und ihren Pferden. Sie wurden mit Kaiser Qin beerdigt, der China vereinte. Außerdem gibt es zahlreiche Grabmäler, Glockentürme, Pagoden, Pavillons und Museen, u. a. ein archäologisches Museum, in dem die Funde aus der neolithischen Stadt Banpo (heute in Xi'an) zu bewundern sind. Xi'an war früher Ausgangspunkt der »Seidenstraße«. Heute ist es Zentrum der chinesischen Filmindustrie.

In der Nähe der Industriestadt **Zhengzou**, dem Knotenpunkt der Region, liegen die Städte **Luoyang** und **Kaifeng**, ehemalige Hauptstädte alter Dynastien und daher historisch interessant. In der Nähe von Luoyang befinden sich die *Longmen-Höhlen* (»Drachenhöhlen«). Hier liegen über 1300 Höhlen mit über 2100 Grotten und Felsnischen, mehreren Pagoden, unzähligen Inschriften, etwa 100.000 Buddhastatuen und -abbildungen und einem prachtvollen Buddhaschrein aus dem 5. Jahrhundert.

Die nördlichen Provinzen

Lanzhou ist eine Oase an der alten Seidenstraße. Die malerische Stadt hat sich ihren Charme weitgehend bewahrt. Es gibt einen Park und ein Museum. Man kann Bootsfahrten auf dem Gelben Fluß zu den alten buddhistischen *Bilingisi-Höhlen* unternehmen. **Dunhuang** ist eine 2000 Jahre alte Stadt am Rand der Wüste, einstmals eine wichtige Karawanserei an der Seidenstraße. Die ältesten buddhistischen Schreine Chinas befinden sich in den *Magao-Höhlen*. Die antiken handgeschnitzten Schreine sind ein Nationalschatz und spiegeln tausend Jahre der Buddhaverehrung wider (2.-12. Jh.).

Turpan und **Urumqi**, kleine exotische Städtchen, liegen im fernen Nordwesten des Landes am Rand der großen Wüste Xinjiang (Takla-Makan). Diese größtenteils islamischen Städte sind nicht nur vom Stadtbild her ganz anders als die meisten chinesischen Städte. Anders sind auch der Kleidungsstil der Bewohner, ihre Lebensart und die freien Märkte, die außerhalb der staatlichen Planwirtschaft operieren. Mit der faszinierenden Geschichte kann man sich in den Museen beider Städte vertraut machen.

Tibet (Xizang)

Tibet, als »Dach der Welt« bekannt, ist erst seit 1980 für Besucher zugänglich. Nur organisierte Reisen sind derzeit möglich. Etwa 1000 Visa werden jährlich für dieses entlegene Land ausgestellt.

Lhasa liegt auf einer Höhe von 3700 m. Der Name bedeutet »Stadt der Sonne«, obwohl es sechs Monate im Jahr außerordentlich kalt ist. Bevor Lhasa im 7. Jh. die Hauptstadt Tibets wurde, hatte das Gebiet Shannan schon eine Geschichte von rund 800 Jahren. Es war der Sitz von 32 tibetischen Königen. Die isolierte Lage Tibets, der außergewöhnliche, von alters her überlieferte Lebensstil und die religiösen Bräuche sind die Hauptattraktionen des Landes. Vor allem während der Kulturrevolution versuchte man, das Land mehr an das übrige China anzubinden. Die berühmteste Sehenswürdigkeit Tibets ist der *Potala*, der ehemalige Palast des Dalai Lama. Das Gebäude aus dem 17. Jahrhundert, das an der Stelle eines wesentlich älteren Bauwerkes aus dem 7. Jahrhundert errichtet wurde, ist heute ein in der Welt einzigartiges Museum; in ihm gibt es ein unterirdisches Labyrinth von Verliesen und Folterkammern, große juwelenbesetzte Buddhas, prunkvolle Schätze und 10.000 Kapellen mit Wanddekorationen aus Totenschädeln und Gebeinen. Andere sehenswerte Gebäude sind das *Drepung-Kloster* und der *Jokhang-Tempel* mit einem goldenen Buddha. Die Höhenlage macht manchen Reisenden zu schaffen.

RUNDREISEN: 7tägige: (a) Beijing – Xi'an – Shanghai – Suzhou – Wuxi. (b) Beijing – Shanghai – Guangzhou – Guilin. (c) Beijing – Hangzhou – Shanghai. (d) Beijing – Chengde – Xi'an – Beijing.

Anmerkung: Individualreisen in China sind nur per Flugzeug oder Bahn möglich.

SOZIALPROFIL

ESSEN & TRINKEN: Die chinesische Küche ist auf der ganzen Welt für ihre Vielfalt und Finesse bekannt. Die im Westen bekannte kantonesische Küche ist nur eine regionale Geschmacksrichtung. Um einen groben Überblick über die Köstlichkeiten der chinesischen Küche zu geben, unterteilt man sie am besten in vier Regionen:

Nordchinesische Küche: Die Küche Beijings, auch Mandarin oder Shandong genannt, ist die

▲ *Brokade-Hügel, Guilin*

▲ *'Das Ende der Welt', Hainan Island*

abwechslungsreichste in ganz China. Bekannt ist sie für ihre besonderen Gewürze und die *Peking-Ente*.
Südchinesische Küche: Die kantonesische Küche verwendet viel Gemüse, das nur kurz angebraten und zu knusprigen, frisch schmeckenden Gerichten verarbeitet wird.
Ostchinesische Küche: Die Küche von Shanghai und Zhejiang ist reichhaltig, süß und wird oft mit eingelegten Früchten und Gemüsen zubereitet. Die Spezialitäten sind Meeresfrüchte und Gemüse. **Westchinesische Küche:** Die Küche von Sichuan und Huan ist scharf, oft säuerlich und gut gepfeffert. Eines der bekanntesten **Getränke** Chinas ist der feurige Reisschnaps *Maotai*, der dem *Sake* ähnelt. Das einheimische Bier ist gut, der Wein ist weniger zu empfehlen.

NACHTLEBEN: Das abendliche Unterhaltungsprogramm ist generell vorher festgelegt, und die Mehrzahl der Besucher folgt einer vorausbestimmten Besichtigungstour; dies muß nicht unbedingt ein Nachteil sein. Die Reiseführer sind hilfsbereit und freundlich, und ihre Hilfe ist meist mehr als willkommen. Die meisten Touren schließen im voraus arrangierte Restaurantbesuche ein sowie Oper-, Bal-

▲ *Volkstanz der Li, Hainan Island*

lett- und Theaterbesuche.
EINKAUFSTIPS: Die Preise sind von der Regierung vorgeschrieben. In Geschäften und Kaufhäusern kann man nicht handeln. Auf Märkten hingegen ist es durchaus üblich, um den Preis zu feilschen. Für Antiquitäten, die über 150 Jahre alt sind, ist eine Ausfuhrgenehmigung erforderlich; diese ist durch ein amtliches rotes Wachssiegel gekennzeichnet. In den Geschäften gibt es preiswerte Souvenirs, Arbeitskleidung, Plakate und Bücher. Manche Artikel sind schwer erhältlich. Die besten Mitbringsel findet man in den regionalen Fabriken, Geschäften und Hotels, die sich auf Kunsthandwerk spezialisiert haben. Zu empfehlen ist der Kauf von Jadeschmuck, Stickereien, Schriftrollen, Kalligraphien, Gemälden und Schnitzereien aus Bambus, Stein und Holz. In Großstädten wie Beijing und Shanghai gibt es auch große Kaufhäuser mit breitgefächertem Angebot. **Öffnungszeiten der Geschäfte:** Mo-So 09.00-17.00 Uhr, manche Läden auch bis 20.00 Uhr.
VERANSTALTUNGSKALENDER
1997: *Visit China Jahr*, landesweite Veranstaltungen. **April '96** (1) *Wasserfest (Neujahrsfest) der Dai*, Südchina. (2) *Internationales Drachen-Festival*, Weifang. (3) *Totenfest.* **Juni** Drachenbootfestival mit Drachenbootrennen (am fünften Tag des 5. Monats des Mondkalenders). **Ende Juni - Ende Aug.** *Hochzeits-Festival der Kasachen*, Tianchi-See. **Anfang Sept.** *International Martial Arts Festival*, Shaolin. **Sept.** *Herbstfest* (am 15. Tag des achten Monats des Mondkalenders). **1. Jan. '97** *Neujahr.* **Jan.** *Eislaternenfest*, Harbin. **Jan./Febr.** *Chinesisches Neujahr (Internationales Frühlings-/Neujahrsfest)*, landesweit. Vom ersten bis zum dritten Tag des ersten Monats des Mondkalenders feiern chinesische Familien ausgelassen das größte Fest des Jahres mit Festessen, Tanz, Knallfröschen und Feuerwerk. **Febr./März** (1) *Laternenfest*, landesweit. (2) *Blumenfest* (Tanzveranstaltungen und Opernaufführungen), Chengdu.
SITTEN & GEBRÄUCHE: Kulturelle Unterschiede können u. U. zu Mißverständnissen zwischen Bevölkerung und Besuchern führen. Da Chinesen von sich aus keine Informationen geben, sollte man als Gast Fragen stellen. In Hotels, Speisewagen und Restaurants sind Verbesserungsvorschläge oft erwünscht; sie werden dann ernsthaft und sorgfältig geprüft. Wenn man von einer Menschenmenge verfolgt wird, so sollte man dies als lebhaftes Interesse interpretieren – Ausländer sind besonders in abgelegeneren Gegenden selten. Chinesen sind im allgemeinen reserviert. Es gilt: Höflichkeit vor Vertraulichkeit. Man sollte sich mit kritischen Bemerkungen über die politische Führung Chinas zurückhalten und keine Sympathie für Taiwan zeigen. Der volle Name des Landes ist »Volksrepublik China«, und dieser Name sollte auch im Schriftwechsel benutzt werden. Zur Begrüßung gibt man sich die Hand. Manchmal wird ein ausländischer Gast mit Applaus begrüßt. Darauf applaudiert man zurück. In China wird der Familienname zuerst genannt. Falls man zu Besuch eingeladen wird, sollte man immer ein wenig vor der vereinbarten Zeit eintreffen und ein kleines Geschenk wie Obst, Pralinen oder ein Andenken aus der eigenen Heimat mitbringen. Beim Besuch von Freunden freuen sich die Kinder über kleine Geldgaben. Es ist üblich, beim Essen einen Trinkspruch auszusprechen. Wenn man zur Feier eines chinesischen Festes eingeladen ist, sollte man sich vorher nach dem traditionell vorgeschriebenen Gastgeschenk erkundigen. Briefmarken sind auch ein gern gesehenes Geschenk, da Briefmarkensammeln ein beliebtes Hobby ist. Zurückhaltende Alltagskleidung ist angemessen, freizügige Kleidung sollte vermieden werden, um keinen Anstoß zu erregen. **Fotografieren:** Auf Flughäfen ist das Fotografieren verboten. Historische Gebäude und Landschaften können fotografiert werden, in vielen Tempeln besteht oft Fotografierverbot. Bevor militärische und industrielle Einrichtungen oder Regierungsgebäude fotografiert werden, sollte man eine Genehmigung einholen. **Trinkgeld:** Offiziell verboten und manchmal als Beleidigung aufgefaßt. Am meisten freuen sich offizielle Reisebegleiter über ein Reisebuch über China aus dem Westen.

WIRTSCHAFTSPROFIL

WIRTSCHAFT: Seit der Einführung der Politik der »Offenen Tür« Mitte der achtziger Jahre hat die Wirtschaft einen außerordentlichen Aufschwung erlebt. Die strengen Außenhandelsbeschränkungen wurden langsam aufgehoben und ausländische Firmen verstärkt eingeladen, ihre Produkte in China zu vermarkten und Joint-ventures mit chinesischen Unternehmen aufzubauen. In den neuen Sonderwirtschaftszonen (*Special Economic Zones – SEZ*) in den südlichen Provinzen des Landes, in denen effektiv die freie Marktwirtschaft eingeführt wurde, haben sich viele High-Tech-Unternehmen angesiedelt. Die Zahl ausländischer Betriebe ist weiterhin steigend. Zuwachsraten in der Industrieproduktion (vor allem im Privatsektor und Joint-ventures) und der Außenhandelsüberschuß machten China neben den USA, Japan und der EU zur viertgrößten Wachstumsregion. Die Wachstumsraten betrugen in den letzten zwei Jahren 13%, für 1994 wurde eine Steigerung des Bruttoinlandprodukts von 11,5% erwartet. Hauptaufgabe der Wirtschaftspolitik nach dem Ende der Planwirtschaft ist, den Wirtschaftsboom unter Kontrolle zu bringen, um eine Konjunkturkrise und einen weiteren Anstieg der Inflationsrate zu vermeiden (1994 bei 19,5%). Vor allem die großen Städte haben mit einer hohen Preissteigerungsrate zu kämpfen (z. T. bei 30%). Eine weitere negative Begleiterscheinung des Umwandlungsprozesses in eine »sozialistische Marktwirtschaft« ist außerdem die zunehmende Arbeitslosigkeit, die sich speziell in Stadtgebieten bemerkbar macht. Ende 1992 umfaßte die Marktwirtschaft 70% aller Wirtschaftszweige und 90% des Einzelhandels. Während der Industriesektor weiterhin eine erhebliche Produktionssteigerung verzeichnete (1993 ca. 20%, 1994 ca. 16%), hält sich das Wachstum in der Landwirtschaft bislang in Grenzen. 1992: Landwirtschaft 27%, Industrie 34%, Dienstleistung 39%. Die Regierung ist bestrebt, mit westlichem Know-how, moderner Technik und ausländischen Investitionen die Wirtschaft grundlegend zu modernisieren. Besonders die chemische und die High-Tech-Industrie sollen ausgebaut werden. Der Tourismus soll ebenfalls verstärkt gefördert und die touristische Infrastruktur verbessert werden (1992: 3950 Mio. US$ Einnahmen). Die Mehrheit der Bevölkerung ist bisher in der Landwirtschaft beschäftigt. China ist das größte Reisanbaugebiet der Welt und produziert auch große Mengen anderer Getreidearten. Große Kohle- und Eisenerzvorkommen liefern Rohmaterialien für die bedeutende Stahlindustrie. Andere wichtige Mineralvorkommen sind Tungsten, Zinn, Blei, Molybdän, Bauxit (Aluminium), Phosphate und Mangan. In den achtziger Jahren gewann die Leichtindustrie zunehmend an Bedeutung, ihr Anteil am Bruttosozialprodukt entspricht inzwischen dem der Schwerindustrie. China kann sich selbst mit Erdöl versorgen, eine petrochemische Industrie ist im Aufbau. Das Außenhandelsvolumen war in den letzten Jahren aufgrund des Devisenmangels leicht rückläufig, jedoch trugen zinslose Kredite westlicher Banken zu einer Verbesserung der Situation bei. China importiert hauptsächlich Maschinen, Geräte, Transportmittel, Anlagen und Ausrüstung, Textilien, Eisen und Stahl sowie chemische Produkte. Textilien, Maschinen und Nahrungsmittel sind die Hauptexportgüter. Die wichtigsten Handelspartner sind Hongkong, die USA, Japan, Deutschland und die GUS. Eine hohe Inflationsrate bei steigender Arbeitslosenquote und mangelnde Effektivität der Wirtschaft (speziell der Staatsbetriebe) bleiben die Hauptprobleme der chinesischen Wirtschaft.
GESCHÄFTSVERKEHR: Maße und Gewichte sind zumeist metrisch, einige alte chinesische Maße und Gewichte sind jedoch noch in Gebrauch. Flüssigkeiten und Eier werden häufig nach Gewicht verkauft. Terminvereinbarungen sind üblich, auf Pünktlichkeit wird großen Wert gelegt. Visitenkarten sollten auf der Rückseite die chinesische Übersetzung in Mandarin (nicht Kantonesisch) aufweisen. Geschäftsreisende treffen sich mit ihren Geschäftspartnern normalerweise in Restaurants. Man sollte immer ein wenig früher erscheinen, der Gastgeber wird einen Trinkspruch auf den Gast aussprechen. Es ist üblich, den Gastgeber seinerseits einzuladen. **Geschäftszeiten:** Mo-Fr 08.00-12.00 und 14.00-18.00 Uhr.
Kontaktadressen: *Handelsabteilung der Chinesischen Botschaft*, Kurfürstenallee 12, D-53177 Bonn. Tel: (0228) 95 59 40.
Handelsabteilung der Chinesischen Botschaft, Metternichgasse 4, A-1030 Wien. Tel: (0222) 714 31 40. Telefax: (0222) 713 00 37.
Handelsabteilung der Chinesischen Botschaft, J. V. Widmannstraße 7, CH-3074 Muri. Tel: (031) 951 14 01. Telefax: (031) 951 05 75.
Wirtschaftskammer Schweiz – China, Löwenstraße 19, CH-8001 Zürich. Tel: (01) 211 99 09. Telefax: (01) 212 32 10.
Wirtschaftsreferat der Deutschen Botschaft (mit Handelsförderungsstelle) s. Deutsche Botschaft in Beijing.
The Commercial Counsellor at the Austrian Embassy (Außenhandelsstelle der Wirtschaftskammer Österreich), Ta Yuan Office Building 2-6-2, Chaoawai, 100600 Beijing. Tel: (10) 532 33 05, 532 32 98. Telefax: (10) 532 11 49.
All-China Federation of Industry and Commerce (Industrie- und Handelskammer), 93 Beiheyan Dajie, 100006 Beijing. Tel: (10) 513 66 77. Telefax: (10) 512 26 31.
China Council for the Promotion of International Trade (CCPIT), 1 Fu Xing Men Wai Jie, 100860 Beijing. Tel: (10) 851 33 44. Telefax: (10) 851 13 70.
KONFERENZEN/TAGUNGEN: Folgende Organisationen geben Informationen und Planungshilfen: *China International Travel Service*, Head Office, Dept. of Conferences and Conventions, 103 Fuxingmennei Avenue, 100800 Beijing. Tel: (10) 601 11 22. Telefax: (10) 601 20 13.
China National Tourist Administration, Department of Marketing & Promotions, 9-A Jian Guo Men Nei Avenue, 100740 Beijing. Tel: (10) 513 88 66. Telefax: (10) 512 21 96.

KLIMA

Aufgrund der Größe Chinas sind die klimatischen Verhältnisse regional unterschiedlich. Kontinentalklima herrscht im allgemeinen vor, mit sehr heißen Sommern und sehr kalten Wintern. Im Norden und der mittleren Region regnet es viel. Die Sommer sind heiß, die Winter kalt. In Südchina ist es im Winter milder. Die südöstliche Region hat viel Regen, fast tropische Sommer und kühle Winter. In den Küstengebieten feuchtes Klima durch den Einfluß des Monsuns.
Kleidung: *Norden:* Warme Kleidung, Stiefel und Mützen im Winter, leichte Sachen im Sommer. *Süden:* Nicht allzu warme Wintersachen; Tropenkleidung für den Sommer. Regenschutz wird ganzjährig benötigt.

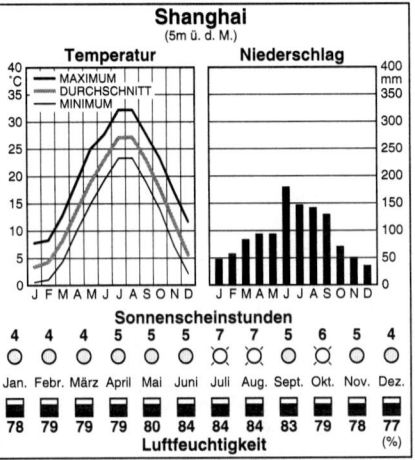

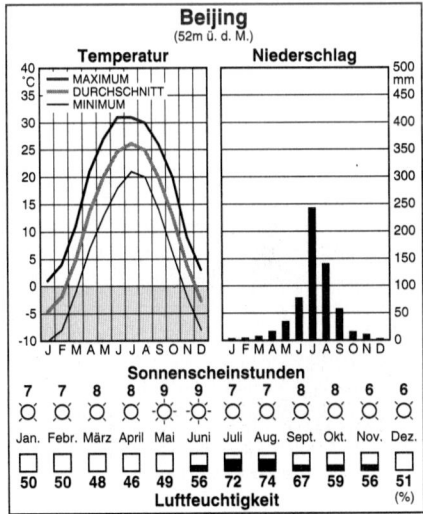

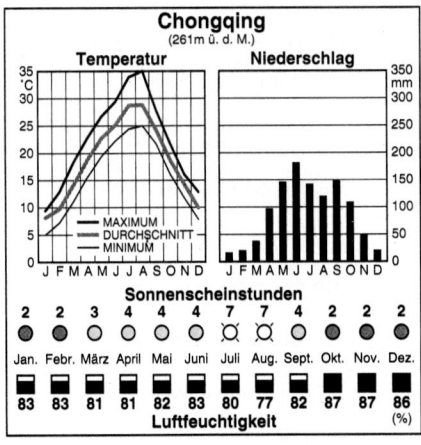

China / Cook-Inseln

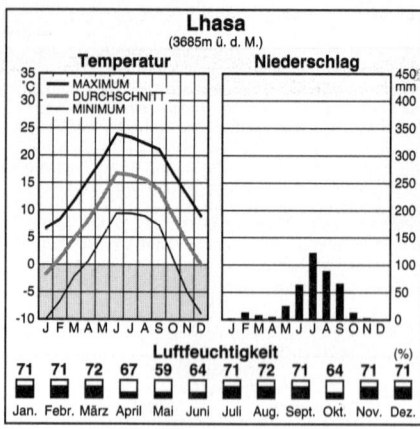

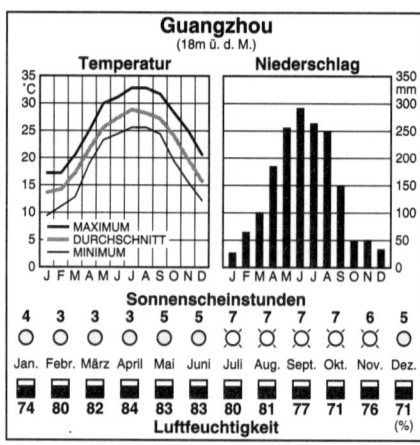

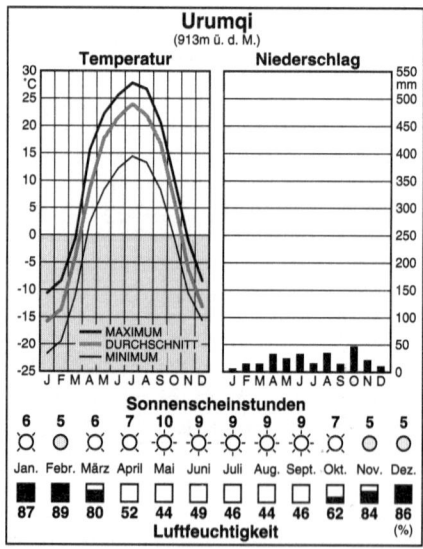

WELTKARTE?

LÄNDERKARTEN?

ZEITZONENKARTE?

INFORMATION ÜBER

IMPFBESTIMMUNGEN UND

GESUNDHEITSVORKEHRUNGEN?

... siehe Inhaltsverzeichnis

Cook-Inseln

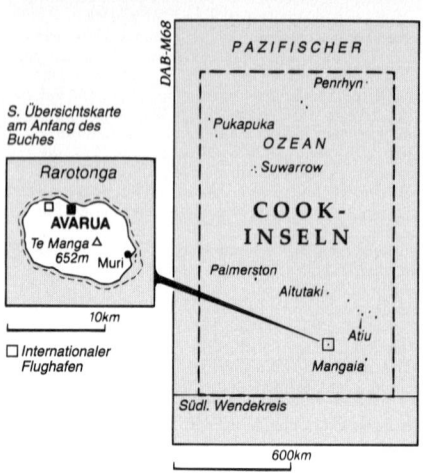

Lage: Südpazifik, Polynesien.

Tourism Council of the South Pacific (TCSP)
Deutsche Vertretung: Interface International
Dircksenstraße 40
D-10178 Berlin
Tel: (030) 23 81 76 45. Telefax: (030) 23 81 76 41.
Mo-Fr 09.00-18.00 Uhr.
Cook Islands Tourist Authority
PO Box 14
Rarotonga
Cook Islands
Tel: 2 94 35. Telefax: 2 14 35.
Die Cook-Inseln unterhalten keine eigenen diplomatischen Auslandsvertretungen. Die neuseeländischen Botschaften sind keine offiziellen Vertretungen der Inseln, können jedoch einige allgemeine Auskünfte erteilen. Die Bundesrepublik Deutschland und die Schweiz unterhalten keine Vertretungen auf den Cook-Inseln, zuständig sind die Botschaften in Wellington (s. Neuseeland). Die österreichische Interessenvertretung erfolgt durch die Botschaft in Canberra (s. Australien).

FLÄCHE: 240,1 qkm.
BEVÖLKERUNGSZAHL: 18.547 (1991).
BEVÖLKERUNGSDICHTE: 77 pro qkm.
HAUPTSTADT: Avarua (auf Rarotonga). **Einwohner:** 10.913 (1991).
GEOGRAPHIE: Die Cook-Inseln liegen im Südpazifik, 3500 km nordöstlich von Neuseeland und 1000 km südwestlich von Tahiti, und gehören zu Polynesien. Sie bestehen aus 15 Inseln, aufgeteilt in zwei Gruppen: den weitverstreuten nördlichen Inseln, die Korallenatolle sind, und den südlichen Inseln, die alle vulkanischen Ursprunges sind. Rarotonga ist die größte und höchstgelegene der Cook-Inseln mit schroffem vulkanischen Landesinnern, höchster Berg ist der Te Manga (652 m). Die Insel ist von Korallenriffen umgeben, und die Bevölkerung lebt in dem fruchtbaren Gebiet zwischen den Riffen und den Hügeln. Hier findet man tropische und subtropische Vegetation. Rarotonga ist überwiegend mit immergrünen Sträuchern bewachsen. Die besten Strände befinden sich auf Aitutaki in der südlichen Gruppe (acht Inseln). Die nördliche Gruppe besteht aus sieben Inseln, die drei größten sind Penrhyn, Manihiki und Pukapuka.
STAATSFORM: Innere Selbstverwaltung unter freier Assoziierung mit Neuseeland, seit 1965. Neuseeland ist auch für die Außen- und Verteidigungspolitik der Cook-Inseln zuständig. Premierminister: Sir Geoffrey A. Henry, seit 1989. Staatsoberhaupt ist der Vertreter Neuseelands: High Comissioner Darryl Dunn, seit 1994. Parlament mit 25 Mitgliedern. Das *House of Ariki*, das aus bis zu 15 Häuptlingen besteht, kann über Angelegenheiten wie Sitten, Tradition und Landaufteilung beraten, hat jedoch keine gesetzgebende Macht.
SPRACHE: Englisch und Maori sind offizielle Landessprachen.
RELIGION: Überwiegend Protestanten, ca. 10% Katholiken.
ORTSZEIT: MEZ - 11.
NETZSPANNUNG: 220/240 V, 50 Hz.
POST- UND FERNMELDEWESEN: Das Telekommunikationssystem der Cook-Inseln wird derzeit modernisiert. **Telefon:** Selbstwählferndienst. **Landesvorwahl: 682.** Es sind einige **Telefaxanschlüsse** vorhanden. **Telex/Telegramme:** Übermittlung durch *Post and Telecommunications Programme* auf Rarotonga. Am einfachsten gibt man Telexe und Telegramme im Hotel auf. **Post:** Postämter haben Mo-Fr 08.00-16.00 Uhr geöffnet.
DEUTSCHE WELLE
Der Einsatz der Kurzwellenfrequenzen ändert sich mehrfach im Laufe eines Jahres, und Sendungen auf den folgenden Frequenzen werden jeweils nur zu bestimmten Tageszeiten ausgestrahlt. Näheres in der Einleitung.
Anmerkung: Die Cook-Inseln sind kein Hauptsendegebiet der Deutschen Welle. Die folgenden Kurzwellenfrequenzen müssen ausprobiert werden.

MHz	17,845	11,795	9,735	9,655	9,690
Meterband	16	25	31	31	31

REISEPASS/VISUM

Wichtiger Hinweis: Die Einreisebestimmungen mancher Länder können sich kurzfristig ändern – rufen Sie sicherheitshalber auf Ihrem CRS-System (TIMATIC-Info-Code-Fenster in diesem Kapitel) den aktuellen Stand ab bzw. wenden Sie sich an die zuständige diplomatische Vertretung. Etwaige Zahlen in der Tabelle beziehen sich auf nachfolgende Fußnoten.

	Paß erforderlich?	Visum erforderlich?	Rückflugticket erforderlich?
Deutschland	Ja	1	Ja
Österreich	Ja	1	Ja
Schweiz	Ja	1	Ja
Andere EU-Länder	Ja	1	Ja

REISEPASS: Allgemein erforderlich.
VISUM: [1] *Geschäftsreisende* benötigen ein Visum. Beantragung beim Cook-Inseln Konsulat in Neuseeland (Adresse s. u.). *Touristen:* Für Aufenthalte von bis zu 31 Tagen ist kein Visum erforderlich. Dafür werden jedoch folgende **Unterlagen** benötigt: (a) Nachweis eines Weiter- bzw. Rückflugtickets; (b) Nachweis einer Hotelbuchung; (c) ausreichende Geldmittel. Besucher, die die oben genannten Voraussetzungen nicht erfüllen, benötigen ein Einreisevisum, das vor der Abreise bei den Einwanderungsbehörden der Cook-Inseln beantragt werden sollte (Adresse s. u.).
Anmerkung: Besucher, die sich über 31 Tage hinaus auf den Cook-Inseln aufhalten möchten, müssen 14 Tage vor Ablauf des Aufenthaltes ein Visum bei der örtlichen Einwanderungsbehörde beantragen (Adresse s. u.). Das Visum kann monatlich bis zu maximal 3 Monaten verlängert werden.
Gültigkeitsdauer: Touristen können ihren Aufenthalt monatlich bis zu maximal 3 Monaten verlängern, sofern sie die oben genannten Voraussetzungen erfüllen.
Antragstellung: *Geschäftsreisende:* Cook Islands Consulate Office, 127 Symonds Street, Auckland, Neuseeland. Telefax: (09) 309 18 76. *Touristen:* The Principal Immigration Officer, Department of Immigration, PO Box 473, Rarotonga, Cook Islands. Telefax: 2 93 64.
Aufenthaltsgenehmigung: Anfragen sind vor der Einreise an den Principal Immigration Officer der Cook-Inseln zu stellen (Adresse s. o.).

GELD

Währung: 1 Neuseeland-Dollar (NZ$) = 100 Cents. Außerdem ist der Cook-Inseln-Dollar gebräuchlich (festes Wertverhältnis zum Neuseeland-Dollar), den man jedoch außerhalb der Inseln nicht umtauschen kann und der aus dem Umlauf genommen wird, sobald sich die Cook-Inseln für unabhängig erklären sollen. Banknoten gibt es im Wert von 100, 50, 20, 10 und 5 NZ$; Münzen in den Nennbeträgen 2 und 1 NZ$ sowie 50, 20, 10 und 5 Cents.
Geldwechsel: Am Flughafen und in den Banken.
Kreditkarten: *Visa, American Express, Diners Club* und *Eurocard.* Einzelheiten vom Aussteller der betreffenden Kreditkarte.
Reiseschecks werden in den meisten Hotels und Geschäften angenommen (US$ empfohlen).
Wechselkurse

	NZ$ Sept. '92	NZ$ Febr. '94	NZ$ Jan. '95	NZ$ Jan. '96
1 DM	1,22	1,00	1,01	1,06
1 US$	1,81	1,75	1,56	1,52

Devisenbestimmungen: Die Ein- und Ausfuhr von Landes- und Fremdwährungen unterliegt keinerlei Beschränkungen.
Öffnungszeiten der Banken: Mo-Fr 09.00-15.00 Uhr.

TIMATIC INFO-CODES

Abrufbar über Ihr CRS-System (für START/Amadeus Ama-Maske benutzen). Für Galileo bitte TI-DFT eingeben (mit Bindestrich).

Flughafengebühren	TI DFT/ RAR /TX
Währung	TI DFT/ RAR /CY
Zollbestimmungen	TI DFT/ RAR /CS
Gesundheit	TI DFT/ RAR /HE
Reisepaßbestimmungen	TI DFT/ RAR /PA
Visabestimmungen	TI DFT/ RAR /VI

Cook-Inseln

DUTY FREE

Folgende Artikel können von Personen über 18 Jahren zollfrei auf die Cook-Inseln eingeführt werden:
200 Zigaretten oder 50 Zigarren oder 250 g Tabak;
2 l Spirituosen oder 2 l Wein oder 4,5 l Bier;
Geschenke im Wert von bis zu 250 NZ$.
Einfuhrverbot: Feuerwerkskörper, Schußwaffen, Sprengstoffe, Munition aller Art.

GESETZLICHE FEIERTAGE

15. Juni '96 Offizieller Geburtstag der Königin. **4. Aug.** Tag der Verfassung. **25./26. Dez.** Weihnachten. **1. Jan. '97** Neujahr. **28. März** Karfreitag. **31. März** Ostermontag. **25. April** ANZAC-Tag.

GESUNDHEIT

In der folgenden Tabelle aufgeführte Impfvorschriften können sich kurzfristig ändern. Es wird stets empfohlen, auf Ihrem CRS-System (TIMATIC-Info-Code-Fenster in diesem Kapitel) den aktuellen Stand der Gesundheitsbestimmungen abzurufen bzw. rechtzeitig vor der Reise ärztlichen Rat einzuholen.

	Vorsichtsmaßnahmen empfohlen	Impfschein erforderlich
Gelbfieber	Nein	Nein
Cholera	Nein	Nein
Typhus & Polio	1	-
Malaria	Nein	-
Essen & Trinken	2	-

[1]: Typhus kommt vor, Poliomyelitis jedoch nicht.
[2]: Leitungswasser ist normalerweise sauber, es können jedoch u. U. leichte Magenverstimmungen auftreten. Für die ersten Wochen des Aufenthaltes wird daher abgefülltes Wasser empfohlen. Milch, Milchprodukte, Fleischwaren, Geflügel, Obst und Gemüse können unbesorgt verzehrt werden. Bei Fisch und Meeresfrüchten etwas vorsichtiger sein. Es können teilweise Vergiftungen aufkommen. *Hepatitis A* und *B* treten ebenfalls auf.
Korallenriffe können Fußverletzungen verursachen. Man sollte auf den Riffen nie barfuß laufen, da auch kleine Verletzungen sich leicht entzünden.
Gesundheitsvorsorge: Der Abschluß einer Reisekrankenversicherung wird empfohlen. Es gibt ein staatliches Krankenhaus auf Rarotonga und medizinischen und zahnärztlichen Dienst rund um die Uhr.

REISEVERKEHR - International

FLUGZEUG: Die Cook-Inseln werden von *Air New Zealand* (NZ), *Qantas*, *Air Pacific* und *Polynesian Airlines* (PH) angeflogen. Die einzige Direktverbindung bietet Air New Zealand von Frankfurt aus an. 1996 wird wieder der *Visit South Pacific Pass* von den folgenden Fluggesellschaften angeboten: *Air Pacific, Qantas, Royal Tongan Airlines, Air Caledonia International, Polynesian Airlines, Solomon Airlines* (Näheres hierbei bis auf 50% reduziert. Der Visit South Pacific Pass fliegt u. a. folgende Ziele an: Sydney und Brisbane (Australien), Auckland (Neuseeland), Tonga, Cook-Inseln, Fidschi und West-Samoa. Es können mindestens zwei und maximal acht Ziele angeflogen werden. Die Reise muß außerhalb des Südpazifiks begonnen werden, und es ist ratsam, die Flüge im voraus zu buchen. Weitere Information von *Tourism Council of the South Pacific* in Berlin (Adresse s. o.).
Durchschnittliche Flugzeit: *Frankfurt* – Rarotonga: ca. 21 Std. (abhängig von den jeweiligen Zwischenlandungen).
Internationaler Flughafen: *Rarotonga* (RAR). Es gibt einen Duty-free-Shop, Bank, Bar, Restaurant, einen Schalter für Hotelreservierungen, Mietwagenschalter (*Avis* und *Budget*) und Hotelbusse (Fahrzeit 10 Minuten) sowie Taxis (Fahrzeit 5-10 Minuten) stehen zur Verfügung.
Flughafengebühren: 25 NZ$, Kinder unter 12 Jahren zahlen 10 NZ$.
SCHIFF: Fracht- und Passagierschiffe der *Cook Islands Shipping Company* und *New Zealand Motor Vessel Company* laufen die Cook-Inseln an.
Anmerkung: Passagiere, die auf Fidschi, Samoa, Tonga oder Tahiti an Land gegangen sind, müssen ihr Gepäck bei der Einreise auf den Cook-Inseln desinfizieren lassen.

REISEVERKEHR - National

FLUGZEUG: *Air Rarotonga* fliegt regelmäßig fünf der 15 Inseln an: Aitutaki, Atiu, Mangaia, Mauke und Mitiaro.
Flugzeiten innerhalb der Inseln: *Aitutaki* – Rarotonga: 1 Std; *Atiu* – Rarotonga: 50 Min; *Mauke* – Rarotonga: 50 Min. und *Mitiaro* – Rarotonga: 1 Std. 25.
BUS/PKW: Es wird links gefahren. **Bus:** Wochentags und samstags verkehren auf Rarotonga Reisebusse verschiedener Unternehmen. **Mietwagen:** Verschiedene Firmen und Hotels vermieten Fahrzeuge und Motorräder. Vorausbuchung wird jedoch empfohlen. Fahrräder sind ebenfalls erhältlich. **Unterlagen:** Mindestalter 21 Jahre. Auf der Polizeistation in Avarua erhalten Besucher unter Vorlage des eigenen Führerscheins und einer Gebühr einen nationalen Führerschein.

UNTERKUNFT

Es gibt 22 Resort-Hotels auf Rarotonga und sechs auf Aitutaki. Sie sind zumeist nicht zu groß, recht komfortabel und am Strand gelegen. Vorausbuchung wird dringend empfohlen, am besten durch einen Reiseveranstalter, der auf den Südpazifik spezialisiert ist. Camping ist nicht gestattet. Der Hotelverband ist unter folgender Adresse zu erreichen: *Accommodation Council*, PO Box 45, Rarotonga.

URLAUBSORTE & AUSFLÜGE

Herrliche Badestrände gibt es rund um die Inseln – vielleicht die schönsten liegen an der *Muri Lagoon* und bei *Titikaveka*. Es werden Wanderungen, Rundflüge, Pferdewagentouren und Busexkursionen über die Inseln sowie Kreuzfahrten per Motorboot, Jacht oder Schoner zu den entlegeneren Inseln angeboten. Mietwagen sind erhältlich. Zu Fuß kann man die Hauptinsel **RAROTONGA** auf der Hauptstraße *Are Tapu* umrunden und dann auf der alten Straße *Are Metua* (seit ca. 1000 n. Chr.) das Inselinnere erkunden. Die Mehrheit der Inselbewohner lebt in der Hauptstadt **Avarua**. Hier gibt es Galerien mit einheimischen Kunstgewerbe, einen Botanischen Garten und den *Marine Park*. Vor dem Hafen liegen zwei berühmte Wracks, die *Yankee* und die *Matai*, die man per Charterboot besuchen kann. *Arai-Te-Tonga Marae* ist ein alter Versammlungsort außerhalb von Avarua mit einem zeremoniellen Stein, an dem einst Gefangene hingerichtet wurden. *Te Rua Manga* ist Rarotongas höchster Gipfel, auf dessen Rückseite bei Vaimaanga ein kühler Wasserfall zu finden ist. Zu den geschichtlich interessanten Stätten der Inseln gehören das 1842 erbaute *Takamoa-Missionshaus*, von dem man annimmt, daß es das zweitälteste westliche Gebäude im Südpazifik ist, und der alte *Palast von Makea* in **Taputapuatea**. Bei Ebbe empfiehlt es sich Spaziergänge am Korallenriff entlang zu unternehmen und die exotische Unterwasserfauna zu bewundern.
AITUTAKI liegt 220 km nördlich von Ratotonga und ist die zweite meistbesuchte Insel. Anziehend ist vor allem die Lagune (rundum 45 km lang) mit ihren bunten Fischarten.

SOZIALPROFIL

ESSEN & TRINKEN: Durch den zunehmenden Tourismus gibt es heute Hotelrestaurants und auch einige eigenständige Restaurants. Im *Jade Garden* in Avarua kann man chinesisch essen, andere Restaurants u. a. Fisch- und Rindfleischgerichte an. Zitrus- und tropische Früchte, Eßkastanien und Gemüse werden auf den Inseln angebaut. Meeresfrüchte findet man in allen Restaurants. Es gibt auch einheimisches Fleisch und Geflügel.
NACHTLEBEN: Auf den Inseln finden oft Festivals statt, die mit Gesängen, Tänzen und häufig mit einer einzigartigen Mischung aus traditionellen Ritualen und Kirchenliedern begangen werden. Die Chöre der Cook-Inseln sind berühmt. In manchen Hotels werden Festessen und Tanzvorführungen veranstaltet.
EINKAUFSTIPS: Holzschnitzereien, Ukulelen, Perlen- und Muschelschmuck, Webstoffe, Stickereien, Panama-Hüte und Körbe sind besonders schöne Reisemitbringsel. Die Münzen und Briefmarken der Inseln sind bei Sammlern begehrt. *Tiki Industries* und *Islands Crafts* haben Fabriken in Avarua und Avatiu, in denen man holzgeschnitzte Artikel kaufen kann. Die Auswahl an zollfreien Waren ist groß. **Öffnungszeiten der Geschäfte:** Mo-Fr 08.00-16.00 Uhr und Sa 08.00-12.00 Uhr. Einige Geschäfte in den Resorts haben länger geöffnet.
SPORT: Der Deep Sea Fishing Club bietet Angelausflüge an, man kann beim *Netzfischen* nach fliegenden Fischen zusehen, was mit Hilfe von Auslegerkanus und Blendlampen geschieht. Der Rarotonga Golf Club hat einen 9-Loch-Golfplatz. **Lawn Bowles**, ein dem Boccia ähnliches Kugelspiel, ist seit langem eine beliebte Sportart auf Rarotonga. Besucher sind auch im Rarotonga Sailing Club willkommen, der Samstag nachmittags zwischen Oktober und Mai Regatten abhält. **Tennis** und **Kricket** werden während der Sommermonate gespielt, und im Winter spielt man **Netzball** und **Rugby**.
Wassersport: In den klaren Gewässern der vielen Lagunen gibt es ausgezeichnete Schnorchel- und Tauchmöglichkeiten. **Segeln** und **Windsurfen** sind ebenfalls beliebt. Ausrüstungen werden verliehen.
VERANSTALTUNGSKALENDER
Aug. '96 *Kunstausstellung* (Ausstellung von Aquarellen und Ölbildern, Holzarbeiten und Korallenskulpturen). **4. Aug.** *Verfassungs-Feierlichkeiten* (Gesang und Tanz, Kunsthandwerk). **Sept.** (1) *Golf-Turnier*, Aitutaki. (2) *Golf-Turnier*, Rarotonga. **26. Sept.** *Gospel-Tag* (historische Aufführung des Beginns des Christentums. Kostüme, Hymnen und Rollenspiele). **Nov.** (1) *Food Festival* (exotische Kochkünste, Kochideen und Arrangements). (2) *Tiare Week/Blumenschau* (Straßen und Darbietungen werden täglich mit frischen Blumen geschmückt, zum Abschluß gibt es eine Parade). (3) *Round Rarotonga Road Race* (RRRR), Marathon. **Febr. '97** *Kulturereignis* (Kunst, Handarbeiten). **April** *Tanz-Festival* (u. a. werden die besten Tänzer des Jahres gewählt).
SITTEN & GEBRÄUCHE: Alltagskleidung ist überall akzeptabel. Von Frauen wird erwartet, zum Kirchgang oder zu gesellschaftlichen Ereignissen Kleider zu tragen. FKK und oben ohne erregen Anstoß. **Trinkgeld:** Traditionell erfordert ein Geschenk ein Gegengeschenk, Trinkgeld ist daher unüblich.

WIRTSCHAFTSPROFIL

WIRTSCHAFT: Aufgrund der abgelegenen Lage ist die Wirtschaft nur wenig entwickelt, wichtigster Wirtschaftszweig ist der Tourismus. Die Inseln sind auf kräftige Finanzspritzen der neuseeländischen Regierung angewiesen. Die Hauptexportgüter sind Nahrungsmittel (tropisches Obst, Zitrusfrüchte, Kokosnüsse, Papayas), Perlmuscheln und schwarze Perlen. Haupthandelspartner sind Neuseeland für Importgüter und Hongkong für Exportgüter. Die Regierung ist bestrebt, die Infrastruktur für ein breitangelegtes Wirtschaftsprogramm auszubauen. Der Tourismus ist bereits im Aufschwung und verzeichnet jährlich beträchtliche Steigerungsraten. 1992 erbrachte der Fremdenverkehr ca. 53 Mio. NZ$. Insgesamt besuchten 1993 52.800 Urlauber die Cook-Inseln.
GESCHÄFTSVERKEHR: Tropenanzüge bzw. Sommerkleider sind bei Geschäftsterminen angebracht. **Geschäftszeiten:** Mo-Fr 08.00-16.00 Uhr.
Kontaktadresse: *Chamber of Commerce* (Handelskammer), PO Box 242, Rarotonga. Tel: 2 02 95. Telefax: 2 09 69.
Die wirtschaftlichen Interessen Österreichs werden von der Außenhandelsstelle in Sydney (s. Australien) wahrgenommen.

KLIMA

Das Klima auf den Inseln ist unterschiedlich, i. allg. aber das ganze Jahr über heiß, obwohl die Passatwinde die Temperaturen mildern. Der meiste Regen fällt auf Rarotonga, die nördlichen Atolle sind trockener. Die kühlsten Monate sind von Mai bis Oktober. Die meisten Niederschläge fallen in der warmen Jahreszeit.
Kleidung: Ganzjährig leichte Baumwoll- und Leinensachen; Wärmeres für kühle Abende. Regenkleidung während der Regenzeit.

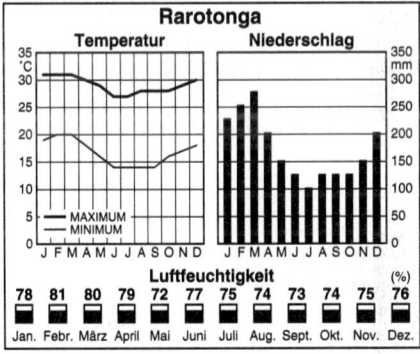

COLUMBUS ATLAS

Auf ca. 100 Seiten enthält dieser Atlas unter anderem europäische Fähr- und Eisenbahnverbindungen und weltumspannende Kreuzfahrtkarten, Straßenkarten, Gebietskarten vielbesuchter Regionen wie z. B. Costa Brava, Florida u. a. Falls Sie bei der Beratung oder Reiseplanung verstärkt auf Karten zurückgreifen möchten, werden Sie diesen speziell auf die Reisebranche zugeschnittenen Atlas unentbehrlich finden – und dazu besonders preisgünstig!

Weitere Einzelheiten von:
Columbus Press, Verkaufsabteilung,
Aurikelweg 9,
D-38108 Braunschweig.
Tel: 05309/2123. Telefax: 05309/2877.

Costa Rica

Lage: Mittelamerika.

Instituto Costarricense de Turismo
Apartado 777
1000 San José
Tel: 223 17 33. Telefax: 223 51 07.
Botschaft der Republik Costa Rica
Langenbachstraße 19
D-53113 Bonn
Tel: (0228) 54 00 40. Telefax: (0228) 54 90 53.
Mo-Do 09.00-16.00 Uhr.
Generalkonsulat der Republik Costa Rica (mit Visumerteilung)
Meyerhofstraße 8
D-22609 Hamburg
Tel: (040) 80 13 95. Telefax: (040) 66 96 19 10, 822 65 29.
Mo-Fr 10.00-12.00 Uhr.
Honorarkonsulat der Republik Costa Rica (mit Visumerteilung)
Ostpreußendamm 72-74
D-12207 Berlin
Tel: (030) 71 09 40. Telefax: (030) 712 50 12.
Mo-Do 10.00-12.00 Uhr.
Honorarkonsulat der Republik Costa Rica (mit Visumerteilung)
Neuhauser Straße 27
D-80331 München
Tel: (089) 26 66 46. Telefax: (089) 23 11 84 29.
Di und Do 08.30-11.30 Uhr.
Honorarkonsulate ohne Visumerteilung in Hannover und Köln.
Honorarvizekonsulat in Heidelberg.
Botschaft und Generalkonsulat der Republik Costa Rica
Schloeglgasse 10/XII
A-1120 Wien
Tel: (0222) 804 05 37. Telefax: (0222) 804 90 71.
Mo-Fr 09.00-15.00 Uhr.
Botschaft der Republik Costa Rica
Thunstraße 150e
CH-3074 Muri
Tel: (031) 952 62 30. Telefax: (031) 952 64 57.
Mo-Fr 09.00-12.00 Uhr.
Botschaft der Bundesrepublik Deutschland
Barrio Rohrmoser
De la Residencia de España
200 metros al norte y 50 metros al oeste
Apartado 4017
1000 San José
Tel: 232 55 33. Telefax: 231 64 03.
Generalkonsulat der Republik Österreich
De la Toyota en el Paseo Colón
200 metros al sur y 50 al oeste, frente a Parque de Mata Redonda, Casa Nr. 3650
Apartado 683
1007 Centro Colón
San José
Tel: 255 30 07, 232 47 09. Telefax: 255 07 67.
Botschaft der Schweizerischen Eidgenossenschaft
Edificio Centro Colón, 10° Piso
Paseo Colón
Apartado 895
Centro Colón
1007 San José
Tel: 221 48 29, 222 32 29, 233 00 52. Telefax: 255 28 31.

TIMATIC INFO-CODES

Abrufbar über Ihr CRS-System (für START/Amadeus Ama-Maske benutzen). Für Galileo bitte TI-DFT eingeben (mit Bindestrich).

Flughafengebühren	TI DFT/ SJO /TX
Währung	TI DFT/ SJO /CY
Zollbestimmungen	TI DFT/ SJO /CS
Gesundheit	TI DFT/ SJO /HE
Reisepassbestimmungen	TI DFT/ SJO /PA
Visabestimmungen	TI DFT/ SJO /VI

FLÄCHE: 51.100 qkm.
BEVÖLKERUNGSZAHL: 3.232.526 (1994).
BEVÖLKERUNGSDICHTE: 63 pro qkm.
HAUPTSTADT: San José. **Einwohner:** 313.440 (1994).
GEOGRAPHIE: Costa Rica grenzt im Norden an Nicaragua, im Süden an Panama, im Westen an den Pazifik und im Osten an die Karibik. Das Land ist zwischen 119-282 km breit und äußerst gebirgig. Eine Gebirgskette vulkanischen Ursprungs zieht sich von Nord nach Süd durch ganz Costa Rica. Der *Chirripó Grande* ist mit 3820 m die höchste Erhebung des Landes. Mehr als die Hälfte der Bevölkerung lebt in der *Meseta Central*, einem Plateau mit gemäßigtem Klima. Im Südosten des Plateaus liegen die Kordilleren, im Südwesten die Hauptstadt San José. Die karibische Küstenregion ist dicht bewaldet und sumpfig. An der südlichen Pazifikküste gehen die Savannen ebenfalls in Sümpfe über.
STAATSFORM: Präsidialrepublik, seit 1949. Staatsoberhaupt und Regierungschef: José María Figueres Olsen, seit Mai 1994. Der Präsident wird durch allgemeine Wahlen auf vier Jahre gewählt und benötigt mehr als 40% der Stimmen. In Costa Rica besteht Wahlpflicht ab 18 Jahren. Die 57 Mitglieder der gesetzgebenden Versammlung werden ebenfalls auf vier Jahre gewählt.
SPRACHE: Offizielle Landessprache ist Spanisch. Englisch und Kreolisch wird ebenfalls gesprochen.
RELIGION: Römisch-katholisch. Protestantische und Bahai-Minderheiten.
ORTSZEIT: MEZ - 7
NETZSPANNUNG: 110/220 V, 60 Hz.
POST- UND FERNMELDEWESEN: Telefon: Selbstwählferndienst. **Landesvorwahl:** 506. **Telefaxanschlüsse** stehen in San José zur Verfügung. **Telex/Telegramme:** Es gibt einen internationalen Telexdienst in San José bei *Radiografica Costarricense SA*, Ecke Calle 1/Avenida 5 (07.00-22.00 Uhr). **Post:** Luftpostsendungen nach Europa sind 6-10 Tage unterwegs.
DEUTSCHE WELLE
Der Einsatz der Kurzwellenfrequenzen ändert sich mehrfach im Laufe eines Jahres, und Sendungen auf den folgenden Frequenzen werden jeweils nur zu bestimmten Tageszeiten ausgestrahlt. Näheres in der Einleitung.

MHz	17,860	17,715	15,275	9,545	6,100
Meterband	16	16	19	31	49

REISEPASS/VISUM

Wichtiger Hinweis: Die Einreisebestimmungen mancher Länder können sich kurzfristig ändern – rufen Sie sicherheitshalber auf Ihrem CRS-System (TIMATIC-Info-Code-Fenster in diesem Kapitel) den aktuellen Stand ab bzw. wenden Sie sich an die zuständige diplomatische Vertretung. Etwaige Zahlen in der Tabelle beziehen sich auf nachfolgende Fußnoten.

	Paß erforderlich?	Visum erforderlich?	Rückflugticket erforderlich?
Deutschland	Ja	Nein	Ja
Österreich	Ja	Nein	Ja
Schweiz	Ja	Nein	Ja
Andere EU-Länder	Ja	1	Ja

Anmerkung: Personen mit ungepflegtem Äußeren und unzureichenden Geldmitteln für die Dauer des Aufenthaltes wird die Einreise verweigert.
REISEPASS: Allgemein erforderlich. Der Reisepaß muß 6 Monate über die Länge des Aufenthaltes hinaus gültig sein.
VISUM: Allgemein erforderlich, ausgenommen sind Staatsbürger von:
(a) der Schweiz sowie [1] Bundesrepublik Deutschland, Österreich, und übrige EU-Staaten für einen Aufenthalt bis zu 90 Tagen mit folgenden Ausnahmen: Staatsbürger Frankreichs benötigen kein Visum für Aufenthalte bis zu 30 Tagen; Staatsbürger Griechenlands und Irlands benötigen ein Visum, das auf 30 Tage Gültigkeit begrenzt ist;
(b) Argentinien, Israel, Japan, Kanada, Korea-Süd, Liechtenstein, Norwegen, Panama, Paraguay, Polen, Puerto Rico, Rumänien, Ungarn, Uruguay und USA für einen Aufenthalt bis zu 90 Tagen;
(c) Albanien, Antigua und Barbuda, Australien, Bahamas, Bahrain, Barbados, Belize, Bolivien, Brasilien, Bulgarien, Chile, Dominica, El Salvador, Grenada, Guatemala, Guyana, Honduras, Island, Jamaika, Katar, Kenia, Kolumbien, Kuwait, Mexiko, Monaco, Neuseeland, Oman, die Philippinen, San Marino, St. Kitts und Nevis, St. Lucia, St. Vincent und die Grenadinen, Saudi-Arabien, Singapur, Slowakische Republik, Südafrika, Suriname, Taiwan (China), Trinidad und Tobago, Tschechische Republik, Vatikanstadt, Venezuela und Vereinigte Arabische Emirate für Aufenthalte bis zu 30 Tagen;
(d) Britische Abhängige Gebiete bis zu 90 Tagen; Französische Abhängige Gebiete bis zu 30 Tagen; Niederländische Abhängige Gebiete bis zu 90 Tagen.
Visaarten: Touristenvisum. Transitpassagiere, die den Flughafen nicht verlassen, brauchen kein Visum.
Visagebühr: 20 US$ zahlbar bei Einreise.
Gültigkeitsdauer: 1 Monat bzw. 90 Tage. Verlängerungsanträge sollten in Costa Rica eingereicht werden.
Antragstellung: Zuständiges Konsulat oder Konsularabteilung der Botschaft (Adressen s. o.).
Unterlagen: (a) Antragsformular. (b) 1 Paßfoto. (c) Nachweis ausreichender Geldmittel für die Dauer des Aufenthaltes.
Bearbeitungszeit: Unterschiedlich, je nach Nationalität des Antragstellers (u. U. Autorisierung der Einwanderungsbehörden Costa Ricas erforderlich). Staatsbürger von Frankreich, Griechenland und Irland erhalten Visa bei persönlicher Antragstellung sofort, postalisch innerhalb einiger Tage.
Aufenthaltsgenehmigung: Der unterschriebene Vertrag vom zukünftigen Arbeitgeber muß vorgelegt werden. Personen, die sich in Costa Rica zur Ruhe setzen wollen, müssen ein Mindesteinkommen von monatlich 600 US$ nachweisen.

GELD

Währung: 1 Costa-Rican-Colón (CRC) = 100 Céntimos. Banknoten gibt es im Wert von 5000, 1000, 500, 100 und 50 CRC; Münzen sind im Wert von 20, 10 und 5 CRC sowie 50 und 25 Céntimos in Umlauf.
Geldwechsel: *Casas de Cambio* (Wechselstuben) sind weit verbreitet.
Kreditkarten: *Eurocard, American Express, Visa* und *Diners Club* werden akzeptiert. Einzelheiten vom Aussteller der betreffenden Kreditkarte.
Wechselkurse

	CRC Sept. '92	CRC Febr. '94	CRC Jan. '95	CRC Jan. '96
1 DM	91,76	88,18	105,93	133,40
1 US$	136,37	153,08	164,19	191,76

Devisenbestimmungen: Landeswährung und Fremdwährungen können in unbegrenzter Höhe ein- und ausgeführt werden. Der Kauf von Fremdwährungen unterliegt der Genehmigung der Zentralbank.
Öffnungszeiten der Banken: Mo-Fr 09.00-15.00 Uhr.

DUTY FREE

Folgende Artikel können zollfrei nach Costa Rica eingeführt werden:
500 g Tabakprodukte;
3 l alkoholische Getränke;
Parfüm für den persönlichen Bedarf;
eine Kamera und 6 Filme.

GESETZLICHE FEIERTAGE

1. Mai '96 Tag der Arbeit. **29. Juni** St. Peter und Paul **25. Juli** Gedenktag an den Anschluß von Guanacaste. **2. Aug.** Jungfrau von Los Angeles. **15. Aug.** Mariä Himmelfahrt. **15. Sept.** Unabhängigkeitstag. **12. Okt.** Kolumbus-Tag. **8. Dez.** Mariä Empfängnis. **25. Dez.** Weihnachten. **1. Jan. '97** Neujahr. **19. März** Tag von San José. **11. April** Gedenktag der Schlacht von Rivas. **27. März** Gründonnerstag. **28. März** Karfreitag. **1. Mai** Tag der Arbeit.
Anmerkung: Während der Karwoche und zwischen Weihnachten und Neujahr haben fast alle Geschäfte geschlossen.

GESUNDHEIT

In der folgenden Tabelle aufgeführte Impfvorschriften können sich kurzfristig ändern. Es wird stets empfohlen, auf Ihrem CRS-System (TIMATIC-Info-Code-Fenster in diesem Kapitel) den aktuellen Stand der Gesundheitsbestimmungen abzurufen bzw. rechtzeitig vor der Reise ärztlichen Rat einzuholen.

	Vorsichtsmaßnahmen empfohlen	Impfschein erforderlich
Gelbfieber	Nein	Nein
Cholera	1	1
Typhus & Polio	2	
Malaria	3	
Essen & Trinken	4	

[1]: Eine Impfbescheinigung gegen Cholera ist keine Einreisebedingung, das Risiko einer Infektion ist sehr gering, aber nicht auszuschließen. Da die Wirksamkeit der Schutzimpfung umstritten ist, empfiehlt es sich, rechtzeitig vor Antritt der Reise ärztlichen Rat einzuholen. Näheres unter *Gesundheit* (s. Inhaltsverzeichnis).

Costa Rica **131**

[2]: Typhus kommt vor, Poliomyelitis nicht.
[3]: Malariaschutz ganzjährig in ländlichen Gebieten unter 700 m erforderlich (Matina, Central de Limón, San Carlos, Los Chiles und Sarapiqué). Die weniger gefährliche Form *Plasmodium vivax* herrscht vor.
[4]: Das Trinkwasser ist stark gechlort und kann u. U. leichte Magenverstimmungen hervorrufen. Während der ersten Urlaubstage wird abgefülltes Wasser empfohlen. Das Trinkwasser außerhalb großer Städte kann Gefahren in sich bergen und sollte sterilisiert werden. Milch, Milchprodukte, Fleisch, Geflügel, Meeresfrüchte, Obst und Gemüse können unbesorgt verzehrt werden. *Tollwut* kommt vor. Wer ein erhöhtes Risiko eingeht (z. B. längerer Aufenthalt in abgelegenen Gebieten), sollte vor Reiseantritt eine Schutzimpfung erwägen. Bei Bißwunden so schnell wie möglich ärztliche Hilfe in Anspruch nehmen. Weitere Informationen unter *Gesundheit* (s. Inhaltsverzeichnis).
Hepatitis A kommt im ganzen Land vor.
Gesundheitsvorsorge: Der Abschluß einer Reisekrankenversicherung wird empfohlen. Die ärztliche Versorgung und die hygienischen Verhältnisse in Costa Rica sind ausgezeichnet.

REISEVERKEHR - International

FLUGZEUG: Costa Ricas nationale Fluggesellschaft *Lacsa* (LR) fliegt von den USA, Mexiko, Kolumbien, Venezuela und Panama direkt nach Costa Rica. Direktflüge aus Europa mit *Condor* und *LTU*. LTU bietet Flugdienste von Düsseldorf, Condor von Frankfurt (saisonbedingt). Der *Visit Central America Pass* wird von fünf zentralamerikanischen Fluggesellschaften gemeinsam angeboten. Er gilt auf dem gesamten Streckennetz von *Lacsa*, *TACA* (El Salvador), *Aviateca* (Guatemala), *Nica* (Nicaragua) und *Copa* (Panama). Es können mindestens drei und maximal fünf Ziele angeflogen werden. Die Reise muß über eine der nachfolgenden Städte begonnen und auch wieder abgeschlossen werden: *USA:* u. a. Houston, Los Angeles, Miami, New Orleans, New York, Orlando, San Francisco, Washington; *Mittelamerika:* u. a. Cancún, Mexico City, Rio de Janeiro; *Südamerika:* u. a. Bogota, Cali, Caracas, Santiago, São Paulo; *Karibik:* u. a. Havana, Kingston, Montego Bay, Santo Domingo. Vorausbuchung wird empfohlen. Buchungen und weitere Informationen bei *Central American Tours*, Daimlerstraße 1, D-63303 Dreieich. Tel: (06103) 83 02 37. Telefax: (06103) 8 10 61.
Durchschnittliche Flugzeiten: Düsseldorf – San José 13 Std. 30 (einschl. Zwischenlandung); Frankfurt – San José (einschl. Zwischenlandung): 14 Std; London – San José: 12 Std. (einschl. Zwischenlandung); Los Angeles – San José: 11 Std. und New York – San José: 7 Std.
Internationaler Flughafen: *San José (SJO)* (Juan Santamaría) liegt 11 km nordwestlich der Stadt. Bustransfer zur Stadt alle 20 Min., die Rückfahrt erfolgt von mehreren Hotels. Linienbusverbindung zur City alle 15 Min. (Fahrzeit 35 Min.). Abfahrt Richtung Flughafen alle 20 Min. vom Afajuefa-Bahnhof. Taxis stehen ebenfalls zur Verfügung:
Flughafengebühren: 2 US$ bei einem Aufenthalt von bis zu 24 Std; 5 US$ bei einem Aufenthalt von länger als 48 Std.
SCHIFF: *Lauro Lines* fahren regelmäßig von Genua und Barcelona nach Puerto Limón. Kreuzfahrer der *Costa Lines* legen regelmäßig in Puntarenas an.
BUS/PKW: Die Panamerikana führt von La Cruz an der Grenze zu Nicaragua nach San José und weiter nach Canoas an der Grenze zu Panama.

REISEVERKEHR - National

FLUGZEUG: Die nationale Fluggesellschaft *SANSA* befördert Fracht und Passagiere von San José zu den Provinzstädten und Dörfern. Ein Zubringerbus verkehrt zwischen dem Büro der Fluggesellschaft in San José und dem Flughafen. Mehrere kleine Fluggesellschaften bieten ebenfalls Inlandflüge an. Buchungen können nur in Costa Rica vorgenommen werden.
BUS/PKW: Das Straßennetz hat eine Gesamtlänge von 35.541 km, davon sind ca. 6500 km asphaltiert einschl. der 653 km der Panamerikana. Es ist i. allg. ausgezeichnet und verbindet San José mit allen größeren Städten. **Fernbusse:** Fast alle Ortschaften sind an das Busnetz angeschlossen. Die Busse sind oft überfüllt, Sitzplatzreservierung wird empfohlen. Zahlreiche Rundreisen werden angeboten. Die Reiseführer sprechen meist auch englisch, i. allg. wird man vom Hotel abgeholt. Weitere Auskünfte erteilt das Fremdenverkehrsamt in Costa Rica. **Taxi:** In San José gibt es zahlreiche recht preiswerte rote Taxis. Die orangefarbenen Taxis fahren nur zum Flughafen. Den Fahrpreis sollte man unbedingt vorher vereinbaren. **Mietwagen:** Bei Hertz, Rentacar S.A. und einheimischen Firmen in San José. **Unterlagen:** Internationaler Führerschein. **Verkehrsbestimmungen:** Auf Hauptstraßen darf nicht schneller als 80 km/h gefahren werden, auf Nebenstraßen ist 60km/h die Geschwindigkeitsbegrenzung. Zuwiderhandlungen sind strafbar.
STADTVERKEHR: In San José gibt es private Busgesellschaften mit zwei Fahrpreis-Zonen.
FAHRZEITEN von San José zu den folgenden größeren Städten (ungefähre Angaben in Std. und Min.):

	Flugzeug	Bahn	Bus/Pkw
Alajuela	-	-	0.30
Cartago	-	-	0.30
Heredia	-	-	0.20
Puntarenas	-	4.00	2.00
Liberia	0.25	-	3.00
Pto. Quepos	0.30	-	3.30
Pto. Limón	0.25	6.00	2.00

UNTERKUNFT

HOTELS: Die Zahl an Unterkunftsmöglichkeiten ist ständig am wachsen. In San José gibt es Hotels aller Preisklassen, mehrere gute Hotels befinden sich in der Nähe des Flughafens. Bei den Hotelpreisen wird eine Verkaufssteuer von 13% sowie 3% Touristensteuer werden berechnet. Fast alle Hotelbesitzer sprechen englisch. Die großen internationalen Hotels bieten Swimmingpools und andere Sportanlagen; Hotelrestaurants sind gut und preiswert. Die Hotels außerhalb der Hauptstadt sind preiswerter, der Standard ist teilweise niedriger. Ein großes Angebot an Hotels, *Lodges* und *Cabins* existiert auch in den Bergen und Wäldern (*Mountain* und *Jungle lodges*). Außerdem gibt es immer mehr Ferienvillen. Weitere Informationen von der *Costa Rican Chamber of Hotels & Hotel Services (ACHA)*, PO Box 8422-1000, San José. Tel: 224 65 72. Telefax: 225 55 95. **Kategorien:** Hotels werden mit A, B, C und D gekennzeichnet. Die Kategorie richtet sich nach den jeweiligen Einrichtungen und Preisen, so sind jeweils 20% der Hotels mit A und B, 30% mit C und D klassifiziert.
CAMPING: Campingplätze gibt es in San Antonio, etwa 8 km von San José entfernt. Im San-Pedro-Distrikt und an der Panamerikana südlich der Hauptstadt gibt es kleinere Zeltplätze. Ein weiterer Campingplatz liegt in der Nähe von Aureola. In fast allen Nationalparks (s. u.) ist das Zelten an gekennzeichneten Stellen erlaubt.

URLAUBSORTE & AUSFLÜGE

San José

Die 1737 gegründete Hauptstadt bietet eine reizvolle Mischung traditioneller und moderner spanischer Architektur. Sehenswert sind das *Teatro Nacional* und der *Palacio Nacional* (das Gebäude der Nationalversammlung). Mehrere Parks laden zu ausgedehnten Spaziergängen ein. Es gibt viele interessante Museen, u. a. das *Museo de Jade* mit einer großen Kollektion mittelamerikanischer Jade. Die Stadt ist ein idealer Ausgangspunkt für Ausflüge in die wunderschöne Region **Meseta Central**.

Cartago

Die Stadt wurde 1563 gegründet, aber alle älteren Gebäude wurden 1841 und 1910 durch Erdbeben zerstört. Die Basilika und einige andere Bauwerke wurden im Kolonialstil wiederaufgebaut. Ausflüge zum Krater **Irazú** im gleichnamigen Nationalpark und in das zauberhafte **Orosi-Tal** sind ein unvergeßliches Erlebnis.

Karibische Küste

Eine Reihe von Stränden, Ortschaften und Hafenstädten in dieser Gegend sind sehenswert. Die reizvolle Umgebung des beliebten Ferienortes **Puerto Limón** bietet zahlreiche Ausflugsmöglichkeiten. Besonders interessant sind außerdem **Los Chiles**, **Guápiles**, **Tortuguero**, **Barra del Colorado**, **Cahuita** und **Puerto Viejo**.

Pazifikküste

Puntarenas ist Costa Ricas wichtigster pazifischer Frachthafen. Die Strände der Stadt sind weniger schön. In Küstennähe befindet sich die Insel **San Lucas** mit dem herrlichen *El-Coco*-Strand. Die **Isla del Coco** ist auch einen Besuch wert, hier sollen Piraten ihre Schätze vergraben haben. Ein paar Kilometer südlich von Puntarenas liegt **Puerto Caldera**, seit kurzem ein bedeutender Zielhafen für Kreuzfahrten. **Puerto Quepos**, **Nicoya**, **Liberia** und **Sámara** sind weitere interessante Städte dieser Region.

Nationalparks

30 gepflegte Nationalparks und Schutzgebiete nehmen 25% der Landesfläche ein. Der *Servicio de Parques Nacionales* (SPN) in San José erteilt Auskünfte und eventuell erforderliche Besuchsgenehmigungen. In jüngster Zeit werden jedoch pro Besucher pro Tag 10-15 US$ Eintritt verlangt.

Der **Braulio-Carrillo-Nationalpark** liegt in der Mitte des Landes, etwa 23 km nördlich von San José. Der Park besteht aus fünf Waldgebieten mit zahlreichen Wanderwegen. Einige haben die ursprüngliche Regenwaldvegetation mit Orchideen und Farnen. Man kann Jaguare, Ozelote und den Baird-Tapir von den Hochsitzen aus beobachten.

Im **Nationalpark Volcán Poás** befindet sich der 2700 m hohe Vulkan Poás, der einen Kraterdurchmesser von 1,5 km hat und immer noch tätig ist. Der heiße Kratersee verändert seine Farbe von türkis zu grün und grau. Hier gibt es auch den einzigen Bergnebelwald in Costa Rica. Der Nationalpark ist mit dem Auto zu erreichen.

Der **Nationalpark Tortuguero** ist ein geschützter Brutplatz für die grünen Seeschildkröten des Atlantik. Die ökologische Vielfalt des Parkes ist erstaunlich, besonders beeindruckend sind die Alligatoren und die artenreiche Vogelwelt. Es gibt auch Affen, Faultiere und große Echsen zu sehen. Die Kanäle und Lagunen sind ideal für Entdeckungsfahrten. Zeltplätze und Unterkünfte sind vorhanden.

Der **Nationalpark Santa Rosa** liegt in der klimatischen Trockenzone des Pazifik. Hier findet man ausgedehnte Savannen, Wälder mit immergrünen Bäumen und zahlreiche Wildtiere. Die Strände sind ideal für Wassersportler. Verschiedene Arten von Meeresschildkröten legen hier ihre Eier.

Der **Nationalpark Corcovado** ist ein fast unberührter Regenwald und die Heimat zahlreicher gefährdeter Tierarten. Hier steht der höchste Baum Costa Ricas, ein 70 m hoher Ceibo. Das *Cano Island Biological Reserve* ist ein besonders sehenswertes Vogelschutzgebiet.

Im **Nationalpark Cahuita** kann man Brüllaffen und Kapuzineräffchen beobachten. Das einzige Korallenriff des Landes bietet 500 verschiedenen Fischarten ein Zuhause.

Im **Nationalpark Chirripó** steht der höchste Berg Costa Ricas Chirripó Grande (3820 m). Die besondere Attraktion des Parkes ist der Quetzal, der als schönster Vogel Südamerikas gilt.

Ein Besuch im Dschungel im **Nationalpark Rincón de la Vieja** ist nur mit einem Führer des Naturschutzzentrums gestattet. Die Mühe lohnt sich jedoch, denn die Szenerie ist einmalig. Überall kocht Wasser, und man ist von den Schwefeldämpfen der Sumpflandschaft umgeben. Hier wächst die Nationalblume Costa Ricas, eine purpurfarbene Orchideenart.

Besonders hervorzuheben sind auch der **Nationalpark Manuel Antonio** und die Wildreservate *Barra de Colorado* und *Rafael L. Rodriguez*.

Zahlreiche kleine Inseln im **Golf von Nicoya** in der Nähe von Puntarenas stehen unter Landschaftsschutz.

SOZIALPROFIL

ESSEN & TRINKEN: Die Restaurants der größeren Städte bieten ausgezeichnete französische, italienische, mexikanische, chinesische und nordamerikanische Gerichte an. Westlich vom Stadtzentrum San Josés findet man preiswertere Speiselokale. *Sodas* (kleine Restaurants) servieren einheimische Spezialitäten. Typische Gerichte sind *Casado* (Reis, Bohnen, Schmorfleisch, Kochbananen und Kohl), *Olla de Carne* (Suppe aus Rindfleisch, Kochbananen und einheimischem Gemüse), *Sopa Negra* (schwarze Bohnen mit pochiertem Ei) und *Picadillo* (Fleisch- und Gemüseeintopf). Snacks wie *Gallos* (gefüllte Tortillas), *Tortas* (mit Fleisch und Gemüse), *Arreglados* (mit Fleisch und Gemüse gefülltes Brot) und *Pan de Yuca* (Spezialität aus San José) sind sehr beliebt. Kalte Getränke werden aus frischen Früchten, Milch oder Getreidemehl hergestellt, z. B. *Cebada* (aus Gerstenmehl), *Pinolillo* (aus geröstetem Mais) und *Horchata* (aus Reismehl und Zimt). Alkoholische und alkoholfreie Getränke sind überall erhältlich. Kaffee ist preiswert und äußerst wohlschmeckend.

NACHTLEBEN: In San José gibt es zahlreiche Nachtklubs, Theater und Kinos. Folklore-Abende mit Tanz und Gesang werden ebenfalls veranstaltet.

EINKAUFSTIPS: Typisch für Costa Rica sind Schaukelstühle aus Holz und Leder, die sich für den Transport auseinandernehmen lassen. Auf den einheimischen Märkten findet man viele schöne Mitbringsel, die Preise sind jedoch etwas höher als in anderen lateinamerikanischen Ländern. Beliebte Andenken sind Holzgegenstände, Keramik, Schmuck, Lederartikel und verschiedene kunstgewerbliche Artikel. **Öffnungszeiten der Geschäfte:** Mo-Sa 08.00-18.00 Uhr.

SPORT: Der Pazifik und die Karibik bieten ausgezeichnete **Bademöglichkeiten**. Zahlreiche Hotels haben Swimmingpools, die auch Nichtgästen zugänglich sind. Überall können Pferde zum **Reiten** gemietet werden. Die Barra-de-Colorado-Region ist auf der ganzen Welt als **Anglerparadies** bekannt. Puntarenas am Pazifik und die Mündung des Rio Chirripó an der Karibik haben ausgezeichnete Fischgründe. In San José und Puerto Limón kann man **Golf** spielen. Während fast aller *Fiestas* werden **Stierkämpfe** ausgetragen. Der Stier wird nicht getötet, und es werden auch keine Pferde benutzt. Die Zuschauer dürfen gern daran teilnehmen und sich von dem Stier herumjagen lassen. **Fußball** ist Nationalsport und eine nationale Leidenschaft. Von Mai bis Oktober werden jeden Sonntag Spiele ausgetragen. In San José finden sie im *Saprissa-Stadion* statt.

VERANSTALTUNGSKALENDER

Die folgenden Veranstaltungen finden jährlich statt:

Januar *Alajuelita Fiesta* (zu Ehren des Schutzheiligen; religiöse Straßenumzüge, Paraden), Alajuelita. *Santa Cruz Fiesta* (Musik, Tänze, Stierkämpfe), Santa Cruz.
Februar *Fiesta de Diablitos* (»Fest der Kleinen Teufel«; stilisierter Stierkampf, Tänze, Kunst, Handwerk), Rey Curre.
März *Nationale Orchideen Austellung*, San José (über 500 Arten werden ausgestellt). *Dia del Boyero* (»Tag der Ochsentreiber«; Parade der farbenfrohen Ochsenfuhrwerke, Tier- und Ernteweihe), San Antonio de Escazu.
April *Juan Santamaria Tag* (Straßenumzüge, Paraden, Tänze), Alajuela
Mai *San Isidros Labrador* (Tag des Schutzheiligen; am Anfang der Regenzeit), San Isidros.
Juli *Fiesta der Jungfrau der Meere* (Tag der Schutzheiligen; Regatten, Paraden, Sportveranstaltungen), Puntarenas.
August *Internationales Musik Festival*, San José. *Afrikanisch-Costa Rica Kulturwoche*, San José.
September *Unabhängigkeitstag*, landesweit.
Oktober *Limon Carnival* (Tänze, karibische Musik, Festumzug). *Jachtregatta*, Puntarenas.
November *Coffee-Picking Wettbewerb*, Central Valley.
Dezember *Fiesta De la Yegnita*, Guanacaste.

SITTEN & GEBRÄUCHE: Zur Begrüßung gibt man sich die Hand. Die Form der Anrede ist sehr wichtig, Herren werden mit »Don« und Damen mit »Doña« angesprochen. Für Einladungen sollte man sich mit einer kleinen Aufmerksamkeit bedanken. Legere Kleidung wird akzeptiert, Badekleidung gehört an den Strand. **Trinkgeld:** Taxifahrer erwarten kein Trinkgeld. Laut Gesetz müssen auf Hotelrechnungen 13% Bedienungssteuer und 3% Touristensteuer aufgeschlagen werden. Restaurants berechnen 10% Bedienung. Hotelpersonal, Gepäckträger und Kellner erwarten ein Trinkgeld.

WIRTSCHAFTSPROFIL

WIRTSCHAFT: Der Tourismus erbrachte 1993 504 Mio. US$ an Devisen ein, ist allerdings seit den letzten drei Jahren leicht rückläufig. Dazu beigetragen haben ebenfalls die Verteuerung des Landes und die steigende Inflationsrate (1994: 19%). Den defizitären Staatshaushalt versucht man daher durch Einführung neuer Steuern aufzubessern. Agrarprodukte wie Kaffee, Bananen und Ananas sind weiterhin wichtige Exportgüter. Der Kaffeeanbau litt allerdings unter den extrem niedrigen Weltmarktpreisen. Mitte Mai 1992 machte das Land mit einem Exportstopp auf die schwierige Lage aufmerksam. Grundnahrungsmittel werden für den Eigenbedarf angebaut. Die wichtigsten Industriezweige sind die Bereiche Lebensmittelverarbeitung, Textilien, Chemikalien und Plastik, deren Ausbau von der Regierung unterstützt wird. Nach der Entdeckung umfangreicher Bauxitvorkommen wird inzwischen auch Aluminium produziert. Die erhebliche Auslandsverschuldung des Landes wird sich auch in näherer Zukunft nicht verringern, da Costa Rica weiterhin stark auf Auslandskredite angewiesen ist. Diese werden hauptsächlich vom Internationalen Währungsfonds und den USA gewährt. Die Vereinigten Staaten, der wichtigste Handelspartner, liefern 43% der Importe und beziehen 42% der Exporte. Weitere wichtige Handelspartner sind Deutschland, Belgien, Italien, Guatemala und El Salvador.

GESCHÄFTSVERKEHR: Einheimische Geschäftsleute sind recht konservativ. Höflichkeit und Pünktlichkeit werden erwartet. Zahlreiche Geschäftsleute sprechen Englisch, Spanischkenntnisse sind jedoch von Vorteil. November und Dezember sind die beste Zeit für Geschäftsbesuche. Die letzte Woche im September (Ende des Steuerjahres) sollte vermieden werden. **Geschäftszeiten:** Mo-Fr 08.00-12.00 und 10-17.30 Uhr.

Kontaktadressen: *Cámara de Comercio de Costa Rica* (Handelskammer), Apartado 1114, 1000 San José. Tel: 221 00 05. Telefax: 233 70 91.

Cámara de Industrias de Costa Rica (Industriekammer), Apartado 10.003, 1000 San José. Tel: 223 24 11. Telefax: 222 10 07.

Die wirtschaftlichen Interessen Österreichs werden von der Außenhandelsstelle in Mexiko City (s. Mexiko) *wahrgenommen.*

KONFERENZEN/TAGUNGEN: Für weitere Auskünfte wenden Sie sich bitte an das: *Instituto Costarricense de Turismo (ICT)*, Direc. Promoción y Fomento, PO Box 777-1000, San José. Tel: 223 17 33. Telefax: 255 49 97.

KLIMA

Tiefebene: Bis 600 m ü. d. M. herrscht feuchtheißes Klima vor. **Hochebene im Landesinneren:** In den Bereichen zwischen 800 und 1600 m ü. d. M. subtropisch mit angenehmen Temperaturen. **Hochgebirge:** Eher kühl in Regionen über 1600 m ü. M.

Die Durchschnittstemperatur in der **Zentralregion** liegt bei 23°C, an den **Küsten** ist es bedeutend wärmer. Die Regenzeit dauert von Mai bis November. Die meist am Nachmittag auftretenden Regenfälle können recht heftig sein. Die Trockenzeit dauert von Dezember bis Mai, es gibt kaum Temperaturunterschiede zwischen Sommer und Winter. Allgemein hohe Luftfeuchtigkeit.

Kleidung: Leinen- und Baumwollkleidung, leichte Wollsachen für kühle Abende. Regenschutz während der Regenzeit.

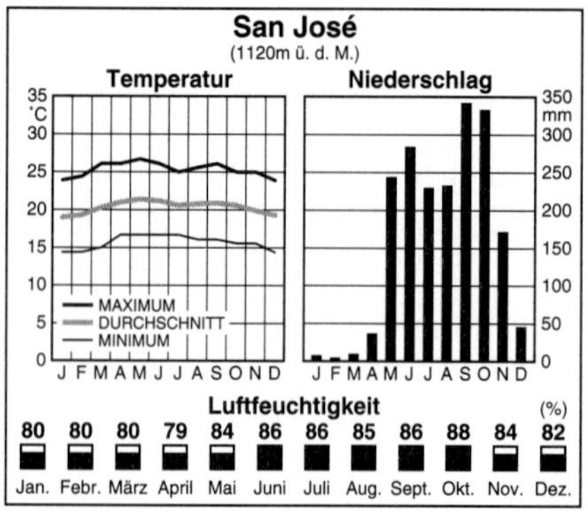

Eine weitere wichtige Veröffentlichung von Columbus Press ist der »World Travel Guide«, der jährlich herausgegeben wird und Informationen in englischer Sprache auf mehr als tausend Seiten über alle Länder der Erde enthält.

Weitere Einzelheiten von:
Columbus Press, Verkaufsabteilung, Aurikelweg 9, D-38108 Braunschweig.
Tel: 05309/2123. Telefax: 05309/2877.

Côte D'Ivoire

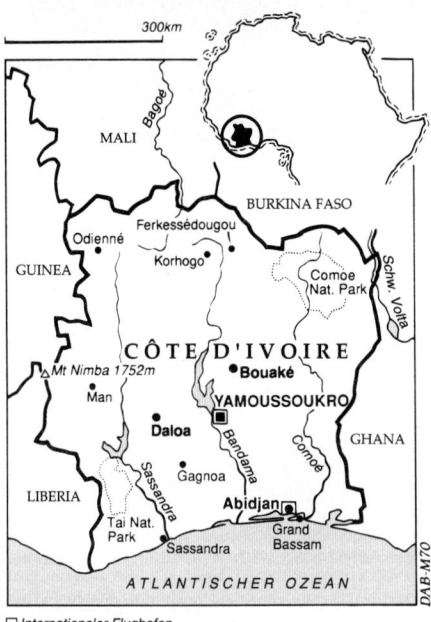

Lage: Westafrika.

Direction de la Promotion Touristique
Ministére de l'environnement et du tourisme
Boîte Postale V153
Abidjan
Tel: 32 00 11. Telefax: 22 93 22.
Botschaft der Republik Côte d'Ivoire
Königstraße 93
D-53115 Bonn
Tel: (0228) 21 20 98, 21 20 99. Telefax: (0228) 21 73 13.
Mo-Fr 09.00-15.00 Uhr.
(auch zuständig für Österreich)
Honorarkonsulat der Republik Côte d'Ivoire
Schuhmannstraße 65
D-60325 Frankfurt/M.
Tel: (069) 975 73 70, *Konsularabt.:* 74 50 01. Telefax: (069) 75 19 79.
Mo-Fr 08.30-17.00 Uhr (Publikumsverkehr nur nach Vereinbarung), *Konsularabt.:* Mo-Fr 09.00-11.00 Uhr.
Honorarkonsulat der Republik Côte d'Ivoire
Hauptstraße 8
D-40597 Düsseldorf
Tel: (0211) 97 10 50. Telefax: (0211) 971 05 19.
Mo-Fr 09.00-14.00 Uhr (Publikumsverkehr nur nach Vereinbarung).
Honorarkonsulat der Republik Côte d'Ivoire
Fürstenrieder Straße 276
D-81207 München
Tel: (089) 714 10 63. Telefax: (089) 714 10 63.
Mo-Fr 09.30-12.00 Uhr.
Botschaft der Republik Côte d'Ivoire
Thormannstraße 51
CH-3005 Bern
Tel: (031) 351 10 51/52. Telefax: (031) 352 62 09.
Mo-Fr 09.00-12.30 und 15.00-18.00 Uhr.
Generalkonsulat der Republik Côte d'Ivoire
3 Rue du Marché
CH-1204 Genf
Tel: (022) 310 82 40. Telefax: (022) 312 04 27.
Mo-Fr 09.00-12.00 Uhr.
Geschäftsbereich: Kantone Freiburg, Waadt, Wallis.

TIMATIC INFO-CODES

Abrufbar über Ihr CRS-System (für START/Amadeus Ama-Maske benutzen). Für Galileo bitte TI-DFT eingeben (mit Bindestrich).

Flughafengebühren	TI DFT/ ABJ /TX
Währung	TI DFT/ ABJ /CY
Zollbestimmungen	TI DFT/ ABJ /CS
Gesundheit	TI DFT/ ABJ /HE
Reisepassbestimmungen	TI DFT/ ABJ /PA
Visabestimmungen	TI DFT/ ABJ /VI

Neuenburg, Genf und Jura.
Honorarkonsulat der Republik Côte d'Ivoire
Casa Longobarda
CH-6939 Arioso
Tel: (091) 77 21 80. Telefax: (091) 29 96 22.
Mo-Fr 09.00-11.00 Uhr.
Geschäftsbereich: Tessin.
Honorarkonsulat der Republik Côte d'Ivoire
Löwenstraße 17
Postfach 7685
CH-8001 Zürich
Tel: (01) 211 88 44. Telefax: (01) 211 36 36.
Mo-Fr 09.30-11.30 Uhr.
Geschäftsbereich: Kantone Zürich, Luzern, Solothurn, Basel, St. Gallen, Graubünden und Aargau.
Botschaft der Bundesrepublik Deutschland
Immeuble Le Mans
Boulevard Boitreau Roussel-Avenue Nogues
Boîte Postale 1900
Abidjan
Tel: 21 47 27. Telefax: 32 47 29.
Botschaft der Republik Österreich
Immeuble N'Zarama
Boulevard Lagunaire-Charles de Gaulle
Abidjan-Plateau
Boîte Postale 1837
Abidjan 01
Tel: 21 25 00/16, 21 26 51. Telefax: 22 19 23.
Botschaft der Schweizerischen Eidgenossenschaft
Botreau Roussel 28
Avenue Delafosse
Abidjan-Plateau
Boîte Postale 1914
Abidjan 01
Tel: 21 17 21, 21 30 02. Telefax: 21 27 70.

FLÄCHE: 322.462 qkm.
BEVÖLKERUNGSZAHL: 13.316.000 (1993).
BEVÖLKERUNGSDICHTE: 41 pro qkm.
HAUPTSTADT: Yamoussoukro. Einwohner: 130.000 (1990). *Regierungssitz:* Abidjan. Einwohner: 1.929.079 (1988).
GEOGRAPHIE: Côte d'Ivoire (»Elfenbeinküste«) grenzt an Liberia, Guinea, Mali, Burkina Faso und Ghana. Das Land hat eine 600 km lange Küste am Golf von Guinea (Atlantischer Ozean). Das flache Land steigt zu den bergigen Savannenebenen im Norden und zur hügeligen westlichen Grenze hin an. Die drei Flüsse Sassandra, Bandama und Comoé fließen nach Süden in den Atlantik, wo sie zahlreiche Lagunen bilden. Der Artenreichtum der Vogelwelt ist im ganzen Land beeindruckend, vor allem aber in den Küstenregionen.
STAATSFORM: Präsidialrepublik seit 1960, letzte Änderung 1990. Staatsoberhaupt: Parlaments-Präsident Henri Konan Bédié, seit Dezember 1993. Regierungschef: Daniel Kablan Duncan, seit Dezember 1993. Legislaturperiode: 5 Jahre; Direktwahl des Staatsoberhauptes. Allgemeines Wahlrecht ab 21 Jahre. Einkammerparlament mit 175 Mitgliedern (Nationalversammlung). Die 49 Départements haben einen eigenen Landtag. Im September 1995 finden die nächsten Wahlen statt. Erste freie Wahlen im November 1990. Unabhängig seit 7. Aug. 1960 (ehem. französische Kolonie).
SPRACHE: Offizielle Landessprache ist Französisch. Die einheimischen Dialekte Diula und Baoule, Senoufo und Bété werden örtlich als Umgangssprachen benutzt; Verschiedene Gur- und Mandesprachen.
RELIGION: 60% Naturreligionen, 20% Muslime, 20% Christen, besonders Katholiken.
ORTSZEIT: MEZ - 1.
NETZSPANNUNG: 220 V, 50 Hz. Französische Rundstecker.
POST- UND FERNMELDEWESEN: Telefon: Auslandsgespräche kann man nur in den größeren Städten oder Zentren führen, dort gibt es jedoch Selbstwählferndienst. Landesvorwahl: 225. Telex/Telegramme: Die meisten Hotels sowie das Hauptpostamt haben Telexanschlüsse. Post: Luftpost nach Europa ist etwa zwei Wochen unterwegs. Öffnungszeiten der Postämter: Mo-Fr 07.30-12.00 und 14.30-18.00 Uhr.
DEUTSCHE WELLE
Der Einsatz der Kurzwellenfrequenzen ändert sich mehrfach im Laufe eines Jahres, und Sendungen auf den folgenden Frequenzen werden jeweils nur zu bestimmten Tageszeiten ausgestrahlt. Näheres in der Einleitung.

MHz	17,860	15,135	11,795	9,700	9,545
Meterband	16	19	25	31	31

REISEPASS/VISUM

Wichtiger Hinweis: *Die Einreisebestimmungen mancher Länder können sich kurzfristig ändern – rufen Sie sicherheitshalber auf Ihrem CRS-System (TIMATIC-Info-Code-Fenster in diesem Kapitel) den aktuellen Stand ab bzw. wenden Sie sich an die zuständige diplomatische Vertretung. Etwaige Zahlen in der Tabelle beziehen sich auf nachfolgende Fußnoten.*

	Paß erforderlich?	Visum erforderlich?	Rückflugticket erforderlich?
Deutschland	Ja	Ja	Ja
Österreich	Ja	Ja	Ja
Schweiz	Ja	Ja	Ja
Andere EU-Länder	Ja	Ja	Ja

REISEPASS: Gültiger Reisepaß allgemein erforderlich.
Anmerkung: Kinderausweise sollten, sofern es sich nicht um Kleinkinder handelt, ein Lichtbild haben und einen Eintrag der entsprechenden Nationalität aufweisen.
VISUM: Allgemein erforderlich, ausgenommen sind Staatsangehörige der folgenden Länder für Aufenthalte von bis zu 3 Monaten Andorra, Benin, Burkina Faso, Gabun, Gambia, Ghana, Guinea, Guinea-Bissau, Kamerun, Kap Verde, Kongo, Liberia, Mali, Marokko, Mauretanien, Mauritius, Monaco, Niger, Nigeria, Norwegen, Senegal, Seychellen, Sierra Leone, Südafrika, Togo, Tschad, Tunesien, USA, Vatikanstadt und Zentralafrikanische Republik.
Anmerkung: Staatsangehörige aller Länder der Europäischen Union (auch Österreicher) sowie Staatsangehörige der Schweiz können Visa *direkt* bei den Botschaften und Konsulaten erhalten. Gleiches gilt für Staatsangehörige folgender Länder: Äthiopien, Anguilla, Antigua und Barbuda, Argentinien, Armenien, Aserbaidschan, Australien, Bahamas, Bahrain, Barbados, Belarus, Belize, Bermuda, Bhutan, Botswana, Brasilien, Brunei, Bulgarien, Burundi, Cayman-Inseln, Costa Rica, Djibouti, Dominica, Dominikanische Republik, Ecuador, El Salvador, Estland, Fidschi, Gabun, Georgien, Grenada, Guatemala, Guyana, Haiti, Honduras, Indien, Island, Israel, Jamaika, Japan, Nachfolgestaaten Jugoslawiens, Kamerun, Kanada, Kasachstan, Kenia, Kiribati, Kirgistan, Komoren, Korea-Süd, Kuwait, Lesotho, Lettland, Liechtenstein, Litauen, Macao, Madagaskar, Malaysia, Malawi, Malediven, Malta, Mauritius, Mexiko, Moldawien, Mosambik, Mongolei, Namibia, Nauru, Nepal, Neuseeland, Oman, Panama, Papua-Neuguinea, Paraguay, Peru, Polen, Puerto Rico, Katar, Ruanda, Rumänien, Russische Föderation, Salomonen, Sambia, Samoa, St. Kitts und Nevis, St. Lucia, St. Maarten, St. Vincent und die Grenadinen, São Tomé und Príncipe, Saudi-Arabien, Simbabwe, Slowakische Republik, Somalia, Suriname, Swasiland, Tadschikistan, Taiwan, Tansania, Tonga, Trinidad und Tobago, Tschechische Republik, Turkmenistan, Türkei, Tuvalu, Uganda, Ukraine, Ungarn, Uruguay, Usbekistan, Vanuatu, Venezuela, Vereinigte Arabische Emirate, Zaïre und Zypern.
Anträge von Staatsangehörigen aller nicht erwähnten Länder werden an die zuständigen Behörden in Abidjan geschickt (Gebühr 35 DM). Bei jeder Visaanfrage grundsätzlich immer die Nationalität angeben.
Visaarten: Touristen-, Geschäfts- und Transitvisa. Reisende, die den Flughafen nicht verlassen, benötigen kein Transitvisum, sofern sie eine Bestätigung über den Weiterflug am gleichen Tag haben.
Gebühren: Einfache Einreise: 30 DM bzw. 30 sfr. Mehrfache Einreise: 60 DM bzw. 60 sfr.
Gültigkeitsdauer: In der Regel bis zu drei Monaten.
Antragstellung: Zuständiges Konsulat oder Konsularabteilung der Botschaft (Adressen s. o.).
Unterlagen: (a) Gültiger Reisepaß. (b) 4 Anträge. (c) 4 Paßfotos. (d) Einführungsschreiben der Firma (bei Geschäftsvisa). (e) ggf. Aufenthaltserlaubnis des Gastlandes. (f) Möglicherweise Buchungsbestätigung der Hin- und Rückreise. (g) Impfbescheinigung gegen Gelbfieber. (h) Visumgebühr.
Der postalische Antragstellung sollten ein frankierter und adressierter Einschreibeumschlag und der Zahlungsbeleg (nur Postanweisung, keine Schecks) beigefügt werden.
Bearbeitungszeit: 2 Werktage bei Ausstellung direkt in der Botschaft (im Konsulat). 3 Monate und länger bei Ausstellung über Abidjan.

GELD

Währung: 1 CFA-Franc (CFA Fr) = 100 Centimes. Banknoten sind im Wert von 10.000, 5000, 2500, 1000 und 500 CFA Fr in Umlauf. Münzen in den Nennbeträgen 250, 100, 50, 25, 10 und 5 CFA Fr. Côte d'Ivoire ist dem französischen Währungssystem angeschlossen und der CFA-Franc an den französischen Franc gebunden: 50 CFA Fr = 1 FF. Der CFA-Franc ist in allen Staaten des ehemaligen Französisch-Westafrika gültig (Benin, Burkina Faso, Côte d'Ivoire, Gabun, Mali, Niger, Senegal und Togo).
Geldwechsel: Fremdwährungen kann man am Flughafen, in Banken und Hotels umtauschen.
Kreditkarten: *American Express* und *Eurocard* werden fast überall, *Visa* und *Diners Club* häufig akzeptiert. Einzelheiten vom Aussteller der betreffenden Kreditkarte.
Reiseschecks in DM, FF und US$ werden in Hotels, Restaurants und einigen Geschäften eingelöst.
Wechselkurse

	CFA Fr Sept. '92	CFA Fr Febr. '94	CFA Fr Jan. '95	CFA Fr Jan. '96
1 DM	169,38	339,41	344,31	342,57
1 US$	251,71	589,20	533,68	492,45

Devisenbestimmungen: Unbegrenzte Einfuhr von Landes- und Fremdwährungen; alle Währungen außer dem Französischen Franc und dem CFA-Franc müssen jedoch bei der Einreise deklariert werden. Ausfuhr von Fremdwährungen in Höhe von umgerechnet 25.000 CFA Fr. Die Ausfuhr der Landeswährung ist auf 10.000 CFA Fr beschränkt. Es gibt keine Beschränkungen für die Ausfuhr von im Ausland ausgestellten Reiseschecks, Schecks oder Kreditbriefen. Diese Bestimmungen gelten für Touristen. Einheimische und Geschäftsleute sollten sich bei der Botschaft erkundigen.

Côte D'Ivoire

Öffnungszeiten der Banken: Mo-Fr 08.00-11.30 und 14.30-16.30 Uhr.

DUTY FREE

Folgende Artikel können zollfrei in die Côte d'Ivoire eingeführt werden:
200 Zigaretten oder 25 Zigarren oder 250 g Tabak;
1 Flasche Spirituosen;
1 Flasche Wein;
Parfüm für den persönlichen Gebrauch.
Einfuhrbeschränkungen: Sportgewehre dürfen nur mit einer Einfuhrgenehmigung importiert werden, und die Einfuhr bestimmter persönlicher Artikel ist eingeschränkt. Weitere Informationen von der Botschaft.

GESETZLICHE FEIERTAGE

1. Mai '96 Tag der Arbeit. **10. Mai** Tabaski (Opferfest). **16. Mai** Christi Himmelfahrt **27. Mai** Pfingstmontag. **15. Aug.** Mariä Himmelfahrt. **1. Nov.** Allerheiligen. **7. Dez.** Unabhängigkeitstag. **25. Dez.** Weihnachten. **1. Jan. '97** Neujahr. **11. Febr.** Ende des Ramadan. **28.-31. März** Ostern. **29. April** Opferfest. **1. Mai** Tag der Arbeit. **8. Mai** Christi Himmelfahrt. **19. Mai** Pfingstmontag.
Anmerkung: Gesetzliche Feiertage, die auf einen Sonntag fallen, werden oft am folgenden Montag begangen. Die angegebenen Daten für islamische Feiertage richten sich nach dem Mondkalender und verschieben sich daher von Jahr zu Jahr. Während des Fastenmonats Ramadan, dem das Festtag Eid al-Fitr vorangeht, essen Mohammedaner nicht tagsüber, sondern erst nach Sonnenuntergang, wodurch der normale Geschäftsablauf gestört werden kann. Diese Unterbrechungen können auch während des Eid al-Fitr auftreten. Dieses Fest, ebenso wie das Tabaski, hat keine festgelegte Zeitdauer und kann je nach Region 2-10 Tage dauern. Nähere Informationen im Kapitel *Welt des Islam* (s. Inhaltsverzeichnis).

GESUNDHEIT

In der folgenden Tabelle aufgeführte Impfvorschriften können sich kurzfristig ändern. Es wird stets empfohlen, auf Ihrem CRS-System (TIMATIC-Info-Code-Fenster in diesem Kapitel) den aktuellen Stand der Gesundheitsbestimmungen abzurufen bzw. rechtzeitig vor der Reise ärztlichen Rat einzuholen.

	Vorsichtsmaßnahmen empfohlen	Impfschein erforderlich
Gelbfieber	Ja	1
Cholera	2	2
Typhus & Polio	Ja	-
Malaria	3	-
Essen & Trinken	4	-

[1]: Eine Impfbescheinigung gegen Gelbfieber wird von allen Reisenden verlangt, die über ein Jahr alt sind.
[2]: Eine Cholera-Schutzimpfung ist keine Einreisebedingung, das Risiko einer Infektion besteht jedoch. Da die Wirksamkeit der Schutzimpfung umstritten ist, empfiehlt es sich, rechtzeitig vor Antritt der Reise ärztlichen Rat einzuholen. Näheres unter *Gesundheit* (s. Inhaltsverzeichnis).
[3]: Malariarisiko ganzjährig in allen Landesteilen, einschl. der Stadtgebiete. Die vorherrschende, gefährlichere Form *Plasmodium falciparum* soll stark Chloroquin-resistent sein.
[4]: Wasser sollte generell vor der Benutzung zum Trinken, Zähneputzen und zur Eiswürfelbereitung abgekocht oder anderweitig sterilisiert werden. Milch ist außerhalb der Stadtgebiete nicht pasteurisiert und sollte abgekocht werden. Trocken- und Dosenmilch nur mit keimfreiem Wasser anrühren. Fleisch- oder Fischgerichte sollten nur gut durchgekocht und heiß serviert gegessen werden. Der Genuß von Schweinefleisch, rohen Salaten und Mayonnaise sollte vermieden werden. Gemüse sollte gekocht und Obst geschält werden.
Tollwut kommt vor. Wer in erhöhtes Risiko eingeht (z. B. längerer Aufenthalt in abgelegenen Gebieten), sollte vor Reiseantritt eine Schutzimpfung erwägen. Bei Bißwunden so schnell wie möglich ärztliche Hilfe in Anspruch nehmen. Weitere Informationen im Kapitel *Gesundheit* (s. Inhaltsverzeichnis).
Bilharziose-Erreger kommen in manchen Teichen und Flüssen vor, das Schwimmen und Waten in Binnengewässern sollte daher vermieden werden. Gut gepflegte Schwimmbecken mit gechlortem Wasser sind unbedenklich.
Hepatitis A, B und *E* kommen ebenfalls vor.
Gesundheitsvorsorge: Die medizinischen Einrichtungen sind beschränkt. Der Abschluß einer Reisekrankenversicherung wird dringend empfohlen.

REISEVERKEHR - International

FLUGZEUG: Die wichtigste Fluggesellschaft, die Côte d'Ivoire anfliegt, ist *Air Afrique (RK)*, an der das Land mit Aktien beteiligt ist. *Swissair* bietet Nonstopflüge von Genf.
Durchschnittliche Flugzeiten: *Genf* – Abidjan: 6 Std. 15; *Paris* – Abidjan: 7 Std. 45; *London* – Abidjan: 6 Std.

Internationale Flughäfen: *Abidjan* (ABJ) (Port Bouet) liegt 16 km südöstlich von Abidjan (Fahrzeit 25 Min.). Busverbindung zur Stadt alle 10 Min. zwischen 05.10 und 23.00 Uhr. Taxis stehen ebenfalls zur Verfügung. Weitere Flughafeneinrichtungen: Postamt (07.30-12.00 und 14.30-18.00 Uhr), Bank, Restaurant (24 Std. geöffnet), Duty-free-Shops und Geschäfte (24 Std.), Mietwagenschalter, Hotelreservierung (24 Std.).
Yamoussoukro (San Pedro Airport) ist modernisiert worden und entspricht ebenfalls internationalem Standard.
Flughafengebühren: Ca. 4500 CFA Fr.
SCHIFF: Haupthäfen sind in Abidjan und San Pedro. Passagierschiffe laufen keine Häfen in Côte d'Ivoire an, Frachtschiffe bieten jedoch einige Passagierplätze für die Überfahrt von/nach Europa an. Im Rahmen von Kreuzfahrten legen Schiffe von *Seetours* in Abidjan an.
BAHN: Täglich Direktverbindungen von Abidjan nach Ouagadougou (Burkina Faso). Die Züge haben Schlaf- und Speisewagen. Wer die gesamte Strecke fahren will, sollte bedenken, daß das burkinische Bahnnetz jederzeit wegen finanzieller Schwierigkeiten geschlossen werden kann. Man sollte sich unbedingt vor der Abreise informieren.
BUS/PKW: Es gibt Verbindungsstraßen unterschiedlichen Standards nach Kumasi (Ghana) sowie Burkina Faso, Mali, Guinea und Liberia.

REISEVERKEHR - National

FLUGZEUG: *Air Ivoire* (VU) verbindet Abidjan regelmäßig mit allen größeren Städten des Landes.
Durchschnittliche Flugzeiten: *Abidjan* – Abengourou: 35 Min; *Abidjan* – Bondoukou: 1 Std. 20; *Abidjan* – Bouaké: 1 Std. 05; *Abidjan* – Bouna: 1 Std. 20; *Abidjan* – Boundiali: 2 Std. 35; *Abidjan* – Daloa: 1 Std; *Abidjan* – Gagnoa: 50 Min; *Abidjan* – Guiglo: 2 Std. 15; *Abidjan* – Korhogo: 1 Std. 30; *Abidjan* – Man: 50 Min; *Abidjan* – Odienné: 2 Std. 20; *Abidjan* – San Pedro: 1 Std; *Abidjan* – Sassandra: 45 Min; *Abidjan* – Seguela: 1 Std. 20; *Abidjan* – Touba: 1 Std. und *Abidjan* – Yamoussoukro: 30 Min.
Flughafengebühren: 800 CFA Fr.
BAHN: Die Strecke Abidjan – Niger gehört zu den modernsten Bahnstrecken Afrikas, es fahren täglich mehrere Schnellzüge von Abidjan nach Bouaké (6 Std.) und Ferkessédougou. Das Schienennetz umfaßt insgesamt 660 km. Die Fahrzeit von Abidjan nach Agboville beträgt 2 Std., nach Dimbokro 4 Std.
BUS/PKW: Côte d'Ivoire hat ein für westafrikanische Verhältnisse gutes Straßennetz mit über 5290 km asphaltierter Straßen. Außer im Norden findet man in regelmäßigen Abständen Tankstellen. **Mietwagen** gibt es in Abidjan, am internationalen Flughafen und in den größeren Städten. **Fernbusse:** Im ganzen Land verkehren kleine Privatbusse, die zuverlässig und bequem sind; außerdem stehen ausgesprochen komfortable Fernbusse zur Verfügung, in den größeren Städten auch **Taxis**.
Unterlagen: Internationaler Führerschein und Zusatzversicherung. Bei der Einreise mit dem eigenen Fahrzeug wird für Aufenthalte bis zu einem Monat außerdem ein *Carnet de Passage* verlangt.
STADTVERKEHR: *SOTRA* betreibt die öffentlichen Verkehrsmittel (Busse und Fähren) in Abidjan. Es gibt zwei Preiszonen. Die meist roten Taxis haben einen Taxameter, zwischen 24.00 und 06.00 Uhr verdoppeln sich die Fahrpreise.

UNTERKUNFT

Hotels und Restaurants in den größeren Städten sind teuer, aber man kann generell zwischen Luxusklasse, mittlerer Preislage und billigeren Unterkünften wählen. In Abidjan gibt es diverse Hotels von internationalem Standard. Es empfiehlt sich immer, rechtzeitig zu buchen. Nähere Auskünfte vom *Office Ivoirien du Tourisme et de l'Hôtellerie.* Tel: 20 65 00/28/30. Telefax: 21 13 06, 22 59 24.

URLAUBSORTE & AUSFLÜGE

Abidjan, Wirtschaftsmetropole und zugleich größte Stadt des Landes, wird vom *Plateau*, dem Geschäftsviertel in der Innenstadt, beherrscht. Dieses Viertel ist die eigentliche Kolonialstadt und bietet eine überraschende Mischung aus Alt und Neu. Das ältere und traditionellere Zentrum der Stadt ist *Treichville*. Hier gibt es die meisten Bars, Restaurants und Nachtklubs. Der farbenfrohe Markt erinnert an eine tropische Version orientalischer Basare mit farbenfrohem Getümmel und ausgedehntem Handeln. Abidjan ist eine der teuersten Städte der Welt. Das *Ifon-Museum* ist auf jeden Fall einen Besuch wert, die Ausstellungsstücke reichen von regionalen Skulpturen zu Goldschmuck und -gewichten. Die Artefakte geben einen interessanten Einblick in die Lebensweisen der verschiedenen Volksgruppen. Am Ufer der Lagune sind einige Vororte entstanden, wie z. B. Cocody (mit dem großen Komplex des Hôtel Ivoire), Marcory und Adjamé. Etwa 100 km östlich der Hauptstadt liegen die Badeorte **Assouinde** und **Assinie**. Die ehemalige Hauptstadt **Grand-Bassam** mit ihren schönen Sandstränden dient heute in erster Linie gestreßten Städtern als Erholungsgebiet. Grand-Bassam ist für die Tourismusindustrie entdeckt worden. Die alten Gebäude im Kolonialstil, der restaurierte Gouverneurspalast, heute ein Museum, und die zahlreichen strohgedeckten Hütten am Strand

machen den Charme der Stadt aus. Die interessante Pfahlbaustadt **Tiagba**, nicht weit südwestlich von Abidjan an einer Lagune gelegen, wird immer beliebter bei Touristen. Im Nordosten von Côte d'Ivoire liegt **Bondoukouo**, einer der ältesten Orte des Landes. Der Tourismus steckt hier jedoch noch in den Kinderschuhen. Im Westen des Landes liegt die reizvolle Stadt **Man** in einer Gegend dichtbewaldeter Berge und Hochebenen. Die Volksstämme der *Guere* und *Yacouba*, die hier leben, sind für ihre ausdrucksvollen Maskentänze bekannt. Ein gewisser Hauch von Abenteuer und Geheimnis umschwebt die zahlreichen Lianen-Brücken in der Umgebung, deren Bau von alten Ritualen begleitet wird und die angeblich über Nacht von Geistern errichtet werden. Auch die nahegelegenen Wasserfälle sind ein beliebtes Ausflugsziel. Viele Urlauber machen sich auch auf, den Berg *Tonkoui* (1218 m) zu ersteigen, oder erkunden die 50 bzw. 55 km entfernten Dörfer **Biankouma**, bekannt für seinen traditionellen Markt, und **Gouessesso**, bekannt für seine Schnitzer und Weber.
Die neue politische und verwaltungstechnische Hauptstadt ist **Yamoussoukro**, etwa 230 km nördlich von Abidjan. Die Stadt hat einen geschäftigen Markt, einen Golfplatz von internationalem Standard und einige architektonisch interessante Bauwerke, einschließlich des Palastes und der Plantagen des ehemaligen Präsidenten und der Moschee. Die erst vor kurzem fertiggestellte imposante römisch-katholische Kathedrale *Notre Dame de la Paix* ist baugeschichtlich gesehen interessant. Die Moschee mit ihren stilisierten Minaretten ist ebenfalls beeindruckend. Yamoussoukro ist die Geburtsstadt des Präsidenten Félix Houphouët-Boigny, der seit der Unabhängigkeit 1960 bis zu seinem Tod Ende 1993 Staatspräsident war. Er bezahlte den Bau der Kathedrale, die nur geringfügig kleiner als der Petersdom in Rom ist, fast ausschließlich aus eigener Tasche. Der Katholizismus ist in der Côte d'Ivoire eine Minderheitsreligion.
Am Abend kann man die Bewohner des *Heiligen Sees der Krokodile* in den letzten Strahlen der Sonne liegen sehen. Andere interessante Städte sind u. a. **Korhogo**, die wichtigste Stadt des Nordens (gute Fischgründe überall in der Region), die ehemalige Hauptstadt **Bingerville** und **Bouaké** in der Landesmitte.
Mehrere örtlich organisierte Pauschaltouren bieten dem Besucher die Möglichkeit, das Land kennenzulernen. Weitere Informationen vor Ort. Viele dieser Rundfahrten beinhalten Besuche zu den Nationalparks, zu denen der **Comoé** im Nordosten, der **Taï-Nationalpark** im Südwesten und der **Abokouamékro** in der Nähe von Yamoussoukro gehören.

SOZIALPROFIL

ESSEN & TRINKEN: In Restaurants wird normalerweise am Tisch serviert, in Bars findet man Tisch- oder Tresenbedienung. Die Restaurants in Abidjan und anderen Städten bieten französische, italienische, karibische, libanesische, russische, chinesische und vietnamesische Gerichte an. Immer mehr afrikanische Restaurants stellen sich auf ausländische Besucher ein. Die besten pikanten afrikanischen Gerichte findet man im Treichville-Viertel in Abidjan.
NACHTLEBEN: In den größeren Städten gibt es Nachtklubs. Abidjan mit seinen Hotels und Urlaubsorten an der Lagune bietet das breiteste Angebot. Man findet Theater, Spielkasinos, Diskotheken und Bars, in manchen Hotels auch traditionelle Unterhaltung.
EINKAUFSTIPS: Auf den Märkten kann man oft nur nach zähem Handeln vernünftige Preise erzielen. Beliebte Mitbringsel sind Wachsdrucke, *Kente*-Kleidung aus Ghana, Indigostoff, gewebte Tücher, Holzstatuen und Masken, Perlenhalsbänder, Ton- und Korbwaren. Das *Le Cava Crafts Centre* in Abidjan hat über 60 Läden und veranstaltet auch Ausstellungen. **Öffnungszeiten der Geschäfte:** Mo-Fr 08.00-12.00 und 14.30-18.30 Uhr, Sa 08.00-12.00 und 14.30-17.30 Uhr.
SPORT: Wassersport: In den größeren Orten und Hotels, vor allem in Abidjan und den Badeorten in der Umgebung, gibt es zahlreiche Swimmingpools. Im Meer herrschen starke Strömungen, und man sollte nicht zu weit hinausschwimmen. Es bestehen gute Möglichkeiten zum **Hochsee-** und **Flußangeln**. In den Lagunen leben u. a. rote Karpfen, Barracudas, Seezungen und Meeräschen. Im Jachthafen des Hôtel Ivoire in Abidjan kann man **Boote** mieten oder **Wasserski** laufen, alles auch unter Anleitung. Das Hotel Ivoire an der Riviera Abidjans und die größeren Orte haben **Golfplätze**, viele Hotels haben außerdem **Tennisplätze**. Der 18-Loch-Golfplatz des *Ivoire Golf Club* soll einer der besten in ganz Afrika sein.
VERANSTALTUNGSKALENDER
10. Mai '96 *Tabaski*. **Juli** *Korité*. **Sept./Okt.** *Fête des Ignames* (Erntedankfest), in den Distrikten Agni, Abron und Koulango. **1. Nov.** *Abissa* (Fest der Generationen), Dörfer der Ebrié, Attié und Adioukrou, Daten regional, verschieden. **Jan. '97** (2. Monatshälfte) *Katana-Festival*. **Febr.** (1) *Fête de Seke* und *Houphouët-Boigny-Golfturnier*, Yamoussoukro. (2) *Karneval*, Bouaké. **6./7. April** *Fête Dripi*.
Eine vollständige Liste ist vom Fremdenverkehrsamt in Abidjan erhältlich.
SITTEN & GEBRÄUCHE: Einer der erstaunlichsten Unterschiede zwischen der Côte d'Ivoire und anderen afrikanischen Staaten ist die ethnische und sprachliche Vielfalt. Der Anteil der 60 unterschiedlichen Volksgruppen (einschl. der Akar, Kron, Nzima, Hone, Voltaic und Malinke) an der Gesamtbevölkerung variiert; einige Gruppen bewohnen ganze Regionen. Mit wenigen Ausnahmen hat jeder Landesbewohner seine eigene örtliche Muttersprache und ist durch Tradition, Familie und Gesellschaft an seine ethnische Gruppe gebunden. Die Amtssprache Französisch wird in den Schulen gelehrt und in Wirtschafts- und Regierungskreisen fast ausschließlich gesprochen. Der französische Einfluß macht sich jedoch bis zu einem gewissen Grad in allen Gesellschaftsschichten bemerkbar. Zur Begrüßung gibt man sich die Hand. Zwanglose Kleidung wird überall akzeptiert, aber Badekleidung gehört an den Strand oder Swimmingpool. Krawatten werden nur zu offiziellen Anlässen erwartet. Kleine Geschenke als »Dankeschön« und Souvenirs aus der Heimat des Reisenden sind gern gesehen. Die üblichen Höflichkeitsformen sollten beachtet werden, und man sollte zu gesellschaftlichen Anlässen pünktlich erscheinen. Rauchen ist überall erlaubt. In einigen Gegenden sind Schlangen heilige Tiere. **Trinkgeld:** Die meisten Hotels und Restaurants berechnen Bedienungsgeld, falls nicht, sollte man etwa 15% Trinkgeld geben.

WIRTSCHAFTSPROFIL

WIRTSCHAFT: Der CFA-Franc wurde im Januar 1994 gegenüber dem französischen Franc um die Hälfte abgewertet. Die vom Staat gezahlten Preise für landwirtschaftliche Produkte sind seit der Abwertung erheblich gestiegen. Die Inflationsrate ist konstant niedrig. Côte d'Ivoire ist der größte Kakaobohnen-Exporteur der Welt und einer der größten Kaffeeproduzenten. Erdöl, Baumwolle, Holz und Obst sind weitere wichtige Exportgüter. Die Regierung strebt angesichts der konstant niedrigen Weltmarktpreise für Kaffee und Kakao eine größere Diversifizierung der Wirtschaft an, insbesondere soll die Landwirtschaft gefördert werden. Reis, Gummi, Zucker und andere Güter nehmen an wirtschaftlicher Bedeutung zu. Die Mehrheit der Bevölkerung ist in Land- und Forstwirtschaft beschäftigt, die auch die größten Exporteinnahmen erbringen. Die exportorientierte Leichtindustrie, hauptsächlich Textil- und chemische Industrie sowie Zuckerraffinerien, ist nur klein. Ferner gibt es Montageanlagen für Autos und andere Industriegüter. Anfang der siebziger Jahre wurden an der Küste bedeutende Erdölvorkommen entdeckt, die nun 11% des Exports ausmachen. Die Länder der Europäischen Union, vor allem Frankreich, Italien, Deutschland und die Niederlande (über 50% des Exports) sowie Nigeria, Mali und Japan sind Haupthandelspartner.
GESCHÄFTSVERKEHR: Französisch ist Hauptgeschäftssprache, in größeren Betrieben spricht das Management z. T. auch Englisch. Dolmetscher- und Übersetzerdienste sind vorhanden. Pünktlichkeit wird erwartet, auch wenn die einheimischen Geschäftspartner sich hin und wieder verspäten. Visitenkarten sind wichtig und sollten jedem Gesprächspartner überreicht werden. Einladungen in Restaurants oder Hotels sind üblich. Safarianzug und Sommerkleid sind angemessen. **Geschäftszeiten:** Mo-Fr 07.30-12.00 und 14.30-18.00 Uhr.
Kontaktadressen: Außenhandelszentrum der Côte d'Ivoire, Königstraße 93, D-53115 Bonn. Tel: (0228) 21 30 13. Telefax: (0228) 21 02 89.
Die wirtschaftlichen Interessen Österreichs werden von der Außenhandelsstelle in Casablanca wahrgenommen (s. Marokko).
Chambre de Commerce et d'Industrie de Côte d'Ivoire (Industrie- und Handelskammer), Boîte Postale 1399, Abidjan 01. Tel: 33 16 00. Telefax: 32 39 46.

KLIMA

Im Süden gibt es vier Jahreszeiten: von Dezember bis April ist es trocken; Regenzeit von Mai bis Juli. Auf die kurze Trockenperiode von August bis September folgt eine kurze Regenzeit von Oktober bis November. Im trockeneren Norden ist das Klima extremer, die Regenzeit dauert von Mai bis Oktober, die Trockenzeit von November bis April.

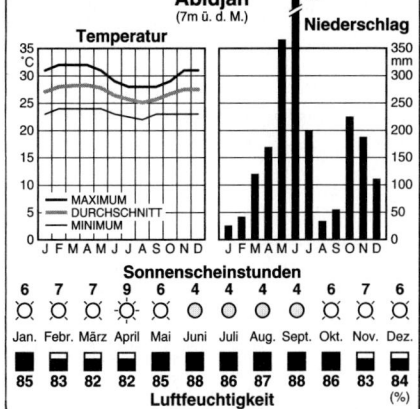

Curaçao

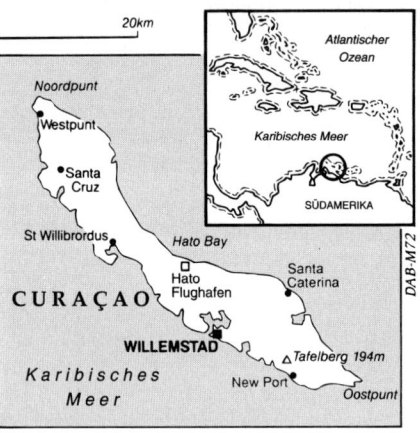

Lage: Karibik, Leeward-Islands (56 km nördlich von Venezuela).

Fremdenverkehrsamt von Curaçao
Arnulfstraße 44
D-80335 München
Tel: (089) 59 84 90. Telefax: (089) 523 22 12, 550 40 45.
Mo-Fr 09.00-18.00 Uhr.
(auch zuständig für Österreich und die Schweiz)
Curaçao-Touristbureau in den Niederlanden
Vasteland 82-84
NL-3011 BP Rotterdam
PO Box 23227
NL-3001 KE Rotterdam
Tel: (010) 414 26 39, 414 23 55. Telefax: (010) 413 68 34.
Curaçao Tourism Development Bureau
Pietermaai 19
PO Box 3266
Willemstad
Tel: (09) 61 60 00. Telefax: (09) 61 23 05.
Büro des Generalbevollmächtigten Ministers der Niederländischen Antillen
Badhuisweg 173
NL-2597 JP Den Haag
Tel: (070) 306 61 11. Telefax: (070) 351 27 22.
Honorarkonsulat der Bundesrepublik Deutschland
Kaya Kooyman 48
PO Box 3062
Willemstad
Tel/Telefax: (09) 61 50 86.
Übergeordnete Vertretung ist die Botschaft in Den Haag (s. Niederlande). Österreich und die Schweiz unterhalten keine diplomatischen Vertretungen auf Curaçao, zuständig sind die Botschaften in Den Haag (s. Niederlande).

FLÄCHE: 444 qkm.
BEVÖLKERUNGSZAHL: 144.097 (1992).
BEVÖLKERUNGSDICHTE: 324,5 pro qkm.
HAUPTSTADT: Willemstad. **Einwohner:** 43.550 (1990).
GEOGRAPHIE: Curaçao ist die größte Insel der Niederländischen Antillen, 60 km nördlich von Venezuela. Sie ist flach, felsig und verhältnismäßig unfruchtbar, weil es nur selten regnet. Dafür sind die Strände der Insel unübertroffen schön, und die faszinierende Unterwasserwelt sucht ihresgleichen. Die Insel ist ein Korallenriff, das sich um einen unterseeischen Berg gebildet hat.
STAATSFORM: Parlamentarisch-demokratische Monarchie. Autonomes Gebiet seit 1954, niederländisch seit

TIMATIC INFO-CODES

Abrufbar über Ihr CRS-System (für START/Amadeus Ama-Maske benutzen). Für Galileo bitte TI-DFT eingeben (mit Bindestrich).

Flughafengebühren	TI DFT/ CUR /TX
Währung	TI DFT/ CUR /CY
Zollbestimmungen	TI DFT/ CUR /CS
Gesundheit	TI DFT/ CUR /HE
Reisepassbestimmungen	TI DFT/ CUR /PA
Visabestimmungen	TI DFT/ CUR /VI

Curaçao

1630, Verfassung von 1954. Regierungschef: Miguel Areangel Pourier, seit 1993. Staatsoberhaupt: Königin Beatrix der Niederlande, vertreten durch den von ihr ernannten Gouverneur Jaime M. Saleh, seit 1990. Curaçao ist Teil der Niederländischen Antillen, die, ebenso wie Aruba und die Niederlande selbst, den Status einer autonomen Region innerhalb des Königreiches der Niederlande einnehmen. Die Niederländischen Antillen bestehen aus Bonaire, Curaçao, Saba, St. Eustatius und St. Maarten. Die Außen- und Verteidigungspolitik wird vom Ministerrat der Niederlande, dem auch der Generalbevollmächtigte Minister der Niederländischen Antillen angehört, wahrgenommen und unter Aufsicht des Gouverneurs ausgeführt. Seit 1991 genießt Curaçao relative Unabhängigkeit. 1993 fand ein Referendum statt, in dem 73,6% der Bevölkerung dafürvotierten, in der Föderation zu verbleiben. Die Zentralregierung der Niederländischen Antillen hat ihren Sitz in Willemstad; sie ist dem 22 Mitglieder starken Parlament (*Staten*) verantwortlich, zu dem Curaçao 14 Abgeordnete entsendet. Routineangelegenheiten werden vom jeweiligen Inselrat unter Aufsicht des Vizegouverneurs wahrgenommen.
SPRACHE: Offizielle Landessprache ist Niederländisch. *Papiamento* (eine Mischung aus Portugiesisch, westafrikanischen Sprachen, Arawak (einer Indianersprache), Spanisch, Niederländisch und Englisch) ist Umgangssprache; Englisch und Spanisch werden ebenfalls gesprochen.
RELIGION: Katholiken (80%), Protestanten (8%); Minderheiten von Hindus, Juden, Muslime.
ORTSZEIT: MEZ - 5.
NETZSPANNUNG: 110/220 V, 50 Hz.
POST- UND FERNMELDEWESEN: Telefon: Selbstwählferndienst. **Landesvorwahl: 599.** Die Vorwahl der Insel Curaçao ist: »9«. Funkgeräte und eine Vermittlung stehen ebenfalls zur Verfügung. **Telefaxanschlüsse** sind weit verbreitet. **Telex/Telegramme:** Telexgeräte und Telegrammaufgabe in großen Hotels und im Postamt von Willemstad. **Post:** Luftpost nach Europa ist 4-6 Tage unterwegs, auf dem Seeweg dauert es 6 Wochen. Öffnungszeiten der Postämter: Mo-Fr 07.30-12.00 und 13.30-16.30 Uhr. Hauptpostamt und Postamt am Flughafen haben auch Sa 07.30-12.00 Uhr geöffnet.
DEUTSCHE WELLE
Der Einsatz der Kurzwellenfrequenzen ändert sich mehrfach im Laufe eines Jahres, und Sendungen auf den folgenden Frequenzen werden jeweils nur zu bestimmten Tageszeiten ausgestrahlt. Näheres in der Einleitung.

MHz	17.860	17.715	15.275	9.545	6.100
Meterband	16	16	19	31	49

REISEPASS/VISUM

Wichtiger Hinweis: Die Einreisebestimmungen mancher Länder können sich kurzfristig ändern – rufen Sie sicherheitshalber auf Ihrem CRS-System (TIMATIC-Info-Code-Fenster in diesem Kapitel) den aktuellen Stand ab bzw. wenden Sie sich an die zuständige diplomatische Vertretung. Etwaige Zahlen in der Tabelle beziehen sich auf nachfolgende Fußnoten.

	Paß erforderlich?	Visum erforderlich?	Rückflugticket erforderlich?
Deutschland	Nein	Nein/2	Ja
Österreich	Ja	Nein/3	Ja
Schweiz	Ja	Nein/3	Ja
Andere EU-Länder	1	Nein/2/3	Ja

REISEPASS: Allgemein erforderlich, ausgenommen sind Staatsbürger von:
(a) **[1]** Belgien, Luxemburg und den Niederlanden, die im Besitz einer *Toeristenkaart* sind;
(b) der Bundesrepublik Deutschland, Brasilien, Mexiko und Trinidad und Tobago mit Personalausweis des jeweiligen Landes;
(c) den USA und Kanada mit Identitätsnachweis (Wählerkarte, beglaubigte Geburtsurkunde oder andere Ausweispapiere reichen aus);
(d) Venezuela und Touristen in Venezuela, die die Niederländischen Antillen besuchen und einen gültigen Personalausweis haben;
(e) San Marino, mit Personalausweis oder Reisepaß, der nicht länger als 5 Jahre abgelaufen ist.
Touristen müssen ggf. bei der Einreise ausreichende Geldmittel für die Dauer ihres Aufenthalts nachweisen.
VISUM: Visumpflicht nur für Staatsbürger folgender Länder, sofern sie dort ihren Wohnsitz haben: Albanien, Armenien, Aserbaidschan, Belarus, Bosnien-Herzegowina, Bulgarien, China (VR), Dominikanische Republik, Estland, Georgien, Haiti, Jugoslawien, Kambodscha, Kasachstan, Kirgistan, Korea-Nord, Kroatien, Kuba, Lettland, Libyen, Litauen, Ehem. jugos. Republik Mazedonien, Rumänien, Russ. Föderation, Tadschikistan, Turkmenistan, Ukraine, Usbekistan und Vietnam.
Ein *Certificate of Admission for Temporary Residence (CATR)* ist jedoch auch für Urlaubsreisen erforderlich, ausgenommen sind Staatsbürger folgender Länder, sofern die Dauer des Aufenthalts 90 Tage nicht überschreitet:

(a) **[2]** Bundesrepublik Deutschland, Belgien, Großbritannien, Luxemburg, Niederlande und Spanien;
(b) Bolivien, Burkina Faso, Chile, Costa Rica, Ecuador, Israel, Jamaika, Kolumbien, Korea-Süd, Malawi, Mauritius, Niger, Philippinen, Polen, San Marino, Slowakische Republik, Swasiland, Togo, Tschechische Republik und Ungarn;
(c) **[3]** Staatsbürger anderer Länder (darunter Schweizer sowie bisher nicht aufgezählte Bürger der Mitgliedstaaten der Europäischen Union) können ohne CATR für Aufenthalte bis zu 14 Tagen einreisen. Ist ein *Certificate of Admission for Temporary Residence (CATR)* erforderlich, kann es in den meisten Fällen bei der Einreise ausgestellt werden, dabei müssen Reisepaß und ausreichende Geldmittel für die Dauer des Aufenthaltes vorgelegt werden. Das CATR kann vor Ort verlängert werden.
Antragsstellung: Visumanträge an das Büro des Generalbevollmächtigten Ministers der Niederländischen Antillen (Adresse s. o.). Die Niederländischen Botschaften sind keine offiziellen Vertretungen der Niederländischen Antillen, Informationen sind dort jedoch ebenfalls erhältlich (Adressen s. *Niederlande*).
Bearbeitungszeit: Bis zu 1 Monat.
Transitvisum: Passagiere im Besitz von Weiterreiseticket und Identitätsnachweis, die ihre Reise innerhalb von 24 Std. fortsetzen und kein Visum für die Niederländischen Antillen brauchen, benötigen kein Transitvisum.
Aufenthaltsgenehmigung bzw. Arbeitserlaubnis: Wenden Sie sich an das Büro des *Lieutenant Governor of the Island Territory of Curaçao*, Concordiastraat 24, Willemstad. Tel: 61 29 00.

GELD

Währung: 1 Niederländischer-Antillen-Gulden (NAf) = 100 Cents. Banknoten gibt es im Wert von 500, 250, 100, 50, 25, 10 und 5 NAf; Münzen sind in den Nennbeträgen von 100, 50, 25, 10, 5, 2 und 1 Cents im Umlauf. Die Währung ist an den US-Dollar gekoppelt.
Kreditkarten: *Eurocard*, *Diners Club*, *American Express*, *Visa* und andere internationale Kreditkarten werden in Hotels, größeren Restaurants und Geschäften sowie Autovermietungen akzeptiert. Einzelheiten vom Aussteller der betreffenden Kreditkarte.

DALTINO TOURS & TRAVEL SERVICES INC.

Hauptbüro: Main Street, Ground Level, im Zentrum von Willemstad, der Hauptstadt von Curaçao, Niederländische Antillen
Tel: (599 9) 614888 / Telefax: (599 9) 615128

WER SIND WIR?
DALTINO TOURS & TRAVEL SERVICES INC.
Gegründet: 1975
Mitarbeiter: 15
Filialen: 1

Mitglied/Repräsentant professioneller internationaler Organisationen, z. B. IATA / ASTA / WATA / CARLSON WAGONLIT TRAVEL

Mitglied nationaler Organisationen, z. B.
CHATA (Curaçao Hotel & Tourism Association) / CTAA (Curaçao Travel Agents Association)

1984 wurde uns der internationale Tourismuspreis »Golden Helm« verliehen, für unseren Einsatz und unsere Verdienste im Bereich der Tourismusentwicklung in Curaçao.

Lage von Curaçao: 68° W Länge, 12° N Breite

UNSER ANGEBOT

Ziele:
Reisebüro: Fahrkarten / Pauschalreisen – Outbound

Großhandel:
Anbieter des '777 Bonus Tour Curaçao' in boomenden Tourismusmärkten – Inbound

Reiseveranstalter:
Receptive Tourism – Persönliche Beratung bei Sitzplatzreservierungen oder Privattransfers / Stadtrundfahrten / verschiedene Ausflüge / mehrsprachige Führer

Pauschalangebote: Ganztägige Ausflüge zu den Nachbarinseln / Ländern, bei denen alles im Preis mitinbegriffen ist

Incentive-Gruppen – Programm je nach Wunsch

Repräsentanz ausländischer Reiseveranstalter – Inbound

Zentrale:
Punda 39-A Breedestraat, Willemstad
Curaçao, Niederländische Antillen
Tel: (599 9) 614888 Telefax: (599 9) 615128
Tel (Filiale): (599 9) 697266

COLUMBUS REISEFÜHRER 1996/97

Reiseschecks werden bevorzugt in US-Dollar angenommen.

Wechselkurse

	NAf Sept. '92	NAf Febr. '94	NAf Jan. '95	NAf Jan. '96
1 DM	1,21	1,03	1,15	1,25
1 US$	1,80	1,80	1,79	1,79

Devisenbestimmungen: Ein- und Ausfuhr der Landeswährung in Höhe von maximal 200 NAf. Fremdwährungen können in unbegrenzter Höhe ein- und ausgeführt werden. Silbermünzen aus den Niederlanden oder Suriname dürfen nicht eingeführt werden.
Öffnungszeiten der Banken: Mo-Fr 08.30-11.30 und 13.30-16.30 Uhr.

DUTY FREE

Folgende Artikel können zollfrei in die Niederländischen Antillen eingeführt werden:
200 Zigaretten oder 50 Zigarren oder 250 g Tabak;
2 l Spirituosen;
250 ml Parfüm (bei Überschreitung ist die Gesamtmenge zollpflichtig);
Geschenke bis zu einem Wert von 100 NAf.
Anmerkung: Für mitgebrachte Hunde und Katzen müssen ein tierärztliches Attest und ein Tollwut-Impfzeugnis vorgelegt werden.

GESETZLICHE FEIERTAGE

1. Mai '96 Tag der Arbeit. **16. Mai** Christi Himmelfahrt. **2. Juli** Curaçao-Tag. **25. Sept.** Rosh Hashanah (jüdisches Neujahr). **4. Okt.** Yom Kippur (jüdischer Feiertag) **25./26. Dez.** Weihnachten. **1. Jan. '97** Neujahr. **26. Jan.** Indischer Tag der Republik. **Mitte Febr.** Karneval. **28.-31. März** Ostern. **30. April** Geburtstag der Königin. **1. Mai** Tag der Arbeit. **8. Mai** Christi Himmelfahrt.

GESUNDHEIT

In der folgenden Tabelle aufgeführte Impfvorschriften können sich kurzfristig ändern. Es wird stets empfohlen, auf Ihrem CRS-System (TIMATIC-Info-Code-Fenster in diesem Kapitel) den aktuellen Stand der Gesundheitsbestimmungen abzurufen bzw. rechtzeitig vor der Reise ärztlichen Rat einzuholen.

	Vorsichtsmaßnahmen empfohlen	*Impfschein erforderlich*
Gelbfieber	Ja	1
Cholera	Nein	Nein
Typhus & Polio	Nein	-
Malaria	Nein	-
Essen & Trinken	2	-

[1]: Eine Impfbescheinigung gegen Gelbfieber wird von allen Reisenden verlangt, die aus Infektionsgebieten kommen und über sechs Monate alt sind.
[2]: Das Trinkwasser wird aus einer Meerwasser-Entsalzungsanlage gewonnen und kann unbesorgt getrunken werden. In Flaschen abgefülltes Mineralwasser ist überall erhältlich. Milch, Milchprodukte, Fleischwaren, Geflügel, Meeresfrüchte, Obst und Gemüse können unbesorgt verzehrt werden.
Moskitos können zu manchen Jahreszeiten (hauptsächlich im Früh- und Mittsommer sowie im Früh- und Mittwinter) lästig sein, stellen aber keine Gefahr dar. Insektenschutzmittel sind überall erhältlich.
Hepatitis A kommt vor.
Tollwut kann auch vorkommen.
Gesundheitsvorsorge: Der Abschluß einer Reisekrankenversicherung wird empfohlen. Das St.-Elisabeth-Krankenhaus in Willemstad hat ca. 800 Betten und verfügt über modernste Einrichtungen (u. a. zwei Dekompressionskammern). Haus- und Zahnärzte können, falls nötig, von den Hotels empfohlen werden.

REISEVERKEHR - International

FLUGZEUG: Die nationale Fluggesellschaft der Niederländischen Antillen heißt *ALM (LM)*. *LTU* fliegt Curaçao von Düsseldorf nonstop an. Die holländische Fluggesellschaft *KLM* fliegt täglich von Amsterdam nach Curaçao.
Durchschnittliche Flugzeiten: *Düsseldorf* – Curaçao: 10 Std. 30; *Frankfurt* – Curaçao: 11 Std. (mit Umsteigen in Amsterdam).
Internationaler Flughafen: *Curaçao* (CUR) (Hato) liegt 12 km nördlich von Willemstad. Bus- und Taxistand vorhanden. Es gibt einen Duty-free-Shop, Läden, Tourist-Information, Restaurant, Bar, Bank, Postamt und Schalter für Hotelreservierungen, Mietwagenschalter.
Flughafengebühren: 17,70 NAf pro Person. Kinder unter zwei Jahren und Transitreisende, die innerhalb von 24 Std. weiterreisen, sind hiervon ausgenommen.
SCHIFF: Über 200 Kreuzfahrtschiffe aus Amerika und Europa legen in Curaçao an. Eine Fähre verkehrt regelmäßig zwischen Venezuela und der Insel.

REISEVERKEHR - National

FLUGZEUG: Die Fluggesellschaft *ALM (LM)* verbindet Curaçao mit Aruba, Bonaire, St. Maarten, Venezuela, Kolumbien, der Dominikanischen Republik, Haiti, Jamaika und Trinidad und Tobago. *Windward Islands Airways International (SXM)* verbindet Curaçao mit Saba, St. Eustatius, St. Maarten und St. Kitts und Nevis.
Flughafengebühren: 10 US$ für Flüge innerhalb der Niederländischen Antillen.
BUS/PKW: Alle Ortschaften sind an das ausgezeichnete öffentliche Buslininennetz angebunden. Zahlreiche Hotels unterhalten eigene **Minibusdienste** nach Willemstad. **Taxis** und **Autovermietungen** (nationale und internationale, u. a. *Hertz, Avis* und *Budget*) stehen am Flughafen, in den Hotels und in der Hauptstadt zur Verfügung. Taxis erkennt man an den Buchstaben TX auf dem Nummernschild. Sie haben keine Taxameter, für einige Strecken gibt es Festpreise. Auch Mofas und Fahrräder können gemietet werden. **Unterlagen:** Internationaler Führerschein.

UNTERKUNFT

HOTELS: Es gibt ungefähr ein Dutzend Luxushotels auf Curaçao, die alle Klimaanlagen, Restaurants, Schwimmbäder und/oder Zugang zum Strand haben. Man hat die Auswahl zwischen *European Plan* (Übernachtung) und *Modified American Plan* (Halbpension). Fast alle Hotels haben einen Babysitter-Service, Kabelfernsehen und Unterhaltungsveranstaltungen. In einigen Hotels gibt es auch Spielkasinos. Außerhalb gelegene Hotels bieten kostenlose Zubringerbusse nach Willemstad. 5% Steuern und 12% Bedienung sind in allen Hotelrechnungen enthalten. Weitere Auskünfte vom Hotelverband unter folgender Adresse: *Curaçao Hotel and Tourism Association (CHATA)*, International Trade Center, PO Box 6115, Willemstad. Tel: (09) 63 62 60. Telefax: (09) 63 64 45.
GUEST HOUSES: Auskünfte über preiswertere Unterkünfte – Pensionen, Ferienwohnungen, Touristenhotels und privat vermietete Strandhäuschen – sind bei obengenannten Touristen-Organisationen erhältlich. Andernfalls kann man für die ersten Tage ein Hotel buchen und dann selbst auf die Suche nach einer schön gelegenen und billigeren Unterkunft gehen.
CAMPING: Auf Curaçao gibt es zwei Campingplätze. Für Voranmeldung auf dem Campingplatz De Brakkeput wenden man sich an: *Kampeer- en Trainingscentrum Brakkeput*, Arowakkenweg 41-A, PO Box 3291, Curaçao. Auf der Plantage Choloma in St. Jarisbaai liegt ein Campingplatz mit Kinderbauernhof.

URLAUBSORTE & AUSFLÜGE

Willemstad, die Hauptstadt, beeindruckt durch ihre abwechslungsreiche Architektur. Neben farbenfrohen Giebelhäusern im holländischen Stil stehen *Cunucu*-Häuser (afrikanische Hütten aus Lehm und Flechtwerk), mit Stroh gedeckte Häuschen und Landhäuser. Die Stadt ist eines der besten Einkaufszentren der Karibik. Sehenswert sind die Statue des berühmten Freiheitskämpfers Mañuel Carel Piar und das Mahnmal für die im 2. Weltkrieg gefallenen Soldaten. Die holländische Königsfamilie stiftete eine weitere Statue für die geleistete Unterstützung im 2. Weltkrieg. Das senfgelbe *Fort Amsterdam* ist heute der Sitz der Regierung und steht im historischen Zentrum von Willemstad, dessen Befestigungen zwischen 1648-1861 strategische Bedeutung hatten. Die heute noch erhaltene Kirche des Forts war gleichzeitig ein Lagerhaus für Lebensmittel zu Belagerungszeiten und kann besichtigt werden. Eine Kanonenkugel steckt noch heute in der südwestlichen Kirchenwand. In der Nähe befindet sich auch ein Gebäude aus der holländischen Kolonialzeit, die heutige *Residenz des Gouverneurs*. Die *Königin-Emma-Pontonbrücke* und die *Königin-Juliana-Brücke* – die in einer Höhe von 490 m den Hafen überspannt – zählen ebenfalls zu den Wahrzeichen von »Klein-Holland«. Der Hafen hat einen *Schwimmenden Markt*, auf dem man farbige Lastkähne aus Venezuela sieht, die verschiedene Agrarprodukte in die Stadt bringen. Das nahegelegene neue Marktgebäude hat ein ungewöhnliches Aussehen. Wer über die *Wilhelmina-Brücke* spaziert, kommt zum faszinierenden *Scharloo-Viertel*, dessen Gebäude aus der Zeit um 1880 stammen. Die *Mikvé-Israël-Emmanuel-Synagoge* ist das älteste jüdische Gotteshaus der westlichen Hemisphäre und ebenso interessant wie der jüdische *Beth-Haïm-Friedhof*. Das dortige Museum hat eine große Auswahl an historisch interessanten Kunstwerken.
Ausflüge: Außer den großen Stränden gibt es Dutzende während der Woche oft einsamer sandiger Buchten, zu denen man sich am besten ein Picknick mitnimmt. In der Nähe von Hato, unweit vom Flughafen, können imposante Tropfsteinhöhlen besichtigt werden. Im täglich geöffneten *Seaquarium* kann man allein 400 Arten verschiedene Fische und andere Meereslebewesen bestaunen. In *Cas Cora*, einer ehemaligen Plantage, gibt es einen Zoo und einen Botanischen Garten. Etwas außerhalb von Willemstad liegt die moderne *Universität der Niederländischen Antillen*. Etwas weiter entfernt stößt man auf das *Landhuis Papaya*, das *Ceru Grandi* (ein altes dreistöckiges Plantagenhaus) und den Strand von *Boca San Pedro* mit Unmengen von Treibholz. *Boca Tabla* ist eine faszinierende Unterwasserhöhle an der Nordküste. Ganz in der Nähe liegt das malerische Fischerdorf *Westpoint*. Der *St.-Christoffel-Nationalpark*, ein Naturschutzgebiet, nimmt fast den gesamten nordwestlichen Teil der Insel um den gleichnamigen Berg ein. Im Nationalpark verstreut liegen Höhlen mit Felsmalereien der Arawak-Indianer; hier gibt es 500 verschiedene Pflanzen- sowie 150 Vogelarten zu entdecken. Ganz besonders beeindruckend sind die Kolibris, die um die Orchideen herumschwirren, die Leguane und das scheue Curaçao-Rotwild. Die ungewöhnlichen Felsformationen und die wunderbare Aussicht auf die Umgebung sollte man sich nicht entgehen lassen. Die Ruinen der *Zorgvliet-Plantage* und die heute noch in Privatbesitz befindliche *Savonet-Plantage* aus dem 18. Jahrhundert liegen an den Ausläufern des Berges.

SOZIALPROFIL

ESSEN & TRINKEN: In den Restaurants stehen typisch holländische Gerichte (frische Meeresfrüchte und verschiedene Käsesorten) und Spezialitäten der kreolischen Küche (*Criollo*) auf der Speisekarte. *Parilla de Marisco*, eine Platte mit köstlichen Meeresfrüchten, ist sehr appetitlich. Internationale Küche mit italienischen, französischen und anderen Spezialitäten wird ebenfalls angeboten. Auch die Schnellimbißketten sind an Curaçao nicht vorbeigegangen. Hinter dem Postamt in Willemstad kann man auf dem alten, überdachten Markt billig frischen, gegrillten Fisch und andere Inselspezialitäten essen. In Straßencafés bekommt man herzhafte Imbisse und Erfrischungsgetränke. Hier treffen sich die Einheimischen tagsüber zur kleinen Pause und zum Plaudern, auch mit Besuchern unterhält man sich gern.
NACHTLEBEN: Diskotheken, Pubs und Cocktail-Bars haben oft bis spät geöffnet, die Auswahl ist groß. Im *Centro Pro Arte* finden Theateraufführungen und musikalische Veranstaltungen statt. Es gibt insgesamt sieben Spielkasinos, die sich alle in den Hotels befinden.
EINKAUFSTIPS: Curaçao ist, wie alle anderen Inseln der Niederländischen Antillen, ein zollfreies Gebiet und somit Einkaufsparadies. Die Auswahl an günstigen Importgütern ist groß, aber einheimische Andenken wie Schmuck und Strohartikel werden ebenfalls gern gekauft. Besonders beliebt ist der Curaçao, der unverwechselbare blaue Likör aus sonnengetrockneten Schalen der Bitterorange (*Laraha*) und verschiedenen Gewürzen. **Öffnungszeiten der Geschäfte:** Mo-Sa 08.00-12.00 und 14.00-18.00 Uhr.
SPORT: Wie fast alle Karibik-Inseln ist auch Curaçao ideal für Wassersportler. **Schwimmen** (mitunter wird eine Strandgebühr erhoben), **Surfen, Windsurfen, Segeln, Wasserskifahren** und **Hochseeangeln** sind möglich. Besonders interessant ist Curaçao auch für **Taucher** – die Westküste der Insel besteht aus drei großen Tauchgebieten. Der *Banda Abao Underwater Park* reicht von der Nordspitze bis zum Leuchtturm, der *Central Curaçao Underwater Park* von der Bullenbaai zum Hotel Princess Beach und der *Curaçao Underwater Park* bis hin zur Ostspitze. Ausrüstungen und Ausbilder stehen zur Verfügung. **Tennis, Golf, Reiten, Badminton, Bergsteigen, Squash, Hockey, Kegeln** und **Fechten** sind ebenfalls beliebt.
VERANSTALTUNGSKALENDER
30. April - 1. Mai '96 *International Food Festival*. **16. Mai** *KLM Jazz Festival*, Rust en Burg. **Aug.** *Salsa Festival*. **Sept.** (1) *Tourism Week*. (2) *Golden Artists Music Festival*. **Okt.** (1) *Golden Artists Music Festival*. (2) *Oktoberfest*. **Nov.** (1) *Ankunft von Sint Nicolaas*, St. Anna-Bucht. (2) 9. *Jazz Festival*. **6. Dez.** *Sint Nicolaas* (Nikolausfest). **Ende Jan. '97** *Tumba Festival*. **Mitte Febr.** *Karneval*. **30. April** *Geburtstag der Königin* (Musik, Umzüge). **Mai** (1) *International Food Festival*. (2) *KLM Jazz Festival*.
SITTEN & GEBRÄUCHE: Die Sitten und Gebräuche auf der Insel sind von holländischen, indianischen und afrikanischen Traditionen beeinflußt. Legere Kleidung wird akzeptiert, Abendgarderobe sollte aber mitgenommen werden. Badebekleidung gehört an den Strand. An manchen Hotelstränden sind Zonen zum Oben-ohne-Sonnenbaden abgeteilt. **Trinkgeld:** In den Hotelrechnungen sind 5% Steuern und 12% Bedienung enthalten. Hotelportiers, Barpersonal und Kellner erwarten 10% Trinkgeld.

WIRTSCHAFTSPROFIL

WIRTSCHAFT: Curaçao ist die wohlhabendste Insel der Niederländischen Antillen; die Wirtschaft hier ist weniger auf die in den letzten Jahren oft krisengeschüttelten Wirtschaftszweige Erdöl und Stückgutumschlag angewiesen. Die Hauptstadt Willemstad ist ein Finanzzentrum des Offshore-Bankwesens. Das internationale Trade Center soll Curaçaos Stellung als wichtigen Umschlagplatz für Waren aus Europa und den USA bzw. Südamerika ausbauen helfen. Das hiesige

Trockendock ist eines der größten in der westlichen Karibik, und obwohl die *Curaçao Dry Dock Company* in den achtziger Jahren sehr zu kämpfen hatte, scheint es nun wieder aufwärts zu gehen. Im Bestreben, Importe zu vermindern, wurde die Verbrauchsgüterproduktion in den letzten Jahren mit Erfolg angekurbelt. Die wichtigsten Handelspartner sind Venezuela und die USA; Venezuela liefert Rohöl für Curaçaos Raffinerien, die Produkte werden hauptsächlich an die USA geliefert.
GESCHÄFTSVERKEHR: Zu geschäftlichen Terminen sind Anzug und Krawatte bzw. Kostüm angebracht. Pünktlichkeit gilt als selbstverständlich.
Geschäftszeiten: Mo-Fr 07.30-12.00 und 13.30-16.30 Uhr.
Kontaktadressen: *Curaçao Chamber of Commerce and Industry* (Industrie- und Handelskammer), PO Box 10, Willemstad. Tel: (09) 61 14 55. Telefax: (09) 61 56 52.
Die wirtschaftlichen Interessen Österreichs werden von der Außenhandelsstelle in Caracas (s. Venezuela) wahrgenommen.

KLIMA

Das ganzjährig heiße Klima wird durch Passatwinde gemildert. Windstille gibt es kaum. Die Regenzeit ist zwischen Oktober und Dezember. Die Durchschnittstemperaturen liegen um 27,5°C. Sommer- und Wintertemperaturen liegen im Durchschnitt nur 2,5°C auseinander, im Unterschied zwischen Tag und Nacht bei 5-6°C. Wassertemperaturen etwa 26°C. Die durchschnittliche Luftfeuchtigkeit beträgt 76%. Die Insel liegt außerhalb des karibischen »Hurrikangürtels«.
Kleidung: Leichte Sommerkleidung, für die Abende leichte Jacke. Regenschutz nicht vergessen.

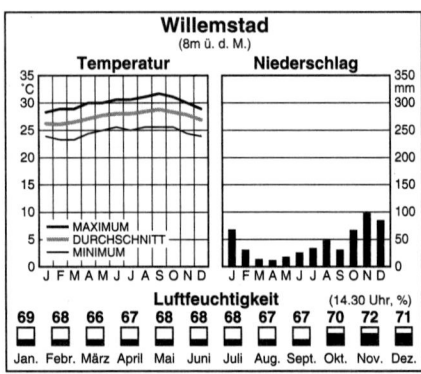

Eine weitere wichtige Veröffentlichung von *Columbus Press* ist der »World Travel Guide«, der jährlich herausgegeben wird und auf über tausend Seiten Informationen in englischer Sprache über alle Länder der Erde enthält.

Weitere Einzelheiten von:
Columbus Press, Verkaufsabteilung,
Aurikelweg 9,
D-38108 Braunschweig.
Tel: 05309/2123. Telefax: 05309/2877.

Dänemark

☐ *Internationaler Flughafen*

Lage: Nordeuropa, Skandinavien.

Dänisches Fremdenverkehrsamt
Glockengießerwall 2
D-20095 Hamburg
Postfach 101329
D-20008 Hamburg
Tel: (040) 32 78 03. Telefax: (040) 33 70 83, 32 43 29.
Mo-Do 10.00-16.00 Uhr, Fr 10.00-14.00 Uhr (kein Publikumsverkehr).
Danish Tourist Board
Vesterbrogade 6d
DK-1620 Kopenhagen V
Tel: 33 11 14 15. Telefax: 33 93 14 16.
Kgl. Dänische Botschaft
Pfälzer Straße 14
D-53111 Bonn
Postfach 180 220
D-53032 Bonn
Tel: (0228) 7 29 91-0. Telefax: (0228) 729 91 31.
Mo-Fr 09.00-16.00 Uhr. *Konsulatabt.:* Mo-Fr 09.00-12.00 Uhr.
Generalkonsulate mit Visumerteilung in Berlin (Tel: (030) 308 58 80), *Dresden* (Tel: (0351) 502 32 40), *Düsseldorf* (Tel: (0211) 13 14 00), *Flensburg* (Tel: (0461) 14 40 00), *Frankfurt/M.* (Tel: (069) 97 09 00-0), *Hamburg* (Tel: (040) 41 40 05-0), *München* (Tel: (089) 545 85 40) und *Stuttgart* (Tel: (0711) 29 01 37).
Kgl. Dänische Botschaft
Führichgasse 6
A-1010 Wien
Tel: (0222) 512 79 04. Telefax: (0222) 513 81 20.
Mo-Fr 09.00-16.00 Uhr. *Konsulatabt.:* Mo-Fr 09.00-11.00 Uhr.
Konsulate ohne Visumerteilung in Innsbruck, Graz, Linz und Salzburg.
Kgl. Dänische Botschaft
Thunstraße 95
CH-3006 Bern
Tel: (031) 352 50 11. Telefax: (031) 351 23 95.
Mo-Fr 09.00-16.00 Uhr. *Konsulatabt.:* Mo-Fr 09.00-12.00 Uhr.
Generalkonsulat mit Visumerteilung in Zürich (Tel: (01) 201 66 70). *Konsulate mit Visumerteilung in Basel* (Tel:

(061) 272 11 33) *und Genf* (Tel: (022) 827 05 00). *Konsulat ohne Visumerteilung in Lugano.*
Botschaft der Bundesrepublik Deutschland
Stockholmsgade 57
PO Box 2712
DK-2100 Kopenhagen
Tel: 35 26 16 22. Telefax: 35 26 71 05.
Generalkonsulat in Åbenrå. Honorarkonsulate in Ålborg, Århus, Esbjerg, Middelfart, Næstved, Nykøbing, Odense, Rønne, Svendborg, Tórshavn (Färöer) und Vejle.
Botschaft der Republik Österreich
Solundsvej 1
DK-2100 Kopenhagen
Tel: 39 29 41 41. Telefax: 39 29 20 86.
Konsulate in Århus und Odense.
Botschaft der Schweizerischen Eidgenossenschaft
Amaliegade 14
DK-1256 Kopenhagen K
Tel: 33 14 17 96. Telefax: 33 33 75 51.

FLÄCHE: 43.094 qkm.
BEVÖLKERUNGSZAHL: 5.165.000 (1993).
BEVÖLKERUNGSDICHTE: 120 pro qkm.
HAUPTSTADT: Kopenhagen (København). **Einwohner:** 467.250 (1994).
GEOGRAPHIE: Dänemark, das kleinste skandinavische Land, besteht aus der Halbinsel Jütland und etwa 406 Inseln unterschiedlicher Größe. Die bewohnten Inseln sind durch Brücken oder Fähren mit dem Festland verbunden. Im Süden grenzt Dänemark an Deutschland. Die Landschaft besteht aus fruchtbarem Flachland, Heidelandschaft, Birkenwäldern, kleinen Seen und Fjorden. **Grönland** und die **Färöer** stehen unter der Oberheit des dänischen Königshauses, haben jedoch eine eigene Verwaltung. Die Färöer (»Schaf-Inseln«) bestehen aus 18 bewohnten und 6 unbewohnten Inseln im Nordatlantik zwischen Schottland und Island mit 45.247 Einwohnern (1993). Die Geschichte der Inseln geht bis in die Wikingerzeit zurück. Fischfang und Schafzucht sind die wichtigsten Einnahmequellen. Hauptanziehungspunkte sind die reizvolle Natur und die artenreiche Vogelwelt. Direktflüge verbinden die Hauptstadt Thórshavn (15.698 Einwohner) mit Kopenhagen und Billund. Für die Färöer gelten andere Zollbestimmungen, s. *Duty Free.* Das dänische Fremdenverkehrsamt vertritt die Färöer inzwischen nicht mehr; weitere Informationen erteilt *ALDAN Tourist Information*, Reyngøta 17, FR-100 Thórshavn, Färöer. Tel: (00298) 1 93 91. Telefax: (00298) 194 91.
Grönland hat ein eigenes Kapitel in diesem Buch.
STAATSFORM: Parlamentarisch-demokratische Monarchie seit 1953. Staatsoberhaupt: Königin Margrethe II., seit 1972. Regierungschef: Poul Nyrup Rasmussen, seit Januar 1993. Einkammerparlament (*Folketing*), mit 179 Mitgliedern, davon je 2 Vertreter aus Grönland und den Färöern. Wahl alle 4 Jahre. Etwa 1200jährige staatliche Tradition.
SPRACHE: Offizielle Landessprache ist Dänisch. Viele Dänen sprechen auch Deutsch, Englisch oder Französisch. Auf den Färöern ist Färöisch Amtssprache, Dänisch schulpflicht.
RELIGION: Die meisten Dänen sind evangelisch (89%). Es gibt eine kleine katholische Minderheit (30.000); ca. 3000 Juden.
ORTSZEIT: MEZ.
NETZSPANNUNG: 220 V, 50 Hz.
POST- UND FERNMELDEWESEN: Telefon: Selbstwählferndienst. **Landesvorwahl:** 45. Es gibt keine Ortsnetzkennzahlen. **Telefaxanschlüsse** in Postämtern und in den meisten Hotels. **Telex/Telegramme:** Öffentliche Telexstellen stehen im Haupttelegrafenamt in Kopenhagen rund um die Uhr zur Verfügung. Zur telefonischen Telegrammaufgabe wählt man 122. **Post:** In den Postämtern hängen Gebührenlisten für den Post- und Telefonverkehr aus. An alle Postämter kann man auch postlagernd schreiben. Die Postämter sind Mo-Fr 09.00-17.30 Uhr geöffnet, einige auch Sa 09.00-12.00 Uhr.
DEUTSCHE WELLE
Der Einsatz der Kurzwellenfrequenzen ändert sich mehrfach im Laufe eines Jahres, und Sendungen auf den folgenden Frequenzen werden jeweils nur zu bestimmten Tageszeiten ausgestrahlt. Näheres in der Einleitung.

MHz	17,560	9,545	6,140	6,075	3,995
Meterband	16	31	49	49	75

REISEPASS/VISUM

Wichtiger Hinweis: *Die Einreisebestimmungen mancher Länder können sich kurzfristig ändern – rufen Sie sicherheitshalber auf Ihrem CRS-System (TIMATIC-Info-Code-Fenster in diesem Kapitel) den aktuellen Stand ab bzw. wenden Sie sich an die zuständige diplomatische Vertretung. Etwaige Zahlen in der Tabelle beziehen sich auf nachfolgende Fußnoten.*

	Paß erforderlich?	Visum erforderlich?	Rückflugticket erforderlich?
Deutschland	Nein	Nein	Nein
Österreich	Nein	Nein	Nein
Schweiz	Nein	Nein	Nein
Andere EU-Länder	Nein	Nein	Nein

TIMATIC INFO-CODES

Abrufbar über Ihr CRS-System (für START/Amadeus Amа-Maske benutzen). Für Galileo bitte TI-DFT eingeben (mit Bindestrich).

Flughafengebühren	TI DFT/ CPH /TX
Währung	TI DFT/ CPH /CY
Zollbestimmungen	TI DFT/ CPH /CS
Gesundheit	TI DFT/ CPH /HE
Reisepassbestimmungen	TI DFT/ CPH /PA
Visabestimmungen	TI DFT/ CPH /VI

Anmerkung: Reisepaß- und Visaangelegenheiten für Dänemark gelten nicht für Grönland und die Färöer.
REISEPASS: Allgemein erforderlich, ausgenommen sind Staatsangehörige folgender Länder für einen Aufenthalt bis zu 3 Monaten:
(a) Personen, die mit einem gemeinsamen, von den dänischen Behörden anerkannten Sammelpaß einreisen;
(b) Mitgliedstaaten der Europäischen Union (einschl. Österreich, Finnland und Schweden) und der Schweiz;
(c) Island, Liechtenstein und Norwegen.
Kinder unter 16 Jahren benötigen ein Lichtbild im Ausweis. Kinder müssen ab Geburt im elterlichen Paß eingetragen sein oder einen eigenen Ausweis besitzen. Der Personalausweis muß mindestens noch zwei Monate über den Aufenthalt hinaus gültig sein.
VISUM: Allgemein erforderlich, ausgenommen sind:
(a) Staatsbürger der unter *Reisepaß* genannten Länder;
(b) Staatsbürger von Andorra, Argentinien, Australien, den Bahamas, Barbados, Belize, Bolivien, Brasilien, Brunei, Chile, Costa Rica, Dominica, Ecuador, El Salvador, Estland, Fidschi, Grenada, Guatemala, Guyana, Honduras, Israel, Jamaika, Japan, Kanada, Kiribati, Kolumbien, Korea-Süd, Kroatien, Litauen, Malaysia, Malta, Mauritius, Mexiko, Monaco, Namibia, Neuseeland, Nicaragua, Panama, Paraguay, Peru, Polen, den Salomonen, St. Lucia, St. Vincent und den Grenadinen, San Marino, den Seychellen, Singapur, der Slowakischen Republik, Slowenien, Suriname, Thailand, Trinidad und Tobago, der Tschechischen Republik, Tuvalu, Ungarn, Uruguay, den USA, der Vatikanstadt, Venezuela und Zypern.
Visaarten: Touristen-, Geschäfts- und Transitvisa.
Visagebühren: 40 DM, 280 öS, 35 sfr. Visa sind nicht für alle Länder gebührenpflichtig.
Gültigkeitsdauer: Unterschiedlich, max. 3 Monate.
Antragstellung: Zuständiges Konsulat oder Konsularabteilung der Botschaft (Adressen s. o.).
Unterlagen: (a) Gültiger Reisepaß. (b) Antrag in zweifacher Ausführung. (c) 2 Paßfotos. Der postalischen Antragstellung müssen ein adressierter Freiumschlag und der Zahlungsbeleg über die Visagebühren beigefügt werden.
Bearbeitungszeit: Ca. 8 Wochen.
Aufenthaltsgenehmigung: Für Aufenthalte über 3 Monate erforderlich. Zu beantragen vor der Reise bei der Botschaft bzw. dem Konsulat oder in Dänemark bei der Ausländerbehörde: *Direktoratet for Udlændinge*, Ryesgade 53, DK-2100 Kopenhagen Ø.

GELD

Währung: 1 Dänische Krone (dkr) = 100 Øre. Banknoten gibt es im Wert von 1000, 500, 100 und 50 dkr. Münzen in den Nennbeträgen 20, 10, 5, 2 und 1 dkr sowie 50 und 25 Øre.
Kreditkarten: *Eurocard, American Express, Diners Club, Visa* und alle anderen gängigen Kreditkarten werden angenommen. Einzelheiten vom Aussteller der betreffenden Kreditkarten.
Euroschecks können in Banken und Hotels gewechselt werden, viele Restaurants und Geschäfte erkennen Euroschecks als Zahlungsmittel an. Es gibt zahlreiche EC-Geldautomaten. Garantiehöchstbetrag: 1500 dkr.
Reiseschecks können in allen Banken und den meisten Hotels umgetauscht werden. Die meisten Restaurants und Geschäfte nehmen ebenfalls Reiseschecks an.
Postsparbuch: Abhebung in Dänischen Kronen bei jedem Postamt.
Wechselkurse

	dkr Sept. '92	dkr Febr. '94	dkr Jan. '95	dkr Jan. '96
1 DM	3,85	3,88	3,93	3,87
1 US$	5,72	6,74	6,09	5,56

Devisenbestimungen: Keine Ein- und Ausfuhrbeschränkungen für Landes- und Fremdwährungen.
Öffnungszeiten der Banken: Mo-Mi und Fr 09.30-17.00 Uhr, Do 09.30-18.00 Uhr. Manche Wechselstuben haben bis Mitternacht geöffnet.

DUTY FREE

Folgende Artikel können zollfrei nach Dänemark eingeführt werden:
(a) Seit Januar 1993 gibt es keine Beschränkungen mehr für die private Wareneinfuhr (einschließlich von Verbrauchsgütern wie Alkohol und Tabak) innerhalb der Europäischen Union. Es wurden jedoch folgende Richtmengen festgesetzt, bei deren Überschreiten gewerblicher Handel vermutet wird, der im Bestimmungsland zu versteuern ist. Für in einem anderen EU-Land (nicht zollfrei) gekaufte Waren gibt es in Dänemark Richtmengen nur für Spirituosen mit über 22% Alkoholgehalt und Tabakwaren:
EU-Bürger bei der Einreise nach Dänemark:
300 Zigaretten oder 150 Zigarillos oder 75 Zigarren oder 400 g Rauchtabak;
1,5 l Spirituosen (über 22%);
90 l Tafelwein;
20 l Sekt.
(b) Für Reisende aus Nicht-EU-Ländern (oder falls die Waren innerhalb der EU zollfrei auf der Fähre oder im Flughafen eingekauft wurden):
200 Zigaretten oder 100 Zigarillos oder 50 Zigarren oder 250 g Rauchtabak;
1 l Spirituosen oder 2 l Dessertwein/Sekt (höchstens 22%);
2 l Tafelwein;
500 g Kaffee oder 200 g Kaffee-Extrakt;
100 g Tee oder 40 g Tee-Extrakte;
50 g Parfüm und 250 ml Eau de toilette;
andere Artikel bis zum Wert von 1350 dkr.
Anmerkung: Die oben angegebenen Alkohol- und Tabakmengen gelten nur für Personen über 17 Jahre. Frischfleisch und frische Fleischprodukte dürfen nicht nach Dänemark eingeführt werden.
Haustiere: Mitgebrachte Hunde und Katzen müssen bei der Einreise mindestens 30 Tage und höchstens 12 Monate vor der Einreise gegen Tollwut geimpft worden sein.
FÄRÖER
Folgende Artikel können zollfrei auf die Färöer eingeführt werden:
(a) Nur Reisende über 20 Jahre:
1 l Spirituosen über 22% (höchstens 60%);
1 l Wein (höchstens 22%) oder 2 l Tafelwein;
2 l Bier (höchstens 4,6%) in normalen Flaschen.
(b) Nur Reisende über 18 Jahre:
200 Zigaretten oder 100 Zigarillos oder 50 Zigarren oder 250 g Tabak.
(c) Alle Reisenden ohne Altersbegrenzung:
50 g Parfüm;
250 ml Eau de toilette;
3 kg Schokoladenerzeugnisse;
andere Waren bis zu einem Wert von 2000 dkr.
Einfuhrverbot: Getränke in Einweg-Verpackung dürfen nicht eingeführt werden. Die Einfuhr von Haustieren ist strengstens verboten.

GESETZLICHE FEIERTAGE

3. Mai '96 Buß- und Bettag. **16. Mai** Christi Himmelfahrt. **26./27. Mai** Pfingsten. **5. Juni** Verfassungstag. **24.-26. Dez.** Weihnachten. **31. Dez.** Sylvester. **1. Jan. '97** Neujahr. **27. März** Gründonnerstag. **28.-31. März** Ostern. **25. April** Buß- und Bettag. **8. Mai** Christi Himmelfahrt. **18./19. Mai** Pfingsten.

GESUNDHEIT

In der folgenden Tabelle aufgeführte Impfvorschriften können sich kurzfristig ändern. Es wird stets empfohlen, auf Ihrem CRS-System (TIMATIC-Info-Code-Fenster in diesem Kapitel) den aktuellen Stand der Gesundheitsbestimmungen abzurufen bzw. rechtzeitig vor der Reise ärztlichen Rat einzuholen.

	Vorsichtsmaßnahmen empfohlen	*Impfschein erforderlich*
Gelbfieber	Nein	Nein
Cholera	Nein	Nein
Typhus & Polio	Nein	-
Malaria	Nein	-
Essen & Trinken	Nein	-

Gesundheitsvorsorge: Alle Ausländer, die sich nur vorübergehend in Dänemark aufhalten, haben Anspruch auf kostenlose Behandlung in dänischen Krankenhäusern im Fall plötzlicher Krankheit. *Deutsche* und *österreichische* Reisende sollten sich vor der Reise die Anspruchsbescheinigung E 111 besorgen. Aushelfender Träger ist der dänische Gesundheitsdienst. Zur ärztlichen Behandlung geht man zu den Vertragsärzten der Sozial- und Gesundheitsverwaltung. Der Allgemeinarzt überweist zum Facharzt. Bei Vorlage der Anspruchsbescheinigung ist die Behandlung bei einem Vertragsarzt im allgemeinen kostenfrei, fachärztliche und zahnärztliche Behandlung muß vom Patienten selbst getragen werden. Bei hoher Selbstbeteiligung erstattet der dänische Gesundheitsdienst eventuell einen Teil der Kosten.
Reisende aus der *Schweiz* sollten sich vor der Reise bei ihrer Krankenkasse erkundigen, welche Leistungen im einzelnen getragen werden. Der Notdienst in Dänemark hat die Rufnummer 112. Bei der Inanspruchnahme des nächtlichen Notdienstes wird eine Gebühr fällig, die in bar entrichtet werden muß.
In den Apotheken sind nur Medikamente erhältlich, die von dänischen oder anderen skandinavischen Ärzten verschrieben wurden. Manche Medikamente, die in anderen europäischen Ländern frei verkäuflich sind, erhält man in Dänemark nur auf Rezept. Der Patient trägt einen Teil der Kosten.

REISEVERKEHR - International

FLUGZEUG: Dänemarks nationale Fluggesellschaften heißen *SAS Scandinavian Airlines* (SK) und *Maersk Air* (DM). Es gibt zahlreiche Direktflüge nach Kopenhagen von den größeren Städten in Deutschland, Österreich und der Schweiz. Mit dem *Visit Scandinavia Air Pass* von SAS (3 Monate gültig) kann man zwischen den skandinavischen Ländern und innerhalb Dänemarks verbilligt fliegen.
Durchschnittliche Flugzeiten: *Frankfurt* – Kopenhagen: 1 Std. 25; *Wien* – Kopenhagen: 1 Std. 45; *Zürich* – Kopenhagen: 1 Std. 45.
Internationale Flughäfen: *Kopenhagen* (CPH) (Kastrup) liegt 8 km südöstlich von Kopenhagen (Fahrzeit 20 Min.). Ein Flughafenbus fährt alle 15 Min., der Stadtbus alle 15 Min. Flughafeneinrichtungen: Duty-free-Shop (06.00-23.00 Uhr), Mietwagenschalter, Tourist-Information, Läden, Post, Bank/Wechselstube (06.30-22.00 Uhr) und diverse Restaurants und Büfetts (von denen zwischen 06.00 Uhr und dem letzten Abflug immer mindestens eines geöffnet hat).
Tirstrup (AAR) liegt 38 km außerhalb von Århus. Flughafenbusse warten auf die Ankunft der Flüge. Taxistand. Flughafeneinrichtungen: Duty-free-Shop (öffnet vor dem Abflug internationaler Flüge), zahlreiche Mietwagenschalter (08.30-15.00 Uhr werktags, donnerstags bis 18.00 Uhr), Bank/Wechselstube (08.00-15.00 Uhr) und ein Restaurant (für jeden An- und Abflug geöffnet).
Billund (BLL) liegt 2 km östlich von Billund. Flughafenbusse (Fahrzeit 25 Min.) und Busse vorhanden. Flughafeneinrichtungen: Bank, Autoverleih, Duty-free-Shop, Restaurant, Läden, Tourist-Information und Hotelreservierungsschalter.
SCHIFF: Die wichtigsten dänischen Häfen sind Kopenhagen, Århus, Ålborg, Esbjerg und Frederikshavn. Es gibt regelmäßige **Fährverbindungen** von und nach Deutschland, Großbritannien, Norwegen, Schweden, Polen, Island und zu den Färöern. Von zahlreichen Häfen in Schleswig-Holstein legen Fähren oder Ausflugsschiffe nach Dänemark ab. Die wichtigsten Fährverbindungen sind Puttgarden – Rødby, Gelting – Fåborg, Warnemünde – Gedser und Rostock – Gedser. Ausflugsschiffe, die vor allem Tagesfahrten mit oder ohne Landgang in Dänemark veranstalten, legen von Flensburg, Kappeln und Eckernförde ab. Die Gelting-Fåborg-Linie verkehrt zwischen dem 3. Februar - 31. Dezember dreimal täglich. Die Hauptfährverbindungen von Norwegen, Schweden und Deutschland aus werden von *Scandinavian Ferry Lines, Flyvebådene, Color Line, Da-No Line, DSB, Europa-Linien, Larvik Line, Lion Ferry* und der *Stena Line* betrieben. Nord-Jütland ist im Sommer durch eine wöchentliche Fährverbindung mit Island, den Färöern, Schottland und Norwegen verbunden.
Kreuzfahrtschiffe: Folgende Kreuzfahrtlinien legen u. a. in Kopenhagen an: *Hanseatic Tours, Seetours, Transocean Tours, Scandinavian Seaways, Royal Viking, TVI Lines, Lindblad Travel, Lauro, Norwegian Cruises/Union Lloyd* und *Norwegian American.*
BAHN: Von Kopenhagen aus kann man alle größeren Städte Europas mit der Bahn erreichen. Die durchschnittliche Fahrzeit von Hamburg nach Kopenhagen beträgt nur 5 Std. auf der »Vogelfluglinie«, der kombinierten Bahn- und Fährstrecke über Puttgarden auf Fehmarn; von Berlin aus fährt man 9 Std.
BUS/PKW: Alle größeren Straßennetze Europas sind per Fähre mit Kopenhagen verbunden. Wer mit dem Auto unterwegs ist, sollte im Sommer die Fähren vorsichtshalber im voraus buchen.

REISEVERKEHR - National

FLUGZEUG: Über das nationale Flugnetz sind alle Flughäfen mit *Kopenhagen* (Kastrup) verbunden. Regelmäßig angeflogen werden: Rønne, Odense, Billund, Esbjerg, Karup, Skrydstrup, Sønderborg, Thisted, Ålborg und Århus. Die dänischen Verkehrsflughäfen liegen im allgemeinen in der Nähe von größeren Städten und sind von diesen aus einfach zu erreichen. Oft gibt es Vergünstigungen für Inlandflüge, wenn die Flugkarten in Dänemark gekauft werden. Verbilligungen für Familien, Jugendliche und Kinder sind ebenfalls erhältlich. Ab Sommer 1995 bietet *Maersk Air* einen Direktflug von Billund zu den Färöern an.
SCHIFF: Es gibt regelmäßige Fährverbindungen von Seeland (Sjælland) nach Fünen (Fyn), von Kalundborg nach Århus, von Fuelsminde nach Kalundborg, von Ebeltoft nach Sjællands Odde, von Grenå nach Hundested und von Rønne nach Kopenhagen. Auf den meisten größeren Fähren gibt es TV, Videos und Kinos, Geschäfte, Spielzimmer für Kinder und Schlafkabinen. Autofähren verkehren zwischen den meisten Inseln.
BAHN: Zugverbindungen gibt es u. a. zwischen Kopenhagen, Odense, Esbjerg, Horsens, Randers, Herning und Ålborg. Die IC-Züge (*Lyntogs*) der Dänischen Staatsbahn (DSB) fahren stündlich ohne Halt über lange Strecken. Oft kann man im Zug Zeitschriften, Getränke usw. kaufen und telefonieren. Sitzplätze müssen reserviert werden. Kinder unter 4 Jahren fahren kostenlos, Kinder zwischen 4 und 12 Jahren bezahlen die Hälfte. Senioren und Gruppen ab 3 Personen fahren ebenfalls zum ermäßigten Preis. Das Bahnnetz ist in Zonen unterteilt, und die Fahrpreise richten sich nach der Entfernung; je länger die Reise, desto geringer der Kilometerpreis. Preiswerte Tagesfahrkarten gibt es am Dienstag, Mittwoch und Donnerstag. Mit dem *Scanrail-Paß* (21 Tage gültig) kann man unbegrenzt innerhalb von Dänemark, Schweden, Norwegen und Finnland mit dem Zug fahren. Wie überall in Europa sind *InterRail-* und *RES-Seniorenpaß* (Europa) sowie *EURO DOMINO* auch in Dänemark gültig. Einzelheiten s. *Deutschland*. Bus-, Fähr- und Bahnfahrkarten gibt es an allen Bahnhöfen.
BUS/PKW: Zwischen den dänischen Inseln benutzt man verständlicherweise oft Fähren; auch wenn man mit dem eigenen Fahrzeug unterwegs ist, ist dies kein Problem. Von Kopenhagen auf Seeland nach Odense auf Fünen beträgt die Fahrzeit etwa eine Stunde. Seit 1987

140 Dänemark

Aalborgs neues Hotel im Herzen der Stadt

- Gute Provision für Reiseveranstalter
- Bankett- und Konferenzräume
- Sauna, Solarium, Whirlpool und Fitness Center sind gratis
- Kaffee und Tee in der Eingangshalle und auf dem Zimmer sind gratis
- Einzelzimmer 720 Dkr, Doppelzimmer 950 Dkr
- Besondere Gruppen- und Urlaubsangebote

Vesterbro 36 – DK-9000 Aalborg
Tel: +45 98 12 69 33
Telefax: +45 98 13 13 44
E-mail: Chagall@aix1.danadata.dk

HOTEL CHAGALL
Vesterbro 36-38 · DK 9000 Aalborg
Die Wahl der Geschäftsleute...

---

wird an einer kombinierten Brücken- und Tunnel-Verbindung zwischen Seeland und Fünen gebaut. Die Einweihung der West-Brücke (für Auto- und Zugverkehr) ist für 1997 vorgesehen, die Fertigstellung der Ost-Brücke (nur für Autoverkehr) im Jahr 1998, der Tunnel soll 1997 fertig sein, woraufhin alle größeren Städte Dänemarks auf dem Straßenweg miteinander verbunden sein werden. Landbusse verkehren zwischen allen Ortschaften ohne Bahnanschluß. Es gibt nur wenige Langstreckenbusse. An allen Autobahnen stehen Notrufsäulen zur Verfügung. Die Abschleppwagen des Pannendienstes *Falck* stehen rund um die Uhr zur Verfügung (s. *Falck* im örtlichen Telefonbuch). Autobahngebühren werden nicht erhoben. Es gibt nur wenige Tankstellen an den Autobahnen. 10 l Benzin dürfen im Ersatzkanister mitgeführt werden. Vom 1. Juni bis 30. September jedes Jahres ist in Kopenhagen ein ADAC-Büro für deutschsprachige Touristen geöffnet; Schwesterorganisation FDM, in Lyngby. Tel: 45 93 17 08. Telefax: 45 93 88 36. **Fahrrad:** Dänemark ist ein wahres Paradies für Radfahrer; das Land ist überwiegend flach, und viele Straßen haben Fahrradwege. Auf dem Land findet man oft besonders gekennzeichnete Fahrradstrecken, die abseits der Autostraßen durch wunderschöne Heidelandschaft oder Wiesen und Felder führen. Fahrräder können problemlos auf Fähren und Inlandflügen, in Zügen und vielen Bussen mitgeführt werden.
Mietwagen können von Fluggesellschaften und Reisebüros vermittelt werden. Das vorgeschriebene Mindestalter ist 20 Jahre. **Verkehrsvorschriften:** Sicherheitsgurte sind Pflicht. Motorradfahrer müssen Sturzhelme tragen und mit Abblendlicht fahren. Autofahrer müssen rund um die Uhr mit Abblendlicht fahren. Die Geschwindigkeitsbegrenzungen sind strikt einzuhalten. Strafmandate sind hoch und müssen auf der Stelle bezahlt werden, andernfalls kann das Fahrzeug beschlagnahmt werden. Die Höchstgeschwindigkeit auf den Autobahnen beträgt 110 km/h, in geschlossenen Ortschaften 50 km/h und außerhalb geschlossener Ortschaften 80 km/h.
Unterlagen: Der nationale Führerschein ist ausreichend. Einwohnern von EU-Ländern wird die Mitnahme der Grünen Versicherungskarte empfohlen. Ohne diese Karte gibt es in Dänemark nur den gesetzlichen Mindestversicherungsschutz, durch die Grüne Karte wird dieser zur Höhe des eigenen Versicherungsschutzes aufgestuft.
STADTVERKEHR: Autoreparaturdienste stehen an fast allen Tankstellen zur Verfügung (Rechnungen inkl. 22% MwSt.). **Parkscheiben** sind vor allem in den größeren Städten gebräuchlich und können in Tankstellen, Postämtern, Fremdenverkehrsämtern, Banken und auf manchen Polizeirevieren gekauft werden. Auf den meisten Parkplätzen darf man bis zu drei Stunden parken, am Straßenrand eine Stunde (Mo-Fr 09.00-17.00 Uhr, Sa 09.00-13.00 Uhr), wenn nicht anders angegeben. **Parkuhren:** Wo es Parkuhren gibt, kann Mo-Fr 09.00-18.00 Uhr und Sa 09.00-13.00 Uhr bis zu drei Stunden geparkt werden.
FAHRZEITEN von Kopenhagen zu den folgenden größeren dänischen Städten (ungefähre Angaben in Std. und Min.):

	Flugzeug	Bahn	Bus/Pkw
Ålborg	0.45	6.45	6.00
Århus	0.30	5.00	5.00
Billund	0.50	-	4.30
Esbjerg	1.00	5.00	5.00
Odense	0.35	3.00	3.00
Sønderborg	0.40	5.10	5.00

UNTERKUNFT

Nähere Auskünfte über Hotels, Ferienhäuser und eventuelle Vergünstigungen (15-50%) durch die Benutzung des *Scandinavian Bonus Pass* (muß im voraus gebucht werden) oder von *Inn Cheques* erteilt das Dänische Fremdenverkehrsamt. Die skandinavische Rundfahrkarte *Nordtourist* ist auch als *Scandinavian Bonus Pass* gültig.
HOTELS: Zimmer können bei der Hotelinformation am Hauptbahnhof von Kopenhagen (ganzjährig geöffnet) gebucht werden. Die Fremdenverkehrsämter sind ebenfalls gern behilflich. Zahlreiche Hotels und Pensionen stehen in den Urlaubsgebieten zur Verfügung. Der dänische Hotel- und Gaststättenverband ist unter folgender Adresse zu erreichen: *Horefa*, Vodroffsvej 46, DK-1900 Frederiksberg C. Tel: 31 35 60 88. Telefax: 31 35 93 76. **Kategorien:** Dänische Hotels sind nicht in Kategorien aufgeteilt, die großen Preisunterschiede sind jedoch richtungsweisend für das Niveau der Hotels. Das Fremdenverkehrsamt gibt jährlich eine Broschüre heraus, die Adressen, Preise und Ausstattung von über 1000 Hotels auflistet. Die Mehrwertsteuer (MOMS) ist in den Preisen enthalten.
GASTHÖFE: Im ganzen Land gibt es ausgezeichnete Gasthöfe. Die kleineren werden oft nur von den Einheimischen besucht, größere Häuser sind zumeist auf Tourismus eingestellt und bieten ausgezeichnete internationale und einheimische Gerichte an. Nähere Auskunft erteilt das Fremdenverkehrsamt.
PRIVATZIMMER MIT FRÜHSTÜCK: In ganz Dänemark können Privatzimmer (i. allg. für eine Übernachtung) gemietet werden. Man bezahlt zwischen 100 und 250 dkr pro Einzel- oder Doppelzimmer, das Frühstück wird extra berechnet. Für Extrabetten wird ein Aufschlag erhoben. Schilder an den Landstraßen verkünden oft *Værelse* oder »Zimmer frei«. Die Buchung ist problemlos: man braucht nur an die Haustür zu klopfen. Der Zimmerdienst am Hauptbahnhof in Kopenhagen verlangt jedoch eine Buchungsgebühr. Die örtlichen Fremdenverkehrsämter können auch persönlich oder schriftlich um Zimmervermittlung gebeten werden. Eine Gebühr in Höhe von 10 dkr wird hierfür berechnet.
FERIENHÄUSER UND -WOHNUNGEN: Ferienhäuser aller Größen und Preislagen können überall in Dänemark gemietet werden, viele sind mit Sauna und Solarium ausgestattet.
CAMPING: Benötigt wird ein Campingpaß, der auf allen Zeltplätzen erhältlich ist. Über 500 ausgewiesene Zeltplätze stehen zur Verfügung. Niveau und Preis sind sehr unterschiedlich. Kinder unter 12 Jahren bezahlen die Hälfte. Dänischer Camperverband: *Campingrådet*, Hesseløgade 16, DK-2100 Kopenhagen Ø. Tel: 39 27 88 44. Telefax: 39 27 80 44. **Kategorien:** *3-Sterne-Plätze:* für höchste Ansprüche. *2-Sterne-Plätze:* Duschen, Steckdosen für Rasierapparat und Fön, Waschmaschinen. *1-Stern-Plätze:* Minimale Ausstattung wie sanitäre Anlagen, Trinkwasser usw.
JUGEND- UND FAMILIENHERBERGEN: Über 90 Jugend- und Familienherbergen nehmen Mitglieder aller Altersklassen auf. Viele der Herbergen sind sehr modern und behaglich eingerichtet. Adresse des Dänischen Jugendherbergswerks: *Landsforeningen Danmarks Vandrerhjem*, Vesterbrogade 39, DK-1620 Kopenhagen V. Tel: 31 31 36 12. Telefax: 31 31 36 26.
FERIEN AUF DEM BAUERNHOF: Zimmer werden auch auf zahlreichen Bauernhöfen vermietet. Hier darf man (muß aber nicht) auf dem Bauernhof mithelfen. Mitunter sind auch Nebengebäude als Ferienwohnungen ausgebaut worden. Zahlreiche Bauernhöfe haben eigene Forellenbäche. Alle Bauernhöfe und Ferienwohnungen werden regelmäßig vom Fremdenverkehrsamt überprüft.

URLAUBSORTE & AUSFLÜGE

In Dänemark gibt es zahlreiche malerische Dörfer, Städte, historische Burgen und archäologische Stätten zu erkunden. An der Küste wechseln sich breiter Sandstrand, stille Buchten und verträumte Fjorde ab. Sanfte Hügel und Täler im Landesinneren, kühle und schattige Birkenwälder, Heidelandschaften, wunderschöne klare Seen, Sanddünen und weiße Klippen laden zu langen Spaziergängen ein. Jede Insel hat ihre eigene, ganz besondere Schönheit. Es gibt kaum überlaufene Urlaubsorte wie etwa in Frankreich oder Spanien. Eine der wenigen Ausnahmen dürften die zweckgebauten »Ferienzentren« (FZ) sein. In Dänemark wird viel dafür getan, die Küsten sauber zu halten; zahllose herrlich unverdorbene Strände stehen dem Urlauber zur Verfügung. Das Dänische Fremdenverkehrsamt fördert den Familienurlaub. In zahlreichen Parks, Museen und Zoos gibt es erhebliche Eintrittsermäßigungen für Kinder. In den neun *Sommerlands* bezahlt man ein Eintrittsgeld und kann dann das gesamte Angebot dieser vielseitigen Freizeitparks voll auskosten. Besonders schön ist das *Fårup Sommerland* mit dem lustigen *Aquapark*.

Jütland (Jylland)

Jütland, das dänische Festland, erstreckt sich über 400 km von der deutschen Grenze bis zur nördlichen Landesspitze in Skagen, wo Ost- und Nordsee zusammentreffen. Die wechselnden Gezeiten prägen das Landschaftsbild der schönen kilometerlangen Strände im südlichen Jütland. Das Baden kann hier selbst für geübte Schwimmer gefährlich werden, und Warnungen der örtlichen Behörden sollten beachtet werden. An den anderen Küstenstrichen findet man herrliche breite Sandstrände mit dünenreichem Hinterland.

Größere Städte und Urlaubsorte: Ålborg, Holstebro, Århus, Vejle, Esbjerg, Frederikshavn, Randers, Viborg, Kolding, Silkeborg, Søndervig (FZ), Aggertange (FZ), Tranum Klitgård (FZ).

Ausflüge und Besichtigungen: Beim Stadtbummel in *Ålborg* stößt man auf den Dom, ein Kloster, das Schloß und den größten Wikingerfriedhof des Landes sowie die größten Renaissancegebäude Dänemarks. Im *Gamle By*, dem Freilichtmuseum von *Århus*, können über 60 Gebäude aus dem 17. und 18. Jahrhundert besichtigt werden – Wohnhäuser, Geschäfte, ein Hafen und Werkstätten aus allen Teilen Dänemarks, die in einem landschaftlich schönen Gelände wiederaufgebaut wurden. Auf der *Hjerl Hede* bei *Vinderup* liegt ein weiteres Freilichtmuseum auf über 16 Hektar wunderschöner Heidelandschaft. Neben gut 40 authentischen Gebäuden – Bauernhäusern mit »Bewohnern« in traditioneller dänischer Tracht, einem Kaufmannsladen, in dem man handgemachte Bonbons, Brot und Käse kaufen kann, einer Mühle, Ochsenkarren usw. – gibt es auch ein kleines rekonstruiertes Steinzeitdorf, das im Juli bewohnt ist. In *Marselisborg* laden das Schloß und das prähistorische Museum zu einem Besuch ein. *Esbjerg* und die Insel *Fanø* sind geschichtlich ebenfalls sehr interessant und locken außerdem mit herrlichen Stränden alljährlich zahlreiche Urlauber an. Schlösser gibt es auch in *Rosenholm*, *Clausholm* und *Voergard* zu besichtigen. *Tivoliland* (Ålborg) und *Legoland* (Billund) sind von April bis September geöffnet und ein Riesenvergnügen für alle Kinder. In *Søhøjlandet*, dem neuen Freizeitpark, können auch Ferienhäuser gemietet werden.

Fünen (Fyn)

Die Insel Fünen ist als der »Garten Dänemarks« bekannt. Malerische historische Burgen und Herrenhäuser stehen in uralten Parkanlagen und Gärten. Odense ist der Geburtsort des Dichters und Märchenerzählers Hans Christian Andersen. Fünen ist über Brücken mit dem Festland verbunden.

Wichtige Städte und Urlaubsorte: Odense, Nyborg, Svendborg, Middelfart, Bogense, Fåborg (FZ).

Ausflüge und Besichtigungen: Besondere Anziehungskraft üben auf Fünen die zahlreichen Burgen und Kirchen aus. Die Burg von *Nyborg* war Sitz der früheren Nationalversammlung. *Egeskov* ist ein von einem Wassergraben umgebenes Renaissance-Schloß, in jeder Hinsicht ein Märchenschloß. Im Schloß *Valdemar* ist heute ein Marinemuseum untergebracht. Die südlich von Fünen gelegenen kleineren Inseln *Langeland*, *Tåsinge* und *Ærø* sind ideale Badeinseln mit wunderbaren Stränden. In *Odense* werden jedes Jahr (Juli, August) Festspiele zu Ehren Hans Christian Andersens veranstaltet. Das *H.-C.-Andersen-Museum* und das Haus seiner Kindheit sind für Besucher geöffnet; interessant sind auch das *Eisenbahnmuseum* und das *Fünen-Dorf* (ein Kulturzentrum). Das neue Kulturzentrum *Brandts Klaedefabrik*, hat ein breites Unterhaltungsangebot.

Lolland, Falster, Møn und Bornholm

Die Insel Lolland ist weitgehend flach. Auf Falster gibt es einige Hügel, und die Insel Møn besteht aus zahlreichen Tälern und Hügeln. Die *Møn-Klint-Kreidefelsen* sind ein atemberaubender Anblick. Bornholm liegt weiter östlich, 150 km vom dänischen Festland entfernt, und besteht aus fruchtbarem Ackerland, weißem Sandstrand und Felsküste.

Größere Städte und Urlaubsorte: Nysted, Nykøbing, Nakskov, Stege, Sakskøbing, Rønne, Svaneke.

Ausflüge und Besichtigungen: Der *Knuthenborg-Park* auf Lolland ist die größte Parkanlage Dänemarks. Neben dem Safaripark gibt es hier über 500 verschiedene Baum-, Blumen- und Pflanzenarten. Das Schloß *Ålholm* beherbergt heute ein Automobilmuseum mit Europas größter Oldtimer-Sammlung. Die Museen in *Corselitse* und *Pederstrup* sind ebenfalls sehenswert. *Hammerhus*, Dänemarks größte Burgruine, wurde 1260

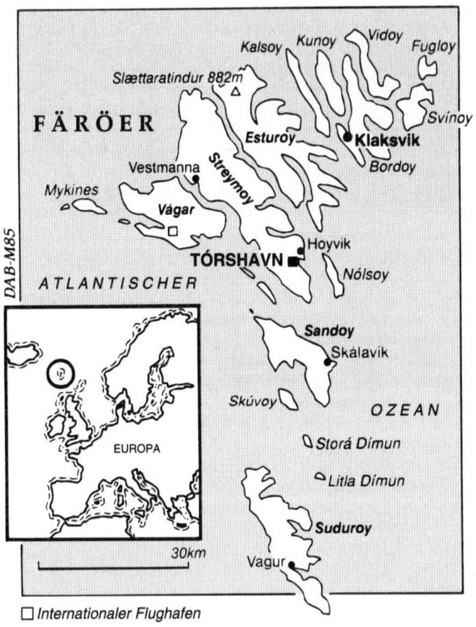

errichtet und steht auf Bornholm. Das Städtchen *Svaneke* ist für sein schönes und gepflegtes historisches Stadtbild bekannt.

Seeland (Sjælland)

Die Hauptstadt Kopenhagen liegt auf dieser Insel. Seeland ist das Handelszentrum des Landes, trotzdem gibt es auch hier herrliche Strände, Seen, Wälder und Schlösser.

Größere Städte und Urlaubsorte: Kopenhagen (s. u.), Helsingør, Slagelse, Næstved, Roskilde, Hillerød, Frederikssund, Vedbaek (FZ), Karlslunde (FZ).

Ausflüge und Besichtigungen: Die alte Festung *Kronborg* in *Helsingør*, Schauplatz von Shakespeares »Hamlet«, ist vielleicht das imposanteste Gebäude in Dänemark. In *Hillerød* erhebt sich das fast ebenso eindrucksvolle Schloß *Frederiksborg*, in dem das Nationalhistorische Museum untergebracht ist. Der Dom in *Roskilde* mit den Grabstätten der dänischen Könige und Königinnen stammt aus dem 12. Jahrhundert. Sehr interessant ist in dieser Stadt auch das Wikingermuseum. Außerhalb der Stadt findet alljährlich im Sommer ein großes Open-air-Rockfestival statt. In *Skjoldenaesholm* gibt es ein Straßenbahnmuseum. Die schönsten Strände auf Seeland liegen an der Nordküste.

Kopenhagen (København)

Die 1167 gegründete dänische Hauptstadt hat einen ganz besonderen Charme mit ihren wunderschönen alten Kupferdächern und Turmspitzen, interessanten historischen Bauwerken sowie zahlreichen kleinen Plätzen mit Brunnen und Statuen. An der Hafeneinfahrt sitzt die berühmte »Kleine Meerjungfrau«. Mit der *Kopenhagen-Card* kann man die öffentlichen Verkehrsmittel unbegrenzt benutzen und zahlreiche Museen und andere Sehenswürdigkeiten kostenlos besichtigen.

Ausflüge und Besichtigungen: Organisierte Besichtigungsfahrten werden angeboten. Die Schlösser-Rundfahrt führt zum *Schloß Christianborg* (dem Parlamentsgebäude), zum *Schloß Rosenborg* und zur *Amalienborg*, die jetzt auch besichtigt werden kann. Ziel der Wikingland-Tour ist ein Museum mit Schiffen aus der Wikingerzeit, Fahrten nach *Lyngby* zum Freilichtmuseum sind ebenfalls möglich. Die *Carlsberg-* und *Tuborg-Brauereien* können besichtigt werden. Das *Tivoli*, Kopenhagens berühmter Vergnügungspark, ist zwischen Ende April und Mitte September geöffnet, der Freizeitpark *Bakken* nördlich von Kopenhagen von März/April bis Ende August. Auch das *Charlottenlund-Aquarium* ist äußerst sehenswert. 1989 wurde in Kopenhagen das größte Planetarium Nordeuropas eröffnet. Nördlich von Kopenhagen, auf dem Weg zum vielfach gepriesenen *Louisiana-Museum*, steht in Rungstedlund das *Wohnhaus von Karen Blixen* (im deutschsprachigen Raum als Tania Blixen bekannt) inmitten eines 17 ha großen Vogelparks, das von Mai bis September täglich geöffnet ist.

SOZIALPROFIL

ESSEN & TRINKEN: Viele Dänen essen *Smørrebrød* zur Mittagszeit: Brotscheiben mit Wurst, Fisch oder Käse belegt und üppig garniert, die mit Messer und Gabel gegessen werden. Kaltes Büfett *(Koldt Bord)* mit Selbstbedienung wird in zahlreichen Restaurants angeboten. Oft gibt es eine große Auswahl an Fisch und Fleisch, Wurst und Käse, warmen Gerichten und Nachspeisen. Man ißt die verschiedenen Gänge der Reihe nach und legt sich nicht alles gleichzeitig auf den Teller. Zum dänischen Frühstück gibt es Tee oder Kaffee, verschiedene Brotsorten, Brötchen, Marmelade, Käse, Wurst und gekochte Eier. Ein wichtiger Bestandteil der dänischen Küche sind Meeresfrüchte aller Art. Traditionelle einheimische Gerichte werden ebenso angeboten wie Gerichte der internationalen Küche. In Kopenhagen gibt es zahlreiche Feinschmeckerlokale, außergewöhnlich viele Restaurants findet man auch in Ålborg. Pizzerias und Schnellrestaurants gibt es in allen Städten. Imbißstände, die heiße Würstchen *(Pølser)* und Hotdogs, Pommes frites, Erfrischungsgetränke und Bier verkaufen, findet man an jeder Straßenecke. **Getränke:** Dänische Brauereien wie *Carlsberg* und *Tuborg* produzieren zahlreiche Sorten Pils und Dunkelbier. Ein weiteres Nationalgetränk ist *Akvavit* (Aquavit), auch *Snaps* genannt. Aquavit wird eiskalt serviert und zu kalten Mahlzeiten mit Bier getrunken; wie überall in Skandinavien ist Alkohol jedoch teuer.

Hinweis: Der dänische Hotel- und Gaststättenverband hat ein Zeichen eingeführt, das Restaurants kennzeichnet, die spezielle Gerichte für Diabetiker anbieten. Es zeigt eine Kochmütze, auf der *»Diabetes Mad – sund mad for alle«* steht (»Gerichte für Diabetiker – gesundes Essen für alle«).

NACHTLEBEN: In Kopenhagen kann man Aufführungen des berühmten *Königlich Dänischen Balletts* besuchen sowie die beiden Theater *Det Kongelige Teater* und *Det Ny Teater*. Manche Varietés in Kopenhagen sind gleichzeitig Restaurants. Die ersten Cafés öffnen morgens um 05.00 Uhr, wenn die Nachtklubs schließen.

EINKAUFSTIPS: Im ganzen Land findet man ausgezeichnete Geschäfte, die größte Auswahl gibt es in der Hauptstadt. Typisch dänisch sind z. B. Bing & Grøndal- und Königlich-Dänisches Porzellan, Holmegaard-Gläser, Georg-Jensen-Silberwaren, Bornholmer Keramik, handgearbeitete Wollartikel der Färöer und Legobaukästen. Besucher aus Ländern außerhalb der EU können die Mehrwertsteuer (MOMS) zurückverlangen, wenn die gekauften Gegenstände direkt vom Geschäft an die Heimatadresse geschickt werden (Einkaufswert mindestens: 3100 dkr). **Öffnungszeiten der Geschäfte:** In der Regel: Mo-Do 09.00-17.30 Uhr, Fr 09.00-19.00 Uhr, Sa 09.30-14.00 Uhr. Jeden ersten Samstag im Monat sind die Geschäfte bis 16.00 oder 17.00 Uhr geöffnet. Einige Geschäfte in den Urlaubsorten öffnen auch sonntags und an öffentlichen Feiertagen.

SPORT: Schwimmen, **Segeln**, **Windsurfen** und **Tauchen** sind an fast allen dänischen Stränden möglich. In über 600 Häfen und Jachthäfen können Boote gemietet werden. **Angeln** kann man in unzähligen Seen, Flüssen und natürlich im Meer. **Fußball** und **Badminton** sind sehr beliebt. 1992 wurde Dänemark überraschend Fußballeuropameister. Es gibt über 60 **Golfplätze** in Dänemark. **Reitschulen** gibt es in vielen Teilen des Landes. Örtliche Fremdenverkehrsämter geben gern Auskunft über Sportzentren und -vereine der Umgebung.

VERANSTALTUNGSKALENDER

1996: *Kopenhagen Kulturhauptstadt Europas*, zahlreiche Veranstaltungen.

April - Sept. '96 *Tivoli*, Kopenhagen. **April - Okt.** *Legoland Park*, Billund. **27. Mai - 10./11. Juni** *Fyrkat Play* (Aufführung einer Wikingerlegende), Hobro/Jütland. **Juni** (1) *Riverboat-Jazz-Festival*, Silkeborg. (2) *Skagen-Festival*, Skagen. **Ende Juni** *45. Wikinger-Festival*, Frederikssund. **Ende Juni - Anfang Juli** *Roskilde-Festival* (Europas größtes Rockfestival), Roskilde. **23. Juni** *Mittsommer Nacht*, landesweit. **Juli** (1) *Kopenhagener Jazz-Festival*. (2) *Århus Internationales Jazz Festival*. **Juli - Aug.** *Hans-Christian-Andersen-Festival*, Odense. **Aug. - Mai '97** *Oper- und Ballettsaison*, Kopenhagen. **Sept.** *Århus-Festival*.

SITTEN & GEBRÄUCHE: Viele Dänen ziehen vor dem Betreten einer Wohnung die Schuhe aus. Gäste sollten erst trinken, nachdem der Gastgeber sein Glas hebt – »Prost« heißt *Skål*. Nach dem Essen bedanken sich Dänen mit *Tak for mad* bei Koch oder Köchin. Legere Kleidung wird überall akzeptiert, Abendkleidung wird nur bei besonderen Anlässen und in exklusiven Hotels und Restaurants erwartet. In den öffentlichen Verkehrsmitteln und in manchen öffentlichen Gebäuden darf nicht geraucht werden. **Trinkgeld:** In den Rechnungen der Hotels und Restaurants ist das Trinkgeld bereits enthalten, ebenso in Taxigebühren. Gepäckträger und Personal in öffentlichen Toiletten erwarten ein Trinkgeld.

WIRTSCHAFTSPROFIL

WIRTSCHAFT: Der Lebensstandard in Dänemark ist allgemein hoch. Trotz der starken Zunahme des Industrievolumens nach dem 2. Weltkrieg ist die Landwirtschaft nach wie vor von großer Bedeutung. Zwei Drittel der landwirtschaftlichen Produktion werden exportiert, darunter vor allem Käse, Speck und Rindfleisch. Größter Wirtschaftszweig ist die Fertigungswirtschaft, die auf die Einfuhr von Rohmaterialien und Einzelteilen angewiesen ist. Eisen, Stahl und andere metallverarbeitende Sektoren nehmen einen hohen Stellenwert ein, gefolgt von der Elektronikindustrie, die besonders hohe Zuwachsraten hat, Chemie und Biotechnik, Druck und Papier, Textilien, Möbel und Zement sowie der Nahrungs- und Genußmittelverarbeitung. Schwachpunkt der dänischen Wirtschaft ist der Mangel an Rohstoffen, vor allem Öl und anderen Energierohstoffen. Die Erdölfunde vor der dänischen

142 Dänemark / Deutschland

Küste haben sich auf die Zahlungsbilanz entsprechend günstig ausgewirkt, und gegen Ende der achtziger Jahre hatte die dänische Wirtschaft einen Handelsüberschuß zu verzeichnen. Die wichtigsten Handelspartner Dänemarks sind die anderen EU-Länder; an erster Stelle steht Deutschland als Abnehmer von 24% der Exporte und Lieferant von 23% der Importe. Die USA sind der größte Handelspartner außerhalb der EU. Anfang 1992 erhöhte die Regierung die Mehrwertsteuer auf 25% und hat somit zusammen mit Schweden die höchste Mehrwertsteuerrate in Europa. Tourismus: 10 Mio. Auslandsgäste (1993).

GESCHÄFTSVERKEHR: Fast alle dänischen Geschäftsleute sprechen gut Englisch, manche auch Deutsch. Pünktlichkeit wird gern gesehen. Die Ferienzeit im Sommer zwischen Mitte Juni bis Mitte August ist für Geschäftsbesuche weniger geeignet. **Geschäftszeiten:** Mo-Fr 8.00/09.00-16.00/17.00 Uhr.

Kontaktadressen: *Det Tysk-Danske Handelskammer* (Deutsch-Dänische Handelskammer), Børsen, DK-1217 Kopenhagen K. Tel: 33 91 33 35. Telefax: 33 91 31 16.
Handelsråden ved den Østrigske Ambassade (Österreichische Außenhandelskammer), Grønningen 5/III, DK-1270 Kopenhagen K. Tel: 33 11 14 12. Telefax: 33 91 14 13.
Dansk-Schweizerisk Handelsklub (Dänisch-Schweizerischer Wirtschaftsklub), c/o Sam. Porret Aps., Toftekaersvej 18, DK-2820 Gentofte. Tel: 39 65 88 06. Telefax: 39 65 25 80.
Det Danske Handelskammer (Dänische Handelskammer), Børsen, DK-1217 Kopenhagen K. Tel: 33 95 05 00. Telefax: 33 32 52 16.

KLIMA

Der dänische Sommer dauert von Juni bis August. Im Winter (Dez. - März) kann es sehr naß und kalt werden. Februar ist der kälteste Monat, Frühling und Herbst sind mild.
Durch ihre Lage am Golfstrom ist das Klima der *Färöer* relativ mild, die Winter sind warm, es gibt jedoch ganzjährig viel Wind und Regen. Im Sommer ist es auf den Färöern kühl mit nur wenig Sonnenschein.

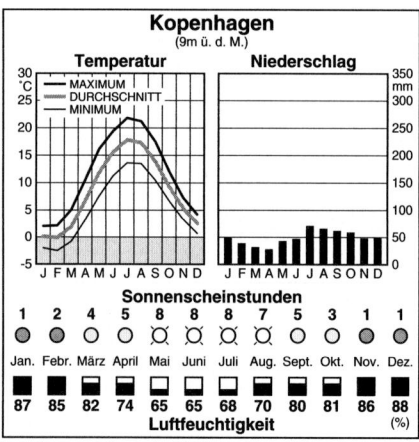

WELTKARTE?

LÄNDERKARTEN?

ZEITZONENKARTE?

INFORMATION ÜBER

IMPFBESTIMMUNGEN UND

GESUNDHEITSVORKEHRUNGEN?

... siehe **Inhaltsverzeichnis**

Zur Benutzung der Timatic-Codes beachten Sie bitte auch die *Einleitung*

Deutschland

☐ *Internationaler Flughafen*

Lage: Mitteleuropa.

Deutsche Zentrale für Tourismus e. V. (DZT)
Beethovenstraße 69
D-60325 Frankfurt/M.
Tel: (069) 75 72-0. Telefax: (069) 75 19 03.
Mo-Do 08.00-16.00 Uhr, Fr 08.00-13.00 Uhr.
Deutsche Zentrale für Tourismus e. V. (DZT)
Schubertring 12
A-1010 Wien
Tel: (0222) 513 27 92. Telefax: (0222) 513 27 91.
Mo-Fr 09.00-17.00 Uhr, Do 09.30-18.00 Uhr.
Deutsches Verkehrsbüro
Talstraße 62
CH-8001 Zürich
Tel: (01) 221 13 87. Telefax: (01) 212 01 75.
Mo-Fr 09.30-17.00 Uhr.
Botschaft der Bundesrepublik Deutschland
Metternichgasse 3
A-1030 Wien
Postfach 160
A-1037 Wien
Tel: (0222) 7 11 54. Telefax: (0222) 713 83 66.
Mo-Fr 09.00-16.30 Uhr.
Paß- und Visastelle
Reißnerstraße 44
A-1030 Wien
Tel: (0222) 7 11 54. Telefax: (0222) 715 34 50.
Mo-Do 08.30-10.30 Uhr, Fr 08.30-09.30 Uhr (Publikumsverkehr), Mo-Fr 14.00-15.30 Uhr (tel. Auskünfte).
Generalkonsulate mit Visumerteilung in Graz (Tel: (0316) 821 40 10), Innsbruck (Tel: (0512) 5 96 65; tel. Auskünfte 14.00-16.00 Uhr) und Salzburg (Tel: (0662) 841 59 10).
Konsulate mit Visumerteilung in Bregenz (Tel: (05574) 4 31 80), Klagenfurt (Tel: (0463) 5 61 60) und Linz (Tel: (0732) 79 77 01).

TIMATIC INFO-CODES

*Abrufbar über Ihr CRS-System (für START/Amadeus Ama-Maske benutzen). Für Galileo bitte TI-DFT eingeben (**mit** Bindestrich).*

Flughafengebühren	TI DFT/ FRA /TX
Währung	TI DFT/ FRA /CY
Zollbestimmungen	TI DFT/ FRA /CS
Gesundheit	TI DFT/ FRA /HE
Reisepassbestimmungen	TI DFT/ FRA /PA
Visabestimmungen	TI DFT/ FRA /VI

Botschaft der Bundesrepublik Deutschland
Willadingweg 83
CH-3006 Bern
Tel: (031) 359 41 11. Telefax: (031) 359 44 44.
Mo-Fr 08.00-12.30 und 13.15-16.45 Uhr.
Konsularabteilung
Willadingweg 78
CH-3006 Bern
Tel: (031) 359 41 11. Telefax: (031) 352 11 94.
Mo-Fr 09.00-12.00 Uhr.
Generalkonsulate mit Visumerteilung in Zürich (Tel: (01) 265 65 65) und Genf (Tel: (022) 730 11 11). Bei beiden persönliche Beantragung erforderlich.
Honorarkonsulat ohne Visumerteilung in Basel.
Botschaft der Republik Österreich
Johanniterstraße 2
D-53113 Bonn
Tel: (0228) 530 06-0, *Konsularabt.*: 530 06-22. Telefax: (0228) 530 06-45.
Mo-Fr 8.30-13.00 und 13.30-16.30 Uhr, *Konsularabt.*: Mo-Fr 09.00-12.00 Uhr.
Generalkonsulate mit Paß- und Sichtvermerkbefugnis in Berlin, Düsseldorf, Frankfurt/M., Hamburg, Hannover und München. *Generalkonsulat* ohne Paß-, mit Sichtvermerksbefugnis in Stuttgart.
Konsulate mit Paß- und Sichtvermerksbefugnis in Nürnberg und Saarbrücken. *Konsulate* ohne Paß- und Sichtvermerksbefugnis in Bielefeld, Bremen, Dortmund, Kiel, Köln, Lübeck und Mainz.
Botschaft der Schweizerischen Eidgenossenschaft
Gotenstraße 156
D-53175 Bonn
Tel: (0228) 8 10 08-0. Telefax: (0228) 8 10 08-19.
Mo-Fr 09.00-12.00 und 15.00-16.00 Uhr (Publikumsverkehr), Mo-Fr 08.15-12.15 und 13.15-17.15 Uhr (tel. Auskünfte).
Generalkonsulate mit Paß- und Sichtvermerksbefugnis in Dresden, Düsseldorf, Frankfurt/M., Hamburg, München und Stuttgart.
Konsulat ohne Paß- und Sichtvermerksbefugnis in Freiburg i. Br.
Botschaft der Schweizerischen Eidgenossenschaft – Außenstelle
Fürst Bismarckstraße 4
D-10557 Berlin
Tel: (030) 394 40 21/22, 394 50 81. Telefax: (030) 394 70 80.
Konsularbezirk: Berlin, Brandenburg und Mecklenburg-Vorpommern.

FLÄCHE: 356.973,5 qkm.
BEVÖLKERUNGSZAHL: 81.338.093 (1993).
BEVÖLKERUNGSDICHTE: 228 pro qkm.
HAUPTSTADT: Berlin. **Einwohner:** 3.475.392 (1993). **Regierungssitz:** Bonn. **Einwohner:** 298.227 (1993). Bis 1998 soll der Parlaments- und Regierungssitz nach Berlin verlegt werden, wobei jedoch acht Ministerien in Bonn bleiben sollen, so daß de facto zwei Regierungssitze entstehen. Der Bundesrat wird seinen Sitz ebenfalls weiter in Bonn haben.
GEOGRAPHIE: Die Bundesrepublik Deutschland grenzt im Norden an Dänemark, im Osten an Polen, im Südosten an die Tschechische Republik und im Süden an Österreich und die Schweiz. Die westlichen Nachbarn der Bundesrepublik sind Belgien, Frankreich, Luxemburg und die Niederlande. Im Nordwesten bildet die Nordsee eine natürliche Grenze. Die deutsche Ostseeküste im Nordosten des Landes erstreckt sich von der dänischen Grenze bis nach Polen. Zu den ursprünglichen 11 Bundesländern sind durch die Wiedervereinigung Deutschlands fünf neue Bundesländer hinzugekommen: Brandenburg, Mecklenburg-Vorpommern, Sachsen-Anhalt, Sachsen und Thüringen. Die Landschaft ist außerordentlich vielfältig. Von Süden nach Norden kann man drei große Landschaftsräume unterscheiden – die Alpen mit dem Alpenvorland, die waldreiche Mittelgebirgszone und die Norddeutsche Tiefebene. Das Rheinland, der Schwarzwald und Bayern sind die traditionellen Urlaubsgebiete im Westen Deutschlands. Die zahlreichen Luftkurorte und Heilbäder auf den Nordseeinseln sind ebenfalls beliebte Reiseziele. In Ostdeutschland, besonders in der Mark Brandenburg und in Mecklenburg, gibt es unzählige Seen. Die Tiefebenen gehen in das Hügel- und Bergland der Lausitz und Sachsens über. Das Elbsandsteingebirge südlich von Dresden beeindruckt mit seinen bizarren Felsformationen. Das Erzgebirge ist ein beliebtes Wintersport- und Erholungsgebiet. Im Herzen Deutschlands liegen Thüringen und der Harz, waldreiche Mittelgebirge, in denen man herrlich wandern kann. Zum deutschen Teil der Alpen gehören die Allgäuer Alpen, die Bayerischen Alpen (mit Deutschlands höchstem Berg, der Zugspitze, 2964 m) und die Berchtesgadener Alpen. Charakteristisch für diese Region sind Hochgebirgsformen mit Graten und steil abfallenden Wänden. Das Alpenvorland ist eine weite, hügelige Hochebene, die sich nach Norden und Nordosten zur Donauebene hin erstreckt. Moore, kuppenförmige Hügelketten und viele Seen bestimmen hier das Landschaftsbild. Elbe, Saale, Oder, Weser, Ems, Rhein, Mosel, Donau, Fulda, Iller, Lech, Isar, Inn, Neckar und Regen sind die wichtigsten Flüsse Deutschlands. Der größte natürliche See ist der zwischen der Bundesrepublik, der Schweiz und Österreich gelegene

Bodensee. Berlin, die größte deutsche Stadt, ist nach der Vereinigung der beiden Stadthälften zu einer Millionenstadt und Kulturmetropole geworden.
STAATSFORM: Demokratisch-parlamentarischer Bundesstaat, seit 1949. Staatsoberhaupt ist seit Juli 1994 Bundespräsident Roman Herzog. Regierungschef ist Dr. Helmut Kohl (CDU), seit 1982. Das Parlament, der Bundestag, hat 662 Abgeordnete. Legislaturperiode: 4 Jahre. Die Zustimmung des Bundesrates, der die einzelnen Länder vertritt, ist für bestimmte Gesetze erforderlich. Er besteht aus 68 Mitgliedern der einzelnen Länderregierungen, die von den Ländern bestimmt und abberufen werden. Die exekutive Gewalt liegt bei der Bundesregierung, der der Bundeskanzler vorsteht. Jedes Bundesland hat seine eigene Legislative (Landtag) und kann Gesetze verabschieden, sofern sie nicht unter die Zuständigkeit des Bundes fallen.
SPRACHE: Deutsch. Die zahlreichen regionalen Dialekte weichen stark vom Hochdeutschen ab. Generell unterscheidet man die niederdeutschen Mundarten (u. a. West- und Ostfälisch, Märkisch, Mecklenburgisch-Vorpommerisch), die mitteldeutschen Mundarten (u. a. Rheinpfälzisch, Moselfränkisch, Thüringisch, Obersächsisch, Berlinerisch) und die oberdeutschen Mundarten (u. a. Alemannisch, Schwäbisch, Bayerisch). Ein großer Teil der Bevölkerung spricht Englisch. Im Saarland wird auch Französisch gesprochen. Im Norden von Schleswig-Holstein gibt es eine dänische Minderheit, und Dänisch ist z. T. Schulsprache.
RELIGION: Etwa 35% der Bevölkerung sind evangelisch, 34% gehören der römisch-katholischen Kirche an. Daneben gibt es Angehörige der jüdischen, muslimischen und anderer nicht-christlicher Religionsgemeinschaften.
ORTSZEIT: MEZ (MEZ + 1 im Sommer).
NETZSPANNUNG: 220 V, 50 Hz.
POST- UND FERNMELDEWESEN: Telefon: Selbstwählferndienst. **Landesvorwahl: 49.** Orts- und Ferngespräche sind von Telefonzellen mit Münz- oder Kartentelefon möglich. In einigen Städten haben Münztelefone bereits Seltenheitswert. Telefonieren kann man auch in jedem Postamt. Seit Januar 1996 gibt es anstatt der bisherigen zwei jetzt fünf unterschiedliche Tarifzeiten. Mo-Fr gelten folgende Tarifzeiten: Im Tarifbereich City, Region 50, Region 200 und Fern wird es am teuersten zwischen 09.00-18.00 Uhr. Richtig gespart werden kann eigentlich nur bei den Mondschein- (21.00-02.00 Uhr) bzw. Nachttarifen (02.00-05.00 Uhr). An Samstagen, Sonntagen und bundeseinheitlich gesetzlichen Feiertagen gilt der billigere Tarif in allen Bereichen von 21.00-05.00 Uhr. In einigen Ortsbereichen kann sich die Einführung der neuen Tarifeinheiten allerdings bis Mitte 1996 verzögern. **Telefaxgeräte** stehen zunehmend auch in Ostdeutschland zur Verfügung. **Telex/Telegramme:** Telekom-Service in ganz Deutschland. Von allen Postämtern können während der Öffnungszeiten Telegramme in alle Welt aufgegeben werden. Im Fernmeldeamt 1, Winterfeldstraße 21, D-10781 Berlin und im Pressehaus 1, Heussallee 2-10, D-53113 Bonn gibt es öffentliche Telexstellen. **Post:** Briefmarken bekommt man in Postämtern, aus Automaten und in Hotels. In Ferienregionen sind sie oft auch an Kiosken erhältlich. Postlagernde Sendungen sollten folgendermaßen beschriftet werden: Name des Empfängers, Postlagernd, Hauptpostamt, Postleitzahl und Name der Stadt. Die Postämter sind Mo-Fr 08.00-18.00 Uhr und Sa 08.00-12.00 Uhr geöffnet. Kleinere Postämter sind oft über Mittag geschlossen.

REISEPASS/VISUM

__Wichtiger Hinweis:__ Die Einreisebestimmungen mancher Länder können sich kurzfristig ändern – rufen Sie sicherheitshalber auf Ihrem CRS-System (TIMATIC-Info-Code-Fenster in diesem Kapitel) den aktuellen Stand ab bzw. wenden Sie sich an die zuständige diplomatische Vertretung. Etwaige Zahlen in der Tabelle beziehen sich auf nachfolgende Fußnoten.

	Paß erforderlich?	*Visum erforderlich?*	*Rückflugticket erforderlich?*
Deutschland	-	-	-
Österreich	Nein	Nein	Nein
Schweiz	Nein	Nein	Nein
Andere EU-Länder	Nein	Nein	Nein

Anmerkung: Deutschland ist Unterzeichner des Schengener Abkommens, das am 26. März 1995 in Kraft trat (s. Einleitung).
REISEPASS: Gültiger Reisepaß zur Einreise erforderlich, der noch für mindestens 3 Monate hinaus gültig ist, ausgenommen sind Staatsangehörige der Mitgliedstaaten der Europäischen Union sowie von Liechtenstein, Malta, Monaco, San Marino und der Schweiz (gültiger Personalausweis ausreichend).
Anmerkung: Staatsangehörige *aller* Länder, die die Absicht haben, in der Bundesrepublik Deutschland eine Arbeit aufzunehmen, müssen im Besitz eines gültigen Reisepasses sein.
VISUM: Visumzwang für alle Reisenden mit den folgenden Ausnahmen für Aufenthalte von bis zu 3 Monaten:
(a) Staatsbürger der Mitgliedsländer der Europäischen Union;
(b) Staatsbürger von EFTA-Ländern;
(c) Staatsbürger von Andorra, Argentinien, Australien, Bolivien, Brasilien, Brunei, Chile, Costa Rica, Ecuador, El Salvador, Guadeloupe, Guam, Guatemala, Honduras, Israel, Jamaika, Japan, Kanada, Kenia, Kolumbien, Korea-Süd, Kroatien, Malawi, Malaysia, Malta, Martinique, Mexiko, Monaco, Neukaledonien, Neuseeland, Panama, Paraguay, Peru, Polen, Puerto Rico, San Marino, Singapur, Slowakische Republik, Slowenien, Tschechische Republik, Ungarn, Uruguay, den USA, die Vatikanstadt, Venezuela und Zypern;
(d) Kinder unter 16 Jahren aus Marokko, Tunesien und der Türkei.
Staatsbürger aller anderen Länder benötigen ein Visum.
Visaarten: Einreise-, Transitvisum und Aufenthaltsgenehmigung. Auskünfte erteilen die diplomatischen und konsularischen Vertretungen der Bundesrepublik.
Gültigkeitsdauer: *Einreisevisum:* i. allg. einmalige Einreise, bis zu 3 Monaten ohne Erwerbstätigkeit. *Transitvisum:* stark vom Reiseziel abhängig; maximal 24 Std. ohne Verlassen des Flughafens.
Antragstellung: Botschaft oder Konsularabteilung der Botschaft (Adressen s. o.).
Unterlagen: *Einreisevisa:* (a) Gültiger Reisepaß. (b) 1 Antragsformular. (b) 2 Paßfotos. (c) Nachweis über ausreichende Geldmittel und Krankenversicherungsschutz für die Dauer des Aufenthaltes. *Transitvisa:* Es gelten dieselben Bestimmungen wie für das Einreisevisum sowie (a) Angabe der Zielstaaten und (b) eventuell Nachweis eines Weiterflugtickets.
Bearbeitungszeit: Unterschiedlich. Bitte erkundigen Sie sich bei der Botschaft.
Aufenthaltsgenehmigung: Visumpflichtige Staatsbürger müssen die Aufenthaltsgenehmigung vor der Einreise bei den deutschen Auslandsvertretungen beantragen. Staatsangehörige der unter Visum (a) und (b) aufgeführten Länder müssen beim zuständigen Ausländeramt in Deutschland innerhalb von 3 Monaten nach der Einreise eine Aufenthaltsgenehmigung beantragen, wenn sie beabsichtigen, sich länger als 3 Monate im Land aufzuhalten.
Arbeitserlaubnis: Anträge sind grundsätzlich vor der Einreise bei der für den Wohnsitz des Antragstellers zuständigen Auslandsvertretung zu stellen. Mit einer Bearbeitungsdauer von 6-10 Wochen muß gerechnet werden, da die Zustimmung der zuständigen Ausländerbehörde eingeholt werden muß. Für Staatsangehörige der EU-Staaten sowie von Island, Liechtenstein, Norwegen, der Schweiz und den USA gelten Ausnahmeregelungen.

GELD

Währung: 1 Deutsche Mark (DM) = 100 Pfennig. Banknoten gibt es in den Werten von 1000, 500, 200, 100, 50, 20 und 10 DM. Münzen sind in den Nennbeträgen von 5, 2 und 1 DM sowie 50, 10, 5, 2 und 1 Pfennig in Umlauf.
Geldwechsel: Bei allen Banken, Sparkassen, Postämtern und in Wechselstuben.
Kreditkarten: Alle gängigen Kreditkarten werden akzeptiert. Einzelheiten vom Aussteller der betreffenden Kreditkarte.
Euroschecks: Bei allen Sparkassen, Banken und Postämern werden bis zu 400 DM je Euroscheck ausgezahlt.
Postsparbuch: Abhebung bei allen Postämtern. Täglicher Höchstbetrag 2000 DM.
Wechselkurse

	DM Sept. '92	DM Febr. '94	DM Jan. '95	DM Jan. '96
1 US$	1,49	1,73	1,55	1,44

Devisenbestimmungen: Deutsche und ausländische Währungen sowie sonstige Zahlungsmittel können ohne Kontrolle in unbegrenzter Höhe ein- und ausgeführt werden.
Öffnungszeiten der Banken: In der Regel Mo-Fr 08.30-13.00 und 14.00/14.30-16.00 Uhr, Do bis 17.30 Uhr in größeren Städten. Zentralen sind meist durchgehend geöffnet.

DUTY FREE

Folgende Artikel können zollfrei in die Bundesrepublik Deutschland eingeführt werden:
(a) Seit Januar 1993 gibt es keine Beschränkungen mehr für die private Wareneinfuhr (einschließlich von Verbrauchsgütern wie Alkohol und Tabak) innerhalb der Europäischen Union. Es wurden jedoch folgende Richtmengen festgesetzt, bei deren Überschreiten gewerblicher Handel vermutet wird, der im Bestimmungsland zu versteuern ist:
800 Zigaretten;
400 Zigarren;
200 Zigarillos;
1000 g Tabak;
90 l Wein (davon nicht mehr als 60 l Schaumwein);
10 l Spirituosen;
20 l alkoholische Getränke (z. B. Portwein oder Sherry) mit einem Alkoholgehalt von höchstens 22%;
110 l Bier.
(b) Bei Einreise aus Nicht-EU-Ländern (oder falls die Waren innerhalb der Europäischen Union zollfrei eingekauft wurden):
200 Zigaretten oder 100 Zigarillos oder 50 Zigarren oder 250 g Tabak;
1 l Spirituosen mit einem Alkoholgehalt über 22% oder 2 l Spirituosen mit einem Alkoholgehalt bis höchstens 22% oder 2 l Schaumwein;
2 l Tafelwein;
500 g Kaffee oder 200 g Kaffeeauszüge;
50 g Parfüm und 250 ml Eau de toilette;
Reisemitbringsel im Wert von 350 DM.
Anmerkung: (a) Wenn in einem Tax-/Duty-free-Laden gekauft wurde, gelten nur die Bestimmungen für die Einfuhr aus Ländern außerhalb der Europäischen Union. Die Zollfreiheit der Waren hängt davon ab, daß sie im persönlichen Gepäck des Reisenden mitgeführt werden. (b) Tabakwaren und alkoholische Getränke sind nur für Personen ab 17 Jahren abgabenfrei, Kaffee nur für Personen über 15 Jahre. (c) Wenn der Wein für den persönlichen Verbrauch bestimmt ist und den Grenzübergangswert von 250 DM nicht übersteigt, wird die Verzollung zu einem Pauschalsatz von 15% vorgenommen; darin sind 14% Einfuhrumsatzsteuer enthalten.

GESETZLICHE FEIERTAGE

1. Mai '96 Tag der Arbeit. **16. Mai** Christi Himmelfahrt. **27. Mai** Pfingstmontag. **6. Juni** Fronleichnam [1]. **15. Aug.** Mariä Himmelfahrt [2]. **3. Okt.** Tag der deutschen Einheit. **31. Okt.** Reformationstag [3]. **1. Nov.** Allerheiligen [4]. **25./26. Dez.** Weihnachten. **1. Jan. '97** Neujahr. **6. Jan.** Dreikönigsfest [5]. **28. März** Karfreitag. **30./31. März** Ostern. **1. Mai** Tag der Arbeit. **8. Mai** Christ Himmelfahrt. **19. Mai** Pfingstmontag. **29. Mai** Fronleichnam [1].
Anmerkung: (a) Am **10. und 11. Febr. '97** (Rosenmontag und Faschingsdienstag) wird in einigen Städten und Landkreisen in Nordrhein-Westfalen, Baden-Württemberg und Bayern Fasching gefeiert. (b) **[1]** Nur in Baden-Württemberg, dem Saarland, Nordrhein-Westfalen, Rheinland-Pfalz, Hessen, Bayern und katholischen Gegenden Sachsens und Thüringens; **[2]** nur im Saarland und in katholischen Gegenden Bayerns; **[3]** in Brandenburg, Mecklenburg-Vorpommern, Sachsen und Sachsen-Anhalt und in überwiegend ev. Gemeinden Thüringens; **[4]** nur in Baden-Württemberg, Nordrhein-Westfalen, Saarland, Rheinland-Pfalz, Bayern und überwiegend kath. Gemeinden Thüringens; **[5]** in Baden-Württemberg, Sachsen-Anhalt und Bayern.

GESUNDHEIT

In der folgenden Tabelle aufgeführte Impfvorschriften können sich kurzfristig ändern. Es wird stets empfohlen, auf Ihrem CRS-System (TIMATIC-Info-Code-Fenster in diesem Kapitel) den aktuellen Stand der Gesundheitsbestimmungen abzurufen bzw. rechtzeitig vor der Reise ärztlichen Rat einzuholen.

	Vorsichtsmaßnahmen empfohlen	*Impfschein erforderlich*
Gelbfieber	Nein	Nein
Cholera	Nein	Nein
Typhus & Polio	Nein	-
Malaria	Nein	-
Essen & Trinken	Nein	-

Zecken kommen während der Sommermonate in den Wäldern in manchen Gebieten Deutschlands vor. Wer sich viel in Wäldern aufhält, sollte eine Schutzimpfung gegen Zeckenenzephalitis erwägen. Bei Zeckenbefall im Zweifelsfall den Arzt aufsuchen. Weitere Informationen im Kapitel *Gesundheit* (s. Inhaltsverzeichnis).
Gesundheitsvorsorge: Zwischen der Schweiz, Österreich und der Bundesrepublik Deutschland gibt es gegenseitige Abkommen, die die ärztliche und stationäre Behandlung regeln. Österreichische Feriengäste benötigen das Formblatt E 111, Reisende aus der Schweiz die entsprechende Anspruchsbescheinigung. Nähere Auskünfte erteilen die örtlichen Gebietskrankenkassen bzw. der Schweizerische Verband für die erweiterte Krankenversicherung (SVK). Das Formblatt E 111 sorgt für die reibungslose Versorgung und Kostenregelung im Krankheitsfall für Staatsbürger der Länder der Europäischen Union sowie Island, Liechtenstein und Norwegen. Rezeptpflichtige Medikamente und Krankenhausbehandlungen müssen bezahlt werden. In Notfällen kann der Polizeinotruf (Westdeutschland 110, Ostdeutschland 115, z. T. 110 je nach Ortsnetz) und die Unfallrettung (112) angerufen werden. Es gibt auch einen ärztlichen Notdienst. Die Apotheken sind Mo-Fr 09.00-18.00 Uhr, Sa 09.00-12.00 Uhr geöffnet. An jeder Apotheke befindet sich ein Hinweis über Nacht- und Sonntagsdienst von Ärzten und Apothekern.
350 anerkannte Heilbäder und Kurorte mit modernsten Einrichtungen für die Therapie bieten zahlreiche Unterhaltungs- und Sportmöglichkeiten zur Entspannung und Erholung an. Informationen über Heilbäder und Kurorte erhalten Sie bei der *Deutschen Zentrale für Tourismus e. V. (DZT)* oder beim *Deutschen Bäderverband e. V.*, Schumannstraße 111, D-53113 Bonn. Tel: (0228) 26 20 10. Telefax: (0228) 21 55 24.

REISEVERKEHR - International

FLUGZEUG: Die *Lufthansa (LH)* ist die nationale deutsche Fluggesellschaft. Ihre Flugdienste verbinden

Deutschland mit mehr als 160 Städten in aller Welt.
Durchschnittliche Flugzeiten: *Flugverbindungen von Österreich:* Die *Lufthansa*, der *Nürnberger Flugdienst*, *Rheintalflug*, *Tyrolean Airways* und *Austrian Airlines* fliegen im regelmäßigen Liniendienst deutsche Flughäfen an. Von *Wien* aus gibt es Direktverbindungen nach Berlin, München, Düsseldorf, Hannover, Hamburg, Köln/Bonn, Leipzig/Halle, Nürnberg, Stuttgart und Frankfurt/M. *Wien* – Frankfurt: 1 Std. 35. Zusätzliche Verbindungen: *Linz* – Düsseldorf, *Salzburg/Linz* – Berlin-Tempelhof sowie *Graz/Innsbruck/Klagenfurt/Linz/Salzburg* – Frankfurt/M. Darüber hinaus Bedarfsverkehr *Linz* – Leipzig/Halle.
Flugverbindungen aus der Schweiz: Lufthansa, *Swissair* und *Crossair* bieten regelmäßige Linienflüge von *Zürich* nach Berlin, Dresden, Düsseldorf, München, Hamburg, Hannover, Köln/Bonn, Leipzig/Halle, Nürnberg, Stuttgart und Frankfurt/M. an. *Zürich* – Frankfurt: 1 Std. 05. Zusätzliche Verbindungen: *Basel* – Berlin, *Basel* – Dresden, *Basel/Genf* – Frankfurt, *Basel/Genf* – Düsseldorf, *Basel/Genf* – München.
Weitere Flugzeiten von internationalen Metropolen: London – Hamburg, Bremen oder Hannover: 1 Std. 05; *London* – Köln/Bonn: 1 Std. 10; *London* – Frankfurt/M.: 1 Std. 25; *London* – Nürnberg: 2 Std. 30 (mit Zwischenlandung); *London* – München: 1 Std. 40; *Los Angeles* – Frankfurt: 14 Std. 50; *New York* – Frankfurt: 8 Std. 20; *Singapur* – Frankfurt: 14 Std. 05 und *Sydney* – Frankfurt: 24 Std. 55.
Internationale Flughäfen: *Berlin-Tegel (TXL)* (Otto Lilienthal) liegt im Nordwesten Berlins, 8 km vom Stadtzentrum entfernt (Fahrzeit: Bus 40 Min., Taxi 30 Min.). Flughafeneinrichtungen: Duty-free-Shop, Bank/Wechselstube, Postamt mit Telefaxstelle (06.30-21.00 Uhr), Restaurant, Snackbars, Läden, Konferenzräume, Mietwagenschalter, Reisebüros, Tourist-Information (08.00-23.00 Uhr) und Hotelreservierung (08.00-23.00 Uhr). Die Buslinie 109 fährt alle 5-10 Minuten (05.00-24.00 Uhr) zur City. Haltestellen in der City u. a. S-Bhf Charlottenburg, U-Bhf Kurfürstendamm, Bahnhof Zoo und Budapester Straße. Taxis fahren rund um die Uhr.
Berlin-Schönefeld (SXF) liegt 20 km südöstlich vom Stadtzentrum (Fahrzeit 75 Minuten mit der S-Bahn). Duty-free-Shop, Banken, Postamt, Restaurant, Bar, Snackbars, Geschäfte, Reisebüros, Hotelreservierung (24 Std.), Tourist-Information (24 Std.) und Mietwagenschalterschalter. S-Bahnverbindung mit den Linien S9 (nach Westkreuz über Alexanderplatz und Zoo), S85 (nach Buch über Ostkreuz mit Umsteigemöglichkeit zur Innenstadt) und S45 (zum U-Bahnhof Westend, Züge nur alle 20 Min.). Verbindungen außerdem mit den Regionalbahnlinien der Reichsbahn R1, R2 und R12 zum S-Bahntarif. Busverbindung vom U-Bahnhof Rudow (Endbahnhof der Linie 7) mit Linie 171. Verbindung auch mit Bus und U-Bahn (Buslinie 109, Linie U7, dann Buslinie 171, jedoch zweimal umsteigen). Taxistand. IC-, IR- und D-Zug-Verbindungen u. a. nach Basel, Budapest, Dresden, Frankfurt/M., Hamburg, Leipzig, München, Nürnberg, Prag, Stuttgart und Wien (Bahnhof ca. 5 Minuten Fußweg vom Flughafen). Nachtbusverbindung zum Bahnhof Zoo.
Berlin-Tempelhof liegt 6 km südöstlich vom Stadtzentrum. Duty-free-Shop, Snackbar, Bank, Konferenzräume, Läden und Mietwagenschalter. Busverbindung mit Linie 119 zur City (verkehrt alle 10 Min., Fahrzeit zur Innenstadt 25 Min.). U-Bahnverbindung mit den Linien 6 und 7 (Züge verkehren alle 2-10 Min., Fahrzeit zur Innenstadt etwa 15 Min.). Taxistand (Fahrzeit ca. 20 Min.).
Köln/Bonn (CGN) (Wahn) liegt 14 km südöstlich von Köln und 21 km nordöstlich von Bonn (Fahrzeit 25 bzw. 35 Min.). Duty-free-Shop, Postamt, Bank/Wechselstube, Restaurant, Bar, Drogerie, Geschäfte, Tourist-Information (24 Std.), Konferenzeinrichtungen (für 20-120 Personen), Mietwagenschalter, Hotelreservierung, Reisebüros, Snack- und Buffet-Bars, Taxistand. Die Expressbuslinie 170 fährt alle 30 Min. nach Köln, Fahrzeit 20 Min. Schnellbusverbindung im 20-Minutentakt mit der Linie 670 zum Bonner Hauptbahnhof über Bhf Köln-Deutz, Fahrzeit ca. 35 Min. Airport Express der Firma *Taeter* nach Aachen Mo-Sa 08.45, 10.00, 17.30 und 19.30 Uhr (Fahrzeit ca. 60 Min.), Voranmeldung erforderlich. Weitere Busverbindung zum Bhf Köln-Deutz (Linie 154) und über Essen nach Dortmund.
Bremen (BRE) (Neuenland) liegt 3 km außerhalb der Stadt (Fahrzeit 10 Min.). Duty-free-Shop, Bank, Wechselstube, Postamt, Geschäfte, Restaurant, Bar, Reisebüros, Babywickelraum, Hotelreservierung am Informationsschalter (06.00-23.00 Uhr), Konferenzeinrichtungen, Mietwagenschalter. Die Straßenbahnlinie 5 fährt etwa 12 Min. bis zum Hauptbahnhof. Straßenbahnen verkehren täglich alle 15-30 Minuten. Taxistand.
Dresden (DRS) (Klotsche) liegt 10 km außerhalb der Stadt (Fahrzeit 25 Min.). Busverbindung zur Stadtmitte.
Düsseldorf (DUS) (Lohausen) liegt 10 km nördlich der Stadt. Duty-free-Shop, Bank, Sparkasse, Postamt, Bar, Restaurants, Geschäfte, Tourist-Information, Mietwagenschalter, Reisebüros, Hotel-Information und Konferenzeinrichtungen. Fahrplan-Informationsautomaten für Bus- und Bahnverbindungen ins In- und Ausland. Der Flughafen befindet sich im Tarifgebiet des Verkehrsverbundes Rhein-Ruhr. Gute Verkehrsverbindung mit Bus, Bahn und S-Bahn; die Bahnstation ist direkt unter der Ankunftshalle. Direkte Frühverbindungen mit EC-, IC- und D-Zügen u. a. von Frankfurt/M., Mainz, Nürnberg, Koblenz, Hannover und Bonn. Nach Düsseldorf S-Bahnverbindung alle 20-30 Min. (Linie S7, Fahrzeit 13 Min.) und Busverbindung (Linie 727, Fahrzeit 20 Min.). Taxistand. Anschluß an das Ruhrgebiet (Dortmund, Bochum, Essen, Mülheim, Duisburg) mit der S-Bahnlinie S21 (ca. jede Stunde). Weitere Buslinien nach Ratingen, Aachen und Krefeld.
Frankfurt/M. (FRA) (Rhein/Main) liegt 10 km südwestlich der Stadt. Duty-free-Shops, Banken, Postamt mit Telex/Telefax (06.00-22.00 Uhr), Restaurants, Bars, Drogerien, Geschäfte, Tourist-Information (07.00-22.00 Uhr), Babyräume, Waschräume, Mietwagenschalter, Hotelreservierung (07.00-21.00 Uhr), Airport Conference Center (23 Konferenzräume für bis zu 200 Personen), Reisebüros, Taxistände. Der Busbahnhof vor dem Terminal bedient den Nah- und Fernverkehr einschl. Offenbach, Darmstadt, Rüsselsheim und Bad Homburg. Anschluß im 20-Minutentakt mit den Buslinien 61 und 62 zum Hauptbahnhof. S-Bahnverbindungen in die Innenstadt (S15, Fahrzeit ca. 11 Min. zum Hauptbahnhof) und nach Wiesbaden über Rüsselsheim und Mainz (S14, Fahrzeit ca. 40 Min.). Die Züge der S-Bahnlinie S14 verkehren im Abstand von 20 Min. (04.15-00.44 Uhr), die der Linie S15 alle 10 Minuten. Der Bahnhof liegt direkt unter der Ankunftshalle. Anbindung an das IC/EC-Netz der Deutschen Bundesbahn über eigenen Fernbahnhof. Direktverbindungen in 27 deutsche Städte sowie zahlreiche Städte in Österreich und Ungarn. Stündliche Direktverbindungen auf den Strecken Koblenz – Bonn – Köln – Dortmund – Bremen – Hamburg und Würzburg – Nürnberg – München – Wien. Busverbindungen u. a. nach Darmstadt, Offenbach und Rüsselsheim (Linie 975) sowie zweimal täglich nach Trier und Luxemburg (Linie T81/82). *Lufthansa Airport Bus* nach Mannheim (Fahrzeit ca. 1 Std.), Heidelberg (Fahrzeit ca. 1 Std. bei Direktverbindung bzw. 1 Std. 30 über Mannheim) und Heilbronn.
Der Airport Express der Lufthansa verkehrt viermal täglich zum Flughafen Düsseldorf (Fahrzeit 2 Std. 45) und nach Stuttgart (1 Std. 25). Benutzung nur mit gültigem Flugschein.
Hamburg (HAM) (Hamburg-Fuhlsbüttel) liegt 12 km nördlich des Stadtzentrums (Fahrzeit 25 Min.). Duty-free-Shop, Postamt, Bar, Restaurants, Reisebüros, Geschäfte, Tourist-Information, Mietwagenschalter, Konferenzeinrichtungen, Kinderkrippe. Busverbindung zum Zentralen Omnibusbahnhof (06.00-23.00 Uhr) in der Kirchenallee/Kurt-Schumacher-Allee. Die Buslinien 109, 31 (Express) und 606 (Nachtbus) fahren alle 20 Min. zwischen 05.00-24.00 Uhr zum Hauptbahnhof und zum Stephansplatz (stündlich während der Nachtstunden). Buslinie 110 zum U-/S-Bahnhof Ohlsdorf (Fahrzeit 9 Min.). Taxistand.
Hannover (HAJ) (Langenhagen) liegt 11 km nördlich der Stadt (Fahrzeit 30 Min.). Duty-free-Shop, Postamt, Bank, Geschäfte, Bar, Restaurant, Mietwagenschalter, Hotelreservierung (24 Std.), Konferenzeinrichtungen. Die Schnellbuslinie 60 fährt alle 20-30 Min. vom City Air Terminal zum Hauptbahnhof am Ernst-August-Platz in der Innenstadt (05.20-23.00 Uhr). Taxistand.
Leipzig/Halle (LEJ) liegt 12 km nordwestlich der Stadt (Fahrzeit 30 Min.). Duty-free-Shop, Bank (08.00-20.00 Uhr), Restaurant, Postamt (Mo-Fr 07.30-13.00 und 14.00-21.00 Uhr, Sa-So 08.00-12.00 Uhr), Tourist-Information, Konferenz- und Büroräume, Läden, Mietwagenschalter, Reisebüros. Schnellbusverbindung zu den Hauptbahnhöfen in Leipzig und Halle (Fahrzeit 30 Min.) sowie zum Chemnitzer Omnibusbahnhof (Fahrzeit 1 Std. 45). Taxis fahren rund um die Uhr.
München (MUC) (Franz Josef Strauß) liegt 28,5 km nordöstlich der Stadt (Fahrzeit 40 Min.). Flughafeneinrichtungen: Duty-free-Shop, Restaurants, Läden, Reisebüros, Post mit Telefax (nur Inland), Banken, Konferenzzentrum (für 6-80 Personen), Duschen, Mutter-und-Kind-Bereiche, Apotheke, Mietwagenschalter. Direktverbindung mit der S-Bahn S8 vom Flughafen über den Ost- und Hauptbahnhof bis nach München/Pasing alle 20 Min. zwischen 03.55-00.55 Uhr (Gegenrichtung 03.13-00.13 Uhr). Fahrzeit: ca. 50 Min. Weitere Informationen über S-Bahn Fahrpreise unter der Rufnummer (089) 9 70 15 77. Ab Ost- und Hauptbahnhof gibt es Anschlüsse an die regionalen und überregionalen Züge u. a. nach Stuttgart, Regensburg, Passau, Burghausen, Salzburg, Kufstein, Garmisch-Partenkirchen, Oberstdorf und Lindau. Der *Lufthansa Airport Bus* verkehrt im 20-Minutentakt zum Hauptbahnhof zwischen 07.50-20.50 Uhr. Fahrzeit ca. 45 Min. Der *Autobus Oberbayern* verbindet im 20-Minuten-Takt mit der Innenstadt (07.50-20.50 Uhr). Fahrzeit: ca. 45 Min. Ferner Busverbindungen u. a. nach Augsburg, Ingolstadt, Regensburg, Landshut, Salzburg, Kitzbühel (nur im Winter) und Innsbruck.
Münster-Osnabrück (MSR) liegt 25 km außerhalb der Stadt. Busverbindungen nach Münster (Fahrzeit 30 Min.) und Osnabrück (Fahrzeit 35 Min.). Taxis benötigen etwa 40 Minuten nach Münster. Duty-free-Shop.
Nürnberg (NUE) liegt 7 km nördlich vom Stadtzentrum. Duty-free-Shop, Bar, Restaurants, Läden, Tourist-Information, Reisebüros, Kinderkrippe, Mietwagenschalter, Konferenzeinrichtungen, Postamt mit Geldwechsel, Hotelreservierung (24 Std.). Flughafenbus (City Express Airport) zum Hauptbahnhof alle halbe Stunde ab 05.00 bis 23.30 Uhr, Fahrzeit ca. 20 Min. je nach Verkehrslage. Buslinie 32 nach Thon mit Umsteigemöglichkeit in die Buslinie 30 nach Erlangen und in die Straßenbahnlinien 4 und 9 (Fahrzeit ca. 20 Min.). Taxistand.
Saarbrücken (SCN) (Ensheim) liegt 16 km vom Stadtzentrum entfernt. Ein Bus fährt stündlich zur Stadt. Taxistand.
Stuttgart (STR) (Echterdingen) liegt 14 km südlich der Stadt (Fahrzeit 35 Min.). Duty-free-Shop, Bankautomaten und Banken, Postamt, Restaurants, Konferenzräume (für bis zu 350 Personen), Hotelreservierung, Bar, Geschäfte, Kinderkrippe, Mietwagenschalter, Reisebüros. Taxistand. Vom Hauptbahnhof fährt ein Schnellbus alle 20 Min. direkt zum Flughafen. S-Bahnanschluß mit den Linien S2 und S3. Busverbindung mit den Linien 33, 7600 und 7556.
Paderborn/Lippstadt (PAD) liegt 15 km von Paderborn entfernt.
SCHIFF: Regelmäßige Fährverbindungen nach Deutschland:
Baltic Express Line: St. Petersburg – Kiel (1 x wöchentlich).
Color Line: Oslo/Norwegen – Kiel (tgl.).
Deutsche Fährgesellschaft Ostsee (DFO)/Dänische Staatsbahnen (Vogelfluglinie): Rødby/Dänemark – Puttgarden/Fehmarn (Abfahrt ca. alle 30 Min.); Gedser/Dänemark – Warnemünde (mehrmals tgl.).
Deutsche Bahn AG (TS-Line): Rønne/Dänemark – Saßnitz/Rügen (Mai - Sept.); Trelleborg/Schweden – Saßnitz/Rügen (mehrmals tgl., reduzierter Verkehr im Winter).
DSR Senator Lines Holding: Klaipeda/Litauen – Mukran/Rügen.
Fåborg-Gelting Line: Fåborg (Fünen)/Dänemark – Gelting/Schleswig-Holstein (3 x tgl. Febr. - Dez.).
Finnjet-Silja Line: Helsinki/Finnland – Travemünde (2 x pro Woche).
Grimaldi Lines: Rotterdam/Niederlande – Hamburg.
Langeland-Kiel Linien: Bagenkop (Langeland)/Dänemark – Kiel (2 x tgl.).
Lithuanian Shipping Co.: Klaipeda/Litauen – Kiel (4 x wöchentlich, Buchung u. a. über *Schnieder-Reisen*).
Scandinavian Seaways DFDS: Harwich – Hamburg (mehrmals wöchentlich); Newcastle/England – Hamburg (nur in den Sommermonaten); Helsinki/Finnland – Travemünde; Gedser/Dänemark – Warnemünde.
Stena Line: Göteborg/Schweden – Kiel (tgl.).
TT-Linie: Trelleborg/Schweden – Travemünde (mehrmals tgl.).
BAHN: Zwischen der Bundesrepublik und ihren europäischen Nachbarländern bestehen ausgezeichnete Bahnverbindungen. Es gibt zahlreiche schnelle EuroCity-Verbindungen im 1- oder 2-Stundentakt u. a. nach Amsterdam, Kopenhagen, Warschau, Prag, Brüssel, Paris, Budapest und Wien. Nachfolgend einige der wichtigsten EC-Verbindungen von Österreich und der Schweiz:
EuroCity Lötschberg: Brig – Basel – Köln – Hannover.
EuroCity Rheinpfeil: Hannover – Köln – Basel – Chur.
EuroCity Blauer Enzian: Dortmund – München – Salzburg – Klagenfurt.
EuroCity Wörthersee: Klagenfurt – Salzburg – München – Münster – Kiel.
EuroCity Robert Stolz: München – Salzburg – Graz.
EuroCity Stachus: München – Salzburg – Linz – Wien.
EuroCity Johann Strauß: Köln – Würzburg – Passau – Wien.
EuroCity Franz Liszt: Dortmund – Passau – Wien – Budapest.
Die EC-/IC-Stammlinie 5 bietet eine günstige Verbindung von Italien (Mailand) und der Schweiz (Chur, Interlaken, Genf, Brig) über Freiburg, Köln, Hannover und Magdeburg nach Berlin. Der *EC Bela Bartok* verbindet Stuttgart über München mit Budapest, der *EC Carl Maria von Weber* verkehrt zwischen Hamburg und Prag. Attraktiv ist auch die superschnelle ICE-Verbindung auf der Stammlinie 3: Zürich – Basel – Karlsruhe – Frankfurt/M. – Hamburg. Die Bahnverbindungen mit Osteuropa werden weiter ausgebaut.
BUS/PKW: Ein erstklassiges Straßenverkehrsnetz verbindet Deutschland mit allen angrenzenden Ländern. Zahlreiche europäische Reisebusunternehmen fahren regelmäßig in die Bundesrepublik. Der preisgünstige *Europabus* fährt fahrplanmäßig auf verschiedenen Strecken von größeren Städten aus in das europäische Ausland. Näheres von der Deutschen Touring GmbH, Am Römerhof 17, D-60486 Frankfurt/M. Tel: (069) 7903-0. Telefax: (069) 707 49 04 (Information). In allen größeren Städten gibt es sogenannte Mitfahrzentralen, die billige Mitfahrgelegenheiten in alle europäischen Länder vermitteln.
Einzelheiten über *Unterlagen* und *Verkehrsbestimmungen* s. u.

REISEVERKEHR - National

FLUGZEUG: *Lufthansa* ist die bekannteste innerdeutsche Fluggesellschaft. Zusätzlich gibt es eine Reihe regionaler Luftverkehrsgesellschaften, die im Auftrag von Lufthansa fliegen. Frankfurt/M. ist der wichtigste

Deutschland

Eine Stadt. Drei Flughäfen.
Berlin: Das Tor zum Osten.

Willkommen im Herzen Europas! Mit drei Flughäfen und rund 6 Millionen potentieller Reisender im Gebiet von Berlin Brandenburg, ist Deutschlands Hauptstadt die ideale Wahl als europäisches Drehkreuz. Berlin ist das Tor zum rapide wachsenden osteuropäischen Markt.
Warum Sie unbedingt nach Berlin fliegen sollten, erfahren Sie von unserer Marketing Abteilung Tel: +49 (30) 60 91 16 40.
Berlin — Ihr Tor zum Osten.

Berlin Brandenburg Flughafen Holding GmbH
Schönefeld - Tegel - Tempelhof

Flughafen im innerdeutschen Flugverkehr. Fast alle deutschen Flughäfen können von hier aus innerhalb von durchschnittlich 50 Minuten erreicht werden. Neben den oben angegebenen Flughäfen gibt es im innerdeutschen Flugverkehr noch eine Reihe weiterer kleinerer Flughäfen. Im Sommer werden Verbindungen durch Bedarfsflugdienste mit festen Abflugzeiten nach Helgoland, Sylt und einigen Ostfriesischen Inseln angeboten. Darüber hinaus stehen auf Anforderung auch Taxiflugdienste zwischen allen deutschen Verkehrsflughäfen zur Verfügung, einschließlich regionalen und Verkehrslandeplätzen.

SCHIFF: Schiffverkehr auf Flüssen, Seen und an der Küste wird im Linienverkehr von verschiedenen Schiffahrtsgesellschaften durchgeführt:
(a) auf den Flüssen Donau, Elbe, Main, Mosel, Neckar, Oder, Saale, Rhein und Weser;
(b) von den Ostseehäfen aus entlang der Ostseeküste und zu den Ostseeinseln;
(c) Seebäderdienst von Bremerhaven, Cuxhaven, Hamburg, Wilhelmshaven und weiteren Orten an der Nordseeküste zu den Friesischen Inseln und nach Helgoland;
(d) auf den Binnenseen Ammersee, Bodensee, Chiemsee, Königssee, Rursee, Starnberger See sowie auf dem Wannsee und dem Müggelsee in Berlin.
Autofähren verkehren regelmäßig zwischen verschiedenen Häfen der Ostseeküste im In- und Ausland. Zusätzlich werden Sonderfahrten auf allen befahrbaren Wasserwegen angeboten. Die *Köln-Düsseldorfer Deutsche Rheinschiffahrt* AG bietet ihren Fahrgästen die Möglichkeit, die schöne Landschaft an Rhein, Main und Mosel kennenzulernen. Die 19 komfortablen Fahrgastschiffe der KD verkehren von April bis Oktober täglich. Außerdem werden Schifftouren mit Bordprogrammen sowie mehrtägige Kabinenschiffsreisen auf dem Rhein zwischen der Schweiz und den Niederlanden und auf der Mosel angeboten. Zusammen mit der *Stern- und Kreisschiffahrt Reiseflotte GmbH* (in Berlin seßhaft) führt die KD Kabinenschiffsreisen auf der Elbe zwischen Hamburg und Dresden durch. Die Stern- und Kreisschiffahrt bietet rund um Berlin 30 Linien- sowie Ausflugsfahrten an, und darüber hinaus kann man mit weiteren Schiffen Ausflugs- und Seerundfahrten auf Saale, Elbe und Binnenseen unternehmen, insbesondere zur Mecklenburger Seenplatte. Die Reederei *Hapag-Lloyd* bietet in den Sommermonaten interessante Kreuzfahrten von 7 bis 21 Tagen Dauer von Bremerhaven, Hamburg und Kiel aus an. Besonders reizvoll sind auch die Fahrten durch das Elbtal der Sächsischen Schweiz. Die Bodensee-Schiffahrt bietet mit ihrer Flotte von rund 40 Schiffen im Sommer einen Linienschiffverkehr, Sonder- und Ausflugsfahrten und einen Autofährverkehr zur Schweiz und nach Österreich an (der Bodensee ist der drittgrößte Binnensee Europas). Mit dem *Bodensee-Paß* steht Feriengästen der ganze Bodenseeraum zum halben Preis zur Verfügung. Er gewährt 50% Ermäßigung für Fahrten auf Linienschiffen von DB, OeBB, SBB und URh auf dem Bodensee, Untersee und Rhein, mit den Fährlinien Friedrichshafen – Romanshorn – Überlingen – Bodmann – Rorschach – Rheineck sowie auf bestimmten Bahn-, Bus- und Bergbahnstrecken. Der Paß ist wahlweise für 15 Tage gültig oder für ein ganzes Jahr. Kinder bis 6 Jahre fahren gratis. Mit der Familienkarte, die kostenlos erhältlich ist, zahlen auch Kinder von 6-16 Jahren nichts und unverheiratete Kinder von 16-25 nur die Hälfte, vorausgesetzt, sie sind in Begleitung eines Elternteils. Die Familienkarte gilt ausschließlich auf den Schiffen und nur in Verbindung mit dem Bodensee-Paß. Rückerstattung des gesamten Betrages nur vor dem ersten Geltungstag.

BAHN: Es wird noch einige Zeit dauern, bis das gesamte ostdeutsche Streckennetz, das im Januar 1991 von der Deutschen Bundesbahn übernommen wurde, dem westlichen Standard entspricht. Umfassende Modernisierungsmaßnahmen und die Verbindung der ost- und westdeutschen Schienennetze erfordern ein massives Investitionsprogramm. Die Einbeziehung Berlins in das IC-/EC- und ICE-Netz schreitet voran. Es stehen bereits mehrere InterCity-Linien und eine ICE-Verbindung zur Verfügung, die jeweils im Ein- bis Zwei-Stundentakt bedient werden, darunter die Linien Berlin – Frankfurt/M. – Karlsruhe, Berlin – Köln – Basel, Berlin – Frankfurt/M. – München (ICE) sowie Hamburg – Berlin – Dresden mit durchgehender Verbindung nach Prag. Für Geschäftsleute interessant sind die ICE-Business-Sprinter, die nonstop auf folgenden Strecken verkehren: Frankfurt/M. – Hannover, Wiesbaden – Hannover, Frankfurt/M. – Hamburg, Wiesbaden – Hamburg, Mannheim – Hamburg, Karlsruhe – Hamburg und Frankfurt/M. – München. Es besteht Reservierungspflicht, Inhaber von Jahresnetzkarten können die Sprinter ohne Aufpreis benutzen. Weitere Auskünfte erteilen alle DB-Agenturen, die Fremdenverkehrsämter sowie die Generalvertretung der Deutschen Bahn AG für Österreich, Bösendorferstraße 2/I, A-1010 Wien, Postfach 290, A-1015 Wien (Tel: (0222) 505 83 00-0. Telefax: (0222) 505 96 12 85) und die Generalvertretung der Deutschen Bahn AG in der Schweiz, Schwarzwald Allee 200, CH-4058 Basel (Tel: (061) 690 11 64. Telefax: (061) 690 11 44).

Das Streckennetz der Deutschen Bahn AG umfaßt ca. 42.000 km. Der bereits begonnene Aufbau eines Schnellbahnnetzes von 3200 km soll bis 2010 abgeschlossen sein. In der Bundesrepublik verkehren täglich mehr als 30.000 Reisezüge. InterCityExpress-, InterCity-, EuroCity- und InterRegio-Linien sind bezüglich Ankunfts- und Abfahrtszeiten weitgehend aufeinander abgestimmt. Durch das InterCity-Netz werden mehr als 50 Städte mit modernen vollklimatisierten InterCity-Zügen im Stundentakt bedient, darunter inzwischen auch Berlin, Leipzig, Erfurt und Dresden sowie Stralsund (im Sommer Binz auf Rügen). Die InterRegio-Linien, die schnelle Verbindungen zwischen regionalen Zentren schaffen, verkehren im 2-Stundentakt (Strecken in Westdeutschland) bzw. 2- bis 4-Stundentakt in den fünf neuen Bundesländern, in denen zunehmend moderne Reisezüge eingesetzt werden. Das Schienennetz der Bahn wird durch zahlreiche regionale Verkehrsgesellschaften ergänzt. Nähere Informationen erteilen die Informationsstellen der Deutschen Bahn AG und örtliche Reisebüros.

Es ist unmöglich, detaillierte Informationen über Strecken, Fahrpläne, Fahrpreise und Ermäßigungen hier aufzuführen. Die diversen Informationsbroschüren der Bahn enthalten alles Wissenswerte. Nachfolgend eine kurze Beschreibung der wichtigsten Fahrkarten und Ermäßigungen. Einige dieser Karten sind nur in Deutschland erhältlich. Änderungen können sich in nächster Zukunft ergeben oder neue Sonderkarten eingeführt werden.

Für die Benutzung der schnellen EuroCity-/InterCity-Züge wird ein besonderer Zuschlag erhoben. Die sogenannten FD- und D-Züge halten auch auf den Bahnhöfen kleinerer Städte. Für die Benutzung dieser Züge wird kein besonderer Zuschlag erhoben. **Verpflegung:** Alle ICE-/EC-/IC-Züge und viele Schnellzüge im innerdeutschen und internationalen Fernverkehr bieten Zugrestaurants, Büfettwagen oder eine fahrbare Minibar. **Schlafwagen:** Viele Schlafwagen im internationalen Verkehr sind mit Duschen und Klimaanlagen ausgestattet. Bettplatzreservierungen sollte man rechtzeitig im voraus vornehmen. Einige Züge haben Liegewagen. Bei der Sitzplatzreservierung in **Euro-**, **InterCity-** und **InterCityExpress-**Zügen sollte man angeben, ob man im Großraum- oder Abteilwagen sitzen möchte. **Fahrradverleih:** Die DB bietet an ca. 260 Bahnhöfen ihren Kundendienst »Fahrrad am Bahnhof« an. Fahrgäste, die mit der Bahn anreisen, bezahlen eine verbilligte Leihgebühr. **Bergbahnen:** In den bekanntesten Bergregionen kann man mit Drahtseilbahnen, Sesselliften oder Zahnradbahnen fahren.

Sparpreis: Erhältlich für Hin- und Rückfahrt an einem Wochenende oder über ein Wochenende hinaus innerhalb eines Monats.

Supersparpreis: Erhältlich für Hin- und Rückfahrt an

einem Samstag oder über ein Wochenende hinaus innerhalb eines Monats (außer freitags und sonntags sowie an Spitzenverkehrstagen).

Euro Domino: *EURO DOMINO*-Netzkarten, die eine flexible Reiseplanung ermöglichen, gibt es für insgesamt 28 europäische Länder einschließlich der Fährverbindung zwischen Brindisi/Italien und Patras/Griechenland. Sie müssen jeweils vor Reiseantritt im Wohnsitzland erworben werden und sind unter Vorlage des Reisepasses oder eines gültigen Ausweises auf Bahnhöfen und von bestimmten Reisebüros erhältlich. Personen über 26 können die Netzkarten für Reisen in der 1. und 2. Klasse, junge Leute unter 26 nur für die 2. Klasse erhalten. Sie gewähren freie Fahrt an 3, 5 oder 10 frei wählbaren Tagen innerhalb eines Monats auf dem Schienennetz des gewählten Landes sowie 25% Ermäßigung im Heimatland bzw. allen Transitländern, die an das Netz angeschlossen sind. Jugendliche bis zum vollendeten 26. Lebensjahr erhalten die Netzkarte billiger. Kinder zwischen 4-12 Jahren bezahlen die Hälfte für eine Netzkarte und erhalten 50% Ermäßigung. Kinder unter 4 Jahren fahren gratis. Die deutsche ED-Netzkarte ist auf dem gesamten Netz der Deutschen Bahn gültig, alle zuschlagspflichtigen Züge, einschließlich des superschnellen InterCityExpress, können ohne Aufpreis benutzt werden. Nur Autoreisezüge sind davon ausgeschlossen. In Zügen mit obligatorischer Sitzplatzreservierung muß eine geringe Reservierungsgebühr bezahlt werden. Für Liege- und Schlafwagen gelten die normalen Zuschläge.

InterRail: Gültig für junge Leute unter 26 Jahren und die mindestens 6 Monate in Europa gelebt haben. Es stehen verschiedene Varianten zur Auswahl. Europa wurde in sieben Zonen von A bis G aufgeteilt, und der Paß erlaubt beliebig viele Fahrten innerhalb der gewählten Zonen. Es gibt vier Netzkarten: Der Global-Paß gilt in allen sieben Zonen und entspricht dem alten InterRail-Paß (gültig 1 Monat in 26 Ländern einschließlich Marokko und der Türkei sowie der Fährstrecke Brindisi – Patras). Wer nicht so viele Länder bereisen will, kann zwischen Netzkarten für eine Zone (2-7 Länder, 15 Tage gültig), zwei Zonen (6-10 Länder, 1 Monat gültig) und drei Zonen (9-15 Länder, 1 Monat gültig) wählen. 50% Ermäßigung werden im Wohnsitzland für die Strecke vom Abfahrtsbahnhof zur Grenze und umgekehrt sowie für Transitstrecken gewährt. Der InterRail-Paß ist nur für die 2. Klasse erhältlich und berechtigt nicht zur Benutzung bestimmter Schnellzüge (darunter der X2000 in Schweden, der Pendolino in Italien und der AVE in Spanien) bzw. erfordert einen Preisaufschlag (der deutsche ICE und der französische TGV).

InterRail 26+: Unbegrenzte Reisemöglichkeit mit der Bahn in 19 europäischen Ländern. Der InterRail 26+ ist für junge Leute von 26 Jahren und älter und ist entweder für 15 Tage oder 1 Monat erhältlich. Einige Schnellzüge verlangen einen Preisaufschlag.

Freedom Pass: Erforschen Sie eines der 25 angebotenen europäischen Länder (plus Marokko) und bereisen Sie es wahlweise entweder in 3, 5 oder 10 Tagen. Die Fahrkarte ist für Kinder (zwischen 4-11 Jahren) zum halben Preis und für junge Leute unter 26 erhältlich und einen Monat gültig.

BahnCard: Ermöglicht ein Jahr lang Fahrten zum halben Preis wahlweise in der 1. oder 2. Klasse auf fast allen Strecken der Deutschen Bahn. Zusätzlich zur BahnCard gibt es ermäßigte Versionen für Ehepaare, Familien, Senioren und junge Leute.

Rail Europ Senior (RES): Für Senioren ab 60 mit BahnCard bzw. Umweltticket in Österreich und Halbpreisabo in der Schweiz; gilt 1 Jahr, jedoch höchstens bis zum Ablauf von BahnCard/Umweltticket/Halbpreisabo. Gewährt 30% Ermäßigung in 25 europäischen Ländern.

Euro-Mini-Gruppe (Zoom): Eine Hin- und Rückreise von Gruppen von 2-5 Personen, darunter mindestens ein Jugendlicher unter 16 Jahren und 1 Erwachsener. 2 Monate in 19 europäischen Ländern gültig. 25% Ermäßigung für Erwachsene, 50% für Jugendliche.

Guten-Abend-Ticket: Zwischen 19.00 und 02.00 Uhr kann man das gesamte DB-Streckennetz zum günstigen Einheitspreis benutzen (mit wenigen Ausnahmen).

Autoreisezüge: Ein beliebter Kundendienst der DB sind die Autoreisezüge, die an das europäische Streckennetz angeschlossen sind. Viele Orte in der Bundesrepublik sind mit Autoreisezügen u. a. aus Österreich, der Schweiz, Italien, Kroatien, Frankreich, Griechenland und der Türkei zu erreichen. Speise-, Büfett-, Schlaf- und Liegewagen stehen in fast allen Zügen zur Verfügung.

BUS/PKW: Die Bundesrepublik Deutschland verfügt über ein hochmodernes Autobahnnetz von rund 11.000 km. Die Benutzung ist bislang gebührenfrei, die Einführung einer Straßengebühr für Autobahnen und Bundesstraßen ist jedoch im Gespräch. Das Gesamtstraßennetz umfaßt mehr als 630.000 km, und alle Landesteile können mit dem Pkw erreicht werden. Bleifreies Benzin ist an jeder Tankstelle erhältlich. Der **Pannendienst** des ADAC leistet Hilfe in ganz Deutschland, in den neuen Bundesländern sind darüber hinaus der *Auto Club Europa (ACE)* und der *Allgemeine Deutsche Motorsportverband (ADMV)* zuständig. Der ADAC unterhält auch einen Hubschrauber-Notdienst. Die Hilfeleistungen stehen den Mitgliedern dieser und ähnlicher Organisationen kostenlos zur Verfügung, nur die Materialkosten sind zu erstatten. An den Autobahnen stehen Notrufsäulen zur Verfügung. Bei Anrufen sollte ausdrücklich die »Straßenwachthilfe« verlangt werden. Für den Polizeinotruf und die Unfallrettung wählt man die Rufnummer 110 (in einigen neuen Bundesländern z. T. je nach Ortsnetz noch 115, im Zweifelsfall 112 (Feuerwehr) wählen). Genaue Auskünfte über Tankstellen, Raststätten und Motels an den Autobahnen sind im Prospekt »Autobahn-Service« enthalten, der von der DZT erhältlich ist.

Anmerkung: Die Autobahnen der neuen Bundesländer sind verhältnismäßig gut, die Landstraßen sind jedoch oft in schlechtem Zustand.

Busverkehr: Autobuslinien der Omnibus-Verkehrsgesellschaft Bahn/Post und anderer Unternehmen ergänzen den Schienenverkehr. Diese Busse fahren hauptsächlich in Dörfer und Kleinstädte, die nicht an das Bahnnetz angeschlossen sind. Es gibt nur wenige Langstreckenbusse. Der *Europabus* der *Deutschen Touring GmbH* bietet Touristen spezielle Liniendienste auf besonders interessanten Strecken, z. B. der *Romantischen Straße* (Wiesbaden/Frankfurt nach München/Füssen) und der *Burgenstraße* (zwischen Mannheim/Heidelberg nach Rothenburg ob der Tauber und Nürnberg). Adresse und Telefonnummer s. o.

Taxis stehen überall zur Verfügung. Es werden Wartegebühren und andere Zuschläge verlangt. Alle Taxis haben Taxameter.

Mietwagen: Firmen wie *Autohansa, Avis, Europa Service, Hertz, Sixt-Budget, Severin & Co, SU InterRent* verleihen Kraftfahrzeuge für 24 Stunden und für Zeiträume von bis zu 7 Tagen. Buchungsbüros stehen an allen Flughäfen, in fast allen Städten und an über 40 Bahnhöfen zur Verfügung. Die Preise richten sich nach dem Wagentyp. Eine Mehrwertsteuer in Höhe von 15% kommt hinzu. In den größeren Städten kann man auch Wagen mit Chauffeur mieten. Auf Anfrage wird ein Wagen am Flughafen, Bahnhof oder Hotel bereitgestellt. Benzin und Diesel kann an den Tankstellen nicht immer mit der Kreditkarte bezahlt werden. Mehrere Fluggesellschaften (einschl. *Lufthansa*) bieten »Flydrive« an. Weitere Auskünfte von der DZT.

Automobil-Clubs: Der *Allgemeine Deutsche Automobil Club* (ADAC) aus München und der Frankfurter *Automobilclub von Deutschland* (AvD) haben Informationsschalter an den wichtigsten Grenzübergängen und Geschäftsstellen und Vertretungen in allen größeren Städten. Den Mitgliedern angeschlossener Automobil-Clubs des Auslandes wird technische Hilfe geleistet. Landkarten und Reiseführer können in den Büros der Organisationen erworben werden. Man kann auch Schneeketten mieten. Der ADAC-Reiseruf benachrichtigt Autofahrer in Notfällen mit Durchsagen im Radio. Auf allen Sendern werden während des ganzen Jahres Straßenverkehrsberichte ausgestrahlt.

Verkehrsbestimmungen: Die Verkehrszeichen sind den internationalen Zeichen angepaßt. **Höchstgeschwindigkeiten:** Die Höchstgeschwindigkeit innerhalb geschlossener Ortschaften beträgt 50 km/h, außerhalb geschlossener Ortschaften 100 km/h; Richtgeschwindigkeit auf Autobahnen und autobahnähnlichen Schnellstraßen: 130 km/h, jedoch kein generelles Tempolimit. In Ostdeutschland ist das Tempolimit auf Autobahnen seit dem 1. 1. 1993 offiziell ebenfalls aufgehoben, aufgrund des Straßenzustandes sind allerdings effektiv noch regional Geschwindigkeitsbegrenzungen in Kraft, die jeweils ausgeschildert sind. Kinder unter 12 Jahren müssen im Kindersitz Platz nehmen und dürfen nicht auf dem Vordersitz mitgenommen werden. Sicherheitsgurte auf den Vorder- und Rücksitzen müssen während der Fahrt angelegt werden. An ausländischen Kraftfahrzeugen muß an der Rückseite das Nationalitätszeichen des Heimatlandes angebracht sein. Es empfiehlt sich, stets für einen vollen Tank zu sorgen. Wer mit leerem Tank auf der Autobahn liegenbleibt, kann gebührenpflichtig abgeschleppt und bestraft werden. Ein Warndreieck und ein Verbandskasten müssen mitgeführt werden. Die Promillegrenze liegt bei 0,8‰.

Unterlagen: Ausländische Reisende können mit einem nationalen oder internationalen Führerschein und einer nationalen oder internationalen Zulassung in der Bundesrepublik ein Jahr lang ein Kraftfahrzeug führen. Eine Haftpflichtversicherung ist gesetzlich vorgeschrieben. Allen ausländischen Kraftfahrern wird die Mitnahme der Internationalen Grünen Versicherungskarte empfohlen. Ohne diese Karte kann man in Deutschland nur den gesetzlichen Mindestversicherungsschutz in Anspruch nehmen, durch die Grüne Karte wird dieser zur Höhe des eigenen Versicherungsschutzes aufgestuft.

STADTVERKEHR: In allen Städten gibt es ausgezeichnete öffentliche Verkehrsmittel. In den Großstädten verkehren auch Straßen-, U- und S-Bahnen sowie Vorortzüge. Tages- und Sammelkarten können im voraus gekauft werden, sehr oft zu ermäßigten Preisen. In vielen Großstädten kauft man die jeweils benötigten Fahrkarten vor dem Betreten des Busses, der Straßen-, U- oder S-Bahn an Automaten an den Haltestellen. Sehr viele öffentliche Verkehrsmittel fahren ohne Schaffner, es gibt aber regelmäßige Fahrscheinkontrollen, und Fahrgäste ohne gültige Fahrkarte müssen in der Regel auf der Stelle eine Strafe bezahlen. Zahlreiche Fahrpläne und Broschüren stehen dem Reisenden zur Verfügung.

Berlin: Das Berliner Nahverkehrssystem ist ausgezeichnet und umfaßt ein ausgedehntes Buslinien- sowie U- und S-Bahnnetz, das durch die Regionalbahn der Deutschen Bahn AG (Linien R1-R14 liegen im Gültigkeitsbereich des S-Bahn-Tarifs), die Straßenbahn im Ostteil der Stadt sowie die Fährschiffe der BVG (Berliner Verkehrs-Betriebe) und die Ost-Berliner Stern- und Kreisschiffahrt (im Linienverkehr) ergänzt wird. Ein Nacht-Service steht Nachtschwärmern zur Verfügung; die Züge der U-Bahnlinien 1 und 9 verkehren von Freitag auf Samstag bzw. Samstag auf Sonntag die ganze Nacht hindurch. Das Berlin-Ticket gilt 24 Stunden für beliebig viele Fahrten auf dem gesamten Buslinien-, U- und S-Bahnnetz sowie der BVG-Schiffslinie. Ausgenommen sind nur die BVG-Ausflugsbuslinien. Mit der Kombi-Tageskarte hat man freie Fahrt mit U- und S-Bahn, Bus und auf den Schiffen der Kreis- und Sternschiffahrt sowie der Ost-Berliner Weißen Flotte. Die 30-Stunden-Gruppenkarte ermöglicht bis zu zwei Erwachsenen mit maximal drei Kindern gemeinsame Fahrten in Bussen und Bahnen der Region. Die 7 Tage gültige Sonderwochenkarte ist nur am Bahnhof Zoo erhältlich. Weitere Informationen von den Informationsstellen der BVG.

FAHRZEITEN von **Bonn** zu folgenden deutschen Großstädten (ungefähre Angaben in Std. und Min.):

	Flugzeug	Bahn	Schiff	Bus/Pkw
Hamburg	0.55	4.30	-	4.00
Hannover	-	3.15	-	3.00
Frankfurt/M.	0.40	2.00	a	2.20
Düsseldorf	-	0.45	-	1.00
Köln	b	0.15	0.40	0.20
Stuttgart	0.50	2.30	-	4.00
München	1.00	5.00	-	7.00
Berlin	1.05	7.00	-	8.00
Leipzig	-	7.00	-	7.00
Dresden	1.45	8.30	-	8.00

[a]: Ein Tragflächenboot fährt von Köln über Koblenz und Bonn nach Mainz. Fahrzeit 3 Std. 30, nicht tgl.

[b]: Köln und Bonn haben den gleichen Flughafen (vgl. Abschnitt Flugzeug in der Rubrik *Reiseverkehr – International* weiter oben).

(2) Durchschnittliche Fahrzeiten von **Berlin** (in Std. und Min.) zu anderen deutschen Großstädten:

	Flugzeug	Bahn	Bus/Pkw
Hamburg	0.45	3.15	4.00
Köln	1.05	5.30	7.00
Frankfurt/M.	1.10	5.16	6.30
München	1.20	7.10	7.00
Dresden	-	1.50	2.30
Leipzig	-	2.00	2.00
Erfurt	-	4.00	4.30
Rostock	-	3.00	2.30

Anmerkung: Angegeben sind jeweils die durchschnittlichen Fahrzeiten auf dem schnellsten und direktesten Weg. Für die Wasserwege sind die schnellsten Verbindungen mit Tragflächenbooten angegeben.

UNTERKUNFT

HOTELS: Das Hotelangebot in Deutschland ist äußerst umfangreich. Zahlreiche hilfreiche Broschüren sind von der DZT und vom *Deutschen Hotel- und Gaststättenverband (DEHOGA)* erhältlich. Anschrift: Kronprinzenstraße 46, D-53173 Bonn. Tel: (0228) 82 00 80. Telefax: (0228) 820 08 46. Etwa 50% aller Hotels sind dem Verband angeschlossen. Hotelkooperationen und örtliche Fremdenverkehrsverbände veröffentlichen ihre eigenen Hotel- und Unterkunftsverzeichnisse. Einige Hotels sind in alten Burgen, Schlössern und Klöstern untergebracht. Daneben gibt es auch zahlreiche hochmoderne Hotelhochhäuser und Hotelkomplexe. Für den Familienurlaub stehen Landgasthäuser zur Verfügung, die oft recht preiswerte Halb- oder Vollpension anbieten. In den Hotels der gehobenen Mittel- und Luxusklasse kann man sich so richtig verwöhnen lassen. Gute Freizeit- und Fitneßeinrichtungen ebenso wie Saunen und Schwimmbäder werden in zahlreichen Hotels angeboten.

Beim Wanderurlaub ohne festgelegte Route ist es oft schwierig, im voraus zu buchen. Die örtlichen Fremdenverkehrsämter sind aber gern bei der Reservierung behilflich. Am Straßenrand findet man oft Schilder mit der Aufschrift *Zimmer Frei.* Man sollte versuchen, sein nächstes Ziel immer vor 16.00 Uhr zu erreichen, besonders während der Hochsaison in den Sommermonaten.

Kategorien: (Die nachfolgenden Informationen gelten nur für Westdeutschland). Es gibt keine offizielle Kategorisierung, die Unterkünfte müssen jedoch jeweils bestimmte vorgeschriebene Kriterien erfüllen.

Hotels müssen jedermann zugänglich sein und mindestens ein öffentliches Restaurant haben (d. h. nicht nur für Hotelgäste). Den Gästen müssen mehrere Aufenthaltsräume zur Verfügung stehen. Etwa 27% aller Unterkünfte gehören in diese Kategorie.

Gasthöfe müssen die gleichen Bedingungen erfüllen wie Hotels, es gibt jedoch keine Aufenthaltsräume. 30% aller Unterkünfte gehören in diese Kategorie.

Pension: Eine Pension muß Unterkunft und Verpflegung nur für Gäste zur Verfügung stellen, d. h. weder ein öffentliches Restaurant noch Aufenthaltsräume müssen vorhanden sein. Etwa 16% aller Unterkünfte sind Pensionen.

Die DRESDNER PHILHARMONIE

Chefdirigent: Michel Plasson
Erster Gastdirigent: Juri Temirkanov
Ehrendirigent: Prof. Kurt Masur

Repräsentant sächsischer Orchesterkultur, hervorgegangen aus 450jähriger Ratsmusiktradition

Die spezielle Note des Orchesters sind Aufführungen interessanter musikalischer Neuheiten und die Wiederentdeckung wertvoller, selten gespielter Werke. Als Attraktion gelten seine traditionellen Konzerte mit großer Chorsinfonik und konzertanten Opern. Die ursprünglich-musikantische Gestaltung, suggestiver Ausdruckswille, breitgefächerte Dynamik und klangliche Farbigkeit lassen ein Konzert mit den Dresdner Philharmonikern in Erinnerung bleiben.

Dresdner Philharmonie
im Kulturpalast am Altmarkt
Postfach 120 368, 01005 Dresden.
Telephone 0351/4866 306 (rund um die Uhr),
0351/4866 286.

Hotel garni – etwa 27% aller Unterkünfte – bieten ihren Gästen Übernachtung mit Frühstück.

HOTELS IN OSTDEUTSCHLAND: Im letzten Jahr wurden sowohl quantitativ wie auch qualitativ erhebliche Fortschritte im Anpassungsprozeß an den internationalen Standard gemacht. In Dessau wurde ein 4-Sterne-Hotel eröffnet, dessen Architektur dem berühmten Dessauer Bauhaus nachempfunden ist. Der stark zunehmende Tourismus in Dresden führte regelrecht zu einem Hotel-Boom. Inzwischen bietet die Stadt bereits 46 Hotels von internationalem Standard und weitere sind in Planung. Trotz der Erweiterung der Bettenkapazität sind regional allerdings noch Engpässe möglich.

URLAUB AUF DEM BAUERNHOF: Gute Luft, deftige Hausmannskost, der Genuß einer reizvoller Landschaft oder das Erleben einer noch naturverbundenen Lebensweise – ein Ferienaufenthalt auf dem Bauernhof hat viele Reize und ist vor allem für Kinder ein schönes Erlebnis. Vielfältige Freizeitangebote sorgen für Abwechslung, und wer auf die Stadt gar nicht verzichten kann, fährt einfach auf eine Stippvisite in den nächsten Ort. Die Broschüre »Urlaub auf dem Bauernhof« wird in Zusammenarbeit mit dem Deutschen Landwirtschaftsverband herausgebracht. Informationen von der DZT oder dem *DLG-Verlag*, Eschborner Landstraße 122, D-60489 Frankfurt/M. Tel: (069) 2 47 88-455. Telefax: (069) 2 47 88-480. Die *Agrartour GmbH* bietet landwirtschaftliche Studienreisen an. Anschrift: Eschborner Landstraße 122, D-60489 Frankfurt/M. Tel: (069) 2 47 88-491. Telefax: (069) 2 47 88-495. Nähere Auskünfte und Informationsmaterial sind auch von der *Arbeitsgemeinschaft Urlaub auf dem Bauernhof in der BRD e. V.*, Godesberger Allee 142-148, D-53175 Bonn erhältlich; Tel: (0228) 8 19 80. Telefax: (0228) 819 82 31. Der Ferienkatalog »Raus auf's Land« erscheint jährlich jeweils im Dezember und beinhaltet Anbieter in ganz Deutschland, darunter auch 2000 Adressen in den neuen Bundesländern. Der Katalog ist für 18,50 DM (plus 6 DM Versandkosten) über den *Landschriftenverlag GmbH Bonn* zu beziehen. Anschrift: Zentrale für den Landurlaub, Heerstraße 73, D-53111 Bonn. Tel: (0228) 63 12 84. Telefax: (228) 766 91 99. Von der DZT erhalten Sie auch Reiseführer über alle deutschen Urlaubsgebiete.

FERIENDÖRFER & FERIENWOHNUNGEN: In allen Regionen der Bundesrepublik können vollständig eingerichtete Ferienhäuser und -wohnungen gemietet werden. Nähere Auskünfte erteilen u. a. die DZT und die regionalen Verkehrsämter.

CAMPING: Rund 2500 Campingplätze und Zeltmöglichkeiten mit den erforderlichen Einrichtungen stehen in den schönsten und beliebtesten Feriengebieten zur Verfügung. Sie sind normalerweise von April bis Oktober geöffnet, in den Skigebieten stehen darüber hinaus 400 Wintercampingplätze zur Verfügung. Die Campingplätze in den neuen Bundesländern haben eine recht einfache Ausstattung. Wer außerhalb der ausgewiesenen Zeltplätze campen will, muß die Genehmigung des Eigentümers und/oder der örtlichen Polizeibehörde einholen. Für Campingplätze gibt es normalerweise keine Vorausbuchung. Auf Anfrage erhält man von der DZT eine kostenlose Landkarte mit Einzelheiten der meisten Campingplätze. Weitere Informationsstellen: *Allgemeiner Deutscher Automobil-Club (ADAC)*, Am Westpark 8, D-81373 München. Tel: (089) 7676-0. Telefax: (089) 76 76-25 00. *Deutscher Camping-Club (DCC)*, Mandlstraße 28, D-80802 München. Tel: (089) 38 01 42-0. Telefax: (089) 33 47 37.

JUGENDHERBERGEN: Derzeit 640 Jugendherbergen in Ost- und Westdeutschland bieten Mitgliedern eines der *International Youth Hostel Federation* angeschlossenen Jugendherbergsverbandes preiswerte Übernachtungsmöglichkeiten. Eine Mitgliedskarte, die international gültig ist, kann man beim Deutschen Jugendherbergswerk, Hauptverband, Postfach 1455, D-32704 Detmold, Bismarckstraße 8, D-32756 Detmold bzw. bei den einzelnen DJH-Landesverbänden erwerben. Tel: (05231) 7401-0. Telefax: (05231) 7401-49. Öffnungszeiten: Mo und Di 08.00-20.00 Uhr (ab 16.30 Uhr nur telefonisch erreichbar), Mi und Do 08.00-16.30 Uhr und Fr 08.00-14.30 Uhr. In der Hochsaison (in Großstädten ganzjährig) empfiehlt sich in jedem Fall Vorausbuchung.

HISTORISCHE FERIEN: Auskünfte über Ferienaufenthalte in Schlössern, Burgen oder historischen Gasthöfen erteilen DZT-Vertretungen, Reisebüros und die Vereinigung der Burg- und Schloßhotels »Gast im Schloß« e. V., Geschäftsstelle D4, 9-10, Postfach 120620, D-68057 Mannheim. Tel: (0621) 12 66 2-0. Telefax: (0621) 12 66 2-12.

URLAUBSORTE & AUSFLÜGE

Das Landschaftsbild der Bundesrepublik Deutschland ist sehr vielseitig – Sandstrände, Hochgebirge, Wälder, Seen, reizvolle Flußtäler, mittelalterliche Dörfer und einige der größten Städte Europas machen Deutschland zu einem attraktiven Reiseziel. Jede Region hat ihre eigenen kulinarischen Spezialitäten und eine gute Wein- und Bierauswahl.

Die Bundesrepublik ist ein föderativer Staat und besteht aus 16 Bundesländern. Der Norden umfaßt die Nordseeküste, die Ostfriesischen Inseln, Schleswig-Holstein, die Stadtstaaten Hamburg und Bremen sowie das Wesertal, die Lüneburger Heide und den Harz. An die Ostseeküste mit ihren Ostseebädern und den tief ins Land reichenden Förden zieht es Jahr für Jahr viele Reisende. Weitere beliebte Urlaubsgebiete im Osten Deutschlands sind der Thüringer Wald, die Mecklenburger Seenplatte, die Sächsische Schweiz mit dem beeindruckenden Elbsandsteingebirge, der Harz und das Zittauer Gebirge. Im Westen des Landes liegen das Rheinland, das industrielle Ruhrgebiet, Westfalen mit seinen abwechslungsreichen Landschaften, die Weinregion der Rheinpfalz, das Saarland und das Bundesland Hessen, in dem die herrliche Bergstraße verläuft, eine der schönsten deutschen Ferienstraßen. Der Schwarzwald liegt im Südwesten im Bundesland Baden-Württemberg. Das Neckartal, Schwaben und der Bodensee sind die beliebtesten Urlaubsgebiete dieser Region. Bayern, nach wie vor Ferienziel Nummer Eins für in- und ausländische Besucher, hat mehr zu bieten als das weltberühmte Oktoberfest in der Landeshauptstadt München. Der Bayerische Wald mit dem ersten deutschen Nationalpark an der tschechischen Grenze, das liebliche Frankenland in Nordbayern, die Alpen und Oberbayern im Süden Bayerns sowie das schöne Allgäu sind auf jeden Fall eine Reise wert. Genauere Informationen über die einzelnen Ferienregionen der Bundesrepublik Deutschland in den folgenden Kurzbeschreibungen.

Norddeutschland

Die Landschaft im nördlichsten Bundesland **SCHLESWIG-HOLSTEIN** ist überwiegend flach mit sanften Hügeln, Seen und schönen Sandstränden. Die Ostseebäder, darunter *Timmendorfer Strand*, *Grömitz*, *Damp 2000* und *Schönhagen* mit ihren goldenen Sandstränden, werden jeden Sommer von vielen Erholungssuchenden besucht. In Schleswig-Holstein liegen die liebliche *Holsteinische Schweiz* und das *Herzogtum Lauenburg*, eine malerische Region mit saftigem Weideland und bewaldeten Hügeln. Hier findet man zahlreiche Seen und Förden, tief ins Land reichende Buchten. Abseits der Touristenpfade liegen die bezaubernden Kleinstädte Ratzeburg und Mölln, letzteres wurde bekannt durch die Legende des Till Eulenspiegel. **Lübeck**, dessen Altstadt von Wasser umgeben ist, gilt als die schönste Stadt Norddeutschlands. Das *Holstentor*, das *Rathaus*, die *Marienkirche*, das *Heilige-Geist-Spital* und die vielen im Stil norddeutscher Backsteinbaukunst erbauten Bürgerhäuser verweisen auf die einflußreiche Geschichte der alten Handelsstadt, die im Mittelalter ihre Blütezeit erlebte. Thomas Mann verewigte die Stadt in seinem »Buddenbrooks«-Roman, der ihm zu Weltruhm verhalf. Im *Buddenbrook-Haus* befindet sich das

Heinrich- und Thomas-Mann-Zentrum, das über Leben und Werk der Brüder informiert. In **Flensburg,** der nördlichsten Stadt der Bundesrepublik, findet man viele Gebäude aus dem 16. Jahrhundert. Die Stadt gehörte lange zu Dänemark, und auf der langen Fußgängerzone kann man zu jeder Jahreszeit viel Dänisch hören. An der Schlei, in Richtung Schleswig, liegt die alte Wikingerstadt **Haithabu** – ein modernes Museum, das über die hier gemachten Ausgrabungen und das Alltagsleben der nordischen Eroberer informiert. In **Schleswig** selbst ist vor allem der schöne alte *Dom* zu bewundern. Weiter südlich an der Ostseeküste liegt **Kiel, die** Hauptstadt von Schleswig-Holstein. Jedes Jahr im Juni findet hier die »Kieler Woche« statt. Kiel ist das Segelzentrum Deutschlands, und Segelfreunde finden hier ausgezeichnete Einrichtungen. Die moderne Stadt hat eine große Universität und liegt am Nord-Ostseekanal. Der Nordseeküste vorgelagert befinden sich die **Nordfriesischen Inseln** Sylt, Föhr, Amrum und die Halligen, die bekannt für ihre artenreiche Vogelwelt sind. Es gibt gute Verbindungen zum Festland.

HAMBURG ist mit über 1,7 Mio. Einwohnern die zweitgrößte Stadt der Bundesrepublik. Der Stadtstaat gehörte mit Lübeck, Bremen und Rostock zur *Hanse*, dem mittelalterlichen Kaufmanns- und Städtebund. Die Hamburger waren schon immer auf ihre Selbständigkeit stolz. Auf einer Stadtrundfahrt vom Hauptbahnhof aus erhält man einen ersten Eindruck von den Ausmaßen der schönen alten Hansestadt mit ihrem riesigen Hafen. Die barocke *Michaeliskirche (»der Michel«)*, das *Rathaus* mit dem grünen Kupferdach, das elegante *Hanseviertel*, die *Alsterarkaden* und die *Alster* (größter See innerhalb einer Stadt in Europa) gehören zu den Sehenswürdigkeiten der Stadt. Die Hamburger Kunsthalle, das Museum für Hamburgische Geschichte, das Museum für Kunst und Gewerbe, das *Altonaer Museum* und die *Deichtorhallen* (moderne Kunst) sind nur einige der interessantesten Museen. Die Hamburgische *Staatsoper* und das *Deutsche Schauspielhaus* machen Hamburgs Ruf als Kulturzentrum alle Ehre. Weithin bekannt ist auch das plattdeutsche *Ohnsorgtheater* sowie das *Thalia-Theater*. In *Planten un Blomen*, dem wunderschön angelegten Park im Herzen der Stadt am *Congresscentrum (CCH)* finden im Sommer mehrmals täglich eindrucksvolle Wasserspiele statt; abends um 22.00 Uhr versammelt sich immer eine große Menschenmenge, um den farbenfrohen Wasserfontänen mit musikalischer Untermalung (von klassisch bis modern) zuzusehen. Wer tagsüber an Planten un Blomen vorbeikommt, wird den *Fernsehturm* nicht übersehen können. Mit dem Fahrstuhl kann man gegen ein Eintrittsgeld zur Aussichtsplattform fahren und sowohl die nördlichen Stadtteile als auch den Hafen und das südliche Elbufer sehen. Unter der Aussichtsplattform gibt es ein Restaurant, das sich in einer Stunde einmal um sich selbst dreht. In der Nähe des Fernsehturms am U-Bahnhof Feldstraße findet mehrmals im Jahr ein großer Jahrmarkt statt, der *Dom*. Die Auswahl an Karussels, Bier- und Imbißzelten, Geisterbahnen und Losbuden ist fast ebenso schwindelerregend wie der Anblick des weithin sichtbaren Riesenrads. Von der Feldstraße ist es nicht weit bis *St. Pauli* im Stadtteil Altona, dem Kneipen- und Vergnügungsviertel mit der berühmt-berüchtigten *Reeperbahn*. Dieser Stadtteil wird erst abends richtig lebendig – es sei denn, der FC St. Pauli hat ein Heimspiel. Neonlichter, belebte Straßen, Musik, Cabarets und Theater bestimmen das Straßenbild. Nach einer durchgemachten Samstagnacht trifft man sich um 06.30 Uhr am Sonntagmorgen auf dem *Fischmarkt*. Dort kann man nicht nur frischen Kutterfisch kaufen, sondern auch Obst, Gemüse und Grünpflanzen, und wird außerdem noch mit Hamburger Schlagfertigkeit bedient. Eine Hafenrundfahrt durch das riesige Hafengelände ist ebenfalls ein unvergeßliches Erlebnis.

Die Einkaufsstraßen der Hamburger Innenstadt konzentrieren sich auf die Gegend zwischen dem Hauptbahnhof und dem Gänsemarkt, mit Fußgängerzonen, Kaufhäusern, eleganten Einkaufspassagen und Straßencafés. Second-hand-Läden findet man vor allem im Universitätsviertel und im Karolinenviertel. Wer im Sommer eine Erholung vom Einkaufsbummel sucht, kann auf der Alster stundenweise Ruder- oder Tretboote mieten (Personalausweis muß hinterlegt werden), und das grüne, weitverzweigte Kanalsystem der Hansestadt erforschen, welches unter Trauerweiden und Brücken und an stillen, gepflegten Gärten vorbeiführt bis zur nächsten Eisdiele oder Kneipe.

Ein Spaziergang am Elbufer in Richtung Nordsee führt an den *schnieken* (»vornehmen«) Elbvororten und dem Museumshafen *Övelgönne* vorbei. In gemütlichen Cafés und Kneipen am Elbstrand kann man Rast machen und den großen und kleinen Schiffen nachsehen, die noch immer wie seit Jahrhunderten vom Hamburger Hafen aus in alle Welt ablegen.

Deutschlands älteste Hafenstadt **BREMEN** hat über 500.000 Einwohner, ist ebenfalls ein Stadtstaat und seit dem Jahr 965 eine Handelsstadt. Die ältesten Bauwerke wie das gotische *Backstein-Rathaus* (1405-1410) befinden sich im Umkreis des Marktplatzes. Der *Roland*, das Wahrzeichen der Stadt, dokumentiert die lange stolze Geschichte Bremens. In der Fußgängerzone steht eine *Skulptur der Bremer Stadtmusikanten*, bekannt durch das gleichnamige Märchen der Gebrüder Grimm. Besonders reizvoll ist ein Bummel durch das *Schnoorviertel*, ein altes Wohn- und Künstlerviertel mit schönen Bürgerhäusern und gemütlichen Schenken. **Hannover**, die Landeshauptstadt von **NIEDERSACHSEN**, ist vor allem durch die Hannover-Messe bekannt. Die »Großstadt im Grünen« ist seit langem ein wichtiger Verkehrsknotenpunkt. Sie hat zahlreiche Attraktionen. Besonders sehenswert sind das *Schloß Herrenhausen* mit den *Königlichen Gärten* des Herzogs Georg von Calenberg aus der Barock-Periode, die *Marienkirche* (14. Jh.) und das *Rathaus* mit dem berühmten Staffelgiebel (15. Jh.). Das Musik- und Theaterfest, das auf Freilichtbühnen in der Gartenanlage stattfindet, zieht alljährlich im Sommer viele Besucher an. An Regentagen kann man sich in den zahlreichen interessanten Museen der Stadt die Zeit vertreiben. Das *Sprengel-Museum* am Maschsee entwickelt sich zu einem der bedeutendsten Museen für moderne Kunst in Deutschland. Im Wesertal liegt die Rattenfängerstadt **Hameln**. Im Sommer wird jeden Sonntagmittag das berühmte Märchen aufgeführt. In der Stadt gibt es mehrere bedeutende Bauwerke im Stil der Weser-Renaissance. Charakteristisch für das romantische Weserbergland im Südwesten Niedersachsens sind die vielen Höhenzüge und der Waldreichtum.

Ostfriesland, im Norden Niedersachsens, besteht aus einer weiten Ebene, die von bewaldeten Hügeln durchzogen wird. Auch die autofreien **Ostfriesischen Inseln** sind für ihre Kurorte mit modernen Einrichtungen und für ihre guten Sandstrände bekannt. Das Meer, die Luft und die Küstenlandschaft garantieren einen angenehmen und erholsamen Urlaub. Zwischen Elbe und Aller befindet sich ein großes Naturschutzgebiet, die *Lüneburger Heide*. Moore mit großen Heideflächen, grasende Schafe, kleine Birkenwälder und Wacholder bestimmen das Landschaftsbild. Der *Vogelpark Walsrode* ist einer der schönsten und größten der Welt und bekannt für sein Engagement in der Zucht bedrohter Vogelarten. Die stilvollen Fachwerkhäuser in Celle und Lüneburg machen einen Besuch in diese Städte lohnenswert. Weiter westlich liegt **Oldenburg**, das Wirtschafts- und Kulturzentrum der Region zwischen Ems und Weser. Im Norden liegt der Badeort **Wilhelmshaven**, der für seine therapeutischen Moorbäder bekannt ist. Die Stadt ist auch ein guter Ausgangspunkt für Ausflüge entlang der Küste und auf die Ostfriesischen Inseln. **WESTFALEN** liegt zwischen dem Rhein- und Wesertal. Viele Besucher denken dabei zunächst an das industrielle Ruhrgebiet, aber in Westfalen findet man auch viele romantische *Wasserburgen* und Gebiete von besonderer landschaftlicher Schönheit und historischer Bedeutung. Der *Teutoburger Wald* mit seinen Naturschutzgebieten ist ein herrliches Wandergebiet. Zentrum des Münsterlandes ist die alte wunderschöne Bischofsstadt **Münster.** Hauptsehenswürdigkeiten sind hier der *Prinzipalmarkt* und das gotische *Rathaus*, wo 1648 der Westfälische Frieden geschlossen wurde, der den Dreißigjährigen Krieg beendete. Im **Sauerland** findet man stille Seen, Wälder und Hügel, die im Winter zum Skilaufen und zu jeder Jahreszeit zum Wandern einladen.

Südlich von Münster liegt das Industriegebiet der Ruhr, ein Ballungszentrum aus mehreren Großstädten, die mehr oder weniger zusammengewachsen sind. Das **Ruhrgebiet** ist nicht nur Deutschlands bedeutendstes Industriezentrum, sondern beeindruckt auch durch sein faszinierendes breitgefächertes Kulturangebot. Unzählige Museen, Theater, Kunstgalerien und Opern machen es zu einem der kulturellen Mittelpunkte Deutschlands. Großzügige Parkanlagen bieten Erholung innerhalb der Industrielandschaft. Gut erhaltene oder liebevoll restaurierte alte Gebäude erinnern an die Zeiten, als die Städte an der Ruhr noch kleine Orte waren, umgeben von Ackerland und sanften Hügeln.

Die größten Städte der Region von Westen nach Osten sind **Krefeld, Duisburg** (Deutschlands größter Binnenhafen), **Essen** (im Herzen des Ruhrgebietes), **Bochum** und **Dortmund**, das Brauereizentrum der Bundesrepublik. Südlich der Ruhr, an der Grenze zum schönen Siegerland liegt **Wuppertal**, dessen einzigartige *Schwebebahn* das bekannteste öffentliche Nahverkehrsmittel der Region ist.

Das Rheinland

Das **RHEINLAND** ist Deutschlands ältestes Kulturzentrum. Städtenamen wie Köln, Aachen und Mainz stehen für mächtige gotische Bauwerke und eine Geschichte, die mit vielen bedeutenden Namen der europäischen Vergangenheit verbunden ist. In dieser Region findet man die weiten fruchtbaren Tiefebenen des Niederrheins, die Kraterseen der *Eifel*, das *Bergische Land* mit seinen Seen und dem Altenberger Dom und das *Siebengebirge*. Besucher des Rheinlands und des Moseltals werden nicht nur von der Romantik und der landschaftlichen Schönheit angezogen, sondern auch von der geselligen Atmosphäre, die die lebenslustigen Rheinländer durch Wein und Gesang verbreiten – »Rheinland ist Weinland«. Weinberge bedecken die sonnigen Hänge des Rheintals, und im Frühling zur Zeit der Obstblüte verweilt man hier besonders gern. Das *Ahrtal* ist für seinen Rotwein berühmt. In der Nähe befindet sich der *Nürburgring*, die berühmte Autorennstrecke. Trier, die älteste deutsche Stadt, liegt an der Mosel in der Nähe der luxemburgischen Grenze. Hier findet man die bedeutendsten römischen Baudenkmäler nördlich der Alpen. Folgt man der Mosel östlich in Richtung Koblenz, kommt man an mehreren berühmten Weinorten wie Bernkastel-Kues, Kröv, Beilstein und Cochem vorbei. Das Rheintal zwischen Köln und Mainz ist für seine herbstlichen Weinfeste weltberühmt. Unter den vielen Burgen des Rheintals zählen *Stolzenfels, Marksburg, Rheinfels* bei St. Goar und *Schönburg* bei Oberwesel zu den schönsten. Zwischen Karfreitag und Ende Oktober betreibt die *KD Deutsche Rheinlinie* Bootsfahrten zwischen Köln und Mainz. Der Ausflug lohnt sich; die Fahrt geht an stillen Weinbergen und malerischen Dörfern vorbei.

Am Rhein liegen zahlreiche interessante Großstädte. **Düsseldorf,** die Landeshauptstadt **NORDRHEIN-WESTFALENS** ist ein wichtiges Wirtschafts- und Kulturzentrum. Die Stadt entwickelte sich im Verlauf von 700 Jahren von einem kleinen Fischerdorf an der Düssel zur führenden Außenhandelsmetropole des Landes. Düsseldorf ist eine außerordentlich wohlhabende Stadt, in der die Kunst eine große Rolle spielt. Die Stadt hat eine schöne Oper, Konzertsäle, Galerien, über 20 Theater und 17 Museen. Die Staatliche Kunstgalerie von Nordrhein-Westfalen und die Kunsthalle sind nur zwei der interessantesten »Kunsttempel«. Das große Messegelände liegt nördlich des *Hofgartens*, hier werden seit der Zeit Napoleons Handelsmessen veranstaltet. Im Herzen der Stadt liegt die elegante *Königsallee*, allgemein »Kö« genannt. Auf dem breiten, von Bäumen gesäumten Boulevard mit seinen Cafés, modischen Boutiquen und Einkaufspassagen trifft man sich gern zum Stadtbummel. Ganz in der Nähe findet man den Botanischen Garten, den Hofgarten, das barocke *Schloß Jägerhof* und den Landtag. Weitere Sehenswürdigkeiten sind die Burgruine aus dem 13. Jahrhundert, die *St. Lambertuskirche*, das wiederaufgebaute Rathaus (16. Jh.), das *Barockschloß Benrath* im Süden Düsseldorfs und die vielen Seen und Gärten im Stadtbereich und in den Vororten. Die zahlreichen Altbierkneipen in Düsseldorfs Altstadt haben ihr den Ruf der »längsten Theke Europas« eingebracht. **Köln** wurde von den Römern gegründet und ist heute eine bedeutende Kultur- und Wirtschaftsmetropole, in der jedes Jahr viele Handelsmessen stattfinden. Wahrzeichen der Stadt ist der gotische *Dom von St. Peter und St. Maria* (13.-19. Jh.). Besonders sehenswert sind auch der goldene Schrein der Heiligen Drei Könige, die mittelalterlichen Stadtmauern und die vielen romanischen Kirchen wie St. Pantaleon, St. Georg, St. Apostein, St. Gereon und St. Kunibert. Die schönsten gotischen Kirchen sind St. Andreas, die Minoritenkirche und die Antoniterkirche. Zahlreiche römische Überreste wie das Dionysosmosaik, das Praetorium, die Wasserrinnen und die Katakomben haben sich erhalten. Das *Wallraf-Richartz-Museum* (bedeutende Gemäldesammlung) ist in einem umstrittenen Neubau am Rheinufer in der Nähe des Bahnhofs untergebracht. Das *Römisch-Germanische Museum*, das *Schnütgen-Museum* (mittelalterliche Kirchenkunst), den Zoo und den Rheinpark mit seinen »tanzenden Fontänen« sollte man ebenfalls gesehen haben. Die Stadt ist idealer Ausgangspunkt für Rheinfahrten und mit Düsseldorf zusammen die Hochburg des rheinischen Karnevals. Die Altstadt wurde liebevoll restauriert und ist wie die großen Einkaufsstraßen eine Fußgängerzone.

In **Aachen** finden alljährlich das internationale Reit- und Springturnier statt. Die Stadt liegt 50 km westlich von Köln an der Grenze zu Belgien und den Niederlanden. Aachen ist ein bekanntes Heilbad und die alte Hauptstadt des Kaiserreichs Karls des Großen. Jeder Besucher sollte sich den weltberühmten *Kaiserdom* anschauen. Weitere Sehenswürdigkeiten sind der Marmorthron Karls des Großen, die achteckige Kapelle, das *Suermondt-Museum* (Gemälde und Skulpturen) und die eleganten Fontänen, deren schwefelhaltiges Wasser Aachen zu einem Heilbad machten. Das Rathaus wurde zwischen 1333 und 1370 auf den Ruinen des Kaiserschlosses erbaut, die Krönungshalle und die schönen Fresken, die Karl den Großen darstellen, sind besonders sehenswert.

Die über 2000 Jahre alte Universitätsstadt und langjährige Hauptstadt **Bonn** wird auch nach der geplanten Verlegung von 11 Ministerien nach Berlin zweiter Regierungssitz bleiben, und der Bundesrat wird weiterhin hier tagen. Bonn soll zudem Verwaltungszentrum werden. Südlich der Innenstadt liegt der ehemalige Kurort Bad Godesberg, der heute Bonn eingemeindet ist. Das Diplomatenviertel bietet eine vielfältige Auswahl an internationalen Restaurants und Geschäften. Sehenswert sind hier auch die *Godesburg* (1210), interessante Kunstsammlung) und die *Redoute*, ein Barockschlößchen. Die Hauptattraktionen der Innenstadt sind das *Bonner Münster* (11.-13. Jh.) mit seinen Kreuzgän-

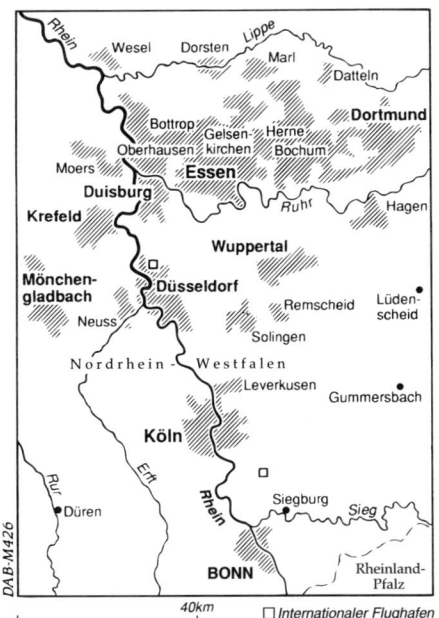

gen, die Kirche in Schwarzrheindorf (zweistöckig, 1151), die Remigiuskirche (13.-14. Jh.), der Marktplatz mit dem barocken Rathaus (1737), das Poppelsdorfer Schloß (1715-40) und der Botanische Garten. Interessant ist auch ein Besuch im Naturwissenschaftlichen Museum Alexander König. Der Hofgarten der Universität (1725, ein ehemaliges Schloß) dient im Sommer nicht nur Studenten als Treffpunkt. Das Geburtshaus Beethovens ist heute ein Museum. Jedes Jahr finden zahlreiche musikalische Veranstaltungen zu Ehren des großen Komponisten statt. Wen es ins Grüne zieht, kann in den Parkanlagen der Stadt Erholung suchen oder die Rheinpromenade entlangspazieren. Die Rheinaue am Rheinufer ist eine der schönsten Grünanlagen. Der Kottenforst, der Venusberg und das Siebengebirge sind beliebte Naherholungsgebiete der Bonner. Im Naturschutzgebiet des Siebengebirges befinden sich die nördlichsten Weinberge Deutschlands. Zahlreiche Rheinsagen haben hier ihren Ursprung, die wohl bekannteste ist die Siegfriedsage vom Drachenfels. Am Fuß dieses Berges liegt Rhöndorf, Heimatort des ersten deutschen Bundeskanzlers Dr. Konrad Adenauer. In seinem ehemaligen Wohnhaus ist heute ein Museum untergebracht. Das Ahrtal und *Schloß Brühl* sind ebenfalls schöne Ausflugsziele. An alte Traditionen anknüpfend, findet jedes Jahr Anfang Mai die Veranstaltung *Rhein in Flammen* statt. Überall an den gebirgigen Rheinufern von Bonn bis Mainz werden am Abend Leuchtfeuer entzündet, und es empfiehlt sich, eine der angebotenen Rheinschiffahrten zu buchen.

Koblenz liegt am Zusammenfluß von Mosel und Rhein. Von der *Festung Ehrenbreitstein* (1816-32) hat man einen schönen Blick auf das gegenüberliegende *Deutsche Eck* (benannt nach dem früheren Deutschherrenhaus) mit dem Denkmal der deutschen Einheit. Von besonderem Interesse sind die *Klosterkirche* (12.-13. Jh.) und das *Kurfürstliche Schloß*. Auch die Florinuskirche (12. Jh., die Kanzel ist aus dem 14. Jh.) und die *Liebfrauenkirche* (12. Jh., die Kanzel stammt aus dem 15. Jh.) sind sehenswert. In Ehrenbreitstein gibt es ebenfalls ein Beethoven-Museum.

Die alte Römerstadt **Trier** liegt an der Mosel, 100 km südwestlich von Koblenz. Trier, das zum UNESCO-Weltkulturgut erklärt wurde, ist die älteste deutsche Stadt und war im 3. und 4. Jahrhundert n. Chr. eine römische Kaiserstadt. Hier wird auf Schritt und Tritt Geschichte lebendig. Unbedingt einplanen sollte man einen Besuch der zahlreichen eindrucksvollen römischen Baudenkmäler; die *Porta Nigra* (das große Stadttor aus dem 2. Jh.), die *Kaisertherme*n, die *Basilika*, die *Römische Palastaula* und das *Amphitheater* sind wohl die bekanntesten. Trier ist auch eine Stadt der Kirchen, besonders schön sind der imposante Dom (4. Jh.), die gotische Liebfrauenkirche, das Simeonsstift (Kreuzgänge aus dem 11. Jh.) und die Matthäuskirche (mit dem Grab des Apostels). Die *Kirche von St. Paulinus* wurde von Balthasar Neumann entworfen und ist eine der schönsten Barockbauten im Rheinland. Wer Zeit hat, sollte auch das Heimatmuseum, das Städtische Museum, die Stadtbibliothek (berühmte Manuskripte) und das Geburtshaus von Karl Marx besuchen.

Mainz ist die Landeshauptstadt von **RHEINLAND-PFALZ**, Universitätsstadt und seit 2000 Jahren Bischofssitz. Die Stadt liegt an den Flüssen Main und Rhein und hat viele schöne alte Fachwerkhäuser. Hier erfand Johannes Gutenberg im 15. Jahrhundert den Buchdruck mit beweglichen Lettern. Im *Gutenberg-Museum* kann man alles Wissenswerte über diese Kunst erfahren. Der Mainzer Dom ist 1000 Jahre alt. Das Kurfürstliche Schloß, die römische *Jupitersäule* (67 n. Chr.) und die

---

Weiterkommen mit Weiterbildung
Staatlich zugelassenes
Fernstudium
Touristikmanagement

Lehrinhalte:
Allgemeine Betriebswirtschaftslehre mit Personalmanagement, Finanzierung und Rechnungswesen
Spezielle Betriebswirtschaftslehre für Hotel und Fremdenverkehr
Angewandtes Marketing für Touristikmanager
Professionelle Reiseveranstaltung und Reiseorganisation

Studiendauer:
15 Monate

Voraussetzungen:
Hochschulreife (Abitur) bzw. Mittlere Reife mit abgeschlossener Berufsausbildung

Studienbeginn:
jeweils zum Quartalsanfang

Abschluß:
IST-Diplom Touristikmanager/in

Weitere IST-Ausbildungen:

Gesundheitstraining
- Fernstudium mit Pflichtseminaren
- Dauer: 22 Monate
- Inhalte u.a.: Ernährungsberatung, Sport als Gesundheitsvorsorge, Wellness

Eventmanagement
- Präsenzausbildung (Pflichtseminare)
- Dauer: 12 Monate
- Inhalte u.a.: Eventorganisation, Marketing, Sponsoring, Public Relations

Sportmanagement
- Fernstudium
- Dauer: 15 Monate
- Inhalte u.a.: Sportmarketing, Sportanlagen- und Vereinsmanagement

Kombinationsstudiengang Sport- und Touristikmanagement möglich

Institut für Sport, Freizeit und Touristik
Fürstenwall 154 • 40217 Düsseldorf
Tel. 0211 / 386 44 - 0 • Fax: 0211 / 386 44 - 44
http://www.leodata.com/ist • eMail: ist@leodata.com

Deutschland

FRANKFURT am Main

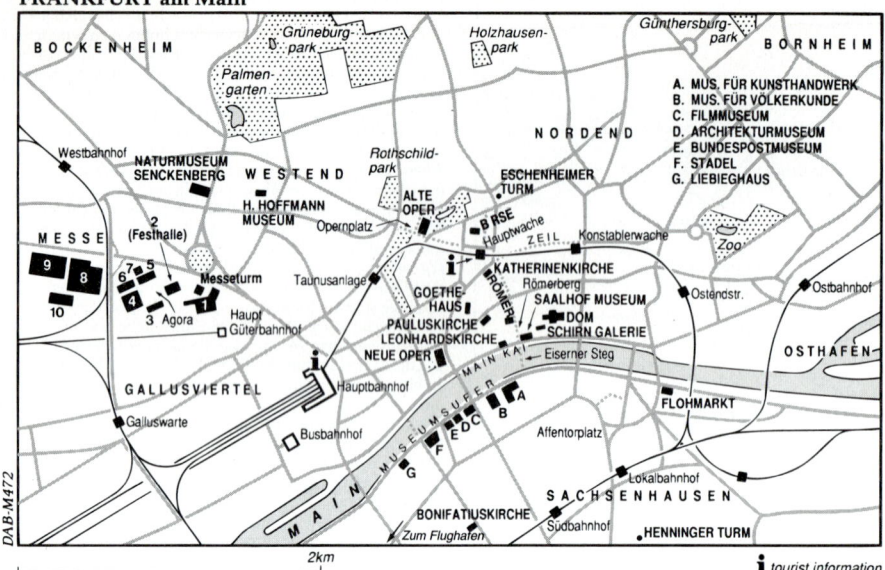

Zitadelle mit dem Denkmal des Generals Nero Claudius Drusus sollte man sich nicht entgehen lassen. Die Mainzer Fastnacht (Karneval) und der Weinmarkt (Ende Aug. - Anfang Sept.) sind Höhepunkte im Veranstaltungskalender der Stadt.
Die sonnigen Hänge des Rheingaus in Hessen zählen zu den besten deutschen Weinanbaugebieten.

Mitteldeutschland

Östlich der Rheinpfalz liegt das Bundesland **HESSEN**. In Nord-Hessen (*Kurhessen-Waldeck*) findet man Seen, Wälder und zahlreiche staatlich anerkannte Heilbäder und Kurorte. Hessen ist auch für seine vielen Dörfer mit Fachwerkhäusern bekannt. Die alten Sitten und Gebräuche werden dort noch immer gepflegt. Die *Deutsche Märchenstraße* führt durch einige dieser Orte. **Schwalmstadt** war die Heimat von Rotkäppchen, und die Einwohner tragen zum sonntäglichen Kirchgang und zu Volksfesten noch traditionelle Kleidung. Im Reinhardswald liegt die *Sababurg* (heute ein Hotel), die den Brüdern Grimm als Vorlage für Dornröschen diente. In den mittelalterlichen Kleinstädten erfreuen Giebelhäuser, enge Gassen und hübsche Marktplätze das Auge. Die Lahn, ein Nebenfluß des Rheins, fließt durch eine romantische Landschaft, besonders die Gegend um Nassau, Wetzlar, Limburg und am Schaumburger Schloß ist bei Feriengästen beliebt. Die wunderschöne alte Universitätsstadt **Marburg** zieht Besucher aus aller Welt an. Die hessische Landeshauptstadt **Wiesbaden** ist ein eleganter Kurort und eine internationale Konferenzstadt. Sie liegt am Südhang des Taunus und hat ein ausgesprochen mildes Klima. Die Heilquellen der Stadt werden vor allem von Rheumakranken aufgesucht. Sehenswert, neben dem Kurhaus und dem berühmten Spielkasino, sind die *Wilhelmstraße* mit ihren eleganten Cafés und Geschäften, das Hessische Staatstheater und die Griechische Kapelle. Auf den bewaldeten 245 m hohen Neroberg führt eine Zahnradbahn. Das traditionelle internationale Reit- und Springturnier am Pfingstsonntag auf dem Gelände von Schloß Biebrich, Bootsfahrten auf dem Rhein und Waldspaziergänge sind nur einige der vielfältigen Freizeitmöglichkeiten.
Darmstadt liegt einige Kilometer weiter östlich am Rhein. Die wichtigsten Sehenswürdigkeiten dieser Stadt sind das Schloß (16. und 17. Jh.), das Landesmuseum, der Luisenplatz mit der Ludwigssäule, die Künstlerkolonie auf der Mathildenhöhe, der »Hochzeitsturm« sowie die Russische Kapelle und das Nationaltheater auf dem Marienplatz. Im *Jagdschloß Kranichstein* sind heute ein Hotel und ein Jagdmuseum untergebracht. Das *Prinz-Georg-Palais* (18. Jh.) stellt eine umfangreiche Porzellansammlung aus.
Die Messestadt **Frankfurt am Main** ist Bank- und Handelsmetropole und wichtigster Verkehrsknotenpunkt der Bundesrepublik. Ihre Skyline hat der Stadt den Beinamen »Mainhattan« eingebracht. Frankfurt wurde 1944 fast völlig zerstört, viele Gebäude wurden jedoch mühevoll restauriert. Der *Römer*, das Rathaus der Stadt, seit 1562 Krönungsstätte der deutschen Kaiser, wurde originalgetreu wiederaufgebaut. Einige alte Bauten, darunter Teile des Doms und die Kapelle aus dem 13. Jahrhundert, die früher zum Kaiserlichen Schloß Friedrich Barbarossas gehörte, überstanden den Krieg unbeschadet. *Goethes Geburtshaus* sollte man sich auf jeden Fall ansehen. In der schlichten *Paulskirche* tagte 1848 das erste deutsche Parlament. Weitere Sehenswürdigkeiten sind der Zoo (interessantes Exotarium), die Oper, der herrliche Palmengarten, die südlichen Stadtteile Sachsenhausen und Höchst, die früher eigenständige Städte waren, sowie das Messegelände. Ein Besuch im Naturhistorischen Museum Senckenberg lohnt sich. Kunstfreunden ist die Städelsche Gemäldesammlung ein Begriff. Weiter südlich erreicht man die sanften Hügel des Odenwalds, einem herrlichen Wandergebiet. Diese Gegend ist voller Legenden und bekannt für seine Volkskunst und Volksmusik. Hier verläuft auch die herrliche Bergstraße. Dank des besonders milden Klimas gehört diese Region zu den besten deutschen Obstanbaugebieten. Auch Blumenwiesen findet man in Hülle und Fülle. Es gibt zwei touristische Ausflugsrouten im Odenwald, die *Nibelungenstraße* und die *Siegfriedstraße*. Wer diese Gegend bereist, sollte Erbach (Barockschloß und mittelalterlicher Wachturm), Michelstadt (Fachwerk-Rathaus und Basilika), den Urlaubsort Lindenfels und das Heilbad Bad König besuchen. Nordwestlich von Frankfurt und nördlich von Wiesbaden liegt das bewaldete Mittelgebirge des *Taunus*, ein beliebtes Wintersportgebiet. Die bekanntesten Urlaubsorte dieser Region sind Oberursel und Bad Hom-

Herzlich willkommen bei den BLUE BAND HOTELS, BERLIN

Alle vier Häuser liegen zentral im Herzen der Stadt und sind bekannt für ihren erstklassigen und freundlichen Service.
Die BLUE BAND HOTELS werden allen Ansprüchen gerecht - von der preisgünstigen Übernachtung für die Familie, über das "Business Center" für den Geschäftsmann bis zur luxuriösen Suite für den Diplomaten.

BLUE BAND HOTELS BERLIN

HOTEL BERLIN
Lützowplatz 17
D - 10785 Berlin
Tel. (+30) 2605-2700/04
Fax (+30) 2605-2715

BERLIN PLAZA HOTEL
Knesebeckstrasse 63
D - 10719 Berlin
Tel. (+30) 884 13-444
Fax (+30) 884 13-754

BERLIN EXCELSIOR HOTEL
Hardenbergstrasse 14
D - 10623 Berlin
Tel. (+30) 3155-22
Fax (+30) 3155-1053

BERLIN MARK HOTEL
Meinekestrasse 18-19
D - 10719 Berlin
Tel. (+30) 880 02-802/3
Fax (+30) 880 02-804

burg. Ganz in der Nähe liegt das gut erhaltene Römerkastell *Saalburg*, das an der alten Grenze des Römischen Reiches, dem Limes, liegt.
Die Barockstadt **Fulda**, nordöstlich von Frankfurt, ist das Tor zur Rhön mit ihrer reizvollen Landschaft. Die ältesten Gebäude der Stadt stammen aus dem 9. Jahrhundert. **Kassel**, die schön gelegene Metropole Nordhessens, ist eine moderne Stadt. Ein Besuch im Gebrüder Grimm-Museum ist nicht nur für Kinder interessant. Die barocke *Wilhelmshöhe* mit ihrem herrlichen Park ist ein weiteres »Muß«. Kassel ist Schauplatz der alle vier Jahre stattfindenen »documenta«, einer der bedeutendsten Ausstellungen avantgardistischer Kunst der Welt.

Der Süden

Bayern und Baden-Württemberg sind die zwei südlichsten Bundesländer der Bundesrepublik und die beiden beliebtesten Urlaubsregionen im westlichen Deutschland. Im Norden von **BADEN-WÜRTTEMBERG** liegt das *Neckartal*. Die berühmteste Stadt am Neckar ist Deutschlands älteste Universitätsstadt **Heidelberg**, die von den Ruinen des berühmten Schlosses (14.-17. Jh.) überragt wird. Das Schloß wurde teils im Stil der Renaissance, teils im gotischen und barocken Baustil erbaut. Die Stadt ist für viele der Inbegriff deutscher Romantik. Hauptsehenswürdigkeiten sind neben den unzähligen gemütlichen Weinstuben das »Große Weinfaß«, das 220.000 l faßt, die Peterskirche, das Karlstor, das Apothekermuseum und die Heiliggeistkirche. Besonderen Anklang finden im Sommer die Serenadenkonzerte im Schloßhof. Von den Burgen Gutenberg, Hornberg und Hirschhorn hat man eine gute Aussicht auf die malerische Landschaft und die Weinberge des Neckartals. Östlich von Heidelberg beginnt eine andere deutsche Ferienstraße, die 280 km lange *Burgenstraße*, die nach Nürnberg in Bayern verläuft. Die Straße folgt zunächst dem Fluß Neckar, bevor sie Heilbronn erreicht. Sie verläuft weiter durch mittelalterliche Orte und Residenzstädte wie Rothenburg und Ansbach in Bayern. Weiter südlich befindet sich die *Schwäbische Alb*, die größte Karstlandschaft Mitteleuropas. Sie liegt zwischen dem Schwarzwald und der Donau (Europas zweitlängstem Fluß). Touristische Anziehungspunkte sind die Hohenzollernburg bei Hechingen, die Abtei Beuren und die Bärenhöhlen. Urach und Kirchheim unter Teck sind ausgesprochen hübsche Städtchen. Ulm ist der Geburtsort Albert Einsteins. Der Turm des gotischen Ulmer Münsters ist der höchste Kirchturm der Welt. Von Ulm führt die Straße weiter nach Reutlingen und Blaubeuren mit seiner wunderschönen Abtei und seiner geheimnisvollen Quelle, dem »Blautopf«. In Zwiefalten steht ebenfalls eine sehenswerte Barockkirche. Im äußersten Südwesten des »Ländles«, wie Baden-Württemberg oft genannt wird, bildet der Rhein die natürliche Staatsgrenze zu Frankreich. Hier liegt der *Schwarzwald*, das meistbesuchte Mittelgebirge Deutschlands. Wanderfreunde sind immer wieder begeistert von den wildromantischen Gebirgswäldern, Schluchten und den herrlichen Seen. Im Südschwarzwald liegen zwei der schönsten, der *Titisee* und der *Schluchsee*. Der Schwarzwald ist für seine Mineralquellen berühmt, deren Heilkräfte bereits von den Römern entdeckt wurden. Das bekannteste Kurbad ist **Baden-Baden**, welches im vorigen Jahrhundert die Sommerhauptstadt Europas war, in der sich früher der europäische Adel traf. Heute versammeln sich die Kurgäste im Kurpark, um das heilsame Wasser in der Trinkhalle zu kosten. Gestärkt und erfrischt, kann man dann eine der vielen Sportanlagen der Stadt aufsuchen. Das Angebot umfaßt Tennis, Reiten, einen 18-Loch-Golfplatz und gute Wintersportmöglichkeiten. Weniger energiegeladene Besucher können abends das Spielkasino aufsuchen, das von Marlene Dietrich als das eleganteste Kasino der Welt bezeichnet wurde. Weitere Attraktionen sind das barocke Kleine Theater, die Kunsthalle, die Ruinen des Römischen Badehauses, das Neue Schloß mit dem Zähringen Museum, die Stiftskirche aus dem 15. Jahrhundert, die Russische Kirche und die Romanische Kapelle. Parkanlagen und Gärten lockern das Stadtbild auf. Auf der berühmten Lichtentaler Allee promeniert man am Ufer der Oos entlang. Die Internationalen Reitwochen in **Iffezheim** locken alljährlich viele Besucher an. In der Umgebung liegen zahlreiche bezaubernde Dörfer und Urlaubsorte. Freudenstadt soll die meisten Sonnenscheinstunden in ganz Deutschland haben. Triberg ist ein heilklimatischer Kurort, der vor allem für seine 162 m hohen Wasserfälle bekannt ist. Hier gibt es einen Swimmingpool, der von immergrüner Vegetation umgeben ist.
Mannheim ist ein wichtiges Industrie-, Wirtschafts- und Kulturzentrum am Zusammenfluß von Rhein und Neckar. Die wichtigsten Sehenswürdigkeiten der Stadt sind das alte Kurfürstenpalais, die Städtische Kunsthalle, das Reiss-Museum im alten Zeughaus, das Rathaus und der Marktplatz. Im Nationaltheater wurden einige von Schillers bekanntesten Dramen erstmalig aufgeführt.
SAARLANDS Landeshauptstadt heißt **Saarbrücken** und liegt 140 km westlich von Mannheim an der französischen Grenze. Sehenswert in dieser modernen Industriestadt sind die Ludwigskirche und der Ludwigplatz (1762-75), die Universitätskirche St. Arnual (13. und 14. Jh.), das Schloß und die spätgotische Schloßkirche. Im Franko-Germanischen Garten, einem Vergnügungspark, gibt es eine Modellstadt (Gullivers Miniaturwelt).
Stuttgart wird oft als »das größte Dorf Europas« bezeichnet. Die Landeshauptstadt von Baden-Württemberg ist eine grüne und weitläufige Stadt, die von bewaldeten Hügeln, Obstgärten und Weinbergen umgeben ist. Nur 25% der Stadtfläche sind bebaut. Vom 193 m hohen Fernsehturm hat man einen schönen Blick auf Stuttgart und seine reizvolle Umgebung. Automobilindustrie und Verlagswesen sind die wichtigsten Industriezweige der Stadt. Die Hauptsehenswürdigkeiten sind die moderne Staatsgalerie, der Prinzenbau und die Alte Kanzlei am Schillerplatz, die Stiftskirche (15. Jh.) und das Ludwigsburger Schloß. Das *Neue Schloß*, die frühere Residenz der Könige Württembergs, wurde nach 1945 sorgfältig restauriert. Das *Württembergische Landesmuseum* und das *Daimler-Benz Automuseum* sind zwei der interessantesten Museen der Stadt. Schön ist auch ein Besuch in der *Wilhelma* (Zoo und Botanischer Garten). Das Stuttgarter Ballett und das Stuttgarter Kammerorchester genießen Weltruf.
Die alte Universitätsstadt **Freiburg** ist das Tor zum Südschwarzwald und ein mittelalterliches Erzbistum. Der 116 m hohe Kirchturm des gotischen Münsters (12.-15. Jh.) gilt als architektonisches Meisterwerk. Das rote Kaufhaus auf dem Münsterplatz (1550), das Augustiner Museum, Deutschlands ältestes Gasthaus, das Gasthaus zum »Roten Bären«, und viele gute Weinstuben erwarten den Besucher. Die Stadt ist für ihre Wildbret- und Forellengerichte berühmt. Aufgrund der vielen Experimente und Aktivitäten im ökologischen Bereich (z. B. im Verkehr) gilt Freiburg als »grüne Hauptstadt Deutschlands«. Den nahegelegenen *Schauinslandberg* kann man mit der Drahtseilbahn erreichen. Ein weiteres Naherholungsziel ist *Todtnauberg*, der höchstgelegene Urlaubsort im Schwarzwald (1006 m). Der Gipfel des *Belchen* ist ein guter Aussichtspunkt; er ist autofrei, es gibt jedoch eine Busverbindung zum Gipfel. Der höchste Berg der Region ist der *Feldberg*, ein beliebtes Wintersportgebiet. Freiburg ist ein idealer Ausgangspunkt für Tagestouren und Ausflüge in die Schweiz (Basel, Jura) und nach Frankreich (Elsaß, Vogesen).
Konstanz am *Bodensee* ist eine Universitätsstadt an der Schweizer Grenze. In der historischen Altstadt finden sich viele sehenswerte Bauwerke, darunter das malerische Konzilsgebäude (14. Jh.), das Renaissance-Rathaus (16. Jh.), das Barbarossa-Haus (12. Jh.), das Hus-Haus (15. Jh.) und die alten Stadtbefestigungen Rheintorturm, Pulverturm und Schnetztor. Das Münster mit seiner wunderschönen Eingangspforte ist ebenfalls ein »Muß«. Es gibt mehrere Theater und Konzertsäle sowie ein Spielkasino. Ein Internationales Musikfest und das »Seenachtsfest« finden jedes Jahr statt. Die Klosterinsel *Reichenau* und die Insel *Mainau* (berühmte Pfahlbauten) mit ihren herrlichen Parks und subtropischer Vegetation sind reizvolle Ausflugsziele.
Auf der anderen Seite des Bodensees liegt das bayerische **Lindau**, das früher eine freie Reichsstadt war. Die mittelalterliche Altstadt liegt auf einer Insel im Bodensee, die man von der neuen Gartenstadt aus über die Seebrücke erreicht. Das alte Rathaus ist besonders sehenswert (1422-1435). Weitere Anziehungspunkte sind der Diebsturm, der Mangturm (Alter Leuchtturm), die Heidenmauer, die Hafeneinfahrt (Neuer Leuchtturm) und das Internationale Kasino. Die berühmten Holbeinfresken findet man in der Peterskirche. Im Haus zum Kavazzen sind das Heimatmuseum und die städtische Kunstsammlung untergebracht. Das romantische *Meersburg* mit seinen zwei prächtigen Schlössern ist ebenfalls einen Besuch wert. Hier steht das *Deutsche Zeitungsmuseum*, das auf drei Etagen die Geschichte der deutschsprachigen Presse erzählt. Geöffnet ist das interessante Museum im ehemaligen Hofkanzleramt allerdings nur im Sommer (10.00-12.30 und 14.00-18.00 Uhr). Zu besichtigen ist auch das ehemalige Haus der Dichterin Annette von Droste-Hülshoff. Der Bodensee ist ein herrliches Urlaubsgebiet mit vielen Kunstschätzen und breitem Freizeitangebot.
Die ehemalige Festung und Reichsstadt **Ulm** ist vor allem für sein gotisches *Münster* bekannt. Der 161 m hohe Turm ist der höchste Kirchturm der Welt, und wer die 768 Stufen erklimmt, kommt sicher ins Schwitzen. Das Chorgestühl stammt von J. Syrlin. Weitere Sehenswürdigkeiten sind das schöne Rathaus, die Kornbörse (1594), das Schuhaus (1536) und das Schwörhaus (1613). Ein Abstecher in das alte Fischerviertel mit den zum Teil noch erhaltenen Stadtmauern und dem Metzgerturm lohnt sich. Das Kloster Wiblingen, die Barockbibliothek, das Brotmuseum und das Städtische Museum sind ebenfalls einen Besuch wert.
Die alte Reichsstadt **Heilbronn** liegt inmitten von Weinbergen an der Burgenstraße. Das Renaissance-Rathaus und die gotische Kilianskirche (1513-29) mit dem Turm (62 m) sind besonders sehenswert. Obwohl Kleists Drama »Käthchen von Heilbronn« keine nachweisliche historische Grundlage hat, ist eines der Häuser am Marktplatz als »Käthchenhaus« bekannt (16. Jh.). Die Stadt ist ein guter Ausgangspunkt für Ausflüge ins Neckartal.
Die weltberühmte Universitätsstadt **Tübingen** liegt südlich von Stuttgart am Neckar. Der alte Stadtkern ist noch vollständig erhalten. Touristische Anziehungspunkte sind das Schloß Hohentübingen (1078, ehemaliger Sitz der Pfalzgrafen), die alte gotische Stiftskirche (1470) mit der königlichen Grabstätte, der Marktplatz mit dem Rathaus (1453), der Hölderlinturm sowie die alte und die neue Aula der Universität. In der Stadt stehen zahlreiche Denkmäler, u. a. von Johannes Kepler, Hegel, Schelling, Hölderlin, Mörike, Hauff und Uhland, die am Theologischen Seminar der Universität studierten. Am malerischen Neckarufer kann man herrlich spazierengehen.

Bayern

Es gibt vier große Urlaubsgebiete in Bayern: Ostbayern mit dem Bayerischen Wald, im Südwesten Schwaben und das Allgäu, Oberbayern mit den Deutschen Alpen im Süden und Franken im Norden. Die Landschaft ist ausgesprochen abwechslungsreich: Hochgebirge, liebliche Flußtäler, waldreiche Mittelgebirge, Seen und mittelalterliche Städte machen den Reiz dieser Region aus.
Garmisch-Partenkirchen (am Fuße der Zugspitze), Berchtesgaden, Mittenwald und Oberammergau (alle 10 Jahre finden hier die Passionsspiele statt), sind die bekanntesten Orte **Oberbayerns**. Von *Schloß Neuschwanstein*, das sich der Märchenkönig Ludwig II. von Bayern erbauen ließ, eröffnen sich herrliche Panoramablicke auf schneebedeckte Gipfel. Der *Bayerische Wald*, das größte zusammenhängende Mittelgebirge Europas, liegt in Ostbayern an der tschechischen Grenze. Im Bayerischen Wald wurde der erste deutsche Nationalpark geschaffen, in welchem seltene Tier- und Pflanzenarten vorkommen.
Die Dreiflüssestadt **Passau** ist eine prächtige Bischofsstadt. Das 2000 Jahre alte **Regensburg** in der Oberpfalz ist eine der schönsten Städte Deutschlands. Franken in **Nordbayern** ist reich an Kunstschätzen. Die wohl schönsten historischen Städte der Region sind Coburg, Bamberg (wunderbarer Dom), Bayreuth (Bayreuther Festspiele) und Würzburg (weltberühmte Residenz). **Nürnberg**, die größte Stadt des Frankenlandes, ist eine moderne Großstadt, deren mittelalterlicher Stadtkern erhalten geblieben ist. Die vielen Täler, Wälder, Seen und Burgen der *Fränkischen Schweiz* und des *Fichtelgebirges* sowie das Naturschutzgebiet im Altmühltal machen Franken zu einem idealen Ferienziel.
Die *Romantische Straße* verbindet Nord- und Südbayern. Sie führt an berühmten historischen Städten und reizvollen Landschaften vorbei. Besonders sehenswert sind das schon erwähnte Würzburg, die mittelalterlichen Ortschaften Rothenburg, Dinkelsbühl und Nördlingen, Augsburg, die Wieskirche, die Abtei Steingaden und das berühmte Schloß Neuschwanstein in der Nähe des Dorfes Schwangau.
Die bayrische Landeshauptstadt **München** ist mit über 1,2 Mio. Einwohnern die drittgrößte deutsche Stadt und eine wichtige Kunst- und Wirtschaftsmetropole. Die 800jährige »Weltstadt mit Herz« ist bekannt für ihre zahlreichen interessanten Museen und vielen schönen Barock- und Renaissancekirchen. In der *Alten Pinakothek* findet man die größte Sammlung von Gemälden des holländischen Malers Rubens und viele bedeutende Gemälde alter Meister. Direkt gegenüber liegt die *Neue Pinakothek* mit der modernen Kunstsammlung. Das *Deutsche Museum* (Naturwissenschaft und Technologie) mit einem Planetarium und einem nachgebauten Bergwerk ist auch für Kinder interessant. Die *Lenbach-Galerie* in der wunderschönen Villa des Münchner »Maler-Fürsten« ist ebenfalls einen Besuch wert. Nur einen Katzensprung entfernt am Königsplatz liegt die *Glyptothek* (griechische und römische Skulpturen), im Innenhof ist ein nettes Café. Weitere Sehenswürdigkeiten im Innenstadtbereich sind die Königliche Residenz mit dem Residenzmuseum und der Schatzkammer, die Frauenkirche, die Michaelskirche, die Theatinerkirche und die Asamkirche. Auf dem *Marienplatz* stehen auch das Neue und das Alte Rathaus und die wiederaufgebaute Mariensäule. Vor dem Rathausturm versammelt sich jeden Tag um 11 Uhr morgens eine Menschenmenge, um das Glockenspiel mit dem Schäfflertanz mitzuerleben. Immer wieder schön ist ein Bummel über den nahegelegenen *Viktualienmarkt*. Das Olympiagelände mit dem 300 m hohen Turm und seinem weltbekannten Zeltdach, das allerdings vom Zahn der Zeit schon etwas angenagt ist, sollte man sich ruhig selbst einmal anschauen. Die vielfältigen Sportanlagen und Parks werden heute von den Münchnern selbst genutzt. Das weltberühmte *Oktoberfest* geht auf die Hochzeit des Kronprinzen Ludwig von Bayern mit der Prinzessin Therese von Sachsen-Hildburghausen im Jahr 1810 zurück. Es beginnt alljährlich im September und wird von den Einheimischen »Wies'n« genannt. Jede der neun großen Münchner Brauereien ist mit einem riesigen Bierzelt vertreten. München ist eine Stadt der Biere und bekannt für seine vielen Bierkeller; das Hofbräuhaus und die Mathäser Bierstadt, der größte Bierkeller der Welt, sind immer gut besucht. *Schwabing*, seit den zwanziger Jahren Münchens Künstlerviertel, ist mit seinen zahlreichen Boutiquen, Straßencafés, den kleinen Theatern und den Verkaufsständen entlang der Leopoldstraße ein weiterer Anziehungspunkt. Wer dem Großstadtlärm entfliehen möchte, kann im weitläufigen *Englischen Garten*, einen der größten städtischen Parkanlagen Europas, Ruhe finden. In seinem Herzen steht der Chinesische Turm mit einem der typischen Biergärten. Mit einem »Radi«

BERLIN

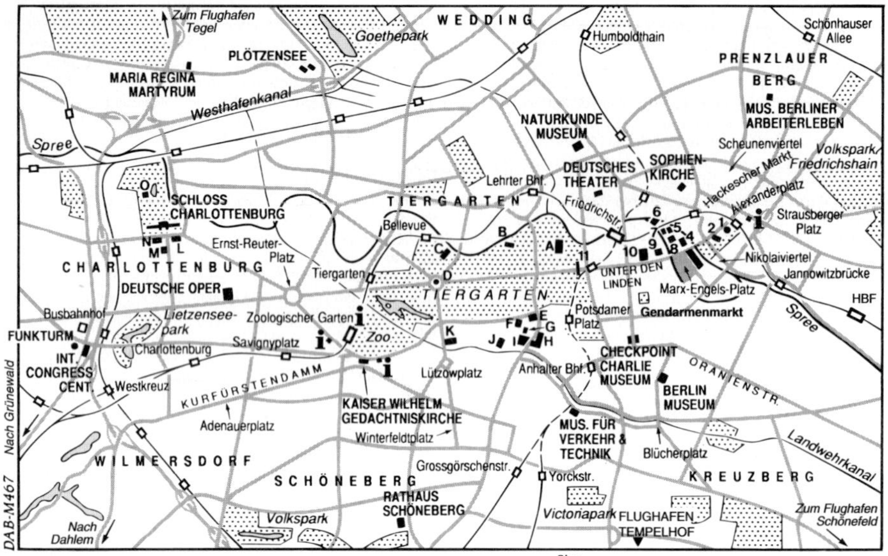

A. REICHSTAG
B. KONGRESSHALLE
C. SCHLOSS BELLEVUE
D. SIEGESSÄULE
E. PHILHARMONIE
F. KUNSTGEWERBE-MUSEUM
G. MATTHAIKIRCHE
H. STAATSBIBLIOTEK
I. NEUE NATIONALGALERIE
J. SHELL-HAUS
K. BAUHAUS-ARCHIV
L. ÄGYPTISCHES MUSEUM
M. BROHAN-MUSEUM
N. ANTIKENMUSEUM
O. MAUSOLEUM

1. FERNSEHTURM
2. MARIENKIRCHE
3. PALAST DER REPUBLIK
4. DOM
5. NATIONALGALERIE
6. BODEMUSEUM
7. PERGAMONMUSEUM
8. ALTES MUSEUM
9. NEUE WACHE
10. HUMBOLDT UNIVERSITAT
11. BRANDENBURGER TOR

(besonders zubereitetem Rettich) und einer der leckeren Riesenbrezeln schmeckt die »Maß« noch einmal so gut. In der Nähe des Englischen Gartens liegen das Bayrische Nationalmuseum und das Haus der Kunst. Das Nationaltheater (Oper), das Residenztheater und das Schauspielhaus sind nur einige der zahlreichen Theater der Stadt. *Schloß Nymphenburg* hat eine interessante Gemäldegalerie und eine sehenswerte Porzellansammlung. Im Schloßpark kann man wunderbar spazierengehen. Im Februar erreicht die Faschingssaison mit vielen Bällen und Festen ihren Höhepunkt. Sie bietet Gelegenheit zu einem deftigen Weißwurstessen; traditionell stärkt man sich am Morgen nach einer durchgemachten Nacht mit dieser Münchner Spezialität. Dreimal im Jahr findet in der *Au*, einem der alten Stadtviertel an der Isar, die »Auer Dult« statt, ein Trödelmarkt mit Riesenrad, Kräuterständen und »Steckerlfisch«. München verdankt seine Popularität nicht zuletzt seiner schönen Umgebung. Bei schönem Wetter sind die Alpen in Sichtweite, und viele Seen liegen im Umkreis der Stadt.
Die alte Fuggerstadt **Augsburg**, 15 n. Chr. von den Römern gegründet, liegt nordwestlich von München und war im Mittelalter das führende Handels- und Finanzzentrum Europas. An das Augsburger Kaufmannsgeschlecht der Fugger erinnern das *Fuggerhaus* (16. Jh.) und die *Fuggerei* (1519). Hier wurde im Jahre 1555 der Augsburger Religionsfrieden geschlossen, der den Religionskrieg zwischen Kaiserlichen und Protestanten beendete. In Augsburg wurde 1519 die erste Sozialsiedlung der Welt gebaut. Die Stadt hat viele Sehenswürdigkeiten, zahlreiche Bauwerke stammen aus der Renaissance. Der *Dom* (807 römisch/1320 gotisch) hat wunderbare Buntglasfenster (12. Jh.) und eine Bronzetür aus dem 11. Jahrhundert. Sehenswert sind außerdem die Annakirche (Lutherdenkmal aus dem 16. Jahrhundert), das mächtige Rathaus (1615), der Perlachturm, die barocken Brunnen (16./17. Jh.), das Zeughaus und die Stadttore (14.-16. Jh.). Auf keinen Fall versäumen sollte man einen Besuch im *Schaezler-Palais* mit seinem eindrucksvollen barocken Bankettsaal (18. Jh.) und in der Städtischen Gemäldegalerie (Deutsche Barockgalerie). In der Staatlichen Gemäldegalerie hängen bekannte Gemälde altdeutscher Meister, u. a. von Hans Holbein d. Ä. und Albrecht Dürer. Das Maximilian-Museum, das Römische Museum und das Mozarthaus sind ebenfalls sehenswert.
Bamberg ist eine alte Reichs- und Bischofsstadt, die auf sieben Hügeln erbaut wurde. Mittelalterliche und barocke Gebäude prägen das Stadtbild. Die schönsten Sehenswürdigkeiten sind der viertürmige kaiserliche Dom (13. Jh.) mit dem berühmten »Bamberger Reiter«, den königlichen Grabstätten und dem Altar von Veit Stoß sowie das malerische Fischerviertel (»Klein Venedig«), die Alte Residenz, die Neue Residenz (Kunstgalerie) mit dem herrlichen Rosengarten und das Kloster Michaelsberg.
Opernfreunde aus aller Welt zieht es im Sommer ins Festspielhaus (1872-1876) nach **Bayreuth**, um den erstklassigen Aufführungen von Wagners Opern beizuwohnen. Die Bayreuther Festspiele finden jedes Jahr zwischen Ende Juli und August statt. Viele der Sehenswürdigkeiten der Stadt sind auf die eine oder andere Weise mit dem Leben und Werk des Komponisten verbunden. Wagnerfans pilgern zur Villa Wahnfried (Wagners Haus ist heute ein Museum), zum Wagnerdenkmal und zum Grabmal des Komponisten in den Hofgärten. Sehenswert sind auch das Alte und das Neue Schloß des früheren Markgrafen, das Opernhaus (größte Barockbühne Europas), die Eremitage (schöner Park) und die Stadtkirche. Die Stadt ist ein guter Ausgangspunkt für Ausflüge ins Fichtelgebirge, in die Wälder der Oberpfalz und in die »Fränkische Schweiz«.
Nürnberg ist eine moderne Stadt mit einem mittelalterlichen Stadtkern. In der Altstadt, durch die die Pegnitz fließt, stehen zwei der schönsten Kirchen der Stadt, St. Lorenz (Mariä Verkündigung von Veit Stoß) und St. Sebald. Der rote Sandstein dieser beiden Kirchen ist typisch für ganz Mittelfranken. Eine der Hauptsehenswürdigkeiten ist die imposante Burg, die Kaiserstallung ist heute eine Jugendherberge. Die 5 km lange alten Stadtmauer hat 46 Türme. Im Albrecht-Dürer-Haus lebte der Maler von 1509 bis zu seinem Tod. Das Spielzeugmuseum, das Fembohaus (Städtisches Museum), das Germanische Nationalmuseum und das Verkehrsmuseum sind einige der interessantesten Museen der Stadt. »Alt Nürnberg« ist ein hübsches altes Zunfthaus. Die Frauenkirche, das Rathaus und der »Schöne Brunnen« (mechanische Uhr) sind weitere touristische Anziehungspunkte. Der Zoo, die Internationale Spielzeugmesse und der berühmte »Christkindlmarkt« ziehen alljährlich viele Besucher in die Stadt.
Passau liegt am Zusammenfluß der Donau, des Inns und der Ilz. Der barocke Stephansdom mit der größten Kirchenorgel der Welt, die bischöfliche Residenz mit der Rokokotreppe, die Feste Oberhaus und die Feste Niederhaus (13.-14. Jh.) sowie der Innkai mit Häusern im italienischen Baustil erwarten den Besucher.
Regensburg, im 1. Jahrhundert n. Chr. gegründet, liegt etwa 80 km nordöstlich von München. Bei einem Bummel durch die mittelalterliche Altstadt fühlt man sich um Jahrhunderte zurückversetzt. Der gotische Dom, die Patrizierhäuser und die Steinerne Brücke aus dem 12. Jahrhundert sind die Wahrzeichen der alten Reichs- und Bischofsstadt. Sehenswert sind auch St. Emmeram (Krypten und Grabmale), die Alte Kapelle, das Bischöfliche Palais Niedermünster (Ausgrabungen), Porta Praetoria (das nördliche Stadttor), das malerische alte Rathaus mit dem Reichssaal und das fürstliche Schloß Thurn und Taxis. Es gibt viele interessante Museen.
Die alte fränkische Reichsstadt **Rothenburg o. d. T.** ist eine der mittelalterlichen Kleinode Bayerns. Man kann auf den 3,5 km langen Stadtmauern mit ihren über 30 Toren und Türmen rund um das Städtchen gehen; von hier hat man einen schönen Blick auf die reizvollen Patrizierhäuser. Weitere Sehenswürdigkeiten sind das Rathaus (16.-17. Jh.), die St. Jakobskirche mit dem Heiligblutaltar von Tilman Riemenschneider (um 1500), das Reichsstadtmuseum, die »Meistertrunk«-Uhr, das *Plönlein* und die zahlreichen mittelalterlichen Gasthäuser.
Die nordbayrische Stadt **Würzburg** liegt in reizvoller Umgebung im Maintal zwischen Frankfurt und Nürnberg. Sie ist umgeben von Weinbergen und bekannt für ihre *Bocksbeutel-Weine*. Von der *Festung Marienberg* hat man eine herrliche Aussicht auf die alte fränkische Stadt mit ihren vielen Kirchen. Geht man über die alte Mainbrücke aus dem 15. Jahrhundert, auf der u. a. die Statuen der Frankenapostel Kilian, Totnan und Kolonat stehen, so eröffnet sich der Blick auf den imposanten romanischen Dom. Im Mainfränkischen Museum im alten Zeughaus sind die wunderbaren Arbeiten des Bildhauers und Bildschnitzers Tilman Riemenschneider (1460-1531) ausgestellt. Die *Marienkirche*, die im Jahre 706 erbaut wurde, gehört zu den ältesten Kirchen Deutschlands. Die *Residenz*, von Balthasar Neumann nach dem Vorbild von Versailles gebaut, ist eines der prächtigsten Barockschlösser des Landes. Im Hofgarten und im Kaisersaal finden alljährlich im Sommer die Konzerte des Mozartfestes statt. Die große Steintreppe mit dem Treppengemälde von Tiepolo gilt als eines der Meisterwerke barocker Baukunst. Das barocke *Käppele* wurde ebenfalls von Balthasar Neumann gebaut. Eindrucksvoll ist auch die Rokokofassade des *Hauses zum Falken*, in dem heute die Stadtbücherei und die Tourist-Information untergebracht sind. Die vielen gemütlichen Weinlokale – »Der Stachel«, 1413 errichtet, ist das schönste und älteste –, Cafés und Straßencafés geben der Stadt eine freundliche Atmosphäre. Fast die gesamte Innenstadt ist Fußgängerzone, und nur Straßenbahnen stören die Ruhe beim Einkaufsbummel.

Berlin

Berlin ist die größte Stadt Deutschlands, Hauptstadt und zukünftiger Regierungssitz der Bundesrepublik. Der Bundestag beabsichtigt, bis 1998 seinen Sitz nach Berlin zu verlegen. Die Bedeutung der Stadt für Europa wird sicherlich durch ihre Lage im Herzen Europas und das Verschwinden des Eisernen Vorhanges zunehmen. Seit dem Fall der Mauer im November 1989 sind bereits mehr als 100 Straßen wieder miteinander verbunden und unbenutzte »Geisterbahnhöfe« der U- und S-Bahn zum Leben erweckt worden. Das U-Bahnnetz wird im Zuge der Ost-West-Anbindung erweitert. Die Beobachtungstürme, die Wachhunde und der Stacheldraht, die 28 Jahre lang nicht nur eine Stadt und ein Land, sondern auch einen Kontinent geteilt haben, sind inzwischen fast vollständig verschwunden. Auf dem ehemaligen Todesstreifen geht man heute spazieren oder fährt Rad. Trotzdem sind die beiden Hälften Berlins in vieler Hinsicht grundverschieden, in Ostberlin ist immer noch vieles anders. Das betrifft nicht nur die wirtschaftlichen Aspekte, jede Großstadt hat viele Gesichter. Im Ostteil Berlins liegen die dicht besiedelten Arbeiterviertel *Mitte*, *Pankow*, *Prenzlauer Berg* und *Friedrichshain*, die Erwin Piscator und Bertold Brecht Stoff und Anregungen für ihre Theaterstücke lieferten. Auch in Westberlin gibt es traditionelle Arbeiterviertel, der früher »rote« Wedding, Neukölln und Kreuzberg, bekannt für seine Szenekneipen und den hohen Anteil an türkischen Mitbürgern, deren Läden und Stände das Stadtbild bereichern. Das bunte Völkergemisch der Anwohner sorgt dafür, daß die Hinterhöfe in diesem Bezirk mit viel Leben erfüllt sind, führt aber auch immer wieder zu sozialen Spannungen. Die grünen Westberliner Bezirke *Charlottenburg* und *Zehlendorf* haben dagegen eine gediegene gutbürgerliche Atmosphäre. Nach dem Ende des Krieges, als die Stadt von den vier Siegermächten durch die Alliierte Kommandantur verwaltet und in vier Besatzungs-Sektoren aufgeteilt wurde, entwickelten sich die beiden Stadthälften auseinander. Die Westberliner brachen mit der Vergangenheit, und Westberlin entwickelte sich zu einer westlich orientierten, »amerikanisierten« Stadt, während die Berliner im Ostteil der Stadt eher bemüht waren, das alte Berlin zu erhalten, von dem allerdings nicht allzuviel übriggeblieben war. Viele Ostberliner Stadtviertel vermitteln denn auch einen besseren Eindruck vom Berlin der zwanziger und dreißiger Jahre. Trotz erheblicher Kriegsschäden und jahrelanger Vernachlässigung kann man hier noch die Vorkriegsatmosphäre der Hauptstadt spüren. Auf den Spuren der Vergangenheit kehrt man am besten der Innenstadt mit seiner Mischung von oft recht wuchtigen preußischen Bauten und monumentaler sozialistischer Nachkriegsarchitektur den Rücken. Der *Alexanderplatz*, durch Alfred Döblins 1929 veröffentlichten Roman »Berlin Alexanderplatz« unsterblich gemacht, war nicht nur Mittelpunkt im Berlin der Goldenen Zwanziger Jahre, sondern auch ein Knotenpunkt Ostberlins nach dem Krieg. Im Laufe der Zeit wird sich der »Alex« im wiedervereinigten Berlin sicher erneut zu einem wichtigen Dreh- und Angelpunkt entwickeln, obwohl die rigorose Modernisierung den Charakter des Platzes völlig verändert hat. Der weitläufige Alexanderplatz ist heute ein geschäftiger, aber recht gesichtsloser Platz mit einigen Cafés und Hotels. Sein Wahrzeichen ist der 365 m hohe *Fernsehturm*, der im Volksmund den Beinamen »Telespargel« erhalten hat. Vom Aussichtsgeschoß kann man Berlin einmal von oben betrachten. Am großen Neptunbrunnen, hinter dem die Weltzeituhr steht, verweilt man gern ein wenig. Das Nikolaiviertel mit seinen Boutiquen, Cafés und Kneipen im Stil alter Berliner Bürgerhäuser ist ein gelungenes Beispiel historischer Stadterneuerung. Das Viertel, im Zweiten Weltkrieg fast völlig zerstört, wurde anläßlich der 750-Jahrfeier neu errichtet; teils historisch detailgetreu, teils mit Betonfassaden. Hier steht die älteste Kirche Berlins, die *Nikolaikirche* aus dem 13. Jahrhundert. Der baulich schönere Teil des alten Berliner Zentrums liegt eigentlich in Ostberlin. Schon Friedrich der Große betrachtete die berühmte, von vielen historischen Bauwerken gesäumte Prachtstraße *Unter den Linden* hinter dem Brandenburger Tor als den Mittelpunkt seiner königlichen Hauptstadt. Die Denkmäler und Prachtbauten aus dem 18. und 19.

Jahrhundert wurden kunstvoll restauriert und der Boulevard zum Schaustück der Deutschen Demokratischen Republik. Zahlreiche Länder hatten hier ihre Botschaften. Im Kronprinzessinnenpalais sind heute Restaurants und das Operncafé untergebracht. Hier kann man sich in schöner Atmosphäre bei Wiener Caféhausmusik mit leckeren Torten und Kuchen verwöhnen. Durch den Bau der Mauer 1961 war der von alten Linden gesäumte Boulevard fast 30 Jahre lang vom westlichen Teil der Stadt abgeschnitten und im Grunde nichts weiter als eine Sackgasse. An ihrem westlichen Ende steht das *Brandenburger Tor*, seit der Fertigstellung im Jahre 1791 unverwechselbares Wahrzeichen der Stadt, einst Symbol der Teilung Berlins, Deutschlands und Europas, heute Symbol der wiederhergestellten deutschen Einheit. Die *Berliner Mauer* ist fast vollständig verschwunden, manch ein »Mauerspecht« hat sich vor ihrem Abbruch ein Stück Mauer als persönliches Souvenir gesichert. Der sprichwörtliche Unternehmergeist der Berliner machte sich auch hier bemerkbar: Brocken der abgetragenen Mauer, auf der sich im Laufe der Jahre zahlreiche »Künstler« verewigt hatten, wurden an Touristen verkauft. Ganze Teilabschnitte stehen heute sogar in Museen. Berlin ist eine führende Messe- und Kongreßstadt, das Messe- und Ausstellungsgelände liegt am Funkturm, dem »langen Lulatsch«. Von der Aussichtsplattform auf dem Funkturm kann man bis zum Grunewald sehen. Berlin ist nicht nur eine Industriemetropole, sondern auch eine Kultur-Hochburg und Standort angesehener wissenschaftlicher Forschungsinstitute und mehrerer Hochschulen. Es gibt drei Opernhäuser, 53 Theater und mehr als 100 Kinos. Ostberlin hat eine Vielzahl ausgezeichneter *Museen*. Besonders empfehlenswert ist ein Besuch der Museumsinsel, die in einer Gabelung der Spree liegt. Auf ihr sind die Nationalgalerie, das Alte Museum (Kupferstichkabinett, moderne Kunst) und das Bodemuseum (ägyptische und frühchristlich-byzantinische Sammlung) zu finden. Prunkstück des weltberühmten Pergamon-Museums ist der *Pergamon-Altar*, Teil eines Zeus-Tempels aus Kleinasien. Das Museum verfügt über bedeutende Sammlungen aus dem asiatisch-islamischen Raum.
Im Westberliner Bezirk Charlottenburg liegt das *Ägyptische Museum* mit der berühmten Büste der *Königin Nofretete*. In den *Dahlemer Museen* kann man den größten Teil der Stiftung Preußischer Kulturbesitz sehen. Das Völkerkundemuseum ist besonders interessant. Das *Berlin-Museum* ist im Gebäude des ehemaligen Kammergerichts im Bezirk Kreuzberg untergebracht. Im prächtig restaurierten *Martin-Gropius-Bau* finden wechselnde Ausstellungen statt. Außerdem befinden sich hier die Berlinische Galerie, eine Schausammlung der Jüdischen Abteilung des Berlin-Museums und ein Museum zur Alltagskultur des 20. Jahrhunderts. In der *Großen Synagoge* an der Oranienburger Straße müßte mittlerweile das Museum für die jüdische Kultur eröffnet sein. Auf dem nahegelegenen *Prinz-Albrecht-Gelände* befand sich die Zentrale der Gestapo und später das Reichssicherheitshauptamt, von dem aus die Ermordung von Millionen von Menschen in ganz Europa überwacht wurde. Die Dokumentation *Topographie des Terrors* erinnert an diese Zeit. Das *Kulturforum* ist noch im Entstehen begriffen, das zukünftige Kulturzentrum wird neben den bereits vorhandenen Gebäuden der Nationalgalerie (Glasbau von Mies van der Rohe), der Philharmonie, des Kammermusiksaals, des sehr interessanten Musikinstrumentenmuseums und des Kunstgewerbemuseums noch weitere Museen umfassen. Im kürzlich wiedereröffneten Zuckermuseum im Wedding, dem ältesten seiner Art, können Interessierte alles rund um den Zucker erfahren. Einer der größten kulturellen Anziehungspunkte in Ostberlin ist die *Deutsche Staatsoper*. Hervorragende Operninszenierungen finden in einem atmosphärischen, schön restaurierten klassizistischen Gebäude einen würdigen Rahmen. Ihre Zukunft ist jedoch ungewiß, da die staatlichen Subventionen seit der Auflösung der DDR eingestellt und die Eintrittspreise dem westlichen Standard angepaßt wurden. Trotzdem wird die breitgefächerte Berliner Kulturszene auch weiterhin Besucher aus aller Welt anziehen. Der schönste Konzertsaal ist das *Schauspielhaus Berlin* am Gendarmenmarkt, das von dem berühmten Architekten Karl Friedrich Schinkel errichtet wurde. Im Turm des glanzvoll restaurierten *Französischen Doms* kann man jeden Tag um 12.00, 15.00 und 19.00 Uhr das Glockenspiel hören. Im Februar zieht es Filmfans zur Berlinale, den Berliner Filmfestspielen. Im Juli finden die Bach-Tage statt, im September die Berliner Festwochen und im Herbst das Jazz-Fest. Bei Jazz-Freunden ist auch die Veranstaltungsreihe »Jazz in the Garden« sehr beliebt, die während der Sommermonate durchgeführt wird. Liebhaber der klassischen Musik pilgern in die Philharmonie, Heimat der weltberühmten Berliner Philharmoniker, und in den Kammermusiksaal. Berlin hat auch ausgezeichnete alternative Theater und freie Theatergruppen. Wer den Boulevard Unter den Linden Richtung Brandenburger Tor entlangspaziert, kommt in den *Tiergarten*, eine der grünen Lungen der Stadt, und von dort in die Westberliner City. Der *Kurfürstendamm* wird im Volksmund *Ku'damm* genannt. Beim Bummel über den 3,5 km langen Glanzboulevard der Stadt mit seinen Straßencafés, eleganten Restaurants, teuren Boutiquen, Straßenständen und Schnellrestaurants kann man das bunte Treiben an sich vorüberziehen lassen. Straßenmusikanten, Pflastermaler, Pantomimen und Angehörige des Jet-Set trifft man genauso wie neugierige Touristen und eilige Passanten. Diese Straße verkörpert Glanz und Glitter des materialistischen Westens und die Unterschiede zweier Systeme, die in Berlin 40 Jahre lang nebeneinander existierten. Auf dem Ku'damm ist rund um die Uhr Betrieb, hier ist wirklich immer etwas los. Die Cafés haben lange Öffnungszeiten, die Bürgersteige sind voller Menschen und der Verkehr ist selbst in den Nachtstunden noch lebhaft. Nachdem man sich in einem der Straßencafés etwas ausgeruht und die Passanten beobachtet hat, kann man seinen Spaziergang fortsetzen zur *Kaiser-Wilhelm-Gedächtniskirche*. Die Ruine der neuromanischen Kirche, im Volksmund »hohler Zahn« genannt, wurde als Mahnmal an die Schrecken des 2. Weltkrieges stehengelassen; die Gedenkhalle im alten Turm soll ein Ort der Mahnung und Versöhnung sein. Der »Wasserklops« auf dem Breitscheidplatz, ein sehr schöner großer Brunnen, ist nicht nur für Skateboard-Fahrer zum allgemeinen Treffpunkt geworden. Ganz in der Nähe liegt das Europa-Center mit zahllosen Geschäften, Restaurants und Bars mit lebhaftem Nachtleben. Hier ist auch das Berliner Kabarett »Die Stachelschweine« zu Hause. Von der Aussichtsplattform im 22. Stock hat man einen guten Blick über den Ku'damm bis in die Außenbezirke, und am Abend kann man »Berlin bei Nacht« erleben. Ein paar Schritte weiter ist das *KaDeWe*, das in der ganzen Welt bekannte traditionsreiche *Kaufhaus des Westens*. Der *Reichstag*, von dem der Sozialdemokrat Scheidemann 1918 die Republik ausrief, wurde nach 1945 wieder aufgebaut. Seit Oktober 1990 wird er wieder zeitweise für Plenarsitzungen des Deutschen Bundestages genutzt. Bevor der Bundestag endgültig hier einzieht, soll der Reichstag jedoch erst einmal umgebaut werden. Ein Besuch der faszinierenden Dauerausstellung *Fragen an die Deutsche Geschichte* lohnt sich wirklich. Das prächtige, im Baustil des Barock und Rokoko errichtete *Schloß Charlottenburg* ist die ehemalige Sommerresidenz der preußischen Könige, die damals vor den Toren Berlins lag. Im Schloßpark mit seinen alten Bäumen kann man dem Großstadttreiben für eine Weile entfliehen. Die *Siegessäule* wurde auf Anordnung von Kaiser Wilhelm I. zwei Jahre nach Beendigung des Deutsch-Französischen Krieges von 1871 errichtet. Der Tiergarten ist ein im englischen Stil angelegter weitläufiger Park im Herzen der Stadt, in dem an Sommerwochenenden viele Familien Picknick machen. Der *Tierpark Berlin* in Lichtenberg ist ein 130 ha großes Freigehege mit mehr als 7500 Tieren. Im restaurierten *Schloß Friedrichsfelde* im Tierpark finden Konzerte und andere Veranstaltungen statt. Ein Ausflug in den *Glienecker Schloßpark* mit seinen herrlichen alten Bäumen ist sehr zu empfehlen. Der Müggelsee, der größte der Berliner Seen, und die Müggelberge sind das beliebteste Ausflugs- und Wassersportgebiet der Ostberliner. Bei einer Dampferfahrt auf den Berliner Wasserstraßen zeigt sich Berlin von seiner schönsten Seite. Die verschiedenen Reedereien bieten Kanalfahrten durch die Stadt auf der Spree und Ausflugsfahrten in das grüne ländliche Berlin an. Auf den Schiffen der Weißen Flotte kann man auch das reizvolle Berliner Umland zu Wasser erkunden. Sehr eindrucksvoll ist ein Besuch in der *Gedenkstätte Plötzensee*, die an die Opfer des Widerstandes gegen die nationalsozialistische Herrschaft erinnert. Hier wurden mehr als 2500 Menschen hingerichtet. Seit den Goldenen Zwanziger Jahren, als die Stadt während der Weimarer Republik eine kulturelle Blütezeit erlebte und zur Weltmetropole wurde, hat der etwas zweifelhafte Ruf von Dekadenz, Avantgardismus und Weltoffenheit Menschen aus allen Teilen Europas angezogen. Seit jener Zeit ist Berlin auch für sein lebhaftes und extravagantes Nachtleben bekannt. Da es in der Stadt keine Sperrstunde gibt, schließen viele Lokale, Diskotheken und Kneipen erst im Morgengrauen. Berliner stehen in dem Ruf, ein radikales politisches Bewußtsein und eine Ader für experimentierfreudige Kreativität zu haben, die auch das Ausgefallene nicht scheut. Die Stadt ist für ihre alternative Szene bekannt und gibt sich gerne weltoffen und tolerant. Die größten der zahlreichen alternativen Projekte sind die UFA-Fabrik (ehemalige Filmstudios der UFA mit Kino, Töpferei, Sattlerei, Zirkus, Bäckerei, Café und vielem mehr) und das Ökodorf e. V. (Kommunikationszentrum und Treff von Arbeitsgruppen im Ökologiebereich). Das *artemisia*, das einzige Frauenhotel in Europa, ist in einem typischen Berliner Altbau untergebracht und bietet seinen Gästen auch eine Dachterrasse. Nur wenige Minuten vom Ku'damm entfernt, dient es auch als Kulturtreff. Berlin ist voller Überraschungen, die es zu entdecken lohnt. Wer weiß schon, daß es in Berlin mehr Dorfkirchen als in jeder anderen deutschen Stadt gibt, ganze 55 an der Zahl. Die idyllisch gelegene Dorfkirche in Alt-Marienfelde ist eine der schönsten. Obwohl Sally Bowles aus dem Musical »Cabaret« nicht mehr durch die verräucherten Nachtklubs am Tauentzien zieht, hat Berlin immer noch 24 Stunden geöffnet. In keiner anderen Stadt gibt es so viele Nachtklubs, Bars, Restaurants, Kabaretts und Kneipen für jeden Geschmack und Geldbeutel. Die Stadtmagazine *Tip*, *Zitty*, *Prinz* und *Oxmox* erscheinen 14-tägig bzw. monatlich (Oxmox) und geben einen Überblick über die vielfältigen Veranstaltungen in beiden Stadtteilen. Wer sich von soviel Kultur und Trubel erholen und einmal ganz abschalten möchte, braucht nicht weit zu fahren. Zum Stadtgebiet gehören auch ausgedehnte Wälder und viele Seen. Die *Pfaueninsel* im Südwesten der Stadt ist ein wunderschöner Landschafts-park und steht heute unter Naturschutz. Spandauer und Tegler Forst sowie der Grunewald laden zu langen Wanderungen ein. Der Volkspark Friedrichshain ist der größte und zugleich älteste Park Ostberlins. Berlin ist ein faszinierendes Reiseziel, da sich wohl heute keine europäische Stadt in einem größeren Wandel befindet. Die Stadt ist dabei, sich zur Brücke zwischen Ost und West zu entwickeln.

Mecklenburg-Vorpommern

In Mecklenburg-Vorpommern erwarten den Besucher fruchtbares Weideland, Wälder, saftige Wiesen und die schöne Mecklenburgische Seenplatte.
Neubrandenburg liegt am Tollensesee in **MECKLENBURG** und ist eine der wenigen Städte, in der die mittelalterliche Stadtbefestigung nahezu vollständig erhalten geblieben ist. Die Ringmauer mit ihren vier Stadttoren, drei Wassergräben und einer Anzahl von romantischen Wiekhäusern, die ehemals der Verteidigung dienten, umschließen den alten Stadtkern. Die Universitäts- und Hansestadt **Rostock** liegt an der Ostseeküste. Die Universität wurde 1419 gegründet und war die erste Nordeuropas. Auffallen werden dem Besucher die markanten Backsteinbauten. Warnemünde ist ein reizvoller Stadtteil mit altem Fischereihafen. Das Rathaus aus dem 15. Jahrhundert und die schönen Bürgerhäuser am Thälmann-Platz sind besonders sehenswert. In der spätgotischen Marienkirche findet man eine Astronomische Uhr (1480/90) und eine barocke Orgel, die die schönste im Ostseeraum sein soll.
Greifswald, der Geburtsort des Malers Caspar David Friedrich, ist eine kleine Universitätsstadt und liegt östlich von Rostock. Am Markt und im sogenannten Rekonstruktionsviertel stehen Bürgerhäuser aus dem 15. Jahrhundert, auch Teile eines mittelalterlichen Fischerdorfes sind erhalten. Neue Wohngebiete und Industrieansiedlungen haben jedoch das Gesicht der Stadt verändert. Die Passagierschiffe der »Weißen Flotte« laufen alle Ostseehäfen und die Insel *Hiddensee* an. Auf der Insel gibt es keine Autos, und Generationen stadtmüder Menschen haben hier Erholung gesucht und gefunden. Die fast unberührte Landschaft ist vielfältig, und der Vogelreichtum lockt nicht nur Vogelkundler an. Hiddensee ist *Rügen* vorgelagert, der größten deutschen Insel. Sie ist ein beliebtes Ferienziel mit einem Naturschutzgebiet. Man erreicht sie über den Rügendamm. Hier findet der Besucher landschaftliche Vielfalt auf kleinem Raum und die bekannten Kreidefelsen. Auf *Usedom*, der zweitgrößten Insel Deutschlands, machte das Großbürgertum schon im 19. Jahrhundert Badeurlaub. Reizvolle Natur mit kilometerlangen Sandstränden, herrlichen Wäldern, Mooren und Weideflächen locken Besucher heute wie damals. Das Stadtbild von Heringsdorf, Ahlbeck, Bansin und den anderen Seebädern prägen schöne Bauten aus den Gründerjahren.
Schwerin wurde 1160 gegründet und ist auch heute noch eine reizvolle Stadt. Das *Schweriner Schloß* war lange Zeit Residenz der mecklenburgischen Herzöge. Das Schloß ist eines der besten Beispiele deutscher gotischer Baukunst. Es liegt am Schweriner See, umgeben von einem Burggarten mit vielen exotischen Bäumen und einem Kanal, der Mitte des 19. Jahrhunderts angelegt wurde. In der historischen Altstadt stehen der Dom, das älteste Gebäude der Stadt, das schöne Rathaus und ein interessantes Museum mit Sammlungen französischer, deutscher und niederländischer Malerei des 17., 18. und 19. Jahrhunderts.

Brandenburg

Theodor Fontane hat in seinen berühmten »Wanderungen« die Schönheit der Mark Brandenburg beschrieben. Kiefern- und Birkenwälder, Sandboden, weiter Horizont und viel Wasser. Der herrliche *Spreewald*, eine von vielen Wasserläufen durchzogene feuchte Niederung, liegt südlich von Berlin. Man kann ihn am besten auf einer Kahnpartie mit Steuermann oder -frau erkunden. Im Freilandmuseum *Lehde* erhält man einen Eindruck vom früheren Alltagsleben der Einheimischen. Hier gibt es auch Zeugnisse der Kultur der Sorben, einer hier ansässigen slawischen Minderheit. **Potsdam** hat drei große schöne Parks, den Neuen Garten mit Marmorpalais (z. Zt. wegen Umbau geschossen) und Schloß Cecilienhof (bekannt durch das Potsdamer Abkommen), Babelsberg (englische Parkanlage von Fürst Pückler-Muskau angelegt mit Schloß von Schinkel) und natürlich *Sanssouci*, das nach Plänen Friedrichs des Großen von dem Architekten Knobelsdorff gebaut wurde. Die mit Wein bepflanzten Terrassen geben dem Schloß seine besondere Note. Die Innenräume, die man in Filzpantoffeln besichtigen kann, vermitteln einen Eindruck, wie »der alte Fritz« in seinem Lieblingsschloß lebte. In der Kunstgalerie neben dem Schloß sind Gemälde zahlreicher alter Meister ausgestellt. Auch die Stadt selbst, besonders das Holländische Viertel, ist sehenswert. Auch in **Rheinsberg**, bekannt durch Kurt Tucholskys gleichnamige Erzählung, kann man auf den Spuren Friedrichs des Großen wandeln. Das schön gelegene Schloß wird innen noch restauriert, kann aber schon besichtigt werden. In einem der Türme ist eine Tucholsky-Gedenkstätte untergebracht. Das Kavalierhaus ist seit 1991 Sitz einer Musikakademie, die sich vor allem der zeitgenössischen Musik und der Musik am Rheinsberger Hof des Kronprinzen Friedrich widmet. Das ganze Jahr über finden Konzerte statt. Die **Schorfheide** ist ein nördlich von Berlin gelegenes Waldgebiet. Hier leben immer noch Biber, Fischotter, See- und Fischadler, und man findet märkische Landschaft wie im Bilderbuch: etwas herb, mit vielen Birken und Kiefern. Der Mittelpunkt der Schorfheide ist der Werbellinsee. Man sollte sich auch die Zeit nehmen und einen Ausflug zum ehemaligen Zisterzienserkloster Chorin machen. Hier finden im Sommer viele Konzerte statt.

Sachsen-Anhalt, Sachsen und Thüringen

Magdeburg ist eine Industriestadt westlich von Berlin. Dom (955) und Liebfrauenkloster sind Zeugnisse der über 1000jährigen Geschichte der Stadt. Bekannt ist sie vor allem auch durch den Magdeburger Reiter. 55 km südwestlich von Magdeburg liegt die schöne Stadt **Quedlinburg** mit vielen liebevoll restaurierten Fachwerkhäusern aus dem 16. Jahrhundert und einem Renaissance-Rathaus. Besonders sehenswert sind die romanische Stiftskirche St. Servatii mit dem Domschatz (u. a. wertvolles Wappenkästchen Kaiser Ottos IV.) und das Fachwerkensemble Finkenherd in der Stadtmitte. Die Altstadt wurde von der UNESCO zum Weltkulturgut erklärt. Die Lyonel-Feininger-Galerie zeigt die größte Sammlung grafischer Arbeiten des deutsch-amerikanischen Malers in Europa. Eingebettet in die Gebirgslandschaft des *Harzes* liegt die Stadt **Werningerode** mit ihrem gotischen Rathaus aus dem 16. Jahrhundert, ein Fachwerkbau mit zwei schlanken Türmen, der der Stadt eine Märchenbuchatmosphäre verleiht. Fachwerkhäuser aus sechs Jahrhunderten, darunter das Schiefe Haus, gilt es zu entdecken. Werningerode ist ein idealer Ausgangspunkt für Ausflüge in die herrliche Umgebung, in der es viele hübsche Dörfer mit Fachwerkhäusern gibt. Der Harz ist eines der schönsten Wandergebiete Deutschlands, seit Dezember 1989 ist auch der *Brocken*, die höchste Erhebung des Gebirges, für Wanderer wieder zugänglich. **Stolberg** wird oft als die »Perle des Südharzes« bezeichnet. Auch hier beherrschen Fachwerkhäuser das Stadtbild, und das Rathaus (1492) könnte das Ergebnis eines Schildbürgerstreiches gewesen sein. Es hat innen keine Treppe, und man kann die oberen Etagen nur über eine außen vorbeiführene Kirchentreppe erreichen.

Weiter südlich liegt **Halle**, in der Marienkirche am Marktplatz (1529) predigte einst Martin Luther. Der Komponist Händel wurde 1685 in dieser Stadt geboren, und jedes Jahr im Juni finden internationale Händelfestspiele statt. Im nahegelegenen **Wittenberg** nagelte Luther im Jahre 1517 seine »95 Thesen gegen den Ablaßhandel« an die Tür der Schloßkirche. Zahlreiche prächtige Bauten aus dem 16. Jahrhundert, das Wohnhaus Luthers, das Melanchthon-Haus, die Schloßkirche und die Gebäude der ehemaligen Universität bezeugen die jahrhundertelange Bedeutung der Stadt.

Südlich von Halle liegt die historische Stadt **Naumburg**, deren Wahrzeichen der schöne spätromanisch-frühgotische Dom St. Peter und Paul mit seinen berühmten Stifterfiguren ist. Ein Abstecher in die alten Hansestädte Salzwedel, Stendal und Tangermünde lohnt sich auf jeden Fall, besonders sehenswert sind die mittelalterlichen Befestigungsanlagen.

THÜRINGEN liegt zwischen Sachsen und Hessen. Die bewaldeten Höhenzüge des Thüringer Waldes und des Schiefergebirges machen die Region zum idealen Wandergebiet. Der berühmteste Wanderpfad ist der Rennsteig, der sich über 168 km erstreckt. Der gesamte Bereich des Rennsteigs steht, wie viele andere Gebiete hier, unter Natur- oder Landschaftsschutz. Der Wanderer wird viele seltene Pflanzen finden und, wenn er Glück hat, auch Birkhuhn und Auerhahn entdecken können, die in den Hochmooren leben. Die blühende Kunsthandwerksindustrie ist ein zusätzlicher Anreiz, diese schöne Gegend einmal zu besuchen. **Suhl** ist das Wintersportzentrum der Region, vor allem Langlauffans kommen hier auf ihre Kosten. In **Eisenach**, dem Geburtsort Johann Sebastian Bachs, steht das älteste Stadttor Thüringens. Sehenswert ist auch die romanische Nikolaikirche. In der *Wartburg*, die die Stadt überragt, suchte Martin Luther als Junker Jörg Zuflucht und übersetzte das neue Testament ins Deutsche. **Weimar** blickt auf eine tausendjährige Geschichte zurück und ist stolz auf sein reiches kulturelles Erbe. Ihre Blütezeit erlebte die alte Residenzstadt Ende des 18. und Anfang des 19. Jahrhunderts. Goethe lebte hier 50 Jahre lang und beeinflußte die Geschicke der Stadt als Staatsbeamter, Theaterdirektor und nicht zuletzt als größter deutscher Dichter. Im Nationalmuseum, das im ehemaligen Wohnhaus Goethes eingerichtet wurde, kann man auf den Spuren des Geheimrates wandeln. Für literarisch Interessierte steht ein Goethe- und Schiller-Archiv zur Verfügung. Bach war Hoforganist und Hofkonzertmeister in Weimar, Liszt und Richard Strauss wirkten hier als Kapellmeister. Die Liste der geistigen Größen, die mit der Geschichte Weimars verbunden sind, scheint endlos, und Museen, Gedenkstätten und Denkmäler gibt es zuhauf. Auf dem Gelände des ehemaligen Konzentrationslagers **Buchenwald** in der Nähe von Weimar, in dem über 56.000 Menschen den Tod fanden, steht eine Gedenkstätte, vor deren Mahnung sich kein Besucher verschließen kann.

Weitere interessante Ausflugsziele in Thüringen sind **Gera** (Renaissance-Rathaus und schöne Bürgerhäuser), die alte Universitätsstadt Jena, Friedrichsroda (Schloßruine in herrlichem Schloßpark), Gotha, die Reichstadt Nordhausen (spätgotischer Dom und Rolandstatue am Renaissance-Rathaus), die malerische Kleinstadt **Mühlhausen** und **Erfurt**, dessen wunderschönes Stadtzentrum auf der Denkmalsliste der UNESCO steht.

Auch **SACHSEN** hat dem Besucher einiges zu bieten. Südöstlich von Halle liegt die geschichtsträchtige Stadt **Leipzig**. Lenin druckte hier die erste Ausgabe seiner marxistischen Zeitung. Lessing, Jean-Paul Sartre und Goethe studierten an der hiesigen Universität. Leipzig ist eine Stadt der Musik und des Verlagswesens. 38 Verlage sind in Leipzig ansässig, und die Frühjahrs-Bücherschau lockt jedes Jahr Interessierte aus nah und fern in die traditionsreiche Messestadt. Hier wurde Richard Wagner geboren, Mendelssohn war lange Jahre Kapellmeister des auch heute noch renommierten Gewandhausorchesters, und Bach war in den Jahren 1723 bis 1750 Kantor der Thomaskirche, die ebenso wie das Rathaus aus dem 16. Jahrhundert stilgerecht restauriert wurde. Johann Sebastian Bachs Kirchenchor existiert noch heute, und die Thomaner sind international hoch angesehen. Die alte Universität (1407), der berühmte Auerbachs-Keller und der *Kaffeebaum*, das bekannteste Kaffeehaus der Stadt, sind weitere touristische Anziehungspunkte. Im Kaffeebaum, das seit 1694 besteht, verkehrte schon Robert Schumann. Zur Zeit ist es leider noch geschlossen. Heute kennt man Leipzig in aller Welt, vor allem als Standort der alljährlichen Leipziger Messe. Im Graphischen Viertel soll ein großer Medien-Park entstehen.

Südöstlich von Leipzig in Südsachsen liegen die Städte Meißen und Dresden. Im tausendjährigen **Meißen** steht die älteste Porzellanmanufaktur Europas, auch heute noch fertigt man die kostbaren Service in den traditionellen Meißener Mustern an. Besucher können sich in einer Schauwerkstatt von der Handwerkskunst der Porzellanmaler überzeugen. Muß auch noch manches restauriert werden, so beeindruckt auch heute schon die Schönheit der Stadt und das geschlossene historische Stadtbild. Bei einem Stadtrundgang fühlt man sich angesichts der alten Straßenzüge und Gassen in eine andere Zeit zurückversetzt. Dom, Albrechtsburg (1485) und Bischofsschloß ragen hoch über der Stadt empor. In der Umgebung Meißens wird seit Jahrhunderten Weinbau betrieben.

Dresden ist mit seinen 479.273 Einwohnern eine der größten Städte des Südostens. Ihr Glanz geht vor allem auf die Regierungszeit Augusts des Starken und seines Sohnes August III. im 17. und 18. Jahrhundert zurück. Der Zwinger ist das wohl berühmteste Bauwerk der Stadt; die vielen prächtigen Gebäude wie die Katholische Hofkirche (Hochbarock), die Frauenkirche, die Schloßkirche und die Semperoper trugen der Stadt den Ruf eines »Elbflorenz« ein. Die einstige barocke Pracht der Stadt versank im Bombenhagel des 2. Weltkrieges, die Ruine der Frauenkirche gemahnt noch heute an die Schrecken des Krieges. Man hat sich bemüht, die Stadt in altem Stil wieder erstehen zu lassen. Die restaurierte wunderschöne *Semperoper*, die Schloßkirche und das *Grüne Gewölbe*, die reiche Schatzkammer der sächsischen Fürsten, legen Zeugnis von vergangenem Glanz ab. Die Waffensammlung im Zeughaus umfaßt Ausstellungsstücke vom Mittelalter bis zum heutigen Tage. Kunstkenner sollten es nicht versäumen, die Gemäldegalerie im Zwinger zu besuchen, in der viele hervorragende Kunstwerke alter Meister ausgestellt sind – Raffaels *Sixtinische Madonna* sei hier nur stellvertretend für viele genannt. Das Schloß wird gerade restauriert. Die Dresdener Philharmonie, die Staatskapelle und der Kreuzchor sind weltbekannt. Beliebt sind Dampferfahrten auf der Elbe zum Schloß Pillnitz.

Unweit von Dresden an der tschechischen Grenze liegt das *Erzgebirge*, höchste Erhebung ist der Fichtelberg mit 1214 m. Die waldreiche Berglandschaft ist im Sommer ideal zum Wandern, im Winter läßt es sich hier gut Ski fahren. Bekannt ist das Erzgebirge vor allem auch durch seine Weihnachtspyramiden, Räuchermännchen und Nußknacker, die in der Vorweihnachtszeit so manche Wohnräume schmücken.

Die *Sächsische Schweiz*, das Elbsandsteingebirge mit seinen einmaligen bizarren Felsformationen, wird jedes Jahr von vielen Touristen besucht. Sie ist durch Wanderwege gut erschlossen. Das 368 qkm große Landschaftsschutzgebiet soll ein Nationalpark werden.

Chemnitz (früher Karl-Marx-Stadt) ist eine recht graue Industriestadt. Sie wurde im 2. Weltkrieg fast völlig zerstört und nur wenige historische Bauwerke blieben erhalten. Dazu gehören das Alte Rathaus (16. Jh.) und der 800 Jahre alte Rote Turm. Die Oper hat einen guten Ruf. Sehenswerte Städte der Region sind Freiberg, Kuchwald (Freilufttheater) und Seiten (Spielzeugmuseum).

Zwickau ist die Geburtsstadt Robert Schumanns, ein Museum erinnert an den berühmten Komponisten. Der spätgotische Dom, das Rathaus (1403), das spätgotische Gewandhaus (heute ein Theater) und zahlreiche schöne alte Bürgerhäuser zählen zu den interessantesten Sehenswürdigkeiten.

In der Oberlausitz leben die **Sorben**, ein slawischer Volksstamm, dessen Ursprung auf das 6. Jahrhundert zurückgeht. In **Bautzen** oder **Budysin** gibt es einen sorbischen Verlag, eine Zeitung und ein sorbisch-deutsches Volkstheater. Eigene Radioprogramme in sorbischer Sprache und Sprachunterricht in den Schulen sollen dazu beitragen, die Sorbenkultur zu erhalten.

RUNDREISEN: 5tägige: Rüdesheim – Lorelei Felsen – St. Goar – Koblenz – Bonn – Köln (Rheinfahrt).
7tägige: (a) Heidelberg – Würzburg – Nürnberg – Regensburg – Schloß Neuschwanstein (Romantische Straße). (b) Heidelberg – Heilbronn – Ulm – Nürnberg (Burgenstraße). (c) Erfurt – Weimar – Jena – Eisenach – Rudolstadt – Arnstadt (Klassische Straße in Thüringen).
Andere deutsche Ferienstraßen: (a) Lindau – Oberstdorf – Oberammergau – Garmisch-Partenkirchen – Berchtesgaden (Deutsche Alpenstraße). (b) Darmstadt – Heidelberg (Bergstraße). (c) Bockenheim – Wissemburg (Weinstraße). (d) Trier – Koblenz (Mosel Weinstraße). (e) Freudenstadt – Baden-Baden (Schwarzwald-Hochstraße). (f) Freudenstadt – Pforzheim (Schwarzwald-Bäderstraße).

SOZIALPROFIL

ESSEN & TRINKEN: Das Mittagessen ist traditionell die Hauptmahlzeit in Deutschland. Gegen 19.00 Uhr wird Abendbrot gegessen, meist Brote mit Aufschnitt und diverse Salate. Zum Frühstück, egal ob zuhause oder im Hotel, gibt es im allgemeinen gekochte Eier, verschiedene Brotsorten oder Brötchen (in Berlin »Schrippen«, in Hamburg »Rundstücke«, in Süddeutschland »Semmeln« oder »Wecken« genannt), Marmelade, Honig, Wurst, Schinken und Käse. In den Imbißstuben, Cafés und im Fleischerladen erhält man Grill- und Bratwürstchen, »Knacker« und Bockwürste mit knusprigem Brötchen oder Kartoffelsalat. Belegte Brötchen werden ebenfalls angeboten, die entweder mit Schinken, unterschiedlichen Wurstsorten, *Leberkäse*, »Hackepeter«, Käse oder eingelegten Heringen belegt und mit Zwiebelringen, eingelegten Gurken usw. garniert sind. Beim Bäcker gibt es *Strudel* mit der traditionellen Apfelfüllung, anderen Obstsorten oder mit Quark. Das Angebot an Leckereien und Naschereien ist sehr verführerisch, und die Auswahl an Brotsorten ist wohl weltweit unerreicht. Ein komplettes Tagesgericht in einem einfachen *Gasthaus* oder Restaurant besteht normalerweise aus drei Gängen und kostet etwa 20 DM. Die Vorspeise ist oft eine Suppe, das Hauptgericht besteht aus Fleisch mit Soße, Kartoffeln, Gemüse oder Salat. Zum Nachtisch wird Pudding, Eiskreme oder Obst serviert. In den Restaurants kann man dazu Bier oder Wein trinken. Am Nachmittag holt man sich ein paar Köstlichkeiten vom Bäcker oder setzt sich ins Café zu *Kaffee und Kuchen*. Diese Cafés findet man nicht nur in den Städten, sondern auch im kleinsten Dorf und in den Ausflugsgebieten. Normalerweise wird man am Tisch bedient, es gibt aber auch zahlreiche Restaurants mit Selbstbedienung. Überall in Westdeutschland findet man chinesische, italienische, jugoslawische, griechische und türkische Restaurants, in denen man gut und preiswert essen kann. Leichte Mahlzeiten stehen ebenfalls für den kleinen Hunger zur Verfügung.

Regionale Spezialitäten:
Frankfurt und Hessen: *Rippchen mit Sauerkraut*, selbstverständlich *Frankfurter Würstchen* und *Ochsenbrust in grüner Soße*, *Zwiebelkuchen* und *Frankfurter Kranz*.
Westfalen und Nördliches Rheinland: *Rheinischer Sauerbraten*, *Reibekuchen* (aus Kartoffeln), *Pfeffer-Potthast* (gewürztes Rindfleisch mit Lorbeerblättern) und *Moselhecht* in cremiger Käsesoße. Aus Westfalen kommen der berühmte *Räucherschinken*, ausgezeichnete Würstchen und der bekannte *Pumpernickel*.
Stuttgart und Baden: *Schlachtplatte*, *Maultaschen* (eine Art Ravioli), *Spätzle*, *Eingemachtes Kalbfleisch* (Kalbsfrikassee mit weißer Kapernsoße) und *Schwarzwälder Kirschtorte*.
München und Bayern: *Leberkäs'* (Hackbraten), verschiedene Knödel, *Spanferkel*, die berühmte *Weißwurst*, *Strudel*, *Leberknödelsuppe*, *Nürnberger Lebkuchen* und *Nürnberger Rostbratwürstchen*.
Hamburg und Norddeutschland: *Hamburger Aalsuppe*, *Labskaus* (aus Corned Beef oder gepökeltem Rindfleisch und Hering mit Spiegelei), *Himmel und Erde* (Birnen, Bohnen und Speck), *Rote Grütze*, *Räucheraal*, *Rumtopf*, *Lübecker Marzipan*, *Heidschnuckenbraten* (von den Schafen der Lüneburger Heide), *Kabeljau mit grüner Soße*, *Bauernfrühstück* (Omelette mit Bratkartoffeln und Zwiebeln) und *Fisch- und Krabbenbrötchen* als kleine Zwischenmahlzeit.
Bremen: *Kohl und Pinkel* (Grünkohl und Würstchen), *Matjes-Hering*, *Aalsuppe*, *Hannoversches Blindhuhn* (Eintopf aus Speck, Kartoffeln, Gemüse und Obst).
Berlin: *Eisbein mit Sauerkraut und Kartoffelpüree*, *Buletten*, *Berliner Leber* (mit Zwiebel- und Apfelringen), *Eierpfannkuchen*, *Kartoffelpuffer*, *Berliner Pfannkuchen* (Schmalzgebäck) und *Berliner Weiße mit Schuß* (obergäriges Bier mit etwas Waldmeister- oder Himbeersirup).
Mark Brandenburg: *Teltower Rübchen*, *Mohnprielen* und *Mohnstriezel*, Morchelgerichte, Oderkrebse, *Eberswalder Spritzkuchen*, *Schwarzsauer* (mit Backpflaumen und Klößen).
Sachsen: *Leipziger Allerlei*, *Dresdner Stollen*, *Speckkuchen*.

Sachsen-Anhalt: *Lehm und Stroh* (Sauerkraut mit Erbsenpüree), *Köhlersuppe* (Brotwürfel, Nierentalg, Zwiebeln und Pilze), *Speckkuchen* (mit Eiern und Kümmel), *Zerbster Brägenwurst* und *Bitterbier*, *Baumkuchen*.
Thüringen: *Thüringer Rostbratwürste*, *Hefeplinsen* (Eierkuchen mit Rosinen und mit Zucker oder Marmelade gesüßt), *Streuselkuchen* (mit Apfel, Pflaumen, Mohn, Quark oder Zwiebeln). Diverse »Schwämm«gerichte (Pilze werden hier Schwämm genannt).
Mecklenburg-Vorpommern: *Plum'n un Klüt* (Pflaumen und Klöße), *Spickbost* (geräucherte Gänsebrust).
Getränke: In Gaststätten und Kneipen wird am Tisch bedient, man kann sich die Getränke aber auch am Tresen abholen. Die Getränke werden auf dem Bierdeckel oder auf Notizblöcken am Tresen vermerkt, und man bezahlt beim Verlassen der Gaststätte. Alkohol darf nicht an Jugendliche unter 18 Jahren ausgeschenkt oder verkauft werden. Minderjährige dürfen die Gaststätten nur in Begleitung eines Erwachsenen betreten, erhalten aber keine alkoholischen Getränke. Die Öffnungszeiten sind recht unterschiedlich, die Gaststätten in den Urlaubsorten und Großstädten sind i. allg. ganztägig bis etwa Mitternacht oder später geöffnet. Berlin und Hamburg sind die einzigen Ausnahmen, jeder Gastwirt hat dort das Recht, seine Kneipe 24 Stunden geöffnet zu halten. **Bier** ist das Nationalgetränk der Deutschen und wird in allen möglichen Stärken und Geschmacksrichtungen angeboten. Es gibt zahlreiche leichte *Pilsner* und auch kräftige Dunkelbiere. Besonders erfrischend ist das bayrische *Weizenbier*. Ausgefallene Spezialitäten sind *Bayrisches G'frornes* (gefrorenes Bier), *Mumme* (ein bittersüßes Bier ohne Hopfen) aus Hannover, *Altbier* aus Düsseldorf, *Kölsch* aus Köln und helles oder dunkles *Bockbier* aus Berlin.
Deutsche **Weine** zählen zu den besten der Welt. Die bekanntesten Weine kommen aus den Tälern des Rheins und der Mosel, aber auch die badischen Weine, der Frankenwein, und die Weine aus den Anbaugebieten der Ahr und Nahe sind eine Kostprobe wert. Man sollte ruhig einmal den Frankfurter *Äppelwoi* (Apfelwein), den weißen *Cannstatter* in Stuttgart oder den trockenen *Würzburger* in Würzburg probieren.
NACHTLEBEN: In allen größeren Städten Deutschlands hat man die Qual der Wahl zwischen Theatern, Opern (die Hamburger Staatsoper, die Deutsche Oper Berlin, die Deutsche Staatsoper Berlin und das Nationaltheater in München sind nur einige der berühmtesten Namen), Nachtklubs, Bars mit Live-Shows und Diskotheken. In den ländlichen Gegenden finden zahlreiche traditionelle Folklore-Veranstaltungen statt. Hauptsächlich im Süden des Landes findet man die bekannten *Bierkeller*. In Rheinland-Pfalz, Franken und in Baden gibt es unzählige kleine Weinstuben.
EINKAUFSTIPS: Besonders zu empfehlen sind optische Geräte wie Ferngläser und Fotoapparate, Porzellan, handgeblasenes Kristall, Silber- und Stahlwaren, Messer aus Solingen, Lederwaren, Sportartikel, Spielzeug aus Nürnberg und bayerischer Loden. Schöne Mitbringsel aus Ostdeutschland sind Musikinstrumente, geschnitztes Holzspielzeug aus dem Erzgebirge und Meißener Porzellan (die Meißener Porzellanmanufaktur kann besichtigt werden). **Öffnungszeiten der Geschäfte:** Mo-Fr 08.00/09.00-18.00/18.30 Uhr, Sa bis 13.30/14.00 Uhr. Am ersten Samstag im Monat und an den Samstagen in der Vorweihnachtszeit sind die Geschäfte bis 16.00 Uhr geöffnet. In den Großstädten haben viele Läden donnerstags bis 20.00 Uhr geöffnet. In Kleinstädten sind die Geschäfte oft zwischen 13.00-15.00 Uhr geschlossen.
SPORT: Fast jede größere Stadt hat mehrere Sportplätze und/oder ein Stadion. **Fußball** ist immer noch die populärste Sportart. Die Spiele der Bundesliga werden am Samstagnachmittag ausgetragen. Länderspiele finden meist großes Interesse, und manchmal erscheinen die Straßen bei Fernsehübertragungen wichtiger Spiele wie leergefegt. Die deutsche Nationalmannschaft wurde 1990 nach 1954 und 1974 zum dritten Mal Fußballweltmeister. Pferderennbahnen gibt es in Baden-Baden, Hamburg, München, Frankfurt/M., Hannover und Berlin (Trabrennbahn Mariendorf). **Reiten** ist sehr beliebt. In allen Urlaubsgebieten findet man Reiterhotels und Reiterhöfe. Besonders empfehlenswert für Reiterferien sind Verden und Warendorf (Staatsgestüt). Auf über 200 Anlagen kann **Golf** gespielt werden. An der Küste, auf Flüssen und Seen ist **Segeln** (an Nord- und Ostsee gibt es viele Segelschulen), **Schwimmen, Angeln** oder **Sportfischerei** sehr beliebt. Ein Fischereischein wird benötigt (etwa 15 DM pro Tag). Die besten Fischgründe findet man in den Binnengewässern. Schonzeiten müssen beachtet werden. An Ost- und Nordseeküste gibt es zahlreiche schöne Sandstrände. An der Nordsee ist die Brandung stärker und ideal für das **Windsurfing**, die Ostsee ist ruhiger und hat nur geringen Tidenhub. In allen Urlaubsorten und in größeren Städten stehen Schwimmbäder zur Verfügung. In der Gegend um Suhl im Süden am Rand des Thüringer Waldes liegen zahlreiche **Wintersportorte**. Oberhof hat ausgezeichnete **Sprungschanzen** und **Rodelbahnen**. **Skilauf:** In Bayern liegen einige der bekanntesten deutschen Wintersportzentren: *Garmisch-Partenkirchen* (Olympia-Sportanlagen), *Berchtesgaden, Oberstdorf, Inzell* und *Reit im Winkl*. Empfehlenswert für Wintersportfreunde sind auch die Waldgebirge Harz, Schwarzwald und der Bayerische Wald. Die Hauptsaison ist in den Monaten November bis April. Besonders in Oberbayern ist auch das **Curling** weitverbreitet. In den großen Winterkurorten gibt es Gelegenheit zum **Eishockeyspielen, Bobfahren** und **Schlittschuhlaufen**. Andere beliebte Sportarten sind **Tennis** und **Squash**. In vielen Städten gibt es besondere **Radfahrwege**. An zahlreichen Bahnhöfen können Fahrräder gemietet werden. Weitere Auskünfte erteilen die Informationsstellen der DB oder die DZT. Organisierte Radferien können über das Reiseunternehmen *Rotalis Reisen per Rad*, Postfach 100244, D-80593 Baldham bei München (Tel: (08106) 35 91 91) und ähnliche Organisationen gebucht werden. Weitere Informationen vom *Allgemeinen Deutschen Fahrrad-Club e. V.* (ADFC), Hollerallee 23, D-28209 Bremen. Tel: (0421) 34 62 90 und der DZT. Der Harz, der Schwarzwald und der Bayrische Wald gehören zu den schönsten **Wandergebieten**. Das Netz der markierten Wanderwege umfaßt insgesamt 132.000 km. Auch in den neuen Bundesländern stehen zunehmend markierte Wegenetze zur Verfügung; so kann man z. B. den Landkreis Templin in der Mark Brandenburg auf Schusters Rappen erkunden, hier wurden bereits 480 km schöner Wege angelegt. Der Deutsche Alpenverein unterhält Hütten in den Alpen und den Mittelgebirgen und bietet Führungen und Kurse im **Bergsteigen** an. Zwischen Dresden und Bad Schandau liegt die Sächsische Schweiz, welches ein gutes Trainingsgebiet für Alpinisten ist.
VERANSTALTUNGSKALENDER
1996: *Lutherjahr*, zahlreiche Veranstaltugen zum 450. Todestag von Martin Luther.
4. Mai '96 *Rhein in Flammen*, Bonn. **31. Mai - 13. Juni** *Gewandhaus-Festival*, Leipzig. **1. Juni** *Jazzfestival*, Bad Hersfeld. **2. - 12. Juni** 50. *Bach-Festival*. **8. - 29. Juni** 65. *Mozartfest*, Würzburg. **Juni - Aug.** *Karl-May-Festspiele*, Bad Segeberg. **20. Juni - 25. Aug.** *Schleswig Holstein Musikfestival*. **Juli** (1) *Bach Festival*, Regensburg. (2) *»La Piazza« Internationales Musikfestival*, Augsburg. (3) *Kaltenberger Ritterspiele*, Oberbayern. **Juli/Aug.** *Richard-Wagner-Festspiele*, Bayreuth. **10. Aug.** *Rhein in Flammen*, Koblenz. **10. - 18. Aug.** *Rheingauer Weinfest*, Wiesbaden. **14. Sept.** *Rhein in Flammen*, St. Goar/St. Goarshausen. **21. Sept. - 6. Okt.** *Oktoberfest*, München. **19. Okt. - 3. Nov.** *Freimarkt*, Bremen. **8. Nov. - 8. Dez.** *Winterdom*, Hamburg. **Ende Nov./Ende Dez.** *Christkindlmärkte* in vielen deutschen Städten, u. a. Nürnberg, Augsburg, Bremen, Würzburg, Lübeck, München und Dresden. **10. Febr. '97** *Rosenmontagsumzüge*, Köln, Mainz und Düsseldorf.
Eine vollständige Liste der Veranstaltungen ist von der DZT erhältlich.
SITTEN & GEBRÄUCHE: Zur Begrüßung gibt man sich die Hand. Bei einer Einladung in die Wohnung des Gastgebers werden oft Speisen und Getränke angeboten. Der Gastgeberin sollte der Blumenstrauß immer ausgewickelt übergeben werden (laut Tradition gibt man eine ungerade Zahl, und rote Rosen schenkt man nur der Dame seines Herzens). Bei Telefongesprächen nennt man erst den eigenen Namen, bevor man nach der gewünschten Person fragt. Legere Bekleidung wird überall akzeptiert, aber in besseren Restaurants, bei Opern-, Theater- und Kasinobesuchen und zu gesellschaftlichen Anlässen ist elegantere Kleidung gern gesehen. Zu ganz besonderen Gelegenheiten wird Abendkleidung verlangt. Nichtraucherzeichen sollten respektiert werden. In öffentlichen Gebäuden und Nahverkehrsmitteln ist das Rauchen verboten. **Trinkgeld:** Die Bedienung ist in Hotelrechnungen bereits enthalten. Restaurants in Westdeutschland berechnen 10% Bedienungsgeld. Taxifahrer, Friseure und Toilettenpersonal erwarten Trinkgeld.

WIRTSCHAFTSPROFIL

WIRTSCHAFT: Die Bundesrepublik ist ein hochentwickeltes Industrieland, eine der führenden Handelsnationen und hat nach Japan und den USA das drittgrößte Wirtschaftsvolumen. Die Bevölkerung der alten Bundesländer genießt eines der höchsten Pro-Kopf-Einkommen in Europa. Die vier wichtigsten Branchen der Industrie sind die chemische Industrie, die Automobilherstellung, der Maschinenbau und die Elektroindustrie. Von großer Bedeutung ist auch der schnellwachsende High-Tech-Sektor, d. h. Computer- und Biotechnologie, Informatik und Medien. Deutschland ist abhängig von Rohstoffimporten, 30% des Energiebedarfes werden durch die Kernkraft gedeckt. Die wichtigsten Bodenschätze sind Stein- und Braunkohle sowie Kali- und Steinsalz. Trotz des hohen Selbstversorgungsgrades im Agrarsektor müssen aufgrund der hohen Bevölkerungsdichte landwirtschaftliche Erzeugnisse importiert werden. Hauptanbauprodukte sind Getreide, Zuckerrüben, Kartoffeln, Gemüse, Obst, Hopfen und Wein. Die deutsche Wirtschaft ist stark exportorientiert mit einer weiterhin günstigen Außenhandelsbilanz. Die aufgrund der weltweiten Rezession anhaltende Flaute im Exportgeschäft wirkt sich allerdings wirtschaftshemmend aus. Der fast völlige Wegfall der traditionellen Absatzmärkte in Osteuropa machte sich vor allem in der ostdeutschen Wirtschaft bemerkbar. Hauptexportgüter sind Fahrzeuge, Maschinen, chemische und elektrotechnische Erzeugnisse, Textilwaren und Bekleidung. Die wichtigsten Handelspartner sind die EU-Partnerländer, die USA, die Schweiz und Japan. Nach der wirtschaftlichen Öffnung der früheren Mitgliedsländer des Rates für Gegenseitige Wirtschaftshilfe (RGW) hofft man langfristig auf einen Zuwachs des Handelsvolumens mit dieser Region, der dort herrschende Devisenmangel hat eine Expansion jedoch bislang verhindert. Nach dem Ende des 2. Weltkriegs nahmen die beiden deutschen Staaten eine Spitzenposition innerhalb der jeweiligen Wirtschaftsblöcke ein. Obwohl die Wirtschaft der DDR im RGW niemals eine ähnlich wichtige Rolle spielte wie die BRD in der damaligen EG, hatte die DDR die höchste wirtschaftliche Wachstumsrate innerhalb des RGW, und ihre Bürger genossen das höchste Pro-Kopf-Einkommen im Ostblock. Die Wirtschaft krankte jedoch an unzureichenden Investitionen und unrationellen Produktionsmethoden. Die Handelsbeziehungen der DDR beschränkten sich jedoch nicht auf die RGW-Partnerländer, zum Zeitpunkt der Wiedervereinigung Ende 1990 wurde bereits 30% des Außenhandels mit Staaten außerhalb des Ostblocks abgewickelt. Aufgrund des Rohstoffmangels wurde ein Großteil der Industrieproduktion gegen polnische Kohle bzw. sowjetisches Erdöl und Erdgas getauscht. Die Umstrukturierung der Planwirtschaft zur sozialen Marktwirtschaft hat seit der Wiedervereinigung erhebliche Probleme in den neuen Bundesländern mit sich gebracht. Die mit Blick auf die internationale Wettbewerbsfähigkeit durchgeführten Rationalisierungsmaßnahmen führten zwangsläufig zu erhöhten Arbeitslosenzahlen. Die Arbeitslosigkeit in Ostdeutschland lag regional zeitweise bei fast 40%. Ende 1994 erreichte die Arbeitslosenquote bundesweit einen Stand von 9,6%. Die Zahl der Kurzarbeiter nahm ebenfalls zu, ist jedoch seit 1992 rückläufig. Verstärkte Abwanderung in die alte Bundesrepublik sowie eine Zunahme des Pendelverkehrs waren die Folge. Die optimistischen Prognosen der Bonner Regierung, daß westdeutsche Firmen die erfolgreichsten ostdeutschen Industrieunternehmen übernehmen würden und eine einsetzende rege Investitionstätigkeit die Anpassungsschwierigkeiten überbrücken könnte, erwiesen sich leider zunächst als falsch (1994: 25.000 Unternehmenszusammenbrüche). Die westdeutschen Unternehmensleitungen waren weitaus skeptischer und verhielten sich eher zurückhaltend. Man reagierte auf die erhöhte Nachfrage auf dem neuen Absatzmarkt überwiegend mit einer Steigerung der eigenen Produktion. Investitionsprogramme oder Neuansiedlungen westdeutscher Firmen waren zunächst eher die Ausnahme, und unwirtschaftliche Industriebetriebe wurden nicht übernommen. Investitionen in den fünf neuen Bundesländern beschränkten sich vorwiegend auf die Bereiche Medien, Werbung und den Dienstleistungssektor. Die Expansion der Bauwirtschaft (Auftragseingang 1994: +25,4%) stimmt jedoch hoffnungsvoll für die Zukunft. Die von der Treuhandanstalt übernommenen, ehemals volkseigenen Industriebetriebe sind inzwischen mehrheitlich an Privatunternehmer verkauft worden oder befinden sich in Liquidation. Rund 900 Betriebe wurden an ausländische Unternehmen verkauft, 135 davon an Schweizer Firmen. Zum Jahresende 1994 stellte die Treuhand ihre Tätigkeit ein. Trotz der inzwischen vollzogenen grundlegenden Modernisierung, nach der die Industriebetriebe in Ostdeutschland nun wettbewerbsfähig sind, wird es jedoch noch einige Zeit dauern, bis die ostdeutsche Wirtschaft einen wirklichen Aufschwung erlebt. Die landwirtschaftlichen Betriebe in den neuen Bundesländern haben ebenfalls mittlerweile die Anpassung an die Marktbedingungen der Europäischen Union weitgehend erreicht, so daß die Produktivität kaum noch hinter der westdeutscher Betriebe zurückbleibt. Bis dahin war es jedoch ein weiter Weg. Die Hoffnung der Bundesregierung, die Währungsreform Mitte 1990 könne die Wirtschaft im Osten des Landes bereits endscheidend stimulieren, hatte sich als Illusion erwiesen. Die neuen Verbraucher zeigten, zumindest anfänglich, mehr Interesse an westlichen Importgütern als an Erzeugnissen der eigenen Betriebe. Logische Folge war der fast völlige Zusammenbruch der DDR-Wirtschaft im Herbst 1990, während die Wiedervereinigung im Westteil aufgrund der gestiegenen Nachfrage v. a. nach Verbrauchsgütern zunächst wirtschaftsbelebend wirkte. Wirtschaftsexperten sind heute fast einhellig der Meinung, daß die schnelle Währungsreform und andere wirtschaftspolitische Maßnahmen der Bundesregierung Fehlentscheidungen waren, die nur mit der allgemeinen Euphorie zu erklären sind, die die Regierung bewog, alles zu tun, um die Wiedervereinigung möglichst schnell herbeizuführen. Es wird allgemein angenommen, daß etwa innerhalb eines Jahrzehnts der Lebensstandard in den fünf neuen Bundesländern dem im Westen angeglichen sein wird. Durch die wirtschaftliche Umstrukturierung gingen zahlreiche Arbeitsplätze verloren, und auch die verschiedenen Förderungsprogramme von Bundesregierung und Banken haben bislang keine nachhaltige Verbesserung der Situation gebracht. Die Modernisierung der ostdeutschen Wirtschaft macht sich noch nicht wesentlich auf dem Arbeitsmarkt bemerkbar. Negative Auswirkungen hat vor allem das Fehlen zusätzlicher Liefer- und Dienstleistungsfirmen, die weitere Arbeitsplätze schaffen könnten. Die Leistungsbilanz der deutschen Wirtschaft, 1991 erstmalig im Minus, war auch 1993 noch negativ, was auf den starken Rückgang des Handels mit den ehemaligen Ostblockländern und die gestiegene Nachfrage nach ausländischen Waren (speziell Auslandsreisen) in den neuen Bundesländern zurückzuführen ist. Mit Besorgnis wurde die steigende Inflationsrate beobachtet, die 1993 mit 4,2% ihren Höchststand seit 11 Jahren erreichte. Die Wirtschaftslage blieb 1993 bei einem Rückgang des Bruttoinlandproduktes um 1,2% weiterhin angespannt. Ein Anstieg des Bruttosozialproduktes von 2,9% wurde 1994 verzeichnet. Aktuelle Prognosen sprechen von einem langsamen Konjunkturaufschwung bei gleichbleibender Arbeitslosigkeit.

Deutschland ist eines der zehn beliebtesten Urlaubsländer der Welt, 1993 kamen rund 13,21 Mio. Touristen ins Land, die meisten aus den Niederlanden, den USA und Großbritannien. Bayern ist weiterhin beliebtestes Reiseziel und München wichtigste Fremdenverkehrsstadt. Der Tourismus erbringt rund 5% des Bruttoinlandproduktes und beschäftigt etwa 7,5% der Erwerbstätigen.

GESCHÄFTSVERKEHR: Geschäftliche Termine sollten lange im voraus vereinbart und strikt eingehalten werden. Das gilt speziell für die Sommermonate und ganz besonders für die Haupturlaubszeit, die ohnehin für Geschäftsreisen weniger geeignet ist. In vielen Unternehmen ist freitags früher Büroschluß. Auf Pünktlichkeit wird großer Wert gelegt.

Kontaktadressen: *Außenhandelsstelle der Wirtschaftskammer Österreich*, Bockenheimer Landstraße 2/18. Stock, D-60323 Frankfurt/M. Tel: (069) 97 10 12-0. Telefax: (069) 97 10 12-29. *Zweigstellen* in Berlin, Dresden, Hamburg, Düsseldorf und München.
Handelskammer Deutschland-Schweiz, Talacker 41, CH-8001 Zürich. Tel: (01) 221 37 02. Telefax: (01) 221 37 66.
Vereinigung Schweizerischer Unternehmen in Deutschland (VSUD), Dufourstraße 5, CH-4052 Basel. Tel: (061) 272 16 60. Telefax: (061) 272 16 59.
Repräsentanz in Deutschland: Bonn: Riemannstraße 41, D-53125 Bonn. Tel: (0228) 25 70 36. Telefax: (0228) 25 83 53. Berlin: Wolfener Straße 22, D-12681 Berlin. Tel: (030) 932 70 96. Telefax: (030) 930 99 53.
Schweizerisch-Deutscher Wirtschaftsklub e. V., Am Hauptbahnhof 10, D-60329 Frankfurt/M. Tel: (069) 23 46 48. Telefax: (069) 23 66 76.
Deutscher Industrie- und Handelstag (Dachverband der insgesamt 69 Industrie- und Handelskammern), Adenauerallee 148, D-53113 Bonn. Tel: (0228) 104-0. Telefax: (0228) 104-158. *Zweigstellen* in jeder größeren Stadt und jedem Bundesland.
Deutsche Handelskammer in Österreich, Wiedner Hauptstraße 142, A-1050 Wien. Tel: (0222) 545 14 17. Telefax: (0222) 545 22 59.

NEUE BUNDESLÄNDER: Nach 45 Jahren Planwirtschaft war die Wirtschaft der fünf neuen Bundesländer in einem desolaten Zustand. Unwirtschaftlichkeit und mangelnde Konkurrenzfähigkeit führten zu zahlreichen Firmenschließungen und Modernisierungs- und Rationalisierungsmaßnahmen dringend erforderlich (s. o. unter *Wirtschaft*). Die Investitionstätigkeit steigt mittlerweile zwar an, ist jedoch immer noch zu gering, um eine wirklichen Aufschwung einzuleiten. Man schätzt, daß bislang etwa 150 Billionen DM an staatlichen Mitteln nach Ostdeutschland geflossen sind, jedoch wurde ein Großteil für Arbeitslosengeld und Sozialhilfezahlungen verwendet. Der zwischen Bund und Ländern vereinbarte Solidarpakt sieht vor, daß weitere Förderungsprogramme ab 1995 über einen sogenannten Solidaritätszuschlag von 7,5% auf Lohn- und Einkommenssteuer finanziert werden. Weitere Haushaltseinsparungen und Steuererhöhungen sind wahrscheinlich. Die Europäische Kommission und die Bundesregierung versuchen, mit Anreizen in- und ausländische Investoren für den Wiederaufbau der ostdeutschen Wirtschaft zu interessieren. Ostdeutschland erhält seit 1994 beträchtliche Subventionsgelder aus dem EU-Fonds zur Förderung strukturschwacher Gebiete. Das European Recovery Programme (früher Marshallplan) soll ebenfalls den Gebieten der ehemaligen DDR zugute kommen. Weitere Informationen über die unterschiedlichen Investitionsprogramme erhalten Sie von folgenden Banken:
Kreditanstalt für Wiederaufbau, Palmengartenstraße 5-9, D-60325 Frankfurt/M. Tel: (069) 7431-0. Telefax: (069) 7431-29 44.
Förderkredite aus Mitteln des ERP-Sondervermögens für mittelständische Betriebe der gewerblichen Wirtschaft und freiberuflich Tätiger (außer Heilberufe) sowie eigenes Investitionskreditprogramm.
Deutsche Ausgleichsbank, Wielandstraße 4, D-53173 Bonn. Tel: (0228) 831-0. Telefax: (0228) 831-22 55.
Zinsgünstige Darlehen für mittelständische Unternehmen aus Mitteln des ERP-Sondervermögens im Bereich Umweltschutz (Abfallwirtschaft, Luft- und Wasserreinigung und Energieeinsparung) sowie Existenzgründungsprogramm. Förderkredite aus Bundesmitteln (Existenzgründungsprogramm und Eigenkapitalhilfe). Daneben eigene DPA-Existenzgründungs- und Umweltprogramme.
Die diplomatischen Vertretungen der Bundesrepublik können interessierten Investoren weitere Einzelheiten zukommen lassen.

KONFERENZEN/TAGUNGEN: Deutschland ist eine der wichtigsten Kongreßdestinationen. In Westdeutschland und zunehmend auch in Ostdeutschland findet man Tagungsstätten mit den modernsten Konferenzeinrichtungen. Weitere Informationen auf Anfrage beim 1973 gegründeten *Deutschen Kongreßbüro (GCB)*, dem die führenden deutschen Kongreßstädte sowie Hotels, Kongreßzentren, Verkehrsträger, Reiseveranstalter, Verkehrsvereine und Messegesellschaften in allen 16 Bundesländern angehören. Adresse: Münchner Straße 48, D-60329 Frankfurt/M. Tel: (069) 23 66 55. Telefax: (069) 23 66 63.
Anmerkung: Außer in Berlin, Leipzig (Standort der alljährlichen Leipziger Messe) und Dresden gibt es in Ostdeutschland gegenwärtig nur wenige Konferenzzentren. Es wird wohl noch einige Zeit dauern, bevor die vielen Neubaupläne und Modernisierungsvorhaben verwirklicht werden und Angebot und Standard der ostdeutschen Tagungsstätten dem internationalen Niveau entsprechen. Nähere Auskünfte beim Deutschen Kongreßbüro oder von der DZT (Adressen s. o.).

KLIMA

Die Sommer sind warm bis heiß und die Winter recht kalt; langanhaltende Kälteperioden mit Schnee und Frost sind jedoch außer in den Alpen und an der Küste selten. Die Niederschläge sind über das ganze Jahr verteilt.

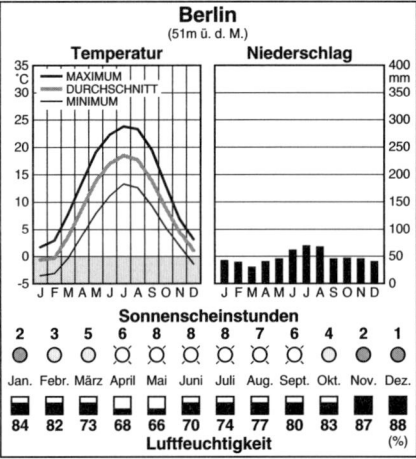

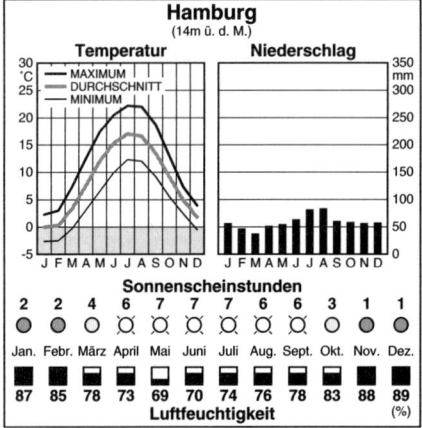

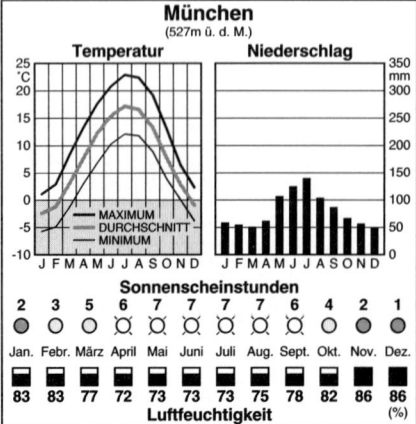

Djibouti

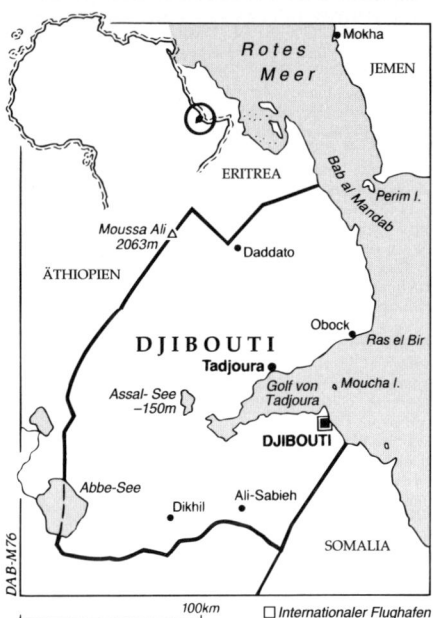

Lage: Nordostafrika, Golf von Aden.

Office National du Tourisme et de l'Artisanat (ONTA)
Place du 27 Juin
BP 1938
Djibouti
Tel: 35 37 90. Telefax: 35 63 22.
Honorarkonsulat der Republik Djibouti
Altenwall 19
D-28195 Bremen
Tel: (0421) 32 18 05. Telefax: (0421) 337 89 26.
Di und Do 15.00-17.00 Uhr (Publikumsverkehr).
(es werden nur Visaanträge deutscher Staatsbürger bearbeitet)
Ambassade de la République Djibouti
26 Rue Emile Ménier
F-75116 Paris
Tel: (1) 47 27 49 22. Telefax: (1) 45 53 50 53.
Mo-Fr 09.00-13.00 und 14.00-16.00 Uhr.
(auch zuständig für Deutschland, Österreich und die Schweiz)
Honorargeneralkonsulat der Bundesrepublik Deutschland
Rue des Bruxelles
BP 1777
Djibouti
Tel: 35 57 35.
Konsulat der Republik Österreich
Rue de Genève
PO Box 2125
Djibouti
Tel: 35 23 50. Telefax: 35 11 03.
Die Schweiz unterhält keine Vertretung in Djibouti, zuständig ist die Botschaft in Addis Abeba (s. Äthiopien).

FLÄCHE: 23.200 qkm.
BEVÖLKERUNGSZAHL: 557.000 (1992).
BEVÖLKERUNGSDICHTE: 24 pro qkm.
HAUPTSTADT: Djibouti. **Einwohner:** 250.000 (1995).
GEOGRAPHIE: Djibouti liegt an der afrikanischen Ostküste am »Horn von Afrika« und grenzt im Südosten an Somalia, im Westen an Äthiopien, im Nordwesten an

TIMATIC INFO-CODES

Abrufbar über Ihr CRS-System (für START/Amadeus Ama-Maske benutzen). Für Galileo bitte TI-DFT eingeben (mit Bindestrich).

Flughafengebühren	TI DFT/ JIB /TX
Währung	TI DFT/ JIB /CY
Zollbestimmungen	TI DFT/ JIB /CS
Gesundheit	TI DFT/ JIB /HE
Reisepassbestimmungen	TI DFT/ JIB /PA
Visabestimmungen	TI DFT/ JIB /VI

Eritrea und im Osten an den Golf von Aden. Das Land ist ein verhältnismäßig unfruchtbarer Küstenstreifen zwischen 20 und 90 km Breite. Die Küste besteht aus wunderbaren weißen Sandstränden, das Landesinnere überwiegend aus Halbwüste, die mit Dornbüschen, Steppe und vulkanischen Bergketten durchsetzt ist.
STAATSFORM: Präsidialrepublik; Staatsoberhaupt: Hassan Gouled Aptidon, seit 1977. Regierungschef: Bakrat Gourad Hamadou, seit 1978. Nationalversammlung mit 65 Mitgliedern, auf fünf Jahre gewählt. Im Januar 1992 gab Gouled dem Druck der gut organisierten Opposition und Frankreichs auf Verfassungsänderungen nach. Die bürgerkriegsähnlichen Auseinandersetzungen zwischen Afaren-Rebellen und regierungstreuen Einheiten seit Mitte 1992 veranlaßten Frankreich, Teile bereits stationierter Truppen in das Krisengebiet zu entsenden. Im Mai 1993 fanden die ersten freien Wahlen statt, bei denen Gouled im Amt bestätigt wurde. Seit 1995 steht er einer Einheitsregierung vor.
SPRACHE: Offizielle Landessprachen sind Französisch und Arabisch. Afar und Somalisch werden auch gesprochen. Hotelangestellte, Taxifahrer und Geschäftsleute sprechen meist etwas Englisch.
RELIGION: Islamisch; römisch-katholische, protestantische und griechisch-orthodoxe Minderheiten.
ORTSZEIT: MEZ + 2.
NETZSPANNUNG: 220 V, 50 Hz.
POST- UND FERNMELDEWESEN: Telefon: Selbstwählferndienst. **Landesvorwahl: 253. Telefax:** Es sind keine öffentlichen Anschlüsse vorhanden. **Telex/Telegramme** können zwischen 07.00-20.00 Uhr im Hauptpostamt in Djibouti aufgegeben werden. Man kann Telegramme auch vom Telegrafenamt abschicken. **Post:** Luftpost nach Europa ist ca. eine Woche unterwegs, auf dem Landweg drei Wochen.
DEUTSCHE WELLE
Der Einsatz der Kurzwellenfrequenzen ändert sich mehrfach im Laufe eines Jahres, und Sendungen auf den folgenden Frequenzen werden jeweils nur zu bestimmten Tageszeiten ausgestrahlt. Näheres in der Einleitung.

MHz	15,275	15,135	11,795	9,700	6,075
Meterband	19	19	25	31	49

REISEPASS/VISUM

***Wichtiger Hinweis:** Die Einreisebestimmungen mancher Länder können sich kurzfristig ändern – rufen Sie sicherheitshalber auf Ihrem CRS-System (TIMATIC-Info-Code-Fenster in diesem Kapitel) den aktuellen Stand ab bzw. wenden Sie sich an die zuständige diplomatische Vertretung. Etwaige Zahlen in der Tabelle beziehen sich auf nachfolgende Fußnoten.*

	Paß erforderlich?	*Visum erforderlich?*	*Rückflugticket erforderlich?*
Deutschland	Ja	Ja	Ja
Österreich	Ja	Ja	Ja
Schweiz	Ja	Ja	Ja
Andere EU-Länder	Ja	Ja/1	Ja

Ein- und Durchreiseverbot: Staatsbürgern Israels wird die Ein- und Durchreise verweigert.
REISEPASS: Allgemein erforderlich, der deutsche Kinderausweis wird nicht anerkannt.
VISUM: Allgemein erforderlich, ausgenommen sind:
[1] Staatsbürger Frankreichs, die bei Vorlage des Rückflugtickets bis zu 3 Monate visumfrei einreisen können. Ausländische Einwohner von Djibouti benötigen zur Ausreise ein Ausreisevisum, sofern die Gültigkeit ihres Einreisevisums abgelaufen ist.
Visaarten: Einreisevisa und Transitvisa (*Visa d'Escale*). Transitvisa werden normalerweise für 10 Tage ausgestellt. Die Ausstellung hängt von der Nationalität des Besuchers ab und erfordert Vorlage entsprechender Flugtickets. Eine Verlängerungsmöglichkeit besteht vor Ort, Anträge sind an die Einreisebehörden zu stellen.
Visagebühren: 20 DM beim Honorarkonsulat in Bremen; 69 FF plus 35 FF Porto bei der Botschaft in Paris.
Gültigkeitsdauer: Einreisevisa 1 bis 3 Monate.
Antragstellung: Für deutsche Staatsbürger beim Honorarkonsulat in Bremen. Die Anträge werden an das Außenministerium in Djibouti gefaxt, bei Vorlage des Originalantrags wird bei Einreise ein Visum ausgestellt (die Bearbeitung in Djibouti dauert oft so lange, daß diese Möglichkeit in Anspruch genommen werden muß). Österreicher und Schweizer sollten sich an die Botschaft in Paris wenden.
Anmerkung: Bei Einreise auf dem Landweg über Äthiopien, muß das Visum bei der Botschaft von Djibouti in Addis Abbeba beantragt werden.
Unterlagen: (a) Gültiger Reisepaß. (b) Antragsformular. (c) 2 Paßfotos. (d) Reisedokumente, einschl. einer Kopie des Rückflugtickets. (e) Postanweisung für Gebühren (kein Scheck).
Bearbeitungszeit: Bei der Botschaft in Paris ca. 48 Stunden. Visaanträge an das Honorarkonsulat in Bremen sollten 2-3 Wochen vor der Abreise eingereicht werden.

GELD

Währung: 1 Djibouti Franc (FD) = 100 Centimes. Banknoten gibt es im Wert von 10.000, 5000 und 1000 FD; Münzen in den Nennbeträgen 500, 100, 50, 20 und 10 FD. Die Landeswährung ist an den US-Dollar gebunden.
Geldwechsel: Die meisten Banken befinden sich in der Nähe des Place du 27 Juin.
Kreditkarten werden meist nur von Fluggesellschaften und einigen größeren Hotels akzeptiert. Einzelheiten vom Aussteller der betreffenden Kreditkarte.
Reiseschecks in Fremdwährung werden im allgemeinen nicht angenommen, es sei denn, sie sind mit dem Vermerk »Pour compte étranger« versehen.
Wechselkurse

	FD Okt. '91	FD Sept. '92	FD Jan. '95	FD Jan. '96
1 DM	105,37	115,91	114,58	111,30
1 US$	176,98	172,26	177,61	160,00

Devisenbestimmungen: Die Landeswährung und Fremdwährungen können in unbeschränkter Menge ein- und ausgeführt werden.
Öffnungszeiten der Banken: Sa-Do 07.15-11.45 Uhr.

DUTY FREE

Es gelten die gleichen Zollbestimmungen wie für Frankreich (s. *Frankreich*).

GESETZLICHE FEIERTAGE

1. Mai '96 Tag der Arbeit. **19. Mai** Islamisches Neujahr. **27. Juni** Unabhängigkeitstag. **28. Juni** Geburtstag des Propheten. **10. Febr. '97** Eid al-Fitr. **18. April** Eid al-Adha. **1. Mai** Tag der Arbeit. **9. Mai** Islamisches Neujahr.
Anmerkung: Die angegebenen Daten für islamische Feiertage richten sich nach dem Mondkalender und verschieben sich daher von Jahr zu Jahr. Während des Fastenmonats Ramadan, der dem Festtag Eid al-Fitr vorangeht, essen Mohammedaner nicht tagsüber, sondern erst nach Sonnenuntergang, wodurch der normale Geschäftsablauf gestört werden kann. Diese Unterbrechungen können auch während des Eid al-Adha auftreten. Dieses Fest, ebenso wie das Eid al-Fitr, hat keine bestimmte Zeitdauer und kann je nach Region 2-10 Tage dauern. Näheres unter *Welt des Islam* (s. Inhaltsverzeichnis).

GESUNDHEIT

In der folgenden Tabelle aufgeführte Impfvorschriften können sich kurzfristig ändern. Es wird stets empfohlen, auf Ihrem CRS-System (TIMATIC-Info-Code-Fenster in diesem Kapitel) den aktuellen Stand der Gesundheitsbestimmungen abzurufen bzw. rechtzeitig vor der Reise ärztlichen Rat einzuholen.

	Vorsichtsmaßnahmen empfohlen	*Impfschein erforderlich*
Gelbfieber	Nein	1
Cholera	Ja	2
Typhus & Polio	Ja	-
Malaria	3	-
Essen & Trinken	4	-

[1]: Eine Impfbescheinigung gegen Gelbfieber wird von allen Reisenden verlangt, die aus Infektionsgebieten kommen und über ein Jahr alt sind.
[2]: Eine Impfbescheinigung gegen Cholera ist keine Einreisebedingung, das Risiko einer Infektion besteht jedoch. Da die Wirksamkeit der Schutzimpfung umstritten ist, empfiehlt es sich, rechtzeitig vor Antritt der Reise ärztlichen Rat einzuholen. Näheres unter *Gesundheit* (s. Inhaltsverzeichnis).
[3]: Malariaschutz ist ganzjährig erforderlich. Für die im ganzen Land verbreitete gefährlichere Erregerform *Plasmodium falciparum* wurde Chloroquin-Resistenz gemeldet.
[4]: Trinkwasser ist gechlort und relativ sauber, kann jedoch u. U. leichte Magenverstimmungen hervorrufen. Während der ersten Urlaubstage wird daher abgefülltes Wasser empfohlen. Das Wasser außerhalb der größeren Städte kann verunreinigt sein und sollte vor Gebrauch sterilisiert werden. Milch ist nicht pasteurisiert und sollte abgekocht werden. Trocken- und Dosenmilch nur mit keimfreiem Wasser anrühren. Fleisch- und Fischgerichte nur gut durchgekocht und heiß serviert essen. Der Genuß von Schweinefleisch, rohen Salaten und Mayonnaise sollte vermieden werden. Obst sollte geschält und Gemüse gekocht werden.
Hepatitis A, B und *E* kommen vor.
Gesundheitsvorsorge: Der Abschluß einer Reisekrankenversicherung wird empfohlen.

REISEVERKEHR - International

FLUGZEUG: Djibouti hat keine nationale Fluggesellschaft. *Air France (AF)*, *Air Madagaskar (MD)*, *Ethiopian Airlines* und *Air Tanzania* fliegen Djibouti an. Es gibt keine Direktflüge von Frankfurt, Zürich oder Wien. Air France bietet mehrmals wöchentlich Direktverbindungen von Paris.
Durchschnittliche Flugzeit: *Paris* – Djibouti: 9 Std. (einschl. Zwischenlandungen).
Internationaler Flughafen: *Djibouti* (*JIB*) liegt 5 km südlich der Stadt, ein Taxistand ist vorhanden.
Flughafengebühren: 5000 FD.
BAHN: Die *Djibouti-Ethiopian Railway* verkehrt täglich zwischen Addis Abeba und Djibouti; Touristen und Geschäftsleuten ist die Benutzung der Züge jedoch nicht gestattet.
BUS/PKW: Es gibt gute Straßenverbindungen von Djibouti nach Assab (Eritrea) und nach Westen über Dikhil nach Äthiopien. Die meisten anderen Straßen sind schlecht, aber ganzjährig befahrbar. Es gibt eine neue Straßenverbindung nach Addis Abeba. Wegen der unsicheren politischen Lage in diesem Gebiet sollte man sich vor Reiseantritt über die Transitbestimmungen informieren. Busse fahren nach Loyoda an der somalischen Grenze.

REISEVERKEHR - National

FLUGZEUG: Unter Umständen können Privatflugzeuge gemietet werden.
SCHIFF: Es gibt Fähren von Djibouti nach Tadjoura und Obock (Fahrzeit 3 Std.).
BAHN: Auf der einzigen Bahnstrecke fahren täglich Züge zur Grenze nach Äthiopien (s. o.). Ausländischen Besuchern ist die Benutzung jedoch nicht gestattet.
BUS/PKW: Für Fahrten ins Landesinnere werden Fahrzeuge mit Vierradantrieb empfohlen. Eine neue Straße führt von Djibouti nach Tadjoura. **Mietwagen** sind am Flughafen und in Djibouti erhältlich von *Red Sea Cars*. *Stophi* vermietet Fahrzeuge mit Vierradantrieb für Ausflüge ins Landesinnere. Es ist notwendig ausreichende Mengen an Wasser und Benzin mitzuführen. **Unterlagen:** Ein Internationaler Führerschein wird empfohlen, ist aber nicht vorgeschrieben. Unter Vorlage des eigenen Führerscheins erhält man einen befristeten Landesführerschein. Ein Versicherungsnachweis ist nicht nötig.
STADTVERKEHR: In Djibouti verkehren **Minibusse** mit Einheitsfahrpreisen, die nach Bedarf halten. **Taxis** gibt es in Djibouti, am Flughafen sowie in Ali-Sabieh, Dikhil, Dorale und Arta. Nach Dunkelheit wird ein Zuschlag von 50% berechnet.

UNTERKUNFT

Hotels in Djibouti sind teuer und die wenigen preiswerten Hotels nicht sehr einladend. Die exklusiven Hotels sind das *Sheraton*, das *Le Plein Ciel*, das *Menelik* und das *Résidence de l'Europe*.
Außerhalb der Hauptstadt gibt es nur wenige Übernachtungsmöglichkeiten, die bestehenden Unterkünfte im Landesinneren sollen jedoch modernisiert und neue Hotels gebaut werden. Das Rasthaus in Ali-Sabieh, einer Provinzstadt in den Hügeln, hat eine große, schattige Terrasse und einfache Kochgelegenheiten. Insgesamt stehen neun Zimmer zur Verfügung. Die Regierung plant, landesweit ein Netz von Rasthäusern und Strandunterkünften anzulegen.
Anmerkung: *Air France* kann bei Ausstellung des Flugtickets Hotelbuchungen im *Sheraton* und im *Le Plein Ciel* (Spitzenhotels) vornehmen.

URLAUBSORTE & AUSFLÜGE

Djibouti wurde im ausgehenden 19. Jahrhundert gegründet und bietet einen ausgezeichneten Markt in der Nähe der Moschee sowie einige gute Restaurants. Die Stadt liegt im *Afar-Dreieck*, einer der heißesten und abgelegensten Regionen der Welt. **Dorale** ist 11 km und **Kor Ambad** 14 km von der Hauptstadt entfernt, beide Orte haben herrliche Strände. Das Land besteht zum größten Teil aus Wüste und liegt in einem Senkgraben, der am Rand ins äthiopische Hochland übergeht. Der größte Teil des Landes liegt unter dem Meeresspiegel. Der *Assal-See* (100 km südwestlich der Hauptstadt) liegt in einem der tiefstgelegenen Gebiete der Welt. Wie viele andere Regionen kann er nur mit einem Fahrzeug mit Allradantrieb erreicht werden. Der *Abbe-See* an der äthiopischen Grenze ist die Heimat Tausender von Flamingos und Pelikanen. Der große Markt ist die Hauptattraktion von **Ali-Sabieh**. Am Nordufer des *Golf von Tadjoura* kann man wunderbar tauchen. Die vielfältige Unterwasserwelt ist faszinierend und bietet herrliche Motive für Urlaubsfotos. Hier liegen die Städte **Obock** und **Tadjoura** (sieben Moscheen, gute Strände). Der *Godaberg-Nationalpark* liegt im Landesinneren.

SOZIALPROFIL

ESSEN & TRINKEN: Es gibt Restaurants mit französischen, vietnamesischen, chinesischen, arabischen und einheimischen Spezialitäten. Alkoholische Getränke werden nur an Nichtmoslems ausgeschenkt.
EINKAUFSTIPS: Auf den lebendigen und farbenfrohen Märkten werden einheimische Handarbeiten angeboten. **Öffnungszeiten der Geschäfte:** Sa-Do 07.30-12.00 und 16.00-19.00 Uhr.
SPORT: Die Strände von Dorale und Kor Ambad, einige Kilometer von der Hauptstadt entfernt, bieten ideale **Bademöglichkeiten**. Im Golf von Tadjoura (besonders bei Obock) findet man viele Fisch- und Korallenarten. **Tauchen** und Unterwasserfotografie sind hier besonders zu empfehlen. Von September bis Mai ist das Meer besonders klar.
SITTEN & GEBRÄUCHE: Legere Kleidung wird

akzeptiert. Djibouti ist allerdings ein islamisches Land, und die einheimischen Sitten sollten respektiert werden. Badekleidung gehört an den Strand. **Trinkgeld:** Taxifahrer erwarten kein Trinkgeld. Es gibt einen festgesetzten Tarif, aber Besucher zahlen normalerweise mehr. 10% für Bedienung wird auf die Rechnung aufgeschlagen.

WIRTSCHAFTSPROFIL

WIRTSCHAFT: Aufgrund der geographischen Beschaffenheit des Landes ist Landwirtschaft nur begrenzt möglich. Die Halbwüste dient Nomaden überwiegend als Weideland für ihre Viehherden. Der Tiefseehafen am Bab al-Mandab ist für das Land von großer Bedeutung, da er an der Öltransportroute zwischen dem Golf von Aden und dem Roten Meer liegt. Die Möglichkeit wirtschaftlicher Expansion besteht vor allem im Dienstleistungssektor, andere Industriezweige sind generell nur wenig entwickelt. Die höchsten Wachstumsraten sind im Transport- und im Bankwesen zu verzeichnen, obwohl die Wirtschaft allgemein unter den regionalen Unruhen zu leiden hatte. Regierungsplänen zufolge soll Djibouti zu einem wichtigen Umschlagplatz auf der Strecke zwischen Afrika und dem Nahen Osten sowie zu einem regionalen Telekommunikationszentrum ausgebaut werden. Gegenwärtig ist das Land auf Entwicklungshilfe aus Frankreich und dem Nahen Osten angewiesen. Hauptexportgüter sind Nahrungsmittel, Viehzuchtprodukte und Kaffee, deren Erlöse nicht einmal 10% der Importe ausmachen. Djibouti ist der wichtigste Transithafen für äthiopische Güter. Frankreich erhält 57% aller Exporte, weitere Handelspartner sind Äthiopien, Jemen, Saudi-Arabien, Japan und Italien.
GESCHÄFTSVERKEHR: Leichte Tropenanzüge bzw. Sommerkleider sind angemessen für Geschäftstermine. Die Amtssprachen Arabisch und Französisch sind gleichzeitig Geschäftssprachen. Dolmetscher- und Übersetzerdienste stehen nur begrenzt zur Verfügung. **Geschäftszeiten:** Sa-Do 06.20-13.00 Uhr.
Kontaktadresse: *Chambre Internationale de Commerce et d'Industrie de Djibouti* (Industrie- und Handelskammer), BP 84, Djibouti. Tel: 35 10 70. Telefax: 35 00 96.

KLIMA

Zwischen Juni und August, wenn der staubige *Khamsin* weht, ist es sehr heiß und trocken. Zwischen Oktober und April ist es etwas kühler, gelegentlich gibt es kurze Regenschauer.
Kleidung: Leichte Baumwoll- und Leinenkleidung, synthetische Fasern sollten vermieden werden. Während der kühlen Jahreszeit leichter Regenschutz.

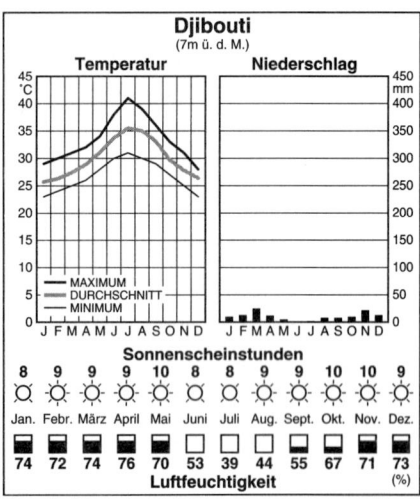

Pass- und Visavorschriften mancher Länder können sich kurzfristig ändern – Im Zweifelsfall erkundigen Sie sich bitte vor der Abreise bei der zuständigen Botschaft

Dominica

Lage: Karibik, Leeward-Inseln.

National Development Corporation (NDC) – Division of Tourism
Valley Road
PO Box 293
Roseau
Tel: 448 23 51. Telefax: 448 58 40.
Dominican High Commission *und* **Dominican Tourist Office** (mit Visumerteilung)
1 Collingham Gardens
GB-London SW5 0HW
Tel: (0171) 370 51 94/95, 835 19 37. Telefax: (0171) 373 87 43.
Mo-Fr 09.30-17.30 Uhr.
Ambassade du Commonwealth de la Dominique (Botschaft)
100 Rue des Aduatiques
B-1040 Brüssel
Tel: (02) 733 43 28. Telefax: (02) 735 72 37.
Mo-Fr 09.00-18.00 Uhr.
(ohne Visumerteilung)
Die Bundesrepublik Deutschland unterhält keine Vertretung auf Dominica, zuständig ist die Botschaft in Port of Spain (s. Trinidad und Tobago). Die österreichische und Schweizer Interessenvertretung erfolgt durch die Botschaften in Caracas (s. Venezuela).

FLÄCHE: 749,8 qkm.
BEVÖLKERUNGSZAHL: 71.000 (1993).
BEVÖLKERUNGSDICHTE: 95 pro qkm.
HAUPTSTADT: Roseau. Einwohner: 16.534 (1991).
GEOGRAPHIE: Dominica ist die größte und gebirgigste der karibischen Windward-Inseln. Vulkane, Bergbäche, Wasserfälle, Geysire, heiße Vulkanseen, die vielen kleinen vulkanischen und auch die weißen Sandstrände sowie dichter naturbelassener Regenwald mit exotischen Orchideen und anderer tropischer Vegetation machen die abwechslungsreiche Landschaft aus.

TIMATIC INFO-CODES

Abrufbar über Ihr CRS-System (für START/Amadeus Ama-Maske benutzen). Für Galileo bitte TI-DFT eingeben (mit Bindestrich).

Flughafengebühren	TI DFT/ DOM /TX
Währung	TI DFT/ DOM /CY
Zollbestimmungen	TI DFT/ DOM /CS
Gesundheit	TI DFT/ DOM /HE
Reisepassbestimmungen	TI DFT/ DOM /PA
Visabestimmungen	TI DFT/ DOM /VI

STAATSFORM: Parlamentarische Republik im Commonwealth. Verfassung von 1978. Regierungschef: Premierminister Edison James, seit 1995. Staatsoberhaupt: Crispin Sorhaindo, seit Oktober 1993. Einkammerparlament mit 9 ernannten und 21 gewählten Mitgliedern. Der Parteiführer der stärksten Fraktion ist Regierungschef.
SPRACHE: Amtssprache ist Englisch. Umgangssprache ist ein französisches Kreolisch (*Patois*). *Cocoy*, ein englischer Dialekt, wird in der Region um Marigot und Wesley gesprochen.
RELIGION: Mehrheitlich römisch-katholisch, andere christliche Minderheiten.
ORTSZEIT: MEZ - 5.
NETZSPANNUNG: 220/240 V, 50 Hz; Adapter erforderlich.
POST- UND FERNMELDEWESEN: Telefon: Selbstwählferndienst. **Landesvorwahl: 18 09.** Telefaxdienst bei *Cable & Wireless Company* (Tel: 448 22 45; Öffnungszeiten: Mo-Sa 07.00-20.00 Uhr). **Telexe** können ebenfalls bei *Cable & Wireless* aufgegeben werden. **Post:** Postlagernde Sendungen werden angenommen. Öffnungszeiten der Postämter: Mo 08.30-13.00 und 14.30-17.00 Uhr, Di-Fr 08.30-13.00 und 14.30-16.00 Uhr.
DEUTSCHE WELLE
Der Einsatz der Kurzwellenfrequenzen ändert sich mehrfach im Laufe eines Jahres, und Sendungen auf den folgenden Frequenzen werden jeweils nur zu bestimmten Tageszeiten ausgestrahlt. Näheres in der Einleitung.

MHz	17,860	17,715	15,275	9,545	6,100
Meterband	16	16	19	31	49

REISEPASS/VISUM

Wichtiger Hinweis: Die Einreisebestimmungen mancher Länder können sich kurzfristig ändern – rufen Sie sicherheitshalber auf Ihrem CRS-System (TIMATIC-Info-Code-Fenster in diesem Kapitel) den aktuellen Stand ab bzw. wenden Sie sich an die zuständige diplomatische Vertretung. Etwaige Zahlen in der Tabelle beziehen sich auf nachfolgende Fußnoten.

	Paß erforderlich?	Visum erforderlich?	Rückflugticket erforderlich?
Deutschland	Ja	Nein	Ja
Österreich	Ja	Nein	Ja
Schweiz	Ja	Nein	Ja
Andere EU-Länder	Ja/1	Nein	Ja

REISEPASS: Allgemein erforderlich, [1] ausgenommen sind Staatsbürger von Frankreich mit gültigem Personalausweis (für Aufenthalte von bis zu 14 Tagen) sowie Kanada und den USA bei Vorlage von Geburtsurkunde oder anderem Identitätsnachweis sowie Rückflugticket.
VISUM: Nicht erforderlich für Aufenthalte von maximal 21 Tagen. Visumzwang nur für Staatsbürger der ehemaligen Ostblockstaaten, Kuba und afrikanischer Staaten, die nicht dem Commonwealth angehören (Mitgliedsstaaten, s. Inhaltsverzeichnis).
Antragstellung: High Commission in London (Adresse s. o.).
Aufenthaltsgenehmigung: Um eine Aufenthaltsgenehmigung zu erhalten, muß man zuerst eine Arbeitserlaubnis (*Work Permit*) beantragen.

GELD

Währung: 1 Ostkaribischer Dollar (EC$) = 100 Cents. Banknoten sind im Wert von 100, 50, 20, 10 und 5 EC$ in Umlauf; Münzen in den Nennwerten 1 EC$ und 50, 25, 10, 5, 2 und 1 Cent. Da die Landeswährung an den US-Dollar gebunden ist, wird dieser auch als Zahlungsmittel anerkannt.
Kreditkarten: *Visa* und teilweise auch *Eurocard* werden akzeptiert. Einzelheiten vom Aussteller der betreffenden Kreditkarte.
Reiseschecks werden von den meisten Hotels angenommen.
Wechselkurse

	EC$ Sept. '92	EC$ Febr. '94	EC$ Jan. '95	EC$ Jan. '96
1 DM	1,83	1,56	1,74	1,88
1 US$	2,70	2,70	2,70	2,70

Devisenbestimmungen: Unbegrenzte Einfuhr der Landes- und Fremdwährungen, es besteht Deklarationspflicht. Ausfuhr in Höhe des deklarierten Betrages.
Öffnungszeiten der Banken: Mo-Do 08.00-15.00 Uhr, Fr 08.00-17.00 Uhr.

DUTY FREE

Folgende Artikel können zollfrei nach Dominica eingeführt werden:
200 Zigaretten oder 2 Pakete Tabak oder 24 Zigarren; 1,4 l alkoholische Getränke.

GESETZLICHE FEIERTAGE

1. Mai '96 Tag der Arbeit. **27. Mai** Pfingstmontag. **5. Aug.** Tag der Befreiung. **4. Nov.** Nationalfeiertag. **5. Nov.** Gemeindetag. **25./26. Dez.** Weihnachten. **1. Jan.**

'97 Neujahr. **10./11. Febr.** Karneval. **28. März** Karfreitag. **31. März** Ostermontag. **1. Mai** Tag der Arbeit. **8. Mai** Pfingstmontag.

GESUNDHEIT

In der folgenden Tabelle aufgeführte Impfvorschriften können sich kurzfristig ändern. Es wird stets empfohlen, auf Ihrem CRS-System (TIMATIC-Info-Code-Fenster in diesem Kapitel) den aktuellen Stand der Gesundheitsbestimmungen abzurufen bzw. rechtzeitig vor der Reise ärztlichen Rat einzuholen.

	Vorsichtsmaßnahmen empfohlen	*Impfschein erforderlich*
Gelbfieber	Ja	1
Cholera	Nein	Nein
Typhus & Polio	Nein	Nein
Malaria	Nein	Nein
Essen & Trinken	2	-

[1]: Eine Impfbescheinigung gegen Gelbfieber wird von allen Reisenden verlangt, die aus Infektionsgebieten kommen und über ein Jahr alt sind.
[2]: Leitungswasser ist gechlort und relativ sauber, kann jedoch u. U. leichte Magenverstimmungen hervorrufen. Während der ersten Urlaubstage wird abgefülltes Wasser empfohlen. Wasser außerhalb der Städte ist nicht immer keimfrei und sollte sterilisiert werden. Dysenterien (Amöbenruhr und Bakterienruhr) sind weit verbreitet. Milch ist pasteurisiert, und einheimische Milchprodukte können ohne Bedenken verzehrt werden; das gleiche gilt für Fleisch, Geflügel, Meeresfrüchte, Obst und Gemüse.
Gesundheitsvorsorge: Der Abschluß einer Reisekrankenversicherung wird empfohlen.

REISEVERKEHR - International

FLUGZEUG: Es gibt keine Direktverbindungen von Europa. Die Fluggesellschaften *LIAT (LI)*, *Air Caraïbes*, *Air Guadeloupe*, *Sunrise Airlines* und *Windward Island Airways International* fliegen Dominica an.
Durchschnittliche Flugzeiten: *Frankfurt* – Roseau: 12 Std. (über London und Antigua); *Los Angeles* – Roseau: 10 Std. und *New York* – Roseau: 7 Std.
Internationale Flughäfen: *Melville Hall (DOM)* liegt ca. 58 km nordöstlich von Roseau (Fahrzeit 1 Std.), *Canefield (DCF)* etwa 5 km nördlich von Roseau (Fahrzeit 10 Min.).
Flughafengebühren: 25 EC$.
SCHIFF: Die Reederei *Geest* und einige andere Frachtlinien laufen Dominica an. Die Passagierunterkünfte sind komfortabel, ihre Zahl ist jedoch beschränkt, und Vorausbuchung wird empfohlen. Der *Caribbean Express* ist eine Linienfähre (Katamaran mit 200 Sitzplätzen), die Dominica mit Guadeloupe, Martinique und Les Saintes verbindet. Andere Kreuzfahrtschiffe laufen Woodbridge Bay (5 km von Roseau entfernt) an. Der neue Anleger in der Prince Rupert Bay, Portsmouth, wurde 1991 fertiggestellt und dient gleichzeitig als Fracht- und Kreuzschiffhafen.

REISEVERKEHR - National

BUS/PKW: Die Insel verfügt über ein gutes Straßennetz von über 700 km Länge, der Verkehr außerhalb Roseaus ist minimal. Es herrscht Linksverkehr. Portsmouth, die zweitgrößte Stadt, ist von Roseau aus in 50 Autominuten zu erreichen. **Busverbindungen** sind eher unzuverlässig. **Taxis** (Festpreise) und **Minibusse** sind die besten Verkehrsmittel. **Mietwagen** sind erhältlich, aber nicht alle Straßen sind problemlos befahrbar. Einige einheimische Firmen bieten Jeeptouren an. Mindestmietzeit: 3 Std.
Unterlagen: Internationaler Führerschein empfohlen. Gegen Vorlage des eigenen Führerscheins wird Besuchern eine befristete Fahrerlaubnis ausgestellt.
FAHRZEITEN von Roseau zu den folgenden Orten (ungefähre Angaben in Std. und Min.):

Canefield Airport	0.10
Melville H. Airport	1.00
Portsmouth	0.50

UNTERKUNFT

HOTELS: In den letzten Jahren hat sich das Hotelangebot vergrößert, dem Hotelverband gehören derzeit 17 Betriebe an. Die meisten sind kleinere bis mittelgroße Hotels mit guten Einrichtungen. Das größte Hotel hat 98 Zimmer. Drei Hotels stehen am Rand des Nationalparks. Weitere Informationen vom Hotelverband, der *Dominica Hotel Association*, PO Box 384, Roseau. Tel: 448 65 65. Telefax: 448 02 99. **Kategorien:** Die meisten Hotels bieten verschiedene Unterkunftsarten an, u. a. *Modified American Plan* (Halbpension) sowie *European Plan* (nur Übernachtung).
APARTMENTS/COTTAGES: Wahlweise mit vollem oder begrenztem Dienstleistungsservice oder Selbstverpflegung. Insgesamt 21 Ferienhäuschen und -wohnungen stehen in allen Regionen der Insel zur Verfügung.
GUEST HOUSES: Es gibt mehrere komfortable Guest Houses und Pensionen mit freundlicher und gemütlicher Atmosphäre. 10% Steuern und 10% Bedienung werden extra berechnet.
CAMPING: Zelten wird gegenwärtig nur ungern gesehen, aber es ist durchaus möglich, daß in naher Zukunft Zeltplätze eingerichtet werden. Safariausflüge mit Übernachtung werden von einigen Veranstaltern angeboten.

URLAUBSORTE & AUSFLÜGE

Die Hauptstadt **Roseau** an der Westküste ist das größte Touristenziel der Insel. In den Hotels kann man Safariausflüge in das Innere der Insel sowie Bootsfahrten auf den Flüssen buchen. Die Strände haben überwiegend schwarzen Vulkansand, aber im Nordosten der Insel findet man auch einige weiße Sandstrände. Tauchen, Segeln und Hochseefischen sind die beliebtesten Sportarten.
Der 7000 ha große **Morne Trois Pitons National Park** liegt im Süden Dominicas und wurde im Juli 1975 eröffnet. Der *Boiling Lake*, der zweitgrößte »Kochende See« der Welt, wurde 1922 entdeckt. Der *Emerald Pool*, die erfrischenden Wasserfälle *Middleham-* und *Sari Sari Falls*, die 200 m hohen *Trafalgar Triple Waterfalls*, die klaren Seen *Freshwater-* und *Boeri Lake* und das *Valley of Desolation* sind weitere schöne Ausflugsziele.
Der **Cabrits Historical Park** wurde 1987 angelegt. Die *Cabrits-Halbinsel* mit den Ruinen der Forts Shirley und George (18. und 19. Jh.) sowie das Museum des Fort Shirley sind nur einige der vielen touristischen Anziehungspunkte. Um die Halbinsel herum liegt ein Korallenriff, der erste Unterwasser-Nationalpark Dominicas. Weitere interessante Ausflugsziele sind das Gebiet der Kariben-Indianer, die Schwefelquellen, das zentrale Waldschutzgebiet mit 135 verschiedenen Vogelarten, der Botanische Garten, die Titou-Schlucht und die Regenwälder mit ihrer üppigen Flora und artenreichen Fauna.

SOZIALPROFIL

ESSEN & TRINKEN: Zwischen April und August haben einige der Inselspezialitäten Schonzeit. Krebse, *Mountain Chicken* (Landfrosch) und Langusten sind dann nur tiefgefroren erhältlich. Man sollte die Spezialität des Hauses oder Tages bestellen, da sie frisch zubereitet wird. Angeboten werden Gerichte der kreolischen, europäischen und amerikanischen Küche. Kreolische Spezialitäten sind *Tee-Tee-Ree* (kleine junge Fische), *Lambi* (Meerschnecke), *Agouti* (ein Nagetier), *Manicou* (geräuchertes Schweine- und Wildtaubenfleisch) sowie *Crabbacks* (Rückenpanzer roter und schwarzer Krebse, mit gewürztem Krebsfleisch gefüllt). Die scharfe *Bello Hot Pepper Sauce* wird lokal hergestellt und zu allen Gerichten angeboten. Die Preise sind angemessen. Restaurants schließen an Wochentagen um 16.00 Uhr, an Wochenenden ist länger geöffnet. Wurzelgemüse wie Yams oder Rüben werden auf der Speisekarte oft als »Provisions« bezeichnet. **Getränke:** Fruchtsäfte und der Rumpunsch der Insel sind ausgezeichnet, besonders erfrischend ist der »Coconut Rumpunch« des *Anchorage Hotels* (mit frischer Kokosmilch, Zucker, Rum, Magenbitter, Vanille und Grenadine). *Sea Moss* ist ein aus Seetang hergestelltes alkoholfreies Getränk mit leichtem Pfefferminzgeschmack. Spirituosen, vor allem der einheimische Rum, sind preiswert; Wein (angeboten wird meist französischer oder kalifornischer) ist dagegen teuer. Die Auswahl an Bier ist gut.
NACHTLEBEN: Einige Hotelbars haben bis 23.00 Uhr geöffnet, und an den Wochenenden gibt es in vielen Hotels Unterhaltungsprogramme. Ein beliebtes Vergnügungslokal in Roseau ist *La Robe Créole*, das jeden Abend Musik und am Wochenenden Live-Unterhaltung bietet. *The Warehouse*, *Green Grotto*, *Aquacade* und *Night Box* gehören zu den beliebtesten Diskotheken auf der Insel. Bei vielen Folkloreabenden tragen Sänger und Tänzer Originaltrachten. In den Hotels kennt man die besten Lokale und gibt gerne Tips für die Abendunterhaltung.
EINKAUFSTIPS: Es gibt keine Zollfreiheit. Einheimische Handarbeiten, einschl. Hüte, Taschen und Läufer aus Vetivergras und Bananenblättern, sind beliebte Mitbringsel. Das *Carib Reserve Crafts Centre* bietet Taschen aus zwei Lagen Riedgras an, die vergraben werden, um eine dreifarbige Schattierung zu erzeugen. Danach werden sie in faserige Blätter gewickelt, die sie wasserdicht machen. **Öffnungszeiten der Geschäfte:** Mo-Fr 08.00-13.00 und 14.00-16.00 Uhr, Sa 08.00-13.00 Uhr.
SPORT: Tauchausrüstungen sind von Hotels und einigen Reiseveranstaltern erhältlich. **Paragliding, Windsurfen** und **Wasserskifahren** werden von vielen Strandhotels angeboten, Ausrüstungen können gemietet werden. **Schwimmen** ist im herrlich klaren Meerwasser und den meisten Flüssen der Insel möglich. (Erkundigen Sie sich vor Reiseantritt über ein mögliches Bilharziose-Risiko.) Das Anchorage Hotel und einige Reisebüros vermieten auch **Motor-** und **Segelboote. Hochsee-Angelfahrten, Ausritte** und **Touren für Wander- und Naturfreunde** werden ebenfalls angeboten. Einige Hotels haben auch **Tennis-** und **Squashplätze.**
VERANSTALTUNGSKALENDER
Juli '96 *Domfesta* (Dominica Festival of Arts, Nationaltracht und fantasievolle Kostüme). **Okt.** (1) *Heritage Day*. (2) *Creole Day*, jedes Jahr in einer anderen Ortschaft. **Anfang Nov.** *Nationalfeiertag* (Woche ausgelassen-bunter Veranstaltungen). **Febr. '97** Karnevalsveranstaltungen.
Genaue Informationen vom Fremdenverkehrsamt in London.
SITTEN & GEBRÄUCHE: Legere Kleidung wird akzeptiert, aber Badekleidung und Shorts sollten nicht in der Stadt getragen werden. Abendkleidung sollte zwanglos, aber konservativ sein. Die katholische Kirche spielt auch heute noch eine große Rolle. **Fotografieren:** Bevor man jemanden ablichtet, fragt man am besten »OK – Alright?«, diese Redewendung ist auch eine sehr gebräuchliche Grußformel auf der Insel. **Trinkgeld:** Die meisten Hotels und Restaurants verlangen 10% für Bedienung. Abseits der Touristenzentren ist Trinkgeld nicht in der Rechnung enthalten und dem Ermessen des Gastes überlassen, 10-15% sind angemessen. Taxipreise sind festgesetzt, und Trinkgeld ist daher unnötig.

WIRTSCHAFTSPROFIL

WIRTSCHAFT: Etwa 60% der Insel werden landwirtschaftlich genutzt. Bananen, Kokosnüsse, Zitrusfrüchte und Kakao sind die Hauptexportgüter. Die geringfügige Leichtindustrie produziert vor allem Pflanzenöl, Fruchtsäfte, Zigaretten und Seife. Die führenden Unternehmen des Landes machten Ende der achtziger Jahre große Verluste, woraufhin ein Programm zur Verbreiterung der Wirtschaftsbasis verabschiedet wurde. Die industrielle Entwicklung krankte bisher an der unzureichenden Infrastruktur, und auch der Tourismus spielt im Vergleich zu den anderen karibischen Inseln eine eher unbedeutende Rolle. Die verhältnismäßig hoch entwickelten Industrien der Mitgliedstaaten der Wirtschaftsgemeinschaft CARICOM hielten Dominica lange davon ab, der Organisation beizutreten. Der Beitritt erfolgte erst, nachdem ausreichende Schutzgarantien zugesichert wurden. Finanzhilfen und günstige Kredite der EU dienten zur Überbrückung der schwierigen Übergangsphase. Die wichtigsten Handelspartner sind Großbritannien, die USA und die CARICOM-Partnerländer.
GESCHÄFTSVERKEHR: Englisch ist Geschäftssprache, Fremdsprachen werden selten beherrscht. Terminabsprache und Visitenkarten gelten als selbstverständlich. Eine zwanglose Atmosphäre herrscht auch im Geschäftsleben. **Geschäftszeiten der Behörden:** Mo 08.00-13.00 und 14.00-17.00 Uhr, Di-Fr 08.00-13.00 und 14.00-16.00 Uhr.
Kontaktadresse: *Dominica Association of Industry and Commerce*, PO Box 85, Roseau. Tel: 448 28 74. Telefax: 448 68 68.
KONFERENZEN/TAGUNGEN: Informationen und Planungshilfen von der *National Development Corporation*, PO Box 293, Valley Road, Roseau. Tel: 448 20 45, 448 23 51. Telefax: 448 58 40.

KLIMA

Ganzjährig heißes, subtropisches Klima. Die Hauptregenzeit (Juli bis Oktober) ist die heißeste Jahreszeit.
Kleidung: Leichte Baumwoll- und Leinensachen. Regenschutz empfohlen.

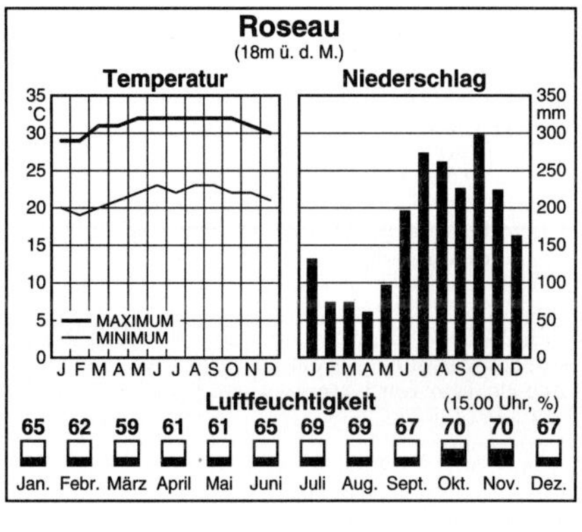

Zur Benutzung der Timatic-Codes beachten Sie bitte auch die ***Einleitung***

Dominikanische Republik

Lage: Karibik, Ostteil der Insel Hispaniola.

Dominikanisches Fremdenverkehrsamt
Fellnerstraße 8
D-60322 Frankfurt/M.
Tel: (069) 597 03 30. Telefax: (069) 59 09 28.
Mo-Fr 09.00-18.00 Uhr (nur beschränkter Publikumsverkehr).
Secretaría de Estado de Turismo
Edif. D
Oficinas Gubernamentales
Avenida Mexico esq.
30 de Marzo
Apartado 497
Santo Domingo, DN
Tel: 689 36 55. Telefax: 682 38 06.
Botschaft der Dominikanischen Republik
Burgstraße 87
D-53177 Bonn
Tel: (0228) 36 49 56. Telefax: (0228) 35 25 76.
Mo-Fr 10.00-14.00 Uhr.
Generalkonsulat der Dominikanischen Republik (mit Visumerteilung)
Heilwigstraße 125
D-20249 Hamburg
Tel: (040) 47 40 84. Telefax: (040) 460 51 97.
Mo-Fr 09.00-13.00 Uhr.
Honorargeneralkonsulate ohne Visumerteilung in Frankfurt/M. und München sowie *Honorarkonsulat* in Berlin.
Honorarkonsulat der Dominikanischen Republik
Mommsengasse 31
A-1040 Wien
Tel: (0222) 501 06 15. Telefax: (0222) 50 10 61 48.
Di und Fr 09.00-12.30 Uhr, Mi 12.00-15.30 Uhr.
Honorarkonsulat der Dominikanischen Republik
16 Rue Grenue, 1. Stock
CH-1211 Genf
Tel/Telefax: (022) 738 00 18.
Mo-Fr 14.30-16.30 Uhr, vormittags nach Vereinbarung.
Botschaft der Bundesrepublik Deutschland
Calle Lic. Juan Tomás Mejía y Cotes 37
Apartado 1235
Santo Domingo, DN
Tel: 565 88 11/12. Telefax: 567 50 14.
Honorarkonsulat in Puerto Plata.

TIMATIC INFO-CODES

Abrufbar über Ihr CRS-System (für START/Amadeus Ama-Maske benutzen). Für Galileo bitte TI-DFT eingeben (mit Bindestrich).

Flughafengebühren	TI DFT/ SDQ /TX
Währung	TI DFT/ SDQ /CY
Zollbestimmungen	TI DFT/ SDQ /CS
Gesundheit	TI DFT/ SDQ /HE
Reisepassbestimmungen	TI DFT/ SDQ /PA
Visabestimmungen	TI DFT/ SDQ /VI

Generalkonsulat der Republik Österreich
Calle Primera 3
Ensanche Bella Vista
PO Box 1333
Santo Domingo, DN
Tel: 532 25 91 - 96. Telefax: 535 39 39.
Generalkonsulat ohne Paßbefugnis. Übergeordnete Vertretung ist die österreichische Botschaft in Caracas (s. Venezuela).
Generalkonsulat der Schweizerischen Eidgenossenschaft
José Gabriel Garcia 26
PO Box 941
Santo Domingo, DN
Tel: 685 01 26/27. Telefax: 688 95 98.

FLÄCHE: 48.422 qkm.
BEVÖLKERUNGSZAHL: 7.543.000 (1993).
BEVÖLKERUNGSDICHTE: 156 pro qkm.
HAUPTSTADT: Santo Domingo (de Guzmán). Einwohner: 2.400.000 (1991).
GEOGRAPHIE: Die Dominikanische Republik liegt in der Karibik und teilt sich die Insel Hispaniola mit Haiti. Die Landschaft ist waldreich und bergig mit fruchtbaren Tälern und Ebenen. An den Küsten im Norden, Südosten und Osten liegen ausgezeichnete Strände, die zum Teil von hohen Bergen umgeben sind. Der Pico Duarte ist mit 3175 m der höchste Berg der Antillen.
STAATSFORM: Präsidialrepublik. Verfassung von 1966, letzte Änderung August 1994. Staatsoberhaupt und Regierungschef: Dr. Joaquín Videla Balaguer Ricardo, seit 1986; in den letzten Wahlen vom Mai 1994 im Amt bestätigt. Zweikammerparlament (*Congreso Nacional*). Die Mitglieder des Senats (30 Mitglieder) und des Abgeordnetenhauses (120 Mitglieder) sowie der Präsident werden auf 4 Jahre gewählt.
SPRACHE: Offizielle Landessprache ist Spanisch, Englisch wird ebenfalls gesprochen.
RELIGION: Katholiken (90%), protestantische und jüdische Minderheiten.
ORTSZEIT: MEZ - 5.
NETZSPANNUNG: 110 V, 60 Hz; zweipolige Flachstecker. Adapter und Transformator erforderlich (eventuell Taschenlampe für etwaige Stromausfälle).
POST- UND FERNMELDEWESEN: Telefon: Selbstwählferndienst. **Landesvorwahl: 18 09. Telefaxe** können von mehreren Stellen in Santo Domingo und von einigen großen Hotels geschickt werden. **Telexe/Telegramme** können bei der *RCA Global Communications Inc* oder bei der *ITT-America Cables and Radio Inc* (beide in Santo Domingo) aufgegeben werden, ebenso in größeren Hotels. **Post:** Luftpost nach Europa ist eine Woche unterwegs. Briefe werden im Hauptpostamt von Santo Domingo am schnellsten abgefertigt.
DEUTSCHE WELLE
Der Einsatz der Kurzwellenfrequenzen ändert sich mehrfach im Laufe eines Jahres, und Sendungen auf den folgenden Frequenzen werden jeweils nur zu bestimmten Tageszeiten ausgestrahlt. Näheres in der Einleitung.

MHz	17,860	17,715	15,275	9,545	6,100
Meterband	16	16	19	31	49

REISEPASS/VISUM

Wichtiger Hinweis: Die Einreisebestimmungen mancher Länder können sich kurzfristig ändern – rufen Sie sicherheitshalber auf Ihrem CRS-System (TIMATIC-Info-Code-Fenster in diesem Kapitel) den aktuellen Stand ab bzw. wenden Sie sich an die zuständige diplomatische Vertretung. Etwaige Zahlen in der Tabelle beziehen sich auf nachfolgende Fußnoten.

	Paß erforderlich?	Visum erforderlich?	Rückflugticket erforderlich?
Deutschland	Ja	1	Ja
Österreich	Ja	2	Ja
Schweiz	Ja	1	Ja
Andere EU-Länder	Ja	2/3	Ja

REISEPASS: Allgemein erforderlich. Der Reisepaß muß bei der Ausreise noch für mindestens 6 Monate gültig sein.
VISUM: Allgemein erforderlich, ausgenommen sind Staatsbürger folgender Länder:
(a) [2] [3] Österreich, Argentinien, Dänemark, Ecuador, Finnland, Griechenland, Großbritannien, Island, Israel, Italien, Japan, Korea-Süd, Liechtenstein, Norwegen, Schweden und Uruguay bis zu 90 Tagen Aufenthalt;
(b) [1] [3] Bundesrepublik Deutschland, der Schweiz sowie Albanien, Andorra, Antigua und Barbuda, Australien, den Bahamas, Barbados, Belgien, Brasilien, Bulgarien, Dominica, Frankreich und Übersee-Gebiete, Irland, Jamaika, Kanada, Kroatien, Luxemburg, Martinique, Mexiko, Monaco, den Niederlanden, Paraguay, Polen, Portugal, Rumänien, St. Vincent und den Grenadinen, St. Lucia, San Marino, der Slowakischen Republik, Slowenien, Spanien, Suriname, Trinidad und Tobago, der Tschechischen Republik, den Turks- und Caicos-Inseln, Ungarn, den USA (einschl. Puerto Rico und Jungferninseln) und Venezuela **mit Touristenkarte** bis zu 60 Tagen Aufenthalt;
(c) Personen mit rechtmäßigem Wohnsitz (ohne Rücksicht auf ihre Staatsangehörigkeit) in den folgenden Ländern: Bundesrepublik Deutschland, Dänemark, Frankreich, Griechenland, Großbritannien, Irland, Italien, Kanada, Niederlande, Portugal, Spanien, den USA und Venezuela **mit Touristenkarte** bis zu 60 Tagen Aufenthalt.
Anmerkung: Die Touristenkarte ist bei der Botschaft erhältlich. Man sollte mit 2-3 Tagen Bearbeitungszeit rechnen.
Visaarten: Touristen-, Geschäfts- und Studentenvisa. Alle Visa müssen von den Behörden in der Dominikanischen Republik beglaubigt werden. Per Telex geht es schneller, die Kosten muß jedoch der Antragsteller tragen.
Visagebühren: Erkundigen Sie sich bei der Botschaft nach dem aktuellen Preis, z. Zt. kostet die Touristenkarte 25 DM/25 sfr.
Gültigkeitsdauer: Studentenvisa sind 1 Jahr lang gültig. Touristenvisa sind 90 Tage und nur zur einmaligen Einreise gültig. Die Geschäftsvisa hängt die Gültigkeitsdauer von der Art des Visums ab.
Antragstellung: Konsulat oder Konsularabteilung der Botschaft (Adressen s. o.).
Unterlagen: (a) 5 Antragsformulare. (b) 5 Paßfotos. (c) Reisepaß. (d) Nachweis ausreichender Geldmittel. Der postalischen Antragstellung sollten ein frankierter und adressierter Umschlag und der Zahlungsbeleg beigefügt werden.
Bearbeitungszeit: 6-8 Wochen.
Aufenthaltsgenehmigung: Auskünfte von Konsulat oder Botschaft (Adressen s. o.).

GELD

Währung: 1 Dominikanischer Peso (RD$) = 100 Centavos. Banknoten gibt es im Wert von 1000, 500, 100, 50, 20, 10, 5 und 1 RD$; Münzen in den Nennbeträgen 1 RD$ sowie 50, 25, 10, 5 und 1 Centavo.
Geldwechsel: Der Peso ist außerhalb der Dominikanischen Republik nicht konvertierbar. Währungen der Bundesrepublik Deutschland, Frankreichs, Großbritanniens, Italiens, Japans, Kanadas, Mexikos, der Niederlande, Spaniens, der Schweiz, der USA und Venezuelas können in die Landeswährung umgetauscht werden. US-Dollar werden jedoch generell empfohlen. Vor der Abreise sollten Restbeträge der Landeswährung in US-Dollar zurückgetauscht werden. Nur Banken und Hotels, die eine Genehmigung der Zentralbank haben, dürfen Geld wechseln.
Kreditkarten: *Eurocard, American Express* und *Diners Club* werden akzeptiert. Einzelheiten vom Aussteller der betreffenden Kreditkarte.
Wechselkurse

	RD$ Sept. '92	RD$ Febr. '94	RD$ Jan. '95	RD$ Jan. '96
1 DM	8,79	7,46	8,53	9,26
1 US$	13,07	12,94	13,22	13,31

Devisenbestimmungen: Ein- und Ausfuhr des Peso ist auf 100 RD$ begrenzt. Fremdwährungen können unbegrenzt ein- und ausgeführt werden, es besteht Deklarationspflicht.
Öffnungszeiten der Banken: Mo-Fr 08.00-16.00 Uhr.

DUTY FREE

Folgende Artikel können zollfrei in die Dominikanische Republik eingeführt werden:
*200 Zigaretten oder Tabakwaren;
1 Flasche Spirituosen (geöffnet);
Parfüm (geöffnet) für den persönlichen Gebrauch;
Geschenke im Wert von bis zu 100 US$.*
Einfuhrverbot: Landwirtschaftliche Produkte und die meisten Lebensmittel dürfen nicht eingeführt werden, dasselbe gilt für zahlreiche Konsumgüter. Genauere Informationen von der Botschaft.

GESETZLICHE FEIERTAGE

1. Mai '96 Tag der Arbeit. **16. Juli** La Trinitaria. **16. Aug.** Tag der Restauration. **24. Sept.** Día de Las Mercedes. **12. Okt.** Kolumbus-Tag. **24. Okt.** Tag der Vereinten Nationen. **1. Nov.** Allerheiligen. **25. Dez.** Weihnachten. **1. Jan. '97** Neujahr. **6. Jan.** Dreikönigsfest. **21. Jan.** Día de la Altagracia. **26. Jan.** Duartes Geburtstag. **10./11. Febr.** Karneval. **27. Febr.** Unabhängigkeitstag. **28. März** Karfreitag. **14. April** Pan-Amerika-Tag. **1. Mai** Tag der Arbeit.

GESUNDHEIT

In der folgenden Tabelle aufgeführte Impfvorschriften können sich kurzfristig ändern. Es wird stets empfohlen, auf Ihrem CRS-System (TIMATIC-Info-Code-Fenster in diesem Kapitel) den aktuellen Stand der Gesundheitsbestimmungen abzurufen bzw. rechtzeitig vor der Reise ärztlichen Rat einzuholen.

	Vorsichtsmaßnahmen empfohlen	Impfschein erforderlich
Gelbfieber	Nein	Nein
Cholera	Nein	Nein
Typhus & Polio	Nein	-
Malaria	1	-
Essen & Trinken	2	-

[1]: Die gefährlichere Malariaform *Plasmodium falciparum* tritt während des ganzen Jahres in folgenden Gebieten auf: Barahona Municipio und Cabral Municipio (Provinz Barahona), Jimaní Municipio und Pedernales Municipio (Provinz Pedernales), in der Provinz Dajabón und in Comendador Municipio (Provinz Elias Piña) und der Provinz Montecristi.
[2]: Wasser sollte vor der Benutzung zum Trinken, Zähneputzen und zur Eiswürfelbereitung entweder abgekocht oder anderweitig sterilisiert werden. Milch ist außerhalb der Stadtgebiete nicht pasteurisiert und sollte abgekocht werden. Einheimische Milchprodukte außerhalb der Städte am besten vermeiden. Fleisch- und Fischgerichte nur gut durchgekocht und heiß serviert essen. Der Genuß von Schweinefleisch, rohen Salaten und Mayonnaise sollte vermieden werden. Gemüse sollte gekocht und Obst geschält werden.
Tollwut kommt vor. Wer ein erhöhtes Risiko eingeht (z. B. längerer Aufenthalt in abgelegenen Gebieten), sollte vor Reiseantritt eine Schutzimpfung erwägen. Bei Bißwunden so schnell wie möglich ärzliche Hilfe in Anspruch nehmen. Weitere Informationen unter *Gesundheit* (s. Inhaltsverzeichnis).
Bilharziose-Erreger kommen in manchen Teichen und Flüssen vor, das Schwimmen und Waten in Binnengewässern sollte daher vermieden werden. Gut gepflegte Schwimmbecken mit gechlortem Wasser sind unbedenklich.
Hepatitis A tritt ebenfalls auf.
Gesundheitsvorsorge: Der Abschluß einer Reisekrankenversicherung wird unbedingt empfohlen.

REISEVERKEHR - International

FLUGZEUG: Die nationale Fluggesellschaft *Dominicana de Aviacion (DO)* bietet zusammen mit Iberia Direktflüge nach Santo Domingo an. Es gibt außerdem Charterflüge von Deutschland und von Mailand aus. Dominicana de Aviacion fliegt auch nach New York, Miami, Puerto Rico, Venezuela, Curaçao und Haiti.
Durchschnittliche Flugzeiten: *Frankfurt* – Santo Domingo: 11-12 Std. (einschl. Zwischenlandung); *London* – Santo Domingo: 11 Std. 30 (einschl. Zwischenlandung).
Internationale Flughäfen: *Santo Domingo (SDQ)* (Internacional de las Americas) liegt 30 km östlich der Stadt (Fahrzeit 45 Min.). Ein Zubringerbus fährt zwischen 07.00-17.30 Uhr vom Flughafen zum *Expreso-Dominicano*-Busbahnhof und zurück. Taxis stehen ebenfalls zur Verfügung sowie ein Duty-free-Shop, Bank/Wechselstube, Restaurant, Bar und Mietwagenschalter *(Avis, National, Nelly* und *Quality)*.
Puerto Plata International Airport (POP) (La Union). Duty-free-Shop, Bank, Wechselstube, Restaurant, Bar und Mietwagenschalter.
Flughafengebühren: 20 US$; Transitpassagiere und Kinder unter zwei Jahren sind hiervon befreit.
Anmerkung: Flugtickets, die in der Dominikanischen Republik gekauft werden, sind hoch besteuert.
SCHIFF: Kreuzfahrtschiffe der *Commodore Cruise Line, Carnival Cruise Lines, Flagship Line, Norwegian American* und *Holland America* legen an der Nordküste an. In Santo Domingo ist kürzlich ein Hafen für Kreuzschiffe eröffnet worden.

REISEVERKEHR - National

FLUGZEUG: *Dominicana de Aviacion* fliegt regelmäßig nach Santo Domingo, Santiago, Puerto Plata und Barahona. Kleinflugzeuge können auch gemietet werden. Über Einzelheiten informiert *Dominicana de Aviacion*.
BUS/PKW: Das Straßennetz ist recht gut ausgebaut, allerdings sind nicht alle Straßen befestigt. Fahrzeuge mit Allradantrieb sind während der Regenzeit angebracht. Schnellstraßen: der *Sanchez Highway* führt von Santo Domingo Richtung Westen nach Elias Piñas an der Grenze zu Haiti, der *Mella Highway* von Santo Domingo nach Higüey im Südosten, der *Duarte Highway* von Santo Domingo Richtung Norden nach Santiago und weiter nach Montecristi an der Nordwestküste. In der Nähe der Militärstützpunkte gibt es zahlreiche Kontrollen, ernsthafte Schwierigkeiten sind aber nicht zu erwarten. In Grenznähe (insbesondere von Haiti) sind jedoch verschärfte Kontrollen üblich. **Fernbusse** sind preiswert, zuverlässig und klimatisiert. Alle größeren Ortschaften werden von der Hauptstadt aus angefahren. **Mietwagen:** Zahlreiche Firmen wie *Hertz* und *Avis* haben Niederlassungen in Santo Domingo. Das Mindestalter beträgt 25 Jahre. Kreditkarten werden akzeptiert. Im Straßenverkehr herrschen oft eigene Regeln, so daß Besucher vor dem Fahren mit dem eigenen Auto Abstand nehmen sollten. **Unterlagen:** Der internationale Führerschein ist 90 Tage lang gültig.
STADTVERKEHR: Linien- und Minibusse in Santo Domingo haben Einheitspreise. Ca. 7000 *Carro de Conchos* (Sammeltaxis) verkehren rund um die Uhr, diese können überall angehalten werden, sind jedoch teurer als Busse. In den engen Gassen und an unübersichtlichen Straßenecken der Altstadt von Santo Domingo ist Vorsicht geboten, da einheimische Fahrer oft lieber hupen als bremsen. In den meisten Städten können Pferdekutschen für Ausflüge gemietet werden.
FAHRZEITEN von Santo Domingo zu den folgenden größeren Städten (ungefähre Angaben in Std. und Min.):

	Flugzeug	Bus/Pkw
Santiago	0.30	4.30
Puerto Plata	0.45	3.15
Samaná	0.35	4.30
La Romana	0.25	1.30
Punta Cana	0.30	4.15

UNTERKUNFT

HOTELS: Das Hotelangebot in der Dominikanischen Republik wird ständig erweitert. Die modernen Hotels an der Südostküste liegen in Strandnähe. In der Hauptstadt werden Unterkünfte aller Preisklassen angeboten, deren Preise aufgrund des regen Geschäftsverkehrs ganzjährig gleich sind. In den Urlaubsgegenden liegen die Sommerpreise etwa 40% unterhalb der Winterpreise. Hotels außerhalb von Santo Domingo und La Romana sind zu jeder Jahreszeit bedeutend preiswerter. In den Hotelrechnungen sind Bedienung und 5% Steuer enthalten. **Kategorien:** Hotels unterliegen dem 5-Sterne-System, das Niveau entspricht aber nicht den sonst in der Karibik üblichen Maßstäben.
GUEST HOUSES (Pensionen) sind recht preiswert und müssen nicht im voraus gebucht werden.
FERIENHÄUSER UND -WOHNUNGEN können preiswert in Puerto Plata gemietet werden.
CAMPING: Offizielle Campingplätze stehen nicht zur Verfügung. In ländlichen Gegenden ist Zelten mit der Genehmigung des Grundstückseigentümers erlaubt.

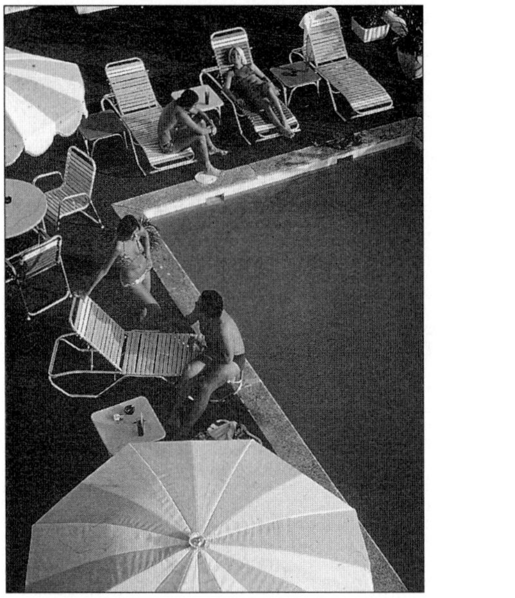

URLAUBSORTE & AUSFLÜGE

Die Altstadt von **Santo Domingo** wurde sorgfältig restauriert, um den Charme der Kolonialbauten zu erhalten. Santo Domingo war die erste Hauptstadt des spanischen Amerika; die Universität, die Kathedrale *(Catedral Basílica Menor de Santa María)* und das Krankenhaus waren die ersten Gebäude, die von den spanischen Entdeckern in der Neuen Welt errichtet wurden. Die Neustadt hat einen geschäftigen Hafen und zahlreiche Diskotheken, Kasinos und Geschäfte. An der *Plaza de la Cultura* befinden sich viele Museen, u. a. die *Galería de Arte Moderno*, das *Museo del Hombre Dominicano* und das Nationaltheater. Einen Ausflug zu dem in üppig-grüner Umgebung gelegenen Tropfsteinhöhlenkomplex *Los Tres Ojos de Agua* (»Die drei Wasseraugen«), einige Kilometer außerhalb der Stadt, sollte man sich nicht entgehen lassen. Hier liegen auf drei verschiedenen Ebenen drei türkisfarbene Lagunen, die von einem unterirdischen Fluß gespeist werden.
Etwa eine Busstunde östlich der Hauptstadt liegt **La Romana**. Innerhalb des 2800 ha umfassenden Hotelkomplexes Casa de Campo liegt *Altos de Chavon*, ein restauriertes Dorf aus dem 15. Jahrhundert, das heute eine Künstlerkolonie ist. Von den Klippen hat man eine herrliche Aussicht auf den Fluß Chavon und die Karibik. Für Großveranstaltungen gibt es in der Stadt ein Amphitheater im griechischen Stil mit ca. 5000 Sitzplätzen.
Im Norden liegt die **Bernsteinküste**, von der einige der schönsten Bernsteine der Welt stammen. Die ungewöhnlichsten Stücke können im Bernstein-Museum besichtigt werden.
In der Nähe von **Puerto Plata** (»Silberhafen«) gibt es traumhafte Naturstrände, vielleicht die schönsten der Karibik. 3 km außerhalb der Stadt liegt das Touristen-Zentrum *Playa Dorada* mit dem Feriendorf *Jack Tar*. Der nahegelegene Urlaubsort *Costamber Beach* hat einen 5 km langen Strand. Eine Seilbahn fährt zum 760 m hohen Mount Isabel de Torres. Der von hier ca. 7 Minuten dauernde Aufstieg zum Gipfel wird mit einer atemberaubenden Aussicht auf den Atlantik und Puerto Plata belohnt. Hier oben kann man den 10 qkm großen Botanischen Garten durchstreifen.
Die **Samaná-Halbinsel** im Norden des Landes liegt ca. zwei Stunden vom Flughafen in Puerto Plato entfernt. Samaná bietet sagenhafte, klare blaue Gewässer, kilometerlange Traumstrände und geheimnisvolle Höhlen.
Weitere Urlaubsorte: Bahia Beach Resort, Cayo Levantado, El Portillo und Bavaro Beach.

SOZIALPROFIL

ESSEN & TRINKEN: Einheimische Gerichte sind äußerst schmackhaft. Rindfleisch ist teuer (fast alle Rinder werden exportiert), daher wird überwiegend Schweine- und Ziegenfleisch gegessen. Fisch und Meeresfrüchte gibt es in Hülle und Fülle; Tomaten und das Obst der Insel sind ausgezeichnet (Papaya, Mango, Passionsfrucht und Zitrusfrüchte). Spezialitäten des Landes sind *Chicharrones* (knusprige Schweineschwarten), *Chicharrones de pollo* (in Streifen geschnittenes Brathuhn), *Cassava* (gebratene Gemüseart), *Moro de habicuelas* (Reis und Bohnen), *Sopa criolla dominicana* (Gemüsesuppe mit Fleisch), *Pastelon* (gebackener Gemüsekuchen) und *Sancocho* (Eintopfgericht mit bis zu 18 verschiedenen Zutaten). **Getränke:** *El Presidente* heißt das ausgezeichnete einheimische Bier. *Brugal* und *Bermudez* sind Mixgetränke mit Rum. *Rum añejo* (alter, dunkler Rum) mit Eis empfiehlt sich nach dem Essen. Der einheimische Kaffee ist ausgezeichnet und sehr stark. Einheimische Biersorten und Spirituosen sind erheblich preiswerter als Importgetränke.
NACHTLEBEN: In Santo Domingo gibt es Las-Vegas-ähnliche Nachtklubs, Diskotheken und Kasinos ebenso wie gemütliche Cafés am Hafen. In zahlreichen Hotels werden Folkloreabende mit traditionellen Rhythmen veranstaltet. *Perico-ripiao*-Trios begleiten beliebte Tänze wie *Salsa* und *Merengue*. In der *Casa de Francia* und auf der *Plaza de la Cultura* in Santo Domingo finden Konzerte und andere kulturelle Veranstaltungen statt.
EINKAUFSTIPS: Wunderschöner Schmuck und andere Souvenirs aus Bernstein, z. T. mit eingeschlossenen Insekten, Blättern oder Tautropfen. Aus *Larimar* (Türkis) und aus den milchig-blauen und rosafarbenen Gehäusen von Meeresschnecken wird ebenfalls Schmuck hergestellt. Typisch für die Dominikanische Republik sind auch Schaukelstühle, Holzschnitzereien, naive Malerei, Makramé, Korbwaren und Arbeiten aus Kalkstein. **Öffnungszeiten der Geschäfte:** Mo-Sa 08.00-12.00 und 14.00-18.00 Uhr.
SPORT: Schwimmen: Obwohl manche Küsten rauh und felsig sind, gibt es einige wunderschöne Strände. Swimmingpools stehen in vielen Hotels zur Verfügung. **Tauchen:** *Mundo Submarino* ist das einzige Tauchzentrum in Santo Domingo, Ausrüstungen werden allerdings nur an erfahrene Taucher verliehen. Halb- und ganztägige Ausflüge werden organisiert. Schwimmflossen und Taucherbrillen sind meist in Strandhotels erhältlich. **Segeln:** In der Hauptstadt und den Urlaubsorten kann man kleine Segelboote mieten. **Fischen:** Hotels bieten oft Hochseefischen nach Fächerfisch, Segelfisch, Dorade, Thunfisch usw. an. Flache Boote zum Angeln in Flüssen können in La Romana, Boca de Yuma und an der Nordküste gemietet werden. **Tennis** ist sehr beliebt, in La Romana gibt es eine Anlage mit zehn Tennisplätzen. **Golf** wird in La Romana, Puerto Plata und im *Santo-Domingo-Countryclub* gespielt. **Reiten:** Dominikaner sind große Pferdeliebhaber, das Land ist geradezu ideal für Ausritte. In *Sierra Prieta* (Santo Domingo) und in *Casa de Campo* (in der Nähe von La Romana) spielt man auch **Polo**. Besucher dürfen manchmal mitspielen. **Baseball** ist eine nationale Leidenschaft. Die Wintersaison dauert von Oktober bis Januar, die Sommersaison von April bis September.
VERANSTALTUNGSKALENDER
April '96 *Las Cachuas de Cabral*, Cabral. **Juni** *Espiritu Santu*, Villa Mella, Santa Maria, San Cristóbal, El Batey und San Juan de la Maguana. **Juli** *Merengue-Festival*. **16. Aug.** *Restaurationstag*, Santo Domingo, La Vega, San Pedro de Macorís und Santiago. **10./11. Febr. '97** *Karneval*, Santo Domingo, Samaná, La Vega, San Pedro de Macorís und La Romana.
Zusätzlich werden verschiedene Heiligenfeiertage begangen.
SITTEN & GEBRÄUCHE: Die dominikanische Lebensweise kennt nicht die Tradition der ausgedehnten Mittagspausen. Trotz katholischer und spanischer Traditionen kann man innerhalb von 72 Std. geschieden werden, ein Zeichen des nordamerikanischen Einflusses. Vor allem tagsüber ist Freizeitkleidung angemessen, aber Badekleidung und Shorts gehören an den Strand. Zum abendlichen Besuch der Hotels, Restaurants und Bars sollten Männer ein Jackett tragen, eine Krawatte ist nicht unbedingt erforderlich. **Trinkgeld:** In den Hotel- und Restaurantrechnungen sind 10% Bedienung bereits inbegriffen; ein zusätzliches Trinkgeld von 5-10% ist jedoch durchaus üblich. Fahrer von Sammeltaxis erwarten nicht unbedingt ein Trinkgeld, für alle anderen Dienstleistungen sind jedoch Trinkgelder üblich.

COLUMBUS REISEFÜHRER 1996/97

Dominikanische Republik / Ecuador

WIRTSCHAFTSPROFIL

WIRTSCHAFT: Die Dominikanische Republik war traditionell ein Agrarland, in dem die Zuckererzeugung eine überragende Rolle spielte. Der niedrige Weltmarktpreis bei gleichzeitigem Produktionsrückgang der traditionellen Ausfuhrgüter Tabak, Kaffee und Kakao setzte aber der Wirtschaft in den achtziger Jahren erheblich zu. 1991 machten Zucker und Melasse nur noch 22% des Exportaufkommens aus. Nur noch ca. ein Drittel der Bevölkerung arbeitet in der Landwirtschaft. Die verstärkte Ausbeutung der Mineralvorkommen verspricht erhöhte Exporteinkünfte (1991: 34% des Exports); in erster Linie sollen Gold, Silber und Ferronickel in größerem Umfang gefördert werden. Die überwiegend staatliche Fertigungswirtschaft konzentriert sich auf Baumaterialien, Konsumgüter und Leichtmaschinenbau. Die Produkte der Leichtindustrie aus den *Zonas Francas*, den neuen steuerbegünstigten Zonen für die Exportgüterherstellung, werden zunehmend ausgeführt. Der Dienstleistungssektor erwirtschaftet mittlerweile 56% des Bruttoinlandsproduktes. Der Ausbau der Tourismusindustrie nimmt dabei eine wichtige Stellung ein. Wichtigste Handelspartner sind die USA, die 56% der Exporte erhalten, Venezuela, Mexiko, die Niederlande, Puerto Rico und Japan. Der Handel mit der EU ist verhältnismäßig gering. 1990 führte die Regierung ein Sparpaket ein, das zwar zunächst nicht sehr beliebt war, jedoch inzwischen einen wirtschaftlichen Aufwärtstrend eingeleitet hat.
GESCHÄFTSVERKEHR: Die anfängliche Zurückhaltung einheimischer Geschäftsleute ist schnell überwunden, die Atmosphäre ist generell entspannt. Da Spanisch Handelssprache ist, sind Spanischkenntnisse von Vorteil. Hotels können jedoch oft Dolmetscher vermitteln. **Geschäftszeiten:** Mo-Fr 08.30-12.00 und 14.00-18.00 Uhr. **Behörden:** Mo-Fr 07.30-14.30 Uhr.
Kontaktadressen: *Handelskammer der Dominikanischen Republik in Österreich*, Görgengasse 30, A-1190 Wien. Tel: (0222) 32 31 13-0, 32 31 14-0. Telefax: (0222) 32 52 68.
Cámera de Comercio y Producción del Distrito Nacional (Industrie- und Handelskammer), Apartado 815, Santo Domingo, DN. Tel: 682 72 06. Telex: 3460877.

KLIMA

Heiße tropische Temperaturen ganzjährig. Die Regenzeit dauert von Juni bis Oktober. Während dieser Zeit können Hurrikane auftreten.
Kleidung: Leichte Baumwoll- und Leinenkleidung, Regenschutz für die Regenzeit nicht vergessen.

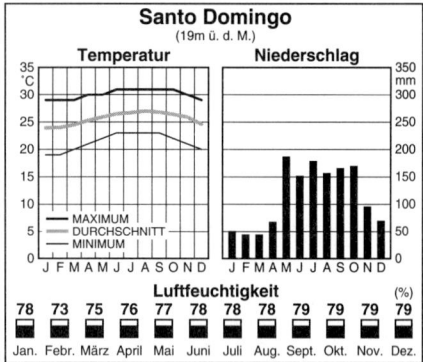

WELTKARTE?

LÄNDERKARTEN?

ZEITZONENKARTE?

INFORMATION ÜBER

IMPFBESTIMMUNGEN UND

GESUNDHEITSVORKEHRUNGEN?

... siehe Inhaltsverzeichnis

Lage: Südamerika.

Corporación Ecuatoriana de Turismo (CETUR)
Reina Victoria 514 y Roca
Quito
Tel: (02) 23 90 44, 52 70 02/74. Telefax: (02) 56 81 98.
Botschaft der Republik Ecuador
Koblenzer Straße 37
D-53173 Bonn
Tel: (0228) 35 25 44/45. Telefax: (0228) 36 17 65.
Mo-Fr 09.00-12.00 Uhr.
Geschäftsbereich: Nordrhein-Westfalen.
Generalkonsulat (mit Visumerteilung)
Dorotheenstraße 89
D-10117 Berlin
Tel: (030) 238 62 17. Telefax: (030) 238 62 95.
Mo-Fr 10.00-14.00 Uhr (Publikumsverkehr, nach Vereinbarung), Mo-Fr 09.00-15.00 Uhr (tel. Auskünfte).
Geschäftsbereich: Berlin und neue Bundesländer.
Generalkonsulat (mit Visumerteilung)
Rothenbaumchaussee 221
D-20149 Hamburg
Tel: (040) 44 31 35. Telefax: (040) 410 31 35.
Mo-Fr 08.00-13.00 Uhr.
Geschäftsbereich: Hamburg, Schleswig-Holstein und Niedersachsen.
Honorargeneralkonsulat (mit Visumerteilung)
Berliner Straße 56-58
D-60311 Frankfurt/M.
Tel: (069) 133 22 95. Telefax: (069) 133 25 65.
Mo, Mi, Fr 09.00-13.00 Uhr.
Geschäftsbereich: Hessen, Rheinland-Pfalz und Saarland.
Honorargeneralkonsulat (mit Visumerteilung)
Fraunhoferstraße 2
D-80469 München
Tel: (089) 26 56 58.
Mo-Fr 08.00-13.00 Uhr.
Geschäftsbereich: Bayern und Baden-Württemberg.
Botschaft der Republik Ecuador
Goldschmiedgasse 10/II/24
A-1010 Wien
Tel: (0222) 535 32 08/18. Telefax: (0222) 535 08 97.
Mo-Fr 09.00-17.30 Uhr.

TIMATIC INFO-CODES

Abrufbar über Ihr CRS-System (für START/Amadeus Ama-Maske benutzen). Für Galileo bitte TI-DFT eingeben (mit Bindestrich).

Flughafengebühren	TI DFT/ UIO /TX
Währung	TI DFT/ UIO /CY
Zollbestimmungen	TI DFT/ UIO /CS
Gesundheit	TI DFT/ UIO /HE
Reisepassbestimmungen	TI DFT/ UIO /PA
Visabestimmungen	TI DFT/ UIO /VI

Botschaft der Republik Ecuador
Helvetiastraße 19a
CH-3005 Bern
Tel: (031) 351 17 55. Telefax: (031) 351 27 71.
Mo-Fr 09.00-15.00 Uhr.
Geschäftsbereich: Kantone Bern, Luzern, Uri, Unterwald, Freiburg, Neuchâtel und Jura.
Konsulat der Republik Ecuador (mit Visumerteilung)
Rue de Lausanne 139
CH-1202 Genf
Tel: (022) 731 52 89. Telefax: (022) 738 26 76.
Mo-Fr 09.00-13.00 und 15.00-17.00 Uhr.
Geschäftsbereich: Genf.
Honorarkonsulat der Republik Ecuador (mit Visumerteilung)
Ferme des Suettes
CH-1604 Puidoux-Gare
Tel/Telefax: (021) 946 38 38.
Nur nach telefonischer Vereinbarung.
Geschäftsbereich: Kantone Waad und Wallis.
Honorarkonsulat der Republik Ecuador (mit Visumerteilung)
Via della Posta 4
CH-6900 Lugano
Tel: (091) 922 72 41.
Mo-Fr 08.00-12.00 und 14.00-17.00 Uhr.
Geschäftsbereich: Kantone Graubünden und Tessin.
Konsulat der Republik Ecuador (mit Visumerteilung)
Lavaperstraße 57
CH-8002 Zürich
Tel: (01) 281 24 27. Telefax: (01) 286 26 39.
Mo-Fr 09.00-12.00 Uhr.
Geschäftsbereich: Ostschweiz.
Botschaft der Bundesrepublik Deutschland
Avenida Patria y 9 de Octubre (esquina)
Edificio Banco de Columbia, 5°
Casilla 17-01-537
Quito
Tel: (02) 22 56 60, 56 72 31/33, 52 29 07. Telefax: (02) 56 36 97.
Honorarkonsulate in Guayaquil, Cuenca und Manta.
Generalkonsulat der Republik Österreich
Avenida La Coruna 1224 y San Ignacio
Edificio Austria, 3°
Casilla 17-01-167
Quito
Tel: (02) 50 75 67/68, 50 34 56. Telefax: (02) 56 33 44.
Konsulat in Guayaquil.
Botschaft der Schweizerischen Eidgenossenschaft
Avenida Amazonas 3617 y Juan Pablo Sanz
Edificio Xerox, 2°
Apartado 17-11-4815
Quito
Tel: (02) 43 41 13, 43 49 48/49. Telefax: (02) 44 93 14.
Generalkonsulat in Guayaquil.

FLÄCHE: 272.045 qkm.
BEVÖLKERUNGSZAHL: 10.980.000 (1993).
BEVÖLKERUNGSDICHTE: 40 pro qkm.
HAUPTSTADT: Quito. Einwohner: 1.100.847 (1990).
GEOGRAPHIE: Ecuador liegt am Pazifischen Ozean und grenzt im Norden an Kolumbien und im Osten und Süden an Peru. Die Anden durchziehen Ecuador in der Mitte des Landes von Nord nach Süd. Der Chimborazo (6310 m) ist der höchste Berg. Westlich der Anden befindet sich das fruchtbare Tiefland, östlich der Anden ist der Regenwald des Amazonasbeckens. Auf dem flachen Küstenstreifen werden Bananen, Kakao, Zucker und Kaffee angebaut. Das obere Amazonasbecken im Osten besteht aus dichtem tropischen Dschungel, der von zahlreichen Flußarmen durchzogen wird. Die Amazonasregion nimmt 36% der Fläche Ecuadors ein, jedoch nur 3% der Bevölkerung leben hier. Durch den Ölboom wird die Region jedoch allmählich stärker erschlossen.
STAATSFORM: Präsidialrepublik seit 1978, letzte Änderung 1994. Staatsoberhaupt und Regierungschef: Sixto Durán Ballén, seit August 1992. Direktwahl alle 4 Jahre. Die 77 Mitglieder des Parlamentes (*Cámara de Representantes*) werden in den Provinzen für 2 Jahre (65 von ihnen) und national für 4 Jahre gewählt (12 der 77 Parlamentsmitglieder). Loslösung von Großkolumbien 13. Mai 1830.
SPRACHE: Spanisch; Quechua, Chibcha und indianische Sprachen. Zum Teil wird auch Englisch gesprochen.
RELIGION: Katholiken (93%); protestantische, jüdische sowie Bahai-Minderheiten; Naturreligionen.
ORTSZEIT: MEZ - 6 (Galapagos-Inseln MEZ - 7).
NETZSPANNUNG: 110/120 V, 60 Hz; Adapter und Transformator erforderlich.
POST- UND FERNMELDEWESEN: Telefon: Selbstwählferndienst. **Landesvorwahl:** 593. Gebühren werden auch dann berechnet, wenn kein Anschluß zustande kommt. **Telex/Telegramme:** In den größeren Hotels von Guayaquil, Quito und Cuenca gibt es Telexkabinen, ebenso in den Büros der IETEL (*Instituto Ecuatoriano de Telecommunicaciones*). Telegramme können in den Telegrafenämtern der Großstädte aufgegeben werden. In Quito gibt es einen 24-Std.-Dienst, und einige Hotels nehmen bis 20.00 Uhr Telegramme an. **Post:** Luftpost nach Europa ist bis zu einer Woche unterwegs, Post nach Ecuador kann allerdings länger dauern.

DEUTSCHE WELLE
Der Einsatz der Kurzwellenfrequenzen ändert sich mehrfach im Laufe eines Jahres, und Sendungen auf den folgenden Frequenzen werden jeweils zu bestimmten Tageszeiten ausgestrahlt. Näheres in der Einleitung.

MHz	17,860	17,810	17,765	11,785	9,545
Meterband	16	16	16	25	31

REISEPASS/VISUM

Wichtiger Hinweis: Die Einreisebestimmungen mancher Länder können sich kurzfristig ändern – rufen Sie sicherheitshalber auf Ihrem CRS-System (TIMATIC-Info-Code-Fenster in diesem Kapitel) den aktuellen Stand ab bzw. wenden Sie sich an die zuständige diplomatische Vertretung. Etwaige Zahlen in der Tabelle beziehen sich auf nachfolgende Fußnoten.

	Paß erforderlich?	*Visum erforderlich?*	*Rückflugticket erforderlich?*
Deutschland	Ja	Nein	Ja
Österreich	Ja	Nein	Ja
Schweiz	Ja	Nein	Ja
Andere EU-Länder	Ja	1/2	Ja

REISEPASS: Allgemein erforderlich.
Anmerkung: Reisepässe müssen auch innerhalb des Landes stets mitgeführt werden.
VISUM: [1] Für Aufenthalte von bis zu 90 Tagen nicht erforderlich, außer für Staatsbürger von Costa Rica, China (VR), Frankreich, Guatemala, Honduras, Kuba, Korea-Nord, Korea-Süd, Taiwan (China) und Vietnam. Die Staatsbürger der oben aufgeführten Länder erhalten ein Visum für max. 3 Monate.
[2] Staatsbürger von Großbritannien können sich bis zu 180 Tage ohne Visum im Land aufhalten.
Visaarten: Touristen-, Geschäfts-, Transit- und Studentenvisa.
Gültigkeitsdauer: Unterschiedlich, je nach Nationalität.
Antragstellung: Generalkonsulat bzw. Konsularabteilung der Botschaft (Adressen s. o.).
Unterlagen: (a) Reisepaß (mind. noch 6 Monate gültig). (b) 4 Paßfotos. (c) Antrag. (d) Nachweis ausreichender Geldmittel. (e) Rückflugticket (Kopie).
Aufenthaltsgenehmigung: Auskünfte von der Botschaft (Adressen s. o.).

GELD

Währung: 1 Sucre (S) = 100 Centavos. Banknoten gibt es im Wert von 10.000, 5000, 1000, 500, 100 S; Münzen in den Nennbeträgen 50, 20, 10, 5 und 1 S.
Geldwechsel: Empfohlen sind US-Dollar (Reiseschecks und in bar), da diese am leichtesten umzutauschen sind; trotzdem kann der Geldwechsel außerhalb der Städte mit Schwierigkeiten verbunden sein. Die Wechselgebühr schwankt zwischen 2% und 4%, man sollte sich vor dem Umtausch erkundigen. *Rodrigo-Paz*-Wechselstuben werden als zuverlässig empfohlen.
Kreditkarten: *Eurocard, American Express, Visa* und *Diners Club* werden angenommen. Einzelheiten vom Aussteller der betreffenden Kreditkarte. Das Büro des *American Express* in der Avenida Amazonas, Quito, ist ausländischen Reisenden gegenüber besonders hilfsbereit.
Wechselkurse

	S Sept. '92	S Febr. '94	S Jan. '95	S Jan. '96
1 DM	1203,96*	1138,78*	1466,23*	2043,13
1 US$	1789,24*	1976,87*	2272,67*	2937,00

Anmerkung: [*] Offizielle Umtauschrate.
Devisenbestimmungen: Keine Beschränkungen.
Öffnungszeiten der Banken: Mo-Fr 09.00-13.30 und 14.30-18.30 Uhr, Sa 09.30-14.00 Uhr.

DUTY FREE

Folgende Artikel können zollfrei nach Ecuador eingeführt werden:
300 Zigaretten oder 50 Zigarren oder 200 g Tabak;
1 l Spirituosen;
Parfüm für den persönlichen Bedarf;
Geschenke bis zum Wert von 40 US$.
Anmerkung: Für den Import von Schußwaffen, Munition, Narkotika, frischem oder getrocknetem Fleisch, anderen Fleischprodukten, Pflanzen und Gemüse ist eine vorherige Einfuhrgenehmigung erforderlich.

GESETZLICHE FEIERTAGE

1. Mai '96 Tag der Arbeit. **24. Mai** Jahrestag der Schlacht von Pichincha. **24. Juli** Símon Bolívars Geburtstag. **10. Aug.** Unabhängigkeitstag von Quito. **9. Okt.** Unabhängigkeitstag von Guayaquil. **12. Okt.** Entdeckung Amerikas. **1. Nov.** Allerheiligen. **2. Nov.** Allerseelen. **3. Nov.** Unabhängigkeitstag von Cuenca. **6. Dez.** Gründungstag von Quito (nur Quito). **25. Dez.** Weihnachten. **1. Jan. '97** Neujahr. **6. Jan.** Dreikönigsfest. **10./11. Febr.** Karneval. **27. März** Gründonnerstag. **28. März** Karfreitag. **29. März** Ostersamstag. **1. Mai** Tag der Arbeit. **24. Mai** Jahrestag der Schlacht von Pichincha.

GESUNDHEIT

In der folgenden Tabelle aufgeführte Impfvorschriften können sich kurzfristig ändern. Es wird stets empfohlen, auf Ihrem CRS-System (TIMATIC-Info-Code-Fenster in diesem Kapitel) den aktuellen Stand der Gesundheitsbestimmungen abzurufen bzw. rechtzeitig vor der Reise ärztlichen Rat einzuholen.

	Vorsichtsmaßnahmen empfohlen	*Impfschein erforderlich*
Gelbfieber	Ja	1
Cholera	2	2
Typhus & Polio	Nein	-
Malaria	3	-
Essen & Trinken	4	-

[1]: Eine Impfbescheinigung gegen Gelbfieber wird von allen Reisenden verlangt, die aus Infektionsgebieten kommen und über ein Jahr alt sind.
[2]: Eine Impfbescheinigung gegen Cholera ist keine Einreisebedingung, das Risiko einer Infektion besteht jedoch. Da die Wirksamkeit der Schutzimpfung umstritten ist, empfiehlt es sich, rechtzeitig vor Antritt der Reise ärztlichen Rat einzuholen. Näheres unter *Gesundheit* (s. Inhaltsverzeichnis).
[3]: Malariarisiko besteht ganzjährig unterhalb von 1500 m in den Provinzen Esmeraldas, Guayas, Manabí, El Oro, Los Ríos, Morona Santiago, Napo, Pastaza, Sucumbios und Zamora Chinchipe. Die weniger gefährliche Malariaart *Plasmodium vivax* überwiegt, das Vorkommen der Chloroquin-resistenten Art *Plasmodium falciparum* wird jedoch ebenfalls gemeldet.
[4]: Leitungswasser sollte generell vor der Benutzung zum Trinken, Zähneputzen und zur Eiswürfelbereitung entweder abgekocht oder anderweitig sterilisiert werden. Milch ist außerhalb der Stadtgebiete nicht pasteurisiert und sollte abgekocht werden. Milchprodukte aus ungekochter Milch am besten vermeiden. Fleisch- und Fischgerichte nur gut durchgekocht und heiß serviert essen. Auch Schweinefleisch, rohe Salate und Mayonnaise sind nicht immer unbedenklich. Gemüse sollte gekocht und Obst geschält werden.
Tollwut kommt vor. Wer ein erhöhtes Risiko eingeht (z. B. längerer Aufenthalt in abgelegenen Gebieten), sollte vor Reiseantritt eine Schutzimpfung erwägen. Bei Bißwunden so schnell wie möglich ärztliche Hilfe in Anspruch nehmen. Weitere Informationen im Kapitel *Gesundheit* (s. Inhaltsverzeichnis).
Hepatitis B und *D (Delta-Hepatitis)* sowie *Virushepatitis* sind weit verbreitet.
Weitere Informationen erteilen auch die Gesundheitsämter und Tropeninstitute.
Gesundheitsvorsorge: Die medizinische Versorgung außerhalb der größeren Städte ist lückenhaft. Der Abschluß einer Reisekrankenversicherung (einschl. Rückführung in Notfällen) wird empfohlen.

REISEVERKEHR - International

FLUGZEUG: *SAETA (EH), Aerolíneas Nacionales del Ecuador* und *Empresa Ecuatoriana de Aviación* fliegen in die USA, Mittelamerika und in einige Nachbarländer. Verschiedene europäische Fluggesellschaften bieten Verbindungen mit Zwischenlandungen in andere südamerikanische Städten. *KLM* fliegt dreimal pro Woche über Amsterdam nach Guayaquil und Quito.
Durchschnittliche Flugzeiten: *Frankfurt/M.* – Quito: 18 Std; *Zürich* – Quito: 19 Std. 10; *London* – Quito: 17 Std; *Los Angeles* – Quito: 9 Std. und *New York* – Quito: 9 Std. 30.
Internationale Flughäfen: *Quito (UIO)* (Mariscal Sucre) liegt 8 km außerhalb der Stadt. Ein Bus fährt zwischen 06.00-23.00 Uhr alle 20 Min. zur Stadt. Taxistand. *Guayaquil (GYE)* (Simón Bolívar) liegt 5 km außerhalb der Stadt. Flughafenbusse und Taxistand vorhanden.
Flughafengebühren: 25 US$ bei der Ausreise.
SCHIFF: Regelmäßige Passagier-/Frachtverbindungen von Europa über Chile, einschl. der Reedereien *Royal Netherlands, Knutsen* und *Johnson Lines*, die von Rotterdam, La Rochelle, Hamburg oder Le Havre aus 20 bis 22 Tage unterwegs sind. Schiffe fahren außerdem von Antwerpen, Genua und Liverpool sowie von der Westküste der USA *(Delta Line Cruises)* nach Ecuador. Guayaquil ist der wichtigste Passagier- und Frachthafen neben Esmeraldas, Manta und Puerto Bolívar.
BUS/PKW: Die Panamerikana verläuft von der kolumbianischen Grenze bei Rumichaca Richtung Süden über Quito, Riobamba, Cuenca und Loja nach Macará in der Nähe der peruanischen Grenze. Weitere Informationen unter *Reiseverkehr - National.* **Fernbus:** *TEPSA*-Langstreckenbusse bieten Verbindungen mit mehreren Nachbarländern.

REISEVERKEHR - National

FLUGZEUG: Ecuadors nationale Fluggesellschaft *Ecuatoriana* existiert zwar noch, bietet aber seit zwei Jahren keine Flüge an. Die einheimischen Fluggesellschaften *Servicios Aereos Nacionales (SAN) SAETA (Sociedad Ecuatoriana de Transportes Aeros)* und *TAME (Transportes Aéros Militares Ecuatorianos)* verkehren regelmäßig zwischen Guayaquil und Quito. Einige kleinere Fluggesellschaften fliegen zur Küste und in den östlichen Landesteil; das Flugzeug ist in Ecuador im Inlandverkehr ein gebräuchliches Transportmittel. Weitere Flughäfen: *Cuenca, Manta, Esmeraldas, Lago Agrio* und *Coca.*
Flughafengebühr: 12% des Flugpreises bei Inlandflügen.
Galapagos-Inseln: Von Quito und Guayaquil aus starten täglich Flüge zu den Galapagos-Inseln. Ausländer zahlen mehr als Einheimische.
SCHIFF: Die felsige Küste Ecuadors macht die Küstenschiffahrt recht langsam und teilweise sogar gefährlich. Im Amazonasgebiet gibt es mehrere befahrbare Flüsse. In den Oriente-Dschungeln und in der nördlichen Küstenregion gibt es nur wenige Straßen, der Einbaum (bis zu 25 Passagiere) ist oft das einzige Verkehrsmittel. Es gibt kaum Passagierschiffe, die zwischen dem Festland und den **Galapagos-Inseln** verkehren; innerhalb der Gruppe verkehren jedoch zahlreiche Touristenboote, Postschiffe und Mietjachten.
BAHN: Es gibt die Bahnstrecke Guayaquil – Quito – San Lorenzo, die jedoch zeitweilig wegen Überschwemmungen oder Erdrutschen gesperrt sein kann. Man sollte sich auf jeden Fall vor Reiseantritt über die möglichen Bahnverbindungen informieren. Teilabschnitte zwischen Riobamba und Quito (223 km) und zwischen Alausí und Guayaquil (142 km) sind derzeit in Betrieb. Die Strecke führt durch eine atemberaubende Landschaft, da sie innerhalb von 80 km auf 3238 m ansteigt und ihren höchsten Punkt in Urbina erreicht (3609 m).
BUS/PKW: Das Netz der großen Straßen zweigt von der Nord-Süd-Achse der Anden ab. 1991 gab es ein Straßennetz von 43.709 km Länge, wovon 8570 km befestigt sind. Einige Straßen werden renoviert, viele Straßen haben jedoch noch, aufgrund der Erdbeben und Überschwemmungen der letzten 10 Jahre (im Süden), große Schlaglöcher und Risse. Zwischen Quito und Guayaquil sowie zwischen Quito und Latacunga, Ambato und Riobamba sind die Straßen vollständig asphaltiert. Quito, Otavalo, Ibarra und Tulcan an der kolumbianischen Grenze werden durch eine Straße verbunden. **Fernbus:** *TEPSA*-Busverbindungen sind gut und zumeist schneller als in den anderen Andenstaaten, da die Entfernungen geringer sind und mehr Asphaltstraßen zur Verfügung stehen. Auf den Strecken zwischen Quito und Guayaquil und von Quito in die anderen größeren Städte des Hochlandes sind Platzreservierungen erforderlich. **Mietwagen:** *Avis, Budget, National* und *Hertz* sind vertreten. **Unterlagen:** Internationaler Führerschein erforderlich.
STADTVERKEHR: In Quito und Guayaquil verkehren Linien- und Minibusse mit Einheitsfahrpreisen.
FAHRZEITEN von Quito zu den folgenden größeren Städten (ungefähre Angaben in Std. und Min.):

	Flugzeug	Bahn	Bus/Pkw
Guayaquil	0.50	7.00	7.00
Cuenca	1.30	-	9.30
Ambato	-	-	2.30
Riobamba	-	3.00	3.30
Esmeraldas	1.00	-	7.00
Puerto Ayora	1.30	-	-

UNTERKUNFT

HOTELS: Hotelzimmer müssen mindestens eine Woche im voraus gebucht werden. Außerhalb der größeren Städte sind die Preise in Hotels und *Provision Residencias* mehr oder weniger einheitlich. In Spitzen- und Mittelklassehotels werden 5% Steuern und 10% für Bedienung berechnet, in den preiswerten Hotels i. allg. nur 5% Steuern. Auf den Galapagos-Inseln gibt es nur wenige Hotels. Für weitere Informationen wenden Sie sich bitte an den nationalen Hotelverband: *Asociacíon Hotelera del Ecuador*, Avenida América 5378, Quito. Tel: (02) 45 39 42.
Kategorien: Drei Gruppen, Einteilung nach Standard und Preis. Alle Kategorien bieten zumindest einfache Grundeinrichtungen.
CAMPING: Die wenigen Zeltplätze des Landes werden von europäischen und amerikanischen Firmen geleitet. Auf den Galapagos-Inseln gibt es zwei Zeltplätze.

URLAUBSORTE & AUSFLÜGE

Quito ist eine der schönsten Hauptstädte Südamerikas. Der Vulkan *Pichincha* mit seinen zwei Gipfeln *Ruca* und *Guagua* bildet eine spektakuläre Kulisse. Den kolonialen Stadtkern schmücken viele alte Kirchen und liebevoll restaurierte Häuser in den steilen, engen Gassen. An der *Plaza Major*, dem parkähnlichen Mittelpunkt des historischen Zentrums, liegen die Kathedrale, das Rathaus, der Bischofspalast und das Regierungsgebäude. An der *Calle 24 de Mayo* stehen die Zentralbank und die *Casa de la Cultura Ecuadoriana.* Der farbenfrohe Indiomarkt lädt zu ausgiebigem Stöbern ein. In vielen der berühmten Stadtkirchen und Klöster findet man wertvolle spanische Kunstschätze und Skulpturen der sogenannten »Schule von Quito«. Besonders reizvoll sind das *San-Francisco-Nonnenkloster* und die prunkvolle *Jesuitenkirche La Compania.* Zum Stadtbummel gehören neben den berühmten Museen moderner und kolonialer Kunst auch der *Alameda-Park*, das *Observatorium* und die *Hochschule der Schönen Künste.* Quito wurde von der UNESCO zum Weltkulturgut erklärt.
Die Andenstädte: Die Panamerikana, eine bemerkenswerte Straße, die durch die größten Andenstädte führt,

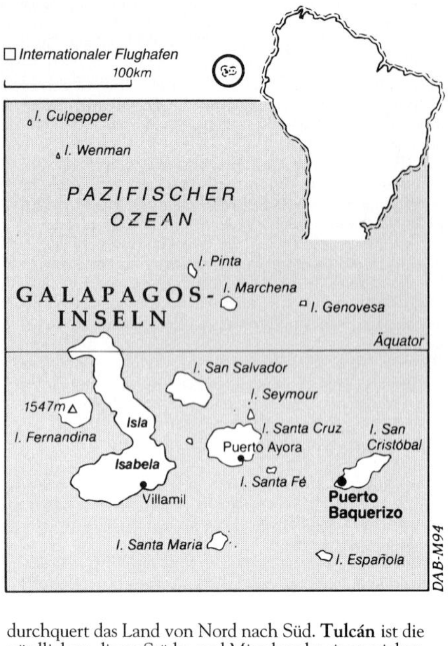

durchquert das Land von Nord nach Süd. **Tulcán** ist die nördlichste dieser Städte und Mittelpunkt einer reichen Agrarregion. Weiter südlich liegt die Stadt **Chota,** deren Bewohner zum größten Teil Nachkommen früherer Sklaven sind, ihre Einwohner haben einige ihrer alten Stammesbräuche bewahrt. Der Gipfel des *Monte Imbabura* weist den Weg zum *Otavalo-Tal* und zur gleichnamigen Stadt. Ihr Indiomarkt, auf dem man traditionelle Webstoffe erstehen kann, ist landesweit bekannt. 30 km nördlich von **Quito** erhebt sich ein *Granitobelisk*, der den Äquator kennzeichnet. Südlich von Quito, zwischen Latacunga und Ambato, liegt eine herrliche Vulkanlandschaft. Die weiter südlich liegende Stadt **Cuenca** wurde 1577 auf den Ruinen der Inkastadt Tomebamba gegründet; so manches Gebäude erinnert noch an die spanische Kolonialzeit. Einen reizvollen Kontrast hierzu bildet die kürzlich fertiggestellte riesige *Nueva Catedral*. In der Umgebung von Cuenca liegen interessante Provinzstädte wie **Ingapirca,** eine historische Inkastadt. In den Bergen des südlichen Ecuador fährt man durch **Loja,** die letzte größere Stadt an der Panamerikana. Sie war früher ein Handelsposten an der spanischen »Goldstraße«.
Guayaquil ist Ecuadors größte Stadt, Haupthafen und Wirtschaftszentrum. Ein beliebter Ausgangspunkt für Rundgänge ist die *Rotonda*, das bedeutende historische Wahrzeichen der Stadt, das die schöne Gartenpromenade *Paseo de las Colonias* überblickt. Auf der anderen Seite des *Malecon Boulevard* befinden sich der Regierungspalast und das Rathaus; Richtung Norden sieht man die alte *Festung La Planchada*. Empfehlenswert ist auch ein Besuch der *Kirche Santo Domingo*, des alten Wohnviertels *Las Peñas* und des Stadtmuseums.
Die Küste: Der schmale Küstenstreifen ist 560 km lang. In den größeren Hafenstädten werden einige der besten Hochsee-Angelfahrten der südamerikanischen Westküste angeboten. Besonders schöne Städte sind Playas Posoria und Salinas. *Esmeraldas* ist einer der wichtigsten Häfen des Landes und hat außerdem noch attraktive Strände. In der Region *Santo Domingo de los Colorados*, 90 km westlich von Quito, leben die Colorados-Indios, die noch viele ihrer alten Bräuche pflegen.
Der Nordosten, auch *Oriente* genannt, besteht zum größten Teil aus Urwald mit exotischer Tier- und Pflanzenwelt. Diese Region ist nur spärlich besiedelt, in erster Linie von Indios. Die größten Städte sind Puyo, Tena, Macas, Lago Agrio, Sucúa und Zamora. Hauptverkehrswege sind die Flüsse; für Touristen werden Ausflugsfahrten angeboten. **Baños** ist ein beliebtes Besuchsziel; der Name stammt von den unzähligen heißen und kalten Mineralquellen und Seen. Von hier aus gelangt man durch die eindrucksvolle *Schlucht des Río Pastaza* zum Amazonasgebiet. Nördlich von Baños kann man den *Cotopaxi* erklimmen, der mit 5897 m der höchste aktive Vulkan ist. Der höchste Berg im Land ist der *Chimborazo* (6310 m). Alle hohen Berge bieten an der Schneegrenze Unterkünfte für Besucher.
Die Galapagos-Inseln liegen ca. 800 km westlich des Festlandes von Ecuador. Diese öden und felsigen Inseln sind seit Charles Darwins wissenschaftlicher Reise im letzten Jahrhundert als faszinierende Heimat uralter Tier- und Pflanzenarten bekannt. Die Inseln stehen seit 1959 unter Naturschutz, und 1978 erklärte die UNESCO die Inseln zum Naturdenkmal. Riesenschildkröten, Echsen und Leguane sind die größten Attraktionen für Besucher. Anreise und Unterkunft können i. allg. vom Heimatland oder von Reiseveranstaltern in Ecuador zusammengestellt werden (es lohnt sich, vor Reiseantritt genaue Auskünfte einzuholen, da die Qualität der Angebote stark variiert). Es gibt nur wenige Unterkunftsmöglichkeiten auf den Inseln. Das Essen in den wenigen kleinen Restaurants ist recht teuer. Bootsausflüge zu den Inseln können vor Ort arrangiert werden.

SOZIALPROFIL

ESSEN & TRINKEN: Die schmackhaftesten Dschungelfrüchte sind *Chirimoya* mit ihren wohlschmeckenden, puddingartigen Fruchtinneren sowie *Mamey* mit rotem, süßen, kürbisartigen Fruchtfleisch, und die gurkenähnlichen *Pepinos*, eine süße, weiß- und lilagestreifte Frucht. Obst sollte jedoch stets geschält werden, rohe Salate sind besser zu vermeiden, es sei denn, das Gemüse oder die Früchte sind im keimfreien Wasser gewaschen. Typisch ecuadorianische Gerichte sind *Ceviche* (Meeresfrüchte mit Zitrone, Mais und Zwiebeln), *Lenteja* (Linseneintopf), *Lechón* (Spanferkel), *Llapingachos* (Käse-Kartoffelpuffer) und *Locro* (Kartoffel- und Maissuppe mit Avocado und Käse). Hinter der Bezeichnung *Cuy* versteckt sich eine alte Inka-Spezialität, die nicht jedermanns Sache ist: gebratenes Meerschweinchen. **Getränke:** In Ecuador gibt es einige der besten Biersorten Südamerikas. Internationale Spirituosen wie z. B. Whisky sind erhältlich, aber teuer. Eine Spezialität Ecuadors ist der einzigartige Fruchtsaft *Naranjilla*, der wie eine Mischung aus Zitrusfrucht und Pfirsich schmeckt. Guter chilenischer Wein ist erhältlich, aber ebenfalls teuer. Ein gutes einheimisches Getränk ist *Paico*, ein Mixgetränk aus frischen Zitronen.
NACHTLEBEN: Außer in Quito und Guayaquil, mit ausgezeichneten Veranstaltungen und Restaurants, spielt sich die Abendunterhaltung zumeist in Privathäusern oder in Klubs ab. Ecuadorianer gehen auch gern ins Kino.
EINKAUFSTIPS: In kleineren Geschäften und auf Märkten kann man handeln, in den Touristengeschäften sind die Preise allerdings festgesetzt. Dies gilt auch in einigen Läden in der Nähe der größeren Hotels. In den Städten Cuenca und Gualaceo in der Provinz Azuay findet man an den *Ferias* oder Markttagen eine große Auswahl an Handarbeiten. Die besten Wochenmärkte gibt es wohl in Otavalo, Ambato, Latacunga, Saquisili und Riobamba, mit ausgezeichneten bunten indianischen Webstoffen und Silberwaren zu guten Preisen. Quito ist für seine großen Silbergeschäfte bekannt. Schöne Mitbringsel sind einheimische Holzschnitzereien, bemalte und lackierte Figuren aus Brotteig, bunte Kacheln, Wollteppiche, handgewebte Decken und andere Textilien, Körbe, Lederwaren, *Shigras* (Schultertaschen) und Indio-Kunstobjekte. **Öffnungszeiten der Geschäfte:** Mo-Fr 09.00-13.00 und 15.00-19.00 Uhr, Sa 10.00-20.00 Uhr.
SPORT: Fußball ist eine der Nationalsportarten. Eine Variation des **Baseball** ist auch sehr beliebt. **Golf-** und **Tennisplätze** findet man in der Gegend in Quito und an der Küste. **Reiten** und **Wandern** bieten sich vor allem im Hochland an; Dschungeltouren im Nordosten sind ebenfalls möglich. **Wassersport: Schwimmen, Fischen** (vor allem an der Küste), **Segeln** und **Tauchen.**
VERANSTALTUNGSKALENDER
3. - 12. Mai '96 *Expotex* '96 (Textilmesse). **6. Juni** *Fronleichnam*. **26. - 30. Juni** *EXPO* '96 (kolumbianische Messe). **22. Juli** *Pelileo-Fest*. **25. Juli** *Chagra-Festival*, Machachi. **21. - 27. Aug.** *Kunstmesse*. **6. - 15. Sept.** *Feria Nacional Expohogar* '96 (Gebrauchsmesse). **20. Sept.** *Feria del Banano*. **1. - 6. Okt.** *Agriflor* (internationale Blumenschau). **Nov.** *Mama-Negra-Festival*, Latacunga. **Ende Nov.** *Festival Taurino*, Quito. **1. - 6. Dez.** *Quitofest* (Ausstellungen, Sportveranstaltungen). **10. - 24. Dez.** *Exponavidad* '96 (Modemesse). **24. Dez.** *Heiligabend* (Umzüge und Paraden), landesweit. **31. Dez.** *Silvester*, landesweit. **10./11. Febr. '97** *Karneval*, landesweit.
SITTEN & GEBRÄUCHE: Geschäftsleute sollten Anzug bzw. Kostüm tragen. In Hotelrestaurants und exklusiven Restaurants wird oft Abendgarderobe erwartet. Badekleidung gehört an den Strand. Rauchen ist überall gestattet. **Trinkgeld:** Hotels und Restaurants berechnen normalerweise 10% Bedienung. Taxifahrer erwarten kein Trinkgeld.

WIRTSCHAFTSPROFIL

WIRTSCHAFT: Landwirtschaft und Erdöl (40%) sind die Pfeiler der ecuadorianischen Wirtschaft. Ecuador ist der größte Bananenexporteur (17%) der Welt, außerdem werden Garnelen (16%), Kaffee, Kakao, Palmöl und Zucker ausgeführt. Die Modernisierung der Landwirtschaft wurde bislang zugunsten industrieller Investitionen vernachlässigt. Die Erdölförderung stieg in den siebziger Jahren kontinuierlich, und bereits Ende der siebziger Jahre erbrachte der Export von Rohöl und Erdölderivaten die höchsten Ausfuhrerlöse. Ecuadors Mitgliedschaft in der OPEC währte allerdings nicht lange; das Land trat 1985 aus, da der Regierung die vereinbarten Fördermengen zu niedrig erschienen. Der Verfall des Ölpreises lähmte die Wirtschaftsentwicklung beträchtlich, nach einem starken Erdbeben kam 1987 die Erdölförderung zeitweise sogar gänzlich zum Stillstand. Zeitweilig trat Ecuador der OPEC wieder bei und förderte 1991 rund 300.000 Faß pro Tag, von denen 185.000 exportiert wurden. 1992 trat Ecuador erneut aus der OPEC aus, um die auferlegte Begrenzung der Erdölfördermenge zu umgehen. In jenem Jahr machte Rohöl 42% des Exportes aus. Anfang 1993 verdreifachten sich die Erdölreserven Ecuadors durch die Entdeckung von Erdölvorkommen in der Amazonas-Region. Die Außenhandelspolitik Ecuadors richtete sich in den letzten Jahren verstärkt darauf, Auslandsinvestitionen zum weiteren Aufbau der Industrie zu fördern, die sich bisher vor allem auf die Bereiche Verbrauchsgüterproduktion und Leichtindustrie konzentriert. Die ecuadorianische Regierung drohte sogar mit dem Austritt aus dem Andenpakt, falls keine liberalere Investitionspolitik verfolgt werden sollte. Dem Wirtschaftsblock gehören neben Ecuador Bolivien, Peru, Kolumbien und Venezuela an. Ecuador ist auch Mitglied der ALADI (*Asociacíon Latinoamericana de Integracéon*). Haupthandelspartner des Landes sind die USA, die 46% der ecuadorianischen Exporte abnehmen und 32% der Importe liefern. Ferner bezieht Ecuador Importe aus Japan, Italien, Deutschland, Spanien, Brasilien und Kolumbien.
GESCHÄFTSVERKEHR: Spanischkenntnisse sind unbedingt erforderlich. Terminvereinbarung ist üblich, jedoch werden Termine oft kurzfristig geändert. Dies gilt vor allem für Minister- und Regierungsbeamte. Kaufverhandlungen erfordern viel Fingerspitzengefühl. Geschäftsreisen legt man am besten in die Monate Oktober bis Mitte Dezember und Mitte Januar bis Juni. **Geschäftszeiten:** Mo-Fr 08.00-16.30 Uhr.
Kontaktadressen: *Oficina de Promocion Economica* (Handelsmission Ecuador), Rothenbaumchaussee 221, D-20149 Hamburg. Tel: (040) 44 66 99. Telefax: (040) 44 66 85.
Cámara de Industrias y Comercio Ecuatoriano-Alemana, (Deutsch-Ecuadorianische Industrie- und Handelskammer), Casilla 17-16-083, Quito. Tel: (02) 43 55 06/07. Telefax: (02) 43 60 57.
Die wirtschaftlichen Interessen Österreichs werden von der Außenhandelskammer in Bogotá (s. Kolumbien*) wahrgenommen.*
Federacíon Nacional de Cámaras de Comercio del Ecuador (Nationale Vereinigung der Handelskammern), Avenida Olmedo 414 y Boyacá, Guayaquil. Tel: (04) 32 31 30. Telefax: (04) 32 34 78.
Federacíon Nacional de Cámaras de Industrias (Nationale Vereinigung der Industriekammern), Avenida República y Amazonas, Casilla 2438, Quito. Tel: (02) 43 06 23, 45 31 29. Telefax: (02) 44 98 46.
KONFERENZEN/TAGUNGEN: Weitere Informationen, Broschüren und Planungshilfen vom *Centro de Expositiones Quito*, Avenidas Amazonas y Atahualpa, Quito. Tel: (02) 44 98 46.

KLIMA

Warmes, tropisches bzw. subtropisches Klima mit großen Unterschieden zwischen der Andenregion und der Küste: im Hochland allgemein kühler, vor allem nachts auch kalt. An der Küste und im nordöstlichen Dschungel gibt es häufig Niederschläge.
Kleidung: Leichte Baumwoll- und Leinenkleidung. In den tropischen Gebieten Regenkleidung. In höheren Lagen Wollsachen.

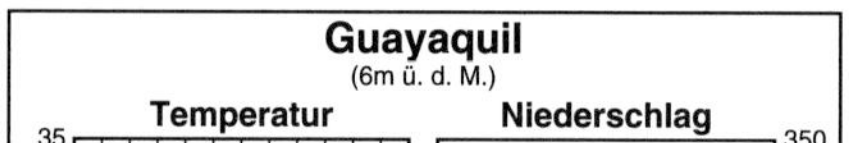

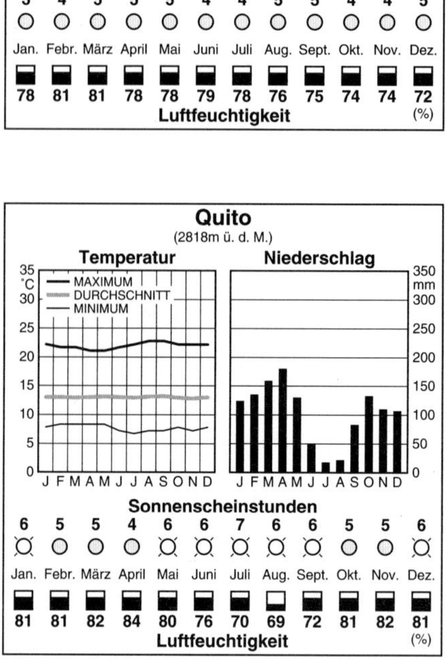

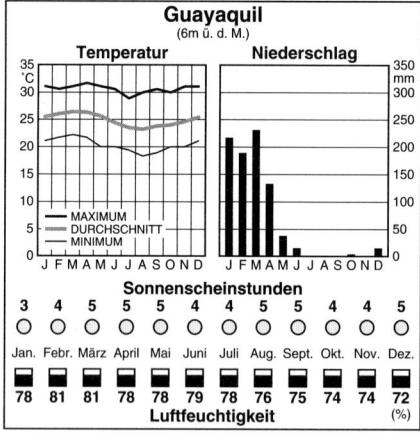

El Salvador

Lage: Mittelamerika.

Anmerkung: Für Pauschalreisende bestehen derzeit keine Bedenken, Rucksacktouristen sollten allerdings äußerste Vorsicht walten lassen und nicht allein in abgelegenen Teilen des Landes reisen. Weitere Informationen von der Botschaft (Adresse s. u.) oder dem Auswärtigen Amt in Bonn, dem Außenministerium in Wien und dem EDA in Bern.

Instituto Salvadoreño de Turismo (ISTU)
Calle Rubén Darío 619
San Salvador
Tel: 222 09 60. Telefax: 222 12 08.

Botschaft der Republik El Salvador
Adenauerallee 238
D-53113 Bonn
Tel: (0228) 54 99 13/14. Telefax: (0228) 54 98 14.
Mo-Fr 09.00-16.00 Uhr.
Konsularabt.: Mo-Fr 09.00-13.00 Uhr.
Honorargeneralkonsulat ohne Visumerteilung in Hamburg.
Honorarkonsulate ohne Visumerteilung in Berlin, Bremen, Frankfurt/M., Köln, München und Stuttgart.

Generalhonorarkonsulat der Republik El Salvador
(ohne Visumerteilung)
Deutschstraße 1
A-2331 Vösendorf/bei Wien
Tel: (0222) 69 64 94. Telefax: (0222) 69 29 70.
Mo-Fr 09.00-14.00 Uhr.
Übergeordnete Vertretung ist die Botschaft in Bonn.

Generalkonsulat der Republik El Salvador
Schaffhauserstraße 432
CH-8050 Zürich
Tel: (01) 303 05 08. Telefax: (01) 303 05 15.
Mo-Fr 09.00-13.00 Uhr.

Generalkonsulat der Republik El Salvador
65 Rue de Lausanne
CH-1202 Genf
Tel: (022) 732 70 36. Telefax: (022) 738 47 44.
Mo-Fr 09.30-12.00 und 15.00-18.00 Uhr.

Botschaft der Bundesrepublik Deutschland
3a Calle Poniente 3831
Colonia Escalón
Apartado Postal 693
San Salvador
Tel: 223 61 40. Telefax: 223 61 73.

Generalkonsulat der Republik Österreich
Alameda Deininger

TIMATIC INFO-CODES

Abrufbar über Ihr CRS-System (für START/Amadeus Ama-Maske benutzen). Für Galileo bitte TI-DFT eingeben (mit Bindestrich).

Flughafengebühren	TI DFT/ SAL /TX
Währung	TI DFT/ SAL /CY
Zollbestimmungen	TI DFT/ SAL /CS
Gesundheit	TI DFT/ SAL /HE
Reisepassbestimmungen	TI DFT/ SAL /PA
Visabestimmungen	TI DFT/ SAL /VI

Antiguo Cuscatlán
Apartado Postal 01-167
San Salvador
Tel: (02) 23 89 93. Telefax: (2) 98 30 67.
Die Schweiz unterhält keine Vertretung in El Salvador, zuständig ist die Botschaft in Ciudad de Guatemala (s. Guatemala).

FLÄCHE: 21.041 qkm.
BEVÖLKERUNGSZAHL: 5.517.000 (1993).
BEVÖLKERUNGSDICHTE: 262 pro qkm.
HAUPTSTADT: San Salvador. **Einwohner:** 422.570 (1992).
GEOGRAPHIE: El Salvador grenzt im Nordwesten an Guatemala, im Nordosten an Honduras und im Süden und Westen an den Pazifischen Ozean. Der größte Teil des Landes besteht aus vulkanischem Hochland, das von zwei fast parallel verlaufenden Vulkanketten umschlossen wird. Die höchsten Berge sind die Vulkane Santa Ana (2365 m), San Vincente (2182 m) und San Salvador (1943 m). Vulkanausbrüche führten in den Höhenlagen zu dicken Asche- und Lavaablagerungen, die ideal für den Kaffeeanbau sind, insbesondere um Santa Ana und Ahuachapán (höchste Produktivität). Durch die Vulkantätigkeit entstanden auch viele Bergseen. Zahlreiche Geysire werden zur Energiegewinnung genutzt. Ebenen schließen sich im Norden und Süden an die Bergketten an.
STAATSFORM: Präsidialrepublik seit 1983. Staatsoberhaupt und Regierungschef: Armando Calderón Sol, seit Juni 1994. Amtszeit des Präsidenten: 5 Jahre; Direktwahl. Die 84 Mitglieder der Nationalversammlung werden alle 3 Jahre durch allgemeine Wahlen bestimmt. Bis 1992 herrschte Bürgerkrieg, im März 1994 fanden die ersten Wahlen statt. Eine Reform des Wahlsystems ist vorgesehen.
SPRACHE: Offizielle Landessprache ist Spanisch; verschiedene Indianersprachen werden auch gesprochen.
RELIGION: Katholiken (92%); protestantische Minderheiten.
ORTSZEIT: MEZ - 7.
NETZSPANNUNG: 110 V, 60 Hz. Adapter erforderlich.
POST- UND FERNMELDEWESEN: Telefon: Selbstwählferndienst. **Landesvorwahl: 503.** Selbstwählferndienst nach Europa, in die USA und bestimmte andere Länder möglich. **Telexe/Telegramme** kann man bei *ANTEL* aufgeben. **Post:** Luftpost nach Europa ist bis zu einer Woche unterwegs. Öffnungszeiten der Postämter: Mo-Fr 09.00-16.00 Uhr.
DEUTSCHE WELLE
Der Einsatz der Kurzwellenfrequenzen ändert sich mehrfach im Laufe eines Jahres, und Sendungen auf den folgenden Frequenzen werden jeweils nur zu bestimmten Tageszeiten ausgestrahlt. Näheres in der Einleitung.

MHz	17,860	17,715	15,275	9,545	6,100
Meterband	16	16	19	31	49

REISEPASS/VISUM

Wichtiger Hinweis: Die Einreisebestimmungen mancher Länder können sich kurzfristig ändern – rufen Sie sicherheitshalber auf Ihrem CRS-System (TIMATIC-Info-Code-Fenster in diesem Kapitel) den aktuellen Stand ab bzw. wenden Sie sich an die zuständige diplomatische Vertretung. Etwaige Zahlen in der Tabelle beziehen sich auf nachfolgende Fußnoten.

	Paß erforderlich?	Visum erforderlich?	Rückflugticket erforderlich?
Deutschland	Ja	Nein	Nein
Österreich	Ja	Nein	Nein
Schweiz	Ja	Nein	Nein
Andere EU-Länder	Ja	1	Nein

REISEPASS: Allgemein erforderlich.
VISUM: Allgemein erforderlich, ausgenommen sind Staatsbürger von:
(a) [1] Belgien, der Bundesrepublik Deutschland, Dänemark, Finnland, Großbritannien, Irland, Italien, Luxemburg, den Niederlanden, Österreich, Schweden, Spanien (Bürger aller anderen EU-Staaten brauchen Visa) sowie der Schweiz;
(b) Argentinien, Chile, Costa Rica, Guatemala, Honduras, Japan, Kolumbien, Liechtenstein, Nicaragua, Norwegen und Panama;
(c) Kanada, Mexiko und den USA mit Touristenkarte.
Visaarten: Touristenvisa.
Visagebühren: 75 DM.
Gültigkeitsdauer: Touristenvisa: 30-90 Tage. Verlängerungen sind bei der *Dirección General de Migración* in El Salvador erhältlich.
Antragstellung: Konsulat (oder Konsularabteilung der Botschaft). Adressen s. o.
Unterlagen: (a) Antragsformular. (b) 2 Paßfotos. (c) Gültiger Reisepaß. (d) Polizeiliches Führungszeugnis. (e) Arbeits- oder Studienbescheinigung. Der postalischen Antragstellung sollten ein frankierter und adressierter Umschlag und der Zahlungsnachweis der Gebühren beigelegt werden.
Bearbeitungszeit: Um sicherzugehen, daß man das Visum rechtzeitig erhält, sollte man den Antrag ca. einen Monat vor Abreise stellen.

Aufenthaltsgenehmigung: Anträge sollten an das Innenministerium El Salvadors gerichtet werden.

GELD

Währung: 1 El-Salvador-Colón (C, im Sprachgebrauch »Peso«) = 100 Centavos. Banknoten gibt es im Wert von 100, 50, 25, 10 und 5 C; Münzen in den Nennbeträgen 1 C sowie 100, 50, 25, 10, 5 und 1 Centavo. Preise werden manchmal auch in US-Dollar angegeben. Der Colón ist an den US-Dollar gebunden.
Geldwechsel: Banken berechnen normalerweise 1 Colón Gebühr. Geld kann in Banken und Wechselstuben gewechselt werden (offizieller Wechselkurs: 8 C = 1 US$).
Kreditkarten: *American Express, Visa, Eurocard* und teilweise auch *Diners Club* werden akzeptiert. Einzelheiten vom Aussteller der betreffenden Kreditkarte.
Anmerkung: Besucher sollten vor der Ausreise nach Guatemala oder Honduras alle unverbrauchten Colónes zurücktauschen, da diese Währung dort weder anerkannt noch getauscht wird.
Reiseschecks sollten in US-Dollar ausgestellt sein.
Wechselkurse

	C Sept. '92	C Febr. '94	C Jan. '95	C Jan. '96
1 DM	5,37	5,06	5,65	6,09
1 US$	7,98	8,78	8,76	11,57

Devisenbestimmungen: Der Im- und Export der Landeswährung ist unbegrenzt. Die Einfuhr von Fremdwährungen ist unbegrenzt, muß aber deklariert werden. Die Ausfuhr von Fremdwährungen ist auf den bei der Einreise deklarierten Betrag beschränkt.
Öffnungszeiten der Banken: Mo-Fr 09.00-13.00 und 13.45-16.00 Uhr.
Anmerkung: Alle Banken sind am 29./30. Juni und 30./31. Dez. zur Halbjahresabrechnung geschlossen.

DUTY FREE

Folgende Artikel können zollfrei nach El Salvador eingeführt werden:
200 Zigaretten oder 50 Zigarren;
2 Flaschen Spirituosen;
Parfüm für den persönlichen Gebrauch;
Geschenke bis zum Wert von 500 US$.
Folgende Gegenstände dürfen ebenfalls eingeführt werden:
1 Foto- oder Filmkamera mit Zubehör und höchstens 6 Filmen;
je ein Radio, ein Kassettenrekorder und ein Plattenspieler für den persönlichen Gebrauch.

GESETZLICHE FEIERTAGE

1. Mai '96 Tag der Arbeit. **22. Juni** Tag der Lehrer. **29./30. Juni** Feiertage (Banken). **1.-6. Aug.** Feiertage (Behörden). **3.-6. Aug.** Feiertage. **15. Sept.** Unabhängigkeitstag. **12. Okt.** Kolumbustag (Geschäfte haben nachmittags geschlossen). **2. Nov.** Allerseelen. **5. Nov.** Jahrestag der 1. Unabhängigkeitserklärung. **24./25. Dez.** Weihnachten. **30./31. Dez.** Feiertage (Banken). **1. Jan. '97** Neujahr. **27. März** Gründonnerstag. **28. März** Karfreitag. **31. März** Ostermontag. **1. Mai** Tag der Arbeit.

GESUNDHEIT

In der folgenden Tabelle aufgeführte Impfvorschriften können sich kurzfristig ändern. Es wird stets empfohlen, auf Ihrem CRS-System (TIMATIC-Info-Code-Fenster in diesem Kapitel) den aktuellen Stand der Gesundheitsbestimmungen abzurufen bzw. rechtzeitig vor der Reise ärztlichen Rat einzuholen.

	Vorsichtsmaßnahmen empfohlen	Impfschein erforderlich
Gelbfieber	Ja	1
Cholera	Ja	2
Typhus & Polio	3	-
Malaria	4	-
Essen & Trinken	5	-

[1]: Eine Impfbescheinigung gegen Gelbfieber wird von allen Reisenden verlangt, die aus Infektionsgebieten kommen und über sechs Monate alt sind.
[2]: Eine Impfbescheinigung gegen Cholera ist keine Einreisebedingung, das Risiko einer Infektion besteht jedoch. Da die Wirksamkeit der Schutzimpfung umstritten ist, empfiehlt es sich, rechtzeitig vor Antritt der Reise ärztlichen Rat einzuholen. Näheres im Kapitel *Gesundheit* (s. Inhaltsverzeichnis).
[3]: Typhus tritt auf, Poliomyelitis jedoch nicht.
[4]: Malariaschutz ganzjährig. Die Ansteckungsgefahr ist in Gebieten unter 600 m und in der Regenzeit (Mai - Oktober) am größten. Die weniger gefährliche Form *Plasmodium vivax* herrscht vor.
[5]: Wasser sollte vor der Benutzung zum Trinken abgekocht oder anderweitig sterilisiert werden. Milch ist meist pasteurisiert. Fleisch- und Fischgerichte nur gut durchgekocht und heiß serviert essen. Der Genuß von Schweinefleisch, rohen Salaten und Mayonnaise sollte vermieden werden. Gemüse sollte gekocht und Obst

geschält werden.
Tollwut wird überwiegend von Hunden und Fledermäusen übertragen. Wer ein erhöhtes Risiko eingeht (z. B. längerer Aufenthalt in abgelegenen Gebieten), sollte vor Reiseantritt eine Schutzimpfung erwägen. Bei Bißwunden so schnell wie möglich ärztliche Hilfe in Anspruch nehmen. Weitere Informationen im Kapitel *Gesundheit* (s. Inhaltsverzeichnis).
Hepatitis A kommt ebenfalls vor.
Gesundheitsvorsorge: Es gibt 50 staatliche Krankenhäuser mit über 7000 Betten. Der Abschluß einer Reisekrankenversicherung wird dringend empfohlen.

REISEVERKEHR - International

FLUGZEUG: El Salvadors nationale Fluggesellschaft TACA fliegt in die benachbarten zentralamerikanischen Länder und in die USA. Der *Visit Central America Pass* wird von fünf zentralamerikanischen Fluggesellschaften gemeinsam angeboten. Er gilt auf dem gesamten Streckennetz von *Lacsa*, *TACA* (El Salvador), *Aviateca* (Guatemala), *Nica* (Nicaragua) und *Copa* (Panama). Es können mindestens drei und maximal fünf Ziele angeflogen werden. Die Reise muß über eine der nachfolgenden Städte begonnen und auch wieder abgeschlossen werden: *USA*: u. a. Houston, Los Angeles, Miami, New Orleans, New York, Orlando, San Francisco, Washington; *Mittelamerika*: u. a. Cancún, Mexico City; *Südamerika*: u. a. Rio de Janeiro, Bogota, Cali, Caracas, Santiago de Chile, São Paulo; *Karibik*: u. a. Havanna, Kingston, Montego Bay, Santo Domingo. Vorausbuchung wird empfohlen; Bestellung ist bis zu drei Tagen vor Reiseantritt möglich. Umbuchungen sind kostenlos; bei Rerouting wird eine Gebühr von 50 US$ erhoben. Rückerstattung von 50 US$ nur vor Reiseantritt; danach keine Rückerstattung möglich. Buchungen und Informationen bei *Central American Tours*, Daimlerstraße 1, D-63303 Dreieich. Tel: (06103) 83 02 37. Telefax: (06103) 8 10 61. Im April 1993 entschied die *U.S. Federal Aviation Administration*, daß El Salvadors Luftfahrtbehörde gegen internationale Flugsicherheitsbestimmungen verstößt.
Durchschnittliche Flugzeit: *Frankfurt* – San Salvador: 9 Std.
Internationaler Flughafen: *San Salvador (SAL)* (El Salvador International) liegt 44 km von der Stadtmitte der Hauptstadt entfernt. Flughafeneinrichtungen: Restaurant, Duty-free-Shop und Mietwagenschalter. Von 06.00 bis 19.00 Uhr verkehrt ein Flughafenbus. Taxis sind ebenfalls vorhanden.
Flughafengebühren: 14 US$ bei der Ausreise.
SCHIFF: La Unión, La Libertad und Acajutla an der Pazifikküste sind die größten Häfen.
BAHN: Es gibt Zugverbindungen nach Guatemala. Nähere Einzelheiten von der Botschaft.
BUS/PKW: Busse verbinden San Salvador mit Guatemala City. Der Linienbusverkehr nach Honduras ist eingestellt, Privatbusgesellschaften fahren jedoch weiterhin bis zur Grenze. Der Zoll ist Mo-Fr 12.00-14.00/18.00-08.00 Uhr und Sa 12.00 bis Mo 08.00 Uhr geschlossen. Wer zu diesen Zeiten die Grenze passieren möchte, muß Bargeld für die Zollgebühr bereithalten.

REISEVERKEHR - National

FLUGZEUG: Inlandflüge verkehren von San Salvador nach San Miguel, La Unión und Usulután.
BAHN: Das Streckennetz ist über 600 km lang und verbindet San Salvador mit Acajutla, Cutuco, San Jerónimo und Angiuatú.
BUS/PKW: Von dem 12.000 km langen Straßennetz ist ca. ein Drittel asphaltiert oder so befestigt, daß die Straßen allen Wetterbedingungen standhalten. **Fernbusse:** Gute Busverbindungen bestehen zwischen den größeren Städten. **Taxis** haben keine Taxameter, der Fahrpreis sollte deshalb vorher vereinbart werden. Große Hotels haben eigene Taxidienste. **Mietwagen** gibt es in San Salvador und am Flughafen. **Unterlagen:** Internationaler Führerschein. Ein ausländisches Fahrzeug darf bis zu 30 Tage im Land gefahren werden, danach braucht man für weitere 60 Tage eine Genehmigung der Zoll- und Transportbehörden. Da keine Haftpflicht-Versicherungspflicht besteht, wird der Abschluß einer Kurzvollkaskoversicherung empfohlen.
STADTVERKEHR: Linienbusse verkehren regelmäßig, sind aber oft überfüllt.
FAHRZEITEN von San Salvador zu den größeren Städten (ungefähre Angaben in Std. und Min.):

	Bus/Pkw
Costa del Sol	0.50
Santa Ana	1.15
San Miguel	3.00

UNTERKUNFT

HOTELS: Die größten Hotels gibt es in San Salvador, Zimmer sollten im voraus gebucht werden. Die Situation ist weiterhin instabil, Auskünfte über die aktuelle Lage von der Botschaft. Der *Lago Coatepeque* ist ein beliebtes Urlaubsgebiet mit guten Hotels, Restaurants und Gasthäusern. **Kategorien:** DeLuxe, 1. Klasse und kleinere Hotels/Pensionen.

URLAUBSORTE & AUSFLÜGE

San Salvador, die Hauptstadt El Salvadors, liegt 680 m ü. d. M. und ist mit ca. 1.400.000 Einwohnern (einschl. der Vororte) die größte Stadt El Salvadors. Sie wurde 1545 von dem Spanier Gonzalo De Alvarado gegründet. Der Reiz der Stadt beruht auf der angenehmen Mischung von modernen und kolonialen Bauwerken, großen Plätzen, Freizeitparks und Einkaufszentren. Im Geschäftsviertel befinden sich die wichtigsten öffentlichen Gebäude. Dicht beieinander liegen die Kathedrale, der Nationalpalast, die Nationalbank und das Nationaltheater. Die Kirche *St. Ignatius Loyola*, in der sich früher der Schrein der Jungfrau von Guadaloupe befand, ist allein schon wegen ihrer traditionellen spanischen Kolonialfassade einen Besuch wert. Vom Freizeitpark auf dem *Monte San Jacinto*, den man per Sessellift erreichen kann, hat man einen wunderbaren Ausblick über die Stadt. Einen anderen Blick aus der Vogelperspektive bieten der nahegelegene, weitläufige *Balboa-Park* sowie eine 1200 m hohe Felsformation, die auch als »Teufelstür« (*Puerta del Diablo*) bekannt ist.
Außerhalb der Hauptstadt: Ausflüge nach *Panchimalco* bieten sich an. Hier leben die Pancho-Indios (direkte Nachkommen des Pipil-Stammes), die sich viele ihrer alten Traditionen und Trachten bewahrt haben. Der *Ilopango-See* liegt in einer herrlichen Landschaft. Weitere beliebte Ausflugsziele sind die Vulkane *San Salvador* und *Izalco* (1910 m). Einen herrlichen Blick auf San Salvador hat man durch das Felsentor des Berges *Chulul*. Die reizvolle Stadt Ilobasco ist für ihr Kunsthandwerk berühmt. Die *Tazumal-Ruinen* nahe der Stadt Chalchuapa (78 km von San Salvador) sind sehr sehenswert. Diese Zeremonialstätte wurde früher von den Chorti, Maya-Pokomam und toltekischen Pipil bewohnt. Die *El-Tazumal*-Pyramide soll im 6. Jahrhundert errichtet worden sein. Ebenso interessant sind die *San-Andres-Ruinen*. El Salvador hat eine 320 km lange Pazifikküste mit Feriendörfern, wunderschönen Stränden, Fischerdörfern und Pinienwäldern. Die besten Urlaubsorte liegen an der *Costa del Sol*, die man bequem über eine Schnellstraße erreichen kann.
Das Urlaubsgebiet um den *Lago Coatepeque*, ein Kratersee am Fuß des Vulkans Santa Ana, ist wegen der guten Hotels, Restaurants und Gasthäuser besonders empfehlenswert.

SOZIALPROFIL

ESSEN & TRINKEN: In San Salvador gibt es chinesische, mexikanische, italienische und französische Restaurants sowie mehrere Restaurants internationaler Schnellimbiß-Ketten. Steakhäuser sind ebenfalls weit verbreitet. Auf dem Markt (einem der größten und saubersten Lateinamerikas) kann man preiswert Lebensmittel einkaufen. Hauptzutaten sind oft Mais und Reis, der Chilipfeffer darf auch nicht fehlen. Ganz besonders empfehlenswert sind die einheimischen Suppen und Eintöpfe. Das Nationalgericht ist *Pupusa* (Maisfladen mit Bohnen, Fleisch und Käse), das auch häufig an Straßenständen angeboten wird. **Getränke:** Fruchtsäfte gibt es in allen Variationen, und auch das einheimische Bier ist einen Versuch wert.
NACHTLEBEN: Theater, Tanzhallen mit Juke-Box und Nachtklubs, die auch warme Küche und Tanz anbieten, konzentrieren sich in erster Linie auf San Salvador. Für den Zutritt zu manchen Nachtklubs ist eine Mitgliedschaft erforderlich. Es gibt auch Cocktailbars und in allen Landesteilen Kinos, in einigen werden englischsprachige Filme mit Untertiteln gezeigt.
EINKAUFSTIPS: Auf dem *Mercado Cuartel* (Kunsthandwerksmarkt) findet man viele hübsche Mitbringsel, einschl. Handtüchern mit Maya-Mustern, Kerzenhaltern, Keramiken und Töpferwaren. **Öffnungszeiten der Geschäfte:** Mo-Sa 09.00-12.00 und 14.00-18.00 Uhr.
SPORT: Bowling, Minigolf, Fußball (regelmäßig im Stadion von San Salvador), **Pferde-** und **Autorennen**. **Basketball, Tennis, Schwimmen, Fischen, Schießen, Ringen** und **Boxen** sind ebenfalls weit verbreitet. **Boote** und **Segelboote** findet man nur in privaten Klubs.
VERANSTALTUNGSKALENDER
Mai '96 *Palmenfest* (Folkloreparaden), Panchimalco. **Juli** *Santa-Ana-Festival* (Tänze, Feuerwerk und Umzüge), Santa Ana. **Aug.** *Augustfest*, San Salvador. **Nov.** *Karneval*, San Miguel. **Jan. '97** *Rotes-Kreuz-Fest*, Sonsonate. **27. - 31. März** *Ostern* (Umzüge), Sonsonate.
SITTEN & GEBRÄUCHE: Alltagskleidung ist üblich. **Fotografieren:** Vorsicht bei der Motivwahl (vor allem militärische Anlagen). **Trinkgeld:** 10% in Hotels und Restaurants, 15% bei kleineren Rechnungen. Taxifahrer erwarten kein Trinkgeld, es sei denn, das Taxi wird für den ganzen Tag gemietet. Gepäckträger erhalten 3 C pro Gepäckstück.

WIRTSCHAFTSPROFIL

WIRTSCHAFT: Der zwölfjährige Bürgerkrieg sowie Dürre- und Flutkatastrophen zogen die überwiegend agrarorientierte Wirtschaft El Salvadors sehr in Mitleidenschaft. Kaffee, das Hauptprodukt, erbringt die höchsten Exporterlöse. Andere wichtige landwirtschaftliche Erzeugnisse sind Baumwolle, Zucker, Mais, Bohnen und Reis. El Salvador hat die größte Fertigungswirtschaft Mittelamerikas; produziert werden hauptsächlich Schuhe, Textilien, Lederwaren und pharmazeutische Erzeugnisse. Das hochverschuldete Land ist stark von amerikanischen Finanzspritzen und Krediten des Internationalen Währungsfonds (IWF) abhängig. Als Teil der kürzlich abgeschlossenen Friedensverhandlungen stellte der IWF Kredite für die Verwirklichung zahlreicher wirtschaftlicher Programme zur Verfügung. Unter anderem soll die Inflation unter Kontrolle gebracht (1994: 8,9%), das Handelsdefizit verringert und ein Wirtschaftswachstum von 3-4% erreicht werden. El Salvador ist Mitglied des Gemeinsamen Zentralamerikanischen Marktes. Haupthandelspartner sind die USA, auf die 30% der Exporte entfallen, Guatemala, Costa Rica und Deutschland.
GESCHÄFTSVERKEHR: Spanischkenntnisse sind nützlich. Für Geschäftsreisen sind die Monate September bis März am günstigsten. **Geschäftszeiten:** Mo-Fr 08.00-12.30 und 14.30-17.30 Uhr.
Kontaktadresse: *Cámara de Comercio e Industria de El Salvador* (Industrie- und Handelskammer), Apartado 1640, San Salvador. Tel: 771 20 55. Telefax: 771 44 61.
KONFERENZEN/TAGUNGEN: Weitere Informationen, Broschüren und Planungshilfen vom *Buró de Convenciones y Visitantes de la Ciudad de San Salvador*, Edif. Olimpic Plaza, 73 Avenida Sur 28, 2°, San Salvador. Tel: 224 08 19. Telefax: 223 49 12.

KLIMA

Heißes subtropisches Klima mit hohen Tagestemperaturen und kühlen Nächten. Küstengegenden sind besonders heiß, die Regenzeit dauert von Mai bis Oktober. In Höhenlagen kühleres und gemäßigteres Klima.
Kleidung: Leichte Baumwoll- und Regenkleidung während der Regenzeit in der Küstenregion. Leichter Regenschutz ganzjährig empfohlen.

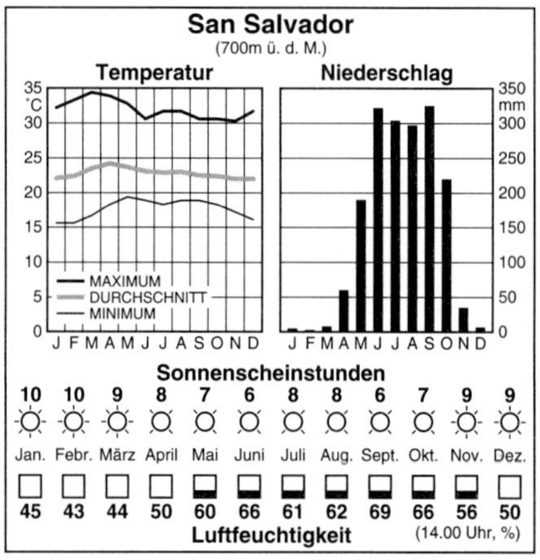

COLUMBUS ATLAS
Auf ca. 100 Seiten enthält dieser Atlas unter anderem europäische Fähr- und Eisenbahnverbindungen und weltumspannende Kreuzfahrtkarten, Straßenkarten, Gebietskarten vielbesuchter Regionen wie z. B. Costa Brava, Florida u. a. Falls Sie bei der Beratung oder Reiseplanung verstärkt auf Karten zurückgreifen möchten, werden Sie diesen speziell auf die Reisebranche zugeschnittenen Atlas unentbehrlich finden – und dazu besonders preisgünstig!

Weitere Einzelheiten von:
Columbus Press, Verkaufsabteilung,
Aurikelweg 9,
D-38108 Braunschweig.
Tel: 05309/2123. Telefax: 05309/2877.

Eritrea

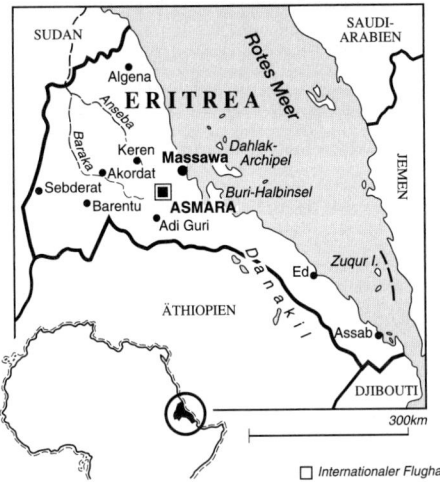

Lage: Nordostafrika.

Anmerkung: Die ehemalige äthiopische Provinz Eritrea erklärte sich nach 30 Jahren Bürgerkrieg im Mai 1993 nach einem Referendum für unabhängig.

Eritrean Tour Service (ETS)
National Avenue 61
Asmara
Tel: (01) 12 49 99.
Ministry of Tourism
National Avenue 129
PO Box 1010
Asmara
Tel: (01) 12 69 79. Telefax: (01) 12 69 49.
Botschaft des Staates Eritrea
Marktstraße 8
D-50968 Köln
Tel: (0221) 37 30 16. Telefax: (0221) 340 41 28.
Mo-Fr 08.00-13.00 und 14.00-16.00 Uhr.
(auch zuständig für Österreich)
Botschaft des Staates Eritrea
Via Boncompagni 16
I-00187 Rom
Tel: (06) 42 74 12 93. Telefax: (06) 42 06 68 06.
Mo-Fr 09.00-13.00 und 14.30-16.30 Uhr, *Konsularabt.*:
Mo-Fr 09.00-12.30 Uhr.
(auch für die Schweiz zuständig)
Botschaft der Bundesrepublik Deutschland
Airport Road
Saba Development Building
PO Box 5564
Asmara
Tel: (01) 18 26 70/71. Telefax: (01) 12 00 60.
Österreich unterhält bislang noch keine diplomatische Vertretung in Eritrea. Zuständig ist die Botschaft in Addis Abeba (s. Äthiopien).
Konsulat der Schweizer Eidgenossenschaft
Street No. 702
House No. 24
PO Box 3099
Asmara
Tel/Telefax: (01) 18 27 35.
Übergeordnete Vertretung ist die Botschaft in Addis Abeba (s. Äthiopien).

FLÄCHE: 121.144 qkm.
BEVÖLKERUNGSZAHL: 3.400.000 (1993).
BEVÖLKERUNGSDICHTE: 28 pro qkm.

TIMATIC INFO-CODES

*Abrufbar über Ihr CRS-System (für START/Amadeus Ama-Maske benutzen). Für Galileo bitte TI-DFT eingeben (**mit** Bindestrich).*

Flughafengebühren	TI DFT/ ASM /TX
Währung	TI DFT/ ASM /CY
Zollbestimmungen	TI DFT/ ASM /CS
Gesundheit	TI DFT/ ASM /HE
Reisepassbestimmungen	TI DFT/ ASM /PA
Visabestimmungen	TI DFT/ ASM /VI

HAUPTSTADT: Asmara. **Einwohner:** 350.000 (1993).
GEOGRAPHIE: Nachbarländer der am Roten Meer gelegenen neuen Republik sind Äthiopien im Westen, Djibouti im Süden und der Sudan im Norden. Im Küstentiefland herrscht feucht-heißes Klima. Das gebirgige Landesinnere ist fruchtbar und wird landwirtschaftlich genutzt.
STAATSFORM: Republik seit 1993, Verfassung in Ausarbeitung. Übergangsparlament mit 104 Mitgliedern, vorgesehen sind 150 Mitglieder. Staatsoberhaupt und Regierungschef der übergangsregierung: Isayas Afewerki (seit Mai 1993), Generalsekretär der ehemaligen Eritreischen Volksbefreiungsfront EPLF, inzwischen eine Partei (People's Front for Democracy and Justice; PFDJ). 1941-1952 unter britischer Führung; ab 1962 Provinz von Äthiopien, seitdem herrschten ständig Unruhen und Bürgerkriege. Unabhängig seit 24. Mai 1993.
SPRACHE: Amtssprachen sind Arabisch und Tigrinya. Afar, Bilen, Kunama, Nara, Saho und Tigre werden gesprochen; Englisch ist Bildungs- und Geschäftssprache.
RELIGION: 50% Christentum (eritreisch-orthodoxe Kirche) und 50% Islam; Naturreligionen.
ORTSZEIT: MEZ + 2.
NETZSPANNUNG: 110 V in Asmara. Zum Teil andere Stromstärken außerhalb der Hauptstadt. Plötzliches Ansteigen der Spannung ist möglich.
POST- UND FERNMELDEWESEN: Telefon: Begrenzter Selbstwählferndienst von und nach Asmara, Massawa und Assab. **Landesvorwahl:** 291. In der Regel müssen Auslandsgespräche jedoch noch über die internationale Vermittlung geführt werden. Alle größeren Städte sind an das interne Telefonnetz angeschlossen.
Telex/Telegramme: Internationale Anschlüsse im Telexbüro in Asmara. **Post:** Der internationale Postverkehr ist noch nicht mit allen Ländern wieder aufgenommen worden. Mit Verzögerungen muß in jedem Fall gerechnet werden.
DEUTSCHE WELLE
Der Einsatz der Kurzwellenfrequenzen ändert sich mehrfach im Laufe eines Jahres, und Sendungen auf den folgenden Frequenzen werden jeweils nur zu bestimmten Tageszeiten ausgestrahlt. Näheres in der Einleitung.

MHz	15,275	15,135	11,795	9,545	7,185
Meterband	19	19	25	31	41

REISEPASS/VISUM

Wichtiger Hinweis: Die Einreisebestimmungen mancher Länder können sich kurzfristig ändern – rufen Sie sicherheitshalber auf Ihrem CRS-System (TIMATIC-Info-Code-Fenster in diesem Kapitel) den aktuellen Stand ab bzw. wenden Sie sich an die zuständige diplomatische Vertretung. Etwaige Zahlen in der Tabelle beziehen sich auf nachfolgende Fußnoten.

	Paß erforderlich?	Visum erforderlich?	Rückflugticket erforderlich?
Deutschland	Ja	Ja	Ja
Österreich	Ja	Ja	Ja
Schweiz	Ja	Ja	Ja
Andere EU-Länder	Ja	Ja	Ja

Anmerkung: Bei der Ankunft müssen Reisende den Nachweis erbringen, daß sie genügend Geldmittel für die Zeit des Aufenthaltes mitführen.
REISEPASS: Allgemein erforderlich. Reisepaß muß mindestens 6 Monate nach der Ausreise noch gültig sein.
VISUM: Allgemein erforderlich.
Visaarten: Geschäfts-, Transit- und Touristenvisa. Durchreisende, die den Flughafen nicht verlassen, benötigen kein Transitvisum.
Visagebühren: 90 DM, 65 sfr (60.000 L).
Gültigkeitsdauer: Ab Ausstellung 4 Wochen gültig bis zur Einreise, für Aufenthalte von bis zu 4 Wochen ab Einreisetag. Verlängerungsmöglichkeit besteht, Anträge sind an das Innenministerium in Asmara zu stellen.
Antragstellung: Konsularabteilung der Botschaft. Adressen s. o.
Unterlagen: (a) Antragsformular. (b) Gültiger Reisepaß. (c) 1 Paßfoto. (d) Firmenschreiben mit Angabe des Reisezwecks bei Geschäftsbesuchen. (e) Gebühr. Der postalischen Antragstellung sollten ein frankierter und adressierter Umschlag und der Zahlungsbeleg beigefügt werden.
Bearbeitungszeit: 7-10 Tage.

GELD

Währung: Die äthiopische Währungseinheit (im Hochland und an der Südküste) hat bis auf weiteres Gültigkeit. 1 Äthiopischer Birr (Br) = 100 Cents. Banknoten gibt es im Wert von 100, 50, 10, 5 und 1 Birr; Münzen in den Nennbeträgen 50, 25, 10, 5 und 1 Cent. 1 Es empfiehlt sich, US-Dollar mitzunehmen.
Kreditkarten: *Eurocard* und *Diners Club* werden nur in sehr begrenztem Umfang akzeptiert. Einzelheiten vom Aussteller der betreffenden Kreditkarte.
Wechselkurse

	Br Sept. '92	Br Febr. '94	Br Jan. '95	Br Jan. '96
1 DM	1,47	2,84	3,49	4,04
1 US$	2,06	4,94	5,42	5,80

Devisenbestimmungen: Keine Ein- und Ausfuhrbeschränkungen, keine Deklarationspflicht.
Öffnungszeiten der Banken: In der Regel Mo-Fr 08.00-12.00 und 14.00-17.00 Uhr, Sa 08.00-12.00 Uhr.

DUTY FREE

In der Regel zollfreie Einfuhr, sofern für den persönlichen Bedarf.

GESETZLICHE FEIERTAGE

24. Mai '96 Unabhängigkeitstag. **20. Juni** Tag der Märtyrer. **9. Aug.** Eid Milad al-Nabi (Geburtstag des Propheten). **1. Sept.** Nationalfeiertag. **Sept.** Meskel. **25. Dez.** Weihnachten. **1. Jan. '97** Neujahr. **6. Jan.** Dreikönigsfest. **11. Febr.** Eid al-Fitr. **März/April** Fasika (Ostern). **29. April** Eid al-Adha. **24. Mai** Unabhängigkeitstag.
Anmerkung: Die angegebenen Daten für religiöse Feiertage haben keine festgelegten Daten. Die Termine für islamische Feiertage richten sich nach dem Mondkalender und verschieben sich daher von Jahr zu Jahr. Während des Fastenmonats Ramadan, der dem Festtag Eid al-Fitr vorangeht, essen Mohammedaner nicht tagsüber, sondern erst nach Sonnenuntergang, wodurch der normale Geschäftsablauf gestört werden kann. Diese Unterbrechungen können auch während des Eid al-Fitr auftreten. Dieses Fest, ebenso wie Eid al-Adha, hat keine bestimmte Zeitdauer und kann je nach Region 2-10 Tage dauern. Weitere Informationen im Kapitel *Welt des Islam* (s. Inhaltsverzeichnis).

GESUNDHEIT

In der folgenden Tabelle aufgeführte Impfvorschriften können sich kurzfristig ändern. Es wird stets empfohlen, auf Ihrem CRS-System (TIMATIC-Info-Code-Fenster in diesem Kapitel) den aktuellen Stand der Gesundheitsbestimmungen abzurufen bzw. rechtzeitig vor der Reise ärztlichen Rat einzuholen.

	Vorsichtsmaßnahmen empfohlen	Impfschein erforderlich
Gelbfieber	Ja	1
Cholera	Ja	2
Typhus & Polio	Ja	-
Malaria	3	-
Essen & Trinken	4	-

[1]: Eine Impfbescheinigung gegen Gelbfieber wird von allen Reisenden verlangt, die aus Infektionsgebieten kommen.
[2]: Eine Impfbescheinigung gegen Cholera ist keine Einreisebedingung, das Risiko einer Infektion besteht jedoch. Da die Wirksamkeit der Schutzimpfung umstritten ist, empfiehlt es sich, rechtzeitig vor Antritt der Reise ärztlichen Rat einzuholen.
[3]: Malariaschutz ganzjährig für alle Regionen unter 2000 m erforderlich. Die gefährlichere Malariaart *Plasmodium falciparum* herrscht vor.
[4]: Wasser sollte generell vor der Benutzung zum Trinken, Zähneputzen und zur Eiswürfelbereitung entweder abgekocht oder anderweitig sterilisiert werden. Milch ist außerhalb der Stadtgebiete nicht pasteurisiert und sollte ebenfalls abgekocht werden. Milchprodukte aus ungekochter Milch sollte man am besten meiden. Fleisch- und Fischgerichte nur gut durchgekocht und heiß serviert essen. Der Genuß von Schweinefleisch, rohen Salaten und Mayonnaise ist zu vermeiden. Gemüse sollte gekocht und Obst geschält werden. *Tollwut* kommt vor. Wer ein erhöhtes Risiko eingeht (z. B. längerer Aufenthalt in abgelegenen Gebieten), sollte vor Reiseantritt eine Schutzimpfung erwägen. Bei Bißwunden so schnell wie möglich ärztliche Hilfe in Anspruch nehmen. Einzelheiten im Kapitel *Gesundheit* (s. Inhaltsverzeichnis).
Bilharziose-Erreger kommen in manchen Teichen und Flüssen vor, das Schwimmen oder Waten in Binnengewässern sollte daher vermieden werden. Saubere Schwimmbecken mit gechlortem Wasser sind unbedenklich.
Hepatitis A, B und *E* kommen ebenfalls vor.
Gesundheitsvorsorge: Aufgrund der Höhenlage und der dünnen Luft im Hochland sollte eine Akklimatisierungszeit eingeplant werden. Wer an Herzkrankheiten oder unter hohem Blutdruck leidet, sollte vor der Abfahrt ärztlichen Rat einholen. Die medizinische Versorgung ist insgesamt ausreichend gewährleistet, wenn auch moderne Geräte nicht zur Verfügung stehen und manchmal Versorgungsschwierigkeiten auftreten können. Wer regelmäßig Medikamente einnimmt, sollte sich einen Vorrat in seiner Reiseapotheke mitnehmen. Pflegemittel für Kontaktlinsen sind nicht erhältlich. Fast jedes Dorf hat medizinisches Personal, Kliniken auf Regional- und Distriktebene und das zentrale Krankenhaus in Asmara sind für Notfälle und gängige Erkrankungen ausgerüstet. Apotheken gibt es in den größeren Städten. Der Abschluß einer Reisekrankenversicherung wird dringend empfohlen. Weitere Informationen im Kapitel *Gesundheit* (s. Inhaltsverzeichnis).

REISEVERKEHR - International

FLUGZEUG: Der einzige internationale Flughafen ist in Asmara, er wird täglich von Addis Abeba von *Ethiopian Airlines (ET)* angeflogen. *Ethiopian Airlines* landet auf ihren Flügen von Europa nach Addis Abeba in Asmara zwischen. Flüge nach Addis Abeba werden manchmal ohne Vorankündigung storniert. *Lufthansa* bietet 2 x wöchentlich einen Direktflug von Frankfurt/M. nach Asmara an.
Durchschnittliche Flugzeiten: *Frankfurt* – Asmara: 9 Std. (inkl. 1 Zwischenlandung); *London* – Addis Abeba: 10 Std. 35; *Rom* – Addis Abeba: 6 Std. 15; *Addis Abeba* – Asmara: 1 Std.
Internationaler Flughafen: *Asmara International* (ASM) liegt 6 km südwestlich der Stadt. Busse verkehren zur Innenstadt, Taxis stehen ebenfalls zur Verfügung. Flughafeneinrichtungen: Bank, Bars, Duty-free-Shop, Post, Restaurants und Läden.
Flughafengebühren: 10 US$ bei der Ausreise.
SCHIFF: Regelmäßiger Schiffsverkehr mit einheimischen Reedereien zwischen Europa und Massawa oder Assab. Teile der einst wichtigsten Hafenstadt Massawa sind während des Befreiungskrieges zerstört worden.

REISEVERKEHR - National

FLUGZEUG: Inlandflüge verkehren nur zwischen Asmara und Assam. Regionale Flughäfen befinden sich als Folge des Bürgerkriegs in sehr unterschiedlichem Zustand.
BAHN: Es gibt kein Schienennetz.
BUS/PKW: Der Krieg hat sich auch auf die Infrastruktur nachteilig ausgewirkt, Reparatur- und Modernisierungsarbeiten sind im Gang. Dennoch insgesamt ausreichende Allwetterstraßen in die meisten Geschäftszentren und Urlaubsgebiete; die übrigen, unbefestigten Straßen sollte man nur mit Fahrzeugen mit Allradantrieb befahren. Eine Ausweitung des Straßennetzes ist geplant. **Busse** verkehren zwischen den großen Ortschaften. **Taxis** gibt es in der Hauptstadt und am Flughafen in Asmara. Fahrpreise sollten vor Fahrtantritt vereinbart werden. **Mietwagen:** Erhältlich über den Eritrean Tour Service (ETS) in Asmara (Adresse s. o.). Weiterer Verleih in Asmara von *Africa Garage*. **Unterlagen:** Im allgemeinen reicht der nationale Führerschein aus.

UNTERKUNFT

In der Hauptstadt Asmara gibt es mehrere Hotels (z. B. Ambasoira, Ambassador, Hamasien, Keren und Nyala), in denen z. T. auch Tagungsräume und kleine Ausstellungsräume zur Verfügung stehen. Hotelunterkunft findet man auch in Massawa (zwei Hotels) und Keren (ein Hotel). In der Regel bieten Hotels nicht nur Übernachtungsmöglichkeiten, sondern auch Verpflegung. In kleineren Städten sind die Übernachtungspreise im allgemeinen niedriger als in den Großstädten. Die Bezahlung muß in Devisen erfolgen. Es ist ratsam, sich im voraus nach der Höhe des Bedienungsgeldes und der Steuern zu erkundigen. 10% Bedienungsgeld und 2% Steuern sind üblich. Weitere Informationen vom Eritrean Tour Service (ETS) (Adresse s. o.).

URLAUBSORTE & AUSFLÜGE

ETS bietet Rundreisen mit Reiseleitung. Trotz der Kriegsschäden in einigen Städten, vor allem in der Provinz Sahel, gibt es viel zu sehen. Die Strände sind sauber und nicht überlaufen. Rund 1000 km Küstenlandschaft und einige der besten Tauchgründe der Region erwarten den Besucher. Trekken und Bergsteigen sind im Hochland möglich und viele interessante historische Stätten warten darauf, entdeckt zu werden.
Die eritreische Hauptstadt **Asmara** war noch Ende des 19. Jahrhunderts nichts weiter als eine kleine Ansammlung von Dörfern. Die italienische Kolonialregierung verlegte 1897 den Regierungssitz von Massawa nach Asmara. Italienische Architektur prägt das Stadtbild, die imposante Kathedrale wurde 1922 im lombardischen Stil erbaut. Es gibt viele schöne Kirchen und Moscheen zu besichtigen. Beim Bau der größten Moschee, *Khulafa el Rashidin*, wurde Marmor aus Carrara verwendet. Auf dem Markt ganz in der Nähe kann man Gold- und Silberschmuck erwerben. Der große Markt nördlich der Kathedrale ist auf jeden Fall einen Besuch wert. Hier läßt es sich nach Herzenslust stöbern; Obst und Gemüse, Gewürze, gebrauchte Möbel, Töpferwaren, Holzschnitzereien und Kleidung werden feilgeboten. Die Hauptstraßen Asmaras sind von Palmen gesäumt, die dekorative Zierpflanze Bougainvillea schmückt Anlagen und Gärten. Die *National Avenue* ist die Lebensader der Stadt. Hier trifft man sich abends mit Freunden und bummelt an Bars und Cafés vorbei. Der Gerichtshof, das Asmara-Theater (1918 errichtet), die Kathedrale, verschiedene Regierungsgebäude und das Rathaus befinden sich an der National Avenue. Die frühere Residenz *(Ghibi)* der Kolonialherren wird heute als Nationalmuseum genutzt. Weitere Sehenswürdigkeiten sind die Universität und der prächtige *Mai-Jahjah-Brunnen*.
Die Straße nach Massawa schlängelt sich durch eine reizvolle Landschaft. Der Weg führt an dem berühmtesten orthodoxen Kloster *Debre Bizen* vorbei.
Massawa war schon im Altertum ein wichtiges Zentrum und ist heute der bedeutendste natürliche Tiefseehafen am Roten Meer. Der türkisch-ägyptische Einfluß ist bis heute spürbar geblieben. Die drei Stadtteile Batsa, Twalet und das Festland sind durch Dämme miteinander verbunden. Der Hafen und die Altstadt Batsa liegen auf der gleichnamigen Insel, die trotz der Kriegsschäden immer noch sehenswert ist. Die Architektur legt Zeugnis von der langen Kolonialherrschaft der Türken und Ägypter vom 15. bis 18. Jahrhundert ab. Die wichtigste Moschee, *Imam Hanbeli*, ist von den Zerstörungen weitgehend verschont geblieben. Die meisten Restaurants, Cafés und Bars der Stadt liegen in Batsa. Kleine Boote fahren zur Insel *Sheikh Said* (Isola Verde), ein beliebtes Plätzchen für Picknicks. In Twalet findet man auch Bauwerke italienischer Architektur. Der stark beschädigte *Ghibi* (Palast), dessen Grundstein schon im 15. Jahrhundert gelegt wurde, soll restauriert werden. Der *Port Club* bietet ein Restaurant, ein Museum, eine kleine Bibiliothek und Sportanlagen.
Der weiße Sandstrand in *Gergussum*, nördlich von Massawa, ist ideal zum Sonnenbaden, und die Wassertemperaturen sind genau richtig. Im nahegelegenen **Emberemi** kann man die Grabmäler des Sheikh el Amin und des Muhammad ibn Ali besichtigen, zu denen viele Gläubige pilgern. **Keren** in der Provinz Senhit ist eine kleinere Ausgabe von Asmara. Das Fort stammt aus der Zeit der türkischen Herrschaft. Die Gräber des Said Abu Bakr el Mirgani und des Mariam de Arit sind bedeutende religiöse Schreine. Besuchenswert ist auch das Kloster *Debre Sina* bei Elabered an der Straße von Keren nach Asmara. **Assab** in der südöstlichen Provinz Denkalia ist eine moderne Stadt mit schönen Stränden. **Agordet** im westlichen Tiefland (Provinz Barka) bietet zahlreiche sehenswerte Bauwerke aus der Kolonialzeit der Türken und der Ägypter. Die archäologischen Stätten **Qohaito, Matera** und **Rora Habab** sind ebenfalls von Interesse.

SOZIALPROFIL

ESSEN & TRINKEN: In den Restaurants der großen Städte dominiert die italienische Küche. Massawa ist außerdem für Fischgerichte und Meeresfrüchte bekannt. Vor allem Krabben und Hummer stehen hier oft auf der Speisekarte. Einheimische Gerichte sind sehr scharf gewürzt. Wer auf Fast food gar nicht verzichten kann, findet auf der National Avenue in Asmara auch Hamburger.
Getränke: Tee und Espresso trinkt man schwarz mit viel Zucker. In einigen Regionen wird Kaffee mit Ingwer oder schwarzem Pfeffer und Zucker serviert. Leckere Fruchtsäfte aus Banane, Mango und Papaya sind gute Durstlöscher. Sie sind in den großen Städten erhältlich.
EINKAUFSTIPS: Schöne Mitbringsel sind einheimischer Gold- und Silberschmuck (der hier nach Gewicht gekauft wird), Holzschnitzereien, Lederwaren, Speere, Trommeln, Teppiche und Korbwaren. Auf den Märkten kann man handeln, in den Geschäften sind die Preise zumeist festgesetzt. **Öffnungszeiten der Geschäfte:** In der Regel Mo-Sa 08.30-13.00 und 14.30-19.30 Uhr (regionale Unterschiede möglich).
SPORT: Gute Bademöglichkeiten an der Küste, die Strände sind sauber und die Wassertemperaturen angenehm. Ausgezeichnete Tauchgründe in den Küstengewässern. **Trekking, Bergsteigen** und **Fischen** sind ebenfalls möglich.
SITTEN & GEBRÄUCHE: Alltagskleidung ist im allgemeinen angemessen; eher konservative Kleidung wird bevorzugt. Zwanglose private Einladungen werden gern ausgesprochen. **Trinkgeld:** Die meisten Hotels und Restaurants setzen 10% Bedienungsgeld auf die Rechnung. Ein kleines Trinkgeld wird erwartet, von Taxifahrern jedoch nicht.

WIRTSCHAFTSPROFIL

WIRTSCHAFT: Nach Jahrzehnten des Bürgerkriegs, in denen die industrielle Produktion kontinuierlich sank, gilt es nun, auch im wirtschaftlichen Bereich einen Neuanfang zu machen. Das Bruttoinlandsprodukt beträgt heute nur 70-150 US-Dollar pro Kopf, die Arbeitslosigkeit liegt bei 50% (1994). Die Regierung sieht sich vor eine schwierige Aufgabe gestellt. Der Aufbau einer Marktwirtschaft steht im Vordergrund der Wirtschaftspolitik. Noch in staatlicher Hand befindliche Industrien sollen nach und nach privatisiert werden. Die Regierung ist bestrebt, Investitionen aus dem In- und Ausland zu fördern, um den Lebensstandard der Bevölkerung schnellstmöglich anzuheben und die Wirtschaft anzukurbeln. Moderne Technologien sollen eingeführt und das technische Know-how durch Ausbildungsprogramme vermittelt werden. Aufgrund des Devisenmangels herrscht akute Rohstoffknappheit (drei Viertel der Rohstoffe müssen bislang eingeführt werden), an der die industrielle Produktivität krankt. Veraltete Technologien tun ein übriges. In den Bereichen Textilien, Nahrungsmittel und im Baugewerbe wurden jedoch in den vergangenen zwei Jahren neue Unternehmen gegründet. Der Selbstversorgungsgrad soll generell erhöht werden, um die Abhängigkeit von Importen zu verringern. Die Infrastruktur ist ebenfalls entwicklungsbedürftig. Eines der Hauptprobleme ist der Mangel an Energieträgern, bislang spielt Biomasse (v. a. Holz) die wichtigste Rolle. In Assab gibt es eine Erdölraffinerie, die 1967 mit sowjetischer Unterstützung gebaut wurde. Die Einsatzchancen alternativer und erneuerbarer Energiequellen werden untersucht. Wasserknappheit ist ein weiteres großes Problem, das der Landwirtschaft zu schaffen macht. Der Grundwasserspiegel ist nach Jahren der Dürre kontinuierlich gesunken. Eritrea ist ein Agrarland; 80% der Bevölkerung arbeiten in der Landwirtschaft, sie erbringen ca. 54% des Bruttoinlandsprodukts. Die Produktivität ist in den letzten Jahren aufgrund von Dürre und Krieg beträchtlich gesunken, mehr als die Hälfte der Anbaufläche liegt noch brach. Moderne Anbaumethoden sollen eingeführt werden. Große Hoffnung setzt die Regierung auf den Tourismus, der verstärkt gefördert werden soll. Die Fischerei ist ein weiterer vielversprechender Wirtschaftszweig. Im Juli 1994 ist Eritrea dem Internationalen Währungsfonds beigetreten.
GESCHÄFTSVERKEHR: Einheimische Geschäftsleute sprechen häufig Englisch oder Italienisch. Französischkenntnisse können ebenfalls nützlich sein. Visitenkarten sind nicht überall üblich. Die Monate Oktober bis Mai sind für Geschäftsreisen am günstigsten. **Geschäftszeiten:** In Asmara: Mo-Fr 08.00-12.00 und 14.00-17.00 Uhr, Sa 08.00-12.00 Uhr. Leichte regionale Abweichungen möglich.

KLIMA

Drei Klimazonen. Zentrales Hochland: Höchsttemperaturen im Mai etwa 30°C. In den Monaten Dezember bis Februar können die Temperaturen auf den Gefrierpunkt sinken. Generell starke Temperaturschwankungen zwischen Tag und Nacht. Zwei Regenzeiten, eine kurze (März/April) und die eigentliche Regenzeit von Ende Juni bis Anfang September. Häufiger Nebel in der Hauptregenzeit sowie zwischen Dezember und Februar.
Küstenregion: Von Juni bis August steigt das Thermometer auf 25°-40°C an. In den kältesten Monaten Dezember bis Februar liegen die Temperaturen immer noch zwischen 18° und 32°C. An der nördlichen Küste gibt es eine Regenzeit (Dez. - Febr.), an der südlichen Küste sind Niederschläge selten.
Westliche Ebenen: Heißeste Jahreszeit von April bis Juni mit Höchsttemperaturen bis zu 50°C. Niedrigste Temperaturen im Dezember, dem kältesten Monat, um 12°C. Große Temperaturunterschiede zwischen Tag und Nacht. Regenzeiten ähnlich wie im Hochland.
Kleidung: In den Ebenen leichte atmungsaktive Kleidung; in den Bergen und nachts zusätzlich Pullover und generell wärmere Bekleidung.

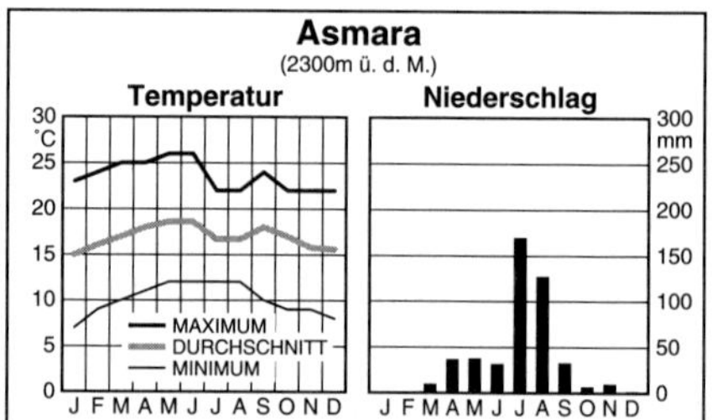

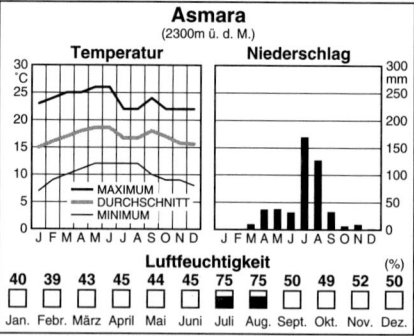

WELTKARTE?
LÄNDERKARTEN?
ZEITZONENKARTE?
INFORMATION ÜBER
IMPFBESTIMMUNGEN UND
GESUNDHEITSVORKEHRUNGEN?
. . . siehe Inhaltsverzeichnis

Estland

☐ Internationaler Flughafen

Lage: Nordeuropa.

Baltische Fremdenverkehrszentrale
Woldsenstraße 36
D-25813 Husum
Tel: (04841) 30 04. Telefax: (04841) 21 09.
Mo-Fr 08.00-12.30 Uhr.
Estnisches Fremdenverkehrsamt
Pikk 71
EE-0001 Tallinn
Tel: (2) 60 18 10. Telefax: (2) 60 17 43. *(Tallinner Vorwahl bei Gesprächen innerhalb Estlands, s. u. Post- und Fernmeldewesen.)*
Botschaft der Republik Estland
Fritz-Schäffer-Straße 22
D-53113 Bonn
Tel: (0228) 91 47 90. Telefax: (0228) 914 79 11.
Mo-Fr 09.30-12.30 Uhr.
Botschaft der Republik Estland
Marokkanergasse 22/6
A-1030 Wien
Tel: (0222) 718 07 29. Telefax: (0222) 718 07 29.
Mo-Fr 09.30-13.00 Uhr.
Generalkonsulat der Republik Estland
Reichenhallerstraße 10a
A-5020 Salzburg
Tel: (0662) 848 49 61. Telefax: (0662) 848 49 64.
Mo-Fr 11.00-13.00 Uhr.
Generalkonsulat der Republik Estland
8 Chemin des Aulx
CH-1227 Plan-les-Ouates/Genf
Tel: (022) 706 11 11. Telefax: (022) 794 94 78.
Konsularabt.: Mo-Fr 10.00-12.00 Uhr.
Botschaft der Bundesrepublik Deutschland
Rävala pst. 9
EE-0001 Tallinn
Tel: (6) 31 39 70/71. Telefax: (2) 45 58 35.
Honorarkonsulat der Republik Österreich
Pikk 54
EE-0001 Tallinn
Tel: (2) 44 24 28. Telefax: (2) 44 08 21.
Übergeordnete Vertretung ist die Botschaft in Helsinki.

TIMATIC INFO-CODES

Abrufbar über Ihr CRS-System (für START/Amadeus Ama-Maske benutzen). Für Galileo bitte TI-DFT eingeben (mit Bindestrich).

Flughafengebühren	TI DFT/ TLL /TX
Währung	TI DFT/ TLL /CY
Zollbestimmungen	TI DFT/ TLL /CS
Gesundheit	TI DFT/ TLL /HE
Reisepassbestimmungen	TI DFT/ TLL /PA
Visabestimmungen	TI DFT/ TLL /VI

Konsulat der Schweizerischen Eidgenossenschaft
Lai Tänav 27
EE-0001 Tallinn
Tel: (2) 44 89 49, (6) 31 30 40. Telefax: (6) 31 39 64.
Übergeordnete Vertretung ist die Botschaft in Helsinki.

FLÄCHE: 45.227 qkm.
BEVÖLKERUNGSZAHL: 1.552.000 (1993).
BEVÖLKERUNGSDICHTE: 34 pro qkm.
HAUPTSTADT: Tallinn. **Einwohner:** 442.700 (1994).
GEOGRAPHIE: Estland ist die nördlichste der drei baltischen Republiken und grenzt im Norden und Westen an die Ostsee, im Osten an die Russische Föderation und im Süden an Lettland. Ausgedehnte Wälder, Dünenstrände, 1500 Seen und ca. 800 Inseln prägen die schöne und abwechslungsreiche Landschaft. Fauna und Flora beeindrucken durch ihren Artenreichtum.
STAATSFORM: Republik seit 1991. Staatsoberhaupt: Lennart Meri, seit Okt. 1992. Regierungschef: Tiit Vähi, seit April 1995. Parlament mit 101 Abgeordneten. Als 1992 die ersten freien Parlamentswahlen seit 50 Jahren stattfanden, waren nur Personen wahlberechtigt, die schon vor der Annexion 1940 estnische Staatsbürger waren, sowie deren Nachkommen. Fast 40% der Bevölkerung waren daher von den Wahlen ausgeschlossen. Inzwischen wurde Narva (96% Russen) ein Sonderstatus eingeräumt.
SPRACHE: Offizielle Landessprache ist Estnisch. Die Regierung bietet allen ethnischen Minderheiten ein Jahr lang die Möglichkeit, unentgeltlich Unterricht in der Landessprache zu nehmen. Seit der Unabhängigkeit kann die Verwendung von Russisch u. U. zu Schwierigkeiten führen. Im Zweifelsfall sollte Englisch benutzt werden.
RELIGION: Überwiegend evangelisch-lutherisch; russisch-orthodoxe, katholische und moslemische Minderheiten.
ORTSZEIT: MEZ + 1 (im Sommer MEZ + 2).
NETZSPANNUNG: 220 V, 50 Hz.
POST- UND FERNMELDEWESEN: Telefon: Selbstwählferndienst. **Landesvorwahl:** 372. Die Vorwahl von Tallinn ist entweder (2) oder (6), je nach (digitalem oder nicht-digitalem) Telefonsystem. Im Inland wählt man bei Ferngesprächen eine 8, wartet auf den Ton und wählt dann die jeweilige Ortsnetzkennzahl und Teilnehmernummer. Wenn man also innerhalb Estlands nach Tallinn telefoniert, wählt man 8-2 (bzw. 8-6). **Post:** Briefe nach Westeuropa sind bis zu 6 Tagen unterwegs.
DEUTSCHE WELLE
Der Einsatz der Kurzwellenfrequenzen ändert sich mehrfach im Laufe eines Jahres, und Sendungen auf den folgenden Frequenzen werden jeweils nur zu bestimmten Tageszeiten ausgestrahlt. Näheres in der Einleitung.

MHz	15,275	11,865	11,765	9,545	6,140
Meterband	19	25	25	31	49

REISEPASS/VISUM

Wichtiger Hinweis: *Die Einreisebestimmungen mancher Länder können sich kurzfristig ändern – rufen Sie sicherheitshalber auf Ihrem CRS-System (TIMATIC-Info-Code-Fenster in diesem Kapitel) den aktuellen Stand ab bzw. wenden Sie sich an die zuständige diplomatische Vertretung. Etwaige Zahlen in der Tabelle beziehen sich auf nachfolgende Fußnoten.*

	Paß erforderlich?	Visum erforderlich?	Rückflugticket erforderlich?
Deutschland	Ja	Ja	Nein
Österreich	Ja	Ja	Nein
Schweiz	Ja	Ja	Nein
Andere EU-Länder	Ja	Ja/1	Nein

REISEPASS: Allgemein erforderlich.
VISUM: Allgemein erforderlich, ausgenommen sind Staatsbürger von:
(a) **[1]** Dänemark und Großbritannien (alle anderen EU-Staatsbürger brauchen ein Visum);
(b) Andorra, Australien, Bulgarien, Japan, Kanada, Lettland, Liechtenstein, Litauen, Monaco, Neuseeland, Polen, Slowakische Republik, San Marino, Tschechische Republik, Ungarn, USA und Vatikanstadt.
Ein estnisches Visum ist für Staatsbürger mancher Länder auch für Lettland und Litauen gültig. Wer über St. Petersburg (Russische Föderation) bzw. Terespol (Polen) und Brest (Belarus) einreist, benötigt ein Visum der Russischen Föderation bzw. Belarus. Weitere Informationen von den estnischen Botschaften (Adressen s. o.).
Visaarten: Transitvisum; doppeltes Transitvisum; Einreisevisum; Mehrfachvisum; Gruppenvisum.
Visagebühren: *Einreisevisum* (maximal 3 Monate gültig): 32 DM, 120 öS, 15 sfr. *Mehrfachvisum:* 160 DM, 570 öS, 75 sfr. *Gruppenvisum* (ab 10 Personen): 16 DM, 60 öS, 3 sfr pro Person. *Transitvisum* (maximal 3 Tage gültig): 16 DM, 60 öS, 7 sfr. Jugendliche unter 18 Jahren und österreichische Staatsbürger erhalten das Visum kostenlos.
Gültigkeitsdauer: Max. 3 Tage (Transitvisum und doppeltes Transitvisum), 30 Tage (Einreisevisum), 1 Jahr (Mehrfachvisum) bzw. 30 Tage (Gruppenvisum: mind. 10 Personen in einer organisierten Reisegruppe, die gemeinsam ein- und ausreisen).
Antragstellung: Konsularische Vertretung (Adressen s. o.).

Unterlagen: (a) Gültiger Reisepaß (muß im Original vorliegen, keine Fotokopien). (b) Ausgefülltes Antragsformular. (c) 1 Paßfoto. (d) Zahlungsbeleg bzw. Scheck für Visagebühren. (e) Adressierter, frankierter Freiumschlag. Bei der Beantragung eines Gruppenvisums sind keine Pässe oder Visaanträge notwendig, sondern lediglich eine Liste mit den folgenden Angaben: Name, Vorname, Geburtsdatum, Paßnummer und Staatsangehörigkeit aller Gruppenmitglieder.
Bearbeitungszeit: 24 Stunden.

GELD

Währung: 1 Estnische Kroon (EsK) = 100 Sents. Banknoten sind im Wert von 500, 100, 50, 25, 2 and 1 Kroon im Umlauf. Münzen in den Nennbeträgen 1 Kroon sowie 50, 20,10 und 5 Sent.
Die Kroon kann derzeit nur in Estland selbst gewechselt werden. Sie ist an die D-Mark gebunden.
Kreditkarten: *American Express, Visa* und *Diners Club* werden in den großen Hotels und einigen Geschäften akzeptiert.
Reiseschecks können in vielen Banken eingelöst werden.
Wechselkurse

	EsK Okt. '93	EsK Febr. '94	EsK Jan. '95	EsK Jan. '96
1 DM	8,08	8,05	7,98	8,05
1 US$	13,15	13,98	12,37	11,57

Devisenbestimmungen: Unbegrenzte Ein- und Ausfuhr von allen Fremdwährungen außer Rubel. Beträge über 1000 DM sind deklarationspflichtig. Weder in die baltischen Republiken noch in die GUS dürfen Rubel ein- oder ausgeführt werden.
Öffnungszeiten der Banken: Mo-Fr 09.30-16.30 Uhr.

DUTY FREE

Folgende Artikel können zollfrei nach Estland eingeführt werden:
200 Zigaretten oder 20 Zigarren oder 250 g Tabak; 1 l Spirituosen und 1 l Wein und 10 l Bier.

GESETZLICHE FEIERTAGE

1. Mai '96 Tag der Arbeit. 23. Juni Siegestag. 24. Juni Johannistag. 25./26. Dez. Weihnachten. 1. Jan. '97 Neujahr. 24. Febr. Tag der Estnischen Republik. 28. März Karfreitag. 1. Mai Tag der Arbeit.

GESUNDHEIT

In der folgenden Tabelle aufgeführte Impfvorschriften können sich kurzfristig ändern. Es wird stets empfohlen, auf Ihrem CRS-System (TIMATIC-Info-Code-Fenster in diesem Kapitel) den aktuellen Stand der Gesundheitsbestimmungen abzurufen bzw. rechtzeitig vor der Reise ärztlichen Rat einzuholen.

	Vorsichtsmaßnahmen empfohlen	Impfschein erforderlich
Gelbfieber	Nein	Nein
Cholera	Nein	Nein
Typhus & Polio	Nein	-
Malaria	Nein	-
Essen & Trinken	Nein	-

Tollwut kommt vor. Wer ein erhöhtes Risiko eingeht (z. B. längerer Aufenthalt in abgelegenen Gebieten), sollte vor Reiseantritt eine Schutzimpfung erwägen. Bei Bißwunden so schnell wie möglich ärztliche Hilfe in Anspruch nehmen. Weitere Informationen im Kapitel *Gesundheit* (s. Inhaltsverzeichnis).
Gesundheitsvorsorge: Der Abschluß einer Reisekrankenversicherung wird empfohlen.

REISEVERKEHR - International

FLUGZEUG: Die nationale Fluggesellschaft heißt *Estonian Air.* Sie bietet dreimal wöchentlich Linienflüge von Frankfurt nach Tallinn und dreimal wöchentlich von Hamburg. Reservierungen nimmt die *Airpass GmbH* in Frankfurt entgegen, Tel: (069) 962 16 40. Nonstop-Linienflugdienst viermal die Woche mit der *Lufthansa* von Frankfurt nach Tallinn. Estland wird ferner von *Aeroflot Russian International Airlines (SU), Finnair* und *SAS* angeflogen (über Moskau, Helsinki oder Stockholm). Ab Hamburg bietet *Hamburg Airlines* außerdem einmal wöchentlich einen Linienflug nach Tallinn an.
Durchschnittliche Flugzeiten: *Frankfurt* – Tallinn: 2 Std. 30; *Hamburg* – Tallinn: 2 Std; *Wien* – Tallinn: 5 Std. 45 (einschl. Zwischenlandung in Kopenhagen); *Zürich* – Tallinn: 4 Std. 30 (über Helsinki); *London* – Tallinn: 5 Std. (über Helsinki).
Internationaler Flughafen: *Tallinn* (TLL) liegt 4 km außerhalb der Stadt. Regelmäßige Busverbindung zur Innenstadt (Fahrzeit 15 Min.). Flughafeneinrichtungen: Duty-free-Shop, Bank, Postamt, Snackbar und Mietwagenverleih. Taxis sind ebenfalls vorhanden.
SCHIFF: Die Silja Line (Tel: (040) 32 13 84 in Hamburg bzw. (0451) 589 92 22 in Lübeck) bietet zweimal wöchentlich eine Verbindung von Travemünde nach Helsinki (Finnland) mit Anschluß nach Tallinn durch die *Finnjet*

Estland

Reiseagentur TRAVEL EXPERT Ltd.

Wir bieten ein umfangreiches Angebot in Estland, den anderen Baltischen Staaten und der Russischen Föderation, Special-Interest Tours, Sportveranstaltungen sowohl für Gruppen wie auch für Einzelreisende.

- ☑ Unterkunft
- ☑ Führungen und Besichtigungen
- ☑ Flugscheine und Fähr-Tickets
- ☑ Transfer- und Busdienst, Reiseleitung
- ☑ Mahlzeiten und Abendunterhaltung
- ☑ Interessante Ausflüge im Ostsee-Raum

Wir garantieren schnelle Bearbeitung, guten Service und zufriedene Kunden.

Wir stehen zu Ihren Diensten: TRAVEL EXPERT Ltd. Roosikrantsi 17 Tallinn, EE0001 ESTONIA
Tel: (3722) 445 276 / 455 434 **Telefax**: (3722) 442 258

Fähren, Fahrzeit ca. 4 Std. TALLINK bietet auch einen Service direkt von Travemünde nach Tallinn an, Tel: (04502) 36 01. Die *Mare Baltica* der *Estline* verbindet Stockholm (Schweden) mit Tallinn, Fahrzeit ca. 14 Std. Buchungen und nähere Auskünfte bei der TT-Line in Hamburg, Tel: (040) 360 12 43. Ganzjährig verkehrt die MS *Mercuri-I* von Kiel nach Riga. Fahrzeit ca. 33-41 Std. je nach Tide. Weiterfahrt mit dem Zug nach Tallinn. Buchung über *Schnieder Reisen GmbH*, Osteruferhafen 15, D-24149 Kiel. Tel: (0431) 20 30 44. Telefax: (0431) 20 32 22.
BAHN: Das Schienennetz Estlands ist kaum ausgebaut; es gibt Verbindungen in die Russische Föderation, Polen (Warschau), Belarus (Minsk) und nach Lettland. Tägliche Verbindung mit Kurswagen von Berlin nach Riga mit Anschluß nach Tallinn. Fahrzeit ca. 33 Std.
BUS/PKW: Mehrere Verbindungsstraßen führen an der Ostseeküste entlang über Litauen und Lettland nach Estland; ferner gibt es Straßenverbindungen in die Russische Föderation. Anreise mit dem Pkw über Polen und Belarus bzw. Polen und Litauen. Grenzübergänge: Terespol (Polen) – Brest (Belarus) und Ogrodniki (Polen) – Lazdijai (Litauen). Ein estnisches Visum ist auch für Lettland und Litauen gültig.

REISEVERKEHR - National

FLUGZEUG: Binnenflugverkehr zwischen Tallinn und Tartu im Süden des Landes.
BAHN: Das Schienennetz ist nur klein. Es gibt tägliche Verbindungen zwischen Tallinn und Haapsalu, Pärnu, Narva, Viljandi, Kloogaranna, Paldiski und Tartu. Die Fahrzeit zwischen Tallinn und Tartu beträgt 3 Std.
BUS/PKW: Das Straßennetz ist gut, allerdings gibt es nur wenige Autobahnen. Bleifreies Benzin und Superbenzin gibt es nur an drei Tankstellen – in Tallinn, Narva und Pärnu. Man kann nur in Landeswährung bezahlen, Kreditkarten werden jedoch ebenfalls angenommen. Straßenhilfsdienste existieren bislang nicht. Es herrscht absolutes Alkoholverbot. **Autovermietung:** Hertz hat eine Niederlassung in Tallinn (Tartu Mnt. 13, Tallinn. Tel: (2) 42 10 03). **Unterlagen:** Führerschein des eigenen Landes und Fahrzeugschein. Grüne Versicherungskarte; man sollte unbedingt eine Kurzkaskoversicherung abschließen.
STADTVERKEHR: Taxifahrten in Tallinn sind billig; das Busnetz ist ebenfalls sehr gut.

UNTERKUNFT

Seit der Unabhängigkeit Estlands bemühen sich westliche Firmen darum, die ehemaligen staatlichen Hotels dem internationalen Standard anzupassen. Das *Palace Hotel* in Tallinn, ein Beispiel für die gute Zusammenarbeit von finnischen und estnischen Firmen, bietet den Komfort eines westlichen Hotels mit Kabelfernsehen, Bar und Konferenzräumen. Andere Joint-ventures mit europäischen und amerikanischen Firmen werden dafür sorgen, daß Angebot und Standard der Unterkunftsmöglichkeiten schon bald westlichem Niveau entsprechen. Bis auf weiteres wird jedoch angesichts der Bettenknappheit Vorausbuchung unbedingt empfohlen. Die Modernisierungs- und Umbaumaßnahmen zur Erweiterung der Hotelkapazität und zur Verbesserung des Hotelangebots konzentrieren sich derzeit auf die Hauptstadt. Außerhalb von Tallinn findet man eine recht gute Auswahl an größeren Hotels und kleineren Pensionen, die vor der Unabhängigkeit unter staatlicher Aufsicht standen. Weitere Informationen von der Baltischen Fremdenverkehrszentrale (Adresse s. o.).
JUGENDHERBERGEN: Es gibt Jugendherbergen in Tallinn, Vösu, an der Ostsee und in den Regionen Virumaa (70 km von Tallinn), Harjumaa (20 km von Tallinn), Läänemaa (50 km westlich von Pärnu) sowie in der Region Valga in Südestland. Fast alle Jugendherbergen haben Saunas und Seminarräume. Buchungen über *Estonian Youth Hostels Bureau*, Kentmanni 20-608, EE-0001 Tallinn. Tel: (2) 64 48 57, 44 18 61.
CAMPING: Campingplätze sind derzeit noch dünn gesät, insgesamt stehen vier Plätze zur Verfügung, zwei davon an der Autobahn Tallinn – Pärnu (Camping und Motel Peoleo, 12 km von Tallinn, sowie Camping Kernu, 40 km von Tallinn). In Pärnu selbst gibt es einen Campingplatz beim Motel Valgerrand. Ferner kann man in Malveste auf der Insel Hiiumaa sein Zelt aufschlagen.

URLAUBSORTE & AUSFLÜGE

Die ehemalige Hansestadt **Tallinn**, Hauptstadt der jungen Republik Estland, ist reich an historisch und architektonisch interessanten Bauwerken. Das Rathaus (14. bis 15. Jh.) in der gotisch geprägten Altstadt ist das älteste in ganz Nordeuropa. Die Stadt am Finnischen Meerbusen bezaubert durch die vielen alten Straßen mit Kopfsteinpflaster. Auf dem Domberg, der steil zum Meer hin abfällt, stehen der Dom und die *Toompea-Burg*, von der man einen herrlichen Ausblick über die engen Straßen und verwinkelten Gassen, die Dachgiebel und Türme der historischen Altstadt hat. Die alten Stadtmauern mit ihren 26 Türmen sind fast vollständig erhalten geblieben. Der *Kadriorg-Park*, in dem ein Schloß Peters des Großen steht, ist heute ein beliebtes Ausflugsziel. Die Stadt hat zahlreiche schöne Gartenanlagen. In den vielen Museen der Stadt kann man sich an Sonnen- wie an Regentagen die Zeit vertreiben. Wer sich für estnische Geschichte interessiert, sollte in das Museum in der Pikk 17 (Langstraße) gehen. Das Kunstgewerbemuseum und das Schiffahrts- und Meeresmuseum sind ebenfalls einen Besuch wert. Alte Meister kann man in der Nikolaikirche in der Nigulistestraße bewundern. In **Pirita**, einem Vorort Tallinns, stehen die Ruinen des mittelalterlichen *St.-Brigitta-Klosters*. Hier befindet sich auch ein Segelsportzentrum, das zur Olympiade 1980 eröffnet wurde. Etwa zwei Stunden Autofahrt von Tallinn entfernt liegt **Pärnu**, eine kleine Stadt am gleichnamigen Fluß, der dort in die Rigaer Bucht mündet. Diese malerische alte Stadt (13. Jh.) ist gleichzeitig als Hafen und Kurort bekannt. Das interessante Theater sowie der ca. 3 km lange, herrliche Sandstrand sind sehenswert. Wer an den schönen Jugendstil-Sommervillen und den schattigen Parks vorbeibummelt, kommt schnell in Ferienstimmung und vergißt seine Alltagssorgen.
Tartu ist die zweitgrößte Stadt Estlands und liegt ca. 177 km von Tallinn entfernt am Emajõgi. Ein Besuch in diese Stadt, der ältesten in Estland, sollte auf jeder Reiseroute stehen. Die alte Universität mit dem Botanischen Garten, die *Vyshgorod-Kathedrale* (13. bis 15. Jh.) und das Rathaus (18. Jh.) sind besonders zu empfehlen. Das reizvolle Städtchen **Haapsalu** wurde schon von dem russischen Komponisten Peter Tschaikowski zur Erholung aufgesucht. Heute erfreuen die engen Gassen und die vielen Holzhäuser das Auge. **Miljanda**, **Pölva** und **Võru** sind hübsche Kleinstädte inmitten einer malerischen Hügellandschaft mit zahlreichen Seen. Nicht nur Naturfreunde werden sich auf der wundervollen Insel **Saaremaa** (Ösel) wohlfühlen. Wacholderheide, alte Windmühlen, mittelalterliche Kirchen und die Abgeschiedenheit garantieren einen unvergeßlichen Aufenthalt. Stille und Naturschönheiten findet man auch auf der winzigen Insel **Hiiumaa** nördlich von Saaremaa. Fahrräder können gemietet werden. Wer gerne wandert, sollte sich den *Nationalpark Lahemaa* anschauen.

SOZIALPROFIL

ESSEN & TRINKEN: In Estland wird viel Fleisch, Geflügel und Wurst gegessen. Vorspeisen sind oft der kulinarische Höhepunkt der Mahlzeit. Nationalgerichte sind *Sult* (Kalbfleisch in Aspik), *Taidetud Basikarind* (gefüllter Kalbsbraten) und *Rossolye* (eingelegter Hering mit Rüben). Geschmorte Gans mit Äpfeln und Pflaumen gefüllt ist eine weitere baltische Spezialität.
NACHTLEBEN: Tallin bietet eine große Auswahl an Restaurants, Cafés und Bars. Im Theater werden auch Opern und Ballette inszeniert.

EINKAUFSTIPS: Hübsche Souvenirs sind Bernstein und Kunstgewerbeartikel aller Art. **Öffnungszeiten der Geschäfte:** Mo-Fr 09.00-18.00/19.00 Uhr (Warenhäuser bis 20.00 Uhr), Sa 09.30-16.00 Uhr.
SPORT: Basketball ist die beliebteste Sportart. Fußballspiele sind ebenfalls gut besucht. Ausgezeichnete Wander- und Wassersportmöglichkeiten. Gute Loipen für Ski-Langlauffans.
SITTEN & GEBRÄUCHE: Zur Begrüßung gibt man sich die Hand. Wenn man zu Besuch kommt, freut sich die Gastgeberin über einen Blumenstrauß. Esten sind sehr stolz auf ihre Kultur und Geschichte, dies sollte man als Besucher beachten. **Trinkgeld:** Zuschläge für Bedienung sind in den Rechnungen enthalten. Die Taxifahrpreise enthalten ebenfalls bereits ein Trinkgeld.

WIRTSCHAFTSPROFIL

WIRTSCHAFT: Die baltischen Staaten sind alte Handelsnationen, die es schon im Mittelalter zu Wohlstand brachten. Auch innerhalb der ehemaligen Sowjetunion verlief die Wirtschaftsentwicklung in den Ländern des Baltikums Dank ihrer Stellung als Drehscheibe des innersowjetischen Handels günstiger als in den anderen Unionsrepubliken. Seit der Unabhängigkeit orientiert sich Estland wie die übrigen baltischen Staaten nach Westen und versucht, die wirtschaftlichen Beziehungen zu Skandinavien und zur Europäischen Union auszubauen. Estland hat kaum Bodenschätze, die bedeutenden Vorkommen an Ölschiefer dienen der Energieversorgung des Landes. Nahezu alle Roh- und Grundstoffe für die Fertigungswirtschaft müssen importiert werden. Hauptwerbszweige sind die Leicht-, Elektro- und Konsumgüterindustrie sowie Fischerei, Forst- und Milchwirtschaft. Hauptexportgüter sind Nahrungs- und Genußmittel. Haupthandelspartner sind die Russische Föderation, Schweden, Lettland und Deutschland. Anfang 1995 trat ein Freihandelsabkommen mit der EU in Kraft. Die Infrastruktur, vor allem das Straßennetz, ist verhältnismäßig gut ausgebaut. Im Januar 1992 war die Wirtschaftslage derart desolat, daß die Regierung den Notstand ausrief. Als erster baltischer Staat führte Estland im Juni 1992 eine eigene Währung ein. Im Dezember 1992 wurde Estlands umfassendes Privatisierungsprogramm vorübergehend gestoppt. Der Direktor des Programms wurde der Mißwirtschaft und illegaler Praktiken beschuldigt und entlassen. Noch im gleichen Monat wurden außerdem drei der größten Banken des Landes aufgelöst. Seit 1992 ist Estland Mitglied des Internationalen Währungsfonds, von dem das Land Darlehen erhält. Seither hat sich die wirtschaftliche Lage kontinuierlich verbessert. Während 1992 die Inflationsrate mit 1069% lag, fiel sie 1993 schon auf 87,6% und 1994 lag sie bei 45%. Der Fremdenverkehr erwirtschaftet etwa 4% des Bruttoinlandproduktes und beschäftigt 5% der Erwerbstätigen. 1993 kamen 460.000 Feriengäste, davon waren die meisten Besucher aus Finnland, Schweden und Deutschland.
GESCHÄFTSVERKEHR: Terminvereinbarung und Visitenkarten sind üblich. **Geschäftszeiten:** Mo-Fr 08.30-18.30 Uhr.
Kontaktadressen: Schweizerische Interessengemeinschaft für die GUS und das Baltikum, c/o SHIV (Vorort), Postfach 690, CH-8034 Zürich. Tel: (01) 382 23 23. Telefax: (01) 382 23 33.
Industrie- und Handelskammer, Toomkooli 17, EE-0106 Tallinn. Tel: (2) 44 49 29, 44 67 26. Telefax: (2) 44 36 56. *Der Repräsentant der deutschen Wirtschaft ist ebenfalls unter dieser Adresse erreichbar.*

KLIMA

Gemäßigtes Klima. Warme Sommer, Frühling und Herbst sind relativ mild. Kalte Winter (November bis Mitte März) mit starken Schneefällen. Die Niederschläge sind über das ganze Jahr verteilt, im August ist die Niederschlagsmenge am höchsten.

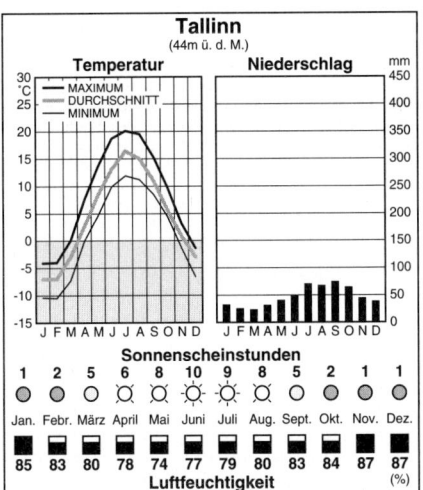

Falkland-Inseln

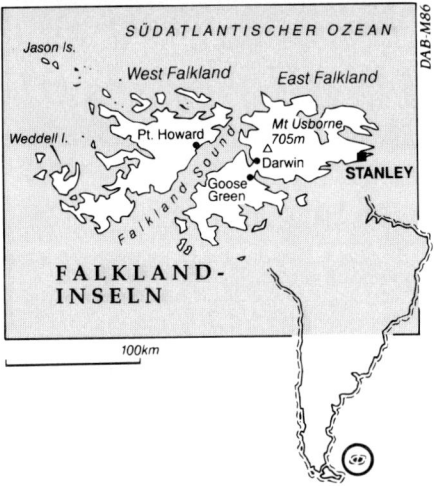

Lage: Südatlantik.

Falkland Islands Tourist Board *und* **Falkland Islands Government Office**
Falkland House
14 Broadway
GB-London SW1H 0BH
Tel: (0171) 222 25 42. Telefax: (0171) 222 23 75.
Mo-Fr 09.00-17.30 Uhr.
Falkland Islands Tourist Board
Airport Road
Stanley
Tel: 2 22 15. Telefax: 2 26 19.
Die Falkland-Inseln werden in Deutschland, Österreich und der Schweiz von den britischen Botschaften vertreten (s. Großbritannien). In Großbritannien sind für die Falkland-Inseln zuständig:
The Passport Office
Clive House
Petty France
GB-London SW1 9HD
Tel: (0171) 271 85 52.
Mo-Fr 09.00-16.00 Uhr.
Die Bundesrepublik Deutschland, Österreich und die Schweiz unterhalten keine Vertretungen auf den Falkland-Inseln, zuständig sind die Botschaften in London (s. Großbritannien).

FLÄCHE: 12.173 qkm.
BEVÖLKERUNGSZAHL: 2121 (1991).
BEVÖLKERUNGSDICHTE: 0,17 pro qkm.
HAUPTSTADT: Stanley. **Einwohner:** 1557 (1991).
GEOGRAPHIE: Die Falkland-Inseln liegen 650 km von der Südostküste Südamerikas entfernt. Die Inselgruppe besteht aus zwei Hauptinseln und rund 200 kleinen Inselchen. Die beiden großen Inseln sind bergig im Norden und flach im Süden. Mount Usborne ist die höchste Erhebung (705 m).
STAATSFORM: Britische Kronkolonie seit 1833; als *Islas Malvinas* von Argentinien beansprucht. Die britische Monarchie wird durch den Gouverneur David E. Tatham, seit Aug. 1992 vertreten.
SPRACHE: Die offizielle Landessprache ist Englisch.
RELIGION: Christliche Glaubensrichtungen.
ORTSZEIT: MEZ - 4 (MEZ - 5 im Sommer).
NETZSPANNUNG: 240 V, 50 Hz.
POST- UND FERNMELDEWESEN: Telefon/Telex: Selbstwählferndienst zu den Inseln. **Landesvorwahl:** 500. *Cable & Wireless* vermittelt über einen Satelliten Telefon- und Telexverbindungen von den Inseln. Das *Cable & Wireless*-Büro ist täglich von 08.00-20.00 Uhr geöffnet. Telefonkarten für die Benutzung der öffentlichen Telefonzellen sind ebenfalls bei *Cable & Wireless* erhältlich. **Telefax:** Das moderne Kommunikationssystem ermöglicht Selbstwählferndienst, Telex- und Telefaxempfang. **Funk:** Abgelegene Gebiete erreicht man durch Sprechfunk. **Post:** Luftpost nach Europa ist ca. 4-7 Tage unterwegs.
DEUTSCHE WELLE
Der Einsatz der Kurzwellenfrequenzen ändert sich mehrfach im Laufe eines Jahres, und Sendungen auf den folgenden Frequenzen werden jeweils nur zu bestimmten Tageszeiten ausgestrahlt. Näheres in der Einleitung.

MHz	17,860	17,810	17,765	11,795	9,545
Meterband	16	16	16	25	31

REISEPASS/VISUM

Wichtiger Hinweis: Die Einreisebestimmungen mancher Länder können sich kurzfristig ändern – rufen Sie sicherheitshalber auf Ihrem CRS-System (TIMATIC-Info-Code-Fenster in diesem Kapitel) den aktuellen Stand ab bzw. wenden Sie sich an die zuständige diplomatische Vertretung. Etwaige Zahlen in der Tabelle beziehen sich auf nachfolgende Fußnoten.

	Paß erforderlich?	Visum erforderlich?	Rückflugticket erforderlich?
Deutschland	Ja	Nein	Ja
Österreich	Ja	Nein	Ja
Schweiz	Ja	Nein	Ja
Andere EU-Länder	Ja	Nein	Ja

REISEPASS: Allgemein erforderlich.
VISUM: Allgemein erforderlich, ausgenommen sind Staatsbürger von:
(a) Mitgliedsländern der Europäischen Union;
(b) Commonwealth-Ländern (Mitgliedsstaaten, s. Inhaltsverzeichnis);
(c) Andorra, Chile, Island, Israel, Japan, Liechtenstein, Norwegen, San Marino, der Schweiz, Uruguay und den USA.
Anmerkung: Seit 1991 müssen Staatsangehörige aller Länder eine Landekarte ausfüllen, die vor der Landung ausgegeben wird.
Antragstellung: Britisches Konsulat (s. *Großbritannien*). Die britischen Vertretungen können auch Auskunft über die aktuellen Visagebühren und die erforderlichen Unterlagen erteilen.

GELD

Währung: 1 Falkland Islands Pound (FI£) = 100 New Pence. Die Währung entspricht dem britischen Pfund Sterling. Britische Banknoten und Münzen sind gültige Zahlungsmittel. Banknoten gibt es im Wert von 50, 20, 10 und 5 FI£; Münzen in den Nennbeträgen 1 FI£ sowie 50, 20, 10, 5, 2 und 1 Pence.
Geldwechsel: In Stanley stehen Banken und Wechselstuben zur Verfügung.
Kreditkarten werden manchmal akzeptiert. Einzelheiten vom Aussteller der betreffenden Kreditkarte.
Wechselkurse

	FI£ Sept. '92	FI£ Febr. '94	FI£ Jan. '95	FI£ Jan. '96
1 DM	0,36	0,39	0,41	0,45
1 US$	0,53	0,67	0,64	0,64

Devisenbestimmungen: Keine Ein- und Ausfuhrbeschränkungen.
Öffnungszeiten der Banken: Mo-Fr 08.30-12.00 und 13.15-15.00 Uhr.

DUTY FREE

Es gelten die gleichen Zollbestimmungen wie für *Großbritannien*.
Einfuhrverbot: Rohe Fleischwaren, gepökeltes Fleisch mit Knochen sowie Pflanzen dürfen nur mit Lizenz eingeführt werden. Vieh darf nicht per Flugzeug eingeführt werden. Die Einfuhr von Obst, Milchprodukten und frischem, getrocknetem oder Dosengemüse für den Eigenbedarf unterliegt keiner Beschränkung.

GESETZLICHE FEIERTAGE

14. Juni '96 Tag der Befreiung. 14. Aug. Nationalfeiertag. 8. Dez. Tag der Falkland-Schlacht von 1914. 25.-27. Dez. Weihnachten. 1. Jan. '97 Neujahr. 28. März Karfreitag. 21. April Geburtstag der Königin.

GESUNDHEIT

In der folgenden Tabelle aufgeführte Impfvorschriften können sich kurzfristig ändern. Es wird stets empfohlen, auf Ihrem CRS-System (TIMATIC-Info-Code-Fenster in diesem Kapitel) den aktuellen Stand der Gesundheitsbestimmungen abzurufen bzw. rechtzeitig vor der Reise ärztlichen Rat einzuholen.

	Vorsichtsmaßnahmen empfohlen	Impfschein erforderlich
Gelbfieber	Nein	Nein
Cholera	Nein	Nein
Typhus & Polio	1	-
Malaria	Nein	-
Essen & Trinken	Nein	-

TIMATIC INFO-CODES

*Abrufbar über Ihr CRS-System (für START/Amadeus Ama-Maske benutzen). Für Galileo bitte TI-DFT eingeben (**mit Bindestrich**).*

Flughafengebühren	TI DFT/ MPN /TX
Währung	TI DFT/ MPN /CY
Zollbestimmungen	TI DFT/ MPN /CS
Gesundheit	TI DFT/ MPN /HE
Reisepassbestimmungen	TI DFT/ MPN /PA
Visabestimmungen	TI DFT/ MPN /VI

[1]: Typhus kommt vor, Poliomyelitis nicht.
Gesundheitsvorsorge: Der Abschluß einer Reisekrankenversicherung wird empfohlen.

REISEVERKEHR - International

FLUGZEUG: Von Großbritannien aus fliegt man über Ascension Island (ca. 18 Std. Flugzeit). Flüge zu den Falkland-Inseln können beim *Falkland Islands Government Office* (Adresse s. o.) gebucht werden. *Aerovías DAP* bietet zweimal wöchentlich Charterflüge von Santiago über Punta Arenas (Chile) nach Stanley an.
Internationaler Flughafen: *Mount Pleasant Airport* liegt ca. 56 km von Stanley entfernt. Busse fahren regelmäßig vom Flughafen zur Hauptstadt.

REISEVERKEHR - National

FLUGZEUG: Kleinflugzeuge der *Falkland Islands Government Air Service (FIGAS)* fliegen fast alle Ortschaften und Inseln an. Die Flugzeiten richten sich nach der Anzahl der Passagiere.
SCHIFF: Boote für Tagesausflüge können in Stanley und anderen Ortschaften gemietet werden, mancherorts stehen auch Militärboote zur Verfügung.
BUS/PKW: Die Straßen außerhalb der Hauptstadt sind sehr schlecht, man bleibt oft mit dem Wagen stecken. Fahrzeuge mit Allradantrieb sind am besten geeignet.
Bus: Es gibt Busverbindungen innerhalb der Hauptstadt, zu den Außenbezirken und zum Flughafen. **Taxis** stehen zur Verfügung. **Mietwagen:** Landrover und andere Fahrzeuge können gemietet werden.
FAHRZEITEN von Stanley zu den folgenden Zielen und Inseln der näheren Umgebung (ungefähre Angaben in Std. und Min.):

	Flugzeug	Bus/Pkw
Mount Pleasant	0.15	0.50
Pebble Island	0.40	-
Port Howard	0.40	-
Sea Lion Island	0.30	-

UNTERKUNFT

HOTELS: Auf den Falkland-Inseln findet man Hotels, Pensionen und Gasthöfe. Es gibt zwei Hotels in Stanley und Pensionen in Darwin, Port Howard, San Carlos, auf Pebble Island und Sea Lion Island. Überall auf den Inseln stehen Ferienhäuser und -wohnungen zur Verfügung. **Kategorien:** Es gibt keine Kategorien, das Niveau entspricht aber ähnlichen Unterkünften in Großbritannien. Näheres vom *Falkland Islands Tourist Board*.

URLAUBSORTE & AUSFLÜGE

Die Falkland-Inseln bieten gute Wandermöglichkeiten und eine faszinierende Vogelwelt mit possierlichen Pinguinen und seltenen Raubvögeln. In **Stanley** gibt es Pubs, Snackbars, Restaurants, einen Golfplatz und eine Rennbahn. Hübsche bunte Häuschen zieren die Küstenpromenade, von der man die Aussicht auf den Hafen genießen und zahlreiche Meeresvögel beobachten kann. Das *Government House*, die *Kathedrale* und das *Stanley Museum* sind einen Besuch wert.
Die Küsten: Bei gutem Wetter kann man Schiffe und Wracks aus vergangenen Jahrhunderten erkunden. In Stanley und Darwin liegen Segel- und Stahlschiffe, die teilweise noch zur Lagerung benutzt werden. Stanley war einst ein sicherer Ankerplatz für Walfänger und Handelsschiffe, die um das berüchtigte Kap Hoorn segelten. Bei besonders günstigen Wetterbedingungen kann man zu einigen Wracks hinabtauchen, die die Umsegelung nicht geschafft haben. Auf manchen Inseln brüten Pinguine, Albatrosse und andere Meeresvögel. Auch Delphine und Wale kann man beobachten. Im Winter erreichen die Wellen, die von den Inselbewohnern *Grey beards* (»Graubärte«) genannt werden, erstaunliche Höhen.
Das Binnenland: Hier kann man in vollkommener Abgeschiedenheit Wanderungen oder Ausritte unternehmen. Zum Angeln braucht man eine Lizenz, diese ist auf dem Postamt in Stanley erhältlich. Die Falkland-Inseln werden verstärkt für den Tourismus ausgebaut, der von der bisher noch unverdorbenen Naturschönheit der Inseln angezogen wird.
Militärfriedhöfe, Mahnmale und Museen erinnern an den Falklandkrieg.

SOZIALPROFIL

ESSEN & TRINKEN: Im allgemeinen überwiegt britische Hausmannskost wie die berühmten *Camp-Breakfasts* (reichhaltiges Frühstück der Farmer). Zahlreiche Rezepte werden seit Generationen weitergereicht und verfeinert. Nach dem Essen gibt es meist *Smoko* (Tee oder Kaffee mit selbstgebackenem Kuchen oder Keksen).
NACHTLEBEN: In Stanley gibt es Kneipen, Cafés und Restaurants. Die verschiedenen Klubs und Vereine der Inseln sind auch Besuchern zugänglich.
EINKAUFSTIPS: Die angebotenen Waren sind recht teuer, da fast alles importiert werden muß. Kleinere Luxusartikel sind aber oft preiswert. Die Briefmarken der Falkland-Inseln haben Sammelwert, man erhält sie im *Philatelic Bureau*. Die *Home Industries Cooperative* bietet schöne Wollsachen. Die meisten Inselbewohner sind Selbstversorger. Fotografen sollten genügend Filme mitführen. **Öffnungszeiten der Geschäfte:** Mo-Fr 09.00-17.00 Uhr.
VERANSTALTUNGSKALENDER
März *Gartenschau*. **Juli** *Kunstgewerbe-Festival*.
SITTEN & GEBRÄUCHE: Die Lebensart auf den Falkland-Inseln erinnert an kleine, abgeschiedene englische oder schottische Dörfer. Der Zustrom britischer Streitkräfte hat seine Spuren hinterlassen. Der Tourismus hat zugenommen, und die Inselbewohner genießen die zusätzlichen Einrichtungen, die die Anwesenheit der Streitkräfte mit sich gebracht hat. Die britische Regierung hat in Zusammenarbeit mit dem Sender der Britischen Streitkräfte auf den Inseln eine Radiostation eingerichtet (FIBS). Sechs Stunden täglich werden außerdem extra eingeflogene Fernsehprogramme des BBC ausgestrahlt.

WIRTSCHAFTSPROFIL

WIRTSCHAFT: Fischerei und Schafzucht sind die wichtigsten Wirtschaftszweige der Inseln. Die Anreize der Regierung haben sich bezahlt gemacht, und die Schafzucht erlebt seit Mitte der achtziger Jahre einen erheblichen Aufschwung. Die geschützte Fischereizone der Inseln wurde auf Veranlassung der britischen Regierung erweitert. Wolle ist das bedeutendste Exportgut, die landwirtschaftlichen Erträge decken nur den Eigenbedarf der Inselbewohner, da der Boden relativ unfruchtbar ist. Großbritannien ist das Hauptsatzgebiet. Die britische Regierung weigert sich weiterhin die argentinischen Besitzansprüche anzuerkennen, infolgedessen haben sich die Beziehungen auf wirtschaftlicher und politischer Ebene mit Argentinien nicht verbessert. Der Handel mit Chile wächst langsam, aber stetig. Der Fremdenverkehr soll gefördert werden, derzeit besuchen jährlich etwa 1000 Touristen die Inseln.
GESCHÄFTSVERKEHR: Termine sollten im voraus vereinbart werden, und Pünktlichkeit wird erwartet. Englischkenntnisse sind von Nutzen, da nur wenige Geschäftsleute eine Fremdsprache beherrschen.
Geschäftszeiten: Mo-Fr 08.00-12.00 und 13.15-16.30 Uhr.
Kontaktadresse: *Falkland Islands Development Corporation (FIDC)*, Stanley. Tel: 2 72 11. Telefax: 2 72 10.

KLIMA

Gemäßigtes Klima mit milden Wintern und kühlen Sommern. Oft ist es bedeckt, neblig und windig. Antarktische Strömungen beeinflussen die Wassertemperatur.
Kleidung: Warme Wollsachen sollten immer griffbereit sein.

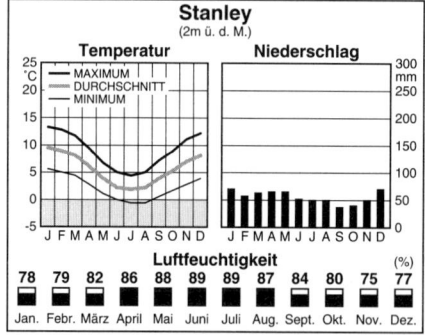

Faröer

... siehe Inhaltsverzeichnis

Fidschi

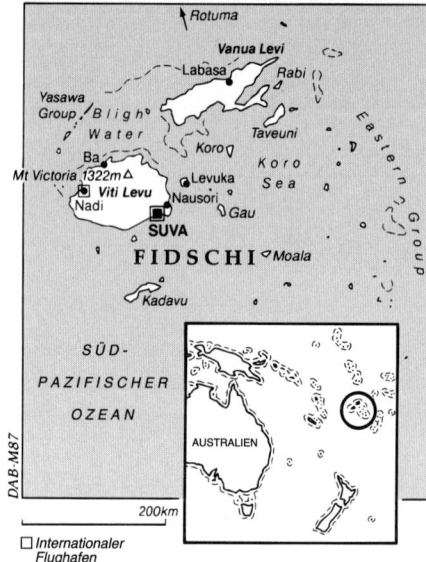

□ Internationaler Flughafen

Lage: Südpazifik, Melanesien.

Tourism Council of the South Pacific (TCSP)
Deutsche Vertretung: Interface International
Dircksenstraße 40
D-10178 Berlin
Tel: (030) 23 81 76 28. Telefax: (030) 23 81 76 41.
Mo-Fr 08.00-17.00 Uhr.
Fiji Visitors Bureau
PO Box 92
Suva, Fiji
Tel: 30 24 33. Telefax: 30 09 70.
Embassy of Fiji
Haymarket
GB-London SW1 Y 4TQ
Tel: (0171) 839 22 00. Telefax: (0171) 839 90 50.
Mo-Do 09.30-17.30 Uhr, Fr 09.30-16.00 Uhr.
(auch zuständig für die Bundesrepublik Deutschland, Österreich und die Schweiz; mit Visumerteilung).
Honorarkonsulat der Bundesrepublik Deutschland
Dominion House, 4th Floor
Thomson Street
Suva
Tel: 31 50 00. Telefax: 30 38 20.
Die Botschaften Deutschlands und der Schweiz in Wellington (s. Neuseeland) sind auch für Fidschi zuständig. Österreichische Vertretung ist die Botschaft in Canberra (s. Australien).

FLÄCHE: 18.376 qkm.
BEVÖLKERUNGSZAHL: 771.104 (1993)
BEVÖLKERUNGSDICHTE: 42 pro qkm.
HAUPTSTADT: Suva (auf Viti Levu). **Einwohner:** 69.665 (1986).
GEOGRAPHIE: Fidschi liegt im Pazifik, rund 2800 km nordöstlich von Sydney (Australien) und 1760 km südlich des Äquators. Das Land besteht aus über 300 Inseln, von denen nur 105 bewohnt sind (einige Inseln sind nur zerklüftete Kalksteininselchen oder kleine Korallenatolle). Die beiden größten Inseln sind Viti Levu und Vanua Levu, zwei erloschene Vulkane, die abrupt aus dem Meer heraufsteigen. Es gibt zahlreiche kleine Flüsse und Bäche, der größte ist der Fluß Kioa auf Viti Levu, der auf einer Länge von 128 km befahrbar ist. Auf der gleichen Insel liegt der Mount Victoria, mit 1322 m die

TIMATIC INFO-CODES

Abrufbar über Ihr CRS-System (für START/Amadeus Ama-Maske benutzen). Für Galileo bitte TI-DFT eingeben (mit Bindestrich).

Flughafengebühren	TI DFT/ NAN /TX
Währung	TI DFT/ NAN /CY
Zollbestimmungen	TI DFT/ NAN /CS
Gesundheit	TI DFT/ NAN /HE
Reisepassbestimmungen	TI DFT/ NAN /PA
Visabestimmungen	TI DFT/ NAN /VI

höchste Erhebung Fidschis.
STAATSFORM: Republik seit 1987. Regierungschef: Premier- und Außenminister Generalmajor Sitiveni Rabuka, seit Juni 1992. Staatsoberhaupt: Ratu Sir Kamisese Mara, seit Jan. 1994. Nach neuer Verfassung von 1990 Zweikammerparlament mit 104 Sitzen; (Repräsentantenhaus mit 70 direkt gewählten Mitgliedern; Senat, 34 Mitglieder). Die Verfassung, die keine Gleichberechtigung der verschiedenen Volksgruppen garantiert, soll überarbeitet werden. Unabhängig seit Oktober 1970 (ehem. britische Kolonie).
SPRACHE: Offizielle Landessprachen sind Fidschianisch und Hindi. Englisch wird ebenfalls gesprochen.
RELIGION: Christen (53%, überwiegend Methodisten), Hindus (38%), Moslems (8%), Sikh-Minderheit.
ORTSZEIT: MEZ + 11.
NETZSPANNUNG: 240 V, 50 Hz; dreipolige englische Rundstecker.
POST- UND FERNMELDEWESEN: Telefon: Selbstwählferndienst. **Landesvorwahl: 679.** Die größeren Hotels und das Büro der *Fiji International Telecommunications (FINTEL)*, Victoria Parade, Suva, sind für Auslandsgespräche ausgerüstet und bieten einen **Telefax-, Telex-** und **Telegrammdienst. Post:** Luftpost nach Europa ist bis zu 10 Tage unterwegs. Öffnungszeiten der Postämter: Mo-Do 08.00-16.00 Uhr. Das Postamt in Suva ist Mo-Fr 08.00-16.00 Uhr geöffnet.
DEUTSCHE WELLE
Der Einsatz der Kurzwellenfrequenzen ändert sich mehrfach im Laufe eines Jahres, und Senden auf den folgenden Frequenzen werden jeweils nur zu bestimmten Tageszeiten ausgestrahlt. Näheres in der Einleitung.

MHz	21,640	17,845	11,795	9,735	9,690
Meterband	13	16	25	31	31

REISEPASS/VISUM

Wichtiger Hinweis: Die Einreisebestimmungen mancher Länder können sich kurzfristig ändern – rufen Sie sicherheitshalber auf Ihrem CRS-System (TIMATIC-Info-Code-Fenster in diesem Kapitel) den aktuellen Stand ab bzw. wenden Sie sich an die zuständige diplomatische Vertretung. Etwaige Zahlen in der Tabelle beziehen sich auf nachfolgende Fußnoten.

	Paß erforderlich?	*Visum erforderlich?*	*Rückflugticket erforderlich?*
Deutschland	Ja	Nein	Ja
Österreich	Ja	Nein	Ja
Schweiz	Ja	Nein	Ja
Andere EU-Länder	Ja	1	Ja

REISEPASS: Allgemein erforderlich. Der Reisepaß muß mindestens 3 Monate über den Aufenthalt hinaus gültig sein.
VISUM: Allgemein erforderlich, ausgenommen sind:
(a) [1] Staatsbürger von der Bundesrepublik Deutschland, Österreich, Schweiz und den übrigen EU-Staaten mit Ausnahme Portugals (dessen Staatsbürger Visa benötigen);
(b) Staatsbürger von Commonwealth-Ländern (Mitgliedstaaten s. Inhaltsverzeichnis) – nur Staatsbürger von Indien, Sri Lanka und St. Kitts und Nevis brauchen Visa;
(c) Staatsbürger von Argentinien, Brasilien, Chile, Indonesien, Island, Israel, Japan, Kolumbien, Korea-Süd, Liechtenstein, Mexiko, Nigeria, Norwegen, Paraguay, Peru, den Philippinen, Taiwan, Thailand, Tunesien, der Türkei, den USA, Uruguay und Venezuela.
Zu touristischen Zwecken eingereisten Besuchern der oben aufgezählten Länder wird bei der Ankunft ein *Visitor's Permit* (Einreisegenehmigung) ausgestellt, unter der Bedingung, daß der Besucher sich bereit erklärt, die öffentliche Ordnung zu wahren und die Sitten des Landes zu respektieren und weder eine Arbeit aufzunehmen noch einer religiösen Tätigkeit oder religiösen Studien nachzugehen. Das *Visitor's Permit* ist ohne vorherige Antragstellung im Heimatland direkt bei der Einreise erhältlich; es ist für einen Monat gültig und kann für maximal 6 Monate verlängert werden.
Visaarten: Besuchsvisa; einfache bzw. mehrfache Einreise.
Visagebühren: Bei der Londoner Botschaft 25 £ für ein Visum zur einmaligen Einreise, 50 £ für ein Visum zur mehrfachen Einreise.
Gültigkeitsdauer: 30 Tage. Verlängerung im Land für Aufenthalte bis zu 6 Monaten möglich.
Antragstellung: Bei der Botschaft in London (Adresse s. o.).
Unterlagen: (a) Gültiger Reisepaß. (b) 1 Antragsformular. (c) 2 Paßfotos. (d) Geldmittelnachweis. (e) Flugticket für die Rück- oder Weiterreise. (f) Der postalischen Antragstellung sollten ein adressierter Freiumschlag und der Zahlungsbeleg über die Gebühren beigefügt werden. (g) Polizeiliches Führungszeugnis.
Bearbeitungszeit: Ca. 2 Wochen.
Aufenthaltsgenehmigung: Anträge sind an den *Director of Emigration* zu stellen: Gohil-Building, Toorak.

GELD

Währung: 1 Fidschi-Dollar (F$) = 100 Cents. Banknoten sind im Wert von 20, 10, 5, 2 und 1 F$ in Umlauf. Münzen gibt es in den Werten von 50, 20, 10, 5, 2 und 1 Cent.
Geldwechsel ist am Flughafen und in den Handelsbanken möglich.
Kreditkarten: *American Express, Diners Club, Mastercard* und *Visa* werden in einigen größeren Hotels akzeptiert. Einzelheiten vom Aussteller der betreffenden Kreditkarte.
Wechselkurse

	F$ Sept. '92	F$ Febr. '94	F$ Jan. '95	F$ Jan. '96
1 DM	0,98	0,92	0,91	1,00
1 US$	1,46	1,60	1,41	1,44

Devisenbestimmungen: Keine Einfuhrbeschränkungen für Landes- und Fremdwährungen. Die Ausfuhr der Landeswährung ist auf 100 F$ beschränkt. Die Ausfuhr von Fremdwährung in Bargeld ist auf den entsprechenden Gegenwert von 500 F$ beschränkt – über diesen Betrag hinausgehende Summen sollten in Reiseschecks mitgeführt werden.
Öffnungszeiten der Banken: Mo-Do 09.30-15.00 Uhr, Fr 09.30-16.00 Uhr.

DUTY FREE

Folgende Artikel können zollfrei nach Fidschi eingeführt werden:
500 Zigaretten oder 500 g Tabakwaren;
2 l Spirituosen oder 4 l Wein oder 4 l Bier;
Parfüm in unbegrenzter Menge;
Geschenke bis zum Wert von 400 F$.

GESETZLICHE FEIERTAGE

27. Mai '96 Ratu Sukuna Day. **17. Juni** Geburtstag der Königin. **22. Juli** Verfassungstag. **29. Juli** Geburtstag des Propheten Mohammed. **7. Okt.** Nationalfeiertag. **11. Nov.** Diwali (Hindu-Lichterfest). **25./26. Dez.** Weihnachten. **1. Jan. '97** Neujahr. **8. März** Jugendtag. **28.-31. März** Ostern.

GESUNDHEIT

In der folgenden Tabelle aufgeführte Impfvorschriften können sich kurzfristig ändern. Es wird stets empfohlen, auf Ihrem CRS-System (TIMATIC-Info-Code-Fenster in diesem Kapitel) den aktuellen Stand der Gesundheitsbestimmungen abzurufen bzw. rechtzeitig vor der Reise ärztlichen Rat einzuholen.

	Vorsichtsmaßnahmen empfohlen	*Impfschein erforderlich*
Gelbfieber	Ja	1
Cholera	Nein	-
Typhus & Polio	2	-
Malaria	Nein	-
Essen & Trinken	3	-

[1]: Eine Impfbescheinigung gegen Gelbfieber wird von allen Reisenden verlangt, die aus Infektionsgebieten kommen und über ein Jahr alt sind.
[2]: Typhus ist endemisch, Poliomyelitis nicht.
[3]: Trinkwasser ist gechlort, kann jedoch während der Umstellung leichte Magenverstimmungen hervorrufen. Während der ersten Urlaubstage sollte man abgefülltes Wasser trinken. Milch, Milchprodukte, Fleischwaren, Geflügel, Obst und Gemüse können unbesorgt verzehrt werden. Der Verzehr von rohem oder gekochtem Fisch und Meeresfrüchten kann unter Umständen Vergiftungen zur Folge haben.
Hepatitis A und B treten auf.
Vorsicht vor Quallen, giftigen Fischen und Seeschlangen.
Gesundheitsvorsorge: Die Hauptkrankenhäuser befinden sich in Suva, Sigatoka, Lautoka, Ba, Savusavu, Taveuni, Labasa und Levuka. Weitere Kliniken und medizinische Versorgungseinrichtungen findet man auf allen größeren Inseln. Der Abschluß einer Reisekrankenversicherung wird empfohlen.

REISEVERKEHR - International

FLUGZEUG: *Air Pacific (FJ)* ist die wichtigste Fluggesellschaft Fidschis mit Verbindungen ins Ausland. Von Europa aus werden die Inseln von *Air New Zealand (NZ)* und *Qantas (QF)* angeflogen. *Qantas* bietet einen South-Pacific-Airpass an.
Durchschnittliche Flugzeit: Von Frankfurt über Los Angeles ca. 20-25 Std.
Internationaler Flughafen: *Nadi International (NAN)*, 8 km nördlich von Nadi. Mit Bus und Taxi zu erreichen. Bank, Duty-free-Shops, Bars (24 Std. geöffnet), Restaurants, Gepäckaufbewahrung, Postamt, Tourist-Information, Mietwagenschalter, Hotelreservierung.
Suva (SUV) liegt bei Nausori, 21 km von Suva entfernt. Nadi ist der Hauptflughafen im internationalen Flugverkehr; Suva ist Knotenpunkt für nationale Flüge. An beiden Flughäfen stehen Busse und Taxis zur Verfügung.
Flughafengebühren: 20 F$. Kinder unter 12 Jahren sind ausgenommen.
SCHIFF: Die internationalen Häfen sind Suva und Lautoka (Viti Levu). Unter anderem laufen folgende Reedereien die Fidschi-Inseln an: *Karlander, Nedlloyd, Pacific Forum Line, Blue Star Line Ltd., Bank Line Ltd., Daiwa Lines, Jebsen Line* und *P&O*. Es gibt regelmäßige Fracht-Schiffsverbindungen nach Tuvalu, Kiribati, West-Samoa und Nauru.

REISEVERKEHR - National

FLUGZEUG: *Air Pacific (FJ)* betreibt einen Pendelverkehr zwischen Nadi und Suva (Flugzeit etwa 30 Min.) und bietet internationale Flüge z. B. nach Tonga, Western Samoa, Japan und Australien an.
Fiji Air fliegt von Suva zu 13 verschiedenen Urlaubsorten der Korallenküste, Ovalau, Vatakoula, Bafour, Lakeba in der Lau-Gruppe, Gau-Island und Bua.
Sunflower Air fliegt täglich nach Malolo Lailai (wo sich Musket Cove und ein Plantagendorf befinden) und täglich zum Urlaubsort Pacific Harbour. Außerdem gibt es Flugverbindungen nach Suva, Kadavu, Labasa, Taveuni und Savusavu.
Bei *Pacific Crown Aviation* kann man Hubschrauber von Suva aus chartern.
SCHIFF: Staatliche und private Reedereien betreiben Fracht- und Passagierverbindungen zwischen den entfernter gelegenen Inseln. Von Suva und Nadi/Lautoka aus werden Kreuzfahrten zu den küstennahen Inseln angeboten. Jachten und Motorboote können gemietet werden. Ausflugsfahrten zwischen den einzelnen Inseln sind recht preiswert und können von einigen Stunden bis zu mehreren Wochen dauern. Normalerweise hängen keine Fahrpläne aus, man sollte sich deshalb an die Büros der örtlichen Reedereien wenden und mit dem Kapitän des Schiffes alle Einzelheiten besprechen.
BUS/PKW: Das Straßennetz umfaßt ca. 4990 km, 1340 km sind ganzjährig befahrbar. Es wird links gefahren. Die durchschnittliche Fahrzeit von Nadi nach Suva beträgt 3 Std. (auf asphaltierter Straße). Die Hauptstraßen auf Viti Levu verlaufen 500 km an der Küste entlang und verbinden die größeren Ortschaften. **Busse:** Auf Viti Levu und den anderen größeren Inseln gibt es ein gut ausgebautes Busnetz. Klimatisierte Schnellbusse verkehren zwischen Suva und Nadi sowie Suva und Lautoka. **Taxis** in den Städten haben Taxameter. Für längere Fahrten sollte man den Fahrpreis vorher vereinbaren. **Mietwagen** sind ebenfalls erhältlich. **Unterlagen:** Der Führerschein des eigenen Landes wird anerkannt.

UNTERKUNFT

HOTELS: Es gibt zahlreiche Luxushotels; die meisten findet man in Nadi, Sigatoka, Douba, Suva, Raki Raki, Tavua und Lautoka auf Viti Levu und in Savusavu (auf Vanua Levu) und Ovalau. Auf allen Inseln gibt es auch kleine und preiswerte Hotels. Immer mehr Pensionen bieten Übernachtungsmöglichkeiten in Schlafsälen zu sehr günstigen Preisen an. Beachcomber, Treasure, Castaway, Mana und Plantation Island gehören zu einer Gruppe kleiner Urlaubsinseln. Die Hotelsteuer beträgt 5% und wird auf alle Dienste, einschl. Mahlzeiten in den Hotelrestaurants, erhoben. **Kategorien:** Die Preisgruppen sind nach einem Sternesystem festgelegt: **3 Sterne** (DeLuxe), **2 Sterne** (Mittelklasse), **1 Stern** (Preiswert).
PENSIONEN sind als *Budgetels* bekannt. Sie sind sauber und komfortabel; die meisten haben Bar, Swimmingpool und Restaurant, einige auch Klimaanlage und Kochnische. Auf Suva gibt es eine Jugendherberge.

URLAUBSORTE & AUSFLÜGE

Außer traumhaften Stränden, glitzernden Wasserfällen, seltenen Vogelarten und tropischer Vegetation gibt es auf Fidschi auch etliche historische Sehenswürdigkeiten, wie z. B. antike Kultstätten der Fidschi-Insulaner, Kopra-, Ingwer-, Zuckerrohr- und Kakaoplantagen sowie alte Kolonialhäuser. Das 1904 eingerichtete *Fidji Museum* in **Suva** auf der Hauptinsel **Viti Levu** ist sehenswert: Die umfassende Sammlung einheimischer Kunst- und Gebrauchsgegenstände vermittelt einen faszinierenden Einblick in die Geschichte und Kultur der Fidschianer. Der botanische Garten *Thurston Gardens* zeigt Pflanzen aus dem gesamten südpazifischen Raum. Im 18 km von der Hauptstadt gelegenen Naturschutz- und Erholungsgebiet *Colo-i-Suva Forest Park* gibt es malerische Wasserfälle, Naturlehrpfade, Picknickstellen und kleine Seen. Die ruhige Ortschaft **Sigatoka** ist das Tor zur 70 km langen Korallenküste mit ihren zahlreichen Ressorts. Nur 2 km außerhalb von Sigatoka liegen bis zu 45 m hohe Sanddünen, eine der Hauptsehenswürdigkeiten der Insel. Beeindruckend sind die *Nausori Highlands*, die man am besten per Wagen mit Allradantrieb bereist. Ebenfalls von Nadi, der drittgrößten Stadt Fidschis, zu erreichen ist *Waqadra Garden*, in dem u. a. Bambus, Mahagoni-, Zitronen- und Mangobäume, Orchideen und Hibiskus wachsen. Den meist wolkenverhangenen Gipfel des *Mount Victoria* kann man in einem etwa 6stündigen Aufstieg erreichen. Auf **Taveuni** gibt es einen legendenumwobenen Kratersee, *Lake Tagimancia*, mit den schönsten und berühmtesten Blumen der Inseln, *Tagimancia*. Die »Garteninsel«, wie Taveuni auch genannt wird, verdankt ihre üppig-grüne Vegetation vor allem dem feuchten Klima. Ihr Vogelreichtum, gute Tauch- und Schnorchelgründe sowie herrliche Sandstrände (u. a. *Lavena Beach* und *Prince Charles Beach*) sind weitere Anziehungspunkte.

Vor allem in den fidschianischen Städten fällt auf, aus wie vielen unterschiedlichen Bevölkerungsgruppen sich die Inselgesellschaft zusammensetzt. Man trifft nicht nur auf kräftig gebaute Fidschi-Insulaner in sariartigen *Sulus*, sondern auch Einwohner indischer Abstammung, die in der Kolonialzeit von den Briten zur Arbeit auf den Plantagen angeworben wurden. Männer in westlicher Kleidung, Frauen in farbenprächtigen *Saris* sowie vereinzelte Europäer, Chinesen und Besucher von anderen Pazifik-Inseln geben ein buntes Stadtbild. Die Fidschi-Insulaner haben mit den Indern einen Brauch gemeinsam, den Feuerlauf. Der fidschianische Feuerlauf ist auf eine Legende zurückzuführen, im Gegensatz zum indischen Feuerlauf, der religiöse Hintergründe hat. Männer aus jedem Dorf werden ausgesucht, die 2 Wochen vor der Zeremonie enthaltsam leben müssen und keine Kokosnüsse essen dürfen. Der Feuerlauf geht über eine 4 bis 5 Meter lange Grube, die mit brennenden Holzscheiten gefüllt ist und mit Steinen, auf denen die Auserwählten durchs Feuer gehen. Besucher können der Zeremonie gegen ein Eintrittsgeld beiwohnen, es handelt sich jedoch um ein religiöses Ritual und nicht um eine Touristenattraktion.
Das Angebot an Ausflügen ist verlockend; man kann auf großen Schonern oder Jachten zu den verschiedenen Inseln fahren oder in komfortablen Bussen Rundfahrten mitmachen. Bergwanderungen mit einem überwältigenden Blick über die Inseln locken abenteuerlustige Gäste. Die vielen Ressorts bieten vielfältige Wassersport- und andere Freizeitmöglichkeiten. Zu den exklusivsten gehört *Wakaya Island*, eine von mehreren fidschianischen Inseln, die von einem Millionär gekauft wurde.

SOZIALPROFIL

ESSEN & TRINKEN: Es gibt internationale Gerichte, aber die einheimische Küche ist indisch oder fidschianisch. Zu den Spezialitäten gehören *Kakoda* (marinierter, in Kokosnuß und Zitrone gedünsteter Fisch), *Raurau* (ein Gericht aus Taro-Blättern), *Kassaua* (Tapioka, oft gekocht, gebacken oder gemahlen und in Kokoscreme, Zucker und zerdrückten Bananen gekocht) und *Duruka* (ein ungewöhnliches spargelartiges Gemüse, das zwischen April und Mai angeboten wird). Brotfrucht wird auch viel gegessen. Alle größeren Hotels bieten indische Currys an; einige Hotels und Restaurants haben auch das Festessen Fidschis, *Lovo*, auf ihrer Speisekarte, das aus unterschiedlichen Fleischsorten, Fisch, Gemüse und Obst besteht und in Erdöfen gegart wird. Tischbedienung ist üblich, aber manche Restaurants bieten zur Mittagszeit Büfetts an. In vielen Hotels muß man nicht Gast sein, um in den Restaurants essen zu können.
Getränke: Die einheimischen Biersorten sind *Carlton*, das in Suva gebraut wird, und *Fiji Bitter* aus Lautoka. *Meridan Moselle* und *Suvanna Moselle* sind einheimische Weinsorten. Die *South Pacific Distilleries* produzieren *Bounty Fiji Golden Rum*, *Old Club Whisky*, *Booth's Gin* und *Cossack Vodka*. Überall auf den Inseln trinkt man *Yaqona* (ausgesprochen Yanggona) oder *Kava*. Früher wurde das Getränk von Jungfrauen hergestellt, die die Wurzeln zu einer breiigen Masse zerkauten, die dann mit Wasser verdünnt wurde. Das Getränk wird aus den Wurzeln der Pfefferpflanze hergestellt, und die *Yaqona*-Trinkzeremonie spielt immer noch eine wichtige Rolle im Leben der Fidschi-Inseln, wird aber auch allgemein in gemütlicher Runde gern getrunken. Bars haben Tisch- und/oder Tresenbedienung. Nur Restaurants, Klubs und Hotelbars mit Lizenz dürfen alkoholische Getränke servieren.
NACHTLEBEN: Unterhaltung wird in zahlreichen Nachtklubs geboten, in den Kinos werden Filme in Hindi und in englischer Sprache gezeigt. Die Programme findet man in den Lokalzeitungen. Der größte Teil des Gesellschaftslebens der Fidschi-Inseln spielt sich aber in den privaten Klubs ab, für die man als Besucher durch die Hotels eine vorläufige Mitgliedschaft erwerben kann. Traditioneller Gesang und Tanz, *Moke* genannt, wird abwechselnd in den Hotels dargeboten. Außerdem enthalten die Touristenzeitungen *Fiji Beach Press* und *Fiji Calling* ausführliche Informationen über das Unterhaltungsangebot.
EINKAUFSTIPS: Besonders beliebte Souvenirs sind Filigranschmuck, Holzschnitzarbeiten (wie *Kava*-Schüsseln), polierte Kokosschalen, Flechtarbeiten wie Matten, Untersetzer, Hüte, Palmwedel und Tabletts, Tapakleider und Perlen. Die meisten Sachen sind recht preiswert, einige Geschäfte geben Mengenrabatt. Man findet auch steuerfreie Artikel wie Kameras, Fernseher, Armbanduhren, Ferngläser, Wecker, Feuerzeuge, Hi-Fi-Anlagen, Zinngeschirr, Kristall und Porzellan. **Öffnungszeiten der Geschäfte:** Mo-Fr 08.00-17.00 Uhr, Sa 08.00-13.00 Uhr. Manche Geschäfte sind Mittwoch nachmittags geschlossen.
SPORT: Tauchen: Ausrüstungen können gemietet werden, unter anderem von *Scubahire Ltd.*, die 6 km von Suva ein Trainingscenter eingerichtet haben, aber auch in verschiedenen Hotels. Eines der beliebtesten Tauchgebiete ist die *Astrolabe Lagoon* in der Nähe der Insel Kadavu. Das *Castaway Island Resort* bietet seinen Gästen eine eigene Tauchstation. **Fischen:** Die Hotels *Beachcomber Travelodge*, *Fijian*, *Korolevu Beach* und *Regent of Fiji* betreiben vollausgerüstete Hochsee-Angelboote. **Wasserskifahren** und **Reiten** sind ebenfalls möglich. **Golf:** Zahlreiche Golfplätze stehen zur Verfügung, die bekanntesten sind: *Fiji Golf Club* in Suva, *Pacific Harbour*, *Reef Resort*, *Fijian Resort*, *Nadi Airport*, *Lautoka Club*.und *Denarau-Beach*. **Publikumssport:** Zwischen Mai und Oktober werden hauptsächlich Rugby, Fußball, **Hockey** und **Netball** gespielt. Die **Kricket**- und **Tennissaison** beginnt im November.
VERANSTALTUNGSKALENDER
4. - 11. Mai '96 *Athletische Spiele*, Suva. **1. - 14. Juni** *Südpazifische Bowling-Meisterschaften*, Suva. **27. - 29. Juni** *Fidschis internationales Athletik-Treffen*, Suva. **Juli** *Bula Festival*, Nadi. **Aug.** *Hibiscus Festival*, Suva. **Sept.** *Zuckerfest*, Lautoka. **Mai, Juni, Juli, Sept.** *Rugby- Ligaspiele*. **Okt.** *Pferderennen*, Nadi. **11. Nov** *Diwali* (Hindu-Lichterfest).
SITTEN & GEBRÄUCHE: Fidschianer sind gastfreundlich und entgegenkommend – Besucher sollten sich nicht scheuen, Einladungen anzunehmen. Zwanglose Kleidung wird fast überall akzeptiert, Badesachen sollten allerdings nur am Strand oder Swimmingpool und nicht in den Städten getragen werden. **Trinkgeld** ist weitgehend unüblich.

WIRTSCHAFTSPROFIL

WIRTSCHAFT: Fidschi ist überwiegend ein Agrarstaat. Zucker ist das Hauptexportgut (33% im Jahre 1992), daneben werden Fischkonserven, Ingwer, Bananen und Kokosprodukte ausgeführt. Der Tourismus ist eine der wichtigsten Devisenquellen, wenn auch nach den politischen Unruhen 1987 Einbußen zu verzeichnen waren (1992: 280.000 Gäste). Der Dienstleistungssektor erbringt 62% des Bruttoinlandproduktes. Fischverarbeitende Industrie, Holzwirtschaft und Goldgewinnung sind ebenfalls von Bedeutung. Es ist noch ungewiß, ob die kürzlich entdeckten Kupfervorkommen gefördert werden sollen. Die wenigen Betriebe der Leichtindustrie produzieren Zement, Farben, Zigaretten, Backwaren, Mehl, Nägel, Stacheldraht, Möbel, Streichhölzer und Schuhe, überwiegend für den Binnenmarkt. Die Regierung versucht, Hersteller durch Steuervergünstigungen für die Exportbranche zu gewinnen. In der Textilindustrie haben sich bereits erste Erfolge eingestellt, und man hofft, daß sich Schiffbau, Reparaturwerften und Holzwirtschaft ähnlich günstig entwickeln. In der Vergangenheit waren Handel und Wirtschaft des Landes in Händen der indischstämmigen Bevölkerung. Da 1991 viele Pachtverträge für die Zuckerrohrplantagen ausliefen, verlassen jedoch immer mehr fidschianische Inder das Land. Die wichtigsten Handelspartner sind Australien, Neuseeland, Großbritannien, die USA und Japan. Die umstrittene Verfassung des Landes führt nach wie vor zu sozialen und politischen Unruhen, die die wirtschaftliche Stabilität des Landes beeinträchtigen.
GESCHÄFTSVERKEHR: Tropenanzüge und leichte Sommeranzüge bzw. -kleider sind angemessen für geschäftliche Termine. **Geschäftszeiten:** Mo-Fr 08.00-16.30 Uhr.
Kontaktadressen: *Suva Chamber of Commerce* (Handelskammer), PO Box 337, Suva. Tel: 30 38 54. Telefax: 30 04 75.
Fiji Trade and Investment Board, PO Box 2303, Suva. Tel: 31 59 88. Telefax: 30 17 83.
Die wirtschaftlichen Interessen Österreichs werden von der Außenhandelsstelle in Sydney (s. Australien) wahrgenommen.
KONFERENZEN/TAGUNGEN: Diverse Resort-Hotels bieten Konferenzeinrichtungen; maximale Kapazität: 1000 Teilnehmer. Nähere Auskünfte vom Fiji Visitors Bureau (Adresse s. o.).

KLIMA

Mildes Tropenklima. Südöstliche Passatwinde bringen von Mai bis Oktober trockenes Wetter. Heiß und naß wird es ab November bis April, wobei im Westen der Inselgruppe weitaus geringere Niederschläge zu verzeichnen sind.
Kleidung: Leichte Sachen für den Sommer, Regenschutz während der Regenzeit.

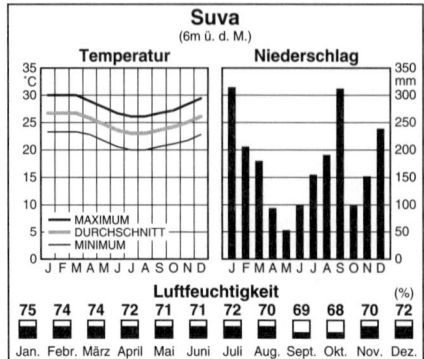

Finnland

Lage: Skandinavien.

Nordinfo GmbH
Frankfurter Straße 168-176
D-63263 Neu Isenburg
Tel: (06102) 7 35 10. Telefax: (06102) 3 10 04.
Mo-Fr 09.00-17.00 Uhr.
Finnische Zentrale für Tourismus
Schweizergasse 6
CH-8001 Zürich
Tel: (01) 211 13 40. Telefax: (01) 211 11 19.
Mo-Fr 09.00-12.30 und 13.30-16.00 Uhr.
Matkailun edistämiskeskus (Finnische Zentrale für Tourismus)
PO Box 625
SF-00101 Helsinki
Tel: (90) 40 30 11. Telefax: (90) 40 30 13 33.
Finnische Botschaft
Friesdorfer Straße 1
D-53173 Bonn
Tel: (0228) 3 82 98-0. Telefax: (0228) 382 98 57.
Mo-Fr 08.15-12.00 und 13.00-16.30 Uhr.
Generalkonsulate mit Visumerteilung in Berlin (Tel: (030) 220 25 21), Frankfurt/M. (Tel: (069) 719 11 50), Hamburg (Tel: (040) 350 80 70) und München (Tel: (089) 52 40 31).
Finnische Botschaft
Gonzagagasse 16
A-1010 Wien
Tel: (0222) 5 31 59-0. Telefax: (0222) 535 57 03.
Mo-Fr 08.15-12.00 und 13.00-16.30 Uhr, *Konsularabt.:* Mo-Fr 09.00-12.00 und 13.00-16.00 Uhr.
Generalkonsulat ohne Visumerteilung in Wien. Honorarkonsulate ohne Visumerteilung in Eisenstadt, Graz, Hallen, Innsbruck, Klagenfurt, Linz, Wien und Wolfurt.
Finnische Botschaft
Weltpoststraße 4
CH-3015 Bern
Tel: (031) 351 30 31/-33. Telefax: (031) 351 30 01.
Mo-Fr 09.00-12.00 und 14.00-15.00 Uhr.
Generalkonsulat ohne Visumerteilung in Zürich. Honorar-

TIMATIC INFO-CODES

Abrufbar über Ihr CRS-System (für START/Amadeus Ama-Maske benutzen). Für Galileo bitte TI-DFT eingeben (mit Bindestrich).

Flughafengebühren	TI DFT/ HEL /TX
Währung	TI DFT/ HEL /CY
Zollbestimmungen	TI DFT/ HEL /CS
Gesundheit	TI DFT/ HEL /HE
Reisepassbestimmungen	TI DFT/ HEL /PA
Visabestimmungen	TI DFT/ HEL /VI

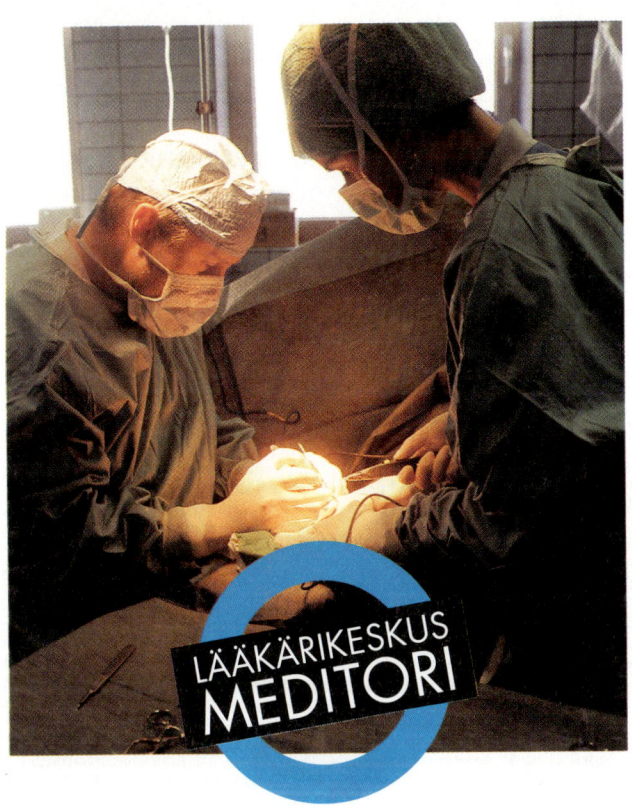

Tohtoritalo 41400 Meditori – Ärztliche Dienste der Spitzenklasse inmitten von Turku

Das Ärztezentrum Tohtoritalo ist eine Ärztestation der europäischen Spitzenklasse, gelegen mitten in Turku, gleich neben dem Marktplaz. Hier erhalten Sie von erstklassigen Spezialisten sachverständige Hilfe für Krankheiten und Beschwerden aller Art. Dank des hohen professionellen Niveaus und vielseitiger und moderner Technik können wir auch sehr anspruchsvolle Operationen durchführen. U. a. sind unser Herzzentrum und unsere Chirurgen weltbekannt. Gut zu kennen: Das Ärztezentrum Meditori. Ein Ärztehaus mit vollem Service.

Ärztezentrum Meditori, Yliopistonkatu 19 a, 20100 Turku, Tel. +358 21 - 41400

---

konsulate ohne Visumerteilung in Basel, Genf, Lausanne, Luzern und Lugano.
Botschaft der Bundesrepublik Deutschland
Krogiuksentie 2-4
SF-00340 Helsinki
Tel: (90) 458 23 55. Telefax: (90) 458 22 83.
Honorarkonsulate in Jyväskylä, Kotka, Kuopio, Mariehamn, Mikkeli, Oulu, Rovaniemi, Tampere, Turku und Vaasa.
Botschaft der Republik Österreich
Keskuskatu 1A
SF-00100 Helsinki
Tel: (90) 17 13 22, 17 15 27. Telefax: (90) 66 50 84.
Generalkonsulat in Helsinki. *Konsulate* in Oulu und Turku.
Botschaft der Schweizerischen Eidgenossenschaft
Uudenmaankatu 16A
SF-00120 Helsinki 12
Tel: (90) 64 94 22. Telefax: (90) 64 90 40.

FLÄCHE: 338.144 qkm.
BEVÖLKERUNGSZAHL: 5.058.000 (1993).
BEVÖLKERUNGSDICHTE: 15 pro qkm.
HAUPTSTADT: Helsinki. **Einwohner:** 508.600 (1993).
GEOGRAPHIE: Finnland, das siebtgrößte Land Europas, grenzt im Nordwesten an Schweden, im Norden an Norwegen und im Osten an die Russische Föderation. Der Bottnische Meerbusen (Westküste Finnlands) und der Finnische Meerbusen (Südküste) gehören zur Ostsee. Vor der finnischen Küste liegen ca. 80.000 Meeresinseln (die meisten davon an der Süd- und Südwestküste), im Binnenland gibt es 188.000 Seen mit weiteren 98.000 Inseln, die größte Seenplatte Europas. 10% des Landes bestehen aus Wasser, 69% sind Wälder und 8% werden landwirtschaftlich genutzt. Im Süden und Südwesten des Landes überwiegen Kiefern-, Tannen- und Birkenwälder. Hoch im Norden, in Lappland, ist der Baumbestand spärlicher, und Zwergbirken herrschen vor.
STAATSFORM: Parlamentarisch-demokratische Republik seit 1919, letzte Änderung der Verfassung 1988. Regierungschef: Paavo Lipponen, seit April 1995. Staatsoberhaupt: Präsident Martti Ahtisaari, seit März 1994. Einkammerparlament. Der Präsident wird seit einer Verfassungsänderung von 1988 alle 6 Jahre und die 200 Abgeordneten des Parlaments alle 4 Jahre direkt vom Volk gewählt. Seit dem 1. Januar 1995 ist Finnland Mitglied der Europäischen Union. Unabhängig seit 6. Dez. 1917 von der Russischen Föderation.
SPRACHE: Finnisch (93,5%) und Schwedisch (5,9%) sind die offiziellen Landessprachen. Eine Minderheit der Einwohner spricht Lappisch. Die Geschäftssprachen sind Englisch und Deutsch.
RELIGION: 88% sind evangelisch; ferner Finnisch-Orthodoxe, jüdische und muslimische Minderheiten sowie andere christliche Gemeinschaften. 10% konfessionslos.
ORTSZEIT: MEZ + 1.
NETZSPANNUNG: 220 V, 50 Hz. Ein Adapter ist nicht erforderlich.
POST- UND FERNMELDEWESEN: Telefon: Selbstwählferndienst. **Landesvorwahl:** 358. Helsinki hat die Vorwahl 90. Wenn man aus dem Ausland anruft, muß man die erste Ziffer der Vorwahl – die 9 – weglassen. Für Ortsgespräche benötigt man Münzen im Wert von 1 Fmk oder 5 Fmk. **Telefaxe** können in den meisten größeren Postämtern in Helsinki aufgegeben werden. Zahlreiche Hotels und Büros haben Telefax-Anschluß. **Telex/Telegramme:** Das Hauptpostamt, Mannerheimintie 11a, SF-00100 Helsinki (Öffnungszeiten: Mo-Sa 08.00-22.00 Uhr, So 11.00-22.00 Uhr), nimmt Telexe entgegen. Telegramme können in jedem Postamt oder Hotel aufgegeben werden. **Post:** Luftpostbriefe innerhalb Europas sind ca. drei Tage unterwegs. Briefmarken erhält man außer in Postämtern auch in Buch- und Schreibwarenläden, Bahnhöfen und Hotels. Postlagernde Sendungen sollten an das Hauptpostamt in Helsinki adressiert sein. In anderen Städten haben die Hauptpostämter ebenfalls Schalter für postlagernde Sendungen. Postämter sind Mo-Fr 09.00-17.00 Uhr geöffnet und am Samstag geschlossen. Im Winter sind viele städtische Postämter von 09.00-18.00 Uhr geöffnet.
DEUTSCHE WELLE
Der Einsatz der Kurzwellenfrequenzen ändert sich mehrfach im Laufe eines Jahres, und Sendungen auf den folgenden Frequenzen werden jeweils nur zu bestimmten Tageszeiten ausgestrahlt. Näheres in der Einleitung.

MHz	15,275	9,735	9,545	6,140	6,075
Meterband	19	31	31	49	49

REISEPASS/VISUM

Wichtiger Hinweis: Die Einreisebestimmungen mancher Länder können sich kurzfristig ändern – rufen Sie sicherheitshalber auf Ihrem CRS-System (TIMATIC-Info-Code-Fenster in diesem Kapitel) den aktuellen Stand ab bzw. wenden Sie sich an die zuständige diplomatische Vertretung. Etwaige Zahlen in der Tabelle beziehen sich auf nachfolgende Fußnoten.

	Paß erforderlich?	Visum erforderlich?	Rückflugticket erforderlich?
Deutschland	Nein/2	Nein	Ja
Österreich	Nein/2	Nein	Ja
Schweiz	Nein/2	Nein	Ja
Andere EU-Länder	1/2	Nein	Ja

REISEPASS: [1] Staatsbürger von Mitgliedsstaaten der Europäischen Union sowie der Schweiz, Island, Norwegen, Liechtenstein und San Marino können als Touristen auch mit dem Personalausweis einreisen.
Hinweis: [2] Generell sollte der Reisepass mitgeführt werde, selbst wenn zur Einreise der Personalausweis ausreichend ist.
VISUM: Allgemein erforderlich, ausgenommen sind:
(a) Staatsbürger der unter *Reisepaß* genannten Länder;
(b) Staatsbürger von Andorra, Argentinien, Australien, den Bahamas, Barbados, Belize, Bermuda, Bolivien, Botswana, Brasilien, Chile, Costa Rica, Ecuador, El Salvador, Grenada, Grenadinen, Guatemala, Honduras, Israel, Jamaika, Japan, Kanada, Kenia, Kolumbien, Korea-Süd, Kroatien, Lesotho, Malawi, Malaysia, Malta, Mexiko, Monaco, Namibia, Neuseeland, Nicaragua, Panama, Paraguay, Polen, den Seychellen, Singapur, St. Vincent und den Grenadinen, Slowenien, der Slowakischen Republik, Swasiland, Trinidad und Tobago, der Tschechischen Republik, Ungarn, Uruguay, den USA, der Vatikanstadt und Zypern für Aufenthalte von bis zu 3 Monaten (jedoch keine Arbeitsaufnahme möglich).
Visaarten: Touristen- und Transitvisa.
Visagebühren: 32 DM; 232 öS; 27 sfr.
Gültigkeitsdauer: Touristenvisum max. 3 Monate, Transitvisum max. 5 Tage. Verlängerungen sollten bei der Botschaft oder den Konsulaten beantragt werden.
Antragstellung: Konsulat oder Konsularabteilung der Botschaft (Adressen s. o.).
Bearbeitungszeit: Touristenvisum 4 Wochen. Transitvisum 1 Woche. Bei persönlicher Beantragung von der Nationalität abhängig (EU-Bürger innerhalb von 24 Std. Andere Nationalitäten auch bis zu mehreren Wochen, da die Anträge nach Helsinki verschickt werden müssen.)
Aufenthaltsgenehmigung: Anträge sollten an die Finnische Botschaft oder an ein Konsulat gestellt werden. Arbeits- und Aufenthaltsgenehmigungen (Gebühr: je 66 DM) sollten geraume Zeit vor der Einreise beantragt werden.
Anmerkung: Wer von Finnland in die Russische Föderation oder ein anderes GUS-Land weiterreisen möchte, sollte das Visum bereits im Heimatland beantragen (erhältlich bei den Vertretungen der Russischen Föderation bzw. der entsprechenden Vertretung).

GELD

Währung: 1 Finnmark (Markka) (Fmk) = 100 Penniä. Banknoten sind im Wert von 1000, 500, 100, 50, 20 und 10 Fmk in Umlauf. Münzen gibt es in den Nennbeträgen

10, 5 und 1 Fmk sowie 50 und 10 Penniä.
Geldwechsel: Auslandswährungen und Reiseschecks können in Banken und Wechselstuben, auch im Hafengelände, auf Bahnhöfen und Flughäfen umgetauscht werden.
Kreditkarten: *Eurocard, American Express, Diners Club* und *Visa* werden häufig angenommen. Einzelheiten vom Aussteller der betreffenden Kreditkarte.
Reiseschecks: *American-Express*-Reiseschecks werden im ganzen Land angenommen.
Euroschecks werden bis zu 1300 Fmk pro Scheck akzeptiert.
Postsparkasse: Abhebung in Finnmark bei über 500 Postämtern und allen Zweigstellen der finnischen Postbank möglich.
Wechselkurse

	Fmk Sept. '92	Fmk Febr. '94	Fmk Jan. '95	Fmk Jan. '96
1 DM	3,08	3,18	3,06	3,02
1 US$	4,58	5,53	4,74	4,35

Devisenbestimmungen: Unbegrenzte Ein- und Ausfuhr von Landes- und Fremdwährungen.
Öffnungszeiten der Banken: Mo-Fr 09.15-16.15 Uhr.

DUTY FREE

(a) Seit Januar 1993 gibt es keine Beschränkungen mehr für die private Wareneinfuhr (einschließlich von Verbrauchsgütern wie Alkohol und Tabak) innerhalb der Europäischen Union. Finnland darf jedoch folgende mengenmäßigen Beschränkungen für die Einfuhr aus anderen EU-Mitgliedsländern aufrechterhalten (eine Revision ist für den 31. Dez. 1996 vorgesehen):
300 Zigaretten oder 150 Zigarrillos oder 75 Zigarren oder 400 g Rauchtabak;
1 l Spirituosen (über 22%) oder 3 l alkoholische Getränke (z. B. Portwein, Sherry, Schaumweine) mit einem Alkoholgehalt von höchstens 22%;
5 l nichtschäumende Weine;
15 l Bier;
100 g Tee;
500 g Kaffee;
50 g Parfüm und 250 g Eau de Toilette.
(b) Für Reisende aus Nicht-EU-Ländern (oder falls die Waren innerhalb der EU zollfrei eingekauft wurden):
200 Zigaretten oder 50 Zigarren oder 100 Zigarillos oder 250 g andere Tabakerzeugnisse;
1 l Spirituosen (über 22%) oder 2 l alkoholische Getränke (höchstens 22%);
2 l Tafelwein;
15 l Bier;
100 g Tee;
500 g Kaffee;
50 g Parfüm und 250 g Eau de Toilette.
andere Artikel bis zu einem Gesamtwert von 1100 Fmk.
Anmerkung: (a) Einfuhr von Spirituosen mit einem Alkoholgehalt von über 22% nur von Personen ab 20 Jahren, von schwach alkoholischen Getränken (max. 22%) nur von Personen ab 18 Jahren. (b) Tabakwaren können nur von Personen ab 17 Jahren eingeführt werden.
Einfuhrverbot: Die Ein- und Ausfuhr von Lebensmitteln, Pflanzen, Arzneimitteln, Waffen und Kunstgegenständen unterliegt besonderen Bestimmungen. Haustiere dürfen eingeführt werden, unbedingt erforderlich ist hierfür eine Tollwut-Impfbescheinigung (mind. 30 Tage, höchstens 1 Jahr alt) in finnischer, schwedischer, englischer oder deutscher Sprache. Haustiere aus tollwutfreien Ländern (Australien, Großbritannien, Irland, Island, Neuseeland, Norwegen und Schweden) dürfen ohne Tollwut-Impfbescheinigung eingeführt werden. Spirituosen über 60% Alkoholgehalt unterliegen einem Einfuhrverbot.

GESETZLICHE FEIERTAGE

30. April/1. Mai '96 Maifeiertag. **16. Mai** Christi Himmelfahrt. **26. Mai** Pfingsten. **21./22. Juni** Mittsommernacht. **2. Nov.** Allerheiligen. **6. Dez.** Unabhängigkeitstag. **24.-26. Dez.** Weihnachten. **1. Jan. '97** Neujahr. **6. Jan.** Dreikönigsfest. **28.-31. März** Ostern. **30. April/1. Mai** Maifeiertag. **8. Mai** Christi Himmelfahrt. **18. Mai** Pfingsten.
Anmerkung: Geschäfte und Büros schließen am Vorabend von Feiertagen etwas früher als sonst.

GESUNDHEIT

In der folgenden Tabelle aufgeführte Impfvorschriften können sich kurzfristig ändern. Es wird stets empfohlen, auf Ihrem CRS-System (TIMATIC-Info-Code-Fenster in diesem Kapitel) den aktuellen Stand der Gesundheitsbestimmungen abzurufen bzw. rechtzeitig vor der Reise ärztlichen Rat einzuholen.

	Vorsichtsmaßnahmen empfohlen	*Impfschein erforderlich*
Gelbfieber	Nein	Nein
Cholera	Nein	Nein
Typhus & Polio	Nein	-
Malaria	Nein	-
Essen & Trinken	Nein	-

Gesundheitsvorsorge: Deutsche und Österreicher können sich vor der Reise bei ihrer Krankenkasse die Anspruchsbescheinigung E 111 besorgen, die dann beim Arztbesuch vorzulegen ist. Aushelfender Träger ist die finnische Sozialversicherungsanstalt (*Kansaneläkelaitos*). Ärztliche Behandlung erfolgt in Gesundheitszentren und bei freipraktizierenden Ärzten, in ersteren ist die Behandlung kostenlos. Die Kosten einer Untersuchung und Behandlung durch einen freipraktizierenden Arzt müssen zunächst selbst bezahlt werden. Ein Teil der Kosten wird unter Vorlage der Rechnung bei der finnischen Sozialversicherungsanstalt erstattet. Zahnarztrechnungen müssen im allgemeinen in voller Höhe vom Patienten getragen werden. Ein Teil der Krankenhauskosten muß ebenfalls vom Patienten getragen werden. Die Notrufnummer in Helsinki ist 112. Die Rufnummern regionaler Notdienste können im Hotel erfragt werden. Schweizern wird der Abschluß einer Reisekrankenversicherung empfohlen. Aufgrund der Mückenplage im Sommer wird dringend empfohlen, hierfür Vorsorge zu treffen. **Arzneimittel:** Patienten tragen bis zu 30 Fmk Arzneimittelkosten selbst. Für Beträge über 30 Fmk werden 50% erstattet.

REISEVERKEHR - International

FLUGZEUG: Die nationale Fluggesellschaft heißt *Finnair (AY)*. Täglich Direktflüge mit Finnair von Frankfurt, Zürich und Genf sowie täglich außer dienstags und mittwochs von Wien; dreimal wöchentlich mit *Swissair* ab Zürich sowie zahllose Verbindungen über Schweden mit *Finnair* und *SAS*. Mit dem *Visit Scandinavia Air Pass* von SAS (3 Monate gültig) kann man zwischen den skandinavischen Ländern und innerhalb Finnlands verbilligt fliegen. Zusätzliche gibt es auch Ferientarife (15. Juni - 15. Aug; 22. Dez. - Anfang Januar).
Durchschnittliche Flugzeiten: *Berlin* – Helsinki: 2 Std; *Frankfurt/M.* – Helsinki: 2 Std. 30; *Hamburg* – Helsinki: 1 Std. 50; *München* – Helsinki: 2 Std. 45; *Stuttgart* – Helsinki: 2 Std. 40; *Wien* – Helsinki: 2 Std. 45; *Genf* – Helsinki: 4 Std. 05 (einschl. Zwischenlandung in Zürich); *Zürich* – Helsinki: 2 Std. 45; *Amsterdam* – Helsinki: 1 Std. 25 und *Oslo* – Helsinki: 1 Std. 25.
Internationale Flughäfen: *Helsinki* (HEL) (Helsinki-Vantaa) liegt 19 km nördlich der Stadt (Fahrzeit 25 Min.). Flughafeneinrichtungen: Banken, Duty-free-Shop, Mietwagenschalter, Hotel-Reservierungsschalter, Tourist-Information, Geschäfte, Restaurants, Cafés und Bars. Flughafenbusse fahren alle 15 Min. in die Stadt (Fahrzeit 25-35 Min.). Linienbusse verkehren zwei- bis viermal die Stunde bis 23.00 Uhr (Fahrzeit 35 Min.). Taxistand vorhanden.
Weitere internationale Flughäfen sind *Turku* (TKU), 7 km nördlich der Stadt mit Bars, Banken, Duty-free-Shop, Restaurants und Autovermietung; *Rovaniemi* (ROV), 10 km zur Innenstadt und *Tampere* (TMP), 7 km von der Stadt entfernt.
SCHIFF: Zwischen Travemünde an der schleswig-holsteinischen Ostseeküste und Helsinki verkehrt die Autofähre *GTS Finnjet* der Hamburger *Silja Line* (Fahrzeit: 22 bzw. 37 Std. 30). Buchungen und Informationen: (040) 32 13 84 in Hamburg, (022) 366 42 30 in Le Vaud und über Terra-Reisen in Salzburg (0662) 8 04 10. *Poseidon Schiffahrt* bieten ganzjährig Fährverbindungen sowie eine 4-5-Tage-Rundfahrt von Lübeck nach Helsinki an, Informationen unter (0451) 150 74 47. Man kann auch mit der Fähre nach Schweden fahren, es gibt Verbindungen von Travemünde oder Saßnitz nach Trelleborg (Anbieter *TT-Line* bzw. *Deutsche Bahn/TS-Line*) sowie von Kiel nach Göteborg (Anbieter *Stena Line*); *Silja* und die *Viking-Linie* betreiben Autofähren von Stockholm und anderen schwedischen Häfen aus nach Finnland. Turku, Rauma, Kotka und Vaasa sind die größten Hafenstädte nach Helsinki. Die wichtigsten Verbindungen sind: Stockholm – Helsinki oder Turku (*Silja Line* und *Viking Line*, Fahrzeit ca. 15 Std.), Stockholm – Mariehamn/Åland (*Birka Line*), und in der Hochsaison Umeå/Nordschweden – Vaasa (*Silja Line*, Fahrzeit ca. 4 Std.), Sundsvall – Vaasa (*Silja Line*, Fahrzeit 9-11 Std.). Wer mit dem Auto nach Dänemark fährt, kann von dort mit der Fähre zunächst an die schwedische Westküste und dann von der Ostküste aus mit der Fähre nach Finnland übersetzen (s. o.).
Kreuzschiffahrtsgesellschaften, die finnische Häfen anlaufen:
Royal Viking, Sally Line, Kristina Cruises, Eckerö Line, Birka Line, Jakob Line, Polferries, TUI Viking, CTC, Norwegian American und *Lauro*.
BAHN: Kombinierte Zug-/Fährverbindungen von Hamburg, Kopenhagen und Stockholm nach Helsinki oder Turku. Außerdem gibt es eine Bahnverbindung nach Haparanda/Nordschweden und tägliche Anschlußverbindungen nach Moskau und St. Petersburg.
BUS/PKW: Anreise für Autofahrer mit der Autofähre von Travemünde nach Helsinki oder Autofähren von Schweden (s. o.). Es gibt auch Straßen von Norwegen und Schweden aus in den finnischen Teil Lapplands durch den nördlichen Polarkreis. Wer über Polen anreist, kann ganzjährig von Gdansk mit der Fähre nach Helsinki übersetzen. Auskünfte von *Poseidon Schiffahrt* (s. o.). Noch abenteuerlicher ist der Landweg über Litauen, Lettland und die Russische Föderation, Visa sind erforderlich (s. *Litauen, Lettland* und *Russische Föderation*). Übernachtung in Hotels, Motels und auf Campingplätzen. Buchungen und Informationen u. a. von Intourist-Büros (Adressen s. *Russische Föderation* und andere *GUS-Länder*). **Fernbusse:** Kombinierte Bus-/Fährverbindungen nach Stockholm werden von zahlreichen europäischen Städten aus angeboten. Nähere Informationen von der *Deutschen Touring GmbH*, Adenauer Allee 78, D-20097 Hamburg. Tel: (040) 24 98 18.

REISEVERKEHR - National

FLUGZEUG: Es gibt 23 Flughäfen in Finnland. Das Inlandflugnetz der *Finnair* ist ausgezeichnet.
Fahrpreisermäßigungen: Das *Finnair-Ferienticket* kann vor der Reise erworben werden und berechtigt Nicht-Finnen zu 10 einfachen Inlandflügen innerhalb eines Zeitraums von 30 Tagen (500 US$). Es gibt Rabatte für Jugendliche (250 US$ für 2-16jährige). Kinder unter 2 Jahren fliegen umsonst. *Finnair* und die Finnische Zentrale für Tourismus erteilen nähere Auskünfte.
SCHIFF: Auf den Wasserwegen im Landesinneren verkehren Dampfer und Motorboote. Den Ausmaßen der finnischen Wasserwege entsprechend gibt es eine Vielzahl unterschiedlicher Strecken und Verbindungen. Die beliebte »Silberlinie« im Süden Finnlands führt von Hämeenlinna nach Tampere. Der »Dichterweg« verbindet Tampere und Virrat. Linienschiffe verkehren u. a. auf den Seen Saimaa, Päijänne, Inarijärvi und Pielinen (auf dem letzteren auch eine Autofähre). Auf den Dampfern gibt es Restaurants und Kabinen.
BAHN: Das finnische Schienennetz umfaßt 5874 km. Die Bahnen sind modern und zuverlässig, Zugfahrten sind relativ preiswert. Seit neuem wird ein Superschnellzug (140 km/h) eingeführt. In den *EP*-Schnellzügen müssen Sitzplätze reserviert werden. Auf Langstrecken werden Schlafwagen eingesetzt.
Fahrpreisermäßigungen: *Gruppentickets* (ab 3 Personen) mit bis zu 20% Ermäßigung sind einen Monat lang gültig. Mit dem *Finnrail-Paß* (1. oder 2. Klasse) kann man wahlweise 3, 5 oder 10 Tage unbegrenzt mit der Bahn fahren. Der finnische *Seniorenpaß* (über 65 Jahre) berechtigt zu bis zu 50% Ermäßigung und ist an jedem Bahnhof in Finnland erhältlich. *InterRail-Paß* und *EURO DOMINO* sind auch in Finnland gültig. Einzelheiten s. *Deutschland*. Weitere Informationen erteilt u. a. die Finnische Zentrale für Tourismus (Adresse s. o.).
BUS/PKW: Das Straßennetz umfaßt 78.065 km. Die Hauptstraßen sind zu jeder Jahreszeit passierbar. Im südlichen Finnland gibt es Gewichtsbeschränkungen für Fahrzeuge in den Monaten April und Mai, im nördlichen Finnland in den Monaten Mai und Juni. Hupen werden selten benutzt. In manchen Gegenden machen Warnzeichen auf Elche, Rotwild und Rentiere aufmerksam. Wer das Pech hat, einen Elch oder ein Rentier anzufahren, muß dies der Polizei melden. **Fernbusse** sind ausgezeichnet in Finnland, über 300 Schnellbusse pro Tag verbinden Helsinki mit dem Rest des Landes. Selbst die abgelegensten Orte werden angefahren, zum Teil von den gelben Postbussen. In Lappland sind Busse das wichtigste Verkehrsmittel. In den Busbahnhöfen gibt es Restaurants und Geschäfte. Gepäck kann aufgegeben werden, selbst wenn die Busreise mit Umsteigen oder der Weiterfahrt mit einer anderen Busgesellschaft verbunden ist. Kinder unter 4 Jahren werden umsonst befördert (Kinder zwischen 4 und 11 Jahren zahlen die Hälfte). Sitzplätze können gegen eine kleine Gebühr reserviert werden. Fahrpläne sind überall erhältlich.
Fahrpreisermäßigungen: Gruppentickets gibt es ab 3 Personen, Mindeststrecke 80 km bei Einfachticket (Ermäßigung 25%). Studentenermäßigungen bei gültigem Studentenausweis. **Taxis** stehen in jedem größeren Ort, an Flughäfen und vor großen Hotels zur Verfügung. Taxifahrer erwarten kein Trinkgeld. **Mietwagen** gibt es in Helsinki und anderen größeren Städten. Unterschiedliches Mindestalter (19-23 Jahre), man muß seit über einem Jahr Inhaber des Führerscheins sein. Öl, Wartung, Haftpflicht und Versicherung sind normalerweise im Preis inbegriffen. Vereinzelt können auch Wohnwagen gemietet werden. **Verkehrsbestimmungen:** Sicherheitsgurte müssen von Fahrer und Beifahrern über 15 Jahren getragen werden. Kinder unter 15 Jahren dürfen nicht auf dem Beifahrersitz reisen. Außerhalb geschlossener Ortschaften müssen Autofahrer rund um die Uhr mit Abblendlicht fahren, innerhalb geschlossener Ortschaften nur bei schlechtem Wetter. Wagen mit Campinganhänger dürfen nicht über 80 km/h fahren. Wagen und Anhänger müssen die gleichen Reifen haben. Winterreifen sind zwischen 1. Oktober und 30. April zugelassen (länger bei entsprechendem Wetter). Schneeketten für Fahrzeuge unter 3,5 Tonnen werden im Dezember und Januar empfohlen. Winterreifen und Schneeketten können ausgeliehen werden. Auskünfte erteilt der finnische Automobilklub: *Autoliitto*, PO Box 35, SF-00551 Helsinki. Tel: (90) 77 47 61. Telefax: (90) 77 47 64 44. Wer in einen Unfall verwickelt wird, sollte umgehend das finnische Autoversicherungsbüro *Liikennevakuutusyhdistys* informieren. Anschrift: Bulevardi 28, SF-00120 Helsinki. Tel: (90) 68 04 01. Telefax: (90) 68 04 03 68. **Unterlagen:** Erforderlich sind Versicherungsschutz und der Führerschein des eigenen Landes.

STADTVERKEHR: In Helsinki gibt es ein gut koordiniertes Verkehrsnetz mit Bussen, Straßenbahnen, U-Bahnen und Vorortzügen, außerdem Fähren zu den Suomenlinna-Inseln. Fahrpreise werden nach Zonen berechnet, die für alle öffentlichen Verkehrsmittel gelten (einschl. der Fähren). Sammelfahrscheine und Zeitkarten muß man vor Fahrtantritt kaufen. Eine Fahrt mit der Straßenbahnlinie 3 führt an den meisten Sehenswürdigkeiten der Stadt vorbei. Es gibt eine kostenlose Begleitbroschüre zu dieser Besichtigungstour. **Helsinki Card:** Diese Fahrkarte ist für 1-3 Tage erhältlich, gilt für unbegrenzte Fahrten mit den öffentlichen Verkehrsmitteln in Helsinki, Espoo und Vantaa und berechtigt zu freiem Eintritt in 50 Museen und anderen Sehenswürdigkeiten. Einzelheiten vom Verkehrsamt (Adressen s. o.).
FAHRZEITEN von Helsinki zu anderen finnischen Großstädten (ungefähre Angaben in Std. und Min.):

	Flugzeug	Bahn	Bus/Pkw
Tampere	0.35	2.15	2.50
Turku	0.30	2.16	2.40
Rovaniemi	1.15	12.00	-

UNTERKUNFT

HOTELS: Die meisten finnischen Hotels und Motels sind modern ausgestattet, alle haben gewöhnlich Saunas und viele auch einen Swimmingpool. Zimmerpreise sind regional verschieden, in Helsinki und Lappland sind die Hotels am teuersten. Das Frühstück ist nicht immer inklusive im Preis. Die Bedienung ist in der Regel in der Hotelrechnung enthalten. In den Sommermonaten sollte im voraus gebucht werden. Das Finnische Verkehrsamt erteilt ausführliche Auskunft über Hotels und Motels. Außerdem ist ein in Zusammenarbeit mit der Behindertenorganisation *Rullaten Ry* (Helsinki) erstelltes Verzeichnis behindertengerechter Hotels und anderer Unterkunftsmöglichkeiten vom Verkehrsamt erhältlich. Mit *Finncheque*-Hotelgutscheinen, die in bestimmten Reisebüros und Agenturen außerhalb Finnlands erhältlich sind, kann man im Sommer (1. Juni - 17. September) von Hotel zu Hotel reisen. Sie sind besonders für Autoreisende zu empfehlen. Diese Hotelgutscheine können in 250 Hotels an über 100 Urlaubsorten eingelöst werden. Es gibt drei verschiedene Kategorien (s. u.). Nur die erste Übernachtung kann im voraus gebucht werden, das nächste Hotelzimmer bucht man kostenlos im Hotel des Vortags. Weniger umfassende Hotelschecksysteme anderer Anbieter gewähren ähnliche Vergünstigungen. In zahlreichen Hotels gibt es am Wochenende oder für Gruppen Ermäßigungen. Einzelheiten vom Verkehrsamt. Der Hotelverband *Hotel and Restaurant Council* (Tel: (90) 63 24 88. Telefax: (90) 63 28 13) hat seinen Sitz in der Merimiehenkatu 29, SF-00150 Helsinki. **Kinder:** Für Extrabetten wird ein Zuschlag erhoben. Jugendliche unter 15 Jahren, die kein Extrabett benötigen, übernachten kostenlos. **Sommerhotels:** In den Sommerferien der Universitäten (1. Juni - 31. August) werden die Zimmer in Studentenwohnheimen an Urlauber vermietet. Diese modernen und sauberen Quartiere werden »Sommerhotels« genannt. Sie sind preiswerter als Hotels und stehen in allen Großstädten zur Verfügung. **Kategorien:** Der Standard finnischer Hotels ist allgemein hoch, die Kategorien richten sich nach dem *Finncheque*-System. *Kategorien I* (gehobene Preise) und *II* bieten Unterkunft in Doppelzimmern mit Frühstück und Bedienung. In der *Kategorie III* gibt es ein eingepacktes Essen, das man sich auch selbst zusammenstellen kann.
PENSIONEN: Das finnische *Gasthaus* ist normalerweise eine Privatpension für 20 bis 50 Gäste. In ländlichen Gegenden werden auch manchmal Restaurants mit ein paar Gästezimmern so genannt. Auskunft: *Finlandia Hotels*, Merimiehenkatu 29, SF-00150 Helsinki. Tel: (90) 65 66 00. Telefax: (90) 65 66 11. Die Zimmer (mit Frühstück) sind entweder im Hauptgebäude, in Ferienhäuschen oder in Nebengebäuden untergebracht. Kinder unter 4 Jahren übernachten kostenlos, und Kinder zwischen 4 und 12 Jahren bezahlen die Hälfte.
URLAUB AUF DEM BAUERNHOF: Zimmer mit Frühstück, Halbpension oder Vollpension sind auf über 150 Bauernhöfen erhältlich. Die Höfe liegen fast immer in der Nähe von Seen oder Flüssen; die Gästezimmer sind oft einfach, aber sauber, ein Familienbadezimmer steht zur Verfügung. Einige Bauernhöfe haben Gästehäuschen mit Vollpension oder Ferienwohnungen mit Kühlschrank und Kochgelegenheit. Die Gäste können auf dem Hof mithelfen, an den Mahlzeiten der Familie teilnehmen, die Sauna benutzen, rudern, angeln oder Waldspaziergänge unternehmen.
Vollpension besteht aus zwei Hauptmahlzeiten, zweimal täglich Kaffee und zweimal die Woche Sauna; für Kinder erhält man 50-75% Ermäßigung. Die Mehrzahl der Bauernhöfe liegt im mittleren und östlichen Finnland, manche befinden sich auch an der Küste und auf den Åland-Inseln.
Kategorien: 1-5 Sterne.
5 Sterne: Wie 4 Sterne, jedoch mit eigener Dusche und eigenem WC.
4 Sterne: Bauernhöfe mit gut ausgestatteten Gästezimmern. Bis zu 8 Gäste pro Dusche/WC. Angenehme Umgebung, Freizeitgestaltung.
3 Sterne: Gut ausgestattete Gästezimmer. Dusche und WC im gleichen Gebäude. Bis zu 10 Personen pro Dusche/WC.
2 Sterne: Zweckmäßige Zimmer. Dusche/WC im gleichen Gebäude oder in Außengebäuden.
1 Stern: Sehr einfache Zimmer, jedoch zumeist mit Strom und Heizung. WC und Dusche in Außengebäuden.
FERIENHÄUSER: Es gibt über 200 **Feriendörfer** mit allem Komfort in Finnland. Die Dörfer bestehen aus erstklassigen Bungalows an Seen, Flüssen oder auf Inseln mit ausgezeichneten Möglichkeiten zum Angeln, Rudern, Schwimmen oder Wandern sowie hervorragenden Saunabädern. Die schönsten Feriendörfer sind ganzjährig geöffnet und sind im Winter ideal zum Skilaufen. In den größten Feriendörfern gibt es Hotels und Restaurants. 5-Sterne-Bungalows bieten mehrere Schlafzimmer, Fernseher und allen Komfort.
Außerdem kann man ca. 5000 private und abgelegenere **Ferienhäuser** mieten, vom Luxusbungalow bis zur Fischerhütte an der Küste. Die Häuser sind möbliert und haben volleingerichtete Küchen. Bettwäsche, Heizmaterial, Brennstoff zum Kochen und für die Beleuchtung sind ebenfalls vorhanden, oft auch Sauna und Ruderboot. Ferienhäuser im Landesinneren liegen zumeist in der Nähe von Bauernhöfen, auf denen Urlauber Lebensmittel kaufen können. Außerhalb der Hauptsaison gibt es Preisermäßigungen. Weitere Auskünfte bei den regionalen Fremdenverkehrsämtern.
Kategorien: Nicht alle Ferienhäuser sind in Kategorien aufgeteilt, allgemein üblich ist jedoch das Sterne-System:
5 Sterne: Bungalow mit mindestens zwei Schlafzimmern, Wohnzimmer (zusammen mind. 24 qm), Küche, Sauna (mit Ankleideraum), Dusche, WC, Elektrizität und modernem Komfort, außerdem Ruderboot.
4 Sterne: Bungalow mit mindestens zwei Schlafzimmern, Wohnzimmer (zusammen mind. 24 qm), Küche, Sauna, Dusche, WC, Elektrizität und Ruderboot.
3 Sterne: Bungalow mit mindestens einem Schlafzimmer, Wohnzimmer (zus. mind. 24 qm), Küche oder Kochnische, Sauna, Dusche, WC/Außentoilette, Elektrizität und Ruderboot.
2 Sterne: Bungalow mit Wohnzimmer (mind. 12 qm) mit Schlafecke, Kochgelegenheit, Brunnen, Sauna (wird evtl. auch von anderen Gästen benutzt), Außentoilette und einem Ruderboot für zwei Bungalows.
1 Stern: Bungalow mit Wohn-/Schlafzimmer (12 qm), Kochgelegenheit, Brunnen, Sauna (wird evtl. auch von anderen Gästen benutzt), Gemeinschaftsdusche, Außentoilette, gemeinschaftlichem Ruderboot.
JUGENDHERBERGEN: Es gibt ca. 160 Jugendherbergen in Finnland, die z. T. nur im Sommer (10. Juni bis 15. August) geöffnet sind. Ca. 70 Jugendherbergen stehen auch im Winter zur Verfügung. Manche der Herbergen dienen während des Semesters als Studentenwohnheime. Neben Schlafsälen gibt es auch »Familienzimmer«. Mahlzeiten werden im allgemeinen nicht serviert, es gibt jedoch Erfrischungen und Kaffee und in einigen Herbergen auch Kochmöglichkeiten. Es gibt keine Altersbeschränkung. *Finnish Hostel Schecks* werden akzeptiert. Bettwäsche kann ausgeliehen werden. Auskunft erteilt die Finnische Jugendherbergsvereinigung unter folgender Anschrift: *Suomen Retkeily Magagärgestö (SRM RY)*, Yrjönkatu 38b, SF-00100 Helsinki. Tel: (90) 694 03 77. Telefax: (90) 693 13 49.
Je nach Ausstattung der Herbergen unterscheidet man drei **Kategorien**:
4-Sterne-Finnhostels: Die meisten von ihnen haben ganzjährig geöffnet. Laken und Handtücher vorhanden, meist ist Frühstück im Preis inbegriffen.
3-Sterne-Herbergen haben Tagungs-, Vorlesungs- und Familienräume.
2- und 1-Stern-Herbergen entsprechen dem einfachen internationalen Standard.
CAMPING: Es gibt ca. 350 Campingplätze in Finnland, fast alle haben Kochmöglichkeiten, Kioske und Kantinen, die Lebensmittel, Zigaretten und Süßigkeiten verkaufen. Die meisten Zeltplätze liegen in der Nähe von Seen, Flüssen oder an der Küste und unweit von Autobahnen oder Städten. Außerhalb von Campingplätzen darf man nur mit besonderer Genehmigung des Grundstückseigentümers zelten. Die Saison dauert von Ende Mai/Anfang Juni bis Ende August/Anfang September. Im Süden Finnlands ist es ca. drei Monate im Jahr warm genug zum Zelten, im Norden nur zwei Monate lang. Fast alle Zeltplätze bieten daher auch Ferienwohnungen, Zimmer oder Bungalows für Familien an. Die Preise richten sich nach der jeweiligen Kategorie und werden pro Familie berechnet, d. h. für zwei Erwachsene, zwei Kinder, Auto, Zelt und Wohnwagen. Koch- und Waschmöglichkeiten sind ebenfalls im Preis enthalten. Inhaber einer internationalen Campingkarte (FICC) benötigen keine finnische Campingkarte. Der Fremdenverkehrsverband gibt eine Broschüre über Campingplätze und Jugendherbergen heraus. Den Finnischen Camperverband er-reicht man unter folgender Adresse: PO Box 776, SF-00101 Helsinki. Tel: (90) 17 08 68. Telefax: (90) 65 43 58.
Campingplätze sind in drei **Kategorien** aufgeteilt:
3 Sterne: Überdachte Kochstellen, Lagerfeuerstelle, Kanalisation, WCs, Waschräume mit heißem Wasser, Waschmaschinen und Bügeleisen, Sportplatz, 24-Std.-Bewachung.
2-Sterne: Überdachte Kochstelle, Feuerstelle, Kanalisation, WCs, Waschanlagen, Duschen, Spielplatz, Nachtwächter.
1-Stern: Überdachte Kochstelle, Feuerstelle, Kanalisation, Toiletten, Spülbecken.

URLAUBSORTE & AUSFLÜGE

Die einzelnen Landesteile Finnlands sind nicht nur klimatisch und landschaftlich sehr unterschiedlich, sondern auch im Hinblick auf Traditionen, Kultur und kulinarische Spezialitäten. Die jahreszeitlich bedingten Unterschiede sind im Norden besonders ausgeprägt. In Lappland dauert die Wintersportsaison bis zum Mai. Zur Zeit der Mitternachtssonne von Juni bis Mitte Juli wird es nie ganz dunkel. Im September zaubert der erste Frost das farbenprächtige Schauspiel der *Ruska*. Im Süden Finnlands ist der Sommer länger, hier gibt es in der Mittsommerzeit 19 Std. Tageslicht und zumeist reichlich Sonnenschein.

Helsinki und Umgebung

Der Großraum Helsinki stellt mit etwa 770.000 Einwohnern die am dichtesten besiedelte Region des Landes dar. **Helsinki** und die Städte **Espoo**, **Vantaa** und **Kauniainen** liegen in einem Gebiet von 800 qkm, das nur zur Hälfte bebaut ist. Die andere Hälfte besteht aus Parkanlagen, Wäldern, Küstenstreifen und Seen mit ländlichem Charakter. Immer wieder stößt man auf historische Gebäude wie Kirchen und alte Herrenhäuser, jedoch auch auf moderne Bauwerke berühmter finnischer Architekten des 20. Jahrhunderts. Die *Dipoli-Halle* der Technischen Universität von Helsinki in **Otaniemi** ist ein international bekanntes Meisterwerk moderner Architektur.
Urlaubsziele: Espoo (Esbo), Helsinki (Helsingfors) und Vantaa (Vanda).

Der Südwesten und die Åland-Inseln

Diese Region wird auch die Wiege der finnischen Zivilisation genannt. Hier gibt es mehr Steinkirchen und Herrenhäuser als irgendwo anders im Land.
Die finnische Westküste liegt am *Bottnischen Meerbusen* und die Südküste am *Finnischen Meerbusen*, beide gehören zur Ostsee. Die Küste ist insgesamt 4600 km lang und besteht aus unzähligen Buchten und Tausenden kleiner und großer Inseln.
Küste und Inseln bestehen zum Großteil aus flachem roten und grauen Granit, der sich nirgendwo sehr hoch über den Meeresspiegel erhebt. Vielerorts findet man weitläufige, herrliche Sandstrände. Es gibt kaum Gezeiten an der Ostsee und im Sommer selten hohe Brandung. Der Salzgehalt ist gering, da nur wenig Salzwasser der Nordsee durch den Skagerrak (Nordspitze Dänemarks) bis nach Finnland gelangt und aufgrund der zahlreichen Flüsse und den regelmäßigen Niederschlägen. Das Land hebt sich von Jahr zu Jahr weiter über den Meeresspiegel, am schmalsten Teil des Bottnischen Meerbusens bis zu 9 mm jährlich.
Im Südwesten Finnlands und auf den Åland-Inseln ist es am wärmsten. Hier wachsen viele Laubbäume, Obst und Gemüse werden angebaut; 20% der bebauten Felder des Landes liegen in dieser Gegend. Ein Großteil der schwedischsprachigen Bevölkerung lebt hier, vor allem auf den Åland-Inseln, auf denen ausschließlich schwedisch gesprochen wird, auf den Inseln vor **Turku** und an der Südküste. Die meisten Städte haben hier auch schwedische Namen (in diesem Kapitel in Klammern hinter den finnischen Namen).
Urlaubsziele: Tammisaari (Ekenäs), Hamina (Fredrikshamn), Hanko (Hangö), Hyvinkää (Hyvinge), Hämeenlinna (Tavastehus), Kotka, Kouvola, Kuusankoski, Lohja (Lojo), Maarianhamina (Mariehamn) und die Åland-Inseln, Naantali (Nådendala), Parainen (Pargas), Pori (Björneborg), Porvoo (Borgå), Rauma (Raumo), Riihimäki, Turku (Åbo) und Uusikaupunki (Nystad).

Die Finnische Seenplatte

Die meisten der 188.000 Seen liegen im Süden Finnlands. Sie sind durch Flüsse und Kanäle miteinander verbunden und stellten in alten Zeiten ein wichtiges Verkehrsnetz dar. Heute üben die unzähligen Inseln, Landzungen, Buchten und weitläufigen Wasserflächen eine große Anziehungskraft auf Urlauber aus. Die Seen sind nicht sehr tief und werden schnell von der Sonne erwärmt. Im Sommer finden in diesem wunderschönen Urlaubsgebiet zahlreiche Feste aller Art statt.

Die Westlichen Seen

Jyväskylä, **Tampere**, **Lahti** und **Hämeenlinna** gehören zu dieser Region, die von zwei großen Wasserwegen gebildet wird. Der ältere der beiden, die »Silberlinie«, führt von **Hämeenlinna** (dem Geburtsort des Komponisten Sibelius) an dichtbesiedeltem Agrarland vorbei nach **Tampere. Lahti**, ein Wintersportzentrum, liegt am hochgelegenen Ufer des *Päijänne-Sees*, wo steile Felsklippen bis zu 200 m hoch aufragen. Die Stadt **Jyväskylä** auf der anderen Seite des Sees ist für ihre schöne moderne Architektur bekannt.

Die Östlichen Seen

Das riesige Netz des *Saimaa-Sees* bedeckt den größten Teil dieser Region. In diesem Gebiet liegen 33.000 Inseln, die Uferlänge beträgt insgesamt 50.000 km. Zwischen den lebhaften Städten am Seeufer verkehrt man zumeist auf dem Wasserweg; besonders hübsch sind **Savonlinna** (mit dem guterhaltenen *Schloß Olavinlinna* aus dem Mittelalter) und **Kuopio**, wo man die Spezialität *Kalakukko* (Fisch- und Schweinefleischpastete) kosten kann. Jedes Jahr im Juli findet im Schloß Olavinlinna das Savonlinna-Opernfestival statt. Außer Opernaufführungen, die stets internationale Beachtung finden, werden hier auch andere Konzerte veranstaltet.

Der Finnische Wald

Die meisten Waldgebiete sind so abgelegen, daß die rauhe Schönheit der weitläufigen Nadelwälder mit ihren sauberen Flüssen und Seen bis heute erhalten geblieben ist. Hier kann man zu herrlichen Kanu- und Wanderausflügen und auch zu Wildwasserfahrten aufbrechen.
Nordkarelien *(Pohjois-Karjala)*, im Süden der Waldregion, liegt östlich des *Pielinen-Sees*. Von den *Koli-Höhen* (350 m) hat man eine wunderschöne Aussicht auf die Seenlandschaft. Ein Großteil der griechisch-orthodoxen Bevölkerung Finnlands lebt in Karelien; dieser Landesteil hat einen eigenständigen Charakter, was das Essen und die Sitten und Gebräuche angeht. *Karjalan Piirakka* (»karelische Piroggen«) sind in ganz Finnland bekannt.
Kainuu, die wildromantische Region um den Oulojärvi-See, besteht aus riesigen Wäldern, Sümpfen, tiefen Seen und Stromschnellen. **Vuokatti**, in der Nähe des Dorfes **Sotkamo**, ist ein ideales Skilanglaufgebiet.
Urlaubsziele: Iisalmi, Imatra, Joensuu, Jyväskylä, Kajaani, Kuopio, Lahti, Lappeenranta (Villmanstrand), Lieksa, Mikkeli (St. Michel), Nurmes, Savonlinna (Nyslott), Tampere (Tammerfors), Valkeakoski und Varkaus.

Die Westküste

Die Region **Pohjanmaa** (Österbotten) an der Westküste ist eine Agrarregion mit langen Sandstränden, viel Sonnenschein und weniger Regen als im restlichen Finnland. In der Nähe von *Kalajoki* liegen die schönsten Sanddünen und Strände. Auf den Inseln zwischen den Städten **Vaasa** und **Kokkola** gibt es zahlreiche alte Fischerdörfer. Die **Insel Hailuoto** mit ihrer interessanten Tierwelt erreicht man mit der Fähre von **Oulu** aus, der größten Handels- und Universitätsstadt der Region. Malerische Holzhäuser gehören in den Küstenstädten noch längst nicht der Vergangenheit an. Die althergebrachten Traditionen überleben in zahlreichen regionalen Festivals, bei denen die *Pelimanni* Musik spielen, die seit Generationen vom Vater an den Sohn weitergegeben wird. Viele Finnen an dieser Küste sind schwedischsprachig. Die Verwaltungsgebäude der Stadt **Seinäjoki** im Landesinneren wurden von Alvar Aalto entworfen. 80 km südöstlich von Seinäjoki liegt der *Ähtäri-Tierschutzpark*.
Die größte Stadt der Region etwas südlich des Polarkreises im Osten ist **Kuusamo**. Etwas weiter nördlich, im *Oulanka-Nationalpark*, schießen Stromschnellen durch tiefe Schluchten. Im *Kitka-See* werden Fische mit Treibnetzen gefangen; im Sommer kann man hier herrlich wandern. Der *Berg Ruka* ist ein beliebtes Wintersportgebiet.
Urlaubsziele: Pietarsaari (Jakobstad), Kokkola (Karleby), Oulu (Uleåborg), Raahe (Brahestad), Seinäjoki und Vaasa (Vasa).

Lappland

In der Weite des stillen Lapplands kann man sich in Ruhe erholen, sowohl in luxuriösen 5-Sterne-Hotels als auch in bescheidenen Blockhütten. Hier gibt es Delikatessen wie Lachs und Rentier, auf verschiedenste Art und Weise zubereitet, und die seltenen gelben Moltebeeren. Das finnische Lappland (Gesamtbevölkerung der Provinz: 200.000 Einwohner) umfaßt 100.000 qkm, mit großen Sumpfgebieten, unbewohnten Gegenden und zahlreichen Flüssen. In den Tälern wachsen Kiefern und Fichten. Im hohen Norden liegt die baumlose Tundra. Auf manchen Hügeln der Hochmoore wachsen Latschenkiefern und Zwergbirken.
Es gibt nur vier größere Städte in dieser Provinz: **Rovaniemi** (die Provinzhauptstadt), **Kemijärvi**, **Tornio** und **Kemi.** Außerhalb dieser Städte ist Lappland fast menschenleer mit nur ca. 2 Personen pro qkm. Hier leben 3900 Lappen und 600 Skolt-Lappen (Angehörige der orthodoxen Kirche) und insgesamt 200.000 Rentiere. Zwischen September und Januar werden die Tiere zusammengetrieben und im März finden regelrecht Wettbewerbe statt, die Rentiertreiber aus ganz Lappland anziehen.

Östliches Lappland

Beliebte Wintersportgebiete sind **Suomutunturi** (am Polarkreis) und die Berge **Pyhätunturi, Luostotunturi** und **Saariselkä.** In **Porttikoski** und **Simo** werden im Sommer traditionelle Holzfäller-Wettbewerbe veranstaltet. In **Tankavaara,** Richtung Norden, wird Gold gewaschen. Das Dorf **Inari** liegt am Ufer des *Inarijärvi-Sees*, des drittgrößten finnischen Sees. Auf einer der 3000 Inseln des Sees steht ein alter Opferpalast der Lappen. Das *Sami-Museum* ist der lappischen Geschichte gewidmet. Mitten in der Landschaft liegt die *Pielpajärvi-Kirche*. Am Fluß *Lemmenjoki*, der in den Inarijärvi-See mündet, wird ebenfalls Gold gewaschen. Im *Lemmenjoki-Nationalpark* gibt es markierte Wege für Wanderungen durch die rauhe Schönheit Lapplands.

Westliches Lappland

Der Westen des finnischen Lapplands liegt höher und hat eine ganz andere Landschaft als der Osten. Die bekanntesten der eindrucksvollen, kaum bewachsenen Berge sind *Yllästunturi*, *Olostunturi* und *Pallastunturi*. Hier kann man wunderbar skilaufen und im Sommer wandern. An der Grenze zwischen Finnland, Norwegen und Schweden liegen die Berge *Haltia* (1300 m) und *Saana* (1029 m). Mariä Verkündigung, ein Feiertag im März, wird im Lappendorf **Hetta** mit großer Farbenpracht gefeiert.
Urlaubsziele: Kemi, Kemijärvi, Rovaniemi und Tornio.

Wintersport

Skilaufen ist die beliebteste Freizeitbeschäftigung der Finnen im Winter. Ausgezeichnet markierte Langlaufstrecken verschiedener Schwierigkeitsgrade fangen schon unweit der Stadtzentren an. Die Wege führen durch Wälder, über schneebedeckte Hänge zu zugefrorenen Seen oder zum Meer. Oft sind die Strecken beleuchtet. **Skilanglauf** ist im südlichen und mittleren Finnland bis Ende März möglich, in Lappland bis Ende Mai, wenn die Sonne bereits 14-16 Std. am Tag scheint. Der Winter beginnt, wenn der erste Schnee liegenbleibt: in Lappland gegen Ende Oktober, im übrigen Finnland im November oder Dezember. Gegen Ende des Winters liegen im Norden und Nordosten bis zu 70 cm Schnee. Lawinen sind selten. Die Seen gefrieren in Lappland im Oktober und im restlichen Finnland im November oder Dezember. Die Küstengewässer gefrieren im Dezember. Obwohl die Temperaturen im Winter tief unter den Gefrierpunkt fallen, macht die trockene Luft die Kälte durchaus erträglich. Finnische Häuser sind für den kalten Winter mit ausgezeichneter Zentralheizung, isolierten Wänden und Doppelfenstern bestens eingerichtet. Flug- und Straßenverkehr werden selbst durch härtestes Winterwetter kaum beeinträchtigt, und die Fahrrinnen der Küstengewässer werden durch Eisbrecher freigehalten.
Im Januar werden die Tage wieder länger, und bereits im April gibt es in Helsinki wieder mehr als 12 Std. Tageslicht. Die Schneeschmelze beginnt Anfang März, in Lappland Anfang April. Südfinnland ist im April schneefrei, Nordfinnland im Mai. Südfinnland ist Anfang Mai eisfrei, Nordfinnland Ende Mai.

Skigebiete

Nördliches Finnland: Pallastunturi, Saariselkä, Olostunturi, Yllästunturi und Rovaniemi.
Mittleres Finnland: Suommu, Ruka, Isosyöte, Vuokatti, Ruuponsaari, Koli, Summassaari, Ähtäri, Jyväskylä, Joutsa und Ruka.
Südliches Finnland: Ellivuori, Messilä, Hyvinkää und Lahti.

SOZIALPROFIL

ESSEN & TRINKEN: Kartoffeln, Fleisch, Fisch, Milch, Butter und Roggenbrot sind die traditionellen Hauptnahrungsmittel; die finnische Küche hat sich jedoch auch Einflüsse der Kochkünste Frankreichs und Schwedens sowie Rußlands zu eigen gemacht. Besucher können sich darauf verlassen, daß überall ausgezeichneter frischer Fisch auf der Speisekarte steht, u. a. Hecht, Forelle, Flußbarsch, Weißfisch, Lachs und Ostseehering. Fast alle Fische werden ganzjährig angeboten, Flußkrebse (eine finnische Spezialität) in den Monaten Juli und August. Geräuchertes oder frisches Rentierfleisch sollte man auch probieren. Zu den regionalen Spezialitäten zählen *Kalakukko*, eine Fisch- und Schweinefleischpastete in Roggenmehlteig, und *Karjalan Piirakka*, mit Milchreis oder Kartoffeln gefüllte Piroggen. Eintopfgerichte sind ebenfalls sehr beliebt. In den Restaurants *(Ravintola)* werden internationale Gerichte und finnische Spezialitäten angeboten. Die Preise sind relativ günstig, vor allem, wenn man sich an das Tagesmenü hält. Oft gibt es Kinderteller zum halben Preis. Preiswerte Mittagessen gibt es in *Kahvila* oder *Baari* (Gaststätten). Das Verkehrsamt erteilt Auskünfte über die **Feinschmeckerpfade.** Je ein Feinschmeckerpfad ist für Ost- und Westfinnland vorgesehen. Die zwei- bis viertägige Reise führt durch die verschiedensten Restaurants, das Spektrum reicht von großen Hotels über Gasthäuser bis hin zu Bauernhöfen; bevorzugt werden kleinere Restaurants mit gemütlicher Atmosphäre. In Lappland gibt es drei weitere Feinschmeckerpfade, *Lappi à la carte* genannt. **Getränke:** Einige Restaurants servieren alkoholische Getränke aller Art, in manchen sind nur Bier und Wein erhältlich. Spezialitäten sind finnische Beerenliköre wie *Mesimarja* (arktische Himbeere), *Lakka* (Moltebeerlikör), *Polar* (Preiselbeerlikör) und finnischer Wodka (eiskalt zum Essen serviert). Finnisches Bier der Klassen III und IV A ist ausgezeichnet. Autofahrer sollten unbedingt die Promillegrenze (0,5‰) beachten; Überschreitungen werden empfindlich bestraft. Jugendliche unter 18 Jahren können kein Bier kaufen; Spirituosen werden nur an Personen über 19 Jahren verkauft.
Kategorien: Die Preise der alkoholischen Getränke richten sich nach der Kategorie des Restaurants.
E: Elite;
G: Normalpreis;
S: Selbstbedienung;
A: Alkoholausschank aller Art;
B: Bier- und Weinausschank.
EINKAUFSTIPS: Schmuck, handgewebte *Ryijy*-Teppiche, Möbel, Glas, Porzellan, Keramik und Stoffe sind nur einige der Kunstgewerbeartikel, für die Finnland bekannt ist. Supermärkte bieten überall eine gute Auswahl. Das Einkaufszentrum im Tiefgeschoß des Hauptbahnhofs von Helsinki ist Mo-Fr 08.00-22.00 Uhr geöffnet (sonn- und feiertags 12.00-22.00 Uhr). Im Hafen von Katajanokka kann man Glaswaren, Porzellan, Naturholzartikel und Stoffe kaufen. Zollfreier Einkauf: Reisende, die nicht in Skandinavien oder EU-Ländern wohnen, können bei der Ausreise die Mehrwertsteuer zurückfordern. Die Läden stellen besondere Gutscheine aus, die an folgenden Zollstellen eingelöst werden können: an den Flughäfen von Helsinki, Turku, Tampere, Mariehamn, Vaasa und Rovaniemi; auf den Fähren der Linien *Silja Line*, *Viking Line*, *Vaasaferries* und *Polferries* und an den Grenzübergängen nach Schweden, Norwegen und Rußland. **Öffnungszeiten der Geschäfte:** Mo-Fr 09.00-18.00 Uhr, Sa 09.00-15.00 Uhr.
SPORT: Wassersport, Saunen, Reiten, Wandern, Golf, Tennis, Squash, Bogenschießen und **Goldwaschen** werden angeboten, um nur eine Auswahl des großen Freizeitangebots zu nennen. **Tennis:** Schätzungen zufolge spielt jeder zwanzigste Finne Tennis. Es gibt 1500 Plätze im Freien (zumeist Lehmboden) und 450 Hallenplätze. Viele Touristenzentren haben eigene Tennisplätze. Am besten bringt man seinen eigenen Schläger mit. Tennislehrer bieten drei- bis siebentägige Lehrgänge an. Auch Tennisurlaube mit Unterkunft und Verpflegung werden angeboten. **Golf** wird von Mai bis Oktober gespielt, im Winter kann man in Kerimäki Schneegolf spielen. Die besten Golfplätze liegen in und um Helsinki. **Skilaufen:** Die Hochsaison im südlichen und mittleren Finnland dauert von Januar bis März. Zu den besten Wintersportorten dieser Region gehören Ellivuori in Vammala, Lahti, Joutsa, Kuopio, Lieksa und Saarijärvi, in denen auch für ausgezeichnete Après-Ski-Unterhaltung gesorgt ist. In Lappland beginnt die Saison im Spätherbst und dauert bis April, die Hauptsaison ist im März und April (siehe auch *Wintersport* und *Skigebiete* in der Rubrik *Urlaubsorte & Ausflüge*). **Radfahren** ist eine beliebte Freizeitbeschäftigung in Finnland. Zahlreiche Radrennen werden veranstaltet, und sowohl in Stadtzentren als auch in ländlichen Gebieten gibt es ausgezeichnete markierte Radwege. Auf allen Strecken findet man Campingplätze und Unterkunftsmöglichkeiten aller Art. Fahrräder kann man oft auf Campingplätzen, in Hotels, Feriendörfern, Jugendherbergen und Fremdenverkehrsämtern gegen eine Gebühr ausleihen. Die regionalen Fremdenverkehrsämter geben gern Auskunft über Fahrradverleih und Radwege. **Angeln:** Finnland ist ein wahres Paradies für Angler, egal, ob man die Angel lieber an der Ostsee oder auf den vielen weitläufigen Seen und Flüssen auswirft. Die Ostsee um Finnland hat einen niedrigen Salzgehalt, so daß man an den Küsten oft sowohl Meeres- als auch Süßwasserfische fangen kann. Urlauber über 18 Jahren müssen einen Angelschein erwerben (1 Jahr Gültigkeit, auf Postämtern erhältlich). Auf den Åland-Inseln ist kein Angelschein erforderlich. Zusätzlich muß die Erlaubnis des Grundeigentümers eingeholt werden. Einige Landgemeinden im Norden stellen ihre eigenen Angelscheine aus. **Wassersport:** Ein Land, das so viele Küsten, Seen und Flüsse hat wie Finnland, bietet Wasserratten unzählige Gelegenheiten zum **Schwimmen, Bootfahren, Kanufahren, Wasserskifahren** und **Windsurfen.**
26 Wasserskiclubs sind dem Finnischen Wasserskiverband angeschlossen, es gibt auch 30 Surfclubs. Ruder-, Motor- und Segelboote können auf Campingplätzen, in Feriendörfern und in Hotels gemietet werden. **Tauchen:** Es gibt keine kommerziellen Taucherzentren in Finnland. Abgesehen von den niedrigen Wassertemperaturen steht jedoch begeisterten Tauchern nichts im Wege; es gibt weder gefährliche Strömungen noch giftige Meerestiere oder -pflanzen. Der Finnische Sporttaucherverband ist unter folgender Adresse zu erreichen: *Sukeltajat*, Eurantie 8-10 I, SF-00550 Helsinki. Tel: (90) 73 73 39. **Segeln:** Nur erfahrene Segler mit aktuellen Seekarten (überall erhältlich) sollten sich in finnische Küstengewässer mit ihren tückischen Untiefen und Unterwasserfelsen wagen. Segelschulen, die dem Finnischen Seglerverband angeschlossen sind, veranstalten Kurse. Die Ausbildung erfolgt normalerweise auf Finnisch, viele Ausbilder sprechen jedoch auch Englisch, Deutsch oder Schwedisch. Anfragen bitte an den Finnischen Seglerverband unter folgender Adresse: *Finnish Yachting Association*, Radiokatu 20, SF-00240 Helsinki. Tel: (90) 15 81. Auf den Seen verkehren von Juni bis August Ausflugsschiffe – sowohl romantische alte Dampfer als auch moderne Tragflächenboote, die ein paar Stunden oder bis zu zwei Tage unterwegs sind. **Kanufahren** macht am meisten Spaß, wo mehrere Seen durch Stromschnellen miteinander verbunden sind. In abgelegene Gebiete sollte man einen Führer mitnehmen. In den Küstengewässern kann man verhältnismäßig ungefährdet kanufahren, auf die offene See sollten sich jedoch nur Profis wagen. Regionale Fremdenverkehrsämter erteilen Auskünfte über gekennzeichnete Kanustrecken. Alle Kanufahrer sollten sich an Karten der Küstengewässer und Wasserwege halten. Anfragen an die *Finnish Canoe Association*, Radiokatu 20, SF-00240 Helsinki. Tel: (90) 49 49 65. **Überlebenskurse:** Im Februar und März in Kotka (maximal 15 Teilnehmer) und von Mitte August bis Ende Oktober in Sotkamo (je

4 Tage mit 4-12 Teilnehmern). Die Kurse in Kotka, die mitten im Winter stattfinden, sind wesentlich schwieriger; obwohl bereits eine Versicherung im Preis inbegriffen ist, wird empfohlen, eine Zusatzversicherung abzuschließen.

VERANSTALTUNGSKALENDER:
Juni '96 (1) *Musikfestspiele* (Klassik wie auch Volksmusik), Ilmajoki. (2) *Tanz- und Musikfestspiele* (älteste nordische Tanzveranstaltung), Kuopio. (3) *Internationale Sportveranstaltung* (Jagen, Fischen, Wandern und Naturschutzmesse), Riihimäki. 15. - 22. Juni *Joensuu Festival* (nationale und internationale Musik, Tanz und Drama), Joensuu. 28./29. Juni *Literaturtage* (Bücherausstellung und -diskussion, Versteigerung, Verkauf, Seminare), Vammala. 29. Juni - 6. Juli *Big Band Festival* (Bierfest, Latein-Amerikanische Musik, Rhythm & Blues, Dixie- und Swing-Klänge), Imatra. Juli (1) *Volksmusikfestival*, Kaustinen. (2) *Opernfestspiele*, Savonlinna. 23. - 28. Juli *Spitzenausstellung* (u. a. schwarze Spitze und andere Handarbeiten), Rauma. Aug. (1) *Kinderfest auf dem Häme-Schloß* (Puppentheater, Filme, Musik, Märchen, Ausstellungen), Hämeenlinna. (2) *Goldwaschwettbewerb*, Turku. 14. - 15. Okt. *Fell Expo '96* (Abfahrts- und Langlaufwettbewerb), Oulu. 5. - 9. März '97 *Internationales Kurzfilm-Festival*, Tampere. 8. März *Tar Skiing Race* (ältester Langstrecken-Langlaufwettbewerb), Oulu.

SITTEN & GEBRÄUCHE: Zur Begrüßung gibt man sich die Hand. Die Höflichkeitsformen unterscheiden sich kaum von denen im restlichen Europa. Bei formellen Anlässen sollte man als Gast das *Skol* (»Prost«) des Gastgebers abwarten, bevor man trinkt. Legere Kleidung ist in den meisten Fällen angebracht. **Trinkgeld:** In der Hotelrechnung sind 15% Bedienungsgeld bereits inbegriffen. Restaurants und Bars berechnen an Wochentagen 14% Bedienungsgeld und an Wochenenden und Feiertagen 15%. Die Gebühren für Hotelportier und Garderobenaufbewahrung sind im allgemeinen deutlich angezeigt. Taxifahrer, Friseure und Toilettenpersonal erwarten kein Trinkgeld.

WIRTSCHAFTSPROFIL

WIRTSCHAFT: Finnland ist ein hochindustrialisiertes Land, in dem eine Vielfalt an Industrie- und Konsumgütern produziert wird. Die Holzverarbeitung ist der einträglichste Wirtschaftszweig, ca. 40% des Exports besteht aus Nutzholz und Produkten der holzverarbeitenden Industrie. Die Wirtschaft reagiert daher empfindlich auf Schwankungen der Weltmarktpreise und Nachfrage für Holz, Papier und Möbel. Auch die Landwirtschaft spielt eine Rolle. Bedingt durch die geographische und klimatische Lage ist allerdings die jährliche Wachstumszeit recht kurz; der Eigenbedarf an Getreide, Milchprodukten und Wurzelgemüsen kann jedoch gerade gedeckt werden. Ausgleichszahlungen aus dem EU-Strukturfonds sind vorgesehen, um die Folgen der Anpassung an EU-Agrarpreise zu mindern. Der größte industrielle Wirtschaftszweig ist der Maschinenbau, für den jedoch viele Rohstoffe eingeführt werden müssen. Exportiert werden auch Produkte der chemischen Industrie sowie Metallerze und Textilien. Zahlreiche Konsumgüter müssen importiert werden. Finnlands Lage und politische Neutralität begünstigen die Handelsbeziehungen sowohl mit dem Westen als auch mit dem Osten; in der GUS und in Osteuropa eröffnen sich durch die jüngsten Entwicklungen langfristig neue Handelsmöglichkeiten. Das Handelsvolumen mit den Nachfolgestaaten der ehemaligen Sowjetunion ist allerdings zunächst drastisch zurückgegangen. Die weltweite Rezession macht auch der finnischen Wirtschaft zu schaffen, die Arbeitslosigkeit ist hoch (1994: 18,4%). Die wichtigsten Handelspartner sind Deutschland, Schweden, Großbritannien, Frankreich, Niederlande, die GUS-Staaten und die USA.

GESCHÄFTSVERKEHR: Bei Geschäftsbesuchen sind Anzug und Krawatte bzw. Kostüm angebracht. Fast alle finnischen Geschäftsleute sprechen auch Englisch oder Deutsch. Finnisch hat keine Gemeinsamkeiten mit den anderen skandinavischen Sprachen, sondern ist mit Ungarisch und Estnisch verwandt. Fremdenverkehrsämter und Reisebüros können Dolmetscher vermitteln und mit Übersetzungen behilflich sein. Auf Pünktlichkeit wird großen Wert gelegt. Visitenkarten sind üblich. Die beste Zeit für Geschäftsreisen ist zwischen Februar und Mai und zwischen Oktober und Dezember.
Geschäftszeiten: Mo-Fr 08.00-16.15 Uhr.
Kontaktadressen: *Außenhandelsbüro des Finnischen Generalkonsulates*, Lessingstraße 5, D-60325 Frankfurt/M. Tel: (069) 719 11 50. Telefax: (069) 72 11 50. Weitere Büros in Berlin, Hamburg und München.
Deutsch-Finnische Handelskammer, Postfach 83, SF-00101 Helsinki. Tel: (90) 64 28 55. Telefax: (90) 64 28 59.
Außenhandelsstelle der Finnischen Botschaft, Gonzagagasse 16, A-1010 Wien. Tel: (0222) 535 61 60-0. Telefax: (0222) 535 57 14.
Außenhandelsstelle der Wirtschaftskammer Österreich, Mannerheimintie 15a, SF-00260 Helsinki. Tel: (90) 40 82 88. Telefax: (90) 40 96 20.
Finnland-Schweiz Handelskammer, Forchstraße 34, CH-8032 Zürich. Tel: (01) 383 07 73. Telefax: (01) 383 13 44.
Schweizerisch-Finnische Handelsvereinigung e. V., c/o Finn-cell, Postfach 60, SF-00101 Helsinki. Tel: (90) 65 49 32. Telefax: (90) 132 48 92.
Keskuskauppakamari (Industrie- und Handelskammer), Fabianinkatu 14, PO Box 1000, SF-00101 Helsinki. Tel: (90) 65 01 33. Telefax: (90) 65 03 03.
KONFERENZEN/TAGUNGEN: Finnland gehört zu den 20 Spitzenreitern unter den Tagungsländern. Vom riesigen Kongreßzentrum bis zum Tagungsraum auf einem Kreuzfahrtschiff ist man hier auf Veranstaltungen aller Größen bestens eingestellt. Wenden Sie sich an das *Helsinki-Finland Congress Bureau*, Fabianinkatu 4b 11, SF-00130 Helsinki. Tel: (90) 17 06 88. Telefax: (90) 65 47 05. Außerdem sind Konferenzabteilungen der Reisebüros und spezielle Konferenzveranstalter gern behilflich. Näheres vom Verkehrsamt (Adressen s. o.).

KLIMA

Gemäßigtes Klima, jedoch starke Temperaturschwankungen. Warm im Sommer; mildes Wetter im Frühling und Herbst. Der sehr kalte Winter dauert von November bis Mitte März. Im Norden liegt Schnee von Mitte Oktober bis Mitte Mai, aber während des kurzen arktischen Sommers scheint die Sonne bis zu 16 Std. pro Tag. Regelmäßige Regenfälle und heftige Schneefälle im Winter. Die niedrige Luftfeuchtigkeit läßt die Temperaturen oft höher erscheinen. Selbst in Lappland können die Temperaturen auf 32°C ansteigen. In den Sommermonaten gibt es (besonders im Norden) überall Mücken – Insektenschutzmittel nicht vergessen! Im hohen Norden wird es im Winter zwei Monate lang nicht richtig hell.
Kleidung: Sommer- bzw. Wintersachen je nach Saison und Region. Sehr warme Winterbekleidung ist im arktischen Winter im Norden erforderlich. Regenschutz das ganze Jahr über.

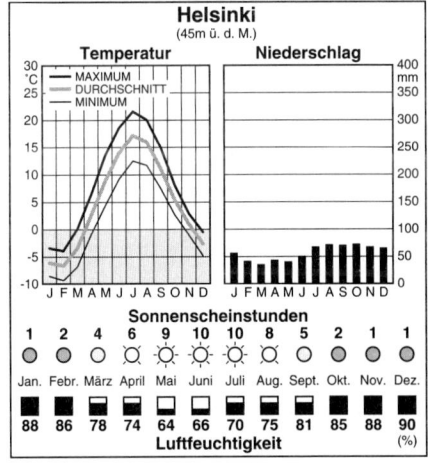

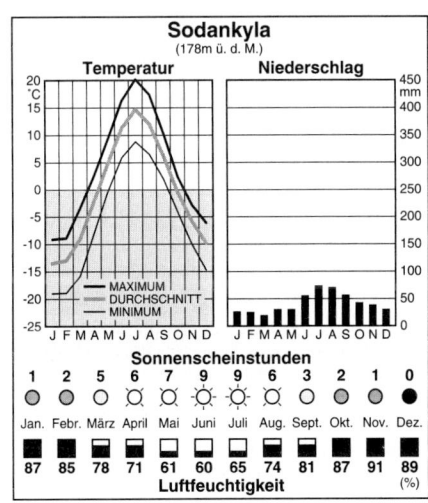

Pass- und Visavorschriften mancher Länder können sich kurzfristig ändern – Im Zweifelsfall erkundigen Sie sich bitte vor der Abreise bei der zuständigen Botschaft

Frankreich

□ *Internationaler Flughafen*

Lage: Westeuropa.

Maison de la France
Westendstraße 47
D-60325 Frankfurt/M.
Tel: (069) 756 08 30. Telefax: (069) 75 21 87.
Mo-Fr 09.00-16.30 Uhr.
Maison de la France
Argentinier Straße 41a
A-1040 Wien
Tel: (0222) 715 70 62. Telefax: (0222) 715 70 62 10.
Mo-Do 10.00-12.00 und 13.00-17.30 Uhr, Fr 10.00-12.00 und 13.00- 16.30 Uhr.
Maison de la France
Löwenstraße 59
Postfach 7226
CH-8023 Zürich
Tel: (01) 211 30 85. Telefax: (01) 212 16 44.
Mo-Do 10.00-13.00 und 14.00-17.30 Uhr, Fr 10.00-13.00 und 14.00-16.30 Uhr.
Das *Maison de la France* in Genf ist für den französischsprachigen Teil der Schweiz zuständig: Tel: (022) 732 86 10. Telefax: (022) 731 58 73.
Maison de la France
8 Avenue de l'Opéra
F-75001 Paris
Tel: (1) 42 96 10 23. Telefax: (1) 42 86 80 52.
Botschaft der Französischen Republik
An der Marienkapelle 3 (Eingang Konsularabt. Rheinstraße 52)
D-53179 Bonn
Tel: (0228) 955 60 00. Telefax: (0228) 955 61 60.
Mo-Fr 09.00-12.30 und 14.30-18.00 Uhr, *Konsularabt.*: Mo-Fr 09.00-11.30 Uhr.
Generalkonsulate mit Visumerteilung in Berlin (Tel: (030) 88 59 02 43), Düsseldorf (Tel: (0211) 49 77 30), Frankfurt/M. (Tel: (069) 795 09 60), Hamburg (Tel: (040) 414 10 60), München (Tel: (089) 419 41 10), Saarbrücken (Tel: (0681) 93 67 50) und Stuttgart (Tel: (0711) 23 74 70).
Konsulat mit Visumerteilung in Mainz (Tel: (06131) 96 07 40).

TIMATIC INFO-CODES

*Abrufbar über Ihr CRS-System (für START/Amadeus Ama-Maske benutzen). Für Galileo bitte TI-DFT eingeben (**mit Bindestrich**).*

Flughafengebühren	TI DFT/ PAR /TX
Währung	TI DFT/ PAR /CY
Zollbestimmungen	TI DFT/ PAR /CS
Gesundheit	TI DFT/ PAR /HE
Reisepassbestimmungen	TI DFT/ PAR /PA
Visabestimmungen	TI DFT/ PAR /VI

Honorarkonsulate ohne Visumerteilung in Bremen, Hannover, Münster und Nürnberg.
Botschaft der Französischen Republik
Techniker Straße 2
A-1040 Wien
Tel: (0222) 505 47 47. Telefax: (0222) 505 63 92 68.
Mo-Fr 09.00-12.00 Uhr, Mi 09.00-12.00 und 15.00-17.00 Uhr.
Konsularabteilung
Wipplingerstraße 24-26
A-1010 Wien
Tel: (0222) 535 64 09. Telefax: (0222) 532 13 15.
Mo-Fr 08.30-11.00 Uhr.
Botschaft der Französischen Republik
Schloßhaldenstraße 46
CH-3006 Bern
Tel: (031) 359 21 11. Telefax: (031) 359 21 91.
Mo-Fr 08.30-11.30 Uhr.
Botschaft der Bundesrepublik Deutschland
13-15 Avenue Franklin D. Roosevelt
F-75008 Paris
Tel: (1) 42 99 78 00. Telefax: (1) 43 59 74 18.
Konsularabteilung
34 Avenue d'Iéna
F-75116 Paris
Tel: (1) 42 99 78 00. Telefax: (1) 47 20 01 60.
Generalkonsulate in Bordeaux, Lyon, Marseille und Straßburg.
Honorarkonsulate in Avignon, Bastia, Boulogne-sur-Mer, Brest, Dijon, Dünkirchen, Le Havre, Lille, Lorient, Montpellier, Nantes, Nizza, Perpignan, Reims, Rouen und Toulouse.
Botschaft der Republik Österreich
6 Rue Fabert
F-75007 Paris
Tel: (1) 45 55 95 66. Telefax: (1) 45 55 63 65.
Generalkonsulate in Paris, Straßburg und Marseille.
Konsulate in Ajaccio, Bordeaux, Lyon und Nizza.
Botschaft der Schweizerischen Eidgenossenschaft
142 Rue de Grenelle
F-75007 Paris
Tel: (1) 49 55 67 00. Telefax: (1) 45 51 34 77.
Generalkonsulate in Bordeaux, Lyon und Marseille.
Konsulate in Annecy, Besançon, Lille, Mulhouse, Nizza und Straßburg.

FLÄCHE: 543.965 qkm.
BEVÖLKERUNG: 57.472.000 (1993).
BEVÖLKERUNGSDICHTE: 106 pro qkm.
HAUPTSTADT: Paris. **Einwohner:** 2.152.423 (1990, Großraum 9.320.000).
GEOGRAPHIE: Frankreich ist das größte Land in der Europäischen Union. Es grenzt im Norden an den Ärmelkanal (*La Manche*), im Nordosten an Belgien und Luxemburg, im Osten an Deutschland, die Schweiz, Italien und Monaco. Im Süden wird Frankreich vom Mittelmeer begrenzt, im Südwesten von Spanien und Andorra und im Westen vom Atlantischen Ozean. Die Insel Korsika liegt im Mittelmeer nördlich der italienischen Insel Sardinien. Die landschaftliche Vielfalt Frankreichs ist eindrucksvoll. Sie reicht von den Bergmassiven der Alpen und Pyrenäen, den bezaubernden Flußtälern der Loire, Rhône und Dordogne bis zur sonnenverwöhnten Côte d'Azur und den flacheren Regionen der Normandie und der Atlantikküste.
STAATSFORM: Demokratische Republik, seit 1875. Verfassung von 1958, letzte Änderung Juli 1995. Zweikammerparlament: Nationalversammlung (577 Mitglieder) und Senat (321 Mitglieder). Staatsoberhaupt: Jacques Chirac, seit Mai 1995. Regierungschef: Ministerpräsident Alain Marie Juppé, seit Mai 1995. Der Präsident wird in allgemeinen direkten Wahlen auf sieben Jahre gewählt.
SPRACHE: Amtssprache ist Französisch, es gibt viele regionale Dialekte. In der Bretagne wird z. T. noch Bretonisch gesprochen, in Korsika Korsisch, der Gebrauch des Baskischen ist im Südwesten weit verbreitet.
RELIGION: 81% römisch-katholisch, protestantische und muslimische Minderheiten sowie fast alle anderen Konfessionen.
ORTSZEIT: MEZ.
NETZSPANNUNG: 220 V, 50 Hz. In alten Hotels gelegentlich noch 110 V.
POST- UND FERNMELDEWESEN: Telefon: Selbstwählferndienst. **Landesvorwahl: 33.** Außer der (1) (auch innerhalb Frankreichs) gibt es für Paris keine Ortsvorwahlen; alle Telefonnummern sind jedoch achtstellig. Kartentelefone findet man immer häufiger. Telefonkarten sind beim Postamt oder in *Tabacs-Läden* erhältlich. **Telefax**-Anschlüsse sind weit verbreitet, viele Hotels bieten einen Telefax-Service an. **Telex/Telegramme:** Folgende Telex-Center sind rund um die Uhr geöffnet: 7 Rue Feydeau und 7 Place de la Bourse, beide in 75002 Paris. Weitere Telexgeräte stehen in den meisten Hauptpostämtern der größeren Städte zur Verfügung. Für die Benutzung von Telexen in den Büros privater Firmen ist eine internationale Telex-Kreditkarte erforderlich. **Post:** Briefmarken kann man auch in *Tabacs-Läden* kaufen. Post innerhalb Europas ist normalerweise 2-3 Tage unterwegs. Öffnungszeiten der Postämter: Mo-Fr 09.00-19.00 Uhr, Sa 09.00-12.00 Uhr.
DEUTSCHE WELLE
Der Einsatz der Kurzwellenfrequenzen ändert sich mehrfach im Laufe eines Jahres, und Sendungen auf den folgenden Frequenzen werden jeweils nur zu bestimmten Tageszeiten ausgestrahlt. Näheres in der Einleitung.

MHz	15,275	9,545	6,140	6,075	3,995
Meterband	19	31	49	49	75

REISEPASS/VISUM

Wichtiger Hinweis: *Die Einreisebestimmungen mancher Länder können sich kurzfristig ändern – rufen Sie sicherheitshalber auf Ihrem CRS-System (TIMATIC-Info-Code-Fenster in diesem Kapitel) den aktuellen Stand ab bzw. wenden Sie sich an die zuständige diplomatische Vertretung. Etwaige Zahlen in der Tabelle beziehen sich auf nachfolgende Fußnoten.*

	Paß erforderlich?	*Visum erforderlich?*	*Rückflugticket erforderlich?*
Deutschland	1	Nein	Nein
Österreich	1	Nein	Nein
Schweiz	2	Nein	Nein
Andere EU-Länder	1	Nein	Nein

Anmerkung: Frankreich ist Unterzeichner des Schengener Abkommens, das am 26. März 1995 in Kraft trat (s. Einleitung).
REISEPASS: Allgemein erforderlich, ausgenommen sind Staatsbürger von:
(a) [1] Belgien, der Bundesrepublik Deutschland, Italien, Luxemburg, den Niederlanden und Spanien mit gültigem Personalausweis **oder** Reisepaß, der höchstens 5 Jahre abgelaufen ist;
(b) [2] der Schweiz und Liechtenstein mit gültigem Personalausweis.
VISUM: Allgemein erforderlich, ausgenommen sind Staatsbürger von:
(a) Ländern der Europäischen Union;
(b) der Schweiz, Andorra, Brunei, Chile, Island, Israel, Japan, Kanada, Korea-Süd, Kroatien, Liechtenstein, Malaysia, Malta, Monaco, Neuseeland, Norwegen, Polen, San Marino, Singapur, der Slowakischen Republik, der Tschechischen Republik, Ungarn, Uruguay, den USA, der Vatikanstadt und Zypern für Aufenthalte bis zu 3 Monaten.
Visaarten: Kurzzeitvisa (Transitvisa sowie Touristenvisa für einmalige oder mehrmalige Einreise), Langzeitvisa (Studien- und Arbeitsaufenthalte).
Visagebühren: Transitvisa: 17,40 DM, 126 öS, 15 sfr; Kurzzeitvisa: 58 DM, 420 öS, 50 sfr (teurer für manche Nationalitäten). Die Gebühren sind vom Wechselkurs des französischen Franc abhängig und sind daher ständigen Schwankungen unterworfen.
Gültigkeitsdauer: Transitvisa sind für 1-3 Tage gültig, der Einreisetag zählt nicht mit; Kurzzeitvisa sind bis zu 90 Tage gültig.
Antragstellung: Konsulat oder Konsularabteilung der Botschaft (Adressen s. o.).
Unterlagen: (a) Gültiger Reisepaß. (b) Antragsformular. (c) Paßbilder. (d) Rückreiseticket. (e) In bestimmten Fällen wird von Reisenden der Nachweis von Hotelreservierungen, Geschäftsterminen, Einladungen Verwandter sowie ausreichender Geldmittel verlangt.
Bearbeitungszeit: Unterschiedlich, minimum 2 Tage jedoch bis zu 2 Wochen. Staatsbürger osteuropäischer Länder müssen mit 30 Tagen rechnen, Staatsbürger der Länder des Nahen Ostens und Inhaber eines Flüchtlings-Reisepasses mit 2 Monaten.
Aufenthaltsgenehmigung: Arbeitsgenehmigungen müssen zumeist in Frankreich beantragt werden. Weitere Informationen von den Botschaften (Adressen s. o.). Die Generalkonsulate erteilen nur auf schriftliche Anfragen Auskünfte.

GELD

Währung: 1 Französischer Franc (FF) = 100 Centimes. Banknoten gibt es im Wert von 500, 200, 100, 50 und 20 FF; Münzen sind in 20, 10, 5, 2 und 1 FF sowie 50, 20, 10 und 5 Centimes in Umlauf.
Geldwechsel: Einige erstklassige Hotels sind berechtigt, Geld zu wechseln. Die *Credit Mutuel* und *Credit Agricole*, vergleichbar mit den deutschen Sparkassen, haben relativ lange Öffnungszeiten. Laut Gesetz dürfen Hotels und Geschäfte keine ausländischen Währungen annehmen.
Kreditkarten: *Eurocard, American Express, Diners Club* und *Visa* werden angenommen. Einzelheiten vom Aussteller der betreffenden Kreditkarte.
Euroschecks: Garantiehöchstbetrag 1400 FF.
Reiseschecks werden fast überall angenommen.
Postsparbuch: Abhebung in französischen Francs bei ca. 1500 Postämtern.
Wechselkurse

	FF Sept. '92	FF Febr. '94	FF Jan. '95	FF Jan. '96
1 DM	3,39	3,39	3,44	3,43
1 US$	5,03	5,89	5,34	7,65

Devisenbestimmungen: Unbeschränkte Ein- und Ausfuhr der Landeswährung. Die Ein- und Ausfuhr von Fremdwährungen ist ebenfalls gestattet, Bargeld im Gegenwert von über 50.000 FF muß jedoch deklariert werden.
Öffnungszeiten der Banken: Mo-Fr 09.00-12.00 und 14.00-16.00 Uhr. Samstags (vorwiegend in Großstädten) oder montags bleiben sie geschlossen. Am Vortag eines Feiertages schließen die Banken um 12.00 Uhr, in seltenen Fällen bleiben sie auch einen Teil oder den ganzen folgenden Tag über geschlossen.

DUTY FREE

Folgende Artikel dürfen zollfrei nach Frankreich eingeführt werden:
(a) Seit Januar 1993 gibt es keine Beschränkungen mehr für die private Wareneinfuhr (einschließlich von Verbrauchsgütern wie Alkohol und Tabak) innerhalb der Europäischen Union. Es wurden jedoch folgende Richtmengen festgesetzt, bei deren Überschreiten gewerblicher Handel vermutet wird, der im Bestimmungsland zu versteuern ist:
800 Zigaretten oder 400 Zigarren oder 200 Zigarillos oder 1000 g Tabak;
90 l Wein (darunter nicht mehr als 60 l Schaumwein);
10 l Spirituosen;
20 l alkoholische Getränke (z. B. Portwein oder Sherry) mit einem Alkoholgehalt von höchstens 22%;
110 l Bier.
(b) Bei Einreise aus Nicht-EU-Ländern (oder falls die Waren innerhalb der EU zollfrei eingekauft wurden):
200 Zigaretten oder 50 Zigarren oder 100 Zigarillos oder 250 g Tabak;
1 l Spirituosen (Alkoholgehalt über 22%) oder 2 l alkoholische Getränke und Spirituosen (Alkoholgehalt bis zu 22%);
2 l Wein;
500 g Kaffee oder 200 g Kaffee-Extrakt;
100 g Tee oder 40 g Tee-Extrakt;
60 ml Parfüm und 250 ml Eau de toilette;
andere Waren bis zu einem Gegenwert von 300 FF.
Anmerkung: Tabakwaren und Spirituosen dürfen nur von Personen über 17 Jahren eingeführt werden.
Einfuhrverbot: Gegenstände aus Gold, ausgenommen sind persönliche Schmuckstücke mit einem Gewicht von unter 500 g.

GESETZLICHE FEIERTAGE

1. Mai '96 Tag der Arbeit. **8. Mai** Tag des Sieges (2. Weltkrieg). **16. Mai** Christi Himmelfahrt. **27. Mai** Pfingstmontag. **14. Juli** Nationalfeiertag. **15. Aug.** Mariä Himmelfahrt. **1. Nov.** Allerheiligen. **11. Nov.** Waffenstillstandstag (1. Weltkrieg). **25. Dez.** Weihnachten. **1. Jan. '97** Neujahr. **31. März** Ostermontag. **1. Mai** Tag der Arbeit. **8. Mai** Tag des Sieges (2. Weltkrieg); Christi Himmelfahrt. **19. Mai** Pfingstmontag.
Anmerkung: Juli und August sind die traditionellen Urlaubs- und Reisemonate in Frankreich. In dieser Zeit sind die Ferienorte an der Küste mit einheimischen Urlaubern überfüllt. Außerhalb der Urlaubsgebiete und in vielen Städten ist es hingegen ruhig.

GESUNDHEIT

In der folgenden Tabelle aufgeführte Impfvorschriften können sich kurzfristig ändern. Es wird stets empfohlen, auf Ihrem CRS-System (TIMATIC-Info-Code-Fenster in diesem Kapitel) den aktuellen Stand der Gesundheitsbestimmungen abzurufen bzw. rechtzeitig vor der Reise ärztlichen Rat einzuholen.

	Vorsichtsmaßnahmen empfohlen	*Impfschein erforderlich*
Gelbfieber	Nein	Nein
Cholera	Nein	Nein
Typhus & Polio	Nein	-
Malaria	Nein	-
Essen & Trinken	Nein	-

Gesundheitsvorsorge: Die medizinische Versorgung in Frankreich ist ausgezeichnet, die Kosten dementsprechend hoch. Die Mitgliedstaaten der EU haben für den Krankheitsfall im Ausland ein gemeinsames Formblatt (E 111) zur reibungslosen Versorgung und Kostenregelung formuliert. Die Behandlung erfolgt gegen Vorlage der Anspruchsbescheinigung E 111, die Kosten werden zum größten Teil vom Krankenversicherungsträger vor Ort zurückerstattet. Aushelfender Träger ist die Ortskasse für Krankenversicherung (*Caisse Primaire d'Assurance Maladie*). Schweizern wird empfohlen, eine Reisezusatzversicherung abzuschließen. Vor Reiseantritt sollte Rücksprache mit der jeweiligen Krankenkasse gehalten werden.

REISEVERKEHR - International

FLUGZEUG: Die nationalen Fluggesellschaften heißen *Air France* (AF) und *UTA* (UT). *Air Inter* (IT) arbeitet seit neuestem mit *Air France* zusammen und bietet nun auch internationale Flüge an.
Durchschnittliche Flugzeiten: *Frankfurt/M.* – Paris: 1 Std. 10; *Wien* – Paris: 2 Std; *Zürich* – Paris: 1 Std. 10; *London* – Paris: 1 Std. 05; *Los Angeles* – Paris: 15 Std. 05; *New York* – Paris: 8 Std. (mit Concorde 3 Std. 45); *Singapur* – Paris: 15 Std. 15 und *Sydney* – Paris: 25 Std. 05.
Internationale Flughäfen (für Linienflüge):
Paris-Charles de Gaulle (PAR/CDG) liegt 23 km nordöstlich der Stadt. Busverbindung nach Paris alle 15

DER PARIS VISITE-PASS

EINE GÜNSTIGE LÖSUNG FÜR ALLE FAHRTEN IN DER HAUPTSTADT

Mit Paris-Visite können sich Ihre Kunden frei in Paris und Umgebung, während 2, 3 oder 5 aufeinanderfolgenden Tagen bewegen. Mit der Fahrkarte können beliebig viele Fahrten mit dem Bus, der U-Bahn, S-Bahn und den Vorortzügen der SNCF bis zum Parc Disneyland-Paris, nach Versailles und den Flughafen Roissy-Charles-de-Gaulle und Orly unternommen werden.

Mit Paris-Visite haben Sie auch Anspruch auf Preisermäßigungen non 20% bis 35% für den Eintritt in zahlreiche Sehenswürdigkeiten der Hauptstadt.

Für weitere Informationen über unsere Produkte und die Verkaufsbedingungen für Reiseveranstalter wenden Sie sich bitte an:
RATP - Unité Commerciale
Ruf: 33 (1) 49 25 61 92.
Telefax: 33 (1) 44 92 22 22.

Minuten bis 23.00 Uhr. Busse und Züge verkehren alle 15-20 Min. zu den Bahnhöfen Gare du Nord und Châtelet bis 23.50 Uhr. *Air France* bietet einen Bus-Service an. Taxistand, Duty-free-Shops, Bank, Läden, Apotheke, Tourist-Information, Mietwagenschalter, Post, Bars und Restaurants.
Paris-Orly (PAR/ORY) befindet sich 14 km südlich der Stadt. Es verkehren Busse und Züge zwischen Flughafen und Stadt. Air France bietet einen Bus-Service an. Taxistand. Hotelzubringer verkehren zwischen dem Flughafen und dem Orly Hilton und PLM Orly. Bahn: Die RER/SNC-Orly Linie verkehrt von 05.30-23.30 Uhr im 30-Minutentakt (Fahrzeit 40 Min.). Bank, Bars, Mietwagenschalter, Apotheke, Duty-free-Shops, Post, Restaurants, Läden, Touristinformation und Hotelreservierungsschalter.
Bordeaux (BOD) (Merignac): 12 km westlich der Stadt. Busverbindungen und Taxis zur Stadt (Fahrzeit 30 Min.). Duty-free-Shops, Postamt, Bank, Restaurants, Bars, Tourist-Information, Mietwagen-und Hotelreservierungsschalter.
Lille (LIL) (Lesquin) liegt 12 km südöstlich der Stadt (Fahrzeit 15-20 Min.). Busverbindungen zur Stadt. Taxistand. Duty-free-Shops, Bank, Restaurants, Bars, Tourist-Information, Hotelreservierungsschalter, Mietwagenschalter.
Lyon (LYS) (Satolas) befindet sich 25 km östlich der Stadt. Busverbindungen zur Stadt. Taxistand. Duty-free-Shops, Postamt, Restaurants, Bars, Tourist-Information, Läden, Apotheke, Mietwagenschalter.
Marseille (MRS) (Marseille-Provence) liegt 30 km nordwestlich der Stadt. Busverbindung zur Stadt. Taxistand. Duty-free-Shops, Bank, Restaurants, Tourist-Information, Mietwagenschalter, Apotheke, Postamt.
Nizza (NCE) (Nizza-Côte d'Azur International) liegt 6 km westlich der Stadt. Busverbindung zur City alle 15-20 Min. bis 23.15 Uhr. Die Linie Nr. 9/10 verkehrt alle 20 Min. bis 20.00 Uhr. Taxistand. Duty-free-Shops, Postamt, Bank, Restaurants, Läden, Bars, Tourist-Information, Mietwagen- und Hotelreservierungsschalter.
Straßburg (SXB) befindet sich 12 km südwestlich der Stadt (Fahrzeit 30 Min.). Busverbindungen zur Stadt, Taxistand. Duty-free-Shop, Bank, Restaurants, Tourist-Information, Hotelreservierungsschalter, Bars, Hotelreservierungsschalter, Läden.
Toulouse (TLS) (Blagnac): 8 km nordwestlich der Stadt. 24-stündiger Busverkehr zur Stadt im Abstand von 45 Minuten. Taxistand. Bank, Bars, Auto- und Hotelreservierungsschalter, Duty-free-Shops, Post, Restaurants, Touristinformation.
Kleine Flughäfen mit einigen internationalen Flugverbindungen gibt es in Biarritz, Caen, Deauville (St. Gatien), Le Havre, Montpellier, Morlaix, Nantes, Rennes, Roissy und Quimper.

SCHIFF: Es gibt zahlreiche Fährverbindungen von Großbritannien und den britischen Kanalinseln nach Frankreich, u. a. mit *Brittanny Ferries* (Plymouth – Roscoff; Portsmouth – St. Malo); *Condor Hydrofoil* (Jersey/Guernsey/Alderney/Sark – St. Malo); *Commodore Shipping Services* (Jersey – St. Malo); *Emeraude* (Jersey – St. Malo); *Hoverspeed* (Dover – Boulogne/Calais; Bahn- und Busanschluß nach Paris); *Sally Line* (Ramsgate – Dünkirchen); *Sealink* (u. a. Dover/Folkestone – Calais) und *P & O* (Dover – Calais; Portsmouth/Southampton – Calais/Cherbourg und Le Havre). Passagier- und Autofährverbindungen von Nordafrika und Sardinien werden von der *Société Nationale Maritime Corse-Mediterranée* (SNCM) angeboten. Weitere Informationen s. *Reiseverkehr - National*.

BAHN: Der Kanaltunnel wurde nach mehrfachen Verzögerungen 1994 eröffnet, *Le Shuttle* fährt zwischen Calais und Folkestone. Lastkraftwagen werden in speziellen Pendelzügen transportiert. Es verkehren Autoreisezüge und Passagier-Shuttles. Fahrzeit von Terminal zu Terminal 35 Minuten, von Autobahn zu Autobahn ca. 1 Stunde. Es bestehen durchgehende Verbindungen zwischen Paris (Gare du Nord) und London-Waterloo mit *Eurostar* (Fahrzeit nur 3 Std.), die Strecken zwischen London und Lille (Fahrzeit 2 Std. 30) und London und Brüssel-Midi (Fahrzeit 3 Std. 15) wurden ebenfalls 1994 eröffnet. Die Bahnverbindungen zwischen Frankreich und den europäischen Nachbarstaaten sind ausgezeichnet. Das gut ausgebaute EuroCity-Netz wird ständig erweitert. Es gibt Direktverbindungen von Paris nach Dortmund, Köln, Frankfurt, München und Zürich und von Straßburg über München und Salzburg nach Wien. EURO DOMINO- und InterRail-Tickets sind gültig, Einzelheiten s. *Deutschland*. Weitere Informationen von den Informationsbüros der DB-, SBB- und ÖB-Agenturen sowie den französischen Staatsbahnen (SNCF) in Frankfurt und Bern: Westendstraße 24, D-60325 Frankfurt/M. Tel: (069) 72 84 45. Telefax: (069) 72 74 68 und Essinger Straße 31, CH-3001 Bern. Tel: (031) 381 11 03. Telefax: (031) 382 35 00.

Autoreisezüge: Die folgenden Autoreisezüge (z. T. mit Schlafwagen) stehen sowohl im Sommer wie auch im Winter zur Verfügung:
Hannover – Avignon;
Hamburg/Hannover – Bordeaux;
Hamburg/Hannover – Nantes;
Neu-Isenburg – Bordeaux;
Köln/Neu-Isenburg – Avignon;
Köln/Neu-Isenburg – Nantes;
Düsseldorf – Narbonne;
Düsseldorf – Nantes;
München/Karlsruhe – Narbonne;
München/Karlsruhe – Avignon.

BUS/PKW: Ausgezeichnetes Straßenverkehrsnetz, Verbindungen in alle Nachbarstaaten. **Fernbusse:** Die *Deutsche Touring GmbH* bietet einige Verbindungen nach Frankreich an. Ausgangspunkt ist entweder Hamburg mit Zwischenhalt in Köln oder Frankfurt/M. mit Halt in Heidelberg und weiter nach Paris und Euro-Disneyland. Andere Linien fahren nach Straßburg. Weitere Informationen s. *Unterlagen* und *Verkehrsbestimmungen*.

REISEVERKEHR - National

FLUGZEUG: Die nationale innerfranzösische Fluggesellschaft *Air Inter* verbindet Paris mit insgesamt 45 Städten sowie Regionalflughäfen (z. B. auf Korsika) mit dem Festland. Nähere Informationen sind bei *Air France* erhältlich.
Anmerkung: Die *Air Inter*-Broschüre *Horaires et Tarifs* enthält alle Flug- und Anschlußverbindungen für die angeflogenen Flughäfen. Auskünfte über weitere Fluggesellschaften erteilen die *Maisons de la France* (Fremdenverkehrsämter).

SCHIFF: Frankreichs schiffbare Wasserwege umfassen rund 9000 km und eröffnen ausgezeichnete Urlaubsmöglichkeiten. Ausflugsboote können mit oder ohne Besatzung gemietet werden. Das Angebot reicht von kleinen Motorbooten bis zu umgebauten Lastkähnen (*Péniches*), die bis zu 24 Personen beherbergen können und eine achtköpfige Besatzung benötigen. In manchen Gegenden kann man »Hotelboote« mieten, die große, umgebaute Lastkähne mit Unterkunftsmöglichkeiten und Restaurants sind. Preis und Komfort je nach Wunsch und Geldbeutel. Weitere Informationen erteilen die nationalen und regionalen Fremdenverkehrsämter. Bootsfahrten bieten sich vor allem im Norden (nordöstlich von Paris) an, hier sind die meisten schiffbaren Flüsse durch Kanäle verbunden. Die besten Routen sind auf der Seine von Auxerre nach Le Havre (es muß jedoch mit gewerblichem Schiffsverkehr gerechnet werden); auf der Rhône (es empfiehlt sich, flußabwärts von Avignon die Dienste eines Lotsen in Anspruch zu nehmen) und in den Regionen Bretagne und Loire auf den Flüssen Vilaine, Loire, Mayenne und Sarthe mit ihren Verbindungskanälen. Kanäle verbinden Rhein, Mosel und ihre Nebenflüsse im Nordosten; in Burgund durchfließen die Saône und viele wunderschöne alte Kanäle das Land. Die Region Midi (einschl. des *Canal du Midi*, der den Atlantik mit dem Mittelmeer verbindet) ist ebenfalls ideal für Bootsfahrten. Auf allen diesen wunderschönen Wasserwegen bietet sich dem Auge eine reizvolle und abwechslungsreiche Landschaft dar. Je nach Lust und Laune kann man die Fahrt unterbrechen und eine der vielen historischen Stätten, Dörfer und Städte besichtigen. Das langsame Dahingleiten in einem Boot (8 km/h) ist mit die schönste Art, das ländliche Frankreich kennenzulernen.

Staatlich betriebene Autofähren, sogenannte *BACs*, verbinden die größeren Inseln an der Atlantikküste mit dem Festland, sie durchkreuzen auch regelmäßig das Gironde-Delta. Passagier- und Autofähren der *Société Nationale Maritime Corse-Mediterranée* (SNCM) verkehren zwischen der Insel Korsika und dem französischen Festland. Die Schiffe verbinden Marseille und Nizza mit Ajaccio, Propiano und Bastia.

BAHN: Das Schienennetz der französischen Staatsbahn *SNCF* umfaßt 32.579 km (1993), von denen 13.572 km elektrifiziert sind. Der schnellste Zug der Welt, der *TGV* (Train à Grande Vitesse), verkehrt mit 300 km/h auf der Hochgeschwindigkeitsstrecke zwischen Paris und der Bretagne bzw. Südfrankreich. Er erreicht 270 km/h auf den Strecken nach Lyon und Südostfrankreich.

Die SNCF ist in fünf Nahverkehrsverbunde aufgeteilt (Ost, Nord, West, Südost und Südwest). Die Pariser Verkehrsbetriebe, die RATP, kümmern sich um den öffentlichen Nahverkehr im Großraum Paris. (Sie sind für das gesamte Buslinien-, U- und S-Bahnnetz der Stadt verantwortlich.)

Fahrkartenkauf in Frankreich: In Frankreich gekaufte Fahrkarten sind vor Beginn der Fahrt zu entwerten (*composter*). Dies geschieht, indem man die orangefarbenen Entwerter am Eingang zum Bahnsteig benutzt, die die Fahrkarte mit einem Datumsstempel versehen.

Anmerkung: In Frankreich gibt es zahlreiche Sonderfahrkarten für Familien, Kinder und Jugendliche. Generell richten sich die Fahrpreise nach dem Reisetag und der Tageszeit. Nähere Informationen sind den Fahrplänen zu entnehmen, die bei der *SNCF* erhältlich sind.

Das Fahrpreissystem: Die Fahrpreise der französischen Staatsbahn sind nach Farben aufgeschlüsselt, die Farbe der Reiseantrittszeit bestimmt im allgemeinen den Fahrpreis. Das Angebot an Sonderfahrkarten ist groß und relativ verwirrend. Bei den SNCF-Informationsbüros gibt es nähere Einzelheiten. Die folgende Aufstellung ist als Orientierungshilfe gedacht:

Blau (Außerhalb der Stoßzeiten): In der Regel Mo 12.00 Uhr - Fr 12.00 Uhr bzw. Sa 12.00 Uhr - So 15.00 Uhr.

Weiß (Standard): In der Regel Fr 12.00 Uhr - Sa 12.00 Uhr und So 15.00 Uhr - Mo 12.00 Uhr und an einigen Feiertagen.

Rot (Hauptreisezeiten): Betrifft etwa 20 Tage im Jahr, an denen alle Ermäßigungen entfallen.

Weitere Angebote umfassen Busreisen und Ausflüge in ganz Frankreich, Auto- und Fahrradvermietung.

Skiurlaub: Die *SNCF* organisiert in Verbindung mit der *AFMASS* (dem französischen Einzelhandelsverband für Sportartikel) Pauschal-Skiurlaubsreisen. Die Buchung ist nur in Frankreich möglich.

Nähere Auskünfte über alle Angebote erteilt die *SNCF*. Allgemeine Informationen, Auskünfte über Fahrpreise und Zugverbindungen sowie Fahrpläne sind von den DB-, ÖB- und SBB-Agenturen erhältlich, die auch gern Reservierungen entgegennehmen.

BUS/PKW: Frankreichs Autobahnnetz umfaßt über 7400 km, einige der *Autoroutes* sind gebührenpflichtig (*Autoroutes à péage*). Die Höhe der Gebühren ist je nach Autobahn verschieden. Für Wohnwagen muß eine Extragebühr entrichtet werden. Es gibt mehr als 28.600 km Nationalstraßen (*Routes nationales*). Autobahnen sind mit einem »A« gekennzeichnet, Nationalstraßen mit einem »N« und Landstraßen mit einem »D«. Für die Instandhaltung der Landstraßen (im Michelin-Führer gelb) sind die Departements und nicht die Zentralregierung verantwortlich. Der Hauptreiseverkehr findet Ende Juli/Anfang August sowie Ende August/Anfang September statt. Es empfiehlt sich, diese Hauptstoßzeiten zu vermeiden und damit die kilometerlangen Staus zu umgehen. Bleifreies Benzin ist an den Tankstellen durch ein Schild mit den Worten *Sans plomb* gekennzeichnet. Die *Bison Futé-Karte* enthält allerlei praktische Hinweise und ist bei den *Maisons de la France* erhältlich.

Fernbusse: Innerhalb Frankreichs gibt es nur wenige Fernbuslinien. Die Busverbindungen im örtlichen Nahverkehr außerhalb der Städte sind relativ gut. Informationen und Fahrpläne sind nur vor Ort erhältlich.

Autovermietung: Eine Liste der Verleihfirmen ist im örtlichen Fremdenverkehrsamt erhältlich (*Syndicat d'Initiative* oder *Office de Tourisme*). Die größeren Fluggesellschaften bieten einen *Fly & Drive Service* an. Die Französischen Eisenbahnen haben einen verbilligten Bahn/Leihwagendienst (*Train et Auto*) in ihrem Angebot. Für Inhaber des *France Vacances-Passes*, die 1. Klasse fahren, stehen kostenlose Leihwagen zur Verfügung.

Wohnwagen können für einen Aufenthalt von bis zu 6 Monaten eingeführt werden. Für Pkws mit Wohnwagenanhängern gelten besondere Regelungen (Straßenverkehr).

Verkehrsbestimmungen: Wer seinen Führerschein noch kein ganzes Jahr besitzt, darf nicht schneller als 90 km/h fahren. Höchstgeschwindigkeiten: 60 km/h in geschlossenen Ortschaften, 90 km/h außerhalb von Ortschaften, 110 km/h auf Straßen mit zwei Fahrspuren in jeder Richtung sowie 130 km/h auf Autobahnen. Es besteht Anschnallpflicht für Beifahrer. Kinder unter 10 Jahren dürfen nicht auf dem Vordersitz Platz nehmen. Für etwaige Pannen müssen rote Warndreiecke mitgeführt werden. Schneeketten kann man überall kaufen oder mieten. Geschwindigkeitsdelikte und andere Verstöße gegen die Straßenverkehrsordnung werden umgehend mit Bußgeldern geahndet. Alkoholtests sind üblich.

Vorfahrtsregelungen: Generell gilt rechts vor links. Besonders in Ortschaften muß von rechts kommenden Fahrzeugen Vorfahrt gewährt werden. Im Kreisverkehr gilt diese *Priorité-Regelung* oft nicht. Das Schild mit der Aufschrift »Vous n'avez pas la priorité« signalisiert allen Fahrern, daß die Fahrzeuge im Kreisverkehr Vorfahrt haben. Achten Sie auf die Beschilderung und verhalten Sie sich entsprechend. Die sogenannte *Passage protégé* gewährt Fahrzeugen auf allen größeren Straßen außerhalb von Ortschaften Vorfahrt. Sie sind in der Regel mit einem »X« auf dreieckigem Untergrund beschildert. Darunter steht *Passage protégé*. Alles, was man über das Autofahren in Frankreich wissen sollte, ist in der Broschüre »Bienvenue en France par l'Autoroute« nachzulesen, die vom *Maison de la France* erhältlich ist.

Unterlagen: Der nationale Führerschein ist ausreichend. Bürgern aus Ländern der Europäischen Union wird *dringend empfohlen*, die Internationale Grüne Versicherungskarte mitzunehmen, um bei eventuellen Schadensfällen in den Genuß des vollen Versicherungsschutzes zu kommen. Ansonsten gilt der gesetzlich vorgeschriebene minimale Haftpflicht-Versicherungsschutz. Die Fahrzeugpapiere müssen mitgeführt werden.

STADTVERKEHR: Das städtische Nahverkehrssystem ist ausgezeichnet. Die Busverbindungen in allen größeren Städten sind gut. Straßenbahnen, Oberleitungsbusse und U-Bahnen wie in Marseille und Paris ergänzen das Verkehrsnetz. Lyon hat auch eine Zahnradbahn. Der erste fahrerlose, automatische Zug der Welt verkehrt in Lille, das auch Straßenbahnlinien hat. St. Etienne und Nantes haben ein Straßenbahnnetz, und in Grenoble, Limoges und Nancy verkehren Oberleitungsbusse. Einzelfahrkarten, Wochen- und Monatskarten gibt es im voraus zu kaufen. Gutes Informationsmaterial und Pläne des jeweiligen Streckennetzes stehen zur Verfügung.

Paris hat eines der besten Verkehrsnetze der Welt.

Métro: Das dichte Netz der U-Bahnlinien in der Innenstadt macht die Métro zum idealen Verkehrsmittel. Beim Umsteigen auf die *Correspondance-Hinweisschilder* auf den Bahnsteigen achten. Die Namen der U-Bahnlinien richten sich nach dem des jeweiligen Endbahnhofes. Man muß also immer wissen, an welchem Bahnhof die Linie endet, mit der man fahren möchte, und dann den entsprechenden Hinweisschildern folgen. Will man etwa in west-östlicher Richtung zwischen *Balard* und *Créteil* fahren, muß man dem Hinweisschild *Direction-Créteil* folgen. Die einzelnen U-Bahnlinien sind auch numeriert, die Nummern der Linien werden jedoch selten zu ihrer »Identifizierung« benutzt. Übersichtspläne des Streckennetzes finden sich auf den Bahnsteigen und in den Zügen. Es lohnt sich, anstelle von Einzelfahrscheinen ein sogenanntes *Carnet* zu kaufen, ein Heft mit 10 Fahrkarten. Es gilt ein Einheitstarif. Egal, wie weit man fährt oder wie oft man umsteigt, der Fahrpreis bleibt immer gleich. Ausgenommen sind nur einige Vororte. Die ersten Züge fahren etwa um 05.00 und die letzten um 00.30 Uhr. Die Touristenkarte *Paris Visite* berechtigt zu unbegrenzten Fahrten mit allen öffentlichen Verkehrsmitteln. Sie ist für 3 oder 5 Tage erhältlich.

Bahn: Die schnellen Vorortzüge der *RER* verkehren auf folgenden Linien: *Linie A*: St. Germain-en-Laye nach Boissy-St. Leger oder Marne-la-Vallée; *Linie B*: Remy-les-Chevreuses nach Roissy über Châtelet-les-Halles und den Gare du Nord; *Linie C*: Gare d'Austerlitz nach Versailles. Für diese Linien gilt eine Zonenregelung. Die Fahrpreise richten sich nach Fahrzeit bzw. Entfernung. Eine Ausnahme macht das Stadtgebiet, für das, wie bei der Métro, ein Einheitstarif gilt. Vorortzüge der *SNCF* ergänzen das Angebot des Pariser Nahrverkehrsnetzes.

Bus: Es gelten die gleichen Fahrkarten wie in der Métro, die Buslinien sind jedoch in Gebührenzonen aufgeteilt (*Sections*). Innerhalb des Stadtgebietes von Paris reicht eine 2-Zonen-Fahrkarte aus. Für zwei, drei oder mehr Zonen braucht man zwei Fahrkarten. Die ersten Busse fahren um 06.00 Uhr, die letzten um 21.00 Uhr; einige Linien verkehren bis 00.30 Uhr. Fahrpläne sind an den Haltestellen angeschlagen. Die Fahrpreise und Fahrscheine sind mit denen der Privatunternehmen, die in den Vororten Buslinien betreiben, abgestimmt. Die *Paris Visite-Karte* gilt außer für die Métro auch für alle Pariser Buslinien sowie für das gesamte Netz der RER/RATP in der ersten Klasse. Ausgenommen sind nur Minibusse, Sonder-Buslinien und die Vorortzüge der RER/SNCF. Sie ist wahlweise für drei oder fünf Tage erhältlich von den Informationszentren der Pariser Verkehrsbetriebe RATP, 53 Quai des Grands Augustins und Place de la Madeleine. Man erhält sie auch in 50 der Métrostationen, den sieben Hauptbahnhöfen und einigen Banken. Die *Carte Orange*, eine Wochen- oder Monatskarte (für die man ein Paßfoto benötigt), ermöglicht unbegrenztes Fahren innerhalb einer Woche oder innerhalb eines Kalendermonats je nach Wunsch in 2, 3, 4 oder mehr Zonen mit Bus, Métro und RER, Vorortzügen der SNCF und einigen Vorortbussen (RATP). Erhältlich in allen Vorortbahnhöfen, Bahnhöfen und bestimmten Geschäften. Kinder unter 4 Jahren fahren in der Pariser Métro und den Bussen umsonst. Kinder von 4-12 Jahren bezahlen den halben Preis.

Taxis: Tag- und Nachttarife sind in jedem Taxi angeschlagen. Extragebühren werden für Fahrten von und zu den Rennbahnen, Bahnhöfen, Flughäfen und für Gepäckstücke berechnet.

Privatfahrzeuge: In der Innenstadt gibt es Parkuhren; ansonsten ist die Parkzeit begrenzt (*Zone bleue*). Gebührenpflichtige Parkhäuser gibt es in ganz Paris und am Stadtrand.

UNTERKUNFT

HOTELS: Hotels mit eigenem Restaurant erwarten von ihren Gästen, daß sie ihre Mahlzeiten dort einnehmen. Es gibt kaum Einzelzimmer. Gegen einen Aufpreis von nur 30% wird in der Regel in Doppelzimmern ein zusätzliches Bett aufgestellt, bei Kindern unter 12 Jahren verlangen die großen Hotelketten keinen Aufpreis. Bei einem Aufenthalt von mehr als drei Tagen wird den Gästen meist Vollpension angeboten. Halbpension (*Demi-pension*) bekommt man normalerweise in der Vor- und Nachsaison. Man spart Geld und ist trotzdem gut untergebracht.

Logis de France sind kleine oder mittelgroße Hotels, oft Familienbetriebe, die preiswerte, gute und komfortable Unterkunft anbieten. Alle haben ein eigenes Restaurant. Ihre Adressen findet man in einem von der *Logis de France* herausgegebenen Hotelführer, aus dem die jeweilige Ausstattung und die Extras ersichtlich sind. *Relais-Châteaux* sind zu Hotels umgebaute Schlösser. Auskünfte erteilt auch der Hotelverband: *Fédération Nationale des Logis de France*, 83 Avenue d'Italie, F-75013 Paris. Tel: (1) 45 84 70 00. Telefax: (1) 45 83 59 66.

Paris: Buchungen können persönlich bei den Fremdenverkehrsämtern in den Bahnhöfen oder im zentralen Informationsbüro vorgenommen werden, 127 Champs-Elysées, F-75008 Paris. Tel: (1) 49 52 53 54. Telefax: (1) 49 52 53 00. **Reiseführer:** Die *Michelin-Führer* sind sehr zu empfehlen, sie enthalten aktuelle Preise, Öffnungszeiten und Stadtpläne. Der Verband der *Hôtels de Tourisme* veröffentlicht ein jährliches Verzeichnis, in dem alle Hotels, die dem Verband angehören, aufgeführt sind (erhältlich vom Fremdenverkehrsamt). Weitere nützliche Verzeichnisse sind u. a. der *Guide de Logis de France*, der Hotelführer der Sternehotels, sowie Hotelbücher regionaler Hotels. Das Fremdenverkehrsamt veröffentlicht einen kostenlosen Hotelführer speziell für Paris und die Ile-de-France.

Kategorien: *Hôtels de Tourisme* und *Motels de Tourisme* sind je nach Standard in 5 Kategorien eingeteilt. Die Einteilung bzw. die Vergabe der Sterne erfolgt anhand von gesetzlichen Vorschriften und wird von den Präfekturen der Departements überprüft. Es gibt folgende Kategorien: **4 Sterne L:** Gehobene Luxusklasse. **4 Sterne:** Luxusklasse. **3 Sterne:** Erste Klasse. **2 Sterne:** Touristenhotel. **1 Stern:** Preiswert.

Auch die Hotels der *Logis de France* werden regelmäßig auf ihren Standard überprüft.

FERIENHÄUSER UND -WOHNUNGEN: *Gîtes de France* sind Ferienhäuser (meist alte Bauernhöfe) auf dem Land, die sich hinsichtlich ihrer Qualität und Ausstattung nach den festgesetzten Richtlinien eines gemeinnützigen nationalen Verbandes richten müssen. Nähere Informationen sind in Deutschland erhältlich von *Gîtes de France*, Sachsenhäuser Landwehrweg 108, D-60599 Frankfurt/M., Postfach 700404, D-60554 Frankfurt/M. Tel: (069) 68 35 99, 68 43 14. Telefax: (069) 68 62 36. Villen und Häuser können direkt vor Ort gemietet werden, man muß nicht unbedingt im voraus buchen. Besucher, die vorhaben, länger als einen Monat zu bleiben, ziehen dem Hotel oft eine Ferienwohnung vor. Das örtliche Fremdenverkehrsamt ist gern bei der Auswahl behilflich.

URLAUB IM CHATEAU: Die Vereinigung *Châteaux-Accueil* veröffentlicht eine Liste französischer Schlösser, die Unterkünfte für Familien anbieten. Diese Liste gibt es beim Fremdenverkehrsamt.

CAMPING: Es gibt 7000 Campingplätze in allen Regionen des Landes. Einige vermieten Wohnwagen und Zelte. Die Preise richten sich nach Region, Saison und dem Angebot an zusätzlichen Einrichtungen wie Freizeiträumen usw. Alle offiziellen Zeltplätze haben fließend Wasser, Toiletten und Waschräume. Wohnwagen können für maximal 6 Monate nach Frankreich eingeführt werden. Das Fremdenverkehrsamt hat eine vollständige Liste aller Reiseveranstalter, die Urlaubsreisen aller Art anbieten, einschließlich Camping- und Aktivurlaub. Der Französische Campingverband ist zu erreichen unter: *Fédération de Camping et Caravaning*, 78 Rue de Rivoli, F-75004 Paris. Tel: (1) 42 72 84 08.

Anmerkung: Autos mit Wohnwagenanhängern dürfen zu bestimmten Zeiten nicht über die *Périphérique* (die Pariser Umgehungsstraße) hinaus ins Zentrum von Paris fahren.

JUGENDHERBERGEN: Es gibt Hunderte von Jugendherbergen in Frankreich, die jungen Leuten einfache billige Unterkünfte bieten. Die Aufenthaltsdauer ist normalerweise auf 3-4 Nächte beschränkt, in Paris auf eine Woche. Die Herbergen stehen Mitgliedern der nationalen Jugendherbergswerke unter Vorlage des Jugendherbergsausweises offen. Jugendherbergsführer und Adressenlisten sind bei den nationalen Jugendherbergswerken erhältlich. Einer der Jugendherbergsverbände ist die *Fédération Unie des Auberges de Jeunesse* (FUAJ), 27 Rue Pajol, F-75018 Paris. Tel: (1) 44 89 87 27. Telefax: (1) 44 89 87 49.

URLAUBSORTE & AUSFLÜGE

Der Tourismus spielt eine überaus wichtige Rolle in Frankreich. Die vielen Reize des Landes können hier nur andeutungsweise beschrieben werden. Das Kapitel ist in Regionen unterteilt und enthält jeweils Beschreibungen der regionalen Küche, Geschichte, Kultur und Landschaften. Folgende Regionen werden behandelt: Paris und Ile-de-France; Bretagne; Normandie; Nord; Pas-de-Calais und Picardie; Champagne und Ardennen; Lothringen; Vogesen und Elsaß; Burgund und Franche-Comté; Auvergne und Limousin; das Loiretal; Aquitanien und Poitou-Charentes; Languedoc-Roussillon; Rhône/Savoyen und Dauphiné; Midi-Pyrénées; Côte d'Azur und Provence; Korsika.

Anmerkung: Monaco und den französischen Überseebesitzungen sind eigenen Kapiteln gewidmet (s. Inhaltsverzeichnis).

RUNDREISEN: 5tägige: Paris – Chartres – Blois – Chambord – Amboise – Chenonceaux – Azay-le-Rideau – Chinon – Tours – Paris. 7tägige: Nizza – Antibes – Cannes – Grasse – Digne – Avignon – Les Baux – Arles – Aix-en-Provence – St. Tropez – St. Raphael – Nizza.

Paris & Ile-de-France

Paris ist eine der interessantesten Städte der Welt, und selbst beim ersten Besuch findet man sich leicht zurecht. Das Zentrum von Paris bedeckt eine Fläche von 105 qkm und ist damit klein genug, um es an einem Tag zu Fuß zu erkunden. Wer nicht gern auf Schusters Rappen unterwegs ist, kann auf das ausgezeichnete und preiswerte U-Bahnnetz der Métro zurückgreifen, das durch die schnellen RER-Züge ergänzt wird. Die Pariser Umgehungsstraßen *Périphérique* und *Boulevard circulaire* folgen ungefähr der Linie der alten Stadtmauern aus dem 19. Jahrhundert. Die meisten bekannten Sehenswürdigkeiten, Geschäfte sowie Theater, Oper und Kinos befinden sich innerhalb der Stadtmauern. Hier kann man allen nur erdenklichen Vergnügungen nachgehen. Es gibt mehr als 80 Museen und rund 200 Kunstgalerien in Paris. Jenseits der Umgehungsstraßen beginnt ein Industriegebiet, dahinter erstrecken sich die zumeist

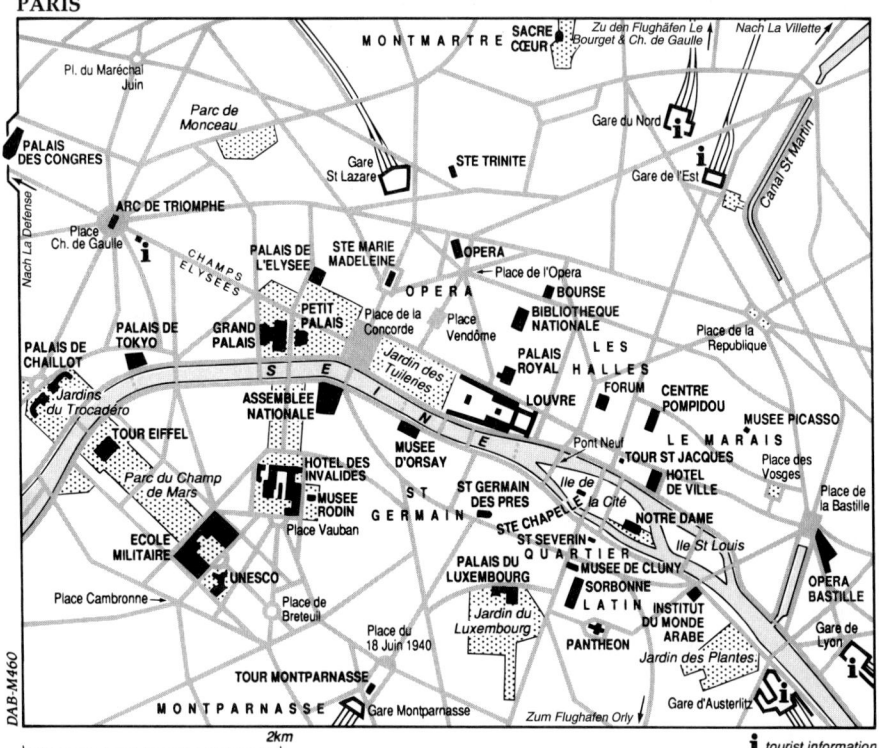

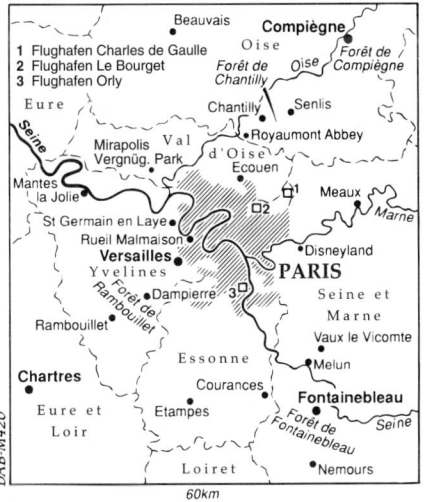

neuen Vororte.

Die lange und bewegte Geschichte der Stadt hat ihre Spuren in der eindrucksvollen Architektur der Pariser Innenstadt hinterlassen. Der älteste Stadtteil ist die *Ile-de-la-Cité*, eine Insel, die in einer Flußbiegung der Seine liegt. Hier ließ sich im 3. Jahrhundert v. Chr. der keltische Stamm der *Parisii* nieder. Die Insellage gewährte wirkungsvollen Schutz vor Angriffen, und die *Parisii* beherrschten die Gegend mehrere Jahrhunderte lang bis zu ihrer Vertreibung durch die Römer etwa 52 v. Chr. Heute wird die Insel von der wundervollen Kathedrale von *Notre-Dame* überragt. In einer Ausstellung in der *Crypte Archéologique* wird die frühe Stadtgeschichte eindrucksvoll dokumentiert. Nach der Verwüstung der keltischen Siedlung ließen sich die Gallo-Römer auf den Anhöhen des *Rive Gauche* (linken Ufers) nieder, in einer Gegend, die heute als *Quartier Latin* bekannt ist (Boulevards St. Michel und St. Germain). Der Name dieses Viertels geht jedoch nicht auf die Römer zurück, sondern ist dem Umstand zu verdanken, daß die Universität im 13. Jahrhundert von der Cité an das linke Flußufer verlegt wurde und die gemeinsame Sprache der 10.000 Studenten, die aus aller Welt kamen, damals Latein war. Das *Quartier Latin* ist Sitz der Sorbonne und somit auch heute noch Mittelpunkt des studentischen Lebens. Hier findet man viele gute Buchhandlungen und Kunstgalerien. Einige der schönsten mittelalterlichen Wandteppiche Europas kann man im *Musée de Cluny* bewundern. Das *Musée d'Orsay*, ein liebevoll restauriertes Bahnhofsgebäude am westlichen Ende des Boulevards St. Germain, hat eine ausgezeichnete Sammlung von Gemälden aus dem 19. und 20. Jahrhundert. Am linken Seineufer liegen auch der *Panthéon*, die Basilika *St. Severin*, der *Palais* und der *Jardin du Luxembourg*, das *Hôtel des Invalides* mit dem Grabmal Napoleons, das *Musée Rodin* und St. *Germain-des-Prés*. Am rechten Flußufer, westlich des Quai d'Orsay hinter dem *Eiffelturm*, trifft man auf eine ganze Reihe von Museen und Kunstgalerien. Diese Gegend wird *Trocadero* genannt und ist ein beliebter Treffpunkt der jungen Pariser. Etwas weiter nördlich liegt der *Place Charles de Gaulle*, den die Pariser *Etoile* nennen, auf dem der *Arc de Triomphe* an eine triumphreiche Zeit erinnert. Hier beginnt auch die vornehmste Einkaufs- und Flanierstraße der Stadt, die *Champs-Elysées* (»Elysische Felder«), die für ihre Cafés, Galerien und eleganten Geschäfte bekannt ist. Am anderen Ende der Straße befinden sich der *Place de la Concorde*, der *Jardin des Tuileries* (hier kann man Modellsegelboote mieten) und schließlich der ehemalige Palast, der *Louvre*, heute eines der größten Museen weltweit. Die umstrittene Pyramide mit ihren 666 Glasscheiben vor dem Louvre war schon vor der Fertigstellung fast genauso bekannt wie die Kunstgalerie selbst. Jeder Pariser hat seine eigene Meinung zu diesem Thema, man ist sich jedoch einig, daß die Zahl der Glasscheiben, die der biblischen Zahl des Teufels entspricht, irgendwie passend sei. Nördlich des Louvre befinden sich der *Palais Royal*, die *Madeleine* und die *Opéra*. Im Osten liegen *Les Halles*, ein Einkaufs- und Geschäftszentrum, das auf dem Gelände des alten Fleischmarktes errichtet wurde. *Châtelet les Halles* ist ein großer Umsteigebahnhof der Métro und ein guter Ausgangspunkt für eine Stadtrundfahrt. In dem Gewirr der kleinen Gassen rund um *Les Halles* gibt es viele Restaurants, die alle nur erdenklichen

kulinarischen Genüsse anbieten. Für jeden Geldbeutel und jeden Geschmack ist etwas dabei. Weiter östlich, hinter dem Boulevard Sébastopol, liegt ein weiterer umstrittener Neubau – das moderne und exzentrische *Centre Pompidou* (auch *Beaubourg* genannt), in dem zeitgenössische Kunst ausgestellt wird. Das *Centre Pompidou* bietet immer wieder neue Überraschungen, das gilt besonders für die Räume, in denen die Wanderausstellungen ihren Platz finden. Nicht selten sind auch die Bürgersteige vor dem Gebäude mit in das bunte Schauspiel einbezogen, denn hier versammeln sich oft Straßenkünstler. Das *Centre Pompidou* ist die Touristenattraktion Nummer Eins der Stadt Paris und hat dem Eiffelturm in der Besuchergunst schon im ersten Jahr nach seiner Eröffnung den Rang abgelaufen. Weiter östlich, im Marais-Viertel, liegt das *Carnavalet-Museum*, das in einem wunderschönen Haus aus dem 16. Jahrhundert untergebracht ist. Das *Picasso-Museum* befindet sich in einem prächtigen Gebäude aus dem 18. Jahrhundert.
Eines der bekanntesten Stadtviertel, *Montmartre*, liegt auf einem Hügel und überblickt das rechte Seineufer. Unter-

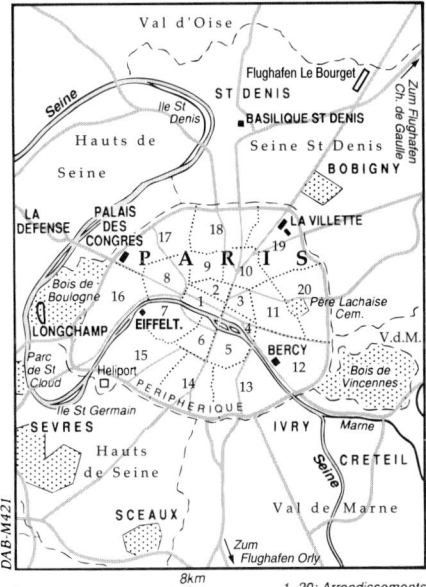

1-20: Arrondissements

halb von *Sacré-Coeur* erklimmt eine Zahnradbahn den steil ansteigenden Hügel. Einheimische Geschäftsleute machen schon lange mit dem romantischen Image Montmartres als Künstlerkolonie ein Geschäft. Das frühere Armenviertel wurde etwa um 1890 für den Tourismus entdeckt und kam zu neuem Wohlstand. Seitdem reißt der Besucherstrom nicht ab. Die Legende von Montmartre als heruntergekommene Wiege künstlerischen Talents wurde von Toulouse-Lautrec und anderen Künstlern bewußt in die Welt gesetzt, in der Hoffnung, zu

184 Frankreich

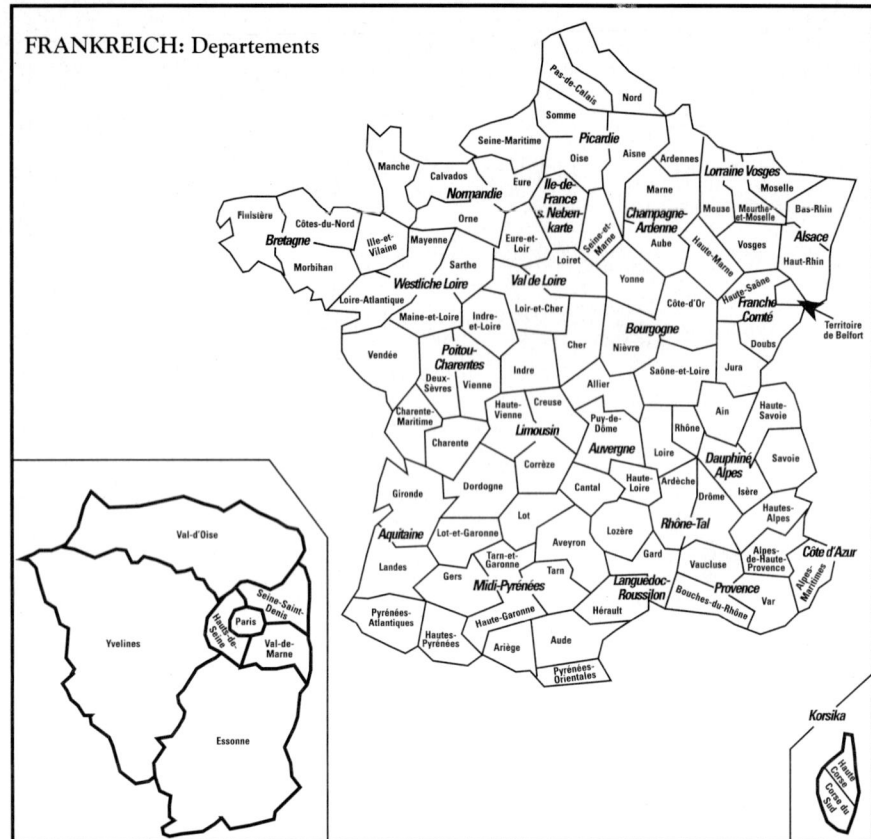

Geld zu kommen. So entwickelte sich das Viertel bald von einem berüchtigten Slum zu einem ebenso berühmt-berüchtigten Rummelplatz.

Eine alte Legende Montmartres rankt sich um Sankt Denis. Nach seinem Märtyrertod, so wird erzählt, soll er kopflos den Hügel hinuntergelaufen sein, und an der Stelle, wo er zusammenbrach, wurde St. Denis gebaut, die erste gotische Kathedrale der Welt.

La Villette, die Stadt der Wissenschaft und Technik, ist einer der neuesten Anziehungspunkte für Touristen. Mit Hilfe modernster Ausstellungstechniken werden die Geschichte menschlicher Erfindungskraft aufgezeichnet und Zukunftsszenarios entworfen. Sammelkarten sind erhältlich. *La Villette* liegt etwas nördlich von *Belleville*, einem Arbeiterbezirk, in dem Edith Piaf und Maurice Chevalier geboren wurden.

Das unvergleichliche Pariser Flair kann man in den unzähligen Straßencafés mit ihren Glasveranden genießen, von denen aus man dem bunten Treiben der Passanten zuschauen kann. In Paris gibt es ebensoviele vietnamesische und chinesische Restaurants wie französische Cafés. Man findet zahllose nordafrikanische Gaststätten ebenso wie amerikanische Tex-Mex-Schnellimbisse. Nippsachen oder *Brocante* sind auf einigen Flohmärkten (*Marché aux puces*) am Stadtrand zu erstehen. Am bekanntesten sind die Flohmärkte an der Porte de Clignancourt. Es gibt mehrere Antiquitätenzentren (*Louvre des Antiquaires*, *Village Suisse*), die antike Möbel und andere Artikel zum Verkauf anbieten. Die großen Kaufhäuser sind das *Printemps* und die *Galeries Lafayette*

nahe der Oper, der *Bazaar Hôtel de Ville* und *Samaritaine* am rechten Seineufer sowie *Bon Marché* am linken Ufer. Die herrlichen Schlösser von *Rambouillet* und *Fontainebleau* am Stadtrand von Paris sind eingebettet in die Reste des großen Waldgebietes der Ile-de-France (der Gegend um Paris). Man sollte sich außerdem einen Besuch des Schlosses in *Versailles* nicht entgehen lassen. Es diente dem »Sonnenkönig« Ludwig XIV. Ende des 17. Jahrhunderts als Residenz. Die imposante Gartenanlage mit dem Schloß als Mittelpunkt gilt als Paradebeispiel barocker Gartenkunst, an der sich absolutistische Wertvorstellungen ablesen lassen. Das Schlafzimmer des Königs ist Mittelpunkt des Gebäudes, und auch die Gartenanlage ist auf diesen Raum ausgerichtet. Besonders sehenswert ist auch der berühmte Spiegelsaal. *La Carte* ist ein Museums-Paß, mit dem man freien Eintritt in etwa 60 städtische Museen und Landesmuseen hat. Es ist zu beachten, daß die meisten Museen an öffentlichen Feiertagen und an einem Werktag, meistens montags oder dienstags, geschlossen sind. Sonntags kostet der Eintritt nur die Hälfte, Personen unter 25 oder über 65 Jahren erhalten Ermäßigungen.

Bretagne

Die Bretagne besteht aus den Departements Côtes-du-Nord (auch unter dem Namen Côtes d'Armor bekannt), Finistère, Ille-et-Villaine und Morbihan. Seit langer Zeit schon ist die Fischerei der wichtigste Industriezweig der Bretagne. Die felsige Atlantikküste, ausgeprägte Gezeiten und starke, gefährliche Strömungen verlangen den Fischern das Äußerste ihrer seemännischen Fertigkeiten ab. Am Finistère (*Finis Terra* oder Landende) kommt es vor, daß die Gischt bei hohem Seegang 30 m in die Luft spritzt. Die Küstenlandschaft ist besonders eindrucksvoll am **Pointe du Raz** und am **Perros-Guirec**.

Die Gallier kamen etwa im Jahre 600 v. Chr. auf die Halbinsel. Über ihre Lebensweise ist nur wenig bekannt, und die unzähligen Kromlechs, Altäre, Menhire und Dolmen, die sie überall in der Bretagne errichteten, sind noch heute geheimnisumwittert. Während der Herrschaft Julius Cäsars wurden sie von den Römern vertrieben, die wiederum den Kelten weichen mußten, die 460 n. Chr. aus Britannien einwanderten. Die Kelten nannten ihr neues Land Brittanica Minor und teilten es in die Küstenregionen *l'Ar Mor* (das Land des Meeres) und das innere Hochland *l'Ar Coat* (das Land des Waldes) auf. Noch heute werden diese Gegenden **l'Amor** und **l'Argoat** genannt. Die Kelten waren hervorragende Bildhauer; die zahlreichen noch erhaltenen *Calvaires*, kunstvoll gemeißelte Steinkreuze, sind Zeugnisse dieser Kunstfertigkeit.

Trotz der zerklüfteten Küste kann man hier durchaus einen ganz normalen Strandurlaub verbringen. Die **Smaragdküste** um Dinard in der nördlichen Bretagne hat viele schöne Badestrände. Die Badeorte sind oft nach wenig bekannten Heiligen benannt: **St. Egonat, St. Laumore, St. Brill, St. Acut** und **St. Cast** sind nur

einige Beispiele dafür. *Val André, Etables* und *St. Quay* sind die schönsten der zahlreichen Badestrände, die in der Bucht von **St. Brieuc** liegen. Der besondere Reiz der Bretagne liegt in ihrer wilden Schönheit und dem Charme der bretonischen Kultur. In den bretonischen Küstengebieten haben sich die charakteristischen Sitten und Gebräuche mehr als im Hinterland erhalten. Kunstvolle bretonische Haartrachten, die von Dorf zu Dorf leicht voneinander abweichen, kann man noch heute sehen. Die traditionellen Prozessionen und Feste der *Patrons*, die in vielen Ortschaften stattfinden, scheinen sich seit den Zeiten der Kelten wenig verändert zu haben. In der Gegend um **Plouha** wird noch viel Bretonisch gesprochen, eine Sprache, die auf keltische Dialekte zurückgeht.

Die felsige Steilküste jenseits von **Paimpol** birgt für die Schiffahrt viele Gefahren, die vielen Leuchttürme bezeugen dies. Die schönen Dörfer und Strände von **Perros-Guirec**, **Trégastel** und **Trébeurden** stehen in reizvollem Kontrast zu der harschen, zerklüfteten Küstenlandschaft. An der Spitze der Halbinsel bei **Aber Vrac'h** und **Aber Benoit** brechen sich die Wellen des Atlantik in tiefen Felsspalten.

Die Hafenstadt **Brest** hat einen der besten Naturhäfen Europas und eine sehenswerte Burg aus dem 13. Jahrhundert. Eine Bootsfahrt auf dem Kanal, der von Brest nach Nantes führt, lohnt sich. Er ist jedoch nicht auf der gesamten Strecke schiffbar. Man kann dem Kanal, der in eine reizvolle Landschaft eingebettet ist, auch zu Fuß oder zu Pferd folgen. Das Hinterland besteht aus bewaldeten Hügeln und Bauernhöfen (*Buttes*), kleinen Flüssen und engen Tälern. Viele dieser sogenannten Berge sind lediglich sanfte niedrige Hügel, die nicht einmal 300 m hoch sind. Sie sind die Überreste der ältesten Bergkette der Welt.

Die bretonische Architektur ist vielleicht weniger eindrucksvoll als die anderer Gegenden Frankreichs, im Landesinneren gibt es jedoch zahlreiche stolze Burgen und befestigte Städte, und Saint-Malo an der Nordküste ist eine beeindruckende mittelalterliche Stadt. Obwohl der warme Golfstrom das Klima fast das ganze Jahr über begünstigt, dauert die Urlaubssaison nur von Juni bis September. Im Frühling erblühen zahlreiche Blumen in der bretonischen Landschaft, und es erklingt fröhlicher Vogelgesang. **Rennes**, die alte Provinzhauptstadt der Bretagne, ist ein guter Ausgangspunkt für Exkursionen in das Hochland. Die Sehenswürdigkeiten von Rennes sind der *Palais de Justice*, die *Burg*, das *Museum der Schönen Künste* und das *Musée de Bretagne*, das sich um die Bewahrung der bretonischen Kultur bemüht.

Einige der Bauernhöfe an der Nordküste haben die höchsten Ertragsquoten in der Bretagne. Die Felder werden mit Seetang gedüngt, und man erntet Kartoffeln, Blumenkohl, Kohl, Artischocken, Bohnen, Erbsen und Erdbeeren.

Die Qualität der örtlich geernteten Zutaten gibt der einfachen bretonischen Küche einen natürlichen Geschmack, der nicht mit raffinierten Soßen überdeckt wird. Austern, Hummer und andere Meeresfrüchte, Lamm und Rebhuhn sind besonders zu empfehlen. Die Salzwiesen der südlichen Bretagne geben Wildbret, Rind- und Schweinefleisch einen unverwechselbaren Geschmack. *Crêpes* sind die regionale Spezialität, man unterscheidet die süßen *Suzette*, die man mit Zucker, Honig, Marmelade oder Fruchtgelee als Dessert ißt, und die *Sarrazin* aus Buchweizenmehl, die mit Eiern und/oder Käse und Speck serviert werden. Crêpes sind leicht und bekömmlich und schmecken besonders gut mit einem Glas Cidre. Die Bretagne ist bekannt für gute Butter; im Unterschied zur übrigen französischen Butter ist sie leicht gesalzen. Käse wird kaum hergestellt. Zum Essen trinkt man Cidre oder Wein. Der beliebte *Muscadet*-Wein wird im äußersten Süden der Bretagne gekeltert, im Loire-Delta in der Nähe von Nantes. *Muscadet* ist ein trockener, fruchtiger Weißwein, der gut zu Meeresfrüchten und besonders gut zu Austern paßt.

Normandie

Die Normandie besteht aus fünf Departements: Seine-Maritime, Calvados, Manche, Eure und Orne. Die beiden letzten haben im Unterschied zu den übrigen drei Departements keinen Küstenstreifen. Die südliche Grenze bildet der Fluß Couesnon, der durch eine Tiefebene fließt und dessen Flußbett sich über die Jahre verlagert hat. Es bewegt sich langsam von **Mont-Saint-Michel** weg, einem der bekanntesten und kuriosesten Bauwerke Europas. Der Mont-Saint-Michel und seine Bucht stehen auf der Liste der erhaltungswürdigen Naturdenkmäler und Kunstschätze der UNESCO. Die Gezeitenschwankungen sind außerordentlich stark. Der Wasserstandsunterschied zwischen Ebbe und Flut kann bis zu 15 m betragen, was der Höhe eines fünfstöckigen Hauses entspricht. Die Sandbank ändert ihre Lage mit den Gezeiten. Die Legende, daß das Wasser bei Flut mit der Geschwindigkeit eines galoppierenden Pferdes zurückfließt, ist kaum übertrieben, Treibsand ist hier jedoch keine Gefahr.

Das heutige Kloster von *Saint-Michel* ließ Bischof Aubert im 8. Jahrhundert erbauen. Um seine Entstehung rankt sich eine Legende, nach der der Erzengel Michael an dieser Stelle erschienen sein und den Bau einer Abtei bestimmt haben soll. Der angebliche Umriß seines Fußabdrucks ist noch heute zu sehen.

Cabourg ist das *Balbec* der Romane Marcel Prousts. In den Werken Maupassants und Flauberts spielt sich die Handlung größtenteils in der Normandie ab, und die Impressionisten Monet, Sisley und Pissaro verewigten ihre malerische Küstenszenerie. **Deauville** ist einer der traditionsreichsten Badeorte. Die Stadt hat einen schönen Strand, einen Golfplatz und eine Rennbahn zu bieten. **Bayeux** ist schon allein wegen seines weltberühmten Wandteppichs einen Besuch wert. Die Museen in **Arromanches** und **Bayeux** erinnern an die Landung der alliierten Truppen und die Schlachten des 2. Weltkrieges. In **Caen** gibt es ein Friedensmuseum. Caen hat eine schöne romanische Kirche und eindrucksvolle Ruinen einer ausgedehnten Burganlage, die Wilhelm der Eroberer errichten ließ. Andere sehenswerte Baudenkmäler sind die *Kirche des St. Etienne* aus dem 14. Jahrhundert, die *Renaissance-Kirche des St. Pierre* und die *Abbaye aux Dames*. Im Kunstgewerbemuseum sind Kunstgewerbeartikel von der gallo-römischen Zeit bis zur Gegenwart ausgestellt.
Die Hafenstadt **Dieppe** mit ihren vielen engen, verwinkelten Gassen hat eine bezaubernde Atmosphäre. In der Burg aus dem 15. Jahrhundert ist das *Musée de Dieppe* untergebracht.
Es gibt einige wunderschöne Schlösser in der Normandie, vor allem auf der Strecke Paris – Rouen. **Boury-en-Vexin, Bizy** bei **Vernon, Gaillon, Gillard-les-Andelys, Vascoeuil** und **Martinville** sind nur einige der klangvollsten Namen. Auf dieser Strecke kann man auch eine Reihe anderer Bauwerke besichtigen, die unter Denkmalschutz stehen: Haus und Garten Claude Monets in **Giverny**, die *Abbaye de Martemer* (Lisors) und das Dorf **Lyon-la-Fôret.** Es lohnt sich, einen Umweg zu machen, um diese *Monuments historiques* zu sehen. Die alte Provinzhauptstadt **Rouen** hat viele alte, schön restaurierte Häuser und Plätze. Das *Vieille Maison* aus dem Jahre 1466 und der *Place du Vieux-Marché*, auf dem 1432 Jeanne d'Arc verbrannt wurde, sind die bekanntesten. Die wunderbare Kathedrale aus dem 13. Jahrhundert war Gegenstand einer Gemäldeserie von Monet. Gute Museen und schöne *Kirchen* wie *St. Ouen und St. Maclou* machen Rouen zu einem attraktiven Reiseziel. Im Kloster von St. Maclou sind die Opfer der großen Pest begraben.
Die Normandie ist ein Land der Bauern und Fischer und eines der Zentren der französischen Gastronomie. Hier wird die vielleicht beste Butter der Welt hergestellt, außerdem Sahne und ausgezeichnete Käsesorten wie der weltbekannte *Camembert, Pont l'Evêque* und *Liverot*. Meeresfrüchte gibt es in Hülle und Fülle, *Sole Normande* ist eine der größten Delikatessen der Welt. Es gibt Hummer aus Barfleur, Garnelen aus Cherbourg und Austern aus Dive-sur-Mur. Das Hinterland bietet weitere kulinarische Köstlichkeiten: Enten aus Rouen und Nantes, Lamm von den Salzwiesen in der Nähe von Mont-Saint-Michel, Sahne aus Isigny, Hühner- und Kalbfleisch aus dem Cotentin, Cidre und Calvados (Apfelbranntwein) aus dem Pays d'Auge.

Nord, Pas-de-Calais & Picardie

Nordfrankreich unterteilt sich in die Departements Nord, Pas-de-Calais (franz. Flandern) und Somme, Oise und Aisne (Picardie).
Amiens, die Landeshauptstadt der Picardie, hat eine schöne Kathedrale aus dem 13. Jahrhundert, eine der größten Frankreichs. Das Chorgestühl ist von besonderer Schönheit.
Beauvais ist für die gotische Kathedrale von St. Pierre berühmt (eine karolingische Kirche aus dem 9. Jahrhundert ist in den Gebäudekomplex miteinbezogen); wäre sie jemals fertiggestellt worden, wäre sie die größte gotische Kirche der Welt. Ihre Buntglasfenster aus dem 13. Jahrhundert sind eindrucksvoll. Es gibt auch ein interessantes Museum, in dem Wandteppiche ausgestellt sind. **Compiège** hat ein berühmtes Schloß, das der französischen Aristokratie seit dem 14. Jahrhundert als Landsitz diente. Im königlichen Wald wurde 1918 der Waffenstillstand vereinbart. Die Stadt hat auch ein schönes Rathaus.
Im Schloß von **Chantilly** befindet sich das *Musée Condé*. Elegante Barockgärten laden zum Spazierengehen ein, und man kann einen Pferdestall aus dem 17. Jahrhundert besichtigen.
Arras am Fluß Scarpe hat sich sein mittelalterliches Stadtbild weitgehend bewahrt. Viele der Häuser stammen aus dem 13. und 14. Jahrhundert. Die Abtei von St. Waast ist eine der Sehenswürdigkeiten der Stadt. **Hesdin** und **Montreuil** mit seinen Stadtmauern und seiner Zitadelle sind schöne alte Städte.
Boulogne betritt man am besten über die Unterstadt mit ihren Schutzwällen aus dem 13. Jahrhundert. Von hier eröffnet sich der Blick auf die Oberstadt. Die Burg neben der Basilika ist beeindruckend.
Le Touquet ist ein reizvoller Badeort mit einem 10 km langen Sandstrand.
Die Hafenstadt **Calais** war im Mittelalter von großer strategischer Bedeutung und ist heute für die Herstellung von Spitzen und Tüll bekannt. Von hier gibt es einen regelmäßigen Fährdienst nach England. Das nahegelegene Dorf **Sangatte** hat jüngst als französischer Endpunkt des Kanaltunnels zwischen England und Frankreich Berühmtheit erlangt und sich zum Publikumsmagneten entwickelt. Hochgeschwindigkeitszüge verkehren von hier aus nach Lille, Paris und Brüssel.
Je weiter man gen Norden fährt, desto höher steigt der Bierkonsum – so findet Bier hier auch in der Küche Verwendung, besonders in Suppen und Ragouts. Wildkaninchen kocht man mit Backpflaumen und Trauben. Der *Hochepot* ist ein flämischer Eintopf, der alle Zutaten enthält, die man sich nur denken kann. Fischgerichte stehen häufig auf der Speisekarte, *Matelotes* aus Seeaal oder *Caudiere* (Fischsuppe). Beliebt sind die *Coques*, Herzmuscheln, die scherzhaft als »Austern des armen Mannes« bezeichnet werden. Der *Marolles-Käse* der Picardie wird aus Vollmilch gemacht, gesalzen und meist mit einem Schluck Bier heruntergespült.
Trotz des winzigen Küstenstreifens gibt es in Flandern viele Heringsgerichte – *Croquelts* oder *Bouffis* sind leicht gesalzen und geräuchert. *Harengs Salés* und *Harengs Fumés*, die von den Einheimischen *Gendarmes* genannt werden, sind sehr beliebt.

Champagne & Ardennen

Die Champagne mit ihren kalkhaltigen Böden und ihrer sanften Hügellandschaft hätte wohl nie Berühmtheit erlangt, wäre da nicht der Zufall zu Hilfe gekommen. Gegen Ende des 17. Jahrhunderts entdeckte ein blinder Mönch, dessen Aufgabe es war, sich in den Weinkellern der Abtei in Hautviliers um den mittelmäßigen Wein zu kümmern, daß sich Kork wunderbar dazu eignete, die Weinflaschen zu verschließen. Die Reifung des Weines wurde dadurch begünstigt, da nun keine Luft mehr an das Gebräu dringen konnte. Das Kohlendioxid konnte aber natürlich auch nicht mehr entweichen, und als er den Korken nach der ersten Fermentation herauszog, knallte und schäumte es... in diesem Augenblick, so meinen viele, veränderte sich die Welt zum Besseren. »Ich trinke die Sterne«, soll der Mönch gemurmelt haben, als er den ersten Schluck Champagner trank, der jemals auf der Welt gekostet wurde.
Die nordöstliche Ecke Frankreichs besteht aus den Departements **Ardennes, Marne, Aube** und **Haute-Marne.** In den von Hügeln unterbrochenen weiten Ebenen wurden viele der großen Schlachten der europäischen Geschichte ausgetragen, auch während des 1. und 2. Weltkrieges. Die Ardennen wurden einstmals »Waldland« genannt. In den längst verschwundenen Wäldern jagte einst Karl der Große Rotwild, Wildschweine, Fasane und Rebhühner. Die Gegend hat drei Hauptwasserwege: die Seine, die Marne und die Aube.
Das Marnetal zwischen Ferté-sous-Jouarre und Epernay ist eines der hübschesten Täler Frankreichs. Buchenwälder, Birken, Eichen und Ulmen wachsen in den höheren Lagen. Weingärten und Obstbäume bedecken die Hänge, und Getreide- und Sonnenblumenfelder wiegen sich in den engen, geschützten Tälern. Die Täler sind grüne Oasen, aus denen die roten Dächer der Orte wie Farbtupfer herausragen.
Im Jahre 496 wurde Chlodwig, der erste König Frankreichs, in der Kathedrale zu **Reims** getauft. Für die nachfolgenden Könige von Ludwig VII. bis Karl X. war es eine Selbstverständlichkeit und eine Ehre, sich dort krönen zu lassen, wo die Geschichte Frankreichs begann. Im Lauf der Jahrhunderte wurden Reims und seine Kathedrale mehrmals zerstört und wiederaufgebaut. Die im romanischen und gotischen Stil erbaute *Kirche St. Rémi* ist sogar noch älter als die Kathedrale. Besonders bemerkenswert ist ihre Größe, die mit der von Notre Dame de Paris vergleichbar ist. Unter der Stadt und ihren Vororten wird Champagner gelagert.
Epernay ist die eigentliche Hauptstadt des Champagners. Hier in den unterirdischen Kalksteinhöhlen, die sich über insgesamt 115 km hinziehen, lagert der Wein mindestens drei Jahre lang. Die Champagnerherstellung ist eine langwierige, komplizierte Angelegenheit; eine der wichtigsten Aufgaben ist die Mischung der besten Jahrgänge. Neben dem weltbekannten Champagner gibt es den ausgezeichneten *Blanc de Blanc Champagne Nature*, einen nichtschäumenden Weißwein mit leichtem Biß und vielen Eigenschaften des Champagners.
Die ursprünglichen klaren Formen des Turms (12. Jh.) der im gotischen Stil erbauten Kathedrale St. Etienne in **Châlons-sur-Marne** haben sich gut erhalten. In der Nähe liegt die Kleinstadt **St. Ménéhould**, der die gastronomische Welt einige Rezepte für Karpfen und Schweinefüße verdankt. Durch eine Episode aus der Zeit der französischen Revolution ging sie in die Geschichte ein: 1791 floh König Ludwig XVI. mit seiner Familie aus Paris, er wurde allerdings vom Postmeister des Ortes erkannt und verraten.
Die Bauwerke und Herrenhäuser aus dem 15. und 16. Jahrhundert und seine Kirchen machen einen Besuch in **Langres** lohnenswert.
Troyes, die alte Provinzhauptstadt der Region Champagne, hat ein gut erhaltenes Stadtzentrum mit einer gotischen Kathedrale, unzähligen Kirchen und Häusern aus dem 15. Jahrhundert und ein Straßennetz, das wie ein Champagnerkorken geformt ist. Im alten Bischofspalast ist das *Musée d'Art Moderne* untergebracht, eine Privatsammlung moderner Gemälde. Hier sind u. a. Werke von Bonnard, Degas und Gauguin ausgestellt. Im Champagne-Ardennen-Gebiet gibt es zahlreiche schöne Seen, der größte ist der *Lac du Der-Chantcoq*. Der **Fôret d'Orient** ist ein bekanntes Vogelschutzgebiet.
Es gibt zwar keine eigentliche »Champagner-Küche«, einige interessante regionale Gerichte werden jedoch mit Champagner zubereitet. In **Châlons-sur-Marne** serviert man in Champagner gegartes Huhn. Champagner macht sich auch gut in den Soßen der örtlichen Forellengerichte; Nieren und Hecht werden ebenfalls in diesem exklusiven Getränk geschmort.
Im April 1992 öffnete das erste **Euro-Disneyland** in der Region Marne-le-Vallée seine Pforten. Das 32 km von Paris gelegene Gelände ist 1942 ha groß (20% der Fläche von Paris) und umfaßt Hotels, Restaurants, einen Zeltplatz, Geschäfte, einen Golfplatz und natürlich als Hauptattraktion den **Euro-Disneyland-Freizeitpark.** Nach amerikanischem Vorbild kann man hier alle Disneyfiguren antreffen und darüber hinaus einige speziell auf den europäischen Geschmack zugeschnittene neue Attraktionen. Das Gelände liegt verkehrsgünstig und ist einfach über die Autobahn, mit Nahverkehrszügen und per Flugzeug zu erreichen (Euro-Disney liegt zwischen den großen internationalen Flughäfen *Roissy-Charles-de-Gaulle* und *Orly*). Es gibt eine Haltestelle des *TGV*, der Euro-Disney mit Lille und Lyon verbindet.

Lothringen, Vogesen & Elsaß

Diese Region besteht aus den zwei historischen Provinzen *Alsace* (Elsaß) und *Lorraine* (Lothringen), die in sechs Departements aufgeteilt sind: Vosges, Meurthe-et-Moselle, Meuse, Moselle, Bas-Rhin und das Belfort-Gebiet. In den vergangenen Jahrhunderten wechselten Elsaß und Lothringen im Zuge der wiederholten militärischen Auseinandersetzungen zwischen Deutschland und Frankreich mehrmals ihre Landeszugehörigkeit. Die großen Städte der Region sind *Strasbourg* (Straßburg), *Metz, Nancy* und *Colmar*. **Straßburg,** bei weitem die größte und wichtigste Stadt, war über Jahrhunderte hinweg genau das, was ihr Name besagt: eine Stadt an einer Straße, in diesem Fall an der Ost-West-Handelsstraße bzw. der Nord-Süd-Schiffahrtsroute. Heute ist die Stadt Sitz der Plenartagungen des Europaparlaments. Straßburg hat eine Vielzahl historischer Bauwerke und eine wundervolle Kathedrale, das bekannte *Münster*.
Die gallo-römische Stadt **Metz** war ein wichtiger Handelsknotenpunkt, bevorzugt durch ihre günstige strategische Lage, die eine Verteidigung leicht machte. Bemerkenswert sind die noch erhaltenen Reste mittelalterlicher Wälle, schöne Gewölbe und einige imposante öffentliche Gebäude; der Stolz der Stadt ist jedoch ihre Kathedrale St. Etienne.
Nancys Schmuckstück ist der herrlich angelegte *Stanislas-Platz*, der von eleganten, schmiedeeisernen Zäunen umgeben ist. Im ausgezeichneten Stadtmuseum kann man die Geschichte Lothringens verfolgen.
Bei einem Besuch **Colmars** fühlt man sich in das Mittelalter zurückversetzt. Colmar ist eine der schönsten Städte des Elsaß und Zentrum der elsässischen Weinregion. Rechts und links der engen, verwinkelten Straßen mit Kopfsteinpflaster stehen sorgfältig restaurierte Fachwerkhäuser. Das frühere Dominikanerinnenkloster von Unterlinden aus dem 13. Jahrhundert ist heute ein Museum und beherbergt einige wichtige

STRASSBURG

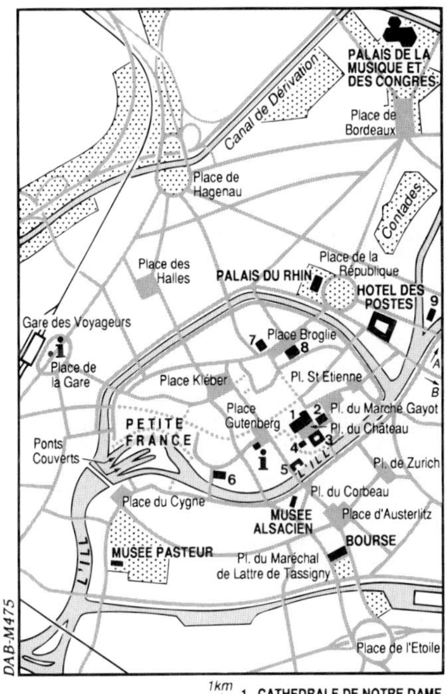

i tourist information

A. Zum Europa-Parlament, Europarat und zur Menschenrechts-Kommission
B. Zum Zoologischen Museum und Botanischen Garten

1. CATHEDRALE DE NOTRE DAME
2. LYCEE FUSTEL DE COULANGES
3. CHATEAU DES ROHAN
4. MUSEE DE L'ŒUVRE N. DAME
5. MUSEE HISTORIQUE
6. ST THOMAS
7. BANQUE DE FRANCE
8. HOTEL DE VILLE
9. ST PAUL

Kunstwerke des 15. und 16. Jahrhunderts.
In vielen Orten kann man Boote mieten für Kanalfahrten. Rhein- und Kanal-Rundfahrten werden im Sommer mehrmals täglich angeboten. Einige »Hotelschiffe« sind ebenfalls auf diesen Wasserwegen unterwegs. Bei gutem Wetter kann man Besichtigungsflüge mit Hubschraubern oder Heißluftballons unternehmen. Mehrere nostalgische Dampfloks machen regelmäßig Rundfahrten, unter anderem nach **Rosheim/Ottrat** (an der Weinstraße). Die Strecke zwischen Cernay und Soultz führt am *Canal d'Alsace* entlang. Überall im Elsaß gibt es kunstgewerbliche Kleinbetriebe und Werkstätten. In **Wimmenau** wird Glas- und Holzmalerei betrieben. Die Werkstätten und Läden der Töpferei in **Betschdorf** sind für den Publikumsverkehr geöffnet.
Ausgangspunkt organisierter Wandertouren, einschl. Unterkunft und Mahlzeiten, sind *Colmar* und *Mulhouse* (Mülhausen). Auf Fahrradwegen kann man am Rheinufer entlangfahren. Fahrradvermietungen gibt es überall.
Belfort, seit dem 17. Jahrhundert eine bedeutende Festungsstadt, überragt die Belfort-Schlucht, das Tor nach Burgund, zwischen den Vogesen und dem Juragebirge. Seine Lage an den Verkehrswegen nach Deutschland und der Schweiz machte es im Deutsch-Französischen Krieg von 1870/71 berühmt, als es einer 108 Tage währenden Belagerung widerstand. Die riesige, steinerne Statue des Löwen von Belfort erinnert an dieses Ereignis. Sie wurde von Bertholdi geschaffen, dem Erbauer der New Yorker Freiheitsstatue.
Die französische **Weinstraße** verläuft zwischen dem Rhein und den waldreichen Ausläufern der Vogesen. Die friedliche Landschaft der weiten Ebene ist voller Weingüter und Obstgärten. Hier und da liegen hübsche Dörfer, deren Kirchturmspitzen am Horizont aufragen.
Der Weinbau im Elsaß hat eine lange Geschichte, Wein wurde bereits vor der Zeit der römischen Besatzung angebaut. Die Herkunft der Reben ist ungeklärt, im Gegensatz zu anderen französischen Weinsorten ist die Rebsorte selbst hier wichtiger und bestimmender für den Geschmack des Weines als die Beschaffenheit des Bodens oder Kelterei und Lagerung. Aus dem Elsaß kommen fast ausschließlich Weißweine mit fruchtigem und trockenem Geschmack, der ausgezeichnet zur regionalen Küche paßt. Gutes Bier wird sowohl in Lothringen als auch im Elsaß gebraut. **Contrexville** und der Kurort **Vittel** sind bekannt für ihre Mineralwasserquellen, die schon von den Römern hochgeschätzt wurden. Heute gehören Contrex und Vittel zu den Lieblingsgetränken der Franzosen.
Eine der Spezialitäten des Elsaß ist *Truite bleu*, Forelle blau, die möglichst frisch gekocht werden sollte. In den schnellfließenden Flüssen können Besucher, die einen Angelschein haben (erhältlich im örtlichen Rathaus), wohlschmeckende Forellen fangen. Die herzhafte elsässische Küche ist eine Ausnahmeerscheinung innerhalb der französischen Gastronomie. Es wird mit Vorliebe scharf gewürzt. Der *Münster* ist ein würziger Käse mit Kümmel. Die leckeren lothringischen und elsässischen Kuchen werden mit saftigen einheimischen Früchten gemacht: Mirabellen, Kirschen, Birnen usw. Aus diesen Früchten werden auch die weltbekannten *Eaux-de-Vie* hergestellt, hochprozentige, klare Liköre, die man nach einer gehaltvollen Mahlzeit zur besseren Verdauung trinkt.
Lothringen ist für die *Quiche Lorraine* berühmt, die hier nur in ihrer ursprünglichen Art mit Sahne, Eiern und Speck zubereitet wird. Nancys Spezialität ist eine Blutwurst, die sich *Boudin* nennt.

Burgund & Franche-Comté

Burgund beginnt nahe der kleinen mittelalterlichen Stadt Auxerre mit ihrer schönen gotischen Kathedrale und erstreckt sich in südlicher Richtung bis zu den Hügeln von Beaujolais, etwas nördlich von Lyon. Es gliedert sich in die Departements Yonne, Côte d'Or, Nièvre und Saône-et-Loire.
Wenn man durch diese Region fährt, hat man das Gefühl, einer »Weinlandkarte« zu folgen – Hersault, Volnay, Beaune, Aloxe Corton, Nuits-Saint-Georges, Vosne Romanée und Gevrey-Chambertin sind vorzügliche Weinsorten. Das mächtige Königreich Burgund bestand 600 Jahre lang und erreichte den Höhepunkt seiner Macht im 15. Jahrhundert. Dank des Geschicks, der Sorgfalt und des guten Geschmackes der hier ansässigen Mönche überstanden die Weinberge die stürmische Geschichte des Landes unbeschadet. Einige Mönchsorden besaßen ausgedehnte Weinberge, unter ihnen die Malteser-, Karmeliter- und Karthäuserorden und vor allem die Benediktiner und Zisterzienser. Es verwundert nicht, daß Burgund mit Klöstern, Abteien und romanischen Kirchen übersät ist. Als hervorragende Beispiele seien hier nur **Fontenay, Vézelay, Tournus** und **Cluny** genannt. Es gibt auch viele befestigte Schlösser.
Dijon war während der Blütezeit Burgunds im 15. Jahrhundert ein wichtiges Zentrum des politischen und religiösen Lebens. Die vielen guten Museen, Kunstgalerien und das *Palais de Ducs*, der frühere Sitz des Herzoges von Burgund, sind sehenswert. Auf einem Stadtbummel kann man die sorgfältig restaurierten vornehmen Patrizierhäuser aus dem 15.-18. Jahrhundert besichtigen; ebenso die eindrucksvolle Kathedrale (13. Jh.).

Das Loiretal

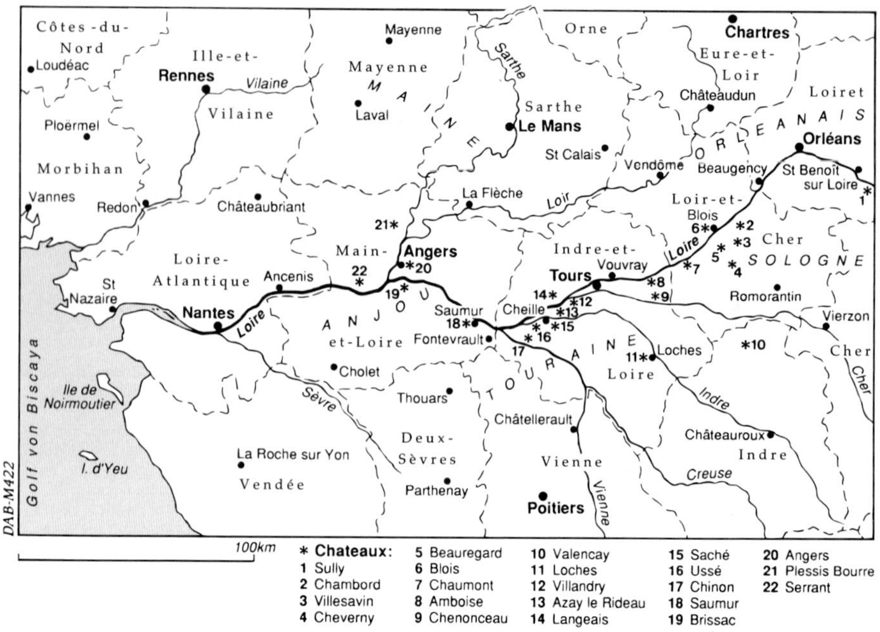

Côtes-du-Nord
Loudéac
Ille-et-Vilaine
Rennes
Vilaine
Mayenne
Mayenne
Laval
Orne
Sarthe
Sarthe
Le Mans
Chartres
Eure-et-Loir
Châteaudun
Loiret
Orléans
ORLÉANAIS
St Benoît sur Loire
Ploërmel
Morbihan
Vannes
Redon
Châteaubriant
St Calais
Vendôme
Beaugency
La Flèche
Loir
Loir-et-Cher
Blois
Cher
SOLOGNE
Loire-Atlantique
St Nazaire
Nantes
Loire
Ancenis
Maine-et-Loire
ANJOU
Angers
Indre-et-Loire
Vouvray
Tours
Romorantin
Vierzon
Saumur
Cheille
Fontevrault
TOURAINE
Loches
Cher
Cholet
Sèvre
Thouars
Golf von Biscaya
Ile de Noirmoutier
I. d'Yeu
Châtellerault
Indre
Deux-Sèvres
Châteauroux
Indre
La Roche sur Yon
Vendée
Parthenay
Vienne
Vienne
Poitiers
Creuse
DAB-M422
100km
* Chateaux:
1 Sully
2 Chambord
3 Villesavin
4 Cheverny
5 Beauregard
6 Blois
7 Chaumont
8 Amboise
9 Chenonceau
10 Valencay
11 Loches
12 Villandry
13 Azay le Rideau
14 Langeais
15 Saché
16 Ussé
17 Chinon
18 Saumur
19 Brissac
20 Angers
21 Plessis Bourre
22 Serrant

Die Städte **Sens** und **Macon** besitzen schöne Kirchen aus dem 12. Jahrhundert.
Die Region Franche-Comté hat die Form eines Bumerangs. Sie besteht aus den Departements Doubs, Jura und Haute-Saône. Der französische Jura, der stufenförmig von 245 m bis auf eine Höhe von 1785 m ansteigt, zieht sich in nord-südlicher Richtung an der Grenze zur Schweiz entlang hin. Im Westen liegen das bewaldete Jura-Plateau, Weinberge und schließlich die fruchtbare Ebene des nördlichen Bresse, Finage genannt. Die Höhenzüge und Täler des Jura sind gut erschlossen und leicht zu erkunden. Seine grünen Matten sind ein gutes Weideland für die vielen Kühe, aus deren Milch der bekannte Bergkäse *Comté* hergestellt wird.
Es gibt viele liebliche Flüsse in dieser Gegend: Semouse, Allance, Gugeotte, Lanterne, Barquotte, Durgeon, Colombine, Dourgeonne, Rigotte und Romaine (Julius Cäsar gab diesem Fluß seinen Namen). Die abwechslungsreiche Landschaft und die interessanten Städte machen das Franche-Comté zu einem idealen Sommerurlaubsziel und Wintersportgebiet.

Auvergne & Limousin

Westlich der Rhône erheben sich die vulkanischen Höhen des Zentralmassivs. Das Gebiet der historischen Auvergne ist heute in die Departements Haute-Loire, Cantal, Puy-de-Dôme und Allier unterteilt. Die weiter westlich gelegene Region Limousin gliedert sich in die Gebiete Haute-Vienne, Creuse und Corrèze.
Die Auvergne ist reich an Schlössern und Kirchen – die Allier- und Loiretäler seien an dieser Stelle erwähnt. Sie hat einen ganz eigenen Charme, und ihre eindrucksvolle Landschaft hat eine fast geheimnisvolle Ausstrahlung.
Der hiesige Nationalpark ist ein herrliches Wandergebiet – Seen, Flüsse, Gebirgsformationen, Wälder, Ebenen und erloschene Vulkane machen seinen Reiz aus (der Cantal-Krater hatte vermutlich einmal einen Durchmesser von 30 km). Innerhalb seiner Grenzen liegen 10 Kurorte. Die hochgelegenen Plateaus von **Combrailles, Forez** und **Bourbonnais** sind wunderschön.
Clermont-Ferrand ist das politische und wirtschaftliche Zentrum der gesamten Region des **Massif Central.** Die lebendige Stadt ist die Wiege des Michelin-Imperiums. Viele Gebäudefassaden, vor allem in den älteren Stadtteilen, reflektieren das charakteristische schwarze Vulkangestein der Region. Es gibt eine gotische Kathedrale aus dem 13. Jahrhundert, eine romanische Basilika aus dem 14. Jahrhundert und mehrere Museen. Die Stadt ist ein guter Ausgangspunkt, um die herrliche Umgebung kennenzulernen.
In der ganzen Region gibt es viele gute Hotels, Ferienhäuser und Ferienwohnungen. Die regionale Küche ist ausgezeichnet – *Cornet de Murat, Pounti, Truffades* und die *St.-Nectaire-Käse* sind nur einige der zahlreichen Spezialitäten. Die 2000 Jahre alte Provinzhauptstadt von Limousin, **Limoges,** ist ein wichtiger Straßen- und Eisenbahnknotenpunkt. Sie ist berühmt für ihr feines Porzellan. Die nahegelegene Stadt **Aubusson** ist schon seit dem 8. Jahrhundert für ihre Wandteppiche bekannt. Beide Städte sind für ihre Emaillearbeiten berühmt.

Das Loiretal

Die geographische Mitte Frankreichs von Chartres bis Châteauroux und von Tours bis Bourges umfaßt die Departements Eure-et-Loir, Loiret, Loir-et-Cher, Indre, Indre-et-Loire und Cher. Bezieht man die westliche Loire-Region mit ein, müssen die Departements Loire-Atlantique, Vendée, Maine-et-Loire und Mayenne hinzugezählt werden. Vendée und Loire-Atlantique teilen sich einen wunderschönen, wilden Küstenstrich mit der Bretagne. Es gibt insgesamt 305 km Sandstrand. Das Hinterland hat ein mildes Klima, das dem saftigen Weideland zugute kommt, auf dem oft wildwachsende Rosen und Kamelien blühen.
Im westlichen Loiregebiet liegt der Badeort **La Baule,** mit einem sehr schönen, fast endlos scheinenden Strand. La Baule ist ein liebenswertes Dorf mit verwinkelten kleinen Gassen, es hat ausgezeichnete Hotels, Restaurants und ein Spielkasino. Der Ort hat ein individuelles, für die Region ungewöhnlich mildes Klima.
Die historische Stadt **Le Mans,** für ihre Rennstrecke bekannt, liegt auf einem Hügel, der das Westufer der Sarthe überblickt. Das Chorgestühl in der Kathedrale des Saint-Julian ist aus dem 12. Jahrhundert und eines der bekanntesten Frankreichs. Die Buntglasfenster aus dem 13. und 14. Jahrhundert sind sehr eindrucksvoll.
Spricht man vom Sarthetal, so denkt man an herrliche bewaldete Hügel und, je nach Saison, Heckenrosen, Geißblatt oder Brombeersträucher. Im Mai und Anfang Juni mischen sich die Blüten der Apfel- und Birnbäume mit denen des Weißdorns. Die Touristenattraktion Nummer Eins im Loiretal – und vermutlich in Frankreich überhaupt – liegt im Zentrum der Loire-Region. Die berühmten Schlösser der Loire stehen in der Besuchergunst ganz oben. Die Loire ist der längste Fluß Frankreichs und gilt als »launenhaft«, es kommt vor, daß sie in ihrem sandigen Flußbett nur sehr wenig Wasser führt und als bloßes Rinnsaal dahinfließt. Man hat die Loire als »unnützen« Fluß bezeichnet, weil sie weder Turbinen noch Wassermühlen antreibt und nur an einigen Stellen schiffbar ist. Vielleicht ist die Loire einfach nur dazu da, die umliegenden Naturschönheiten hervorzuheben. Jeder ihrer Nebenflüsse hat einen eigenen, unverwechselbaren Charakter.
Der Cher fließt ruhig und gemächlich durch grüne Wiesen und Wälder mit riesigen alten Bäumen. Das Schloß von **Chenonceaux** war ursprünglich eine Wassermühle – im frühen Mittelalter führte der Fluß noch mehr Wasser – und wurde erst später in eines der schönsten französischen Châteaus umgebaut. Es steht buchstäblich auf dem Fluß; seine Empfangssäle erstrecken sich, auf zierlichen Bögen ruhend, von einem Flußufer zum anderen. Den Um- und Ausbau Chenonceaux verdankt die Nachwelt einer Reihe reicher und einflußreicher adeliger Damen.
In den stillen Wassern des Indre spiegeln sich Lilien und Trauerweiden. Beim Bau des Schlosses bei **Azay-le-Rideau** versuchte man, sich die Effekte der Wasserspiegelung zunutze zu machen und legte die zahlreichen kleinen Seen so an, daß sie jeweils einen anderen Teil des Schlosses widerspiegeln. Wasser wird in Kanälen vom Fluß in die Seen und von den Seen zurück zum Fluß geleitet, die ihrerseits ebenfalls durch Kanäle verbunden sind. Die Wassergärten und die sich im Wasser spiegelnden kunstvollen Fassaden des Schloßes lassen einen das eher triste Innere des Châteaus vergessen.
Die Vienne ist ein breiter Strom; er gleitet würdevoll unter den verwitterten Mauern des alten **Chinon** dahin, in dem sich einige wichtige Episoden der französischen Geschichte abspielten. Das architektonisch bemerkenswerte Château von **Blois** steht im Zentrum einer alten Ortschaft gleichen Namens und blickt auf die eng beieinanderstehenden Häuser aus verwittertem Stein zu seinen Füßen.
Chambord, einige Kilometer südlich der Loire gelegen, ist das bedeutendste der großen Châteaus. Es steht inmit-

ten einer großen Grünfläche am Waldrand und ist von einem Schloßgraben umgeben. Das Hauptgebäude zeichnet sich durch seine majestätische Symmetrie aus. Im Gegensatz dazu eröffnet einem der Blick auf das Dach ein buntes Durcheinander bizarrer Schornsteine und Erker. Die exzentrische Wendeltreppe wird Leonardo da Vinci zugeschrieben.
Die fünf oben beschriebenen Schlösser sind wohl die bedeutendsten der Region und werden von den meisten Reisebussen angefahren. Es gibt jedoch Dutzende anderer Châteaus, die auf Besucher warten, einige davon mit Übernachtungsmöglichkeiten. Da die Sommer im Loiretal sehr heiß sind und überdies die meisten Touristen in dieser Zeit in die Gegend kommen, empfiehlt es sich, etwas früher anzureisen. Insbesondere in den Monaten Mai und Juni ist es im Loiretal am schönsten. Das Wetter ist meist gut, die Obstgärten sind in voller Blüte und Felder und Wälder üppig und grün. Im Herbst kann es einige Regentage geben, aber das gute Wetter hält meist bis Oktober an. Neben den Châteaus gibt es viele andere interessante Sehenswürdigkeiten im Loiretal und in den angrenzenden Gebieten. Die wundervollen Kathedralen von **Chartres** und **Tours** aus dem 13. Jahrhundert sind ebenso sehenswert wie Klöster, Herrenhäuser und die vielen bezaubernden Ortschaften, die an den Flußufern liegen.
Nantes, an der Küste von Loire-Atlantique gelegen, ist ein lebendiges Industrie- und Handelszentrum. In der mittelalterlichen Burg ist heute das *Musée d'Art Populaire* untergebracht, in dem bretonische Trachten ausgestellt werden. Eine Kathedrale aus dem 15. Jahrhundert und ein Flottenmuseum gibt es ebenfalls zu besichtigen. Flußaufwärts liegt die Stadt **Angers,** hier findet der Besucher einige schöne Wandteppiche. In der Burg hängt die »Johannes-Offenbarung« (14. Jh.) und im *Hôpital St. Jean* Jean Lucrats »Chant du Monde« (20. Jh.). Das Hôpital ist ein sehr schönes Gebäude und allein schon sehenswert; mehrere Museen und Kunstgalerien, die wundervolle Festung und die Kathedrale machen die Stadt zu einem beliebten Ausflugsziel.
Orléans, das man sofort mit Jeanne d'Arc in Verbindung bringt, hat eine schöne Kathedrale, ein *Musée des Beaux Arts* und ein zauberhaftes Rathaus aus dem 16. Jahrhundert. Das im 15. Jahrhundert gegründete **Bourges** mit seinen Herrenhäusern, Museen und der Kathedrale St. Etienne hat seinen alten Stadtkern bewahrt. Die hübsche Kleinstadt **Loches** südöstlich von Tours hat ein schönes Schloß, und ein Spaziergang durch das mittelalterliche, von alten Stadtmauern umgebene Viertel der Stadt lohnt sich auf jeden Fall.
Die eigentliche französische Küche entwickelte sich im Herzen der *Touraine* – ideale Voraussetzungen hierfür waren die guten Weinberge, der Fischreichtum der Loire und ihrer Nebenflüsse, reichlich Butter und Käse, Obst, Gemüse und wildreiche Wälder (Touraine hat den Beinamen »Garten Frankreichs«). Die Weine der Loire haben einen klaren, erfrischenden Geschmack – man trinkt sie zu leichten Zwischenmahlzeiten und als Aperitif.

Aquitanien & Poitou-Charentes

Dieses von der Sonne verwöhnte Gebiet im Südwesten Frankreichs mit seiner frischen atlantischen Seeluft umfaßt die Departements Deux-Sèvres, Vienne, Charente-Maritime, Charente, Gironde, Dordogne, Lot-et-Garonne, Landes und schließlich die an der Grenze zu Spanien gelegene Region Pyrénées-Atlantiques. An der Küste laden Strände auf einer Länge von insgesamt 270 km zum Baden ein. Der etwa 30 km lange Küstenstreifen zwischen **Hossegor** und **Hendaye** im französischen Baskenland ist eines der besten Gebiete in Europa für Wellenreiter.
Die nördlich von Bordeaux gelegene Guyenne-Region wird manchmal »Westzentrum« genannt, als ob es sich um ein einheitliches homogenes Gebiet handelte. Die Vielfalt der Landschaft ist jedoch groß, und in bezug auf die Bevölkerung kann man von einem wahren Völkergemisch sprechen. Kelten, Iberer, Holländer und Angelsachsen, um nur einige zu nennen, fanden alle hier eine Heimat. Die sprachliche Grenze zwischen der *Langue d'oie* und der *Langue d'oc* verläuft zwischen Poitiers (der früheren Hauptstadt des Herzogtums Aquitanien) und Limoges. Der heute in dieser Gegend gesprochene Dialekt hat seine Wurzeln in beiden *Langues.*
Auf der Strecke der heutigen großen Nord-Süd-Autobahn, die das Pariser Becken mit dem Becken Aquitaniens verbindet, drangen über die Jahrhunderte Römer, Westgoten, Alemannen, Hunnen, Araber, Normannen, Engländer, Hugenotten und Katholiken in das Land vor. **Biarritz** und **Bayonne** sind Urlaubsorte an der aquitanisch-baskischen Küste nahe der spanischen Grenze. Schon seit dem 19. Jahrhundert, als Biarritz bei der europäischen Aristokratie »en vogue« war, ist die Stadt als weltoffener Badekurort bekannt. Es gibt einige windgeschützte Strände und ein Spielkasino. Weiter im Landesinneren, einige Kilometer von Biarritz entfernt, liegt Bayonne, eine typisch baskische Stadt. Eine Kathedrale aus dem 13. Jahrhundert und zwei Museen – eines davon ist der baskischen Kultur gewidmet – sind die Hauptsehenswürdigkeiten.
Bordeaux liegt an der Garonne, etwas oberhalb des Dordogne-Zuflusses. Das Gironde-Delta an der Mündung der beiden Flüsse bildet einen natürlichen, geschützten Binnenhafen, der von Weinbergen umgeben ist, so weit das Auge reicht. Als wohlhabende Stadt, bekannt für ihre großen Weine, ist Bordeaux eine der gastronomischen Hochburgen Frankreichs. Von der Brücke, die mit ihren 17 Bögen das Hafenpanorama bestimmt, hat man eine wundervolle Aussicht auf die Stadt. Die flächenmäßig zweitgrößte Stadt mit der viertgrößten Einwohnerzahl und dem fünftgrößten Hafen Frankreichs wurde von Victor Hugo mit folgenden Worten beschrieben: »Nimm Versailles, denk Dir Antwerpen dazu, und Du hast Bordeaux«. Die herrliche geographische Lage und die unübertrefflichen Weinberge der Stadt strafen Hugos Vereinfachung mit Lügen. Bordeaux ist das Wirtschafts- und Kulturzentrum des gesamten Südwestens.
Südlich von Bordeaux ist ein Küstenstreifen mit langen Sandstränden und Lagunen, von denen einige mit dem Meer verbunden sind. Landeinwärts liegt **Landes,** ein Marschland, auf dem Krüppelkiefern wachsen. Die Schafhirten bewegen sich auf Stelzen in den Marschen fort.
Ein zwischen den Flüssen Adour und Garonne gelegenes Hügelland bildet das Binnenland der **Gascogne,** das zunächst unter dem Namen *Aquitania Propia,* in späteren Zeiten als *Novem Populania* bekannt war. Die Vasconen oder Basken leben schon seit vorgeschichtlicher Zeit in dieser Gegend und südlich der Pyrenäen. Im Süden hat die baskische Sprache bis heute überlebt, der nördliche Teil der Region wurde Vasconia und später Gascogne genannt. Die verwegenen Säbelrassler Cyrano de Bergerac, d'Artagnan aus Dumas' Roman »Die drei Musketiere« und Heinrich IV. haben die Gascogne in der französischen Literatur verewigt.
Im Zentrum der Gascogne liegt die alte Grafschaft **Armagnac,** der die Welt die ausgezeichneten Branntweine gleichen Namens verdankt. Der unterschiedliche Geschmack ist auf verschiedene Faktoren zurückzuführen – die verwendete Rebsorte, den Boden, das Klima, die Destillationsmethode und das Holz der Fässer, in denen der Reifungsprozeß stattfindet. Armagnac wird noch heute von den ansässigen Bauern und Handwerkern hergestellt. Qualität und Geschmack des Armagnac variieren mehr als beim Cognac, das feine Aroma bleibt jedoch immer erhalten. In der Dordogne (wie auch im benachbarten Lot) hat der Cromagnon-Mensch, der in vorgeschichtlicher Zeit lebte, seine Spuren hinterlassen. Die Dordogne, die eine starke Strömung hat, ist einer der schönsten Flüsse Frankreichs. An ihren Ufern stehen alte Burgen und noch heute von Mauern umgebene Städte. In **Montignac** kann man eine maßstabsgetreue Reproduktion der einzigartigen Höhlenmalereien von **Lascaux** bewundern, das einige Kilometer entfernt liegt. Die Höhlen selbst mußten für Besucher gesperrt werden, da die Luftfeuchtigkeit zu hoch war und die zusätzliche Belastung durch Zehntausende von Besuchern die 16.000 Jahre alten Meisterwerke zu zerstören drohte. Ein sehr interessantes Museum und ein Zoo mit vorgeschichtlichen Artefakten und Tieren wurde in **le Thot** eröffnet, wenige Kilometer von Agen entfernt.
Die Gegend um das Périgueux ist ein Land der Burgen und Flüsse. Man kann Pferd und Zigeunerwagen (*Roulette à chevaux*) mieten und in aller Ruhe die Schönheit der Gegend genießen; Bootsfahrten, Wander- und Fahrradtouren bieten sich ebenfalls an.
In Aquitanien und Poitou-Charentes findet man viele einladende Hotels und *Auberges* für eine oder mehrere Übernachtungen. Je nach Wunsch und Geldbeutel stehen *Gîtes* und *Chambres d'Hôtes* – Zimmer mit Frühstück auf Bauernhöfen – oder Château-Hotels mit eleganten Restaurants zur Verfügung. Allein in der Region Poitou-Charentes gibt es 150 *Chambres d'Hôtes,* von denen viele an der Küste, in Strandnähe oder in kleinen Hafenstädten liegen.
Herrliche Wälder und eine attraktive Küste mit Austernbänken machen Poitou-Charentes zu einem interessanten Urlaubsgebiet. **Charente-Maritime** ist als »Jade-Küste« bekannt, **La Rochelle** liegt im Norden dieser Gegend, **Royan** im Süden ist ein moderner Ferienort mit einem 12 km langen Sandstrand. An den Flüssen entlang kann man schöne, geruhsame Wanderungen unternehmen oder die Uferlandschaft auf einer Bootsfahrt an sich vorübergleiten lassen.
Das Zentrum des Departements von Charente ist eine Kleinstadt von 22.000 Einwohnern, deren Name auf der ganzen Welt bekannt ist. Sie ist von Weinbergen umgeben und in eine sanfte Hügellandschaft eingebettet. In diesem 60.000 ha großen Gebiet wird der einzige Weinbrand produziert, der den Namen **Cognac** tragen darf. Der Name ist gesetzlich geschützt, und nur Branntwein, der aus den sieben offiziell anerkannten, regional angebauten Traubensorten hergestellt wurde, darf sich Cognac nennen. Das nahegelegene Château Valois war der Geburtsort von Frankreichs König Franz I.
Der alte Hafen von **La Rochelle,** Ausgangspunkt vieler Entdeckungsreisen in die »Neue Welt«, ist heute ein beliebter Urlaubsort und Segelhafen. Vor der Küste liegen die beiden durch Brücken mit dem Festland verbundenen Inseln **Oléron** und **Ré.**

Languedoc-Roussillon

Die Gebiete Languedoc und Roussillon umfassen die fünf Departements Aude, Gard, Hérault, Lozère und Pyrénées-Orientales. Die Region gehört seit dem 13. Jahrhundert zu Frankreich. Der Name **Languedoc** kommt von *Lang d'oc,* d. h. Sprache, in der das Wort für »ja« *oc* ist (im Gegensatz zu *Langue d'oi:* Sprache, in der oui »ja« bedeutet). Diese alte Sprache wird noch heute im Süden Frankreichs gesprochen.
An der Mittelmeerküste zwischen **Perpignan** (der alten Hauptstadt des Königreiches Mallorca) und **Montpellier** liegt heute eines der größten Ferienzentren Europas mit modernen Hotelkomplexen, das unter anderem die Urlaubsorte von **La Grande Motte, Port Leucate** und **Port Bacarès** umfaßt.
In der Region Languedoc-Roussillon wird mehr Wein produziert als irgendwo sonst in der Welt. Die Weinberge beginnen in der Umgebung von **Narbonne** und ziehen sich von **Béziers** (dem Zentrum des Weinhandels der Region) bis nach **Montpellier** hin. Es wird Rot-, Weiß- und Roséwein gekeltert. Bereits zur Zeit der Römer wurde hier Weinbau betrieben. Der Hafen von Montpellier spielte früher eine wichtige Rolle im internationalen Gewürzhandel (der Name bedeutet ursprünglich »Berg der Gewürzhändler«). Die Universitätsstadt mit ihren fünf ausgezeichneten Museen und eindrucksvoller Architektur aus dem 17. und 18. Jahrhundert ist Zentrum des geistigen und intellektuellen Lebens dieser sonnenreichen Region. Im Sommer werden hier Musikfestspiele veranstaltet. Die römischen und gallischen Ruinen sind sehenswert; das *Maison Carré,* der Tempel der Diana und die römische Arena in **Nîmes,** dem Rom Galliens, gehören zu den herausragendsten Beispielen griechisch-römischer Baukunst. Eines der größten architektonischen Meisterwerke ist die 2000 Jahre alte **Pont de Gard. Aigues-Mortes** hat sich sein mittelalterliches Stadtbild bewahrt, und St. Louis und seine Kreuzritter, die von hier aus gen Osten aufbrachen, würden sich auch heute noch ohne Schwierigkeiten zurechtfinden. **Carcassonne,** das von einer mit Zinnen versehenen Stadtmauer umschlossen ist, und die Türme von Uzès sind ein Muß für jeden Besucher.
Der *Canal du Midi* verbindet den Atlantik mit dem Mittelmeer. Auf diesem ruhigen Wasserweg, auf dem es kaum noch gewerblichen Schiffsverkehr gibt, kann man gemächlich auf seinem Motorboot entlangtuckern. Er führt durch das verschlafene Dorf **Castelnaudary,** bekannt für sein *Cassoulet,* vorbei an der Zitadelle von Carcassonne nach Montpellier.

Rhône, Savoyen & Dauphiné

Diese Region umfaßt die Alpen und ihre Ausläufer sowie die breiten Flußtäler der Rhône und der Saône. Sie gliedert sich in die Departements Loire, Rhône, Ain, Ardèche, Drôme, Isère, Savoie und Haute-Savoie.
Das im Rhônetal gelegene **Lyon** hat eine stolze gastronomische Tradition. Sie ist eine bedeutende Kultur-, Kunst-, Finanz- und Industriemetropole und Veranstaltungsort internationaler Festspiele und Handelsmessen. *Die Kathedrale von St. Jean,* das *Musée de la Civilisation Gallo-Romaine* und die Reste der römischen Stadt sind sehenswert.
Die französischen Alpen erstrecken sich in Savoyen und Dauphiné entlang der italienischen Grenze. Nach seiner Flucht aus Elba kam Napoleon 1815 auf diesem Weg auf das französische Festland zurück. Er beabsichtigte, nach seiner Landung in der Nähe von Cannes mit seinen 100 Mann die Küste entlang nach Marseille und von dort das Rhônetal hinauf zu marschieren. Nachdem bekannt wurde, daß die dortige Bevölkerung ihm feindlich gesonnen sei, war er gezwungen, über die Berge ins Landesinnere vorzustoßen. Er erreichte Gap (150 km von der Küste entfernt) in vier Tagen, Grenoble ein paar Tage später und kam nach 20 Tagen mit einer großen, ihm ergebenen Armee in Paris an (1152 km von Cannes entfernt). Seine Route, die durch eine sehr schöne Landschaft führt, ist genau bekannt, und so kann man heute auf den Spuren Napoleons wandern – jeder Rastplatz ist markiert.
Die Alpen haben den französischen Ingenieuren viel Kopfzerbrechen bereitet, und einige Straßen und Bahnen sind schon eine Touristenattraktion für sich. Hervorragende Beispiele sind die 9 km lange, von Dampflokomotiven befahrene Strecke von La Rochette nach Ponchara (etwa 40 km von Grenoble entfernt) und die 32 km lange Strecke (1903 elektrifiziert) von Saint-Georges-de-Commiers nach Mira (auch in der Umgebung Grenobles) mit ihren 133 Kurven, 18 Tunneln und 12 Brücken.
Wie in den meisten Gebirgsregionen der Welt kann man in vielen der Gebirgsflüsse Wildwasserkanu fahren (*Randonnées nautiques*). Bergwandern ist eine beliebte Freizeitbeschäftigung, die GR-Karten (GR steht für *Grandes randonnés* oder Hauptwege) zeigen den Verlauf der offiziell markierten Wege an.
Die von den Alpen zur Rhône herunterschießenden Flüsse sind voller Forellen. Außerdem liefern die Flüsse Elektrizität. Die *Fédération des Associations Agréés de Pêche et de Pisciculture de la Drôme* in Valence zeigt interessierten Anglern die besten Fischgründe (das Hauptbüro ist in Valence, Filialen gibt es in 36 Städten).
Skilaufen ist die Hauptsportart in den französischen Alpen. Die besten Pisten liegen westlich von Grenoble und südlich des Genfer Sees. In allen Skiorten findet man komfortable Unterkünfte und gutes Essen. In einigen Orten kann man das ganze Jahr über Ski laufen, die meisten haben eine Sommersaison, in der die Besucher sich auf Golfplätzen, Tennisplätzen, in Freibädern und Badeseen vergnügen können.

Die am *Lac d'Annecy* gelegene wunderschöne Stadt **Annecy** hat ein interessantes Glockenmuseum; im Restaurant des Museums kann man sehr gut essen. Internationale kulinarische Festwochen werden hier mehrmals im Jahr veranstaltet.

Midi-Pyrénées

Die Region Midi-Pyrénées mit ihren wunderbaren Gebirgszügen liegt zwischen Aquitanien im Westen und Languedoc-Roussillon im Osten. Sie umfaßt einen Teil des *Causse*, des Hochplateaus, und den größten Teil der Gascogne. Sie besteht aus den Departements Lot, Aveyron, Tarn-et-Garonne, Tarn, Gers, Haut-Garonne, Ariège und Hautes-Pyrénées.
Hochebenen, hie und da von niedrigen Hügeln unterbrochen, Sandböden, Moore, Kiefernwälder, einsame Plateaus, in denen sich magische Höhlen auftun, und enge waldreiche Täler sind für diese Gegend charakteristisch. Die nordöstliche Region Rouergue ist ein rauhes, gebirgiges Land. Sie liegt an der Grenze zu Aquitanien, die von dem Plateau von Causse gebildet wird. Auf dem Kalkboden des Plateaus wachsen wilder Thymian und Wacholder. Wildbret und Wildgeflügel aus dieser Gegend haben einen ganz eigenen Geschmack.
Die Provinzhauptstadt **Rodez** ist von einer herben Schönheit. Die Spitze ihres roten Turms, einem der Meisterwerke der französischen Gotik, überragt mit ihren Zinnen das Gewirr der engen Straßen und kleinen Plätze. Von hier aus hat man einen Blick auf die Plateaus jenseits des Flusses Aveyron, eine majestätische, karge Landschaft mit Felsvorsprüngen und steilen Schluchten. Die Ortschaften und Bauernhöfe, aus einheimischem Gestein gebaut, sind den Felsformationen so ähnlich, daß man sie nur mit Mühe ausmachen kann.
In Südosten liegt **Millau,** das Tor zu den Tarn-Schluchten. Aus **Roquefort,** weiter im Süden, kommt der berühmte Schimmelkäse, der in Höhlen gelagert wird, durch die der Wind pfeift. Die feuchten kalten Winde sind das Geheimnis des »Käses der Könige und Königs der Käse«.
Auch war einst die Metropole der römischen Provinz *Novem populania*, eine der wichtigsten Städte in Gallien und ein bedeutender Rivale *Burdigalas* (des heutigen Bordeaux). Die Kathedrale hat zwei schöne Türme, aus Eiche geschnitztes Chorgestühl und ein Buntglasfenster aus dem 16. Jahrhundert. Die Einwohner Auchs errichteten dem von Alexandre Dumas unsterblich gemachten Musketier *Le Vrai d'Artagnan* (»dem wahren d'Artagnan«) ein Denkmal.
Cahors, das auf einer von dem Fluß Lot gebildeten Halbinsel liegt, ist bekannt für seine Brücke, mit deren Bau 1308 begonnen wurde. Die *Pont Valentre* mit ihren sechs spitz zulaufenden Bögen und drei Wehrtürmen, die 40 m hoch aufragen, ist eine der schönsten noch erhaltenen befestigten Brücken Europas. Eine Legende erzählt von unzähligen Problemen während der Bauarbeiten, die nach 50 Jahren noch immer nicht abgeschlossen waren. Erst als einer der Architekten einen Pakt mit dem Teufel schloß, konnte die Brücke ohne weitere Schwierigkeiten fertiggestellt werden. Eine kleine Teufelsfigur ist auch heute noch am mittleren Turm zu sehen. Ein guter, sehr dunkler Rotwein trägt den Namen Cahors. Er wird aus Amina-Trauben gekeltert, die die Römer aus Italien mitbrachten.
Toulouse ist eine der geschäftigsten Städte Frankreichs, Umschlagplatz der Agrarprodukte der Region, eine bedeutende Universitätsstadt und Sitz eines Luftfahrt-Forschungszentrums. Toulouse ist auch eine Stadt der Kunst mit zahlreichen hervorragenden Museen. Nachdem die Steinbrüche der Gegend schon während des Mittelalters erschöpft wurden, verwendete man sanftrote Ziegelsteine zum Häuserbau, die im Sonnenschein eine ganz bestimmte Farbtönung haben und der Stadt den Beinamen *Ville rose* gaben. Die alten Häuser in Toulouse schimmern rosa im frühen Morgenlicht, rot bei Tage und violett im Zwielicht der einbrechenden Dunkelheit.
Viele der öffentlichen Gebäude und Privathäuser beeindrucken durch ihre Schönheit, wie das im Renaissance-Stil erbaute *Hotel d'Assezat* und das als *Capitole* bekannte Rathaus. Hier findet man die bedeutendsten romanischen Kirchen Südfrankreichs. Die erste westlich der Rhône erbaute gotische Kirche, die Jakobinerkirche, steht in Toulouse, und der Heilige Dominik selbst gründete das erste Dominikanerkloster in der Stadt. Toulouse ist eine lebendige Stadt, in der es viel zu sehen und zu unternehmen gibt. Auf der langen Rue Alsace-Lorraine sitzt man am frühen Abend in den Straßencafés, trinkt seinen Aperitif und läßt die Welt für eine Weile an sich vorüberziehen. Die Region war ein wichtiger Teil des -Römischen Reiches und 800 Jahre lang unter arabischem Einfluß (die Mauren beherrschten große Teile Spaniens auf der anderen Seite der Pyrenäen). Es überrascht daher nicht, daß die regionale Küche Spuren sowohl römischer als auch arabischer Einflüsse zeigt. Die lange Toulouser Wurst, deren Füllung von Hand gehackt sein muß, ist eine der Hauptzutaten des *Cassoulet*. Sie schmeckt aber auch ohne Beilagen vorzüglich.
Die Häuser von **Albi** sind ebenfalls aus rotem Ziegelstein. Die am Fluß Tarn gelegene Stadt ist kleiner als Toulouse, aber deshalb nicht weniger interessant. Die auch aus Ziegelsteinen erbaute Kirche sollte unbedingt besichtigt werden. Albi wurde von religiösen Kriegen heimgesucht. Die Albigenser, Angehörige einer mittelalterlichen häretischen Gruppierung, leisteten den katholischen Kreuzfahrern jahrzehntelang Widerstand. Die riesige, aus rotem Ziegelstein erbaute Kathedrale *Sainte Cécile* überragt alle anderen Gebäude der Stadt. Sie wurde als Festung zum Schutz eines grausamen Bischofs gebaut, der den Einwohnern den Glauben an die Kirche aufzwingen wollte. Die imposante Halle im Innern der Kathedrale beeindruckt mit ihren wunderbaren Rundbögen und Statuen. Die leuchtenden Farben der herrlichen Wandmalereien sind noch heute geheimnisumwittert, ihre Zusammensetzung wurde bisher noch nicht festgestellt. Im nahegelegenen vormals befestigten Palast des Erzbischofs aus dem 13. Jahrhundert ist heute ein Museum untergebracht, das die größte Sammlung von Arbeiten des französischen Malers und Grafikers Toulouse-Lautrec enthält, der hier geboren wurde.
Die Visionen der Bernadette Soubirous machten **Lourdes** zum Wallfahrtsort. Seit Mitte des 19. Jahrhunderts pilgern Kranke in der Hoffnung auf eine Wunderheilung in die Stadt. Neben der berühmten Grotte kann man ein Schloß und ein interessantes Museum besuchen.

Côte d'Azur & Provence

Die **Côte d'Azur,** die französische Riviera, liegt im Departement Alpes-Maritimes. Sie zieht sich von der italienischen Grenze an der Küste entlang bis über Cannes hinaus und reicht mehr als 50 km nördlich in das Gebiet der Alpen hinein. An der Küste ist das Klima ausgesprochen mild, in den niederen Lagen der Alpen kann man gut skilaufen.
An der französischen Mittelmeerküste zählt man im Juli und August mehr Feriengäste als in irgendeinem anderen Teil des Landes. Sie ist auch ein beliebtes Urlaubsziel der Franzosen.
Die bekanntesten Badeorte der Region sind zweifellos *Cannes* und *Nizza*; die ganze Gegend gilt zu Recht als eines der schönsten Urlaubsgebiete der Welt. Nicht nur Touristen, auch die Maler Matisse, Picasso, Chagall und Dufy zog es hierher. Die Kombination von Palmen, blauem Meer, wunderschönen Stränden, bezaubernden Städten und Dörfern mit eleganten Gebäuden vor dem Hintergrund der hohen Berge hat Reisende schon seit dem 18. Jahrhundert begeistert. Das Wetter während des langen heißen Sommers ist der schönen Gegend angepaßt.
Das ganze Jahr über gibt es jede Menge Abwechslung – Langeweile ist hier unbekannt. **Cannes** wurde von dem englischen Lord Brougham im 19. Jahrhundert als Urlaubsort entdeckt (er wollte eigentlich nach Nizza, dort war jedoch die Pest ausgebrochen). **Nizza** (Nice), die große Küstenmetropole, ist blühendes Geschäftszentrum und ganzjähriger Urlaubsort zugleich. Der jährliche Karneval und Rosenmontagsumzug soll auf das Jahr 350 v. Chr. zurückgehen. Weitere Urlaubsorte an der Küste sind: **Napoule Plage,** klein, exklusiv, mit mehreren Sandstränden, einem Jachthafen und hervorragender Aussicht auf die grünen Hügel der Maure-Berge; **Golfe-Juan,** ein beliebter Ferienort mit exklusiven Villen und Hotels; **Juan-les-Pins** mit schönem Hafen, Stränden und Pinienwäldern auf den umliegenden Hügeln, die Schutz vor dem Wind bieten; **Antibes** und **Cap d'Antibes** sind sehr beliebt, aber teuer; **Villefranche-sur-Mer,** dessen Tiefseehafen schon seit Jahrhunderten von Jachten, Segelbooten und Flotten genutzt wird; **St. Jean-Cap-Ferrat** ist exklusiv und teuer, große Privatvillen und in Strandnähe gelegene Familiensitze bestimmen das Bild; **Beaulieu** ist ebenfalls ein schöner Urlaubsort, der aber weit weniger exklusiv ist; und **Menton** (in der Nähe von Monaco) ist ein ehemaliges Fischerdorf und Zitrusfrüchte-Anbaugebiet und heute ein netter Ferienort.
Die Côte d'Azur ist ein herrlich großer Spielplatz, auf dem man jeder erdenklichen Freizeitbeschäftigung nachgehen kann. Es gibt ausgezeichnete Museen, historische Stätten und Baudenkmäler des Altertums und der Neuzeit, außerdem Hügel, Berge, Seen, Flüsse, Schluchten und hochalpine Pisten. Überall an der Côte d'Azur findet man gute, komfortable Hotels, für gehobene Ansprüche

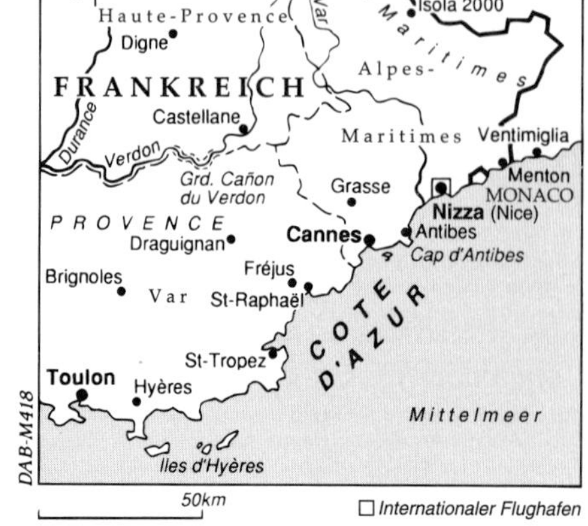

luxuriöse Châteaus, Restaurants mit Speisen für jeden Geschmack und einladende Bistros und Lokale. Die *Maeght Foundation*, in Paul-de-Vence, ist eines der besten Museen der Welt. Die Sammlungen der Werke Picassos, Braques und Légers sind in eigenen Museen untergebracht. Südwestlich von Cannes liegen: **St. Tropez** – oft fürchterlich überlaufen, schlecht zu erreichen, aber immer noch »in«; **Port Grimaud,** einer der ersten, im traditionellen Stil der hiesigen Fischerdörfer eigens errichteten Urlaubsorte – existiert mittlerweile schon so lange, daß er beinahe authentisch aussieht; **St. Maxime** – schick und überlaufen mit schönen Stränden und einem Hafen; **Fréjus** und letzendlich **St. Raphael,** das schon zur Zeit der Römer beliebt war und heute ein gutbürgerlicher Ferienort ist.
Das herrliche Wetter ist einer der größten Pluspunkte der *Provence*, die sich aus den Departements Hautes-Alpes, Alpes-de-Haute-Provence, Var, Vaucluse und Bouches-du-Rhône zusammensetzt. Der tiefblaue Sommerhimmel ist selten bewölkt, im Frühling und Herbst kann es gelegentlich regnen. Das einzige unwirtliche Element ist der Mistral, ein kalter stürmischer Wind, der mitunter durch das Rhônetal fegt und mehrere Tage lang anhält. Als die Römer nach Gallien kamen, waren sie über das Klima in Bouches-du-Rhône so begeistert, daß sie dem Gebiet den Status einer Provinz verliehen und es nicht, wie sonst üblich, zu einer Kolonie machten. Die vielfältige Flora verleiht dem Land seine zinnfarbenen, bronzenen, dunkel- und hellgrünen Farbtupfer. Die Sonne brennt auf die Häuser herab und gibt ihnen mit der Zeit einen neuen »Anstrich«, der alle Schattierungen von ocker bis rosa haben kann. Die Dachziegel werden aus der tiefroten Erde hergestellt, und selbst unter den sengenden Strahlen der Midi-Sonne verblaßt diese rote Pracht nicht. Architektur, Steine, Dachziegel und die majestätischen Platanen der Straßen und Plätze der Städte fügen sich zu einer harmonischen Gesamtkomposition zusammen, die das Auge erfreut. Diese herrlichen Bäume mit ihren dicken, graugesprenkelten Stämmen und dichtbelaubten, graziös geschwungenen Ästen schmücken Städte und Dörfer und schaffen eine ganz besondere Atmosphäre. Sie spenden moosbewachsenen Springbrunnen, Caféterrassen, *Pétanque*-Spielern, Einheimischen und Besuchern gleichermaßen willkommenen Schatten. Griechen und Römer hinterließen eine Reihe bedeutender historischer Bauwerke – von Stadtmauern umgebene, auf Hügeln gebaute Städte, Triumphbögen, Kolosseen, Amphitheater, Arenen, Brücken und Aquädukte. Dem Christentum verdankt die Provence die Paläste der Päpste in **Avignon,** unzählige Kirchen und hunderte kleiner Kapellen, Wegkreuze oder Oratorien stehen am Wegesrand. Herrliche Kunstwerke christlichen Ursprungs findet man überall in der Provence: von Notre-Dame-des-Doms in Avignon bis zu Notre-Dame-du-Bourg in **Digne** im Zentrum der Voralpen. Die Pilger bauten wunderbare Kirchen mit schön geschwungenen Halbrundbögen, runden Rosettenfenstern und Christusstatuen, die Jesus umgeben von den Evangelisten, den Heiligen, den Verdammten in Ketten und der Prozession der Gläubigen zeigen. Sonne und Wind haben den Steinmetzarbeiten so zugesetzt, daß die Statuen eine fast fleischfarbene Tönung angenommen haben.
Viele Städte und Dörfer hatten Trutzburgen und Wachtürme als Schutz vor einfallenden Sarazenen, den Korsaren der Rhône, und anderen plündernden Horden. Hier entlang führte die Invasionsroute – von Norden durch das Land und im Süden vom Meer her. **Tarascon, Beauclair, Villeneuve, Gourdon, Entrevaux, Sisteron** und viele andere Ortschaften erbauten ihre Türme und Rückzugspunkte hoch über dem Fluß oder dem Meer.
Marseille wurde von den Griechen gegründet (sie nannten es Massilia), und von hier aus kolonialisierten sie das Rhônetal. Heute ist Marseille Frankreichs bedeutendster Handelshafen, und der Charakter der Stadt ist von Industrie und Handel geprägt. Trotzdem ist Marseille einen Besuch wert; der alte Hafen, die auf einem Hügel erbaute *Kirche Notre-Dame-de-la-Garde*, viele gute Restaurants (Meeresfrüchte bestimmen die Speisekarte), mehrere Museen, *Le Corbusiers Unité d'Habitation*, das *Hospice de la Vieille Charité* und natürlich das *Château d'If*, eine der berüchtigtsten Inselfestungen Frankreichs, sind interessante Sehenswürdigkeiten. Riesige Ölraffinerien und Depots stehen überall in den dünnbesiedelten Salzmarschen nördlich und südlich der Stadt. Fauna und Flora haben sich aber trotz der Umweltprobleme noch behaupten können. In den Marschen leben eine Reihe sehr seltener Vogelarten, wie Trappen und Ziegenmelker, die im übrigen Europa kaum vorkommen.
Am anderen Ufer der Rhône liegt die marschige **Camargue,** die seit langem für Rinder- und Pferdezucht, Salzgewinnung durch Verdunstung von Meerwasser und neuerdings auch für Reisanbau bekannt ist. Die Rinderzüchter oder Cowboys benutzen Lanzen anstelle von Lassos. Riesige Schwärme verschiedener Wasservögel nisten hier in einem Vogelschutzgebiet, darunter Flamingos und schneeweiße Reiher.
123 v. Chr. errichtete der Konsul Sextias Calvinus ein Lager neben den warmen Quellen des unteren Rhônetals und nannte es Aquae Sextiae – hier entstand das heutige **Aix-en-Provence.** Die vielen Olivenbäume der Provence liefern die beliebten Olivenfrüchte und das feine Olivenöl, einen Hauptbestandteil der hiesigen Küche.

Knoblauch, manchmal auch »Trüffel der Provence« genannt, wird hier mehr als in den anderen Landesteilen verwendet. Tomaten sind eine weitere Hauptzutat vieler der leckeren Gerichte der Provence. Eine Spezialität der Carmargue ist *Estouffade de boeuf.* Marseille ist bekannt für *Pieds et paquet* (»Füße und Paket«), Schafspansen gefüllt mit gepökeltem Schweinefleisch, der über Nacht in Weißwein mit Zwiebeln, Kartoffeln und Petersilie gekocht wird. *Tripe à la Niçoise* wird ähnlich zubereitet, hat aber doch einen individuellen Geschmack.
Vielleicht das bekannteste und weitverbreitetste Gericht der Provence ist *Tomates provençales,* eine himmlische Zusammenstellung hiesiger Spezialitäten: gefüllte Tomaten mit Knoblauch und Petersilie in Olivenöl gebacken. Zucchinis oder Auberginen können auf die gleiche Weise zubereitet werden. Das berühmteste Gemüse-Ragout der Provence, das *Ratatouille* mit Paprikaschoten, Zucchinis, Auberginen und Tomaten, wird ebenfalls kräftig mit Knoblauch gewürzt und selbstverständlich in Olivenöl gekocht. Mayonnaise mit Knoblauch wird *Aioli* genannt und dient als Beilage zu gekochtem Gemüse und/oder Fisch.
Wachteln, Drosseln, Forellen und Flußkrebse wurden vor nicht allzulanger Zeit noch sehr häufig gegessen, aber die Bestände sind jetzt so reduziert, daß diese Gerichte kaum noch serviert werden. *Gigot* (Lammkeule) steht dagegen häufig auf der Speisekarte.
Die berühmte Fischsuppe *Bouillabaisse* hat das Zeitalter der *Nouvelle cuisine* überlebt und ist immer noch der Stolz der provenzalischen Küstenregion. Ähnlich wie beim *Cassoulet* des Languedoc gibt es unzählige Variationen und selbstverständlich ist jede die »einzig wahre«. Die Zutaten ändern sich kaum: Etwas mehr oder weniger Safran, die Zugabe oder das Weglassen einer bestimmten Fischsorte geben dem Gericht je nach Lokalität eine individuelle Note.
Die Weine aus dem Lubéron gelten als die besten der Provence. Vier Regionen sind für ihre Roséweine be-kannt: Cassis, Bandol, Bellet und la Palette in der Nähe von Aix; die anderen erwähnten Gebiete liegen an der Küste.

Korsika

Die Insel Korsika besteht aus zwei Departements: Haute-Corse (Oberes Korsika) und Corse-du-Sud (Südkorsika). Die 8720 qkm große Insel hat nur etwa 250.000 Einwohner. Sie gehört zu den wenigen Gegenden Europas, die in der Urlaubssaison nicht mit Zelten und Wohnwagen übersät sind. Der unverdorbene Charakter der Insel macht ihren besonderen Reiz aus.
Der Name Korsika oder *Corse* geht wohl auf das phönizische Wort *Korsai,* zurück, das »mit Wäldern bedeckt« bedeutet. Die Phönizier landeten 560 v. Chr. in Korsika und störten den Frieden der wahrscheinlich aus Ligurien eingewanderten Bewohner. Seit jener Zeit war der Besitz Korsikas immer heiß umkämpft; und für ein so kleines Gebiet hat die Insel eine ausgesprochen blutige Geschichte. Nach den Griechen kamen die Römer, Vandalen, Byzantiner, Mauren und Lombarden. 1798 verkaufte Genua die Insel an Frankreich, und 2500 Jahre territorialer Streitigkeiten fanden endlich ein Ende. Trotz der langen wechselhaften Geschichte ist die Insel natürlich vor allem als Geburtsort von Napoleon Bonapartes bekannt.
Die Insel ist als »Berg im Meer« beschrieben worden, und vom Schiff aus gesehen bestätigt sich dieser Eindruck. Es ist ein eigenartiges Land. Die Berge steigen am westlichen Ufer abrupt in die Höhe. Die 992 km lange Küste besteht aus Steilfelsen, an denen sich hochaufspritzende Wellen brechen, und abgelegenen sandigen Buchten. Korsika,

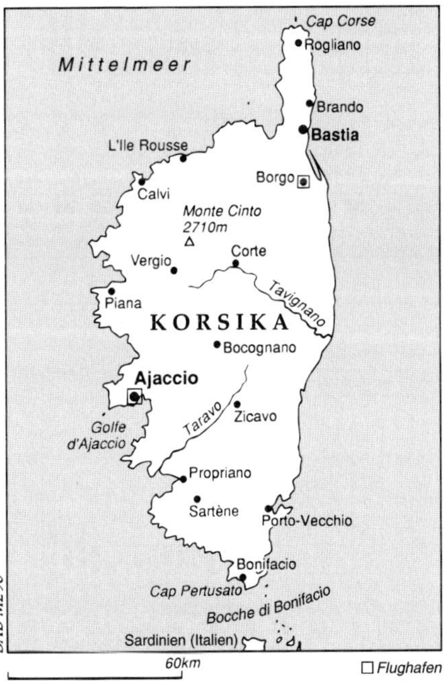

das sind außerdem Wälder, Heide, Granitgestein, Schnee und Orangenbäume. Diese Kombination hat einen Menschenschlag hervorgebracht, der zugleich eigenbrötlerisch, hitzig, gewitzt, musikliebend, abergläubisch und fromm ist.
Das trockene, teils gebirgige und relativ dünn besiedelte Landesinnere ist mit Gestrüpp und Unterholz bewachsen, dem sogenannten *Maquis* (aus dem einheimischen *Macchia,* was soviel wie »Unterholz« bedeutet). Ein Gewirr verschiedenartiger Sträucher und Kräuter bedeckt das Land: Arbutus, Mastix, Dornensträucher, Myrte, Wacholder, Rosmarin, Bergrosen, Agaven, Pistazien, Fenchel, Erika, wilde Minze und Asphodill. Die Angehörigen der Résistance, der französischen Widerstandsbewegung gegen die deutsche Besatzung Frankreichs im 2. Weltkrieg, wurden *Maquis* genannt. Das wilde Hinterland Korsikas hat den Banditen der Insel schon immer Unterschlupf geboten, und die Widerstandskämpfer mußten unter ähnlichen Bedingungen leben. Heute wird dieses Gebiet Maquis genannt und hinterläßt den Eindruck trostloser Erhabenheit, die rauhe Schönheit der großartigen Berglandschaft ist dagegen alles andere als trostlos. Große Teile des urspünglichen Waldgebietes sind erhalten geblieben, obwohl schon die Griechen die schönen, großen, gerade gewachsenen *Laricio-Pinien* abholzten. Diese Bäume, die bis zu 60 m hoch werden können, scheinen nur hier zu gedeihen. Ihre Stämme sind ideal als Schiffsmasten und werden auch heute noch als solche benutzt. In Korsika wachsen auch Korkeichen, Kastanien und Olivenbäume. Es gibt ein Naturschutzgebiet auf der Insel.
Im Norden erstrecken sich die als **La Balagne** bekannten Tiefebenen, die hauptsächlich mit Olivenhainen bewachsen sind und das Hinterland von Calvis und der Ile Rousse bilden.
Im Süden liegt die strahlendweiße Stadt **Ajaccio,** in der man auf Schritt und Tritt auf napoleonische Erinnerungsstücke stößt. Die Stadt bildet einen Halbkreis um die ruhige Bucht und ist von bewaldeten Hügeln umgeben. Am Fuße des Kaps an der Nordspitze Korsikas liegt die malerische Handelsstadt **Bastia,** in deren Altstadt die imposante Zitadelle steht. Auch die aus Treppenstufen bestehenden Straßen, die durch gewölbte Durchgänge und Torbögen miteinander verbunden sind, sind erhalten geblieben. Sie enden alle am *Vieux port.* Der alte Hafen ist das ganze Jahr hindurch sehr geschäftig. Der etwas weiter nördlich gelegene, terrassenförmige St. Nicholas-Strand trennt den alten vom neuen Hafen, dem eigentlichen Handelshafen der Stadt.
Die korsische Küche ist im wesentlichen einfach, und das Meer, aus dem auch der berühmte Hummer gefangen wird, ist Hauptnahrungsquelle. Süßwasserfische gibt es in den Flüssen, und aus dem Maquis kommt Wild. Die aromatischen Kräuter und Beeren geben dem Fleisch ein ganz pikantes Aroma. *Sanglier* und *Marcassin* – junges und ausgewachsenes Wildschwein – wird in der Saison entweder gebraten, geschmort und in einer *Daube* mit Rotwein oder mit einer pikanten einheimischen Soße, *Pribonata,* serviert. Es gibt viele Schafe und Ziegen auf der Insel. Schweine, die mit Kastanien gemästet werden, sind fester Bestandteil der korsischen Küche, aus ihnen wird ein ungewöhnlich schmeckender Schinken gemacht. Das Angebot an Gemüsesorten ist aufgrund des extremen Klimas begrenzt.
Die Korsen lieben scharfe Gewürze, Kräuter werden viel verwendet, noch mehr als in der Provence. Die Fischsuppe *Dziminu* ist der *Bouillabaisse* ähnlich, aber bedeutend schärfer mit Pfeffer und Pimentos gewürzt. Süßwasserfische werden meist gegrillt, und frisch gefangener Aal *(Capone)* wird in Stücke geschnitten und am Spieß über dem Holzfeuer gegart. *Prizzutu,* ein Räucherschinken mit Pfefferkörnern, hat Ähnlichkeit mit dem italienischen *Prosciutto,* wird aber zusätzlich mit Kastanien gewürzt. Eine beliebte Zwischenmahlzeit ist *Figatelle,* eine Wurst aus Leber und getrocknetem und gewürztem Schweinefleisch. Diese Wurst wird zwischen die Scheiben eines besonderen Brotes gelegt und dann über dem Holzfeuer gegrillt.
Weißwein, Rosé und Rotwein werden in großen Mengen auf der Insel produziert.

SOZIALPROFIL

ESSEN & TRINKEN: Die Vielfalt und Finesse der französischen Küche ist wohl einmalig. Gemüse, Käse, Butter und Obst sind in französischen Restaurants immer frisch. Cafeterias und Schnellrestaurants schießen jedoch auch hier wie Pilze aus dem Boden, und gute Qualität ist nicht immer gewährleistet. Das einfache, delikate Essen, das Frankreich berühmt gemacht hat, findet man in den Bistros und Restaurants.
Man unterscheidet die »Gastronomie« (*Haute Cuisine*) und die gutbürgerliche Küche. Bei der berühmten Haute Cuisine gilt es, gewisse Rituale, Regeln und Tabus zu beachten. Der erforderliche Zeitaufwand und die Kosten machen es im Alltagsleben fast unmöglich, der Haute Cuisine zu huldigen. Die Hausmannskost schmeckt vielen jedoch genauso gut. Sie bestimmt den Speisezettel in den meisten französischen Haushalten, und oft werden Kochrezepte von Generation zu Generation weitergereicht. Fast alle Restaurants bieten zwei Menüs an: *À la carte* (große Auswahl für jeden Gang und daher teuer) und *le Menu* (Tagesgerichte zu festgesetzten Preisen). In einfachen Restaurants gibt es kein Extrabesteck für jeden Gang. Das Fremdenverkehrsamt veröffentlicht einen Restaurantführer für Paris und die Ile-de-France. Viele Restaurants schließen an einem Tag der Woche und für einen Monat im Sommer. Man sollte sich nach den genauen Öffnungszeiten erkundigen, besonders an Sonntagen haben viele Restaurants geschlossen. Essen gehen muß nicht unbedingt teuer sein. In Frankreich hält man sich im allgemeinen an feste Essenszeiten – Mittagessen wird zwischen 12.00 und 13.30 Uhr serviert, Abendessen zwischen 20.00 und 21.30 Uhr. In der Regel gilt: je größer die Stadt, desto länger werden Mahlzeiten serviert. Im folgenden finden Sie eine kleine Auswahl wohlschmeckender Gerichte: *Tournedos* (kleine Steaks in Speckstreifen), *Châteaubriand, Entrecôte* (Rippensteak) mit *Béarnaise* (eine delikate Eiersoße), *Gigot de pré-salé* (gebratene oder gegrillte Lammkeule) und *Flageolets* (grüne Bohnen) oder *Pommes Dauphines* (Kartoffelkroketten), *Brochettes* (Fleisch- oder Meeresfrüchte-Spießchen mit Pilzen, Zwiebeln und Tomaten), *Ratatouille Niçoise* (Zucchinis, Auberginen, Tomaten und Knoblauch in Olivenöl), *Pot-au-feu* (Feuertopf), *Blanquette de Veau* (Kalbfleisch und Pilze in Weißwein- und Sahnesoße). Im Norden Frankreichs (Nord/Pas-de-Calais und Picardie) stehen vor allem Meeresfrüchte auf der Speisekarte: Austern, *Moules* (Miesmuscheln), *Coques* (Herzmuscheln) und *Crevettes* (Garnelen) sind sehr beliebt. In der Picardie werden auch Entenpasteten, *Ficelle Picardie* (Eierpfannkuchen mit Schinken und Pilzen) und flämische *Aux poireaux* serviert. In der Region Champagne-Ardennen gibt es Schinken aus Reims und *Sanglier* (Wildschwein), Fischspezialitäten sind *Ecrevisses* (Flußkrebse) und *Brochets* (Hecht). Elsaß-Lothringen ist das Land des *Choucroute* (Sauerkraut) und der *Tarte Flambée* (Zwiebelkuchen). Pikante und unverwechselbare Soßen kennzeichnen die bretonische Küche, und Schalentiere sind ihre Spezialität; hervorzuheben ist besonders der *Homard à l'Américaine* (Hummer mit Sahnesoße). Lyon, die wichtigste Stadt des Rhônetals, ist das Zentrum der französischen Gastronomie. Sie ist für gehaltvolle, nicht so sehr für raffinierte Gerichte bekannt. Eine hiesige Spezialität ist *Quenelles de Brochet* (Hechtpastete mit Flußkrebssoße). Bordeaux streitet sich mit Lyon um den Titel »kulinarische Hauptstadt Frankreichs«. Die aquitanische Küche verwendet viel Gänseschmalz. Der Beiname »Perigord« steht für die Beigabe von Trüffeln. In den Pyrenäen, besonders in und um Toulouse, findet man Lachs und *Cassoulet* (Bohneneintopf).
General de Gaulle hat einmal mit einem gewissen Stolz gefragt, wie man ein Land regieren solle, in dem es 365 verschiedene Käsesorten gibt. Die bekanntesten französischen Käse sind Camembert, Brie, Roquefort, Reblochon und die Schimmelkäse der Auvergne und Bresse. *Soufflé Grand Marnier, Oeufs à la Neige* (Baiser und Vanillesoße), *Mille Feuilles* (mit Vanillecreme gefülltes Blätterteiggebäck), *Ganache* (Schokoladengebäck), *Paris-Brest* (Windbeutel mit Haselnußcremefüllung), Obstkuchen und Pasteten sind nur einige der leckeren Nachspeisen.
Weitere Informationen über regionale Spezialitäten sind den entsprechenden Rubriken zu entnehmen.
Getränke: Es sind zahllose Bücher über den französischen Wein geschrieben worden, und der hier zur Verfügung stehende Platz reicht nicht aus, um diesem Thema gerecht zu werden. Die einschlägige Literatur reicht von wissenschaftlichen Abhandlungen bis zu überschwenglichen Lobeshymnen und persönlichen Anekdoten. Wein ist mit Abstand das beliebteste Getränk der Franzosen, das Angebot ist regional verschieden. Preiswerter Wein (*Vin Ordinaire*) ist von sehr unterschiedlicher Qualität. Es gibt folgende Kategorien: AC (*Appellation contrôlée*), VDQS (*Vin delimité de qualité supérieure*), *Vin de Pays* (Landwein) und *Vin de Table* (Tafelwein). Frankreich hat mehrere Weinregionen, die bekanntesten sind Bordeaux, Burgund, Loire, Rhône und Champagne.
Vornehme Restaurants haben eine separate Weinkarte; sonst sind die Weine üblicherweise auf den Speisekarten aufgeführt. Die Kellner sind gern bei der Auswahl behilflich, in den teuren Restaurants ist dafür der *Sommelier* oder Kellermeister zuständig. Im Zweifelsfalle sollte man ruhig den Hauswein probieren, der meist der Stolz des Gastwirts und verhältnismäßig preiswert ist.
Der Kaffee wird immer nach dem Essen serviert (nicht mit der Nachspeise), schwarz und in kleinen Tassen, falls man nicht *Café au lait* (oder *crème*) bestellt.
Liköre wie Chartreuse, Framboise und Genepi (ein besonderer Likör aus einheimischen Kräutern) werden angeboten. Manche Getränke wie *Calvados* (Apfelbranntwein) und *Eau-de-vie* sind ziemlich hochprozentig und sollten mit Vorsicht genossen werden, besonders nach einigen Gläsern Wein.
Generell tut man gut daran, sich daran zu orientieren, welche Getränke bei den Einheimischen beliebt sind. Spirituosen werden als »Doppelte« ausgeschenkt, kleinere Mengen sollten als *Baby* bestellt werden. Die Auswahl an Aperitifs ist riesig. Typisch französisch ist der *Pastis* (z. B. Ricard und Pernod). Die Regionen Nord, Pas-de-Calais und Picardie haben keine eigenen Weine, hier wird Bier gebraut und Cidre hergestellt. Das Elsaß soll das beste Bier Frankreichs brauen, es gibt aber auch gute Weißweine wie Riesling, Gewürztraminer und Sylvaner sowie Fruchtschnäpse wie Kirsch und Framboise. Die Weine der Champagne-Region aus dem Gebiet Montagne de Reims

sind trocken und lieblich (Vevenay Verzy) oder vollmundig und blumig (Bouzy und Ambonnay).
Alkohol darf nicht an Jugendliche unter 18 Jahren ausgeschenkt werden. Kinder und Jugendliche dürfen Schankstätten nur in Begleitung Erwachsener betreten und erhalten keine alkoholischen Getränke. Die Öffnungszeiten bestimmt der Gastwirt, in Großstädten und Urlaubsorten sind die Lokale meistens den ganzen Tag über geöffnet, manche bis 02.00 Uhr morgens. Es gibt auch Bars und Cafés, die nachts geöffnet haben. In kleineren Gemeinden schließen die Lokale etwas früher.
NACHTLEBEN: In vielen Pariser Nachtlokalen und Diskotheken wird kein Eintrittsgeld erhoben, dafür sind die Getränke teuer. Oft ist die *Consommation* (der Verzehr) eines Getränkes im Eintrittsgeld enthalten. Nachtschwärmern stehen Nachtklubs und Nachtbars zur Verfügung.
Die Fremdenverkehrsämter veröffentlichen kostenlose monatliche und jährliche Veranstaltungskalender. Broschüren und Führer mit Informationen über Aktivitäten, Stadtrundfahrten, Exkursionen und Ausstellungen in Paris sind ebenfalls erhältlich. Einige der besten sind *Pariscope*, *7 à Paris*, *L'Officiel des Spectacles* und das englischsprachige *Paris Passion*. Außerhalb von Paris verbringen viele Franzosen die Abende in Restaurants und Bars, aber vor allem in den Urlaubsorten findet man auch Diskotheken. Auf dem Land finden im Sommer an den Wochenenden häufig Festivals statt und sorgen für Abendunterhaltung. Es gibt über 130 Kasinos in Frankreich.
EINKAUFSTIPS: Besonders zu empfehlen sind Spitzen, Kristall, Käse, Kaffee und selbstverständlich Wein, Spirituosen und Liköre. Arques, die Heimat des Cristal d'Arques, liegt zwischen St. Omer und Calais. Lille, die größte Stadt in Französisch-Flandern, ist für ihre Textilien und feine Spitze bekannt. In vielen Städten ist samstags Markttag, i. allg. für Obst und Gemüse. *Hypermarchés*, riesige Supermärkte, in denen man von Eßwaren, Kleidung und Hi-Fi-Geräten bis hin zu Möbeln alles kaufen kann, werden immer beliebter in Frankreich. Sie liegen meistens am Stadtrand und haben einen eigenen Parkplatz. **Öffnungszeiten der Geschäfte:** Kaufhäuser: Mo-Sa 09.00-18.30/19.30 Uhr, Lebensmittelläden: 07.00-18.30/19.30 Uhr. Manche Geschäfte, besonders Bäckereien, öffnen auch am Sonntagmorgen, dafür bleiben sie gewöhnlich montags geschlossen. Viele Geschäfte sind montags ganztägig oder nur nachmittags geschlossen. Hypermärkte sind in der Regel bis 21.00 oder 22.00 Uhr geöffnet.
SPORT: In Frankreich kann man nahezu alle Sportarten betreiben und diversen Sportveranstaltungen als Zuschauer beiwohnen. Vom mitreißenden Fußball-Länderspiel bis zum Boules auf dem schläfrigen Dorfplatz ist alles vertreten. **Tennis** wird fast überall gespielt, die Platzmieten sind aber mitunter recht teuer. **Reiten** ist sehr beliebt. **Golf** gewinnt an Popularität, es gibt einige Golfplätze, besonders im Süden. **Pferderennen, Fußball** und **Rugby** sind die Publikumsmagneten. **Segeln** und **Bootfahren** sind im Ärmelkanal, der Bucht von Biskaya, an der Riviera und auf größeren Flüssen (Loire, Rhône und Saône) möglich. Boote können an der Rhône, am Canal du Midi und am Burgund-Kanal, Jachten vor allem im Süden des Landes gemietet werden. Mehrere tausend Kilometer gut markierte **Wanderwege** stehen zur Verfügung. Diese *Sentiers de Grande Randonnée* sind in Wanderkarten eingezeichnet. **Wintersport:** In den französischen Alpen liegen einige der besten Skiorte der Welt. Sie bieten mehr als 480 km Piste, über 150 Skilifte, unzählige Skischulen und alles, was sonst noch dazugehört. Pauschalreisen gibt es in alle größeren Orte. Die Saison dauert von Anfang Dezember bis Ende April. Die Hochsaison ist von Februar bis März, mit höheren Preisen muß gerechnet werden. Die *Maisons de la France* verfügen über weiteres Informationsmaterial.
VERANSTALTUNGSKALENDER
9. - 20. Mai '96 *Internationale Filmfestspiele*, Cannes. **19. Mai** *Grand Prix Automobile*, Monaco. **27. Mai - 9. Juni** *Internationale Tennismeisterschaften Roland-Garros*, Paris. **15./16. Juni** *24-Stunden-Rennen*, Le Mans. **6. - 28. Juli** *Tour de France* (Radrennen), Frankreich. **7. - 31. Juli** *Avignon-Festival*. **Mitte-Ende Juli** *Aix-en-Provence-Festival*. **14. Juli** *Bastille-Tag*, landesweit. **6. Okt.** *Grand Prix de l'Arc de Triomphe* (Pferderennen), Paris. **20. Nov.** *Beaujolais Nouveau-Festival*. **Dez./Jan. '97** *Paris – Dakar Rallye*. **Mitte Febr.** *Karneval*, Nizza.
Ausführlichere Informationen sind von den *Maisons de la France* erhältlich.
SITTEN & GEBRÄUCHE: Zur Begrüßung gibt man sich gewöhnlich die Hand, persönlicher ist der Kuß auf beide Wangen. Die Anrede ist *Monsieur* oder *Madame* ohne Nennung des Familiennamens. Es kann sehr lange dauern, bis man sich mit dem Vornamen anspricht. Bei Empfängen oder *Diners* gibt der Ehrengast das Zeichen, mit dem Essen zu beginnen. Mahlzeiten werden mit Genuß und in aller Ruhe eingenommen, sie ziehen sich oft lange hin. Legere Kleidung ist weitverbreitet, aber die Franzosen sind für elegante Sportkleidung bekannt. Bei öffentlichen Anlässen und Abendgesellschaften ist förmliche Kleidung erwünscht; viele Klubs, Kasinos und vornehme Restaurants bestehen ebenfalls auf Anzug und Krawatte; Abendkleid bzw. Smoking werden gesondert angezeigt. »Oben ohne« wird an den meisten Stränden toleriert, FKK ist nur an den dafür eingerichteten Stränden gestattet. In öffentlichen Verkehrsmitteln, Kinos und Theatern ist Rauchen verboten. Ein rotes Schild an Cafés zeigt an, daß hier Tabakwaren erhältlich sind. Einige Zigarettenmarken sind auch in Restaurants und Bistros erhältlich. **Trinkgeld:** 12-15% Bedienung ist in Rechnungen von Hotels, Restaurants und Bars enthalten, es ist aber üblich, ein paar Münzen auf dem Tisch zu lassen. Platzanweiser, Gepäckträger, Hotelpagen, Garderoben- und Toilettenpersonal, Friseure und Kosmetikerinnen erhalten Trinkgeld. Taxifahrer erwarten 10-15% der Fahrtkosten als Trinkgeld.

WIRTSCHAFTSPROFIL

WIRTSCHAFT: Frankreich ist nach den USA, Großbritannien, Japan und Deutschland die fünftgrößte Wirtschaftsmacht und eine Industrie-, Handels- und Agrarnation. Landwirtschaft, Leicht- und Schwerindustrie, Spitzentechnologie und ein wachsender Dienstleistungssektor spielen für die Gesamtwirtschaft eine wichtige Rolle. Frankreich ist die führende Agrarnation Westeuropas, über die Hälfte des Landes wird bestellt. Es wird vornehmlich Weizen angebaut, aber auch Mais, Zuckerrüben und Gerste. Die reichen Erträge decken den Inlandsbedarf und ermöglichen den Export landwirtschaftlicher Produkte. Die Viehzucht gewinnt immer mehr an Bedeutung. Frankreich ist nach Italien der zweitgrößte Weinproduzent der Welt. Trotz mancher Kritik seitens einiger EU-Partnerländer, u. a. Großbritanniens, an der vermeintlich zu geringen Produktivität der Landwirtschaft verzeichnet dieser Sektor regelmäßig hohe Gewinne, und die Ausfuhr landwirtschaftlicher Produkte ist relativ hoch. Viele der neuen Industrienationen haben sich mit der Zeit auf dem Weltmarkt einen Platz für ihre Produkte erobert, und Frankreichs Absatzmärkte sind kleiner geworden. Die französischen Konzerne der Stahl- und Automobilindustrie, des Flugzeugbaus, der Elektro- und Maschinenbauindustrie, der Textil- und Nahrungsmittelindustrie sowie der chemischen Industrie haben weiter internationale Geltung. Mehr als 50% des Energiebedarfes wird von Kernkraftwerken gedeckt, der Kohlebergbau ist fast vollständig verschwunden. Frankreich ist führend auf dem Gebiet der Fernmeldetechnik und Datenverarbeitung. Die Tourismusindustrie ist der wichtigste Arbeitgeber und bringt die meisten Devisen ins Land. Frankreich ist immer noch das beliebteste Reiseland der Welt (1993 kamen 60,1 Mio. Touristen), die meisten Touristen kommen aus Deutschland, gefolgt von Großbritannien und Italien. Frankreich war eines der Gründungsmitglieder der EG und hat von seiner Mitgliedschaft trotz mancher Probleme profitiert.
GESCHÄFTSVERKEHR: Korrekte Kleidung wird erwartet. Vorherige Terminvereinbarung und Visitenkarten sind üblich. Französischkenntnisse sind von Vorteil, es gilt als unhöflich, ein Gespräch in Französisch anzufangen und dann in der Muttersprache weiterzuführen. Bei geschäftlichen Treffen geht es meistens formell zu. Entscheidungen über Geschäftsabschlüsse werden nach langen und sorgfältigen Überlegungen getroffen, genaues Datenmaterial sollte vorgelegt werden. Geschäftsessen finden in der Regel in Restaurants statt. Mitte Juli bis Mitte September sind für Geschäftsreisen nicht geeignet. **Geschäftszeiten:** Mo-Fr 09.00-12.00 und 14.00-18.00 Uhr.
Kontaktadressen: *Französische Handelsdelegation*, An der Marienkapelle 3, D-53179 Bonn. Tel: (0228) 955 60 00. Telefax: (0228) 955 64 40. Handelsinformationen sind auch bei den Generalkonsulaten erhältlich.
Chambre Franco-Allemande de Commerce et d'Industrie (Deutsch-Französische Industrie- und Handelskammer), 18 Rue Balard, F-75015 Paris. Tel: (1) 40 58 35 35. Telefax: (1) 45 75 47 39.
Französische Handelsdelegation, Reisnerstraße 50, A-1030 Wien. Tel: (0222) 712 63 57. Telefax: (0222) 712 62 99.
Französisch-Österreichische Handelskammer, Karl-Lueger-Ring 12, A-1010 Wien. Tel: (0222) 532 88 93. Telefax: (0222) 533 47 97.
Außenhandelsstelle der Wirtschaftskammer Österreich, 6 Avenue Pierre Ier de Serbie, F-75116 Paris. Tel: (1) 47 20 26 14. Telefax: (1) 47 20 25 80. *Zweigstelle* in Straßburg.
Französische Handelsdelegation, Mühlebachstraße 7, CH-8032 Zürich. Tel: (01) 268 25 55. Telefax: (01) 268 25 56.
Chambre France-Suisse pour le Commerce et l'Industrie, Beckenhofstraße 58, Postfach 146, CH-8035 Zürich. Tel: (01) 363 55 54. Telefax: (01) 363 56 32.
Chambre de Commerce Suisse en France (Schweizer Handelskammer in Frankreich), 10 Rue des Messageries, F-75010 Paris. Tel: (1) 48 01 00 77. Telefax: (1) 48 01 05 75.
Chambre de Commerce et d'Industrie de Paris, 27 Avenue de Friedland, Cedex 08, F-75382 Paris. Tel: (1) 42 89 70 00. Telefax: (1) 42 89 72 86.
Assemblée des Chambres Françaises de Commerce et d'Industrie, 45 Avenue d'Iéna, F-75116 Paris. Tel: (1) 40 69 37 00.
KONFERENZEN/TAGUNGEN: In Paris werden weltweit die meisten Konferenzen abgehalten (1986 fanden 358 Tagungen statt), und mit einer Kapazität von bis zu 100.000 Teilnehmern stehen mehr Plätze zur Verfügung als in irgendeiner anderen Stadt. An der Riviera sind Nizza und Cannes besonders beliebt, das Akropolis-Zentrum in Nizza ist das größte Kongreßzentrum Europas. Weitere Zentren gibt es in Lyon, Straßburg und Marseilles. Über 80 Städte, Departements, Hotels, Konferenzzentren und andere Organisationen sind Mitglieder des Interessenverbandes *CFTAR*, der Geschäftsreisen ausrichtet und Tagungsstätten zur Verfügung stellt. Anfragen sollten an eine der *Maisons de la France* gerichtet werden.

KLIMA

Gemäßigtes Klima im Norden, im Nordosten kontinentales mit warmen Sommern und kalten Wintern. Niederschläge sind gleichmäßig über das ganze Jahr verteilt, Schneefall im Winter. Der Französische Jura hat ein alpines Klima. In der von den umliegenden Hügeln geschützten *Lorraine* herrscht ein verhältnismäßig mildes Klima.
Mittelmeerklima im Süden, an der Riviera, in der Provence und in der Region Roussillon; in den Gebirgsregionen ist es kühler, heftige Schneefälle im Winter. Der Atlantik beeinflußt das gemäßigte Klima der Westküste von der Loire bis zum Baskenland. Die Sommer können hier sehr warm und sonnig sein, Niederschläge sind über das ganze Jahr verteilt. Im Landesinneren ist das Klima ebenfalls mild, die französischen Pyrenäen sind für fast ständigen Sonnenschein bekannt. Das Wetter in den französischen Alpen ist veränderlich. Kontinentalklima in der Auvergne, in Burgund und im Rhônetal. Sehr starke Winde (wie der Mistral) können in der ganzen Region auftreten.

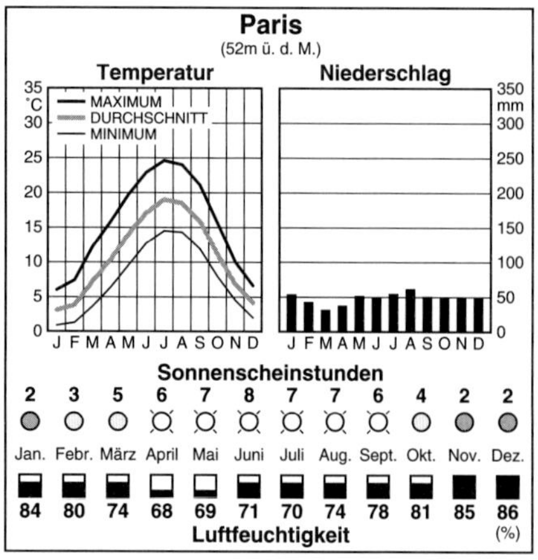

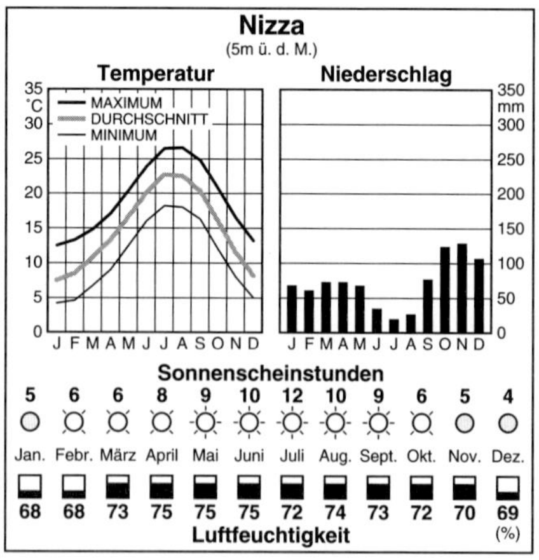

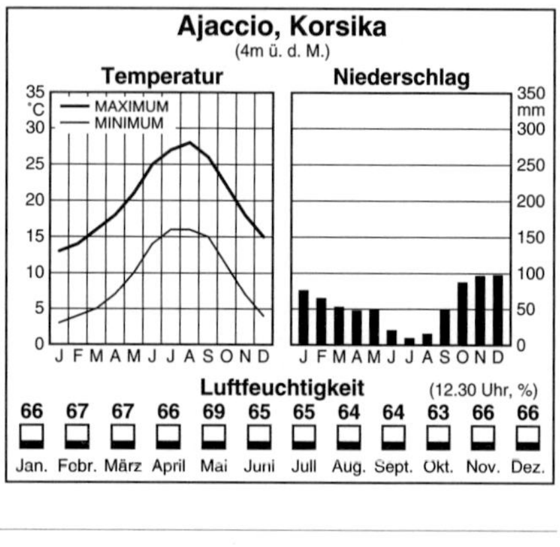

Französische Überseegebiete

Anmerkung: Die französischen *Départements, Territoires* und *Collectivités Territoriales* sind über die ganze Welt verstreut. Fast alle Überseebesitzungen sind in separaten Kapiteln beschrieben, zu den nicht aufgeführten folgen einige wesentliche Informationen. Nähere Auskünfte erteilen die **französischen Botschaften** und **Maisons de la France** (Fremdenverkehrsämter). Weitere Kontaktadressen im Text.

Départements d'Outre-Mer (D. O. M.)

Gebiete, die als Teile des Mutterlandes gelten. Einreise- und Zollbestimmungen wie Frankreich.
GUADELOUPE und MARTINIQUE liegen in der Karibik (hierzu gehören auch St. Martin und St. Barthelemy); bitte lesen Sie die entsprechenden Kapitel (s. Inhaltsverzeichnis).

FRANZÖSISCH-GUAYANA liegt an der Nordwestküste von Südamerika und hat ebenfalls ein eigenes Kapitel (s. Inhaltsverzeichnis).

REUNION liegt im Indischen Ozean und hat ein eigenes Kapitel in diesem Buch (s. Inhaltsverzeichnis).

Territoires d'Outre-Mer (T. O. M.)

Überseeterritorien mit begrenzter Selbstverwaltung.

NEUKALEDONIEN liegt im Südpazifik, östlich von Australien; und hat ein eigenes Kapitel (s. Inhaltsverzeichnis).

FRANZÖSISCH-POLYNESIEN liegt im mittleren Südpazifik und hat ein eigenes Kapitel (s. Inhaltsverzeichnis).

WALLIS UND FUTUNA
Lage: Südwestlicher Pazifik zwischen Fidschi, Tuvalu und West-Samoa. **Fläche:** 274 qkm. **Bevölkerungszahl:** 13.705 (1990). **Bevölkerungsdichte:** 50 pro qkm. **Hauptstadt:** Mata-Utu (Wallis). **Einwohner:** 815 (1983). **Religion:** Römisch-katholisch. **Gesundheitsvorsorge:** Schutzimpfungen gegen *Hepatitis* A und B, *Typhus, Tetanus* und *Paratyphus* werden empfohlen. Der Verzehr von rohem oder gekochtem Fisch oder Meeresfrüchten kann u. U. zu Vergiftungen führen. In der Hauptstadt gibt es ein Krankenhaus. **Reiseverkehr:** Größter Flughafen (Hihifo) auf Wallis, 5 km von Mata-Utu entfernt; fast alle Flüge gehen über Nouméa (Neukaledonien). Von Frankfurt fliegt man am besten über Djakarta nach Nouméa (reine Flugzeit ca. 17 Std.). Alo im Südosten von Futuna hat ebenfalls einen Flughafen. *Air Calédonie* bietet einmal wöchentlich Flugdienste zwischen Nouméa und Wallis Island sowie dreimal wöchentlich zwischen Wallis und Futuna an. Zwischen Neukaledonien und den Inseln verkehren Schiffe. Auf Futuna gibt es Minibusse und Niederlassungen einiger Mietwagenfirmen. Befestigte Straßen gibt es jedoch nur in Mata-Utu. **Unterkunft:** Einige kleine Hotels befinden sich in der Hauptstadt. Informationen erhalten Sie vom nächstgelegenen **Maison de la France** oder dessen Zentrale in Paris (Adressen s. *Frankreich*).

Collectivités Territoriales

MAYOTTE (MAHORE) gehört zum Komoren-Archipel nordwestlich von Madagaskar. Die Föderative Republik der Komoren, die 1975 einseitig die Unabhängigkeit von Frankreich erklärte, erhebt Anspruch auf diese Insel. Einige internationale Organisationen, einschl. der UNO, haben sich um eine Lösung dieses Problems bemüht; die französische Regierung und die Inselbewohner selbst befürworten jedoch ein Beibehalten des Sonderstatus. Zwischen 1985 und 1991 ist die Bevölkerung von Mayotte durch Zuwanderung aus den Komoren um ca. 40% gestiegen. Ein Tiefwasserhafen wird mit französischen Mitteln gebaut, um die Tourismusindustrie zu fördern. **Fläche:** 374 qkm. **Bevölkerungszahl:** 101.000 (1991). **Bevölkerungsdichte:** 270 pro qkm. **Hauptstadt:** Dzaoudzi. **Einwohner:** 8300 (1991). **Religion:** Moslemische Mehrheit. **Gesundheitsvorsorge:** Vorbeugemaßnahmen gegen *Malaria* werden empfohlen. Man sollte nur abgefülltes oder keimfreies Wasser trinken. **Reiseverkehr:** Der wichtigste Flughafen ist Pamandzi auf der gleichnamigen Insel, der von Paris, den Komoren und Réunion angeflogen wird. Eine Brücke verbindet die Insel mit Mayotte. In der Nähe von Dzaoudzi soll ein weiterer Flughafen gebaut werden. Die asphaltierten Straßen haben eine Gesamtlänge von 110 km. **Unterkunft:** Bisher gibt es nur wenige Hotels. Nähere Auskünfte erteilt das nächstgelegene **Maison de la France** (Adressen s. *Frankreich*).

ST. PIERRE UND MIQUELON ist eine kleine Inselgruppe vor der Südküste von Neufundland (Kanada). Die Inselgruppe war früher ein Département, gehört jedoch seit 1955 zu den *Collectivités Territoriales*. Einer der Gründe für diese Statusänderung war ein Konflikt mit Kanada über Fischerei- und Schürfrechte in der Region, der jedoch mittlerweile von einem internationalen Schiedsgericht beigelegt wurde. Die Inselgruppe genießt Fischereirechte in einer 40 km umfassenden Schutzzone und einem 10,5 km breiten Korridor innerhalb einer 200-sm-Zone. **Fläche:** 242 qkm. **Bevölkerungszahl:** 6392 (1990). **Bevölkerungsdichte:** 26 pro qkm. **Hauptstadt:** Saint Pierre. **Einwohner:** 5683 (1990). Nahezu alle Einwohner leben in der Hauptstadt auf der kleinen gleichnamigen Insel. **Religion:** Römisch-katholisch. **Landesvorwahl: 508. Gesundheitsvorsorge:** Keine besonderen Vorbeugemaßnahmen erforderlich. **Reiseverkehr:** Internationaler Flughafen in Saint Pierre mit Flugverbindungen von Paris über Montréal oder Halifax. Saint Pierre wird hauptsächlich von *Air Saint-Pierre* und *Atlantic Airways* angeflogen. Zwischen den Inseln und zum kanadischen Festland verkehren Boote. Busse, Taxis und Mietwagen stehen zur Verfügung. **Unterkunft:** Es gibt einige Hotels und Gasthäuser. Weitere Informationen erhältlich bei der **Agence Régionale du Tourisme**, Rue du 11 Novembre, BP 4274, 97500 Saint Pierre (Tel: 41 22 22. Telefax: 41 33 55) oder vom nächstgelegenen **Maison de la France** (Adressen s. *Frankreich*).

Les terres australes et antarctiques françaises (T. a. a. f.)

Die **Französischen Süd- und Antarktisgebiete** bestehen aus einem kleinen Teil der Antarktis und einigen kleinen Inseln. Die Gesamtfläche umfaßt 439.822 qkm. Das Gebiet dient hauptsächlich wissenschaftlichen Zwecken, obwohl der Fischfang ebenfalls von gewisser Bedeutung ist.

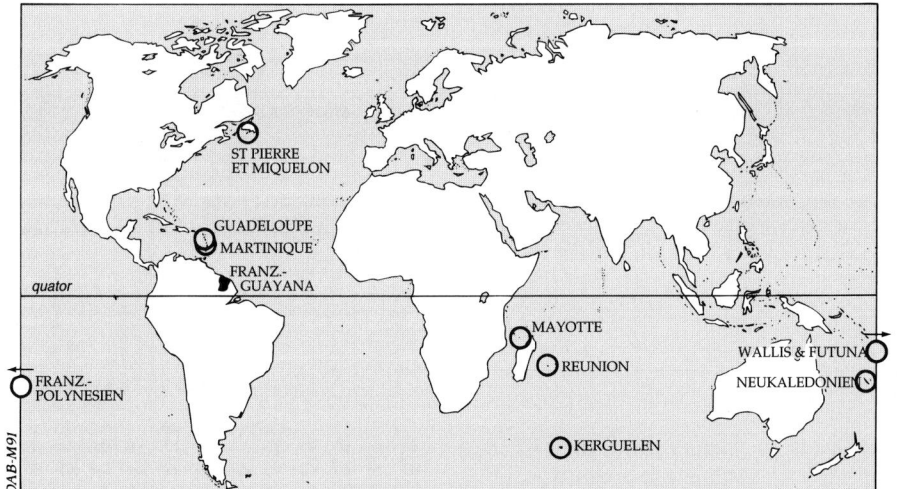

Französisch-Guayana

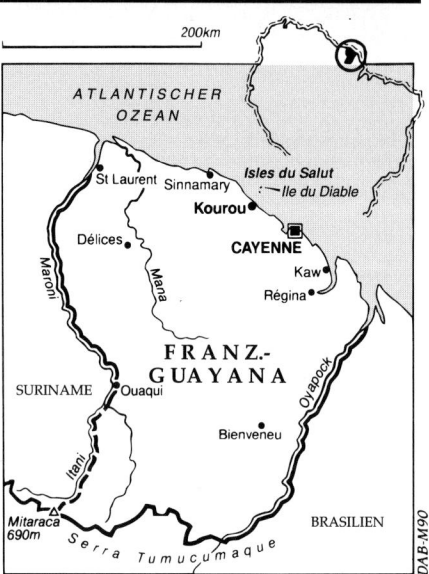

☐ *Internationaler Flughafen*

Lage: Südamerika, Nordostküste.

Agence Régionale du Tourisme de la Guyane
12 Rue Lalouette
BP 801
97338 Cayenne
Tel: 30 09 00. Telefax: 30 93 15.
Die Interessen der Bundesrepublik Deutschland, Österreichs und der Schweiz werden durch die Botschaften in Paris vertreten (s. Frankreich).
Französisch-Guayana ist ein französisches Übersee-Departement. Visa sind bei den französischen Botschaften erhältlich (Adressen s. Frankreich), jedoch für Schweizer und Bürger der Europäischen Union nicht erforderlich.

FLÄCHE: 91.000 qkm.
BEVÖLKERUNGSZAHL: 134.000 (1993).
BEVÖLKERUNGSDICHTE: 1,5 pro qkm.
HAUPTSTADT: Cayenne. **Einwohner:** 41.067 (1990).
GEOGRAPHIE: Französisch-Guayana liegt an der Nordostküste Südamerikas und grenzt im Süden und Osten an Brasilien, im Westen an Surinam und im Norden an den Atlantischen Ozean. Die Sierra Tumucumaque bildet die Südgrenze und der Río Oiapoque die Ostgrenze. Die Westgrenze zu Surinam wird durch den Río Maroni gebildet. An der Küste befindet sich ein flacher Sumpfgürtel, der zu den höhergelegenen Ebenen und Savannen ansteigt; das Landesinnere besteht aus Dschungel. Vor der Küste liegen die schönen Iles du Salut mit der Ile du Diable (Teufelsinsel). Die Landeshauptstadt Cayenne liegt auf einer Insel in der Mündung des Río Cayenne und ist der größte Hafen des Landes.
STAATSFORM: Französisches Übersee-Departement mit begrenzter Selbstverwaltung. Wie alle Übersee-Departements wird Französisch-Guayana von jeweils zwei Abgeordneten in der französischen Nationalversammlung und im Senat repräsentiert. Frankreich wird durch einen Präfekten in Französisch-Guayana vertreten. Interne Angelegenheiten werden vom *Conseil général* (19 Mitglieder) und dem *Conseil régional* (31 Mitglieder) wahrgenommen, die für 6 Jahre in allgemeinen Wahlen gewählt werden.
SPRACHE: Amtssprache ist Französisch, aber ein Großteil der Bevölkerung spricht Kreolisch. Englisch wird auch gesprochen.

TIMATIC INFO-CODES

*Abrufbar über Ihr CRS-System (für START/Amadeus Ama-Maske benutzen). Für Galileo bitte TI-DFT eingeben (**mit Bindestrich**).*

Flughafengebühren	TI DFT/ CAY /TX
Währung	TI DFT/ CAY /CY
Zollbestimmungen	TI DFT/ CAY /CS
Gesundheit	TI DFT/ CAY /HE
Reisepassbestimmungen	TI DFT/ CAY /PA
Visabestimmungen	TI DFT/ CAY /VI

RELIGION: Überwiegend römisch-katholisch, andere christliche Minderheiten.
ORTSZEIT: MEZ - 4.
NETZSPANNUNG: 127/220 V, 50 Hz.
POST- UND FERNMELDEWESEN: Telefon: Selbstwählferndienst. **Landesvorwahl: 592. Telefaxanschlüsse** stehen fast überall zur Verfügung. **Telexe/Telegramme** können in Cayenne aufgegeben werden.
DEUTSCHE WELLE
Der Einsatz der Kurzwellenfrequenzen ändert sich mehrfach im Laufe eines Jahres, und Sendungen auf den folgenden Frequenzen werden jeweils nur zu bestimmten Tageszeiten ausgestrahlt. Näheres in der Einleitung.

MHz	17,860	17,810	17,765	11,785	9,545
Meterband	16	16	16	25	31

REISEPASS/VISUM

Es gelten die gleichen Einreisebestimmungen wie für *Frankreich*.

GELD

Währung: 1 Französischer Franc (FF) = 100 Centimes. Banknoten gibt es im Wert von 500, 200, 100, 50 und 20 FF; Münzen in den Nennbeträgen 20, 10, 5, 2 und 1 FF sowie 50, 20, 10 und 5 Centimes.
Geldwechsel: Bei allen Banken (außer samstags). Es gibt zwei Wechselstuben in Cayenne (*Guyane Changes* und *Change Caraïbes*), jedoch keine Umtauschmöglichkeiten am Flughafen.
Kreditkarten: *Visa, Eurocard* und *Carte Bleue* werden akzeptiert, Einzelheiten vom Aussteller der jeweiligen Kreditkarte.
Reiseschecks: Nur wenige Banken in Cayenne und Kourou nehmen Reiseschecks an. Es wird empfohlen, französisches Bargeld mitzunehmen.
Wechselkurse

	FF Sept. '92	FF Febr. '94	FF Jan. '95	FF Jan. '96
1 DM	3,39	3,39	3,44	3,42
1 US$	5,03	5,89	5,34	4,92

Devisenbestimmungen: Keine Ein- oder Ausfuhrbeschränkungen. Beträge über 50.000 FF (oder Gegenwert) müssen jedoch deklariert werden.
Öffnungszeiten der Banken: Mo-Fr 07.45-11.30 und 15.00-17.00 Uhr.

DUTY FREE

Es gelten die gleichen Einfuhrbestimmungen wie für *Frankreich*.

GESETZLICHE FEIERTAGE

1. Mai '96 Tag der Arbeit. **16. Mai** Christi Himmelfahrt. **27. Mai** Pfingstmontag. **14. Juli** Nationalfeiertag. **15. Aug.** Mariä Himmelfahrt. **1. Nov.** Allerheiligen. **2. Nov.** Allerseelen. **11. Nov.** Tag des Waffenstillstands (1918). **25. Dez.** Weihnachten. **1. Jan. '97** Neujahr. **22.-24. Febr.** Karneval. **28. März** Karfreitag. **31. März** Ostermontag. **1. Mai** Tag der Arbeit. **8. Mai** Christi Himmelfahrt.

GESUNDHEIT

In der folgenden Tabelle aufgeführte Impfvorschriften können sich kurzfristig ändern. Es wird stets empfohlen, auf Ihrem CRS-System (TIMATIC-Info-Code-Fenster in diesem Kapitel) den aktuellen Stand der Gesundheitsbestimmungen abzurufen bzw. rechtzeitig vor der Reise ärztlichen Rat einzuholen.

	Vorsichtsmaßnahmen empfohlen	*Impfschein erforderlich*
Gelbfieber	Ja	1
Cholera	2	2
Typhus & Polio	Nein	-
Malaria	3	-
Essen & Trinken	4	-

[1]: Eine Impfbescheinigung gegen Gelbfieber wird von allen Reisenden verlangt, die über ein Jahr alt sind.
[2]: Eine Impfbescheinigung gegen Cholera ist keine Einreisebedingung, das Risiko einer Infektion besteht jedoch. Da die Wirksamkeit der Schutzimpfung umstritten ist, empfiehlt es sich, rechtzeitig vor Antritt der Reise ärztlichen Rat einzuholen. Näheres unter *Gesundheit* (s. Inhaltsverzeichnis).
[3]: Malariaschutz ist ganzjährig erforderlich. Chloroquin-Resistenz der vorherrschenden gefährlicheren Form *Plasmodium falciparum* ist gemeldet worden.
[4]: Leitungswasser ist normalerweise stark gechlort und relativ sauber, leichte Magenverstimmungen können jedoch auftreten. Für die ersten Wochen des Aufenthalts wird daher abgefülltes Wasser empfohlen, welches überall erhältlich ist. Trinkwasser außerhalb der Städte kann Gefahren in sich bergen und sollte abgekocht werden. Milch ist nicht pasteurisiert und sollte abgekocht werden. Trocken- und Dosenmilch nur mit keimfreiem Wasser anrühren. Fleischwaren, Geflügel, Meeresfrüchte, Obst und Gemüse können unbesorgt verzehrt werden.
Tollwut kommt vor. Wer ein erhöhtes Risiko eingeht (z. B. längerer Aufenthalt in abgelegenen Gebieten), sollte vor Reiseantritt eine Schutzimpfung erwägen. Bei Bißwunden so schnell wie möglich ärztliche Hilfe in Anspruch nehmen.
Virushepatitis kommt ebenfalls vor. Weitere Informationen im Kapitel *Gesundheit* (s. Inhaltsverzeichnis).
Gesundheitsvorsorge: Außerhalb von Cayenne gibt es kaum medizinische Versorgungseinrichtungen. Der Abschluß einer Reisekrankenversicherung wird dringend empfohlen.

REISEVERKEHR - International

FLUGZEUG: Durchschnittliche Flugzeit: Von *Frankfurt, Wien* und *Zürich* gibt es keine Direktverbindungen. *Air France* bietet Direktflüge von Paris an. Die Flugzeit hängt von der jeweiligen Verbindung ab, mindestens jedoch 12 Std.
Internationaler Flughafen: *Cayenne* (*CAY*) (Rochambeau) liegt 16 km südwestlich der Stadt. Taxistand. Flughafeneinrichtungen: Wechselstube, Snackbar, Bar, Tourist-Information und mehrere Mietwagenschalter.
Flughafengebühren: 65 FF.
SCHIFF: Cayenne wird regelmäßig von den Schiffen der französischen Reederei *Compagnie Générale Maritime* angelaufen.
BUS/PKW: Es gibt eine Küstenstraße von Französisch-Guayana nach Suriname, die während der Regenzeit nicht befahrbar ist. Eine gute wetterfeste Straße führt von Cayenne in die surinamische Hauptstadt Paramaribo. Es gibt auch einen Minibus-Service zwischen Paramaribo und der Grenzstadt St. Laurent du Maroni. Wer einen Tagesausflug nach Suriname machen möchte, sollte seinen Mietwagen in St. Laurent du Maroni stehen lassen und den Bus nehmen, da aus Suriname in der letzten Zeit zahlreiche Autodiebstähle gemeldet wurden.

REISEVERKEHR - National

FLUGZEUG: *Guyane Air Transport* (*GAT*) betreibt Inlandflüge, Buchung nur in *Air-Guyane-Voyages*-Agenturen.
SCHIFF: Es gibt zahlreiche Küsten- und Flußverbindungen. Weitere Informationen vor Ort.
BUS/PKW: In der Umgebung von Cayenne ist das Straßennetz gut, es gibt Verbindungsstraßen von Cayenne über Kourou zu den anderen Ortschaften. Eine gute Allwetterstraße führt von der Hauptstadt nach St. Laurent du Maroni. In der Regenzeit sind manche Straßen nur mit Schwierigkeiten befahrbar, die Allwetterstraße nach Kourou wurde vor kurzem ausgebessert. **Fernbusse** verkehren an der Küste. **Taxis** gibt es in Cayenne. **Mietwagen** findet man in Cayenne und Kourou. **Unterlagen:** Internationaler Führerschein wird empfohlen, ist aber nicht vorgeschrieben.

UNTERKUNFT

HOTELS: Seitdem sich die europäische Weltraumstation in Französisch-Guayana befindet, wurden einige gutausgestattete, klimatisierte Hotels gebaut. Cayenne, Kourou, St. Laurent du Maroni und Maripasoula bieten komfortable und zweckmäßige Unterkünfte. Preise sind höher als in Suriname oder Guyana, ein Hotelzimmer kann bis zu 600 FF pro Nacht kosten. Eine preiswerte Alternative ist *Bed & Breakfast* (Übernachtung mit Frühstück). Man kann auch ein kleines Landhäuschen (*Gîte rural*) mieten.
CAMPING ist nur im Landesinneren gestattet. Mitunter sind *Carbets* (Dschungelhütten) erhältlich, in denen man eine Hängematte aufhängen kann.

URLAUBSORTE & AUSFLÜGE

Cayenne ist die Hauptstadt und der Haupthafen des Landes. Die von Jesuiten gebaute Residenz des Präfekten am *Place de Grenoble*, der *Kanal Laussat* (1777 erbaut) und der *Botanische Garten* sind einen Besuch wert. Um den *Place Victor Hugo* hat sich die koloniale Architektur noch erhalten. In den nahegelegenen Buchten gibt es auch einige Badestrände, der schönste ist *Montjoly*.
Kourou: Hier befindet sich das größte französische Raumfahrtzentrum, das Kourou zu einer Art europäischer Enklave macht. Es gibt mehrere Restaurants und zwei gute Hotels. In der Freizeit geht man schwimmen, fischen oder in den Sport- und Fliegerklub.
Iles du Salut: Zu diesen Inseln gehört die berüchtigte *Ile du Diable*, eine ehemalige Sträflingskolonie für politische Gefangene, die durch Henri Charrieres Roman »Papillon« in die Weltliteratur eingegangen ist. Auf der *Ile Royale* gibt es ein Hotel (der frühere Speisesaal der Gefängniswärter).
Haut-Maroni und Haut-Oiapoque: Wer diese Indiodörfer besuchen möchte, muß vor der Einreise eine Erlaubnis von der *Préfecture* in Cayenne einholen.

SOZIALPROFIL

ESSEN & TRINKEN: Die Auswahl an Restaurants und Hotelrestaurants, die verschiedene Spezialitäten anbieten, ist recht gut. Die meisten Restaurants gibt es in Cayenne, obwohl man französische, europäische, vietnamesische, chinesische, kreolische und indonesische Restaurants im ganzen Land findet.
NACHTLEBEN: In Cayenne, Kourou und St. Laurent du Maroni gibt es Nachtklubs. Cayenne hat drei Kinos, die französische Filme zeigen. In Kourou gibt es ebenfalls ein Kino.
EINKAUFSTIPS: In den letzten Jahren wurden viele Boutiquen eröffnet, die eine große Auswahl an Artikeln anbieten. Hübsche Souvenirs sind Hängematten, Keramiken, Holzfiguren und Goldschmuck.
SPORT: Fischen läßt es sich gut von den Klippen aus, man kann aber auch Kanus mieten. **Schwimmen:** Um die Ile de Cayenne findet man gute Bademöglichkeiten. Einige Hotels haben Swimmingpools. **Wasserskifahren** ist in Roura und vor allem in Kourou möglich. In Cayenne und in manchen Hotelanlagen gibt es **Tennisplätze. Wandern:** Flußfahrten und Ausflüge ins Landesinnere mit Übernachtungen in Dschungelhütten sind möglich, hierfür benötigt man jedoch eine Sondergenehmigung von der *Préfecture* in Cayenne.
SITTEN & GEBRÄUCHE: Zurückhaltende Alltagskleidung ist fast überall angemessen. Zu knappe Badekleidung wird nicht gern gesehen. Die üblichen Höflichkeitsformen werden erwartet. **Trinkgeld:** In Hotels und Restaurants 10%. Taxifahrer erwarten kein Trinkgeld.

WIRTSCHAFTSPROFIL

WIRTSCHAFT: Die Wirtschaft Französisch-Guayanas ist eng mit der des französischen Mutterlandes verbunden. Fertigwaren und Nahrungsmittel werden überwiegend aus Frankreich bezogen, das großzügig Entwicklungshilfe gewährt. Die meisten Erwerbstätigen sind in der Land- und Forstwirtschaft sowie in der Fischerei beschäftigt. Neben der Fischerei spielt vor allem die Holzwirtschaft für den Export eine große Rolle. Rum, Reis, Ananas, Zitrusfrüchte und Essenzen werden in geringem Umfang ebenfalls ausgeführt. Es gibt bedeutende Bauxit- und Kaolinvorkommen, die bisher allerdings noch kaum abgebaut werden. Auch Gold und Mangan werden gefunden. Die Energieversorgung soll bald über ein neues Wasserkraftwerk geregelt werden. Das Außenhandelsdefizit des Landes ist enorm, und die mangelnde Infrastruktur hat sich lähmend auf die Wirtschaftsentwicklung ausgewirkt. Der Tourismus gewann jedoch trotz des unzureichenden Straßennetzes in den letzten Jahren ständig an Bedeutung. Die Lage des Landes am Äquator hat sich als sehr vorteilhaft erwiesen und die Franzosen dazu bewogen, das bedeutende Raumfahrtzentrum Kourou zu bauen. Von dem Raketenstartplatz wurden mit Hilfe der Trägerrakete Ariane der europäischen Weltraumorganisation ESA u. a. zahlreiche Kommunikations- und Wettersatelliten gestartet. Frankreich liefert 60% der Importe, weitere wichtige Bezugs- und Absatzgebiete sind Trinidad und Tobago, Guadeloupe, Martinique, die USA, Deutschland, Italien und Japan.
GESCHÄFTSVERKEHR: Zu geschäftlichen Terminen trägt man leichte Tropenkleidung. Französischkenntnisse sind auf jeden Fall nützlich, fast alle Geschäftsleute sprechen jedoch auch englisch. Für Geschäftsreisen sind die Monate August bis November am günstigsten. **Geschäftszeiten:** Mo-Fr 08.00-13.00 und 15.00-18.00 Uhr.
Kontaktadressen: *Chambre de Commerce et d'Industire de Cayenne*, BP 49, 97321 Cayenne Cédex. Tel: 30 30 00. Telefax: 30 23 09.
Jeune Chambre Economique de Cayenne, Cité A. Horth, Route de Montabo, PB 683, Cayenne. Tel: 31 62 99. Telefax: 31 76 13.

KLIMA

Tropisches Klima. Trockenzeit von August bis Dezember, Regenzeit zwischen Ende Januar und Juni. Höchste Niederschlagsmenge im Mai und im Juni (Dauerregen). Es ist das ganze Jahr über heiß, die Nächte sind kühler.

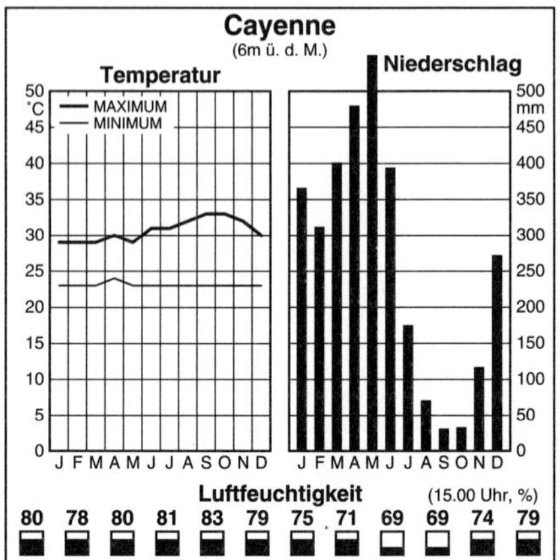

Französisch-Polynesien

Lage s. Karte der Pazifik-Region am Anfang des Buches.

Lage: Südpazifik.

Tourism Council of the South Pacific (TCSP)
Deutsche Vertretung: Interface International
Dircksenstraße 40
D-10178 Berlin
Tel: (030) 23 81 76 45. Telefax: (030) 23 81 76 41.
Mo-Fr 08.00-17.00 Uhr.
Tahiti Tourisme
Schulweg 6-10
D-61348 Bad Homburg v. d. H.
Tel: (06172) 2 10 21. Telefax: (06172) 2 55 70.
Mo-Fr 09.00-12.00 und 13.30-17.30 Uhr.
Office du Tourisme de Tahiti et ses Iles
28 Boulevard Saint Germain
F-75005 Paris
Tel: (1) 46 34 50 59. Telefax: (1) 43 25 41 65.
GIE Tahiti Tourisme
Fare Manihini
Boulevard Pomare
BP 65
Papeete
Tel: 50 57 00. Telefax: 43 66 19.
Französisch-Polynesien ist ein französisches Übersee-Territorium. Visa sind bei den französischen Botschaften erhältlich (Adressen s. Frankreich).
Honorarkonsulat der Bundesrepublik Deutschland
BP 452
Papeete
Tel: 42 99 94. Telefax: 42 96 89.
Konsulat der Republik Österreich
Boulevard Pomare
BP 4560
Papeete
Tel: 43 91 14. Telefax: 43 21 22.
(auch zuständig für die Schweiz)
Übergeordnete Vertretungen sind die Botschaften in Paris (s. Frankreich).

FLÄCHE: 4167 qkm.
BEVÖLKERUNGSZAHL: 213.000. (1993).
BEVÖLKERUNGSDICHTE: 51 pro qkm.
HAUPTSTADT: Papeete (Tahiti). **Einwohner:** 23.555 (1988).
GEOGRAPHIE: Französisch-Polynesien besteht aus 120 Inseln, die sich in fünf Inselgruppen aufteilen. Die Leeward- und die Windward-Inseln, die zusammen auch Gesellschafts-Inseln (*Archipel de la Société*) genannt werden, haben eine bergige Landschaft mit flachen Küstenstreifen. Tahiti ist die größte der Windward-Inseln, höchste Erhebungen sind der Mount Orohena (2236 m) und der Mount Aorai (2068 m). Das neben Tahiti gelegene Moorea ist eine malerische Insel vulkanischen Ursprungs mit langen weißen Sandstränden. Raiatea und Bora-Bora sind die größten der Leeward-Inseln und haben eine eher hügelige Landschaft. 298 km östlich von Tahiti liegt der *Tuamotu-Archipel*, der aus 80 Korallenatollen besteht. Die *Marquesas* (1497 km nordöstlich von Tahiti) sind zwei Inselgruppen vulkanischen Ursprungs, die in eine nördliche und südliche Gruppe aufgeteilt werden. Südlich von Tahiti liegen die grasbewachsenen *Austral-Inseln*, eine von Ost nach West verlaufende 499 km lange Inselkette.
STAATSFORM: Französisches Übersee-Territorium mit begrenzter Selbstverwaltung (zwei Vertreter in der Pariser Nationalversammlung und ein weiterer im Senat). Die französische Regierung wird durch einen Präfekten vertreten, der die Außen- und Verteidigungspolitik sowie die Rechtspflege wahrnimmt. Die Regionalversammlung *Assemblée territoriale* hat 41 Mitglieder und wird alle fünf Jahre in allgemeinen Wahlen gewählt.
SPRACHE: Amtssprachen sind Französisch und Tahitisch. Verschiedene polynesische Dialekte und Englisch werden ebenfalls gesprochen.
RELIGION: Protestantisch, römisch-katholisch und andere christliche Religionen.
ORTSZEIT: MEZ - 11.
NETZSPANNUNG: 220 V, 50 Hz. In älteren Gebäuden gibt es teilweise noch 110 V.
POST- UND FERNMELDEWESEN: Telefon: Selbstwählferndienst. **Landesvorwahl:** 689. **Telefaxgeräte** gibt es in Postämtern und einigen Hotels. **Telexe/Telegramme** können in Papeete und Uturoa (Raiatea) aufgegeben werden. **Post:** Luftpostsendungen nach Europa sind bis zu zwei Wochen unterwegs. Manche Adressen sind in »PK« angegeben (Poste Kilometre), womit der jeweilige Kilometerstein der Hauptstraße bezeichnet wird. Öffnungszeiten der Postämter in der Regel Mo-Fr 07.00-18.00 Uhr und Sa, So 08.00-10.00 Uhr.
DEUTSCHE WELLE
Der Einsatz der Kurzwellenfrequenzen ändert sich mehrfach im Laufe eines Jahres, und Sendungen auf den folgenden Frequenzen werden jeweils nur zu bestimmten Tageszeiten ausgestrahlt. Näheres in der Einleitung.

MHz	21,640	17,845	11,795	9,735	9,690
Meterband	13	16	25	31	31

REISEPASS/VISUM

Wichtiger Hinweis: *Die Einreisebestimmungen mancher Länder können sich kurzfristig ändern – rufen Sie sicherheitshalber auf Ihrem CRS-System (TIMATIC-Info-Code-Fenster in diesem Kapitel) den aktuellen Stand ab bzw. wenden Sie sich an die zuständige diplomatische Vertretung. Etwaige Zahlen in der Tabelle beziehen sich auf nachfolgende Fußnoten.*

	Paß erforderlich?	Visum erforderlich?	Rückflugticket erforderlich?
Deutschland	Ja	Nein	Ja
Österreich	Ja	Nein	Ja
Schweiz	Ja	Nein	Ja
Andere EU-Länder	Ja/1	Nein	Ja

Anmerkung: Da sich die Visabestimmungen häufig ändern, ist es ratsam, sich bei den diplomatischen Vertretungen nach den aktuellen Bestimmungen zu erkundigen.
REISEPASS: Allgemein erforderlich, ausgenommen sind [1] französische Staatsangehörige, die mit einem Personalausweis oder Reisepaß, der nicht länger als 5 Jahre abgelaufen ist, einreisen können.
VISUM: Allgemein erforderlich, ausgenommen sind Staatsangehörige von:
(a) den Mitgliedstaaten der Europäischen Union sowie der Schweiz für Aufenthalte von bis zu 3 Monaten (französische Staatsbürger können sich unbegrenzt in Französisch-Polynesien aufhalten);
(b) Andorra, Island, Liechtenstein, Malta, Monaco, Norwegen, San Marino, der Vatikanstadt und Zypern für Aufenthalte von bis zu 3 Monaten;
(c) Brunei, Japan, Kanada, Korea-Süd, Kroatien, Neuseeland, Polen, Singapur, Slowakische Republik, Slowenien, Tschechische Republik, Ungarn und den USA für Aufenthalte von bis zu 1 Monat.
Anmerkung: (a) Transitreisende, die den Flughafen nicht verlassen, benötigen kein Visum. (b) Alle Besucher benötigen Flugtickets für die Aus- oder Weiterreise.
Visaarten: Touristen- und Transitvisa.
Visagebühren: Transitvisa: 18 DM, 126 öS; Touristenvisa: 60 DM, 420 öS; in der Schweiz richtet sich die Gebühr nach der jeweiligen Nationalität.
Gültigkeitsdauer: Transitvisa 1-5 Tage. Touristenvisa je nach Bedarf zwischen 6 und 90 Tagen. In der Regel für die Dauer der Hotelreservierung.
Antragstellung: Französische Generalkonsulate (oder Konsularabteilung der Botschaft). Adressen s. *Frankreich*.
Unterlagen: (a) 1 Antrag. (b) 1 Paßfoto. (c) Bestätigtes Rück- oder Weiterreiseticket. Für die postalische Antragstellung sollten ein adressierter Freiumschlag und Zahlungsbeleg über die Visagebühren beigelegt werden.
Bearbeitungszeit: Unterschiedlich je nach Nationalität. Im allgemeinen am gleichen Tag, jedoch u. U. bis zu vier Wochen.
Aufenthaltsgenehmigung: Anfragen an die französischen Generalkonsulate bzw. die Botschaft (Adressen s. *Frankreich*).

GELD

Währung: 1 CFP-Franc (CFP Fr) = 100 Centimes. Banknoten sind im Wert von 10.000, 5000, 1000 und 500 CFP Fr im Umlauf; Münzen in den Nennbeträgen von 100, 50, 20, 10, 5, 2 und 1 CFP Fr. Der CFP-Franc ist an den französischen Franc (FF) gebunden (1 CFP Fr = 0,055 FF).
Geldwechsel: Auf dem Flughafen, in Banken sowie autorisierten Hotels und Geschäften in Papeete.
Kreditkarten: *American Express* und *Visa* sowie teilweise *Diners Club* und *Eurocard* werden akzeptiert. Einzelheiten vom Aussteller der betreffenden Kreditkarte.
Die Mitnahme von **Reiseschecks** wird empfohlen.
Wechselkurse

	CFP Fr Sept. '92	CFP Fr Febr. '94	CFP Fr Jan. '95	CFP Fr Jan. '96
1 DM	60,44	61,01	62,84	62,60
1 US$	89,83	105,91	97,41	89,98

Devisenbestimmungen: S. *Frankreich*.
Öffnungszeiten der Banken: Mo-Fr 07.45-15.30 Uhr.

DUTY FREE

Folgende Artikel können zollfrei nach Französisch-Polynesien eingeführt werden:
200 Zigaretten oder 100 Zigarillos oder 50 Zigarren oder 250 g Tabak (für Personen über 18 Jahre);
2 l Spirituosen und 2 l Wein (für Personen über 18 Jahre);
50 g Parfüm und 250 ml Eau de toilette;
55 g Kaffee;
40 g Tee;
andere Artikel für den persönlichen Gebrauch im Wert von bis zu 5000 CFP.
Die Handelsabteilungen der französischen Botschaften geben auf Anfrage weitergehende Informationen über die Einfuhrbestimmungen.
Anmerkung: (a) Pflanzen, Obst, Gemüse, Katzen, Hunde, Waffen, Munition und Narkotika dürfen nicht eingeführt werden. (b) Alle Gepäckstücke aus Fidschi, Brasilien und Samoa werden bei der Einreise in Papeete desinfiziert, was ca. 2 Std. dauert.

GESETZLICHE FEIERTAGE

6. Mai '96 Tag der Arbeit. 9. Mai Tag der Befreiung. 16. Mai Christi Himmelfahrt. 27. Mai Pfingstmontag. 14. Juli Sturm auf die Bastille/Nationalfeiertag. 11. Nov. Jahrestag des Waffenstillstandes 1918. 25. Dez. Weihnachten. 1. Jan. '97 Neujahr. 31. März Ostermontag. 1. Mai Tag der Arbeit. 9. Mai Tag der Befreiung. 8. Mai Christi Himmelfahrt. 19. Mai Pfingstmontag.

GESUNDHEIT

In der folgenden Tabelle aufgeführte Impfvorschriften können sich kurzfristig ändern. Es wird stets empfohlen, auf Ihrem CRS-System (TIMATIC-Info-Code-Fenster in diesem Kapitel) den aktuellen Stand der Gesundheitsbestimmungen abzurufen bzw. rechtzeitig vor der Reise ärztlichen Rat einzuholen.

	Vorsichtsmaßnahmen empfohlen	Impfschein erforderlich
Gelbfieber	Nein	1
Cholera	Nein	Nein
Typhus & Polio	2	-
Malaria	Nein	-
Essen & Trinken	3	

[1]: Eine Impfbescheinigung gegen Gelbfieber wird von allen Reisenden verlangt, die aus Infektionsgebieten kommen und über ein Jahr alt sind.
[2]: Typhus kommt vor, Poliomyelitis jedoch nicht.
[3]: Leitungswasser ist normalerweise gechlort und relativ sauber, es können jedoch u. U. leichte Magenverstimmungen auftreten. Für die ersten Wochen des Aufenthalts wird daher abgefülltes Wasser empfohlen, das überall erhältlich ist. Wasser außerhalb der Stadtgebiete sollte abgekocht oder anderweitig keimfrei gemacht werden. Diarrhöische Erkrankungen kommen vor. Milch ist pasteurisiert, und einheimische Milchprodukte können ebenso wie Fleisch, Geflügel, Meeresfrüchte, Obst und Gemüse in der Regel ohne Bedenken verzehrt werden. Der Genuß von Schalentieren und gekochtem Fisch kann allerdings u. U. Vergiftungserscheinungen nach sich ziehen.
Hepatitis A und *B* können auftreten.
Gesundheitsvorsorge: Der Abschluß einer Reisekrankenversicherung wird empfohlen.

REISEVERKEHR - International

FLUGZEUG: Französisch-Polynesien wird u. a. von *Air France* (AF), *Qantas* (QF), *Air New Zealand* (NZ) und *Hawaiian Airlines* (HA) angeflogen. *Polynesian Airways* (PH) betreibt Flugdienste im Pazifikraum. 1996 wird wie-

TIMATIC INFO-CODES

Abrufbar über Ihr CRS-System (für START/Amadeus Ama-Maske benutzen). Für Galileo bitte TI-DFT eingeben (mit Bindestrich).

Flughafengebühren	TI DFT/ PPT /TX
Währung	TI DFT/ PPT /CY
Zollbestimmungen	TI DFT/ PPT /CS
Gesundheit	TI DFT/ PPT /HE
Reisepassbestimmungen	TI DFT/ PPT /PA
Visabestimmungen	TI DFT/ PPT /VI

der der *Visit South Pacific Pass* von den folgenden Fluggesellschaften angeboten: *Air Pacific, Qantas, Royal Tongan Airlines, Air Caledonia International, Polynesian Airlines, Solomon Airlines* (Näheres von IATA Reisebüros). Südpazifikflüge werden hierbei bis auf 50% reduziert. Der Visit South Pacific Pass fliegt u. a. folgende Ziele an: Sydney und Brisbane (Australien), Auckland (Neuseeland), Tonga, Cook-Inseln, Fidschi und West-Samoa. Es können mindestens zwei und maximal acht Ziele angeflogen werden. Die Reise muß außerhalb des Südpazifiks begonnen werden, und es ist ratsam, die Flüge im voraus zu buchen. Umbuchungen durch Preisaufschlag, allerdings nur bei Neuausstellung des Tickets. Rückerstattung des gesamten Betrages nur dann, wenn die Reise noch nicht angetreten wurde.
Reisegepäck: Gepäckstücke dürfen bis zu 20 kg pro Person wiegen.
Durchschnittliche Flugzeiten: *London* – Papeete: 20 Std; *Paris* – Papeete: 21-22 Std; *Auckland* – Papeete: 5 Std. 35; *Honolulu* – Papeete: 7 Std; *Los Angeles* – Papeete: 8 Std. 15; *New York* – Papeete: 16 Std. und *Sydney* – Papeete: 9 Std. 35.
Internationaler Flughafen: *Papeete (PPT)* (Faaa), auf Tahiti, liegt 6 km außerhalb der Stadt (Fahrzeit 15 Min.). Serviceeinrichtungen: Duty-free-Shop, Bank, Postamt (Mo-Fr 05.00-09.00 und 18.30-22.00, Sa-So 06.00-10.00 Uhr), Bar, Restaurant (06.00-15.00 Uhr), Snackbar (02.00-22.00 Uhr), Geschäfte, Tourist-Information, Hotel-Reservierungsschalter und Mietwagenschalter.
SCHIFF: Tahiti ist der einzige internationale Hafen und wird von *Sitmar, Cunard, Holland America, Norwegian America* und *Chandris* sowie den Kreuzschiffahrtslinien *Hapag-Lloyd Tours, Transocean Tours, Seetours, Swedish America* und *Royal Viking* angelaufen.

REISEVERKEHR - National

FLUGZEUG: Flugdienste der *Air Tahiti (VT)* verbinden Tahiti mit den Nachbarinseln (Moorea, Huahine, Raiatea, Bora-Bora, Maupiti) und den abgelegenen Inselgruppen Tuamotu, Rangiroa, Manihi, Mataiva, Anaa, den Austral-Inseln Rurutu und Tubuai, den Mangareva-Inseln sowie den Marquesa-Inseln Hiva Oa und Nuku Hiva). Regelmäßiger Flugtaxidienst von *Air Tahiti (VT)* zwischen Tahiti und Moorea.
SCHIFF: Zahlreiche Kopra-Boote und Schoner verkehren täglich zwischen Papeete, Moorea, Huahine, Raiatea und Bora-Bora.
BUS/PKW: Das preiswerteste Verkehrsmittel sind die *Trucks*, einfache **Busse**, die vom größten Markt Papeetes in alle Richtungen fahren. Es gibt keine Fahrpläne. **Taxis** gibt es auf Tahiti, Moorea, Bora-Bora, Huahine und Raiatea. Zwischen 23.00 und 05.00 Uhr wird der doppelte Fahrpreis verlangt. **Mietwagen:** *Hertz, Budget Rent-a-car* und *Avis* sind auf den größeren Inseln vertreten. **Unterlagen:** Der Führerschein des eigenen Landes reicht aus. Mopeds können ebenfalls preisgünstig gemietet werden.

UNTERKUNFT

HOTELS: Die Auswahl reicht von klimatisierten Luxushotels mit Telefon und Zimmerservice bis hin zu strohgedeckten Bungalows (*Pensiones*, in denen man sich das Bad mit kalter Dusche teilt, das meist in einem Extragebäude untergebracht ist). Auf den entfernteren Inseln bestehen die Hotels meist aus Bungalows und Bambus-Pfahlbauten mit eigenem Gärtchen. Es werden auch verschiedene Unterhaltungsprogramme angeboten. In Papeete gibt es eine Jugendherberge mit 14 Zimmern. Das Fremdenverkehrsamt in Papeete vermittelt auf Anfrage Zimmer in Familien.

URLAUBSORTE & AUSFLÜGE

Papeete, die Hauptstadt **Tahitis**, hat sich in den letzten Jahren zu einer geschäftigen Stadt entwickelt, der traditionelle »Haere maru«-Lebensstil nach dem Motto »immer schön ruhig« ist glücklicherweise jedoch weitgehend erhalten geblieben. Auf dem bunten Markt *Le Marché* werden Stoffe, Blumen, Obst, Gemüse und Gewürze angeboten, ein Besuch lohnt sich vor allem Sonntag morgens. Die hübsche, farbenprächtige Hafenstadt in wunderschöner Umgebung ist heute das Touri-stenzentrum der Insel. Der *Mount Orohena*, mit 2235 m höchste Erhebung Tahitis, bildet eine atemberaubende Silhouette. Es werden Fahrten zu den faszinierenden Korallenriffen angeboten. Westlich der Hauptstadt liegt der *Venuspunkt*, an dem 1767 die ersten Europäer landeten.
Die herrliche tropische Landschaft mit Bananenhainen, Plantagen und Blumen ist an sich schon eine wahre Augenweide, *Arahoho* (eine natürliche Fontäne) und die *Faarumai-* und *Vaipahi-Wasserfälle* sind ganz besonders reizvolle Ausflugsziele. Der *Botanische Garten* im nahegelegenen **Papeari** bietet exotische tropische Pflanzen. Hier sollte man auch das interessante *Gauguin-Museum* besuchen. Der bekannte französische Maler lebte 12 Jahre in der Südsee. Die »Marae« (Freilufttempel) von *Maheiete* und *Arahurahu* sollte man sich ebenfalls unbedingt ansehen. Eine Bootsfahrt zu einer der faszinierenden Tropfsteinhöhlen (die Vaipoiri-Höhlen sind wohl die schönsten) ist ein unvergeßliches Erlebnis. Im *Lagoonarium de Tahiti* gibt es verschiedene Aquarien (einschl. eines Haifischbeckens) und eine erstaunliche Unterwassershow (täglich von 09.00-18.00 Uhr geöffnet).
Moorea (17 km von Tahiti) wird durch eine Fähre (45 Min.) mit der Hauptinsel verbunden. Trotz des einfacheren und rustikaleren Lebensstils wird Touristen viel Unterhaltung geboten; das Nachtleben ist ausgesprochen bunt. Vulkanische Gipfel bilden den Hintergrund für schimmernde weiße Sandstrände und klare Lagunen, die ideal zum Schwimmen, Tauchen und Schnorcheln sind. Ein schönes Ausflugsziel ist das malerische *Opunohu-Tal*, ein seit 150 Jahren verlassenes Siedlungsgebiet mit 500 alten Bauwerken, darunter einige restaurierte Tempel (*Marae*). *La Belvedere* bietet den besten Ausblick über die Insel.
Tetiaroa, ein bedeutendes Vogelschutzgebiet, wurde erst vor kurzem der Öffentlichkeit zugänglich gemacht und kann nur per Flugzeug erreicht werden.
Die **Leeward-Inseln** *Huahine, Raiatea* und *Tahaa* sind eher beschaulich, man kann sie innerhalb einer Flugstunde von Tahiti aus erreichen. Die Feuerlaufzeremonien, alte polynesische Tempel, zahlreiche farbenfrohe Märkte und ausgezeichnete Fischgründe und Segelmöglichkeiten sind hier die Hauptattraktion.
Bora-Bora liegt eine Flugstunde von Tahiti entfernt, wird oft als eine der schönsten Inseln des Pazifik be-zeichnet und hat eine gute Auswahl an Hotels. Beliebt sind Ausflüge zu den kleinen Dörfern von Vaitape und Bergwanderungen zum *Otemanu* und *Pahia*. Die Wassersport- und Hochseeangelmöglichkeiten sind ausgezeichnet, und eine Lagunenrundfahrt im Glasbodenboot sollte man sich nicht entgehen lassen. Bei Motu (einem kleinen Sandatoll innerhalb des Riffs vor Bora-Bora) kann man hervorragend tauchen. Wie auf zahlreichen anderen polynesischen Inseln gibt es auch auf Bora-Bora viele alte Tempel.
Die **Tuamotu-Inselgruppe** ist zum größten Teil unbewohnt. Zwischen Tahiti und den bewohnten Inseln gibt es Flugverbindungen, u. a. nach **Rangiroa**, auf der das Hotel *Kia Ora* Ausrüstungen für alle Wassersportarten anbietet.
Die **Marquesa-Inseln** sind bei Touristen weniger bekannt, und bisher gibt es keine Spitzenhotels. Paul Gauguin wurde auf *Hiva Oa* begraben, und auf *Ua Huka* kann man Ausritte durch die vielen Täler machen. Der Flug von Tahiti dauert vier Stunden.
Die **Austral-Inseln** bieten ein kühleres Klima als die übrigen Inseln. Die Meuterer der »Bounty« versuchten, sich 1789 auf *Tubuai* niederzulassen. Auf *Rurutu* wurden Siedlungen aus dem frühen Mittelalter ausgegraben. Die Ruinen alter Maori-Festungen, sogenannter »Pas«, thronen auf den Bergen hoch über der Insel *Papu*. Zahlreiche Strandbungalows können gemietet werden.

SOZIALPROFIL

ESSEN & TRINKEN: In den Hotelrestaurants werden französische, italienische, chinesische und vietnamesische Spezialitäten angeboten. Die französische und chinesische Küche in Papeete ist berühmt. Einheimische Gerichte werden in manchen Hotels angeboten. Beliebte Gerichte sind geräucherte Brotfrucht, Bergbananen, *Fafa* (Spinat) mit Spanferkel, *Poisson Cru* (marinierter Fisch) oder *Poe* (stärkehaltiger Pudding aus Papayas, Mangos und Bananen). *Trucks* oder Imbißwagen am Strand verkaufen Steaks, Pommes Frites, Hähnchen, *Poisson Cru Brochettes* und *Shish Kebab*. Das Angebot an alkoholischen Getränken ist groß.
NACHTLEBEN: Papeete ist eine lebendige Stadt mit einer guten Auswahl an Restaurants, Cafés und Nachtklubs. In den meisten Hotels werden Unterhaltungsprogramme mit traditionellen Tanzshows und Tanzkapellen angeboten.
EINKAUFSTIPS: Die besten Einkaufsmöglichkeiten hat man in Papeete. Beliebte Souvenirs sind Holzschnitzereien von den Marquesas, Tanzkostüme, Muschelschmuck, einheimisches Parfüm, *Monoi Tiare Tahiti* (mit dem Duft von Tahitis Nationalblume parfümiertes Kokosöl), Vanilleschoten und buntgemusterte *Pareu*-Stoffe, aus denen die traditionellen *Pareu-Kleider* hergestellt werden. **Öffnungszeiten der Geschäfte:** Mo-Fr 08.00-12.00 und 13.30-17.30 Uhr, Sa 08.00-11.00 Uhr.
SPORT: Fischen: Vollausgerüstete Hochsee-Angelboote kann man von *Tahiti Actinautic* mieten. *The Haura (Marlin) Club* ist Mitglied des internationalen Sportfischerverbandes. Feriendörfer und Hotels können Ausflüge organisieren. **Golf:** Ein 18-Loch-Golfplatz befindet sich in Atimanono. **Reiten:** Stunden- und Tagesausritte können durch den *Club Equestre de Tahiti* und das *Centre de Tourisme Equestre de Tahiti* (beide im Hippodrome, Pirae, Tahiti) arrangiert werden. **Wassersport:** Ausrüstungen und Boote, die Taucher zu den besten Stellen bringen, können gemietet werden. Weitere Auskünfte erhalten Sie vom Fremdenverkehrsamt. **Bergsteigen:** Der *Club Alpin* (Arue) erteilt Informationen, wie der Mount Aorai (Berghütte in 1798 m Höhe), der Mount Orohena und der Mount Diademe am besten zu besteigen sind. **Schwimmen:** Außer den vielen Sandstränden gibt es einen Swimmingpool mit Olympia-Maßen am Boulevard Pomaré in Papeete sowie die Hotel-Swimmingpools. **Tennisplätze** findet man im *Fautaua Tennis Club*, der Besuchern kurzzeitige Mitgliedschaft anbietet. Viele Hotels haben eigene Tennisplätze, die auch von Nicht-Gästen benutzt werden können. **Segeln:** Die größte Jachtorganisation ist der *Yacht Club de Tahiti*. Die umliegenden Küstengewässer sind ideal für kleine Segelboote, und mehrere Hotels und Klubs vermieten Boote. **Publikumssport: Fußball** ist auf allen Inseln sehr beliebt, und das Fautaua-Stadion in der Nähe von Papeete ist Sonntag nachmittags Austragungsort wichtiger Spiele. **Pferderennen** im ureigenen Stil Tahitis finden im Hippodrome in Pirae statt. 12-15mal im Jahr werden Rennen veranstaltet. **Bogenschießen, Fahrradrennen, Boxen, Kanufahren, Segeln** und **Leichtathletikveranstaltungen**, besonders **Querfeldeinrennen**, sind ebenfalls sehr beliebt.
VERANSTALTUNGSKALENDER
Das wichtigste Festival *Heiva I Tahiti* beginnt alljährlich Ende Juni mit dem »Fête de l'Autonomie Interne« und dauert einen ganzen Monat. Tanzen, Sportveranstaltungen (u. a. Surfen, Kanufahren), Handwerksausstellungen und kulinarische Genüsse erwarten Touristen und Einheimische gleichermaßen.Im August findet das *Mini-Festival* statt. Das *Baumfestival* im Oktober steht jedes Jahr unter einem anderen Motto. Zum *Tiare-Fest* Anfang Dezember trägt man einen Kopfschmuck mit weißen Gardenien, der Nationalblume des Landes.
SITTEN & GEBRÄUCHE: Den eher einfachen Lebensstil der Inseln kann man an den typischen *Fares-Hütten* erkennen, die aus Bambus gebaut werden und *Pandanus-Dächer* haben. Einheimische Frauen sind in hellfarbene *Pareus* und Männer im entsprechenden Gegenstück gekleidet, aber von Besuchern erwartet man westliche Alltagskleidung. Die üblichen Höflichkeitsformen sollten beachtet werden. **Trinkgeld** wird nicht erwartet und ist nicht üblich.

WIRTSCHAFTSPROFIL

WIRTSCHAFT: Die Tourismusindustrie ist der wichtigste Wirtschaftszweig in Polynesien. Die Landwirtschaft ist eine weitere wichtige Einnahmequelle. Neben den traditionellen Exportgütern Kopra und Vanille werden seit einiger Zeit auch Zuchtperlen, Haifischfleisch und Phosphate ausgeführt. Die Franzosen benutzten Polynesien seit den sechziger Jahren als Atombombentestgebiet – auf dem Mururoa-Atoll in der Tuamotu-Inselgruppe wurden 1991 sechs Atomtests durchgeführt. Weitere sechs Atomtests haben in 1995 trotz internationaler Proteste stattgefunden. In 1991 war die *Rainbow Warrior*, eines der Schiffe von Greenpeace, auf dem Weg nach Tahiti, um gegen diese Tests zu protestieren, als es im Hafen von Auckland (Neuseeland) vom französischen Geheimdienst in die Luft gesprengt wurde. In der Anfangsphase hatten die Atomtests positive wirtschaftliche Folgen, vor allem im Baugewerbe wurden zahlreiche Arbeitsplätze geschaffen, da das französische Militärpersonal untergebracht und versorgt werden mußte. Dies hatte zur Folge, daß viele Einheimische die Arbeit in der traditionellen Landwirtschaft aufgaben, um in den neugeschaffenen Jobs mehr Geld zu verdienen. Der Bedarf an einheimischen Arbeitskräften war jedoch nur kurzfristig, und die Arbeitslosigkeit ist mittlerweile hoch. Der Ausbau der Tourismusindustrie stößt auf lokalen Widerstand. Da das Importvolumen das Exportvolumen um das Zehnfache übersteigt, ist Französisch-Polynesien stark von französischer Finanzhilfe abhängig. Schwerpunkt der Wirtschaftspolitik der gegenwärtigen Regierung ist der Versuch, die traditionellen Gewerbe am Leben zu erhalten, das Ausbildungssystem zu verbessern und die lokale Ökonomie zu diversifizieren, um die Abhängigkeit von französischen Finanzspritzen zu verringern. Haupthandelspartner ist Frankreich, andere wichtige Bezugs- und Absatzgebiete sind die USA, Neuseeland und Australien.
GESCHÄFTSVERKEHR: Bei geschäftlichen Terminen geht es zwanglos zu. Geschäftsunterlagen sind zumeist in französischer Sprache gehalten. Viele Geschäftsleute, vor allem in der Tourismusbranche, verstehen auch Englisch.
Geschäftszeiten: Mo-Fr 07.30-17.00 Uhr.
Kontaktadresse: *Chambre de Commerce et d'Industrie de Polynésie Française* (Industrie- und Handelskammer von Französisch-Polynesien), BP 118, Papeete. Tel: 42 03 44. Telefax: 43 51 84.

KLIMA

Tropisches Klima, durch Meeresbrisen gemildert. Es gibt zwei Hauptjahreszeiten: Dezember - Februar, schwül, kurze Regenschauer; März - November, kühler und trocken (Temperaturen 22-30°C).

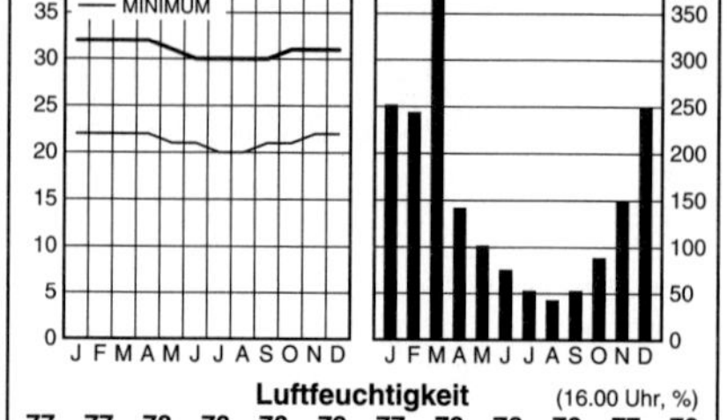

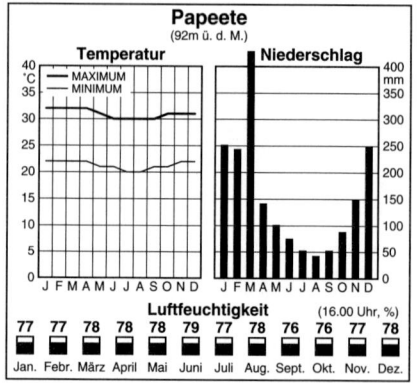

Gabun

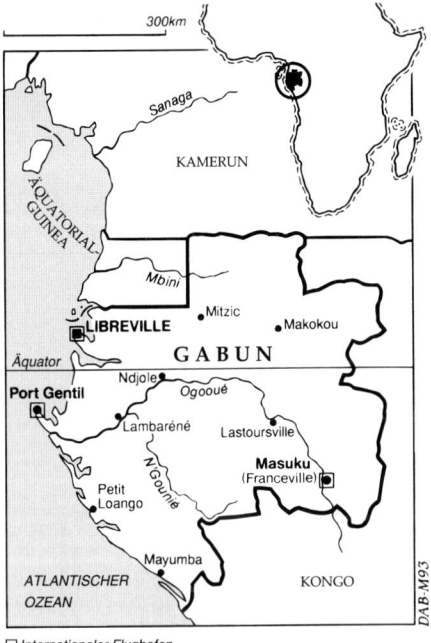

☐ *Internationaler Flughafen*

Lage: Äquatorialafrika.

Office National Gabonais du Tourisme
BP 161
Libreville
Tel: 72 21 82.
Botschaft der Republik Gabun
Kronprinzenstraße 52
D-53173 Bonn
Tel: (0228) 35 92 86. Telefax: (0228) 35 91 95.
Mo-Fr 09.00-15.30 Uhr.
(auch zuständig für Österreich und die Schweiz)
Honorarkonsulate ohne Visumerteilung in Berlin, Düsseldorf, Hamburg und München.
Honorarkonsulat von Gabun
Rudolfsplatz 5
A-1010 Wien
Tel: (0222) 533 38 10. Telefax: (0222) 533 35 68 17.
Mo-Fr 09.00-17.00 Uhr; *Konsularabt.*: 09.00-12.30 Uhr.
(verschickt Visaanträge)
Botschaft der Bundesrepublik Deutschland
Boulevard de l'Indépendance
Immeuble les Frangipaniers
BP 299
Libreville
Tel: 76 01 88, 74 27 90. Telefax: 72 40 12.
Österreich unterhält keine Vertretung in Gabun, zuständig ist die Botschaft in Lagos (s. Nigeria). Die Schweizer Interessenvertretung erfolgt durch die Botschaft in Yaoundé (s. Kamerun).

FLÄCHE: 267.667 qkm.
BEVÖLKERUNGSZAHL: 1.007.000 (1993).
BEVÖLKERUNGSDICHTE: 3,8 pro qkm.
HAUPTSTADT: Libreville. **Einwohner:** 420.000 (1993).
GEOGRAPHIE: Gabun wird im Westen vom Atlantischen Ozean, im Norden von Äquatorialguinea und Kamerun und im Süden und Osten von der Republik Kongo begrenzt. Die Küste besteht aus Sandstränden, palmengesäumten Buchten, Lagunen und Flußmündungen. Die üppige tropische Vegetation (82% des Landesinneren) geht stellenweise in Savanne über. Die zahlreichen Flüsse sind die Hauptverkehrsadern, an deren Ufern die meisten Siedlungen entstanden. Es gibt etwa 40 Bantu-Gruppen, die größten sind die Fang, Eshira, Adouma, Batéké u. a. Pygmäen leben auch in Gabun. Nur wenige gebürtige Gabuner leben in den Städten. Die Mehrheit der Bevölkerung lebt in der Küstenregion und in den Dörfern an den Flußufern, wo sich der traditionell-ländliche Lebensstil erhalten hat.
STAATSFORM: Präsidialrepublik seit 1961, Verfassung von 1991. Staatsoberhaupt: El Hadj Omar Albert-Bernard Bongo, seit 1967. Regierungschef: Paulin Obamé-Nguéma, seit 1994. Einkammerparlament mit 120 gewählten Mitgliedern. Direktwahl des Staatsoberhauptes alle 5 Jahre. Die jüngst überarbeitete Verfassung sieht die Bildung einer zweiten Kammer vor. Nach den pluralistischen Wahlen im Dezember 1993 wurden Vorwürfe der Wahlmanipulation laut. Unabhängig seit August 1960 (ehem. französische Kolonie).
SPRACHE: Amtssprache ist Französisch. Fang sowie die wichtigsten Bantu-Sprachen wie Eshira, Batéké, Bapounou und Bandgabi.
RELIGION: Katholiken (51%), Protestanten (8%), Naturreligionen (40%) und 1% Muslimen.
ORTSZEIT: MEZ.
NETZSPANNUNG: 220 V, 50 Hz.
POST- UND FERNMELDEWESEN: Telefon: Selbstwählferndienst. **Landesvorwahl:** 241. Es gibt keine Ortsnetzkennzahlen. Fast alle öffentlichen Telefonzellen benötigen eine Telefonkarte. **Telex/Telegramme** können in den größeren Hotels und im Hauptpostamt von Libreville aufgegeben werden. **Post:** Luftpost nach Europa ist mindestens eine Woche unterwegs. Eilige Briefe sollten per Einschreiben und Eilboten geschickt werden. Öffnungszeiten der Postämter: Mo-Fr 08.00-12.00 und 15.00-18.00 Uhr.
DEUTSCHE WELLE
Der Einsatz der Kurzwellenfrequenzen ändert sich mehrfach im Laufe eines Jahres, und Sendungen auf den folgenden Frequenzen werden jeweils nur zu bestimmten Tageszeiten ausgestrahlt. Näheres in der Einleitung.

| MHz | 15,275 | 15,135 | 11,795 | 9,545 | 6,075 |
| Meterband | 19 | 19 | 25 | 31 | 49 |

REISEPASS/VISUM

Wichtiger Hinweis: Die Einreisebestimmungen mancher Länder können sich kurzfristig ändern – rufen Sie sicherheitshalber auf Ihrem CRS-System (TIMATIC-Info-Code-Fenster in diesem Kapitel) den aktuellen Stand ab bzw. wenden Sie sich an die zuständige diplomatische Vertretung. Etwaige Zahlen in der Tabelle beziehen sich auf nachfolgende Fußnoten.

	Paß erforderlich?	Visum erforderlich?	Rückflugticket erforderlich?
Deutschland	Ja	Ja	Ja
Österreich	Ja	Ja	Ja
Schweiz	Ja	Ja	Ja
Andere EU-Länder	Ja	Ja	Ja

Anmerkung: Alle Visaanträge werden zur Bearbeitung nach Gabun geschickt, wo die jeweilige Erteilung erfolgt.
Einreiseverbot: Die Regierung verweigert folgenden Staatsbürgern die Einreise: Angola, Kap Verde, Kuba, Ghana, Guinea-Bissau, Haiti und Israel.
REISEPASS: Allgemein erforderlich. Auch ein Rückflugticket ist erforderlich. Der Reisepaß muß 6 Monate über die Länge des Aufenthalts hinaus gültig sein.
VISUM: Allgemein erforderlich.
Visaarten: Besuchs- und Transitvisa.
Visagebühren: 100 DM.
Gültigkeitsdauer: Touristenvisa: 90 Tage. Verlängerung auf max. 6 Monate vor Ort möglich. Transitvisa ist nicht erforderlich bei nachgewiesenem Weiterflug innerhalb von 24 Std., sofern der Reisende den Flughafen nicht verläßt.
Antragstellung: Konsularabteilung der Botschaft, Adressen s. o.
Unterlagen: *Geschäftsvisa:* Einführungsschreiben der Firma mit Übernahmebestätigung der Reise- und Aufenthaltskosten. *Touristenvisa:* (a) Reisepaß. (b) 1 Paßfoto. (c) 2 Anträge. (d) Gebühr. (e) Bescheinigung eines Reisebüros über bezahlten Hin- und Rückflug.
Der postalischen Antragstellung müssen ein adressierter und frankierter Umschlag (Einschreiben) und der Zahlungsbeleg über die Visagebühren beigelegt werden.
Bearbeitungszeit: 1-2 Tage.

GELD

Währung: 1 CFA-Franc (CFA Fr) = 100 Centimes. Banknoten gibt es im Wert von 10.000, 5000, 2000, 1000 und 500 CFA Fr. Münzen sind in den Nennbeträgen 500, 100, 50, 25, 10 und 5 CFA Fr in Umlauf.
Geldwechsel: Gabun ist Teil des französischen Währungsbereiches, und der CFA-Franc ist legales Zahlungsmittel in allen früheren französischen Kolonien Äquatorialafrikas (Gabun, Kamerun, Kongo, Tschad und Zentralafrikanische Republik).
Kreditkarten: *Diners Club* wird häufiger, *American Express, Eurocard* und *Visa* werden seltener akzeptiert. Grundsätzlich ist der Gebrauch von Kreditkarten nicht sehr weit verbreitet. Einzelheiten vom Aussteller der betreffenden Kreditkarte.
Reiseschecks in französischen Franc werden empfohlen.
Wechselkurse

	CFA Fr Sept. '92	CFA Fr Febr. '94	CFA Fr Jan. '95	CFA Fr Jan. '96
1 DM	169,38	339,41	344,31	342,57
1 US$	251,72	589,20	533,68	492,45

Devisenbestimmungen: Die Einfuhr von Landes- und Fremdwährungen ist unbegrenzt, muß aber deklariert werden. Die Ausfuhr der Landeswährung ist auf 200.000 CFA Fr, die Ausfuhr von Fremdwährungen auf den deklarierten Betrag beschränkt.
Öffnungszeiten der Banken: Mo-Fr 07.30-11.30 und 14.30-16.30 Uhr.

DUTY FREE

Folgende Artikel können zollfrei nach Gabun eingeführt werden (von Personen über 17 Jahren):
200 Zigaretten oder 50 Zigarren oder 250 g Tabak (Frauen dürfen nur Zigaretten einführen);
2 l alkoholische Getränke;
50 g Parfüm;
Geschenke bis zum Wert von 5000 CFA Fr.
Einfuhrbeschränkungen: Für Schußwaffen und Munition wird eine polizeiliche Lizenz benötigt.

GESETZLICHE FEIERTAGE

1. Mai '96 Tag der Arbeit. **27. Mai** Pfingstmontag. **28. Juli** Mouloud (Geburtstag des Propheten). **17. Aug.** Unabhängigkeitstag. **1. Nov.** Allerheiligen. **25. Dez.** Weihnachten. **1. Jan. '97** Neujahr. **10 Jan.** Beginn des Ramadan. **10. Febr.** Eid al-Fitr (Ende des Ramadan). **12. März** Tag der Erneuerung. **31. März** Ostermontag. **18. April** Eid al-Adha. **1. Mai** Tag der Arbeit. **19. Mai** Pfingstmontag.
Anmerkung: Die oben angegebenen Daten für islamische Feiertage richten sich nach dem Mondkalender und verschieben sich daher von Jahr zu Jahr. Während des Fastenmonats Ramadan, der dem Festtag Eid al-Fitr vorangeht, essen Mohammedaner nicht tagsüber, sondern erst nach Sonnenuntergang, wodurch der normale Geschäftsablauf gestört werden kann. Viele Restaurants sind tagsüber geschlossen. Diese Unterbrechungen können auch am Eid al-Fitr auftreten. Dieses Fest, ebenso wie das Eid al-Adha, hat keine festgelegte Zeitdauer und kann je nach Region 2-10 Tage dauern. Weitere Informationen im Kapitel Welt des Islam (s. Inhaltsverzeichnis).

GESUNDHEIT

In der folgenden Tabelle aufgeführte Impfvorschriften können sich kurzfristig ändern. Es wird stets empfohlen, auf Ihrem CRS-System (TIMATIC-Info-Code-Fenster in diesem Kapitel) den aktuellen Stand der Gesundheitsbestimmungen abzurufen bzw. rechtzeitig vor der Reise ärztlichen Rat einzuholen.

	Vorsichtsmaßnahmen empfohlen	Impfschein erforderlich
Gelbfieber	Ja	1
Cholera	Ja	2
Typhus & Polio	Ja	-
Malaria	3	-
Essen & Trinken	4	-

[1]: Eine Impfbescheinigung gegen Gelbfieber wird von allen Reisenden verlangt, die über ein Jahr alt sind.
[2]: Eine Impfbescheinigung gegen Cholera ist keine Einreisebedingung, das Risiko einer Infektion besteht jedoch. Da die Wirksamkeit der Schutzimpfung umstritten ist, empfiehlt es sich, rechtzeitig vor Antritt der Reise ärztlichen Rat einzuholen. Näheres unter Gesundheit (s. Inhaltsverzeichnis).
[3]: Malariarisiko besteht ganzjährig in allen Landesteilen. Die vorherrschende gefährlichere Form *Plasmodium falciparum* soll stark Chloroquin-resistent sein.
[4]: Wasser sollte generell vor der Benutzung zum Trinken, Zähneputzen und zur Eiswürfelbereitung abgekocht oder anderweitig sterilisiert werden. Milch ist nicht pasteurisiert und sollte abgekocht werden. Dosenmilch und Milchpulver nur mit keimfreiem Wasser anrühren. Milchprodukte aus ungekochter Milch am besten vermeiden. Fleisch- oder Fischgerichte nur gut durchgekocht und heiß serviert essen. Der Genuß von Schweinefleisch, Mayonnaise und Salat sollte vermieden werden. Obst sollte geschält und Gemüse gekocht werden.
Tollwut kommt vor. Wer ein erhöhtes Risiko eingeht (z. B. längerer Aufenthalt in abgelegenen Gebieten), sollte vor Reiseantritt eine Schutzimpfung erwägen. Bei Bißwunden so schnell wie möglich ärztliche Hilfe in Anspruch nehmen. Weitere Informationen im Kapitel Gesundheit (s. Inhaltsverzeichnis).
Bilharziose-Erreger kommen in manchen Teichen und Flüssen vor, das Schwimmen und Waten in Binnengewässern sollte daher vermieden werden. Gut gepflegte Schwimmbecken mit gechlortem Wasser sind unbedenklich.

TIMATIC INFO-CODES

Abrufbar über Ihr CRS-System (für START/Amadeus Ama-Maske benutzen). Für Galileo bitte TI-DFT eingeben (mit Bindestrich).

Flughafengebühren	TI DFT/ LBV /TX
Währung	TI DFT/ LBV /CY
Zollbestimmungen	TI DFT/ LBV /CS
Gesundheit	TI DFT/ LBV /HE
Reisepassbestimmungen	TI DFT/ LBV /PA
Visabestimmungen	TI DFT/ LBV /VI

Hepatitis A, B und *E* sind weit verbreitet.
Gesundheitsvorsorge: Besucher, die ins Landesinnere fahren, sollten einen Erste-Hilfe-Koffer mit Tetanus-Spritzen und Serum gegen Schlangenbisse mitnehmen. Die medizinische Versorgung ist beschränkt. Der Abschluß einer Reisekrankenversicherung wird dringend empfohlen.

REISEVERKEHR - International

FLUGZEUG: Gabuns nationale Fluggesellschaft heißt *Air Gabon* (GN). Libreville wird von *Swissair*, *Air France* und *Sabena Worldwide Airlines* angeflogen. Es gibt Direktflüge nach Libreville ab Genf, Paris oder Brüssel.
Durchschnittliche Flugzeiten: *Genf* – Libreville: 7 Std. 30 (einschl. Zwischenlandung); *Paris* – Libreville: 6 Std. 55; *Brüssel* – Libreville: 6 Std.
Internationale Flughäfen: *Libreville International* (LBV) liegt 12 km nördlich der Stadt (Fahrzeit 10 Min.). Taxistand. Flughafeneinrichtungen: Duty-free-Shops, Bank (Mo-Fr 08.30-11.30 und 14.30-17.30 Uhr), Touristen-Information, Mietwagenschalter, Hotel-Reservierungsschalter, Post, Geschäfte, Restaurants und Bars.
Weitere Flughäfen in *Franceville* und *Port-Gentil* (POG). Busse und Taxis stehen zur Verfügung.
SCHIFF: Frachtschiffe mit einigen Kabinen für Passagiere laufen von Genua, Marseille und anderen europäischen Häfen Libreville und Port-Gentil an.
BUS/PKW: Die Hauptverbindungsstraßen von Yaoundé (Kamerun) und Brazzaville (Kongo) nach Gabun sind in weniger gutem Zustand.

REISEVERKEHR - National

FLUGZEUG: Es gibt über 120 Start- und Landebahnen. *Air Gabon* betreibt das Inlandsflugnetz mit Linienflügen von Libreville nach Franceville, Port-Gentil, Lambaréné, Tchibanga und Oyem.
SCHIFF: Fähren und Barkassen verbinden u. a. Lambaréné und Libreville mit Port-Gentil.
BAHN: Die *Trans-Gabon*-Eisenbahn fährt fünfmal wöchentlich von Libreville nach N'djolé, außerdem nach Booué und Franceville. Die Strecke wird gerade nach Belinga im Norden verlängert. Fahrkarten sollten im voraus gekauft werden, da im Zug der doppelte Fahrpreis verlangt wird.
BUS/PKW: Knapp 10% des 7518 km umfassenden Straßennetzes sind asphaltiert. Der größte Teil des Landes besteht aus undurchdringlichem Urwald mit fast unbefahrbaren Straßen. Vor allem während der Regenzeit sollte man nicht mit dem Auto reisen. Von der zweitgrößten Stadt Port-Gentil gibt es keine Straßenverbindung nach Libreville oder in andere Landesteile.
Fernbus: Die Verbindung zwischen den Städten erfolgt durch Minibusse oder Lastwagen. Es gibt tägliche Minibusverbindungen zwischen Libreville und Lambaréné, Mouila, Oyem und Bitam (die Fahrt nach Oyem und Bitam schließt i. allg. eine Nacht mit Übernachtung ein). Sitzplätze kann man bei *Gabon Cars* in Libreville reservieren. Nach Mouila (und auf anderen Strecken von Mouila aus) verkehren auch größere Busse. **Mietwagen** kann man in den größeren Hotels oder am Flughafen mieten. **Unterlagen:** Internationaler Führerschein empfohlen; internationale Versicherung vorgeschrieben.
STADTVERKEHR: Es gibt keine Linienbusse, aber man kann auf eines der zahlreichen Sammeltaxis ausweichen, die in allen größeren Ortschaften zur Verfügung stehen.

UNTERKUNFT

HOTELS: Es gibt mehrere Spitzenhotels in Libreville und erstklassige Hotels in Port-Gentil, Franceville, Mouila, Lambaréné, Oyem, Koulamoutou, Makokou und Tchibanga. Die meisten Unterkünfte in Gabun sind jedoch recht teuer. Es gibt immer mehr komfortable Übernachtungsmöglichkeiten, besonders an der Küste und in den Städten in der Nähe von Nationalparks. Aber auch in anderen Landesteilen findet man Hotels in größeren Städten, normalerweise werden hier die gängigen internationalen Kreditkarten akzeptiert. Näheres vom Hotelverband: *Direction Générale de l'Hôtellerie et du Contrôle des Hotels*, BP 403, Libreville. Tel: 73 83 80.
CAMPING ist kostenlos, aber die Möglichkeiten sind begrenzt. Vorsicht ist geboten.

URLAUBSORTE & AUSFLÜGE

Die größten Städte Gabuns sind **Libreville, Port-Gentil, Lambaréné, Moanda, Oyem, Mouila** und **Franceville**. Die wunderschöne, quirlige Hauptstadt **Libreville** liegt am Meer. Ihre weißen Gebäude stehen in reizvollem Kontrast zum nahegelegenen üppig-grünen Regenwald. Besonders sehenswert sind das Kunsthandwerkerdorf und das *Musée National*, in dem einige der schönsten Holzschnitzarbeiten Afrikas ausgestellt sind; der einheimische Schnitzstil der *Fang* beeinflußte die Picassos Skulpturen und Büsten. Auch ein Besuch der schönen Peyrie-Gärten in der Stadtmitte und der beliebten Viertel *Akebe* und *Nombakele* lohnt sich sowie die Besichtigung des Hafens, der *Kathedrale von St. Michel* (deren Fassade mit Mosaikereien bedeckt ist) und des *Mont-Booüet-Marktes*. Es werden Stadtrundfahrten in französischer Sprache veranstaltet.
Andere Landesteile: Eine Straße schlängelt sich von Libreville durch einen Wald mit riesigen Urwaldbäumen zum *Cap Estérias*, dessen Felsen voller Seeigel, Austern und Hummer sind. Die wunderschönen Sandstrände dieser Gegend laden zum Baden ein. Man sollte einen Ausflug zu den *Kinguele*-Wasserfällen am Fluß M'Bei machen oder nach *Lambaréné* fahren, der Wirkungsstätte des berühmten Missionsarztes Albert Schweitzer. Sein Krankenhaus ist für Besucher geöffnet, außerdem lassen sich Fahrten zum Evaro-See arrangieren. Abenteuerausflüge zu den Stromschnellen des Okano im Okanda-Nationalpark werden angeboten. Weiter südlich liegen die Dörfer *M'Bigou* und *Eteke*, die für ihre Kunstschnitzereien und ihre Goldminen bekannt sind, und im Westen, zwischen dem Meer und einem See, liegt das entzückende *Mayumba*. Im Osten schließt sich die Region des *Bateke-Plateaus* an mit einer eindrucksvollen Mischung aus Savanne und Wäldern, unterbrochen von wilden Flüssen wie dem *Poubara*, den Mutige auf einer echten Lianenbrücke überqueren können. Die Tierwelt ist außerordentlich artenreich. Mit Glück kann man u. a. Waldelefanten, Büffel, Gorillas, Panther, Krokodile, Affen und Papageien beobachten. Im Meer leben Haie, Barracudas, Thunfische und Rochen. Die Nationalparks *Wonga-Wongué*, *Okanda* und *Lopé* und einige andere Wildreservate sind ideal für Hobbyfotografen.

SOZIALPROFIL

ESSEN & TRINKEN: Die meisten Hotels und Restaurants bieten französische und europäische Gerichte, die aber teuer sind. Die einheimische Küche ist schmackhaft und unverwechselbar, aber nicht immer erhältlich, da viele Restaurants auf senegalesische Küche spezialisiert sind. Zahlreiche Restaurants bieten Gerichte aus Kamerun und dem Kongo an, die denen der einheimischen Küche ähnlich sind.
NACHTLEBEN: In Libreville gibt es Nachtklubs mit Musik und Bars. Für das leibliche Wohl ist meist gesorgt, die angebotenen Mahlzeiten sind aber teuer. Spielkasinos gibt es im Hotel Intercontinental, dem Rapontchombo und dem Meridien.
EINKAUFSTIPS: In Libreville gibt es drei bunte Märkte in den Stadtteilen Akebe-Plaine, Mont Boouét und Nkembo. Am Rand dieser Märkte kann man Bildhauerarbeiten kaufen, die in altem Stil und nach traditionellen Techniken für Touristen hergestellt werden. Örtlich hergestellte Handarbeiten kann man an Straßenständen oder bei den Dorfbewohnern selbst kaufen. Auch geschnitzte Masken (Fang), kleine Figuren, Tontöpfe und traditionelle Musikinstrumente sind beliebte Mitbringsel. **Öffnungszeiten der Geschäfte:** Mo-Sa 08.00-12.00 und 15.00-19.00 Uhr. Einige Geschäfte sind montags geschlossen.
SPORT: Schwimmen: Einige Hotels haben Swimmingpools, die Atlantikküste ist ideal zum Baden. **Wassersport:** Die Flußmündungen des Ogooué bei Port-Gentil und der Strand von Libreville bieten Wasserski- und andere Wassersportmöglichkeiten. Mayumba im Süden und Cap Estérias (35 km von Libreville) sind an den Wochenenden beliebte Wassersportzentren. In Perroquet und Pointe Denis kann man gut **Tauchen**. **Tennisplätze** findet man in Libreville und Port-Gentil. **Safaris:** Es werden Ausflüge zum Okanda-Nationalpark und zu den anderen wildreichen Parks der Savanne angeboten. **Fischen:** Viele Flüsse bieten ausgezeichnete Angelmöglichkeiten, in Port-Gentil kann man Ausrüstungen mieten. Die Flüsse und Seen sind fischreich, aber den größten Fischreichtum findet man in den vielen Lagunen an der Küste und an der Mündung des Ogooué.
SITTEN & GEBRÄUCHE: Tanz, Gesang, Gedichte und Sagen spielen in der Tradition Gabuns eine bedeutende Rolle. **Fotografieren** von militärischen Einrichtungen ist strengstens verboten. Im allgemeinen sollte man vorher eine Erlaubnis einholen, um Mißverständnisse zu vermeiden. **Trinkgeld:** Sofern nicht in der Rechnung enthalten, sind 10-15% üblich.

WIRTSCHAFTSPROFIL

WIRTSCHAFT: Dank der reichen Bodenschätze, vor allem Erdöl, verlief die wirtschaftliche Entwicklung Gabuns außerordentlich günstig. Man sprach von einem afrikanischen Wirtschaftswunder. Neben Rohöl werden vor allem Uran und Mangan exportiert. Der weltweite Niedergang der Stahlindustrie, welches zu einer Reduzierung der Manganexports führte, und der relativ niedrige Ölpreis beeinträchtigte die Wirtschaft in den letzten Jahren. Ein weiterer Industriezweig beschäftigt sich mit der Herstellung von Ölraffinerie-, Nutzholz-, und Textilprodukten sowie Farben, Lacke, Waschmittel und Zement. Expansion in diesem Sektor ist allerdings aufgrund des Facharbeitermangels, der hohen Kosten und der unzureichenden Infrastruktur unwahrscheinlich. Die wichtigsten Agrarerzeugnisse sind Kaffee, Kakao, Zucker und Kautschuk. Die Agrarpolitik steht momentan im Mittelpunkt der Bemühungen der Regierung, die Wirtschaft anzukurbeln. Besonderes Interesse gilt den ausbaufähigen Branchen von Fischerei und Holzwirtschaft. Das Land ist Mitglied der Zentralafrikanischen Wirtschafts- und Zollunion UDEAC und gehört der CFA-Franc-Zone an. Gabun hat einen großen Außenhandelsüberschuß, das Erdöl erbringt 81% der Exporterlöse (1992). Mit dem Anstieg der Rohölpreise nach dem Golfkrieg verbesserte sich die wirtschaftliche Lage des Landes wieder. Der Tourismus, der etwa 10% zum Volkseinkommen beisteuert, spielt eine immer größere Rolle. Maschinen, Werkzeuge und Nahrungsmittel sind die wichtigsten Importgüter. Haupthandelspartner sind Frankreich, die USA, Japan, Côte d'Ivoire, die Niederlande, Großbritannien, Kamerun und Deutschland.
GESCHÄFTSVERKEHR: Bei geschäftlichen Treffen trägt man üblicherweise Tropenanzüge bzw. Sommerkleider. Terminvereinbarung und Visitenkarten sind üblich. Französisch ist Geschäftssprache. Übersetzer und Dolmetscherdienste sind in der Regel vorhanden, Französischkenntnisse sind jedoch unbedingt erforderlich.
Geschäftszeiten: Mo-Fr 07.30-12.00 und 14.30-18.00 Uhr.
Kontaktadressen: *Chambre de Commerce, d'Agriculture, d'Industries et des Mines du Gabon* (Industrie- und Handelskammer), BP 2234, Libreville. Tel: 72 20 64. Telefax: 74 64 77. Zweigstellen in Port-Gentil und Franceville.
Ministère du Commerce, de l'Industrie et de la Recherche Scientifique, Direction du Commerce Extérieur, BP 3906, Libreville. Tel: 76 30 55. Telex: 5347.

KLIMA

Äquatoriales Klima mit hoher Luftfeuchtigkeit. Trockenzeit von Mai bis September und von Dezember bis Januar, Regenzeit von Februar bis April und von Oktober bis November. Während der Trockenzeit wehen Passatwinde.
Kleidung: Leichte Tropenkleidung, wärmere Sachen für kühle Abende. Regenkleidung während des Monsuns.

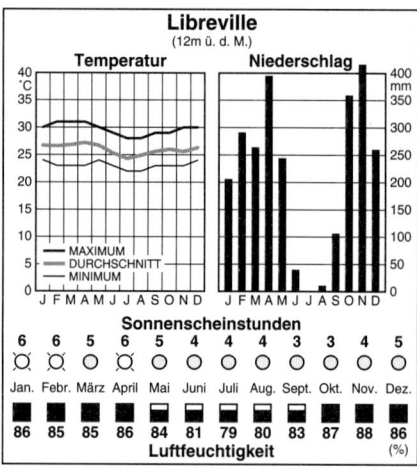

Eine weitere wichtige Veröffentlichung von *Columbus Press* ist der »World Travel Guide«, der jährlich herausgegeben wird und auf über tausend Seiten Informationen in englischer Sprache über alle Länder der Erde enthält.

*Weitere Einzelheiten von:
Columbus Press, Verkaufsabteilung,
Aurikelweg 9,
D-38108 Braunschweig.
Tel: 05309/2123. Telefax: 05309/2877.*

Gambia

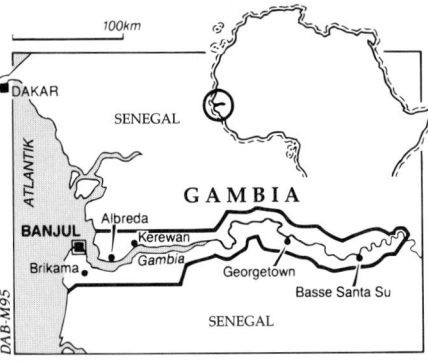

☐ Internationaler Flughafen

Lage: Westafrika.

Anmerkung: Nach dem Putschversuch im November 1994 ist die innenpolitische Lage äußerst instabil, von Reisen nach Gambia wird zur Zeit abgeraten. Aktuelle Informationen vom Auswärtigen Amt in Bonn, dem Außenministerium in Wien und dem EDA in Bern.

Gambia National Tourist Office und
High Commission of the Republic of Gambia
57 Kensington Court
GB-London W8 5DG
Tel: (0171) 937 63 16/17/18 (High Commission), 376 00 93 (Fremdenverkehrsbüro). Telefax: (0171) 937 90 95.
Mo-Do 09.30-17.00 Uhr, Fr 09.00-13.00 Uhr.
(auch für Österreich zuständig)

Ministry of Information and Tourism
New Administration Building
Banjul
Tel: 22 67 06. Telex: 2204.

Honorarkonsulat der Republik Gambia (mit Visumerteilung)
Kurfürstendamm 103
D-10711 Berlin
Tel: (030) 892 31 21. Telefax: (030) 891 14 01.
Di und Do 10.00-12.00 Uhr.

Honorarkonsulat der Republik Gambia (mit Visumerteilung)
Postfach 12489
D-80502 München
Tel: (089) 98 90 22. Telefax: (089) 98 10 26-1.
Publikumsverkehr n. V.
Mo-Do 10.00-12.00 Uhr.

Generalkonsulat der Republik Gambia
Via al Poggio 6
CH-6932 Breganzona
Tel: (091) 966 32 92. Telefax: (091) 967 18 24.
Mo-Fr 09.00-11.00 Uhr.
(für den Raum Tessin und Graubünden zuständig)

Konsulat der Republik Gambia
Rütistraße 13
CH-8952 Schlieren/Zürich
Tel:(01) 731 10 10. Telefax: (01) 731 10 51.
Mo-Fr 09.00-11.00 Uhr.
(nicht für den Raum Tessin, Graubünden, Wallis und Genf zuständig)

Konsulat der Republik Österreich
3a Russel Street
PO Box 184
Banjul
Tel: 2 83 03, 2 74 36, 2 66 66. Telefax: 2 70 99.
Die Bundesrepublik Deutschland, Österreich und die Schweiz unterhalten keine Botschaften in Gambia. Zuständig sind die Botschaften in Dakar (s. Senegal).

TIMATIC INFO-CODES

Abrufbar über Ihr CRS-System (für START/Amadeus Ama-Maske benutzen). Für Galileo bitte TI-DFT eingeben (mit Bindestrich).

Flughafengebühren	TI DFT/ BJL /TX
Währung	TI DFT/ BJL /CY
Zollbestimmungen	TI DFT/ BJL /CS
Gesundheit	TI DFT/ BJL /HE
Reisepassbestimmungen	TI DFT/ BJL /PA
Visabestimmungen	TI DFT/ BJL /VI

FLÄCHE: 11.295 qkm.
BEVÖLKERUNGSZAHL: 1.042.000 (1993).
BEVÖLKERUNGSDICHTE: 92 pro qkm.
HAUPTSTADT: Banjul. **Einwohner:** 150.000 (1989).
GEOGRAPHIE: Gambia liegt an der afrikanischen Atlantikküste und besteht aus einem schmalen Landstreifen, der an keinem Punkt breiter als 50 km ist und sich an beiden Ufern des Flusses Gambia entlang von Ost nach West erstreckt. Gambia, die westlichste und kleinste Nation Afrikas, grenzt im Westen an den Atlantischen Ozean und ist sonst ausschließlich vom Senegal umschlossen. Das Land besteht überwiegend aus einem niedrigen Plateau, das zum Atlantik hin ansteigt und von einigen Tafelbergen sowie vom Fluß Gambia und seinen Nebenflüssen aufgelockert wird. Die Region um Georgetown wird im Norden von felsigen Hügeln umschlossen. Mangrovensümpfe herrschen an der Küste und den Flußufern vor, nur am unteren Ende des Flusses überwiegen steile rote Ufer, auf denen Bambus und üppiger Regenwald wachsen. Die parkähnliche Savanne, die weitgehend mit Palmen, Mahagoni-, Rosenholz- und Gummibäumen bewachsen ist, macht einen Großteil der Landschaft aus. An der Flußmündung am Atlantik gibt es eindrucksvolle Sandsteinklippen und 50 km herrliche palmengesäumte Strände. Die weißen Sandstrände sind die Hauptattraktion für Besucher, die dem europäischen Winter entfliehen wollen.
STAATSFORM: Präsidialrepublik, seit 1970; Einkammerparlament mit 50 Mitgliedern. 36 Abgeordnete des Parlaments und der Präsident werden auf 5 Jahre gewählt. 9 Mitglieder werden ernannt, und weitere 5 Mitglieder sind Stammeshäuptlinge. Die Verfassung ist seit dem Militärputsch vom 23. Juli 1994 außer Kraft. Stattdessen gibt es einen 4köpfigen Armed Forces Provisional Ruling Council. Staats- und Regierungschef: Vorsitzender des Armed Forces Provisional Council Leutnant Yayah Jammeh, seit Juli 1994. Die Regierung wird z. Zt. von Militärs und Zivilisten gemeinsam gebildet.
SPRACHE: Offizielle Landessprache ist Englisch. Manding, Ful und Wolof sind ebenfalls weit verbreitet. Im übrigen werden auch Jola, Serahule und Arabisch gesprochen.
RELIGION: 95% Moslems, christliche und animistische Minderheiten.
ORTSZEIT: MEZ - 1.
NETZSPANNUNG: 220 V, 50 Hz. Englische Rundstecker (dreipolig) und amerikanische Flachstecker.
POST- UND FERNMELDEWESEN: Telefon: Selbstwählferndienst. **Landesvorwahl:** 220. Es gibt keine Ortskennzahlen. **Telefaxanschlüsse:** GAMTEL hat 9 Telefaxbüros in Banjul; einige sind 24 Stunden geöffnet. **Telex/Telegramme:** GAMTEL (Cameron Street, Banjul) bietet diesen Service in mehreren Büros an. **Post:** Luftpost nach Europa ist mindestens 3 Tage unterwegs. Öffnungszeiten der Postämter: Mo-Fr 08.00-13.00 Uhr, Sa 08.00-11.00 Uhr.
DEUTSCHE WELLE
Der Einsatz der Kurzwellenfrequenzen ändert sich mehrfach im Laufe eines Jahres, und Sendungen auf den folgenden Frequenzen werden jeweils nur zu bestimmten Tageszeiten ausgestrahlt. Näheres in der Einleitung.

MHz	17,860	15,275	11,795	9,545	7,185
Meterband	16	19	25	31	41

REISEPASS/VISUM

Wichtiger Hinweis: Die Einreisebestimmungen mancher Länder können sich kurzfristig ändern - rufen Sie unbedingt auf Ihrem CRS-System (TIMATIC-Info-Code-Fenster in diesem Kapitel) den aktuellen Stand ab bzw. wenden Sie sich an die zuständige diplomatische Vertretung. Etwaige Zahlen in der Tabelle beziehen sich auf nachfolgende Fußnoten.

	Paß erforderlich?	Visum erforderlich?	Rückflugticket erforderlich?
Deutschland	Ja	Nein	Ja
Österreich	Ja	Ja	Ja
Schweiz	Ja	Ja	Ja
Andere EU-Länder	Ja	1	Ja

REISEPASS: Allgemein erforderlich. Der Reisepaß muß 6 Monate über die Länge des Aufenthalts gültig sein.
VISUM: Allgemein erforderlich, ausgenommen sind Staatsbürger von:
(a) **[1]** Belgien, Dänemark, der Bundesrepublik Deutschland, Finnland, Griechenland, Italien, Irland, Luxemburg, den Niederlanden, Spanien und Großbritannien für Aufenthalte von bis zu 3 Monaten;
(b) Commonwealth-Ländern (Mitgliedstaaten s. Inhaltsverzeichnis);
(c) Benin, Burkina Faso, Kap Verde, Côte d'Ivoire, Republik Guinea, Guinea-Bissau, Mali, Mauretanien, Niger, Senegal und Togo;
(d) Island, Norwegen, San Marino, Tunesien und der Türkei für Aufenthalte von bis zu 3 Monaten.
Visaarten: Touristenvisum für ein- und mehrmalige Ein- und Ausreise.
Visagebühren: 40 DM, 400 öS, 35 sfr.

Gültigkeitsdauer: 3 Monate.
Antragstellung: Konsulat, Adressen s. o.
Unterlagen: (a) Gültiger Reisepaß. (b) 1 Antrag. (c) 1 Paßfoto. Der postalischen Antragstellung sollte ein adressierter und frankierter Umschlag (Einschreiben) und der Zahlungsbeleg über die Visumgebühren beigelegt werden.
Bearbeitungszeit: Bei persönlicher Antragstellung meist innerhalb von 24 Std., auf postalischem Weg in der Regel 8-10 Tage.
Aufenthaltsgenehmigung: Anfragen an das Konsulat.

GELD

Währung: 1 Dalasi (D) = 100 Butut. Banknoten gibt es im Wert von 50, 25, 10 und 5 D; Münzen in den Nennbeträgen 1 D sowie 50, 25, 10, 5 und 1 Butut.
Kreditkarten: Visa und Eurocard werden teilweise akzeptiert. Einzelheiten vom Aussteller der betreffenden Kreditkarte.
Reiseschecks sollten in US-Dollar oder britischen Pfund ausgestellt sein.
Wechselkurse

	D Sept. '92	D Febr. '94	D Jan. '95	D Jan. '96
1 DM	5,70	4,83	6,24	6,85
1 US$	8,47	8,39	9,67	9,85

Devisenbestimmungen: Der blühende Devisen-Schwarzmarkt wird seitens der Regierung energisch bekämpft; Besucher müssen bei der Einreise alle Fremdwährungen deklarieren. Es gibt keine Einfuhrbeschränkungen für Landes- und Fremdwährungen, es besteht jedoch Deklarationspflicht. Die Ausfuhr ist bis zur deklarierten Summe möglich. Währungen aus Algerien, Ghana, Guinea, Mali, Marokko, Nigeria, Sierra Leone und Tunesien werden weder angenommen noch gewechselt. CFA-Francs werden akzeptiert. Die Landeswährung ist in anderen Ländern schwer umzutauschen.
Öffnungszeiten der Banken: Mo-Do 08.00-13.30 Uhr, Fr 08.00-11.00 Uhr.

DUTY FREE

Folgende Artikel können zollfrei nach Gambia eingeführt werden:
*200 Zigaretten oder 50 Zigarren oder 250 g Tabak;
1 l Spirituosen;
1 l Wein;
Weitere Artikel im Höchstwert von 1000 D.*

GESETZLICHE FEIERTAGE

1. Mai '96 Tag der Arbeit. **28. Juli** Mouloud (Geburtstag des Propheten). **15. Aug.** Mariä Himmelfahrt. **25. Dez.** Weihnachten. **1. Jan. '97** Neujahr. **10. Jan.** Beginn des Ramadan. **10. Febr.** Korité (Beginn des Eid al-Fitr). **18. Febr.** Unabhängigkeitstag. **28. März** Karfreitag. **31. März** Ostermontag. **1. Mai** Tag der Arbeit. **18. April** Tabaski (Beginn des Eid al-Adha).
Anmerkung: Die angegebenen Daten für islamische Feiertage verschieben sich von Jahr zu Jahr. Sie richten sich nach dem Mondkalender und können daher um einige Tage vom genannten Datum abweichen. Während des Fastenmonats Ramadan, den Festtag Eid al-Fitr vorangeht, essen Mohammedaner nicht tagsüber, sondern erst nach Sonnenuntergang, wodurch der normale Geschäftsablauf gestört werden kann. Diese Unterbrechungen können auch während des Eid al-Fitr auftreten. Eid al-Fitr und Eid al-Adha haben keine festgelegte Zeitdauer und können je nach Region 2-10 Tage dauern. Nähere Informationen unter *Welt des Islam* (s. Inhaltsverzeichnis).

GESUNDHEIT

In der folgenden Tabelle aufgeführte Impfvorschriften können sich kurzfristig ändern. Es wird stets empfohlen, auf Ihrem CRS-System (TIMATIC-Info-Code-Fenster in diesem Kapitel) den aktuellen Stand der Gesundheitsbestimmungen abzurufen bzw. rechtzeitig vor der Reise ärztlichen Rat einzuholen.

	Vorsichtsmaßnahmen empfohlen	Impfschein erforderlich
Gelbfieber	Ja	1
Cholera	Ja	2
Typhus & Polio	Ja	-
Malaria	3	-
Essen & Trinken	4	-

[1]: Eine Impfbescheinigung gegen Gelbfieber wird von allen Reisenden verlangt, die über ein Jahr alt sind und aus Endemie- oder Infektionsgebieten kommen. Weitere Informationen im Kapitel *Gesundheit* (s. Inhaltsverzeichnis).
[2]: Eine Impfbescheinigung gegen Cholera ist keine Einreisebedingung, das Risiko einer Infektion besteht jedoch. Da die Wirksamkeit der Schutzimpfung umstritten ist, empfiehlt es sich, rechtzeitig vor Antritt der Reise ärztlichen Rat einzuholen. Näheres unter *Gesundheit* (s. Inhaltsverzeichnis).
[3]: Malariaschutz ist ganzjährig dringend empfohlen. Chloroquin-Resistenz der vorherrschenden gefähr-

licheren Malariaart *Plasmodium falciparum* ist gemeldet worden.
[4]: Wasser sollte generell vor der Benutzung zum Trinken, Zähneputzen und zur Eiswürfelbereitung entweder abgekocht oder anderweitig sterilisiert werden. Milch ist nicht pasteurisiert und sollte abgekocht werden. Trocken- und Dosenmilch nur mit keimfreiem Wasser anrühren. Einheimische Milchprodukte am besten vermeiden. Fleisch- und Fischgerichte nur gut durchgekocht und heiß serviert essen. Der Genuß von Schweinefleisch, rohen Salaten und Mayonnaise sollte vermieden werden. Gemüse sollte gekocht und Obst geschält werden.
Tollwut kommt vor. Wer ein erhöhtes Risiko eingeht (z. B. längerer Aufenthalt in abgelegenen Gebieten), sollte vor Reiseantritt eine Schutzimpfung erwägen. Bei Bißwunden so schnell wie möglich ärztliche Hilfe in Anspruch nehmen. Weitere Informationen unter *Gesundheit* (s. Inhaltsverzeichnis).
Bilharziose-Erreger kommen in manchen Teichen und Flüssen vor, das Schwimmen oder Waten in Binnengewässern sollte daher vermieden werden. Gut gepflegte Schwimmbecken mit gechlortem Wasser sind unbedenklich.
Hepatitis A, B und *E* können ebenfalls auftreten.
Meningokokken-Meningitis-Erreger kommen vor allem in der Trockenzeit in den Savannengebieten vor.
Gesundheitsvorsorge: Reichlich Sonnenschutzcreme, Insektenspray und Tabletten gegen Magenverstimmungen gehören ins Reisegepäck, da diese in Gambia teuer und schwer erhältlich sind.
Die medizinische Versorgung ist gut; zu den staatlichen Krankenhäusern zählen das *Royal Victoria Hospital* mit Kinder- und Entbindungsstation in Banjul und das *Bansang Hospital*, das ca. 320 km flußaufwärts liegt. Das medizinische Forschungszentrum in Fajara (gegenüber der britischen High Commission) ist ebenfalls gut ausgestattet. Der Abschluß einer Reisekrankenversicherung wird empfohlen.

REISEVERKEHR - International

FLUGZEUG: Banjul wird von *Sabena (SN*, dreimal wöchentlich ab Frankfurt/M. über Brüssel), *Condor* (einmal wöchentlich Direktflug ab Frankfurt/M., aber nur zwischen den Monaten Oktober - April) und *Swiss Air* (einmal wöchentlich ab Zürich über Genf und Dakar) angeflogen.
Durchschnittliche Flugzeiten: *Frankfurt/M.* – Banjul: 6 Std. 30 (Direktflug); *Zürich* – Banjul: 9 Std. (inklusive Zwischenstopps in Genf und Dakar); *Brüssel* – Banjul: 6 Std. 10 (Nonstopflug jeden Freitag von Frankfurt/M. aus).
Internationaler Flughafen: *Banjul Yundum International (BJL)* liegt 24 km südwestlich der Stadt. Serviceeinrichtungen: Banken, Duty-free-Shop, Post und Geschäfte. Taxis sind vorhanden.
Flughafengebühren: 10 £.
SCHIFF: Frachter mit Passagierkabinen aus Liverpool, London und anderen europäischen Häfen laufen regelmäßig Gambia an (Fahrzeit 8-10 Tage). Schiffe der Reedereien *West African Conference Lines, Elder Dempster, Palm Line, Guinea Gulf, Nigerian National, Black Star* und *Hoegh Lines* legen in Banjul an, ebenso einige Kreuzfahrtschiffe; insgesamt ca. 400 Schiffe pro Jahr.
BUS/PKW: Der Trans-Gambia Highway (480 km) verbindet Banjul mit Dakar (Senegal). Zwischen Barra und Banjul besteht eine Autofährverbindung. Auch in Farafenni weiter oben am Gambia-Fluß setzt man mit der Fähre über, da es keine Brücke gibt. Staatliche Busse sowie komfortable private Reisebusse verkehren zwischen Banjul und Dakar. **Sammeltaxis** verkehren zwischen Barra und Dakar, Fahrpreise sollte man im voraus vereinbaren.

REISEVERKEHR - National

SCHIFF: Der Gambia bietet ausgezeichnete Verbindungen in alle Landesteile. Die Fähre von Barra nach Banjul fährt stündlich (Fahrzeit 30 Min.). Einmal die Woche fährt eine Fähre den Fluß hoch nach Basse (390 km von Banjul). Die Fahrt dauert mit Zwischenstopps etwa einen Tag.
BUS/PKW: Das Straßennetz ist ca. 2400 km lang, 450 km davon sind asphaltiert, vor allem die Straßen um Banjul. Unbefestigte Straßen sind in der Regenzeit oft unpassierbar. Das Straßenbauprogramm sieht eine neue Verbindung zwischen Banjul und Serekunda (einer Vorstadt von Banjul) sowie eine weitere zwischen Lamin Koto und Passimas vor. **Mietwagen** sind erhältlich, erkundigen Sie sich bitte vor der Abreise nach Einzelheiten. **Unterlagen:** Der internationale Führerschein wird für bis zu 3 Monate akzeptiert.

UNTERKUNFT

HOTELS: Mehrere Hotels in Gambia sind auf Pauschalreisen ausgerichtet. In der Hauptsaison (Nov. - Mai) sind Unterkünfte oft ausgebucht, man sollte deshalb im voraus buchen und auf einer Bestätigung bestehen. Die meisten Hotelkomplexe liegen in großen Gärten, und alle üblichen Einrichtungen sind vorhanden. Die Zimmer sind allerdings nicht immer klimatisiert. Weitere Informationen vom *Gambia Tourist Office* in London. Die Anzahl der Hotels hat in den letzten Jahren stark zugenommen; es ist anzunehmen, daß sich dieser Trend fortsetzt. 1967 gab es nur zwei Hotels mit insgesamt 52 Betten, inzwischen gibt es allein in Banjul und an der Küste 20 Hotels mit 4500 Betten. 75% der Hotels sind Mitglieder des Hotelverbandes Gambias, der unter folgender Adresse erreichbar ist: *Gambia Hotel Association*, c/o The Atlantic Hotel, PO Box 296, Marina Parade, Banjul. Tel: 22 86 01. Telefax: 22 78 61.

URLAUBSORTE & AUSFLÜGE

Gambia ist Afrikas kleinste Nation, bietet aber trotzdem eine Vielfalt an verschiedenen Landschaften und Sehenswürdigkeiten, die von breiten Sandstränden am Atlantik über üppige Tropenwälder, Sumpf- und Marschgebiete bis zu endlosen bewaldeten Savannen reichen. Ausflüge in alle Landesteile werden regelmäßig von den Hotels organisiert.

Banjul & die Küste

Der Fluß Gambia ist an der Mündung in der Nähe von Kap St. Mary über 10 km breit, bei **Banjul** verengt er sich jedoch auf 5 km. Die Stadt, Regierungssitz und einzige größere Stadt des Landes, liegt an einem tiefen, geschützten Hafen auf St. Mary's Island. Die Gegend um den *MacCarthy Square* hat eine Kolonialatmosphäre mit schönen Bauwerken aus dem 19. Jahrhundert. Ganz in der Nähe befindet sich der Kunsthandwerksmarkt. Das Nationalmuseum ist ebenfalls einen Besuch wert. Souvenirs kann man auch auf den *Bengdulalu* (Einzahl: *Bengdula*) am Wadner Beach, vor den Hotels Sunwing, Fajara und Senegambia und am Kotu Beach kaufen. Bengdula heißt »Treffpunkt« auf Manding und ist eine Ansammlung von Verkaufsständen im afrikanischen Stil, die Kunstgewerbe und Souvenirs aller Art anbieten. Meist befinden sich diese in der Nähe von Hotels. Südlich von Banjul bietet die **Atlantikküste** einige der besten Strände Afrikas. Viele Hotels gibt es in der Gegend um Banjul, Kombo und St. Mary. Der internationale Flughafen in Yundum liegt einige Kilometer außerhalb der Hauptstadt.

Der Gambia

Der Fluß beherrscht das Landschaftsbild, ist Hauptverkehrsader, dient der Bewässerung und bietet Angel- und Segelmöglichkeiten. Den Zauber einer Bootsfahrt flußaufwärts sollte man sich nicht entgehen lassen; besonders erwähnenswert sind die vielen verschiedenen Vogelarten an den Flußufern. Das ausgedehnte Fluß- und Mündungsnetz (*Bolong*) ist ein wahres Paradies für Vogel- und Naturliebhaber. Von Interesse ist das **Abuko-Naturschutzgebiet,** in dem man Affen, Krokodile, Vögel und Antilopen aus der Nähe beobachten kann.
DIE FLUSSMÜNDUNG: *Fort Bullen* liegt am **Barra Point** und wurde vor 200 Jahren von den Briten erbaut. Dieses Fort löste die Festung auf James Island (von den Franzosen zerstört) als Hauptverteidigungspunkt der Kolonie ab. Heute kann man Insel und Festung mit der Fähre von der Hauptstadt aus erreichen.
Oyster Creek liegt in einer von verschiedenen Flüssen durchzogenen Gegend und ist problemlos von Banjul aus erreichbar.
VON BANJUL FLUSSAUFWÄRTS: Bevor die Franzosen das Land verließen, war **Albreda** eine bedeutende französische Handelsniederlassung. In der Nähe liegt das historische Dorf **Juffure,** Heimat der Vorfahren des amerikanischen Schriftstellers Alex Haley, der den Roman »Roots« geschrieben hat. Wer mehr von der außerordentlich schönen Landschaft sehen möchte, setzt mit der Fähre von Banjul nach Barra über, fährt über Land weiter nach Juffure und Albreda (Fahrzeit ca. 50 Min.) und setzt dann mit dem Kanu nach **Fort James Island** über, das inmitten der ruhigen Gewässer des Gambia liegt. Das Fort ist 1651 von den Deutschen erbaut und zehn Jahre später von den Briten erobert worden.
Tendaba ist ein neues Urlaubszentrum, das 160 km von Banjul entfernt liegt und auf dem Land- und Flußweg erreichbar ist. Weiter flußaufwärts, in der Nähe von **Wassu,** stehen faszinierende Steinkreise – über 1200 Jahre alte Begräbnisstätten nicht weit von Wassu liegt **Baboon Islands National Park.**
Georgetown war während der Kolonialzeit die zweitgrößte Stadt des Landes und ist weiterhin das Handels- und Verwaltungszentrum dieser Region.
Basse Santa Su ist ein wichtiges Handelszentrum am Oberlauf des Gambia mit schönen Gebäuden von der Jahrhundertwende.
Am Flußufer bei **Perai Tenda** stößt man auf zahlreiche verlassene Läden, die einst von europäischen, einheimischen und libanesischen Händlern betrieben wurden.
Sutukoba war früher eine geschäftige Handelsstadt und portugiesischer Umschlagplatz für Güter aus dem Landesinneren.

SOZIALPROFIL

ESSEN & TRINKEN: Internationale und einheimische Gerichte werden in den meisten Hotels und Restaurants angeboten. Einheimische Spezialitäten sind *Benachin* (auch *Jollof Rice* genannt, eine Mischung aus gewürztem Fleisch und Reis mit Tomatenpüree und Gemüse), *Base Nyebe* (Eintopf aus Hühner- oder Rindfleisch mit grünen Bohnen oder Gemüse), *Chere* (gedünstete Hirsemehlbälle), *Domodah* (Fleisch in Erdnußsoße mit Reis), *Plasas* (Fleisch und Räucherfisch in Palmöl mit grünem Gemüse), serviert mit *Fufu* (püriertem Maniok) oder püriertem *Cassava Churq-Gerteh* (süßer Brei aus Erdnüssen, Reis und Milch). Mangos, Bananen, Papayas, Pampelmusen und Orangen kann man an jeder Straßenecke kaufen. **Getränke:** Es gibt eine gute Auswahl an Spirituosen, Bier und Wein sowie einheimische Fruchtsäfte
NACHTLEBEN: In Banjul, Farjara, Bakau und Serekunda gibt es Nachtklubs. In den Hotels treten oft Feuerschlucker und Ballett-, Trommel- und Tanzgruppen auf.
EINKAUFSTIPS: Souvenirs kann man auf dem Kunsthandwerksmarkt in Banjul kaufen (gegenüber dem MacCarthy Square) sowie auf den *Bengdulalu* (s. *Urlaubsorte & Ausflüge*). Eines der beliebtesten Andenken ist das *Gambishirt* aus bunt bedrucktem und besticktem Baumwollstoff. Holzschnitzereien, mit Perlen besetzte Gürtel, Silber- und Goldschmuck sowie Handtaschen sind auch sehr beliebt; andere westafrikanische Handarbeiten aus Stroh, Perlen, Leder, Stoff oder Metall sind ebenfalls zu haben. **Öffnungszeiten der Geschäfte:** Mo-Do 09.00-12.00 und 14.00-17.00 Uhr sowie Fr/Sa 09.00-13.00 Uhr.
SPORT: Schwimmen: Die Mündung des Gambia an der Atlantikküste bietet kilometerlange Strände mit ganzjährig warmem Wasser. Vor starker Strömung wird gewarnt, aber der Strand am Kap St. Mary ist auch für Kinder geeignet. **Wassersport:** In den Touristenzentren können Windsurfer und Wellenreiter Ausrüstungen ausleihen. **Fischen** im Fluß und im Meer ist ausgezeichnet, besonders das Angeln am Strand wird empfohlen. Man kann auch Boote für Hochsee-Angelfahrten mieten. **Segeln:** Der Gambische Segelklub (Banjul) steht auch Touristen zur Verfügung. Ein wichtiges Ereignis im Sportkalender ist die Regatta nach Dog Island. Bei besonderen Anlässen finden oft Regatten statt. **Golf:** Der Banjul-Golfklub (Fejara) in der Nähe der Atlantikküste verfügt über einen 18-Loch-Golfplatz. Alljährlich werden internationale Meisterschaften ausgetragen. **Ringen** ist Nationalsport, und man kann in den meisten Dörfern und Städten Wettkämpfen zusehen. **Vogelfreunde** wissen, daß es in Gambia pro qkm mehr Vogelarten gibt als anderswo auf der Welt.
Andere Sportarten: Einige Hotels haben **Tennisplätze**. Zu den Tennisklubs gehören der *Cedar Club* (Serekunda) und der *Reform Club* in Banjul. Der traditionellen Sportart **Bouts** kann man an den meisten Wochenenden in Banjul, Serekunda und Bakau zusehen. **Kricket**-Ligaspiele werden von der *Gambia Cricket Association* veranstaltet, es gibt auch eine **Fußball**-Liga.
VERANSTALTUNGSKALENDER
In der Weihnachtszeit sowie an den islamischen Feiertagen *Tabaski* und *Korité* finden große Veranstaltungen statt. Man kann aber während des ganzen Jahres Tänze und akrobatische Straßenaufführungen sehen.
SITTEN & GEBRÄUCHE: Zur Begrüßung gibt man sich die Hand. *Nanga def* (»Wie geht's«) ist die traditionelle Begrüßung. Die Gambier sind sehr freundliche und offene Menschen, Einladungen werden gern ausgesprochen und sollten ruhig angenommen werden. Viele Einwohner Gambias sind Moslems, deren Sitten und Gebräuche man respektieren sollte; sie sind jedoch i. allg. mit europäischen Gepflogenheiten vertraut und verstehen oft Englisch. Man benutzt stets die rechte Hand zum Überreichen oder Entgegennehmen. Legere Kleidung wird akzeptiert, Badekleidung gehört jedoch an den Strand. Nur sehr vornehme Restaurants erwarten Abendgarderobe. Trotz des europäischen Einflusses durch den Tourismus wird Tradition und Kultur in der Musik, in den Tänzen und im Kunsthandwerk an beiden Gambia-Ufern gepflegt. **Trinkgeld:** Zuweilen ist ein Bedienungszuschlag in Hotel- und Restaurantrechnungen bereits inbegriffen.

WIRTSCHAFTSPROFIL

WIRTSCHAFT: Gambia ist überwiegend ein Agrarland, die Wirtschaftspolitik des Landes ist jedoch auf eine größere Diversifizierung ausgerichtet. Der Exportanteil von Erdnüssen und Erdnußprodukten beträgt etwa 19%. Die Sektoren Land- und Forstwirtschaft sowie Fischerei beschäftigen 80% der arbeitenden Bevölkerung und erwirtschaften 23% des Bruttoinlandprodukts. Die Industrie macht dagegen weniger als 12% des BIP aus und bietet rund 4% der Erwerbstätigen einen Arbeitsplatz. Die Tourismusbranche hat Anfang der 90er Jahre einen Aufschwung erlebt, die Zahl der Urlaubsreisenden steigt kontinuierlich, und der Tourismus steuert mittlerweile 10% zum Nationaleinkommen bei. Durch die

Unruhen der letzten zwei Jahre hat der Tourismus jedoch stark abgenommen. Eine weitere bedeutende Einnahmequelle sind die gambischen Hafenbehörden. Die Fischerei ist ausbaufähig, und die Regierung ist bestrebt, mit Hilfe des UN-Entwicklungsprogramms (UNDP) die Fangmethoden zu verbessern und die Fischereiflotte zu modernisieren. Seismische Untersuchungen lassen beträchtliche Öl- und Erdgasvorkommen vermuten. Gambia ist Mitglied der Wirtschaftsgemeinschaft Westafrikanischer Staaten ECOWAS.
GESCHÄFTSVERKEHR: Das persönliche Element spielt in gambischen Geschäftskreisen eine wichtige Rolle. Pünktlichkeit wird erwartet. Visitenkarten sind nützlich, auch wenn sie noch nicht überall üblich sind.
Geschäftszeiten: Mo-Do 08.00-16.00 Uhr, Fr und Sa 08.00-12.30 Uhr.
Kontaktadressen: *Gambia Chamber of Commerce and Industry* (Industrie- und Handelskammer), PO Box 33, 78 Wellington Street, Banjul. Tel: 7 65.
Die wirtschaftlichen Interessen Österreichs werden von der Außenhandelskammer in Casablanca (s. Marokko) vertreten.

KLIMA

In Gambia herrscht das angenehmste Klima in Westafrika; subtropisch mit Regen- und Trockenzeit. Die Trockenzeit dauert an der Küste von Mitte November bis Mitte Mai, die Regenzeit von Juni bis Oktober. Im Landesinneren ist die kühle Zeit kürzer als an der Küste. Zwischen März und Juni sind die Temperaturen sehr hoch. Selbst in der Regenzeit scheint zeitweise die Sonne.
Kleidung: Leichte Baumwollkleidung von Januar bis April, Regenkleidung von Juni bis Oktober.

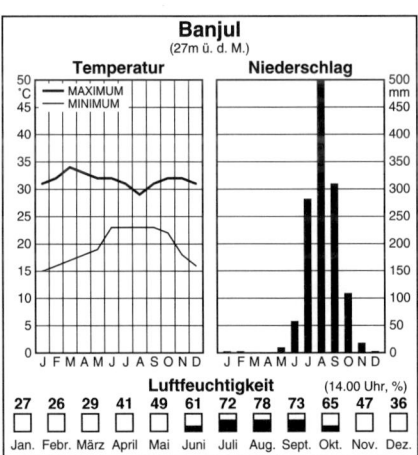

WELTKARTE?

LÄNDERKARTEN?

ZEITZONENKARTE?

INFORMATION ÜBER

IMPFBESTIMMUNGEN UND

GESUNDHEITSVORKEHRUNGEN?

... siehe Inhaltsverzeichnis

Pass- und Visavorschriften mancher Länder können sich kurzfristig ändern – Im Zweifelsfall erkundigen Sie sich bitte vor der Abreise bei der zuständigen Botschaft

Lage: Vorderasien, Kaukasus.

Anmerkung: In Georgien, das im Oktober 1993 der GUS beitrat, belasten Nationalitätenkonflikte die innenpolitische Situation. Urlaubsreisen in die Krisengebiete Abchasien und Südossetien sind derzeit nicht möglich, jedoch bestehen keine Bedenken gegen Reisen nach Tbilisi, Kutaisi, in die Hafenstadt Batumi, den Badeort Poti (beide am Schwarzen Meer) sowie in das Skigebiet Gudauri. Die großen Anstrengungen der Regierung, gegen die hohe Kriminalität vorzugehen, haben sich ausgezahlt, und die Situation hat sich etwas gebessert. Von Nachtfahrten über Land wird allerdings weiterhin abgeraten. Heizung, Strom- und Lebensmittelversorgung sind nicht immer gewährleistet, auch Hotels sind davon betroffen. Südossetien, das unter georgischer Verwaltung steht, erklärte sich Ende 1991 für unabhängig und strebt eine Vereinigung mit Nordossetien an, das auf russischem Territorium liegt. Die ehemalige autonome Republik Abchasien, der die georgische Regierung jegliche Autonomie abspricht, proklamierte im Sommer 1992 ihre Unabhängigkeit, was zur Invasion georgischer Truppen und schweren Kampfhandlungen führte.
Aktuelle Informationen vom Auswärtigen Amt in Bonn, dem Außenministerium in Wien und dem EDA in Bern. Wer vorhat, Georgien mit dem Auto zu bereisen, sollte sich vor Ort bei der Deutschen Botschaft in Tbilisi über die aktuelle Lage informieren.

Olympia-Reisen
Siegburger Straße 49
D-53229 Bonn
Tel: (0228) 40 00 30. Telefax: (0228) 46 69 32.
Mo-Fr 08.00-18.00 Uhr.
Intourist Reisen GmbH
Bleicherweg 15a
CH-8002 Zürich
Tel: (01) 281 11 14. Telefax: (01) 281 11 24.
Mo-Fr 09.00-12.00 und 14.00-18.00 Uhr.
Botschaft der Republik Georgien
Am Kurpark 6
D-53177 Bonn
Tel: (0228) 95 75 10. Telefax: (0228) 957 51 21.
Mo-Fr 09.00-12.00 Uhr.
Stellt derzeit auch Visa für Schweizer aus.
Botschaft der Republik Georgien
Heiligenstädter Straße 40

TIMATIC INFO-CODES

Abrufbar über Ihr CRS-System (für START/Amadeus Ama-Maske benutzen). Für Galileo bitte TI-DFT eingeben (mit Bindestrich).

Flughafengebühren	TI DFT/ TBS /TX
Währung	TI DFT/ TBS /CY
Zollbestimmungen	TI DFT/ TBS /CS
Gesundheit	TI DFT/ TBS /HE
Reisepassbestimmungen	TI DFT/ TBS /PA
Visabestimmungen	TI DFT/ TBS /VI

A-1191 Wien
Tel: (0222) 368 38 58. Telefax: (0222) 368 38 59.
Konsularabteilung
Kleine Stadtgutgasse 14
A-1020 Wien
Tel/Telefax: (0222) 212 78 35.
Di und Do 14.00-17.00 Uhr (Publikumsverkehr).
Botschaft der Bundesrepublik Deutschland
David Agmashenebeli Prospekt 166
GE-380012 Tbilisi
Tel: (08832) 95 33 26, 95 09 36. Telefax: (08832) 95 89 10.
Die diplomatische Vertretung Österreichs und der Schweiz erfolgt durch die Botschaften in Moskau (s. Russische Föderation).

FLÄCHE: 69.700 qkm.
BEVÖLKERUNGSZAHL: 5.446.000 (1993).
BEVÖLKERUNGSDICHTE: 78 pro qkm.
HAUPTSTADT: Tbilisi (Tiflis). **Einwohner:** 1.283.000 (1991).
GEOGRAPHIE: Georgien liegt zwischen dem Großen und Kleinen Kaukasus und dem Schwarzen Meer. Das Land grenzt an die Russische Föderation, die Türkei, Armenien und Aserbaidschan. Die höchsten Erhebungen Georgiens sind der Kasbek (5047 m) und der Schchenara (5068 m) im Großen Kaukasus. Tiefe Täler, weite Flußbecken, Kurorte mit berühmten Mineralquellen, faszinierende Höhlen, rauschende Wasserfälle und subtropische Pflanzen prägen das abwechslungsreiche und auffallend schöne Landschaftsbild dieser Republik.
STAATSFORM: Präsidialrepublik seit 1991. Staatsoberhaupt: Eduard G. A. Schewardnadse, seit März 1992. Regierungschef: Otar Pazazia, seit August 1993. Parlament mit 235 Mitgliedern. Neue Verfassung in Kraft seit September 1995.
RELIGION: Überwiegend Christentum (georgisch-orthodox), islamische Minderheit.
SPRACHE: Amtssprache ist Georgisch. Russisch wird ebenfalls gesprochen, daneben Armenisch und verschiedene Regionalsprachen wie Ossetanisch (Südossetien), Abcharisch und Assyrisch.
ORTSZEIT: MEZ + 3.
NETZSPANNUNG: 220 V, 50 Hz.
POST- UND FERNMELDEWESEN: Telefon: Selbstwählferndienst nur nach Tbilisi (Ortsnetzkennzahl 08832), die Leitungen sind jedoch völlig überlastet und Verbindungen, wenn sie zustande kommen, sehr schlecht. **Landesvorwahl: 995.** Ferngespräche ins Ausland sind in Georgien nur über das Fernamt möglich, meist lange Wartezeiten. Selbstwählferndienst steht jedoch in die Länder der GUS zur Verfügung. Ausländer, die bereit sind, mehr als die Vermittlungsgebühr zu bezahlen, erhalten oft einen besseren Service. Geschäftsleute weichen zunehmend auf Satellitenfunkverbindungen aus. Das Metechi Palace Hotel hat eine Verbindung über Satellit. **Post:** Der internationale Postverkehr ist immer wieder unterbrochen, lange Verzögerungen sind die Regel. Pakete, die irgendetwas von Wert enthalten, kommen selten unversehrt an. Sendungen per Einschreiben vergrößern die Chancen der Beförderung zum Bestimmungsort, dauern aber im allgemeinen nicht länger.
DEUTSCHE WELLE
Der Einsatz der Kurzwellenfrequenzen ändert sich mehrfach im Laufe eines Jahres, und Sendungen auf den folgenden Frequenzen werden jeweils nur zu bestimmten Tageszeiten ausgestrahlt. Näheres in der Einleitung.

MHz	21,560	17,845	15,275	13,780	9,545
Meterband	13	16	19	22	31

REISEPASS/VISUM

Wichtiger Hinweis: Die Einreisebestimmungen mancher Länder können sich kurzfristig ändern – rufen Sie sicherheitshalber auf Ihrem CRS-System (TIMATIC-Info-Code-Fenster in diesem Kapitel) den aktuellen Stand ab bzw. wenden Sie sich an die zuständige diplomatische Vertretung. Etwaige Zahlen in der Tabelle beziehen sich auf nachfolgende Fußnoten.

	Paß erforderlich?	Visum erforderlich?	Rückflugticket erforderlich?
Deutschland	Ja	Ja	Nein
Österreich	Ja	Ja	Nein
Schweiz	Ja	Ja	Nein
Andere EU-Länder	Ja	Ja	Nein

REISEPASS: Allgemein erforderlich zur Einreise. Kinder müssen in die Pässe der Eltern eingetragen sein (mit Lichtbild, falls im Paß Platz dafür vorgesehen ist), wenn sie mit ihnen zusammen einreisen. Kinder, die alleine nach Georgien reisen, müssen einen eigenen Reisepaß haben. Der Reisepaß muß mindestens 6 Monate über die Länge des Aufenthalts gültig sein.
VISUM: Allgemein erforderlich, ausgenommen sind Staatsbürger von GUS-Staaten. Zusätzlich zum Visum ist auch eine Einladung erforderlich.
Visaarten: Einfach-, Mehrfach-, Transit- und Sammelvisum. Mehrfachvisa werden nur mit Zustimmung des Außenministeriums in Tbilisi ausgestellt. Für touristische Reisegruppen sind Sammelvisa erhältlich. Einzelheiten

von den diplomatischen Vertretungen. Visa der Russischen Föderation werden nicht anerkannt.
Visagebühren: ***Deutschland:*** *Transitvisum:* 25 DM; *Einfachvisum/Sammelvisum:* 50 DM (pro Person); *Mehrfachvisum:* 250 DM. **Österreich:** *Transitvisum:* 200 öS, bei Expressausstellung 300 öS; *Einfachvisum:* 360 öS, bei Expressausstellung 550 öS; *Mehrfachvisum:* 550 öS, bei Expressausstellung: 850 öS (3 Monate gültig); 1200 öS, bei Expressausstellung 1800 öS (1 Jahr gültig). Bei Expressausstellung wird in Bonn jeweils die doppelte Gebühr berechnet. Für Kinder unter 16 Jahren ist die Visumausstellung gebührenfrei.
Gültigkeitsdauer: *Transitvisum:* 3 Tage ab Ausstellungsdatum; *Einfachvisum:* 2 Monate; *Sammelvisum:* 1 Monat; *Mehrfachvisum:* 3 Monate bis zu 1 Jahr.
Antragstellung: Bei der Botschaft.
Unterlagen: (a) Antrag. (b) 1 Paßfoto (2 Paßfotos in Wien). (c) Gültiger Reisepaß (Original, bei Reisegruppen auch Kopie). (d) Konsulargebühr (in bar). (e) Bei touristischen Reisen Reisebüro-Voucher (Kopie) mit Angaben über Reiseroute, Aufenthaltsdauer, Zahl der Reisenden sowie genaues Ein- und Ausreisedatum. (f) Für Sammelvisa Namensliste mit Geburtsdaten, Paßnummer und Nationalität der Teilnehmer der Reisegruppe. (g) Einladung einer juristischen Person in Georgien (Geschäftsreisen) bzw. amtlich bestätigte Einladung (Privatreisen). Bei postalischer Antragstellung sollte ein adressierter Freiumschlag beigefügt werden.
Bearbeitungszeit: 3-7 Werktage. Expressausstellung innerhalb von 24 Stunden.

GELD

Währung: Vor kurzem wurde die neue Währung Lari eingeführt. 1 Lari (Glr) = 100 Tetri. Banknoten sind im Wert von 100, 50, 20, 10 und 5 Glr in Umlauf. Münzen gibt es in den Nennbeträgen 10, 5, 2 und 1 Tetri.
Kreditkarten werden nur in einigen internationalen Hotels akzeptiert, Einzelheiten vom Aussteller der betreffenden Kreditkarte.
Geldwechsel: US-Dollar und DM werden vielfach angenommen. Es empfiehlt sich, Banknoten in kleinen Beträgen mitzunehmen, da kaum jemand herausgeben kann. Rechnungen müssen grundsätzlich in bar bezahlt werden, Schecks werden nicht benutzt. Nicht ausgegebenes Restgeld in der einheimischen Währung kann bei der Ausreise an der Grenze bei Vorlage der Quittung zurückgetauscht werden, jedoch wird eine beträchtliche Kommissionsgebühr erhoben. Daher und auch angesichts der häufigen Kursschwankungen ist es ratsam, jeweils nur kleine Beträge je nach Bedarf umzutauschen. Der Kurs auf dem Schwarzen Markt ist nicht wesentlich günstiger als in Banken und Wechselstuben.
Devisenbestimmungen: Die Ein- und Ausfuhr der Landeswährung ist verboten. Fremdwährungen müssen bei der Einreise deklariert werden, Ausfuhr in Höhe des deklarierten Betrages.
Öffnungszeiten der Banken: In der Regel Mo-Fr 09.30-17.30 Uhr.

DUTY FREE

Zollfreie Einfuhr von Spirituosen und Tabak für den persönlichen Bedarf. Noch keine festen Höchstgrenzen.
Anmerkung: Alle Wertgegenstände (z. B. Schmuck, Kameras, Computer) sollten bei der Einreise deklariert werden.
Einfuhrverbot: Waffen, Munition, Narkotika, Drogen und alles, was als Zubehör für den Drogenkonsum betrachtet werden kann, Pornographie, unmoralische oder subversive Artikel, Perlen und Gegenstände Dritter, die für diese Person importiert werden sollen.

GESETZLICHE FEIERTAGE

26. Mai '96 Unabhängigkeitstag. **28. Aug.** Tag der Hl. Marianne. **14. Okt.** Khetkob (Tag der alten georgischen Hauptstadt). **23. Nov.** St. Georgstag. **1. Jan. '97** Neujahr. **7. Jan.** Orthodoxes Weihnachten. **3. März** Muttertag. **27. April** Orthodoxes Osterfest. **26. Mai** Unabhängigkeitstag.

GESUNDHEIT

In der folgenden Tabelle aufgeführte Impfvorschriften können sich kurzfristig ändern. Es wird stets empfohlen, auf Ihrem CRS-System (TIMATIC-Info-Code-Fenster in diesem Kapitel) den aktuellen Stand der Gesundheitsbestimmungen abzurufen bzw. rechtzeitig vor der Reise ärztlichen Rat einzuholen.

	Vorsichtsmaßnahmen empfohlen	*Impfschein erforderlich*
Gelbfieber	Nein	Nein
Cholera	Ja	1
Typhus & Polio	Ja	-
Malaria	Nein	-
Essen & Trinken	2	-

[1]: Eine Impfbescheinigung gegen Cholera ist für die Einreise nach Georgien nicht erforderlich, das Risiko einer Infektion besteht jedoch. Da die Wirksamkeit der Schutzimpfung umstritten ist, empfiehlt es sich, rechtzeitig vor Antritt der Reise ärztlichen Rat einzuholen. Näheres unter *Gesundheit* (s. Inhaltsverzeichnis).
[2]: Leitungswasser ist normalerweise gechlort und relativ sauber, es können jedoch u. U. leichte Magenverstimmungen auftreten. Für die ersten Wochen des Aufenthaltes empfiehlt es sich daher, abgefülltes Wasser zu trinken, welches im allgemeinen überall erhältlich ist. Milch ist nicht pasteurisiert und sollte abgekocht werden. Dosenmilch oder Milchpulver nur mit keimfreiem Wasser anrühren. Milchprodukte müssen aus abgekochter Milch hergestellt sein. Außerhalb der Städte sollte Trinkwasser vorsichtshalber abgekocht oder anderweitig sterilisiert werden. Nur gut durchgekochte, heiße Fisch- und Fleischgerichte essen. Obst sollte geschält und Gemüse gekocht sein.
Tollwut kommt vor. Wer ein erhöhtes Risiko eingeht (z. B. längerer Aufenthalt in entlegenen Gebieten), sollte vor Reiseantritt eine Schutzimpfung erwägen. Bei Bißwunden so schnell wie möglich ärztliche Hilfe in Anspruch nehmen. Weitere Informationen im Kapitel *Gesundheit* (s. Inhaltsverzeichnis).
Hepatitis A, B und *E* treten ebenfalls auf.
Diphterie-Ausbrüche wurden gemeldet.
Gesundheitsvorsorge: Die medizinische Versorgung ist kostenlos für alle Staatsbürger, und auch Touristen werden in Notfällen weitgehend unentgeltlich behandelt. Wer regelmäßig Medikamente einnehmen muß, sollte seine Reiseapotheke ausreichend bestücken. Der Abschluß einer Reisekrankenversicherung mit Notrückführung wird dringend empfohlen.

REISEVERKEHR - International

FLUGZEUG: Die nationale Fluggesellschaft *Air Georgia* bietet zweimal wöchentlich direkte Charter- und Linienflüge von Frankfurt nach Tbilisi. Buchungen bei *Air Georgia*, Schuchardstraße 4, D-64283 Darmstadt. Tel: (06151) 29 64 50. Telefax: (06151) 29 66 53. Bei Zusendung der Flugtickets muß im voraus bezahlt werden (Überweisung oder Verrechnungsscheck). Hinterlegung der Tickets am Flughafen und Barzahlung beim Check-in ebenfalls möglich. Wöchentlicher Linienflugverkehr mit *Orbi Georgian Airways* von Wien nach Tbilisi. Buchungen bei *Marco Polo* (Generalagent in Österreich, auch zuständig für die Schweiz) unter der Nummer (0222) 2 13 31-0. Telefax: (0222) 2 13 31-103. Regelmäßige Flugdienste außerdem von Paris, Prag, Tel Aviv, Ankara und Thessaloniki. Weitere Verbindungen über Moskau, dabei häufig Übernachtung, da langer Transfer vom internationalen Flughafen Scheremetjewo zum Inlandflughafen Vnukovo. Verspätungen und Stornierungen sind bei Anreise über Moskau nicht selten.
Durchschnittliche Flugzeiten: *Frankfurt* – Tbilisi: 4 Std.; *Wien* – Tbilisi: 3 Std. 30.
Internationaler Flughafen: *Tbilisi (TBS)* liegt 18 km östlich der Innenstadt. Busverbindungen zur Stadt und Taxistand. Kaum Serviceeinrichtungen im Flughafen.
SCHIFF: Der wichtigste Hafen, Batumi, bietet Verbindungen in zahlreiche Hafenstädte am Schwarzen Meer und im Mittelmeer. Aufgrund der Kampfhandlungen in Abchasien ist der Hafen in Suchumi bis auf weiteres geschlossen.
BAHN: Die wichtigsten Eisenbahnstrecken verlaufen entlang der Schwarzmeerküste. Es gibt Verbindungen nach Aserbaidschan, Armenien (mit Anschluß in die östliche Türkei), in die Türkei, in den Iran sowie nach Moskau (Russ. Föderation). Weitere Informationen s. *Reiseverkehr - National*.

REISEVERKEHR - National

BAHN: Das Schienennetz umfaßt ca. 1500 km. Veraltete Wagons und Kraftstoffknappheit lassen Bahnreisen nicht unbedingt als ratsam erscheinen. Die Sicherheitslage hat sich jedoch entscheidend verbessert, so daß Bahnfahrten nicht länger grundsätzlich als bedenklich gelten. Vorsichtsmaßnahmen gegen Diebstähle sind allerdings angebracht. Alle Züge sind reservierungspflichtig. Kinder unter 5 Jahren fahren umsonst, Kinder im Alter von 5-9 Jahren zahlen die Hälfte.
BUS/PKW: Das Straßennetz umfaßt 35.100 km, von denen etwa 31.000 km asphaltiert sind. Eine neue Autobahn soll eine Verbindung zwischen den Schwarzmeerhäfen, Tbilisi und der aserbaidschanischen Grenze schaffen. Es ist nicht leicht und nicht ganz ungefährlich, Georgien auf eigene Faust zu erkunden. Nachtfahrten außerhalb der Hauptstadt sollten vermieden werden. Es gibt keine zuverlässigen Karten und keine Hinweisschilder. Benzin ist knapp, und nur Einheimische wissen, wo und wie man an versteckte Quellen herankommt. Inzwischen verkehren wieder Busse zwischen den größeren Städten. Komfort darf man allerdings nicht erwarten.
STADTVERKEHR: Tbilisi hat ein kleines U-Bahnnetz, Busse und Oberleitungsbusse ergänzen das Nahverkehrssystem. Wie in anderen GUS-Staaten ist es auch in Georgien üblich, Pkws für Mitfahrgelegenheiten anzuhalten. Die geforderten Preise sind – wie auch in offiziellen Taxis – oft überhöht. Es ist ratsam, gleich vor der Abfahrt einen Preis zu vereinbaren. Die hohe Kriminalitätsrate erfordert Vorsichtsmaßnahmen. So wäre es ratsam, sowohl in Taxis als auch in Privatfahrzeuge mit einer weiteren bekannten Person einzusteigen.

UNTERKUNFT

HOTELS: Frühere Intourist-Hotels sind meist ziemlich heruntergekommen und bieten kaum Komfort. Mangelnde hygienische Verhältnisse und häufige Diebstähle sind ein weiteres Problem. Das 1914 gebaute, einst glanzvolle Hotel Tbilisi brannte 1992 nieder und muß renoviert werden. Einzig das unter österreichischem Management stehende Metechi Palace Hotel entspricht derzeit internationalem Standard. Swimmingpool, Geschäftszentrum, Fitneß-Center, Satellitenfunktelefone, zahlreiche Bars und Restaurants stehen zur Verfügung. Die Preise sind entsprechend hoch.

URLAUBSORTE & AUSFLÜGE

Anmerkung: Einige der im folgenden beschriebenen Reiseziele sind momentan aufgrund der Krisensituation nicht zu erreichen. Für Reisen nach Tbilisi, Kutaisi, in die Hafenstadt Batumi, in den Badeort Poti am Schwarzen Meer und in das Skigebiet Gudauri bestehen jedoch keine Bedenken.
Die georgische Hauptstadt **Tbilisi** (Tiflis) liegt inmitten von Bergketten im Mtkvari-Tal und hat ein angenehmes Mittelmeerklima. Den besten Ausblick auf die fast mediterran anmutende Stadt mit ihren weinumrankten Innenhöfen und engen Gassen hat man vom *Mtatsminda-Berg*. Sehenswert ist vor allem das Altstadtviertel, dessen zahlreiche Kirchen für ihre schönen Fresken bekannt sind. Besonders prachtvoll sind die *Sioni-Kathedrale* (6. Jh.) und die *Metechi-Kirche* (13. Jh.). Die hübschen, im 19. Jahrhundert erbauten Häuser mit ihren offenen Bogengängen geben dem Stadtteil seinen unverwechselbaren Charakter. Überraschend viele Cafés und verlockende Kunstgewerbeläden für Touristen beleben das Straßenbild. Die imposanten öffentlichen Gebäude am Prospekt Rustaveli, der Haupteinkaufsstraße, bezeugen den einstigen Reichtum der Stadt um die Jahrhundertwende. Das *Georgische Staatsmuseum* (schöne Ikonensammlung, zahlreiche Fresken und Porzellanexponate) ist unbedingt sehenswert. Herausragend ist die Abteilung mit Schmuckgegenständen aus vorchristlichen Gräbern. Im *Georgischen Nationalmuseum der Kunst* in der Innenstadt hängen viele Arbeiten des außerordentlich beliebten naiven Malers Niko Pirosmani. Am *Davit-Aghmaschenebeli-Prospekt* steht die *Staatliche Philharmonie*, gleichzeitig Sitz der international bekannten georgischen Tanzgruppe. Die *Festung Narikala*, von den Persern im 4. Jahrhundert errichtet, wurde zuletzt im 17. Jahrhundert umgebaut und erweitert. Von hier eröffnet sich ein herrlicher Blick auf die Altstadt. Schwefelquellen spenden auch heute noch Heilkraft in dem im orientalischen Stil gehaltenen Bad mit seinem Kuppeldach (19. Jh.) unweit der Metechi-Brücke. Im *Freilichtmuseum* in einem der westlichen Vororte kann man die typischen Bauernhäuser der verschiedenen Regionen und andere interessante Artefakte sehen.

Eine weitere wichtige Veröffentlichung von Columbus Press ist der »World Travel Guide«, der jährlich herausgegeben wird und Informationen in englischer Sprache auf mehr als tausend Seiten über alle Länder der Erde enthält.

Weitere Einzelheiten von:
Columbus Press, Verkaufsabteilung, Aurikelweg 9, D-38108 Braunschweig.
Tel: 05309/2123. Telefax: 05309/2877.

Die ehemalige Hauptstadt **Mzcheta** am Zusammenfluß von Mtkvari und Aragvi (20 km nördlich von Tbilisi) war bis ins 12. Jahrhundert Zentrum des Christentums. Die *Sweti-Tschoweli-Kathedrale* wurde angeblich an der Stelle errichtet, an der 328 n. Chr. der Kreuzigungsumhang Christi gefunden wurde, und war lange die heiligste Stätte des Landes. Die Kathedrale, deren Name soviel wie »Säule des Lebens« bedeutet, ist ein Meisterwerk der einheimischen Baukunst des 15. Jahrhunderts. Eindrucksvolle Königsgräber, ein schöner Altar mit Ikonen und prächtige Schnitz- und Stuckarbeiten gehören zu ihren Hauptsehenswürdigkeiten. Das *Kloster Samtavro* wurde im 11. Jahrhundert gegründet, die Architektur der *Dschvari-Kathedrale* beeinflußte den Kirchenbau in Georgien nachhaltig.
In **Gori** (95 km westlich von Tbilisi), dem Geburtsort Stalins, kann man die Festung (12. Jh.) und die Georgskirche (16. Jh.) besichtigen. Museum und Park, die der Verherrlichung Stalins und seiner Errungenschaften dienten, sind schon seit einigen Jahren »vorübergehend« geschlossen. Man scheint abzuwarten, ob der Diktator in der Gunst der Bevölkerung langfristig sinkt oder steigt. Gori hat die einzige noch verbliebene öffentliche Statue des Staatsmannes. Die Höhlen von *Uplistike* 10 km östlich der Stadt sind einen Abstecher wert. Zwischen dem 6. Jh. v. Chr. und dem 14. Jh. waren sie bewohnt, und im Laufe der Zeit entstanden Geschäfte, ein Theater, andere öffentliche Gebäude, riesige Weinkeller und ein Verlies. 10 km südlich von Gori in zauberhafter Umgebung steht die *Atenis-Sionikirche*, die für ihre Steinmetzarbeiten und Fresken bekannt ist. Das Mineralwasser aus dem Kurort **Bordzomi** (150 km westlich von Tbilisi) wird gerne getrunken und soll ein wahrer Gesundbrunnen sein. Die hügelige Umgebung der Stadt bietet gute Wandermöglichkeiten. **Bakuriani**, 29 km südöstlich von Bordzomi, liegt 1700 m hoch im Gudauri-Skigebiet und ist einmal als internationaler Winterurlaubsort geplant. Gute Luft, herrliche Landschaft und nicht überlaufene Pisten sind ausgezeichnete Voraussetzungen für dieses Vorhaben. Die hiesige Luxushotelanlage hat das gleiche Management wie das Metechi Palace Hotel. Auf etwa halbem Weg zwischen Bordzomi und Bakuriani liegen das mittelalterliche *Kloster Daskij* (12. Jh.) und ein 60 m hoher Wasserfall. Im Sommer bieten sich auch Ausflüge zum *Tabatskuri-See* an, einem tiefen Bergsee.
Der Schwarzmeerhafen **Batumi** liegt nahe der türkischen Grenze an der reizvollen Kaukasischen Riviera, die sich nach Norden bis zur russischen Stadt Noworossijsk erstreckt. Der freundliche Badeort im Südwesten Georgiens ist Hauptstadt der Adscharischen Autonomen Republik, die für den Teeanbau bekannt ist. Batumi ist eine sehr grüne Stadt mit vielen Parkanlagen und Blumenrabatten. Das fast türkische Flair ist überall zu spüren, es gibt sogar ein türkisches Bad (19. Jh.). Bei einem Stadtbummel empfiehlt es sich die Altstadt mit ihren verwinkelten Sträßchen, dem hübschen Meerespark, dem imposanten Theater und dem Ozeanarium anzusehen. Für weitere Abwechslung sorgen ein Besuch im Heimatmuseum (interessante Nationaltrachtenausstellung) und im Zirkus. Die Häuser des von Bäumen gesäumten *Stalina Prospekt*, einer der Hauptstraßen, haben reich verzierte Fassaden. Hauptanziehungspunkt der Stadt ist jedoch ihre wundervolle Lage. Die üppige exotische Vegetation der Region, darunter Zitronenhaine, Palmen und Teeplantagen, ist außerordentlich reizvoll. Die imposanten Berge, die fast aus dem Meer aufzuragen scheinen, werden Besuchern ebenfalls unvergeßlich bleiben.
Suchumi, die Hauptstadt von Abchasien im äußersten Nordwesten des Landes, war bis vor kurzem ein freundlicher Badeort und Hafen, bekannt für schöne, von Palmen und Eukalyptusbäumen gesäumte Strände, lebhafte Straßencafés und ein buntes Völkergemisch. Die Festung, der Botanische Garten, die Affenfarm und die Burgruine des georgischen Königs Bagrat (11. Jh.) sind bekannte Sehenswürdigkeiten dieser Stadt. Suchumi ist ein Kulturzentrum mit zahlreichen Museen und Theatern. Abchasier, Georgier, Griechen, Russen, Türken und andere ethnische Gruppen lebten hier jahrzehntelang scheinbar harmonisch miteinander, bevor der Bürgerkrieg die Stadt erreichte und viele Bewohner vor den Auseinandersetzungen flohen. Von Reisen in die einst so reizvolle Stadt muß im Moment abgeraten werden. Die beliebtesten Urlaubsorte der Region, **Gagra** und **Pitsunda**, können derzeit ebenfalls nicht besucht werden. Sie liegen nördlich von Suchumi. Gagra hat zahlreiche Sehenswürdigkeiten, seine Geschichte als Kurort begann um die Jahrhundertwende. Pitsunda ist moderner und bietet vielfältige Freizeitmöglichkeiten. Die landschaftlich schöne und abwechslungsreiche Umgebung ist wie geschaffen für Tagesausflüge.
Die 220 km lange Straße von Tbilisi nach Vladikavkaz (früher Ordschonikidse) in Nordossetien (jetzt Russische Föderation) führt durch den Großen Kaukasus, eine dramatische Gebirgslandschaft. Im 19. Jahrhundert gebaut, dürfte sich dem Reisenden heute noch derselbe Anblick bieten wie dem Helden des berühmten Romans »Ein Held unserer Zeit« des russischen Schriftstellers Lermontow. Auf der Fahrt gibt es einiges zu sehen, besonders interessant sind die Heilige Dreifaltigkeitskirche *Tsminda Semeba*, zu deren Füßen die Ortschaft **Kazbegi** liegt, und die bereits erwähnte Stadt Mzcheta (s. o.).
Der riesige *Granit-Obelisk* in **Vladikavkaz** erinnert an die 17.000 Soldaten, die im Bürgerkrieg 1918-1920 gegen die »weißen« antibolschewistischen Truppen fielen. Das Regionalmuseum ist ebenfalls interessant.

SOZIALPROFIL

ESSEN & TRINKEN: Als Gott das Land unter den Menschen aufteilte, so besagt eine georgische Legende, waren die Georgier so mit Essen und Trinken beschäftigt, daß sie ihren Platz in der Warteschlange verloren und leer ausgingen. Als sie jedoch Gott zu ihrem Gelage einluden, gefiel und schmeckte es ihm so gut, daß er ihnen das beste Land gab, das er eigentlich für sich selbst behalten wollte. Georgier waren schon immer Lebenskünstler, und auch die Küche ist ein Beweis dafür, daß man in Georgien das Leben genießt. Walnüsse werden viel benutzt, z. B. zum Andicken von Soßen und Suppen. Wo immer das Wort »Satsivi« auf der Speisekarte auftaucht, wird das jeweilige Gericht in einer deftigen Soße mit Walnüssen und Ei, gewürzt mit Kräutern und Knoblauch serviert. *Gozinaki*, Walnüsse in Karamelglasur, sind sehr verführerische Desserts. Ebenso lecker sind *Tschurtschkela*, Walnüsse, die auf einen Faden aufgereiht, in süßen Traubensaft getaucht und dann getrocknet werden. Anders als in den meisten kaukasischen Ländern ißt man in Georgien nicht nur Lammfleisch. Spanferkel wird oft serviert, Kalbfleisch und Huhn werden gegrillt oder in verschiedenen Soßen geschmort. Besonders beliebt ist *Tschakokbili*, ein Eintopf mit vielen Kräutern, Tomaten und Paprika. Zu Beginn der Mahlzeit werden gewöhnlich eine Reihe warmer und kalter Speisen gereicht, darunter meist scharf gewürzte gebratene Leber und andere Innereien, *Lobio* (Bohnen- und Walnußsalat), marinierte Auberginen, *Pkali* (junge Spinatblätter, die zusammen mit frischen Gewürzen zerrieben werden), *Katschapuri* (mehrere Schichten von Fladenbrot und Schmelzkäse) und nicht zuletzt verschiedene frische und eingelegte Gemüse sowie *Bastuma* (geräuchertes Fleisch). Cafés, Restaurants und Straßenstände gehörten in Georgien, mehr als in anderen früheren Sowjetrepubliken, zum Alltag, und die Märkte bieten Obst und Gemüse aus regionalem Anbau. Schon zu Gorbatschows Zeiten machten zahlreiche private Cafés, Restaurants und Bars auf, denen die Krisensituation schwer zusetzte. **Getränke:** Es werden Weiß- und Rotweine gekeltert. Stalin soll am liebsten *Kindschmareuli*, einen trockenen Weißwein, getrunken haben. *Gurdschani* ist etwas süßer im Geschmack. Zu empfehlen ist auch der trockene *Tsinandali*. *Akascheni* (fruchtig) und *Teliani* (trocken) sind die bekanntesten Rotweine.
NACHTLEBEN: Das Nachtleben beschränkt sich im wesentlichen auf die internationalen Hotels. Im Hotel Ivera gibt es ein Kasino. Das Nationale Georgische Tanzensemble ist berühmt, jedoch fast immer auf Auslandstournee, so daß man in Tbilisi kaum Gelegenheit hat, dessen Künste zu bewundern. Das Georgische Staatstheater in Rustaveli hat ebenfalls einen guten Ruf und ist vor allem für Shakespeare-Inszenierungen bekannt.
EINKAUFSTIPS: Galerien und spezielle Läden für Touristen verkaufen schöne Keramikarbeiten, Stickereien und Schmuck. Eine Flasche georgischer Wein oder Branntwein ist ebenfalls ein schönes Mitbringsel. Antiquitäten (Teppiche und Ikonen) dürfen nur mit Genehmigung des Kultusministeriums ausgeführt werden, zudem werden hohe Exportzölle erhoben. Artikel, die in Touristenläden zum Verkauf stehen, haben generell bereits diese Exportgenehmigung.
SPORT: Fußball ist eine der Lieblingssportarten. Im Kaukasus bestehen gute **Wintersportmöglichkeiten**, es gibt einen Helikopterservice vom Metechi Palace Hotel ins Skigebiet Gudauri.
SITTEN & GEBRÄUCHE: Georgier sind für ihre Geselligkeit und Gastfreundschaft bekannt. In Restaurants werden ausländische Gäste oft zu einer Flasche Wein oder Branntwein eingeladen. Eine schier unendliche Reihe von Trinksprüchen folgt, zu denen man sein Glas jeweils hebt und leert. Einladungen nach Hause werden ebenfalls gerne ausgesprochen. Kleine Mitbringsel wie Schokolade, Blumen oder Spirituosen sind gerne gesehen. Überfälle und hohe Kriminalität sind trotz der Bemühungen der Regierung immer noch ein Problem, und fast alle Georgier sind inzwischen bewaffnet. Es ist generell ratsam, keine Wertgegenstände bei sich zu haben und möglichst nach Einbruch der Dunkelheit nicht unterwegs zu sein.

WIRTSCHAFTSPROFIL

WIRTSCHAFT: Georgien mit seinen reichen Bodenschätzen und seiner entwicklungsfähigen Tourismusindustrie (Kurorte und Seebäder) in der Schwarzmeerregion hat ein großes Wirtschaftspotential. Manganerze, Braun- und Steinkohle, Zink, Wolfram, Quecksilber, Baryt, Blei, Eisenerz und Erdöl sind die wichtigsten Bodenschätze. Die Industrie konzentriert sich auf die Bereiche Maschinen- und Schiffbau, Metallverarbeitung, Mineraldüngerherstellung, Bekleidung sowie Nahrungsmittelverarbeitung. Tee, Wein, Obst (v. a. Zitrusfrüchte), Tabak und Gemüse sind die wichtigsten Agrarerzeugnisse. Georgien war der größte Teeproduzent innerhalb der ehemaligen UdSSR. Ausgeführt werden vor allem landwirtschaftliche Produkte und Getränke. Der Tourismus könnte langfristig ein beträchtlicher Devisenbringer werden, die großen Resorts an der Schwarzmeerküste waren schon in Sowjetzeiten sehr beliebt. Es gibt auch einige Kurorte mit Heilquellen, gute Bedingungen für den Wintersport befinden sich im Kaukausus. Die augenblickliche Wirtschaftskrise, verursacht durch die instabile Lage, das Ende der zentralistischen Planwirtschaft und die hohen Kosten des Bürgerkrieges in Abchasien und Südossetien, hat zu einer extrem hohen Inflationsrate (1994 ca. 20.000 %) und einem starken Produktionsrückgang geführt. Verschärft wurde die Situation durch die Schließung von Bahn- und Straßenverbindungen, die für die Versorgung mit Roh- und Brennstoffen wichtig waren, aufgrund der Auseinandersetzungen in Abchasien. Georgien ist einer der 11 Unterzeichnerstaaten des Schwarzmeerabkommens. Anfang 1994 wurde ein Abkommen mit der Russischen Föderation unterzeichnet, das u. a. verstärkte wirtschaftliche Kooperation und russische Wirtschaftshilfe vorsieht. Die USA haben ebenfalls beträchtliche Hilfszahlungen zugesagt.
GESCHÄFTSVERKEHR: Kontaktadressen: *Bundesverband der Deutschen Industrie, Ost-Ausschuß der Deutschen Wirtschaft*, Gustav-Heinemann-Ufer 84, D-50968 Köln. Tel: (0221) 370 84 17. Telefax: (0221) 370 85 40, 370 86 90.
Wirtschaftskammer Österreich, Außenwirtschaftsorganisation, Osteuropareferat, Wiedner Hauptstraße 63, A-1045 Wien. Tel: (0222) 5 01 05-4322. Telefax: (0222) 5 02 06-255.
Die wirtschaftlichen Interessen Österreichs werden von der Außenhandelsstelle der Wirtschaftskammer Österreich in Moskau (s. Russische Föderation*) wahrgenommen.*
Interessengemeinschaft für die GUS, Georgien und das Baltikum, c/o SHIV (VORORT), Postfach 690, CH-8034 Zürich. Tel: (01) 382 23 23. Telefax: (01) 382 23 32.
Industrie- und Handelskammer der Republik Georgien, Tschavtschavadse 11, 380079 Tbilisi. Tel: (08832) 23 00 45. Telefax: (08832) 23 57 60.

KLIMA

Kleidung: Mildes Meeresklima in Küstenregionen, Kontinentalklima im Landesinneren. Höchste Niederschlagsmenge im Westen.

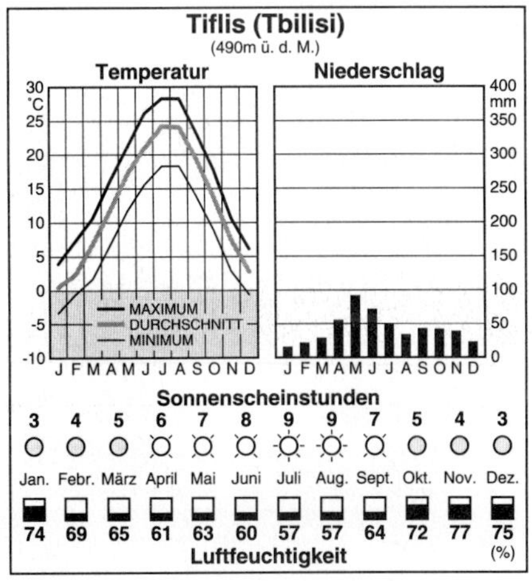

Georgia

... siehe Inhaltsverzeichnis

COLUMBUS REISEFÜHRER 1996/97

Ghana

Lage: Westafrika.

Ghana Tourist Board
Tesano, Nsawam Road
PO Box 3106
Accra
Tel: (21) 22 21 53, 55 37 25 (Mobiltelefon). Telefax: (21) 23 17 79.

Ghana Association of Tourist and Travel Agencies
c/o Graceland Tours
Borwah House
PO Box 0426
Osu/Accra
Tel/Telefax: (21) 22 35 37.

Botschaft der Republik Ghana
Rheinallee 58
D-53173 Bonn
Tel: (0228) 35 20 11/12/13. Telefax: (0228) 36 34 98.
Mo-Fr 09.00-15.30 Uhr, *Konsularabt.:* Mo-Fr 09.00-13.00 Uhr.

Botschaft der Republik Ghana
Belpstraße 11,
Postfach
CH-3001 Bern
Tel: (031) 381 78 52/53/54. Telefax: (031) 381 49 41.
Mo-Fr 09.00-12.30 und 14.00-17.00 Uhr.
(auch für Österreich zuständig)

Generalkonsulat der Republik Ghana (mit Visumerteilung)
56 Rue de Moillebeau
CH-1209 Genf
Tel: (022) 734 91 50. Telefax: (022) 734 91 61.
Mo-Fr 09.00-12.30 und 14.00-18.00 Uhr, *Konsularabt.:* Mo-Fr 09.00-12.00 Uhr.

Botschaft der Bundesrepublik Deutschland
No. 4, 7th Avenue
Extension
North Ridge
Accra
Tel: (21) 22 13 11. Telefax: (21) 22 13 47.

Honorarkonsulat der Republik Österreich
15 Kanda Highway
PO Box 564
Accra
Tel: (21) 22 57 16, 22 57 19, 22 66 81.
Übergeordnete Vertretung ist die Botschaft der Republik Österreich in Lagos (s. Nigeria).

Botschaft der Schweizerischen Eidgenossenschaft
9 Water Road
North Ridge Area
PO Box 359
Accra
Tel: (21) 22 81 25/85. Telefax: (21) 22 35 83.

FLÄCHE: 238.537 qkm.
BEVÖLKERUNGSZAHL: 15.824.000 (1992).
BEVÖLKERUNGSDICHTE: 66 pro qkm.
HAUPTSTADT: Accra. **Einwohner:** 949.100 (1988).
GEOGRAPHIE: Ghana grenzt im Norden an Burkina Faso, im Osten an Togo, im Süden an den Atlantischen Ozean und im Westen an Côte d'Ivoire. Eine schmale, nach Osten hin breiter werdende Grasebene erstreckt sich von der Küste ins Landesinnere. Der Westen und Süden ist von dichtem Regenwald bedeckt. Im Norden herrscht bewaldetes Hügelland vor; trockene Savanne und

TIMATIC INFO-CODES	
*Abrufbar über Ihr CRS-System (für START/Amadeus Ama-Maske benutzen). Für Galileo bitte TI-DFT eingeben (**mit Bindestrich**).*	
Flughafengebühren	TI DFT/ ACC /TX
Währung	TI DFT/ ACC /CY
Zollbestimmungen	TI DFT/ ACC /CS
Gesundheit	TI DFT/ ACC /HE
Reisepassbestimmungen	TI DFT/ ACC /PA
Visabestimmungen	TI DFT/ ACC /VI

Ghana

Waldgebiete schließen sich an. Der äußerste Norden besteht aus einem durchschnittlich 500 m hohen Plateau. Die Akuapim-Hügel im Osten verlaufen parallel zur Grenze nach Togo. Der Rote und der Weiße Volta (in Burkina Faso Mouhoun bzw. Nakambé genannt) fließen von Burkina Faso kommend in den Volta-Stausee, den größten künstlichen See der Welt. An der Küste gibt es zahlreiche palmengesäumte Strände und Lagunen.

STAATSFORM: Präsidialrepublik seit 1979; Staatsoberhaupt: Jerry John Rawlings, seit dem Putsch von 1981, 1992 im Amt bestätigt. In einer Volksabstimmung im April 1992 wurde ein neuer Verfassungsentwurf, den der Nationale Verteidigungsrat vorgelegt hatte, von 92% der Wahlberechtigten akzeptiert. IV. Republik. In der neuen Verfassung wurde ein Mehrparteiensystem sowie das allgemeine Wahlrecht eingeführt. Parlaments- und Präsidentschaftswahlen wurden Ende 1992 abgehalten. Direktwahl des Staatsoberhauptes dieser wird, wie das Parlament (200 Mitgliedern), alle 4 Jahre gewählt. Unabhängig seit März 1957 (ehem. britische Kolonie).

SPRACHE: Offizielle Landessprache ist Englisch. Die afrikanischen Sprachen Twi, Fanti, Ga Ewe, Dagbani, Ful und Nzima (insgesamt 75 Sprachen und Dialekte).

RELIGION: Christentum (63%), Islam (16%) und Naturreligionen.

ORTSZEIT: MEZ - 1.

NETZSPANNUNG: 220 V, 50 Hz. Es gibt zwei- und dreipolige Stecker.

POST- UND FERNMELDEWESEN: Telefon: Selbstwählferndienst zu größeren Städten. **Landesvorwahl: 233.** Das Telefonnetz ist modernisiert worden, man kann alle Ortschaften des Landes aus dem Ausland direkt erreichen. **Telefax:** In Accra gibt es einen Telefax-Service. **Telex/Telegramme** können bei der *Post & Telecommunications Corporation* aufgegeben werden (High Street, Accra; Circle Post Office, Accra und Stewart Avenue, Kumasi). Es gibt drei unterschiedliche Tarife. **Post:** Luftpostsendungen nach Europa sind ca. zwei Wochen unterwegs.

DEUTSCHE WELLE
Der Einsatz von Kurzwellenfrequenzen ändert sich mehrfach im Laufe eines Jahres, und Sendungen auf den folgenden Frequenzen werden jeweils nur zu bestimmten Tageszeiten ausgestrahlt. Näheres in der Einleitung.

MHz	17,860	15,275	11,795	9,545	7,185
Meterband	16	19	25	31	41

REISEPASS/VISUM

Wichtiger Hinweis: Die Einreisebestimmungen mancher Länder können sich kurzfristig ändern – rufen Sie sicherheitshalber auf Ihrem CRS-System (TIMATIC-Info-Code-Fenster in diesem Kapitel) den aktuellen Stand ab bzw. wenden Sie sich an die zuständige diplomatische Vertretung. Etwaige Zahlen in der Tabelle beziehen sich auf nachfolgende Fußnoten.

	Paß erforderlich?	Visum erforderlich?	Rückflugticket erforderlich?
Deutschland	Ja	Ja	Ja
Österreich	Ja	Ja	Ja
Schweiz	Ja	Ja	Ja
Andere EU-Länder	Ja	Ja	Ja

REISEPASS: Allgemein erforderlich.
VISUM: Allgemein erforderlich, ausgenommen sind Staatsbürger von Benin, Burkina Faso, Côte d'Ivoire, Gambia, Guinea, Guinea-Bissau, Kap Verde, Mali, Mauretanien, Niger, Nigeria, Senegal, Sierra Leone und Togo.
Visaarten: Touristen-, Transit- und Geschäftsvisa (für ein- oder mehrmalige Einreise).
Visagebühren: 30 DM, 30 sfr (für einmalige Einreise). 80 DM, 75 sfr (für mehrmalige Einreise).
Gültigkeitsdauer: 3 Monate vom Ausstellungsdatum an. Die Dauer des erlaubten Aufenthalts wird an der Grenze bestimmt, für Deutsche beträgt sie i. allg. 30 Tage (auf 50 Tage verlängerbar im Land).
Antragstellung: Botschaft. Adressen s. o.
Unterlagen: (a) Gültiger Reisepaß. (b) Antragsformular. (c) 4 Paßfotos.
Staatsbürger von Großbritannien und den Commonwealth-Ländern: (a) Gültiger Reisepaß. (b) Antrag für die Einreiseerlaubnis. (c) Rückflugticket. (d) 4 Paßfotos.
Geschäftsreisende sollten zusätzlich ein Einführungsschreiben der Firma vorlegen, aus dem der Anlaß des Besuches hervorgeht.
Bearbeitungszeit: Bei persönlicher Antragstellung am selben Tag (48 Std. bei Beantragung in Genf). Bei postalischer Antragstellung ca. 1 Woche.
Aufenthaltsgenehmigung: Anträge sollten rechtzeitig an die Botschaft gestellt werden.
Anmerkung: Es empfiehlt sich, für Behördenzwecke 4-8 Paßfotos mitzuführen. Alle Besucher müssen sich bei der Ankunft registrieren lassen.

GELD

Währung: 1 Cedi (C) = 100 Pesewas. Banknoten gibt es im Wert von 5000, 2000, 1000, 500, 200, 100 und 50 (selten) C; Münzen im Wert von 100, 50, 20, 10 und 5 C.
Geldwechsel: Der Cedi ist an den US-Dollar gebunden, wird jedoch häufig abgewertet (s. *Wechselkurse*). Devisen dürfen nur in Banken und Forex-Büros getauscht werden.

▲ *Palmenstrand in der Nähe von Cape Coast*

Kreditkarten: *Diners Club, Visa* und *Eurocard* werden teilweise akzeptiert. Einzelheiten vom Aussteller der betreffenden Kreditkarte.

Wechselkurse

	C Febr. '94	C Okt. '94	C Jan. '95	C Jan. '96
1 DM	514,47	663,82	668,60	1008,70
1 US$	893,10	1009,05	1036,34	1450,0

Devisenbestimmungen: Die Ein- und Ausfuhr der Landeswährung ist auf 5000 C in Banknoten beschränkt. Die Einfuhr von Fremdwährungen ist unbeschränkt, es besteht jedoch Deklarationspflicht (Einfuhrformular T5 muß bei der Ausreise vorgelegt werden). Die Ausfuhr ist auf den deklarierten Betrag beschränkt. Nicht verbrauchte Landeswährung kann unter Vorlage der Umtauschbelege und des Einfuhrformulares zurückgetauscht werden. Es empfiehlt sich, alle Belege aufzuheben.
Öffnungszeiten der Banken: Mo-Do 08.30-14.00 Uhr, Fr 08.30-15.00 Uhr. Einige Filialen im Stadtzentrum haben auch Sa 08.30-12.00 Uhr geöffnet.

DUTY FREE

Folgende Artikel dürfen zollfrei nach Ghana eingeführt werden:
454 g Zigaretten oder Zigarren oder Tabak;
750 ml Spirituosen;
375 ml Parfüm.
Einfuhrverbote: Narkotika, Pornographie, ausländische Zigaretten ohne Warnungshinweis des Gesundheitsministeriums, Erde, Kaffeebohnen, Tiere und Pflanzen, Netze und Fallen für Tiere, Kondensmilch, die weniger als 8% Milchfett enthält und Trockenmilch, die weniger als 26% Milchfett enthält, Quecksilber. Für die Einfuhr von Quecksilber, Kondens- und Trockenmilch muß vorher eine Einfuhrerlaubnis eingeholt werden.
Ausfuhrverbote: Papageien. Für die Ausfuhr von Antiquitäten sollte eine Erlaubnis des *Museums and Monuments Board* eingeholt werden.

GESETZLICHE FEIERTAGE

1. Mai '96 Maifeiertag. **1. Juli** Tag der Republik. **1. Dez.** Bauerntag. **25./26. Dez.** Weihnachten. **1. Jan. '97** Neujahr. **6. März** Unabhängigkeitstag. **28.-31. März** Ostern. **1. Mai** Maifeiertag.

GESUNDHEIT

In der folgenden Tabelle aufgeführte Impfvorschriften können sich kurzfristig ändern. Es wird stets empfohlen, auf Ihrem CRS-System (TIMATIC-Info-Code-Fenster in diesem Kapitel) den aktuellen Stand der Gesundheitsbestimmungen abzurufen bzw. rechtzeitig vor der Reise ärztlichen Rat einzuholen.

	Vorsichtsmaßnahmen empfohlen	Impfschein erforderlich
Gelbfieber	Ja	1
Cholera	2	2
Typhus & Polio	Ja	-
Malaria	3	-
Essen & Trinken	4	-

Ghana

Städten und Dörfern. Der Abschluß einer Reisekrankenversicherung wird dringend empfohlen.

REISEVERKEHR - International

FLUGZEUG: Ghanas nationale Fluggesellschaft heißt *Ghana Airways* (*GH*). Von Frankfurt aus gibt es Direktflüge mit *Lufthansa* zweimal wöchentlich. *Ghana Airways* fliegt zweimal wöchentlich Düsseldorf — Accra (davon einmal Zwischenlandung in Rom) und dreimal wöchentlich London — Accra (davon einmal über Düsseldorf). Weiterhin bieten sie Flugdienste nach Westafrika und den USA. *Swissair* fliegt die Strecke Zürich — Accra viermal pro Woche (davon dreimal mit Zwischenlandung in Genf).
Durchschnittliche Flugzeiten: *Frankfurt* – Accra: 9 Std. 30; *Zürich* – Accra: 8 Std. 30.
Internationaler Flughafen: *Accra »Kotoka«* (ACC) liegt 9 km nördlich der Stadt. Flughafeneinrichtungen: Bank, Postamt, Duty-free-Shops, Tourist-Information, Geschäfte, Bars und Restaurants (rund um die Uhr geöffnet), Mietwagenschalter und Hotel-Reservierungsschalter. Taxis sind vorhanden.
Flughafengebühren: 22.000 C bei der Abreise.
SCHIFFSVERBINDUNGEN: Es gibt unregelmäßige Verbindungen mit der *Black Star Line* von Accra aus nach Europa, Großbritannien, Kanada, den USA, zum Mittelmeerraum und Westafrika.
BUS/PKW: Eine Küstenstraße verbindet Lagos (Nigeria), Cotonou (Benin) und Lomé (Togo) mit Accra. Die beste Straße führt von Abidjan (Côte d'Ivoire) über Kumasi ins Landesinnere. Die Straße von Burkina Faso überquert bei Navrongo die Grenze. Mit Langstreckentaxis erreicht man bequem die Nachbarstaaten.

REISEVERKEHR - National

FLUGZEUG: Es gibt Flugplätze in Kumasi, Tamale, Takoradi und Sunyani.
BAHN: Das 947 km lange Streckennetz verbindet Accra, Takoradi und Kumasi. Züge fahren mindestens täglich, die Wagen sind nicht klimatisiert. Es gibt zwei Klassen.
BUS/PKW: Das Straßennetz umfaßt ca. 36.430 km. Etwa 20% der Straßen sind asphaltiert, diese verbinden vor allem die größeren Städte. **Fernbusse:** Staatliche Busse verbinden alle größeren Städte. **Mietwagen** mit oder ohne Fahrer können bei *Hertz* oder *Avis* sowie bei einigen einheimischen Firmen gemietet werden; die Mietgebühr ist jedoch sehr hoch. **Unterlagen:** Der internationale Führerschein wird empfohlen, ist jedoch nicht Vorschrift.
STADTVERKEHR: Accra hat ein ausgedehntes Busnetz, das von der *City Transport Authority* betrieben wird. Etwa die Hälfte der Linien werden von Privatunternehmen geführt; sie benutzen kleine Busse (*Moto-way*), ca. 120.000 Minibusse (*Tro-Tro*) und Busse mit Holzkarosserie (*Mammy Wagons*). Hinzu kommen über 300.000 Taxis.

UNTERKUNFT

HOTELS: Internationale Hotelketten sind in Ghana vertreten mit dem Labadi Beach Hotel, dem Golden Tulip und dem Novotel. In Kumasi, Takoradi, Cape Coast, Sunyani, Koforidua, Bolgatanga, Tamale, Ho, Akosombo und anderen Provinzhauptstädten gibt es staatliche und private Hotels von internationalem Standard, Pensionen und einfache Unterkünfte. Die Klassifizierung erfolgt nach einem Sternesytem. Außerdem gibt es die staatlichen *Catering Rest Houses*, einfache Unterkünfte mit Restaurants von sehr unterschiedlicher Qualität. Im Mole-Nationalpark, an der Westküste bei

[1]: Eine Impfbescheinigung gegen Gelbfieber wird von allen Reisenden verlangt.
[2]: Eine Impfbescheinigung gegen Cholera ist keine Einreisebedingung, das Risiko einer Infektion besteht jedoch. Da die Wirksamkeit der Schutzimpfung umstritten ist, empfiehlt es sich, rechtzeitig vor Antritt der Reise ärztlichen Rat einzuholen. Näheres unter *Gesundheit* (s. Inhaltsverzeichnis).
[3]: Malariaschutz ganzjährig in allen Landesteilen erforderlich. Die vorherrschende gefährliche Form *Plasmodium falciparum* soll Chloroquin-resistent sein.
[4]: Wasser sollte generell vor der Benutzung zum Trinken, Zähneputzen und zur Eiswürfelbereitung entweder abgekocht oder anderweitig sterilisiert werden. Milch ist nicht pasteurisiert und sollte abgekocht werden. Dosenmilch und Milchpulver nur mit keimfreiem Wasser anrühren. Einheimische Milchprodukte am besten vermeiden. Fleisch- oder Fischgerichte nur gut durchgekocht und heiß serviert essen. Der Genuß von Schweinefleisch, Mayonnaise und rohen Salaten sollte vermieden werden. Obst sollte geschält und Gemüse gekocht werden.
Tollwut kommt vor. Wer ein erhöhtes Risiko eingeht, z. B. längerer Aufenthalt in abgelegenen Gebieten, sollte vor Reiseantritt eine Schutzimpfung erwägen. Bei Bißwunden so schnell wie möglich ärztliche Hilfe in Anspruch nehmen. Weitere Informationen im Kapitel *Gesundheit* (s. Inhaltsverzeichnis).
Bilharziose-Erreger kommen in manchen Teichen und Flüssen vor, das Schwimmen und Waten in Binnengewässern sollte daher vermieden werden. Gut gepflegte Schwimmbecken mit gechlortem Wasser sind unbedenklich.

Hepatitis A, B und E sind weit verbreitet.
Gesundheits-vorsorge: Medizinische Einrichtungen gibt es in allen Bezirkshauptstädten sowie in den meisten

GHANA HEISST SIE IM LAND DES GOLDES HERZLICH WILLKOMMEN.

Entdecken Sie Ghanas bunte und lebensfrohe Kultur!

Bewaldete Hügel, Wasserfälle und Seen, eine vielfältige Tier- und Pflanzenwelt und eindrucksvolle historische Monumente zählen zu Ghanas vielen Attraktionen – und vor allem die Herzlichkeit Afrikas freundlichster Volksgruppe, der

AKWAABA!

Ausführlichere Informationen, Reisebroschüren, Karten, Hotelverzeichnisse und Vorschläge für Reiserouten, Veranstaltungen und Besichtigungen für Gruppen- und Einzelreisende erhalten Sie vom:

Ghana Tourist Board
Tesano, Nsawam Road,
PO Box 3106,
Accra, Ghana.
Tel: 233 (21) 222 153.
Fax: 233 (21) 231 779.
Mobile Tel: 233 (21) 553 725.

Ghana

Cape Coast und Elmina sowie in der Umgebung größerer Städte gibt es auch Motels. Alle der oben angeführten Unterkunftsmöglichkeiten sind im Hotelführer des Fremdenverkehrsamtes (Adresse s. o.) verzeichnet.
CAMPING: Zelten ist in den Nationalparks erlaubt, sollte aber vermieden werden, da es gefährlich sein kann. Aufenthalt in Tierschutzgebieten ist nur in Begleitung eines bewaffneten Führers gestattet.

URLAUBSORTE & AUSFLÜGE
Accra und Umgebung

Accra: Das Landesmuseum beherbergt eine umfassende Sammlung ghanaischer Kunst und ein interessantes Erinnerungsstück an die turbulente jüngste Geschichte: die *Statue von Kwame Nkrumah*, »Vater« der Unabhängigkeit, mit abgehackten Armen. Der *Makola-Markt* an der Kojo Thompson Road ist ein weitläufiger, belebter Straßenmarkt, auf dem Händler (oder besser Händlerinnen) aus den umliegenden Dörfern täglich ihre Produkte verkaufen. Im *Centre for National Culture* kann man traditionelles Kunstgewerbe erstehen. An die koloniale Vergangenheit erinnern zahlreiche Bauwerke, darunter mehrere Forts.
Aburi liegt 38 km nördlich von Accra in den **Akuapim-Hills**. Das im 19. Jahrhundert erbaute Sanatorium (heute ein *Rest House*) deutet auf das erfrischende Klima hin. Der Botanische Garten wurde von britischen Naturforschern während der Kolonialzeit angelegt und beherbergt eine umfassende Sammlung subtropischer Pflanzen und Bäume.
Shai Hills Game Reserve: Dieses verhältnismäßig kleine Tierschutzgebiet liegt 50 km von Accra entfernt und kann mit dem Auto erreicht werden. Man kann den Park auf einem Ausritt erkunden.
Ada ist ein beliebtes Urlaubsgebiet an der Mündung des Volta, viele Ghanaer haben hier Ferienhäuser, zusätzlich wurde ein neues Feriendorf gebaut. Angler können in der Flußmündung Barracudas und Nilbarsche fangen. In der Nähe liegt die Salzmarsch der **Songow-Lagune**, die für ihre artenreiche Vogelwelt bekannt ist.

Ashanti-Plateau

Kumasi ist die historische Hauptstadt der Ashantis. Hier kann man die Ruinen des von Lord Baden-Powell niedergebrannten *Manhyia-Palastes* und des königlichen Mausoleums sehen. Das Kulturzentrum mit einem zum Großteil den Ashantis gewidmeten Museum, einer Bibliothek und einer Freilichtbühne ist sehr interessant. Im »Lebenden Museum«, das aus einer Farm und einem nachgebauten Dorf besteht, kann man Goldschmiede, Töpfer und Bildhauer nach traditionellen Techniken arbeiten sehen. Besonders interessant sind die Weber, die buntfarbige *Kente*-Stoffe herstellen, aus denen Kleidung für besondere Zeremonien handgefertigt wird. In der Gegend von Kumasi liegen einige für ihr Kunsthandwerk bekannte Dörfer.
Das **Owabi-Naturschutzgebiet** liegt im Westen unweit von Kumasi. Weiter nordöstlich befindet sich das **Boufom Wildlife Sanctuary** mit den eindrucksvollen **Banfabiri-Fällen**. Im Süden liegt die reizvolle Goldgräberstadt **Obuasi**.
Akosombo ist die ehemalige Siedlung der Arbeiter, die den Staudamm am Volta gebaut haben, wodurch der größte künstliche See der Welt entstanden ist. Zur Zeit wird hier ein Feriendorf mit guten Wassersportmöglichkeiten angelegt. Der Wasserweg erstreckt sich über zwei Drittel der Gesamtlänge des Landes. Eine Rundfahrt mit der Autofähre nach **Kete Krachi** dauert einen Tag; ein Dreitagesausflug zur nördlichen Hauptstadt **New Tamale** am Seezufluß ist auch möglich. Es gibt gute Segel-, Wasserski- und andere Wassersportmöglichkeiten.
Der **Mole-Nationalpark** ist das schönste Tierschutzgebiet Ghanas. Als Tourist kann man den Park zu Fuß oder per Landrover durchstreifen, muß aber immer von einem Führer begleitet werden. Die Touren sind so geplant, daß Antilopen, Affen, Büffel, Warzenschweine und die selteneren Löwen und Elefanten, die man hier wieder angesiedelt hat, aus der Nähe beobachtet werden können. Es darf gezeltet werden, Besucher sind nicht an vorgeschriebene Wege gebunden. Am Parkeingang gibt es ein Motel mit Restaurant. Nicht weit von hier kann die *Larabanga-Moschee* besucht werden, die älteste Moschee Ghanas, erbaut im traditionellen westafrikanischen Stil.

Die Westküste

Der Fischmarkt in **Dixcove** und die britische Festung aus dem 17. Jahrhundert sind schöne Ausflugsziele. In der Nähe liegt **Busua**, ein tropischer Strand mit Palmen und atemberaubend hohen Atlantikwellen. Allerdings ist hier, wie fast an der gesamten Küste, das Schwimmen gefährlich, da die Wellen eine starke Strömung erzeugen. Es gibt aber kleine Felsbuchten, in denen man gefahrlos baden kann. **Elmina** (»die Mine«) war die erste portugiesische Siedlung und hat eine interessante, noch vollständig erhaltene Festung aus dem 15. Jahrhundert. Als Urlaubsort ist die Stadt bei den Einheimischen sehr beliebt.
Cape Coast und Takoradi: Überall in dieser Region stößt man auf Zeugnisse der Kolonialzeit. Cape Coast, die ehemalige Hauptstadt der britischen »Goldküste«, wird von einer Burg überragt, in der Sklaven vor der Überfahrt nach Amerika gefangengehalten wurden. Heute beherbergt die Burg das *West African Historical Museum*.

SOZIALPROFIL

ESSEN & TRINKEN: Internationale Küche wird in den meisten großen Hotels angeboten, in vielen Restaurants steht auch eine gute Auswahl einheimischer Spezialitäten auf der Speisekarte. An der Küste werden häufig Garnelen und andere Meeresfrüchte angeboten. Einheimische Spezialitäten sind Suppen mit Palmnuß und Erdnuß, *Kontomere* und *Okro* (Eintöpfe), die zusammen mit *Fufu* (pürierter Maniok), *Kenkey* oder *Gari* serviert werden. In Accra findet man auch zahlreiche asiatische, chinesische, französische und andere europäische Restaurants.
Getränke: Das einheimische Bier ähnelt dem europäischen Pilsner und ist überall erhältlich.
NACHTLEBEN: In Accra und anderen großen Städten findet man Nachtklubs mit westlicher oder afrikanischer Musik.
EINKAUFSTIPS: Kleinere Geschäfte und Marktstände bieten eine große Auswahl an Waren an. Kunsthandwerkliche Artikel aus der Ashanti-Region und Nordghana sind ebenso schöne Souvenirs wie handgearbeiteter Gold- und Silberschmuck. Moderne und alte afrikanische Kunst gibt es auch zu kaufen, die Preise sind allerdings hoch. Ashanti-Hocker und Messinggewichte, die früher zum Goldwiegen benutzt wurden, sind beliebte Mitbringsel. Auf allen Märkten im Norden werden Steinguttöpfe, Lederartikel, gewebte Hemden und aus vielfarbigem Raffia-Bast gewobene *Bolgatanga*-Körbe angeboten. **Öffnungszeiten der Geschäfte:** Mo-Fr 08.00-12.00 und 14.00-17.30 Uhr, Sa 08.00-13.00 Uhr.
SPORT: Golfplätze gibt es in Achimota, Accra und Kumasi. **Wassersport:** In mehreren Zentren werden **Segeln** und **Wasserski** angeboten, besonders empfehlenswert sind die Jachtklubs von Akosombo und Ada an der Mündung des Volta. Die Fahrt in einem einheimischen Fischerboot durch die Wellen ist ein unvergeßliches Erlebnis. Obwohl Ghanas Küste viele Kilometer Sandstrand hat, ist **Schwimmen** nicht immer ungefährlich. In der Nähe von Accra stehen drei Swimmingpools am Strand zur Verfügung. In

COLUMBUS REISEFÜHRER 1996/97

Ghana

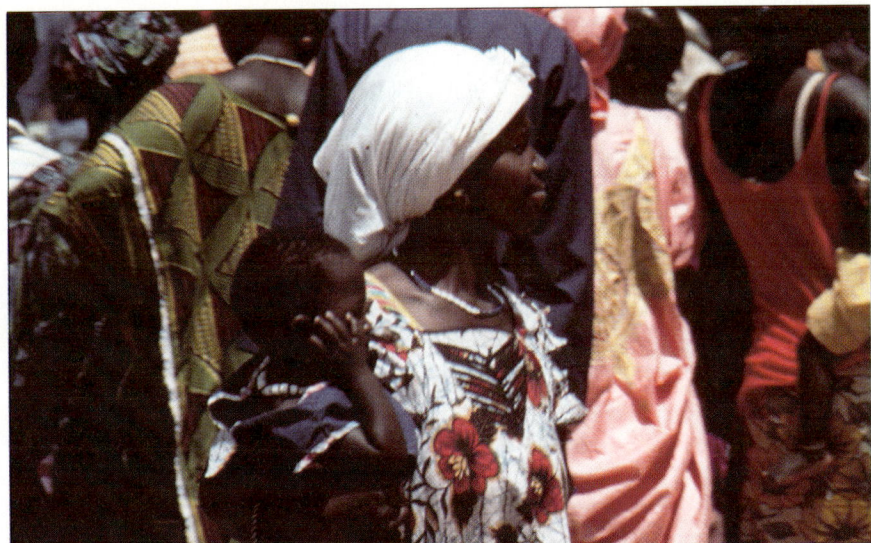

Ada gibt es sichere Bademöglichkeiten. Die Bilharziosegefahr ist gering, man sollte aber nicht in anderen Teilen des Flusses baden. **Publikumssport:** Die Ghanaer sind begeisterte **Fußball-** und **Tennisfans**; **Boxkämpfe** sind immer gut besucht. Einen weiteren beliebten Publikumssport stellen **Pferderennen** dar, die samstags auf der Pferderennbahn Accras stattfinden.
VERANSTALTUNGSKALENDER: Ghanas Feste mit Trommelmusik, Tänzen und Festessen sind ein besonderes Vergnügen. Jeder Landesteil hat seine eigenen jährlichen Feste, die die Stammestradition festigen, der Verstorbenen und ehemaligen Herrscher gedenken und das Land »reinigen«, damit es sich auf ein neues Jahr vorbereiten kann. Genaue Daten sind vom Fremdenverkehrsamt erhältlich (Adresse s. o.). Große Feste finden in folgenden Monaten statt:
Mai *Reh Jagd* (das bekannteste Fest Ghanas), Winneba. **Juli** *Angelfest*, Elmina. **Sept.** *Aguaa Fetu Afahye Festival* (ein kostümierter Festzug mit Musik und Tänzen), Cape Coast. **Sept./Okt.** *Odwira Festival*, die »Reinigung« des Landes. **Jan.** *Adaeske Festival* (Gedenken der Verstorbenen), Ashanti-Region.

SITTEN & GEBRÄUCHE: Ghanaer legen i. allg. Wert auf förmliche Anrede. Alle Religionen spielen im täglichen Leben eine wichtige Rolle. Zur Begrüßung gibt man sich die Hand. **Trinkgeld:** 10%, sofern nicht in der Rechnung enthalten. Taxifahrer erwarten normalerweise kein Trinkgeld.

WIRTSCHAFTSPROFIL

WIRTSCHAFT: Die Hälfte der arbeitenden Bevölkerung ist in der Landwirtschaft beschäftigt. Die Diamanten- und Goldgewinnung, sowie der Bergbau (u. a. Manganerz) schaffen ebenfalls viele Arbeitsplätze und sind ein wichtiger Devisenbringer. Die Fischereiflotte wurde modernisiert, und die Fischerei expandierte in den achtziger Jahren. Die niedrigen Weltmarktpreise für Kakao, dem landwirtschaftlichen Hauptexportgut (1992: 31% der Exporte), haben der Wirtschaft im letzten Jahrzehnt zugesetzt. Ghana ist Mitglied der Wirtschaftsgemeinschaft Westafrikanischer Staaten (ECOWAS). Das erstmalig in Ghana angewandte neue Wirtschaftsförderungsprogramm der Weltbank und des Internationalen Währungsfonds hat sich als erfolgreich erwiesen. Es umfaßt Maßnahmen zur Liberalisierung der Wirtschaft, zum Abbau von Handelsschranken und staatlicher Kontrolle sowie Planüberwachung. Das Programm hat den Vorteil, daß es sich über einen langen Zeitraum erstreckt und die Auswirkungen somit weniger drastisch sind. Haupthandelspartner sind Großbritannien, Deutschland, die USA, die Niederlande und Japan.
GESCHÄFTSVERKEHR: Geschäftsreisen legt man am besten in die Monate September bis April. Auf Pünktlichkeit wird großen Wert gelegt. Terminvereinbarung ist üblich. **Geschäftszeiten:** Mo-Fr 08.00-12.00 und 14.00-17.00 Uhr.
Kontaktadressen: *Ghana National Chamber of Commerce* (Handelskammer), PO Box 2325, Accra. Tel: (21) 66 24 27. Telefax: (21) 66 22 10.
Die wirtschaftlichen Interessen Österreichs werden von der Außenhandelsstelle in Lagos (s. Nigeria) wahrgenommen.

KLIMA

Tropisches Klima. Im Norden, in der Ashanti-Waldregion und in den südwestlichen Ebenen heiß und schwül. Die Regenzeiten dauern von März bis Juli und von September bis Oktober. An der Küste gibt es keine spürbaren Unterschiede zwischen den Jahreszeiten.
Kleidung: Leichte Tropenkleidung. Sonnenbrille nicht vergessen.

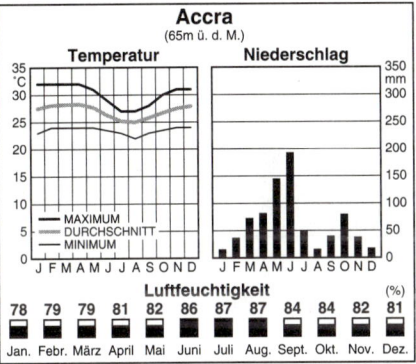

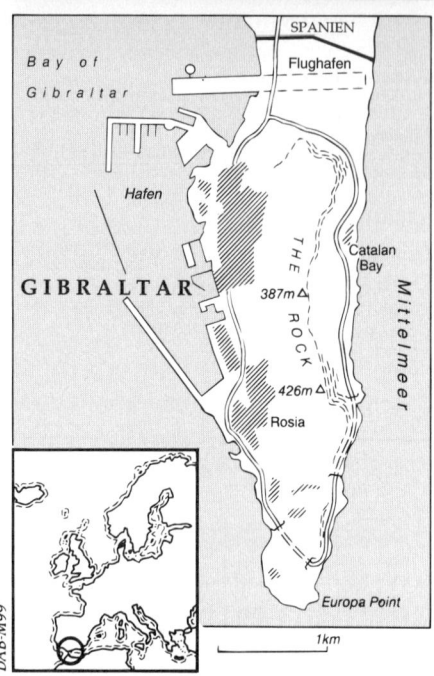

Lage: Westlicher Eingang zum Mittelmeer, Südeuropa.

Gibraltar Information Bureau
Engineer's Battery
32 b Rosia Road
Gibraltar
Tel: 7 49 50. Telefax: 7 49 43.
Gibraltar Information Bureau
Arundel Great Court
179 The Strand
GB-London WC2R 1EH
Tel: (0171) 836 07 77. Telefax: (0171) 240 66 12.
Mo-Fr 09.00-17.30 Uhr.
Die diplomatische Vertretung erfolgt durch die britischen Botschaften bzw. Konsulate, bei denen auch Visa erhältlich sind (Adressen s. Großbritannien). Andere Anfragen sollten an das Gibraltar Information Bureau gerichtet werden.
Die Bundesrepublik Deutschland, Österreich und die Schweiz unterhalten keine diplomatischen Vertretungen in Gibraltar, zuständig sind die Botschaften in London (s. Großbritannien).

FLÄCHE: 6,5 qkm.
BEVÖLKERUNGSZAHL: 32.000 (1993).
BEVÖLKERUNGSDICHTE: 4923 pro qkm.
HAUPTSTADT: Gibraltar.
GEOGRAPHIE: Gibraltar, ein großes Vorgebirge aus jurassischem Kalkstein, liegt am westlichen Eingang des Mittelmeers an der Südspitze Spaniens. Der 5 km lange Felsen mit seinen 143 Höhlen hat ein Straßennetz von fast 50 km und außerdem Tunnel in der Länge von nochmals 50 km. Der höchste Punkt des Felsens liegt 425 m. ü. d. M. Sowohl die Bucht als auch die Meerenge vor der Stadt sind nach Gibraltar benannt. Im Norden und Westen grenzt Gibraltar an Spanien, 26 km südlich auf der anderen Seite der Straße von Gibraltar liegt Marokko.
STAATSFORM: Britische Kronkolonie mit interner Selbstverwaltung. Staatsoberhaupt ist die britische Königin, die durch einen Gouverneur vertreten wird. Amtsinhaber ist derzeit Feldmarschall Sir John Chapple, seit April 1993. Regierungschef: Joseph J. Bossano, seit 1988. Der Premierminister leitet den Ministerrat, der für die Innenpolitik zuständig ist. Die Außen- und Verteidigungspolitik wird von Großbritannien wahrgenommen. 15 der 17 Mitglieder des *House of Assembly* werden gewählt. Die beiden amtlichen Mitglieder der Versammlung sind der Generalstaatsanwalt sowie der Finanz- und Entwicklungsminister. Es gibt Bestrebungen zur Unabhängigkeit.
SPRACHE: Offizielle Landessprachen sind Englisch und Spanisch.
RELIGION: 77% römisch-katholisch, 7% anglikanisch, 7% Moslems; jüdische Minderheit.
ORTSZEIT: MEZ.
NETZSPANNUNG: 220/240 V, 50 Hz. Dreipolige Flachstecker.
POST- UND FERNMELDEWESEN: Telefon: Selbstwählferndienst. **Landesvorwahl:** 350. **Telefax**-Anschlüsse sind in einigen Hotels vorhanden. **Telexe/Telegramme** kann man bei *Gibtel* oder außerhalb der Bürozeiten in Mount Pleasant aufgeben. Es gibt zwei Telexstellen. **Post:** Luftpost nach Nordeuropa ist 1-5 Tage unterwegs, Postflüge gibt es täglich. An das Hauptpostamt in der Main Street kann man postlagernd schreiben. Öffnungszeiten der Postämter: Mo-Fr 09.00-15.15 Uhr (Winter: 09.00-17.00 Uhr), Sa 10.00-13.00 Uhr.
DEUTSCHE WELLE
Der Einsatz der Kurzwellenfrequenzen ändert sich mehrfach im Laufe eines Jahres, und Sendungen auf den folgenden Frequenzen werden jeweils nur zu bestimmten Tageszeiten ausgestrahlt. Näheres in der Einleitung.

MHz	13,780	9,735	9,545	6,140	6,075
Meterband	22	31	31	49	49

REISEPASS/VISUM

Wichtiger Hinweis: Die Einreisebestimmungen mancher Länder können sich kurzfristig ändern – rufen Sie sicherheitshalber auf Ihrem CRS-System (TIMATIC-Info-Code-Fenster in diesem Kapitel) den aktuellen Stand ab bzw. wenden Sie sich an die zuständige diplomatische Vertretung. Etwaige Zahlen in der Tabelle beziehen sich auf nachfolgende Fußnoten.

	Paß erforderlich?	Visum erforderlich?	Rückflugticket erforderlich?
Deutschland	Nein/2	Nein	Nein
Österreich	Nein/2	Nein	Nein
Schweiz	Nein/2	Nein	Nein
Andere EU-Länder	1/2	Nein	Nein

REISEPASS: Allgemein erforderlich, ausgenommen sind Staatsbürger der Schweiz und **[1]** der Länder der Europäischen Union mit gültigem Personalausweis. Bei Einreise auf dem Landweg müssen spanische Staatsbürger allerdings einen Reisepaß bei der Ausreise aus Spanien vorweisen. Portugiesische Staatsbürger brauchen auf jeden Fall einen Reisepass.
Hinweis: [2] Generell sollte der Reisepaß mitgeführt werde, selbst wenn zur Einreise der Personalausweis ausreichend ist.
VISUM: Es gelten die gleichen Visabestimmungen wie für Großbritannien. Aktuelle Informationen sind beim britischen Generalkonsulat in Düsseldorf bzw. den Botschaften in Wien und Bern erhältlich.
Antragstellung: Jedes britische Konsulat. Adressen s. Großbritannien.
Aufenthaltsgenehmigung: Vor der Arbeitsaufnahme muß man eine Genehmigung vom Gouverneur von Gibraltar einholen (Staatsbürger der Mitgliedsländer der Europäischen Union sind hiervon befreit).

GELD

Währung: 1 Gibraltar Pound (Gib£) = 100 Pence. Banknoten gibt es im Wert von 50, 20, 10, 5 und 1 Gib£, Münzen im Wert von 5, 2, 1 Gib£ und 50, 20, 10, 5, 2 und 1 Pence. 1 Gib£ entspricht dem Wert des britischen Pfund Sterling. Britische Banknoten werden anerkannt; Gibraltar-Banknoten haben jedoch in Großbritannien keine Gültigkeit.
Geldwechsel: Besuchern wird empfohlen, vor der Abreise alles nicht ausgegebene Geld zu wechseln. Alle internationalen **Reiseschecks** und **Kreditkarten** werden akzeptiert.
Eurochecks werden bei Banken bis zum Garantiehöchstbetrag von 400 DM angenommen.
Wechselkurse: S. *Großbritannien*.
Devisenbestimmungen: Es gibt keine Ein- und Ausfuhrbeschränkungen für Landes- oder Fremdwährungen.
Öffnungszeiten der Banken: Mo-Do 09.00-15.30 Uhr, Fr 09.00-15.30 und 16.30-18.00 Uhr.

DUTY FREE

Folgende Artikel dürfen zollfrei nach Gibraltar eingeführt werden:
200 Zigaretten oder 100 Zigarillos oder 50 Zigarren oder 250 g Tabak;
1 l Spirituosen oder Likör oder 2 l Sekt oder 2 l Tafelwein;
50 g Parfüm und 250 ml Eau de toilette;
Waren im Gesamtwert von 32 Gib£.

GESETZLICHE FEIERTAGE

1. Mai '96 Maifeiertag. **27. Mai** Frühlingsfeiertag. **17. Juni** Geburtstag der Königin. **26. Aug.** Spätsommerfeiertag. **10. Sept.** Nationalfeiertag. **25./26. Dez.** Weihnachten. **1. Jan. '97** Neujahr. **11. März** Commonwealth-Tag. **28.-31. März** Ostern. **1. Mai** Maifeiertag. **26. Mai** Frühlingsfeiertag.

GESUNDHEIT

In der folgenden Tabelle aufgeführte Impfvorschriften können sich kurzfristig ändern. Es wird stets empfohlen, auf Ihrem CRS-System (TIMATIC-Info-Code-Fenster in diesem Kapitel) den aktuellen Stand der Gesundheitsbestimmungen abzurufen bzw. rechtzeitig vor der Reise ärztlichen Rat einzuholen.

	Vorsichtsmaßnahmen empfohlen	Impfschein erforderlich
Gelbfieber	Nein	Nein
Cholera	Nein	Nein
Typhus & Polio	1	-
Malaria	Nein	-
Essen & Trinken	2	-

[1]: Typhus kommt vor, Poliomyelitis nicht.
[2]: Trinkwasser ist gechlort und kann u. U. leichte Magenverstimmungen hervorrufen. Während der ersten Urlaubstage sollte man abgefülltes Wasser trinken. Milch ist pasteurisiert und kann, ebenso wie Milchprodukte, Fleischwaren, Geflügel, Meeresfrüchte, Obst und Gemüse, unbesorgt verzehrt werden.
Gesundheitsvorsorge: Unter Vorlage des Formblatts E 111 werden alle Staatsbürger der Mitgliedsstaaten der Europäischen Union im *St. Bernards Hospital* und im *Casemates Health Centre* kostenlos behandelt. Ansonsten sind ärztliche und Krankenhausbehandlung sowie Arzneimittel kostenpflichtig. Zahnbehandlungen müssen ebenfalls bezahlt werden, aber während der Sprechstunde werden im St. Bernards Hospital gegen eine geringe Grundgebühr Zähne gezogen. Urlaubern aus der Schweiz wird empfohlen, eine Reisezusatzversicherung abzuschließen.
Anmerkung: Bei Weiterreise nach Spanien oder Marokko bitte unter der Rubrik *Gesundheit* des jeweiligen Landes nachlesen.

REISEVERKEHR - International

FLUGZEUG: *GB Airways (Gibraltar Airways)* bietet Direktflüge von London Heathrow (zweimal täglich) und London Gatwick sowie mehrmals wöchentlich von Manchester. Buchungen erfolgen jedoch über *British Airways*. Von Deutschland aus gibt es allerdings keine direkte Flugverbindung nach Gibraltar. Als Flugalternative bietet sich die spanische Stadt Malaga an, von der aus man mit dem Auto nach Gibraltar weiterfahren kann. Autovermietungen stehen am Flughafen zur Verfügung. Direktverbindungen täglich von Frankfurt (*Lufthansa*) und Zürich (*Swissair*). Flugdienste von Wien nach Malaga nur im Sommer im Angebot.
Durchschnittliche Flugzeiten: *London – Gibraltar:* 2 Std. 50; *Frankfurt/M. – Malaga:* 2 Std. 55; *Zürich – Malaga:* 2 Std. 45.
Internationaler Flughafen: *Gibraltar* (GIB) (North Front) liegt 1 km nördlich der Stadtmitte (Fahrzeit 5 Min.). Busse fahren regelmäßig zum Stadtzentrum, zurück geht es von der Haltestelle am Marktplatz. Taxis und kostenlose Hotelbusse sind vorhanden. Am Flughafen gibt es eine Wechselstube, Duty-free-Shops, Bars, Restaurants, Geschäfte, Tourist-Information, mehrere Autovermietungen und einen Hotelbuchungsschalter.
SCHIFF: Internationale Kreuzfahrten von und nach Gibraltar werden von *CTC, P&O, BI, Polish Ocean, Costa, Norwegian American, Norwegian Cruises/Union Lloyd* und *TVI Cruises* angeboten. Es gibt eine regelmäßige Schiffsverbindung nach Tanger (Marokko).
BUS/PKW: La Linea ist der einzige Grenzübergang nach Spanien. Es gibt keine Zeltplätze, und Übernachtung im Auto ist nicht erlaubt.

REISEVERKEHR - National

BUS/PKW: Es herrscht Rechtsverkehr. **Busse:** Es gibt ein gutes Busnetz, die Busse verkehren in kurzen Abständen. **Taxis** sind überall zu finden; Fahrer sind gesetzlich dazu verpflichtet, auf Anfrage die Tarifliste vorzulegen. **Mietwagen** mit und ohne Chauffeur können gemietet werden. Touren außerhalb Gibraltars werden ebenfalls organisiert.
Unterlagen: Die Haftpflichtversicherung ist vorgeschrieben. Der Führerschein des eigenen Landes reicht aus.
FAHRZEITEN von Gibraltar zu den folgenden größeren ausländischen Städten (ungefähre Angaben in Std. und Min.):

	Flugzeug	Schiff	Bahn	Pkw/Bus
Tanger	0.20	2.00	-	-
Malaga	-	-	-	2.00
Madrid	-	-	10.00	12.00

UNTERKUNFT

HOTELS: Das Spektrum reicht von Luxushotels mit Ladenpassagen, Bars und Swimmingpools bis zu einfachen Unterkünften. Die Hauptsaison ist vom 1. April - 31. Oktober. Weitere Informationen vom Fremdenverkehrsamt.
CAMPING: Camping ist verboten, aber **Strandzelte** und **Sonnenschirme**, inklusive zwei Sonnenliegen, kann man

TIMATIC INFO-CODES

Abrufbar über Ihr CRS-System (für START/Amadeus Ama-Maske benutzen). Für Galileo bitte TI-DFT eingeben (mit Bindestrich).

Flughafengebühren	TI DFT/ GIB /TX
Währung	TI DFT/ GIB /CY
Zollbestimmungen	TI DFT/ GIB /CS
Gesundheit	TI DFT/ GIB /HE
Reisepassbestimmungen	TI DFT/ GIB /PA
Visabestimmungen	TI DFT/ GIB /VI

von den Dorfbewohnern in der Catalan Bay mieten. Stellplätze sind beschränkt und sollten im voraus gebucht werden. Zelte dürfen nur tagsüber benutzt werden.

URLAUBSORTE & AUSFLÜGE

Die Stadt Gibraltar ist eine britische Stadt im Regency-Stil des 18. Jahrhunderts. Sie wurde auf den Ruinen einer spanischen Stadt aus dem 15. Jahrhundert erbaut, die wiederum auf den Ruinen einer maurischen Stadt aus dem 12. Jahrhundert stand.

St. Michael's Cave liegt 300 m ü. d. M. und gehört zu den interessantesten Sehenswürdigkeiten Gibraltars. Die Höhle war bei den Römern für ihre eindrucksvollen Tropfsteine bekannt. *Leonora's Cave* und *Lower St. Michael's Cave*, in denen heute Konzerte und Ballette aufgeführt werden, gehören zum selben Höhlenkomplex. Die *Upper Galeries* wurden in Handarbeit 1782 aus dem Stein gemeißelt und zeigen alte Kanonen sowie Bilder der »Großen Belagerung« (1779-1783). In der *Apes' Den* leben die berühmten Barbary-Menschenaffen, die in Wirklichkeit keine Menschenaffen, sondern schwanzlose Makaken sind. Im *Gibraltar Museum* sind prähistorische Schmuckstücke und Werkzeuge ausgestellt, außerdem eine Kopie des »Gibraltarschädels«, des ersten Neandertalschädels, der 1848 in Europa gefunden wurde. Fundstücke der phönizischen, griechischen, römischen, maurischen, spanischen und britischen Geschichte sind ebenfalls zu sehen – eine umfassende Sammlung von Drucken und Lithografien; eine Waffensammlung der Jahre 1727-1800; ein maßstabgerechtes Modell des Gibraltar-Felsens von 1865 und vieles mehr. Das Museumsgebäude wurde über einem schönen komplett erhaltenen *Maurischen Badehaus* aus dem 14. Jahrhundert erbaut.

Weiterhin interessant sind das Verlies der *Maurischen Burg* (14. Jh.), die wiederholt zerstört und wiederaufgebaut wurde; der *Shrine of Our Lady of Europe* (bis 1462 eine Moschee, dann in eine Kapelle umgewandelt) mit dem Bildnis der Schutzheiligen von Gibraltar aus dem 15. Jahrhundert; der alte *Nun's Well*, eine maurische Zisterne; *Parson's Lodge Battery* (1865) über der Rosia Bay; *The Rock Buster*, eine 100-Tonnen-Kanone; die *Garrison Library* (18. Jh.); der *Trafalgar Cemetry*; die *Alameda Gardens*; der *Europa Point*, der genau 26 km von Afrika entfernt liegt;

und die fast vollständig erhaltenen Stadtmauern, die teilweise noch aus der maurischen Zeit stammen.

Schön ist auch eine Sesselliftfahrt zum Gipfel des Felsens mit Halt an der Apes' Den. Das *Convent*, ein Franziskanerkloster aus dem 16. Jahrhundert und heutige Residenz des Gouverneurs, ist ein weiteres beliebtes Ausflugsziel. Es werden verschiedene interessante Führungen angeboten. Man kann z. B. die Schätze der Kirchen Gibraltars bewundern. Die Führung (jeweils Mi 10.00 Uhr) schließt die Besichtigung der beiden Kathedralen, einer Synagoge, der Garnisonskapelle, der presbyterianischen Kirche und der Methodistenkapelle ein, die alle geschichtlich interessante Gebäude sind. Ein weiterer faszinierender Rundgang (Fr 10.30 Uhr) führt zunächst entlang der Stadtmauern und folgt dann den *Mittelmeerstufen* von der *O'Hara's Battery* (dem höchsten Punkt in Gibraltar) über die östlichen Klippen und um die südlichen Hänge zur westlichen Felsseite.

In Gibraltar gibt es fünf Strände. An der Ostseite liegen der *Eastern Beach*, die *Catalan Bay* und in südlicher Richtung die *Sandy Bay*, wo der Felsen sehr steil ist und es nur wenige Parkplätze gibt. *Little Bay*, ein Kiesstrand, und *Camp Bay/Keys Promenade* liegen an der Westküste. Tagesausflüge nach Ronda, Malaga und Jerez in Andalusien (Spanien) sind nach Tanger und anderen marokkanischen Städten sind möglich (weitere Informationen über Andalusien s. *Spanien*). Vom Fremdenverkehrsamt in Gibraltar am Cathedral Square kann man weitere Auskünfte über Preise und Buchungsmöglichkeiten erhalten.

SOZIALPROFIL

ESSEN & TRINKEN: Überall in der Stadt und am Jachthafen gibt es Bars und Bistros, deren Öffnungszeiten denen in anderen Mittelmeerländern entsprechen. In den Restaurants werden Gerichte in allen Preislagen angeboten. Bedingt durch die geographische Lage Gibraltars und seine Geschichte als britische Kronkolonie findet man eine große Auswahl an britischen, französischen, chinesischen und indischen Restaurants. **Getränke:** Spirituosen und Tabakwaren sind sehr viel preiswerter als in Großbritannien. Alle Arten alkoholischer Getränke, einschl. Bier vom Faß (im Pub *Gibraltar Arms*), werden angeboten.
NACHTLEBEN: In Gibraltar gibt es mehrere Diskotheken und Nachtklubs, die bis in die frühen Morgenstunden geöffnet sind. Der Kasinokomplex mit einem Restaurant, Nachtklub, Dachrestaurant (Sommer) und Spielsälen ist von 09.00 Uhr bis zum Morgengrauen geöffnet.
EINKAUFSTIPS: Alle Artikel sind steuerermäßigt und mehrwertsteuerfrei. Die meisten Geschäfte sind in der Umgebung der Main Street zu finden. Seide, Leinen, Schmuck, Parfüm, Schnitzereien, Radios, Lederartikel, elektronische Geräte, fotografische Artikel, Kaschmirwolle und Armbanduhren werden angeboten. **Öffnungszeiten der Geschäfte:** Mo-Fr 10.00-19.00 Uhr, Sa 10.00-13.00 Uhr.
SPORT: Gibraltar bietet zahlreiche **Wassersportmöglichkeiten**. **Hochsee-Angelfahrten** sind möglich, man kann auch am Pier seine Rute auswerfen. Die Delphine in der Bucht können von Booten aus beobachtet oder fotografiert werden. **Tauchen** wird immer beliebter. **Paragliding** und **Wasserskifahren** sind ebenfalls möglich.
VERANSTALTUNGSKALENDER
Eine Liste mit genauen Daten ist vom *Gibraltar Information Bureau* (Adresse s. o.) erhältlich.
SITTEN & GEBRÄUCHE: Britische und südeuropäische Bräuche verschmelzen in Gibraltar zu einer traditionsreichen Lebensart. **Trinkgeld:** 10-15% sind üblich.

WIRTSCHAFTSPROFIL

WIRTSCHAFT: Großen wirtschaftlichen Stellenwert haben die britischen Armeestützpunke auf Gibraltar. Wichtigster Wirtschaftsfaktor ist jedoch der Tourismus. Ebenso sind das Offshore-Finanzwesen, Schiffsbau und -reparatur und das Baugewerbe von Bedeutung. Die Beziehungen zu Spanien, insbesondere der freie Grenzverkehr, spielen für die Wirtschaft Gibraltars eine große Rolle. Seitdem die Grenzen wieder offen sind, haben sich viele Einwohner Gibraltars in Spanien einen Arbeitsplatz gesucht, während andererseits viele Spanier in Gibraltar arbeiten. Die meisten Importe kommen aus Großbritannien; die größte Einnahmequelle ist der Transithandel – in erster Linie mit Spanien.
GESCHÄFTSVERKEHR: Geschäftssprache ist in der Regel Englisch, Spanischkenntnisse sind jedoch u. U. ebenfalls vorteilhaft. **Geschäftszeiten:** Mo-Fr 09.00-17.00 Uhr, Sommer 08.00-14.00 Uhr. Behörden: Mo-Do 08.45-13.15 und 14.15-17.30 Uhr, Fr 08.45-13.15 und 14.15-17.15 Uhr. Abweichungen sind je nach Behörde und Jahreszeit möglich. **Kontaktadresse:** *Gibraltar Chamber of Commerce* (Handelskammer), PO Box 29, Gibraltar. Tel: 7 83 76. Telefax: 7 84 03.
KONFERENZEN/TAGUNGEN: Die gegenwärtige Kapazität von 700 Sitzplätzen wird durch Neueinrichtungen von Kongress- und Tagungszentren ständig erweitert. Der *Europort Gibraltar*, ein 82.000 qm großer Finanzkomplex mit großzügigen Büro- und Konferenzeinrichtungen, wurde 1992 eröffnet. St. Michael's Cave (s. *Urlaubsorte & Ausflüge*) bietet einzigartige Tagungsmöglichkeiten. Weitere Informationen vom Fremdenverkehrsamt von Gibraltar (Adresse s. o.).

KLIMA

Ganzjährig warm. Die Sommer (Mai - Sept.) sind sehr warm, manchmal schwül; die Winter mild, kein Schnee.

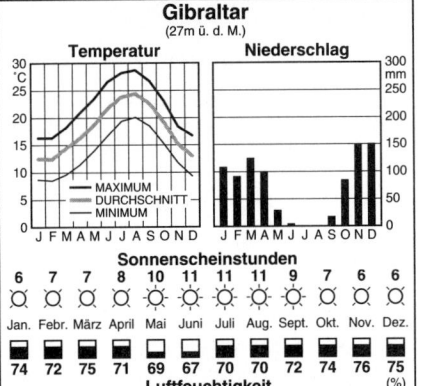

Gibraltar / Grenada

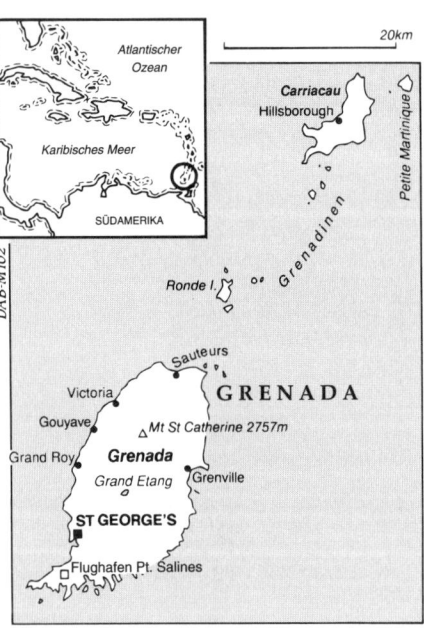

Lage: Karibik, Windward-Inseln.

Grenada Board of Tourism
c/o Marketing Services International
Walter Stöhrer und Partner GmbH
Johanna-Melber-Weg 12
D-60599 Frankfurt/M.
Tel: (069) 61 11 78. Telefax: (069) 62 92 64.
Mo-Do 09.00-17.00 Uhr, Fr 09.00-15.00 Uhr.
(auch für Österreich und die Schweiz zuständig)
Grenada Board of Tourism
The Carenage
St. George's
Tel: 440 20 01, 440 22 79. Telefax: 440 66 37.
Grenada unterhält keine Botschaften in der Bundesrepublik Deutschland, Österreich und der Schweiz. Zuständig ist die Vertretung in London:
Grenada High Commission
1 Collingham Gardens
GB-London SW5 0HW
Tel: (0171) 373 78 09. Telefax: (0171) 370 70 40.
Mo-Fr 09.30-13.30 und 14.30-17.30 Uhr.
Die Bundesrepublik Deutschland, Österreich und die Schweiz unterhalten keine diplomatischen Vertretungen auf Grenada. Für die Bundesrepublik ist die Botschaft in Port of Spain (s. Trinidad & Tobago), für Österreich und die Schweiz sind die jeweiligen Botschaften in Caracas (s. Venezuela) zuständig.

FLÄCHE: 344,5 qkm.
BEVÖLKERUNGSZAHL: 92.000 (1993).
BEVÖLKERUNGSDICHTE: 267 pro qkm.
HAUPTSTADT: St. George's. **Einwohner:** 4439 (1991).
GEOGRAPHIE: Der Inselstaat Grenada liegt in der Karibik. Die Insel vulkanischen Ursprungs ist die südlichste der Windward-Inseln. In der Mitte der Insel verläuft eine Bergkette. Muskatnuß, Kakao, Zuckerrohr und Bananen werden angebaut. Die atemberaubende und abwechslungsreiche Landschaft besteht aus tropischen

TIMATIC INFO-CODES

Abrufbar über Ihr CRS-System (für START/Amadeus Ama-Maske benutzen). Für Galileo bitte TI-DFT eingeben (mit Bindestrich).

Flughafengebühren	TI DFT/ GRN /TX
Währung	TI DFT/ GRN /CY
Zollbestimmungen	TI DFT/ GRN /CS
Gesundheit	TI DFT/ GRN /HE
Reisepassbestimmungen	TI DFT/ GRN /PA
Visabestimmungen	TI DFT/ GRN /VI

Regenwäldern, tiefen Schluchten, untätigen Vulkanen und einigen der schönsten Strände der Welt. Carriacou und Petit Martinique gehören ebenfalls zu Grenada.
STAATSFORM: Konstitutionelle Monarchie im Commonwealth. Zweikammerparlament mit 15 gewählten und 13 ernannten Mitgliedern. Regierungschef: Dr. Keith C. Mitchell, seit Juni 1995. Staatsoberhaupt: Königin Elizabeth II., vertreten durch den Generalgouverneur Sir Reginald Palmer, seit August 1992.
SPRACHE: Offizielle Landessprache ist Englisch.
RELIGION: 53% römisch-katholisch, 14% anglikanisch, 16% protestantisch. Afroamerikanische Religionen.
ORTSZEIT: MEZ - 5.
NETZSPANNUNG: 220 V, 50 Hz. Adapter erforderlich.
POST- UND FERNMELDEWESEN: Telefon: Selbstwählferndienst. Landesvorwahl: 1 809. Es gibt keine Ortsnetzkennzahlen. Die einheimischen Telefonnummern haben 7 Ziffern. **Telefaxe** können bei *Cable & Wireless* in St. George's aufgegeben werden. **Telex/Telegramme:** *International Cable & Wireless (West Indies) Limited* bieten einen begrenzten Dienst an. Das Büro hat wochentags 07.00-19.00 Uhr, sonn- und feiertags 07.00-10.00 und 16.00-18.00 Uhr geöffnet. **Post:** Das Postamt in St. George's ist Mo-Do 08.00-15.30 Uhr, Fr 08.00-16.30 Uhr geöffnet.
DEUTSCHE WELLE
Der Einsatz der Kurzwellenfrequenzen ändert sich mehrfach im Laufe eines Jahres, und Sendungen auf den folgenden Frequenzen werden jeweils nur zu bestimmten Tageszeiten ausgestrahlt. Näheres in der Einleitung.

MHz	17,860	17,715	15,275	9,545	6,100
Meterband	16	16	19	31	49

REISEPASS/VISUM

Wichtiger Hinweis: Die Einreisebestimmungen mancher Länder können sich kurzfristig ändern – rufen Sie sicherheitshalber auf Ihrem CRS-System (TIMATIC-Info-Code-Fenster in diesem Kapitel) den aktuellen Stand ab bzw. wenden Sie sich an die zuständige diplomatische Vertretung. Etwaige Zahlen in der Tabelle beziehen sich auf nachfolgende Fußnoten.

	Paß erforderlich?	Visum erforderlich?	Rückflugticket erforderlich?
Deutschland	Ja	Nein	Ja
Österreich	Ja	Nein	Ja
Schweiz	Ja	Nein	Ja
Andere EU-Länder	1	Nein	Ja

REISEPASS: [1] Allgemein erforderlich, ausgenommen sind Staatsbürger von Großbritannien, Kanada und den USA im Besitz von zwei gültigen Ausweispapieren, davon eines mit Foto (z. B. Führerschein und Geburtsurkunde) für Aufenthalte bis zu drei Monaten.
VISUM: Allgemein erforderlich, ausgenommen sind:
(a) Personen, die innerhalb von 14 Tagen in ein anderes Land weiterreisen und sich im Besitz eines Anschlußtickets befinden;
(b) Staatsbürger von EU-Ländern und der Schweiz;
(c) Staatsbürger der Commonwealth-Staaten mit Ausnahme von Pakistan, Südafrika und Zypern (Mitgliedsländer s. Inhaltsverzeichnis);
(d) Staatsbürger von Bulgarien, Chile, Island, Israel, Japan, Korea-Süd, Liechtenstein, Norwegen, Polen, der Slowakischen Republik, Taiwan (China), der Tschechischen Republik, den USA und Venezuela.
Visaarten: Touristen- und Geschäftsvisa.
Visagebühren: 10 £.
Gültigkeitsdauer: Bis zu 3 Monaten.
Antragstellung: High Commission in London (Adresse s. o.).
Unterlagen: (a) Gültiger Reisepaß. (b) Antragsformulare. (c) Zwei Paßfotos. (d) Der postalischen Antragstellung sollten ein frankierter und adressierter Umschlag und ein Zahlungsbeleg der Gebühren beigelegt werden. (e) Für Geschäftsvisa ein Brief des Geschäftspartners in Grenada.
Bearbeitungszeit: Unterschiedlich, Anträge sollten daher rechtzeitig vor Reiseantritt eingereicht werden.
Anmerkung: Staatsangehörige von Südafrika müssen die Genehmigung zur Einreise bei der *Grenada High Commission* in London beantragen (Adresse s. o.).

GELD

Währung: 1 East-Caribbean Dollar (EC$) = 100 Cents. Banknoten gibt es im Wert von 100, 50, 20, 10 und 5 EC$; Münzen in den Nennbeträgen von1 EC$ sowie 50, 25, 10, 5, 2 und 1 Cent. Der East-Caribbean Dollar ist an den US-Dollar gebunden. Die US-Währung wird vielerorts als Zahlungsmittel akzeptiert.
Geldwechsel: In den Filialen der *Grenada National Bank*, *Grenada Co-operative Bank*, *Barclays Bank International*, *Royal Bank of Canada* und *Bank of Nova Scotia* kann man Geld wechseln.
Kreditkarten: *American Express* und *Visa* sowie teilweise auch *Eurocard* und *Diners Club* werden akzeptiert. Einige Geschäfte und Mietwagenfirmen nehmen überhaupt keine Kreditkarten an. Einzelheiten vom Aussteller der betreffenden Kreditkarte.

Reiseschecks sollten in US-Dollar ausgestellt sein.
Wechselkurse

	EC$ Okt. '92	EC$ Febr. '94	EC$ Jan. '95	EC$ Jan. '96
1 DM	1,83	1,56	1,74	1,88
1 US$	2,70	2,71	2,71	2,70

Devisenbestimmungen: Die Ein- und Ausfuhr von Fremdwährungen und der Landeswährung ist unbeschränkt.
Öffnungszeiten der Banken: Mo-Fr 08.00-13.30/14.00 und 14.30-17.00 Uhr.

DUTY FREE

Folgende Artikel können zollfrei nach Grenada eingeführt werden:
200 Zigaretten oder 50 Zigarren oder 225 g Tabak;
1 l Wein oder Spirituosen;
Parfüm für den persönlichen Gebrauch.

GESETZLICHE FEIERTAGE

1. Mai '96 Tag der Arbeit. **27. Mai** Pfingstmontag. **6. Juni** Fronleichnam. **9.-13. Aug.** Karneval. **28. Okt.** Erntedankfest. **25./26. Dez.** Weihnachten. **1. Jan. '97** Neujahr. **7. Febr.** Unabhängigkeitstag. **28. März** Karfreitag. **31. März** Ostermontag. **1. Mai** Tag der Arbeit. **19. Mai** Pfingstmontag. **29. Mai** Fronleichnam.

GESUNDHEIT

In der folgenden Tabelle aufgeführte Impfvorschriften können sich kurzfristig ändern. Es wird stets empfohlen, auf Ihrem CRS-System (TIMATIC-Info-Code-Fenster in diesem Kapitel) den aktuellen Stand der Gesundheitsbestimmungen abzurufen bzw. rechtzeitig vor der Reise ärztlichen Rat einzuholen.

	Vorsichtsmaßnahmen empfohlen	Impfschein erforderlich
Gelbfieber	Nein	1
Cholera	Nein	Nein
Typhus & Polio	Nein	Nein
Malaria	Nein	-
Essen & Trinken	2	-

[1]: Eine Impfbescheinigung gegen Gelbfieber wird von allen Reisenden verlangt, die aus Infektionsgebieten kommen und über ein Jahr alt sind.
[2]: Trinkwasser ist gechlort und sauber, kann jedoch u. U. zuerst leichte Magenverstimmungen hervorrufen.

Grenada

Während der ersten Urlaubstage sollte man abgefülltes Wasser trinken. Milch ist pasteurisiert und kann unbesorgt verzehrt werden, ebenso wie einheimische Milchprodukte, Fleischwaren, Geflügel, Meeresfrüchte, Obst und Gemüse.
Tollwut kommt vor. Wer ein erhöhtes Risiko eingeht (z. B. längerer Aufenthalt in abgelegenen Gebieten), sollte vor Reiseantritt eine Schutzimpfung erwägen. Bei Bißwunden so schnell wie möglich ärztliche Hilfe in Anspruch nehmen. Weitere Informationen im Kapitel *Gesundheit* (s. Inhaltsverzeichnis).
Hepatitis A kann auftreten.
Gesundheitsvorsorge: Der Abschluß einer Reisekrankenversicherung wird empfohlen. Die medizinische Versorgung ist ausreichend. Es gibt ein großes allgemeines Krankenhaus in St. George's.

REISEVERKEHR - International

FLUGZEUG: *LIAT (LI)*, *British Airways*, *BWIA International* und amerikanische Fluggesellschaften fliegen Grenada an und verbinden auch mit anderen Karibikinseln. *Aeropostal* fliegt nach Venezuela. Mit einem *InterCaribbean BWIA Airpass* steht Reisenden fast der ganze Karibikraum offen (gültig in allen Karibikstaaten, die von BWIA angeflogen werden: Grenada, Antigua und Barbuda, Barbados, Jamaika, St. Lucia, St. Maarten und Trinidad und Tobago). Innerhalb seiner Gültigkeitsdauer von 30 Tagen berechtigt er zu unbegrenzten Flügen mit BWIA, allerdings müssen die gewünschten Strecken schon beim Kauf festgelegt werden; die Daten der einzelnen Flüge können jedoch auch erst später bestimmt werden. Zulässig ist jeweils nur ein Stopover auf jeder Insel.
Durchschnittliche Flugzeiten: *Frankfurt – Grenada*: 9 Std. 30 (über Barbados); *Los Angeles – Grenada*: 9 Std. und *New York – Grenada*: 5 Std.
Internationaler Flughafen: *Grenada Point Salines (GRN)* ist 11 km südlich der Hauptstadt; Bus und Taxis sind vorhanden. Am Flughafen gibt es einen Duty-free-Shop, eine Bank, Andenkenläden, Snackbars und Restaurants.
Flughafengebühren: 35 EC$ für Personen ab 12 Jahren, 17,50 EC$ für Kinder von 5-12 Jahren bei Abreise. Für Kinder unter 5 Jahren sind keine Gebühren zu entrichten.
SCHIFF: St. George's gilt als äußerst malerische Hafenstadt; Kreuzfahrtschiffe von *Cunard*, *Costa*, *TUI Cruises*, *Royal Viking* und *CTC* legen hier regelmäßig an. *Geest Lines* fahren von Großbritannien über Barbados, auf der Rückreise über St. Vincent, St. Lucia oder Dominica. 70% aller Touristen besuchen Grenada im Rahmen einer Kreuzfahrt. Bis zu viermal pro Woche gibt es Verbindungen nach Carriacou, Petit Martinique und zur Isle de Ronde. Das einheimische Verkehrsamt erteilt Auskünfte über Fahrpläne und Fahrpreise.

REISEVERKEHR - National

FLUGZEUG: *Airlines of Carriacou* verbindet Grenada und Carriacou.
SCHIFF: In Grenada kann man Boote aller Art mieten. Das Angebot reicht von großen Jachten mit Mannschaft bis zum kleinen Boot für Alleinsegler. Inselrundfahrten sind sehr beliebt. Das Fremdenverkehrsamt von Grenada ist bei den nötigen Arrangements behilflich. Es gibt einen regelmäßigen Fährverkehr nach Carriacou (Fahrzeit 3-4 Std.).
BUS/PKW: Das Straßennetz umfaßt 1040 km. Die Straßen sind eng und gewunden. Es herrscht Linksverkehr. **Taxis** sind die besten Verkehrsmittel. Preise sind gesetzlich festgesetzt. **Busse** sind preiswert, aber langsam.
Mietwagen: In St. George's auf St. Andrew's kann man von der Limousine bis zum Mini-Moke alle erdenklichen Fahrzeuge mieten. Aus Versicherungsgründen müssen Fahrer über 30 Jahre alt sein. Kreditkarten werden nicht immer akzeptiert. **Unterlagen:** Unter Vorlage des eigenen Führerscheins erhält man einen befristeten einheimischen Führerschein (60 EC$). Ein internationaler Führerschein wird empfohlen, ist aber nicht gesetzlich vorgeschrieben.
FAHRZEITEN von St. George's zu den folgenden größeren Städten/Inseln (ungefähre Angaben in Std. und Min.):

	Flugzeug	Schiff	Bus/Pkw
Grenville	-	-	0.35
Carriacou	0.20	3.30	-

UNTERKUNFT

HOTELS: Auf Grenada gibt es zahlreiche moderne Luxushotels, die im voraus gebucht werden sollten. Es gibt aber auch billigere Hotels, Pensionen und Ferienwohnungen. Auf alle Zimmer müssen 8% Steuer gezahlt werden. Nähere Einzelheiten und eine Liste der Hotelpreise vom Fremdenverkehrsamt. Den Hotelverband erreichen Sie unter folgender Adresse: *Grenada Hotel Association*, Ross Point Inn, Lagoon Road, St. George's. Tel: 444 13 53. Telefax: 444 48 47.
PENSIONEN: Es gibt nur wenige Pensionen, einige bieten Selbstverpflegung an.
FERIENHÄUSER UND -WOHNUNGEN: Ein Verzeichnis der zahlreichen Ferienhäuser und -wohnungen ist vom Fremdenverkehrsamt erhältlich.

URLAUBSORTE & AUSFLÜGE

St. George's: *The Carenage*, der malerische Binnenhafen, wird von Lagerhäusern aus dem 18. Jahrhundert und zahlreichen Restaurants gesäumt. Den Botanischen Garten, den Zoo und das *Fort George* (1705 von Franzosen erbaut) sollte man sich nicht entgehen lassen. Außerdem laden der Außenhafen, die presbyterianische Kirche *St. Andrew's* und *Fort Frederick* zum Erforschen ein.
Spice Country: Auf dem Weg von der Hauptstadt zur nördlichen Insel führt man durch die schönsten Fischerdörfer Grenadas. Unter den roten Dächern von **Gouyave** versteckt sich eine Fabrik, in der Gewürze sortiert, getrocknet und gemahlen werden. Die traditionell geführte *Dougaldston-Plantage* liegt im Zentrum der Muskatnuß- und Kakao-Anbauregion.
Sauteurs/Morne des Sauteurs: Von diesen Felsen stürzten sich 1650 die letzten Kariben-Indianer, die den Tod vorzogen, statt sich den französischen Kolonisatoren zu ergeben. **Levera Bay**, im **Levera Bay National Park** gelegen, und **Grand Anse** sind die schönsten Strände der Insel. **Grand Etang National Park and Forest Reserve:** Im Krater des untätigen Vulkans liegt ein wunderschöner, mehr als 10 ha großer, strahlendblauer See. Ein anderer besuchenswerter Kratersee ist der **Lake Antoine**. Die **Annandale-Wasserfälle** stürzen als glitzende Wasserkaskade 15 m tief in einen Bergfluß.
Carriacou: Diese Insel der »Grenadinen Grenadas« ist ein Paradies für Segler.

SOZIALPROFIL

ESSEN & TRINKEN: Meeresfrüchte, einheimische Gemüse und Früchte, *Calaloo Soup* (ähnelt Spinat), Krebse, Meeresschnecken (*Lambi*) und Avocado-Eis sind die kulinarischen Insel-Spezialitäten. Fast alle Hotels und Restaurants bieten neben exotischen einheimischen Fischgerichten auch englische, europäische und nordamerikanische Spezialitäten an. **Getränke:** Eine einheimische Firma produziert zahlreiche Fruchtgetränke. Der Insel-Rum und das *Carib*-Bier sind ausgezeichnet. In den Bars findet man eine große Auswahl an Wein, Spirituosen und Cocktails. Der hiesige Rum wurde früher in Fässern mit der Aufschrift *Georgius Rex Old Grenada* versandt. Die Anfangsbuchstaben GROG sollen der Ursprung für das gleichnamige Seemannsgetränk sein.
NACHTLEBEN: Hotels bieten Diskotheken und Unterhaltungsprogramme mit Musik, Tanz und Kabarett.
EINKAUFSTIPS: Besonders empfehlenswert sind Gewürze, Strohflechtereien, bedruckte Baumwoll- und andere Stoffe. Zahlreiche Duty-free-Shops verkaufen Waren aus der ganzen Welt. **Öffnungszeiten der Geschäfte:** Mo-Fr 08.00-16.00 Uhr, Sa 08.00-13.00 Uhr.
SPORT: Golf- und **Tennisanlagen** sind vorhanden, auch in den Hotels. **Wassersport:** Ausrüstungen für jeden Bedarf stehen zur Verfügung. **Segeln:** Während des ganzen Jahres werden Regatten veranstaltet, und Segelboote aller Art können gemietet werden. Näheres vom Verkehrsamt. **Angeln:** Jedes Jahr im Januar findet ein Wettbewerb statt.
VERANSTALTUNGSKALENDER
19. Mai '96 *La Source Grand Anse Race* (Jachtregatta). 19. Juni *Geburtstag der Fischer* (Regatten, Straßenfest, Segnung der Boote und Netze), besonders in der Gemeinde St. John. 14. - 30. Juli *Carib Road Show* (Straßenfeste als Vorläufer des Karnevals). 3. - 5. Aug. *Carriacou Regatta*. 4. - 6. Aug. *Rainbow-City-Festival*. 9. - 13. Aug. *Karneval*. 3. - 9. Nov. *Tourismus Woche*. 24. Nov. *Regatta zum Ende der Hurricansaison*. 20. - 22. Nov. *Carriacou Parang Festival*. 31. Dez. *Silvesterfeierlichkeiten*. Jan. '97 *Spice Island Game Fishing Tournament*. Febr. *Carriacou Karneval*. 6./7. Febr. *Unabhängigkeitsfest* (mit Regatta und Paraden).
Ausführliche Informationen über weitere Veranstaltungen erteilt das Fremdenverkehrsamt in St. George's.
SITTEN & GEBRÄUCHE: In der Kultur der Insel machen sich auch heute noch die Einflüsse der britischen und französischen Kolonialmächte sowie der katholischen Kirche bemerkbar. Der *Big Drum-Tanz* auf Carriacou und der *Shango-Tanz* in Grenada entstanden durch den Einfluß afrikanischer Sklaven, die ihre eigenen Kulturen mitbrachten. Die Inselbewohner sind im allgemeinen höflich und freundlich. Legere Kleidung wird akzeptiert, Badekleidung gehört an den Strand. Rauchen ist überall erlaubt. **Trinkgeld:** In allen Hotelrechnungsbeträgs sind als Trinkgeld angemessen. Taxifahrer erwarten ein Trinkgeld.

WIRTSCHAFTSPROFIL

WIRTSCHAFT: Grenada ist überwiegend ein Agrarland; der wichtigste Wirtschaftszweig ist die Gewürzherstellung. Muskatnuß, Kakao, Bananen und Zucker sind die wichtigsten Exportgüter. Die Exporterlöse schwanken erheblich aufgrund der fluktuierenden Weltmarktpreise. Die Regierung strebt eine größere Diversifizierung der Wirtschaft an und fördert u. a. die Fischerei. Die Bemühungen waren jedoch bisher nicht von Erfolg gekrönt. Es gibt nur wenig Industrie – seit Mitte der achtziger Jahre finden in diesem Wirtschaftszweig keine großen Entwicklungen statt. Der Fremdenverkehr ist die wichtigste Einnahmequelle, jährlich kommen etwa 400.000 Besucher nach Grenada, und die Tendenz ist steigend. Die meisten Touristen kommen aus Großbritannien und Deutschland. Haupthandelspartner sind Großbritannien, die USA, Trinidad und Tobago und Kanada.
GESCHÄFTSVERKEHR: Geschäftssprache ist Englisch. **Geschäftszeiten der Behörden:** Mo-Do 08.00-11.45 und 13.00-16.00 Uhr, Fr bis 17.00 Uhr.
Kontaktadressen: *Grenada Chamber of Industry and Commerce* (Industrie- und Handelskammer), PO Box 129, St. George's. Tel: 440 29 37. Telefax: 440 66 27. *Die wirtschaftlichen Interessen Österreichs werden von der Außenhandelsstelle in Caracas (s. Venezuela) wahrgenommen.*
KONFERENZEN/TAGUNGEN: Acht Hotels auf der Insel haben Tagungsräume mit Kapazitäten für 25-300 Personen. Weitere Informationen, Broschüren und Planungshilfen vom Fremdenverkehrsverband. Informationen außerdem vom *Ministry of Trade*, Lagoon Road, St. George's. Tel: 440 21 01. Telefax: 440 41 15.

KLIMA

Tropisches Klima. Die Trockenzeit ist von Januar - Mai, die Regenzeit von Juni - Dezember.
Kleidung: Hochsommerliche Baumwollkleidung.

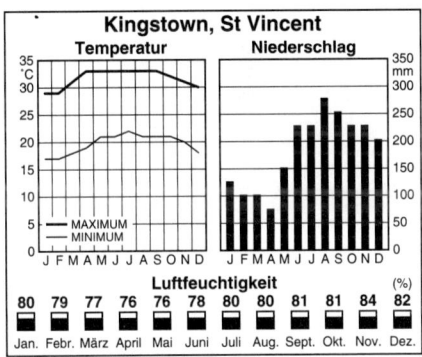
Kingstown, St Vincent

Eine weitere wichtige Veröffentlichung von *Columbus Press* ist der »World Travel Guide«, der jährlich herausgegeben wird und auf über tausend Seiten Informationen in englischer Sprache über alle Länder der Erde enthält.

Weitere Einzelheiten von:
Columbus Press, Verkaufsabteilung,
Aurikelweg 9,
D-38108 Braunschweig.
Tel: 05309/2123. Telefax: 05309/2877.

Griechenland

Lage: Südosteuropa.

Griechische Zentrale für Fremdenverkehr
Neue Mainzer Straße 22
D-60311 Frankfurt/M.
Tel: (069) 23 65 61/62/63. Telefax: (069) 23 65 76.
Mo-Fr 09.00-13.00 und 14.00-18.00 Uhr.

Griechische Zentrale für Fremdenverkehr
Wittenbergplatz 3a
D-10789 Berlin
Tel: (030) 217 62 62/63. Telefax: (030) 217 79 65.
Mo-Fr 09.00-18.00 Uhr.

Griechische Zentrale für Fremdenverkehr
Abteistraße 33
D-20149 Hamburg
Tel: (040) 45 44 98. Telefax: (040) 44 96 48.
Mo-Fr 09.00-13.00 Uhr (Publikumsverkehr); 09.00-16.00 Uhr (tel. Anfragen).

Griechische Zentrale für Fremdenverkehr
Pacellistraße 5
D-80333 München
Tel: (089) 22 20 35/36. Telefax: (089) 29 70 58.
Mo-Fr 09.00-18.00 Uhr.

Griechische Zentrale für Fremdenverkehr
Opernring 8
A-1015 Wien
Tel: (0222) 512 53 17/18. Telefax: (0222) 513 91 89.
Mo-Fr 09.00-17.00 Uhr.

Griechische Zentrale für Fremdenverkehr
Löwenstraße 25
CH-8001 Zürich
Tel: (01) 221 01 05. Telefax: (01) 212 05 16.

Mo-Fr 09.00-17.00 Uhr.
Ellinikos Organismos Tourismo - EOT (Griechische Zentrale für Fremdenverkehr)
Odos Amerikis 2
PO Box 1017
GR-105 64 Athen
Tel: (01) 322 31 11/-19. Telefax: (01) 322 28 41.
Griechische Botschaft (ohne Visumerteilung)
An der Marienkapelle 10
D-53179 Bonn
Tel: (0228) 83 01-0. Telefax: (0228) 35 32 84.
Mo-Do 08.30-16.30 Uhr, Fr 08.30-14.00 Uhr.
Generalkonsulate mit Visumerteilung in Berlin (Tel: (030) 213 70 33/34), Dortmund (Tel: (0231) 14 20 63; Mo-Fr 09.00-12.00 Uhr), Düsseldorf (Tel: (0211) 49 92 46; Mo-Fr 17.00-19.00 Uhr), Frankfurt/M. (Tel: (069) 979 91 20; Di 16.00-18.00 Uhr), Hamburg (Tel: (040)

TIMATIC INFO-CODES

*Abrufbar über Ihr CRS-System (für START/Amadeus Ama-Maske benutzen). Für Galileo bitte TI-DFT eingeben (**mit Bindestrich**).*

Flughafengebühren	TI DFT/ ATH /TX
Währung	TI DFT/ ATH /CY
Zollbestimmungen	TI DFT/ ATH /CS
Gesundheit	TI DFT/ ATH /HE
Reisepassbestimmungen	TI DFT/ ATH /PA
Visabestimmungen	TI DFT/ ATH /VI

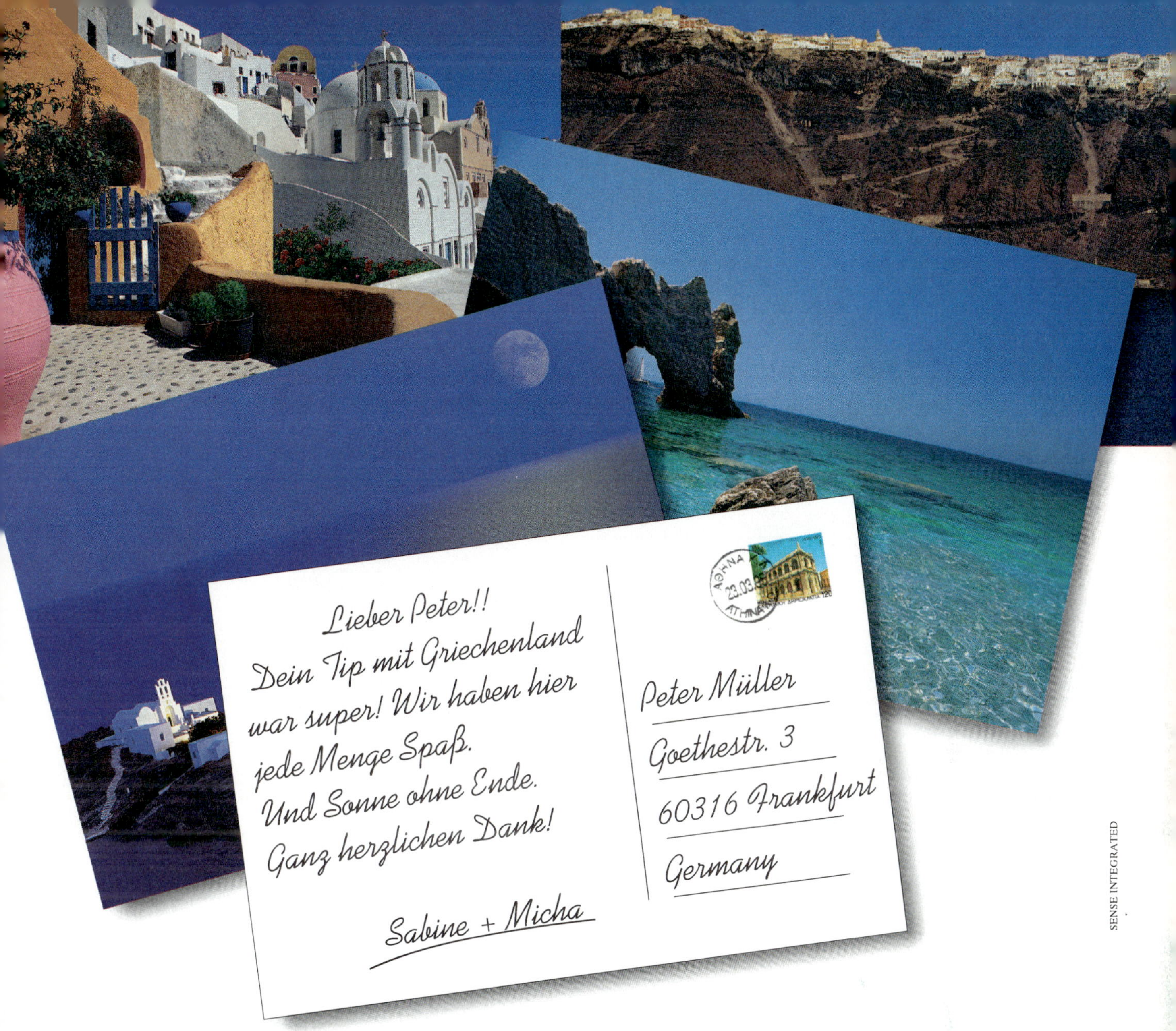

Noch nie waren Ihre Kunden zufriedener.

Wundern Sie sich nicht, wenn plötzlich jeder die unbekannten Gesichter Griechenlands entdecken will. Sondern seien Sie optimal vorbereitet, indem Sie schon jetzt mehr über das "neue" Griechenland herausfinden - bevor Ihre Kunden es tun. Denn hier ist die Natur so vielfältig wie die Architektur und die Freizeitmöglichkeiten. So kann jeder einzelne Gast sein eigenes Privatparadies finden. Geben Sie Ihren Kunden mal den Tip "Griechenland", und sie werden Ihnen noch lange dankbar sein.

GRIECHENLAND

GRIECHISCHE ZENTRALE FÜR FREMDENVERKEHR: FRANKFURT NEUE MAINZER STR. 22, 60311 FRANKFURT, TEL.: (069) 236561/2/3, FAX: (069) 236576, **MÜNCHEN** PACELLISTR. 5, 80333 MÜNCHEN, TEL.: (089) 222035, FAX: (089) 297058, **HAMBURG** ABTEISTR. 33, 20149 HAMBURG, TEL.: (040) 454498, FAX: (040) 449648, **BERLIN** WITTENBERGPLATZ 3A, 10789 BERLIN, TEL.: (030) 2176262/3, FAX: (030) 2177965

Griechenland

44 07 72/73), Hannover (Tel: (0511) 62 83 56/57; Mo-Fr 09.00-13.00 Uhr), Köln (Tel: (0221) 13 20 08/09), München (Tel: (089) 49 20 61/64) und Stuttgart (Tel: (0711) 22 10 56/58).
Honorarkonsulat mit Visumerteilung in Nürnberg (Tel: (0911) 22 12 32, 20 46 55).
Griechische Botschaft
Argentinierstraße 14
A-1040 Wien
Tel: (0222) 505 57 91-0. Telefax: (0222) 505 62 17.
Konsularabteilung
Mattiellistraße 2-4
A-1040 Wien
Tel: (0222) 512 71 48.
Mo-Fr 10.00-12.00 Uhr.
Griechische Botschaft
Jungfraustraße 3
CH-3005 Bern
Tel: (031) 352 16 37/38, 352 00 16. Telefax: (031) 352 05 57.
Mo-Fr 09.00-16.00 Uhr, *Konsularabt.*: 10.00-13.00 Uhr.
Generalkonsulate in Genf (Tel: (022) 732 33 56/57, 732 39 68) und Zürich (Tel: (01) 252 48 44/45).
Konsulat in Lugano (Tel: (091) 22 63 80).
Botschaft der Bundesrepublik Deutschland
Karaoli Dimitriou 3
GR-106 75 Athen-Kolonaki
PO Box 1175
GR-101 10 Athen
Tel: (01) 728 51 11. Telefax: (01) 725 12 05.
Generalkonsulat in Thessaloniki. *Honorarkonsulate* in Chania/Kreta, Heraklion/Kreta, Komotini, Korfu, Patras, Rhodos, Samos und Volos.
Botschaft der Republik Österreich
Leoforos Alexandras 26
GR-106 83 Athen
Tel: (01) 821 10 36, 821 68 00, 882 75 20. Telefax: (01) 821 98 23.
Konsulate in Athen, Heraklion/Kreta, Rhodos und Thessaloniki.
Botschaft der Schweizerischen Eidgenossenschaft
Odos Iassiou 2
GR-115 21 Athen
Tel: (01) 723 03 64/65/66, 724 91 30. Telefax: (01) 724 92 09.
Das österreichische Konsulat in Heraklion/Kreta ist ebenfalls für schweizer Staatsbürger zuständig.

FLÄCHE: 131.957 qkm.
BEVÖLKERUNGSZAHL: 10.365.000 (1993).
BEVÖLKERUNGSDICHTE: 78,5 pro qkm.
HAUPTSTADT: Athen. **Einwohner:** 3.100.000 (Großraum, 1991).
GEOGRAPHIE: Griechenland liegt am Mittelmeer und grenzt im Norden an Albanien, die Ehemalige Jugoslawische Republik Mazedonien und Bulgarien sowie im Nordosten an die Türkei, im Osten liegt das Ägäische Meer und im Westen das Ionische Meer. Das Festland besteht aus folgenden Regionen: Zentralgriechenland, Attika (die Region um Athen), Peloponnes (die »Hand« von Griechenland), Thessalien (Mitte/Osten), Epirus (Westen), Makedonien (Norden/Nordwesten) und Thrakien (Nordwesten). Euböa, die zweitgrößte Insel, liegt östlich von Attika. Die Peloponnesische Halbinsel ist durch den Golf von Korinth vom Festland getrennt. Im Süden der Halbinsel (bei Kap Tainaro) befindet sich die tiefste Stelle des Mittelmeeres mit 4850 m. Im Norden verlaufen zahlreiche Bergketten (wie das Pindus-Gebirge) von Nord nach Süd. Hier gibt es fruchtbare Ebenen, Pinienhaine und schroffe, mit Gestrüpp bewachsene Gebirgsausläufer. Zu den höchsten Bergen Griechenlands gehören u. a. der Olymp (2917 m) und der Smolikas (2637 m). Kretas höchster Berg ist der Ida mit einer Höhe von 2456 Metern.
Die Inseln nehmen ca. 20% der griechischen Landfläche ein. Die meisten Inseln liegen in der Ägäis zwischen der griechischen und türkischen Küste. Die Sieben oder Ionischen Inseln sind der Westküste vorgelagert. Zu den Ägäischen Inseln gehören die Dodekanes vor der türkischen Küste; die bekannteste der Inseln ist Rhodos. Die Inselgruppe in der nordöstlichen Ägäis besteht aus Limnos, Lesbos, Chios, Samos und Ikaria. Die Sporaden liegen vor der Küste des zentralen Festlandes. Die Kykladen bestehen aus 39 Inseln, von denen nur 24 bewohnt sind. Kreta im Süden ist die größte griechische Insel. Näheres zu den Regionen und Inseln unter *Urlaubsorte & Ausflüge* (s. u.).
STAATSFORM: Republik, seit 1975 (letzte Verfassungsänderung 1986). Staatsoberhaupt: Konstantinos Stefanopoulos, seit 1995. Regierungschef: Andreas Papandreou, seit Oktober 1993. Einkammerparlament mit 300 Abgeordneten, von denen 288 auf vier Jahre gewählt und 12 von den Parteien gestellt werden.
SPRACHE: Neugriechisch (*Demotiki*). Vor allem in den Urlaubsgegenden sprechen viele Griechen etwas Englisch, Deutsch, Französisch oder Italienisch.
RELIGION: 97% griechisch-orthodox, moslemische, jüdische, protestantische und katholische Minderheiten.
ORTSZEIT: MEZ + 1.
NETZSPANNUNG: 220 V, 50 Hz.
POST- UND FERNMELDEWESEN: Telefon: Selbstwählferndienst, sowohl auf dem Festland als auch auf den Inseln. **Landesvorwahl:** 30. **Telefaxanschlüsse** gibt es im ganzen Land. **Telexe/Telegramme** können in den Hauptpostämtern und allen größeren Hotels in den Städten und auf den größeren Inseln aufgegeben werden. **Post:** Briefe und Postkarten ins Ausland werden automatisch per Luftpost befördert. Fast alle Postämter des Landes nehmen postlagernde Sendungen an. In den Athener Postämtern muß man generell vorher Bescheid sagen, einzige Ausnahme ist das Hauptpostamt in der Eolou-Straße. Beim Abholen der Post muß der Reisepaß oder Personalausweis vorgelegt werden. Öffnungszeiten der Hauptpostämter: Mo-Fr 08.30-13.30 und 17.00-19.00 Uhr. Das zentrale Hauptpostamt in Athen hat auch Samstag vormittags geöffnet.
DEUTSCHE WELLE
Der Einsatz der Kurzwellenfrequenzen ändert sich mehrfach im Laufe eines Jahres, und Sendungen auf den folgenden Frequenzen werden jeweils nur zu bestimmten Tageszeiten ausgestrahlt. Näheres in der Einleitung.

MHz	15,275	13,780	11,865	9,545	6,075
Meterband	19	22	25	31	49

REISEPASS/VISUM

Wichtiger Hinweis: Die Einreisebestimmungen mancher Länder können sich kurzfristig ändern – rufen Sie sicherheitshalber auf Ihrem CRS-System (TIMATIC-Info-Code-Fenster in diesem Kapitel) den aktuellen Stand ab bzw. wenden Sie sich an die zuständige diplomatische Vertretung. Etwaige Zahlen in der Tabelle beziehen sich auf nachfolgende Fußnoten.

	Paß erforderlich?	Visum erforderlich?	Rückflugticket erforderlich?
Deutschland	1	Nein	Nein
Österreich	1	Nein	Nein
Schweiz	1	Nein	Nein
Andere EU-Länder	1	Nein	Nein

REISEPASS: Gültiger Reisepaß erforderlich, ausgenommen sind: [1] Staatsbürger der Bundesrepublik Deutschland und Österreich sowie Staatsbürger anderer EU-Länder und die Schweiz; gültiger Personalausweis ausreichend. Kinder ab 10 Jahren müssen einen Kinderausweis mit Bild besitzen.
VISUM: Allgemein erforderlich, ausgenommen sind Staatsbürger von:
(a) Deutschland, Österreich, der Schweiz sowie anderer EU-Länder für Aufenthalte bis zu 3 Monaten; britische Pässe müssen die Aufschrift: *British Subject, Citizen of UK Islands and Colonies* tragen;
(b) Andorra, Argentinien, Australien, Ecuador, Island, Israel, Japan, Kanada, Korea-Süd, Liechtenstein, Malta, Mexiko, Monaco, Neuseeland, Nicaragua, Norwegen, St. Kitts und Nevis, San Marino, der Slowakischen Republik, der Tschechischen Republik, USA und Zypern für Aufenthalte bis zu 3 Monaten;
(c) Brasilien, Chile, El Salvador und Uruguay für Aufenthalte bis zu 2 Monaten;
(d) Peru (Nachweis eines Rückflugtickets erforderlich) und Hongkong für Aufenthalte bis zu 1 Monat;

THESSALONIKI '97

KULTURHAUPTSTADT EUROPAS

Die Hauptstadt Nordgriechenlands – eine wunderschöne Stadt, die wie ein natürliches Amphitheater um den Thermaischen Golf gebaut wurde und sich bis zu den Ausläufern des Bergs Hortiatis erstreckt – hat eine illustre kulturelle Geschichte. Thessaloniki war eine Basis der hellenistischen Welt; eine Garnisonsstadt des Römischen Reiches; die Zwillingshauptstadt von Byzanz; die größte Stadt im Ottomanischen Reich nach Konstantinopel und eine Balkan-Metropole.

Thessaloniki wurde von Cassander gegründet und die hervorragende Lage der Stadt und ihre Rolle als Verkehrsknotenpunkt zu Land und zu Wasser, die sie mit anderen Kulturen und Welten verbindet, macht sie zu einem unwiderstehlichen Ziel. Entdecken Sie die reichhaltige Kulturgeschichte der Stadt beim Besuch der Mazedonischen Grabstätten, des vom Kaiser Galerius erbauten Palastes an der Via Egnatia, der Mosaike und Wandmalereien der byzantinischen Kirchen, der türkischen Bäder, Moscheen und den neoklassizistischen Prachtbauten, oder bummeln Sie durch die engen Gassen der Oberstadt.

Eine poetische, erotische Stadt: eine Stadt der Geheimnisse. Ein wahrer Schmelztiegel der Nationen, Thessaloniki war einer der Umschlagplätze an der Via Egnatia; das Selanik der Türken; das zweite Jerusalem der Juden; die erste Stadt der Mazedonier. Minderheiten wurden hier schon immer toleriert – Thessaloniki ist und bleibt die Wiege der großen griechischen Arbeiterbewegung und Heimat von zahlreichen Flüchtlingen. Diese verschiedenen Einflüsse ergeben eine kontrastreiche Mischung. Im Herzen der Stadt finden Besucher überdachte Märkte – ein Überbleibsel der morgenländischen Basare – Seite an Seite mit den Schaufenstern moderner Kaufhäuser. Ein Spaziergang durch die Straßen führt vorbei an Dutzenden von Cafés und Bars – Treffpunkt von Künstlern, Dichtern und Schriftstellern. Gleich nebenan erwartet Sie die traditonelle griechische Küche in pitoresken Tavernas, Bistros, in denen Sie Ouzo genießen können, und luxuriösen Restaurants.

Bestandteil dieser Atmosphäre ist auch das durchdringende Aroma der Gewürze aus dem Orient gemischt mit feinen Gerüchen des Okzidents und untermalt von schwermütigen Klängen des Ostens, vermengt mit den Klängen europäischer Kultur.

Die Aristotelian Universität – die größte des Balkans – trägt ebenfalls das ihre zur unnachahmlichen Atmosphäre der Stadt bei. Nicht nur wegen ihrer lebendigen, teilweise lauten und kreativen 60.000 Studenten. Auch der International Fair mit speziellen internationalen Ausstellungen erregt weltweit finanzielles und wirtschaftliches Interesse. Das World Council of Greeks Abroad hat in Thessaloniki seinen Hauptsitz.

Als eines der Zentren altgriechischer Zivilisation und der orthodoxen Kirche überrascht es nicht, daß das heutige Thessaloniki eine große Anzahl an verschiedenartigen Museen und einzigartigen Sammlungen bietet. Das Archäologische Museum ist bekannt für Funde aus Vergina, Sindos, Therme, Thessaloniki, Halkidiki und Mazedonien; das Byzantinische Museum zeigt wahre Schätze aus ganz Nordgriechenland; und im Weißen-Turm-Museum können Sie eine außergewöhnliche Sammlung byzantinischer Ikonen bewundern.

Urlauber erhalten einen Einblick in das moderne Kulturleben der Stadt bei einem Besuch der zahlreichen Kunstgalerien, Konzert- und Theateraufführungen, den Gesangs- und Filmfestivals, der sommerlichen Traumabende oder beim alljährlichen Demetria-Festival im Herbst.

Die Organisation of the Cultural Capital of Europe, »Thessaloniki '97«, gründet und unterstützt zahlreiche kulturelle Institutionen. Momentan sind 94 infrastrukturelle Projekte in Arbeit bei einem Finanzhaushalt von 52 Billionen Drachmen. Thessaloniki wird dadurch in der Lage sein, die zahlreichen Besucher, Künstler, Veranstalter und Intellektuellen gebührend willkommen zu heißen.

ORGANISATION FOR THE CULTURAL CAPITAL OF EUROPE, THESSALONIKI '97
TEL: +30 31 86 78 60 1/2/3/4/5/6. FAX: +30 31 86 78 70.
105 VAS OLGAS AVENUE, PO BOX 54643, THESSALONIKI, GRIECHENLAND.

Griechenland

(e) Singapur für Aufenthalte bis zu 2 Wochen.
Anmerkung: (a) Staatsbürger von Katar, Kuwait und Taiwan (China) können bei der Einreise ein Visum ausgestellt bekommen.
(b) Besucher, die länger als 3 Monate in Griechenland bleiben möchten, müssen spätestens 20 Tage vor Ablauf der 3 Monate ein Gesuch bei der Direktion der Ausländerpolizei in Athen (*Astinomia Allodapon*) oder bei der nächsten Polizeidienststelle einreichen.
Visaarten: Besuchs- und Transitvisa. Die Gebühren richten sich nach Nationalität, Grund und Dauer des Besuches. Weitere Informationen vom zuständigen Konsulat bzw. von der Konsularabteilung der Botschaft.
Gültigkeit: Bis zu 3 Monaten, je nach Nationalität. Ein Transitvisum ist bis zu 4 Tagen gültig.
Antragstellung: Konsulat bzw. Konsularabteilung der Botschaft in Österreich und der Schweiz (Adressen s. o.).
Unterlagen: (a) Antragsformular sowie adressierter Freiumschlag. (b) Paßfoto. (c) Gebühr. (d) Reisepaß.
Bearbeitungszeit: 1 Tag bei persönlicher Antragstellung, 15 Tage bei Postantrag.
Aufenthaltsgenehmigung: Anträge sind an das Ausländermeldeamt zu stellen.
Wichtige Anmerkung: Im Rahmen einer Charterflug-Buchung sind Tagesausflüge ohne Übernachtung in das benachbarte Ausland gestattet. Bei Nichteinhaltung der Charterflugbestimmungen in Griechenland kann der Anspruch auf den Rückflug per Charter verlorengehen.

GELD

Währung: 1 Drachme (Dr). Banknoten gibt es in den Werten von 10.000, 5000, 1000, 500 und 100 (selten) Dr, Münzen in den Nennbeträgen 100, 50, 20, 10, 5, 2 und 1 Dr.
Geldwechsel: Ausländische Währungen und Reiseschecks können bei allen Banken, Sparkassen und Wechselstuben umgetauscht werden. Es lohnt sich, vor dem Umtausch die Wechselkurse zu vergleichen, da diese von Bank zu Bank sehr unterschiedlich sein können.

▼ *Ein Blick auf den Hafen von Symi*

Kreditkarten: *Diners Club, Visa, American Express, Eurocard* und andere größere Kreditkarten werden vielerorts akzeptiert (weniger an Tankstellen). Einzelheiten vom Aussteller der jeweiligen Kreditkarte.
Reiseschecks aller größeren Währungen werden vielerorts akzeptiert, empfohlen sind DM-Reiseschecks.
Euroschecks werden bis zu 30.000 Dr bzw. 400 DM pro Scheck akzeptiert.
Wechselkurse

	Dr Sept. '92	Dr Febr. '94	Dr Jan. '95	Dr Jan. '96
1 DM	123,74	143,87	155,22	164,31
1 US$	183,90	249,75	240,60	236,20

Devisenbestimmungen: Die Einfuhr von Fremdwährungen ist unbegrenzt, muß allerdings bei der Einreise deklariert werden. Die Ausfuhr ist auf den deklarierten Betrag beschränkt. Die Einfuhr der Landeswährung ist auf 100.000 Dr beschränkt, es dürfen nur Banknoten eingeführt werden. Die Ausfuhr der Landeswährung ist auf 20.000 Dr begrenzt.
Öffnungszeiten der Banken: Mo-Fr 08.00-14.00 Uhr. Sa, So und an öffentlichen Feiertagen geschlossen. Während der Hauptsaison sind viele Banken auf den größeren Inseln zum Geldumtausch auch nachmittags und abends geöffnet. Das Fremdenverkehrsamt in Athen erteilt weitere Auskünfte.

DUTY FREE

Folgende Artikel können zollfrei nach Griechenland eingeführt werden:
(a) Seit Januar 1993 gibt es keine Beschränkungen mehr für die private Wareneinfuhr (einschließlich von Verbrauchsgütern wie Alkohol und Tabak) innerhalb der Europäischen Union. Es wurden jedoch folgende Richtmengen festgesetzt, bei deren Überschreiten gewerblicher Handel vermutet wird, der im Bestimmungsland zu versteuern ist:
800 Zigaretten;
400 Zigarillos;
200 Zigarren;
1000 g Tabak;
90 l Wein (darunter nicht mehr als 60 l Schaumwein);
10 l Spirituosen;
20 l alkoholische Getränke (z. B. Portwein oder Sherry) mit einem Alkoholgehalt von höchstens 22%;
110 l Bier;
Parfüm und Eau de toilette für den persönlichen Gebrauch.
(b) Bei Einreise aus Nicht-EU-Ländern (oder falls die Waren innerhalb der EU zollfrei eingekauft wurden):
200 Zigaretten oder 100 Zigarillos oder 50 Zigarren oder 250 g Tabak;
1 l Spirituosen oder 2 l Likör oder 2 l Wein oder Sekt;
50 g Parfüm und 250 ml Eau de toilette;
Geschenke bis zum Wert von 10.500 Dr (Kinder unter 15 nur 5500 Dr).
Haustiere: Mitgebrachte Katzen und Hunde brauchen einen internationalen Impfpaß, der vor nicht weniger als 1 Monat und nicht mehr als 12 Monaten (Hunde) bzw. 6 Monaten (Katzen) ausgestellt sein muß, wenn die Einreise aus EU-Ländern erfolgt.
Anmerkung: Ohne ausdrückliche Genehmigung der Archäologischen Gesellschaft in Athen ist es verboten, Antiquitäten aus Griechenland auszuführen. Bei Zuwiderhandlung drohen hohe Strafen.

GESETZLICHE FEIERTAGE

1. Mai '96 Tag der Arbeit. **23. Mai** Christi Himmelfahrt. **3./4. Juni** Pfingsten. **15. Aug.** Mariä Himmelfahrt. **28. Okt.** »Ochi-Tag«, Nationalfeiertag. **25./26. Dez.** Weihnachten. **1. Jan. '97** Neujahr. **6. Jan.** Dreikönigsfest. **10. März** Rosenmontag. **25. März** Mariä Verkündigung/Nationalfeiertag. **25. April** Griechisch-orthodoxer Karfreitag. **27. April** Griechisch-orthodoxer Ostersonntag. **28. April** Griechisch-orthodoxer Ostermontag. **1. Mai** Tag der Arbeit.

GESUNDHEIT

In der folgenden Tabelle aufgeführte Impfvorschriften können sich kurzfristig ändern. Es wird stets empfohlen, auf Ihrem CRS-System (TIMATIC-Info-Code-Fenster in diesem Kapitel) den aktuellen Stand der Gesundheitsbestimmungen abzurufen bzw. rechtzeitig vor der Reise ärztlichen Rat einzuholen.

	Vorsichtsmaßnahmen empfohlen	Impfschein erforderlich
Gelbfieber	Nein	1
Cholera	Nein	Nein
Typhus & Polio	2	-
Malaria	Nein	-
Essen & Trinken	3	

[1]: Eine Impfbescheinigung gegen Gelbfieber ist erforderlich für Reisende über sechs Monate, die aus Infektionsgebieten kommen.
[2]: Typhus und Poliomyelitis können vorkommen.
[3]: Leitungswasser ist normalerweise gechlort und relativ sauber, es können jedoch bei der Akklimatisierung

ALLE WEGE FÜHREN NACH *RHODOS*

wenn Sie einen rundum gelungenen Urlaub in GRIECHENLAND verbringen möchten!
Rhodos Tours Ltd. ist eines der ältesten Reisebüros in der Ägäis mit langjähriger Erfahrung.

Wir bieten:

- Touren auf der ganzen Insel in modernen Reisebussen mit Klimaanlage – eine einmalige Gelegenheit, idyllische Dörfer und ihre gastfreundlichen Bewohner kennenzulernen, die jeden Besucher herzlich willkommen heißen.
- Alle Hotelbuchungen sind fachmännisch auf die ganz individuellen Bedürfnisse Ihrer Kunden zugeschnitten.
- Mietwagen von guten, zuverlässigen örtlichen Firmen.

- Folkloreabende mit Tanz und erstklassiger griechischer Küche in entspannter Atmosphäre zum Wohlfühlen im Kreis der gastfreundlichen Einheimischen.
- Dampferfahrten auf kristallklarem Wasser mit häufigem Anlegen für Erfrischungen und zum Schwimmen.
- Dolmetscher in allen wichtigen Sprachen, die ein noch unmittelbareres, unvergeßliches Erlebnis unserer einzigartigen Kultur ermöglichen.

REISEBÜROS UND REISEVERANSTALTER
Rufen Sie noch heute JOHN HATZILIAMIS an!

... Ihr Partner für rundum gelungene Griechenlandferien... ein Farbprospekt ist auf Anfrage erhältlich.

Rhodos Tours Ltd.
29 Ammochostou St., PO Box 252, 85100 Rhodos, Griechenland
Tel: (+30) 241-2 10 10.
Fax: (+30) 241-7 40 25.

---

leichte Magenverstimmungen auftreten. Für die ersten Wochen des Aufenthalts wird daher abgefülltes Wasser empfohlen, welches überall erhältlich ist. *Hepatitis B* tritt auf.
Gesundheitsvorsorge: Deutsche und Österreicher: Die Anspruchsbescheinigung E 111 gilt. Aushelfender Träger ist die Sozialversicherungsanstalt *(Idryma Koinonikon Asfaliseon IKA)*, die unter Vorlage des E 111 eine Bestätigung ausstellt. Diese muß im Krankheitsfall in der Notaufnahme oder bei einem Vertragsarzt vorgelegt werde. Die Behandlung ist kostenfrei, Medikamente müssen z. T. selbst getragen werden (ca. 20%). Apotheker sind ebenfalls berechtigt, Diagnosen zu stellen und bestimmte Medikamente zu verschreiben. Auf den abgelegenen Inseln ist die Krankenversorgung zum Teil weniger gut. Schweizern wird der Abschluß einer Reisekrankenversicherung empfohlen.
Erste-Hilfe-Dienst: Tel: 166 im Bereich Athen.

REISEVERKEHR - International

FLUGZEUG: Die nationale Fluggesellschaft heißt *Olympic Airways* (OA).
Durchschnittliche Flugzeiten: *Frankfurt* – Athen: 2 Std. 40; *Wien* – Athen: 2 Std. 10; *Zürich* – Athen: 2 Std. 30; *London* – Athen: 3 Std. 15.
Internationale Flughäfen: *Athen Hellinikon* (ATH) liegt 10 km südöstlich der Stadt. Linienbusse und Taxis fahren zur Stadt. Die Taxis berechnen das Gepäck extra. Am Flughafen gibt es einen Duty-free-Shop, Mietwagenschalter, Banken/Wechselstuben, eine Post sowie Bars/Restaurants.
Heraklion (HER) (Kreta) liegt 4 km außerhalb der Stadt. Busse und Taxis sind vorhanden. Am Flughafen gibt es eine Cafeteria und einen Duty-free-Shop.
Thessaloniki Makedonia (SKG) liegt 16 km außerhalb der Stadt. Es gibt eine Post, eine Bank, Duty-free-Shops, Bars und Restaurants. Linienbusse und Taxis fahren zur Stadt.
Korfu (CFU) (Kerkira) liegt 3 km außerhalb der Stadt. Linienbusse, Taxistand, Duty-free-Shop.
Rhodos (RHO) (Rodos) liegt 3 km außerhalb der Stadt. Busse, Taxistand, Duty-free-Shop, Autovermietungen, Bank/Wechselstube und eine durchgehend geöffnete Bar.
Folgende Flughäfen werden im internationalen Charterverkehr von Deutschland aus angeflogen: Araxos (GPA), Chania (CHQ), Chios (JKH), Kalamata (KLX), Karpathos (AOK), Kavala (KVA), Kefalonia (EFL), Kos (KGS), Lesbos (MJT), Mykonos (JMK), Prevesa (PVK), Samos (SMI), Santorini (JTR), Skiathos (JSI) und Zakynthos (ZTH).
Flughafengebühr: Für internationale Flüge wird eine Flughafengebühr in Höhe von 5900 Dr erhoben.
SCHIFF: Die größten griechischen Häfen sind Piräus, Thessaloniki und Volos, Igoumenitsa, Heraklion, Korfu, Patras und Rhodos. Frachtschiffe und Fähren legen von diesen Häfen u. a. nach Ägypten, Israel, Italien, Syrien und Zypern ab (Autofähren s. *Bus/Pkw*). Zu den Reedereien, deren Schiffe griechische Häfen anlaufen, gehören: *Epirotiki, Costa, Cunard Lines, Mediterranean Line, Med Link Lines, Royal Cruise Line* und *Sun Line Cruises*. Die Griechische Zentrale für Fremdenverkehr erteilt ausführlichere Auskünfte. Bei Einreise mit Jachten und kleineren Motor- oder Segelbooten gelten die gleichen Bestimmungen wie für Pkw-Reisende (s. *Verkehrsbestimmungen*).
BAHN: Die nationale Eisenbahngesellschaft ist die »Hellenische Staatsbahn« *(OSE)*. Züge aus Nordeuropa fahren täglich über Österreich nach Griechenland. Platzreservierung wird dringend empfohlen. Informationen über Fahrpläne, Spartarife und Autoreisezüge sind erhältlich bei allen Informationsschaltern der Deutschen Bahn AG, der Österreichischen Bundesbahn und der Schweizer Staatsbahn.
EURO DOMINO-Netzkarten und *InterRail*-Pässe sind auch in Griechenland gültig (Einzelheiten s. *Deutschland*), nur für Liegewagen wird ein Zuschlag fällig. Die Preise für die Fähren zwischen dem Festland und den griechischen Inseln sind ebenfalls nicht enthalten, einige Fährgesellschaften befördern InterRail-Reisende jedoch zu ermäßigten Preisen. Einzelheiten bei den Reedereien erhältlich.
BUS/PKW: Einreise auf dem Landweg von der Ehemaligen Jugoslawischen Republik Mazedonien: über Gevgeli/Evzoni (551 km von Athen), über Bitola/Niki (609 km von Athen); von Bulgarien: über Koula/Promachon (656 km von Athen) oder von der Türkei: über Edirne/Kastanea (996 km von Athen) und über Ipsala/Kipi (907 km von Athen). Alle hier angegebenen Grenzübergänge haben 24 Stunden geöffnet. **Fernbus:** Mehrere Reiseunternehmen bieten Sonderfahrten mit dem Bus nach Griechenland an. Der *Europabus* verkehrt zu festgesetzten Zeiten. Nähere Informationen erteilt die *Deutsche Touring GmbH*. Zentrale Reservierungsstelle in Frankfurt/M. Tel: (069) 79 03-0.
Die folgenden Reedereien bieten **Autofähren** von Italien nach Griechenland an:
Adriatica: Brindisi – Korfu – Igoumenitsa – Patras.
Agoudimos: Brindisi – Korfu – Igoumenitsa.
ANEK: Trieste – Ancona – Korfu – Igoumenitsa – Patras.
Fragline Ferries: Brindisi – Korfu – Igoumenitsa – Patras; Brindisi – Igoumenitsa – Korfu.
Hellenic Mediterranean Lines: Brindisi – Patras; Brindisi – Igoumenitsa; Brindisi – Korfu; Brindisi – Zefalonia; Brindisi – Paxi; Brindisi – Ithaka; Brindisi – Zante; Brindisi – Lefkas.
Marlines: Ancona – Igoumenitsa – Patras; Bari – Igoumenitsa – Patras.
Minoan Lines: Venedig – Korfu – Igoumenitsa – Patras; Ancona – Patras; Ancona – Igoumenitsa – Patras; Ancona – Igoumenitsa – Korfu – Patras; Brindisi – Korfu – Igoumenitsa.
Superfast Ferries: Ancona – Patras.
Ventouris: Bari – Korfu – Igoumenitsa – Patras.
Weitere Autofähren verkehren auch von Haifa (Israel), Limassol (Zypern), Port Said (Ägypten) und Çesme sowie Istanbul (Türkei) nach Griechenland.

REISEVERKEHR - National

FLUGZEUG: *Olympic Airways* (OA) hat einen eigenen Terminal (Athen-West) und fliegt von Athen nach Alexandroupolis, Kerkira (Korfu), Heraklion, Chania und Sitia (Kreta), Thessaloniki, Rhodos, Samos, Mykonos, Santorini, Limnos, Milos, Kefalonia, Kalamata, Preveza, Kastelorizo, Zakynthos, Mitilini, Skiathos, Chios, Kassos, Kastoria, Kavala, Kos, Kozani, Kithira, Ioannina, Astypalaia, Leros, Naxos, Skiros, Syros und Paros und von Rhodos nach Kos, Heraklion (Kreta), Mykonos, Thira (Santorini), Karpathos und nach Kassos.
SCHIFF: Es ist preiswert und unkompliziert, mit dem Schiff zu den Inseln zu fahren. Auf den meisten Strecken gibt es im Sommer fahrplanmäßige Fährverbindungen. Fahrkarten kauft man in den Büros der Reedereien am Kai – in den größeren Städten haben die Reedereien eher ein Büro in der Stadtmitte. Es gibt drei Fahrpreisklassen auf den Fähren mit unterschiedlichem Komfort. Schlafkabinen kann man für längere Reisen buchen, oder um der Sonne zu entgehen. Auf den meisten Schiffen gibt es Restaurants. In der Hauptsaison sollte man die Fahrkarten frühzeitig kaufen, da die Inselfähren oft ausgebucht sind.
Fährstrecken: Von *Piräus* mit Linienfähren zu folgenden Häfen:
Dodekanes: Astipalaia, Chalki, Kalymnos, Karpathos, Kassos, Kos, Leros, Nissiros, Rhodos, Symi, Patmos und Tilos.
Kykladen: Ägiali und Katapola (beide Amorgos), Anafi, Donoussa, Folegandros, Heraklia, Ios, Kimolos, San-

Griechenland

torini, Kythnos, Koufonissia, Milos, Naxos, Mykonos, Paros, Schinoussa, Serifos, Sifnos, Sikinos, Syros und Tinos.
Peloponnes (ausschließlich Autofähren): Ägina, Gytheion, Hermioni, Hydra, Kithira, Methana, Monemvassia, Poros, Porto Cheli und Spetses.
Kreta: Agios Nikolaos, Chania, Heraklion, Kastelli, Rethymnonn und Sitia.
Samos: Karlovassi und Vathi.
Weitere Ziele: Agios Kirykos (Ikaria), Evdilos (Ikaria), Chios, Kastelorizo, Kavala (Makedonien), Limnos, Lipsi, Mitilini (Lesbos), Psara, Rhodos, Symi und Thessaloniki. Die Fahrpläne der einzelnen Fähren können entweder in den Büros der Reedereien, beim griechischen Fremdenverkehrsamt oder bei der Ankunft in Piräus erfragt werden.
Regionale Fähren verkehren zwischen **Rafina** (in der Nähe von Athen) und Amorgos, Andros, Chalkida (Euböa), Chios, Donoussa, Heraklia, Karistos (Euböa), Kavala, Koufonissi, Kythnos, Limnos, Marmari (Euböa), Milos, Mykonos, Naxos, Paros, Schinoussa, Serifos, Sifnos, Syros, Thessaloniki und Tinos.
Weitere Strecken: Agios Konstantinos – Skiathos – Skopelos – Alonissos; Volos – Skiathos – Skopelos – Alonissos; Thessaloniki – Skiathos – Skyros – Tiros – Mykonos – Paros – Santorini – Heraklion (Kreta) (Autofähre) – Kimi – Skyros; Kyllini – Zakynthos; Kyllini – Poros; Patras – Kefallinia – Ithaka; Patras – Igoumenitsa – Korfu; Astakos – Ithaka – Kefallinia; Lefkada – Kefallinia – Ithaka; Pessada – Schinari; Kavala – Limin; Kavala – Prinos; Keramoti – Thassos; Kavala – Samothraki; Alexandroupolis – Samothraki; Alexandroupolis – Limnos.
Auf **Tragflächenbooten** gelangt man von Piräus aus viel schneller zu den Inseln. Die Fahrpreise sind etwas höher als auf den Fähren, man spart jedoch viel Zeit; außerdem gibt es für alle Passagiere Sitzplätze im Schatten. Tragflächenboote legen auch von Zea Marina, Lavrio, Agios Konstandinos, Volos, Kimi (Euböa), Thessaloniki und Gytheion ab.
Bei den sogenannten *Flottilla Holidays* kann man große oder kleine Segelschiffe mit oder ohne Mannschaft mieten.
BAHN: Nordgriechenland: Athen – Theben – Levadia – Tithorea – Bralos – Lianokladi – Lamia – Stylis – Domokos – **Paleofarsala** (Anschluß nach Karditsa, Trikala, Kalambaka) – **Larissa** (Anschluß nach Volos) – Platamonas – Leptokaria – Litohoro – Katerini – Plati – **Thessaloniki** (Anschluß nach Plati, Veria, Naoussa, Edessa, Amindeo, Ptolemaida, Kozani, Florina oder Kilkis, Strimon, Sidirokastro, Serrai, Drama, Stavroupoli, Xanthi, Komotini, Alexandroupolis, Soufli, Didimotiho, Pithio, Orestiada, Dikea, Ormenio) – Polykastron – Idomeni. **Euböa: Athen** – Inoi – Avlida – Halkida (Chalkis). **Südgriechenland: Athen** – Elefsina – Megara – Korinth – Kiato – Nemea – Mykene – Argos – Tripoli – Diavolitsi – Kilokastro – **Diakofto** (Anschluß nach Mega Spileo, Kalavrita) – Egio – Patras – Amaliada – **Pirgos** (Anschluß nach Olympia) – Krestena – Kiparissia – Zevgolatio – Kalamata.

Fahrpreisermäßigungen: Mit Ferienpässen (für 10, 20 oder 30 Tage) kann man in der 2. Klasse unbegrenzt Zugfahren (weitere Ermäßigungen für Gruppen). Griechische **Seniorenpässe** sind ein Jahr lang gültig und gewähren 50% Ermäßigung auf Bahnfahrkarten.
BUS/PKW: Das Straßennetz in Griechenland ist im allgemeinen gut. Entfernungen: Athen nach Thessaloniki 511 km; nach Korinth 85 km; nach Igoumenitsa 587 km; nach Delphi 165 km. **Fernbusse** fahren von Athen zu allen größeren Städten in Attika, Nordgriechenland und dem Peloponnes. Die Busverbindungen auf den Inseln richten sich nach Bedarf, Fahrpläne sollten sorgfältig gelesen werden. Busfahrkarten sind zumeist billig. Auf einigen Inseln dürfen keine Motorfahrzeuge verkehren, die Inselbewohner benutzen stattdessen Boote, Esel und Eselkarren. Busse der *Hellenischen Staatsbahn* (OSE) fahren vom Athener Bahnhof in der Karolou-Straße nach Nordgriechenland und zum Peloponnes vom Bahnhof in der Sina-Straße.
Busauskunft beim Fremdenverkehrsamt (Syntagma-Platz, Athen), am Busbahnhof in der Liossion-Straße oder am Bahnhof in der Kifissou-Straße. **Taxis** sind recht preiswert, die Fahrpreise werden nach der Kilometerzahl berechnet. Zuschläge sind vom/zum Bahnhof, Hafen und Flughafen zu zahlen. Taxis werden häufig mit anderen Fahrgästen geteilt. Nachttarif zwischen 01.00 und 06.00 Uhr, doppelter Fahrpreis zwischen 02.00 und 04.00 Uhr.
Mietwagen: Die meisten Autovermieter haben in ganz Griechenland Niederlassungen. Einzelheiten von der Griechischen Zentrale für Fremdenverkehr. Der *ELPA* (griechischer Automobilklub) betreibt einen Straßennotdienst auf den Hauptverkehrsstraßen. In den größeren Städten stehen gute Reparaturwerkstätten zur Verfügung.
Verkehrsbestimmungen: Besucher erhalten bei der Einreise mit dem eigenen Fahrzeug eine auf 15 Monate befristete Erlaubnis zur zollfreien Benutzung des Fahrzeugs – davon sind die ersten sechs Monate gebührenfrei. Kinder unter 10 Jahren müssen auf dem Rücksitz fahren. Gurtanlegepflicht. Höchstgeschwindigkeit auf Autobahnen 100 km/h; 80 km/h auf Landstraßen und 50 km/h innerhalb geschlossener Ortschaften. Andere Geschwindigkeitsbegrenzungen gelten für Motorräder. Es ist verboten, gefüllte Benzinkanister im Fahrzeug mit sich zu führen.
Unterlagen: Für Einwohner der EU-Länder reicht der nationale Führerschein aus. Die Mitnahme der Grünen Versicherungskarte ist nicht mehr erforderlich, jedoch empfehlenswert.
FAHRZEITEN von Athen zu den anderen größeren Städten/Inseln Griechenlands (ungefähre Angaben in Std. und Minuten):

	Flugzeug	Schiff	Bus/Pkw
Korfu	0.50	–	11.00
Kreta	0.50	12.00	
Rhodos	0.55	14.00	–
Thira	0.40	12.00	–

Anmerkung: Die Straßenverbindung nach Korfu schließt eine kurze Fahrt mit der Fähre ein.

UNTERKUNFT

HOTELS: Hotelzimmer können direkt schriftlich bei den Hotels oder über den Hotelverband gebucht werden: *Xenodochiako Epimelitirio,* Odos Stadiou 24, GR-105 64 Athen. Tel: (01) 331 00 22/-26. Telefax: (01) 322 54 49, 323 69 62. Sowohl auf dem Festland als auch auf den Inseln stehen Hotels sehr unterschiedlicher Standards zur Auswahl, von Luxushotels auf dem Festland und den größeren Inseln bis hin zum einfachen Strandhäuschen. In der Hauptsaison (Osterzeit und Juni - Sept.) sollte man im voraus buchen. Die *Xenia-Hotels* werden zumeist von der Griechischen Zentrale für Fremdenverkehr betrieben. Überall gibt es kleine, freundliche Familienhotels, die eine gute Alternative zu den Hotelketten darstellen. Es gibt zahlreiche regionale Hotelverbände.
Kategorien: Die Einteilung der Hotels in Griechenland reicht von LUX (AA) (»Luxusklasse«) über A, B, C und D bis hin zur Klasse E (»Einfache Klasse«) und richtet sich nach Ausstattung, Lage und Zimmerpreis. In jedem Hotelzimmer muß sich eine Preistafel mit den von der Griechischen Zentrale für Fremdenverkehr genehmigten Preisen befinden. In der Vor- und Nachsaison sind Preisreduzierungen bis zu 40% möglich.
FERIENHÄUSER- UND WOHNUNGEN: Möblierte Zimmer in Privathäusern, Ferienwohnungen mit Reinigungspersonal und Villen können gemietet werden.
JUGENDHERBERGEN: Auskunft erteilt das Griechische Jugendherbergswerk: *Organisos Xenon Neotitos Ellados,* Odos Dragatsaniou 4, GR-105 59 Athen. Tel: (01) 323 41 07. Telefax: (01) 323 75 90. Es gibt zwei Jugendherbergen in Athen und 25 weitere im ganzen Land. JHW-Mitgliedschaft ist nicht immer erforderlich. Eine Adressenliste ist auch von der Zentrale für Fremdenverkehr erhältlich.
CAMPING: Es gibt zahlreiche offizielle Zeltplätze; ein Campingverzeichnis ist vom Fremdenverkehrsamt erhältlich. Freies Zelten ist überall im Land untersagt. **Wohnmobile** können in Athen gemietet werden. Auskünfte sind bei der *Griechischen Camping-Vereinigung* erhältlich: Odos Solonos 102, GR-106 80 Athen. Tel: (01) 362 15 60. Telefax: (01) 346 52 62.
Hinweis: In den Haupturlaubsgebieten gibt es eine »Touristenpolizei«, die Ausländer mit Fahrplänen und Landkarten versorgt, manchmal bei der Zimmersuche behilflich ist und über regionale Sehenswürdigkeiten Auskunft gibt. Anstecker zeigen an, welche Fremdsprachen die Polizisten sprechen.

URLAUBSORTE & AUSFLÜGE

Zur Übersicht ist diese Rubrik in 15 Regionen unterteilt, die jedoch nicht unbedingt den Verwaltungsgrenzen entsprechen.
Tier- und Umweltschutz: Einige Strände und Küstenregionen sind die Heimat der vom Aussterben bedrohten Schafskopfschildkröten und der Mönchsrobben. Wer diese aus der Ferne sieht, sollte die Tiere ungestört lassen und sich ruhig verhalten (kein Autolärm). Hinterlassen Sie keinen Abfall am Strand. Schildkröten fressen manchmal Plastiktüten, die sie mit Quallen verwechseln, und sterben daran. Nachts sollte man das Einschalten von Licht vermeiden.

Zentralgriechenland

Diese gebirgige Region des griechischen Festlands umfaßt die fünf Bezirke Böotien (Viotia), Fthiotida, Fokida, Evritania und Etoloakarnania.
BÖOTIEN: Porto Germeno (71 km von Athen entfernt), **Psata** (67 km) und **Alepohori** (61 km), typische Dörfer der Attischen Halbinsel, liegen inmitten von dichten Pinienwäldern am Golf von Korinth. In den geschützten Buchten kann man wunderbar schwimmen. Es gibt Unterkunftsmöglichkeiten und zahlreiche Fischrestaurants. Im Landesinneren, 87 km von Athen entfernt, liegt die sagenumwobene Stadt **Theben**, Heimat von Ödipus und Herakles, mit einem bedeutenden *Archäologischen Museum,* das sich kein Geschichtsfreund entgehen lassen darf. Besonders sehenswert ist die Kollektion der bemalten *Larnakes* (Mykenische Sarkophage). Richtung Norden, unweit der Hauptstraße von Delphi nach Athen, liegen die Südhänge des Parnassus, der sich 2457 m über dem Golf von Korinth erhebt. In der Felslandschaft stößt man auf ein natürliches Amphitheater mit der *Opferstätte des Apollo,* eine der berühmtesten archäologischen Stätten Griechenlands.
FOKIDA: Delphi (176 km von Athen entfernt) erreicht man über die Straße, die über Levadia und Arachova durch Böotien führt. Delphi ist, nach der Akropolis von Athen, die zweitattraktivste Sehenswürdigkeit. Hier befindet sich das *Heiligtum des Apollo,* in dem der Sitz der berühmten *Orakels* war. Das Orakel wurde jahrhundertelang nicht nur von griechischen Herrschern um politischen und moralischen Rat befragt, sondern auch

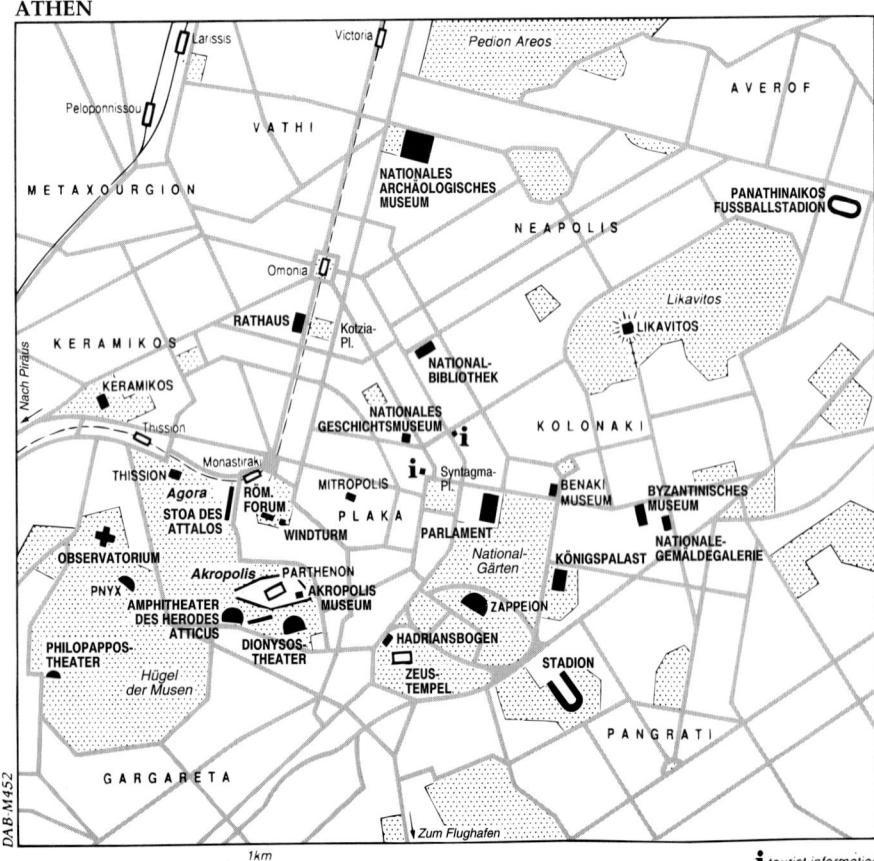
ATHEN

Griechenland

▲ *Nytia Pindos Berglandschaft*

von einfachen Personen aufgesucht. Die Ruinen des *Apollotempels* sowie die vielen Sockel und Überreste von Statuen hinterlassen einen langanhaltenden Eindruck beim Besucher. Oberhalb des Heiligtums liegt das antike Theater aus dem 4. Jahrhundert v. Chr., das noch sehr gut erhalten ist. Hier werden an einigen Nachmittagen antike Tragödien aufgeführt. Weitere Sehenswürdigkeiten, die zur eindrucksvollen Atmosphäre von Delphi beitragen, sind das *Heiligtum der Athene*, das *Gymnasium* und das *Stadion*, in dem die pythischen Spiele einst gehalten wurden. Die *Kastalische Quelle* ist das Ziel eines jeden Pilgerers. Es heißt, daß das klare, kalte Wasser der Quelle heilbare Kräfte enthält. Im *Museum von Delphi* steht die römische Kopie des *Omphalos* (»Nabel der Welt«) und die wundervolle Statue des *Wagenlenkers* (ca. 475 v. Chr.).

Itea, das antike Chalkion, liegt an der Nordküste des Golfs von Korinth, am Rand des heiligen Tals von Delphi. Der Strand mit seinen Olivenbäumen im Hintergrund ist hier einfach einmalig. Eine gut instandgehaltene Straße führt nach **Kira**, wo die Ruinen der antiken Landungsbrücken noch auf dem Meeresgrund zu sehen sind. In Itea, Kira, Galaxidi, Eratini und auf den kleinen Inseln Trizonia und Ai-Gianis kann man gut baden.

FTHIOTIDA: Dieser schöne Landkreis besticht durch seine Berglandschaft und Flüsse, zahlreichen Heilquellen, Wälder und Sandstrände. Besonders bekannt ist der Kurort **Kamena Vourla** mit seinem trockenen, gesunden Klima. Die Hauptstadt **Lamia** wird überragt von der auf einem Hügel thronenden Kreuzritterburg. Eine herrliche Aussicht bis zu den Küsten von Euböa erhält man, wenn man die *Kirche des Hl. Lukas* besteigt, die sich auf dem gegenüberliegenden Hügel der Burg befindet. Im Westen dieser Region liegt der Ort **Ipati** mit seinen modernen Kuranlagen. Skifreunde treffen sich im Wintersportgebiet am Berg Parnassus. Fremdenverkehrsämter liegen in **Fterolaka** und **Kelaria** in 1600 bzw. 2250 m Höhe. Das Skizentrum ist von Dezember bis April täglich zwischen 09.00-16.00 Uhr geöffnet. Der Athener Skiklub betreibt auf 1800 m Höhe ein Skizentrum in **Gerondovrahos** auf dem Parnassus. Weitere Urlaubsorte in dieser Gegend sind Agios Konstandinos, Arkitsa und Livanates.

Attika

Die typischen Merkmale der Halbinsel sind stille Strände, Pinienwälder und die thymianbedeckten Hänge der Berge Parnes, Hymettus und Penteliko. **ATHEN**, die Heimat der Olympischen Idee, ist der Mittelpunkt und die Drehscheibe dieser Region. Antike und Moderne stehen hier unmittelbar nebeneinander. Das Wahrzeichen von Athen ist der Hügel der *Akropolis* mit dem 2400 Jahre alten *Parthenon* (geweiht der Göttin Athene), einem der berühmtesten klassischen Bauwerke der Welt. Nachts wird der Parthenon mit bunten Scheinwerfern angestrahlt. Ganz in der Nähe liegen das *Dionysostheater* (4. Jh. v. Chr.) und das restaurierte *Amphitheater des Herodes Attikus*, in dem von Juni bis September die Theaterstücke der internationalen Athenfestspiele aufgeführt werden. Auch der *Hephaistostempel*, der besterhaltene Tempel im dorischen Stil, die *Römische Agora*, das Zentrum des öffentlichen und geschäftlichen Lebens, das *Hadriantor*, die Grenze der alten Stadt des Theseus und der neuen des Hadrian und das *Horologion des Andronikos von Kyrrhos* (»Turm der Winde«), ein achteckiger Turm, der auf seinen acht Seiten personifizierte Winde darstellt, sind von hier bequem zu erreichen. Zahlreiche Museen ermöglichen außerdem einen Einblick in die Welt der Antike. Im Zentrum Athens gibt es moderne Geschäfte, Restaurants, internationale Hotels und Nachtklubs. Einen malerischen Kontrast hierzu stellt das Stadtviertel *Plaka* unterhalb der Akropolis dar – hier liegen der berühmte Flohmarkt und zahlreiche kleine Tavernen und Kunstgewerbeläden in engen, verträumten Gassen. *Monastiraki* ist die Fortsetzung von Plaka und beherbergt viele Antiquitäten- und Volkskunstläden.

Piräus, einst der größte Hafen des Altertums und heute der bedeutendste Hafen des Mittelmeers, liegt im Saronischen Golf, etwas außerhalb der Hauptstadt. Von hier aus legen Linienfähren zu den Inseln und zu anderen Küstenstädten ab. Eine elektrische Bahn verkehrt zwischen Athen und Piräus.

Von Piräus nach Kap Sounion, an der Südspitze des Vorgebirges, erstreckt sich mit der **Apollo-Strand** eins der besterschlossenen Touristengebiete. Jachthäfen, herrliche Badestrände, kleine Buchten, moderne Hotelkomplexe, Ferienwohnungen, auf Fischgerichte spezialisierte Tavernen, Feinschmecker-Restaurants und Nachtklubs gehören zu den Attraktionen dieses Küstenstreifens.

Urlaubsorte (Entfernungen von Athen): Paleo Faliron (8 km), Alimos (11 km), Glifada (17 km), Voula (18,5 km), Kavouri (23 km), Vouliagmeni (24 km), der See Vouliagmeni (ein Kursee in schöner Umgebung, 26 km), Varkiza (28 km), Lagonissi (40 km), Anavissos (51 km) und Kap Sounion (69 km).

KAP SOUNION ist ein steiler Felsvorsprung, Wahrzeichen der Umgebung südöstlich von Athen. Auf dem höchsten Punkt des Kaps befinden sich die Ruinen des *Poseidontempels* – der Aufstieg auf steilem Pfad lohnt sich.

Östlich von Athen liegt **KINETA**, ein Ferienort mit weitläufigem Strand am Saronischen Golf, den man über die alte Landstraße von Athen nach Korinth erreicht. An der **Ostküste** der Halbinsel, zwischen Kap Sounion und Skala Oropou, gibt es zahlreiche Ferienorte inmitten von Pinienwäldern, u. a. (Entfernungen von Athen) Lavrio (52 km), Porto Rafti (38 km), Loutsa (30 km), Rafina (28 km), Mati (29 km), Agios Andreas (31 km), Nea Makri (33 km), Schinias (44 km), Agia Marina (47 km) und Agii Apostoli (44 km). Fast überall gibt es eine gute Auswahl an Hotels, möblierten Zimmern, Restaurants und Tavernen.

Die Inseln im Saronischen Golf

Der Saronische Golf bildet eine riesige Bucht zwischen Attika und der Peloponnesischen Halbinsel. Die bekanntesten seiner Inseln sind Ägina, Salamis, Methana, Poros, Hydra, Spetses, Dokos, Spetsopoula und die kleinen Inseln Angistri und Moni.

Zur Insel **SALAMIS** kommt man mit zahlreichen *Kaikis*, Motorbooten, von Piräus und von Perama aus. Die Insel ist eher geschichtlich als landschaftlich interessant. Das *Marienkloster Faneromeni*, mit seinen vielen Fresken, die aus der byzantinischen Zeit stammen, ist sehenswert. Sandstrände gibt es um Kaki Vigla, Moulki, Kanakia und Peristeria. Große Hotels fehlen völlig.

ÄGINA ist wegen seiner herrlichen Strände, wegen des klaren Wassers und des guten Klimas bei Urlaubern besonders beliebt. Die Insel ist flach und ideal zum Radfahren. Der *Tempel von Aphaia*, das *Marienkloster Chryssoleodissa* und das *Archäologische Museum* lohnen sich für Besichtigungen. Vom dorischen *Apollotempel* ist heute leider nur eine Säule erhalten. Wunderschöne Landschaft und Strände findet man in Plakakia, Agia Marina, Faros und Marathonas. Die Inseln **ANGISTRI** und **MONI** sind bewaldet und eignen sich hervorragend für Ausflüge.

Auf **METHANA**, dem Landzipfel des Peloponnes gegenüber der Insel Ägina, ziehen die Quellen der Stadt **Methana** seit dem Mittelalter Kurgäste an. Die Griechische Zentrale für Fremdenverkehr baute hier auch moderne hydrotherapeutische Anlagen.

POROS ist eine dichtbewaldete und im Sommer recht überlaufene Insel vor der peloponnesischen Stadt Galatas. Poros besteht eigentlich aus den zwei Inseln **Calavria** und **Sphaeria**, die sich durch ein Erdbeben vereinigt haben. Eine schmale Landbrücke bei der Meerenge von Argolis verbindet sie miteinander. Es gibt

Griechenland

Fähren zum nur 400 m entfernten Festland, wo man schöne Fahrradausflüge unternehmen kann, z. B. zu den riesigen Zitronenhainen von *Lemonodassos* und zur Schlucht von *Trizina*, dem sagenumwobenen Geburtsort von Theseus. Die Sandstrände bei Askeli und Neorio werden auch von Fähren angelaufen.
HYDRA (IDRA) ist eine kosmopolitische Insel mit lebhafter Abendunterhaltung und Ort der Begegnung für Künstler und Kunstliebhaber. Ein großes ehemaliges Mönchskloster steht am höchsten Punkt der Insel sowie andere zahlreiche Kapellen und Klöster. Schöne Strände gibt es entlang der Westküste bei Kaminia, Molos, Vlihos und Mandraki. Die Wasserhöhle von Bariami ist in einen Swimmingpool umgewandelt worden. Viele Strände sind am einfachsten mit dem Boot zu erreichen. Es gibt keinen Motorverkehr auf der Insel und nur wenige Hotelzimmer. Die meisten Besucher mieten Privatunterkünfte.
SPETSES liegt südwestlich von Hydra am Eingang des Argolischen Golfes und ist schon seit Jahren als Ferieninsel mit guten Hotels und Freizeitanlagen bekannt.
Ferienorte: Zogeria, Agia Marina, Agia Anargiri und Agia Paraskevi.

Peloponnes

Korinth ist ein guter Ausgangspunkt für eine Reise durch die sieben Provinzen dieser Region, die von Zentralgriechenland durch den Korinthischen Golf getrennt ist.

▲ *Blick auf Karpathos*

KORINTH war einst ein mächtiger Stadtstaat mit stolzer Flotte und ein Rivale Athens. Die alte Stadt wurde 1858 durch ein Erdbeben zerstört, wiederaufgebaut und 1928 durch ein weiteres Erdbeben erneut zerstört. Trotz seiner schönen Lage ist das moderne **Korinth** nicht sehr bemerkenswert. Atemberaubend ist allerdings der Blick auf den *Kanal von Korinth*, der die einzige Landverbindung zwischen Zentralgriechenland und der Peloponnesischen Halbinsel darstellt. **Alt-Korinth**, die Hauptstadt des römischen Griechenlands, liegt am Fuße des Berges Akrokorinth. Südlich von Korinth, in dem Arahneo-Gebirge hinter der Stadt **Epidaurus**, liegt das eindrucksvolle *Epidaurustheater*. Mit einem Fassungsvermögen von 12.000 Zuschauern und einer sagenhaften Akustik ist dies wohl das bekannteste und besterhaltene antike Theater. Hier finden an den Wochenenden im Juli und August die Festspiele des Epidaurus statt. Zu den archäologischen Sehenswürdigkeiten dieser Gegend zählen auch das berühmte *Löwentor* bei **Mykene**. Hier wurde 1876 die goldene Totenmaske des Agamemnon gefunden, die im Athener Nationalmuseum zu besichtigen ist.
Von Korinth aus nach Nordwesten führt eine Küstenstraße an Obstbaumplantagen, Palmen und Kiefernwäldern zu dem beliebten Urlaubsort **Xylokastron** über die Dörfer Vrahati, Kokoni und Kiato. Hier hat man eine wunderbare Aussicht auf die Berge Parnassus und Elikon. Hinter der Kiato-Brücke führt eine Straße bergauf zu den weitläufigen Tannenwäldern in die Umgebung von Goura. Eine andere Bergstraße führt von Xylokastron aus ins Landesinnere in das erfrischende Klima von **Trikala** am Ziraberg, dem größten Skigebiet des Südens.
Die **WESTKÜSTE** des Peloponnes gliedert sich in unzählige kleine Buchten und Sandstrände. Einige der Strände, einschl. Katakolo und Agios Andreas (westlich von Pirgos) sowie Kourouta und Kilini (im Norden), bieten moderne Anlagen. **Patras**, die größte Stadt der Halbinsel und das »Tor zum Westen«, ist ein vielbesuchtes Industrie- und Handelszentrum. Hier gibt es Einkaufspassagen, gute Hotels und Ferienanlagen. Westlich von Patras liegt Lapas, weiter südlich findet man die Strände Kourouta und Palouki. Ein Bus fährt einmal am Tag nach Amaliada. In **Kilini** gibt es Mineralquellen, Kuranlagen, einige neue Hotels und einen schönen öffentlichen Strand. Östlich von Patras gibt es Strände in Psathopirgos, Lambiri, Longos, Selianitika, Kounoupeli und Kalogria. Ein kleiner Zug erklimmt die Vouraikos-Schlucht von **Diakofto** nach Kalavanta. Weitere Ferienorte sind Vartholomio, Niko Leika (Egio), Lakopetra und Metoni. 77 km südöstlich von Patras führt eine Straße durch die atemberaubende Berglandschaft bei **Kalavrita**. Über die Bergstraße von Kalavrita gelangt man nach **Olympia**, zum Ursprungsort der Olympischen Spiele, wo die olympische Flamme noch heute entzündet wird. Die Spiele waren wahrscheinlich einst Totenspiele zu Ehren des Königs Pelops, nach dem auch die Halbinsel »Peloponnes« benannt wurde. Olympia liegt ca. 19 km östlich von Pirgos. Die archäologische Stätte von Olympia sollte man sich nicht entgehen lassen. Im *Archäologischen Museum* steht die berühmte Statue des Hermes des Praxiteles (330 v. Chr.) und im *Museum der Olympischen Spiele* wird die Geschichte der neuzeitlichen Olympiaden dokumentiert. Die Straße von Olympia Richtung Osten folgt dem Fluß Alfios durch die wilden arkadischen Berge. Hier liegt das Kurbad **Loutra.** Hinter Isounda fällt die Straße haarsträubende 300 m tief ab. Die Hauptstraße von Olympia nach Tripoli ist weniger heimtückisch und führt von den Bergen in die Ebene um Tripoli. In **Bassae** gibt es einen gut erhaltenen *Apollotempel* zu besichtigen. In **Kaifa** liegt ein Kurbad mit heißen Quellen auf einer Insel im See. Die malerische Küstenlandschaft des westlichen Peloponnes bietet unzählige schöne Badestellen, vor allem zwischen Kilini und Kiparissia.
An der **OSTKÜSTE**, südlich von Korinth, gibt es Badestrände u. a. in Nea Kios, in der Nähe von Argos, im südlichen Assini Kosta und in Tolo. An der südlichen Spitze des »Daumens« der Halbinsel, südöstlich von Korinth, liegt der beliebte Urlaubsort **Portoheli** mit schönen und verhältnismäßig leeren Stränden. Die gut instandgehaltenen Straßen der Umgebung bieten sich für Ausflüge zu interessanten Ortschaften wie Nauplia und Epidaurus an. In Portoheli gibt es etliche Hotels und vielfältige Wassersportmöglichkeiten. Fähren verkehren zwischen Portoheli und den Inseln im Saronischen Golf sowie zur Insel Spetses. **Nauplia** ist eine gut erhaltene venezianische Stadt mit klassizistischen Bauten, blumenverzierten Balkonen und verträumten Gässchen. Im Nordosten des Golfes gibt es eine wunderschöne Bucht.
IM SÜDEN DES PELOPONNES war der mächtige Stadtstaat von **Sparta** im Altertum für sein strenges Regime bekannt. Sparta ist heute eine Provinzstadt mit Parkanlagen, breiten Alleen und friedlicher Atmosphäre. Wenig ist jedoch von der Antike übriggeblieben. In der Nähe der 44 km entfernt liegenden Stadt **Mistra** stößt man auf die Ruinen einer byzantinischen Stadt. Die Kirchen und Paläste sowie die Burg und das Freilichtmuseum ziehen viele Besucher an. Nördlich von Mistra erheben sich die Berge Taigetos und Parnon. Von der Hafenstadt **Githio** aus, südlich von Sparta, kann man wunderbar die Mani-Region durchstreifen. In der Diros-Region gibt es Höhlen mit unterirdischen Seen und Flüssen bei Glifada und Alepotripa. **KITHIRA**, die Insel der Liebe und ihrer Göttin Aphrodite, liegt 14 Seemeilen vom Kap Malea an der Südspitze der Peloponnes entfernt. In **Agia Pelagia** legen Schiffe an, hier erstreckt sich ein wunderschöner breiter Badestrand. Die Inselhauptstadt **Kithira** liegt 30 km südlich von hier und ist auf der inselüberquerenden Straße einfach zu erreichen. Die Stadt liegt an einem Hang, weiter bergauf ragt eine venezianische Festung empor. Es gibt ebenfalls byzantinische Kirchen und Klöster, Tropfsteinhöhlen, kleine Seen und antike Tempel zu erkunden.

Euböa

Die Insel **EUBÖA (EVIA)** ist nach Kreta die zweitgrößte griechische Insel. Ein befahrbarer Damm und Fähren aus zahlreichen Häfen verbinden diese landschaftlich wunderschöne Insel mit dem Festland. Trotz des Urlaubsverkehrs gibt es noch immer einige ruhige und ursprüngliche Dörfer; außerdem weitläufige grüne Täler, Sandstrände, beaufsichtigte Badestellen, abgeschiedene Buchten und bewaldete Berghänge. In **Halkida** (Chalkis), der Hauptstadt der Insel, kann man im Archäologischen Museum wertvolle Funde aus der Antike besichtigen, darunter das *Dionysosrelief* und die kopflose *Statue der Athene*. In der Stadt gibt es zahlreiche Hotels und Restaurants – Fischgerichte sind die kulinarische Spezialität. An der Küste entlang Richtung Süden stößt man auf **Eretria** mit seinen bedeutenden archäologischen Stätten – antike Bäder, die Palästra mit dem schönen Mosaik und das Theater sind nur einige der Fundstätten, die auf Eretrias Stellung als zweitwichtigste Stadt der Insel im Altertum hinweisen. Weiter an der Küste kommt man an **Aliveri** vorbei, wo ein venezianischer Turm, die Lukas-Kirche und die wertvollen byzantinischen Fresken der etwas außerhalb gelegenen Kirche *Agios Nikolaos* zu besichtigen sind. An schönen Sandstränden vorbei gelangt man im Süden der Insel nach **Karistos** am Fuß des hochaufragenden Ochi-Berges. An der Ostküste Euböas ist **Kimi** eine schöne Stadt. Ihre Anfänge reichen möglicherweise bis in die Zeit vor dem Trojanischen Krieg zurück. Von **Paralia Kimis** (4 km von Kimi) legen Fähren zu den Sporaden-Inseln ab.

Thessalien

Auf dem Festland schließt Thessalien im Nordosten an die unter Zentralgriechenland beschriebene Region an. Die grüne Tiefebene wird von den Bergen Pindus, Olymp, Pelion, Orthrys, Ossa und Adrapha eingerahmt. Der Fluß Pinios fließt die westlichen Hänge des Pindus herab, mitten durch Thessalien, durch das Tempi-Tal bis zum Meer. Am nördlichsten Punkt des Pagasitischen Golfes liegt die Hafenstadt **Volos**. Der Sage nach brachen die Argonauten von hier aus auf, um das goldene Vlies zu suchen. An diesem Golf, der im Grunde eher eine riesige, geschützte Bucht bildet, liegen mehrere hübsche Küstendörfer, darunter Agria, das 7 km südöstlich von Volos liegt. Im Nordosten von Volos erhebt sich das dichtbewaldete Pelion-Gebirge mit malerischen Bergdörfern und Hafenstädtchen an der Ägäis. Die Ostflanke des Gebirges ist unwegsam und fällt steil ins Meer ab – im Westen senkt sich der Pelion jedoch sanft und buchtenreich hin zum Pagasitischen Golf. Im Norden wird Thessalien von der Bergkette des **Olymp** (2917 m) begrenzt, der Heimat der griechischen Götter und Land der Zentauren – und nur eine der vielen Stätten in dieser Region, an denen man dem antiken Griechenland auf den Spuren ist. An der Westseite der thessalischen Ebene, am Rande der Pindus-Bergkette, stehen 24 senkrechte Felsen, auf denen byzantinische Mönche vor 600 Jahren die Klostergemeinschaft *Meteora* erbauten.

Epirus

Epirus ist die Region nordwestlich von Zentralgriechenland und die bergreichste Gegend des Landes. Parga ist ein malerisches Städtchen, das halbmondförmig an der Bucht entlang erbaut wurde. Die Stadt ist von vielen kleinen Buchten, Sandstränden, Inselchen und bewaldeten Hügeln umgeben. Nördlich von Ioannina führt die Straße durch die Vikos-Schlucht am Fluß Aoos; hier liegen 46 hübsche Dörfer, die als die Zagorochoria bekannt sind. Die Schlucht liegt im Vikos-Aoos-Nationalpark, zu dem auch die kleinen Dörfer Mikro und Papingo gehören. In dieser Region liegen die Urlaubsorte Arta, Dodona, Igoumenitsa, Ioannina, Kastrossikia, Metsovo, Plataria, Preveza und Skamneli. Auf römische Ruinen stößt man in Nikopolis, Kassopi, Messopotamos und Dodona.

Makedonien

Makedonien ist ein besonders schöner Teil Griechenlands mit reicher Geschichte und zahlreichen archäologischen Ausgrabungsstätten, die sowohl im Sommer als auch im Winter Besucher anziehen.
In der nordwestlichen Provinz **Florina** liegen die Seen von Vegoritida, Kastoria und Prespa. Am Kleinen Prespa-See kann man manchmal sogar Pelikane, Kormorane und andere seltene Vogelarten nisten sehen. Das bergige Grevena liegt im südlichen Makedonien, das Pindus-Gebirge erhebt sich im Westen und das Hassia-Gebirge im Norden. Die stillen Dörfer dieser Region sind ideal

für Urlauber, die Ruhe und Frieden suchen. Im Norden liegen die Urlaubsorte Aridaia, Gianitsa, Edessa, Skidra, Drosopigi, Nymfeon und Kastoria; im Süden Perivoli, Kozani, Neapolis Petrana, Ptolemaida, Siatista, Kato Vermion, Naoussa und Veria. **Ferienorte an der Küste:** Katerini, Korinos, Leptokaria, Litochoro, Makrigialos, Methoni, Paralia und Plaka. Eines der größten griechischen Sportzentren befindet sich in Kato Vermio (Seli) in der Nähe von Naoussa.

Thessaloniki ist Griechenlands zweitgrößte Stadt mit einer modernen Künstlerkolonie und lebhaftem kulturellen Geschehen. Hier gibt es viele historische Sehenswürdigkeiten zu erkunden. Darunter die *Kamara* (Triumphbogen des Galerius, der um 300 n. Chr. erbaut wurde), die *Rotunde* (Mausoleum von Galerius) mit einzigartigen Mosaiken, zahlreichen byzantinischen Kirchen und Palästen, alten Stadtmauern, Gemäldegalerien und ein großartiges Archäologisches Museum. In den weiten Alleen stößt man immer wieder auf guterhaltene Jugendstil-Häuser sowie auf Cafés, Restaurants, Bouzouki-Lokale, Tavernen und Ouzo-Stuben. Nordöstlich von Thessaloniki befindet sich die bergige **CHALKIDIKI-HALBINSEL** mit ihren drei ins Meer ragenden »Fingern« Kassandra, Sithonia und Athos. In den meisten Küstengebieten dieser Region gibt es wunderschöne Strände und viel Grün. Die Hauptstadt Chalkidikis, **Poligiros**, bietet ein Archäologisches Museum mit Skulpturen und Vasen. Auf dem westlichsten »Finger« der Halbinsel, auf **Kassandra**, ist die Tropfsteinhöhle bei *Petralona* einen Besuch wert. Die Länge der Höhlengänge beträgt 1500 m, in denen die verschiedensten Formen von Stalaktiten und Stalagmiten zu finden sind. Der Schädel eines dort gefundenen Neandertalers wird in der Universität Thessaloniki aufbewahrt. Bei **Kalithea** stehen die Ruinen des *Tempels von Zeus Ammon*. Auf **Sithonia** ist das antike *Olynthos* sehenswert ebenso wie die idyllischen kleinen Häfen und Sandstrände. Die **Klosterrepublik Athos** darf leider nur von Männern besucht werden, Frauen ist der Zugang nicht gestattet. Eine Einzel- oder Gruppenbesuchserlaubnis muß beim Außenministerium oder beim Ministerium für Nordgriechenland, Abteilung für Zivilangelegenheiten (Dioikitiriou-Platz in Thessaloniki), beantragt werden. Übernachtungen werden nur Personen mit begründetem religiösem oder wissenschaftlichem Interesse gestattet. Das älteste Kloster auf Athos ist das *Megisti Lavra* und wurde im 10 Jh. vom Hl. Athanasios gegründet. Heute sind auf der Halbinsel von den einst 40 Klöstern nur noch 20 bewohnt und die Zahl der Mönche ist von 40.000 auf 1700 zurückgegangen. Im Osten Makedoniens, an der Straße von Drama nach Kavala, liegt **Philippi**. Dieser Ort wurde nach dem Vater Alexander des Großen benannt und ist als die Stelle bekannt, an der Cäsars Mörder Brutus und Cassius im Jahr 42 v. Chr. von Octavius besiegt wurden. Hier hielt auch der Apostel Paulus seine erste Predigt in Griechenland.

Die Insel **THASSOS** liegt vor der Küste im Osten Makedoniens. Sie ist dicht bewaldet mit Eichen, Zedern, Platanen und Olivenhainen. Thassos bietet gute Strände und Fischgründe in Makriamos, Arhangelos, Agios Ioannis, Limenas, Potos und Pefkari. An der Nordküste liegt die Hauptstadt **Limenas**, die ein hübsches Museum hat. In der Nähe kann man einige archäologische Funde besichtigen: den *Tempel der Pythia und des Apollo*, die *Agora*, die Theater und ein Denkmal in der *Opferstätte des Dionysos*. Fähren nach Thassos legen von Keramoti und Kavala auf dem Festland ab. Zur kleinen Insel Thassopoula gelangt man per Kaiki.

Kavala ist eine moderne Handels- und Hafenstadt mit freundlicher Atmosphäre. Hier gibt es Hotels, Strandpromenaden, Freizeitanlagen, Restaurants und Tavernen. Im malerischen Hafen kann man Boote zum Fischen, Segeln und Wasserskifahren mieten. Beliebte Sandstrände gibt es in Kalamitsa, Batis und Toska; ruhiger und abgelegener sind die Strände in Iraklitsa und Peramos. In der Nähe befinden sich weniger bekannte Tropfsteinhöhlen und archäologische Ausgrabungsstätten. Auf dem Pangaion kann man gut bergsteigen.

Thrakien

Jenseits von Makedonien, im äußersten Nordosten des griechischen Staatsgebietes, wird die Atmosphäre orientalischer. **Xanthi**, die Hauptstadt der gleichnamigen Provinz, liegt in atemberaubend schöner Landschaft. In der Altstadt kommt man in steilen Gäßchen an bonbonfarbenen Häusern mit schmiedeisernen Balkonen vorbei, in der Neustadt gibt es breite Pappelalleen mit Eiscafés und Zuckerbäckereien. Südöstlich von Xanthi, auf einer schmalen Landzunge zwischen dem Meer und der Vistonida-Lagune, liegt das Städtchen **Lagos** mit seinen reichen Fischgründen und seltenen Vogelarten. Einer der besten Strände in Nordgriechenland liegt 8 km östlich von **Fanari**. Die Hauptstraße macht einen Schlenker zur Küste, führt ins Landesinnere Richtung Osten zur gemütlichen ländlichen Stadt **Komotini**. Enge gepflasterte Gassen mit dem Duft von frischgemahlenem Kaffee laden zu einem Bummel durch die Stadt, in der sich Okzident und Orient treffen. Fährt man die Küste weiter, so kommt man nach **Alexandroupolis**. In dieser modernen Stadt gibt es eine schöne Uferpromenade und ein Archäologisches Museum, in dem die örtlichen Funde besichtigt werden können. Für feine Seidenstoffe ist die Stadt **Soufli** bekannt, die 67 km nordöstlich von Alexandroupolis liegt. Südöstlich von Alexandroupolis ist Vogelfreunden das **Feucht-Biotop Evros** zu empfehlen, eines der größten Vogelschutzgebiete Europas, in dem alljährlich fast 270 Vogelarten überwintern oder rasten.

Die Ionischen Inseln

Die Ionischen Inseln liegen entlang der Westküste des griechischen Festlandes. Diese Inseln hatten lange Zeit wenig Kontakt miteinander und haben sich daher recht unterschiedlich entwickelt.

KORFU (KERKIRA) ist die nördlichste der Ionischen Inseln. Die Landschaft ist hügelig mit üppiger Vegetation. Die Hauptstadt heißt ebenfalls **Kerkira** und hat zwei Häfen mit großen venezianischen Festungen. Ihre Architektur weist italienische, französische und englische Einflüsse auf. Wie in vielen Hauptstädten der Ionischen Inseln gibt es hier breite Alleen, große Plätze, darunter eine *Spianada* oder Esplanade, gepflasterte Gassen, Bögen und Kolonnaden. Zu den Sehenswürdigkeiten gehören das Archäologische Museum, das Museum für Asiatische Kunst, das schöne, 1663 im venezianischen Stil erbaute Rathaus, die byzantinische Kirche von *St. Jason und Sosipater* aus dem 12. Jahrhundert und die Kirche des *St. Spiridon*. Gute Straßen führen von der Hauptstadt zu den Häfen Roda, Kassiopi und Douloura, in denen man gut fischen und schwimmen kann; außerdem zu ursprünglichen Dörfern im Landesinneren wie z. B. Ano Korakiana, Ano Garouna, Doukades, Agii Douli und Pelekas, in deren umliegenden Hügeln man wunderschöne Sonnenuntergänge beobachten kann. Der beste Golfplatz Korfus liegt auf den Ropa-Wiesen *(Livaditou Ropa)* im Pelekas-Bezirk. Auf der Westseite der Insel führen Straßen durch Oliven- und Orangenhaine, Kiefern- und Zypressenwälder. Zu den Ferienzielen auf Korfu gehören Kanoni in der Nähe des Mönchsklosters *Vlaherni*, Perama, Benitses, Moraitika, Messongi, Dassia, Gouvia, Gastouri mit dem Museumspalast (dem *Achilleion*, das teilweise zu einem Kasino umgebaut ist), Ipsos und Paleokastritsa.

PAXI ist nur etwa 8 km lang und hat stille Sandstrände, Buchten, Felsküsten und Höhlen. Bisher ist die Insel allerdings noch kaum erschlossen. Sie wird von dichten Olivenwäldern bedeckt, von deren Anbau die Einwohner leben. Es gibt Mineralquellen in **Ozia**. An der Ostküste liegt der Hauptort **Gaios**. Motorboote fahren zur kleinen Insel **Antipaxi** südlich von Paxi.

LEFKAS (LEFKADA) ist durch einen langen Damm mit dem Festland verbunden. Zahlreiche kleine Inselchen umgeben diese grüne, fruchtbare Insel. Vom Berg Stavrota in der Inselmitte aus kann man gut zu Erkundigungsfahrten und Bergwanderungen aufbrechen. Gute Badestrände und Fischgründe befinden sich in den Dörfern **Agios Nikitas** an der Nordwestküste, **Ligia** an der Südostküste und **Vassiliki** an der Südwestküste. Vassiliki ist von hohen Klippen umgeben und hat einen stillen und sauberen Strand. Von hier aus kann man in einer halbstündigen Bootsfahrt die **Leukalischen Felsen** erreichen, auf denen sich einst der *Tempel des Apollon Leukatas* befand.

Die größte Ionische Insel ist **KEFALONIA**, ihre Hauptstadt heißt **Argostoli**. Nach einem Erdbeben sind von der venezianischen Inselstadt nur noch die *Bogenbrücke* und der *Obelisk* erhalten geblieben. Schöne Strände gibt es in Makri und Plati, Afratos, Nea Skala, Assos, Fiskardo und in der Region Palli in der Nähe des *Mönchsklosters von Kepourio*. Die Insel verfügt über ein gutes Straßennetz, über das man die geheimnisvolle Höhle bei **Melissani** erreichen kann. Innerhalb der Grotte befindet sich ein See. Beim Zenit der Sonne kann man auf der Wasseroberfläche des Sees die schönsten Farbspiele und Reflektionen der durch einen Spalt einfallenden Sonnenstrahlen beobachten. Weitere sehenswerte Naturerscheinungen der Insel sind die *Tropfsteinhöhle von Drogorati* mit ihren zahlreichen Stalagmiten und Stalaktiten sowie der Fels *Kounopetra*. Dieser befindet sich im Meer vor **Lixouri** und schwingt angeblich synchron zum Rhythmus der Wellen.

ITHAKA (ITHAKI) liegt 2-4 km östlich von Kefalonia und ist bekannt als die Heimat von Odysseus, dem Helden des trojanischen Krieges. Heute ist die Insel mit der Fähre einfach zu erreichen. Die Inselhauptstadt **Ithaki (Vathi)** ist klein, und ihre weißen Häuser liegen in einem ansteigenden Halbkreis an einem Ende der Bucht. Unweit hiervon liegt die *Nymphen-* bzw. *Marmorgrotte*, wo Odysseus seine phäakischen Geschenke versteckt haben soll. Vom Glockenturm der *Klosterkirche Katharon* hat man einen wunderbaren Blick über die gesamte Insel und bei klarer Sicht sogar bis zum Golf von Patras. Sandstrände gibt es in der Umgebung der fast noch unberührten Fischerdörfer **Kioni** und **Frikes**. Von hier aus führt eine Straße zu den *Höhlen von Loizos*, wo Zeugnisse der Verehrung von Artemis, Hera und Athene gefunden worden sind.

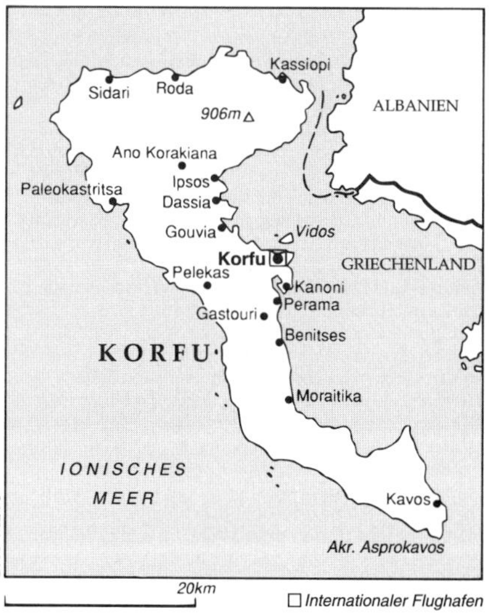

ZAKYNTHOS mit der gleichnamigen Inselhauptstadt ist die südlichste Insel der Ionischen Inselgruppe. Die venezianische Festung auf dem Hügel über der Hauptstadt bietet einen schönen Blick über die Bucht der Insel. Die Stadt beherbergt auch ein Stadtmuseum mit einer guten Sammlung von Gemälden der Ionischen Schule. Im Südosten liegt der Strand von **Laganas** mit zahlreichen Hotels, Restaurants und lebhafter Abendunterhaltung. Weitere Sandstrände befinden sich in Alikanas, Alikes und Tsilivi, 3 km von der Stadt Zakynthos entfernt.

Kreta

Kreta ist die südlichste und größte griechische Insel. Dadurch ist das Klima auf Kreta auch etwas anders als auf den restlichen griechischen Inseln. So herrscht im Norden Kretas Mittelmeerklima und im Süden ist es afrikanisch heiß. Landschaftlich ist die Insel sehr abwechslungsreich und birgt zahlreiche historische Stätten. An der Nordküste liegen die modernen Ferienzentren, unweit der Überreste alter Zivilisationen – minoische Paläste, byzantinische Kirchen, venezianische Festungen – und auch der Schauplätze neuzeitlicher Unruhen. Kreta ist in vier Bezirke aufgeteilt – Chania, Rethymnon, Heraklion und Agios Nikolaos – und hat ein gutes Straßennetz mit regelmäßigen Busverbindungen.

Heraklion ist die größte und lebhafteste Stadt der Insel mit interessanter Abendunterhaltung und etlichen Sehenswürdigkeiten. Im Bezirk von Heraklion befinden sich drei wichtige Stätten minoischer Kultur (Knossos, Malia und Phaetos). Der griechischen Sage nach fand der Kampf zwischen Theseus und Minotaurus auf Kreta statt; und die *Ruinen von Knossos*, die Überreste des Labyrinths sein sollen, sind wohl das berühmteste Wahrzeichen der Insel.

Östlich von Heraklion liegt **Agios Nikolaos**, eines der

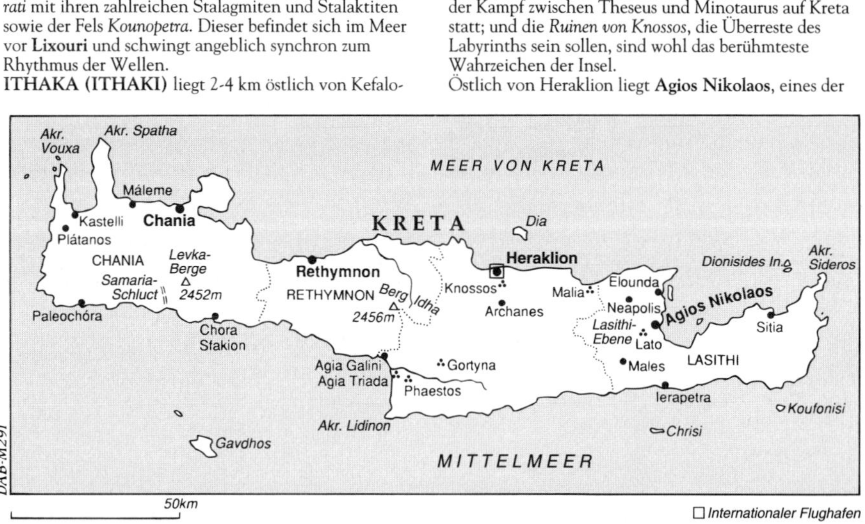

bekanntesten Urlaubsgebiete der Insel. In der Hauptsaison kann es hier überfüllt sein. Die Ostküste Kretas ist ein beliebtes Urlaubsziel für Pauschalreisende. Der Bezirk **Rethymnon** verbindet die sanfte Hügellandschaft der Nord- und Südküste mit den eindrucksvollen Schluchten der Idi- und der Weißen Berge. Die Bezirkshauptstadt Rethymnon liegt an der Nordküste. Vom Flughafen nach Rethymnon fährt man etwa 1 Std. 30 mit dem Bus Richtung Westen. Den Hafen schützt eine guterhaltene venezianische Festung; wie in den anderen Städten der Nordküste spiegelt sich auch hier der venezianische Einfluß in der Architektur wider.

Elounda und **Ierapetra** sind die größten Ferienzentren der Region Lassithi. Im Westen der Insel liegt der fruchtbare Bezirk **Chania**. Die Bezirkshauptstadt trägt den gleichen Namen. Ihre Architektur ist eine Mischung aus moderner, neoklassizistischer und venezianischer Architektur. In der Umgebung liegen die Ferienzentren Platanas, Maleme und Kolimbari. Zu den Ausflugszielen zählen die *Süßwasserquellen bei Falarsana* und die längste Schlucht Europas, die *Samaria-Schlucht*. Andere Urlaubsorte auf Kreta sind Agia Galini, Agia Mannia, Agia Plagia, Amnissos, Amoudara, Gouves, Kokini Hani, Limenas Hersonissou, Malia, Sitia und Stalida.

Der Dodekanes

Südöstlich des griechischen Festlandes liegen die 12 Inseln des Dodekanes. Die Entfernung zwischen den Inseln ist so gering, daß man als Besucher leicht von einer Insel zur anderen fahren und die internationale Anziehungskraft von Rhodos oder Kos mit dem zurückgezogeneren und einfacheren Lebensstil auf Tilos oder Astipalea vergleichen kann.

RHODOS, die größte Insel des Dodekanes. Hier stand einst auch der berühmte, 35 m hohe *Koloß von Rhodos*, eines der Sieben Weltwunder der Antike. Rhodos ist eine der meistbesuchten Inseln des Mittelmeeres, mit Hotels der internationalen Klasse, vielseitigem Nachtleben, Sportanlagen und Duty-free-Shops. Die Küste ist 370 km lang, das Straßennetz ist ausgezeichnet, und die Busverbindungen zwischen den Städten und Dörfern funktionieren reibungslos. In den Reisebüros kann man täglich Bustrips zu den archäologischen Ausgrabungsstätten und anderen Ausflugszielen buchen. Die Inselhauptstadt heißt ebenfalls **Rhodos**, liegt an der Nordspitze der Insel und besteht aus Neustadt und Altstadt. Die Neustadt bietet moderne Luxushotels mit Swimmingpools und breiten Ladenstraßen. Die Altstadt hingegen, die von den Mauern einer mittelalterlichen Festung umgeben ist, lädt die Besucher zu einem Bummel durch die schmalen, kopfsteingepflasterten Gassen ein, in denen man Souvenirs wie Lederartikel, Teppiche und Schmuck einkaufen kann. Das *Ritterkrankenhaus* aus dem 15. Jahrhundert ist heute ein Archäologisches Museum, das die umschwärmte *Aphrodite von Rhodos* beheimatet. Der *Palast der Großen Meister* hat ebenfalls eine herrliche Sammlung an Möbeln aus dem 16. und 17. Jh. sowie Mosaikfußböden aus römischer Zeit. 2 km außerhalb der Stadt liegt die *Akropolis* des alten Rhodos mit zahlreichen eindrucksvollen Ruinen, einschl. des *Apollotempels*, eines Theaters und Stadions aus dem 2. Jahrhundert v. Chr. Die Ruinen des antiken *Ialisos* liegen in **Filerimos**, 15 km von Rhodos (Stadt) entfernt. Der Blick von der *Akropolis* ist absolut atemberaubend. 25 km südwestlich von Ialissos liegt **Kamiros**, eine der wenigen archäologischen Ausgrabungsstätten Griechenlands, an der man noch viele gut erhaltene Gebäude und Monumente aus der hellenischen Zeit bewundern kann. In der *Akropolis* von **Lindos**, 56 km südöstlich von Rhodos, gibt es auch noch einige Baudenkmäler der Antike. Zu den Feriengebieten zählen Faliraki, Ixia, Kalithea, Kremasti, Afandou Golf, Ialisos, Kritina, Lindos und Profitis Elias.

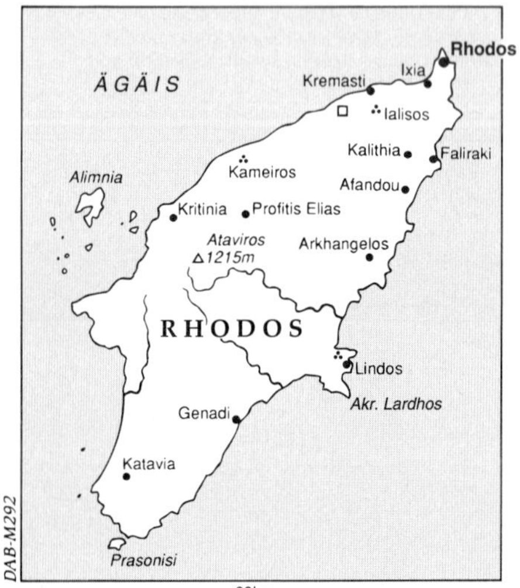

Rhodos ist auch bei Sportlern beliebt. Gute Fischgründe gibt es bei Lindos, Kameiros und Genadi. Wasserski- und Segelklubs werben um Mitglieder. Tennis, Basketball und Golf wird auf zahlreichen Sportplätzen gespielt.

Busfahrten mit Führung: Halbtags: Täglich eine Stadtrundfahrt. Ausflüge nach Lindos, Kamiros, Ialisos, zum Schmetterlingstal sowie »Rhodos bei Nacht« mit Abendessen und Folkloretänzen. Ganztags: Eine Besichtigungstour der byzantinischen Baudenkmäler.

Kreuzfahrten: Ganztagestouren entlang der Küste von Rhodos nach Simi und Panormitis sowie Ausflugsfahrten mit Führung nach Kos, Chalki, Tilos, Nissiros und Patmos.

Rundflüge nach Athen, Nauplia, Epidaurus, Korinth (2 Tage), Heraklion (Museum), Knossos, Phaistos, Gortys und Agia Triada (3 Tage).

Flugverbindungen zu anderen Inseln (s. *Reiseverkehr - National*)

KOS ist eine fruchtbare Insel mit mildem Klima, Sandstränden (einige haben schwarzen, vulkanischen Sand) und ausreichenden Hotelzimmern. Die meisten Sehenswürdigkeiten liegen in der gleichnamigen Stadt oder in der unmittelbaren Umgebung, so daß man sie bequem zu Fuß oder mit dem Fahrrad erreichen kann. Dazu zählt die *Platane des Hippokrates*, ein riesiger Baum mit 12 m Umfang, ein alter Platz mit den Ruinen griechischer Gebäude aus dem 4.-2. Jahrhundert v. Chr., der *Dionysostempel*, das *Odeon*, römische Bäder und ein hellenisches Gymnasium aus dem 2. Jahrhundert v. Chr. mit einer restaurierten *Kolonnade des Xystos*. Die *Johanniterfestung*, die man ebenfalls besichtigen kann, ist ein eindrucksvolles Beispiel mittelalterlicher Architektur mit doppelter Burgmauer und Burggraben. Die Strände auf dem Weg nach **Lambi**, nördlich von Kos, und Richtung Süden bei **Agios Fokas** werden allmählich für den Tourismus erschlossen. **Urlaubsziele:** Asfendiou, Kardamena, Pili, die alte Festung bei Palio Pili, die Fischerdörfer Marmari und Mastihari, Kefalos mit seinen schönen Stränden und Palatia, die Ruinen der alten Inselhauptstadt Astipalea; außerdem Antimahia, Lambi Milos Lappa und Psalidi. Es gibt tägliche Linienflüge zum Festland und regelmäßige Schiffsverbindungen nach Piräus. Die regionalen Fährgesellschaften verbinden Kos mit Rhodos, Kalymnos und Nissiros.

Busfahrten mit Führung: Täglich eine Inselrundfahrt.

Kreuzfahrten: Tageskreuzfahrten nach Kalymnos, Nissiros (mit Vulkanbesichtigung), Patmos (mit Besichtigung des Klosters und der Höhle Johannes des Täufers) und nach Pserimos mit seinem traumhaften Badestrand.

PATMOS liegt 140 Seemeilen von Piräus entfernt; ein Dampfer verkehrt auf dieser Strecke. Außerdem ist Patmos über den regionalen Fährverkehr mit den umliegenden Inseln verbunden, man kann auch nach Fourni, Lipsi und Leros fahren. 2 km vom Hafen Skala entfernt und mit dem Bus oder Taxi zu erreichen, liegt **Hora**, die Inselhauptstadt. Die bezaubernde Ortschaft liegt am Fuß des Klosters und besteht aus weißen Häuschen und engen Gassen, durch die kein Auto paßt. Das majestätische *Kloster des Propheten Johannes* in Hora ist ein Wallfahrtsort. Die »Heilige Grotte«, in der Johannes seine Offenbarung erhalten und niedergeschrieben haben soll, liegt in der *Kirche der Apokalypse* unterhalb des Klosters. Herrliche Strände, die mit dem Auto oder dem Motorboot von Skala aus erreichbar sind, gibt es in Grikos, Meloi, Netia, Diakofit und in der Kambos-Bucht. Die Ausflüge zu den Klöstern *Panagia Apolou* und *Panagia Geranou* sind besonders eindrucksvoll.

KALIMNOS erreicht man ebenfalls mit Liniendampfern vom 180 Seemeilen entfernten Piräus. Regionale Fähren verkehren zu den anderen Inseln der Dodekanes. Kalimnos ist felsig und nicht sehr grün – dafür hat hier die Schwammfischerei eine große Tradition, was sich auch in den Volksliedern und Tänzen der Insel widerspiegelt. Der Hauptort der Insel heißt **Kalimnos**. Ausflugsziele um Kalimnos sind die Tropfsteinhöhle *Kefala* und die *Grotte der Sieben Jungfrauen* sowie die Heilquellen bei **Therma** (1 km südlich der Stadt Kalimnos). An der Westküste liegen mehrere Urlaubsorte, u. a. Linaria, Mirties und Massouri. In der Nähe von **Horio** erheben sich die Ruinen der franko-byzantinischen *Festung Pera Kastro* sowie Spuren der Ruinen der *Christuskirche* aus dem 4. Jahrhundert. Im Südwesten liegen die *Klöster Evangelistria* und *Agia Ekaterini*, die beide auch Pensionen betreiben. Bootsausflüge zum Fischen und Schwimmen auf den Inseln Telendos und Pserimos bieten sich an.

SIMI ist eine überwiegend felsige Insel, 235 Seemeilen von Piräus und 25 Seemeilen von Rhodos entfernt. Sie wird von der regionalen Inselfähre angelaufen. In Pedi eignet sich der Strand gut zum Baden, ebenso die Buchten von Nanou, Marathoundas und Nimborio, die mit dem Motorboot erreichbar sind. Die nahegelegenen Inseln Seskli und Nimos bieten gute Fischgründe.

KARPATHOS ist eine bergige Insel mit fruchtbaren Tälern. Piräus liegt 227 Seemeilen entfernt. Im Sommer kann man die 89 Seemeilen von Rhodos mit dem Flugzeug überbrücken, ansonsten fährt man per Fähre. Der Hauptort **Pigadia** liegt in einer weitläufigen Bucht an der Ostküste. In der Nähe des natürlichen Hafens in Possi gibt es schöne Strände. Busse und Taxis verkehren auf der Insel, die Küstengegenden werden mit dem Motorboot angelaufen. Schön ist es in Aperi, Volada, Mirtonas, Othos, Messohori mit seinem herrlichen Badestrand in Agia Marina, im Fischerstädtchen Finiki und in Arkassa. Im Norden der Insel erhebt sich der dichtbewaldete Berg Profitis Elias (1140 m). Vom Hafenstädtchen Diafani an der Nordküste führt die Straße zum charmanten Dorf **Olimbos**, wo noch althergebrachte Traditionen gepflegt werden. So sind die Frauen hier immer noch in ihrer Nationaltracht gekleidet.

Ausflüge zur nördlichen Landzunge von Karpathos und mit dem Motorboot von Diafani aus zur kleinen Insel Saria mit den Ruinen der alten Stadt *Nissiros* bieten sich an. In der **Kira-Panagia-Bucht** gibt es traumhafte Strände und ein interessantes Kloster.

LEROS ist eine gebirgige und ausgiebig bebaute Insel, 169 Seemeilen von Piräus entfernt. Ausflüge zu den Küstendörfern Agia Marina, Koukouli, Kithoni, Panagies, Blefouti, Gourna, Lepida und Temenia bieten sich an. In der franko-byzantinischen Festung in der Inselhauptstadt **Patheni** und den Ruinen des byzantinischen Schlosses am Berg Kasteli im Nordwesten findet man die Spuren des alten Glanzes der Insel. Man kann kleine Boote mieten, um die guten Fischgründe auszunutzen. Einer der größten Naturhäfen des Mittelmeeres liegt 3 km von Patheni entfernt. Die Dörfer der Insel kann man mit dem Taxi erreichen, die Inselstraßen sind gut asphaltiert. Alte Sitten und Gebräuche haben auch hier überlebt: die Karnevalsfeiern erinnern an das alte Dionysosfest.

Auf **TILOS** gibt es wenig Tourismus. Die Insel ist hügelig mit zahlreichen einsamen, unverdorbenen Stränden und liegt 290 Seemeilen von Piräus und 49 Seemeilen von Rhodos entfernt. Die wenigen Einwohner leben in **Livadia**, einem Naturhafen, oder in **Megalo Horio**, einem Städtchen mit einer mittelalterlichen Burg. Gute Badestrände findet man in Livadia, Agios Antonius und Plaka. Esel und Maultiere sind die Hauptfortbewegungsmittel der Insel. Fast überall an der Küste gibt es gute Fischgründe, und man kann Boote mieten.

NISSIROS liegt 200 Seemeilen von Piräus und 60 Seemeilen von Rhodos entfernt und ist mit diesen beiden Häfen durch regelmäßigen Schiffverkehr verbunden. Die Insel ist nur 42 qkm groß, der riesige erloschene Vulkan läßt sie jedoch größer erscheinen. Die Inselhauptstadt **Mandraki** liegt unterhalb der mittelalterlichen Burg und des *Klosters Panagia Spiliani*. 8 km südwestlich von Mandraki liegen die Reste der alten *Akropolis* mit den pelaginischen Mauern, die an vielen Stellen noch gut erhalten sind. Gute Badestrände findet man im Fischerdorf Pali.

CHALKI ist eine kleine, hügelige Insel mit einsamen Stränden, 302 Seemeilen von Piräus und 35 Seemeilen von Rhodos entfernt. Der Dampfer, der alle kleineren Inseln der Dodekanes anläuft, macht auch auf Chalki Halt. Es gibt keinen Autoverkehr auf dieser friedlichen Insel, man kann jedoch Pferde oder kleine Motorboote mieten. Die wenigen Inselbewohner leben vom Schwammfischen und Tauchen. Wahrzeichen der hübschen Inselhauptstadt **Nimborio** ist der *Glockenturm Agios Nikolaos* zwischen weißen Häuserreihen. Die besten Badestrände der Insel liegen in der Nähe von Nimborio.

KASTELORIZO (MEGISTI), die am weitesten im Osten gelegene Insel der Ägäis, ist nur 9 qkm groß. Ein Boot von Rhodos läuft die Insel zweimal in der Woche an. Hoch über den Dächern auf einem Felsen liegt eine alte Burg, das *Castello Rosso*, die im 14. Jahrhundert von den Johannitern wiederaufgebaut wurde. Mit dem Boot erreicht man die geheimnisvolle *Höhle von Parasta* im Südosten der Insel. Schöne Strände gibt es in der Nähe des Hafens von Agio Stefanos und auf der unbewohnten Insel Agios Georgios (10 Min. mit dem Motorboot entfernt).

ASTIPALAA ist eine bergige und fruchtbare Insel mit schönen, sandigen Buchten. Sie liegt 165 Seemeilen von Piräus entfernt und wird von der Schiffahrtslinie angelaufen, die auch den Rest der Inselgruppe versorgt. Astipaläa ist ruhig und erholsam. Über der Inselhauptstadt mit dem gleichen Namen ragt die franko-byzantinische Burg. Die schönsten Fleckchen der Insel sind Livadia und Maltezana, wo es wunderbare Sandstrände gibt.

KASSOS liegt 3 Seemeilen südwestlich von der Insel Karpathos, 215 Seemeilen von Piräus und 94 Seemeilen von Rhodos entfernt. Der Dodekanes-Dampfer läuft auch diese Insel an. Die Hafenstadt **Emborios** und die Inselhauptstadt **Fri** sind besonders malerisch. Eine interessante Tropfsteinhöhle liegt westlich des Dorfes **Agia Marina**. Die Straßen sind nicht asphaltiert und führen zu den hübschen Dörfern Panagia, Arvanitohori und Poli. Mit dem Boot kann man die Insel Armathia erreichen.

Die Inseln der Nordost-Ägäis

Die Inseln dieser Inselgruppe, Chios, Samos, Lesbos (Lesvos), Limnos, Ikaria und zahlreiche kleine Inselchen, liegen weit verstreut im nördlichen Teil des Ägäischen Meeres.

LIMNOS, 188 Seemeilen von Piräus entfernt, ist bei Touristen verhältnismäßig unbekannt. **Mirina**, die Hauptstadt, wurde über den Ruinen des alten Mirinas errichtet. Ein Museum gibt Auskunft über die Geschichte der Insel. Ein schöner Strand liegt ganz in der Nähe. Die Pinienwälder von Nea Koutali reichen bis ans Ufer. Genau gegenüber von Nea Koutali, am Ostufer der großen Bucht, liegt **Moudros**. In dieser reizvollen Stadt laden attraktive Häuser, eine stattliche Kirche und gute

Strände zum Verweilen ein. Meeresfrüchte und ein starker Wein sind die örtlichen Spezialitäten.

LESBOS, 118 Seemeilen von Piräus entfernt, ist die größte Insel dieser Gruppe und Heimat der ersten Dichterin der Weltliteratur, Sappho. Riesige Olivenhaine, schattige Pinienwälder, schöne Strände und malerische Klöster sind die Wahrzeichen dieser Insel. Der Badestrand von Tzamakia liegt in der Nähe der Hauptstadt **Mitilini**, in dessen Archäologischem Museum der *Löwe von Gera* ausgestellt ist. Bei **Moria** stehen die Ruinen eines hellenistischen Theaters und eines römischen *Aquäduktes*. Bei den Thermalquellen von **Loutropolis Thermis** hat man Ausgrabungen freigelegt, die von fünf übereinander liegenden Siedlungen stammen. **Agiassos** ist wegen der *Junfrau mit dem Kind* in der Muttergotteskirche ein Anziehungspunkt für viele Pilger. In **Mithimna** im Norden der Insel treffen sich Künstler aus aller Welt. Hier dient die Burg im Sommer als Mittelpunkt von folkloristischen und kulturellen Veranstaltungen. Badestrände liegen in Vateron, Petra, Skala, Eftalou, Agios Issidoros (Kieselstrand) und am Golf von Kaloni an der Ostküste der Insel. Flugverbindungen bestehen zwischen Lesbos und Athen. Schiffe fahren von Lesbos nach Thessaloniki, Moudania, Leros, Kos, Kalymnos, Patmos, Rhodos, Skiathos, Samos, Chios, Limnos, Agios Evstratios und Agios Konstantinos.

Auf **CHIOS (HIOS)**, 153 Seemeilen von Piräus entfernt, erheben sich die Berge Profitis Elias und Oros. Die Hauptstadt gleichen Namens liegt an der Ostküste, nicht weit von der türkischen Küste von Ionien, und ist eine Hafenstadt mit zwei Gesichtern: am Hafen sieht man zuerst kleine, alte Häuschen mit davorliegenden Fischerbooten, neuen Anlegestellen und eine Promenade; dahinter erheben sich moderne Bürogebäude, in der Innenstadt gibt es zahlreiche verstreute Tavernen und Bäckereien und einen weitläufigen Basar. Im Archäologischen Museum, das hinter den Lagerhäusern steht, stößt man auf zahlreiche interessante Ausstellungsstücke. Das Museum für neuzeitliche griechische Bildhauer und die *Kirchen von Agio Issidoros* und *Agios Andreas* sind ebenfalls interessant. Schöne Strände gibt es in Karfa, Marmaro, Nago, Pandorikias, Langada und Emborios (schwarzer Kieselstrand) und in der Nähe des *Klosters von Agia Markella*. Die Dörfer im Süden der Insel haben noch immer einen mittelalterlichen Charakter. Die Häuser des Dorfes **Mesta**, einer »traditionellen Siedlung«, sind von der Zentrale für Fremdenverkehr in kleine Gasthäuser umgebaut worden. Diese mittelalterliche Siedlung hat sich im Laufe der Jahrhunderte kaum verändert. Im kleinen Fischerdorf **Passalimani**, das der Stadt Mesta als Hafen dient, kann man Privatzimmer mieten.

Kleine Boote fahren von Chios zur historischen **Insel Psara**. Einsame Strände, vorzügliche Fischgründe und das *Kloster Kimissis Theotokou* zeichnen diese Insel aus. Im einzigen Ort, an dem auch die Fähre anlegt, gibt es eine Pension. Kleine Boote fahren auch zu den herrlich ruhigen Inoussai-Inseln mit sandigen Stränden und kleinen Tavernen.

SAMOS, 174 Seemeilen von Piräus entfernt, besteht aus bewaldeten Hügeln, Olivenhainen, Weingütern und Wiesen. In der Hauptstadt **Samos** gibt es trotz umfangreicher Modernisierung noch einige schöne, alte Gebäude und Museen. Eine kurze Straße verbindet das Hafengebiet mit *Vathi*, der Altstadt, die an den Hängen der roten Lehmhügel hinter dem Hafen errichtet wurden. Das Dorf **Mitilini** bietet ein Paläontologisches Museum und bei **Ireo** findet man die Reste des *Heraheiligtums* und die einer frühchristlichen *Basilika*. Eine asphaltierte Küstenstraße führt von der Stadt Samos an den Stränden von Kokan, Tsarmadou, Aviakia, Darlovossi (Kieselstrand) und Potami vorbei die Küste entlang nach Karlovassi. Votsalakia und Hrissi Amnos an der Westküste sind wahrscheinlich die schönsten Strände der Insel. Beliebt sind auch die Strände von Psili Ammos und Posidonion an der Südostküste sowie die Strände in Gangos und am Kap von Kotsika. Die Inselchen Agios Nikolaos, Prasonisi und Vareloudi vor der Ostküste laden zum Tauchen ein.

Boote fahren zwei- bis dreimal die Woche nach Fourni, einem kleinen Inselchen mit ausgezeichneten Sandstränden.

IKARIA, 143 Seemeilen von Piräus entfernt, liegt zwischen Samos und Andros. Die Südküste der Insel ist steil und felsig, aber an der Nordküste liegen gute Badestrände. Die Inselhauptstadt ist **Agios Kirikos**. Auf dieser Insel gehören dichte Pinienwälder und rauschende Bäche zum Landschaftsbild. In Armenistis lädt ein schöner Sandstrand zum Baden ein. Heiße, radioaktive Quellen findet man im Kurort **Therma**, einige sollen gut gegen Rheuma und Arthritis sein, andere sind so stark, daß sie als gefährlich gelten. Mit gemieteten Motorbooten gelangt man nach Fanari am Nordostzipfel der Insel oder zur kleinen **Insel Fourni** im Osten, deren berühmte Spezialitäten Hummer, *Raki* und Honig sind.

Die Sporaden

Vor der Ostküste des griechischen Festlands liegen die vier Inseln der Sporaden – Skiathos, Skopelos, Alonissos und Skiros. Diese Inselgruppe wird als Ferienziel immer beliebter, vor allem in der Hochsaison wird frühzeitige Buchung empfohlen. Zahlreiche Hotels stehen zur Verfügung, man kann aber auch Ferienhäuser oder Privatzimmer mieten. Die örtliche Touristenpolizei stellt eine ausführliche Liste der Unterkunftsmöglichkeiten zur Verfügung.

SKIATHOS liegt 41 Seemeilen von der Stadt Volos entfernt. Die grüne, idyllische Insel hat über 70 kleinere und große Buchten. Es gibt drei Hafenstädte. Der höchste bewaldete Hügel ist 438 m hoch. Um Skiathos herum liegen neun kleinere Inseln; zwei davon, die **Tsougries**, bieten sichere Ankerplätze für Boote und Jachten im größten Hafen. Die gleichnamige Hauptstadt der Insel wurde 1830 auf zwei niedrigen Hügeln erbaut und ist heute während der Hauptsaison sehr belebt. Es gibt mehrere Hotels; Ferienhäuser und Privatzimmer werden vermietet. Eine gute Straße führt an der Südküste mit ihren vielen Buchten vorbei zum Koukounaris, einem Pinienhain. Preiswerte Motorbarkassen fahren regelmäßig zu den schönsten Stränden. Man kann auch Motorboote mieten und auf eigene Faust die Küste erforschen. Tavernen, Bars und Diskotheken sorgen für ein lebhaftes Nachtleben auf Skiathos. Die schönsten Strände liegen in Koukounaris, Mandraki, Lalaria (Kieselstrand) und Agia Eleni. Kastro, nordöstlich von Skiathos, ist eine hübsche, alte Stadt. Skiathos ist gut auf Touristen eingestellt. Im Jachthafen gibt es Schiffsausrüstungen, medizinische Versorgung und eine Werkstatt für leichte Autoreparaturen.

SKOPELOS liegt 58 Seemeilen von Volos entfernt. Die Insel hat kleine Buchten und goldene Sandstrände. An den Hängen stehen Olivenbäume, Kirchen und Klöster. Die Hafenstadt **Skopelos** hat enge, kopfsteingepflasterte Gassen und ist bedeutend ruhiger als Skiathos. Die farbenfrohen Häuser ziehen sich reihenweise in Halbkreisen zur Küste hinab. Ganz in der Nähe liegt ein schöner Sandstrand. Sehenswert sind auch die 1927 freigelegte *Grabstätte des Staphylos* sowie die Kapelle *Agios Athanassios*, die auf einem antiken Tempel erbaut wurde. Insgesamt gibt es über 350 Kirchen, Kapellen und Klöster auf der Insel. Interessant ist der Altaraufsatz der Christus-Kirche mit den kunstvoll geschnitzen Heiligenminiaturen.
Kindersichere Strände mit Sandbänken findet man in Staphylos, ca. 4 km außerhalb der Stadt, ebenso in Limnonari, von Agnondas mit dem Boot erreichbar, in Panormos in einer windgeschützten Bucht sowie in Milia, Elios und Loutraki, dem Hafen von Glossa. Wer Kieselstrand vorzieht, kommt in Agios Konstandinos auf seine Kosten. Die *Höhle von Tripiti* ist einen Besuch wert.
ALONISSOS liegt 62 Seemeilen von Volos entfernt. Die Mitte der Insel ist versunken, und nur einige kleinere Inseln ragen aus dem Meer. Beim **Psathoura Felsmassiv** sind die Überreste des antiken *Alonissos* sowie zahlreiche Tropfsteinhöhlen zu besichtigen. Taucher können in den flachen Gewässern Umrisse von Straßen, Häusern und Fenstern ausmachen. Bei ruhiger See kann man die Ruinen auch von der Oberfläche aus erkennen. Die Insel hat nur 10 km Straße, daher sind die besten Verkehrsmittel kleine Motorboote, die zwischen den Inseln, Badestränden und Sehenswürdigkeiten hin- und herfahren. Man teilt sich die Fahrkosten. Die Strände von Palavodimos, Stenivala, Ai-Nikolas und Kalamakia sind ausgezeichnet. Ein Motorboot fährt von der kleinen Hafenstadt Patitiri zum Strand von Kokkinokastro. Die Fahrzeit beträgt ca. 30 Minuten. Auf den unbewohnten Inselchen der Umgebung gibt es schöne, abgelegene Strände, aber keine Urlaubsanlagen. Kleine Hotels, Gasthäuser, Miethäuschen und Privatzimmer stehen Besuchern zur Verfügung sowie eine Arztpraxis, Hafen- und Zollbehörden, die Touristenpolizei und Bootsvermietungen. Mit einem gemieteten Motorboot kann man zu Angel- oder Erkundigungsausflügen aufbrechen. Die *Zyklopen-Grotte* mit vielfarbigen Stalaktiten und Stalagmiten kann man auf der **Insel Gioura** besichtigen.
SKIROS liegt 25 Seemeilen von Kimi (auf Euböa) und 118 Seemeilen von Piräus entfernt. Die größte Hafenstadt der Insel ist **Linaria**. Die Inselhauptstadt **Skiros (Horio)** erstreckt sich wie ein antikes Theater an den Berghängen. Eine Akropolis thront auf der Bergkuppe, die während des Mittelalters in eine Festung umgewandelt wurde. Unterhalb der Festung liegt das *Georgkloster* (962 gegründet). Strände findet man in der Nähe von Magazia, Molos und Girismata. Schön sind auch die weiter entfernten Strände von Ahili, Aspi, Kalamitsa, Pefkos, Atsitsa, Tris Boukes und Aherounes, die mit dem Auto erreichbar sind – asphaltiert ist jedoch nur die Straße nach Ahili, Aspi und Aherounes. Atsitsa und Pefkos sind eher abgelegene Strände. Fast überall findet man kleine Tavernen in Ufernähe. Im Sommer werden Rundfahrten mit Booten veranstaltet.

Die Kykladen

KEA (TZIA), 42 Seemeilen von Piräus entfernt, ist übersät mit kleinen, bebauten Tälern, bezaubernden Sandstränden, Obstgärten, kleinen Grüppchen weißgestrichener Häuser, pittoresken Dörfern und zahlreichen Kirchen. Der Hafen von Korissia gehört zu den sichersten Naturhäfen des Mittelmeers. In der Inselhauptstadt **Hora**, landeinwärts von Korissia, kann man 15 Kirchen und unzählige elegante Torbögen besichtigen. Zahlreiche Windmühlen, kleine Kapellen und imposante Klöster liegen im Inneren der Insel. Das berühmte *Kloster Panagia Kastriani* überblickt die Otzias-Bucht. Etwas außerhalb der Stadt steht der *Löwe vön Kea*, eine im 6. Jahrhundert aus dem Felsen gemeißelte Skulptur. In der Nähe des Fischerdörfchens **Vourkari** liegt eine archäologische Ausgrabungsstätte. Ausgezeichnete Badestrände gibt es in Koundouros, Otzias, Poles und Pisses.
KYTHNOS liegt 52 Seemeilen von Piräus entfernt. Die rauhe Landschaft der kleinen Insel wird von Weingütern und grünen Feigenbäumen aufgelockert. Die Häfen Loutra und Merihas bieten geschützte Ankerplätze an. An den dürren Hängen der Hügel liegt die Ortschaft **Hora** (amtlich **Messaria**). Sie ist besonders bekannt für die holzgeschnitzten Chorwände in den zahlreichen Kirchen, z. B. *Agios Savvas, Sotira, Agia Triada* und *Theologos*. Kythnos ist bei denjenigen Touristen sehr beliebt, die Ruhe und Frieden suchen. Die spontane Gastfreundschaft der Einwohner, die malerischen kykladischen Häuschen und die Wandmalereien und Ikonen der Kirchen tragen zur Anziehungskraft der Insel bei. In **Loutra** gibt es weithin bekannte radioaktive Heilquellen. Die *Klöster Panagia Kanala* und *Panagia tou Nikou* sind sehenswert.
SERIFOS liegt 70 Seemeilen von Piräus entfernt. Gärten und Obstgärten umgeben Livadi, den Fährhafen. Typisch kykladische Häuser und Kirchen säumen die ansteigende, mit Steinplatten gepflasterte Straße nach Hora. Weiter bergauf steht eine venezianische Festung. Einen Besuch lohnt auch die *Klosterburg Moni Taxiarhon* (in der Nähe von Galani) mit ihren schönen Fresken und der hervorragenden Bibliothek. Reizvolle Badestrände findet man in Mega Livadi, Koutalas, Agios Sostis, Psili Ammos, Agois Iannis und Sikamia.
SIFNOS ist 82 qkm groß und liegt 75 Seemeilen von Piräus entfernt. Vom Hafenstädtchen Kamares führt eine Straße landeinwärts zur Hauptstadt **Apollonia**, deren Namen an die Zeit der Apollo-Verehrung erinnert. Zahlreiche Häuser dieser modernen Stadt haben ihren ausgeprägten kykladischen Charakter beibehalten. Lohnenswerte Besichtigungspunkte sind die Kirchen Panagia Ouranofora und Agios Sozon sowie das Inselmuseum. Die mittelalterliche Festungsatmosphäre der alten Hauptstadt **Kastro** ist erstaunlich. In der katholischen Kirche sind archäologische Funde ausgestellt. Auf sanften Hügeln liegen die von Windmühlen umgebenen Dörfer Artemonas, Exambela und Kato Petali. Auf Sifnos sollen 365 Kirchen und Kapellen stehen. Sehenswerte Klöster sind *Agios Simeon, Ai Lia* und *Panagia Hrissopigi*. Gute Badestrände sind Kamares, Faros und Platis Gialos.
Auf **KIMOLOS**, 88 Seemeilen von Piräus entfernt, fallen zuerst die weißen Kreideklippen ins Auge. Schiffe legen im Hafen von Pstahi an. Die Häuser der Hauptstadt **Kimolos** sind über und über mit Blumen bedeckt und die Straßen mit verzierten Steinplatten gepflastert. Insgesamt bilden die Häuser eine Festungsanlage, die sich in eine innere und eine äußere Zone gliedert. Zahlreiche Badestrände liegen an der gezackten Küste. Heiße Schwefelquellen findet man in **Prassa**.
MILOS liegt 82 Seemeilen von Piräus entfernt. Diese wunderschöne Insel ist untrennbar mit der Statue der »Venus von Milo«. Adamas, an der Ostküste, ist der Hafen der Insel. Ganz in der Nähe der Hauptstadt **Plaka** (amtlich Milos) steht die byzantinische *Kirche von Thalassistra* aus dem 13. Jahrhundert, weiterhin interessant sind auch die Kirchen *Panagia Korfiatissa* und *Messa Panagia*. Im Archäologischen Museum sind Keramiken der Insel ausgestellt, die bis auf das 6. Jahrhundert v. Chr. zurückgehen. 2 km von Plaka liegt das Dörfchen **Klima**, bekannt für die großen frühchristlichen Katakomben. An der Nordostküste der Insel, ca. 3 km von Polonia, liegt **Filakopi**. Hier befand sich zur minoischer Zeit ein bedeutendes Handelszentrum. Bei Ausgrabungen wurden die Fundamente von drei aufeinanderfolgenden Städten freigelegt. Neben der Ausgrabung befindet sich die beeindruckende *Papafranga-Grotte*. Herrliche Badestrände gibt es in Hhivadolimni, Polonia, Adamas, Emborio, Provatas, Paliohori und Agia Kiriaki. Empfehlenswert sind Bootsausflüge zu den Glaronissias, zu umliegenden kleinen vulkanischen Inselchen mit geheimnisvollen Höhlen und Kristallfelsen und zur kleinen Insel Antimilos.
ANDROS liegt 89 Seemeilen von Piräus entfernt. Die zweitgrößte Insel der Kykladen bietet pinienbewachsene Hügel, Olivenhaine und Weingüter. Der Hafen heißt Gavrion, die Hauptstadt ist **Andros**. Zahlreiche Villen im neoklassizistischen Stil, Hotels, Klubs und ein interessantes Meeresmuseum machen diese Stadt besonders attraktiv. Beachtung verdient auch die byzantinische *Palatiani-Kirche*. Im Archäologischen Museum stehen Keramiken aus der alten Agora und eine umfangreiche Sammlung von Ausgrabungsfunden, die bis in die Antike zurückgehen. Schöne Badestrände gibt es überall auf der Insel, z. B. in Gavrion, Batsi, Nimborio und Korthiou. Die Ruinen der antiken Stadt Andros mit den alten Stadtmauern, dem Theater und dem Stadion kann man in **Paleopolis** besichtigen. Das *Panagrantou-Kloster* in **Falika** und die byzantinische *Kirche des Taxiarhen* in **Messaria** sind sehenswert. Mineralquellen sprudeln im berühmten **Apikia**.
TINOS, 86 Seemeilen von Piräus entfernt, wird am 25. März (Mariä Verkündigung) und am 15. August (Mariä Himmelfahrt) von Tausenden von Pilgern aufgesucht, die hier an den besonderen Feierlichkeiten zu Ehren der Jungfrau Maria in der *Marmorkirche der Evangelistria* teilnehmen. Das byzantinische Museum ist einen Besuch wert, und im Archäologischen Museum liegen Skulpturen aus dem antiken *Poseidon-* und *Amphitrite-Tempel* aus. Busse verbinden die Stadt **Tinos** mit den Dörfern der Insel. Besonders erwähnt werden sollte das *Frauenkloster Kiria ton Angelon* in **Kehrovouni**, das an ein mittelalterliches Dorf erinnert. Die Badestrände Agios Fokas und Kionia liegen in der Nähe von Tinos. Kolimbithra liegt an der Nordküste. In **Kionia** kann man Spuren alter Siedlungen finden.
SIROS liegt 83 Seemeilen von Piräus entfernt im Herzen der Kykladen. Die Hafenstadt **Emoupolis**, die »Herrin der Kykladen«, ist auch die Hauptstadt der Inselgruppe der Kykladen. Gebäude im neoklassizistischen Stil, wie das Rathaus und das Zollgebäude, prägen das Stadtbild, ferner gibt es ein schönes Apollon-Theater, breite öffentliche Plätze und eindrucksvolle Kirchen, z. B. die *St.-Georgs-Kathedrale*. Stadtmauern, Arkaden und enge, kopfsteingepflasterte Gassen geben der höher gelegenen Altstadt *(Ano Siros)* einen mittelalterlichen Anstrich. Beliebte Badestrände sind u. a. Asolimnos, Vari, Possidonia, Finikas, Kimata, Agios Nikolaos und Kini.
MYKONOS liegt 94 Seemeilen von Piräus entfernt. Die zahlreichen Windmühlen machen sich die frische *Meltemi*-Brise zunutze. Mykonos ist nicht sehr grün, jedoch eine beliebte Urlaubsinsel. **Mykonos-Stadt** hat eine moderne Hafenanlage und besteht aus weißen Häuschen, engen Gassen, Kirchen im kykladischen Baustil, Kunstgewerbeläden, kleinen Cafés, Tavernen und Diskotheken. Die *Paraportiani-Kirche* in der Nähe der Anlegestelle gilt als architektonisches Meisterwerk mit ihrem Glockenturm aus Bogenfenstern und dem einzigen Seiteneingang. Ausgrabungsstücke einer *Nekropolis* auf der nahegelegenen **Insel Rineia** können im Archäologischen Museum besichtigt werden. Lohnenswert ist ein Besuch zum Inselmuseum. Ausflüge können zu den *Klöstern von Agios Panteleimon* in der Nähe von **Hora** und dem *Tourliani-Kloster* (erwähnenswert ist der Glockenturm und der Marmorbrunen) von **Ano Mera** unternommen werden. Auf manchen Badestränden der Insel tummelt sich ein internationales Publikum, es gibt jedoch auch abgelegene Buchten. Die Strände heißen Agios Stefanos, Kalafatis, Platis Yialos und Ormos. Schöner sind die Strände an der Südküste, die per *Kaiki* erreichbar sind: Paradise, Super Paradise, Agrari und Elia. Boote fahren von Mykonos zur Insel Delos.
DELOS war in alten Zeiten eine heilige Insel. Apollo und Artemis sollen hier geboren sein. Zahlreiche archäologische Ausgrabungsstätten wie der *Löwenweg* und die drei *Apollotempel* stehen zur Besichtigung. Archaische, klassische, hellenistische und römische Skulpturen sind im Museum ausgestellt, u. a. *Akroteria*, die archaische Sphinx der Naxier aus dem Tempel der Athener.
PAROS liegt 95 Seemeilen von Piräus entfernt. Den berühmten Marmor von Paros findet man in den sanften Hügeln im Hinterland der Insel. **Parikia**, die Haupt- und Hafenstadt, wurde auf den Ruinen des antiken Parikia errichtet. Als Zeichen der Gastfreundschaft ist es auf der Insel üblich, während der Sommermonate die Fenster und Türen der Häuser offenstehen zu lassen. Eine enge Pflasterstraße führt zu einem der eindrucksvollsten Heiligtümer des Christentums: der *Ekatoutapiliani-* oder *Katalopiani-Kirche*. In der Nähe von Kolimpithres gibt es wunderhübsche kleine Buchten mit goldenem Sandstrand. Schöne Badestrände gibt es in Drios, Alikes und Pisso Livadi. Die *Klöster Zoodohos Pigi Longovarda* und *Christou Tou Dassos* sind besonders erwähnenswert.
ANTIPAROS ist durch einen schmalen Kanal von Paros getrennt. Die Tropfsteinhöhle, Hauptattraktion der Insel, ist auf Packeseln vom Strand aus erreichbar. Auf Antiparos gibt es herrliche einsame Strände.
THIRA (SANTORINI) liegt 130 Seemeilen von Piräus entfernt. Ihre eindrucksvolle Form hat die Kykladeninsel verschiedenen Erdbeben und Vulkanausbrüchen zu verdanken. Eine Seilbahn, Esel und Maultiere befördern die Besucher vom Hafen Skala zur Hauptstadt **Thira**. Gewundene Gassen, Arkaden und ein Museum laden zum Stadtbummel ein. Die **Kammenes** (»die Verbrannten«), zwei pechschwarze Vulkaninselchen, liegen in der Hafenbucht und können, ebenso wie **Therasia (Thirassia)**, die zweitgrößte Insel der Santorini-Gruppe, per Boot besucht werden. Einige interessante Funde aus den Zeiten der Phönizier, Dorier, Römer und Byzantiner gibt es unter den Ruinen des alten **Thira:** eine Häusergruppe, ein Marktplatz, Badehäuser, Theater, Tempel, Grabstätten und frühchristliche Relikte können hier besichtigt werden. In **Akroteri** hat man Überreste der kretischen Minoer-Zivilisation gefunden. Das *Kloster Profitas Ilias* liegt auf dem höchsten Hügel der Insel. In Perissa und Kamari gibt es ausgezeichnete Badestrände.
NAXOS liegt 103 Seemeilen von Piräus entfernt und ist die größte und fruchtbarste Insel der Kykladen. Die bewegte Vergangenheit der Insel ist überall gegenwärtig. Es gibt einen *Apollotempel*, ein riesiges Tor auf der winzigen **Insel Palatia**, die über einen Damm mit Naxos verbunden ist, mykenische Grabstätten, ein Museum, Ruinen einer mykenischen Siedlung in **Grotta,** eine Burg und historische Kirchen. Im Dorf **Chalki** stehen eine mittelalterliche Festung und mehrere byzantinische Kirchen. Eine Straße führt von der Stadt Naxos landeinwärts zum Dorf Sangri. Ganz in der Nähe erhebt sich der berühmte *Himaros-Turm*, eines der besterhaltenen Baudenkmäler der hellenischen Zeit. Sandstrände gibt es in Appollonas, Kastraki, Mikri Vigla und Agios Georgios.
IOS liegt 107 Seemeilen von Piräus entfernt und wird als Urlaubsziel immer beliebter. Ganz in der Nähe des kleinen Hafenortes **Ormos,** dem Fischerei- und Jachthafen, liegt der ausgezeichnete Badestrand von Yalos. Hier befindet sich auch das angebliche Grab Homers bei **Plakoto**. Schöne Strände gibt es auch in Koumbaras, Manganavi und Psathi.
AMORGOS beherbergte einst die blühenden Städte *Minoa, Arkesine* und *Aigiale*, heute ziehen die Ruinen zahlreiche interessierte Besucher an. Das Hafenstädtchen heißt **Katapola**. Die Ortschaft **Hora** mit ihren weißen Häuschen liegt an einem Felsenabhang. Im naheliegenden **Panagia Exohoriani** findet alljährlich am 15. August eine Fiesta statt. Die Ruinen eines alten Turmes und eines Tempels können in **Plakoto** besichtigt werden. Ausgezeichnete Badestrände gibt es in Agios Panteleimon, Kato Akroteri, Adia Anna und Agia Paraskevi.
SIKINOS & FOLEGANDROS liegen beide in der

Nähe von Ios und werden vor allem für ihre Abgeschiedenheit und ihr ruhiges Inselleben geschätzt. **Hora** ist der einzige größere Ort auf Sikinos. Die Häuschen sind im typischen Inselstil gebaut, mit engen Gassen, die zur Kirche führen. Sehenswert sind die Burg und das befestigte *Kloster von Hrissopigi*. In Spillia gibt es einen schönen Badestrand.

FOLEGANDROS ist eine Insel von rauher Schönheit mit zerklüfteter und karger Landschaft, die zwischen den Felsen auch einige sandige Badestrände verbirgt, z. B. beim Hafen Karavostassis an der Südostküste der Insel. Die Inselhauptstadt **Hora** gliedert sich in Alt- und Neustadt, wobei die Häuser im mittelalterlichen Teil im Bereich des *Kastro* eher Wehranlagen gleichen. Der neuere Teil besticht durch enge Gäßchen, gemauerte Sitzbänke und blumengeschmückte Innenhöfe. In **Panagia** steht eine interessante Kirche. Die Tropfsteinhöhle und die antiken *Ruinen von Chrissospilia* sind sehenswert.

ANAFI, die südlichste Insel der Kykladen, hat felsige Ufer mit vielen kleinen Buchten. Lohnenswert ist ein Besuch des *Panagia Kalamiotissa Klosters* (18. Jahrhundert), dessen Fundamente auf den Ruinen eines Apollotempels ruhen. Hier legt nur etwa einmal die Woche eine Fähre im malerischen **Agios Nikolaos** an, und wenige Touristen verirrren sich hierher. Um Anafi herum gibt es mehrere kleine Inselchen, die stille und friedliche Anlegestellen bieten: Schinoussa mit ihrem wunderhübschen kleinen Hafen, Mersinia und Donoussa mit ihren ausgezeichneten Badeständen und die Koufonissia-Gruppe mit den Inselchen Keros und Herklia.

RUNDREISEN: 7tägige: (a) Athen – Korinth – Mykene – Nauplion – Epidaurus – Olympia – Delphi. (b) Athen – Delphi – Meteora – Thessaloniki – Philipi – Kavala – Vergina. (c) Piräus – Mykonos – Santorini – Kreta – Rhodos – Patmos.

SOZIALPROFIL

ESSEN & TRINKEN: In den Restaurants und Tavernen werden im allgemeinen recht einfache Gerichte serviert. Es gibt kaum Soßen, dafür wird einheimisches Olivenöl großzügig genutzt. Viele Gerichte werden auf dem Holzkohlegrill zubereitet. Speisen wie *Dolmades* (gefüllte Weinblätter), *Moussaka*, *Kebabs* und *Avgolemono* (Suppe) sind überall erhältlich. Zu den Spezialitäten gehören auch *Taramosalata* (eine rosa Fischrogenpaste mit Zitronensaft), *Kalamari* (Tintenfisch) und Fischgerichte aller Art. Salate sind oft mit *Feta* (Schafs- und Ziegenkäse) und Olivenöl zubereitet. Oliven sind preiswert und überall erhältlich. Im Sommer gibt es viel frisches Obst, vor allem Wassermelonen, im Spätsommer auch köstliche Feigen und Kaktusfrüchte. Einige Restaurants bieten auch internationale Gerichte an. Restaurants sind oft zwischen 12.00 und 15.00 Uhr zum Mittagessen und 21.00-24.00 Uhr zum Abendessen geöffnet.

Getränke: Das bekannteste griechische Getränk ist *Retsina*, der Wein, der unter Verwendung von Pinienharz hergestellt wird. *Ouzo*, der Anisschnaps, wird mit Wasser gemischt. *Raki* (Branntwein) ist scharf und feurig. Griechischer Kaffee wird stark und süß getrunken. Das einheimische Bier ähnelt dem Pilsner. Die Öffnungszeiten der Bars sind je nach Region und den örtlichen Vorschriften verschieden, nach 02.00 Uhr ist jedoch kein Restaurant und keine Bar mehr geöffnet.

NACHTLEBEN: Das Nachtleben ist auf die größeren Städte und die Urlaubsorte beschränkt, in denen es Diskotheken und Konzerte gibt.

EINKAUFSTIPS: Spitze, Metallarbeiten, Keramik, Kleidung, Strickwaren, Läufer und Decken, Lederwaren, einheimische Weine und Spirituosen. In Athen kann man sowohl Luxusgüter als auch Kunstgewerbeartikel der verschiedenen Regionen kaufen. Die Flohmärkte von Monastiraki und Plaka, unterhalb der Akropolis, sind während der Hochsaison sehr überfüllt. **Anmerkung:** Gefälschte Antiquitäten aller Art werden zum Kauf angeboten. Die Ausfuhr echter Antiquitäten ist strengstens verboten. Die **Öffnungszeiten der Geschäfte** hängen von der Jahreszeit und Region ab. Im Anschluß allgemeine Richtzeiten für die Sommermonate.
Lebensmittelläden: Mo, Mi, Sa 08.00-14.30 Uhr; Di, Do, Fr 08.00-14.00 und 17.30-20.30 Uhr (einige auch Mo-Fr 08.00-21.00 Uhr; Sa 08.00-20.00 Uhr). *Supermärkte:* Mo, Mi 09.00-17.00 Uhr; Di, Do, Fr 09.00-19.00 Uhr; Sa 08.30-15.30 Uhr.

SPORT: Für **Wassersport** ist sowohl an der Küste als auch auf den Inseln bestens gesorgt. In den großen Hotels kann man oft Ausrüstungen mieten oder Kurse buchen. **Tauchen:** Atmungsgeräte sind nur in bestimmten Gebieten zugelassen. Erkundigungen kann man bei der Zentrale für Fremdenverkehr oder bei der örtlichen Hafenbehörde einholen. **Fischfang:** In den Sommer- und Herbstmonaten sind die griechischen Gewässer besonders fischreich. Boote und Ausrüstungen können in fast allen Dörfern gemietet werden. Anfragen können beim Amateurangler- und Wassersportklub, Akti Moutspoulou, Piräus gerichtet werden.
Es gibt mehrere **Tennisklubs**, und in Attika, Thessaloniki und auf Korfu auch **Reitställe**. **Bergsteigen** und **Bergwandern** werden immer beliebter. **Höhlenwanderungen** bieten sich an, in Griechenland gibt es über 7000 Tropfsteinhöhlen; auch Unterwassergrotten können erforscht werden. **Golfspielern** steht der Glifada-Golfplatz in Athen zur Verfügung. Golfklubs gibt es auch auf Rhodos, Korfu

und Chalkidiki. **Skilaufen** ist in einigen Gebieten in den Monaten Dezember bis März möglich. Einzelheiten vermittelt die Griechische Zentrale für Fremdenverkehr.

VERANSTALTUNGSKALENDER
Mai '96 *Volksfest*, Eleusis. **1. Mai** *Blumenfest*, landesweit. **9. Mai** *Namenstag des Hl. Georg*, auf Lemnos und Kos (Pferderennen), in Assi Gonia auf Chania und in Arachova (Schafschur nach altüberlieferten Bräuchen). **21. - 23. Mai** *Feuertanz*, Thessaloniki und Aghia Eleni bei Serres. **29. Mai** *Paleologia-Fest*, Mystras. **Juni** *Klidonas* (Weissagungsspiel), in den Dörfern Piskokefalo und Krousta. **Juni/Juli** *Woche des Meeres* (zahlreiche Veranstaltungen in den Küstenstädten, am letzten Tag der Woche wird in Volos der Feldzug der Argonauten vorgeführt). **Juni/Juli - Sept.** (1) *Athen-Festival* (Oper, Ballett, klassische und moderne Musik), im Herodes Atticus Odeon. (2) *Patras-Festival* (klassisches und modernes Drama, Ballett und Konzerte). (3) *Musik- und Theateraufführungen*, Heraklion/Kreta. **Ende Juli** *Musikfestival*, Ithaka. **Juli/Aug.** (1) *Philippi- und Thassos-Festival* (klassisches Drama, Ballett und Konzerte). (2) *Weinfest*, Dafni (bei Athen), Alexandroupolis und Rethymnon. (3) *Epidaurus-Festival* (klassisches Drama im antiken Theater). (4) *Rethymnon-Weinfest*, Kreta. **15. Aug.** *Mariä Himmelfahrt*, Feierlichkeiten zu Ehren der Jungfrau Maria, vor allem in Tinos. **Aug./Sept.** (1) *Aischylia*, Eleusis. (2) *Epirus-Festival*, Ioannina. (3) *Oliven-Festival*, Argalasti. (4) *Theater-Festival*, Ithaka. **Sept.** *Krickelwoche*, Korfu. **28. Okt.** *Nationale Feierlichkeiten zum »Ochi-Tag«*, landesweit. **Febr. '97** *Karneval* (landesweite Feiern zum Beginn der Fastenzeit), vor allem in Patras. **April** *Karwoche* (Prozessionen und Zeremonien), landesweit.

SITTEN & GEBRÄUCHE: Als Besucher stellt man fest, daß sich die Griechen ihres reichen historischen und kulturellen Erbes sehr bewußt sind. Traditionen und Gebräuche variieren von Region zu Region, aber eine nationale Einheit macht sich überall bemerkbar. Die griechisch-orthodoxe Kirche übt besonders in den ländlichen Gegenden einen starken Einfluß aus. Das Zurückwerfen des Kopfes bedeutet »Nein«. Freizeitkleidung ist angemessen. In öffentlichen Verkehrsmitteln und öffentlichen Gebäuden ist das Rauchen untersagt. 10% Trinkgeld sind üblich.

WIRTSCHAFTSPROFIL

WIRTSCHAFT: Der Anschluß an die EU hat der Wirtschaft des traditionellen Agrarlandes Griechenland neues Leben eingehaucht, besonders in den Wirtschaftszweigen Textilien, Bekleidung, Schuhwerk, Zement, Bergbau, Metallverarbeitung, Chemikalien, Stahlverarbeitung und Lebensmittelverarbeitung. Wichtigste Dienstleistungsbranche ist der Tourismus, es wird erwartet, daß sich der Aufschwung der achtziger Jahre auch in diesem Jahrzehnt fortsetzt. Griechische Unternehmen haben es trotzdem nicht leicht gefunden, auf dem europäischen Markt Anschluß zu finden, was u. a. daran liegt, daß es hier mehr Kleinbetriebe als überregionale Unternehmen gibt. Das Land produziert große Mengen an Weizen, Gerste, Mais, Tabak und Obst für den Export. Für ein EU-Land ist Griechenland nicht sehr wohlhabend. Während der siebziger Jahre erlebte die Wirtschaft einen erheblichen Aufschwung, der sich – wenn auch langsamer – in den achtziger Jahren fortsetzte. Größtes Problem der griechischen Wirtschaft ist derzeit die hohe Inflationsrate (1993 14,4%). Die EU-Länder sind Abnehmer von fast 60% der griechischen Exporte und liefern ca. 60% aller Importe. Die bedeutendsten Handelspartner neben den EU-Ländern sind Zypern und die USA.

GESCHÄFTSVERKEHR: Bei Geschäftsbesuchen werden Anzug und Krawatte bzw. Kostüm erwartet. Termine müssen im voraus vereinbart und am vorhergehenden Wochentag bestätigt werden. Pünktlichkeit wird gern gesehen, jedoch nicht immer eingehalten. Zahlreiche Geschäftsleute sprechen außer Griechisch auch Französisch, Englisch oder Deutsch.

Kontaktadressen: Deutsch-Griechische Industrie- und Handelskammer, Odos Dorilaiou 10-12/IV, GR-115 21 Athen. Tel: (01) 644 45 24/5. Telefax: (01) 644 51 75. *Zweigstelle* in Thessaloniki.
Empor. Symvoulos Presvias Austrias (Außenstelle der Wirtschaftskammer Österreich), Tritis Septemvriou 43a, GR-104 33 Athen. Tel: (01) 884 37 11. Telefax: (01) 882 79 13.
Athens Chamber of Commerce and Industry (Industrie- und Handelskammer von Athen), Odos Akademias 7, GR-106 71 Athen. Tel: (01) 360 24 11. Telefax: (01) 361 64 64.

KLIMA

Griechenland hat ein warmes Mittelmeerklima. Trockene, heiße Sommertage werden besonders im Norden und an der Küste durch frische Brisen gemildert. Athen kann drückend heiß werden, die Akklimatisierung dauert ein paar Tage. Die Abende sind kühl. Der Winter ist im Süden mild, aber erheblich kühler im Norden. Zwischen November und März regnet es am meisten.
Kleidung: Leichte Bekleidung für die Sommermonate. Sonnenschutz ist unbedingt notwendig – leichte Wollsachen für die kühlen Abende nicht vergessen. Regensachen für die Herbst- und Wintermonate, besonders in den nördlichen Regionen.

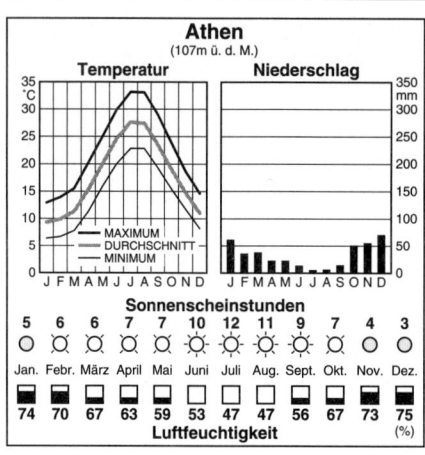
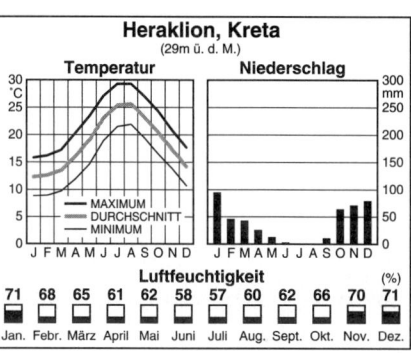
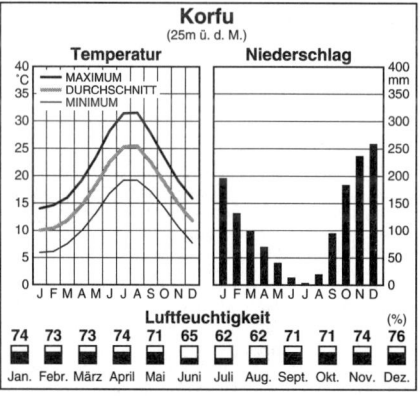
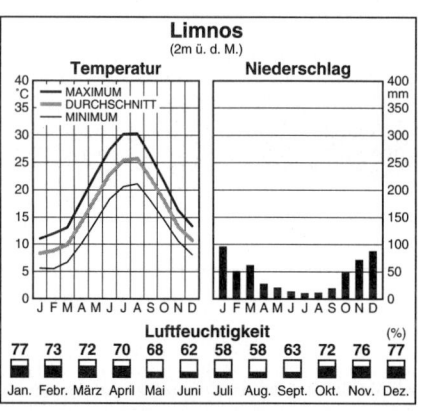
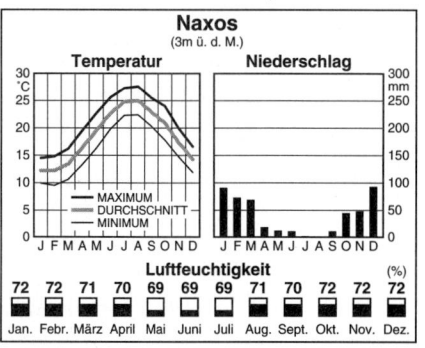

Grönland

Lage: Südarktik, Nordatlantik.

Anmerkung: Die arktischen Wetterbedingungen Grönlands können geplante Reiserouten unter Umständen unterbrechen oder verzögern. In einigen Fällen können dadurch zusätzliche Kosten für Unterkünfte, Hubschrauber- oder Schiffspassagen entstehen, die in den meisten Fällen vom Besucher getragen werden müssen. Reiseveranstalter und die meisten Fluggesellschaften übernehmen keine Haftung. *Greenlandair* und *SAS* übernehmen anfallende Kosten im Fall von Verspätungen und Stornierungen von Flügen. Für nicht in Anspruch genommene Unterkünfte, Transport usw. wird eine Rückerstattung geleistet. Diese Rückerstattungen werden nach der Rückkehr ins Heimatland vorgenommen, man sollte sich benützte Gutscheine oder Tickets unbedingt aufbewahren. Denken Sie an ausreichende Geldmittel, um unvorhergesehene Kosten decken zu können.

Greenland Tourism a/s
Pilestræde 52
PO Box 1139
DK-1010 Kopenhagen
Tel: 33 13 69 75. Telefax: 33 93 38 83.
Mo-Fr 09.00-14.00 Uhr (nur telefonische Auskünfte).
Greenland Tourism a/s
Hans Egedesvej 29
PO Box 1552
DK-3900 Nuuk
Tel: 2 28 88. Telefax: 2 28 77.
Nuuk Touristkontor (Städt. Verkehrsamt)
PO Box 199
DK-3900 Nuuk
Tel: 2 27 00. Telefax: 2 27 10.
Die Interessen der Bundesrepublik Deutschland, Österreichs und der Schweiz werden durch die Botschaften in Kopenhagen vertreten (s. Dänemark).
Grönland ist ein dänisches Überseegebiet. Visa sind bei den dänischen Botschaften erhältlich (s. Dänemark).

FLÄCHE: 2.175.600 qkm.
BEVÖLKERUNGSZAHL: 55.117 (1993).
BEVÖLKERUNGSDICHTE: 0,025 pro qkm.
HAUPTSTADT: Nuuk (früher Godthåb). **Einwohner:** 12.653 (1993).
GEOGRAPHIE: Grönland ist die größte Insel der Welt (wenn man Australien als Kontinent zählt). Das Meer ist entweder permanent gefroren oder wird durch das Zusammentreffen des Arktischen Meeres und des Nordatlantiks gekühlt. Das Landesinnere besteht aus einer Eisschicht, die sich von Nord nach Süd über 2500 km und von Ost nach West über 1000 km erstreckt und teilweise bis zu 3 km dick ist. Die ältesten Eisschichten sind ca. zwei Mio. Jahre alt. Die eisfreie, bis zu 200 km breite Küstenregion umfaßt 341.700 qkm; hier lebt die gesamte Bevölkerung. Dieses Gebiet wird von tiefen Fjorden durchzogen, die das Eis im Landesinneren mit dem Meer verbinden. Die Mitternachtssonne scheint nördlich des Polarkreises; je weiter man nach Norden kommt, desto länger dauert das Phänomen, für Touristen ist es am besten in der Diskobucht zu beobachten. Während der langen arktischen Winternacht herrscht ein anhaltendes Zwielicht, im Norden des Landes ist es völlig dunkel. Das Nordlicht ist im Herbst, Winter und am Frühlingsanfang gut zu sehen. Im südlichen Grönland kann man das Polarlicht bereits ab Ende August erleben.
STAATSFORM: Gleichberechtigter Teil Dänemarks mit interner Selbstverwaltung seit 1979. Parlament (Landsting) mit 31 Mitgliedern. Regierungschef: Lars Emil Johansen, seit März 1991. Staatsoberhaupt: Königin Margarethe II., seit 1972. Grönland entsendet zwei Abgeordnete in das dänische Parlament.
SPRACHE: Offizielle Landessprachen sind Dänisch und Grönländisch, ein Inuit-Dialekt. In den Städten wird auch viel Englisch gesprochen, vor allem von jungen Leuten.
RELIGION: Kirche von Grönland (Teil der protestantischen Kirche Dänemarks). In Nuuk gibt es außerdem eine römisch-katholische Kirche.
ORTSZEIT: Ostgrönland/Mesters Vig: MEZ - 1.
Scoresby Sund: MEZ - 2 (Sommer: MEZ - 1).
Ammassalik und Westküste: MEZ - 4 (Sommer: MEZ - 3).
Thule-Region: MEZ - 5.
NETZSPANNUNG: 220 V, 50 Hz.
POST- UND FERNMELDEWESEN: Telefon: Selbstwählferndienst. **Landesvorwahl:** 299. Es gibt keine Ortsnetzkennzahlen und keine Telefonzellen, aber man kann von Hotels aus telefonieren; in kleineren Ortschaften vom örtlichen Büro der Fährgesellschaft KNI, meist jedoch nur über das Seefunknetz. **Telefaxstellen** in allen Postämtern. **Telegramme** kann man in allen Städten bei den Telegrafenämtern aufgeben. **Post:** Grönlands Briefmarken sind begehrte Sammlerstücke. Postämter gibt es in jeder Stadt. Post nach Europa ist ca. fünf Tage unterwegs.
DEUTSCHE WELLE
Der Einsatz der Kurzwellenfrequenzen ändert sich mehrfach im Laufe eines Jahres, und Sendungen auf den folgenden Frequenzen werden jeweils nur zu bestimmten Tageszeiten ausgestrahlt. Näheres in der Einleitung.

MHz	17,860	17,715	13,790	9,735	6,145
Meterband	16	16	22	31	49

REISEPASS/VISUM

Es gelten die gleichen Bestimmungen wie für *Dänemark*.
Anmerkung: Wer das militärische Sperrgebiet um die Thule Airbase/Pittuffik besuchen möchte, braucht eine Sondergenehmigung, die bei den dänischen Botschaften oder direkt beim dänischen Außenministerium beantragt werden kann. Dänische Staatsangehörige sollten sich an das Ministerium für Grönland (Kopenhagen) wenden. Eine rechtzeitige Beantragung ist unbedingt ratsam. Personen, die ohne diese Genehmigung angetroffen werden, können umgehend des Landes verwiesen werden. Wer Berge oder Gletscher im Inneren des Landes besteigen, den Nationalpark besuchen oder geologische bzw. archäologische Forschungen ausführen will, benötigt ebenfalls eine Sondergenehmigung. Anträge sind an das *Außenministerium*, Asiatisk Plads 2, DK-1448 Kopenhagen K. Eine Informationsmappe kann ebenfalls dort angefordert werden.

GELD

Währung: 1 Dänische Krone (dkr) = 100 Øre. Banknoten gibt es im Wert von 1000, 500, 100 und 50 dkr; Münzen in 20, 10, 5, 2 und 1 dkr sowie 50 und 25 Øre.
Geldwechsel: Bargeld, Eurochecks, Reiseschecks und Schecks von dänischen Banken können umgetauscht werden. Postchecks können bei allen Postämtern eingelöst werden. Es gibt zwei grönländische Banken, *Nuna Bank* (PO Box 1031, DK-3900 Nuuk) und *Grønlandsbanken a/s* (PO Box 1033, DK-3900 Nuuk). Die Fährgesellschaft KNI vertritt die Banken in anderen Städten und Dörfern.
Kreditkarten: *American Express* und *Diners Club* werden nur in größeren Städten und Hotels akzeptiert, ansonsten sind Kreditkarten weniger gebräuchlich. Einzelheiten vom Aussteller der betreffenden Kreditkarte.
Wechselkurse

	dkr Okt. '92	dkr Febr. '94	dkr Jan. '95	dkr Jan. '96
1 DM	3,85	3,88	3,93	3,87
1 US$	5,73	6,74	6,09	5,56

Devisenbestimmungen: Es gibt keine Beschränkungen für die Währungsein- und ausfuhr.
Öffnungszeiten der Banken: Mo-Mi und Fr 09.30-16.00 Uhr und Do 09.30-18.00 Uhr.

DUTY FREE

Folgende Artikel können zollfrei nach Grönland eingeführt werden:
200 Zigaretten oder 100 Zigarillos oder 50 Zigarren oder 250 g Tabak;
1 l Spirituosen oder 2 l Dessertwein/Sekt (höchstens 22%);
2 l Tafelwein;
500 g Kaffee oder 200 g Kaffee-Extrakt;
100 g Tee oder 40 g Teeauszüge;50 g Parfüm und 250 ml Eau de toilette;
andere Artikel bis zum Wert von 1350 dkr.
Gegenstände für den persönlichen Bedarf können generell zollfrei eingeführt werden.
Einfuhrverbot: Pistolen, automatische oder halbautomatische Waffen, Rauschgift und lebende Tiere. Für die Einfuhr von Jagdgewehren ist eine besondere Genehmigung erforderlich, die bei den Fluggesellschaften beantragt werden kann.

GESETZLICHE FEIERTAGE

3. Mai '96 Buß- und Bettag. **16. Mai** Christi Himmelfahrt. **27. Mai** Pfingstmontag. **5. Juni** Tag der Verfassung. **21. Juni** Nationalfeiertag. **24.-26. Dez.** Weihnachten. **1. Jan. '97** Neujahr. **6. Jan.** Dreikönigsfest (halber Tag). **27. März** Gründonnerstag. **28.-31. März** Ostern. **25. April** Buß- und Bettag. **8. Mai** Christi Himmelfahrt. **19. Mai** Pfingstmontag.

GESUNDHEIT

In der folgenden Tabelle aufgeführte Impfvorschriften können sich kurzfristig ändern. Es wird stets empfohlen, auf Ihrem CRS-System (TIMATIC-Info-Code-Fenster in diesem Kapitel) den aktuellen Stand der Gesundheitsbestimmungen abzurufen bzw. rechtzeitig vor der Reise ärztlichen Rat einzuholen.

	Vorsichtsmaßnahmen empfohlen	Impfschein erforderlich
Gelbfieber	Nein	Nein
Cholera	Nein	Nein
Typhus & Polio	Nein	-
Malaria	Nein	-
Essen & Trinken	Nein	-

Tollwut kommt vor. Wer ein erhöhtes Risiko eingeht (z. B. längerer Aufenthalt in abgelegenen Gebieten), sollte vor Reiseantritt eine Schutzimpfung erwägen. Bei Bißwunden so schnell wie möglich ärztliche Hilfe in Anspruch nehmen. Weitere Informationen im Kapitel Gesundheit (s. Inhaltsverzeichnis).
Gesundheitsvorsorge: In allen Städten gibt es Krankenhäuser und Zahnärzte. Obwohl die Behandlung in Notfällen und bei akuten Erkrankungen in der Regel kostenlos ist, wird der Abschluß einer Reisekrankenzusatzversicherung empfohlen. Besucher sollten ihre eigenen Medikamente mitbringen, da manche schwierig zu erhalten sind.

REISEVERKEHR - International

FLUGZEUG: Es gibt keine Direktflüge nach Grönland von Deutschland, Österreich und der Schweiz, man muß in Dänemark oder Island umsteigen. Neue Abflugzeiten von Kopenhagen machen neuerdings die Übernachtung in Dänemark überflüssig. Ganzjährig Direktverbindungen von Kopenhagen nach Søndre Strømfjord/Kangerlussuaq und Narsarsuaq mehrmals pro Woche; von dort bestehen gute Anschlüsse in die anderen grönländischen Städte. Flugdienste der *Greenlandair/Grønlandsfly* von Reykjavík und Kaflavík nach Nuuk, Ittoqqortoormiit und Narsarsuaq, das auch von *Icelandair* angeflogen wird. *Odin Air* bietet ganzjährig Flüge nach Kulusuk (Ostgrönland) mit Anschlußverbindung nach Ammassalik. Im Sommer bedient auch Icelandair diese Route. Weitere Einzelheiten von *SAS*, *Icelandair* oder *Greenlandair*.
Durchschnittliche Flugzeit: *Kopenhagen* – Kangerlussuaq: 4 Std. 50.
Internationale Flughäfen: *Kangerlussuaq* (SFJ) und *Narsarsuaq* (UAK, Geldwechsel im Flughafenhotel). In den Sommermonaten werden auch andere Landesteile angeflogen (s. o.).
Anmerkung: Am besten bucht man eine Grönlandreise über einen Reiseveranstalter. Man hört immer wieder von Alleinreisenden, die in Schwierigkeiten geraten. Nur wer das Land gut kennt, kann sich auch auf eigene Faust auf den Weg machen. Greenland Tourism hilft Individualtouristen gern bei der Urlaubsgestaltung. Generell sollte man alle Transportfragen schon vor der Abreise klären und Buchungen frühzeitig vornehmen.
SCHIFF: Man kann Grönland per Frachter von Dänemark aus erreichen (*KNI*). Die Fahrzeit ist von den Zwischenstopps und Wetterbedingungen abhängig und dauert normalerweise ca. 3-4 Wochen.

REISEVERKEHR - National

Hinweis: Mit teilweise beträchtlichen Verspätungen bei Flügen und Schiffspassagen im Inlands- und Fernverkehr muß aufgrund der oft extremen Wetterbedingungen gerechnet werden.
FLUGZEUG: Inlandflüge mit Hubschraubern und Flugzeugen werden von *Greenlandair/Grønlandsfly* (GL) angeboten. Angeflogen werden alle Städte an der Westküste von Upernavik im Norden bis Nanortalik in Südgrönland. Ferner werden Kulusuk, Ammassalik und Ittoqqortoormiit an der Ostküste bedient. Die Anzahl der Flüge ist je nach Strecke verschieden, rechtzeitige Vor-

ausbuchung, am besten schon vor der Ankunft in Grönland, wird empfohlen. Falls man außerhalb Grönlands bucht, kann es allerdings einige Zeit dauern, bevor die Buchung bestätigt wird.
Durchschnittliche Flugzeiten: *Kangerlussuaq* – Diskobucht: 50 Min; *Kangerlussuaq* – Südgrönland: 1 Std. 30; *Kangerlussuaq* – Ostgrönland: 1 Std. 50.
SCHIFF: Zwischen Mai und Januar verbinden die Schiffe der *KNI* regelmäßig die Häfen der Westküste. Zusätzlich werden alle Dörfer von der nächstgelegenen größeren Stadt mit Booten angefahren; Passagierplätze sind beschränkt. In manchen Städten kann man Boote mit Mannschaft mieten.
BAHN/BUS/PKW: Es gibt kein Schienennetz auf Grönland, und Straßen gibt es nur innerhalb von Ortschaften. Flugzeuge und Schiffe sind die einzigen Verkehrsmittel.
HUNDESCHLITTEN: In allen Städten an der Ostküste sowie an der Westküste nördlich des Polarkreises können Hundeschlitten gemietet werden. **Warnung:** Obwohl die Hunde nicht gefährlich aussehen, sollte man bedenken, daß sie nur halbzahm sind. Dies ist nur einer der Gründe, weshalb man Hundeschlitten stets Vorfahrt gewähren sollte. Vorsicht ist geboten, da die Hundeschlitten sich fast lautlos nähern.

UNTERKUNFT

HOTELS: In den größeren Städten findet man Hotels, aber nur in Maniitsoq, Narsarsuaq, Qaqortoq, Sisimiut und Kangerlassuaq entsprechen sie internationalem Standard. In Kleinstädten ist das Niveau sehr unterschiedlich. In Upernavik, Thule oder Ittoqqortoormiit gibt es keine Unterkunftsmöglichkeiten. Man sollte lange im voraus buchen. Weitere Informationen sind vom Fremdenverkehrsamt in Kopenhagen erhältlich (Adresse s. o.).
CAMPING: Es gibt keine ausgewiesenen Zeltplätze, aber in den meisten Regionen findet man günstige Stellen zum Zelten. Außer in Ruinen und auf dem Ackerland Südgrönlands darf man überall zelten.
JUGENDHERBERGEN: In Narsarsuaq, Narsaq, Qaqortoq, Nuuk und Ilulissat gibt es Jugendherbergen. In anderen Teilen Südgrönlands (vor allem auf der Strecke von Sisimiut nach Kangerlussuaq und um Ammassalik) bieten Berghütten Übernachtungsmöglichkeiten. Unterkunft findet man auch in den fünf Seemannsheimen (Sømandshjemmet) des Landes sowie in Schulen und Versammlungshäusern (eigenen Schlafsack mitbringen). Weitere Informationen vom Fremdenverkehrsamt in Kopenhagen (Adresse s. o.).

URLAUBSORTE & AUSFLÜGE

Grönland ist noch nicht vom Fremdenverkehr entdeckt worden. Ein ungewöhnlicher Urlaub ist Grönlandbesuchern gewiß. Die faszinierende Landschaft, die Tierwelt (Eisbären, Rentiere, Polarfüchse und Moschusochsen), die frische, klare Luft und die grandiose Weite des Landes sind die Hauptattraktionen dieser größten Insel der Erde. Einzigartig ist die 1,8 Mio. qkm bedeckende, bis zu 3 km dicke Inlandeismasse, deren Rand besichtigt werden kann. Von zahlreichen Städten werden Boots- oder Hubschraubertouren zu dramatischen Gletschern angeboten. Von **Nuuk, Narsaq, Ilulissat** und **Sisimiut** aus werden ebenfalls verschiedene Ausflüge angeboten (s. u.). Weitere Informationen vom örtlichen Verkehrsamt oder an der Hotelrezeption. Weitere Informationen von Greenland Tourism in Kopenhagen (Adresse s. o.).
Bergwanderungen sind mit und ohne Führer möglich. Eine Auswahl von Wanderkarten ist vom Fremdenverkehrsamt erhältlich. Der Schwierigkeitsgrad der einzelnen Routen ist farblich gekennzeichnet. Auf den **Narsaq-** und **Qaqortoq-Halbinseln** und in **Vatnahverfi** gibt es Berghütten, die von Mitte Juni bis Anfang September geöffnet sind. Da noch nicht genügend Hütten zur Verfügung stehen, sollte man möglichst ein Zelt mitnehmen.
Nordgrönland ist bekannt für seine majestätische Gletscherlandschaft mit schier endlos scheinenden Eisfeldern, die auf Schlittenfahrten erkundet werden können. Die auf einer Insel gelegene Stadt **Aasiaat** ist wichtigstes Zentrum der Region und Verkehrsknotenpunkt für den Passagierschiffsverkehr in Nord-Südrichtung. Interessante Funde wurden bei archäologischen Ausgrabungsarbeiten in der Diskobucht bei **Qasigiannguit** gemacht, die im dortigen Museum ausgestellt werden. Auf der **Insel Disko** gibt es mehrere Forschungsstationen, die u. a. die erstaunlich vielseitige Pflanzenwelt untersuchen. Das Eiland bietet auch im Sommer gute Wintersportmöglichkeiten. In **Ilulissat** (Jakobshavn) wurde der berühmte Polarforscher Rasmussen geboren, dessen Forschungsarbeiten ein Museum gewidmet ist. Der Ort beeindruckt vor allem durch seine einmalige Lage, die ganz eigene Mischung von modernen und traditionellen Häusern ist jedoch auch interessant. Ausflüge zu den umliegenden Handelsstationen werden angeboten. Walbeobachtung ist vor der Küste in der Bucht bei Uummannaq möglich. Etwas gruselig sind die Gletscherleichen aus dem 15. Jahrhundert, die ganz in der Nähe gefunden wurden. In **Qaanaaq (Thule)**, der nördlichsten Gemeinde Grönlands, hat sich eine weitgehend traditionelle Gesellschaft erhalten, in der die Jagd eine große Rolle spielt. Gleichzeitig findet man jedoch auch moderne Hotels mit guten Einrichtungen.
Mittelgrönland hat drei eisfreie Häfen (Nuuk, Maniitsoq und Sisimiut), und der Fischfang ist von großer Bedeutung.
Die Landeshauptstadt **Nuuk**, mit 13.000 Einwohnern für grönländische Verhältnisse eine Großstadt, wird von den Sermitsiaq-Bergen überragt und liegt eingebettet in eine eindrucksvolle Fjordlandschaft. Nuuk ist Sitz der Universität, hat gute Einkaufsmöglichkeiten und ein recht lebhaftes Nachtleben. Das *Nationalmuseum* Grönlands sollte man sich nicht entgehen lassen. Es liegt in der Nähe des Eingangs zum großen Fjordsystem, in dem steile Berge, üppige Täler und einige kleine Dörfer liegen. In der Umgebung von **Maniitsoq** findet man auch im Sommer hervorragende Bedingungen für den Wintersport. Das **Skizentrum Apussit** ist ideal für Langlauf und Abfahrten für Anfänger und Könner. Die Region zwischen **Kangerlassuaq** (Søndre Strømfjord) und **Sisimiut** bietet im Sommer ausgezeichnete Wandermöglichkeiten und ist im Winter für Hundeschlittenfahrten und Skilanglauf geeignet. **Sisimiut,** Sitz der zweiten Universität des Landes, ist Ausgangspunkt zahlreicher längerer Wander- und Hundeschlittentouren durch eine beeindruckende Naturlandschaft, bei denen man u. a. Moschusochsen und Rentiere sehen kann. Der internationale Flughafen Kangerlussuaq und eine gute Infrastruktur bieten Zugang zu dieser faszinierenden Region, deren abwechslungsreiches Landschaftsbild von grünen Tälern bis zu karger Vegetation reicht.
Narsarsuaq und **Qassiarsuk** liegen in **Südgrönland.** Hier lagen die ersten Siedlungen der Wikinger, die vor 1000 Jahren unter Erik dem Roten nach Grönland kamen. Man findet immer noch viele Zeugnisse dieser grönländischen Geschichtsepoche, darunter den Bischofssitz in Igaliku. Wer sich fit fühlt, wandert von Narsarsuaq über die Berge zum Gletscher Kiattuut Sermitat. Je nach Jahreszeit sind Ausflüge zu Fuß, per Boot, Flugzeug, Hubschrauber oder Hundeschlitten möglich. Ein eindrucksvolles Naturerlebnis ist auch im Süden Grönlands garantiert; mächtige Gletscher, Bergketten, die von Bergsteigern aus vielen Ländern aufgesucht werden, liebliche Täler und reizvolle Fjorde erwarten den Besucher. Schafzucht und Landwirtschaft werden hier betrieben, die Höfe der Bauern liegen meist sehr weit auseinander.
Qaqortoq (Julianehåb), die größte Stadt Südgrönlands, ist das Verwaltungszentrum dieser Region. In der Stadt findet man mehrere historisch interessante Gebäude und ein kleines *Inuit-Museum* mit einem orginalgetreuen Nachbau eines Grashauses. Das örtliche Fremdenverkehrsamt kann auch Ausflüge organisieren.
Das Fremdenverkehrsamt in **Narsaq** bietet regelmäßig Touren in die Umgebung an.
In den meisten Städten gibt es kleinere Museen; hier und dort stößt man auf die Überreste von Wikinger-Siedlungen und verlassene Inuithäuser. Weitere Informationen sind vom jeweiligen Reiseveranstalter, dem Fremdenverkehrsamt oder vom örtlichen Fremdenverkehrsamt in Grönland erhältlich.
Ostgrönland war bis vor kurzem die am wenigsten erschlossene Region des Landes. Der Ausbau der Infrastruktur hat dies jedoch geändert und zu einem Anstieg im Fremdenverkehrsaufkommen vor allem im Umkreis von **Ammassalik** geführt. Die einzige andere Stadt der Region ist **Ittoqqortoormiit,** das nicht weit von dem riesigen, fast 1 Mio. qkm großen Nationalpark liegt, dessen vielfältige Tierwelt (Eisbären, Walrosse und Moschusochsen) allein einen Besuch wert ist.
Hinweis: Von historischen Stätten dürfen keine Fundgegenstände entfernt werden.

SOZIALPROFIL

ESSEN & TRINKEN: Die meisten Hotelrestaurants bieten eine gute Auswahl an dänischen und grönländischen Spezialitäten. In den meisten Städten gibt es auch kleine Restaurants. Walfleisch wird von den Grönländern viel gegessen, aber man findet es selten auf der Speisekarte. Die Preise ähneln denen in Dänemark, Getränke sind allerdings wesentlich teurer.
EINKAUFSTIPS: Das Warenangebot entspricht dem einer dänischen Kleinstadt, aber die Preise sind etwas höher. Schöne Souvenirs sind Knochen- und Speckssteinschnitzereien, Lederartikel und Perlenarbeiten. Vor allem Ostgrönland ist für sein Kunsthandwerk bekannt.
Öffnungszeiten der Geschäfte: Mo-Fr 09.00-17.30 Uhr, Sa 08.30-13.00 Uhr (regional verschieden).
SPORT: Von Ende Juli bis Ende August kommen viele **Angler** nach Südgrönland, um arktische Rotforellen zu fangen. Angelscheine kann man bei den Polizeibehörden Grönlands, den größeren Hotels oder beim Fremdenverkehrsamt beantragen. Interessenten sollten vor der Einreise die örtliche Polizeibehörde benachrichtigen – die Adressen sind beim Fremdenverkehrsamt erhältlich. Wer ohne Genehmigung angelt, muß mit einer Geldbuße und Beschlagnahmung der Ausrüstung rechnen. Das *Dansk Polar Center* erteilt nähere Auskünfte darüber: The Danish Polar Center, Strandgate 100 H, DK-1401 Kopenhagen K. Tel: 32 88 01 00. Telefax: 32 88 01 01. **Bergbesteigungen** und **Gletscherwanderungen.** Es gibt keine markierten Wanderwege, und generell sollten nur erfahrene Wanderer lange Touren in Angriff nehmen. Viele Reisebüros bieten organisierte Touren mit fachkundiger Führung und Übernachtung in Zelten in Südgrönland und in der Diskobucht an, die »Alleingängen« auf jeden Fall vorzuziehen sind. Weitere Informationen über Bergwanderungen s. *Urlaubsorte & Ausflüge.* **Hundeschlittenfahrten** sind ein ganz besonderes Erlebnis, je nach Wunsch können Tagesausflüge oder längere Touren mit Unterbringung in Hotels über die örtlichen Verkehrsämter organisiert werden. Auch regelrechte Expeditionen sind möglich. Das Land bietet ausgezeichnete Möglichkeiten für Freizeit-**Geologen, -Botaniker** und **-Vogelkundler.** Landkarten von Grönland erhält man in Deutschland vom *Arktis Verlag Schehle*, Bahnhofstraße 13, D-87435 Kempten. Tel: (0831) 521 59 21. Telefax: (0831) 521 59 50.
VERANSTALTUNGSKALENDER
In Nordgrönland wird die Rückkehr der Sonne nach dem arktischen Winter gefeiert, in Ilulissat meist um den 13. Januar. In einigen Orten finden zu Ostern Hundeschlittenrennen statt. In den Sommermonaten sorgen in vielen Städten Musikfestivals, Ausstellungen, Konzerte und andere kulturelle Veranstaltungen für Abwechslung.
SITTEN & GEBRÄUCHE: Der Lebensstil ist normalerweise geruhsamer als in Nordeuropa, oft hört man das Wort *Imaqa* (»vielleicht«). Bis vor kurzem gab es nur wenige Besucher. *Kalaallit Nunaat* (»Land der Menschen«) ist der grönländische Landesname. **Fotografieren** während der Gottesdienste ist im ganzen Land verboten. Generell sollte man beim Fotografieren immer einen ultravioletten Filter benutzen; im Winter muß die Kamera außerdem polarisiert sein. Man sollte genügend Filme mitnehmen. **Trinkgelder** sind normalerweise bereits in allen Preisen enthalten.

WIRTSCHAFTSPROFIL

WIRTSCHAFT: Hauptexportgüter des Landes sind Fisch und Fischkonserven, ihr Anteil am Gesamtexportvolumen beträgt 95%. Grönland verließ 1985 die EG aus Protest gegen die Fischereipolitik. Auch heute noch leben mehr als 2000 Grönländer ausschließlich oder überwiegend von der Jagd vor allem auf Seehunde; die Fleischversorgung steht dabei im Vordergrund, die Felle werden in Gerbereien zu verschiedenen Pelzartikeln verarbeitet. Gegen Zahlung von jährlich rund 25 Mio. US$ haben die Mitgliedstaaten der Europäischen Union weiterhin Fangrechte innerhalb der nationalen Fischereizone. Im Südgrönland wird Land- und Viehwirtschaft (Schafe und Rentiere) betrieben. Obwohl das Land über beträchtliche Eisenerz-, Uranium-, Zink-, Blei- und Kohlevorkommen verfügt, die in größerem Umfang ausgebeutet werden sollen, bleibt die Wirtschaft von Finanzhilfen der dänischen Regierung abhängig. Haupthandelspartner sind die EU-Länder, hier vor allem Dänemark, sowie Japan.
GESCHÄFTSVERKEHR: Dänischkenntnisse sind sehr nützlich. **Geschäftszeiten:** Mo-Fr 09.00-15.00 Uhr.
Kontaktadresse: *Kalaallit Niuerfiat Holding a/s (KNI Holding a/s)* (Grönländische Handelsorganisation), PO Box 1008, DK-3900 Nuuk. Tel: 2 52 11. Telefax: 2 44 31. Weitere Adressen s. *Dänemark.*

KLIMA

Arktisches Klima, durch die Größe des Landes bedingt ist das Wetter jedoch sehr unterschiedlich. Wie die Klimatabelle zeigt (s. u.), können die Winter extrem kalt sein und die Sommer in windgeschützten Regionen recht mild. Die höchste Niederschlagsmenge weisen die Küstenregionen auf. Im Norden und im Landesinneren herrscht arktisches Klima, die Temperaturen steigen auch im Sommer nur knapp über den Gefrierpunkt an, und es ist überwiegend trocken.
Anmerkung: Im ganzen Land können die Wetterbedingungen gefährlich werden, wenn niedrige Temperaturen und starker Wind gleichzeitig auftreten. Die örtlichen Wettervorhersagen sollten sehr ernst genommen werden. Trotzdem sind im Sommer viele Freiluftaktivitäten möglich.
Kleidung: Gute Wind- und Regenschutzkleidung, warme Pullover sowie wasserdichte Schuhe das ganze Jahr über. Außerdem etwas dünnere Kleidung, da sich die Temperatur tagsüber oft ändert. Eine Sonnenbrille sowie Sonnenschutzmittel sind unbedingt notwendig. Für Hundeschlittenfahrten wird ganz besonders warme Kleidung benötigt, die üblichen Wintersachen reichen nicht aus; einige Hotels und Verkehrsämter verleihen geeignete Fellkleidung.

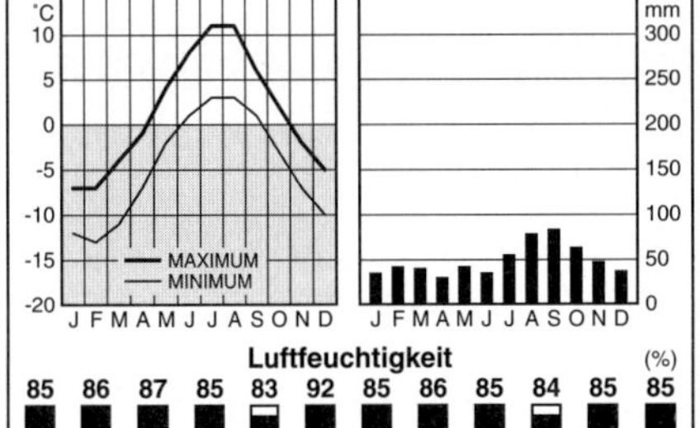

Großbritannien und Nordirland

Wichtiger Internationaler Flughafen

Lage: Nordwesteuropa.

Britische Zentrale für Fremdenverkehr
Taunusstraße 52-60
D-60329 Frankfurt/M.
Tel: (069) 238 07 11. Telefax: (069) 238 07 17.
Telefonische Auskünfte: Mo-Do 10.00-12.00 und 14.00-16.00 Uhr, Fr 10.00-12.00 und 14.00-15.00 Uhr.
Publikumsverkehr: Mo-Do 09.00-16.45 Uhr, Fr 10.00-15.30 Uhr.
(auch für Anfragen aus Österreich zuständig)
Nordirisches Fremdenverkehrsamt
Taunusstraße 52-60
D-60329 Frankfurt/M.
Tel: (069) 23 45 04/05. Telefax: (069) 23 34 80.
Telefonische Auskünfte: Mo-Do 10.00-12.00 und 14.00-16.00 Uhr, Fr 10.00-12.00 und 14.00-15.00 Uhr.
Publikumsverkehr: Mo-Do 09.00-16.45 Uhr, Fr 10.00-15.30 Uhr.
(auch für Anfragen aus Österreich und der Schweiz zuständig)
Britische Zentrale für Fremdenverkehr
Limmatquai 78
CH-8001 Zürich
Tel: (01) 261 42 77. Telefax: (01) 251 44 56.
Mo-Fr 09.00-16.45 Uhr (tel. Auskünfte), Mo-Fr 12.00-13.00 Uhr (Publikumsverkehr).
British Tourist Authority
Thames Tower
Black's Road
GB-London W6 9EL
Tel: (0181) 846 90 00. Telefax: (0181) 563 03 02.
Britisches Generalkonsulat (alle Paß- und Visa-Angelegenheiten)

TIMATIC INFO-CODES

Abrufbar über Ihr CRS-System (für START/Amadeus Amа-Maske benutzen). Für Galileo bitte TI-DFT eingeben (mit Bindestrich).

Flughafengebühren	TI DFT/ LON /TX
Währung	TI DFT/ LON /CY
Zollbestimmungen	TI DFT/ LON /CS
Gesundheit	TI DFT/ LON /HE
Reisepassbestimmungen	TI DFT/ LON /PA
Visabestimmungen	TI DFT/ LON /VI

Yorckstraße 19
D-40476 Düsseldorf
Tel: (0211) 9 44 80. Telefax: *Visa:* (0211) 48 86 03, *Pässe:* (0211) 48 81 90.
Konsularabt.: Mo-Fr 08.00-12.00 Uhr, telefonische Auskünfte 13.00-16.00 Uhr.
Generalkonsulate ohne Visumerteilung in Berlin (Tel: (030) 20 18 40), Frankfurt/M. (Tel: (069) 170 00 20), Hamburg (Tel: (040) 44 80 32-0), München (Tel: (089) 21 10 90) und Stuttgart (Tel: (0711) 16 26 90).
Honorarkonsulate in Bremen (Tel: (0421) 8 90 90), Hannover (Tel: (0511) 991 91 00), Kiel (Tel: (0431) 33 19 71) und Nürnberg (Tel: (0911) 36 09-5 22).
Königlich Britische Botschaft (ohne Visumerteilung)
Friedrich-Ebert-Allee 77
D-53113 Bonn
Tel: (0228) 91 67-0. Telefax: (0228) 9 16 72 00.
Mo-Fr 10.00-12.00 Uhr und 14.30-16.30 Uhr (tel. Auskünfte).
(kein Publikumsverkehr)
Königlich Britische Botschaft
Jaurèsgasse 12
A-1030 Wien
Tel: (0222) 71 61 30, *Konsularabt.:* 714 61 17. Telefax: (0222) 714 78 24, *Konsularabt.:* 712 73 16 (wird sich demnächst ändern).
Mo-Fr 09.15-12.00 Uhr.
Konsulate ohne Visumerteilung in Salzburg, Graz, Bregenz und Innsbruck.
Britisches Konsulat (mit Visumerteilung)
37-39 Rue de Vermont
CH-1211 Genf 20
Tel: (022) 918 23 00, 918 24 00. Telefax: (022) 918 23 22.
Mo-Fr 08.30-12.30 und 14.00-16.00 Uhr, *Konsularabt.:* Mo-Fr 08.30-11.30 Uhr.
Königlich Britische Botschaft (ohne Visumerteilung)
Thunstraße 50
CH-3005 Bern 15
Tel: (031) 352 50 21. Telefax: (031) 352 05 83.
Mo-Fr 09.30-12.30 und 14.00-17.30 Uhr.
Konsulat ohne Visumerteilung in Zürich.
Botschaft der Bundesrepublik Deutschland
23 Belgrave Square
GB-London SW1X 8PZ
Tel: (0171) 824 13 00. Telefax: (0171) 824 14 35.
Generalkonsulate in Edinburgh und Manchester.
Honorarkonsulate in Aberdeen, Birmingham, Bristol, Cardiff, Dover, Falmouth, Glasgow, Gateshead, Harwich, Hull, King's Lynn, Kirkwall, Larne, Leeds, Merseyside, Middlesbrough, Plymouth, St. Helier (Jersey), St. Peter Port (Guernsey), Shetland Islands und Southampton.
Botschaft der Republik Österreich
18 Belgrave Mews West
GB-London SW1X 8HU
Tel: (0171) 235 37 31. Telefax: (0171) 344 02 92.
Konsulate in Birmingham und Edinburgh.
Botschaft der Schweizerischen Eidgenossenschaft
16-18 Montagu Place
GB-London W1H 2BQ
Tel: (0171) 723 07 01. Telefax: (0171) 724 70 01.
Generalkonsulat in Manchester.

Einführung

Das Vereinigte Königreich von Großbritannien und Nordirland besteht aus *England, Schottland, Wales* und *Nordirland.* Obwohl diese Landesteile gemeinsam verwaltet werden (mit regionalen Ausnahmen), gibt es Unterschiede in Kultur, Sprache und Geschichte. Die *Channel Islands* (Kanalinseln) und die *Isle of Man,* abhängige Gebiete Großbritanniens mit eigenen Parlamenten und Exekutiven, werden auf besserer Übersicht ebenfalls in diesem Kapitel behandelt, das sich folgendermaßen aufteilt: 1. Einführung; 2. Einzelbeschreibungen der vier Landesteile; 3. die Isle of Man; und 4. die Kanalinseln.
FLÄCHE: 241.752 qkm.
BEVÖLKERUNGSZAHL: 57.918.000 (1993).
BEVÖLKERUNGSDICHTE: 240 pro qkm.
HAUPTSTADT: London. **Einwohner:** 6.904.600 (Großraum, 1992).
GEOGRAPHIE: Großbritannien besteht aus zwei geologischen Formationen: Hoch- und Tiefland. Die bergigen Regionen in Schottland, Nordirland, Nordengland und Nord-Wales bilden das Hochland. Wunderschöne Seen und Hochmoore im Nordwesten von England bilden den *Lake District.* Das Tiefland besteht aus Sand- und Kalksteinhügeln, langgestreckten Tälern und ausgedehnten Flußtälern (z. B. der *Wash* an der Ostküste). Im Südosten ziehen sich die Hügel der North- und South-Downs bis zu den weißen Klippen von Dover. An der Nordwestküste von Schottland schneiden Meeresbuchten tief in das Land. Die schottische Ostküste setzt sich aus unberührten Sandstränden und schroffen Steilküsten zusammen. Weiter südlich besteht die Küste oft aus Felsen, Schiefer, Dünen und Sandstränden. In den Grafschaften East Anglias gibt es ausgedehnte Sumpfgebiete, die zum Teil trockengelegt wurden.

Anmerkung: Ausführlichere geographische Beschreibungen unter den Rubriken der einzelnen Landesteile.
STAATSFORM: Parlamentarische Monarchie. Regierungschef: Premierminister John Major *(Conservative Party)*, seit 1990. Staatsoberhaupt: Königin Elizabeth II. Großbritannien ist eine Erbmonarchie, der Monarch hat jedoch nur repräsentative Aufgaben. Es gibt keine geschriebene Verfassung, jedoch Gesetze, die Verfassungscharakter haben. Das Parlament besteht aus zwei Kammern, dem Unterhaus *(House of Commons)* und dem Oberhaus *(House of Lords),* dem Richter, Erzbischöfe, Bischöfe, Erblords und ernannte Lords angehören (1200 Mitglieder). Die 651 Abgeordneten des Unterhauses werden auf fünf Jahre gewählt. Der Premierminister, der dem Kabinett vorsteht, ist zugleich Parteivorsitzender der stärksten Fraktion. Die beiden größten Parteien sind die *Conservative Party* (»Tories«) und die *Labour Party.* Die *Liberal Democrats* haben aufgrund des Mehrheitswahlrechts wenig Aussichten auf eine Beteiligung an der Regierungsbildung. Bei den Wahlen im April 1992 wurde John Major im Amt bestätigt. Nach der nächsten Wahl soll die Mitgliederzahl des *House of Commons* auf 659 angehoben werden.
SPRACHE: Englisch. In Wales wird teilweise auch Walisisch gesprochen (Cymric), in Teilen Schottlands und Nordirlands Gälisch (Gaelic), und auf den Kanalinseln werden französische Dialekte gesprochen. Die zahlreichen ethnischen Minderheiten innerhalb Großbritanniens sprechen ihre eigenen Sprachen und Dialekte (z. B. Hindi, Urdu, Türkisch, Griechisch, Kantonesisch, Mandarin usw.).
RELIGION: 56,8% Anglikaner, 15% andere christliche Glaubensrichtungen wie römisch-katholisch, Schottische Kirche, Baptisten und Methodisten. Es gibt auch jüdische, moslemische und hinduistische Religionsgemeinschaften.
ORTSZEIT: MEZ - 1 = GMT (MEZ von Ende März - Ende Oktober).
NETZSPANNUNG: 240 V, 50 Hz. Fast ausschließlich dreipolige Stecker, Zwischenstecker erforderlich.
POST- UND FERNMELDEWESEN: Telefon: Selbstwählferndienst. **Landesvorwahl: 44.** Münztelefone (die berühmten roten Telefonzellen gibt es mittlerweile nur noch selten) tragen die Aufschrift *Telephone,* für die mit *Cardphone* bezeichneten Zellen braucht es die in Zeitungs- und Tabakläden erhältliche Telefonkarte der *British Telecom.* **Telefaxanschlüsse** gibt es in Hotels und Telefax-Büros, auch in manchen Schreibwaren- oder Zeitungsläden. **Telex/Telegramme:** In allen größeren Städten gibt es Telexbüros. Telemessages (Auslieferung am nächsten Tag) können per Privattelefon oder von manchen Postämtern aufgegeben werden. **Post:** Briefmarken erhält man nicht nur in Postämtern und aus Automaten, sondern auch oft in Zeitungsläden. Die roten Briefkästen haben manchmal Schlitze für 1. bzw. 2. Klasse. Diese Bezeichnungen beziehen sich auf Inlandspost, die in der 1. Klasse theoretisch am nächsten Tag zugestellt wird, Briefe der 2. Klasse am übernächsten Tag; in ländlichen Gegenden kann sich die Zustellzeit allerdings bei beiden Klassen etwas verzögern. Briefe in das europäische Ausland sind ca. 2-5 Tage unterwegs und gehören in den »1. Klasse«-Schlitz. Postämter sind zumeist Mo-Fr 09.00-18.00 Uhr, Sa 09.00-12.30 Uhr geöffnet. Es gibt auch *Sub-Post Offices,* die oft aus einem Postschalter in einem Zeitungsladen bestehen.
DEUTSCHE WELLE
Der Einsatz der Kurzwellenfrequenzen ändert sich mehrfach im Laufe eines Jahres, und Sendungen auf den folgenden Frequenzen werden jeweils nur zu bestimmten Tageszeiten ausgestrahlt. Näheres in der Einleitung.

MHz	15,275	9,545	6,140	6,075	3,995
Meterband	19	31	49	49	75

REISEPASS/VISUM

Wichtiger Hinweis: Die Einreisebestimmungen mancher Länder können sich kurzfristig ändern – rufen Sie sicherheitshalber auf Ihrem CRS-System (TIMATIC-Info-Code-Fenster in diesem Kapitel) den aktuellen Stand ab bzw. wenden Sie sich an die zuständige diplomatische Vertretung. Etwaige Zahlen in der Tabelle beziehen sich auf nachfolgende Fußnoten.

	Paß erforderlich?	Visum erforderlich?	Rückflugticket erforderlich?
Deutschland	Nein	Nein	Nein
Österreich	Nein	Nein	Nein
Schweiz	Ja	Nein	Nein
Andere EU-Länder	Nein	Nein	Nein

REISEPASS: Für Bürger von Mitgliedstaaten der Europäischen Union reicht der Personalausweis aus, der bei der Ausreise noch gültig sein muß.
Anmerkung: Innerhalb Großbritanniens gibt es i. allg. keine Paßkontrolle (einschl. Reisen nach Nordirland, zu den Kanalinseln und zur Isle of Man).
VISUM: Visumpflicht besteht für Staatsangehörige der folgenden Länder: Afghanistan, Ägypten, Albanien, Algerien, Angola, Äquatorialguinea, Armenien, Aserbaidschan, Äthiopien, Bangladesch, Belarus, Benin, Bhutan, Bosnien-Herzegowina, Bulgarien, Burkina Faso, Burundi, China VR, Côte d'Ivoire, Djibouti, Eritrea, Gabun, Georgien, Ghana, Guinea, Guinea-Bissau, Haiti, Indien, Indonesien, Irak, Iran, Jemen, Jordanien,

Jugoslawien, Kambodscha, Kamerun, Kap Verde, Kasachstan, Kirgisistan, Komoren, Kongo, Korea-Nord, Kuba, Laos, Libanon, Liberia, Libyen, Ehem. jugosl. Republik Mazedonien, Madagaskar, Mali, Marokko, Mauretanien, Moldawien, Mongolei, Mozambique, Myanmar, Nepal, Nigeria, Oman, Pakistan, Philippinen, Ruanda, Rumänien, Russ. Föderation, São Tomé und Principe, Saudi-Arabien, Senegal, Sierra Leone, Somalia, Sri Lanka, Sudan, Syrien, Taiwan (China), Tadschikistan, Thailand, Tschad, Togo, Tunesien, Türkei, Turkmenistan, Uganda, Ukraine, Usbekistan, Vietnam, Zaïre und Zentralafrikanische Republik.
Visaarten: Es gibt Touristen-, Geschäfts- und Transitvisa. Nähere Auskunft, auch über Gebühren, erteilen die Generalkonsulate Großbritanniens. Personen, die zur Einreise nach Großbritannien ein Visum benötigen und sich bei der Durchreise für mehr als 24 Std. im Land aufhalten, benötigen ein Transitvisum (48 Std. gültig).
Gültigkeitsdauer: Unterschiedlich.
Antragstellung: Generalkonsulat Düsseldorf, Genfer Konsulat bzw. Wiener Botschaft (Adressen s. o.).
Unterlagen: Unterschiedlich, je nach Nationalität des Antragstellers. I. allg.: (a) Reisepaß. (b) 2 Paßfotos neueren Datums. (c) Gebühr. Der postalischen Antragstellung sollten ein frankierter und adressierter Umschlag und der Zahlungsbeleg über die Visumgebühr beigelegt werden.
Bearbeitungszeit: Unterschiedlich. Anträge, die an das *Home Office* (Innenministerium) geschickt werden müssen, können über 6 Wochen in Anspruch nehmen.
Aufenthaltsgenehmigung: EU-Bürger, die in Großbritannien arbeiten oder studieren und deren Aufenthalt 6 Monate überschreitet, wenden sich vor Ablauf der 6 Monate an das *Home Office*, Immigration Department, Lunar House, 40 Wellesley Road, GB-Croydon. Tel: (0181) 686 06 88. Telefax: (0181) 760 11 81.

GELD

Währung: 1 Pfund *(Pound)* (£) = 100 Pence. Banknoten gibt es in den Werten von 50, 20, 10 und 5 £. In Schottland gibt es zusätzliche Banknoten, die überall in Großbritannien akzeptiert werden. Münzen gibt es in den Werten von 1 £ sowie 50, 20, 10, 5, 2 und 1 Pence. Seit 1990 gibt es eine neue kleinere 5-Pence-Münze und seit 1992 eine neue kleinere 10-Pence-Münze; die alten 5- und 10-Pence-Münzen sind ungültig. Ende 1997 wird eine 2-£-Münze in Umlauf gesetzt und die jetzige 50-Pence-Münze wird verkleinert. Einzelheiten zu den Währungen der Kanalinseln und der Isle of Man unter den Rubriken der jeweiligen Insel.
Geldwechsel: Alle Banken, Wechselstuben und zahlreiche Hotels wechseln ausländisches Geld. Wechselstuben haben oft bis spät geöffnet, berechnen jedoch z. T. hohe Gebühren.
Kreditkarten: *Eurocard, American Express, Diners Club* und *Visa* sind geläufige Zahlungsmittel. Einzelheiten vom Aussteller der betreffenden Kreditkarte.
Euroschecks werden bis zu 100 £ pro Scheck angenommen.
Postsparbuch: Abhebung in über 80 Postämtern in Großbritannien, lohnt sich daher in erster Linie für den Besuch größerer Städte.
Wechselkurse

	£ Sept. '92	£ Febr. '94	£ Jan. '95	£ Jan. '96
1 DM	0,36	0,39	0,41	0,45
1 US$	0,53	0,67	0,64	0,64

Devisenbestimmungen: Es gibt keine Beschränkungen für den Devisenverkehr.
Öffnungszeiten der Banken: Mo-Fr 08.30/09.30-15.30/16.30 Uhr (regional verschieden). Manche Zweigstellen haben auch Samstag vormittags oder abends länger geöffnet.

DUTY FREE

Anmerkung: In dieser Rubrik zählen die Kanalinseln nicht zur EU.
(a) Seit Januar 1993 gibt es keine Beschränkungen mehr für die private Wareneinfuhr (einschließlich von Verbrauchsgütern wie Alkohol und Tabak) innerhalb der Europäischen Union. Es wurden jedoch folgende Richtmengen festgesetzt, bei deren Überschreiten gewerblicher Handel vermutet wird, der im Bestimmungsland zu versteuern ist:
800 Zigaretten;
200 Zigarren;
400 Zigarillos;
1000 g Tabak;
90 l Wein (darunter nicht mehr als 60 l Schaumwein);
10 l Spirituosen;
20 l alkoholische Getränke (z. B. Portwein oder Sherry) mit einem Alkoholgehalt von höchstens 22%;
110 l Bier.
(b) Bei Einreise aus Nicht-EU-Ländern (oder falls die Waren innerhalb der EU zollfrei eingekauft wurden):
200 Zigaretten oder 100 Zigarillos oder 50 Zigarren oder 250 g Tabak;
1 l Spirituosen über 22% oder 2 l alkoholische Getränke bis zu 22% oder 2 l Schaum-/ Likörweine;
dazu 60 ml Parfüm und 250 ml Eau de toilette;
Waren bis zum Wert von 71 £ (bei zollfreiem Einkauf innerhalb der EU) bzw. 136 £ (bei Einkauf in einem Nicht-EU-Land).
Anmerkung: Tabakwaren und Alkohol können nur von Personen ab 17 Jahren eingeführt werden.
Haustiere: Großbritannien ist tollwutfrei, die Einfuhrbestimmungen für Haustiere sind sehr streng. Wer Tiere aller Art mitbringen will, muß mindestens 6 Monate vor der Einreise eine Einfuhrgenehmigung beantragen und das Tier bei der Einreise sechs Monate in Quarantäne geben. Zuwiderhandlungen werden strengstens bestraft, illegal importierte oder eingeschmuggelte Tiere werden mitunter getötet. Nähere Auskunft beim nächstgelegenen Britischen Generalkonsulat.

GESETZLICHE FEIERTAGE

6. Mai '96 Maifeiertag. **27. Mai** Frühlingsfeiertag. **26. Aug.** Sommerfeiertag (nicht in Schottland). **25./26. Dez.** Weihnachten. **1. Jan. '97** Neujahr. **28. März** Karfreitag. **31. März** Ostermontag (nicht in Schottland). **5. Mai** Maifeiertag. **26. Mai** Frühlingsfeiertag.
Anmerkung: Zusätzliche Feiertage unter den Rubriken der jeweiligen Landesteile.

GESUNDHEIT

In der folgenden Tabelle aufgeführte Impfvorschriften können sich kurzfristig ändern. Es wird stets empfohlen, auf Ihrem CRS-System (TIMATIC-Info-Code-Fenster in diesem Kapitel) den aktuellen Stand der Gesundheitsbestimmungen abzurufen bzw. rechtzeitig vor der Reise ärztlichen Rat einzuholen.

	Vorsichtsmaßnahmen empfohlen	*Impfschein erforderlich*
Gelbfieber	Nein	Nein
Cholera	Nein	Nein
Typhus & Polio	Nein	-
Malaria	Nein	-
Essen & Trinken	Nein	-

Gesundheitsvorsorge: Eine Anspruchsbescheinigung ist nicht erforderlich. Im Rahmen des Nationalen Gesundheitsdienstes *(National Health Service/NHS)* ist die ärztliche Behandlung kostenfrei, der Patient zahlt jedoch einen Anteil der zahnärztlichen Behandlung. Im Krankheitsfall wendet man sich unter Vorlage des Personalausweises oder Reisepasses an einen Vertragsarzt/Zahnarzt des NHS (National Health Service). Die Rezeptgebühr beträgt 5,25 £ pro Medikament.

REISEVERKEHR - International

FLUGZEUG: Großbritanniens nationale Fluggesellschaft heißt *British Airways (BA)*. Es gibt zahlreiche gute Verbindungen von vielen deutschen, österreichischen und schweizerischen Städten.
Durchschnittliche Flugzeiten: *Frankfurt* – London: 1 Std. 30; *Frankfurt* – Birmingham: 1 Std. 40; *Frankfurt* – Manchester: 1 Std. 45; *Frankfurt* – Belfast: 4 Std. (Zwischenlandung in London); *Düsseldorf* – Glasgow: 3 Std; *Wien* – London: 2 Std. 20; *Wien* – Birmingham: 4 Std. 15 (Zwischenlandung in London); *Wien* – Glasgow: 4 Std. 30 (Zwischenlandung in London); *Wien* – Belfast: 4 Std. 15 (Zwischenlandung in London); *Zürich* – London: 1 Std. 45; *Zürich* – Birmingham: 1 Std. 50; *Zürich* – Manchester: 1 Std. 50; *Zürich* – Glasgow: 4 Std. 20 (Zwischenlandung in London); *Zürich* – Belfast: 4 Std. 15 (Zwischenlandung in London); *Genf* – Manchester: 1 Std. 50.
Internationale Flughäfen: Lesen Sie die entsprechenden Rubriken der einzelnen Landesteile.
Flughafengebühren: Zusätzlich zur Flughafengebühr gibt es neuerdings eine *Air Passenger Duty*, die bei Inlandflügen und Flügen innerhalb der EU 5 £ beträgt, auf allen anderen Flügen 10 £.
SCHIFF: Fährverbindungen zwischen den britischen Inseln und dem europäischen Festland:
Stena Line:
Harwich – Hook van Holland,
Dover – Calais,
Southampton – Cherbourg,
Newhaven – Dieppe.
SeaLynx:
Newhaven – Dieppe.
P & O European Ferries:
Felixstowe – Zeebrügge,
Dover – Calais,
Portsmouth – Le Havre,
Portsmouth – Cherbourg,
Portsmouth – Bilbao.
DFDS Seaways:
Harwich – Hamburg,
Newcastle – Hamburg (April - Ende Oktober),
Harwich – Esbjerg,
Harwich – Göteborg (Januar - September),
Newcastle – Göteborg (Juni - September),
Newcastle – Amsterdam (Mai - September),
Newcastle – Esbjerg (April - Ende Oktober).
Sally Line:
Ramsgate – Dunkerque.
North Sea Ferries:
Hull – Rotterdam/Zeebrügge.
Color Line:
Newcastle – Stavanger/Bergen.
Brittany Ferries:
Portsmouth – Caen/St. Malo,
Poole – St. Malo,
Plymouth – Roscoff/Santander.
Fähren zur Republik Irland (von Wales aus):
Swansea – Cork *(Swansea Cork Ferries)*; Fishguard – Rosslare *(Stena Line)*; Holyhead – Dun Laoghaire *(Stena-Lynx)*.
BAHN: Die Züge der *British Rail* zu den Fährhäfen Dover, Ramsgate, Newhaven und Folkestone fahren vom Bahnhof Victoria Station, nach Weymouth und Portsmouth vom Bahnhof Waterloo Station (beide London); Spezialzüge zum Fährhafen Harwich verkehren vom Londoner Bahnhof Liverpool Street aus. Schnelle EuroNight-Verbindung von Ostende über Deutschland (Aachen, Köln, Nürnberg, Regensburg, Passau) nach Wien.
KANALTUNNEL: Der Kanaltunnel wurde nach mehrfachen Verzögerungen im November 1994 eröffnet, *Le Shuttle* befördert zwischen Calais und Folkestone Pkws, Busse und Motorräder (120 Fahrzeuge pro Zug). Täglich 15 Abfahrten nach Calais von Folkestone zwischen 09.00 und 24.00 Uhr. Lastkraftwagen werden in speziellen Pendelzügen transportiert. Fahrzeit von Terminal zu Terminal 35 Minuten, von Autobahn zu Autobahn ca. 1 Stunde. Durchgehende Verbindungen im Personenverkehr mit Zügen von *Eurostar* zwischen Paris (Gare du Nord) und London-Waterloo (Fahrzeit nur 3 Std.), zwischen London und Lille (Fahrzeit 2 Std. 30) und London und Brüssel-Midi (Fahrzeit 3 Std. 15). Von und nach Paris verkehren täglich 4 Züge (Fr 5 Züge), von/nach Brüssel täglich 3 Züge, von denen 2 in Lille halten. Darüber hinaus gute Anschlußverbindungen (auch nachts) von Birmingham, Manchester, Newcastle, Ashford und Edinburgh.
BUS/PKW: An der Grenze zwischen Nordirland und der Republik Irland gibt es kaum Grenzformalitäten.
Fernbusse: Es gibt Verbindungen von ca. 50 deutschen Städten nach Großbritannien, u. a. mit *Eurolines*.

REISEVERKEHR - National

Anmerkung: Diese Rubrik ist nur eine generelle Einführung zum Transportwesen innerhalb Großbritanniens. Weitere Einzelheiten in den entsprechenden Rubriken über England, Schottland, Wales, Nordirland, der Isle of Man und den Kanalinseln (s. u.).
FLUGZEUG: *British Airways* fliegt mehrmals am Tag nach Belfast, Edinburgh, Glasgow und Manchester. Die nachfolgenden Fluggesellschaften bieten ebenfalls Flüge innerhalb Großbritanniens an: *Aer Lingus, Air UK, British Midland Airways, Jersey European Airways, Loganair, London City Airlines* und *Ryanair*.
Durchschnittliche Flugzeiten: *London* – Aberdeen: 1 Std. 25; *London* – Belfast: 1 Std. 10; *London* – Edinburgh: 1 Std. 10; *London* – Glasgow: 1 Std. 10; *London* – Birmingham: 50 Min; *London* – Jersey: 50 Min; *London* – Manchester: 50 Min; *London* – Newcastle: 1 Std.
SCHIFF: Einzelheiten zum Fährverkehr innerhalb Großbritanniens und Nordirlands unter den Rubriken der einzelnen Landesteile.
BAHN: Das Streckennetz Großbritanniens hat eine Gesamtlänge von 16.536 km. *InterCity*-Züge verbinden London mit allen größeren Städten des Landes. Es gibt auch gute Verbindungen in den Südosten und Norden Englands, nach Südwales und zwischen Edinburgh und Glasgow. Die ländlichen Gegenden sind oft nur recht umständlich zu erreichen (z. B. die Nordküste der westlichen Grafschaften, Teile von East Anglia, Nord-Yorkshire und Northumberland, Nordwales, Nordirland und das südliche und nördliche Schottland), obwohl die regionalen Streckennetze recht umfangreich sind. Autoreisezüge verkehren ebenfalls auf vielen Strecken.
Fahrpreisermäßigungen: Verschiedene Angebote, u. a. verbilligte Tages-Rückfahrkarten *(Day returns)* und Sonderpreise für Fahrten außerhalb der Hauptverkehrszeiten Mo-Do sowie ganztägig Sa und So, jedoch nicht Fr *(Blue Saver)*. Sehr günstige *Apex-* und *SuperApex-Tickets* in viele Städte und nach Cornwall und Devon, die Fahrkarten müssen mindestens sieben Tage (SuperApex mind. 14 Tage) vor der geplanten Abreise gekauft werden, und man muß sich für Hin- und Rückreise bereits genau auf Tag und Zug festlegen. Der nur außerhalb Großbritanniens erhältliche *Britrail-Paß* erlaubt freie Fahrt auf dem gesamten Streckennetz an fortlaufenden Tagen; wahlweise für 4, 8, 15, 22 Tage oder 1 Monat gültig. Der *Britrail-Flexipaß* berechtigt zu unbegrenzten Bahnfahrten an 4, 8 oder 15 frei wählbaren Tagen innerhalb eines Monats. Er wird ebenfalls nur außerhalb Großbritanniens verkauft. Weitere Informationen von den Vertretungen der Britischen Eisenbahnen: *British Rail International*, Düsseldorfer Straße 15-17, D-60329 Frankfurt/M. Tel: (069) 23 85 42 44. Telefax: (069) 23 60 00 und *British Rail International*, Centralbahnplatz 9, CH-4002 Basel. Tel: (061) 272 14 04. Telefax: (061) 272 93 78 (auch für Anfragen aus Österreich zuständig). Behinderte Reisende und Senioren haben ebenfalls Anspruch auf Ermäßigungen. *EURO DOMINO* und *InterRail-Paß* sind auch in Großbritannien gültig, letzterer berechtigt außer zu Eisenbahnfahrten auch zu Ermäßigungen auf manchen Fähren. Einzelheiten s. *Deutschland*.

BUS/PKW: Zahlreiche Fernverkehrsstraßen (*»A«-roads)* verbinden alle Städte innerhalb Großbritanniens. Auf den Nebenstraßen (*»B«-roads)* in ländlichen Gebieten muß man recht langsam fahren, in höheren Lagen sind diese Straßen im Winter mitunter unpassierbar. Autobahnen *(Motorways)* führen von London in alle Landesteile. Es gibt auch gute Ost-West- und Nord-Süd-Straßen in der Mitte (den *Midlands)* und im Norden Englands. Weitere Informationen unter den entsprechenden Rubriken der einzelnen Landesteile. **Fernbusse:** In jeder größeren Stadt gibt es einen Busbahnhof. *Victoria Coach Station*, der ZOB für Fernbusse in London, liegt ca. 800 m vom Bahnhof Victoria Station entfernt. *National Express* ist die größte Langstrecken-Busgesellschaft, fast alle Städte des Landes werden angefahren. Fast alle Reisebusse haben Toiletten und Reisebegleiter/innen, kleine Erfrischungen sind erhältlich, und manchmal werden Videos gezeigt. Busfahrkahrkarten sind billiger als Zugfahrkarten, Busfahrten dauern jedoch länger. Private Reisebusse können von Gruppen im voraus gemietet werden. Die bekanntesten Urlaubsorte haben Parkplätze für Reisebusse. **Unterlagen:** Der eigene Führerschein ist bis zu einem Jahr gültig. Autofahrer müssen eine Haftpflichtversicherung haben und die Kfz-Papiere mitführen. Die Grüne Versicherungskarte wird empfohlen.

Verkehrsbestimmungen: Linksverkehr. Höchstgeschwindigkeiten: 48 km/h (30 m/h) innerhalb geschlossener Ortschaften, 113 km/h (70 m/h) auf Autobahnen und Fernverkehrsstraßen, ansonsten 80 km/h (50 m/h) oder 96 km/h (60 m/h), je nach Angabe der entsprechenden Verkehrszeichen. Anschnallpflicht; wo vorhanden, müssen auch auf dem Rücksitz Gurte angelegt werden. Bleifreies Benzin *(Unleaded Petrol)* ist fast überall erhältlich und preiswerter als bleihaltiges Benzin. Promillegrenze: 0,8‰. **Parken:** Auf den Straßen der Städte und Ortschaften findet man oft gelbe Streifen am Straßenrand. Ein Doppelstreifen bedeutet absolutes Parkverbot, ein Einzelstreifen begrenztes Parkverbot (auf kleinen Schildern an den Straßenlaternen ersieht man die Zeiten, in denen das Parken gestattet ist). Auf allen anderen Straßen kann unbegrenzt geparkt werden. Diese Bestimmungen treffen für alle Gebiete Großbritanniens zu. In den Stadtzentren findet man oft gelbe Zeichen mit der Aufschrift *Control Zone – No Unattended Parking*. Ein unbeaufsichtigt geparktes Auto wird als Sicherheitsrisiko betrachtet und entsprechend behandelt. Man sollte nie auf den Zickzackmarkierungen in der Nähe von Zebrastreifen parken. Besonders nachts sind die Stadtzentren aus Sicherheitsgründen oft gesperrt. Umleitungen sind entsprechend markiert. Seit einiger Zeit gibt es in London auch rote Streifen (sogenannte *Red Routes*) am Fahrbahnrand, die ein absolutes Parkverbot anzeigen. Sie wurden vor allem auf Hauptverkehrsstraßen eingeführt, um den Verkehrsfluß in den Hauptverkehrszeiten (*Rush Hour*) zu verbessern. Wer hier parkt, muß damit rechnen, innerhalb kürzester Zeit abgeschleppt zu werden.

STADTVERKEHR: In allen Städten gibt es Linienbusse, Zuverlässigkeit und Fahrpreise sind recht unterschiedlich. In London, Newcastle und Glasgow (2 Linien) verkehren außerdem U-Bahnen. In Glasgow, Cardiff, Manchester, Liverpool und Birmingham kann man auch mit Stadtbahnen fahren. In Manchester gibt es zudem eine Straßenbahn. In vielen Städten, darunter auch London, wurden zahlreiche Buslinien privatisiert. Fast alle Taxis haben Taxameter. An Wochenenden, öffentlichen Feiertagen, nachts und für Gepäck werden Zuschläge erhoben. In Großstädten stehen auch private Taxis ohne Taxameter *(Mini Cabs)* zur Verfügung, deren Fahrpreise nach der zurückgelegten Meilenzahl berechnet werden. Diese Taxis sind oft preiswerter, können jedoch nur per Telefon bzw. im Mini-Cab-Büro selbst bestellt werden. Mini-Cab-Fahrer sind im allgemeinen außerhalb der näheren Umgebung ihrer Zentrale weniger ortskundig. Bei Mini Cabs empfiehlt es sich, den Preis vor der Fahrt zu vereinbaren.

UNTERKUNFT

HOTELS: In allen Großstädten, besonders in London, sind Hotels recht teuer. Weitere Informationen unter den entsprechenden Rubriken der einzelnen Landesteile. Nähere Auskünfte erhältlich von der *British Hospitality Association*, Queens House 55-56, Lincolns Inn Fields, GB-London WC2A 3BH. Tel: (0171) 404 77 44. Telefax: (0171) 404 77 99 sowie von der *British Federation of Hotel, Guest House & Self-Catering Associations*, 5 Sandicroft Road, GB-Blackpool FY1 2RY. Tel: (01253) 35 26 83.

BED & BREAKFAST: Pensionen gibt es sowohl in Städten als auch in allen ländlichen Gegenden, sie sind an der Aufschrift *Bed & Breakfast* zu erkennen.

FERIENHÄUSER UND -WOHNUNGEN werden i. allg. pro Woche vermietet. Vom Spukschloß im Moorland bis hin zu hochmodernen Apartments in der Stadt ist alles zu haben. Wenden Sie sich am besten an das Fremdenverkehrsamt der jeweiligen Region. Klassifizierung je nach Standard mit 1-5 Schlüsseln.

CAMPING: Überall in Großbritannien gibt es Campingplätze. Zelte und Wohnwagen können auch gemietet werden. Die Ausstattung der Campingplätze ist zum Teil recht einfach, manche verfügen jedoch über Kinderspiel- und Sportplätze, Gemeinschaftsräume, eine Cafeteria, einen Laden und Telefone.

HOLIDAY CAMPS sind Ferienanlagen, die auf Familienurlaub ausgerichtet sind. Man wohnt in kleinen Bungalows in einem Ferienkomplex; Verpflegung und Freizeitprogramm sind im Preis inbegriffen. Sehr oft gibt es auch Kindermädchen und Spielklubs für Sprößlinge aller Altersklassen.

JUGENDHERBERGEN: Das Niveau ist recht unterschiedlich und reicht von den einfachsten Übernachtungsmöglichkeiten für Radfahrer und Wanderer bis zu modernen Motels und Hotels für Familien und Gruppen. Die Unterkünfte sind relativ preiswert. Auskünfte erhältlich beim Jugendherbergsverband: *Youth Hostel Association*, 8 St. Stephen's Hill, GB-St. Albans, Herts AL1 2DY. Tel: (01727) 85 52 15. Telefax: (01727) 84 41 26.

UNIVERSITÄTEN: In den Semesterferien bieten viele Universitäten preiswerte Unterkünfte in Studentenwohnheimen, die oft überraschend komfortabel sind. Auskünfte erteilt das *British Universities Accommodation Consortium Ltd.*, University Park, PO Box 1321, GB-Nottingham NG7 2RD. Tel: (0115) 950 45 71. Telefax: (0115) 942 25 05.

URLAUBSORTE & AUSFLÜGE

Einzelheiten zu den einzelnen Landesteilen s. u.

SOZIALPROFIL

Jeder Landesteil und jede Grafschaft hat eigene Nationalgerichte und -getränke, Einkaufsmöglichkeiten und Freizeitvergnügen. Näheres unter den Rubriken der einzelnen Landesteile (s. u.). Waliser, Schotten oder gar Iren sollten niemals als »Engländer« bezeichnet werden.

SITTEN & GEBRÄUCHE: Bei der ersten Vorstellung gibt man sich die Hand und sagt *Pleased to meet you* oder, etwas förmlicher, *How do you do*. Bekannte begrüßen sich mit *Hello, Hi* oder etwas förmlicher mit *Good morning/afternoon/evening*. Gastgeber freuen sich über Pralinen oder eine Flasche Wein. Man beginnt erst mit dem Essen, wenn alle Gäste bedient sind. Die Höflichkeit der Briten ist sprichwörtlich: Wer aus Versehen einen Mitmenschen in der U-Bahn anrempelt oder auch nur im Weg steht, entschuldigt sich höflich mit *Sorry*; eine Bitte um Auskunft wird mit *Excuse me* eingeleitet. Eine etwas rauhere Gangart beginnt sich allerdings in London durchzusetzen, wo die große britische Institution des Schlangestehens bereits ins Wanken geraten ist. Vordrängeln *(Queue jumping)* und Schubsen, früher undenkbar, sind heute besonders zu den Stoßzeiten keine Seltenheit mehr. *Tea* (Tee mit Milch) ist tatsächlich nach wie vor Nationalgetränk der Briten, auch wenn heutzutage immer häufiger wahlweise Kaffee angeboten wird. Tee ist zu keiner Tages- und Nachtzeit fehl am Platze, und jeder Haushalt hat mindestens einen elektrischen Wasserkessel für schnelle Teebereitung; ein Hotel gilt als besonders vornehm, wenn dort *Early Morning Tea* (Weckruf mit einer Tasse Tee) angeboten wird. In britischen Gaststätten bestellt man immer an der Theke und bezahlt sofort. Bier vom Faß bestellt man in *Pint* (0,57 l) bzw. *Half Pint* (0,28 l)-Gläsern. Briten im Pub geben reihum zur Theke; wer gerade dran ist, bestellt – und bezahlt – für die anderen Mitglieder der kleinen Runde mit. Kurz vor der Polizeistunde (in England meistens 23.00 Uhr, sonntags 22.30 Uhr) wird eine Glocke zum ersten Mal geläutet *(Last Orders* = letzte Bestellung), wenige Minuten später zum zweiten Mal (*Time* = Zeit zum Austrinken und Nachhausegehen). **Kleidung:** Legere Bekleidung ist akzeptabel, nur in Nachtklubs und Restaurants wird oft elegantere Kleidung erwartet. In manchen Diskotheken sind Jeans und Turnschuhe nicht gern gesehen, andere Nachtklubs haben – je nach Clientèle – andere Kleidungsvorschriften. **In der Öffentlichkeit:** »Oben ohne« ist an manchen Stränden gestattet und wird in einigen öffentlichen Parkanlagen toleriert. Bitte beachten Sie Nichtraucherzeichen. In den Bussen, der U-Bahn und auf den U-Bahnhöfen ist das Rauchen verboten. Bei Mißachtung des Rauchverbots in Bussen droht eine Geldstrafe von 1000 £. Laut Gesetz dürfen an Jugendliche unter 16 Jahren keine Zigaretten verkauft werden. **Trinkgeld:** In Hotelrechnungen ist oft die Bedienung in Höhe von 10-15% enthalten. Das Restaurantpersonal erwartet 10% Trinkgeld, falls die Bedienung nicht bereits im Preis enthalten ist. 10% sind auch üblich für Taxifahrer und Friseure. Es besteht keine gesetzliche Verpflichtung, Bedienungsgeld zu zahlen; wer mit der Bedienung unzufrieden ist, kann theoretisch den Zuschlag von der Rechnung abziehen. Denken Sie jedoch an das Bedienungspersonal, das sich auf das Trinkgeld verläßt, um die niedrigen Löhne aufzustocken. In Bars und Pubs wird üblicherweise kein Trinkgeld gegeben.

WIRTSCHAFTSPROFIL

WIRTSCHAFT: Großbritannien ist eines der führenden Industrieländer der Welt. Die wichtigsten Wirtschaftszweige neben dem Dienstleistungssektor (v. a. Fremdenverkehr, Finanzwesen und Massenmedien) sind die Erdöl- und Erdgasförderung in der Nordsee, Fahrzeug-, Schiff-, Maschinen- und Flugzeugbau, chemische und elektrotechnische sowie Textilindustrie. Landwirtschaft und Fischerei sind ebenfalls von Bedeutung, beschäftigen aber nur 2% der Erwerbstätigen. Eckpfeiler der Wirtschaftspolitik der konservativen Regierung sowohl unter Margaret Thatcher als auch unter ihrem Nachfolger John Major war und ist der Rückzug des Staates aus der Wirtschaft durch die Privatisierung von Staatsunternehmen. Erdölindustrie, Fernmeldewesen, Gas, Elektrizität und Wasserversorgung wurden bereits privatisiert und in Aktiengesellschaften umgewandelt. Die Staatsbahnen und die Post sollen folgen. Weiteres Markenzeichen der konservativen Regierung ist eine drastische Begrenzung der Staatsausgaben und eine Hochzinspolitik mit dem Ziel der Inflationsbekämpfung. Die Inflationsrate sank 1994 auf 2%. Die früher so bedeutende Fertigungswirtschaft hat unter der Rezession Anfang der achtziger Jahre sehr gelitten, während der Dienstleistungssektor einen Aufschwung erlebte. Ein großes Problem ist das Nord-Südgefälle; in den traditionellen Industriegebieten in Nordengland und Schottland liegen die Arbeitslosenquoten seit Jahren z. T. bei 20%. Die neuerliche seit 1990 andauernde Rezession, die schlimmste seit den dreißiger Jahren, hat jedoch erstmalig auch das bislang prosperierende Südengland in Mitleidenschaft gezogen. Inzwischen sprechen alle Anzeichen dafür, daß die Rezession endlich überwunden ist. Die Arbeitslosigkeit steigt jedoch weiter (1994 landesweit bei 9,5%). Trotz leichter Wirtschaftsbelebung wuchs auch das Leistungsbilanzdefizit beträchtlich. Der Tourismus erbringt rund 3,4% des Bruttoinlandproduktes und beschäftigt ca. 6% der Erwerbstätigen. Die meisten Besucher kamen 1992 aus den USA, Frankreich, Deutschland und den Niederlanden. 1993 kamen 17,9 Mio. Feriengäste aus dem Ausland. Beliebteste Reiseziele sind weiterhin vor allem London, Edinburgh, Glasgow und Oxford. Die Europäische Union und die USA sind mit Abstand die wichtigsten Handelspartner des Landes. Im September 1992 beschloß die Regierung den vorläufigen Austritt aus dem Europäischen Währungssystem (EWS), aufgrund des stark unter Druck geratenen Pfunds Sterling. **Anmerkung:** Informationen über die Wirtschaft der Kanalinseln Jersey und Guernsey sowie Nordirlands unter der Rubrik Wirtschaftsprofil in den entsprechenden Abschnitten.

GESCHÄFTSVERKEHR: Englischkenntnisse sind unbedingt notwendig. In britischen Geschäftskreisen trägt man meist immer noch traditionell den berühmten Nadelstreifenanzug (*Pin-striped suit*) bzw. elegante Kostüme. Terminvereinbarung und Visitenkarten sind üblich.
Geschäftszeiten: Mo-Fr 09.00/09.30-17.00/17.30 Uhr.
Kontaktadressen: *German Chamber of Industry and Commerce* (Deutsche Industrie- und Handelskammer), 16 Buckingham Gate, GB-London SW1E 6LB. Tel: (0171) 233 56 56. Telefax: (0171) 233 78 35.
Britisches Generalkonsulat, Commercial Section, Yorckstraße 19, D-40476 Düsseldorf. Tel: (0211) 9 44 80. Telefax: (0211) 48 63 59.
The Austrian Trade Commissioner (Österreichischer Handelsbeauftragte), 45 Princes Gate, GB-London SW7 2QA. Tel: (0171) 584 44 11. Telefax: (0171) 584 25 65.
Handelsabteilung der Kgl. Britischen Botschaft, Jaurèsgasse 12, A-1030 Wien. Tel: (0222) 713 15 75. Telefax: (0222) 714 78 24.
British Export Promotion Office, Dufourstraße 56, CH-8008 Zürich. Tel: (01) 261 15 20. Telefax: (01) 252 83 51.
British-Swiss Chamber of Commerce in Switzerland, Freiestraße 155, CH-8032 Zürich. Tel: (01) 422 31 31. Telefax: (01) 422 32 44. (Auskunftsdienst 09.00-12.00 und 14.00-17.00 Uhr, gebührenpfl. für Nichtmitglieder).
Association of British Chambers of Commerce (Dachverband der Industrie- und Handelskammern von Großbritannien), 9 Tufton Street, GB-London SW1P 3QB. Tel: (0171) 222 15 55. Telefax: (0171) 799 22 02.

KONFERENZEN/TAGUNGEN: Die verschiedenen Tagungsstätten – Kongreßzentren, Hotels, Universitäten, Herrenhäuser, Schlösser, Theater und sogar Fußballstadien und Pferderennbahnen – sind in einer Reihe von Veröffentlichungen verzeichnet. London und Birmingham haben als Kongreßstädte einen internationalen Ruf, aber auch in anderen Städten wie Glasgow, Manchester, Newcastle, Bristol und den hübschen Kleinstädten Chester, Salisbury, York, Llandudno und Inverness stehen gute Konferenzeinrichtungen zur Verfügung. Die politischen Parteien halten ihre Parteitage traditionell in Badeorten wie Blackpool (in den bekannten *Winter Gardens*), Bournemouth und Brighton ab. Zweckgebundene Tagungsstätten in London haben teilweise Kapazitäten für 19.000 Teilnehmer, man kann aber auch bei Bedarf das Wembley-Stadion mieten. Alle Landesteile der britischen Insel können von London aus schnell mit Bahn oder Flugzeug erreicht werden. Weitere Informationen, Broschüren (u. a. *The British Conference Destinations Directory*) und Planungshilfen erhalten Sie unter folgender Adresse: *British Association of Conference Towns (BACT)* (Britischer Verband der Konferenzstädte), First Floor, Elizabeth House, 22 Suffolk Street, Queensway, GB-Birmingham B1 1LS. Tel: (0121) 616 14 00. Telefax: (0121) 616 13 64.

KLIMA

Das Inselreich Großbritannien leidet unter sehr veränderlichem Wetter. Extreme Temperaturunterschiede sind selten, aber Schnee, Hagel, wolkenbruchartige Regenfälle und Hitzewellen gibt es mitunter ohne Vorwarnung. Weitere Informationen in den entsprechenden Rubriken der einzelnen Landesteile.

England

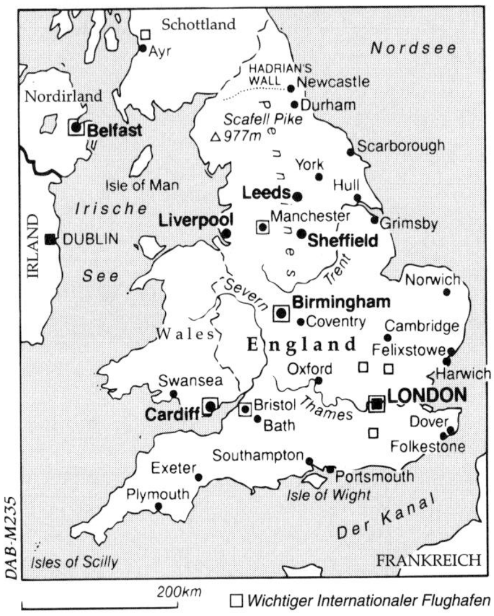

Lage: Großbritannien.

English Tourist Board
Thames Tower
Black's Road
GB-London W6 9EL
Tel: (0181) 846 90 00. Telefax: (0181) 563 03 02.

FLÄCHE: 130.423 qkm.
BEVÖLKERUNGSZAHL: 48.378.300 (1992).
BEVÖLKERUNGSDICHTE: 371 pro qkm.
HAUPTSTADT: London. **Einwohner:** 6.904.600 (Großraum, 1992).
GEOGRAPHIE: Die überwiegend flache Landschaft Englands besteht aus fruchtbaren Ebenen und sanften Hügeln. Im Norden und im Westen gibt es höhere Lagen, Berge und Moore. Die Bergkette der Penninen, das »Rückgrat Englands«, trennt den *Lake District* (Seengebiet) der Grafschaft Cumbria im Nordwesten von den *Yorkshire Dales* (Hügelregion) im Nordosten. Der Osten Englands, besonders East Anglia, ist überwiegend flach. Die Küste besteht streckenweise aus endlosen Sand- oder Kiesstränden, dann wieder (z. B. in Cornwall) aus wildromantischen Steilklippen und versteckten Felsbuchten.
SPRACHE: Englisch. Die zahlreichen Dialekte werden durch Klassenunterschiede, städtische und ländliche Ausdrucksweisen und Mundarten angereichert. Worte und Bedeutungen des einen Landstriches werden von Bewohnern des anderen z. T. nicht verstanden oder nicht benutzt. Besonders groß sind diese Unterschiede zwischen Devon im Südwesten und den nördlichen Grafschaften an der schottischen Grenze (etwa wie zwischen Schleswig-Holstein und Oberbayern). In den Großstädten, vor allem in London, wird die englische Sprache noch bunter: hier gibt es große Bevölkerungsgruppen, deren Bewohner Englisch als Zweitsprache sprechen und teilweise Redewendungen ihrer Muttersprachen ins Englische übertragen haben, ganz zu schweigen von Einwohnern, die australische, amerikanische, westindische oder andere Dialekte der englischen Sprache sprechen.
Anmerkung: Informationen über Ortszeit, Religion, Netzspannung, Post- und Fernmeldewesen, Reisepaß/Visum, Währung, Duty-free, Gesundheit und Gesetzliche Feiertage in der *Einführung* (s. o.).

REISEVERKEHR

FLUGZEUG: Heathrow (LHR) liegt 24 km westlich der Londoner Innenstadt. Vier Terminals. Banken, Wechselstuben, Postamt, Cafeterias, Restaurants und Schnell-Grills (z. T. durchgehend geöffnet); Duty-free-Shops, Babywickelraum, Souvenir- und Zeitungsläden; Hotelreservierungs- und Mietwagenschalter, Taxistände. Die Fahrt zur Innenstadt ist am schnellsten mit der *Piccadilly-Line* der U-Bahn *(Underground)* (ca. 50 Min.). Schnellbusse verbinden Heathrow im Direktdienst mit fast allen Teilen des Landes und den Flughäfen Gatwick und Luton; Stadtbusse fahren nach London. Die Linien A1 (nach London Victoria) und A2 (nach London Euston) verkehren im 30-Minutentakt und bieten Anschluß an das InterCity-Netz der britischen Eisenbahnen.
Gatwick (LGW): 46 km südlich von London. Banken/Wechselstuben, Geschäfte, Restaurants, Touristinformation, Postamt, Duty-free-Shops (alle durchgehend geöffnet); Hotelreservierungs- und Mietwagenschalter, Taxistand. Am schnellsten gelangt man mit der Bahn nach London; Direktzüge zur Londoner Victoria Station fahren während des Tages alle 15 Minuten, nachts alle 60 Minuten (Fahrzeit: 30-45 Min.). Der Zug *Thameslink* bietet Verbindungen in die Londoner City (Fahrzeit: 35 Min., verkehrt tagsüber im 30-Minutentakt, abends stündlich). Es gibt auch Busse nach London, zu den anderen Flughäfen und in alle Landesteile.
London City Airport (LCY): 10 km östlich von Londons City (Geschäftsviertel). Flüge nach Paris, Amsterdam, Berlin-Tempelhof, Rotterdam, Lille, Straßburg und Brüssel. Nur für Flugzeuge geeignet, die mit einer sehr kurzen Flug- und Landebahn auskommen. Duty-free-Shops, Autovermietung, Hotelreservierungsschalter, Touristinformation, Bank, Wechselstube, Restaurant und Bars, Konferenzzentrum, Zeitungs- und Buchhändler. Taxistand. Mit der Buslinie 69 oder dem Taxi fährt man zum U-Bahnhof Plaistow (ca. 3 km), von hier aus mit der *District Line* zur Innenstadt. Airport Shuttle Service (nonstop) alle 20 Min. zum Bahnhof Liverpool Street (rote Linie) bzw. zur Docklands Light Railway (gelbe Linie). Außerdem Bahnanschluß zum Flughafen mit der *North London Line* zum Bahnhof Silvertown/London City Airport.
Luton (LTN): 51 km nordwestlich von London. Bank, Autovermietung, Hotelreservierungsschalter, Geschäfte, Grill-Restaurant (07.00-23.00 Uhr), Bar, Duty-free-Shop, Taxistand. Stündlicher Jetlink-Service nach Gatwick und Heathrow. Mit dem Zug fährt man vom Londoner Bahnhof King's Cross/St. Pancras nach Luton, weiter mit dem Bus zum Flughafen. Es bestehen auch Busverbindungen nach London. Fahrzeit 1 Std. 15.
Stansted (STN): 55 km nordöstlich von London. Informationsschalter, Autovermietung, Wechselstube, mehrere Bars und Restaurants (z. T. 24 Std. geöffnet), Duty-free-Shop, Hotelreservierungsschalter, Apotheke, Babywickelraum. Mit dem Zug Direktverbindung zum Londoner Bahnhof Liverpool Street alle 30 Minuten (Fahrzeit 45 Min.). Reisebusse stehen ebenfalls zur Verfügung, Verbindungen u. a. nach London und Ostengland. *Speedlink-Service* alle 30 Minuten nach Heathrow. Flugtaxis der folgenden Firmen stehen in Stansted zur Verfügung: *Artac (Titan), Executive Helicopters, Hascombe Aviation Services*.
Birmingham (BHX): 13 km südöstlich von der Innenstadt. Zwei Terminals. Bank, Wechselstube, Bar, Tourist-Information, Postamt, Apotheke, Duty-free-Shop, Geschäfte, Autovermietung, Gepäckaufbewahrung, Restaurant. Taxistand. Ein kostenloser Shuttleservice verkehrt zum Bahnhof Birmingham International (Fahrzeit unter 2 Min.), hier halten regionale und InterCity-Züge (Fahrzeit zur Innenstadt 10 Min.). Mo-Fr fährt auch ein Stadtbus (Fahrzeit ca. 40 Min.). Fernbusverbindungen u. a. nach Coventry und zu den Londoner Flughäfen.
Manchester (MAN): 16 km südwestlich der Stadt. Restaurant, Bar, Eisdiele, Duty-free-Shop, Geschäfte, Bank, Apotheke, Tourist-Information, Hotelreservierungsschalter, Wechselstube, Postamt, Mietwagenschalter, Taxistand. Eigener Omnibusbahnhof, Busverbindungen in alle Landesteile einschl. Schottland. Bahnverbindung zum Hbf Piccadilly in Manchester (tagsüber alle 15 Min., eingeschränkter Nachtservice), dort Anschluß ans InterCity-Netz.
Newcastle International (NCL): 8 km nordwestlich der Stadt. Wechselstube, Restaurants, Duty-free-Shop, Mietwagenschalter, Tourist-Information, Bars, Mietwagenschalter, Apotheke, Konferenzeinrichtungen. Taxistand. Mit dem Bus fährt man zum U-Bahnhof Kenton Bank Foot, ca. 3 km südlich des Flughafens. Linienbusse fahren alle 30 Minuten auch direkt zum Stadtzentrum (So stündlich). *Busways*-Schnellbusse fahren zum Fernbahnhof. Reisebusse stehen ebenfalls zur Verfügung. Schnelle Stadtbahnverbindung (Tyneside Metro Rapid Transport) zur Innenstadt (Fahrzeit 22 Min.).
Flughafengebühren: Zusätzlich zur Flughafengebühr gibt es neuerdings eine *Air Passenger Duty*, die bei Inlandflügen und Flügen innerhalb der EU 5 £ beträgt, auf allen anderen Flügen 10 £.
SCHIFF: Fähren zwischen England und dem europäischen Festland s. o. *Reiseverkehr - International*. Von Liverpool, Fleetwood und Heysham an der englischen Westküste legen die Fähren der *Isle of Man Seaways* zur Isle of Man und nach Nordirland ab. Weitere Fähren verkehren zwischen Portsmouth, Southampton und Lymington an der Südküste und der Isle of White. Die *Isles of Scilly Steamship Co.* fährt von Penzance in der Grafschaft Cornwall zur Inselgruppe Isles of Scilly.
BAHN: Das InterCity-Netz verbindet fast alle Städte auf dem Festland Großbritanniens, Ausgangspunkt aller InterCity-Strecken ist London. Fernzüge in London fahren von den verschiedenen Sackbahnhöfen in die folgenden Regionen ab:
Charing Cross, Victoria und *Waterloo*: Südengland und Südlondon;
Liverpool Street: East Anglia, Essex, Nordosten Englands und Ostlondon;
Paddington: Süd-Midlands, Westengland, Süd-Wales und Westlondon;
Euston, St. Pancras und *Marylebone:* Ost- und West-Midlands, Nord-Wales, Nordosten Englands, Westküste von Schottland und Westlondon;
King's Cross: Osten und Nordosten Englands, Ostküste von Schottland und Nordlondon.
Zugverbindungen zur Republik Irland und nach Nordirland führen über Fishguard oder über Holyhead (mit der Fähre).
BUS/PKW: Das umfangreiche Autobahn- und Fernverkehrsnetz Englands verbindet alle Groß- und Kleinstädte.
Fernbusse: Zahlreiche Reisebusunternehmen verkehren zwischen Groß- und Kleinstädten Großbritanniens. Das *National-Express*-Informationsbüro erteilt Auskünfte über den landesweiten Reisedienst, Tel: (09998) 80 80 80. Anschrift der Hauptniederlassung: 4 Vicarage Road, Edgbaston, GB-Birmingham B15 3ES. Tel: (0121) 625 11 22. Telefax: (0121) 456 13 97.
STADTVERKEHR: In allen Ortschaften verkehren Linienbusse. Vorortzüge gibt es in London, Birmingham, Liverpool, Manchester und Newcastle. U-Bahnen verkehren in London, Glasgow und Newcastle. Taxis stehen in allen Städten zur Verfügung. In den örtlichen Telefonbüchern findet man die Rufnummern der Autovermietungen und *Mini Cabs* (private Taxiunternehmen).
LONDON: Die Londoner *Underground*, auch »Tube« genannt, ist die älteste U-Bahn der Welt und hat eines der größten Liniennetze. Während der *Rush Hour* zwischen 08.00-09.30 und 17.00-19.00 Uhr ist das System allerdings sehr überlastet, und Verzögerungen kommen fast täglich vor. Die letzten Bahnen fahren im allgemeinen zwischen 23.45 und 00.30. Die Nahverkehrszüge der *British Rail* spielen im Londoner Verkehrssystem ebenfalls eine große Rolle, die Züge fahren in den meisten Fällen jedoch nicht quer durch London, sondern von verschiedenen Bahnhöfen in die Außenbezirke (s. o. *Bahn)*. U-Bahn- und Zugfahrkarten müssen bis zum Ende der Fahrt aufbewahrt und dann an der Sperre abgegeben oder entwertet werden. Die für verschiedene Zonen erhältliche Tageskarte *(One Day Travelcard)* gilt nach 09.30 Uhr für Busse, U-Bahnen und Vorortzüge und ist ideal für eine Entdeckungsfahrt durch London. Wochen-, Monats- und Jahreskarten sind ebenfalls erhältlich (Paßfoto erforderlich).
Anmerkung: Die Streckenpläne der *Underground* und der *British-Rail*-Züge sind schematisiert und zeigen daher nicht die tatsächlichen Entfernungen zwischen den Bahnhöfen an.
Busverkehr: In London gibt es fast 300 Buslinien, manche davon fahren nur zu Hauptverkehrszeiten. Die weltberühmten roten Doppeldeckerbusse eignen sich wunderbar für Erkundigungsfahrten, während der *Rush Hour* darf man es allerdings nicht zu eilig haben. Es gibt auch Nachtbusse, die zumeist über den Trafalgar Square fahren.
Taxi: Die großen schwarzen Taxis (*Cabs*) kann man entweder auf der Straße anhalten oder telefonisch bestellen. Zu Stoßzeiten ist es allerdings nicht immer einfach, ein Taxi zu bekommen. Man bezahlt nach Taxameter; Zuschläge werden für zusätzliche Fahrgäste, umfangreiches Gepäck, nachts und an Sonn- und Feiertagen berechnet. Mini Cabs, Taxis regionaler Privatunternehmen, bestellt man telefonisch oder begibt sich zum Mini-Cab-Büro.

UNTERKUNFT

Hotels, Motels, Pensionen, Gasthöfe, Campingplätze, Bauernhöfe, Ferienhäuser und -wohnungen stehen überall zur Verfügung.
HOTELS: Es gibt kaum eine Ortschaft in England, die nicht mindestens ein Hotel hat – das Dorfhotel ist oft auch gleichzeitig die einzige Gaststätte. Einige alte Londoner Hotels sind weltberühmt (z. B. das *Savoy*), es gibt auch eine große Anzahl hochmoderner 5-Sterne-Hotels. In allen Großstädten gibt es außerdem zahllose kleinere und preiswertere Hotels. In London findet man diese Hotels mit Namen wie *Apollo, Victoria* oder *Albany* in der Nähe der U-Bahnhöfe Earl's Court, King's Cross und Victoria. **Kategorien:** In den Broschüren des Fremdenverkehrsamtes werden Kronen anstelle von Sternen für die Kennzeichung der Kategorien benutzt (die Automobilklubs AA und RAC benutzen Sterne).
Anschließend die wichtigsten Kategorien, die auch für die Guest Houses, Pensionen und Unterkünfte gelten, die Bed & Breakfast anbieten:
»Listed«: Saubere und bequeme Unterkünfte, Einrichtung und Service einfach.
1 Krone: Etwas gehobenere Ausstattung und Service, alle Zimmer haben Waschbecken; Gemeinschaftsraum.
2 Kronen: Recht gute Ausstattung und umfangreicher Service, einschl. Tee oder Kaffee am frühen Morgen und Weckruf auf Wunsch. 20% der Zimmer mit eigenem WC, Bad oder Dusche.
3 Kronen: Gute Ausstattung, 50% der Zimmer haben Bad oder Dusche und WC, Sitzmöglichkeiten und einen großen Spiegel.
4 Kronen: Sehr gute Ausstattung und Dienstleistungen, Farbfernseher, Radio und Telefon in allen Zimmern. 90% der Zimmer haben Bad oder Dusche und WC.
5 Kronen: Luxusausstattung und zahlreiche Dienstleistungen, einschl. Zimmerservice, Nachtportier und Wäscheservice. Alle Zimmer haben Bad oder Dusche und WC.
Weitere Informationen sind aus den Broschüren der Britischen Zentrale für Fremdenverkehr ersichtlich. Lesen Sie auch die Rubrik *Unterkunft* in der Einführung (s. o.).

232 Großbritannien und Nordirland

URLAUBSORTE & AUSFLÜGE

Zur Übersicht ist diese Rubrik in 12 Regionen unterteilt, die den Einteilungen der regionalen Fremdenverkehrsämter entsprechen. Mit Ausnahme von Dorset (sowohl unter *Südwest-* als auch unter *Südengland* aufgeführt) und dem *Peak District* in Derbyshire (unter *Nordwesten* aufgeführt) folgen die Aufteilungen den Grafschaftsgrenzen.

London

Das Londoner Stadtzentrum setzt sich aus zwei verschiedenen historischen Städten zusammen: der *City of London* (der alten römischen Siedlung *Londinium*) und der weiter westlich liegenden *City of Westminster*. Diese Städte schlossen sich zusammen, umliegende Dörfer und Siedlungen wurden nach und nach eingemeindet. Viele der heutigen Londoner Stadtbezirke waren noch vor 100 Jahren kleine Dörfer oder Ackerland. 1950 wurde ein Gesetz zum Schutz des »Grünen Gürtels« eingeführt, das dieser Ausbreitung Londons Einhalt gebot. Heute bedecken die 32 Londoner Bezirke und die City of London eine Fläche von 385 qkm. Die Stadt hat daher trotz ihrer fast 7 Mio. Einwohner eine verhältnismäßig geringe Bevölkerungsdichte und wird durch zahlreiche Parkanlagen, Grünflächen (ehemalige Dorfwiesen) und kleine Wälder aufgelockert.

Central London, die Innenstadt, besteht aus dem *West End* und der *City of London*. Das **West End** ist das Vergnügungs- und Einkaufszentrum Londons, hier sind die größten Theater und Kinos, außerdem zahlreiche Restaurants, Hotels, Nachtklubs und die Einkaufsstraßen um die Oxford Street, Covent Garden, Regent Street, Knightsbridge und Bond Street. Die bekanntesten Sehenswürdigkeiten dieses Viertels sind *Westminster Abbey*, *Big Ben* und die *Houses of Parliament* (die Parlamentsgebäude und die Westminster-Abtei an der Themse); die *National Gallery* am *Trafalgar Square*, dem Lieblingsplatz der Tauben; das *Britische Museum;* die Wachablösung am *Buckingham-Palast* (im Sommer tgl. um 11.30 Uhr); die Gebäude der *Horse Guards* in Whitehall, die *Tate Gallery* in Pimlico und *Madame Tussaud's*, das Wachsfigurenkabinett und Planetarium in der Nähe der *Baker Street*, der fiktiven Heimat von Sherlock Holmes. Im *Rock Circus* am *Piccadilly Circus* wird die Geschichte der Rock- und Pop-Musik zum Leben erweckt. Am Piccadilly findet man außerdem die traditionsreiche *Royal Academy*, deren große Kunstaustellungen Publikumsmagneten sind. Weiter westlich, in den Stadtteilen Kensington und Chelsea, laden weitere weltberühmte Einkaufsviertel zum Stadtbummel ein (King's Road, Knightsbridge und Portobello Road). Äußerst sehenswert sind die Museen in Kensington – das *Victoria & Albert Museum*, das *Science Museum* (Wissenschaft) und das *Natural History Museum* (Naturgeschichte). In der *Royal Albert Hall* finden im Sommer die berühmten Promenaden-Konzerte (kurz »Proms« genannt) statt, bei denen hochkarätige Künstler aus aller Welt sich ein Stelldichein geben. In den weitläufigen Anlagen des Hyde Park, St. James's Park, Green Park und Regent's Park kann man sich wunderbar vom Straßenlärm erholen – im Sommer stehen auch Liegestühle bereit; ein Parkwächter macht die Runde und kassiert eine Benutzungsgebühr der Liegestühle.

Die **City of London** ist das Banken- und Büroviertel mit weniger als 5000 Einwohnern, das jedoch tagsüber der Arbeitsplatz von über einer halben Million Menschen ist. Hier türmen sich hochmoderne Bürogebäude mit Spiegelfassaden direkt neben altehrwürdigen historischen Gemäuern, nicht selten werden bei den Baggerarbeiten für ein neues Hochhaus römische Ruinen oder mittelalterliche Keramiken entdeckt. *St. Paul's Cathedral*, eines der bekanntesten Wahrzeichen der City, wurde 1711 fertiggestellt; die erste Kirche an dieser Stelle geht jedoch auf das 7. Jahrhundert zurück. Weithin sichtbar ist auch die von Wilhelm dem Eroberer im 11. Jahrhundert zur Verteidigung der Stadt gebaute, als *Tower of London* bekannte Burg, die allerdings strenggenommen im Nachbarbezirk Tower Hamlets liegt. Wer sich durch die lange Warteschlange nicht abschrecken läßt, kann hier die Kronjuwelen besichtigen. Die *Bank of England*, der *Stock Exchange* (Londoner Börse), *Lloyds of London* (die größte Versicherungsbörse der Welt), *Mansion House* (die offizielle Residenz des Londoner Bürgermeisters) und der *Old Bailey* (das Kriminalgericht) sind ebenfalls bekannte Sehenswürdigkeiten. Das *Barbican Centre* ist ein moderner Gebäudekomplex, in dem unter anderem die Royal Shakespeare Company und das Londoner Symphonie-Orchester untergebracht sind, ebenso das höchst interessante *Museum of London*, das Touristen und Einheimischen zugleich die faszinierende Geschichte der Stadt anschaulich näherbringt. Die *Tower Bridge*, die 1994 ihr 100jähriges Jubiläum feierte, ist eine der berühmtesten Brücken der Welt. Neuerdings kann man den Kontrollraum besichtigen, von dem aus die Hebung und Senkung des mittleren Brückenabschnittes gesteuert wird. Die Aussicht über die Themse und die Stadt vom erhöhten Fußweg im Obergeschoß der Brücke ist ausgezeichnet. Am Südufer, in der Nähe der Tower Bridge, liegt *Hay's Galleria*, eine interessante Mischung von Geschäften, Restaurants, Bars und Unterhaltungsmöglichkeiten. Für einen Besuch in der City eignen sich Wochenenden, Feiertage und Abendstunden am besten. In den engen

LONDON

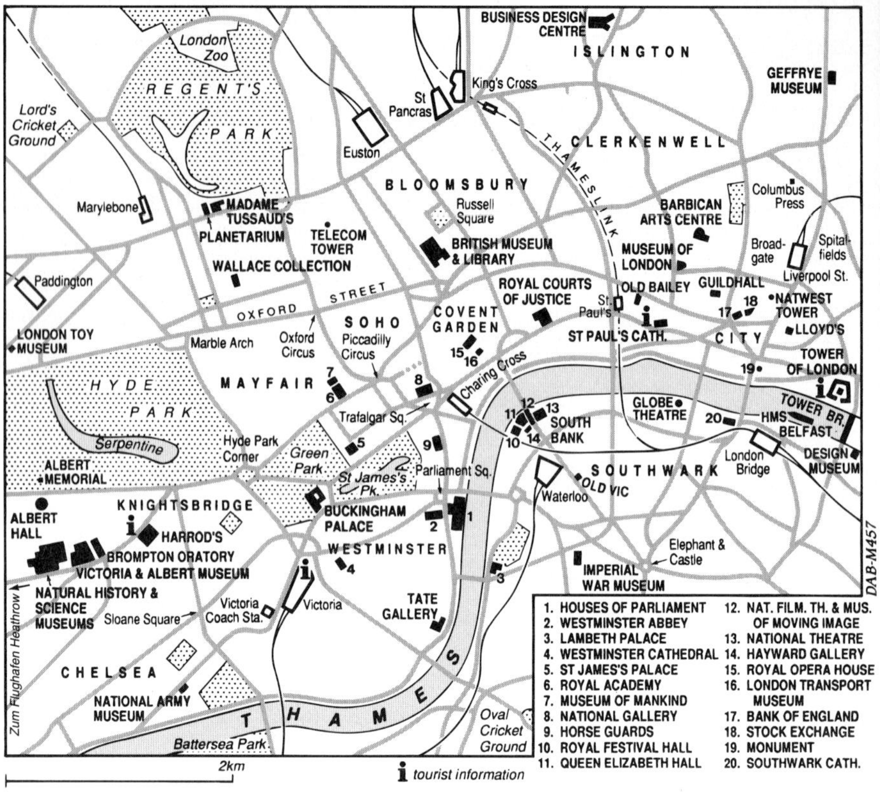

BUSINESS DESIGN CENTRE
ISLINGTON
GEFFRYE MUSEUM
London Zoo
REGENT'S PARK
Lord's Cricket Ground
St Pancras
King's Cross
Euston
CLERKENWELL
THAMESLINK
BLOOMSBURY
Marylebone
MADAME TUSSAUD'S
PLANETARIUM
TELECOM TOWER
Russell Square
BRITISH MUSEUM & LIBRARY
BARBICAN ARTS CENTRE
Columbus Press
MUSEUM OF LONDON
Broadgate
Spitalfields
Liverpool St.
WALLACE COLLECTION
Paddington
ROYAL COURTS OF JUSTICE
OLD BAILEY
GUILDHALL
NATWEST TOWER
OXFORD STREET
SOHO
COVENT GARDEN
St Paul's
ST PAUL'S CATH.
LLOYD'S
CITY
TOWER OF LONDON
LONDON TOY MUSEUM
Marble Arch
Oxford Circus
Piccadilly Circus
Charing Cross
HYDE PARK
MAYFAIR
Trafalgar Sq.
GLOBE THEATRE
SOUTH BANK
TOWER BR.
HMS BELFAST
Serpentine
Hyde Park Corner
Green Park
St James's Pk.
Parliament Sq.
London Bridge
DESIGN MUSEUM
ALBERT MEMORIAL
SOUTHWARK
OLD VIC
Waterloo
ALBERT HALL
KNIGHTSBRIDGE
HARROD'S
BUCKINGHAM PALACE
BROMPTON ORATORY
VICTORIA & ALBERT MUSEUM
WESTMINSTER
Elephant & Castle
IMPERIAL WAR MUSEUM
NATURAL HISTORY & SCIENCE MUSEUMS
Sloane Square
Victoria Coach Sta.
Victoria
TATE GALLERY
Zum Flughafen Heathrow
CHELSEA
NATIONAL ARMY MUSEUM
THAMES
Battersea Park
Oval Cricket Ground
2km
tourist information
DAB-M457
1. HOUSES OF PARLIAMENT
2. WESTMINSTER ABBEY
3. LAMBETH PALACE
4. WESTMINSTER CATHEDRAL
5. ST JAMES'S PALACE
6. ROYAL ACADEMY
7. MUSEUM OF MANKIND
8. NATIONAL GALLERY
9. HORSE GUARDS
10. ROYAL FESTIVAL HALL
11. QUEEN ELIZABETH HALL
12. NAT. FILM. TH. & MUS. OF MOVING IMAGE
13. NATIONAL THEATRE
14. HAYWARD GALLERY
15. ROYAL OPERA HOUSE
16. LONDON TRANSPORT MUSEUM
17. BANK OF ENGLAND
18. STOCK EXCHANGE
19. MONUMENT
20. SOUTHWARK CATH.

Gassen und Passagen, die man am besten zu Fuß oder mit dem Fahrrad erkundet, stehen halbversteckte Gebäude aus dem 17. und 18. Jahrhundert. Außer den zahlreichen *Sightseeing*-Bussen gibt es auch Stadtbummel mit Führung (z. B. »Dickens' London« oder »Sherlock Holmes' London«). Weitere Informationen beim Fremdenverkehrsamt.

Südlondon wird seltener von Touristen besucht. Das *South Bank Arts Centre* in der Nähe des Bahnhofs Waterloo ist die bekannteste Attraktion südlich der Themse. In dem etwas grauen Betonkomplex sind das *National Theatre* und die *Royal Festival Hall* untergebracht, außerdem die *Hayward Gallery* und das *Museum Of the Moving Image (MOMI)*, ein modern gestaltetes Film- und Fernsehmuseum »zum Anfassen«. Im Bezirk Southwark wird Shakespeares berühmtes *Globe Theatre* rekonstruiert und soll im Juni 1996 fertiggestellt sein. Das *Old Vic*, Londons bekanntestes Theater, wurde renoviert. Die *Southwark Cathedral* in der Nähe der London Bridge ist die schönste gotische Kirche der Stadt. Weitere Sehenswürdigkeiten in der Nähe der Themse sind das *Imperial War Museum* (Militärmuseum) in Lambeth, *Lambeth Palace* (die Residenz des Erzbischofs von Canterbury), das *Florence-Nightingale-Museum* (im St. Thomas' Hospital) und, ganz im Westen, der schöne *Botanische Garten* in Kew sowie der *Richmond Park*, in dem große Rotwildherden grasen. Von Charing Cross nach *Greenwich* fährt man ca. 15 Minuten mit der Bahn. Das *National Maritime Museum*, der Klipper *»Cutty Sark«* (eines der schnellsten Schiffe vor dem Dampfzeitalter), das *Royal Naval College* und das *Royal Observatorium* mit dem »Nullmeridian« können hier besichtigt werden. Das prachtvolle *Queen's House* aus dem 17. Jahrhundert wurde kürzlich restauriert. Seit 1991 können in Greenwich auch über 2000 Fächer im neuen *Fan Museum* bewundert werden. Sonntags findet in Greenwich ein großer Flohmarkt statt. Weitere Sehenswürdigkeiten südlich der Themse sind der *Tennis Club* in Wimbledon, das reizvolle Stadtviertel *Dulwich* mit der ältesten Kunstgalerie Englands und der große *Battersea Park*, der sich am Südufer der Themse gegenüber von Chelsea erstreckt.

Westlondon: *Earl's Court* und *Kensington Olympia*, die bekanntesten Ausstellungsgelände Londons, liegen westlich der Innenstadt. Die bekanntesten jährlich stattfindenden Messen sind die *Boat Show* und die *Ideal Home Exhibition*. Im nahegelegenen Bezirk Bayswater liegt das Einkaufzentrum *Whiteleys of Bayswater* mit über 80 Geschäften, zahlreichen Restaurants und einem Kino mit mehreren Leinwänden. *Chiswick House* im Bezirk Chiswick ist eine prunkvolle Villa im italienischen Stil. Weiter westlich im Bezirk Brentford liegen der schöne *Syon Park*, das *British Motor Industry Museum* und das *London Butterfly House*. Ganz in der Nähe sind das *Musical Museum*, das *Living Steam Museum* und das *Waterman's Arts Centre*. Südlich von Brentford und Chiswick am Ufer der Themse liegt *Hampton Court Palace*, ein Schloß aus dem 16. Jahrhundert, in dessen Parkanlagen sich ein weltberühmter Irrgarten befindet, und das sich wunderbar für einen Tagesausflug eignet. Sehenswert sind auch die *Orleans House Gallery*, *Ham House* und *Marble Hill House*. Im Nordwesten Londons liegen das *Wembley Stadium* (Englands bekanntestes Fußballstadion), *Wembley Arena* (Londons größte Rockkonzerthalle) und das *Wembley Arena Conference Centre*. Ende August wird im Bezirk Notting Hill der berühmte und äußerst farbenprächtige »Notting Hill Carneval« gefeiert. In der Portobello Road wird samstags ein großer Antiquitäten- und Flohmarkt abgehalten.

Auf einem steilen Hügel in **Nordlondon** liegt der vornehme Wohnbezirk *Hampstead* mit *Hampstead Heath*, dem größten Stadtpark der Welt. Der Stadtteil besteht aus zahllosen kleinen Gassen und engen Straßen mit vielen Cafés, Restaurants, Weinstuben und Boutiquen. Sehenswert sind das *Burgh House*, *Kenwood House* (ein Landhaus aus dem 18. Jahrhundert inmitten von wunderschönem Parkland mit einer ausgezeichneten Gemäldesammlung) und das Haus des englischen Dichters Keats am Wentworth Place. Auf einem Hügel weiter westlich liegt *Highgate*, ein hübsches ehemaliges Dorf. Auf dem berühmten, gruselig-schönen Friedhof *Highgate Cemetery* liegt Karl Marx begraben. Im Bezirk St. John's Wood befindet sich der bekannte Kricketplatz *Lords' Cricket Ground*. Nach Camden Town fährt man, um am Wochenende dem großen, jugendlichen und bunten *Camden Market* einen Besuch abzustatten. Auch während der Woche sind hier viele interessante Secondhand- und Kunstgewerbeläden, Cafés und Pubs geöffnet.

Ostlondon und besonders das *East End* (die Bezirke Whitechapel, Bethnal Green, Mile End und Bow) sind in vieler Hinsicht das »echte London«, obwohl diese Gegend nicht nur unter den Bomben des 2. Weltkrieges, sondern in den sechziger Jahren auch unter den unbarmherzigen Händen der Städteplaner schwer gelitten hat. Heute breitet sich die City bis zu den traditionellen East End-Bezirken Whitechapel und Aldgate hin aus. Die Bewohner dieses Viertels sind mit Recht stolz auf die *Whitechapel Art Gallery*. Sonntag vormittags wird in der *Brick Lane* und ihren Nebenstraßen ein riesiger Wochen- und Flohmarkt abgehalten; nach dem Einkauf kann man sich in einem der vielen indischen Restaurants in der Brick Lane stärken oder beim jüdischen Bäcker die leckeren *Bagels* probieren. In der Middlesex Street in der Nähe gibt es ebenfalls sonntags den international bekannten *Petticoat Lane Market*. Weiter nördlich, im Stadtteil Stoke Newington, gibt es einen schönen alten Friedhof zu besichtigen *(Abney Park Cemetery)*; in der Stoke Newington Church Street kann man in Secondhand-Läden stöbern und indisch, vegetarisch, chinesisch, türkisch und französisch essen gehen. Der *Lea Valley Park* erstreckt sich von der Grafschaft Hertfordshire bis zum East End und ist ein riesiges Park- und Wiesengelände mit Fitneßpfaden, Flüssen, Kanälen und lauschigen Picknickstellen. Weitere Anziehungspunkte in Ostlondon sind das königliche Jagdhaus aus dem 16. Jahrhundert im großen Waldgebiet *Epping Forest*, die *Waltham Abbey* (11. Jh.) und die kürzlich fertiggestellte Flutbarriere (*Thames Flood Barrier*) flußabwärts von Greenwich. Die *Isle of Dogs*, eine Halbinsel, die durch eine Schleife in der Themse gebildet wird, beherbergte einst das große Londoner Hafengelände (das inzwischen weiter flußabwärts verlegt worden ist). In den letzten zehn Jahren haben hier und im Umkreis Bauarbeiten im großen Stil stattgefunden; verfallene Lagerhäuser und stillgelegte Docks sind schicken Wohnstudios, futuristischen Bürohochhäusern und Segelklubs gewichen, in einer eindrucksvollen, wenn auch die alteingesessenen Bewohner weniger begeisternden Sanierungsaktion. Eine neue führerlose Hochbahn, die *Docklands Light Railway*, schließt die Halbinsel an das Londoner Verkehrsnetz an. Am Südende der *Isle of Dogs* führt ein vielbenutzter viktorianischer Fußgängertunnel unter der Themse nach Greenwich.

Ausflüge: Adressen von Firmen, die organisierte Stadtrundfahrten, Stadtführungen und Ausflüge in die Umgebung unternehmen, sind beim Fremdenverkehrsamt und den Informationszentren erhältlich. Broschüren der Touristeninformationsbüros und die verschiedenen wöchentlich erscheinenden Stadtzeitschriften (die bekannteste, von Londonern selbst gelesene ist *Time Out*) erteilen Auskünfte über Veranstaltungen aller Art, von Straßen- und Flohmärkten, Clubs (Diskotheken), Stadtführungen und Kulturfestivals bis hin zu Theater-, Kino- und Musikprogrammen.

Der Südosten

Grafschaften: East Sussex, Kent, Surrey, West Sussex.

Brighton ist wahrscheinlich nach wie vor der beliebteste und lebhafteste der Badeorte an der Südostküste. Der Prinz von Wales (später George IV.) brachte die Stadt Anfang des 19. Jahrhunderts in Mode und ließ einen aufsehenerregenden *Pavillon* errichten, der im Sommer abends vielfarbig angestrahlt wird. Sehenswert sind auch die schönen Häuserreihen im Baustil des 19. Jahrhunderts, die breite Promenade, *Palace Pier* (der Vergnügungspier mit dem ständigen Jahrmarkt), die *Lanes* (enge Gassen mit Antiquitäten- und Schmuckläden), das Museum und die Kunstgalerie. In **Dover** gibt es die berühmten »Weißen Klippen« zu bewundern, die *Pharos-Ruinen* (ein phönizischer Leuchtturm) und die normannische Burg *Dover Castle*. Wunderschöne Wanderwege führen durch die hinter den Badeorten ansteigende Hügelkette der *South Downs*. Der »South Downs Way«, ein 130 km langer Wanderweg, führt von Eastbourne bis zur Grenze der Grafschaft Hampshire. An den nördlichen Ausläufern der Downs liegt die historische Stadt **Lewes.** Sehenswert sind die berühmte Burg und die malerische Hauptstraße der Provinzhauptstadt. Im nahegelegenen Ort **Glyndebourne** steht ein weltberühmtes Opernhaus. Im dazugehörenden Park treten während der Sommersaison die bekanntesten Opernsänger aus aller Welt auf. Die Dörfer **Biddenden** und **Chiddingstone** haben malerische Fachwerkhäuser.

Die *North Downs* ziehen sich von Surrey bis nach **Kent**. Der *North Downs Way*, ein Wanderweg, verläuft von Farnham über die Hügel bis nach Dover und kreuzt teilweise den traditionellen »Pilgerpfad« *(Pilgrims' Way)*, der zum erzbischöflichen **Canterbury** führt. Die altehrwürdige Stadt hat ihren mittelalterlichen Charme zum größten Teil bewahren können. *St. Martin* ist eine der ältesten Kirchen des Landes (500 n. Chr.), in der auch heute noch Gottesdienste stattfinden. Die Grafschaft Kent trägt berechtigterweise den Beinamen »Garten Englands«. Überall werden Obst, Hopfen und Gemüse angebaut. Besonders empfehlenswert ist ein Besuch zur Zeit der Obstblüte in den Monaten April und Mai.

Südengland

Grafschaften: Hampshire, Eastern Dorset, Isle of Wight.

Isle of Wight: Diese Insel ist mit dem Zug von London erreichbar (Fahrzeit 2 Std.); von Southampton, Portsmouth oder Lymington setzt man mit der Fähre über. Die Isle of Wight hat eine bildschöne Landschaft und Küsten mit kilometerlangen Sandstränden und alljährlich sind

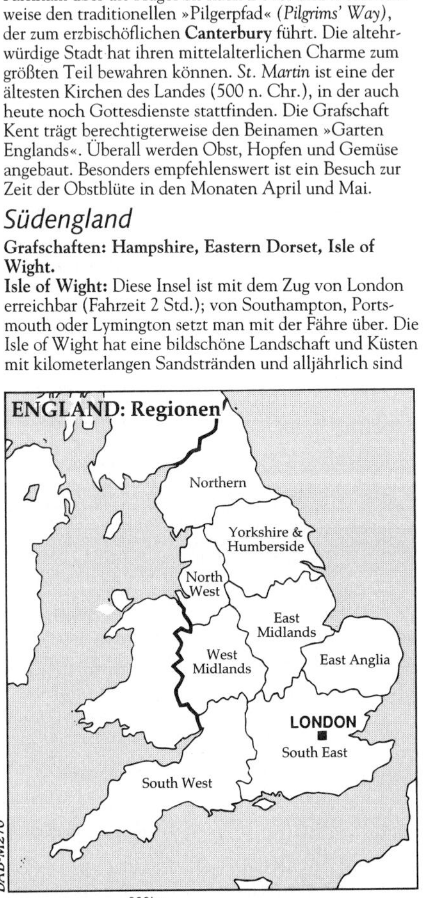

zahlreiche Sonnentage zu verbuchen. In **Cowes** finden nationale und internationale Segel- und Motorboot-Regatten statt (1991 wurde hier der *Admirals Cup* ausgetragen).

South Wiltshire: Eine prächtige mittelalterliche Kathedrale beherrscht das Stadtbild von **Salisbury**. Die Architektur der Stadt ist eine harmonische Mischung aus Giebelhäusern, historischen Gasthäusern und Gebäuden des 18. Jahrhunderts. Es gibt eine ausgezeichnete Auswahl an Hotels, Restaurants und Geschäften. Stadtrundfahrten können im offenen Doppeldecker oder mit einem von Pferden gezogenen Omnibus unternommen werden. In der Nähe von Salisbury erhebt sich *Stonehenge*, ein uraltes ringförmiges Steinmonument. Es soll bereits 2150 v. Chr. errichtet worden sein und geheimnisumwobenen Zeremonien der Sonnenanbetung gedient haben.

Die Grafschaft **Dorset** ist ein beliebtes Feriengebiet mit historischen Städten, idyllischer Landschaft und wunderschönen Stränden. **Bournemouth,** die »Gartenstadt am Meer«, liegt ca. 2 Bahnstunden von London entfernt und ist ein für Großbritannien typischer Urlaubsort mit vielen Einkaufsmöglichkeiten, ausgezeichneten Hotels, einer Promenade und interessantem Nachtleben, zahlreichen Ferienwohnungen und langen Stränden. Die nahegelegene Stadt **Poole** hat den zweitgrößten Naturhafen der Welt. Mit einer Fähre fährt man zum Naturschutzgebiet auf *Brownsea Island*. Westlich von Poole liegt die wunderschöne Landschaft der *Isle of Purbeck*. An der Georgian Bay, etwas weiter westlich, liegt die Urlaubsstadt **Weymouth.** Dem ausgezeichneten und sauberen Strand ist die »Blaue Flagge« verliehen worden. Besonders sehenswert ist der malerische Hafen. Hier gibt es Unterhaltungs- und Freizeitmöglichkeiten für die ganze Familie. Auf einem Hügel im Landesinneren nordöstlich von Weymouth liegt **Shaftesbury,** Dorsets älteste Stadt mit steilen kopfsteingeflasterten Straßen.

Hampshire: Im 232 qkm großen Wald- und Heidegebiet des *New Forest* grasen ungestört Pferde, Rinder und Rotwild. Diese Gegend ist ideal für den Reit- und Wanderurlaub. Überall stehen Unterkünfte aller Art und Campingplätze zur Verfügung. Das Beaulieu-Automuseum und Buckler's Hard sind einen Besuch wert. Die Stadt **Winchester** liegt inmitten einer wunderschönen Landschaft. Besonders sehenswert ist die prächtige Kathedrale aus dem 11. Jahrhundert. **Lymington** an den Ausläufern des New Forest ist eine hübsche kleine Hafenstadt. **Hamble** weiter östlich ist ein Seglerparadies. Der Fluß Hamble bietet sichere Ankerplätze; die Stadt ist ein ausgezeichneter Startpunkt für Segeltörns auf dem Fluß oder zur Isle of Wight. Im Norden der Grafschaft liegt die landschaftlich wunderschöne Region *Hampshire Borders*.

Westengland

Grafschaften: Cornwall, Devon, Somerset, Wiltshire, Avon, Western Dorset, Isles of Scilly.

In der Grafschaft **Cornwall** gibt es typische kleine Fischerstädte, malerische Landzungen und wildromantische Steilklippen, an der Nordküste findet man auch ausgezeichnete goldene Sandstrände mit dramatischer Brandung. Besonders sehenswert sind die Stadt Bude, der malerische Hafen von Boscastle und die Ruine auf einer Klippe liegende Burg in Tintagel. In **Newquay,** dem wichtigsten Urlaubsort dieser Region, gibt es hervorragende Strände, moderne Hotels und zahlreiche Einkaufsmöglichkeiten. Die alte Hafenstadt **St. Ives** ist auch ein vielbesuchter Urlaubsort. An der Südküste findet man bewaldete Flußmündungen, geschützte Buchten, malerische Fischerdörfer und mehrere liebenswerte Urlaubsorte. In **Penzance** und **Fowey** kann man segeln oder zu Hochsee-Angelfahrten aufbrechen. Im Landesinneren laden sanfte Täler, Heidelandschaften und schmale Landstraßen zu ausgedehnten Wanderungen ein.

Devon: An der Südküste der Grafschaft Devon liegen eine Reihe beliebter Urlaubsorte, die als »Englische Riviera« bekannt sind. Am beliebtesten sind Seaton, Sidmouth, Dawlish, Teignmouth und Torquay. **Plymouth,** die größte Stadt der Region, ist seit über 500 Jahren eine der bedeutendsten Hafenstädte Englands. Besonders einladend ist die friedliche Wildnis des *Dartmoor-Nationalparks* mit seinen wilden Ponys. Überall findet man interessante prähistorische Stätten. Die Stadt **Exeter** hat eine faszinierende Vergangenheit. Römische Wälle, unterirdische Gänge, eine wunderschöne Kathedrale und das älteste Rathaus Großbritannien können hier besichtigt werden.

Western Dorset: An der Küste zwischen **Christchurch** und **Lyme Regis** gibt es zahllose Strände unterschiedlichster Art, hochaufragende Klippen und Kiesstrände. Das Landesinnere ist eine abwechslungsreiche Mischung aus einsamer Heidelandschaft, fruchtbaren Tälern, historischen Gebäuden und bildhübschen Dörfern mit strohgedeckten Sandsteinhäusern. **Weymouth** ist der bekannteste Ort dieser Region. Uralte Wanderwege führen querfeldein zu verschiedenen Burgen der Vorzeit. Burnham-on-Sea und Minehead sind die bekanntesten Badeorte der Grafschaft **Somerset**. Der *Exmoor-Nationalpark* bildet den größten Teil des westlichen Somerset. Besonders sehenswert sind die winzige Kirche in Culbone, die Klappbrücke in Tarr Steps und die idyllischen Dörfer Selworthy, Dunster und Dunkery Beacon. Die Stadt **Taunton** liegt an den südlichen Ausläufern der bewaldeten Quantock Hills. In der Umgebung der Stadt **Yeovil** können zahlreiche historische Häuser besichtigt werden.

Die Grafschaft **Wiltshire** ist seit prähistorischen Zeiten besiedelt. Stonehenge, Avebury, Old Sarum und zahlreiche andere Stätten dokumentieren die frühe Besiedlung dieser Region. Die Kathedrale von Salisbury hat den höchsten Kirchturm Englands (123 m). In **Old Sarum** sind die Ruinen einer uralten Stadt und einer normannischen Festung.

Bristol in der Grafschaft **Avon** ist eine der größten Hafenstädte Großbritanniens. Besonders sehenswert sind die Kathedrale und die *St. Mary Redcliffe-Kirche*; außerdem die eindrucksvolle, eine tiefe Schlucht überspannende *Clifton-Hängebrücke* – der Brückenzoll für Autofahrer beträgt 20 Pence. Der Kurort **Bath** erlebte seine Blütezeit im 18. und 19. Jahrhundert. Das Stadtbild hat sich seither kaum verändert, so daß die prachtvollen Gebäude, römische Ruinen und die Abtei für einen unvergeßlichen Stadtbummel sorgen.

Die **Isles of Scilly** liegen ca. 50 km vor *Land's End*, dem äußersten Südwestzipfel Cornwalls, und sind mit der Fähre oder per Hubschrauber erreichbar. Sie bestehen aus fast 100 Inseln, von denen nur fünf bewohnt sind. Die Inseln sind ein beliebtes Urlaubsziel; das Klima ist wärmer und gemäßigter als auf dem Festland. Mit dem Boot kann man schöne Ausflüge zu den kleineren Inseln unternehmen.

Im Herzen Englands

Grafschaften: Gloucestershire, Herefordshire, Shropshire, Staffordshire, Warwickshire, Worcestershire und West Midlands.

Gloucestershire und die Cotswold Hills: Diese Region aus sanften Kalksteinhügeln erstreckt sich in einem Bogen vom Kurort Bath bis in die Nähe von Stratford-upon-Avon. Die Häuser der reizvollen Ortschaften in den landschaftlich zauberhaften *Cotswolds* sind aus honigfarbenem Kalkstein gebaut. Schafzucht und Wollindustrie trugen bereits im Mittelalter zum Reichtum dieser Gegend bei. Auch heute noch werden hier Schafe gezüchtet. Die alte Stadt **Gloucester** liegt am Fluß *Severn*. Zahlreiche Straßen und Teile der Stadtmauer gehen auf das Mittelalter zurück. Neugebaute riesige Lagerhäuser haben das Hafenviertel wiederbelebt. Der *Forest of Dean* ist ein 130 qkm großes Waldgebiet, im Mittelalter Jagdgelände und Eigentum der englischen Könige, heute ein ideales Terrain für ausgedehnte Wanderungen und zum Picknicken.

Herefordshire und Worcestershire: Diese Landschaft zwischen Worcester und der Grenze nach Wales ist eines der fruchtbarsten Agrargebiete Großbritanniens. Das *Wye Valley*, eine landschaftlich außerordentlich schöne Region, ist ideal zum Wandern. Der Fluß *Wye* fließt erst durch die Feuchtwiesen des sanften Talbodens und windet sich später am *Symonds Yat* durch ehrfurchteinflößende Schluchten. Die Ruinen der einst so imposanten *Tintern Abbey* regten schon William Wordsworth zu einem seiner bekanntesten Gedichte an. Die Stadt **Ross-on-Wye** ist ein ausgezeichneter Ausgangspunkt für Ausflüge in die Umgebung. Nordwestlich von Ross, ebenfalls am Fluß Wye, liegt die attraktive Marktstadt **Hereford.** Sehenswert sind das Stadtmuseum, die Kunstgalerie und das *Cider Museum*, in dem die Geschichte des beliebten Apfelweins veranschaulicht wird. In der alten Stadt **Worcester,** an den Ufern des Severn, kann man die Kathedrale, das Museum und die Fabrik der berühmten *Royal Worcester Porcelain Company* sowie das prächtige Rathaus mit der Queen Anne-Fassade besichtigen. Sehr malerisch sind die engen Straßen mit überhängenden Fachwerkhäusern im Tudorstil. Die Stadt **Kidderminster** ist mit Recht stolz auf die *Severn Valley Railway*, die längste erhaltene Dampfeisenbahnstrecke in England.

Warwickshire und West-Midlands: Birmingham, die zweitgrößte Stadt Großbritanniens, ist ein bedeutendes Industrie- und Kulturzentrum. Besonders eindrucksvoll sind die Bibliothek und das *Central Museum*. Im *National Exhibition Centre* finden zahlreiche bekannte Ausstellungen und Messen statt. Der neue Konzertsaal gehört zu den besten des Landes. In **Warwick** stehen interessante Gebäude aus dem 17. und 18. Jahrhundert. Die prächtige Burg aus dem Mittelalter ist auch heute noch bewohnt, kann aber besichtigt werden. Sehenswert sind auch die *St. Mary-Kirche* und das *Doll Museum* (Puppenmuseum).

In der Grafschaft Warwickshire liegt **Stratford-upon-Avon,** William Shakespeares idyllische Heimatstadt. Sein Wohnhaus und sogar die Schule, die er besuchte, können besichtigt werden. Seine Theaterstücke werden das ganze Jahr über im *Royal Shakespeare Theatre* aufgeführt. Die Grafschaft **Staffordshire** ist ein industrielles und auch landwirtschaftliches Gebiet. Ein Teil der Grafschaft liegt im *Peak-District-Nationalpark*. Besonders sehenswert sind *Thor's Cave* und die Kalksteinschlucht in *Dovedale*. Östlich des Industriegebietes mit den bekannten Porzellanmanufakturen liegen die landschaftlich schönen Täler *Churnet Valley* und *Vale of Trent*. *Cannock Chase*, ein reizvolles Heide- und Waldgebiet, lädt zu erholsamen Wanderungen ein.

Trotz ihrer ländlichen Idylle und reizvoller Moor- und Weidelandschaft ist die Grafschaft **Shropshire** die Wiege der industriellen Revolution Europas. Das *Iron-*

bridge-Gorge-Museum, das an diese Zeit erinnert, umfaßt ein großes Gelände; bekanntestes Wahrzeichen ist wohl die 1779 errichtete eiserne Brücke. *The Wrekin* ist ein konisch zulaufender Hügel, der in zahlreichen einheimischen Geschichten und Legenden auftaucht. **Shrewsbury,** die Hauptstadt der Grafschaft, ist eine der schönsten Städte Englands aus der Tudorzeit. Jedes Jahr im Sommer findet hier ein berühmter Blumenmarkt statt. Südlich und südwestlich von Shrewsbury erheben sich die schönen *Shropshire Hills*.

Thames und Chiltern Hills

Grafschaften: Oxfordshire, Berkshire, Buckinghamshire, Bedfordshire und Hertfordshire.
Die Themse schlängelt sich durch reizvolle Städte und Dörfer wie Abingdon und Wallingford. An ihren Ufern findet man zahlreiche Hotels und einladende Gaststätten. **Oxford** liegt ebenfalls an der Themse. Die weitläufigen alten Universitätsgebäude, die Kathedrale, die eleganten Gärten, Plätze und Straßen dieser historischen Stadt erforscht man am besten zu Fuß. Nicht für Wasserscheue geeignet ist eine *Punting*-Fahrt im gemieteten Stechkahn für 2-6 Passagiere auf Oxfords romantischen Wasserwegen. Nördlich der Stadt, an den Ausläufern der Cotswolds inmitten eines wundervollen Parks, liegt *Blenheim Palace*, die imposante Geburtsstätte Winston Churchills. Weiter die Themse hinab, in der Nähe von London, gelangt man nach **Windsor.** Das weltberühmte Schloß, in dem einst Wilhelm der Eroberer wohnte, ist seit 900 Jahren Landsitz der britischen Monarchen. Auch Königin Elizabeth II. hält sich oft hier auf. Besichtigungen sind auch nach dem Großbrand im Jahre 1992 weiterhin möglich. Stadtrundfahrten, Führungen durch die Stadt und Ausflüge auf dem Fluß werden angeboten. Ganz in der Nähe liegt der 1920 ha große *Windsor Great Park* mit herrlichen Gärten und einem berühmten Safaripark. Uralte Wege führen durch die interessanten Städte und Dörfer der Hügellandschaft **Berkshire Downs.** In der Stadt **Newbury** gibt es eine weltberühmte Pferderennbahn. Jedes Jahr wird hier ein Frühlingsfest veranstaltet. Der Fluß *Great Ouse* fließt gemächlich durch die wunderschöne Landschaft der Grafschaft **Bedfordshire**. Zahlreiche Wanderwege am Flußufer und herrliche Landschaftsparks laden zu Spaziergängen ein. Die historischen Gebäude *Woburn Abbey* und *Luton Hoo* sind sehenswert.
Buckinghamshire wird auch die »Königin der *Home Counties*« (der Grafschaften um London) genannt. In Buckinghamshire gibt es zahlreiche malerische Dörfer und alte Städte wie Olney und Buckingham. Im Norden liegt die brandneue Trabantenstadt **Milton Keynes** mit einem riesigen überdachten Einkaufszentrum. Die *Ouse* und der *Grand-Union-Kanal* fließen durch den Norden und die Themse durch den Süden der Grafschaft. Im Osten liegen die prächtigen Buchenwälder der *Chiltern Hills*.
Die Grafschaft **Hertfordshire** besteht aus sanften Hügeln und flacher Landschaft. Das historische **St. Albans** hieß früher Verulamium und war eine bedeutende Stadt im Römischen Reich. Im *Verulamium-Museum* gibt es eine landesweit berühmte Sammlung von Gegenständen aus der Eisenzeit und des Römischen Reiches. Im Orgelmuseum von St. Albans kann man eine schöne Sammlung von Kirmes- und Tanzhallen-Orgeln besichtigen. Außerdem lohnt sich ein Besuch der Kathedrale.

East Anglia

Grafschaften: Norfolk, Suffolk, Essex und Cambridgeshire.
In **Cambridge** steht die zweitälteste Universität des Landes. Eine Bootsfahrt auf der *Cam* ermöglicht die beste Aussicht auf das eindrucksvolle Universitätsgelände. Nur während der Examenszeit im Frühsommer kann ein großer Teil der Universität nicht besichtigt werden. In **Ipswich,** der Hauptstadt der Grafschaft **Suffolk**, sind der Straßenverlauf und zahlreiche Gebäude aus dem Mittelalter erhalten geblieben. Die mittelalterliche Stadt **Kings Lynn** war einst eine bedeutende Hafenstadt. In der attraktiven Stadt **Norwich** kann man eine großartige normannische Kathedrale und eine Burg mit Museum und Kunstgalerie besichtigen. In den engen Straßen stehen zahlreiche Häuser aus dem Mittelalter. Das *Maddermarket-Theater* hat eine Vorbühne aus dem 16. Jahrhundert. **Colchester** ist die älteste ununterbrochen bewohnte Stadt des Landes. Die römischen Wälle sind bis heute erhalten geblieben. *The Broads*, ein Gebiet mit unzähligen Flüssen und schilfbewachsenen Lagunen, umfaßt befahrbare Wasserwege einer Gesamtlänge von 160 km. In der Umgebung der Küstenorte gibt es ausgedehntes Sumpfland und zahlreiche Flußmündungen, die von Wasservögeln und Wildtieren aller Art bewohnt werden. Diese Urlaubsgegend ist ideal für Wassersportler und Naturliebhaber. **Great Yarmouth** ist einer der größten und beliebtesten Badeorte Englands.

East Midlands

Grafschaften: Derbyshire, Leicestershire, Lincolnshire, Northamptonshire und Nottinghamshire
Derby, die Hauptstadt der Grafschaft **Derbyshire,** ist ein ausgezeichneter Ausgangspunkt für Ausflüge zu den Kalksteinhügeln und in die Heidelandschaft des *Peak District*, dem 1300 qkm großen Nationalpark mit den höchsten Gipfeln Englands. Sehenswert sind die Kathedrale der Stadt, die *Royal Crown Derby-Porzellansammlung* und die *Assembly Rooms*. In **Matlock Bath** kann man mehrere Höhlen besichtigen und mit der Drahtseilbahn über die Derwent-Schlucht fahren. In **Creswell Crags** gibt es ein archäologisches Besucherzentrum (hier wurde der prähistorische Creswell-Mann ausgegraben).
In **Nottinghamshire** liegt der berühmt-berüchtigte *Sherwood Forest*, Heimat von Robin Hood. In der Stadt **Nottingham** gibt es ein sehenswertes Rathaus im neoklassizistischen Baustil. Von der Burg hat man eine herrliche Aussicht auf die Stadt. *Wollaton Hall*, ein Herrenhaus aus dem 16. Jahrhundert, ist heute das Museum für Naturgeschichte. Der Norden von Nottinghamshire ist ein ländliches Gebiet mit zahlreichen alten Dörfern. **Newark-on-Trent** liegt im Herzen der Grafschaft. Die mittelalterliche Burg (12. Jh.) ist Wahrzeichen der Stadt. Sehenswert ist auch der *Rufford County Park* in Ollerton.
Lincolnshire ist die größte Grafschaft der East Midlands und die einzige an der Küste. Die Badeorte Skegness und Mablethorpe sind für langanhaltenden Sonnenschein bekannt. Im Landesinneren liegen die sanften Hügel der *Lincolnshire Wolds*. Das mittelalterliche **Lincoln** ist die Hauptstadt der Grafschaft. Die Kathedrale steht auf einem Hügel und hat drei Türme, eine normannische Westfront und ein besonders schönes Pfarrhaus aus dem 13. Jahrhundert. Die mittelalterliche Stadt **Stamford** liegt an der Grenze von vier Grafschaften. Hier gibt es herrliche Kirchen und Gebäude aus Naturstein. *Burghley House* wurde von einem der einflußreichsten Minister der Königin Elizabeth I. gebaut. In **Gainsborough** steht die schöne *Old Hall* aus dem Mittelalter.
In der Grafschaft **Leicestershire** gibt es zahlreiche Burgen, Schlösser, Herrenhäuser und Marktstädte. In der Stadt **Leicester** kann man römische Ruinen und mittelalterliche Architektur besichtigen, als Hauptstadt der Grafschaft ist sie jedoch heute als Einkaufszentrum bedeutender. Durchaus einen Abstecher wert ist das *Schloß Belvoir* in der Nähe von **Melton Mowbray.**
So manche wichtige Straße und Bahnstrecke verläuft durch die Grafschaft **Northamptonshire,** trotzdem sind weite Landstriche unverdorben geblieben. Eines der schönsten Gebiete ist die *Rockingham Forest-Region*, in der es zahlreiche historische Gebäude zu besichtigen gibt. Königin Maria Stuart von Schottland wurde 1587 in *Fotheringhay Castle* hingerichtet. Von der Burg selbst ist nicht mehr viel zu sehen. Andere historische Gebäude sind besser erhalten und teilweise noch bewohnt. *Althorp* und *Rockingham Castle*, nördlich von **Corby,** sind besonders interessant. Auch ein Besuch des *Guilsborough-Grange-Naturschutzparkes* nordwestlich von **Northampton** oder der *Nene Valley-Dampfeisenbahn* sind empfehlenswert.

ENGLAND: Grafschaften (Counties)

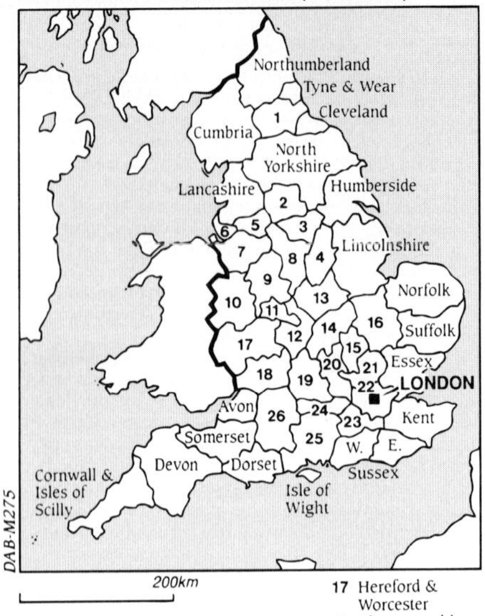

1	Durham	9	Staffordshire	17	Hereford & Worcester
2	West Yorkshire	10	Shropshire	18	Gloucestershire
3	South Yorkshire	11	West Midlands	19	Oxfordshire
4	Nottinghamshire	12	Warwickshire	20	Buckinghamshire
5	Gtr. Manchester	13	Leicestershire	21	Hertfordshire
6	Merseyside	14	Northamptonshire	22	Greater London
7	Cheshire	15	Bedfordshire	23	Surrey
8	Derbyshire	16	Cambridgeshire	24	Berkshire
				25	Hampshire
				26	Wiltshire

Der Nordwesten

Grafschaften: Cheshire, Greater Manchester, Lancashire, Merseyside und der High Peak District von Derbyshire.
An der 250 km langen Küste des nordwestlichen Englands erstrecken sich schöne Strände und für dieses Gebiet typische Dünen. Die sieben bedeutendsten Urlaubsorte werden alljährlich von Millionen Touristen besucht. Blackpool ist der bekannteste Badeort, danach folgen Lytham St. Annes, Ainsdale, Fleetwood, Morecambe und Southport, die alle vielseitige Unterkunfts- und Unterhaltungsmöglichkeiten jeglicher Art bieten. Richtung Norden liegen die westlichen Ausläufer der *Penninen*. Endlose Fußwege und Saumpfade führen durch das Heideland, in dem Erika und Blaubeeren wachsen. Auch in dieser Region kann man zahlreiche englische Herrenhäuser besichtigen.
Im Süden liegen das Flußdelta des *Mersey* und der Hafen von **Liverpool,** der Heimatstadt der Beatles. In der Walker-Kunstgalerie hängen schöne Gemälde holländischer, französischer, italienischer und englischer Meister. Die Stadt Liverpool hat eine anglikanische und eine katholische Kathedrale. Attraktionen sind das *Merseyside County-Museum, St. George's Hall* und *Speke Hall* aus dem 16. Jahrhundert. Es gibt einen regelmäßigen Fährverkehr zur Isle of Man.
Östlich von Liverpool liegt **Manchester**, die »Hauptstadt« des englischen Nordens. Besonders sehenswert sind das Opernhaus, das *Palace-Theater*, das *Royal Exchange-Theater* (vor 100 Jahren das Zentrum des Weltbaumwollhandels), die *Free Trade Hall* und die *John-Rylands-Bibliothek* im gotischen Stil. Die Kathedrale der Stadt wurde im 15. Jahrhundert errichtet. Der überwiegende Teil der Gebäude stammt aus der finanziellen Blütezeit der Stadt im 19. Jahrhundert.
Weiter nördlich liegt der *Bowland Forest*, ein riesiges einsames Gebiet hochgelegener Heidelandschaft. Besonders eindrucksvoll ist das wunderschöne bewaldete Tal des Flusses *Ribble*. Im Nordwesten, nicht weit von den Urlaubsorten Morecambe und Heysham, liegt die historische Stadt **Lancaster.**

Cumbria

Die Grafschaft **Cumbria** hat den größten Nationalpark *(Lake District)*, den höchsten Berg *(Scafell Pike)* und den größten See Englands *(Windermere)*. Cumbria ist das ideale Urlaubsland für Aktivferien; es gibt wunderschöne Wanderwege und man kann Segeln, Fische fangen, Kanu fahren und Ponyritte unternehmen. Die Schönheit der zahlreichen Seen und Berge der Umgebung ist atemberaubend. In zahlreichen Städten und Dörfern auf den Mooren, an Berghängen und an der Küste werden mehrmals jährlich Jahrmärkte und Hirtenhund-Prüfungen veranstaltet. In den Werkstätten, Schmieden und Töpfereien der einheimischen Handwerker sind Besucher herzlich willkommen. In **Grasmere** kann man Webereien besuchen, in **Windermere** wird Leder verarbeitet, in **Keswick** stellt man Bleistifte her, und in *Whitehaven* werden Holzschuhe angefertigt. In **Ambleside** werden Pullover aus der Wolle der einheimischen Herdwick-Schafe angeboten. Im Norden liegt die 2000 Jahre alte Stadt *Carlisle*, die einst ein römisches Feldlager war und in der Nähe vom Hadrianswall liegt. Die historische Stadt **Penrith** bildet einen ausgezeichneten Ausgangspunkt für Wanderungen über die Penninen und durch das fruchtbare und friedvolle *Eden Valley*.

Yorkshire und Humberside

Grafschaften: Humberside, North Yorkshire, South Yorkshire und West Yorkshire
Yorkshire und Humberside ist eine landschaftlich liebliche Region mit ausgezeichneten Verkehrsverbindungen, zahlreichen Burgruinen, eleganten Herrenhäusern und vielen alten Kirchen.
Der *Yorkshire-Dales-Nationalpark* umfaßt eine Fläche von 1088 qkm und zieht jährlich Tausende von Besuchern an. Hier kann man Höhlen erforschen, lange Wanderungen unternehmen und eine herrliche Aussicht genießen. Wanderwege aller Art führen über sanfte Abhänge bis zu den recht steilen *Three Peaks* in Ingleborough, Whernside und Pen-y-ghent. Eine große Herausforderung ist der »Pennine Way«, der anspruchsvollste unter den zahlreichen markierten Wanderwegen in Yorkshire und Humberside. Überall sehen historische Burgen, Schlösser und Festungen; besonders sehenswert sind auch die Herrenhäuser des Hochadels: Harewood House, Duncombe Park, Nostell Priory, Sledmere House und Burton Constable Hall können besichtigt werden. In der Stadt **York** kann man in der Vergangenheit schwelgen. Das berühmte Münster – die größte Kathedrale Nordeuropas – hat alljährlich über zwei Millionen Besucher zu verzeichnen. Besonders interessant sind auch das Nationale Eisenbahnmuseum, das *Castle-Museum*, das *Wikinger-Museum* und die mittelalterlichen Stadtmauern. In der Grafschaft **Humberside** findet man zahlreiche Erinnerungen an die stolze maritime Vergangenheit Großbritanniens. **Hull** ist eine bedeutende Hafenstadt. Besonders sehenswert ist die mächtige Humber-Brücke. Am einsamen Spurn Point in der sanften Flachlandregion von **Holderness** liegt ein Vogelschutzgebiet. Der *North-York-Moors-Nationalpark* besteht aus endlosem Heideland, mit malerischen Dörfern in den Tälern. In **Pickering** beginnt der Schienenstrang der *North Yorkshire Moors Railways*, eine der zahlreichen Bahnen dieses Gebietes mit Dampfantrieb. An der Küste liegen die traditionellen Familienbadeorte Scarborough, Bridlington und Cleethorpes. In **Bridlington** wurde vor kurzem der vielbesuchte Freizeitpark *Leisure World Complex* gebaut.
Zwischen der Küste und dem York Valley verlaufen die

Wolds, eine Hügellandschaft mit stillen Landstraßen zum Wandern und Radfahren und zahllosen Dörfern, in denen die Zeit stehengeblieben zu sein scheint. Am Rande der Wolds liegt die interessante Stadt **Malton**. Die Städte in Süd- und West-Yorkshire verbinden das starke industrielle Erbe mit dem Zeitgeist der Erneuerung. Das Nationale Museum für Fotografie, Film und Fernsehen in **Bradford** hat zahlreiche Auszeichnungen gewonnen. In der Caphouse-Mine von **Wakefield** ist heute das *Yorkshire Mining Museum* untergebracht. Im Dorf **Haworth** lebten einst die bekannten Schriftstellerinnen Charlotte, Emily und Anne Brontë. Von hier aus kann man in der rauhen Heidelandschaft der Penninen spazierengehen.

Northumbria

Cleveland, Durham, Tyne & Wear und Northumberland.
In der kontrastreichen Region Northumbria gibt es endlose Strände, stille Landstriche, die leuchtenden Lichter der Städte, Burgen und Kathedralen, lebhaften Tourismus, den Hadrianswall und vieles mehr.
Northumberland ist mit seinen zahlreichen Dörfern und Marktstädten besonders attraktiv. Der *Hadrianswall* an der schottischen Grenze ist das bekannteste Wahrzeichen der Grafschaft. Dieser Wall wurde von den Römern errichtet, um die Nordgrenze des römischen Britanniens zu markieren und sich vor den Angriffen der Pikten und Schotten aus dem hohen Norden zu schützen. Die zahlreichen Burgen, wie die dramatische Bamburgh, die schroffe Dunstanburgh und die eindrucksvolle Burg Alnwick, erinnern noch heute an die jahrhundertelangen Grenzkämpfe. Ein großer Teil der Grafschaft liegt innerhalb eines Nationalparkes, dessen sanfte Moore sich von der Nordsee bis zu den *Cheviot Hills* an der schottischen Grenze erstrecken.
Die Stadt **Newcastle-upon-Tyne** war einst nur ein römischer Grenzposten am Hadrianswall. Besonders sehenswert sind die Kathedrale, die Burg, mehrere Kunstgalerien und das Dudelsack-Museum. Newcastle hat ein modernes U-Bahn-System.
Grafschaft Durham: In **Durham City** überblicken ein prächtiges Schloß und eine normannische Kathedrale, die 1995 ihr 1000jähriges Bestehen feierte, die Schlucht des Flusses *Wear*. Die hübsche Altstadt ist Fußgängerzone. In der malerischen Umgebung liegen zahlreiche kleine Marktflecken wie Bishop Auckland und Barnard Castle. Das *Bowes-Museum*, der *Raby-Museum*, der *High-Force-Wasserfall* und das *Beamish-Freilichtmuseum* ziehen alljährlich viele Besucher an. In der Nähe von **Bishop Auckland** liegt ein 320 ha großer Rotwildpark. Von Darlington fuhr im 19. Jahrhundert der erste Personenzug der Welt zum nahegelegenen Stockton. Unbedingt besuchen sollte man das Eisenbahnmuseum.
Cleveland im Süden der Region liegt dicht an der Grenze nach Yorkshire. In dieser Grafschaft gibt es zahlreiche Fabriken und andere industrielle Einrichtungen. Captain Cook, der Entdecker Australiens, wurde in **Middlesbrough** geboren. Das *Captain-Cook-Museum* erzählt seine Geschichte. Interessante Ortschaften sind Maske, Guisborough und Upleatham (hier soll die kleinste Kirche Englands stehen).

SOZIALPROFIL

ESSEN & TRINKEN: Im allgemeinen sind die Restaurants im Norden des Landes preiswerter als im Süden, und die Auswahl an traditionellen Gerichten ist umfangreicher. Jede Region hat ihre Spezialitäten: z. B. *Roast Beef* und *Yorkshire Pudding* (eine Beilage aus Mehlteig, keine Süßspeise), *Pies* (Pasteten mit Gemüse-, Wild-, Schweinefleisch- oder Nierenfüllung), *Rack of Lamb* (Lammrücken) und zahlreiche Fischgerichte. Beliebte Süßspeisen sind *Spotted Dick* (Talgpudding mit Rosinen und Korinthen), *Plum Duff* (Teigrolle mit Talg und Pflaumen) und *Syllabub* (ein mittelalterliches Gericht aus Sahne, Weißwein und Zitronensaft). Besonders reichhaltig ist das traditionelle englische Frühstück, das aus gebratenem Frühstücksspeck, Würstchen, gegrillten Pilzen und Tomaten, Spiegelei und Toast besteht, oder auch aus *Beans on Toast* (Bohnen in Tomatensoße auf Toast) oder *Kipper* (Räucherhering). *Chips* (Pommes frites), die man mit Salz und Malzessig würzt, gibt es an jeder Straßenecke zu kaufen, nicht zu verwechseln mit *Crisps* (Kartoffelchips), die bei keinem englischen Picknick fehlen dürfen. Nachmittags um 16.00 Uhr wird traditionell Tee getrunken, dazu werden kleine Teekuchen mit Schlagsahne und Erdbeermarmelade, hauchdünne Brote und Gebäckstücke aller Art angeboten. Im Westen Englands werden *Scones and Clotted Cream*, noch warme süße Brötchen mit unwiderstehlich cremiger Sahne und Erdbeermarmelade, serviert. Jede Region hat Spezialitäten der Backkunst: *Black Bun* (ein schottischer Obstkuchen), flache *Tea Cakes* im Norden und in Schottland *Bakewell Tart* (Teigboden mit Marmelade, Buttercreme, Mandelcreme und Zuckerguß). In vielen Städten kann man Speisen aller Geschmacksrichtungen probieren, vor allem in London gibt es überall italienische, griechische, türkische, indische, chinesische, französische und arabische Restaurants. Zahlreiche Restaurants bieten ihre Gerichte auch zum Mitnehmen an. Cheddar und Stilton sind die bekanntesten englischen Käsesorten. **Trinkgeld** ist nicht obligatorisch, aber willkommen. Die Rechnungen der Restaurants enthalten oft 10% Bedienung, die man aber nicht bezahlen muß, wenn man mit der Bedienung nicht zufrieden war. Sonntags werden oft recht preiswerte Tagesmenüs zu einem Festpreis angeboten. Empfehlenswert sind auch die Speisen, die in zahlreichen *Pubs* (Gaststätten) angeboten werden. **Getränke:** Die britischen Pubs sind eine nationale Einrichtung, und selbst das kleinste Dorf in der abgelegensten Ecke des Landes hat mindestens einen Pub. Jede Region hat ihre bevorzugten Biersorten. Neuerdings ist das traditionelle »Real Ale« wieder beliebter, dadurch hat sich die Anzahl und die Qualität der angebotenen Biere noch erhöht. Die meisten Kneipen gehören einer Brauerei an, die das Sortiment festlegt. Gaststätten, die Biersorten von verschiedenen Brauereien anbieten, tragen die Bezeichnung »Free House«. *Bitter* (dunkles Bier), *Lager* (Pilsner), *Guinness*, *Cider*, helles und dunkles *Ale* werden am liebsten getrunken. Weinstuben und Cocktailbars findet man eher in größeren Städten. Der Alkoholausschank an Jugendliche unter 18 Jahren ist verboten. Die meisten Pubs sind Mo-Sa 11.00-23.00 Uhr, So 10.00-22.30 Uhr geöffnet, manche schließen jedoch wochentags zwischen 15.00-18.00 Uhr. Nachtklubs, Diskotheken oder Live-Musikkneipen (mit Eintrittsgebühr) haben oft länger geöffnet.
NACHTLEBEN: In den Großstädten (besonders in London) gibt es zahlreiche renommierte Theater (einschließlich Freilichttheater im Sommer), Opernhäuser und Ballettensembles, Musicals, Konzerte, Kinos, Restaurants, Nachtklubs, Diskotheken und natürlich unzählige Pubs. Freunde der klassischen Musik werden von dem Konzertangebot in London begeistert sein. In den Provinzen ist die Auswahl nicht ganz so breit gefächert. Die wöchentlich erscheinenden Stadtzeitschriften *Time Out* und *What's On* listen alle Aufführungen und Veranstaltungen in London auf.
EINKAUFSTIPS: Wollsachen und Webstoffe wie *Harris Tweeds* sind weltbekannt. Elegante Bekleidung, wunderschöne bedruckte Stoffe und Seide sind ebenso erhältlich wie Second-hand-Klamotten der berühmten Londoner Flohmärkte. Besonders empfehlenswert sind das Porzellan der Marken *Wedgewood, Crown Derby, Royal Worcester* und *Royal Doulton*. Elegant verpackte Pralinen und Lebensmittel der Luxusklasse zählen ebenfalls zu den Spezialitäten (u. a. im berühmten Kaufhaus »Harrod's« erhältlich). Überall in Großbritannien gibt es Antiquitätengeschäfte. Die Charing Cross Road in London ist ein Paradies für jeden Bücherwurm. Wirklich sehenswert sind die Londoner Straßenmärkte in Camden, Portobello Road, Petticoat Lane (Kleidung) und Bermondsey (Antiquitäten), um nur einige zu nennen. **Öffnungszeiten der Geschäfte:** In den Großstädten Mo-Sa 09.00-18.00 Uhr, im Londoner West End und großen Einkaufszentren Do bis 20.00 Uhr. Einige Supermärkte haben bis 19.00 oder 20.00 Uhr geöffnet, manchmal sogar bis 22.00 Uhr. Zahlreiche Supermärkte, Lebensmittel- und Heimwerkerläden öffnen auch am Sonntag. In vielen kleineren Städten haben die Geschäfte mittwochs oder donnerstags nur halbtags geöffnet.
SPORT: Golf, Tennis, Squash, Reiten, Segeln und **Schwimmen** sind überall möglich. Die Küstengewässer sind allerdings recht kühl. In Cornwall gibt es ausgezeichnete Möglichkeiten zum **Wellenreiten**. **Windsurfen** ist auch auf vielen Binnengewässern beliebt. **Publikumssport: Pferderennen:** Je nach Jahreszeit werden **Hürden**- und **Galopprennen** veranstaltet, die *Betting Shops* (Wettbüros) in jeder Hauptstraße nehmen Einsätze entgegen. **Rugby** werden von Mitte August bis Mai gespielt. Besonders sehenswert sind die Tennismeisterschaften in Wimbledon. Ein weiterer Nationalsport ist **Kricket**; die 17 Vereine der Grafschaften tragen ihre Spiele zwischen April und September aus. *Lords' Cricket Ground* in Nord-London ist das bekannteste Krickettstadion.
VERANSTALTUNGSKALENDER
3. - 26. Mai '96 *Internationales Festival*, Brighton. **11. Mai** *FA Cup Final*, Wembley (Endspiel um den englischen Fußballpokal). **17. Mai - 2. Juni** *Bath International Music Festival*, Bath. **21. - 24. Mai** *Chelsea Flower Show*, London. **30. Mai - 2. Juni** *Dickens-Festival*, Rochester. **Juni** *London Fleadh* (Open-air Konzert). **8. Juni** *Derby* (Pferderennen), Epsom. **8. - 30. Juni** *Europäische Fußballmeisterschaften – EURO '96*, ganz England. **15. Juni** *Trooping the Colour* (Offizielle Geburtstagsparade für die Königin), London. **18. - 21. Juni** *Royal Ascot* (Pferderennen), London. **24. Juni - 7. Juli** *Wimbledon Lawn Tennis Championships*, London. **25. Juni - 14. Juli** *City of London Festival*, London. **3. - 7. Juli** *Ruderregatta*, Henley. **6. - 21. Juli** *Internationales Musikfestival*, Cheltenham. **26. - 28. Juli** *Folk Festival*, Cambridge. **30. Juli - 3. Aug.** *Goodwood* (Pferderennen), Chichester. **23. - 27. Aug.** *Beatles-Festival*, Liverpool. **25./26. Aug.** *Notting Hill Carnival*, London. **15. - 23. Sept.** *Internationale Bootsschau*, Southampton. **26. Sept. - 5. Nov.** *Soho Jazz Festival*, London. **Okt. - Jan. '97** *Shakespeare-Theater-Saison*, Stratford-upon-Avon.
Bei den hier aufgeführten Veranstaltungen handelt es sich um eine Auswahl – das Fremdenverkehrsamt verschickt auf Wunsch ein vollständiges Verzeichnis.

KLIMA

Gemäßigtes Klima, im Sommer feucht und warm, im Winter naß und kühl und ganzjährig regelmäßiger Regenfall. Das Wetter ist oft wechselhaft und kann sich überall im Land täglich ändern. An der Westküste und in den Hochlagen fällt der meiste Regen, an der Nordküste ist es kälter und stürmischer. Der Südosten ist sonniger als der Norden, es fällt weniger Regen. Im Südwesten herrscht das mildeste Klima.

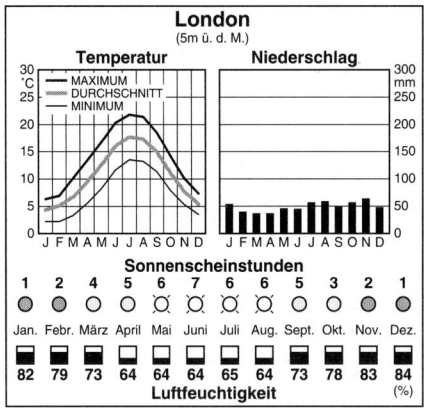

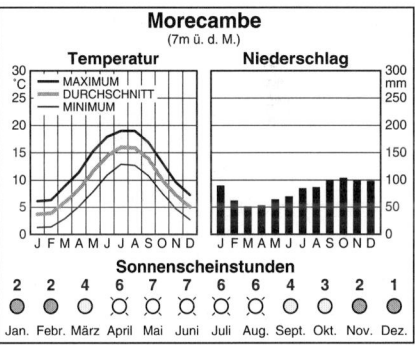

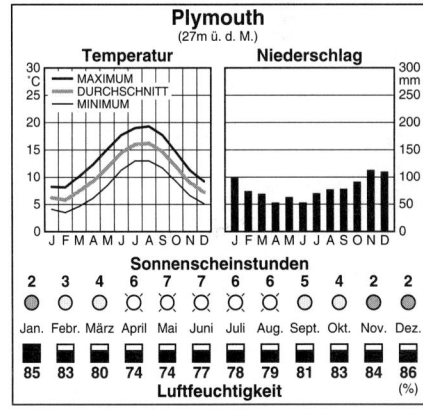

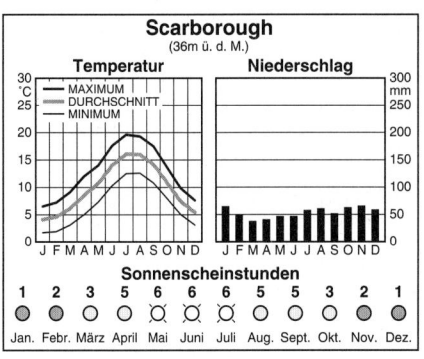

Schottland

Lage: Nördlicher Teil Großbritanniens.

Scottish Tourist Board
23 Ravelston Terrace
GB-Edinburgh EH4 3EU
Tel: (0131) 332 24 33. Telefax: (0131) 343 15 13.

FLÄCHE: 77.080 qkm.
BEVÖLKERUNG: 5.111.200 (1992).
BEVÖLKERUNGSDICHTE: 66,3 pro qkm.
HAUPTSTADT: Edinburgh. **Einwohner:** 439.900 (1992).
GEOGRAPHIE: Die Lowlands im Süden bestehen aus Heidelandschaft und sanften Hügeln. Hier lebt der größte Teil der Bevölkerung. In den Highlands im Norden liegen die Grampian Mountains und Ben Nevis, der höchste Berg Großbritanniens. Die Küsten sind wildromantisch und stark zerklüftet, die oft sehr tiefen Salz- und Süßwasserseen werden Lochs genannt. Vor den Küsten, in einiger Entfernung vom Festland, liegen mehrere Inselgruppen. Die größten Inseln im Westen sind Skye und Lewis, die zu den Hebriden gehören. Im Nordosten liegen die Orkney- und Shetland-Inseln, die man von John O'Groats an der Nordspitze des schottischen Festlands mit der Fähre über den Pentland Firth erreicht.
SPRACHE: Englisch. Gaelic (Gälisch) wird von manchen Einwohnern im Westen und in den Highlands gesprochen.
Anmerkung: Informationen über Ortszeit, Religion, Netzspannung, Post- und Fernmeldewesen, Reisepaß/Visum, Währung, Duty-free, Gesundheit und Gesetzliche Feiertage in der *Einführung* (s. o).

GESETZLICHE FEIERTAGE

Zusätzlich zu den gesetzlichen Feiertagen, die überall in Großbritannien begangen werden (s. *Einführung*):
5. Aug. '96 Sommerfeiertag. **2. Jan. '97** Tag nach Neujahr.

REISEVERKEHR

FLUGZEUG: *Edinburgh (EDI):* 11 km westlich vom Stadtzentrum; Duty-free-Shop und Geschäfte, Wechselstube (06.00-22.00 Uhr), Babywickelraum, Konferenzeinrichtungen (30 Personen), Restaurant, Bar, Tourist-Information, Hotelschalter, Mietwagenschalter, Taxistand. Der Airlink-Bus 100 fährt alle 30 Minuten zum Bahnhof Waverley (07.45-16.14 Uhr, danach in größeren Abständen – Fahrzeit 25 Min.). Vom Bahnhof gibt es Verbindungen zu zahlreichen Ortschaften in Schottland und England. Linienbusverkehr in die Innenstadt (08.25-20.40 Uhr).
Glasgow (GLA): 14 km westlich von Glasgow; Duty-free-Shop, Bar, Banken, Hotelreservierungsschalter, Geschäfte, Post, Apotheke, Babywickelraum, Konferenzeinrichtungen für 40 Personen, Mietwagenschalter, Taxistand. Der Bahnhof Paisley's Gilmour Street ist 1,5 km vom Flughafen entfernt (Busverbindung alle 10-30 Min., Zugverbindung alle 15 Minuten). Bahnverbindungen in fast alle Landesteile. Busse fahren nach Renfrew, Paisley, Glasgow (alle 20 Min.) und Edinburgh (stündlich).
Weitere Flughäfen: *Inverness (INV)* ist der bedeutendste Flughafen der Highlands, von hier aus werden alle Flughäfen im Norden Schottlands angeflogen. Buchladen, Babywickelraum, Mietwagen, Taxistand. Busverbindung zur Stadt.
Die kleineren Flughäfen im Norden erreicht man durch Flüge von Glasgow, Aberdeen, Inverness und Edinburgh: u. a. *Kirkwall* (Orkney), *Lerwick* (Shetland), *Skye*, *Tiree*, *Stornoway*, *Benbecula* und *Barra*.
SCHIFF: Fähren verbinden das schottische Festland mit den Inseln. Die Fahrpläne sind unregelmäßig. *Caledonian MacBrayne* ist die größte Fährgesellschaft und steuert 23 Inseln (einschl. Innere und Äußere Hebriden) an. Im Sommer fahren die Fähren oft alle 30-60 Min., im Winter nur sehr selten. Die Schiffe der *P&O Ferries* fahren regelmäßig zu den Orkney- und Shetland-Inseln: in den Sommermonaten von Aberdeen nach Lerwick viermal wöchentlich (Fahrzeit 14 Std.), von Scrabster nach Stromness täglich (Fahrzeit 2 Std.).
P&O Ferries fahren auch fünfmal täglich von Cairnryan nach Larne (Fahrzeit 2 Std. 20). *Stena Line* fährt täglich von Stranraer nach Belfast (3 Std. 15). *Seacat* bieten ferner täglich fünfmal in der Hochsaison (sonst viermal tgl.) eine Verbindung von Stranraer nach Belfast (Fahrzeit 1 Std. 30).
BAHN: Es gibt zwei Hauptstrecken von England nach Schottland: vom Bahnhof *Euston Station* in London an der Westküste entlang nach Glasgow, Perth und Inverness und vom Londoner Bahnhof *King's Cross* an der Ostküste entlang nach Edinburgh, Dundee und Aberdeen. Von Edinburgh und Glasgow gibt es gute Verbindungen in andere schottische Städte. Zahlreiche Eisenbahnstrecken führen durch die schöne Landschaft der Highlands (z. B. von Perth nach Inverness, von Inverness nach Kyle of Lochalsh und von Glasgow über Fort William nach Mallaig). Zur Streckenbesichtigung sind schottische Dampflokomotiven im Einsatz. Die Strecke zieht sich bis nach Thurso und Wick im äußersten Norden des Landes hin. In den Inter-City-Zügen aus England stehen Schlafwagen zur Verfügung.
BUS/PKW: Es gibt ausgezeichnete Straßenverbindungen von England nach Schottland. *Motorways* (Autobahnen) verbinden fast alle Regionen innerhalb Schottlands. Im allgemeinen ist das Straßennetz an der Ostküste besser ausgebaut als in anderen Gegenden. Nördlich von Inverness gibt es oft nur einspurige Landstraßen, Autofahrten können daher mitunter kurz dauern. Während der Wintermonate sind die Straßen der Highlands gefährlich und oft unpassierbar, Autofahrer sollten sich genauestens nach den Wetterbedingungen erkundigen und die Ratschläge der Einheimischen befolgen.
Autovermietung: Fahrzeuge können in allen größeren Ortschaften gemietet werden. Das Schottische *Tourist Board* verfügt über Listen der regionalen Autovermietungen.
Entfernungen: *London* – Edinburgh 610 km/Glasgow 640 km/Aberdeen 810 km/Inverness 860 km/Fort William 640 km/Perth 670 km/Thurso 1045 km.
Edinburgh – Glasgow 65 km/Aberdeen 200 km/Inverness 255 km/Fort William 235 km/Perth 70 km/Thurso 450 km.
STADTVERKEHR: In allen größeren Ortschaften verkehren Linienbusse. In Glasgow gibt es auch eine U-Bahn (*Metro*) und Vorortzüge.

UNTERKUNFT

HOTELS: In Schottland gibt es zahlreiche Hotels, viele sind in den letzten Jahren gebaut, modernisiert oder renoviert worden. Nützliche Einzelheiten sind von der Zentrale für Fremdenverkehr erhältlich. **Kategorien:** »Kronen«-System (s. *England*). Außerdem sind folgende Bezeichnungen gebräuchlich: *De Luxe* (43 Hotels), Sehr empfehlenswert (*Highly Commended*, 198 Hotels), Empfehlenswert (*Commended*, 882 Hotels), Anerkannt (*Approved*, 262 Hotels), Einfach (*Listed*). Daneben gibt es über 4500 Pensionen, Gasthäuser und andere Unterkünfte, die nach diesem System klassifiziert werden.
CAMPING: Zahlreiche Campingplätze mit guter Ausstattung, jährliche Inspektion.
FERIENHÄUSER UND -WOHNUNGEN: Ferienhäuser aller Art stehen überall in Schottland zur Verfügung. Einzelheiten entnehmen Sie bitte der entsprechenden Broschüre der Fremdenverkehrszentrale.

EDINBURGH

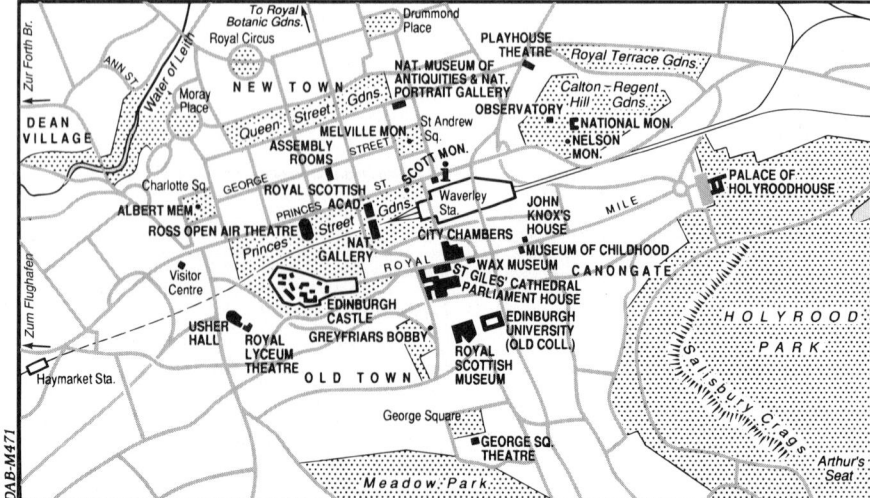

URLAUBSORTE & AUSFLÜGE

Schottland ist ein wunderschönes, wenig besiedeltes Land mit sanften Lowlands, majestätischen Bergen, herrlichen Seen (Lochs) und zahlreichen Inseln.

Edinburgh

Edinburgh, in vieler Hinsicht das gesellschaftliche und kulturelle Zentrum Schottlands, ist eine der schönsten Städte Großbritanniens. Die *Royal Mile* (»Königliche Meile«) im ältesten Teil der Stadt führt von der Burg (*Edinburgh Castle*) über die *St. Giles-Kathedrale* zum Schloß *Holyroodhouse*. Die Burg wurde vom Sachsenkönig Edwin von Northumbria errichtet, ein großer Teil des Gebäudes stammt jedoch aus dem 14. Jahrhundert. Die »Honours of Scotland« – Krone, Zepter, Schwert und andere Schätze aus dem 16. Jahrhundert – können in der Burg besichtigt werden; schon allein die Aussicht vom Burghof ist jedoch den Aufstieg wert. *Holyroodhouse* wurde von David I. als Teil der Holyrood-Abtei gebaut. Königin Maria Stuart von Schottland war wohl die bekannteste Bewohnerin des Palastes. Der größte Teil der heutigen Gebäude stammt aus der zweiten Hälfte des 17. Jahrhunderts. Im Viertel zwischen der Burg, dem Bahnhof Waverley Station, der Princes Street und der Royal Mile liegen die reizvollen *Princes Street Gardens*. In der Princes Street gibt es zahlreiche schöne Geschäfte und Gebäude. Im Norden der Stadt liegt die gar nicht so neue *New Town*, das Viertel mit wunderschön erhaltenen eleganten Straßen und Plätzen aus dem 18. Jahrhundert. Interessant sind auch die vielfältigen Museen und Kunstgalerien der Stadt. Alljährlich zwischen Ende August und Anfang September findet das *Edinburgh Festival* statt, das größte Theater- und Kunstfestival von Großbritannien und vielleicht von ganz Europa.
Außerhalb Edinburghs liegt der Urlaubsort Aberdour. In der Abtei von Dunfermline liegen mehrere schottische Könige begraben. Sehenswert sind auch die Burgen in Blackness, Dunbar und Tantallon und das uralte Dorf Dalmeny.

Die Ostküste

St. Andrews liegt nördlich von Edinburgh. Sehenswert sind der wunderschöne Golfplatz, die Universität, die Burg und die Kathedrale. Jedes Jahr im August findet das Festival *Lammas Fair* statt. Auf der gegenüberliegenden Seite des Firth of Tay liegt die Stadt **Dundee**. Ca. 25 km nördlich liegt **Glamis,** Schauplatz von Shakespeares Tragödie »Macbeth« und Geburtsort Prinzessin Margarets. Westlich von Dundee liegt die hübsche Marktstadt **Perth.** König James I. wurde hier ermordet. Zahlreiche schottische Könige wurden in der nur wenige Kilometer entfernten Stadt **Scone** gekrönt, die während der römischen Besatzung Englands das Zentrum des Königreichs der Pikten war. In der Nähe von Dundee liegt die Küstenstadt **Arbroath,** in der man die Ruinen einer berühmten Abtei besichtigen kann. **Aberdeen,** die drittgrößte Stadt Schottlands, ist das Zentrum der britischen Erdöl-Industrie. Sehenswert sind die Kathedrale, die Universität und die **Brig O'Balgounie** (eine alte Brücke). Im nahegelegenen **Braemar** finden alljährlich die berühmtesten der Highlandtreffen der schottischen Clans statt. In der Nähe von Aberdeen gibt es zahlreiche geschützte Bauwerke, z. B. *Craigievar* und *Castle Fraser*. Eine wildromantische Eisenbahnstrecke führt durch das Landesinnere nach Inverness. Auf dem Weg dorthin sollte man sich in **Elgin** die Ruinen einer Kathedrale und die renovierte Abteikirche ansehen. Zahlreiche Gebäude in **Inverness,** der nördlichsten Großstadt Schottlands, gehen bis auf das 17. Jahrhundert zurück. Die Stadt liegt am *Moray Firth*. Von hier bietet sich ein Ausflug zum **Loch Ness** an. In diesem sehr tiefen See soll »Nessie« das, berühmte und anscheinend recht scheue Seeungeheuer. In dieser Region werden zahlreiche Highlandtreffen und die bekannten *Highland Games* abgehalten. In der Umgebung von Inverness laden Moore, Wälder und Täler zu langen Wanderungen ein. Einst zahlreich vorhandene einheimische Tiere wie Rotwild, Steinadler und Wildkatzen können hier noch in freier Wildbahn beobachtet werden. Fast alle Städte dieser Gegend, einschl. Golspie, Ullapool und Lybster, sind eher große Dörfer. In der Nähe von **Lybster** kann man Steinzeitgräber besichtigen. Die Städte Thurso und Wick sind Endpunkte der Eisenbahnlinien. Nördlich von Wick liegt das Dorf **John O'Groats,** der nördlichste Punkt des britischen Festlandes.

Glasgow

Die ehemalige Industriestadt ist die größte und wahrscheinlich die lebhafteste Stadt Schottlands. Glasgow entwickelt sich immer mehr zu einem Kulturzentrum, in dem zahlreiche Veranstaltungen von internationalem Renommee stattfinden. 1990 trug Glasgow den Titel »Kulturhauptstadt Europas«. Zu den Sehenswürdigkeiten gehört die einzige vollständig erhaltene mittelalterliche Kathedrale Schottlands. In der Kunstgalerie werden Gemälde der bekanntesten Maler der Renaissance und der Neuzeit ausgestellt. Das *Theatre Royal* ist Sitz der Schottischen Oper. Das Schottische Nationalorchester ist ebenfalls in Glasgow zu Hause.
An der Küste in der Nähe von Glasgow liegt die Ortschaft Ayr. Robert Burns, der bekannteste Poet Schottlands, kam in **Alloway** zur Welt. *Culzean Castle* liegt auf einer Steilklippe oberhalb des *Firth of Clyde* und diente im 2. Weltkrieg zeitweise als Hauptquartier der Alliierten. Sehenswert ist auch die schöne Umgebung des *Loch Lomond*, die in vielen Liedern besungen wird.

Der Süden

Die südlichsten Regionen Schottlands liegen in den Lowlands und ziehen sich bis zu den »Southern Uplands« im Norden. Die **Borders-Region** war einst Schauplatz so mancher Schlacht zwischen England und Schottland. Moore, grüne Hügel, Täler, Schluchten und Wasserfälle prägen diese wunderschöne Landschaft. Besonders besuchenswert sind die Abteien in Jedburgh, Dryburgh und Melrose, die den ehemaligen Reichtum dieses Gebietes widerspiegeln. Die alten Grenzstädte Selkirk, Galashiels, Peebles und Hawick sind auch heute noch die Zentren der Tweed- und Strickwaren-Industrie. In der lieblichen Landschaft der Region **Dumfries und Galloway** liegen wunderschöne Seen und Kiefernwälder. In Galloway gibt es zahlreiche Herrenhäuser, besonders erwähnenswert sind Ardwell, Logan und Dundrennan.

Die Highlands und die Westküste

In den **Highlands** findet man wohl die atemberaubendste Landschaft Großbritanniens. Die Straßen und die Bahnstrecken zwischen der Hauptstadt und Inverness führen durch die *Grampian Mountains* und den *Forest of Atholl*. Die Seen der mittleren Highlands speisen den *River Tay*, der ein wahres Anglerparadies ist. Besonders sehenswert in den Highlands sind der Killiecrankie-Paß, Blair Atholl, **Kingussie** und **Aviemore,** der bekannte Wintersportort.
An der **Westküste** gibt es zahlreiche Urlaubsorte inmitten herrlicher Landschaft, besonders in der Küstenregion gegenüber der Insel Skye. **Fort William** ist die größte und bekannteste Küstenstadt dieser Region. **Oban** am *Loch Linnhe* ist das Tor zu den Inseln und der wunderschönen Region Kintyre. Zwischen Kintyre und der Küste von Strathclyde liegt die Insel **Arran**, westlich von Kintyre liegen die Inseln Islay und Jura. Zahlreiche schottische Könige liegen in Iona begraben. Mull und die Inselgruppe der *Outer Hebrides* kann man von Oban erreichen. Der Sound of Sleat und der Inner Sound trennen die Insel Skye vom Festland. Die Insel kann man entweder mit Mallaig oder von Kyle of Lochalsh erreichen (ebenfalls an der Bahnstrecke). In der Nähe von **Ullapool,** das auch heute noch ein wichtiger Fischereihafen ist, liegt das wunderschöne *Inverpolly-Naturreservat*. Autofähren fahren zur Insel Lewis (Äußere Hebriden). Die Nord- und Nordwestküsten sind sehr felsig, tiefe Meeresarme und Seen durchbrechen die nur spärlich besiedelte Landschaft. Die Straße an der Nordküste führt an mehreren Seen vorbei. Sehenswert sind die Städte Durness, Melvich, Thurso und das Dorf John O'Groats. Von Thurso aus gibt es Fähren zu den Orkney-Inseln.

Orkney- und Shetland-Inseln

Diese Inselgruppen liegen nordöstlich vom schottischen Festland und sind mit dem Flugzeug oder der Fähre erreichbar (s. *Reiseverkehr*).
Die Orkneys: Der *Pentland Firth* trennt die Orkneys vom Festland. Nur 29 der 67 Inseln dieser Gruppe sind bewohnt. Die Inseln sind sehr fruchtbar, obwohl nur wenige Bäume hier wachsen. Das Klima ist mild, aber sehr veränderlich. **Kirkwall,** die größte Stadt, liegt auf der Insel, die als **Mainland** bekannt ist. Die Häuser der Stadt erinnern an Norwegen. Sehenswert ist die eindrucksvolle Kathedrale aus dem 12. Jahrhundert. Die Inseln sind archäologisch äußerst interessant. Besonders besuchenswert ist das Steinzeit-Dorf *Skara Brae,* die Grabstätte *Maes Howe* und die Stehenden Steine des geheimnisvollen *Ring of Brogar*. Auf der anderen Seite von Scapa Flow liegt die Insel Hoy. Schroffe Klippen und die windgepeitschte Sandsteinlandschaft gestalten diese Insel zu einer der dramatischsten der Orkneys. Die Inseln Westray und South Ronaldsay sind besonders interessant für Vogelkundler und Angler.
Die Shetlands: Diese Gruppe bildet den nördlichsten Punkt Großbritanniens und besteht aus etwa 100 zerklüfteten, hügeligen und mit Heidekraut bewachsenen Inseln. Trotz der nördlichen Lage ist das Klima erstaunlich mild. Die Inseln liegen auf dem gleichen Breitengrad wie St. Petersburg, die Hudson Bay und Süd-Alaska. Die Küste der größten Insel, die ebenfalls **Mainland** genannt wird, setzt sich aus Buchten und tiefen Fjorden zusammen. **Lerwick,** die größte Stadt, war einst ausschließlich auf den Fischfang angewiesen. Wie fast alle Ortschaften und Inseln der Shetlands und Orkneys profitiert auch Lerwick von den Erdölfunden in der Nordsee. Die Siedlungen aus der Bronzezeit in Jarlshof, die Insel Foula, das Naturschutzgebiet auf der Insel Noss, Mousa Broch auf der unbewohnten Insel Mousa und die nördlichste Burg der Welt auf der Insel Unst sind alle einen Besuch wert.

Lowland, Ihr besonderes Transportunternehmen in Schottland, ist auf Reisegruppen aller Größen wie auch auf Individualreisende eingestellt. Unser Angebot reicht von Luxusautos über Kleinbusse bis hin zu Luxusbussen für Geschäftsreisende. Die Lage unserer Busbahnhöfe in Zentral- und Südschottland ist ein idealer Ausgangspunkt aller Ihrer Reiseziele. Mit hochqualifizierten, uniformierten Busfahrern garantieren wir Ihren Kunden eine angenehme Fahrt durch Schottland, so daß sie immer wieder kommen wollen. Unsere Mitarbeiter sorgen für abwechslungsreiche Routen, um den individuellen Ansprüchen und Kosten auch wirklich gerecht zu werden.

Lowland Coaches

14 ESKBANK ROAD DALKEITH SCHOTTLAND
TEL: +44 131 654 2622 TELEFAX: +44 131 654 1595
WENDEN SIE SICH AN GRAHAM SIMPKINS

Alle Inseln dieser Gruppe kann man von Lerwick aus erreichen. Die Hauptattraktionen der Inseln sind ihre Abgelegenheit, die einzigartigen Zeugnisse aus der Wikingerzeit, die vielfältige Vogelwelt und der Fischreichtum. Wie auf den Orkneys kann sich das Wetter ganz plötzlich ändern. Vor jeder Bootsfahrt sollte man sich den Wetterbericht besorgen und Warnungen und Ratschläge der Einheimischen unbedingt beachten.

SOZIALPROFIL

ESSEN & TRINKEN: In den Restaurants der größeren Städte werden zahlreiche Gerichte der britischen und europäischen Küche angeboten. Typisch schottisch sind *Haggis* (Schafmagen gefüllt mit Innereien und Haferflocken, dann gekocht), *Porridge* (Haferbrei mit Wasser und Salz, zum Frühstück), *Cullen skink* (Fischsuppe),

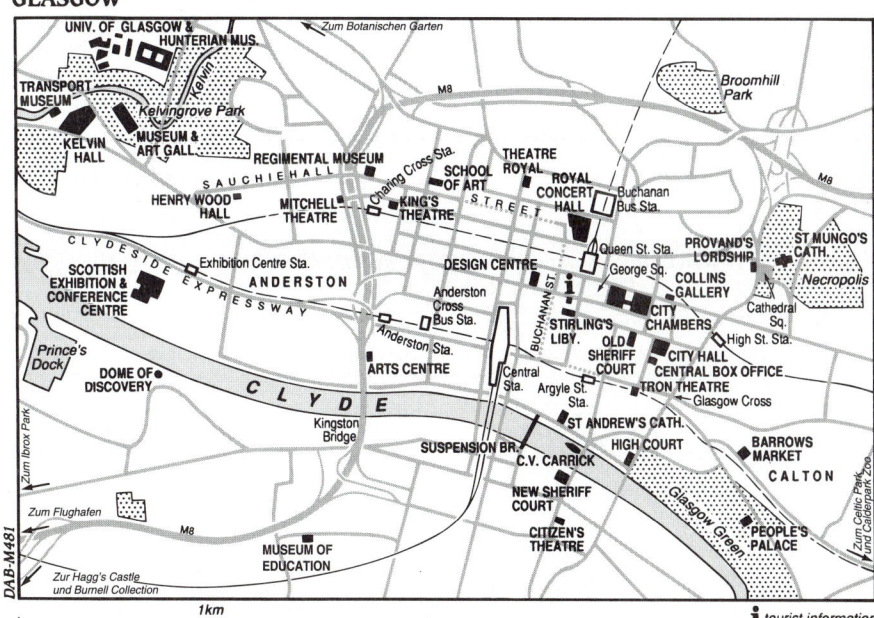

GLASGOW

Großbritannien und Nordirland

Smoked salmon (Räucherlachs), *Smoked haddock* (geräucherter Schellfisch) und *Partan bree* (Krebs mit Reis und Sahne). Backwaren wie Kuchen und Kekse sind sehr beliebt, am bekanntesten sind flache *Tea cakes*, *Oat cakes* (Haferkekse), *Shortbread* und *Black bun*, ein würziger Pflaumenkuchen, der ähnlich wie ein deutscher Weihnachtsstollen mehrere Monate im voraus gebacken wird.
Getränke: Schottischer Whisky, das Nationalgetränk, ist weltberühmt. Einheimische Biere sind als *Light* und *Heavy* bekannt. *Lager* (Pilsner) ist ebenfalls überall erhältlich. Die Schankstunden sind nicht so einheitlich wie in England, einige *Pubs* öffnen von 10.30 Uhr bis Mitternacht, andere nur von 11.30-14.30 und 18.30-23.00 Uhr.
NACHTLEBEN: In den größeren Städten gibt es zahlreiche Bars, Restaurants, Nachtklubs, Theater und Kinos. In den kleineren Dörfern und auf den Inseln ist das Nachtleben begrenzter.
SPORT: Golf ist eine beliebte Sportart. Die besten Golfplätze sind in St. Andrews, Gleneagles und Troon. **Angeln:** In Schottland kann man die besten Lachse der Welt fangen. **Publikumssport: Rugby** und **Fußballspiele** haben internationales Niveau. Schottland ist ideal für Vogelkundler, Wanderer und Reiter. **Wintersport:** Glencoe, die Nevis-Berge, Glenshee und Aviemore in den Cairngorms sind die bekanntesten Skigebiete.
VERANSTALTUNGSKALENDER
Das *Edinburgh Festival* ist der kulturelle Höhepunkt des schottischen Veranstaltungskalenders. Das Festival beginnt Mitte August und endet nach der ersten Woche im September. Jeder Raum der Stadt, der Zuschauer halten kann, wird für die unterschiedlichsten Veranstaltungen benutzt. Mitunter kann man bis zu 10 verschiedene Aufführungen an einem Tag sehen, die von kurzen Freiluft-Konzerten bis zu großen Produktionen der Royal Shakespeare Company reichen. Überall ist etwas los, Straßen und Plätze werden zur Bühne, und an jeder Ecke wird musiziert. Unterkünfte in Edinburgh sind für Monate im voraus ausgebucht. Äußerst sehenswert sind auch die »Highland-Games«, die jedes Jahr im Sommer veranstaltet werden. Starke Männer in Schottenröcken wetteifern im Baumstamm- und Hammerwerfen. Bei den im Anschluß aufgezählten Veranstaltungen handelt es sich um eine Auswahl. Eine vollständige Aufzählung ist vom Fremdenverkehrsamt erhältlich.
1996: *200. Todestag von Robert Burns,* Veranstaltungen in ganz Schottland.
2. - 25. Mai '96 *Maifest,* Glasgow. **21. Mai - 2. Juni** *Festival der Künste,* Perth. **22. Mai - 27. Juni** *Jachtregatta,* Shetland. **24. Mai - 8. Juni** *1. Jährliche Highland-Spiele,* im Gesamtbereich der Inseln und Highlands. **25. Mai - 26. Juni** *Bierfestival,* Peeblesshire. **15. Juni** *Oldmeldrum Sport- und Highland-Spiele,* Aberdeenshire. **20. - 23. Juni** *Royal Highland Show,* Edinburgh. **12. - 14. Juli** *Stonehaven Folk Festial,* Kincardineshire. **20. Juli** *Elgin Highland Games,* Moray. **3. - 11. Aug.** *Internationales Jazz-Festival,* Edinburgh. **17. Aug.** *Dudelsack-Weltmeisterschaften,* Glasgow. **25. Aug.** *Dunbar Oldtimer Rally,* East Lothian. **19. - 22. Sept.** *Loch Lomond Golfweltmeisterschaften,* Dunbartonshire. **10. - 19. Okt.** *Aberdeen Alternativ-Festival.* **8. Nov.** *Dunvegan Feuerwerk im Schloß,* Isle of Skye. **31. Dez.** *Stonehaven Fireball Festival,* Kincardineshire.

WIRTSCHAFTSPROFIL

KONFERENZEN/TAGUNGEN: Das *Scottish Convention Bureau* (Tel: (0131) 343 16 08. Telefax: (0131) 343 18 44) verschickt Broschüren und erteilt Planungshilfen, auch das Scottish Tourist Bureau (Adresse s. o.) hat Informationen über schottische Konferenzeinrichtungen.
Anmerkung: Weitere Informationen im *Wirtschaftsprofil* im allgemeinen Informationsteil über Großbritannien.

KLIMA

Im allgemeinen etwas kälter als in England. Im Westen ist es feuchter und wärmer als im kühlen und trockenen Osten Schottlands. Heftige Schneefälle im Winter in den Hochlagen; anhaltender Nebel kann das ganze Jahr über auftreten.

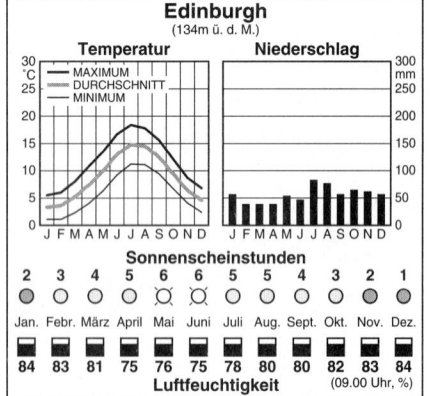

Wales

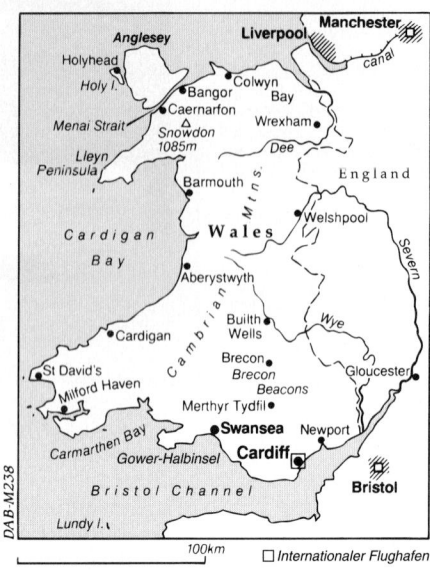

Lage: Westliches Großbritannien.

Wales Tourist Board
Brunel House
2 Fitzalan Road
GB-Cardiff CF2 1UY
Tel: (01222) 49 99 09. Telefax: (01222) 48 50 31.

FLÄCHE: 20.766 qkm.
BEVÖLKERUNG: 2.898.500 (1992).
BEVÖLKERUNGSDICHTE: 139,6 pro qkm.
HAUPTSTADT: Cardiff. **Einwohner:** 295.600 (1992).
GEOGRAPHIE: Große Teile von Wales sind ausgedehnte saftige Weideflächen für Schafherden; die Landschaft ist fast überall von einer unwiderstehlichen, rauhen Schönheit. In Südwales gibt es noch einige wenige Kohlebergwerke und im allgemeinen mehr Industrie als im Norden. Schroffe Steilküsten wechseln sich mit schönen Sandstränden ab. Die lebhaften Küstenstädte im Norden sind beliebte Urlaubsziele. Das Landesinnere ist sehr bergig, vor allem Snowdonia im Norden ist ein Traumziel für Wanderer und Bergsteiger.
SPRACHE: Englisch, etwa ein Fünftel der Einwohner spricht auch Walisisch.
Anmerkung: Informationen über Ortszeit, Religion, Netzspannung, Post- und Fernmeldewesen, Reisepaß/Visum, Währung, Duty-free, Gesundheit und Gesetzliche Feiertage in der *Einführung* zu diesem Kapitel.

GESETZLICHE FEIERTAGE

S. *Einführung* zu diesem Kapitel.

REISEVERKEHR

FLUGZEUG: *Cardiff International* (CWL), 19 km südwestlich von Cardiff. Bar, Wechselstube, Duty-free-Shop, Tourist-Information, Zeitungsladen, Geschäfte, Autovermietung und Hotel-Reservierungsschalter. Taxistand. Stündliche Busverbindung zum Bahnhof und zur Stadt (Fahrzeit 30 Min.).
SCHIFF: Pembroke Dock, Fishguard (Dyfed) und Holyhead (Insel Anglesey) sind die wichtigsten Häfen. Hier legen die Fähren aus der Republik Irland an. Einzelheiten s. *Reiseverkehr* in der Einführung zu diesem Kapitel.
BAHN: Eine der Hauptstrecken nach Wales führt vom Londoner Bahnhof Paddington an der Küste von Südwales entlang nach Fishguard; eine weitere Strecke verbindet Holyhead mit Chester und dem Nordosten Englands. Besondere Erwähnung verdienen die walisischen Dampfeisenbahnen, z. B. *Ffestiniog Railways* in Porthmadog in Snowdonia, wo mehrere Lokomotiven und Waggons aus dem 19. Jahrhundert liebevoll restauriert worden sind. »Wanderer Tickets« ermöglichen die Benutzung aller Dampfeisenbahnen.
BUS/PKW: Von Südengland erreicht man Wales am besten über die Autobahn M4, die von Westlondon über Newport, Cardiff und Swansea fast bis nach Carmarthen führt. Die A5 verbindet London und die Midlands mit dem Fährhafen Holyhead, die A55 führt von Holyhead nach Chester. Die A34/A44 von Oxford nach Aberystwyth führt durch besonders schöne Landstriche. Der Verkehr auf den Landstraßen geht mitunter recht langsam voran. Die Straßen in den Hochlagen sind bei schlechtem Wetter oft unpassierbar.
Entfernungen: *London –* Cardiff 250 km/Fishguard 420 km/Holyhead 430 km/Aberystwyth 340 km.

STADTVERKEHR: In allen größeren Ortschaften verkehren Linienbusse. In Cardiff gibt es ausgezeichnete Vorortzüge.

UNTERKUNFT

HOTELS: Alle Hotels werden regelmäßig vom *Tourist Board* überprüft. **Kategorien:** Hotels in Wales unterliegen dem »Kronen«-Klassifizierungssystem des Fremdenverkehrsamtes (wie überall in Großbritannien, s. *England*). Je mehr »Kronen«, desto umfangreicher die Ausstattung und der Service. Weitere Informationen und Broschüren vom Fremdenverkehrsamt.
FERIENHÄUSER UND -WOHNUNGEN: In Wales gibt es Ferienwohnungen aller Art, von Feriendörfern an der Küste bis zu abgelegenen Häuschen in den Bergen von Snowdonia. Weitere Einzelheiten erhalten Sie vom Fremdenverkehrsamt. **Kategorien:** 1 – Einfach. 2 – Empfehlenswert. 3 – Gut. 4 – Sehr gut. 5 – Ausgezeichnet.
CAMPING: 588 Campingplätze stehen zur Verfügung. In den Broschüren der Zentrale für Fremdenverkehr verzeichnete Campingplätze haben bestimmte Mindesteinrichtungen. **Kategorien:** 1-5 »Q«, die Qualität und Sauberkeit bezeichnen, aber nicht unbedingt den Umfang der Einrichtungen.

URLAUBSORTE & AUSFLÜGE

Wales teilt sich in drei Regionen auf: Südwales (einschl. der Hauptstadt Cardiff, Swansea und Newport, Carmarthen Bay und der Berge *Brecon Beacons*), Mid-Wales (einschl. der *Cambria Mountains* und der reizvollen Küstenurlaubsorte an der Cardigan Bay) und Nordwales (einschl. Llandudno und Rhyl, der Insel Anglesey und dem Snowdonia-Nationalpark mit *Mount Snowdon*, dem höchsten Berg in Wales). Cardiff ist von London per Bahn, Reisebus, Auto oder Flugzeug leicht erreichbar.

Südwales

Cardiff, die walisische Hauptstadt, hat eine mittelalterliche Burg und zahlreiche Gebäude aus dem 19. Jahrhundert. Im *Nationalmuseum* sind archäologische Funde, walisisches Kunsthandwerk und Gemälde europäischer und einheimischer Künstler ausgestellt. Rund 8 km westlich von Cardiff liegt **St. Fagans** mit dem höchst interessanten Freilichtmuseum *Welsh Folk Museum*. **Chepstow** liegt an der Grenze nach England. Die Burg stammt aus der Zeit des Königs Edward I. Die engen Straßen sind teilweise noch von den mittelalterlichen Stadtmauern umgeben. Im nahegelegenen **Caerwent** kann man römische Ruinen besichtigen. Zwischen Cardiff und der englischen Grenze liegt **Newport,** die drittgrößte Stadt des Landes. Sehenswert ist die Kathedrale aus dem 15. Jahrhundert. An der Küste zwischen Cardiff und Swansea liegen die Sandstrände von *Barry, Porthcawl* und *Aberavon* in der Nähe von Port Talbot. **Swansea,** die zweitgrößte Stadt, ist ein beliebter Badeort, ein bedeutendes Kultur-, Industrie- und Schiffahrtszentrum und hat über 45 Parkanlagen. **The Mumbles,** beinahe ein Vorort von Swansea, ist der bedeutendste Urlaubsort der Region. In der Region Penclawdd werden auch heute noch Herzmuscheln von Hand gesammelt und traditionell auf dem Eselsrücken transportiert. Im Landesinneren von Südwales ist der *Nationalpark der Brecon Beacons* das beliebteste Urlaubs- und Ausflugsziel. **Brecon** und **Abergavenny** sind die besten Ausgangspunkte für Ausflüge in die herrliche Hügellandschaft, in der sich kilometerweite Schafwiesen, muntere Bäche, lose aufgeschichtete Steinwälle und steile Kletterpfade abwechseln. Die *Brecon Mountain Railway* ist eine Schmalspurbahn, die auf einer kurzen Strecke durch die Hügel fährt. In der sanften Landschaft west-

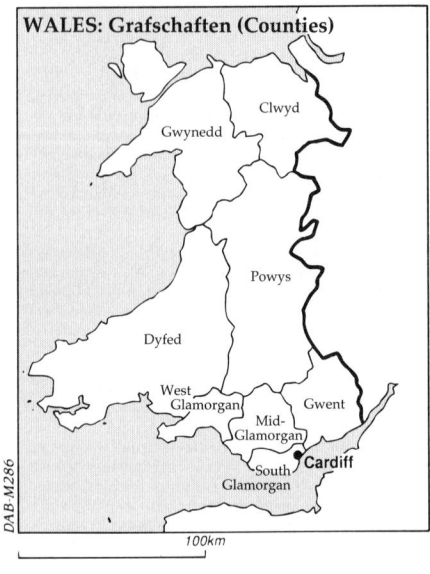

lich von Brecon, jenseits der ebenfalls einsam-schönen *Black Mountains*, liegt die Kleinstadt **Carmarthen,** die an Markttagen aus dem Dornröschenschlaf erwacht. Hinter dem Urlaubsort **Tenby** an der Carmarthen Bay liegt die *Pembroke-Region*. Dieser Landesteil wurde einst von den Normannen kolonisiert. Im 11. Jahrhundert ließen sich hier Weber aus Flandern nieder. König Henry VII. kam in *Pembroke Castle* zur Welt. Teile der Burg sind heute noch erhalten. Überall in dieser Region kann man Burgen und Klöster besichtigen. Das bekannteste kirchliche Bauwerk dürfte zweifelsohne *St. David's Cathedral* sein, die im 12. Jahrhundert gebaut wurde. Jahrhundertelang war die Kathedrale das Ziel unzähliger Pilger. Ganz in der Nähe liegen Haverfordwest und die Hafenstadt Milford Haven. Auf den Inseln in Küstennähe gibt es mehrere Vogelschutzgebiete. Weiter nördlich liegt der Fährhafen Fishguard.

Mid-Wales

Von der Marktstadt **Cardigan** an der gleichnamigen Bucht kann man gut Abstecher in die Umgebung machen. Zwischen Cardigan und Aberystwyth liegen zahlreiche Städte und Dörfer, deren walisische Namen die reinsten Zungenbrecher sind. An der Küste wechseln sich Felsenbuchten und Sandstrände ab. Von der Universitätsstadt **Aberystwyth,** ebenfalls an der Cardigan Bay, fährt eine mit Dampf angetriebene Schmalspurbahn zur *Devil's Bridge*, einem der schönsten Aussichtspunkte Großbritanniens. Der Schienenweg der *Talyllyn Railway*, ebenfalls eine Schmalspurbahn, führt auf einer Länge von 10 km durch wunderschöne Hügellandschaft und endet in der Stadt Tywyn. **Barmouth** war einst der beliebteste Urlaubsort Großbritanniens. Schön sind die Strände der Stadt, ebenso im einige Kilometer nördlich gelegenen Dyffryn Ardudwy. Die hübsche kleine Marktstadt Dolgellau liegt am Fuß des Cader Idris. Weitere interessante Ausflugsziele im Binnenland sind Builth Wells (Viehhandel), unweit von Aberystwyth und Barmouth, Strata Florida Abbey und die Städte Lampeter und Tregaron am Fluß Teifi. In **Llandrindod Wells** erinnern elegante Gebäude aus dem 18. und 19. Jahrhundert an die Blütezeit dieses altehrwürdigen Kurortes. An der Nordspitze der Cardigan Bay liegt **Harlech.** Von der Burg hat man eine herrliche Aussicht auf die Gipfel von Snowdonia. Südlich von Harlech liegt Llanbedr, ein beliebtes Ausflugsziel für Segler.

Nordwales

Diese Region ist eines der ältesten Touristengebiete Großbritanniens. Die Urlaubsorte Llandudno und Rhyl haben bis heute noch nichts von ihrer Anziehungskraft verloren. Nördlich der Mündung des Mawddach liegt der beliebte Urlaubsort **Porthmadog.** In dieser Stadt verkehrt die älteste Schmalspurbahn der Welt, die heute als *Ffestiniog Railway* bekannt ist. Jedes Jahr werden Tausende von Besuchern befördert. Westlich von Porthmadog erstreckt sich die Halbinsel Lleyn mit ihren Sandstränden, die vor allem an der Südküste besonders schön sind. Weiter nördlich liegt die Stadt **Caernarfon.** Besonders sehenswert sind die Stadtmauern und die Burg aus dem 13. Jahrhundert. 1969 war die Burg der Schauplatz für die Verleihung des Titels »Prince of Wales« an den britischen Thronfolger Prinz Charles. Auf der **Insel Anglesey** liegt das Dorf mit dem eindrucksvollen Namen »Llanfairpwllgwyngyllgogerychwyrndrobwllantysiliogogogoch«, den man auf dem Namensschild am Bahnhof fotografieren kann. Die Küste ist mal felsig, mal sandig; das Innere der Insel dient hauptsächlich als Weideland für Schafe. **Beaumaris,** die größte Ortschaft der Insel, hat ein breites Freizeitangebot. Sehenswert ist die Burg aus der Zeit Edwards I. Auf dem Festland liegt die Universitäts- und Domstadt **Bangor.** Nicht versäumen sollte man einen Besuch der umfangreichen Puppensammlung im *Penrhyn Castle*. Der *Snowdonia-Nationalpark* umfaßt eine Fläche von 2200 qkm. *Mount Snowdon* ist mit 915 m der höchste Berg in Wales. Von Llanberis kann man mit der *Snowdon Mountain Railway* bis zum Gipfel des Berges fahren; das Panorama ist unvergleichlich schön. Unbedingt einen Besuch wert sind auch Betws-y-Coed im Gwydyr Forest, Bethesda südöstlich von Bangor, Bala Lake und die dortige Schmalspurbahn und Beddgelert im Nant Gwynant Valley. An der Nordküste östlich von Bangor liegt die historische Stadt **Conwy,** deren vollständig erhaltene Stadtmauern und imposante Burg aus dem Mittelalter erkundet werden können. Ganz in der Nähe laden die prächtigen *Bodnant Gardens* zu einem Besuch ein. In **Llandudno,** einem der beliebtesten Urlaubsorte des Landes, gibt es alle nur erdenklichen Anlagen und Einrichtungen für die Urlaubsgestaltung. Die Stadt ist ein idealer Ausgangspunkt für Ausflüge ins wunderschöne Hinterland und zum Snowdonia-Nationalpark. Auf einer Strecke von mehreren Kilometern fährt man an einem Urlaubsort nach dem anderen vorbei. Schöne Strände gibt es in *Rhos-on-Sea, Colwyn Bay, Abergele* und *Prestatyn*. Die Stadt **Rhyl** hat eine 5 km lange Promenade und ausgezeichnete Möglichkeiten für die Freizeitgestaltung. In der Stadt **St. Asaph** steht die kleinste mittelalterliche Kathedrale Großbritanniens. Weiter östlich liegen Bagillt und Flint, einst die Hauptstadt des winzigen Landes mit dem gleichen Namen. Südlich von **Wrexham** steht *Erddig*, ein Gutshaus aus dem 17. Jahrhundert. Sehenswert sind die ausgezeichnet erhaltenen Möbel und Nebengebäude der damaligen Zeit. Weiter südlich erhebt sich *Chirk Castle*, eine Festung aus dem 14. Jahrhundert, an der Grenze zwischen Wales und England. Westlich und südlich streckt sich ein Gebiet außerordentlicher Naturschönheit, vor allem in den Wäldern *Dyfnant, Ceiriog* und *Penllyn*. **Llangollen** ist fast versteckt in einer Waldlandschaft über dem lachsreichen River *Dee*. Besonders sehenswert ist die mittelalterliche Brücke. Ganz in der Nähe liegen die *Vale Crucis-Abtei* aus dem 13. Jahrhundert und der wunderschöne *Horseshoe-Paß*. Die hübsche Stadt **Welshpool** mit den zahlreichen Gebäuden aus dem 17. Jahrhundert und der Schmalspurbahn hat eine Burg, *Powis Castle*, die auf das 13. Jahrhundert zurückgeht.

SOZIALPROFIL

ESSEN & TRINKEN: Die walisische Küche ist der englischen sehr ähnlich (s. *England*), es werden frische einheimische Produkte wie Fleisch und Gemüse verarbeitet, an der Küste auch Meeresfrüchte aller Art. Einheimische Spezialitäten sind *Welsh rarebit* (mit Käse überbackenes Toastbrot), *Leek soup* (Lauchsuppe), *Laverbread* und Seetanggemüse. In fast allen größeren Ortschaften gibt es auch chinesische, indische und andere Restaurants. **Getränke:** Die Schankstunden sind nicht ganz so einheitlich wie in England (s. o.). Mitunter wird sonntags kein Alkohol verkauft, Hotels dürfen aber Getränke an Gäste ausschenken.
NACHTLEBEN: Das Nachtleben ist ähnlich wie in englischen Städten. Pubs, Diskotheken, Restaurants und Kinos bieten sich an.
SPORT: Rugby ist der walisische Nationalsport. Fast jeder Ort hat einen Rugby-Klub. Internationale Spiele werden im *Cardiff-Arms-Park*-Nationalstadion ausgetragen. **Kricket** (Glamorgan CCC) und **Fußball** werden ebenfalls gespielt. Es gibt zahlreiche **Golf**- und **Tennis**-Plätze, und überall stehen Sportzentren zur Verfügung. Sowohl die Küste als auch das Landesinnere bieten sich für **Angler** an; vor allem die Bergregionen Snowdonia und Brecon Beacons und der Fluß Teifi sind zu empfehlen.
VERANSTALTUNGSKALENDER
In zahlreichen Dörfern wird einmal im Jahr die *Eisteddfod* veranstaltet – ein typisch walisisches Volksfest mit Wettbewerben für einheimische Poeten, Sänger und Musikanten. Die kleineren Veranstaltungen werden oft nur in den Ortszeitungen bekannt gegeben. Besucher sind herzlich willkommen. Nachstehend die bekanntesten Veranstaltungen.
5. Mai '96 *Wasserski-Rennen*, Milford Haven. **10. - 12. Mai** *10. Internationales Llangollen Jazz Festival*. **8. Juni** *2. Llangollen Chor-Festival*. **16. Juni** *Vivaldi-Konzert*, Erddig. **22. - 28. Juni** *Jachtregatta*, Barmouth. **5. - 7. Juli** *Internationales Festival der Mythen, Sagen und Legenden*, St. Donats Burg, Süd-Glamorgan. **6. - 13. Juli** *Folk Festival*, Llandysul. **12. - 14. Juli** *Ballon-Festival*, Newport. **13. Juli** *Europäischer Pokal-Berglauf*, Llanberis. **19. - 21. Juli** *Bierfestival*, Chepstow. **28. Juli** *Oldtimer-Show*, Spittal. **9. - 11. Aug.** *Brecon Jazz Festival*, Brecon. **17. - 24. Aug.** *Celtic Wassersport-Festival*, Milford Haven. **13. - 15. Sept.** *Jazz Festival*, Aberystwyth. **15. - 21. Sept.** *Nordwalisisches Musik-Festival*, St. Asaph. **18. - 22. Sept.** *Golfwettkampf der Frauen*, Chepstow. **19./20. Okt.** *Internationale britische Meisterschaften im Kanu-Slalom*, Llangollen. **9. - 17. Nov.** *Internationales Filmfestival*, Aberystwyth.
Anmerkung: Weitere Einzelheiten erhalten Sie vom örtlichen Fremdenverkehrsamt. Unterkünfte für die Zeit der Veranstaltungen sollten lange im voraus gebucht werden.

KLIMA

Ähnlich wie in England, zeitweise mehr Regenfall. An der Küste kann es im Sommer recht warm werden. In den Hochlagen ist das Klima sehr veränderlich, Wanderer und Bergsteiger sollten Wetterwarnungen der Einheimischen unbedingt befolgen.

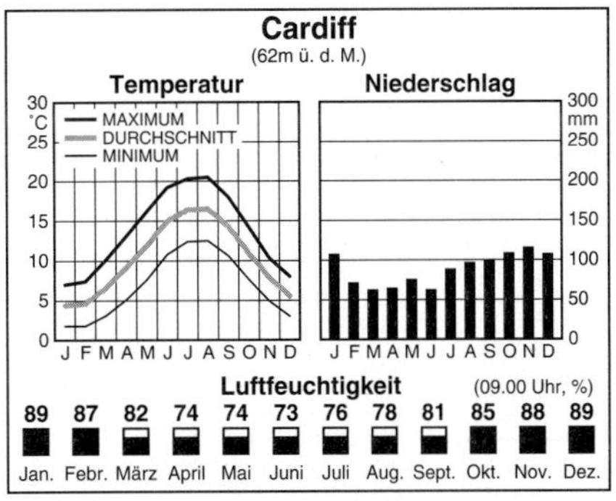

Nordirland

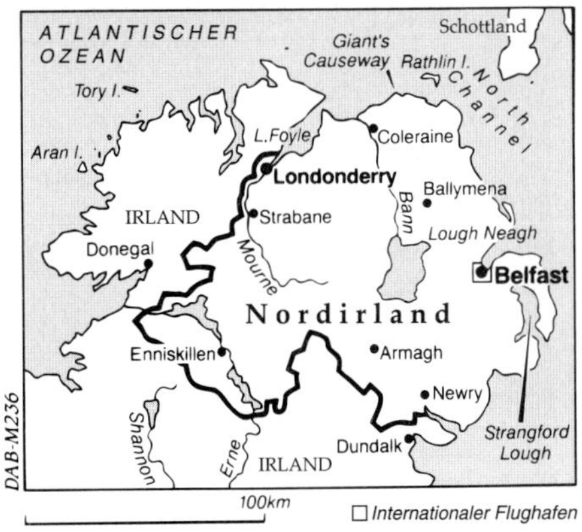

Lage: Nördliches Irland.

Anmerkung: Da das Verhältnis zwischen Katholiken (Republikanern) und Protestanten (Royalisten) in Nordirland nach wie vor gespannt ist, ist beim Besuch bestimmter Stadtbezirke und der Grenzgebiete Vorsicht geboten. Vor dem Besuch dieser Gebiete sollte man den Rat der Einheimischen einholen und sich generell bei politischen und religiösen Themen davor hüten, eine dogmatische Meinung zu vertreten.

Nordirisches Fremdenverkehrsamt
Taunusstraße 52-60
D-60329 Frankfurt/M.
Tel: (069) 23 45 04/05. Telefax: (069) 23 34 80.
Telefonische Auskünfte: Mo-Do 10.00-12.00 und 14.00-16.00 Uhr, Fr 10.00-12.00 und 14.00-15.00 Uhr.
Publikumsverkehr: Mo-Do 09.00-16.45 Uhr, Fr 10.00-15.30 Uhr.
Northern Ireland Tourist Board
St. Anne's Court
59 North Street
GB-Belfast BT1 1NB
Tel: (01232) 23 12 21. Telefax: (01232) 24 09 60.

FLÄCHE: 13.483 qkm.
BEVÖLKERUNG: 1.610.300 (1992).
BEVÖLKERUNGSDICHTE: 119,4 pro qkm.
HAUPTSTADT: Belfast. **Einwohner:** 288.700 (1992).
GEOGRAPHIE: Nordirland besteht aus sieben Grafschaften in der ehemaligen Provinz Ulster, einer der vier historischen Provinzen der Insel Irland. Die Landschaft ist unvergleichlich schön, von den rauhen, zerklüfteten Nord- und Nordostküsten bis hin zu den lieblichen Obstanbaugebieten der Grafschaft Armagh. Im Westen liegen die Sperrin Mountains und das Seengebiet von Fermanagh mit dem fischreichen River Erne. Die Moorlandschaft der Antrim Hills weicht den Ufern des tiefen Lough Neagh.
SPRACHE: Englisch.
Anmerkung: Informationen über Ortszeit, Religion, Netzspannung, Post- und Fernmeldewesen, Reisepaß/Visum, Währung, Duty-free, Gesundheit und Gesetzliche Feiertage in der *Einführung* am Anfang dieses Kapitels. Für die Reise vom britischen Festland nach Nordirland ist kein Reisepaß erforderlich.

GELD

Öffnungszeiten der Banken: In sehr kleinen Dörfern öffnen die Banken oft nur zwei- bis dreimal wöchentlich.
Geldwechsel außerhalb der Öffnungszeiten der Banken: *Thomas Cook*, 11 Donegall Place, GB-Belfast 1, hat Mo-Sa 09.00-17.30 Uhr geöffnet. Einige Hotels tauschen Fremdwährungen, die besten Wechselkurse erhält man aber bei Thomas Cook und den Banken.

GESETZLICHE FEIERTAGE

Zusätzlich zu den gesetzlichen Feiertagen, die überall in Großbritannien begangen werden (s. *Einführung*):
12. Juli '96 Tag der Orangemen (polit. Vereinigung).
17. März '97 St. Patrickstag (irischer Schutzheiliger).

REISEVERKEHR

FLUGZEUG: *Belfast International Airport (BFS)* liegt 21 km nordwestlich von Belfast. Wechselstube, Duty-free-Shop, Tourist-Information, Babywickelraum, Restaurant, Bar, Geschäfte, Autovermietung, Hotel-Reservierungsschalter, Taxistand. Alle 30 Min. (sonntags stündlich) fährt ein Bus zur Innenstadt. Der Bahnhof Sydenham liegt nur 100 m vom Flughafen entfernt, man kann auch mit dem Taxi zum 8 km entfernten Bahnhof Antrim fahren.
SCHIFF: Es gibt zwei direkte Fährverbindungen zwi-

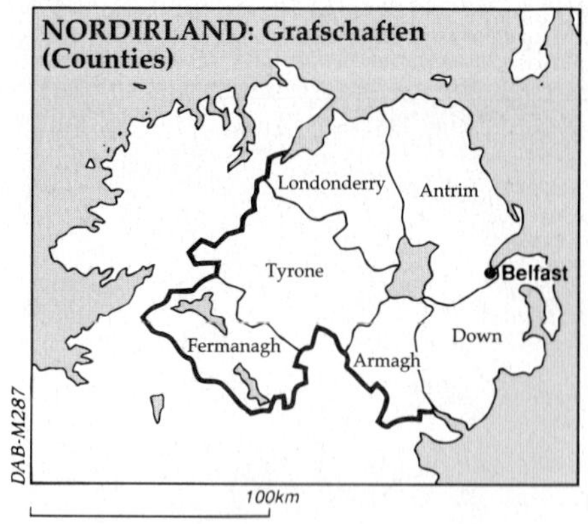

schen Irland und dem europäischen Festland. *Irish Ferries* verkehren mehrmals pro Woche zwischen Le Havre bzw. Cherbourg und Rosslare (Fahrzeit ca. 21 Std.), während der Hochsaison im Sommer auch zwischen Le Havre und Cork. *Brittany Ferries* fahren in der Sommersaison zweimal wöchentlich (in beide Richtungen) von Roscoff nach Cork (Fahrzeit 13 Std.) und einmal wöchentlich von St. Malo nach Cork (Fahrzeit 19 Std.).
Sealink Scotland fahren mehrmals täglich von Stranraer (Süd-Schottland) nach Larne (Nordirland) (2 Std. 15). *P&O European Ferries* fahren täglich von Cairnryan (Süd-Schottland) nach Larne (2 Std.). *Hoverspeed Seacat* verbindet Stranraer mit Belfast (90 Min.) und *Norse Irish Ferries* verkehren zwischen Gaeltadht und Belfast sowie zwischen Cairnryan und Larne.
Die *Isle of Man Seaways* verbindet ganzjährig mindestens 1-2 x wöchentlich die Isle of Man mit Nordirland, Fahrzeit 4,5 Std.
Vor der Nordküste liegt Rathlin, Nordirlands einzige bewohnte Insel. Es gibt eine regelmäßige Bootsverbindung zwischen Ballycastle und der Insel.
BAHN: Die Zugverbindungen in Nordirland sind gut, selbstverständlich kann man auch mit der Bahn in die Republik Irland fahren (Belfast – Dublin: 2 Std.). *Rail Runabout Tickets* sind sieben Tage lang gültig (zwischen April und Oktober) und an allen Hauptbahnhöfen in Nordirland erhältlich.
BUS/PKW: Gutes **Fernbusnetz,** vor allem zu Städten, die nicht mit dem Zug ereichbar sind. **Verkehrsbestimmungen:** Linksverkehr. Höchstgeschwindigkeiten: in geschlossenen Ortschaften 48 km/h (30 m/h), mitunter auch 64 km/h (40 m/h) oder 80 km/h (50 m/h), bitte entsprechende Verkehrszeichen beachten. Die Höchstgeschwindigkeit auf Landstraßen beträgt 96 km/h (60 m/h) und auf Autobahnen, Schnellstraßen und Fernverkehrsstraßen 112 km/h (70 m/h), wenn nichts anderes angegeben ist. **Autovermietung:** Die Firmen *Avis, Hertz* und *Europcar* sind überall vertreten. An den Mietwagenschaltern am Flughafen stehen Fahrzeuge sofort zur Verfügung. Es gibt auch zahlreiche einheimische Autovermietungen. **Taxistände** findet man an Hauptbahnhöfen, Häfen und am Flughafen. In größeren Ortschaften können Taxis auch telefonisch gebucht werden.

UNTERKUNFT

In Nordirland stehen Unterkünfte aller Art zur Verfügung. Das Nordirische Fremdenverkehrsamt erteilt Auskünfte und versendet auf Anfrage Verzeichnisse und Broschüren.
HOTELS: Preise, Dienstleistungen usw. sind den Broschüren des Nordirischen Fremdenverkehrsamts zu entnehmen. Für Kinder unter 12 Jahren gibt es Preisnachlässe. 85% aller Hotels sind Mitglieder im Hotelverband. Anschrift: *Hospitality Association*, Midland Building, Whitla Street, GB-Belfast BT15 1JP. Tel: (01232) 35 11 10. Telefax: (01232) 35 15 09. **Kategorien:** Klassifizierung nach dem Sternesystem.
4 Sterne: Äußerst komfortabel, erstklassiger Service, alle Zimmer mit Bad, einige mit Salon. Ausgezeichnete Küche.
3 Sterne: Komfortabel, gute Dienstleistungen und Ausstattung, alle Zimmer mit Bad/Dusche.
2 Sterne: Zweckmäßige Ausstattung, begrenzter Service, recht gute Küche, fast alle Zimmer mit Bad/Dusche.
1 Stern: Gute Einrichtungen, ausreichender Komfort und Service, ausreichender Standard der Küche, einige Zimmer mit Bad/Dusche.
PENSIONEN: *Guesthouses* werden je nach Standard durch die Buchstaben A oder B gekennzeichnet.
A: Komfortable Ausstattung, gutes Serviceangebot, Gesellschaftsraum und Eßsaal, alle Zimmer mit Waschbecken.
B: Gute Einrichtung, zufriedenstellender Standard von Küche und Service, fast alle Zimmer mit Waschbecken, einige mit Bad/Dusche.
Pensionen mit dem Zeichen »U« sind entweder noch nicht erfaßt worden, oder die Kategorie soll geändert werden.
URLAUB AUF DEM BAUERNHOF: Diese Art der Aktivferien wird besonders in Nordirland immer beliebter. Vom Fremdenverkehrsamt ist eine ausführliche Broschüre erhältlich. Alle Gäste werden herzlich willkommen geheißen, die Küche besteht aus leckerer Hausmannskost.
FERIENHÄUSER UND -WOHNUNGEN sind in allen Grafschaften Nordirlands erhältlich. Informationsstelle: *Northern Ireland Farm & Country Holidays*, Wyncrest, 30 Main Road, GB-Ballymartin BT34 4NU. Tel: (016937) 6 30 12.
CAMPING: Über 100 Campingplätze sind vorhanden, Einzelheiten entnehmen Sie der entsprechenden Broschüre des Fremdenverkehrsamts.

URLAUBSORTE & AUSFLÜGE

Antrim

Die Hauptstadt **Belfast** liegt im Südosten dieser Grafschaft und ist eine lebendige Hafenstadt mit interessanten Geschäften, Theatern, Kinos, Restaurants, einer alten Burg, dem *Grand Opera House* und allen anderen Vorzügen, die man von einer Großstadt erwartet. Im Nordwesten liegt die *Causeway Coast* mit ihren beliebten Urlaubsorten. Zwischen den *Antrim Hills* und der wildromantischen Küstenstraße liegen zahllose verträumte Dörfer. Im Landesinneren findet man Städte wie Antrim mit stolzen alten Stadttürmen und schönen Parkanlagen. Am Seeufer bei *Shane's Castle* verkehrt eine Dampfeisenbahn. In **Portrush** und in zahlreichen anderen Städten kann man Golf spielen. Die 160 km lange Küste ist ideal zum Baden, Angeln und Bootfahren.

County Down

Eine der vielen Attraktionen dieser Grafschaft ist das *Folk Museum* in **Cultra,** ebenso die Heiligen- und Altarschreine in der Kathedrale von **Downpatrick.** Das Land um die Kathedrale wird von den Einheimischen »St. Patrick's Country« genannt (St. Patrick ist der irische Schutzheilige). Die flachen Sandstrände auf der Ards-Halbinsel laden zum Baden ein und die wunderschönen *Mountains of Mourne* zum Wandern und Bergsteigen. In **Newcastle,** einer interessanten, lebendigen Stadt, findet jedes Jahr ein *Beach Festival* statt. Die stolzen Schlösser *Mount Stewart* und *Castle Ward* können besichtigt werden. In **Rostrevor,** einem kleinen geschützten Ort am Carlingford Lough, wachsen Orchideen und Palmen. Wer reiten, segeln oder Golf spielen will, hat es nirgendwo weit; in Kirkistown werden auch Autorennen veranstaltet. Am Strangford Lough kann man wunderbar angeln.

Armagh

Nordirlands kleinste Provinz erhebt sich sanft von den Ufern des *Lough Neagh* und zieht sich südlich bis zum Gipfel des *Slieve Gullion* hin. Ausgedehnte Apfelgärten, fruchtbare Felder und bewaldete Hügel sind typisch für diese wunderschöne Landschaft. **Armagh** war bereits lange vor der englischen Stadt Canterbury ein bedeutendes Zentrum religiösen Lebens. Besonders sehenswert sind die beiden Kathedralen und das Planetarium/Weltraumzentrum. In **Craigavon** gibt es ein Freizeitzentrum mit Skipiste und Seen. Auf dem Lough Neagh kann man segeln, am Blackwater River angeln oder Kanu fahren.

Fermanagh

Endlose Wasserwege, Inseln, Wälder, Täler, Burgen und Klöster sind typisch für diese Grafschaft. Die Hauptstadt **Enniskillen** ist ein wahres Einkaufsparadies. Auf den Seen *Upper* und *Lower Lough Erne* fahren im Sommer täglich Vergnügungsdampfer. Ganz in der Nähe kann man Golf spielen, segeln, Wasserski fahren und sogar Flugstunden nehmen. In **Fermanagh** kommen Angler voll auf ihre Kosten. *Florence Court* und *Castle Coole*, die schönsten irischen Schlösser, sollte man sich unbedingt ansehen. Die nahegelegenen *Marble-Arch-Höhlen* wurden im Mai 1985 der Öffentlichkeit zugänglich gemacht. Die Besichtigung beginnt mit einer unterirdischen Bootsfahrt. In der alten Töpferei in Belleek kann man den Kunsthandwerkern bei der Arbeit zusehen.

Londonderry

In dieser fruchtbaren Agrarregion liegen hie und da kleine Bauernhöfe verstreut; die langen Strände an der Atlantikküste laden zu erfrischenden Spaziergängen ein. In der Stadt **Londonderry** stehen auch heute noch die mächtigen Stadtmauern. In den *Singing Pubs* werden oft irische Volkslieder gesungen. Im Nordosten der Grafschaft liegt Coleraine (mit einer der Universität Ulster angeschlossenen Hochschule). In den nahegelegenen Badeorten *Portstewart* und *Castlerock* kann man angeln oder Golf spielen; für die Unterhaltung der Kinder ist ebenfalls gesorgt. Ein besonders schöner Weg zu den *Sperrin Mountains* führt von Limavady durch den herrlichen *Roe Valley Country Park.* Im *Bann River* kann man gut Forellen und Lachse angeln.

Tyrone

Die Region zwischen den *Sperrin Mountains* im Norden und dem grünen *Clogher Valley* im Süden ist historisch besonders interessant. Die enge Verbindung der Grafschaft mit den Vereinigten Staaten wird im *Ulster-American Folk Park* in der Nähe von **Omagh** deutlich. In der alten Druckerei »Gray's« der Stadt **Strabane** kann man Druckerpressen aus dem 18. Jahrhundert besichtigen. In der Nähe des *Davagh Forest* hat man vor kurzem eine vorgeschichtliche Kultstätte ausgegraben, die aus geheimnisvollen Steinkreisen und Steinpyramiden besteht. In der Umgebung stehen auch andere Zeugen der Stein- und Bronzezeit. Die bewaldeten Landschaftsparks *Gortin Glen* und *Drum Manor* laden zu Wanderungen ein. In der Nähe von **Newtonstewart** gibt es interessante kleine Marktstädte und zahlreiche Flüsse mit Forellen und Lachsen. In **Dungannon** werden ausgezeichnete Glasartikel hergestellt, die als »Tyrone Crystal« bekannt sind.

SOZIALPROFIL

ESSEN & TRINKEN: Besonders empfehlenswert sind die Tagesmenüs, die von zahlreichen Restaurants und Pubs zur Mittagszeit angeboten werden. Fast alle Familien nehmen das Abendessen um 18.00 Uhr zu sich. Zahlreiche Hotels und Restaurants folgen diesem Beispiel. Dieses frühe Abendessen wird *High Tea* genannt und besteht meistens aus einer leichten warmen Mahlzeit (z. B. *Ulster Fry*: Spiegeleier, Würstchen, Schinken oder Fisch mit Pommes frites), zusätzlich bekommt man verschiedene Brotsorten, *Tea Cakes* und andere Kuchen. Ab 19.00 Uhr gibt es dann volle Menüs mit mehreren Gängen. Typische nordirische Gerichte bestehen aus Meeresfrüchten, selbstgekochten Gemüsesuppen, Kartoffelgerichten, getrocknetem Seegemüse, einheimischem Obst und Selbstgebackenem. Besonders zum Wochenende empfiehlt es sich, in den bekannten Restaurants einen Tisch im voraus zu buchen. **Getränke:** Bars sind Mo-Sa 11.30-23.00 Uhr, So 12.30-14.30/19.00-22.00 Uhr geöffnet, nach der Sperrstunde hat man 30 Min. Zeit, die Getränke auszutrinken. Besonders beliebte Getränke sind selbstverständlich *Guinness* – ein starkes Dunkelbier – und *Whiskey* (die Firma »Bushmills« in Nordirland soll die älteste Whiskey-Brennerei der Welt sein). Oft wird ein Gläschen Whiskey zur Flasche Dunkelbier getrunken.
NACHTLEBEN: In Bangor, Newcastle und Portrush gibt es Sommertheater. Sehenswert sind auch die Aufführungen im Riverside Theatre in Coleraine. Das Belfast-Festival in Queen's (3 Wochen im November) ist nach Edinburgh das größte »Festival der Künste« in Großbritannien. In Armagh und Londonderry finden »Autumn-Festivals« statt. In den Städten Newry, Omagh und Enniskillen werden ebenfalls erstklassige Theateraufführungen und Konzerte veranstaltet. Traditionelle irische Volksmusik und Balladen werden am Abend in den Singing Pubs von Belfast, Londonderry und zahlreichen anderen Städten vorgetragen.
EINKAUFSTIPS: Die Geschäfte im Stadtzentrum von Belfast sind täglich außer sonntags von 09.00-17.30 Uhr geöffnet (am Donnerstag bis zum späten Abend). In anderen Städten sind die Geschäfte an unterschiedlichen Tagen halbtags geschlossen. Fast alle kleinen Geschäfte schließen zur Mittagsstunde. Moderne Einkaufszentren am Stadtrand schließen Do und Fr erst um 21.00 Uhr. Mitunter werden Einkaufstaschen am Eingang der großen Geschäfte und Kaufhäuser kontrolliert. Schöne Mitbringsel sind irisches Leinen, Gläser, Karaffen und Schalen aus geschliffenem Kristallglas, beigefarbene Belleek-Tonware, handgewebte Tweedstoffe, traditionelle Pullover und Strickjacken aus reiner Wolle, handgestickte Wandteppiche, Carrickmacross-Spitze und Silberschmuck.
SPORT: Fischfang: Überall an der Küste kann man Boote mit Skipper zum Hochseeangeln mieten. Im Strangford Lough fängt man Rochen und den einheimischen Fisch Tope. Am Carlingford Lough und am Belfast Lough gibt es zahlreiche Anglervereine. Der Bann River und die Flüsse der Mournes-Region in County

WELTKARTE?
LÄNDERKARTEN?
ZEITZONENKARTE?
INFORMATION ÜBER
IMPFBESTIMMUNGEN UND
GESUNDHEITSVORKEHRUNGEN?
. . . ***siehe Inhaltsverzeichnis***

Großbritannien und Nordirland

Down und der Täler von Antrim sind ebenfalls sehr fischreich. Angelscheine sind fast überall erforderlich und auch tageweise erhältlich. **Golf:** In Whitehead, Bangor, Royal Portrush, Ballycastle, am Giant's Causeway, im Royal County Down in Newcastle und im Chairndhu-Club in der Nähe von Larne gibt es die besten Golfplätze. **Wanderungen:** Besonders schön sind die Wanderwege in den Mourne Mountains, in den Landschaftsparks in County Down und den Tälern der Grafschaft Antrim. Der »Ulster Way« ist ein 800 km langer Wanderweg rund um Nordirland. In den Sommermonaten werden verschiedene Wanderurlaube veranstaltet. Für erfahrene **Taucher** gibt es eine vielfältige und faszinierende Unterwasserwelt zu erkunden. Besonders interessant sind Strangford Louch, die zerklüftete Küste der Rathlin Island und die Nordküste. **Kreuzfahrten:** Loch Erne hat sich in den letzten Jahren zu einem beliebten Urlaubsziel für Kreuzfahrten entwickelt. Verschiedene Reiseveranstalter und einheimische Reisebüros bieten entsprechende Ferien an. Weitere Einzelheiten erhalten Sie vom Fremdenverkehrsverband. **Weitere Sportarten:** In fast allen Städten gibt es Sport- und Freizeitzentren mit Anlagen für **Squash, Badminton, Tennis, Gymnastik** usw. Nicht nur in den Mourne Mountains ist **Bergsteigen, Segelfliegen** und **Paragliding** beliebt. Auf dem Bann River in Coleraine ist **Wasserskifahren** möglich, ebenso **Bogenschießen** in Groomsport, **Kanufahren** in Bangor und Newcastle und **Ponyreiten** in den Bergen und Wäldern von Newcastle und Castlewellan, an der North Down- und an der Causeway Coast.

VERANSTALTUNGSKALENDER

26. April - 7. Mai '96 *Jane Ross Drama Festival*, Limavady. **6. Mai** *Belfast Marathon*, Belfast. **15. - 17. Mai** *Royal Ulster Agricultural Society Show*, Belfast. **19. Mai** *Internationle Flugschau*, Londonderry. **14. - 16. Juni** *Fleadh Amhranagus Rince*, Ballycastle. **14. - 22. Juni** *Proms '96*, Belfast. **1. Juli - 30. Sept.** *International Rose Trials* (Höhepunkt der Rosenwoche), Belfast. **12. Juli** *Battle of the Boyne Commemoration*, Belfast und andere Städte. **13. Juli** *Ulster Harp Derby* (Pferderennen), Lisburn, County Antrim. **2./3. Aug.** *International Ulster Motor Rally*, Belfast. **10. Aug.** *Classic Auto-Show*, Belfast. **23. - 25. Aug.** *Lough-Melvin-Forellen-Angelmeisterschaften*, Garrison, Fermanagh Lakeland. **3. - 14. Sept.** *Ideal Home Exhibition*, Belfast. **14./15. Sept.** *Irische Vogel- und Tiershow*, Oxford Island, Lough Neagh. **4. - 23. Nov.** *Queens Festival* (Kunstfestival), Belfast.

WIRTSCHAFTSPROFIL

WIRTSCHAFT: Nordirland ist eine der ärmsten Regionen der britischen Inseln. Die Rezession der achtziger Jahre hat der nordirischen Wirtschaft stark zugesetzt. Fertigungswirtschaft (v. a. Schiffbau und Flugzeugproduktion in den östlichen Landesteilen) und Landwirtschaft sind die wichtigsten Wirtschaftszweige. Finanzhilfen aus London und Brüssel haben trotz einiger Verbesserungen nicht den erwünschten Boom im Bereich der Spitzentechnologie wie etwa in der Republik Irland hervorgebracht. Aufgrund der andauernden Krisensituation scheuen viele in- und ausländische Unternehmer vor Investitionen in Nordirland zurück. Der Tourismus erlebt nach der Flaute in den letzten zwei Jahrzehnten wieder einen leichten Aufschwung. Aus Deutschland kommen ca. 30.000 Besucher pro Jahr.
Kontaktadresse: *Northern Ireland Chamber of Commerce and Industry* (Industrie- und Handelskammer von Nordirland), Chamber of Commerce House, 22 Great Victoria Street, GB-Belfast BT2 7BJ. Tel: (01232) 24 41 13. Telefax: (01232) 24 70 24.

KLIMA

Im allgemeinen wie überall in Großbritannien, in Nordirland gibt es aber etwas mehr Regen und weniger Sonnenschein als in England. Das Wetter ist sehr veränderlich; extreme Temperaturschwankungen, Frost und Schnee sind jedoch selten.

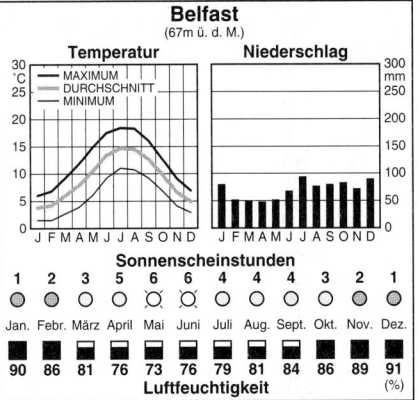

Isle of Man

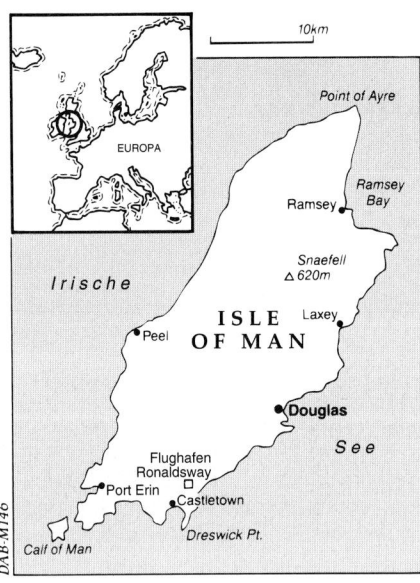

Lage: Irische See.

Isle of Man Department of Tourism
Sea Terminal Buildings
Douglas IM1 2RJ
Isle of Man
Tel: (01624) 68 67 66. Telefax: (01624) 68 68 00.

FLÄCHE: 572 qkm.
BEVÖLKERUNG: 72.000 (1993).
BEVÖLKERUNGSDICHTE: 126 pro qkm.
HAUPTSTADT: Douglas. **Einwohner:** 22.214 (1991).
GEOGRAPHIE: Die Isle of Man liegt in der Irischen See, ca. 114 km von Liverpool und 133 km von Dublin entfernt. Eine Bergkette durchzieht die Mitte der Insel. Der Berg Snaefell ist mit 620 m die höchste Erhebung. Die Tiefebene im Norden führt zum Point of Ayre, der Nordspitze der Insel. Die kleine Insel Calf of Man vor der Südwestküste ist ein Natur- und Vogelschutzgebiet.
STAATSFORM: *Dependent Territory* (unmittelbar mit der britischen Krone verbundenes Gebiet) mit eigenem Parlament, weder Landesteil von Großbritannien noch Mitglied der Europäischen Union. Lieut.-Governor: Air Marshal Sir Laurence Jones. Der *Lieutenant-Governor*, der die Königin als offizielles Staatsoberhaupt vertritt, wird von der britischen Krone ernannt.
SPRACHE: Die einheimische Sprache *Manx Gaelic*, eine Variation des irischen und schottischen Gälisch, wurde einst von allen Bewohnern der Insel gesprochen. Erst im letzten Jahrhundert wurde Englisch eingeführt. Heute sprechen nur rund 50 Personen die alte Sprache. Am *Tynwald Day* werden Zusammenfassungen der neuen Gesetze in Manx und Englisch verkündet. In Abendschulen, durch wöchentliche Radiosendungen und Zeitungsartikel wird die Manx-Sprache am Leben erhalten.
POST- UND FERNMELDEWESEN: Telefon: Nach der britischen Vorwahl (44) wählt man die Inselvorwahl 1624. Telefaxeinrichtungen sind weit verbreitet. Post: Seit Juli 1973 ist die Post der Isle of Man eigenständig, und nur die hier geprägten Briefmarken haben Gültigkeit.

REISEPASS/VISUM

Für den Reiseverkehr zwischen Großbritannien und der Isle of Man ist kein Reisepaß erforderlich. Weitere Informationen unter der Rubrik *Reisepaß/Visum* in der *Einführung* zu diesem Kapitel.

GELD

Währung: Isle of Man Pound (Banknoten in 50, 20, 10 und 1 £), entspricht den Werten des britischen Pfund Sterling. Britische und schottische Banknoten und Münzen werden anerkannt; Isle of Man-Banknoten haben jedoch im übrigen Großbritannien keine Gültigkeit. Die Währung der Republik Irland hat einen anderen Wechselkurs, wird aber in manchen Geschäften als Zahlungsmittel akzeptiert.
Öffnungszeiten der Banken: Mo-Fr 10.00-15.30 Uhr, einige Banken öffnen auch Sa 10.00-13.00 Uhr.

DUTY FREE

Zollfreiheit besteht nur im Reiseverkehr zwischen der Republik Irland und der Isle of Man, jedoch nicht zwischen dem britischen Festland, Nordirland und der Insel.

GESETZLICHE FEIERTAGE

Zusätzlich zu den gestzlichen Feiertagen, die überall in Großbritannien begangen werden (s. *Einführung*): **7. Juni '96** Manx-Feiertag. **5. Juli** Manx-Feiertag. **Anmerkung:** Der Freitag während der Isle of Man TT-Woche (Motorradrennen) ist ebenfalls ein Feiertag.

REISEVERKEHR

FLUGZEUG: Die nationale Fluggesellschaft heißt *Manx Airlines (JE)*. Es gibt ganzjährig Flugverbindungen zum Londoner Flughafen Heathrow, nach Manchester, Liverpool, Birmingham, Luton, Glasgow, Blackpool, Belfast und Dublin.
Flughafen:*Ronaldsway (IOM)* liegt ca. 11 km von der Hauptstadt Douglas entfernt. Restaurant, Bar (während der gesetzlichen Schankstunden geöffnet), Zeitungsladen und sonstige Geschäfte (Obst, Blumen, Reisebedarf), Duty-free-Shop, Mietwagenschalter, Taxistand. Bustransfer zur Stadt.
SCHIFF: Die *Isle of Man Steam Packet Company* fährt täglich nach Heysham, im Sommer auch nach Belfast, Dublin, Fleetwood und Liverpool.
BAHN: An der 3 km langen Douglas-Promenade fahren im Sommer von Pferden gezogene Straßenbahnen entlang. Die *Steam Railway* verkehrt zwischen Douglas und Port Erin. Die *Manx Electric Railway* fährt von Douglas nach Ramsey und während der Sommermonate auch zum Gipfel des Snaefell.
BUS/PKW: Die Busse der Firma *Isle of Man National Transport* stehen ganzjährig zur Verfügung. Zahlreiche Reisebusunternehmen veranstalten Tages- und Halbtagesausflüge. **Taxis** und **Autovermietungen** stehen ebenfalls ganzjährig zur Verfügung. In den Sommermonaten kann man auch **Fahrräder** mieten.
Verkehrsbestimmungen: Linksverkehr. Geschwindigkeitsbegrenzungen gibt es nur innerhalb geschlossener Ortschaften. **Unterlagen:** Der Führerschein des eigenen Landes reicht aus.

UNTERKUNFT

Überall auf der Insel gibt es Hotels, Pensionen und Ferienwohnungen. Während der Sommermonate sollte man im voraus buchen. Camping ist nur auf ausgewiesenen Campingplätzen gestattet. Wohnwagen dürfen nicht eingeführt werden.

URLAUBSORTE & AUSFLÜGE

Douglas liegt in einer Bucht, die durch den Zusammenfluß der Flüsse *Dhoo* und *Glass* gebildet wird. Die herrliche Promenade der Stadt ist 3 km lang. Das *Manx Museum* in der Finch Road ist der Geschichte der Insel gewidmet. Werke einheimischer Künstler und Funde aus der Zeit der Kelten und Wikinger werden ausgestellt. In **Ballasalla** liegen die Ruinen der *Rushen-Abtei*, die 1134 gegründet und viel später als ähnliche Abteien des Festlandes aufgelöst wurde. Wer die *Fairy Bridge* (»Feenbrücke«) in der Mitte der Insel überquert, muß der Überlieferung nach die Feen begrüßen, um kein Unglück auf sich zu ziehen. *Creigneish* ist der südlichste Punkt der Insel. Geheimnisumwoben sind die sechs Grabkammern der *Mull* oder *Meayll Circles*. Im *Manx Open Air Folk Museum* kann man strohgedeckte Häuschen besichtigen, deren echte Einrichtungen liebevoll restauriert wurden und die im Sommer »bewohnt« sind. Die Landschaft in diesem Teil der Insel ist recht wild und zerklüftet. Malerische Klippen fallen steil zum Meer ab. Jenseits des Calf Sound liegt das **Inselchen Calf of Man**. In diesem Naturschutzgebiet, das nur außerhalb der Brutzeit mit dem Boot von Port Erin zugänglich ist, leben zahlreiche seltene Seevögel und Robben. Räucherheringe aus Peel, einem malerischen Fischerdorf an der Westküste, sind weithin bekannt. Ein Damm verbindet die Stadt mit der **Insel St. Patrick's**. Besonders sehenswert ist die winzige Kathedrale und *Peel Castle*, eine befestigte Burg aus rotem Sandstein. Eine elektrische Bergbahn fährt von Laxey zum Gipfel des *Snaefell*. Von dem 620 m hohen Berg kann man bei klarem Wetter bis nach England, Wales, Schottland und Nordirland sehen.
Museen: *Manx Museum* am Crellin's Hill in Douglas, wochentags geöffnet, Eintritt frei. Freilichtmuseum *Manx Cottages*, Creigneish. *Nautical Museum*, Bridge Street, Castletown. *Grove Rural Life Museum*, Andreas Road, Ramsey. *Railway Museum*, Port Erin. Ebenso gibt es ein *Motorrad-Museum* am Snaefell, das *Motor Museum* von Port Erin in der Church Road und ein *Photographical Museum* in der Strand Road. *Odin's Raven* ist ein Langbootshaus der Wikinger, das in Peel in der Mill Road East besichtigt werden kann.

SOZIALPROFIL

ESSEN & TRINKEN: Englische Küche und einheimische Spezialitäten, u. a. *Queenies* (Scallops = Jakobsmuscheln) und *Manx Kippers* (Räucherheringe). Getränke wie *Real Manx Ale* direkt vom Faß sind ebenso empfehlenswert wie der einheimische Whiskey, Wodka und Gin. Alkoholische Getränke sind im allgemeinen billiger als auf dem britischen »Festland«. **Schankstunden:** Normalerweise Mo-Sa 12.30-23.00 Uhr, So

12.00-13.30 und 20.00-22.00 Uhr.
EINKAUFSTIPS: MwSt. und Preise sind ähnlich wie auf dem britischen Festland. Typisch für die Isle of Man sind Manx-Schottenstoffe, Kunstgewerbe und Tonwaren. **Öffnungszeiten der Geschäfte:** Mo-Sa 09.00-18.00 Uhr. Während der Wintermonate haben die Geschäfte donnerstags nur halbtags geöffnet.
SPORT: Golf: Auf der Insel gibt es sieben Golfplätze. Die Gebühren sind niedriger als auf dem Festland. **Squash, Badminton, Tennis, Bowls, Putting** und **Minigolf** können ebenfalls gespielt werden. Im Süden der Insel gibt es ein **Wasserski**-Zentrum. Die Küstengewässer sind ein wahres Paradies für **Segler.**
Anmerkung: Weitere Informationen über Land und Leute, Religion, Gesundheit, Sitten und Gebräuche, Trinkgeld, Essen und Trinken unter den entsprechenden Rubriken der *Einführung* dieses Kapitels.

WIRTSCHAFTSPROFIL

WIRTSCHAFT: Bedeutendster Wirtschaftszweig ist der Finanzsektor, der in den letzten Jahren einen Boom erlebt hat. Daneben spielen Landwirtschaft und Tourismus eine wichtige Rolle. Exportiert werden Manx-Tweed, Nahrungsmittel, Heringe und Schalentiere sowie Viehzuchtprodukte. Importiert werden hauptsächlich Düngemittel und Holz.
Kontaktadresse: *Isle of Man Chamber of Commerce* (Industrie- und Handelskammer der Isle of Man), 17 Drinkwater Street, Douglas IM1 1PP. Tel: (01624) 67 49 41. Telefax: (01624) 66 33 67.
KONFERENZEN/TAGUNGEN: Auf der Isle of Man gibt es zahlreiche Hotels mit Kapazitäten für maximal 1000 Teilnehmer und hervorragenden Konferenzeinrichtungen und Serviceangeboten. Weitere Auskünfte, Broschüren und Planungshilfen erhalten Sie vom Fremdenverkehrsamt.

KLIMA

Gemäßigtes Klima, keine extremen Temperaturunterschiede. Niederschläge recht unterschiedlich, an der Südküste und in den nördlichen Ebenen ist es trockener als im hügeligen Landesinneren. Frost und Schneefälle sind seltener als in anderen Teilen Großbritanniens.

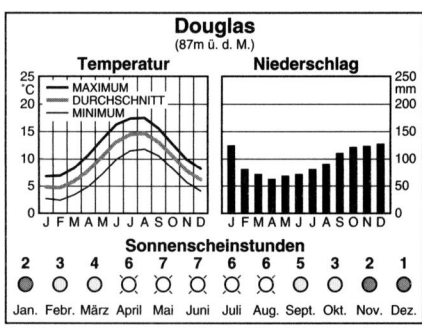

Die Kanalinseln

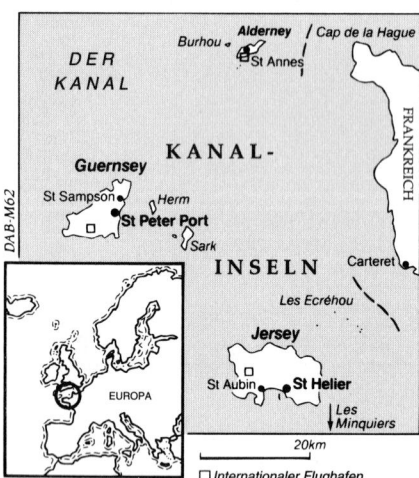

Im Anschluß folgen ausführliche Beschreibungen der Inseln **Alderney, Guernsey, Jersey, Sark** und **Herm.** Die zahlreichen kleineren Inseln dieser Gruppe sind Besuchern im allgemeinen nicht zugänglich.

Die Kanalinseln sind nicht Teil Großbritanniens und auch nicht EU-Mitglieder. Sie sind Überbleibsel des einstigen normannischen Herzogtums und haben eigene Parlamente und Exekutiven.

Alderney

Lage: Ärmelkanal, nördlichste der Kanalinseln, vor der französischen Küste.

States of Alderney Tourism Office
Queen Elizabeth II. Street
Alderney
Channel Isles
Tel: (0148 182) 29 94. Telefax: (0148 182) 24 36.

FLÄCHE: 7,9 qkm.
BEVÖLKERUNG: 2400 (1992).
BEVÖLKERUNGSDICHTE: 264,6 pro qkm.
HAUPTSTADT: St. Anne.
GEOGRAPHIE: Die nördlichste Kanalinsel liegt ca. 12 km von der Küste der Normandie und 32 km von Guernsey entfernt. Die Insel ist verhältnismäßig flach; im Süden und Südwesten herrschen Steilküsten vor, und im Norden, Osten und Südosten fallen die Abhänge sanft zu von Felsen umgebenen Sandbuchten und einsamen Stränden ab.
SPRACHE: Englisch.
STAATSFORM: *Dependent Territory* (unmittelbar mit der britischen Krone verbundenes Gebiet).
POST- UND FERNMELDEWESEN: Telefon: Nach der britischen Vorwahl (44) wählt man die Inselvorwahl 14 81 82 für vierstellige Telefonnummern oder 1481 für sechsstellige Telefonnummern. **Post:** Nur die Briefmarken der Inseln Guernsey und Alderney haben Gültigkeit.

REISEPASS/VISUM

Für den Reiseverkehr zwischen Großbritannien und den Kanalinseln einschl. Alderney ist kein Reisepaß erforderlich. Weitere Informationen unter der Rubrik *Reisepaß/Visum* in der *Einführung* zu diesem Kapitel (s. o.).

GELD

Die Währung der Kanalinseln entspricht dem britischen Pfund Sterling. Banknoten und Münzen des britischen Festlands werden überall angenommen. Banknoten und Münzen der Kanalinseln werden im übrigen Großbritannien von den Banken umgetauscht, können dort jedoch nicht als Zahlungsmittel benutzt werden.
Öffnungszeiten der Banken: Mo-Fr 09.30-13.00 und 14.30-15.30 Uhr.

DUTY FREE

Gleiche Zollbestimmungen wie *Guernsey.*

GESETZLICHE FEIERTAGE

Zusätzlich zu den gestzlichen Feiertagen, die überall in Großbritannien begangen werden (s. *Einführung*):
5. Aug. '96 Feiertag.

REISEVERKEHR

FLUGZEUG: Direktflüge vom Flughafen *The Blaye (ACI)* nach Southampton (40 Min.), Guernsey, Jersey (15 Min.) und Cherbourg. Büfett, Geschäft und Taxistand am Flughafen.
SCHIFF: Es fährt nur ein Lebensmittelfrachter einmal pro Woche, der bis zu 12 Passagiere befördern kann.
BUS/PKW: Wohnwagen dürfen nicht nach Alderney mitgenommen werden. **Bus:** Im Sommer gibt es einen ständigen Pendelbusverkehr zwischen St. Anne und den fünf Stränden der Insel. **Taxis** und **Autovermietungen** stehen zur Verfügung. **Fahrräder** können tage- oder wochenweise gemietet werden.
Verkehrsbestimmungen: Linksverkehr. Die Höchstgeschwindigkeit beträgt 48 km/h (30 m/h).
Unterlagen: Der Führerschein des eigenen Landes reicht aus.

UNTERKUNFT

Überall stehen Hotels, Pensionen und Ferienwohnungen zur Verfügung. In den Sommermonaten sollte man im voraus buchen. Zelten ist nur auf ausgewiesenen Campingplätzen gestattet. Wohnwagen dürfen nicht mitgebracht werden.

URLAUBSORTE & AUSFLÜGE

Auf der Insel wachsen nur sehr wenige Bäume. Die Küste besteht zum Großteil aus Sandbuchten und Klippen. Die Geschichte der Hauptstadt **St. Anne** geht auf das 15. Jahrhundert zurück. In den kopfsteingepflasterten Straßen der Stadt gibt es viele interessante Geschäfte und Gaststätten.

SOZIALPROFIL

ESSEN & TRINKEN: Die Küche ist überwiegend französisch. Schalentiere sind eine einheimische Spezialität. Getränke aller Art werden angeboten. Spirituosen, Bier und Wein sind preiswerter als auf dem Festland.
EINKAUFSTIPS: Es gibt keine Mehrwertsteuer; Artikel wie Spirituosen, Bier, Wein und Tabak werden aber mit der *Guernsey-Bailiwick*-Steuer belegt. Luxusartikel sind preiswerter als auf dem Festland, Lebensmittel jedoch teurer. Schöne Mitbringsel sind Alderney-Pullover, einheimische Tonwaren und Kunsthandwerk.
Öffnungszeiten der Geschäfte: Unterschiedlich, im allgemeinen 09.30-12.30 und 14.30-17.30 Uhr. Fast alle Geschäfte sind mittwochs nur halbtags geöffnet.
SPORT: Golf: Ein ausgezeichneter Golf- und Bowlingplatz steht zur Verfügung. **Windsurfen/Wellenreiten:** Ausrüstungs-Verleih vorhanden. Weitere Auskünfte erhalten Sie vom Fremdenverkehrsamt. **Segeln:** Mitglieder bekannter Segelklubs sind beim örtlichen Jachtklub herzlich willkommen. Im Sommer werden zahlreiche Regatten ausgetragen. **Tennis-** und **Squashplätze** sind vorhanden.
VERANSTALTUNGSKALENDER: Die Alderney-Woche findet Ende Juli/Anfang August statt. Am 1. Samstag im August wird ein Korso mit Fackelumzug veranstaltet.
ANMERKUNG: Weitere Informationen über Land und Leute, Religion, Gesundheit, Sitten und Gebräuche, Trinkgeld, Essen und Trinken unter *Guernsey* (s. u.) bzw. in der allgemeinen *Einführung* dieses Kapitels (s. o.).

KLIMA

Das Klima der Insel ist gemäßigt, im Sommer ist es warm, die Winter sind wärmer als im restlichen Großbritannien.

Guernsey

Lage: Ärmelkanal, vor der französischen Küste.

States of Guernsey Tourist Office
White Rock
North Esplanade
PO Box 23
St. Peter Port
Guernsey,
Channel Islands GY1 3AN
Tel: (01481) 72 66 11. Telefax: (01481) 72 12 46.

FLÄCHE: 65 qkm.
BEVÖLKERUNGSZAHL: 58.867 (1991).
BEVÖLKERUNGSDICHTE: 905,7 pro qkm.
HAUPTSTADT: St. Peter Port. **Einwohner:** 16.303 (1986).
GEOGRAPHIE: Guernsey liegt in der Bucht von St. Malo, 50 km von der französischen und 130 km von der englischen Küste entfernt. Die schroffen Klippen im Süden der Insel steigen bis zu 80 m hoch an, das Land senkt sich langsam in Richtung Norden. Von Guernsey aus kann man auch die anderen Kanalinseln gut erreichen, auch Ausflüge nach Frankreich bieten sich an.
STAATSFORM: *Dependent Territory* (unmittelbar mit der britischen Krone verbundenes Gebiet) mit eigenem Ständeparlament, weder Teil von Großbritannien noch Mitglied der Europäischen Union. Dem Ständeparlament (*The States*) obliegt die Innenpolitik, während die außenpolitischen Belange von London wahrgenommen werden.
SPRACHE: Englisch ist die Amtssprache. In einigen Gemeinden wird ein normannischer Dialekt gesprochen.
POST- UND FERNMELDEWESEN: Telefon: Nach der britischen Vorwahl (44) wählt man die Inselvorwahl 1481. **Post:** Nur die inseleigenen Briefmarken sind gültig. Das Hauptpostamt liegt in der Smith Street, St. Peter Port.

REISEPASS/VISUM

Für den Reiseverkehr zwischen Großbritannien und Guernsey ist kein Reisepaß erforderlich. Nähere Informationen unter der Rubrik *Reisepaß/Visum* in der *Einführung* dieses Kapitels.

GELD

Währung: Die Währung der Kanalinseln entspricht den

Werten des britischen Pfund Sterling. Britische und schottische Banknoten und Münzen werden anerkannt; die Banknoten der Kanalinseln haben jedoch im übrigen Großbritannien keine Gültigkeit.
Öffnungszeiten der Banken: Mo-Fr 09.30-15.30 Uhr. Manche Banken haben auch Samstag vormittags geöffnet.

DUTY FREE

Folgende Artikel können zollfrei nach Guernsey eingeführt werden:
200 Zigaretten oder 100 Zigarillos oder 50 Zigarren oder 250 g Tabak;
1 l Spirituosen über 22% oder 2 l Schaum- oder Likörweine;
2 l Tafelwein;
66 ml Parfüm und 250 ml Eau de toilette;
andere Waren ohne Wertbegrenzung, jedoch höchstens 50 l Bier und Apfelwein pro Person (bei Einreise aus EU-Ländern);
andere Waren im Wert von 136 £ (bei Einreise aus Nicht-EU-Ländern).
Anmerkung: Zollfreie Einfuhr von Tabakwaren und Spirituosen nur für Personen ab 17 Jahren.

GESETZLICHE FEIERTAGE

S. *Alderney*.

REISEVERKEHR

FLUGZEUG: Guernsey wird das ganze Jahr über von London und anderen Städten Großbritanniens, von Dinard und Cherbourg und im Sommer auch von Amsterdam, Düsseldorf, Frankfurt, Paris und Zürich angeflogen.

Durchschnittliche Flugzeit: *London* – Guernsey: 45 Min.
Internationaler Flughafen: *Guernsey (GCI)* liegt 6 km außerhalb von St. Peter Port (Fahrzeit 20 Min.). Busse und Taxis fahren zur Stadt.
SCHIFF: *Condor* bietet Verbindungen von St. Malo (vor allem Sommersaison) und Weymouth (ganzjährig), *Emeraude Ferries* von St. Malo nach Guernsey.
Täglich werden Bootsausflüge zu den Inseln Herm und Sark angeboten. Für Verbindungen zwischen den Inseln sorgen *Aurigny Air Services* und *Condor Hydrofoil*.
BUS/PKW: Gutes Busnetz; in den Sommermonaten werden zusätzlich Inselrundfahrten angeboten. **Mietwagen** sind leicht erhältlich. Für größere Gruppen kann man auch Busse mieten. **Fahrradverleih:** Pro Tag oder pro Woche üblich. **Verkehrsvorschriften:** Die Höchstgeschwindigkeit ist 56 km/h. Das Parken ist kostenlos, aber Verstöße gegen die zeitlichen Beschränkungen werden mit einer Geldbuße von 10 £ geahndet. **Unterlagen:** Der Führerschein des eigenen Landes reicht aus.
FAHRZEITEN von St. Peter Port zu den Nachbarinseln (ungefähre Angaben in Std. und Min.).

	Flugzeug	Schiff
Alderney	0.15	3.00
Herm Island	-	0.20
Jersey	0.15	1.00
Sark Island	-	0.40

UNTERKUNFT

Das *Guernsey Tourist Office* gibt ein Hotelverzeichnis heraus. Die Hotels, Gasthöfe und Ferienhäuser der Insel werden von der Regierung klassifiziert.
HOTELS: Große Auswahl guter Hotels, die auf Einzel-, Gruppen- und Familienbesucher eingestellt sind. Über 91% aller Zimmer mit eigenem Bad. Alle Zimmer mind. mit Handwaschbecken und fließend heißem und kaltem Wasser. Im Sommer wird Vorausbuchung empfohlen. **Kategorien:** 1-5 Kronen. Es gibt auch registrierte Hotels ohne Kronen und Hotels, die noch auf ihre Bewertung warten.
5 Kronen: Alle Zimmer mit eigenem Bad und WC, in der Regel auch mit Zentralheizung, fast alle Hotels mit Swimmingpool, Babymonitor und Diätmenüs im Restaurant. Ganzjährig geöffnet.
4 Kronen: Alle Zimmer mit eigenem Bad/Dusche und WC, viele Hotels mit Zentralheizung, Swimmingpool, Babymonitor und Diätmenüs im Restaurant; oft ganzjährig geöffnet.
3 Kronen: 75% aller Zimmer mit eigenem Bad/Dusche und WC. Manche Hotels haben eine oder mehrere der folgenden Einrichtungen: Zentralheizung, Swimmingpool, Babymonitor, Diätmenüs im Restaurant; oft ganzjährig geöffnet.
2 Kronen: 50% aller Zimmer mit eigenem Bad/Dusche und WC. Manche Hotels haben eine oder mehrere der folgenden Einrichtungen: Zentralheizung, Swimmingpool, Babymonitor, Diätmenüs im Restaurant; oft ganzjährig geöffnet.
1 Krone: 25% aller Schlafzimmer mit eigenem Bad/Dusche und WC. Manche Hotels haben eine oder mehrere der folgenden Einrichtungen: Zentralheizung, Swimmingpool, Babymonitor, Diätmenüs im Restaurant; oft ganzjährig geöffnet.
PENSIONEN: *Guest Houses* genannt, im allgemeinen Familienbetriebe, die gute Übernachtungsmöglichkeiten in gemütlicher Atmosphäre bieten. Man kann Vollpension, Halbpension oder Übernachtung mit Frühstück buchen. **Kategorien:** Pensionen sind von A-D klassifiziert, A ist die höchste Klasse.
FERIENHÄUSER UND -WOHNUNGEN: Kategorien: Je nach Größe, Standard und Einrichtungen von A-C eingestuft.
CAMPING: Es gibt drei Zeltplätze auf Guernsey, Wohnwagen sind nicht zugelassen. Näheres vom Fremdenverkehrsamt.

URLAUBSORTE & AUSFLÜGE

St. Peter Port ist ein reizvolles traditionelles Fischerstädtchen mit engen Straßen, die vom Hafen aus bergan führen. Die Kanzel der Kirche stammt aus dem 12. Jahrhundert, die Kapelle aus dem 15. Jahrhundert. Oberhalb der *French Halles* befindet sich die *Guille-Alles-Bibliothek*. Das *Inselmuseum* in Candie gewann 1979 den Preis »Museum des Jahres«. Die nahegelegene, altehrwürdige *Cornet Castle* überblickt den Hafen und wurde seit der Zeit der Normannen bis zum 2. Weltkrieg oft als Militärstützpunkt benutzt. In der Burg ist ein Militärmuseum untergebracht; die umliegenden Ziergärten sind besonders schön. Das *Hauteville House* liegt auf einem Hügel an der Südseite von St. Peter Port und war zwischen 1855 und 1870 Wohnort des französischen Schriftstellers Victor Hugo. Vom Fenster seines Arbeitszimmers aus kann man die französische Küste sehen. Hugos Statue steht in den *Candie Gardens*, die von ihm gepflanzte Eiche ist heute ein Symbol der europäischen Einheit. In dem kleinen Botanischen Garten findet man unter freiem Himmel tropische Pflanzen, Bäume und Sträucher.
Besonders interessant sind auch die *Dolmen* (prähistorische Grabstätten), die über die ganze Insel verstreut sind, z. B. die *Déhus Dolmen* in der Nähe des Jachthafens von **Vale**, *La Varde Dolmen* auf dem **L'Ancresse Common**, *Le Creux Faies* in **L'Erée** und *La Catioroc* auf einem Erdwall über der **Perelle Bay** (der Sage nach Treffpunkt der Hexen der Insel).
Zu den stolzen alten Burgen zählen *Ivy Castle* in der Nähe von **Le Bouet**, eine normannische Festung aus der Zeit vor der Eroberung Englands im Jahr 1066, und die geheimnisumwobene *Vale Castle* in **St. Sampson's,** deren Ursprung ungewiß ist. Reste der Befestigungsanlagen aus der nationalsozialistischen Besatzungszeit sind erhalten geblieben, die meisten davon auf den Klippen. Das unterirdische Krankenhaus in **St. Andrews** ist heute eine Sehenswürdigkeit für Touristen. Das *Occupation Museum* im **Forest** ermöglicht einen Einblick in das Leben während der Besatzungszeit.
Die Klippen und Steilküsten der Insel eignen sich wunderbar für Spaziergänge an der frischen Seeluft, oft stößt man auf sandige Badebuchten. Im Inneren der Insel gibt es viele hübsche Wanderwege. Die *Water Lanes* führen zum Ufer und sind besonders in **Moulin Huet** und **Petit Bôt** einen Besuch wert. Die Kapelle in **Les Vauxbelets** muß wohl die kleinste der Welt sein – hier haben nur der Priester und zwei Besucher Platz.

SOZIALPROFIL

ESSEN & TRINKEN: Guernsey ist als »Feinschmekkerinsel« bekannt, die Auswahl an traditionellen französischen und britischen sowie italienischen, indischen und chinesischen Restaurants ist groß. Einheimische Spezialitäten sind Schalentiere wie frischer Hummer, Krebse und Jakobsmuscheln, die die Grundlage vieler Gerichte sind. In St. Peter Port gibt es zwei Selbstbedienungsrestaurants. Alkoholische Getränke sind preiswerter als auf dem britischen Festland. Es gibt auch keine Mehrwertsteuer auf Guernsey, was das Ausgehen zu einem relativ erschwinglichen Vergnügen macht. Die Bars sind außer sonntags zwischen 10.30 - 23.45 Uhr geöffnet.
NACHTLEBEN: Einige Diskotheken; während der Sommersaison bieten manche Hotels Musikveranstaltungen und Kabaretts an. Das Beau Sejour-Freizeitenzentrum in St. Peter Port hat ein Kino, Theater, Bars und ein Café.
EINKAUFSTIPS: Auf Guernsey gibt es keine Mehrwertsteuer, aber auf Spirituosen, Wein, Bier und Tabak wird eine Amtsbezirkssteuer erhoben. Luxusartikel sind preiswerter als in Großbritannien, Nahrungsmittel jedoch teurer. Schöne Mitbringsel sind einheimische Keramikwaren und andere Kunstgewerbearbeiten.
Öffnungszeiten der Geschäfte: Mo-Sa 09.00-17.30 Uhr. Donnerstags wird normalerweise früher geschlossen. Während der Sommermonate haben viele Geschäfte abends länger geöffnet.
SPORT: Das Beau Sejour-Freizeitzentrum bietet eine große Auswahl an Sportmöglichkeiten, einschl. **Tennis, Squash, Schwimmen, Badminton, Bowling, Fußball, Rollschuhlaufen, Fitneß-Training** und **Snooker. Surfbretter** kann man in der Combo Bay und der L'Ancresse Bay mieten. **Golf, Reiten, Angeln, Segeln, Fliegen, Angeln** und **Go-kartfahren** ist ebenfalls möglich.
VERANSTALTUNGSKALENDER
27. Mai - 1. Juni '96 *Seafair* '96 (internationale Boot- und Freizeitmesse). **16. Juni** *Minimarathon* (halbe Strecke). **23. - 29. Juni** *Square Dance Festival*. **19. Juli** *Round Table Harbour Carnival*. **25. - 28. Juli** *Guernsey International Folk Festival*. **27. Juli - 3. Aug.** *St. Peter Port Town Carnival*. **3. Aug.** *Rocquaine Regatta*. **7. Sept.*** *Kite Fly* (Drachensteigen für Groß und Klein). **Sept. - Okt.** *Guernsey Festival*. **20. - 26. Okt.** *Internationales Schachfestival*.
[*] Vorläufiges Datum.
Anmerkung: Das Fremdenverkehrsamt rät, sich bei Interesse an einer der Veranstaltungen vor der Abreise noch einmal das Datum bestätigen zu lassen, da manchmal Änderungen vorgenommen werden. Weitere Informationen über Land und Leute, Religion, Gesundheit, Sitten und Gebräuche, Trinkgeld, Essen und Trinken unter den entsprechenden Rubriken am Anfang dieses Kapitels.

WIRTSCHAFTSPROFIL

WIRTSCHAFT: Der Finanzsektor, der Fremdenverkehr und die Landwirtschaft sind die wichtigsten Zweige der florierenden Wirtschaft. Die niedrigen Steuern haben viele Londoner Handelsbanken dazu bewogen, Kapitalgesellschaften auf der Insel zu gründen. Hauptexportgüter sind Blumen, Obst und Gemüse, vor allem Tomaten.
Geschäftsverkehr: Englisch und Französisch sind Geschäftssprachen.
Kontaktadresse: *Guernsey Chamber of Commerce* (Handelskammer), Suite 3, 16 Glategny Esplanade, St. Peter Port, Guernsey GY1 1WN. Tel: (01481) 72 74 83. Telefax: (01481) 71 07 55.
KONFERENZ-EINRICHTUNGEN: Jährlich werden etwa 100 Tagungen auf Guernsey abgehalten. Es stehen Kapazitäten für bis zu 750 Teilnehmer zur Verfügung. Planungshilfen und Auskünfte vom *Conference Officer* des Fremdenverkehrsamtes von Guernsey (Adresse s. o.).

KLIMA

Die beliebteste Reisezeit ist von Ostern bis Oktober, die Durchschnittstemperaturen betragen dann 18-21°C. Die Sonnenscheindauer in diesen Monaten liegt im Durchschnitt bei 200 bis 260 Std. Niederschläge überwiegend in den kühleren Monaten. Die durchschnittliche Wassertemperatur im Sommer liegt bei 16°C.

Jersey

Lage: Ärmelkanal, vor der französischen Küste.

Jersey Tourism
Liberation Square
St. Helier
Jersey JE1 1BB
Channel Islands
Tel: (01534) 50 07 00. Telefax: (01534) 50 08 99.

FLÄCHE: 116 qkm.
BEVÖLKERUNGSZAHL: 84.100 (1993).
BEVÖLKERUNGSDICHTE: 725 pro qkm.
HAUPTSTADT: St. Helier. **Einwohner:** 28.120 (1991).
GEOGRAPHIE: Jersey ist die größte Kanalinsel und liegt ca. 170 km von der englischen Südküste und 23 km von der Küste der Normandie entfernt. Die Insel ist ca. 14,5 km mal 8 km groß. Sie fällt von Norden nach Süden hin ab und sieht so aus, als ob sie fast ausschließlich aus rosa Granit besteht. Jersey hat über 20 Buchten, viele kleine Häfen und ausgezeichnete Strände. Das Wasser wird durch den Golfstrom erwärmt. Jersey hält seit 30 Jahren den Sonnenschein-Rekord der britischen Inseln (über 1900 Std.).
STAATSFORM: *Dependent Territory* (unmittelbar mit der britischen Krone verbundenes Gebiet) mit eigenem Ständeparlament, weder Teil von Großbritannien noch Mitglied der Europäischen Union. Der britische Monarch wird auf der Insel durch einen *Lieutenant-Governor* mit Sitz in St. Helier vertreten. Dem Ständeparlament *(Jersey States Assembly)* obliegt die Innenpolitik, während die außenpolitischen Belange von London wahrgenommen werden.
SPRACHE: Es wird Englisch gesprochen. Manche Einwohner sprechen außerdem noch einen normannischen Dialekt.
RELIGION: Jeder Bezirk Jerseys hat seine eigene anglikanische Kirche, es gibt jedoch auch 12 römisch-katholische und 18 methodistische Kirchen sowie viele Freikirchen.
POST- UND FERNMELDEWESEN: Telefon: Nach der britischen Vorwahl (44) wählt man die Inselvorwahl 1534. Ferngespräche ins Ausland sind von allen Telefonzellen und vielen Hotels und Pensionen aus möglich. **Telefaxanschlüsse** in einigen Hotels und in Telefaxbüros in St. Helier. **Telexe/Telegramme** können in größeren Hotels aufgegeben werden. **Post:** Das Hauptpostamt liegt in der Broadstreet, St. Helier. Öffnungszeiten der Postämter: Mo-Fr 09.00-17.30 Uhr, Sa 09.00-12.30 Uhr.

REISEPASS/VISUM

Im Reiseverkehr zwischen Großbritannien und Jersey ist kein Reisepaß erforderlich. Weitere Informationen unter der Rubrik *Reisepaß/Visum* in der *Einführung* dieses Kapitels.

GELD

Währung: Die Währung der Kanalinseln entspricht der auf dem britischen Festland. Britische und schottische Banknoten und Münzen werden anerkannt; die Banknoten der Inseln haben jedoch im übrigen Großbritannien keine Gültigkeit.
Öffnungszeiten der Banken: Mo-Fr 09.30-15.30 Uhr. Manche Banken haben auch Samstag vormittags geöffnet.

DUTY FREE

Jersey ist nicht Teil der Europäischen Union, folgende Artikel können zollfrei eingeführt werden:
200 Zigaretten oder 100 Zigarillos oder 50 Zigarren oder 250 g Tabak;
2 l Tafelwein;
1 l Spirituosen (über 22%) oder 2 l Schaum- oder Likörweine oder 2 l alkoholische Getränke (höchstens 22%);*
60 ml Parfüm;
250 ml Eau de toilette;
andere Waren im Wert von 136 £ (bei Einfuhr aus Nicht-EU-Ländern) bzw. unbegrenzt (bei Einfuhr aus EU-Ländern).
Anmerkung: (a) [*] Wenn die angegebenen Mengen an Alkohol nicht ausgeschöpft werden, kann auch wahlweise Bier und/oder Cider eingeführt werden. (b) Tabakwaren und Alkohol können nur von Personen ab 17 Jahren eingeführt werden.

GESETZLICHE FEIERTAGE

S. *Alderney.*

REISEVERKEHR

FLUGZEUG: Ganzjähriger Linienverkehr mit *Cross Air* von Zürich, viele Verbindungen vor allem im Sommer von den meisten deutschen und österreichischen Städten über London oder Paris.
Duchschnittliche Flugzeiten: *Zürich* – Jersey: 2 Std; *London* – Jersey: 40 Min.
Internationaler Flughafen: *St. Peters' (JER)* liegt 8 km außerhalb von St. Helier. Wechselstube, Duty-free-Shops, Restaurant, Bar, Babywickelraum, Geschäfte und Taxistand. Ein Bus fährt alle 15 Minuten zur Stadt.
SCHIFF: Von England, Dorset: Zwei *Condor*-Tragflächenboote verkehren in der Urlaubszeit täglich zwischen Weymouth und Jersey (Fahrzeit 3 Std. 30).
Von Frankreich: Tragflächenboot- bzw. Fährdienste nach Jersey mit *Emeraude Lines* von St. Malo (ganzjährig) und im Sommer auch von St. Carteret, Port Bail und Granville (nur Fußgänger, keine Autos); mit *Channiland* von St. Malo und zeitweilig von Granville und mit *Condor* von St. Malo (nicht im Winter).
Wer ein Schnellboot, Surfbrett oder Segelboot nach Jersey mitbringt, muß sich bei der Ankunft bei den Hafenbehörden melden.
BUS/PKW: Das Straßennetz der Insel ist über 800 km lang. **Busverbindungen** sind i. allg. gut. Der Zentrale Busbahnhof liegt an der Weighbridge in St. Helier. **Mietwagen** sind normalerweise recht preiswert, auch Benzin ist billiger. Es gibt ca. 35 Autovermieter, die meisten in St. Helier. **Fahrradvermietung** ist bei acht Firmen in St. Helier möglich, einer Firma in St. Ouen und einer weiteren in Millbrook. **Motorräder** und **Mopeds** kann man bei 10 Firmen in St. Helier mieten. Sturzhelme sind obligatorisch. Für die Einreise mit dem eigenen Wagen sind ein Versicherungsnachweis oder die internationale Grüne Versicherungskarte und ein gültiger Führerschein erforderlich. **Campmobile** und **Wohnwagen** dürfen nicht eingeführt werden. Die Höchstgeschwindigkeit ist 40 km/h oder 30 km/h in Ortschaften. In manchen Ortschaften darf man nur 20 km/h fahren.

UNTERKUNFT

HOTELS: Ein Verzeichnis der Hotels und Pensionen ist vom Hotelverband erhältlich: *Jersey Hotel and Guest House Association*, 60 Stopford Road, St. Helier, Jersey JE2 4LZ. Tel: (01534) 2 14 21. Telefax: (01534) 2 24 96.
Kategorien: Die Insel hat ihr eigenes Klassifizierungssystem für Hotels und Gasthäuser, das eher den Stil der Unterkünfte als den Standard bewertet. Hotels bieten i. allg. mehr Einrichtungen als Pensionen und werden mit **1** bis **5 Sonnen** klassifiziert, Pensionen mit **1** bis **3 Diamanten**. Alle Hotels werden jährlich besichtigt und ggf. neu eingestuft.
PENSIONEN: Es gibt über 230 Pensionen, *Guest Houses* genannt. Einige bieten Unterkünfte mit Frühstück und Abendessen, andere nur Übernachtung mit Frühstück. Trotz der großen Zahl der Pensionen wird Vorausbuchung empfohlen, da viele nicht ganzjährig geöffnet sind. **Kategorien:** S. *Hotels.*
FERIENDÖRFER: *Jersey Holiday Village*, Portelet Bay. Tel: (01534) 4 55 55. Telefax: (01534) 4 71 17; und *Pontins Holiday Village*, Plémont Bay. Tel: (01534) 48 18 73 (nicht für Kinder unter 3 Jahren).
FERIENHÄUSER UND -WOHNUNGEN stehen nicht in großer Zahl zur Verfügung, da die ständigen Bewohner der Insel selbst unter Wohnungsnot leiden. Weitere Informationen von *Jersey Tourism*.
CAMPING: Es gibt sechs Zeltplätze, Vorausbuchung wird empfohlen. Wohnwagen sind nicht gestattet.
JUGENDHERBERGEN: Es gibt keine Jugendherbergen auf Jersey.

URLAUBSORTE & AUSFLÜGE

St. Helier ist die Hauptstadt und mit Abstand größte Ortschaft der Insel. Die stolze Burg *Elizabeth Castle* ist auf einer Insel in der Bucht gebaut und nur bei Ebbe erreichbar. *Fort Regent* steht auf einem Felsen oberhalb der Stadt und ist in einen Freizeitkomplex mit Sport- und Konferenzanlagen umgebaut worden, mit Aquarium, Postmuseum, Jahrmarkt, Swimmingpool und einer Reihe von Sporthallen. Von den Burgwällen hat man eine ausgezeichnete Aussicht über die Bucht und die Stadt. Das *Jersey-Museum* in der Pier Street ist auch einen Besuch wert. Die beste Einkaufsgegend der Stadt ist das Viertel um King Street und Queen Street. Die meisten Luxusartikel sind billiger als in Großbritannien, aber nicht steuerfrei. Spirituosen, Zigaretten, Parfüm, Kosmetik und Elektroartikel werden mit einer kleinen Steuer belegt.
Der Norden: Die besten Strände im Norden der Insel sind in *Plémont*, wo es eine geschützte Bucht mit interessanten Strandteichen und Felsenhöhlen gibt. Der Strand von *Grève de Lecq* ist über eine wunderschöne Straße erreichbar, die durch ein bewaldetes Tal führt. In *Bonne Nuit Bay*, der stillen Hafenstadt, gibt es einen versteckten kleinen Sandstrand. *Bouley Bay* ist besonders bei Tauchern und Anglern beliebt. *Rozel*, an der Nordostküste, ist ein Fischerstädtchen mit schmalem Sandstrand. An klaren Tagen kann man die französische Küste sehen.
Der *Zoo* in **Trinity** beheimatet zahlreiche bedrohte Tierarten, ein Besuch lohnt sich. In der *Carnation Nursery and Butterfly Farm* in **St. Mary** kann man sich an der Schönheit und Farbenpracht exotischer Schmetterlinge erfreuen. *La Mare Vineyards*, die Weingärten mit einem Bauernhaus aus dem 18. Jahrhundert, liegen in der Nähe des *Devil's Hole*.
Der Westen: Die Westküste besteht fast ausschließlich aus dem 8 km langen Strand der *St. Ouen's Bay*, die hervorragend für Wellenreiter geeignet ist, allerdings sollten sich nur gute Schwimmer in die starke Brandung wagen.
Traditionelle Kunsthandwerker sind in dieser Region ansässig, viele der Werkstätten, die zugleich als Läden dienen, kann man besichtigen; erhältlich sind z. B. Zierkerzen aus *Portinfer* in **St. Ouen** und einheimisches Steingut und Lederartikel aus *L'Etacq*; in **St. Peter's Valley** gibt es steingemahlenes Mehl der *Moulin de Quetival*. Der Park des schönen alten Herrenhauses *St. Ouen Manors* ist zeitweise für die Öffentlichkeit zugänglich. Im *Automuseum* in **St. Peter's Village** finden Liebhaber eine faszinierende Sammlung von Oldtimern, Motorrädern und Militärfahrzeugen. Eine Dauerausstellung der alten Dampfloks der Insel kann man ebenfalls besichtigen. Das Museum in St. Ouen stellt die Festwagen der »Blumenschlacht« aus, die alljährlich am zweiten Dienstag im August stattfindet.
Der Süden: Die längsten Strände dieser Region sind in der *St. Clement's Bay*, wo Amateur-Meeresbiologen auch einige versteckte Felsteiche und Priele erforschen können. *St. Aubin's Bay*, ein 5 km langer Strand in der großen Bucht an der Südküste, und *Portelet*, eine einsame Sandbucht. *St. Brelade's Bay* gilt als eine der besten Badebuchten der Insel und ist auch hervorragend für Wellenreiter und Wasserskifreunde geeignet; schön ist auch *Beauport*, eine schmale Bucht westlich von **St. Brelade**, die von turmhohen Felsen aus rosa Granit eingerahmt wird. Der *Howard Davies Park* in **St. Saviour** ist eine der reizvollsten Gartenanlagen Jerseys mit vielen subtropischen Bäumen und Sträuchern, die in diesem milden Klima gedeihen.
Der Osten (St. Martin, Grouville): Die beiden Hauptstrände bedecken fast die gesamte Ostküste und werden durch das Vorgebirge *Petit Portelet* voneinander getrennt. Nördlich von hier liegt die *St. Catherine's Bay*, die bei Anglern sehr beliebt ist, außerdem das Dorf Anne Port. Das Hafenstädtchen **Gorey** in der Grouville Bay, in dem es bekannte Keramikwerkstätten gibt, wird von der imposanten Burg *Mont Orgueil* überragt. Im Inneren der Insel, bei **La Hougue Bie** (Grouville), ist ein Museum in einem 5000 Jahre alten neolithischen Grabmal untergebracht, das die Geschichte, Geologie und Landwirtschaft der Insel anschaulich darstellt. Zu Fuß oder per Fahrrad lernt man die Insel am besten kennen. Im Inneren und im Süden der Insel ist die Landschaft flacher und weniger spektakulär als an der zerklüfteten, höhergelegenen Nordseite. Ein besonders schöner Wanderweg ist die stillgelegte Strecke der alten *Jersey Railway*, die von St. Aubin zum Leuchtturm bei Corbiere an der südwestlichen Inselspitze verläuft.

SOZIALPROFIL

ESSEN & TRINKEN: Die Auswahl an Restaurants auf Jersey ist wirklich ausgezeichnet; für jeden Geschmack ist etwas dabei. Meeresfrüchte sind sehr beliebt, an einheimischem Obst und Gemüse herrscht ebenfalls kein Mangel. Die Inselküche hat einen guten Ruf und wird in Gaststätten, Weinbars und Restaurants angeboten. Öffnungszeiten: Mo-Sa 09.00-23.00 Uhr, So 11.00-13.00 und 16.30-23.00 Uhr.
EINKAUFSTIPS: Auf Jersey gibt es hohe Zollvergünstigungen und überhaupt keine Mehrwertsteuer. Gute Einkaufsmöglichkeiten hat man in den beiden überdachten Märkten von St. Helier und in *Red Houses*, St. Brelade und Gorey, St. Martin. Luxusartikel wie Spirituosen, Zigaretten und Parfüm sind besonders günstig. Schöne Mitbringsel sind auch Strickwaren, Tonwaren, Holzarbeiten und Blumen. **Öffnungszeiten der Geschäfte:** Mo-Sa 09.30-17.30 Uhr. Manche Geschäfte schließen Donnerstag nachmittags.
SPORT: Die meisten Sportarten können ausgeübt werden, besonders beliebt ist **Wassersport** wie Wellenreiten, Windsurfen, Angeln, Segeln, Wasserskifahren und Tauchen. **Schwimmen** kann man in den vielen Badebuchten ausgezeichnet (s. *Urlaubsorte & Ausflüge*). Man sollte jedoch bedenken, daß Jersey einen der größten Tidenhube der Welt hat (12 m) und starke Strömungen auftreten können. Manche Strände sind bewacht, und Fahnen kennzeichnen strömungsfreie Badezonen. An der Westküste (St. Ouen's Bay) ist die starke Brandung gefährlich. Es gibt auch vier Freibäder auf der Insel. **Windsurfen:** Besonders zu empfehlen in der St. Ouen's Bay. Surfschulen und Ausrüstungsverleih vorhanden.
Tauchen: Boote und Ausrüstungen stehen zum Verleih.
Wasserski: In La Haule, St. Aubin's Bay und St. Brelade's Bay möglich. **Jachten:** Auf der Insel gibt es zwei Segelklubs: den *Royal Channel Islands Yacht Club*, St. Aubin und den *St. Helier Yacht Club*. In St. Helier findet man auch eine **Kanu**-Schule. Es gibt zwei 18-Loch-**Golfplätze:** La Moye (St. Brelade) und Royal Jersey sowie zwei 9-Loch-Golfplätze in Grd'Azette und in der Five Mile Road, St. Ouen. Vorausbuchung wird empfohlen. **Tennis, Reiten** und **Squash** sind ebenfalls möglich. **Angeln** ist besonders im Sommer sehr beliebt. Boote und Ausflüge zum **Hochseeangeln** kann man in St. Helier buchen. *Warnung:* Angeln Sie nicht auf den Felsen, bevor Sie mit den Gezeiten, Strömungen und Wetterbedingungen vertraut sind.
VERANSTALTUNGSKALENDER
30. Mai - 2. Juni '96 *Jersey Good Food Festival.* **12./13. Juni** *Blumenschau.* **17. - 23. Juni** *Irische Woche.* **28. Juni** *Ruderregatta von Sark nach Jersey.* **15. - 20. Juli** *Blumenfestival.* **Juli** *Schottisches Spezialitäten-Festival.* **8. Aug.** *»Blumenschlacht«.* **12. - 14. Sept.** *Internationales Springreitturnier der Kanalinseln.* **23. Sept. - 6. Okt.** *Internationales Festival*, Kunst, Jazz, Theater, Oper und Tanz. **21. - 23. Okt.** *Jersey Darts-Festival.* **5. - 12. Nov.** *Country-Musik-Festival.*
Anmerkung: Weitere Informationen über Land und Leute, Religion, Gesundheit, Sitten und Gebräuche, Trinkgeld, Essen und Trinken unter den entsprechenden Rubriken in der *Einführung* dieses Kapitels.

WIRTSCHAFTSPROFIL

WIRTSCHAFT: Wie auf Guernsey sind der Finanzsektor (niedrige Steuern) und, dank des milden Klimas, der Tourismus die wichtigsten Wirtschaftszweige. Die Landwirtschaft spielt jedoch immer noch eine große Rolle.
Geschäftsverkehr: Englischkenntnisse sind erforderlich.
Kontaktadresse: *Jersey Chamber of Commerce* (Handelskammer), 19 Royal Square, St. Helier, GB-Jersey. Tel: (01534) 2 45 36. Telefax: (01534) 3 49 42.
KONFERENZEN/TAGUNGEN: Auskünfte und Planungshilfen vom *Conference Bureau, Jersey Tourism*, Liberation Square, St. Helier, Jersey JE1 1BB. Tel: (01534) 50 07 00. Telefax: (01534) 50 08 99.

KLIMA

Die Hauptsaison ist zwischen Mai und Ende September, die Durchschnittstemperaturen betragen dann 20-21°C. Ca. 830 mm Niederschlag pro Jahr, überwiegend in den kühleren Monaten. Die Wassertemperatur im tieferen Wasser ist im Sommer durchschnittlich 17°C.

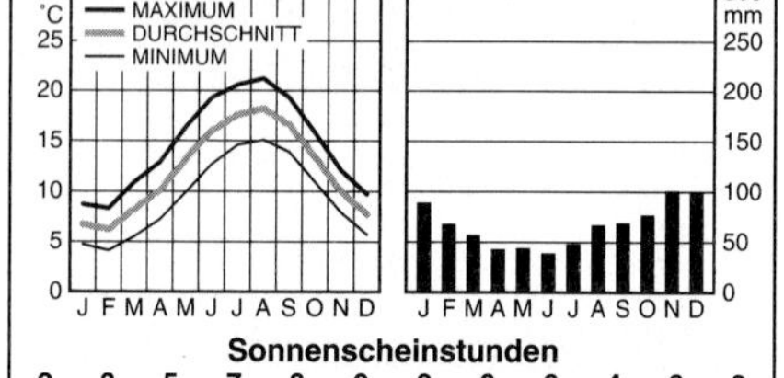

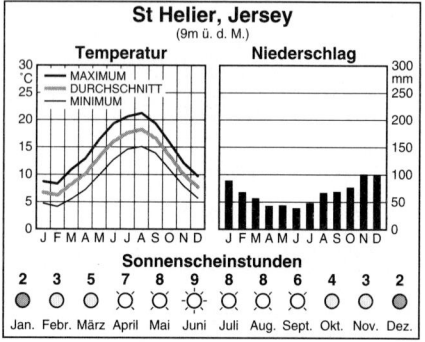

Sark und Herm

Lage: Ärmelkanal, in der Nähe von Guernsey.

Sark Tourism Information Centre
Sark JY9 0SB
Tel: (0148183) 23 45. Telefax: (0148183) 24 83.
Herm Island Administration Office
Herm Island via Guernsey
Channel Island JY1 3 HR
Tel: (01481) 72 23 77. Telefax (01481) 70 03 34.

FLÄCHE: Sark: 5,5 qkm. **Herm:** 2 qkm.
BEVÖLKERUNG: Sark: Etwa 550 (1995). **Herm:** Im Winter 50, einschl. 2 Einwohner auf Jethou (1995).
BEVÖLKERUNGSDICHTE: Sark: 100 pro qkm. **Herm:** 25 pro qkm.
GEOGRAPHIE: Sark liegt ca. eine Fährstunde östlich von Guernsey. Sark besteht eigentlich aus zwei Inseln, die durch die Landenge La Coupée verbunden sind. Fast alle Einwohner leben in La Collinette. Von dem steilen Hügel aus hat man einen schönen Rundblick auf den Hafen von La Maseline. Die zerklüftete Küste birgt zahlreiche Klippen und kleine Buchten. **Herm** liegt zwischen Guernsey und Sark. Auf dieser Insel gibt es üppige Wiesen mit ungewöhnlichen Wildblumen und steile Klippen mit dramatischen Blicken auf versteckte Buchten und die tosende Brandung. Während der Sommermonate kommen täglich ca. 3000 Besucher auf die Insel Herm.
SPRACHE: Ein normannischer Dialekt; Englisch wird ebenfalls gesprochen.
POST- UND FERNMELDEWESEN: Nach der britischen Vorwahl (44) wählt man die Inselvorwahl: Sark 148183, Herm 1481 (gleiche Vorwahl wie Guernsey).

REISEVERKEHR

SCHIFF: Sark und Herm sind per Boot von Jersey oder Guernsey aus erreichbar.
BUS/PKW: Auf beiden Inseln sind Autos nicht zugelassen. Traktoren sind die wichtigsten Transportmittel auf der Insel Sark, selbst der Krankenwagen wird vom Traktor gezogen. Inselrundfahrten werden im sogenannten »Sark-Taxi«, einer Pferdekutsche, angeboten.

UNTERKUNFT

Auf Sark gibt es einige Hotels. Das einzige *Guest House* auf Herm liegt inmitten schöner Blumengärten. Weitere Informationen erhalten Sie vom Fremdenverkehrsamt auf Guernsey (Adresse s. o.).

URLAUBSORTE & AUSFLÜGE

Sark ist ein Feudalstaat, der von einem einzelnen Herrscher regiert wird: dem Enkel der *Dame of Sark*. Das Parlament geht auf das Mittelalter zurück und wird *Chief Pleas* genannt. Die *Island Hall* ist ein Holzgebäude, in dem Tanzabende, Filmvorführungen, Kartenspiele und andere Veranstaltungen stattfinden. Es gibt mehrere ausgezeichnete Strände; *Venus Pool, Adonis Pool* und *Creux Derrible* sind die bekanntesten. Fast alle Strände können nur bei Ebbe erreicht werden. Die Zeiten für Ebbe und Flut sollten unbedingt beachtet werden. Fast alle Unterkunftsmöglichkeiten der Insel liegen an der *Dixcart Bay*.
Herm: Diese Urlaubsinsel ist in privater Hand. Besonders sehenswert sind das aus restaurierten Häusern bestehende *Tom Thumb Village* (»Däumlingsdorf«), eine restaurierte Kapelle, kleine Wälder, Höhlen und der *Shell Beach*, an dem unzählige Muscheln aus dem Golfstrom angeschwemmt werden, manche sogar aus dem fernen Mexiko, die sich am Strand und in Felsentümpeln sammeln. Die Pubs der Insel sprechen die Öffnungszeiten untereinander ab, mindestens eine Gaststätte wird fast immer geöffnet haben.
Anmerkung: Weitere Informationen unter den entsprechenden Rubriken der *Einführung* dieses Kapitels, ebenso unter *Alderney* (s. o.).

WELTKARTE?

LÄNDERKARTEN?

ZEITZONENKARTE?

INFORMATION ÜBER

IMPFBESTIMMUNGEN UND

GESUNDHEITSVORKEHRUNGEN?

... siehe **Inhaltsverzeichnis**

Abhängige Gebiete Großbritanniens

Anmerkung: Die britischen abhängigen Gebiete sind über die ganze Welt verstreut und in verschiedenem Maße selbstverwaltet. Fast alle Übersee-Besitzungen sind in separaten Kapiteln beschrieben; zu den nicht aufgeführten folgen einige wesentliche Informationen. Weitere Informationen erteilen die britischen Botschaften und der *Commonwealth Trust* in London. Tel: (0171) 930 67 33. Telefax: (0171) 930 97 05.

ANGUILLA hat ein eigenes Kapitel (s. Inhaltsverzeichnis).

ASCENSION gehört zu St. Helena. **Lage:** Südatlantik, zwischen Südamerika und Afrika. **Fläche:** 88 qkm. **Bevölkerungszahl:** 1192 Einwohner, exkl. Militärangehörige (1993). Die Insel ist in erster Linie Militärstützpunkt und Kommunikationszentrum. Der Hauptort heißt Georgetown.

BERMUDA hat ein eigenes Kapitel (s. Inhaltsverzeichnis).

BRITISCHE TERRITORIEN IM INDISCHEN OZEAN: Lage: Dieses Gebiet besteht aus dem **Chagos-Archipel** mit der größten Insel **Diego Garcia**, nordöstlich von Mauritius. **Fläche:** 60 qkm Land (insgesamt 54.400 qkm). **Bevölkerungszahl:** Es gibt keine ständigen Bewohner. Seit dem Abschluß einer Übereinkunft im Jahre 1966 werden die Inseln von Großbritannien und den USA für militärische Zwecke benutzt. 1991 gab es 1200 Militärangehörige und 1700 Zivilangestellte auf dem Archipel.

BRITISCHE JUNGFERNINSELN (British Virgin Islands): Eigenes Kapitel (s. Inhaltsverzeichnis).

Die **CAYMAN-INSELN** haben ebenfalls ein eigenes Kapitel in diesem Buch (s. Inhaltsverzeichnis).

Die **FALKLAND-INSELN** (Islas Malvinas) haben ein eigenes Kapitel (s. Inhaltsverzeichnis). Zu den Falkland-Inseln gehören auch die Insel **Südgeorgien** (3592 qkm) und die **Südl. Sandwich-Inseln** (311 qkm). Letztere haben keine ständigen Bewohner und dienen ausschließlich wissenschaftlichen Zwecken.

GIBRALTAR hat ein eigenes Kapitel in diesem Buch, ebenso **HONGKONG** und **MONTSERRAT** (s. Inhaltsverzeichnis).

PITCAIRN: Lage: Mittlerer Südpazifik, erstmals besiedelt von den Meuterern der Bounty 1790. Die unbewohnten Inseln **Oeno, Henderson** und **Ducie** gehören ebenfalls zu dieser Inselgruppe. 1989 wurde Henderson, ein bedeutendes Vogelschutzgebiet, zum Naturerbe der Vereinten Nationen erklärt. **Fläche:** 4,35 qkm. **Bevölkerungszahl:** 55 auf Pitcairn (1993). **Hauptort:** Adamstown. **Gesundheitsvorsorge:** Auf den Pitcairn-Inseln benötigen Personen im Alter von über einem Jahr, die aus Infektionsgebieten anreisen, einen Gelbfieber-Impfschein für die Einreise. Weitere Informationen über diese Inselgruppe sind bei den neuseeländischen Botschaften erhältlich.

ST. HELENA: Lage: Südatlantik, ca. 2000 km westlich von Angola. **Fläche:** 122 qkm. **Bevölkerungszahl:** 7000 (1990). **Hauptstadt:** Jamestown. **Einwohner:** 1413 (1987). St. Helena ist auf finanzielle Unterstützung Großbritanniens angewiesen. Fischfang, Viehzucht, Kunstgewerbe und Holzverarbeitung sind die wichtigsten Industriezweige. In Jamestown gibt es eine Handelskammer, die *St. Helena Chamber of Commerce*. Schiffe der *St. Helena Shipping Company* verkehren sechsmal pro Jahr zwischen der Insel und Großbritannien, angelaufen werden auch Häfen auf Tristan da Cunha, den Kanarischen Inseln, Ascension und in Südafrika.

TRISTAN DA CUNHA gehört zu St. Helena. **Lage:** Südatlantik. **Inaccessible Island, Nightingale Islands** und **Gough Island** sind ein Teil der Inselgruppe. **Fläche:** 104 qkm. **Bevölkerungszahl:** 300 (1993). Größte wirtschaftliche Bedeutung haben Fischerei, Fischarbeitung, Kunstgewerbe und Briefmarken. Die Insel erhält keine Finanzhilfe mehr aus Großbritannien.

Die **TURKS- UND CAICOS-INSELN** haben ein eigenes Kapitel in diesem Buch (s. Inhaltsverzeichnis).

BRITISCHE ANTARKTIK-GEBIETE: Seit April 1967 wird dieses Gebiet vom britischen Außenministerium verwaltet und zählt nicht mehr zu den abhängigen Gebieten Großbritanniens. **Fläche:** Ca. 1.710.000 qkm Land. Die **Süd-Shetland-Inseln** und die **Süd-Orkney-Inseln** gehören zum Britischen Antarktis-Territorium. **Bevölkerungszahl:** Es gibt keine ständigen Bewohner. Das Gebiet dient lediglich wissenschaftlichen Zwecken. Weitere Informationen im Antarktis-Kapitel (s. Inhaltsverzeichnis).

UNMITTELBAR MIT DER KRONE VERBUNDENE GEBIETE (Crown Territories): Die **Isle of Man** und die **Kanal-Inseln** sind nicht Teile des Vereinigten Königreichs, sondern Territorien der Krone mit interner Selbstverwaltung. Ausführliche Beschreibungen der Inseln finden Sie im Kapitel *Großbritannien & Nordirland*.

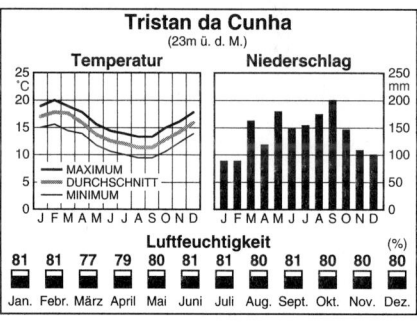

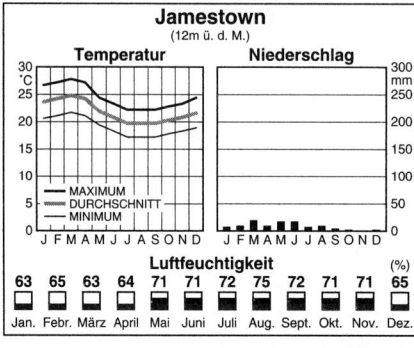

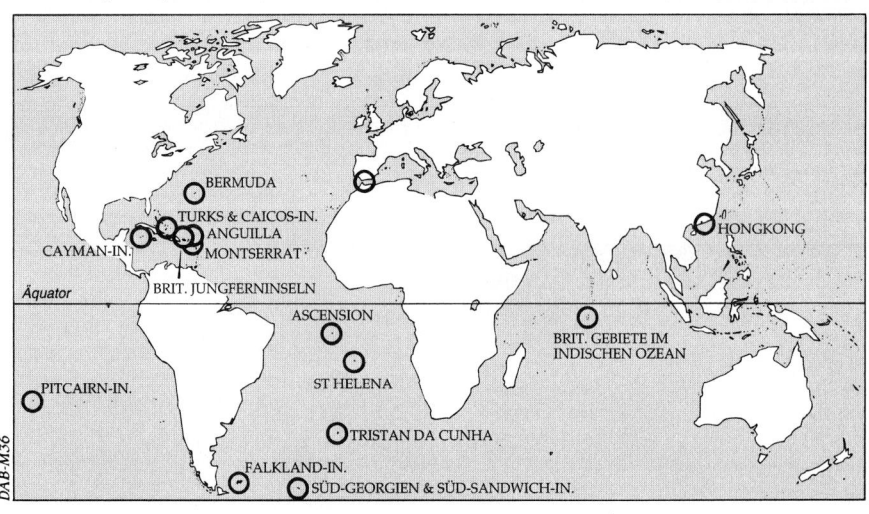

Guadeloupe

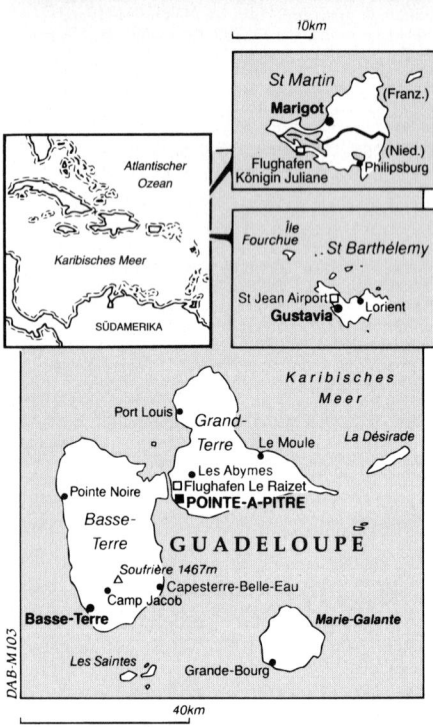

Lage: Karibik, Leeward-Inseln, Kleine Antillen.

Office du Tourisme
5 Square de la Banque
BP 1099
F-97181 Pointe-à-Pitre
Tel: 82 09 30. Telefax: 83 89 22.
Guadeloupe ist ein französisches Übersee-Departement. Visa sind bei den französischen Botschaften erhältlich (Adressen s. Frankreich).

Honorarkonsulat der Bundesrepublik Deutschlan
Petit Péron
97139 Les Abymes
BP 637
97168 Pointe-à-Pitre
Tel: 82 37 37. Telefax: 83 04 29.
Die Interessen Österreichs und der Schweiz werden durch die Botschaften in Paris vertreten (s. Frankreich).

FLÄCHE: 1780 qkm.
Basse-Terre: 838,6 qkm. **Grande-Terre:** 595 qkm.
Marie-Galante: 150 qkm. **La Désirade:** 29,7 qkm. **Iles des Saintes:** 13,9 qkm. **St. Barthélemy:** 95 qkm. **St. Martin** (ein Teil der Insel gehört zu Guadeloupe, die andere Hälfte zu St. Maarten, Niederländische Antillen): 53 qkm.
BEVÖLKERUNGSZAHL: 413.000 (1993).
BEVÖLKERUNGSDICHTE: 232 pro qkm.
HAUPTSTADT: Verwaltung: Basse-Terre. **Einwohner:** 14.003 (1990). **Wirtschaft:** Pointe-à-Pitre (Grande-Terre). **Einwohner:** 26.069 (1990).
GEOGRAPHIE: Guadeloupe setzt sich aus Basse-Terre, Grande-Terre (durch einen schmalen Kanal von Basse-Terre getrennt) und fünf kleineren Inseln zusammen. Basse-Terre hat eine vulkanische Landschaft, während Grande-Terre eher flach ist und aus Krei-degestein besteht. Alle Inseln bieten dem Urlauber herrliche palmengesäumte Strände. Die Bergregionen haben eine wunderschöne tropisch-üppige Landschaft.
STAATSFORM: Französisches Übersee-Departement mit vier Abgeordneten in der französischen Nationalversammlung und zwei Senatoren im Senat. Interne Angelegenheiten werden vom *Conseil général* (42 Mitglieder) wahrgenommen. Frankreich wird in Guadeloupe durch einen Präfekten vertreten. Präfekt: Michel Diefenbacher.
SPRACHE: Amtssprache ist Französisch, die Mehrheit der Bevölkerung spricht Kreolisch. Englisch wird auch viel gesprochen.
RELIGION: Überwiegend römisch-katholisch, es gibt eine protestantische Minderheit.
ORTSZEIT: MEZ - 5.
NETZSPANNUNG: 110/220 V, 50 Hz.
POST- UND FERNMELDEWESEN: Telefon: Selbstwählferndienst. **Landesvorwahl:** 590. Das nationale Telefonnetz ist gut, es gibt keine Ortsnetzkennzahlen. **Telexe** können in der Hauptstadt aufgegeben werden. **Post:** Luftpost nach Europa ist ca. eine Woche unterwegs.
DEUTSCHE WELLE
Der Einsatz der Kurzwellenfrequenzen ändert sich mehrfach im Laufe eines Jahres, und Sendungen auf den folgenden Frequenzen werden jeweils nur zu bestimmten Tageszeiten ausgestrahlt. Näheres in der Einleitung.

MHz	17,860	17,715	15,275	9,545	6,100
Meterband	16	16	19	31	49

REISEPASS/VISUM

Es gelten die gleichen Einreisebestimmungen wie für *Frankreich*.

GELD

Währung: 1 Französischer Franc (FF) = 100 Centimes. Banknoten sind im Wert von 500, 200, 100, 50 und 20 FF im Umlauf; Münzen im Wert von 20, 10, 5, 2 und 1 FF sowie 50, 20, 10 und 5 Centimes.
Kreditkarten: *American Express, Diners Club, Visa* und teilweise auch *Eurocard* werden akzeptiert. Einzelheiten vom Aussteller der betreffenden Kreditkarte.
Reiseschecks in Französischen Francs empfohlen.
Wechselkurse

	FF Sept. '92	FF Febr. '94	FF Jan. '95	FF Jan. '96
1 DM	3,39	3,39	3,44	3,43
1 US$	5,03	5,89	5,34	4,92

Devisenbestimmungen: S. *Frankreich*.
Öffnungszeiten der Banken: Mo-Fr 08.00-12.00 und 14.00-16.00 Uhr (Mittwoch nachmittags geschlossen), Sa 08.00-12.00 Uhr.

DUTY FREE

Es gelten die Zollbestimmungen *Frankreichs*.

GESETZLICHE FEIERTAGE

1. Mai '96 Tag der Arbeit. **8. Mai** Tag des Sieges (2. Weltkrieg). **16. Mai** Christi Himmelfahrt. **27. Mai** Tag der Abschaffung der Sklaverei; Pfingstmontag. **14. Juli** Nationalfeiertag. **21. Juli** Victor-Schoëlcher-Tag. **15. Aug.** Mariä Himmelfahrt. **1. Nov.** Allerheiligen. **11. Nov.** Tag des Waffenstillstandes (1. Weltkrieg). **25. Dez.** Weihnachten. **1. Jan. '97** Neujahr. **10./11. Febr.** Karneval. **31. März** Ostermontag. **1. Mai** Tag der Arbeit. **8. Mai** Tag des Sieges (2. Weltkrieg). **8. Mai** Christi Himmelfahrt. **19. Mai** Pfingstmontag.

GESUNDHEIT

In der folgenden Tabelle aufgeführte Impfvorschriften können sich kurzfristig ändern. Es wird stets empfohlen, auf Ihrem CRS-System (TIMATIC-Info-Code-Fenster in diesem Kapitel) den aktuellen Stand der Gesundheitsbestimmungen abzurufen bzw. rechtzeitig vor der Reise ärztlichen Rat einzuholen.

	Vorsichtsmaßnahmen empfohlen	Impfschein erforderlich
Gelbfieber	Ja	1
Cholera	Nein	Nein
Typhus & Polio	Nein	-
Malaria	Nein	-
Essen & Trinken	2	

[1]: Eine Impfbescheinigung gegen Gelbfieber wird von allen Reisenden verlangt, die aus Infektionsgebieten kommen und older als ein Jahr alt sind.
[2]: Trinkwasser ist gechlort und kann u. U. leichte Magenverstimmungen hervorrufen. Während der ersten Urlaubstage sollte man abgefülltes Wasser trinken. Leitungswasser kann Gefahren in sich bergen und sollte abgekocht oder anderweitig sterilisiert werden. Milch ist pasteurisiert und kann unbesorgt verzehrt werden, ebenso wie einheimische Milchprodukte, Fleischwaren, Geflügel, Meeresfrüchte, Obst und Gemüse.
Bilharziose-Erreger kommen in manchen Teichen und Flüssen vor, das Schwimmen und Waten in Binnengewässern sollte daher vermieden werden. Gut gepflegte Schwimmbecken mit gechlortem Wasser sind unbedenklich.
Gesundheitsvorsorge: Der Abschluß einer Reisekrankenversicherung wird empfohlen.

REISEVERKEHR - International

FLUGZEUG: Guadeloupes nationale Fluggesellschaft heißt *Air Guadeloupe* (OG).
Durchschnittliche Flugzeiten: Guadeloupe erreicht man am schnellsten über Paris, die Flüge dauern 8-9 Std., je nach Zwischenlandungen. *Frankfurt* – Guadeloupe: 12 Std. 35 (einschl. Zwischenlandung in Paris); *Wien* – Guadeloupe: 12 Std. 55 (einschl. Zwischenlandung in Paris); *Zürich* – Guadeloupe: 12 Std. 10; *Los Angeles* – Guadeloupe: 9 Std; *New York* – Guadeloupe: 6 Std.
Internationaler Flughafen: *Point-à-Pitre* (PTP) (Le Raizet) liegt 3 km außerhalb der Stadt. Busse fahren alle 30 Min. zum Stadtzentrum, Taxis sind ebenfalls vorhanden. Flughafeneinrichtungen: Bank, Bar, Mietwagenverleih und Duty-free-Shop.
SCHIFF: Guadeloupe wird von folgenden Kreuzfahrtlinien angelaufen: *Chandris, Holland America, Royal Caribbean, Cunard, Sun Line, Sitmar, TUI Cruises, Seetours* und *Princess Cruises*. Es gibt zahlreiche Schiffsverbindungen zwischen Guadeloupe und Martinique sowie nach Miami und San Juan.

REISEVERKEHR - National

FLUGZEUG: LIAT, *Air Guadeloupe* und *Windward Island Airlines* verbinden Guadeloupe mit den kleineren Inseln des Archipels. *Air France* bietet in begrenztem Umfang Flüge zwischen den Inseln an. Man kann auch chartern.
SCHIFF: Regelmäßige Fährverbindungen zwischen den Inseln.
BUS/PKW: Es gibt ein gutes öffentliches **Busnetz**. **Taxis** sind ziemlich teuer; viele **Autovermietungen** stehen zur Verfügung. **Unterlagen:** Der eigene Führerschein reicht aus, muß aber mindestens ein Jahr alt sein. Ein internationaler Führerschein wird empfohlen.

UNTERKUNFT

Auf Guadeloupe gibt es eine gute Auswahl an Hotels, die Palette reicht von Spitzenhotels direkt am Strand bis zu freundlichen Landgasthöfen. Die Unterkünfte auf den abgelegeneren Inseln sorgen manchmal für eine angenehme Überraschung, sind jedoch oft recht einfach. Gegenwärtig findet man über 4000 Zimmer auf den Inseln. Die Hotelsteuer beträgt zwischen 5-7%, in der Hauptsaison 20-30% (Mitte Dezember bis Mitte April). Das *Relais de la Guadelope* bietet einen zentralen Buchungsservice. **Kategorien:** 3- und 4-Sterne-Hotels bieten Sportanlagen und ein Unterhaltungsangebot. Außerdem gibt es auf Guadeloupe zwei eigene Hotelkategorien: Hibiskus (H) und Alamandas (A). Die Hibiskus-Hotels entsprechen in etwa dem Standard von 2 oder 3 Sternen und werden oft als Familienbetrieb geführt; Alamandas-Hotels sind gute 1- oder 2-Sterne-Hotels. Die meisten Hotels bieten unterschiedliche Übernachtungspreise an: **Full American Plan (FAP):** Zimmer mit Vollpension (einschl. Nachmittagstee). **American Plan (AP):** Zimmer mit drei Mahlzeiten. **Modified American Plan (MAP):** Zimmer, Frühstück und Abendessen, in manchen Hotels auch Nachmittagstee. **Continental Plan (CP):** Zimmer mit Frühstück. **European Plan (EP):** nur Übernachtung.
FERIENHÄUSER UND -WOHNUNGEN: Villen und Ferienhäuser können gemietet werden. Weitere Informationen erhalten Sie vom Fremdenverkehrsamt in Guadeloupe (Adresse s. o.).

URLAUBSORTE & AUSFLÜGE

Point-à-Pitre ist das industrielle und wirtschaftliche Zentrum Guadeloupes. Im Mittelpunkt der schön angelegten Stadt liegt der *Place de la Victoire*, ein ruhiger schattiger Platz, der zum Verweilen einlädt. Auf dem bunten Markt gibt es viel zu entdecken. Ein paar Schritte weiter liegen die Docks. Am malerischen Hafen kann man dem geschäftigen Treiben auf den Werften zusehen und die engen Gassen erkunden. Der *Pavillion d'Exposition de Bergevin* und das *Centre Cultural Remy Nainsouta* sind zwei interessante Museen, für deren Besuch man sich Zeit lassen sollte.
Auf **Basse-Terre** liegt der Ort *Saint Marie de Capesterre*, wo Kolumbus einst landete. Im Süden der Insel steht ein beeindruckender *Hindutempel*, und mit ein bißchen Glück kann man dort rituellen Opferzeremonien zusehen. Die Kleinstadt **Trois-Rivières** bietet eine interessante Sammlung von Indioreliken, die man auf dem Weg zum Nationalpark bei **Saint-Claude** bewundern

TIMATIC INFO-CODES

Abrufbar über Ihr CRS-System (für START/Amadeus Ama-Maske benutzen). Für Galileo bitte TI-DFT eingeben (mit Bindestrich).

Flughafengebühren	TI DFT/ PTP /TX
Währung	TI DFT/ PTP /CY
Zollbestimmungen	TI DFT/ PTP /CS
Gesundheit	TI DFT/ PTP /HE
Reisepassbestimmungen	TI DFT/ PTP /PA
Visabestimmungen	TI DFT/ PTP /VI

Autovermietung

6 Mietstellen in Guadeloupe ... und die besten Preise

Buchungen **MARTINIQUE**
Tel: (596) 66.09.59
Fax: (596) 66.09.00

Buchungen **GUADELOUPE**
Tel: (590) 91.55.66
Fax: (590) 91.22.88

Thrifty Autovermietung

Schmelzende Preise unter der heißen Sonne der Antillen

Buchungsbüro in PARIS
Tel.(33-1) 40.20.99.11
Fax (33-1) 40.20.05.78

---

kann. Dieser 2960 ha große Park liegt in schöner Landschaft an den Ausläufern des erloschenen Vulkans *La Soufrière*, der sich 1467 m hoch erhebt. Im Regenwald gibt es schöne Wander- und Picknickgebiete, eine willkommene Abwechslung nach ausgiebigem Sonnenbaden und Faulenzen an den herrlichen Inselstränden. Die verschlafene französische Kolonialstadt **Basse-Terre** liegt am Fuß des *La Soufrière*. Das *St. Charles Fort* (erbaut 1605), ein interessantes Beispiel französischer Militärarchitektur, wurde restauriert und zu einem Museum umgebaut. Die Kathedrale und den Marktplatz sollte man sich auf jeden Fall anschauen.

Am *Fort Fleur de L'Epée* auf **Grande-Terre** findet man einige eindrucksvolle Höhlen, nördlich davon liegt die alte »Zuckerstadt« **Sainte Anne. Marie-Galante, La Désirade** und die **Iles des Saintes** werden seltener besucht und sind eher für Abenteuerlustige geeignet. La Désirade ist ruhig, touristisch wenig erschlossen und für seine Meeresfrüchte berühmt. Iles des Saintes besteht aus einer Kette von kleinen Inseln, von denen nur **Terre-de-Haut** und **Terre-de-Bas** bewohnt sind. Beide Inseln sind sehr reizvoll und bieten eine gute Auswahl an Hotels zu angemessenen Preisen. Marie-Galante ist ebenfalls einen Besuch wert; neben guten Hotels und atemberaubenden Stränden gibt es zahlreiche Sehenswürdigkeiten aus der Zeit, in der die Insel noch eine große Zuckerplantage war. Man kann über 100 alte Zuckermühlen sowie eine Rum-Destillerie besichtigen.

SOZIALPROFIL

ESSEN & TRINKEN: Die meisten Gerichte bestehen aus Meeresfrüchten, die auf kreolische, afrikanische, indische und südostasiatische Art zubereitet werden, wobei der Einfluß der französischen Küche jedoch unverkennbar ist. Spezialitäten sind Hummer, Muscheln und Seeigel. Weitere Inselspezialitäten sind gefüllte Krebse, Meeresschneckensuppe, Wildziegenbraten, Hasenpfeffer und gebratene Tauben. Der würzige Geschmack der kreolischen Küche wird schnell unwiderstehlich. **Getränke:** Französischer Wein, Sekt, Liköre und einheimischer Rum werden auch angeboten. Rumpunsch ist eine einheimische Spezialität (Mischung aus Rum, Limonen, Gewürzen und Sirup), die man unbedingt probieren sollte.
NACHTLEBEN: Einheimische Musik und Tanz werden in zahlreichen Restaurants, Bars und Diskotheken geboten. Der berühmte Inseltanz *Biguine* wird auch heute noch in farbenprächtigen und reich verzierten kreolischen Kostümen getanzt.
EINKAUFSTIPS: Französische Importe wie Parfüm, Wein, Spirituosen und Lalique-Kristall sind preiswert. Beliebte Souvenirs sind der einheimische Rum, Bambushüte, Strohartikel und Voodoopuppen. Wer mit Reiseschecks bezahlt, erhält in manchen Geschäften 20% Rabatt. **Öffnungszeiten der Geschäfte:** Mo-Fr 08.30-18.00 Uhr, Sa 08.30-13.00 Uhr.
SPORT: Auf Guadeloupe kann man alle **Wassersportarten** ausüben, aber das Angebot ist nicht so groß wie auf anderen Karibikinseln. Die **Schwimm-, Tauch-** und **Angelmöglichkeiten** (einschl. Hochsee- und Harpunenfischen) sind ausgezeichnet. An einigen Stränden kann man oben ohne baden, es gibt auch FKK-Strände. **Segeln** und **Wasserskilaufen** sind auch sehr beliebt, und es gibt mehrere **Tennis-** und **Golfplätze** (der berühmte 18-Loch-Platz am Meridien Hotel in Saint-Françoise wurde von R. Trent Jones entworfen). **Reiten, Wandern** und **Bergsteigen** sind ebenfalls möglich.
VERANSTALTUNGSKALENDER
Es gibt zahlreiche römisch-katholische und kreolische Feste sowie regionale Veranstaltungen, nicht zu vergessen den Karneval. Das französische Fremdenverkehrsamt *Maison de la France* erteilt nähere Auskünfte (Adressen s. *Frankreich*).
SITTEN & GEBRÄUCHE: Die Atmosphäre ist ruhig und zwanglos. Alltagskleidung wird akzeptiert, zum Ausgehen am Abend wird jedoch elegantere Kleidung erwartet. **Trinkgeld:** 10% sind üblich.

WIRTSCHAFTSPROFIL

WIRTSCHAFT: Landwirtschaft, Leichtindustrie und Tourismus sind die Pfeiler der Wirtschaft des Landes, die immer noch sehr von französischer Finanzhilfe abhängig ist. Bedingt durch das Absinken der Weltmarktpreise in den achtziger Jahren sind die früher beträchtlichen Exporterlöse für Zucker zurückgegangen, und Bananen sind heute das wichtigste Ausfuhrgut. Daneben werden Rum, Zucker, Kaffee, Kakao, tropische Früchte und Vanille exportiert. Trotz einiger Einbußen durch Hurrikane und allgemein leicht rückläufigen Touristenzahlen in der Karibik ist die Tourismusindustrie weiterhin im Aufwind. Haupthandelspartner Guadeloupes ist Frankreich; 62% der Importe kommen aus und 65% der Exporte gehen nach Frankreich.
GESCHÄFTSVERKEHR: Zu geschäftlichen Terminen trägt man leichte Sommer- und Safarianzüge bzw. Sommerkleider oder leichte Kostüme. Die günstigste Zeit für Geschäftsreisen sind die Monate Januar bis März sowie Juni bis September. Geschäftsverbindungen bestehen hauptsächlich mit Frankreich. **Geschäftszeiten:** Mo-Fr 08.00-12.00 und 14.00-18.00 Uhr.
Kontaktadressen: *Chambre de Commerce et d'Industrie de Pointe-à-Pitre* (Industrie- und Handelskammer), BP 64, F-97152 Pointe-à-Pitre Cedex. Tel: 93 76 00. Telefax: 90 21 87.
Chambre de Commerce et d'Industrie de Basse-Terre (Industrie- und Handelskammer), 6 Rue Victor Hugues, F-97100 Basse-Terre. Tel: 81 16 56. Telefax: 81 21 17.

KLIMA

Ganzjährig warm mit Temperaturen zwischen 24° und 30°C; zeitweise sehr schwül, die Regenzeit dauert von Juni bis Oktober. Mit kurzen Schauern muß man jederzeit rechnen.

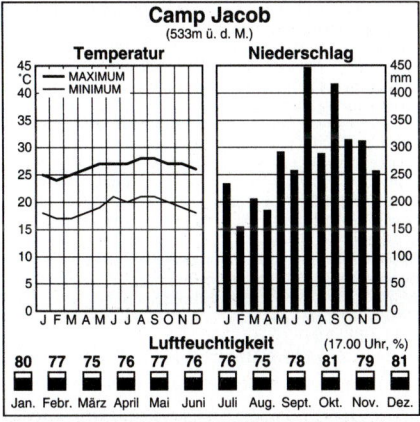

Camp Jacob (533m ü. d. M.)

Zur Benutzung der Timatic-Codes beachten Sie bitte auch die *Einleitung*

248 Guam

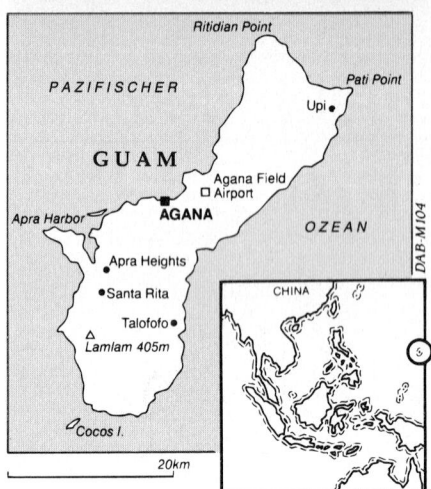

Lage: Westlicher Pazifik, Mikronesien.

Guam Visitors Bureau
1270 North Marine Drive
Boon's Building
Suites 201-205
Upper Tumon
PO Box 3520
Agaña, GU 96911.
Tel: 646 52 78. Telefax: 646 88 61.
Die Interessen der Bundesrepublik Deutschland werden von der deutschen Botschaft in Manila (s. Philippinen), die Interessen Österreichs vom österreichischen Generalkonsulat in Los Angeles (s. USA) vertreten. Die Schweizer Interessenvertretung erfolgt durch die Botschaft der Schweizerischen Eidgenossenschaft in Washington (s. USA). Guam ist ein Außengebiet der USA. Visa sind bei den amerikanischen Botschaften erhältlich (Adressen s. USA).

FLÄCHE: 549 qkm.
BEVÖLKERUNG: 143.000 (1993).
BEVÖLKERUNGSDICHTE: 260,5 pro qkm.
HAUPTSTADT: Agaña. **Einwohner:** 4785 (1990).
GEOGRAPHIE: Guam ist die größte und südlichste Insel der Gruppe der Marianas. Die Insel ist überwiegend hügelig, das nördliche Ende bildet ein Plateau mit sanften Hügeln und Klippen, die 152 m ü. d. M. aufragen und von Höhlen durchzogen sind. Die Insel ist in der Mitte schmaler und läuft im südlichen Teil in ein Gebiet mit Bergen und Tälern aus, das von Flüssen und Wasserfällen unterbrochen wird. Die am besten geschützten Strände liegen an der Westküste.
STAATSFORM: »Self-governing Organized Unincorporated Territory« seit 1982. Direktwahl des Einkammerparlaments (21 Abgeordnete). Gouverneur: Joseph F. Ada, seit 1987.
Der Vertrag von Guam (1950) gewährt der Insel interne Selbstbestimmung. Die Inselbewohner sind amerikanische Staatsbürger ohne Präsidentschaftswahlrecht. Die Insel steht unter der Verwaltung des amerikanischen Innenministeriums und entsendet einen alle zwei Jahre gewählten Delegierten in das Repräsentantenhaus nach Washington.
SPRACHE: Englisch ist Amtssprache. Chamorro und Japanisch werden gesprochen.
RELIGION: Überwiegend katholisch (90%).
ORTSZEIT: MEZ + 9.
NETZSPANNUNG: 120 V, 60 Hz.
POST- UND FERNMELDEWESEN: Telefon: Von Agaña aus können Ferngespräche ins Ausland geführt werden. Landesvorwahl: 671. Viele Hotels haben **Telefaxanschlüsse**. Post: Die Öffnungszeiten der Postämter sind Mo-Fr 08.30-16.30 Uhr und Sa 10.00-12.00 Uhr.
DEUTSCHE WELLE
Der Einsatz der Kurzwellenfrequenzen ändert sich mehrfach im Laufe eines Jahres, und Sendungen auf den folgenden Frequenzen werden jeweils nur zu bestimmten Tageszeiten ausgestrahlt. Näheres in der Einleitung.

MHz	21,640	17,845	11,795	9,735	9,690
Meterband	13	16	25	31	31

REISEPASS/VISUM

Personen, die direkt aus den USA einreisen, müssen keinen Reisepaß vorlegen. Für Reisende, die aus anderen Ländern anreisen, gelten die gleichen Einreisebestimmungen wie auf dem amerikanischen Festland. Alle Anfragen sind an die Botschaften der USA zu richten (Adressen s. *USA*).

GELD

Währung: 1 US-Dollar (US$) = 100 Cents. Weitere Informationen im Kapitel *USA*.
Kreditkarten: Kreditkarten werden nicht überall akzeptiert. Einzelheiten vom Aussteller der betreffenden Kreditkarte.
Öffnungszeiten der Banken: Mo-Do 09.30-14.30 Uhr und Fr 09.30-16.00 Uhr.

DUTY FREE

Es gelten die gleichen Einfuhrbestimmungen wie für die USA. Weitere Einzelheiten unter *Duty free* in der Einführung zum Kapitel *USA*.

GESETZLICHE FEIERTAGE

Es werden die gleichen Feiertage wie auf dem amerikanischen Festland begangen, außerdem:
4. März '96 Tag der Entdeckung Guams. **22. Juli** Befreiungstag. **8. Dez.** Camarin-Tag.

GESUNDHEIT

In der folgenden Tabelle aufgeführte Impfvorschriften können sich kurzfristig ändern. Es wird stets empfohlen, auf Ihrem CRS-System (TIMATIC-Info-Code-Fenster in diesem Kapitel) den aktuellen Stand der Gesundheitsbestimmungen abzurufen bzw. rechtzeitig vor der Reise ärztlichen Rat einzuholen.

	Vorsichtsmaßnahmen empfohlen	Impfschein erforderlich
Gelbfieber	Nein	Nein
Cholera	Nein	Nein
Typhus & Polio	1	-
Malaria	Nein	-
Essen & Trinken	2	-

[1]: Typhus kommt vor, Poliomyelitis nicht.
[2]: Leitungswasser ist normalerweise gechlort und relativ sauber, es kann jedoch u. U. leichte Magenverstimmungen auftreten. Für die ersten Wochen des Aufenthaltes empfiehlt es sich daher, abgefülltes Wasser zu trinken, welches überall erhältlich ist. Milch ist pasteurisiert, und Milchprodukte, einheimisches Fleisch, Geflügel, Obst und Gemüse sind normalerweise unbedenklich. Der Verzehr von rohem oder gekochtem Fisch sowie Schalentieren kann eventuell Vergiftungen zur Folge haben.
Hepatitis A und B sind verbreitet.
Gesundheitsvorsorge: Der Abschluß einer Reisekrankenversicherung wird dringend empfohlen. Es gibt vier Krankenhäuser.

REISEVERKEHR

FLUGZEUG: Linienflugverkehr von Frankfurt nach Narita (Tokio), z. B. mit *Lufthansa* oder *Japan Airlines*, ab Tokio dann weiter mit *Northwest Airlines*. Ferner bieten mehrere Flugtaxi-Unternehmen Linienflüge nach Saipan, Rota und Guam an.
Durchschnittliche Flugzeit: Frankfurt – Guam: 19 Std. 30 (über Tokio, einschl. Zwischenstopp).
Flughafen: *Guam International Airport* liegt südöstlich von Tamuning.
SCHIFF: Folgende Reedereien laufen Guam an: *American President, Austfreight, Daiwa, Dominion Far East, Flagship Cruises, Kyowa, Micronesia Transport, Sea-Land Services* und *Sitmar*.
BUS/PKW: Bus: Das Busnetz ist nicht sehr umfangreich. **Mietwagen:** Die meisten größeren Autovermieter haben hier Filialen. **Taxis** haben alle Taxameter. **Unterlagen:** Internationaler Führerschein erforderlich.

UNTERKUNFT

In den letzten 10 Jahren hat der Tourismus auf Guam beträchtlich zugenommen, und zahlreiche Hotels aller Preisklassen sind gebaut worden. Die meisten Hotels sind stark auf japanische Urlauber ausgerichtet. Weitere Informationen erhalten Sie von der Botschaft der USA.

CAMPING: An den Stränden und in einigen Parks ist Zelten erlaubt. Manche Plätze sollte man grundsätzlich meiden. Weitere Einzelheiten vom *Guam Visitors Bureau* (Adresse s. o.).

URLAUBSORTE & AUSFLÜGE

Guam ist die größte Insel Mikronesiens und als großer Flottenstützpunkt sehr kosmopolitisch und geschäftig. Die Insel wurde fast 250 Jahre lang von Spanien beherrscht, und in der Hauptstadt **Agaña** stehen noch viele Gebäude aus dieser Zeit. Die spanischen Kolonialgebäude und Zeugnisse der *Chamorro*-Zeit sind sehenswert. Die Chamorro sind eine alte Kulturgruppe, deren ca. 55.000 Nachkommen noch heute hier leben. Viele der Attraktionen sind auf den Geschmack der amerikanischen GIs, die hier stationiert sind, zugeschnitten und auf der japanischen Touristen, die die zahlenmäßig größte Touristengruppe ausmachen.
Die **Tumon Bay** in der Nähe der Hauptstadt ist das größte Urlaubsgebiet. Rings um die Küste befinden sich großartige Korallenriffe. Das Landesinnere ist gebirgig, vor allem im Süden. Die Nordküste hat zahlreiche eindrucksvolle Klippen. Es gibt drei botanische Gärten auf Guam: den *Inarajan Shore Botanical Garden* an der Küste im südlichen Teil der Insel; die *Nano Fall Botanical Gardens* in *Agat* (hier kann man unter rauschenden Kaskaden im *Nano River* schwimmen) und die *Pineapple Plantation* in *Yigo*. Guam hat außerdem viele Parkanlagen, von denen einige dem Andenken der Kriegsjahre gewidmet sind; der *South Pacific Memorial Park* erinnert an die Gefallenen der Kriegsjahre 1941-45, und auf dem Gelände des *War in the Pacific National History Park* haben im 2. Weltkrieg fünf Schlachten stattgefunden. Das kleine Inselmuseum ist äußerst interessant mit seinen Abteilungen für Chamorro-Kultur, Naturgeschichte und einer Dokumentation über die japanischen Soldaten, die bis 1972 im Inselinneren lebten, weil sie nicht wußten, daß der 2. Weltkrieg beendet war. Vieles auf der Insel erinnert an den 2. Weltkrieg.
Andere sehenswerte Parks sind der *Latte Park* am Fuße des Kasamata Hügels und der *Merico Pier Park* mit vielen Wassersportmöglichkeiten und dem *Merico Water Festival*, das jeden August stattfindet. Von hier aus kann man mit dem Schnellboot die traumhaft schönen **Cocos Islands** erreichen. Zu den bekanntesten Stränden gehören der *Talofolo Beach Park*, ein Paradies für Surfer, und der *Ipao Beach Park*, einst eine Chamorro-Niederlassung, später Gefängnis und Leprastation und heute einer der beliebtesten Urlaubsorte des Landes.

SOZIALPROFIL

ESSEN & TRINKEN: Die Küche Guams ist der spanischen Küche verwandt. Es gibt eine große Auswahl an amerikanischen, europäischen, philippinischen, indonesischen, japanischen und mexikanischen Restaurants.
NACHTLEBEN: In diversen Nachtklubs werden Musik und Tanz geboten. In den größeren Hotels treten oft Sänger und Musiker aus den USA auf. Die *Guam Symphony & Choral Society* gibt monatlich Konzerte (Spielpause im Sommer). In Agaña zeigen einige Kinos die neuesten amerikanischen Filme.
EINKAUFSTIPS: Im *Agaña Shopping Center* werden einheimische Artikel verkauft. *Marks Shopping Center* im Westen Agañas und *Gibson's Shopping Center* in Tamuning haben eine noch größere Auswahl. Schöne Mitbringsel sind z. B. Uhren, Parfüm, Schmuck, Spirituosen, Porzellan, Stereoanlagen und Kameras (bei *Kimura Camera* im ITC-Gebäude in Agaña gibt es ausgezeichnete neue und reparierte Kameras). **Öffnungszeiten der Geschäfte:** Mo-Sa 10.00-21.00 Uhr und So 12.00-18.00 Uhr.
SPORT: Angeln auf den Riffen ist sehr beliebt. Man kann mit Angel, Netz oder Harpune fischen. Hochseefischen ist ebenfalls möglich. **Wellenreiten** wird in den Badeurlaubsorten angeboten. **Golf:** Es gibt mehrere 18-Loch-Golfplätze. Zum **Tauchen** kann man vollausgerüstete Boote mieten. **Schwimmen:** Viele Hotels haben Swimmingpools; an der Westküste gibt es sichere Bademöglichkeiten. **Publikumssport:** Hunderennen werden jede Woche veranstaltet. Im *Sport-O-Dome* in Tamuning finden jedes Wochenende und an Feiertagen von 10.00-24.00 Uhr (legale) Hahnenkämpfe statt. Wetten ist erlaubt.
VERANSTALTUNGSKALENDER
Jedes Dorf feiert ein Fest zu Ehren seines Schutzheiligen, und zwar an dem Wochenende unmittelbar vor dem eigentlichen Gedenktag des Heiligen. Die starken spanischen Einflüsse auf die örtliche Kultur sind bei den Festlichkeiten unverkennbar. Der Befreiungstag (21. Juli) wird mit Feuerwerken, Festessen und einer eindrucksvollen Parade begangen. Kaum weniger grandios ist die Prozession, die am Camarin-Tag (8. Dez.) stattfindet. Das Guam Visitors Bureau veröffentlicht einen vollständigen Veranstaltungskalender.
SITTEN & GEBRÄUCHE: Westliche Sitten und Gebräuche sind durchaus bekannt. Westliche Besucher müssen jedoch eigentlich weniger die einheimischen Gepflogenheiten verstehen als die der japanischen Touristen. Das offensichtlichste Erbe der Chamorro-Kul-

TIMATIC INFO-CODES

Abrufbar über Ihr CRS-System (für START/Amadeus Ama-Maske benutzen). Für Galileo bitte TI-DFT eingeben (mit Bindestrich).

Flughafengebühren	TI DFT/ JFK /TX
Währung	TI DFT/ JFK /CY
Zollbestimmungen	TI DFT/ JFK /CS
Gesundheit	TI DFT/ JFK /HE
Reisepassbestimmungen	TI DFT/ JFK /PA
Visabestimmungen	TI DFT/ JFK /VI

tur sind die Chamorro-Sprache und eine Mimiksprache unterschiedlicher Gesichtsausdrücke, die »Augenbraue« genannt wird.

WIRTSCHAFTSPROFIL

WIRTSCHAFT: Guam exportiert Kopra, Fisch und Handarbeiten. Landwirtschaft wird größtenteils für den Eigenbedarf betrieben. Seit den siebziger Jahren gibt es eine Petroleum-Raffinerie und etwas Leichtindustrie. Die zollfreie Insel ist auch ein wichtiger Umschlagplatz für den Pazifikraum und besonders für Mikronesien. Einnahmen aus den US-Militärbasen machen einen nicht unbeträchtlichen Teil des Bruttosozialproduktes aus. Der Fremdenverkehr gewinnt zunehmend an Bedeutung, besonders japanische Touristen haben Guam als Ferienziel entdeckt. 1991 kamen 737.260 Gäste auf die Insel, davon 80% Japaner. Naturkatastrophen wie Taifune und Erdbeben (das letzte 1993) haben aber in den letzten Jahren zu einem Rückgang der Touristenzahlen geführt. Die Regierung versucht gegenwärtig verstärkt, im asiatischen Raum Firmen für Investitionen zu interessieren, um eine industrielle Basis zu entwickeln. Die Entwicklung eines Off-shore-Finanzzentrums ist ebenfalls im Gespräch.
GESCHÄFTSVERKEHR: Kontaktadressen: *Guam Chamber of Commerce,* Suite 102 Ada Plaza Center, PO Box 283, Agaña, GU 96910. Tel: 472 63 11. Telefax: 472 62 02.
Guam Economic Development Authority, Suite 909, Guam International Trade Center Bldg., 590 South Marine Drive, Tamuning, GU 96911. Tel: 649 41 41. Telefax: 649 41 46.

KLIMA

Tropisch mit Trocken- und Regenzeit. Die heißesten Monate sind vor der Regenzeit, die von Juli bis November dauert.
Kleidung: Leichte Baumwollkleidung mit Regenschutz für die Regenzeit.

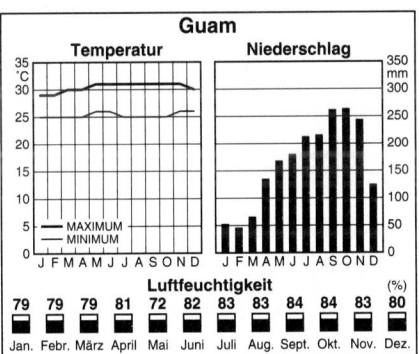

Eine weitere wichtige Veröffentlichung von *Columbus Press* ist der »World Travel Guide«, der jährlich herausgegeben wird und auf über tausend Seiten Informationen in englischer Sprache über alle Länder der Erde enthält.

Weitere Einzelheiten von:
Columbus Press, Verkaufsabteilung, Aurikelweg 9, D-38108 *Braunschweig.* **Tel:** 05309/2123. **Telefax:** 05309/2877.

Guatemala

☐ *Internationaler Flughafen*

Lage: Mittelamerika.

Anmerkung: Da es im Nordwesten Guatemalas immer wieder zu Zusammenstößen zwischen Guerillas und Armee kommt, sollte man diese Region des Landes meiden. Das Auswärtige Amt erteilt eine verhaltene Reiseempfehlung, besonders für Individualreisende. Aktuelle Informationen erteilen die Botschaften.

Generalkonsulat der Republik Guatemala und Instituto Guatemalteco de Turismo – INGUAT
Fruchtallee 17
D-20259 Hamburg
Tel: (040) 430 60 51. Telefax: (040) 430 42 74.
Mo-Fr 09.00-12.00 Uhr.
(mit Visumerteilung, auch allgemeine Informationen für Touristen)
Guatemala Tourist Commission
Centro Cívico
7a Avenida 1-17
Zona 4
01004 Guatemala City
Tel: (02) 31 13 33. Telefax: (02) 31 88 93.
Botschaft der Republik Guatemala
Zietenstraße 16
D-53173 Bonn
Tel: (0228) 35 15 79. Telefax: (0228) 35 49 40.
Mo-Fr 09.00-15.00 Uhr.
Botschaft der Republik Guatemala
Salesianergasse 25/5
A-1030 Wien
Die neue Telefon- und Telefaxnummer stand bei Redaktionsschluß noch nicht fest.
Konsulat der Republik Guatemala (ohne Visumerteilung)
Kantgasse 3
A-1010 Wien
Tel: (0222) 715 29 70. Telefax: (0222) 713 24 21.
Mo-Do 09.00-17.00 Uhr, Fr 09.00-14.00 Uhr.
Honorarkonsulat der Republik Guatemala (mit Visum-

TIMATIC INFO-CODES	
Abrufbar über Ihr CRS-System (für START/Amadeus Ama-Maske benutzen). Für Galileo bitte TI-DFT eingeben (mit Bindestrich).	
Flughafengebühren	TI DFT/ GUA /TX
Währung	TI DFT/ GUA /CY
Zollbestimmungen	TI DFT/ GUA /CS
Gesundheit	TI DFT/ GUA /HE
Reisepassbestimmungen	TI DFT/ GUA /PA
Visabestimmungen	TI DFT/ GUA /VI

erteilung)
10 bis Rue Vieux-Collège
CH-1204 Genf
Tel: (022) 311 40 22. Telefax: (022) 311 74 59.
Mo-Fr 09.30-12.30 und 13.30-17.00 Uhr.
Botschaft der Bundesrepublik Deutschland
Edificio Plaza Maritima
20 Calle 6-20
Zona 10
Apartado Postal 87a
Guatemala City
Tel: (02) 37 00 28/29, 37 28 59. Telefax: (02) 37 00 31.
Botschaft der Republik Österreich
Edificio Plaza Maritima, Local 4-1
6 Avenida 20-25
Zona 10
01010 Guatemala City
Apartado Postal 1041-A
01909 Guatemala City
Tel: (02) 68 23 24, 68 11 34, 37 02 04. Telefax: (02) 33 61 80.
Generalkonsulat ohne Visumerteilung in Guatemala City.
Botschaft der Schweizerischen Eidgenossenschaft
Edificio Seguros Universales
4a Calle 7-73
Zona 9
01009 Guatemala City
Apartado 1426
01901 Guatemala City
Tel: (02) 34 07 43/44, 31 37 25/26. Telefax: (02) 31 85 24.

FLÄCHE: 108.889 qkm.
BEVÖLKERUNGSZAHL: 10.029.000 (1993).
BEVÖLKERUNGSDICHTE: 92 pro qkm.
HAUPTSTADT: Guatemala City. **Einwohner:** 1.150.500 (1994).
GEOGRAPHIE: Guatemala liegt in Mittelamerika und grenzt an Mexiko, Belize, Honduras und El Salvador. Die Landschaft ist überwiegend bergig und stark bewaldet. In den südlichen Hochebenen an der Pazifikküste gibt es eine Vulkankette, drei der Vulkane sind auch heute noch aktiv. Im Vulkangebiet liegen flußreiche Täler unterschiedlicher Größe, in denen der größte Teil der Bevölkerung wohnt. Westlich der Hauptstadt liegt der von Vulkanen umgebene Atitlán-See. Im Norden an der Grenze zu Mexiko und Belize liegt das sanfte Hügelland der Hochebene von El Petén (36.300 qkm), eine undurchdringliche Wildnis mit dichten Hartholzwäldern. Diese Region, in der nur 40.000 Menschen leben, nimmt ca. ein Drittel des Landes ein.
STAATSFORM: Präsidialrepublik seit 1986, letzte Verfassungsänderung 1994. Staatsoberhaupt und Regierungschef: Alvaro Arzu, seit Januar 1996. Das alle 4 Jahre gewählte Parlament hat 80 Mitglieder. Direktwahl des Staatsoberhauptes. Unabhängig seit April 1839.
SPRACHE: Die offizielle Landessprache ist Spanisch, außerdem werden verschiedene Maya-Sprachen gesprochen. Vor allem in Guatemala City versteht man auch Englisch.
RELIGION: 80% römisch-katholisch, 19% Protestanten; Bahai-Minderheiten.
ORTSZEIT: MEZ - 7.
NETZSPANNUNG: 110 V, 60 Hz; amerikanische Flachstecker. Es gibt regionale Unterschiede.
POST- UND FERNMELDEWESEN: Telefon: Selbstwählferndienst. **Landesvorwahl:** 502. Zwischen 19.00 und 07.00 Uhr sind Gespräche nach Europa etwas billiger. **Telefaxanschlüsse** stehen in größeren Hotels zur Verfügung. **Telex/Telegramme:** Telexeinrichtungen in Guatemala City. Telegramme kann man auf Hauptpostämtern aufgeben. Eiltelegramme kosten die doppelte Gebühr. **Post:** Luftpost nach Europa ist 6 bis 12 Tage unterwegs.
DEUTSCHE WELLE
Der Einsatz der Kurzwellenfrequenzen ändert sich mehrfach im Laufe eines Jahres, und Sendungen auf den folgenden Frequenzen werden jeweils nur zu bestimmten Tageszeiten ausgestrahlt. Näheres in der Einleitung.

MHz	17,860	17,715	15,275	9,545	6,100
Meterband	16	16	19	31	49

REISEPASS/VISUM

Wichtiger Hinweis: Die Einreisebestimmungen mancher Länder können sich kurzfristig ändern – rufen Sie sicherheitshalber auf Ihrem CRS-System (TIMATIC-Info-Code-Fenster in diesem Kapitel) den aktuellen Stand ab bzw. wenden Sie sich an die zuständige diplomatische Vertretung. Etwaige Zahlen in der Tabelle beziehen sich auf nachfolgende Fußnoten.

	Paß erforderlich?	Visum erforderlich?	Rückflugticket erforderlich?
Deutschland	Ja	Nein	Ja
Österreich	Ja	Nein	Ja
Schweiz	Ja	Nein	Ja
Andere EU-Länder	Ja	Nein/1	Ja

REISEPASS: Allgemein erforderlich. Reisepaß muß bei der Ausreise noch gültig sein.
Anmerkung: Kinder benötigen ein Lichtbild in ihrem Kinderausweis bzw. im Paß der Eltern.

VISUM: Allgemein erforderlich mit Ausnahme von Staatsbürgern folgender Länder bei einem Aufenthalt bis zu 30 Tagen:
(a) Bundesrepublik Deutschland, Österreich und der Schweiz;
(b) [1] anderer EU-Länder mit Ausnahme von Griechenland, Portugal und Irland (Visum erforderlich);
(c) Andorra, Argentinien, Belize, Chile, Costa Rica, Ecuador, El Salvador, Honduras, Israel, Japan, Liechtenstein, Monaco, Nicaragua, Norwegen, San Marino, Uruguay und Vatikanstadt.
Anmerkung: Die oben genannten Staatsbürger bekommen an der Grenze Guatemalas eine *Tourist Card*, die für einen Aufenthalt von 30 Tagen berechtigt.
Einreisebeschränkungen: Staatsangehörige folgender Länder benötigen eine Sondergenehmigung der Einreisebehörden Guatemalas, bevor sie ein Visum beantragen können: Afghanistan, Albanien, Algerien, Angola, Armenien, Äquatorialguinea, Aserbaidschan, Äthiopien, Bahrain, Bangladesch, Belarus, Benin, Bosnien-Herzegowina, Botswana, Brunei, Bulgarien, Bhutan, China (VR), Djibouti, Dominikanische Republik, Estland, Georgien, Guyana, Haiti, Hongkong, Indien, Indonesien, Irak, Iran, Jemen, Jordanien, Jugoslawien (Serbien und Montenegro), Kambodscha, Kasachstan, Katar, Kenia, Kirgisistan, Kongo, Korea-Nord, Kroatien, Kuba, Kuwait, Laos, Lettland, Libanon, Liberia, Libyen, Litauen, Ehemalige Jugoslawische Republik Mazedonien, Malawi, Malaysia, Malediven, Mali, Mauretanien, Moldawien, Mongolei, Mosambik, Myanmar, Namibia, Nepal, Oman, Pakistan, Peru, Ruanda, Rumänien, Russische Föderation, Sambia, Saudi-Arabien, Simbabwe, Singapur, Slowakische Republik, Slowenien, Somalia, Sri Lanka, Sudan, Suriname, Syrien, Tadschikistan, Tansania, Thailand, Tunesien, Turkmenistan, Türkei, Uganda, Ukraine, Usbekistan, Vietnam, Zentralafrikanische Republik und Zaïre.
Für ein Visum sowohl mit als auch ohne Sondergenehmigung sind detaillierte Angaben erforderlich: eine Kopie der ersten Seite des Reisepasses mit Lichtbild; Angaben über Beruf, Grund der Reise, Familien- und Geschäftskontakte in Guatemala; Angabe der bereits bereisten Länder; ein Rückflugticket und Nachweis über ausreichende Geldmittel. Nähere Einzelheiten von der Botschaft; die Einreisebestimmungen für bestimmte Länder können sich kurzfristig ändern.
Visaarten: Touristenvisa. Visa sind vom Einreisedatum an 30 Tage gültig.
Visagebühren: 30 DM (45 DM für Staatsbürger, die eine Sondergenehmigung benötigen), 122 öS, 35 sfr. Für die Sondergenehmigung wird eine Extragebühr erhoben.
Antragstellung: Konsulat oder Konsularabteilung der Botschaft (Adressen s. o).
Unterlagen: (a) Antragsformular. (b) Paßfoto. (c) Gültiger Reisepaß. (d) Kopie des Reisepasses (erste Seite mit Lichtbild).
Bearbeitungszeit: Für ein Visum mit Sondergenehmigung der Einreisebehörden 3-5 Wochen, ansonsten 1-2 Tage.
Anmerkung: Innerhalb von 30 Tagen müssen sich alle Besucher bei den Einreisebehörden registrieren lassen. Es werden Fotos gemacht und Fingerabdrücke genommen. Eine Verlängerung des Aufenthaltes auf weitere 30 Tage ist vor Ort möglich; der Nachweis ausreichender Geldmittel wird verlangt.

GELD

Währung: 1 Quetzal (Q) = 100 Centavos. Banknoten gibt es im Wert von 100, 50, 20, 10, 5, 1 und 0,5 Quetzal. Münzen gibt es in 25, 10, 5 und 1 Centavo.
Geldwechsel: Beschädigte Banknoten sind schwer zu wechseln.
Kreditkarten: Angenommen werden *Visa, American Express, Eurocard* und *Diners Club*. Einzelheiten vom Aussteller der betreffenden Kreditkarte.
Reiseschecks werden in der Regel in Banken und großen Hotels angenommen. Die Mitnahme von US-Dollar-Reiseschecks wird empfohlen.
Wechselkurse

	Q Sept. '92	Q Febr. '94	Q Jan. '95	Q Jan. '96
1 DM	3,46	3,39	3,62	4,14
1 US$	5,14	5,89	5,61	5,95

Devisenbestimmungen: Es gibt keine Einfuhr- oder Ausfuhrbeschränkungen für Auslandswährungen.
Öffnungszeiten der Banken: Mo-Fr 09.00-15.00 Uhr.

DUTY FREE

Folgende Artikel dürfen von Personen über 18 Jahren zollfrei nach Guatemala eingeführt werden:
200 Zigarettenn oder 25 Zigarren oder 250 g Tabak;;
3 l alkoholischer Getränke;
Parfüm für den persönlichen Gebrauch (geöffnet);
1 Fotoapparat und 1 Filmkamera (gebraucht) sowie je bis zu 6 Filmrollen;
weitere Artikel für den persönlichen Gebrauch.
Anmerkung: Filmproduzenten und Fotojournalisten sollten sich an die Guatemala Tourist Commission wenden, die eine Genehmigung für die zollfreie Einfuhr von größeren Fotoausrüstungen ausstellen kann.

GESETZLICHE FEIERTAGE

1. Mai '96 Tag der Arbeit. **30. Juni** Jahrestag der Revolution. **15. Aug.** Mariä Himmelfahrt (nur in Guatemala City). **15. Sept.** Unabhängigkeitstag. **12. Okt.** Kolumbus-Tag. **20. Okt.** Tag der Revolution. **1. Nov.** Allerheiligen. **24./25. Dez.** Weihnachten. **31. Dez.** Silvester. **1. Jan. '97** Neujahr. **28.-31. März** Ostern. **1. Mai** Tag der Arbeit.

GESUNDHEIT

In der folgenden Tabelle aufgeführte Impfvorschriften können sich kurzfristig ändern. Es wird stets empfohlen, auf Ihrem CRS-System (TIMATIC-Info-Code-Fenster in diesem Kapitel) den aktuellen Stand der Gesundheitsbestimmungen abzurufen bzw. rechtzeitig vor der Reise ärztlichen Rat einzuholen.

	Vorsichtsmaßnahmen empfohlen	*Impfschein erforderlich*
Gelbfieber	Nein	1
Cholera	Ja	2
Typhus & Polio	3	-
Malaria	4	-
Essen & Trinken	5	-

[1]: Eine Impfbescheinigung gegen Gelbfieber wird von allen Reisenden verlangt, die aus Infektionsgebieten kommen und über ein Jahr alt sind.
[2]: Eine Impfbescheinigung gegen Cholera ist keine Einreisebedingung, das Risiko einer Infektion besteht jedoch. Da die Wirksamkeit der Schutzimpfung umstritten ist, empfiehlt es sich, rechtzeitig vor Antritt der Reise ärztlichen Rat einzuholen.
Näheres unter *Gesundheit* (s. Inhaltsverzeichnis).
[3]: Typhus kommt vor, Poliomyelitis jedoch nicht.
[4]: Malaria kommt das ganze Jahr in Höhen unter 1500 m vor, besonders in den folgenden Gebieten: Alta Verapaz, Escuintia, Huehuetenango, Izabal, Petén, Quiché, sowie in Baja Verapaz, Jutiapa, Retalhuleu, San Marcos, Suchitepequez und Zacapa. Die weniger gefährliche Malariaart *Plasmodium vivax* überwiegt.
[5]: Wasser sollte überall mit Vorsicht genossen und vor der Benutzung zum Trinken, Zähneputzen und zur Eiswürfelbereitung entweder abgekocht oder anderweitig sterilisiert werden. Milch ist nicht pasteurisiert und sollte abgekocht werden. Trocken- und Dosenmilch sind vorhanden. Trockenmilch sollte nur mit keimfreiem Wasser angerührt werden. Vermeiden Sie einheimische Milchprodukte. Essen Sie nur gut durchgekochte und heiß servierte Fleisch- und Fischgerichte. Vermeiden Sie Schweinefleisch, rohe Salate, rohes Gemüse und Mayonnaise. Obst sollte geschält werden.
Tollwut kommt vor. Wer ein erhöhtes Risiko eingeht (z. B. längerer Aufenthalt in abgelegenen Gebieten), sollte vor Reiseantritt eine Schutzimpfung erwägen. Bei Bißwunden so schnell wie möglich ärztliche Hilfe in Anspruch nehmen. Weitere Informationen im Kapitel *Gesundheit* (s. Inhaltsverzeichnis).
Hepatitis A tritt ebenfalls auf.
Gesundheitsvorsorge: In Guatemala City ist die Krankenversorgung gut. Der Abschluß einer Reisekrankenversicherung wird empfohlen.

REISEVERKEHR - International

FLUGZEUG: Guatemalas nationale Fluggesellschaft *AVIATECA* (GU) fliegt in die Nachbarländer und in die USA. *KLM* fliegt 4 mal die Woche direkt von Amsterdam. Der *Visit Central America Pass* wird von fünf zentralamerikanischen Fluggesellschaften gemeinsam angeboten. Er gilt auf dem gesamten Streckennetz von *Lacsa, TACA* (El Salvador), *Aviateca* (Guatemala), *Nica* (Nicaragua) und *Copa* (Panama). Es können mindestens drei und maximal zehn Ziele angeflogen werden. Die Reise muß über eine der nachfolgenden Städte begonnen und auch wieder abgeschlossen werden: *USA*: u. a. Houston, Los Angeles, Miami, New Orleans, New York, Orlando, San Francisco, Washington; *Mittelamerika*: u. a. Cancun, Mexico City, Rio de Janeiro; *Südamerika*: u. a. Bogota, Cali, Caracas, Santiago, São Paulo; *Karibik*: u. a. Havana, Kingston, Montego Bay, Santo Domingo. Vorausbuchung wird empfohlen; Buchungen kann man nur von Europa aus vornehmen. Bestellung ist bis zu 1 Woche vor Reiseantritt möglich. Umbuchungen sind kostenlos; bei Rerouting wird eine Gebühr von 50 US$ erhoben. Rückerstattung von 50 US$ nur vor Reiseantritt; danach keine Rückerstattung möglich. Buchungen und Informationen bei *Central American Tours*, Daimlerstraße 1, D-63303 Dreieich. Tel: (06103) 83 02 37. Telefax: (06103) 8 10 61.
Durchschnittliche Flugzeiten: *Frankfurt* – Guatemala: 11 Std. (einschl. Zwischenlandung); *Los Angeles* – Guatemala: 6 Std. und *New York* – Guatemala: 7 Std.
Internationaler Flughafen: *Guatemala City* (GUA) (La Aurora) liegt 6 km südlich der Stadt. Busse zur Innenstadt fahren alle 30 Min. Ein Taxistand ist vorhanden. Am Flughafen gibt es Mietwagen- und Hotelreservierungsschalter, Postamt, Tourist-Information, Apotheke, einen Duty-free-Shop, ein Restaurant, eine Bar, ein Impfzentrum und eine Bank.
Flughafengebühren: 50 Q pro Person bei Ausreise.
Anmerkung: Auf in Guatemala gekaufte internationale Flugtickets wird eine Steuer von insgesamt 17% (10% + 7% Mehrwertsteuer) aufgeschlagen.
SCHIFF: Internationale Passagierlinien fahren von Fernost, Nordamerika und Europa nach Santo Tomás in Mexiko. Frachtschiffe laufen die guatemaltekischen Pazifikhäfen San José und Champerico an.
BAHN: Täglich fährt ein Zug quer durch Guatemala vom Pazifik über Guatemala City zur Karibik nach Puerto Barrios. Außerdem gibt es täglich eine Verbindung von Guatemala City über Mazatenango nach Mexiko (mit Übernachtung an der Grenze). Speisewagen sind nicht vorhanden.
BUS/PKW: Die Panamerikana führt von Mexiko durch Guatemala und El Salvador nach Südamerika. **Fernbusse:** Es gibt Busverbindungen von Mexiko und El Salvador, Nicaragua, Costa Rica und Panama. Richtung Süden kommt es aufgrund der politischen Situation oft zu Verzögerungen. Auch an den Grenzübergängen muß man mit langen Wartezeiten rechnen. Die Busse mancher Unternehmen sind klimatisiert und bequem; es ist jedoch sehr wichtig, für jeden Reiseabschnitt so früh wie möglich zu buchen.

REISEVERKEHR - National

FLUGZEUG: Da es mehr als 380 Landebahnen im Land gibt, ist das Flugzeug das zuverlässigste Fortbewegungsmittel. *AVIATECA* (GU), *Aeroquetzal* und *Aerovias* fliegen täglich von Guatemala City nach Petén. Es gibt auch private Charterflugzeuge.
BUS/PKW: Das Straßennetz umfaßt 12.033 km, aber nur 3117 km sind bepflastert und wetterfest. Viele Straßen haben einen Oberflächenbelag aus vulkanischer Asche, der während der Regenzeit aufweicht. Es gibt mehrere größere Straßen, darunter die Schnellstraßen, die Guatemala City mit den größeren Städten des Landes und den Häfen an der Pazifik- und Atlantikküste verbinden. **Bus:** Fernbusse, die zwischen den großen Städten verkehren, sind preiswert, aber oft überfüllt. **Mietwagen:** *Hertz, Budget, National, Dollar* und andere Firmen bieten ihre Dienste an. Die Preise sind niedrig, Versicherung muß extra bezahlt werden. Man kann auch Motorräder mieten. **Taxi:** Es gibt Einheitsfahrpreise in der Stadt, sie sind jedoch zum Teil recht hoch. Man kann Taxis auch stundenweise mieten. Lizensierte Taxis erkennt man an Nummernschildern, die mit einem »A« beginnen und der Nummer auf den Türen. Taxistände gibt es zumeist nur vor größeren Hotels, ansonsten muß man Taxis telefonisch bestellen. **Unterlagen:** Bei Vorlage des Führerscheins des eigenen Landes wird eine Fahrerlaubnis für Guatemala ausgestellt.
STADTVERKEHR: Guatemala City und andere größere Städte haben ein begrenztes, aber preiswertes Busnetz.

UNTERKUNFT

HOTELS: In Guatemala City gibt es zahlreiche Hotels aller Preisklassen. Auch in Antigua, der ehemaligen Hauptstadt (die 1773 durch ein Erdbeben zerstört wurde – Guatemala City traf im Jahre 1976 das gleiche Schicksal), gibt es eine große Auswahl an Hotels. In Puerto Barrios, Chichicastenango, Quetzaltenango, Panajachel (am Atitlán-See) und Cobán ist die Auswahl nicht ganz so groß. In den anderen Landesteilen ist das Hotelangebot begrenzt. Das Niveau der Hotels ist sehr unterschiedlich. Die Hotelsteuer beträgt 17% (10% + 7% Mehrwertsteuer). Registrierte Hotels müssen eine Preisliste mit den Zimmerpreisen aushängen. Das Fremdenverkehrsamt in Guatemala City bearbeitet eventuelle Beschwerden.
PENSIONEN: In den meisten größeren Städten findet man preiswerte Pensionen.
CAMPING: Einfache Campingplätze sind weit verbreitet. Ein beliebtes Ausflugsziel ist der Zeltplatz am aktiven Vulkan Pacayo, von dem man Vulkanausbrüche mit glühender Asche und Lava beobachten kann. Am Atitlán-See ist Zelten nur auf den Campingplätzen gestattet.
Im Rahmen des *Mundo-Maya-Projektes* werden *Eco-Camps* für Wissenschaftler, Studenten und Naturliebhaber eingerichtet, die mit maximal 12 Zimmern ausgerüstet sind. Die erzielten Gewinne aus diesem Projekt sollen ökologische Forschungen und Studien sowie Umweltmaßnahmen ermöglichen. Außerdem werden kleine Gasthäuser (sog. *Maya Inns*) in ganz Guatemala gebaut.

URLAUBSORTE & AUSFLÜGE

Guatemala City und Umgebung: Die Hauptstadt liegt auf einem Plateau, das von tiefen Bergschluchten durchzogen wird. Das alte Viertel mit den Gebäuden aus der Kolonialzeit liegt im Norden der Stadt. Am Platz *Parque Central* in der Stadtmitte befinden sich der Nationalpalast, die Kathedrale, die Nationalbibliothek und eine Einkaufspassage. Der *Parque Aurora* mit dem Zoo, dem Archäologischen Museum und dem Kunstgewerbemuseum liegt im Süden der Stadt, in der Nähe des Flug-

hafens und der Pferderennbahn. Zum Besichtigen eignen sich u. a. die Kathedrale und die Kirchen Cerro de Carmen, La Merced, Santo Domingo, Santuario Expiatorio, Las Capuchinas, Santa Rosa und Capilla de Yurrita.
Außerhalb von Guatemala City liegt **Antigua**. Die hübsch gelegene Stadt hatte vor ihrer Zerstörung durch ein Erdbeben den Ruf, die schönste Stadt Mittelamerikas zu sein. Einige der erhalten gebliebenen Sehenswürdigkeiten sind die Plaza de Armas, die Kathedrale, die Universität von San Carlos und die San Francisco-Kirche. Von den Vulkanen *Volcan de Agua*, *Volcan de Acatenango* und *Volcan de Fuego* aus hat man eine unvergleichliche Aussicht auf die Stadt und ihre Umgebung.
Die Karibik-Küste: In der Nähe der Hafenstadt Puerto Barrias liegt der schöne Strand von Escobar. Nicht weit von hier, im Landesinneren, liegt der Izabal-See mit dem spanischen Fort San Felipe und einem Naturschutzgebiet, das einige der seltensten Säugetiere der Welt beheimatet.
An der Straße nach Guatemala City: Bekannt sind die Sehenswürdigkeiten aus dem alten Maya-Kaiserreich in *Quirigua*. In *Zacapa*, *Chiquimula* und *Esquipular* kann man einige der schönsten Kirchen der spanischen Kolonialzeit sehen.
San José ist die zweitgrößte Hafenstadt des Landes; hier kann man wunderbar fischen und schwimmen. Interessant ist auch der Bootsausflug auf dem Chiquimula-Kanal zur alten spanischen Hafenstadt *Iztapa* (heute ein Badeort).
Atitlán-See: Einer der schönsten Seen der Welt, umgeben von violettem Hochland und olivgrünen Bergen, an seinen Ufern liegen mehrere Dörfer. Besucher können in Panajachel und Umgebung wohnen. Bootsfahrten, Schwimmen und Wasserskifahren bieten sich an.
Westliches Guatemala: Keramik aus der Industriestadt *Totonicapan* ist im ganzen Land erhältlich. Der Markt in dieser Stadt ist einer der preiswertesten im Land. In *Momostenango* werden Decken gewebt.
Quetzaltenango ist die größte Stadt im westlichen Guatemala und liegt inmitten hoher Berge und Vulkane. Sie ist eine moderne Großstadt, in der es jedoch auch enge Gassen aus der Kolonialzeit, breite Alleen, schöne öffentliche Gebäude und eine großartige Plaza gibt. Die interessante *Casa de la Cultura* (Museumskomplex) befindet sich an der Südseite des Zentralparks.
Flores liegt auf einer Insel im malerischen Petén-Itzá-See im Herzen weitläufiger Waldgebiete.
Tikal National Park: Man braucht mindestens zwei Tage, um alle Ruinen der riesigen Tempel und der Gebäude aus der Mayazeit in Tikal zu besichtigen.
Von **Sayaxche** aus kann man gut **El Petén** durchstreifen, entweder auf den Spuren der Maya oder zur Erforschung der Tier- und Pflanzenwelt. Besonders eindrucksvoll sind die Ruinen in *Ceibal*, *Itzan*, *Dos Pilas*, *Yaxhá* und *Uaxactún*.

SOZIALPROFIL

ESSEN & TRINKEN: Zahlreiche Restaurants und Cafés bieten eine große Auswahl an Gerichten der amerikanischen, argentinischen, chinesischen, deutschen, italienischen, mexikanischen und spanischen Küche. Außerdem gibt es viele Cafés im europäischen Stil und Schnellrestaurants. Selbst bei gleichbleibender Qualität können sich die Preise je nach Restaurant unterscheiden.
NACHTLEBEN: Diskotheken und Nachtklubs findet man vor allem in Guatemala City. Aus Guatemala kommt die *Marimba*-Musik, die in den Städten von vier bis neun Musikern mit langstieligen Trommelstöcken auf einem riesigen Xylophon gespielt wird – auf dem Land verwendet man hierzu Flaschenkürbisse unterschiedlicher Größe (*Marimbas de Tecomates*). Es gibt auch Theateraufführungen und andere kulturelle Veranstaltungen in englischer Sprache. In den größeren Städten werden Filme mit spanischen bzw. englischen Untertiteln gezeigt.
EINKAUFSTIPS: Besonders zu empfehlen sind Textilien, Handarbeiten, Schmuck, Jade-Schnitzereien, Lederartikel, Keramik und Korbwaren. Auf den Märkten findet man die besten einheimischen Produkte. Um den Preis wird gehandelt. In Coban kann man preiswerte Silberware kaufen. **Öffnungszeiten der Geschäfte:** Mo-Sa 09.30-19.30 Uhr.
SPORT: Schwimmen: Im *Parque Minerva* im Norden der Hauptstadt gibt es zwei Schwimmbecken. In der *Ciudad Olímpica* findet man ebenfalls ein Schwimmbad; einige Hotels der Hauptstadt haben Swimmingpools. In der Hauptstadt kann man **Bowling** und **Billard** spielen. **Basketball** und **Baseball** werden im Parque Minerva gespielt.
SITTEN & GEBRÄUCHE: Guatemala ist, neben El Salvador, das mit am dichtesten besiedelte Land Mittelamerikas. Rund die Hälfte der Bevölkerung ist indianischer Abstammung, obwohl der spanische Einfluß im Land unverkennbar ist. Viele Guatemalteken haben zwei Nachnamen, im Gespräch oder Brief sollte man entweder den ersten Nachnamen benutzen oder beide, jedenfalls nicht nur den zweiten. Freizeitkleidung ist vielfach angemessen, nur in Restaurants und Klubs der gehobenen Preisklasse wird gepflegtere Garderobe erwartet. **Trinkgeld:** Sofern das Bedienungsgeld nicht in der Restaurantrechnung enthalten ist, sind 10-15% angemessen.

WIRTSCHAFTSPROFIL

WIRTSCHAFT: Über die Hälfte der Bevölkerung (58%) ist in der Landwirtschaft beschäftigt. Kaffee macht 20% des Gesamtexports aus. Weitere wichtige landwirtschaftliche Erzeugnisse sind Zucker sowie Bananen, Baumwolle und Kardamom. Die verarbeitende Industrie Guatemalas ist die größte Mittelamerikas, vorherrschend ist die Produktion von Papier-, Textil- und Gummiartikeln, sowie Nahrungsmittel und Pharmazeutika. In den siebziger Jahren wurde Erdöl gefunden, das heute in geringem Maße gefördert wird. Guatemala muß jedoch weiterhin seinen Erdölbedarf überwiegend mit Importen decken. Obwohl Guatemala massive Entwicklungshilfe aus den USA und Unterstützung von der Interamerikanischen Entwicklungsbank und dem Internationalen Währungsfonds erhält, haben Bürgerkrieg und ungünstige Wetterverhältnisse die Wirtschaftsentwicklung in den letzten zwanzig Jahren stark behindert. 1990 lebten immer noch 89% der Bevölkerung unterhalb der Armutsgrenze. Ein Freihandelsabkommen mit El Salvador und der Aufbau einer Zollunion der beiden Staaten versprechen jedoch einen wirtschaftlichen Aufschwung. Die Inflationsrate ist bereits erheblich gesunken. Weitere wichtige Haupthandelspartner Guatemalas sind die USA, Costa Rica, Honduras, Nicaragua, Mexiko, Venezuela, Japan, Deutschland und einige andere EU-Länder. Der im Juli 1993 von Staatsoberhaupt León Carpio vorgeschlagene Friedensplan läßt auf eine Beendigung des Bürgerkriegs hoffen. Seither kam es jedoch wiederholt zu gewalttätigen Zwischenfällen. Nach einer Unterbrechung wurden die Friedensgespräche Anfang 1994 wieder aufgenommen. Außerdem wurde ein Flüchtlingsabkommen verabschiedet, das die Rückführung von Hunderttausenden von Flüchtlingen des Bürgerkrieges in ihre Heimatgebiete ermöglichen soll.
GESCHÄFTSVERKEHR: Geschäftliche Umgangsformen sind in Guatemala im allgemeinen konservativ und recht formell. Auf Pünktlichkeit wird Wert gelegt. Terminvereinbarung wird empfohlen, und Visitenkarten sind üblich. **Geschäftszeiten:** Mo-Fr 08.00-18.00 Uhr und Sa 08.00-12.00 Uhr.
Kontaktadressen: *Cámara de Comercio e Industria* (Deutsch-Regionale Industrie- und Handelskammer für Zentralamerika und die Karibik), 5a Avenida 15-45, Zona 10, Edificio Centro Empresarial, Torre I, Of. 505, Guatemala. Tel: (02) 63 95 62, 63 95 72. Telefax: (02) 33 70 44.
Die wirtschaftlichen Interessen Österreichs werden von der Außenhandelsstelle in Mexiko City (s. Mexiko) wahrgenommen.
Cámara de Industria de Guatemala (Industriekammer), 6a Ruta 9-21, 12°, Zona 4, Apartado 214, Guatemala City. Tel: (02) 34 08 50. Telefax: (02) 34 10 90.
Cámara de Comercio de Guatemala (Handelskammer), 10a Calle 3-80, Zona 1, Guatemala City. Tel: (02) 8 26 81. Telefax: (02) 51 41 97.

KLIMA

Das Klima ist je nach Höhenlage unterschiedlich. An der Küste und im Nordosten ist es das ganze Jahr über warm; in den höheren Lagen herrscht ein kühleres Klima. Die Regenzeit dauert von Juni bis Oktober, der Rest des Jahres ist verhältnismäßig trocken. Die Nächte sind kühl.
Kleidung: Tagsüber leichte Tropenkleidung; Jacken und leichte Wollsachen für die Abende.

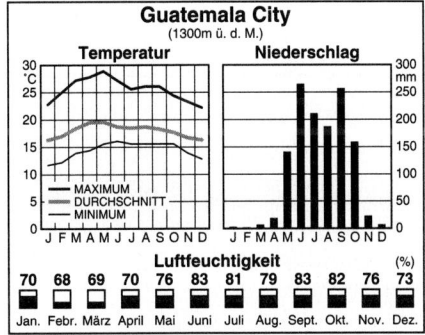

Guayana, Französisch
...siehe Inhaltsverzeichnis

Republik Guinea

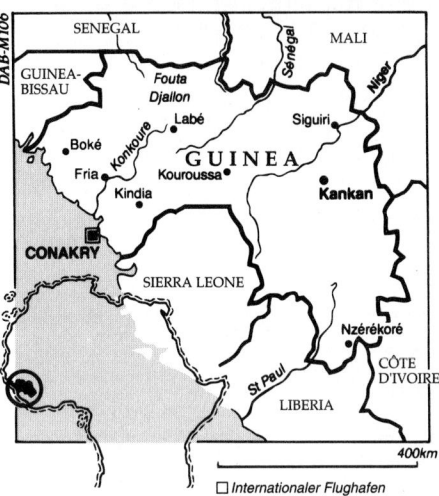

Lage: Westafrika.

Secrétariat d'Etat au Tourisme et à l'Hôtellerie (Fremdenverkehrsamt)
Square des Martyrs
BP 1304
Conakry
Tel: 44 26 06.
Botschaft der Republik Guinea
Rochusweg 50
D-53129 Bonn
Tel: (0228) 23 10 98. Telefax: (0228) 23 10 97.
Mo-Fr 09.00-14.30 Uhr.
(auch zuständig für Österreich)
Außenstelle Berlin
Heinrich-Mann-Straße 32
D-13156 Berlin
Tel: (030) 482 94 88/89.
Konsulat der Republik Guinea (mit Visumerteilung)
25 Quai du Mont-Blanc
CH-1201 Genf
Tel: (022) 731 17 48. Telefax: (022) 731 17 53.
Kein Publikumsverkehr, nur postalische Beantragung. Übergeordnete Vertretung ist die Botschaft der Republik Guinea in Paris:
Ambassade de la République de Guinée
51 Rue de la Faisanderie
F-75016 Paris
Tel: (1) 45 53 85 45, 47 04 81 48. Telefax: (1) 47 04 57 65.
Mo-Fr 09.00-16.00 Uhr.
Botschaft der Bundesrepublik Deutschland
BP 540
Conakry
Tel: 44 15 08, 41 15 06. Telefax: 41 22 18.
Konsularagentur der Schweizerischen Eidgenossenschaft (mit beschränkten Befugnissen)
c/o ADRA Guinée
Madina – Corniche Sud
BP 720
Conakry 1
Tel./Telefax: 41 32 76.
Übergeordnete Vertretung ist die Botschaft in Abidjan (s. Côte d'Ivoire).
Österreich unterhält keine Vertretung in der Republik Guinea, zuständig ist die Botschaft in Dakar (s. Senegal).

FLÄCHE: 245.857 qkm.
BEVÖLKERUNGSZAHL: 6.306.000 (1993).
BEVÖLKERUNGSDICHTE: 25,6 pro qkm.

TIMATIC INFO-CODES

Abrufbar über Ihr CRS-System (für START/Amadeus Ama-Maske benutzen). Für Galileo bitte TI-DFT eingeben (mit Bindestrich).

Flughafengebühren	TI DFT/ CKY /TX
Währung	TI DFT/ CKY /CY
Zollbestimmungen	TI DFT/ CKY /CS
Gesundheit	TI DFT/ CKY /HE
Reisepassbestimmungen	TI DFT/ CKY /PA
Visabestimmungen	TI DFT/ CKY /VI

HAUPTSTADT: Conakry. **Einwohner:** 1.300.000 (mit Außenbezirken, 1993).
GEOGRAPHIE: Die Republik Guinea liegt in Westafrika und grenzt im Nordwesten an Guinea-Bissau, im Norden an den Senegal und Mali, im Osten an Côte d'Ivoire, im Süden an Liberia und im Südwesten an Sierra Leone. Guineas Flüsse versorgen einen Großteil Westafrikas mit Wasser. Der Niger fließt vom Hochland im Süden nach Norden durch Mali, bevor er sich wieder nach Süden wendet (durch Niger, Benin nach Nigeria). Die Küstenebene besteht aus Mangrovensümpfen, während die Fouta-Djalon-Hügel im Landesinneren mehrere kleinere Gebirgszüge und Plateaus in Westguinea bilden. Im Nordosten liegen die Savannen der Sahelzone, die sich bis nach Mali erstreckt. Der Süden des Landes ist ebenfalls bergig.
STAATSFORM: Präsidialrepublik seit 1991 (III. Republik); das Parlament wurde 1984 aufgelöst. Staatsoberhaupt und Regierungschef: Brigadegeneral Lansana Conté, seit 1984, im Dezember 1993 in Wahlen bestätigt, deren Ergebnis aber von der Opposition nicht anerkannt wurde. Erste freie Wahlen im Juni 1995. Parlament (114 Mitglieder) wird alle 4 Jahre gewählt, Direktwahl des Staatsoberhauptes alle 5 Jahre. Unabhängig seit Okt. 1958 (ehem. französische Kolonie).
SPRACHE: Französisch ist die Amtssprache; die einheimischen Sprachen sind Susu, Malinke und Fulani.
RELIGION: Überwiegend Moslems (95%); Naturreligionen und christliche Minderheiten (1,5%).
ORTSZEIT: MEZ - 1.
NETZSPANNUNG: 220 V, 50 Hz.
POST- UND FERNMELDEWESEN: Telefon: Selbstwählferndienst. **Landesvorwahl: 224. Telexe/Telegramme** können im *Hotel de l'Indépendance* und dem *Grand Hotel de l'Unité* aufgegeben werden. **Post:** In der Hauptstadt gibt es zahlreiche Postämter.
DEUTSCHE WELLE
Der Einsatz der Kurzwellenfrequenzen ändert sich mehrfach im Laufe eines Jahres, und Sendungen auf den folgenden Frequenzen werden nur zu bestimmten Tageszeiten ausgestrahlt. Näheres in der Einleitung.

MHz	17,860	15,275	15,135	11,795	9,545
Meterband	16	19	19	25	31

REISEPASS/VISUM

Wichtiger Hinweis: *Die Einreisebestimmungen mancher Länder können sich kurzfristig ändern – rufen Sie sicherheitshalber auf Ihrem CRS-System (TIMATIC-Info-Code-Fenster in diesem Kapitel) den aktuellen Stand ab bzw. wenden Sie sich an die zuständige diplomatische Vertretung. Etwaige Zahlen in der Tabelle beziehen sich auf nachfolgende Fußnoten.*

	Paß erforderlich?	*Visum erforderlich?*	*Rückflugticket erforderlich?*
Deutschland	Ja	Ja	Ja
Österreich	Ja	Ja	Ja
Schweiz	Ja	Ja	Ja
Andere EU-Länder	Ja	Ja	Ja

Einreiseverbot: Journalisten dürfen nur auf Einladung der Regierung einreisen.
REISEPASS: Allgemein erforderlich.
VISUM: Allgemein erforderlich, ausgenommen sind Staatsbürger von Ägypten, Algerien, Benin, Burkina Faso, Côte d'Ivoire, Gambia, Ghana, Guinea-Bissau, Kap Verde, Kuba, Liberia, Mali, Marokko, Mauretanien, Niger, Nigeria, Senegal, Sierra Leone, Togo und Tunesien.
Visaarten: Transit-, Touristen- und Geschäftsvisa. Transitvisa sind nicht erforderlich, wenn man mit dem gleichen Flugzeug ausreist und den Flughafen nicht verläßt.
Visagebühren: 75 DM, 50 sfr.
Antragstellung: Botschaft (Adressen s. o.).
Unterlagen: (a) 3 Antragsformulare. (b) 3 Paßfotos. (c) Reisepaß (mindestens noch 6 Monate gültig).
Der postalischen Antragstellung sollten ein adressierter Freiumschlag und der Zahlungsbeleg über die Gebühren beigefügt werden.
Bearbeitungszeit: I. allg. 24 Std.

GELD

Währung: 1 Guinea-Franc (FG), es gibt keine weitere Unterteilung. Die Währung hat den gleichen Wert wie der CFA-Franc, ist aber nicht an ihn gebunden. Banknoten sind im Wert von 5000, 1000, 500, 100, 50 und 25 FG im Umlauf, Münzen im Wert von 25, 10, 5 und 1 FG.
Geldwechsel: Hotels nehmen einige Fremdwährungen als Bezahlung an.
Kreditkarten: *Eurocard* wird teilweise akzeptiert. Einzelheiten vom Aussteller der betreffenden Kreditkarte.
Reiseschecks sollten in US-Dollar ausgestellt sein. Die Umtauschgebühren sind jedoch hoch (ca. 14%).
Wechselkurse

	FG Sept. '92	FG Febr. '94	FG Jan. '95	FG Jan. '96
1 DM	549,48	469,55	646,10	693,57
1 US$	816,59	815,12	1001,47	997,00

Devisenbestimmungen: Die Ein- und Ausfuhr der Landeswährung ist verboten. Die Einfuhr von Fremdwährungen ist unbegrenzt, muß aber bei der Einreise deklariert werden. Die Ausfuhr ist auf den deklarierten Betrag beschränkt.
Öffnungszeiten der Banken: Mo-Fr 08.30-12.30 und 14.30-16.30 Uhr.

DUTY FREE

Folgende Artikel können zollfrei nach Guinea eingeführt werden:
1000 Zigaretten oder 250 Zigarren oder 1 kg Tabak;
1 Flasche Spirituosen (geöffnet);
Parfüm für den persönlichen Gebrauch.

GESETZLICHE FEIERTAGE

1. Mai '96 Tag der Arbeit. **28. Juli** Mouloud (Geburtstag des Propheten). **27. Aug.** Jahrestag der Frauenrevolte. **28. Sept.** Tag des Referendums. **2. Okt.** Tag der Republik. **1. Nov.** Allerheiligen. **22. Nov.** Tag der Invasion von 1970. **25. Dez.** Weihnachten. **1. Jan '97** Neujahr. **10. Jan.** Beginn des Ramadan. **11. Febr.** Eid al-Fitr (Ende des Ramadan). **31. März** Ostermontag. **19. April** Eid al-Adha (Tabaski, Opferfest). **1. Mai** Tag der Arbeit.
Anmerkung: Die angegebenen Daten für islamische Feiertage sind nach dem Mondjahr berechnet und verschieben sich daher von Jahr zu Jahr. Während des Fastenmonats Ramadan, der dem Festtag Eid al-Fitr vorangeht, essen Mohammedaner nicht tagsüber, sondern erst nach Sonnenuntergang, wodurch der normale Geschäftsablauf gestört werden kann. Diese Unterbrechungen können auch während des Eid al-Fitr und des Eid al-Adha auftreten. Diese Feste haben keine festgelegte Zeitdauer und können je nach Region 2-10 Tage dauern. Nähere Informationen unter *Welt des Islam* (s. Inhaltsverzeichnis).

GESUNDHEIT

In der folgenden Tabelle aufgeführte Impfvorschriften können sich kurzfristig ändern. Es wird stets empfohlen, auf Ihrem CRS-System (TIMATIC-Info-Code-Fenster in diesem Kapitel) den aktuellen Stand der Gesundheitsbestimmungen abzurufen bzw. rechtzeitig vor der Reise ärztlichen Rat einzuholen.

	Vorsichtsmaßnahmen empfohlen	*Impfschein erforderlich*
Gelbfieber	Ja	1
Cholera	2	2
Typhus & Polio	Ja	-
Malaria	3	-
Essen & Trinken	4	-

[1]: Eine Impfbescheinigung gegen Gelbfieber wird von allen Reisenden verlangt, die über ein Jahr alt sind.
[2]: Eine Impfbescheinigung gegen Cholera ist keine Einreisebedingung, das Risiko einer Infektion besteht jedoch. Da die Wirksamkeit der Schutzimpfung umstritten ist, empfiehlt es sich, rechtzeitig vor der Reise ärztlichen Rat einzuholen. Näheres unter *Gesundheit* (s. Inhaltsverzeichnis).
[3]: Malariaschutz ist ganzjährig im ganzen Land erforderlich. Die vorherrschende gefährliche Malariaart *Plasmodium falciparum* soll Chloroquin-resistent sein.
[4]: Wasser sollte generell vor der Benutzung zum Trinken, Zähneputzen und zur Eiswürfelbereitung entweder abgekocht oder anderweitig sterilisiert werden. Milch ist außerhalb der Stadtgebiete nicht pasteurisiert und sollte ebenfalls abgekocht werden. Nur pasteurisierte Milchprodukte konsumieren. Fleisch- und Fischgerichte nur gut durchgekocht und heiß serviert essen. Der Genuß von Schweinefleisch, rohen Salaten und Mayonnaise sollte vermieden werden. Gemüse sollte gekocht und Obst geschält werden.
Tollwut kommt vor. Wer ein erhöhtes Risiko eingeht (z. B. längerer Aufenthalt in abgelegenen Gebieten), sollte vor Reiseantritt eine Schutzimpfung erwägen. Bei Bißwunden so schnell wie möglich ärztliche Hilfe in Anspruch nehmen. Weitere Informationen im Kapitel *Gesundheit* (s. Inhaltsverzeichnis).
Bilharziose-Erreger kommen in manchen Teichen und Flüssen vor, das Schwimmen oder Waten in Binnengewässern sollte daher vermieden werden. Gut gepflegte Schwimmbecken mit gechlortem Wasser sind ungefährlich.
Hepatitis A, B und *E* kommen vor.
Gesundheitsvorsorge: Der Abschluß einer Reisekrankenversicherung wird dringend empfohlen. Einfache medizinische, zahnärztliche und augenärztliche Versorgung ist in Conakry erhältlich.

REISEVERKEHR - International

FLUGZEUG: Es gibt regelmäßige Flüge von Belgien, Frankreich, den Niederlanden, Gambia, Ghana, Guinea-Bissau, dem Kongo, Marokko und Nigeria. Die Fluggesellschaft *Sabena* fliegt von München und Frankfurt über Amsterdam, Paris oder Brüssel nach Conakry.
Durchschnittliche Flugzeit: *Frankfurt* – Conakry: 9 Std. (einschl. eines Zwischenaufenthalts in Amsterdam, Paris oder Brüssel, der bis zu 4,5 Std. dauern kann).
Internationaler Flughafen: *Conakry* (CKY) liegt 13 km südwestlich der Stadt. Taxis sind vorhanden.
Flughafengebühren: 36 DM bei Ausreise.
SCHIFF: Die größten Reedereien, die Conakry anlaufen, sind *Lloyd Triestino, DSS Line* (GB) und *Polish Ocean Lines*.
BUS/PKW: Straßen verbinden Conakry mit Freetown (Sierra Leone) und mit Monrovia (Liberia) sowie Bamako (Mali) mit Siguiri und Kankan. Die Straßen nach Liberia und Mali sind oft in schlechtem Zustand. Es gibt Busverbindungen von Tambacounda (Senegal) und Bamako (Mali). Mit den Buschtaxis kommt man überall hin. Weitere Informationen s. *Reiseverkehr - National.*

REISEVERKEHR - National

FLUGZEUG: *Air Guinée* bietet einige Inlandflüge zwischen den größeren Städten wie Conakry, Labé, Kissidougou, Macenta, Siguiri, Boké, Kankan und N'Zérékoré an.
Flughafengebühren: Etwa 6 DM.
BAHN: Bahnfahrten sind für Besucher generell nicht zu empfehlen. Es gibt unregelmäßige Zugverbindungen, die Conakry, Kindia und Kankan miteinander verbinden.
BUS/PKW: Die Straßen sind in schlechtem Zustand und werden selten benutzt. Kleinere Straßen sind oft vom Busch überwachsen. In der Regenzeit (Mai - Oktober) ist die Straßenbenutzung oft unmöglich. Die Straßen zwischen Conakry (über Kindia) und Kissidougou sowie zwischen Boké und Kamsar sind mit Metallplatten belegt, ebenso die Straße nach Freetown (Sierra Leone). **Taxis** sind vorhanden, Fahrpreise sollten im voraus vereinbart werden. Buschtaxis sind ein populäres Transportmittel.
STADTVERKEHR: Busse und Taxis in Conakry sind preiswert. Taxifahrer erwarten kein Trinkgeld.

UNTERKUNFT

HOTELS: In Conakry findet man einige teure Hotels mit akzeptablem Komfort, auch in Kankan gibt es einige Hotels. Unterkünfte sollte man lange im voraus buchen und auf einer schriftliche Bestätigung bestehen.
PENSIONEN gibt es in den meisten größeren Städten. Weitere Informationen vor Ort.
CAMPING: Zelten ist in Guinea nicht gestattet.

URLAUBSORTE & AUSFLÜGE

Nach der Unabhängigkeitserklärung von Frankreich 1958 blieb Guinea lange Zeit isoliert, und erst nach dem Tod des Diktators Sekou Touré im Jahre 1984 öffnete sich das Land allmählich dem Tourismus. Dennoch ist Guinea auch heute noch eines der am wenigsten besuchten Länder Afrikas, und es ist nicht immer möglich, ein Visum zu bekommen.
Guineas Reiz für Touristen liegt in seiner unberührten und vielfältigen Landschaft mit Bergen und Ebenen, Savannen und Wäldern. Die drei großen Flüsse Westafrikas – der Gambia, der Senegal und der Niger – entspringen hier. Das *Fouta-Djalon-Hochland* ist bekannt für seine malerischen Hügel, Täler und Wasserfälle und bietet wunderschöne Aussichten über die ganze Region; sie wird hauptsächlich von Moslems, Fula-Schäfern und Bauern bewohnt. Im Osten Guineas liegen viele historische Städte, in denen Überreste des mittelalterlichen Reiches zu sehen sind. Im Süden befindet sich **Guinée Forestière**, ein mit Regenwald bewachsenes Hochland, das von nicht-islamischen Volksgruppen bewohnt wird. Die Hauptstadt **Conakry** befindet sich auf der Insel Tumbo und wird durch einen 300 m langen Pier mit der Halbinsel Kaloum verbunden. In dieser wunderschön angelegten Stadt gibt es schattige Alleen mit Mangobäumen und Kokospalmen. Die schöne *Kathedrale* (1930) in der Stadtmitte ist auf jeden Fall einen Besuch wert. Ganz besonders interessant sind die *Kakimbon-Höhlen* in der Gegend um **Ratoma**, die einen bedeutenden religiösen Stellenwert haben und auch in vielen Legenden eine Rolle spielen.
In der Umgebung: Die **Iles de Los**, unweit der Halbinsel Kaloum, sind einen Besuch wert und leicht von Conakry aus erreichbar. *Le Voile de la Mariée*, ca. 150 km von Conakry in der Nähe von Kindia, ist ein malerischer Ort am Fuße eines ca. 70 m hohen Felsens, von dem der Fluß Sabende inmitten üppiger tropischer Vegetation in einen Teich hinabrauscht. In **Pita**, zwischen Dalaba und Labé, sollte man sich den Kinkon-Wasserfall nicht entgehen lassen, der 150 m in die Tiefe stürzt.
In Guinea gibt es keine Nationalparks; die Tierwelt kann am besten in den Savannen im Nordosten, zwischen dem Tinkisso River und der Grenze zu Mali, sowie am Fuße des Fouta-Djalon-Plateaus und im Südosten beobachtet.

SOZIALPROFIL

ESSEN & TRINKEN: In den Restaurants der Hauptstadt wird westliche Küche angeboten, aber in den Restaurants der anderen Landesteile findet man einheimische Spezialitäten wie *Jollof Rice* und Fischgerichte, die stark gewürzt sein können. Als Beilage wird zumeist Reis serviert. Die Grundnahrungsmittel sind Maniok, Yamswurzel und Mais. Die Landesbewohner essen gern eine sehr scharfe Maissuppe, die in Flaschenkürbissen serviert wird. **Getränke:** In den Restaurants der größeren

Hotels der Hauptstadt gibt es eine große Auswahl an alkoholischen Getränken, einschl. guter westafrikanischer Biersorten, die auch in Bars angeboten werden.
NACHTLEBEN: Obwohl es Nachtklubs und Kinos gibt, veranstalten Guineer lieber ihre eigene Unterhaltung. In den Straßen trifft man oft auf Gruppen, die tanzen und singen und sich dabei auf traditionellen Musikinstrumenten oder selbstgemachten Gitarren begleiten. Conakry ist ein lebendiges Musikzentrum, besonders schön sind die Gesänge des Kindia-Stammes.
EINKAUFSTIPS: Obwohl die Geschäfte der größeren Städte eher schlecht bestückt sind, findet man auf den Märkten gute Angebote. Beliebte Souvenirs sind die typisch bunten Kleidungsstücke, Holzschnitzereien, Lederläufer mit einfachen schwarzweißen Mustern, Metallschmuck, einheimische Schallplatten, Flaschenkürbisse und Schmuck. **Öffnungszeiten der Geschäfte:** Mo-Sa 09.00-18.00 Uhr.
SPORT: Im »Stadion des 28. September« in Landreah finden zahlreiche Sportveranstaltungen statt. **Fußball** ist die populärste Sportart. **Schwimmen:** Strände gibt es auf den Iles de Los vor der Küste von Conakry, die Strömung ist jedoch stark. Schwimmer sollten vorsichtig sein und auf die Ratschläge der Einheimischen hören.
SITTEN & GEBRÄUCHE: Obwohl die islamischen Bräuche nicht so streng eingehalten werden wie in anderen Ländern, sollte man Sitten und Gebräuche respektieren. Alltagskleidung ist angemessen.
Fotografieren: Hierfür ist eine Genehmigung vom *Ministère de l'Intérieur et de la Sécurité* erforderlich, die im voraus beantragt werden muß. **Trinkgeld:** 5% Bedienungsgeld wird normalerweise extra berechnet.

WIRTSCHAFTSPROFIL

WIRTSCHAFT: Die Mehrheit der Bevölkerung ist in der Landwirtschaft beschäftigt (72%), Subsistenzwirtschaft herrscht vor. Seit 1984 bemüht sich die Regierung, der Planwirtschaft den Rücken zu kehren. Neben der Landwirtschaft spielt der Bergbau eine große Rolle. Guinea hat große Bauxitvorkommen, deren Ausfuhr den Hauptteil der Exporterlöse ausmachen, sowie Diamanten, Gold und Aluminium. Dank seiner reichen Bodenschätze kam das Land in den Genuß massiver Entwicklungshilfe aus Ost und West. Guinea hat aus der wachsenden regionalen Zusammenarbeit Vorteile ziehen können; so produziert Kamerun z. B. Aluminium aus guineischem Bauxit. Seit 1990 belastet der Flüchtlingsstrom aus Liberia und Sierra Leone allerdings die Wirtschaft Guineas. Guinea ist mit Liberia und Sierra Leone Mitglied der *Mano River Union*, und gehört zusammen mit Gambia und Senegal zur *Gambia River Development Organisation*. Außerdem ist Guinea Mitglied der ECOWAS (Wirtschaftsgemeinschaft Westafrikanischer Staaten). Guinea bezieht seine Importe vor allem aus Frankreich (21%), Côte d'Ivoire (15%), den USA (8%), Hongkong und den EU-Staaten. Hauptabsatzmarkt sind die USA (19% aller Exporte). Andere wichtige Handelspartner sind die EU-Staaten sowie Brasilien.
GESCHÄFTSVERKEHR: Gute Französischkenntnisse sind sehr vorteilhaft. **Geschäftszeiten:** Mo-Do 08.00-16.30 Uhr, Fr 08.00-13.00 Uhr.
Kontaktadressen: *Chambre de Commerce, d'Industrie et d'Agriculture de Guinée* (Industrie- und Handelskammer), BP 545, Conakry. Tel: 44 44 95. Telex: 609.
Die wirtschaftlichen Interessen Österreichs werden von der Außenhandelsstelle in Casablanca (s. Marokko) wahrgenommen.

KLIMA

Das Klima ist tropisch und schwül. Die Regenzeit dauert von Mai bis Oktober, die Trockenzeit von November bis April.
Kleidung: Tropische Baumwollsachen während des ganzen Jahres. Während der Regenzeit leichten Regenschutz nicht vergessen.

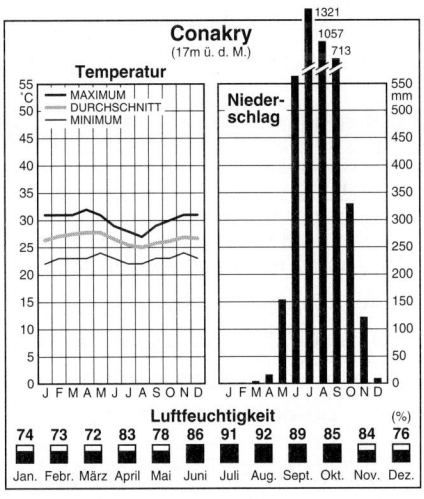

Guinea-Bissau

☐ Internationaler Flughafen

Lage: Westafrika.

Centro de Informação e Turismo (Fremdenverkehrsamt)
CP 294
Bissau.
Honorarkonsulat der Republik Guinea-Bissau
Sögestraße 54
D-28195 Bremen
Tel: (0421) 1 51 22. Telefax: (0421) 165 48 54.
Mo-Fr 09.00-12.30 Uhr.
Konsulat der Republik Guinea-Bissau
202 Route de l'Etraz
CH-1290 Versoix-Genf
Tel: (022) 755 11 94. Telefax: (022) 755 64 47.
Mo-Fr 09.00-12.00 Uhr.
Botschaft der Republik Guinea-Bissau
70 Avenue Franklin Roosevelt
B-1050 Brüssel
Tel: (02) 647 13 51.
Mo-Fr 09.00-15.00 Uhr.
(auch zuständig für Österreich)
Die Bundesrepublik Deutschland, Österreich und die Schweiz unterhalten keine Vertretungen in Guinea-Bissau, zuständig sind die Botschaften in Dakar (s. Senegal).

FLÄCHE: 36.125 qkm.
BEVÖLKERUNGSZAHL: 1.028.000 (1993).
BEVÖLKERUNGSDICHTE: 28,5 pro qkm.
HAUPTSTADT: Bissau. **Einwohner:** 125.000 (1988).

TIMATIC INFO-CODES

*Abrufbar über Ihr CRS-System (für START/Amadeus Ama-Maske benutzen). Für Galileo bitte TI-DFT eingeben (**mit Bindestrich**).*

Flughafengebühren	TI DFT/ BXO /TX
Währung	TI DFT/ BXO /CY
Zollbestimmungen	TI DFT/ BXO /CS
Gesundheit	TI DFT/ BXO /HE
Reisepassbestimmungen	TI DFT/ BXO /PA
Visabestimmungen	TI DFT/ BXO /VI

GEOGRAPHIE: Guinea-Bissau (früher Portugiesisch-Guinea) grenzt im Norden an den Senegal, im Südwesten an den Atlantik und im Osten an die Republik Guinea. Zu Guinea-Bissau gehören auch das Arquipélago dos Bijagós und die Insel Bolama. Das Land ist fast ausschließlich flach, die höchste Erhebung (300 m) ist nahe der Grenze zu Guinea. Die Küstenregion besteht aus dichtem Wald und Mangrovensümpfen, das Landesinnere zum größten Teil aus Savanne.
STAATSFORM: Präsidialrepublik seit 1984, seit 1991 Mehrparteiensystem. Staatsoberhaupt: General João Bernardo (Nino) Vieira, seit 1980, 1994 im Amt bestätigt. Regierungschef: Manuel Saturnino da Costa (seit 1994). Die ersten freien Wahlen fanden im Juli 1994 statt. Nationalversammlung (100 Mitglieder) und Staatsoberhaupt (Direktwahl) werden alle 5 Jahre gewählt. Wahlrecht ab 15 Jahre. Unabhängig seit September 1974 (ehem. portugiesische Kolonie).
SPRACHE: Offizielle Landessprache ist Portugiesisch, aber die Mehrheit der Bevölkerung spricht das einheimische *Crioulo* (kreolisches Portugiesisch). Andere afrikanische Sprachen werden ebenfalls gesprochen.
RELIGION: Überwiegend Naturreligionen (54%), außerdem Moslems (38%) und christliche Minderheit (8%).
ORTSZEIT: MEZ - 1.
NETZSPANNUNG: Sofern vorhanden: 220 V, 50 Hz.
POST- UND FERNMELDEWESEN: Telefon: Selbstwählferndienst. Landesvorwahl: 245. Telex/Telegramme: Im Hauptpostamt von Bissau gibt es eine Telexstelle. Post: Inlandpost ist sehr unzuverlässig; Post ins Ausland ist lange unterwegs.
DEUTSCHE WELLE
Der Einsatz der Kurzwellenfrequenzen ändert sich mehrfach im Laufe eines Jahres, und Sendungen auf den folgenden Frequenzen werden jeweils nur zu bestimmten Tageszeiten ausgestrahlt. Näheres in der Einleitung.

MHz	17,860	15,275	15,135	13,610	9,545
Meterband	16	19	19	22	31

REISEPASS/VISUM

Wichtiger Hinweis: Die Einreisebestimmungen mancher Länder können sich kurzfristig ändern – rufen Sie sicherheitshalber auf Ihrem CRS-System (TIMATIC-Info-Code-Fenster in diesem Kapitel) den aktuellen Stand ab bzw. wenden Sie sich an die zuständige diplomatische Vertretung. Etwaige Zahlen in der Tabelle beziehen sich auf nachfolgende Fußnoten.

	Paß erforderlich?	Visum erforderlich?	Rückflugticket erforderlich?
Deutschland	Ja	Ja	Ja
Österreich	Ja	Ja	Ja
Schweiz	Ja	Ja	Ja
Andere EU-Länder	Ja	Ja	Ja

REISEPASS: Allgemein erforderlich, er muß mindestens noch 1 Jahr lang gültig sein.
VISUM: Allgemein erforderlich, ausgenommen sind Staatsbürger von Benin, Burkina Faso, Côte d'Ivoire, Gambia, Ghana, Guinea (Republik), Kap Verde, Kuba, Liberia, Mali, Mauretanien, Niger, Nigeria, Senegal, Sierra Leone und Togo.
Visa können auf der Polizeihauptwache in Bissau verlängert werden. Weitere Einzelheiten von den diplomatischen Vertretungen.
Visagebühren: 90 DM; 60 sfr; 1500 bfr.
Gültigkeitsdauer: 30 Tage (Verlängerungsmöglichkeit vor Ort).
Antragstellung: Botschaft bzw. Konsulat (Adressen s. o.). Nur schriftliche Visabeantragung beim Konsulat in Versoix.
Unterlagen: (a) 2 Antragsformulare. (b) 2 Paßfotos. (c) Reisepaß. (d) Gebühr (bar oder Verrechnungsscheck). Der postalischen Antragstellung sollten ein adressierter und frankierter Umschlag und der Zahlungsbeleg der Gebühren beigefügt werden.
Bearbeitungszeit: Ca. 1 Woche. Der Antrag sollte frühestens einen Monat und nicht später als 2 Wochen vor Einreise gestellt werden.

GELD

Währung: 1 Peso Guineano (PG) = 100 Centavos.
Banknoten sind im Wert von 10.000, 5000, 1000, 500,

Eine weitere wichtige Veröffentlichung von Columbus Press ist der »World Travel Guide«, der jährlich herausgegeben wird und Informationen in englischer Sprache auf mehr als tausend Seiten über alle Länder der Erde enthält.

Weitere Einzelheiten von:
Columbus Press, Verkaufsabteilung, Aurikelweg 9, D-38108 Braunschweig.
Tel: 05309/2123. Telefax: 05309/2877.

Guinea-Bissau

100 und 50 PG in Umlauf.
Kreditkarten: *Eurocard* wird nur begrenzt in der Hauptstadt akzeptiert. Einzelheiten vom Aussteller der betreffenden Kreditkarte.
Reiseschecks werden in allen Banken gegen eine festgesetzte Gebühr eingetauscht.
Wechselkurse

	PG Okt. '92	PG Febr. '94	PG Jan. '95	PG Jan. '96
1 DM	3382,22	2890,30	8748,49	12.546,8
1 US$	5026,42	5017,43	13.560,30	18.036,0

Devisenbestimmungen: Die Ein- und Ausfuhr der Landeswährung ist verboten. Es gibt keine Einfuhrbeschränkungen für Fremdwährungen, diese müssen jedoch bei der Einreise deklariert werden. Die Ausfuhr ist auf den bei der Einreise deklarierten Betrag beschränkt. Die Landeswährung ist außerhalb des Landes nicht umtauschbar.
Öffnungszeiten der Banken: Mo-Fr 07.30-14.30 Uhr.

DUTY FREE

Folgende Artikel können zollfrei nach Guinea-Bissau eingeführt werden:
Tabakerzeugnisse und Parfüm in geöffneten Flaschen für den persönlichen Gebrauch.
Einfuhrverbot: Alkohol.

GESETZLICHE FEIERTAGE

1. Mai '96 Tag der Arbeit. **3. Aug.** Todestag von Pidjiguiti. **24. Sept.** Nationalfeiertag. **14. Nov.** Jahrestag der Wiederanpassungsbewegung. **25. Dez.** Weihnachten. **1. Jan. '97** Neujahr. **20. Jan.** Jahrestag des Todes von Amílcar Cabral. **11. Febr.** Eid al-Fitr/Korité (Ende des Ramadan). **19. April** Beginn des Eid al-Adha/Tabaski. **1. Mai** Tag der Arbeit.
Anmerkung: Die angegebenen Daten für islamische Feiertage sind nach dem Mondjahr berechnet und verschieben sich daher von Jahr zu Jahr. Während des Fastenmonats Ramadan, den dem Festtag Eid al-Fitr vorangeht, essen Mohammedaner nicht tagsüber, sondern erst nach Sonnenuntergang, wodurch der normale Geschäftsablauf gestört werden kann. Diese Unterbrechungen können auch während des Eid al-Fitr auftreten. Dieses Fest, ebenso wie das Eid al-Adha, hat keine festgelegte Zeitdauer und kann je nach Region 2-10 Tage dauern. Nähere Informationen im Kapitel *Welt des Islam* (s. Inhaltsverzeichnis).

GESUNDHEIT

In der folgenden Tabelle aufgeführte Impfvorschriften können sich kurzfristig ändern. Es wird stets empfohlen, auf Ihrem CRS-System (TIMATIC-Info-Code-Fenster in diesem Kapitel) den aktuellen Stand der Gesundheitsbestimmungen abzurufen bzw. rechtzeitig vor der Reise ärztlichen Rat einzuholen.

	Vorsichtsmaßnahmen empfohlen	Impfschein erforderlich
Gelbfieber	Ja	1
Cholera	2	2
Typhus & Polio	Ja	-
Malaria	3	-
Essen & Trinken	4	-

[1]: Nach Auskunft des Konsulates in Bremen ist *generell* eine Impfbescheinigung gegen Gelbfieber zur Einreise erforderlich.
Laut Weltgesundheitsorganisation wird eine Impfbescheinigung nur von Reisenden verlangt, die älter als ein Jahr sind und aus Infektionsgebieten oder aus folgenden Ländern kommen: Angola, Aquatorialguinea, Äthiopien, Benin, Burkina Faso, Burundi, Côte d'Ivoire, Djibuti, Gabun, Gambia, Ghana, Guinea, Kap Verde, Kenia, Kongo, Liberia, Madagaskar, Mali, Mauretanien, Mosambik, Niger, Nigeria, Ruanda, Sambia, São Tomé und Principe, Senegal, Sierra Leone, Somalia, Tansania, Togo, Tschad, Uganda, Zaïre und Zentralafrikanische Republik sowie aus Bolivien, Brasilien, Ecuador, Französisch-Guayana, Guyana, Kolumbien, Panama, Peru, Suriname und Venezuela.
[2]: Eine Impfbescheinigung gegen Cholera ist keine Einreisebedingung, das Risiko einer Infektion besteht jedoch. Da die Wirksamkeit der Schutzimpfung umstritten ist, empfiehlt es sich, rechtzeitig vor Antritt der Reise ärztlichen Rat einzuholen. Näheres unter *Gesundheit* (s. Inhaltsverzeichnis).
[3]: Malariaschutz ist landesweit ganzjährig erforderlich. Die vorherrschende gefährliche Form *Plasmodium falciparum* soll Chloroquin-resistent sein.
[4]: Wasser sollte generell vor der Benutzung zum Trinken, Zähneputzen und zur Eiswürfelbereitung entweder abgekocht oder anderweitig sterilisiert werden. Nur gut durchgekochte und heiß servierte Fleisch- und Fischgerichte essen. Der Genuß von Schweinefleisch, rohen Salaten und Mayonnaise sollte vermieden werden. Gemüse sollte gekocht und Obst geschält werden.
Tollwut kommt vor. Wer ein erhöhtes Risiko eingeht (z. B. längerer Aufenthalt in abgelegenen Gebieten), sollte vor Reiseantritt eine Schutzimpfung erwägen. Bei Bißwunden so schnell wie möglich ärztliche Hilfe in Anspruch nehmen. Weitere Informationen im Kapitel *Gesundheit* (s. Inhaltsverzeichnis).
Bilharziose-Erreger kommen in manchen Teichen und Flüssen vor, das Schwimmen oder Waten in Binnengewässern sollte daher vermieden werden. Gut gepflegte Schwimmbecken mit gechlortem Wasser sind unbedenklich.
Hepatitis A, B und *E* treten auf.
Gesundheitsvorsorge: Der Abschluß einer Reisekrankenversicherung wird dringend empfohlen.

REISEVERKEHR - International

FLUGZEUG: Guinea-Bissaus nationale Fluggesellschaft heißt *Linhas Aereas da Guiné-Bissau (YZ)*. TAP Air Portugal *(TP)* bietet ganzjährig Linienflugdienste an von Frankfurt, Wien und Zürich über Lissabon nach Bissau.
Durchschnittliche Flugzeit: *Frankfurt – Bissau:* ca. 9 Std. (einschl. Zwischenaufenthalten).
Internationaler Flughafen: *Bissau (BXO) (Bissalanca)* liegt 11 km außerhalb der Stadt (Fahrzeit 30 Min.). Taxis sind vorhanden.
Flughafengebühren: 47,50 DM, meist schon im Flugticket enthalten.
SCHIFF: Fähren verbinden die Küstenhäfen mit den Binnenhäfen und sind ein wichtiger Teil des Transportsystems, da die Straßen oft unbefahrbar sind (s. *Reiseverkehr - National*). Ein neuer Binnenfrachthafen ist in N'Pungda geplant.
BUS/PKW: Es gibt einige befestigte Verbindungsstraßen in den Senegal und nach Guinea (bei Flug nach Conakry/Republik Guinea und Weiterreise auf dem Landweg, die Strecke von Conakry nach Bissau ist rund 1000 km lang). In der Regenzeit sind die Straßen jedoch zum Teil nur schwer passierbar.

REISEVERKEHR - National

FLUGZEUG: Es gibt 10 kleine Landepisten. Die nationale Fluggesellschaft bietet Inlandflüge an, u. a. zu den vorgelagerten Inseln.
SCHIFF: Die meisten Städte kann man per Schiff erreichen, Flußboote verkehren in fast allen Regionen. Von Bissau nach Bolama gibt es Fährverbindungen (von den Gezeiten abhängig) sowie von Bissau nach Bafatá. Die Küstenfähren verbinden die Nordküste mit Bissau.
BUS/PKW: Das Straßennetz umfaßt 4150 km, 360 km davon sind asphaltiert und etwa weitere 20% wetterfest. Verbesserungen sind geplant. Es gibt Langstreckentaxis und einen begrenzten Busdienst. **Unterlagen:** Ein Internationaler Führerschein wird empfohlen, ist aber nicht vorgeschrieben. Unter Vorlage des eigenen Führerscheins kann man eine befristete Fahrerlaubnis erwerben.

UNTERKUNFT

HOTELS: In Guinea-Bissau gibt es mehrere große Hotels (inkl. eines 4-Sterne-Sheraton-Hotels in Bissau und eines Freizeitkomplexes auf der Insel Maio) sowie verschiedene kleine, preiswerte Hotels. Unterkünfte sollten im voraus gebucht werden; die Preise können sich jederzeit ändern, Bestätigung der Buchung wird daher empfohlen.
CAMPING: Es gibt keine offiziellen Zeltplätze, vom Zelten ist generell abzuraten.

URLAUBSORTE & AUSFLÜGE

Bis vor kurzem war Guinea-Bissau nicht als Reiseland im Gespräch; man versucht jedoch in letzter Zeit zunehmend, Touristen für dieses schöne Land zu interessieren.
Die Hauptstadt **Bissau** ist eine malerische Stadt mit rund 125.000 Einwohnern. Sehenswert sind vor allem die noch erhaltenen Bauwerke aus der Kolonialzeit. Paradebeispiel ist der Sitz des Präsidenten in der Avenida Amílcar Cabral. Das *Museu Nacional* mit seiner Sammlung afrikanischer Kunst ist sehr interessant.
In **Cacheu** kann man eine alte portugiesische Festung besichtigen (16 Jh.).
Bolama, die ehemalige Hauptstadt von Guinea-Bissau, ist heute eine »malerische Ruine«. Nach der Verlegung der Regierung nach Bissau verlor die Stadt rasch an Bedeutung. Die alten, etwas heruntergekommen Kolonialgebäude zeugen vom einstigen Glanz. Die gleichnamige Insel hat wunderbare Strände und ist ein erholsames Urlaubsziel.
Bubaque ist eine von vielen idyllischen Küsteninseln, die bislang kaum touristisch erschlossen und noch sehr ursprünglich sind.

SOZIALPROFIL

ESSEN & TRINKEN: Die wenigen kleinen Hotels in Guinea-Bissau bieten preiswerte und ausgezeichnete Gerichte wie *Jollof Rice*, Huhn- und Fischgerichte an. Die Grundnahrungsmittel sind Maniok, Yamswurzel und Mais.
EINKAUFSTIPS: Auf den Märkten werden einheimische Kunsthandwerksartikel und Schnitzereien angeboten. In Bissau findet man einige moderne Geschäfte. **Öffnungszeiten der Geschäfte:** Mo-Fr 07.30-12.30 und 14.30-18.30 Uhr.
SPORT: Schwimmen: Das Meer ist warm und bietet gute Schwimm- und Bademöglichkeiten. Man sollte jedoch nicht zu weit hinausschwimmen, da in einigen Gebieten starke Strömungen vorkommen. **Angeln:** Die Flüsse und das Meer bieten ausgezeichnete Fischgründe.
SITTEN & GEBRÄUCHE: Alltagskleidung wird überall akzeptiert. Als Feriengast sollte man die einheimischen Gebräuche respektieren; vor allem in den islamischen Regionen sollten Frauen nicht zu leicht bekleidet sein. **Trinkgeld:** 10% ist angemessen, wird jedoch offiziell nicht gern gesehen.

WIRTSCHAFTSPROFIL

WIRTSCHAFT: Guinea-Bissau ist ein armes Land, die landwirtschaftlichen Erträge reichen kaum für den Export. Reis ist das Grundnahrungsmittel. Hauptexportgüter im Agrarbereich sind Erd-, Cashew- und andere Nüsse. Die einzige nennenswerte Industrie ist die Holzindustrie. Mit Hilfe von EU-Zuschüssen wird die Baumwollproduktion angekurbelt. Der Bau von Zuckerraffinerien ist geplant, und auch der Fischerei soll mit Förderungsprogrammen auf die Beine geholfen werden. Öl- und Bauxitvorkommen lassen für die Zukunft hoffen. In absehbarer Zeit wird sich jedoch kaum etwas an der massiven Auslandsverschuldung ändern, das Land wird weiterhin von ausländischen Finanzspritzen abhängig sein. Haupthandelspartner ist Portugal. Guinea-Bissau ist Mitglied der *ECOWAS* (Wirtschaftsgemeinschaft der Westafrikanischen Staaten).
GESCHÄFTSVERKEHR: Zu geschäftlichen Terminen trägt man Safarianzüge bzw. Sommerkleider.
Kontaktadressen: Associacão Commercial e Industrial e Agrícola da Guiné-Bissau (Industrie- und Handelskammer), Bissau.
Die wirtschaftlichen Interessen Österreichs werden von der Außenstelle in Casablanca (s. Marokko) wahrgenommen.

KLIMA

Tropisches Klima. Die Regenzeit dauert von Mai bis November, die Trockenzeit von Dezember bis April. Heiße Winde wehen aus dem Landesinneren. Von Juli bis September kann es sehr schwül werden. Die Temperaturen hängen von der Entfernung zur Küste ab.
Kleidung: Leichte Baumwollsachen sowie Regenschutz während der Regenzeit.

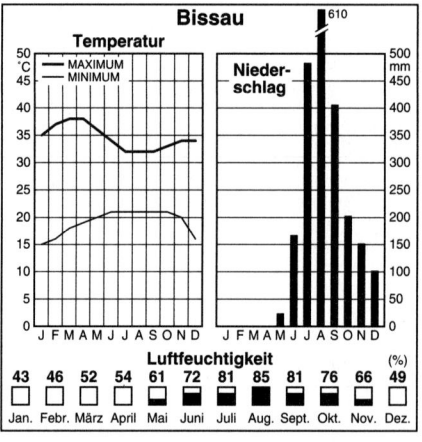

Zur Benutzung der Timatic-Codes beachten Sie bitte auch die *Einleitung*

Pass- und Visavorschriften mancher Länder können sich kurzfristig ändern – Im Zweifelsfall erkundigen Sie sich bitte vor der Abreise bei der zuständigen Botschaft

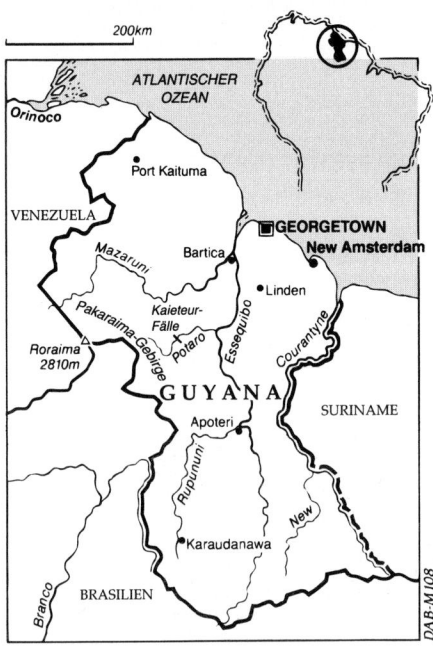

☐ Internationaler Flughafen

Lage: Nordostküste Südamerikas.

Tourism Association of Guyana
228 South Road
Lacytown
Georgetown
Tel: (02) 5 08 07. Telefax: (02) 5 08 17.
Botschaft der Republik Guyana
12 Avenue de Brasil
B-1050 Brüssel
Tel: (02) 675 62 16. Telefax: (02) 675 63 31.
Mo-Fr 09.30-17.30 Uhr.
(zuständig für Deutschland, Österreich und die Schweiz)
Honorarkonsulat der Bundesrepublik Deutschland
70 Quamina & Mn. Street
PO Box 10647
Georgetown
Tel/Telefax: (02) 6 10 89.
Die Interessen Österreichs und der Schweiz werden von den jeweiligen Botschaften in Caracas (s. Venezuela) vertreten.

FLÄCHE: 214.969 qkm.
BEVÖLKERUNGSZAHL: 816.000 (1993).
BEVÖLKERUNGSDICHTE: 3,8 pro qkm.
HAUPTSTADT: Georgetown. **Einwohner:** 200.000 (1985).
GEOGRAPHIE: Guyana liegt im Nordosten Südamerikas und grenzt im Nordwesten an Venezuela, im Osten an Suriname und im Süden und Südwesten an Brasilien. Im Nordosten bildet der Atlantische Ozean eine natürliche Grenze. »Guiana« (ursprüngliche Schreibweise) bedeutet »Land der vielen Wasser«; der Name ist treffend, da das Land von über 1077 km schiffbare Wasserwegen durchzogen ist. Das Landesinnere besteht aus Hochländern wie dem Pakaraima-Gebirge an der venezulanischen Grenze und dichtem Regenwald, der 80% des Landes bedeckt. Am schmalen, 322 km langen Küstenstrich werden Reis und Zucker angebaut. Hier lebt auch die Mehrheit der Bevölkerung; etwa 25% der Bevölkerung lebt in Georgetown. Eine der interessanten Sehenswürdigkeiten sind die im Landesinneren gelege-

nen Kaieteur-Fälle am Río Potaro, die fünfmal so hoch sind wie die Niagara-Fälle.
STAATSFORM: Präsidialrepublik im Commonwealth seit 1980; Einkammerparlament mit 65 Mitgliedern, davon werden 53 direkt gewählt. Staatsoberhaupt: Cheddi B. Jagan, seit 1992. Regierungschef: Samuel (Sam) A. Hinds, seit 1992. Ausnahmezustand seit Nov. 1991.
SPRACHE: Amtssprache ist Englisch, daneben indianische Dialekte, Hindi und Urdu.
RELIGION: 34% Protestanten, 20% Katholiken, 33% Hindus und 8% Moslems.
ORTSZEIT: MEZ - 5.
NETZSPANNUNG: In Georgetown: 110 V, 60 Hz.
POST- UND FERNMELDEWESEN: Telefon: Selbstwählferndienst gibt es in den größeren Städten. **Landesvorwahl:** 592. **Telefaxgeräte** stehen bei der *Guyana Telecommunication Corporation* und im *Bank of Guyana Building*, in Georgetown sowie in einigen Hotels zur Verfügung. **Telexe/Telegramme** können ebenfalls bei der *Guyana Telecommunication Corporation* und im *Bank of Guyana Building* sowie in einigen Hotels aufgegeben werden. **Post:** Luftpost nach Europa ist 7-9 Tage unterwegs, umgekehrt dauert es länger.
DEUTSCHE WELLE
Der Einsatz der Kurzwellenfrequenzen ändert sich mehrfach im Laufe eines Jahres, und Sendungen auf den folgenden Frequenzen werden jeweils nur zu bestimmten Tageszeiten ausgestrahlt. Näheres in der Einleitung.

MHz	17,860	17,810	17,765	11,785	9,545
Meterband	16	16	16	25	31

REISEPASS/VISUM

Wichtiger Hinweis: Die Einreisebestimmungen mancher Länder können sich kurzfristig ändern – rufen Sie sicherheitshalber auf Ihrem CRS-System (TIMATIC-Info-Code-Fenster in diesem Kapitel) den aktuellen Stand ab bzw. wenden Sie sich an die zuständige diplomatische Vertretung. Etwaige Zahlen in der Tabelle beziehen sich auf nachfolgende Fußnoten.

	Paß erforderlich?	Visum erforderlich?	Rückflugticket erforderlich?
Deutschland	Ja	Nein	Ja
Österreich	Ja	Ja	Ja
Schweiz	Ja	Ja	Ja
Andere EU-Länder	Ja	Nein	Ja

REISEPASS: Allgemein erforderlich, muß noch mindestens 6 Monate gültig sein.
VISUM: Allgemein erforderlich, ausgenommen sind Staatsbürger folgender Länder, sofern sie ein Rück- oder Weiterreiseticket und ausreichende Geldmittel für die Dauer des Aufenthaltes besitzen:
(a) Personen mit ausländischen Pässen, die in Guyana geboren sind und anerkannte Identitätsnachweise haben;
(b) im Ausland geborene Kinder guyanesischer Eltern (Nachweis erforderlich);
(c) Staatsangehörige der CARICOM-Länder, d. h. Antigua und Barbuda, Bahamas, Barbados, Belize, Dominica, Grenada, Jamaika, Montserrat, St. Kitts und Nevis, St. Lucia, St. Vincent und die Grenadinen, Suriname sowie Trinidad und Tobago;
(d) Staatsangehörige der EU-Länder mit Ausnahme von Österreich, dessen Staatsbürger ein Visum benötigen.
(e) Staatsangehörige von Australien, Japan, Kanada, Korea-Nord, Korea-Süd, Neuseeland, Norwegen und den USA.
Visaarten: Einfach-, Mehrfach- und Transitvisa.
Visagebühren: Unterschiedlich, erkundigen Sie sich bei der Botschaft in Brüssel. Für Staatsbürger von Österreich: 500 bfr (Einfachvisum), 900 bfr (Mehrfachvisum). Schweizer Staatsbürger erhalten die Visa gebührenfrei.
Gültigkeitsdauer: 3 Monate vom Ausstellungstag. Die Aufenthaltsdauer und Verlängerung hängt vom Einreisebeamten ab.
Antragstellung: Konsularabteilung der Botschaft in Brüssel (Adresse s. o.).
Unterlagen: (a) 2 Anträge. (b) 2 Paßfotos. (c) Nachweis ausreichender Geldmittel für die Dauer des Aufenthalts. (d) Reisepaß mit mindestens 6 Monaten Gültigkeit. (e) Schreiben der Firma oder Einladung einer örtlichen Firma (bei Arbeitsaufnahme in Guyana).
Der postalischen Antragstellung sollte ein frankierter und adressierter Umschlag und der Zahlungsbeleg der Gebühren beigelegt werden.
Bearbeitungszeit: Anträge sollten mindestens eine Woche vor Reiseantritt eingereicht werden, die Ausstellung dauert i. allg. 2 Tage.
Aufenthaltsgenehmigung: Anfragen sind an das Innenministerium von Guyana zu richten.

GELD

Währung: 1 Guyana-Dollar (G$) = 100 Cents. Banknoten gibt es im Wert von 500, 100, 20, 10, 5 und 1 G$; Münzen sind im Wert von 50, 25, 10, 5 und 1 Cent in Umlauf. I. allg. werden nur Geldscheine benutzt. US-Dollar werden häufig akzeptiert.
Kreditkarten: *American Express*, *Visa*, *Eurocard* und *Diners Club* werden teilweise akzeptiert. Einzelheiten vom Aussteller der betreffenden Kreditkarte.

Wechselkurse

	G$ Sept. '92	G$ Febr. '94	G$ Jan. '95	G$ Jan. '96
1 DM	84,89	73,41	91,55	97,04
1 US$	126,15	127,44	141,91	139.50

Devisenbestimmungen: Besucher müssen alle Fremdwährungen und Wertsachen wie Schmuck im Wert von über 10.000 US$ pro Person bei der Einreise deklarieren. Ausfuhr von Wertsachen und Fremdwährungen nur gegen Vorlage der Deklaration. Die Landeswährung kann nicht im Ausland umgetauscht werden.
Öffnungszeiten der Banken: Mo-Do 08.00-12.00 Uhr, Fr 08.00-12.00 und 15.30-17.00 Uhr.

DUTY FREE

Folgende Artikel dürfen zollfrei nach Guyana eingeführt werden:
200 Zigaretten oder 50 Zigarren oder 225 g Tabak;
0,57 l Spirituosen;
0,57 l Wein;
Parfüm für den persönlichen Gebrauch.
Anmerkung: Schmuck, Kameras, Schreibmaschinen und andere Wertsachen müssen deklariert werden. Zollbeamte sind angewiesen, sich strikt an diese Bestimmung zu halten.

GESETZLICHE FEIERTAGE

1. Mai '96 Tag der Arbeit. **1. Juli** Caribbean-Tag. **28. Juli** Yum an-Nabi (Geburtstag des Propheten).**1. Aug.** Befreiungstag. **Okt./Nov.** Deepavali. **25./26. Dez.** Weihnachten. **1. Jan. '97** Neujahr. **23. Febr.** Tag der Republik. **März** Phagwah. **28. März** Karfreitag. **31. März** Ostermontag. **18. April** Eid al-Adha. **1. Mai** Tag der Arbeit.
Anmerkung: Die angegebenen Daten für islamische und indische Feiertage richten sich nach dem Mondkalender und verschieben sich daher von Jahr zu Jahr. Während des Fastenmonats Ramadan, der dem Festtag Eid al-Fitr vorangeht, essen Mohammedaner nicht tagsüber, sondern erst nach Sonnenuntergang, wodurch der normale Geschäftsablauf gestört werden kann. Diese Unterbrechungen können auch während des Eid al-Fitr auftreten. Dieses Fest, ebenso wie das Eid al-Adha, hat keine festgelegte Zeitdauer und kann je nach Region 2-10 Tage dauern. Nähere Informationen im Kapitel *Welt des Islam* (s. Inhaltsverzeichnis).

GESUNDHEIT

In der folgenden Tabelle aufgeführte Impfvorschriften können sich kurzfristig ändern. Es wird stets empfohlen, auf Ihrem CRS-System (TIMATIC-Info-Code-Fenster in diesem Kapitel) den aktuellen Stand der Gesundheitsbestimmungen abzurufen bzw. rechtzeitig vor der Reise ärztlichen Rat einzuholen.

	Vorsichtsmaßnahmen empfohlen	Impfschein erforderlich
Gelbfieber	Ja	1
Cholera	2	-
Typhus & Polio	Nein	-
Malaria	3	-
Essen & Trinken	4	

[1]: Eine Impfbescheinigung gegen Gelbfieber wird von allen verlangt, die aus Infektionsgebieten und aus den folgenden Ländern einreisen: Angola, Belize, Benin, Bolivien, Brasilien, Burkina Faso, Burundi, Costa Rica, Côte d'Ivoire, Ecuador, Französisch-Guayana, Gabun, Gambia, Ghana, Guatemala, Guinea (Republik), Guinea-Bissau, Honduras, Kamerun, Kenia, Kolumbien, Kongo, Liberia, Mali, Nicaragua, Niger, Nigeria, Panama, Peru, Ruanda, São Tomé und Principe, Senegal, Sierra Leone, Somalia, Sudan, Tansania, Togo, Tschad, Uganda, Venezuela, Zaïre und Zentralafrikanische Republik.
[2]: Eine Impfbescheinigung gegen Cholera ist keine Einreisebedingung, das Risiko einer Infektion ist jedoch nicht auszuschließen. Da die Wirksamkeit der Schutzimpfung umstritten ist, empfiehlt es sich, rechtzeitig vor der Reise ärztlichen Rat einzuholen. Näheres unter *Gesundheit* (s. Inhaltsverzeichnis).
[3]: Malariaschutz ganzjährig in der nordwestlichen Region und im Binnenland einschließlich des Pomeroon-Flußtals erforderlich. Die vorherrschende gefährliche Form *Plasmodium falciparum* soll stark Chloroquin-resistent sein.
[4]: Leitungswasser ist normalerweise gechlort und relativ sauber, es können jedoch u. U. leichte Magenverstimmungen auftreten. Für die ersten Wochen des Aufenthalts wird daher abgefülltes Wasser empfohlen, welches überall erhältlich ist. Milch ist außerhalb der Stadtgebiete nicht pasteurisiert und sollte abgekocht werden. Trocken- und Dosenmilch nur mit keimfreiem Wasser anrühren. Der Genuß von einheimischen Milchprodukten aus unge-kochter Milch sollte vermieden werden. Einheimisches Fleisch, Geflügel, Meeresfrüchte, Früchte und Gemüse werden ohne Bedenken verzehrt werden.
Tollwut kommt vor. Wer ein erhöhtes Risiko eingeht (z. B. längerer Aufenthalt in abgelegenen Gebieten), sollte vor Reiseantritt eine Schutzimpfung erwägen. Bei Bißwunden so schnell wie möglich ärztliche Hilfe in

TIMATIC INFO-CODES

Abrufbar über Ihr CRS-System (für START/Amadeus Ama-Maske benutzen). Für Galileo bitte TI-DFT eingeben (mit Bindestrich).

Flughafengebühren	TI DFT/ GEO /TX
Währung	TI DFT/ GEO /CY
Zollbestimmungen	TI DFT/ GEO /CS
Gesundheit	TI DFT/ GEO /HE
Reisepassbestimmungen	TI DFT/ GEO /PA
Visabestimmungen	TI DFT/ GEO /VI

Anspruch nehmen. Weitere Informationen im Kapitel *Gesundheit* (s. Inhaltsverzeichnis).
Anmerkung: Vor allem in Georgetown braucht man ein Moskitonetz und Insektenschutzmittel. *Hepatitis B* und *D (Delta-Hepatitis)* sowie *Virushepatitis* kommen vor.
Gesundheitsvorsorge: Die Krankenhausbehandlung ist in Georgetown kostenlos, aber Ärzte verlangen ein Honorar. Der Abschluß einer Reisekrankenversicherung wird dringend empfohlen.

REISEVERKEHR - International

FLUGZEUG: Guyanas nationale Fluggesellschaft heißt *Guyana Airways* (GY). Guyana Airways verkehrt innerhalb des Landes, in die USA und Kanada. Verbindungen von London und Zürich (nur sonnabends) mit *BWIA*.
Durchschnittliche Flugzeit: *Zürich* – Guyana: 10 Std. (über Bridgetown, Barbados; es gibt keine Direktflüge). *London* – Guyana: 9 Std. 30 (über Barbados).
Internationaler Flughafen: *Georgetown (GEO)* (Timehri) liegt 40 km südlich der Stadt (Fahrzeit 60 Min.). Busverbindung zur Stadt, die Busse sind häufig überfüllt und fahren nicht sehr regelmäßig. Flughafeneinrichtungen: Taxistand, Duty-free-Shop, Bank, Bars, Autovermietung, Postamt, Restaurants und Touristeninformation.
Flughafengebühren: 15% des Ticketpreises, Kinder unter 7 Jahren frei.
SCHIFF: Die *Europe West Indies Line* fährt von Rotterdam, Felistowe und Bilbao nach Guyana. Schoner verkehren zwischen den Karibikinseln und Guyana, aber man sollte sich nicht auf die Fahrpläne verlassen. Weitere Einzelheiten vor Ort. Die *Royal Netherlands Steamship Company* fährt von London, Southampton und Liverpool nach Georgetown und bietet bis zu 12 Kabinenplätze für Passagiere.
Seitdem sich die Beziehungen zu Surinam in jüngster Zeit verbessert haben, gibt es eine Fährverbindung zwischen beiden Ländern.
BAHN: Es gibt keine Passagierzüge.
BUS/PKW: Für den internationalen Verkehr steht gegenwärtig nur eine Straße nach Lethem an der brasilianischen Grenze zur Verfügung. Die einzige zuverlässige Verbindung von dort nach Georgetown ist per Flugzeug. Die Straße von Linden soll bis zur brasilianischen Grenze verlängert und eine Autofähre über den Río Corentyne nach Surinam eingerichtet werden. Derzeit gibt es noch keine gute Straßenverbindung nach Venezuela.

REISEVERKEHR - National

FLUGZEUG: Das Flugzeug ist das einzige wirklich zuverlässige Verkehrsmittel im Inlandsverkehr. *Guyana Airways* verbindet Georgetown regelmäßig mit den anderen größeren Städten. Flüge zu den Kaieteur-Fällen werden einmal wöchentlich von *Guyana Airways* angeboten, aber es gibt nur wenige Plätze, und der Flugplan läßt wenig Zeit für Besichtigungen. Es können jedoch auch Privatflugzeuge gechartert werden. Man kann ebenso mieten man als Gruppe ein Flugzeug, z. B. von der *Guyana Aviation Group* (Georgetown). *Guyana Overland Tours* bietet einen 6-Tage-Trip an jedem ersten Dienstag des Monats für Gruppen über 10 Personen an, man muß aber mindestens einen Monat im voraus buchen. Es werden auch die unterschiedlichsten Touren von 10-20 Tagen angeboten, wie z. B. »Explore Guyana«, »Kanuku Explorer« oder »Rainforest and Rupununi Experience«.
SCHIFF: Es gibt über 1077 km schiffbare Wasserwege im Landesinneren, die wichtigsten sind der Río Mazaruni, der Río Essequibo, der Río Potaro, der Río Demerara und der Río Berbice. Staatliche Schiffe verkehren auf den Flüssen Río Essequibo und Río Berbice und erschließen das Landesinnere; die Verbindungen sind jedoch unregelmäßig, da Überschwemmungen und Stromschnellen häufig den Schiffsverkehr behindern. Von Georgetown laufen Küstenfähren mehrere Häfen im Norden an. Kleinere Boote verkehren zwischen anderen Ortschaften.
BAHN: Die Bergwerksgesellschaften haben eigene Frachtzüge, Passagierzüge gibt es jedoch nicht.
BUS/PKW: Allwetterstraßen sind überwiegend an der Ostküste zu finden, es gibt aber auch Straßen ins Landesinnere bis nach Linden. Eine Verlängerung der Straßenverbindung bis zur brasilianischen Grenze ist geplant. Eine verhältnismäßig gute Küstenstraße verbindet Georgetown mit Rosignol, New Amsterdam und Crabwood Creek. Da Guyana viele Flüsse hat, ist man schon ein paar Kilometer außerhalb von Georgetown auf Fähren angewiesen, was Verzögerungen mit sich bringen kann.
Bus: Georgetowns Stabroek-Markt ist der Busbahnhof der *Guyana Transport Company*. Die Busse fahren regelmäßig, sind aber überfüllt. Linden, Timehri und Parika, Rosignol und Parika werden von hier aus angefahren. Von Vreed en Hoop nach Parika setzt man mit der Fähre über den Río Demerara nach Georgetown über, von New Amsterdam nach Crabwood Creek überquert man den Río Berbice. Auf manchen Strecken verkehren auch die *Tapir-Minibusse*. Manche Bergwerksgesellschaften betreiben eigene Buslinien. Es gibt wöchentliche Verbindungen mit den Bussen des *Transport and Harbours Department* von Bartica aus durch den Dschungel nach Issano, Mahdia und Tumatumari. **Taxis** sind ausreichend vorhanden und ganz besonders nachts zu empfehlen. Innerhalb der Städte gilt Einheitstarif. Für längere Fahrten und Nachtfahrten wird ein Zuschlag erhoben, der Fahrpreis sollte vorher vereinbart werden. **Trinkgeld:** 10% für Taxis. **Mietwagen** sind in Georgetown in beschränktem Umfang erhältlich.
Anmerkung: Langstreckenfahrten sind wegen der häufigen Benzinknappheit in Guyana nicht zu empfehlen.
Unterlagen: Internationaler oder nationaler Führerschein.

UNTERKUNFT

HOTELS: In Georgetown gibt es einige gute Hotels. Das *Forte Crest Hotel* bietet seinen Gästen internationalen Standard. Das *Tower Hotel*, das *Park Hotel* und das *Woodbine Hotel* sind ebenfalls zu empfehlen. Man zahlt keinen Zuschlag in der Hauptsaison. Da Stromausfälle häufig vorkommen, sollte man eine Taschenlampe mitnehmen. Auskünfte sind bei der *Tourism Association of Guyana* (Adresse s. o.) erhältlich.
PENSIONEN: Unterkunft auf einer Ranch ist nur mit vorheriger Einladung möglich.
CAMPING: Zeltplätze sind nicht vorhanden, Camping ist jedoch erlaubt.

URLAUBSORTE & AUSFLÜGE

Georgetown: Die reizvollen Pfahlbauten aus dem 19. Jahrhundert und die schattigen grünen Alleen an den alten holländischen Grachten geben der Stadt ein ganz besonderes Flair. Einige der reizvollsten Holzbauwerke stammen aus der Kolonialzeit, darunter das Rathaus, *St. George's Cathedral*, das Gerichtsgebäude und *State House* (Exresidenz des Gouverneurs, jetzt die Residenz des Präsidenten). Der 48 ha große Botanische Garten mit seinen Palmen, exotischen Orchideen und wunderschönen Lotusblumen lädt zu Spaziergängen ein. Das Theater im nahegelegenen neuen Kulturzentrum gilt als das beste der Karibik. Ein Besuch im interessanten *Naturgeschichtlichen Museum* vermittelt einen Eindruck vom Leben in Guyana und von der Kultur des Landes. Auch das anthropologische *Walter-Roth-Museum* ist einen Besuch wert.
Bartica, am Zusammenfluß des Río Essequibo und des Río Mazaruni, ist ein idealer Ausgangspunkt für Ausflüge zu den Gold- und Diamantenfeldern, zu den *Kaieteur-Fällen* und ins übrige Landesinnere. Die Kaieteur-Fälle muß man gesehen haben; sie liegen am Río Potaro im Kaieteur-Nationalpark mit seiner faszinierenden Flora und Fauna und gehören mit den Niagara-, Iguaçu- und den Victoria-Fällen zu den grandiosesten Wasserfällen der Welt. Aber auch die *Orinduik-Fälle* am Río Ireng sind ein lohnendes Reiseziel, sie liegen in einer landschaftlich sehr reizvollen Gegend. Eine der Hauptattraktionen Guyanas ist sein größtenteils unberührter tropischer Regenwald.

SOZIALPROFIL

ESSEN & TRINKEN: Die Auswahl der Gerichte in Hotels und Restaurants spiegelt die Einflüsse der verschiedenen Kulturen auf die Gesellschaft des Landes wider. Die indische Küche mit ihren Curry, Hammel-, Garnelen- und Huhngerichten ist ebenso vertreten wie die afrikanischen Gerichte *Fu-Fu* (aus Kochbananen) und *Metemgee* (Edows, Yams, Maniok und Kochbananen in Kokosmilch und Kokosfleisch gekocht). Typische Spezialitäten sind portugiesisches Schweinefleisch mit Knoblauch und indianischer Pfeffertopf. Auf den meisten Speisekarten findet man Geflügel, Schweinefleisch, Steak und Garnelen. Die chinesische Küche ist in Georgetown am besten. *Demerara-Rum*, eine Spezialität des Landes, sollte man unbedingt einmal probieren. *Banks* ist Importbier aus Barbados.
NACHTLEBEN: Es gibt diverse Nachtclubs in Georgetown.
EINKAUFSTIPS: Auf dem Stabroek-Markt in Georgetown werden einheimische Strohhüte, Körbe, Tongefäße und Schmuck angeboten. Andere Geschäfte verkaufen indianische Bogen und Pfeile, Hängematten, Tonwaren und Schüsseln. In den staatlichen Geschäften findet man ausgezeichneten Schmuck aus einheimischem Gold, Silber, Edel- und Halbedelsteinen. Die Preise sind niedrig, und die Qualität ist gut. **Öffnungszeiten der Geschäfte:** Mo-Fr 08.00-11.30 und 13.00-16.00 Uhr, Sa 08.00-11.30 Uhr.
SPORT: *Kricket* und *Hockey* sind sehr beliebt. Der *Bourda* ist einer der besten Kricketplätze in der Karibik. **Reiten:** Auf der *Manari Ranch* in der Rupununi-Savanne kann man Pferde mieten. **Fischen:** Man sollte rechtzeitig einen Angelschein beantragen. Die Flüsse bieten gute Fischgründe, die bekanntesten Fische sind die Piranhas (einheimisch als *Perau* bekannt). Der beliebteste Fisch ist der *Lucanni*. Der *Arapaima* wiegt um die 100 kg. Die größten Süßwasserfischgründe sind in wenigen Stunden Flugzeit erreichbar. Einige Flüsse der Küstenregion haben ebenfalls gute Fischgründe. Diese sind bequem von Georgetown aus erreichbar, man sollte allerdings eine Übernachtung einplanen, da sie 4-5 Fahrstunden von der Hauptstadt entfernt sind.
VERANSTALTUNGSKALENDER
24. - 26. Mai '96 *Pegasus Internationales Gourmet-Festival*. Mai (1) Tischtenniswettkampf. (2) Kunstfestival. 9. Juni *Autorallye*. 28. Juli *Wettkampf im Mittel-Gewichtheben*. 10. - 17. Aug. *Bergtouren*, Kanuku. 27. - 29. Sept. *Pegasus Gourmet-Festival*, chinesisch. 5. - 24 Okt. *Wildnis-Erkundschaftungen*, Grand Kaieteur, Regenwald und Expedition nach Rupununi. 25. - 27. Okt. *Pegasus, Gourmet-Festival*, italienisch. 22. - 24. Nov. *Pegasus Gourmet-Festival*, südamerikanisch.
Eine vollständige Liste mit genauen Daten ist vom Fremdenverkehrsamt erhältlich.
SITTEN & GEBRÄUCHE: In Georgetown sollte man nicht nach Einbruch der Dunkelheit unterwegs sein und sein Geld nicht zu offen zeigen. Gastfreundschaft ist selbstverständlich in Guyana, und Einladungen in Privathäuser kommen häufig vor. Freizeitkleidung ist üblich, Männer sollten jedoch keine Shorts tragen. In manchen Restaurants und zu besonderen gesellschaftlichen Anlässen wird elegantere Kleidung erwartet. **Trinkgeld:** 10% in Hotels und Restaurants.

WIRTSCHAFTSPROFIL

WIRTSCHAFT: Guyana hat einen hohen Selbstversorgungsgrad erreicht und muß weder Zucker noch Reis, Gemüse, Obst, Fleisch oder Geflügel einführen. Neben der Landwirtschaft ist der Bauxitbergbau der wichtigste Wirtschaftszweig. Die Hauptexportgüter sind Bauxit, Zuckerrohr und Reis. Der Abbau von Gold und Diamanten ist ein weiterer wichtiger Wirtschaftszweig. 80% der Fläche sind bewaldet, die Holzwirtschaft hat bislang jedoch keine wirtschaftliche Bedeutung. Die schwere Wirtschaftskrise von 1982 wurde mit Hilfe großzügiger Finanzhilfen, u. a. vom Internationaler Währungsfonds, überwunden. Haupthandelspartner sind Großbritannien, die USA, Kanada, Trinidad und Tobago, Japan und Deutschland. Guyana ist Gründungsmitglied der Karibischen Handelsgemeinschaft (CARICOM). 1991 pachteten zwei ausländische Firmen ein gewaltiges Waldgebiet zur Holzproduktion. Diese Entscheidung löste Proteste von Umweltschützern und indianischen Organisationen aus.
GESCHÄFTSVERKEHR: Termine sollten im voraus vereinbart werden, Pünktlichkeit wird allgemein erwartet. Visitenkarten sind üblich. Die karibische Mentalität macht sich auch im Geschäftsleben bemerkbar, die Atmosphäre ist entspannt. **Geschäftszeiten:** Mo-Fr 08.00-11.30 und 13.00-16.30 Uhr
Kontaktadressen: Georgetown *Chamber of Commerce and Industry* (Industrie- und Handelskammer), 156 Waterloo Street, Cummingsburg, PO Box 10110, Georgetown. Tel: (02) 6 35 19.
Die wirtschaftlichen Interessen Österreichs werden von der Außenhandelsstelle in Caracas (s. Venezuela) wahrgenommen.

KLIMA

Ganzjährig warm und tropisch. Niederschläge und hohe Luftfeuchtigkeit das ganze Jahr über. Regenzeiten von November bis Januar sowie April und Juli. An der Küste ist es kühler.
Kleidung: Leichte Tropenkleidung während des ganzen Jahres.

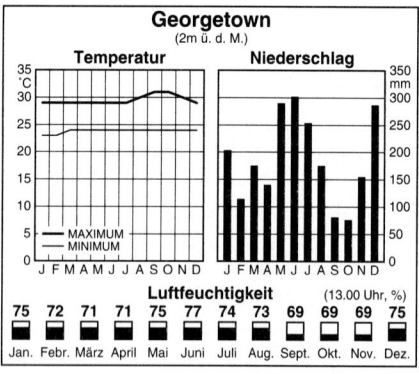

WELTKARTE?

LÄNDERKARTEN?

ZEITZONENKARTE?

INFORMATION ÜBER

IMPFBESTIMMUNGEN UND

GESUNDHEITSVORKEHRUNGEN?

... siehe Inhaltsverzeichnis

Haiti

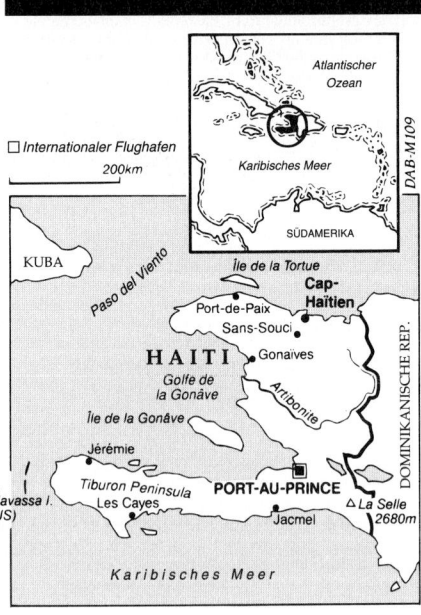

Lage: Karibik, Insel Hispaniola.

Anmerkung: Die Sicherheitslage hat sich nach der Invasion der US-amerikanischen Truppen gebessert, die Kriminalität ist im Anstieg. Trotz der Aufhebung des UN-Embargos wird es noch einige Zeit dauern, bis sich die wirtschaftliche Versorgungslage der Insel normalisiert.

Office National du Tourisme d'Haïti
Avenue Marie-Jeanne
Port-au-Prince
Tel: 22 17 29. Telex: 0206.
Botschaft der Republik Haiti
Schloßallee 10
D-53179 Bonn
Tel: (0228) 34 03 51. Telefax: (0228) 85 77 00, 85 68 29.
Mo-Fr 09.00-14.00 Uhr.
Honorarkonsulat von Haiti (ohne Visumerteilung)
Wasagasse 6/6
A-1090 Wien
Tel: (0222) 5 31 31-2820. Telefax: (0222) 317 91 33.
Mo-Fr 09.00-12.00 Uhr.
(übergeordnete Vertretung ist die Botschaft in Genf)
Botschaft der Republik Haiti
64 Rue de Monthoux
CH-1201 Genf
Tel: (022) 732 76 28. Telefax: (022) 732 55 36.
Mo-Fr 09.30-12.00 und 14.00-17.00 Uhr.
(auch zuständig für Österreich)
Botschaft der Bundesrepublik Deutschland
2 Impasse Claudinette
Habitation Barbet
Bois Moquette Pétion-Ville
BP 1147
Port-au-Prince
Tel: 57 72 80. Telefax: 57 41 31.
Honorarkonsulat in Kap Haïtien.
Generalkonsulat der Republik Österreich (ohne Paß- und Sichtvermerkbefugnis)
12 Rue du Quai
BP 248
Port-au-Prince
Tel: 22 20 42, 22 49 93. Telefax: 23 18 86.

TIMATIC INFO-CODES

Abrufbar über Ihr CRS-System (für START/Amadeus Ama-Maske benutzen). Für Galileo bitte TI-DFT eingeben (mit Bindestrich).

Flughafengebühren	TI DFT/ PAP /TX
Währung	TI DFT/ PAP /CY
Zollbestimmungen	TI DFT/ PAP /CS
Gesundheit	TI DFT/ PAP /HE
Reisepassbestimmungen	TI DFT/ PAP /PA
Visabestimmungen	TI DFT/ PAP /VI

Übergeordnete Vertretung ist die Botschaft in Caracas (s. Venezuela).
Generalkonsulat der Schweizerischen Eidgenossenschaft
Rue Ogé 12
BP 15164
Pétion-Ville
Port-au-Prince
Tel: 57 05 03. Telefax: 57 63 77.

FLÄCHE: 27.750 qkm.
BEVÖLKERUNGSZAHL: 6.893.000 (1993).
BEVÖLKERUNGSDICHTE: 248 pro qkm.
HAUPTSTADT: Port-au-Prince. Einwohner: 753.000 (1992).
GEOGRAPHIE: Die Republik Haiti liegt im bewaldeten und gebirgigen Westteil der Insel Hispaniola, der zweitgrößten Insel der Antillen. Der Ostteil der Insel wird von der Dominikanischen Republik eingenommen. Zum Staatsgebiet von Haiti gehören die Ile de la Gonave im gleichnamigen Golf und die Insel La Tortue nördlich der Hauptinsel. Die Küste bietet schöne Buchten und paradiesische Strände im Wechsel mit üppiger subtropischer Vegetation. Der prächtige Naturhafen von Port-au-Prince liegt am Ende einer tiefen, hufeisenförmigen Bucht.
STAATSFORM: Präsidialrepublik seit 1987. Staatsoberhaupt: Präsident Jean-Bertrand Aristide. Seit dem Militärputsch 1991, der eine Fluchtwelle auslöste, ist die Lage im Land äußerst instabil gewesen. Aristide kehrte erst im Oktober 1994 aus dem Exil zurück. Die Anwesenheit der US-amerikanischen Truppen hat die Sicherheitslage bis auf weiteres stabilisiert. Bei den Wahlen Ende 1995 wurde Aristide im Amt bestätigt. Unabhängig seit Januar 1804 (ehem. französische Kolonie).
SPRACHE: Amtssprache ist Französisch, inzwischen gleichberechtigt ist das Kreole, eine Mischung aus Englisch, Spanisch und westafrikanischen Dialekten.
RELIGION: Überwiegend römisch-katholisch (80%), Protestanten (10%). Voodoo-Kulte bei etwa 70% der Bevölkerung verbreitet. Obwohl mitunter als »Schwarze Magie« angesehen, handelt es sich hierbei um eine volkstümliche Religion mit komplizierten Tanzritualen und Gesängen.
ORTSZEIT: MEZ - 6.
NETZSPANNUNG: 110 V, 60 Hz.
POST- UND FERNMELDEWESEN: Telefon: Selbstwählferndienst. **Landesvorwahl:** 509. Es gibt keine Ortsnetzkennzahlen. **Telex/Telegramme:** Internationale Telexeinrichtungen findet man in den größeren Hotels und in den Büros von TELECO. **Post:** Luftpost nach Europa ist bis zu einer Woche unterwegs. Das Hauptpostamt in Port-au-Prince, Cité de l'Exposition, befindet sich am Place d'Italie. Öffnungszeiten der Postämter: Mo-Fr 08.00-20.00 Uhr und Sa 08.30-12.00 Uhr. Briefe, die nach 09.00 Uhr abgegeben werden, werden erst am folgenden Werktag weiterbefördert.
DEUTSCHE WELLE
Der Einsatz der Kurzwellenfrequenzen ändert sich mehrfach im Laufe eines Jahres, und Sendungen auf den folgenden Frequenzen werden jeweils nur zu bestimmten Tageszeiten ausgestrahlt. Näheres in der Einleitung.

MHz	17.860	17.715	15.275	9.545	6.100
Meterband	16	16	19	31	49

REISEPASS/VISUM

Wichtiger Hinweis: Die Einreisebestimmungen mancher Länder können sich kurzfristig ändern - rufen Sie sicherheitshalber auf Ihrem CRS-System (TIMATIC-Info-Code-Fenster in diesem Kapitel) den aktuellen Stand ab bzw. wenden Sie sich an die zuständige diplomatische Vertretung. Etwaige Zahlen in der Tabelle beziehen sich auf nachfolgende Fußnoten.

	Paß erforderlich?	Visum erforderlich?	Rückflugticket erforderlich?
Deutschland	Ja	Nein	Ja
Österreich	Ja	Nein	Ja
Schweiz	Ja	Nein	Ja
Andere EU-Länder	Ja	1	Ja

REISEPASS: Gültiger Reisepaß allgemein zur Einreise erforderlich.
VISUM: Allgemein erforderlich, ausgenommen sind:
(a) [1] Staatsbürger der Bundesrepublik Deutschland, Österreichs, der Schweiz und von Belgien, Dänemark, Großbritannien, Luxemburg, den Niederlanden (Personen mit einem niederländischen Reisepaß, der in Suriname ausgestellt wurde, benötigen ein Visum) und Schweden für Aufenthalte bis zu 90 Tagen (Staatsangehörige aller anderen Staaten der Europäischen Union benötigen ein Visa);
(b) Staatsbürger von Argentinien, Israel, Kanada, Korea-Süd, Liechtenstein, Monaco, Norwegen und den USA (für Aufenthalte bis zu 90 Tagen);
(d) Transitreisende, die den Flughafen nicht verlassen.
Visaarten: Touristen-, Geschäfts-, Journalisten- und Transitvisa.
Visagebühren: 40 DM, 30 sfr für Aufenthalte bis zu 1 Monat, 50 sfr für einen Aufenthalt bis zu 6 Monaten. Änderungen vorbehalten.

Antragstellung: Konsularabteilung der Botschaft bzw. Konsulat (Adressen s. o.).
Unterlagen: (a) 2 Paßfotos. (b) Gültiger Reisepaß. (c) Gebühr. (d) Für Geschäftsvisa wird ein Einführungsschreiben der Firma benötigt. Der postalischen Antragstellung sollten ein Freiumschlag und der Zahlungsbeleg der Gebühren beigelegt werden.
Bearbeitungszeit: 1 Stunde bei persönlichem Erscheinen.
Aufenthaltsgenehmigungen werden bei der Botschaft von Haiti beantragt.
Anmerkung: Alle Personen, die länger als 72 Std. auf Haiti bleiben, müssen beim Verlassen des Landes eine Steuer von 25 US$ pro Person bezahlen.

GELD

Währung: 1 Gourde (Gde) = 100 Centimes. Banknoten gibt es im Wert von 500, 250, 100, 50, 10, 5, 2 und 1 Gourde. Münzen in den Nennbeträgen 50, 20, 10 und 5 Centimes; außerdem US-Dollar (der Gourde ist an den US-Dollar gebunden).
Geldwechsel: US-Dollar werden überall gewechselt und als Zahlungsmittel anerkannt. Andere Fremdwährungen können nur in einigen Banken gewechselt werden.
Kreditkarten: *American Express* wird fast überall, *Diners Club* zum Teil akzeptiert. Einzelheiten vom Aussteller der betreffenden Kreditkarte.
Reiseschecks in US-Dollar sind empfohlen.
Wechselkurse

	Gde Okt. '92	Gde Febr. '94	Gde Jan. '95	Gde Jan. '96
1 DM	6,76	6,94	12,31	13,22
1 US$	5,00	12,04	19,08	19,00

Devisenbestimmungen: Es gibt keine Ein- oder Ausfuhrbeschränkungen.
Öffnungszeiten der Banken: Mo-Fr 09.00-13.00 Uhr.

DUTY FREE

Folgende Artikel können zollfrei nach Haiti eingeführt werden:
200 Zigaretten oder 50 Zigarren oder 250 g Tabak;
1 l Spirituosen;
Parfüm oder Eau de toilette für den persönlichen Gebrauch.
Anmerkung: Einwohner Haitis dürfen zusätzlich Neuwaren bis zum Wert von 200 US$ in einem Jahr importieren.
Einfuhrverbot: Kaffee, Streichhölzer, reiner Alkohol, Schweinefleisch, alle Fleischprodukte aus Brasilien oder der Dominikanischen Republik, Betäubungsmittel und Schußwaffen (ausgenommen sind Sportgewehre mit Einfuhrlizenz).

GESETZLICHE FEIERTAGE

1. Mai '96 Tag der Arbeit. **18. Mai** Tag der Flagge. **22. Mai** Nationale Souveränität. **15. Aug.** Mariä Himmelfahrt. **24. Okt.** Tag der Vereinten Nationen. **2. Nov.** Allerseelen (halbtägig). **18. Nov.** Tag der Armee. **5. Dez.** Tag der Entdeckung. **25. Dez.** Weihnachten. **1. Jan. '97** Neujahr/Unabhängigkeitstag. **2. Jan.** Tag der Helden der Unabhängigkeit. **10. Febr.** Rosenmontag (halbtägig). **11. Febr.** Faschingsdienstag. **28. März** Karfreitag. **1. Mai** Tag der Arbeit. **18. Mai** Tag der Flagge. **22. Mai** Nationale Souveränität.

GESUNDHEIT

In der folgenden Tabelle aufgeführte Impfvorschriften können sich kurzfristig ändern. Es wird stets empfohlen, auf Ihrem CRS-System (TIMATIC-Info-Code-Fenster in diesem Kapitel) den aktuellen Stand der Gesundheitsbestimmungen abzurufen bzw. rechtzeitig vor der Reise ärztlichen Rat einzuholen.

	Vorsichtsmaßnahmen empfohlen	Impfschein erforderlich
Gelbfieber	Ja	1
Cholera	Nein	Nein
Typhus & Polio	Nein	-
Malaria	2	-
Essen & Trinken	3	-

[1]: Eine Impfbescheinigung gegen Gelbfieber wird von allen Reisenden verlangt, die aus Infektionsgebieten kommen.
[2]: Malariaschutz ist ganzjährig erforderlich unterhalb von 300 m in den ländlichen Gegenden und Vororten; die gefährliche Form *Plasmodium falciparum* herrscht vor.
[3]: Wasser sollte generell vor der Benutzung zum Trinken, Zähneputzen und zur Eiswürfelbereitung entweder abgekocht oder anderweitig sterilisiert werden. Milch ist außerhalb der Stadtgebiete nicht pasteurisiert und sollte ebenfalls abgekocht werden. Milchprodukte aus ungekochter Milch sollten vermieden werden; ebenso Schweinefleisch, rohe Salate und Mayonnaise. Fleisch- und Fischgerichte nur gut durchgekocht und heiß serviert essen. Gemüse sollte gekocht und Obst geschält werden.
Tollwut kommt vor. Wer ein erhöhtes Risiko eingeht (z. B. längerer Aufenthalt in abgelegenen Gebieten), sollte vor Reiseantritt eine Schutzimpfung erwägen. Bei Biß-

Haiti

wunden so schnell wie möglich ärztliche Hilfe in Anspruch nehmen. Weitere Informationen im Kapitel *Gesundheit* (s. Inhaltsverzeichnis).
Hepatitis A tritt auf.
Gesundheitsvorsorge: Die medizinischen Einrichtungen sind begrenzt. Der Abschluß einer Reisekrankenversicherung wird dringend empfohlen. Der einheimische Kräutertee soll gut für den Magen sein.

REISEVERKEHR - International

FLUGZEUG: *Lufthansa* fliegt von Frankfurt über New York in Zusammenarbeit mit *American Airlines* über Miami nach Port-au-Prince. *Air France* fliegt über Pointe-a-Pitre (Guadeloupe) nach Port-au-Prince.
Durchschnittliche Flugzeiten: *Frankfurt* – Port-au-Prince: 11-12 Std; *Paris* – Port-au-Prince: 12 Std. 25.
Internationaler Flughafen: *Port-au-Prince (PAP)* liegt 13 km östlich der Stadt (Fahrzeit 25 Min.). Am Flughafen gibt es einen Duty-free-Shop, Wechselstube, Mietwagenschalter, Imbißstube, Bars und Taxistand.
Flughafengebühren: 25 US$ bei der Ausreise. Kinder unter 2 Jahren sind ausgenommen.
SCHIFF: Haiti wird von *Royal Caribbean Cruise Line* in Labadie (Tagesaufenthalt) angelaufen.

REISEVERKEHR - National

FLUGZEUG: Linienflugzeuge verkehren zwischen Port-au-Prince und Kap Haïtien. Buchungen sollten vor dem Abflug überprüft werden, da viele Flüge ausfallen oder verspätet sind. Flugzeuge können auch gemietet werden.
SCHIFF: Von Port-au-Prince aus werden Segelbootfahrten zu verschiedenen schönen Stränden der Insel angeboten, besonders reizvoll ist eine Fahrt im Glasbodenboot über das *Sand Cay Reef*.
BUS/PKW: Allwetterstraßen gibt es von Port-au-Prince nach Kap Haïtien und Jacmel. **Fernbusse:** Von Port-au-Prince fahren Busse nach Kap Haïtien, Jacmel, Jérémie, Hinche, Les Cayes und Port de Paix. Die Verbindungen sind nicht fahrplanmäßig. **Taxis:** Kombiwagen (*Camionettes*) verbinden Port-au-Prince mit Pétionville sowie einigen anderen Städten. **Mietwagen** können in Port-au-Prince und Pétionville sowie am Flughafen und in den Hotels gemietet werden. Außerhalb von Port-au-Prince gibt es nur wenige Tankstellen. **Unterlagen:** Internationaler Führerschein.
STADTVERKEHR: Die farbenfrohen *Tap-taps* fahren in Port-au-Prince zu Einheitsfahrpreisen, sind aber oft überfüllt. **Taxis** haben keine Taxameter, aber Preise für bestimmte Strecken sind von der Regierung festgelegt. Auf allen anderen Strecken sollte man den Fahrpreis im voraus vereinbaren. Nummernschilder von Taxis fangen mit »P« an. Sammeltaxis (*Publiques*) sind am preiswertesten. Man kann Taxis stundenweise oder für längere Zeiträume mieten.

UNTERKUNFT

Die Unterkunftsmöglichkeiten auf Haiti sind begrenzt. Zur Zeit gibt es kleine Gasthäuser, Pensionen und einige Luxushotels. Die meisten Unterkünfte befinden sich in Port-au-Prince und Pétionville, Strandhotels liegen jedoch überwiegend an der Straße nach St. Marc nördlich der Hauptstadt oder westlich in Richtung Petit Goave. Darüber hinaus gibt es Urlaubsquartiere am Kap Haïtien, in Jacmel, in der Gegend des Gonave-Golfs sowie um Les Cayes und Petit-Goave. In den Stadthotels kann die Hitze drückend sein, Swimmingpool und Klimaanlagen sind unentbehrlich. Alle Urlaubsorte bieten zwischen dem 16. April und dem 15. Dezember erhebliche Preisnachlässe an. Grundsätzlich werden 10% Bedienungsgeld und 5% Regierungssteuer auf Hotelrechnungen aufgeschlagen. Näheres vom Hotelverband: *Association Hotelière et Touristique d'Haïti*, c/o Hotel Montana, Rue Frank Cardozo, BP 523, Port-au-Prince. Tel: 57 19 20, 23 62 21. Telefax: 57 61 37, 23 62 17.
Hinweis: Zimmer für die Karnevalszeit sollten lange im voraus gebucht werden.

URLAUBSORTE & AUSFLÜGE

Die geschäftige Hauptstadt **Port-au-Prince** hat über 750.000 Einwohner. Zu den Sehenswürdigkeiten gehören der belebte *Marché de Fer*, die beiden *Kathedralen*, das *Kunstmuseum*, die *Statue des Unbekannten Sklaven* und die Häuser und Villen aus der Zeit um die Jahrhundertwende mit ihrer kuriosen Mischung verschiedener architektonischer Stilrichtungen. Eines von ihnen ist heute als *Musée Defly* zu besichtigen. Der Hügelvorort **Pétion-Ville** ist etwas ruhiger und bietet einige der besten Restaurants, Galerien und Nachtklubs der Stadt.
Kap Haïtien und die Nordküste: Am Heiligabend des Jahres 1492 strandete Kolumbus an der Küste Hispaniolas, nicht weit vom heutigen Kap Haïtien entfernt. Das Wrack der Santa Maria liegt ganz in der Nähe. Heutzutage ist das Reisen in dieser Gegend einfacher, und **Kap Haïtien** kann in 40 Flugminuten von der Hauptstadt aus erreicht werden. Die Stadt liegt am Fuß üppig-grüner Berge und ist von reizvollen Stränden umgeben. Die *Zitadelle* im Gebirge 40 km südlich von Kap Haïtien und ganz in der Nähe die Ruinen des Palastes *Sans Souci* sind ein Muß für jeden Besucher. Beide sind von **Milot** aus erreichbar. Selbst die Ruinen verdeutlichen noch den Einfluß, den Versailles auch auf den Bau dieses »Sanssouci« ausgeübt hat.
Jacmel und die Südküste: Nach der Fertigstellung einer gut ausgeschilderten Bergstraße vor einigen Jahren ist die Fahrt nach Jacmel heute ein angenehmer Zweistundenausflug durch eine atemberaubende Landschaft. Die Südküste bietet zahlreiche Strände; die hoch in den Bergen gelegene Stadt **Kenscoff** südlich der Hauptstadt ist bei den Einheimischen als Urlaubsort beliebt.

SOZIALPROFIL

ESSEN & TRINKEN: Neben original französischer Küche findet man kreolische Spezialitäten, französische, tropische und afrikanische Einflüsse werden auf interessante Art miteinander verbunden. Besonders zu empfehlen sind *Guineahuhn mit saurer Orangensoße*, *Tassot de dinde* (getrocknetes Truthahnfleisch), *Grillot* (gebratenes Schweinefleisch), *Diri et djondjon* (Reis mit schwarzen Pilzen), *Riz et pois* (Reis mit Bohnen), *Langouste flambé* (frischer flambierter Hummer), *Ti malice* (ganz kleine Banane), *Piment oiseau* (scharfe Soße) und *Grillot et banane pese* (Koteletts mit Bananen). Zum verlockenden Angebot an Süß- und Nachspeisen gehören Süßkartoffelpudding, Mangokuchen, frisches Kokosnußeis, Cashewnüsse und frisches Obst. **Getränke:** In den besseren Restaurants wird französischer Wein angeboten. Das Inselgetränk ist jedoch Rum, die beste Marke ist wahrscheinlich *Barbancourt*, der von Haitis ältester Brennerei hergestellt wird.
NACHTLEBEN: Das Angebot ist vielfältig und reicht von Spielkasinos über afrikanische Trommelmusik bis zu westlicher Musik und Tanz. Jeden Abend finden in mindestens einem der großen Hotels Veranstaltungen statt, die Hauptattraktionen sind Folkloregruppen und Aufführungen von Voodoo-Tänzen und Gesängen. Samstag nachts wird auf den Tanzbühnen im Freien der Volkstanz Bamboche aufgeführt. Weitere Veranstaltungshinweise in den Hotels.
EINKAUFSTIPS: Auf dem *Marché de Fer* gibt es einheimische Waren von sehr unterschiedlicher Qualität, z. B. Schnitzereien, bedruckte Stoffe, Lederartikel, Gemälde (besonders die berühmte naive Malerei von Haiti), Strohhüte, Halsbänder und Schmuck aus Obstkernen, Zigarren und Lebensmittel. Port-au-Prince bietet eine gute Auswahl an interessanten Geschäften und Boutiquen mit einem reichhaltigen Angebot an einheimischen und importierten Artikeln. Handeln ist durchaus üblich. **Öffnungszeiten der Geschäfte:** Mo-Fr 08.00-12.00 und 13.00-16.00 Uhr und Sa 08.00-12.00 Uhr.
SPORT: Wassersport: Die Strände von Kyona und Ibo (auf der Insel Cacique) bieten die besten Möglichkeiten zum **Schwimmen, Tauchen, Segeln, Wasserskifahren** und zur Teilnahme an Boomba-Regatten (in einheimischen Einbäumen). **Fischen:** La Gonave ist bei Hochseefischern beliebt. **Tennisplätze** findet man in El Rancho, am Strand von Ibo, am Ibo-See, am Strand von Kaloa, in den *Royal Haitian Hotels*, im *Habitation Le Clerc*, im *Club Mediterranée* in Montraus und im *Pétionville Club*, der auch einen **9-Loch-Golfplatz** hat.
Publikumssport: Fußball ist der beliebteste Nationalsport, an zweiter Stelle steht Basketball. Hahnenkämpfe werden inoffiziell überall auf der Insel und offiziell am Wochenende in der Gaguere-Arena veranstaltet.
VERANSTALTUNGSKALENDER
10./11. Febr. '97 Der *Karneval* wird während der drei Tage vor dem Aschermittwoch gefeiert. **12. Febr. - 31. März** In Leogane findet vom Aschermittwoch bis Ostern das Fest *Ra Ra* statt. **5. Dez.** Am *Tag der Entdeckung* werden alljährlich Feierlichkeiten begangen.
SITTEN & GEBRÄUCHE: Zwanglose Kleidung wird akzeptiert, aber Badekleidung gehört an den Strand oder Swimmingpool. Nur in sehr eleganten Restaurants wird Abendgarderobe erwartet. **Trinkgeld:** Hotels und Restaurants berechnen 10% Bedienungsgeld. Taxifahrer erwarten kein Trinkgeld.

WIRTSCHAFTSPROFIL

WIRTSCHAFT: Haiti gehört zu den Niedriglohnländern, das jährliche Durchschnittseinkommen pro Kopf lag 1991 bei 370 US-Dollar. Die Unterschiede zwischen Arm und Reich sind sehr groß. Nach Schätzungen der Weltbank leben 75% der Bevölkerung unterhalb der Armutsgrenze. 62% der arbeitenden Bevölkerung sind in der Landwirtschaft tätig, hauptsächlich auf den Kaffee-Plantagen. Die Ausfuhr von Kaffee erbringt 12% der Exporterlöse des Landes. Das kontinuierliche Absinken der Weltmarktpreise und die Dürren der achtziger Jahre führten zu einem drastischen Rückgang der Exporteinnahmen. Neben Kaffee werden Kakao, Zucker, Süßkartoffeln, Sisal und Produkte der Leichtindustrie ausgeführt. Sinkende Weltmarktpreise beeinträchtigten den Bauxitbergbau, ein weiterer wichtiger Wirtschaftszweig. Die einst zukunftsträchtige Tourismusindustrie spielt infolge der politischen Unruhen der letzten Jahre kaum noch eine Rolle. Die Industrie leidet generell an der fehlenden Infrastruktur. Das Land ist von Entwicklungshilfe abhängig, die weitverbreitete Korruption hat jedoch nicht nur bei den USA, dem Hauptgeldgeber und -handelspartner, den Eindruck erweckt, daß man es im Falle Haitis mit einem Faß ohne Boden zu tun hat. Die Entmachtung der berüchtigten korrupten Duvalier-Dynastie hat die Situation nicht entscheidend verbessert. Die wirtschaftliche Lage des Landes verschlechterte sich außerdem nach dem Militärputsch durch das Handelsembargo der Organisation Amerikanischer Staaten. Die Aufhebung des UN-Wirtschaftsbargos im Oktober 1994 sollte zur Verbesserung der wirtschaftlichen Lage beitragen. Trotzdem wird es einige Zeit dauern, ehe sich die Versorgungslage wieder normalisiert.
GESCHÄFTSVERKEHR: Dolmetscherdienste können in der Regel vermittelt werden. Geschäftsreisende werden normalerweise vom einheimischen Geschäftspartner zum Essen eingeladen und sollten eine Gegeneinladung aussprechen. Geschäftsreisen legt man am besten in die Monate November bis März. **Geschäftszeiten:** Mo-Fr 07.00-16.00 Uhr.
Kontaktadressen: *Chambre de Commerce et d'Industrie de Haïti* (Industrie- und Handelskammer), Boîte Postale 982, Port-au-Prince, Haiti. Tel: 23 07 86. Telefax: 22 02 81.
Die wirtschaftlichen Interessen Österreichs werden von der Außenhandelsstelle in Caracas (s. Venezuela) wahrgenommen.

KLIMA

Tropisches Klima mit periodisch auftretenden Regenfällen während des ganzen Jahres; in höheren Lagen wesentlich kühler, an den Küsten sehr schwül.
Kleidung: Leichte Tropen- und Regenkleidung. Wärmere Kleidung in den Bergregionen.

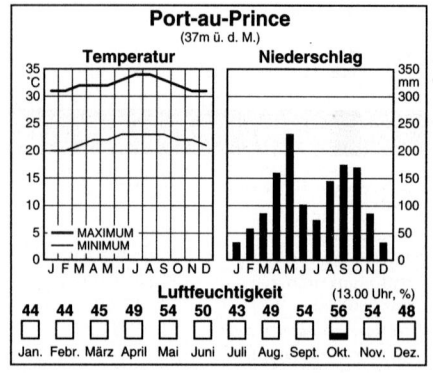

Honduras

Lage: Mittelamerika.

Instituto Hondureño de Turismo (Fremdenverkehrsamt)
Barrio Guanacaste
Edificio Centro Guanacaste
Apdo. 3261
Tegucigalpa
Tel: 38 39 75. Telefax: 38 21 02.
Botschaft der Republik Honduras (mit Visumerteilung)
Ubierstraße 1
D-53173 Bonn
Tel: (0228) 35 63 94. Telefax: (0228) 35 19 81.
Mo-Dr 09.00-13.00 und 14.00-16.00 Uhr, Fr 09.00-13.00 Uhr.
(auch für Österreich zuständig)
Generalkonsulat der Republik Honduras (mit Visumerteilung)
An der Alster 21
D-20099 Hamburg
Tel: (040) 280 22 05. Telefax: (040) 24 64 70.
Mo-Fr 09.00-13.00 Uhr.
Generalkonsulat der Republik Honduras (mit Visumerteilung)
Höschgasse 89
CH-8034 Zürich
Tel: (01) 383 44 12, 383 43 41. Telefax: (01) 383 43 52.
Mo-Fr 08.00-12.00 und 14.00-17.00 Uhr.
Generalkonsulat der Republik Honduras (mit Visumerteilung)
6 Route de Meyrin
CH-1202 Genf
Tel: (022) 733 69 16. Telefax: (022) 734 56 67.
Mo-Fr 09.30-13.00 und 14.00-17.30 Uhr.
Botschaft der Bundesrepublik Deutschland
Edificio Paysen
Boulevard Morazán
Apdo. 3145
Tegucigalpa
Tel: 32 31 61/62. Telefax: 32 95 18.
Honorarkonsulat in San Pedro Sula.
Konsulat der Republik Österreich (ohne Paß- und Sichtvermerksbefugnis)
Apdo. 372
San Pedro Sula
Tel: 59 03 84. Telefax: 59 04 73
Übergeordnete Vertretung ist die Botschaft in Guatemala

TIMATIC INFO-CODES

Abrufbar über Ihr CRS-System (für START/Amadeus Ama-Maske benutzen). Für Galileo bitte TI-DFT eingeben (mit Bindestrich).

Flughafengebühren	TI DFT/ TGU /TX
Währung	TI DFT/ TGU /CY
Zollbestimmungen	TI DFT/ TGU /CS
Gesundheit	TI DFT/ TGU /HE
Reisepassbestimmungen	TI DFT/ TGU /PA
Visabestimmungen	TI DFT/ TGU /VI

City (s. Guatemala).
Schweizer Attaché für konsularische Fragen
Apdo. 32 021
Tegucigalpa
Tel: 32 96 92, 32 62 39. Telefax: 31 12 42.
(Übergeordnete Vertretung ist die Botschaft in Guatemala City (s. Guatemala).

FLÄCHE: 112.088 qkm.
BEVÖLKERUNGSZAHL: 5.335.000 (1993).
BEVÖLKERUNGSDICHTE: 48 pro qkm.
HAUPTSTADT: Tegucigalpa. **Einwohner:** 718.500 (1992).
GEOGRAPHIE: Honduras liegt, zusammen mit Nicaragua, an der breitesten Stelle der mittelamerikanischen Landbrücke und grenzt im Südosten an Nicaragua, im Nordwesten an Guatemala und im Südwesten an El Salvador. Im Norden liegt die Karibik (644 km Küste) und im Süden der Pazifik (124 km Küste). Durch das Land, etwa 70% bergig, verläuft von Ost nach West ein Bergmassiv, das von mehreren Flüssen durchzogen wird. Dem Golfo de Fonseca im Südwesten sind zahlreiche Inseln vulkanischen Ursprungs vorgelagert. Die weiten fruchtbaren Täler an der Karibikküste dienen hauptsächlich als Bananenplantagen. Die Mehrheit der Bevölkerung lebt im westlichen Landesteil.
STAATSFORM: Demokratische Präsidialrepublik seit 1982, letzte Änderung der Verfassung 1995 (Abschaffung der Wehrpflicht); Einkammerparlament mit 128 Mitgliedern (*Asamblea Nacional*). Staatsoberhaupt und Regierungschef: Präsident Carlos Roberto Reina Idiaquez, seit Januar 1994. Die exekutive Gewalt liegt beim Präsidenten, der in allgemeinen Wahlen auf vier Jahre gewählt wird (keine Wiederwahl).
SPRACHE: Offizielle Landessprache ist Spanisch. Englisch wird von vielen Einwanderern der Westindischen Inseln gesprochen, die im Norden des Landes und auf den Bahía-Inseln in der Karibik leben. Außerdem sind zahlreiche indianische Sprachen erhalten geblieben.
RELIGION: Überwiegend römisch-katholisch (90%), Minderheiten von Bahai, Anglikanern und Baptisten.
ORTSZEIT: MEZ - 7 (Sommerzeit MEZ -8).
NETZSPANNUNG: 110/220 V, 60 Hz, Adapter empfohlen.
POST- UND FERNMELDEWESEN: Telefon: Selbstwählferndienst. **Landesvorwahl:** 504. Es gibt keine Ortsnetzkennzahlen. **Telefax:** *Empresa Hondureña de Telecomunicaciones (Hondutel)* bietet diesen Dienst.
Telex/Telegramme: Telegramme sowie einfache Brieftelegramme (mind. 22 Wörter) können aufgegeben werden. Telexdienst bei *Hondutel* und der *Tropical Radio Company*. **Post:** Luftpost nach Europa ist 4-7 Tage unterwegs. Öffnungszeiten der Postämter: Mo-Sa 08.00-12.00 und 14.00-18.00 Uhr.
DEUTSCHE WELLE
Der Einsatz der Kurzwellenfrequenzen ändert sich mehrfach im Laufe eines Jahres, und Sendungen auf den folgenden Frequenzen werden jeweils nur zu bestimmten Tageszeiten ausgestrahlt. Näheres in der Einleitung.

MHz	17,860	17,715	15,275	9,545	6,100
Meterband	16	16	19	31	49

REISEPASS/VISUM

Wichtiger Hinweis: Die Einreisebestimmungen mancher Länder können sich kurzfristig ändern – rufen Sie sicherheitshalber auf Ihrem CRS-System (TIMATIC-Info-Code-Fenster in diesem Kapitel) den aktuellen Stand ab bzw. wenden Sie sich an die zuständige diplomatische Vertretung. Etwaige Zahlen in der Tabelle beziehen sich auf nachfolgende Fußnoten.

	Paß erforderlich?	Visum erforderlich?	Rückflugticket erforderlich?
Deutschland	Ja	Nein	Ja
Österreich	Ja	Nein	Ja
Schweiz	Ja	Nein/1	Ja
Andere EU-Länder	Ja	Nein	Ja

REISEPASS: Allgemein erforderlich zur Einreise.
VISUM: Genereller Visumzwang, ausgenommen sind Staatsangehörige folgender Länder bis zu einem Aufenthalt von 30 Tagen:
(a) Bundesrepublik Deutschland, Österreich, übrige EU-Länder und Schweiz;
(b) Argentinien, Australien, Chile, El Salvador, Guatemala, Island, Japan, Kanada, Liechtenstein, Malta, Monaco, Neuseeland, Norwegen, Panama, San Marino, Uruguay, USA und Vatikanstadt.
Anmerkung: [1] Visumzwang für alle Geschäftsreisende, ausgenommen sind Staatsangehörige aller EU-Länder sowie Australiens, Kanadas, Islands, Japans, Panamas, Norwegens und der USA.
Visaarten: Geschäfts- und Touristenvisa.
Visagebühren: 100 DM; 40 sfr.
Gültigkeitsdauer: Bis zu einem Monat. Eine Verlängerung des Aufenthalts muß bei der Einwanderungsbehörde beantragt werden.
Antragstellung: Konsulat bzw. Konsularabteilung der Botschaft (Adressen s. o.).
Unterlagen: (a) Reisepaß, mindestens noch 6 Monate gültig. (b) 2 Paßfotos. (c) Antrag. (d) Rückflugticket. (e) Ausreichende Geldmittel für die Dauer der Reise. Der postalischen Antragstellung sollten ein Freiumschlag und der Zahlungsbeleg über die Visagebühren beigefügt werden.

GELD

Währung: 1 Lempira (L) = 100 Centavos. Banknoten sind im Wert von 100, 50, 20, 10, 5, 2 und 1 L in Umlauf; Münzen im Wert von 50, 20, 10, 5, 2 und 1 Centavos.
Geldwechsel: US-Dollar in bar oder US-Dollar-Reiseschecks werden umgetauscht; DM, öS und sfr jedoch nicht.
Kreditkarten: *American Express, Eurocard, Diners Club* und *Visa* werden akzeptiert. Einzelheiten vom Aussteller der betreffenden Kreditkarte.
Reiseschecks sollten in US-Dollar ausgestellt sein.
Wechselkurse

	L Sept. '92	L Febr. '94	L Jan. '95	L Jan. '96
1 DM	3,76	4,23	6,00	7,02
1 US$	5,58	7,33	9,30	10,09

Devisenbestimmungen: Es gibt keine Einfuhrbeschränkungen für Landes- und Fremdwährungen, US-Dollar müssen jedoch bei der Einreise deklariert werden. US-Dollar dürfen nur bis zur Höhe des deklarierten Betrages ausgeführt werden, ansonsten gibt es keine Ausfuhrbeschränkungen.
Öffnungszeiten der Banken: Mo-Fr 09.00-15.00 Uhr.

DUTY FREE

Folgende Artikel können zollfrei nach Honduras eingeführt werden:
*200 Zigaretten oder 100 Zigarren oder 450 g Tabak;
2 Flaschen alkoholische Getränke;
Parfüm für den persönlichen Gebrauch;
Geschenke bis zu einem Wert von 1000 US$.*

GESETZLICHE FEIERTAGE

1. Mai '96 Tag der Arbeit. **15. Sept.** Unabhängigkeitstag. **3. Okt.** Francisco-Morazán-Tag. **12. Okt.** Kolumbustag. **21. Okt.** Tag der Streitkräfte. **25. Dez.** Weihnachten. **1. Jan. '97** Neujahr. **28.-31. März** Ostern. **1. Mai** Tag der Arbeit.

GESUNDHEIT

In der folgenden Tabelle aufgeführte Impfvorschriften können sich kurzfristig ändern. Es wird stets empfohlen, auf Ihrem CRS-System (TIMATIC-Info-Code-Fenster in diesem Kapitel) den aktuellen Stand der Gesundheitsbestimmungen abzurufen bzw. rechtzeitig vor der Reise ärztlichen Rat einzuholen.

	Vorsichtsmaßnahmen empfohlen	Impfschein erforderlich
Gelbfieber	Ja	1
Cholera	2	2
Typhus & Polio	3	-
Malaria	4	-
Essen & Trinken	5	-

[1]: Eine Impfbescheinigung gegen Gelbfieber wird von allen Reisenden verlangt, die aus Infektionsgebieten kommen.
[2]: Eine Impfbescheinigung gegen Cholera ist keine Einreisebedingung, das Risiko einer Infektion besteht jedoch. Da die Wirksamkeit der Schutzimpfung umstritten ist, empfiehlt es sich, rechtzeitig vor Antritt der Reise ärztlichen Rat einzuholen.
Näheres unter *Gesundheit* (s. Inhaltsverzeichnis).
[3]: Typhus kommt vor, Poliomyelitis jedoch nicht.
[4]: Malariarisiko besteht das ganze Jahr über in den Provinzen Atlántida, Choluteca, Colón, El Paraíso, Gracias a Dios, Valle und Yoro, besonders in ländlichen Gebieten. Die weniger gefährliche Form *Plasmodium vivax* herrscht vor.
[5]: Leitungswasser sollte vor der Benutzung zum Trinken, Zähneputzen und zur Eiswürfelbereitung entweder abgekocht oder anderweitig sterilisiert werden. Dosenmilch und Milchpulver nur mit keimfreiem Wasser anrühren. In ländlichen Gegenden ist Milch nicht immer pasteurisiert, man sollte Milchprodukte aus ungekochter Milch vermeiden. Fleisch- und Fischgerichte nur gut durchgekocht und heiß serviert essen. Der Genuß von Schweinefleisch, rohen Salaten und Mayonnaise sollte vermieden werden. Gemüse sollte gekocht und Obst geschält werden.
Tollwut kommt vor. Wer ein erhöhtes Risiko eingeht (z. B. längerer Aufenthalt in abgelegenen Gebieten), sollte vor Reiseantritt eine Schutzimpfung erwägen. Bei Bißwunden so schnell wie möglich ärztliche Hilfe in Anspruch nehmen. Weitere Informationen im Kapitel *Gesundheit* (s. Inhaltsverzeichnis).
Hepatitis A tritt ebenfalls auf.
Gesundheitsvorsorge: In Tegucigalpa und allen größeren Städten gibt es Krankenhäuser. Moskitonetze sind für die Küstengebiete angebracht. Die Apotheken (*Farmácias*) sind von 08.00-17.00 Uhr geöffnet,

Notdienste stehen außerhalb der Öffnungszeiten zur Verfügung. Der Abschluß einer Reisekrankenversicherung wird empfohlen.

REISEVERKEHR - International

FLUGZEUG: Honduras' nationale Fluggesellschaft *SAHSA (SH)* gibt es zur Zeit nicht mehr. Im Laufe diesen Jahres wird *Honduras Airways* den Betrieb aufnehmen. Auf alle in Honduras ausgestellten internationalen Flugtickets entfällt eine Verkaufssteuer von 10%. Es gibt keine Direktflüge von Frankfurt, Zürich und Wien. *LTU* fliegt nach Miami oder Houston, von dort hat man Anschluß mit der *Continental* oder *American Airlines* nach Tegucigalpa.
Durchschnittliche Flugzeiten: *Frankfurt* – Tegucigalpa: 11 Std. 10; *Frankfurt* – Villeda Morales: 10 Std. 50; *Frankfurt* – Coloson: 10 Std. 50; *Wien* – Tegucigalpa: 12 Std. 40; *Wien* – Villeda Morales: 12 Std. 20; *Wien* – Coloson: 12 Std. 20; *Zürich* – Tegucigalpa: 12 Std. 50; *Zürich* – Villeda Morales: 12 Std. 30; *Zürich* – Coloson: 12 Std. 30.
Internationale Flughäfen: *Tegucigalpa Toncontin (TGU)* liegt 5 km südöstlich der Stadt. Am Flughafen gibt es eine Bank, Post, Duty-free-Shops, Touristinformation, Apotheke, Mietwagenschalter, Bars und Restaurants. Es gibt auch Verkehrsflughäfen in *San Pedro Sula* (SAP) (Dr. Ramón Villeda Morales), *La Ceiba* (LCE) (Coloson) und in *Roatán, Islas de Bahía* (ROA) (Dr. Juan Manuel Galvez).
Flughafengebühren: 20 US$ für alle Flugpassagiere über 12 Jahren bei Auslandsflügen (identisch mit Ausreisesteuer).
SCHIFF: Die größten Häfen an der Karibikküste Honduras sind Puerto Cortés, Tela, La Ceiba und Trujillo. Der größte Hafen an der Pazifikküste ist Amapala. Es gibt regelmäßige Schiffsverbindungen von Europa nach Puerto Cortés. Anbieter sind folgende Reedereien: *Carol Line, Cie Générale Transatlantique* und *The Royal Netherlands Steamship Company*. *Hapag Lloyd* und die *United Fruit Company* befördern ebenfalls manchmal Passagiere mit eigenen oder gecharterten Schiffen.
BAHN: Es gibt keine Bahnverbindungen in die Nachbarstaaten.
BUS/PKW: Über die Panamerikana erreicht man Guatemala, El Salvador und Nicaragua. Komfortable Langstreckenbusse von Privatanbietern fahren in alle Hauptstädte Mittelamerikas, sie sind jedoch oft Tage im voraus ausgebucht. Man muß sich die nötigen Visa vor Reiseantritt besorgen. An den Grenzübergängen muß mit Wartezeiten gerechnet werden.

REISEVERKEHR - National

FLUGZEUG: Die nationalen Fluggesellschaften verbinden Tegucigalpa mit den anderen größeren Städten des Landes. Die anderen größeren Flughäfen sind der *Dr. Ramón Villeda Morales Airport*, 17 km außerhalb von San Pedro Sula, und der Flughafen von *La Ceiba*. Es gibt über 30 Flugpisten für Geschäfts- und Charterverkehr. Auch abgelegene Regionen werden regelmäßig von Leichtflugzeugen angeflogen. Für Inlandflugtickets, die man in Honduras kauft, wird eine Steuer von 2,5% erhoben.
SCHIFF: Fähren verkehren an der Karibik- und Pazifikküste. Weitere Einzelheiten erfahren Sie von den Hafenbehörden. Von La Ceiba und Puerto Cortés gibt es mehrmals wöchentlich Verbindungen zu den Islas de la Bahía. Vereinbarungen müssen mit den Bootseigentümern getroffen werden.
BAHN: Es gibt nur im Norden drei Bahnstrecken, die überwiegend für den Bananentransport benutzt werden.
BUS/PKW: Das Straßennetz umfaßt mittlerweile 14.203 km, davon sind 2533 km gepflastert, rund die Hälfte ist Schotterstraße. Die meisten Straßen sind zu jeder Jahreszeit befahrbar. Es bestehen Verbindungen zwischen Tegucigalpa und den wichtigsten Städten an der Karibikküste und am Golfo de Fonseca. **Fernbusse,** die Hauptverkehrsmittel, verkehren regelmäßig zwischen den größeren Städten. Rechtzeitige Buchung wird empfohlen, die Fahrpreise sind sehr günstig. **Taxis** haben keine Taxameter, innerhalb der Städte gelten Einheitstarife. Auf längeren Strecken sollte man den Fahrpreis im voraus vereinbaren. Es gibt auch Sammeltaxen, sogenannte *Colectivos*. **Mietwagen** sind an den Flughäfen erhältlich. **Unterlagen:** Der internationale Führerschein sowie der des eigenen Landes werden anerkannt.
FAHRZEITEN von Tegucigalpa zu folgenden anderen Reisezielen (ungefähre Angaben in Std. und Min.):

	Flugzeug	Bus/Pkw
Comayagua	-	1.00
Siguetepeque	-	2.30
San Pedro Sula	0.25	3.30
Puerto Cortés	-	4.00
La Ceiba	0.35	5.00
Choluteca	-	2.30
Sta Rosa de Copán	-	6.00
Islas de la Bahía	0.40	*6.00

Anmerkung: [*] Einschl. 2 Std. Schiffahrt.

UNTERKUNFT

HOTELS: In Tegucigalpa gibt es komfortable Hotels. In San Pedro Sula liegen die Preise niedriger als in der Hauptstadt, der Standard ist jedoch der gleiche. In den anderen Landesteilen sind Übernachtungspreise und Standard niedriger. Das *Instituto Hondureño de Turismo* (Adresse s. o.) veröffentlicht ein informatives Verzeichnis aller Hotels. **Kategorien:** Einstufung in drei Kategorien, je nach Standard (Erste Klasse, Mittelklasse, einfach).

URLAUBSORTE & AUSFLÜGE

Die Landeshauptstadt **Tegucigalpa** wurde 1524 als Bergarbeitersiedlung gegründet. Im Gegensatz zu vielen anderen mittelamerikanischen Städten ist sie nie von Erdbeben oder Feuern zerstört worden, so daß viele beeindruckende historische Bauwerke erhalten geblieben sind. Die wunderschönen Stadtparks, besonders *Concordia* (interessante Modelle der Maya-Bauwerke von Copan) und der *UN-Park*, der einen herrlichen Blick über die Stadt bietet, laden zu ausgedehnten Spaziergängen ein. Nicht weit von Tegucigalpa gibt es den *La-Tigra-Nationalpark* zu besuchen mit seinem eindrucksvollen Wolkennebelwald. Etwa 80 km von Tegucigalpa liegt **Comayagua,** die ehemalige Landeshauptstadt. Hier fühlt man sich in die Kolonialzeit zurückversetzt: kopfsteingepflasterte Straßen, kleine Plätze und weiße Häuser machen den Reiz dieser Stadt ebenso aus wie die Kathedrale und die vielen Kirchen. 34 km von Tegucigalpa liegt die weltbekannte *Escuela Agrícola Panamericana* – das landwirtschaftliche Institut hat Studenten aus der ganzen Welt.
Die Karibikküste: Für Touristen und Geschäftsreisende sind in erster Linie zwei Städte interessant:
La Ceiba, am Fuß des *Pico Bonito* (1500 m), ist heute noch ein bedeutender Umschlagplatz für Bananen. Es gibt gute Hotels, schöne Strände und einen internationalen Flughafen. Man feiert gerne in dieser freundlichen Hafenstadt, und das nicht nur während des Karnevals. Der Urwald des Pico Bonito bietet Lebensraum für eine artenreiche Tierwelt und kann ebenso wie die faszinierende Flora auf Expeditionen erforscht werden.
Trujillo war früher ein geschäftiger Hafen und in der Kolonialzeit die Hauptstadt von Honduras. Die geheimnisvolle Piratenvergangenheit, tropische Traumstrände und alte spanische Kolonialgebäude machen den Reiz dieser schönen Stadt aus. Neue Urlaubsgebiete werden gegenwärtig in dieser Gegend erschlossen.
Islas de la Bahía: Diese exotische Inselgruppe liegt 50 km vor Honduras in der Karibik und besteht aus drei größeren Inseln – Roatán, Guanaja und Utila – sowie aus vielen kleineren Inseln *(Cays)*. Die Geschichte dieser Inselgruppe kann zurückverfolgt werden vom britischen Kolonialreich über die spanischen Freibeuter bis zur Kultur der Mayas. Die bergigen, üppig bewachsenen Inseln **Roatán** und **Guanaja** sind durch ein großes Korallenriff geschützt, das ein wahres Paradies für Taucher ist. **Utila** hat lange Sandstrände und ist von lauter kleinen, palmenbewachsenen Cays umgeben.
San Pedro Sula ist das größte Industrie- und Handelszentrum (Bananen und Zucker) der Nordküste mit einem neuen Flughafen, ausgezeichneten Hotels, ansprechenden Einkaufsmöglichkeiten und mehreren guten Restaurants. In der Nähe liegt der *Cusuco-Nationalpark*.
Das hübsche Dorf **Copán** liegt 171 km von San Pedro Sula entfernt. Die eindrucksvollen Ruinen im Archäologischen Park bei Copán sind Zeugen der faszinierenden Maya-Kultur. Die Hof- und Tempelgebäude, der große Ballspielplatz, ein riesiges Amphitheater und die Hieroglyphentreppe sind besonders beeindruckend. In der großen Akropolis sind vor kurzem großartige neue Funde gemacht worden. Die Wohnhäuser der Maya, die ebenfalls freigelegt wurden, geben erstmals Aufschluß über ihr Alltagsleben.

SOZIALPROFIL

ESSEN & TRINKEN: In Tegucigalpa und den größeren Städten kann man gut Essen gehen. Zu den Spezialitäten zählen *Curiles* (Meeresfrüchte), *Tortillas, Frijoles, Enchiladas, Tamales de Elote* (Mais-Tamalen), *Nacatamales, Tapado, Yuca con Chicharron* und *Mondongo*. Mangos, Papayas, Ananas und Bananen sind beliebt als fruchtiger Nachtisch.
NACHTLEBEN: Es gibt Kinos und Diskotheken in den größeren Städten.
EINKAUFSTIPS: Die einheimischen Handarbeiten sind sehr schön und zudem preiswert. Beliebte Mitbringsel sind Holzschnitzereien, Zigarren, Lederartikel, Strohhüte, Taschen und Körbe. **Öffnungszeiten der Geschäfte:** Mo-Fr 08.00-12.00 und 13.30-18.00 Uhr, Sa 08.00-17.00 Uhr.
SPORT: Gute **Angelgründe** gibt es an den Küsten und im Yojoa-See (Barsche). **Tauchen:** Ausgezeichnete Tauchmöglichkeiten in den Korallenriffen um die Islas de Bahía mit ihrer eindrucksvollen Unterwasserwelt. In einigen Hotels ist der Mietpreis für Taucherausrüstungen im Übernachtungspreis inbegriffen. **Golf** wird immer beliebter, Golfplätze gibt es in fast allen Feriengebieten und größeren Städten. **Schwimmen:** An den sandigen Stränden der Küsten gibt es sichere Bademöglichkeiten. **Publikumssport: Fußball** ist Nationalsport; **Baseball, Basketball, Boxen** und **Bowling** sind ebenfalls sehr beliebt.

VERANSTALTUNGSKALENDER
Landesweit werden zahlreiche religiöse Feste und Feiern zu Ehren von Schutzheiligen begangen.
22. - 29. Juli '96 *Kartoffelfest*. **31. Aug.** *Maisfestival*. **23. Sept.** *Nationales Orangenfest*, Colón. **17. Okt.** *Fischfestival*. **8. Dez.** *Mariä Empfängnis*. **Febr.** (**3. Samstag) '97** *Nationales Kaffeefest*. **April** *Fichtenfest*.
SITTEN & GEBRÄUCHE: Der spanische Einfluß ist überall spürbar; die Mehrheit der Bevölkerung sind Mestizen, die überwiegend in der Landwirtschaft beschäftigt sind und einen niedrigen Lebensstandard haben. Der traditionelle Lebensstil hat sich in vielen Dörfern erhalten. Die üblichen Höflichkeitsformen sollten beachtet werden. Falls man in ein Privathaus eingeladen wird, ist es eine nette Geste, der Gastgeberin einen Blumenstrauß zu schicken (vor oder nach dem Besuch). Zurückhaltende Alltagskleidung wird überall akzeptiert, in den Küstengebieten ist sie normalerweise etwas legerer. Badekleidung und Shorts sollten nur am Swimmingpool oder Strand getragen werden. Männer sollten einen Smoking einpacken.
Trinkgeld: 10-15% sind üblich – in den Restaurants ist die Bedienung allerdings meist in der Rechnung enthalten.

WIRTSCHAFTSPROFIL

WIRTSCHAFT: Holz- und Landwirtschaft sind die bedeutendsten Wirtschaftszweige. Fast die Hälfte der Bevölkerung arbeitet in diesem Bereich. Die wichtigsten Agrarerzeugnisse sind Bananen, Kaffee, Holz, Bohnen, Baumwolle, Mais und Zucker. In geringerem Umfang spielen auch Milchwirtschaft, Rinderzucht und Fischfang eine Rolle. Die Leichtindustrie produziert verschiedene Verbrauchsgüter. In den achtziger Jahren hatten Leichtindustrie und Holzwirtschaft angesichts der niedrigen Weltmarktpreise und des verminderten Bedarfs innerhalb des gemeinsamen zentralamerikanischen Marktes stark zu kämpfen. Die Wirtschaft des Landes wird durch Finanzhilfen der amerikanischen Regierung und des Internationalen Währungsfonds unterstützt. Der Bergbau nimmt immer mehr an Bedeutung zu, steuert aber bisher nur einen kleinen Teil zum Bruttosozialprodukt des Landes bei. Gefördert werden Zink, Blei, Kupfer, Gold und Silber. Haupthandelspartner sind die USA, Deutschland und Mexiko.
GESCHÄFTSVERKEHR: Es ist üblich, den Geschäftspartner mit dem Titel anzureden, insbesondere beim ersten Treffen. Von Geschäftsleuten wird gepflegte Kleidung erwartet, und in manchen Restaurants wird auf Smokingjacken Wert gelegt. Es gibt kaum Dolmetscher- und Übersetzerdienste. Viele Geschäftsleute sprechen Englisch, der Schriftverkehr sollte jedoch auf Spanisch geführt werden. **Geschäftszeiten:** Mo-Fr 08.00-12.00 und 14.00-17.00 Uhr, Sa 08.30-12.00 und 13.00-16.30 Uhr.
Kontaktadressen: *Europäische Handelskammer der Republik Honduras und Mexiko*, Graben 27, A-1010 Wien. Tel/Telefax: (0222) 533 20 57.
Die wirtschaftlichen Interessen Österreichs werden von der Außenhandelsstelle in Mexiko City (s. Mexiko) wahrgenommen.
Federación de Cámaras de Comercio e Industrias de Honduras (FEDECAMARA; Industrie- und Handelskammer), Edif. Castañito 2°, Col. Los Castaños, Sur 6a Avda, Calle Jamaica, Apdo. 3393, Tegucigalpa. Tel.: 32 60 83. Telefax: 32 18 70.
KONFERENZEN/TAGUNGEN können in den Hotels *Honduras Maya* und *Plaza San Martin* abgehalten werden. Nähere Auskünfte erteilt das *Instituto Hondureño de Turismo* (Adresse s. o.).

KLIMA

Die Temperaturen hängen von der jeweiligen Höhenlage ab. An der Nordküste ist es heiß, Niederschläge sind über das ganze Jahr verteilt. Im Süden an der Pazifikküste herrscht ebenfalls feuchtwarmes tropisches Klima, es gibt jedoch eine ausgeprägte Trockenzeit. In Höhenlagen (600-1800 m) gemäßigtes Klima, Temperaturen im Durchschnitt 16-20°C. Trockenzeit November - April, Regenzeit Mai - Oktober.
Kleidung: Leichte Baumwoll- und Leinensachen, wärmere Kleidung von November bis Februar und in den Bergen. Regenschutz in der feuchten Jahreszeit. Unbedingt Sonnen- und Insektenschutzmittel mitnehmen.

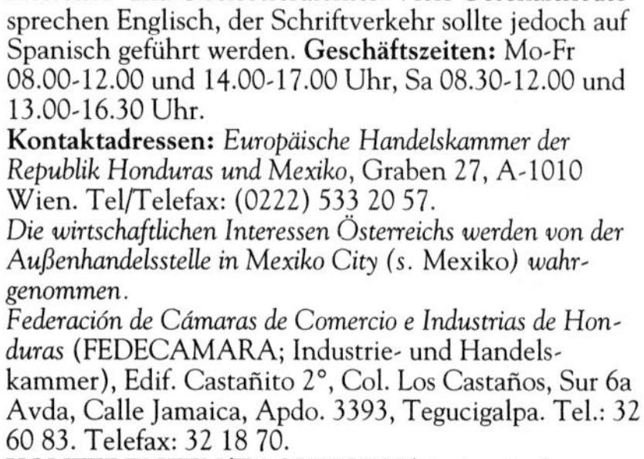

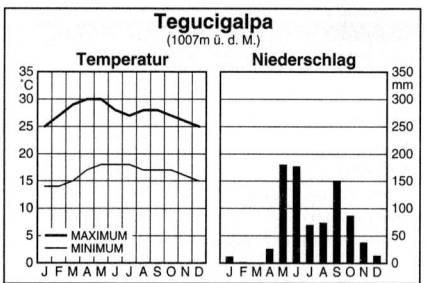

Hongkong

Lage: Ostasien.

Fremdenverkehrsamt von Hongkong
Humboldtstraße 94
D-60318 Frankfurt/M.
Tel: (069) 959 12 90. Telefax: (069) 597 80 50.
Mo-Fr 09.00-17.00 Uhr.
Hong Kong Tourist Association (Fremdenverkehrsamt)
Citicorp Centre 9-11/F
18 Whitfield Road
North Point
PO Box 2597
Hongkong
Tel: 28 01 71 11. Telefax: 28 10 48 77.
Die Interessen von Hongkong werden in Deutschland, Österreich und der Schweiz von den britischen Botschaften und Konsulaten vertreten (Adressen s. Großbritannien).
Generalkonsulat der Bundesrepublik Deutschland
United Centre, 21st Floor
95 Queensway-Central
GPO Box 250
Hongkong
Tel: 25 29 88 55/-58. Telefax: 28 65 20 33.
Generalkonsulat der Republik Österreich
2201 Emperor House
34-37 Connaught Road, Central
Hongkong
Tel: 25 22 80 86/-89. Telefax: 25 21 87 73.
Generalkonsulat der Schweizerischen Eidgenossenschaft
3703 Gloucester Tower, The Landmark
11 Pedder Street
Hongkong
Tel: 25 22 71 47. Telefax: 28 45 26 19.

FLÄCHE: 1077,7 qkm.
BEVÖLKERUNGSZAHL: 5.865.000 (1993).
BEVÖLKERUNGSDICHTE: 5442 pro qkm.
HAUPTSTADT: Victoria. **Einwohner:** 1.100.000 (1991).
GEOGRAPHIE: Hongkong liegt in Südostasien, knapp südlich des Nördlichen Wendekreises. Die britische Kronkolonie besteht aus der Insel Hongkong (83 qkm), weiteren kleineren Inseln, der Halbinsel Kowloon und einem sich anschließenden Pachtgebiet auf dem süd-

TIMATIC INFO-CODES

Abrufbar über Ihr CRS-System (für START/Amadeus Ama-Maske benutzen). Für Galileo bitte TI-DFT eingeben (mit Bindestrich).

Flughafengebühren	TI DFT/ HKG /TX
Währung	TI DFT/ HKG /CY
Zollbestimmungen	TI DFT/ HKG /CS
Gesundheit	TI DFT/ HKG /HE
Reisepassbestimmungen	TI DFT/ HKG /PA
Visabestimmungen	TI DFT/ HKG /VI

chinesischen Festland. Die Insel Hongkong liegt 32 km östlich der Mündung des Pearl River und 135 km südöstlich von Kanton (sie wird vom Festland durch einen guten natürlichen Hafen getrennt). Die Insel Hongkong wurde im Vertrag von Nanking (1842), die Halbinsel Kowloon (südlich von Boundary Street und Stonecutters Island) 1860 im Pekinger Abkommen Großbritannien zugesprochen. Das Gebiet von der Boundary Street bis zum Fluß Shenzhen und 235 Inseln (die New Territories) wurden 1898 auf 99 Jahre von China an Großbritannien verpachtet. Die New Territories mit den 235 Inseln umfassen ein Gebiet von 891 qkm. Da wenig Bauland vorhanden war, wurde auf der Insel Hongkong und Kowloon dem Meer Land abgewonnen.
STAATSFORM: Britische Kronkolonie, seit 1843. Verwaltung durch den britischen Gouverneur Christopher Francis Patten, seit Juli 1992. Der Gouverneur unterstützt den Exekutivrat. Parlament: Gesetzgebender Rat (insgesamt 60 Mitglieder, seit 1995 davon 50 direkt gewählt).
SPRACHE: Kantonesisch ist die meistgesprochene Sprache. Englisch ist weitverbreitet, vor allem in Geschäftskreisen. Beide Sprachen sind als Amtssprachen anerkannt. Englischsprachige Polizisten haben ein rotes Zeichen auf ihren Epauletten.
RELIGION: Buddhismus, Konfuzianismus, Taoismus; christliche, moslemische und hinduistische Minderheiten.
ORTSZEIT: MEZ + 7 (MEZ + 6 im Sommer).
NETZSPANNUNG: 200/220 V, 50 Hz.
POST- UND FERNMELDEWESEN: Die Telekommunikationsdienste sind in Hongkong so hochentwickelt und vielseitig, wie man das in einem fortschrittlichen Wirtschaftszentrum westlichen Stils erwartet (einschl. Radio-Pager und Bildschirmtext); die folgende Aufstellung ist keineswegs vollständig. **Telefon:** Selbstwählferndienst. Die Telefonauskunft ist computerisiert und kann unter der Nummer 1081 erreicht werden. Landesvorwahl: 852. **Telefax:** *Hongkong Telecommunications* und Postämter bieten diesen Dienst an.
Telex/Telegramme: Eine Telexstelle gibt es im Büro der *Hongkong Telecommunications* auf der Insel Hongkong und im Hermes House, Middle Road, Kowloon, sowie in größeren Hotels. **Post:** Luftpost nach Europa ist 3-5 Tage unterwegs. Schalter für postlagernde Sendungen sind vorhanden. Öffnungszeiten der Postämter: Mo-Fr 08.00-18.00 Uhr, Sa 08.00-14.00 Uhr.
DEUTSCHE WELLE
Der Einsatz der Kurzwellenfrequenzen ändert sich mehrfach im Laufe eines Jahres, und Sendungen auf den folgenden Frequenzen werden jeweils nur zu bestimmten Tageszeiten ausgestrahlt. Näheres in der Einleitung.

MHz	21,540	17,845	12,055	11,795	9,655
Meterband	13	16	25	25	31

REISEPASS/VISUM

Wichtiger Hinweis: Die Einreisebestimmungen mancher Länder können sich kurzfristig ändern – rufen Sie sicherheitshalber auf Ihrem CRS-System (TIMATIC-Info-Code-Fenster in diesem Kapitel) den aktuellen Stand ab bzw. wenden Sie sich an die zuständige diplomatische Vertretung. Etwaige Zahlen in der Tabelle beziehen sich auf nachfolgende Fußnoten.

	Paß erforderlich?	Visum erforderlich?	Rückflugticket erforderlich?
Deutschland	Ja	Nein/1	Ja
Österreich	Ja	Nein/2	Ja
Schweiz	Ja	Nein/2	Ja
Andere EU-Länder	Ja	Nein/3	Ja

REISEPASS: Ein gültiger Reisepaß, der noch mindestens 6 Monate Gültigkeit hat, ist allgemein erforderlich.
Anmerkung: Seit Oktober 1980 müssen alle Besucher Hongkongs *immer* Ausweispapiere mit sich führen. Die Polizei macht Stichproben, und Personen, die ohne Ausweispapiere angetroffen werden, müssen mit Strafen rechnen.
VISUM: Visumzwang für alle Reisenden, ausgenommen sind:
(a) **[1] Für Aufenthalte bis zu 1 Monat:** Staatsangehörige der Bundesrepublik Deutschland;
(b) **[2] Für Aufenthalte bis zu 3 Monaten:** Staatsangehörige von Österreich und der Schweiz;
(c) **[3] Für Aufenthalte bis zu 3 Monaten**, sofern nicht anders angegeben: Staatsangehörige von Belgien, Dänemark, Finnland (max. 1 Monat), Frankreich, Griechenland (max. 1 Monat), Großbritannien (max. 12 Monate), Irland, Italien, Luxemburg, den Niederlanden, Portugal, Schweden und Spanien;
(d) **Für Aufenthalte bis zu 3 Monaten:** Staatsangehörige von Commonwealth-Ländern (mit Ausnahme von Südafrika und Kamerun; Mitgliedstaaten s. Inhaltsverzeichnis) und von Abhängigen Gebieten Großbritanniens, Andorra, Bermuda, Brasilien, Chile, Ecuador, Fidschi, Israel, Kolumbien, Liechtenstein, Monaco, Nigeria, Norwegen, San Marino und der Türkei;
(e) **Für Aufenthalte bis zu 1 Monat:** Staatsangehörige von Argentinien, Bolivien, Costa Rica, der Dominikanischen Republik, El Salvador, Guatemala,

Honduras, Island, Japan, Mexiko, Marokko, Nepal, Nicaragua, Panama, Paraguay, Peru, Südafrika, Tunesien, Uruguay, den USA und Venezuela;
(e) **Für Aufenthalte bis zu 14 Tagen:** Staatsangehörige von Ägypten, Äquatorialguinea, Äthiopien, Algerien, Angola, Bahrain, Benin, Bhutan, Bosnien-Herzegowina, Burkina Faso, Burundi, Côte d'Ivoire, Djibouti, Estland, Eritrea, Gabun, Ghana, Guinea-Bissau, Haiti, Indonesien, Jemen, Jordanien, Kamerun, Kap Verde, Katar, Komoren, Kongo, Korea-Süd, Kroatien, Kuwait, Lettland, Liberia, Litauen, Madagaskar, Mali, den Marschall-Inseln, Mauretanien, Ehem. jugosl. Republik Mazedonien, Mikronesien (Föderative Staaten von), Mosambik, Niger, Oman, den Philippinen, Polen, Ruanda, São Tomé und Principe, Saudi-Arabien, Senegal, Slowenien, Suriname, Thailand, Togo, Tschad, den Vereinigten Arabischen Emiraten, Abhängigen Gebieten der USA, die Vatikanstadt, Zaïre und der Zentralafrikanischen Republik;
(f) **Für Aufenthalte bis zu 7 Tagen:** China (VR).
Weitere Informationen bei der Einwanderungsbehörde, *Immigration Department*, Immigration Tower, 7 Gloucester Road, Hongkong. Tel: 28 24 61 11. Telefax: 28 24 11 33.
Anmerkung: (a) Staatsangehörige von Ländern, die nicht oben aufgeführt werden, brauchen kein Visum für einen Aufenthalt bis zu 14 Tagen. (b) Staatsangehörige der folgenden Länder brauchen jedoch generell ein Visum: Afghanistan, Albanien, Bulgarien, Iran, Irak, Jugoslawien (Montenegro und Serbien), Kambodscha, Kuba, Laos, Libanon, Libyen, Mongolei, Myanmar, Rumänien, Russ. Föderation, Slowakische Republik, Somalien, Sudan, Syrien, Taiwan, Tschechische Republik, Ungarn, Vietnam und Zypern (Nord).
Visaarten: Touristen-, Transitvisa (bis zu 48 Std.).
Visagebühren: Studenten- und Touristenvisum: 28 £.
Unterlagen: (a) Antragsformular. (b) Gültiger Reisepaß. (c) Paßfoto. (d) Nachweis der für die Dauer des Aufenthaltes erforderlichen Geldmittel. (e) Studenten benötigen einen Nachweis/Einladung der jeweiligen Universität in Hongkong.
Bearbeitungszeit: 6-8 Wochen.
Antragstellung: Britisches Generalkonsulat in Düsseldorf bzw. Konsularabteilung der britischen Botschaft (Adressen s. *Großbritannien*).

GELD

Währung: 1 Hongkong Dollar (HK$) = 100 Cents.
Banknoten gibt es im Wert von 1000, 500, 100, 50, 20 und 10 HK$. Münzen sind im Wert von 10, 5, 2 und 1 HK$, sowie 50, 20 und 10 Cents in Umlauf.
Geldwechsel: Fremdwährungen können in Banken, Hotels, Wechselstuben und Geschäften gewechselt werden.
Kreditkarten: *Eurocard, American Express, Diners Club* und *Visa* werden vielerorts angenommen. Einzelheiten vom Aussteller der betreffenden Kreditkarte.
Reiseschecks werden fast überall angenommen.
Euroschecks werden bei einigen Banken gegen Vorlage der Kreditkarte und des Reisepasses akzeptiert.
Wechselkurse

	HK$ Sept. '92	HK$ Febr. '94	HK$ Jan. '95	HK$ Jan. '96
1 DM	5,18	4,45	4,99	5,38
1 US$	7,70	7,72	7,74	7,73

Devisenbestimmungen: Es gibt keine Beschränkungen für die Ein- und Ausfuhr von Landes- oder Fremdwährungen.
Öffnungszeiten der Banken: Mo-Fr 09.00-16.30 Uhr, Sa 09.00-12.00 Uhr. Viele Banken haben auch länger geöffnet.

DUTY FREE

Die folgenden Artikel dürfen zollfrei nach Hongkong eingeführt werden:
200 Zigaretten oder 50 Zigarren oder 250 g Tabak;
1 l alkoholische Getränke;
Parfüm und Eau de toilette für den persönlichen Gebrauch.
Anmerkung: (a) Bei Einreise aus Macau dürfen Einwohner von Macau nur die Hälfte der oben angegebenen Zigaretten, Zigarren oder Tabakmenge zollfrei einführen. (b) Transitpassagiere dürfen nur 20 Zigaretten oder 60 g Tabak zollfrei einführen.
Einfuhrverbot: Narkotika, gewisse Medikamente (falls diese Narkotika enthalten, dürfen sie nicht ohne eine Bescheinigung des Arztes eingeführt werden), Waffen und Munition, Feuerwerkskörper, Elfenbeinprodukte, Tiere und Pflanzen, Wildbret, Fleisch und Geflügel.

GESETZLICHE FEIERTAGE

15.-17. Juni '96 Offizieller Geburtstag der Königin. **20. Juni** Tuen Ng Festival (Drachenboot-Festival). **24. Aug.** Samstag im August. **26. Aug.** Tag der Befreiung. **28. Sept.** Tag nach der Herbstsonnenwende*. **21 Okt.** Tag nach dem Chung Yeung Festival. **25.-26. Dez.** Weihnachten. **1. Jan. '97** Neujahr. **19.-21. Febr.** Chinesisches Neujahr*. **28.-31. März** Ostern. **5. April** Ching-Ming-Festival.
Anmerkung: [*] Das Datum richtet sich nach dem Mondkalender und ändert sich jährlich.

Hongkong

GESUNDHEIT

In der folgenden Tabelle aufgeführten Impfvorschriften können sich kurzfristig ändern. Es wird stets empfohlen, auf Ihrem CRS-System (TIMATIC-Info-Code-Fenster in diesem Kapitel) den aktuellen Stand der Gesundheitsbestimmungen abzurufen bzw. rechtzeitig vor der Reise ärztlichen Rat einzuholen.

	Vorsichtsmaßnahmen empfohlen	Impfschein erforderlich
Gelbfieber	Nein	Nein
Cholera	Nein	Nein
Typhus & Polio	Nein	-
Malaria	1	-
Essen & Trinken	2	-

[1]: Malariarisiko in bestimmten ländlichen Gegenden.
[2]: Das Leitungswasser aus den staatlichen Wasserleitungen Hongkongs entspricht den Richtlinien der Weltgesundheitsorganisation und ist zum Trinken geeignet. Hotels stellen ihren Gästen zudem in Flaschen abgefülltes Wasser zur Verfügung. Milch ist pasteurisiert, und Milchprodukte sind unbedenklich, ebenso wie einheimisches Fleisch, Geflügel, Meeresfrüchte, Obst und Gemüse. Den Genuß von Schweinefleisch, frischem Salat und Mayonnaise möglichst vermeiden. Gemüse sollte gekocht und Obst geschält werden.
Hepatitis A und *B* kommen vor.
Gesundheitsvorsorge: Der Abschluß einer Reisekrankenversicherung wird empfohlen. Die Hotels haben eine Liste der staatlich beglaubigten Ärzte. Die medizinische und zahnärztliche Versorgung ist erstklassig.

REISEVERKEHR - International

FLUGZEUG: Die nationale Fluggesellschaft heißt *Cathay Pacific* (CX). Sowohl Cathay Pacific als auch *Lufthansa* fliegen täglich von Frankfurt nach Hongkong. Von Wien aus werden zweimal wöchentlich Direktflüge angeboten mit einem einstündigen Aufenthalt in Bangkok. Von Zürich aus gibt es zweimal wöchentlich Nonstopflüge nach Hongkong.
Durchschnittliche Flugzeiten: *Frankfurt* – Hongkong: 11 Std. 35; *Wien* – Hongkong: 13 Std. 45; *Zürich* – Hongkong: 12 Std.
Internationaler Flughafen: *Hong Kong International* (Kai Tak) liegt 7,5 km außerhalb des Zentrums von Hongkong. Flughafeneinrichtungen: Duty-free-Shop, Banken, eine Post, Kinderkrippe, Touristeninformation, Autovermietung, Hotelreservierung sowie Bars, Geschäfte und Restaurants. Flughafenbusse: A 1 (Ringstraße) nach Kowloon (Fahrzeit 20 Min.); A 2 zur Hongkonger City, fährt alle 15 Min; A 3 (Ringstraße) nach Causeway Bay (Fahrzeit 30 Min.); A 4 zum Kowloon-China-Fährhafen, Kowloon (Fahrzeit 20 Min.). Taxistand vorhanden.
Flughafengebühren: Zahlbar in Hongkong-Dollar beim Abflug oder im Flugticket enthalten. 50 HK$ pro Person, Kinder unter 12 Jahren sind hiervon befreit.
SCHIFF: Mehrere Reedereien laufen Hongkong an, u. a. die *Royal Viking Line*. Zwischen Hongkong und China verkehren Luftkissenboote; mehrere Schiffe laufen die größeren Häfen Chinas an, jedoch nicht so häufig. Nähere Informationen in Hongkong.
Reisen nach Macau: Mit einem Jetfoil dauert die Überfahrt 55 Min., mit einem Tragflächenboot 75 Min. Einzelheiten (auch über den neuen Hubschrauberservice) im Kapitel *Macau*.
BAHN: Auf der Strecke Kowloon – Kanton verkehren Züge der *Kowloon-Canton Railway* (KCR) und der *Chinese Railways*. Abfahrt ist viermal täglich, es gibt nur Wagen 1. Klasse. Ein Speisewagen steht zur Verfügung. Regionalzüge der KCR verkehren alle 3-20 Min. nach Lo Wu, dem letzten Bahnhof vor der chinesischen Grenze. Reisende müssen jedoch im Besitz eines Visums der VR China sein, ohne Visum kann man nur bis Shueng Shui fahren. Von Lo Wu gibt es eine Verbindung nach Shenzhen (VR China).

REISEVERKEHR - National

SCHIFF: Die von der *Star Ferry* betriebene Hafenfähre (kürzeste Strecke 7-10 Min.) fährt alle 5 Min. täglich von 06.30-23.30 Uhr. Zusätzlich verkehren andere Passagier- und Autofähren regelmäßig auf anderen Strecken. Es gibt täglich mehrere Verbindungen zu den äußeren Inseln; außerdem Ausflugsfahrten an Sonn- und Feiertagen. Hafenrundfahrten und Ausflüge zu den Aberdeen- und Yan-Ma-Tei-Taifun-Schutzanlagen kann man mit den *Watertours*-Dschunken unternehmen. Für Ausflüge zu den umliegenden Inseln stehen die öffentlichen Fähren zur Verfügung.
BAHN/U-BAHN: Das Netz der *Mass Transit Railway Corporation* (MTRC) besteht aus vier Bahnlinien und bietet zwei Verbindungen zur anderen Seite des Hafens. Der Fahrpreis liegt höher als bei einer Fahrt mit der Fähre, aber es geht schneller, vor allem, wenn man weiter als bis nach Tsim Sha Tsui in Kowloon fährt. Fahrausweise löst man an Fahrkartenautomaten, am Ziel werden die Karten einbehalten. Die Touristenkarte der MTRC ist preisgünstig und erspart unnötiges Anstehen am Fahrkartenschalter. Es gibt sie für 25 HK$. Die Kowloon-Kanton-Linie hat 13 Bahnhöfe in Hongkong. Die Züge fahren 05.52-00.12 Uhr. Außerdem gibt es in den westlichen New Territories ein neues Bahnnetz.
BUS/PKW: Linksverkehr. **Busse** fahren im gesamten Gebiet Hongkongs, einschl. der anderen Seite des Hafens (durch den Tunnel). Sie sind oft sehr überfüllt. Auf bestimmten Routen in Kowloon gibt es klimatisierte Busse. Beim Einsteigen wirft man das passende Fahrgeld in einen Behälter am Fahrersitz. **Sammeltaxis** befahren bestimmte Strecken. **Minibusse** verkehren auf mehreren Strecken, es gibt jedoch keine festen Haltestellen. **Straßenbahnen** gibt es nur auf der Insel Hongkong. Dieses passende Fahrgeld (Einheitspreis) wird in den Behälter am Fahrersitz eingeworfen. Die *Peak Tram* ist eine Kabelbahn, die zur Endstation des *Victoria Peak* (400 m) hochfährt. **Taxis** gibt es in ausreichender Anzahl in Hongkong und Kowloon. Für die Fahrt durch den Hafentunnel wird ein Zuschlag berechnet. **Mietwagen:** Es gibt einige Firmen (Verleih mit Chauffeur oder für Selbstfahrer), die meisten Besucher bevorzugen jedoch das ausgezeichnete öffentliche Verkehrsnetz.
Unterlagen: Ein internationaler Führerschein wird empfohlen, obwohl er nicht offiziell vorgeschrieben ist. Das Mindestalter beträgt 18 Jahre. Eine Haftpflichtversicherung ist Pflicht.
FAHRZEITEN von den Busbahnhöfen der Insel Hongkong zu den Touristengegenden und zu den äußeren Inseln (ungefähre Angaben in Std. und Min.):

	Schiff	U-Bahn	Pkw/Bus
Kai Tak	-	-	0.40
Kowloon	0.10	0.04	0.20
Causeway Bay	-	-	0.10
Lantau Is.	1.00	-	-
Aberdeen	-	-	0.30
Cheung Chau	1.00	-	-

UNTERKUNFT

HOTELS: Das Angebot an Hotels ist ausgezeichnet. Seit 1988 wurden 19 neue Hotels mit 9000 Zimmern gebaut, und 1995 standen ca. 35.000 Hotelzimmer zur Verfügung stehen. Aufgrund des steigenden Interesses an der Kolonie vor der Übernahme durch China 1997 sind sie jedoch häufig ausgebucht. Vorausbuchung wird daher empfohlen, vor allem in der Hauptsaison von März bis April und von Oktober bis November. Es gibt auch Pensionen und Herbergen. Auf alle Rechnungen werden 10% Bedienungsgeld und 5% Regierungssteuer aufgeschlagen. 84 Hotels sind Mitglied der *Hong Kong Tourist Association* HKPA (Adresse s. o.). Der Hotelverband ist unter folgender Adresse zu erreichen: *Hong Kong Hotels Association*, 508-511 Silvercord Tower II, 30 Canton Road, Tsimshatsui, Kowloon, Hongkong. Tel: 23 75 38 38. Telefax: 23 75 76 76. **Kategorien:** Die Hotels der HKTA werden in folgende vier Preisgruppen eingestuft: **High Tariff A Hotels** (insgesamt 17); **High Tariff B Hotels** (26); **Medium Tariff Hotels** (31); **Pensionen/Herbergen** (10).
FERIENHÄUSER: Auf den äußeren Inseln kann man Ferienhäuser mieten.
CAMPING: Zelten ist in den ländlichen Gegenden gestattet. Im Landschaftsschutzgebiet des Country Parks ist eine Genehmigung erforderlich.
JUGENDHERBERGEN: Es gibt vier große YMCA/YWCA-Herbergen in Hongkong. Die Jugendherbergen liegen außerhalb der Stadt. Weitere Informationen erhalten Sie vom *Hong Kong Youth Hostels Association*, Room 225-226, Block 19, Shek Kip Mei Estate, Shamshulpo, Kowloon, Hongkong. Tel: 27 88 16 38. Telefax: 27 88 31 05.

URLAUBSORTE & AUSFLÜGE

Hongkong ist eines der beliebtesten Touristenziele und eines der größten Geschäftszentren der Welt. In dieser Geschäftsmetropole mit ihrem zollfreien, geschäftigen Hafen gibt es viele Luxushotels, aber auch Unterkünfte aller Preisklassen, die als Ausgangspunkt benutzt werden können, um Hongkong, die New Territories und die vielen kleinen Inseln kennenzulernen. Die Verkehrsmittel sind modern und zuverlässig. Von Besichtigungsfahrten kommt man am selben Tag zurück und kann so das Nachtleben genießen. Die Fahrt durch die New Territories dauert 6 Std., die Rundfahrt über die Insel Hongkong 4 Std. Urlauber können Ausflüge sportlicher Natur unternehmen, zum Freizeitzentrum *Water World* fahren, eine Bootsfahrt mit Abendessen genießen oder eine Straßenbahnfahrt, auf der Cocktails serviert werden. Näheres vom Fremdenverkehrsamt in Hongkong (Adresse s. o.).
Besonders interessant sind das *Sung-Dynasty-Dorf*, ein stilgetreuer Nachbau eines 1000 Jahre alten chinesischen Dorfes; eine Einkaufspassage mit *Tsimshatsui*-Geschäften, Restaurants und einem Raumfahrtmuseum; nächtliche »Sky Shows« im Planetarium und der Hafen. Die atemberaubende Skyline ist am besten bei einer Hafenrundfahrt auf einer Dschunke zu sehen, und *The Peak* sollte man sich ebenfalls nicht entgehen lassen – die Kabelbahn fährt zum höchsten Punkt der Insel Hongkong, von wo man die reizvolle Aussicht genießen kann. Sehenswert sind auch das chinesische Dorf *Peak Tower*, die Nachtmärkte, *Ocean Park* (zahme Delphine und Schwertwale), die schwimmenden Restaurants, *Repulse Bay* mit dem oberhalb des Strandes liegenden *Tin-Hau-Tempel*, *Stanley Market*, die beschauliche Schönheit der New Territories an der chinesischen Grenze, die chinesischen Märkte, das *Miu-Fat-Kloster*, *Ching Chung Koon* und viele andere prächtige chinesische Tempel, die Fischerdörfer, die *Sea Ranch*, der luxuriöse Country-Club mit eigenem Strand auf der Insel Lantau und das pittoreske Kloster *Po Lin*, ebenfalls auf Lantau. Viele Inseln haben herrliche Strände, die die Möglichkeit bieten, der Großstadthektik zu entkommen – Lantau, Lamma und Cheng Chau sind nur drei von vielen.
Sondertouren: Es gibt eine große Auswahl an Touren. Das Fremdenverkehrsamt veröffentlicht eine Broschüre mit weiteren Einzelheiten.

SOZIALPROFIL

ESSEN & TRINKEN: Hongkong ist für seine internationale Küche berühmt; außerdem gibt es hier authentische Gerichte aus allen Provinzen Chinas. Man kann je nach Lust und Laune auf einem *Sampan* (chinesisches Hausboot) in Causeway Bay, in einem schwimmenden Restaurant in Aberdeen, im Restaurant in Kowloon oder im Luxushotel essen. Hotels servieren europäische und chinesische Gerichte, es gibt aber auch Restaurants, die die ganze Palette der einheimischen Küche anbieten.
Restaurants: Auf der Insel Hongkong und in Kowloon gibt es zahlreiche Restaurants, auch diese bieten europäische und chinesische Gerichte an. Alle führenden Hotels haben ausgezeichnete Restaurants; Coffee Shops und Imbißstuben servieren kleinere Mahlzeiten.
Das kulinarische Angebot umfaßt u. a. chinesische Gerichte aus Kanton, Peking, Chiu Chow (Swatow), Shanghai, Sezchuan und Hakka. Die kantonesische Küche basiert auf Ankochen, Dünsten und kurzem Anbraten, um den natürlichen Geschmack zu erhalten. Das Essen ist weder salzig noch fett, Meeresfrüchte wer-

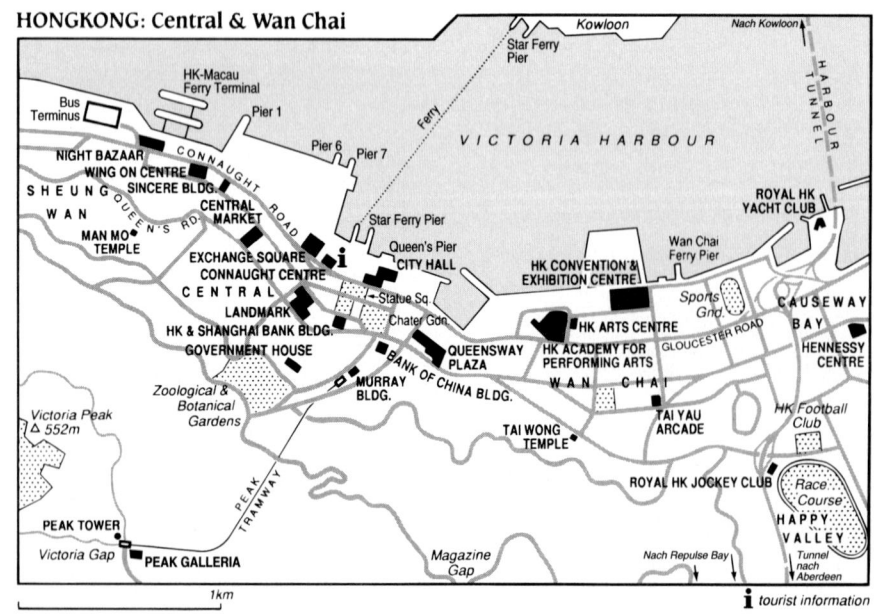

HONGKONG: Central & Wan Chai

Hongkong

den besonders delikat zubereitet. Die Mahlzeiten werden normalerweise mit gedünstetem Reis serviert. Zu den Spezialitäten gehört *Dim Sum* (zumeist gedünstete Häppchen in kleinen Bambuskörbchen, die auf Teewagen durch das Restaurant geschoben werden, von denen sich der Gast bedient). Es gibt *Cha Siu Bao* (mit Schweinefleischstückchen gefüllte Teigklöße), *Har Gau* (gedünstete Garnelenklößchen) und *Shiu Mai* (gedünstetes Schweinehack mit Garnelen). Der Schwerpunkt der Küche Nordchinas liegt auf Brot, Nudeln und würzigen Soßen; als Garmethode wird Fritieren bevorzugt. Am bekanntesten sind *Peking-Ente* und *Hotpot* (eine Art Eintopfgericht, das in einem gußeisernen Topf serviert wird). Gerichte aus Shanghai bestehen hauptsächlich aus geschnetzelten Zutaten, die in Sojasoße geschmort oder in Sesamöl mit viel Knoblauch und Pfeffer gebraten werden. *Chiu Chow* wird mit leckeren Soßen serviert. Die Hakka-Küche ist meist einfach, am besten schmeckt in Salz gebratenes Huhn. Gerichte aus Sezchuan sind scharf und gut mit vielen Chilis gewürzt; eine Spezialität ist gegrilltes Fleisch.
Normalerweise trinken Chinesen nicht vor den Mahlzeiten. Beliebte chinesische Weine und Spirituosen sind *Zhian Jing* (heiß servierter Reiswein, der dem japanischen *Sake* ähnelt), *Liang Hua Pei* (ein starker Pflaumenbranntwein), *Kaolian* (Whisky) und *Mao Toi* (Schnaps). Die beliebtesten Biersorten sind das hier gebraute *San Miguel* und *Tsingtao* (aus China). Importierte Getränke sind überall erhältlich.
NACHTLEBEN: Es gibt viele Nachtklubs, Diskotheken, Hostessenklubs, Theater und Kinos. Hongkongs Kulturzentrum bietet einen Konzertsaal mit 2100 Plätzen, ein großes Theater mit 1750 Plätzen sowie ein kleineres Studio-Theater mit 300-500 Plätzen, mehrere Restaurants und Bars. Hier werden chinesische Opern, Theateraufführungen, Liederabende und Konzerte veranstaltet. In der Stadthalle Hongkongs (mit Speisesaal, Ballsaal und Cocktail Lounge) finden ebenfalls diverse kulturelle Veranstaltungen statt. In klimatisierten Kinos werden amerikanische, europäische, chinesische und japanische Filme mit Untertiteln gezeigt. Zwei der Tageszeitungen, der *Hong Kong Standard* und die *South China Morning Post*, veröffentlichen einen Veranstaltungskalender. Von September bis Mai finden jeden Mittwoch- und Samstagabend die ungewöhnlichen nächtlichen Pferderennen statt.
EINKAUFSTIPS: Das Warenangebot in Hongkong ist enorm; sowie auf den traditionellen Straßenmärkten als auch in den klimatisierten Ladengalerien findet man schöne Mitbringsel. Viele der international bekannten Ladenketten haben in Hongkong eine Niederlassung. Geschäfte mit dem HKTA-Schild (Hong Kong Tourist Association) unterliegen den Richtlinien des Verbandes und bieten Qualitätswaren an. In kleineren Läden und auf den Märkten ist Handeln üblich. Wer nicht immer nur Kleidung von der Stange tragen möchte, kann sich in Hongkong einen Anzug oder ein Kostüm maßschneidern lassen. Mit Ausnahme einiger Artikel (z. B. Parfüm und Spirituosen) sind die Waren zollfrei. **Öffnungszeiten der Geschäfte:** Insel Hongkong (Central und Western): 10.00-18.00 Uhr. Insel Hongkong (Wan Chai und Causeway Bay): 10.00-21.30 Uhr. Kowloon (Tsimshatsui East, Tsimshatsui, Yan Ma Tei): 10.00-19.30 Uhr. Kowloon (Mongkok): 10.00-21.00 Uhr. Alle Angaben Mo-Sa, viele Geschäfte haben auch sonntags geöffnet.
SPORT: Die beliebtesten Publikumssportarten sind **Fußball, Rugby** und **Kricket**. Einige Hotels haben **Jogging-Anlagen**. Es gibt ausgezeichnete **Squash-, Tennis-** und **Golfplätze, Fitneß-Zentren** und schöne **Wanderwege. Reiten, Bowling** und **Eislauf** sind ebenfalls möglich. Über 30 gute Strände laden zum Baden ein. Es gibt hervorragende Möglichkeiten zum **Tauchen, Wasserskilaufen** und **Segeln.** Pferderennen, bei denen um hohe Einsätze gewettet wird, finden von September bis Mai Samstag und Sonntag nachmittags sowie Mittwoch abends statt. Die beiden großen **Pferderennbahnen** sind in Happy Valley (Insel Hongkong) und Shatin (New Territories). Nähere Auskunft erteilt der Royal Hong Kong Jockey Club.
VERANSTALTUNGSKALENDER
Mai '96 *Cheung Chau Bun-Festival*, Insel Cheung Chau. **31. Mai - 1. Juni** China-Kunstfestival. **20. Juni** *Drachenboot-Festival* und *Drachenboot-Regatta*. **Juli/Aug.** *Internationales Kunstfestival für Kinder.* **Aug.** (1) *Lu Pan.* (2) *Yue Lan* (Fest der hungrigen Geister). **27. Sept.** *Herbstsonnenwende-Festival.* **9. Okt.** Geburtstag von Konfuzius. **Nov.** *Art Asia*, Kunstausstellung. **20. Nov.** *Chung-Yeung-Festival.* **19. - 21. Febr. '97** *Chinesisches Neujahr.* **Febr./März** *Yuen Siu* (Laternenfest). **April** (1) *Ching-Ming-Festival.* (2) *Tin Hau* (Geburtstag der Meeresgöttin). **Mai** *Cheung Chau Bun-Festival*, Insel Cheung Chau.
SITTEN & GEBRÄUCHE: Zur Begrüßung gibt man sich die Hand. Der Familienname wird zuerst genannt, Wong Man Ying wird als *Mister* Wong angesprochen. Gesellschaftliche Zusammenkünfte finden in Restaurants statt, nicht in Privatwohnungen. Wenn man zu jemandem eingeladen wird, sollte man die üblichen Höflichkeitsregeln beachten. Während einer Mahlzeit prostet man sich häufig zu, bei jedem neuen Gang sagt man *Yum Sing*. Es können bis zu 12 Gänge serviert werden und obwohl es nicht als Beleidigung aufgefaßt wird, wenn man nur wenig ißt, gilt es als höflich, jeden Gang zu probieren. Es ist üblich, Gegeneinladungen auszusprechen. Zwanglose Kleidung ist durchaus akzeptabel. Bei einigen gesellschaftlichen Anlässen und in manchen Restaurants wird gepflegte Kleidung erwartet. Rauchen ist normalerweise gestattet, und Nichtraucherzonen sind gekennzeichnet. **Trinkgeld:** Die Einheimischen geben Taxifahrern, Kellnern und Friseuren 10% Trinkgeld. Die meisten Hotels und Restaurants berechnen 10% Bedienungsgeld.

WIRTSCHAFTSPROFIL

WIRTSCHAFT: Den Bestimmungen des chinesisch-britischen Vertrages zufolge wird das Wirtschaftssystem Hongkongs noch für mindestens 50 Jahre weiterbestehen. Die Verhandlungsschwierigkeiten zwischen Großbritannien und der Volksrepublik China bezüglich der Übergabe Hongkongs an China machen die Zukunft der Ökonomie jedoch ungewiß. Hongkong hat eine typische »Tiger-Economy«; dieser Name wurde den schnell wachsenden Wirtschaftssystemen des pazifischen Raumes verliehen. Die Hauptbereiche der Wirtschaft sind die Leichtindustrie (Schwerpunkt verarbeitende Industrie), Finanzbetriebe und die Schiffahrt (aufgrund des erstklassigen natürlichen Hafens). Die florierende Fertigungswirtschaft produziert Textilien und elektronische Gebrauchsgegenstände, beschäftigt fast 50% der Erwerbstätigen und erwirtschaftet 75% der Exporterlöse. Die Kronkolonie ist außerdem der größte Kinderspielzeughersteller der Welt. Der 1984 abgeschlossene Vertrag mit China und die Ereignisse in der Volksrepublik im Juni 1989 wirkten sich für die Wirtschaft negativ aus. 1989 wuchs das Bruttosozialprodukt lediglich um 2,5%, im vorangehenden Jahrzehnt waren es durchschnittlich 8% jährlich. Seit 1985 haben über 100 internationale Unternehmen ihren Hauptsitz von Hongkong in andere Länder verlagert, zumeist auf die Bermudas. Das Bauprojekt des neuen Flughafens hat sich wirtschaftsbelebend ausgewirkt. Hongkongs Haupthandelspartner sind China, Japan, die USA, Taiwan, Singapur und Deutschland. Der beste Garant für die wirtschaftliche Zukunft Hongkongs ist der anhaltende Wohlstand der benachbarten Wirtschaftssonderzonen in Südchina. Vorausgesetzt, daß der Status dieser Zonen erhalten bleibt, wird Hongkong sich ihnen anschließen, und die Grenzen der Wirtschaftssonderzonen werden sich so nach Norden verschieben.
GESCHÄFTSVERKEHR: Es wird von Geschäftsleuten erwartet, daß sie gut gekleidet sind. Die einheimischen Geschäftsleute sind meist sehr gastfreundlich. Geschäftstermine sollten im voraus vereinbart werden, Pünktlichkeit wird gern gesehen. Visitenkarten mit der chinesischen Übersetzung auf der Rückseite werden häufig benutzt. Die meisten Spitzenhotels bieten spezielle Dienstleistungen für Geschäftsleute an, u. a. Büroservice und Übersetzerdienst. **Geschäftszeiten:** Mo-Fr 09.00-13.00 und 14.00-17.00 Uhr, häufig auch Sa 09.00-13.00 Uhr. Einige chinesische Büros öffnen vor 09.30 Uhr und schließen nach 17.00 Uhr.
Kontaktadressen: Delegate of German Industry and Commerce, German Business Association, 2207-2210 World Wide House, 19 Des Voeux Road, Central, Hongkong. Tel: 25 26 54 81. Telefax: 28 10 60 93.
The Austrian Trade Commissioner (Außenhandelsstelle der Wirtschaftskammer Österreich), 13/F Diamond Exchange Building, 8-10 Duddell Street, Central, Hongkong. Tel: 25 22 23 88. Telefax: 28 10 64 93.
Swiss Business Council in Hongkong, GPO Box 9501, Hongkong. Tel: 25 24 05 90. Telefax: 28 41 40 58.
Hong Kong General Chamber of Commerce, PO Box 852, Hongkong. Tel: 25 29 92 29. Telefax: 25 27 98 43.
KONFERENZEN/TAGUNGEN: Das *Hong Kong Convention and Incentive Travel Bureau* ist eine Abteilung des Fremdenverkehrsamts von Hongkong (Adresse s. o.). Die Organisation verweist auf die besondere Ost/West-Lage, um für Hongkong als Tagungsort zu werben, und veröffentlicht detaillierte Broschüren für Tagungsplaner mit einem Hochglanzkatalog als Werbematerial. Weiterhin ist ein Verzeichnis der Verbände und Gesellschaften erhältlich. Die Kapazität der Tagungsstätten beträgt 12.500 Plätze.

KLIMA

Im Winter wird das Klima vom Nord/Nordost-Monsun und im Sommer vom Süd/Südwest-Monsun beeinflußt. Die Sommer sind sehr heiß, die Regenzeit dauert von Juni bis August. Im Frühling und Herbst ist es warm mit einigen Regenfällen und kühleren Nächten. Im Winter kann es kalt werden, meist ist es jedoch tagsüber mild. Von Juli bis September besteht Taifungefahr.
Kleidung: Leichte Baumwoll- und Leinensachen für die warmen Monate, wärmere Kleidung für Frühlings- und Herbstabende. Warme Kleidung für den Winter. Regenschutz im Sommer.

HONGKONG: Kowloon

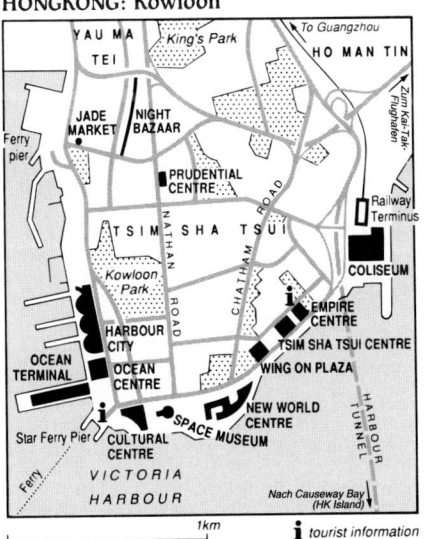

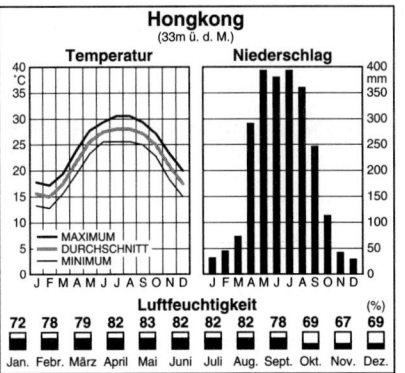

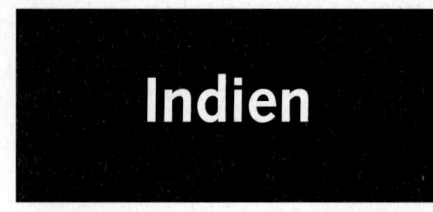

Indien

Lage: Indischer Subkontinent.

Anmerkung: Vor Reisen nach Kaschmir wird derzeit gewarnt. Aktuelle Informationen erteilen das Auswärtige Amt in Bonn, das Außenministerium in Wien und das EDA in Bern.

Indisches Fremdenverkehrsamt
Baseler Straße 48
D-60329 Frankfurt/M.
Tel: (069) 23 54 23. Telefax: (069) 23 47 24.
Mo-Fr 09.00-17.15 Uhr.
(auch für Österreich zuständig)
Indisches Fremdenverkehrsamt
1-3 Rue du Chantepoulet
CH-1201 Genf
Tel: (022) 732 18 13. Telefax: (022) 731 56 60.
Mo-Fr 09.00-13.00 und 14.00-17.30 Uhr.
Department of Tourism of the Government of India
Ministry of Tourism
Transport Bhavan
Parliament Street
New Delhi 110001
Tel: (11) 371 78 90. Telefax: (11) 371 05 18.
Botschaft der Republik Indien
Adenauerallee 262/264
D-53113 Bonn
Tel: (0228) 5 40 50. Telefax: (0228) 540 51 53.
Mo-Fr 09.00-13.00 und 13.30-17.30 Uhr.
Konsularabteilung
Baunscheidtstraße 7
D-53113 Bonn
Tel: (0228) 540 51 32/33. Telefax: (0228) 23 32 92.
Mo-Fr 09.30-12.30 Uhr.
Geschäftsbereich: Bayern und Nordrhein-Westfalen.
Generalkonsulat der Republik Indien (mit Visumerteilung)
Majakowskiring 55
D-13156 Berlin
Tel: (030) 480 01 78. Telefax: (030) 482 70 34.
Mo-Fr 09.30-12.30 Uhr (Publikumsverkehr).
Geschäftsbereich: Berlin und neue Bundesländer.
Generalkonsulat der Republik Indien (mit Visumerteilung)
Mittelweg 49
D-60318 Frankfurt/M.
Tel: (069) 153 00 50. Telefax: (069) 55 41 25.
Mo-Fr 09.30-12.30 Uhr.
Geschäftsbereich: Hessen, Rheinland-Pfalz, Baden-Württemberg und Saarland.
Generalkonsulat der Republik Indien (mit Visumerteilung)
Raboisen 6
D-20095 Hamburg
Tel: (040) 33 80 36. Telefax: (040) 32 37 57.
Mo-Fr 09.30-12.30 Uhr.
Geschäftsbereich: Hamburg, Bremen, Schleswig-Holstein und Niedersachsen.
Honorargeneralkonsulate ohne Visumerteilung in München und Stuttgart.
Indische Botschaft
Kärntner Ring 2
A-1015 Wien
Tel: (0222) 505 86 66. Telefax: (0222) 505 92 19.
Mo-Fr 09.00-12.00 Uhr.
Indische Botschaft
Effingerstraße 45
CH-3008 Bern
Tel: (031) 382 31 11. Telefax: (031) 382 26 87.
Mo-Fr 09.30-13.00 und 13.30-17.30 Uhr, *Konsularabt.:*
Mo-Fr 09.30-12.30 Uhr.
Geschäftsbereich: Deutschsprachige Schweiz.
Generalkonsulat der Republik Indien (mit Visumerteilung)
9 Rue du Valais
CH-1202 Genf
Tel: (022) 732 08 59. Telefax: (022) 731 54 71.
Mo-Fr 09.15-12.15 Uhr.
Geschäftsbereich: Genf, Waadt, Wallis und Neuenburg.
Botschaft der Bundesrepublik Deutschland
No. 6, Shantipath
Chanakyapuri
New Delhi 110021
PO Box 613
New Delhi 110001
Tel: (11) 60 48 61. Telefax: (11) 687 31 17.
Generalkonsulate in Bombay, Kalkutta und Madras, *Honorarkonsulat* in Goa.
Botschaft der Republik Österreich
EP/13 Chandergupt Marg
Chanakyapuri
New Delhi 110021
Tel: (11) 60 12 38, 60 16 07, 60 15 55. Telefax: (11) 688 69 29.
Generalkonsulat in Bombay, *Konsulate* in Kalkutta und Madras.
Botschaft der Schweizerischen Eidgenossenschaft
Nyaya Marg
Chanakyapuri
New Delhi 110021
PO Box 392
New Delhi 110001
Tel: (11) 60 42 25/26/27, 60 43 23. Telefax: (11) 687 30 93, 611 22 20.
Generalkonsulat in Bombay.

FLÄCHE: 3.287.263 qkm.
BEVÖLKERUNG: 898.200.000 (1993).
BEVÖLKERUNGSDICHTE: 273 pro qkm.
HAUPTSTADT: New Delhi. **Einwohner:** 301.297 (Delhi: 8.420.000 (Großraum), 1991.
GEOGRAPHIE: Indien grenzt im Nordwesten an Pakistan, im Norden an China, Nepal und Bhutan und im Osten an Bangladesch und Myanmar. Die Westküste des riesigen Subkontinents liegt am Arabischen Meer, die Ostküste an der Bucht von Bengalen, und im Süden liegt der Indische Ozean. Sri Lanka liegt südöstlich von Indien, die Malediven liegen in südwestlicher Richtung im Indischen Ozean. Die nordöstlichsten indischen Bundesstaaten und Hoheitsgebiete sind durch einen Landstreifen mit der Hauptmasse Indiens verbunden. Das Land läßt sich grob in drei Regionen aufteilen: das Himalaya-Gebirge, welches mit einer Länge von 3500 km die Nord- und Ostgrenze Indiens bildet, das Flußnetz und -delta des Ganges, das den ganzen Norden durchzieht und das im Süden anschließende Hochland des Dekkan mit den Randgebirgszügen der Westlichen und Östlichen Ghats.
STAATSFORM: Parlamentarische Bundesrepublik im Commonwealth seit 1950 mit Zweikammerparlament: Unterhaus (543 Mitglieder) und Oberhaus (245 Mitglieder). Staatsoberhaupt: Shankar Dayal Sharma, seit Juli 1992. Regierungschef: Ministerpräsident P. V. Narasimha Rao, seit 1991. Wahl des Staatsoberhauptes alle 5 Jahre durch ein Wahlmänner-Kollegium. Wahlrecht ab 21 Jahre. Unabhängig seit August 1947.
SPRACHE: Hindi, die Nationalsprache, wird in der Devanagri-Schrift geschrieben und von ca. 30% der Bevölkerung gesprochen. Englisch ist Staatssprache. Den einzelnen Bundesstaaten steht frei, ihre eigenen regionalen Sprachen innerhalb der internen Regierungsbehörden und Schulen zu benutzen. Es gibt 14 offizielle Sprachen in Indien: Hindi, Urdu, Punjabi, Gujerati und Bengali im Norden sowie Tamil und Telegu im Süden des Landes.
RELIGION: 80,3% Hindus, 11% Moslems, 1,1% Sikhs, 2,4% Christen, 0,7% Buddhisten, 0,7% andere Glaubensrichtungen.
ORTSZEIT: MEZ + 4 Std. 30.
NETZSPANNUNG: 220 Volt, 50 Hz; starke Spannungsschwankungen, verschiedene Steckerformen, meist englische Rundstecker. Einige Gegenden haben Gleichstrom. Mit Stromausfällen muß gerechnet werden.
POST- UND FERNMELDEWESEN: Telefon: Selbstwählferndienst in zahlreiche Länder und zu den größeren Städten, andere Gespräche muß man anmelden. **Landesvorwahl: 91. Telefax:** Die meisten 5-Sterne-Hotels bieten diesen Dienst an, in den größeren Städten wendet man sich an die Büros des *Overseas Communication Service.* **Telexe/Telegramme** werden in großen Hotels rund um die Uhr aufgegeben bzw. weitergeleitet, Telegrafenämter gibt es in den größeren Städten. **Post:** Luftpost nach Europa ist etwa eine Woche unterwegs. Der Service für postlagernde Sendungen ist sehr gut. Briefmarken werden oft auch in Hotels verkauft.
DEUTSCHE WELLE
Der Einsatz der Kurzwellenfrequenzen ändert sich mehrfach im Laufe eines Jahres, und Sendungen auf den folgenden Frequenzen werden jeweils nur zu bestimmten Tageszeiten ausgestrahlt. Näheres in der Einleitung.

| MHz | 21,640 | 17,845 | 15,275 | 15,105 | 11,795 |
| Meterband | 13 | 16 | 19 | 19 | 25 |

REISEPASS/VISUM

Wichtiger Hinweis: Die Einreisebestimmungen mancher Länder können sich kurzfristig ändern – rufen Sie sicherheitshalber auf Ihrem CRS-System (TIMATIC-Info-Code-Fenster in diesem Kapitel) den aktuellen Stand ab bzw. wenden Sie sich an die zuständige diplomatische Vertretung. Etwaige Zahlen in der Tabelle beziehen sich auf nachfolgende Fußnoten.

	Paß erforderlich?	Visum erforderlich?	Rückflugticket erforderlich?
Deutschland	Ja	Ja	Ja
Österreich	Ja	Ja	Ja
Schweiz	Ja	Ja	Ja
Andere EU-Länder	Ja	Ja	Ja

REISEPASS: Allgemein erforderlich.
VISUM: Nur Einwohner Bhutans und Nepals dürfen ohne Visa einreisen, sofern es sich nicht um einen Geschäftsbesuch handelt, andernfalls ist ebenfalls ein Visum erforderlich.
Visaarten: Transit-, Touristen-, Geschäfts-, Studenten- und Langzeitvisa. Mit Ausnahme der Staatsangehörigen Afghanistans, Chinas (VR), Irans und Südafrikas brauchen bestätigtem Weiterflug vom gleichen Flughafen kein Transitvisum, wenn sie den Flughafen nicht verlassen und die Reise innerhalb von 72 Stunden fortsetzen (24 Std. in Bombay). Einwohner Pakistans müssen am selben Tag wieder ausreisen und dürfen den Flughafen nicht verlassen. Staatsbürger Bangladeschs benötigen ggf. Visa, falls sie den Flughafen für den Weiterflug verlassen müssen.
Visagebühren und **Gültigkeitsdauer:** Die Gebühren richten sich nach Nationalität, Dauer und Anlaß des Besuches. Für Besucher aus Deutschland, Österreich und der Schweiz gelten folgende Gebühren: *Transitvisa* (15 Tage gültig): 9 DM, 60 öS, 10 sfr; *Touristenvisa* mit Gültigkeit bis zu drei monatigen Einreise): 35 DM, 240 öS, 35 sfr; *Visa* mit Gültigkeit bis zu sechs Monaten (zur ein- oder mehrfachen Einreise): 70 DM, 480 öS, 65 sfr; *Visa* mit Gültigkeit bis zu einem Jahr (zur ein- oder mehrfachen Einreise): 85 DM, 600 öS, 80 sfr; *Studentenvisa* zum Studium an einem anerkannten indischen Institut (zur mehrmaligen Einreise): 85 DM, 600 öS, 80 sfr; *Langzeitvisa* (1-5 Jahre): 170 DM, 1200 öS, 165 sfr.
Anmerkung: Die Gültigkeit des 3-Monats-Visums beginnt am Tag der ersten Einreise, wobei diese innerhalb von drei Monaten erfolgen muß. Alle anderen Visa sind ab dem jeweiligen Ausstellungstag gültig.
Antragstellung: Konsulat bzw. Konsularabteilung der Botschaft (Adressen s. o.).
Unterlagen: (a) Gültiger Reisepaß. (b) Ausgefüllter Antrag. (c) 2 Paßbilder. (d) Zahlungsbeleg. (e) Frankierter und voradressierter Rückumschlag. (f) Begleitschreiben der Firma für Geschäftsvisa mit Angaben über Zweck und Dauer des Visums.
Eine Sondererlaubnis wird für Sperrgebiete benötigt (siehe *Sperr- und Schutzgebiete*).
Bearbeitungszeit: Persönlicher Antrag ein bis zwei Tage, per Post zwei bis drei Wochen.
Aufenthaltsgenehmigung: Diese muß vor der Einreise eingeholt werden.
Sperr- und Schutzgebiete: Für die Reise in manche Landesteile sind Sondergenehmigungen von der indischen Botschaft bzw. der indischen Regierung erforderlich. Der Status dieser *Protected Areas* und *Restricted Areas* kann sich kurzfristig ändern, derzeit gelten Beschränkungen für folgende Gebiete:
die Staaten bzw. Unionsterritorien Arunachal Pradesh, Mizoram, Nagaland, Sikkim (Gangtok, Rumtek, Phodang, Pemayangtse), die Andaman- und Nicobar-Inseln, Port Blair, Havelock Island, Long Island, Neid Island, Mayabunder, Digling und Rangat, Jolly Buoy, South Cinque, Red Skin, Mount Harriet und Madhurban sowie Bangaram Island (Lakshadweep-Inseln).

GELD

Währung: 1 Rupie (Rs) = 100 Paise. Banknoten gibt es im Wert von 500, 100, 50, 20, 10, 5, 2 und 1 RS; Münzen in den Nennbeträgen 5, 2 und 1 Rs sowie 50, 25, 20, 10 und 5 Paise.
Geldwechsel: Der Umtausch darf nur bei den Banken oder offiziellen Wechselstuben erfolgen. Man sollte beim Geldumtausch darauf achten, keine durchlöcherten oder teilweise abgerissenen Geldscheine zu bekommen, da viele Inder die Annahme beschädigter Banknoten verweigern.
Kreditkarten: *Eurocard/Mastercard, American Express, Diners Club* und *Visa* werden angenommen. Einzelheiten vom Aussteller der betreffenden Kreditkarte.
Reiseschecks werden in größeren Hotels und zahlreichen Geschäften angenommen und können bei den Banken eingewechselt werden. Empfohlen sind US-Dollar-Reiseschecks.
Wechselkurse

	Rs Sept. '92	Rs Febr. '94	Rs Jan. '95	Rs Jan. '96
1 DM	18,99	18,07	20,24	24,64
1 US$	28,23	31,37	31,37	35,42

Devisenbestimmungen: Die Ein- und Ausfuhr der Rupie ist untersagt, ausgenommen sind Rupien-Reiseschecks. Ausländische Währungen können bis zur Höhe des eingeführten und deklarierten Betrages ausgeführt werden. Alle ausländischen Währungen, die entweder einen Wert von 2500 US$ in Bargeld oder 10.000 US$ in Reisechecks/Bargeld (Gesamtwert) übersteigen, müssen bei der Einreise deklariert werden. Beim Geldumtausch muß ein Beleg gegengezeichnet oder eine entsprechende Bescheinigung ausgestellt werden. Diese Umtauschbelege müssen bei der Ausreise vorgelegt werden, um Rücktausch zu ermöglichen. Es ist daher nicht ratsam, auf dem Schwarzmarkt zu tauschen.
Öffnungszeiten der Banken: Mo-Fr 10.00-14.00 Uhr, Sa 10.00-12.30 Uhr.

DUTY FREE

Die folgenden Artikel dürfen von Personen über 17 Jahren zollfrei nach Indien eingeführt werden:
200 Zigaretten oder 50 Zigarren oder 250 g Tabak;
1 l Spirituosen;
250 ml Eau de toilette;
Artikel für den persönlichen Bedarf oder Geschenke bis zum Wert von 600 Rs (Ausländer) oder 2600 Rs (Inder).
Einfuhrverbot: Betäubungsmittel, Pflanzen, ungemünztes Gold und Silber sowie Münzen, die keine Zahlungsmittel sind.
Ausfuhrverbot: Landeswährung, Antiquitäten (über 100 Jahre alt).

GESETZLICHE FEIERTAGE

3. Mai '96 Buddha Purnima. **28. Mai** Muharram. **29. Juli** Milad-un-Nabi (Geburtstag des Propheten). **15. Aug.** Unabhängigkeitstag. **27. Aug.** Onam. **2. Okt.** Mahatma Gandhis Geburtstag. **21. Okt.** Dussehra. **10. Nov.** Deepawali (Diwali). **25. Nov.** Guru Nanaks Geburtstag. **25. Dez.** Weihnachten. **1. Jan. '97** Neujahr. **26. Jan.** Tag der Republik. **Febr.** Idu'l Fitr. **März** Holi; Indisches Neujahrsfest. **28. März** Karfreitag. **April** Mahavir Jayanti; Idu'l Zuha. **Mai** Buddha Purnima; Muharram.
Anmerkung: Fast alle indischen religiösen Feste und Feiertage werden nach dem Mondjahr berechnet, ihr Datum ändert sich daher von Jahr zu Jahr. Zusätzlich zu den obengenannten Feiertagen gibt es zahlreiche weitere religiöse Festivals, die in manchen Bundesstaaten als Feiertage gelten. Eine vollständige Liste ist vom Indischen Fremdenverkehrsamt erhältlich.
Die Daten für 1997 stehen noch nicht fest.

GESUNDHEIT

In der folgenden Tabelle aufgeführte Impfvorschriften können sich kurzfristig ändern. Es wird stets empfohlen, auf Ihrem CRS-System (TIMATIC-Info-Code-Fenster in diesem Kapitel) den aktuellen Stand der Gesundheitsbestimmungen abzurufen bzw. rechtzeitig vor der Reise ärztlichen Rat einzuholen.

	Vorsichtsmaßnahmen empfohlen	*Impfschein erforderlich*
Gelbfieber	1	1
Cholera	Ja	Nein
Typhus & Polio	Ja	Nein
Malaria	3	-
Essen & Trinken	4	-

[1]: Alle Reisende, die über 6 Monate alt sind und aus Infektionsgebieten kommen, benötigen eine Impfbescheinigung gegen Gelbfieber. Folgende Länder gelten als Infektionsgebiet: Angola, Äquatorialguinea, Äthiopien, Benin, Burkina Faso, Burundi, Bolivien, Brasilien, Côte d'Ivoire, Ecuador, Französisch-Guayana, Gabun, Gambia, Ghana, Guinea, Guinea-Bissau, Guyana, Kamerun, Kenia, Kolumbien, Kongo, Liberia, Mali, Niger, Nigeria, Panama, Peru, Ruanda, Sambia, São Tomé und Principe, Senegal, Sierra Leone, Somalia, Sudan, Suriname, Tansania, Togo, Trinidad und Tobago, Tschad, Uganda, Venezuela, Zaïre und Zentralafrikanische Republik.
[2]: Eine Impfbescheinigung gegen Cholera ist keine Einreisebedingung, das Risiko einer Infektion besteht jedoch. Da die Wirksamkeit der Schutzimpfung umstritten ist, empfiehlt es sich, rechtzeitig vor Antritt der Reise ärztlichen Rat einzuholen. Weitere Informationen im Kapitel *Gesundheit* (s. Inhaltsverzeichnis).
[3]: Malaria kommt ganzjährig im gesamten Land vor mit Ausnahme von Teilen der Bundesstaaten Himachal Pradesh, Jammu und Kaschmir sowie Sikkim. Die gefährlichere Malariaart *Plasmodium falciparum* soll stark Chloroquin-resistent sein.
[4]: Wasser sollte generell vor der Benutzung zum Trinken, Zähneputzen oder zur Eiswürfelbereitung abgekocht oder anderweitig sterilisiert werden. Milch ist nicht pasteurisiert und sollte abgekocht werden. Trocken- und Dosenmilch ist vielerorts erhältlich und sollte auch nur mit keimfreiem Wasser angerührt werden. Milchprodukte aus ungekochter Milch am besten vermeiden. Fleisch- oder Fischgerichte nur gut durchgekocht und heiß essen. Der Genuß von Schweinefleisch, Salaten und Mayonnaise sollte vermieden werden. Gemüse sollte gekocht und Obst geschält werden.
Tollwut kommt vor. Wer ein erhöhtes Risiko eingeht (z. B. längerer Aufenthalt in abgelegenen Gebieten), sollte vor Reiseantritt eine Schutzimpfung erwägen. Bei Bißwunden so schnell wie möglich ärztliche Hilfe in Anspruch nehmen. Weitere Informationen im Kapitel *Gesundheit* (s. Inhaltsverzeichnis).
Bilharziose-Erreger kommen in manchen Teichen und Flüssen vor, das Schwimmen und Waten in Binnengewässern sollte daher vermieden werden. Gut gepflegte Schwimmbecken mit gechlortem Wasser sind unbedenklich.
Hepatitis A, B und *E* kommen vor.
Gesundheitsvorsorge: Persönliche Medikamente bringt man am besten in ausreichender Menge mit. Es empfiehlt sich, Medikamente gegen Husten und Schnupfen sowie ausreichend Taschentücher einzupacken, da einige Reisende in den ersten Tagen unter Reizungen der Nasen- und Mundschleimhäute leiden. Es gibt staatliche Kliniken in den Städten und Privat- und Fachärzte in den Randgebieten. Der Abschluß einer Reisekrankenversicherung wird dringend empfohlen.
Bei der Ausreise: Viele Länder verlangen Belege über Schluck- und Schutzimpfungen von Besuchern, die aus Indien einreisen. Dies entfällt, wenn man per Schiff oder Flugzeug weiterreist.

REISEVERKEHR - International

FLUGZEUG: Indiens nationale Fluggesellschaft *Air India* (AI) betreibt Flugdienste von Deutschland, Österreich und der Schweiz. *Lufthansa* bietet Direktflüge von Frankfurt nach Bombay, Delhi und Madras an. *Swissair* fliegt Bombay und Delhi von Zürich aus an. Viele europäische Fluggesellschaften bieten ebenfalls Verbindungen nach Indien an.
Ermäßigungen: Die Hauptsaison für Indien liegt zwischen Oktober und Januar. In der Zwischen- (Anfang Januar - Mitte April) und Nebensaison (Mitte April - Mitte Juni) werden verbilligte Flüge angeboten. Besonders günstig sind Flüge in der Sommersaison (Anfang Mai - Ende September). *Air India* bietet in diesem Zeitraum den *Super-Summer-Saver*-Tarif an.
Durchschnittliche Flugzeiten: *Frankfurt* – Delhi: 8 Std; *Frankfurt* – Kalkutta: 11 Std. 30; *Frankfurt* – Madras: 11 Std. 15; *Frankfurt* – Bombay: 8 Std; *Los Angeles* – Delhi: 25 Std. 30; *New York* – Delhi: 18 Std; *Singapur* – Delhi: 5 Std; *Sydney* – Delhi: 10 Std.
Internationale Flughäfen: *Bombay* (BOM) liegt 29 km nördlich der Stadt (Fahrzeit 75 Min.). Busse bringen die Passagiere zum Büro der *Air India* in die Innenstadt und zu den größeren Hotels. Taxis fahren direkt zur Stadt, die Gebühren sind festgesetzt. Flughafeneinrichtungen: Bank, Bars (24 Std. geöffnet), Autovermietung, Duty-free-Shops, Postamt, Restaurants, Geschäfte, Tourist-Information und Hotelreservierung.
Calcutta (CCU) liegt 13 km nordöstlich der Stadt (Fahrzeit 40 Min.). Zubringerbusse fahren rund um die Uhr zum Büro der *Indian Airlines* und zu den größeren Hotels. Ein weiterer Bus fährt alle 10 Min. (05.30-22.00 Uhr) vom Flughafen zur Stadt. Taxis sind ebenfalls vorhanden. Flughafeneinrichtungen: Bank, Bars, Autovermietung, Duty-free-Shops, Postamt, Restaurants, Geschäfte, Tourist-Information und Hotelreservierung.
Delhi (DEL) (Delhi Indira Gandhi International) liegt 22 km südlich der Stadt (Fahrzeit 45 Min.). Flughafenbusse und Taxis vorhanden. Flughafeneinrichtungen: Bank, Autovermietung, Duty-free-Shops, Postamt, Restaurant, Geschäfte, Tourist-Information und Hotelreservierung.
Madras (MAA) liegt 14 km südwestlich der Stadt (Fahrzeit 40 Min.). Ein Zubringerbus erwartet alle ankommenden Flüge zwischen 09.00-23.00 Uhr. Züge verkehren alle 20-30 Min. zwischen 05.00-23.00 Uhr. Die Buslinie 18A fährt alle 25 Min. zwischen 05.00-22.00 Uhr, ferner gibt es einen Taxistand.Flughafeneinrichtungen: Bank, Autovermietung, Duty-free-Shops, Postamt, Restaurants, Geschäfte und Tourist-Information.
Flughafengebühren: Alle Passagiere zahlen 150 Rs bei Flügen nach Bangladesch und Sri Lanka, 300 Rs für Flüge in alle anderen Länder.
SCHIFF: Die größten Passagierhäfen sind Bombay, Kalkutta, Haldia, Kandla, Paradwip, Tuticorin, Visakha, Kochi, Madras, Calicut und Marmagao (Goa). Indische Häfen werden außerdem von verschiedenen internationalen Schiffahrtsgesellschaften und Kreuzfahrtveranstaltern angelaufen.
BAHN: Verbindungen nach **Pakistan** gibt es zwischen Delhi und Lahore über Amritsar.
Die praktischste und beliebteste Überlandstrecke nach **Nepal** führt mit dem Zug nach Raxaul (Bundesstaat Bihar), ca. 2 km per Rikscha zur Grenze und dann mit dem Bus weiter nach Kathmandu bzw. Pokhara. Ein weiterer Grenzposten ist zwischen Napara (ebenfalls Bihar) und Nepalganj geöffnet. Man kann jedoch auch mit dem Bus von Darjeeling über die südlichen Ebenen nach Kathmandu fahren. Nach **Bangladesch** fährt man von Kalkutta mit dem Zug bis kurz vor die Grenze bei Bangaon, dann von dort per Motor-Rikscha weiter nach Benapol mit Anschluß nach Dhaka über Khulna oder Jessore. Eine weitere Route führt von Darjeeling über Siliguri und Jalpaiguri nach Haldibari.
Nach Bhutan kann man per Auto oder Bus reisen; *Druk Air* fliegt von Kalkutta und New Delhi nach Paro in Bhutan.
BUS/PKW: Indienreisen auf dem Landweg von Europa sind sehr beliebt, erforderlich sind aktuelle Informationen über den Grenzverkehr, die Visavorschriften und die politische Lage aller Länder, die auf dem Weg liegen. Beim Indischen Fremdenverkehrsamt sind weitere Informationen erhältlich. Es gibt auch einige Reiseunternehmen, die »Abenteuerreisen« auf dem Landweg nach Indien anbieten. In der Rubrik *Bahn* finden Sie weitere Informationen über die Anreise auf dem Landweg. Die Rubrik *Reiseverkehr - National* im Anschluß gibt Auskunft über erforderliche *Unterlagen* für diese Reisen.

REISEVERKEHR - National

FLUGZEUG: Die nationale Fluggesellschaft im Inlandverkehr heißt *Indian Airlines (IC)*. Außerdem gibt es die folgenden privaten Fluggesellschaften: *Archana Airways*, Delhi, *Damania Airways*, New Delhi, *East West Airlines*, Bombay, *Jagson Airlines*, Delhi, *Jet Airways*, New Delhi, *Modiluft*, New Delhi, *NEPC Airlines*, Madras und *Sahara India Airlines*, New Delhi. Das Flugnetz verbindet über 70 Städte. *Indian Airlines* hat auch Flüge in die Nachbarländer Pakistan, Nepal, Bangladesch, Sri Lanka, Singapur, Bangkok, Afghanistan und die Malediven im Programm.
Ermäßigungen: *Indian Airlines* bietet verschiedene vergünstigte Flugtickets für Ausländer an sowie für Inder, die im Ausland leben. Alle Tickets sind ganzjährig im Ausland und in Indien erhältlich und müssen in harter Währung (wie US-Dollar oder DM) bezahlt werden.
Es gibt Ermäßigungen von 90% für Kinder unter zwei Jahren und von 50% für Kinder zwischen 2 und 12 Jahren. Ausführliche Informationen über Fahrpreisermäßigungen sind vom Fremdenverkehrsamt erhältlich. Eine Zusammenfassung folgt anschließend.
Discover India ist vom ersten Flug an 21 Tage gültig und bietet unbegrenzte Inlandflüge in der Touristenklasse der *Indian Airlines*. Flughäfen dürfen nur zum Umsteigen ein zweites Mal angeflogen werden.
Youth Fare India ist vom ersten Flug an 120 Tage gültig und bietet einen Nachlaß von 25% auf den üblichen US$-Preis an. Diese Vergünstigung steht Reisenden im Alter von 12-30 Jahren für Inlandflüge in der Touristen/Club-Klasse und Flüge von und nach Nepal zur Verfügung. Preis: 500 US$.
South India Excursion ist vom ersten Flug an 21 Tage gültig (Nachlaß 30%) für Flüge der *Indian Airlines* in der Touristenklasse zwischen den südindischen Flughäfen Madras, Trichi, Madurai, Trivandrum, Cochin, Coimbatore und Bangalore. Für Individualreisende gilt dieses Angebot nur in Verbindung mit Flügen von den Malediven oder Sri Lanka über Madras, Tiruchirapalli oder Trivandrum nach Indien.
India Wonderfares (Nord, Süd, Ost und West) sind 7 Tage gültig und bieten Flüge in der Touristenklasse zwischen den größten Gebieten Indiens an. Preis: 200 US$. Städte dürfen nur zum Umsteigen mehr als einmal angeflogen werden.
SCHIFF: Fähren fahren von Kalkutta und Madras nach Port Blair auf die Andaman-Inseln. Der Fahrplan ist saisonbedingt und generell während des Monsuns eingestellt. Außerdem gibt es einen Katamaran-Service von Bombay nach Panaji (Goa) (Fahrzeit 7 Std.).
Eine besonders schöne Bootsfahrt führt durch die »Backwaters« in der Umgebung von Cochin in Kerala. Verschiedene regionale Bootsfahrten werden ebenfalls angeboten.
BAHN: Indiens nationales Eisenbahnnetz ist das größte Asiens und das viertgrößte der Welt, hat 62.000 km Schienenstrecke, über 7000 Bahnhöfe und über 11.000 Lokomotiven, von denen etliche noch mit Dampf betrieben werden. Zugreisen sind relativ preiswert. Schnellzüge verbinden alle größeren Städte, Nahverkehrszüge den Rest des Landes. Bei der Vertretung der *Indischen Eisenbahnen* können Sitzreservierungen vorgenommen werden, außerdem sind dort nähere Informatio-

nen über das faszinierende und reibungslos funktionierende indische Eisenbahnnetz erhältlich. Adresse: Indische Eisenbahnen, c/o Asra-Orient Reisen GmbH & Co. KG, Kaiserstraße 50, D-60329 Frankfurt/M. Tel: (069) 25 30 98. Telefax: (069) 23 20 45.
Sonderfahrpreise: Der **Indrail Pass** gilt für unbegrenzte Zugfahrten innerhalb der Gültigkeitsdauer und muß in ausländischer Währung bezahlt werden (US-Dollar oder DM). Kinder zwischen 5 und 12 Jahren haben Anspruch auf den **Child Indrail Pass** und bezahlen ungefähr die Hälfte des normalen Fahrpreises. Kinder unter 5 Jahren fahren umsonst. **Indrail-Pass**-Benutzer müssen die Zusatzgebühren für Reservierungen, Schlafwagen, Verpflegung im Schnellzug und ähnliches extra bezahlen, können dies aber schon vom Wohnsitzland aus tun. Es gibt drei Klassen, (1) klimatisiert mit Schlafwagon, (2) 1. Klasse mit Liege oder klimatisiertem Sesselwagon, (3) 2. Klasse. *Gültigkeitsdauer:* Der Indrail Pass ist ein Jahr lang gültig, innerhalb dieses Zeitraums fängt die Gültigkeitsdauer vom Datum der ersten Zugfahrt an und endet je nach Paß 1-90 Tage später. *Platzreservierung* ist dringend erforderlich, speziell bei Nachtfahrten, und kann schon im Reisebüro im Heimatland, andernfalls am Bahnhof oder in Reisebüros in Indien gemacht werden. Reservierungen werden der Reihe nach bearbeitet, daher sollte man auf vielbefahrenen Strecken 2-3 Monate im voraus buchen. Buchungen werden bis zu 12 Monate im voraus entgegengenommen.
Verlängerungen des Indrail Pass sind nur unter ganz außergewöhnlichen Umständen möglich, können auf Anfrage beim Büro des *Railway Divisional* oder *Zonal Headquarter* bewilligt werden, und erläuternde Dokumente oder Unterlagen müssen beigefügt werden.
Der luxuriöse »Palast auf Rädern« *(Palace on Wheels)* ist ein im Stil indischer Maharadschas ausgestatteter Zug mit Dampflok, der seit Februar 1995 unter dem neuen Namen »**Royal Orient**« Indienreisende zu faszinierenden Destinationen in Gujarat und Rajasthan bringt. Alle 13 Waggons sind mit Salon, Badezimmern, zwei Toiletten und kleiner Kochnische sowie vier Kabinen mit je zwei nebeneinanderliegenden Betten ausgestattet. Die Waggons weisen Klimaanlage, Musik und eine elektrische Klingel auf, mit der man jederzeit Bedienung rufen kann. Zusätzlich hat der Zug einen Speisewagen, eine Bar, eine Aussichtsplattform und ein vollständig eingerichtetes Erste-Hilfe-Abteil. Reisekosten, alle Mahlzeiten, Elefanten- und Kamelritte, Bootsfahrten, Besichtigungsfahrten mit Führer und Eintrittsgebühren sind im Fahrpreis inbegriffen. Die einwöchige Reiseroute umfaßt Delhi, Chittorgarh, Udaipur (romantische Paläste), Junagadh, Veraval, Sasangir, Delvada, Veraval, Palitana, Ahmedabad, Jaipur und Delhi. Buchungen und nähere Informationen von der Generalverkaufsagentur der Indischen Staatsbahnen (Adresse s. o.). Weitere Auskünfte erteilt auch das Fremdenverkehrsamt.
BUS/PKW: Ein umfangreiches Busnetz verbindet alle Teile des Landes und ist besonders nützlich in den Bergregionen ohne Bahnverkehr. Nähere Auskünfte erteilen die regionalen Fremdenverkehrsämter.
Mietwagen: In den bekanntesten und meistbesuchten Gegenden können staatlich zugelassene *Tourist Cars* mit Chauffeur (und oft auch Klimaanlage) gemietet werden, die Kosten sind etwas höher als beim normalen Taxi.
Unterlagen: *Carnet de Passage* und grüne Versicherungskarte sind notwendig, ein internationaler Führerschein wird empfohlen. **Verkehrsvorschriften:** Linksverkehr, Höchstgeschwindigkeit in Ortschaften: 50 km/h. Es gibt *National Highways* (Autobahnen) und *State Highways* (Bundesstraßen) in allgemein gutem Zustand, außerdem Land- und Dorfstraßen, die gewöhnlich nicht befestigt sind. Die Landstraßen werden von Autos, Bussen, Lastwagen, Rikschas und Auto-Rikschas, Fahrrädern, Mopeds, Kühen und Fußgängern benutzt, was das Vorwärtskommen oft recht schleppend macht. Hupen und Fahrradklingeln spielen eine große Rolle im Straßenverkehr.
STADTVERKEHR: In den größeren Städten stehen *Taxis* und *Rikschas* (meist dreirädrige Motor-Rikschas, manchmal auch Fahrrad-Rikschas) zur Verfügung, der Fahrpreis wird pro Kilometer berechnet. *Rikschas* sollten allerdings nur von Reisenden benutzt werden, die starke Nerven haben, da der zum Teil abenteuerliche Verkehr hautnah miterlebt wird. Nicht alle Taxis haben Taxameter; Man sollte darauf bestehen, daß der Taxameter, falls vorhanden, eingeschaltet wird. Die Tarife ändern sich von Zeit zu Zeit, es kommt daher oft vor, daß der verlangte Preis nicht mit der Summe auf dem Zähler übereinstimmt; die Fahrer sollten jedoch die neuesten Listen auf Anfrage vorlegen. Viele Touristen ziehen es vor, die öffentlichen Verkehrsmittel nicht zu benutzen, die billig, jedoch oft überfüllt sind. *Bombay Electric Supply & Transport* (BEST) betreibt ein ausgezeichnetes Nahverkehrsnetz in Bombay, die Stoßzeiten sollte man jedoch vermeiden und sich besonders in den Bussen vor Taschendieben in Acht nehmen.
FAHRZEITEN von Delhi zu anderen Städten in Indien (ungefähre Angaben in Std. und Min.):

	Flugzeug	Schiff	Bahn	Bus/Pkw
Bombay	2.00	-	a17.30	28.00
Kalkutta	2.00	-	b18.00	30.00
Madras	3.00	-	b32.00	45.00
Hyd'bad	2.00	-	b24.00	40.00
Agra	0.40	-	b3.15	4.30
Jaipur	0.40	-	b5.15	6.00
Jammu	1.50	-	b16.00	14.45
Triv'rum	c5.00	-	b60.00	62.00
Patna	1.30	-	b16.00	22.00
Port Blair	c5.05	d	-	-

Anmerkung: **[a]** Mit dem Schnellzug (fährt nicht täglich), der normale Zug braucht 23 Std. **[b]** Schnellzug (fährt nicht täglich), der normale Zug braucht wesentlich länger. **[c]** Aufenthalt in Madras ist nicht berücksichtigt. **[d]** Die Fahrt mit dem Boot von Madras dauert 3-4 Tage.
Weitere Informationen (einschl. Landkarten, Fahrpläne der Schnellzüge und ausführlichere Zeittafeln) finden Sie in der Indien-Broschüre, die kostenlos vom Indischen Fremdenverkehrsamt zu beziehen ist.

UNTERKUNFT

Ausführliche Informationen über die nachfolgenden Kategorien sind vom Fremdenverkehrsamt erhältlich.
HOTELS: Moderne Hotels von internationalem Rang gibt es in allen großen Städten und Urlaubsorten. Im allgemeinen wird erstklassige europäische und indische Küche angeboten. Die Preise sind im Vergleich zu vielen anderen Ländern niedriger. Meistens werden 10% Bedienung und 7-20% Luxussteuer berechnet.
Ein Verzeichnis der großen Hotels ist beim Indischen Fremdenverkehrsamt erhältlich oder von *The Federation of Hotel and Restaurant Associations of India*, M-75 (Market), Greater Kailash II, New Delhi 110048. Tel: (11) 641 17 79. Telefax: (11) 646 41 95. **Kategorien:** Es gibt luxuriöse 5- und 4-Sterne-Hotels mit Klimaanlagen, komfortable 3-Sterne-Hotels mit klimatisierten Räumen und einfache 1- und 2-Sterne-Hotels.
HERITAGE HOTELS: Einzigartigen Komfort und besonderes Ambiente bietet die neue Hotelkategorie der *Heritage Hotels*. Ehemalige Maharadschapaläste, Jagdhäuser und prächtige Wohnhäuser reicher Händler und Bankiers wurden zu stilvollen Hotels umgebaut, ohne dabei den ursprünglichen Glanz und Charakter vergangener Zeiten zu verändern. Mittlerweile stehen mehr als 50 dieser luxuriösen Heritage Hotels in Rajasthan, Gujarat und Madhya Pradesh zur Verfügung. Weitere Informationen vom Fremdenverkehrsamt oder der *Heritage Hotels Association*, 9, Sardar Patel Marg, C-Scheme, Jaipur 302001. Tel/Telefax: (141) 38 22 14.
TOURIST BUNGALOWS stehen in fast jedem Urlaubsort zur Verfügung (als *Holiday Homes* in Maharashtra und Gujarat, als *Tourist Lodges* in Westbengalen und als *Heritage Hotels* in Rajasthan bekannt) und stehen unter Kontrolle der jeweiligen *State Government Tourist Development Corporation*, mit Ausnahme der Großstädte Delhi, Kalkutta, Madras, Bombay und Bangalore.
Die Unterkünfte bestehen aus sauberen Einzel-, Doppel- und Familienzimmern, zumeist mit Bad und Gemeinschaftsküchen, einige haben eigene Kochmöglichkeiten. Buchungen (Anzahlung wird verlangt) sollten entweder durch den Direktor der Corporation oder direkt mit dem Verwalter des Bungalows gemacht werden.
CAMPING: Zeltplätze sind über ganz Indien verteilt. Die genauen Adressen sind beim Fremdenverkehrsamt erhältlich. Adressen der Zeltplätze für Pfadfinder erhalten Sie vom *General Secretary for India*, All India Boy Scouts Association. Informationen über *Bharat*-Zeltplätze (ebenfalls Pfadfinder) vom *National Secretary*, Bharat Scouts & Guides.
JUGENDHERBERGEN sind praktische und preiswerte Stützpunkte für organisierte Touren, zum Wandern und Bergsteigen. Die 16 Herbergen des Ministeriums für Tourismus sind über alle Regionen verteilt und ideal gelegen, um sowohl die Tiefebene als auch Bergstationen (die besten Erholungsorte während der heißen Sommermonate) zu erforschen. Jede Herberge hat ca. 40 Betten in getrennten Schlafsälen. Matratzen, Bettwäsche, Decken, abschließbare Schränke, Steckdosen, Gemeinschaftsküchen sowie Parkplätze stehen zur Verfügung.

URLAUBSORTE & AUSFLÜGE

Indien ist ein Land mit einer abwechslungsreichen und bewegten Geschichte; es gibt keinen Besucher, dessen Phantasie von den majestätischen Palästen, Tempeln und großartigen Städten altehrwürdiger Kulturen nicht beflügelt wird. Besonders im Frühling werden die Städte durch Konzerte, Aufführungen, Festivals und Ausstellungen nach der Monsunregenzeit wieder zum Leben erweckt. ***Hill Stations*** (Bergstationen) werden seit langem von ausländischen Besuchern und Einheimischen gleichermaßen geschätzt und bieten eine willkommene und erfrischende Erholung von der Hitze der Ebenen – zumindest Simla muß man einfach gesehen haben; ebenso schön sind Mussoorie, Ranikhet, Nainital (in der Nähe von Delhi) und Darjeeling, ein beliebtes Urlaubsziel in der Nähe von Kalkutta, wo man den Mount Everest und die gesamte Bergkette des Kanchenjunga sehen kann. Die bekanntesten Hill Stations sind im Text vermerkt, ebenso die schönsten Berggegenden zum *Trekking*. An den indischen Küsten – und längst nicht nur in Goa – erstrecken sich kilometerlange herrliche Sandstrände. Auch Wintersport ist in diesem Land der Gegensätze möglich – auf den stillen, verschneiten Höhen von Gulmarg und Kufri im majestätischen Himalaja.

Der Norden

Jammu und Kaschmir, Himachal Pradesh, Punjab, Haryana, Rajasthan, Delhi, Uttar Pradesh und Madhya Pradesh.
DELHI: New Delhi, Hauptstadt und Regierungssitz des Landes, ist eine moderne Stadt mit breiten, schattigen Alleen, weitläufigen Parkanlagen und dem ausgeprägten Stil der Architektur Lutyens; das alte Delhi dagegen ist eine jahrhundertealte Stadt mit engen, gewundenen Gassen, Tempeln, Moscheen und Märkten. Besondere Beachtung verdienen das »Rote Fort«, die *Jama-Masjid-Moschee* (die größte Indiens) und der hohe Turm der *Qutab Minar*. Außerdem sollte man sich die *Chandni-Chowk* (einst die reichste Straße der Welt, in der man auch heute noch zahlreiche Gold- und Silberschmieden findet), die von Jai Singh erbaute Sternwarte *Janta Mantar* sowie die Gedenkstätte von Mahatma Gandhi am Ufer des Flusses Yamuna nicht entgehen lassen. Delhi zieht die besten Musiker und Tänzer des Landes an und bietet dadurch die Gelegenheit, der Musik von *Sitar*, *Sarod* und *Tabla* zu lauschen, zu der oft die bezauberndsten Tänze aufgeführt werden, jeder mit eigenen Kostümen und ausdrucksvoller Gestik. Theater und Kinos zeigen Filme aus allen Landesteilen. Am Janpath, einer der Hauptstraßen Delhis, findet man eine Vielfalt an Ständen, die einheimische Ware anbieten. Man darf ruhig handeln. Wer Zeit hat, sollte dem Hotel *Imperial* am Janpath einen Besuch abstatten. Die altmodisch romantische Atmosphäre verleiht ihm einen ganz besonderen Charme. Im Garten des Hotels kann man sich vom Shopping auf dem Janpath erholen. Die Stadt rühmt sich der besten Restaurants Indiens, in denen eine berauschende Vielfalt einheimischer und internationaler Gerichte angeboten werden. Delhi liegt an der Spitze des »Goldenen Dreiecks« – einer Region mit zahlreichen historischen Stätten und Baudenkmälern. 200 km südöstlich von Delhi liegt **Agra** mit dem weltbekannten *Taj Mahal*. Dieses prunkvolle Mausoleum wurde 1643 von dem Mogul-Herrscher Shah Jahan für seine Lieblingsfrau Mumtaz Mahal als Zeichen seiner Liebe errichtet. Er wurde später von seinem eigenen Sohn im naheliegenden imposanten »Roten Fort« eingekerkert. Andere wichtige Wahrzeichen sind der Akbar-Palast, Jahangir Mahal, der achteckige Turm Mussumman Burj und die Perlenmoschee. Besonders interessant ist *Fatehpur Sikri*, die 35 km von Agra gelegene verlassene Stadt des Mogulkaisers Akbar. Sie war nur 12 Jahre Hauptstadt Akbars, bis sie wegen Wassermangels verlassen wurde. Am südwestlichen Punkt des »Goldenen Dreiecks« liegt **Jaipur**, das Tor zum Wüstenstaat **RAJASTHAN**. Jaipur ist eine Stadt mit breiten Alleen und zahlreichen Palästen und ist wegen der charakteristischen Farbe ihrer Gebäude als »Rosa Stadt« bekannt. Dem Palast der Winde *Hawa Mahal* sollte man auf jeden Fall einen Besuch abstatten. Hier konnten die Frauen des Hofes das muntere Treiben der Stadt beobachten, ohne selbst gesehen zu werden. Das königliche Observatorium *Jantar Mantar* ist ebenfalls sehenswert. Wer die Pracht der alten Herrscher Indiens genießen möchte, kann sich im *Rambagh Palace* umsehen, der heute ein Hotel beherbergt. Etwas außerhalb liegt der besonders schöne *Amber Palace* (Bernstein-Palast). In der Nähe von Ajmer liegt die kleine Stadt **Pushkar**, wo jedes Jahr Anfang November einer der größten Kamelmärkte der Welt zu finden ist. Im Anschluß daran gibt es eine Art Jahrmarkt mit Kamel- und Pferderennen, Riesenrad und anderen

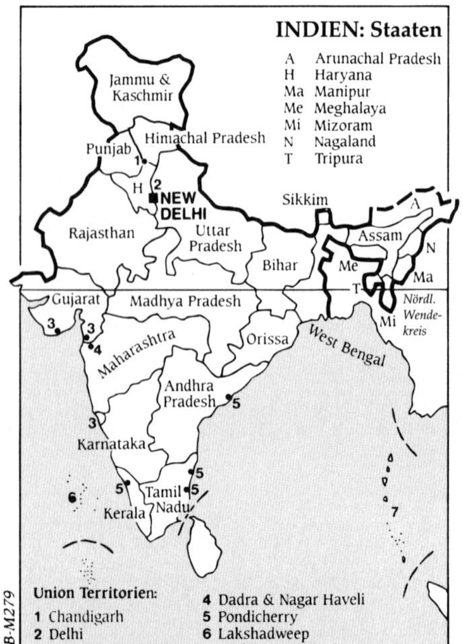
INDIEN: Staaten
A Arunachal Pradesh
H Haryana
Ma Manipur
Me Meghalaya
Mi Mizoram
N Nagaland
T Tripura
Jammu & Kaschmir
Punjab
Himachal Pradesh
NEW DELHI
Rajasthan
Uttar Pradesh
Sikkim
Assam
Bihar
Gujarat
Madhya Pradesh
Nördl. Wendekreis
Maharashtra
Orissa
West Bengal
Andhra Pradesh
Karnataka
Tamil Nadu
Kerala
Union Territorien:
1 Chandigarh
2 Delhi
3 Goa, Daman & Diu
4 Dadra & Nagar Haveli
5 Pondicherry
6 Lakshadweep
7 Andaman & Nicobar In.
1000km
DAB-M279

WELCOMGROUP LÄDT SIE EIN ZUR PREMIERE FÜR PRIVILEGIERTE – SHERATON TOWERS. IM WINDSOR MANOR, BANGALORE, PARK MADRAS UND MAURYA, NEU DELHI.

In Zusammenarbeit mit der Welcomgroup in Indien.

AUCKLAND • BANGALORE • BANGKOK • BRISBANE • HONGKONG
MADRAS • MELBOURNE • NEU DELHI • TOKIO • SEOUL • SINGAPUR

Für Einzelheiten und Reservierungen wenden Sie sich an das Sheraton Office: General Manager, Marketing, Welcomgroup Corporation HQ. Welcomgroup Maurya Sheraton Hotel & Towers Diplomatic Enclave, Sardar Patel Marg, Neu Delhi-110021, Indien. Tel: (91-11)-3010101/3010136. Fax: (91-11)-3023092. Oder Sheratons gebührenfreie Nummer in Großbritannien: 0800-353535.

Attraktionen, die Tausende von *tribal people* (Angehörige von verschiedenen ethnischen Gruppen) aus der Umgebung anziehen und ebenso Tausende von Touristen (die sich immer mehr zu einer Attraktion für die Einheimischen entwickeln). Im Südwesten liegt **Udaipur**, bekannt durch das auf einer Insel im See gebaute *Lake Palace Hotel*; im Norden, inmitten der Wüste Rajasthans, liegt **Jodhpur**, eine Stadt mit buntem Treiben in den engen, gewundenen Gassen und einer imposanten Festung. **Jaisalmer** ist eine bezaubernde Oasenstadt, Halteplatz auf der alten Karawanenstraße nach Persien. Eine der Besonderheiten sind Kamelritte in die umgebende Wüste.

Trekking – **ARAVALLI-BERGE:** Die Aravallis sind Überbleibsel der ältesten Bergkette des Subkontinents und erinnern eher an große Felsbrocken als an Berge; sie sind so karg, daß nur dornige Akazien und Dattelpalmen in der Nähe von Oasen wachsen. **Mount Abu** ist die größte *Hill Station* der Region und liegt auf einer isolierten, von grünen Wäldern umgebenen Hochebene. Von hier aus können Tagesausflüge zu verschiedenen interessanten Tempeln unternommen werden. Der *Arbuda-Devi-Tempel* ist aus Fels gehauen, die Aussicht über die umliegenden Berge ist ausgezeichnet. Guru Shikhar, Gaumukh und Achalgarh Fort sind ebenfalls innerhalb eines Tages erreichbar.

Südlich des »Goldenen Dreiecks« liegt der riesige Bundesstaat **MADHYA PRADESH**. Die bedeutendsten Sehenswürdigkeiten finden sich in der Nähe seiner Nordgrenze. Die große Festung von *Gwalior* erhebt sich ca. 160 km von Agra entfernt. Im Osten liegt **Khajuraho** mit seinen berühmten erotischen Tempelverzierungen – ein »Muß« für jeden Indienbesucher.

Trekking – **SATPURA RANGE:** Diese Bergkette erstreckt sich entlang des mittleren Indiens, liegt zum größten Teil in Madhya Pradesh und stellt die nördliche Grenze des Dekkan dar. **Pachmarhi**, eine *Hill Station*, ist ein wunderschöner Ort mit grünen Waldlichtungen, tiefen Bergschluchten und Aussichten auf rote Sandsteinhügel. Treks zu den Gipfeln Mahadeo und Dhupgarh sind möglich.

HIMACHAL PRADESH: Die Landschaft dieses Bundesstaates reicht von den kahlen Felsen und reißenden Bächen der Täler von Spiti und Lahaul im Norden bis zu den südlichen Obstgärten von Kangra und Chamba. In **Manali** führt eine Wanderung am Fluß Bhaga entlang nach Keylong und dann weiter zum Bara-Shigri-Gletscher oder über den Baralacha-Paß nach Leh (s. u.). **Kulu** liegt in einem schmalen Tal zwischen dem Himalaja und dem Fluß Beas und ist berühmt für seine Tempel und religiösen Feste. Wanderwege führen durch Reisfelder zu den abgelegenen Schnee- und Eisregionen. Unvergleichlich ist die Aussicht vom Rohtang-Paß. Von der Stadt Dharamsala im Kangra-Tal dringt man zum Bharmaur-Tal und über den Indrahar-Paß zu noch höhergelegenen Bergpässen vor. **Chamba** liegt auf einer Anhöhe oberhalb des Flusses Ravi und ist nach den aromatischen Bäumen benannt, die hier zwischen reichverzierten Tempeln gedeihen. Gute Trekking-Pfade führen von der nahegelegenen Stadt Dalhousie zum Gletschersee von Khajjiar und zu den Pässen von Sach und Chini. **Simla**, ehemals die Sommerhauptstadt der Briten, liegt hoch in den Bergen und lädt zu Treks ins Kulu-Tal über den Jalori-Paß und weiter zu den Tälern von Kalpur und Kinnaur ein. Hotels verschiedener Kategorien und Ferienhäuser stehen zur Verfügung. Im nahegelegenen **Kufri** gibt es ein Wintersportzentrum mit Eisbahn und Skipisten. In Kulu und Manali gibt es preiswerte Hotels, Blockhäuser, Ferienhäuser und Berghütten. Weniger bekannt sind die *Hill Stations* Dalhousie, Dharamsala, Nahan, Paonta Saheb, Keylong, Chamba und Kangra.

Östlich von Delhi liegt der Bundesstaat **UTTAR PRADESH**, durch den der heilige Ganges fließt. An seinem Ufer liegt **Varanasi**, das religiöse Zentrum Indiens, in dem die menschlichen Überreste der Reichen entweder öffentlich verbrannt oder dem Fluß übergeben werden. Die Stadt selbst ist ein Labyrinth gewundener Gassen, voller farbenfroh gekleideter Pilgerscharen und Sadhus (Heilige Männer), die den Göttern Opfergaben darbieten.

Trekking – **GARHWAL:** Diese Region liegt hoch im Garhwal-Himalaja und wird oft in den Geschichten und Legenden der indischen Götter erwähnt. In den üppigen Tälern und hochaufragenden, schneebedeckten Bergspitzen entspringen der lebensspendende »Ganga« und mehrere andere große Flüsse im nördlichen Indien. **Mussoorie**, sehr beliebt bei den Briten der Kolonialzeit, die sich hier von der brütenden Hitze der Ebenen erholten, ist ein ausgezeichneter Ausgangspunkt für Abstecher in die Täler von Gangotri und Yamounotri. Die Quelle des Ganges in Gaumukh ist ebenfalls von hier aus erreichbar. **Rishikesh** liegt nördlich der heiligen Stadt Hardwar, von hier aus gelangt man zum heiligen Schrein *Badrinath*. Der Weg dorthin führt durch das atemberaubende »Tal der Blumen«, besonders sehenswert während der Blüte im August. Weitere Wanderziele sind der Hemkund-See, das Mandakini-Tal und Kedarnath, einer der 12 *Jyotirlinge* des Lord Shiva. Der faszinierende Tempel ist besonders sehenswert.

KUMAON: Diese Region reicht vom Himalaja im Norden bis zu den grünen Gebirgsausläufern von Terai und Bhabar, besteht aus den drei nordöstlichen Himalaja-Provinzen von Uttar Pradesh und hat ein besonders vielfältiges Tier- und Pflanzenleben. **Almora** ist einer der bekanntesten Treffpunkte und eine ideale Basis für Treks durch Pinien- und Rhododendronwälder mit phantastischem Ausblick auf schneebedeckte Berge. Der *Pindiri-Gletscher* und das *Someshwar-Tal* können von hier aus erreicht werden. **Nainital** ist eine von großen Obstgärten umgebene *Hill Station*, von hier aus bieten sich kurze Ausflüge in das *Bhim-Tal*, *Khurpa-Tal* und zum *Binayak-Wald* an. **Ranikhet** ist der Ausgangspunkt für Treks zum Kausani. Die hier gebotene Aussicht auf den mittleren Himalaja ist eine der schönsten in ganz Indien und hat Mahatma Gandhi zu seiner Äußerung über das Gita-Anashakti-Joga inspiriert.

JAMMU UND KASCHMIR ist Indiens nördlichster Bundesstaat und am bekanntesten für seine Trekking-Routen. Diese außerordentlich schöne Gegend bietet blumenübersäte Wiesen, wilde Orchideen, herrliche Nadelwälder, eisige Bergspitzen und klare Bäche und Flüsse. **Jammu**, inmitten von smaragdgrünen Seen und imposanten Bergen, ist das Tor zu dieser Region. Die Tempel von *Ranbirewar* und *Raghunath* gelten als besonders eindrucksvoll. Jammu ist auch der Ausgangsbahnhof für Züge nach **Srinagar**, Kaschmirs historischer Hauptstadt und beliebter Aufenthaltsort der Moguls. Aus dieser Zeit stammen die vielen Wasserwege und Gartenanlagen am Dal-See, die die natürliche, märchenhafte Schönheit der Region noch unterstreichen. In den Hausbooten auf dem See wohnt man komfortabel und originell (s. *Unterkunft*).

Trekking: Die Hauptstadt **Srinagar** ist Ausgangspunkt für eine große Anzahl empfehlenswerter Treks, insbesondere zu den Bergen Zabarwan und Shankaracharya. **Gulmarg** liegt 51 km von Srinagar entfernt, von hier aus empfehlen sich Wanderungen zu den kristallklaren Bergseen von Apharwat und Alpather, den Bergseen oberhalb Vishansars und dem Gletscher von Thajiwas. Forellenangeln ist möglich, außerdem gibt es hier den höchstgelegenen Golfplatz der Welt. Die Aussicht auf den Nanga Parbat, einen der höchsten Berge der Welt, ist ausgezeichnet. **Pahalgam** ist eine weitere beliebte *Hill Station*, Stützpunkt für Pilger, die zur heiligen Grotte von Amar Nath unterwegs sind, sowie für Trekker zu den Gletscherseen des Tarsar und des Tulian. Die bergige Region **Ladakh** mit ihren zahlreichen Tempeln jenseits des Kaschmir-Tals ist womöglich noch exotischer, aber weniger leicht erreichbar und hat viel mit Tibet gemeinsam. Wildesel und Jaks sind hier heimisch, und die imposanten Bergketten dieser Region haben einige der größten Gletscher außerhalb der Polargebiete. Die Hauptstadt **Leh** liegt hoch in den

Bergen der Karakouram-Bergkette; die alte Seidenstraße von China nach Indien und Europa führt durch diese Berge. Unendliche Möglichkeiten für faszinierende Treks sind garantiert. Weitere Ausgangspunkte für Treks in diesem Bundesstaat sind **Kishtwar**, **Doda** und **Poonch**.

Der Westen

Maharashtra, Gujarat und Goa.
MAHARASHTRA: Die größte Metropole Westindiens ist **Bombay** mit seiner individuellen Mischung aus geschäftigem Hafen und moderner Industrie, unzähligen kleinen und großen Märkten und glasverkleideten Wolkenkratzern, Kino- und Cafégängern und eiligen Geschäftsleuten. In den Bombay-Filmstudios werden mehr Filme produziert als in Hollywood. Der *Mahalaxmi-Course* ist einer der besten Pferderennplätze Indiens. Bombay hat eine breite, palmengesäumte Hafenpromenade und Strände wie Juhu, Versova, Marve, Madh und Manori Beach. Das bekannteste Wahrzeichen der Stadt ist das *Gateway to India*, hier beginnen Ausflugsschiffe ihre 10 km lange Fahrt durch den Hafen zur *Elephanta-Insel* mit ihren Höhlentempeln aus dem 8. Jahrhundert, deren Wände mit faszinierenden großen Felszeichnungen geschmückt sind. Bekanntester **Strand:** Juhu Beach (leider überfüllt) mit 5-Sterne-Hotelkomplex. Strände außerhalb Bombays: Madh, Marve, Manori mit preiswerten Hotels. **Hill Stations:** Mahabaleshwar, Panchgani, Panhala, Matheran, Lonavla, Khandala, Erangal, Saputara. Südöstlich von Bombay liegen mehrere schöne Bergstationen, im besonderen Matheran, Mahabaleshwar und Poona mit seinen friedlichen *Bund Gardens*. **Strände:** Tithal, Ubhrat, Hajira, Diu (Unionsterritorium), Daman (Unionsterritorium), Chorwad, Dahanu, Dwarka. Preiswerte Hotels und Ferienhäuser.
Trekking – MAHABALESHWAR im Norden der Bergkette ist die höchste *Hill Station* in diesem Gebiet und eine ideale Basis für Treks nach Lonavala, Khandala, Matheran und zum malerischen Bhor Ghat mit seinen Wasserfällen, Seen und Wäldern.
Im Nordwesten liegt der Bundesstaat GUJARAT, bekannt durch feine Seidenstoffe, als Geburtsort *Mahatma Gandhis* und als letzter Zufluchtsort der asiatischen Löwen tief im Girwald. **Ahmedabad**, im Osten des Bundesstaates, ist die Textilhauptstadt Indiens und produziert die weltbekannten Seidenstoffe. Ahmedabad ist auch der Sitz des von Gandhi gegründeten *Sabarmati-Ashram*, in dem seine Ideologie der Gewaltlosigkeit noch heute lebendig ist. Gandhis Geburtsort ist das Fischerdorf Porbandar, 320 km weiter westlich. Östlich von Bombay liegt **Aurangabad**, Ausgangspunkt für Abstecher zu zwei der bekanntesten in Felsen gemeißelten Tempel der Welt. Die buddhistischen Höhlentempel von **Ajanta** sind mindestens 2000 Jahre alt. Insgesamt 30 Höhlen dringen tief in die steilen Wände der Felsschlucht ein und sind mit hervorragend erhaltenen Zeichnungen des damaligen täglichen Lebens geschmückt. Die Zeichnungen in den Höhlen von **Ellora** erzählen religiöse Geschichten der Hindus, Buddhisten und Dschainas. Der Tempel von *Kailasa* ist ebenfalls sehenswert. Weiter südlich liegt **GOA**. Die 100 km lange, palmengesäumte Küste birgt einige der schönsten Strände des Subkontinents. Goa war bis 1961 eine portugiesische Kolonie – die charmante Mischung romanischer und indischer Kultur ist noch heute spürbar. **Panaji** ist die Hauptstadt des Bundesstaates und eine der ruhigsten und schönsten Städte Indiens. Wahrzeichen der Stadt ist die Kathedrale; Hauptanziehungspunkte sind jedoch die Geschäfte, Bars und hübschen Straßen. *Old Goa* ist mit dem Bus erreichbar und weist eine erstaunliche Vielzahl architektonischer Stilrichtungen auf. Sehenswerte Gebäude sind die Basilika, das Kloster und die Kirche des Franz von Assisi. Im nahegelegenen *Ponda* steht der 400 Jahre alte Tempel von Shri Mangesh, angeblich der älteste Hindu-Schrein. Der luxuriöse Hotelkomplex in Aguada, das Taj-Urlaubsdorf und die Aguada-Einsiedelei sind nur eine kleine Auswahl der vielfältigen Unterkunftsmöglichkeiten in Goa. Es gibt jede Menge guter, einfacher Hotels; in den Dörfern an der Küste werden auch einfache Häuschen vermietet, u. a. in Calangute, Anjuna, Baga und Colva. Goa hat mehrere Naturschutzgebiete, einschl. *Bondla* in den Bergen der **Western Ghats**, wo Wildschwein und Sambar in ihrer natürlichen Umgebung beobachtet werden können. Der Bundesstaat kann sich einer eindrucksvollen Vielfalt portugiesischer und indischer Gerichte sowie farbenprächtiger Feste rühmen, darunter das *Mardi Gras*.

Der Süden

Karnataka, Kerala, Tamil Nadu, Andhra Pradesh und Lakshadweep-Inseln.
Der Süden Indiens ist bisher am wenigsten von ausländischer Kultur beeinflußt worden, und die indische Lebensweise ist hier in ihrer reinsten Form erhalten geblieben.
TAMIL NADU: **Madras**, Indiens viertgrößte Stadt, ist die Wiege der historischen Drawiden-Zivilisation, die eine der ältesten Schriften der Welt entwickelte. Dieses bekannte Zentrum der Tempelbildhauerei ist auch die Heimat des klassischen Stils der indischen Tänze. Trotz einer Ausdehnung von 130 qkm gibt es in der Metropole nur wenige mehrstöckige Gebäude, und Madras hat eher das Flair einer Marktstadt. Empfehlenswert ist ein Besuch im *Fort St. George*, wo die Geschichte von Madras festgehalten ist; auch der *Kapeleeswar-Tempel* mit seinen reichverzierten, imposanten Türmen ist interessant. Trotz des scheinbaren Mangels an Großstadthektik ist Madras eine bedeutende Geschäftsstadt mit zahlreichen Kinos und Buchläden, Knotenpunkt des Bahn-, Flug- und Straßennetzes der Region und ein guter Ausgangspunkt für die Entdeckung des südlichen Indiens. **Strände:** Covelong: Fisherman's Cove, Urlaubsort direkt am Wasser. Mamallapuram (Madras): Bungalows und Tempel direkt am Strand. Kanya Kumari, Tiruchendur, Rameswaram, Karikal (Unionsterritorium), Pondicherry (Unionsterritorium). **Hill Stations:** Ootacamund (Udagamandalam), Kodaikanal. Silvery Lake: Hotels und Ferienhäuser. Yercaud, Coonoor, Kotagiri. Im Süden gibt es mehrere wichtige religiöse Zentren, besonders **Kanchipuram** mit unzähligen Tempeln und den eindrucksvollen *Gopurams* oder Stadttoren, die mit Götterstatuen verziert sind. Im Landesinneren liegen **Mandurai** mit einem großen, geschäftigen Tempel und **Thanjavur**. **Tiruchirapalli** ist einen Besuch wert; das Wahrzeichen der Stadt ist eine imposante Festung auf felsiger Anhöhe. Weiter südlich an der Küste liegen **Pondicherry**, eine hübsche Stadt in typisch-französischer Bauart, sowie **Rameswaram**.
Trekking – NILGIRIS: Die Berge im Westen von Tamil Nadu, von denen auch ein Teil in Kerala liegt, sind mit ihrer mäßigen Höhe und dem milden Klima ideal zur Erholung von der Hektik der Städte. Sie sind wegen ihrer violetten Schattierung als *Blue Mountains* bekannt und übersät mit Orangengärten, Teeplantagen, bewaldeten Abhängen und stillen Seen. Von Ootacamund (Ooty im allgemeinen Sprachgebrauch) aus kann man zu den Wenlock Downs, den Kalahatti-Fällen und zum Mudumalai-Wildreservat trekken. Coonor ist günstig für Abstecher zum *Droggs Peak* und *Lambs Rock*, während Kotagiri, die älteste der genannten Bergstationen, durch ihre geschützte Position viele schattige Wanderwege zum Erforschen der erholsamen Nilgiris bietet.
Im Westen liegt der Bundesstaat KERALA mit seinen zahlreichen Badeorten. Einer der schönsten ist **Kovalam** mit feinsandigen Stränden und einem modern eingerichteten Touristenkomplex mit luxuriösen Bungalows und einem fünfstöckigen Hotel mit Swimmingpool. Die regionale Hauptstadt **Trivandrum** mit dem bekannten *Padmanabhaswamy-Tempel* liegt nur wenige Kilometer entfernt. Tiefer im Landesinneren liegt das *Periyar-Wildreservat* mit seiner vielfältigen Tier-und Pflanzenwelt. Cranganorre, Alleppey und Cochin sind weitere Urlaubsorte in Kerala. **Hill Stations:** Ponmundi, Munnar. Nördlich von Kerala liegt der Bundesstaat KARNATAKA mit relativ leeren Stränden in Karwar, Mahe und Udipi. Die Hauptstadt **Bangalore**, eine reiche Stadt mit vielen reizvollen Gartenanlagen und Parks, ist Zentrum

der elektronischen und technischen Industrie. Südwestlich liegt **Mysore**, wo vor allem Räucherstäbchen hergestellt werden, der Geruch von Sandelholz überall in der Luft liegt und die Süßigkeiten noch unwiderstehlicher als anderswo in Indien sind. Einen Besuch des prunkvollen *Maharaja-Palasts* wird sich niemand freiwillig entgehen lassen wollen, am Eingang gibt man seine Schuhe ab und gleitet barfuß über edle Marmor- und Mosaikfußböden. Sonntag abends wird der Palast bei Musikbegleitung spektakulär angestrahlt. Karnataka hat eine Anzahl bedeutender religiöser und historischer Stätten, einschl. der bizarren Ruinen in Hampi nördlich von Bangalore und der riesigen Statue von Lord Bahubali in Sravanabelagola, nördlich von Mysore. ***Strände:*** Ullal, Udupi (Hindu-Wallfahrtsort), Mahe, Mangalore. ***Hill Station:*** Mercara.

Die 36 **LAKSHADWEEP-INSELN** liegen ca. 400 km von der Küste Keralas entfernt, ein tropisches Inselparadies mit Korallenriffen und türkisblauen Lagunen im Arabischen Meer. Die für den Besuch der Inseln erforderliche Sondergenehmigung ist in Cochin erhältlich, von wo aus dreimal die Woche Flüge zu den Inseln aufbrechen. Nur eine der zehn bewohnten Inseln, *Bangaram Island*, ist für den Tourismus geöffnet. Hier gibt es einen Resort, die Unterkünfte für Gäste bestehen aus Bambushütten mit Deckenventilatoren und Kühlschrank. Wassersport aller Art ist möglich.

Trekking – Die **WESTERN GHATS** verlaufen vom Fluß Tapti bis zur Südspitze des Subkontinents parallel zur Westküste Indiens, ein Großteil liegt in Karnataka. Die Berge sind üppig bewaldet und Zeichen der natürlichen Schönheit dieser Gegend, auch wenn sie einem Vergleich mit der Erhabenheit des gewaltigen Himalaja nicht standhalten können. Weiter südlich in Karnataka liegt *Coorg* auf einer grünen Kuppe in bergiger Landschaft. *Madikeri* ist der Ausgangspunkt vieler Treks durch dieses Gebiet. Die *Upper Palani Hills* in *Tamil Nadu* sind Ausläufer der Ghats. Zwei kürzere Wanderpfade führen von Kodaikanal zum Pilar Rock und der Green Valley View. *Courtallam*, ebenso in Tamil Nadu, ist von dichter Vegetation und Kaffee- und Gewürzplantagen umgeben; dank der reichen Tier- und Pflanzenwelt ist dies einer der schönsten Orte der Region.

Nordöstlich von Karnataka liegt der Bundesstaat **ANDHRA PRADESH** mit der Hauptstadt **Hyderabad. Visakhapatnam**, Indiens viertgrößter Hafen, liegt 220 km weiter östlich. ***Strände:*** Mypad, Machilipatnam, Manginipundi, Bheemunipatnam. ***Hill Station:*** Horseley Hills.

Der Osten

Orissa, Westbengalen, Bihar, Sikkim, Andaman- und Nicobar-Inseln und die nordöstlichen Bergstaaten.

WESTBENGALEN: Kalkutta ist die größte Stadt Indiens und das Handelszentrum des Ostens. Die Stadt wurde im 17. Jahrhundert als britischer Handelsposten eingerichtet und entwickelte sich innerhalb kurzer Zeit zu einer pulsierenden Großstadt. Das koloniale Erbe bleibt erhalten in den Gebäuden der Chowringhee- und der Clive-Street, die heute Jawaharlal Nehru Road und Netaji Subhash Road heißen. Die Stadt ist voller Leben und Geschäftigkeit, mit ausgezeichneten Märkten und Basaren. Kalkutta ist auch ein Zentrum zahlreicher kreativer und intellektueller Aktivitäten; einige der besten Filmproduzenten des Landes sind hier zuhause. Die Innenstadt von Kalkutta sieht man am besten vom Stadtpark Maidan aus, wo am frühen Morgen Jogaübungen abgehalten werden. Das *Indische Museum* der Stadt ist das beste Asiens. Andere Sehenswürdigkeiten sind die *Viktoria-Gedenkstätte* aus weißem Marmor, das *Octherlony-Institut* und das Hauptquartier der Rama-Krishna-Bewegung. Auf der anderen Seite des Flusses liegen der *Kali-Tempel* von *Dakshineshwasar* und der Botanische Garten. ***Strand:*** Digha; preiswerte Hotels, Ferienhäuser. ***Hill Stations:*** Kalimpong, Mirik.

Weiter westlich liegt der Bundesstaat **BIHAR** mit dem religiösen Zentrum *Bodhgaya*, einem heiligen Ort für Hindus und Buddhisten. Hauptstadt des Bundesstaates ist **Patna**, das im November, wenn Rindermarkt ist, eher wie eine Kleinstadt wirkt. Wer über Land nach Nepal fährt, wird möglicherweise hier Halt machen. ***Hill Station:*** Netarhat.

Der Staat **ORISSA** hat drei Tempelstädte. Die bedeutendste ist **Bhubaneswar**. Hier standen einmal nicht weniger als 7000 Tempel, leider sind nur 500 davon erhalten geblieben. Der größte Tempel, *Lingaraja*, ist dem Hindugott Shiva gewidmet. Nach einer kurzen Fahrt Richtung Süden kommt man nach **Puri,** eine der vier heiligsten Städte Indiens, die wegen ihrer Strände auch als Ferienort geschätzt wird. Im Juli und August findet in Puri eines der aufsehenerregendsten Festspiele Indiens statt, das *Rath Yatra* oder »Wagenfest«: Götterstatuen auf riesigen hölzernen Triumphwagen werden durch die Straßen gezogen und von Pilgern verehrt. Es gibt 3- und 4-Sterne-Hotels, Bungalows und Hostels. Weiter nördlich an der Küste liegt **Konarak,** bekannt für seine abgelegene »Schwarze Pagode« – ein riesiger, dem Sonnengott gewidmeter Tempel in Form eines von Pferden gezogenen Triumphwagens. Diese Skulptur ist ebenso bewundernswert wie die Darstellungen in Khajuraho und zählt zu den besten Indiens.

Eine der aufregendsten Bahnfahrten der Welt ist die Reise mit der »Spielzeugeisenbahn« von Kalkutta nach **DARJEELING**. Der letzte Teil der Reise führt durch Urwald, Teegärten und Pinienwälder. Darjeeling erstreckt sich über einen Bergabhang, der tief ins Tal abfällt, und bietet einen herrlichen Blick auf den Kanchenjunga, mit 8586 m der dritthöchste Berg der Welt. Hier liegt das Hauptquartier des indischen Bergsteiger-Instituts und der Geburtsort von *Sherpa Tenzing*. Darjeeling ist ein weltbekanntes Teeanbaugebiet. Eine zweieinhalbstündige Busfahrt führt nach **Kalimpong**, einer Marktstadt am Fuße des Himalaja. Von hier aus kann man verschiedene Wanderungen zu Ausflugsplätzen mit herrlichen Ausblicken auf die Berge unternehmen. Besonders ins Auge fallen die fünf Gipfel des mächtigen Kanchenjunga, es gibt aber auch sanfte Hügel und Täler mit Nadelwäldern, türkisfarbenen Seen und sanft rauschenden Bächen. Die Stadt **Darjeeling** ist die Heimat des Bergsteigers Tenzing Norgay (Mount Everest) und des *Himalajan Mountaneering Institute*. Kurze und lange Treks sind möglich zu den *Tiger Hills* (herrliche Aussicht) und den Gipfeln von Phalut, Sandakphu, Singalila und Tanglu.

Der Bergstaat **SIKKIM** im Norden ist ein Wunderland mit Farnen und Blumen, Vögeln und Schmetterlingen, Orchideen und Bambus, Kirschen-, Eichen- und Nadelwäldern, umgeben von sanft dahinrauschenden Flüssen, Terrassenfeldern und üppigem Rhododendron. Tief im Herzen der Region liegen Sikkims berühmte Klöster, deren weiße Gebetsfahnen sich vom strahlendblauen Himmel abheben. Die Hauptstadt und *Hill Station* **Gangtok** ist Ausgangspunkt für Abstecher in den geheimnisumwobenen Norden und Osten der Region, zum heiligen Yaksum, Pemayangtse und zu den Bergen in der Nähe von Bakkhim und Dzongri. Zur Zeit gibt es Reisebeschränkungen für Ausländer, wandern darf man nur in Gruppen, und Einzelpersonen dürfen nur nach Gangtok, Rumtek, Pnodang und Pemayangtse fahren.

Noch weiter östlich liegen die Bundesstaaten **ASSAM** und **MEGHALAYA**. Assam hat als Teeanbaugebiet Weltruf und ist außerdem für seine Nationalparks bekannt, die von der Hauptstadt Gauhati aus erreichbar sind. Im Manas-Tigerreservat gibt es außer Tiger auch Wasserbüffel, Elefanten und Goldene Langur-Affen in Grasland, Regenwald und Flußlandschaft; im Kaziranga-Nationalpark lebt das seltene einhörnige Indische Rhinozeros. **Shillong** ist die Hauptstadt Meghalayas, eine *Hill Station* und die Heimat des Khasi-Volkes. In dieser Region gibt es zahlreiche Nadelwälder, Wasserfälle und Bäche.

In der Bucht von Bengalen liegen die **ANDAMAN- UND NIKOBAR-INSELN**, ein üppig bewaldeter Archipel mit exotischen Pflanzen und einer großen Vielzahl von Korallen und tropischen Fischen – ein Paradies für begeisterte Taucher und alle, die ursprüngliche Natur und Erholung suchen. Viele der Inseln sind allerdings Besuchern nicht zugänglich, zum Schutz der Eingeborenen, die auf einigen Inseln völlig abgeschieden von der Zivilisation leben. **Port Blair** ist die Hauptstadt und von Madras aus per Schiff oder Flugzeug erreichbar.

Tier- und Pflanzenwelt

Die geographische Vielfalt des Subkontinents Indien spiegelt sich auch in der Tierwelt wieder: es gibt über 350 Säugetierarten und 1200 verschiedene Vogelarten. Jede Region hat etwas Besonderes zu bieten: das Hangul-Rotwild findet man nur in den Tälern von Kaschmir im nördlichen Indien, das Rhinozeros an wenigen Stellen des Flusses Brahmaputra im Osten, die schwarzen Langur-Affen in den Westlichen Ghats, und im Westen ist die Heimat der letzten asiatischen Löwen.

Der Bengalische Tiger und der Indische Elefant sind trotz drastischer Reduzierung ihrer Bestände noch in den meisten Regionen zu finden.

Über 200 Parks und Wildreservate bieten gute Gelegenheiten, fast alle Tierarten aus nächster Nähe zu sehen. Im Anschluß eine Aufzählung der wichtigsten Schutzgebiete. Unterkunft sollte im voraus gebucht werden, entweder beim Verkehrsamt des jeweiligen Bundesstaates oder bei der Leitung des Reservats.

NORDINDIEN

Dachigam Wildlife Sanctuary (Kaschmir). Weites Tal, Berghänge. Die einzige Heimat des seltenen Hangul-Rotwilds; Schwarz- und Braunbären, Leoparden, Reiher.

Govind Sagar Bird Sanctuary (Himachal Pradesh). Vogelschutzgebiet mit Kranichen, Enten, Gänsen und Krickenten.

Corbett National Park (Uttar Pradesh). Ausläufer des Himalaja in der Nähe von Dhikala; Salwälder und -ebenen; Tiger, Elefanten, Leoparden und verschiedene Vogelarten. Hervorragende Angelgründe im Fluß Ramganga.

Dudhwa National Park (Uttar Pradesh). An der Grenze nach Nepal; Tiger, Faultiere und Panther.

Naina Devi National Park (Uttar Pradesh). Dieser »Dachgarten« liegt auf einer Höhe von 3500 m und ist während der Blütezeit ein prächtiges Farbenmeer. Zum Betreten muß eine Genehmigung eingeholt werden.

Sariska National Park (Rajasthan). Ca. 200 km von Delhi entfernt. Wald und offene Ebenen; Sambar (größtes indisches Rotwild), Cheetal (geflecktes Rotwild), Nilgai (indische Antilope), Blackbuck, Leoparden, Tiger; gut in der Dunkelheit.

Ranthambhor (Sawai Madhopur/Rajasthan). Bewaldete Hügel, Ebenen und Seen; Simbar, Chinkara (indische Gazelle), Tiger, Faultiere, Krokodile und Zugvögel.

Bharatpur National Park (Keoladeo Ghana Bird Sanctuary) (Rajasthan). Indiens schönster Vogelpark, viele einheimische Wasservögel, Zugvögel aus Sibirien und China, Kraniche, Gänse, Störche, Reiher sowie Schlangen.

Bandhavgarh National Park (Madhya Pradesh). Dieser Park in den Vindhyan-Bergen hat eine große Anzahl verschiedener Tiere, einschl. Panther, Sambar und Gaur.

Kanha National Park (Madhya Pradesh). Salwald und Grasland; einzige Heimat der Barasingha (Sumpf-Rotwild); Tiger, Cheetal, Gaur.

Shivpuri National Park (Madhya Pradesh). Offener Wald am See; Chinkara, Chowsingha (vierhörnige Antilope), Nilgai, Tiger, Leoparden, Wasservögel.

OSTINDIEN

Kaziranga National Park (Assam). Elefantengras und Sümpfe; Rhinozerosse, Wasserbüffel, Tiger, Leoparden, Elefanten, Rotwild, viele Vogelarten. Elefantenritte im Park möglich.

Manas Wildlife Sanctuary (Assam). An der Grenze nach Bhutan, Regenwald, Grasland und Flußbänke; Rhinozerosse, Wasserbüffel, Tiger, Elefanten, Langur-Affen, Wasservögel. Fischen ist erlaubt.

Palamau Tiger Reserve (Bihar). Bewaldete Hügel; Tiger, Leoparden, Elefanten, Sambar, Dschungelkatzen, Rhesusaffen, gelegentlich Wölfe.

Hazaribagh National Park (Bihar). Hügellandschaft mit Salwald; Sambar, Nilgai, Cheetal, Tiger, Leoparden, gelegentlich Muntjaks (Rotwild).

Sundarbans Tiger Reserve (Westbengalen). Mangrovenwälder; Tiger, Rotwild, Krokodile, Delphine, zahlreiche Vogelarten. Mit gemieteten Booten zu erreichen.

Jaldapara Wildlife Sanctuary (Westbengalen). Tropischer Wald und Grasland; Rhinozerosse, Elefanten, zahlreiche Vogelarten.

Similipal Tiger Reserve (Orissa). Riesiger Salwald; Tiger, Elefanten, Leoparden, Sambar, Cheetal, Muntjaks und Chevrotain.

SÜDINDIEN

Periyar Wildlife Sanctuary (Kerala). Großer künstlicher See; Elefanten, Gaur, wilde Hunde, Schwarze Langur-Affen, Otter, Schildkröten, viele Vogelarten einschl. des Nashornvogels. Rundfahrten per Boot.

Vedanthangal Water Birds Sanctuary (Tamil Nadu). Einer der größten Brutplätze in Indien. Kormorane, Reiher, Störche, Pelikane, Lappentaucher und viele andere.

Point Calimere Bird Sanctuary (Tamil Nadu). Vor allem für seine Flamingos bekannt, aber auch Reiher, Krickenten, Brachvögel, Regenpfeifer, Blackbuck und Wildschweine.

Pulicat Bird Sanctuary (Andhra Pradesh). Flamingos, Graue Pelikane, Reiher, Seeschwalben.

Dandeli National Park (Karnataka). Bisons, Panther, Tiger und Sambar. Von Goa aus leicht erreichbar.

Jawahar National Park (einschl. **Bandipur** und **Nagarhole National Parks** /Karnataka und der Wildschutzgebiete von **Mudumalai** /Tamil Nadu und **Wayanad**/Kerala). Riesige Mischwälder; größte Elefantenherde Indiens, Leoparden, Gaur, Sambar, Muntjaks, Rieseneichhörnchen. Einheimische Vogelarten.

WESTINDIEN

Krishnagiri Upavan National Park (Maharashtra). Dieser Park war zuvor als Borvli bekannt und schützt eine wunderschöne Landschaft in der Nähe von Bombay. Kanheri-Höhlen und Lake Vihar, Tulsi und Powai; Wasservögel, kleinere Tierarten. Nahegelegener Löwen-Safaripark.

Tadoba National Park (Maharashtra). Teakwälder und See; Tiger, Leoparden, Nilgai, Gaur. Besuche auch nach Einbruch der Dunkelheit.

Sasan Gir National Park (Gujarat). Bewaldete Ebenen und See; letzte Heimat des asiatischen Löwen; Sambar, Chowsingha, Nilgai, Leoparden, Chinkara und Wildschweine.

Nal Sarovar Bird Sanctuary (Gujarat). See; Zugvögel; einheimische Vögel einschl. Flamingos.

Little Rann of Kutch Wildlife Sanctuary (Gujarat). Wüste; Khur-Herden (Indiens Wildesel), Wölfe, Karakal.

Velavadar National Park (Gujarat). Delta-Grasland; große Blackbuck-Herden.

RUNDREISEN: 5tägige: (a) Delhi – Agra – Jaipur. (b) Trivendrum – Cochin – Periyar Wildlife Sanctuary. (c) Kalkutta – Darjeeling – Sikkim. (d) Shimla – Kullu – Manali. **7tägige:** (a) Delhi – Varanasi – Khajuraho – Agra. (b) Bombay – Aurangabad – Jaipur – Delhi. (c) Bombay – Bangalore – Goa. (d) Madras – Bangalore – Trivandrum – Bombay.

SOZIALPROFIL

ESSEN & TRINKEN: Das unvergeßliche Aroma Indiens besteht nicht nur aus dem prägnanten Geruch von Jasmin und Rosen, sondern auch aus den Düften der Gewürze der indischen Küche – besonders bei der Curry-Zubereitung. Das Wort »Curry« ist eine englische Ableitung von *Kari*, heißt nichts weiter als »würzige Soße« und hat in Indien nichts mit dem bei uns benutzten Pulver zu tun. Hier handelt es sich vielmehr um eine delikate und subtile Mischung verschiedener Gewürze: Kurkuma, Kardamom, Ingwer, Koriander, Muskatnuß und Kreuzkümmel. Dem indischen Koch stehen an die 25 verschiedene, frisch vor Gebrauch geröstete und gemahlene Gewürze zur Verfügung, um, wie auf der Palette des Kunstmalers, die richtige Zusammensetzung oder *Masalas* auszutüffteln. Viele Gewürze werden auch wegen ihrer Heilwirkungen geschätzt. Die Zusammensetzungen variieren erheblich zwischen den verschiedenen Regionen. Obwohl nicht alle Hindus Vegetarier sind, gibt es eine außerordentlich große Vielzahl wohlschmeckender Gemüsegerichte. Fleischgerichte werden mehr im Norden verzehrt: *Rogan Josh* (Lammcurry), *Gushtaba* (gewürzte Fleischbällchen in Joghurt) und das feine *Biryani* (Huhn oder Lamm mit Reis, mit Zucker und Rosenwasser abgeschmeckt). Die Mughlai-Küche ist gehaltvoll, cremig, gut gewürzt und mit vielen Nüssen und Safran versehen. Die sehr beliebten *Tandoori*-Gerichte (mariniertes Huhn, Fleisch oder Fisch im Tonofen gebacken) und *Kebabs* sind ebenfalls Spezialitäten des Nordens. Im Süden gibt es viele scharf gewürzte Gemüsegerichte. Besondere Spezialitäten sind *Bhaji* (Gemüsecurry), *Biryani* (Reisgericht mit Curry), *Dosa* (hauchdünne, knusprige Pfannkuchen aus Linsenmehl mit schmackhafter Gemüsefüllung und Kokosnußsoße), *Idli* (Reismehlklöße), *Sambar* (dünnflüssiger Gemüsecurry) und *Raita* (Joghurt mit geraspelter Gurke und Minze). Kokosnüsse spielen eine große Rolle in der südindischen Küche. An der Westküste gibt es eine große Auswahl an Fisch und Meeresfrüchten, *Bombay Duck* (mit Curry gewürzter oder gebratener Bombloe-Fisch) und *Pomfret* (indischer Lachs) sind nur zwei Beispiele. Fisch ist auch ein wichtiger Bestandteil der bengalischen Küche: *Dahi Maach* (mit Curry – besonders Kurkuma und Ingwer – gewürzter Fisch in Joghurtsauce) und *Mailai* (Krabben mit Curry und Kokosnuß). Während Reis die Hauptbeilage im Süden ist, wird im Norden sehr oft flaches Brot angeboten: *Pooris*, *Chappatis* und *Nan*. Überall in Indien, vom vornehmsten Hotelrestaurant bis hin zum billigen Imbißstand, kann man *Dhal* (scharfe, dick- oder dünnflüssige Linsensuppe) und *Dhai* (Joghurt als Beilage) bestellen; letzteres ist nicht nur sehr schmackhaft, sondern hilft auch, die mitunter sehr stark gewürzten Gerichte zu »entschärfen« – viel besser als ein Glas Wasser oder Bier. Nachspeisen sind indische Süßigkeiten, deren Hauptzutaten oft angedickte Milch, Zucker, *Ghee*, Nüsse und Sirup sind; besonders unwiderstehlich sind u. a. *Kulfi* (indisches Eis), *Rasgullas* (auf der Zunge zergehende, mit Rosenwasser abgeschmeckte Quarkbällchen), *Gulab Jamun* (Mehl, Joghurt und gemahlene Mandeln) und *Jalebi* (in Fett gebackenes, spiralförmiges Sirupgebäck). Natürlich gibt es auch ausgezeichnetes Obst, je nach Region und Jahreszeit wie z. B. Orangen, Bananen, Mangos, Granatäpfel, Melonen, Aprikosen, Äpfel, Papayas, Ananas und Erdbeeren. Um die Verdauung zu fördern und den Mundraum zu neutralisieren, ist es nach der Mahlzeit üblich, *Pan* (in Betelblatt eingewickelte Gewürze wie Anis und Kardamom) zu kauen. *Samosas*, *Pakora*, *Dosa* und *Vada* sind als kleine Zwischenmahlzeiten an jeder Straßenecke erhältlich; in den größeren Städten werden auch europäische Süßigkeiten angeboten. Europäische Gerichte guter Qualität sind auch vielerorts zu finden. **Getränke:** Tee ist das beliebteste Getränk, und viele Teesorten aus Indien sind weltweit bekannt. Wenn man nicht ausdrücklich »Tray Tea« bestellt, wird dem Tee automatisch Milch und Zucker beigefügt. Kaffee erfreut sich zunehmender Beliebtheit, vor allem im Süden. *Nimbu Pani* (Limonensaft mit Soda), *Lassi* (Buttermilch mit Eiswürfeln) und Kokosmilch direkt aus der Nuß sind angenehme Durstlöscher. In den Restaurants wird am Tisch bedient; je nach Region und Stil des Restaurants können alkoholische Getränke zum Essen bestellt werden. Hotelbars findet man in den größeren, »internationalen« Hotels. Auf Anfrage erhält man von den indischen Botschaften, Konsulaten oder Fremdenverkehrsämtern ein *All India Liquor Permit*, diese Genehmigung wird zusammen mit dem Visum ausgestellt und ermöglicht den Einkauf alkoholischer Getränke in Gujarat und Tamil Nadu, in denen z. Zt. Einschränkungen für den Alkoholkauf gelten. Das Fremdenverkehrsamt klärt über den neuesten Stand auf; hier kann man auch Auskünfte über alle anderen Ge- und Verbote erhalten, die in den jeweiligen Bundesstaaten bestehen. Besonders in den Großstädten gelten bestimmte Tage der Woche als »Trockentage«, in denen Alkohol nicht verkauft werden darf. Zumeist ausgiebig gezuckerte Sprudel- und Colagetränke, abgefülltes Wasser und europäische alkoholische Getränke sind überall erhältlich.

NACHTLEBEN: Ein Nachtleben im westlichen Sinne ist in Indien schwer zu finden, nur in einigen großen Städten gibt es Nachtklubs und Diskotheken. Kulturelle Veranstaltungen mit Darbietungen indischer Tänze und Musik sind die üblichen Höhepunkte. Bombay und Kalkutta sind die Metropolen der Filmindustrie, die Zahl der produzierten Spielfilme ist dreimal so hoch wie in den Vereinigten Staaten. Fast jede Stadt hat mindestens ein Kino, einige zeigen manchmal Filme in englischer Sprache. Musik und Tanz, Liebesdramen und Politik spielen, zusammen mit anderen Einflüssen, eine große Rolle in der indischen Filmkunst. In Großstädten führen Theater oft Bühnenstücke in englischer Sprache auf.

EINKAUFSTIPS: Die Traditionen und Methoden des indischen Kunsthandwerks sind seit Jahrhunderten von Generation zu Generation weitergegeben und dadurch vervollkommnet worden. Jede Region hat ihre eigene Spezialität und jede Stadt ihre eigenen Kunsthandwerker mit besonderen Fingerfertigkeiten. Seiden, Gewürze, Schmuck und viele andere typisch indische Waren sind weltbekannt; Kaufleute früherer Zeiten unternahmen lange, mitunter gefährliche Reisen, um diese Schätze erwerben zu können. Heutzutage sind die Märkte Indiens mit ihren Stoffen, Kunstwerken aus Silber, Lederwaren, Teppichen und Antiquitäten nur acht Flugstunden entfernt. Um die Preise darf gehandelt werden, das gehört hier – außer in *State Emporiums* und einigen anderen Läden mit Festpreisen – zum Geschäftsleben dazu. State Emporiums sind die Kunstgewerbeläden einzelner Bundesstaaten, deren festgesetzte Preise der Unterstützung der Kunsthandwerker zugute kommen sollen. **Textilien:** Die Stoffherstellung ist eine der wichtigsten Industrien im Land; indische Seiden, Baumwollstoffe und Wollfasern zählen zu den besten der Welt. Unter den Seidenstoffen ist Brokat aus Varanasi der bekannteste, andere Variationen kommen aus Patna, Murshidabad, Kanchipuram und Surat. In Rajasthan werden bunte Batik-Baumwollstoffe hergestellt, während Madras für einen Stoff bekannt ist, bei dem sich die Farben nach einigen Wäschen hübsch vermischen, was als besonderer Effekt geschätzt wird. Im ganzen Land wird das Himroo-Tuch angefertigt, eine Mischung aus Seide und Baumwolle. Kaschmirwolle dürfte wohl das bekannteste Ausfuhrgut Indiens sein. **Teppiche:** Indiens Teppichindustrie ist ebenfalls eine der größten der Welt, und viele Beispiele dieses alten und wunderschönen Handwerks sind in Museen ausgestellt. Kaschmirs Teppiche zeigen Muster persischen Ursprungs, sind aus reiner Wolle, Baumwollgarn oder Seide hergestellt, außerordentlich erlesen und sehr teuer. Jede Region hat ihre eigenen Muster und Farben. In Darjeeling findet man die unverkennbaren bunten tibetanischen Läufer. **Kleidung** ist sehr preiswert und wird in vielen Geschäften auf Wunsch innerhalb kurzer Zeit nach Maß angefertigt oder geändert. Kleider gibt es aus Seide, Himroo, Baumwolle, Brokat, Chiffon und Chinons. Kleidung aus Rajasthan ist bunt und mit unzähligen kleinen Spiegeln besetzt; auch Taschen, Mützen und Geldgürtel in diesem Stil sind in allen Touristengegenden zu finden. **Schmuck** ist traditionsreich, schwer (besonders aus Rajasthan) und überaus vielfältig. Indische Silberware ist weltberühmt. Man kann Schmucksteine direkt am Kaufort verarbeiten lassen. Außer Diamanten gibt es Lapislazuli, Rubine, Saphire, Mondsteine und Aquamarine. Hyderabad ist eines der Weltzentren für Perlen. Indische Frauen und Mädchen tragen oft eine große Anzahl Armreifen aus Silber, buntem Glas oder Plastik, die es auf jedem Markt in erstaunlicher Farben- und Größenvielfalt zu kaufen gibt. **Kunstgewerbliches und Lederwaren:** Auch hier hat jede Region ihre eigene Spezialität. Erhältlich sind Arbeiten aus Bronze, Messing (oft mit Silber eingelegt), Flechtwerk und Keramik. Kaschmir ist bekannt für die kunstvolle Verarbeitung von Pappmaché; die fertigen Produkte werden oft mit Blattgold dekoriert. Agras Spezialität sind Marmor- und Alabastereinlegearbeiten in Schachspielen und Schmucktellern. Indische Lederwaren wie Sandalen und Hausschuhe sind von ausgezeichneter Qualität. **Holzartikel:** Statuen, Kästchen, Schalen und andere Gegenstände aus Sandelholz werden in Karnataka, aus Rosenholz in Kerala und Madras, aus indischem Walnußholz in Kaschmir angefertigt. **Weitere Spezialitäten:** Chutneys, Gewürze und Teesorten; Parfüm, Seifen, handgefertigtes Papier, Spielkarten aus Orissa und Musikinstrumente. **Öffnungszeiten der Geschäfte:** Mo-Sa 09.30-18.00 Uhr in den großen Geschäften.

Anmerkung: Tierfelle, aus Tierhaut gefertigte Gegenstände, Antiquitäten und Kunstgegenstände, die älter als 100 Jahre alt sind, dürfen nicht ausgeführt werden.

SPORT: Kricket ist Indiens Nationalsport und erregt hier ebenso lebhaftes Interesse wie Fußball in Europa, vor allem während der *Test Season* im Winter, wenn die Nationalmannschaft in allen Großstädten zu sehen ist. Fast jede Stadt hat ihr eigenes Team. **Skilaufen** wird immer beliebter, einige der schönsten Wintersportgebiete liegen im Norden (einschl. Gulmarg und Kufri) inmitten herrlicher Landschaft. **Wildwasserfahren** ist ein weiterer relativ neuer Sport, für den die Flüsse des Himalaja besonders nach der Schneeschmelze wie geschaffen sind. **Kamelritte:** Safaris in die Thar-Wüste dauern zwischen einem und 15 Tagen und sind eine gute Gelegenheit, diese Gegend vom Kamelrücken aus kennenzulernen. Delhi ist das Landeszentrum für **Bergsteigen**, weitere Informationszentren gibt es in den Aravalli-Hills und den Westlichen Ghats. **Paragliding, Ballonfahrten** und **Segelfliegen** nehmen an Beliebtheit zu und bieten die Möglichkeit, das Land aus der Vogelperspektive zu sehen. **Autorennen** ist ein beliebter Publikumssport. Das bekannteste und hindernisreichste Rennen ist die *Himalajan Car Rally*. Viele der großen Hotels haben Swimmingpools und bieten weitere Wassersportarten wie **Segeln, Rudern** und **Wasserskifahren** an. Zum **Tauchen** eignen sich vor allem die Andaman-Inseln. **Fischfang** ist im Kanga-Tal und in Simla, Darjeeling, Orissa und im Himalaja möglich. Angelgeräte kann man bei den örtlichen Fischereibehörden ausleihen, die auch Auskünfte über die Saison und die benötigten Genehmigungen ausstellen. **Golfspieler** werden zahlreiche Plätze finden, Hotels vermitteln Einzelheiten über die Benutzung/Mitgliedschaft. Die *Kalkuttaer Amateur-Golfmeisterschaften* ziehen viele Golfspieler an; der Standard ist hoch; provisorische Mitgliedschaft ist vom *Royal Calcutta Golf Club* erhältlich. Srinagar und Gulmarg haben ebenfalls gute Golfplätze und halten im Frühling und Herbst Turniere ab. Shillong soll den schönsten Golfplatz der Welt haben. Weitere Sportarten sind **Reiten** in den Bergstationen und **Tennis** und **Squash** in Hotels und Privatklubs. **Fußball** nimmt an Beliebtheit zu; **Polo** und **Hockey** haben den Indern viele Goldmedaillen eingebracht.

Bei **Trekking** denkt man an die rauhe Schönheit des Himalaja, Frühnebelschleier über den Westlichen Ghats und das stille, kühle Blau der Nilgiri-Berge. Indien ist das ideale Reiseziel für einen Trekking-Urlaub – kürzere, leicht zu bewältigende Strecken können hier durchaus mit anspruchsvollerem Bergsteigen zu den schneebedeckten Gipfeln verbunden werden, man braucht nur Ausdauer für die langen Strecken und Anpassungsfähigkeit für die ständig wechselnde, atemberaubend schöne Landschaft. Der Himalaja – die höchste Bergkette der Erde – bildet mit einer Länge von 3500 km die Nord- und Ostgrenzen Indiens. Das Schauspiel der schneebedeckten Gipfel ist unvergleichlich: Gletscher, mit Fichten bewachsene Abhänge, Flüsse und üppige, mit wilden Blumen übersäte Wiesen. Die indische Halbinsel mit ihren grünen Wäldern und duftenden Orchideen bietet eine natürliche Schönheit ganz anderer Art. Auf die schönsten Trekking-Routen wird oben unter *Urlaubsorte & Ausflüge* besonders hingewiesen. Die zum Trekking erforderliche **Ausrüstung:** Zelt, Schlafsack, Schaum- oder Luftmatratze, Rucksack, Schirm (gleichzeitig Wanderstab), Sonnenhut, Sonnenbrille, Toilettenartikel. **Kleidung:** Anorak, gefütterte Jacke, Hosen, Hemden, Pullover, wollene Unterwäsche (für die Hochlagen), Handschuhe. **Fußbekleidung:** Leichte, flexible und bequeme Wanderschuhe (2 Paar für lange Wanderungen), mindestens 3 Paar Wollsocken, Puder gegen nasse Füße. **Erste Hilfe:** Sterilisierte Watte; Bandagen; Wund-Desinfektionsmittel; Tabletten zur Wasserdesinfektion; Mittel gegen Husten, Erkältungen, Kopfschmerzen, Magenschmerzen usw; Augentropfen, Creme gegen Sonnenbrand, ein wärmendes Getränk für Notfälle, Salz- und Mineraltabletten gegen Krämpfe. **Verschiedenes:** Taschenlampe, Thermos/Wasserflasche, Insektenschutzmittel, Spiegel, Fettcreme, Lippensalbe, Wanderstab, extra Schnürsenkel, Nadel und Faden, Konserven und Trockennahrung. **Unterkunft und Verpflegung** sollten unterwegs ausreichend erhältlich sein. **Genehmigungen** für Sperr- und Schutzgebiete: s. o. unter *Paß- und Visabestimmungen*. **Jahreszeit:** Je nach Region, das Fremdenverkehrsamt gibt genaue Auskünfte. Im allgemeinen ist es in den Bergen am angenehmsten zwischen April und Juni und von September bis November. In den Tälern von Lahaul, Pangi, Zanskar und Ladakh können auch während der Regenzeit (Juni bis August) Wanderungen unternommen werden, da hier nur geringer Niederschlag fällt.

VERANSTALTUNGSKALENDER

Nachfolgend eine Auswahl der zahlreichen indischen Feste und Festspiele. Gesetzliche Feiertage werden mit (F) angezeigt. Alle Feierlichkeiten sind landesweit, wenn nicht anders angegeben.

26./27. Juni '96 *Hemis Fest*, Hemis Gompa. **2./3. Juli** (1) *Yura Kabgyat*, Lamayuru. (2) *Lamayuru Fest*, Lamayuru. **17. Juli** *Rath Yatra*, v. a. Orissa. Größte Feier zu Ehren von Jagannah (Herr des Universums). Drei riesige Prachtwagen werden von Tausenden von Pilgern vom Tempel in Puri durch den Ort gezogen. **17./18. Juli** *Phyang Fest*, Phyang Gompa. **17./18. Aug.** *Teej*, Rajasthan, v. a. Jaipur. Umzug der Göttin Parvati zur Begrüßung des Monsunregens mit Elefanten, Kamelen, Tänzern usw. **19. Aug.** *Nag Panchami*, v. a. Maharashtra, Tamil Nadu, Kerala, Delhi, alle Shiva-Tempel. Der grünen tausendköpfigen Sagenschlange Sesha gewidmet. Dieser Feiertag wird auch in vielen anderen Regionen in West- und Ostindien gefeiert. **28. Aug.** (1) *Raksha Bandhan*, Nord- und Westindien. Darstellung einer Legende, Mädchen binden *Rakhis* oder Talismane um die Handgelenke der Männer. (2) *Amarnath Yatra*, Pahalgam, Kaschmir; bei Vollmond. Pilger besuchen den Ort, an dem der Gott Shiva seiner Gattin Parvati das Geheimnis der Erlösung erklärte. **4. Sept.** *Janmashtami*, v. a. Mathura, Dwarka und alle Hindu-Tempel. **16. Sept.** *Ganesh Chaturthi*, v. a. Orissa, Maharashyra, Tamil Nadu, Bombay, West Bengal und Delhi. Dem elefantenköpfigen Gott Ganesh gewidmet. Gewaltige Statuen des Gottes werden in einer festlichen Zeremonie dem Meer übergeben. Besonders sehenswert in Bombay, wo die Meeresübergabe am *Gateway to India* erfolgt. **27. Sept.** *Onam*. Keralas Erntedankfest; aufsehenerregende Schlangenboot-Wettfahrten in vielen Teilen Keralas. **19. - 21. Okt.** (1) *Durga Puja*, Westbengalen, Delhi und Bombay. (2) *Dussehra*. Das beliebteste Fest des Landes, das in seiner Bedeutung wohl am ehesten dem christlichen Weihnachtsfest entspricht. Es wird in den verschiedenen Regionen unterschiedlich gefeiert. **10. Nov.** *Diwali* (F), ganz Indien, insbesondere in den Großstädten. Einer der buntesten und fröhlichsten Feiertage. In manchen Regionen der Beginn des Hindu-Neujahrs. Im östlichen Indien wird vor allem die Göttin Kali angebetet, während anderswo Lakshmi, die Göttin des Wohlstandes, besonders verehrt wird. Überall Beleuchtungen und Feuerwerke in allen Regenbogenfarben. **22. - 25. Nov.** *Pushkar-Fair* (Kamelmarkt), Pushkar. **25. Nov.** *Guru Nanak Jayanti* (F) (Guru Nanaks Geburtstag), Gründer der Sikh-Religion. **8. Dez. - 6. Jan. '97** *Musik- und Tanzfestival*, Madras. **Jan.** *Sankranti/Pongal*. Dreitägiges buntes Erntedankfest der Tamilen. Große Militärparade und

Umzug von Tänzern in Delhi. **Febr.** (1) *Maha Shivaratri*, feierliche Anbetung des Hindugottes Shiva, in allen Hindu-Tempeln. (2) *Floating Festival*, Madurai, Madras, Cochin. Geburtstag eines einheimischen Fürsten des 17. Jahrhunderts; prachtvoll beleuchtetes Prunkschiff mit geschmückten Tempelgöttern am Mariamman-Teppakulam-See. (3) *Elefantenfest*, Caves (bei Bombay). **März** (1) *Holi* (F), v. a. im Norden. Fest der Farben genannt, zur Feier des Frühlingsbeginns. Man bewirft sich gegenseitig mit Farbpulver und bespritzt sich mit Wasser. (2) *Elefantenfestival*, Jaipur (Rajasthan). **April** (1) *Vishu*, Kerala. (2) *Pooram*, Trichur, Kerala.

SITTEN & GEBRÄUCHE: In Indien grüßt man sich bei formellen Anlässen mit gefalteten Händen, über die der Kopf gebeugt wird, und sagt *Namaste*. Indische Frauen ziehen es vor, nicht die Hand zum Gruß zu geben. Als Zeichen des Respekts berührt man die Füße älterer Leute zur Begrüßung. Beim Betreten heiliger Stätten wird man gebeten, die Schuhe auszuziehen. Die meisten Inder ziehen auch vor dem Betreten ihrer Häuser die Schuhe aus. In den meisten Gegenden ißt man mit der Hand, dabei wird ausschließlich die rechte Hand benutzt. Strikte, seit langer Zeit gültige Verhaltensweisen regeln vielerorts noch heute religiöse und gesellschaftliche Anlässe; man sollte als Besucher ein offenes Herz für die traditionelle Lebensweise des Gastlandes und die einheimische Mentalität haben. Zahlreiche Hindus sind Vegetarier und viele, besonders Frauen, trinken keinen Alkohol. Sikhs und Parsis rauchen nicht. Es ist wichtig, diese Bräuche zu beachten. Kleine Geschenke als Anerkennung der gebotenen Gastlichkeit sind angebracht. Frauen sollten sich dezent kleiden, kurze oder sehr enge Kleider sollten vermieden werden, sie rufen nur unwillkommene Beachtung hervor. Geschäftsleute brauchen Anzüge bzw. Kostüme nur für Treffen, Tagungen und zu gesellschaftlichen Veranstaltungen. Ausgebildete englischsprachige Fremdenführer gibt es in allen Touristengegenden, manche sprechen auch deutsch, französisch, italienisch, spanisch, russisch oder japanisch. Diese Gebühren sind festgelegt, das regionale Fremdenverkehrsamt gibt gern Auskunft. Offizielle Fremdenführer besitzen einen Ausweis des Ministeriums für Tourismus. Bestimmte, geschützte Sehenswürdigkeiten dürfen von in offiziellen Fremdenführern nicht betreten werden.
Fotografieren: Es gibt Einschränkungen zum Schutz mancher Sehenswürdigkeiten und der Nationalparks. Genehmigungen für die Benutzung von Blitzlicht und Stativ in bestimmten Gebäuden erteilt die *Archaeological Survey of India*, New Delhi. In den Naturschutzparks wird eine Gebühr erhoben. Brücken und militärische Einrichtungen darf man zumeist nicht fotografieren, auch auf Bahnhöfen sind Kameras offiziell nicht gern gesehen. Fotografieren in Stammesgebieten ist nicht gestattet. Näheres von den Fremdenverkehrsämtern. **Trinkgeld:** Es ist üblich, Trägern, Kellnern, Fremdenführern und Fahrern Trinkgeld zu geben; dies ist normalerweise nicht in der Rechnung enthalten.

WIRTSCHAFTSPROFIL

WIRTSCHAFT: In Indien findet man sowohl große Armut als auch eine verhältnismäßig entwickelte Wirtschaft, in der viel in moderne technologische Projekte, wie digitale Nachrichtensysteme und Weltraumforschung, investiert wird. Das indische Bruttosozialprodukt zählt wegen der riesigen Landfläche zu den zwölf größten der Welt – trotzdem leben rund 40% der Inder unterhalb der Armutsgrenze. Etwa zwei Drittel der Bevölkerung sind in der Landwirtschaft tätig – Getreide wird hauptsächlich für den Eigenbedarf angebaut; Tee, Gummi, Baumwolle, Jute, Zucker, Ölsaaten und Tabak sind überwiegend für den Export bestimmt. Die landwirtschaftlichen Erträge sind stark vom Monsun abhängig; in den achtziger Jahren und Anfang der neunziger Jahre wurde die Landwirtschaft durch schwere Dürren ernsthaft geschädigt. Die Ölvorkommen spielen eine immer größere Rolle und helfen beim Abbau des Außenhandelsdefizits. Vor allem die Schwerindustrie wurde in den beiden letzten Jahrzehnten erheblich ausgebaut, und Eisen, Stahl, Chemikalien, Transportausrüstungen und Elektrogeräte sind wichtige Exportgüter neben Textilien, Bekleidung, Edelsteinen und Schmuck. Der Golfkrieg 1990 machte der indischen Wirtschaft schwer zu schaffen, sowohl durch den Verlust zweier wichtiger Handelspartner, als auch durch den Anstieg der Erdölpreise und die Heimkehr indischer Arbeiter aus Irak und Kuwait, die im Heimatland nur schwer Arbeit finden konnten. Unterbeschäftigung ist ein großes Problem in Indien. Im Juni 1991 leitete Premierminister Rao eine wirtschaftliche Reformpolitik ein, nach der sich die Preise für Grundnahrungsmittel drastisch erhöhten. Die Bemühungen, die Auslandsschulden zu senken, wurden 1992 fortgesetzt. Es wurde zwar ein Produktionszuwachs verzeichnet, durch die Bevölkerungsexplosion erhöhte sich das Pro-Kopf-Einkommen allerdings nur gering. Das Land wird langsam für Auslandsinvestitionen geöffnet. Wichtige Handelspartner sind die USA, die Staaten der Europäischen Union, Saudi-Arabien und Japan. Bilaterale Abkommen bestehen mit Australien, den USA, Kanada, Brasilien sowie einigen pazifischen und westeuropäischen Ländern.
GESCHÄFTSVERKEHR: Englisch ist als Geschäftssprache weit verbreitet. Es gibt viele englischsprachige Dolmetscher und Übersetzungsbüros. Indische Geschäftsleute sind Besuchern gegenüber äußerst gastfreundlich. Die Bewirtung wird meistens in Privatklubs abgehalten. Die besten Monate für Geschäftsreisen sind von Oktober bis März, Unterkunft sollte im voraus gebucht werden.
Geschäftszeiten: Mo-Fr 09.30-17.00 Uhr und Sa 09.30-13.00 Uhr.
Kontaktadressen: *Deutsch-Indische Handelskammer*, Oststraße 84, D-40210 Düsseldorf. Tel: (0211) 36 05 97. Telefax: (0211) 35 02 87.
The Indo-German Chamber of Commerce (Deutsch-Indische Handelskammer), PO Box 11092, Bombay 400020. Tel: (22) 218 61 31. Telefax: (22) 218 05 23.
The Commercial Counsellor at the Austrian Embassy (Österreichischer Handelsbeauftragter), 12a Amrita Shergill Marg, New Delhi 110003. Tel: (11) 469 17 80/-82, 461 83 95/97, 469 08 67. Telefax: (11) 461 87 42.
Schweizerisch-Indische Handelskammer, c/o Swiss Office of Trade Promotion, Stampfenbacherstraße 85, CH-8035 Zürich. Tel: (01) 365 55 05. Telefax: (01) 363 20 53.
Associated Chambers of Commerce and Industry of India, 2nd Floor, Allahabad Bank Building, 17 Parliament Street, New Delhi 110001. Tel: (11) 31 07 04. Telefax: (11) 31 21 93.
Federation of Indian Chambers of Commerce and Industry, Federation House, Tansen Marg, New Delhi 110001. Tel: (11) 331 92 51. Telefax: (11) 33 07 14.
KONFERENZEN/TAGUNGEN: Die wichtigsten Kongreß- und Ausstellungszentren des Landes liegen in New Delhi, Bombay, Kalkutta, Madras, Srinagar, Agra, Jaipur, Udaipur, Varanasi, Bhubaneswar, Hyderabad, Bangalore und Panaji. Zusätzlich findet man vielerorts erstklassige Hotels und Vortragssäle, die für Tagungen und Konferenzen zur Verfügung stehen. *Air India, Indian Airlines*, führende Hoteliers und Reiseagenturen sind Mitglieder der *International Congress and Conference Association* (ICCA) und bieten in enger Zusammenarbeit einen erstklassigen Service für internationale Konferenzen an. Nähere Auskunft erteilt das *India Convention Promotion Bureau* (ICPB), Room 233A, Ashok Hotel, Chanakyapuri, New Delhi 110021. Tel: (11) 687 36 12. Telefax: (11) 687 32 16. Eventuell gewünschte Besichtigungsfahrten vor oder nach Tagungen werden ebenfalls organisiert.

KLIMA

Heißes tropisches Wetter mit regionalen Unterschieden. Kühleres Wetter herrscht von November bis Mitte März vor, frisch am Morgen und Abend, tagsüber trocken und sonnig. Wirklich heißes Wetter, trocken, staubig und unangenehm, herrscht zwischen April und Juni vor. Mit Monsunregen ist in den meisten Regionen im Sommer zwischen Juni und September zu rechnen.
Westlicher Himalaja: Srinagar ist am schönsten zwischen Mai und Oktober; Juli bis August kann unangenehm sein, im Winter ist es kalt und feucht. Simla liegt höher und ist daher kälter im Winter, und Orte wie Pahalgam, Gulmarg und Manali sind zu dieser Zeit normalerweise eingeschneit (Dezember bis März). In Ladakh kann es zu extremen Temperaturfällen kommen. Die Straße zwischen Manali und Leh ist nur zwischen Juni und September befahrbar.
Kleidung: Sommerliche und Übergangskleidung von März bis Oktober, wärmere Sachen im Winter. Das Wetter in den Bergen ändert sich schnell; es ist wichtig, entsprechend ausgerüstet zu sein. Regenschutz sollte mitgeführt werden.
Nördliche Ebenen: Extremes Klima, warm im Binnenland von April bis Mitte Juni, fällt unter den Gefrierpunkt im Winter (Dezember/Januar). Heiß im Sommer mit Monsunregen zwischen Juni und September.
Kleidung: Sommerliche Baumwoll- und Leinensachen im Sommer und wärmere Kleidung im Winter und an kühleren Abenden. Regenschutz unbedingt notwendig während der Regenzeit.
Mittleres Indien: Im Bundesstaat Madhya Pradesh entkommt man in der Sommersaison der schlimmsten Hitze, Monsunregen sind hier am stärksten zwischen Juli und September. Im Winter kann es nachts recht kalt werden.
Kleidung: Ganzjährig sommerliche Kleidung, wärmere Sachen an den Abenden und im Winter. Regenschutz bei Monsun.
Westliches Indien: Am angenehmsten von Oktober bis März, die Abende können ziemlich kalt sein. Mitunter sehr heiß im Sommer, Monsunregen fallen zwischen Mitte Juni und Mitte September.
Kleidung: Sommerliche Baumwoll- und Leinensachen fast das ganze Jahr über, wärmere Kleidung im Winter. Regenschutz gegen den Monsun ist unbedingt nötig.
Südwesten: Am schönsten zwischen November und März. Die Regenzeit fällt zwischen April und Juli. Sommertemperaturen ähnlich wie in Nordindien, jedoch sehr hohe Luftfeuchtigkeit. Kühle Brisen an der Küste. Im Binnenland haben Mysore und Bijapur ein wärmeres Klima mit wenig Regen.
Kleidung: Ganzjährig sommerliche Kleidung, wärmere Sachen für kühle Abende, besonders im Winter. Regenschutz bei Monsun.
Südosten: Tamil Nadu hat nordöstliche Monsunregen zwischen Oktober und Dezember, Temperaturen und Luftfeuchtigkeit sind das ganze Jahr über hoch. In den Bergen muß man in der Wintersaison mit Kälte rechnen. Hyderabad ist heiß, aber weniger drückend im Sommer und bedeutend kühler im Winter.
Kleidung: Sommerliche Baumwoll- und Leinensachen.

Regenkleidung für den Monsun. Wärmere Kleidung im Winter, besonders in den Bergen.
Nordosten: März bis Juni und September bis November sind die besten und trockensten Monate. Während des restlichen Jahres gibt es hier extrem heftige Regenfälle, die man am besten meidet.
Kleidung: Sommerliche Baumwoll- und Leinensachen. Regenschutz fürs ganze Jahr und besonders während des Monsuns von Mitte Juni bis Mitte Oktober. Wärmere Kleidung für kühle Abende.

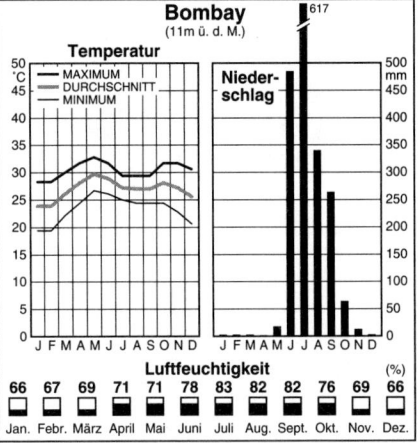

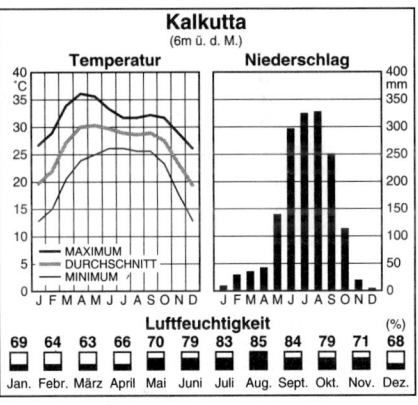

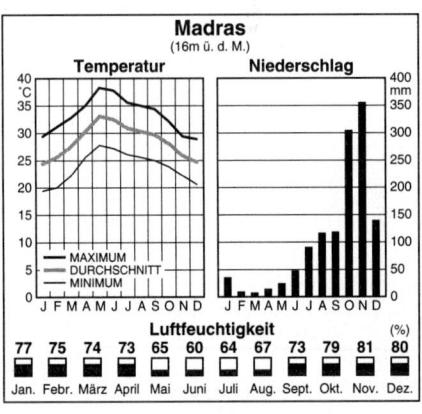

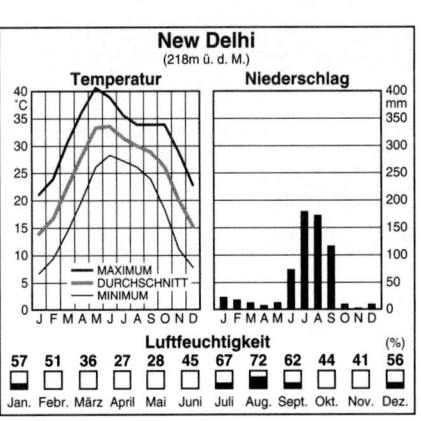

Indonesien

Ost-Timor seit Juli 1976 zu Indonesien

☐ Internationaler Flughafen

Lage: Südostasien.

Indonesisches Fremdenverkehrsamt
Wiesenhüttenstraße 17
D-60329 Frankfurt/M.
Tel: (069) 23 36 77. Telefax: (069) 23 08 40.
Mo-Fr 09.00-17.00 Uhr.
(auch zuständig für Österreich und die Schweiz)
Directorate-General of Tourism
Jalan Kramat Raya 81
Jakarta 10450
Tel: (021) 310 31 17. Telefax: (021) 310 11 46.
Generalkonsulat der Republik Indonesien
Esplanade 7-9
D-13187 Berlin
Tel: (030) 445 92 10. Telefax: (030) 444 76 39.
Mo-Fr 09.30-13.00 und 14.00-17.00 Uhr.
Geschäftsbereich: Berlin und neue Bundesländer.
Generalkonsulat der Republik Indonesien
Bebeallee 15
D-22299 Hamburg
Tel: (040) 51 20 71/72/73. Telefax: (040) 511 75 31.
Mo-Fr 09.00-12.30 und 14.30-17.00 Uhr.
Geschäftsbereich: Hamburg, Bremen, Schleswig-Holstein und Niedersachsen.
Botschaft der Republik Indonesien
Bernkasteler Straße 2
D-53175 Bonn
Tel: (0228) 38 29 90. Telefax: (0228) 31 13 93.
Mo-Fr 09.00-13.00 und 14.00-17.00 Uhr.
Geschäftsbereich: übrige Bundesländer.
Botschaft der Republik Indonesien
Gustav-Tschermak-Gasse 5-7
A-1180 Wien
Tel: (0222) 479 05 37. Telefax: (0222) 479 05 57.
Mo-Fr 09.00-12.00 Uhr.
Botschaft der Republik Indonesien
Elfenauweg 51
CH-3006 Bern
Tel: (031) 352 09 83. Telefax: (031) 351 67 65.
Mo-Fr 09.00-12.00 und 13.30-17.00 Uhr, *Konsularabt.:*
Mo-Fr 10.00-12.00 und 14.00-17.00 Uhr.
Botschaft der Bundesrepublik Deutschland
Jalan Raden Saleh 54-56
Menteng
Jakarta 10330
Tel: (021) 390 17 50. Telefax: (021) 390 17 57.
Honorarkonsulate in Medan/Sumatra und Sanur/Bali.
Botschaft der Republik Österreich
Jalan Diponegoro 44
Jakarta 10310
PO Box 2746
Jakarta 10001
Tel: (021) 33 81 01, 33 80 90. Telefax: (021) 390 49 27.
Honorarkonsulat in Bandung.
Botschaft der Schweizerischen Eidgenossenschaft
Jalan H. R. Rasuna Said

TIMATIC INFO-CODES	
*Abrufbar über Ihr CRS-System (für START/Amadeus Ama-Maske benutzen). Für Galileo bitte TI-DFT eingeben (**mit** Bindestrich).*	
Flughafengebühren	TI DFT/ CGK /TX
Währung	TI DFT/ CGK /CY
Zollbestimmungen	TI DFT/ CGK /CS
Gesundheit	TI DFT/ CGK /HE
Reisepassbestimmungen	TI DFT/ CGK /PA
Visabestimmungen	TI DFT/ CGK /VI

Indonesien

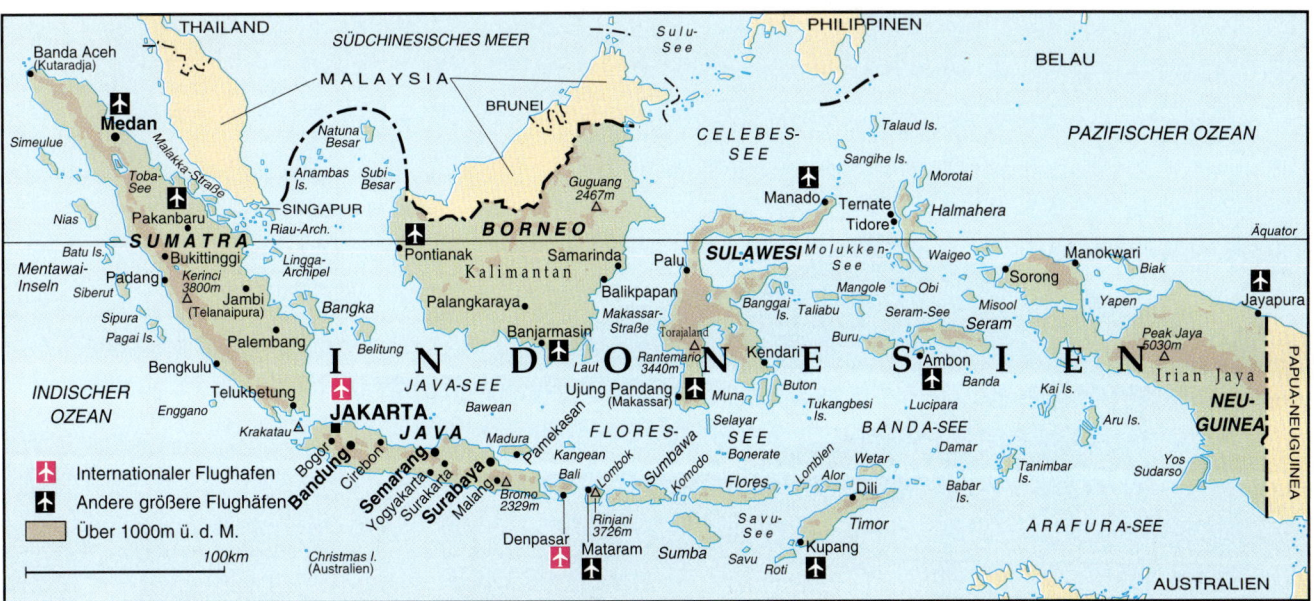

Blok X 3/2
Kuningan
Jakarta-Selantan 12950
Tel: (021) 525 60 61, 520 74 51. Telefax: (021) 520 22 89.
FLÄCHE: 1.904.443 qkm.
BEVÖLKERUNG: 187.151.000 (1993).
BEVÖLKERUNGSDICHTE: 99 pro qkm.
HAUPTSTADT: Jakarta (Java). Einwohner: 8.228.515 (1990).
GEOGRAPHIE: Indonesien besteht aus den sechs Hauptinseln Sumatra, Sulawesi, Java, Bali, Kalimantan (Teil der Insel Borneo) und Irian Jaya (westliche Hälfte von Neuguinea) und 30 kleineren Archipelen. Insgesamt besteht Indonesien aus 13.677 Inseln, von denen 3000 bewohnt sind, die sich über 4828 km erstrecken und in der Vulkanzone mit über 300 zumeist erloschenen Vulkanen liegen. Landschaftlich gesehen sind die Inseln recht unterschiedlich; einige haben Berge oder Hochebenen, andere bestehen aus flachen Küstenebenen und Schwemmland.
STAATSFORM: Präsidialrepublik seit 1945, letzte Änderung 1969. Staats- und Regierungschef: Hadji Mohamed Suharto, seit 1968. Präsident Suharto wurde 1993 für weitere sechs Jahre im Amt bestätigt.
SPRACHE: Bahasa-Indonesisch ist die Landessprache, aber jede ethnische Gruppe hat ihre eigene Sprache. Es werden ca. 300 Sprachen in Indonesien gesprochen. Die ältere Generation spricht z. T. Holländisch als Zweitsprache, die jüngere Generation eher Englisch.
RELIGION: Islam. Es gibt jedoch auch Christen, Hindus (vor allem auf Bali) und einige Buddhisten. Daneben Naturreligionen in einigen abgelegenen Regionen.
ORTSZEIT: Indonesien hat drei Zeitzonen: Bangka, Belitung, Java, West- und Mittelkalimantan, Madura und Sumatra: MEZ + 6.
Bali, Flores, Süd- und Ostkalimantan, Lombok, Sulawesi, Sumba, Sumbawa und Timor: MEZ + 7.
Aru, Irian Jaya, Kai, Molukken und Tanimbar: MEZ + 8.
NETZSPANNUNG: In den Städten meist 220 V, 50 Hz, in abgelegenen Gegenden vorwiegend 110 V, 50 Hz.
POST- UND FERNMELDEWESEN: Telefon: Selbstwählferndienst in den größeren Städten. Selbst in den meisten kleineren Städten gibt es Telefonbüros, von denen man problemlos auch ins Ausland telefonieren kann. **Landesvorwahl:** 62. Die Ortsnetzkennzahl ist 022 für Bandung, 021 für Jakarta, 061 für Medan und 031 für Surabaya. **Telex/Telegramme:** Ein öffentlicher Telexdienst wird vom Hauptpost- und Fernmeldeamt, Jalan Medan Selatan 12, betrieben (24 Stunden geöffnet). In einigen größeren Hotels und in den Haupttelegrafenämtern in Semarang, Yogyakarta, Surabaya und Denpasar kann man ebenfalls Telexe aufgeben. Von jedem Telegrafenamt aus besteht die Möglichkeit Telegramme zu schicken; das Amt in Jakarta ist durchgehend geöffnet, Ämter außerhalb der Hauptstadt haben kürzere Öffnungszeiten. Im ganzen Land gibt es zunehmend Telefaxanschlüsse. **Post:** Luftpost nach Europa kann bis zu 10 Tage unterwegs sein. Die einheimische Post ist schnell und im allgemeinen zuverlässig und wird vom Expreßdienst (Pos KILAT) befördert; der Postverkehr zu den abgelegenen Inseln verzögert sich oft.
DEUTSCHE WELLE
Der Einsatz der Kurzwellenfrequenzen ändert sich mehrfach im Laufe eines Jahres, und Sendungen auf den folgenden Frequenzen werden jeweils nur zu bestimmten Tageszeiten ausgestrahlt. Näheres in der Einleitung.

| MHz | 21,640 | 17,845 | 9,690 | 9,655 | 6,160 |
| Meterband | 13 | 16 | 31 | 31 | 49 |

REISEPASS/VISUM

Wichtiger Hinweis: Die Einreisebestimmungen mancher Länder können sich kurzfristig ändern – rufen Sie sicherheitshalber auf Ihrem CRS-System (TIMATIC-Info-Code-Fenster in diesem Kapitel) den aktuellen Stand ab bzw. wenden Sie sich an die zuständige diplomatische Vertretung. Etwaige Zahlen in der Tabelle beziehen sich auf nachfolgende Fußnoten.

	Paß erforderlich?	Visum erforderlich?	Rückflugticket erforderlich?
Deutschland	Ja	Nein	Ja
Österreich	Ja	Nein	Ja
Schweiz	Ja	Nein	Ja
Andere EU-Länder	Ja	1	Ja

Einreisebeschränkungen: Portugiesen wird unter allen Umständen die Einreise verweigert; auch Einwohner Israels erhalten keine Visa.
REISEPASS: Allgemein erforderlich, Reisepaß muß noch mindestens 6 Monate gültig sein.
VISUM: Allgemein erforderlich, ausgenommen sind Staatsangehörige folgender Länder für einen Aufenthalt von maximal 60 Tagen, sofern sie als Tourist einreisen:
(a) [1] Schweiz sowie Bundesrepublik Deutschland, Österreich und übrige Länder der Europäischen Union mit Ausnahme von Portugal;
(b) Ägypten, Argentinien, Australien, Brasilien, Brunei, Chile, Island, Japan, Nachfolgestaaten von Jugoslawien (bei Redaktionsschluß noch kein Visumzwang, s. *Anmerkung a)*, Kanada, Korea-Süd, Kuwait, Liechtenstein, Malaysia, den Malediven, Malta, Marokko, Mexiko, Monaco, Neuseeland, Norwegen, Philippinen, Saudi-Arabien, Singapur, Taiwan (China, mit Paß-Codenummern MFA oder M), Thailand, Türkei, Ungarn, USA, Venezuela und Vereinigte Arabische Emirate.
Anmerkung: (a) Die Einreisebestimmungen für Staatsbürger der Nachfolgestaaten Jugoslawiens werden zur Zeit neu festgelegt. Bitte erkundigen Sie sich im Einzelfall bei der Botschaft. (b) Geschäftsreisende und Journalisten benötigen in jedem Fall ein Geschäftsvisum. (c) Die Aufenthaltsdauer für Touristen, die kein Visum benötigen, ist auf maximal 60 Tage begrenzt. Danach *muß* das Land verlassen werden. Eine Verlängerung des Visums ist nicht möglich. (d) Kinder, die mit visumpflichtigen Eltern reisen, müssen auch dann ein eigenes Visum haben, wenn sie im Reisepaß der Eltern eingetragen sind. (e) Alle Reisenden müssen im Besitz eines Ausreisetickets nach Indonesien sein und über einen Geldmittelnachweis von 1000 US$ verfügen. (f) Transitreisende können sich ohne Visum bis zu 8 Stunden im Flughafen aufhalten.
Visaarten: Touristenvisa, Geschäfts- oder Besuchsvisa und Transitvisa.
Visagebühren: *Touristenvisum* (bis zu 30 Tage): 55 DM, 250 öS, 16 sfr; *Geschäftsvisum* (bis zu 60 Tage, in Indonesien bis zu insgesamt 6 Monaten verlängerbar): 110 DM, 500 öS, 94 sfr.
Gültigkeitsdauer: Touristenvisa sind 30 Tage gültig und können im Land um weitere 15 Tage verlängert werden; Geschäfts- und Besuchsvisa sind 5 Wochen gültig und können bis zu einer Gesamtdauer von max. 6 Monaten verlängert werden.
Antragstellung: Konsulat bzw. Konsularabteilung der Botschaft (Adressen s. o.).
Unterlagen: *Geschäftsvisa:* (a) 2 Antragsformulare. (b) 2 Paßfotos. (c) Firmenschreiben in zweifacher Ausfertigung, aus dem hervorgeht, daß die Firma sowohl die Flugkosten (Hin- und Rückreise) als auch die Aufenthaltskosten in Indonesien trägt. Außerdem muß der Grund der Reise in diesem Schreiben erwähnt werden. (d) Reisepaß, der noch mindestens 6 Monate gültig sein muß. Ein frankierter Rückumschlag per Einschreiben muß der Antragstellung beigefügt werden.
Touristenvisa: (a) Reisepaß, der noch mindestens 6 Monate gültig ist. (b) 2 Antragsformulare. (c) 2 Paßfotos. (d) Buchungsbestätigung/Zahlungsbeleg der Weiter- oder Rückreise (in zweifacher Ausführung). Der Nachweis ausreichender Geldmittel (mind. 1000 US$) ist in jedem Fall erforderlich.
Bearbeitungszeit: Mindestens drei Tage, persönliche oder postalische Antragstellung.
Aufenthaltsgenehmigung: Anträge müssen an die indonesische Botschaft gestellt werden.
Die **Ein- und Ausreise** muß entweder über die **Flughäfen** Polonia, Batu Besar, Simpang Tiga, Tabing, Soekarno Hatta International, Halim Perdanakusuma, Ngurah Rai, Sam Ratulangie, Pattimura, Mokmar oder Pontianak Kupang erfolgen oder über die **Seehäfen** Belawan, Batu Ampar, Tanjung Emas, Tanjung Priok, Tanjung Perak, Benoa, Padangbai, Pattimura, Ambon, Bitung oder Simpang Tiga.

GELD

Währung: 1 Rupiah (Rp) = 100 Sen. Banknoten gibt es in den Nennwerten von 50.000, 20.000, 10.000, 5000, 1000, 500 und 100 Rp. Münzen im Wert von 500, 100, 50 und 25 Rp.
Geldwechsel: In den größeren Touristenzentren sollte es beim Umtausch der bekanntesten Währungen keine Schwierigkeiten geben. US-Dollar werden empfohlen.
Kreditkarten: *Mastercard, American Express, Diners Club* und *Visa* werden in Touristenzentren akzeptiert. Einzelheiten vom Aussteller der betreffenden Kreditkarte.
Reiseschecks: In Banken und größeren Hotels problemlos wechselbar. Ansonsten ist der Gebrauch von Reiseschecks begrenzt.
Wechselkurse

	Rp Sept. '92	Rp Febr. '94	Rp Jan. '95	Rp Jan. '96
1 DM	1364,98	1217,41	1418,05	1591,65
1 US$	2028,53	2113,37	2198,00	2288,00

Devisenbestimmungen: Es gibt keine Ein- oder Ausfuhrbeschränkungen für Fremdwährungen. Die Ein- oder Ausfuhr der Landeswährung ist auf 50.000 Rp beschränkt und muß deklariert werden.
Öffnungszeiten der Banken: Mo-Fr 08.00-12.00/14.00 Uhr.

DUTY FREE

Folgende Artikel können von Personen über 18 Jahren zollfrei nach Indonesien eingeführt werden:
(a) Für eine Woche Aufenthalt:
200 Zigaretten oder 50 Zigarren oder 100 g Tabak;
Alkohol unter 2 l (geöffnet);
eine angemessene Menge Parfüm;
Geschenke bis zum Wert von 100 US$.
(b) Für zwei Wochen Aufenthalt:
400 Zigaretten oder 100 Zigarren oder 200 g Tabak;
Alkohol, Parfüm und Geschenke wie oben.
(c) Für längere Aufenthalte:
600 Zigaretten oder 150 Zigarren oder 300 g Tabak;
Alkohol, Parfüm und Geschenke wie oben.
(d) Einheimische:
400 Zigaretten, 100 Zigarren oder 200 g Tabak;
Alkohol, Parfüm und Geschenke wie oben.
Anmerkung: Kameras und wertvoller Schmuck müssen bei der Einreise deklariert werden. Fernseher, Radios,

Nach Bali – zum

Bali und Java. Eine der größten Attraktionen Balis ist die Tatsache, daß gleich in der Nachbarschaft 17.000 wunderschöne Inseln zu finden sind. Ihre Kunden haben die Wahl zwischen einer bergigen, zerklüfteten Szenerie oder reichhaltigen exotischen Kulturen.

Java ist ein hervorragendes Beispiel. Ein Spaziergang durch das Hochland von Bandung, umgeben von üppig-wogenden Teesträuchern. Oder lieber ein Ausritt inmitten von Nebelschwaden, um den Sonnenaufgang über dem schwelenden Krater des Mount Bromo zu erleben.

Oder vielleicht erwägen sie einen Besuch von Yogyakarta, dem Kulturzentrum von Java, mit der Besteigung des weltgrößten buddhistischen Monuments – dem atemberaubenden Borobudur. Wenn Sie Ihren Kunden also eine Reise nach Bali buchen, schicken Sie sie weiter zu unseren anderen Inseln.

Fotomontage

Tee nach Java

Wo auch immer sie ankommen, überall werden sie von den Einheimischen herzlich begrüßt und willkommen geheißen. Und dazu gehört eben auch eine Tasse Tee.

Für mehr Informationsmaterial für Sie und Ihre Kunden schicken Sie den Coupon an folgende Adresse: Indonesia Tourist Promotion Office, TNT Mailfast GmbH, POSTFACH 1862, 65428 Rüsselsheim.

Name
Adresse   PLZ.

A WORLD ALL ITS OWN
Indonesia Tourism Promotion Board

Radiorekorder, frisches Obst, Waffen, Munition, Betäubungsmittel, nicht vom Arzt verschriebene, rezeptpflichtige Medikamente sowie pornographische Schriften dürfen nicht eingeführt werden.

GESETZLICHE FEIERTAGE

16. Mai '96 Christi Himmelfahrt. **19. Mai** Muharram (Islamisches Neujahr). **2. Juni** Buddha-Tag. **28. Juli** Geburtstag des Propheten. **17. Aug.** Unabhängigkeits- und Nationalfeiertag. **8. Dez.** Himmelfahrt des Propheten Mohammed. **25. Dez.** Weihnachten. **1. Jan. '97** Neujahr. **10. Jan.** Beginn des Ramadan. **10. Febr.** Eid al-Fitr (Ende des Ramadan). **28. März** Karfreitag. **18. April** Eid al-Adha. **8. Mai** Christi Himmelfahrt. **9. Mai** Muharram (Islamisches Neujahr).
Anmerkung: Die angegebenen Daten für islamische Feiertage richten sich nach dem Mondkalender und verschieben sich daher von Jahr zu Jahr. Während des Fastenmonats Ramadan, der dem Festtag Eid al-Fitr vorangeht, essen Mohammedaner nicht tagsüber, sondern erst nach Sonnenuntergang, wodurch der normale Geschäftsablauf gestört werden kann. Viele Restaurants sind während des Tages geschlossen, es kann auch Beschränkungen für das Rauchen und Trinken geben. Diese Unterbrechungen können auch während des Eid al-Fitr auftreten. Dieses Fest, ebenso wie Eid al-Adha, ist zeitlich nicht genau begrenzt und kann je nach Region 2-10 Tage dauern. Weitere Informationen im Kapitel *Welt des Islam* (s. Inhaltsverzeichnis).

GESUNDHEIT

In der folgenden Tabelle aufgeführte Impfvorschriften können sich kurzfristig ändern. Es wird stets empfohlen, auf Ihrem CRS-System (TIMATIC-Info-Code-Fenster in diesem Kapitel) den aktuellen Stand der Gesundheitsbestimmungen abzurufen bzw. rechtzeitig vor der Reise ärztlichen Rat einzuholen.

	Vorsichtsmaßnahmen empfohlen	Impfschein erforderlich
Gelbfieber	Nein	1
Cholera	2	2
Typhus & Polio	Ja	-
Malaria	3	-
Essen & Trinken	4	-

[1]: Eine Impfbescheinigung gegen Gelbfieber wird von Reisenden verlangt, die aus Infektionsgebieten kommen bzw. aus Ländern, die in der Vergangenheit als endemisch oder infiziert galten.

[2]: Eine Impfbescheinigung gegen Cholera ist für die Einreise nach Indonesien nicht erforderlich, das Risiko einer Infektion besteht jedoch. Da die Wirksamkeit der Schutzimpfung umstritten ist, empfiehlt es sich, rechtzeitig vor Reiseantritt ärztlichen Rat einzuholen. Weitere Informationen im Kapitel *Gesundheit* (s. Inhaltsverzeichnis).

[3]: Malariarisiko besteht ganzjährig in allen Landesteilen mit Ausnahme der wichtigsten Fremdenverkehrsorte auf Java und Bali, in Jakarta und anderen großen Städten. Die vorherrschende gefährliche Form *Plasmodium falciparum* soll stark Chloroquin-resistent und weitgehend resistent gegen Sulfadoxin/Pyrimethamin sein.

[4]: Wasser sollte generell vor der Benutzung zum Trinken, Zähneputzen und zur Eiswürfelbereitung entweder abgekocht oder anderweitig sterilisiert werden. Milch ist nicht pasteurisiert und sollte vor Gebrauch ebenfalls gekocht werden. Milchpulver oder Dosenmilch nur mit keimfreiem Wasser anrühren. Auch Milchprodukte aus ungekochter Milch sollten vermieden werden. Fleisch- und Fischgerichte nur heiß und gut durchgekocht essen. Der Genuß von Schweinefleisch, Mayonnaise und rohen Salaten sollte vermieden werden. Gemüse sollte gekocht und Obst geschält werden. *Tollwut* kommt vor. Besuchern, die ein erhöhtes Risiko eingehen (z. B. längerer Aufenthalt in abgelegenen Gebieten), wird eine Schutzimpfung empfohlen. Bei Bißwunden sofort einen Arzt aufsuchen. Weitere Informationen im Kapitel *Gesundheit* (s. Inhaltsverzeichnis). *Bilharziose*-Erreger kommen im Binnenland von Sulawesi vor. Das Schwimmen oder Waten im Süßwasser sollte vorsichtshalber vermieden werden. Gechlorte und gut gepflegte Schwimmbecken sind ungefährlich. *Hepatitis A, B* und *E* kommen ebenfalls vor.
Gesundheitsvorsorge: Der Abschluß einer Reisekrankenversicherung wird dringend empfohlen.

REISEVERKEHR - International

Hinweis: Flug- und Seehäfen, über die die Ein- und Ausreise nach/von Indonesien möglich ist, sind unter *Reisepaß/Visum* aufgeführt.
FLUGZEUG: Die nationale Fluggesellschaft *Garuda Indonesia* (GA) bietet mehrmals wöchentlich Direktverbindungen nach Jakarta von Frankfurt und Zürich.
Durchschnittliche Flugzeiten: Frankfurt – Jakarta: 15 Std; *Frankfurt* – Bali: 18-19 Std. (bei Umsteigen länger); *Zürich* – Jakarta: 16 Std; *London* – Jakarta: 20 Std. 20; *Los Angeles* – Jakarta: 24 Std. 30; *Singapur* – Jakarta: 1 Std. 35; *Sydney* – Jakarta: 7 Std. 55.
Internationale Flughäfen: *Jakarta* (CGK) (Soekarno Hatta International) liegt 20 km nordwestlich der Stadt (45 Min. Fahrzeit). Am Flughafen gibt es einen Taxistand, eine Post, eine Bank, Duty-free-Shops, Restaurants und Geschäfte. Ein Bus fährt von 06.30 bis 21.00 Uhr alle 20 Min. zur Stadt. Weitere Busverbindungen zum Flughafen vom Jakartaer Bahnhof Gambir und von den Busbahnhöfen Rawamangun und Blok M. Ein Zubringerbus fährt zu Jakartas zweitem Flughafen *Halim Perdana Kusuma* (HLP), 13 km südöstlich der Stadt (Fahrzeit 45 Min.).
Denpasar (DPS) (Ngurah Rai) liegt 13 km südlich der Stadt und ist der Hauptflughafen Balis (Fahrzeit zur Stadt etwa 15 Min.). Am Flughafen gibt es Duty-free-Shops. Busse fahren zwischen 04.00 und 22.00 Uhr alle 5 Minuten zur Stadt. Rückfahrt vom Busbahnhof Jegal in der Jalan Imam Bonjal. Taxis fahren nach Kuta, Legian, Sanur, Nusadua und zur Hauptstadt.
Flughafengebühren: Die Flughäfen berechnen unterschiedliche Gebühren; Jakarta: 20.000 Rp bei der Ausreise.
SCHIFF: Internationale Häfen sind Belawan (Sumatra), Denpasar (Bali), Padangbai (Bali), Tanjung Priok (Java), Surabaya (Java) und Tanjung Pinang.
Passagierlinien: CTC, *Cunard, Dominion Far East, Lindblad, Norwegian American, Pacific International, P&O, Royal Viking, Sitmar* und *Windjammer Cruises*.
Fracht/Passagierlinien: *American President Lines, Austasia, Ben Shipping, Golden Line, Lykes, Polish Ocean* und *Royal Interocean*. Es gibt eine tägliche Schiffsverbindung zwischen Belawan und Penang (West-Malaysia), die von der indonesischen Eisenbahn betrieben wird.
BAHN: Züge der *National Railroad of Indonesia* verkehren täglich zwischen Belawan und Penang (West-Malaysia).
BUS/PKW: Indonesiens einzige internationale Landgrenzen befinden sich zwischen Kalimantan und den malaysischen Bundesstaaten Sarawak und Sabah auf der Insel Borneo und zwischen Irian Jaya und Papua-Neuguinea. Es gibt keine Straßenverbindung nach Sabah; die wenigen, schlecht instandgehaltenen Straßen nach Sarawak sind nicht für die Einreise nach Indonesien anerkannt. Der Zugang durch die Wälder Papua-Neuguineas ist so gut wie unmöglich, selbst wenn er erlaubt wäre.

REISEVERKEHR - National

FLUGZEUG: Indonesien hat ein gutes nationales Flugnetz, das die meisten größeren Städte mit Jakarta verbindet. *Kemayoran*, Jakartas Inlandflughafen, liegt 3 km von der Stadt entfernt. *Boraqu Indonesia Airlines, Garuda Indonesia, Merpati Nusantara Airlines* und *Sempati* betreiben den Inlandflugverkehr.
Der *Visit Indonesia Air Pass* bietet in Verbindung mit Fernflügen Zugang zu einer Vielzahl von Flughäfen in Indonesien. Je nach Preis ist der Paß für Besuche von 1-5, 2-10 oder 3-35 Städten gültig. Auskünfte erteilt die Fluggesellschaft *Garuda Indonesia*.
Flughafengebühren: Die Flughäfen berechnen unterschiedliche Gebühren, Jakarta: 8000 Rp.
SCHIFF: Es gibt Schiffahrtsverbindungen nach Sumatra, Sulawesi und Kalimantan. Eine regelmäßige Fährverbindung besteht zwischen Ketapang (Java) und Gilimanuk (Bali).
BAHN: Das indonesische Eisenbahnnetz umfaßt an die 6500 km Schienenweg auf Sumatra und Java. Auf Sumatra bestehen Zugverbindungen zwischen Belawan, Medan und Tanjong Balai/Rantu Prapet (2-3 Verbindungen täglich) im Norden und Palembang und Panjang (3 Züge täglich) im Süden. Ein ausgedehntes Bahnnetz steht auf Java zur Verfügung. Es gibt mehrere Expreßverbindungen; der *Bima Express*, der Speise- und Schlafwagen hat, verbindet Jakarta mit Surabaya. Es gibt drei verschiedene Klassen, 1. Klasse wird jedoch nur in Schnellzügen angeboten. Einige Abteile und Züge sind klimatisiert.
BUS/PKW: Von über 200.000 km Straßen in Indonesien sind ca. 137.000 asphaltiert. Java hat das beste Straßennetz; Bali und Sumatra folgen an zweiter Stelle. Auf den anderen Inseln ist der Straßenzustand unterschiedlich. **Bus:** Fernbusse verkehren zwischen den meisten Städten, für umständliche Fahrten mit mehrmaligem Umsteigen muß man allerdings oft mehr als einen Tag berechnen. Öffentliche Busse können sehr überfüllt sein, allerdings betreiben Privatfirmen auf vielen beliebten Strecken auch bequemere Reisebusse, für die die Karten zumeist am Vortag gebucht werden müssen. Kleine Mahlzeiten sind auf Langstrecken oft im Preis inbegriffen, und viele dieser Privatbusse bieten Klimaanlage, Video und eine Toilette. **Taxis** sind in allen kleinen und großen Städten zu finden – fast alle haben Taxameter. In vielen Städten verkehren außerdem *Becak* (Fahrrad-Rikschas), die für Einzelfahrten oder stundenweise gemietet werden können. Becak-Fahrpreise müssen im voraus ausgehandelt werden. **Mietwagen:** Einheimische Firmen. Es wird links gefahren. **Unterlagen:** Internationaler Führerschein.
STADTVERKEHR: Jakarta ist die einzige Stadt des Landes mit einem gut funktionierenden Linienbusnetz. Hier fahren Doppeldeckerbusse. In Jakarta verkehren auch *Bajaj* (motorisierte, dreirädrige Gefährte mit Platz für zwei Fahrgäste), die stundenweise oder für Einzelfahrten mietbar sind. Der Preis sollte vor Fahrtantritt vereinbart werden. Außerdem verkehren Taxis, *Becaks* und Minibusse.

UNTERKUNFT

HOTELS: Internationale Hotels gibt es in allen Großstädten und Touristenzentren, einige bieten auch einen Konferenz-Service an. Die Hotelsteuern sind hoch (10% Bedienung, außerdem 10% Steuer). In vielen Touristengegenden, z. B. auf Bali, ist von Hotels der internationalen Luxusklasse bis zu Strandhütten fast jede Art von Unterkunft erhältlich. Auch Hotels der Mittelklasse haben oft Swimmingpools und verleihen die gängigsten (Wasser-) Sportausrüstungen. **Kategorien:** Hotels sind nach vorhandenen Einrichtungen eingestuft.

URLAUBSORTE & AUSFLÜGE

Indonesien hat sich zu einem der beliebtesten Fernreiseziele entwickelt. Zu den Hauptsurlaubsgebieten gehören Java, Bali, Lombok, Sulawesi und Sumatra.

Java

Die Hauptstadt **Jakarta** bietet eine faszinierende Mischung verschiedenster Einflüsse. Sehenswert ist die Altstadt, in der noch Bauwerke aus der holländischen und britischen Kolonialzeit erhalten geblieben sind. Das *Nationale Monument* erhebt sich 140 m über dem Merdeka-Platz in der Innenstadt und ist mit einer blattvergol-

Indonesien

deten »Flamme« gekrönt. Das *Nationalmuseum* hat eine gute völkerkundliche Abteilung. Die *Portugiesische Kirche* mit der riesigen holländischen Pumporgel aus dem Jahre 1695 ist ebenfalls einen Besuch wert. Die moderne *Istiqlal-Moschee* im Zentrum der Stadt ist eine der größten der Welt. Sehenswert sind auch der Antiquitätenmarkt in der Jalan (Straße) Surabaya und die unzähligen Batikfabriken im Karet-Viertel. Das jakartaer Kulturzentrum gehört zu den größten in Südostasien.

13 km von der für Besucher ebenfalls interessanten Stadt **Yogyakarta** entfernt liegt der riesige *Prambanan-Tempelkomplex*, der zu Ehren der Hindu-Götter Shiva, Brahma und Vishnu gebaut wurde. Der im 10. Jh. errichtete *Loro-Jonggrang-Tempel* gilt als der schönste Hindutempel ganz Indonesiens. Vor dem Tempel finden Tanzdarbietungen mit Hunderten von Tänzern, Sängern und *Gamelan*-Musikanten statt. Auf einem Hügel westlich von Yogyakarta liegt **Borobodur**, das vielleicht größte buddhistische Heiligtum der Welt, mit Steinreliefs von insgesamt über 5 km Länge. Der *Königliche Mangkunegaran-Palast* in **Surakarta** gilt heute als Museum, in dem Tanzornamente, Schmuck und eine königliche Kutsche aus dem 19. Jahrhundert ausgestellt sind. **Mount Bromo**, im Osten Javas, ist ein noch heute aktiver Vulkan – das einmalige Schauspiel des Sonnenaufgangs auf dem Kraterrand lassen sich nicht viele Java-Besucher entgehen. Im August und September ist **Madura** Schauplatz von Ochsenrennen, die den Höhepunkt im zwei Tage und Nächte dauernden Karneval der Stadt **Pamekasan** bilden.

Sumatra

Sumatra ist die zweitgrößte Insel Indonesiens, liegt am Äquator und hat eine vulkanische Gebirgskette, heiße Quellen, unerforschte Dschungelgebiete und riesige Plantagen. Zum Schutz der teilweise vom Aussterben bedrohten einheimischen Tier- und Pflanzenwelt sind zahlreiche Naturschutzgebiete eingerichtet worden. In den Schutzgebieten *Bengkulu, Gedung Wani* und *Mount Loeser* werden Safaris mit Führung angeboten, bei denen man Tiger, Elefanten, Tapire und Nashörner aus der Nähe beobachten kann. Der Toba-See liegt im Krater eines erloschenen Vulkans. Er ist mit 900 m über dem Meeresspiegel einer der höchstgelegensten Seen der Welt. In seiner Mitte befindet sich die unbewohnte Insel Samosir. *Lingga* in der Nähe von **Medan** ist ein traditionelles karonesisches Dorf mit hölzernen Pfahlbauten, deren Bauart sich über Jahrhunderte kaum verändert hat. Bei **Bukkittinggi** erhebt sich die alte Festung *Fort de Kock*. In der Nähe liegen der Zoo, der Marktplatz und das Bundo-Kandung-Museum. Die besten Strände der Insel sind an der Ostküste zu finden.

Östliche Inseln

Indonesien besteht aus fast 14.000 Inseln, von denen die einsamsten und unberührtesten im Osten in zwei großen Archipelen nördlich und südlich der tückischen Banda-See liegen.

MOLUKKEN-ARCHIPEL: Das Archipel besteht aus tausend zumeist unbewohnten Inseln. Die bewohnten sind seit dem Ende des Gewürzhandels so voneinander

Sulawesi

Auf der »Orchideeninsel« Sulawesi erwarten den Besucher majestätische Berge, dunstige Täler, kühle Seen sowie zahlreiche Geysire und heiße Quellen, von denen die bekanntesten bei Makule, Kuramengan, Lahendong, Kinilon und Leilem zu finden sind. Im Süden liegt der Naturschutzpark *Bantimurung* mit tausenden exotischen Schmetterlingen. **Torajaland** ist als »Land der himmlischen Könige« bekannt; die Einwohner leben in reichverzierten Häusern und setzen ihre Toten in vertikalen Felsengräbern bei. Im Hafen *Pinsa* von **Ujung Pandang**, vormals Makassar, liegen die hölzernen Schoner der berühmten buganesischen Seefahrer vor Anker. **Fort Rotterdam** aus dem Jahre 1660 steht noch heute als Erinnerung an die holländische Besatzung. Pferde- und Ochsenrennen sind beliebte Sportarten der Insel, in **Ranomuut** kann man noch traditionelle Pferderennen mit Wagen (*Bendi*) sehen.

und vom Rest der Welt abgeschnitten, daß jede ihre eigene Kultur und einige auch ihre eigene Sprache erhalten konnten. **Halmahera** ist die größte und eine der abwechslungsreichsten Inseln der Molukken. An der Küste leben die Nachfahren der großen Mächte, die sich um die Vorherrschaft im Gewürzhandel stritten – Araber, Gujaratis, Malaien, Portugiesen und Holländer. Im Binnenland spricht die Bevölkerung eine Sprache, die selbst mit anderen Eingeborenensprachen Indonesiens so gut wie nichts gemeinsam hat. **Morotai**, im Norden gelegen, war während des 2. Weltkrieges ein japanischer Luftwaffenstützpunkt. Heute werden dort Kokosnüsse und Kakao angebaut. **Ternate** und **Tidore** sind kleine vulkanische Inseln westlich von Halmahera, die einst als weltgrößte Lieferanten von Gewürznelken Reichtum und Macht erlangten. Das Sultanat von Ternate war vor dem Eintreffen der Portugiesen eine selbständige Militärmacht mit beträchtlichem Einfluß in Südostasien. Beide Inseln weisen zahlreiche Zeugnisse einer glanzvollen Vergangenheit auf und ziehen mehr Besucher an als Halmahera.

Weiter südlich liegt **Ambon**, ein weiterer wichtiger Umschlagplatz des Gewürznelkenhandels, mit seinen 40 holländischen Festungen aus dem 17. Jahrhundert. **Banda** in der Banda-See wird oft als die ursprüngliche »Gewürzinsel« bezeichnet und ist für ihre Muskatnuß-Anbaugebiete bekannt.

NUSA-TENGGARA-ARCHIPEL: Nusa Penida war einstmals eine Gefängniskolonie und lockt heute viele Besucher an, die die unvergleichliche Aussicht über das Inselparadies und die herrlichen Strände genießen können. **Komodo** ist die Heimat der größten und seltensten Warane der Welt, der Komodo-Warane. **Sumba** ist für ausgezeichnet gewebtes *Ikat*-Tuch bekannt. Die Inseln nördlich von **Timor**, darunter Solor, Lembata, Adonara, Alor, Wetar und Pantar, werden selten von Touristen besucht. Hier gibt es zahlreiche alte Festungen, und einst stachen Walfänger von hier aus in See. Die Lebensweise der Bevölkerung auf **Roti, Ndau** und **Sawu** soll sich seit der Bronzezeit kaum verändert haben, die Inselbewohner sind als ausgezeichnete Musiker und Palmenweber bekannt. Die **Terawanen-Inseln** sind eine kleine Inselgruppe mit wunderschönen Stränden und Korallengärten. **Lucipara** hat ausgezeichnete Tauchgründe. **Kangean, Tenggaya, Bone Rate** und **Tukang Besi** sind abgelegene Atolle in der Flores- und Banda-See, die jeder Vorstellung eines tropischen Inselparadieses gerecht werden.

IRIAN JAYA liegt auf der westlichen Hälfte der Insel Neuguinea. Ein Großteil des Landes ist mit undurchdringbarem Regenwald bedeckt. Eine zentrale Gebirgskette zieht sich von Osten nach Westen des Landes mit dem höchsten Berg im Westen, Puncak Jaya (5050 m). Irian Jaya ist eines der letzten unerforschten Gebiete der Welt.

Bali

Die einmalige Landschaft Balis, »Insel der Götter« genannt, besteht aus vulkanischen Bergen, Seen und Flüssen, Terrassenfeldern, riesigen Obst- und Palmenplantagen und an der Küste aus stillen Buchten mit feinsandigen Stränden. Die Insel liegt unweit der Ostküste Javas jenseits der Meerenge von Bali. Obwohl die Insel nur 5561 qkm groß ist, hat sie ca. 2,5 Mio. Einwohner. Im Gegensatz zum übrigen Indonesien sind die Einwohner hier Anhänger des *Agama*-Hinduismus, eine Variante des Hinduismus. Eine vulkanische Bergkette zieht sich von Ost nach West quer über die Insel. Der kegelförmige Gipfel des mächtigen **Gunung Agung** (»Heiliger Berg«) erhebt sich 3170 m über dem Meeresspiegel. Nördlich der Bergkette werden Kokosnüsse und Gemüse angebaut, wo immer der Boden es zuläßt. Die fruchtbare Reisgegend liegt in den Ebenen in der Mitte der Insel. Die bekanntesten Urlaubsgebiete liegen im Süden, in der Gegend um **Sanur Beach** und in **Kuta** jenseits der schmalen Landenge.

Tempelfeste und Prozessionen: Auf Bali gibt es tausende von Tempeln, vom großen *Heiligen Tempel* bei Besakih bis hin zu unzähligen kleinen Dorfaltaren. Allabendlich finden Tempelprozessionen statt, zu denen Balinesen traditionelle Sarongs (ein um die Hüfte geschlungener, bunter Rock) anziehen und bunte, sorgsam bereitete Opfergaben für die Götter mitbringen. Auch Touristen dürfen zuschauen, sollten jedoch ebenfalls mit Sarongs bekleidet sein. Zu besonderen Festtagen, zu denen auch Kremationen zählen, werden große Prozessionen mit Tänzen und besonders prunkvollen Opfergaben abgehalten.

Denpasar ist die Inselhauptstadt. Zu den Sehenswürdigkeiten zählen das Bali-Museum, das Zentrum Moderner Kunst und das international bekannte Kerawitan-Konservatorium, eines der Hauptzentren balinesischen Tanzes. Absolut unvergleichlich ist der *Meerestempel von Tanah Lot* an der Westküste, unweit von Kediri. Leider wird allerdings in unmittelbarer Nähe trotz zahlreicher Proteste ein gigantisches Resort gebaut. Der Eingang der riesigen *Goa Gaja* (»Elefantenhöhle«) in der Nähe von Bedulu ist mit fantastischen, steingemeißelten Reliefs von Dämonen, Tieren und Pflanzen verziert, gekrönt durch den Kopf eines schauerlichen Ungeheuers. Die *Heiligen Quellen von Tampaksiring* sollen heilende Kräfte haben und ziehen alljährlich zahlreiche Besucher an. Die **Insel Serangan** ist wegen der hier gehaltenen Schildkröten auch als »Schildkröteninsel« bekannt. Sie liegt südlich von Sanur und ist mit dem Segelboot oder bei Ebbe zu Fuß erreichbar. Alle sechs Monate findet hier

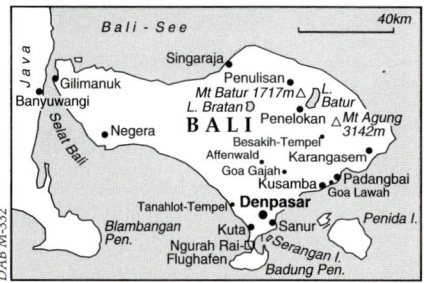

▲ *Tanahlot Tempel, Bali*

ein großes Erntedankfest statt, zu dem sich Zehntausende einfinden.

Der heilige Affenwald bei **Sangeh**, 20 km nördlich von Denpasar, ist ein Waldschutzgebiet, in dessen Mitte sich ein Tempel befindet. **Penelokan** bietet einen vortrefflichen Blick auf die schwarzen Lavaströme des *Mount Batur*. Man kann auch über den Batur-See fahren, um den Krater aus der Nähe zu besichtigen. *Pura Besakih* ist ein Tempel aus dem 10. Jahrhundert, hoch über den Hängen von Gunung Agung. Er gehört zu einer großen Tempelanlage mit über 30 Tempeln, die Schauplatz vieler aufwendiger und prunkvoll gefeierter Feste und Jahrmärkte ist. **Padangbai**, ein wunderschönes, tropisches Küstenstädtchen mit üppiger Vegetation hinter dem weißen Sandstrand, ist der Anlaufhafen für Kreuzschiffe auf Bali. *Goa Lawah* (»die Fledermaushöhle«) macht

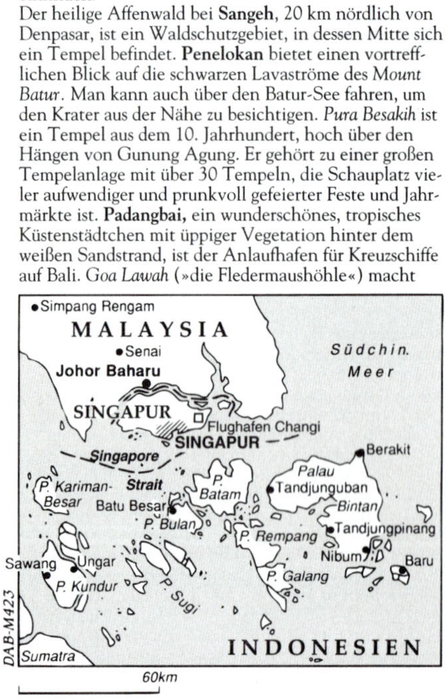

ihrem Namen alle Ehre als heilige Zuflucht für unzählige Fledermäuse, die hier jeden Zentimeter der Höhlenwände und -decken in Beschlag nehmen. *Kusambe* ist ein Fischerdorf mit schwarzem Sandstrand. Den *Bratan-See* kann man über eine Straße von Bedugul aus erreichen. Der glitzernde, kühle See mit seinen fichtenbewachsenen Hügeln ist ein ungewöhnlicher Anblick in der tropischen Landschaft.

Lombok

15 Flugminuten (oder eine Überfahrt mit der Fähre) von Bali entfernt liegt Lombok, eine wunderschöne Insel, deren Name »Chilipfeffer« bedeutet. Hier befindet sich einer der größten Vulkane der indonesischen Inselgruppe, der *Mount Rindjani*, dessen meist wolkenverhangener Gipfel 3745 m hoch ist. Die Bevölkerung – nur etwa 750.000 Menschen – setzt sich aus islamischen Sasaks, hinduistischen Balinesen und Malaien zusammen. **Mataram**, die Hauptstadt der Insel, und die geschäftige Hafenstadt **Ampenan** sind die beiden einzigen größeren Städte der Insel, beide bieten sich für einen Ausflug an.

Die Südküste ist felsig; der Osten der Insel recht trocken. Der Westen, mit seinen in der Sonne glitzernden Terrassenfeldern, Kokosnuß- und Bananenplantagen und fruchtbaren Ebenen, erinnert an die dichte, üppig-grüne Vegetation Balis. Dichte Wälder herrschen im Norden um den Mount Rindjani vor. Auf Lombok findet man auch einige wundervolle Strände, manche mit weißem, andere mit schwarzem Sandstrand, letzteren z. B. bei Ampenan.

In **Narmada**, das über eine gut befahrbare Straße erreicht werden kann, gibt es eine riesige Palastanlage zu bewundern, mit einem »Jungbrunnen«, der für einen balinesischen König errichtet wurde. In **Pemenang** kann man Boote mieten und mit der Taucherbrille die kristallklare Wasserwelt der herrlich bunten Korallen und neugierigen tropischen Fische erforschen.

Indonesische Kultur

Tanzen ist in Indonesien eine wichtige Kunstform und wird von frühester Kindheit an gefördert und praktiziert. Das umfassende Repertoire basiert auf alte Legenden und Überlieferungen. Aufführungen finden in Dorfhallen und auf Dorfplätzen statt, außerdem in einigen der führenden Hotels. Stil und Anzahl der Darsteller der Tänze variieren erheblich. Einige der berühmtesten Tänze Balis sind der *Legong*, ein langsamer, graziöser Tanz göttlicher Nymphen; der *Baris*, eine rasante, lautstarke Darstellung männlichen, kriegerischen Verhaltens, und der *Jauk*, fesselnder Solotanz eines maskierten und reich kostümierten Dämons.

Indonesische *Gamelan*-Orchester bestehen in erster Linie aus verschiedenen Xylophon-ähnlichen Schlaginstrumenten, Flöten und Instrumenten, die der Harfe ähneln. Diese Klänge sind in vielen indonesischen Geschäften und Restaurants zu hören und gehören zu jeder Tanz- und Schattentheateraufführung dazu. Schattentheaterstücke werden im ganzen Land aufgeführt, hierfür werden die traditionellen *Wayang-Kulit*-Schattenpuppen benutzt. Gegenstand der Stücke sind oft die Geschichten der *Ramayana* und *Mahabharata*, berühmte alte Hindu-Legenden, es werden jedoch auch moderne Stücke gezeigt. Für Besucher, die kein indonesisch verstehen, ist es am interessantesten, hinter der Bühne zu sitzen, weil man dort dem Puppenspieler am besten bei seiner höchst vielseitigen Arbeit zusehen kann.

Kunstzentren: Das Dorf *Ubud* ist Mittelpunkt der beachtlichen Künstlergemeinschaft Balis. Es gibt Galerien der bedeutendsten Maler, die sich hier niedergelassen haben, einschließlich ausländischer Künstler. In einem herrlichen Garten mit Lotosteich steht das Puri-Lukisan-Museum (Palast der Schönen Künste) mit einer vielfältigen Sammlung von Skulpturen und Bildern sowohl alter als auch zeitgenössischer Stilrichtungen. *Kamasan* in der Nähe von Klungkung ist eine weitere Künstlergegend. Bedeutende Kunstgewerbezentren sind *Celuk* (Gold- und Silberarbeiten), *Denpasar* (Holzarbeiten und Gemälde) und *Batubulan* (Skulpturen).

SOZIALPROFIL

ESSEN & TRINKEN: Fast jede Geschmacksrichtung internationaler Küche ist in Jakarta vertreten; am häufigsten findet man chinesische, französische, italienische, japanische und koreanische Restaurants. Indonesische Gewürze machen die einheimische Küche unvergleichlich. Es gibt unzählige Spezialitäten, u. a. *Rijstafel* (indonesisch-holländische Mischung aus einer Vielzahl von Fleischsorten, Gemüse, Fisch und Curry), *Sate* (gegrilltes Rindfleisch, Fisch, Schweinefleisch, Hähnchen oder Lamm am Spieß mit Erdnußsoße), *Ayam Ungkap* (Java, in Öl gebratenes, mariniertes Hähnchenfleisch), *Ikan Acar Kuning* (Jakarta, leicht marinierter Bratfisch mit einer Soße aus eingelegten Gewürzen), *Soto Ayam* (Suppe mit Klößchen, Gemüse und Huhn), *Gado-Gado* (Java, Salat aus rohen und gekochten Gemüsen mit Kokosmilch- und Erdnußsoße), *Babi Guling* (gebratenes Spanferkel) und *Opor Ayam* (gekochtes Huhn in mild gewürzter Kokosmilch).

Indonesier mögen ihr Essen sehr gut gewürzt, feuerscharf sind vor allem die kleinen roten und grünen Pfefferschoten, die man häufig in Salaten oder Gemüsen findet. In Restaurants, die an ausländische Touristen gewöhnt sind, ist man jedoch meist auf deren Geschmack eingerichtet. Experimentierfreudige Besucher probieren auch die Spezialitäten der vielen Straßenstände (*Warungs*). Manche Warungs sind feststehend und haben Tische mit Bänken, an die sich die Gäste setzen können, und bieten z. B. *Nasi Goreng* (Bratreis mit Gemüse) oder *Mie Goreng* (gebratene Nudeln) und Getränke an, andere Warungs bestehen nur aus einer größeren Glas- und Holzkiste auf Rädern und sind beispielsweise spezialisiert auf *Tahu* (Tofu, Sojabohnenkäse) oder *Tempe Goreng* (Gericht aus frittierten, fermentierten Sojabohnen), Sate, Obst

oder Süßigkeiten.
Getränke: Bier ist in fast jedem Restaurant erhältlich, in den größeren Restaurants gibt es auch Spirituosen. Tee und Kaffee werden zumeist schwarz und süß getrunken. Überall in Indonesien werden viele verschiedene, äußerst schmackhafte Fruchtsäfte angeboten, z. B. Ananas-, Papaya- und Avocadosaft. Wer seinen Saft mit Eis genießen möchte, sollte jedoch außer in den besten Restaurants zuerst nachfragen, ob zur Eisherstellung keimfreies Wasser benutzt wurde.
NACHTLEBEN: In Jakartas Nachtlokalen spielen oft internationale Sänger und Gruppen; die Nachtklubs sind an Wochenenden bis 04.00 Uhr geöffnet. Die Stadt hat über 40 Kinos, einige davon zeigen Filme in englischer Sprache oder mit englischen Untertiteln. Es gibt Spielkasinos und Theater. Viele größere Hotels, besonders auf Bali, bieten Tanzaufführungen an, begleitet von den typisch indonesischen Gamelan-Orchestern. Das ganze Jahr über finden vielerorts Mondscheinfeste statt, am besten erkundigt man sich an Ort und Stelle. Indonesische Schattenpuppen sind weltberühmt, und die Aufführungen sind auch bei Besuchern sehr beliebt.
EINKAUFSTIPS: Schöne Mitbringsel sind Batikstoffe, Holzschnitzarbeiten, Silberschmuck, Stroh- und Bastkörbe, Bambusartikel, *Krise* (kleine Dolche), Gemälde und gewebte Stoffe. **Öffnungszeiten der Geschäfte:** Mo-Sa 10.00-21.00 Uhr.
SPORT: Golfplätze findet man in den Touristenzentren. **Eiskunstlauf:** In Senayan gibt es eine Schlittschuhbahn (Jalan Pintu Gelora VII). **Wassersport:** Die herrlichen Strände bieten unbegrenzte Badefreuden, außerdem haben viele Hotels Swimmingpools. In den meisten größeren Strandurlaubsorten gibt es Tauchzentren, die Kurse für Anfänger und Fortgeschrittene anbieten. Fast an jedem Strand mit Korallenriff kann man Schnorchelmasken und Schwimmflossen ausleihen. Wellenreiter und Windsurfer findet man vor allem auf Bali und Lombok. **Reiten:** In den Sportanlagen im *International Saddle Club* in Jakarta kann man auch Reitunterricht nehmen. **Publikumssport:** Pferderennen finden jeden Sonntag nachmittag in Pulo Mas, JLJ Ahmed Yani, statt. *Jai Alai* (dem baskischen Pelota ähnlich) wird täglich in Halai Jaya Ancol, Bina Ria und Tanjung gespielt. Hahnenkämpfe sind in Jakarta verboten, finden aber anderswo auf Java und auf Bali noch immer statt. Chinesische Schattenbox-Wettkämpfe werden in Loki Sari und JL Mangga Besar ausgetragen.

VERANSTALTUNGSKALENDER
Mai/Juni '96 *Jakarta-Festival.* **Juni/Juli** *Bali-Kunstfestival.* **Juni - Okt.** *Ramayana-Tanztheater,* Java. **Juni** (1) *Festival am Toba-See,* Nord-Sumatra. (2) *Papierdrachenfest,* Pangandaran Beach. **Juli** (1) *Krakatau-Festival,* Sumatra. (2) *Bunaken-Festival,* Nord-Sulawesi. (3) *Tabuik,* West-Sumatra. (4) *Kunstfestival,* Banda Aceh. (5) *Kunstfestival,* Süd-Sulawesi. (6) *Tabot,* Bengkulu. **Aug.** (1) *Kanurennen,* Bidar. (2) *Festival am Poso-See,* Sulawesi. **Sept.** *Grebeg Maulud,* Yogyakarta, Java. **Nov.** *Kesodo-Zeremonie,* Ngadisari, Java. **Mitte Dez.** *Geburtstag des Sultans* (Festspiele und allgemeines Volksfest). **März/April '97** *Maleman Sriwedari,* Java (vier Wochen dauernder, nächtlicher Jahrmarkt).
Die genauen Daten sowie Einzelheiten weiterer Veranstaltungen können vom Fremdenverkehrsamt erfragt werden.

SITTEN & GEBRÄUCHE: In Indonesien gibt es nicht weniger als 300 unterschiedliche Sprachen und Dialekte, manche so unterschiedlich wie deutsch und italienisch. Seit der Unabhängigkeit haben viele Indonesier einen starken Nationalstolz entwickelt. An den überlieferten Tänzen und den traditionellen Techniken der Malerei, Holzschnitzerei und Bildhauerei wird weiterhin festgehalten. In Gesellschaft ist man oft recht formell, zum Beispiel sollte man bei einer Mahlzeit nicht mit dem Essen oder Trinken anfangen, bevor der Gastgeber dazu auffordert. Essen oder Geld wird nie mit der linken Hand genommen oder gegeben. Indonesier sind höflich und freundlich und erweisen Ausländern, denen sie vertrauen, unzählige Gefälligkeiten und Freundschaftsdienste. Händeschütteln zur Begrüßung ist gebräuchlich. Bei Einladung in ein Privathaus wird ein Geschenk gern gesehen. Legere Kleidung ist üblich, aber einige elegante Etablissements erwarten Abendgarderobe zu den Mahlzeiten. Islamische Sitten und Gebräuche, die die Bekleidung der Frauen betreffen, sollten beachtet werden. **Trinkgeld** ist nicht obligatorisch. In manchen Hotels und Restaurants werden für Bedienung 10% extra berechnet.

WIRTSCHAFTSPROFIL
WIRTSCHAFT: Erdöl und Erdgas erbringen etwa 30% der Exporteinnahmen und des Bruttoinlandsproduktes. Da die Einnahmen aus Erdöl und Erdgasverarbeitung langsam abnehmen, ist die Regierung bemüht, die wirtschaftliche Grundlage des Landes zu erweitern. Indonesien hat ein gewaltiges Wirtschaftspotential durch bedeutende Zinn-, Bauxit-, Nickel-, Kupfer- und Goldvorkommen. Es gehört zu den führenden Gummiproduzenten der Welt und ist ein wichtiger Kaffee- und Teelieferant. Die verarbeitende Industrie wächst ständig und hat sich durch zunehmenden Export ihrer Produkte zu einer beachtlichen Devisenquelle entwickelt. Waldgebiete bedecken etwa zwei Drittel des Landes. Haupterzeugnisse der Landwirtschaft, in der die meisten Erwerbstätigen beschäftigt sind, sind neben Tee und Kaffee Soja, Kautschuk, Zucker, Palmöl und Bananen. Die Fischerei ist ebenfalls von Bedeutung. Japan ist Haupthandelspartner des Landes und liefert Fertigprodukte im Austausch für Rohmaterialien. Ähnlich gestalten sich die Handelsbeziehungen mit den USA, Deutschland, Singapur und der Republik Korea. Ein internationales Gremium stellte für 1995 rund 5 Mrd. US$ für langfristige Projekte in den Bereichen Umweltschutz, Infrastruktur und Ausbildungswesen zur Verfügung. 1994 kamen rund 4 Mio. Feriengäste nach Indonesien, ein Aufwärtstrend war vor allem in Deutschland und der Schweiz zu verzeichnen. Für 1994 wurde eine Steigerung von 18% bei den Gästezahlen aus der Schweiz verzeichnet. Bei den Bundesbürgern lag die Zuwachsrate bei 13%, insgesamt wurden 1994 mehr als 160.000 deutsche Besucher gezählt. Die Einnahmen aus der Tourismusindustrie beliefen sich auf fast 4 Mrd. US-Dollar.
GESCHÄFTSVERKEHR: Geschäfte sollten durch Vertreter im Land abgewickelt werden und gehen oft langsam voran. Geschäftsbriefe und -broschüren sollten in Englisch abgefaßt sein und Preise auch in US-Dollar angegeben werden. Visitenkarten sind allgemein üblich.
Geschäftszeiten: Mo-Do 08.00-16.00 Uhr, Fr 08.00-11.00 Uhr. Einige Büros sind auch Samstag vormittags geöffnet.
Kontaktadressen: *Deutsch-Indonesische Industrie- und Handelskammer,* PO Box 3151, Jakarta 10031. Tel: (021) 315 46 85. Telefax: (021) 315 52 76.
The Commercial Counsellor at the Austrian Embassy, PO Box 2247, Jakarta 10001. Tel: (021) 314 52 42, 310 08 93. Telefax: (021) 32 73 42.
Kamar Dagang dan Industri Indonesia (KADIN) (Indonesische Industrie- und Handelskammer), Chandra Building, 3rd-5th Floor, Jalan M. H. Thamrin 20, Jakarta 10350. Tel: (021) 32 40 00. Telefax: (021) 310 60 98.

KLIMA
Tropisches Klima mit regionalen Unterschieden. Der Ostmonsun bringt das trockenste Wetter (Juni - September), der Westmonsun die Regenzeit (Dezember - März). Wolkenbruchartige Regenfälle können das ganze Jahr über auftreten. Kühlere Temperaturen in den Bergen.
Kleidung: Im allgemeinen leichte Kleidung, außerdem Regenkleidung. Wärmeres für kühle Abende und in höheren Lagen.

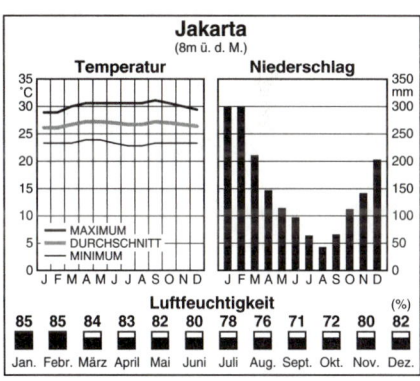

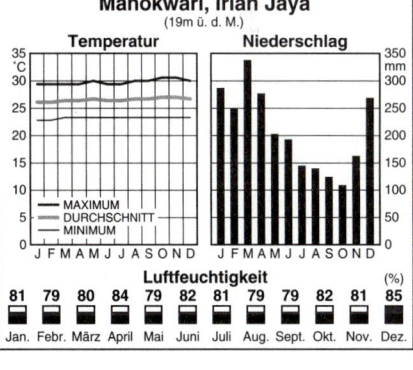

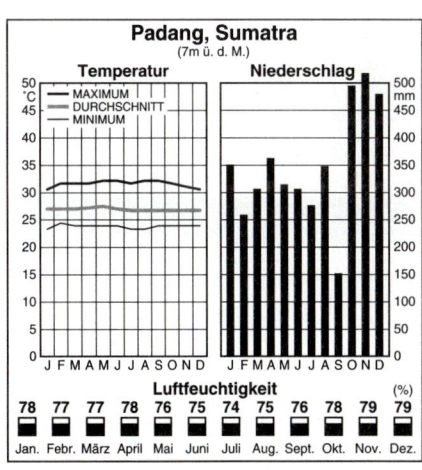

▼ *Borobodur*

Irak

□ Internationaler Flughafen

Lage: Asien, Nahost.

Anmerkung: Aufgrund der momentan unsicheren Situation wird Besuchern von Irak empfohlen, sich beim Auswärtigen Amt in Bonn, dem Außenministerium in Wien bzw. dem EDA in Bern über den aktuellen Stand zu informieren. Visa werden nur in Ausnahmefällen ausgestellt. Die UNO-Sanktionen sind nach wie vor gültig.

Botschaft der Republik Irak
Dürenstraße 33
D-53173 Bonn
Tel: (0228) 8 20 30. Telefax: (0228) 820 32 56.
Mo-Fr 08.00-15.00 Uhr, *Konsularabt.*: Mo-Fr 09.00-12.00 Uhr.

Botschaft der Republik Irak
Johannesgasse 26
A-1010 Wien
Tel: (0222) 713 81 95/96, 713 07 41/42/43. Telefax: (0222) 713 67 20.
Mo-Fr 09.00-15.00 Uhr.

Generalkonsulat der Republik Irak
28a Chemin du Petit-Saconnex
CH-1209 Genf
Tel: (022) 734 07 69. Telefax: (022) 733 03 26.
Mo-Fr 09.00-13.00 und 15.00-17.00 Uhr.

Botschaft der Bundesrepublik Deutschland
House No. 40
Mahála 929
Zuqaq 2
Hay Babil
PO Box 2036
Bagdad
Tel: (01) 719 20 37/39. Telefax: (01) 718 03 40.
Die Botschaft ist vorübergehend geschlossen.

Botschaft der Republik Österreich
Hay Babil 929/2/5

TIMATIC INFO-CODES

Abrufbar über Ihr CRS-System (für START/Amadeus Ama-Maske benutzen). Für Galileo bitte TI-DFT eingeben (mit Bindestrich).

Flughafengebühren	TI DFT/ BGW /TX
Währung	TI DFT/ BGW /CY
Zollbestimmungen	TI DFT/ BGW /CS
Gesundheit	TI DFT/ BGW /HE
Reisepassbestimmungen	TI DFT/ BGW /PA
Visabestimmungen	TI DFT/ BGW /VI

PO Box 294
Bagdad
Tel: (01) 719 90 33/34. Telex: 212383.
Die Botschaft ist vorübergehend geschlossen.

Botschaft der Schweizerischen Eidgenossenschaft
Masbah House
No. 41/5/929
Bagdad
Alwiyah PO Box 2107
Bagdad
Tel: (01) 719 30 92/93. Telex: 212243.
Die Botschaft ist vorübergehend geschlossen.

FLÄCHE: 438.317 qkm.
BEVÖLKERUNGSZAHL: 19.465.000 (1993).
BEVÖLKERUNGSDICHTE: 44 pro qkm.
HAUPTSTADT: Bagdad. Einwohner: 3.844.608 (1987).
GEOGRAPHIE: Irak grenzt an die Türkei, Iran, den Persischen Golf, Kuwait, Saudi-Arabien, Jordanien und Syrien. Zwischen Saudi-Arabien und dem Irak gibt es eine neutrale Zone, die von beiden Ländern gemeinsam verwaltet wird. Der Anteil Iraks umfaßt 3522 qkm. Der bemerkenswerteste Landstrich ist das Zweistromland des Euphrat und Tigris, die von der türkischen und syrischen Grenze im Norden zum Persischen Golf im Süden fließen. Der Nordosten ist bergig, der Westen besteht aus Wüste. Fruchtbare Ebenen umgeben die Flüsse, ohne Bewässerungskontrolle sind jedoch weite Gebiete überflutet und haben sich zu Sümpfen entwickelt.
STAATSFORM: Präsidialrepublik, seit 1980. Staatsoberhaupt und Regierungschef: Saddam Hussein el-Takriti, seit 1979 (Ministerpräsident seit Mai 1994). Er ist zugleich Präsident und Vorsitzender des »Revolutionären Führungsrates« sowie Oberbefehlshaber der Armee. Trotz des offiziellen Waffenstillstandes setzt Saddam Hussein im Norden und Süden des Landes den Krieg gegen Kurden und Schiiten fort.
SPRACHE: Hauptsächlich Arabisch, auch Kurdisch. Im Norden wird z. T. Türkisch und in einigen Gebieten Aramäisch gesprochen. Manche Irakis sprechen auch etwas Englisch oder Französisch.
RELIGION: Ca. 30% Sunniten und 60% Schiiten; drusische, jesidische und christliche Minderheiten.
ORTSZEIT: MEZ + 2 (MEZ + 3 im Sommer).
NETZSPANNUNG: 220 V, 50 Hz; sehr unterschiedliche Steckdosen.
POST- UND FERNMELDEWESEN: Telefon: Selbstwählferndienst. **Landesvorwahl: 964. Telexe/Telegramme** können in Bagdad aufgegeben werden, im Telegrafenamt neben dem Postamt in der Rashid-Straße. Einige große Hotels bieten ebenfalls Telex- und Telegrammdienste an. Für Telexe wird ein Preisaufschlag von 20% erhoben. **Post:** Luftpost nach Europa ist i. allg. zwischen 5 und 10 Tagen unterwegs, kann aber länger dauern. Sendungen auf dem Landweg erreichen nicht immer ihr Ziel.
DEUTSCHE WELLE
Der Einsatz der Kurzwellenfrequenzen ändert sich mehrfach im Laufe eines Jahres, und Sendungen auf den folgenden Frequenzen werden jeweils nur zu bestimmten Tageszeiten ausgestrahlt. Näheres in der Einleitung.

MHz	21,560	17,845	15,275	13,780	9,545
Meterband	13	16	19	22	31

REISEPASS/VISUM

Anmerkung: Bei Redaktionsschluß wurden nur in Einzelfällen (offizielle Einladung aus dem Irak) Visa ausgestellt (schriftlicher Antrag in englischer Sprache mit Angabe des Reiseziels und -anlasses). Erkundigen Sie sich bei den irakischen Vertretungen nach den neusten Informationen (Adressen s. o.).

GELD

Währung: 1 Iraki Dinar (ID) = 20 Dirham = 1000 Fil. Banknoten sind im Wert von 100, 50, 25, 10, 5 und 1 ID sowie 500 und 250 Fil im Umlauf. Münzen in den Nennbeträgen 1 ID sowie 100, 50, 25, 10, 5 und 1 Fil. Zahlreiche Gedenkmünzen sind ebenfalls gültige Zahlungsmittel, z. T. Sammlerstücke.
Kreditkarten und **Reiseschecks** werden im allgemeinen nicht akzeptiert.
Anmerkung: In bestimmten Duty-free-Shops in Bagdad kann man unter Vorlage des Reisepasses, innerhalb von 20 Tagen nach der Einreise, mit Auslandswährungen bis zum Wert von 200 US$ einkaufen.
Wechselkurse

	ID Sept. '92	ID Febr. '94	ID Jan. '95	ID Jan. '96
1 DM	0,21	0,18	0,36	0,22
1 US$	0,31	0,31	0,56	0,31

Devisenbestimmungen: Die Landeswährung darf bis zu 25 ID eingeführt werden. Die Einfuhr von Fremdwährungen (ausgenommen israelische *Shekel*) ist unbegrenzt, muß aber bei der Einreise deklariert werden. Die Ausfuhr der Landeswährung ist auf 5 ID begrenzt. Fremdwährungen dürfen bis zur Höhe der bei der Einreise deklarierten Summe ausgeführt werden.
Öffnungszeiten der Banken: Sa-Mi 08.00-12.00 Uhr, Do 08.00-11.00 Uhr. Während des Ramadans und religiöser Feiertage schließen die Banken um 10.00 Uhr.

DUTY FREE

Folgende Artikel können zollfrei in den Irak eingeführt werden:
200 Zigaretten oder 50 Zigarren oder 250 g Tabak;
1 l Wein oder Spirituosen;
50 ml Parfüm (2 kleine geöffnete Flaschen) und andere Artikel bis zu einem Gesamtwert von 100 ID.

GESETZLICHE FEIERTAGE

19. Mai '96 Islamisches Neujahr. **28. Mai** Ashoura. **14. Juli** Tag der Republik. **28. Juli** Mouloud (Geburtstag des Propheten). **8. Dez.** Leilat al-Meiraj. **1. Jan. '97** Neujahr. **6. Jan.** Tag der Armee. **10. Jan.** Beginn des Ramadan. **10. Febr.** Tag der Revolution. **7. Febr.** Eid al-Fitr (Ende des Ramadan). **18. April** Eid al-Adha (Opferfest). **9. Mai** Islamisches Neujahr.
Anmerkung: Die angegebenen Daten für islamische Feiertage richten sich nach dem Mondkalender und verschieben sich daher von Jahr zu Jahr. Während des Fastenmonats Ramadan, der dem Festtag Eid al-Fitr vorangeht, essen Mohammedaner nicht tagsüber, sondern erst nach Sonnenuntergang, wodurch der normale Geschäftsablauf gestört werden kann. Diese Unterbrechungen können auch während des Eid al-Fitr auftreten. Dieses Fest, ebenso wie das Eid al-Adha, hat keine festgelegte Zeitdauer und kann je nach Region 2-10 Tage dauern. Nähere Informationen im Kapitel *Welt des Islam* (s. Inhaltsverzeichnis).

GESUNDHEIT

In der folgenden Tabelle aufgeführte Impfvorschriften können sich kurzfristig ändern. Es wird stets empfohlen, auf Ihrem CRS-System (TIMATIC-Info-Code-Fenster in diesem Kapitel) den aktuellen Stand der Gesundheitsbestimmungen abzurufen bzw. rechtzeitig vor der Reise ärztlichen Rat einzuholen.

	Vorsichtsmaßnahmen empfohlen	Impfschein erforderlich
Gelbfieber	1	1
Cholera	Nein	Nein
Typhus & Polio	2	-
Malaria	3	-
Essen & Trinken	4	-

[1]: Eine Impfbescheinigung gegen Gelbfieber wird von allen Reisenden verlangt, die aus Infektionsgebieten kommen.
[2]: Typhus kommt vor, die Inzidenz von Poliomyelitis ist eher gering.
[3]: Malariarisiko besteht von Mai bis November unterhalb 1500 m in den Provinzen Basra, Duhok, Arbil, Nineve, Sulaimaniya und Ta'mim; die weniger gefährliche Malariaart *Plasmodium vivax* herrscht jedoch vor.
[4]: Wasser sollte generell vor der Benutzung zum Trinken, Zähneputzen und zur Eiswürfelbereitung entweder abgekocht oder anderweitig sterilisiert werden. Milch ist nicht pasteurisiert und sollte ebenfalls abgekocht werden. Trocken- und Dosenmilch nur mit keimfreiem Wasser anrühren. Milchprodukte aus ungekochter Milch am besten vermeiden. Fleisch- und Fischgerichte nur gut durchgekocht und heiß serviert essen. Der Genuß von Schweinefleisch, rohen Salaten und Mayonnaise sollte vermieden werden. Gemüse sollte gekocht und Obst geschält werden.
Tollwut kommt vor. Wer ein erhöhtes Risiko eingeht (z. B. längerer Aufenthalt in abgelegenen Gebieten), sollte vor Reiseantritt eine Schutzimpfung erwägen. Bei Bißwunden so schnell wie möglich ärztliche Hilfe in Anspruch nehmen. Weitere Informationen im Kapitel *Gesundheit* (s. Inhaltsverzeichnis).
Bilharziose-Erreger kommen in manchen Teichen und Flüssen vor, das Schwimmen und Waten in Binnengewässern sollte daher vermieden werden. Gut gepflegte Schwimmbecken mit gechlortem Wasser sind unbedenklich.
Hepatitis A, B und *E* kommen ebenfalls vor.
Gesundheitsvorsorge: Der Abschluß einer Reisekrankenversicherung wird empfohlen. Die medizinische und zahnärztliche Versorgung in den Städten ist gut.

REISEVERKEHR - International

Anmerkung: Bei Redaktionsschluß war jeglicher Luftverkehr in den Irak im Rahmen der UNO-Sanktionen untersagt. Die folgenden Informationen beziehen sich auf die Zeit vor dem Golfkrieg und sind hier aufgeführt für den Fall, daß die Sanktionen in naher Zukunft aufgehoben werden. Der nächste Flughafen außerhalb Iraks ist Amman in Jordanien. Von dort gibt es eine Busverbindung nach Bagdad (15 Std., Klimaanlage). Es wird jedoch empfohlen, die Strecke bei Tag und im

Irak

Konvoi zurückzulegen, da sie durch gefährliches Gebiet führt.
FLUGZEUG: Iraks nationale Fluggesellschaft heißt *Iraqi Airways* (IA).
Durchschnittliche Flugzeit: *Frankfurt – Bagdad: 5 Std.*
Internationaler Flughafen: *Bagdad* (BGW) liegt 18 km südlich der Stadt. Duty-free-Shop und Taxistand sind vorhanden (Zuschlag nach 22.00 Uhr) sowie ein Flughafenbus.
Flughafengebühren: 2000 ID. Kinder unter 12 Jahren sind von der Gebühr befreit.
SCHIFF: Zur Zeit sind alle Häfen im Irak geschlossen. Vor dem Golfkrieg fuhr die Reederei *Polish Ocean Lines* auf folgenden Strecken: Gdynia – Hamburg – Amsterdam – Dubai und Kuwait – Basra.
BAHN: Es gibt gegenwärtig keine Bahnverbindungen aus der Türkei oder Syrien in den Irak.
BUS/PKW: Im Moment sind nur die Grenzen nach Jordanien und zur Türkei für den Straßenverkehr offen. Vor dem Golfkrieg führten die wichtigsten Verbindungsstraßen durch die Türkei, Syrien und Jordanien. Die Arbeiten an der Autobahn, die den Irak mit Kuwait, Syrien und Jordanien verbinden soll, sind bis auf weiteres unterbrochen. Die Botschaft erteilt Auskünfte, welche Grenzübergänge gegenwärtig geöffnet sind.

REISEVERKEHR - National

FLUGZEUG: Es gibt gegenwärtig keinerlei Luftverkehr innerhalb des Landes. Vor den Sanktionen bestanden regelmäßige Verbindungen zwischen Bagdad, Basra und Mosul.
BAHN: *State Enterprise for Iraqi Railways* betreibt die Bahnverbindungen. Das Schienennetz umfaßt über 2000 km. Weitere 300 km Schienenstrecke werden gegenwärtig gebaut. Die Hauptstrecke führt von der syrischen Grenze bei Tel-Kotchek nach Mosul, Bagdad und Basra. Es gibt auch Züge von Bagdad nach Kirkuk und Arbil, und drei Züge pro Tag zwischen Bagdad und Basra. Schlafwagen, Speisewagen und klimatisierte Abteile sind z. T. vorhanden.
Anmerkung: Viele Gleisanlagen sind im Krieg zerstört worden, und es ist ungewiß, ob es zur Zeit überhaupt Personenverkehr im Irak gibt. Erkundigen Sie sich bei der *State Enterprise for Iraqi Railways* nach dem aktuellen Stand.
BUS/PKW: Das Straßennetz umfaßt 36.000 km geteerte Straßen. Die größten Straßen führen von Bagdad nach Kirkuk, Arbil, Nineve und Zakho; von Bagdad zur jordanischen Grenze; von Bagdad nach Kanaquin (iranische Grenze); von Bagdad nach Hilla und Kerbela sowie von Bagdad nach Basra und Safwan (kuwaitische Grenze). **Fernbusse:** Es bestehen regelmäßige Busverbindungen zwischen Bagdad und den anderen größeren Städten. **Taxi:** Es gibt Kurz- und Langstreckentaxis. Preise werden am besten im voraus vereinbart. Taxis mit Taxameter berechnen den doppelten angegebenen Preis. Trinkgeld wird nicht erwartet. **Mietwagen** sind am Flughafen und in Bagdad erhältlich. **Unterlagen:** Internationaler Führerschein und Haftpflichtversicherung sind erforderlich.
STADTVERKEHR: Das Linienbusnetz in Bagdad ist umfassend mit Doppeldeckerbussen, privaten Minibussen und Sammeltaxis. Fahrkarten werden vor Fahrtantritt am Kiosk gekauft. Eine U-Bahn befindet sich im Bau.

UNTERKUNFT

HOTELS sind in erster Linie auf Geschäftsreisende eingestellt. Die Anzahl moderner Hotelzimmer ist begrenzt, Vorausbuchung wird dringend empfohlen. Die Preise der exklusiven Hotels werden von der Regierung vorgeschrieben. Es gibt auch kleinere und preiswertere Hotels, der Standard ist jedoch merklich niedriger. Hotelrechnungen müssen in Devisen bezahlt werden.

URLAUBSORTE & AUSFLÜGE

Anmerkung: Viele Gegenden haben durch den Golfkrieg große Schäden erlitten; die einst intakte Infrastruktur ist regional stark beschädigt oder ganz zerstört worden.
BAGDAD UND UMGEBUNG: Nach dem Golfkrieg befindet sich Bagdad noch immer im Wiederaufbau. Der altehrwürdige Tigris bestimmt das Stadtbild, und die Regierung ist bemüht, den islamischen Charakter der Stadt zu erhalten; die Ruinen historischer Gebäude, z. B. des *Ike-Abbasid-Palastes*, stehen unter Denkmalschutz. Auf den alten Märkten wird weiterhin Handel getrieben. Interessant sind die Museen für Irakische Volkskunst und für Moderne Kunst.
Besichtigungen: Südlich der Hauptstadt liegt **Babylon**, im Altertum die Hauptstadt des stolzen babylonischen Reiches. Die Stadt und vor allem die berühmten *Hängenden Gärten der Semiramis*, eines der Sieben Weltwunder, werden zur Zeit restauriert. In **Kerbela** und **Najaf** befinden sich Moscheen, die zu den wichtigsten islamischen Heiligtümern gehören. Die Moschee in Najaf beherbergt das Grab Alis, des Schwiegersohns des Propheten und Gründers der schiitischen Glaubensrichtung. Weiter im Süden liegt **Ur**, die alte sumerische Hauptstadt und Geburtsort Abrahams.
DER NORDEN/KURDISTAN: Der Norden ist bergig und bewaldet. Die Spannungen zwischen der Regierung und den Kurden, die einen selbständigen kurdischen Staat aufbauen wollen, machen Reisen in diese Region gegenwärtig nicht empfehlenswert. Erkundigen Sie sich bei der Botschaft nach den jüngsten Entwicklungen.
Besichtigungen: Kirkuk hat seit der Entdeckung von Erdöl an Bedeutung gewonnen. Die berühmten »ewigen Feuer« kommen durch aus der Erde austretendes Gas zustande. **Mosul** ist die größte Stadt der Region, hier gibt es den *Palast von Qara Sarai* (13. Jh.) und die alte *Moschee von Nabi Jirjis* zu besichtigen. **Nineve** und **Nimrud**, alte Hauptstädte des assyrischen Reiches, sind reichbestückte archäologische Ausgrabungsstätten in der Nähe von Mosul. Viele der archäologischen Funde sind im Museum in Mosul ausgestellt. **Arbil** ist möglicherweise die älteste noch bewohnte Stadt der Welt.

SOZIALPROFIL

ESSEN & TRINKEN: In den Restaurants werden europäische und nahöstliche Gerichte serviert. Zu den irakischen Spezialitäten zählen *Kibbeh* (*Bulghur*-Weizen mit Hackfleisch, Nüssen, Rosinen, Gewürzen, Petersilie und Zwiebeln), *Dolma* (Weinblätter, Kohl, Salat, Zwiebeln, Auberginen, Kürbis oder Gurken gefüllt mit Reis, Fleisch und Gewürzen), *Tikka* (gegrilltes Hammelfleisch am Spieß), *Quozi* (ein ganzes Lamm, das gekocht, dann gegrillt und mit Reis, Hackfleisch und Gewürzen gefüllt auf Reis serviert wird) und *Masgouf* (Fisch aus dem Tigris, der am Ufer gebraten wird). **Getränke:** Im Rahmen der streng eingehaltenen islamischen Gesetze ist der Alkoholkonsum eingeschränkt, was praktisch bedeutet, daß alkoholische Getränke nur in internationalen Hotels erhältlich sind. Während des Fastenmonats Ramadan ist das Rauchen und Trinken in der Öffentlichkeit verboten. Unter Umständen ist für den Alkoholkonsum eine Genehmigung erforderlich.
NACHTLEBEN: In Bagdad und anderen Städten gibt es Nachtklubs mit Kabarett, Musik und Tanz, außerdem Kinos, Theater und Bars.
EINKAUFSTIPS: Auf den seit Menschengedenken existierenden Märkten in Bagdad werden Kupferwaren, Silberartikel, Gewürze, bunte Teppiche und Läufer verkauft. In Bagdad ist der geschäftige Kupfermarkt Mittelpunkt des Lebens. Die Kupferschmiede hämmern Gefäße auf Bestellung in kunstvolle Formen. **Öffnungszeiten der Geschäfte:** Sa-Do 08.30-13.00 und 17.00-19.00 Uhr.
SITTEN & GEBRÄUCHE: Der Irak ist ein kulturell reiches Land mit einer langen und bewegten Geschichte. Heute herrscht die traditionelle islamische Kultur vor, und die religiösen Gesetze des Korans bestimmen den Tagesablauf. Als Besucher empfiehlt es sich, die religiösen Sitten zu respektieren; dazu gehört auch, zurückhaltende Kleidung zu tragen. Seinen Gastgeber sollte man stets mit dem Titel und dem vollen Namen anreden. Die traditionelle arabische Gastfreundschaft ist ebenfalls ein islamisches Gesetz.
Fotografieren: Die Hinrichtung des englischen Journalisten Farzad Bazoft vor einigen Jahren macht deutlich, daß äußerste Vorsicht beim Fotografieren geboten ist; Regierungsanlagen und alle Gebäude und Veranstaltungen, die Besuchern nicht zugänglich sind, dürfen i. allg. nicht fotografiert werden. Einheimische lassen sich oft nicht gern fotografieren, da der Islam die Wiedergabe von Menschen- oder Tierbildern in jeder Form verbietet. Im Zweifelsfall lieber kein Foto machen.
Trinkgeld: 10-15%. Taxifahrer erwarten kein Trinkgeld, da der Fahrpreis im voraus vereinbart werden sollte.

WIRTSCHAFTSPROFIL

WIRTSCHAFT: Der irakisch-iranische Krieg setzte dem kontinuierlichen irakischen Wirtschaftswachstum ein Ende, das vor allem durch die hohen Erlöse aus dem Erdölexport ermöglicht wurde. Während des Krieges war die allgemeine industrielle Entwicklung zugunsten der Rüstungsindustrie und des Aufbaus eines umfassenden Waffenarsenals vernachlässigt worden, was zu einer hohen Auslandsverschuldung führte. Nach dem zweiten Golfkrieg stand die irakische Wirtschaft vor dem Ruin. Das monatelange Wirtschaftsembargo, die Zerstörung der Infrastruktur und die Reparationszahlungen an Kuwait belasteten die Wirtschaft schwer. Zur Behebung der Kriegsschäden mußte sich der Irak nach einem UN-Beschluß dazu verpflichten, einen Teil seiner Erdölerlöse in einen Entschädigungsfonds abzuführen. Die Mehrheit der Erwerbstätigen ist in der Landwirtschaft tätig, deren Produktivität in den letzten Jahren dank beträchtlicher Investitionen in Bewässerungsprojekte und Modernisierungsmaßnahmen anstieg. Die Einnahmen aus dem Erdölexport wurden auch für den Ausbau der Leichtindustrie verwendet, um die Abhängigkeit von Importen zu verringern. Die Bemühungen konzentrierten sich dabei bislang auf die Bereiche Textilien, chemische Industrie und Nahrungsmittel. Vor der Golfkrise erbrachte das Erdöl 95% der Exporterlöse; Hauptabnehmer waren die USA, die EU-Staaten, Brasilien, Japan und die Türkei.
GESCHÄFTSVERKEHR: Visitenkarten sind üblich, z. T. sind sie in Arabisch und Englisch gedruckt. Bei geschäftlichen Terminen werden oft auch andere als geschäftliche Themen angesprochen. **Geschäftszeiten:** Sa-Mi 08.00-14.00 Uhr, Do 08.00-13.00 Uhr. Büros sind in der Regel freitags geschlossen.
Kontaktadresse: *The Commercial Counsellor at the Austrian Embassy* (Außenhandelsstelle der Wirtschaftskammer Österreich), PO Box 2079, Alwiyah, Bagdad. Tel: (01) 776 11 64/65. Telefax: (01) 776 88 40. (z. Zt. geschlossen.)
Federation of Iraqi Chambers of Commerce (Handelskammer), Mustansir Street, Bagdad. Tel: (01) 888 61 11.

KLIMA

Im Sommer sehr heiß und trocken, im Winter warm mit geringen Niederschlägen.
Kleidung: Sehr leichte Sachen für den Sommer und Jacke oder Pullover für die Winterabende.

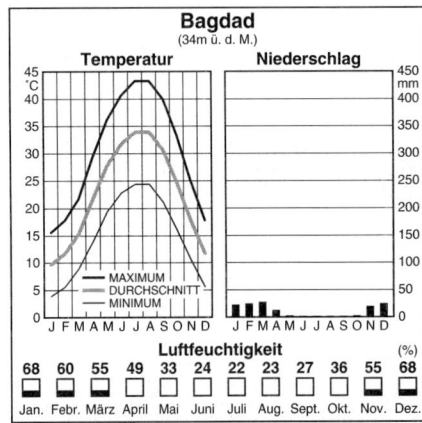

Eine weitere wichtige Veröffentlichung von Columbus Press ist der »World Travel Guide«, der jährlich herausgegeben wird und Informationen in englischer Sprache auf mehr als tausend Seiten über alle Länder der Erde enthält.

Weitere Einzelheiten von:
Columbus Press, Verkaufsabteilung, Aurikelweg 9, D-38108 Braunschweig.
Tel: 05309/2123. Telefax: 05309/2877.

Pass- und Visavorschriften mancher Länder können sich kurzfristig ändern – Im Zweifelsfall erkundigen Sie sich bitte vor der Abreise bei der zuständigen Botschaft

Iran

□ *Internationaler Flughafen*

Lage: Vorderasien, Naher Osten.

Iran National Tourist Organisation (INTO)
257 Motahari Avenue
Tehran 15868
Tel: (021) 62 20 08, 62 20 40. Telefax: (021) 62 61 58.
Botschaft der Islamischen Republik Iran
Godesberger Allee 133-137
D-53175 Bonn
Tel: (0228) 81 61-0. Telefax: (0228) 37 61 54, *Konsularabt.*: (0228) 81 61-193. Telefax: (0228) 81 61-194.
Mo-Fr 08.30-12.00 Uhr.
Generalkonsulat (mit Visumerteilung)
Podbielskiallee 67
D-14195 Berlin
Tel: (030) 841 91 80. Telefax: 832 98 74.
So-Do 08.30-12.30 Uhr.
Generalkonsulat (mit Visumerteilung)
Eichendorferstraße 54
D-60320 Frankfurt/M.
Tel: (069) 560 00 70. Telefax: (069) 56 00 07 28.
Mo-Fr 08.30-12.00 Uhr.
(nur persönliche Beantragung)
Generalkonsulat
Bebelallee 18
D-22299 Hamburg
Tel: (040) 514 40 60. Telefax: (040) 511 35 11.
So-Do 08.30-13.00 Uhr.
Generalkonsulat (mit Visumerteilung)
Mauerkircherstraße 59
D-81679 München
Tel: (089) 927 90 60. Telefax: (089) 981 01 05.
Mo-Fr 08.30-12.30 Uhr.
Botschaft der Islamischen Republik Iran
Jaurèsgasse 9
A-1030 Wien
Tel: (0222) 71 22 65-0, 712 26 57/-59. Telefax: (0222) 713 57 33, 713 46 94.
Mo-Fr 09.00-12.00 Uhr.
Botschaft der Islamischen Republik Iran

TIMATIC INFO-CODES	
*Abrufbar über Ihr CRS-System (für START/Amadeus Ama-Maske benutzen). Für Galileo bitte TI-DFT eingeben (**mit** Bindestrich).*	
Flughafengebühren	TI DFT/ THR /TX
Währung	TI DFT/ THR /CY
Zollbestimmungen	TI DFT/ THR /CS
Gesundheit	TI DFT/ THR /HE
Reisepassbestimmungen	TI DFT/ THR /PA
Visabestimmungen	TI DFT/ THR /VI

Thunstraße 68
CH-3006 Bern
Tel: (031) 351 08 01/02. Telefax: (031) 351 56 52.
Mo-Fr 09.00-12.00 Uhr.
Botschaft der Bundesrepublik Deutschland
324 Ferdowsi Avenue
PO Box 11365-179
Teheran
Tel: (021) 311 41 11/-15. Telefax: (021) 39 84 74.
Botschaft der Republik Österreich
Argentine Square 78
Embassy Building, 3rd floor
PO Box 15115-455
Teheran
Tel: (021) 871 07 53. Telefax: (021) 871 07 78.
Botschaft der Schweizerischen Eidgenossenschaft
13/1 Avenue Boustan
Elahieh
PO Box 19395-4683
Teheran
Tel: (021) 26 82 26/27, 200 52 42. Telefax: (021) 26 94 48.

FLÄCHE: 1.648.000.qkm.
BEVÖLKERUNGSZAHL: 64.169.000 (1993).
BEVÖLKERUNGSDICHTE: 39 pro qkm.
HAUPTSTADT: Teheran. Einwohner: 6.475.527 (1991).
GEOGRAPHIE: Der Iran liegt im Nahen Osten und grenzt im Norden an Armenien, Aserbaidschan, Turkmenistan und das Kaspische Meer, im Osten an Afghanistan und Pakistan, im Süden an den Persischen Golf und den Golf von Oman und im Westen an den Irak und die Türkei. Der Osten und die Landesmitte bestehen zum größten Teil aus unfruchtbarer Wüste, die von Qanats (Bewässerungskanälen) und Oasen aufgelockert wird. Die vorherrschende ca. 1000 m hoch gelegene Steppe wird von verschiedenen Gebirgsketten wie dem Zagros-Gebirge durchzogen. Die Landschaft an der Westgrenze zum Irak und zur Türkei ist ebenfalls gebirgig. Im Norden erhebt sich das Elburs-Gebirge steil aus der fruchtbaren Region am Kaspischen Meer.
STAATSFORM: Islamische Präsidialrepublik, seit 1979. Staatsoberhaupt und Regierungschef: Hodjatolislam Ali Akbar Haschemi Rafsandschani, seit Juli 1989. Parlament mit 270 Abgeordneten, Parteien sind nicht zugelassen. Im April 1992 wurden zum ersten Mal seit dem Tod Khomeinis Parlamentswahlen abgehalten, aus denen der als gemäßigt und fortschrittlich geltende Rafsandschani und seine Anhänger siegreich hervorgingen. Bei den Präsidentschaftswahlen im Juni 1993 wurde Haschemi Rafsandschani als Staatspräsident wiedergewählt.
SPRACHE: Persisch (*Farsi*) wird am häufigsten gesprochen. Arabisch wird im südwestlichen Khuzistan und Türkisch im Nordwesten um Tabriz gesprochen. Viele Beamte und Geschäftsleute verstehen Englisch, Französisch und manchmal auch Deutsch.
RELIGION: Überwiegend Islam (90% Schiiten, 8% Sunniten); christliche, jüdische und parsische Minderheiten.
ORTSZEIT: MEZ + 2 Std. 30.
NETZSPANNUNG: 220 V, 50 Hz.
POST- UND FERNMELDEWESEN: Telefon: Selbstwählferndienst. **Landesvorwahl:** 98. **Telexe/Telegramme** können im Haupttelegrafenamt (Meydan Imam Khomeini, Teheran) aufgegeben werden; es gibt drei Tarife. Die großen Hotels haben auch Telexanschlüsse.
Post: Luftpost nach Europa ist mindestens zwei Wochen unterwegs. Das Teheraner Hauptpostamt liegt in der Imam Khomeini Avenue. Öffnungszeiten der Postämter: Sa-Do 08.00-14.00 Uhr.
DEUTSCHE WELLE
Der Einsatz der Kurzwellenfrequenzen ändert sich mehrfach im Laufe eines Jahres, und Sendungen auf den folgenden Frequenzen werden jeweils nur zu bestimmten Tageszeiten ausgestrahlt. Näheres in der Einleitung.

MHz	21,560	17,845	15,275	13,780	9,545
Meterband	13	16	19	22	31

REISEPASS/VISUM

Wichtiger Hinweis: Die Einreisebestimmungen mancher Länder können sich kurzfristig ändern – rufen Sie sicherheitshalber auf Ihrem CRS-System (TIMATIC-Info-Code-Fenster in diesem Kapitel) den aktuellen Stand ab bzw. wenden Sie sich an die zuständige diplomatische Vertretung. Etwaige Zahlen in der Tabelle beziehen sich auf nachfolgende Fußnoten.

	Paß erforderlich?	Visum erforderlich?	Rückflugticket erforderlich?
Deutschland	Ja	Ja	Ja
Österreich	Ja	Ja	Ja
Schweiz	Ja	Ja	Ja
Andere EU-Länder	Ja	Ja	Ja

Einreisebeschränkungen: Staatsbürgern von Israel und Frauen, die sich den islamischen Kleidungsvorschriften nicht beugen, wird die Einreise verweigert.
REISEPASS: Allgemein erforderlich.
VISUM: Allgemein erforderlich, ausgenommen sind Staatsbürger der Türkei (für Aufenthalte von bis zu 3 Monaten) und von Saudi-Arabien.

Visaarten: Geschäfts- (nur für deutsche Staatsbürger), Touristen- und Transitvisa.
Visagebühren: Sowohl (Geschäfts-), Touristen- und Transitvisa: 80 DM für Deutsche, 560 öS für Österreicher, 74 sfr für Schweizer.
Anmerkung: (a) Visa werden nur ausgestellt, wenn der Reisepaß noch mindestens 6 Monate gültig ist. (b) Auf der Insel Qeshm, einem Freihafen, kann man sich zwei Wochen lang ohne Visum aufhalten, nähere Informationen von *Kish Air* in Teheran, Tel: (021) 802 95 45 oder von *ITCS* (Iran Touring and Consular Services) in London, Tel: (0171) 937 22 88.
Gültigkeitsdauer: Touristenvisa: Von der Zustimmung des Außenministeriums in Teheran abhängig. Transitvisa: Bis zu 7 Tagen. Anträge auf Aufenthaltsverlängerung sollten an das Ausländeramt des Teheraner Polizeipräsidiums gestellt werden.
Antragstellung: Konsulat oder Konsularabteilung der Botschaft (Adressen s. o.).
Unterlagen: *Deutschland:* (a) 2 Antragsformulare. (b) 2 Paßfotos. (c) Gültiger Reisepaß. (d) Für Geschäftsvisa benötigt man eine Genehmigung des iranischen Außenministeriums, die vom iranischen Geschäftspartner beantragt werden muß. *Österreich:* (a) 3 Antragsformulare. (b) 2 Paßfotos. (c) Gültiger Reisepaß. *Schweiz:* (a) 2 Antragsformulare. (b) 3 Paßfotos.
In manchen Fällen wird eine Buchungsbestätigung der Rück- oder Weiterreise erfordert. Der postalischen Antragstellung sollte ein frankierter Rückumschlag beigelegt werden.
Bearbeitungszeit: Unterschiedlich: von 2-3 Tagen bis zu 3 Wochen, da die meisten Visa vom Außenministerium in Teheran bestätigt werden müssen.
Aufenthaltsgenehmigung: Wer sich länger als 3 Monate im Land aufhalten möchte, braucht eine Aufenthaltsgenehmigung. Der Antrag muß innerhalb von 8 Tagen nach der Einreise an das Polizeipräsidium oder an das Außenministerium in Teheran gestellt werden.

GELD

Währung: 1 Iranischer Rial (RL). 10 RL = 1 Tuman. Banknoten gibt es im Wert von 10.000, 5000, 2000, 1000, 500, 200 und 100 RL; Münzen in den Nennbeträgen 250, 100, 50, 20, 10 und 5 RL.
Wechselkurse

	RL Sept. '92	RL Febr. '94	RL Jan. '95	RL Jan. '96
1 DM	43,57	1011,31	1115,67	2086,96
1 US$	64,76	1755,60	1729,31	3000,00

Devisenbestimmungen: Es gibt keine Einfuhrbeschränkungen für Fremdwährungen, es besteht jedoch Deklarationspflicht. Die Ausfuhr von Fremdwährungen ist auf die bei der Einreise deklarierte Summe beschränkt. Die Einfuhr der Landeswährung ist auf 20.000 RL beschränkt, die Ausfuhr auf 200.000 RL. Größere Summen müssen von der Zentralbank genehmigt werden.
Öffnungszeiten der Banken: Sa-Mi 09.00-16.00 Uhr, Do 09.00-12.00 Uhr. Freitags geschlossen. Mit einer Ausnahme wurden im Juni 1979 alle Banken verstaatlicht. Seit der Revolution ist die Zahl der Auslandsbanken drastisch gesunken, es gibt zur Zeit aber noch 30 Niederlassungen ausländischer Banken.

DUTY FREE

Folgende Artikel können zollfrei in den Iran eingeführt werden:
200 Zigaretten oder die gleiche Menge anderer Tabakartikel; Parfüm für den persönlichen Bedarf; Geschenke bis zu einem Zoll-/Steuerwert von 11.150 RL.
Einfuhrverbot: Alkohol, Betäubungsmittel, Schußwaffen und Munition, Modezeitschriften und obszöne Fotografien, Videokassetten, Kassetten, Tonbandaufnahmen oder gedrucktes Material, das gegen die Regierungslinie verstößt.

GESETZLICHE FEIERTAGE

28. Mai '96 Ashoura. **5. Juni** Jahrestag des Aufstandes gegen das Schah-Regime. **14. Juli** Märtyrertod des Imam Ali. **28. Juli.** Mouloud (Geburtstag des Propheten). **17. Aug.** Todestag des Propheten. **8. Dez.** Leilat al-Meiraj (Himmelfahrt Mohammeds). **10. Jan. '97** Beginn des Ramadan. **10. Febr.** Beginn des Eid al-Fitr (Ende des Ramadan). **11. Febr.** Jahrestag der Revolution. **März** Iranisches Neujahr. **20. März** Tag der Ölverstaatlichung. **1. April** Jahrestag der Gründung der Republik. **2. April** Tag der Revolution. **18. April** Eid al-Adha (Opferfest).
Anmerkung: Die angegebenen Daten für islamische Feiertage sind nach dem Mondjahr berechnet und verschieben sich daher jährlich. Während des Fastenmonats Ramadan, dem das Festtag Eid al-Fitr vorangeht, wird nicht tagsüber gegessen, sondern erst nach Sonnenuntergang, wodurch der normale Geschäftsablauf gestört werden kann. Diese Unterbrechungen können auch während des Eid al-Fitr auftreten. Dieses Fest, ebenso wie das Eid al-Adha, hat keine festgelegte Zeitdauer und kann je nach Region 2-10 Tage dauern. Nähere Informationen im Kapitel Welt des Islam (s. Inhaltsverzeichnis).

6 x wöchentlich nonstop Deutschland-Iran

IRANAIR ROUTE MAP

In den 35 Jahren ihres Bestehens ist **IranAir** zu einer bedeutenden internationalen Fluggesellschaft gewachsen, die eine Vielzahl von Zielen in Europa, sowie dem Mittleren und Fernen Osten anfliegt. Auch das Streckennetz im Inland wurde kontinuierlich verbessert und ausgebaut.

Ob geschäftlich oder privat unterwegs, oder ob Sie als Tourist zu einer Reise durch 3 Jahrtausende Kulturgeschichte aufbrechen – **IranAir** bringt Sie bequem und sicher, schnell und preiswert an Ihren Bestimmungsort.

Genießen Sie, wie jedes Jahr über fünf Millionen Passagiere, den anspruchsvollen, aufmerksamen Bordservice der **IranAir** und erleben Sie die sprichwörtliche iranische Gastlichkeit – für **IranAir** Tradition und Verpflichtung zugleich.

Als einzige Fluggesellschaft verbindet **IranAir** sechsmal pro Woche Deutschland mit dem Iran – viermal ab Frankfurt und zweimal ab Hamburg.

Nonstop erreichen Sie an Bord eines neuen, komfortablen Airbus A300-600 Teheran und haben von dort äußerst preisgünstige Anschlüsse an das gut ausgebaute Inland-Streckennetz der **IranAir** und an Flüge in die meisten der arabischen Nachbarstaaten.

Die **IranAir** "Homa Class" – benannt nach dem legendären Homa-Vogel der iranischen Sagenwelt, der zugleich auch das Emblem der **IranAir** ist – bietet den Passagieren First Class-Standard in Service, Beinfreiheit und Sitzkomfort zum günstigen Preis der Business Class.

Aber auch in der Touristenklasse erwartet unsere Fluggäste eine Menüauswahl, und Sie werden mit ausgesuchten Köstlichkeiten der internationalen und iranischen Küche verwöhnt, während die günstige Anordnung der Sitze Ihnen ausreichend Bewegungsfreiheit läßt.

Soeben erst hat **IranAir** ihre Flotte mit modernsten Flugzeugen des Typs 'Airbus' verjüngt. Sie verbinden Hamburg und Frankfurt mit Teheran, bei Bedarf können aber auch Boeing B747 'Jumbo Jets' eingesetzt werden, die über eine größere Sitzkapazität verfügen.

خوش آمدید – Willkommen an Bord!

IranAir
The Airline of the
Islamic Republic of Iran

GESUNDHEIT

In der folgenden Tabelle aufgeführte Impfvorschriften können sich kurzfristig ändern. Es wird stets empfohlen, auf Ihrem CRS-System (TIMATIC-Info-Code-Fenster in diesem Kapitel) den aktuellen Stand der Gesundheitsbestimmungen abzurufen bzw. rechtzeitig vor der Reise ärztlichen Rat einzuholen.

	Vorsichtsmaßnahmen empfohlen	*Impfschein erforderlich*
Gelbfieber	Nein	-
Cholera	Ja	1
Typhus & Polio	Ja	-
Malaria	2	-
Essen & Trinken	3	-

[1]: Eine Impfbescheinigung gegen Cholera ist keine Einreisebedingung, das Risiko einer Infektion besteht jedoch. Da die Wirksamkeit der Schutzimpfung umstritten ist, empfiehlt es sich, rechtzeitig vor Antritt der Reise ärztlichen Rat einzuholen. Näheres unter *Gesundheit* (s. Inhaltsverzeichnis).
[2]: Malariarisiko besteht zwischen März und November in den Provinzen von Sistan-Belutschistan, Hormozgan und Kerman. Die gefährlichere Form *Plasmodium falciparum* soll Chloroquin-resistent sein.
[3]: Leitungswasser ist normalerweise gechlort und relativ sauber, es können jedoch leichte Magenverstimmungen auftreten. Für die ersten Wochen des Aufenthaltes wird daher abgefülltes Wasser empfohlen, welches überall erhältlich ist. Milch ist meist pasteurisiert, unpasteurisierte Milch sollte abgekocht werden. Trocken- und Dosenmilch nur mit keimfreiem Wasser anrühren. Milchprodukte aus ungekochter Milch vermeiden. Fleisch- und Fischgerichte nur gut durchgekocht und heiß serviert essen. Der Genuß von rohen Salaten und Mayonnaise sollte vermieden werden. Gemüse sollte gekocht und Obst geschält werden.
Tollwut kommt vor. Wer ein erhöhtes Risiko eingeht (z. B. längerer Aufenthalt in abgelegenen Gebieten), sollte vor Reiseantritt eine Schutzimpfung erwägen. Bei Bißwunden so schnell wie möglich ärztliche Hilfe in Anspruch nehmen. Einzelheiten im Kapitel *Gesundheit* (s. Inhaltsverzeichnis).
Erreger der *Harnwegs-Bilharziose* kommen in manchen Teichen und Flüssen vor, das Schwimmen und Waten in Binnengewässern sollte daher vermieden werden. Gut gepflegte Schwimmbecken mit gechlortem Wasser sind ungefährlich.
Hepatitis A, B und *E* kommen ebenfalls vor.
Gesundheitsvorsorge: Die medizinischen Einrichtungen außerhalb Teherans sind beschränkt. Der Abschluß einer Reisekrankenversicherung wird empfohlen.

REISEVERKEHR - International

FLUGZEUG: Irans nationale Fluggesellschaft heißt *Iran Air* (IR). Die neue *Kish Air* verbindet die Insel Kish und andere Städte im Iran mit Dubai, Zypern und den südlichen Republiken der GUS. Auf der Insel Kish kann man sich zwei Wochen lang ohne Visum aufhalten.
Durchschnittliche Flugzeiten: *Frankfurt* – Teheran: 5 Std; *Wien* – Teheran: 4 Std. 30; *Zürich* – Teheran: 6 Std. 25.
Internationaler Flughafen: *Teheran Mehrabad (THR)* liegt 5 km westlich der Stadt. Flughafenbusse und Taxis sind vorhanden. Am Flughafen gibt es eine Bank, Post, Restaurants, Imbißstube, Bar, Duty-free-Shop, Autovermietung, Touristinformation, Hotelreservation, behindertengerechte Einrichtungen und Geschäfte.
Flughafengebühren: 7000 RL bei der Ausreise, ausgenommen sind Kinder unter zwei Jahren und Transitpassagiere, die den Flughafen nicht verlassen.
SCHIFF: Der Haupthafen Khorramshahr wurde im Krieg mit Irak vollkommen zerstört. Die Häfen Bandar Abbas und Bandar Anzali sind noch in Betrieb. *P&O* verbindet die iranischen Häfen mit den anderen Staaten am Persischen Golf und mit Karachi.
BAHN: Einmal pro Woche fährt ein Zug mit Schlafwagen von Moskau nach Teheran. Wenn die Strecke *Qom – Zahedan* fertiggestellt ist, wird sie Europa mit Indien verbinden; gegenwärtig ist jedoch die Bahnverbindung zwischen der Türkei und Teheran unterbrochen. Weitere Informationen erhalten Sie von der Botschaft oder der Iranischen Staatsbahn (s. u.).
BUS/PKW: Es gibt keine zuverlässigen internationalen Straßenverbindungen in den Iran. Mehrere Straßen führen von der Türkei und Pakistan in den Iran, ihre Benutzung wird jedoch nicht empfohlen. Weitere Einzelheiten über die politische Situation erhalten Sie u. a. von der Botschaft. Bitte lesen Sie auch die Informationen in der Rubrik *Unterlagen* (s. u.).

REISEVERKEHR - National

FLUGZEUG: *Iran Air* fliegt Teheran, Tabriz, Isfahan, Shiraz, Mashhad, Khorramshahr, Zahedan und andere größere Städte des Landes an. *Aseman Air* und *Kish Air* bieten ebenfalls Inlandflüge an. Aufgrund der Größe des Landes ist das Flugzeug das übliche Verkehrsmittel.
BAHN: Der Ausbau des Trans-Iranischen Eisenbahnnetzes wurde erst 1938 begonnen. Das 4560 km lange Streckennetz wird von der Iranischen Staatsbahn betrieben. Die Hauptstrecke verbindet Bandar-e Khomayni am Persischen Golf mit Bandar-e Torkman im Südosten am Kaspischen Meer und führt über Ahvaz, Dorud, Arak, Qom, Teheran und Sari. Weitere Bahnlinien führen in abgelegenere Provinzen. Die Grenzübergänge sind Razi (zur Türkei) und Jolfa (nach Armenien). Es gibt viele Berg- und Wüstengebiete, die man nur per Zug erreichen kann. Gegenwärtig sind Zugverbindungen allerdings unzuverlässig. In den meisten Zügen gibt es klimatisierte Abteile sowie Schlaf- und Speisewagen. Auf allen Strecken verkehren täglich Züge. Mehrere neue Strecken werden derzeit ausgebaut, andere repariert.
BUS/PKW: Über 50.000 km befestigte Straßen und 490 km Autobahn stehen zur Verfügung; die Qualität läßt teilweise zu wünschen übrig. Die beiden Hauptstraßen, die A1 und A2, verbinden die irakische und pakistanische sowie die afghanische und türkische Grenze. **Bus:** Das Busnetz ist gut ausgebaut, Busse sind preiswert und komfortabel; man sollte sich jedoch nicht auf Fahrpläne verlassen. **Taxis** gibt es in allen Städten. Die Stadttaxis (orange oder blau) befördern mehrere Personen zur gleichen Zeit und sind preiswerter als die privaten Taxis, die nur einen Fahrgast aufnehmen. Sammeltaxis, die bis zu zehn Personen befördern können, stehen für Fahrten innerhalb der Städte zur Verfügung. Fahrpreise sollten im voraus vereinbart werden. **Mietwagen** gibt es in den meisten Städten und an Flughäfen. **Unterlagen:** Internationaler Führerschein und Unfallversicherung. Autofahrer, die in den Iran einreisen, brauchen ein *Carnet de Passage* oder müssen eine hohe Kaution hinterlegen.
STADTVERKEHR: Teheran hat ein weitverzweigtes Busnetz mit einstöckigen und Doppeldeckerbussen. Fahrkarten kauft man im voraus am Kiosk. Der Bau einer U-Bahn mit 4 Linien wurde nach der Revolution 1979 eingestellt und erst 1986 wiederaufgenommen.
FAHRZEITEN von Teheran zu den folgenden größeren iranischen Städten (ungefähre Angaben in Std. und Min.):

	Flugzeug	Bahn	Bus/Pkw
Ahwaz	1.30	19.00	17.00
B. Abbas	1.55	-	28.00
Isfahan	1.00	9.00	8.00
Kerman	1.30	18.00	20.00
Mashhad	1.30	15.00	14.00
Shiraz	1.30	-	15.00
Tabriz	1.20	11.00	12.00

UNTERKUNFT

HOTELS: Es gibt einige Hotels und eine gute Auswahl an Unterkünften. Hotels mit international bekannten Namen werden nicht unbedingt von den gleichnamigen Ketten betrieben. Studentenunterkünfte sind auch in kleinen Hotels erhältlich. Schulen und Privathäuser bieten ebenfalls Zimmer an.
CAMPING: Die Anzahl der Campingplätze ist begrenzt, vom Zelten auf Privatgrundstücken wird abgeraten. Wer dennoch zelten möchte, muß sich bei der Polizei registrieren lassen.

URLAUBSORTE & AUSFLÜGE

Teheran, die Landeshauptstadt, ist eine überwiegend moderne Stadt – Teile der schönen Altstadt sind jedoch erhalten geblieben. Die *Shahid-Motahari-Moschee* mit ihren acht Minaretten bietet eine gute Aussicht über die Stadt. Es gibt Museen für Archäologie, Völkerkunde, Zeitgenössische Kunst, Glas, Keramik, Kunstgewerbe und für Volkskunde. Die historischen Städte **Rey, Varamin, Qazvin** und **Shemshak** sind ohne weiteres von Teheran aus erreichbar.
Tabriz ist die zweitgrößte Stadt des Landes und ist bekannt für seine Blaue Moschee (1465). Der überdachte Qaisariyeh-Basar stammt aus dem 15. Jahrhundert. Etwa 22 km vom Salzsee entfernt liegt **Oroumiyeh,** der angebliche Geburtsort des Religionsstifters Zoroaster (Zarathustra). Die Städte **Ardabil, Astara, Bandar Anzali** und **Rasht** am Kaspischen Meer sind ebenfalls einen Besuch wert.
Das Goldene Dreieck ist der gebräuchliche Name für die von den Städten **Hamadan, Kermanshah** (Bakhtaran) und **Khorrambad** umgrenzte Region. Dieser Teil des Iran hat einen reichen historischen Hintergrund, die Seidenstraße führte viele Jahrhunderte lang durch diese reizvolle Landschaft. So manche Überreste von 6000 Jahre alten Siedlungen können hier besichtigt werden. **Hamadan** war die Sommerresidenz der achämenidischen Herrscher (Susa war die Winterresidenz), es gibt auch einige schöne Sehenswürdigkeiten wie etwa den Steinlöwen aus der Zeit Alexanders des Großen.
Kermanshah ist ein guter Ausgangspunkt für Ausflüge nach *Tagh-e Bostan* mit seinen Reliefs aus der sassanidischen Zeit und *Bisotun* mit Reliefs von Herrschern aus verschiedenen Epochen. Der *Seleucid-Tempel* der Artemis in **Kangavar** besteht aus großen, umgestürzten Säulen, die jetzt wiederaufgebaut werden.
Isfahan ist die ehemalige Hauptstadt Persiens. Mittelpunkt der Stadt ist ein wunderschöner Platz, der ca. siebenmal so groß ist wie der Markusplatz in Venedig. Hier steht die Moschee *Masjid-e Imam* mit ihren blauen Kacheln, das Wahrzeichen der Stadt und vielleicht eines der schönsten Bauwerke des Islam. Die Moscheen, Paläste, Brücken und Gartenanlagen sind ein Muß für jeden an islamischer Architektur interessierten Reisenden. Die »Freitags-Moschee« (*Masjid-e Jomeh*) ist jetzt ein Museum für islamische Architektur. Die *Shaikh-Lotfullah-Moschee* ist für den Stalaktiteneffekt des Nordeingangs berühmt. Die Basare sind sehr zu empfehlen, besonders für Kunsthandwerk und Schmuck.
Shiraz ist die Hauptstadt der **Provinz Fars** und gehört zu den interessantesten historischen Städten des Landes. Die persischen Dichter Hafis und Omar Chaijam lebten hier. Einige Gebäude stammen aus dem 9. Jahrhundert, gepflegte Gärten und Parks laden zu Spaziergängen ein. 50 km entfernt liegt **Persepolis**, Hauptstadt Darius I. Hier befinden sich umfangreiche Palastanlagen und u. a. der zeremonielle Sitz des Darius auf einer riesigen Plattform, die aus dem Berg Kuh-e Rahmat gemeißelt wurde. Obwohl Alexander der Große die Stadt niederbrennen ließ, sind die Ruinen immer noch sehr beeindruckend.
Khorasan ist eine große Provinz im Osten des Landes. Im frühen Mittelalter war sie ein Zentrum für Gelehrte. **Mashhad** ist ein ehemaliger Handelsposten an der Seidenstraße und eine der heiligen Städte des Islam. Das Mausoleum des Imam Reza befindet sich hier, des achten Imam der Schiiten.
In der Stadt **Kerman** in der südlichen Wüstenregion befinden sich mehrere prachtvolle Moscheen, ein sehr alter Basar, alte Bäder und die Ruine einer Zitadelle.

SOZIALPROFIL

ESSEN & TRINKEN: Reis wird im Iran ganz ausgezeichnet zubereitet und ist das Grundnahrungsmittel. Zu den Landesspezialitäten zählen *Chelo Khoresh* (Reis mit Gemüse und Fleisch in einer Nußsoße), *Polo Sabzi* (Pilaureis mit frischen Kräutern), *Polo Chirin* (süßsaurer Safranreis mit Rosinen, Mandeln und Apfelsinen), *Adas Polo* (Reis, Linsen und Fleisch), *Morgh Polo* (Huhn und Pilaureis), *Chelo Kababs* (Reis mit über Holzkohle gegrillten Fleischspießen), *Kofte* (Hackfleischbällchen), *Kofte Gusht* (Hackbraten), *Abgusht* (Eintopf), *Khoreshe Badinjan* (Hammel- und Auberginenеintopf), *Mast-o-Khier* (kalte Joghurtsuppe mit Pfefferminze, kleingehackten Gurken und Rosinen) und *Dolmeh* (gefüllte Auberginen, Zucchini oder Paprika). Die meisten iranischen Gerichte werden mit Löffel und Gabel gegessen, aber Besucher können westliche Gerichte bestellen und Messer und Gabel benutzen. Obst- und Gemüsesäfte sowie Mineralwasser sind sehr beliebt. Teehäuser (*Ghahve Khane*) sind überall zu finden. Alkoholkonsum ist streng verboten.
EINKAUFSTIPS: Die Geschäfte bieten eine große Warenauswahl in guter Qualität. Einheimische Produkte kann man in den Basaren kaufen. Beliebte Mitbringsel sind handgeschnitzte Intarsienarbeiten, Teppiche, Läufer, Seide, Lederwaren, Tischdecken, Gold-, Silber-, Glas- und Keramikwaren.
SPORT: Wasserski-Möglichkeiten bestehen am Karadj-Damm in der Nähe von Teheran. **Schwimmen:** Die Benutzung der Hotel-Swimmingpools steht jedem frei, ist jedoch nur für Hotelgäste kostenlos. Einige Hotels haben **Tennisplätze**, im Amjadieh-Sportzentrum (Teheran) kann man Stunden nehmen. Es gibt mehrere **Reitklubs** in Teheran. Der 18-Loch-**Golfplatz** gehört zum Teheraner Hilton-Hotel in der Straße Valiye Asr.
Wintersport: Die Skisaison im Elburs-Gebirge dauert von Januar bis März. Beliebte Wintersportorte sind: *Abe Ali*, 62 km östlich von Teheran; der *Noor-Hang*, 71 km von Teheran; *Shemshak*, 59 km von Teheran, und *Dizine* in der Nähe von Gatchsar. Man kann Ausrüstungen mieten, die üblichen Anlagen sind vorhanden. **Angeln:** In vielen Flüssen (Djaje-Rud, Karadje, Lar) gibt es Forellen. In den Karadje- und Sefid-Stauseen ist Angeln ebenfalls möglich. **Pferderennen** finden im Park-e Mellat (Teheran) statt. **Polo** wird auf dem Poloplatz in der Karadj-Straße (Teheran) gespielt.
SITTEN & GEBRÄUCHE: Seit der Entmachtung des Schahs wird das Land von westlichen Einflüssen abgeschirmt – die Gesetze des Korans bestimmen das tägliche Leben. Im Iran geben sich nur Personen gleichen Geschlechts zur Begrüßung die Hand. Der Besucher sollte seinen Gastgeber mit dem Nachnamen oder Titel ansprechen. Iraner sind sehr gastfreundlich. Einladungen zum Tee sind häufig, und von Gästen wird erwartet, daß sie nicht ablehnen. Wegen der islamischen Gebräuche sollte Kleidung zurückhaltend sein, dies ist besonders wichtig für Frauen – nehmen Sie ein Kopftuch mit! Geschäftsleute sollten Anzüge tragen; ebenso ist in guten Restaurants sowie zu besonderen Anlässen formelle Kleidung angebracht. Während des Ramadan sind Rauchen, Essen und Trinken in der Öffentlichkeit tagsüber verboten; in den größeren Hotels bewirtet man Gäste auch während des Ramadan tagsüber. **Fotografieren:** Das Fotografieren von militärischen Einrichtungen ist strengstens verboten. Diese sind nicht immer leicht erkennbar; daher wird um besondere Vorsicht gebeten. **Trinkgeld:** In den größeren Hotels werden 10-15% extra berechnet. In Restaurants (*Chelokababis*) hinterläßt man normalerweise ein kleines Trinkgeld. In Teehäusern und kleinen Hotels wird kein Trinkgeld erwartet.

WIRTSCHAFTSPROFIL

WIRTSCHAFT: Seit dem Ende des acht Jahre währenden iranisch-irakischen Krieges ist das Land mit dem Wiederaufbau der einst so leistungsfähigen iranischen Wirtschaft beschäftigt. Zur Beseitigung der Kriegsschäden wurden Auslandskredite aufgenommen. Wichtigste Exportgüter sind Erdöl und Erdölprodukte. Das Land ist reich an Bodenschätzen, insbesondere Kupfer, Chrom, Eisen und Kohle. Ein Großteil der Bevölkerung ist in der Landwirtschaft beschäftigt, deren Produktivität in den letzten zehn Jahren jedoch sehr gering war, so daß der Iran große Mengen an Nahrungsmitteln einführen mußte. Angebaut werden hauptsächlich Weizen, Gerste, Baumwolle, Tee und Tabak sowie Obst, Reis, Ölsaaten und Trockenfrüchte für den Export. Die vermehrten Importe haben zum Ansteigen der Inflationsrate beigetragen, die inoffiziell auf 40-60% geschätzt wird. Der Verfall des Rial während der letzten zehn Jahre hat die Importe erheblich verteuert. 1993/94 konnte jedoch ein Zuwachs des Bruttoinlandsprodukts von 3% verzeichnet werden. Im Zuge von Wirtschaftsreformen der Rafsandschani-Regierung soll auch eine 100%ige Auslandsbeteiligung an Unternehmen im Iran möglich gemacht werden. Die in der Vergangenheit oft gespannten Beziehungen zu den westlichen Ländern haben Teheran veranlaßt, neue Handelspartner zu suchen. Mit den Mitgliedstaaten der GUS wurden mehrere große Geschäftsabschlüsse erzielt. Die iranische Wirtschaftspolitik ist langfristig darauf ausgerichtet, die Wirtschaft zu diversifizieren, um die Abhängigkeit vom Erdölexport zu verringern. Die Regierung konzentriert sich dabei auf die Modernisierung der Landwirtschaft und den Ausbau der Leichtindustrie. 16% der Erdölexporte gehen an Japan. Andere wichtige Handelspartner sind die EU-Mitgliedstaaten, vor allem Deutschland, Italien, Frankreich sowie Spanien und die Republik Korea.
GESCHÄFTSVERKEHR: Geschäftsleute sprechen in der Regel Englisch. Handelt es sich bei dem Geschäftsreisenden um eine Frau, sollte dies aus der vorhergehenden Korrespondenz deutlich hervorgehen. Der Austausch von Visitenkarten ist nur unter Führungskräften üblich. Vorherige Terminvereinbarung und Pünktlichkeit werden erwartet. **Geschäftszeiten:** Sa-Mi 08.00-16.00 Uhr.
Kontaktadressen: *Official Irano-German Chamber of Industry and Commerce* (Offizielle Deutsch-Iranische Industrie- und Handelskammer), Avenue Khaled Eslambouli/19th Street 21, Teheran. Tel: (021) 871 22 30. Telefax: (021) 871 11 23.
The Commercial Counsellor at the Austrian Embassy (Österreichischer Handelsbeauftragter), Africa Expressway, Golgasht Street 21, Teheran. Tel: (021) 205 18 20, 204 77 91. Telefax: (021) 205 18 16.
Iran Chamber of Commerce, Industries and Mines (Iranische Industrie-, Handels- und Bergbaukammer), 254 Taleghani Avenue, Teheran. Tel: (021) 836 03 19. Telefax: (021) 882 51 11.

KLIMA

Verschiedene Klimazonen – in der Region um Teheran Kontinental-Klima. Die Sommer sind trocken und heiß, die Winter kalt. Es gibt wenig Niederschläge.
Kleidung: Zwischen April und Oktober typische Kleidung. Wärmere Kleidung zwischen November und März.

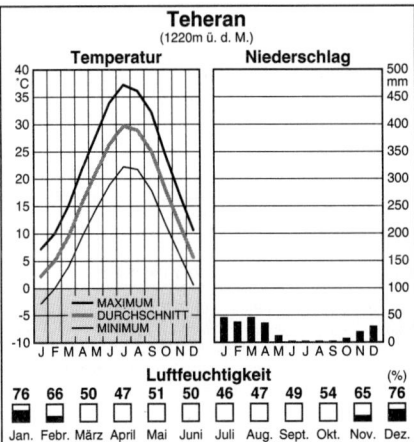

Zur Benutzung dieses Buches beachten Sie bitte auch die *Einleitung*

Republik Irland

☐ Internationaler Flughafen

Lage: Westeuropa.

Irische Fremdenverkehrszentrale
Untermainanlage 7
D-60329 Frankfurt/M.
Tel: (069) 23 64 92. Telefax: (069) 23 46 26.
Mo-Do 09.00-17.15 Uhr, Fr 09.00-17.00 Uhr.
Irische Fremdenverkehrszentrale
Landstrasser Hauptstraße 2
Hilton Center
16. Stock
A-1030 Wien
Tel: (0222) 715 83 17. Telefax: (0222) 713 60 04.
Mo-Fr 09.30-11.30 und 13.30-16.00 Uhr.
Irland Informationsbüro
Neumühle Töss
Neumühlestraße 42
CH-8406 Winterthur
Tel: (052) 202 69 06/07. Telefax: (052) 202 69 08.
Mo-Fr 08.30-11.30 und 14.00-17.00 Uhr.
Bord Faílte Eíreann (Fremdenverkehrsamt)
Baggot Street Bridge
Dublin 2
Tel: (01) 602 40 00. Telefax: (01) 602 41 00.
Botschaft der Republik Irland
Godesberger Allee 119
D-53173 Bonn
Tel: (0228) 95 92 90. Telefax: (0228) 37 35 00, *Visaabt.:* 95 92 92-2, *Paßabt.:* 95 92 91-6.
Mo-Fr 09.00-13.00 und 14.30-17.00 Uhr.
Honorarkonsulate mit Visumerteilung in Berlin (Tel: (030) 34 80 08 22), Hamburg (Tel: (040) 44 18 62 13) und München (Tel: (089) 98 57 23).
Botschaft der Republik Irland
Landstrasser Hauptstraße 2
Hilton Center
16. Stock
A-1030 Wien
Tel: (0222) 715 42 46/47. Telefax: (0222) 713 60 04.
Mo-Fr 09.30-11.30 und 13.30-16.00 Uhr.

TIMATIC INFO-CODES

Abrufbar über Ihr CRS-System (für START/Amadeus Ama-Maske benutzen). Für Galileo bitte TI-DFT eingeben (mit Bindestrich).

Flughafengebühren	TI DFT/ DUB /TX
Währung	TI DFT/ DUB /CY
Zollbestimmungen	TI DFT/ DUB /CS
Gesundheit	TI DFT/ DUB /HE
Reisepassbestimmungen	TI DFT/ DUB /PA
Visabestimmungen	TI DFT/ DUB /VI

Botschaft der Republik Irland
Kirchenfeldstraße 68
CH-3005 Bern
Tel: (031) 352 14 42. Telefax: (031) 352 14 55.
Mo-Fr 09.15-12.30 und 14.00-17.30 (telefonisch); Mo-Fr 10.00-12.00 und 15.00-16.30 Uhr (Publikumsverkehr).
Honorarkonsulat in Zürich.
Botschaft der Bundesrepublik Deutschland
31 Trimleston Avenue
Booterstown
Blackrock Co.
Dublin
Tel: (01) 269 30 11. Telefax: (01) 269 39 46.
Honorarkonsulate in Cork, Galway und Killarney.
Botschaft der Republik Österreich
15 Ailesbury Court Apartements
93 Ailesbury Road
Dublin 4
Tel: (01) 269 45 77. Telefax: (01) 283 08 60.
Botschaft der Schweizerischen Eidgenossenschaften
6 Ailesbury Road
Ballsbridge
Dublin 4
Tel: (01) 269 25 15, 269 15 66. Telefax: (01) 283 03 44.

FLÄCHE: 70.285 qkm.
BEVÖLKERUNGSZAHL: 3.533.000 (1993).
BEVÖLKERUNGSDICHTE: 50 pro qkm.
HAUPTSTADT: Dublin. Einwohner: 915.516 (Großraum, 1991).
GEOGRAPHIE: Die Republik Irland liegt im Nordatlantik und nimmt ca. 80% der Fläche der Insel Irland ein. Im Nordosten wird sie vom britischen Nordirland begrenzt. Die Irische See trennt die Insel von Großbritannien. Im Süden und Südwesten bildet der Atlantik die natürliche Landesgrenze. Die Inselgruppen Achill Islands und Aran Islands gehören ebenfalls zum Staatsgebiet. Berge und Hügel umgeben die Tiefebene im Landesinneren. Die noch relativ unberührte Landschaft Irlands ist abwechslungsreich und gehört zu den schönsten Europas. Der 5600 km lange Küstenstreifen besteht aus zerklüfteten Klippen, einsamen Sandstränden und vom Golfstrom erwärmten Buchten.
STAATSFORM: Parlamentarische Demokratie. Regierungschef: John Bruton, seit Dez. 1994. Staatsoberhaupt: Präsidentin Mary Robinson, seit 1992. Zweikammerparlament, Legislaturperiode: 5 Jahre.
SPRACHE: Amtssprachen sind Englisch und Irisch (*Gaelic*), das zum gälischen Zweig der keltischen Sprachen gehört. Das Irische ist die traditionelle Sprache des Landes, wird aber nur noch von wenigen Einwohnern gesprochen (hauptsächlich im Westen des Landes).
RELIGION: Ca. 90% Katholiken; außerdem Anglikaner (Church of Ireland), Presbyterianer und Juden.
ORTSZEIT: MEZ - 1 (auch im Sommer).
NETZSPANNUNG: 220 V, 50 Hz; Adapter z. T. nötig.
POST- UND FERNMELDEWESEN: Telefon: Selbstwählferndienst. **Landesvorwahl:** 353. Telefaxservice wird von zahlreichen Hotels angeboten. **Telexgeräte** stehen in allen Hauptpostämtern und vielen Hotels zur Verfügung. **Post:** Postämter sind Mo-Fr 09.00-17.30/18.00 und Sa 09.00-13.00 Uhr geöffnet. Postschalter in kleinen Lebensmittelgeschäften und Zeitungsläden schließen einmal wöchentlich um 13.00 Uhr. Das Hauptpostamt in der O'Connell Street, Dublin, hat Mo-Fr 08.00-20.00 Uhr geöffnet (der Schalter für Pakete und Päckchen bis 19.00 Uhr). Briefmarkenverkauf, Telegrammaufgabe, Annahme von Einschreiben und Eilbriefen wochentags bis 23.00 Uhr; sonn- und feiertags von 09.00-11.00 Uhr. Von 09.00-20.00 Uhr kann man postlagernde Sendungen abholen.
DEUTSCHE WELLE
Der Einsatz der Kurzwellenfrequenzen ändert sich mehrfach im Laufe eines Jahres, und Sendungen auf den folgenden Frequenzen werden jeweils nur zu bestimmten Tageszeiten ausgestrahlt. Näheres in der Einleitung.

MHz	17,560	9,545	6,140	6,075	3,995
Meterband	16	31	49	49	75

REISEPASS/VISUM

Wichtiger Hinweis: Die Einreisebestimmungen mancher Länder können sich kurzfristig ändern – rufen Sie sicherheitshalber im CRS-System (TIMATIC-Info-Code-Fenster in diesem Kapitel) den aktuellen Stand ab bzw. wenden Sie sich an die zuständige diplomatische Vertretung. Etwaige Zahlen in der Tabelle beziehen sich auf nachfolgende Fußnoten.

	Paß erforderlich?	Visum erforderlich?	Rückflugticket erforderlich?
Deutschland	Nein/1	Nein	Nein
Österreich	Nein/1	Nein	Nein
Schweiz	Nein/1	Nein	Nein
Andere EU-Länder	Nein/2	Nein	Nein

REISEPASS: Allgemein erforderlich, ausgenommen sind Staatsangehörige folgender Länder:
(a) [1] Deutschland, Österreich, Schweiz, sofern sie im Besitz eines gültigen Personalausweises sind;
(b) [2] Belgien, Dänemark, Finnland, Frankreich, Griechenland, Italien, Luxemburg, Niederlande, Portu-

gal, Schweden und Spanien, sofern sie im Besitz eines gültigen Personalausweises sind. Im Reiseverkehr zwischen Großbritannien, Nordirland und der Republik Irland gibt es keine Paßkontrollen. (Transitreisende, die über britische Flughäfen nach Irland reisen, werden dort jedoch genau kontrolliert; es empfiehlt sich daher, erforderliche Rück-und Weiterreisepapiere sowie einen Nachweis ausreichender Geldmittel für die Dauer des Aufenthaltes mitzuführen);
(c) Liechtenstein, Monaco und Norwegen, sofern sie im Besitz eines gültigen nationalen Identitätsnachweises sind.
VISUM: Genereller Visumzwang, ausgenommen sind:
(a) Staatsbürger der EU-Länder und der Schweiz;
(b) Staatsbürger von Andorra, Argentinien, Australien, den Bahamas, Barbados, Botswana, Brasilien, Chile, Costa Rica, Ecuador, El Salvador, Fidschi, Gambia, Grenada, Guatemala, Guyana, Honduras, Island, Israel, Jamaika, Japan, Kanada, Kenia, Korea-Süd, Lesotho, Liechtenstein, Malawi, Malaysia, Malta, Mauritius, Mexiko, Monaco, Nauru, Neuseeland, Nicaragua, Norwegen, Panama, Paraguay, Polen, Sambia, San Marino, Sierra Leone, Simbabwe, Singapur, der Slowakischen Republik, Slowenien, Südafrika, Swasiland, Tansania, Tonga, Trinidad und Tobago, der Tschechischen Republik, Ungarn, Uruguay, den USA, der Vatikanstadt, Venezuela, West-Samoa und Zypern.
Visaarten: Verschieden.
Visabühren: Die Gebühren richten sich nach der Nationalität des Reisenden, der Aufenthaltsdauer und dem Reisegrund.
Antragstellung: Botschaft oder Konsularabteilung (Adressen s. o.).
Unterlagen: *Deutschland:* (a) Antragsformular. (b) 2 Paßfotos. (c) Paß. (d) Visagebühr. (e) Frankierter Rückumschlag bei postalischer Beantragung. *Schweiz:* (a) Antragsformular. (b) 3 Paßfotos. (c) Paß mit einer Gültigkeit von mindestens einem Jahr über den Aufenthalt hinaus. (d) Gebühr. (e) Kopie der schweizer Aufenthaltserlaubnis. (f) Nachweis ausreichender Geldmittel. Für Visapflichtige ist ein Einführungsschreiben, aus dem der Besuchsgrund hervorgeht, notwendig und der Nachweis einer Rückfahrkarte anzuraten.

GELD

Währung: 1 Irisches Pfund (gälisch *Punt*) (IR£) = 100 Pence. Banknoten sind im Wert von 100, 50, 20, 10 und 5 IR£ in Umlauf. Münzen in den Nennbeträgen 1 IR£ und 50, 20, 10, 5, 2 und 1 Pence.
Kreditkarten: *Eurocard, American Express, Diners Club* und *Visa* werden angenommen. Einzelheiten vom Aussteller der betreffenden Kreditkarte.
Euroschecks werden bis zu einem Höchstbetrag von 140 IR£ pro Scheck akzeptiert.
Reiseschecks werden überall in Irland angenommen.
Wechselkurse

	IR£ Okt. '92	IR£ Febr. '94	IR£ Jan. '95	IR£ Jan. '96
1 DM	0,38	0,40	0,42	0,43
1 US$	0,56	0,70	0,65	0,62

Devisenbestimmungen: Unbeschränkte Ein- uns Ausfuhr von Fremd- und Landeswährung. Deklaration für die Einfuhr von Fremdwährung kann verlangt werden.
Öffnungszeiten der Banken: Mo-Fr 10.00-12.30 und 13.30-16.00 Uhr. In Dublin haben die Banken donnerstags bis 17.00 Uhr geöffnet. Die Banken im übrigen Irland haben ebenfalls an einem Wochentag, der regional verschieden ist, längere Öffnungszeiten.

DUTY FREE

Folgende Artikel können zollfrei nach Irland eingeführt werden:
(a) Seit Januar 1993 gibt es keine Beschränkungen mehr für die private Wareneinfuhr (einschließlich von Verbrauchsgütern wie Alkohol und Tabak) innerhalb der Europäischen Union. Es wurden jedoch folgende Richtmengen festgesetzt, bei deren Überschreiten gewerblicher Handel vermutet wird, der im Bestimmungsland zu versteuern ist.
Folgende Artikel können zollfrei nach Irland eingeführt werden, sofern sie nicht in Duty-free-Geschäften gekauft wurden:
800 Zigaretten;
400 Zigarillos;
200 Zigarren;
1 kg Tabak;
10 l Spirituosen (über 22% Alkoholgehalt);
20 l alkoholischer Getränke bis höchstens 22% Alkoholgehalt (z. B. Sherry, Liköre);
45 l Wein (davon höchstens 30 l Sekt);
55 l Bier.
(b) Waren, die zoll- und/oder steuerfrei innerhalb der EU, oder zoll- und steuerfrei auf dem Schiff oder im Flugzeug, oder außerhalb der EU gekauft wurden:
200 Zigaretten oder 100 Zigarillos oder 50 Zigarren oder 250 g Tabak (Besucher über 17 Jahre);
1 l Spirituosen (über 22% Alkoholgehalt) oder 2 l alkoholische Getränke bis zu 22% (einschl. Sekt);
2 l Wein;
50 g Parfüm und 250 ml Eau de toilette;
Waren im Gegenwert von höchstens 34 IR£ (17 IR£ für Reisende unter 15 Jahren).
Anmerkung: Staatsbürger aus anderen als EU-Ländern dürfen nur die unter (b) verzeichneten Warenmengen einführen.

GESETZLICHE FEIERTAGE

1. Mai '96 Maifeiertag. **3. Juni** Feiertag. **5. Aug.** Feiertag. **28. Okt.** Feiertag. **25./26. Dez.** Weihnachten. **2. Jan. '97** Neujahr. **17. März** St. Patrick's Day (Nationalfeiertag). **28. März** Karfreitag. **31. März** Ostermontag. **1. Mai** Maifeiertag.
Anmerkung: In ländlichen Gegenden werden zusätzlich einige kirchliche Feiertage begangen.

GESUNDHEIT

In der folgenden Tabelle aufgeführte Impfvorschriften können sich kurzfristig ändern. Es wird stets empfohlen, auf Ihrem CRS-System (TIMATIC-Info-Code-Fenster in diesem Kapitel) den aktuellen Stand der Gesundheitsbestimmungen abzurufen bzw. rechtzeitig vor der Reise ärztlichen Rat einzuholen.

	Vorsichtsmaßnahmen empfohlen	*Impfschein erforderlich*
Gelbfieber	Nein	Nein
Cholera	Nein	Nein
Typhus & Polio	Nein	-
Malaria	Nein	-
Essen & Trinken	Nein	-

Gesundheitsvorsorge: Ein gegenseitiges Gesundheitsabkommen der Mitgliedsländer der EU und Island und Norwegen ermöglicht kostenlose ärztliche und zahnärztliche Behandlung, einschl. Krankenhausaufenthalt. Vor der Reise besorgt man sich die Anspruchsbescheinigung E 111 bei der Krankenkasse; diese dient dem Vertragsarzt des irischen Krankenversicherungsträgers als »Krankenschein«. Aushelfender Träger ist der irische Gesundheitsdienst. Arzneimittel sind in den meisten Apotheken kostenlos. Schweizer sollten eine Reisezusatzversicherung abschließen.

REISEVERKEHR - International

FLUGZEUG: Die nationale Fluggesellschaft heißt *Aer Lingus (EI)*. Es gibt Linienflüge nach Dublin von Berlin, Düsseldorf, Frankfurt/M., Hamburg, Köln, München, Stuttgart und Zürich sowie Charterflugverbindungen von Wien nach Dublin und Shannon (nur im Sommer). Shannon wird außerdem zwischen Ende April und Anfang Oktober im Charterflugverkehr von Deutschland (Berlin, Düsseldorf, Frankfurt/M., Hamburg, München, Nürnberg und Stuttgart) und von Mai bis Mitte September von Zürich bedient. Von Zürich gibt es im gleichen Zeitraum auch Charterflugdienste nach Cork.
Durchschnittliche Flugzeiten: *Frankfurt* – Dublin: ca. 2 Std; *Zürich* – Dublin: 3 Std. 10; *London* – Dublin: 1 Std. 10. In Großbritannien sind viele günstige Flüge nach Irland im Angebot.
Internationale Flughäfen: *Dublin Airport* (DUB) liegt 8 km nördlich der Stadt. Linienbusverkehr (41A) zur City (Endhaltestelle Abbey Street) im Zehnminutentakt (Fahrzeit 30-35 Min.). Der Flughafen-Schnellbus fährt alle 20 Min. (Fahrzeit 25 Min.). Taxistand, Duty-free-Shop, Postamt, Mietwagenschalter, Bank und Wechselstube, Bar, Restaurant, Tourist-Information und behindertengerechte Einrichtungen.
Shannon Airport (SNN) liegt 26 km nordwestlich von Limerick (Fahrzeit zur Stadt ca. 25 Min.). Einmal pro Stunde fahren Busse nach Limerick und Clare (Fahrzeit ca. 45 Min.). Tägliche Schnellbusverbindung von Limerick und Galway nach Shannon. Taxistand, Duty-free-Shop, Bank, Bar, Restaurant, Geschäfte, Kinderkrippe, Mietwagenschalter, Hotelreservierung, Tourist-Information und behindertengerechte Einrichtungen.
Cork Airport (ORK) liegt 8 km südwestlich der Stadt (Fahrzeit 25 Min.). Busse und Taxis fahren zum Stadtzentrum. Duty-free-Shop, Mietwagenschalter, Geschäfte, Bank/Wechselstube, Bar, Restaurant,Tourist-Information, Hotel-Reservierung, Kinderkrippe und behindertengerechte Einrichtungen.
Knock/Connaught Airport (NOC) (Horan International) liegt 11 km nördlich von Claremorris (Grafschaft Mayo). Es landen nur Flüge aus Großbritannien. Busse und Taxis fahren nach Claremorris. Anschlußverbindungen mit Bahn und Bus von Claremorris aus in alle Landesteile. Duty-free-Shop, Bar, Restaurant und Mietwagenschalter (Vorausbuchung empfohlen).
SCHIFF: *Fährverbindungen von Frankreich:*
Le Havre – Rosslare (*Irish Ferries*); Le Havre – Cork (*Irish Ferries*); Cherbourg – Rosslare (*Irish Ferries*); Roscoff – Cork (*Irish Ferries*).
Fährverbindungen von Großbritannien:
Cairnryan (Schottland) – Larne (Nordirland), Fahrzeit: 2 Std; Stranraer (Schottland) – Larne (Nordirland), Fahrzeit: 2 Std. 30; Douglas (Isle of Man) – Dublin (4 Std. 30); Holyhead (Isle of Anglesey/Wales) – Dublin (3 Std. 30) und Dun Laoghaire (3 Std. 30); Fishguard (Wales) – Rosslare (ca. 3 Std. 30, 1 Std. mit Katamaran); Swansea (Wales) – Cork (10 Std., nur März - Dezember); Pembroke – Rosslare (4 Std. 15). *Irish Ferries, Stena Line, Swansea Cork Ferries* und *P&O Ferries* betreiben einen regelmäßigen Fährverkehr nach Irland. Fährverbindungen nach England s. *Großbritannien*.
Vertretung von Irish Ferries in Deutschland: *Karl Geuther GmbH & Co.*, Martinistraße 58, Postfach 105449, D-28054 Bremen. Tel: (0421) 1 49 70. Telefax: (0421) 1 80 57. Hier wird angeraten, alle Fragen per Fax zu erledigen.
Vertretung von Brittany Ferries: *Seetours International GmbH*, Seilerstraße 23, D-60313 Frankfurt/M. Tel: (069) 13 33-0. Telefax: (069) 133 32 54.
BAHN: Die wichtigsten *Bahn-/Fährverbindungen von Deutschland* aus sind:
Frankfurt – Köln – Ostende – Ramsgate – London – Holyhead – Dun Laoghaire – Dublin bzw. Aachen – Hoek van Holland – Harwich – London usw; ferner London – Cardiff – Fishguard – Rosslare – Dublin oder London – Liverpool – Dun Laoghaire – Dublin.
Es gibt auch Autofähren zwischen Le Havre/Cherbourg und Irland. Nähere Auskünfte erteilen der ADAC und die Informationsstellen der Bundesbahn. Gute Anschlußverbindungen von allen irischen Häfen ins Landesinnere. Einzelheiten über die neue Kanaltunnel-Verbindung, s. *Großbritannien*.
BUS: Fernbusverbindungen von vielen deutschen Städten mit der Deutschen Touring nach Großbritannien, Weiterfahrt mit der Bahn oder dem britischen *National-Express*-Busdienst. Informationen unter Tel: (069) 79 03-0. Telefax: (069) 70 60 59. Ganzjährig bietet *Rymsa Reisen* ein Kombi-Paket, das eine Busreise nach London mit *Transline* von Dortmund, Nord- und Süddeutschland aus umfaßt, mit Anschlußverbindung per National Express nach Dun Laoghaire und Dublin. Ein Stopover in London ist auf der Hin- oder Rückreise möglich. Buchungen und weitere Auskünfte beim *Reisebüro Rymsa*, Kaiserstraße 128, D-44135 Dortmund. Tel: (0231) 55 69 85 13. Telefax: (0231) 57 50 26.

REISEVERKEHR - National

FLUGZEUG: Gutes Inlandflugnetz der *Aer Lingus* und anderer Flug- und Chartergesellschaften. Die *Aer Aran* (Galway) fliegt zu den Aran-Inseln.
Flughäfen: *Waterford* (WAT) liegt 9 km vom Stadtzentrum. Busse, Taxis und Autovermietungen stehen zur Verfügung. Vorausbuchung für Mietwagen empfohlen.
Galway (GWY) liegt 8 km vom Stadtzentrum entfernt. Busse und Taxis fahren zur Stadt. Flughafeneinrichtungen: Bar, Duty-free-Shop, Wechselstube, Café, Mietwagenschalter.
Sligo (SXL) liegt 8 km vom Stadtzentrum entfernt. Busverbindung zur Stadt, Taxistand. Kleiner Flughafen, kaum Flughafeneinrichtungen.
Carrickfinn (CFN) im County (Grafschaft) Donegal. Taxis müssen im voraus bestellt werden. Kleiner Flughafen, kaum Flughafeneinrichtungen.
Kerry (Farranfore) (KIR) im County Kerry. 19 km von Killarney und Tralee entfernt. Mietwagenverleih. Taxis fahren zum nahegelegenen Bahnhof und nach Killarney und Tralee.
Es gibt zahlreiche kleine Landebahnen, auf denen Passagierflugzeuge landen können. Die Fremdenverkehrszentrale erteilt weitere Auskünfte.
SCHIFF: Es gibt regelmäßige Fährverbindungen zu den Inseln der Westküste. Weitere Einzelheiten direkt am Urlaubsort.
BAHN: Das Streckennetz der irischen Staatsbahn *Iarnród Eireann* umfaßt 3500 km. Es gibt Zugverbindungen in alle Landesteile. Schnellzüge verbinden die größeren Städte. Teilweise Speisewagen oder Erfrischungen. Begrenzte Verbindungen in einige Orte.
Es gibt mehrere Sonderfahrkarten, das *Irish Explorer Ticket* gewährt innerhalb seiner Geltungsdauer von 15 Tagen ab Ausstellungsdatum freie Fahrt an 5 beliebigen Tagen (nur Bus) bzw. 8 beliebigen Tagen (Bus und Bahn) auf dem Streckennetz der staatlichen Transportgesellschaft *CIE*. Informationen von *Irish Rail*, Dublin. Tel: (01) 836 62 22.
Nur in Irland erhältlich sind das *Emerald Card Ticket* (8 bzw. 15 Tage freie Fahrt, Benutzung innerhalb von 30 Tagen ab Kaufdatum) und das *Irish Rover Ticket* (5 Tage gültig, Benutzung innerhalb von 15 Tagen ab Ausstellungsdatum). Beide Tickets gelten in Irland und Nordirland, das Emerald Card Ticket für Busse und Bahnen, das Irish Rover Ticket nur für Busse. *EURO DOMINO* und *InterRail-Paß* sind auch in der Republik Irland gültig (Einzelheiten s. *Deutschland*).
BUS/PKW: Linksverkehr. Ein gutes Straßennetz erschließt alle Landesteile.
Die **Busse** der staatlichen Busgesellschaft *Bus Eireann* verkehren zwischen allen größeren Städten und Ortschaften außerhalb Dublins. Abgelegene Gegenden werden seltener angefahren. Die *Expressway*-Überlandbusse ergänzen das Streckennetz der Bahn. Der Dubliner Busbahnhof liegt in der Store Street. Jugendliche können gegen Vorlage eines internationalen Studentenausweises einen Berechtigungsschein (*Travel Save Stamp*) erhalten, der zu einer Ermäßigung von bis zu 50% auf die Normalpreise von Bussen und (Bahnen) in Irland berechtigt. Erhältlich ist dieser allerdings nur in Irland bei *USIT*-Studentenreisen, 19 Aston Quay, Dublin 2, Tel: (01) 679 88 33 sowie an größeren Bahnhöfen.

Fernbusse: Zahlreiche Firmen bieten Rundreisen mit Reiseführer an. Strecken und Dauer der Rundfahrten sind unterschiedlich. Ganz- und halbtägige Stadtrundfahrten mit Kommentar werden in zahlreichen Städten durchgeführt (Mai - Oktober).
Mietwagen in Flug- und Seehäfen sowie Vermittlung durch Hotels. Alle großen internationalen Mietwagenfirmen sind in der Republik Irland vertreten. Das vorgeschriebene Mindestalter ist 21 Jahre, das Höchstalter beträgt 75 Jahre. Tankstellen, die bleifreies Benzin anbieten, sind überall vorhanden. **Taxis** stehen in allen Städten zur Verfügung.
Fahrrad: Vermietung in Irland durch die Firmen *Rent-a-Bike* und *Raleigh Rent-a-Bike*. Die Irische Fremdenverkehrszentrale veröffentlicht eine Broschüre für Radurlauber.
Unterlagen: Fahrer sollten einen gültigen Führerschein des eigenen Landes und mindestens zwei Jahre Fahrpraxis haben. Ein internationaler Führerschein kann ebenfalls benutzt werden. Bürger von EU-Ländern müssen ihre Fahrzeugpapiere mitführen; ist das Fahrzeug nicht Eigentum des Fahrers, muß dieser im Besitz einer Benutzungsvollmacht sein. Das jeweilige Nationalitätskennzeichen muß am Wagen angebracht sein. Die Internationale Grüne Versicherungskarte sollte mitgeführt werden. Der Abschluß einer Kurzkasko- und Insassenversicherung wird wegen der niedrigen Deckungssummen für Sachschäden empfohlen.
Verkehrsbestimmungen: Linksverkehr; Anschnallpflicht. Kinder unter 12 Jahren dürfen nur auf dem Rücksitz mitfahren. Höchstgeschwindigkeiten: 48 km/h innerhalb geschlossener Ortschaften, 88 km/h auf Nationalstraßen. Es gibt keine Autobahnen. Promillegrenze: 0,8‰.
STADTVERKEHR: Dublin hat ein gutes Linienbusnetz. Die neuen schnellen Vorortzüge (DART) verkehren zwischen der Hauptstadt, Howth, Bray und Dun Laoghaire (Fährhafen). Das *Dublin Explorer Ticket* kann innerhalb seiner Geltungsdauer von 4 Tagen für Fahrten mit allen Linienbussen der Stadt und den Vorortzügen benutzt werden. Wegen des Berufsverkehrs gilt das Ticket jeweils erst ab 09.45 Uhr morgens.
Fahrzeiten von Dublin zu den folgenden größeren Städten (ungefähre Angaben in Std. und Min.):

	Flugzeug	Bahn	Bus/Pkw
Cork	0.40	3.15	4.30
Galway	0.30	3.00	4.00
Limerick	-	3.00	3.30
Shannon Airport	0.35	-	-
Waterford	0.30	2.40	3.00
Kilkenny	-	1.45	2.00
Killarney	-	3.30	5.30

UNTERKUNFT

Die Auswahl an Unterkünften ist groß: je nach Wunsch stehen Hotels, Gasthäuser, Bauernhöfe, Bed & Breakfast in der Stadt oder auf dem Land, Jugendherbergen und Feriendörfer zur Verfügung. Die Möglichkeit der Selbstverpflegung besteht natürlich auch. Die Preise richten sich nach Lage, Standard, Saison, dem angebotenen Service und der Art der Unterkunft. Ein offizieller Hotelführer ist von den Irischen Fremdenverkehrszentralen erhältlich (Adressen s. o.).
HOTELS: 650 Hotels sind offiziell beim *Bord Fáilte* (Fremdenverkehrsamt) registriert und werden regelmäßig auf ihren Standard überprüft. Die Preise setzt ebenfalls das Bord Fáilte fest. Nahezu alle Hotels sind dem Irischen Hotelverband angeschlossen: *Irish Hotels Federation*, 13 Northbrook Road, Dublin 6. Tel: (01) 497 64 59. Telefax: (01) 497 46 13.
Kategorien der beim Irischen Fremdenverkehrsamt registrierten Hotels:
5 Sterne – Sehr gut ausgestattete und eingerichtete Hotels der internationalen Luxusklasse mit ausgezeichnetem Service und höchstem Komfort. Hervorragende Tagesgerichte und Menüs à la carte. Suiten stehen zur Verfügung.
4 Sterne – Hoher Standard. Erfahrenes Management und Personal garantieren erstklassigen Service und modernen Komfort. Restaurants mit ausgezeichneter Küche.
3 Sterne – Gut eingerichtete, gemütliche Hotels oder große moderne Häuser mit Komfort, guter Service. Alle Zimmer mit Bad. Sehr gute Küche.
2 Sterne – Gepflegte Hotels, komfortable Zimmer. Preiswerte, gute Küche. Alle Zimmer mit Telefon, die meisten auch mit Bad. Meist freundliche Familienbetriebe.
1 Stern – Saubere, gemütliche Hotels, zweckmäßig eingerichtet. Einige Zimmer mit Bad. Guter Service und Einrichtungen.
GUEST HOUSES (Pensionen) sind oft Familienbetriebe, kleiner und persönlicher als Hotels. Mehr als 179 Pensionen sind beim Fremdenverkehrsamt registriert und werden regelmäßig auf ihren Standard überprüft. Das Spektrum reicht von zweckmäßigen Neubauten bis hin zu umgebauten Landhäusern. Vollpension oder Übernachtung mit Frühstück werden angeboten.
Kategorien:
4 Sterne – Ausgezeichneter Service (einschl. Babysitter), hoher Komfort. Zimmerservice mit irischem Frühstück. Vielfach wird auch Abendessen (Tagesgericht und Menüs à la carte) angeboten. Kleine Suiten stehen zur Verfügung. Alle Zimmer mit Bad/Dusche und Direktwahl-Telefon, Fernseher und Radio mit Fernbedienung. Safes, Telefaxanschlüsse.
3 Sterne – Guter Komfort und Service. Alle Zimmer mit Bad/Dusche. Fernsehraum. Zimmerservice für kontinentales Frühstück. Einige Pensionen haben Restaurants. Reiseschecks und mindestens zwei gängige Kreditkarten werden angenommen.
2 Sterne – Gut eingerichtete und gemütliche Gasthäuser. 50% der Zimmer mit Bad. Lese- oder Aufenthaltsraum steht zur Verfügung. Einige Pensionen mit Restaurant.
1 Stern – Saubere und einladende Pensionen, z. T. mit Restaurant. Einfacher Standard und Service.
Guest Houses ohne Kategorien: An Hotels und Pensionen, die erst kürzlich eröffnet wurden, wurden noch keine Kategorien vergeben.
URLAUB AUF DEM BAUERNHOF, BED & BREAKFAST: Insgesamt 494 Bauernhöfe (*farmhouses*) und 2664 Privathäuser (*town and country homes*) bieten Übernachtung mit Frühstück auf Tages- oder Wochenbasis an, z. T. Halb- oder Vollpension nach Wahl.
PAYING GUEST (Unterkunft in Privathäusern): Diese zwanglose Art der Unterkunft bietet die beste Möglichkeit, am Familienleben der Iren in den Städten oder auf dem Land teilzunehmen. Die Familien leben in Herrenhäusern aus dem 18. Jahrhundert, modernen Bungalows oder, vor allem in ländlichen Gegenden, in den traditionellen *Cottages*, kleinen Häuschen. Auch beim Urlaub auf dem Bauernhof mit Familienanschluß kann man am täglichen Leben teilnehmen und Land und Leute kennenlernen. Man kann sich von der Hektik des Stadtlebens erholen, und Kinder sind immer willkommen. Wer einen entspannenden Urlaub verbringen möchte, liegt hier genau richtig.
Alle Häuser und Bauernhöfe, die beim Fremdenverkehrsamt registriert sind und regelmäßig auf ihren Standard überprüft werden, sind in einer offiziellen Broschüre verzeichnet. *Fáilte Tuaithe* (der Irische Farmhouseverband) und die *Town and Country Homes Association* geben jedes Jahr eine Liste der Mitglieder heraus, die Bed & Breakfast anbieten. Diese Broschüren erhält man von den Irischen Fremdenverkehrszentralen und den Verkehrsämtern in Irland.
FERIENHÄUSER UND -WOHNUNGEN: Mehr als 3000 Ferienhäuser und -wohnungen aller Größen und Preislagen sind beim Fremdenverkehrsamt eingetragen. Sie können überall in Irland gemietet werden. Komplette Einrichtung, meist mit Kamin. Traditionelle Bauernhäuschen mit Strohdächern und Wohnmobile stehen ebenfalls zur Verfügung. Alle Häuser liegen in landschaftlich besonders schönen Gegenden. Man kann kommen und gehen, wann man will, und seinen Urlaub ganz nach Wunsch gestalten.
Kontaktadressen: *Fáilte Tuaithe – Irish Farm Holidays*, 2 Michael Street, Limerick, County Limerick. Tel: (061) 40 07 00. Telefax: (061) 40 07 71. *Town and Country Homes Association*, Donegal Road, Ballyshannon, County Donegal. Tel: (072) 5 13 77. Telefax: (072) 5 12 07.
FERIENDÖRFER bieten Ferien für Erholungsbedürftige, die Abwechslung suchen und rundum versorgt sein wollen. Restaurants, geheizte Hallenschwimmbäder sowie Ferienhäuser und -wohnungen stehen zur Verfügung. Alle Feriendörfer sind beim Fremdenverkehrsamt eingetragen. Die Feriensiedlungen sind meist klein und liegen in einigen der schönsten Grafschaften. Frühzeitige Buchung empfiehlt sich. Ein Verzeichnis ist auf Anfrage von der Irischen Fremdenverkehrszentrale erhältlich.
JUGENDHERBERGEN: Die 43 Jugendherbergen des Irischen Jugendherbergswerkes *An Oige* bieten einfache preiswerte Unterkünfte. Schlafsäle mit bequemen Betten und Kochmöglichkeiten stehen Mitgliedern der An Oige, des JHW und ähnlichen Verbänden zur Verfügung. Adresse des An Oige: 61 Mountjoy Street, Dublin 7. Tel: (01) 830 45 55. Telefax: (01) 830 58 08.
HOLIDAY HOSTELS: Es gibt 112 private Holiday Hostels (Ferienherbergen) in fast allen Grafschaften. Preiswerte Schlafsäle und/oder Einzelzimmer stehen zur Verfügung. Einige Herbergen bieten Frühstück an, andere nur Übernachtung.
Ein Verzeichnis der Jugendherbergen und Hostels ist von der Fremdenverkehrszentrale erhältlich.
CAMPING: Alle Campingplätze werden regelmäßig überprüft. Lage und Ausstattung der für gut befundenen Plätze sind in einem offiziellen Campingführer des Fremdenverkehrsamtes verzeichnet. Sie sind durch besondere Schilder gekennzeichnet. Der Führer enthält auch Angaben über alle Firmen, die Zelte, Wohnwagen und Camping-Ausrüstungen vermieten. Es gibt 124 Camping- und Wohnwagenplätze, die meisten sind von Mai bis September geöffnet.

URLAUBSORTE & AUSFLÜGE

Irlands Küste hat eine Länge von 5600 km. Die landschaftliche Vielfalt ist erstaunlich; ausgedehnte, sanft zum Meer hin abfallende Strände an der Ostküste und wilde, felsige Landzungen im Westen erwarten den Besucher. Zwar gibt es einige vielbesuchte Urlaubsorte mit den verschiedensten Freizeiteinrichtungen, Irland ist jedoch immer noch eher ein Geheimtip und frei von kommerziellen Auswüchsen. Der Großteil der Badeorte – selbst die schönsten – sind friedliche Städtchen, ideal für den Familienurlaub. Selbst im Hochsommer sind die Strände nicht überfüllt. In Irland hat man noch Zeit, das Leben zu genießen, und man kann dem Trubel des Alltagslebens leicht den Rücken kehren. Unverfälschte Natur, liebevoll gepflegte Traditionen und freundliche, aufgeschlossene Menschen machen den Reiz der grünen Ferieninsel aus. Die von Heinrich Böll in seinem »Irischen Tagebuch« beschriebene Idylle kann man auch heute noch finden – die Atmosphäre ist ungezwungen, und es gibt immer etwas Neues zu entdecken. Gute Möglichkeiten für einen Aktivurlaub, bedeutende kulturhistorische Stätten und lebendige Folklore, für jeden Geschmack ist etwas dabei. Mehr als 50 regionale Fremdenverkehrsämter stehen Urlaubern bereitwillig mit Rat und Tat in allen Fragen der Freizeitgestaltung zur Seite. Öffnungszeiten i. allg.: Mo-Fr 09.00-18.00 Uhr, Sa 09.00-13.00 Uhr (regionale Unterschiede). Informationsbüros auf Flughäfen und in Seehäfen sind in der Regel während der Sommermonate länger geöffnet.
REGIONEN: Zur besseren Übersicht ist Irland in folgende Gebiete unterteilt:
Die Ostküste (Counties Dublin, Louth, Meath, Kildare, Wicklow, Wexford, Carlow, Waterford und Kilkenny).
Der Südwesten (Counties Cork, Kerry, Clare, Limerick und Tipperary).
Der Westen (Counties Galway, Mayo, Sligo, Leitrim und Donegal).
Das Seengebiet (Counties Monaghan, Cavan, Longford, Westmeath, Roscommon, Offaly und Laois).

Dublin und die Ostküste

Bedingt durch ihre geographische Lage hat die Ostküste die Auswirkungen der verschiedenen Kolonisationsversuche am stärksten gespürt. Die Wikinger kamen im 8. Jahrhundert, im 12. Jahrhundert folgten die Normannen. An der Ostküste kann man Wälder, Strände, Steilküsten, elegante Herrenhäuser und romantische Schloßruinen erkunden.
Die Hauptstadt **Dublin** liegt in einem weiten Tal am Fluß Liffey. Die Bucht von Dublin reicht vom felsigen Howth im Norden bis zur Landspitze von Dalkey im Süden. Im Hintergrund liegen die Wicklow-Mountains. Neben den imposanten öffentlichen Gebäuden und zahlreichen großen Plätzen findet man in den breiten Straßen der Stadt viele elegante Villen aus dem 18. Jahrhundert. Moderne Einkaufszentren bieten gute Einkaufsmöglichkeiten, und das Angebot an kulturellen und sportlichen Veranstaltungen ist groß. Die Strände und Berge der Umgebung sind beliebte Naherholungsziele der Dubliner.
Die vielen Parkanlagen laden zu erholsamen Spaziergängen ein. In der Nähe des *People's Park* (Volkspark) im Westen der Stadt liegt der *Phoenix Park*. Durch den ca. 700 ha großen Park führen einige Straßen, aber es ist nicht schwer, auf den schönen Spazierwegen Ruhe zu finden. Am Haupteingang liegt der Zoologische Garten. Auf dem 100 ha großen freien Gelände der *Fifteen Acres* gibt es mehrere Sportplätze. Der *Botanische Garten* in Glasnevin im Norden der Stadt umfaßt 20 ha und bietet Interessantes für Hobby-Botaniker und Besucher. Im 9 ha großen *St. Stephen's Green* am oberen Ende der Grafton Street stehen mehrere sehenswerte Denkmäler und Skulpturen.
Bus Éireann veranstaltet Stadtrundfahrten und Ausflüge in die Umgebung von Dublin. Gut markierte *Tourist Trails* führen an den Sehenswürdigkeiten der Stadt vorbei und gestatten es dem Besucher, sich in Ruhe zu Fuß mit den Attraktionen Dublins vertraut zu machen. Die einzelnen Touren sind in einer Broschüre verzeichnet, die zudem Kartenmaterial und Hintergrundinformationen zu den jeweiligen Sehenswürdigkeiten enthält. Die offiziell zugelassenen Fremdenführer für Dublin und das restliche Irland sind in dieser Broschüre ebenfalls aufgeführt. Das abendliche Veranstaltungsprogramm ist den Tageszeitungen zu entnehmen. Die Fremdenverkehrsämter stehen für weitere Auskünfte zur Verfügung.
Dublin hat viele interessante Museen und Galerien. Im *National Museum* findet man eine Sammlung irischer Kunst- und Gebrauchsgegenstände von der Steinzeit bis zum Mittelalter. Das *Dublin Civic Museum* ist ebenfalls sehenswert. In der *National Gallery* (Nationalgalerie) hängen bekannte Gemälde der Meister der Renaissance und anderer wichtiger europäischer Kunstrichtungen. Einen Besuch in der *National Library of Ireland* (Staatsbibliothek), der *Municipal Gallery of Modern Art* (Städtische Galerie für Moderne Kunst) und der *Royal Irish Academy Library* sollte man nicht versäumen. In der Bibliothek des *Trinity College* ist das berühmte *Book of Kells* ausgestellt, dort ist ebenfalls die schönste Sammlung alter Bücher und Manuskripte Irlands untergebracht. *Dublin Castle* liegt auf einer Anhöhe westlich der Dame Street. Die *Christ-Church-Kathedrale*, eines der schönsten Bauwerke der Stadt, liegt am Ende der Lord Edward Street.
Dublin ist Austragungsort zahlreicher Sportveranstaltungen. Die Endspiele der Nationalsportarten *Hurling* und *Gaelic Football* finden im September hier statt. Die Dubliner Pferdeschau (August) zieht Pferdeliebhaber aus aller Welt an. Pferderennen werden auf den beiden Dubliner Rennbahnen und anderen nahegelegenen Bahnen ausgetragen. *Greyhound Races* (Hunderennen) werden an sechs Tagen in der Woche auf einem der beiden Rennplätze veranstaltet. Golfspielern stehen 30 erstklassige Plätze zur Verfügung. In den nahegelegenen Badeorten kann man im Meer schwimmen. In der Stadt und in den Vororten stehen geheizte Schwimmbäder zur Verfügung.

Die großen Theater Dublins heißen Peacock, Gate, Gaiety, Olympia und Eblana. Am berühmtesten ist immer noch das *Abbey Theatre*, an dem W. B. Yeats und Synge ihre Stücke aufführten und von dem Ende des 19. Jahrhunderts die Bewegung der *Irish Renaissance*, der Rückbesinnung auf keltisches Kulturgut, ihren Ausgang nahm. Die Spielpläne der Theater sind breit gefächert, in Dublin wird ganzjährig Theater gespielt. Während der Sommermonate gibt es im *Gaiety* und im *Olympia* eine Varieté- und Revue-Saison mit Künstlern aus dem In- und Ausland. Man kann dort ebenfalls erstklassigen Operetten- und Theateraufführungen beiwohnen. Das *Gate* ist auf das klassische Repertoire spezialisiert und hat eine besondere Vorliebe für die Komödien der bekannten irischen Dramatiker Goldsmith, Sheridan, Wilde und Shaw. Das kleine *Eblana* ist für seine Inszenierungen moderner Stücke bekannt.
Das *Abbey Theatre* ist auch heute noch das Nationaltheater Irlands. Auf dem Spielplan stehen neben den irischen Klassikern Yeats, Synge, O'Casey, Boucicault, Behan und Beckett vor allem Stücke zeitgenössischer irischer Dramatiker. Die kleine Bühne des Abbey, das *Peacock Theatre*, zeigt sich experimentierfreudig. Die Shows der berühmten Puppenspieler der *Lambert Puppeteers* finden im Lambert Mews Theatre (Clifton Lane, Monkstown, County Dublin) statt. Das Theater hat 100 Sitzplätze und liegt etwa 10 km vom Stadtzentrum entfernt. Aufführungen finden jeden Abend statt. Für Kinder gibt es zwei Nachmittagsvorstellungen pro Woche. Karten für alle Theateraufführungen sollte man sich im voraus besorgen, der Andrang ist groß. Die Theater sind täglich außer sonntags geöffnet. Im *Projects Art Centre* werden Lyriklesungen, Konzerte sowie Theateraufführungen zum *Lunch* und abends veranstaltet. Die Veranstaltungen werden vor allem von Studenten besucht (auch sonntags geöffnet).
In der *National Concert Hall* finden ganzjährig ausgezeichnete Konzerte statt.
Die Counties **Meath** und **Louth**, zwischen Dublin und der Grenze nach Nordirland, sind waldreiche Gebiete mit saftigen grünen Wiesen und zahlreichen schönen Stränden. Rauhe, zerklüftete Klippen ragen in Louth aus dem Meer. Wicklow im Süden der Hauptstadt ist auch als der »Garten Irlands« bekannt, wunderschöne Herrenhäuser sowie Abteien und Klosterruinen aus dem frühen Mittelalter können besichtigt werden. Die fruchtbare Agrarregion Wexford, südlich von Wicklow, ist von Bergen und Flüssen umgeben. **Ardmore**, ein bezaubernder Urlaubsort, hat einen ausgedehnten Badestrand. In **Tramore** gibt es einen 5 km langen Strand und ausgezeichnete Freizeitanlagen. **Dunmore East** hat nicht nur einen malerischen Hafen, sondern auch eindrucksvolle Steilküsten, schöne Buchten und Landzungen.
AUSFLUGSZIELE: Steinzeitliche Grabstätten in Newrange, Dowth und Knowth Meath; die Trim-Burg, die Cooley-Halbinsel (Louth); in der Umgebung von Dublin: u. a. die Burgen Howth Castle und Malahide Castle, Dun Laoghaire, Russborough und Castletown House; die Ruine der erzbischöflichen Residenz in Swords. Die Wicklow- und Blackstairs-Mountains sind herrliche Wandergebiete. *Powerscourt* (Wicklow) ist ein 5670 ha großes Anwesen, das für seine Terrassengärten und schönen Aussichtspunkte bekannt ist. Das Herrenhaus ist leider nur noch eine Ruine. Zwei Kathedralen, wechselnde Ausstellungen im Rathaus und interessante Glashütten erwarten den Besucher in **Waterford**. Der englische Adelige Richard Strongbow und seine irische Frau Eva liegen hier begraben. Das Dorf **Passage East** liegt ganz in der Nähe. Strongbow landete hier im Jahre 1170. Dieses Ereignis hat das Schicksal Irlands eng mit dem Großbritanniens verknüpft.
URLAUBSORTE: Die Ostküste hat wunderschöne Sandstrände, die sich über ca. 400 km erstrecken. **Duncannon:** Hübscher Urlaubsort mit gutem Strand. **Fethard-on-Sea:** Ruhiges Dorf auf der Hook-Halbinsel mit schönem Strand. **Rosslare Beach:** Ein 10 km langer Strand mit Dünen in herrlicher Landschaft. **Curracloe:** Weitläufiger Strand in schöner Umgebung. **Kilmuckridge:** Wunderbarer Sandstrand unweit eines reizenden alten Dorfes. **Blackwater:** Malerisches Dorf mit Sandstrand. **Cahore:** Kleines Dorf mit nahegelegenem ausgedehntem Sandstrand. **Courtown:** Von Familien vielbesuchter Urlaubsort, interessanter Hafen und schöner Strand. **Ballymoney:** Fünf Kilometer nördlich von Courtown. Schöner Strand mit Dünen. **Arklow:** Hafenstadt. Ungefährliches Baden ist an den Nord- und Südstränden möglich. Johnstown-Strand und Ennereilly-Strand sind ebenfalls schöne Badestellen. Freizeitzentrum mit Swimmingpool. **Brittas Bay:** Herrlicher Sandstrand. **Wicklow:** Hafenstadt mit nahegelegenem Badestrand. **Greystones:** Bei Familien beliebter Urlaubsort mit weitläufigem Strand. **Bray:** Größere Ortschaft mit Promenade und schönem Strand. Sportplätze und Freizeiteinrichtungen. **Dalkey:** Freundliche Stadt mit mehreren von Meer und Felsen gebildeten »Felsenteichen«, die zum Baden einladen. Der schöne White Rock Beach liegt in der Nähe von Killiney. **Killiney:** Der Strand liegt in herrlicher Umgebung vor einer Kulisse von Klippen und Hügeln. **Dun Laoghaire:** Große Stadt. Möglichkeiten zum Baden, Segeln usw. 1,6 km langer Strand in Seapoint. Freibad in Blackrock. Die berühmte *Forty-Foot*-Badestelle liegt in der Nähe von **Sandycove.** Der Strand am Sandycove Harbour ist ebenfalls sehr beliebt.

DUBLIN

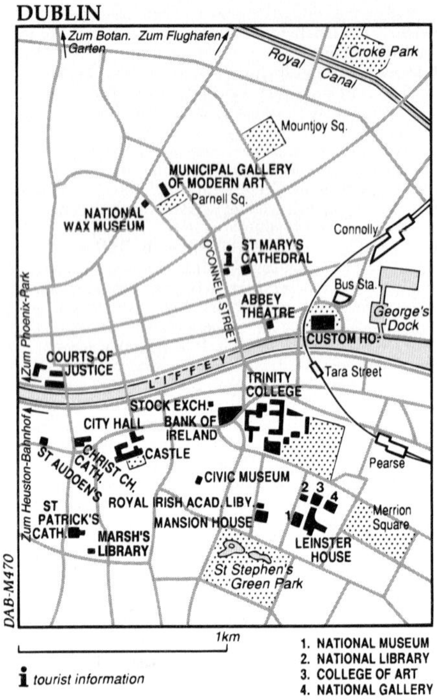
Zum Botan. Garten
Zum Flughafen
Royal Canal
Croke Park
Mountjoy Sq.
MUNICIPAL GALLERY OF MODERN ART
Parnell Sq.
NATIONAL WAX MUSEUM
Connolly
ST MARY'S CATHEDRAL
O'CONNELL STREET
Bus Sta.
ABBEY THEATRE
George's Dock
CUSTOM HO.
Zum Phoenix-Park
COURTS OF JUSTICE
LIFFEY
TRINITY COLLEGE
Tara Street
STOCK EXCH.
CITY HALL
BANK OF IRELAND
CHRIST CH. CATH.
ST AUDOEN'S
CASTLE
Pearse
Zum Heuston-Bahnhof
CIVIC MUSEUM
ST PATRICK'S CATH.
ROYAL IRISH ACAD. LIBY.
MANSION HOUSE
Merrion Square
MARSH'S LIBRARY
LEINSTER HOUSE
St Stephen's Green Park
DAB-M470
1km
tourist information
1. NATIONAL MUSEUM
2. NATIONAL LIBRARY
3. COLLEGE OF ART
4. NATIONAL GALLERY

Howth: Gute Bademöglichkeiten an den Stränden von Balscadden (Kies) und Claremont (Sand). *Ireland's Eye*, eine kleine Insel ca. 1,6 km vor der Küste, hat mehrere reizende Buchten. **Portmarnock:** Vielbesuchter Badeort mit ausgezeichneten Stränden. **Malahide:** Beliebter Badeort mit gutem Sandstrand. **Skerries:** Bekannter Badeort im Norden von Dublin mit schönem Strand. **Balbriggan:** Küstenstadt mit nahegelegenen Badestränden. **Mosney:** *Holiday Camp* mit vielen Freizeitanlagen, Strand und geheiztem Swimmingpool. **Bettystown/Laytown:** Beide Dörfer haben ausgedehnte Strände mit Dünen. **Blackrock** (County Louth): Weite, flache Strände ohne Klippen. **Carlingford:** In der Nähe des Dorfes liegen Kies- und Sandstrände. **Omeath:** Malerisches Dorf mit Kiesstrand am Carlingford Lough. **Donabate/Portrane:** Sandstrände. **Loughshinny Harbour:** Sandstrand. **Rush:** Badeort mit Sandstränden. **Clogher Head:** Weiter Sandstrand. **Ardmore:** Zauberhafter Ort mit ausgedehntem Sandstrand. **Tramore:** 5 km langer Strand mit Karussels, Achterbahnen usw. **Dunmore East:** Schöner Hafen in reizvoller Umgebung mit Landzunge, Klippen und Buchten.

Die Westküste

In den westlichen und nordwestlichen Counties (Galway, Mayo, Sligo, Leitrim und Donegal) ist der Einfluß der Engländer am wenigsten zu spüren, hier hat sich die irische Lebensart noch hartnäckiger erhalten als im übrigen Irland. Strohgedeckte *Cottages*, Torffeuer, Kalksteinebenen und zerklüftete Steilküsten machen den Reiz dieses Landstrichs aus. Die außerordentliche, wildromantische Schönheit Connemaras hat seit jeher die Phantasie von Schriftstellern, Dichtern und Malern beflügelt. Im rauhen Nordwesten gibt es steile Klippen, einsame, der Küste vorgelagerte Inseln und wunderschöne Sandstrände. Die abwechslungsreiche Landschaft im Landesinneren reicht von den öden Bergen Donegals bis zum Seengebiet von Leitrim. Fruchtbare Täler, alte Kirchen, prähistorische Grabstätten und zerfallene Ruinen sind typisch für diese Region. Die Hochländer im County Mayo erstrecken sich vom *Lough Coirib* (*Lough* ist die gälische Bezeichnung für »See«) und Killary Harbour im Süden bis zur Killala Bay im Norden. Hier findet man das traditionelle Irland. Die Landschaft ist wunderschön – den *Heiligen Berg von Croagh Patrick*, die östlichen Tiefebenen und die **Achill Islands** (mit der größten Insel an der Westküste Irlands) muß man einfach gesehen haben. Der Dichter W. B. Yeats, der im County Sligo geboren wurde, hat in seinen Gedichten die Berge, Seen und die herrliche Küstenlandschaft seiner Heimatregion verewigt. Er liegt im Kirchhof von **Drumcliff** begraben. Sligo ist wie ganz Irland reich an archäologischen Schätzen. In den *Bricklieve Mountains* (in Carrowkeel, nordwestlich von Ballinafad) liegt eine steinzeitliche Begräbnisstätte. Der *Stone of Cu* ist ein riesiges Hünengrab (nördlich von Lough Gill, in der Nähe von Fermoyle). Cormac Mac Airt, der berühmte König von Irland, wurde, so erzählt man sich, in den *Höhlen von Kesh* in den Keshcorran-Mountains von einer Wölfin geboren und großgezogen.
Die Häuser **Galways** zeigen Einflüsse englischer, spanischer und französischer Architektur. Die Stadt ist ein idealer Ausgangspunkt für Ausflüge in die Umgebung.
AUSFLUGSZIELE: Auf den **Aran Islands** (mit dem Flugzeug oder Boot von Galway oder per Boot von Rossaveal zu erreichen) stehen prähistorische Festungsanlagen, frühchristliche Klöster und ein Volkskunde-Museum. Die *Ballintober Abbey* (Abtei) liegt im County Mayo. *Westport House* und das *W.-B.-Yeats-Museum* in Thoor Ballee sind weitere interessante Anziehungspunkte. Connemara hat einen 1800 ha großen Nationalpark. Die *Maamturk Mountains*, *Kylemore Castle* und *Lough Mask* liegen in diesem wunderschönen Gebiet. Im Lough Mask House lebte einst ein gewisser Captain Boycott, ein Gutsverwalter, der bei seinen Pächtern so unbeliebt war, daß niemand für ihn arbeiten wollte – daher das Wort »Boycott«. *Giant's Grave* in der Nähe der Abtei von Cong und *St. Macdora's Island* sollte man unbedingt besuchen. Prähistorische Stätten findet man in **Carrowmore** und **Creevykeel**. Der Lough Key Forest Park liegt in der Nähe von **Carrick** am Fluß Shannon. Bunlin Glen und der Grey-Mare's-Tail-Wasserfall können vom nahegelegenen **Milford** erkundet werden. Die Burg *Doe* ist sehenswert. Die Bewohner des bergigen Gweedore-Gebietes stellen erstklassigen Tweed in Handarbeit her. Lough Melvin in der Nähe von Bundoran liegt an der Grenze zwischen der Republik und Nordirland. *Inishmurray Island* erreicht man mit dem Boot von der Ortschaft Grange aus.
URLAUBSORTE: Aran Islands: Ausgedehnte Sandstrände in Kilmurvey, Killeaney und Kilronan. **Inisheer:** Schöne Sandstrände. **Spiddal:** Vier Strände in der näheren Umgebung, ungefährliches Baden. **Inverin:** Sieben Sandstrände im Umkreis von 5 km. **Carraroe:** Vier Sandstrände in der näheren Umgebung. **Lettermore:** Lettercallow Beach und mehrere kleine Sandstrände sind mühelos mit dem Auto zu erreichen. **Lettermullen:** Coral Beach liegt 3 km von Lettermullen entfernt. Im 5 km entfernten Dynish gibt es einen ca. 1,6 km langen Strand. **Carna:** Weitläufige Sandstrände in Callowfeanish, Mweenish und Moyrus. Ein kleiner Sandstrand liegt in Ardmore. **Roundstone:** Schöne Strände findet man in Gurteen, Dog's Bay, Murvey Beach, Dolin Beach, Bunowen Beach, Aillebrack Beach, Dunloughan Beach, Mannin Beach und Coral Beach (dieser Strand besteht aus Korallen und glatten Felsen). **Cleggan:** Sechs Strände liegen ganz in der Nähe, zwei können zu Fuß erreicht werden, ungefährliches Baden. **Clifden:** Herrliche Strände liegen unweit dieses Urlaubsortes. Weitere Strände in Leagaun (11 km). **Letterfrack:** In Renvyle, Tullybeg und Lettergesh kann man ungefährdet baden. **Salthill:** Vielbesuchter Urlaubsort, breitgefächerte Möglichkeiten der Freizeitgestaltung. Schöne Strände etwa 3 km entfernt. **Kinvara:** Traught Beach hat eine Länge von ca. 6 km. **Achill Island:** In Keel, Dooagh, Keem und Dugort gibt es gute Strände. **Ballina:** Ausgedehnte Sandstrände liegen in Bertragh, Carrowmore-Lackan, Ross Strand und Bunatrahir Strand. **Belmullet:** Die neun Sandstrände in der näheren Umgebung sind leicht mit dem Auto zu erreichen; ungefährliches Baden. **Mulrany:** Guter Badestrand. **Louisburgh:** Der Strand von Old Head ist etwa 3 km lang. Weitere Strände liegen in der Nähe und können bequem mit dem Auto erreicht werden. **Westport:** In Bertra, Lecanvey und Kilsallagh kann man baden. **Lahinch:** Vielbesuchter Badeort, ein Freizeitzentrum und andere Freizeitanlagen. **Spanish Point:** Ein schöner Sandstrand liegt 3 km westlich von Milltown Malbay. Freizeitanlagen. **Doolin:** Kleines Dorf mit kleinem Sandstrand, bekannt für *Folk-Music*-Veranstaltungen. **Silver Strand:** In Freagh, 3 km nördlich von Milltown Malbay, kann man unbesorgt baden. **Kilkee:** Freundlicher, hübscher Badeort an einer schönen Bucht. Ideal für Badeurlaub. Schnorcheln, Hochsee-Angeln und Golf. **Moville:** Familien verbringen ihren Urlaub gern an den Ufern des Lough Foyle auf der Halbinsel Inishowen. Schöne Küstenlandschaft. **Greencastle:** Am Lough Foyle, 5 km von Moville entfernt; guter Badestrand. **Culdaff:** Abgelegener Ort mit schönem Strand. Zahlreiche Strände und Klippen an der Küste in der näheren Umgebung. **Malin/Malin Head:** 6 km nördlich von Cardonagh, Malin Head liegt weitere 14 km entfernt. Herrliche Aussicht vom Malin Head, dem nördlichsten Punkt Irlands. **Ballyliffen:** Abgelegener Ort in wunderschöner Umgebung. Gute Bademöglichkeiten am Pollan Beach. **Clonmany:** Dieses Dorf liegt eingebettet in eine hügelige Küstenlandschaft. **Buncrana:** Urlaubsort mit vielen Freizeiteinrichtungen in schöner Umgebung. **Rathmullan:** Guter Badestrand am Ufer des Lough Swilly. **Portsalon:** Am Westufer des Lough Swilly, in der Nähe von Fanad Head. Malerische Klippen, gute Badestrände. **Rosapenna:** Liegt zwischen Carrigart und Downings auf der Rosguill-Halbinsel. Idealer Ausgangspunkt für Ausflüge. **Downings:** Ruhiger kleiner Ort mit herrlichen Stränden in schöner Küstenlandschaft. **Carrigart** liegt in der Mulroy Bay am Fuß der Halbinsel Rosguill. Badestrand mit Sanddünen. **Dunfanaghy:** Urlaubsort mit vielfältigen Freizeiteinrichtungen in der Sheephaven Bay. Eindrucksvolle Steilküste am Horn Head. **Portnablagh:** Etwa 2 km von Dunfanaghy; ausgezeichneter Badestrand, auch bei Marble Hill. **Gortahork:** In diesem Dorf am Fuß des Muckish Mountain wird Gälisch gesprochen. Verbindung zur Tory Island. **Derrybeg:** Abgelegener kleiner Urlaubsort in malerischer Küstenlandschaft. **Bunbeg:** Geschützt liegender ruhiger Urlaubsort. Zahlreiche Touristenattraktionen liegen ganz in der Nähe. Gute Bademöglichkeiten. **Burtonport:** Geschützter Hafen. Ideal für Bootsfahrten zu den nahegelegenen Inseln. Zerklüftete Küste. Der Badestrand von Keadue liegt 5 km entfernt. **Aranmore Island:** Die Insel, die 5 km vom Festland entfernt ist, hat eine zer-

klüftete Küste mit malerischen Klippen, Meereshöhlen und Badestränden. Verbindungen von Burtonport per Schiff. **Dungloe:** Interessante geologische Formationen. In der Mahory Bay kann man baden. **Maas:** Günstige Lage zwischen Narin und Glenties; idealer Ausgangspunkt für Ausflüge in das Hochland von Donegal. **Narin** und **Portnoo:** Schöne Aussicht auf die wunderbare Gweebarra Bay. Narin hat einen herrlichen Strand. **Rosbeg:** An den zerklüfteten Gestaden der Dawros Bay gelegen. Ausgezeichneter Strand und schöne Umgebung. **Ardara:** Zauberhafter Ort in einem tiefen Tal an der Loughros Mor Bay. Guter Ausgangspunkt für Ausflüge. **Malinmore:** Hübscher Urlaubsort. Der Strand liegt 11 km westlich von Carrick; eindrucksvolle Steilküste. **Carrick:** Ideal für Bootfahren und Bergsteigen. Herrlicher Rundblick vom 600 m hohen Slieve League Cliff. **Killybegs:** Schöner Fischereihafen, Fischkonservenfabriken. **Inver:** An der Mündung des Eany (Mountcharles: 6 km); guter Badestrand. **Mountcharles** liegt oberhalb der Bucht von Donegal in reizvoller Landschaft, in der Nähe befindet sich ein guter Sandstrand. **Rossnowlagh** liegt in der Donegal Bay. Sanfte Hügel erstrecken sich hinter dem Strand. **Bundoran:** Einer der beliebtesten Badeorte, am südlichen Ufer der Donegal Bay gelegen. Herrlicher Strand und große Auswahl an Freizeiteinrichtungen. **Mullaghmore:** Geschützt liegender kleiner Ort mit ausgezeichnetem Badestrand und Dünen. **Rosses Point:** Bekannt für seinen Golfplatz, auf dem Meisterschaften ausgetragen werden. Schöner Sandstrand. **Strandhill:** Vielbesuchter Urlaubsort am Fuß des Knocknarea Mountain. **Enniscrone:** Beliebt bei Familien. Wunderbarer Strand, Salzwasserbäder, herrliches Baden in der Brandung.

Der Südwesten

Die südwestlichen Counties (Clare, Cork, Kerry, Limerick und Tipperary) umfassen das Gebiet des alten Königreichs Munster und einen Teil von Connaught. Der Shannon fließt durch eine reizvolle Landschaft. Der Shannon und die zahlreichen Seen (einschl. Lough Derg) sind fischreich, und Angler kommen hier voll auf ihre Kosten. In den zerklüfteten Bergen der *Knockmealdowns* und der *Galtees* kann man Bergwanderungen unternehmen. Die fruchtbaren Ebenen werden landwirtschaftlich genutzt. Unzählige Schloß- und Klosterruinen sowie Überreste aus prähistorischer Zeit erwarten den Besucher.

AUSFLUGSZIELE: The Burren, eine riesige Kalksteinebene, ist für Botaniker und Archäologen außerordentlich interessant. Hunderte von Burgen, restauriert oder halb verfallen, stehen in diesem Landstrich. In **Limerick**, Irlands viertgrößte Stadt, gibt es viele hübsche Häuser aus dem 18. Jahrhundert; *King John's Castle* aus dem 13. Jahrhundert und die *St.-Mary-Kathedrale* (12. Jh.) sind besonders sehenswert. Im *Bunratty Castle*, einige Kilometer außerhalb Limericks, werden mittelalterliche Bankette veranstaltet. Einen Besuch im berühmten *Folk Museum* sollte man unbedingt einplanen. *Cashel* ist eine der bedeutendsten historischen Stätte Irlands. Die wunderschöne Landschaft der **Dingle-Halbinsel** (dem westlichsten Punkt Europas) lädt zum Wandern ein. Die *Ring-of-Kerry*-Straße führt an Killorglin (Jahrmarkt: *Puck Fair* im August), Killarney, Valentia, Lough Currane, Staigue Fort und den *Standing Stones at the Shrubberies*, einem geheimnisvollen Steinkreis in der Nähe von Kenmare, vorbei. *Blarney Castle* und der *Blarney Stone* sind in der Nähe von **Cork** zu besichtigen. Auf einem Stadtbummel durch Cork gibt es viel zu entdecken: die *St.-Finbarr's-Kathedrale*, *Fota Island* am Stadtrand, die Altstadt, zahlreiche Kirchen, Museen und interessante Kunstgalerien. Es gibt unzählige ruhige Kleinstädte wie **Bandon** und **Macroom**, die in einer reizvollen Hügellandschaft liegen. In **Tralee** findet jedes Jahr das internationale *Rose-of-Tralee-Festival* statt. In der hübschen Stadt gibt es ein gutes Einkaufszentrum. Von Tralee aus kann man die landschaftlichen Schönheiten der Westküste erkunden.

URLAUBSORTE: Beal: Ausgedehnter Sandstrand an der Shannon-Mündung in der Nähe von **Ballybunion**, einem vielbesuchten Urlaubsort. Gute Strände in Stadtnähe, ungefährliches Baden. Gute Sport- und Freizeitanlagen stehen zur Verfügung. **Ballyheigue:** Ruhiges Dorf, kilometerlanger Sandstrand auf einer flachen Halbinsel. **Cloghane:** Schöner Sandstrand unterhalb der Ostseite des Brandon Mountain. **Ballyferriter/Dunquin:** Von den schönen Sandbuchten, die zwischen felsigen Klippen liegen, hat man einen Blick auf die Blasket Islands. **Ventry:** Ca. 8 km von Dingle entfernt, ausgedehnter Sandstrand. **Inch:** 6 km langer Badestrand auf der Dingle-Halbinsel. **Ballymona:** Schöner Sandstrand 4 km von Ballycotton entfernt. **Glenbeigh:** Rossbeigh Strand liegt 3 km von Glenbeigh entfernt, ein ausgedehnter Sandstrand lädt zum Baden ein. **Valentia Island:** Die Insel liegt ein paar hundert Meter von der Küste entfernt. Malerische Klippen. Man kann dort baden und Fische fangen. Eine Brücke führt von Portmagee zur Insel. **Beginish Island:** Die Insel liegt im Valentia-Hafen und hat einen schönen Strand. **Ballinskelligs:** Ein guter Strand liegt in der Nähe des Dorfes. Man kann dort baden, segeln und fischen oder Spaziergänge in die schöne Umgebung machen. **Waterville:** Sandstrände in der Nähe des Dorfes. **Reenore:** Einige Kilometer von Waterville, einladender Sandstrand. **Kells:** Hübsche Sandbucht unweit von Waterville. **Castlecove:** Schöner Sandstrand in wildromantischer Landschaft.

Sneem: Fünfzehn Autominuten entfernt liegt ein Sandstrand, ungefährliches Baden. **Parknasilla:** Gute Bademöglichkeiten in den nahegelegenen Buchten, Bootsfahrten können unternommen werden. **Tahilla:** Idyllisches Dorf am Coongar Habour. **Kenmare:** Schön gelegen, ausgezeichnete Bademöglichkeiten. **Ballydonegan:** Guter Badestrand. **Castletownbere:** Geschützter Hafen. Ein kleiner Kiesstrand liegt in der Nähe. **Glengariff:** Freundlicher Küstenort. **Ballylickey:** Landschaftlich schön gelegen, abgelegene Bucht mit reizvoller Umgebung. **Bantry:** Schöne Lage in Hügellandschaft. **Kilcrohane:** Abgelegener Ort an der Bucht von Dunmanus. **Ahakista:** Gute Bademöglichkeiten in nahegelegenen Buchten und an kleinen Stränden. **Barleycove:** Schöner Sandstrand. **Crookhaven:** Hübscher Hafen. **Goleen:** Einsamer Sandstrand. **Schull:** Meer- und Berglandschaft, ausgezeichnet zum Schwimmen, Segeln und Wandern. **Ballydehob:** Kleines Dorf mit malerischem Hafen. **Baltimore:** Kiesstrand. Segeln und Bootfahren. **Castletownshend:** Hübsches Dorf mit geschütztem Hafen. **Union Hall:** Malerisches Fischerdorf. Kiesstrand. **Glandore:** Attraktiver und vielbesuchter Badeort. **Rosscarbery:** Ruhiger Urlaubsort mit guten Bademöglichkeiten. **Owenahincha Beach:** Ein beliebter Badestrand in der Nähe von Rosscarbery. **Castlefreke:** Mehrere Sandstrände liegen in der Nähe, ungefährliches Baden. **Inchadoney** liegt 5 km von Clonakilty entfernt und hat gute Sandstrände. **Clonakilty:** Ausgezeichnete Strände wie Harbour View, Broad Strand, Inchadoney, Dooneen, Long Strand, Dunworley und Dunneycove liegen ganz in der Nähe. **Courtmacsherry:** Vielbesuchter Badeort. Bootsfahrten und Tennis. **Garrettstown Strand:** Sandstrand. **Kinsale:** Guter Badestrand in der nahegelegenen Summer-Bucht. **Oysterhaven:** Kleiner Kieselstrand. **Ballycotton:** Fischerhafen. **Garryvoe:** Ruhige Ortschaft mit schönem Sandstrand. **Youghal:** Vielbesuchter Badeort mit ausgedehntem Strand (8 km). **Crosshaven:** Beliebter Badeort.

Die Seengebiete

Die Seengebiete (Monaghan, Cavan, Longford, Westmeath, Roscommon, Offaly und Laois) liegen in Mittelirland. Fruchtbare Kalksteinebenen, braune Torfmoore, sanfte Hügel, hohe Berge, bewaldete Täler und Moore laden zu langen Wanderungen ein. Diese Region blickt auf eine recht turbulente Vergangenheit zurück. Die geographische Lage an den Grenzen des *Pale* (dem Gebiet um Dublin) machte die Region zum Schlachtfeld, auf dem sich die irischen Clans und die englischen Herrscher erbitterte Kämpfe lieferten. Heutzutage geht es friedlicher zu in der landwirtschaftlich geprägten Region, obwohl die bewegte und oft tragische Vergangenheit in Liedern, Gedichten, Mythen und Legenden noch lebendig ist. Prähistorische Grabhügel, Herrenhäuser aus dem 19. Jahrhundert und zahlreiche Ruinen erinnern an die bewegte Geschichte dieses Landstriches.

AUSFLUGSZIELE: Dun a Ri Forest Park, **Kingscourt**; Killykeen Forest Park und Cuilcagh Mountain (Cavan), das Quellgebiet des Shannon, sind herrliche Ausflugsgebiete. Der *Rock of Dunamase* und die *Emo-Court-Gärten* liegen in der Nähe von **Portlaoise**. Die alte *Klosteranlage* in **Fore** und *Athlone Castle* (County Westmeath) sind sehenswert. County Longford, in dem der Schriftsteller Oliver Goldsmith geboren wurde; County Monaghan, die Heimatregion des Dichters Patrick Kavanagh; *Birr Castle* und das alte *Kloster Clonmacnois* (County Offaly) laden zu Wanderungen und Besichtigungen ein. Ein Abstecher zum *Lough Key Forest Park*, der *Boyle Abbey* (beide in der Nähe von Boyle) und zum *Roscommon Castle* im County Roscommon lohnt sich in jedem Fall. In **Kilkenny** erinnern eine Burg, mehrere Museen, eine Kathedrale und das Haus eines Kaufmanns aus der Tudor-Zeit an die einflußreiche Vergangenheit der Stadt. Die Ruinen der *Jerpoint Abbey* in der Nähe von **Thomastown** sind besonders sehenswert, und ein Besuch der *Dunmore-Höhle* ist ebenfalls ein Erlebnis. *Carton House* und der Obelisk *Connolly's Folly* liegen in der Nähe von **Maynooth** (Kildare). Von *White's Castle* in der Nähe von **Athy** hat man eine schöne Aussicht auf den Fluß Barrow. Die zahlreichen Seen und Flüsse laden zum Segeln und Angeln ein. Man kann sich aber auch einfach nur an der schönen Landschaft erfreuen, das Seengebiet ist für einen erholsamen Urlaub wie geschaffen.

SOZIALPROFIL

ESSEN & TRINKEN: Irland ist für landwirtschaftliche Erzeugnisse wie Fleisch, Speck, Geflügel und Milchprodukte bekannt. Im Meer, in den Flüssen und Seen werden Lachse, Forellen, Hummer, Krabben, Austern (die mit Guinness und braunem Brot serviert werden), Muscheln und Strandschnecken gefangen. In Dublin und vielen anderen Städten gibt es Restaurants und Gaststätten aller Preislagen. Die einheimischen Gerichte werden vor allem in den Restaurants der ländlichen Gegenden serviert, z. B. Corned Beef und Karotten, gekochter Speck und Kohl oder *Irish Stew*, ein wohlschmeckendes Eintopfgericht. *Crubeen* (Schweinshaxe), *Colcannon* (Kartoffeln und Kohl), *Soda Bread* (braunes Brot) und *Carrageen Soufflé* (Algenauflauf) sollte man probieren. Zum *Tea* wird oft eine richtige Mahlzeit mit belegten Broten, Kuchen und Gebäck aufgetischt.

Getränke: Gaststätten heißen in Irland *Bar*, *Lounge* oder *Pub*. Tischbedienung ist unüblich, Speisen und Getränke holt man sich am Tresen ab. Spirituosen werden großzügig ausgeschenkt. *Irish Coffee* ist ein beliebtes Getränk (heißer Kaffee, brauner Zucker, Whiskey und Sahne). Fast alle Getränke werden importiert, aber irischer *Whiskey* (in Irland mit »e« geschrieben) und *Stout* (dunkles, kräftiges Bier) sind weltbekannte irische Produkte. Irischer Whiskey, der mindestens sieben Jahre in Holzfässern reift, hat einen ganz besonderen, milden Geschmack. *Jamesons*, *John Powers Gold Label*, *Paddy*, *Tullamore Dew*, *Old Bushmills*, *Middleton*, *Reserve* und *Hewitts* sind die bekanntesten Marken. *Guinness*, das bekannteste Stout und eines der meistgetrunkenen Biere der Welt, und *Murphy's* werden fast überall ausgeschänkt. Stout gibt es entweder vom Faß oder in Flaschen. Leichtes Ale wie *Smithwick's* oder *Harp Lager* sind ebenfalls erhältlich. Liköre wie *Irish Mist* und *Bailey's* werden mit Whiskey hergestellt. **Schankstunden:** Ganzjährig Mo-Sa 10.30-23.00 Uhr (im Sommer bis 23.30 Uhr), sonntags 12.30-14.00 und 16.00-23.00 Uhr. Einige Bars in Dublin und Cork schließen über Mittag zwischen 14.30-15.30 Uhr.

NACHTLEBEN: Diskotheken und Tanzbars findet man in fast allen Städten. In den Gaststätten gibt es Live-Musik und Abende mit traditioneller irischer Folk-Musik, bei denen erstklassige Sänger und professionelle Gruppen auftreten. Mittelalterliche Bankette auf alten Burgen wie Bunratty sind eine besondere Attraktion. Die vielen Theater und Kinos bieten weitere Abendunterhaltung.

EINKAUFSTIPS: Stoffe wie handgewebter Tweed oder Leinen, handgestrickte Woll- und Baumwollsachen, Artikel aus Schaffell, Gold- und Silberschmuck, Strick-

Republik Irland / Island

waren von den Aran-Inseln, Keramik, Kristallgläser, Korbwaren, Whiskey, Pfeifen und Antiquitäten.
Öffnungszeiten der Geschäfte: Mo-Sa 09.00/09.30-17.30 Uhr. Supermärkte haben donnerstags oder freitags oft bis 21.00 Uhr geöffnet.
Anmerkung: Für Besucher aus EU-Mitgliedstaaten besteht keine Mehrwertsteuer-Rückerstattung mehr. Besucher aus der Schweiz erhalten beim Kauf einen Cashback-Gutschein, der bei der Ausreise an den Flughäfen Cork und Dublin eingelöst werden kann bzw. bei der Ausreise mit der Fähre im Hafen vom irischen Zoll abgestempelt wird und dann zur Rückerstattung eingeschickt werden kann. Einige Geschäfte stellen eine Rechnung aus, die zur Rückerstattung ebenfalls mit Zollstempel eingereicht werden muß.
SPORT: Gaelic Football und **Hurling** sind die Nationalsportarten. 180 **Golfplätze** sind dem Irischen Golfverband (*Golfing Union of Ireland*) angeschlossen, etwa zwei Drittel davon mit 18 Löchern. Zahlreiche Hotels haben **Tennisplätze. Reitschulen** gibt es in vielen Teilen des Landes, Adressen und Anregungen für Reiterferien sind in einer Broschüre des Fremdenverkehrsamtes verzeichnet. **Pferderennen** werden in Leopardstown, Fairyhouse (Irisches Grand National), The Curragh (Irish Sweeps Derby) und Punchestown (Austragungsort internationaler Querfeldeinrennen und Vielseitigkeitsprüfungen) veranstaltet. Die irischen **Fußballvereine** gehören nicht zu den europäischen Spitzenmannschaften, die irische Nationalmannschaft erreichte jedoch 1990 bei den Weltmeisterschaften das Viertelfinale und qualifizierte sich als einzige Mannschaft der Britischen Inseln für die Weltmeisterschaften 1994. Mit seinen unzähligen Flüssen und Seen ist Irland ein wahres Paradies für **Angler.** Barsche, Rudd, Dace (ein Weißfisch), Plötzen, Brassen, Forellen und Lachse kann man in unzähligen Gewässern fangen. **Hochsee-Angeln** ist in Irland ganz besonders beliebt. Am besten erkundigt man sich direkt am Urlaubsort nach der Saison der jeweiligen Fischarten und über eventuell erforderliche Angelscheine und Gebühren. **Bergsteigen** und **Klettern** ist auch in Irland möglich, u. a. in folgenden Grafschaften: Wicklow (Glendalough, Luggala), Donegal (Derryveagh Mountains, Lough Barra) und Galway (Colum Gowaun, Ben Corr). **Bergwandern** bietet sich vor allem in den Bergen von Wicklow, Kerry, Donegal und Connemara an.
Drachenfliegen ist ebenfalls möglich. Sehr beliebt sind **Bootsfahrten** auf den Flüssen Shannon und Erne und auf dem Grand Canal. Die Ausstattung der Boote richtet sich nach ihrer Größe. Lebensmittel sind nicht an Bord. Ein Bootsführerschein ist nicht erforderlich. Mindestbesatzung: 2 Personen. Mindestalter des Bootsführers: 21 Jahre. Kaution muß hinterlegt werden. Hauptsaison von Ostern bis Ende Oktober. Eine Informationsbroschüre mit Angeboten von Reiseveranstaltern ist von der Fremdenverkehrszentrale erhältlich. Die irischen Küstengewässer bieten gute **Windsurf-** und **Segelmöglichkeiten** sowie gute **Tauchgründe** mit einer vielfältigen Unterwasserfauna und -flora. Wassertemperaturen an der südwestlichen Küste liegen bei 17°C. Die schmalen, wenig befahrenen Landstraßen sind ideal für einen Urlaub im **Zigeunerwagen**, in dem bis zu vier Personen Platz finden. Mit Pferd und Wagen durch Irland zu ziehen ist ein echtes Abenteuer. Vermieter bieten feste Fahrtrouten mit Übernachtungsmöglichkeiten an. Näheres von der Fremdenverkehrszentrale.
VERANSTALTUNGSKALENDER
17. Mai - 23. Juni '96 *County Wicklow-Gartenfestival*. 1. - 3. Juni *Guinness International Cartoon Festival*, Wicklow. 10. - 21. Juli *Galway-Kunstfestival*, Galway. 4./5. Aug. *Baltimore Regatta*, Ballina. 15. - 18. Aug. *Powers Irish Coffee Festival*, Foynes. 23. - 29. Aug. *Rose-of-Tralee-Festival*, Co. Kerry. 21. Sept. - 6. Okt. *Internationales Operettenfestival*, Waterford. 3. - 6. Okt. 20. *Internationales Gourmet-Festival*, Cork 17. Okt. - 5. Nov. *Wexford-Opernfestival*. 25. - 28. Okt. *Jazzfestival*, Cork.
SITTEN & GEBRÄUCHE: Iren sind sehr gesellig und immer für einen *Craic* oder Schwatz zu haben. An jeder Straßenecke hört man angeregte Unterhaltungen. Der Ire Oscar Fingal O'Flaherty Wills (besser bekannt als Oscar Wilde) hat einmal gesagt: »Wir sind die größten Redner seit den alten Griechen«. Überall herrscht eine freundliche Kleinstadt-Atmosphäre, und das Zusammengehörigkeitsgefühl ist sehr ausgeprägt. Man wird im ganzen Land, ganz egal in welcher Region, herzlich willkommen geheißen. Die Mahlzeiten, die in irischen Haushalten serviert werden, sind deftig und wohlschmeckend. Das Mittagessen ist die Hauptmahlzeit, das Abendessen wird *Tea* genannt. Freizeitkleidung wird überall akzeptiert. Man gibt sich zur Begrüßung die Hand und spricht sich oft mit dem Vornamen an. **Trinkgeld:** 10-12 % ist üblich. In den Rechnungen der Hotels und Restaurants ist das Trinkgeld bereits enthalten. In Bars und Gaststätten gibt man kein Trinkgeld, es sei denn, man wurde am Tisch bedient. Taxifahrer, Gepäckträger und Friseure erwarten ein Trinkgeld.

WIRTSCHAFTSPROFIL

WIRTSCHAFT: Irland war lange Zeit ein reines Agrarland. Die Industrie hat erst in den letzten Jahren an Bedeutung zugenommen. Heute trägt die Industrieproduktion mehr zum Bruttosozialprodukt bei als der Agrarsektor, die Landwirtschaft bleibt jedoch weiterhin ein wichtiger Wirtschaftszweig. Die Regierung hofft, durch Modernisierungsmaßnahmen und den Ausbau der nahrungsmittelverarbeitenden Industrie die Bedeutung der Landwirtschaft für die Gesamtwirtschaft zu erhalten. Die gezielte Förderung von Hi-Tech-Firmen, der Ausbau des Exportsektors und attraktive Anreize für ausländische Investoren haben zum jüngsten Erfolg der Industrie beigetragen. Textilien, chemische und elektrotechnische Erzeugnisse hatten eine besonders hohe Wachstumsrate zu verzeichnen. Vor der Südküste sind vielversprechende Erdöl- und Erdgasfelder entdeckt worden. Trotz des wirtschaftlichen Erfolges der letzten Jahre ist Irland immer noch eines der ärmsten Mitgliedsländer der Europäischen Union. Großbritannien, der wichtigste Handelspartner, liefert 36% der Importe und nimmt 28% der Exporte ab. Weitere wichtige Handelspartner sind die USA, Deutschland und Frankreich. Exportiert werden vor allem Maschinen, Nahrungsmittel und chemische Produkte. Durch die Mitgliedschaft in der EU konnte Irland den Handel wesentlich vielseitiger gestalten. Die Krise im Zusammenhang mit der Europäischen Währungsunion im September 1992 und der damit verbundene Austritt Großbritanniens aus dem EWS wirkte sich allerdings negativ auf die Wirtschaft Irlands aus. Irland ist eines der Länder, das vom sogenannten Kohäsionsfonds Zahlungen erhält. Der Tourismus ist ein wichtiger Devisenbringer, jährlich kommen 3-4 Mio. Feriengäste auf die grüne Insel.
GESCHÄFTSVERKEHR: Bei Geschäftsbesuchen sind Anzug und Krawatte bzw. Kostüm angebracht. Irische Geschäftsleute sind freundlich und entgegenkommend, es geht recht informell zu. Terminvereinbarung ist üblich. Man sollte genügend Zeit für die Abwicklung der Geschäfte einplanen. Die erste Maiwoche, die Hauptferienzeit im Sommer (Juli - August) und die Zeit zwischen Weihnachten und Neujahr eignen sich nicht für Geschäftsbesuche. **Geschäftszeiten:** Mo-Sa 08.00-16.00 Uhr.
Kontaktadressen: *Irische Handelsstelle*, Rolandstraße 44, D-40476 Düsseldorf. Tel: (0211) 47 05 90. Telefax: (0211) 470 59 32.
Irische Handelsstelle, Postfach 115, Friedrichstraße 95, D-10117 Berlin. Tel: (030) 20 96 34 88. Telefax: (030) 26 43 34 84.
Deutsch-Irische Industrie- und Handelskammer, 46 Fitzwilliam Square, Dublin 2. Tel: (01) 676 29 34. Telefax: (01) 676 25 95.
The Commercial Counsellor at the Austrian Embassy (Außenhandelsstelle der Wirtschaftskammer Österreich), PO Box 2506, Dublin 4. Tel: (01) 283 04 88. Telefax: (01) 283 05 31.
Swiss-Irish Business Association, c/o Swiss Embassy, 6 Ailesbury Road, Ballsbridge, Dublin 4. Tel: (01) 269 15 66. Telefax: (01) 283 03 44.
The Chambers of Commerce of Ireland (Handelskammer), 22 Merrion Square, Dublin 2. Tel: (01) 661 28 88. Telefax: (01) 661 28 11.
KONFERENZEN/TAGUNGEN: Irland bietet gute Kongreßlokalitäten. Es gibt große Kongreßzentren mit modernsten technischen Einrichtungen in Dublin, Killarney und Limerick. Das irische Fremdenverkehrsamt erteilt die nötigen Auskünfte. Folgende Abteilungen sind gern bei der Planung größerer Veranstaltung behilflich: *Kongreß- und Incentive-Reisen der Irischen Fremdenverkehrszentrale*; *CIE Tours International* im Düsseldorfer Büro (Tel: (0211) 8 43 89); Irische Fremdenverkehrszentrale in Frankfurt (Tel: (069) 23 33 41).

KLIMA

Der Golfstrom und milde südwestliche Winde sorgen für ein gemäßigtes Klima. Die Sommer sind warm. Die Winter sind im allgemeinen mild und regnerisch, die Monate Januar und Februar können jedoch recht kalt sein. Frühling und Herbst sind sehr mild. Regelmäßige Niederschläge das ganze Jahr über.

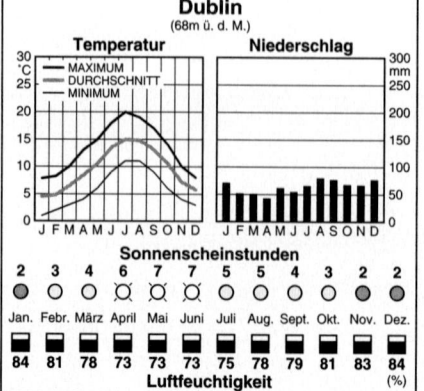

Island

Lage: Nordatlantik, in der Nähe des Polarkreises.

Isländisches Fremdenverkehrsamt
City Center
Carl-Ulrich-Straße 11
D-63263 Neu-Isenburg
Tel: (06102) 25 44 84. Telefax: (06102) 25 45 70.
Mo-Fr 09.00-13.00 und 14.00-17.00 Uhr.
(auch für Anfragen aus Österreich zuständig)
Isländisches Fremdenverkehrsamt
c/o Icelandair
Sieverstraße 7
CH-8050 Zürich
Tel: (01) 312 73 73. Telefax: (01) 312 73 74.
Mo-Fr 08.30-12.00 und 13.00-17.30 Uhr.
Tourist Information Centre
Bankastraeti 2
IS-101 Reykjavík
Tel: 562 30 45. Telefax: 562 47 49.
Botschaft der Republik Island
Kronprinzenstraße 6
D-53173 Bonn
Tel: (0228) 36 40 21. Telefax: (0228) 36 13 98.
Mo-Fr 09.00-16.00 Uhr.
(Visumerteilung auch für die Schweiz und Österreich)
Honorarkonsulate ohne Visumerteilung in Bremerhaven, Cuxhaven, Düsseldorf, Frankfurt/M., Hamburg, Hannover, Lübeck, München, Rostock und Stuttgart.
Isländisches Honorargeneralkonsulat (ohne Visumerteilung)
Naglergasse 2/ III.
A-1010 Wien
Tel: (0222) 533 24 98. Telefax: (0222) 533 24 98 66.
Mo-Do 08.00-17.00 Uhr (für telefonische Anfragen).
Honorarkonsulat ohne Visumerteilung in Salzburg.
Isländisches Honorarkonsulat (ohne Visumerteilung)
Bahnhofstraße 44
CH-8001 Zürich
Postfach 6040
CH-8023 Zürich
Tel: (01) 211 13 38. Telefax: (01) 211 80 68.

TIMATIC INFO-CODES

Abrufbar über Ihr CRS-System (für START/Amadeus Amaske benutzen). Für Galileo bitte TI-DFT eingeben (mit Bindestrich).

Flughafengebühren	TI DFT/ KEF /TX
Währung	TI DFT/ KEF /CY
Zollbestimmungen	TI DFT/ KEF /CS
Gesundheit	TI DFT/ KEF /HE
Reisepassbestimmungen	TI DFT/ KEF /PA
Visabestimmungen	TI DFT/ KEF /VI

Mo-Fr 09.00-12.00 Uhr.
Geschäftsbereich: Tessin und deutsche Schweiz außer den Kantonen Bern und Wallis.
Weitere Honorarkonsulate ohne Visumerteilung in Bern (Kantone Bern und Jura) und Genf (Westschweiz).
Botschaft der Bundesrepublik Deutschland
Túngata 18
IS-101 Reykjavík
PO Box 400
IS-121 Reykjavík
Tel: 551 95 31/35/36. Telefax: 552 56 99.
Honorarkonsulate in Akureyli, Heimaey/Vestmannaeyjar, Isafjördur, Patrekstjördur, Selfoss und Seydisfjördur.
Generalkonsulat der Republik Österreich (ohne Paß-, mit Sichtvermerksbefugnis)
Austurstraeti 17
PO Box 1389
IS-121 Reykjavík
Tel: 552 40 16. Telefax: 562 50 16.
Die Schweizer Interessenvertretung erfolgt durch die Botschaft in Oslo (s. Norwegen).

FLÄCHE: 103.000 qkm.
BEVÖLKERUNGSZAHL: 265.000 (1995).
BEVÖLKERUNGSDICHTE: 2,6 pro qkm.
HAUPTSTADT: Reykjavík. **Einwohner:** 108.820 (1993).
GEOGRAPHIE: Island liegt im Nordatlantik in der Nähe des Polarkreises. Zum Staatsgebiet der Inselrepublik gehören auch einige kleinere Inseln, die der Nord- und Südküste vorgelagert sind. Die Landschaft ist wild und karg; wenn man von Island spricht, denkt man an schwarze Lava, roten Schwefel, heiße blaue Geysire, graue und weiße Flüsse, Wasserfälle und grüne Täler. Die Küste besteht aus unzähligen Buchten und Fjorden. Das öde und menschenleere Hochplateau im Innern des Landes ist von wahrer Schönheit, zum Teil fühlt man sich wie auf dem Mond, daher verwundert es auch nicht, daß die ersten amerikanischen Astronauten hier ein Trainingsprogramm absolvierten. Ein Großteil des Landes ist unbewohnt. Die Bevölkerung lebt an den Küsten, in den Tälern und in den Ebenen im Südwesten und Südosten der Insel. Über die Hälfte der Einwohner wohnen im Umkreis von Reykjavík, der Hauptstadt Islands. In kaum einem anderen Land der Welt gibt es so viele aktive Vulkane wie auf Island. Der berühmteste und eindrucksvollste Vulkan ist Hekla im Süden der Insel, der seit der Besiedlung Islands sechzehnmal ausgebrochen ist. Im Mittelalter glaubten viele europäische Geistliche felsenfest, daß der Vulkan der Eingang zur Hölle sei. Am Krater des Snaefellsjökull auf der Halbinsel Snaefellsnes beginnt die aufregende Reise zum Mittelpunkt der Erde in Jules Vernes berühmtem gleichnamigen Roman. Der Vatnajökull (8500 qkm) ist der größte Gletscher Europas.
STAATSFORM: Parlamentarisch-demokratische Republik, seit 1944; Staatsoberhaupt: Präsidentin Vigdís Finnbogadóttir, seit 1980. Regierungschef: Ministerpräsident Davíd Oddsson, seit 1991. Parlament (*Althing*) mit 63 Abgeordneten. Direktwahl des Staatsoberhauptes alle 4 Jahre. Die letzten Wahlen fanden im April 1995 statt. Seit 1918 unabhängiges Königreich in Personalunion mit Dänemark, 1944 Ausrufung der Republik.
SPRACHE: Isländisch ist die offizielle Landessprache. Viele Isländer sprechen auch Englisch, Dänisch oder Deutsch.
RELIGION: 93% Lutheraner, katholische Minderheit.
ORTSZEIT: MEZ - 1 (im Sommer MEZ - 2).
NETZSPANNUNG: 220 V, 50 Hz. Nahezu die gesamte Elektrizität wird von Wasserkraftwerken erzeugt.
POST- UND FERNMELDEWESEN: Telefon: Selbstwählferndienst. **Landesvorwahl: 354.** Es gibt keine Ortsnetzkennzahlen mehr. In den größeren Städten können Ferngespräche ins Ausland von öffentlichen Telefonzellen aus getätigt werden, die Münzen und Telefonkarten annehmen; letztere sind bei Post- und Fernmeldeämtern erhältlich. **Telefax Service** im Fernmeldeamt am Austurvöllur-Platz und allen Reykjavíker Postämtern. Die meisten Postämter in anderen Ortschaften haben ebenfalls einen Telefaxanschluß. **Telex/Telegramme:** Telexdienst in Postämtern, großen Hotels und im Fernmeldeamt (täglich geöffnet). Telegramme können im Telegrafenamt von Reykjavík und an jedem Postschalter aufgegeben werden (24 Std. geöffnet). **Post:** Der Luftpostbriefverkehr zum europäischen Festland ist schnell und zuverlässig. *Pósthúsid* (das Hauptpostamt in Reykjavík) ist Mo 08.00-17.00 Uhr, Di-Fr 09.00-17.00 Uhr und Sa 09.00-12.00 Uhr geöffnet. Das Postamt am Busbahnhof ist Mo-Sa 14.00-19.30 Uhr geöffnet.
DEUTSCHE WELLE
Der Einsatz der Kurzwellenfrequenzen ändert sich mehrfach im Laufe eines Jahres, und Sendungen auf den folgenden Frequenzen werden jeweils nur zu bestimmten Tageszeiten ausgestrahlt. Näheres in der Einleitung.

| MHz | 15,275 | 13,790 | 9,535 | 6,145 | 6,100 |
| Meterband | 19 | 22 | 31 | 49 | 49 |

REISEPASS/VISUM

Wichtiger Hinweis: Die Einreisebestimmungen mancher Länder können sich kurzfristig ändern – rufen Sie sicherheitshalber auf Ihrem CRS-System (TIMATIC-Info-Code-Fenster in diesem Kapitel) den aktuellen Stand ab bzw. wenden Sie sich an die zuständige diplomatische Vertretung. Etwaige Zahlen in der Tabelle beziehen sich auf nachfolgende Fußnoten.

	Paß erforderlich?	Visum erforderlich?	Rückflugticket erforderlich?
Deutschland	1	Nein	Nein
Österreich	1	Nein	Nein
Schweiz	1	Nein	Nein
Andere EU-Länder	1/2	Nein	Nein

REISEPASS: Allgemein erforderlich, ausgenommen sind:
(a) **[1]** Staatsangehörige der Bundesrepublik Deutschland, Österreichs und der Schweiz, von Belgien, Frankreich, Italien, Liechtenstein, Luxemburg und den Niederlanden, sofern sie als Touristen einreisen und einen gültigen Personalausweis vorweisen können;
(b) **[2]** Staatsangehörige von Dänemark, Finnland, Norwegen und Schweden im innerskandinavischen Reiseverkehr.
VISUM: Allgemein erforderlich, ausgenommen sind:
(a) Staatsangehörige der in der obigen Tabelle aufgeführten Länder;
(b) Staatsbürger der skandinavischen Länder;
(c) Staatsbürger der anderen EU-Mitgliedsstaaten;
(d) Staatsbürger von Anguilla, Antigua und Barbuda, Australien, den Bahamas, Barbados, Belize, Bermuda, Botswana, Brasilien, den Britischen Jungferninseln, Brunei, den Cayman-Inseln, Chile, Dominica, den Falkland-Inseln, Fidschi, Gambia, Gibraltar, Grenada, Guyana, Hongkong, Israel, Jamaika, Japan, Kanada, Kiribati, Korea-Süd, Lesotho, Malawi, Malaysia, Malta, Mauritius, Mexiko, Monaco, Montserrat, Neuseeland, Polen, San Marino, den Seychellen, Singapur, den Salomonen, St. Helena, St. Kitts und Nevis, St. Lucia, St. Vincent und den Grenadinen, Slowakische Republik, Slowenien, Swasiland, Tansania, Tschechische Republik, Trinidad und Tobago, den Turks- und Caicos-Inseln, Tuvalu, Ungarn, Uruguay, den USA, Vanuatu, Vatikanstadt und Zypern für Aufenthalte von bis zu 3 Monaten.
Visaarten: Einreisevisum.
Visagebühren: 22 DM. Für Österreicher und Schweizer gilt derselbe umgerechnete Wert.
Antragstellung: Bei der Botschaft in Bonn, auch für alle

Island

in der Schweiz und Österreich ansässigen Personen. Antragsformulare können jedoch bei den zuständigen Konsulaten im Wohnsitzland angefordert werden. Bearbeitungszeit etwa 4 Wochen.
Unterlagen: (a) Antrag. (b) 2 Paßfotos. (c) Gültiger Reisepaß. (d) Ggf. Einreisepapiere für das nächste Zielland. (e) Ggf. Aufenthaltsgenehmigung für das Wohnsitzland (mind. noch 3 Monate nach Rückreise gültig). (f) Frankierter und adressierter Rückumschlag bei postalischer Antragstellung.
Bearbeitungszeit: Etwa 4 Wochen (bei postalischer oder persönlicher Antragstellung.)
Aufenthaltsgenehmigung: Anfragen sind an die isländische Botschaft zu richten.

GELD

Währung: 1 Krona (IKr) = 100 Aurar. Banknoten sind in den Werten von 5000, 1000, 500 und 100 IKr in Umlauf. Münzen in den Nennbeträgen 50, 10, 5 und 1 IKr sowie 50 und 10 Aurar.
Kreditkarten sind sehr gebräuchlich in Island; *Visa, Eurocard, Diners Club* und *American Express* werden von den meisten Einrichtungen (Hotels, Restaurants, Autovermietungen, Läden usw.) angenommen. Einzelheiten vom Aussteller der betreffenden Kreditkarte.
Reiseschecks werden fast überall akzeptiert.
Euroschecks können bis zu einem Höchstbetrag von 13.000 IKr eingelöst werden. Es ist neuerdings möglich, an Geldautomaten mit Euroscheckkarten abzuheben. Die Prozedur könnte nur daran scheitern, daß der Heimatbank keine Informationen über Devisen vorliegen.
Wechselkurse

	IKr Sept. '92	IKr Febr. '94	IKr Jan. '95	IKr Jan. '96
1 DM	35,56	42,04	44,23	45,63
1 US$	52,84	72,98	68,57	65,59

Devisenbestimmungen: Keine Einfuhrbeschränkungen für ausländische Währungen.
Öffnungszeiten der Banken: Mo-Fr 09.15-16.00 Uhr. Einige Banken am Flughafen Keflavík und in Reykjavík haben auch länger geöffnet.

DUTY FREE

Folgende Artikel können zollfrei nach Island eingeführt werden:
200 Zigaretten oder 250g Tabak; (ab 16 Jahre)
1 l Spirituosen (ab 20 Jahre);
1 l Wein mit einem Alkoholgehalt unter 21% oder 6 l Bier anstelle des Weines.
Anmerkung: Alle Fischfanggeräte (inkl. Gummistiefel) und Reitsachen brauchen ein vom Tierarzt erstelltes Begleitschreiben, das beglaubigt, daß jene desinfiziert worden sind.

GESETZLICHE FEIERTAGE

1. Mai '96 Tag der Arbeit. **16. Mai** Christi Himmelfahrt. **27. Mai** Pfingstmontag. **17. Juni** Nationalfeiertag. **5. Aug.** Bankfeiertag. **24.-26. Dez.** Weihnachten. **31. Dez.** Silvester (ab Mittag). **1. Jan. '97** Neujahr. **27. März** Gründonnerstag. **28. März** Karfreitag. **31. März** Ostermontag. **17. April** Sommeranfang. **1. Mai** Tag der Arbeit. **8. Mai** Christi Himmelfahrt. **19. Mai** Pfingstmontag.

GESUNDHEIT

In der folgenden Tabelle aufgeführte Impfvorschriften können sich kurzfristig ändern. Es wird stets empfohlen, auf Ihrem CRS-System (TIMATIC-Info-Code-Fenster in diesem Kapitel) den aktuellen Stand der Gesundheitsbestimmungen abzurufen bzw. rechtzeitig vor der Reise ärztlichen Rat einzuholen.

	Vorsichtsmaßnahmen empfohlen	Impfschein erforderlich
Gelbfieber	Nein	Nein
Cholera	Nein	Nein
Typhus & Polio	Nein	-
Malaria	Nein	-
Essen & Trinken	Nein	-

Gesundheitsvorsorge: Die medizinische Versorgung ist ausgezeichnet. Seit dem 1. Jan. 1994 gilt der E 111 auch in Island. Deutsche und Österreicher sollten sich diese Anspruchsbescheinigung vor der Abreise bei ihrer Krankenkasse besorgen. Schweizer Staatsbürgern wird der Abschluß einer Reisekrankenversicherung empfohlen.

REISEVERKEHR - International

FLUGZEUG: Die nationale Fluggesellschaft heißt *Icelandair* (FI). Linienflüge ganzjährig mehrmals wöchentlich von Hamburg, Frankfurt, München, Köln, Berlin, Düsseldorf, Stuttgart und Zürich. Direktflüge im der Hauptsaison (Juni/Juli) einmal wöchentlich von Wien, ansonsten tägliche Verbindungen über Kopenhagen.
Durchschnittliche Flugzeiten: *Frankfurt – Island:* 3 Std. 45; *Hamburg – Island:* 3 Std. 15; *Zürich – Island:* 3 Std; *Wien – Island:* 4 Std; *Kopenhagen – Island:* 3 Std. 20.
Internationaler Flughafen: Keflavík (KEF) liegt 51 km südwestlich von Reykjavík (40 Min. Fahrzeit zur Stadt). Jeder Flug hat Anschluß zur Stadt per Autobus-Zubringer. Taxistand vorhanden. Im Duty-free-Shop kann man u. a. handgestrickte Islandpullover erwerben. Die Bank/Wechselstube ist täglich von Uhr geöffnet. Restaurants sind von 05.30-19.00 Uhr geöffnet, Bars und einige Läden haben 24 Stunden geöffnet. Mietwagen können bei *Icelandair* gemietet werden, Hotelreservierungsschalter ist vorhanden. Weitere Einzelheiten unter der Rubrik *Bus/Pkw* weiter unten. Internationale Flüge zu den großen europäischen Flughäfen und in die USA, einige Flugziele werden jedoch nur während der Saison angeflogen. In den Sommermonaten gibt es Flüge zu den Färöern und nach Grönland. Nähere Auskünfte erteilen die Büros der Icelandair.
SCHIFF: Die *Smyril Line* betreibt im Sommer eine Fährschiffverbindung (für Personen- und Kraftfahrzeuge) von Thorshavn auf den Färöern nach Seydisfjördur an der Ostküste von Island, nach Lerwick auf den britischen Shetland-Inseln, nach Bergen in Norwegen und nach Esbjerg in Dänemark. Die Schiffe der englischen *P&O Ferries* verkehren zwischen den Färöer-Inseln und den Shetland-Inseln (Anschluß zur *Smyril Line*). Die färörische Passagierfähre MS *Norröna* fährt zwischen Esbjerg (Dänemark), Bergen (Norwegen) und Seydisfjördur in Island. Frachtschiffe verkehren zwischen Hamburg und Reykjavik.

REISEVERKEHR - National

FLUGZEUG: Das Flugzeug spielt im Hinblick auf die z. T. schwierigen Straßenverhältnisse eine wichtige Rolle im Inlandsverkehr. *Icelandair* (FI) fliegt 9 der 32 regionalen Flughäfen an. *Íslandsflug*, *Norlandair* und *East Air* bedienen ebenfalls fast alle Landesteile im regelmäßigen Flugdienst. Icelandair bietet Tickets und Sammeltickets für Inlandflüge zu Sondertarifen, z. B. den *Iceland Air Pass* und *Fly as you please*. Mit dem Iceland Air Pass kann man wahlweise mit bis sechs Zonen innerhalb von 30 Tagen durchreisen. Fly as you please bietet unbegrenzte Flugmöglichkeiten innerhalb von 12 Tagen an. Die Büros der Icelandair erteilen nähere Auskünfte. Ferner werden Charter- und Besichtigungsflüge angeboten sowie Kombirundreisen per Bus und

Flugzeug. Mit dem *Air Bus Rover* muß die Reise innerhalb von 30 Tagen abgeschlossen werden. Allerdings wird dieser Paß wegen begrenztem Busverkehr im Winter nur in den Sommermonaten angeboten.
SCHIFF: Frachtverbindungen zu allen Küstenhäfen der Insel im Sommer. Es gibt Fährverbindungen von Reykjavík nach Akranes (täglich); von Stykkishólmur nach Brjánslækur (täglich); von Isafjördur zu den Häfen der Westfjorde (täglich) und von Porlákshöfn nach Heimaey (Vestmannaeyjar). Im Winter wetterbedingte Fahrplaneinschränkungen.
BAHN: Es gibt keinen Schienenverkehr.
BUS/PKW: Alle Ortschaften sind auf dem Straßenweg erreichbar. Das Straßennetz umfaßt 11.279 km – 70% der Ringstraße sind geteert, viele andere Straßen sind geschottert. **Taxis** gibt es an Flughäfen und vor Hotels.
Bus: Die Busverbindungen sind preiswert und gut. Im Sommer Verbindungen in alle Landesteile, im Winter eingeschränkter Busverkehr. Besondere Omnibuspässe berechtigen innerhalb ihrer Geltungsdauer zu unbegrenzten Fahrten mit allen Bussen des isländischen Busnetzes, wahlweise für 1, 2, 3 oder 4 Wochen erhältlich. Kombirundreisen per Bus und Flugzeug werden von Icelandair und BSI angeboten (näheres s. *Reiseverkehr - National, Flugzeug*). Mit Rundfahrtpässen kann man (ohne zeitliche Begrenzung) eine Rundreise um Island machen. Die Fahrt kann überall unterbrochen werden, jedoch muß die einmal gewählte Fahrtrichtung eingehalten werden, Rück- bzw. Doppelfahrten sind nicht zulässig. **Mietwagen:** In Reykjavík, Akureyri und zahlreichen anderen Städten gibt es Autovermietungen.
Anmerkung: Wer an gut ausgeschilderte und asphaltierte Straßen gewöhnt ist, sollte sich eine Autoreise durch Island gut überlegen – dies gilt ganz besonders für Fahrten ins Landesinnere. Es empfiehlt sich in jedem Fall, vor Fahrantritt genaue Informationen einzuholen. Einige Straßen können auch während der Sommermonate unpassierbar sein. Viele Hochlandpisten können nur mit einem Fahrzeug mit Allradantrieb befahren werden. Die Mitnahme der Internationalen Grünen Versicherungskarte wird empfohlen, andernfalls muß eine Versicherung für die Dauer des geplanten Aufenthalts abgeschlossen werden. Höchstgeschwindigkeiten: 50 km/h innerorts, außerhalb 70 km/h, andere Regelungen werden durch Straßenschilder bestimmt. Anschnallpflicht auf Vorder- und Rücksitzen. Bleifreies Benzin ist an jeder Tankstelle erhältlich.
Unterlagen: Fahrer von Mietwagen müssen über 20 Jahre alt sein. Der internationale Führerschein wird empfohlen, ist aber nicht gesetzlich vorgeschrieben.

Der Führerschein des eigenen Landes ist bei einem Aufenthalt bis zu drei Monaten ausreichend.
FAHRZEITEN von Reykjavík in die anderen größeren Städte Islands (ungefähre Angaben in Std. und Min.):

	Flugzeug	Schiff	Bus/Pkw
Isafjordur	0.50	-	10.00
Saudakrokur	0.45	-	4.30
Akureyri	0.55	-	6.00
Husavik	1.00	-	7.00
Höfn	0.65	-	9.30
Vestmannaeyjar	0.30	2.00	*1.00
Egilsstadir	0.70	-	14.00

Anmerkung: [*] Nach Thorlakshöfn, dann weiter mit dem Schiff.

UNTERKUNFT

HOTELS: Es gibt keine offiziellen Hotelkategorien. Auf Anfrage erhält man in den meisten Hotels ein Zimmer mit Bad oder Dusche, Telefon, Radio und Fernsehapparat. In den teuren Hotels gibt es Geschäfte, Friseure und Schönheitssalons. Ermäßigungen für Kinder sind üblich. Hotels oder Jugendherbergen findet man in den meisten bewohnten Gebieten. Über das *Tourist Information Center* (Adresse s. o.) können auch Privatunterkünfte vermittelt werden. Der Hotelverband, *Icelandic Hotel and Restaurant Association*, veröffentlicht jedes Jahr eine Broschüre mit weiteren Informationen. Anschrift: Hafnarstraeti 20, IS-101 Reykjavík. Tel: 552 74 10/562 14 10. Telefax: 552 74 78.

Erfrischen Sie sich!

Das gewisse Etwas macht den Unterschied

Für einen guten Anfang und ein noch besseres Ende Ihres Urlaubs sind Scandic Hotels die beste Wahl.

SCANDIC HOTEL
REYKJAVIK - ISLAND
Hotel Esja, Tel: 354 -50 50 950
Hotel Loftleidir, Tel: 354 -50 50 900

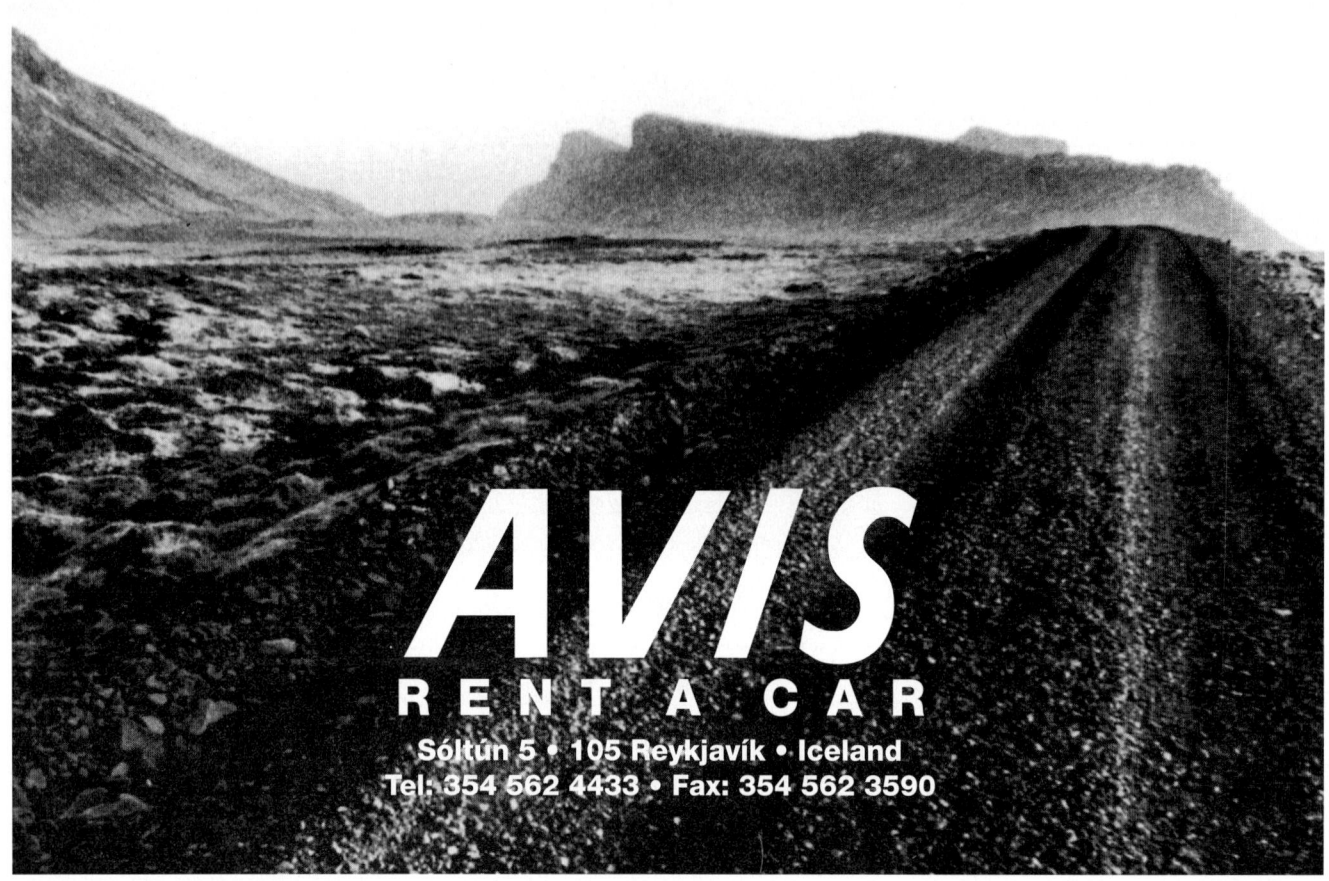

EDDA-HOTELS: Landesweit 18 Hotels der Touristenklasse, die vom *Isländischen Tourist-Büro* (ITB) betrieben werden. Zentrale Buchungsstelle: ITB, Skógarhlid 18, IS-101 Reykjavík. Tel: 562 33 00. Telefax: 562 58 95. Buchung auch über Vertretungen der Icelandair möglich. Sogenannte offene EDDA-Gutscheine, bei denen der Reisende nicht vorher angeben muß, wann genau in welchem Hotel übernachtet werden soll, können von speziellen Reisebüros (z. B. *Islandtours* und *Sagareisen*) vor Ankunft in Island erworben werden.

PENSIONEN & GUEST HOUSES gibt es in allen größeren Ortschaften. Zimmer mit Frühstück werden auch in zahlreichen Privathäusern angeboten.

URLAUB AUF DEM BAUERNHOF: Das Fremdenverkehrsamt hat ein Verzeichnis der Bauernhöfe, die Zimmer für Urlauber anbieten. Bauernhöfe bieten Übernachtung ohne Verpflegung oder mit einer Mahlzeit am Tag an. Ermäßigungen für Kinder. Informationen u. a. von *Icelandic Farm Holidays*, Bændahöllin, Hagatorg, IS-107 Reykjavík. Tel: 563 03 00, 562 36 40, 562 36 43. Telefax: 56 23 44.

CAMPING: Das unwirtliche Landesinnere und das unberechenbare Wetter laden nicht gerade zum Campingurlaub ein. Es wird empfohlen, eine der Küstenstädte als Ausgangspunkt für Ausflüge zu benutzen und nicht außerhalb der Ortschaften zu zelten. Die besten Campingplätze findet man in Reykjavík, Húsafell, Isafjördur, Varmahlid, Akureyri, Myvatn, Egilsstadir, Laugarvatn, Thingvellir, Jökulsargljufur und Skaftafell. Außerhalb der offiziellen Campingplätze bestehen generell keine Beschränkungen, in manchen Gegenden, z. B. im Hochland, darf man jedoch nur an den dafür vorgesehenen markierten Stellen zelten. Bevor man sein Zelt auf eingezäuntem und landwirtschaftlich genutztem Land aufschlägt, sollte man den Bauern bzw. Besitzer um Erlaubnis fragen.

JUGENDHERBERGEN: Jugendherbergen gibt es in Reykjavík, Leirubakki, Fljótsdalur, Reynisbrekka, Höfn, Stafafell, Berunes, Seydisfjördur, Húsey, Akureyri, Bakkaf Jördur, Fosshóll, Hamar, Hafnarf J., Hveragerdi, Lónkot, Lónsá, Mosfellsbaer, Njardvik, Ósar, Patreksfjördur, Reydarf Jördur, Reykholt, Runnar Stykkishólmur, Saeberg, Pingvellir und auf den Vestmannaeyjar; viele sind nur im Sommer geöffnet. Es gibt keine Altersbegrenzung. Übernachtung mit eigenem Schlafsack kostet weniger. Der isländische Wanderverein unterhält zahlreiche Hütten im Landesinneren, in denen man übernachten kann. In den Hütten hängt eine Benutzerordnung aus, an die man sich halten sollte. Lebensmittel und Schlafsäcke muß man selbst mitbringen. Wandergruppen des Vereins haben Vorrang vor anderen Reisenden. Nähere Auskünfte erteilen das isländische Jugendherbergswerk, Sundlaugavegur 34, IS-105 Reykjavík. Tel: 553 81 10. Telefax: 588 92 01 und *The Icelandic Touring Club*, Mörkin 6, PO Box 1045, IS-121 Reykjavík. Tel: 568 25 33. Telefax: 568 25 35.

URLAUBSORTE & AUSFLÜGE

Nur die Küstenregionen sind bewohnt. Die Sehenswürdigkeiten Islands lernt man am besten auf einer der vielen Busfahrten kennen, die in den Küstenstädten angeboten werden. An der Südküste prägen Sandstrände, Ackerland, Wasserfälle und Gletscher das Landschaftsbild. Die Fjorde liegen hauptsächlich im äußersten Nord- und Südwesten. Das eindrucksvolle Hochlandplateau, die Vulkane, Gletscher und Berge im Landesinneren erinnern an eine Mondlandschaft. In Island gibt es neben unzähligen Gletscherbächen und Flüssen einige der größten europäischen Wasserfälle. Gullfoss – der »Goldene Wasserfall« – in der Nähe von Geysir ist ein beliebtes Ausflugsziel.

Reykjavík und der Süden: Reykjavík ist die nördlichste Hauptstadt der Welt. Die Stadt liegt in einer von Bergen umgebenen großen Bucht. Heiße geothermale Quellen werden als natürliche Zentralheizung genutzt. Reykjavík ist eine sehr saubere Stadt mit rund 108.000 Einwohnern. Traditionelle Holzhäuser stehen neben ultramodernen Gebäuden; Nachtklubs, Kunstgalerien und Museen sorgen dafür, daß keine Langeweile aufkommt. Von hier aus kann man zu den **Vestmannaeyjar** (Vestmanna-Inseln) fliegen, die vor der Südküste liegen. Ein Vulkanausbruch zerstörte vor einiger Zeit einen Teil der Insel **Heimaey**, die man auch mit dem Flugzeug von Reykjavík aus erreichen kann. Verschiedene Veranstalter bieten Fahrten zu den heißen Quellen und Geysiren der Umgebung der Hauptstadt an. *Reykjavík Excursions* veranstalten Tagesausflüge in den Südwesten, Stadtrundfahrten sowie Ausflugs- und Rundfahrten in andere Regionen.

Die westlichen Fjorde: Busunternehmer bieten Ausflugsfahrten an von Reykjavík zu den kleinen Fischerdörfern und Städten an den Fjorden der Nordwestküste, darunter Króksfjardarnes, Hólmavik, Örlygshöfn und Isafjördur; Auf der Strecke liegen ein Museum für Landwirtschaft und Fischerei und der *Dynjandi-Wasserfall*. Übernachtet wird in Schulen und Gemeindezentren. Ein eigener Schlafsack wird benötigt.

Das zentrale Hochland: Einige isländische Reiseunternehmen veranstalten Abenteuerfahrten in das bergige Landesinnere. Die Reisebusse wurden speziell für diese halsbrecherischen Bergtouren angefertigt. Zelte werden vom Veranstalter gestellt. Schlafsäcke kann man kaufen oder mieten. Warme Kleidung, Wanderschuhe, Gummistiefel und Badeanzüge sollte man nicht vergessen. Die Reise führt über Lavadecken und Gletscher, riesige Eisberge, vorbei an Gletscherseen mit Eisbergen, Bergketten, tiefen Schluchten und erloschenen Vulkanen und endet im *Skaftafell-Nationalpark*. Auf der Fahrt müssen oft Flüsse durchquert werden.

Akureyri und der Norden: Akureyri ist nach Reykjavík die wichtigste Stadt des Landes und Handelszentrum dieser überwiegend landwirtschaftlich genutzten Region. Das Museum für Volkskunde und Naturgeschichte ist sehenswert. Mit dem Bus kann man zu dem äußerst interessanten Vogelschutzgebiet am *Myvatn-See* fahren, das von Vulkanen, Kratern und seltsamen Lavaformationen umgeben ist. In der Zeit der weißen Nächte, wenn die Sonne am Polarkreis nicht untergeht, bietet *Nordair* »Mitternachtssonnen-Flüge« nach Grimsey an, einer Insel vor Islands Nordküste im Polarkreis. Von Akureyri kann man Exkursionen ins Umland, zum Lavagebiet *Dimmuborgir* am Myvatn-See und zu den *Dettifoss*- und *Godafoss-Wasserfällen* mit ihren 60°C heißen Höhlen machen. Die Wassertemperaturen einiger Seen sind in der letzten Zeit so angestiegen, daß das Baden unmöglich geworden ist. Viele haben jedoch immer noch angenehme Temperaturen.

Höfn und der Südosten: Diese Region wird zunehmend für den Tourismus erschlossen. **Höfn** ist ein Fischerdorf an der Südostküste, von dem sich Ausflüge zum *Jökullón-See* anbieten. Der See liegt am Fuß des *Vatnajökull*, des größten Gletschers Europas. In einem beheizten Schneemobil können Fahrten über den Gletscher unternommen werden. In Höfn kann man auch Pferde mieten.

SOZIALPROFIL

ESSEN & TRINKEN: Fisch und Lammfleisch sind die Hauptspeisen der isländischen Küche. Die europäische Gastronomie, insbesondere die der anderen skandinavischen Länder, hat die isländische Küche stark beeinflußt. Isländischer Lachs ist eine besondere Delikatesse und wird auf verschiedene Art zubereitet. Sehr beliebt ist marinierter *Graflax*. Fischereiprodukte sind die Hauptexportgüter Islands und erbringen 80% des Bruttosozialprodukts. Gemüse wird in Gewächshäusern gezogen, die mit Geysir-Dampf beheizt werden. Besondere Leckerbissen der isländischen Speisekarte sind *Hangikjöt* (geräuchertes Lammfleisch), *Hardfiskur* (getrockneter Fisch) und isländischer Sild (eingelegter Hering und Lachs). Auch der *Skyr* (Quark) ist sehr schmackhaft. In der letzten Zeit haben einige neue Restaurants in Reykjavík eröffnet und das kulinarische Angebot bereichert. Es gibt Restaurants aller Preiskategorien. Geht man in ein Café zum Kaffeetrin-

Auf isländischen Straßen brauchen Sie ein zuverlässiges Fahrzeug

Zweigstellen landesweit:
Akureyri, Reykjavík, Egilsstadir, Höfn, Vestmanna-Inseln und am Flughafen Keflavík.

ICELANDAIR
Hertz
Car Rental
Tel: +354 50 50 600
Fax: +354 50 50 650

Für Geschäfts- und Urlaubsreisende mit höchsten Ansprüchen.

Das Grand Hôtel Reykjavik bietet Geschäftsreisenden, Konferenzteilnehmern und Urlaubern mit höchsten Ansprüchen den Komfort und Service wie sie nur in einem erstklassigen Hotel zu finden sind. In ruhiger Lage, jedoch in nächster Nähe zum Stadtzentrum und dem neuen Geschäftsviertel. Alle Stadtteile können von hier aus schnell und einfach über die Hauptstraßen erreicht werden.

Grand
HÔTEL
REYKJAVÍK

Sigtún 38, 105 Reykjavík, Island
Tel: (354) 568 9000.
Fax: (354) 568 0675. Telex: 3135.

ken, so kann man für den Preis einer Tasse Kaffee so viel trinken, wie man möchte. Europäische Biere, Weine und Spirituosen sind erhältlich. Der einheimische *Brennivin* wird aus Kartoffeln gebrannt und ähnelt dem Aquavit.
NACHTLEBEN: In den größeren Orten gibt es Nachtklubs und Kinos. Das Nationaltheater und das Theater in Reykjavík schließen im Sommer, aber während der Urlaubssaison wird ein leichtes Unterhaltungsprogramm in englischer Sprache dargeboten; die *Weißen Nächte* sind eine Mischung aus den altnordischen Erzählungen, Sagen und Volksliedern. Das isländische Symphonieorchester gibt während der Wintersaison (September bis Juni) alle zwei Wochen ein Konzert im Auditorium Maximum der Universität.
EINKAUFSTIPS: Island ist für flauschige Decken aus *Lopi*-Wolle, Mäntel, Jacken, Mützen und Wollpullover bekannt. Handgetöpferte Tongefäße in Naturfarben sind beliebte Andenken. Zermahlene Lava gibt der Glasur der Töpferwaren ihren besonderen Charakter. Die genannten Artikel sind u. a. im Duty-free-Shop am Flughafen *Keflavík* und im Souvenirladen des Fremdenverkehrsamtes in Reykjavík erhältlich. **Öffnungszeiten der Geschäfte:** Mo-Fr 09.00-18.00 Uhr, Sa 10.00-16.00 Uhr (z. T. auch nur bis 14.00/15.00 Uhr). Einige Supermärkte und Läden haben freitags bis 22.00 Uhr geöffnet. Fast alle Geschäfte sind sonntags geschlossen, im Sommer bleiben auch samstags viele Läden zu.
SPORT: Angeln: Islands Gewässer sind reich an Lachsen, Forellen und Saiblingen. Hochseeangeln wird immer beliebter, Saison ist Mai bis August. Wer die eigene Angelausrüstung mitnehmen will, muß nachweisen, daß sie vor der Einreise desinfiziert wurde. **Wanderungen und naturkundliche Exkursionen** bieten sich in vielen Gegenden des Landes an. Es gibt kaum markierte Wanderwege. Wandertouren organisiert u. a. der Icelandic Touring Club (Adresse s. o.), bei dem man auch Informationen über **Gletscherbesteigungen** für Anfänger und Profis erhält. Das Fremdenverkehrsamt erteilt ebenfalls genauere Auskünfte. Verschiedene Veranstalter bieten ferner Gletschertouren mit Schneemobilen an. **Vogelkunde:** Obwohl der Myvatn-See im Norden Islands liegt, brüten hier zahlreiche Vogelarten, besonders Wasservögel. Island ist überhaupt ein Paradies für Ornithologen, die Westfjorde (Làtrabjarg) sind bekannt für riesige Kolonien von Tordalken, die Vestmannaeyjar für zahlreiche Seevogelarten (v. a. Papageientaucher), und an der isländischen Südküste kann man die Große Raubmöwe im Flug beobachten. **Pferde-Trekking:** Island-Pferde, die ihre Reiter sicher durch das oft unwegsame Gelände tragen, stammen von den Wikingerpferden ab, die vor 1100 Jahren aus Norwegen eingeführt wurden. Es werden zahlreiche Touren auf Island-Pferden angeboten, die von einem Tagesausritt bis zu Wochenausritten variieren. **Schwimmen** ist eine beliebte Freizeitbeschäftigung, am liebsten unter freiem Himmel. Man nutzt die heißen geothermalen Quellen, um das Wasser der Swimmingpools, ob drinnen oder im Freien, zu erwärmen. **Fußball-, Handball-** und **Basketballspiele** sowie **Leichtathletik-Veranstaltungen sind sehr populär und locken viele Zuschauer an. **Skilaufen** kann man am besten in den *Blafjöll*, den Blauen Bergen. Das Gebiet ist nur 30 Minuten Autofahrt von der Hauptstadt entfernt und bis April schneesicher. Es gibt hier 13 Lifte, und die Pisten sind im Winter bis 22 Uhr beleuchtet. Weitere Skigebiete gibt es im Norden in *Akureyri, Dalvik, Olafsfjördur, Siglufjördur* und im Nordwesten in *Isafjördur*. Besonders attraktiv sind die **Skikurse** in den *Kerlingarfjöll* im zentralen Hochland im Juli und August. **Golf:** Alle großen Golfplätze stehen Interessierten offen. In Akureyri (Nordisland) steht ein 36-Loch-Platz zur Verfügung, auf dem auch internationale Turniere stattfinden. Ein ganz neues Golfgefühl kommt bei einer Nachtpartie im Sommer auf, wenn die Mitternachtssonne ein unvergeßliches Erlebnis garantiert.
VERANSTALTUNGSKALENDER
4. - 10. Mai '96 *Langlaufwoche*, Westfjorde. 9. Mai *Symphoniekonzert*, Reykjavík. Das isländische Symphonieorchester spielt Mozart, Smetana, Paganini, Verdi u. a. Juni *Reykjavík-Spiele*, internationale athletische Spiele. 1. Juni *Kunstfestival*, Reykjavík. 9. Juni *Seemanns-Tag*, landesweit in jedem Fischereihafen. Paraden, Preisverleihungen, Schwimm- und Ruderwettbewerbe. 21. - 24. Juni *Arctic Open*, Akureyri. Mittsommernachtsgolfwettbewerb, ein internationales 36-Loch-Spiel. **Ende Juni/Aug.** *Light Nights*, Theateraufführungen, Sagen und Folklore, Reykjavík. 13. Juli *Kunstgewerbsmesse*, Westfjords. 27. Juli *Der Krós-Lauf*, 3-10 Kilometer, Skagafjördur. 2. - 5. Aug. *Vestmanna-Inseln-Festival*. 3. - 5. Aug. *Kajakwettbewerb*, Westfjords. 18. Aug. (1) *Marathon*, Reykjavík. (2) *Hólahátid*, Literatur- und Religionsfest, Hólar in Hjaltadal. 24. Aug. - 15. Sept. *Fotoausstellung*, Reykjavík. **Sept.** *Zusammentrieb von Schafen und Pferden*, landesweit. 7. **Sept.** - 13. **Okt.** *Architekturausstellung*, Reykjavík.
Bei den aufgeführten Festen handelt es sich um eine Auswahl – das Fremdenverkehrsamt erteilt nähere Auskünfte.
SITTEN & GEBRÄUCHE: Island präsentiert sich dem Besucher als eine klassenlose Gesellschaft mit einer weit zurückreichenden literarischen Tradition, die bis ins Mittelalter zurückreicht. Zur Begrüßung gibt man sich die Hand. Man spricht sich mit dem Vornamen an, die Nachnamen setzen sich aus dem Vornamen des Vaters und dem Suffix *Son* (Sohn) oder *Dóttir* (Tochter) zusammen. Jón Magnús-

son ist »Jón, Sohn des Magnus«, und Sigrid Magnúsdóttir »Sigrid, die Tochter des Magnus«. Die Anrede *Fröken* (Fräulein) ist in Restaurants (Bedienung) und an Bord (Stewardessen) gebräuchlich. Besucher, speziell Geschäftsreisende, werden oft nach Hause eingeladen. Kleine Gastgeschenke sind gern gesehen. Isländer ziehen sich gerne schick an; Freizeitkleidung ist jedoch, wie überall, weit verbreitet. **Trinkgeld:** In fast allen Rechnungen ist das Trinkgeld bereits enthalten, ein extra Trinkgeld wird nicht erwartet.

WIRTSCHAFTSPROFIL

WIRTSCHAFT: Island ist ein rohstoffarmes Land, das in erster Linie vom Fischfang lebt. Die exportorientierte Wirtschaft ist recht stabil, der Warenexport macht zusammen mit dem Dienstleistungssektor ein Drittel des Bruttosozialproduktes aus. Die fluktuierenden Weltmarktpreise für Fisch und andere Fischereiprodukte wie Fischmehl und Tran, die Hauptexportartikel des Landes, wirken sich auf die Wirtschaftslage Islands aus. Eine 200 Seemeilen große Fischereizone soll die Interessen der isländischen Fischer und damit auch der isländischen Wirtschaft schützen. Der Export von Aluminium, Eisen-Silizium, Zement und Nitrat für Düngemittel bringt weitere Devisen ins Land. Die Leichtindustrie expandiert und verzeichnet relativ hohe Zuwachsraten, produziert werden Strickwaren, Decken, Textilien und Farben. Im Mai 1992 unterzeichnete Island gemeinsam mit den anderen EFTA-Ländern und den damaligen EG-Staaten den Vertrag über die Bildung eines gemeinsamen Europäischen Wirtschaftsraumes (EWR). Island bezieht seine Importe vor allem aus Deutschland, Dänemark, Norwegen und Großbritannien. Hauptabnehmer isländischer Waren sind Großbritannien, die USA, Japan und Deutschland.
GESCHÄFTSVERKEHR: Korrekte Kleidung für Geschäftsbesuche. Die einheimischen Geschäftsleute sind konservativ, sehr zuvorkommend, und fast alle sprechen englisch, einige auch etwas deutsch. Terminvereinbarung ist nicht unbedingt nötig, empfiehlt sich aber bei Geschäftsreisen während der Monate Mai bis September, da viele einheimische Geschäftsleute in dieser Zeit im Ausland unterwegs sind. Wer die Telefonnummer seines isländischen Geschäftspartners im örtlichen Telefonbuch sucht, muß unter dem Vornamen nachsehen. **Geschäftszeiten:** Mo-Fr 09.00-12.00 und 13.00-17.00 Uhr. Einige Firmen schließen für drei Wochen im Jahr, meist im Juli, der Haupturlaubszeit.
Kontaktadressen: *Verzlunarrád Íslands* (Isländische Industrie- und Handelskammer), Hús verslunarinnar, IS-103 Reykjavík. Tel: 588 66 66. Telefax: 568 65 64.
Die wirtschaftlichen Interessen Österreichs werden von der Außenhandelsstelle in Oslo (s. Norwegen) wahrgenommen.
KONFERENZEN/TAGUNGEN: Einige Hotels in Reykjavík haben Tagungsräume. Konferenzen mit geringer Teilnehmerzahl können auch außerhalb der Hauptstadt veranstaltet werden. Bei der Organisation behilflich ist das *Iceland Convention and Incentive Bureau*, Pósthússtraeti 9, PO Box 1700, IS-121 Reykjavík. Tel: 562 60 70. Telefax: 562 60 73.

KLIMA

Der Golfstrom sorgt für ein recht gemäßigtes Klima. Die Temperaturen liegen insgesamt niedriger als in Mitteleuropa. Die Sommer sind relativ kühl mit häufigen Regenfällen. Die Winter sind mild, jedoch kann es gelegentlich auch kalt werden. Ende August ist das farbenprächtige *Aurora Borealis* (Nordlicht) zu sehen. Von Ende Mai bis Anfang August gibt es im Norden Islands fast 24 Stunden lang Tageslicht. In Reykjavík liegen nur wenige Stunden zwischen Sonnenuntergang und Sonnenaufgang. Vor allem im Winter gibt es häufig Stürme, im Landesinneren sind Sandstürme nicht selten. Schneefall ist nicht so häufig, Schnee in Reykjavík bleibt nur selten liegen. Das Wetter ist im allgemeinen sehr wechselhaft: In Reykjavík gibt es manchmal am selben Tag Regen, Sonnenschein und Schnee. Ein bekanntes isländisches Sprichwort besagt: »Island hat kein Klima – nur Wetter«. Eines steht jedoch fest: Die Luft in Island ist das ganze Jahr über sauber.
Kleidung: Leichte und warme Bekleidung, Regenschutz für das ganze Jahr. Festes Schuhwerk. Für Reisen ins Landesinnere strapazierfähige, warme Kleidung.

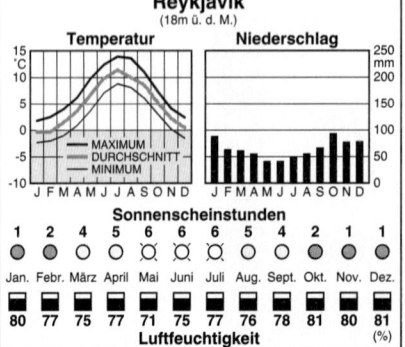

Lage: Vorderasien.

Anmerkung: Nach den jüngsten Terroranschlägen ist die Sicherheitslage in Israel zur Zeit angespannt. Die Gefahrenlage ist unübersichtlich und kann sich rasch ändern. Weitere Anschläge sind nicht auszuschließen. Ein absoluter Schutz für Touristen ist deshalb nicht gewährleistet. Vor allem in den palästinensischen Gebieten sowie dem Gaza-Streifen, Bethlehem und Jericho wird um äußerste Vorsicht gebeten. Nach Einbruch der Dunkelheit wird von Unternehmungen abgeraten. Von Besuchen in den Gaza-Streifen wird generell abgeraten. Aktuelle Informationen erteilt das Auswärtige Amt in Bonn, das Außenministerium in Wien und das EDA in Bern.

Staatliches Israelisches Verkehrsbüro
Bettinastraße 62
D-60325 Frankfurt/M.
Tel: (069) 75 20 85. Telefax: (069) 74 62 49.
Staatliches Israelisches Verkehrsbüro
Friedrichstraße 95
D-10117 Berlin
Tel: (030) 20 42 01-0. Telefax: (030) 20 42 01-3.
Staatliches Israelisches Verkehrsbüro
Stollbergstraße 6
D-80539 München
Tel: (089) 290 40 39. Telefax: (089) 228 95 69.
Mo-Fr 09.30-15.00 Uhr (nach tel. Vereinbarung).
Offizielles Israelisches Verkehrsbüro
Rossauer Lände 41/12
A-1090 Wien
Tel: (0222) 310 81 74. Telefax: (0222) 310 39 17.
Mo-Fr 09.00-13.00 Uhr (nach tel. Vereinbarung).
Offizielles Israelisches Verkehrsbüro
Lintheschergasse 12
CH-8021 Zürich

TIMATIC INFO-CODES

Abrufbar über Ihr CRS-System (für START/Amadeus Ama-Maske benutzen). Für Galileo bitte TI-DFT eingeben (mit Bindestrich).

Flughafengebühren	TI DFT/ TLV /TX
Währung	TI DFT/ TLV /CY
Zollbestimmungen	TI DFT/ TLV /CS
Gesundheit	TI DFT/ TLV /HE
Reisepassbestimmungen	TI DFT/ TLV /PA
Visabestimmungen	TI DFT/ TLV /VI

Tel: (01) 211 23 44. Telefax: (01) 212 20 36.
Mo-Fr 09.00-16.00 Uhr.
Ministry of Tourism
24 King George Street
Jerusalem 91000
Tel: (02) 75 48 11. Telefax: (02) 25 08 90.
Generalkonsulat der Republik Israel
Schinkelstraße 10
D-14193 Berlin
Tel: (030) 893 22 03. Telefax: (030) 892 89 08.
Mo-Do 09.00-12.00 Uhr, Fr 09.00-11.00 Uhr.
Geschäftsbereich: Berlin und die neuen Bundesländer.
Botschaft des Staates Israel
Simrockallee 2
D-53173 Bonn
Tel: (0228) 82 31, *Konsularabt.*: 82 32 31, *Visaabt.*: 82 32 28. Telefax: (0228) 35 60 93.
Mo-Fr 09.00-14.00 Uhr.
Geschäftsbereich: alle anderen Bundesländer.
Botschaft des Staates Israel
Anton-Frank-Gasse 20
A-1180 Wien
Tel: (0222) 470 47 42/-45. Telefax: (0222) 470 47 46.
Konsularabt.: Mo-Fr 09.00-12.00 Uhr.
Botschaft des Staates Israel
Alpenstraße 32
CH-3006 Bern
Tel: (031) 351 10 42/-44. Telefax: (031) 351 79 16. *Konsularabt.*: Tel/Telefax: (031) 352 62 15.
Mo-Do 09.00-17.00 Uhr und Fr 09.00-15.00 Uhr.
Botschaft der Bundesrepublik Deutschland
3 Daniel Frisch Street
19. Stock
PO Box 16038
Tel Aviv 61160
Tel: (03) 693 13 12/-13. Telefax: (03) 696 92 17.
Honorargeneralkonsulat in Haifa. *Honorarkonsulat* in Eilat.
Botschaft der Republik Österreich
11 Herman Cohen Street
PO Box 11095
Tel Aviv 61110
Tel: (03) 524 61 86. Telefax: (03) 524 40 39.
Honorarkonsulate ohne Paß- und Sichtvermerkbefugnis in Haifa und Jerusalem.
Botschaft der Schweizerischen Eidgenossenschaft
228 Rue Hayarkon
Tel Aviv 63405
Tel: (03) 546 44 55. Telefax: (03) 546 44 08.

FLÄCHE: 21.946 qkm.
BEVÖLKERUNGSZAHL: 5.219.000 (1993).
BEVÖLKERUNGSDICHTE: 238 pro qkm.
HAUPTSTADT: Jerusalem. **Einwohner:** 556.500 (einschl. Ost-Jerusalem, 1992).
GEOGRAPHIE: Israel liegt an der Ostküste des Mittelmeeres und grenzt im Norden an den Libanon und Syrien, im Osten an Jordanien und im Südwesten an Ägypten. Das Land erstreckt sich gen Süden durch die Wüste Negev nach Eilat, dem Urlaubsort am Roten Meer. Die fruchtbare Sharon-Ebene liegt an der Mittelmeerküste. Im Landesinneren, parallel zur Küste, liegt die Bergregion mit fruchtbaren Tälern im Westen und Wüste im Osten. Der große Senkgraben beginnt hinter der Quelle des Jordan und erstreckt sich südlich durch das Tote Meer (den tiefsten Punkt der Welt) und weiter südlich durch das Rote Meer nach Ostafrika.
STAATSFORM: Parlamentarische Republik, seit 1948. Staatsoberhaupt: Ezer Weizman, seit Mai 1993. Regierungschef: Shimon Peres (ehem. Außenminister), seit 22. November 1995. Einzelne Gesetze in Teilbereichen Israels ersetzen die schriftliche Verfassung. 1993 kam es nach norwegischer Vermittlung zur Unterzeichnung eines Abkommens zwischen der israelischen Regierung und der PLO, das eine phasenweise Einführung neuer autonomer Zonen für Palästinenser vorsieht (bislang Gaza-Streifen und Jerichoer Gebiet) und weltweit Anerkennung fand.
SPRACHE: Neuhebräisch und Arabisch sind die offiziellen Landessprachen. Englisch wird viel gesprochen, außerdem Jiddisch und je nach Herkunftsland der Einwanderer u. a. Französisch, Spanisch, Deutsch und Russisch.
RELIGION: Überwiegend Judentum; moslemische und christliche Minderheiten.
ORTSZEIT: MEZ + 1 (MEZ + 2 im Sommer).
NETZSPANNUNG: 220 V, 50 Hz. Zumeist dreipolige Stecker, Adapter erforderlich.
POST- UND FERNMELDEWESEN: Telefon: Selbstwählferndienst. **Landesvorwahl: 972.** Die regionalen Telefonbücher sind in Hebräisch gedruckt, es gibt jedoch eine Touristenausgabe in Englisch. **Telefax:** Die meisten 4- oder 5-Sterne-Hotels haben Telefax-Anschluß, zunehmend auch israelische Büros und Unternehmen. **Telex/Telegramme:** Telexservice in den meisten großen Hotels in Tel Aviv und Jerusalem sowie in größeren Postämtern. Telexstellen gibt es in Jerusalem (Rehov Yaffo 23) und Tel Aviv (Rehov Mikve Yisrael 7). Telegramme können beim Telegrafenamt aufgegeben werden. **Post:** Luftpost nach Europa ist bis zu einer Woche unterwegs. Nach Tel Aviv und Jerusalem kann man postlagernd schreiben. Öffnungszeiten der Postämter: So-Do 08.30-12.30 und 15.30-18.30 Uhr (Mi nur vormittags), Fr 08.00-12.00 Uhr. Samstags (am Sabbat) und an Feiertagen sind die Postämter geschlossen, nicht jedoch das Telegrafenamt.
DEUTSCHE WELLE
Der Einsatz der Kurzwellenfrequenzen ändert sich mehrfach im Laufe eines Jahres, und Sendungen auf den folgenden Frequenzen werden jeweils nur zu bestimmten Tageszeiten ausgestrahlt. Näheres in der Einleitung.

MHz	21,560	17,845	15,275	13,780	9,545
Meterband	13	16	19	22	31

REISEPASS/VISUM

Wichtiger Hinweis: *Die Einreisebestimmungen mancher Länder können sich kurzfristig ändern – rufen Sie sicherheitshalber auf Ihrem CRS-System (TIMATIC-Info-Code-Fenster in diesem Kapitel) den aktuellen Stand ab bzw. wenden Sie sich an die zuständige diplomatische Vertretung. Etwaige Zahlen in der Tabelle beziehen sich auf nachfolgende Fußnoten.*

	Paß erforderlich?	*Visum erforderlich?*	*Rückflugticket erforderlich?*
Deutschland	Ja	Nein/1	Ja
Österreich	Ja	Nein/1	Ja
Schweiz	Ja	Nein/1	Ja
Andere EU-Länder	Ja	Nein/1	Ja

REISEPASS: Allgemein erforderlich, muß 6 Monate über die beabsichtigte Aufenthaltsdauer hinaus gültig sein.
Anmerkung: Auf Wunsch werden Einreisevermerke nicht in den Reisepaß, sondern auf ein gesondertes Blatt (Formblatt AL-17) gestempelt. Diese Bestimmung gilt nicht für Reisende, die vor der Einreise ein Visum beantragen müssen (s. u.). Manche arabischen Länder verweigern die Einreise, wenn man einen israelischen Stempel im Paß hat.
VISUM: Allgemein erforderlich, ausgenommen sind Staatsbürger folgender Länder, die einen Einreisestempel kostenlos bei der Einreise erhalten:
(a) **[1]** Bundesrepublik Deutschland (nur falls nach dem 1. Januar 1928 geboren), Österreich, übrige EU-Länder und Schweiz;
(b) Australien, Argentinien, Bahamas, Barbados, Bolivien, Brasilien, Chile, Costa Rica, Dominikanische Republik, Ecuador, El Salvador, Fidschi, Gibraltar, Guatemala, Haiti, Hongkong, Island, Jamaika, Japan, Kanada, Kolumbien, Korea-Süd, Lesotho, Liechtenstein, Malawi, Malta, Mauritius, Mexiko, Monaco, Neuseeland, Niederländische Antillen, Norwegen, Paraguay, Philippinen, San Marino, Slowenien, St. Kitts und Nevis, Südafrika, Suriname, Swasiland, Trinidad und Tobago, Ungarn, Uruguay, USA, Zentralafrikanische Republik und Zypern.
Staatsbürger aller anderen Länder müssen *vor* der Einreise ein gebührenpflichtiges Visum beantragen, welches normalerweise in den Reisepaß eingetragen wird.
Visaarten: Touristen- und Transitvisum. Transitvisa sind nicht erforderlich, wenn die Reise innerhalb von 24 Std. mit demselben Flugzeug bzw. Anschlußflug fortgesetzt wird. Der Flughafen darf in diesem Fall nicht verlassen werden.
Visagebühren: 22 DM, 150 öS, 17 sfr.
Gültigkeit: Im allgemeinen bis zu 3 Monaten. Generell Verlängerung gegen eine geringe Gebühr möglich, Beantragung bei den Büros des Innenministeriums.
Antragstellung: Konsularabteilung der zuständigen Botschaft bzw. Generalkonsulat (Adressen s. o.).
Unterlagen: (a) Antrag. (b) 2 Paßfotos. (c) Rück- oder Weiterreiseticket. (d) Gebühr. (e) Buchungsbestätigung vom Reisebüro bzw. bei Individualreisen ist eine Einladung notwendig. (f) Bei postalischer Beantragung ist ein frankierter Rückumschlag nötig. (g) Zusätzlich für ansässige Ausländer in Deutschland, Österreich und der Schweiz: Aufenthaltsgenehmigung/Arbeitserlaubnis.
Bearbeitungszeit: Je nach Nationalität verschieden.
Aufenthaltsgenehmigung: Anfragen sollten an das Innenministerium in Israel gerichtet werden.

GELD

Währung: 1 Neuer Israelischer Shekel (NIS) = 100 Agorot. Banknoten sind im Wert von 200, 100, 50, 20 und 10 NIS im Umlauf. Münzen im Wert von 5 und 1 NIS sowie 50, 10 und 5 Agorot.
Geldwechsel: Fremdwährungen dürfen nur in hierzu berechtigten Banken und Hotels umgetauscht werden. Wer die Hotelrechnung oder manche Einkäufe in Fremdwährung bezahlt (vor allem in US$, Pfund Sterling oder DM), ist als Tourist von der israelischen Mehrwertsteuer befreit.
Kreditkarten: Alle größeren Kreditkarten werden akzeptiert.
Reiseschecks werden auch häufig angenommen, empfohlen sind US$- und DM-Reiseschecks.
Euroschecks werden akzeptiert und berechtigen gleichfalls zum Erlaß der Mehrwertsteuer. Garantiehöchstbetrag: 600 NIS. EC-Geldautomaten sind ebenfalls vorhanden.
Wechselkurse

	NIS Sept. '92	NIS Febr. '94	NIS Jan. '95	NIS Jan. '96
1 DM	1,66	1,72	1,95	2,18
1 US$	2,47	2,98	3,02	3,13

Devisenbestimmungen: Unbeschränkte Einfuhr von Fremdwährungen und Landeswährung. Fremdwährungen können in Höhe der deklarierten Einfuhrmenge ausgeführt werden. Auslandswährungen, die bei der Einreise umgetauscht wurden, können bis zum Gegenwert von 500 US$ unter Vorlage der Quittungen wieder zurückgetauscht werden. Diese Bestimmung gilt nur für Ausländer, für Israelis gelten andere Bestimmungen; ebenso für Touristen, die auf dem Landweg einreisen. Die Ausfuhr der Landeswährung ist auf 20 NIS beschränkt.
Öffnungszeiten der Banken: Mo, Di und Do 08.30-12.30 und 16.00-17.30 Uhr; Mi 08.30-12.30 Uhr; Fr 08.30-12.00 Uhr.

DUTY FREE

Folgende Artikel dürfen von Personen ab 17 Jahren zollfrei nach Israel eingeführt werden:
250 Zigaretten oder 250 g Tabakwaren;
1 l Spirituosen;
2 l Wein;
250 ml Parfüm oder Eau de toilette;
Geschenke bis zum Wert von 125 US$.
Anmerkung: Für die Einfuhr von Blumen, Pflanzen und Samen ist eine vorherige Genehmigung erforderlich. Die Einfuhr von Frischfleisch ist verboten. Videokameras müssen deklariert werden, für diese muß am Zoll eine Kaution in Höhe des Wertes hinterlegt werden (höchstens 1000 US$), die bei der Ausreise zurückerstattet wird.
Haustiere: Hunde und Katzen (je bis zu zwei) können vom Eigentümer nach Israel mitgenommen werden. Erforderlich sind in diesem Fall (a) ein Gesundheitszeugnis aus dem Ursprungsland, das max. 5 Tage vor der Einreise alt ist; (b) eine schriftliche Erklärung des Eigentümers, daß das Tier seit mindestens 90 Tagen in dessen Besitz ist; (c) ein Tollwut-Impfzeugnis, das mindestens einen Monat und höchstens ein Jahr alt ist; (d) ein Fax an die *Ramla Quarantine Station* in Israel, Telefax: (08) 22 99 06, die auf diese Weise mindestens 48 Stunden vor Einreise von der Einfuhr des Tieres benachrichtigt werden muß.

GESETZLICHE FEIERTAGE

24./25. Mai '96 Shavuoth (Erntedankfest). **25. Juli** Fast. **14./15. Sept.** Rosh Hashana (Neujahrsfest). **23. Sept.** Yom Kippur (Versöhnungsfest). **28. Sept.-4. Okt.** Sukkot (Laubhüttenfest). **5./6. Okt.** Simchat Thora (Fest der Gesetzesfreude). **6.-13. Dez.** Chanukka (Lichterfest). **23./24. März '97** Purim (Faschingsfest). **15.-21. April** Pessach (Freiheitsfest). **4. Mai** Holocaust Gedenktag. **11. Mai** Izahal Gedenktag. **12. Mai** Unabhängigkeitstag.
Anmerkung: Jüdische Feiertage beginnen am Abend (bei Sonnenuntergang) vor den angegebenen Daten. Nur der erste und der letzte Tag von Pessach und Sukkot werden offiziell als nationale Feiertage anerkannt. In den Festwochen kann es jedoch zu Unterbrechungen des normalen Tagesablaufs kommen, da viele Geschäfte und Firmen früher schließen. Der jüdische religiöse Feiertag ist der Sabbat, der von Freitagabend bis Samstagabend (Sonnenuntergang) dauert. Ämter und Geschäfte schließen deshalb am Freitag zumeist früher. Moslemi-sche und christliche Feiertage werden von den Angehörigen dieser Glaubensrichtungen ebenfalls begangen. Je nach Stadtviertel oder Religionszugehörigkeit wird der wöchentliche Ruhetag also am Freitag, Samstag oder Sonntag eingehalten.

GESUNDHEIT

In der folgenden Tabelle aufgeführte Impfvorschriften können sich kurzfristig ändern. Es wird stets empfohlen, auf Ihrem CRS-System (TIMATIC-Info-Code-Fenster in diesem Kapitel) den aktuellen Stand der Gesundheitsbestimmungen abzurufen bzw. rechtzeitig vor der Reise ärztlichen Rat einzuholen.

	Vorsichtsmaßnahmen empfohlen	*Impfschein erforderlich*
Gelbfieber	Nein	Nein
Cholera	Nein	Nein
Typhus & Polio	1	-
Malaria	Nein	-
Essen & Trinken	2	-

[1]: Typhus kommt vor, Poliomyelitis jedoch nicht.
[2]: Leitungswasser ist normalerweise gechlort und relativ sauber, es können jedoch unter Umständen leichte Magenverstimmungen auftreten. Für die ersten Wochen des Aufenthaltes wird daher abgefülltes Wasser empfohlen, welches überall erhältlich ist.
Tollwut kommt vor. Wer ein erhöhtes Risiko eingeht (z. B. längerer Aufenthalt in abgelegenen Gebieten), sollte sich vor Reiseantritt impfen lassen. Bei Bißwunden so schnell wie möglich ärztliche Hilfe in Anspruch nehmen. Weitere Informationen unter *Gesundheit* (s. Inhaltsverzeichnis).
Hepatitis A und E treten ebenfalls auf.
Gesundheitsvorsorge: Israel hat ausgezeichnete medizinische Einrichtungen, und Touristen können alle

In Kooperation mit SUND'OR international airlines ltd. **und**  arkia Israeli airlines ltd.

Jede Woche nach TEL AVIV und EILAT von:

- **Hamburg**
- **Hannover**
- **Köln**
- **Frankfurt**
- **Stuttgart**
- **München**
- **Zürich**
- **Amsterdam**

Israeli Charter Services Ltd

Repräsentanz für Deutschland, Niederlande und Schweiz
Telefon (069) 2 01 50 oder 2 01 59, Fax (069) 28 47 09

Erste-Hilfe-Zentren und Unfallstationen in Anspruch nehmen. Die Gesundheitszentren sind mit einem roten Davidsstern auf weißem Grund gekennzeichnet. Der Abschluß einer Reisekrankenversicherung wird empfohlen.

REISEVERKEHR - International

FLUGZEUG: Israels Fluggesellschaft heißt *El Al Israel Airlines (LY)*. Es gibt diverse Direktverbindungen von Frankfurt, München, Köln und Berlin.
Durchschnittliche Flugzeiten: *Frankfurt* – Tel Aviv: 4 Std; *Wien* – Tel Aviv: 3 Std. 30; *Zürich* – Tel Aviv: 3 Std. 30; *Los Angeles* – Tel Aviv: 17 Std. 35; *New York* – Tel Aviv: 13 Std.
Internationaler Flughafen: *Tel Aviv Ben Gurion International* (TLV) liegt 14 km südöstlich der Stadt. Am Flughafen gibt es eine Bank und eine Post, die 24 Stunden geöffnet sind. Duty-free-Shops, Restaurants, Mietwagenschalter, Geschäfte, Hotelreservierung, behindertengerechte Einrichtungen und eine Tourist-Information sind vorhanden. Stündliche Busverbindung nach Tel Aviv (Fahrzeit 25 Min.), außerdem stündlicher Shuttle-Service zur Stadt (04.00-24.00 Uhr). *Sheruts* (Sammeltaxis) sind kaum teurer als Busse und fahren ab, wenn ihre sieben Plätze besetzt sind. Der Flughafenbus der *El Al* verkehrt zwischen dem Flughafen und dem Flughafen-Terminal in der Innenstadt. Die Abfahrt hängt von den ankommenden Flügen der *El Al* ab.
Flughafengebühren: Unterschiedlich. Tel Aviv: 13 US$ bei der Ausreise; nach Ägypten 11 US$. Kinder unter zwei Jahren sind hiervon ausgenommen.
SCHIFF: Die größten Passagierhäfen sind Haifa und Ashdod. Regelmäßige Auto- und Passagierfähren aus Zypern und Griechenland legen hier an, außerdem Fracht- und Passagierschiffe aus den USA (New York und Galveston) der Linien *Prudential* und *Lykes* sowie Schiffe auf Mittelmeerkreuzfahrten aus Venedig oder anderen Mittelmeerhäfen. Die *Grimaldi/Siosa Line* verkehrt zwischen Alexandria und Ashdod.
BUS/PKW: Seit einiger Zeit gibt es eine tägliche Busverbindung zwischen Kairo und Israel. Im allgemeinen ist die Einreise nach Israel auf dem Landweg stark eingeschränkt. Es gibt zwei Grenzübergänge nach Ägypten und zwei neue Grenzübergänge nach Jordanien. Zur Zeit ist es möglich, die Straßenverbindung von Jordanien (über das besetzte Westjordanland) und die Allenby-Brücke bei Jericho zu benutzen; man kann jedoch jederzeit angehalten und kontrolliert werden. Die neue Grenzstation am Jordan (*Jordan River Crossing*) ist für Ausländer geöffnet. Im Süden steht inzwischen der

Übergang *Arava Crossing Point* zwischen Eilat und Aqaba zur Verfügung. Die Einreise in die anderen arabischen Nachbarstaaten ist nicht möglich. Änderungen der Grenzbestimmungen in naher Zukunft sind sehr wahrscheinlich, nähere Informationen vom Israelischen Verkehrsbüro.

REISEVERKEHR - National

FLUGZEUG: Ein gutes Inlandsflugnetz verbindet Tel Aviv mit Eilat und allen größeren Städten des Landes, Anbieter sind die *Arkia/Israel Inland Airways* (IZ).
SCHIFF: Von Tiberias am Westufer des See Genezareth (*Yam Kinneret*) zum Kibbuz En Gev am Ostufer verkehrt eine Fähre. An der Mittelmeerküste laufen Fähren alle Häfen an. Die örtlichen Hafenbehörden erteilen genaue Auskünfte.
BAHN: Züge verkehren zwischen Tel Aviv und Jerusalem sowie zwischen Haifa und Nahariya; stündlich fahren Züge von Tel Aviv nach Haifa. In den Zügen gibt es nur eine Klasse, Sitzplätze können reserviert werden, und die Abteile sind klimatisiert. Zwischen Freitagabend und Samstagabend (Sabbat) und an religiösen Feiertagen gibt es keine Bahnverbindungen.
BUS/PKW: Das Straßennetz ist ausgezeichnet. Entfernungen von Jerusalem: Tel Aviv 56 km, Eilat 312 km, Hai-fa 159 km, Tiberias 156 km, Totes Meer 104 km, Zefat 193 km und Netanya 93 km. **Fernbus:** *Egged* und *DAN* sind die beiden großen Fernbusgesellschaften. Der *Israbus*-Paß gilt für 7, 14, 21 oder 30 Tage auf allen Routen der *Egged* Gesellschaft. Schnelle, preiswerte und unbegrenzte Fahrten in alle Landesteile. Außerdem 50% Ermäßigung bei einer halbtägigen Stadtrundfahrt in Tel Aviv oder Jerusalem. Der Paß ist in allen Büros der *Egged Tours* erhältlich sowie am Ben Gourion Flughafen. Mit einigen Ausnahmen gibt es zwischen Freitagabend und Samstagabend und an religiösen Feiertagen keine Busverbindungen.
Hinweis: Per Anhalter fahren ist möglich, israelische Fahrer sind jedoch verpflichtet, vorzugsweise per Anhalter fahrende Soldaten mitzunehmen.
Taxi: Es gibt gewöhnliche Taxis und Sammeltaxis (*Sheruts*). In Sheruts bezahlt man den festgesetzten Fahrpreis; Taxis sind verpflichtet, Taxameter einzuschalten.
Mietwagen gibt es in den größeren Städten. Mietgebühren und Benzin sind nicht billig, für kurze Ausflüge werden Taxis empfohlen. **Unterlagen:** Internationaler Führerschein empfohlen, eine Versicherung wird benötigt.
STADTVERKEHR: In den Städten verkehren zuverlässige Linienbusse der *DAN*- und *Egged*-Gesellschaften.

UNTERKUNFT

Von einfachen *Guest Houses* bis zu 5-Sterne-Hotels wird in Israel ein breites Spektrum an Unterkunftsmöglichkeiten angeboten. Einmalig in Israel ist der Alternativurlaub in den **Kibbuzhotels**, wo man sich in ungezwungener Atmosphäre in schöner ländlicher Umgebung erholen kann. Kibbuz-Rundreisen (in klimatisierten Bussen) sind sehr beliebt. Man übernachtet in einer Reihe von Kibbuzhotels und lernt so das gesamte Land kennen. Außerdem erhält man einen Einblick in das Alltagsleben in diesen einzigartigen Siedlungen, in denen gemeinschaftlich gewirtschaftet, gegessen und gefeiert wird. Seit Jahrzehnten arbeiten junge Leute aus aller Welt für einige Wochen oder Monate als Volontäre gegen Unterkunft und Verpflegung in einigen der Kibbuzim. Nähere Auskünfte erteilen die Verkehrsbüros oder die *Vereinigte Kibbuzbewegung*, Savigny Straße 49, D-60325 Frankfurt/M. Tel: (069) 74 01 54. Die Vereinigte Kibbuzbewegung vermittelt Kibbuzaufenthalte mit Hin- und Rückflug für junge Leute bis 32, Mindestaufenthalt 2 Monate, und bietet oft auch günstige Rundreisen an.
HOTELS: Über 300 Hotels sind beim Ministerium für Tourismus registriert. Die Preise sind je nach Kategorie und Jahreszeit verschieden. Zur Hauptsaison (April - Oktober) und während der religiösen Feiertage sollte man so früh wie möglich buchen. 305 Hotels sind Mitglieder im Hotelverband, der *Israel Hotel Association*, 29 Ha'mered Street, PO Box 50066, Tel Aviv. Tel: (03) 517 01 31. Telefax: (03) 510 01 97. Die Hotelkategorien sind bis auf weiteres abgeschafft worden. Eine Liste von Hotels mit Einrichtungen für Behinderte (*Travel for the Disabled*) ist vom Verkehrsbüro (Adresse s. o.) erhältlich.
FERIENDÖRFER: In den Feriendörfern am Mittelmeer und am Roten Meer sind die Unterkünfte zumeist Zweibett-Häuschen oder kleine Bungalows mit Klimaanlagen und dem üblichen Komfort. Die meisten sind nur von April bis Oktober geöffnet, die Atmosphäre ist ungezwungen.
KIBBUZHOTELS: Etwa 26 der 265 Kibbuzim haben Hotels in landschaftlich schöner Lage, die im allgemeinen ganzjährig geöffnet sind. Kibbuzhotels sind sauber und komfortabel, bieten moderne Speisesäle und einen guten Einblick in das Kibbuzleben. Die meisten Kibbuzim haben Swimmingpools (nicht alle können jedoch von Hotelgästen benutzt werden). Weitere Informationen von den Verkehrsbüros. **Kategorien:** 3 oder 4 Sterne, der Zimmerpreis hängt von der Kategorie ab.
CHRISTLICHE HOSPIZE: Im ganzen Land gibt es Hospize (von Angehörigen unterschiedlicher Glaubensrichtungen betrieben), die preiswerte Unterkunft und

Das Heilige Land der Antike...
Die wirklich moderne Route!

Wir kümmern uns darum, den Bedürfnissen von Reisenden zum Heiligen Land stets gerecht zu werden — wir bieten eine 40-jährige Erfahrung.

Wir organisieren auf individuelle Bedürfnisse abgestimmte Pauschalreisen zu Zielen östlich des Mittelmeeres und zum Heiligen Land wie Z.B. nach Jordanien oder Ägypten. Gruppenreisen sind ein Schwerpunkt von uns, und egal wie groß das Urlaubsbudget auch ist, jeder wird Wärme, Gastfreundlichkeit und individuelle Betreuung empfangen, so daß sich Ihre Kunden wohlfühlen.

Unser breites Angebot umfaßt alles, wofür Israel, Jordanien und Ägypten berühmt sind – von den geschichtlichen und biblischen Stätten bis hin zum entspannten und sorgenfreien Strandurlaub im Eilat-Resort.

- Alle Hotelkategorien zu angemessenen Preisen.
- Mehrsprachige Führer stehen jederzeit zur Verfügung.
- Hilfe und Transport sofort und überall.
- Autoverleih zu vernünftigen und besonders ausgehandelten Preisen.
- Beschaffung von Gruppenvisa.

NEW HOLY LAND TOURS LTD

Wir garantieren einen guten Service!

Für weitere Informationen und gute Zusammenarbeit rufen Sie uns an.

ASTA American Society of Travel Agents

Integrity in Travel

IATA

Jerusalem P.O. Box 19396 Tel: 972-2-894422 Telefax: 972-2-894421

Verpflegung anbieten. Pilgergruppen werden bevorzugt, die meisten dieser Herbergen nehmen jedoch auch Touristen auf. Größe und Standard der Hospize sind sehr unterschiedlich, zumeist ist die Einrichtung einfach. Das Verkehrsbüro erteilt weitere Infomationen.
CAMPING: Das angenehme Klima macht Israel zu einem idealen Land zum Zelten. Zeltplätze gibt es in allen Regionen, so daß man Israel gut als Camper kennenlernen kann. Auf Zeltplätzen gibt es Toiletten und Duschen, elektrischen Strom, ein Restaurant oder eine Cafeteria und/oder ein Geschäft, Telefon, Postschalter, Erste-Hilfe-Einrichtungen, schattige Picknickplätze und Feuerstellen sowie Tag- und Nachtbewachung. Anfahrt mit dem Bus, Auto oder Wohnwagen. Meistens kann man Zelte, Campinghütten und die nötige Ausrüstung mieten. Alle bieten Möglichkeiten zum Schwimmen, entweder am Zeltplatz oder in der Nähe.
JUGENDHERBERGEN: Jugendherbergen können in Israel Schlafsäle, Familienbungalows, Hütten oder moderne Schlafkabinen sein. Man findet sie im ganzen Land. Weitere Informationen erteilen die Jugendherbergsverbände *IYHA*, 3 Dorot Rishonim Street, PO Box 1075, Jerusalem 91009. Tel: (02) 655 84 00. Telefax: (02) 655 84 32.
FERIENWOHNUNGEN und Zimmer kann man im ganzen Land mieten. Der Fremdenverkehrsverband veröffentlicht ein Verzeichnis der Vermieter.

URLAUBSORTE & AUSFLÜGE

Israel ist ein faszinierendes Land voller Kontraste mit großer landschaftlicher Vielfalt auf kleinem Raum. Für viele Reisende ist Israel vor allem das Gelobte Land – Jerusalem ist die Heilige Stadt und Wiege des Judentums, Christentums und des Islam. Zu einer christlichen Pilgerfahrt gehören unbedingt die Etappen des Kreuzweges, die Via Dolorosa, die Grabeskirche in **Jerusalem**, ein Besuch der Geburtskirche in **Bethlehem** und der Verkündigungskirche in **Nazareth**, ein Ausflug zum stillen **See Genezareth** und ein Besuch des Jordan, in dem Jesus getauft wurde.
Tel Aviv: Eine moderne Kultur- und Handelsmetropole mit Sandstrand und Promenade. Das Israelische Philharmonie-Orchester ist hier beheimatet, es gibt eine Universität und zahlreiche interessante Museen. In den Parkanlagen werden im Sommer oft Volksmusikkonzerte zum Mitsingen und -tanzen veranstaltet, auch Freunde der Klassik und des Jazz kommen auf ihre Kosten. **Jaffa** ist die Altstadt Tel Avivs, der Hafen ist einer der ältesten der Welt. Archäologische Funde gehen bis in das 3. Jahrhundert v. Chr. zurück. Hier gibt es schöne restaurierte Gebäude, das Künstlerviertel und einen Flohmarkt.
Jerusalem: Schon von weitem erkennt man die goldene Kuppel des Felsendoms in der Altstadt, die von der alten Stadtmauer mit acht Toren umgeben ist und wo die meisten der Touristenattraktionen Jerusalems zu finden sind: die Klagemauer, die Via Dolorosa, die Grabeskirche, zahlreiche Kapellen, Synagogen, Moscheen und Ausgrabungsstätten sowie den teilweise überdachten Basar, auf dem von Souvenirs über Kleider und Lebensmittel bis hin zu Haushaltsgegenständen alles zu haben ist. Führungen werden angeboten, auch zum Berg Zion und zum Grabmal Davids. Im Westen der Stadt liegt *Yad Vaschem*, die Gedenkstätte für die 6 Millionen Juden, die im Holocaust des Dritten Reiches ermordet wurden. Jerusalem ist eine schöne, weitläufige Stadt mit vielen Parkanlagen, modernen Einkaufsstraßen in der Innenstadt, einer Universität und zahlreichen Museen und Bauwerken, die an die lange, bewegte Geschichte der Stadt erinnern. Südlich der Stadt, nur eine kurze Busfahrt entfernt, liegt Bethlehem (s. u. *Westjordanland*). Weitere Ausflüge nach *En Karem* und *Abu Ghaush* werden angeboten.
Der Negev: Diese Wüste, die einen großen Teil des südlichen Israel einnimmt, ist heute weitgehend bewässert und wird landwirtschaftlich genutzt. Die Geschichte der Stadt **Be'Er Sheva (Beersheba),** der Heimat Abrahams, reicht bis ca. 4000 v. Chr. zurück. Im Osten liegt das faszinierende **Tote Meer** in einer trockenen, heißen Wüstenlandschaft. Besucher können selten der Versuchung widerstehen, den erstaunlichen Auftrieb in dem warmen, undurchsichtigen, für seine Heilwirkung gepriesenen Wasser selbst zu spüren. Kein Fisch und keine Pflanze kann in diesem Gewässer überleben – das Wasser ist zehnmal salziger als Meerwasser, und zu ertrinken ist selbst für Nichtschwimmer unmöglich. Die Kureinrichtungen am Toten Meer sind spezialisiert auf Schuppenflechte, Neurodermitis und Allergien. Im Süden des Negev liegt **Eilat** am Roten Meer, das beliebte Urlaubsziel. Hier gibt es zahlreiche Hotels und Wassersportmöglichkeiten; größte Anziehungskraft üben natürlich die ganzjährig hohen Temperaturen und das Rote Meer aus – schon wenige Meter vom Strand entfernt, im knietiefen Wasser, stößt man auf Korallenriffe und einen erstaunlichen Artenreichtum exotischer Fische und anderer Meerestiere.
Im Küstengebiet gibt es mehrere Sehenswürdigkeiten wie den *Timatal-Nationalpark* bei Aschkelon, das *Sharon-Tal* mit herrlichen Orangenhainen, das historische *Cäsarea* und *En Hod*, die Künstlerkolonie.
Haifa ist Israels größte Hafenstadt mit einer alten Festung, modernen Einkaufszentren und Industriegebieten – eine interessante und lebendige Stadt und idealer Ausgangspunkt für Besuche in die Umgebung.
Galiläa: Im Norden des Landes liegen der *See Genezareth (Kinneret)* mit den Heilquellen bei Tiberias, außerdem **Nazareth** – heute eine arabische Ortschaft – die *Bet-She'Arim-Katakomben* und **Meggido**. Galiläa soll zunehmend für den Tourismus erschlossen werden. Besonderer Wert wird auf Umwelt, Sport, Kultur, Geschichte und Gesundheit gelegt. Kurorte, die schon seit der Römerzeit existieren, sind auch heute noch po-pulär, es gibt Heilkuren für Hautkrankheiten und Rheuma. Im *Museum für die Archäologie des Mittelmeerraumes* sind viele interessante Funde aus dieser Region ausgestellt.
Westjordanland (West Bank): In dieser umstrittenen Region liegen **Bethlehem, Hebron, Nablus** und **Samaria**. Vor der Reise in diese Region erkundigt man sich am besten bei der Israelischen Botschaft oder dem Verkehrsamt nach den neusten Entwicklungen.
Die *Society for the Protection of Nature in Israel* (SPNI) bietet sog. *Israel Nature Trails* unterschiedlichen Schwierigkeitsgrades an, auf denen man das Israel abseits der Hauptreiserouten kennenlernen kann. Nähere Auskünfte sind bei der deutschen Filiale unter folgender Adresse erhältlich: Am Sonnenberg 14, D-61279 Grävenwiesbach. Tel: (06086) 695. Telefax: (06086) 284. Außerdem ist ein Programm zum Studium moderner Landwirtschaftsmethoden im Angebot, insbesondere von Bewässerungssystemen.
RUNDREISEN: 5tägige: Tel Aviv – Jaffa – Cäsarea – Sharon-Tal – Jerusalem – Masada – Nazareth – Tiberias – See Genezareth. **7tägige:** Jerusalem – Bethlehem – Masada – Totes Meer – Eilat – Timatal-Nationalpark – Wüste Negev.

SOZIALPROFIL

ESSEN & TRINKEN: Israelische Restaurants bieten eine Kombination westlicher, orientalischer und regionaler Gerichte an. In den Großstädten gibt es auch Spezialitätenrestaurants (chinesisch, indisch, vegetarisch usw.). Manche Restaurants sind recht teuer, der Preis spiegelt jedoch nicht unbedingt den Standard wider. Es gibt zahlreiche Imbißstuben, die z. B. *Falaffel* (fritierte Kichererbsenbällchen, serviert mit Salat in *Pitta*-Brot), *Kebabs, Schaschlik* u. ä. anbieten. Die Speisekarten in Restaurants, Bars und Cafés, die auf Touristen eingestellt sind (und das sind die meisten), sind auf Hebräisch und in englischer Sprache geschrieben. Die israelische Küche ist im wesentlichen eine Kombination orientalischer und westlicher Kochkünste. Eine besonderere Geschmacksnote wird von den vielen Nationalitäten des Landes, die den Staat Israel ausmachen, zur Küche beigetragen. Ungarisches *Gulasch*, russischer *Borschtsch*, Wiener Schnitzel oder deutscher Braten sind ebenso erhältlich wie die orientalischen Gerichte *Humus* (Kichererbsenpüree), *Tahini* (Sesampaste) und türkischer Kaffee. Es gibt auch traditionelle jüdische Gerichte wie *Gefilte Fisch*, gehackte Leber und Hühnersuppe. *Biegele* sind leckere, ringförmige Brötchen; unwiderstehlich sind auch die vielen verschiedenen israelischen Kuchen, Kekse und Torten. Das Angebot an Obst und Gemüse ist ebenfalls reichhaltig. An jeder Straßenecke wird eine verlockende Auswahl an frisch gerösteten Nüssen und Kernen angeboten. Am beliebtesten sind Sonnenblumenkerne, die man selbst entschalen muß. **Koschere Speisen:** Das hebräische Wort *koscher* bezeichnet Gerichte, die in Übereinstimmung mit jüdischen Religionsgesetzen zubereitet sind. Dazu gehört z. B., daß in koscheren Restaurants Milch und Milchprodukte nicht zusammen mit Fleischgerichten serviert werden und Tiere auf eine bestimmte Weise geschlachtet sein müssen. Schweinefleisch, Krabben und Muscheln sind nicht koscher, trotzdem sind sie auf manchen Speisekarten zu finden.
Getränke: Die Palette der israelischen Weine reicht von leichtem Weißwein über trockenen Rotwein bis hin zu süßem Rosé. Es gibt eine gute Auswahl an einheimischen Branntweinen und Likören. Zu den Likören zählen *Hard Nut* (aus der Elias-Weinkellerei), *Sabra* (Schokolade und Orange) und *Arak* (Anis). Israelische Biersorten sind *Maccabee, OK* und *Gold Star*. Liköre in großer Auswahl sind u. a. erhältlich im Kloster in Latrun an der Straße zwischen Jerusalem und Tel Aviv.
NACHTLEBEN: Nachtklubs und Diskotheken sind weit verbreitet; Pop-, Jazz-, Folklore- und Rockklubs gibt es in den meisten Städten und Urlaubsorten. Besonders in Tel Aviv erwarten den Besucher eine Vielzahl verschiedenster Veranstaltungen; Volkstänze finden oft in den Stadtparks oder auf Kibbuzfesten statt. Im Winter spielt das Israelische Philharmonie-Orchester in der *Binynei Haooma Hall* in Jerusalem; das internationale Israelische Musik- und Kunstfestival ist im Sommer ein große Attraktion. Kinos sind in Israel sehr beliebt, und viele Kinos bieten täglich drei Vorführungen internationaler und einheimischer Filme (alle hebräischen Filme haben Untertitel in englischer oder französischer Sprache). Eintrittskarten für Filme oder Aufführungen können im voraus in Agenturen und in manchen Hotels gekauft werden.
KUNST & KULTUR: In vielen israelischen Städten gibt es Gemäldegalerien. Künstlerkolonien befinden sich im Dorf En Hod am Berg Karmel in der Nähe von Haifa, in Safed und in Jaffa. Jede größere Stadt hat mindestens ein Museum. Im Israel-Museum in Jerusalem sind die Schriftrollen vom Toten Meer aufbewahrt; und das Museum der Diaspora in Tel Aviv ist weltbekannt und äußerst sehenswert.
EINKAUFSTIPS: Die Auswahl ist groß, in bestimmten Geschäften und besonders auf den arabischen Märkten ist Handeln üblich. Touristen, die Lederwaren in bestimmten staatlich registrierten Geschäften mit Devisen bezahlen, wird die Mehrwertsteuer erlassen. 25% Rabatt auf Lederwaren sind darüber hinaus erhältlich, wenn man die Ware zum Flughafen oder Ausreisehafen liefern läßt. Als Andenken empfehlen sich Schmuck, Diamanten, Edelsteine, Keramik, Stickereien, Glasartikel, Weine, religiöse Souvenirs und Kleidung. **Öffnungszeiten der Geschäfte:** So-Do 08.00-13.00 und 16.00-19.00 Uhr (einige Läden haben durchgehend geöffnet), Fr 09.00-13.00 Uhr. Denken Sie daran, daß es jüdische und arabische Geschäfte gibt, die unterschiedliche Öffnungszeiten und Geschäftsmethoden haben. Jüdische Läden schließen bei Sonnenuntergang am Freitag zum Sabbat (samstags ganztägig geschlossen), arabische Geschäfte haben freitags geschlossen. Man muß sich erst daran gewöhnen, daß Sonntag in diesem Land ein gewöhnlicher Werktag ist. Geschäfte in Hotels sind oft bis Mitternacht geöffnet.
SPORT: Zu den jährlichen Sportveranstaltungen zählen der *Tel-Aviv-Marathon* und die *Kinneret-Schwimmgala*. **Fußball, Basketball, Tennis** und **Golf** sind auch hier beliebte Sportarten. Viele Hotels bieten Tennisplätze, und ein 18-Loch-Golfplatz befindet sich in Cäsarea. **Reiten** kann man im ganzen Land. **Fahrradfahren** und **Skilaufen** sind ebenfalls sehr beliebt. Gute Sportanlagen findet man in den Kibbuzim und in den Städten. **Wassersport: Schwimmen, Surfen, Wasserski, Segeln** und **Angeln. Tauchen** und **Tiefseetauchen** kann man besonders gut in Eilat am Roten Meer. In der Nähe der Stadt gibt es ein faszinierendes Unterwasser-Observatorium inmitten eines Korallenriffs, wo man von einem Schacht mit Glaswänden der Fischwelt ins Auge sehen kann. Fahrten mit Glasbodenbooten werden ebenfalls angeboten. Am *Dolphin Reef* kann man inmitten von Delphinen in deren natürlicher Umgebung im Roten Meer schwimmen und tauchen. In Eilat sind die Temperaturen auch im Winter warm genug zum Schwimmen und Sonnenbaden (s. *Klima*).
Anmerkung: Die Küste des Roten Meeres steht unter Naturschutz. »Souvenirs« wie abgebrochene Korallen werden mit hohen Strafen geahndet.
Archäologie: Für Besucher besteht die Möglichkeit, tageweise oder länger an archäologischen Ausgrabungen mitzuarbeiten (*Dig for a Day Programme*). Nähere Auskunft erteilt das Verkehrsbüro.
VERANSTALTUNGSKALENDER
1996: *Zahlreiche Veranstaltungen zum 3000jährigen Bestehen Jerusalems.*
1. - 14. Mai '96 *Kinder der Welt malen Jerusalem*. **7. - 11. Mai** *Judaica 3000*. **14. Mai - 19. Juni** *Israel Festival*, Jerusalem. **Juni** *Bluesfestival*, Haifa Hafen. **2. - 14. Juni** *König David Schachwettbewerb*. **Juli** (1) *Festival des hebräischen Liedes*, Arad. (2) *Festival des israelischen Volkstanzes*, Karmiel. (3) *Internationales Filmfestival*, Jerusalem. **1. - 18. Aug.** *Internationale Kunst- und Handwerksmesse*. **13. - 24. Aug.** *10. Internationales Marionettentheaterfestival*, Jerusalem. **20. Aug. - 5. Sept.** *David und Absalom* (Theateraufführung), Jerusalem. **Sept.** *Nabucco*, Sultans Bad, Jerusalem. **Okt.** *Jerusalem Marathon*. **Nov.** *Internationales Gitarrenfesival*. **Dez.** *Ein klassischer Winter*, Musik in Jerusalem. **8. Dez. - 7. Jan. '97** *Liturgica*, Jerusalem. **24. Dez.** *Internationales Weihnachtstreffen von Chören*, Jerusalem und Nazareth. **25. Dez.** *Konzert internationaler Chöre*, Jerusalem.
Zwischen dem 24. Dezember und dem 6. Januar finden in Bethlehem katholische, evangelische und orthodoxe Weihnachtsgottesdienste statt. Die Karwoche wird ebenfalls feierlich begangen. Bei den obengenannten Veranstaltungen handelt es sich um eine Auswahl – eine vollständige Liste mit vielen Kunst- und Musikveranstaltungen sowie Weinfesten ist vom Verkehrsbüro erhältlich (Adresse s. o.).
SITTEN & GEBRÄUCHE: *Schalom* heißt wörtlich »Frieden« und bedeutet sowohl »Hallo« als auch »Auf Wiedersehen«. Die Umgangsformen sind selten besonders förmlich, allgemeine Höflichkeitsformen sollten bei Privatbesuchen beachtet werden. Die meisten Israelis sind aufgeschlossen und sprechen gern über ihr Land, die Religion und die Politik. Bekleidung ist zwangslos; respektieren Sie jedoch religiöse Stätten (ob jüdisch, christlich oder islamisch), indem Sie sie nicht in Shorts/kurzem Rock oder mit bloßen Schultern betreten. In Synagogen tragen alle Männer eine Kopfbedeckung. Von Geschäftsleuten wird förmlichere Kleidung erwartet. Gute Restaurants, Nachtklubs und die Hotelrestaurants erwarten mitunter elegantere Kleidung zum Abendessen. Am Sabbat (Freitagabend bis Samstagabend) darf in manchen Restaurants und Hotels nicht geraucht werden; normalerweise gibt es Schilder, die Besucher darauf hinweisen. **Trinkgeld:** 10% sind in Restaurants üblich. Das Gesetz schreibt 15% Bedienungsgeld für Restaurant-, Hotel- und Caférechnungen vor. Dieser Betrag wird an das Personal verteilt.

WIRTSCHAFTSPROFIL

WIRTSCHAFT: Israel hat eine vielfältige und moderne Fertigungsindustrie, die sich in vieler Hinsicht mit Westeuropa messen kann. Der Rohstoffmangel macht jedoch der Wirtschaft zu schaffen, und man ist auf teure Importe

angewiesen; zudem sind die Verteidigungsausgaben des Landes besonders hoch. Dem gegenüber stehen hohe Subventionen der USA, wahrscheinlich in Höhe von ca. 5 Milliarden US-Dollar pro Jahr. Trotzdem steckte Israel in den achtziger Jahren in einer tiefen Wirtschaftskrise, die zu einer Inflationsrate von 1000% und fast zum Zusammenbruch des Schekels führte. Mit Hilfe eines drastischen Sparprogramms, das 1984 eingeführt wurde, hat sich die Wirtschaft allmählich erholt, und 1994 lag die Inflationsrate bei 14,5%. Die Landwirtschaft hat einen relativ geringen Anteil am Volkseinkommen, ca. 4% des Bruttosozialprodukts; in erster Linie werden Obst (vor allem Zitrusfrüchte) und Gemüse angebaut, jedoch auch Baumwolle. Der Industriesektor des Landes stützt sich vor allem auf Maschinenbau, Flugzeugbau, Elektro- und chemische Industrie, Baustoffe, Textilien und Lebensmittelverarbeitung. Die relativ unbedeutende Bergbauindustrie will in Zukunft die Gewinnung von Pottasche und Brom ausweiten. In geringerem Umfang wird auch Erdöl gefördert. Die Infrastruktur des Landes ist gut ausgebaut. Die hohen Investitionen der Touristikindustrie machen sich bezahlt; dieser Wirtschaftszweig hat einen langsamen, aber steten Zuwachs zu verzeichnen. Die Einnahmen aus dem Fremdenverkehr beliefen sich 1992 auf rund 2000 Mio. US$. Israels größte Exportmärkte sind die USA und Großbritannien, Hongkong, Japan und Deutschland. Importe werden vor allem von den USA, Belgien und Deutschland bezogen. Es ist abzuwarten, welche Auswirkungen der Friedensvertrag auf wirtschaftlichem Gebiet haben wird (s. Staatsform).
GESCHÄFTSVERKEHR: Terminvereinbarungen und Visitenkarten werden erwartet. Die Einstellung zur Pünktlichkeit ist recht großzügig; es ist nicht unüblich, eine halbe Stunde zu warten. Die üblichen Höflichkeitsformen gelten, Geschäftstreffen sind jedoch oft weniger förmlich als in Westeuropa, und definitive Antworten auf direkte Fragen lassen manchmal auf sich warten.
Kontaktadressen: The Commercial Counsellor at the Austrian Embassy (Österreichischer Handelsbeauftragter), PO Box 3510, Tel Aviv 61034. Tel: (03) 522 66 41, 524 64 43. Telefax: (03) 522 40 71.
Handelskammer Schweiz-Israel, Neue Weinbergstraße 95, CH-8035 Zürich. Tel: (01) 261 74 80. Telefax: (01) 363 75 55.
Federation of Israeli Chambers of Commerce, PO Box 20027, 84 Hahashmonaim Street, Tel Aviv 67011. Tel: (03) 563 10 10. Telefax: (03) 561 90 25.
KONFERENZEN/TAGUNGEN: Aus der Tagungsbroschüre des israelischen Fremdenverkehrsamts: »Vor ca. 2000 Jahren wurde in der Nähe von Tiberias eine große Tagung abgehalten, von der es heißt, daß 5000 Teilnehmer reichlich bewirtet wurden«. 1963 begann Israels neuzeitliche Geschichte als Konferenzland. Jährlich finden 150 Tagungen mit 50.000 Delegierten statt (wissenschaftliche und akademische Tagungen machen ca. 50% aus, der Anteil sportlicher und religiöser Veranstaltungen nimmt jedoch zu). 1992 wurden 55% der Tagungen in Jerusalem abgehalten. Außer in den Hotels und Tagungszentren in Jerusalem und Tel Aviv kann man auch in manchen Kibbuzim Tagungen veranstalten. Einzelheiten, auch über Incentive-Reisen, sind vom Israelischen Verkehrsbüro erhältlich. Weitere Informationsstelle: *Jerusalem International Convention Centre (JICC),* Binyaney Ha'ooma, PO Box 6001, Jerusalem 91060. Tel: (02) 55 85 58. Telefax: (02) 38 30 64.

KLIMA

Obwohl Israel ein relativ kleines Land ist, ist das Klima je nach Lage sehr unterschiedlich. Im Norden kann der Winter kühl und regnerisch sein, im hochgelegenen Jerusalem fällt sogar manchmal Schnee, während in Eilat im Süden das ganze Jahr über Badewetter herrscht. Im Sommer kann es – vor allem im Süden – sehr heiß werden. Frühling und Herbst sind in jeder Region sehr angenehme Reisezeiten.
Wassertemperaturen: Durchschnittswerte im jeweils kältesten/wärmsten Monat. Mittelmeer: 17,5°C im Februar und März, 29°C im August; See Genezareth: 15°C im Januar, 29,5°C im August und September; Totes Meer: 19°C im Februar, 31°C im September; Rotes Meer: 20°C im Februar, 27°C im August und September.

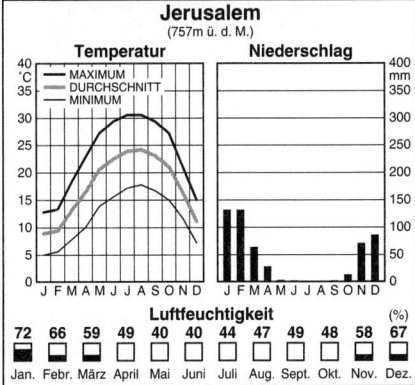

Italien

Lage: Südeuropa.

Staatliches Italienisches Fremdenverkehrsamt (ENIT)
Kaiserstraße 65
D-60329 Frankfurt/M.
Tel: (069) 23 74 30. Telefax: (069) 23 28 94.
Mo-Fr 10.00-17.00 Uhr.
Geschäftsbereich: Niedersachsen, Hessen und die neuen Bundesländer.
Staatliches Italienisches Fremdenverkehrsamt (ENIT)
Berliner Allee 26
D-40212 Düsseldorf
Tel: (0211) 13 22 31/32. Telefax: (0211) 13 40 94.
Mo-Fr 09.00-17.00 Uhr.
Geschäftsbereich: Norddeutschland.
Staatliches Italienisches Fremdenverkehrsamt (ENIT)
Goethestraße 20
D-80336 München
Tel: (089) 53 03 69. Telefax: (089) 53 45 27.
Mo-Fr 10.00-17.00 Uhr.
Geschäftsbereich: Süddeutschland.
Staatliches Italienisches Fremdenverkehrsamt (ENIT)
Kärntnerring 4
A-1010 Wien
Tel: (0222) 505 43 74, 505 16 39. Telefax: (0222) 505 02 48.
Mo-Fr 09.00-17.00 Uhr.
Staatliches Italienisches Fremdenverkehrsamt (ENIT)
Uraniastraße 32
CH-8001 Zürich
Tel: (01) 211 36 33. Telefax: (01) 211 38 85.
Mo-Fr 09.00-17.00 Uhr.
Ente Nazionale Italiano per il Turismo (ENIT)
Via Marghera 2
I-00185 Rom
Tel: (06) 4 97 11. Telefax: (06) 445 99 07.
Italienische Botschaft (ohne Visumerteilung)
Karl-Finkelnburg-Straße 51

TIMATIC INFO-CODES

Abrufbar über Ihr CRS-System (für START/Amadeus Ama-Maske benutzen). Für Galileo bitte TI-DFT eingeben (mit Bindestrich).

Flughafengebühren	TI DFT/ ROM /TX
Währung	TI DFT/ ROM /CY
Zollbestimmungen	TI DFT/ ROM /CS
Gesundheit	TI DFT/ ROM /HE
Reisepassbestimmungen	TI DFT/ ROM /PA
Visabestimmungen	TI DFT/ ROM /VI

D-53173 Bonn
Tel: (0228) 8 22-0. Telefax: (0228) 8 22-169.
Mo-Fr 08.30-13.15 und 14.30-17.00 Uhr.
Generalkonsulate mit Visumerteilung in Berlin (Tel: (030) 261 15 91; *Geschäftsbereich:* Berlin, Mecklenburg-Vorpommern, Brandenburg, Sachsen, Sachsen-Anhalt, Thüringen), Frankfurt/M. (Tel: (069) 7 53 10; *Geschäftsbereich:* Hessen, Rheinland-Pfalz), Hamburg (Tel: (040) 414 00 70; *Geschäftsbereich:* Hamburg, Schleswig-Holstein, Bremen), Hannover (Tel: (0511) 28 37 90; *Geschäftsbereich:* Niedersachsen), Köln (Tel: (0221) 40 08 70; *Geschäftsbereich:* Nordrhein-Westfalen), München (Tel: (089) 418 00 30; *Geschäftsbereich:* Bayern) und Stuttgart (Tel: (0711) 2 56 30; *Geschäftsbereich:* Baden-Württemberg).
Generalkonsulat ohne Visumerteilung in Leipzig.
Konsulate mit Visumerteilung in Bremen, Dortmund, Freiburg/Br., Nürnberg und Saarbrücken.
Italienische Botschaft
Rennweg 27
A-1030 Wien
Tel: (0222) 712 51 21. Telefax: (0222) 713 97 19.
Mo-Fr 08.30-12.30 und 15.00-17.30 Uhr.
Generalkonsulate mit Visumerteilung in Wien (Tel: (0222) 713 56 71; *Geschäftsbereich:* Wien, Burgenland, Oberösterreich), Innsbruck (Tel: (0512) 58 13 33; *Geschäftsbereich:* Vorarlberg, Tirol, Salzburg) und Klagenfurt (Tel: (0463) 51 33 09; *Geschäftsbereich:* Kärnten, Steiermark).
Konsulate und *Honorarkonsulate ohne Visumerteilung* in Bregenz, Eisenstadt, Graz, Linz und Salzburg.
Italienische Botschaft
Elfenstraße 14
CH-3000 Bern 16
Tel: (031) 352 41 51. Telefax: (031) 351 10 26.
Mo-Fr 08.15-17.00 Uhr.
Generalkonsulate mit Visumerteilung in Basel (Tel: (061) 691 00 26; *Geschäftsbereich:* Basel-Stadt/Land), Genf (Tel: (022) 346 47 44; *Geschäftsbereich:* Genf), Lausanne (Tel: (021) 341 12 91; *Geschäftsbereich:* Freiburg, Waadt, Wallis), Lugano (Tel: (091) 22 05 13; *Geschäftsbereich:* Tessin) und Zürich (Tel: (01) 286 61 11; *Geschäftsbereich:* Zürich, Schaffhausen, Schwyz, Zug, Glarus).
Konsulate mit Visumerteilung in Bern, Bellinzona, Luzern, Neuchâtel (Neuenburg), St. Gallen und Wittingen.
Weitere *Konsularagenturen ohne Visumerteilung* u. a. in Chiasso, Locarno und Sion.
Botschaft der Bundesrepublik Deutschland
Via Po 25c
I-00198 Rom
Tel: (06) 88 47 41. Telefax: (06) 854 79 56.
Generalkonsulate in Genua, Mailand und Neapel.
Honorarkonsulate in Arezzo, Bari, Bologna, Cagliari, Catania, Florenz, Livorno, Messina, Rimini, Triest, Turin und Venedig.
Botschaft der Republik Österreich
Via G. B. Pergolesi 3
I-00198 Rom
Tel: (06) 855 82 41/-44. Telefax: (06) 854 32 86.
Konsularabteilung
Viale Liegi 32
I-00198 Rom
Tel: (06) 855 29 66. Telefax: (06) 85 35 29 91.
Generalkonsulate in Mailand und Triest.
Honorarkonsulate mit Paßbefugnis in Bari, Genua, Neapel und Venedig.
Honorarkonsulate ohne Paßbefugnis in Bologna, Palermo und Turin.
Botschaft der Schweizerischen Eidgenossenschaft
Via Barnaba Oriani 61
I-00197 Rom
Tel: (06) 808 36 41. Telefax: (06) 808 85 10.
Generalkonsulate in Genua und Mailand.
Konsulate in Neapel und Venedig.

FLÄCHE: 301.302 qkm.
BEVÖLKERUNGSZAHL: 57.121.000 (1993).
BEVÖLKERUNGSDICHTE: 190 pro qkm.
HAUPTSTADT: Rom. **Einwohner:** 2.687.900 (1993).
GEOGRAPHIE: Das von der Sonne verwöhnte Italien mit seiner abwechslungsreichen Landschaft und seinem reichen kulturellen Erbe ist eines der klassischen Reiseländer. Auch Goethe fühlte sich von dem »Land, wo die Zitronen blühen«, magisch angezogen. Italien gliedert sich in die italienischen Alpen, die norditalienische Tiefebene, die eigentliche Apenninenhalbinsel und zahlreiche Inseln. Sizilien, Sardinien, Elba, Ischia und Capri sind wohl die bekanntesten. Die in Oberitalien gelegenen Alpen bilden eine natürliche Grenze zu Frankreich, der Schweiz, Österreich und Slowenien. Im Süden, Südwesten und Südosten wird das Land vom Mittelmeer begrenzt. Der Apennin, der eine Höhe bis zu 2910 m erreicht, durchzieht die gesamte Halbinsel, deren Stiefelform so charakteristisch ist.
Norditalien umfaßt die Alpen, die fruchtbare, dicht besiedelte Po-Ebene und den ligurisch-etruskischen Teil der Apenninen. In der Region Piemonte und Val d'Aosta liegen einige der höchsten Berge und schönsten Skigebiete Europas. Zahlreiche Gebirgsflüsse fließen von den Bergen zur Po-Ebene und durchziehen das wunderschöne

italienische Seengebiet (Lago Maggiore, Lago di Como und Lago di Garda sind die bekanntesten). Die Po-Ebene, die sich bis zu den kahlen Ausläufern der Apenninen hinzieht, besteht überwiegend aus fruchtbarem Schwemmland. Diese Region, in der eines der größten italienischen Industriegebiete liegt, ist schon seit langem sehr wohlhabend. Der Po, der größte Strom Italiens, mündet im Osten in die Adria; hier liegen die Ebenen kaum höher als der Fluß, hohe Deiche verhindern Überschwemmungen.
Mittelitalien liegt im nördlichen Teil der italienischen Halbinsel. Die reizvolle Landschaft der Toskana ist sehr abwechslungsreich; schneebedeckte Berge (Appennino Toscano), saftiges grünes Land, Hügel, langgezogene Sandstrände und zahlreiche Inseln in Küstennähe erwarten den Besucher. Die Region Marche, zwischen den Apenninen und der Adria gelegen, ist ein Bergland mit Flüssen und kleinen, fruchtbaren Ebenen. Die gebirgigen *Regioni* (Verwaltungsbezirke) der Abruzzen grenzen im Norden an die Marche, das südlich der Abruzzen gelegene Molise grenzt im Süden an Puglia. Lazio und Campania liegen am Tyrrhenischen Meer und bilden die westliche Grenze. Umbria, das »grüne Herz Italiens«, besteht aus Hügeln und weiten Ebenen, auf denen Pinien und Olivenbäume wachsen. Weiter südlich liegt Rom, Hauptstadt und zugleich größte Stadt Italiens. Innerhalb Roms liegt die Vatikanstadt, der ein eigenes Kapitel gewidmet ist (s. *Inhaltsverzeichnis*).
Süditalien: In der Campania gibt es niedrige Berge, an der Küste ist es flach. Diese Region reicht von Baia Domizia bis hin zum Golf von Neapel und zieht sich an der felsigen Küste entlang bis zur Grenze nach Kalabrien hin. Die süditalienischen Apenninen sind niedriger als die nördlichen, die Appennino Neapolitano gehen langsam, fast unmerklich in das sanfte Hügelland der Umgebung von Sorrent über. Die Inseln Capri, Ischia und Procida im Tyrrhenischen Meer gehören ebenfalls zur Campania. Die Landschaft im Süden, überwiegend Hügelland, schattige Wälder und endlose Olivenhaine, ist wilder als die des Nordens. In Apulien, dem »Absatz des Stiefels«, prägen vulkanische Hügel und abgelegene Sümpfe das Landschaftsbild. In Süditalien gibt es noch aktive Vulkane, der Vesuv, östlich von Neapel, ist einer der größten Vulkane Europas. Kalabrien, die »Stiefelspitze«, ist waldreich und dünn besiedelt. In den kalabrischen Bergen leben auch heute noch Bären und Wölfe.
Die Inseln: Die Stadt Messina auf Sizilien kann man vom Festland aus sehen. Auf der fruchtbaren Insel gibt es zahlreiche Vulkane, der Ätna ist wohl der bekannteste unter ihnen, und große Lavafelder. Der Küste sind einige kleine Inseln vorgelagert. Die Landschaft von Sardinien (Sardegna) besteht aus hohen Bergen und schönen Sandstränden. In Küstennähe liegen zahlreiche felsige Inseln. Weitere Informationen über die einzelnen Regionen unter der Rubrik *Urlaubsorte & Ausflüge*.
STAATSFORM: Parlamentarisch-demokratische Republik seit 1948, letzte Änderung 1993. Staatsoberhaupt: Präsident Oscar Luigi Scalfaro, seit Mai 1992. Regierungschef: Lamberto Dini, seit Jan. 1995. Geändertes Wahlsystem seit Aug. 1993: begrenztes Verhältniswahlrecht, drei Viertel der Abgeordneten werden jetzt durch Mehrheitswahlrecht bestimmt. Abgeordnetenhaus (630 Mitglieder) und Senat (325 Mitglieder). Wahl des Staatsoberhauptes alle 7 Jahre durch ein Wahlmänner-Kollegium. Wahlrecht ab 18 Jahre, für Senatswahlen ab 25 Jahre.
SPRACHE: Italienisch ist die offizielle Landessprache. Deutsch und Französisch sind regionale Amtssprachen. In Südtirol an der österreichischen Grenze spricht man Deutsch. Ladinisch ist z. T. Schulsprache in Trentino. In den Grenzgebieten zu Frankreich und zur Schweiz von der italienischen Riviera bis zum Gebiet nördlich von Mailand wird Französisch gesprochen. Slowenisch wird in Triest und Gorizia gesprochen. Auf Sardinien spricht man in einigen Gegenden Katalanisch. In Ferienorten und größeren Städten sprechen v. a. Beschäftigte der Tourismus-Industrie Englisch, Deutsch oder Französisch.
RELIGION: 90% römisch-katholisch, protestantische und jüdische Minderheiten.
ORTSZEIT: MEZ.
NETZSPANNUNG: 220 V, 50 Hz.
POST- UND FERNMELDEWESEN: Telefon: Selbstwählferndienst. **Landesvorwahl: 39.** Für Münztelefone braucht man 200 Lira-Stücke. *Gettoni* (Telefonmarken), die in Tabakläden und Bars erhältlich sind, können ebenfalls in öffentlichen Telefonzellen benutzt werden. Es gibt auch Kartentelefone, Telefonkarten sind auf den Postämtern, in Tabakläden und bei Zeitungshändlern erhältlich. **Telefax:** Einige Hotels haben Telefaxanschlüsse. **Telex/Telegramme:** Die Hauptpostämter bieten einen Telexdienst an. Telegramme können bei *Italcable* persönlich oder telefonisch aufgegeben werden. **Post:** Die italienische Post ist nicht für ihre Zuverlässigkeit bekannt, Briefe innerhalb Europas sind in der Regel zwischen 7 und 10 Tagen unterwegs. Postlagernde Sendungen sind mit dem Vermerk *Fermo Posta* und dem Namen der Stadt zu versehen. Briefmarken werden außer in Postämtern auch in Tabakläden verkauft. Öffnungszeiten der Postämter: Mo-Sa 08.00/08.30-12.00/12.30 und 14.00/14.30-17.30/18.00 Uhr.

DEUTSCHE WELLE
Der Einsatz der Kurzwellenfrequenzen ändert sich mehrfach im Laufe eines Jahres, und Sendungen auf den folgenden Frequenzen werden jeweils nur zu be-stimmten Tageszeiten ausgestrahlt. Näheres in der Einleitung.

MHz	15,275	9,545	6,140	6,075	3,995
Meterband	19	31	49	49	75

REISEPASS/VISUM

***Wichtiger Hinweis:** Die Einreisebestimmungen mancher Länder können sich kurzfristig ändern – rufen Sie sicherheitshalber auf Ihrem CRS-System (TIMATIC-Info-Code-Fenster in diesem Kapitel) den aktuellen Stand ab bzw. wenden Sie sich an die zuständige diplomatische Vertretung. Etwaige Zahlen in der Tabelle beziehen sich auf nachfolgende Fußnoten.*

	Paß erforderlich?	*Visum erforderlich?*	*Rückflugticket erforderlich?*
Deutschland	1	Nein	Nein
Österreich	1	Nein	Nein
Schweiz	1	Nein	Nein
Andere EU-Länder	1	Nein	Nein

Anmerkung: Die folgenden Bestimmungen gelten auch für San Marino und die Vatikanstadt.
REISEPASS: Gültiger Reisepass zur Einreise erforderlich, der noch mindestens 6 Monate gültig sein muß, ausgenommen sind:
(a) [1] Staatsangehörige der EU-Länder sowie der Schweiz, die nur einen gültigen Personalausweis benötigen;
(b) Staatsangehörige von Andorra, Liechtenstein, Monaco und San Marino mit gültigem Personalausweis.
VISUM: Genereller Visumzwang für alle Reisenden, ausgenommen sind Staatsbürger der folgenden Länder für Aufenthalte (nicht jedoch zur Arbeitsaufnahme) von bis zu 3 Monaten, sofern nicht anders angegeben:
(a) Bundesrepublik Deutschland, übrige Länder der Europäischen Union und Schweiz;
(b) Andorra, Argentinien, Australien, Bermuda, Bolivien, Brasilien, Chile, Costa Rica, Ecuador, El Salvador, Guatemala, Honduras, Hongkong (die gleichzeitig die britische Staatsangehörigkeit haben), Island, Israel (30 Tage), Jamaika, Japan, Kanada, Kenia, Kolumbien, Korea-Süd, Liechtenstein, Malaysia, Malta, Mexiko, Monaco, Neuseeland, Norwegen, Paraguay, Polen, San Marino, Singapur, Slowakische Republik, Tschechische Republik, Ungarn, Uruguay, USA, Venezuela (60 Tage) und Zypern;
(c) Bosnien-Herzegowina, Slowenien, Kroatien, Ehem. jugos. Rep. Mazedonien und Jugoslawien (Serbien, Montenegro).
Anmerkung: Die Visabestimmungen für alle Nachfolgestaaten Jugoslawiens werden sich in Kürze ändern. Weitere Informationen erteilen die zuständigen Generalkonsulate.
Transitvisa: Visumpflichtige Reisende, die ihre Reise innerhalb von 48 Std. vom gleichen Flughafen in ein Drittland fortsetzen, benötigen kein Transitvisum, vorausgesetzt, daß sie den Flughafen nicht verlassen. Sie müssen im Besitz von Flugtickets mit bestätigter Weiterreisebuchung und gültigen Reisedokumenten für die Weiterreise sein. Diese Regelung gilt nicht für Transitreisende aus den Ländern Äthiopien, Bangladesch, Ghana, Indien, Iran, Irak, Nigeria, Pakistan, Senegal, Somalia und Sri Lanka.
Visaarten: *Transitvisa:* Ein gültiger Reisepaß mit den für die geplante Weiterreise in Drittländer notwendigen Visa sowie gültige Fahrkarten für die Weiterreise müssen vorgelegt werden. *Einreisevisum:* Touristen- oder Geschäftsvisum. Weitere Einzelheiten sind auf Anfrage von den italienischen Konsulaten erhältlich (Telefonnummern s. o.).
Visagebühren: 42,30 DM (Einheitstarif mit wenigen Ausnahmen).
Gültigkeit: Gewährte Höchstdauer 3 Monate vom Tag der Ausstellung an, die Einreise muß normalerweise innerhalb von 60 Tagen ab Ausstellungsdatum erfolgen.
Antragstellung an die zuständigen Konsulate. Reisende sollten sich rechtzeitig im voraus erkundigen, ob die Beantragung postalisch oder persönlich erfolgen kann.
Unterlagen: (a) Reisepaß, der bei Beantragung noch mindestens 6 Monate gültig sein muß. (b) Aufenthaltsgenehmigung (für Staatsbürger anderer Länder mit Wohnsitz in Deutschland, Österreich oder der Schweiz). (c) Antrag. (d) Rückfahrkarte/Weiterreise-Ticket. (d) 1 Paßfoto. (e) Lohnbescheinigung/Kontoauszug. (f) Schreiben des Sponsors oder Geschäftspartners in Italien und Referenz des Arbeitgebers (Geschäftsreisende) oder ein Schreiben der Schule, Fachhochschule oder Universität (bei Studienaufenthalt).
Bearbeitungszeit: Unterschiedlich; in der Regel 1-2 Tage, bei Gruppen etwas länger.

GELD

Währung: Italienische Lira (Lit). Banknoten gibt es im Wert von 100.000, 50.000, 10.000, 5000, 2000 und 1000 Lit. Münzen sind im Wert von 500, 200, 100, 50, 20, 10 und 5 Lit in Umlauf.
Geldwechsel: Reiseschecks, Schecks und Fremdwährungen können bei Banken, an Bahnhöfen, auf Flughäfen und meistens auch in großen Hotels gewechselt werden (normalerweise zu einem ungünstigeren Wechselkurs).
Kreditkarten: *Eurocard, Diners Club, Visa* und alle gängigen internationalen Kreditkarten werden vielerorts angenommen. Einzelheiten vom Aussteller der betreffenden Kreditkarte.
Reiseschecks werden fast überall angenommen.
Euroschecks werden bis zu einem Höchstbetrag von 300.000 Lira pro Scheck akzeptiert.
Postsparbuch: Abhebung in Lira bei vielen italienischen Postämtern möglich, jedoch nur gegen Vorlage von Rückzahlungskarten, die etwa 10 Tage vor Reiseantritt beim Postamt bestellt werden sollten.
Wechselkurse

	Lit Sept. '92	Lit Okt. '93	Lit Jan. '95	Lit Jan. '96
1 DM	792,89	968,91	1046,60	1098,96
1 US$	1178,34	1682,00	1622,25	1579,75

Devisenbestimmungen: Die Ein- und Ausfuhr von Fremdwährungen und der Landeswährung ist unbeschränkt. Ab 20 Mio. Lira besteht Deklarationspflicht.
Öffnungszeiten der Banken: Die Öffnungszeiten sind von Stadt zu Stadt unterschiedlich. In der Regel Mo-Fr 8.30-13.30 und 15.00-16.00 Uhr.

DUTY FREE

Die folgenden Artikel dürfen zollfrei nach Italien eingeführt werden:
(a) Seit Januar 1993 gibt es keine Beschränkungen mehr für die private Wareneinfuhr (einschließlich von Verbrauchsgütern wie Alkohol und Tabak) innerhalb der Europäischen Union. Es wurden jedoch folgende Richtmengen festgesetzt, bei deren Überschreiten gewerblicher Handel vermutet wird, der im Bestimmungsland zu versteuern ist:
800 Zigaretten;
200 Zigarren;
400 Zigarillos;
1000 g Tabak;
90 l Wein (darunter nicht mehr als 60 l Schaumwein);
10 l Spirituosen;
20 l alkoholische Getränke (z. B. Portwein oder Sherry) mit einem Alkoholgehalt von höchstens 22%;
110 l Bier.
(b) Bei Einreise aus Nicht-EU-Ländern (oder falls die Waren innerhalb der EU zollfrei eingekauft wurden):
200 Zigaretten und 50 Zigarren und 100 Zigarillos und 250 g Tabak;
2 l Spirituosen (Alkoholgehalt über 22%) und 2 l Spirituosen (Alkoholgehalt unter 22%);
2 l Wein;
50 ml Parfüm und 250 ml Eau de toilette;
500 g Kaffee oder 220 g Kaffee-Extrakt;
100 g Tee oder 40 g Tee-Extrakt;
andere Waren bis zu einem Gesamtwert von 500.000 Lit.

GESETZLICHE FEIERTAGE

1. Mai '96 Tag der Arbeit. **15. Aug.** Mariä Himmelfahrt. **1. Nov.** Allerheiligen. **5. Nov.** Tag der nationalen Einheit. **8. Dez.** Mariä Empfängnis. **25./26. Dez.** Weihnachten. **1. Jan. '97** Neujahr. **6. Jan.** Dreikönigsfest. **31. März** Ostermontag. **25. April** Tag der Befreiung. **1. Mai** Tag der Arbeit.
Anmerkung: Zusätzlich werden in verschiedenen Städten zahlreiche Feste zu Ehren der jeweiligen Schutzpatrone abgehalten. Die Geschäfte bleiben jedoch meist geöffnet:
Turin (Turino)**/Genua** (Genova)**/Florenz** (Firenze): 24. Juni (Johannes der Täufer).
Siena: Juli und Aug. (Palio-Pferderennen).
Venedig (Venezia)**:** 25. April (St. Markus).
Bologna: 4. Okt. (St. Petronius).
Neapel (Napoli)**:** 19. Sept. (St. Gennaro).
Bari: 6. Dez. (St. Nikolaus).
Palermo: 15. Juli (St. Rosalia).
Rom (Roma)**:** 29. Juni (St. Petrus).

GESUNDHEIT

In der folgenden Tabelle aufgeführte Impfvorschriften können sich kurzfristig ändern. Es wird stets empfohlen, auf Ihrem CRS-System (TIMATIC-Info-Code-Fenster in diesem Kapitel) den aktuellen Stand der Gesundheitsbestimmungen abzurufen bzw. rechtzeitig vor der Reise ärztlichen Rat einzuholen.

	Vorsichtsmaßnahmen empfohlen	*Impfschein erforderlich*
Gelbfieber	Nein	Nein
Cholera	Nein	Nein
Typhus & Polio	Nein	-
Malaria	Nein	-
Essen & Trinken	1	-

[1]: In ländlichen Gebieten ist das Leitungswasser z. T. nicht trinkbar, »Acqua Non Potabile« bedeutet »Kein Trinkwasser«. Im Zweifelsfall abgefülltes Wasser trinken, vor allem zur Umgewöhnung zu Anfang des Aufenthaltes.
Zecken kommen während der Sommermonate in den

Wäldern in manchen Gebieten Italiens vor. Wer sich viel in Wäldern aufhält, sollte eine Schutzimpfung gegen Zeckenenzephalitis erwägen. Bei Zeckenbefall im Zweifelsfall den Arzt aufsuchen. Weitere Informationen im Kapitel *Gesundheit* (s. Inhaltsverzeichnis).
Gesundheitsvorsorge: Ein gegenseitiges Gesundheitsabkommen der Mitgliedstaaten der EU ermöglicht kostenlose ärztliche und zahnärztliche Behandlung, einschl. Krankenhausaufenthalt, für Bürger aus Deutschland und Österreich. Eine entsprechende Anspruchsbescheinigung (E 111) der Krankenkasse muß vorgelegt werden. Aushelfender Träger ist die örtliche *Unità Sanitaria Locale* (USL) des italienischen Nationalen Gesundheitsdienstes. Im allgemeinen muß man einen Teil der Arzneimittelkosten selbst tragen. Schweizern wird der Abschluß einer Reisezusatzversicherung empfohlen.
In Italien gibt es zahlreiche Kurbäder, von denen einige auf die Zeit der Römer zurückführen. Die größten und wohl auch besten Kurbäder sind: Abano Terme und Montegrotto Terme (Venetien), Acqui Terme (Piemont), Chianciano und Montecatini Terme (Toskana), Fiuggi (Latium), Porretta Terme und Salsomaggiore Terme (Emilia-Romagna), Sciacca (Sizilien) und Sirmione (Lombardei). In Meran (Südtirol) wird eine spezielle Traubenkur angeboten.

REISEVERKEHR - International

FLUGZEUG: Italiens nationale Fluggesellschaft heißt *Alitalia (AZ)*. Gute Nonstop-Verbindungen nach Rom, Linien- und Charterflüge ferner nach Venedig, Neapel, Mailand, Catania, Florenz, Palermo, Genua, Bologna, Pisa, Turin und Rimini.
Durchschnittliche Flugzeiten: *Frankfurt* – Rom: 1 Std. 45; *Frankfurt* – Florenz: 1 Std. 40; *Frankfurt* – Venedig: 1 Std. 15; *Wien* – Rom: 1 Std. 25; *Zürich/Genf* – Rom: 1 Std. 30; *London* – Rom: 2 Std. 30.
Internationale Flughäfen:
Rom Leonardo da Vinci (FCO) (Fiumicino), liegt 36 km südwestlich der Stadt (Fahrzeit 55 Minuten). Busverbindung zur Stadt im 15-Minutentakt, zum Bahnhof Ostiense alle 20-30 Minuten (Fahrzeit ca. 22 Min.). Es gibt eine direkte Zugverbindung zum Hauptbahnhof Stazione Termini. Taxis zur Stadt brauchen etwa 45-70 Minuten. Duty-free-Shop, Apotheke, Postamt, Mietwagenschalter, Tourist-Information, Hotel-Reservierungsschalter, Läden, Bank/Wechselstube, Bars, Snackbars und Restaurants.
Rom Ciampino (ROM), 32 km außerhalb der Innenstadt (Fahrzeit 60 Minuten). Bank/Wechselstube, Café, Duty-free-Shop, Souvenirladen. Busverbindung zur U-Bahnstation Subaugusta und Taxistand.
Bologna G. Marconi (BLQ) (Borgo Panigale), liegt 6 km nordwestlich der Stadt (Fahrzeit 20 Minuten). Busverbindung alle 15 Minuten. Duty-free-Shop, Tourist-Information, Läden, Bank, Mietwagenschalter, Bars, Restaurants.
Catania (CTA) (Fontanarossa) liegt 7 km außerhalb der Stadt.
Genua (GOA) (Cristoforo Colombo, Sestri) liegt 6 km westlich der Stadt (Fahrzeit 35 Minuten). Bank, Post, Duty-free-Shop, Mietwagenschalter, Tourist-Information, Hotelreservierungsschalter, Bars, Restaurants, Kinderkrippe.
Mailand (LIN) (Linate) liegt 10 km östlich der Stadt (Fahrzeit 25 Minuten). Busverbindung alle 20 Min. Taxistand (Fahrzeit ca. 40-60 Minuten), Duty-free-Shops, Tourist-Information, Hotel-Reservationsschalter, Läden, Mietwagenschalter, Banken/Wechselstube und Bar/Restaurant.
Mailand (MXP) (Malpensa) liegt 45 km nordwestlich der Stadt (Fahrzeit 60 Minuten). Bank, Post, Duty-free-Shop, Bars, Läden, Tourist-Information, Restaurants, Mietwagenschalter.
Neapel (NAP) (Capodichino) liegt 6 km nördlich der Stadt (Fahrzeit 30 Minuten). Duty-free-Shop, Bank, Post, Bars und Restaurants, Tourist-Information, Mietwagenschalter.
Pisa (PSA) (Galileo Galilei) liegt 2 km nordöstlich der Stadt (Fahrzeit 10 Minuten). Duty-free-Shop, Post, Bar, Restaurants, Mietwagenschalter, Kinderkrippe, Läden, Tourist-Information, Hotelreservierungsschalter und Bank.
Anmerkung: Reisende mit dem Reiseziel Florenz können nach Pisa fliegen und von dort die Zugverbindung vom Flughafen Pisa nach Florenz benutzen. Die Fahrt dauert eine Stunde. Der Bahnhof befindet sich im Flughafen von Pisa. Die Abfahrtszeiten der Züge sind auf die Ankunfts- und Abflugszeiten der internationalen Flüge sowie der wichtigsten Inlandflüge abgestimmt.
Palermo (PMO) (Punta Raisi) liegt 12 km westlich der Stadt (Fahrzeit 25 Minuten).
Turin (TRN) (Citta di Torino) liegt 16 km nordöstlich der Stadt (Fahrzeit: 30 Minuten). Bank, Duty-free-Shop, Bars, Restaurants, Snackbar, Läden, Mietwagen- und Hotelreservierungsschalter, Kinderkrippe.
Venedig (VCE) (Marco Polo) liegt 13 km nordöstlich der Stadt (Fahrzeit 35 Minuten). Post, Bank, Duty-free-Shop, Bars, Mietwagen- und Hotelreservierungsschalter.
SCHIFF: Schiffs- und Fährverbindungen von Griechenland, Ägypten, Libyen, Südamerika, Fernost, Malta, Spanien, Frankreich und Tunesien. Weitere Auskünfte erteilen die Büros der Reedereien. Das Fremdenverkehrsamt veröffentlicht eine Broschüre, die ebenfalls Informationen enthält.
BAHN: Direktverbindungen nach Italien z. T. mit Kurswagen in die meisten größeren Städte Italiens. Die kürzeste Route von Deutschland aus führt über die Schweiz oder Österreich. Autoreisezüge verkehren von Deutschland aus nach Alessandria, Bologna, Bozen, Livorno und Verona. Im Sommer gibt es einen Autoreisezug von Zürich nach Neapel. Schnelle, bequeme EC-Bahnverbindungen von Deutschland, Österreich und der Schweiz. In allen EuroCity-Zügen stehen Speisewagen, Selbstbedienungsrestaurants und Minibars zur Verfügung. Sehr attraktiv sind auch die EuroNight-Verbindungen auf den Strecken Rom – Florenz – Zürich und Rom – Florenz – Brig – Genf/Flughafen. Diese komfortablen Züge führen nur Schlaf- und Liegewagen. Weitere Auskünfte erteilen die Fahrkartenausgaben und Informationsstellen der DB, ÖB und SBB.
BUS/PKW: Gute Verbindungen über die Alpen- und Apenninentunnel. **Linienbusse** der *Touring GmbH* verkehren von Deutschland nach Sizilien, Apulien und in die Kurbäder Montegrotto und Abano. Auskunft: Deutsche Touring GmbH, Am Römerhof 17, D-60486 Frankfurt/M. Tel: (069) 79 03-0. Telefax: (069) 70 47 14, 707 49 04.

REISEVERKEHR - National

FLUGZEUG: *Alitalia (AZ)* und andere Fluggesellschaften fliegen alle größeren Städte des Landes an. Es gibt über 30 Flughäfen. Nähere Auskünfte erteilen die Fluggesellschaften oder das Fremdenverkehrsamt.
SCHIFF: Italiens wichtigste Hafenstädte sind Genua, Venedig, La Spezia, Neapel, Messina, Bari, Pescara, Ancona, Triest, Palermo, Catania, Livorno und Brindisi. Zahlreiche Auto- und Passagierfähren verbinden die Hafenstädte das ganze Jahr über.
Fähren: Fähren und Tragflächenboote fahren regelmäßig zu den Inseln Capri, Elba, Giglio, Sardinien (Sardegna), Sizilien (Sicilia) und zu den Äolischen Inseln. Es gibt auch Verbindungen entlang der Küste.
BAHN: Das Schienennetz der *Italienischen Staatsbahn (FS)* umfaßt 15.942 km, mehr als die Hälfte der Schienenwege sind elektrifiziert. Die Fahrpreise sind niedrig und richten sich nach der Entfernung. Es gibt viele preisgünstige Sonderfahrkarten; Touristennetzkarten (*Biglietti Turistici di Libera Circolazione*), die nur an nicht in Italien ansässige Personen verkauft werden, berechtigen zu unbegrenzten Fahrten auf dem gesamten Netz der *FS*, einschl. TEE-, IC- und *Rapido*-Zügen sowie auf der FS-Fährstrecke von Civitavecchia zum Golfo Aranci (Deckklasse) (einzige Ausnahme die ETR »Pendolino«-Schnellzüge). Die sonst üblichen Zuschläge für diese Züge entfallen. Die Karte ist wahlweise für 8, 15, 21 und 30 Tage in CIT-Reisebüros in Deutschland und Italien sowie an vielen italienischen Bahnhöfen erhältlich; CIT in Köln: Komödienstraße 49, D-50667 Köln. Tel: (0221) 20 70 90. Außer bei der Netzkarte für 8 Tage besteht Verlängerungsmöglichkeit bis zur doppelten Geltungsdauer. Kinder im Alter zwischen 4 und 12 Jahren fahren zum halben Preis. Die meisten Züge haben Wagen 1. und 2. Klasse. Kilometerhefte (*Biglietti chilometrici*), die 2 Monate vom Datum der ersten Fahrt gelten, erlauben einfache Fahrten bis zu 3000 km des Schienennetzes der FS. Ermäßigung gegenüber dem Normalpreis rund 15%. Die Benutzung durch 1-5 Personen ist möglich, wenn diese mit demselben Zug fahren. Bei Kindern zwischen 4 und 12 Jahren werden nur die Hälfte der Kilometer gezählt. Ausgabestellen u. a. auf allen großen italienischen Bahnhöfen sowie in CIT-Reisebüros (CIT-Reisebüros sind u. a. auf die Organisation von Sizilien-Reisen spezialisiert). Das *Carnet di Biglietti* ist ein Fahrkartenheft (1 Monat gültig ab Ausstellungstag) mit mindestens 4 Fahrkarten, die bei Fahrtantritt jeweils entwertet und zuvor bei einer FS-Stelle bestätigt werden müssen. Die einzelne Fahrkarte gilt nach der Entwertung bis 24 Uhr des betreffenden Tages; gewährt 10-20% Ermäßigung im Vergleich zum Normalpreis und weitere Ermäßigungen für Kinder zwischen 4 und 12 Jahren. Die Bahnhofsbuchhandlungen verkaufen regionale Fahrpläne, die zumeist auch Informationen über die Busverbindungen enthalten.
Neben der Staatsbahn gibt es mehrere regionale Eisenbahngesellschaften, deren Züge vor allem auf Kurz- und Schmalspurstrecken fahren. Von Palermo und Catania/Siracusa auf Sizilien gibt es regelmäßige Verbindungen (mit Fährverbindung von Messina) zum italienischen Festland. Regionaler Zugverkehr zwischen Palermo, Agrigento und Catania. Auf Sardinien verkehren täglich mehrere Züge zwischen Cagliari, Porto Torres und Olbia. *EURO DOMINO* und *InterRail-Paß* gelten auch in Italien. Einzelheiten s. *Deutschland*. Weitere Auskünfte erteilt die Vertretung der Italienischen Staatsbahn in München (Tel: (089) 59 36 43).
PKW/BUS: Das italienische Straßennetz hat eine Länge von 305.388 km, darunter 6301 km Autobahn, die alle Landesteile verbinden. Die Benutzung der Autobahnen ist gebührenpflichtig (mit Ausnahme der Strecke Salerno – Reggio Calabria und Autobahnen in Sizilien); Autobahngutscheine (*Viacards*) sind u. a. beim ADAC erhältlich. Die ausgezeichneten Bundesstraßen sind nicht kostenpflichtig. Zahlreiche Tankstellen schließen zwischen 12.00 und 15.00 Uhr, man sollte sich vorher nach den regionalen Öffnungszeiten erkundigen. Bleifreies Benzin ist an fast jeder Tankstelle erhältlich.
Der ADAC-Auslands-Notruf ist: Rom (06) 444 04 04.
Pkw: Die Autoreisezüge der italienischen Eisenbahn fahren täglich während der Sommermonate. Sie verkehren von Mailand über Genua und Neapel nach Villa S. Giovanni sowie von Bologna über Neapel nach Villa S. Giovanni. Man fährt von besonderen Bahnhöfen ab. Bei der Buchung, die direkt am Bahnhof erfolgen kann, sind die Fahrzeugpapiere (dem Führerschein muß eine italienische Übersetzung beigefügt sein) und die Internationale Grüne Versicherungskarte vorzulegen. Das Landeskennzeichen muß am Fahrzeug angebracht sein. Weitere Einzelheiten vom Fremdenverkehrsamt oder den Geschäftsstellen des ADAC und anderer Automobilclubs.
Unterlagen: Fahrzeugpapiere müssen mitgeführt werden; ist das Fahrzeug nicht Eigentum des Fahrers, so muß dieser im Besitz einer Benutzungsvollmacht sein. Für die vorübergehende Einfuhr von Fahrzeugen, Privatflugzeugen und Motorbooten sind keine Zollformalitäten mehr erforderlich.
Verkehrsbestimmungen: Höchstgeschwindigkeiten: 50 km/h in geschlossenen Ortschaften, 80 (mit Anhänger) bzw. 90 km/h auf Landstraßen und 130 km/h auf Autobahnen (110 km/h für Pkw unter 1100 ccm). Alle Fahrzeuge müssen ein rotes Warndreieck mitführen. Straßenbahnen haben immer Vorfahrt. Parkverbot an schwarz-gelb markierten Bordsteinen. Anschnallpflicht.
Anmerkung: Strafgebühren für Geschwindigkeitsüberschreitungen und andere Verkehrsvergehen müssen sofort bezahlt werden. Die Strafen für Geschwindigkeitsübertretungen sind sehr hoch.
Pannendienst: Unter der Rufnummer 116 zu erreichen, Standort, Wagennummer und Wagentyp angeben. Privates Abschleppen ist auf italienischen Autobahnen verboten.
Busse: Langstreckenbusse verkehren zwischen Ortschaften und Städten. Die regionalen Busliniennetze sind sehr gut, auch auf Sardinien und Sizilien. In abgelegeneren Gebieten sorgen Bahnen und Busse für ausreichende Verbindungen – man sollte sich jedoch immer nach den Fahrplänen erkundigen, da manche Busse nur frühmorgens und abends verkehren und der Betrieb sonntags mitunter stark eingeschränkt ist.
Mietwagen können in fast allen Städten und Urlaubsorten von italienischen und internationalen Verleihfirmen gemietet werden. Preise und Konditionen sind unterschiedlich. Die örtlichen Mietwagenfirmen bieten in der Regel günstigere Preise. Viele Mietwagenagenturen haben Schalter am Flughafen oder Informationsstände in Hotels. *Avis*, *Europcar*, *Hertz* und *Maggiore* findet man in Rom. **Unterlagen:** Die Internationale Grüne Versicherungskarte oder ein gleichwertiger Versicherungsnachweis für Pkw oder Boot muß mitgeführt werden. Der Abschluß einer Kurzkasko- und Insassen-Unfallversicherung wird wegen der niedrigen Deckungssummen empfohlen. Nationaler Führerschein und nationale Zulassung sind ausreichend. Motorräder können ohne besondere Zollformalitäten vorübergehend nach Italien eingeführt werden. Ein Führerschein oder Motorradführerschein wird für Motorräder über 49 ccm benötigt.
STADTVERKEHR: Alle Städte und Großstädte (Rom, Mailand, Neapel, Turin, Genua und Venedig) haben ein gutes öffentliches Nahverkehrssystem. **U-Bahn** (*Metropolitana*): In Rom gibt es zwei U-Bahnlinien. Die Linie Metropolitana A führt von der Via Ottaviano über Stazione Termini zur Via Anagnina, die Linie Metropolitana B verkehrt zwischen der Haltestelle Stazione Termini und dem Messegelände (EUR, Via Laurentina). Mailand hat ebenfalls eine Untergrundbahn. Turin plant den Bau einer U-Bahn.
Straßenbahn: In Rom gibt es acht Straßenbahnlinien, das Liniennetz umfaßt 28 km. Mailand, Neapel und Turin haben ebenfalls ein Straßenbahnnetz. **Bus:** Buslinien verkehren in allen Städten und Großstädten. Das umfangreiche Busliniennetz in Rom wird durch die U-Bahn und die Straßenbahnen ergänzt. Fahrkarten gelten für alle öffentlichen Verkehrsmittel und ermöglichen es dem Fahrgast, innerhalb von 75 Minuten beliebig oft umzusteigen. Tages- oder Wochenkarten kann man von Fahrkartenautomaten am Straßenrand, an Haltestellen oder auf Bahnhöfen lösen. Informationen sind vom Informationsbüro der ATAC-Auskunftsstelle gegenüber dem Bahnhof *Stazione Termini* erhältlich. In einigen Städten fahren auch Oberleitungsbusse. In den größeren Städten kauft man die Fahrkarten in der Regel vor Fahrtantritt am Automaten oder in Geschäften. Im Bus entwertet ein Automat die Fahrscheine. Sammelfahrscheine (Heftchen mit fünf Fahrscheinen) können ebenfalls im voraus gekauft werden. In den meisten Städten gibt es einen Einheitstarif.
Taxi: In Rom sind Taxis teuer, und es wird ein Zuschlag für Nachtfahrten, Gepäck und telefonische Bestellung berechnet. Die Tarife sind auf einer Liste mit englischer Übersetzung verzeichnet. Taxis können nur an bestimmten Sammelstellen gestoppt oder telefonisch bestellt werden. Taxis ohne Taxameter benutzt man besser nicht. 8-10% Trinkgeld werden erwartet

und manchmal auf die Rechnung aufgeschlagen. **Stadtrundfahrten:** Auf einer Stadtrundfahrt erhält man einen guten ersten Eindruck von den vielen Sehenswürdigkeiten Roms. Zahlreiche Reisebüros führen Rundfahrten durch. In Rom kann man sich auch in einer Pferdekutsche durch die Stadt fahren lassen. In Venedig können Besucher in gemieteten Booten oder Gondeln die Kanäle der Stadt befahren – öffentliche Fähren sind allerdings billiger.

FAHRZEITEN von Rom zu den anderen größeren Städten Italiens (ungefähre Angaben in Std. und Min.):

	Flugzeug	Bahn	Bus/Pkw
Florenz	0.45	3.30	2.30
Mailand	0.65	8.00	6.00
Venedig	0.65	7.30	6.00
Neapel	0.45	2.30	2.00
Palermo	0.60	14.30	10.00
Cagliari	0.55	-	-

UNTERKUNFT

HOTELS: Es gibt insgesamt rund 40.000 Hotels in Italien. Jedes Hotel hat feste Zimmerpreise, die mit den regionalen Fremdenverkehrsämtern vereinbart wurden. Die Preise richten sich nach dem Standard, der Saison, dem angebotenen Service und der Lage. Der Fremdenverkehrsverband veröffentlicht jedes Jahr ein Verzeichnis aller Hotels und Pensionen (*Annuario Alberghi*), das in jedem Reisebüro oder beim italienischen Fremdenverkehrsamt eingesehen werden kann.

Die Bedienung ist in den Preisen der Hotels und Pensionen bereits enthalten. Die Mehrwertsteuer (IVA) in Höhe von 10% (19% in Luxushotels) wird nur auf die Zimmerpreise aufgeschlagen.

Laut Gesetz müssen sich Hotelgäste vom Hotel eine offizielle Quittung ausstellen lassen.

Rom hat unzählige Hotels, es empfiehlt sich aber doch, im voraus zu buchen. Die Hotelpreise sind hoch, und zahlreiche Extras werden auf die Preise aufgeschlagen. Man sollte sich immer den Gesamtpreis im voraus geben lassen. Preisbewußte Urlauber finden einfache Unterkünfte in billigen Hotels, die Zimmer mit Dusche auf der Etage anbieten, z. B. im Viertel nördlich der Stazione Termini. Preiswerte Hotels gibt es in ganz Italien. Besonders in den Städten empfiehlt sich auch hier eine Vorausbuchung (über Reisebüros oder Hotelverbände). Es gibt zahlreiche regionale Hotelverbände in Italien, der wichtigste Verband auf nationaler Ebene ist *FAIAT*, Via Toscana 1, I-00187 Roma. Tel: (06) 42 74 11 51. Telefax: (06) 42 87 11 97.

Kategorien: Ein- bis **Fünf**-Sterne-Hotels.

MOTELS findet man an allen Autobahnen und wichtigen Land- und Bundesstraßen. Die bekannteste Motelkette ist *AGIP*.

URLAUB AUF DEM BAUERNHOF: Auskünfte erteilt die *AGRITURIST*, Corso V. Emanuele 101, I-00186 Rom. Tel: (06) 685 23 42. Telefax: (06) 685 24 24.

FERIENHÄUSER/FERIENWOHNUNGEN: In fast allen Urlaubsorten können Villen, Ferienwohnungen und Ferienhäuser gemietet werden. Das italienische Fremdenverkehrsamt und die regionalen Verkehrsämter (*Azienda Autonoma di Soggiorno*) erteilen weitere Auskünfte. Die örtlichen Fremdenverkehrsämter haben auch Adressen von Familien, die Zimmer vermieten. Entsprechende Anzeigen in Tages- und Wochenzeitungen sind ebenfalls hilfreich.

FERIENDÖRFER aus Bungalows und Appartementhäusern gibt es in fast allen beliebten Urlaubsgebieten. Die Bungalows sind von unterschiedlicher Größe, bieten aber normalerweise Unterkunftsmöglichkeiten für vier Personen. Zur Ferienanlage gehören meistens auch Restaurants.

BERGHÜTTEN: Es ist auch möglich, über den *Club Alpino Italiano* in Mailand Berghütten zu mieten. Adresse: Sonsech Pimentel 7, I-20127 Mailand. Tel: (02) 26 14 13 78. Telefax: (02) 26 14 13 95.

JUGENDHERBERGEN: Über 50 Jugendherbergen gehören dem italienischen Jugendherbergswerk an (*Associazione Italiana Alberghi per la Gioventù*, Tel: (06) 46 23 42, 474 12 56). Das Fremdenverkehrsamt hat eine Adressenliste mit den Öffnungszeiten. In den Sommermonaten sollten Reisende ihre Betten unbedingt im voraus reservieren. Besonders in den beliebten Urlaubsgebieten und den größeren Städten empfiehlt es sich, mindestens 14 Tage im voraus zu buchen. Wenden Sie sich direkt an die Jugendherberge und geben Sie die notwendigen Informationen an (Anzahl der Personen, Zahl der Übernachtungen, Datum der Ankunft usw.). In einigen Städten gibt es auch andere billige Unterkunftsmöglichkeiten für Schüler und Studenten.

CAMPING/WOHNWAGEN: Camping ist sehr beliebt in Italien. Das örtliche Fremdenverkehrsamt in der nächstgelegenen Stadt gibt Auskünfte über die besten Zeltplätze der Umgebung. Auf den größeren Plätzen können Zelte und Wohnwagen gemietet werden. Es stehen insgesamt über 1600 Campingplätze zur Verfügung. Der *Touring Club Italiano* und *Federcampeggio* (Tel: (055) 88 23 91) geben eine Broschüre heraus, *Campeggi e Villaggi Turistici i Italia*, die alles Wissenswerte enthält. Eine Übersicht der wichtigsten Cam pingplätze mit Kartenmaterial, die *Carta d'Italia Parchi Campeggio*, erhalten Sie kostenlos beim *Centro Internazionale Prenotazioni, Federcampeggio*, Casella Postale 23, I-50041 Calenzano (Firenze). Tel: (055) 88 23 91. Telefax: (055) 882 59 18. Hier werden auch Buchungen für die Campingplätze des *Centro Internazionale Prenotazioni, Federcampeggio* entgegengenommen. Die Preise richten sich nach Lage und Ausstattung. Es gibt Preisnachlässe für Mitglieder der AIT, FICC und FIA. Für Kinder unter drei Jahren wird normalerweise keine Gebühr erhoben. Auf den Campingplätzen des *Touring Club Italiano (TIC)* erwarten die Urlauber bereits aufgestellte Zelte, Restaurants usw. Weitere Auskünfte erteilt der TCI, Corso Italia 10, I-20122 Mailand. Tel: (02) 8 52 61. Telefax: (02) 852 63 62.

URLAUBSORTE & AUSFLÜGE

Zur besseren Übersicht ist diese Rubrik in vier Abschnitte unterteilt: Norditalien (einschl. Turin, Mailand, Venedig, Bologna, Genua, Triest und Vicenza); Mittelitalien (einschl. Florenz, Pisa, Ancona, Perugia, Rom, Pescara und Campobasso); Süditalien (einschl. Neapel, Bari, Potenza und Catanzaro) und die Inseln (einschl. Sizilien und Sardinien). In jedem Abschnitt folgen Kurzbeschreibungen der wichtigsten Urlaubs- und Wallfahrtsorte, der Geschäftszentren sowie ein Abriß der regionalen Kunstgeschichte.

Norditalien

Regioni (Verwaltungsbezirke): Valle d'Aosta, Piemonte, Lombardia, Liguria, Trentino Alto Adige, Veneto, Emilia-Romagna und Friuli-Venezia Giulia.

VALLE D'AOSTA (Aosta-Tal): In dieser landschaftlich sehr reizvollen Gegend, die an Frankreich und die Schweiz grenzt, liegen die höchsten Berge Europas – *Mont Blanc, Monte Rosa, Cervino* (Matterhorn) und *Gran Paradiso*. Valle d'Aosta ist politisch autonom und unterscheidet sich hinsichtlich seiner Kultur von den übrigen Landesteilen. Die Muttersprache der meisten Bewohner ist Französisch. Die malerischen Ruinen zahlreicher Burgen und Festungsanlagen zeugen von der strategischen Bedeutung dieser Region in früheren Zeiten als Zugang zu den zwei wichtigsten Routen über die Alpen, dem Kleinen und dem Großen St.-Bernhardein-Paß. Tourismus, Weinbau, Viehwirtschaft und Eisenverarbeitung sind die wichtigsten Einnahmequellen der Region.

In **Aosta,** der wichtigsten Stadt der Region, gibt es viele gut erhaltene Bauwerke aus der Römerzeit und aus dem Mittelalter. Kaiser Augustus gründete die Stadt im 1. Jahrhundert als Siedlung (Colonia) für entlassene Soldaten der Pretorianischen Garde. Die imposanten römischen Stadtmauern sind beinahe vollständig erhalten geblieben. Die Altstadt hat, wie alle militärischen Siedlungen der damaligen Zeit, ein rechtwinkliges Straßennetz.

Mehrere ausgezeichnete Skiorte liegen in dieser Region, u. a. **Courmayeur** und **Cervinia** (s. u. *Skigebiete*).

Im **Gran-Paradiso-Nationalpark,** einem beliebten Ausflugsgebiet für Bergwanderer und Bergsteiger, kann man, mit ein wenig Glück, auf seinen Wanderungen Steinböcke beobachten.

Der **Mont-Blanc-Tunnel** hat die St.-Bernhardein-Pässe als wichtigste Route für den Frachtverkehr weitgehend abgelöst.

PIEMONTE (Piemont): Die dichtbesiedelte obere Po-Ebene ist das Zentrum der italienischen Schwerindustrie. Riesige Fabrikanlagen ragen in der weiten Ebene auf, die von zahlreichen Autobahnen durchzogen wird. Das Bergland, weiter westlich an der französischen Grenze, ist dagegen nur dünn besiedelt und auf Vieh- und Weidewirtschaft ausgerichtet. Im Norden liegt der **Lago Maggiore,** der schönste der norditalienischen Seen. Schon seit der Römerzeit haben Stadtbewohner hier Zuflucht und Erholung gefunden. Der bekannteste Rotwein Italiens, der *Barolo*, wird hier gekeltert, und auch der beliebte Sekt *Asti Spumante* stammt aus dieser Region. Anfang dieses Jahrhunderts war **Torino** (Turin) die Automobil-Hauptstadt der Welt. Die Futuristen waren hier so begeistert von den Möglichkeiten des motorisierten Transports, daß sie das Konzept der Geschwindigkeit zum wichtigsten erklärten. Turin ist immer noch die Autostadt Italiens. Auf dem Dach der Hauptniederlassung von *Fiat*, die man besichtigen kann, wurde eine Teststrecke in Originalgröße aufgebaut. Turin ist aber nicht nur eine Stadt der Autoliebhaber. Breite Alleen, von Bogengängen gesäumte Straßen und hohe elegante Häuser haben der Stadt den Beinamen *La Parigi d'Italia* (das Paris Italiens) eingebracht. Die *Via Roma*, die größte Einkaufsstraße, führt zur *Piazza San Carlo* (17./18. Jh.), dem beliebtesten Platz der Stadt. Im Barockpalast *Palazzo Madama* ist das städtische Museum für Alte Kunst untergebracht, das nur eines der vielen interessanten und bedeutenden Museen Turins ist. Das Leichentuch von Turin kann im weißen Marmor-Dom aus dem 15. Jahrhundert besichtigt werden. Wichtige alljährliche **Fachmessen:** Internationale Tourismus- und Freizeitmesse (Februar), Internationale Automobilausstellung (April) und die Internationale Campingausstellung (September).

ITALIEN: Verwaltungsbezirke (Regioni)

LOMBARDIA (Lombardei): In dieser fruchtbaren und wohlhabenden Gegend herrscht ein gemäßigtes Klima. Die herrlichen Seen (Como, Garda, Lugano und Maggiore, der zu Piemont und zur Lombardei gehört), die schönsten Italiens, machen diese Region zu einem der beliebtesten Urlaubsgebiete. Wie in Piemont hat sich auch in der Lombardei Schwerindustrie angesiedelt. Im Gebirge an der Schweizer Grenze liegen ausgezeichnete Skigebiete. *Minestrone-Suppe* und *Osso buco* (Kalbshaxenscheiben) sind die kulinarischen Spezialitäten der Region.

Milano (Mailand) ist nicht nur eine weltoffene, elegante Stadt, sondern auch ein weltbekanntes Finanz- und Geschäftszentrum. Was Kunst und Mode der Gegenwart angeht, kann sich Mailand durchaus mit Paris messen. Die modernen Wolkenkratzer, die es in dieser Menge in keiner anderen italienischen Stadt gibt, stehen im reizvollen Gegensatz zur historischen Altstadt. Die Hochhäuser wurden mit dem gleichen Stolz errichtet wie der prächtige gotische *Mailänder Dom* vor 500 Jahren. Die zahlreichen Paläste, Piazzas und Kirchen sind Zeugnis des Wohlstandes der Stadt. Leonardo da Vincis weltberühmtes Fresko »Das Abendmahl« kann im Kloster *Santa Maria della Grazie* bewundert werden. Das *Teatro della Scala* ist ist eines der berühmtesten Opernhäuser der Welt. Die folgenden **Fachmessen** werden jährlich veranstaltet: Internationale Camping- und Sportartikelmesse (Februar und September), Internationale Konfektionsbekleidungsmesse (März und Oktober), Internationale Tourismusbörse (März), Mailänder Fachmesse (April), Italienische Lederwarenmesse (März und Oktober), Freizeit- und Hobby-Ausstellung (Oktober).

In **Pavia,** der alten Provinzhauptstadt, steht der nach Plänen von Bramante und Leonardo da Vinci erbaute Dom. **Cremona** ist der Geburtsort des legendären Geigenbauers Stradivari. Der Dichter Virgil wurde in **Mantua** geboren. **Bergamo** ist ebenfalls einen Besuch wert.

Die großen Seen des Nordens liegen in langgestreckten tiefen Tälern, die von den Alpen bis auf die Ebenen hinunterreichen. Der Gardasee ist wohl der wildeste und eindrucksvollste der Seen. Die Umgebung des Comer Sees ist herrlich. Inmitten reizvoller subtropischer Vegetation liegen zahlreiche hübsche Ferienorte. Die Ufer des schönen Lago Maggiore sind dichtbesiedelt. Der größte Teil des Luganer Sees liegt in der Schweiz.

Die meistbesuchtesten **Urlaubsorte** am **Lago Maggiore** sind Pallanza (der schöne Botanische Garten der Villa Taranto ist sehenswert), Stresa, Arona, Intra und Orta; am **Comer See:** Cadenabbia, Cernobbio, Bellagio, Tremezzo und Menaggio; am **Gardasee:** Limone, Sirmione, Desenzano und Gardone.

Die beliebtesten **Ferienorte im Gebirge** für Sommer- und Winterurlaube sind Livigno (zollfreie Zone), Madesimo, Stelvio, Santa Caterina, Valfurva, Bormio, Aprica und Chiesa.

LIGURIA (Ligurien): Der italienische »Stiefel« beginnt in der Toskana an der französischen Grenze. Die über 200 km lange felsige Küste der *Riviera* ist die Côte d'Azur Italiens. Selbst in den kleinsten Küstenorten gibt es Freizeiteinrichtungen. Das Hügelland in Küstennähe ist dagegen kaum für den Tourismus erschlossen.

Genova (Genua), die Provinzhauptstadt Liguriens, ist schon seit langer Zeit ein bedeutender Marine- und Handelshafen. Kolumbus und Garibaldi, der berühmte italienische Freiheitskämpfer, wurden nicht weit von hier geboren.

Die **Haupturlaubsorte** der Region sind Ventimiglia,

San Remo, Diano Marina, Alassio, Pietra Ligure, Spotorno, Santa Margherita, Rapallo, Portofino, Sestri Levante, Lerici und die Cinque Terre, fünf noch verhältnismäßig unverdorbene Fischerdörfer.
TRENTINO/ALTO ADIGE (Trentino/Südtirol): Diese Gebirgsregionen an der österreichischen Grenze erstrecken sich zu beiden Seiten des Flußtals des *Isarco*, der vom Brennerpaß in den Gardasee fließt. Deutsches und italienisches Brauchtum haben sich hier vermischt. Vor allem im Norden der Region wird viel deutsch gesprochen. Im Osten liegen die eindrucksvollen, zerklüfteten *Dolomiten*, ein Teil der Südalpen. Sie sind so abgeschnitten vom restlichen Italien, daß die Bewohner der abgelegenen Täler noch Ladinisch sprechen, eine alte romanische Sprache, die dem Lateinischen sehr ähnlich ist.
Trento (Trient) und **Bolzano** (Bozen) sind die bedeutendsten Städte dieser Region. Viele der schönsten Urlaubsorte liegen in den Bergen: Solda, Meran, Selva di Val Gardena, Santa Cristina, Oritsei, Corvara, Bressanone, Brunico, Vipiteno, Madonna di Campiglio, Canazei, Moena, Pozza di Fassa, San Martino di Castrozza und Riva, das am nördlichsten Punkt des Gardasees liegt.
VENETO (Venetien): Das Gebiet der unteren Po-Ebene, das östliche Ufer des Gardasees und die östlichen Dolomiten bildeten einst die Republik Venedig. Die 4 km vom Festland entfernte Lagunenstadt **Venedig** (Venezia) liegt auf 118 Inseln (*Laguna Veneta*) im Golf von Venedig (*Golfo di Venèzia*) in der nördlichen Adria. Ihre günstige Lage brachte der Republik Venedig entscheidende wirtschaftliche und militärische Vorteile gegenüber ihren Handelsrivalen und verhalf ihr zu Wohlstand und Ansehen. Der Reichtum der Stadt ermöglichte den Bau der herrlichen Kirchen, Paläste und anderer bedeutender Bauwerke, die Venedig heute für Kunstliebhaber aus aller Welt so anziehend machen. Der Besuch Venedigs ist zweifellos einer der Höhepunkte jeder Italienreise. Die Schönheit der Stadt wurde in unzähligen Gemälden, u. a. von Canaletto und Turner, verewigt. Die bekanntesten Sehenswürdigkeiten und die wohl größten architektonischen Meisterwerke der Stadt sind der Dogenpalast, der Markusplatz und die Seufzerbrücke. Im 15. und 16. Jahrhundert erlebte die Stadt ihre kulturelle Blütezeit. Tizian, Tintoretto, Monteverdi und Vivaldi sind nur einige der bekanntesten Namen, die die große kulturelle Bedeutung Venedigs bezeugen. Abseits der Hauptwasserstraßen führen enge Kanäle zu kleinen Plätzen mit schönen gotischen Kirchen. Hier kann man sich in frühere Jahrhunderte zurückversetzt fühlen, zumal Venedig vom Lärm des Autoverkehrs verschont geblieben ist. Die Stadt strahlt auch heute noch eine gewisse Gelassenheit aus und macht ihrem alten Beinamen *La Serenissima* alle Ehre. Venedig spielt nicht nur in Thomas Manns Erzählung »Tod in Venedig« eine Hauptrolle.
Wichtige Museen und Sehenswürdigkeiten: *Glockenturm der Markuskirche*, *Accademia delle Belle Arti* (große Sammlung venezianischer Malerei vom 14.-18. Jh., u. a. Tizian und Tintoretto), *Palazzo Rezzioni* (Museum für angewandte Kunst und Möbel des 18. Jahrhunderts), *Casa Goldini* (San-Toma-Landungsbrücken) und *Correr Stadtmuseum*.
Anmerkung: Der Damm, der Venedig mit dem Festland verbindet, ist stark befahren, und es kommt häufig zu Staus. Obwohl eine Großgarage in Venedig selbst zur Verfügung steht, empfiehlt es sich, die Parkplätze auf dem Festland zu benutzen und sich zu Fuß, per Bus, Boot, Zug oder Taxi auf den Weg nach Venedig zu machen. Es gibt mehrere Parkplätze am nördlichen Ende des Damms.
Die venezianischen Adligen ließen sich prachtvolle Villen in der Umgebung Venedigs errichten. Diese können heute noch besichtigt werden. Die *Villa Pisani* in **Stra** und die *Villa Vamarana* in **Vicenza** sind besonders sehenswert.
In **Padua** steht die berühmte *Basilika des St. Antonius*, der hier beerdigt wurde. Noch heute pilgern viele Gläubige zu seinem Grab. In der Stadt können Werke von Giotto (Freskos in der Kapelle der Scrovegni) und Donatello besichtigt werden. In den Kurorten **Abano** und **Montegrotto** kann man Thermalbäder gegen rheumatische Beschwerden nehmen.
Der von Goethe so geschätzte Architekt Andrea Palladio, dessen Schriften großen Anteil an der Verbreitung der Ideen der Renaissance in Europa hatten, wurde in **Vicenza** geboren. Die *Basilika Palladiana* und der *Pallazzo Chiericatai* wurden von ihm errichtet. Die folgenden **Handelsmessen** werden in Vicenza abgehalten: Internationale Keramikausstellung (Februar) und Internationale Gold-, Silberwaren- und Schmuckausstellung (Januar und Juni).
Bei **Verona** denkt man fast zwangsläufig an William Shakespeare, dessen berühmtes Drama *Romeo und Julia* in dieser Stadt spielt. In der guterhaltenen Arena aus der Römerzeit werden während der Sommermonate Opern aufgeführt. Die Kirche von *San Zeno* beeindruckt durch ihre schlichte Schönheit. Verona liegt unweit des Ostufers des Gardasees. Die beliebtesten Urlaubsorte am See sind Peschiera, Bardolino, Garda, Torri del Benaco und Malcesine.
Cortina d'Ampezzo ist Italiens bekanntester Wintersporturlaubsort, der erfahrenen Skifahrern jedoch nicht unbedingt die schwierigsten Pisten bietet. Im Jahre 1956 wurde die Winterolympiade veranstaltet. Der Ort ist im Sommer ein idealer Ausgangspunkt für Ausflüge in die Dolomiten.

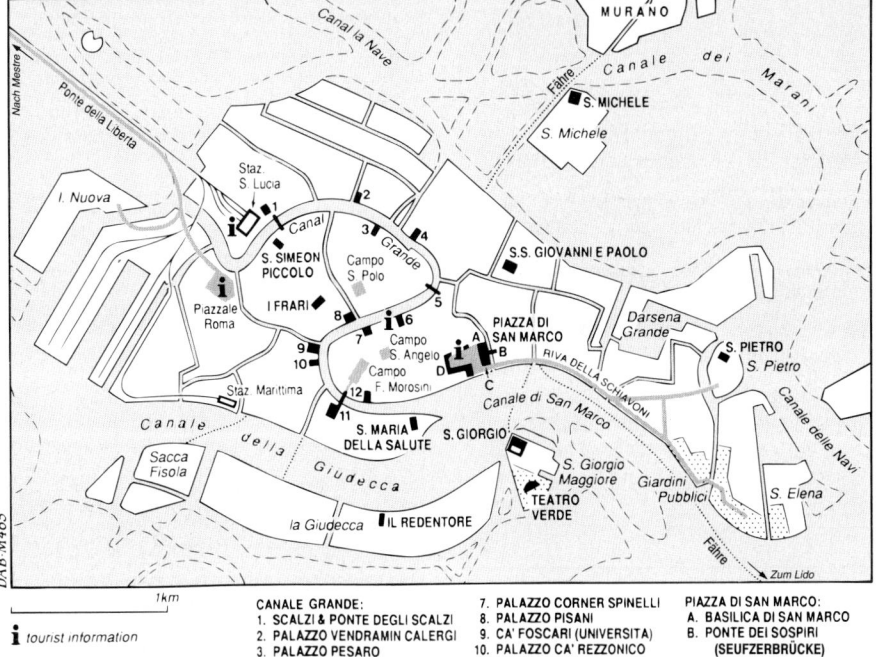

VENEDIG

CANALE GRANDE:
1. SCALZI & PONTE DEGLI SCALZI
2. PALAZZO VENDRAMIN CALERGI
3. PALAZZO PESARO
4. CA D'ORO
5. PONTE DI RIALTO
6. PALAZZO GRIMANI
7. PALAZZO CORNER SPINELLI
8. PALAZZO PISANI
9. CA' FOSCARI (UNIVERSITA)
10. PALAZZO CA' REZZONICO
11. GALLERIE & PONTE DELL'ACCADEMIA
12. CA' CORNER

PIAZZA DI SAN MARCO:
A. BASILICA DI SAN MARCO
B. PONTE DEI SOSPIRI (SEUFZERBRÜCKE)
C. PALAZZO DUCALE
D. MUSEO CORRER & CAMPANILE DI SAN MARCO

EMILIA ROMAGNA: Sanftes Hügelland ist charakteristisch für diese Region, die zwischen dem Po und den Apenninen liegt. Wie überall in der Po-Ebene sind Landwirtschaft und Schwerindustrie die wichtigsten Einnahmequellen.
In **Bologna,** einer der ältesten Städte Italiens, steht die älteste Universität Europas (1119 gegründet). Die Stadt hat einen ganz besonderen Charme. Fantasievolles Mauerwerk aus Backstein und schöne Arkaden machen jeden Stadtbummel zu einem Vergnügen. Der Dom *San Pietro*, die riesige gotische Kirche von *San Petronio*, zahlreiche Paläste und die schiefen Türme an der *Piazza di Porta Ravegnana* sind überaus sehenswert. Bologneser Sauce und Bologneser Würstchen sind die kulinarischen Spezialitäten der Stadt.
In **Parma** steht ein herrlicher romanischer Dom mit einem schönen 63 m hohen *Campanile* (freistehender Glockenturm). Opern von Verdi, der im nahegelegenen Sant'Agata lebte, stehen häufig auf dem Spielplan des Opernhauses.
In **Ravenna** befindet sich das Grab des berühmten italienischen Dichters Dante. Die Stadt war Hauptstadt des weströmischen Reiches zu einer Zeit, als der Stern des römischen Weltreiches bereits zu verblassen begann. Die unzähligen Mosaiken in den romanischen Bauwerken der Stadt sind weltberühmt. Sie zeugen von der früheren Bedeutung Ravennas. Die internationale Mosaik-Schule steht auch Ausländern offen.
Aus **Faenza** (den Franzosen als »Faience« bekannt) kommen die weltberühmten Fayence-Töpferwaren. Das internationale Institut für Keramik in dieser Stadt hat für das Wiederaufleben dieses Handwerkes gesorgt.
Modena und **Ferrara** liegen ebenfalls in dieser Region. In beiden Städten gibt es sehenswerte Paläste der Familie Este. **Reggio** war die ehemalige Provinzhauptstadt.
An der Adria liegen viele schöne **Urlaubsorte:** Rimini, Riccione, Cattolica, Milano, Marittima und Cesenatico, um nur einige Namen zu nennen. All diese Orte liegen in der Nähe der winzigen Republik San Marino, die in einem eigenen Kapitel beschrieben ist (s. Inhaltsverzeichnis).
FRIULI-VENEZIA GIULIA (Friaul-Julisch Venetien): Diese nordöstlichste Ecke Italiens grenzt an Österreich und Slowenien. Die Region, um die sich verschiedene europäische Mächte jahrhundertelang stritten und die dementsprechend oft die Staatszugehörigkeit wechselte, zeichnet sich durch eine interessante Mischung verschiedener Kulturen aus. Über die Hälfte der Bevölkerung spricht friulanisch, das dem Lateinischen sehr ähnlich ist.
Die österreichischen Kaiser veranlaßten im 18. Jahrhundert den Bau eines großen Hafens in **Triest**. Triest ist auch heute noch der wichtigste Seehafen der Region. Nach dem Zusammenbruch des österreichisch-ungarischen Kaiser- und Königreiches nach dem Ende des 1. Weltkrieges wurde Triest italienisch. Eine verbindliche Vereinbarung darüber wurde erst im Jahre 1962 unterzeichnet, nachdem mit Hilfe der Vereinten Nationen ein lang schwelender Grenzkonflikt mit Jugoslawien beendet werden konnte. Einige römische Ruinen, wie das Theater aus dem 2. Jahrhundert, können besichtigt werden. Fast alle architektonisch interessanten Bauwerke stammen jedoch aus dem 18. Jahrhundert.
An der Küste westlich von Triest liegen die **Urlaubsorte** Sistina, Duino, Lignano und Grado.
Landeinwärts in der fruchtbaren Ebene von Friaul befinden sich die bedeutenden Agrarzentren **Udine** und **Pordenone**. Weiter nördlich liegen die Ausläufer der östlichen Dolomiten und der Julischen Alpen, die heute zu Slowenien gehören. Die Region wird augenblicklich für den Skitourismus erschlossen. Die Straße von Udine nach Villach in Österreich ist eine wichtige Verkehrsverbindung speziell für den Güterfernverkehr. Die Straße schlängelt sich durch das dramatische Flußtal des *Isonzo*. Das Wasser des Flusses hat eine ganz eigenartige Färbung durch die Mineralien, die in den Julischen Alpen ausgewaschen werden.
SKIGEBIETE: Die bekanntesten Skiorte liegen in den Alpen und den Dolomiten. In den Apenninen gibt es einige gute Pisten, und auch an den Abhängen des Ätna auf Sizilien kann man Ski laufen. In den nachfolgenden Wintersportorten stehen Hotels, Pensionen, Ferienhäuser und erstklassige Skilifte zur Verfügung. Weitere Informationen vom Fremdenverkehrsamt.
Aostatal: Cervinia, Courmayeur, Chamois, Gressoney, La Thuille, Pila, Valtournenche.
Piemont: Bardonecchia, Claviere, Limone-Piemont, Macugnaga, Sauze d'Oulx, Sestriere, Sportinia.
Lombardei: Aprica, Bormio, Chiesa di Valmalenco, Foppolo, Livigno, Madesimo, Ponte di Legno, Santa Caterina di Valfurva, Tonale.
Trentino: Andalo, Canazei, Madonna di Campiglio, Marilleva, Pozza di Fassa, San Martino di Castrozza.
Südtirol: Alpi di Siusi (Seiseralm), Campo Tures (Sand in Taufers), Colfosco (Kolfuschg), Corvara in Badia (Kurfar), die Crontour-Gegend (insgesamt zehn Orte, u. a. Brunico/Bruneck und San Vigilio di Marebbe/St. Vigil in Enneberg), Dobbiaco (Toblach), Nova Levante (Welschnofen), Ortisei (St. Ulrich), Passo Stelvio (Stilfserjoch), Renon (Ritten), San Candido (Innichen), Santa Cristina Valgardena (St. Christina), Selva di Val Gardena (Wolkenstein), Val Senales (Schnalstal).
Friaul-Julisch Venetien: Piancavallo, Sella Nevea.
Venetien: Alleghe, Arabba, Ravascletto, Cortina d'Ampezzo, Falcade.

Mittelitalien

Regioni: Toskana, Marche, Umbrien, Abruzzen, Milise und Lazio.
Die **TOSKANA** ist eine fruchtbare Region zwischen den nördlichen Apenninen und dem Mittelmeer. Weinberge, Zypressenwälder und abgelegene Bergdörfer sind typisch für diese Landschaft. Der bekannteste italienische Wein, der *Chianti*, kommt aus dieser Gegend. Montecatini, Bagni di Lucca, Casciano Terme und Chianciano sind nur einige der zahlreichen **vulkanischen Heilbäder**.
In **Firenze** (Florenz), der bedeutendsten Stadt der

FLORENZ

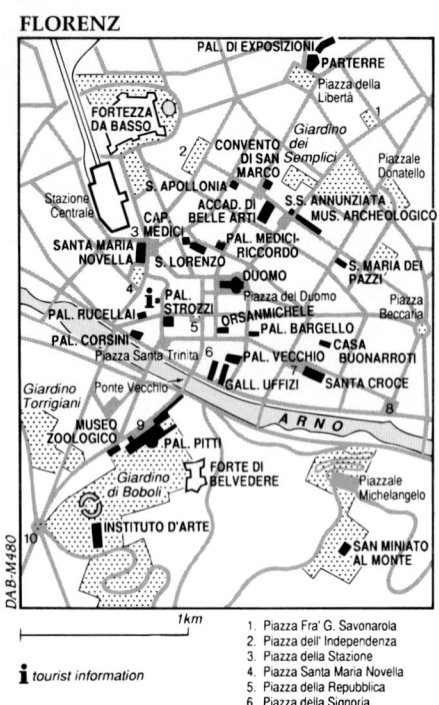

1. Piazza Fra' G. Savonarola
2. Piazza dell' Independenza
3. Piazza della Stazione
4. Piazza Santa Maria Novella
5. Piazza della Repubblica
6. Piazza della Signoria
7. Piazza Santa Croce
8. Piazza Piave
9. Piazza de' Pitti
10. Piazzale della Porta Romana

i tourist information

Toskana, erwarten den Besucher die berühmtesten Kunstwerke und Bauwerke der Renaissance. Die wunderschöne Stadt liegt an den Ufern des *Arno* am Fuß der bewaldeten Ausläufer der Apenninen. Florenz, Stadt der Maler und Dichter, war schon immer eine Kulturmetropole. Dante, Boccaccio, Petrarcha, Giotto, Leonardo da Vinci, Michelangelo, Brunelleschi, Alberti, Donatello, Botticelli, Vasari und Angelico haben hier gewirkt und dazu beigetragen, den internationalen Ruf von Florenz als Stadt der Kunst zu begründen. Brunelleschis revolutionärer Entwurf der Kuppel des *Doms von Santa Maria del Fiore* gilt allgemein als die erste architektonische Umsetzung der Ideen der Renaissance. Seine Kuppel überragt auch heute noch die Dächer der Stadt. Die wunderbare *Piazza del Duomo* ist ein beliebter Treffpunkt und immer voller Leben. Zwischen dem Platz und dem Arno liegen die herrlichen Paläste *Palazzo Strozzi, Palazzo Corsini, Palazzo Rucelli, Palazzo Vecchio* und die Uffizien (*Palazzo degli Uffizi*), in denen die berühmteste Gemäldegalerie Italiens untergebracht ist. Weiter nördlich stehen die Kirchen *Santa Maria Novella* und *San Lorenzo* (an deren Bau Brunelleschi, Michelangelo und andere beteiligt waren) sowie der imposante *Palazzo Medici-Riccardi*. Über die Ponte Vecchio erreicht man den *Palazzo Pitti* und die *Boboli-Gärten* auf der anderen Seite des Flusses. Florenz ist so reich an bedeutenden und berühmten Bauwerken, weltberühmten Galerien und Skulpturen, daß Besucher sich leicht zuviel auf einmal vornehmen. Die Uffizien besitzen eine der bedeutendsten Gemäldesammlungen der Welt. Gemälde mit überwiegend biblischen Themen und Ikonen (u. a. von Lorenzo Monaco, Giottino und Gentile da Fabriano) repräsentieren die Übergangsperiode des ausgehenden Mittelalters. Kunstfreunde finden hier außerdem Gemälde italienischer Meister aus der Zeit der Renaissance bis hin zum frühen 18. Jahrhundert. Botticellis »Geburt der Venus«, Leonardo da Vincis »Verkündigung«, Michelangelos »Heilige Familie«, Tizians »Urbino Venus« und Caravaggios »Junger Bacchus« sind in den Uffizien ausgestellt. Eines der interessantesten Gemälde ist Caravaggios »Medusa«. Michelangelos berühmte Statue des David kann in der Akademie der Schönen Künste (*Accademia delle Belle Arti*) neben der Universität bewundert werden.
Bekannte Museen und Galerien: *Accademia delle Belle Arti*, 60 Via Ricasoli; *Bargello Museum*, Via Proconsolo; *Boboli-Gärten*, Palazzo Pitti; *Degli Argenti Museo* (Silbermuseum), Palazzo Pitti; *Medici Kapellen*, Piazza Madonna; *Museo d'Arte Moderna* (Museum der Modernen Kunst), Piazza Pitti; *Galleria Palatina*, Palazzo Pitti; *San-Marco-Museum*, Piazza San Marco; *Galleria degli Uffizi* (Uffizien), Loggiato degli Uffizi.
Siena, eine auf einem Hügel gelegene Kleinstadt, erlebte seine Blütezeit noch vor der Renaissance. Das Schlendern durch Sienas Straßen ist wie eine Zeitreise durch das Mittelalter: schmale Gassen ohne Bürgersteige, Kopfsteinpflaster, alte Häuser dicht an dicht im romanischen und gotischen Stil. Autos haben hier keinen Platz, Motorradfahrer dürfen nur eingeschränkt fahren. Siena hat einen schönen mittelalterlichen Dom. Der riesige *Campanile* (Glockenturm) des Palazzo Pubblico blickt über die *Piazza del Campo* (die wohl am besten erhaltene gotische Piazza Italiens) im Mittelpunkt der Stadt. Hier finden im Sommer die beliebten Pferderennen statt. Siena, der Geburtsort der hl. Katherina, ist auch ein bedeutendes Zentrum religiösen Lebens. In der 700 Jahre alten Universität werden im Sommer italienische Sprachkurse angeboten.
Der berühmte *Schiefe Turm von Pisa*, nördlich von Siena, ist ein freistehender *Campanile* und gehört zum nahegelegenen gotischen Dom aus dem 11. Jahrhundert. Kolonnaden umgeben den viereckigen Innenhof des imposanten *Campo-Santo-Friedhofes*, der im 13. Jahrhundert im toskanisch-gotischen Stil erbaut wurde. Beeindruckend sind die Statuen und Gräber aus römischer und frühchristlicher Zeit.
Lucca, die Stadt der hundert Kirchen, ist von einer breiten Stadtmauer umgeben. **Livorno** ist ein bedeutender Handelshafen. In **Carrara** wird seit der Zeit der Etrusker feinster weißer Marmor abgebaut. An der toskanischen Küste laden zahlreiche Sandstrände zum Sonnenbaden ein. Die bekanntesten **Urlaubsorte** sind Viareggio, Forte dei Marmi, Lido di Camaiore, Marina di Pietrasanta, Marina di Massa, Tirrenia, Castiglione della Pescaia, San Vincenzo, Castiglioncello, Quercianella, Porto Santo Stefano, Porto Ercole, Ansedonia und Talamone.
Der toskanischen Küste ist eine Inselgruppe vorgelagert, von denen **Elba** und **Giglio** die bekanntesten sind. Es gibt regelmäßige Fährverbindungen, und auch Tragflächenboote verkehren zwischen den Inseln und dem Festland.
MARCHE (Marken): Diese bergige Region an der Adriaküste liegt südlich von San Marino.
In der Hafenstadt **Ancona,** der Provinzhauptstadt, können zahlreiche römische Ruinen und Bauwerke besichtigt werden, darunter der *Trojansbogen* (115 n. Chr.) am ehemaligen Römerhafen.
Urbino, der Geburtsort Raphaels, ist eine hübsche, auf einem Hügel gelegene Stadt. In der Gemäldegalerie des wunderbaren herzöglichen Palastes (*Palazzo Ducale*, 15. Jh.), einem der schönsten Renaissancepaläste des Landes, hängen mehrere Werke des bedeutendsten italienischen Malers. Interessierte können das Geburtshaus von Raphael besuchen.
In **Loreto** steht angeblich das Geburtshaus von Jesus. Zahllose Pilger aus der ganzen Welt besuchen jährlich die Stadt und die bekannte Wallfahrtskirche (16. Jh.). Der Legende nach sollen Engel das Geburtshaus im 13. Jahrhundert von Nazareth nach Loreto gebracht haben, um es vor plündernden Arabern in Sicherheit zu bringen. Das Haus liegt innerhalb des kunstvoll angelegten gotischen *Sanctuaria della Santa Casa*. Die Madonna von Loreto wurde im Jahre 1920 zur Schutzheiligen der Pilger erklärt.
Vielbesuchte **Urlaubsorte** dieser Region sind Gabicce, Pesaro (Rossinis Geburtsort), Fano, Senigallia, Civitanova, San Benedetto del Tronto, Porto Recanati und Porto Potenza Picena. In den Badeorten an der Adria ist für alles gesorgt. An den Stränden stehen Tische und Sonnenliegen schon bereit, mitunter sind sie sehr dicht nebeneinander aufgestellt. Weniger besuchte Strände liegen unterhalb der eindrucksvollen Costa-Conero-Klippen wenige Kilometer südlich von Ancona.
UMBRIA (Umbrien) ist eine gebirgige Region im Landesinneren zwischen der Toskana und Marken. Es gibt kaum nennenswerte Industrie und nur wenige größere Städte. Getreide, Oliven, Zuckerrüben, Tabak, Wein und Wolle sind die wichtigsten Agrarerzeugnisse.
Perugia, die Provinzhauptstadt Umbriens, ist 2500 Jahre alt. An den guterhaltenen Bauwerken der Stadt kann man die Entwicklung der italienischen Baukunst ablesen. Besonders sehenswert sind die alten etruskischen Stadtmauern. Der *Fontana Maggiore* wird allgemein als schönster mittelalterlicher Brunnen Italiens angesehen. Zahlreiche römische Ruinen können ebenfalls besichtigt werden.
Die *L'Università per Stranieri* bietet Kurse für Ausländer an, die sich für die italienische Sprache und Kultur interessieren.
Assisi ist eine malerische mittelalterliche Stadt, die östlich von Perugia auf einem Hügel liegt. Hier lebte und wirkte der hl. Franziskus, der Gründer des Franziskanerordens. Giottos 28 Fresken, die die *Basilika di San Francesco*, die älteste gotische Kirche Italiens, schmücken, stellen den Lebensweg des Heiligen dar. In **Spoleto** wird jedes Jahr ein Festival für Musik, Drama und Tanz veranstaltet. **Orvieto** liegt auf einem vulkanischen Felsmassiv, das sich vom umbrischen Flachland erhebt. Der Dom gehört zu den eindrucksvollsten Bauwerken der italienischen Gotik. **Città di Castello** ist die Bergfestung der Vitelli-Familie. **Arezzo** ist ein Zentrum des Antiquitätenhandels.
DIE ABRUZZEN umfassen die höchsten Teile der apenninischen Gebirgskette. Die Berge im Norden sind öde, und der Boden ist so karg, daß kaum etwas angebaut werden kann. Große Teile des Landes sind fast menschenleer. Auf dem Kalksteinmassiv des *Gran Sasso* wurde ein Wintersportkomplex errichtet. Die südlichen Hochländer sind von einem weitläufigen Buchenwald überzogen, der zum **Nationalpark** erklärt wurde. Wer Glück hat, kann Marsican-Braunbären (die es nur in Italien gibt), Wölfe, Gemsen und Adler sehen. In **L'Aquila,** der größten Stadt, steht eine imposante Burg. Die bekanntesten **Urlaubsorte** sind Giulianova, Silvi Marina, Francavilla und Montesilvano. Pescara ist, wie schon der Name sagt, hauptsächlich ein Fischereihafen.
MOLISE: Der Boden dieser Gebirgsregion, eines der ärmsten Gebiete des italienischen Festlandes, ist sehr karg. **Campobasso** ist die wichtigste Stadt dieser dünn besiedelten Region. Vasto ist der einzige größere **Urlaubsort.**
LAZIO (Latium) liegt im westlichen Teil des italienischen »Stiefels«; vulkanische Hügel, Seen und schöne Strände prägen das Landschaftsbild. Der *Frascati* ist der bekannteste Wein dieser Gegend. Über die Hälfte der Bevölkerung der Region lebt in Rom, das auf sieben Hügeln zu beiden Seiten des Tiber liegt.
Rom, die »ewige Stadt«, übt auf ihre unzähligen Besucher eine anhaltende Faszination aus. An jeder Straßenecke der italienischen Hauptstadt und größten Stadt des Landes stößt man auf Überreste aus über 2000 Jahren Geschichte. Vielleicht nirgendwo sonst auf der Welt wird der Besucher auf eine so unmittel-

ROM

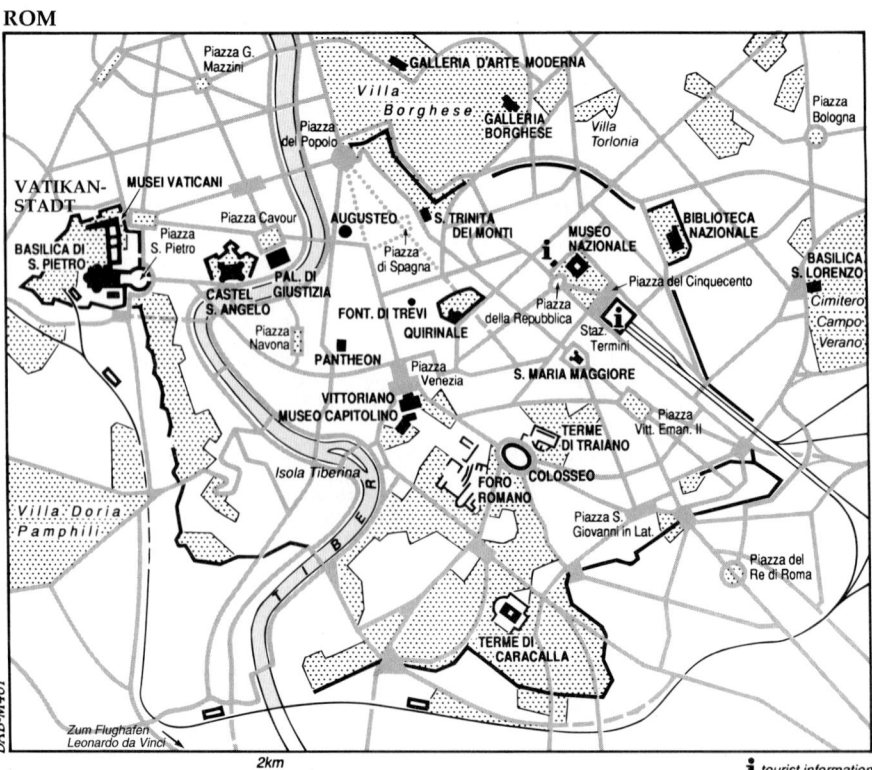

i tourist information

bare Weise mit der Vergangenheit konfrontiert – und doch ist Rom längst nicht nur ein Museum verblaßten Ruhms. In Rom verschmilzt der Anblick ehrfurchtgebietender Monumente der Antike vor der Kulisse des lebhaften Brummens der Motorroller, der verhandelnden Geschäftsleute zur Mittagszeit, der schicken Straßencafés und aller anderen Anzeichen einer modernen, europäischen Hauptstadt zu einem Eindruck lebendiger und einzigartiger Atmosphäre. Die Straßen enthalten Denkmäler aus allen Epochen der bewegten Geschichte der Stadt – das *Kolosseum* und das *Forum Romanum* sind die bekanntesten aus der klassischen Antike, Basiliken erinnern an die Anfänge des Christentums, und das Stadtzentrum wird bestimmt durch die Brunnen und Kirchen des Barock. Die *Via del Corso*, Roms wichtigste Durchgangsstraße, durchschneidet die Stadtmitte von der *Piazza Venezia* im Süden, mit dem gewaltigen *Denkmal des Vittorio Emanuele* (gegen Ende des 19. Jahrhunderts zu Ehren des ersten italienischen Königs und im Gedenken an die Vereinigung Italiens errichtet), bis hin zur *Piazza del Popolo* im Norden, an die sich die kühlen Grünflächen der *Villa Borghese*, Roms größtem Park, anschließen. Östlich der Via del Corso liegen die eleganten Einkaufsstraßen, darunter die *Via Condotti* und die *Via Borgognona*, die zur *Piazza di Spagna* mit der berühmten *Spanischen Treppe* führt. Unweit von hier lädt der strahlendweiße barocke Brunnen *Fontana di Trevi* Besucher ein, ihre Rückkehr nach Rom zu sichern, indem sie eine Münze, mit dem Rücken zum Brunnen, ins Wasser werfen. Westlich der Via del Corso windet sich ein Gewirr enger Gassen hinab zum *Tiber*. Hier, im historischen Mittelpunkt der Stadt, befindet sich die am vollständigsten erhaltene Struktur des antiken Roms. Das *Pantheon* aus dem Jahre 125 n. Chr. auf der *Piazza della Rotonda* ist das Werk des Kaisers Hadrian. Durchmesser und Höhe der gewaltigen Kuppel haben die gleichen Maße. Das Innere des faszinierenden Gebäudes wird durch das Sonnenlicht erhellt, das durch das neun Meter große Loch in der Kuppel strömt. Ganz in der Nähe des Pantheons liegt die *Piazza Navona*, ein langgezogener Platz, der Tag und Nacht von Menschen wimmelt. Hierher kommt man an warmen Sommerabenden, um bis spät in die Nacht auf einer der vielen Caféterrassen zu sitzen und die ständig wechselnde Kulisse zu beobachten. Jenseits des Tiber liegt die Vatikanstadt, ein unabhängiger Staat, dem ein eigenes Kapitel gewidmet ist (s. *Inhaltsverzeichnis*). Auf dem Weg zum Vatikan kommt man an der runden, majestätischen *Castel Sant' Angelo* (Engelsburg) vorbei, der letzten Ruhestätte des Kaisers Hadrian und in späteren Jahren die wichtigste Verteidigung der päpstlichen Enklave. Weiter südlich, immer noch auf dem westlichen Ufer des Tiber, liegt *Trastevere*, der alternative Mittelpunkt der Stadt mit zahlreichen Bars, Restaurants und Diskotheken. Gebürtige dieses Stadtteils betrachten ihn als etwas ganz Eigenes, als separat von den Vierteln jenseits des Flusses und feiern ihre »Unabhängigkeit« alljährlich im Juli mit der *Festa Noiantri*.

In den weiter landeinwärts gelegenen **Urlaubsorten** im Bergland, den *Castelli Romani*, verbringen die Römer oft ihre Wochenenden. Tivoli, Frascati, Genzano, Castel Gandolfo und Rocca di Papa sind die beliebtesten Ausflugsziele. Entlang der Küste von Lazio erstreckten sich einst malariaverseuchte Sümpfe, die eine Besiedlung des Landes fast unmöglich machten. Nach der Trockenlegung der Sümpfe können Urlauber jetzt unbesorgt die Schönheiten dieses lieblichen, ruhigen Küstenstrichs genießen. **Ostia**, der alte Hafen von Rom, ist heute ein beliebter **Badeort** mit vielen Freizeiteinrichtungen. In Anzio, Sabaudia, San Felice Circeo, Terracina und Sperlonga kann man ebenfalls einen erholsamen Badeurlaub verbringen. 30 km vor der Küste liegt die idyllische Insel Ponza.

Civitavecchia ist ein bedeutender Handels- und Marinehafen, von hier aus fahren regelmäßig Schiffe nach Sardinien.

Süditalien

Regioni: Campania, Puglia, Basilicata und Calabria.

CAMPANIA (Kampanien): Die *Campania Felix* (»Gesegnetes Land«), wie die Region von den Römern genannt wurde, hat fruchtbare Böden, ein mildes Klima und für süditalienische Verhältnisse Wasser im Überfluß. Hauptsächlich werden Wein, Zitrusfrüchte, Tabak, Weizen und Gemüse angebaut.

Napoli (Neapel), die drittgrößte Stadt Italiens, ist für seine herrliche Lage am Golf von Neapel und für seine reizvolle Umgebung bekannt. Über der Stadt erhebt sich der mächtige *Krater des Vesuvs*. Die Stadt ist eine quirligbunte Mischung aus sehenswerten Kunstschätzen und Bauwerken, Mietshäusern, verstopften Straßen, alten Palästen mit bröckelndem Putz und lautstarken Straßenhändlern. Das klassizistische *Teatro San Carlo* (1737) ist nach der Mailänder Scala das bedeutendste Opernhaus Italiens. Armut und Glanz liegen in dieser Stadt eng beieinander.

Bekannte Museen und Kunstgalerien: *Capodimonte Museum*, Via San Martino 76; *Castelnuovo Maschio Angioino*, Piazza Municipio; *Floridiana Duca Di Martina Museum*, Via Cimarosa al Vomero; G. *Filangieri Museum*, Via del Duomo; *Königsgemächer im Palazzo Reale* (Königlicher Palast), Piazza del Plebiscito.

Eine gebührenpflichtige Straße führt fast bis zum Gipfel des Vesuvs (von den Einheimischen »Gasse der Liebenden« genannt). Die letzten 100 m muß man zu Fuß bewältigen, auf einem Trampelpfad aus Bimsstein. Von der Besucherplattform, die direkt an der Caldera steht, eröffnet sich nicht nur ein atemberaubender Blick in den dampfenden Krater, sondern auch eine herrliche weite Aussicht auf den Golf von Neapel. Ein Ausflug zum Vesuv ist ein unvergeßliches Erlebnis. Ganz in der Nähe liegen die Überreste von **Pompeji** und **Herculaneum,** die 79 n. Chr. durch einen Ausbruch des Vesuvs zerstört wurden. Hier erhält man einen Einblick in das Alltagsleben der alten Römer.

Caserta war einst der Landsitz der Könige von Neapel. Versailles diente als Vorbild für das königliche Barockschloß. In **Paestum** können imposante griechische Tempel besichtigt werden.

Sorrento, Amalfi, Positano, Ravello, Maiori, Vietri sul Mare, Palinuro und die Inseln Capri und Ischia sind bei **Badeurlaubern** sehr beliebt.

PUGLIA (Apulien): Diese südöstliche Region erstreckt sich von den bewaldeten Berghängen von Gargano, dem »Sporn«, bis zum Flachland der Salentine-Halbinsel, dem »Absatz« des Stiefels. Dazwischen liegt *Murge*, ein Kalksteinplateau voller Höhlen (insbesondere bei Castellana). **Bari** und **Taranto** sind bedeutende Industriehäfen. Die Landwirtschaft stellt die größte Einkommensquelle dar. Tabak, Weintrauben, Gemüse, Mandeln und Oliven sind die wichtigsten Agrarprodukte.

Aufgrund seiner günstigen Lage als Tor zum östlichen Mittelmeer war Apulien eine der bedeutendsten Regionen des römischen Reiches. Die Hafenstadt **Brindisi** ist der Endpunkt der *Via Appia*, auf der Produkte aus den östlichen Provinzen des Landes und aus dem Ausland nach Rom und weiter in die nördlichen Regionen transportiert wurden. Sehenswert sind u. a. der Dom (12. Jh., barockisiert) und die schöne *Kirche Santa Maria del Casale* mit ihren wunderbaren Fresken (14. Jh.). Die Ausstellungsstücke im *Museo Archeologico Provinciale* dokumentieren den Wohlstand der Region zur damaligen Zeit. Der Dichter Vergil starb 19 v. Chr. in Brindisi.

Zwischen **Alberobello** und **Selva di Fasano** liegt das *Murge-Plateau*. In dieser Gegend findet man unzählige, äußerst ungewöhnliche Steingebäude, die sogenannten *Trulli*. Diese Häuser ähneln den bekannteren *Nuraghi* auf Sardinien. Es handelt sich um kreisrunde Steingebäude mit kegelförmigen Dächern aus Stein. Am nördlichen Ende des Plateaus liegt das eindrucksvolle *Castel del Monte*, eine achteckige Burg, die im 13. Jahrhundert von dem Stauferkaiser Friedrich II. als Jagdschloß errichtet wurde. Im nahegelegenen **Canosa di Puglia** sind die Überreste der bedeutenden Römerstadt Canusium zu sehen. Man sollte sich etwas Zeit nehmen, die große Anlage zu besichtigen.

Das *Frauenkloster Santa Maria delle Grazie* in **San Giovanni Rotondo** ist ein bedeutender Wallfahrtsort aufgrund seiner Verbindung mit Padre Pio da Petralcina. Gute **Badestrände** liegen an der Adriaküste zwischen Barletta und Bari.

BASILICATA (Basilikata) ist eine abgelegene und überwiegend bergige Gegend zwischen Apulien und Kalabrien. Im Norden, inmitten dichter Wälder, liegt der **Monte Vulture**, ein erloschener Vulkan. Die kargen Berge der Region sind zumeist aus Feuerstein. Zahlreiche Flüsse, die von den südlichen Apenninen zum Golf von Taranto fließen, bewässern die fruchtbare Ebene nördlich von **Metaponto**, dem Geburtsort des Pythagoras. Die Region ist nur dünn besiedelt.

Potenza, die größte Stadt der Region, mußte im Jahre 1857 nach einem heftigen Erdbeben fast vollständig wiederaufgebaut werden. Im 2. Weltkrieg wurde die Stadt erneut zerstört.

CALABRIA (Kalabrien): Die »Stiefelspitze« Italiens ist eine wunderschöne Region mit hohen Bergen, dichten Wäldern und noch relativ leeren Stränden. Fast die Hälfte Kalabriens ist von Kastanien-, Buchen-, Eichen- und Pinienwäldern bedeckt, die im Herbst eine wahre Fundgrube für Pilzsucher sind. So verwundert es nicht, daß Steinpilze *(Porcini)* frisch, getrocknet und eingemacht eine Spezialität der Region ist. In den höheren Lagen gibt es nur noch karges Weideland. Durch Trockenlegung einiger Sümpfe in Küstennähe wurde Land gewonnen, auf dem Anbau möglich ist. Die Bevölkerung dieser Region ist arm und wird häufig von Erdbeben heimgesucht. In den Bergen des Sila-Massivs leben Wölfe. **Catanzaro, Cosenza** und **Reggio** (an der Straße von Messina) sind die bedeutendsten Städte dieser Region. Die schönsten Sandstrände liegen an der Westküste. Ein typisches und besonders malerisches Städtchen ist **Tropea**, auf den Felsen über dem Tyrrhenischen Meer gebaut, mit einer vor allem zur Abendzeit lebhaften Geschäftsstraße, die in einer Aussichtsplattform über dem Meer endet. Eine Unzahl scheuer, streunender Katzen huscht während der Siesta ungestört durch die winkligen Gassen der Altstadt. Die von kleinen Felsenbuchten unterteilten Sandstrände erstrecken sich von Nord nach Süd, so weit das Auge reicht. Am Ionischen Meer, an der Ostküste, sind die Strände eher rauh und felsig, dafür bieten sie Abgeschiedenheit und Ruhe, vor allem in der oft schon sehr warmen Vorsaison im Mai und Juni.

Die Inseln

SIZILIEN (Sicilia) hat im Verlauf seiner Geschichte eine Invasion nach der anderen über sich ergehen lassen müssen. Die strategische Lage der Insel zwischen Italien und Nordafrika, der fruchtbare Boden und die fischreichen Gewässer waren Anreiz genug für Griechen, Karthager, Römer, Byzantiner, Araber, Normannen, Angevier, Aragoner, Bourbonen und, während des 2. Weltkrieges, deutsche und alliierte Truppen, die Insel zu besetzen. Alle Ankömmlinge haben Sizilien, das einen ganz eigenen Charakter hat, ihren Stempel aufgedrückt. Die Insel hat die höchste Bevölkerungsdichte aller Mittelmeerinseln. Die Wirtschaft ist auf die Produktion von Zitrusfrüchten, Mandeln, Oliven, Gemüse, Wein (einschl. Marsala), Weizen und Bohnen ausgerichtet. Weitere wichtige Wirtschaftszweige sind Bergbau, Fischfang (Anchovis, Thunfisch, Tintenfisch und Schwertfisch) sowie Schaf- und Ziegenzucht.

Palermo, die Hauptstadt, ist eine herrliche Stadt, deren großartige Architektur beeindruckt. Sie sprüht vor Leben. Viele imposante Bauwerke, vornehmlich im normannischen und barocken Baustil, erwarten den Besucher. Besonders beeindruckend sind die Kirchen von Martorana, Santa Maria di Gesù, San Giuseppe dei Teatini und San Cataldo sowie die Kathedrale Santa Rosalia (1184-85) und der Palazzo dei Normanni, das Königsschloß mit herrlicher Kapelle. In den Katakomben des Kapuzinerklosters liegen Tausende von mumifizierten Leichen.

Siracusa (Syrakus) hat wohl den besten Naturhafen Italiens. Die Stadt liegt auf einer kleinen Insel in Küstennähe und hat viele historische Bauwerke, darunter ein sehenswertes Amphitheater (5. Jh. v. Chr.). Archimedes lebte hier bis zu seinem Tode.

Fast alle Gebäude **Catanias** stammen aus dem 18. Jahrhundert. Die Stadt mußte nach mehreren heftigen Erdbeben wiederaufgebaut werden. Ganz in der Nähe liegt der **Ätna,** Europas größter und aktivster Vulkan. Weiter nördlich, direkt auf den Klippen, liegt der bezaubernde Ferienort **Taormina.** Von hier aus kann man den Ätna sehen. Schöne Strände laden zum Baden ein. Das guterhaltene griechische Theater (3. Jh. v. Chr.), das Kastell auf dem Monte Tauro und der Dom *San Nicola* sind sehr sehenswert.

Die lebendige Hafenstadt **Messina** wurde im Jahre 1908 durch ein Erdbeben fast völlig zerstört und gehört heute zu den modernsten Städten Italiens. Der Dom, ursprünglich im 11. Jahrhundert errichtet, wurde originalgetreu wiederaufgebaut. Messina ist Anlegeplatz der Fährschiffe vom italienischen Festland.

Überall auf Sizilien stößt man auf Überreste der Kulturen der zahlreichen Invasoren. Eine Beschreibung aller historischer Stätten würde allein schon ein ganzes Buch füllen; nachfolgend nur eine kleine Auswahl der interessantesten Sehenswürdigkeiten: die herrlichen Mosaike in der normannischen Kathedrale zu **Monreale,** beeindruckende Ruinen griechischer Tempel in **Agrigent,** die besser erhalten sein sollen als vergleichbare Überreste in Griechenland, und die byzantinischen Höhlenbehausungen und -gräber im felsigen *Cava-d'Ispica*-Tal in der Nähe von **Modica.**

Ein riesiger Apollotempel kann in **Selinunte** besichtigt werden.

Cefalù (in der Nähe von Palermo), Mondello, Acitrezza, Acireale, Taormina (s. o.) und Tindari sind beliebte **Badeorte.** An der Südküste gibt es ausgedehnte Sandstrände.

Sizilien ist von vielen kleinen malerischen Inseln umgeben: Lipari, Vulcano, Panarea und Stromboli (die Liparischen Inseln), Ustica, Favignana, Levanzo, Marettimo, Pantelleria und Lampedusa. Hier kann man gut fischen. Die Unterkünfte sind in der Regel einfach, es gibt aber auch einige gute Hotels.

SARDINIEN (Sardegna) ist die zweitgrößte Insel im Mittelmeer. Das kaum bewohnte Landesinnere mit seinen Felsen und Klüften erinnert an eine Mondlandschaft. In den letzten Jahren wurden Infrastruktur und

touristische Einrichtungen in einigen Gegenden verbessert, besonders an der nördlichen *Costa Smeralda* und an der Westküste in der Nähe von Alghero. Sardinien ist der einzige italienische Verwaltungsbezirk, in dem es keine Autobahnen gibt. Die Sprache der Sarden hat mit dem Lateinischen mehr gemein als das heutige Italienisch.

Cagliari, die Inselhauptstadt, liegt in einem sumpfigen Tal im Süden der Insel. Die Stadt wurde von den Phöniziern gegründet und von den Römern, die sie *Carales* nannten, ausgebaut. Sie ist heute ein geschäftiger Handelshafen und Standort der sardischen Schwerindustrie.

Sassari liegt im Nordwesten in der Nähe des Feriengebietes in der Umgebung von Alghero. Die von der Landwirtschaft geprägte Stadt **Nuoro,** an den Ausläufern des zentralen Bergmassivs, ist ein guter Ausgangspunkt für Ausflüge ins Landesinnere. **Olbia,** Fischereihafen und Endpunkt der Autofähren, liegt am Rand der **Costa Smeralda.**

Überall auf der Insel gibt es Relikte aus der Bronzezeit. Am bekanntesten sind die kreisrunden (manchmal auch kegelförmigen) *Nuraghi-Steinbehausungen.* Die größte dieser Siedlungen aus der Bronzezeit steht in **Nuraxi,** etwa 80 km nördlich von Cagliari.

Die reizvollsten **Badeorte** sind Santa Margherita di Pula, Alghero, Santa Teresa, Porto Cervo und Capo Boi. Auch auf der Insel La Maddalena kann man herrliche Badeferien verbringen.

RUNDREISEN: 5tägige: (a) Venedig – Padua – Verona – Mantua – Venedig. (b) Die Palladischen Villen – Venedig – Verona – Padua – Vicenza. (c) Mantova – Cremona – Ferrara – Pavia – Brescia. **7tägige:** (a) Turin – Mailand – Verona – Padua – Venedig. (b) Florenz – Lucca – Pisa – St. Gimignano – Siena – Arezzo – Florenz. (c) Rom – Ostia – Terracina – Ponza – Sperlonga – Tivoli – Frascati – Rom. (d) Neapel – Pompeii – Sorrento – Capri – Positano – Amalfi – Ravello – Herculaneum.

SOZIALPROFIL

ESSEN & TRINKEN: Viele Restaurants bieten ein besonderes Touristengedeck (*Menu turistico*) an. Teigwaren spielen in der italienischen Küche eine große Rolle. Fast alle Regionen haben besondere Spezialitäten. In Italien gibt es mehr als 20 Weinanbaugebiete, vom Val d'Aosta an der französischen Grenze bis nach Sizilien im Süden.

Getränke: Weine werden nach der Traubensorte, dem Dorf oder dem Weinanbaugebiet benannt. Die Weingüter der *Chianti*-Gruppe unterliegen den strengen *Chianti-Classico*-Qualitätskontrollen (ein schwarzer Hahn am Flaschenhals bürgt für die gute Qualität des Weines). Die Chianti-Region ist das einzige Gebiet Italiens mit einer derartigen Qualitätskontrolle. Weine mit der Aufschrift *Denominazione di origine controllata* kommen aus offiziell anerkannten Weinanbaugebieten (ein System ähnlich dem der *Appellation controllé* in Frankreich). Qualitätsweine tragen die Aufschrift *Denominazione controllata e garantita.* Die Wermutweine von Piemonte sind rosafarben und trocken oder dunkel und süß im Geschmack. Aperitifs wie *Campari* und *Punt e Mes* sind weltbekannt, ebenso wie die Liköre *Strega, Galliano, Amaretto* und *Sambuca.* Die einzelnen Weine der Regionen sind weiter unten aufgeführt.

Rom: Gerichte: *Abbacchio* (Lamm in Weißwein mit Rosmarin), *Cannelloni* (Nudeln mit Fleisch, Kalbshirn, Spinat, Ei und Käse gefüllt), *Broccoli Romani* (Brokkoli in Weißwein), *Salsa Romana* (Wild in süßsaurer brauner Soße mit Rosinen, Maronen und Linsenpüree) und *Gnocchi alla Romana* (Kartoffelklöße). Die besten römischen Käsesorten sind *Mozzarella, Caciotta Romana* (halbfetter milder Schafskäse), *Pecorino* (harter kräftiger Schafskäse) und *Gorgonzola.* Weißweine: Frascati, Albano, Grottaferrata, Velletri, Montefiascone und Marino. Rotweine: Marino, Cesanese und Piglio.

Piemont und Aosta-Tal: Gerichte: *Fundata* (heißes Fondue mit Fontina-Käse, Milch, Eigelb mit Trüffeln und weißem Pfeffer), *Lepre Piemontese* (Hase in Barbera-Wein mit Kräutern und Bitterschokolade), *Zabaglione* (heiße Nachspeise aus Eischaum und Marsalawein). Weine: Barolo, Barbera, Barbaresco, Gattinara und Grignolino.

Lombardei: Gerichte: *Risotto alla Milanese* (Reis mit Safran und Weißwein), *Zuppa Pavese* (wohlschmeckende klare Suppe mit pochiertem Ei), *Minestrone* (Gemüsesuppe), *Osso buco* (Kalbshaxenscheiben mit Tomatensoße und Reis), *Panettone* (Weihnachtskuchen mit Rosinen und kandierten Früchten). Weine: Valtellina, Sassella, Grumello und Inferno.

Trentino und Südtirol: Beide Regionen sind bekannt für ausgezeichnete Wurst und Schinken. Weine: Lago di Caldaro und Santa Maddalena.

Venetien: Gerichte: *Fegato alla Veneziana* (hauchdünn geschnittene Kalbsleber mit Zwiebeln in Butter gebraten), *Baccalà alla Vicentina* (gepökelter Kabeljau, in Milch gedünstet), *Radicchio rosso di treviso* (wildwachsender, leicht bitterer roter Salat). Weine: Soave, Bardolino und Valpolicella.

Friaul-Julisch Venetien: Gerichte: *Pasta e fagioli* (Nudeln mit Bohnen), *Prosciutto di San Daniele* (roher Schinken). Weißweine: Tokai, Malvasia, Pinot Bianco und Pinot Grigio. Rotweine: Merlot, Cabernet und Pinot Nero.

Ligurien: Gerichte: *Pesto* (Soße aus Basilikum, Knoblauch, Pinienkernen und *Pecorino*-Käse), *Cima Genovese* (kaltes Kalbfleisch gefüllt mit Kalbshirn, Zwiebeln und Kräutern), *Pandolce* (süßer Kuchen mit Orangengeschmack). Wein: Sciacchettra.

Emilia-Romagna: Gerichte: *Parmigiano* (Parmesankäse), *Prosciutto di Parma* (Parmaschinken), *Pasta con salsa Bolognese* (Nudeln mit einer Soße aus Fleisch, Käse und Tomaten), *Vitello alla Bolognese* (Kalbskottelet mit Parmaschinken und Käse), *Cotechino e zampone* (Würstchen und mit Schweinefleisch gefüllte Schweinshaxe). Weine: Lambrusco, Albana, Trebbiano und Sangiovese.

Toskana: Gerichte: *Bistecca alla Fiorentina* (großes T-Bone-Steak über dem Holzfeuer gegrillt, mit frischgemahlenem schwarzen Pfeffer und Olivenöl gewürzt), *Minestrone alla Fiorentina* (kräftige Gemüsesuppe mit Landbrotscheiben), *Pappardelle alla lepre* (Pasta mit Hasensoße), *Tortina di carciofi* (gebackene Artischockenpastete), *Cinghiale di Maremma* (Wildschwein aus der Maremma-Region in der Nähe von Grosseto), verschiedene Gerichte mit Schinken, Würstchen und Steak. Süßigkeiten: *Panforte di Siena* (Gebäck aus Honig, kandierten Früchten, Mandeln und Gewürznelken), *Castagnaccio* (Maronenkuchen mit Nüssen und Sultaninen) und *Ricciarelli* (dünne Kekse aus Honig und Mandeln aus Siena). Weine: Chianti, Vernaccia, Aleatico und Brunello di Montalcino.

Marken: Gerichte: *Brodetto* (verschiedene Fischsorten auf Toastbrot, garniert mit Kartoffeln, Sellerie, Tomaten, Lorbeerspitzen und Weißwein), *Pasticciata* (Pasta, im Ofen gebacken). Weine: Verdicchio.

Abruzzen-Molise: Gerichte: Die beliebteste Pasta der Region ist als *Maccheroni alla chitarra* bekannt, weil die Teigwaren in dünne Streifen geschnitten werden. Süßigkeiten: *Parrozzo* (gehaltvoller Schokoladenkuchen), *Zeppole* (süße Nudeln). Rotwein: Cerasolo di Abruzzo, Montepulciano. Weißwein: Trebbiano (trocken). *Centerbe* ist ein hochprozentiger Likör.

Umbrien: Gerichte: Trüffel, Spaghetti, *Porchetta alla Perugina* (Spanferkel), *Carne ai capperi e acciughe* (Kalbsfleisch mit Kapern und Kräutersoße), hervorragende Würstchen, Salamisorten und *Prosciutto,* die in ganz Italien geschätzt werden. Weine: Orvieto (weiß, süß oder trocken).

Kampanien: Gerichte: *Pizza* (der kulinarische Stolz der Campania) mit allen möglichen Belägen, *Bistecca alla pizzaiola* (Steak mit Soße aus Tomaten, Knoblauch und Oregano), *Sfogliatelle* (süße Käsetaschen mit Ricottakäse), *Mozzarella*-Käse (aus Kuh- oder Büffelmilch). Die Weine der Region kommen von den Inseln Capri und Ischia.

Apulien: Gerichte: *Coniglio ai capperi* (Kaninchen mit Kapern) und *Ostriche* (panierte frische Austern). Weine: Sansevero, Santo Stefano und Aleatico di Puglia.

Kalabrien und Basilikata: Gerichte: *Sagne chine* (Lasagne mit Artischocken und Fleischbällchen), *Zuppa di cipolle* (Zwiebelsuppe mit italienischem Weinbrand), *Sarde* (frische Sardinen mit Olivenöl und Oregano), *Alici al limone* (frische Anchovis in Zitronensaft gebacken), *Melanzane sott'olio* (eingelegte Auberginen). Süßigkeiten: *Mostaccioli* (Schokoladenkekse) und *Cannariculi* (gebratenes Honiggebäck). Weine: Agliatico und Cirò.

Sizilien: Gerichte: *Pesce spada* (gegrillter Schwertfisch mit Weinbrand, Mozzarella und Kräutern gefüllt), *Pasta con le Sarde* (Pasta mit frischen Sardinen), *Caponata* (gehaltvolles Gericht mit Oliven, Anchovis und Auberginen), *Pizza Siciliana* (Pizza mit Oliven und Kapern) und *Triglie alla Siciliana* (gegrillte Meerbarbe mit Orangenschale und Weißwein). Süßigkeiten: *Cassata* (Eiscreme in verschiedenen Geschmacksrichtungen, kandierte Früchte und Bitterschokolade) und *Frutti di marturana* (Marzipanfrüchte). Weine: Regaleali, Corvo di Salaparuta (rot und weiß, sehr aromatisch und ideal zu Fisch) und Marsala.

Sardinien: Zahlreiche Fischgerichte (z. B. Hummer in Suppen, Eintöpfen oder gegrillt), *Burrida* (Eintopf mit Katzenhai und Rochen) und *Calamaretti alla Sarda* (gefüllte junge Tintenfische). Weine: Vernaccia, Cannonau, Piani, Oliena und Malvasia.

NACHTLEBEN: Nachtklubs, Diskotheken, Restaurants und Bars mit wechselnden Unterhaltungsprogrammen findet man in jeder größeren Stadt und in den Urlaubsgebieten. In Rom werden im Pasquino-Kino, Vicolo della Paglia (in der Nähe der Santa Maria in Trastevere), Filme in englischer Sprache gezeigt. In allen Restaurants und Cafés in Italien kann man auch draußen sitzen. Das Hotelrestaurant Massimo D'Azeglio in Rom ist für seine ausgezeichnete klassische Küche bekannt. Das Opernhaus und die St.-Cecilia-Akademie veranstalten Open-air-Konzerte im Sommer. Eine Freilichtbühne liegt in der Nähe der Bäder von Caracalla. Jazz-, Folklore-, Rock- und Country-Musik-Konzerte werden in verschiedenen Konzertsälen und Clubs veranstaltet.

EINKAUFSTIPS: Italienische Waren sind weltbekannt für ihre Eleganz, ihren Schick und ihre hohe Qualität. Italienisches Design ist sehr gefragt. Man sollte beim Kauf von Antiquitäten vorsichtig sein, in Italien gibt es geschickte Fälscher. Preise sind Festpreise, Handeln ist unüblich. Für größere Käufe wird mitunter Rabatt gegeben. Florenz, Mailand und Rom sind führende Modestädte, aber die Boutiquen der Kleinstädte sind ebenfalls einen Besuch wert. Fliegenden Händlern an den Stränden sollte man aus dem Weg gehen. Einige Städte sind für besondere Produkte bekannt: Como (Lombardei) für Seide; Prato (Toskana) für Textilien; Empoli (Toskana) für Flaschen und Gläser aus grünem Glas; Deruta (Umbrien) und Faenza (Emilia-Romagna) für Keramik und Carrara (Toskana) für Marmor. In Torre Annunziato (Kampanien) und Alghero (Sardinien) werden Kunstgewerbeartikel aus Korallen hergestellt. In verschiedenen Orten auf Sardinien werden Visitenkarten und Schreibpapier aus Kork produziert. In Castelfidardo (Marke) gibt es eine Akkordeonfabrik, und es werden Gitarren und Orgeln gebaut. In Valenza (Piemont) haben sich zahlreiche Kunsthandwerker auf die Goldschmiedekunst spezialisiert. »Confetti« (mit Zucker überzogene Mandeln) gehören zu jeder Hochzeit in Italien, sie kommen aus Sulmona (Abruzzen). Keramikfliesen werden in Vietri sul Mare (Kampanien) produziert. Ravenna (Emilia-Romagna) ist für Mosaiken berühmt.

Führende Einkaufszentren:

Rom hat eine große Auswahl an interessanten Geschäften und Märkten. Die Geschäfte in der vornehmen Gegend um die Via Condotti und die Via Sistina bieten eine Riesenauswahl an Bekleidungsstücken aller Moderichtungen, Farben und Designs an. Die Preise haben es allerdings in sich. Die Geschäfte in der Via Vittorio Veneto, in der es schöne Straßencafés gibt, sind ebenfalls teuer. An den Bücherständen der Piazza Borghese werden alte Bücher und Drucke verkauft. Jeden Sonntagmorgen gibt es einen Flohmarkt an der Porta Portese in Trastevere. Hier kann man alles von getragenen Schuhen bis zu »echten Antiquitäten« erstehen.

Mailand – der Wohlstand der Industriestadt spiegelt sich in den eleganten Geschäften der Via Montenapoleone wider. Die Preise sind etwas höher als in anderen Großstädten.

Venedig ist berühmt für hochwertige mundgeblasene Glasartikel, die auf Murano hergestellt werden. Es gibt viele gute Goldschmiede und Kunsthändler. Venezianische Klöppelspitzen von der Insel Burano sind exquisit und sehr teuer.

Die Goldschmiede von **Florenz** bieten ihre hochwertigen Waren in den Geschäften auf beiden Seiten der Ponte-Vecchio-Brücke an. Florentinischer Gold- und Silberschmuck hat eine besonders seidige Oberfläche, die *satinato* genannt wird. Filigranarbeiten werden ebenfalls angeboten. Kameen, die aus exotischen Muscheln geschnitten werden, sind schöne Mitbringsel aus Florenz.

Süditalien: Handwerk und Tradition werden hier großgeschrieben. In vielen Familien werden seit Generationen die gleichen handwerklichen Artikel hergestellt: Töpferwaren und Teppiche in allen Regionen, Filigranschmuck und Gegenstände aus Gußeisen und Messing in den Abruzzen, Holzschnitzereien in Kalabrien, Korallen und Kameen in Kampanien, Textilien und Tischdecken auf Sizilien und Sardinien. In Cagliari werden kunstvolle Kopien der Bronzestatuen der Nuraghe, die während der Bronzezeit auf Sardinien lebten, angeboten. Die eleganten Geschäfte der größeren Städte wie Neapel, Bari, Reggio di Calabria, Palermo und Cagliari haben eine große Auswahl italienischer Waren. Viele Kleinstädte haben Wochenmärkte. Die hier angebotenen Souvenirs sind oft Massenartikel von schlechter Qualität, die nicht regional hergestellt wurden.

Öffnungszeiten der Geschäfte: Mo-Sa 08.30-12.30 und 15.30-19.30 Uhr. In Norditalien schließen die Geschäfte mitunter früher, und die Mittagspausen sind meist kürzer.

Mistral Hotels

ORISTANO * SARDINIEN

An der westsardischen Küste liegt die kleine antike Stadt Oristano. Aufgrund seiner geographischen Lage und reichhaltigen Naturschätze ist Oristano ein bedeutendes Touristen- und Handelszentrum. Die Schönheit der weißen Strände und die noch ursprüngliche Küste machen diese Landschaft so einzigartig. In den nahegelegenen Lagunen können Sie Tausende von Vögeln beobachten. Interessieren Sie sich für Archäologie? Bedeutende Zeugnisse aus Sardiniens bewegter Geschichte gibt es hier zu besichtigen. Oristano ist auch für seine Küche und ausgezeichneten Weine berühmt. Versäumen Sie es nicht, ein Glas Vernaccia zu probieren. Volksfeste finden das ganze Jahr hindurch in den umliegenden kleinen Dörfern statt – und dank der herzlichen Gastfreundschaft der Einheimischen fühlen Sie sich hier in der Sonne ganz wie zu Hause.

Mistral Hotel
Via Martiri di Belfiore, 09170 Oristano
Tel: +39 (783) 21 25 05/6. Fax: +39 (783) 21 00 58.

50 Zimmer mit Bad, TV, Telefon, Klimaanlage, Restaurant, Bar, Parkplatz, Tagungsraum für bis zu 70 Teilnehmer. Entfernung zum Meer ca. 7 km; zu den Flughäfen: Cagliari 90 km, Alghero 150 km, Olbia 180 km.

Mistral 2
Via XX Settembre, 09170 Oristano
Tel: +39 (783) 30 24 45. Fax: +39 (783) 30 25 12.

132 Zimmer mit Bad, Satellitenfernsehen, Telefon, Klimaanlage. Zwei Bars, ein Aufenthaltsraum, Piano Bar, Restaurant mit sardischer und internationaler Küche, Tagungsraum für 20 bis 300 Teilnehmer, Swimmingpool, Terrassencafé, Garage mit 1300 qm.

Lebensmittelgeschäfte haben oft Mittwoch nachmittags geschlossen.

SPORT: Fußball ist Italiens Nationalsport. 1934, 1938 und 1982 wurde Italien Fußballweltmeister, 1994 Vizeweltmeister. **Radrennen** ist die andere große Leidenschaft der italienischen Sportfans (der Giro d'Italia, der durch ganz Italien führt, ist fast ebenso berühmt wie die Tour de France). **Autorennen** finden in Monza in der Nähe von Mailand statt (Lombardei). Segeln, Motorradrennen und Reiten sind weitere beliebte Sportarten. **Golf:** Ausgezeichnete Golfplätze gibt es im ganzen Land: von der Lombardei und Trentino im Norden über die Toskana (in der Nähe von Florenz) und Latium in der Nähe von Rom bis nach Kalabrien im Süden. Das Klima auf Sardinien garantiert eine lange Golfsaison. **Tennis:** Tennisplätze (Hallen auch) stehen in den größeren Städten und in den Urlaubsorten zur Verfügung. **Boccia** ist in Italien ebenso beliebt wie in Frankreich. In den Dörfern wird es traditionell am Sonntag nach dem Kirchgang gespielt. **Fischen:** Angeln und Fischen kann man in den Flüssen Norditaliens und im Mittelmeer. Boote können mit oder ohne Besatzung gemietet werden. Sardinien, Sizilien, die Tremiti-Inseln (Apulien), die Adria und die Küsten der Toskana und Liguriens sind ein Paradies für Taucher und Schnorchler. Ausrüstungen können gemietet werden. **Wintersport:** Die bekanntesten Wintersportgebiete findet man in Cervinia und Courmayeur im Aostatal, Claviere und Sauze d'Oulx in Piemont, Aprica und Bormio in der Lombardei, Alpi di Siusi, Cortina d'Ampezzo, Marilleva und Selva di Valgardena in den Dolomiten (Trentino/Südtirol, Venetien), Abetone (Toskana), Campo Imperatore (Latium) sowie in mehreren Orten in den Abruzzen. **Reiten:** Im Mai findet in Rom eine bedeutende internationale Pferdeschau statt. **Pferderennen:** Die erste Saison beginnt auf der Capanelle-Rennbahn im Februar. Es gibt drei Saisons von jeweils zwei Monaten Dauer. Die zweite Saison fängt im Mai an, die dritte im September. Auf der Trabrennbahn von Villa Gloria finden im Februar und von Juni bis November Rennen statt. In Genua und Santa Margherita Ligure werden regelmäßig **Jachtregatten** veranstaltet. **Kanuregatten** werden im Juli in Santa Margherita Ligure durchgeführt.

VERANSTALTUNGSKALENDER
In fast allen Städten und Dörfern werden traditionelle religiöse Feste begangen, oder es finden Feierlichkeiten zum Gedenken an bedeutende historische Ereignisse statt. Im Anschluß eine kleine Auswahl der interessantesten und wichtigsten Festivals:

Agrigento: Mandelblüte, Folklorefestival (Februar).
Ascoli Piceno: Turnier der Quintana, Historienspiel mit über 1000 Teilnehmern (jährlich am ersten Sonntag im August).
Arezzo: Traditionelles Turnier der Sarazenen mit Rittern in Rüstungen, das auf das 13. Jahrhundert zurückgeht (jährlich am ersten Sonntag im September).
Assisi: Begehen der Karwoche, Musik- und Gesangswettbewerbe (jährlich am ersten Samstag und Sonntag im Mai).
Bari: *Sagra di San Nicola*, Prozession in historischen Kostümen (7./8. Mai).
Cagliari: *Sagra di Sant'Efisio*, eine der größten und prachtvollsten Prozessionen der Welt (1. Mai).
Florenz: *Scoppio del Carro*, Sprengung eines Karrens auf dem Domplatz (Ostermontag); *Calcio in Costume*, Fußballspiel des 16. Jahrhunderts in mittelalterlichen Kostümen (24. und 28. Juni).
Foligno: Revival eines Turniers aus dem 17. Jahrhundert mit 600 Rittern in Rüstungen (zweiter Sonntag im September).
Gubbio: Umzug in einheimischen Trachten (15. Mai).
Lucca: *Luminario die Santa Croce*, Illuminationen und Prozession (14. September).
Marostica: Schachspiel mit lebenden Figuren (jährlich am 2. Wochenende im September).
Neapel: *Piedigrotta*, Feuerwerke und Gesangswettbewerb (ersten zehn Tage im September).
Nuoro: Fest des Erlösers (29. August).
Oristano: *Sa Sartiglia*, mittelalterlicher Umzug und Turnier (Karnevalszeit).
Piana Degli Albanesi (Palermo): Dreikönigsfest nach byzantinischem Zeremoniell (6. Januar); Osterfeiern (Ostersonntag).
Pisa: Historische Regatta und Festbeleuchtung (16./17. Juni).
Rom: Epiphanias-Jahrmarkt (6. Januar); *Festa dè Noantri* (16. - 24. Juli).
Sansepolcro (Arezzo): Mittelalterlicher Wettkampf (2. Sonntag im September).
Sassari: *Cavalcata Sarda*, traditioneller Umzug mit über 3000 Teilnehmern (jährlich am ersten Sonntag im Mai).
Siena: *Il Palio di Siena*, Pferderennen ohne Sattel (Juli und August).
Venedig: *Carnevale* (Februar); Umzug der Gondeln (16./17. Juli); historische Regatta (jährlich am 1. Sonntag im September).
Viareggio: *Carnevale* (Februar).
Viterbo: Prozession der Santa Rosa (3. September).

SITTEN & GEBRÄUCHE: Die römisch-katholische Kirche spielt in Italien auch heute noch eine wichtige Rolle und übt einen großen Einfluß auf die Sozialstruktur aus. Der Familienzusammenhalt ist bedeutend stärker als in den meisten anderen europäischen Ländern. Die Umgangsformen sind ähnlich wie überall in Europa. Freizeitkleidung ist weitverbreitet, Badeanzüge gehören jedoch an den Strand. Korrekte Kleidung wird beim Betreten von Kirchen und in kleinen, traditionellen Gemeinden erwartet. Auf schriftlichen Einladungen wird im allgemeinen vermerkt, ob Anzug oder Smoking bzw. Kostüm oder Abendkleid erwünscht sind. In einigen öffentlichen Gebäuden, in öffentlichen Verkehrsmitteln und in Kinos ist das Rauchen verboten. Vorsichtsmaßnahmen gegen Diebstahl sollten getroffen werden, besonders in den Großstädten. **Trinkgeld:** Bedienungsgeld und Umsatz- bzw. Aufenthaltssteuern sind bereits in den Hotelrechnungen enthalten. Das Bedienungspersonal erwartet zusätzlich 5-10% Trinkgeld.

WIRTSCHAFTSPROFIL

WIRTSCHAFT: Die italienische Wirtschaft hat Ende der achtziger Jahre einen Boom erlebt, in den letzten Jahren setzte jedoch eine Konjunkturflaute ein, und das Wachstum des BIP verlangsamte sich bei gleichzeitig zurückgehender Industrieproduktion und sinkender Investitionstätigkeit im Industriesektor. Italien war ein traditionelles Agrarland, nach 1945 wurde jedoch die Industrialisierung energisch vorangetrieben. Verarbeitende Industrie und Maschinenbau sind die bedeutendsten Industriezweige. Heute sind nur noch 7% der arbeitenden Bevölkerung in der Landwirtschaft beschäftigt. Die Landwirtschaft konzentriert sich auf den Süden Italiens. Die südlichen Regionen sind bedeutend ärmer als der industrialisierte Norden und Mittelitalien. Die großen staatlichen Holdinggesellschaften hatten erheblichen Anteil am Wirtschaftsaufschwung, im allgemeinen denkt man aber heute daran, sie aufzulösen, da sie ihre Funktion erfüllt haben. Italien hat keine Bodenschätze, Erdöl und die meisten Rohstoffe müssen importiert werden. Die Wirtschaft ist daher stark auf den Export angewiesen, um die Importgüter bezahlen zu können. Derzeit leidet die italienische Wirtschaft vor allem an der Schuldenlast der öffentlichen Hand. Industriemaschinen, Fahrzeuge, Produkte der chemischen Industrie, Metallerzeugnisse, Textilien und Bekleidung sind die Hauptexportgüter. Der Tourismus spielt eine immer größere Rolle. Rund 22 Mio. ausländische Feriengäste besuchten 1993 Italien, die meisten von ihnen kamen aus Deutschland, den USA, Großbritannien und Österreich. Die Toskana steht weiterhin am höchsten in der Besuchergunst. Die bedeutendsten Handelspartner sind die EU-Länder, die USA, die Schweiz und Japan.

GESCHÄFTSVERKEHR: Italienischkenntnisse sind von großem Vorteil. Terminvereinbarung ist üblich. Es sollte daran gedacht werden, daß die Ministerien und fast alle Behörden um 13.45 Uhr schließen. Beamte sind nachmittags ohne vorherige Terminvereinbarung nicht erreichbar. Mailand, Turin und Genua bilden das industrielle Dreieck Italiens. Bologna, Florenz, Padua, Rom, Verona und Vicenza sind ebenfalls bedeutende Geschäftszentren. In allen diesen Städten finden wichtige Handelsmessen statt (s. o. unter der Rubrik *Urlaubsorte & Ausflüge*).

Geschäftszeiten: Mo-Fr 09.00-13.00 und 14.00-18.00 Uhr.

Kontaktadressen: *Italienische Handelskammer für Deutschland*, Bockenheimer Landstraße 59, D-60325 Frankfurt/M. Tel: (069) 971 45 20. Telefax: (069) 97 14 52 99.
Camera di Commercio Italo-Germanica, Via Napo Torriani 29, I-20124 Mailand. Tel: (02) 67 91 31. Telefax: (02) 66 98 09 64.
Italienische Handelskammer für Österreich, Reisnerstraße 20, A-1037 Wien. Tel: (0222) 715 87 82. Telefax: (0222) 715 87 89.
Il Delegato Commerciale d'Austria, Via Flaminia 158, I-00196 Rom. Tel: (06) 320 16 59, 320 16 92, 321 84 96. Telefax: (06) 361 35 79.
Weitere österreichische Handelsdelegierte in Mailand und Triest.
Italienische Handelskammer für die Schweiz, General Wille Straße 21, CH-8027 Zürich. Tel: (01) 202 83 83. Telefax: (01) 201 53 57.
Camera di Commercio Svizzera in Italia, Casa Svizzera, Via Palestro 2, I-20121 Mailand. Tel: (02) 76 00 36 06. Telefax: (02) 78 10 84.
Unione Italiana delle Camera di Commercio, Industria, Artigianato e Agricoltura, Piazza Sallustio 21, I-00187 Rom. Tel: (06) 4 70 41. Telefax: 48 90 39 63.

KONFERENZEN/TAGUNGEN: Zahlreiche Hotels haben Konferenzräume. Weitere Informationen erhalten Sie vom italienischen Konferenzverband unter folgender Adresse: *ItalCongressi*, Largo Virginio Testa 23, I-00144 Rom. Tel: (06) 592 25 45. Telefax: (06) 592 26 49.

KLIMA

Mittelmeerklima, außer in den Alpen und in den Apenninen. Heiße Sommer, ganz besonders im Süden. Frühling und Herbst sind mild und sonnig. Kalte Winter mit viel Schnee in Oberitalien, ansonsten milde Winter, trockener und wärmer, je weiter man nach Süden kommt.

Kleidung: Im Süden genügt selbst im Winter leichtere Bekleidung. Im übrigen Italien braucht man warme Sachen für den Winter und in den Bergregionen.

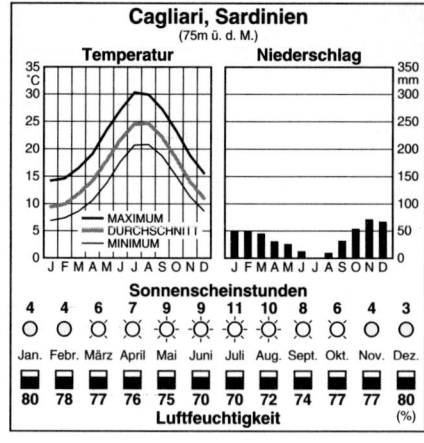

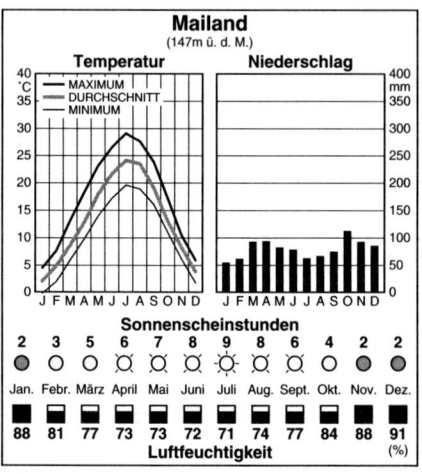

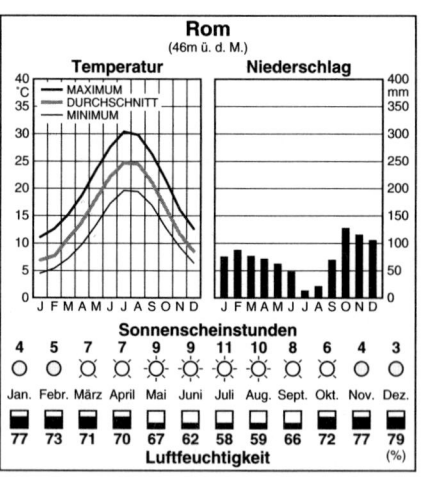

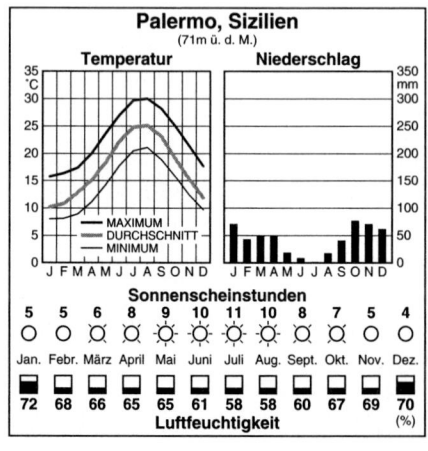

Jamaika

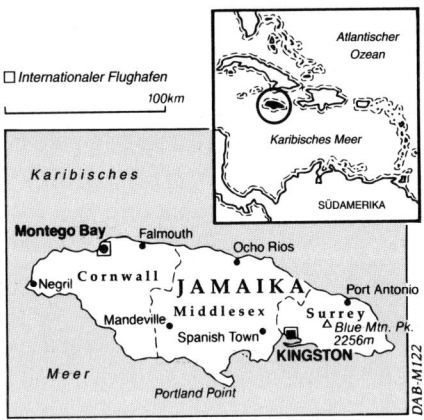

Lage: Karibik.
Jamaica Tourist Board
Postfach 900 437
D-60444 Frankfurt/M.
Tel: (06184) 99 00 44. Telefax: (06184) 99 00 46.
Mo-Fr 10.00-17.00 Uhr (nur telefonisch).
(auch für Österreich und die Schweiz zuständig)
Jamaica Tourist Board (JTB)
ICWI Building
2 St. Lucia Avenue
Kingston 5
Tel: 929 92 00. Telefax: 929 93 75.
Botschaft von Jamaika
Am Kreuter 1
D-53177 Bonn
Tel: (0228) 35 40 45, 36 33 25. Telefax: (0228) 36 18 90.
Mo-Fr 09.00-17.00 Uhr, *Konsularabt.*: Mo-Fr 09.30-14.30 Uhr.
Honorarkonsulate mit Visumerteilung in Berlin (Tel: (030) 211 27 05), Hamburg (Tel: (040) 30 29 90) und München (Tel: (089) 929 59 09).
Generalkonsulat von Jamaika
Rüdigergasse 22
A-1050 Wien
Tel: (0222) 587 13 13. Telefax: (0222) 587 13 12.
Öffnungszeiten nach Vereinbarung.
Konsulat von Jamaika
36 Rue de Lausanne
CH-1201 Genf
Tel: (022) 731 57 80/89. Telefax: (022) 738 44 20.
Mo-Fr 09.00-13.00 und 14.30-17.30 Uhr.
(zuständig für die Kantone Zürich, Glarus, Solothurn, Basel-Stadt, Basel-Land, Schaffhausen, Appenzell, St. Gallen, Graubünden, Aargau und Thurgau)
Konsulat von Jamaika
Güterstraße 141
CH-4053 Basel
Postfach 205
CH-4153 Reinach 1
Basel-Land
Tel: (061) 711 80 40. Telefax: (061) 711 83 86.
Öffnungszeiten nach Vereinbarung.
(zuständig für die Kantone Bern, Luzern, Uri, Schwyz, Walden, Zug, Freiburg, Tessin, Waadt, Wallis, Neuenburg, Genf und Jura)
Botschaft der Bundesrepublik Deutschland
Island Life Centre
6 St. Lucia Avenue
Kingston 5

TIMATIC INFO-CODES

Abrufbar über Ihr CRS-System (für START/Amadeus Ama-Maske benutzen). Für Galileo bitte TI-DFT eingeben (mit Bindestrich).

Flughafengebühren	TI DFT/ KIN /TX
Währung	TI DFT/ KIN /CY
Zollbestimmungen	TI DFT/ KIN /CS
Gesundheit	TI DFT/ KIN /HE
Reisepassbestimmungen	TI DFT/ KIN /PA
Visabestimmungen	TI DFT/ KIN /VI

PO Box 444
Kingston 10
Tel: 926 56 65, 926 67 28/29. Telefax: 929 82 82.
Generalkonsulat der Republik Österreich (ohne Paß- und Sichtvermerksbefugnis)
c/o Jamaica Hotel & Tourist Association
2 Ardenne Road
Kingston 10
PO Box 80
Montego Bay
Tel: 926 36 35/36, 929 52 59. Telefax: 953 25 58.
Generalkonsulat der Schweizerischen Eidgenossenschaft
22 Trafalgar Road, Suite 13
Kingston 10
PO Box 401
Kingston GPO
Tel: 978 78 57. Telefax: 978 85 63.

FLÄCHE: 10.991 qkm.
BEVÖLKERUNGSZAHL: 2.411.000 (1993).
BEVÖLKERUNGSDICHTE: 219 pro qkm.
HAUPTSTADT: Kingston. Einwohner: 643.801 (Großraum, 1991).
GEOGRAPHIE: Jamaika, Gipfel einer unterseeischen Gebirgskette, ist die drittgrößte der Westindischen Inseln. Die Insel ist bergig, der Blue Mountain im Osten Jamaikas ist 2256 m hoch und fällt nach Westen hin allmählich ab, einige Ausläufer und bewaldete Schluchten verlaufen von Nord nach Süd. Die schönsten Strände liegen an der Nord- und Westküste. Die tropische und subtropische Vegetation ist so dicht und üppig wie kaum anderswo in der Karibik.
STAATSFORM: Parlamentarische Monarchie im Commonwealth mit Zweikammerparlament, seit 1962. Staatsoberhaupt: Königin Elizabeth II., vertreten durch Generalgouverneur Sir Howard Felix Hanlan Cooke, seit 1991. Regierungschef: Percival James Patterson, seit April 1992. Die Nationale Volkspartei (PNP) ist die stärkste Partei im Repräsentantenhaus.
SPRACHE: Die offizielle Landessprache ist Englisch, ein einheimischer Dialekt wird ebenfalls gesprochen.
RELIGION: Hauptsächlich Christen (vor allem Angehörige der anglikanischen Kirche, Baptisten und Methodisten), auch Juden, Moslems, Hindu- sowie Bahai-Gemeinden. Ebenso Rastafarier, die an die Göttlichkeit des verstorbenen Kaisers von Äthiopien, Haile Selassi (Ras Tafari), glauben.
ORTSZEIT: MEZ - 6.
NETZSPANNUNG: 110/220 V, 50 Hz.
US-Flachstecker, Adapter erforderlich.
POST- UND FERNMELDEWESEN: Telefon: Selbstwählferndienst. **Landesvorwahl: 1809.** Es gibt keine Ortsnetzkennzahlen. **Telefaxe** können täglich von 07.00-10.00 Uhr im *Jamintel*-Büro in Kingston aufgegeben werden. Neuerdings bieten auch zahlreiche Hotels und Büros Telefax-Service an. **Telexe/Telegramme** können in den meisten Ortschaften aufgegeben werden.
Post: Luftpost nach Europa ist bis zu vier Tage unterwegs. Postämter sind Mo-Fr 08.30-16.30 Uhr geöffnet.
DEUTSCHE WELLE
Der Einsatz der Kurzwellenfrequenzen ändert sich mehrfach im Laufe eines Jahres, und Sendungen auf den folgenden Frequenzen werden jeweils nur zu bestimmten Tageszeiten ausgestrahlt. Näheres in der Einleitung.

| MHz | 17,860 | 17,715 | 15,275 | 9,545 | 6,10 |
| Meterband | 16 | 16 | 19 | 31 | 49 |

REISEPASS/VISUM

Wichtiger Hinweis: Die Einreisebestimmungen mancher Länder können sich kurzfristig ändern – rufen Sie sicherheitshalber auf Ihrem CRS-System (TIMATIC-Info-Code-Fenster in diesem Kapitel) den aktuellen Stand ab bzw. wenden Sie sich an die zuständige diplomatische Vertretung. Etwaige Zahlen in der Tabelle beziehen sich auf nachfolgende Fußnoten.

	Paß erforderlich?	Visum erforderlich?	Rückflugticket erforderlich?
Deutschland	Ja	Nein/2	Ja
Österreich	Ja	Nein/2	Ja
Schweiz	Ja	Nein/2	Ja
Andere EU-Länder	Ja	1/2	Ja

REISEPASS: Allgemein erforderlich mit Ausnahme von Einwohnern der USA und Kanadas, sofern diese als Touristen einreisen, sich anderweitig ausweisen können (als Staatsbürger oder mit unbeschränkter Aufenthaltsgenehmigung) und direkt aus ihrem Land einreisen.
VISUM: Allgemein erforderlich, ausgenommen sind Staatsbürger von:
(a) der Bundesrepublik Deutschland, Österreich und der Schweiz für Aufenthalte bis zu 3 Monaten;
(b) [1] Belgien, Dänemark, Irland, Italien, Finnland, Luxemburg, Niederlande und Schweden für Aufenthalte bis zu 3 Monaten; Großbritannien für Aufenthalte bis zu 6 Monaten; Frankreich, Griechenland, Portugal und Spanien für Aufenthalte bis zu 30 Tagen;
(c) Commonwealth-Ländern (Mitgliedstaaten s. Inhaltsverzeichnis) für Aufenthalte bis zu 6 Monaten;
(d) den USA (einschl. der Jungferninseln und Puerto Ricos) für Aufenthalte bis zu 6 Monaten;

(e) Island, Israel, Korea-Süd, Liechtenstein, Mexiko, Norwegen, San Marino und der Türkei für Aufenthalte bis zu 3 Monaten;
(f) Argentinien, Brasilien, Chile, Costa Rica und Ecuador für Aufenthalte bis zu 30 Tagen;
(g) Venezuela für Aufenthalte bis zu 14 Tagen.
Voraussetzung für die Einreise der obengenannten Nationalitäten sind ein gültiger Reisepaß, Nachweis über ausreichende Geldmittel und eine Rück- oder Weiterfahrkarte.
Anmerkung: [2] Mit Ausnahme bestimmter Personengruppen wird für **Geschäftsbesuche** ein Visum benötigt. Das Konsulat (oder die Konsularabteilung der Botschaft) erteilt nähere Auskunft.
Visaarten: Einreise- und Transitvisa. Die Gebühren richten sich nach Nationalität, Grund und Dauer der Reise.
Antragstellung: Zuständiges Konsulat bzw. Konsularabteilung der Botschaft (Adressen s. o.).
Unterlagen: (a) 2 Paßfotos. (b) Gültiger Reisepaß. (c) Antragsformular J (zweifach). (d) Gebühr.
Bearbeitungszeit: 6-8 Wochen.
Aufenthaltsgenehmigung: Anfragen an die Botschaft bzw. das zuständige Konsulat.

GELD

Währung: 1 Jamaika-Dollar (J$) = 100 Cents. Banknoten gibt es im Wert von 100, 50, 20, 10, 5, 2 und 1 J$. Münzen in den Nennbeträgen J$ 1 sowie 50, 25, 20, 10, 5 und 1 Cent.
Geldwechsel: Geld kann nur in der Flughafen-Wechselstube, in Banken oder Hotels gewechselt werden.
Kreditkarten: *Eurocard, American Express, Diners Club* und *Visa* werden häufig angenommen. Einzelheiten vom Aussteller der jeweiligen Kreditkarte.
Reiseschecks: US-Dollar-Reiseschecks werden empfohlen.
Wechselkurse

	J$ Sept. '92	J$ Febr. '94	J$ Jan. '95	J$ Jan. '96
1 DM	14,56	17,05	20,60	25,39
1 US$	21,63	29,60	31,93	36,50

Devisenbestimmungen: Die Ein- und Ausfuhr von Fremdwährungen ist unbegrenzt, muß jedoch deklariert werden. Die Ein- und Ausfuhr der Landeswährung ist verboten. Reisende mit festem Wohnsitz in Jamaika dürfen bis zu 20 J$ ein- und ausführen.
Öffnungszeiten der Banken: Mo-Do 09.00-14.00 Uhr, Fr 09.00-15.00 Uhr.

DUTY FREE

Folgende Artikel dürfen zollfrei nach Jamaika eingeführt werden:
*200 Zigaretten oder 50 Zigarren oder 250 g Tabak;
1 l Spirituosen;
2 l Wein;
150 g Parfüm;
340 ml Eau de toilette.*
Einfuhrverbot: Schußwaffen, Sprengstoff, Blumen, Fleisch, frisches Obst und Gemüse, Kaffee, Honig und Drogen dürfen nicht eingeführt werden.

GESETZLICHE FEIERTAGE

23. Mai '96 Tag der Arbeit. **5. Aug.** Unabhängigkeitstag. **21. Okt.** Tag der Nationalhelden. **25./26. Dez.** Weihnachten. **1. Jan. '97** Neujahr. **12. Febr.** Aschermittwoch. **28. März** Karfreitag. **31. März** Ostermontag. **23. Mai** Tag der Arbeit.

GESUNDHEIT

In der folgenden Tabelle aufgeführte Impfvorschriften können sich kurzfristig ändern. Es wird stets empfohlen, auf Ihrem CRS-System (TIMATIC-Info-Code-Fenster in diesem Kapitel) den aktuellen Stand der Gesundheitsbestimmungen abzurufen bzw. rechtzeitig vor der Reise ärztlichen Rat einzuholen.

	Vorsichtsmaßnahmen empfohlen	Impfschein erforderlich
Gelbfieber	Ja	1
Cholera	Nein	Nein
Typhus & Polio	Nein	-
Malaria	Nein	-
Essen & Trinken	2	-

[1]: Eine Impfbescheinigung gegen Gelbfieber wird von Reisenden verlangt, die über ein Jahr alt sind und aus Infektionsgebieten einreisen.
[2]: Leitungswasser ist normalerweise gechlort und relativ sauber, es können jedoch leichte Magenverstimmungen auftreten. Für die ersten Wochen des Aufenthalts wird daher abgefülltes Wasser empfohlen, welches überall erhältlich ist. Milch ist pasteurisiert, und Milchprodukte sind im allgemeinen unbedenklich, ebenso wie einheimisches Fleisch, Geflügel, Meeresfrüchte, Obst und Gemüse.
Hepatitis A kommt vor.
Gesundheitsvorsorge: Der Abschluß einer Reisekrankenversicherung wird empfohlen. Es gibt 30 staatliche Krankenhäuser.

REISEVERKEHR - International

FLUGZEUG: Jamaikas nationale Fluggesellschaft heißt *Air Jamaica* (JM).
Durchschnittliche Flugzeiten: *Frankfurt* – Kingston: 11 Std. (Direktflug); *London* – Kingston: 10 Std; *Los Angeles* – Kingston: 8 Std. 40; *New York* – Kingston: 5 Std.
Internationale Flughäfen: *Kingston Norman Manley International* (KIN) liegt 17 km südöstlich von Kingston. Am Flughafen gibt es eine Bank, Post, Tourist-Information, Duty-free-Shops, Bars, Restaurants und Geschäfte. Busse und Taxis fahren zur Stadt.
Montego Bay (MBJ) (Donald Sangster International) liegt 3 km außerhalb der Stadt. Am Flughafen gibt es Duty-free-Shops.
Shuttleflüge der *Trans Jamaica Airlines* verkehren zwischen den beiden Flughäfen.
Flughafengebühren: 500 J$ pro Person, ausgenommen sind Kinder unter zwei Jahren.
SCHIFF: Montego Bay und Ocho Rios werden von verschiedenen Kreuzschiffahrtslinien angelaufen, u. a. *Royal Caribbean, Costa Lines* und *Holland America Westours*. Mehrere Passagier- und Frachtschiffe (*Geest*) kommen aus Nord-, Mittel- und Südamerika. Die *Lauro Lines* verkehrt zwischen Kingston und dem Mittelmeer.

REISEVERKEHR - National

FLUGZEUG: *Trans Jamaica Airlines* (JQ) verkehren zwischen Kingston und Montego Bay, Port Antonio, Mandeville, Ocho Rios und Negril. In der Wintersaison gibt es jeweils mehrere Flüge pro Tag, außerdem verkehren Shuttleflüge zwischen den beiden großen Flughäfen.
SCHIFF: Boote und Jachten können tage- oder wochenweise gemietet werden.
BUS/PKW: Das Straßennetz umfaßt 17.000 km; ein Drittel der Straßen sind asphaltiert. **Fernbusse:** Der Linienbusverkehr zwischen Kingston und Montego Bay ist zuverlässig, die übrigen Busverbindungen der Insel sind weniger regelmäßig. Bus- und Minibustrips können in den meisten Hotels gebucht werden. **Taxi:** Nicht alle Taxis haben Taxameter. Vor Fahrtantritt sollte man den Fahrpreis absprechen. **Mietwagen:** Einheimische und internationale Autovermietungen findet man in den größeren Städten. Auf Jamaika wird links gefahren.
Unterlagen: Der Führerschein des eigenen Landes gilt bis zu einem Jahr.
STADTVERKEHR: Das öffentliche Busnetz in Kingston ist aus technischen und verwaltungstechnischen Gründen relativ unzuverlässig. Private Minibusse verkehren auf den meisten Strecken.
FAHRZEITEN von Montego Bay zu den anderen größeren Städten Jamaikas (ungefähre Angaben in Std. und Min.):

	Flugzeug	Bus/Pkw
Kingston	0.30	3.00
Negril	0.20	1.30
Ocho Rios	0.30	2.00
Port Antonio	0.40	4.30

UNTERKUNFT

HOTELS: Es gibt 144 Hotels und Pensionen auf Jamaika. Eine Regierungssteuer muß in der Landeswährung bezahlt werden. 90% der Hotels sind Mitglied der *Jamaican Hotel & Tourism Association*, 2 Ardenne Road, Kingston 10. Tel: 926 36 35. Telefax: 929 10 54.
Kategorien: Die Hotels werden von staatlicher Seite regelmäßig überprüft und sind in vier Kategorien aufgeteilt: **A, B, C** und **D.** Die Kategorien richten sich nicht nach dem Standard, sondern nach den Zimmerpreisen für die Winter- und Sommersaison.
FERIENHÄUSER: Auf Jamaika gibt es über 800 Ferienhäuser. Das Fremdenverkehrsamt erteilt nähere Auskunft. Das Angebot reicht von kleinen Apartments bis zu Ferienhäusern mit mehreren Schlafzimmern. Einige Reiseveranstalter bieten Unterbringung in Villen an, pauschal mit Mietwagen und Rundreisen sowie Hin- und Rückfahrt vom Flughafen zur Villa.

URLAUBSORTE & AUSFLÜGE

Jamaika ist eine tropische Insel mit üppiger Vegetation, erfrischenden Wasserfällen und weißen Sandstränden. Als eine der größeren Inseln der Karibik bietet Jamaika auch ausgezeichnete Unterkunftsmöglichkeiten und Freizeiteinrichtungen.

Montego Bay

Montego Bay (umgangssprachlich »Mo' Bay« genannt) ist eine der bekanntesten Ferienbuchten der Welt. Die größte Stadt im Westen Jamaikas ist gleichzeitig die Hochburg des Tourismus auf der Insel. Montego Bay wurde 1492 gegründet, ist jedoch eine der modernsten Städte der Karibik. Von den Straßen Gloucester und Kent Avenue aus hat man eine herrliche Aussicht auf das klare, blaue Wasser der Karibik und das lange, vorgelagerte Korallenriff. Die meisten Hotels liegen an einem 2,5 km langen Küstenstreifen. Es gibt drei große Strände: *Doctor's Cave Beach* (benannt nach dem früheren Eigentümer des Strandes, Dr. McCatty, und einer Höhle, die inzwischen weggespült ist) hat traumhaften weißen Sand und besonders klares Wasser. Man nimmt an, daß das Wasser hier von Mineralquellen gespeist wird. *Walter Fletcher Beach* liegt in der Nähe der Innenstadt und ist nur ein paar Schritte vom Upper Deck Hotel entfernt. *Cornwall Beach* liegt wenige Meter von dem Büro des Fremdenverkehrsamts entfernt. Wer nicht am Strand in der Sonne braten möchte, kann auf Besichtigungstour gehen. Nicht weit von der Küste befindet sich *Rose Hall*, das 1760 erbaute, restaurierte Herrenhaus einer Zuckerrohrplantage. Von der zweiten Eigentümerin, Annie Palmer, wird gesagt, daß sie drei Ehemänner umbrachte, bevor sie selbst ein gewalttätiges Ende fand.
Seltene Vogelarten kann man in der *Rockland Feeding Station* beobachten, z. B. den Mango-Kolibri, den Orange Quit und den Nationalvogel Jamaikas, den »Doktorvogel«. Zu bestimmten Tageszeiten dürfen Besucher die Vögel füttern. In **Catadupa** kann man maßgeschneiderte Hemden und andere Kleidungsstücke kaufen.
Negril liegt 80 km westlich von Montego Bay. Der traumhafte Strand ist 11 km lang; man kann segeln, schwimmen, Wasserski laufen, hochseeangeln, tauchen, Fallschirm springen und windsurfen. Die Stadt war zuerst als Künstlerkolonie bekannt, Mitte der sechziger Jahre wurde sie zum Mittelpunkt der »alternativen« Kultur auf Jamaika. Heute ist Negril ein großes Touristenzentrum, hat jedoch im Unterschied zu anderen Urlaubsorten seinen ursprünglichen Charakter weitgehend bewahrt. Neue Gebäude dürfen in der Stadt nicht zu hoch gebaut werden und müssen sich in das Stadtbild einfügen. Geschäftstüchtige Einheimische verkaufen Handarbeiten und Kunstgewerbe an Straßenständen. Am Strand sind über die Jahre zahlreiche Clubs und Diskotheken eröffnet worden. *Rick's Cafe* liegt an der äußersten Westspitze Jamaikas; sowohl Besucher als auch Einheimische kommen hierher, um den atemberaubenden Sonnenuntergang zu bewundern.

Die Urlaubsorte der Nordküste

Falmouth ist eine hübsche Hafenstadt, 42 km von Montego Bay entfernt. Im nahegelegenen **Rafters Village** kann man Floß fahren; in der Nähe liegen auch die Krokodilfarm von *Jamaica Swamp Safaris* und das Plantagenhaus *Greenwood Great House*. Dem Chor der *Church of St. Paul* kann man beim sonntäglichen Gottesdienst lauschen.
Ocho Rios liegt etwa 108 km östlich von Montego Bay. Der Name geht auf das altspanische Wort für »rauschender Fluß« zurück, das auf neuspanisch »acht Flüsse« bedeutet. Obwohl es heute hier Freizeitanlagen, internationale Hotels und Restaurants mit internationaler Küche gibt, ist die verträumte Atmosphäre des einstigen Fischerstädtchens noch nicht ganz verlorengegangen. Die *Shaw Park Botanical Gardens* lassen das Herz aller Gartenfreunde höherschlagen. In der Nähe der Stadt befinden sich die *Dunn's River Falls*, ein ca. 200 m hoher Wasserfall, der über zahlreiche Stufen in eine malerische Bucht herabfällt. Der Aufstieg über die Wasserstufen ist ein einmaliges Erlebnis. Zu den beliebtesten Ausflugszielen der Umgebung gehören auch die *Plantagen Brimmer Hall* und *Prospect*. Hier werden Bananen, Zuckerrohr und Gewürze auf traditionelle Art angebaut. Unvergeßlich ist die Fahrt durch die dunkle, stille *Fern Gully*, eine 5 km lange Schlucht, in der über die Hälfte der 500 verschiedenen Farnarten der Insel zu finden sind. Abenteuerlich sind auch nächtliche Kanufahrten auf dem *White River* bei Fackelschein und Trommelbegleitung. Zeugnisse der Vergangenheit Jamaikas kann man im Museum und dem 24 Std. geöffneten Freiluftpark des *Columbus Park* in der **Discovery Bay** bewundern. In der *Runaway Bay* gibt es schöne Strände, man kann wunderbar tauchen und auch Reitpferde ausleihen. In den *Runaway Caves* werden auf dem unterirdischen See der »Grünen Höhle« in 35 m Tiefe Bootsfahrten angeboten.
Port Antonio liegt in einer der schönsten Buchten der Karibik, umgeben von den *Blauen Bergen*. Die Stadt stammt aus dem 16. Jahrhundert. Zu den Sehenswürdigkeiten zählen *Mitchell's Folly*, eine zweistöckige Villa, die 1905 von dem amerikanischen Millionär Dan Mitchell erbaut wurde, sowie die Ruinen eines Herrenhauses mit 60 Zimmern. Man kann sich an den herrlichen Stränden in der Sonne aalen. Das Meer ist voller schmackhafter Fische wie Fächerfisch, Wahoo, Yellowtail, Bonito und Königsfisch – jeden Herbst finden in San Antonio ein internationales Wettfischen und das *Blue Marlin Tournament* statt. Die prunkvollsten Villen der Insel liegen in den Ausläufern der Berge. Auf dem *Rio Grande* kann man Floß fahren. Ursprünglich wurden Flöße auf Jamaika nur benutzt, um Bananen von den Plantagen zum Hafen zu befördern; heute ist *Rafting*, wie dieses Freizeitvergnügen heißt, bei Urlaubern sehr beliebt. Vom *Berrydale* in den Blauen Bergen bricht man zu zweistündigen Fahrten auf Bambusflößen auf (für jeweils zwei Personen), durch dichten Regenwald und an Bananen- und Zuckerrohrplantagen vorbei zum Restaurant *Rafter's Rest* in der *Margaret's Bay*. In der Nähe der Bucht liegen die *Somerset-Wasserfälle*, hier kann man in Ruhe picknicken, baden und die Aussicht genießen. Zu den schönsten Stränden um Port Antonio zählen *San San* und *Boston*. Ca. 8 km von Port Antonio entfernt liegt eine der schönsten Buchten der Karibik, die *Blue Lagoon*, eine kristallklare Bucht mit Süßwasserquellen: herrlich zum Schwimmen, Wasserskifahren und Fischen.

Kingston und der Süden

Kingston ist Hauptstadt und kultureller Mittelpunkt des Landes. Die Stadt hat den größten Naturhafen der Karibik (und den siebtgrößten der Welt). Kingston ist auch eine Geschäftsstadt, in der Beispiele britischer Kolonialarchitektur des 18. Jahrhunderts neben modernen Bürohäusern stehen. Die Vororte breiten sich immer mehr aus, um die ständig wachsende Zahl von Pendlern aufzunehmen. Die meisten Touristen fahren nur in die Urlaubsorte und an die Strände, dabei gibt es auch in Kingston eine Reihe von Sehenswürdigkeiten.
In der *National Gallery of Arts* ist eine farbenfrohe und interessante Sammlung moderner Kunst zu sehen. Eine große Anzahl unterschiedlicher Bäume und Pflanzen, darunter auch Orchideen, findet man in den *Hope Botanical Gardens*. Sonntag nachmittags spielt hier eine Kapelle. Es gibt einen Kunstgewerbemarkt auf der King Street. *Port Royal* an der Spitze der Hafenhalbinsel ist ein Museum aus der Zeit, als Kingston als die »reichste und verruchteste Stadt der Welt« bekannt war (unter der Herrschaft von Piratenkapitän Morgan und seinen Freibeutern). Das *White Marl Arawak Museum* ist der alten Kultur der Arawak-Indianer gewidmet. Die Gebäude der westindischen Universität stehen auf einer ehemaligen Zuckerrohrplantage, das Gelände ist der Öffentlichkeit zugänglich. *Caymanas Park* ist eine vielbesuchte Pferderennbahn, auf der man jeden Mittwoch, Samstag und an Feiertagen Wetten abschließen kann. Golfturniere finden im November auf dem *Caymanas-Golfplatz* statt. Ganz in der Nähe wird jedes Wochenende Polo gespielt.
Spanish Town, die alte Hauptstadt von Jamaika, liegt westlich von Kingston, eine kurze Autofahrt entfernt. Der Rathausplatz, ursprünglich im Stil einer mittelalterlichen spanischen Stadt angelegt, zeugt heute in erster Linie von der englischen Architektur des 18. Jahrhunderts. Die spanische Kirche *St. Jago de la Vega* ist die älteste Kirche auf den Westindischen Inseln.
Mandeville, die Sommerhauptstadt, liegt inmitten wunderschöner Gärten und Obstplantagen. Mandeville ist das Zentrum des Zitrusfruchtanbaus und der Bauxitgewinnung auf Jamaika, liegt 600 m ü. d. M. und ist Jamaikas höchstgelegene Stadt. Hier kann man sich von der Hitze der Küste erholen, Tennis und Golf spielen, Reitpferde ausleihen und Ausflüge in die Umgebung unternehmen.
Südlich von Mandeville auf dem Weg zur Küste liegt das Kurbad *Milk River Baths*. Das Wasser der Mineralquellen erreicht Temperaturen bis zu 32°C und wird seit 250 Jahren für seine Heilkraft geschätzt. Unweit von hier stößt man auf den *Lover's Leap*, einen schwindelerregenden, 180 m hohen Steilhang in den *Santa Cruz Mountains*, den *Treasure Beach* und den Urlaubsort *Bluefields*.

SOZIALPROFIL

ESSEN & TRINKEN: Das Essen auf Jamaika ist scharf und würzig. Zu den Spezialitäten gehören *Rice and Peas* (sinngemäß »Reis mit Erbsen«), ein schmackhaftes Gericht, zwar ohne Erbsen, dafür mit Bohnen, Schalotten, weißem Reis, Kokosmilch und Kokosöl; *Saltfish and Ackee* (getrockneter Kabeljau mit gekochter Ackee-Frucht), Curry aus Ziegenfleisch mit Reis (scharf gewürzt), *Jamaican Pepperpot* (»Pfeffertopf« mit gepökeltem Rind- und Schweinefleisch, *Okra* und der Kohlsorte *Calalou*), Hühnerfrikassee (Eintopf mit Huhn, Karotten, Yamswurzel, Schalotten, Zwiebeln, Tomaten und Paprika in kaltgepreßtem Kokosöl), Spanferkel (ein drei Monate altes Ferkel, gefüllt mit Reis, Paprika, gewürfelter Yamswurzel und Thymian mit geraspelter Kokosnuß und Maismehl). *Patties* sind der beliebteste Imbiß auf Jamaika (Pasteten mit Hackfleisch und Paniermehl oder anderen Füllungen) und überall in verschiedenen Formen und Preislagen zu finden. **Getränke:** Jamaikanischer Rum ist weltberühmt, vor allem *Gold Label* und *Appleton*. *Rumona* ist ein schmackhafter Rumlikör. Die Biersorten *Red Stripe* und *Dragon Stout* sind ausgezeichnet, ebenso *Tia Maria* (ein Likör aus Schokolade und Kaffee der Blue Mountains). Sehr schmackhaft sind auch frische Fruchtsäfte und der ausgezeichnete Blue-Mountain-Kaffee.
NACHTLEBEN: In den größeren Hotels der Touristengegenden treten oft kleine Bands und manchmal Calypso-Sänger mit Gitarren auf. Folkloreshows und Steelbands findet man häufig, ebenso Diskotheken, Nachtklubs und Jazzmusik. Mindestens einmal in der Woche gibt es Steelbandshows mit Limbo-Tänzern und Feuerschluckern. Aus Jamaika kommen die *Reggae-Musik* und ihr berühmter Interpret, Bob Marley. Das Fremdenverkehrsamt von Jamaika organisiert Kulturabende unter dem Motto *Meet the People* in verschiedenen malerischen Fleckchen der Insel. Weitere Informationen hierzu gibt es bei den Fremdenverkehrsämtern in Kingston, Montego Bay, Port Antonio, Ocho Rios oder Negril. Alljährlich im Juli/August findet das weltberühmte *Sunsplash Reggae Festival* statt.
EINKAUFSTIPS: Besonders empfehlenswert sind auf der Insel hergestellte Artikel und Duty-free-Sonderangebote. Handgewebte Stoffe, Stickereien, Batiken, Holzschnitzereien, Ölgemälde, Stroharbeiten und Ledersandalen sind nur einige der Kunstgewerbeartikel, für die Jamaika bekannt ist. Im *In-Craft-Workshop* kann man

Man kann jeden Gast rund um die Uhr verwöhnen.

Nichts ist einfacher als das! Unsere acht einzigartigen Super-Inclusive Resorts sind für jeden das perfekte Urlaubsziel. **Hedonism II** bietet Vergnügen-pur, **Boscobel Beach** ist ein tropisches Abenteuer für die ganze Familie und das einzige karibische Super-Inclusive Hotel, in dem Kinder unter 14 Jahren **gratis** wohnen, essen und spielen dürfen.
Unsere zwei eleganten Lido Resorts: **Grand Lido**, mit seinem außergewöhnlichen architektonischen Baustil vermittelt Luxus und gemütliches Ambiente.
Sans Souci Lido bietet charmante, tropische Eleganz, inmitten von natürlichen Mineralquellen, wohltuenden Massagen und ausgezeichnetem Service.
Breezes Bahamas, **Breezes Montego Bay** und **Breezes Runaway Bay at Jamaica Jamaica** stehen für eine Vielzahl von Aktivitäten, Spaß und Romantik. Unser exotischer **Club Varadero** liegt außerdem am längsten und beliebtesten Strand der kubanischen Küste.

Super-Inclusive – der Unterschied

Super-Inclusive bietet nicht nur eine Mahlzeit, sondern ein Festmahl in einem unserer preisgekrönten Restaurants.
Unsere Cocktails sind vom Feinsten. Wir bieten nicht nur eine Show, sondern die aufregendste Live-Unterhaltung auf der Insel.
Die komfortablen Hotels sind großzügig, luxuriös und sehr romantisch.
Es ist nicht nur inklusive, es ist Super-Inclusive. Wir zeigen Ihnen diesen entscheidenden Unterschied.
Für den perfekten Super-Inclusive Urlaub brauchen Sie nicht weiter zu suchen. Die beste Wahl in der Karibik ist SuperClubs.

Die einzigen Super-Inclusive® Resorts in der Karibik.

Für eine Informationsbroschüre und weitere Fragen wenden Sie sich bitte an Ihr Reisebüro oder rufen Sie **SuperClubs** in Deutschland unter: 089-592275 oder Fax 089-5504045 an.

GRAND LIDO • SANS SOUCI LIDO • BOSCOBEL BEACH • HEDONISM II • BREEZES RUNAWAY BAY • BREEZES MONTEGO BAY •
BREEZES BAHAMAS • CLUB VARADERO

spezialangefertigte Teppiche und Reproduktionen von Porzellan und Zinnartikeln der alten, versunkenen Stadt Port Royal kaufen. Im Dorf *Highgate* in den Bergen betreiben Quäker eine Werkstatt, die auf die Herstellung von Korb- und Holzmöbeln, Strohmatten usw. spezialisiert ist. Schöne Mitbringsel sind auch Jamaika-Rum, *Rumona-Likör* (der einzige Rumlikör der Welt, außerhalb Jamaikas kaum erhältlich) und *Ian Sangsters Rum Cream*, außerdem *Pepper Jellies*, Konfitüren, Gewürze und Kaffee. In einigen Geschäften kann man eine Reihe internationaler Artikel steuerfrei (*In-Bond*) zu äußerst günstigen Preisen kaufen. Steuerfreie Exportware ist verpackt und versiegelt und darf nur außerhalb des Landes geöffnet werden. Alle Einkäufe müssen in der Landeswährung bezahlt werden. **Öffnungszeiten der Geschäfte:** Mo-Fr 09.00-17.00 Uhr. Manche Geschäfte schließen Mittwoch nachmittags (in Kingston) oder Donnerstag nachmittags (in den anderen Ortschaften).
SPORT: Wassersport: Zahlreiche Hotels haben Swimmingpools oder Privatstrände. Die besten Badestrände liegen an der Nordküste. Östlich von Port Antonio in der Boston Bay, ebenfalls an der Nordküste, ist **Wellenreiten** beliebt. Glasklares Wasser, Wracks versunkener Schiffe, Korallenriffe, Fischschwärme und mit Schwämmen bewachsene Unterwasserhöhlen laden zum **Tauchen** ein. In Tauchgeschäften kann man Ausrüstungen mieten und mit Führern Taucherausflüge vereinbaren. Einige Taucherclubs und -zentren bieten Lehrgänge an. In den meisten Strandhotels kann man kleine Boote und Bretter zum **Wellenreiten** und **Windsurfen** ausleihen. Wer größere Boote mieten möchte, kann sich mit dem *Royal Jamaican Yacht Club* in Verbindung setzen. **Wasserskifahren** ist vor den meisten Strandhotels und im *Kingston Ski Club* in Morgans Harbour möglich. **Angeln:** In den Flüssen kann man u. a. Bergäschen, Hognose Mullets, Drummers und Small Snooks angeln. In den Hotels der großen Touristengebiete werden **Hochsee-Angelfahrten** angeboten. Fischen mit der Harpune ist an den Riffen erlaubt. Ein Angelschein ist nicht erforderlich, nur für die im September in Port Antonio stattfindenden Angelwettbewerbe muß man sich anmelden. **Tennis:** Es gibt zahlreiche Tennisplätze; Hotels ohne Tennisplätze können zumeist einen Platz in der Umgebung vermitteln. **Golf:** Auf Jamaika gibt es einige der schönsten und anspruchsvollsten Golfplätze der Karibik, vor allem in Montego Bay. **Reiten:** Manche Reitschulen sind ganzjährig geöffnet, andere nur in der Wintersaison. Hotels sind bei der Buchung gern behilflich. Im *Chukka-Cove-Reitzentrum* in der Runaway Bay kann man Reitstunden nehmen, Polo spielen und auch übernachten. Im *Sabina Park* in Kingston und auf anderen Plätzen der Insel wird **Kricket** gespielt, Nationalsport auf Jamaika wie in den meisten ehemaligen britischen Kolonien; die Saison dauert von Januar bis August. **Fußball** steht an zweiter Stelle der Publikumsgunst und wird das ganze Jahr über gespielt. **Polo** hat eine jahrhundertealte Tradition auf Jamaika. Turniere werden das ganze Jahr in Kingston veranstaltet. Wöchentlich finden Turniere in Kingston und in Ocho Rios statt. **Pferderennen** werden auf der Caymanas-Pferderennbahn in Kingston veranstaltet.
VERANSTALTUNGSKALENDER
Mai '96 (1) *St. James Horticultural Society Show*, Montego Bay. (2) *Negril Karneval.* **29. Mai** *Mutual Life Jazz*, Kingston. **10. - 17. Juni** *Ocho Rios Jazz Festival.* **Aug.** (1) *Denbigh Agricultural Show*, May Pen. (2) *Straßenumzüge zum Unabhängigkeitstag*, Kingston. (3) *Portland Jamboree*, Port Antonio. **1. - 4. Aug.** *Reggae Sunsplash* (Festival der führenden Reggaestars der Welt), Montego Bay. **6. - 10. Aug.** *Reggae Sunfest*, Montego Bay. **Okt.** (1) *Jamaica Open Golf Tournament.* (2) *Cricket Competition*, Montego Bay. **Nov.** *Harmony Hall Christmas Craft Fair*, Ocho Rios. **Dez.** (1) *Jam-Am Yacht Race* (Jachtregatta), Montego Bay. (2) *Devon House's Christmas Craft Fair*, Kingston. (3) *World Championship Golf*, Tryall Golf, Tennis and Beach Club. **Jan. '97** (1) *Jährliche Kunstausstellung*, Nationalgalerie, Kingston. (2) *Accompong Maroon Festival*, Accompong, St. Elizabeth. **6. Febr.** *Bob Marley's Birthday Bash* (Feier anläßlich Bob Marleys Geburtstags), Kingston. **März** *Jamaica Music Industry Awards*, Kingston. **April** (1) *Karneval.* (2) *Montego Bay Yacht Club's Easter Regatta*, Montego Bay. **Mai** *St. James Horticultural Society Show*, Montego Bay.
Das ganze Jahr über finden auch Wettbewerbe im Angeln, Golf, Reiten und Tennis statt sowie Mode-, Musik- und Gartenshows.
SITTEN & GEBRÄUCHE: Zur Begrüßung gibt man sich die Hand. Viele Jamaikaner sind sehr gastfreundlich, und man wird nicht selten zum Essen eingeladen. In diesem Fall ist ein kleines Geschenk angebracht. Tagsüber ist Freizeitkleidung üblich, Schwimmsachen und Shorts sollten jedoch nur am Swimmingpool oder am Strand getragen werden. Die Abendgarderobe schwankt von lässig in Negril bis formell in anderen Touristengebieten, in denen in der Wintersaison unter Umständen Jackett und Krawatte zum Abendessen erwartet werden. Im Sommer ist die Garderobe ungezwungener. Da der Tourismus eine der Hauptindustrien Jamaikas ist, wird viel für Besucher getan; das Personal in Hotels und Restaurants ist zuvorkommend und aufmerksam. Außerhalb von Kingston nimmt man das Leben nicht zu ernst, die Leute sind gastfreundlich und offen. Afrikanische Kultur und Musik sind allgegenwärtig, der englische Einfluß aus der Kolonialzeit ist ebenso unverkennbar. Oft stößt man auf Schilder, die *Jah Lives* verkünden (»Gott Lebt«, *Jah* ist der Name der Rastafarier für Gott). Der Besitz von Marihuana kann zu Gefängnisstrafen und Ausweisung führen. Vor allem sollte man nicht versuchen, Marihuana aus dem Land zu schmuggeln, die Zollbehörden kennen mittlerweile alle Tricks. **Trinkgeld:** Die meisten Hotels und Restaurants setzen 10% Bedienungsgeld auf die Rechnung. Kellner erwarten 10-15%. Zimmermädchen, Hotelpagen, Gepäckträger am Flughafen erwarten ebenfalls ein Trinkgeld. Taxifahrer bekommen 10% des Fahrpreises.

WIRTSCHAFTSPROFIL

WIRTSCHAFT: Jamaika ist der größte Bauxit-Produzent der Welt. Die sinkenden Weltmarktpreise dieser Rohstoffe haben der jamaikanischen Wirtschaft in den achtziger Jahren schwer zu schaffen gemacht. Die Entscheidung der Mineneigentümer (eine Gruppe amerikanischer multinationaler Firmen), den Abbau zu verringern, führte zu einer Auseinandersetzung mit der Regierung von Jamaika. Die Regierung übernahm daraufhin eine der Minen und sorgte dafür, daß der Betrieb wieder aufgenommen wurde. Der Tourismus hat sich trotz der Schäden durch mehrere Wirbelstürme zur Haupt-Devisenquelle entwickelt. Die Landwirtschaft, hauptsächlich der Anbau von Zuckerrohr, Bananen, Kaffee und Kakao, spielt nach wie vor eine große Rolle; die Modernisierung der Produktionsmethoden und die daraus resultierenden besseren Erträge haben die Rückschläge durch Unwetter und fallende Weltmarktpreise auffangen können. Die herstellende Industrie verzeichnet ein gesundes Wachstum, zu den Produkten zählen Zement, Textilien, Tabak und andere Konsumgüter. Die letzte Regierung unter Michael Manley begann mit der Privatisierung staatlicher Unternehmen und führte strenge Budget-Kontrollen mit Hilfe des Internationalen Währungsfonds durch. 1991 stieg die Inflationsrate durch ein von der Weltbank verordnetes Sanierungsprogramm auf 80% an (1994: 34,1%). Haupthandelspartner sind die USA, die 50% der Importe liefern und 36% der Exporte erhalten. Weitere wichtige Exportmärkte sind Großbritannien, Kanada und die Niederlande. Im Februar 1993 wurden die fünf Zuckermühlen Jamaikas in Privatbesitz überführt. Außerdem erließ die USA Jamaika 70% seiner Schulden und trug somit zu einer Senkung der hohen Auslandsverschuldung Jamaikas bei.
GESCHÄFTSVERKEHR: Geschäftsleute tragen oft ein »Shirtjac« (Buschjacke ohne Krawatte), auf Jamaika als *Kareba* bekannt. Die üblichen Formalitäten werden erwartet, Termine sollten vereinbart werden, und Visitenkarten sind gern gesehen. Für Handelsproben ist eine Einfuhrlizenz erforderlich, die die Handelsverwaltung erteilt (*Trade Administrator*, c/o Trade Board, 4 Winchester Road, Kingston. Tel: 926 31 30, 929 15 40). Muster ohne kommerziellen Wert dürfen eingeführt werden, ohne daß zuvor eine Lizenz eingeholt werden muß. Es kann jedoch trotzdem erforderlich sein, die Handelsverwaltung aufzusuchen, um sich für den Zoll ein Dokument ausstellen zu lassen, das die Zollfreiheit der Muster bestätigt. **Geschäftszeiten:** Mo-Fr 08.30-16.30/17.00 Uhr.
Kontaktadresse: *Associated Chambers of Commerce of Jamaica*, 7-8 East Parade, PO Box 172, Kingston. Tel: 922 01 50.
KONFERENZEN/TAGUNGEN: Das Konferenzzentrum Jamaikas in Kingston wurde 1983 von der englischen Königin eröffnet. Mehrere Hotels der Insel sind auf Konferenzen eingerichtet, manche können bis zu 1000 Teilnehmer aufnehmen. Das Fremdenverkehrsamt (Adressen s. o.) erteilt nähere Auskunft.

KLIMA

Ganzjährig tropische Wetterverhältnisse. Regenschauer können jedoch zu jeder Jahreszeit auftreten. Kühlere Temperaturen am Abend.
Kleidung: Leichte Baumwoll- und Leinenkleidung sowie leichte Wollsachen am Abend. Synthetische Kleidungsstücke sollte man vermeiden.

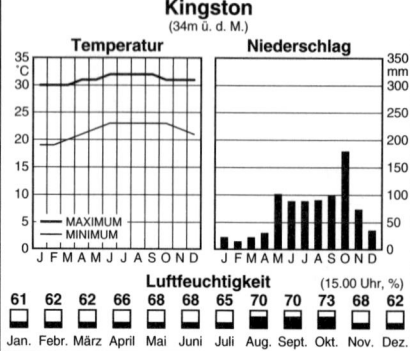

Japan

Lage: Ostasien.

Japanische Fremdenverkehrszentrale
Kaiserstraße 11
D-60311 Frankfurt/M.
Tel: (069) 2 03 53. Telefax: (069) 28 42 81.
Mo-Fr 09.00-17.00 Uhr.
Japanisches Fremdenverkehrsamt
13 Rue de Berne
CH-1201 Genf
Tel: (022) 731 81 40. Telefax: (022) 738 13 14.
Mo-Fr 09.00-17.00 Uhr.
Japan National Tourist Organization (Fremdenverkehrsamt)
Tokyo Kotsu Kaikan Building
2-10-1 Yuraku-cho
Chiyoda-ku
Tokio 100
Tel: (03) 32 16 19 01. Telefax: (03) 32 14 76 80.
Japanische Botschaft
Godesberger Allee 102-104
D-53175 Bonn
Tel: (0228) 8 19 10. Telefax: (0228) 37 93 99.
Mo-Fr 09.00-12.30 und 14.00-17.00 Uhr, *Konsularabt.:* Mo-Fr 09.00-12.00 und 14.00-16.30 Uhr.
Generalkonsulate mit Visumerteilung in Berlin (Tel: (030) 832 70 26), Düsseldorf (Tel: (0211) 16 48 20), Frankfurt/M. (Tel: (069) 77 03 51), Hamburg (Tel: (040) 33 30 17-0) und München (Tel: (089) 47 10 43).
Japanische Botschaft
Argentinierstraße 21
A-1040 Wien
Tel: (0222) 50 17 10. Telefax: (0222) 505 45 37.
Mo-Fr 09.00-12.00 und 14.00-16.00 Uhr.
Honorargeneralkonsulat in Salzburg.
Japanische Botschaft
Engestraße 43
CH-3012 Bern
Tel: (031) 302 08 11. Telefax: (031) 302 08 15.
Mo-Fr 09.00-12.00 und 14.00-16.30 Uhr (Konsularabt.).
Generalkonsulat ohne Visumerteilung in Genf. *Honorar-*

TIMATIC INFO-CODES

*Abrufbar über Ihr CRS-System (für START/Amadeus Ama-Maske benutzen). Für Galileo bitte TI-DFT eingeben (**mit Bindestrich**).*

Flughafengebühren	TI DFT/ TYO /TX
Währung	TI DFT/ TYO /CY
Zollbestimmungen	TI DFT/ TYO /CS
Gesundheit	TI DFT/ TYO /HE
Reisepassbestimmungen	TI DFT/ TYO /PA
Visabestimmungen	TI DFT/ TYO /VI

konsulat in Zürich.
Botschaft der Bundesrepublik Deutschland
5-10 Minami Azabu
4-chome
Minato-ku
Tokio 106
PO Box 955
Tokio 100-91
Tel: (03) 34 73 01 51/-57. Telefax: (03) 34 73 42 34, 34 73 42 44.
Generalkonsulat in Osaka-Kobe.
Honorarkonsulate in Fukuoka, Nagoya und Sapporo.
Botschaft der Republik Österreich
1-1-20 Moto Azabu
Minato-ku
Tokio 106
Tel: (03) 34 51 82 81/82. Telefax: (03) 34 51 82 83.
Generalkonsulat in Osaka. *Konsulat* in Hiroshima und Sapporo. Alle ohne Paß- und Sichtvermerksbefugnis.
Botschaft der Schweizerischen Eidgenossenschaft
9-12, Minami Azabu
5-chome
Minato-ku
Tokio 106
PO Box 38
Tokio 106-91
Tel: (03) 34 73 01 21, 34 73 01 30. Telefax: (03) 34 73 60 90.
Generalkonsulat in Osaka.

FLÄCHE: 377.750 qkm.
BEVÖLKERUNGSZAHL: 124.500.000 (1993).
BEVÖLKERUNGSDICHTE: 330 pro qkm.
HAUPTSTADT: Tokio. **Einwohner:** 8.087.100 (1994).
GEOGRAPHIE: Japan liegt 160 km vom asiatischen Festland entfernt. Zu Japan gehört der größte Teil der Inselkette, die der asiatischen Ostküste vorgelagert ist. Die Hauptinseln (von Nord nach Süd) sind Hokkaido, Honshu, Shikoku und Kyushu. Japan ist sehr gebirgig, etwa drei Viertel des Landes bestehen aus Hügel- und Bergland. Mehrere Bergketten verlaufen von Hokkaido im Norden nach Kyushu im Süden. Die Japanischen Alpen verlaufen in nord-südlicher Richtung durch die Mitte der Insel Honshu. Der höchste Berg ist mit 3776 m der Vulkan *Fuji-san* (Fudschijama). Er ist einer von über 200 Vulkanen, von denen 36 in den letzten hundert Jahren noch aktiv waren. Die Tiefebenen liegen hauptsächlich in Küstennähe. Sie sind zumeist nur klein; die größte ist die Kanto-Ebene in der Bucht von Tokio. Die Küste Japans ist im Verhältnis zur Landmasse sehr lang, und die Küstenlandschaft ist ausgesprochen vielfältig. An den Ausläufern der Bergketten liegen tiefe Buchten mit natürlichen Häfen.
STAATSFORM: Parlamentarisch-demokratische Monarchie mit Zweikammerparlament, seit 1947. Wahlen zum Unterhaus finden alle 4 Jahre statt, zum Oberhaus alle 6 Jahre. Staatsoberhaupt (nur im symbolischen Sinne): Kaiser Akihito, seit 1989. Regierungschef: Tomiichi Murayama, seit Juni 1994. Das politische Establishment Japans ist in den letzten Jahren von vielen Skandalen geschüttelt worden, die letzten beiden Premierminister haben sich noch nicht einmal ein Jahr lang im Amt halten können.
SPRACHE: Japanisch. Englisch als Geschäfts- und Fremdsprache.
RELIGION: Shintoismus und Buddhismus (die meisten Japaner folgen beiden Religionen). Es gibt christliche und andere Minderheiten.
ORTSZEIT: MEZ + 8.
NETZSPANNUNG: 100 V, 60 Hz im Westen (Osaka). 100 V, 50 Hz im Osten (Tokio). Zweipolige Flachstecker.
POST- UND FERNMELDEWESEN: Telefon: Selbstwählferndienst. **Landesvorwahl: 81.** Auslandsgespräche können vom Hotel oder vom internationalen Telefon- und Telegrafenzentrum *Kokusai Denshin Denwa Co. Ltd.* (KDD), 3-2-5 Kasumigaseki, Chiyoda-ku, geführt werden. **Telefax:** 24-Std.-Service in großen Hotels. Die Büros der *KDD* in Tokio, Osaka, Yokohama und Nagoya bieten ebenfalls einen Telefax-Service an. **Telex/Telegramme:** Telexgeräte stehen in den Hauptpostämtern und den größeren Büros der KDD und der *Nippon Denshin Denwa Kaisha* zur Verfügung. Hier, sowie in größeren Hotels oder Postämtern, können auch Telegramme aufgegeben werden. Es gibt zwei Preisklassen. Auslandstelegramme können im Hauptpostamt von Tokio bis Mitternacht aufgegeben werden. **Post:** Auf dem Hauptpostamt am Tokioer Bahnhof steht englischsprachiges Personal zur Verfügung. Luftpostbriefe nach Europa sind zwischen 4 und 6 Tagen unterwegs. Postlagernde Sendungen werden von größeren Postämtern angenommen und bis zu 10 Tage aufbewahrt. Öffnungszeiten: Mo-Fr 09.00-17.00 Uhr, Sa 09.00-12.00 Uhr. Das Hauptpostamt und das internationale Postamt (in der Nähe von Ausgang A-2 der U-Bahn-Station Otemachi) sind bis 19.00 Uhr geöffnet, Sa bis 17.00 Uhr.
DEUTSCHE WELLE
Der Einsatz der Kurzwellenfrequenzen ändert sich mehrfach im Laufe eines Jahres, und Sendungen auf den folgenden Frequenzen werden jeweils nur zu bestimmten Tageszeiten ausgestrahlt. Näheres in der Einleitung.

MHz	21,640	13,780	12,000	9,715	9,570
Meterband	13	22	25	31	31

REISEPASS/VISUM

Wichtiger Hinweis: *Die Einreisebestimmungen mancher Länder können sich kurzfristig ändern – rufen Sie sicherheitshalber auf Ihrem CRS-System (TIMATIC-Info-Code-Fenster in diesem Kapitel) den aktuellen Stand ab bzw. wenden Sie sich an die zuständige diplomatische Vertretung. Etwaige Zahlen in der Tabelle beziehen sich auf nachfolgende Fußnoten.*

	Paß erforderlich?	*Visum erforderlich?*	*Rückflugticket erforderlich?*
Deutschland	Ja	Nein/1	Ja
Österreich	Ja	Nein/1	Ja
Schweiz	Ja	Nein/1	Ja
Andere EU-Länder	Ja	1	Ja

Anmerkung: Reisenden, die weder im Besitz der erforderlichen Rück- oder Weiterreisetickets sind, noch über ausreichende Geldmittel für den Aufenthalt verfügen, kann die Einreise auch mit Visum verweigert werden.
REISEPASS: Allgemein erforderlich.
VISUM: Allgemein erforderlich, ausgenommen sind Staatsbürger der nachfolgenden Länder:
(a) **[1]** Bundesrepublik Deutschland, Österreich und der Schweiz sowie Belgien, Dänemark, Finnland, Frankreich, Griechenland, Großbritannien, Irland, Italien, Luxemburg, Niederlande, Portugal, Schweden und Spanien bei Aufenthalten bis zu 3 Monaten;
(b) Argentinien, Bahamas, Chile, Costa Rica, Dominikanische Republik, El Salvador, Guatemala, Honduras, Island, Israel, Jugoslawien (Serbien und Montenegro), Kanada, Kolumbien, Kroatien, Lesotho, Liechtenstein, Malta, Mauritius, Mexiko, Neuseeland, Norwegen, Peru, San Marino, Singapur, Slowenien, Suriname, Tunesien, Türkei, Uruguay, USA und Zypern bei Aufenthalten bis zu 3 Monaten;
(c) Brunei bei Aufenthalten bis zu 14 Tagen.
Anmerkung: Diese Liste ist nicht verbindlich, die Botschaft trifft Einzelfallentscheidungen je nach Herkunftsland und Visaart.
Visaarten: Geschäfts-, Transit- und Touristenvisum. Die Gebühren sind unterschiedlich, nähere Informationen bei der Botschaft (Adressen s. o.).
Visagebühren: Unterschiedlich, je nach Nationalität. Touristenvisa: 47 DM, 330 öS, 39 sfr. Neue Gebühren ab Mai 1996.
Gültigkeit: Unterschiedliche Gültigkeitsdauer, u. a. abhängig von der Staatsangehörigkeit des Reisenden und dem Besuchsgrund.
Antragstellung: Konsulat bzw. Konsularabteilung der Botschaft (Adressen s. o.).
Unterlagen: (a) Gültiger Reisepaß. (b) Antrag. (c) 2 Paßfotos. (d) Einführungsschreiben (für Geschäftsvisa). (e) Rückflugticket (für Touristenvisa). (f) Nachweis ausreichender Geldmittel. (g) Buchungsbestätigung des Reisebüros und Quittung. (h) Bei Privatreisen ist eine Einladung notwendig.
Anmerkung: In Fällen, wo der Antrag nach Japan geschickt wird, muß der Antrag in doppelter Ausfertigung mit 2 Paßfotos eingereicht werden.
Bearbeitungszeit: Unterschiedlich, normalerweise 7 Tage.
Hinweis: Anfang Februar 1991 trat ein Gesetz in Kraft, nach dem Aids-verdächtige Ausländer bei der Einreise zu medizinischen Tests gezwungen werden können. Wer die Untersuchung verweigert, muß mit Geldstrafen rechnen und kann nicht einreisen. Nähere Einzelheiten von den diplomatischen und konsularischen Vertretungen.

GELD

Währung: Japanischer Yen (¥). Banknoten sind in den Werten von 10.000, 5000 und 1000 ¥ in Umlauf. Münzen in den Werten von 500, 100, 50, 10, 5 und 1 ¥.
Geldwechsel: Geld muß bei autorisierten Banken oder Wechselstuben umgetauscht werden.
Kreditkarten: *Visa, Diners Club, American Express, Eurocard* und andere gebräuchliche Kreditkarten werden fast überall angenommen. Einzelheiten vom Aussteller der jeweiligen Kreditkarte.
Reiseschecks können bei Banken und in großen Hotels umgetauscht werden.
Wechselkurse

	¥ Sept. '92	¥ Febr. '94	¥ Jan. '95	¥ Jan. '96
1 DM	83,56	62,26	64,37	72,95
1 US$	124,17	108,09	99,77	104,86

Devisenbestimmungen: Es gibt keine Beschränkungen für die Ein- oder Ausfuhr von Fremdwährungen. Die Ausfuhr der Landeswährung ist auf 5 Mio. ¥ begrenzt.
Öffnungszeiten der Banken: Mo-Fr 09.00-15.00 Uhr.

DUTY FREE

Folgende Artikel dürfen zollfrei nach Japan eingeführt werden:
400 Zigaretten oder 100 Zigarren oder 500 g Tabak;
3 Flaschen (760 cc pro Flasche) Spirituosen;
57 ml Parfüm;
2 Uhren bis zum Wert von 30.000 ¥;
Geschenke bis zum Wert von 200.000 ¥.
Hinweis: Die oben angegebenen Tabak- und Alkoholmengen gelten für Touristen über 20 Jahre. Bei der Einreise muß eine mündliche Deklaration abgegeben werden.

GESETZLICHE FEIERTAGE

3. Mai '96 Tag der Verfassung. **5. Mai** Tag der Kinder. **15. Sept.** Tag der Ehrerbietung für ältere Menschen. **23./24. Sept.** Herbstsommerwende. **10. Okt.** Tag der Gesundheit und des Sportes. **3. Nov.** Tag der Kultur. **23. Nov.** Tag der Arbeit und Erntedankfest. **23. Dez.** Geburtstag des Kaisers Akihito. **1. Jan. '97** Neujahr. **15. Jan.** Jungbürgertag. **11. Febr.** Tag der Staatsgründung. **21./22. März** Frühlingssommerwende. **29. April** Tag des Grünen. **3. Mai** Tag der Verfassung. **5. Mai** Tag der Kinder.
Anmerkung: Fast alle Geschäfte haben vom 1.-3. Januar (Neujahr) geschlossen. Ende April bis Anfang Mai ist die »Goldene Woche«, während der viele Arbeitnehmer Urlaub machen; ebenso vom 11.-19. August (*O Bon*).

GESUNDHEIT

In der folgenden Tabelle aufgeführte Impfvorschriften können sich kurzfristig ändern. Es wird stets empfohlen, auf Ihrem CRS-System (TIMATIC-Info-Code-Fenster in diesem Kapitel) den aktuellen Stand der Gesundheitsbestimmungen abzurufen bzw. rechtzeitig vor der Reise ärztlichen Rat einzuholen.

	Vorsichtsmaßnahmen empfohlen	*Impfschein erforderlich*
Gelbfieber	Nein	Nein
Cholera	Nein	Nein
Typhus & Polio	Nein	-
Malaria	Nein	-
Essen & Trinken	Nein	-

Hepatitis A tritt auf, *Hepatitis B* ist hochendemisch.
Gesundheitsvorsorge: Der Abschluß einer privaten Reisekrankenversicherung wird dringend empfohlen. Die *International Association for Medical Assistance to Travellers* und das Rote Kreuz vermitteln englischsprachige Ärzte. In allen Großstädten gibt es Krankenhäuser.

REISEVERKEHR - International

FLUGZEUG: Japans nationale Fluggesellschaft heißen *Japan Airlines (JAL)* (JL) und *All Nippon Airways (ANA)* (NH). *JAL*: Tel: Frankfurt (069) 13 60-0, Wien (0222) 512 75 22, Zürich (01) 211 56 20. *ANA*: Tel: Frankfurt (069) 29 97 61 11, Wien (0222) 587 89 27. JAL, ANA und viele europäische Fluggesellschaften bieten Nonstopflüge nach Tokio und zum neuen Kansai-Flughafen bei Osaka.
Durchschnittliche Flugzeiten: *Frankfurt* – Tokio: 11 Std. 15 (Direktflug); *Wien* – Tokio: 11 Std. 30 (Direktflug); *Zürich* – Tokio: 12-14 Std; *London* – Kansai (Osaka): 12 Std. 15.
Internationale Flughäfen: *Tokio (TYO) New Tokyo International Airport (Narita)* liegt 66 km östlich von Tokio. Die Fahrzeit zur Stadt beträgt ca. 1 Std., je nach Verkehrslage. Busse zum City-Air-Terminal sowie zum Hauptbahnhof verkehren von 07.00-24.00 Uhr im Zehnminutentakt (Busfahrkarten kann man im Flughafengebäude kaufen). Vom City-Air-Terminal zum Hotel nimmt man am besten ein Taxi. Die Fahrt vom City-Air-Terminal in Hakozaki, Nihombashi zum Tokioer Hauptbahnhof dauert mit Bus oder Taxi 15 Min. Von 07.00 bis 21.00 Uhr fährt ein Bus alle 20-50 Min. zu allen größeren Hotels. Außerdem gibt es die *Keisei-Skyliner* Bahn (sie fährt zwischen 09.20-22.00 Uhr zur Keisei Ueno Station, Fahrzeit 60 Min.) und eine gute Busverbindung vom Narita Airport-Bahnhof. Die schnellste Verbindung (ca. 1 Std.) zum Flughafen vom Tokioer Hauptbahnhof ist der neue *JR Narita Express (N' EX)*, der zwischen 06.30-20.00 Uhr etwa alle 30 Min. verkehrt, aber oft ausgebucht ist (von Tokio nach Narita nur mit Vorausbuchung). Von Narita fahren die Züge zwischen 07.45-21.45 Uhr ab, der Bahnhof befindet sich unter dem Flughafengebäude. Es empfiehlt sich, Sitzplätze im voraus zu reservieren. Für Taxis in die Innenstadt zahlt man nach 22.00 Uhr einen Zuschlag, schon der normale Fahrpreis ist aber sehr hoch (Fahrzeit 60-70 Min.). Flughafeneinrichtungen: Duty-free-Shop, Bank/Wechselstube (06.30-23.00 Uhr), Postamt (Mo-Fr 09.00-17.00 Uhr), Mietwagenschalter, Tourist-Information, Hotel-Reservierungsschalter, Konferenzeinrichtungen, Apotheke, Geschäfte, Bars, Snackbars und Restaurants.
Kansai International (KLX) liegt auf einer künstlichen Insel in der Bucht von Osaka, 50 Autominuten und 30 Minuten (bzw. 65 Min.) mit dem Zug von Osaka entfernt. Der Flughafen wurde 1994 eröffnet und übernahm die Rolle von Osakas altem Flughafen *Itami*, der nun keine internationalen Flugverbindungen mehr anbietet. Auch Zugverbindungen nach Kioto und Wakayama und verschiedene Schnellbootverbindungen. Taxis verlangen nach 22.00 Uhr einen Zuschlag. Duty-free-Shops, Tourist-Information, Mietwagenschalter, Banken/Wechselstube, Bars und Restaurants.
Fukuoka International (FUK) liegt 10 km von der Stadt entfernt (Fahrzeit 25 Min.). Duty-free-Shop, Mietwagenschalter, Hotel-Reservierungsschalter, Apotheke, Bank/Wechselstube, Postamt, Bars und Restaurants.
Nagoya International (NGO) bietet Flugverbindungen nach Hongkong, Seoul, Bangkok, Singapur, Honolulu,

Japan

TOKIO

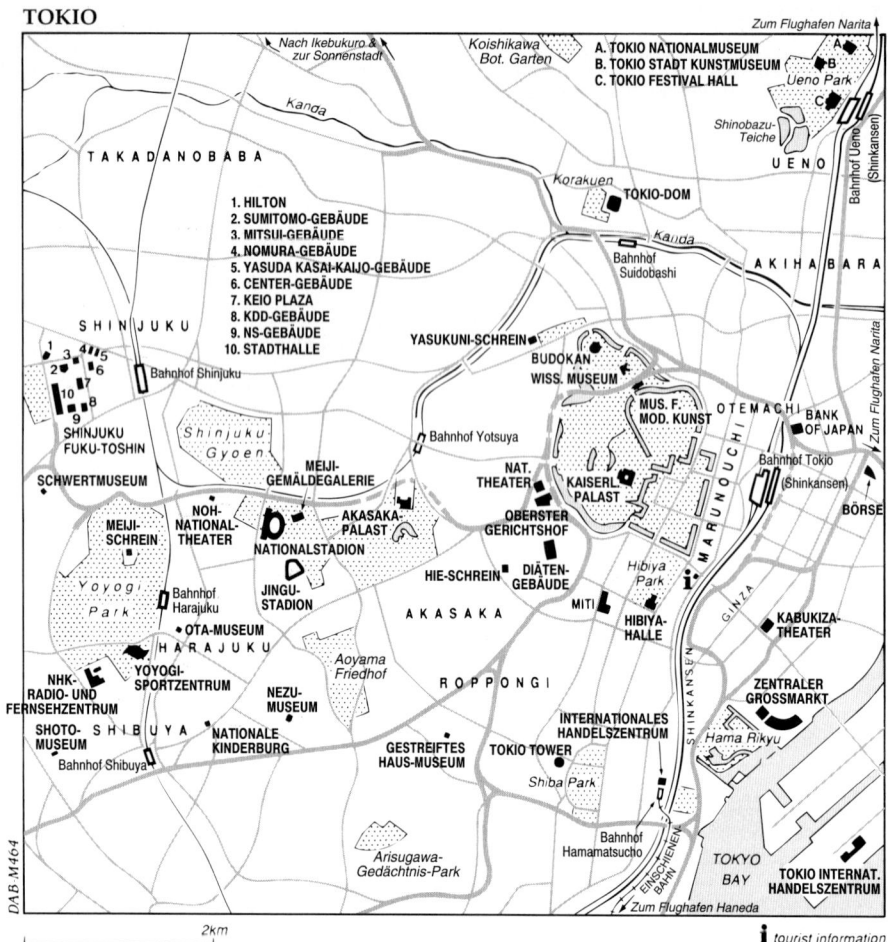

beim Verlassen des Busses verlangt (beim Einsteigen zieht man eine Karte mit der Nummer der Station, an der man einsteigt). In Tokio gibt es ein sehr gut ausgebautes öffentliches Bus-, S-Bahn- und U-Bahnnetz. Es gibt zehn U-Bahnlinien und diverse S-Bahnlinien, die entweder öffentlich oder privat betrieben werden. Zwischen den Zügen der meisten Gesellschaften kann man problemlos umsteigen und mit demselben Fahrschein weiterfahren. Die *Yamanote-S-Bahnlinie* umfährt kreisförmig Zentral-Tokio; sie bietet nicht nur eine gute Gelegenheit, einen ersten Eindruck von der Stadt zu bekommen, sondern hält auch in den wichtigsten Zentren der Stadt, wie Shibuya, Shinjuku oder Tokio Station. Fahrpreise richten sich nach Entfernung, die Zielstation muß in den Fahrkartenautomaten eingegeben werden. Wochen- und Monatskarten sind erhältlich. **Taxi:** Für die ersten 2 km wird eine Mindestgebühr erhoben, bei Staus wird auch die gewartete Zeit berechnet. Der Bestimmungsort sowie ein in der Nähe gelegener bekannter Ort sollten auf japanisch aufgeschrieben werden. Am besten eine Wegskizze mitnehmen, da es kaum Straßennamen gibt; Hausnummern richten sich nach der zeitlichen Reihenfolge, in der Häuser in einem bestimmten Bezirk gebaut wurden, und bieten somit keine Orientierungshilfe. Das Hotelpersonal ist gern behilflich.

FAHRZEITEN von Tokio zu den folgenden größeren Städten (ungefähre Angaben in Std. und Min.):

	Flugzeug	Schiff	Bahn	Bus/Pkw
Nagoya			1.50	4.00
Kagoshima	1.50	48.00	9.35	26.00
Fukuoka	1.45	-	6.00	13.00
Nagasaki	1.30	-	8.00	18.00
Okinawa	2.45	60.00		
Osaka	1.00	-	3.00	6.00
Sapporo	1.25	-	10.30	

UNTERKUNFT

HOTELS: Hotels sind entweder im »westlichen« oder im traditionell japanischen Stil eingerichtet, gelegentlich findet man auch eine Mischung aus beiden. Westlicher Stil bedeutet europäische oder amerikanische Ausstattung. Die *Business Hotels* im westlichen Stil bieten preiswerte Übernachtungsmöglichkeiten für Geschäftsreisende. Sie befinden sich i. allg. in der Stadtmitte, die Zimmer sind meist Einzelzimmer mit einfacher Einrichtung. Hotels japanischen Stils bieten hohen Komfort und vermitteln eine ganz neue Erfahrung. In einigen Hotels z. B. wird die japanische Teezeremonie durchgeführt. Eine Vielfalt an Extraleistungen wird angeboten. 10-20% Bedienung (6% bei Zimmerpreisen über 10.000 ¥ pro Nacht) werden auf die Rechnung aufgeschlagen. *Capsule-Hotels* gibt es in allen größeren Städten in der Nähe der Bahnhöfe. In winzigen Kabinen kann man preiswert übernachten. Die sogenannten *Love-Hotels* bieten einen billigen Übernachtungstarif zwischen 22.00 Uhr und 06.00 Uhr an. Das von der *Japan Tourist Organization* gegründete *Wellcome Inn-Reservierungssystem* bucht Unterkünfte der unteren Preisklasse. Nähere Auskunft vom Fremdenverkehrsamt (Adresse s. o.).

Kategorien: Es gibt keine Einteilung in Kategorien. Die *Toyo Agency* gibt jährlich ein *Japan Hotel Guide Book* heraus. Weitere Informationen ebenfalls von der *Japan Hotel Association* erhältlich: Shin Otemachi Building, 2-2-1 Otemachi, Chiyoda-ku, Tokio 100. Tel: (03) 32 79 27 06. Telefax: (03) 32 74 53 75.

PENSIONEN: Vor allem in Erholungsgebieten gibt es Pensionen westlichen Stils. Ein besonderes Vergnügen ist die Übernachtung in einem *Ryokan*, eine traditionelle, gehobene Pension. Die Preise sind sehr unterschiedlich,

Taipei, Brisbane, Melbourne, Sydney, Paris und Frankfurt. Hotel-Reservierungsschalter, Bank, Duty-free-Shops, Mietwagenschalter, Apotheke und Restaurants.
Flughafengebühren: Alle Reisenden über 12 Jahre müssen am *New Tokyo International Airport* beim Abflug 2000 ¥ bezahlen; Kinder unter 12 Jahren bezahlen 1000 ¥; am *Kansai-Flughafen* beträgt die Gebühr 2600 ¥ und 1300 ¥.

SCHIFF: Japan ist auf dem Seeweg gut erreichbar. Zahlreiche Passagierschiffe legen in den größten japanischen Häfen an. Es gibt Verbindungen nach China, Taiwan (China), Korea-Süd und zur Russischen Föderation. Kreuzfahrtschiffe laufen die japanischen Inseln auf dem Weg nach Shanghai und Hongkong an.

BAHN: Die Fahrt mit der Transsibirischen Eisenbahn nach Japan ist interessant, dauert aber recht lange. Täglich fährt der Zug von Moskau ab, und nach etwa sechs Tagen erreicht man Nachodka (eine Hafenstadt östlich von Wladiwostok). Von dort setzt man mit dem Schiff nach Yokohama über.

REISEVERKEHR - National

FLUGZEUG: Der Inlandflugverkehr wird von *Japan Airlines (JL), All Nippon Airways (NH)* und *Japan Air System (JD)* bestritten, das Flug- und Bodenpersonal spricht englisch. Die *JAL* verbindet alle größeren Städte. Die anderen Fluggesellschaften fliegen daneben auch kleinere Städte an.
Haneda ist Tokios Flughafen für Inlandflüge. *China Airlines* landet als einzige internationale Fluggesellschaft hier. Eine Einschienenbahn (*Monorail*) verbindet Haneda mit Hamamatsu-cho. Osakas *Itami* wird nun auch nur noch für Inlandflüge genutzt. Auslandsflüge gehen von den internationalen japanischen Flughäfen (s. o.) ab. Die wichtigsten Flugstrecken sind Tokio – Sapporo, Tokio – Fukuoka, Tokio – Osaka und Tokio – Naha.
Auf den internationalen Flughäfen in Tokio und Osaka stehen Flugschein-Automaten am Schalter für Inlandflüge zur Verfügung.
BAHN: Japan hat immer noch eines der besten Schienennetze der Welt, trotz momentaner finanzieller Schwierigkeiten. Die Bahn wird sowohl für Geschäfts- als auch für Privatreisen benutzt. Auf den wichtigsten Strecken verkehren die Züge in sehr kurzen Abständen. Die *Shinkansen*, superschnelle Expreßzüge, haben Abteile für Rollstuhlfahrer sowie Speise- und Büffetwagen. Sie verkehren mit Spitzengeschwindigkeiten bis zu 270 km/h und sind eine echte Alternative zum Flugverkehr. Verspätungen gibt es so gut wie nie. Für die Schnellzüge und die 1. Klasse-Wagen der wichtigsten Züge wird ein besonderer Zuschlag verlangt. Sitzplatzreservierung ist erforderlich für die Wagen erster Klasse, es empfiehlt sich generell, frühzeitig zu buchen (bis zu einem Monat im voraus ist möglich).
Japan Rail Pass: Dieser preiswerte Touristen-Paß, der nur vor der Ankunft in Japan gekauft werden kann, ist bei den Büros der *Japan Airlines* (nur für Passagiere) und den nachstehenden autorisierten Reiseunternehmen erhältlich, bei denen man zuerst eine sogenannte *Exchange Order* erhält, die später in Japan gegen den eigentlichen Paß umgetauscht und eingelöst wird: *Japan Travel Bureau*, Große Friedberger Straße 23, D-60313 Frankfurt/M. Tel: (069) 299 87 80. Telefax: (069) 29 58 54. *Japan Travel Bureau*, Reisnerstraße 5/22, A-1030 Wien. Tel: (0222) 7 16 09. Telefax: (0222) 718 06 05. *Japan Travel Bureau*, 45-47 Rue de Lausanne, CH-1201 Genf. Tel: (022) 732 07 40. Telefax: (022) 732 65 04. Der Japan Rail Paß ist wahlweise für 7, 14 oder 21 Tage gültig. Kinder zwischen 6-11 Jahren zahlen die Hälfte. Er gilt auf allen Strecken der JR-Agenturen; andere Anbieter verlangen einen Preisaufschlag. Rückerstattung der Gesamtkosten nur bei vollkommen unbenutzten Pässen und bei JR-Agenturen. Voucher für Hotels können gleichzeitig mit den Fahrkarten für die Shinkansen-Expreßzüge erworben werden. Die *Japan Rail Pass-Broschüre* des Fremdenverkehrsamtes enthält alle wesentlichen Einzelheiten.
BUS/PKW: Autofahren auf den überfüllten japanischen Straßen ist kein Vergnügen, zumal es nur wenige in lateinischen Buchstaben geschriebene Verkehrsschilder gibt. Die Stadtzentren sind oft verstopft; es herrscht Linksverkehr. Die Promillegrenze liegt bei 0,0‰. Die Schnellstraßen *Keiyo Highway, Tohoku-, Tomei-, Takaido-, Joban-* und *Meishin-Expressway* verbinden die Städte an der Pazifikküste und führen durch eine reizvolle Landschaft. Expressway-Gebühren werden erhoben.
Unterlagen: Der nationale Führerschein muß ins Japanische übersetzt und beglaubigt werden, sonst wird ein japanischer Führerschein benötigt. Reisende müssen noch mindestens drei Monate ab Ausstellungsdatum des Führerscheins im Herkunftsland gelebt haben. Übersetzungen sind bei der Deutschen Botschaft oder dem Generalkonsulat erhältlich (eine Gebühr wird erhoben).
STADTVERKEHR: Die öffentlichen Verkehrsmittel sind ausgezeichnet und immer pünktlich, jedoch zu den Stoßzeiten (besonders morgens zwischen 08.00 und 09.00 Uhr) überfüllt. Alle großen Städte haben ein gutes **U-Bahnnetz**; die von Privatunternehmen betriebenen Vorortzüge ergänzen das Nahverkehrssystem. Während des Berufsverkehrs sollte man öffentliche Verkehrsmittel meiden. Es ist nicht immer leicht, die städtischen **Busse** zu benutzen; wenn man nicht mit einem Ortskundigen unterwegs ist, sollte man sich den Weg vom Hotelpersonal genau beschreiben lassen. Für die Züge und U-Bahnen stehen Fahrkartenautomaten zur Verfügung. Sammelkarten sind erhältlich. Das Fahrgeld wird oft erst

COLUMBUS REISEFÜHRER 1996/97

Frühstück und Abendessen – meist japanische Gerichte – sind oft im Übernachtungspreis enthalten. Man trägt keine Straßenschuhe, sondern die bereitgestellten Hausschuhe. Reisstrohmatten und papierne Schiebetüren, japanische Bäder und der Ausblick auf einen der herrlichen japanischen Mini-Gärten geben diesen Pensionen ihr besonderes Ambiente. Der Service, rund um die Uhr, ist hervorragend. *Minshuku* sind preiswerte Familienpensionen, hauptsächlich in Erholungsgebieten gelegen. Der Gast lebt in häuslicher Atmosphäre, ein oder zwei Mahlzeiten sind im Preis enthalten.

ONSEN: Ein Aufenthalt in einem der unzähligen Onsen (Orte mit heißen Mineralquellen) in Japan ist ein Muß für jeden Reisenden. Die meisten Hotels und Pensionen in diesen Orten haben ihre »eigene« Quelle, die das hauseigene Bad speist. Die Bäder sind Gemeinschaftsbäder und nach Geschlechtern getrennt, aber nicht immer. Gebadet wird nackt, es ist aber akzeptabel, sich ein kleines weißes Handtuch vorzuhalten (das man zusammen mit einer Art Bademantel (*Jukata*) in jedem Hotel gestellt bekommt)! Es ist wichtig, sich gründlich abzuseifen, ehe man ins Gemeinschaftsbad steigt.

JUGENDHERBERGEN: Es gibt in fast allen Städten Jugendherbergen. Nähere Auskünfte sind unter folgender Adresse erhältlich: *Japan Youth Hostels Inc.*, Suidobashi Nishiguchi Kaikan, 2-20-7 Misaki-cho, Chiyoda-ku, Tokio 101. Tel: (03) 32 88 14 17.

URLAUBSORTE & AUSFLÜGE

Japan besteht aus einer bergigen Inselkette, die der ostasiatischen Küste vorgelagert ist. Der größte Teil des Landes ist bewaldet und eignet sich nicht für die Landwirtschaft. Die Küste umfaßt zahllose große und kleine Buchten.

Tokio: In der Hauptstadt gibt es viel zu sehen: den *Kaiserpalast*, der in einem Park liegt, den Stadtteil *Asakusa* (lebendiges Einkaufs- und Vergnügungsviertel) mit einem der ältesten Tempel des Landes (*Asakusa Kannon*) und nicht zuletzt zahlreiche Tempel, Schreine und herrliche Landschaftsgärten. In *Shibuya*, im Westen der Stadt, liegt der Nationalpark mit dem *Meiji-Schrein*, dem Kaiser Meiji (1852-1912) gewidmet ist, der vor gar nicht so langer Zeit das Land dem Westen geöffnet hat. Das lebhafte Nachtleben bietet für jeden etwas: Klubs, Theater, Konzerte und Restaurants, in denen man sich mit Gerichten aus aller Welt verwöhnen lassen kann. Die

Boso-Halbinsel und die schönen Strände von **Shirahama** sind von Tokio aus schnell zu erreichen. **Narita** wird von zahlreichen Pilgern aufgesucht. Der *Kairakuen-Park* in **Mito** ist im Februar besonders sehenswert, wenn die Pflaumenbäume blühen; das Museum für Moderne Kunst ist allein für seine Architektur und bunten Dekorationen sowie auch mit die interessantesten Ausstellungen für moderne Kunst in ganz Japan. **Mashiko** und **Kasama** sind Zentren für Keramik. In Mashiko kann man das alte Anwesen von Shoji Hamada besichtigen, der nicht nur zum Erhalt alter Keramiktraditionen in Japan selbst beigetragen, sondern diese auch weit über Japans Grenzen hinaus bekannt gemacht hat. Interessant ist auch das *Bonsai-Dorf*. In **Ogawa-Machi** wird Papier hergestellt. In einem Nationalpark mit prächtigen Tempeln und Mausoleen liegt **Nikko**, eines der beliebtesten Ausflugsziele des Landes. Der Stil der Tempel weicht von denen des übrigen Landes ab: In den vielfältigen und bunten Dekorationen zeigt sich ein starker chinesischer Einfluß. Die Schnitzerei mit den drei Affen (im Toshugu-Schrein), von denen sich der erste die Augen, der zweite die Ohren und der dritte den Mund zuhält, ist der berühmteste dieses Tempelbezirks. Ein paar Kilometer oberhalb von Nikko liegt der landschaftlich sehr schön gelegene *Chuzenji-See*. Die Region um Nikko ist berühmt für die Herbstfarben ihrer Bäume; wenn man im September oder Oktober ein paar Tage hier verbringen will, muß man lange im voraus buchen. Vor der Westküste von Honshu, nicht weit von Niigata, liegt die Insel Sado, landschaftlich attraktiv und jeden August Schauplatz eines interessanten Musik-Festivals, das von einer traditionellen Trommlergruppe (*Kodo*) veranstaltet wird und Musiker aus der ganzen Welt anzieht.

Hokkaido, Japans nördlichste Insel, wurde erst während des letzten Jahrhunderts von Japanern besiedelt. Die Ureinwohner, die *Ainu*, sind ethnisch nicht mit den übrigen Japanern verwandt. Sie bemühen sich um Anerkennung ihrer kulturellen Autonomie. Hokkaidos größte Attraktion ist seine unberührte Natur: Die fünf Nationalparks laden zu Wanderungen, Fahrradtouren und zum Skilaufen ein.

Fuji-Hakone-Izu: Der *Fuji-san* (Fudschijama), der höchste Berg Japans, ist ein besonderer Anziehungspunkt. Die *Fuji-Five-Lakes* und *Hakone*, ein Ferienort mit heißen Quellen, sind einen Besuch wert. Hier kann man zelten, schwimmen, fischen, wandern, Schlittschuh laufen und Bootsfahrten unternehmen. Die **Izu-Halbinsel** ist bekannt für ihr warmes, subtropisches Klima. Mit dem Zug oder Auto fährt man direkt an der Felsenküste entlang, die von Sandstränden unterbrochen wird. In den letzten Jahren gibt es in Izu immer mehr Erdbeben, die auf eine verstärkte vulkanische Tätigkeit der Region schließen lassen. Wer in den anderen Teilen des Landes noch kein

Erdbeben miterlebt hat (was aber gerade in der Region um Tokio kaum möglich ist), sollte hierher kommen (oder auch lieber nicht).

Die *Japanischen Alpen* im Zentrum der **Insel Honshu** sind bei einheimischen und ausländischen Bergsteigern sehr beliebt. In **Nagano**, in den nördlichen Alpen, findet die nächste Winter-Olympiade statt. **Nagoya**, eine wichtige Industriestadt, ist auch das Zentrum des traditionellen Kunsthandwerks. Sie liegt in der Nähe der Süd-Alpen und des *Ise-Shima-Nationalparks*.

Kioto wurde 794 n. Chr. im klassischen chinesischen Stil errichtet und war jahrhundertelang das religiöse, politische und kulturelle Zentrum Japans. Die alte Kaiserstadt erkundet man am besten zu Fuß. Spaziergänge führen an erhabenen Tempeln, Palästen und Schreinen vorbei. Der *Heian-Schrein*, dem ersten und dem letzten Kaiser in Kioto gewidmet, besticht durch seine Weitläufigkeit und seine brillianten Farben, seine Holzbalken und -wände sind karmesinrot, seine lackierten Dachziegeln giftgrün. Ein Spaziergang auf dem Philosophensteig (*Tetsugaku no michi*), entlang der östlichen Hänge der Stadt, ist eine gute Art und Weise, einige der wichtigsten Tempel Kiotos zu besichtigen. Hier liegen der *Nanzen-ji*, ein bedeutender Zen-Tempel mit einem berühmten Tofu-Restaurant, der *Eikan-do*, von dessen Pagode man einen guten Ausblick über Kioto hat, und der *Ginkaku-ji*, der silberne Tempel, einem Zen-Steingarten einer der wichtigsten des Landes ist. Im Norden Kiotos liegt der goldene Tempel, der *Kinkaku-ji*, ein über und über vergoldeter Pavillon. Er ist nicht nur eines der Wahrzeichen der Stadt, sondern auch durch Yukio Mishimas gleichnamigen Roman berühmt geworden. Nicht weit entfernt sollte man sich den *Ryoan-ji* ansehen, ebenfalls mit einem eindrucksvollen Zen-Garten. In den vielen kleinen »Unter-Tempeln« des *Daitoku-ji* findet man willkommene Ruhe von den Besuchermassen. Man sollte unbedingt einen der wunderschönen Gärten Kiotos einen Besuch abstatten. Sie sind unübertroffen in der absoluten Ruhe und Beschaulichkeit. Ausflüge von Kioto bieten sich an, u. a. nach **Himeji**, wo es eine alte Burg zu besichtigen gibt, und in die Berge nach **Uji**, einem der Schauplätze des wahrscheinlich ältesten Romans der Menschheitsgeschichte, des *Genji Monogatari* (Geschichte des Prinzen Genji), geschrieben um das Jahr 1000 von Lady Murazaki, einer kaiserlichen Hofdame.

Nara ist eine der ältesten Städte Japans und wird oft als Wiege der japanischen Kultur bezeichnet. Eine Million Besucher kommen jedes Jahr, um die historische fünfstöckige *Kofuku-ji-Pagode*, die antiken Statuen, Schreine und Tempel zu besichtigen. Der berühmte *Todai-ji-Tempel* mit dem größten Holzgebäude der Welt und der größten bronzenen *Buddhastatue* der Welt beeindrucken jeden Besucher. Im *Nara-Park*, wo die meisten der Tem-

pel stehen, leben hunderte von halbzahmen Hirschen, die gefüttert werden wollen. Außerhalb von Nara gibt es mehrere Ausgrabungsstätten, die mehrere Tempel vorzuweisen haben.

Nagasaki auf der südlichen **Insel Kyushu** ist seit langem Japans Tor zur Welt. Der *Friedenspark* und ein Atombomben-Museum erinnern an den amerikanischen Atombombenabwurf im 2. Weltkrieg. *Glover Mansion* (der Schauplatz von »Madame Butterfly« und das älteste Holzhaus Japans), der *Chinesische Tempel* und der *Suwa-Schrein* sind besuchenswert. Kyushu ist für seine landschaftliche Schönheit berühmt. Die heißen Quellen von *Beppu-Onsen* und der *Aso*, der größte tätige Vulkan der Welt, sind sehenswert. Das Gebiet um den *Unzen-Vulkan*, dessen Ausbruch 1991 zahlreiche Todesopfer forderte, ist immer noch gesperrt.

Okinawa, eine Inselgruppe südlich von Kyushu, bietet tropische Strände. Auf diesen Inseln, die erst seit 1972 wieder zu Japan gehören, mischen sich japanische und südostasiatische kulturelle Einflüsse.

RUNDREISEN: 5tägige: (a) Tokio – Kamakura – Hakone – Kioto – Nara – Tokio. (b) Tokio – Matsumoto – Takayama – Kanazawa – Kioto – Tokio. (c) Osaka – Kobe – Hiroshima – Kioto – Osaka. (d) Osaka – Kioto – Nara – Ise – Nagoya – Osaka. 7tägige: (a) Tokio – Hakone – Toba – Ise – Kioto – Nara – Kioto – Nikko – Tokio. (b) Tokio – Matsumoto – Takayama – Kanazawa – Kioto – Tokio. (c) Tokio – Sendai – Hiraizumi – Lake Towada – Akita – Bandai-Kogen-Plateau – Aizu-Wakamatsu – Tokio. (d) Osaka – Kioto – Gifu – Takayama – Matsumoto – Nagano – Tokio.

SOZIALPROFIL

ESSEN & TRINKEN: Die japanische Küche ist nicht einfach zum Magenfüllen da, sondern in ihrer traditionellen Zubereitungsweise eine wahre Kunstform. Die appetitlichen Kreationen sind selten stark gewürzt, vielmehr kommt es auf den Eigengeschmack der einzelnen Zutaten an und auf die sorgfältige Zusammenstellung verschiedener Formen und Farben auf dem Teller. Bemerkenswert ist die Leichtigkeit der Speisen. Frisches Gemüse wird nur ganz kurz gegart. Spezialitäten sind *Teriyaki* (mariniertes gebratenes Rindfleisch), *Sukiyaki* (dünne Rindfleischstreifen, Tofu und Zwiebeln in Sojasoße gekocht und in Ei getunkt), *Tempura* (in Öl ausgebackene Meeresfrüchte und Gemüse), *Okonomiyaki* (eine Art Pfannkuchen, den man selber am Tisch brät), *Sushi* (Reisröllchen mit verschiedenen Füllungen) und *Sashimi* (roher Fisch). Am besten probiert man Sushi in Sushi-Bars, in denen oft eine Art Fließband mit den verschiedenen Speisen am Gast vorbeiführt, der sich die Delikatessen so selbst aussuchen kann. Japanische Hausmannskost ist einfacher, aber auch sehr schmackhaft. Am besten geht man in eines der vielen kleinen Restaurants, die man um U-Bahn- und S-Bahnhaltestellen herum findet, und zeigt auf die angebotenen Gerichte. *Tofu* in verschiedensten Formen, *Yakitori* (gebratene Spießchen mit Hähnchen) und verschiedene Nudeln (*Soba, Udon, Ramen*) sind sehr zu empfehlen. Ausgezeichnete asiatische Gerichte (koreanisch, sehr scharf; auch chinesisch) sowie europäische Gerichte sind in den Restaurants angeboten. In manchen Restaurants ist es üblich, die Schuhe auszuziehen. **Getränke:** *Sake*, ein im Winter meist heiß servierter Reiswein, ist ein stark alkoholhaltiges Getränk.

An *Shochu*, einen hochprozentigen Aquavit, der meist mit einer Frucht im Glas serviert wird, muß man sich erst gewöhnen. Bekannte Biersorten wie *Kirin*, *Sapporo*, *Suntory* und *Asahi* ähneln dem europäischen Pils. Schottischer Whisky ist in Japan äußerst beliebt, jedoch sehr teuer, daher werden zahlreiche japanische Whiskysorten angeboten. Die Ausschankzeiten sind gesetzlich nicht beschränkt. Der Konsum alkoholischer Getränke unterliegt einer jahrhundertealten Höflichkeitsetikette. Der Gastgeber wird dem Gast ein Getränk eingießen und darauf achten, daß das Glas gefüllt bleibt. Als Ausdruck der Höflichkeit darf man dem Gastgeber nachschenken, sich aber unter keinen Umständen selbst bedienen.

NACHTLEBEN: Zahllose Kinos, Bars, Cafés und Nachtklubs sorgen für Abwechslung. Im Sommer sind Dachgartenrestaurants und -biergärten sowie Straßencafés sehr beliebt. In einigen Bars gibt es Hostessen, die erwarten, daß man ihnen Getränke und Snacks abkauft. In den größeren Nachtklubs und Bars wird eine »Gebühr« für die Hostessen erhoben. Jeden Abend finden zahlreiche Konzerte in Tokio statt, internationale Sinfonieorchester, Solisten und Ensembles treten auf. Internationale Opernensembles, Ballettgruppen und Orchester kommen in den Herbst- und Wintermonaten nach Tokio. Karten sollten im voraus gekauft werden, da diese Veranstaltungen sehr schnell ausverkauft sind. In den großen Kaufhäusern gibt es Vorverkaufsbüros. In Karaoke-Bars dürfen sich die Gäste als Sänger versuchen: International bekannte Hits und Oldies werden vom Band gespielt, dem Amateur-Popstar wird ein Mikrofon in die Hand gedrückt, und der Text (natürlich in japanischer Schrift) wird auf dem Video-Bildschirm vorgegeben. Karaoke-Bars sind sehr beliebt und unbedingt einen Besuch wert, auch wenn man selbst keine Starambitionen hat. Ein anderes weitverbreitetes Freizeitvergnügen ist *Pachinko*, das dem Bingo-Spiel verwandt ist. Dem Klickern der Pachinko-Bälle kann man in japanischen Städten kaum entrinnen.

EINKAUFSTIPS: In den großen Kaufhäusern findet man eine Kombination fernöstlicher und europäischer Waren. Mitunter fühlt man sich eher wie in einer Ausstellung als in einem Geschäft. Kinder können für die Dauer des Einkaufs in Spielzimmern untergebracht werden. Typische Mitbringsel sind Kimonos, Mingei (Kunsthandwerk wie z. B. Drachen und traditionelles Spielzeug), Seide aus Kioto, Fächer, Wandschirme, Puppen, religiöse Gegenstände des Shinto und Buddhismus, Papierlaternen, Hi-fi-Geräte, Fotoapparate, Fernsehapparate und andere elektronische Geräte. Bei Vorlage des Reisepasses wird die Steuer erlassen. Handeln ist nicht üblich. **Öffnungszeiten der Geschäfte:** Mo-So 09.00-20.00 Uhr. Zahlreiche Supermärkte und Kaufhäuser öffnen erst um 10.00 Uhr.

SPORT: Das Sportangebot in Japan ist groß. **Sumo,** traditioneller Ringkampf, und **Judo** sind die Nationalsportarten und ziehen große Zuschauermengen an. Judoausrüstungen können gekauft werden, Sportschulen bieten Unterricht für Männer und Frauen an. Die meisten Ausbilder sprechen Englisch. **Kendo,** japanisches Fechten, wird in zahlreichen Klubs und an Colleges ausgeübt. **Baseball,** ein beliebter Mannschaftssport, wird während des ganzen Jahres gespielt. Spiele finden tagsüber und auch abends statt, die preiswerten Eintrittskarten sind vielerorts erhältlich. **Golf** wird von vielen Geschäftsleuten gespielt, in Tokio und in der näheren Umgebung gibt es ausgezeichnete Golfpätze. Die Teilnahme ist oft nur auf Einladung oder nach Erwerb der Mitgliedschaft in einem Klub möglich.

VERANSTALTUNGSKALENDER

Das ganze Jahr über werden überall in Japan viele Feste gefeiert. Einige Veranstaltungen sind außergewöhnlich prachtvoll, viele sind religiöser Natur. Weitere Informationen vom Fremdenverkehrsamt.

15. Mai '96 *Aoi Matsuri* (»Malvenfest«), Shimogamo- und Kamigamo-Schreine, Kioto. Ein farbenprächtiger Festzug im Stil der traditionellen kaiserlichen Prozession zur Huldigung historischer Schreine. **17./18. Mai** *Fest am Toshogu-Schrein*, Nikko. Höhepunkt dieses jahrhundertealten Festes ist eine Parade, an der über 1000 Personen in alten Trachten teilnehmen, die drei heilige Schreine durch die Straßen geleiten. **14. Juni** *Reisfest am Sumiyoshi-Schrein*, Osaka. Junge Mädchen, gekleidet im typischen Bauerngewand, säen die ersten Reissamen und beten in einem Zeremoniell für ein ertereiches Jahr. **15. Juni** *Chagu-Chagu Umakko* (»Pferdefest«), Morioka. Parade geschmückter Pferde. **16./17. Juli** *Gion Matsuri*, Kioto. Eines der bekanntesten Feste der Stadt, das bis ins 9. Jahrhundert zurückgeht. **1. - 7. Aug.** *Nebuta Matsuri*, Aomori und Hirosaki. Die *Nebuta* (Menschen-, Tier- und Vogelgestalten aus Pappmaché) werden auf Fahrzeugen durch die Stadt gezogen. **12. - 15. Aug.** *Awa Odori*, Tokushima. Tanz und Gesang. **7. - 9. Okt.** *Kunchi-Fest*, Suwa-Schrein, Nagasaki. Höhepunkt des Festes ist der Tanz des Drachens und ein Umzug chinesischer Festwagen. Die mit schirmähnlichen Dekorationen üppig geschmückten *Kasa-boko*-Wagen werden durch die Hauptstraßen gezogen. **22. Okt.** *Jidai Matsuri*, Heian-Schrein, Kioto. Feierlichkeiten, die an die Gründung der Stadt 794 n. Chr. erinnern. **15. Nov.** *Shichi-go-san*, landesweit. Die Eltern besuchen mit ihren (7-, 5- und 3jährigen) Kindern einen Shinto-Schrein, um den Segen der Götter für ihre Kinder zu erbitten. **31. Dez.** *Namahage*, Oga Halbinsel. Als Teufel verkleidete Männer ziehen von Haustür zu Haustür und suchen nach »unartigen« Kindern. **1. Jan. '97** *Neujahr* (»Fest der Feste«); in den Tempeln werden *Mochi* (Reiskuchen) gemacht und Sake getrunken.

9. - 11. Jan. *Toka Ebisu*, Imayama Ebisu-Schrein, Osaka. Verehrung des Gottes der Geschäftsleute, Umzüge.

Anfang Febr. (1) *Setsubun* (»Bohnenfest«), landesweit. Dem Mondkalender nach ist *Setsubun* der letzte Wintertag. Man versammelt sich im Tempelhof, um an einer traditionellen Zeremonie teilzunehmen, bei der man Bohnen wirft, um die bösen Geister zu vertreiben. (2) *Schnee-Festival* (Schneeskulpturen), Sapporo, Hokkaido.

3. März *Hinamatsuri* (»Puppenfest«), landesweit.

SITTEN & GEBRÄUCHE: Die Höflichkeitsregeln, die von der Mehrheit der Japaner beachtet werden, weichen zwar in vieler Hinsicht von den europäischen ab, Japaner sind sich jedoch des Unterschiedes zur westlichen Kultur bewußt und akzeptieren, daß Ausländer nicht alle Sitten und Gebräuche kennen. Höfliches und korrektes Benehmen wird aber erwartet. Es ist unhöflich, »nein« zu sagen. Ein vages »ja« bedeutet aber nicht unbedingt eine Bejahung. Die Tatsache, daß es auch unter Japanern zahlreiche Mißverständnisse gibt, sollte Besucher beruhigen. Gäste bei sich zu Hause zu bewirten, ist nicht so verbreitet wie in Europa, da dies eine sehr ernstzunehmende, formelle Angelegenheit ist. (Eine andere Version besagt, daß japanische Wohnungen zu klein sind, um Gäste einzuladen.) Japaner befürchten, daß ihre Gastfreundschaft nicht dem westlichen Standard entspricht und dadurch der Gast in Verlegenheit gebracht werden könnte; z. B. durch die Sitte, beim Essen auf dem Boden zu sitzen. Zur Begrüßung verbeugt man sich. Die höfliche Nachsilbe *San* sollte bei der Anrede japanischer Männer und Frauen benutzt werden: Herr T. Yamada wird demnach mit »Yamada-san« angesprochen. Beim Betreten einer japanischen Wohnung oder eines Ryokans zieht man i. allg. die Schuhe aus, die Schuhspitzen sollten zur Eingangstür zeigen. Tischmanieren sind wichtig, obwohl ein japanischer Gastgeber dem westlichen Gast gegenüber sehr tolerant sein wird. Man sollte sich jedoch mit den wichtigsten Tischmanieren vertraut machen und Eßstäbchen benutzen. Es ist üblich, dem Gastgeber ein kleines Geschenk mitzubringen. Geschäftsleute sollten den japanischen Geschäftspartnern ebenfalls ein Geschenk überreichen, z. B. Souvenirs wie Kugelschreiber mit Firmenaufdruck, Krawatten oder Spirituosen bester Qualität. Rauchen ist nur dort verboten, wo es angezeigt ist. **Trinkgeld** wird nicht erwartet. Für besondere Dienste oder als Anerkennung können Geldgeschenke gemacht werden. Man sollte aber niemals eine Handvoll Kleingeld überreichen, sondern die in Geschäften speziellen Briefumschläge für Geldgeschenke kaufen.

WIRTSCHAFTSPROFIL

WIRTSCHAFT: Japan ist das Wirtschaftswunderland des 20. Jahrhunderts. Zahlreiche Faktoren haben zu dem anhaltenden Erfolg beigetragen. Der Aufbau einer hochentwickelten Wirtschaft nach dem Ende des 2. Weltkrieges wurde nicht wie in den USA und einigen europäischen Ländern durch hohe Verteidigungsausgaben behindert. Das einflußreiche Ministerium für Außenhandel und Industrie (MITI) führte strenge Importbeschränkungen ein, die vereint mit den ungewöhnlich aggressiven Exportmethoden Pluspunkte brachten. Die im Verhältnis zum Nettoeinkommen außergewöhnlich hohen Ersparnisse der Japaner haben gleichbleibend hohe Investitionen in der herstellenden Industrie ermöglicht; diese beherrscht außerdem die Kunst, die Kosten so niedrig wie möglich zu halten. Große Mehrproduktbetriebe, denen ein Heer kleiner Firmen mit niedrigen Un- und Personalkosten die Rohmaterialien und Einzelteile zuliefert, bilden das Rückgrat der Binnenwirtschaft. Immer mehr Länder im pazifischen Raum mit kräftigem Wirtschaftswachstum, wie Singapur, Korea-Süd, Taiwan (China) und Hongkong, werden in diese »Zuliefererrolle« gedrängt. Zahlreiche Auslandsfirmen beschweren sich über das restriktive Vertriebssystem. Industrieprodukte wie Maschinen und elektronische Geräte sind die wichtigsten Stützpfeiler der Wirtschaft, obwohl traditionelle Industriezweige wie der Kohlebergbau, Schiffbau und die Stahlverarbeitung ebenfalls mit Gewinn arbeiten. Die Landwirtschaft ist der einzige Bereich, auf dem sich Japan nicht mit den westlichen Industrieländern messen kann. Die ineffiziente Landwirtschaft wird von der Regierung vor der ausländischen Konkurrenz geschützt. Der Reisanbau z. B. ist einer der Gründe für den Handelsstreit zwischen Japan und den USA: Die Amerikaner werfen der japanischen Regierung unfaire Beschränkungen des Reisimportes vor, um die einheimischen Reisbauern zu schützen. Andererseits beschweren sich zahlreiche westliche Länder über das »Dumping« billiger japanischer Waren auf bereits übersättigten Märkten. Eine allmähliche Öffnung des Reismarktes ist aber vorauszusehen und wurde durch die katastrophale Reisernte von 1993, die Importe notwendig machte, schon in die Wege geleitet. Der jüngste und sehr schnell wachsende Sektor der japanischen Wirtschaft sind die Finanzdienstleistungen – trotz des Börsenkrachs von 1990 ist die Tokioer Börse die größte der Welt, gemessen an den Aktienwerten, die gehandelt werden. Amerikanische und europäische Firmen beschweren sich auch hier über Diskriminierung. Die fortwährende Kritik kann den enormen Erfolg der japanischen Nachkriegswirtschaft dennoch nicht schmälern, der angesichts des Rohstoffmangels (u. a. kein Erdöl) umso erstaunlicher ist. 23% der japanischen Importe kommen aus den USA, 9% aus China, je 5% aus Indonesien, der Republik Korea, Australien, je 4% aus Deutschland, Taiwan (China) und den Vereinigten Arabischen Emiraten. Die Hauptexporte gehen nach wie vor in die USA. Seit Anfang 1990 verlagerte sich das Schwer-gewicht des Außenhandels langsam von Industriewaren auf den Export von Dienstleistungen und auf »unsichtbare Exporte« wie Finanzwesen und Versicherungen. Auslandsinvestitionen, insbesondere auf dem Immobilienmarkt, nehmen stark zu. Die Immobilienpreise in Japan haben bereits astronomische Höhen erreicht. Nach dem wirtschaftlichen Boom der Vorjahre ist neuerdings ein Konjunkturrückgang zu verzeichnen. Aufgrund dieser Konjunkturschwäche ist auch die Arbeitslosenquote im Anstieg. 1994 lag diese bei 2,9%.

GESCHÄFTSVERKEHR: Eine große Anzahl zweisprachiger Visitenkarten ist unerläßlich; sie können kurzfristig in Japan gedruckt werden. Termine sollten im voraus vereinbart werden. Aufgrund der zu beachtenden Etikette sollte man mehr als ein paar Tage für den Geschäftsbesuch planen. Entscheidungen werden nicht über das Knie gebrochen. Pünktlichkeit ist sehr wichtig. Vor den zumeist formellen Verhandlungen wird oft Tee gereicht. **Geschäftszeiten:** Mo-Fr 09.00-17.00 Uhr.

Kontaktadressen: *Japan External Trade Organisation, Jetro*, Roßmarkt 17, D-60311 Frankfurt/M. Tel: (069) 28 32 15. Telefax: (069) 28 33 59.

Deutsche Industrie- und Handelskammer in Japan, Zainichi Doitsu Shoko Kaigisho, Central PO Box 588, Tokio 100-91. Tel: (03) 52 76 98 11. Telefax: (03) 52 76 87 33. *Zweigstelle* in Osaka.

Japan External Trade Organisation, Jetro, Mariahilferstraße 41-43/3, A-1060 Wien. Tel: (0222) 587 56 28. Telefax: (0222) 586 22 93.

The Austrian Trade Commissioner (Außenhandelsstelle der Wirtschaftskammer Österreich), PO Box Azabu 4, Tokio 106. Tel: (03) 34 03 17 77. Telefax: (03) 34 03 34 07. *Zweigstelle* in Osaka.

Japan External Trade Organisation, Jetro, Stampfenbachstraße 38, CH-8023 Zürich. Tel: (01) 362 23 23. Telefax: (01) 362 70 56.

Schweiz-Japan Wirtschaftskammer, Horneggstraße 4, CH-8034 Zürich. Tel: (01) 381 09 50. Telefax: (01) 381 09 54.

Swiss Chamber of Commerce and Industry in Japan, CS Tower 1-11-30, Akasaka, Minato-ku, Tokio 107. Tel: (03) 35 87 11 22. Telefax: (03) 35 87 22 66.

Japan Chamber of Commerce and Industry (Nippon Shoko Kaigi-sho), 3-2-2, Marunouchi, Chiyoda-ku, Tokio 100. Tel: (03) 32 83 78 51.

KONFERENZEN/TAGUNGEN: Das japanische Konferenzbüro ist unter folgender Adresse zu erreichen: *Japan Convention Bureau*, 2-10-1, Yuraku-cho, Chiyoda-ku, Tokio 100. Tel: (03) 32 16 29 05. Telefax: (03) 32 14 76 80. Die Broschüre *Convention Planner's Guide to Japan* führt 25 Städte mit Konferenzeinrichtungen auf, einschl. Tokio, Kioto, Osaka, Yokohama, Hiroshima und Nagasaki. 1990 wurden 1077 internationale Tagungen mit 341.594 Teilnehmern abgehalten.

KLIMA

Mit Ausnahme von Hokkaido und dem subtropischen Okinawa herrscht während der vier Jahreszeiten ein gemäßigtes Klima. Die Winter sind kühl und sonnig; sehr kalt kann es auf Hokkaido werden, wo bis zu vier Monate Schnee liegen kann. Der Sommer (Juni - September) ist je nach Region warm bis sehr heiß. Im Frühling und Herbst sind die Temperaturen angenehm mild. Regenfälle gibt es das ganze Jahr über, die meisten Niederschläge fallen von Juni bis Anfang Juli. Hokkaido ist trockener als Tokio. Taifune drohen im September oder Oktober, dauern aber selten länger als einen Tag.

Kleidung: Sommerliche Baumwoll- und Leinensachen während der Sommermonate. Regensachen das ganze Jahr über. Im Frühling und im Herbst wärmere Bekleidung. Warme Kleidung für den Winter. In Hochlagen empfiehlt sich das ganze Jahr über Wollkleidung.

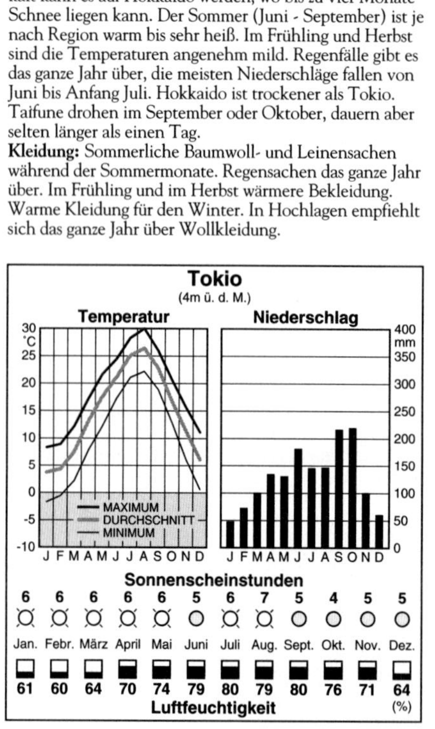

Jemen

Lage: Vorderasien, Arabische Halbinsel.

Anmerkung: Am 22. Mai 1990 schlossen sich die Arabische Republik Jemen und die Demokratische Volksrepublik Jemen zusammen. Eine Währungsunion und die Angleichung anderer Bestimmungen sind bisher noch nicht erreicht, vorläufig gelten weiterhin z. T. verschiedene Angaben für die beiden Landesteile. 1994 kam es zu bürgerkriegshaften Auseinandersetzungen zwischen nördlichen und südlichen Truppen. Der Versuch der Wiederabspaltung des Südens wurde vom Norden niedergeschlagen. Obwohl die Krise beendet ist, wird vor Individualreisen gewarnt, besonders in den Süden des Landes, der noch teilweise vermint ist. Gruppenreisen in den Norden des Landes, die von etablierten Reiseveranstaltern angeboten werden, sind jedoch unbedenklich. Aktuelle Informationen vom Auswärtigen Amt in Bonn, dem Außenministerium in Wien und dem EDA in Bern.

Yemen Tourism Company
PO Box 964
Sanaa
Telefax: (01) 22 49 18.

Botschaft der Republik Jemen
Adenauerallee 77
D-53113 Bonn
Tel: (0228) 26 14 90. Telefax: (0228) 22 93 64, 26 14 99.
Mo-Fr 09.30-14.00 Uhr.

Botschaft der Republik Jemen
Alser Straße 28/12
A-1090 Wien
Tel: (0222) 403 19 75. Telefax: (0222) 403 17 97.
Mo-Fr 10.00-15.30 Uhr.

Permanent Mission und Konsulat der Republik Jemen
19 Chemin du Jonc
CH-1216 Cointrin
Tel: (022) 798 53 33. Telefax: (022) 798 04 65.
Mo-Fr 09.00-16.30 Uhr.
Visa sind auch bei der Botschaft in Paris (Tel: (1) 47 23 61 76) erhältlich.

Botschaft der Bundesrepublik Deutschland
Outer Ring Road
PO Box 2562
Sanaa
Tel: (01) 41 31 74/77/78. Telefax: (01) 41 31 79.
Außenstelle der Botschaft in Aden.

TIMATIC INFO-CODES

Abrufbar über Ihr CRS-System (für START/Amadeus Ama-Maske benutzen). Für Galileo bitte TI-DFT eingeben (mit Bindestrich).

Flughafengebühren	TI DFT/ SAH /TX
Währung	TI DFT/ SAH /CY
Zollbestimmungen	TI DFT/ SAH /CS
Gesundheit	TI DFT/ SAH /HE
Reisepassbestimmungen	TI DFT/ SAH /PA
Visabestimmungen	TI DFT/ SAH /VI

Konsulat der Republik Österreich (ohne Paß- und Sichtvermerksbefugnis)
56 Bagdad Street
PO Box 1465
Sanaa
Tel: (01) 21 69 39, 26 67 24. Telefax: (01) 26 31 72.
Übergeordnete Vertretung ist die Botschaft in Riyadh (s. Saudi-Arabien).
Die Schweizer Interessenvertretung erfolgt durch die Botschaft der Schweizerischen Eidgenossenschaft in Riyadh (s. Saudi-Arabien).

FLÄCHE: 536.869 qkm.
BEVÖLKERUNGSZAHL: 13.196.000 (1993).
BEVÖLKERUNGSDICHTE: 25 pro qkm.
HAUPTSTADT: Sanaa. Einwohner: 427.200 (1986).
Winterhauptstadt und Finanzzentrum: Aden. Einwohner: 365.000 (1986).
GEOGRAPHIE: Die Republik Jemen grenzt im Norden an Saudi-Arabien, im Osten an Oman und im Süden an den Golf von Aden, im Westen liegt das Rote Meer. Die Inseln Perim und Kamaran im Roten Meer und Socotra im Indischen Ozean gehören ebenfalls zu Jemen. Das Land ist überwiegend bergig und steigt stufenförmig bis auf fast 4000 m an. Der Hadramaut ist eine Bergkette an der Küste. Das Hochplateau im Landesinneren steigt steil von ca. 200 m auf 4000 m an, der höchste Gipfel ist der Jabal Nabi Shoveb. Die zwischen 50 km und 100 km breite Tihama ist eine flache Halbwüste an der Westküste. Während der Regenzeit fließt das Wasser von den Bergen durch die Täler, in denen Landwirtschaft betrieben wird und Baumwolle sowie Getreide angebaut werden. Im Osten fallen die Berge zur arabischen Wüste Rub al-Khali hin ab. Die trockenen Küstenebenen bieten Urlaubern schöne Sandstrände.
STAATSFORM: Islamische Präsidialrepublik seit 1991, neue Verfassung vom September 1994. Parlament mit 301 Mitgliedern. Staatsoberhaupt: Ali Abdallah Saleh, seit 1990. Regierungschef: Abdelaziz Abdel Ghani, seit Oktober 1994. Eine starke islamische Opposition lehnt die Demokratie nach westlichem Muster ab.
SPRACHE: Offizielle Landessprache ist Arabisch. In Städten wird z. T. auch Englisch gesprochen.
RELIGION: Islam ist Staatsreligion (Mehrheit: Sunniten, einige Zaiditen). Kleine christliche und hinduistische Minderheiten.
ORTSZEIT: MEZ + 2.
NETZSPANNUNG: 220/230 V, 50 Hz.
POST- UND FERNMELDEWESEN: Telefon: Selbstwählferndienst in einige Landesteile. **Landesvorwahl:** 967. Einige Hotels bieten einen **Telefaxdienst** an. **Telexstelle** bei *Cable & Wireless Ltd* in Sanaa (Gamal Abdul Nasser Street), Hodeida (Alamnie Building, 26 September Street) und Taiz (Hayel Saeed Building, Agaba Street). Einige größere Hotels, Geschäftszentren und Banken haben Telexgeräte; auch vom *Aden Frantel Hotel* und von den Büros am Steamer Point und Khormaksar aus kann man Telexe aufgeben. **Telegramme** kann man bei der *Yemen Telecommunications Co.* am Steamer Point (24 Std.) und in Crater aufgeben. **Post:** Luftpost von Sanaa nach Europa ist 4 Tage unterwegs; Post von anderen Städten braucht länger. Öffnungszeiten: Sa-Do 08.00-14.00 und 16.00-20.00 Uhr.
DEUTSCHE WELLE
Der Einsatz der Kurzwellenfrequenzen ändert sich mehrfach im Laufe eines Jahres, und Sendungen auf den folgenden Frequenzen werden jeweils nur zu bestimmten Tageszeiten ausgestrahlt. Näheres in der Einleitung.

MHz	21,560	15,275	13,780	11,795	9,545
Meterband	13	19	22	25	31

REISEPASS/VISUM

Wichtiger Hinweis: Die Einreisebestimmungen mancher Länder können sich kurzfristig ändern - rufen Sie sicherheitshalber auf Ihrem CRS-System (TIMATIC-Info-Code-Fenster in diesem Kapitel) den aktuellen Stand ab bzw. wenden Sie sich an die zuständige diplomatische Vertretung. Etwaige Zahlen in der Tabelle beziehen sich auf nachfolgende Fußnoten.

	Paß erforderlich?	Visum erforderlich?	Rückflugticket erforderlich?
Deutschland	Ja	Ja	Ja
Österreich	Ja	Ja	Ja
Schweiz	Ja	Ja	Ja
Andere EU-Länder	Ja	Ja	Ja

Einreisebeschränkungen: Die Regierung der Republik Jemen verweigert die Ein- und Durchreise: (a) Inhabern von israelischen Reisepässen und (b) Inhabern von Reisepässen mit israelischen Sichtvermerken (Zweitpaß erforderlich).
REISEPASS: Allgemein erforderlich zur Einreise, Reisepaß muß bei der Ausreise noch gültig sein.
VISUM: Allgemein erforderlich, ausgenommen sind Staatsangehörige von Ägypten, dem Irak, Jordanien und Syrien.
Visaarten: Touristen-, Geschäfts- und Transitvisa.
Visagebühren: 50 DM, 450 öS, 70 sfr (bei Auslandsschecks zusätzlich 20 DM Bankgebühren).
Gültigkeitsdauer: Visa werden in der Regel für 1 Monat ausgestellt, die maximale Aufenthaltsdauer beträgt 3 Monate.
Antragstellung: Konsulat bzw. Konsularabteilung der Botschaft (Adressen s. o.).
Unterlagen: (a) 2 Anträge. (b) 2 Paßfotos. (c) Reisepaß (noch mindestens 6 Monate gültig). (d) Gebühren. (e) Frankierter und adressierter Rückumschlag (Einschreiben) bei postalischer Antragstellung. Für Geschäftsvisa wird außerdem die schriftliche Einladung einer Firma verlangt.
Bearbeitungszeit: 1 Tag.

GELD

Währung: 1 Jemen Riyal (YER) = 100 Fils. Banknoten gibt es im Wert von 100, 50, 20, 10, 5 und 1 YER; Münzen sind in den Nennbeträgen 50, 25, 10, 5 und 1 Fils in Umlauf.
Geldwechsel: Am besten ist es, mit US$ zu bezahlen. Beim Umtausch der Landeswährung nur kleinere Geldsummen tauschen, da es schwierig ist, die Landeswährungen wieder zurückzuwechseln.
Kreditkarten: *American Express* und *Diners Club* werden akzeptiert, *Eurocard* in Touristikzentren. Einzelheiten vom Aussteller der betreffenden Kreditkarte.
Reiseschecks werden in manchen Banken und Hotels getauscht.
Wechselkurse

	YER Sept. '92	YER Febr. '94	YER Jan. '95	YER Jan. '96
1 DM	11,16	10,40	36,41	34,78
1 US$	16,59	18,06	56,44	50,00

Anmerkung: Zum Teil ist auch noch der Jemen Dinar (ehem. Volksrepublik Jemen) im Umlauf. 1 Jemen Dinar (YD) = 1000 Fils. Banknoten gibt es im Wert von 500, 250, 10, 5 und 1 YD; Münzen gibt es im Wert von 250, 100, 50, 25, 5, 2,5 und 1 Fils in Umlauf.
Devisenbestimmungen: Es gibt keine Beschränkungen für die Einfuhr von Fremdwährungen, Deklaration ist jedoch notwendig.
Öffnungszeiten der Banken: Sa-Mi 08.30-12.00 Uhr, Do 08.00-11.30 Uhr.

DUTY FREE

Folgende Artikel können zollfrei nach Jemen eingeführt werden:
200 Zigaretten oder 50 Zigarren oder 225 g Tabak;
0,5 l Parfüm oder Eau de toilette.

GESETZLICHE FEIERTAGE

1. Mai '96 Tag der Arbeit. **19. Mai** Muharram (Islamisches Neujahr). **28. Mai** Ashoura. **13. Juni** Revolutionstag. **28. Juli** Mouloud (Geburtstag des Propheten). **14. Okt.** Nationalfeiertag. **8. Dez.** Leilat al-Meiraj (Himmelfahrt des Propheten). **1. Jan. '97** Neujahr. **10. Jan.** Beginn des Fastenmonats Ramadan. **10. Febr.** Eid al-Fitr (Ende des Ramadan). **8. März** Internationaler Frauentag. **19. April** Eid al-Adha (Opferfest). **1. Mai** Tag der Arbeit. **10. Mai** Muharram (Islamisches Neujahr).
Anmerkung: Die angegebenen Daten für islamische Feiertage richten sich nach dem Mondkalender und verschieben sich von Jahr zu Jahr. Während des Fastenmonats Ramadan, auch am Festtag Eid al-Fitr vorangeht, essen Mohammedaner nicht tagsüber, sondern erst nach Sonnenuntergang, wodurch der normale Geschäftsablauf gestört werden kann. Diese Unterbrechungen können auch während des Eid al-Fitr auftreten. Dieses Fest, ebenso wie das Eid al-Adha, hat keine festgelegte Zeitdauer und kann je nach Region 2-10 Tage dauern. Nähere Informationen unter *Welt des Islam* (s. Inhaltsverzeichnis).

GESUNDHEIT

In der folgenden Tabelle aufgeführte Impfvorschriften können sich kurzfristig ändern. Es wird stets empfohlen, auf Ihrem CRS-System (TIMATIC-Info-Code-Fenster in diesem Kapitel) den aktuellen Stand der Gesundheitsbestimmungen abzurufen bzw. rechtzeitig vor der Reise ärztlichen Rat einzuholen.

	Vorsichtsmaßnahmen empfohlen	Impfschein erforderlich
Gelbfieber	Ja	1
Cholera	Nein	Nein
Typhus & Polio	Ja	-
Malaria	2	-
Essen & Trinken	3	-

[1]: Eine Impfbescheinigung gegen Gelbfieber wird von allen Reisenden im Alter von über einem Jahr verlangt, die aus Infektionsgebieten kommen.
[2]: Malariarisiko besteht das ganze Jahr über, vor allem jedoch zwischen September und Ende Februar in allen Landesteilen mit Ausnahme von Aden und des Flughafengebietes. Die vorherrschende gefährlichere Form *Plasmodium falciparum* soll Chloroquinresistent sein.
[3]: Leitungswasser ist normalerweise gechlort und relativ sauber, es können jedoch u. U. leichte Magenstimmungen auftreten. Für die ersten Wochen des Aufenthalts wird daher abgefülltes Wasser empfohlen,

welches überall erhältlich ist. Außerhalb der größeren Städte sollte Wasser generell vor der Benutzung zum Trinken, Zähneputzen und zur Eiswürfelbereitung entweder abgekocht oder anderweitig sterilisiert werden. Trocken- und Dosenmilch nur mit keimfreiem Wasser anrühren. Milch ist nicht pasteurisiert und sollte abgekocht werden. Milchprodukte aus ungekochter Milch vermeiden. Fleisch- und Fischgerichte nur gut durchgekocht und heiß serviert essen. Der Genuß von Schweinefleisch, rohen Salaten und Mayonnaise sollte vermieden werden. Gemüse sollte gekocht und Obst geschält werden.
Tollwut kommt vor. Wer ein erhöhtes Risiko eingeht (z. B. längerer Aufenthalt in abgelegenen Gebieten), sollte vor Reiseantritt eine Schutzimpfung erwägen. Bei Bißwunden so schnell wie möglich ärztliche Hilfe in Anspruch nehmen. Weitere Informationen im Kapitel *Gesundheit* (s. Inhaltsverzeichnis).
Hepatitis A, B und *E* kommen vor.
Bilharziose-Erreger kommen in manchen Teichen und Flüssen vor, das Schwimmen und Waten in Binnengewässern sollte daher vermieden werden. Gut gepflegte Schwimmbecken mit gechlortem Wasser sind ungefährlich.
Gesundheitsvorsorge: Der Abschluß einer Reisekrankenversicherung wird dringend empfohlen. Die medizinische Versorgung ist nicht überall gewährleistet. Für Reisen in höhere Lagen sollte man eine Akklimatisationszeit einplanen.

REISEVERKEHR - International

FLUGZEUG: Jemens nationale Fluggesellschaft *Yemen Airways* (Yemenia) (IY) bietet Verbindungen nach Frankfurt, Paris und London. *Lufthansa* fliegt Sanaa zweimal wöchentlich (mittwochs und sonntags) über Kairo an.
Durchschnittliche Flugzeit: *Frankfurt* – Sanaa: 8 Std. 10.
Internationale Flughäfen: *Sanaa International (SAH)* (El-Rahaba) liegt 13 km nördlich der Stadt (Fahrzeit 30 Min.). Taxis stehen zur Verfügung. Am Flughafen gibt es eine Bank (24 Stunden geöffnet), eine Hotelreservierung, Duty-free-Shops, Geschäfte, Tourist-Information und Restaurants.
Aden Khormaksar (ADE) liegt 9,5 km außerhalb der Stadt (Fahrzeit 20 Min.). Busse und Taxis stehen nur in begrenztem Umfang zur Verfügung.
Flughafengebühren: 15 DM bei internationalen Flügen.
SCHIFF: Die größten internationalen Häfen sind Aden, Nishtun, Hodeida, Mokka und Sulif. Frachtschiffe mit Passagierkabinen laufen Aden an.
BUS/PKW: An- und Einreise mit Pkw und Bus nach Jemen ist nicht zu empfehlen; es gibt jedoch Straßen von Riyadh, Mekka und Jeddah (in Saudi-Arabien) nach Sanaa.

REISEVERKEHR - National

FLUGZEUG: *Yemen Airways* (IY) bietet Flüge zwischen Sanaa, Taiz, Hodeida und Aden an. Buchungen sollten vor der Abreise überprüft und bestätigt werden.
Flughafengebühren: 4,50 DM (eine Richtung).
SCHIFF: Fähren verbinden alle Häfen des Landes. Weitere Einzelheiten erhalten Sie von den Hafenbehörden.
BUS/PKW: Es gibt ein Straßennetz von 51.467 km, von denen 4754 km gut befahrbare Hauptstraßen sind. Die Straßen in Sanaa und von Taiz nach Mokha sind gut. Von Aden nach Taiz fährt man 5 Std. Es gibt eine Verbindungsstraße von Aden nach Sanaa und eine 500 km lange Straße von Aden nach Mukalla. Die anderen Straßen sind meist Wüstenpisten. Fahrzeuge mit Allradantrieb und ein Führer sind unerläßlich. **Busse** verkehren regelmäßig zwischen den Städten. Jeeps und Reisebusse der *Yemen Tourist Company* verbinden alle Städte des Landes. **Taxis** kann man an den gelben Nummernschildern erkennen. Sammeltaxis sind das preiswerteste Verkehrsmittel für längere Strecken. In den Städten gilt eine Mindestgebühr, bei längeren Fahrten sollte man den Fahrpreis im voraus vereinbaren.
Mietwagenfirmen gibt es in allen Städten. **Unterlagen:** Internationaler Führerschein.
FAHRZEITEN von Sanaa zu anderen jemenitischen Städten (ungefähre Angaben in Std. und Min.):

	Flugzeug	Bus/Pkw
Aden	0.45	4.30
Hodeida	0.30-0.45	3.00
Taiz	0.30-0.55	3.30

UNTERKUNFT

HOTELS: In Sanaa gibt es zwei 5-Sterne-Hotels, zwei 4-Sterne-Hotel und 14 3-Sterne-Hotels. In Taiz und Hodeida befinden sich einige 3-Sterne-Hotels, und in Mareb gibt es ebenfalls ein 3-Sterne-Hotel. In Aden sind die Touristenhotels (darunter zwei Hotels mit internationalem Standard) im Tawahi-Viertel zu finden. Ferner gibt es Hotels in Mukalla (al-Shaab), Seiyyum (al-Salaam), Shihr (al-Sharq), Mukheiras und Jaar. Außerhalb der größeren Städte und Urlaubsgebiete sind die Unterkunftsmöglichkeiten begrenzt. Das Spektrum reicht generell von alten Palasthotels über moderne Luxushotels bis hin zu *Funduks* (Gasthäusern) und Nomadenzelten. Vorausbuchung wird empfohlen, und man sollte auf eine schriftliche Bestätigung bestehen. Es gibt keine Preisunterschiede zwischen Sommer und Winter. 15% extra werden für Bedienung berechnet. Weitere Informationen erhalten Sie von der *Yemen Tourist Company* (Adresse s. o.).
CAMPING: In Khokha und Mokha sind Campingplätze vorhanden. Weitere Informationen von den örtlichen Reisebüros in Sanaa.

URLAUBSORTE & AUSFLÜGE

Die Republik Jemen ist die am wenigsten bekannte und in vieler Hinsicht reizvollste Region Arabiens. Ein Großteil des Landes liegt über 3000 m hoch, Besucher sollten daher eine Akklimatisierungszeit einplanen. Ausflüge und Rundfahrten werden in allen größeren Städten angeboten. Weitere Einzelheiten erfahren Sie von den örtlichen Reiseveranstaltern.

Die Zentralregion

Das Gebiet ist schon seit Jahrhunderten eine wichtige Agrarregion, in der sich viele größere Städte befinden. **Sanaa**, die faszinierende Hauptstadt, liegt an der Handelsstraße zwischen Aden und Mekka. Die Stadt wurde im 1. Jahrhundert n. Chr. gegründet und soll der Legende nach bereits in frühen biblischen Zeiten eine Rolle gespielt haben. Die malerische Altstadt ist von der UNESCO zum Weltkulturgut erklärt worden. Die meisten der bis zu siebenstöckigen Häuser sind mehr als 400 Jahre alt. Die *Zitadelle Qasr al-Silah* wurde nach der Einführung des Islam im 7. Jahrhundert gebaut und ist immer noch sehr gut erhalten. Das alte Stadtzentrum wird von den Überresten der Stadtmauer umgeben, die man im Süden in der Zuberi-Straße vor dem *Bab al-Yemen* (Tor zum Jemen) und im Osten am *Berg Nugum* sehen kann. Die Mauer erstreckt sich von der Zitadelle zum Bab Sha'oob, im Norden, bis zu dem Taherir-Platz. Der 1000 Jahre alte *Markt Souk al-Milh*, der am Bab al-Yemen beginnt, ist in 40 unterschiedliche Handwerks- und Handelsbereiche aufgeteilt. Besonders interessant ist der Gewürzmarkt: Man braucht nur den orientalischen Gewürzaromen folgen, um ihn zu finden. Der *Souk al-Nahaas* war früher ein Kupfermarkt, hier findet man heute bestickten Kopfschmuck, Gürtel und *Jambias* (gebogene Dolche). Die *Große Moschee von Sanaa* ist die älteste und größte Moschee Sanaas und eine der ältesten in der arabischen Welt. Sie wurde zu Lebenszeiten des Propheten Mohammed gebaut und im Jahre 705 vergrößert. Der Grundriß ist typisch für die frühen arabischen Bauwerke: Ein offener Hof, der von überdachten Galerien umschlossen wird. Das *Nationalmuseum* liegt am Taherir-Platz im *Dar al-Shukr* (Palast der Dankbarkeit). Hier gibt es interessante Ausstellungen aus vorislamischer Zeit, Bronze-Statuen, Volkskunst sowie einen schönen *Mashrabia* (zur Wasserkühlung). Vom Dach des Palastes hat man einen guten Ausblick auf den Taherir-Platz und das Muttawakelite-Viertel. Überwältigend sind die mehrstöckigen, prunkvollen Häuser in der Stadtmitte, die mit filigranen Stuck- und Alabasterarbeiten reich verziert sind.
Rawdha, 8 km nördlich von Sanaa, ist eine Gartenstadt, die für ihre süßen Weintrauben bekannt ist. Interessant ist die Moschee, die auf Anlaß Ahmed Ibn al-Qasims erbaut wurde. Im *Rawdha-Palast* ist heute ein Hotel untergebracht.
Amran liegt nördlich von Rawdha. Die Stadt befindet sich am Rand des fruchtbaren *Al-Bawn-Beckens*. Amran ist von alten Tonmauern aus der Zeit des Königreichs der Sabäer umschlossen.
Hajja liegt nordwestlich von Sanaa, eine Tagesreise entfernt. Die Umgebung besteht aus hohen Bergen und tiefen Tälern, einschl. des *Wadi Sherez* (1000 m ü. d. M.) und des *Kohlan* (2400 m ü. d. M.). Die Zitadelle Hajja thront auf dem gleichnamigen Hügel und ist für die unterirdischen Verliese bekannt.
Der Berg **Hadda** liegt südlich von Sanaa. An seinen Hängen liegen zahlreiche Dörfer und Obstgärten; in diesen Gärten wachsen Aprikosen-, Pfirsich-, Walnuß- und Mandelbäume. Im Dorf Hadda gibt es alte türkische Mühlen zu besichtigen.
Das **Wadi Dhar** liegt 10 km von Sanaa entfernt und ist ein idyllisches Tal, in dem Weintrauben, Granatäpfel und Zitrusfrüchte wachsen. Es wird von einem unfruchtbaren Plateau umgeben.
Shibam, 36 km von Sanaa entfernt, ist eine Siedlung aus der vorislamischen Zeit, die damals von der großen Festung *Koukaban* geschützt wurde.

Der Westen & Südwesten

Die Halbwüste **Tihama** (»heiße Erde«) im Westen, in der es kaum regnet, ist heiß, schwül und nur wenig bevölkert. Die Straße, die von Sanaa nach Süden führt, verläuft durch eine Gebirgslandschaft vorbei an **Dhofar**, der alten Hauptstadt der Himyariten (115 v. Chr. - 525 n. Chr.), und **Ibb**, einem früher wichtigen Rastplatz an der Straße von Sanaa nach Taiz. Die Überreste der Stadtmauer und des Aquäduktes sind gut erhalten geblieben. Der **Sumara-Paß**, auf 2700 m Höhe, ermöglicht einen herrlichen Panoramablick über das Yarim- und das Dhamar-Becken.
Taiz liegt im Süden des Landes auf 1400 m Höhe. Die Altstadt ist durch die schnellwachsende, moderne Stadt fast vollständig verdrängt worden, nur einige alte Häuser und Moscheen sind übrig geblieben. Diese liegen an der Südseite innerhalb der gut erhaltenen Stadtmauer aus dem 13. Jahrhundert. Im Norden stehen nur noch die Tore *Bab Musa* und *Al-Bab al-Kabir*. Die Festung *Al-Qahera* liegt innerhalb der Stadtmauern in der Altstadt. In Taiz befinden sich auch die Moscheen *Al-Ashrafiya* und *Al-Mudhaffar*, die vermutlich schönsten in Jemen. Das Museum im *Imam-Ahmad-Palast* gibt Einblicke über das Leben des Königs Imam Ahmad (verstorben im September 1962). Der Legende nach ist nach Imams Tod in seinem »Anti-Revolutions-Palast« nichts verändert worden. Der *Salah-Palast*, ein weiteres Museum der königlichen Familie, liegt östlich der Stadt. Der *Souk Taiz* ist eine Fundgrube schöner Waren und Reisemitbringsel, vor allem die Silberarbeiten und Teppiche reizen zum Kauf.
Der Berg **Saber** liegt 18 km von Taiz entfernt und ermöglicht einen wunderschönen Blick auf Taiz und das Taiz-Becken. Fahrzeuge mit Allradantrieb sind nötig, um den 3000 m hohen Gipfel zu erreichen.
Mokha ist eine alte Hafenstadt am Roten Meer aus der himyaritischen Zeit. Im 17. und 18. Jahrhundert wurde von hier aus Kaffee in alle Welt exportiert, ganz besonders nach Europa (in Wien und Amsterdam wurden damals die ersten Kaffeehäuser eröffnet). Mokhas Glanz und Reichtum fanden ein Ende als Kaffee auch in anderen Regionen angebaut wurde. In den letzten Jahren hat die Regierung den Hafen modernisiert und die Verbindungen nach Mokha verbessert, um die alte und einstmals reiche Stadt wieder aufleben zu lassen.
Hodeida kann man über die Berge von Manakha erreichen. Diese moderne Stadt am Roten Meer hat einen bedeutenden Hafen, der erst 1961 fertiggestellt wurde. Historisch interessante Stätten gibt es nur wenige – sehenswert ist jedoch der Fischmarkt und die nahebei gelegenen Fischerboote, die auch heute noch aus Holz gebaut werden.
Beit al-Faqih, 60 km von Hodeida entfernt, hat einen interessanten Markt, auf dem Kunstgewerbeartikel verkauft werden. **Manakha** war früher ein Rastplatz osmanischer Händler und liegt in den Haraz-Bergen. Die traditionellen Ismaeli-Dörfer liegen im Osten. Von hier aus kann man ausgezeichnete Wanderungen unternehmen.

Der Norden

Zwischen Sanaa und Sada im Norden liegt das **Wadi Wa'aar** mit subtropischem Klima und endlosen Mango-, Papaya- und Bananenhainen. In dieser Region erhebt sich das riesige **Shahara-Bergmassiv,** der höchste Berg ist 3000 m hoch. Zum Gipfel gelangt man, je nach Zeit und Ausdauer, entweder zu Fuß oder mit mit einem Geländewagen. Die Shahara-Brücke, die im 17. Jahrhundert erbaut wurde, verbindet zwei Berge und kann zu Fuß überquert werden.
Sada ist noch heute von Stadtmauern umgeben und war früher ein Bergbau- (Eisenerz) und Gerbereizentrum sowie ein wichtiger Rastplatz an der himyaritischen Handelsstraße von Sanaa nach Mekka. Später wurde aus Sada die Hauptstadt des Zaydi-Staates und Zentrum der Zaydi-Lehre, einer Richtung des schiitischen Glaubens. Die *Al-Hadi-Moschee* ist eine wichtige Kultstätte des Zaydismus. Man kann auf der Stadtmauer spazierengehen und den schönen Ausblick über die Stadt genießen. Das interessante *Najran-Tor* befindet sich im Norden der Stadt. Die *Große Moschee* ist das Wahrzeichen Sadas. Auf dem Markt werden u. a. traditionelle Steinhalsbänder und schöne Silberarbeiten angeboten. Die *Sada-Festung*, mit ihren dicken Mauern, war früher die Residenz des Königs Imam und ist heute Sitz der Provinzregierung. Außerhalb der Stadt liegt der *Zaydi-Friedhof* mit interessanten Grabsteinen. Das *Sada-Becken* ist sehr fruchtbar und versorgt Jemen mit Weintrauben. Auch hier kann man gut wandern.

Der Osten

Die **Al-Mashrik-Berge** im Osten des Landes steigen von 1100 m bis auf 3000 m an. Die Landschaft geht allmählich in Sanddünen über, die Bevölkerungsdichte nimmt ab. In den Tälern wird Landwirtschaft betrieben.
Mareb war einst Hauptstadt des Königreiches Saba. Sehenswert ist der *Awwan-Tempel*, angeblich der Tempel der Königin von Saba. Die behauenen Steinblöcke sind das Testament der Stadt. Südwestlich von Mareb liegt der gewaltige *Mareb-Staudamm*, der vor tausenden von Jahren zur Bewässerung diente. Bis 570 n. Chr. wurde der Damm genutzt, dann siedelte sich die Bevölkerung im Norden des Landes an. Die eindrucksvolle Steinmauer ist 600 m lang und 18 m dick.

Aden

Die Geschichte **Adens** als Hafenstadt reicht weit zurück. Der Hafen wurde im biblischen *Buch von Hesekiel* (ca. 6. Jh. v. Chr.) genannt. Im *Nationalmuseum des Altertums* in der Nähe des Tawahi-Hafens gibt es eine interessante Sammlung vorislamischer Kunst. *Crater*, der älteste Stadtteil, liegt im Krater eines erloschenen Vulkans. Hier stehen die ältesten Gebäude der Stadt. Zu sehen sind noch die *Adentanks*, Felsenlager mit einer unglaublich hohen Wasserkapazität. Wenn es regnet, füllt sich der oberste Tank zuerst und speist dann die unteren. In Crater gibt es auch ein Völkerkundemuseum und ein Militärmuseum. Die *Moschee von Sayyid Abdullah al-Aidrus* (14. Jh.) erinnert an den Schutzheiligen von Aden. In *Ma'allah* können Besucher traditionelle arabische Boote sehen. Südlich von Aden liegt *Klein-Aden*, ebenfalls in einem Vulkankrater. In dieser Gegend findet man Fischerdörfer und einsame Buchten mit ausgezeichneten Stränden am Golf von Aden.

SOZIALPROFIL

ESSEN & TRINKEN: Hotelrestaurants und einige private Restaurants bieten sowohl internationale Spezialitäte (besonders indisch und chinesisch) als auch arabische Gerichte an. Meeresfrüchte sind besonders empfehlenswert. *Haradha* (ein Gericht aus Hackfleisch mit Pfeffer) sollte man auf jeden Fall probieren.
Getränke: Alkoholische Getränke sind nicht überall erhältlich, sie werden aber in einigen Hotels angeboten. Es ist verboten, Jemeniten alkoholische Getränke zu verkaufen.
NACHTLEBEN findet überwiegend in den Hotels statt (s. o.).
EINKAUFSTIPS: Auf den *Souks* (Märkte) kann man gut stöbern und sich nach Kunstgewerbeartikeln umsehen. Schöne Souvenirs sind *Foutah* (Nationaltrachten), Lederartikel, *Jambia* (Dolche), Kerzenständer, Halstücher (mit Goldfäden durchwoben), Bernstein sowie bunte Kissen und Keramikwaren. Gold- und Silberarbeiten, Gewürze, Parfüm, *Bukhur*-Räucherstäbchen mit passendem Gefäß und bunte Matten sind ebenfalls sehr beliebt. **Öffnungszeiten der Geschäfte:** So-Do 08.00-13.00 und 16.00-21.00 Uhr.
SPORT: In den größeren Hotels findet man Squash- und Tennisplätze, Swimmingpools und Saunas. Viele der Strände eignen sich gut zum Baden. In einigen Schwimmvereinen kann man auch vorübergehend Mitglied werden.
SITTEN & GEBRÄUCHE: Traditionelle Werte sind auch heute noch ein wichtiger Bestandteil des täglichen Lebens, und Besucher werden mit traditionellen Höflichkeitsformen und Gastfreundschaft begrüßt. Ein Großteil der Bevölkerung ist in der Landwirtschaft oder in der Fischerei beschäftigt. Am Rand der nördlichen Wüste gibt es noch einige Nomaden. Im Norden werden Gewehre über der Schulter getragen und ergänzen den traditionellen *Jambia*. In den Städten sind Frauen mit schwarzen oder bunten Tüchern verschleiert, in den Dörfern sieht man dies weniger. Viele Einwohner des Jemen kauen *Khat*, Blätter eines einheimischen Strauches, die eine narkotische Wirkung besitzen. Man kaut sie auf Märkten und in Cafés, meist jedoch auf Kissen sitzend in den sogenannten *Mafrai*, ganz oben unter dem Dach eines mehrstöckigen Hauses, wo sich das soziale Leben abspielt. Besucher sollten zurückhaltende Alltagskleidung tragen, von Geschäftsleuten werden Anzüge erwartet. Männer sollten bei gesellschaftlichen Anlässen und in guten Restaurants Sakko und Krawatte tragen. Frauen sollten möglichst wenig nackte Haut zeigen. Badekleidung und Shorts sollten nur am Strand oder Swimmingpool getragen werden. Während des Fastenmonats Ramadan ist Rauchen verboten. **Trinkgeld:** Kellner und Taxifahrer erwarten 10-15%.

WIRTSCHAFTSPROFIL

WIRTSCHAFT: Der nordwestliche Landesteil, die ehemalige Arabische Republik Jemen, ist die fruchtbarste Region der arabischen Halbinsel. Die Mehrheit der Erwerbstätigen ist in der Landwirtschaft beschäftigt. Die Haupterzeugnisse sind Getreide, Baumwolle, Kaffee, Obst, Gemüse, und Khat (alkaloidhaltige Blätter, die als Rauschmittel gekaut werden). Die Viehzucht ist ebenfalls bedeutend. Die Fischerei ist entwicklungsfähig, die Salzgewinnung spielt eine immer größere Rolle. Es gibt kaum Industrie, die Industrialisierung wird jedoch vorangetrieben – die wenigen Industriebetriebe produzieren bisher überwiegend für den Binnenmarkt. Der südliche Landesteil, die frühere Volksrepublik Jemen, ist dagegen trocken und sehr unfruchtbar. Nur 1% des Hinterlandes von Aden ist landwirtschaftlich nutzbar. Die Erträge decken kaum den Eigenbedarf, vor allem an Getreide mangelt es. Angebaut werden hauptsächlich Gemüse, Südfrüchte und Hirse. Die Fischerei, die modernisierungsbedürftig ist und bislang an einem schlechten Absatzsystem krankt, ist besonders in den fischreichen Gewässern des Arabischen Meeres zukunftsträchtig. Verstärkte Investitionen sollen diesem Wirtschaftszweig auf die Beine helfen. 1983 wurde vor der Südküste Erdöl entdeckt. Die Vorkommen sind zwar verhältnismäßig klein, haben jedoch erheblich zur Verbesserung der Wirtschaftslage beigetragen. Die größten Exportlöse erbringen Erdöl und Erdölderivate. Die Erdölraffinerie in Aden, der früheren Hauptstadt des Südens, ist wichtigster Arbeitgeber und Wirtschaftsfaktor der Stadt, die die neue Wirtschaftsmetropole des vereinten Jemen werden soll. Aden sich nie vom Niedergang seines Hafens nach der Unabhängigkeit erholen können; als Freihafen und Hauptumschlagplatz an der Handelsroute durch den Suezkanal nach Indien und Fernost war der Hafen von Aden früher ein wichtiger Aktivposten des Landes. Bevor man nicht größere Erdölvorkommen entdeckt, wird das Land auch weiterhin von internationaler Wirtschaftshilfe abhängig sein. Haupthandelspartner sind die Länder der Europäischen Union, vor allem Großbritannien und Frankreich, Saudi-Arabien und die USA. Die ablehnende Haltung der jemenitischen Regierung gegenüber den UN-Resolutionen gegen den Irak während des Golfkrieges führte zu massiven Kürzungen der Wirtschaftshilfe der USA und Saudi-Arabiens. Auch der Zusammenbruch des regionalen Handels während des Krieges traf die Wirtschaft schwer. Zudem wurden eine Million jemenitische Gastarbeiter aus Saudi-Arabien ausgewiesen, die das Problem der Arbeitslosigkeit im Land noch verschärften. Der diplomatische Druck Saudi-Arabiens hat noch zusätzlich zu Kürzungen der westlichen Wirtschaftshilfen geführt.
GESCHÄFTSVERKEHR: In Geschäftskreisen wird Englisch gesprochen. Terminvereinbarung ist üblich, auf Pünktlichkeit wird Wert gelegt. Auch während geschäftlicher Treffen wird häufig *Khat* gekaut.
Geschäftszeiten: Mo-Mi 08.00-12.30 und 16.00-19.00 Uhr sowie Do 08.00-11.00 Uhr. **Behörden:** So-Do 08.00-14.00 Uhr.
Kontaktadressen: *Die wirtschaftlichen Interessen Österreichs werden von der Außenhandelsstelle in Riyadh (s. Saudi-Arabien) wahrgenommen.*
Federation of Chambers of Commerce (Vereinigung der Handelskammern), PO Box 16992, Sanaa. Tel: (01) 21 17 65. Telex: 2229.
Aden Chamber of Commerce and Industry (Nationale Handels- und Industriekammer), PO Box 473, Queen Arwa Street, Crater, Aden. Tel: (02) 5 11 04. Telefax: (02) 22 11 76.

KLIMA

Je nach Höhenlage unterschiedlich. An der Küste ganzjährig heiß und trocken mit Temperaturen zwischen 34-53°C. Im Hochland ist es im Sommer warm, im Winter (Oktober - März) kann es nachts sehr kalt werden. Die jährliche Niederschlagsmenge ist sehr gering. In Wüstengebieten starke Temperaturunterschiede zwischen Tag und Nacht. Die angenehmste Jahreszeit ist zwischen Oktober und April.
Kleidung: In der Küstenebene ist leichte Kleidung während des ganzen Jahres angemessen. Im Gebirge benötigt man zwischen November und April wärmere Kleidung.

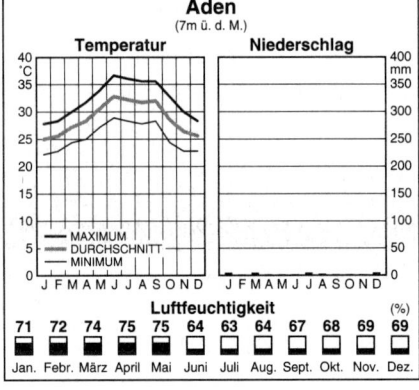

WELTKARTE?

LÄNDERKARTEN?

ZEITZONENKARTE?

INFORMATION ÜBER

IMPFBESTIMMUNGEN UND

GESUNDHEITSVORKEHRUNGEN?

. . . siehe **Inhaltsverzeichnis**

Jordanien

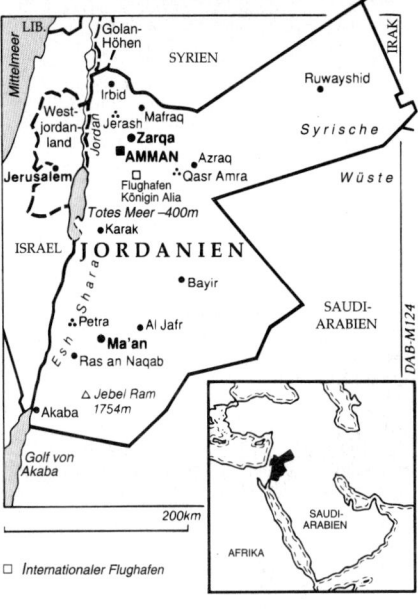

☐ *Internationaler Flughafen*

Lage: Vorderasien, Nahost.

Ministry of Tourism and Antiquities
PO Box 224
Amman
Tel: (06) 64 23 11. Telefax: (06) 64 84 65.
Botschaft des Königreichs Jordanien
Beethovenallee 21
D-53173 Bonn
Tel: (0228) 35 70 46. Telefax: (0228) 35 39 51.
Mo-Fr 09.00-12.00 Uhr.
Botschaft des Königreichs Jordanien
Doblhoffgasse 3/2
A-1010 Wien
Tel: (0222) 405 10 25. Telefax: (0222) 405 10 31.
Mo-Fr 09.00-13.00 Uhr.
Botschaft des Königreichs Jordanien
Belpstraße 11
CH-3007 Bern
Tel: (031) 381 41 46. Telefax: (031) 382 21 19.
Mo-Fr 08.30-14.00 Uhr.
Botschaft der Bundesrepublik Deutschland
31 Bengasi Street
Jabal Amman
PO Box 183
11118 Amman
Tel: (06) 68 93 67, 68 93 79, 68 93 92. Telefax: (06) 68 58 87.
Honorarkonsulat in Akaba.
Botschaft der Republik Österreich
36 Mithqal Al-Fayez-Street
Jabal Amman
PO Box 830795
Amman 11183
Tel: (06) 64 46 35, 64 46 48, 65 68 15. Telefax: (06) 61 27 25.
Botschaft der Schweizerischen Eidgenossenschaft
Embassies Street 19
4th Circle (neben der Salaheldin Moschee)
Jabal-Amman
PO Box 5341
Amman 11183
Tel: (06) 68 64 16/17. Telefax: (06) 69 86 85.

TIMATIC INFO-CODES

Abrufbar über Ihr CRS-System (für START/Amadeus Ama-Maske benutzen). Für Galileo bitte TI-DFT eingeben (mit Bindestrich).

Flughafengebühren	TI DFT/ AMM /TX
Währung	TI DFT/ AMM /CY
Zollbestimmungen	TI DFT/ AMM /CS
Gesundheit	TI DFT/ AMM /HE
Reisepassbestimmungen	TI DFT/ AMM /PA
Visabestimmungen	TI DFT/ AMM /VI

FLÄCHE: 97.740 qkm.
BEVÖLKERUNGSZAHL: 4.102.000 (1993). Ungefähr die Hälfte davon lebt in Jordanien, der Rest im von Israel besetzten Westjordanland. 40% der Bevölkerung sind Palästinenser. Etwa 1 Mio. Personen gelten als palästinensische Flüchtlinge und werden von der UNO unterstützt. Weitere 250.000 Personen wurden durch die Ereignisse des Jahres 1967 heimatlos.
BEVÖLKERUNGSDICHTE: 42 pro qkm.
HAUPTSTADT: Amman. **Einwohner:** 965.000 (1991).
GEOGRAPHIE: Jordanien grenzt im Westen an Israel, im Norden an Syrien, im Nordosten an den Irak und im Süden und Westen an Saudi-Arabien. Im Nordwesten liegt das Tote Meer und im Südwesten am Roten Meer. Eine Hochebene erstreckt sich über 324 km von der syrischen Grenze bis zum Ras en Naqeb im Süden; die Hauptstadt Amman liegt 800 m ü. d. M., Teile des Hügellandes nordwestlich der Hauptstadt sind bewaldet, z. T. wird auch Landwirtschaft betrieben. Der Wasserspiegel des Toten Meeres ist der tiefste Punkt der Erde, etwa 400 m unter dem Meeresspiegel. Der Jordan verbindet das Tote Meer mit dem See Genezareth in Israel. Im Westen liegt das von Israel besetzte Westjordanland. Etwa 80% des Landes, besonders der östliche Landesteil, besteht aus Wüste.
STAATSFORM: Parlamentarische Monarchie seit 1952, letzte Änderung der Verfassung 1992. Zweikammerparlament: Abgeordnetenhaus (80 Mitglieder) und Senat (40 Mitglieder). Wahlrecht ab 19 Jahre. Staatsoberhaupt: König Hussein Ibn Talal (Hussein II), seit 1952. Regierungschef: Sharif Said Ibn Shaker, seit Januar 1995. Unabhängig seit März 1946.
SPRACHE: Arabisch, außerdem Englisch und etwas Französisch.
RELIGION: 93% Sunniten, christliche und schiitische Minderheiten.
ORTSZEIT: MEZ + 1.
NETZSPANNUNG: 220 V, 50 Hz. Es gibt unterschiedliche Steckdosenarten, Adapter empfohlen.
POST- UND FERNMELDEWESEN: Telefon: Selbstwählferndienst in den Städten; von Jordanien aus kann man die meisten Länder direkt anwählen. **Landesvorwahl: 962.** Die Ortsnetzkennzahl für Amman ist 06. **Telefaxeinrichtungen** findet man immer häufiger. Die meisten guten Hotels haben Faxgeräte sowie öffentliche Schalter für **Telexe/Telegramme**. Der Telegrammdienst nach Übersee ist verhältnismäßig gut. Telegramme können außerdem beim Haupttelegrafenamt aufgegeben werden und bei den großen Postämtern, wie z. B. dem Postamt am 1st Circle, Jabal Amman und dem Postamt im Jordan Intercontinental, Jabal Amman. **Post:** Pakete sollten für die Zollkontrolle offen bleiben. Luftpost nach Europa ist 3-5 Tage unterwegs, gegen Aufpreis wird eine Zustellung innerhalb von 24 Std. in 22 Länder angeboten. Öffnungszeiten der Postämter: Sa-Do 08.00-18.00 Uhr, Fr geschlossen (mit Ausnahme des Postamtes im Geschäftsviertel von Amman, Prince Mohammed-Street, das auch freitags geöffnet hat).
DEUTSCHE WELLE
Der Einsatz der Kurzwellenfrequenzen ändert sich mehrfach im Laufe eines Jahres, und Sendungen auf den folgenden Frequenzen werden jeweils nur zu bestimmten Tageszeiten ausgestrahlt. Näheres in der Einleitung.

MHz	21,560	15,275	13,780	11,795	9,545
Meterband	13	19	22	25	31

REISEPASS/VISUM

***Wichtiger Hinweis:** Die Einreisebestimmungen mancher Länder können sich kurzfristig ändern – rufen Sie sicherheitshalber auf Ihrem CRS-System (TIMATIC-Info-Code-Fenster in diesem Kapitel) den aktuellen Stand ab bzw. wenden Sie sich an die zuständige diplomatische Vertretung. Etwaige Zahlen in der Tabelle beziehen sich auf nachfolgende Fußnoten.*

	Paß erforderlich?	*Visum erforderlich?*	*Rückflugticket erforderlich?*
Deutschland	Ja	Ja/1	Nein
Österreich	Ja	Ja/1	Nein
Schweiz	Ja	Ja/1	Nein
Andere EU-Länder	Ja	Ja/1	Nein

REISEPASS: Allgemein erforderlich zur Einreise, Reisepaß muß noch mindestens 6 Monate gültig sein.
VISUM: Allgemein erforderlich, ausgenommen sind Staatsangehörige von Ägypten, Bahrain, Irak, Katar, Kuwait, Oman, Saudi-Arabien, Syrien und den Vereinigten Arabischen Emiraten für einen Aufenthalt von bis zu 3 Monaten.
Visa werden auch bei der Einreise am Flughafen in Jordanien ausgestellt, mit Ausnahme der Staatsbürger, die eine Sondergenehmigung vom Innenministerium benötigen, s. u. Wer auf dem Landweg aus einem besetzten Gebiet einreist braucht ein Visum, das vor der Einreise beantragt werden muß.
Anmerkung: (a) **[1]** Touristen können bei der Einreise aus einem arabischen Staat ein 7tägiges Transitvisum erhalten. Diese Regelung gilt jedoch nicht einheitlich. Weitere Informationen von der zuständigen diplomatischen Vertretung (Adresen s. o.).
(b) Staatsbürger von Algerien, Bulgarien, Iran, Indien, Korea-Nord, Kroatien, Libyen, Libanon, Mauretanien, Marokko, Nepal, Philippinen, Pakistan, Sri Lanka, Singapur, Tunesien sowie alle afrikanischen Staaten brauchen außer einem gültigen Visum auch eine Genehmigung des Innenministeriums.
Visaarten: Transit-, Touristen-, Mehrfach- und Geschäftsvisa. Gruppen müssen geschlossen ein- und ausreisen. Pauschalreisende in Gruppen von mindestens 15 Personen sind von der Visagebühr befreit (Mindestaufenthalt 4 Nächte).
Visagebühren: 30 DM, 420 öS, 40 sfr für einmalige Einreise (3 Monate gültig); 40 DM für zweimalige Einreise (3 Monate gültig ab Ausstellungsdatum). Staatsbürger anderer Nationalitäten unterschiedlich. Bitte erkundigen Sie sich bei der zuständigen Botschaft (Adressen s. o.).
Gültigkeitsdauer: In der Regel 3 Monate, Verlängerung vor Ort möglich.
Antragstellung: Konsulat bzw. Konsularabteilung der Botschaft (Adressen s. o.).
Unterlagen: (a) Antragsformular. (b) Mindestens noch 6 Monate gültiger Reisepaß. (c) 1 Paßfoto. (d) Gebühr. (e) Firmenbrief für Geschäftsvisa. Der postalischen Antragstellung sollten ein frankierter und adressierter Rückumschlag und ein Zahlungsnachweis beigelegt werden.
Bearbeitungszeit: Bei persönlicher Antragstellung 48 Std., bei postalischer 3-4 Tage.
Aufenthaltsgenehmigung: Wenden Sie sich bitte an die Botschaft.
Anmerkung: Alle Reisenden müssen sich innerhalb von 14 Tagen nach Ankunft in Jordanien bei einer Polizeidienststelle melden.

GELD

Währung: 1 Dinar (JD) = 1000 Fils. Banknoten gibt es im Wert von 20, 10, 5 und 1 JD. Münzen sind im Wert von 500, 250, 100, 50, 25, 20, 10, 5 und 1 Fils in Umlauf.
Kreditkarten: *American Express*, *Visa* und teilweise auch *Eurocard* und *Diners Club* werden akzeptiert. Einzelheiten vom Aussteller der betreffenden Kreditkarte.
Reiseschecks: DM-Reiseschecks werden empfohlen.
Wechselkurse

	JD Sept. '92	JD Febr. '94	JD Jan. '95	JD Jan. '96
1 DM	0,44	0,40	0,45	0,49
1 US$	0,65	0,70	0,70	0,71

Devisenbestimmungen: Die Einfuhr der Landeswährung ist unbegrenzt, die Ausfuhr ist auf 300 JD beschränkt. Die Einfuhr von Fremdwährungen ist unbeschränkt, die Ausfuhr ist auf den bei der Einreise deklarierten Betrag begrenzt.
Öffnungszeiten der Banken: Sa-Do 08.30-12.30 Uhr. Während des Ramadan: 08.30-10.00 Uhr, manche Banken auch nachmittags.

DUTY FREE

Folgende Artikel können zollfrei nach Jordanien eingeführt werden:
200 Zigaretten oder 25 Zigarren oder 200 g Tabak;
1 Flasche Wein oder Spirituosen;
Parfüm für den persönlichen Gebrauch.

GESETZLICHE FEIERTAGE

1. Mai '96 Tag der Arbeit. **19. Mai** Islamisches Neujahr. **25. Mai** Unabhängigkeitstag. **28. Juli** Mouloud (Geburtstag des Propheten). **11. Aug.** Jahrestag der Thronbesteigung von König Hussein. **14. Nov.** König Husseins Geburtstag. **8. Dez.** Leilat al-Meiraj. **10. Jan. '97** Beginn des Ramadan.**15. Jan.** Laubenfest. **11. Febr.** Beginn des Eid al-Fitr (Ende des Ramadan). **22. März** Tag der arabischen Liga. **19. April** Eid al-Adha (Opferfest). **1. Mai** Tag der Arbeit. **9. Mai** Islamisches Neujahr. **25. Mai** Unabhängigkeitstag.
Anmerkung: (a) Weihnachten und Ostern werden nur in christlichen Haushalten und Geschäftshäusern gefeiert.
(b) Die angegebenen Daten für islamische Feiertage richten sich nach dem Mondkalender und verschieben sich daher von Jahr zu Jahr. Während des Fastenmonats Ramadan, der dem Festtag Eid al-Fitr vorangeht, essen Mohammedaner nicht tagsüber, sondern erst nach Sonnenuntergang, wodurch der normale Geschäftsablauf gestört werden kann. Diese Unterbrechungen können auch während des Eid al-Fitr auftreten. Dieses Fest, ebenso wie das Eid al-Adha, hat keine bestimmte Zeitdauer und kann je nach Region 2-10 Tage dauern. Weitere Informationen im Kapitel *Welt des Islam* (s. Inhaltsverzeichnis).

GESUNDHEIT

In der folgenden Tabelle aufgeführte Impfvorschriften können sich kurzfristig ändern. Es wird stets empfohlen, auf Ihrem CRS-System (TIMATIC-Info-Code-Fenster in diesem Kapitel) den aktuellen Stand der Gesundheitsbestimmungen abzurufen bzw. rechtzeitig vor der Reise ärztlichen Rat einzuholen.

	Vorsichtsmaßnahmen empfohlen	*Impfschein erforderlich*
Gelbfieber	Nein	1
Cholera	Nein	Nein
Typhus & Polio	Ja/2	-
Malaria	Nein	-
Essen & Trinken	3	-

[1]: Eine Gelbfieber-Impfbescheinigung wird von allen Reisenden verlangt, die aus Endemiegebieten in Afrika kommen.
[2]: Typhus kommt vor, Poliomyelitis nicht.
[3]: Wasser sollte generell vor der Benutzung zum Trinken, Zähneputzen und zur Eiswürfelbereitung entweder abgekocht oder anderweitig sterilisiert werden. Nicht pasteurisierte Milch sollte abgekocht werden. Trocken- und Dosenmilch nur mit keimfreiem Wasser anrühren. Milchprodukte aus ungekochter Milch sollte man nicht zu sich nehmen. Fleisch- und Fischgerichte nur gut durchgekocht und heiß serviert essen. Der Genuß von rohen Salaten und Mayonnaise sollte vermieden werden. Gemüse sollte gekocht und Obst geschält werden.
Tollwut kommt vor. Wer ein erhöhtes Risiko eingeht (z. B. längerer Aufenthalt in abgelegenen Gebieten), sollte vor Reiseantritt eine Schutzimpfung erwägen. Bei Bißwunden so schnell wie möglich ärztliche Hilfe in Anspruch nehmen. Weitere Informationen im Kapitel *Gesundheit* (s. Inhaltsverzeichnis).
Hepatitis A, B und *E* kommen ebenfalls vor.
Gesundheitsvorsorge: In den größeren Städten gibt es ausgezeichnete Krankenhäuser und in vielen Dörfern Krankenstationen. Der Abschluß einer Reisekrankenversicherung wird empfohlen.

REISEVERKEHR - International

FLUGZEUG: Jordaniens nationale Fluggesellschaft heißt *Royal Jordanian Airlines* (RJ). *Aero Lloyd* bietet einmal die Woche (jeden Dienstag) Charterflüge von Frankfurt über München nach Amman an, *Austrian Airlines* fliegt zweimal wöchentlich (montags und samstags) von Wien.
Durchschnittliche Flugzeiten: *Frankfurt* – Amman: 5 Std. 30 (ohne Zwischenlandung); *Wien* – Amman: 3 Std. 50.
Internationaler Flughafen: *Queen Alia International* (AMM) liegt 32 km südlich der Hauptstadt und wird durch eine Schnellstraße mit Amman verbunden (Fahrzeit 30-45 Min.). Es gibt Busverbindungen und einen Taxistand, außerdem Banken (24 Std.), eine Post, Tourist-Information, Duty-free-Shops, Hotelreservierung, Kinderkrippe, Mietwagenschalter, Bars und Restaurants.
Der ehemalige internationale Flughafen 5 km nordöstlich der Stadt wird nur noch für Charterflüge benutzt.
Flughafengebühren: 10 JD pro Person bei der Ausreise (meist im Flugpreis inbegriffen). 25 JD für Staatsangehörige Jordaniens auf internationalen Flügen. Transitpassagiere sind hiervon ausgenommen.
SCHIFF: Eine **Passagierfähre** fährt von Akaba nach Nueiba (Ägypten). Es gibt wöchentliche Passagierschiffverbindungen nach Suez und Jeddah. Weitere Einzelheiten erfahren Sie von der *Telestar Maritime Agency*.
Hafengebühr: 6 JD pro Person.
BAHN: Obwohl eine Bahnstrecke nach Syrien existiert, gibt es keine fahrplanmäßigen internationalen Verbindungen.
BUS/PKW: An- und Einreise mit Bus und Pkw über Syrien und die Türkei durch Ramtha, 115 km nördlich von Amman (die Fahrzeit von Damaskus beträgt 4 Std; Grenzformalitäten können bis zu 3 Std. in Anspruch nehmen). Es gibt Sammeltaxis von Amman nach Damaskus; Mehrfachvisa sind zum Teil erforderlich. Von Damaskus gibt es Busverbindungen nach Irbid und Amman und von Amman täglich nach Damaskus und Baghdad sowie zur Allenby-Brücke, die zum besetzten Westjordanland führt. Zum Überqueren der Brücke benötigt man die Erlaubnis des Innenministeriums in Amman; sie wird normalerweise routinemäßig erteilt, man sollte aber 3 Werktage dafür einplanen. Seit kurzem stehen zwei neue Grenzübergänge (*Jordan River Crossing* und *Arava Crossing Point*) nach Israel zur Verfügung. Einzelheiten s. *Israel*. Weitere Informationen finden Sie in der Rubrik *Unterlagen* (s. u.).
Straßengebühren: 4 JD.
Anmerkung: Manche arabischen Länder verweigern die Einreise, wenn man einen israelischen Stempel im Paß hat. Auf Wunsch werden Einreisevermerke nicht in den Reisepaß, sondern auf ein gesondertes Blatt (Formblatt AL-17) gestempelt.

REISEVERKEHR - National

FLUGZEUG: *Royal Jordanian Airlines* bietet Linienflüge nach Akaba an, außerdem kann man Jets und Hubschrauber mieten.
BAHN: Zur Zeit gibt es keinen zuverlässig funktionierenden Passagierverkehr.
BUS/PKW: Die Hauptverkehrsstraßen sind gut (4608 km gepflasterte Straßen), Wüstenstraßen sollte man jedoch möglichst meiden. Beim Befahren von Neben- und Wüstenstraßen gilt als Faustregel: nur absolut fahrtüchtige Fahrzeuge benutzen, ausreichend Wasser mitnehmen und allen Ratschlägen der Einheimischen folgen. Der **Buslinienverkehr** ist preiswert und funktioniert reibungslos. Die *JETT*-Busgesellschaft fährt von Amman diverse Orte an (Akaba und Petra täglich). **Taxi:** Sammeltaxis fahren auf festgelegten Strecken zu allen Städten, können aber auch privat gemietet werden.

Wir bringen Ihre Kunden in den Fernen Osten und sogar noch weiter.

Der Ferne Osten ist eine exotische Kombination ethnischer Gruppen, Sprachen und Religionen. Wenn Ihre Kunden planen, einen der faszinierenden Orte im Fernen Osten oder auf dem Subkontinent zu besuchen, gestalten Sie ihnen die Reise mit einem Flug an Bord der Royal Jordanian noch reizvoller.

Wo immer Ihre Kunden in Amerika oder Europa sind, Royal Jordanian wird sie mit größtem Komfort und größter Bequemlichkeit in den Fernen Osten bringen. Mit Royal Jordanian wird eine exotische Reise zu einem spektakulären Ereignis.

Siebenmal wöchentlich von Deutschland (FRA/BER/MUC)

ROYAL JORDANIAN الملكية الأردنية

Ihr Fenster zur Welt

Frankfurt Tel. 069-231853/4/5/6 Fax. 234802
Berlin Tel. 030-2617057 Fax. 2617058

Sammeltaxis nach Petra sollten im voraus gebucht werden. **Mietwagen** werden von *Avis* sowie vier einheimischen Firmen, Hotels und Reisebüros angeboten. Man kann auch tageweise Fahrer buchen.
Anmerkung: In der Nähe der israelischen Grenze (auf grenznahen Straßen oder beim Segeln und Schwimmen im Roten Meer ohne Führer/Reiseleitung) sollte man seine Reise- und Ausweispapiere immer griffbereit haben.
Unterlagen: Internationaler Führerschein erforderlich. Fahrzeuge mit normalem jordanischen Nummernschild dürfen nur von Inhabern jordanischer Führerscheine gefahren werden.
STADTVERKEHR: In Amman verkehren sowohl Linienbusse als auch *Servis*-Sammeltaxis, die festgelegte Strecken fahren. Die *Servis*-Taxis sind staatlich zugelassen und haben Standardtarife, aber keine festen Haltestellen. Sie nehmen oft ihre Passagiere an Endhaltestellen in den Außenbezirken oder im Zentrum auf und fahren dann direkt bis zum Zielort.

UNTERKUNFT

HOTELS: In Amman und Akaba gibt es einige Hotels für gehobene Ansprüche, die auch Alkohollizenzen besitzen. Da sie oft ausgebucht sind, empfiehlt sich rechtzeitiges Reservieren. Übernachtungspreise bleiben das ganze Jahr über gleich; es werden 20% Steuern und Bedienungsgeld aufgeschlagen. **Kategorien: 1-5 Sterne** bei Hotels. 4- und 5-Sterne-Hotels haben Diskotheken und Nachtklubs.

URLAUBSORTE & AUSFLÜGE

Da Jordanien ein verhältnismäßig kleines Land ist, kann man von Amman aus alle Reiseziele bequem innerhalb eines Tages erreichen.

Amman

In **Amman**, seit 1921 Hauptstadt Jordaniens, lebt ein Drittel der Bevölkerung. Die Stadt liegt auf sieben Hügeln, die in der sonst recht weitläufigen Stadt als natürliche Orientierungspunkte dienen. Kurvenreiche Straßen winden sich an den quadratischen weiß-beigen Häusern vorbei, die sich an den Hügelseiten zusammendrängen. Heutzutage bietet Amman eine reiche Auswahl erstklassiger Hotels und Tourismuseinrichtungen, vor allem in den *Jabal-* (Hügel-) Gebieten. Der größte *Souk* (Markt) ist ein besonders farbenfrohes Beispiel für die zahllosen typischen Märkte des Landes. Überall in der Stadt stößt man auf Überreste der griechischen, römischen und osmanischen Besatzungszeiten. Am bedeutendsten ist das römische Amphitheater (2. Jh. n. Chr.) in der Stadtmitte, aber auch die *Jebel-el-Qalat-Zitadelle*, heute ein archäologisches Museum, die Nationalgalerie und das Volksmuseum für Trachten und Schmuck sind einen Besuch wert. Amman ist ein sehr guter Ausgangspunkt für Ausflüge in die anderen Landesteile.

Nördlich von Amman

Jerash liegt weniger als eine Autostunde von Amman entfernt; die Strecke führt durch das reizvolle Hügelland von **Gilead**. Die prachtvolle Stadt Jerash ist, Dank des Wüstenklimas, eine der besterhaltenen römischen Stadt. Sie ist zu Recht berühmt für den Triumphbogen Kaiser Hadrians, das Hippodrom, den großartigen römischen Marktplatz in elliptischer Form, die Theater, Bäder und Torbögen, die römische Brücke und den weitläufigen Säulengang, der zum Artemistempel führt. Begleitkommentare sind in unterschiedlichen Sprachen (Französisch, Englisch, Deutsch und Arabisch; andere auf Anfrage) erhältlich. In **Irbid**, 77 km nördlich von Amman, findet man viele römische Grabmäler und Statuen. Enge Gassen voller kleiner Geschäfte und runder Hauseingänge prägen das Stadtbild. In **Umm Qais** ganz im Norden stehen die Ruinen der biblischen Stadt *Gadara*. Von hier genießt man einen atemberaubenden Blick über den See Genezareth. Obwohl die Stadt bei den Römern wegen ihrer heißen Quellen und vielen Theater sehr beliebt war, war sie zur Zeit der Eroberung durch die Araber nur noch ein unbedeutendes Dorf. Die Ruinen sind jedoch noch immer beeindruckend: die Akropolis (218 v. Chr.), der römische Marktplatz, die Kolonnaden, deren Straßenzüge noch immer Spuren von Kampfwagen zeigen, das Nymphaeum und die Überreste der Basilika. Der Weg von Umm Qais nach Jerash, entlang der Nordwestgrenze, führt durch die üppige Landschaft des *Jordan-Tals*, vorbei an **Al Hammeh** unweit der von Israel besetzten Golan-Höhen. Die Stadt ist für ihre heißen Quellen und ihr Mineralwasser berühmt. **Pella**, wie Gadara einst Mitglied des römischen Decapolis, eines Wirtschaftsbündnisses von zehn Städten, war später jahrhundertelang unbewohnt. 1979 wurde mit Ausgrabungen begonnen, und einige römische Baudenkmäler sind bereits freigelegt worden. Auf der Spitze eines Hügels in der Nähe von **Ajlun** steht die Burg *Qalaat al-Rabadh*, die von den Arabern als Verteidigungsposten gegen die Kreuzritter erbaut wurde. Die Landschaft in diesem erstaunlich fruchtbaren Landesteil ist oft sehr reizvoll, besonders im Frühling, wenn das Jordan-Tal und seine Umgebung eine überschwengliche Blumenpracht bieten.

Östlich von Amman

In der Umgebung von *Azraq* und vor allem südlich der Stadt erstreckt sich eine riesige Wüste, die einen Großteil Jordaniens ausmacht. In dieser unfruchtbaren Landschaft findet man die Oasen *Shaumari Park* und *Azraq Wetland Park*, die heute mit Hilfe des *World Wildlife Fund* unterhalten werden. Wildtiere, die früher in Jordanien beheimatet waren, wie die Oryx-Antilope und die Gazelle, wurden wieder eingeführt. In den Sumpfgebieten überwintern alljährlich zahlreiche Zugvögel. Das Wildreservat Shaumari wurde im Oktober 1983 eröffnet als Versuch, die selten gewordenen Oryx-Antilopen zu schützen. Weitere 10 Reservate mit einer Gesamtfläche von über 4100 qkm sollen bald eröffnet werden. Initiator und Koordinator des Projekts ist die Königlich-Jordanische Gesellschaft für Naturschutz, die in letzter Zeit große Anstrengungen zum Schutz der einheimischen Tierwelt und zur Bekämpfung der Verschmutzung des verkehrsreichen Hafens von Akaba unternommen hat. Wer gegen die strengen Gesetze verstößt, muß mit hohen Strafen rechnen.
Weitere Sehenswürdigkeiten im Wüstengebiet östlich von Amman sind die Wüstenschlößer, die im 7. Jahrhundert von den Omaijaden erbaut wurden, vor allem *Qasr al-Amra* und *Qasr al-Kharanah*. Die gut erhaltenen Gebäude wurden zum Schutz der Karawanen erbaut und dienten auch als Unterkunft für Jäger oder zum Freizeitvertreib der Kalifen. Die Fresken und wunderschön gewölbten Räume haben sich gut erhalten.

Westlich von Amman

Salt, das biblische *Gilead*, ist heute eine Kleinstadt inmitten fruchtbarer Landschaft, die viel von ihrem ursprünglichen Charakter als führende Stadt Transjordaniens behalten hat. Die Atmosphäre ist friedlich, tolerant und vor allem orientalisch. Die bunte Vielzahl der Eindrücke, Ansichten, Geräusche und Gerüche vermittelt den Eindruck einer alten arabischen Stadt mit engen Gassen, zahllosen Treppen, Kaffeehäusern und den Eseln mit ihren Lasten. 24 km westlich von Amman liegt *Iraq al-Amir*, der einzige noch erhaltene hellenistische Palast im Nahen Osten.

Südlich von Amman

Das *Tote Meer* liegt 400 m u. d. M. und ist damit der tiefste Punkt der Erde. Es glitzert Tag und Nacht in einer trockenen und etwas unheimlichen Landschaft. Die biblischen Städte Sodom und Gomorrah sollen unter dem Wasser liegen. Da das Meer keinen Abfluß hat, ist das Wasser so stark salzhaltig, daß keine Lebewesen existieren und selbst Nichtschwimmer nicht untergehen können. Durch seine Lage am südlichen Ende des Jordan bildet es eine natürliche Barriere zwischen Jordanien und dem besetzten Westjordanland. Es gibt drei Verbindungsstrecken zwischen Amman und Akaba. Die Schönste ist die *Königsstraße*, die an vielen interessanten Orten vorbeiführt. **Madaba** und der nahegelegene Berg *Nebo*, wo Moses begraben sein soll, waren beide blühende byzantinische Städte. Hauptattraktionen sind die alten Kirchen und guterhaltenen Mosaike; das größte stellt eine alte Landkarte des Palästina des 6. Jahrhunderts dar. Es gibt auch ein Museum und einen Familienbetrieb, der auf antiken Webstühlen Teppiche herstellt. Abseits der Königsstraße liegt **Mukawir**, ein kleines Dorf in der Nähe der Ruinen der Burg Machaerus von Herodes Antipas, auch *Qasr al-Meshneque* genannt, wo Salome tanzte und Johannes der Täufer geköpft wurde. Von hier hat man einen wunderbaren Blick auf das Tote Meer, manchmal sogar auf Jerusalem und den Ölberg. Das nahegelegene *Zarqa Main* hat heiße Mineralquellen. Dieses zerklüftete Gebiet besteht aus tiefen Schluchten, Wasserfällen, weißen Felsen sowie kleinen Oasen und ist Lebensraum vieler Vögel und wilder Blumen. Weiter südlich an der Königsstraße liegt das ganz von einer Stadtmauer umgebene **Kerak**, eine wunderschöne mittelalterliche Stadt mit einer zum Teil restaurierten Kreuzritterburg, die damals 800 Menschen in sich bergen konnte. Weitere historisch, landschaftlich oder religiös interessante Orte auf der Strecke nach Petra sind **Mutah**, **Mazar**, **Tafila**, **Edomite Qasr Buseirah** und die beeindruckende Kreuzritterfestung *Shaubek*.
Petra kann als eines der Wunder des Nahen Ostens bezeichnet werden. Der weitläufige natürliche Talkessel versteckt sich in den Felsen, aus denen die ganze Stadt mit ihren riesigen, leicht rosagetönten Fassaden herausgeschlagen wurde. Sie war jahrhundertelang vergessen und wurde erst 1812 wiederentdeckt. Hoch über einem Abgrund liegen die Tempel und Höhlen Petras, die bis vor kurzem noch von Beduinen bewohnt wurden. Der größte Teil dieser einzigartigen Stadt wurde im 6. Jahrhundert v. Chr. von den Nabatäern, einem arabischen Wüstenvolk, als bedeutender Stützpunkt auf den Karawanenstraßen erbaut. Petra kann man nur per Pferd/Esel und zu Fuß erreichen. Ein Führer begleitet die Touristen bis zum Eingang der Schlucht; von dort aus geht es dann zu Fuß weiter. Diese über 2 km lange und nur 2-3 m breite Schlucht schlengelt sich durch das etwa 200 m hohe Felsmassiv bis zur Stadt. Am Ende des Tunnels eröffnet sich Petra mit der beeindruckenen Fassade des Schatzhauses (*Khazneh*); jenes ist 40 m hoch, sämtliche Säulen und Statuen wurden nach jahrhunderte langer Arbeit aus dem Fels gehauen. Diese Stadt aus Felsenstraßen, Felsentreppen und aus dem Fels gehauenen Gräbern, Häusern und Tempeln bietet als besondere Sehenswürdigkeiten die Burg *Qasr al-Bint*, die *Al-Habis-Höhlen* sowie einige interessante Museen. Etwas außerhalb, im weniger kommerziellen Teil Petras, **Al-Bari**, liegen einige Grabstätten in Einsamkeit und Ruhe zwischen den Felsen. In der Nähe des *Siq* befindet sich ein Rasthaus, für das man in der Saison rechtzeitig buchen sollte. Im Winter wird es hier jedoch bitterkalt. Alternative ist das 5-Sterne-Hotel in Petra (Petra Forum Hotel); im Bau ist zur Zeit auch ein neuer Hotelkomplex im Bereich des Parkplatzes, der sich kurz vor dem Schluchtanfang befindet. Letzte Station auf dem Weg nach Akaba ist **Wadi Rum**, ca. 5 Autostunden südlich von Amman, das im wesentlichen aus einem Fort im *Beau-Geste*-Stil und einigen Beduinenzelten besteht. Das Fort wurde zum Schutz des Tals in einer großen Wüstenebene erbaut und wird von der farbenfroh gekleideten Wüstenpolizei (Camel Corps) unterhalten, einem beliebten Fotomotiv für Besucher. Wadi Rum wird auch mit dem berühmten englischen Orientalisten T. E. Lawrence, »Lawrence von Arabien«, in Verbindung gebracht. Viele Beduinen eines Stammes, der von Mohammed abstammen soll, leben noch immer in ihren Zelten im Tal. Einige Reisebüros organisieren Ausflüge in die Wüste mit Übernachtung bei einem Beduinenstamm oder in Zelten im Tal, die Rundreisen umfassen rund 100 km.
Akaba liegt am nordöstlichen Ende des Golfs von Akaba und ist Jordaniens einziger Seehafen. Man kann die Stadt von Amman per Flugzeug oder auf dem Landweg erreichen. In den letzten Jahren hat sich Akaba als Hafen wie auch als Touristenzentrum erheblich vergrößert, was zum Teil auf den herrlichen Strand, die hervorragenden Wassersportmöglichkeiten und das Angebot an 5-Sterne-Hotels, aber auch auf die niedrige Luftfeuchtigkeit und das angenehm warme Klima zurückzuführen ist. In der Stadt gibt es viele kleine Geschäfte und mehrere gute Restaurants. Die Hotels stellen umfassende Freizeiteinrichtungen bereit, einschl. Geräteverleih für Windsurfer, Taucher, Segler und Angler; viele haben auch einen Swimmingpool und bieten europäische und traditionelle orientalische Gerichte an. Einige Hotels stellen Konferenzräume zur Verfügung und veranstalten Ausflüge nach Amman, Petra und Wadi Rum. Der Urlaubsort Akaba, der das ganze Jahr Saison hat, bietet Tauchgründe von Weltformat mit Korallenriffen dicht am Strand und einer Wassertemperatur, die selten unter 20°C fällt.

SOZIALPROFIL

ESSEN & TRINKEN: In Jordanien gibt es viele gute Restaurants. Die Regierungskontrolle der 4- und 5-Sterne-Restaurants ist inzwischen abgeschafft worden. Die Küche ist unterschiedlich, die meisten Restaurants bieten arabische und europäische Gerichte an. Zu den Spezialitäten gehören *Meze* (kleine Vorspeisen wie *Humus*, *Ful*, *Kibbeh* und *Tabouleh*), eine Auswahl unterschiedlicher *Kebabs*; *Mahshi waraq inab* (gefüllte Weinblätter mit Reis, Hackfleisch und Gewürzen), *Musakhan* (Brathähnchen in Olivenöl und Zwiebelsoße gebacken auf arabischem Brot) und die jordanische Spezialität *Mensaf* (gehacktes Lammfleisch in Joghurtsoße auf Reis), ein Gericht, das normalerweise mit der Hand gegessen wird. Meistens gibt es als Vorspeise zahlreiche, meist vegetarische, Gerichte in kleinen Portionen, zum Nachtisch meist Wassermelone. **Getränke:** Das Trinken von arabischem Kaffee (Mokka) ist ein nationales Ritual. Einheimische Bier- und Weinsorten sind ebenso erhältlich wie importierte Spirituosen. Während des Fastenmonats Ramadan ist das Trinken und Rauchen tagsüber verboten.
NACHTLEBEN: In einigen größeren Städten gibt es Kinos, in Amman außerdem Nachtklubs und Theater.
EINKAUFSTIPS: Jede Stadt hat einen *Souk*, das Angebot an guten Kunstgewerbeläden und Schmuckgeschäften ist groß. In Amman gibt es einen hervorragenden Gold- und Schmuckmarkt. Beliebte Mitbringsel sind Hebron-Glas, Perlmuttkästchen, Wasserpfeifen, Tonwaren, Backgammonspiele, bestickte Tischdecken, Rosenkränze mit Juwelen, Weihnachtskrippen aus Olivenholz, Gebetskissen aus Leder, alte und neue Messing- und Kupferartikel sowie handbestickte Kaftane mit eingewebten Gold- und Silberfäden. **Öffnungszeiten der Geschäfte:** Sa-Do 09.00-13.00 und 15.00-20.30 Uhr.
SPORT: Akaba bietet durch seine Lage am Roten Meer Möglichkeiten zum Schwimmen, Bootfahren, Tauchen und Wasserskifahren. Es gibt ein Tauchzentrum, das aber nur erfahrenen Tauchern mit Lizenz offensteht. Harpunen und Speere dürfen nicht benutzt werden, und das Abbrechen von Korallen und Muschelsammeln ist verboten. Die Hussein-Jugendstadt und mehrere Hotels in Amman haben Swimmingpools und Tennisplätze. Auch der YMCA bietet Tennisplätze. In Akaba kann man auch Fußball und Squash spielen. Ein weiteres beliebtes Urlaubsgebiet ist das Tote Meer.

VERANSTALTUNGSKALENDER

Aug. '96 *Jerash-Festival für Kultur und Kunst* (zwei Wochen mit Aufführungen von jordanischen, arabischen und internationalen Folkloregruppen und Künstlern). **Mitte Nov.** *Wassersportfest*, Akaba (mit internationalen Wasserski-Wettkämpfen und anderen Wassersportarten).
SITTEN & GEBRÄUCHE: Zur Begrüßung gibt man sich die Hand. Für Jordanier sind arabische Kultur und Gastfreundschaft von großer Bedeutung. Besucher werden sehr herzlich aufgenommen, Jordanier sind gerne Gastgeber und Berater und geben bereitwillig Auskunft über Kultur und Traditionen. Der Islam spielt eine wichtige Rolle im gesellschaftlichen Leben, und man sollte diesen Glauben respektieren (mehr unter *Welt des Islam*, s. Inhaltsverzeichnis). Arabischer Kaffee wird bei gesellschaftlichen Ereignissen oft und reichlich angeboten. Falls man die Tasse beim Zurückgeben nicht leicht dreht, wird sie automatisch nachgefüllt. Kleine Gastgeschenke werden gern angenommen. Frauen sollten nicht zu salopp gekleidet sein. Badekleidung gehört an den für Touristen vorgesehenen Strand oder Swimmingpool. Jordanische Frauen gehen vollständig bekleidet zum Schwimmen. **Fotografieren:** Man sollte um Erlaubnis bitten, bevor man jemanden fotografiert. In manchen Orten ist Fotografieren generell nicht gestattet. **Trinkgeld:** Auf Rechnungen werden normalerweise 10-12% Bedienungsgeld aufgeschlagen; ein extra Trinkgeld liegt im Ermessen des Gastes.

WIRTSCHAFTSPROFIL

WIRTSCHAFT: Die jordanische Landwirtschaft hat sich nie ganz von dem Verlust Westjordanlands nach dem Sechstagekrieg (1967) erholt, der die Einbuße von 80% des Obstanbaugebietes und beträchtlicher Exporteinnahmen bedeutete. In dem verbliebenen Gebiet – Ostjordanland – gibt es nur wenig Agrarland; angebaut werden hauptsächlich Tomaten, Zitrusfrüchte, Oliven, Feigen, Gurken, Wassermelonen, Auberginen, Gerste und Weizen. Der politischen Stabilität des Landes in der krisengeschüttelten Golfregion verdankte die jordanische Wirtschaft umfassende internationale Finanzhilfe. Seine proirakische Haltung während des Golfkrieges hat dem Land aber geschadet, vor allem seinen vorher guten Beziehungen zu Saudi-Arabien. Leichtindustrie und Tourismus gewinnen zunehmend an Bedeutung. Die wichtigsten Industriezweige sind die Phosphatgewinnung und die Herstellung von Pottasche im Gebiet des Toten Meeres. Daneben werden u. a. Farben, Plastik und Zement produziert. Die Suche nach Erdölvorkommen verlief bisher erfolglos. Im März 1992 verursachten Unwetter schwere wirtschaftliche Schäden. Jordanien importiert Produkte aus dem Irak, den USA, Großbritannien, Italien und Deutschland und exportiert vor allem in den Irak, Saudi-Arabien, Indien und Ägypten.
GESCHÄFTSVERKEHR: In Geschäftskreisen wird in der Regel englisch gesprochen. Es empfiehlt sich, Freitagstermine zu vermeiden und einen Vorrat an Visitenkarten mitzunehmen. **Geschäftszeiten:** Sa-Do 08.00-17.00 Uhr. **Behörden:** Sa-Do 08.00-14.00 Uhr.
Kontaktadressen: *The Commercial Attache at the Austrian Embassy* (Handelsabteilung der Österreichischen Botschaft), PO Box 5287, 11183 Amman. Tel: (06) 67 47 50, 67 48 52. Telefax: (06) 66 05 31.
Amman Chamber of Commerce (Handelskammer), PO Box 287, Amman. Tel: (06) 66 61 51. Telex: 21543.

KLIMA

Heiße und trockene Sommer mit kühlen Abenden. Das Jordan-Tal, das unter dem Meeresspiegel liegt, ist im Winter warm und im Sommer sehr heiß. Der meiste Niederschlag fällt in den kühleren Monaten zwischen November und März.
Kleidung: Leichte Baumwoll- und Leinenkleidung von Mai bis September. Wärmere Kleidung für den Winter und für kühle Sommerabende. Von November bis April ist Regenschutz angemessen.

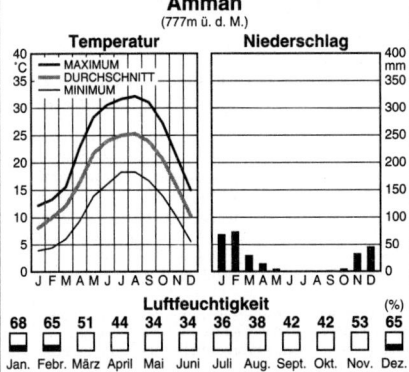

Jugoslawien (Bundesrepublik)

Lage: Südliches Mitteleuropa.

Anmerkung: 1992 beschlossen die ehemaligen jugoslawischen Teilrepubliken Serbien und Montenegro, den jugoslawischen Staat aufrechtzuerhalten. Im August 1992 wurden UN-Sanktionen gegen die neuausgerufene Bundesrepublik Jugoslawien verhängt, die u. a. ein Verbot aller Handelsbeziehungen (einschl. Bankverkehr) und Flugverbindungen umfassen. Diese Sanktionen sind momentan suspendiert (Anfang 1996), können aber jederzeit neu eingesetzt werden. Bankverkehr und Flugverkehr sind soweit wieder normal betriebsfähig. In Montenegro und Serbien kommt es vereinzelt zu Zwischenfällen (besonders im Kosovo-Gebiet), und die Versorgungslage (Grundnahrungsmittel, Treibstoff) ist sehr ernst, für Jugoslawen teilweise unerschwinglich. Reisende sollten sich vor Abfahrt über die aktuelle Lage informieren. Die folgenden Informationen reflektieren zum Teil die Situation vor dem Bürgerkrieg und sind hier aufgeführt in der Hoffnung, daß sie nach der Lösung des Konfliktes wieder nützlich sein werden.

Botschaft der Bundesrepublik Jugoslawien
Schloßallee 5
D-53179 Bonn
Tel: (0228) 34 40 50/-55. Telefax: (0228) 34 40 57.
Mo-Fr 08.30-12.30 Uhr.
Außenstelle der Botschaft der Bundesrepublik Jugoslawien
Taubertstraße 18
D-14193 Berlin
Tel: (030) 826 20 91. Telefax: (030) 825 22 06.
Mo-Fr 09.00-13.00 Uhr.
Generalkonsulate mit Visumerteilung in Hamburg (Tel: (040) 44 45 04, 45 24 63), Frankfurt/M. (Tel: (069) 43 99 23/24/25), München (Tel: (089) 98 86 85/86) und Stuttgart (Tel: (0711) 60 06 46, 60 01 13).
Konsulat mit Visumerteilung in Düsseldorf (Tel: (0211) 67 30 67, 68 94 70).

TIMATIC INFO-CODES

Abrufbar über Ihr CRS-System (für START/Amadeus Amaske benutzen). Für Galileo bitte TI-DFT eingeben (mit Bindestrich).

Flughafengebühren	TI DFT/ BEG /TX
Währung	TI DFT/ BEG /CY
Zollbestimmungen	TI DFT/ BEG /CS
Gesundheit	TI DFT/ BEG /HE
Reisepassbestimmungen	TI DFT/ BEG /PA
Visabestimmungen	TI DFT/ BEG /VI

Botschaft der Bundesrepublik Jugoslawien
Rennweg 3
A-1030 Wien
Tel: (0222) 713 25 95/96, *Konsularabt*.: 712 12 05. Telefax: (0222) 713 25 97.
Konsularabt.: Mo-Fr 08.00-12.00 Uhr.
Botschaft der Bundesrepublik Jugoslawien
Seminarstraße 5
CH-3006 Bern
Tel: (031) 352 63 53/-55. Telefax: (031) 351 44 74.
Mo-Fr 09.00-13.00 Uhr
Geschäftsbereich: Bern, Freiburg, Solothurn, Basel-Land und -Stadt, Tessin, Waadt, Wallis, Neuenburg, Genf und Jura.
Generalkonsulat der Bundesrepublik Jugoslawien
Eidmatstraße 33
CH-8032 Zürich
Tel: (01) 383 61 61, 383 61 83. Telefax: (01) 383 51 01.
Mo-Fr 08.30-13.00 Uhr.
Geschäftsbereich: Zürich, Luzern, Uri, Schwyz, Unterwald, Glarus, Zug, Schaffhausen, Appenzell, St. Gallen, Graubünden, Aargau und Thurgau.
Botschaft der Bundesrepublik Deutschland
Ulica Kneza Milosa 74-76
YU-11000 Belgrad
P.F. 304
YU-11001 Belgrad
Tel: (011) 64 57 55. Telefax: (011) 65 69 89.
Botschaft der Republik Österreich
Sime Markovica 2
YU-11000 Belgrad
PP 839
YU-11001 Belgrad
Tel: (011) 63 59 55. Telefax: (011) 63 82 15.
Botschaft der Schweizerischen Eidgenossenschaft
Bircaninova 27
YU-11000 Belgrad
PP 817
YU-11001 Belgrad
Tel: (011) 64 68 99, 64 69 74. Telefax: (011) 65 72 53.

FLÄCHE: 102.173 qkm (Serbien 88.361 qkm – einschl. Kosovo und Vojvodina – und Montenegro 13.812 qkm).
BEVÖLKERUNGSZAHL: 10.566.000 (1993).
BEVÖLKERUNGSDICHTE: 103 pro qkm.
HAUPTSTADT: Belgrad (Beograd). Einwohner: 1.087.915 (1991).
GEOGRAPHIE: Die Bundesrepublik Jugoslawien ist ungefähr rechteckig und liegt an einer wichtigen Verbindungsachse zwischen Nordwest- und Südosteuropa. Das Land wird im Norden von Ungarn, im Nordosten von Rumänien, im Südosten von Bulgarien, im Süden von der Ehemaligen Jugoslawischen Republik Mazedonien und Albanien, im Westen von Bosnien-Herzegowina und im Nordwesten von Kroatien begrenzt. Der Süden von Serbien ist bergig und dicht bewaldet, das Landschaftsbild im Norden wird vom fruchtbaren Flachland des Donau- und des Tiszatals geprägt. Belgrad, die Hauptstadt der neuen Republik, liegt an der Donau. Montenegro ist eine kleine bergige Region an der Adria nördlich von Albanien, die im Westen an Bosnien-Herzegowina grenzt. Ihre kurze Adriaküste umfaßt die Hafenstadt Bar und die Bucht von Kotor.
STAATSFORM: Bundesrepublik, seit 1992. Staatsoberhaupt: Zoran Lilic, seit Juni 1993. Regierungschef: Ministerpräsident Radoje Kontic, seit März 1993. Die Teilrepubliken Kroatien und Slowenien erklärten am 25. Juni 1991 einseitig die Unabhängigkeit. Mazedonien erklärte sich ebenfalls für unabhängig und wurde im April 1993 offiziell von der UNO anerkannt.
SPRACHE: Serbisch (kyrillische Schrift) und Montenegrinisch; Albanisch und Ungarisch werden von Minderheiten gesprochen.
RELIGION: 44% serbisch-orthodox, 31% römisch-katholisch (hauptsächlich in der Provinz Vojvodina); große moslemische Minderheit (albanische Volksgruppe vor allem in der Provinz Kosovo).
ORTSZEIT: MEZ.
NETZSPANNUNG: 220 V, 50 Hz.
POST- UND FERNMELDEWESEN: Telefon: Selbstwählferndienst. **Landesvorwahl: 381.**
Telefax/Telex/Telegramme: Die Fernmeldeverbindungen sind immer wieder gestört, und man muß oft sehr lange versuchen, bevor man einen Anschluß bekommt. Telefax-Service ist vorhanden. Telexanschlüsse findet man in größeren Hotels und in Hauptpostämtern. Telegramme kann man auf den Hauptpostämtern der größeren Städte aufgeben. Mit Ausnahme der Telexanschlüsse sind alle Fernmeldeverbindungen zwischen Belgrad und Zagreb, Ljubljana und Sarajewo unterbrochen. Der Postverkehr zwischen den ehemaligen Teilen Jugoslawiens ist bis auf weiteres eingestellt (jedoch innerhalb von Serbien angemessener Service). **Post:** Luftpost nach Westeuropa ist ca. ein bis zwei Wochen unterwegs. Briefmarken kann man in Buchhandlungen kaufen.
DEUTSCHE WELLE
Der Einsatz der Kurzwellenfrequenzen ändert sich mehrfach im Laufe eines Jahres, und Sendungen auf den folgenden Frequenzen werden jeweils nur zu bestimmten Tageszeiten ausgestrahlt. Näheres in der Einleitung.

MHz	15,275	13,780	9,545	6,075	3,995
Meterband	19	22	31	49	MW

REISEPASS/VISUM

Wichtiger Hinweis: Die Einreisebestimmungen mancher Länder können sich kurzfristig ändern – rufen Sie sicherheitshalber auf Ihrem CRS-System (TIMATIC-Info-Code-Fenster in diesem Kapitel) den aktuellen Stand ab bzw. wenden Sie sich an die zuständige diplomatische Vertretung. Etwaige Zahlen in der Tabelle beziehen sich auf nachfolgende Fußnoten.

	Paß erforderlich?	*Visum erforderlich?*	*Rückflugticket erforderlich?*
Deutschland	Ja	Ja	Nein
Österreich	Ja	Ja/1	Nein
Schweiz	Ja	Ja	Nein
Andere EU-Länder	Ja	1	Nein

Hinweis: Die Einstellung der Handelsbeziehungen mit der Bundesrepublik Jugoslawien machen Grenzüberquerungen äußerst schwierig. Man muß mit Wartezeiten an den Grenzen rechnen. Im Einzelfall wenden Sie sich an das Auswärtige Amt bzw. das Außenministerium oder das EDA. Touristische Reisen sind möglich, sollten aber vermieden werden. Die diplomatischen Vertretungen der Bundesrepublik Jugoslawien stellen weiterhin Visa aus. An der Grenze bekommt man kein Visum.
Einreiseverbot: Staatsbürgern von Malaysia wird die Einreise verweigert.
REISEPASS: Allgemein erforderlich.
VISUM: Allgemein erforderlich, ausgenommen sind Staatsbürger der folgenden Staaten:
(a) **[1]** Italien (alle anderen EU-Staaten benötigen Visa, für Dänemark und Österreich gelten Sonderbedingungen, die von der Botschaft zu erfragen sind. Für dänische und österreichische Staatsbürger sind Visa gebührenfrei);
(b) Algerien, Argentinien, Bolivien, Botswana, Bulgarien, Chile, Costa Rica, Irak, Japan, Kuba, Mexiko, Niger, Rumänien, Sambia, San Marino, Seychellen, Simbabwe, Tunesien, Ungarn und Zypern.
Visaarten: Touristenvisa, Transitvisa. Gültigkeit und bewilligte Aufenthaltsdauer sind unterschiedlich.
Visagebühren: Unterschiedlich, je nach Nationalität. *Touristenvisum:* 75 DM, 408 öS, 33 sfr. *Transitvisum:* einfach 50 DM, zweifach 75 DM, 33 sfr.
Antragstellung: Botschaft bzw. Konsulat (Adressen s. o.).
Unterlagen: (a) Antragsformular. (b) Gültiger Reisepaß. (c) Krankenversicherungsnachweis Ju6 (für Deutsche). (d) Einladung der jugoslawischen Kontaktperson (Freunde, Verwandte, Geschäftspartner) mit offiziellem Stempel der jeweiligen Gemeinde, in der die Kontaktperson lebt. (e) Gebühr.
Bearbeitungszeit: Nur persönliche Antragstellung möglich, sofortige Bearbeitung.
Aufenthaltsgenehmigung: Anfragen an die Botschaft.

GELD

Währung: 1 Neuer Jugoslawischer Dinar (Din) = 100 Para.
Nach einer Währungsreform 1994 ist der Neue Dinar im Verhältnis 1:1 an die D-Mark gebunden. Banknoten gibt es im Wert von 5, 10, 20 und 50 Din. Münzen sind im Wert von 1 und 5 Din im Umlauf und 10, 20 und 50 Para.
Kreditkarten und **Reiseschecks** sind aufgrund des Handelsembargos der UN derzeit keine gültigen Zahlungsmittel.
Wechselkurse

	Din Sept. '92	Din Okt. '93	Din Jan. '95	Din Jan. '96
1 DM	136,85	418,17	1	3,32
1 US$	201,90	680,4	1,55	4,77

Öffnungszeiten der Banken: Mo-Fr 07.00-15.00 Uhr. Einige Filialen haben auch samstags für Ein- und Auszahlungen geöffnet (08.00-14.00 Uhr).

DUTY FREE

Folgende Artikel können von Personen über 16 Jahren zollfrei nach Jugoslawien eingeführt werden:
200 Zigaretten oder 50 Zigarren oder 250 g Tabak;
1 l Spirituosen oder 1 l Wein;
250 ml Eau de toilette;
Parfüm für den persönlichen Gebrauch.

GESETZLICHE FEIERTAGE

1./2. Mai '96 Tag der Arbeit. **4. Juli** Tag der Freiheitskämpfer. **7. Juli** Nationalfeiertag (Serbien). **13. Juli** Nationalfeiertag (Montenegro). **29./30. Nov.** Tage der Republik. **1./2. Jan. '97** Neujahr. **1./2. Mai** Tag der Arbeit.

Zur Benutzung dieses Buches beachten Sie bitte auch die *Einleitung*

GESUNDHEIT

In der folgenden Tabelle aufgeführte Impfvorschriften können sich kurzfristig ändern. Es wird stets empfohlen, auf Ihrem CRS-System (TIMATIC-Info-Code-Fenster in diesem Kapitel) den aktuellen Stand der Gesundheitsbestimmungen abzurufen bzw. rechtzeitig vor der Reise ärztlichen Rat einzuholen.

	Vorsichtsmaßnahmen empfohlen	*Impfschein erforderlich*
Gelbfieber	Nein	Nein
Cholera	Nein	Nein
Typhus & Polio	Ja/1	-
Malaria	Nein	-
Essen & Trinken	2	-

[1]: Typhus kommt in den Sommer- und Herbstmonaten vor, Poliomyelitis ist endemisch.
[2]: Leitungswasser ist normalerweise gechlort und relativ sauber, es können jedoch leichte Magenverstimmungen auftreten. Für die ersten Wochen des Aufenthalts wird daher abgefülltes Wasser empfohlen.
Tollwut kommt vor. Wer ein erhöhtes Risiko eingeht (z. B. längerer Aufenthalt in abgelegenen Gebieten), sollte vor Reiseantritt eine Schutzimpfung erwägen. Bei Bißwunden so schnell wie möglich ärztliche Hilfe in Anspruch nehmen. Näheres unter *Gesundheit* (s. Inhaltsverzeichnis).
Hepatitis A tritt ebenfalls auf.
Gesundheitsvorsorge: Obwohl de jure das gegenseitige Abkommen Deutschlands mit Jugoslawien und damit auch die Anspruchsbescheinigung Ju6 noch gültig sind, wird auf jeden Fall der Abschluß einer Reisekrankenversicherung empfohlen. Dies gilt auch für Reisende aus Österreich und der Schweiz.

REISEVERKEHR

FLUGZEUG: Nach der Wiederaufnahme der zivilen Flugverbindungen gibt es inzwischen Flugdienste der nationalen Fluggesellschaft *JAT Yugoslav Airlines* von Düsseldorf, Frankfurt (Flugzeit 1 Std. 30), Zürich (Flugzeit 1 Std. 20) und Wien (Flugzeit 1 Std.). Obwohl die Lage in Serbien verhältnismäßig ruhig ist, ist die innenpolitische Situation angespannt, und es kann vereinzelt zu Zwischenfällen kommen. Im Zweifelsfall wenden Sie sich an das Auswärtige Amt in Bonn, das Außenministerium in Wien bzw. das EDA in Bern oder die jeweiligen Vertretungen in Belgrad. Von touristischen Reisen muß aus verständlichen Gründen abgesehen werden.
SCHIFF: Der Fährbetrieb zwischen Montenegro und Italien wurde wieder aufgenommen.
BUS/PKW: Vor dem Bürgerkrieg reisten die meisten ausländischen Besucher über Budapest oder Bukarest im Norden ein oder über Sofia bzw. Thessaloniki/Athen im Süden. Die Grenzübergänge nach Ungarn (Szeged – Horgos und Tompa – Subotica) sind geöffnet, im Transitverkehr muß allerdings mit sehr langen Wartezeiten gerechnet werden. Gleiches gilt für die Grenzstationen zwischen Serbien und Mazedonien (Ehemalige Jugoslawische Republik). Die alte Autobahn von Belgrad nach Zagreb ist wieder für den Verkehr freigegeben. Angesichts der Zerstörungen wird es jedoch einige Zeit dauern, bis der Durchgangsverkehr auf dieser Strecke wieder fließen kann. Es werden hohe Autobahngebühren erhoben, und eine Kfz-Versicherung muß abgeschlossen werden. Die Bezahlung ist nur in Bargeld möglich. Aufgrund der großen Treibstoffknappheit sind die Benzinpreise extrem in die Höhe geschossen. Die Treibstoffversorgung ist nicht immer gewährleistet. Der öffentliche Nah- und Fernverkehr ist mehr oder weniger zusammengebrochen; Busse verkehren zwar noch, jedoch nur unregelmäßig, es gibt keine Fahrpläne mehr.

UNTERKUNFT

HOTELS: Buchungen waren zu Friedenszeiten bei bestimmten Reisebüros möglich. **Kategorien:** DeLuxe, A-, B-, C- und D-Klasse. **Pensionen** der 1., 2. und 3. Klasse findet man überall. **Gasthäuser,** die auch Zimmer anbieten, gibt es an den meisten Hauptstraßen. DeLuxe-Hotels gibt es im wesentlichen in Belgrad, einigen Urlaubsorten an der Küste in Montenegro und vor allem auf der exklusiven Urlaubsinsel Sveti Stefan. Hotels der anderen Klassen bieten oft sehr begrenzten Service; die besten Hotels sind häufig ausgebucht. Man sollte unbedingt im voraus buchen. Die Preise sind sehr hoch, und ausländische Besucher müssen in harter Währung bezahlen.

URLAUBSORTE & AUSFLÜGE

Anmerkung: Der anhaltende Konflikt in Jugoslawien hat bisher nicht nur zahlreiche Todesopfer gefordert, sondern auch zu Umsiedlungen geführt, die die Landkarte des einstigen Jugoslawiens maßgeblich verändert haben. Die nachfolgenden Angaben beziehen sich zum größten Teil auf Informationen, die vor dem Bürgerkrieg zutreffend waren, und sind in der Hoffnung hier aufgeführt, daß nach einer baldigen friedlichen Beilegung der Kampfhandlungen sowohl die Bevölkerung als auch Besucher dieses schöne Fleckchen Erde wieder genießen können, da zur Zeit der Drucklegung das volle Ausmaß der Kriegsschäden noch nicht abzusehen ist.
SERBIEN – Belgrad, die Landeshauptstadt Jugoslawiens und Hauptstadt Serbiens, ist ein Geschäfts- und Kommunikationszentrum. Viele Gebäude wurden erst nach dem 2. Weltkrieg gebaut. Internationale Film-, Musik- und Theaterfestivals finden hier statt. Es gibt ein interessantes Nationalmuseum, ein Museum der Modernen Kunst und ein Völkerkundemuseum. *Skardarlija* ist das Künstlerviertel mit Häusern aus dem 19. Jahrhundert, vielen Cafés, Straßentänzern, Sängern und Freilichttheatern. Weiter im Süden, in **Studenica,** steht das älteste Kloster Serbiens. Die Fresken des Sopocani-Klosters sind ebenfalls sehenswert. Das restaurierte Kloster in *Zica* bei Kraljevo ist noch wie im Mittelalter rot angestrichen. Hier wurden die serbischen Könige gekrönt. Das Kloster in *Kalenic* ist im serbischen Stil erbaut. Im Südosten des Landes, vor allem in der Region um Kosovo-Metohija, ist der islamische Einfluß der früheren türkischen Herrschaft stark zu spüren. **Pristina** hat eine königliche Moschee aus dem 15. Jahrhundert und mehrere türkische Bauwerke aus dem 19. Jahrhundert.
MONTENEGRO liegt an der Südspitze der jugoslawischen Küste, mit eindrucksvollen Gebirgsketten, in denen Dörfer wie Adlernester auf den hohen Gipfeln liegen. Flach hingegen ist die Küstenregion dieser Republik, die sich von der Bucht von Kotor bis zur albanischen Grenze zieht. Die Küstenstraße führt durch viele Urlaubsorte. Hauptstadt von Montenegro ist **Podgorica** (vormals Titograd).

SOZIALPROFIL

ESSEN & TRINKEN: Die jugoslawische Küche ist von Region zu Region verschieden. Zu den Nationalgerichten gehören *Pihtije* (Schwein oder Ente in Sülze), *Prsut* (Parmaschinken), *Cevapcici* (Gehacktes vom Holzkohlengrill), *Raznjici* (Fleischspieß) und *Sarma* oder *Japrak* (mit Fleisch gefüllte Wein- oder Kohlblätter). Die Nachspeisen sind meist süß und schwer. *Lokum* (türkischer Honig) und *Alva* (zerstoßene Nüsse in Honig). In Montenegro wird Wein angebaut, *Ljutomer, Traminer* und *Riesling* sind die bekanntesten. Gute Obstschnäpse werden hier ebenfalls gebrannt.
NACHTLEBEN: In den größeren Städten und Urlaubsorten gibt es ein abwechslungsreiches Nachtleben mit Bars, Nachtklubs, Kinos und Theatern. Kinos sind bis 23.00 Uhr, Nachtklubs bis 03.00 Uhr und Restaurants bis 24.00 Uhr geöffnet.
EINKAUFSTIPS: Oft werden Besuchern 10% Rabatt angeboten, wenn sie in Devisen zahlen. Zu empfehlen sind Teppiche, Stickereien, Spitze, Lederarbeiten, Schnabelschuhe, *Pec*-Filigranarbeiten, Metallarbeiten und türkischer Teeservice. **Öffnungszeiten der Geschäfte:** Mo-Fr 08.00-12.00 und 17.00-20.00 Uhr, Sa 08.00-15.00 Uhr. Die großen Kaufhäuser und Selbstbedienungsläden in den größeren Städten und Touristenzentren haben normalerweise den ganzen Tag geöffnet (Mo-Sa 08.00-20.00 Uhr). Einige Selbstbedienungsläden öffnen auch Sonntag morgens.
SPORT: Ski- und **Kurorte** gibt es im ganzen Land. Besonders zu erwähnen sind das Kopaonik-Gebirge und Brezovica (Serbien). Zu Friedenszeiten ist an der Adriaküste **Wassersport** möglich. **Fußball** ist sehr populär.
SITTEN & GEBRÄUCHE: Das einst für Besucher sehr sichere Land hat sich unter dem Einfluß der bürgerkriegsähnlichen Zustände sehr zum Nachteil entwickelt. Die Zahl der Gewalttaten nimmt vor allem in den Städten zu. Ausländerfeindlichkeiten und Regierungsvorgehen gegen vermeintliche Agenten nehmen immer größere Ausmaße an. Ein äußerer Anschein der Normalität verdeckt oft die unterschwelligen sozialen Spannungen, die nicht selten in Gewalt ausarten. **Trinkgeld:** In Hotels, Restaurants und Taxis sind 10% Trinkgeld üblich.

WIRTSCHAFTSPROFIL

WIRTSCHAFT: Es wird geschätzt, daß die neue Bundesrepublik Jugoslawien über rund 50% der Bodenschätze des früheren Jugoslawiens verfügt, ferner 40% des Bruttoinlandsproduktes, 50% der landwirtschaftlichen und elektrotechnischen Produktion, 35% der Industrieproduktion und 30% der Industriearbeiter. Das Bruttosozialprodukt pro Kopf, das 1990 noch bei ca. 2600 US-Dollar lag, sank aufgrund des Zusammenbruches des innerjugoslawischen Marktes und der Auseinandersetzungen, die der Zersplitterung des ehemaligen Jugoslawiens folgten, 1993 auf 900 US-Dollar. Die Arbeitslosigkeit lag schon vor der Verhängung von Wirtschaftssanktionen durch die Vereinten Nationen bei 20% und die Zahl der Vertriebenen bei 500.000. Trotz weitverbreiteter Umgehung der Sanktionen über die GUS, Rumänien und Griechenland waren die sozio-ökonomischen Prognosen für 1994 katastrophal – das Bruttoinlandsprodukt fiel 1993 um 30% bei gleichzeitigem Anstieg der Arbeitslosigkeit (Ende 1993 ca. 25%). Nur der relativ hohe Selbstversorgungsgrad im Bereich Nahrungsmittel und Elektrizität (durch Kohle und Wasserkraft) konnte einen völligen sozio-ökonomischen Zusammenbruch verhindern, zumal eine Flucht aus den Städten in die relativ dünn besiedelten ländlichen Regionen stattfand. Der Rückgang der landwirtschaftlichen Produktion hat aber trotzdem zu einer allgemeinen Knappheit an Grundnahrungsmitteln geführt. Die horrende inflationäre Entwicklung soll nach Regierungsangaben inzwischen eingedämmt sein. Die Regierung in Belgrad hat kaum Aussichten, ihren Anteil der Auslandsschulden des ehemaligen Jugoslawien abzutragen, da der Großteil der Devisenreserven der Jugoslawischen Nationalbank von verschiedenen EU-Regierungen und den USA eingefroren wurden – letztendlich ist daher der internationale Bankrott des Landes unausbleiblich. Solange das UN-Embargo in Kraft bleibt, ist die Aussicht auf neue Auslandskredite und -investitionen hoffnungslos. Die schlechte Wirtschaftslage wird – abgesehen von den Auswirkungen des Wirtschafts- und Handelsboykotts – auch auf die mangelnde Reformbereitschaft seitens der Regierung zurückgeführt und auf die exorbitanten Rüstungsausgaben (1993 und 1994 jeweils 75% des Haushalts). Jugoslawien wurde außerdem aus zahlreichen internationalen Organisationen wie der UNO, dem Allgemeinen Zoll- und Handelsabkommen (GATT) und dem Internationalen Währungsfonds (IMF) ausgeschlossen.

GESCHÄFTSVERKEHR: Geschäftszeiten: Mo-Fr 07.00/08.00-15.00/16.00 Uhr.
Kontaktadressen: *Außenhandelsstelle der Wirtschaftskammer Österreich*, PP 361, YU-11001 Belgrad. Tel: (011) 33 05 87, 33 62 79. Telefax: (011) 33 19 62. *Privredna Komora Jugoslavije* (Jugoslawische Wirtschaftskammer), PP 1003, YU-11001 Belgrad. Tel: (011) 33 94 61. Telefax: (011) 63 19 28.

KLIMA

Kontinentalklima mit kalten Wintern und warmen Sommern. In Montenegro fällt im Winter Schnee, und im Sommer werden an der Küste Mittelmeertemperaturen erreicht.
Kleidung: Winter: Warme Kleidung, in den Bergen Wintermäntel. Sommer: Leichte Kleidung – Regenschutz nicht vergessen.

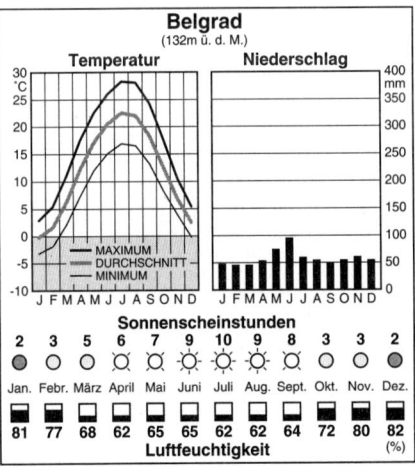

WELTKARTE?

LÄNDERKARTEN?

ZEITZONENKARTE?

INFORMATION ÜBER

IMPFBESTIMMUNGEN UND

GESUNDHEITSVORKEHRUNGEN?

... siehe Inhaltsverzeichnis

Kalifornien
... siehe Inhaltsverzeichnis

Kambodscha (Königreich)

Lage: Südostasien.

Anmerkung: (a) Nach Abzug der vietnamesischen Truppen im Herbst 1989 besetzten die Roten Khmer den Westen des Landes. (b) Am 23. Oktober 1991 wurde von allen gegnerischen Parteien in Paris ein Friedensvertrag unterzeichnet. UNO-Truppen haben im Herbst 1993 die Wahlen beaufsichtigt. Nach den Wahlen und der Einsetzung einer international anerkannten Regierung zogen die UNO-Truppen wieder ab. 1994 wurde mit der Eröffnung diplomatischer Vertretungen begonnen. (c) Manche Landesteile sind noch vermint, gelegentlich gibt es Angriffe der Khmer Rouge auf Dörfer. Im Süden des Landes kam es seit März 1994 wiederholt zu gewalttätigen Übergriffen, bei denen zahlreiche Ausländer entführt und getötet wurden. Andere Landesteile, z. B. in der Nähe der thailändischen Grenze, gelten ebenfalls als gefährlich. Im August 1994 kündigten die Roten Khmer in Radiosendungen Gewalttaten gegen Ausländer an. Nur die Stadt Siem Reap und die Ruinen von Angkor Wat sind noch für den Tourismus zugänglich; im Januar 1995 wurde dort jedoch ein Tourist von Roten Khmer getötet. Von Reisen auf dem Landweg wird dringend abgeraten, Flüge nach Siem Reap gelten aber derzeit noch als sicher. Vor Reiseantritt sollte man sich unbedingt nach der neuesten Lage im Land erkundigen.

Asien Reisen
Europaplatz 20
D-70565 Stuttgart
Tel: (0711) 97 16 30. Telefax: (0711) 9 71 63 30.
Mo-Fr 09.00-18.30 Uhr und Sa 09.00-12.30 Uhr.
Studienreisen Max Klingenstein
Thomas-Wimmer-Ring 9
D-80539 München
Tel: (089) 23 50 81. Telefax: (089) 23 50 81 34, 22 72 55.
Mo-Fr 09.00-18.00 Uhr.
Studienreisen Max Klingenstein GesmbH
Bayerngasse 1/11
A-1030 Wien

TIMATIC INFO-CODES

Abrufbar über Ihr CRS-System (für START/Amadeus Ama-Maske benutzen). Für Galileo bitte TI-DFT eingeben (mit Bindestrich).

Flughafengebühren	TI DFT/ PNH /TX
Währung	TI DFT/ PNH /CY
Zollbestimmungen	TI DFT/ PNH /CS
Gesundheit	TI DFT/ PNH /HE
Reisepassbestimmungen	TI DFT/ PNH /PA
Visabestimmungen	TI DFT/ PNH /VI

Tel: (0222) 714 32 18. Telefax: (0222) 713 99 36.
Mo-Fr 08.30-17.30 Uhr.
Harry Kolb
Tilgerweg 4
CH-8802 Kirchberg (ZH)
Tel: (01) 715 36 36. Telefax: (01) 715 31 37.
Mo-Fr 08.00-12.00 und 13.30-18.00 Uhr, Sa 08.00-12.00 Uhr.
Ministry of Tourism
3 Monivong Boulevard
Phnom Penh
Tel/Telefax: (023) 2 78 77.
Diethelm Travel (Kambodscha)
8 Samdech Sothearos Boulevard
Phnom Penh
Tel: (023) 42 66 48. Telefax: (023) 42 66 76.
Botschaft des Königreichs Kambodscha
Grüner Weg 8
D-53343 Wattberg/Peth
Tel/Telefax: (0228) 32 85 72.
Mo-Fr 08.30-12.00 und 14.00-17.00 Uhr.
Auch zuständig für österreichische und Schweizer Staatsangehörige.
Botschaft der Bundesrepublik Deutschland
Moha Vithei RSF Yougoslavie
Sangkat »Boeung Pralit«
Khan 7 Janvier
BP 60
Phnom Penh
Tel: (023) 2 63 81, 2 61 93. Telefax: (023) 2 77 46.
Die österreichische und schweizer Interessenvertretung erfolgt durch die Botschaften in Bangkok (s. Thailand).

FLÄCHE: 181.035 qkm.
BEVÖLKERUNGSZAHL: 9.683.000 (1993).
BEVÖLKERUNGSDICHTE: 53,5 pro qkm.
HAUPTSTADT: Phnom Penh. Einwohner: 900.000 (1991).
GEOGRAPHIE: Kambodscha grenzt im Norden an Laos und Thailand, im Osten an Vietnam und im Südwesten an den Golf von Thailand. Das Land besteht zu ca. 75% aus tropischem Regenwald; die fruchtbaren Ebenen werden von zahlreichen Flüssen durchzogen. Im Nordosten liegen mehrere Hochplateaus. Die Hauptstadt liegt am Zusammenfluß des Mekong und des Tonlé. Der Tonlé wird vom Tonlé Sap gespeist, einem großen See in der Landesmitte. Der Südwestküste sind zahlreiche Inseln vorgelagert.
STAATSFORM: Parlamentarische Monarchie seit 1993. Eine neue Verfassung trat im September 1993 in Kraft. Staatsoberhaupt: König Norodom Sihanouk, seit 1991 (Krönung 1993). Regierungschefs: Prinz Norodom Ranariddh und Hun Sen.
SPRACHE: Offizielle Landessprache ist Khmer. Französisch wurde bis zum Beginn des Pol-Pot-Regimes viel gesprochen. Chinesisch und Vietnamesisch werden ebenfalls gesprochen.
RELIGION: Buddhismus ist Staatsreligion. 88,4 % Buddhisten; islamische und christliche Minderheiten.
ORTSZEIT: MEZ + 6.
NETZSPANNUNG: 220 V, 50 Hz.
POST- UND FERNMELDEWESEN: Telefon: Selbstwählferndienst. **Landesvorwahl:** 855. Ortsnetzkennzahl von Phnom Penh: 023. **Telefaxanschlüsse** sind jetzt vorhanden. **Telex/Telegramme:** Die internationale Telexkennzahl ist 807. **Post:** Die Postzustellung läßt einiges zu wünschen übrig. Luftpost nach Europa benötigt ca. eine Woche. Die Postämter in Phnom Penh haben Mo-Fr 07.30-12.00 und 14.30-17.00 Uhr geöffnet.
DEUTSCHE WELLE
Der Einsatz der Kurzwellenfrequenzen ändert sich mehrfach im Laufe eines Jahres, und Sendungen auf den folgenden Frequenzen werden jeweils nur zu bestimmten Tageszeiten ausgestrahlt. Näheres in der Einleitung.

MHz	21,640	17,845	11,795	9,655	9,525
Meterband	13	16	25	31	31

REISEPASS/VISUM

Wichtiger Hinweis: Die Einreisebestimmungen mancher Länder können sich kurzfristig ändern – rufen Sie sicherheitshalber mit Ihrem CRS-System (TIMATIC-Info-Code-Fenster in diesem Kapitel) den aktuellen Stand ab bzw. wenden Sie sich an die zuständige diplomatische Vertretung. Etwaige Zahlen in der Tabelle beziehen sich auf nachfolgende Fußnoten.

	Paß erforderlich?	Visum erforderlich?	Rückflugticket erforderlich?
Deutschland	Ja	Ja	Nein
Österreich	Ja	Ja	Nein
Schweiz	Ja	Ja	Nein
Andere EU-Länder	Ja	Ja	Nein

Anmerkung: Individuelle Urlaubsreisen sind möglich. Aufgrund der Sicherheitslage empfiehlt sich jedoch eine Gruppenreise. Verschiedene Reiseveranstalter (Adressen s. o.) bieten Gruppenreisen an.
REISEPASS: Allgemein erforderlich.
VISUM: Allgemein erforderlich.
Visaarten: Touristen- und Geschäftsvisa.
Visagebühren: 40 DM (1 Monat Aufenthalt), am Flughafen 20 US$.

Gültigkeitsdauer: Für die im Antrag angegebene Zeitspanne. Die Verlängerung des Visums kann beim Innenministerium in Phnom Penh beantragt werden.
Antragstellung: Anträge für Geschäftsvisa müssen an das Außenministerium in Phnom Penh gestellt werden. Touristenvisa sind über bestimmte Reisebüros (Adressen s. o.) bei Buchung einer Pauschalreise erhältlich, von der Botschaft in Bonn (Adresse s. o.), bei allen diplomatischen und konsularischen Missionen des königreichs Kambodscha im Ausland sowie am internationalen Flughafen Pochentong in Phnom Peng.
Unterlagen: (a) 2 Antragsformulare. (b) 2 Paßfotos. (c) Reisepaß, der noch mindestens 6 Monate gültig sein muß. (d) Gebühr. (e) Bei postalischer Antragstellung frankierter Rückumschlag.
Bearbeitungszeit: 7 Tage. Bei Bearbeitung über ein Reisebüro 4 Wochen.

GELD

Währung: 1 Riel = 100 Sen. Banknoten sind im Wert von 100.000, 50.000, 20.000, 10.000, 5000, 2000, 1000, 500, 200 und 100 Riel in Umlauf.
Kreditkarten werden nur begrenzt akzeptiert.
Reiseschecks werden nicht immer akzeptiert, US-Dollar werden empfohlen (möglichst in bar).
Wechselkurse

	Riel Sept. '92	Riel Febr. '94	Riel Jan. '95	Riel Jan. '96
1 DM	1014,67	2023,21	1671,82	1600,00
1 US$	1507,93	3512,20	2591,35	2300,00

Devisenbestimmungen: Unbegrenzte Ein- und Ausfuhr der Landeswährung. Die Einfuhr von Fremdwährungen ist ebenfalls unbeschränkt, Beträge über 2000 US$ sollten jedoch deklariert werden. Ausfuhr bis zur Höhe der deklarierten Einfuhr.
Öffnungszeiten der Banken: Mo-Fr 08.00-15.00 Uhr.

DUTY FREE

Folgende Artikel können zollfrei nach Kambodscha eingeführt werden:
200 Zigaretten oder die entsprechende Menge in Zigarren oder Tabak;
1 Flasche Spirituosen (geöffnet);
Parfüm für den persönlichen Gebrauch.

GESETZLICHE FEIERTAGE

1. Mai '96 Tag der Arbeit. **20. Mai** Tag des Hasses. **22. Sept.** Ahnenfest. **9. Jan. '97** Nationalfeiertag. **April** Neujahr in Kambodscha (Têt). **17. April** Sieg über den amerikanischen Imperialismus. **1. Mai** Tag der Arbeit. **20. Mai** Tag des Hasses.
Hinweis: Da sich das Land im Umbruch befindet, können sich die politischen Feiertage jederzeit ändern.

GESUNDHEIT

In der folgenden Tabelle aufgeführte Impfvorschriften können sich kurzfristig ändern. Es wird stets empfohlen, auf Ihrem CRS-System (TIMATIC-Info-Code-Fenster in diesem Kapitel) den aktuellen Stand der Gesundheitsbestimmungen abzurufen bzw. rechtzeitig vor der Reise ärztlichen Rat einzuholen.

	Vorsichtsmaßnahmen empfohlen	*Impfschein erforderlich*
Gelbfieber	Nein	1
Cholera	Ja	2
Typhus & Polio	Ja	-
Malaria	3	-
Essen & Trinken	4	-

[1]: Eine Impfbescheinigung gegen Gelbfieber wird von allen Reisenden verlangt, die aus Infektionsgebieten kommen.
[2]: Eine Impfbescheinigung gegen Cholera ist keine Einreisebedingung, das Risiko einer Infektion ist jedoch nicht auszuschließen. Da die Wirksamkeit der Schutzimpfung umstritten ist, empfiehlt es sich, rechtzeitig vor der Reise ärztlichen Rat einzuholen. Näheres unter *Gesundheit* (s. Inhaltsverzeichnis).
[3]: Malariaschutz ist ganzjährig in allen Landesteilen außer in Phnom Penh erforderlich. Die vorherrschende gefährlichere Form *Plasmodium falciparum* soll hochgradig gegen Chloroquin, Sulfadoxin/Pyrimethamin und Mefloquin (westliche Provinzen) resistent sein.
[4]: Wasser sollte generell vor der Benutzung zum Trinken, Zähneputzen und zur Eiswürfelbereitung entweder abgekocht oder anderweitig sterilisiert werden. Milch ist nicht pasteurisiert und sollte ebenfalls abgekocht werden. Milchprodukte aus ungekochter Milch sollten ebenso wie Schweinefleisch, rohe Salate und Mayonnaise vermieden werden. Fleisch- und Fischgerichte nur gut durchgekocht und heiß serviert essen. Gemüse sollte gekocht und Obst geschält werden.
Tollwut kommt vor. Wer ein erhöhtes Risiko eingeht (z. B. längerer Aufenthalt in ländlichen Gebieten), sollte vor Reiseantritt eine Schutzimpfung erwägen. Bei Bißwunden so schnell wie möglich ärztliche Hilfe in Anspruch nehmen. Weitere Informationen im Kapitel *Gesundheit* (s. Inhaltsverzeichnis).
Bilharziose-Erreger kommen in manchen Teichen und Flüssen vor, das Schwimmen oder Waten in Binnengewässern sollte daher vermieden werden. Gut gepflegte Schwimmbecken mit gechlortem Wasser sind unbedenklich.
Hepatitis A, B und *E* können auftreten.
Gesundheitsvorsorge: Der Abschluß einer Reisekrankenversicherung wird dringend empfohlen.

REISEVERKEHR - International

FLUGZEUG: Die neugegründete nationale Fluggesellschaft heißt *Royal Air Cambodge*. Sie wird in Kürze Direktflüge von Bangkok nach Phnom Penh anbieten. *Malaysia Airlines* fliegt von Frankfurt über Kuala Lumpur nach Phnom Penh. *Thai Airways International* verbindet Phnom Penh mit Bangkok. Es bestehen außerdem Flugverbindungen mit Laos (*Laos International Aviation*) und Vietnam (*Hang Khong Vietnam, VN*). Mit *Aeroflot* kann man über Moskau nach Kambodscha fliegen.
Internationaler Flughafen: *Pochentong (PNH)* liegt 10 km außerhalb Phnom Penhs.
Siem Reap Airport, in der Nähe von Angkor Wat, ist seit 1971 für den internationalen Flugverkehr geschlossen.
Flughafengebühren: 20 US$ bei der Ausreise.
SCHIFF: Der Hafen von Phnom Penh kann durch das Mekong-Delta erreicht werden. Der wichtigste Hafen ist in Sihanoukville (ehemals Kompong Som).
BAHN/BUS/PKW: Die thailändische Grenze ist für jeglichen Landverkehr geschlossen. Die größte Straße verbindet Phnom Penh mit der vietnamesischen Grenze.

REISEVERKEHR - National

FLUGZEUG: *Royal Air Cambodge* bietet Flugdienste von Phnom Penh nach Siem Reap (Flugzeit ca. 45 Min.), Battambang, Koh Kong, Sihanoukville und Stung Treng.
Flughafengebühren: 4 US$.
BAHN: Es gibt einige Zugverbindungen; Besuchern ist die Benutzung der Züge jedoch nicht gestattet.
BUS/PKW: Staatsgäste können ein Regierungsfahrzeug mit Chauffeur mieten. Zur Überschreitung von Provinzgrenzen ist eine Genehmigung erforderlich. Die meisten Straßen befinden sich in schlechtem Zustand, die Verbindungsstraße nach Vietnam ist offen. Überfälle sind häufig und gewalttätig. Das Risiko kann durch Fahren im Konvoi und das Vermeiden von Nachtfahrten eingeschränkt werden. Es ist unbedingt notwendig, vor Antritt der Reise Informationen über die Sicherheit der Straßen einzuholen. **Bus:** Es gibt Busse in die Vororte von Phnom Penh. **Taxis** gibt es lediglich am Taxistand oder vor den größeren Hotels. **Unterlagen:** Internationaler Führerschein.

UNTERKUNFT

In Phnom Penh gibt es inzwischen ein modernes erstklassiges Hotel und Hotels verschiedener Preisklassen (zwischen 15-200 US$ pro Tag). Die meisten Hotels sind jedoch klein, und der Standard ist nicht sehr hoch. Camping ist nicht gestattet.

URLAUBSORTE & AUSFLÜGE

Seit der Entmachtung Pol Pots leben viele Aspekte der Khmer-Kultur wieder auf. Die Hauptstadt **Phnom Penh**, die immer noch einige schöne Sehenswürdigkeiten hat, hat sich inzwischen von ihrem Geisterdasein während der Pol-Pot-Herrschaft erholt. Der *Königliche Palast* und der *Wat-Phnom-Tempel*, der der Stadt ihren Namen gab, sind beide einen Besuch wert, ebenso wie die *Silberne Pagode*, die einen smaragdenen Buddha beherbergt. Das ehemalige Verhörzentrum Pol Pots ist heute das grausige *Tuol-Sleng-Museum der Massenvernichtung*. Im *Nationalmuseum* gibt es interessante Sammlungen der Landeskunst. Das berühmte Nationalballett wurde von den überlebenden Tänzern neu gebildet und führt inzwischen wieder klassische Tänze wie die Ramayana-Sage für Besucher auf. Die buddhistischen Tempel wurden ebenfalls wiedereröffnet, und mehrere Feste, besonders das Khmer-Neujahr, werden hier begangen. Außerhalb von Phnom Penh befindet sich das *Choeung-Ek-Lager*, auch als »Killing Fields« bekannt. Hier kann man ein Mahnmal sehen, das aus den Schädeln von über 8000 Menschen errichtet worden ist, die hier vom Pol-Pot-Regime ermordet wurden.
Die berühmten Tempel von **Angkor** im Nordwesten des Landes stammen aus der Blütezeit der Khmer-Kultur (9. bis 12. Jh.). Die nächstgelegene Stadt **Siem Reap** kann man nur per Flugzeug erreichen. Der restaurierte Haupttempel *Angkor Wat* sowie die Ruinen der Stadt *Angkor Thom* mit den Tempeln *Bayon* und *Baphuon* können inzwischen wieder besichtigt werden, wie auch die meisten anderen Tempel. Einige Tempel, z. B. der *Ta Prohm*, sind immer noch von tropischem Regenwald überwachsen, was ihnen einen ganz besonderen Reiz verleiht. Man sollte aus Sicherheitsgründen die Besichtigung nur mit einem Führer unternehmen und niemals die gekennzeichneten Wege verlassen. **Oudung** liegt 30 km von Phnom Penh entfernt auf einem Hügel; von hier hat man einen guten Blick auf die weiten Ebenen mit den berühmten Grabstätten der Khmer Könige. **Tonle Bati**, südlich von Phnom Penh, hat interessante Tempelruinen aus dem späten 12. Jahrhundert. Aus Sicherheitsgründen sind Besuche momentan nicht möglich.

SOZIALPROFIL

ESSEN & TRINKEN: In Phnom Penh gibt es zahlreiche Restaurants und andere Geschäfte, aber die Stadt ist noch immer recht arm. Imbißstände gibt es vor allem am *Central Market*, *O Ressai Market* und am *Tuol Tom Market*.
EINKAUFSTIPS: Antiquitäten, Holzschnitzereien, Masken, Messingfiguren und Schmuck (aus Gold oder Silber mit Edelsteinen) kauft man am besten auf den Märkten. Die *Bijouterie d'Etat* verkauft ebenfalls Schmuck, die Kunstschule verkauft einige der ausgestellten Artikel. Im *Central Market* gibt es typische Kleidungsstücke und Stoffe.
VERANSTALTUNGSKALENDER
Mai '96 *Chrat Prea Aughal* (Beginn der Aussaat). **14. Mai** *Visak Bauchea* (Buddhas Geburtstag). **Ende Sept.** *Prachum Ben* (Ahnen-Opferfest). **Ende Okt./Anfang Nov.** *Wasser-Festival* (Kanuregatten), Phnom Phen. **Ende Jan./Anfang Febr. '97** *Chinesisches Neujahr*. **Mitte April** *Chaul Chhnam* (dreitägige Neujahrsfeier).
SITTEN & GEBRÄUCHE: **Fotografieren** ist normalerweise erlaubt. Personen, vor allem Mönche, sollte man vorher um Erlaubnis fragen. Vorsicht am Flughafen: Die veralteten Röntgenmaschinen sind schädlich für Filme. **Trinkgeld:** Kleine Beträge werden in Hotels und Restaurants sowie von Fremdenführern gern angenommen.

WIRTSCHAFTSPROFIL

WIRTSCHAFT: Der lange Krieg in Südostasien und das Regime der Roten Khmer haben die kambodschanische Wirtschaft an den Rand des Ruins gebracht. Seit der Entmachtung der Roten Khmer durch vietnamesische Truppen hat sich die Versorgungslage allerdings etwas entspannt. Die Infrastruktur wurde weitgehend zerstört, und die Landwirtschaft, in der der Großteil der Bevölkerung beschäftigt ist, erholt sich nur langsam. Wichtigstes landwirtschaftliches Produkt ist Reis. Hauptexportgut ist Holz und Rohkautschuk, letzeres wird überwiegend von den GUS-Staaten abgenommen. Es gibt einige Bodenschätze, hauptsächlich Phosphor, Eisenerz, Bauxit, Silikon und Mangan, die bislang jedoch aufgrund der instabilen politischen Verhältnisse und der unzulänglichen Infrastruktur nicht ausgebeutet wurden. Die staatliche Agentur KAMPEXIM ist für Im- und Exportangelegenheiten sowie Entwicklungshilfelieferungen zuständig. Wichtigster Handelspartner war bislang die ehemalige UdSSR (87%). Es bleibt abzuwarten, wie sich der Handel mit den Ländern der GUS in Zukunft entwickeln wird. Haupthandelspartner sind z. Zt. Singapur, Vietnam, Thailand, Japan und Hongkong. Eine Konferenz für den Wiederaufbau von Kambodscha, an der 33 Länder und 13 multilaterale Organisationen teilnahmen, vereinbarte im Juni 1992 Finanzhilfen in Höhe von 880 Mio. US-Dollar.
GESCHÄFTSVERKEHR: Französischkenntnisse sind hilfreich. **Geschäftszeiten:** Mo-Fr 07.00-11.30 und 14.00-17.30 Uhr.
Kontaktadressen: *Die wirtschaftlichen Interessen Österreichs werden von der Außenhandelsstelle in Bangkok (s. Thailand) wahrgenommen.*
Chambre de Commerce et d'Agriculture (Handels- und Landwirtschaftskammer), Vither Preah Baksei Cham Krong, Phnom Penh. Tel: (023) 2 37 75.

KLIMA

Tropisches Monsunklima; Monsun von Mai bis Oktober. Im Norden können die Winter kühl sein, in den übrigen Landesteilen gibt es kaum Temperaturunterschiede.
Kleidung: Ganzjährig leichte atmungsaktive Baumwollsachen. Guter Regenschutz während des Monsuns. Warme Kleidung in den höher gelegenen Gegenden im Winter.

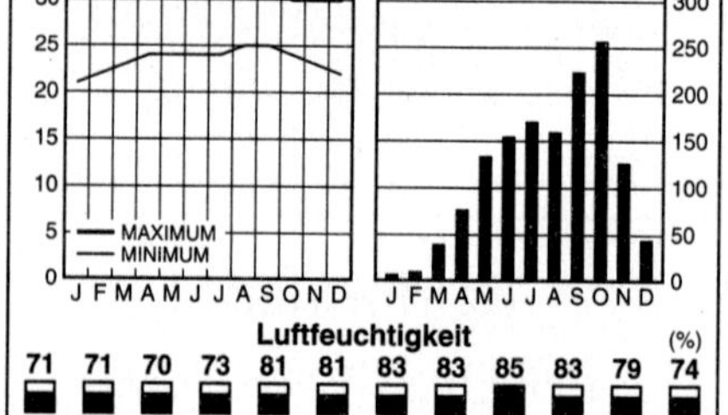

Kamerun

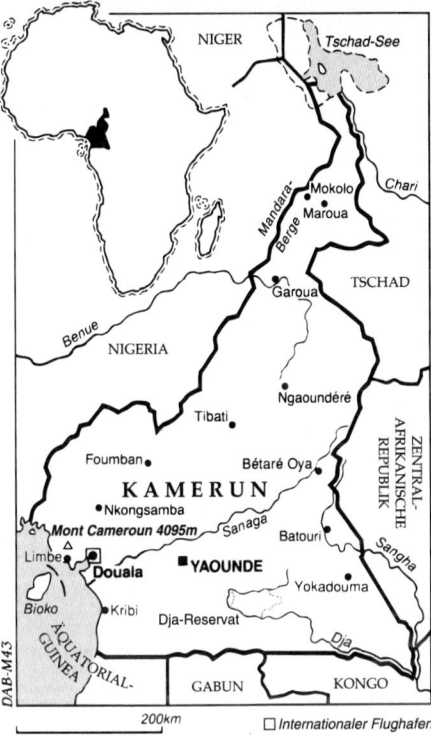

Lage: Zentralafrika, Westküste.

Cameroon Airlines (erteilt auch touristische Auskünfte)
Im Taubengrund 23
D-65451 Kelsterbach
Tel: (06107) 60 37. Telefax: (06107) 6 23 71.
Mo-Fr 09.00-18.00 Uhr.
Société Camerounaise de Tourisme (SOCATOUR)
(Fremdenverkehrsamt)
BP 7138
Yaoundé
Tel: 23 32 19. Telex: 8766.
Botschaft der Republik Kamerun
Rheinallee 76
D-53173 Bonn
Tel: (0228) 35 60 38. Telefax: (0228) 35 90 58.
Mo-Fr 09.00-15.00 Uhr.
(auch für Österreich zuständig)
Botschaft der Republik Kamerun (ohne Visumerteilung)
Brunnadernrain 29
CH-3006 Bern
Tel: (031) 352 47 37. Telex: 913356.
Mo-Fr 09.30-16.30 Uhr.
Generalkonsulat der Republik Kamerun (mit Visumerteilung)
6-8 Rue du Nant
CH-1207 Genf
Tel: (022) 736 20 22.
Mo-Fr 09.00-16.00 Uhr.
Botschaft der Bundesrepublik Deutschland
Rue Charles de Gaulle
BP 1160
Yaoundé
Tel: 21 00 56, 20 05 66. Telefax: 20 73 13.
Außenstelle in Douala.
Konsulat der Republik Österreich
BP 5803
Yaoundé
Tel: 20 38 26, 20 14 86. Telefax: 20 00 94.
Übergeordnete Vertretung ist die Botschaft der Republik Österreich in Lagos (s. Nigeria).
Botschaft der Schweizerischen Eidgenossenschaft
Villa Zogo Massy
Route du Mont Fébé
Quartier Bastos
BP 1169
Yaoundé
Tel: 21 28 96, 21 30 52. Telefax: 20 62 20.

FLÄCHE: 475.442 qkm.
BEVÖLKERUNGSZAHL: 12.522.000 (1993).
BEVÖLKERUNGSDICHTE: 26 pro qkm.
HAUPTSTADT: Yaoundé (Verwaltungs- und Regierungssitz). **Einwohner:** 800.000 (1992). Douala (Finanz- und Handelszentrum). **Einwohner:** 1.200.000 (1992).
GEOGRAPHIE: Kamerun grenzt im Westen an den Golf von Guinea, im Nordwesten an Nigeria, im Nordosten an den Tschad, im Osten an die Zentralafrikanische Republik und im Süden an Kongo, Gabun und Äquatorialguinea. Die Halbwüste im Norden des Landes geht in die hügelige Adamaoua-Savanne über. In dieser Region, die im Westen an die üppig-grünen Mandara-Berge grenzt, gibt es zahlreiche Tierschutzgebiete und Mineralvorkommen. In den Mandara-Bergen entspringt der Fluß Benue, der im Westen in den Niger mündet. Die nordwestliche Landeshälfte ist wunderschön: Wasserfälle und bis zu 2000 m hohe Vulkangipfel, die mit Bambus bewachsen sind. An den unteren Berghängen liegen vereinzelt Dörfer. An der landwirtschaftlich genutzten Küste gibt es Mangrovensümpfe, hinter denen ein breiter Waldgürtel zum Savannenhochland ansteigt. Der Name des Landes geht auf das 15. Jahrhundert zurück, als ein portugiesischer Seemann dem Fluß Wouri in Douala den Namen *Rio dos Camerões* (Krabbenfluß) gab.
STAATSFORM: Präsidialrepublik seit 1972. Staatsoberhaupt: Paul Biya, seit 1982. Regierungschef: Simon Achidi Achu, seit April 1992. Die seit 1982 regierende Einheitspartei »Demokratische Sammlung des Volkes« unter Paul Biya büßte bei den ersten freien Wahlen im März 1992 die absolute Mehrheit ein, blieb jedoch an der Regierung. Parlament mit 180 Mitgliedern. Direktwahl des Staatsoberhauptes alle 5 Jahre. Wahlrecht ab 20 Jahre. Unabhängig seit 1960 (Ost-Kamerun), seit Oktober 1961 (West-Kamerun).
SPRACHE: Offizielle Landessprachen sind Englisch (20%) und Französisch (80%). Laut Verfassung wird beiden Sprachen die gleiche Stellung eingeräumt. Bantu, Semibantu und andere afrikanische Sprachen sind ebenfalls gebräuchlich.
RELIGION: 53% Christen, 40% Naturreligionen, 22% Moslems.
ORTSZEIT: MEZ.
NETZSPANNUNG: 220/110 V, 50 Hz.
POST- UND FERNMELDEWESEN: Telefon: Selbstwählferndienst. **Landesvorwahl:** 237. Es gibt keine Ortsnetzkennzahlen. Die größeren Städte können direkt angewählt werden. Die Telefonverbindungen im Inland sind oft nicht sehr gut. Telefonieren kann man von vielen Postämtern und Restaurants. Telefaxservice steht in den Intelcom-Büros zur Verfügung. Telexe/Telegramme können in den Postämtern von Yaoundé und Douala sowie in den größeren Hotels aufgegeben werden, dies kann aber einige Zeit in Anspruch nehmen. Ausgezeichnete Telexeinrichtungen stehen in den Intelcom-Büros zur Verfügung. Post: Briefmarken erhält man nur in Postämtern. Luftpost nach Europa ist ca. eine Woche unterwegs. Öffnungszeiten der Postämter: Mo-Fr 07.30-18.00 Uhr.
DEUTSCHE WELLE
Der Empfang der Kurzwellenfrequenzen ändert sich mehrfach im Laufe eines Jahres, und Sendungen auf den folgenden Frequenzen werden jeweils nur zu bestimmten Tageszeiten ausgestrahlt. Näheres in der Einleitung.

MHz	15,275	15,135	13,610	11,785	9,545
Meterband	19	19	22	25	31

REISEPASS/VISUM

Wichtiger Hinweis: Die Einreisebestimmungen mancher Länder können sich kurzfristig ändern - rufen Sie sicherheitshalber in Ihrem CRS-System (TIMATIC-Info-Code-Fenster in diesem Kapitel) den aktuellen Stand ab bzw. wenden Sie sich an die zuständige diplomatische Vertretung. Etwaige Zahlen in der Tabelle beziehen sich auf nachfolgende Fußnoten.

	Paß erforderlich?	Visum erforderlich?	Rückflugticket erforderlich?
Deutschland	Ja	Ja	Ja
Österreich	Ja	Ja	Ja
Schweiz	Ja	Ja	Ja
Andere EU-Länder	Ja	Ja	Ja

REISEPASS: Allgemein erforderlich zur Einreise, Reisepaß muß noch mindestens 6 Monate gültig sein.
VISUM: Allgemein erforderlich.
Visaarten: Kurz- und Langzeitvisa. Alle Visa berechtigen zur mehrmaligen Einreise. Die Reise muß innerhalb von 3 Monaten nach der Ausstellung des Visums angetreten werden.
Visagebühren: Ein Kurzzeitvisum (für Aufenthalte bis zu 3 Monaten) kostet 90 DM bzw. 75 sfr; ein Langzeitvisum mit Gültigkeit bis zu 6 Monaten 180 DM bzw. 150 sfr und mit Gültigkeit bis zu einem Jahr 360 DM bzw. 298 sfr.
Gültigkeitsdauer: 3 Monate, Verlängerung vor Ort möglich.
Antragstellung: Konsularabteilung der Botschaft bzw. Generalkonsulat (Adressen s. o.).
Unterlagen: (a) Gültiger Reisepaß. (b) 2 Antragsformulare. (c) 2 Paßfotos. (d) Gelbfieber-Impfbescheinigung. (e) Buchungsbestätigung für Rück- bzw. Weiterflug. (f) Nachweis ausreichender Geldmittel für die Dauer des Aufenthalts (touristische Aufenthalte). (g) Schreiben des Arbeitgebers bzw. des Geschäftspartners in Kamerun (Geschäftsreisende).
Der postalischen Antragstellung sollten ein frankierter und adressierter Umschlag und der Zahlungsbeleg über die Visumgebühren beigefügt werden.
Bearbeitungszeit: Bei persönlicher Antragstellung meist am gleichen Tag, postalisch etwas länger.
Aufenthaltsgenehmigung: Anträge sind an die Einwanderungsbehörden Kameruns zu richten.

GELD

Währung: 1 CFA-Franc (CFA Fr) = 100 Centimes. Banknoten sind im Wert von 10.000, 5000, 2000, 1000 und 500 CFA Fr im Umlauf; Münzen im Wert von 500, 100, 50, 25, 10 und 5 CFA Fr. Nur die Banknoten der »Banque des Etats de l'Afrique Centrale« sind gültig, die der »Banque des Etats de l'Afrique de l'Ouest« werden nicht akzeptiert.
Geldwechsel: Die Mitnahme von Französischen Francs oder US-Dollar wird empfohlen.
Kreditkarten: *American Express, Diners Club, Eurocard* und *Visa* werden in begrenztem Umfang angenommen. Einzelheiten vom Aussteller der betreffenden Kreditkarte.
Reiseschecks sollten in Französischen Francs ausgestellt sein; andernfalls werden US-Dollar empfohlen.
Wechselkurse

	CFA Fr Sept. '92	CFA Fr Febr. '94	CFA Fr Jan. '95	CFA Fr Jan. '96
1 DM	169,38	339,41	344,31	342,57
1 US$	251,72	589,20	533.68	492,45

Devisenbestimmungen: Die Einfuhr von Landes- und Fremdwährung ist unbegrenzt, Deklaration erforderlich. Die Ausfuhr von Fremdwährungen ist auf den bei der Einreise deklarierten Betrag beschränkt, die Ausfuhr der Landeswährung auf 20.000 CFA Fr.
Öffnungszeiten der Banken: Mo-Fr 07.30-15.30 Uhr.

DUTY FREE

Folgende Artikel können zollfrei nach Kamerun eingeführt werden:
*400 Zigaretten oder 125 Zigarren oder 500 g Tabak;
1 l Spirituosen;
3 l Wein;
Parfüm für den persönlichen Gebrauch.*
Anmerkung: Radios, Kameras, Schreibmaschinen und Spirituosen müssen bei der Einreise deklariert werden. Sofern man nur einen dieser Gegenstände mitbringt, wird normalerweise kein Zoll erhoben.

GESETZLICHE FEIERTAGE

1. Mai '96 Tag der Arbeit. **16. Mai** Christi Himmelfahrt. **20. Mai** Nationalfeiertag. **10. Dez.** Wiedervereinigungstag. **25. Dez.** Weihnachten. **1. Jan. '97** Neujahr. **11. Febr.** Tag der Jugend; Ende des Ramadan. **28. März** Karfreitag. **31. März** Ostermontag. **19. April** Beginn des Eid al-Adha (Opferfest). **1. Mai** Tag der Arbeit. **8. Mai** Christi Himmelfahrt. **20. Mai** Nationalfeiertag.
Anmerkung: Die angegebenen Daten für islamische Feiertage richten sich nach dem Mondkalender und verschieben sich daher von Jahr zu Jahr. Während des Fastenmonats Ramadan, der dem Festtag Eid al-Fitr vorangeht, essen Mohammedaner nicht tagsüber, sondern erst nach Sonnenuntergang, wodurch der normale Geschäftsablauf gestört werden kann. Diese Unterbrechungen können auch während des Eid al-Fitr auftreten. Dieses Fest, ebenso wie das Eid al-Adha, hat keine festgelegte Zeitdauer und kann je nach Region 2-10 Tage dauern. Nähere Informationen im Kapitel Welt des Islam (s. Inhaltsverzeichnis).

GESUNDHEIT

In der folgenden Tabelle aufgeführte Impfvorschriften können sich kurzfristig ändern. Es wird stets empfohlen, auf Ihrem CRS-System (TIMATIC-Info-Code-Fenster in diesem Kapitel) den aktuellen Stand des Gesundheitsbestimmungen abzurufen bzw. rechtzeitig vor der Reise ärztlichen Rat einzuholen.

	Vorsichtsmaßnahmen empfohlen	Impfschein erforderlich
Gelbfieber	Ja	1
Cholera	2	2
Typhus & Polio	Ja	-
Malaria	3	-
Essen & Trinken	4	

TIMATIC INFO-CODES

Abrufbar über Ihr CRS-System (für START/Amadeus Ama-Maske benutzen). Für Galileo bitte TI-DFT eingeben (mit Bindestrich).

Flughafengebühren	TI DFT/ DLA /TX
Währung	TI DFT/ DLA /CY
Zollbestimmungen	TI DFT/ DLA /CS
Gesundheit	TI DFT/ DLA /HE
Reisepassbestimmungen	TI DFT/ DLA /PA
Visabestimmungen	TI DFT/ DLA /VI

[1]: Eine Impfbescheinigung gegen Gelbfieber wird von allen Reisenden im Alter von über einem Jahr verlangt.
[2]: Eine Impfbescheinigung gegen Cholera ist keine Einreisebedingung, das Risiko einer Infektion besteht jedoch. Da die Wirksamkeit der Schutzimpfung umstritten ist, empfiehlt es sich, rechtzeitig vor Antritt der Reise ärztliche Hilfe einzuholen. Näheres unter *Gesundheit* (s. Inhaltsverzeichnis).
[3]: Malariarisiko besteht ganzjährig im ganzen Land. Die vorherrschende gefährlichere Form *Plasmodium falciparum* soll stark Chloroquin- und Sulfadoxin/Pyrimethamin-resistent sein.
[4]: Wasser sollte generell vor der Benutzung zum Trinken, Zähneputzen und zur Eiswürfelbereitung entweder abgekocht oder anderweitig sterilisiert werden. Milch ist nicht pasteurisiert und sollte ebenfalls abgekocht werden. Dosenmilch und Milchpulver nur mit keimfreiem Wasser anrühren. Milchprodukte aus ungekochter Milch am besten vermeiden. Fleisch- und Fischgerichte nur gut durchgekocht und heiß serviert essen. Der Genuß von Schweinefleisch, rohen Salaten und Mayonnaise sollte vermieden werden. Gemüse sollte gekocht und Obst geschält werden.
Tollwut kommt vor. Wer ein erhöhtes Risiko eingeht (z. B. längerer Aufenthalt in abgelegenen Gebieten), sollte vor Reiseantritt eine Schutzimpfung erwägen. Bei Bißwunden so schnell wie möglich ärztliche Hilfe in Anspruch nehmen. Weitere Informationen im Kapitel *Gesundheit* (s. Inhaltsverzeichnis).
Bilharziose-Erreger kommen in manchen Teichen und Flüssen vor, das Schwimmen und Waten in Binnengewässern sollte daher vermieden werden. Gut gepflegte Schwimmbecken mit gechlortem Wasser sind ungefährlich.
Hepatitis A, B und *E* kommen ebenfalls vor.
Gesundheitsvorsorge: Der Abschluß einer Reisekrankenversicherung wird dringend empfohlen. Es gibt über 20 Krankenhäuser in den größeren Städten, landesweit mehr als 250 Hospitäler und Gesundheitszentren. Yaoundé hat zwei Krankenhäuser, das Hauptkrankenhaus und das Jamot-Krankenhaus. In Douala gibt es das große Laquitine-Krankenhaus. Außerdem stehen mehrere medizinische Versorgungszentren, Kliniken und private Pflegestationen im ganzen Land zur Verfügung. Die medizinische Versorgung ist gut, aber teuer.

REISEVERKEHR - International

FLUGZEUG: Kameruns nationale Fluggesellschaft heißt *Cameroon Airlines* (*UY*). Keine Direktverbindungen aus Deutschland und Österreich. Linienflüge dreimal wöchentlich von Paris mit *Cameroon Airlines*, dreimal wöchentlich mit *Air France* von Paris über Lagos sowie einmal wöchentlich von Brüssel (*Sabena*). Direkter Flugdienst einmal wöchentlich von Genf mit *Swissair* nach Yaoundé und einmal wöchentlich nach Douala. Ferner Linienflugverkehr von Kamerun nach Äquatorialguinea, Nigeria, Côte d'Ivoire, Benin und Togo.
Durchschnittliche Flugzeiten: *Brüssel* – Douala: 6 Std. 45; *Paris* – Douala: 8 Std. 15 (mit Zwischenlandung); *Genf* – Douala: 6 Std.
Internationaler Flughafen: *Douala (DLA)* liegt 10 km südöstlich der Stadt. Am Flughafen gibt es eine Post, Duty-free-Shops, Tourist-Information, Mietwagenschalter, Bars und Restaurants. Busse fahren zwischen 06.00-21.00 Uhr alle 15 Min. zur City. Taxis berechnen nach 22.00 Uhr einen Zuschlag.
Weitere Flughäfen gibt es in *Yaoundé* und *Bafoussam*.
Flughafengebühren: 4000 CFA Fr.
SCHIFF: Schiffsverbindungen zwischen Douala und europäischen Häfen sind eher unregelmäßig. Schiffe sind oft drei Wochen unterwegs und legen zwischendurch auf den Kanarischen Inseln und an westafrikanischen Häfen an. Einige Frachtschiffe haben bis zu 12 Passagierkabinen.
BAHN: Eine Verlängerung des Streckennetzes von Mbalmayo nach Bangui (Zentralafrikanische Republik) ist geplant.
BUS/PKW: Es gibt Straßenverbindungen in den Tschad, die Zentralafrikanische Republik, nach Äquatorialguinea, Nigeria und Gabun. Fahrzeuge mit Allradantrieb werden empfohlen. Der *Trans-Africa Highway* von Kenia nach Nigeria ist im Bau.

REISEVERKEHR - National

FLUGZEUG: Es gibt täglich Flüge zwischen Douala und Yaoundé; die anderen Städte im Landesinneren werden weniger regelmäßig angeflogen.
Durchschnittliche Flugzeiten: *Bafoussam* – Douala: 50 Min; *Bali* – Douala: 1 Std. 10; *Dschang* – Douala: 50 Min; *Garoua* – Douala: 2 Std. 30; *Koutaba* – Douala: 1 Std. 25; *Kribi* – Douala: 45 Min; *Mamfe* – Douala: 1 Std; *Maroua* – Douala: 3 Std. 45; *N'Gaoundéré* – Douala: 2. Std. 40; *Yaoundé* – Douala: 30 Min.
Flughafengebühren: 3500 CFA Fr.
BAHN: Kamerunische Züge sind langsame, aber preiswerte Verkehrsmittel. Es gibt tägliche Bahnverbindungen von Douala nach Yaoundé mit Anschluß nach N'Gaoundéré sowie von Douala nach N'Kongsamba. Einige Züge haben Liegewagen, nur wenige sind klimatisiert oder führen Speisewagen. Der letzte Abschnitt des Streckennetzes wurde 1987 fertiggestellt und verbindet Yaoundé mit N'Gaoundéré (930 km).
BUS/PKW: Der Zustand der Straßen ist in der Regel nicht sehr gut, mit Ausnahme der Straßen mit Schotterbelag, die von Douala nach Yaoundé, Limbé, Buéa, Bafoussam und Bamenda führen. Die übrigen Straßen sind während der Regenzeit nicht befahrbar. **Mietwagen** mit oder ohne Chauffeur sind nicht gerade billig, Verleihe gibt es in Douala, Yaoundé und Limbé. **Unterlagen:** Internationaler Führerschein wird empfohlen.
STADTVERKEHR: In Douala und Yaoundé verkehren Busse (Einheitsfahrpreise). Taxis stehen zu festgesetzten Preisen zur Verfügung. 10% Trinkgeld liegt im Ermessen des Fahrgastes.
FAHRZEITEN von Yaoundé zu anderen wichtigen Zentren (ungefähre Angaben in Std. und Min.):

	Flugzeug	Bahn	Bus/Pkw
Bafoussam	0.50	-	4.00
Bali	1.10	-	-
Douala	0.30	4.00	3.00
Dschang	0.50	-	-
Garoua	2.30	-	18.00
Koutaba	1.25	-	-
Kribi	0.45	-	-
Mamfe	1.00	-	-
Maroua	3.45	-	24.00
N'Gaoundéré	2.40	10.00	12.00

UNTERKUNFT

HOTELS: In Douala, Yaoundé, Bamenda, Garoua und Maroua gibt es eine gute Auswahl an Hotels der internationalen Klasse. Die guten Hotels (Einstufung durch die Regierung, es werden zwei oder mehr Sterne vergeben) haben Klimaanlagen, Swimmingpools und andere Sportanlagen. Den meisten Zimmern ist eine Dusche angeschlossen. Diese Hotels akzeptieren auch Kreditkarten. Übernachtungspreise schließen keine Mahlzeiten ein. Preiswertere Unterkünfte sind ebenfalls vorhanden. Das *Hotel de Waza*, außerhalb des Waza-Nationalparks im Norden des Landes, ist ein Camp aus zwei Pavillons und Einzelzimmern in Strohhütten. Die Hotels sind meist frühzeitig ausgebucht; man sollte rechtzeitig vorbestellen und auf eine schriftliche Bestätigung bestehen. Weitere Informationen von folgenden Organisationen: *Ministry of Tourism*, BP 266, Yaoundé. Tel: 22 44 11, 22 21 37. Telex: 8318 und *Hotel Sofitel*, BP 711, Mont Fébé, Yaoundé. Tel: 23 03 40.
CAMPING: Zelten ist im Boubandjida-Nationalpark am Ufer des Mayo Lidi gestattet.

URLAUBSORTE & AUSFLÜGE

Das Zentrum & der Osten

Die Hauptstadt **Yaoundé** ist auf sieben Hügeln erbaut. 13 moderne Hotels bieten Unterkunft, und die vielen Märkte, Museen, Geschäfte und Kinos sorgen für Abwechslung. Im Nordwesten der Stadt liegen dschungelbewachsene Berge, die bis auf 1000 m ansteigen. Auf dem *Mont Fébé*, der die Stadt überragt, entstand ein Ferienzentrum mit Luxushotel, Nachtklub, Spielkasino, schöner Gartenanlage und Golfplatz. Die Höhenlage bringt ein angenehmes Klima mit sich.
40 km nördlich der Hauptstadt, an der Straße nach *Obala*, befindet sich ein ganzjähriger *Vergnügungspark*.
Ostkamerun ist eher dünn besiedelt. Die imposanten *Nachtigall-Fälle* des Flusses *Sanga* sind sehr beeindruckend. In den dichten Wäldern dieser Region gibt es immer noch freilebende Gorillas.

Der Westen

Douala, die Wirtschaftsmetropole Kameruns, liegt 24 km von der Küste entfernt am linken Ufer des Wouri. Die Stadt wird vom *Mont Cameroun* überragt, der mit 4070 m der höchste Berg Westafrikas ist. Sehenswert sind die Kathedrale, der Hafen und das interessante Museum sowie die Wouri-Brücke. Die Einkaufsstraßen, das *Artisanat National* (ein Markt mit Kunstgewerbe- und Souvenirständen) und der Deido-Markt laden zu ausgiebigem Stöbern ein.
Buéa ist eine reizvolle Stadt an den Hängen des *Mont Cameroun*. Vor der Besteigung des Berges sollte man vom Touristenbüro eine Erlaubnis einholen; diese wird jedoch nicht während der Regenzeit gewährt.
Limbé (vormals Victoria) ist eine malerische Stadt mit einem reizvollen botanischen Garten und einem »Dschungeldorf«. Wunderschöne Sandstrände liegen ganz in der Nähe; die Hauptsaison ist zwischen November und Februar.
Der Ferienort **Dschang** in den Bergen hat durch die Höhenlage (1400 m) ein angenehm kühles Klima. Die Straße nach Süden, über N'Kongsamba und Douala, verläuft durch eine herrliche Landschaft mit atemberaubenden Tälern und Wasserfällen.
Bamenda, im Hochland nördlich von Dschang, hat ein interessantes Museum und einen Kunstgewerbemarkt.
In **Foumban**, nordöstlich von Dschang, gibt es zahlreiche historische Gebäude aus der deutschen Kolonialzeit, wie z. B. den *Fon-Palast*. Das Museum und der Markt sind auch einen Besuch wert. Die Stadt ist ein guter Ausgangspunkt für Spritztouren in die *Bamileke-Region* zum farbenprächtigen *Bamoun Festival* und zu anderen Festlichkeiten.
Kribi ist ein malerischer Hafen und Urlaubsort südlich von Douala mit dem wohl schönsten Strand Kameruns, *Londji Beach*. Ausflüge zu den Pygmäen-Dörfern sowie zum **Campo Game Reserve** bieten sich von hier aus an. In den Urwäldern des Landesinneren leben Büffel, Löwen und Elefanten.

Der Norden

Die eindrucksvolle Landschaft Nordkameruns besteht aus endlosen Savannen in durchschnittlich 1500 m Höhe.
Maroua liegt in den Ausläufern der *Mandara-Berge* an den Ufern des Mayo. Der Markt, die afrikanischen Viertel und die Ufer des *Mayo Kaliao* sollte man sich anschauen. Das *Diamare-Museum* ist ein Völkerkundemuseum, in dem man auch einheimisches Kunstgewerbe, Schmuck und Lederartikel kaufen kann. In der Nähe der Stadt liegt auch ein Tierschutzgebiet (s. u.).
Das idyllische Dorf **Mokolo** liegt mitten in einer felsigen Landschaft. 55 km entfernt liegt **Rhumsiki**. Ein wahres Labyrinth von Pfaden verbindet das Dorf mit den kleinen Bauernhöfen (*Kapsiki*) der Umgebung. Hier leben die Kirdi, ein Eingeborenenstamm, dessen Traditionen und Gebräuche sich über Jahrhunderte hinweg wenig geändert haben.
Weiter nördlich befindet sich das Dorf **Koza**, das auf 1100 m Höhe liegt. Von hier führt eine Straße zum Dorf **Mabas**, von dem man einen ausgezeichneten Panoramablick über die große Bornou-Ebene Nigerias hat.

Nationalparks

Das **Kala Maloue Reserve** ist verhältnismäßig klein, trotzdem sind hier mehrere Arten von Antilopen, Affen und Warzenschweinen zu Hause. Sogar ein Elefantenpfad verläuft durch das Tierschutzgebiet; die Dickhäuter halten sich jedoch nie sehr lange dort auf.
Der 170.000 ha große **Waza-Nationalpark** besteht aus einem Waldgebiet (November bis März geöffnet) und großen Feuchtwiesen, den *Yaeres* (Februar bis Juni geöffnet). Elefanten, Giraffen, Antilopen, Kuhantilopen, Löwen, Geparde und Stachelschweine sind hier beheimatet. Der Artenreichtum der Vogelwelt ist erstaunlich; Adler, Kraniche, Marabus, Pelikane, Enten, Gänse und Perlhühner können hier aus nächster Nähe beobachtet werden. Unterkünfte und andere Einrichtungen stehen zur Verfügung. Im Park gibt es keine Mietfahrzeuge, aber von Maroua aus fahren Busse.
Der **Boubandjida-Nationalpark** liegt an den Ufern des Flusses *Mayo Lidi* im äußersten Norden des Landes.
Es gibt weitere Parks und Tierschutzgebiete, die aber nicht für Besucher zugänglich sind.

SOZIALPROFIL

ESSEN & TRINKEN: Französische und libanesische Küche stehen oft auf der Speisekarte, einheimische Spezialitäten sind aber auch sehr zu empfehlen. An Avocados, Zitrusfrüchten, Ananas und Mangos herrscht kein Mangel. Im Süden des Landes werden meist Garnelen in allen möglichen Variationen angeboten. In den größeren Städten gibt es zahlreiche Restaurants mit gutem Service. **Getränke:** In den meisten internationalen Hotels schließen die Bars erst, wenn der letzte Gast gegangen ist.
NACHTLEBEN: In Douala und besonders in Yaoundé gibt es Nachtklubs und Spielkasinos. Die meisten Hotels haben ein Kasino. Einige Kinos sind ebenfalls vorhanden.
EINKAUFSTIPS: Luxusartikel sind teuer. Beliebte Souvenirs sind dekorierte Töpfe, Kannen, Flaschen und Tassen. Große Steingutschüsseln und andere Keramikwaren, Matten und Läufer aus Gras, Raffiabast, Kamelhaar oder Baumwolle, bestickte Kleidungsstücke und Schmuck sind ebenfalls schöne Mitbringsel. **Öffnungszeiten der Geschäfte:** Mo-Fr 07.30-15.30 Uhr.
SPORT: Gute **Angelmöglichkeiten** in den Flüssen oder an der Küste. **Baden** kann man im Meer oder in Hotel-Swimmingpools. Hotels haben oft Zugang zu **Tennisplätzen**. In Yaoundé gibt es auch einen privaten Hotel-**Golfplatz**. **Fußball** ist ein beliebter Publikumssport. Die Nationalmannschaft erreichte zur Überraschung und Freude zahlreicher Zuschauer bei der Weltmeisterschaft 1990 das Viertelfinale.
VERANSTALTUNGSKALENDER
Einheimische Unterhaltungskünstler kann man vor allem während der Festtage in vielen Regionalstädten sehen.
SITTEN & GEBRÄUCHE: Zur Begrüßung gibt man sich die Hand. Im Norden des Landes leben zahlreiche Moslems, und Besucher sollten die Sitten und Gebräuche respektieren. Treten Sie niemals in einen Gebetszirkel aus Steinen. In den ländlichen Gegenden findet man traditionelle Glaubensrichtungen, denen man ebenfalls mit Takt und Offenheit gegenübertreten sollte. **Fotografieren:** In ländlichen Regionen sollte man beim Fotografieren behutsam vorgehen. Fragen Sie immer zuerst um Erlaubnis, bevor Sie jemanden fotografieren. Flughäfen, offizielle Gebäude oder militärische Anlagen sollten nicht fotografiert werden.
Trinkgeld: Gepäckträger und Hotelpersonal erhalten etwa 10%. Normalerweise ist das Bedienungsgeld in der Rechnung enthalten.

WIRTSCHAFTSPROFIL

WIRTSCHAFT: Die kamerunische Wirtschaft ist eine der erfolgreichsten in ganz Afrika. Die Agrarproduktion ist konstant hoch, und die Erdölindustrie expandierte gewaltig. Die landwirtschaftlichen Haupterzeugnisse sind Kakao (Kamerun ist eines der wichtigsten Ausfuhrländer), Kaffee, Bananen, Baumwolle, Holz und Kautschuk. Die Erdölförderung deckt den Eigenbedarf, und der Export von Roh- und Reinöl machen 29% der Gesamtausfuhr des Landes aus. Darüber hinaus gibt es beträchtliche Erdgasfunde. Die niedrigen Weltmarktpreise machen die Erdgasproduktion momentan jedoch unwirtschaftlich. Die vorhandenen Eisenerz-, Bauxit-, Kupfer-, Chrom- und Uranvorkommen werden bislang ebenfalls noch nicht abgebaut. Die Leichtindustrie konzentriert sich vor allem auf die Bereiche Nahrungsmittelverarbeitung, Baumaterialien und Batterieherstellung. Der Anteil des Dienstleistungssektors am Bruttoinlandsprodukt beträgt 47%. Die Wirtschaftspolitik ist auf die Schaffung einer sozialen Marktwirtschaft ausgerichtet. Das Absinken der Erdölpreise hatte in den achtziger Jahren zu einer Wirtschaftsflaute geführt. Dank der liberalen Investitionspolitik, der politischen Stabilität und ausländischer Finanzhilfen sind die Wirtschaftsprognosen jedoch gut. 1992 lag die Arbeitslosenquote aber immer noch bei 25%. Frankreich, Spanien und Italien sind die größten Exportmärkte, weitere wichtige Absatzgebiete sind die Niederlande, Deutschland und Marokko. Die meisten Importe kommen aus Frankreich (29%).
GESCHÄFTSVERKEHR: Geschäftsreisen legt man am besten in die Monate Juli bis September. Vor allem in den Städten wird auch englisch gesprochen.
Geschäftszeiten: Mo-Fr 07.30-15.30 Uhr.
Kontaktadressen: *Die wirtschaftlichen Interessen Österreichs werden von der Außenhandelsstelle in Lagos (s. Nigeria) wahrgenommen.*
Chambre de Commerce, d'Industrie et des Mines du Cameroun (Industrie- und Handelskammer), BP 4011, Douala.
Tel: 42 36 90. Telefax: 42 55 96.
Zweigstellen in Douala, Yaoundé, Limbé, Garoua, Bafoussam und Bamenda.

KLIMA

Im Süden ist es von November bis Februar sehr trocken. Zwischen März und Juni fällt etwas Regen; die Hauptregenzeit dauert von Juli bis Oktober. Die Temperaturen im Norden schwanken zwischen kühl und sehr heiß. Auf dem Adamaoua-Plateau wird es nachts empfindlich kühl; die Regenzeit ist hier von Mai bis Oktober. Regelmäßige Niederschläge in den Grasebenen im Landesinneren, hier ist es kühler als in den Küstenregionen.
Kleidung: Leichte Baumwollsachen und leichtes Schuhwerk. In den Küstengebieten benötigt man einen Regenschutz.

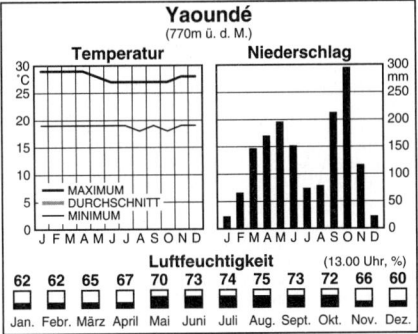

Kanada

Lage: Nordamerika.

Kanada Tourismus
Prospektversand
Postfach 200247
D-63469 Maintal
Telefax: (06181) 49 75 58.
Welcome to Canada
Freihofstraße 22
CH-8700 Küsnacht
Tel: (01) 910 90 01. Telefax: (01) 910 38 24.
Kein Publikumsverkehr, nur für telefonische Anfragen zuständig.
Tourism Canada
Industry Canada
4th Floor East
235 Queen Street
Ottawa
Ontario K1A 0H6
Tel: (613) 954 38 51. Telefax: (613) 952 79 06.
Kanadische Botschaft
Friedrich-Wilhelm-Straße 18
D-53113 Bonn
Postfach 120240
D-53044 Bonn
Tel: (0228) 9 68-0. Telefax: (0228) 968 39 04.
Mo-Fr 08.30-12.30 und 13.30-17.00 Uhr.
Außenstelle ohne Visumerteilung in Berlin, Konsulate ohne Visumerteilung in Düsseldorf und München.
Konsular- und Einwanderungsabteilung
Godesberger Allee 119
D-53175 Bonn
Tel: (0228) 812 40 00. Telefax: (0228) 812 34 58.
Telefonisch: Mo-Fr 13.30-16.00 Uhr. Publikumsverkehr: Mo-Do 08.00-11.00 Uhr.
Kanadische Botschaft
Laurenzer Berg 2

TIMATIC INFO-CODES

Abrufbar über Ihr CRS-System (für START/Amadeus Ama-Maske benutzen). Für Galileo bitte TI-DFT eingeben (mit Bindestrich).

Flughafengebühren	TI DFT/ YOW /TX
Währung	TI DFT/ YOW /CY
Zollbestimmungen	TI DFT/ YOW /CS
Gesundheit	TI DFT/ YOW /HE
Reisepassbestimmungen	TI DFT/ YOW /PA
Visabestimmungen	TI DFT/ YOW /VI

A-1010 Wien
Tel: (0222) 5 31 38-0. Telefax: (0222) 5 31 38-33 21,
Konsularabt.: 5 31 38-39 11.
Konsularabt.: Mo-Fr 08.30-11.30 Uhr.
Kanadische Botschaft (ohne Visumerteilung)
Kirchenfeldstraße 88
CH-3005 Bern
Postfach
CH-3000 Bern 6
Tel: (031) 352 63 81/-85. Telefax: (031) 352 73 15.
Mo-Fr 08.00-12.00 und 13.30-16.30 Uhr.
Visa werden bei der Kanadischen Botschaft in Paris ausgestellt, Anträge erhält man nach schriftlicher Anfrage bei der Botschaft in Bern.
Konsulat ohne Visumerteilung in Genf.
Kanadische Botschaft, Konsularabteilung
35 Avenue Montaigne
F-75008 Paris
Tel: (1) 44 43 29 16. Telefax: (1) 44 43 29 93.
Botschaft der Bundesrepublik Deutschland
1 Waverley Street
Ottawa
Ontario K2P 0T8
PO Box 379
Postal Station A
Ottawa
Ontario K1N 8V4
Tel: (613) 232 11 01. Telefax: (613) 594 93 30.
Generalkonsulate in Montréal, Toronto und Vancouver.
Honorarkonsulate in Calgary, Fort St. John, Halifax, Kitchener, London/Ontario, Regina/Saskatchewan, St. John's/Neufundland und Winnipeg.
Botschaft der Republik Österreich
445 Wilbrod Street
Ottawa
Ontario K1N 6M7
Tel: (613) 789 14 44, 789 34 29/30. Telefax: (613) 789 34 31.
Generalkonsulate mit Paß- und Sichtvermerksbefugnis in Montréal und Toronto.
Konsulat mit Paß- ud Sichtvermerksbefugnis in Vancouver.
Honorarkonsulate ohne Paß- und Sichtvermerksbefugnis in Halifax, Winnipeg, Regina und Calgary.
Botschaft der Schweizerischen Eidgenossenschaft
5 Avenue Marlborough
Ottawa
Ontario K1N 8E6
Tel: (613) 235 18 37. Telefax: (613) 563 13 94.
Generalkonsulate in Montréal, Toronto und Vancouver.
Anmerkung: Die Adressen der Fremdenverkehrsämter der einzelnen Provinzen und Territorien finden Sie unter den jeweiligen Rubriken (s. u.).

Einführung

FLÄCHE: 9.958.319 qkm.
BEVÖLKERUNGSZAHL: 29.248.000 (1994).
BEVÖLKERUNGSDICHTE: 2,9 pro qkm.
HAUPTSTADT: Ottawa. **Einwohner:** 920.857 (Großraum, 1991).
GEOGRAPHIE: Kanada umfaßt den ganzen nördlichen

Teil des nordamerikanischen Kontinentes, ausgenommen Alaska im Nordwesten. Im Nordosten ist die Insel Grönland der Küste vorgelagert, im Westen der Pazifische Ozean und im Osten der Atlantische Ozean. Im Süden bildet der 48. Breitengrad die Grenze Kanadas zu den USA. Die vereiste Polkappe liegt im Norden. Arktische Tundra bestimmt den Norden Kanadas; die Mitte des Landes besteht aus dem großen Weizenanbaugebiet des Laurentischen Tafellandes. Im Westen liegen die Rocky Mountains und im Südosten die große Seenplatte, der St. Lawrence River und die Niagara-Fälle. Das Land ist in zehn Provinzen und zwei Territorien aufgeteilt. Eine genaue Beschreibung der Provinzen finden Sie weiter unten.

STAATSFORM: Parlamentarische Monarchie im Commonwealth seit 1931. Staatsoberhaupt: Königin Elizabeth II., vertreten durch Sir Roméo LeBlanc (Generalgouverneur, seit Febr. 1995). Regierungschef: Jean Chrétien (Liberal Party), seit November 1993. Bundesparlament aus zwei Kammern (Unterhaus und Senat). Die zehn Provinzen haben je einen Gouverneur und regionale Gesetzgebung, die beiden Territorien unterstehen der Bundesverwaltung. Mehrere Versuche in den letzten Jahren, die Verfassung zu ändern – zugunsten größerer Selbstverwaltung der Provinzen – sind bisher gescheitert. Québec nimmt als die einzige französischsprachige Provinz einen Sonderstatus ein (seit Juli 1992) und erhält ein Vetorecht bei der Reform von Bundesinstitutionen. Bis zum Jahr 2008 soll in Kanada zu den existierenden zwei ein zusätzliches drittes Territorium unter dem Namen »Nunavut« geschaffen werden.

SPRACHE: Die Landessprachen sind Französisch und Englisch. Der Gebrauch der zwei Sprachen spiegelt die gemischte Kolonialgeschichte wider.

RELIGION: 47% römisch-katholisch; 16% Vereinigte Kirche Kanadas; 10% anglikanisch; 27% andere christliche Glaubensrichtungen sowie islamische, jüdische und Sikh-Minderheiten.

ORTSZEIT: Kanada hat sechs Zeitzonen:
Pacific Standard Time: MEZ - 9.
Mountain Standard Time: MEZ - 8.
Central Standard Time: MEZ - 7.
Eastern Standard Time: MEZ - 6.
Atlantic Standard Time: MEZ - 5.
Newfoundland Standard Time: MEZ - 4 Std. 30.
Anmerkung: Vom ersten Sonntag im April bis zum letzten Sonntag im Oktober wird die Uhr eine Stunde vorgestellt (mit Ausnahme von Saskatchewan).

NETZSPANNUNG: 110 V, 60 Hz. Zweipolige Flachstecker (wie in den USA), Adapter erforderlich.

POST- UND FERNMELDEWESEN: Telefon: Selbstwählferndienst. Die meisten Telefonzellen nehmen 25-Cents-Münzen an. Mo-Fr 18.00-08.00 Uhr sowie Mo-Sa 12.00-08.00 Uhr ist das Telefonieren billiger. **Landesvorwahl: 1. Telefax:** Es gibt spezielle Telefax-Büros; die meisten Hotels bieten Gästen auch die Benutzung ihres Telefaxanschlusses an. **Telex/Telegramme:** Telegramme werden von *National Communications* oder *Canadian Pacific* bearbeitet und können entweder telefonisch oder in den Geschäftsstellen aufgegeben werden. Die jeweilige Telefonnummer entnimmt man dem örtlichen Telefonbuch. Es gibt *Telepost* (Schnellzustellung) und *Intelpost* (Satellitenübertragung für Dokumente/Fotos nach Amsterdam, Bern, London, New York und Washington DC). In Newfoundland und Labrador werden Telegramme von *Terra Nova Tel* bearbeitet. **Post:** Die gesamte Post außerhalb Nordamerikas wird per Luftpost versandt. Briefmarken sind außer bei der Post auch in Hotels, Apotheken und auf Bahnhöfen erhältlich. Postlagernde Sendungen sind möglich. Öffnungszeiten der Postämter: Mo-Fr 09.30-17.00 Uhr, Sa 09.00-12.00 Uhr. Städtische Postämter haben länger geöffnet, die Öffnungszeiten in den Provinzen sind unterschiedlich.

DEUTSCHE WELLE
Der Einsatz der Kurzwellenfrequenzen ändert sich mehrfach im Laufe eines Jahres, und Sendungen auf den folgenden Frequenzen werden jeweils nur zu bestimmten Tageszeiten ausgestrahlt. Näheres in der Einleitung.

MHz	17,860	17,715	15,275	9,735	6,145
Meterband	16	16	19	31	49

REISEPASS/VISUM

Wichtiger Hinweis: Die Einreisebestimmungen mancher Länder können sich kurzfristig ändern – rufen Sie sicherheitshalber auf Ihrem CRS-System (TIMATIC-Info-Code-Fenster in diesem Kapitel) den aktuellen Stand ab bzw. wenden Sie sich an die zuständige diplomatische Vertretung. Etwaige Zahlen in der Tabelle beziehen sich auf nachfolgende Fußnoten.

	Paß erforderlich?	Visum erforderlich?	Rückflugticket erforderlich?
Deutschland	Ja	Nein	Ja
Österreich	Ja	Nein	Ja
Schweiz	Ja	Nein	Ja
Andere EU-Länder	1	2	Ja

REISEPASS: Allgemein erforderlich, ausgenommen sind Staatsbürger:
(a) der USA;
(b) aller Länder mit festem Wohnsitz in Kanada, falls sie im Besitz eines entsprechenden Dokumentes sind;
(c) Immigranten und Flüchtlinge, die im Besitz eines gültigen Immigrantenvisums mit dem Kategoriecode CR oder DC sind;
(d) mit festem Wohnsitz in den USA, die von St. Pierre und Miquelon oder den USA aus einreisen;
(e) [1] Frankreichs, die von St. Pierre und Miquelon einreisen und dort ihren festen Wohnsitz haben;
(f) Grönlands, sofern sie direkt aus Grönland einreisen.
Anmerkung: Der Reisepaß muß mindestens noch einen Tag nach der geplanten Abreise aus Kanada gültig sein.

VISUM: Allgemein erforderlich, ausgenommen sind Staatsbürger von:
(a) [2] der Schweiz sowie der Bundesrepublik Deutschland, Österreich und der anderen EU-Länder (Staatsbürger von Portugal *benötigen* jedoch ein Visum);
(b) Andorra, Antigua und Barbuda, Australien, den Bahamas, Barbados, Botswana, Brunei, Costa Rica, Dominica, Grenada, Island, Israel, Japan, Kiribati, Korea-Süd, Liechtenstein, Malaysia, Malta, Mexiko, Monaco, Namibia, Nauru, Neuseeland, Norwegen, Papua-Neuguinea, St. Kitts und Nevis, St. Lucia, St. Vincent und den Grenadinen, San Marino, Saudi-Arabien, Simbabwe, den Salomonen, Singapur, Slowenien, Swasiland, Tuvalu, Ungarn, den USA, Vanuatu, die Vatikanstadt, Venezuela, West-Samoa und Zypern.
Visaarten: Touristen wird ein Besuchsvisum ausgestellt.
Visagebühren: Touristenvisum 60 DM, 55 Can$ (einfache Einreise), 90 DM, 85 Can$ (mehrfach), Studien- oder Arbeitsvisum 175 DM, 130 Can$.
Gültigkeitsdauer: Bis zu 6 Monaten, je nach Antragsteller.
Antragstellung: Konsularabteilung der Botschaft (Adressen s. o.).
Unterlagen: (a) Gültiger Reisepaß. (b) 2 Paßfotos. (c) Antragsformular. (d) Gebühr (Rückerstattung nicht möglich). (e) Adressierter Rückumschlag. (f) Ggf. Nachweis eines regelmäßigen Einkommens/Arbeitsvertrag. Die Vorlage der Buchungsbestätigung für die Rückreise kann verlangt werden. Alleinreisende Personen unter 18 J. benötigen die schriftliche Genehmigung bei- der Erziehungsberechtigten. Innerhalb der Gültigkeitsdauer des Visums können die USA und St. Pierre und Miquelon ohne erneutes Visum für die Rückreise nach Kanada besucht werden.
Bearbeitungszeit: Mindestens 6 Werktage.
Aufenthaltsgenehmigung: Für die vorläufige Aufenthaltsgenehmigung ist eine Arbeitserlaubnis erforderlich. Wer beabsichtigt, in Kanada zu studieren oder Zeitarbeit aufzunehmen, sollte sich mit der Botschaft in Verbindung setzen, da die Erlaubnis vor der Einreise eingeholt werden muß. Wer Zeitarbeit in Kanada aufnehmen will, benötigt eine gebührenpflichtige Arbeitserlaubnis. Ein Studienvisum ist ebenfalls gebührenpflichtig. Inhaber eines gültigen Studienvisums bzw. einer Aufenthaltsgenehmigung benötigen kein weiteres Visum für die Rückkehr aus den USA oder St. Pierre und Miquelon.

GELD

Währung: 1 Kanadischer Dollar (Can$) = 100 Cents. Banknoten gibt es im Wert von 1000, 500, 100, 50, 20, 10 und 5 Can$. Münzen in den Nennbeträgen 2 und 1 Can$ sowie 50, 25, 10, 5 und 1 Cent.
Kreditkarten: Die meisten internationalen *Kreditkarten* werden akzeptiert.
Reiseschecks: Empfohlen werden Reiseschecks in Kanadischen Dollars, die überall angenommen werden.
Euroschecks werden in Kanada nicht angenommen.
Wechselkurse

	Can$ Sept. '92	Can$ Febr. '94	Can$ Jan. '95	Can$ Jan. '96
1 DM	0,81	0,76	0,90	0,94
1 US$	1,21	1,33	1,40	1,36

Devisenbestimmungen: Es gibt keine Ein- oder Ausfuhrbeschränkungen, solange die Beträge deklariert werden.
Öffnungszeiten der Banken: Mo-Fr 10.00-15.00 Uhr. Geschäftskonten können nur unter Vorlage eines Kreditbriefes aus dem eigenen Land eröffnet werden. Einige Banken in den Großstädten haben längere Öffnungszeiten. Es wird empfohlen, sich vor Ort zu erkundigen.

DUTY FREE

Folgende Artikel können zollfrei nach Kanada eingeführt werden:
200 Zigaretten und 50 Zigarren und 400 g Tabak und 400 Tabaksticks (über 18 J.);
1,1 l Spirituosen oder Wein oder 24 Dosen/Flaschen Bier (bis zu 8 l) pro Person über 18 J. bei Einreise nach Alberta, Manitoba, Québec, und über 19 J. bei Einreise nach British Columbia, Prince Edward-Insel, Northwest Territories, Yukon, New Brunswick, Newfoundland und Labrador, Ontario, Saskatchewan und Nova Scotia;
Geschenke bis zum Wert von 60 Can$ pro Person.
Einfuhrverbot: Die Einfuhr von Schußwaffen, Sprengstoffen, vom Aussterben bedrohten Pflanzen und Tieren, Tierprodukten, Fleisch, Nahrungsmitteln und Samen unterliegen besonderen Einfuhrbestimmungen. Hunde und Katzen dürfen aus tollwutfreien Ländern eingeführt werden, unterliegen aber ebenfalls Sonderbestimmungen. Die Botschaft erteilt nähere Auskünfte.

GESETZLICHE FEIERTAGE

27. Mai '96 Victoria-Tag. **1. Juli** Kanada-Tag. **2. Sept.** Tag der Arbeit. **14. Okt.** Erntedankfest. **11. Nov.** Gedenktag. **25./26. Dez.** Weihnachten. **1. Jan. '97** Neujahr. **28. März** Karfreitag. **31. März** Ostermontag. **26. Mai** Victoria-Tag.
Anmerkung: Die obengenannten Feiertage gelten landesweit. Zusätzliche regionale Feiertage sind in dieser Rubrik unter den einzelnen Provinzen aufgezählt.

GESUNDHEIT

In der folgenden Tabelle aufgeführte Impfvorschriften können sich kurzfristig ändern. Es wird stets empfohlen, auf Ihrem CRS-System (TIMATIC-Info-Code-Fenster in diesem Kapitel) den aktuellen Stand der Gesundheitsbestimmungen abzurufen bzw. rechtzeitig vor der Reise ärztlichen Rat einzuholen.

	Vorsichtsmaßnahmen empfohlen	Impfschein erforderlich
Gelbfieber	Nein	Nein
Cholera	Nein	Nein
Typhus & Polio	Nein	-
Malaria	Nein	-
Essen & Trinken	Nein	-

Tollwut kommt vor. Wer ein erhöhtes Risiko eingeht (z. B. längerer Aufenthalt in abgelegenen Gebieten), sollte vor Reiseantritt eine Schutzimpfung erwägen. Bei Bißwunden so schnell wie möglich ärztliche Hilfe in Anspruch nehmen. Näheres im Kapitel *Gesundheit* (s. Inhaltsverzeichnis).
Gesundheitsvorsorge: Die medizinischen Einrichtungen sind ausgezeichnet. Erste-Hilfe-Kasten sollten in die abgelegenen nördlichen Landesteile mitgenommen werden. Eine Reisekrankenversicherung bis zu 50.000 US$ Deckung ist absolut notwendig, da die Krankenhauskosten hoch sind (ab 650 US$ pro Tag; 30% Zuschlag für Besucher in manchen Provinzen). Der Notdienst ist unter der Telefonnummer »0« zu erreichen.

REISEVERKEHR - International

FLUGZEUG: Kanadas nationale Fluggesellschaften heißen *Air Canada (AC)* und *Canadian Airlines International (CP)*.
Durchschnittliche Flugzeiten: *Frankfurt* – Montréal: 8 Std; *Frankfurt* – Toronto: 8 Std. 30 und *Frankfurt* – Vancouver: 11 Std.
London – Calgary: 9 Std; *London* – Halifax: 6 Std. 30; *London* – Montréal: 7 Std; *London* – Toronto: 7 Std. 30 und *London* – Vancouver: 10 Std.
Los Angeles – Montréal: 7 Std. 05; *Los Angeles* – Toronto: 5 Std. 25 und *Los Angeles* – Vancouver: 3 Std. 10.
New York – Montréal: 1 Std. 15; *New York* – Toronto: 1 Std. 20 und *New York* – Vancouver: 8 Std.
Internationale Flughäfen: Kanada hat 13 internationale Flughäfen. Alle bieten Banken, Restaurants, Bars, Duty-free-Shops und Mietwagenschalter. Es gibt Flughafenbusse, Taxis und z. T. auch Bahnverbindungen.
Calgary (YYC) liegt 8 km außerhalb der Stadt (Fahrzeit 20-30 Min.).
Edmonton (YEG) liegt 28 km außerhalb der Stadt (Fahrzeit 30 Min.).
Gander (YQX) liegt 3 km außerhalb der Stadt (Fahrzeit 10 Min.).
Halifax (YHZ) liegt 42 km außerhalb der Stadt (Fahrzeit 30 Min.).
Hamilton (YHM) liegt 10 km außerhalb der Stadt (Fahrzeit 20 Min.).
Montréal (YUL) (Dorval) liegt 25 km außerhalb der Stadt (Fahrzeit 25 Min.).
Montréal (YMX) (Mirabel) liegt 53 km außerhalb der Stadt (Fahrzeit 30-60 Min.).
Ottawa (YOW) (McDonald-Cartier) liegt 15 km außerhalb der Stadt (Fahrzeit 20 Min.).
St John's (YYT) liegt 8 km außerhalb der Stadt (Fahrzeit 10-15 Min.).
Saskatoon (YXE) liegt 7 km außerhalb der Stadt (Fahrzeit 10 Min.).
Toronto (YYZ) (Lester B. Pearson) liegt 28 km außerhalb der Stadt (Fahrzeit 20 Min.).
Vancouver (YVR) liegt 15 km außerhalb der Stadt (Fahrzeit 30-45 Min.).
Winnipeg (YWG) liegt 10 km außerhalb der Stadt (Fahrzeit 20 Min.).
Flughafengebühr: 27,50 Can$.
SCHIFF: Die Haupthäfen Kanadas sind Montréal, Québec und Toronto an der Ostküste und Vancouver an der Westküste. Alle werden von internationalen Reedereien angelaufen; europäische Passagierschiffe laufen jedoch nur Montréal an.
BAHN: Mehrere Strecken der kanadischen Eisenbahn führen in die USA; die Hauptstrecken sind Montréal – New York und Toronto – New York. Von Toronto aus gibt es auch Züge nach Chicago, Detroit und Buffalo.
PKW/BUS: Die einzigen Straßenverbindungen Kanadas in das Ausland führen über die Südgrenze in die USA oder über die Westgrenze nach Alaska (USA). Nach dem Auto ist der Überlandbus das geläufigste Verkehrsmittel. Die größte Busgesellschaft der Welt ist die Grey-

400 M VON DEN NIAGARA-FÄLLEN!

RENAISSANCE FALLSVIEW HOTEL
NIAGARA FALLS, CANADA

LAGE
- Alle Attraktionen der Niagara-Fälle leicht zu Fuß erreichbar
- Internationaler Flughafen Pearson (Toronto) – 70 Autominuten entfernt
- Internationaler Flughafen Buffalo – 40 Autominuten entfernt
- Parkplatz inbegriffen

UNTERKUNFT
- 262 luxuriöse Zimmer und Suiten der *Renaissance-Standard* Klasse in unserem 5-Sterne-Hotel
- Zimmereinteilung nach folgenden Kategorien: Cityblick, Blick auf den Fluß, Blick auf die Wasserfälle, Renaissance Club Cityblick oder Renaissance Club mit Blick auf die Niagara-Fälle

ABENDESSEN/UNTERHALTUNG
- Das Dachterrassencafé im 18. Stock versorgt Sie mit vorzüglichem Mittag- und Abendessen in entspannter Atmosphäre bei atemberaubender Aussicht auf die Niagara-Fälle
- Im *Mulberry's Dining Room* erwartet Sie eine umfangreiche Speisekarte mit Spezialitätenbuffets zum Frühstück, Mittag- und Abendessen
- Über 5000 m² Tagungs- und Bankettreinrichtungen

KURZENTRUM
- Ausgezeichneter Freizeitkomplex mit prachtvollem Hallenbad und Whirlpool in großflächigem Ruhebereich; Squash- und Racquetball-Plätze, Fitneßraum und entspannende Saunas

6455 BUCHANAN AVENUE, NIAGARA FALLS, ONTARIO, CANADA, L2G 3V9

BUCHUNG

In Deutschland:
0130812340
AMADEUS:
BRIAG654
SABRE:
BR1654
APOLLO/GALILEO:
BR11277
HOTEL DIREKT
Fax: 905 357 3422
Tel.: 905 357 5200

10% Agenturkommission wird sofort bezahlt

STANDARDPREISE

Standard-Doppelzimmer/Doppelzimmer mit Cityblick

K$89   November - Mai
K$139   Juni u. Oktober
K$159   Juli - September

Preise für Gruppen erhältlich auf schriftliche Anfrage.

---

hound Bus Company (s. u. *Fernbus*), und die meistbefahrenen Strecken von den USA aus sind: New York – Montréal/Ottawa; Detroit – Toronto/Hamilton; Minneapolis – Winnipeg; Seattle – Vancouver/Edmonton/Calgary.

REISEVERKEHR - National

FLUGZEUG: Die größten regionalen Fluggesellschaften Kanadas sind:
Atlantikküste: *Air Nova; Air Atlantic.*
Westkanada: *Time Air; Air BC.*
Mittelkanada: *Nordair Ltd; Québecair (QB).*
Ca. 75 Fluggesellschaften sorgen für regionale Flugverbindungen. Es gibt Ermäßigungen für 13-21jährige; unter 12 Jahren sind die Preise noch niedriger. Ein regionaler Flugpaß ist erhältlich von *Air Ontario* für Zeiträume zwischen 7-21 Tagen. Der Paß kann nur außerhalb Kanadas gekauft werden, z. B. in Deutschland (Tel: (0211) 62 40 08 – Düsseldorf), in Österreich (Tel: (0222) 40 14 82 44 – Wien) und der Schweiz (Tel: (022) 737 13 58 – Genf).
SCHIFF: Kanada hat eine weitläufige Küste und unzählige Seen, Flüsse und Kanäle, die von Schiffen aller Größen befahren werden. Besonders regelmäßig, schnell und preiswert sind die Fähren an der Ost- und Westküste. Weitere Informationen unter den Rubriken der einzelnen Provinzen oder vom Kanadischen Fremdenverkehrsamt.
BAHN: *VIA Rail Canada* betreibt ein weitläufiges Bahnnetz in ganz Kanada. Vertretung in Deutschland: *CRD International GmbH*, Rathausplatz 2, D-22926 Ahrensburg. Tel: (04102) 5 11 67. Telefax: (04102) 3 17 13. Der transkontinentale Zug auf der Strecke Toronto – Vancouver fährt dreimal wöchentlich über Winnipeg, Saskatoon, Edmonton und Jasper. Es bestehen Anschlüsse aus den atlantischen Provinzen und aus Québec City und Montréal. Die regionalen Eisenbahngesellschaften heißen *Ontario Northland, Algoma Central, British Columbia Railway, Great Canadian Railtour Company, Québec North Shore & Labrador, Toronto Hamilton, Buffalo Railway, White Pass* und *Yukon Route*. InterCity-Züge verbinden Québec, Montréal, Halifax, Toronto, Windsor und Ottawa. Langstreckenzüge sind sehr bequem mit Speisewagen, Klimaanlagen usw. Kinder unter 2 Jahren reisen gratis, und Kinder zwischen 2 und 11 Jahren zahlen den halben Preis. Reisende über 60 Jahre und Studenten (mit Studentenausweis) erhalten 10% Ermäßigung. Der *Canrailpass* muß unter Vorlage des Reisepasses außerhalb Kanadas gekauft werden. Dieser Paß bietet 12 Fahrten innerhalb von 30 Tagen mit der *VIA Rail Canada*. Es gibt außerdem einen *Youth Canrailpass* für Reisende unter 24 Jahren sowie einen *Senior Canrailpass* für Reisende ab dem 60. Lebensjahr. Beide Pässe sind billiger in der Nebensaison. Der *Rocky Mountaineer* fährt tagsüber zwischen Calgary, Banff, Jasper und Vancouver und bietet eine herrliche Aussicht auf die Landschaft der Rocky Mountains. Die Hinfahrt dauert 2 Tage (886 km). Ermäßigungen gibt es für Personen über 60 Jahre.
PKW/BUS: Das Straßennetz Kanadas ist riesig, da das Land von West nach Ost 7600 km und von Nord nach Süd 4800 km mißt. Die längste Autobahn ist der 8000 km lange Trans-Canada-Highway, der von West (Vancouver/British Columbia) nach Ost (St. John's/Newfoundland) verläuft. Die *Canadian Automobile Association* ist mit den meisten europäischen Automobilklubs verbunden und bietet Mitgliedern alle üblichen Einrichtungen. **Fernbusse:** Am preiswertesten und bequemsten – abgesehen vom eigenen Fahrzeug – fährt man mit dem Bus. Jede Region verfügt über ein ausgedehntes Busnetz; die größte Busgesellschaft ist die *Greyhound Bus Company*, deren Streckennetz 193.000 km Nordamerikas umfaßt. Greyhound's *Canada Travel Pass* und *Greyhound Canada Travel PLUS* gelten für unbegrenzte Busfahrten in einem bestimmten Zeitraum in ganz Kanada oder bestimmten Gebieten; sie müssen außerhalb Nordamerikas gekauft werden. Information von: *ISTF Interkontinentalreisen*, Türkenstraße 71, D-80799 München. Tel: (089) 27 27 10. Telefax: (089) 271 73 86, 272 37 00.
Grayline Coaches ist eine weitere Busgesellschaft, die Fahrten zu den größeren kanadischen Urlaubsorten anbietet. Weiterhin gibt es regionale Busfirmen, die wichtigsten dieser Firmen sind:
Ostkanada: Acadian Lines, Terra Nova Transport, SMT Eastern und CN Roadcruiser.
Mittelkanada: Canada Coach Lines, Gray Coach Lines, Voyageur und Voyageur Colonial, Grey Goose Bus Lines Limited, Saskatchewan Transportation und Orleans Express.
Westkanada: Brewster Transport, Greyhound Lines of Canada und Vancouver Island Coach Lines.
Neben den Langstreckenverbindungen bieten alle diese Firmen auch regionale Touren und Besichtigungsfahrten mit Führer für Gruppen an. Kinder unter 5 Jahren fahren kostenlos, Jugendliche zwischen 5 und 11 Jahren zahlen die Hälfte. *Greyhound Lines of Canada* bieten unbegrenzte Reisen für 7, 15 und 30 Tage an. Der *Canada Travel Pass* umfaßt alle Linienrouten des Greyhound sowie die Strecken Toronto – New York und Montréal – New York. Darüber hinaus werden die folgenden Strecken angeboten: *Voyageur Colonial:* Toronto – Montréal, Ottawa – North Bay, Ottawa – Montréal. *Gray Coach:* Toronto – Niagara Falls, Toronto – Buffalo. *Brewsters:* Banff – Jasper (nur im Linienverkehr). *Arctic Frontier Carriers:* Hay River – Yellowknife. *Adirondack Trailways:* New York – Toronto. Der *All Canada Pass* ist für 15 und 30 Tage gültig und umfaßt neben den obengenannten Routen zusätzlich folgende Strecken: *Orleans Express:* Montréal, Québec, Rivière du Loup. *Acadian Lines:* Amherst – Truro, Amherst – Halifax. *SMT Lines:* verschiedene Strecken durch New Brunswick. Beide Pässe müssen außerhalb Kanadas erworben werden. Personen über 65 J. erhalten in einigen Provinzen Ermäßigungen. **Stadtbusse** haben Einheitsfahrpreise, die nicht von der Entfernung abhängig sind. Man muß das genaue Kleingeld bereithalten, da der Fahrer kein Geld wechselt. Fahrscheine werden aufgrund des Einheitspreises nicht ausgestellt. **Mietwagen:** Führerscheininhaber über 21 Jahren können an Flughäfen sowie in den Großstädten Autos mieten. Die größeren Firmen, bei denen man von Europa aus Mietwagen vorbestellen kann, sind: *Avis, Budget, Dollar* und *Hertz*.
Verkehrsvorschriften: Geschwindigkeitsbegrenzung auf Autobahnen (*Highways, Expressways, Thruways, Freeways*) 100 km/h, auf Landstraßen 80 km/h und in Ortschaften 50 km/h. Anschnallpflicht besteht für alle Mitfahrer, und Radardetektoren sind verboten. Spikes-Reifen sind in Ontario verboten, in den Northwest Territories und Yukon jedoch ganzjährig, in den anderen Provinzen im Winter gestattet.
Hinweis: Der offizielle Winterbeginn ist je nach Provinz unterschiedlich, s. u.
Unterlagen: Ein internationaler Führerschein wird empfohlen, ist jedoch nicht in allen Provinzen gesetzlich vorgeschrieben. Besucher dürfen mit dem eigenen Führerschein bis zu drei Monaten in allen Provinzen fahren.
FAHRZEITEN von Ottawa zu den folgenden größeren kanadischen Städten (ungefähre Angaben in Std. und Min.):

	Flugzeug	Bahn	Pkw/Bus
Toronto	1.00	4.00	5.30
Montréal	0.30	2.00	2.00
Edmonton	4.30	50.00	50.00
Québec	1.00	6.00	6.00
Halifax	2.00	24.00	24.00
Winnipeg	2.30	32.00	32.00
Calgary	4.00	-	50.00
Vancouver	5.00	77.00	62.00
Regina	5.00	-	40.00

UNTERKUNFT

Unterkünfte aller Art sind in großer Auswahl vorhanden. Der Standard ist hoch, und alle Einrichtungen werden angeboten.
HOTELS: Die großen Hotelketten sind in den Großstädten vertreten, Vorausbuchung wird dringend empfohlen. Im ganzen Land findet man Gasthäuser, Unterkünfte auf Bauernhöfen, Pensionen und *Lodges* (Ferienhäuser oder -komplexe mit Selbstverpflegung). Jagd- und Angeltrips im Norden organisiert man am besten über *Outfitters*, Führer (oft mit einer Lizenz des örtlichen Fremdenverkehrsamtes), die Ausrüstung, Transport und Unterkünfte organisieren. Nähere Informationen vom Fremdenverkehrsamt oder dem Kanadischen Hotelverband unter folgender Adresse: *Hotel Association of Canada*, Suite 1016, 130 Albert Street, Ottawa, Ontario K1P 5G4. Tel: (613) 237 71 49. Telefax: (613) 238 38 78.
Kategorien: Es gibt kein nationales Klassifizierungssystem. Einige Provinzen betreiben ein freiwilliges System (s. u. unter den Rubriken der einzelnen Provinzen).
CAMPING: Campmobile und Wohnwagen sind ideal, um das riesige Gebiet Kanadas auf eigene Faust zu erforschen. Es gibt zwei unterschiedliche Fahrzeugarten zu mieten: ein *Motorhome* ist ein Fahrzeug, bei dem der Wohn-/Schlafraum mit dem Fahrerraum verbunden ist und das für bis zu 5 Personen Platz bietet. Ein *Camper* ist wie ein kleiner Lastwagen mit einer Wohn-/Schlafkabine, die vom Fahrerraum getrennt ist und 3 Personen Unterkunft bietet. Es gibt zahlreiche Modelle mit unterschiedlichem Komfort, alle verfügen jedoch über Kühlschrank, Gasherd, Waschbecken, WC und Dusche. Alle Fahrzeuge haben Servo-Lenkung und Automatik. Der Benzinverbrauch ist hoch, dafür kostet Benzin nur etwa halb soviel wie in Europa. Die Fahrer müssen über 25 Jahre alt sein. Die Mietpreise richten sich nach der Saison. Hauptsaison ist zwischen Juni und September. Die Campingplätze der Nationalparks sind von Mitte Mai bis Ende September geöffnet. Näheres unter den Rubriken der jeweiligen Provinzen oder von *Environment Canada*, Parks Service, Communications Directorate, Hull, Québec K1A 0H3. Tel: (819) 997 28 00, 997 37 76. Telefax: (819) 953 22 25.

URLAUBSORTE & AUSFLÜGE

Kanada bietet eine riesige Auswahl an Sehenswürdigkeiten, von Großstädten wie Montréal und Toronto im Süden zu abgelegenen Inuit- (Eskimo-) Dörfern an den Ufern der Hudson Bay. Die kontrastreichen Küsten des Atlantik und Pazifik und die vielen Seen und Flüsse des Landesinneren bieten ausgezeichnete Fischgründe und Wassersportmöglichkeiten. In den Rocky Mountains und anderen Gebirgszügen gibt es atemberaubende Landschaften zu erkunden. Einige der schönsten Urlaubsziele befinden sich in den Nationalparks, in denen das Wild und die Wälder in ihrer ursprünglichen Form erhalten werden. In den Parks im Norden gibt es nur die allernotwendigsten Einrichtungen für Exkursionen in die rauhe Schönheit der unberührten Wildnis. In Mittelkanada kann man den Geschmack des Pionierlebens in den reichen Farm- und Getreideanbaugebieten nachempfinden. Im Norden liegen das Yukon Territory und die Northwest Territories. Eine ausführlichere Beschreibung der historischen Stätten und der natürlichen Attraktionen jeder Provinz unter *Urlaubsorte & Ausflüge* weiter unten.
RUNDREISEN: 5tägige: Vancouver – Pemberton – Lilloet – Lytton – Hope. **7tägige:** (a) Calgary – Banff – Columbia Icefield – Jasper – Lake Louise. (b) Vancouver – Victoria – Nanaimo – Whistler – Kamloops – Banff National Park – Banff – Calgary. (c) Toronto – Niagara-Fälle – Kitchener – Midhurst – Algonquin Provincial Park – Ottawa – Kingston – Lake Ontario. (d) Toronto – Niagara-Fälle – Kingston – 1000 Islands – Ottawa – Ste. Adèle – Laurentian Mountains – Québec City– Montréal. (e) Halifax – Moncton – Charlottetown – Sydney.

SOZIALPROFIL

ESSEN & TRINKEN: Die Küche Kanadas ist ebenso abwechslungsreich wie die Landschaft. Die Küstenregionen bieten eine Vielzahl von Fisch und Meeresfrüchten; Mittelkanada liefert landwirtschaftliche Produkte und ausgezeichnetes Rindfleisch. Der Kolonialeinfluß ist noch immer spürbar, und die meisten Restaurants in den Großstädten bieten europäische Gerichte an. Der französische Einfluß in Québec ist nicht zu übersehen, es gibt zahlreiche Restaurants mit französischer Küche.
Getränke: Spirituosen können nur in besonderen Spirituosengeschäften oder in Restaurants gekauft werden, die die Bezeichnung *Licensed Premises* tragen. Viele Restaurants gestatten ihren Gästen, eigenen Wein oder Bier mitzubringen. In den meisten Hotels, Restaurants und Bars gibt es eine gute Getränkeauswahl. Europäische und amerikanische Weine und Spirituosen werden angeboten, Kanadier ziehen jedoch meist ihren *Rye Whisky* (Roggenwhisky) vor. In den Bars wird am Tisch oder am Tresen bedient, man bezahlt im allgemeinen jedes Getränk einzeln. Die Ausschankzeiten sind von Provinz zu Provinz verschieden, ebenso das Mindestalter für den Alkoholkauf (18 oder 19 J.). Weitere Einzelheiten finden Sie unter der Rubrik *Getränke* der einzelnen Provinzen.
NACHTLEBEN: Die Provinzhauptstädte der dichter besiedelten Gegenden bieten Nachtklubs und Tanz in den Hotels an. Ottawa, Toronto, Winnipeg und Vancouver sind die Zentren für Oper, klassische Musik und Ballett mit Gastaufführungen internationaler Orchester und Künstler. In den abgelegenen Städten findet man wenig Abendunterhaltung.
EINKAUFSTIPS: Schöne Souvenirs sind Holzschnitzereien, Keramik, Baumwollarbeiten und andere einheimische Kunstgewerbeartikel. In den meisten Provinzen (mit Ausnahme von Yukon, Alberta und den Northwest Territories) wird in Geschäften, Restaurants und Hotels eine Verkaufssteuer zwischen 4% und 11% erhoben. Die Steuer kann bei der Ausreise zurückerstattet werden, als Besucher sollte man sich vor Ort erkundigen. 1991 wurde eine zusätzliche allgemeine Steuer in Höhe von 7% eingeführt. **Öffnungszeiten der Geschäfte:** Mo-Fr 09.00-18.00 Uhr; manche Geschäfte öffnen Do-Fr bis 21.00 Uhr. Die meisten Geschäfte haben samstags geöffnet und einige kleinere Läden auch sonntags. Manche Geschäfte öffnen auch 24 Stunden.
SPORT: Golf- und **Tennisplätze** sind im ganzen Land ausgezeichnet. Einige Reiseveranstalter bieten Golfurlaube an. **Kanadischer Fußball** (ähnlich wie amerikanischer *Football*) wird überall gespielt. Europäischer Fußball *(Soccer)* wird jedoch immer beliebter. In Toronto und Montréal sind professionelle **Baseballspiele** besonders beliebt. **Fischen** kann man in zahlreichen Wildnisregionen Kanadas mit vorher vor Ort eingeholter Lizenz. Weitere Informationen erhalten Sie von den Kanadischen Konsulaten (Adressen s. o.). **Wintersport: Eishockey** wird auf hohem internationalem Niveau gespielt, in den Städten kann man oft Spitzenspielen zuschauen. **Ski:** Es gibt zahlreiche Wintersportzentren, erkundigen Sie sich beim Kanadischen Fremdenverkehrsamt. **Wassersport: Segeln** ist im ganzen Land möglich, Näheres unter den Rubriken der einzelnen Provinzen.
VERANSTALTUNGSKALENDER
Die regionalen Veranstaltungen sind in dieser Rubrik unter den einzelnen Provinzen aufgezählt.
SITTEN & GEBRÄUCHE: Zur Begrüßung gibt man sich die Hand. Vor allem in den französischen Gebieten küssen sich Freunde auf die Wangen. Bei Privatbesuchen gelten die üblichen Höflichkeitsformen, ein kleines Geschenk erhält auch hier die Freundschaft. Kleidung darf zwanglos und klimabedingt sein, nur bestimmte Klubs und Restaurants erwarten Abendgarderobe. In den meisten öffentlichen Gebäuden besteht Rauchverbot. Falls das Rauchen in Restaurants, Theatern und Kinos gestattet ist, gibt es große Nichtraucherzonen. **Trinkgeld:** Normalerweise 15%, mehr bei außergewöhnlich guter Bedienung. Gepäckträger erwarten i. allg. 1 Can$ pro Gepäckstück.

WIRTSCHAFTSPROFIL

WIRTSCHAFT: Kanada ist eine der größten Handelsnationen der Welt (die siebtgrößte Im- und Exportnation) und somit ein Mitglied in der sogenannten G7-Gruppe der größten Industrienationen. Das Land besitzt riesige Bodenschätze, und der Lebensstandard ist hoch. Landwirtschaft und Fischerei sind von besonderer Bedeutung. Kanada ist der größte Fischexporteur der Welt und exportiert über 50% seiner landwirtschaftlichen Produkte, hauptsächlich Getreide und Ölsaaten. Holz ist ebenfalls ein wichtiger Exportartikel, da 40% des Landes bewaldet sind. An Bodenschätzen werden Erdöl, Erdgas, Kupfer, Nickel, Zink, Eisenerz, Asbest, Zement, Kohle und Pottasche exportiert. Der Energiebedarf des Landes wird durch Wasserkraftwerke, Atomenergie und Ölgeneratoren gedeckt. Größter Wirtschaftszweig des Landes ist die Fertigungsindustrie, vor allem die Bereiche Automobilindustrie, chemische Industrie, Nahrungsmittelverarbeitung und Druckindustrie. Der früher hohe Außenhandelsüberschuß zeigt seit 1992 aufgrund der niedrigen Weltmarktpreise für mineralische Rohstoffe rückläufige Tendenzen. Größter Außenhandelspartner sind die USA mit über 70% des Im- und Exports. 1989 wurde ein freies Handelsabkommen zur Förderung des bilateralen Handels zwischen Kanada und den USA vereinbart. Dieses Abkommen bildete die Grundlage für das Nordamerikanische Freie Handelsabkommen (NAFTA), das im August 1992 von den Präsidenten von Kanada, den USA und Mexiko unterzeichnet wurde. Weitere wichtige Handelspartner sind Japan, Großbritannien und Deutschland. Die wirtschaftliche Entwicklung verläuft trotz gleichbleibender Arbeitslosigkeit bei geringer Inflationsrate insgesamt weiterhin günstig. Das Bruttosozialprodukt wächst jährlich um etwa 2,5%. Problematisch ist allerdings die hohe Staatsverschuldung.
GESCHÄFTSVERKEHR: International übliche Geschäftsmethoden einschließlich Terminvereinbarung und Visitenkarten. **Geschäftszeiten:** Mo-Fr 09.00-17.00 Uhr.
Kontaktadressen: *Kanadische Handelsabteilung*, c/o Kanadische Botschaft, Friedrich-Wilhelm-Straße 18, D-53113 Bonn. Tel: (0228) 9 68-0. Telefax: (0228) 968 39 00.
Handelsabteilungen der Konsulate (Aufteilung nach Produktbereich) in Berlin (Tel: (030) 261 11 61), Düsseldorf (Tel: (0211) 17 21 70) und München (Tel: (089) 22 26 61).
Canadian-German Chamber of Industry and Commerce Inc. (Deutsch-Kanadische Industrie- und Handelskammer), 480 University Avenue, Suite 1410, Toronto, Ontario M5G 1V2. Tel: (416) 598 33 55. Telefax: (416) 598 18 40.
Zweigstellen in Montréal und Vancouver (Adressen s. u.).
Kanadische Außenhandelsstelle, c/o Kanadische Botschaft, Laurenzer Berg 2, A-1010 Wien. Tel: (0222) 5 31 38-0.
The Austrian Trade Commissioner (Österreichische Außenhandelsstelle), 2 Bloor Street East, Suite 3330, Toronto, Ontario M4W 1A8. Tel: (416) 967 33 48, 967 33 80. Telefax: (416) 967 41 01.
Zweigstellen in Montréal und Vancouver (Adressen s. u.).
Kanadische Handelsmission, c/o Kanadische Botschaft, Kirchenfeldstraße 88, CH-3005 Bern. Tel: (031) 352 63 81. Telefax: (031) 352 73 15.
Swiss-Canadian Chamber of Commerce Inc. (Schweizerisch-Kanadische Handelskammer), 21 Iron Street, Etobicoke, Ontario M9W 5E3. Tel: (416) 743 12 01. Telefax: (416) 743 18 08.
Zweigstellen in Montréal und Vancouver (Adressen s. u.).
The Canadian Chamber of Commerce, Suite 1160, 55 Metcalfe Street, Ottawa, Ontario K1P 6N4. Tel: (613) 238 40 00. Telefax: (613) 238 76 43.
Canadian Chamber of Commerce, 1080 Beaver Hall Hill, Montréal, Québec H2A 1T2. Tel: (514) 866 43 34.
Zusätzlich hat jede Provinz ihre eigene Industrie- und Handelskammer (s. u.).
KONFERENZEN/TAGUNGEN: Alle größeren Geschäftszentren – Toronto, Calgary, Edmonton, Montréal, Ottawa und Vancouver – bieten umfassende Konferenz- und Tagungseinrichtungen. Allgemeine Informationen über Konferenzen in Kanada sind vom Kanadischen Fremdenverkehrsamt erhältlich oder von *The Conference Board of Canada*, 255 Smyth Road, Ottawa, Ontario K1H 8M7. Tel: (0613) 526 32 80. Telefax: (613) 526 48 57. Weitere Adressen in dieser Rubrik unter den einzelnen Provinzen (s. u.).

KLIMA

Klimatabellen s. u. unter den Rubriken der einzelnen Provinzen.
Kleidung: *März:* Mittlere Temperaturen. Winter- und Übergangskleidung.
April: Mildere Tage, kalte Abende. Übergangskleidung und Mantel.
Mai: Wärmere Tage, kühle Nächte. Übergangs- und Sommerkleidung.
Juni: Warm. Sommer- und Übergangskleidung.
Juli/Aug.: Die wärmsten Sommermonate. Leichte Sommerkleidung.
Sept.: Warme Tage, kühle Abende. Sommer- und Übergangskleidung.
Okt.: Kühl; erster Frost.
Nov.: Kühl und frostig. Übergangs- und Winterkleidung. Erste Schneefälle; Autofahrer sollten an Winterreifen und Schneeketten denken.
Dez./Jan./Febr.: Winter mit viel Schneefall. Winterkleidung.

Alberta

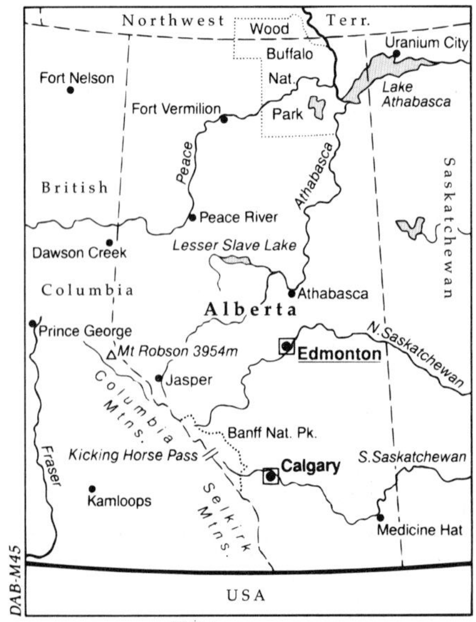

□ Internationaler Flughafen
Provinzhauptstadt unterstrichen

Lage: Westkanada.

Alberta Tourism Partnership
Cyclops Cottage
Petworth Road
Chiddingford
GB-Surrey GU8 4TY

Tel: (01428) 685 374. Telefax: (01428) 685 378.
Alberta Tourism Partnership
Harley Court, 7th Floor
10045-111 Street
Edmonton
Alberta T5K 2M5
Tel: (403) 422 85 41. Telefax: (403) 422 91 01.
Travel Alberta
City Centre Building, 4th Floor
10155-102 Street
Edmonton
Alberta T5J 4L5
Tel: (403) 427 19 05. Telefax: (403) 427 17 00.
Deutsches Honorarkonsulat
Suite 970
700-4th Avenue, SW
Calgary
Alberta T2P 3J4
Tel: (403) 269 59 00. Telefax: (403) 269 59 01.
Österreichisches Konsulat (ohne Paß- und Sichtvermerksbefugnis)
1131 Kensington Road, NW
Calgary
Alberta T2N 3P4
Tel: (403) 283 65 26. Telefax: (403) 283 49 09.
Generalkonsulat der Schweizerischen Eidgenossenschaft
World Trade Centre
790-999 Canada Place
Vancouver
British Columbia V6C 3E1
Tel: (604) 684 22 31. Telefax: (604) 684 28 06.
(auch für Alberta zuständig)

FLÄCHE: 638.233 qkm.
BEVÖLKERUNGSZAHL: 2.545.553 (1991).
BEVÖLKERUNGSDICHTE: 4 pro qkm.
HAUPTSTADT: Edmonton. **Einwohner:** 839.924 (1991).
GEOGRAPHIE: Alberta liegt im Südwesten Kanadas und grenzt im Westen an British Columbia und die Rocky Mountains, im Süden an Montana (USA), Ödländer und Wüsten, im Osten an Saskatchewan und im Norden an die Northwest Territories mit ihren Wäldern, Seen und Flüssen. Im Westen steigen die Rocky Mountains auf 3650 m an, und man findet ganzjährig Schneefelder, die 340 qkm groß sind und deren Schmelzwasser in folgende Flüsse fließt: den Mackenzie River, der zur Arktik fließt; den Saskatchewan River, der in die Hudson Bay mündet, und den Columbia River, der durch Idaho fließt und in den Pazifik mündet.
SPRACHE: In Alberta wird überwiegend Englisch gesprochen.
ORTSZEIT: MEZ - 8 (MEZ - 7 während der Sommerzeit).
Anmerkung: Die offizielle Sommerzeit beginnt am ersten Sonntag im April und endet am letzten Sonntag im Oktober.

GESETZLICHE FEIERTAGE

Wie im übrigen Kanada (s. Einführung), außerdem:
7. Aug. '96 Heritage Day. **19. Febr. '97** Familientag.

REISEVERKEHR

FLUGZEUG: Die Provinz wird von *Air Canada* und *Canadian Airlines International* angeflogen. Flugpreise und Flugpläne sind bei diesen Fluggesellschaften erhältlich.
Internationale Flughäfen: Der Flughafen von *Edmonton (YEG)* liegt 30 km außerhalb der Stadt (Fahrzeit 30 Min.).
Der Flughafen von *Calgary (YYC)* liegt 8 km außerhalb der Stadt (Fahrzeit 20-30 Min.).
Beide Flughäfen sind auch an das interne Flugnetz angeschlossen und bieten Duty-free-Shops, Banken, Restaurants und Parkplätze.
BAHN: *VIA Rail Canada* bietet Zugverbindungen zu zahlreichen Städten an; InterCity-Züge verkehren zwischen Edmonton und anderen Städten. Dreimal in der Woche fährt ein Zug von Edmonton nach Prince Rupert, eine weitere Verbindung besteht nach Vancouver. Der Transkontinentalzug *Canadian* fährt dreimal wöchentlich quer durch Alberta. Der *Rocky Mountaineer* verkehrt zwischen Calgary/Banff oder Jasper und Vancouver sowie zwischen Vancouver und Calgary/Banff oder Jasper während der Sommermonate.
PKW/BUS: Die **Fernbusse** der *Greyhound Lines* fahren auch nach Alberta und verbinden dadurch Edmonton mit allen anderen größeren Städten. Die Hauptbusbahnhöfe der *Greyhounds* befinden sich in Edmonton, Banff und Calgary. Albertas Busunternehmen sind *Brewster Transport* (Banff) und *Gray Lines of Canada* (Calgary). Zwischen den Hauptbahnhöfen von Calgary und Edmonton verkehren viermal am Tag die *Red-Arrow*-Busse (für *VIA Rail*). **Mietwagen** findet man in allen größeren Städten und an den Flughäfen von Edmonton und Calgary.
STADTVERKEHR: Linienbusse und Bahnen in Calgary haben Einheitsfahrpreise. Abgezähltes Kleingeld ist erforderlich, wenn man die Fahrkarte beim Fahrer kauft. Sammel- und Einzelfahrscheine können auch im voraus gekauft werden. In Edmonton gibt es ein ähnliches System mit Bussen, Bahnen und Oberleitungsbussen. In den anderen Städten verkehren Linienbusse.
FAHRZEITEN von Edmonton zu folgenden anderen Städten in Alberta (ungefähre Angaben in Std. und Min.):

	Flugzeug	Bahn	Pkw/Bus
Calgary	1.00	-	3.00
Banff	-	-	4.30
Jasper	-	4.30	4.00

UNTERKUNFT

HOTELS: Von Hotels der Spitzenklasse über Motels und Ferienhäuser bis hin zu Herbergen ist alles vertreten. Im Banff-Nationalpark gibt es zwei Spitzenhotels mit 2000 Zimmern.
PENSIONEN: Verschiedene Reisebüros bieten Pensionen und Ranchurlaube in ganz Alberta an. Der Verband der *Bed & Breakfast Hotels* (Pensionen) ist unter folgender Adresse erreichbar: *Gem B & B Agency*, 11216 48th Avenue, Edmonton, Alberta T6H 0C7. Tel/Telefax: (403) 434 60 98.
LODGES: In *Lodges* wird oft Selbstverpflegung in Verbindung mit Wanderurlauben und Angelausflügen angeboten. Eine umfassende Broschüre mit Unterkunftsmöglichkeiten in Alberta gibt *Alberta Tourism Partnership* heraus (Adressen s. o.). **Kategorien:** Ein Klassifizierungssystem für Hotels wird derzeit eingeführt. Die meisten Unterkünfte stehen bereits unter staatlicher Kontrolle – achten Sie auf das Zeichen *Approved Accommodation*, das guten Komfort verspricht. Weitere Informationen sind erhältlich von *Alberta Tourism Partnership* und der *Alberta Hotel Association*, Suite 401, Centre 104, 5241 Calgary Trail South, Edmonton, Alberta T6H 5G8. Tel: (403) 436 61 12. Telefax: (403) 436 54 04.
CAMPING: Im Norden Albertas gibt es Hunderte von Seen und Wälder mit zahlreichen Hirschen, Elchen, Bären und den seltenen Trompeterschwänen. Man findet viele Campingplätze, die Einrichtungen sind im Norden jedoch etwas einfacher. Auch hier kann man von mehreren Firmen **Campmobile** und andere vollständig ausgerüstete Fahrzeuge mieten. Weitere Informationen in der Rubrik *Camping* in der Einführung zu diesem Kapitel (s. o.).

URLAUBSORTE & AUSFLÜGE

EDMONTON, die Provinzhauptstadt, verdankt ihr Entstehen dem Klondike-Goldfieber von 1898 und dem Ölboom der sechziger Jahre. Die Stadt ist großzügig angelegt, weitläufige Parkanlagen gibt es in erster Linie am *North Saskatchewan River*. Edmontons Vergangenheit spiegelt sich im *Fort Edmonton Park* wider, wo man Nachbauten aus den Pionierzeiten findet. Höhepunkt sind die jährlich im Juli stattfindenden »Klondiketage«, an denen die Goldgräberzeit nachgespielt wird. *West Edmonton Mall* hat einen Ruf als größtes Einkaufszentrum der Welt mit Theatern, Restaurants, Nachtklubs, Freizeitanlagen (einschl. Minigolf, Schwimmbad und Eislaufbahn), Aquarien, Museen und Aviarien. Außerdem gibt es hier den größten überdachten Vergnügungspark der Welt *(Fantasyland)* und Kanadas größtes Planetarium *(Space Sciences Centre)*. Es gibt mehrere Theater und Kunstgalerien. An klaren Tagen kann man von der *Vista 33* des *Alberta Telephone Tower* (Funkturm) ca. 6500 qkm überblicken. Das *Ukrainian Cultural Heritage Village* und der *Elk Island National Park* liegen etwas außerhalb der Stadt.
CALGARY ist die zweitgrößte Stadt der Provinz und liegt an der Westseite der großen Ebenen in den Ausläufern der Rocky Mountains. Hier fanden 1988 die Olympischen Winterspiele statt. In der City der schnell wachsenden Stadt befindet sich die Fußgängerzone mit Geschäften und Restaurants, in der Nähe liegen das *Glenbow Museum* sowie verschiedene Theater und Kunstgalerien. Der *Calgary Zoo and Prehistoric Park* ist einer der besten Zoos Nordamerikas. Vom *Calgary Tower* hat man eine gute Aussicht auf die Rocky Mountains.
AUSSERHALB DER GROSSEN STÄDTE: Der **Banff-Nationalpark,** Kanadas erster Nationalpark, liegt 130 km westlich von Calgary im Herzen der Rocky Mountains. Besonders bemerkenswert ist der *Lake Louise*, ein von der faszinierenden Bergwelt eingerahmter glitzernder See. Nördlich des Banff-Nationalparks liegt der **Jasper-Nationalpark;** diese beiden Parks bilden ein großes Freizeitgebiet mit Möglichkeiten zum Bergwandern, Kanu- und Bootsfahren, Flößen und Fischen sowie Skifahren im Winter. Die Kleinstadt **Jasper** dient den meisten Besuchern als Verpflegungsposten auf dem Weg in die atemberaubenden Berge. Herrlich gelegen, inmitten eines Talkessels, ist diese Stadt auch ein idealer Ausgangspunkt für Ausflüge zum *Pyramid Lake*, den heißen Quellen von Miette und *Maligne Canyon* und *Maligne Lake*. Im Ranger Büro gegenüber vom Bahnhof erhält man Karten und andere Informationen. Besucher benötigen ebenfalls eine Fahrerlaubnis für die Parks (1 Tag: 5 Can$, 4 Tage: 10 Can$). Die Autobahn *Icefields Parkway* (Highway 93) führt durch beide Parks und bietet den besten Zugang zu den Naturpfaden der Region mit ihren herrlichen Seen, Wäldern und den Gletschern des *Columbia Icefields*, zu dem der McKinley Gletscher und der Columbia Gletscher gehören. Eine Bustour auf den Gletscher wird angeboten; es gibt auch einen Wanderweg zum unteren Teil des Gletschers, der teilweise allerdings recht schwierig ist. An der südwestlichen Grenze Albertas zu den USA befindet sich der **Waterton-Lakes-Nationalpark,** der zusammen mit dem Glacier-Nationalpark in Montana den ersten internationalen Friedenspark der Welt bildet. Bei einer Bootsrundfahrt kann man den herrlichen Ausblick auf die Seenlandschaft genießen. Die kleine Stadt **Drumheller** liegt in einem 120 m tiefen Gletschertal, in dem Wind- und Wassererosionen innerhalb von Tausenden von Jahren die umliegenden *Badlands* (»Ödländer«) geschaffen und Jahrmillionen der zoologischen und geologischen Erdgeschichte freigelegt haben. Fossilien, versteinertes Holz und seltsame Landformationen sind in dieser Umgebung an der Tagesordnung. Unweit der Stadt beginnt der 47 km lange »Saurierpfad«, der *Dinosaur Trail,* mit Fossilien der prähistorischen Riesen. Im *Königlichen Tyrrell-Museum der Paläontologie*, südwestlich von Drumheller, stehen nachgebildete Dinosaurier in natürlicher Umgebung, auch Fossilien sind ausgestellt. Südlich von Calgary, 50 km südlich von Lethbridge, befindet sich der **Buffalo Jump** mit einem interessanten Dokumentationszentrum – eine guterhaltene und über Jahrtausende benutzte Büffeljagdstelle der Indianer, die von der UNESCO zum Weltkulturerbe erklärt wurde. Von den Klippen hat man einen unvergeßlichen Ausblick über die Prärien.
Weitere Nationalparks im Norden von Alberta: *Elk Island National Park* (Bisons, Hirsche, Elche) und *Wood Buffalo National Park*, Kanadas größter Nationalpark.

SOZIALPROFIL

ESSEN & TRINKEN: Die Prärie Albertas ist ideal zur Rinderzucht geeignet, und das Fleisch der Provinz ist weltberühmt. Rindfleisch wird auf verschiedene Arten zubereitet und mit Zwiebeln, Pilzen, grünen Paprika, Reis, Soßen und Bohnen serviert. Beliebte Rindfleischgerichte sind *Stew* (Eintopf mit gewürfeltem Rindfleisch, Gemüse und Brotstücken in einer reichhaltigen Soße) und *Beef Mincemeat* (kandierte Früchten und Gewürze), das in Pasteten gefüllt wird und als traditionelles Weihnachtsgericht mit Eiskrem, Sahne oder Rumsoße serviert wird. Nachtisch-Zutaten sind wilde Beeren und Nüsse. Klee- oder Luzernenhonig steht oft auf dem Frühstückstisch und wird auch zum Süßen benutzt. In den Städten gibt es auch internationale Küche. **Getränke:** Spirituosen werden in *Liquor Stores* verkauft, Bier gibt es in den meisten Hotels. An Sonntagen, größeren Feiertagen und Wahltagen haben die Spirituosengeschäfte geschlossen. Es gibt keine vorgeschriebenen Ladenschlußzeiten, manche Geschäfte schließen um 23.30, andere um 18.00 Uhr. Das Mindestalter für den Alkoholkauf ist 18 Jahre.
NACHTLEBEN: Edmonton ist für sein Nachtleben berühmt. Nachtklubs, Kabaretts, Gaststätten und der berühmte *Beer Parlour* (Bierpalast) sorgen für ein abwechslungsreiches Unterhaltungsprogramm. In Calgary und Edmonton gibt es große Orchester.
EINKAUFSTIPS: Alberta ist eine der drei Provinzen Kanadas (neben den Northwest Territories und Yukon), in denen man keine gesonderte Verkaufssteuer bezahlen muß (außer der staatlichen von 7%). Beliebte Souvenirs sind Decken aus der Hudson Bay. Die Inuit (Eskimos) stellen ausgezeichnete Kleidung und Werkzeuge her. Zum Kunstgewerbe gehören Töpferwaren, Keramik, Skulpturen und Gemälde. Einkaufszeiten s. *Einleitung*.
SPORT: Publikumssport: Kanadischer Fußball, Europäischer Fußball *(Soccer)* und **Hockey,** vor allem in Edmonton. Im Sommer finden zwei der größten **Rodeos** Kanadas statt. Auf den Flüssen der Rocky Mountains kann man **Wildwasserkanu** fahren. **Skifahren** und **Eishockey** sind im Winter sehr beliebt.
VERANSTALTUNGSKALENDER
18./19. Mai '96 *Edmonton Internationale Flugschau.* **20. Mai - 2. Juni** *Dreamspeakers Festival*, Edmonton. **Juni - Aug.** *Banff Kunstfestival.* **14. - 16. Juni** *Jährliches Alberta Cowboy Poetry Association Treffen*, Pincher Creek. **26. Juni - 1. Juli** *Ponoka Stampede.* **28. Juni - 7. Juli** *Jazz City International Jazz Festival*, Edmonton. **28. Juni - 10. Juli** *The Works: Festival der visuellen Kunst*, Edmonton. **2. - 7. Juni** *Nordamerikanisches Fichtenfestival*, Calgary. **5. - 14. Juni** *Calgary Exhibition und Stampede.* **12. - 21. Juli** *Internationales Festival der Straßenkünstler*, Edmonton. **17. - 21. Juli** *Westerner Days*, Red Deer. **18. - 27. Juli** *Klondike Days*, Edmonton. **22. - 28. Juli** *Calgary Folk Music Festival.* **26./27. Juli** *Jasper Heritage Folk Festival.* **31. Juli - 3. Aug.** *Medicine Hat Exhibition und Stampede.* **3./4. Aug.** *Internationale Flugschau*, Red Deer. **3. - 5. Aug.** *Edmonton Heritage Festival.* **7. - 11. Aug.** *Big Valley Country Music Jamboree*, Camrose. **8. - 11. Aug.** *Edmonton Folk Music Festival.* **16./17. Aug.** *Golden Walleye Classic*, High Prairie. **16. - 25. Aug.** *Alternatives Theaterfestival*, Edmonton. **5. - 9. Sept.** *The Masters* (Pferdeschau), Calgary. **1. - 3. Nov.** *Banff Bergfilmfestival.* **6. - 10. Nov.** *Kanadisches Finale im Rodeo*, Edmonton. **31. Dez.** *First Night Festival*, Calgary und Edmonton. **11. - 26. Jan. '97** *Jasper im Januar.* **24. Jan. - 2. Febr.** *Lake Louise Winterfestival*, Banff. **14. - 23. Febr.** *Calgary Winterfestival.*

Kanada

WIRTSCHAFTSPROFIL

Kontaktadresse: *Alberta Chamber of Commerce*, Suite 2105, TD Tower, Edmonton Centre, Edmonton, Alberta T5J 2Z1. Tel: (403) 425 41 80. Telefax: (403) 429 10 61.
KONFERENZEN/TAGUNGEN: In Banff, Calgary, Jasper und Edmonton gibt es Konferenz- und Tagungszentren. Folgende Organisationen erteilen weitere Auskünfte:
Calgary Conventions & Visitors Bureau, 237 8th Avenue SE, Calgary, Alberta T2G 0K8. Tel: (403) 263 85 10. Telefax: (403) 262 38 09.
Banff/Lake Louise Tourism Bureau, PO Box 1298, Banff, Alberta T0L 0C0. Tel: (403) 762 02 70. Telefax: (403) 762 85 45.
Edmonton Tourism Authority, 9797 Jasper Avenue, Suite 104, Edmonton, Alberta T5J 1N9. Tel: (403) 426 47 15. Telefax: (403) 425 52 83.
Jasper Tourism and Commerce, PO Box 98, 632 Connaught Drive, Jasper, Alberta T0E 1E0. Tel: (403) 852 38 58. Telefax: (403) 852 49 32.

KLIMA

Warm im Sommer von Mai bis September, kalt im Winter. Viel Schneefall in den Rocky Mountains.
Kleidung: Leichte und Übergangskleidung während des Sommers, warme Kleidung im Winter, Bergschuhe und -ausrüstung in den Rocky Mountains. Regenschutz das ganze Jahr über.

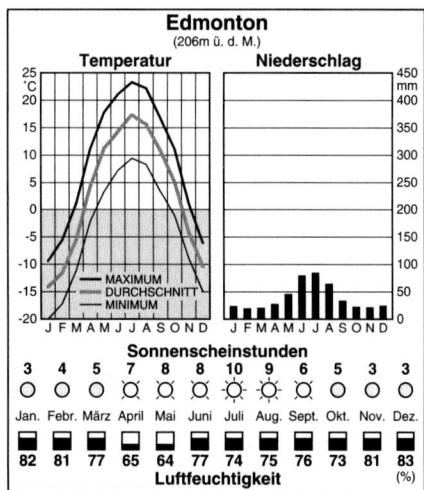

British Columbia

Lage: Westkanada.

British Columbia Trade Development Corporation
British Columbia House
1 Regent Street
GB-London SW1Y 4NS
Tel: (0171) 930 68 57. Telefax: (0171) 930 20 12.
Supernatural British Columbia
First Floor
1117 Wharf Street
Victoria
British Columbia V8W 2Z2
Tel: (604) 663 60 00. Telefax: (604) 356 82 46.
Deutsches Generalkonsulat
Suite 704
World Trade Centre
999 Canada Place
Vancouver
British Columbia V6C 3E1
Tel: (604) 684 83 77. Telefax: (604) 684 83 34.
Deutsches Honorarkonsulat
9832-98 A Avenue
Fort St. John
British Columbia V1J 1S2
Tel: (604) 785 43 00. Telefax: (604) 785 50 28.
Österreichisches Konsulat
202-1810 Alberni Street
Vancouver
British Columbia V6G 1B3
Tel: (604) 687 33 38.
Generalkonsulat der Schweizerischen Eidgenossenschaft
World Trade Centre
790-999 Canada Place
Vancouver
British Columbia V6C 3E1
Tel: (604) 684 22 31. Telefax: (604) 684 28 06.

FLÄCHE: 892.677 qkm.
BEVÖLKERUNGSZAHL: 3.282.061 (1991).
BEVÖLKERUNGSDICHTE: 3,7 pro qkm.
HAUPTSTADT: Victoria. **Einwohner:** 287.897 (1991).
GEOGRAPHIE: British Columbia liegt im äußersten Südwesten Kanadas und grenzt im Süden an die US-Bundesstaaten Washington, Idaho und Montana, im Osten an Alberta, im Norden an die Northwest Territories und Yukon und im Westen an den Pazifischen Ozean und den schmalen Küstenausläufer Alaskas. Landschaftlich herrschen in British Columbia unberührte Waldgebiete und die Rocky Mountains vor, außerdem gibt es weite Flächen trockenen Salbeigebüschs, saftiges Weideland an der Ostküste der Vancouver-Insel, Ackerland im Delta des Fraser River und Obstplantagen im Okanagan Valley. Höchster Berg der Provinz ist der Mount Fairweather (4663 m). Zwischen den Coast Mountains entlang der Küste, die zum Pazifik hin abfallen, und den Rocky Mountains im Osten liegt noch ein kleineres Mittelgebirge. Ebenfalls bergig sind die Vancouver und Queen Charlotte Inseln.
SPRACHE: In British Columbia wird hauptsächlich Englisch gesprochen.
ORTSZEIT: MEZ – 9 (MEZ – 8 während der Sommerzeit).
Anmerkung: Die offizielle Sommerzeit beginnt am ersten Sonntag im April und endet am letzten Sonntag im Oktober.

GESETZLICHE FEIERTAGE

Wie im übrigen Kanada (s. Einführung), außerdem:
5. Aug. '96 British-Columbia-Tag.

REISEVERKEHR

FLUGZEUG: Viele große und kleine Fluggesellschaften verkehren innerhalb von British Columbia, u. a.: *Air Canada, Air BC, Canadian Airlines International, North Coast Air Services, Wilderness Airline, Canadian Regional* und *British Airways*.
Internationale Flughäfen: Der Flughafen von *Vancouver (YVR)* liegt 15 km südwestlich der Stadt; Flüge aus den USA, Europa und aus Fernost landen hier. Fahrzeit zur Stadt: 30-45 Min. Am Flughafen gibt es ein durchgehend geöffnetes Restaurant, Parkplätze, Garagen, Mietwagenschalter und Duty-free-Shop.
Die anderen größeren Flughäfen sind *Victoria*, *Prince Rupert* und *Quesnel*.
SCHIFF: Vancouver ist ein internationaler Passagierhafen mit regelmäßigen Verbindungen zu den Häfen der Nordküste der USA sowie zum Fernen Osten. Größte Reederei ist die *Washington State Ferries*. Schiffahrtsgesellschaften, die Fähren zwischen Küstenstädten in British Columbia und auf den Wasserwegen im Landesinneren betreiben: u. a. *British Columbia Ferries, Barkley Sound Service, Southern Gulf Islands, Northern Gulf Islands, Gray Line Cruises* und *Alaska Marine Highway System*. Zwei Fähren verkehren zwischen Vancouver Island und dem Festland. Vielleicht die schönste Strecke ist die 15stündige Schiffsreise bei Tag von Port Hardy an der Nordspitze von Vancouver Island nach Prince Rupert. British Columbia Ferry bietet einen ausgezeichneten Auto- und Passagierservice von Tsawwassen (außerhalb Vancouvers) nach Swartz Bay (an der Spitze von Vancouver Island) an. Busse sorgen für eine bequeme Verbindung von Vancouver City direkt in die Stadtmitte von Victoria. *Royal Sealink* bietet nur Fußpassagier-Service und verbindet Victoria mit Vancouver. Die Abfahrtshäfen liegen im Stadtgebiet. Es gibt zwei Fährverbindungen von Victoria nach Seattle (USA). Der *Victoria Clipper*, ein Hochgeschwindigkeits-Katamaran, pendelt fünfmal täglich zwischen den beiden Städten (Fahrzeit: 2 Std. 30).

Die Autofähre fährt einmal am Tag und braucht 5 Std. für die Überfahrt. Weitere Informationen von *BC Ferries* (Tel: (604) 669 12 11).
BAHN: Strecken der *VIA Rail Canada* nach British Columbia sowie innerhalb der Provinz: Edmonton – Prince Rupert über Jasper (Alberta); Vancouver – Edmonton über Jasper und Toronto – Vancouver (dreimal wöchentlich, *Canadian*) über Winnipeg, Saskatoon und Edmonton. Züge der *British Columbia Railways* verkehren täglich zwischen Nord-Vancouver und Lillœt und weiter nach Prince George (zwischen Oktober und Mitte Juni drei Verbindungen pro Woche nach Prince George). Ein Halbtagsservice von Nord-Vancouver aus folgt der Pazifikküste, bevor er ins Inland in Richtung Whistler weiterfährt.
PKW/BUS: Der Trans-Canada-Highway kommt von Calgary (Alberta) und verläuft durch den Süden der Provinz nach Vancouver. Die anderen größeren Autobahnen sind die Highways 3, 5, 6, 16, 95 und 97. Abgesehen von dem Highway 97, der nordwärts zum Yukon Territory führt, befinden sich die meisten Straßen im Süden der Provinz. Es gibt gute Straßenverbindungen nach Seattle/USA. **Fernbusse:** Es gibt eine Reihe regionaler Busgesellschaften.
STADTVERKEHR: Staatliche Linienbusse, Oberleitungsbusse und Fähren in Vancouver und Victoria. Ein Vorortbahnnetz ist im Bau. *Metro Transit* betreibt die *Sea Buses*, die auf Fähren die Förden der stark gegliederten Küste überqueren.
FAHRZEITEN von Vancouver zu anderen Städten in British Columbia (ungefähre Angaben in Std. und Min.):

	Flugzeug	Bahn	Pkw/Bus
Victoria	0.35	-	2.30
Kamloops	0.55	9.00	4.00
Whistler	0.30	2.30	2.00
Prince George	1.20	12.00	8.00

UNTERKUNFT

HOTELS: Das Angebot reicht von Spitzenhotels in Victoria und Vancouver über Motels am Rande der Highways im Süden bis hin zu einfachen Berghütten in den Rocky Mountains. Ferienhäuser und Bungalows sind in erster Linie auf Vancouver Island erhältlich. In der Region Cariboo Chilcotin in der Mitte des Bundesstaates sind »Ranch-Urlaube« sehr beliebt. Informationen sind erhältlich von *Cope's B & B Association*, Box 593, 810 West Broadway, Vancouver, British Columbia V5Z 4E2. Tel: (604) 276 86 16 oder dem *Old English B & B Registry*, 1226 Silverwood Crescent, North Vancouver, British Columbia V7P 1J3. Tel: (604) 986 50 69 sowie von *All Seasons B & B Agency*, PO Box 5511, Station B, Victoria, British Columbia V8R 6S4. Tel: (604) 655 71 73. Telefax: (604) 655 14 22. Im Jahresführer des Fremdenverkehrsamts sind Pensionen und andere Unterkunftsmöglichkeiten verzeichnet. **Kategorien:** Das blaue Schild mit *Approved Accommodation* zeigt an, daß der Standard des Hotels vom Ministerium für Tourismus überprüft wird. Näheres von *Tourism British Columbia* oder dem Hotelverband, *British Columbia and Yukon Hotels Association*, 2nd Floor, 948 Howe Street, Vancouver, British Columbia V6Z 1N9. Tel: (604) 681 71 64. Telefax: (604) 681 76 49.
CAMPING: In den 150 Parks des Staates gibt es fast 10.000 Campingplätze, zumeist ohne Stromanschlüsse für Wohnwagen. Einige der Parks sind zu *Nature Conservation Areas* (Naturschutzgebieten) erklärt worden, in denen motorisierte Fahrzeuge verboten sind. Die landschaftliche Vielfalt der Campingplätze reicht von mit dem Auto befahrbaren Sandstränden zu Seen und Gletschern, die nur mit dem Boot oder Flugzeug erreichbar sind. Max. Aufenthalt pro Platz 14 Tage, Reservierungen werden nicht angenommen. Einige Mietwagenfirmen vermieten vollausgerüstete **Campmobile**. Näheres unter der Rubrik *Camping* in der Einführung (s. o.) oder von *British Columbia Motels*, Campgrounds and Resorts Association, Suite 209, 3003 St John's Street, Port Moody, British Columbia V3H 2C4. Tel: (604) 945 76 76. Telefax: (604) 945 76 06.

URLAUBSORTE & AUSFLÜGE

VANCOUVER ist Kanadas drittgrößte Stadt und liegt im Südwesten der Provinz an der Pazifik-Förde *Burrard Inlet*. Hinter der bedeutenden Hafenstadt erhebt sich die Bergkette der Coast Mountains. Im Geschäftsviertel liegt das zweitgrößte chinesische Viertel Nordamerikas, auch gibt es große Bevölkerungsgruppen deutscher und ukrainischer Abstammung. Die Traditionen der unterschiedlichen Kulturgruppen spiegeln sich in der Vielfalt der Geschäfte und Restaurants wider. Die bekanntesten der zahlreichen Museen und Galerien sind das *Centennial Museum*, das *Planetarium* und das *Maritime Museum*. Zu den schönsten Besucherzielen in Vancouver zählen auch der weitläufige *Stanley Park*, das *Aquarium* und eine Fahrt mit der Drahtseilbahn auf den *Grouse Mountain* (1211 m), die bei klarem Wetter eine einzigartige Aussicht auf die Stadt, die Pazifikküste und die Berge im Westen zuläßt. *Grouse Mountain* ist im Sommer ein Paradies für Naturfreunde und im Winter einer der beliebtesten Skiurlaubsorte der Westküste. Die Vancouver-Island-Fähren fahren durch die reizvolle

Insellandschaft. Spritztouren zu den **Gulf Islands** sind sehr zu empfehlen, man kann auch Boote mieten.
VICTORIA, die Provinzhauptstadt, liegt an der Spitze der stark bewaldeten Vancouver Island. In dieser Stadt muß der englische Einfluß wohl noch stärker ausgeprägt sein als anderswo in Kanada, überall stößt man auf Gebäude viktorianischer und neoklassizistischer Bauart. Im Hafengebiet liegen die eindrucksvollen *Parlamentsgebäude* und das *Provincial Museum,* das einen Überblick über die Geschichte der Provinz vermittelt. Sehenswert sind auch die *Maltwood-Kunstgalerie,* der *Thunderbird Park* und *Craigdarroch Castle.* Es gibt über 60 Freizeitparks. Die *Under Sea Gardens* vermitteln einen Einblick in das Unterwasserleben im Hafen. Die *Butchard Gardens* liegen 20 km nördlich der Stadt und bieten Spaziergänge in reizenden englischen, japanischen und italienischen Gärten, die in einem ehemaligen Kalksteinbruch angelegt worden sind. Von **Nanaimo,** dem größten kommerziellen Hafen der Insel an der Nordküste, kann man zum Hochseefischen aufbrechen und Segelboote mieten.
AUSSERHALB DER GROSSEN STÄDTE: Im Sommer ist **Whistler,** nördlich von Vancouver, ein Paradies für Naturfreunde und im Winter ein beliebter Skiort mit erstklassigen Hotels und Restaurants. 180 Skipisten gibt es auf zwei imposanten Bergen, außerdem werden Golf, Windsurfen, Tennis, Mountain-Bike-Touren, Rafting, Reiten, Wandern, Gondel- und Sessselliftfahrten angeboten, und für Einkaufsmöglichkeiten und kulturelle Unterhaltung ist ebenfalls gesorgt. Der **Pacific-Rim-Nationalpark** liegt an der Westküste von Vancouver Island. An den Sandstränden dieses beliebten Urlaubsgebietes kann man wunderbar schwimmen und wellenreiten, Walbeobachtung ist hier wie an der ganzen Westküste der Insel möglich; Wanderpfade führen durch dichte, bergige Wälder. Im *Macmillan Provincial Park* stehen 600 Jahre alte Douglas-Fichten. In den Rocky Mountains im Osten der Provinz liegen die weitläufigen **Yoho-, Kootnay-** und **Glacier-Nationalparks,** die Bergwandern, Angeln, Rafting sowie ausgezeichnete Wintersportmöglichkeiten bieten. In der Nähe liegen auch die Thermalbäder **Radium** und **Fairmount** sowie der **Steel Heritage Park,** in dem die Pionierzeit gefeiert wird. Nördlich der reichen Fischgründe und des Farmlandes der Region **Cariboo Chilcotin** liegen die großen Seen-, Wald- und Wildnisgebiete, die sich bis in die Northwest Territories und Yukon hinziehen. Einige der Sportorte in dieser Region sind nur mit dem Flugzeug erreichbar. Viele *Outfitters* (s. o.) bieten Jagd- und Angelausflüge mit Führer in dieses Gebiet an. Die **Queen Charlotte Islands** sind mit der Fähre von **Prince Rupert** im Nordwesten der Provinz aus erreichbar, hier kann man gut auf Abenteuer-Wanderungen oder auf die Pirsch gehen. Eine andere Strecke durch die Wildnis ist der **Alaska Highway,** der durch **Prince George, Dawson Creek** und **Fort St. John** führt. Diese ehemalige Pelzhandelstraße bietet guten Zugang zu den Provinzparks **Stone Mountain** und **Muncho Lake,** in denen einfache Unterkünfte für Exkursionen in diese rauhe und beeindruckende Landschaft erhältlich sind. Sportmöglichkeiten auf dieser Strecke sind hervorragend.

SOZIALPROFIL

ESSEN & TRINKEN: Die Küche British Columbias ist stark von englischer Tradition beeinflußt. Der Pazifik bietet eine große Auswahl an Meeresfrüchten, einschließlich *King Prawns* (Tiefseekrabben), Austern, *Shrimps* und anderen Schalentieren sowie Kabeljau, Schellfisch und Lachs (verschiedene Arten), der geräuchert, gebraten, paniert, gebacken oder gegrillt und mit einheimischen Gemüse serviert wird. Die Früchte der Provinz sind Äpfel, Pfirsiche, Birnen, Pflaumen, Erdbeeren, Brombeeren, *Bing Cherries* (eine Kirschensorte) und Loganbeeren. Die berühmten *Victoria-Creams*-Pralinen werden nach einem Rezept von 1885 hergestellt und weltweit vertrieben. Getränke: Im Okanagan Valley wird Sekt gekeltert, und alle üblichen alkoholischen Getränke sind verbreitet und in Restaurants, Gaststätten und Bars mit Alkohol-Lizenz erhältlich. *Taverns* (Gaststätten) haben bis 01.00 Uhr, Bars und Kabaretts bis 02.00 Uhr geöffnet. Das Mindestalter für den Alkoholkauf ist 19 Jahre.
NACHTLEBEN: In den größeren Städten findet man Spitzenrestaurants, Nachtklubs und Bars. Vancouver bietet eine gute Theaterszene. Gute Unterhaltungsprogramme werden auch in den Hotels angeboten.
SPORT: Durch die zahlreichen Wasserschiede der Rocky Mountains gibt es eine große Anzahl an Seen und Flüssen in British Columbia. **Segeln, Kanufahren** und **Wildwasser-Rafting** werden ebenso angeboten wie **Skilaufen,** was viele Besucher aus den USA und Europa anzieht.
VERANSTALTUNGSKALENDER
5. Mai '96 *Internationaler Marathon,* Vancouver. **17. - 20. Mai** *Cloverdale Rodeo und Exhibition.* **27. Mai - 2. Juni** *Internationales Kinderfestival,* Vancouver. **21. - 30. Juni** *Du Maurier International Jazz Festival,* Vancouver. **21. - 23. Juni** *Vancouver Internationales Drachenbootfestival.* **7. - 12. Juli** *Internationale AIDS-Konferenz,* Vancouver. **18. - 21. Juni** *Vancouver Folk Music Festival.* **25.**

Juli - 4. Aug. *Vancouver International Comedy Festival.* **27. Aug. - 2. Sept.** *Pacific National Exhibition,* Vancouver.

WIRTSCHAFTSPROFIL

Kontaktadressen: *Canadian-German Chamber of Industry and Commerce* (Kanadisch-Deutsche Industrie- und Handelskammer), Suite 617, 1030 West Georgia Street, Vancouver, British Columbia V6E 2Y3. Tel: (604) 681 44 69. Telefax: (604) 681 44 89.
The Austrian Trade Commissioner (Österreichische Außenhandelsstelle), Suite 1380, 200 Granville Street, Vancouver, British Columbia V6C 1S4. Tel: (604) 683 58 08, 683 86 95. Telefax: (604) 662 85 28.
Swiss-Canadian Chamber of Commerce (Schweizerisch-Kanadische Handelskammer), PO Box 2604, Vancouver, British Columbia V6B 3W8. Tel: (604) 688 79 47. Telefax: (604) 682 13 29.
Vancouver Chamber of Commerce (Handelskammer), Suite 600, 555 West Georgia Street, PO Box 2604, Vancouver, British Columbia V6B 3W8. Tel: (604) 688 79 47. Telefax: (604) 682 13 29.
KONFERENZEN/TAGUNGEN: Es gibt Konferenz- und Tagungszentren in Penticton, Vancouver, Victoria und Whistler. Über 200 Hotels in British Columbia bieten Konferenzeinrichtungen. Weitere Informationen von *Tourism British Columbia* oder *Tourism Vancouver,* 2nd Floor, Waterfront Centre, 200 Burrard Street, Vancouver, British Columbia V7X 1M8. Tel: (604) 683 20 00. Telefax: (604) 682 68 39.

KLIMA

British Columbia ist eine der wärmsten Provinzen Kanadas mit angenehm warmen Sommern und milden Wintern. Nur in den Rocky Mountains gibt es viel Schneefall.
Kleidung: Leichte Kleidung im Sommer, wärmere Kleidung für kühle Abende. Übergangskleidung während des Winters, Bergschuhe und -ausrüstung im Gebirge. Regenschutz ist das ganze Jahr über zu empfehlen.

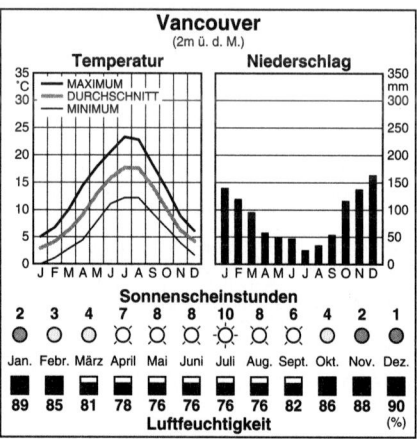

Manitoba

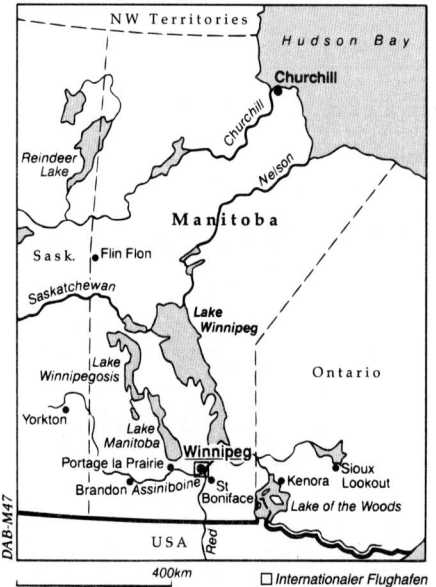

Lage: Östliches Mittelkanada.

Travel Manitoba
7th Floor, 155 Carlton Street
Winnipeg
Manitoba R3C 3H8
Tel: (204) 945 37 96. Telefax: (204) 945 23 02.
Deutsches Honorarkonsulat
208-310 Donald Street
Winnipeg
Manitoba R3B 2H4
Tel/Telefax: (204) 947 09 58.
Österreichisches Konsulat (ohne Paß- und Sichtvermerksbefugnis)
1330 Clifton Street
Winnipeg
Manitoba R3E 2V2
Tel: (204) 489 38 58. Telefax: (204) 489 76 73.
Generalkonsulat der Schweizerischen Eidgenossenschaft
Suite 601
154 University Avenue
Toronto
Ontario M5H 3Y9
Tel: (416) 593 53 71/73. Telefax: (416) 593 50 83.
(auch für Manitoba zuständig)

FLÄCHE: 547.704 qkm.
BEVÖLKERUNG: 1.091.942 (1991).
BEVÖLKERUNGSDICHTE: 2 pro qkm.
HAUPTSTADT: Winnipeg. **Einwohner:** 652.354 (1991).
GEOGRAPHIE: Manitoba grenzt im Süden an die US-Staaten North Dakota und Minnesota, im Westen an Saskatchewan, im Osten an Ontario, im Nordosten an die Hudson Bay und im Norden an die Northwest Territories. Landschaftlich besteht die Provinz aus hügeligem Ackerland und Sandstränden am Lake Winnipeg, aus Wüstengebieten im Süden und der Wald- und Seenlandschaft im Norden.
SPRACHE: Obwohl Manitoba offiziell zweisprachig ist, wird in diesem Bundesstaat fast hauptsächlich Englisch gesprochen.
ORTSZEIT: MEZ - 7 (MEZ - 6 während der Sommerzeit).
Anmerkung: Die offizielle Sommerzeit beginnt am ersten Sonntag im April und endet am letzten Sonntag im Oktober.

GESETZLICHE FEIERTAGE

Wie im übrigen Kanada (s. Einführung), außerdem:
5. Aug. '96 Feiertag.

REISEVERKEHR

FLUGZEUG: Die folgenden Fluggesellschaften verkehren innerhalb von Manitoba: *Air Canada (AC), Canadian Airlines International (CP), Frontier Airlines* und *Nordair.* Fahrpläne und Flugpreise erfahren Sie bei den Büros der Fluggesellschaften.
Internationaler Flughafen: *Winnipeg (YWG)* liegt 10 km nordwestlich der Stadt (Fahrzeit 20 Min.). Dutyfree-Shop, Postamt, 24-Std.-Restaurant, Bank, Mietwagenschalter und Parkplätze.
SCHIFF: Größter Hafen ist Churchill an der Hudson Bay. Den größten Teil des Jahres ist der Hafen zugefroren, aber im Sommer gibt es Schiffsverbindungen nach Ontario und zu den Northwest Territories.
BAHN: *VIA Rail Canada* verbindet Saskatchewan und Ontario mit Winnipeg im Süden der Provinz. Dreimal pro Woche fährt ein Zug von Winnipeg in Richtung Norden zur Hudson Bay, nach The Pas, Lynn Lake, Thompson und Churchill. Fahrpläne und -preise erhältlich von den regionalen Zweigstellen der *VIA Rail.*
PKW/BUS: Vorzügliche Straßen verbinden Manitoba mit Ontario (durch Kenora), Sakatchewan (Regina) und den USA (Fargo, Minnesota und Bismarck, North Dakota). Das Straßennetz innerhalb der Provinz ist ebenfalls ausgezeichnet und umfaßt insgesamt 19.800 km. **Bus:** Regionale Busverbindungen werden von den Gemeinden betrieben, Langstreckenbusse von den *Greyhound Bus Lines* und *Grey Goose Bus Lines.* Fahrpläne und -preise sind bei den regionalen Vertretungen erhältlich. **Taxis** stehen in allen größeren Städten zur Verfügung. Taxifahrer erwarten 15% Trinkgeld.
Unterlagen: In Manitoba reicht der Führerschein des eigenen Landes aus.
STADTVERKEHR: In Winnipeg gibt es ein umfassendes Linienbusnetz mit Einheitsfahrpreisen. In anderen großen Städten gibt es ebenfalls gute Busnetze.

UNTERKUNFT

Manitoba bietet eine große Auswahl an Unterkunftsmöglichkeiten, von Spitzenhotels in Winnipeg bis hin zu gemütlichen Pensionen sowie *Farm Holiday Camps* in den nördlichen Waldgebieten. Für die Farm Holiday Camps gibt es eine eigene Kontrollorganisation, die den

Standard gewährleistet. Der Verband der *Bed & Breakfast Hotels* (Pensionen) ist unter folgender Adresse erreichbar: *B & B Association of Manitoba*, 434 Roberta Avenue, Winnipeg, Manitoba R2K 0K6. Tel: (204) 661 03 00. Näheres über Unterkünfte ist auch von *Travel Manitoba* oder dem Hotelverband erhältlich: *Manitoba Hotel Association*, Suite 1505, 155 Carlton Street, Winnipeg, Manitoba R3C 3H8. Tel: (204) 942 06 71. Telefax: (204) 942 67 19.
CAMPING: Größte Attraktion sind die großen Wald- und Seengebiete im Norden der Provinz, in denen es entsprechend zahlreiche Campingplätze gibt. Mehrere Mietwagenfirmen vermieten vollausgerüstete **Campmobile**. Weitere Informationen von *Travel Manitoba*.

URLAUBSORTE & AUSFLÜGE

WINNIPEG, die Provinzhauptstadt, liegt etwa auf halber Strecke zwischen dem Atlantik und dem Pazifik inmitten der riesigen Prärie, die den größten Teil des Südens der Provinz ausmacht. Dieses »Tor zum Norden«, wie die Stadt auch genannt wird, liegt am Zusammenfluß von Red River und Assiniboine River und beheimatet eine Vielzahl unterschiedlicher Volksgruppen. Als viertgrößte Stadt Kanadas ist sie ein kulturelles Zentrum mit Theatern, Museen und Galerien, einem Ballett und einer Oper. Architektonisch bemerkenswerte Gebäude sind das *Parlamentsgebäude* mit dem Wahrzeichen Manitobas, dem »Goldjungen«, der stolz auf der Kuppe balanciert; das *Centennial Centre* mit dem *Museum für Natur- und Völkerkunde*, in dem die Geschichte der Prärie dargestellt wird, sowie der *Commodity Exchange*, der größte Getreidemarkt der Welt. St. Boniface, einst eine separate Stadt, ist heute das französische Viertel Winnipegs. In den Vororten lohnt sich ein Besuch der *Royal Canadian Mint*, der Kanadischen Münzanstalt, sowie der alten Pelzhandelsstation *Lower Fort Garry*.
AUSSERHALB WINNIPEGS: Mit dem Schaufelraddampfer kann man Ausflüge durch das saftige Ackerland von *Red River* und *Assiniboine River* unternehmen. Der von einer Dampflok angetriebene *Prairie Dog Central* verbindet die Stadt mit **Grosse Isle**. Die deutschsprachige Mennonitenstadt **Steinbach** liegt östlich der Hauptstadt am Trans-Canada-Highway. Unweit dieser Stadt liegt der über 2500 qkm große **Whiteshell Provincial Park,** eine naturbelassene Wildnis, in der man wunderbar fischen und kanufahren kann. Die besser ausgebauten Ferienanlagen an den Seen **Lake Falcon** und **Lake West Hawk** bieten gute Gelegenheiten zum Schwimmen und Segeln. Westlich von Winnipeg führt die Autobahn durch das Weizenland. Das *Fort-la-Reine-Museum* und das *Pioneer Village* in **Portage la Prairie** erinnern an die Zeit, als die Stadt ein Handelsposten für Pioniere war (18. Jh.). Der **International Peace Garden,** eine riesige Gartenanlage mit zahlreichen Wasserwegen, liegt an der Grenze nach North Dakota.
Am **Lake Winnipeg** gibt es schöne Sandstrände, Boote können gemietet werden. Das Westufer des Sees wurde früher Neu-Island genannt, ein Gebiet mit Selbstverwaltung, in dem sich Isländer niederließen, die vor Vulkanausbrüchen im Heimatland fliehen mußten. **Gimli,** die größte Stadt der Region, hat noch immer eine große isländische Bevölkerung, die alljährlich das Island-Festival feiert. Der **Hecla Provincial Park** besteht aus einer bewaldeten Inselgruppe auf dem See – hier kann man gut wandern und zelten.
Auf dem Weg zur großen Wildnis im Norden Kanadas liegt der **Riding-Mountain-Nationalpark,** ein großer Freizeitpark mit Gelegenheiten zum Skilanglauf, Reiten und Bergwandern. Ukrainische Einwanderer besiedelten das landwirtschaftliche Gebiet um **Dauphin** um 1890, dieser Einfluß ist noch heute in der Küche und Kleidung der Region spürbar. Jedes Jahr findet ein ukrainisches Festival statt. **The Pas** ist der Ausgangspunkt für Ausflüge zu den Seen und Flüssen des nördlichen Landesinneren. In der Nähe der Grenze nach Saskatchewan liegen die Bergbau- und Holzfällerstadt **Flin Flon** (unter Forellenanglern bekannt) und der **Grass River Park,** eine große Granitwüste. **Churchill,** eine subarktische Hafenstadt an der Hudson Bay im fernen Nordosten, ist am besten mit dem Flugzeug über die riesigen, wildreichen Ebenen zu erreichen.

SOZIALPROFIL

ESSEN & TRINKEN: In Winnipeg beeindruckt die Vielfalt der Restaurants, die die Kochkünste der unterschiedlichen Kulturgruppen der Stadt widerspiegeln. Auch außerhalb der Hauptstadt findet man eine gute Auswahl an preiswerten bis exklusiven Restaurants, besonders zu empfehlen sind im allgemeinen die Restaurants der Hotels und Motels. 15% Trinkgeld sind üblich. **Getränke:** Das Mindestalter für den Alkoholkauf ist 18 Jahre, Personen unter 18 Jahren dürfen jedoch im Beisein der Erziehungsberechtigten und zu Mahlzeiten Alkohol trinken. Spirituosen kann man nur in staatlichen Geschäften kaufen. Die Öffnungszeiten sind von 11.00-13.00 Uhr.

NACHTLEBEN: Winnipeg hat ein sehr reges Nachtleben. Der Nationale Filmverband Kanadas zeigt einmal im Monat im Auditorium des Planetariums die besten Filme, der Eintritt ist frei. Zahlreiche Kinos, Theater, Nightclubs, Restaurants und Bars sorgen ebenfalls für Unterhaltung. In Winnipeg findet man außerdem das Royal Winnipeg Ballet, das Winnipeg Symphonieorchester und zahlreiche Theater-, Tanz- und Musikensembles. Romantische Schiffahrten bei Mondschein werden in Winnipeg auf dem Red River und dem Assiniboine River angeboten. Das elegante Crystal Casino befindet sich im Fort Garry Hotel; hier kann man Blackjack, Roulette und Bakkarat spielen.
EINKAUFSTIPS: Einige der Kaufhäuser in Winnipeg sind in ganz Kanada bekannt und haben überall in der Provinz Filialen. Alle Städte der Provinz bieten ungewöhnliche Boutiquen und Geschäfte. Nördlich von The Pas gibt es einen indianischen Handwerksladen, in dem Besucher den Indianerinnen bei der Herstellung von Mokassins, Mukluks, Jacken und Schmuck zusehen können. Im *Rock Shop* kann man Schmuck kaufen, der aus Steinen des örtlichen Steinbruchs hergestellt wird; wer selbst sammeln möchte, braucht eine Lizenz. **Öffnungszeiten der Geschäfte:** Mo-Mi und Sa 09.00-18.00 Uhr; Do und Fr 10.00-21.30 Uhr.
SPORT: Es gibt 86 **Golfplätze** in Manitoba, sechs davon befinden sich in Winnipeg. Auf den vielen Seen ist **Wassersport** aller Art möglich, **Schwimmen, Tauchen** und **Segeln** bieten sich an. **Fischen** ist sehr beliebt. Einige der Seen im Norden kann man nur mit dem Flugzeug erreichen. Am *Mount Agassiz* und im *Riding Mountain National Park* kann man im Winter gut **Ski** laufen.
VERANSTALTUNGSKALENDER
6. - 9. Juni '96 *Internationales Kinder-Festival*, Winnipeg. 22. - 29. Juni *Jazz Festival*, Winnipeg. 21. - 30. Juni *Red River Exhibition*, Winnipeg. 11. - 14. Juli *Folk Festival*, Winnipeg. 12. - 14. Juli *Nationales Erdbeer-Festival*, Portage La Prairie. 18. - 21. Juli *Manitoba Stampede und Ausstellung*, Morris. 2. - 4. Aug. *Ukrainisches Nationalfestival*, Dauphin. 4. - 17. Aug. *Folklorama*, Winnipeg. 5. - 14. Sept. *Oktoberfest*, Winnipeg. 20. - 24. Nov. *Manitoba Weihnachts-Kunsthandwerkfestival*, Winnipeg. 7. - 16. Febr. '97 *Festival du Voyageur*, Winnipeg. 24. - 29. Febr. *Royal Manitoba Winter-Messe*, Brandon.

WIRTSCHAFTSPROFIL

Kontaktadresse: *Manitoba Chamber of Commerce* (Handelskammer), Suite 167, 167 Lombard Avenue, Winnipeg, Manitoba R3B 0V6. Tel: (204) 942 25 61. Telefax: (204) 942 22 27.
KONFERENZEN/TAGUNGEN: Informationsmaterial erhältlich von *The Convention & Tourism Bureau*, Winnipeg, Suite 232, 320-25 Forks Market Road, Winnipeg, Manitoba R3C 3S3. Tel: (204) 943 19 70. Telefax: (204) 942 40 43.

KLIMA

Warm und sonnig im Sommer, kalte Winter, vor allem im Norden. Der meiste Regen fällt zwischen Mai und Juli.
Kleidung: Leichte und Übergangskleidung in den warmen Monaten. Winterkleidung während der kalten Jahreszeit; Regenschutz das ganze Jahr über.

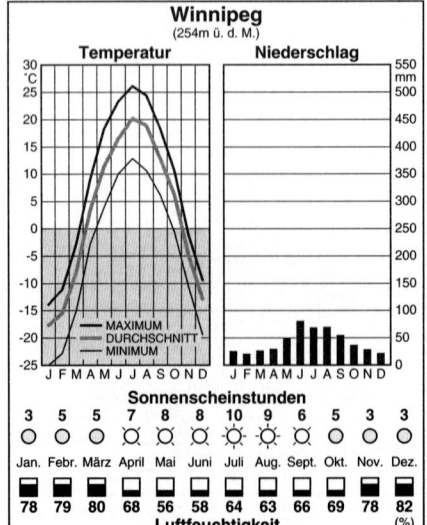

New Brunswick

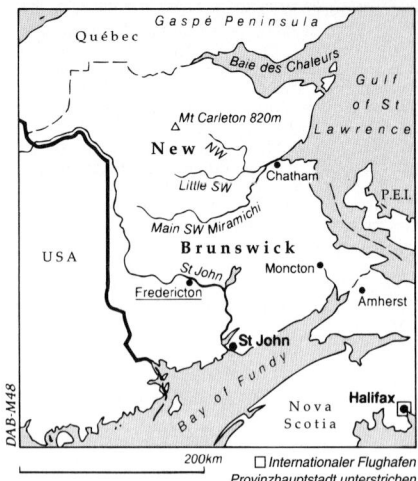

Lage: Kanadische Ostküste.

Economic Development and Tourism
5th Floor, Centennial Building
670 King Street
PO Box 6000
Fredericton
New Brunswick E3B 5H1
Tel: (506) 453 39 84, 453 87 42. Telefax: (506) 453 53 70.
Deutsches Generalkonsulat
Suite 4315
1250 Boulevard René-Lévesque Ouest
Montréal
Québec H3B 4XL
Tel: (514) 931 22 77, 931 75 88. Telefax: (514) 931 72 39.
(auch für New Brunswick zuständig)
Österreichisches Konsulat (ohne Paß- und Sichtvermerksbefugnis)
Suite 710
1718 Argyle Street
Halifax
Nova Scotia B3J 3N6
Tel: (902) 429 82 00. Telefax: (902) 425 05 81.
(auch für New Brunswick zuständig)
Generalkonsulat der Schweizerischen Eidgenossenschaft
1572 Avenue Dr Penfield
Montréal
Québec H3G 1C4
Tel: (514) 932 71 81/82. Telefax: (514) 932 90 28.
(auch für New Brunswick zuständig)

FLÄCHE: 71.569 qkm.
BEVÖLKERUNGSZAHL: 723.900 (1991).
BEVÖLKERUNGSDICHTE: 10 pro qkm.
HAUPTSTADT: Fredericton. Einwohner: 46.500 (1992).
GEOGRAPHIE: New Brunswick liegt unterhalb der Gaspé-Halbinsel und grenzt im Westen an Maine (USA), im Südosten an Nova Scotia und im Norden an Québec. Die Provinz hat Küsten am Gulf of St. Lawrence und an der Bay of Fundy. Die Landschaft besteht aus bewaldeten Hügeln und Flüssen. Im Süden liegt das St. John River Valley. Die nordöstliche Küstenregion geht in das weitläufige Delta des Miramichi River über.
SPRACHE: New Brunswick ist offiziell zweisprachig; ca. 35% der Einwohner sprechen Französisch, sonst Englisch.
ORTSZEIT: MEZ - 5 (MEZ - 4 während der Sommerzeit).
Anmerkung: Die offizielle Sommerzeit beginnt am ersten Sonntag im April und endet am letzten Sonntag im Oktober.

GESETZLICHE FEIERTAGE

Wie im übrigen Kanada (s. Einführung), außerdem:
5. Aug. '96 New-Brunswick-Tag.

REISEVERKEHR

FLUGZEUG: New Brunswick hat keinen internationalen Flughafen; *Air Canada* (AC), *Canadian Airlines International* (CP) und *Air Atlantic* betreiben jedoch Flüge von Fredericton, St. John und Moncton nach Montréal und Québec. Die Provinzflughäfen befinden sich in *St. John, Fredericton, St. Leonard, Edmundston, Campbelton* und *Moncton*.
SCHIFF: Fährverbindungen nach New Brunswick gibt es von Nova Scotia, Maine, Prince Edward Island und Québec nach St. John und Cape Tormentine. Küstenfähren verkehren zwischen allen Hafenstädten der Pro-

vinz. Fahrpläne erhalten Sie vom regionalen Fremdenverkehrsamt.
BAHN: Zwischen Montréal und Halifax verkehren sechs VIA-Rail-Züge pro Woche, drei davon über Mont Joli und drei weitere über St. John. Für die Fahrt über St. John ist ein US-Visum erforderlich.
PKW/BUS: Der Trans-Canada-Highway verläuft durch das Flußtal des St. John River von Edmundston im Norden nach St. John im Süden. Die meisten anderen Straßen zweigen von diesem Highway ab. Das Straßennetz der Provinz umfaßt 16.000 km.

UNTERKUNFT

HOTELS: Es gibt 73 Hotels/Motels, 64 Pensionen und 7 Resorts. In der dichtbesiedelten Küstengegend ist die Auswahl an Hotels und Motels am besten, außerdem gibt es hier zahlreiche *Guest Houses,* Pensionen und Jugendherbergen. Der Verband der *Bed & Breakfast Hotels* (Pensionen) ist unter folgender Adresse erreichbar: *New Brunswick B & B Association,* Route 3, St. Stephen's, New Brunswick E3L 2Y1. Tel: (506) 466 54 01.
Kategorien: Nach den Richtlinien des *Atlantic Canada Accommodation Grading Program* sind folgende Hotelklassen vorhanden (freiwillige Klassifizierung):
5 Sterne: DeLuxe-Hotels mit ausgezeichneter Ausstattung und erstklassigem Service.
4 Sterne: Hoher Standard, Zimmer mit umfassender Ausstattung und gutem Service.
3 Sterne: Zimmer mit gutem Standard und Service.
2 Sterne: Einfache, saubere und komfortable Hotels mit einigen Extras.
1 Stern: Einfache, saubere und komfortable Zimmer.
CAMPING: In den vier größeren Parks gibt es Campingplätze und Jugendherbergen, außerdem über 100 private Campingplätze in der gesamten Provinz. **Campmobile** kann man von mehreren Firmen mieten. Weitere Einzelheiten erhältlich vom regionalen Verkehrsamt (Adressen s. o.).

URLAUBSORTE & AUSFLÜGE

ST. JOHN, die größte Stadt New Brunswicks, ist seit dem letzten Jahrhundert ein Schiffsbauzentrum. Im *New Brunswick Museum* kann man Nachbauten von Segelschiffen sehen. Weitere historische Stätten sind das *Loyalist House* und das *Country Courthouse.* Landschaftlich wunderschön ist die Fahrt durch das Flußtal, **St. John River Valley,** zur Hauptstadt, die an dem hübschen Urlaubsort **Grand Lake** vorbeiführt.
FREDERICTON liegt 110 km stromaufwärts von St. John und der Bay of Fundy und ist die Hauptstadt und das akademische Zentrum von New Brunswick. Die Stadt bietet einige neoklassische und viktorianische Bauwerke wie das *Parlamentsgebäude,* die *Christchurch* (Christuskirche) und das *Regierungsgebäude.* Die *Beaverbrook-Kunstgalerie* ist eine der besten Kanadas mit einer großen Sammlung kanadischer, britischer und Renaissance-Gemälde sowie einigen Werken des spanischen Surrealisten Dali. Schaufelraddampfer bieten Unterhaltungs- und Kreuzfahrten auf dem St. John River. Der Markt der Farmer ist samstags Mittelpunkt Frederictons. Nördlich der Stadt befindet sich der gut ausgebaute Urlaubsort **Mactaquac Park,** der zahlreiche Freiluftaktivitäten anbietet. **Kings Landing,** ein nachgebautes loyalistisches Dorf in der Nähe, ist einen Besuch wert.
AUSSERHALB DER GROSSEN STÄDTE: Die östliche Begrenzung der Provinz bildet der **Gulf of St. Lawrence,** die südliche ist die **Bay of Fundy.** Am besten lernt man die Region auf einer Fahrt entlang der Küstenstraße kennen. Die Ostküste, einst französischer Besitz, hat ein angenehmes Klima und wunderschöne Strände im **Kouchibouguac National Park.** Im südlich gelegenen Shediac findet jedes Jahr ein Hummerfest statt. **Parlee** hat den längsten und schönsten Strand der Provinz. Auf dem **Miramichi River,** der bei Chatham in die schöne Miramichi Bay fließt, kann man Forellen angeln und Kanu fahren. In der **Tracadie**-Enklave im Norden wird immer noch ausschließlich französisch gesprochen; Hochsee-Angelfahrten sind hier möglich. Das 200 ha große **Acadian Village** liegt ganz in der Nähe und stellt das Leben der bretonischen Siedler des 18. Jahrhunderts dar, deren Nachkommen im Nordosten der Provinz leben. Die meisten Schiffbau- und Fischerstädtchen des Südens wurden von königstreuen Briten gegründet, die nach dem Unabhängigkeitskrieg aus den USA flohen. In der Bay of Fundy beträgt der Tidenhub 15 m, so daß an der Küste etliche bizarre Formationen zu sehen sind, wie z. B. die Sandstein-»Blumentöpfe«, die die Brandung am **Hopewell Cape** herausgewaschen hat. In **St. Andrews** gibt es gutherhaltene Häuser aus dem 19. Jahrhundert wie das *Blockhouse,* das 1812 zur Verteidigung gegen die Amerikaner erbaut wurde. Von **St. George** kann man mit der Fähre zu den wenig bekannten **Fundy Islands** fahren. Die größte dieser Inseln ist **Grand Manan** mit wunderschöner Tier- und Pflanzenwelt. Vor der Küste werden oft Wale und Delphine gesichtet, und man sammelt hier eine eßbare Algenart (*Dulse*), eine der Spezialitäten der Provinz. **Deer Island** und **Campobello Island** sind auch mit der Fähre von **Letete** aus erreichbar.
Östlich von St. John liegt der **Fundy-Nationalpark,** das beliebteste Urlaubsgebiet der Region. Der größte Teil des Parks liegt auf einer 300 m hohen Ebene mit einem ausgedehnten Netz von Wanderwegen. Zum großen Freizeitangebot gehört eine *Kunst- und Handwerkerschule.* Man kann Ruderboote und Kanus mieten. Der Tidenhub beträgt bis zu 16 m. Bei **Moncton,** der zweitgrößten Stadt der Provinz, kann man während des Gezeitenwechsels eindrucksvolle Flutwellen beobachten.

SOZIALPROFIL

ESSEN & TRINKEN: Die Provinz New Brunswick ist für ausgezeichnete Meeresfrüchte bekannt. Der atlantische Lachs ist besonders schmackhaft und wird mit Butter, neuen Kartoffeln und *Fiddleheads* zubereitet (junge Farnblätter mit Butter und Gewürzen, oder kalt als Salat). Zum Nachtisch gibt es Äpfel, Blaubeeren und Preiselbeeren. Zum traditionellen Samstagabendessen gehören *Baked Beans,* gebackene Bohnen und gedünstetes Mischbrot. *Rapée Pie,* eine Hähnchenpastete, ist eine akadische Spezialität, die an Sonn- und Feiertagen serviert wird. Die Stadt Shediac ist weithin bekannt für vorzügliche Hummer. In Fredericton, St. John und Moncton findet man internationale Gerichte sowie einheimische Spezialitäten, z. B. das Seegemüse *Dulse.* **Getränke:** Das Mindestalter für den Alkoholkauf ist 19 Jahre.
NACHTLEBEN: Musik ist ein wichtiger Bestandteil des Lebens in New Brunswick. Viele Bars und Klubs, insbesondere in Fredericton, St. John und Moncton, bieten Livemusik, oft mit französischem, schottischem und irischem Einschlag.
EINKAUFSTIPS: Einheimische Handarbeiten sind besonders schöne Souvenirs. Der beste Markt liegt in der Altstadt von St. John zwischen der Charlotte Street und der Germain Street. Er findet die ganze Woche über statt. Freitags und samstags erledigen die Farmer der Umgebung hier ihre Einkäufe. In Moncton gibt es drei große Einkaufsgegenden: Champlain Place, Moncton Mall und Highfield Square. **Öffnungszeiten der Geschäfte:** Mo-Sa 09.00-17.30 Uhr.
SPORT: Das Fischen von Lachs und Forelle ist sehr beliebt; am besten angelt man am *Miramichi River.* **Pferderennen** finden Ende August - Anfang September in St. John sowie zweimal pro Woche an der Rennbahn in Fredericton statt. **Ski-** und **Schlittschuhlaufen** bieten sich im Winter in den Northumberland Mountains südwestlich von Bathurst an. **Segeln** und **Tauchen** sind sehr beliebt. Parlee Beach Provincial Park ist der beste Strand zum **Schwimmen. Rudern:** Die jährlich stattfindenden Renforth- und Cocagne-Regatten ziehen Rudermannschaften aus aller Welt an. In den Hafenstädten kann man Boote zum **Hochseefischen** mieten. Die Grand-Manan-Insel ist ein Paradies für Vogelbeobachter.
VERANSTALTUNGSKALENDER
Juli '96 *New Brunswick Meeresfestival,* Bas-Caraquet. **Aug.** *Miramichi-Folk-Festival,* Newcastle. **9. - 18. Aug.** *Festival by the Sea,* St. John.

WIRTSCHAFTSPROFIL

Kontaktadressen: *Atlantic Provinces Chamber of Commerce* (Handelskammer), Suite 110, 236 St. George Street, Moncton, New Brunswick E1C 1W1. Tel: (506) 857 37 90. Telefax: (506) 859 61 31.
Greater Moncton Chamber of Commerce, Suite 100, 910 Main Street, Moncton, New Brunswick E1C 1G6. Tel: (506) 857 28 83. Telefax: (506) 857 92 09.
KONFERENZEN/TAGUNGEN: *Fredericton Visitors and Convention Bureau,* PO Box 130, City Hall, Queen Street, Fredericton, New Brunswick E3B 4Y7. Tel: (506) 452 95 08. Telefax: (506) 452 95 09.
St. John Visitors and Convention Bureau, PO Box 1971, 15 Market Square, St. John, New Brunswick E2L 4L1. Tel: (506) 658 29 90. Telefax: (506) 632 61 18.

KLIMA

Warme Sommermonate (Juni bis August) mit kühlen Abenden. Der Herbst ist relativ mild. Kalte Winter mit viel Schnee.

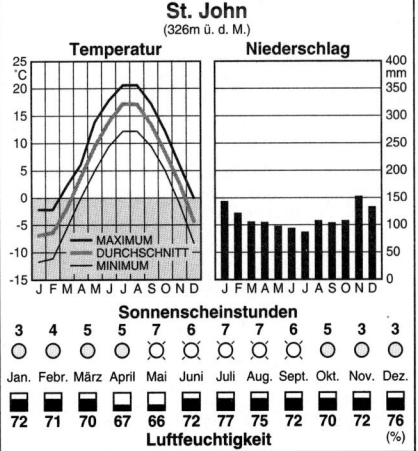

St. John (326m ü. d. M.)

Newfoundland & Labrador

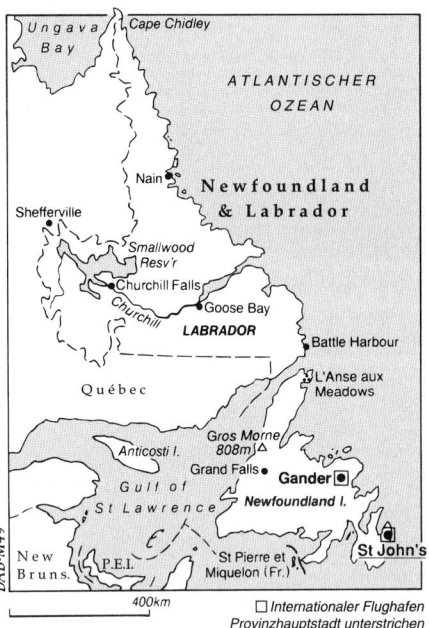

Lage: Ostkanada.

Department of Tourism, Culture and Recreation
PO Box 8730
St. John's
Newfoundland A1B 4K2
Tel: (709) 729 28 30. Telefax: (709) 729 19 65.
Deutsches Honorarkonsulat
22 Poplar Avenue
St. John's
Newfoundland A1B 1C8
Tel: (709) 753 77 77. Telefax: (709) 739 66 66.
Österreichisches Konsulat (ohne Paß- und Sichtvermerksbefugis)
Suite 710
1718 Argyle Street
Halifax
Nova Scotia B3J 3N6
Tel: (902) 429 82 00. Telefax: (902) 425 05 81.
(auch für Newfoundland & Labrador zuständig)
Generalkonsulat der Schweizerischen Eidgenossenschaft
1572 Avenue Dr. Penfield
Montréal
Québec H3G 1C4
Tel: (514) 932 71 81/82. Telefax: (514) 932 90 28.
(auch für Newfoundland & Labrador zuständig)

FLÄCHE: 371.635 qkm.
BEVÖLKERUNGSZAHL: 568.474 (1991).
BEVÖLKERUNGSDICHTE: 1,5 pro qkm.
HAUPTSTADT: St. John's. **Einwohner:** 103.000 (1991).
GEOGRAPHIE: Newfoundland & Labrador ist die östlichste Provinz Kanadas. Sie besteht aus der Region Labrador auf der gleichnamigen Halbinsel, der Insel Newfoundland sowie einigen kleineren Inseln vor der Nordküste. Die Küste setzt sich aus Hunderten kleiner, schroffer Buchten zusammen, gegen die die Brandung des Atlantik tost. Die Insel Newfoundland besteht aus waldreicher, einsamer Berglandschaft; die Wälder, Seen und Flüsse Labradors sind sogar noch einsamer als die Newfoundlands. Das Gebiet ist ein Teil des Laurentischen Schildes, einer sehr alten geologischen Formation.
SPRACHE: In dieser Provinz wird überwiegend Englisch gesprochen.
ORTSZEIT: Newfoundland: MEZ - 4 Std. 30 (MEZ - 3 Std. 30 während der Sommerzeit).
Labrador: MEZ - 5 (MEZ - 4 während der Sommerzeit).
Anmerkung: Die offizielle Sommerzeit beginnt am ersten Sonntag im April und endet am letzten Sonntag im Oktober.

GESETZLICHE FEIERTAGE

Wie im übrigen Kanada (s. Einführung), außerdem:
27. Juni '96 Tag der Entdeckung. **7. Juli** Tag der Erinnerung. **10. Juli** Tag der Orangemen. **11. März '97** Commonwealth-Tag. **17. März** St.-Patricks-Tag. **23. April** St.-Georgs-Tag.

REISEVERKEHR

FLUGZEUG: Die internationalen Verbindungen werden von *Air Canada (AC)* und *Canadian Airlines International* betrieben. *Air Atlantic* verbindet auch Gander und St. John's sowie die meisten anderen Provinzstädte. **Internationale Flughäfen:** Der Flughafen von *Gander (YQX)* liegt 3 km außerhalb der Stadt in der Mitte der Provinz. Es gibt Bahn- und Busverbindungen zur Innenstadt. Am Flughafen gibt es Parkplätze, ein Restaurant, einen Duty-free-Shop und eine Bank.
St. John's (YYT) liegt 8 km außerhalb der Stadt. Die Fahrzeit zur Stadt beträgt etwa 15 Min. Andere größere Flughäfen gibt es in Stephenville, Deer Lake, Happy Valley-Goose Bay, Wabush und Churchill Falls.
SCHIFF: Das ganze Jahr über verkehren Passagier- und Autofähren zwischen North Sydney (Nova Scotia) und Port-aux-Basques an Newfoundlands Südwestküste. Die Fahrzeit beträgt 6 Std. Im Sommer verkehrt zweimal pro Woche eine Fähre zwischen North Sydney und Argentia auf Newfoundlands Avalon-Halbinsel (Mitte Juni - Mitte September, Fahrzeit: 12 Std.). Außerdem gibt es eine Fährverbindung zwischen den Inseln St. Pierre und Miquelon (französische Überseegebiete) und Fortune auf Newfoundlands Burin-Halbinsel. Fahrzeit: 90 Min. Überregionale Fähren verbinden Inselbewohner mit den größeren Städten. Sommerfähren verbinden Südlabrador und St. Barbe auf Newfoundlands Great-Northern-Halbinsel. Im Sommer sorgen Küstenschiffe der *Marine Atlantic* für eine Verbindung zwischen Lewisporte an Newfoundlands Nordostküste und Happy Valley-Goose Bay im Hamilton Sound, Labrador. Abgelegene Siedlungen an der Küste Labrados und Newfoundlands Südküste werden ebenfalls von Küstenschiffen angefahren.
BAHN: Es gibt keine Passagierzüge auf Newfoundland. Die *Québec, North Shore and Labrador Railway* fährt zweimal pro Woche von Sept-Iles (Québec) nach Labrador City. Es gibt eine wöchentliche Anschlußverbindung nach Schefferville.
PKW/BUS: Die meistbefahrene Straße vom kanadischen Festland aus ist der Trans-Canada-Highway. Von Port-aux-Basques an der Westküste nach St. John's an der Ostküste sind es 910 km. Die meisten Nebenstraßen zu den Küstenstädten zweigen von dieser Autobahn ab. *TerraTransport* betreibt die Inselbuslinie entlang der Route 1. Der Westen Labrados kann über eine teilweise asphaltierte Straße von Baie-Comeau in Québec erreicht werden. Im Sommer ist die als »Freedom Highway« bekannte Kiesstraße zwischen Labrador City und Walbush und Churchill Falls und Happy Valley-Goose Bay auf Labrador befahrbar. **Fernbusse** verbinden Port-aux-Basques, Corner Brook, St. John's und Argentia.

UNTERKUNFT

HOTELS: Es gibt fast 300 Hotels, Motels und Pensionen in dieser Provinz mit insgesamt über 5400 Zimmern. Die meisten Städte haben Hotels oder Pensionen, da die Haupterwerbsquelle jedoch die Fischerei ist, sind die Öffnungszeiten vieler Einrichtungen saisonal bedingt. Die Küste ist am dichtesten besiedelt, im wildromantischen Inselinneren stehen jedoch z. T. Blockhütten oder Lodges zur Verfügung. Über das *Hospitality Homes Scheme* (»Gästezimmer-Programm«) kann man Zimmer in Privatwohnungen der kleinen Küstenorte mieten. Da St. John's neuerdings eine »Ölboom-Stadt« ist, kann die Zimmersuche zum Teil schwierig sein, und Vorausbuchung empfiehlt sich. Für Informationen über Hotels ist zuständig: *Hospitality Newfoundland & Labrador*, PO Box 13516, St. John's, Newfoundland A1B 4B8. Tel: (709) 722 20 00. Telefax: (709) 722 81 04. Der Verband der *Bed & Breakfast Hotels* (Pensionen) ist über das *Department of Tourism, Culture and Recreation* erreichbar (Adresse s. o.). **Kategorien:** Nach den Richtlinien des *Atlantic Canada Accommodation Grading Program* sind folgende Hotelklassen vorhanden (freiwillige Klassifizierung):
5 Sterne: DeLuxe-Hotels mit ausgezeichneter Ausstattung und erstklassigem Service.
4 Sterne: Hoher Standard, Zimmer mit umfassender Ausstattung und gutem Service.
3 Sterne: Zimmer mit gutem Standard und Service.
2 Sterne: Einfache, saubere und komfortable Hotels mit einigen Extras.
1 Stern: Einfache, saubere und komfortable Zimmer.
CAMPING: In der Wildnis dieser Provinz gibt es gute Zeltmöglichkeiten. Die Einrichtungen sind einfach, der Schwerpunkt liegt auf Einsamkeit und Abgeschiedenheit. **Campmobile** kann man bei mehreren Firmen mieten. Weitere Einzelheiten vom regionalen Fremdenverkehrsamt, dem *Department of Tourism, Culture and Recreation* (Adresse s. o.).

URLAUBSORTE & AUSFLÜGE

NEWFOUNDLAND ISLAND: Der größte Teil der Bevölkerung und das geschäftliche Treiben der Insel konzentrieren sich auf die Avalon-Halbinsel im Osten. Die Provinzhauptstadt und Fischerstadt **St. John's** liegt an einem schönen natürlichen Hafen, umgeben von Hügeln. Marconis erste transatlantische Radiosendung fand vom *Signal Hill* aus statt, der eine gute Aussicht über die Stadt und die Westseite des Hafens ermöglicht. Hinter dem Signal Hill liegt das kleine, malerische Fischerdorf *Quidi Vidi* mit einem der ältesten (europäischen) Häuser Nordamerikas. Klein, aber interessant ist auch das *Newfoundland Museum*. Kanadische Gemälde und Skulpturen sind im *Arts & Cultural Centre* ausgestellt. Die Küste Newfoundlands hat im Sommer eine Reihe interessanter Bootsexkursionen zu bieten. Man findet über 60 große Seevogelkolonien entlang der Süd- und Ostküste mit über 300 Vogelarten wie z. B. Tölpel, Papageientaucher und Adler. In den Küstengewässern leben verschiedene Walarten, die sich oft den Booten nähern. Außerdem kann man über Eisberge staunen, die sich langsam südwärts bewegen. Die Hauptstraße führt, nachdem sie die Halbinsel verlassen hat, erst in Richtung Norden und dann in Richtung Osten durch die Strand- und Wattgebiete des **Terra-Nova-Nationalparks**. In **Gander** und **Grand Falls** kann man Angelausflüge in das schwer erreichbare Landesinnere buchen. Auf der **Burin-Halbinsel** im Süden findet man schöne Küstendörfer. Die französische Insel St. Pierre ist mit der Fähre von **Fortune** aus erreichbar. Die Bergkette der **Long Range Mountains** liegt an der Westküste, an der die 715 km lange Küstenstraße eine atemberaubende Aussicht auf Förden, Berge und Strände bietet. **Corner Brook** ist die zweitgrößte Stadt der Insel und liegt an einer weit ins Landesinnere reichenden Förde. Hier findet man *Outfitter*, die Ausflüge zu den vielen Seen und Flüssen im Landesinneren anbieten. Einige sind nur mit dem Flugzeug erreichbar.
Die Halbinsel **Great Northern Peninsula** bietet eine außerordentlich schöne Landschaft. Am besten bewundern läßt sich diese im **Gros-Morne-Nationalpark** mit seinen schroffen Klippen, tiefen Förden und Buchten am Gulf of St. Lawrence. Hier kann man Fischerboote mieten. An der Nordspitze der Halbinsel liegt **L'Anse aux Meadows** mit seinen restaurierten Gebäuden der ersten europäischen Siedlungen in der »Neuen Welt«: Eine Gruppe von sechs Grashäusern, die um das Jahr 1000 von den Wikingern erbaut wurden.
LABRADOR: In die beinahe ungestörte Wildnis von **Labrador** dringt man am besten mit dem Flugzeug oder der Fähre von **St. Barbe** auf Newfoundland aus. Tagesausflüge entlang der Küste werden angeboten. Längere Touren können über zahlreiche Outfitter und Reiseveranstalter in St. John's gebucht werden. Labrador ist einsam und, abgesehen von einigen isolierten Städten, unbewohnt. Im Winter kann es sehr kalt werden. In der Nähe von **Labrador City** gibt es Skipisten, auch Skilanglauf ist möglich. **Goose Bay** wurde während des 2. Weltkriegs als Luftwaffenstützpunkt ins Leben gerufen und ist heute ein guter Ausgangspunkt für Natur- und Angelausflüge ins Inselinnere.

SOZIALPROFIL

ESSEN & TRINKEN: In der herzhaften Küche dieser Provinz wird nicht mit Schweinefleisch, Melasse, Salzfisch, Salzfleisch und gekochtem Gemüse gespart. Fisch ist das Hauptnahrungsmittel, vor allem Kabeljau, der als Eintopf, *Fish Cakes* (Fischfrikadellen), gebraten, gesalzen, getrocknet und frisch angeboten wird. *Brewis* ist ein Gericht aus gekochtem Salzkabeljau mit *Scrunchions* (knuspriger Schweineschwarte). Andere Spezialitäten sind gebratene Hühnerleber mit *Damper Dog* (eine Art gebratener Brotteig); *Cod Sound Pie* (Kabeljau-Pastete); *Crubeens* (irische, eingelegte Schweinefüße) und *Fat Back and Molasses Dip* (Schweineschmalz mit Melasse als Brotaufstrich). Pasteten, Marmeladen, Gelees und Pudding werden aus wilden Beeren gemacht. Ein beliebter Nachtisch ist *Molasses Pie* (Melassetörtchen). **Getränke:** Das Mindestalter für den Alkoholkauf ist 19 Jahre.
NACHTLEBEN: Ein Kneipenbummel in St. John's ist ein kulturelles Erlebnis mit stark irischem Einfluß. Die Musikszene Newfoundlands, mit schottischen und irischen Akzenten, ist auf allen Dorffesten sowie in Nachtklubs, Bars, Gaststätten und in Konzerten anzutreffen. Im großen und ganzen ist Abendunterhaltung jedoch dünn gesät.
EINKAUFSTIPS: *Water Street* in der Innenstadt von St. John's ist die älteste Einkaufsstraße Nordamerikas. Seit dem 16. Jahrhundert haben europäische Händler und Seeleute hier Handel getrieben. Handarbeiten, Grenfell-Parkas und Schmuck aus Labrador sind beliebte Souvenirs.
SPORT: Auf Newfoundlands Marble Mountain (8 km nördlich von Corner Brook) kann man gut **Ski** laufen, ebenso auf dem Smokey Mountain in der Nähe von Labrador City. **Wandern, Kanufahrten** und **Klettern** sind im Landesinneren beliebt; **Segeln, Windsurfen** und **Scuba Diving** sind an der Küste verbreitet. Die Lachssaison (max. 4 Fische pro Tag pro Person) ist vom 24. Mai bis zum 15. September. Zum Angeln in den angelscheinpflichtigen Flüssen in Newfoundland und allen Wasserwegen in Labrador braucht man einen qualifizierten Guide.
VERANSTALTUNGSKALENDER
Juli - Aug. '96 *Signal Hill Tattoo*, St. John's. **Juli** *Exploits Valley Lachsfestival*, Grand Falls/Windsor. **Aug.** (1) *The Royal St. John's Regatta*, St. John's. (2) *Labrador Straits Bakeapple Festival*, Forteau.

WIRTSCHAFTSPROFIL

Kontaktadressen: *Atlantic Provinces Chamber of Commerce*, Suite 110, 236 St. George Street, Moncton, New Brunswick E1C 1W1. Tel: (506) 857 39 80. Telefax: (506) 859 61 31.
St. John's Board of Trade, PO Box 5127, 10 Fort William Place, St. John's, Newfoundland A1C 5V5. Tel: (709) 726 29 61. Telefax: (709) 726 20 03.
Enterprise Newfoundland & Labrador Corporation, Viking Building, 136 Crosbie Road, St. John's, Newfoundland A1B 3K3. Tel: (709) 729 70 00. Telefax: (709) 729 70 87.
KONFERENZEN/TAGUNGEN: Informationsmaterial vom *Meetings and Conventions Co-ordinator*, St. John's Economic Development & Tourism, Department of Tourism and Culture, PO Box 908, St. John's, Newfoundland A1C 5M2. Tel: (709) 576 84 55. Telefax: (709) 576 82 46.

KLIMA

Sehr kalte Winter und milde Sommer.
Kleidung: Leichte bis Übergangskleidung in den wärmeren Monaten, sehr warme Kleidung im Winter. Regenschutz ist das ganze Jahr über empfohlen.

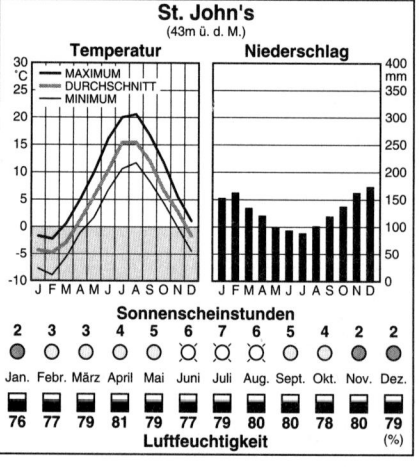

Northwest Territories

Lage: Nördliches Kanada.

Department of Economic Development and Tourism
PO Box 1320
Yellowknife
Northwest Territories X1A 2L9
Tel: (403) 920 89 76. Telefax: (403) 873 02 94.
TravelArctic
The North Group
PO Box 2107
Yellowknife
Northwest Territories X1A 2P6
Tel: (403) 873 72 00. Telefax: (403) 920 28 01.

Deutsches Generalkonsulat
Suite 704
World Trade Centre
999 Canada Place
Vancouver
British Columbia V6C 3E1
Tel: (604) 684 83 77. Telefax: (604) 684 83 34.
(auch für die Northwest Territories)
Generalkonsulat der Schweizerischen Eidgenossenschaft
World Trade Centre
790-999 Canada Place
Vancouver
British Columbia V6C 3E1
Tel: (604) 684 22 31. Telefax: (604) 684 28 06.
(auch für die Northwest Territories zuständig)

FLÄCHE: 3.246.389 qkm.
BEVÖLKERUNGSZAHL: 57.649 (1991).
BEVÖLKERUNGSDICHTE: 0,02 pro qkm.
HAUPTSTADT: Yellowknife. Einwohner 13.568 (1990).
GEOGRAPHIE: Die Northwest Territories bedecken ein Drittel der Fläche Kanadas von der Insel Ellesmere an der Nordküste Grönlands bis hin zu den Mackenzie Mountains an der Grenze zum Yukon Territory. Die Region ist eine riesige, unberührte Wildnis, die aus üppigen Wäldern und breiten Strömen und im Norden aus Tundra und arktischen Inselgletschern besteht. Das Land steigt im Westen über 2000 m hoch an. Kanadas längster Fluß, der Mackenzie River (1800 km), wird von den beiden größten Seen des Landes (Great Bear und Great Slave) gespeist. Im Nordosten, um die Baffin Bay, ist die Küste in unzählige Fjorde und Inseln aufgesplittert.
SPRACHE: In den Northwest Territories wird überwiegend Englisch gesprochen.
ORTSZEIT: Östlich vom 68. Längengrad: MEZ - 6 (MEZ - 5 während der Sommerzeit).
68° W - 85° W: MEZ - 7 (MEZ - 6 während der Sommerzeit).
85° W - 102° W: MEZ - 8 (MEZ - 7 während der Sommerzeit).
Westlich des 102° W: MEZ - 9 (MEZ - 8 während der Sommerzeit).
Anmerkung: Die offizielle Sommerzeit beginnt am ersten Sonntag im April und endet am letzten Sonntag im Oktober.

GESETZLICHE FEIERTAGE
Wie im übrigen Kanada (s. Einführung), außerdem:
5. Aug. '96 Feiertag.

REISEVERKEHR
FLUGZEUG: Die abgelegeneren Gegenden dieser Region erreicht man am besten per Flugzeug. Wasserflugzeuge sind die üblichen Transportmittel zu den nördlichen Seen. Die größten Fluggesellschaften dieser Region sind *Canadian Airlines* und *First Air*. Außerdem bieten u. a. auch *Air Canada, Air Inuit, Alkan Air Ltd., Calm Air International Ltd., Delta Air Charter Ltd.* und *NWT Air* Flüge in die Northwest Territories an. Liniendienste mit Anschluß innerhalb der Northwest Territories werden von *Air Providence Ltd., Air Sahtu Ltd., Aklak Air, Buffalo Airways (1986) Ltd., Kenn Borek Air, Northwestern Air Lease Ltd., North-Wright Air Ltd., Ptarmigan Airways Ltd.* und *South Nahanni Air Ltd.* angeboten.
Internationaler Flughafen: *Yellowknife* (YZF) liegt knapp 1 km außerhalb des Stadtzentrums (Fahrzeit 10 Min.).
SCHIFF: Der Mackenzie River kann bei Fort Providence und am arktischen Red River überquert werden, der Liard River bei Fort Simpson. Kreuzfahrten von Fort Simpson nach Virginia Falls werden angeboten. Im Sommer gibt es auch Kreuzfahrten auf dem Great Slave Lake (1000 Can$ pro Person und Woche). Regionale Fähren werden von der Provinzregierung betrieben.
PKW/BUS: Die größten Straßen der Territories sind der Dempster Highway aus der Provinz Yukon zum Mackenzie-Delta und der Mackenzie Highway von Alberta zum Great Slave Lake. *Dempster Highway Bus Service* betreibt Fernbusse in der Region und wird vertreten von der *Arctic Tour Company*, Box 2021-UK, Inuvik, Northwest Territories X0E 0T0, Tel: (403) 979 41 00, Telefax: (403) 979 22 59, *Frontier Coachlines* (Tel: (403) 873 48 92, Telefax: (403) 873 64 23) und *Greyhound Lines of Canada Ltd.* (Tel: (403) 874 69 66).

UNTERKUNFT
HOTELS: Obwohl die meisten Hotels und Pensionen in den Städten das ganze Jahr über geöffnet haben, ist die Zimmersuche oft nicht leicht, da es nicht viele Hotels gibt – und die vorhandenen Unterkünfte sind recht einfach. Man sollte daran denken, daß die Northwest Territories ein riesiges Gebiet umfassen und daß Ortschaften, vor allem in der arktischen Zone, oft weit voneinander entfernt liegen. *Lodges*, Ferienunterkünfte für Aktivurlauber, gibt es in vielen der dichter besiedelten Gegenden. Nähere Informationen sind von den örtlichen Fremdenverkehrsämtern erhältlich. *Travel Arctic* (Adresse s. o.) veröffentlicht einen jährlichen Hotelführer mit allen Einzelheiten.
CAMPING ist in dieser Region nur im Sommer zu empfehlen, da die Temperaturen im Winter gefährlich tief sinken. Campingplätze werden z. T. von der Regierung, z. T. von Privatpersonen betrieben. Außerdem gibt es *Outposts* (Camps) mit Zelten, Betten und Mahlzeiten, die oft mit organisierten Exkursionen verbunden sind. Einige Firmen vermieten vollausgerüstete **Campmobile**. Näheres von *TravelArctic* (Adresse s. o.).

URLAUBSORTE & AUSFLÜGE
Der größte Teil der Bevölkerung konzentriert sich auf Yellowknife und die Umgebung des Great Slave Lake. In den nördlichen Regionen gibt es nur kleine Siedlungen der Inuit (Eskimos), die im traditionellen Stil von der Jagd und vom Fischfang leben. Zwei Drittel der Bevölkerung der Territories sind Inuit.
Yellowknife ist eine Geschäftsstadt mit großem Verwaltungs- und Dienstleistungssektor und, in geringerem Maße, eine Bergbaustadt. In den dreißiger Jahren befanden sich hier zwei große Goldfelder. Auf dem **Mackenzie River**, dem **Great Slave Lake** und dem **Great Bear Lake** kann man Bootsfahrten unternehmen. Diese Touren führen oft an den alten Pelzhandels- und Trapperpfaden entlang. Ein erfahrener Führer ist zumeist unerläßlich.
In der Nähe der Hauptstadt am Seeufer liegen die indianischen Dörfer **Detah, Rae Edzo** und **Snare Lakes**, in denen die traditionelle Lebensweise der Stämme noch aufrechterhalten wird. Der **Wood-Buffalo-Nationalpark**, Heimat der größten wilden Bisonherde der Welt sowie ein bekanntes Natur- und Vogelschutzgebiet, liegt südlich des Great Slave Lake. Zwei Autobahnen durchziehen das Stromland im Westen. Der Highway, am Mackenzie River entlang nach **Fort Simpson** verläuft, bietet eine gute Aussicht auf den **Nahanni-Nationalpark** und seine Umgebung. Im Park gibt es keine Straßen, und das Innere des Geländes ist nur per Flugzeug von Fort Simpson, Fort Liard oder Watson Lake aus erreichbar. Auf dem **South Nahanni River** gibt es ausgezeichnete Möglichkeiten, Wildwasserkanu zu fahren. Mehrere Reiseveranstalter bieten Boots- und Floßtouren an, die zu den schönen **Virginia Falls** (100 m) führen. Die reichgegliederte arktische Inselwelt bietet eine eindrucksvolle Landschaft mit baumloser Tundra, gletschergeschliffenen Felsen und tiefen Fjorden. Vom **Auyuittuq-Nationalpark** aus gelangt man zur Insel **Baffin**, auf der die schroffe, zerklüftete Landschaft in ihrer faszinierendsten Form zu bewundern ist. Am besten bucht man eine Pauschalreise oder stellt einen *Outfitter* an. In **Frobisher** kann man mit den Inuit über die Tundra ziehen und in Iglus übernachten. **Inuvik** liegt im Nordwesten im **Mackenzie-Delta** und ist über die Straße von Dawson (Yukon) erreichbar. Größte Attraktionen der Gegend sind Rundfahrten durch das Delta und Besuche der Inuit-Siedlungen wie z. B. **Aklavik**.

SOZIALPROFIL
ESSEN & TRINKEN: Arktischer Grayling, Saibling und Karibu sind die Spezialitäten der Region. Einheimisches *Bannick* (eine Mischung aus Mehl und Wasser) stammt aus der Zeit, als die Rationen der Goldschürfer wochenlang reichen und leicht transportierbar sein mußten. Eine weitere ungewöhnliche Spezialität ist *Mutuk* (Walspeck in Waltran gebraten).
Getränke: Die meisten alkoholischen Getränke werden importiert, das Angebot ist unterschiedlich. In den Hotels und Restaurants der größeren Städte ist die Auswahl gut.
EINKAUFTIPS: Es gibt über 40 Kooperativen, die auf Kunstgewerbe, Pelze und Fischereiprodukte spezialisiert sind. Kunstgewerbe der Indianer sowie Schuhe werden vor Ort hergestellt und verkauft. Der oft höhere Preis der Waren (20% Aufschlag im Vergleich zum restlichen Kanada) läßt sich mit den höheren Unkosten aufgrund der großen Entfernungen begründen.
SPORT: Die vielen unberührten Seen bieten wunderbare **Fischgründe** (Hecht, Grayling und Forelle). Viele Outfitters haben Pauschalangebote, einschließlich Boots- und Flugreisen in die abgelegenen Gebiete. Auf den Seen und Flüssen ist **Kanufahren** und **Rafting** möglich.
VERANSTALTUNGSKALENDER
Juni '96 (1) *Canadian North Yellowknife Midnight Classic*. (2) *Raven Mad Daze*, Yellowknife. **1./2. Juli** 12. *Midway Lake Festival*, Fort McPherson. **13. - 16. Juli** *Mittsommernachts-Festival*, Yellowknife. **21. - 23. Juli** *Folk Festival on the Rocks*, Yellowknife. **6. - 8. Sept.** *Annual Fishing Derby*, Kugluktuk. **Okt.** *Delta Daze*, Inuvik.

WIRTSCHAFTSPROFIL
Kontaktadresse: *Atlantic Provinces Chamber of Commerce*, Suite 110, 236 St. George Street, Moncton, New Brunswick E1C 1W1. Tel: (506) 857 39 80. Telefax: (506) 859 61 31.

KLIMA
Im Norden arktische und subarktische Winter, im Süden gemäßigte, milde Sommer und strenge Winter.

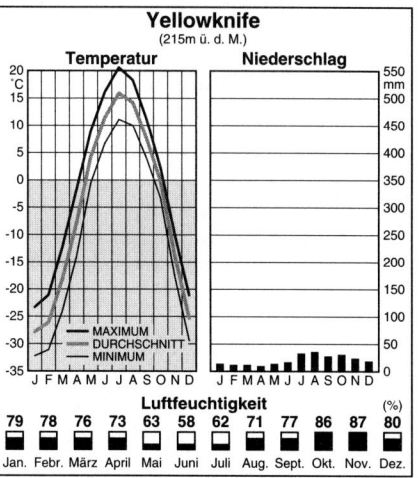

Nova Scotia

Lage: Ostküste Kanadas.

Tourism Nova Scotia
World Trade & Convention Center
PO Box 519
Halifax
Nova Scotia B3J 2R5
Tel: (902) 424 50 00, 424 29 89. Telefax: (902) 424 06 29.
Department of Tourism and Culture
NS Visitor Information Center
PO Box 130
Halifax
Nova Scotia B3J 2M7
Tel: (902) 424 42 47. Telefax: (902) 424 06 10.
Deutsches Honorarkonsulat
c/o Holm, Ritch, Penfound
Suite 708
Bank of Commerce Building
1809 Barrington Street
Halifax
Nova Scotia B3J 3K8
Tel: (902) 420 15 99. Telefax: (902) 422 47 13.
Generalkonsulat der Schweizerischen Eidgenossenschaft
1572 Avenue Dr. Penfield
Montréal
Québec H3G 1C4
Tel: (514) 932 71 81/82. Telefax: (514) 932 90 28.
(auch für Nova Scotia zuständig)

FLÄCHE: 52.841 qkm.
BEVÖLKERUNGSZAHL: 899.942 (1991).
BEVÖLKERUNGSDICHTE: 17 pro qkm.
HAUPTSTADT: Halifax. **Einwohner:** 320.501 (1991).
GEOGRAPHIE: Die Provinz besteht aus der Atlantik-Halbinsel Nova Scotia, die durch eine Landenge mit dem Festland verbunden ist, und der Insel Cape Breton, die über einen Damm erreichbar ist. Die Bay of Fundy trennt den südlichen Teil der Halbinsel vom Festland, im Norden liegt der Gulf of St. Lawrence. Der Nordosten ist felsig, und das Land steigt auf 540 m an; der Südwesten ist grün und fruchtbar. Die Provinz wird von

zahlreichen Flüssen durchzogen.
SPRACHE: In Nova Scotia wird überwiegend Englisch gesprochen.
ORTSZEIT: MEZ - 5 (MEZ - 4 während der Sommerzeit).
Anmerkung: Die offizielle Sommerzeit beginnt am ersten Sonntag im April und endet am letzten Sonntag im Oktober.

GESETZLICHE FEIERTAGE

Wie im übrigen Kanada (s. Einführung).

REISEVERKEHR

FLUGZEUG: *Air Canada (AC)* bietet Direktflüge nach Halifax von London aus an. *Air Canada (AC)*, *Canadian Airlines International (CP)* und *Air Atlantic* fliegen von Halifax nach Ottawa, Montréal und Toronto. *Air Atlantic* bietet auch regionale Flüge zwischen Halifax und Sydney an.
Internationaler Flughafen: Der Flughafen von *Halifax (YHZ)* liegt 42 km außerhalb der Stadt (Fahrzeit 30 Min.). Am Flughafen gibt es einen Duty-free-Shop, Mietwagenschalter, Banken und ein Restaurant.
SCHIFF: Linienschiffe von Portland, Maine (USA), New Brunswick, Prince Edward Island und Newfoundland fahren Nova Scotia an. Mehrere Fähr- und Schiffahrtsgesellschaften verkehren innerhalb der Provinz.
BAHN: Züge der *VIA Rail* fahren dreimal pro Woche von Montréal nach Halifax *(Ocean)* und von Halifax nach Montréal *(Atlantic)* über St. John; Anschlußverbindungen nach Sydney und Yarmouth per Bus.
PKW/BUS: Der Trans-Canada-Highway führt über New Brunswick nach Nova Scotia und endet in North Sydney (Nordostküste). Kleinere Provinzstraßen zweigen von dieser Autobahn ab und führen an der Küste entlang. Fähren oder Dämme verbinden die meisten Inseln mit dem Festland. **Mietwagen:** Auf den Flughäfen von Halifax und Sydney sowie in anderen Städten der Provinz findet man Autovermietungen.
STADTVERKEHR: In der Region um Halifax und Dartmouth gibt es ein gutes Busnetz der *Metro Transit* mit einem Zonen-Fahrpreissystem. Hafenfähren verkehren in Halifax.

UNTERKUNFT

HOTELS: In Nova Scotia ist die Auswahl an Hotels, Motels, Gasthäusern, Lodges und Campingplätzen gut. Besonders im Sommer sollte man allerdings im voraus buchen. Viele der Unterkünfte stehen unter der Kontrolle der Provinzverwaltung. Es gibt auch Zimmer auf Bauernhöfen und zahlreiche andere Privatunterkünfte. Informationen über *Bed & Breakfast Hotels* (Pensionen) sind unter folgenden Adressen erreichbar: *Cape Breton Bed & Breakfast*, c/o Enterprise Cape Breton Corporation, 15 Dorchester Street, Sydney, Nova Scotia B1P 6T7. Tel: (902) 564 36 00. Telefax: (902) 564 38 25.
Kategorien: Das *Atlantic Canada Accommodations Program* gilt auch hier, Klassifizierung wie folgt:
5 Sterne: DeLuxe-Hotels mit ausgezeichneter Ausstattung und erstklassigem Service.
4 Sterne: Hoher Standard, Zimmer mit komfortabler Ausstattung und gutem Service.
3 Sterne: Zimmer mit gutem Standard und Service.
2 Sterne: Einfache, saubere und gemütliche Hotels mit einigen Extras.
1 Stern: Einfache, saubere und gemütliche Zimmer.
Weitere Informationen über das Hotelangebot in Nova Scotia sind erhältlich von der *Tourism Industry Association of Nova Scotia*, Suite 402, World Trade and Convention Centre, 1800 Argyle Street, Halifax, Nova Scotia B3J 3N8. Tel: (902) 423 44 80. Telefax: (902) 422 01 84.
CAMPING: Der größte Teil Nova Scotias besteht aus üppiger Landschaft, so daß man die Provinz am besten per **Campmobil** kennenlernt, die von verschiedenen Firmen vermietet werden. Weitere Einzelheiten sind vom *Department of Tourism* erhältlich (Adresse s. o.), das auch einen umfassenden Hotelführer veröffentlicht.

URLAUBSORTE & AUSFLÜGE

HALIFAX: Die Provinzhauptstadt ist auch die bedeutendste Geschäfts-, Verwaltungs- und Hafenstadt der gesamten Region Atlantik-Kanada. Die Stadt liegt an der Spitze des Bedford-Beckens und hat einen der schönsten natürlichen Häfen der Welt sowie eine lange Geschichte als Militärstützpunkt. Hafenrundfahrten, Hochseeangelfahrten und Ausflüge auf dem Schoner *Bluenose II* werden angeboten. Obwohl die Stadt in den letzten 15 Jahren einen großen Aufschwung erlebte, findet man in der Hafengegend guterhaltene Gebäude aus dem 18. und 19. Jahrhundert. In der Alt- und Neustadt gibt es ausgezeichnete Einkaufsmöglichkeiten, Restaurants und ein reges Nachtleben. Zu den Sehenswürdigkeiten zählen das *Province House*, ein historisches Gebäude, das schon von Charles Dickens 1842 gepriesen wurde; *St. Pauls*, die älteste protestantische Kirche Kanadas; das *Nova-Scotia-Museum*; das *Atlantik-Museum* und *York Redoubt*, das 200 Jahre alte Fort am Hafen. Das Wahrzeichen von Halifax ist die *Zitadelle*, eine sternförmige Granitfestung, von der aus die Stadt vom Jahre 1749 an verteidigt wurde. Von den Schutzwällen aus hat man eine gute Aussicht auf die Stadt.
AUSSERHALB DER HAUPTSTADT: Es ist einfach, in Nova Scotia zu reisen. Die ca. 217 Kilometer lange Halbinsel bietet eine Reihe von ineinander übergehenden Reiserouten, die jeweils einen anderen Blick auf ein sehenswertes Ufer freigeben. Der *Cabot Trail* beschreibt einen langen Bogen um das nördliche Hochland der Provinz und führt durch den *Cape Breton Highlands National Park*. An der *Lighthouse Route* sind insbesondere Seefahrertraditionen erhalten geblieben. Der *Evangeline Trail* ist eine ländliche Straße, die durch das schöne Annapolis Valley führt, das für seine Obstgärten, Forts und viktorianischen Gebäude bekannt ist. Der *Sunrise Trail* folgt der Northumberland Strait, die 35 Sandstrände und das wärmste Wasser nördlich von Carolina aufweist. Gegenüber von Halifax, auf der anderen Seite des Hafens, liegt die moderne Industriestadt **Dartmouth.** Westlich von Halifax verläuft eine Küstenstraße, die die Fischerdörfer der Südküste miteinander verbindet. Die Straße zum Fährhafen **Yarmouth** führt vorbei an **Peggy's Cove,** Kanadas meistfotografiertem Leuchtturm in einer schönen Küstenlandschaft, **Mahone Bay** und **Lunenberg,** einem deutschen Städtchen, dessen maritimes Museum in zwei Schiffen untergebracht ist. Nördlich von **Liverpool** liegt der **Kejumjukic-Nationalpark,** der Wildpfade, Kanu- und Wintersport bietet. Hinter Yarmouth verläuft die Küstenstraße in Richtung Nordosten und führt durch die französischsprachigen akadischen Ortschaften **Meteghan** und **Church Point** an der Bay of Fundy. **Port Royal** und **Fort Anne** gehören zu den ältesten französischen Siedlungen Kanadas. Der **Grand-Pré-Nationalpark** erinnert an die Ausweisung von 2000 Akadiern im Jahre 1755. Von **Amherst** aus, dem Tor zur Provinz, führt die Küstenstraße an der Nordküste entlang über den Damm zur Insel Cape Breton (s. u.). An der Nordküste herrschen starke schottische Einflüsse vor. Die Straßenschilder in **Pugwash** sind auf englisch und gälisch geschrieben, und in **Antigonish** werden alljährlich wie in Schottland *Highland Games* ausgetragen.
Die Insel **Cape Breton** zieht viele Angler und Vogelfreunde an. Die Landschaft im **Cape-Breton-Highlands-Nationalpark** ist besonders reizvoll. Auf dem **Bras D'Or Lake** kann man gut segeln. **Sydney** ist ein Schiffahrts- und Industriezentrum sowie die Hauptstadt der Insel. Südöstlich der Stadt liegt das **Fortress of Louisburgh,** eine restaurierte Burg, die einmal das Hauptquartier der französischen Nordatlantikflotte war und 1760 von General Wolfe zerstört wurde. **Baddeck** auf Cape Breton Island beheimatet das *Alexander Graham Bell Museum*. Der Erfinder des Telefons setzte sich in Baddeck zur Ruhe.

SOZIALPROFIL

ESSEN & TRINKEN: Meeresfrüchte spielen in den meisten Gerichten eine große Rolle. Zu den Spezialitäten zählen *Scallops* (Jakobsmuscheln), gebraten, gebacken oder gegrillt und oft mit Remouladensoße serviert. Fisch- und Venusmuschel- *(Clam)* Suppen sowie *Solomon Grundy* (ein Heringsgericht) sind auch sehr beliebt. Die *Lunenbergwurst* spiegelt ebenso den deutschen Einfluß wider wie *Hugger in Buff, Fish and Scrunchions, Dutch Mess* und *House Bunkin*, alles Bezeichnungen für Fisch- und Kartoffelgerichte mit Zwiebeln und gesalzenem Schweinefleisch in Sahnesoße. Zum Nachtisch gibt es viel Obst und Beeren, darunter ein Kompott mit Klößchen, das *Slump* oder *Fungy* genannt wird. Andere Leckereien sind gebackene Apfelklöße, die mit Sahne, Zucker oder Zitronensaft serviert werden. **Getränke:** Bier und andere alkoholische Getränke werden pro Glas in Restaurants (zu Mahlzeiten) und Hotelbars (11.00-14.00 Uhr) verkauft. Flaschen- und Faßbier findet man in den Gaststätten (10.00-24.00 Uhr), die auch oft schmackhafte kleine Mahlzeiten servieren. Alkoholkauf ab 19 Jahre.
NACHTLEBEN: Die meisten Nachtklubs findet man in Halifax. Schottische Balladen und Dudelsackmusik kann man in der ganzen Provinz in Konzerten, Bars, Hotels und Restaurants hören. Theater, auch Laienspielgruppen, sind sehr beliebt. Das *Department of Tourism* erteilt nähere Auskünfte.
SPORT: Angeln ist eine der beliebtesten Freizeitbeschäftigungen, und es gibt eine Anzahl verschiedener Angelplätze. Im Sommer sind **Golf, Pferderennen, Tennis, Reiten** und **Wandern** durch die weitläufigen Parkgebiete der Provinz beliebt. Im Winter kann man in der Nähe von Halifax **Ski** laufen. Alle Wassersportarten sind möglich, besonders beliebt sind **Segeln, Schwimmen** und **Hochseeangeln.**
VERANSTALTUNGSKALENDER
3. - 5. Mai '96 *Festival of Crafts, Antiques, Art & Food*, Halifax Forum. **30. Mai - 3. Juni** *Annapolis Valley Apple Blossom Festival*, Windsor bis Digby. **3. - 6. Juni** *Shelbourne County Lobster Festival* (Hummerspezialitäten, Regatten), Shelbourne. **1. Juli** *Canso Seafood Festival*, Canso. **12. - 14. Juli** *Lunenburg Craft Festival*, Lunenburg. **18. - 21. Juli** *Festival der Tartaren* (Paraden, Wettkämpfe im Schwergewicht, Dudelsackspieler, Highland-Tänze), New Glasgow. **31. Juli - 4. Aug.** *Mahone Bay Wooden Boat Festival* (Touristen lernen das Kulturerbe näher kennen), Mahone Bay. **9. - 11. Aug.** *St. Ann's Highland Gathering* (Highland-Wettkämpfe, Dudelsackmusik, Trommeln, Schottische Folklore), St. Ann's. **23. - 27. Aug.** *Canada Tuna Cup* (Internationaler Thunfischwettbewerb), Canso. **3. - 6. Okt.** *Oktoberfest*, Lunenburg. **14. - 17. Nov.** *NSDCC Christmas Craft Market*, Halifax. **29. Nov. - 7. Dez.** *Baumfest*, Tatarngouche. **März '97** *Ahornsirup Festival* (Pfannkuchen, Schwarzbrot, Würstchen, Ahornsirup), Tatarnagouche.

WIRTSCHAFTSPROFIL

Kontaktadresse: *Atlantic Provinces Chamber of Commerce*, Suite 110, 236 St. George Street, Moncton, New Brunswick E1C 1W1. Tel: (506) 857 39 80. Telefax: (506) 859 61 31.
KONFERENZEN/TAGUNGEN: Nova Scotia hat eine gute Auswahl an Kongreßzentren. Das *Halifax Metro Centre* kann bis zu 10.000 Tagungsteilnehmer aufnehmen; das *World Trade and Convention Centre* mit drei Konferenzetagen und genügend Platz für 2600 Stehplätze oder 1700 Sitzplätze ist an das *Halifax Metro Centre* angeschlossen. Auch Hotels wie das *Chateau Halifax* und das *Halifax Hilton* in Halifax und das *Holiday Inn* in Dartmouth bieten Tagungseinrichtungen. In Dartmouth gibt es auch die Arena *Dartsmouth Sportsplex*. Das *Centre 2000* in Sydney bietet Platz für 800 Konferenzteilnehmer, und zu den Tagungszentren in ländlicher Lage zählen *The Pines* an der Bay of Fundy, die *Tales and Trails Lodge* am schönen Fleur-de-Lis-Naturpfad, *Keltic Lodge* am Cape Smoky, *Liscombe Lodge* an der Mündung des Liscombe River und die *Lansdowne Lodge* östlich von Truro. Nähere Auskünfte erteilen folgende Informationsstellen: *Tourism Industry Association of Nova Scotia*, The World Trade & Convention Centre, Suite 402, 1800 Argyle Street, Halifax, Nova Scotia B3J 3N8. Tel: (902) 423 44 80. Telefax: (902) 422 01 84 oder *Tourism Halifax*, PO Box 1749, Halifax, Nova Scotia B3J 3A5. Tel: (902) 421 87 36. Telefax: (902) 421 28 42.

KLIMA

Sehr kalte Winter, milde Sommer.
Kleidung: Leichte bis Übergangskleidung im Sommer. Warme Kleidung im Winter, Regenschutz das ganze Jahr über.

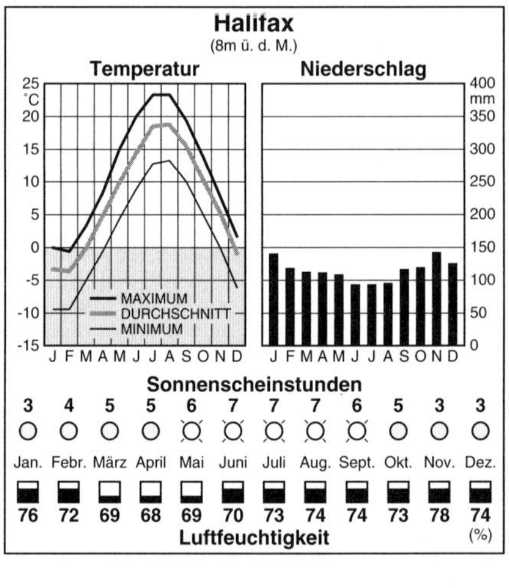

Ontario

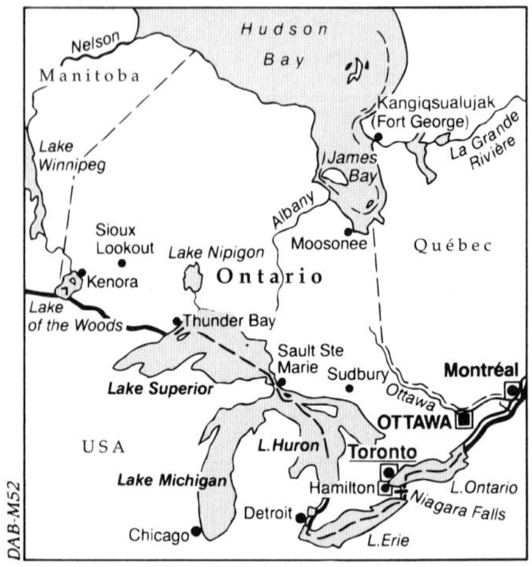

□ *Internationaler Flughafen*
Provinzhauptstadt unterstrichen

Lage: Kanada, östliche Mitte.

Ontario Ministry of Economic Development, Trade and Tourism
9th Floor
77 Bloor Street West
Toronto
Ontario M7A 2R9
Tel: (416) 314 75 68, 314 09 44. Telefax: (416) 214 75 63.
Deutsches Generalkonsulat
77 Admiral Road
Toronto
Ontario M5R 2L4
PO Box 523
Postal Station P
Toronto
Ontario M5S 2T1
Tel: (416) 925 28 13. Telefax: (416) 925 28 18.
Deutsches Honorarkonsulat
71 Wharncliffe Road South
London
Ontario N6J 2J81
Tel: (519) 432 41 33. Telefax: (519) 667 51 87.
Deutsches Honorarkonsulat
385 Frederick Street
Kitchener
Ontario N2H 2P2
Tel: (519) 745 61 49.
Österreichisches Generalkonsulat
Suite 1010
360 Bay Street
Toronto
Ontario M5H 2V6
Tel: (416) 863 06 49. Telefax: (416) 869 78 51.
Generalkonsulat der Schweizerischen Eidgenossenschaft
Suite 601
154 University Avenue
Toronto
Ontario M5H 3Y9
Tel: (416) 593 53 71/73. Telefax: (416) 593 50 83.

FLÄCHE: 916.734 qkm.
BEVÖLKERUNGSZAHL: 10.084.885 (1991).
BEVÖLKERUNGSDICHTE: 11 pro qkm.
HAUPTSTADT: Provinzhauptstadt: Toronto. **Einwohner:** 3.893.046 (1991). **Bundeshauptstadt:** Ottawa. **Einwohner:** 920.857 (1991).
GEOGRAPHIE: Ontario grenzt im Westen an Manitoba und im Osten an Québec. Im Norden liegt die Hudson Bay, die Ufer der großen Seen im Süden bilden die Grenze zu den USA. Der größte Teil der Bevölkerung lebt in der Umgebung von Toronto und Ottawa im Süden der Provinz. Im Norden herrschen Wald- und Seengebiete vor. Die berühmten Niagara-Fälle liegen im südosten dieser Gegend.
SPRACHE: In Ontario wird überwiegend Englisch gesprochen.
ORTSZEIT: Östlich vom 90. Längengrad: MEZ - 6 (MEZ - 5 während der Sommerzeit).
Westlich von 90° W: MEZ - 7 (MEZ - 6 während der Sommerzeit).
Anmerkung: Die offizielle Sommerzeit beginnt am ersten Sonntag im April und endet am letzten Sonntag im Oktober.

GESETZLICHE FEIERTAGE

Wie im übrigen Kanada (s. Einführung), außerdem:
5. Aug. '96 Feiertag. **19. Febr. '97** Heritage Day.

REISEVERKEHR

FLUGZEUG: Die Fluggesellschaften *Air Canada* und *Canadian Airlines International* bieten internationale Flugdienste von Toronto und *Air Canada* zusätzlich von Ottawa an. Viele andere internationale Fluggesellschaften bieten Direktflüge nach Toronto. Charterfluggesellschaften sind häufig eine preiswertere Alternative zu Linienflügen. Fluggesellschaften, die in Ontario verkehren, sind u. a. *Norontair, Bearskin Lake Air Services, Canadian Partner* und *Air Ontario*, außerdem *Air Canada* und *Canadian Airlines International*. Alle größeren Städte werden angeflogen.
Internationale Flughäfen: *Ottawa (YOW)* (McDonald-Cartier) liegt 15 km südwestlich der Stadt; Fahrzeit 20 Min.
Toronto (YYZ) (Lester B. Pearson) liegt 28 km nordwestlich der Stadt; Fahrzeit 20 Min.
SCHIFF: Der einzige Hafen an der Hudson Bay mit einer Bahnverbindung nach Süden ist Moosonee, wo man auch einen beschränkten Flugverkehr vorfindet. Die Haupthäfen für den Personenverkehr in die USA sind Windsor (nach Detroit/Lake St. Clair); Sarnia (nach Port Huron/St. Clair River); Leamington (nach Sandusky/Lake Erie); Kingston, Brockville, Cornwall und Ogdensburg (über den St. Lawrence River in die USA) und Wolfe Island nach New York.
Die größten Fährgesellschaften sind *Toronto Islands Ferries, Pelee Island Transportation Services, Owen Sound Transportation Company* und das *Ontario Ministry of Transportation*. Auskünfte über Fahrpläne und -preise erteilen die örtlichen Behörden.
BAHN: *VIA Rail* verbindet Toronto dreimal wöchentlich mit dem westlichen Kanada. Einige Linien verbinden Toronto, Windsor und Ottawa mit Montréal und Québec City in Québec. *VIA Rail* und *Amtrak* betreiben Züge in die USA, von Toronto über die Niagara-Fälle nach New York sowie über Windsor und Port Huron nach Chicago. *VIA Rail* verbindet auch alle größeren Städte der Provinz. Die meisten Züge verkehren im dichtbesiedelten Süden der Provinz. *Ontario Northland Rail* verbindet Naoth Bay mit Moosonee an der Hudson Bay. Weitere Informationen sind bei jedem regionalen Fremdenverkehrsamt erhältlich.
PKW/BUS: Mehrere Brücken verbinden die USA und Kanada, bei Cornwall, Fort Erie, Sarnia, Windsor, Sault-Ste.-Marie, Fort Frances, Rainy River und Niagara Falls. Zwischen Windsor und Detroit gibt es einen Tunnel. An den großen Seen ist das Straßennetz ausgezeichnet, es ist jedoch nicht direkt an den Norden der Provinz angeschlossen. Fernstraßenverbindungen sind durchweg gut. Näheres unter *Camping* (s. u.). **Fernbusse** der folgenden Firmen fahren die meisten Städte Ontarios an: *Greyhound Lines, Gray Coach Lines, Voyageur Colonial, Ontario Northland, Chatham Coach* und *GO-Transit*.
Mietwagen sind in allen Hotels, an den Hauptbahnhöfen und Flughäfen von Ottawa und Toronto erhältlich. Der Fahrer muß über 21 Jahre alt sein. Gurtanlegepflicht.
STADTVERKEHR: Busse, Oberleitungsbusse, U-Bahnen und Straßenbahnen werden von der *Toronto Transit Commission* betrieben. Die Einheitsfahrpreise gelten auch für Umsteigefahrten. Es gibt Sammelfahrscheine, die man im voraus kaufen kann. Die städtischen Verkehrsmittel sind auf die Regionalbusse und -bahnen der *GO-Transit* abgestimmt. Die Linienbusse in Ottawa, Carlton und Umgebung werden von *OC-Transport* betrieben. Auf Schnellstrecken zahlt man Einheitsfahrpreise mit Zuschlag. Umsteigen ist inbegriffen, Sammelfahrscheine und Zeitkarten sind erhältlich. Eine Tageskarte für 5 Can$ gilt für alle öffentlichen Verkehrsmittel innerhalb von Toronto.
FAHRZEITEN von Toronto zu den anderen größeren Städten und Urlaubsorten der Provinz (ungefähre Angaben in Std. und Min.):

	Flugzeug	Bahn	Pkw/Bus
Niagara-Fälle	-	2.00	1.45
Ottawa	1.00	4.00	5.00
Windsor	1.10	4.30	5.00
London	0.40	2.15	2.30
Sudbury	1.05	8.00	6.00
Sault-Ste.-Marie	1.25	-	10.00
Thunder Bay	1.45	-	20.00

UNTERKUNFT

Die meisten Unterkünfte gibt es im Süden der Provinz, wo der größte Teil der Bevölkerung lebt.
HOTELS: Zimmerpreise richten sich nach der Hotelklasse. In Toronto und Ottawa gibt es Hotels internationaler Klasse. Der Hotelverband ist unter folgender Adresse zu erreichen: *Ontario Hotel and Motel Association*, 2600 Skymark Avenue, Mississauga, Ontario L4W 1V2. Tel: (905) 602 96 50. Telefax: (905) 602 96 54.
Kategorien: Die Unterkünfte werden von *Tourism Ontario* auf freiwilliger Basis klassifiziert. Dieser privaten Organisation, die nicht auf Profit ausgerichtet ist, gehören über 1000 Mitglieder an. Tourism Ontario hat folgendes Klassifizierungssystem (es gibt auch noch einige weitere kleinere Organisationen, die Hotels klassifizieren):
5 Sterne: DeLuxe-Hotels mit ausgezeichneten Einrichtungen und erstklassigem Service.
4 Sterne: Überdurchschnittlicher Standard, Zimmer mit zahlreichen Einrichtungen und gutem Service.
3 Sterne: Zimmer mit gutem Standard und Service.
2 Sterne: Einfache, saubere und gemütliche Hotels mit einigen Extras.
1 Stern: Einfache, saubere Zimmer und einfacher Service.
Knapp über 75% der angeschlossenen Hotels sind mit 3 oder 4 Sternen ausgezeichnet.
PENSIONEN: Bed & Breakfast-Unterkünfte vermitteln u. a: *Palmerston Inn Association*, 322 Palmerston Boulevard, Toronto, Ontario M6R 2N6. Tel/Telefax: (416) 920 78 42.
Metropolitan Bed and Breakfast Registry of Toronto, Suite 269, 615 Mount Pleasant Road, Toronto, Ontario M4S 3C5. Tel: (416) 964 25 66. Telefax: (416) 960 95 29.
Niagara Region Bed & Breakfast Service, 4917 River Road, Niagara Falls, Ontario L2E 3G5. Tel/Telefax: (905) 358 89 88.
FERIENHÄUSCHEN sind in ganz Ontario vorhanden.
CAMPING: Das Wald- und Seengebiet im Norden der Provinz läßt sich am besten per **Campmobil** erforschen, die es überall zu mieten gibt. Weitere Informationen von *Ontario Tourism* (Adresse s. o.).

URLAUBSORTE & AUSFLÜGE

OTTAWA: Die Hauptstadt Kanadas liegt am Südufer des Ottawa River, gegenüber der französischsprachigen Stadt Hull (Provinz Québec). Die imposanten *Parlamentsgebäude* stehen am Zusammenfluß der Flüsse Ottawa, Rideau und Gatineau. Der 92 m hohe *Peace Tower* bietet einen herrlichen Rundblick über die Stadt und ihre Umgebung. Stadtrundfahrten werden angeboten. Im Juli und August findet hier täglich der farbenprächtige *Wachablösung* statt. Das *National War Memorial*, ein Kriegerdenkmal auf dem *Confederation Square*, ist der Mittelpunkt des Geschäftsviertels Ottawas. Das sechseckige *National Arts Centre* am Ufer des Rideau-Kanals vereint Oper, Theater, Studios und Restaurants unter einem Dach. Der *Rideau-Kanal* und der *Rideau-Trent-Severn-Waterway* gehören zu einem komplexen System von Seen und Kanälen, die Ottawa mit dem Lake Ontario und der Georgian Bay verbinden und ein großes Freizeitgebiet bilden.
Besonders sehenswerte Museen sind die *National Art Gallery* (Gemälde), das *National Museum of Science and Technology* (wissenschaftliches Museum) und das *Museum of Civilisation* (Völkerkundemuseum).
Gatineau Park ist eine 37.000 ha große Wildnis und liegt nur 15 Autominuten nördlich vom *Parlament Hill*. Das **Upper Canada Village** ist ein nachgebautes Dorf aus dem 19. Jahrhundert mit zahlreichen originalen historischen Gebäuden aus der Umgebung.
TORONTO ist die Provinzhauptstadt und Kanadas größte Stadt. Der schnelle Wachstum der letzten Jahre und der Einfluß der vielen Einwanderer hat Toronto zu einer der aufgeschlossensten Großstädte Nordamerikas gemacht. Die Flüsse Don und Humber fließen durch die rechteckig angelegte Stadt, und die meisten Freizeitanlagen liegen an ihren Ufern. Der *CN Tower* hat Fahrstühle mit einer Glasfront, die 553 m hoch zu den Aussichtsplattformen fahren, von denen man an klaren Tagen 120 km weit sehen kann. Die *Royal Plaza* mit ihren beiden goldenen Türmen ist wohl das auffallendste avantgardistische Gebäude der Stadt. Zwischen der modernen Architektur findet man jedoch auch Altbauten; besonders reizvoll sind die von Häusern im viktorianischen Stil gesäumten Alleen. Das *Ontario Science Centre* und der *Metro Toronto Zoo* liegen in den östlichen Vororten und sind ebenfalls sehenswert. Die *Art Gallery of Ontario*, das *Royal Ontario Museum* und *Casa Loma*, ein Märchenschloß, liegen im Norden der Stadt. Vom alten Hafenkai aus kann man mit der Fähre zu den *Toronto Islands* übersetzen, auf denen es Freizeitparks, Einkaufs- und Kunstzentren gibt. Das *Exhibition Stadium* und die künstliche Insel *Ontario Place* sind ebenfalls hier zu finden. *Canada's Wonderland* ist ein riesiger Freizeitpark nordwestlich der Stadt. **Yonge Street** ist die längste Straße der Welt und verbindet Toronto mit der großen Wildnis im Norden und Westen der Provinz.
AUSSERHALB DER GROSSEN STÄDTE: Die **Niagara-Fälle** sind die berühmten Wasserfälle am Niagara River, der an dieser Stelle die Grenze zwischen Kanada und dem Bundesstaat New York (USA) bildet und den Lake Ontario mit dem Lake Erie verbindet. 1254 ha entlang des Flusses auf der kanadischen Seite gehören zu Ontarios *Niagara-Naturpark*. Busse fahren Besucher am Fluß entlang, die ganze Rundfahrt umfaßt 18 km. Zu den Attraktionen zählen die Stromschnellen, die Niagara-Fälle selbst (mit Lift und Tunnel, die Besuchern den Zugang vor und hinter die Wasserfälle ermöglichen), Bootsfahrten in Reichweite des Sprühregens der Wasserfälle, Seilbahnfahrten über den »Whirlpool«-Wasserstrudel, ein Botanischer Garten, Restaurants und Museen sowie schöne Wanderwege und Picknickstellen in üppiger Parklandschaft. Der Park ist ganzjährig geöffnet.
Am Nordufer des Lake Erie liegen zahlreiche Urlaubsorte wie z. B. **St. Thomas** und **Port Stanley.** Nördlich von hier zwischen den großen Seen Erie, Ontario und Huron liegen **London** und **Stratford**, wo alljährlich Shakespeare-Festspiele stattfinden. **Windsor** ist eine hübsche, sehr englisch anmutende Stadt am Zusammenfluß des Erie- und St.-Clair-Sees. Von **Midland** aus hat man einen guten Blick auf das Seengebiet der **Georgian Bay.** Am Ostufer des Lake Superior liegt die bedeutende Geschäftsstadt **Sault-Ste.-Marie** (US-Grenze). Von hier aus kann man Ausflüge in die Wildnis im Norden und Westen der Provinz unternehmen. Größte Sehenswürdigkeit der Region ist der **Lake Superior Provincial Park** mit schönen Parkanlagen, kühlen Seen und glitzernden Wasserfällen, der jedoch vor allem für die indianischen Piktographien am *Agawa Rock* bekannt ist. Das Trapper- und Fischerstädtchen **White River** liegt in der Nähe.
Zugstrecken und ein Highway führen in den Westen nach **Thunder Bay,** einem Hafen am St. Lawrence River, der ein bekannter Skiort mit der längsten Sprungschanze der Welt ist. Zwischen Thunder Bay und dem **Lake Nipigon** gibt es fantastische Canyons und Felsformationen zu bewundern. Der See und die Stadt gleichen Namens sind beliebte Urlaubsorte im Herzen ehemaliger Jagdgründe der Indianer.
Der unwirtliche Norden und Westen der Provinz sind nur spärlich besiedelt; Seen, Sümpfe und Waldgebiete prägen hier das Landschaftsbild. Die Haupteisenbahnstrecke quer durch Kanada durchquert Ontario etwa am 50. Breitengrad. Nördlich dieser Linie gibt es nur wenige Straßen und nur eine Eisenbahnstrecke, die am Moose River entlang bis nach Moose Factory führt, einer der Siedlungen an der James und der Hudson Bay.

SOZIALPROFIL

ESSEN & TRINKEN: In Ottawa und Toronto gibt es eine große Auswahl chinesischer, englischer, französischer, griechischer, indischer, italienischer, israelischer, skandinavischer, spanischer sowie süd- und nordamerikanischer Restaurants. Toronto gilt als eine der Feinschmeckerstädte des Kontinents. **Getränke:** In den Bars und Restaurants stehen auch ausländische Spirituosen zur Auswahl. Ontario hat viele Weinbergen und produziert einen großen Teil der einheimischen Weine. Alljährlich findet das Niagara-Weinfest statt. Das Mindestalter für den Alkoholkauf ist 19 Jahre. Spirituosen werden in Geschäften der Provinzverwaltung verkauft. Einheimisches Bier kauft man in den Brauereigeschäften, *Brewer's Retail*, und Wein in den Geschäften der Weingüter. Die Ausschankzeiten sind von 12.00-01.00 Uhr. Sonntags wird Alkohol nur in Verbindung mit Mahlzeiten verkauft.

NACHTLEBEN: In beiden Großstädten wird Unterhaltung aller Art angeboten. Von gemütlichen Klubs mit Solo-Pianisten bis hin zu südamerikanischen Combos, Tanz- und Rockbands und berühmten internationalen Künstlern ist für jeden Geschmack etwas dabei. Außerdem findet man gute Jazz- und Blueslokale. Theater mit klassischem Repertoire gibt es in beiden Städten. Kabarettveranstaltungen sind besonders beliebt in Toronto.

EINKAUFSTIPS: Es gibt kaum etwas, das man in Toronto nicht kaufen kann, wenn man Zeit und Geld für einen Einkaufsbummel hat. In den Vororten gibt es große Einkaufszentren, und in der Stadtmitte befindet sich das unterirdische Einkaufsparadies *Eaton Centre*. In den einzelnen Stadtteilen sind Kunstgalerien, Boutiquen und Antiquitätenläden in renovierten viktorianischen Gebäuden untergebracht; im Sommer kann man sich in Straßencafés vom Einkaufsbummel erholen. Yorkville bietet modische Boutiquen, exklusive Spielzeuggeschäfte und Secondhand-Läden. Im heruntergekommenen Queen Street Strip haben sich Raritäten-, Comic- und Antiquitätenläden neben Punk-Modegeschäften niedergelassen. In Ottawa gibt es auch eine gute Auswahl an Kunstgewerbeläden.

SPORT: Publikumssport: In Toronto gibt es eine professionelle **Baseball**-Mannschaft. Toronto und Ottawa haben professionelle **Hockey-** und **Fußball-**Mannschaften. Die Torontoer **Pferderennbahnen** liegen in Greenwood und Woodbine. Außerdem gibt es **Golf-** und **Tennisplätze**, **Schwimmbäder** und **Bootsfahrten** auf dem Lake Ontario, in dem man auch schwimmen kann. **Reiten**, **Radfahren** und **Angelausflüge** sind ebenso beliebt wie im Winter **Skilaufen**. In Ottawa kann man **Boot fahren**, es gibt **Fahrradwege**, **Tennis-** und **Golfplätze**, zwei **Pferderennbahnen** und im Winter **Ski-** und **Skilanglauf**.

VERANSTALTUNGSKALENDER
April - Nov. '96 *Shaw Festival*, Niagara-on-the-Lake. **Mai** *Manotick Alternativ-Festival*. **Juni** (1) *Franco-Festival der francophonen Welt*. (2) *Toronto International Dragon Boat Race Festival*. (3) *German Festival*, Gloucester. **Juni - Juli** *International Freedom Festival*, Windsor. **Juni - Aug.** *Changing of the Guards*, Ottawa. **Juli** *Northern Lights Festival Boreal*, Sudbury. **19. - 28. Juli** *Ottawa International Jazz Festival*. **25. - 29. Juli** *Beaches International Jazz Festival*. **8. - 13. Aug.** *Circle Ball Fair*. **Aug.** (1) *Merrickville Canalfest*, Merrickville. (2) *Festival of Friends*, Hamilton. **Sept.** (1) *Niagara Grape and Wine Festival*, St. Catherines. (2) *Festival of Festivals*, Toronto. (3) *Western Fair*, London. (4) *Cinefest*, Sudbury. **5. - 14. Sept.** *International Film Festival*, Toronto. **2. - 7. Okt.** *Internationales Zeichentrickfilm-Festival*, Ottawa. **17. - 20. Okt.** *Toronto Ski Show*. **Nov. - Jan. '97** *Winter Festival of Lights*, Niagara Falls. **17. Nov.** *Santa Claus Parade*. **31. Dez.** *First Night Toronto*.

WIRTSCHAFTSPROFIL

Kontaktadresse: *Ontario Chamber of Commerce* (Handelskammer), Suite 808, 2345 Yonge Street, Toronto, Ontario, M4P 2E5. Tel: (416) 482 52 22. Telefax: (416) 482 58 79.
Weitere Kontaktadressen s. Einleitung.
KONFERENZEN/TAGUNGEN: Das Angebot an Tagungsstätten in Ontario ist groß, zwischen 35 und 40 größere internationale Konferenzen finden hier pro Jahr statt. Folgende Organisationen vermitteln Unterstützung und Informationen:
Für Konferenzen in Toronto: *Metropolitan Toronto Convention & Visitors Association*, PO Box 126, Suite 590, Queen's Quai Terminal at Harbourfront, 207 Queen's Quay West, Toronto, Ontario M5J 1A7. Tel: (416) 203 26 00. Telefax: (416) 203 67 53.
Metropolitan Toronto Convention & Visitors Association, 375 Upper Richmond Road West, GB-London SW14 7NX. Tel (0181) 876 29 46. Telefax: (0181) 392 13 18.
Niagara-Fälle: *Niagara Falls Visitor & Convention Bureau*, 5433 Victoria Avenue, Niagara Falls, Ontario L2G 3L1. Tel: (905) 356 60 61. Telefax: (905) 356 55 67.
Hamilton: *Greater Hamilton Tourism & Convention Services*, 3rd Floor, 1 James Street South, Hamilton, Ontario L8P 4R5. Tel: (905) 546 42 22. Telefax: (905) 546 41 07.

Ottawa: *Ottawa Tourism and Convention Authority*, 2nd Floor, 111 Lisgar Street, Ottawa, Ontario K2P 2L7. Tel: (613) 237 51 58 (Information), 237 51 50 (Administration). Telefax: (613) 237 73 39, 237 39 59.

KLIMA

Die Sommer sind sehr warm, kühler im Frühling und Herbst. Die Winter sind kalt mit Schneefall.
Kleidung: Leichte bis Übergangskleidung während der warmen Monate. Sehr warme Kleidung im Winter, ganzjährig Regenschutz.

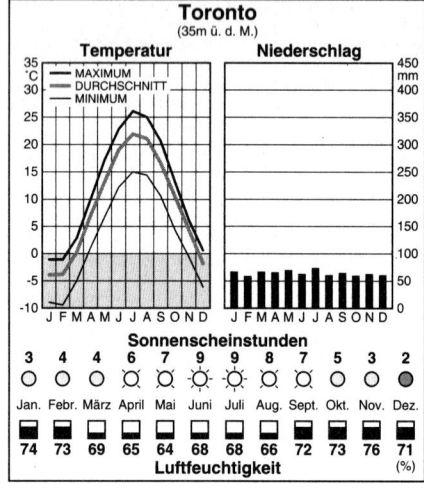

Prince Edward Island

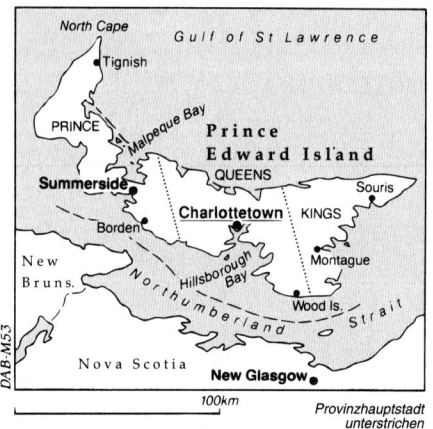

Lage: Ostküste Kanadas.

Tourism Prince Edward Island
PO Box 940
Charlottetown
Prince Edward Island C1A 7M5
Tel: (902) 368 44 44. Telefax: (902) 368 44 38.
Deutsches Generalkonsulat
Suite 4315
1250 Boulevard René-Lévesque Ouest
Montréal
Québec H3B 4XL
Tel: (514) 931 22 77, 931 75 88. Telefax: (514) 931 72 39.
(auch für Prince Edward Island zuständig)
Österreichische Konsulat (ohne Paß- und Sichtvermerksbefugnis)
Suite 710
1718 Argyle Street
Halifax
Nova Scotia B3J 3N6
Tel: (902) 429 82 00. Telefax: (902) 425 05 81.
(auch für Prince Edward Island zuständig)
Generalkonsulat der Schweizerischen Eidgenossenschaft
1572 Avenue Dr. Penfield
Montréal
Québec H3G 1C4
Tel: (514) 932 71 81/82. Telefax: (514) 932 90 28.
(auch für Prince Edward Island zuständig)

FLÄCHE: 5660 qkm.
BEVÖLKERUNGSZAHL: 129.765 (1991).
BEVÖLKERUNGSDICHTE: 23 pro qkm.
HAUPTSTADT: Charlottetown. **Einwohner:** 15.776 (1989).
GEOGRAPHIE: Die halbmondförmige Insel liegt im Gulf of St. Lawrence und besteht aus rotem Ackerland, nordischem Nadelwald und weißen Sandstränden. Die Insel ist 224 km lang und zwischen 6 und 65 km breit.
SPRACHE: In dieser Provinz wird sowohl Englisch als auch Französisch gesprochen.
ORTSZEIT: MEZ - 5 (MEZ - 4 während der Sommerzeit).
Anmerkung: Die offizielle Sommerzeit beginnt am ersten Sonntag im April und endet am letzten Sonntag im Oktober.

GESETZLICHE FEIERTAGE

Wie im übrigen Kanada (s. Einführung).

REISEVERKEHR

FLUGZEUG: *Air Atlantic*, *Air Canada*, *Atlantic Island Airways*, *CP CRAL Partners* und *Air Nova* fliegen den Flughafen von *Charlottetown* (YYG) an, der 8 km westlich der Stadt liegt und der einzige Flughafen der Insel ist.
SCHIFF: *Northumberland Ferries* verbinden Wood Islands an der Südostküste mit Caribou in Nova Scotia zwischen Ende April und Mitte Dezember (Fahrzeit 75 Min.). *Marine Atlantic* fahren von Borden an der Südküste zum Cape Tormentine in New Brunswick (Fahrzeit 45 Min.). Vorausbuchungen werden nicht angenommen (Näheres unter Tel: (902) 566 70 59). *CTMA Ferries* verkehrt zwischen Anfang April und Ende Januar von den Magdalen Islands in Québec und Souris an der Ostküste (Fahrzeit 5 Std.). Während des Sommerfahrplans zwischen Mitte Juni und Anfang September wird Vorausbuchung empfohlen (Reservierungen: Tel: (418) 986 32 78; Information: Tel: (902) 687 21 81).
BAHN: Passagierzüge es auf der Insel nicht.
PKW/BUS: Es gibt drei Küstenstraßen: Lady Slipper Drive (Westen), Blue Heron Drive (Mitte) und Kings Byway (Osten). Auf Prince Edward Island gilt Gurtanlegepflicht für Erwachsene und Kinder.

UNTERKUNFT

HOTELS: Hotels, Ferienwohnungen und Zimmer auf Bauernhöfen stehen auf Prince Edward Island zur Verfügung. In den meisten Städten gibt es ausgezeichnete Hotels, der Weg zum Strand ist nirgends weit. Die *Bed and Breakfast and Country Inns Association* kontrolliert den Standard der Zimmer auf Bauernhöfen. Adresse: *Bed & Breakfast, Visitor Services*, PO Box 940, Charlottetown, Prince Edward Island C1A 7M5. Tel: (902) 368 44 44. Telefax: (902) 368 44 38. Man kann auch Ferienwohnungen und -häuser mieten. **Kategorien:** Für 1993 wurden die Eigentümer von Unterkünften auf Prince Edward Island eingeladen, sich dem *Canada Select Rating Program* anzuschließen. Die Beteiligung ist freiwillig, nähere Informationen sind unter folgender Adresse erhältlich: *Canada Select Rating Program*, Tourism Industry Association of Prince Edward Island, PO Box 2050, Charlottetown, Prince Edward Island C1A 7N7. Tel: (902) 566 50 08. Telefax: (902) 368 36 05.
4 Sterne: Hochwertige Qualität der Unterbringung; Einrichtungen und Gästeservice umfassend.
3 Sterne: Bessere Qualität der Unterbringung, Einrichtungen und Service gut.
2 Sterne: Einfache, saubere Unterkunft mit einigen besonderen Einrichtungen.
1 Stern: Einfache, saubere Unterkunft.
CAMPING: Es gibt 65 Zeltplätze an den Stränden und im kühleren Landesinneren. Die Gebühren richten sich nach dem angebotenen Komfort. Die meisten privaten Campingplätze nehmen Reservierungen an, diejenigen in den Nationalparks jedoch nicht. Weitere Informationen vom *Department of Economic Development and Tourism*, Parks and Recreation, R. R. 1, Belmont, Colchester City, Prince Edward Island C1A 7N8. Tel: (902) 368 55 40. Telefax: (902) 368 44 38 und *Environment Canada*, Canadian Parks Service, PO Box 487, Charlottetown, Prince Edward Island C1A 7L1. Allgemeine Informationen erteilt auch *Parks Canada* unter Tel: (902) 566 70 50 oder Telefax: (902) 566 72 26.
Campmobile können gemietet werden. Weitere Informationen erhältlich von der *Visitor Service Division*.

URLAUBSORTE & AUSFLÜGE

Charlottetown: Die Provinzhauptstadt ist eine schön angelegte Hafenstadt aus der Kolonialzeit mit Alleen und Fachwerkhäusern. Zu den Sehenswürdigkeiten gehören das *Province House*, das im 18. Jahrhundert aus dem charakteristischen Sandstein Nova Scotias erbaut wurde. Hier wurden 1864 den Verhandlungen geführt, die zum kanadischen Staatenbündnis führten. Im *Confederation Centre of the Arts* sind Gemäldegalerien, Theater, Restaurants und ein Museum untergebracht. Die Touristenstraße, die als **Blue Heron Drive** bekannt ist, führt von Charlotteville Richtung Osten nach **Fort**

Amherst, der ursprünglich französischen Inselhauptstadt, und weiter zum erholsamen Prince-Edward-Island-Nationalpark an der Nordküste mit seinen 45 km Sandstrand und reizvollen roten Sandsteinklippen. Im Park liegt Cavendish mit dem Museum des *Green Gables House*, einem Farmhaus, das in dem Roman *Anne of Green Gables* von Lucy Maud Montgomery verewigt wurde. Der *Blue Heron Drive* führt weiter vorbei an einem großen Meeresaquarium in *Stanley Bridge* und nach **New London**, wo die Autorin lebte. Ihr Geburtshaus ist ebenfalls ein Museum. In **Dunstaffage** gibt es ein sehenswertes Automobilmuseum.
Der *Lady Slipper Drive* »umkreist« das Prince County, in dem der Großteil der französischsprachigen Bevölkerung der Insel lebt. Die Straße führt durch **Miscouche** mit seinem *Akadischen Museum* und **Mont Carmel** mit dem *Akadischen Pionierdorf*. Am **West Point**, der Westspitze der Insel, liegt der *Cedar Dunes Provincial Park* mit seinem jahrhundertealten hölzernen Leuchtturm und einem Besucherkomplex mit Museum, Restaurant, Kunstgewerbeladen und Gästezimmern.
Die dritte Straße, der *King's Byway*, schlängelt sich durch die hügeligen Tabakplantagen östlich von Charlottetown. Sie führt durch **Souris**, wo die Fähren aus den Iles de la Madeleine (Québec) anlegen, und zum **North Lake**, wo man Boote mieten kann. Die Thunfischgründe hier sollen zu den besten der Welt gehören. In dieser Region werden auch Seehund-Sichtungsfahrten angeboten. **Point Prim** auf der Landzunge im Südosten der Insel hat den ältesten Leuchtturm von Prince Edward Island, der 1846 gebaut wurde und noch heute in Betrieb ist. Im Inneren der Insel, ebenfalls auf dem King's Byway erreichbar, liegen **Milltown Cross** am *Buffaloland Provincial Park*, Heimat von Bisons und Hirschen, und das *Harvey-Moore-Wandervogelschutzgebiet*, in dem es zahlreiche Gänse- und Entenarten zu sehen gibt.

SOZIALPROFIL

ESSEN & TRINKEN: Spezialitäten der Insel sind Kartoffelpuffer mit gehacktem Schweinefleisch und Zwiebeln sowie heiß oder kalt servierte eingelegte Makrelen. Schalentiere, vor allem Hummer, tauchen oft auf der Speisekarte auf. Hummer gibt es gedünstet oder gekocht, in Salaten oder Suppen. Austern werden mit würziger Soße serviert oder frittiert und kommen in Pasteten, Soufflés, Suppen und Eintopf vor. In vielen Restaurants der Insel wird gute Hausmannskost angeboten. Die Bedienung ist zwanglos, freundlich und hat oft viel Zeit. 10-15% Trinkgeld sind üblich. **Getränke:** Die meisten Restaurants sind zum Alkoholausschank berechtigt. Die lizensierten Restaurants und Gaststätten sind von Mai bis Oktober bis 02.00 Uhr geöffnet. Spirituosenläden sind sechs Tage pro Woche von 10.00-22.00 Uhr geöffnet. Alkohol wird nur an Personen über 19 Jahre verkauft.
NACHTLEBEN: In den Hotels gibt es an vielen Abenden Live-Veranstaltungen. In Charlottetown, Victoria, Georgetown, Mont-Carmel und Summerside gibt es Theater, die kulturelle und musikalische Unterhaltung anbieten.
EINKAUFSTIPS: Zum Kunsthandwerk der Insel gehören höchst originelle Keramik, Webstoffe, Lederartikel, handbemalte Seide und Schmuck. 15 Innungen (*Guilds*) überprüfen und erhalten den Standard. Es gibt ebenfalls zahlreiche Antiquitätenhändler, Secondhand-Läden, Auktionen und Flohmärkte. In Charlottetown, Summerside, Montague und Cavendish sind größere Einkaufszentren vorhanden. **Öffnungszeiten der Geschäfte:** Mo-Do und Sa 09.00-17.00 Uhr; Fr 09.00-21.00 Uhr.
SPORT: Hochseeangeln ist rund um die Insel beliebt. Den Rekord hält seit 1978 derzeit ein Fischer, 572 kg schwerer Thunfisch. **Pferderennen** finden während der Sommermonate statt. **Wandern, Reiten, Kanufahren, Tauchen, Segeln, Windsurfen** und **Wasserski** gehören ebenfalls zu den Freizeitaktivitäten auf der Insel. In den vielen Parks der Insel, wie z. B. *Mill River* in Woodstock und *Brudnell River* in Georgetown, kann man je nach Jahreszeit **Golf** spielen und **Ski** fahren. *Brookvale Provincial Ski Park* eignet sich hervorragend für Langlauf, hier wurden 1991 die kanadischen Winterspiele ausgetragen.
Schwimmen: In den Provinzparks befinden sich auch einige der schönsten Strände der Insel.
VERANSTALTUNGSKALENDER
Juni - Sept. '96 *Charlottetown Festival*. **1. Juni** 18. *Rot Kreuz Relay* (Sportveranstaltung), West River. **28. Juni - 1. Juli** *Celebrate Canada Festival*, Charlottetown. **28. - 30. Juni** *Prince Edward Island World Dance Festival*, Abram Village. **6./7. Juli** *Cape Egmont Cove Festival*. **12. - 14. Juli** *Bluegrass Festival*, Fairview. **16. - 21. Juli** *Lobster Carnival*, Summerside. **1. - 4. Aug.** *Prince Edward Island's Famous International Hydroplane Regatta*, Summerside. **3. - 5. Aug.** *Atlantic Canada Bicycle Rally*, Montague. **29. Aug. - 1. Sept.** *Festival of the Fathers: Celebrating Confederation*, Charlottetown. **13. - 15. Sept.** *Festival on the Harbour*, Summerside Waterfront. **11./12. Okt.** 1996 *Prince Edward Island Wein Festival*, Charlottetown.

WIRTSCHAFTSPROFIL

Kontaktadresse: *Atlantic Provinces Chamber of Commerce*, Suite 110, 236 St. George Street, Moncton, New Brunswick E1C 1W1. Tel: (506) 857 39 80. Telefax: (506) 859 61 31.

KONFERENZEN/TAGUNGEN: Informationen sind erhältlich vom *Prince Edward Island Convention Bureau*, 36 Pownal Street, Charlottetown, Prince Edward Island C1A 3V6. Tel: (902) 368 36 88. Telefax: (902) 368 31 08.

KLIMA

Gemäßigtes Klima, sehr kalt im Winter, milde Sommer.
Kleidung: Leichte bis Übergangskleidung während der warmen Monate, warme Kleidung im Winter, ganzjährig Regenschutz.

Québec

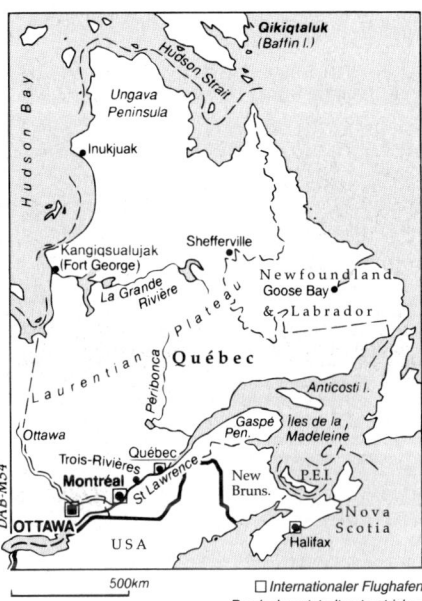

Lage: Ostkanada.

Regierung von Québec, Touristik Abteilung
Immermannstraße 65d
D-40210 Düsseldorf
Tel: (0211) 17 86 30. Telefax: (0211) 178 63 31.
Mo-Fr 09.00-12.30 und 14.30-17.30 Uhr.
Québec Tourism
59 Pall Mall
GB-London SW1Y 5JH
Tel: (0171) 930 83 14, 930 97 42. Telefax: (0171) 930 79 38.
Maison du Tourisme de Montréal
PO Box 979, Centre Infotouriste 1001
Square Dorchester
Montréal
Québec H3C 2W3
Tel: (514) 873 20 15. Telefax: (514) 864 38 38.
Deutsches Generalkonsulat
Suite 4315
1250 Boulevard René-Lévesque Ouest
Montréal
Québec H3B 4XL
Tel: (514) 931 22 77, 931 75 88. Telefax: (514) 931 72 39.
Österreichische Generalkonsulat
Suite 1030
1350 Rue Sherbrooke Ouest
Montréal
Québec H3G 1J1
Tel: (514) 845 86 61. Telefax: (514) 284 35 03.
Generalkonsulat der Schweizerischen Eidgenossenschaft
1572 Avenue Dr. Penfield
Montréal
Québec H3G 1C4
Tel: (514) 932 71 81/82. Telefax: (514) 932 90 28.

FLÄCHE: 1.357.812 qkm.
BEVÖLKERUNGSZAHL: 6.898.963 (1991).
BEVÖLKERUNGSDICHTE: 5,1 pro qkm.
HAUPTSTADT: Québec City. **Einwohner:** 645.550 (1991).
GEOGRAPHIE: Die Provinz liegt im Osten Kanadas, östlich der Hudson Bay. Die Großstädte Québec City und Montréal (Kanadas zweitgrößte Stadt) liegen am St. Lawrence Strom im Südwesten. Das St.-Lawrence-Feriengebiet mit kühlen Seen und schneebedeckten Bergen liegt nördlich von Québec City. Die Wald- und Seenplatte im äußersten Norden der Provinz, auf der Labrador-Halbinsel, ist eines der größten Wildnisgebiete Kanadas.

SPRACHE: Die Amtssprache Französisch wird von 82% der Bevölkerung gesprochen, 35% sprechen auch Englisch.
ORTSZEIT: Östlich des 63. Längengrads: MEZ - 6 (MEZ - 5 während der Sommerzeit).
Westlich 63° W: MEZ - 7 (MEZ - 6 während der Sommerzeit).
Anmerkung: Die offizielle Sommerzeit beginnt am ersten Sonntag im April und endet am letzten Sonntag im Oktober.

GESETZLICHE FEIERTAGE

Wie im übrigen Kanada (s. Einführung), außerdem:
24. Juni '96 Saint Jean Baptiste.

REISEVERKEHR

FLUGZEUG: *Air Canada* und andere internationale Fluggesellschaften fliegen nach Montréal. Außerdem gibt es Verbindungen zwischen Montréal und Toronto, Québec City und New York. *Air Canada* und *Canadian Airlines International* bieten Inlandflüge von Montréal und Québec zu anderen kanadischen Wirtschaftszentren an. Regionale Fluggesellschaften verkehren zwischen den Städten im Süden; zu den Parks und Seen im Norden werden Wasserflugzeuge eingesetzt. Die größeren Fluggesellschaften sind *Air Alliance*, *Air Alma*, *Air Atlantic*, *Air Creebec*, *Air Inuit*, *Air Nova*, *Air Ontario*, *American Airlines*, *Business Express*, *Delta Airlines*, *First Air*, *Inter-Canada Airlines*, *Northwest Airlines*, *Ontario Express*, *Skycraft* und *US Air*.
Internationale Flughäfen: Montréal hat zwei internationale Flughäfen, *Mirabel* (YMX) und *Dorval* (YUL). Mirabel liegt 53 km nordwestlich von Montréal und bietet zahlreiche internationale Verbindungen nach Europa und Asien an. Dorval, 25 km westlich von Montréal, ist hauptsächlich ein regionaler Flughafen. Einige Flüge in die USA verkehren jedoch täglich. Ein Shuttle Service verbindet die beiden Flughäfen. Buslinien verbinden beide Flughäfen im 20-Minuten-Rhythmus mit Montréal und den größeren Hotels. Taxis und Limousinen können zu einem Festpreis gemietet werden.
SCHIFF: Québec City und Montréal sind die größten kanadischen Hafenstädte am St. Lawrence Strom, der den Atlantischen Ozean mit den großen Seen und den Industriegebieten Kanadas und der USA verbindet. Mehrere internationale Reedereien laufen beide Städte an; Passagierschiffe aus Europa legen nur in Montréal an. Regionale Fähren verkehren in den meisten Seen und Flüssen der Provinz.
BAHN: *VIA Rail* bietet einen schnellen und regelmäßigen Service zwischen Montréal, Québec City und Toronto an. Außerdem gibt es eine Strecke von Montréal und Québec City nach Halifax. *VIA Rail* und *Amtrak* bieten Strecken in die USA an.
PKW/BUS: Mit dem Langstreckenbus (vor allem *Orleans Express*) kommt man durch die Provinz, besonders gute Verbindungen gibt es in der Südhälfte. Die Wälder im Norden, zu denen einige gute Highways führen, erforscht man am besten mit dem **Campmobil**.
STADTVERKEHR: In den Bussen und U-Bahnen Montréals gelten Einheitsfahrpreise. Einzelfahrkarten gibt es am Automaten; Sammelfahrscheine und Zeitkarten sind ebenfalls erhältlich. Québecs Busnetz hat ebenfalls Einheitsfahrpreise. Wer weder Sammelfahrschein noch Zeitkarte hat, muß das passende Fahrgeld beim Einstieg bereithalten. In den anderen Städten gibt es ebenfalls gute Linienbusse.

UNTERKUNFT

HOTELS: Der größte Teil der Bevölkerung lebt im Süden der Provinz; die großen Städte bieten eine gute Auswahl an Hotels und anderen Unterkünften. Einige der besten Hotels Kanadas befinden sich in Montréal und Québec City. Außerhalb der Großstädte sind die Unterkunftsmöglichkeiten eher ländlich, *Lodges* und Blockhütten sind sehr beliebt. Zimmer in Privathäusern werden auch oft angeboten. Der Hotelverband ist unter folgender Adresse erreichbar: *Association des Hoteliers de la Province de Québec*, Suite 004, 425 Sherbrooke Street West, Montréal, Québec H2L 1J9. Tel: (514) 282 51 35. Telefax: (514) 849 11 57.
PENSIONEN: Informationen über Pensionen sind erhältlich von verschiedenen Verbänden, darunter *Québec Bed & Breakfast*, 3729 Avenue Le Corbusier, Ste-Foy, Québec City, Québec G1W 4P5. Tel: (418) 651 18 60; *Montréal Bed & Breakfast*, PO Box 575, Montréal, Québec H3X 3T8. Tel: (514) 738 94 10. Telefax: (514) 735 74 93 und *Fédération des Agricotours du Québec*, 4545 Avenue Pierre de Boubertin, PO Box 1000, Succ. M., Montréal, Québec H1V 3R2. Tel: (514) 252 31 38. Telefax: (514) 252 31 73.
CAMPING: In dem weitläufigen Wald- und Seengebiet im Norden der Provinz gibt es einige der besten Campingplätze Kanadas. **Campmobile** und andere vollausgerüstete Mietfahrzeuge sind erhältlich. Weitere Einzelheiten von der *Fédération québecoise de camping et caravaning*, 4545 Avenue Pierre de Courbertin, PO Box 1000, Succ. M., Montréal, Québec H1V 3R2. Tel: (514) 252 30 03. Telefax: (514) 254 06 94.

Kanada

URLAUBSORTE & AUSFLÜGE

Außerhalb der Ballungszentren im Südosten besteht Kanadas größte Provinz aus hügeligem Ackerland am Ufer des **St.-Lawrence-Stroms** und einsamen Bergen im Norden. Die halbstündige Fahrt von Québec am Strom entlang zu den Vororten von **Charlevoix** führt an riesigen Felswänden, tiefen Schluchten und zackigen Förden vorbei. In über 100.000 Seen kann man ausgezeichnet angeln (in erster Linie Forellen und Lachse).

MONTREAL: Kanadas zweitgrößte Stadt ist eine pulsierende Weltstadt mit 80% französischsprachiger Bevölkerung. Durch umsichtige Städteplanung, auch seit der EXPO 1967 und den Olympischen Spielen 1976, ist diese internationale Metropole eine weitläufige und moderne Stadt. Es gibt einige unterirdische Einkaufs- und Freizeitzentren am *Dominion Square*, die man mit der U-Bahn erreichen kann. Am *Place des Arts* befinden sich die Montréaler Symphonie und mehrere Theater. Interessante Sammlungen gibt es im *Montréaler Museum für Schöne Künste* und im *Museum für Zeitgenössische Kunst*. Vieux Montréal, das historische Hafenviertel, ist eindrucksvoll restauriert. Besondere Sehenswürdigkeiten sind der *Place Jacques Cartier*, die ehemalige Residenz des französischen Gouverneurs; das *Chateau Ramzay* und die älteste Kirche der Stadt, *Notre Dame de Bonsecour*. Der *Mont Royal Park* ist der höchste Punkt der Stadt, die Aussicht lohnt sich. Durch den *Olympic Park*, der 1976 Austragungsort der Olympischen Spiele war, werden Führungen angeboten. Der Bezirk um die *Rue Crescent* ist bekannt für seine zahlreichen Jazzcafés und Restaurants.

QUEBEC CITY: Die Provinzhauptstadt mit den alten Stadtmauern, den charakteristischen grünen Kupferdächern und der befestigten *Citadel* wirkt europäischer als die meisten nordamerikanischen Städte. 1985 erklärte die UNESCO die Stadt zu einem schützenswerten Kulturerbe. Die Stadt ist die Wiege der französischen Kultur Kanadas, 95% der Einwohner sprechen französisch. Die zwei Ebenen der Stadt sind durch steinerne Treppen und einen öffentlichen Fahrstuhl miteinander verbunden. Die »Oberstadt« hat einige schöne Bauwerke aus dem 18. und 19. Jahrhundert wie den *Place d'Armes* und das *Chateau Frontenac* (heute ein Hotel). Vor dem Chateau Frontenac ist eine breite hölzerne Promenade, von der man über 310 Stufen zur Citadel hinaufgelangt. In der »Unterstadt« befindet sich ein Straßennetz aus dem 17. Jahrhundert, dessen Mittelpunkt der kürzlich restaurierte *Place Royale* ist.

AUSSERHALB DER GROSSEN STÄDTE: Ste. Agathe des Monts liegt 100 km nördlich von Montréal mitten in einem der besten Skigebiete Nordamerikas. Der **Mont Tremblant Park** Richtung Norden ist ideal für Jagd- und Campingausflüge sowie für Wintersport. Nordwestlich liegt der **Le-Verendrye-Nationalpark**, eine geschützte Seenlandschaft. Unweit von hier befindet sich das Bergbaugebiet um **Rouyn-Noranda**.

L'Ile d'Orléans mit ihren malerischen Dörfern liegt östlich von Québec City. Weiter im Osten befinden sich die **Montmorency-Fälle** und **Ste. Anne de Beaupre**, der größte Urlaubsort im berühmten Laurentischen Skigebiet, dem **Laurentians Park**.

Nordöstlich von Québec am Südufer des St. Lawrence Stroms führt die Straße erst durch die landwirtschaftliche Region des **Bas Saint Laurent** und dann zur **Gaspé-Halbinsel**. Hier ist der **Gaspé-Nationalpark** die größte Besucher-Attraktion. Auf der anderen Seite der Flußmündung liegt die **Duplessis-Halbinsel**, die sich schon die Wikinger als Landeplatz aussuchten. Zeugnisse dieser ersten europäischen Siedler Nordamerikas gibt es im Museum von **Sept-Iles**, der größten Stadt der Region und einer der ältesten Handelsposten Québecs, zu besichtigen. Die bizarren geologischen Formationen der nahegelegenen **Mingan-Halbinsel** kann man am besten per Boot erkunden.

Die **Iles de la Madeleine**, mit ihren langen, weißen Sandstränden und verträumten Fischerdörfern, liegen 290 km östlich von Gaspé im Gulf of St. Lawrence.

SOZIALPROFIL

ESSEN & TRINKEN: Québec ist stolz auf die französische Tradition und Kultur, und nirgends wird dies so deutlich wie in den Restaurants und Küchen der Provinz. Die französische Küche ist hier ebenso gut wie in Europa. Die Einwanderer aus anderen Ländern tragen zur kulinarischen Vielfalt des Landes bei; in Montréal und Québec gibt es italienische, griechische, japanische, spanische und einheimische Restaurants. In den großen Hotels wird internationale Küche angeboten, am besten ißt man jedoch zumeist in den kleinen Restaurants in den Nebenstraßen. Zu den Spezialitäten gehören *Boulettes* (Frikadellen) und *Cretons du Québec* (kaltes Hackfleisch). Die Ile d'Orléans nordöstlich von Québec City liefert frisches Obst und Gemüse. **Getränke:** Der französischen Tradition entsprechend gibt es in Québec ausgezeichnete Weine und Spirituosen. Manche werden im Land produziert, seltenere Weine werden aus Europa importiert. Tavernen und Brasserien verkaufen Mo-Sa 08.00-24.00 Uhr alkoholische Getränke. Cocktail Lounges und Kabaretts haben bis 02.00 Uhr geöffnet (03.00 Uhr in Montréal). Das Mindestalter für den Alkoholkauf ist 18 Jahre.

NACHTLEBEN: In Montréal und Québec City gibt es einige der besten Nachtklubs und Kabaretts Kanadas. In Montréal beginnt das Nachtleben selten vor 22.00 Uhr und dauert meist bis in die frühen Morgenstunden. Es konzentriert sich auf den westlichen Teil der Stadt, entlang Crescent und Bishops Street, sowie auf die Gegend um Ste.-Catherine Street; hier gibt es viele Bars, Clubs und Restaurants. Typisch französische Clubs, Bars, Restaurants, Cafés und Bistros sind im Osten der Stadt, in der Gegend von St. Denis und St. Laurent, zu finden.

EINKAUFSTIPS: Erstklassige Einkaufsmöglichkeiten gibt es in Québec City und Montréal, sowohl in Kaufhäusern als auch auf den Märkten der Seitenstraßen. Pelze, indianische Kunstgewerbeartikel, Mode und Antiquitäten werden angeboten.

SPORT: In Québec werden Sportveranstaltungen internationalen Ranges abgehalten, und in Montréal fanden 1976 die Olympischen Spiele statt. **Wassersport** bietet sich auf dem St.-Lawrence-Strom an (**Segeln, Schwimmen** und **Wasserskifahren**). Internationale Skiwettkämpfe werden nördlich von Montréal am Mont Tremblant und am Mont Ste. Anne östlich von Québec ausgetragen. Die **Wintersportsaison** erreicht mit dem jährlichen *Québec Winter Carneval* im Februar mit Teilnehmern aus ganz Nordamerika ihren Höhepunkt. Sowohl Québec City als auch Montréal beheimaten professionelle **Eishockey**- und **Fußball**-Mannschaften. Montréal hat außerdem eine professionelle **Baseball**-Mannschaft.

VERANSTALTUNGSKALENDER
Ende Mai - Ende Juli '96 *Benson & Hedges Internationaler Feuerwerk-Wettbewerb*, Montréal. **Juni** (1) *International Festival of New Cinema and Video*, Montréal. (2) *Molson Canada Grand Prix*, Montréal. (3) *Mountain-Bike-Weltmeisterschaften*, Mont Ste. Anne. **Juni - Juli** (1) *Krabben-Festival*, Matane. **27. Juni - 7. Juli** *Jazz-Festival*, Montréal. **Juli** (1) *World Folklore Festival*, Drummondville und Québec City. (2) *Traversee International du Lac Memphremagog*, Magon. **4. - 14. Juli** *Internationales Sommerfestival*, Québec City. **17. - 28. Juli** *Just for Laughs-Festival*, Montréal. **Aug.** (1) *Les Médiévales de Québec* (Québec im Mittelalter). (2) *St. Jean-Heißluftballon-Festival*, St. Jean-sur-Richealeau. **22. Aug. - 2. Sept.** *World Film Festival*, Montréal. **Sept.** (1) *Gatineau-Heißluftballon-Festival*, Gatineau. (2) *Montréal Island Marathon*.

WIRTSCHAFTSPROFIL

Kontaktadressen: *German-Canadian Chamber of Industry and Commerce Inc.* (Deutsch-Kanadische Industrie- und Handelskammer, Zweigstelle Montréal), 1010 Rue Sherbrooke Ouest, Suite 1604, Montréal, Québec H3A 2R7. Tel: (514) 844 30 51. Telefax: (514) 844 14 73.
The Austrian Trade Commissioner (Österreichische Außenhandelsstelle), 1010 Rue Sherbrooke Ouest, Suite 1410, Montréal, Québec H3A 2R7. Tel: (514) 849 37 08/09. Telefax: (514) 849 95 77.
Swiss-Canadian Chamber of Commerce (Schweizerisch-Kanadische Industrie- und Handelskammer), 1572 Dr. Penfield Avenue, Montréal, Québec H3G 1C4. Tel: (514) 937 58 22. Telefax: (514) 932 90 28.
Montréal Chamber of Commerce, Plaza Level, 5 Place Ville Marie, Montréal, Québec H3B 4Y2. Tel: (514) 871 40 00, 844 95 71, 288 90 90. Telefax: (514) 496 59 34.
KONFERENZEN/TAGUNGEN: Montréal ist eine wichtige Kongreßstadt – Informationsmaterial erhältlich vom *Greater Montréal Convention and Tourism Bureau*, Suite 600, 1555 Peel Street, Montréal, Québec H3A 1X6. Tel: (514) 844 54 00. Telefax: (514) 844 57 57. Informationen über Konferenzzentren in Québec City: *Greater Québec Area Tourism & Convention Bureau*, 2nd Floor, 399 St. Joseph Street East, Québec City, Québec G1K 8E2. Tel: (418) 522 35 11, 692 24 71. Telefax: (418) 529 31 21.

KLIMA

Die Sommermonate (Juni bis August) sind warm mit kühlen Abenden. Kühl im Frühling und Herbst, sehr kalt im Winter mit Schneefall.

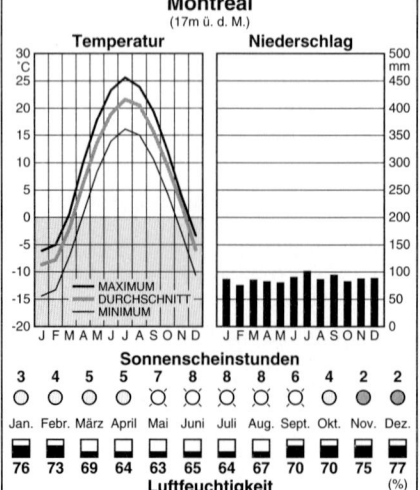

Saskatchewan

Lage: Zentralkanada.

Tourism Saskatchewan
Saskatchewan Tourism Authority
500-1900 Albert Street
Regina
Saskatchewan S4P 4L9
Tel: (306) 787 23 00. Telefax: (306) 787 57 44.
Tourism Saskatoon
PO Box 369
6-305 Idylwyld Drive North
Saskatoon
Saskatchewan S7L 0Z1
Tel: (306) 242 12 06. Telefax: (306) 242 19 55.
Deutsches Honorarkonsulat
3534 Argyle Road
Regina
Saskatchewan S4S 2B8
Tel: (306) 586 87 62. Telefax: (306) 586 87 62.
Österreichisches Konsulat (ohne Paß- und Sichtvermerksbefugnis)
Suite 100
2401 Saskatchewan Drive Plaza
Regina
Saskatchewan S4P 4H9
Tel: (306) 359 77 77. Telefax: (306) 569 12 03.
Generalkonsulat der Schweizerischen Eidgenossenschaft
Suite 601
154 University Avenue
Toronto
Ontario M5H 3Y9
Tel: (416) 593 53 71/73. Telefax: (416) 593 50 83.
(auch für Saskatchewan zuständig)

FLÄCHE: 570.113 qkm.
BEVÖLKERUNGSZAHL: 988.928 (1991).
BEVÖLKERUNGSDICHTE: 1,7 pro qkm.
HAUPTSTADT: Regina. **Einwohner:** 177.577 (1991).
GEOGRAPHIE: Saskatchewan grenzt im Süden an die US-Staaten North Dakota und Montana, im Osten an Manitoba, im Norden an die Northwest Territories und im Westen an Alberta. Die Landschaft besteht zum größten Teil aus Prärie, Wäldern und Seen. Der Prince-Albert-Nationalpark ist das Tor zu Saskatchewans Norden. Höchste Erhebung sind die Cypress Hills im Südwesten (1392 m).
SPRACHE: Vorwiegend Englisch.
ORTSZEIT: Östlich des 106. Breitengrades: MEZ - 7. Westlich 106° W: MEZ - 8.
Anmerkung: Es gibt keine unterschiedliche Sommerzeit.

GESETZLICHE FEIERTAGE

Wie im übrigen Kanada (s. Einführung), außerdem:
5. Aug. '96 Feiertag.

REISEVERKEHR

FLUGZEUG: *Air Canada, Canadian Airlines* und *Time Air* verbinden alle anderen Provinzhauptstädte mit Saskatoon und Regina. Den Flugverkehr innerhalb der Provinz übernehmen in erster Linie *Time Air* und *Prairie Flying Service*, einschließlich Charterflügen zu den Parks und Seen im Norden.

Internationaler Flughafen: *Saskatoon (YXE)* liegt 7 km außerhalb der Stadt; Fahrzeit 10 Min. Am Flughafen gibt es Gepäckaufbewahrung, Mietwagenschalter, Parkplätze und ein Restaurant.
Regina liegt 5 km außerhalb der Stadt.
SCHIFF: Saskatchewan hat keine Küste. Die Fährverbindungen auf dem Saskatchewan River verbinden den Bundesstaat mit Manitoba und Alberta, auch auf dem Churchill River verkehren Fähren nach Manitoba. Man kann auch Hausboote mieten.
BAHN: VIA-Rail-Züge der Linie Winnipeg – Saskatoon – Edmonton verkehren in Saskatchewan.
PKW/BUS: Sechs Highways führen durch den Bundesstaat: die *Northern Woods Route* und die *Water Route* in Ost-West-Richtung, der Yellowhead Highway, der *Trans-Canada-Highway* und der *Red Coat Trail* (ebenfalls Ost-West-Richtung) und der *CanAm International Highway* sowie der *Saskota International Highway* in Nord-Süd-Richtung. Das Straßennetz der Provinz umfaßt insgesamt 250.000 km. **Fernbusse:** *Greyhound Bus Lines, Saskatchewan Transportation* und *Moose Mountain Bus Lines* bieten Liniendienste an. In den größeren Städten können Reisebusse auch gemietet werden. **Mietwagen** erhält man in den meisten Städten des Bundesstaates. Es besteht Gurtanlegepflicht für alle Fahrzeuginsassen.

UNTERKUNFT

HOTELS: Der größte Teil der Unterkünfte ist im Süden der Provinz konzentriert, vor allem in Regina, Saskatoon, Moose Jaw und Weyburn. In den Parks im Norden gibt es überwiegend Campingplätze. Hausboote sind auf den Seen Saskatchewans sehr beliebt. Der Hotelverband ist unter folgender Anschrift zu erreichen: *Hotel Association of Saskatchewan*, 1054 Winnipeg Street, Regina, Saskatchewan S4R 8P8. Tel: (306) 522 16 64. Telefax: (306) 525 19 44. **Kategorien:** Der jährliche Hotelführer Saskatchewans, *The Saskatchewan Accommodation Guide*, zählt alle Hotels, Motels, Zimmer auf Bauernhöfen und Pensionen auf. Es gilt folgendes Klassifizierungssystem:
Mod: »Moderne« Zimmer, einschließlich private Badezimmer mit Handwaschbecken, Bad und/oder Dusche sowie WC.
Smod: »Semi-moderne« Zimmer, einschl. Handwaschbecken mit fließend heißem und kaltem Wasser.
Nmod: »Nicht-moderne« Zimmer, keine Waschgelegenheiten oder WCs in den Zimmern.
Lhk (*Light Housekeeping Unit*): Ferienwohnungen mit Küche, Wohn- und Schlafzimmer.
CAMPING: In den Parks gibt es einige der besten Campingplätze Kanadas. Die 17 Parks haben unterschiedliche Angebote für Reisende mit Zelt oder Wohnwagen. Weitere Auskünfte von den örtlichen Parkverwaltungen. Einige Firmen vermieten vollausgerüstete **Campmobile**. Nähere Informationen erteilt *Tourism Saskatchewan*.

URLAUBSORTE & AUSFLÜGE

Die Hälfte der Provinz besteht aus Wald- und Parkgebieten. Nördlich des 54. Breitengrades liegen 32 Mio. ha Wald, die Naturfreunden unvergleichliche Möglichkeiten bieten. Im Süden und in der Mitte der Provinz ist die Landschaft weniger ungestört, hier herrschen Getreidefelder vor.
REGINA, die Provinzhauptstadt, hieß früher *Pile of Bones,* »Knochenhaufen«, wurde aber zu Ehren der britischen Königin Victoria umbenannt. Die Stadtmitte bildet das *Wascana Centre*, eine riesige Wasser- und Parkanlage mit einer Kunstgalerie und Theatern. Im Park liegen das *Parlamentsgebäude* und das *Naturgeschichtliche Museum*. Regina ist schon lange das Hauptquartier der *Royal Canadian Mounted Police* (der »Mounties«). Das *RCMP Centennial Museum* bietet einen Einblick in den Wilden Westen Kanadas.
SASKATOON am South Saskatchewan River gehört zu den Boomstädten Kanadas. Die Flußufer bestehen aus schöner Parklandschaft und Freizeitgebiet. Das *Western Development Museum*, der *Wanuskewin Heritage Park*, der *Forestry Farm Park* und das *Ukrainian Museum of Canada* sind die größten Sehenswürdigkeiten.
AUSSERHALB DER GROSSEN STÄDTE: Sechs große Highways erschließen den Bundesstaat. Auf dem Trans-Canada-Highway lernt man den Süden der Provinz am besten kennen. Er folgt dem **Qu'Appelle Valley,** einem Tal mit zahlreichen Höhlen und Seen, das sich durch zwei Drittel der Provinz hinzieht. Östlich von Regina liegen das **Fort Qu'Appelle** und die Freizeitparks **Katepwa** und **Echo Valley.** Im Westen liegt **Swift Current,** wo alljährlich das *Frontier Festival* stattfindet.

Zur Benutzung dieses Buches beachten Sie bitte auch die **Einleitung**

Weiter westlich über die Prärie liegt der reizvolle **Cypress Hill Park.** Der Yellowhead Highway verläuft von Saskatoon östlich nach **Yorkton** (an der Grenze zu Manitoba) durch den Getreidegürtel. In dieser Region haben sich zahlreiche Einwohner aus der Ukraine niedergelassen (u. a. in Verigin), wie man an den vielen orthodoxen Kirchen mit Silberkuppeln erkennen kann. Zu den Sehenswürdigkeiten gehören auch **Duck Mountain** und die **Good Spirit Provincial Parks.** Ein Pionierdorf befindet sich im geschichtlichen **Fort Battleford National Historic Park** nordwestlich von Saskatoon. Größter Anziehungspunkt Saskatchewans sind die riesigen Wälder und vielen Seen des Nordens. Manche Gegenden, auch einige Ortschaften, sind nur mit dem Flugzeug erreichbar. **Prince Albert** ist das Tor zu dieser Region, und der nächstgelegene Park ist der **Prince Albert National Park,** der aus bergigen Waldgebieten mit hunderten von Seen, Teichen und Flüssen besteht. Am besten erschlossen ist die Gegend um den **Lake Waskesiu,** wo man gute Zeltplätze sowie Sport- und Freizeitanlagen findet. Weiter im Nordwesten liegt der **Meadow Lake Park** mit guten Unterkünften, Jagd- und Wintersportmöglichkeiten.
Der kleine Flughafen bei **Lac la Ronge,** ca. 300 km nördlich von Prince Albert, ist der Ausgangspunkt für Flüge zu den abgelegensten Seen des Nordens wie **Lake Wollaston** und **Athabasca.** Auf den Seen und dem Churchill River kann man herrlich Wildwasserkanu fahren und angeln.

SOZIALPROFIL

ESSEN & TRINKEN: In allen Städten gibt es eine gute Auswahl an Restaurants. Spezialitäten sind Weißfisch und junger Hecht, die von indianischen Kooperativen verkauft werden. Der von Indianern geernteter wilde Reis ist eine delikate Beilage zu Wildhuhnarten wie Wildgans, Wildente, Präriehuhn und Rebhuhn. *Saskatoons* ähneln Blaubeeren und werden zu Marmelade, Gelee und Törtchen verarbeitet, die mit frischer Sahne serviert werden. Außerdem gibt es *Cranberries* (Preiselbeeren) und *Pinchberries*, die zu einem erfrischenden Gelee verarbeitet werden. **Getränke:** Das Mindestalter für den Alkoholkauf ist 19 Jahre (manchmal auch älter). Spirituosen werden in lizensierten Geschäften, Restaurants, Cocktail Lounges und Gaststätten verkauft. Spirituosengeschäfte gibt es überall.
NACHTLEBEN: Es gibt einige Nachtklubs, und in den Bars und Restaurants der größeren Städte finden Live-Aufführungen statt. Am lebhaftesten ist das Nachtleben während der *Period*, wenn in allen größeren Städten historische Feste stattfinden. Die Zeiten der ersten europäischen Einwanderer und Cowboys werden in Kostümen und traditionellen Gerichten wachgerufen. Der Schwerpunkt ist in jeder Stadt unterschiedlich und hängt von der Jahreszeit ab. Das größte Fest dieser Art sind die *Buffalo Days* in Regina, die mehrere Tage dauern.
EINKAUFSTIPS: In Saskatchewan gibt es zahlreiche Kunstgewerbegeschäfte, die Steingut, Batik, Steinschmuck, Uhren, gestanztes Leder, Jeans-Bekleidung, Geldbörsen, Handschuhe und Hüte verkaufen.
SPORT: Nach der Schneeschmelze kann man in den Parks **reiten, wandern** und **zelten.** Von Mai bis September gibt es in den meisten Parks bewachte Stationen und Campingplätze. Die Parks in Saskatchewan umfassen über 100.000 Seen, die Provinz ist nach dem indianischen Ausdruck für »schneller Fluß« benannt (Kis-is-ska-tche-wan). In den Sommermonaten sind **Segeln, Wasserski** und **Angeln** sehr beliebt. Die Angelsaison dauert von Mai bis April, ein Angelschein ist erforderlich. **Wintersport** ist weit verbreitet. Es gibt 16 Skipisten und 39 Skilanglaufgebiete.
VERANSTALTUNGSKALENDER
10. - 13. Mai '96 *Vesna Festival*, Saskatoon. **16. - 18. Mai** *International Band & Choral Festival*, Moose Jaw. **24. - 26. Mai** *Springfest Canada*, Regina. **21. Juni - 1. Juli** *Saskatchewan Jazz Festival*, Saskatoon. **21./22. Juni** *Ukrainian Summer Festival*. **4. Juli - 18. Aug.** *Shakespeare Festival*, Saskatoon. **2. - 11. Aug.** *International Fringe Festival*, Saskatoon. **20. - 22. Sept.** *Cowboy Poetry Gathering*, Maple Creek. **18. - 20. Okt.** *Jackfish Wine & Food Festival*, Battlefords Providence Park. **22. - 24. Nov.** *Wintergreen Festival*, Regina. **29. Nov. - 1. Dez.** *Sundog Handicraft Fair*, Saskatoon.
Zusätzlich finden alljährlich zahlreiche regionale Amateur- und Profi-Rodeos statt.

WIRTSCHAFTSPROFIL

Kontaktadresse: *Saskatchewan Chamber of Commerce*, 1630 Chateau Tower, 1920 Broad Street, Regina, Saskatchewan S4P 3V2. Tel: (306) 757 46 58. Telefax: (306) 781 70 84.
KONFERENZEN/TAGUNGEN: Informationsmaterial ist von folgenden Organisationen erhältlich: *Saskatchewan Economic Development and Tourism*, 1919 Saskatchewan Drive, Regina, Saskatchewan S4P 3V7. Tel: (306) 787 23 00, 787 22 32. Telefax: (306) 787 16 20.
Regina Visitors & Convention Bureau, Tourism Regina, PO Box 3355, Regina, Saskatchewan S4T 3H1. Tel: (306) 789 50 99, 787 96 00. Telefax: (306) 789 31 71.

Kanada

KLIMA

Gemäßigtes Klima im Süden, kalte Winter im Norden. Die meisten Niederschläge haben die Monate April bis Juni zu verzeichnen. Im Sommer heiß und trocken mit viel Sonnenschein, im Winter fallen die Temperaturen oft unter den Gefrierpunkt.

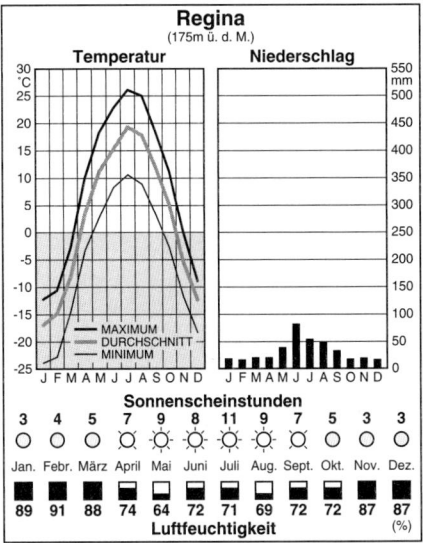

Yukon

Lage: Nordwestkanada.

Tourism Yukon
PO Box 2703
Whitehorse
Yukon Territory Y1A 2C6
Tel: (403) 667 53 40. Telefax: (403) 667 26 34.
Deutsches Generalkonsulat
Suite 704
World Trade Centre
999 Canada Place
Vancouver
British Columbia V6C 3E1
Tel: (604) 684 83 77. Telefax: (604) 684 83 34.
(auch für Yukon zuständig)
Österreichisches Konsulat
202-1810 Alberni Street
Vancouver
British Columbia V6G 1B3
Tel: (604) 687 33 38.
(auch für Yukon zuständig)
Generalkonsulat der Schweizerischen Eidgenossenschaft
World Trade Centre
790-999 Canada Place
Vancouver
British Columbia V6C 3E1
Tel: (604) 684 22 31. Telefax: (604) 684 28 06.
(auch für den Yukon zuständig)

Kanada / Kap Verde

FLÄCHE: 531.844 qkm.
BEVÖLKERUNGSZAHL: 27.797 (1991).
BEVÖLKERUNGSDICHTE: 0,05 pro qkm.
HAUPTSTADT: Whitehorse. Einwohner: 21.322 (1991).
GEOGRAPHIE: Das Yukon Territory, Kanadas nordwestlichste Region, besteht hauptsächlich aus berg- und waldreicher Wildnis. Das Tal des Yukon River, das sich westlich der Mackenzie Mountains erstreckt, teilt die Region. Mount Logan in der St.-Elias-Bergkette liegt an der Grenze nach Alaska und ist der zweithöchste Berg Nordamerikas (5959 m).
SPRACHE: In Yukon wird hauptsächlich Englisch gesprochen.
ORTSZEIT: MEZ - 9 (MEZ - 8 während der Sommerzeit).
Anmerkung: Die offizielle Sommerzeit beginnt am ersten Sonntag im April und endet am letzten Sonntag im Oktober.

GESETZLICHE FEIERTAGE

Wie im übrigen Kanada (s. Einführung), außerdem:
15. Aug. '96 Tag der Entdeckung. 19. Febr. '97 Heritage Day.

REISEVERKEHR

FLUGZEUG: Canadian Airlines betreibt die meisten internationalen Flüge. Canadian Airlines fliegt täglich von Whitehorse nach Edmonton und Vancouver. Die größte regionale Fluggesellschaft ist Alkan Air (Tel: (403) 668 21 07; Telefax: (403) 667 61 17), die über den Yukon nach Inuvik (Northwest Territories) fliegt. Air North (Tel: (403) 668 22 28) bietet Flüge von Whitehorse nach Dawson City, Old Crow, Juneau und Fairbanks mit Anschlußflügen nach Anchorage (Alaska/USA).
SCHIFF: Kreuzfahrtschiffe und Fähren verkehren zwischen Bellingham in Washington (USA) bzw. Prince Rupert in British Columbia und Skagway (Alaska), von dort kann man Whitehorse mit dem Bus erreichen.
PKW/BUS: Die größte Straße der Region ist der Alaska Highway, der von Alaska nach British Columbia verläuft und durch Whitehorse führt. Der Dempster Highway verläuft zwischen Whitehorse und Inuvik im Norden. Fernbusse: Gold City Tours bieten zwischen Dawson City und Inuvil in den Northwest Territories einen Linien dienst an. North West Stage Lines fahren nach Haines Junction, Destruction Bay, Faro, Ross River und Beaver Creek. Norline fährt nach Dawson City, Greyhound Lines of Canada verkehren im Sommer sechs Tage pro Woche zwischen Edmonton und Whitehorse.

UNTERKUNFT

HOTELS: 81 Hotels/Motels mit insgesamt 2483 Zimmern stehen zur Verfügung. In Whitehorse soll außerdem ein neues Hotel mit 150 Zimmern und Konferenzeinrichtungen sowie ein weiteres Hotel mit 40 Zimmern gebaut werden. Im Sommer ist der Yukon so gut besucht, daß man lange im voraus buchen sollte. Mit Ausnahme der größeren Ortschaften sind Unterkunftsmöglichkeiten eher knapp. Viele Hotels sind im Winter geschlossen. Der Hotelverband ist unter folgender Adresse zu erreichen: Yukon Hotel Association, Regina Hotel, 102 Wood Street, Whitehorse, Yukon Territory Y1A 2E3. Tel: (403) 667 78 01. Telefax: (403) 668 60 75.
Kategorien gibt es derzeit nicht.
PENSIONEN: Informationsmaterial über Pensionen ist erhältlich von Tourism Yukon oder Northern Network of B & B, PO Box 954, 451 Craig Street, Dawson City, Yukon Territory Y0B 1G0. Tel: (403) 993 56 44. Telefax: (403) 993 56 48.
CAMPING empfiehlt sich nur im Sommer und auf staatlichen oder privaten Campingplätzen. Einige Firmen vermieten vollausgerüstete Campmobile. Weitere Informationen erteilt Tourism Yukon.

URLAUBSORTE & AUSFLÜGE

WHITEHORSE ist Yukons Hauptstadt (seit 1953) und liegt am Westufer des Yukon River. Dieser Wasserweg wurde während des Goldfiebers 1898 von zahlreichen Goldsuchern auf dem Weg nach Klondike benutzt. Über 50% der Bevölkerung von Yukon leben in Whitehorse. Im McBride-Museum kommt man der Atmosphäre zur Zeit des Goldfiebers auf die Spuren, u. a. ist Sam McGees Hütte hier ausgestellt. Auf dem Fluß kann man den Schaufelraddampfer Klondike besichtigen. In den Black-Mikes-Goldminen kann der Besucher sein Glück beim Goldschürfen versuchen. Mit der Schwatka kann man eine zweistündige Fahrt durch den Miles Canyon und die Squaw- und Whitehorse-Stromschnellen unternehmen.
AUSSERHALB DER HAUPTSTADT: Carcross, eine Autostunde südlich von Whitehorse, liegt zwischen den Seen Nares und Bennett an den Ausläufern der Nares Mountains. Hier liegt das Caribou, das älteste Hotel in Yukon. Von Carcross aus führt die Klondike Highway nach Skagway in Alaska.
In der Nähe liegt Dyea, der Ausgangspunkt des berühmten Chestnut Trails, auf dem Wanderer den Weg der Goldsucher nachvollziehen können. Dawson City liegt in der Mitte des Klondike und ist mit der Fähre über den Yukon River oder auf der Straße erreichbar. In seiner kurzen Blütezeit wurde Dawson als das »Paris des Nordens« gepriesen. Es hatte damals 23.000 Einwohner – bei der jüngsten Volkszählung waren es 1747. Historische Gebäude wie der Commissioner's Residence und das Palace Grand Theatre zeugen von der einstigen Pracht. Das Palace Grand Theatre wurde 1899 aus zwei alten Dampfern gebaut und inszeniert jedes Jahr ein originalgetreues Varieté aus dem Jahre 1898 – »Gaslight Follies«. Mit dem kleinen Schaufelraddampfer Yukon Lou kann man auf dem Yukon River zum Sternwheelers Graveyard und dem Pleasure Island fahren. Bei Poverty Bar am Bonanza Creek, wo 1898 das Goldfieber ausbrach, kann man sich im Goldwaschen versuchen. Expeditionen ins Hinterland des Yukon sollte man nur mit einem erfahrenen Führer unternehmen.

SOZIALPROFIL

ESSEN & TRINKEN: Im Yukon gibt es einige ausgezeichnete Spezialitäten, die sich nur schwer für kommerzielle Zwecke produzieren lassen. Moose (Elchfleisch) wird gedünstet, geräuchert oder geschmort und mit Sourdough (Sauerteig) und Gemüse serviert. Dall sheep (Lammfleisch), Bergziege, Karibu und Stachelschwein werden auch angeboten. Wildhuhn und Fisch findet man auf den meisten Speisekarten. Es gibt einige Restaurants in Dawson City, Whitehorse hat allerdings die beste Auswahl. Getränke: Die meisten alkoholischen Getränke werden aus anderen Provinzen Kanadas oder aus den USA importiert. Die einheimische Spezialität heißt Hooch (eine Mischung aus kanadischem und importiertem Rum) und ist nur in Yukon erhältlich.
NACHTLEBEN: Abendunterhaltung in Yukon ist am abwechslungsreichsten während der historischen Pionierfeste und während des Karnevals. In Dawson City gibt es Spielkasinos, Vaudeville-Theater und Cancan-Shows.
EINKAUFSTIPS: Beliebte Souvenirs sind Mokassins, Goldnuggets, indianische Knochenschnitzereien und Schmuck sowie original wollgefütterte, wasserdichte Parkas, wie sie die Goldsucher trugen.
SPORT: Skilaufen ist die beliebteste Sportart in Yukon. Angeboten werden außerdem Kanufahren, Wanderungen, Kletterpartien, Ausritte, Hundeschlittenfahrten und Fischen.
VERANSTALTUNGSKALENDER
1. Juni '96 Commissioner's Ball, Dawson City. 7./8. Juni Annual Alsek Music Festival, Haines Junction. 14. - 16. Juni Yukon International Storytelling Festival, Whitehorse. 12. - 14. Juli Whitehorse Rodeo. 19. - 21. Juli 18. Dawson City Musik Festival. 16. - 19. Aug. Discovery Days Festival, Dawson. 1. Sept. Great Klondike Outhouse Race, Dawson City. Mitte Okt. Francofête Festival, Whitehorse.

WIRTSCHAFTSPROFIL

Kontaktadresse: Yukon Chamber of Commerce, 101-302 Steele Street, Whitehorse, Yukon Territory Y1A 2C5. Tel: (403) 667 20 00. Telefax: (403) 667 20 01.
KONFERENZEN/TAGUNGEN: Informationsmaterial erhältlich von der Tourism Industry Association, Meetings and Convention Bureau, Suite 200, 1109 First Avenue, Whitehorse, Yukon Territory Y1A 5G4. Tel: (403) 668 33 31. Telefax: (403) 667 73 79.

KLIMA

Warm im Sommer, im Juni hat man fast den ganzen Tag über Tageslicht. Die Winter sind sehr kalt.
Kleidung: Sommer: leichte Kleidung tagsüber, für die Abende sind jedoch Pullover und leichte Jacken angebracht. Frühling und Herbst: Mäntel und Handschuhe für Freiluftaktivitäten. Winter: warme Unterwäsche, Wollpullover, Parkas, wollene Handschuhe und gefütterte Stiefel.

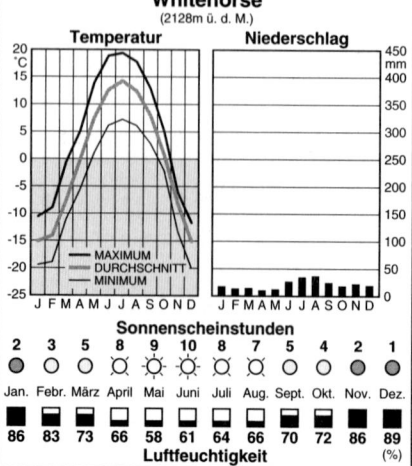

Kap Verde

☐ Internationaler Flughafen

Lage: Atlantischer Ozean, Inselgruppe vor der Westafrikanischen Küste.

Instituto Nacional do Turismo (INATUR)
CP 294
Praia
Santiago
Tel: 63 11 73. Telefax: 61 44 75.
Botschaft der Republik Kap Verde
Fritz Schäfferstraße 5
D-53113 Bonn
Tel: (0228) 26 50 02. Telefax: (0228) 26 50 61.
Mo-Fr 09.00-17.00 Uhr, Konsularabt.: 09.00-12.00 Uhr.
Geschäftsbereich: Raum Köln/Bonn.
Honorarkonsulat der Republik Kap Verde
Ost-West-Straße 70
D-20457 Hamburg
Tel: (040) 37 88 80. Telefax: (040) 37 88 82 88.
Mo-Fr 10.00-12.30 Uhr.
Geschäftsbereich: offiziell Hamburg, Schleswig-Holstein, Niedersachsen und Mecklenburg-Vorpommern (z. Zt. auch übrige neue Bundesländer, Berlin und Nordrhein-Westfalen außer Raum Köln/Bonn).
Honorarkonsulat der Republik Kap Verde
Birkenstraße 37
D-28195 Bremen
Tel: (0421) 176 23 00. Telefax: (0421) 176 22 99.
Di und Fr 10.00-12.30 Uhr.
Geschäftsbereich: Bremen.
Honorarkonsulat der Republik Kap Verde
Fürstenstraße 15b
D-66111 Saarbrücken
Tel: (0681) 39 80 98. Telefax: (0681) 390 50 60.
Mo-Fr 10.00-18.00 Uhr.
Geschäftsbereich: Saarland (da das Honorarkonsulat in Eschborn vorübergehend geschlossen ist, derzeit zusätzlich Hessen und Rheinland-Pfalz).
Honorarkonsulat der Republik Kap Verde
Eberhardstraße 12
D-70173 Stuttgart
Tel: (0711) 29 41 57. Telefax: (0711) 236 15 15.
Mo-Fr 10.00-12.00 Uhr und nach Vereinbarung.
Geschäftsbereich: Bayern und Baden-Württemberg.
Honorarkonsulat der Republik Kap Verde
Linke Wienzeile 4

TIMATIC INFO-CODES

Abrufbar über Ihr CRS-System (für START/Amadeus Ama-Maske benutzen). Für Galileo bitte TI-DFT eingeben (mit Bindestrich).

Flughafengebühren	TI DFT/ SID /TX
Währung	TI DFT/ SID /CY
Zollbestimmungen	TI DFT/ SID /CS
Gesundheit	TI DFT/ SID /HE
Reisepassbestimmungen	TI DFT/ SID /PA
Visabestimmungen	TI DFT/ SID /VI

Urlaub im Paradies
hotel belorizonte

Ihr Urlaub in Kap Verde, mit seinen 300 Sonnentagen pro Jahr und kristallklarem, türkisblauem Meer, wird ein unvergeßliches Erlebnis.

Das Hotel Belorizonte liegt direkt am herrlichen, goldenen Sandstrand des Dorfes Santa-Maria, nur 18 km vom Flughafen entfernt.
Das Hotel ist ein Miniaturdorf: die 90 komfortablen Zimmer mit Bad und separatem WC, Satellitenfernsehen, Telefon und Minibar liegen in individuellen Bungalows mit Veranden und blumengeschmückten Terrassen.
Das Restaurant und die Bar, beide mit Blick auf den Swimmingpool und das Meer, bieten feinste Inselküche wie zum Beispiel delikate Kap-Verde-Langusten oder »CHURRASCO«-Grillhähnchen. Verschiedene »MORNA«-Shows zählen zur Abendunterhaltung.
Sportangebot: Süßwasser-Swimmingpool, Solarium, Tennis, Bogenschießen, Tauchschule, Windsurf-Center, Angeln.

Hotel Belorizonte

Telefon:	(238) 42 10 80
	(238) 42 10 90
	(238) 42 10 45
Fax:	(238) 42 12 10
Telex:	(993) 4080

Deutsche Reisebüros und Reiseveranstalter aufgepaßt – wir bieten die besten Preise in Kap Verde!

Rufen Sie unsere deutschsprachige Mitarbeiterin Tanya Lobo an und informieren Sie sich, wie wir Ihnen und Ihren Kunden behilflich sein können. Gehen Sie auf Nummer Sicher, und Ihre Kunden werden immer wieder zurückkehren wollen.

HOTEL BELORIZONTE
TEL: +238 421 080

A-1060 Wien
Tel: (0222) 587 96 16-0. Telefax: (0222) 587 34 32.
Mo-Do 07.30-12.00 und 12.30-16.30 Uhr, Fr 12.30-14.00 Uhr.
Konsularabt.: Mo und Mi 8.30-10.30 Uhr (telefonische Voranmeldung erforderlich).
Honorarkonsulat der Republik Kap Verde
Rümelinsplatz 14
CH-4001 Basel
Tel: (061) 261 41 51. Telefax: (061) 261 62 22.
Mo-Fr 08.30-12.00 und 14.15-17.00 Uhr (nach Vereinbarung).
Geschäftsbereich: gesamte Schweiz außer Freiburg, Tessin, Waadt, Wallis, Neuenburg, Genf und Jura.
Honorarkonsulat der Republik Kap Verde
Rue du Port 8-10
CH-1204 Genf
Tel: (022) 311 31 61. Telefax: (022) 311 31 61.
Mo, Mi, Fr 14.00-18.00 Uhr.
Geschäftsbereich: Freiburg, Tessin, Waadt, Wallis, Neuenburg, Genf und Jura.
Honorarkonsulat der Bundesrepublik Deutschland
Largo 5 de Outubro
Praia
Tel: 61 15 19. Telefax: 61 24 66.
Übergeordnete Vertretung ist die Botschaft in Dakar (s. Senegal).
Österreich unterhält keine diplomatische Vertretung in Kap Verde. Die österreichische Interessenvertretung erfolgt durch die Botschaft in Lissabon (s. Portugal).
Coopération Suisse
BP 163
Praia
Tel: 61 16 32. Telefax: 61 14 03.
(auch für konsularische Fragen zuständig)
Übergeordnete Vertretung ist die Botschaft in Dakar (s. Senegal).

FLÄCHE: 4033 qkm.
BEVÖLKERUNGSZAHL: 370.000 (1993).
BEVÖLKERUNGSDICHTE: 92 pro qkm.
HAUPTSTADT: Cidade de Praia. **Einwohner:** 62.000 (1990).
GEOGRAPHIE: Kap Verde liegt ca. 560 km nordwestlich von Senegal im Atlantischen Ozean und besteht aus 10 vulkanischen Inseln und 5 kleinen Inseln, die sich in Barlavento (»über dem Wind«) und Sotavento (»unter dem Wind«) aufteilen. Die Barlavento-Inselgruppe besteht aus São Vicente, São Antão, São Nicolau, Santa Lucia, Sal und Boa Vista sowie aus den kleineren Inseln Branco und Raso. São Tiago, Maio, Fogo und Brava sowie die kleineren Inseln Rei und Rombo bilden die Sotavento-Inseln. Die meisten Inseln sind gebirgig und felsig, der höchste Gipfel ist der *Pico do Cano*, ein aktiver Vulkan auf Fogo. Landwirtschaft ist nur in geringem Umfang möglich; Mais, Bananen, Zuckerrohr und Bohnen sind die Haupterzeugnisse. Die geringen Niederschläge der letzten 10 Jahre haben sich negativ auf die Lebensmittelproduktion ausgewirkt, und die Inseln waren auf internationale Nahrungsmittelhilfe angewiesen.
STAATSFORM: Republik seit 1975, Verfassung von 1992. Einkammerparlament mit 79 Mitgliedern. Staatsoberhaupt: António M. Mascarenhas Gomes Monteiro, seit 1991. Regierungschef: Dr. Carlos Alberto Wahnon de Carvalho Veiga, seit 1991. Im Januar 1991 fand eine Kabinettsumbildung statt, erste freie Wahlen. Die westlich orientierte Bewegung für Demokratie (MPD) verfügt über die absolute Mehrheit im Parlament. Unabhängig von Portugal seit Juli 1975.
SPRACHE: Amtssprache ist Portugiesisch, das einheimische *Crioulo* wird von den meisten Inselbewohnern gesprochen. Mitunter versteht man auch Englisch oder Französisch.
RELIGION: Römisch-katholisch (96%); Anhänger von Naturreligionen und Anglikaner.
ORTSZEIT: MEZ - 2.
NETZSPANNUNG: 220 V, 50 Hz.
POST- UND FERNMELDEWESEN: Telefon: Selbstwählferndienst nur zu den größeren Städten. In ländlichen Regionen wird das Telefonnetz gegenwärtig ausgebaut, ca. 12.000 Anschlüsse stehen momentan zur Verfügung. Manche Telefonate von und nach Kap Verde müssen vom Fernamt vermittelt werden. **Landesvor-**

Kap Verde

wahl: 238. **Telexe/Telegramme** können in einigen Hotels aufgegeben werden. **Post:** Die Post ist nicht sehr zuverlässig; Luftpost nach Europa ist über eine Woche unterwegs.
DEUTSCHE WELLE
Der Einsatz der Kurzwellenfrequenzen ändert sich mehrfach im Laufe eines Jahres, und Sendungen auf den folgenden Frequenzen werden jeweils nur zu bestimmten Tageszeiten ausgestrahlt. Näheres in der Einleitung.

MHz	17,860	15,135	11,795	9,700	9,545
Meterband	16	19	25	31	31

REISEPASS/VISUM

Wichtiger Hinweis: Die Einreisebestimmungen mancher Länder können sich kurzfristig ändern – rufen Sie sicherheitshalber auf Ihrem CRS-System (TIMATIC-Info-Code-Fenster in diesem Kapitel) den aktuellen Stand ab bzw. wenden Sie sich an die zuständige diplomatische Vertretung. Etwaige Zahlen in der Tabelle beziehen sich auf nachfolgende Fußnoten.

	Paß erforderlich?	Visum erforderlich?	Rückflugticket erforderlich?
Deutschland	Ja	Ja	Nein
Österreich	Ja	Ja	Nein
Schweiz	Ja	Ja	Nein
Andere EU-Länder	Ja	Ja	Nein

REISEPASS: Allgemein erforderlich, Reisepaß muß noch mindestens 6 Monate gültig sein.
VISUM: Allgemein erforderlich, ausgenommen sind Staatsbürger von Benin, Burkina Faso, Côte d'Ivoire, Gambia, Ghana, Guinea (Republik), Guinea-Bissau, Liberia, Mali, Mauretanien, Niger, Nigeria, Senegal, Sierra Leone, Südafrika und Togo.
Anmerkung: Kinder mit eigenem Kinderausweis brauchen auch ein Visum.
Visaarten: Transit-, Touristen- und Geschäftsvisa.
Visagebühren: 44 DM (45 DM bei Zahlung per Scheck), 380 öS bzw. 42 sfr.
Gültigkeitsdauer: 30 Tage Aufenthalt (Verlängerungsmöglichkeit vor Ort).
Antragstellung: Bei der Botschaft bzw. den Honorarkonsulaten (Adressen s. o.).
Besuchern aus Ländern, in denen Kap Verde keine diplomatische Vertretung unterhält, können bei der Einreise über die Flughäfen Sal und Praia Visa ausgestellt werden.
Unterlagen: (a) 2 Paßfotos. (b) 2 Antragsformulare. Der postalischen Antragstellung sollten ein adressierter Freiumschlag und der Zahlungsbeleg über die Gebühren beigefügt werden.
Bearbeitungszeit: Etwa 2 Wochen, bei persönlicher Antragstellung am selben Tag.

GELD

Währung: 1 Kap-Verde-Escudo (CVE) = 100 Centavos. Banknoten sind im Wert von 2500, 1000, 500, 200 und 100 CVE in Umlauf; Münzen im Wert von 100, 50, 20, 10, 5, 2 und 1 CVE sowie 50 und 20 Centavos.
Kreditkarten werden selten akzeptiert. Einzelheiten vom Aussteller der jeweiligen Kreditkarte.
Wechselkurse

	CVE Sept. '92	CVE Febr. '94	CVE Jan. '95	CVE Jan. '96
1 DM	42,36	42,89	53,49	57,72
1 US$	62,96	74,46	82,92	82,97

Devisenbestimmungen: Die Ein- und Ausfuhr der Landeswährung ist nicht gestattet. Die Einfuhr von Fremdwährungen ist unbegrenzt, Deklaration erforderlich. Die Ausfuhr von Fremdwährungen ist auf den Gegenwert von 25.000 CVE oder, falls höher, auf den bei der Einreise deklarierten Betrag beschränkt.
Öffnungszeiten der Banken: Mo-Fr 08.00-14.00 Uhr.

DUTY FREE

Zollfreie Einfuhr nach Kap Verde:
Parfüm für den persönlichen Gebrauch.
Anmerkung: Zollfreie Spirituosen und Tabakartikel können bei der Ausreise am internationalen Flughafen von Sal gekauft werden.

GESETZLICHE FEIERTAGE

1. Mai '96 Tag der Arbeit. **5. Juli** Unabhängigkeitstag. **12. Sept.** Nationalfeiertag. **1. Nov.** Allerheiligen. **25. Dez.** Weihnachten. **1. Jan. '97** Neujahr. **20. Jan.** Heldengedenktag. **1. Mai** Tag der Arbeit.
Anmerkung: Zusätzlich zu den gesetzlichen Feiertagen gibt es auch eine Reihe von kommunalen Feiertagen auf den Inseln.

GESUNDHEIT

In der folgenden Tabelle aufgeführte Impfvorschriften können sich kurzfristig ändern. Es wird stets empfohlen, auf Ihrem CRS-System (TIMATIC-Info-Code-Fenster in diesem Kapitel) den aktuellen Stand der Gesundheitsbestimmungen abzurufen bzw. rechtzeitig vor der Reise ärztlichen Rat einzuholen.

	Vorsichtsmaßnahmen empfohlen	Impfschein erforderlich
Gelbfieber	Ja	1
Cholera	Ja	2
Typhus & Polio	3	-
Malaria	4	-
Essen & Trinken	5	-

[1]: Eine Impfbescheinigung gegen Gelbfieber wird von allen Reisenden im Alter von über einem Jahr verlangt, die aus Infektionsgebieten (Länder, in denen in den letzten sechs Jahren Fälle aufgetreten sind) einreisen.
[2]: Eine Impfbescheinigung gegen Cholera ist keine Einreisebedingung, das Risiko einer Infektion besteht jedoch. Da die Wirksamkeit der Schutzimpfung umstritten ist, empfiehlt es sich, rechtzeitig vor Antritt der Reise ärztlichen Rat einholen. Näheres unter *Gesundheit* (s. Inhaltsverzeichnis).
[3]: Typhus kommt vor, Poliomyelitis jedoch nicht.
[4]: Ein begrenztes Malariarisiko besteht auf der Insel São Tiago von September bis Ende November.
[5]: Wasser sollte generell vor der Benutzung zum Trinken, Zähneputzen und zur Eiswürfelbereitung entweder abgekocht oder anderweitig sterilisiert werden. Milch ist nicht pasteurisiert und sollte ebenfalls abgekocht werden. Trocken- und Dosenmilch nur mit keimfreiem Wasser anrühren. Milchprodukte aus ungekochter Milch am besten vermeiden. Fleisch- und Fischgerichte nur gut durchgekocht und heiß serviert essen. Der Genuß von Schweinefleisch, rohen Salaten und Mayonnaise sollte vermieden werden. Gemüse sollte gekocht und Obst geschält werden.
Tollwut kommt vor. Wer ein erhöhtes Risiko eingeht (z. B. längerer Aufenthalt in abgelegenen Gebieten), sollte vor Reiseantritt eine Schutzimpfung erwägen. Bei Bißwunden so schnell wie möglich ärztliche Hilfe in Anspruch nehmen. Weitere Informationen im Kapitel *Gesundheit* (s. Inhaltsverzeichnis).
Hepatitis A, B und *E* kommen ebenfalls vor.
Gesundheitsvorsorge: Der Abschluß einer Reisekrankenversicherung wird dringend empfohlen. Unter Vorlage des Reisepasses werden kostenlose Notbehandlungen vorgenommen. Auf den kleinen Inseln ist die Behandlung teuer.

REISEVERKEHR - International

FLUGZEUG: Kap Verdes nationale Fluggesellschaft, *Transportes Aéreos de Cabo Verde* (TACV), bietet Flüge von Amsterdam und Frankfurt/M. an.
Durchschnittliche Flugzeiten: *Amsterdam* – Sal: 7 Std; *Frankfurt* – Sal: 6 Std; *Wien* – Sal: 6 Std. 35; *Zürich* – Sal: 5 Std. 50.
Internationale Flughäfen: *Sal Amilcar Cabral* (SID) Sal ist der einzige Flughafen mit einer Landebahn für Jets. Serviceeinrichtungen sind Bar, Snackbar, Restaurant, Bank, Post, Duty-free-Shop. Es gibt acht weitere Landepisten auf den Inseln. Seit 1987 wird der Flughafen *Amilcar Cabral* erweitert.
SCHIFF: Mindelo auf São Vicente ist der größte Hafen und wird von Passagier- und Frachtschiffen angelaufen. Praia hat ebenfalls einen Hafen.

REISEVERKEHR - National

FLUGZEUG: Alle bewohnten Inseln, außer Brava, werden angeflogen.
SCHIFF: Boote und Fähren verkehren regelmäßig zwischen allen Inseln.
BUS/PKW: Das Straßennetz umfaßt 2250 km, ein Drittel davon ist gepflastert und wird gegenwärtig ausgebessert. **Taxifahrpreise** sollten im voraus vereinbart werden. Die **Busverbindungen** sind relativ gut. **Unterlagen:** Internationaler Führerschein empfohlen, ist aber nicht gesetzlich vorgeschrieben.

UNTERKUNFT

HOTELS: Momentan sind nur wenige Unterkünfte vorhanden. Auf Sal gibt es internationale Hotels. In Praia wurde inzwischen ein Feriendorf gebaut, auf São Vicente, Sal und Fogo gibt es kleinere Hotels. *Pensões* (Pensionen nach portugiesischem Muster) bieten saubere, einfache Unterkünfte, oft mit Ventilatoren, für wenig Geld. Jugendherbergen oder Campingplätze gibt es nicht, obwohl man mit Genehmigung der Grundstückseigentümer schon für kurze Zeit ein Zelt aufstellen könnte. Es gibt Pläne finnischer, deutscher und schwedischer Firmen, weitere Hotels zu bauen. Insgesamt stehen derzeit mehrere 2-, 3- und 4-Sterne-Hotels zur Verfügung. Nähere Informationen sind erhältlich vom *Instituto Nacional do Turismo* (Adresse s. o.).

URLAUBSORTE & AUSFLÜGE

Obwohl der Tourismus in der kapverdischen Wirtschaft bisher nur eine untergeordnete Rolle spielt, bemüht man sich zur Zeit, verstärkt Touristen anzuziehen, und das Interesse wächst von Jahr zu Jahr. Die Küsten der Inseln sind ein wahres Taucherparadies, da zahlreiche Wracks aus dem 16. Jahrhundert hier zu finden sind. Die meisten Inseln haben eine schöne Berglandschaft und herrliche, menschenleere Strände wie in *Tarrafal* und den Buchten bei *São Francisco* auf **SÃO TIAGO**. Die Insel ist das landwirtschaftliche Zentrum Kap Verdes. In der Hauptstadt *Praia* konzentriert sich das bunte Treiben auf dem Marktplatz – trotz seiner geringen Ausmaße der größte der Kapverdischen Inseln. Eine katholische *Kathedrale* und der *Platz der Republik* sind die wesentlichen Sehenswürdigkeiten, und vor allem am Abend zeigt sich die sympathische Atmosphäre der Hauptstadt – viele Familien verbringen die Zeit auf der *Praça* mit ihren Bänken und dem Musikpodium und vor den wenigen Geschäften. In der *Cidade Velha*, außerhalb von Praia, gibt es die Ruinen der alten Hauptstadt zu sehen – die umliegende Landschaft ist jedoch noch eindrucksvoller. Auf **FOGO** gibt es einen imposanten Vulkan, der zuletzt 1951 ausbrach und heute noch unheilvoll schwelt, und schöne Strände mit schwarzem Sand und erfrischender Brandung. Die Hauptstadt *São Felipe* ist klein und verschlafen. **Mindelo** auf **SÃO VICENTE** hat einige sehenswerte Häuser aus der portugiesischen Kolonialzeit und ist wohl die lebhafteste Stadt der Kapverden – hier wird oft Live-Musik gespielt, und es gibt mehrere Hotels. In Hafennähe erhebt sich eine reichverzierte kleine Burg, der *Torre de Belem*, eine in den zwanziger Jahren errichtete Nachbildung des gleichnamigen Gebäudes außerhalb von Lissabon. Das *Centro Nacional Artesanato* stellt Kunsthandwerk aus und hat auch ein Geschäft. **SÃO ANTÃO** ist die zweitgrößte und die grünste der Kapverden. Im Norden der Insel ist die Landschaft atemberaubend schön, mit Nadelbäumen und Terrassenhängen um den *Krater Cova*. Im Gegensatz hierzu ist auf **SÃO NICOLAU** Wassermangel ein großes Problem – viele der Häuser sind verlassen, und da es keinen Bus gibt, sind Besucher auf Taxis oder Fahrräder angewiesen. Die Strände sind jedoch schön, und im Norden der Insel erhebt sich der majestätische *Monte Gordo*, der zum Wandern einlädt.

SOZIALPROFIL

ESSEN & TRINKEN: Restaurants gehören meist zu den Hotels. Die Landesspezialität ist *Cachupa*, das aus Mais und Bohnen zubereitet wird. Reis und Kartoffeln sind Hauptzutaten vieler Gerichte, aber auch Kürbis, Schweinefleisch und Thunfisch werden oft serviert. Viele traditionelle Menüs haben Gemüsesuppe als Vorspeise, zum Nachtisch gibt es Obst: Mangos, Tabarinas, Bananen, Papayas, Goiabas (Guaven), Zimbrãos, Marmelos, Azedinhas, Tamalen und Kokosnüsse, oder manchmal Karamelpudding. Bier, Wein und einheimische Spirituosen sind überall erhältlich, Punsch ist sehr beliebt. Alkoholfreie Getränke sind teuer.
NACHTLEBEN: In den Hotels gibt es Diskotheken und Nachtklubs.
EINKAUFSTIPS: In mehreren Hotels sind Geschäfte vorhanden. Märkte gibt es überall und täglich zu finden, der Santa-Catarina-Markt findet mittwochs und samstags statt. Keramik und Steingut, Spitze und Korbwaren sind beliebte Mitbringsel. **Öffnungszeiten der Geschäfte:** Mo-Fr 08.00-13.00 Uhr und 15.00-17.00 Uhr, Sa 09.00-13.00 Uhr.
SPORT: Wassersportarten wie **Segeln**, **Schwimmen**, **Wellenreiten**, **Tauchen** und **Angeln** sind möglich. Ten-

---

Eine weitere wichtige Veröffentlichung von Columbus Press ist der »World Travel Guide«, der jährlich herausgegeben wird und Informationen in englischer Sprache auf mehr als tausend Seiten über alle Länder der Erde enthält.

Weitere Einzelheiten von:
Columbus Press, Verkaufsabteilung, Aurikelweg 9, D-38108 Braunschweig.
Tel: 05309/2123. **Telefax:** 05309/2877.

nis, **Bogenschießen, Bodybuilding, Billard** und **Tischtennis** werden auch angeboten. Die meisten Sporteinrichtungen befinden sich in Hotels.
VERANSTALTUNGSKALENDER
Alljährlich finden mehrere Feste statt, deren genaue Daten sich von Jahr zu Jahr ändern. *Todo o Mundo Canta* (ein Gesangsfest) und *Todo o Mundo Danca* (ein Tanzfestival) werden alljährlich im Freizeitpark *5 de Julho* veranstaltet. Das *Baia-das-Gatas-Musikfest* (im August) und der *Karneval* in Mindelo City (im Februar) sind ebenfalls stimmungsvoll.
SITTEN & GEBRÄUCHE: Die üblichen Höflichkeitsformen sollten beachtet werden – die Atmosphäre auf den Inseln ist entspannt und freundlich. Oben-ohne-Sonnenbaden erregt Anstoß. **Trinkgeld:** 10%.

WIRTSCHAFTSPROFIL

WIRTSCHAFT: Die Kapverden sind nach wie vor ein Agrarland. Obwohl die Mehrheit der Bevölkerung Ackerbau betreibt, sind die Erträge aufgrund der langen Trockenperioden mittlerweile so gering, daß Nahrungsmittel importiert werden müssen. Angebaut werden hauptsächlich Mais, Bananen, Kartoffeln, Zuckerrohr und Bohnen. Etwa 700.000 Kapverdier leben und arbeiten im Ausland, vor allem in den USA. Großen wirtschaftlichen Stellenwert haben weiterhin die Überweisungen der Exil-Kapverdier sowie Entwicklungshilfezahlungen. Das Außenhandelsdefizit des Landes ist riesig, das Importvolumen übersteigt das Exportvolumen um mehr als das zehnfache. Hauptexportgüter sind Fisch, Fischprodukte (54%) und Bananen (36%). Außer einigen Fischverarbeitungsfabriken gibt es keine Industrie auf den Inseln. Im Rahmen eines Vierjahresplans soll ein Förderungsprogramm hier Abhilfe schaffen. Gefördert werden u. a. die Salz- und Puzzolangewinnung (kalkhaltiger Ton) sowie Neugründungen von Betrieben der Fertigungswirtschaft. Die Tourismusindustrie soll ebenfalls behutsam, mit Rücksicht auf den traditionellen Lebensstil, ausgebaut werden. Der im August 1992 in Kraft getretene dritte nationale Entwicklungsplan sieht den Ausbau des Privatsektors vor, private Investitionen konzentrieren sich auf die Tourismusindustrie. Portugal und die Niederlande liefern 41% der Importe, wichtigste Absatzgebiete sind Portugal (81%), Niederlande und Spanien. Kap Verde ist Mitglied der Wirtschaftsgemeinschaft Westafrikanischer Staaten (ECOWAS).
GESCHÄFTSVERKEHR: Englisch und Französisch dienen als Geschäftssprache. Haupthandelspartner ist Portugal.
Kontaktadressen: *Die wirtschaftlichen Interessen Österreichs werden von der Außenhandelsstelle in Casablanca (s. Marokko) wahrgenommen.*
Associação Comercial Industrial e Agrícola de Barlavento (Handelskammer), CP 62, Mindelo, São Vicente. Tel: 31 31 18.
Associação Comercial de Sotavento (ACAS), Rua Serpa Pinto, Praia, Santiago. Tel: 61 29 91. Telefax: 61 29 64.
KONFERENZEN/TAGUNGEN: Die Kapverden haben einen guten Ruf als internationaler Tagungsort, wiederholt fanden hier wichtige Gespräche auf Regierungsebene statt. Es wird sich zeigen, ob die Geschäftswelt dem Vorbild der Politiker folgt. Die Kapazitäten werden ständig erweitert. Weitere Informationen vom *Ministerium für Erziehung und Sport* in Praia. Tel: 61 05 07. Telefax: 61 27 64, 61 34 90.

KLIMA

Zwischen 20°-30°C ganzjährig. Niederschlag nur an wenigen Tagen im August und September, Sonnenschein 3000 Stunden im Jahr.
Kleidung: Leichte Kleidung das ganze Jahr über.

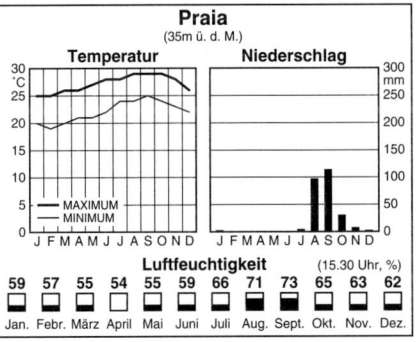

Karibik-Inseln
... siehe Inhaltsverzeichnis

Kasachstan

Lage: Zentralasien.

Olympia-Reisen
Siegburger Straße 49
D-53229 Bonn
Tel: (0228) 40 00 30. Telefax: (0228) 46 69 32.
Mo-Fr 08.00-18.00 Uhr.
Kazakhstan Airlines
Poststraße 2-4
60329 Frankfurt/M.
Tel: (069) 23 56 40. Telefax: (069) 25 03 20.
Kazakhstan Airlines
Philharmoniker Straße 2
A-1010 Wien
Tel: (0222) 512 87 82. Telefax: (0222) 512 87 60.
Kazakhstan Airlines
Flughofstraße 61
CH-8152 Glattbrugg
Tel: (01) 810 81 82. Telefax: (01) 811 02 71.
Intourist Kasachstan
Ul. Gogola 73
Almaty
Tel: (03272) 33 00 45. Telefax: (03272) 33 20 13, 33 20 56
Olympia-Reisen
Abai-Prospekt 10a
480013 Almaty
Tel: (03272) 63 26 18. Telefax: (03272) 63 58 41.
Botschaft der Republik Kasachstan
Schloß Marienfels
D-53424 Remagen
Tel: (02642) 93 83-0, *Konsularabt.:* 30 73/34. Telefax: (02642) 93 83 25.
Mo, Di, Do, Fr 09.00-12.00 Uhr, *Konsularabt.:* Mo-Fr 09.00-12.00 Uhr.
Generalkonsulat in Frankfurt/M. (Tel: (069) 971 46 70).
Botschaft der Republik Kasachstan
Gottfried Kellergasse 2/2
A-1030 Wien
Tel: (0222) 713 83 72. Telefax: (0222) 713 83 74
Mo-Fr 09.00-12.00 Uhr.
Bislang gibt es noch keine Vertretung der Republik Kasachstan in der Schweiz, man sollte sich an die Botschaften in Remagen oder Paris wenden.
Botschaft der Republik Kasachstan
59 Pierre Sarron
F-75008 Paris
Tel: (1) 45 61 52 00. Telefax: (1) 45 61 52 01.
Botschaft der Bundesrepublik Deutschland
Ulitza Furmanova 173
480064 Almaty
Tel: (03272) 50 61 55/-57, 50 61 60. Telefax: (03272) 50 62 76.
Österreich und die Schweiz haben keine Vertretungen in Kasachstan, zuständig sind die Botschaften in Moskau (s. Russ. Föderation).

FLÄCHE: 2.717.300 qkm.
BEVÖLKERUNGSZAHL: 16.952.000 (1993).
BEVÖLKERUNGSDICHTE: 6,2 pro qkm.
HAUPTSTADT: Almaty (Alma-Ata). **Einwohner:** 1.156.200 (1991). Bis zur Jahrtausendwende soll die Hauptstadt nach Akmola verlegt werden.
GEOGRAPHIE: Kasachstan, das zweitgrößte Mitgliedsland der Gemeinschaft Unabhängiger Staaten, grenzt im Norden und Westen an die Russische Föderation, im Südwesten an das Kaspische Meer, im Süden an Kirgisistan, Turkmenistan und Usbekistan sowie im Osten an China. 90% des Landes besteht aus Steppe, den Sandmassiven von Karakum und der weiten Wüste von Kisilkum. Im Südosten prägen die mächtigen Gebirge des Tienschan und des Alatau das Landschaftsbild, im Osten die Ausläufer des Altai-Gebirges. Der Aral-See und der Balchasch-See sind die größten Gewässer des an Flüssen und Seen reichen Landes.
STAATSFORM: Präsidialrepublik seit 1991, neue Verfassung seit 1995. Einkammerparlament (Oberster Kenges) mit 177 Mitgliedern. Staatsoberhaupt: Nursultan A. Nasarbajew, seit 1990. Regierungschef: Akeschan Kaschegeldin, seit 1994. Bei den ersten freien Wahlen Anfang 1994 wurden Vorwürfe der Wahlfälschung laut.
SPRACHE: Die offizielle Landessprache ist Kasachisch, eine der Turksprachen, die eng mit Usbekisch, Kirgisisch, Turkmenisch und Türkisch verwandt ist. Nach Regierungsbeschlüssen soll das russische kyrillische Alphabet durch die türkische Version des lateinischen Alphabetes ersetzt werden. Bisher wird jedoch noch allgemein das kyrillische Alphabet benutzt, und die Stadtbewohner sprechen Russisch, wohingegen die Landbevölkerung meistens nur Kasachisch spricht. Reiseleiter sprechen normalerweise Englisch. Uygur und andere regionale Sprachen und Dialekte werden ebenfalls gesprochen.
RELIGION: 50% Christen, 50% Muslime, hauptsächlich sunnitische Moslems. Es gibt russisch-orthodoxe und jüdische Minderheiten. Kasachstan ist eine abgelegene Gegend der islamischen Welt, in der russische, chinesische und zentralasiatische Kulturen zusammentreffen. Der Islam spielt jedoch eine eher untergeordnete Rolle in der Politik, und es gibt keine bedeutenden islamischen politischen Organisationen im Land.
ORTSZEIT: MEZ + 5.
NETZSPANNUNG: 220 V, 50 Hz.
POST- UND FERNMELDEWESEN: Telefon: Internationale Ferngespräche können von Telefonbüros aus geführt werden, die normalerweise an die Postämter angeschlossen sind, sie sind zwischen 20.00-08.00 Uhr verbilligt. **Landesvorwahl:** 7 (die Ortsnetzkennzahl für Almaty ist 03272). Das Hotel Dostik in Almaty bietet seinen Gästen internationale Fernsprechverbindungen per Satellit. Im Hotel Otrar gibt es eine Telefonzelle für dringende internationale Telefonanrufe. Der Service ist zuverlässig, aber wesentlich teurer als der normale Service. Telefonzellen gibt es generell nicht mehr, da Münzen aufgrund der hohen Inflationsrate wertlos geworden sind. Das Business Center im Hotel Dostik bietet einen **Telefaxanschluß. Telex/Telegramme:** Telexservice ist in den größeren Hotels erhältlich (nur für Gäste), und Telegramme können von jedem Postamt aus aufgegeben werden. **Post:** Es gibt einen umfassenden

TIMATIC INFO-CODES

Abrufbar über Ihr CRS-System (für START/Amadeus Ama-Maske benutzen). Für Galileo bitte TI-DFT eingeben (mit Bindestrich).

Flughafengebühren	TI DFT/ ALA /TX
Währung	TI DFT/ ALA /CY
Zollbestimmungen	TI DFT/ ALA /CS
Gesundheit	TI DFT/ ALA /HE
Reisepassbestimmungen	TI DFT/ ALA /PA
Visabestimmungen	TI DFT/ ALA /VI

Postdienst in allen Hauptpostämtern der Städte. Das Hauptpostamt in Almaty befindet sich an der Ulitsa Kurmangazy. Postämter befinden sich auch in den größeren Hotels. Briefe nach Westeuropa sind zwei bis drei Wochen unterwegs. Postadressen sollten in der folgenden Reihenfolge auf den Umschlag geschrieben werden: Land, Postleitzahl, Stadt, Straße, Hausnummer, Name des Adressaten. Die Postämter sind Mo-Fr von 09.00-18.00 Uhr geöffnet, Hauptpostämter in den Städten haben rund um die Uhr geöffnet.

DEUTSCHE WELLE

Der Einsatz der Kurzwellenfrequenzen ändert sich mehrfach im Laufe eines Jahres, und Sendungen auf den folgenden Frequenzen werden jeweils nur zu bestimmten Tageszeiten ausgestrahlt.
Näheres in der Einleitung.

MHz	21,640	17,845	15,275	12,055	9,525
Meterband	13	16	19	25	31

REISEPASS/ VISUM

Wichtiger Hinweis: Die Einreisebestimmungen mancher Länder können sich kurzfristig ändern – rufen Sie sicherheitshalber auf Ihrem CRS-System (TIMATIC-Info-Code-Fenster in diesem Kapitel) den aktuellen Stand ab bzw. wenden Sie sich an die zuständige diplomatische Vertretung. Etwaige Zahlen in der Tabelle beziehen sich auf nachfolgende Fußnoten.

	Paß erforderlich?	Visum erforderlich?	Rückflugticket erforderlich?
Deutschland	Ja	Ja	Ja
Österreich	Ja	Ja	Ja
Schweiz	Ja	Ja	Ja
Andere EU-Länder	Ja	Ja	Ja

REISEPASS: Allgemein erforderlich, Reisepaß muß noch mindestens 6 Monate gültig sein. Kinder, die nicht im Paß der Eltern eingetragen sind, benötigen einen Kinderausweis.

VISUM: Allgemein erforderlich. Für Kinder mit eigenem Ausweis muß ein gesonderter Visumantrag gestellt werden.

Visaarten: Transitvisa (zur Durchreise mit Bahn/Pkw), Touristenvisa, Dauervisa (nur für Geschäfts- und Dienstreisen, berechtigen zur mehrmaligen Ein- und Ausreise) und Besuchervisa (für Privatreisen).

Visagebühren: *Deutschland:* *Ein- und Ausreisevisum* (für Geschäfts- und Besuchsreise): 60 DM (1 Monat), 100 DM (3 Monate); *Transitvisum:* 40 DM; *Touristenvisum:* 40 DM; *Dauervisum* (unabhängig von der Gültigkeitsdauer): 250 DM. *Expressvisum:* 150 DM. ***Österreich:*** *Ein- und Ausreisevisum* (für Geschäfts- und Besuchsreisen): 30 US$ (1 Woche), 50 US$ (2 Wochen), 70 US$ (1 Monat), 100 US$ (3 Monate); *Touristenvisum:* 70 US$ (1 Monat), Expressausstellung 170 US$; *Dauervisum* (unabhängig von der Gültigkeitsdauer): 200 US$; *Transitvisum:* 30 US$.

Bei Visumausstellungen außerhalb der konsularischen Sprechstunden werden zusätzlich Bearbeitungsgebühren berechnet. Für die Verlängerung eines Visums werden die gleichen Gebühren wie für eine Neuausstellung erhoben.

Unterlagen: Für die Ausstellung eines Visums gilt generell: (a) Gültiger Reisepaß (mind. noch 6 Monate gültig, keine Kopie). (b) Antragsformular (in Blockschrift oder mit der Schreibmaschine ausgefüllt). (c) 1 Paßfoto (mitreisende Kinder benötigen ebenfalls ein Foto, das mit einer Klammer am Antragsformular zu befestigen ist). ***Touristenvisa:*** Name und Adresse des kasachischen Reisebüros/Veranstalters/Hotels, genaues Ein- und Ausreisedatum, Angaben über Name und Nationalität des Reisenden, die vorgesehene Reiseroute, den Grenzübergang sowie das/die Transportmittel. ***Geschäftsvisa:*** Einladung des kasachischen Geschäftspartners und offizielle Bestätigung des Außenministeriums in Almaty. ***Besuchervisa:*** Offiziell bestätigte Einladung der Freunde bzw. Angehörigen in Kasachstan, die von den Miliz-OWIR-Behörden bestätigt wurde. ***Transitvisa:*** Fahrkarte und Visum für das Zielland. Gebühr (Verrechnungsscheck oder Banküberweisung). Bei postalischer Antragstellung sollte ein adressierter Briefumschlag (Einschreiben) beigefügt werden.

Antragstellung: Konsularabteilung der Botschaft.

Bearbeitungszeit: Anträge sollten mindestens 48 Std. vor der geplanten Einreise gestellt werden. Bei Antragstellung auf dem Postweg sollten die Unterlagen mindestens eine Woche vor der Abreise bei der Konsularabteilung eingehen. Expreßausstellung ist gegen einen Aufpreis innerhalb von 72 Std. möglich.

GELD

Währung: Im November 1993 wurde eine neue Währung, der Tenge, eingeführt. 1 Tenge = 100 Tiyin. Banknoten sind im Wert von 1000, 100, 50, 20, 10, 5, 3 und 1 Tenge sowie 20, 10, 5, 3 und 1 Tiyin in Umlauf. Es gibt keine Münzen. Der Rubel ist kein gültiges Zahlungsmittel mehr.

Geldwechsel: Der Geldumtausch sollte ausschließlich in offiziellen Wechselstuben erfolgen. Alle Transaktionen müssen auf dem Devisenformular eingetragen werden, das bei der Ankunft in Kasachstan ausgegeben wird. Es ist ratsam, alle Tauschbelege aufzubewahren, obwohl sie derzeit selten nachgeprüft werden. Am besten nimmt man Bargeld in US- bzw. DM-Währung mit und tauscht jeweils bei Bedarf um. Im allgemeinen wird allerdings Bezahlung in Devisen bevorzugt. Es empfiehlt sich, möglichst kleine Banknoten mitzuführen.

Kreditkarten: *Eurocard, American Express, Visa* und *Diners Club* werden in den größeren Hotels in Almaty (Hotel Otrar und Hotel Dostik) akzeptiert. Es gibt keine Möglichkeit zur Benutzung von Geldautomaten mit Kreditkarte.

Reiseschecks: *American Express* US$-Reiseschecks werden am häufigsten angenommen.

Wechselkurse

	Tenge Jan. '94	Tenge Jan. '95	Tenge Jan. '96
1 DM	k. A.	ca. 40,00	44,76
1 US$	7,52	ca. 62,00	64,34

Anmerkung: Offizieller Wechselkurs für 1994 und 1995 nach Angaben der Botschaft.

Devisenbestimmungen: Die Ein- und Ausfuhr der Landeswährung ist verboten. Die Einfuhr von Fremdwährungen ist unbegrenzt, muß aber bei der Einreise deklariert werden. Die Ausfuhr von Fremdwährungen ist auf den bei der Einreise deklarierten Betrag beschränkt.

Öffnungzeiten der Banken: Mo-Fr 09.30-17.30 Uhr.

DUTY FREE

Folgende Artikel können zollfrei von Personen über 18 J. nach Kasachstan eingeführt werden:
400 Zigaretten oder 100 Zigarren oder 500 g Tabakwaren;
2 l Spirituosen;
Parfüm für den persönlichen Bedarf;
Geschenke bis zu einem Wert von umgerechnet 5000 US$.
Bei der Einreise muß eine Zollerklärung ausgefüllt werden, die bis zur Ausreise aufbewahrt werden sollte. Auf diesem Formular vermerkt man alle persönlichen Gegenstände einschließlich Wertsachen und Währungen. Bei genauer Zollkontrolle können die Zollformalitäten sehr lange dauern.

Einfuhrverbot: Waffen, Munition, Narkotika und alles, was als Zubehör für den Drogenkonsum betrachtet werden kann, Pornographie, unmoralische oder subversive Artikel, Perlen und Gegenstände Dritter, die für diese Person importiert werden sollen. Genauere Informationen u. a. von den Botschaften (Adressen s. o.).

Ausfuhrverbot: Wie oben; ungültige Wertpapiere, staatliche Schuldverschreibungen, Lotterielose und Jagdtrophäen nur mit Sondergenehmigung. Kunstgegenstände und Antiquitäten können nur mit vorheriger Erlaubnis ausgeführt werden.

GESETZLICHE FEIERTAGE

1. Mai '96 Solidaritätstag. **25. Okt.** Tag der Staatssouveränität. **16. Dez.** Tag der Republik. **1. Jan. '97** Neujahr. **8. März** Internationaler Frauentag. **22. März** Nauriz Meyrami (Kasachisches Neujahr). **1. Mai** Solidaritätstag.

GESUNDHEIT

In der folgenden Tabelle aufgeführte Impfvorschriften können sich kurzfristig ändern. Es wird stets empfohlen, auf Ihrem CRS-System (TIMATIC-Info-Code-Fenster in diesem Kapitel) den aktuellen Stand der Gesundheitsbestimmungen abzurufen bzw. rechtzeitig vor der Reise ärztlichen Rat einzuholen.

	Vorsichtsmaßnahmen empfohlen	Impfschein erforderlich
Gelbfieber	Nein	Nein
Cholera	Ja	1
Typhus & Polio	Ja	-
Malaria	Nein	-
Essen & Trinken	2	-

[1]: Eine Impfbescheinigung gegen Cholera ist keine Einreisebedingung, das Risiko einer Infektion besteht jedoch. Da die Wirksamkeit der Schutzimpfung umstritten ist, empfiehlt es sich, rechtzeitig vor Antritt der Reise ärztlichen Rat einzuholen. Weitere Informationen im Kapitel *Gesundheit* (s. Inhaltsverzeichnis).

[2]: Wasser sollte generell vor der Benutzung zum Trinken, Zähneputzen und zur Eiswürfelzubereitung entweder abgekocht oder anderweitig sterilisiert werden. Milch ist nicht pasteurisiert und sollte ebenfalls abgekocht werden. Trocken- und Dosenmilch nur mit keimfreiem Wasser anrühren. Milchprodukte aus ungekochter Milch am besten vermeiden. Fleisch- und Fischgerichte nur gut durchgekocht und heiß serviert essen. Der Genuß von Schweinefleisch, rohen Salaten und Mayonnaise sollte vermieden werden. Gemüse sollte gekocht und Obst geschält werden.

Tollwut kommt vor. Wer ein erhöhtes Risiko eingeht (z. B. längerer Aufenthalt in abgelegenen Gebieten), sollte vor Reiseantritt eine Schutzimpfung erwägen. Bei Bißwunden so schnell wie möglich ärztliche Hilfe in Anspruch nehmen. Weitere Informationen im Kapitel *Gesundheit* (s. Inhaltsverzeichnis).

Hepatitis A, B und *E* kommen vor.

Diphterie-Ausbrüche wurden ebenso gemeldet.

Gesundheitsvorsorge: Der Abschluß einer Reisekrankenversicherung wird dringend empfohlen. Obwohl Krankenhäuser, Notfallkliniken und Apotheken in allen Landesteilen zur Verfügung stehen, ist die medizinische Versorgung aufgrund der Arzneimittelknappheit nur unzureichend gewährleistet. Wer auf Medikamente angewiesen ist, sollte seine Reiseapotheke entsprechend bestücken. Im Krankheitsfall erhalten Reisende eine kostenlose Notfallbehandlung in allen öffentlichen medizinischen Einrichtungen.

REISEVERKEHR - International

FLUGZEUG: Kasachstans nationale Fluggesellschaft heißt *Kazakhstan Airlines*. Almaty ist mit 63 Städten in der GUS verbunden und entwickelt sich schnell zu einem bedeutenden internationalen Knotenpunkt. Man erreicht Almaty von Frankfurt/M. aus mit *Lufthansa, Air Kasachstan* und *Kazakhstan Airlines*. *Kazakhstan Airlines* bietet ferner regelmäßig Flugdienste von Hannover nach Almaty. Weitere Verbindungen von Moskau mit *British Airways* oder *Aeroflot* und von Istanbul aus mit *Turkish Airways* oder *Aeroflot*. Von Hannover gibt es auch Charterflüge mit *Air Kasachstan (AFL)* nach Karaganda und Kustanaj über Almaty sowie nach Akmola und Karaganda. *Air Kasachstan* fliegt auch von Wien direkt nach Almaty. Buchungen und weitere Informationen von *Erat-Reisen*, Tel: (07951) 2 75 74. *Kazakhstan Airlines* bietet verschiedene Flüge in die Russische Föderation und in andere GUS-Staaten.

Weitere Verbindungen werden von CAAC und *Aeroflot* von Almaty nach Urumqi (VR China) angeboten. Von dort aus kann man nach Beijing weiterfliegen. Es gibt außerdem Charterflüge nach Kairo, Alexandria, Dubai, Islamabad, Karachi, New Delhi, Bombay und Teheran. Außerdem werden Flüge nach Novosibirsk und Irkutsk (beide Russ. Föd.), Bischkek (Kirgisistan), Aschchabad (Turkmenistan) und Samarkand (Usbekistan) angeboten. Außerdem gibt es witere Direktflüge von Almaty nach New Delhi und Tel Aviv.

Durchschnittliche Flugzeiten: *Frankfurt/M.* – Almaty: 6 Std. 45; *Hannover* – Almaty: 7 Std; *Nürnberg* – Kaganda: 9 Std; *Wien* – Almaty: 6 Std. 50; *Zürich* – Almaty: 9 Std; *Istanbul* – Almaty: 5 Std. 30; *Ulgi* (Mongolei) – Almaty: 4 Std.

Internationaler Flughafen: *Almaty* (ALA) liegt 15 km nördöstlich der Stadt. Der Stadtbus der Linien 92, 79, 122 und 146 verbindet den Flughafen mit der Innenstadt (alle 10 Minuten, Fahrzeit ca. 20 Min.). Ein Taxistand ist ebenfalls vorhanden. Flughafeneinrichtungen: Mietwagenschalter, Läden, Tourist-Information, Bank, Bars, Apotheke, Wickelraum, Restaurant und Postamt.

SCHIFF: Frachtschiffe verkehren auf dem Kaspischen Meer in die Russische Föderation und in den Iran.

BAHN: Es gibt internationale Zugverbindungen in die Russische Föderation, nach Usbekistan, Tadschikistan, Turkmenistan und China. Züge verkehren mehrmals wöchentlich von Almaty in die chinesische Stadt Urumqi und täglich nach Moskau (die Fahrzeit beträgt 3 Tage) mit Anschlußverbindungen in alle Regionen der Russischen Föderation. Von Almaty, Bischkek (Kirgisistan) und Taschkent (Usbekistan) fahren mehrmals täglich Züge in Richtung Moskau. Der Taschkent-Novosibirsk-Expreß fährt täglich über Almaty in beide Richtungen. Von Almaty bestehen auf den Strecken Richtung Norden Anschlußmöglichkeiten an die Transsibirische Eisenbahn sowie in westlicher Richtung nach Tschimkent und weiter in die russische Stadt Orenburg. Eine neue Schienenstrecke, die Kasachstan mit dem Iran und der Türkei verbinden soll, befindet sich im Bau.

BUS/PKW: Es gibt gute Straßenverbindungen nach Rußland, in die anderen zentralasiatischen Staaten sowie nach China. **Busse** fahren im 25-Minutentakt von Tschimkent nach Taschkent (von 07.00-19.25 Uhr). Die Fahrt auf der 160 km langen Strecke dauert drei Stunden. Es gibt auch eine Busverbindung zwischen Tschimkent und der kirgisischen Hauptstadt Bischkek.

REISEVERKEHR - National

FLUGZEUG: Es gibt mehrmals täglich Flugverbindungen von Almaty nach Tschimkent, Dzambul, Karaganda, Akmola, Pavlodar, Ksyl-Orda, Semipalatinsk und Ust-Kamenorgorsk. Von Tschimkent bestehen Flugdienste nach Almaty, Semipalatinsk und Karaganda. Flugzeuge für Geschäftsreisen können gechartert werden.

Flughäfen: Der Flughafen in *Tschimkent* fertigt überwiegend Inlandflüge ab, es gibt allerdings auch mehrmals wöchentlich Flüge nach Moskau, Novosibirsk und Taschkent (täglich). Die Buslinie 12 verkehrt von der Innenstadt zum Flughafen.

Der Flughafen in *Semipalatinsk* wird fast nur im Inlandflugverkehr angeflogen, es gibt Verbindungen nach Almaty, Dzambul, Tschimkent, Karaganda und Ust-Kamenogorsk. Zusätzlich landen Flüge aus Taschkent, Bischkek und den russischen Städten Moskau, Krasnojarsk, Omsk und Tomsk.

Der Flughafen in *Ust-Kamenogorsk* fertigt Flüge aus Almaty und einigen anderen kasachischen Städten ab sowie aus Moskau, Novosibirsk und einigen anderen sibirischen Städten. Die Buslinie 12 fährt zum Hotel Ust-Kamenorgorsk in der Innenstadt.

SCHIFF: In Semipalatinsk können Dampferfahrten auf dem Irtysch unternommen werden.

Die Kazakhstan Airlines, die nationale Fluggesellschaft der Republik Kasachstan, bietet Ihnen

- **direkte und preisgünstige Verbindungen mit der Hauptstadt Almaty**
  Von Frankfurt fliegen wir immer mittwochs und sonntags und von Hannover jeden Montag und Freitag.

- **von Almaty** attraktive Anschlußflüge **innerhalb Kasachstans (z. B. Karaganda, Akmola, Pavlodar, Semipalatinsk) und der GUS (Taschkent, Duschanbe)**

- **Verbindungen Almaty-Moskau-Almaty in Business Class**

Erkundigen Sie sich nach unseren Sondertarifen.

Reservierung und Auskünfte:

KAZAKHSTAN AIRLINES
Poststr. 2-4
60329 Frankfurt/Main
Tel. 069/235679 und 235640
Fax 069/250320

BAHN: Das Schienennetz, das sich vor allem auf den Norden des Landes konzentriert oder Verbindungen in die Russische Föderation bietet, umfaßt 14.148 km. Von Tschimkent verkehren täglich zwei türkisch-sibirische Züge nach Taschkent und Novosibirsk (Russ. Föd.), die an zahlreichen kasachischen Bahnhöfen halten. Die Preise für Bahnkarten sind in Kasachstan im Vergleich zu Westeuropa minimal. Es gibt regelmäßige Verbindungen zwischen allen wichtigen Städten. Die Wartezeit an den Fahrkartenschaltern kann mitunter sehr lang sein; es gibt keine Speisewagen, Fahrgäste sollten nicht vergessen, ihre eigene Verpflegung für die Zugfahrt mitzubringen.
BUS/PKW: Das insgesamt fast 87.873 km umfassende Straßennetz verbindet alle Städte und regionalen Zentren. Rund 90% der Straßen sind asphaltiert. Die Treibstoffversorgung ist gut im Vergleich zu anderen zentralasiatischen Republiken. **Bus:** Es gibt regelmäßige Busverbindungen zwischen allen größeren Städten in Kasachstan. **Taxis** stehen in allen kasachischen Städten zur Verfügung. **Mietwagen** können am Flughafen in Almaty und im Zentrum der Hauptstadt am Business Center gegenüber dem Hotel Kasachstan gemietet werden. **Hertz** hat eine Niederlassung in Almaty. **Unterlagen:** Ein internationaler Führerschein ist vorgeschrieben.
STADTVERKEHR: Almaty verfügt über ein Bus- und Straßenbahnnetz.

UNTERKUNFT

HOTELS: Es gibt mehr als 20 Touristenhotels in Almaty. In den meisten Städten des Landes ist die Anzahl akzeptabler Unterkünfte begrenzt. Westliches Niveau kann man im allgemeinen nicht erwarten. Das Hotel Dostik in Almaty entspricht jedoch internationalem Standard, u. a. hat es ein Business Center. Es empfiehlt sich, entweder direkt oder durch ein Reisebüro im voraus zu buchen. Alle Hotelrechnungen müssen in Devisen bezahlt werden. Dies ist zwar teurer als eine Bezahlung in der Landeswährung, garantiert aber einen Mindestkomfort. **Kategorien:** Die Unterkünfte in Kasachstan sind in folgende Kategorien eingeteilt: Super Klasse A, Super Klasse B, Erste Klasse und Zweite Klasse. Die meisten Hotels in Almaty, Karaganda, Tschimkent, Akmola, Kokschetau und Kostanaj gehören in die Zweite Klasse. Hotels der beiden obersten Kategorien gibt es fast nur in der Hauptstadt (Hotel Dostik/Super Klasse A; Otrar, Medeo und Kasachstan sind Super Klasse B). Das Hotel Interkosmos in Leninsk ist sehr stilvoll und entspechend teuer, das Hotel Taraz in Dzambul preisgünstig und komfortabel. Klassifikationen von Touristenhotels und Campingplätzen werden vom *Ministerium für Tourismus, Kultur und Sport der Republik Kasachstan* vorgenommen. Alle anderen Unterkünfte werden von den Bezirksämtern eingestuft.
TURBASAS: Diese »Touristenbasen« sind eine gute Alternative zur Hotelunterbringung. Für umgerechnet 1-2 US$ bekommt man einen einfachen Bungalow und drei Mahlzeiten am Tag.
CAMPING: Die einzigen ausgewiesenen Campingplätze sind die ständigen Basiscamps, von denen aus die Berggipfel Kasachstans erklommen werden können. Wildes Campen ist nicht verboten, geschieht jedoch auf eigene Gefahr.

URLAUBSORTE & AUSFLÜGE

90% des Landes besteht aus Steppe, in der jahrhundertelang nur Nomaden beheimatet waren. Die meisten Siedlungen stehen heute im Südosten und Osten der Republik, wo sich die imposanten Bergketten des *Altai*, *Alatau* und *Tienschan* befinden.

Der Süden

Süd-Kasachstan ist ein Mittelpunkt der zentralasiatischen Geschichte und Kultur, es gibt viele berühmte Baudenkmäler in dieser Region. Die Landschaft ist so abwechselungsreich, daß man innerhalb eines Tages alle vier Jahreszeiten zu sehen bekommt, wenn man von den schneebedeckten Gipfeln, Seen und Gletschern des *Tienschan* zur endlos scheinenden Steppe und Wüstenlandschaft reist, die sich über Tausende von Kilometern erstreckt. Die Berge sind Treffpunkt für Bergsteiger und Skifahrer, und es gibt zahlreiche Wintersportorte. Ein Kuriosum ist die *Singende Barkhan* – eine 80 m hohe und 3 km lange Sanddüne in der Wüste, die sich bewegt und dabei nach und nach zerfällt. Die Bewegung löst ein merkwürdiges Geräusch aus, das an lautes Singen erinnert.
Almaty (der alte russische Name ist Alma-Ata und bedeutet soviel wie »Vater der Äpfel«) ist die Hauptstadt der jetzt unabhängigen Republik Kasachstan und liegt wunderschön zwischen Bergen und Ebenen am Fuß der hohen Tienschan-Bergkette. Die noch junge Stadt (1854 gegründet) bietet moderne Architektur, weite Straßen, kühlende Springbrunnen, gemütliche Parkanlagen und Plätze sowie eindrucksvolle Ausblicke auf großartige Landschaften, insbesondere im Frühjahr und Herbst. Vom Gipfel des *Kok-Tjube* (Grüner Berg), der leicht mit einer Drahtseilbahn zu erreichen ist, hat man einen herrlichen Panoramablick über die Stadt. Trotz des unvermeidlichen Erbes der Sowjet-Architektur hat Almaty seinen Charme bewahrt. Viele Gebäude sind mit Ornamenten geschmückt. Besonders sehenswert ist der *Panfilov-Park* mit der *Zenkov-Kathedrale*, die zu den höchsten Holzbauwerken der Welt zählt. Während des Sowjetregimes diente die 56 m hohe Kathedrale als Konzert- und Ausstellungshalle, heute steht sie jedoch leer. Christen zelebrieren ihre Messe in der *St.-Nikolaus-Kathedrale*. Es gibt einige interessante Museen in Almaty, das Kasachstaner Museum für Volksmusikinstrumente, das Archäologie-Museum und das staatliche Kunstmuseum sind besonders besuchenswert. Hier findet man unter anderem traditionelle kasachische Teppiche, Schmuck und Kleidung. In den *Arasan-Bädern* im westlichen Teil des *Panfilov-Parks* kann man sich in türkischen, finnischen und russischen Saunas entspannen. Die zauberhafte Umgebung lädt zu Wanderungen und Ausflügen ein. Das fast 5000 m hohe *Alatau-Gebirge* in der Nähe von Almaty bietet das ganze Jahr über zahlreiche Gelegenheiten zum Sporttreiben und zur Erholung. Es gibt weite unberührte Landstriche in der Bergregion, die Wanderer und Bergsteiger anziehen. Im Winter fahren vor allem Skifahrer in diese Region. Besucher können in Touristenzentren mit verschiedenen Einrichtungen übernachten. Das *Tienschan-Gebirge* im Südosten von Kasachstan erstreckt sich über mehr als 1500 km. Die höchsten Gipfel sind *Pobeda* (7439 m) und *Khan-Tengri* (7010 m), der aussieht wie eine schneeweiße Marmorpyramide. Der riesige *Inylchek-Gletscher*, der beinahe 60 km lang ist, trennt die beiden Gipfel, und in seinem Zentrum liegt der wunderschöne *Mertzbakher-See*. Das Internationale Bergsteigercamp Khan-Tengri hat erfahrene Bergführer, die Besucher auf organisierten Berg- und Trekkingtouren begleiten. Weitere Informationen sind bei *Kasachstan International Mountaineering Camp Khan-Tengri* in Almaty erhältlich. Adresse: 48 Ulica Abai, 480072 Almaty. Tel: (03272) 67 70 24, 67 78 66. Telefax: (03272) 67 70 24, 63 12 07.
Tschimkent ist eine Industriestadt, bekannt vor allem für die Bleigewinnung. Weiter nördlich liegt das geschichtsträchtige **Turkestan**, einst wichtiges Handelszentrum an der berühmten Seidenstraße, die durch weite Teile der Region verläuft, und religiöser Mittelpunkt des Islam mit prächtigen Moscheen. Hier befindet sich das *Hodsha-Achmed-Jassawi-Mausoleum* aus dem 14. Jahrhundert. Es wurde unter Tamerlan gebaut und hat die größte Kuppel in Zentralasien. Weite Teile der Region wurden von der 124 km langen Seidenstraße durchkreuzt. **Dzambul** ist

ebenfalls eine Industriestadt. Im *Aulije-Ata-Karanchan* und *Daudbek-Schahmansur-Mausoleum* kann man Reproduktionen altertümlicher Relikte betrachten, aus einer Zeit, als die Stadt noch Taraz hieß. Im nahegelegenen Dorf **Golovackovka** (18 km westlich) stehen noch Überreste dieser alten Stadt, u. a. das *Babadshi-Chatun-Mausoleum* (11. Jh.) und das *Aischa-Bibi-Mausoleum* (12. Jh.). Ein weiteres historisches Zentrum ist **Taldikorgan**.

Der Westen

Das *Kaspische Meeresbecken* in West-Kasachstan ist der größte abflußlose See der Erde. Östlich des Kaspischen Meeres liegt der riesen große *Aral-See*, dessen ursprüngliche Größe von 64.100 qkm auf die Hälfte geschrumpft sein soll. Die *Karagie-Tiefebene* liegt 132 m u. d. M. und ist nach dem Toten Meer in Sinai der zweittiefste Punkt der Erde. Es gibt zahlreiche architektonische Sehenswürdigkeiten, unter anderem die unterirdische *Schakpak-Ata-Moschee* in Kreuzform (12.-14. Jh.), die aus Stein gehauen wurde.

Der Norden

Das Naturreservat *Kurgaljino*, in Nord-Kasachstan, beherbergt das nördlichste Habitat von rosa Flamingos auf der Erde. Das reizvolle Naturschutzgebiet *Naurzum* bietet eine überaus vielfältige Landschaft – von Wäldern umgebene Salzseen, uralte Fichtenstämme, zwischen Sanddünen verstreut, Fichtenwälder, die aus Salzsumpfgebieten emporwachsen, weite Wiesen und seltene Schwan- und Adlerarten.

Die Landesmitte

Der einzigartige *Balchasch-See* ist zur Hälfte salzwasser- und zur anderen Hälfte süßwasserhaltig. Hier haben sich auch einige faszinierende archäologische und ethnologische Stätten erhalten. In der *Karkarala-Oase* findet man Siedlungen aus der Neustein- und Bronzezeit sowie Stätten aus der Bronze- und der frühen Eisenzeit. Im *Bayan-Aul-Nationalpark* erwarten den Besucher Steinzeichnungen, Steinskulpturen, saubere Seen und Fichten, die förmlich an den Felsen zu kleben scheinen. **Baikonur Cosmodrome** ist das zentralasiatische Kap Canaveral und liegt 5 km von der Garnisonsstadt **Leninsk** und 230 km von **Kzyl-Orda** entfernt. Von hier aus startete Yuri Gagarin, der erste Astronaut im Weltraum, am 12. April 1961 die erste Erdumrundung. Auch heute noch kann man Raketenstarts miterleben. Informationen über Gruppenreisen sind von *Intourist* in Almaty (Adresse s. o.) erhältlich.

Der Osten

Ost-Kasachstan bietet eine farbenfrohe Landschaft mit schneebedeckten Berggipfeln, steil abfallenden, bewaldeten Schluchten und malerischen Zedernwäldern. Der *Marakol-See* macht dem *Baikal-See* in seiner Schönheit Konkurrenz. Er ist 35 km lang und 19 km breit und liegt 1449 m ü. d. M. Die Stadt **Semipalatinsk** liegt nur 30 km von Sibirien entfernt und war einst Stätte russischen Exils. Auch Dostojewski war hier von 1857-1859 in der Verbannung. Sein Haus ist heute Museum, und unter den Ausstellungsstücken befinden sich Notizen zu seinen bedeutenden Romanen »Schuld und Sühne« und »Der Idiot«. Zu den anderen Museen der Stadt zählen das *Abai-Kununbaeow-Museum*, das an den gleichnamigen kasachischen Dichter erinnert, sowie das Geschichtsmuseum. Bis 1990 wurden südwestlich von Semipalatinsk Atomversuche unternommen. Heute liegt die radioaktive Strahlung jedoch innerhalb der international zugelassenen Grenzwerte. Die Bergbau- und Eisenhüttenstadt **Ust-Kamenogorsk** ist das Tor zum *Altai-Gebirge*, das mit Wiesen und Wäldern bedeckt ist und sich über Tausende von Kilometern bis in die Mongolei erstreckt. Ein Großteil der Region ist so gut wie unberührt, und die Einheimischen leben in Blockhütten. **Rakmanowski** im Altai-Gebirge ist bekannt für seine Langlaufgebiete, übernachtet wird in einer *Turbasa* (s. *Unterkunft*).

Eine weitere wichtige Veröffentlichung von *Columbus Press* ist der »World Travel Guide«, der jährlich herausgegeben wird und auf über tausend Seiten Informationen in englischer Sprache über alle Länder der Erde enthält.

Weitere Einzelheiten von:
Columbus Press, Verkaufsabteilung,
Aurikelweg 9,
D-38108 Braunschweig.
Tel: 05309/2123. Telefax: 05309/2877.

Die Kurorte

Kasachstan hat eine Vielzahl von Kurorten, die u. a. Wasser- und Schlammbehandlungen anbieten. Es gibt 98 Urlaubshotels mit verschiedenen Behandlungseinrichtungen und 115 Sanatorien zur medizinischen Vorbeugung. Die meisten befinden sich in schönen Gegenden mit vielfältigen Ausflugs- und Freizeitmöglichkeiten, die Sport- und Kulturveranstaltungen sowie historische und archäologische Stätten umfassen. Zu den international bekanntesten Urlaubsorten zählen **Sari Agach** (im Süden), **Mujaldi** (Region Pavlodar) **Arasan-Kapal** (Region Taldikorgan), **Jani-Kurgan** (Region Kzil-Ordat), **Kokschetau** und **Zerenda** (Region Kokschetau) und das **Zaili-Alatau**-Gebiet.

Naturschutzgebiete

Aksu-Jabagli: Liegt im südlichen Kasachstan 1000-4000 m ü. d. M. Es beherbergt 238 Vogelarten, 42 andere Tierarten und 1300 Pflanzenarten.
Almaty: Liegt im Tienschan-Gebirge und ist Heimat von Schneeleoparden, Gazellen und anderen exotischen Tier- und Pflanzenarten.
Barsa Kelmes: Bedeutet übersetzt soviel wie »das Land ohne Rückkehr«. Zu den Bewohnern der an der nordwestlichen Aralsee-Küste gelegenen Insel zählen die seltensten Huftiere der Welt – die Kulans.
West-Altai: Liegt im Altai-Gebirge. Hier findet man 16 verschiedene Waldarten, 30 verschiedene Säugetierarten und 120 Vogelarten.
Kurgaldjino: Dieses wunderbare Naturschutzgebiet in Zentralkasachstan ist von internationaler Bedeutung; seine Federgrassteppe beheimatet 300 Pflanzenarten und die nördlichste Flamingosiedlung der Welt.
Marakol: Liegt an den südlichen Gebirgsausläufern des Altai-Gebirges und beherbergt 232 Vogelarten, 50 andere Tierarten und 1000 Pflanzenarten.
Naurzum: Liegt im nördlichen Kasachstan. Hier findet man zahlreiche seltene Tierarten.
Ustiurt: Liegt in West-Kasachstan in der Karagie-Tiefebene, 132 m u. d. M. Dieses Naturschutzgebiet mit Kalkkliffen ist das größte des Landes.
Bayan-Aul-Nationalpark: Liegt in Zentral-Kasachstan und ist als »Museum der Natur« bekannt.

SOZIALPROFIL

ESSEN & TRINKEN: Zu den typisch kasachischen Gerichten gehören *Kasi, Tschuschuk, Suret* und *Beschbarmak* (aus Pferdefleisch oder Hammel). *Schaschlik* (aufgespießte Hammelfleischstücke, über Kohle gegrillt) und *Lepeschka* (rundes, ungesäuertes Brot) werden oft an Straßenecken verkauft. *Plov* wird aus Hammelfleisch, geraspelten Steckrüben und Reis gemacht und ist eines der Nationalgerichte der zentralasiatischen Republiken. Zu anderen Hammelfleisch-Gerichten wie *Laghman* und *Beschbarmak* gehören dicke Nudeln, die mit einer scharfen Fleischsoße serviert werden. *Manty* (kleine Nudeltaschen mit Fleisch und Gemüse), *Samsa* (mit Fleisch oder Gemüse gefüllte, scharf gewürzte Teigtaschen) und *Tschiburekki* (frittierte Teigküchlein) sind beliebte Snacks. Almaty ist für seine Apfelsorten berühmt. **Getränke:** Kasachischer Tee (oder *Tschai*) ist sehr beliebt. Er wird sehr stark getrunken und mit Zucker gesüßt. In den *Tschai-Khana* (Teehäuser), einer nationalen Institution, können Besucher diese kasachische Spezialität kosten. Bier, Wodka, Brandy und Sekt sind in vielen Restaurants erhältlich. Das Nationalgetränk ist – wie auch in Kirgisistan – *Kumis*, gegorene Stutenmilch. Cafés, in denen diese Speziaiät erhältlich ist, werden *Kumis-Khana* genannt. Man sollte das Getränk nicht ablehnen, wenn es angeboten wird, da dies einer Beleidigung gleichkäme. In den Steppen- und Wüstenregionen, in denen Kamele gezüchtet werden, wird Gästen in jedem Restaurant oder Landhaus Kamelmilch (*Schubat*) angeboten.
NACHTLEBEN: Es gibt zahlreiche Nachtklubs und Casinos in Almaty und in einigen anderen Städten. In vielen Restaurants ertönt nach 20.00 Uhr Musik, die für eine entspannte Atmosphäre sorgen soll. Meistens werden allerdings Cover-Versionen türkischer und russischer Hits gespielt, die nicht unbedingt jedermanns Sache sind.
EINKAUFSTIPS: Nördlich des Panfilov-Parks liegt Almatys Basar, der eine Vielfalt verschiedenster Produkte anbietet.
SPORT: Alle regionalen Zentren haben Sportanlagen, Swimmingpools und Turnhallen. In der Nähe von Almaty, ca. 12 km vom Stadtzentrum entfernt, liegt der *Medeo*-Eislaufring, der größte der Welt, den die Einwohner der Hauptstadt gern zum **Schlittschuhlaufen** aufsuchen. Ein bequemes Hotel, ein Restaurant, ein Café und ein moderner Wintersportort befinden sich ganz in der Nähe. **Eishockeyspiele** finden im Eisstadion in Ust-Kamenogorsk statt. Das Wintersportzentrum Tschimbukak, 7 km südlich der Hauptstadt, bietet ausgezeichnete **Skipisten**, die zu den besten in der GUS gehören. Hier finden zahlreiche Skirennen statt. Skier und Skistiefel können sehr preisgünstig geliehen werden, die Ausrüstungen sind allerdings nicht mit westeuropäischem Standard zu vergleichen. **Reiten** ist ein beliebter Sport in Kasachstan. Besucher können selbst reiten oder auch den zahlreichen Wettbewerben wie *Baiga, Kys-kuu* und *Kokpar*, die zu Pferde ausgetragen werden, zusehen.
VERANSTALTUNGSKALENDER
Im *Medeo*-Komplex (s. *Sport*) findet alljährlich **Ende Juli/Anfang August** das internationale Gesangsfestival »Die Stimme Asiens« statt, zu dem Teilnehmer aus Asien, Europa und Nordamerika anreisen. Im **August** kommen Besucher aus dem Süden des Landes zu den Folklorefestivals in Almaty. Hier kann man kasachische Musik, Lieder, Tänze, Kostüme und Gerichte kennenlernen.
SITTEN & GEBRÄUCHE: Kasachen sind sehr gastfreundlich. Bei der Begrüßung gibt der Gastgeber dem Gast beide Hände. Dies diente einst dazu, dem Gegenüber zu zeigen, daß man unbewaffnet war. Kasachen reden Gäste und ältere Menschen oft mit einer verkürzten Version des Namens und dem Zusatz »ke« an. So wird z. B. aus Abkhan »Abeke« oder aus Nursultan »Nureke«. Dies gilt als Zeichen höchsten Respekts. Traditionsgemäß servieren die meisten Kasachen dem wichtigsten Gast (in der Regel dem Ältesten) einen gekochten Schafskopf als weiteres Zeichen des Respekts. Der nationale Brauch verbietet es jüngeren Familienmitgliedern, deren Eltern noch leben, den Schafskopf anzuschneiden. Sie müssen den Schafskopf den anderen Gästen zum Anschneiden weiterreichen. In den Moscheen befolgen Frauen ihre eigenen Rituale in einem separaten Raum. Sie müssen ihre Köpfe und Arme bedecken (s. Kapitel *Welt des Islams*). Für den Theaterbesuch oder eine Einladung zum Essen wird elegantere Garderobe erwartet. Kurze Hosen sollten nur auf dem Sportplatz getragen werden. **Trinkgeld:** Nicht üblich in Cafés oder Restaurants. In Hotel- und Restaurantrechnungen ist ein Trinkgeld bereits enthalten. Taxis und Bahn berechnen einen festgesetzten Tarif.

WIRTSCHAFTSPROFIL

WIRTSCHAFT: Kasachstan ist reich an Bodenschätzen – Zink, Wolfram, Erdöl, Erdgas, Eisenerz, Zinn, Mangan, Bauxit, Molybdän, Titan, Kohle, Chrom, Kupfer, Blei, Gold und Silber werden gefördert. Es gibt außerdem große Marmor- und Granitvorkommen. Da immer noch viele Konsumgüter aus anderen GUS-Republiken importiert werden müssen, strebt man verstärkt den Ausbau der Verbrauchsgüterindustrie an. Ein weiterer Schwerpunkt ist die Förderung der verarbeitenden Industrie. Maschinenbau und chemische Industrie sind von Bedeutung. Die leistungsfähige Landwirtschaft hat ebenfalls großen wirtschaftlichen Stellenwert, ist klimatisch jedoch sehr anfällig. Haupterzeugnisse sind Getreide, Fleisch, Baumwolle und Wolle. Die zahlreichen Bewässerungsprojekte für die Baumwollfelder in Kasachstan und Usbekistan haben dazu geführt, daß der Wasserspiegel des Aral-Sees innerhalb von 20 Jahren um ein Drittel gesunken ist, eine ökologische Katastrophe riesigen Ausmaßes. Fischzucht wird hauptsächlich zur Kaviarproduktion betrieben. Anlaß zum Optimismus geben die Nutzungsvereinbarungen für zwei große Ölfelder mit einer amerikanischen Firma, und ein ähnliches Joint-venture mit dem britischen Unternehmen *British Gas*, das die Förderung von Erdgas vorsieht. Im Kaspischen Meer soll es bedeutende Erdgas- und Erdölvorkommen geben, nach denen westliche Konzerne inzwischen bereits forschen. Beträchtliche internationale Finanzhilfen sollen wichtige Impulse geben und u. a. die Umstellung von Rüstungsbetrieben auf die Herstellung anderer Güter ermöglichen. Trotz der guten Vorraussetzungen lebten 1991 57% der Kasachen unterhalb der Armutsgrenze. Zur Ankurbelung der Wirtschaft befürwortet Präsident Nasarbajew einen schnellen Übergang zur Marktwirtschaft. Mit Ausnahme der Rüstungsindustrie sind ausländische Kapitalanlagen inzwischen in allen Bereichen erlaubt. Importiert werden überwiegend Nahrungsmittel, Maschinen und elektrotechnische Produkte, wichtigste Ausfuhrgüter sind Erdöl, Metallwaren und chemische Erzeugnisse, vor allem Düngemittel. Der Handel mit den Nachbarländern, insbesondere China und Rußland, erlebte einen Aufschwung. Wichtige Handelspartner sind ferner die anderen GUS-Staaten, Schweiz, Großbritannien, die USA und Deutschland. Kasachstan gehört der Zentralasiatischen Wirtschaftszone (ECO) an, deren Mitglieder größere politische und wirtschaftliche Kooperation, Handelsförderung und die Verbesserung der Infrastruktur anstreben. Kasachstan ist außerdem Mitglied der

Europäischen Bank für Wiederaufbau und Entwicklung (EBRD) und seit 1992 auch Mitglied der Weltbank und des Internationalen Währungsfonds (IWF).
Kontaktadressen: *Bundesverband der Deutschen Industrie, Ost-Ausschuß der Deutschen Wirtschaft,* Gustav-Heinemann-Ufer 84-88, D-50968 Köln. Tel: (0221) 370 84 17. Telefax: (0221) 370 85 40, 370 86 90.
Handels-, Industrie- und Wirtschaftskammer Schweiz-Kasachstan, c/o SHIV (Vorort), Postfach 690, CH-8034 Zürich. Tel: (01) 382 23 23. Telefax: (01) 382 23 32.
Wirtschaftskammer Österreich, Außenwirtschaftsorganisation, Osteuroparefat, Wiedner Hauptstraße 63, A-1045 Wien. Tel: (0222) 5 01 05-4322. Telefax: (0222) 5 02 06-255.
Die wirtschaftlichen Interessen Österreichs werden von der Außenhandelsstelle der Wirtschaftskammer Österreich in Moskau (s. Russische Föderation) vertreten.
Industrie- und Handelskammer von Kasachstan, Pr. Ablaikhana 93-95, 480091 Almaty. Tel: (03272) 62 14 46. Telefax: (03272) 62 05 94.
KONFERENZEN/TAGUNGEN: Im Wintersportort Alatau, in der Nähe von Almaty, werden zahlreiche internationale Veranstaltungen von Organisationen wie der UNESCO oder der IFC (Internationale Finanzgesellschaft) abgehalten. Im September findet auf dem Messegelände des Business Cooperation Center in Almaty alljährlich eine internationale Messe (*Karkara*) statt. Geschäftsleute und Firmendirektoren aus aller Welt treffen sich hier, um Kontakte zu knüpfen und Geschäfte abzuschließen. Größere Industriestädte wie Karaganda, Pavlodar und Tschimkent bieten ebenfalls Konferenzeinrichtungen und sind Austragungsort verschiedener Ausstellungen und Messen.

KLIMA

Kontinentales Klima mit kalten Wintern (im Schnitt -10°C) und heißen Sommern (25°-30°C). Im Süden scheint die Sonne jährlich ca. 3000 Stunden, im Norden hingegen nur 2000 Stunden. Der heißeste Monat ist normalerweise der Juli (in den Bergregionen der August).

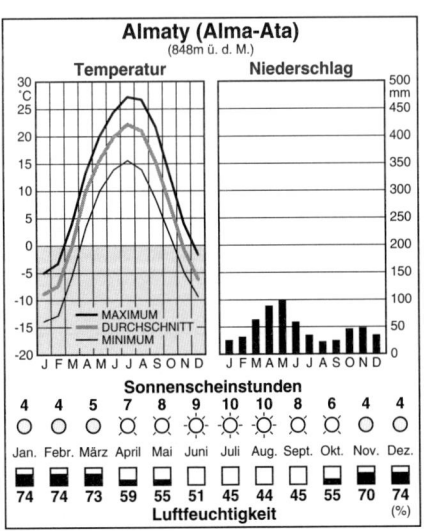

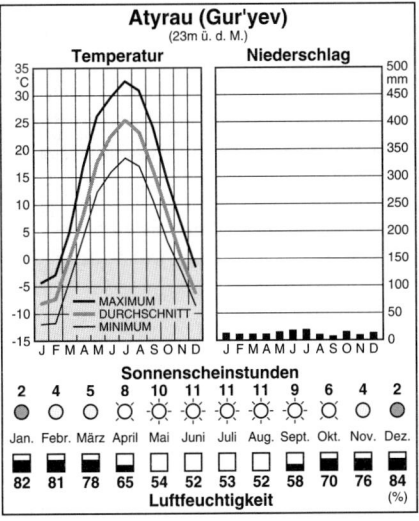

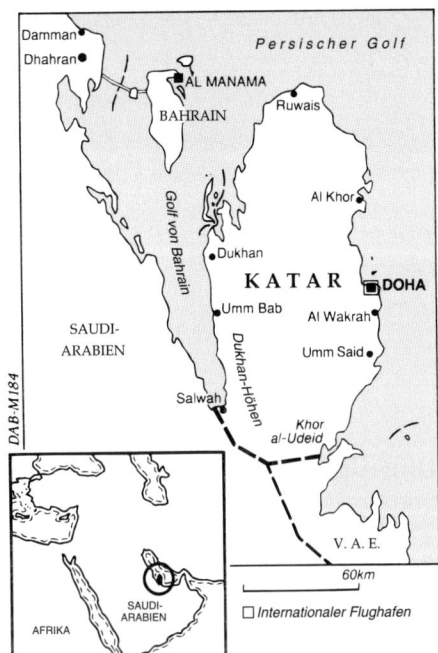

Lage: Nahost, Golfküste.

Ministry of Information and Culture
PO Box 1836
Doha
Tel: 83 13 33. Telefax: 83 15 18.
Botschaft des Staates Katar
Brunnenallee 6
D-53177 Bonn
Tel: (0228) 95 75 20. Telefax: (0228) 957 52 55.
Mo-Fr 09.00-15.00 Uhr, im Febr. nur 10.00-14.00 Uhr.
Botschaft des Staates Katar (Visumerteilung nur für Diplomaten)
Strudlhofgasse 10
A-1090 Wien
Tel: (0222) 319 66 39. Telefax: (0222) 319 70 86.
Mo-Fr 09.00-15.00 Uhr.
Generalkonsulat des Staates Katar
149b Route de Ferney
CH-1218 Grand-Saconnex
Tel: (022) 798 85 00. Telefax: (022) 791 04 85.
Mo-Fr 09.00-15.00 Uhr.
Botschaft der Bundesrepublik Deutschland
6 Al Jazira al Arabiya Street
Farelj Kholaib Area
PO Box 3064
Doha
Tel: 87 69 59. Telefax: 87 69 49.
Österreich und die Schweiz unterhalten keine Vertretungen in Katar, zuständig sind die Botschaften in Kuwait City (s. Kuwait).

FLÄCHE: 11.437 qkm.
BEVÖLKERUNGSZAHL: 524.000 (1993).
BEVÖLKERUNGSDICHTE: 46 pro qkm.
HAUPTSTADT: Doha. **Einwohner:** 217.294 (1986).
GEOGRAPHIE: Katar ist eine erdölreiche Halbinsel im Persischen Golf zwischen Bahrain und den Vereinigten Arabischen Emiraten. Der Nordwesten ist hügelig, der Rest des Landes besteht aus Sand, Dünen und Salzebenen mit ein wenig Vegetation im Norden.

TIMATIC INFO-CODES

Abrufbar über Ihr CRS-System (für START/Amadeus Ama-Maske benutzen). Für Galileo bitte TI-DFT eingeben (mit Bindestrich).

Flughafengebühren	TI DFT/ DOH /TX
Währung	TI DFT/ DOH /CY
Zollbestimmungen	TI DFT/ DOH /CS
Gesundheit	TI DFT/ DOH /HE
Reisepassbestimmungen	TI DFT/ DOH /PA
Visabestimmungen	TI DFT/ DOH /VI

STAATSFORM: Emirat (absolute Monarchie) seit 1971. Staatsoberhaupt und Regierungschef: Kronprinz Scheich Hamad bin Khalifa At-Thani, seit 1995. Beratende Versammlung mit 35 ernannten Mitgliedern. Es gibt keine politischen Parteien. Unabhängig seit 1971 (ehemaliges britisches Protektorat).
SPRACHE: Offizielle Landessprache ist Arabisch. Englisch wird auch teilweise gesprochen.
RELIGION: Islam ist Staatsreligion, überwiegend Sunniten (92%); Christen, Hindus und Bahai-Minderheiten.
ORTSZEIT: MEZ + 2.
NETZSPANNUNG: 240/415 V, 50 Hz. Im Sommer sollte man mit Stromausfällen rechnen.
POST- UND FERNMELDEWESEN: Telefon: Selbstwählferndienst. Landesvorwahl: 974. **Telefaxgeräte** stehen in den größeren Hotels zur Verfügung. **Telexe/Telegramme** kann man bei *Qatar Public Telecommunications* (Q-TEL) und größeren Hotels aufgeben. **Post:** Luftpost nach Europa ist bis zu einer Woche unterwegs.
DEUTSCHE WELLE
Der Einsatz der Kurzwellenfrequenzen ändert sich mehrfach im Laufe eines Jahres, und Sendungen auf den folgenden Frequenzen werden jeweils nur zu bestimmten Tageszeiten ausgestrahlt. Näheres in der Einleitung.

MHz	21.560	15.275	13.780	11.795	9.545
Meterband	13	19	22	25	31

REISEPASS/VISUM

Wichtiger Hinweis: Die Einreisebestimmungen mancher Länder können sich kurzfristig ändern – rufen Sie sicherheitshalber auf Ihrem CRS-System (TIMATIC-Info-Code-Fenster in diesem Kapitel) den aktuellen Stand ab bzw. wenden Sie sich an die zuständige diplomatische Vertretung. Etwaige Zahlen in der Tabelle beziehen sich auf nachfolgende Fußnoten.

	Paß erforderlich?	Visum erforderlich?	Rückflugticket erforderlich?
Deutschland	Ja	Ja	Ja
Österreich	Ja	Ja	Ja
Schweiz	Ja	Ja	Ja
Andere EU-Länder	Ja	Ja/1	Ja

Einreiseverbot: Israelischen Staatsbürgern wird die Einreise verweigert. Israelische Sichtvermerke im Reisepaß können bei der Einreise Schwierigkeiten bereiten.
REISEPASS: Allgemein erforderlich. Der deutsche Kinderausweis wird nicht anerkannt, Kinder müssen in den Paß der Eltern eingetragen sein.
VISUM: Allgemein erforderlich, ausgenommen sind Staatsbürger von:
(a) [1] Großbritannien für Aufenthalte von bis zu 30 Tagen;
(b) Bahrain, Kuwait, Oman, Saudi-Arabien und den Vereinigten Arabischen Emiraten.
Visaarten: Geschäftsvisa, Touristenvisa und Transitvisa. Transitvisa sind nicht erforderlich, falls die Reise mit der nächsten Maschine innerhalb von 24 Std. fortgesetzt wird.
Visagebühren: *Geschäftsvisum,* 7 Tage Gültigkeit: 220 DM. *Touristenvisum,* einmalige Einreise, max. 3 Monate Gültigkeit: 120 DM; mehrfache Einreise, 3-6 Monate Gültigkeit: 220 DM; mehrfache Einreise, 6-12 Monate Gültigkeit: 420 DM.
Antragstellung/Unterlagen: Zur Visumerteilung muß ein Antrag bei einem Hotel, einer Person oder einem Geschäftspartner in Katar gestellt werden. Diese reichen den Antrag zum Innenministerium weiter. Bei touristischen Aufenthalten von bis zu zwei Wochen kann der Hotelverband in Doha, *The Qatar National Hotels Company* (Tel: 42 64 14, Telefax: 43 12 23), bzw. das Hotel, in dem der Reisende für die Dauer seines Aufenthalts Zimmer reservieren möchte, die Visabeantragung beim Innenministerium übernehmen. Wenn dem Antrag stattgegeben wird (in Form eines *No Objection Certificate,* NOC), informiert der Hotelverband das Hotel, das wiederum den Antragsteller per Telex, Fax oder Telefon benachrichtigt. Die Reise muß dann innerhalb eines Monats angetreten werden. Das Visum liegt bei der Einreise am Flughafen vor. In manchen Fällen erhält der Visumanträger vom Innenministerium die Nachricht, daß das Visum nicht am Flughafen abgeholt werden kann, sondern daß das NOC-Certificate bei der zuständigen Botschaft abgeholt werden muß. Für die Antragstellung werden eine Kopie des Reisepasses, die Gebühr und 2 Paßfotos benötigt.
Geschäftsreisende brauchen außerdem ein Firmenschreiben und müssen vom jeweiligen Geschäftspartner am Flughafen abgeholt werden. Das Innenministerium schickt das NOC dann meist direkt an die Botschaft im Wohnsitzland des Antragstellers.
Bearbeitungszeit: Mindestens 2 Wochen. Der Antrag sollte rechtzeitig vor der geplanten Abreise gestellt werden.

GELD

Währung: 1 Katar Riyal (QR) = 100 Dirham. Banknoten sind im Wert von 500, 100, 50, 10, 5 und 1 Riyal in Umlauf; Münzen in den Nennbeträgen 50, 25, 10, 5 und 1 Dirhams.
Kreditkarten: *American Express, Diners Club, Eurocard* und *Visa* werden akzeptiert. Einzelheiten vom Aussteller der betreffenden Kreditkarte.

Reiseschecks können überall eingelöst werden.
Wechselkurse

	QR Sept. '92	QR Febr. '94	QR Jan. '95	QR Jan. '96
1 DM	2,43	2,10	2,35	2,53
1 US$	3,61	3,65	3,64	3,64

Devisenbestimmungen: Keine Ein- oder Ausfuhrbeschränkungen. Die israelische Währung darf nicht eingeführt werden.
Öffnungszeiten der Banken: Sa-Do 07.30-11.30 Uhr.

DUTY FREE

Folgende Artikel können zollfrei nach Katar eingeführt werden:
454 g Tabak;
Parfüm bis zum Wert von 1000 QR.
Einfuhrverbot: Alle Arten von Alkohol sind verboten. Schußwaffen dürfen nur mit vorheriger Genehmigung des Verteidigungsministeriums eingeführt werden.

GESETZLICHE FEIERTAGE

19. Mai '96 Islamisches Neujahr. **3. Sept.** Nationalfeiertag. **8. Dez.** Leilat al-Meiraj (Himmelfahrt des Propheten). **10 Jan. '97** Beginn des Ramadan. **11. Febr.** Eid al-Fitr (Ende des Ramadan). **19. April** Eid al-Adha (Opferfest). **10. Mai** Islamisches Neujahr.
Anmerkung: Die angegebenen Daten für islamische Feiertage sind nach dem Mondjahr berechnet und verschieben sich daher von Jahr zu Jahr. Während des Fastenmonats Ramadan, und dem Festtag Eid al-Fitr vorangestellt, essen Mohammedaner nicht tagsüber, sondern erst nach Sonnenuntergang, wodurch der normale Geschäftsablauf gestört werden kann. Diese Unterbrechungen können auch während des Eid al-Fitr auftreten. Dieses Fest, ebenso wie das Eid al-Adha, hat keine festgelegte Zeitdauer und kann je nach Region 2-10 Tage dauern. Weitere Informationen unter *Welt des Islam* (s. Inhaltsverzeichnis).

GESUNDHEIT

In der folgenden Tabelle aufgeführte Impfvorschriften können sich kurzfristig ändern. Es wird stets empfohlen, auf Ihrem CRS-System (TIMATIC-Info-Code-Fenster in diesem Kapitel) den aktuellen Stand der Gesundheitsbestimmungen abzurufen bzw. rechtzeitig vor der Reise ärztlichen Rat einzuholen.

	Vorsichtsmaßnahmen empfohlen	Impfschein erforderlich
Gelbfieber	Ja	1
Cholera	Nein	Nein
Typhus & Polio	Ja	-
Malaria	Nein	-
Essen & Trinken	2	-

[1]: Eine Impfbescheinigung gegen Gelbfieber wird von allen Reisenden im Alter von über einem Jahr verlangt, die aus Infektionsgebieten kommen.
[2]: Wasser sollte generell vor der Benutzung zum Trinken, Zähneputzen und zur Eiswürfelbereitung entweder abgekocht oder anderweitig sterilisiert werden. Milch ist außerhalb der Stadtgebiete nicht pasteurisiert und sollte ebenfalls abgekocht werden. Milchprodukte aus ungekochter Milch sollten vermieden werden, ebenso wie rohe Salate und Mayonnaise. Fleisch- und Fischgerichte nur gut durchgekocht und heiß serviert essen. Gemüse sollte gekocht und Obst geschält werden.
Tollwut kommt vor. Wer ein erhöhtes Risiko eingeht (z. B. längerer Aufenthalt in abgelegenen Gebieten), sollte vor Reiseantritt eine Schutzimpfung erwägen. Bei Bißwunden so schnell wie möglich ärztliche Hilfe in Anspruch nehmen.
Hepatitis A, B und E kommen vor.
Anmerkung: Mitunter wird eine Bescheinigung verlangt, daß der Besucher HIV-negativ und frei von Tuberkulose, Syphilis, Lepra und Hepatitis B ist.
Gesundheitsvorsorge: In Katar gibt es mehrere Krankenhäuser, das neueste ist das Zentralkrankenhaus in Hamad. Die Poliklinik beschäftigt gute Zahnärzte. Kostenlose Behandlung im Krankheitsfall ist möglich. Wegen der großen Hitze sollte man viele Mineralien (u. a. Salz) und Flüssigkeit zu sich nehmen. Der Abschluß einer Reisekrankenversicherung wird empfohlen.

REISEVERKEHR - International

FLUGZEUG: Die nationale Fluggesellschaft *Qatar Air* fliegt Länder im Nahen Osten an. Katar hat auch eine Beteiligung an *Gulf Air (GF)*. Von Europa bieten u. a. *KLM* und *Gulf Air* Verbindungen nach Katar an.
Durchschnittliche Flugzeiten: *Frankfurt* – Doha: 6 Std. 30; *London* – Doha: 6 Std. 35; *Amsterdam* – Doha: 8 Std. 10 (einschl. Zwischenlandung).
Internationaler Flughafen: *Doha (DOH)* liegt 8 km südöstlich der Stadt (Fahrzeit 25 Min.). Taxistand (die festgesetzten Gebühren hängen aus). Flughafeneinrichtungen: Bank, Postamt, Mietwagenschalter, Tourist-Information, Snackbar, Hotelreservierung, Restaurants, Duty-free-Shop und Geschäfte.
SCHIFF: Die größten internationalen Häfen sind Doha und Umm Said. Die meisten Schiffe sind Frachtschiffe, aber es gibt auch einige Passagierschiffe, die Doha anlaufen.
BUS/PKW: Die Straße von Saudi-Arabien ist nicht sehr gut und in der Regenzeit oft nicht befahrbar. Außerdem gibt es eine Straße in die Vereinigten Arabischen Emirate.

REISEVERKEHR - National

BUS/PKW: Das Straßennetz ist während der Regenzeit nur schlecht befahrbar. **Bus:** Es gibt kein öffentliches Busnetz. **Taxis** sind an den schwarzgelben Nummernschildern erkennbar. Sie haben Taxameter, können jedoch auch stundenweise gemietet werden. **Mietwagen** sind von örtlichen Mietwagenfirmen am Flughafen und über Hotels erhältlich. **Unterlagen:** Einen befristeten Führerschein (90 Tage gültig) erhält man unter Vorlage des internationalen oder des Führerscheins des eigenen Landes vom Verkehrs- und Lizenzbüro. Antragsteller müssen einen mündlichen Test ablegen und sollten von jemandem begleitet sein, der den Ablauf kennt. Der Führerschein kann nach 90 Tagen verlängert werden.

UNTERKUNFT

HOTELS: In Katar gibt es zahlreiche neue Spitzenhotels. Es gibt auch einige 3- oder 4-Sterne-Hotels, die preiswertere Unterkunft bieten. Vorausbuchung wird empfohlen. Auf alle Übernachtungspreise wird 15% Bedienung aufgeschlagen. Weitere Auskünfte erteilt die *Qatar National Hotels Company*, PO Box 2977, Doha. Tel: 42 64 14. Telefax: 43 12 23.

URLAUBSORTE & AUSFLÜGE

DOHA: Das interessante Stadtbild ergibt sich aus der Mischung von traditioneller arabischer und moderner Architektur. Es gibt über 700 Moscheen, am sehenswertesten sind die *Große Moschee* mit mehreren Kuppeln und die *Abu-Bakir-al-Siddiq-Moschee*. Das ausgezeichnete *Nationalmuseum* hat eine informative Ausstellung über die Entwicklung des Landes. Der modernere Stadtteil wurde um die Moschee, den neuen Palast des Emirs und den Uhrturm gebaut.
DER NORDEN: Die meisten historisch interessanten Stätten Katars sind hier zu finden, darunter **Umm Salal Mohammed**, ein verhältnismäßig großes Dorf mit den Ruinen eines *Forts* aus dem 19. Jahrhundert. In **Zubara** befindet sich die *Qalit-Marir-Festung*. **Khor**, die zweitgrößte Stadt des Landes, liegt an einem flachen Naturhafen. Die neue Küstenstraße und der Damm sollen die Stadt in ein Wochenend-Ausflugsziel verwandeln. Bei **Gharya** gibt es einen kilometerlangen goldfarbenen Sandstrand. **Ruwais** hat einen malerischen Hafen, von dem gelegentlich *Dhaus* nach Bahrain segeln. In **Fuwairat** an der Nordostküste sowie in **Ras Abruk** gegenüber der Insel Hawar gibt es ebenfalls gute Strände.
DIE WESTKÜSTE: Schöne Strände gibt es auch bei **Umm Bab** (»Palmenstrand«), **Dukhan** und **Salwa** in der Nähe der Grenze zu Saudi-Arabien.
DER SÜDEN: Diese Region besteht aus Sanddünen und endlosen Stränden, an denen man wunderbar nach Perlen tauchen oder Wassersport treiben kann. Der See von **Khor al-Udeid** liegt inmitten einer außerordentlich reizvollen Landschaft, die von den Sandi-Hügeln umgeben und nur mit Allradantrieb erreichbar ist.

SOZIALPROFIL

ESSEN & TRINKEN: Die besten Restaurants gehören zu den Hotels, außerdem gibt es europäische, chinesische, indische und amerikanische Küche. Alle größeren Hotels haben gute Restaurants, die auch Nicht-Gästen zur Verfügung stehen. Ausgezeichnete Mahlzeiten kann man auch frei Haus bestellen, auf Wunsch mit Kellnern, Geschirr und Besteck. Doha bietet eine angemessene Auswahl an Restaurants, einschl. Schnellimbissen, die auch traditionelle levantinische *Shawarma*, ägyptische *Ful* (Bohnengerichte) und *Taamiyeh* anbieten. Außerhalb der Hauptstadt gibt es nur wenige Restaurants. Alkoholkonsum ist nicht gestattet.
NACHTLEBEN: Unterhaltung wird momentan eher kleingeschrieben. In Doha ist das Nationaltheater zuhause, außerdem gibt es hier ein Kino, das englischsprachige Filme zeigt. Manchmal wird auch Live-Unterhaltung angeboten, und zuweilen treten internationale Künstler auf.
SPORT: Fußball ist Nationalsport. In Doha gibt es einige Jachthäfen, Tauchklubs und mehrere Sportklubs, die auch für Besucher geöffnet sind. Es gibt mehrere **Kamelrennbahnen**. Die größte liegt an der Straße nach Dukhan, man braucht allerdings ein Fahrzeug mit Allradantrieb, um die Rennen verfolgen zu können. Die Wüstenrennstrecke ist 18 km lang, oft nehmen bis zu 250 Kamele teil. Die Geldpreise sind hoch, und ein Sieg im Rennen ist mit großem Prestige verbunden.

WIRTSCHAFTSPROFIL

WIRTSCHAFT: Dank der Erdölfunde verwandelte sich Katar in bezug auf das Pro-Kopf-Einkommen beinahe über Nacht in eines der reichsten Länder der Welt. Das hochwertige Rohöl erbringt den Großteil der Exporterlöse (1990: 93%), die von den Weltmarktpreisen und den von der OPEC festgelegten Fördermengen abhängen (Katar ist Mitglied der OPEC). Trotz der seit den siebziger Jahren gesunkenen Erdölpreise hat Katar immer noch einen beträchtlichen Handelsüberschuß, zu dem auch der zunehmende Außenhandel mit Flüssiggas beiträgt. Die Einnahmen aus dem Erdölexport wurden u. a. zum Aufbau der einheimischen Industrie verwendet, überwiegend petrochemische Fabriken, Erdölraffinerien und Stahlindustrie. Die wichtigsten Handelspartner sind Japan, Großbritannien, die USA, Deutschland und Brasilien.
GESCHÄFTSVERKEHR: Bei Verhandlungen sollte man viel Geduld und Ausdauer mitbringen. **Geschäftszeiten:** Sa-Do 08.00-12.00 und 16.00-19.00 Uhr. **Behörden:** Sa-Do 07.00-13.00 Uhr.
Kontaktadressen: *Die wirtschaftlichen Interessen Österreichs werden von der Außenhandelsstelle in Kuwait (s. Kuwait) wahrgenommen.*
Qatar Chamber of Commerce and Industry (Handelskammer), PO Box 402, Doha. Tel: 42 51 31. Telefax: 44 79 05.
KONFERENZEN/TAGUNGEN: Einige große Hotels in Doha bieten Tagungsmöglichkeiten mit den üblichen Serviceleistungen und -einrichtungen, einschl. Simultandolmetscherdienst und audio-visueller Anlagen. Weitere Informationen von den betreffenden Hotels.

KLIMA

Der Sommer (Juni - September) ist sehr heiß mit wenig Niederschlag. Der Winter ist kühler, manchmal regnet es. Frühling und Herbst sind warm und recht angenehm.
Kleidung: Leichte Baumwoll- und Leinensachen während der Sommermonate, wärmere Kleidung für kühle Abende und während des Winters. Im Winter wird ein Regenschutz empfohlen.

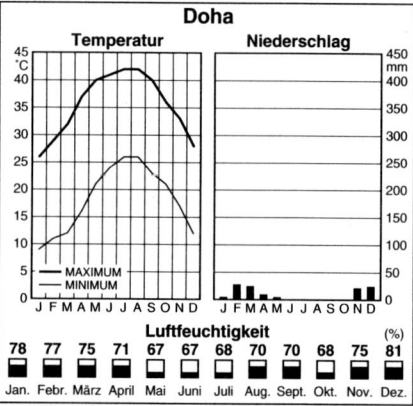

COLUMBUS ATLAS

Auf ca. 100 Seiten enthält dieser Atlas unter anderem europäische Fähr- und Eisenbahnverbindungen und weltumspannende Kreuzfahrtkarten, Straßenkarten, Gebietskarten vielbesuchter Regionen wie z. B. Costa Brava, Florida u. a. Falls Sie bei der Beratung oder Reiseplanung verstärkt auf Karten zurückgreifen möchten, werden Sie diesen speziell auf die Reisebranche zugeschnittenen Atlas unentbehrlich finden – und dazu besonders preisgünstig!

Weitere Einzelheiten von:
Columbus Press, Verkaufsabteilung,
Aurikelweg 9,
D-38108 Braunschweig.
Tel: 05309/2123. Telefax: 05309/2877.

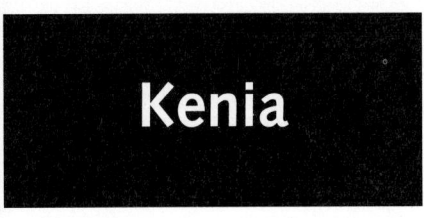

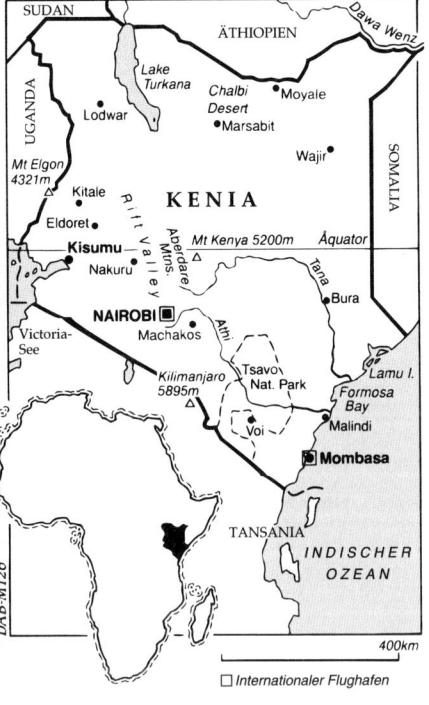

□ *Internationaler Flughafen*

Lage: Ostafrika.

Kenia Tourist Office
Neue Mainzer Straße 22
D-60311 Frankfurt/M.
Tel: (069) 23 20 17. Telefax: (069) 23 92 39.
Mo-Fr 09.00-17.00 Uhr.
Verkehrsbüro Kenia
Bleicherweg 30
Postfach 770
CH-8039 Zürich
Tel: (01) 202 22 44. Telefax: (01) 202 22 56.
Mo-Fr 09.30-12.00 und 14.00-16.00 Uhr.
Kenya Tourist Development Corporation
Utalii House
Uhuru Highway
PO Box 42013
Nairobi
Tel: (02) 33 08 20. Telefax: (02) 22 78 15.
Botschaft der Republik Kenia
Villichgasse 17
D-53177 Bonn
Tel: (0228) 35 30 66, 35 60 41/-43. Telefax: (0228) 35 84 28.
Mo-Fr 09.00-13.00 und 14.00-17.00 Uhr.
Generalkonsulat ohne Visumerteilung in Frankfurt/M.
Generalkonsulat der Republik Kenia
Hohe Warte 7a
A-1190 Wien
Tel: (0222) 36 51 73. Telefax: (0222) 36 74 80.
Mo-Fr 09.00-12.30 Uhr.
Generalkonsulat der Republik Kenia
Bleicherweg 30
Postfach 770
CH-8039 Zürich

TIMATIC INFO-CODES

Abrufbar über Ihr CRS-System (für START/Amadeus Ama-Maske benutzen). Für Galileo bitte TI-DFT eingeben (mit Bindestrich).

Flughafengebühren	TI DFT/ NBO /TX
Währung	TI DFT/ NBO /CY
Zollbestimmungen	TI DFT/ NBO /CS
Gesundheit	TI DFT/ NBO /HE
Reisepassbestimmungen	TI DFT/ NBO /PA
Visabestimmungen	TI DFT/ NBO /VI

Tel: (01) 202 22 44. Telefax: (01) 202 22 56.
Mo-Fr 09.30-12.00 und 14.00-16.00 Uhr.
Botschaft der Bundesrepublik Deutschland
Williamson House
4th Ngong Avenue
PO Box 30180
Nairobi
Tel: (02) 71 25 27, 71 93 86. Telefax: (02) 71 48 86, 71 54 99.
Honorarkonsulat in Mombasa.
Botschaft der Republik Österreich
City House
Corner Wabera Street/Standard Street
PO Box 30560
Nairobi
Tel: (02) 22 82 81/82. Telefax: (02) 33 17 92.
Konsulat in Mombasa.
Botschaft der Schweizerischen Eidgenossenschaft
International House, 7th Floor
Mama Ngina Street
PO Box 30752
Nairobi
Tel: (02) 22 87 35/36. Telefax: (02) 21 73 88.

FLÄCHE: 582.646 qkm.
BEVÖLKERUNGSZAHL: 25.347.000 (1993).
BEVÖLKERUNGSDICHTE: 43,5 pro qkm.
HAUPTSTADT: Nairobi. Einwohner: 1.505.000 (1990).
GEOGRAPHIE: Kenia grenzt im Nordosten an Somalia, im Norden an Äthiopien, im Nordwesten an den Sudan, im Westen an Uganda und im Süden an Tansania. Im Osten liegt der Indische Ozean. Landschaftlich ist Kenia in vier Regionen unterteilt: Wüste im Norden, Savanne im Süden und fruchtbare Ebenen an der Küste und an den Ufern des Victoria-Sees. Das Bergland mit der Hauptstadt Nairobi befindet sich im Westen. Nordwestlich von Nairobi liegt das Rift Valley, der Grabenbruch, in dem die Stadt Nakuru und der Aberdare-Nationalpark liegen, unweit des Mount Kenia (5200 m), der ebenfalls einen Nationalpark beherbergt. Ganz im Nordwesten von Kenia liegt der Turkana-See. Zahlreiche Volksstämme leben in Kenia, im Norden z. B. die Somalis und die nomadischen Hamiten-Stämme (Turkana, Rendille und Samburu), in den südlichen und östlichen Ebenen die Rinderzüchter der Kamba und Massai. Die Nilotic-Luo leben am Victoria-See. Den größten Stamm in Kenia bilden die Kikuyu, die im mittleren Hochland beheimatet sind. Traditionell sind die Kikuyu die wirtschaftlich und politisch dominante Gruppe, obwohl sich dies langsam ändert. Es gibt noch zahlreiche weitere kleine Stämme in Kenia, und obwohl das nationale Zusammengehörigkeitsgefühl betont wird, sind Stammeszugehörigkeiten und kulturelle Unterschiede offensichtlich. Einige europäische Siedler wohnen noch im Hochland, wo sie Handel und Landwirtschaft betreiben.
STAATSFORM: Präsidialrepublik im Commonwealth seit 1963, letzte Verfassungsänderung 1991; Einkammerparlament (202 Mitglieder). Staatspräsident und Regierungschef: Daniel arap Moi, seit 1978. Direktwahl des Staatsoberhauptes alle 5 Jahre. Mit der Zulassung von Parteien und dem Vorschlag einer neuen Verfassung änderte Präsident Moi seinen autokratischen Kurs. Aus den ersten freien Wahlen seit der Unabhängigkeitserklärung ging die *Kenya African National Union* im Dezember 1992 mit 50% der Stimmen als Sieger hervor. Unabhängig seit Dezember 1963 (ehemalige britische Kolonie).
SPRACHE: Kisuaheli ist die Nationalsprache und Englisch die Amtssprache. Es werden auch andere afrikanische Sprachen und Dialekte gesprochen, u. a. Kikuyu, Luo, Bantu, Massai, Nilotisch und Hamitisch.
RELIGION: 60% Naturreligionen, Katholiken (26%), Protestanten (7%), Moslems (6%) sowie Minderheiten von Juden und Hindus.
ORTSZEIT: MEZ + 2.
NETZSPANNUNG: 220/240 V, 50 Hz, dreipolige Stecker. Adapter erforderlich.
POST- UND FERNMELDEWESEN: Telefon: Selbstwählferndienst zu den großen Städten. Landesvorwahl: 254. Ortsnetzkennzahlen: Nairobi 02, Mombasa 011, Nakuru 037. **Telefaxstellen** im Hauptpostamt und im *Kenyatta International Conference Centre* in Nairobi sowie in großen Hotels in Nairobi und Mombasa. **Telex/Telegramme:** Telexeinrichtungen findet man im Hauptpostamt Nairobis. Die meisten Hotels bieten ihren Gästen einen Telex-Service an. Telegramme können in allen Post- und Telegrafenämtern sowie von privaten Telefonen aus aufgegeben werden. Das Hauptpostamt in Nairobi ist 24 Std. geöffnet. **Post:** Luftpost nach Europa ist bis zu vier Tagen unterwegs, die Beförderung ist im allgemeinen zuverlässig. Die Postämter sind Mo-Fr 08.00-17.00 Uhr sowie Sa 08.00-13.00 Uhr geöffnet.
DEUTSCHE WELLE
Der Einsatz der Kurzwellenfrequenzen ändert sich mehrfach im Laufe eines Jahres, und Sendungen auf den folgenden Frequenzen werden jeweils nur zu bestimmten Tageszeiten ausgestrahlt. Näheres in der Einleitung.

| MHz | 17,560 | 15,135 | 11,795 | 9,545 | 7,185 |
| Meterband | 16 | 19 | 25 | 31 | 41 |

REISEPASS/VISUM

Wichtiger Hinweis: Die Einreisebestimmungen mancher Länder können sich kurzfristig ändern – rufen Sie sicherheitshalber auf Ihrem CRS-System (TIMATIC-Info-Code-Fenster in diesem Kapitel) den aktuellen Stand ab bzw. wenden Sie sich an die zuständige diplomatische Vertretung. Etwaige Zahlen in der Tabelle beziehen sich auf nachfolgende Fußnoten.

	Paß erforderlich?	Visum erforderlich?	Rückflugticket erforderlich?
Deutschland	Ja	Nein	Ja
Österreich	Ja	Ja	Ja
Schweiz	Ja	Ja	Ja
Andere EU-Länder	Ja	1	Ja

REISEPASS: Allgemein erforderlich, Reisepaß muß noch mindestens 6 Monate gültig sein.
VISUM: Allgemein erforderlich, ausgenommen sind Staatsangehörige folgender Länder für Aufenthalte von bis zu 3 Monaten:
(a) [1] Bundesrepublik Deutschland, Dänemark, Finnland, Großbritannien, Irland, Italien, Schweden und Spanien. Staatsbürger aller anderen EU-Länder benötigen ein Visum;
(b) Antigua und Barbuda, Äthiopien, Bahamas, Bangladesch, Barbados, Botswana, Gambia, Ghana, Grenada, Jamaika, Kiribati, Lesotho, Malawi, Malaysia, Malediven, Malta, Mauritius, Namibia, Nauru, Norwegen, Papua-Neuguinea, Seychellen, Sierra Leone, Singapur, Salomonen, Sambia, San Marino, Simbabwe, St. Kitts und Nevis, St. Lucia, St. Vincent und die Grenadinen, Swasiland, Tansania, Tonga, Trinidad und Tobago, Türkei, Tuvalu, Uganda, Uruguay, Vanuatu, West-Samoa und Zypern.
Anmerkung: Staatsbürger, die ein Visum benötigen, sollten dieses vor der Einreise beantragen.
Visaarten: Einreise- und Transitvisa.
Visagebühren: Unterschiedlich je nach Nationalität. 440 öS für Österreicher, 30 sfr für Schweizer.
Gültigkeitsdauer: Bis zu 3 Monaten. Verlängerungen können im Einwanderungsamt, *Immigration Department*, Nyayo House, Uhuru Highway, Nairobi beantragt werden.
Antragstellung: Konsulat bzw. Botschaft (Adressen s. o.).
Unterlagen: (a) Gültiger Reisepaß. (b) Antragsformular. (c) Gebühr. (d) 1 Paßfoto. (e) Rückflugticket.
Bearbeitungszeit: Unterschiedlich. Die Bearbeitungszeit richtet sich danach, ob der Antrag zur Bestätigung nach Nairobi geschickt werden muß oder nicht. Staatsbürger der meisten ehemaligen Ostblock-Staaten benötigen eine Bestätigung aus Kenia. Von dieser Regelung ausgenommen sind Staatsbürger der Russischen Föderation sowie aller Nachfolgestaaten Jugoslawiens. Ihnen wird innerhalb einer Woche ein Visum ausgestellt.
Aufenthaltsgenehmigung: Anträge an das Einwanderungsamt: *The Principal Immigration Officer*, PO Box 30191, Nairobi. Tel: (02) 33 35 51.

GELD

Währung: 1 Kenia-Schilling (KSh) = 100 Cents. Banknoten sind im Wert von 1000, 500, 200, 100, 50, 20 und 10 KSh in Umlauf. Münzen im Wert von 5 und 1 KSh sowie 50, 10 und 5 Cents.
Geldwechsel: In allen größeren Banken möglich. Vorsicht vor Schwarzhändlern. Geldumtausch muß jedesmal auf dem Devisenformular bestätigt werden; Devisenvergehen werden empfindlich bestraft.
Kreditkarten: *Eurocard, American Express, Diners Club* und *Visa* werden häufig angenommen. Einzelheiten vom Aussteller der betreffenden Kreditkarte.
Reiseschecks kann man in den Banken umtauschen. Empfohlen werden DM-Reiseschecks.
Anmerkung: Die Währungen von Tansania und Uganda werden nur in Form von Reiseschecks angenommen.
Wechselkurse

	KSh Sept. '92	KSh Febr. '94	KSh Jan. '95	KSh Jan. '96
1 DM	22,63	39,10	28,93	38,96
1 US$	33,63	67,88	44,85	56,00

Devisenbestimmungen: Die Ein- und Ausfuhr der Landeswährung ist auf 100.000 KSh beschränkt. Fremdwährungen können unbegrenzt eingeführt werden, müssen bei der Einreise aber deklariert werden.
Öffnungszeiten der Banken: Mo-Fr 09.00-15.00 Uhr und am ersten und letzten Samstag im Monat 09.00-11.00 Uhr. Die Flughafenbanken sind täglich bis 24.00 Uhr geöffnet, die Banken an der Küste schließen 30 Min. früher. Die nationalen und internationalen Banken haben Niederlassungen in Mombasa, Nairobi, Kisumu, Thika, Eldoret, Kericho, Nyeri und den meisten anderen großen Städten. Filialen gibt es auch in einigen kleineren Städten.

DUTY FREE

Folgende Artikel können von Personen über 16 Jahre zollfrei nach Kenia eingeführt werden:
200 Zigaretten oder 225 g Tabak;
1 Flasche Spirituosen oder Wein;
568 ml Parfüm.
Anmerkung: Für Schußwaffen und Munition ist eine

polizeiliche Genehmigung erforderlich. Verboten ist der Erwerb von Gold, Diamanten und Jagdtrophäen, die nicht von der kenianischen Regierung zugelassen sind.

GESETZLICHE FEIERTAGE

1. Mai '96 Tag der Arbeit. **1. Juni** Madaraka-Tag. **10. Okt.** Moi-Tag. **20. Okt.** Kenyatta-Tag. **12. Dez.** Unabhängigkeitstag. **25./26. Dez.** Weihnachten. **1. Jan. '97** Neujahr. **11. Febr.** Eid al-Fitr (Ende des Ramadan). **28.-31. März** Ostern. **1. Mai** Tag der Arbeit.
Anmerkung: Die angegebenen Daten für islamische Feiertage richten sich nach dem Mondkalender und verschieben sich daher von Jahr zu Jahr. Während des Fastenmonats Ramadan, der dem Festtag Eid al-Fitr vorangeht, essen Mohammedaner nicht tagsüber, sondern erst nach Sonnenuntergang, wodurch der normale Geschäftsablauf gestört werden kann. Diese Unterbrechungen können auch während des Eid al-Fitr auftreten. Dieses Fest, ebenso wie das Eid al-Adha, hat keine festgelegte Zeitdauer und kann je nach Region 2-10 Tage dauern. Nähere Informationen im Kapitel *Welt des Islam* (s. Inhaltsverzeichnis).

GESUNDHEIT

In der folgenden Tabelle aufgeführte Impfvorschriften können sich kurzfristig ändern. Es wird stets empfohlen, auf Ihrem CRS-System (TIMATIC-Info-Code-Fenster in diesem Kapitel) den aktuellen Stand der Gesundheitsbestimmungen abzurufen bzw. rechtzeitig vor der Reise ärztlichen Rat einzuholen.

	Vorsichtsmaßnahmen empfohlen	*Impfschein erforderlich*
Gelbfieber	Ja	1
Cholera	2	2
Typhus & Polio	Ja	-
Malaria	3	-
Essen & Trinken	4	-

[1]: Eine Impfbescheinigung gegen Gelbfieber wird von allen Reisenden verlangt, die aus Infektionsgebieten kommen und über ein Jahr alt sind. Die Weltgesundheitsorganisation (WHO) empfiehlt allen Reisenden eine Impfung, besonders wenn sie das Rift Valley besuchen wollen.
[2]: Eine Impfbescheinigung gegen Cholera ist keine Einreisebedingung, das Risiko einer Infektion besteht jedoch. Da die Wirksamkeit der Schutzimpfung umstritten ist, empfiehlt es sich, rechtzeitig vor Antritt der Reise ärztlichen Rat einzuholen. Näheres unter *Gesundheit* (s. Inhaltsverzeichnis).
[3]: Malariaschutz ist ganzjährig im ganzen Land erforderlich. In der Hauptstadt Nairobi sowie im Hochland (über 2500 m) des Rift Valley, Eastern, Western sowie der Provinz Nyanza ist das Risiko im allgemeinen geringer. Chloroquin-Resistenz und Sulfadoxin/Pyrimethaminresistenz der vorherrschenden gefährlicheren Form *Plasmodium falciparium* wurde gemeldet.
[4]: Leitungswasser ist normalerweise gechlort und relativ sauber, es können jedoch leichte Magenverstimmungen auftreten. Für die ersten Wochen des Aufenthalts wird daher abgefülltes Wasser empfohlen, welches überall erhältlich ist. Milch ist pasteurisiert, und Milchprodukte sind unbedenklich. Einheimisches Fleisch, Geflügel, Meeresfrüchte, Obst und Gemüse sind ebenfalls unbedenklich.
Tollwut kommt vor. Wer ein erhöhtes Risiko eingeht (z. B. längerer Aufenthalt in abgelegenen Gebieten), sollte vor Reiseantritt eine Schutzimpfung erwägen. Bei Bißwunden so schnell wie möglich ärztliche Hilfe in Anspruch nehmen. Weitere Informationen im Kapitel *Gesundheit* (s. Inhaltsverzeichnis).
Bilharziose-Erreger kommen in manchen Teichen und Flüssen vor, das Schwimmen und Waten in Binnengewässern sollte daher vermieden werden. Gut gepflegte Schwimmbecken mit gechlortem Wasser sind unbedenklich.
Hepatitis A, B und *E* treten ebenfalls auf.
Gesundheitsvorsorge: Der Abschluß einer Reisekrankenversicherung ist dringend erforderlich. Die *East African Flying Doctors* (ein fliegender Ärztedienst) bieten eine spezielle Mitgliedschaft für Touristen an, die garantiert, daß man bei Krankheit oder einen Unfall auf Safari diesen Dienst in Anspruch nehmen kann (einschl. Lufttransport).

REISEVERKEHR - International

FLUGZEUG: Kenias nationale Fluggesellschaft heißt *Kenya Airways (KQ)*. *Kenya Airways* und *Lufthansa* bieten Direktflüge von Frankfurt nach Nairobi an, *Swissair* fliegt Nairobi von Zürich aus an.
Durchschnittliche Flugzeiten: *Frankfurt* – Nairobi: 8 Std.; *Wien* – Nairobi: 7 Std. 30; *Zürich* – Nairobi: 8 Std; *London* – Nairobi: 8 Std; *New York* – Nairobi: 17 Std. 30; *Los Angeles* – Nairobi: 20 Std; *Singapur* – Nairobi: 13 Std; *Sydney* – Nairobi: 25 Std.
Internationale Flughäfen: *Nairobi (NBO)* (Jomo Kenyatta International) liegt 13 km südöstlich der Stadt. Ein Flughafenbus fährt alle 25 Min. (rund um die Uhr), der Stadtbus der Linie 34 alle 30 Min. (06.30-21.00 Uhr) zur Innenstadt. Ein Taxistand ist ebenfalls vorhanden. Flughafeneinrichtungen: Duty-free-Shop, Banken (24-Std.-Service), Post, Hotelreservierung, Tourist-Information, Mietwagenschalter, Restaurants und Bars.
Mombasa (MBA) (Moi International) liegt 13 km westlich der Stadt. Die Fluggesellschaft *Kenya Airways* betreibt einen regelmäßigen Busdienst zu ihrer Buchungsstelle in der Innenstadt. Ein Taxistand ist ebenfalls vorhanden, außerdem Duty-free-Shop, Bank, Post, Mietwagenschalter, Hotel-Reservierungsschalter, Tourist-Information, Restaurants und Bars.
Flughafengebühren: 20 US$ bei der Ausreise.
SCHIFF: Regelmäßige Passagierdienste verkehren von Mombasa zu den Seychellen und nach Bombay. Kurzstreckenverbindungen bestehen zwischen Mombasa und Dar es Salaam sowie Sansibar. Zu den Anlaufhäfen am Victoria-See zählen Port Victoria/Kisumu, Homa Bay und Mfangano. Folgende Passagier- und Kreuzschiffahrtslinien laufen Kenia an: *Seetours, TFC Tours, Polish Ocean, Hellenic Lines* (von den USA und vom Roten Meer aus), *Moore/McCormack (USA), Lykes Lines* und *Norwegian American*.
Die Fähren auf dem Victoria-See verbinden Kisumu in Kenia mit Mwanza, Musoma und Bukoba in Tansania. Fahrpreise müssen in der Landeswährung des Ausgangshafens bezahlt werden. Weiterhin verkehren Fähren zwischen Mombasa und Pemba und Sansibar in Tansania sowie Chiamboni in Somalia. Nähere Informationen erhalten Sie in den Hafenstädten.
BAHN: Die Bahnverbindungen nach Tansania und Uganda sind zur Zeit eingestellt. Dreimal pro Woche fährt jedoch ein Zug zur Grenze, an der man zur Weiterfahrt in Taxis umsteigen kann.
BUS/PKW: Kenia kann von allen Nachbarstaaten aus auf dem Landweg erreicht werden. Da manche Straßen wegen der unsicheren politischen Lage besser zu vermeiden sind, sollte man sich vor Reiseantritt bei der Botschaft oder beim Konsulat nach der Situation erkundigen.
Von Somalia aus fährt man zumeist über Liboi, wo man in einen anderen Bus umsteigen muß. Wegen des Bürgerkriegs sollte man diese Strecke gegenwärtig besser nicht befahren. nach Addis Abeba (Äthiopien) gibt es eine Allwetterstraße. Die größten Grenzübergänge von Tansania aus sind Namanga und Lunga Lunga; etwas kleiner sind die Grenzübergänge Isebania und Taveta. Es gibt einige direkte Busverbindungen. Malaba und Buisa sind die Grenzübergänge bei der Einreise aus Uganda. Es sollte beachtet werden, daß die Grenzposten der beiden Länder in Malaba einen Kilometer voneinander entfernt sind und es zwischen den beiden Posten keine Verkehrsverbindung gibt. Vor der Abreise sollte man sich mit dem Automobilverband Kenias (AA, PO Box 40087, Nairobi, Tel: (02) 72 03 82/3; im Notfall, Tel: (02) 72 31 95) in Verbindung setzen, um sich nach den aktuellen Versicherungsbedingungen und der politischen Situation zu erkundigen.
Anmerkung: Wer beabsichtigt, in die nordöstliche Provinz Kenias zu fahren, sollte die Wetterverhältnisse erfragen und aus Sicherheitsgründen das *Ministry of Tourism and Wildlife* in Kenntnis setzen (Utalii House, 5th Floor, Uhuru Highway, PO Box 30027, Nairobi. Tel: (02) 33 10 30). Wagen mit Allradantrieb werden für diese Region empfohlen.

REISEVERKEHR - National

FLUGZEUG: *Kenya Airways* betreibt ein ausgedehntes Flugnetz und verbindet Mombasa, Malindi, die Insel Lamu und Kisumu (am Westufer des Victoria-Sees) mit Nairobi. Rundreisen zu den Nationalparks und zur Küste werden ebenfalls angeboten. Kenya Airways betreibt die Chartergesellschaft *Kenya Flamingo Airways*. Man kann auch Flugzeuge mieten.
Flughafengebühren: 100 KSh.
SCHIFF: Fährverkehr zwischen Mombasa, Malindi und Lamu. Weitere Einzelheiten erhalten Sie von den örtlichen Behörden und Reiseveranstaltern.
BAHN: Die *Kenya Railways Corporation* betreibt Passagierzüge zwischen Mombasa und Nairobi. Normalerweise fahren die Züge über Nacht, die Fahrt dauert 13-14 Std. Es gibt auch Nebenstrecken, die Taveta und Kisumu an das Passagiernetz anschließen. Ein Nachtzug verkehrt täglich in beiden Richtungen zwischen Nairobi und Kisumu (14 Std. Fahrzeit). Die Züge sind im allgemeinen modern und haben auch Speisewagen. Es gibt drei Klassen: Wagen 1. Klasse sind äußerst bequem mit 2-Bett-Abteilen, Einbauschrank usw; die der 2. Klasse sind einfacher, aber komfortabel; die der 3. Klasse sind einfach. Der Speisewagen-Service auf der Strecke Nairobi-Mombasa wird selbst hohen Ansprüchen gerecht. Schlafwagenplätze sollten im voraus gebucht werden.
BUS/PKW: In Kenia fährt man auf der linken Seite. Alle Hauptstraßen sind asphaltiert, die Nebenstraßen werden ständig verbessert, vor allem im Nordwesten. In weiten Teilen des Nordens ist das Straßennetz nicht besonders gut. Da die Beschichtung der Nebenstraßen sehr von der der Hauptstraßen abweicht, sollte man vorsichtig sein, wenn man die Schnellstraßen verläßt, vor allem in der Regenzeit. Tankstellen findet man an den meisten größeren Straßen. Die *Kilifi-Brücke*, die Mombasa mit Malindi verbindet, wurde kürzlich eröffnet und bietet eine gute Alternative zur *Kilifi-Fähre*. **Bus:** Busse und Minibusse (*Matatu*) privater Unternehmen verkehren auf Lang- und Kurzstrecken. Die Fahrpreise der Busse und Minibusse sind ähnlich, Busse sind jedoch im allgemeinen das sicherere Verkehrsmittel. In einigen Städten haben Busse und Minibusse dieselben Endbahnhöfe.
Taxi: In Kenia verkehren gute Langstreckentaxis, die bis zu sieben Personen befördern können. Am besten ist dieser Service zwischen der Hauptstadt und Mombasa sowie Nakuru. An der Küste sind Taxis und Minibusse die günstigsten Verkehrsmittel. **Mietwagen:** In Mombasa, Nairobi und Malindi kann man in einigen Reisebüros Wagen mit oder ohne Chauffeur mieten. Dies kann teuer sein, man sollte vor allem das Kilometergeld der einzelnen Firmen vergleichen und nur Wagen mit Allradantrieb in Betracht ziehen.
Touren und Safaris: Unzählige Reiseunternehmen in Nairobi bieten Rundreisen zu den Safariparks und anderen Sehenswürdigkeiten an. Die Firma *Rhino Safaris* verfügt über 100 Fahrzeuge, die alle Wildparks und Reservate anfahren. Vor der Buchung sollte man genau feststellen, was für den Inklusivpreis geboten wird. **Unterlagen:** Der nationale Führerschein reicht bei Besuchen bis zu 90 Tagen aus, muß jedoch von einer Polizeidienststelle beglaubigt werden. Für ausländische Fahrzeuge (außer in Uganda oder Tansania zugelassenen Fahrzeugen) muß beim Zulassungsamt (*Registrar of Motor Vehicles*) in Nairobi eine Genehmigung (*International Circulation Permit*) eingeholt werden. Unter Vorlage der Zoll- und Versicherungspapiere wird diese kostenlos ausgestellt. Ein internationaler Führerschein wird dringend empfohlen, ist jedoch gesetzlich nicht vorgeschrieben. Weitere Informationen vom Zulassungsamt in Nairobi.
STADTVERKEHR: Nairobi hat ein gut funktionierendes Busnetz. Man kann nur Einzelfahrscheine beim Schaffner kaufen. Es verkehren auch Minibusse (*Matatu*), die jedoch häufig sehr überladen sind. Die Taxis von *Kenatco* sind zuverlässig. Die älteren Taxis mit dem gelben Streifen haben keine Taxameter, und der Fahrpreis sollte im voraus vereinbart werden. 10% Trinkgeld ist üblich. Taxis können nicht auf der Straße angehalten werden.
FAHRZEITEN von Nairobi zu den folgenden größeren Städten (ungefähre Angaben in Std. und Min.):

	Flugzeug	Bahn	Pkw/Bus
Kisumu	1.05	14.00	7.00
Malindi	0.45	-	8.00
Mombasa	1.00	14.00	6.00
Lamu	1.30	-	13.00*
Diani	1.30	-	7.00
Nakuru	0.30	5.00	3.00
Eldoret	1.15	9.00	7.00
Masai Mara	0.30	-	5.00
Amboseli	0.30	-	3.00

Anmerkung: [*] Inkl. Fahrt mit der Fähre.

UNTERKUNFT

HOTELS: Viele Hotels in Nairobi entsprechen dem internationalen Spitzenstandard, manchen merkt man noch die Kolonialzeit an. Es gibt auch preiswerte Hotels. Hotelrechnungen müssen in Fremdwährung oder über ein ausländisches Konto beglichen werden. **Kategorien:** Die Unterkünfte in Kenia sind in vier Gruppen aufgeteilt: Stadthotels, Urlaubshotels, Landhotels und Lodges. Innerhalb dieser Gruppen richtet sich die Klassifikation nach dem angebotenen Service und den zur Verfügung stehenden Einrichtungen. Die Kategorisierung erfolgt nach strengen Gesichtspunkten, die Komfort, Service, sanitäre Anlagen und Sicherheit widerspiegeln. Weitere Informationen von der *Kenya Association of Hotel Keepers & Caterers*, PO Box 46406, Nairobi. Tel: (02) 72 66 42. Telefax: (02) 71 44 01.
JUGENDHERBERGEN gibt es in allen größeren Städten. Nähere Informationen vom Jugendherbergsverband: *Youth Hostel Association*, PO Box 48661, Nairobi. Tel: (02) 72 17 65, 72 30 12. Telefax: (02) 72 48 62.
CAMPING: Offiziell ist Zelten in Kenia nirgends verboten, kann jedoch in abgelegenen Gegenden gefährlich sein. Man muß mit wilden Tieren und *Shifta* (bewaffneten Banditen) rechnen, letzteren begegnet man vor allem im äußersten Norden des Landes. Ein Verzeichnis der Campingplätze ist vom Verkehrsbüro erhältlich.

URLAUBSORTE & AUSFLÜGE

Das mittlere Hochland

Nairobi ist als »grüne Stadt an der Sonne« bekannt; eine schöne Hauptstadt mit breiten Alleen und weitläufigen grünen Vororten. Vor Ende des letzten Jahrhunderts gab es an dieser Stelle noch keine Stadt, heute ist Nairobi die größte Stadt zwischen Kairo und Johannesburg. Das moderne *Kenyatta-Konferenzzentrum* und das attraktive Stadtbild haben Nairobi zu einer bedeutenden internationalen Handels- und Konferenzstadt gemacht. Nairobi wirkt sehr gepflegt, trotzdem ist die Kriminalität wie in anderen Hauptstädten hoch, und als Ortsfremder sollte man manche Viertel vor allem nachts meiden. Manche Besucher empfehlen sogar, den Uhuru-Park nicht allein zu betreten. Die Einkaufsmöglichkeiten sind vielfältig, die Palette reicht von Einkaufszentren im amerikanischen Stil bis hin zu afrikanischen

Jambo
Habari
Karibu

WILLKOMMEN BEI KENYA AIRWAYS

Beginnen Sie Ihre Reise mit der traditionell herzlichen kenianischen Gastfreundschaft. Unser Team geht individuell auf Ihre Wünsche ein. Wir bieten Ihnen: ◎ Premier Club Class (Erste Klasse Komfort zu Business Klasse Tarifen). ◎ Bequeme Economy Klasse. ◎ Nonstop Flug Frankfurt/Nairobi mit direkten Anschlüssen nach Mombasa, Malindi, Entebbe, Dar Es Salaam und Johannesburg. ◎ Verbindungen zwischen vielen Afrikanischen Metropolen. Wir sind Ihr Partner. Nutzen Sie unsere vielfältigen Kombinationsmöglichkeiten zu günstigen Preisen. Wenden Sie sich an Ihr Reisebüro oder direkt an uns:

069/23 12 50/59

Die nationale Fluggesellschaft der Republik Kenia wurde im Februar 1977 nach dem Zusammenbruch von East African Airways gegründet.

Von Anfang an flog die Gesellschaft, mit Hauptsitz in Nairobi, internationale, regionale sowie kenianische Ziele an und war Mitglied der IATA, der Internationalen Vereinigung der Luftfahrt.

Ab 1986 wurde die Flotte modernisiert und umfaßt heute 3 Großraum-Airbusse vom Typ A 310-300, 2 Boeing 737-200 und 3 Fokker F50.

Die Fluggesellschaft hat Nairobi zu einem wichtigen Drehkreuz aufgebaut und bietet durch ihr weitverzweigtes Streckennetz zahllose Kombinationsmöglichkeiten.

In Europa werden London (täglich), sowie Frankfurt, Paris, Kopenhagen, Stockholm, Zürich und Rom angeflogen. Es werden mehr als 60 wöchentliche Verbindungen zwischen Nairobi, Mombasa und Malindi sowie Flüge nach Johannesburg, Entebbe, Dar es Salaam, Sansibar, Harare, Lusaka, Lilongwe, Bujumbura, den Seychellen, Addis Abeba, Khartoum, Kairo, Karachi, Bombay, Jeddah und Dubai angeboten.

Den Marktanforderungen folgend hat KENYA AIRWAYS die Airbus Flotte von 3 auf 2 Klassen umgerüstet und bietet Ihren Kunden höchsten Komfort und Service, sei es in der Premier Club Class mit Ihrem Erste-Klasse-Komfort oder in der Economy Klasse.

Märkten mit Holzbuden. Groß ist auch das Angebot an Restaurants und Nachtklubs. Im *African Heritage Café* in der Banda Street werden traditionelle afrikanische Gerichte serviert. Im *Thorn Tree Café* des New Stanley Hotels sitzt man im Freien, hier lernt man leicht andere Reisende kennen. Das *New Supreme* und das *Minar* bieten erstklassige indische Gerichte an, im *Carnivore* gibt es Wildfleisch vom Grill. In den Hotels gibt es eine gute Auswahl an internationalen Gerichten. Swimmingpools befinden sich in den Gärten der Hotels Serena, Boulevard und Jacaranda (wer kein Hotelgast ist, kann gegen eine kleine Gebühr trotzdem schwimmen gehen). Zu den weiteren Sehenswürdigkeiten in und um Nairobi gehören das Kulturzentrum *Bomas of Kenya*, etwas außerhalb des Stadtzentrums, wo u. a. Tanzaufführungen stattfinden; das *Kenya National Museum* mit einer besonders interessanten Völkerkundeabteilung und der *Snake Park* gegenüber dem Museum, in dem man Bekanntschaft mit fast allen ostafrikanischen Schlangenarten machen kann. Neben dem Schlangenpark stehen traditionelle Lehmhütten und Kornspeicher mit typischen Werkzeugen der unterschiedlichen Stämme Kenias.
Der *Nairobi-Nationalpark* liegt nur 8 km außerhalb der Stadt, trotzdem hat man an Wochentagen den Eindruck, in der Wildnis fernab von jeder Zivilisation zu sein – am Wochenende strömen die Stadtbewohner dann in Scharen hierher. Der älteste Nationalpark Kenias sieht noch heute wie auf alten Fotografien aus – ursprüngliches, welliges Weideland, auf dem außer Elefanten alle ostafrikanischen Wildtiere der Ebene grasen. Das Hilton-Hotel organisiert Touren. Am Eingang gibt es ein *Animal Orphanage*, ein »Tierwaisenheim«, in dem junge, kranke und verwundete Tiere gepflegt werden.
Der **Naivasha-See** liegt eine Autostunde von der Hauptstadt entfernt. Die Aussicht von hier ist einmalig; Vogelfreunde kommen bei der großen Anzahl von Vögeln und dem Artenreichtum auf ihre Kosten. Es bieten sich auch gute Gelegenheiten zum Felsenklettern.
Nanyuki ist eine kleine Stadt an der Westseite des Mount Kenya und einer der Ausgangspunkte für Bergsteiger. Die Luftwaffe Kenias ist hier stationiert, es gibt auch einen britischen Stützpunkt.
Nakuru liegt im Rift Valley, ca. 230 km westlich von Nairobi. Die geschäftige Stadt ist ein wichtiger Knotenpunkt der Region und die viertgrößte Stadt Kenias, aber so staubig und trocken, daß Touristen meist nur auf der Durchreise hier kurz Halt machen. Schön ist der nahegelegene *Nakuru-See-Nationalpark*, von dem gesagt wird, daß er einst 50% der rosa Flamingos der ganzen Welt beheimatete. Auch heute noch findet man im Winter eine große Anzahl dieser reizvollen Vögel – und so manche andere Vogelart. Paviane spielen oft am felsigen Steilufer des Sees. In der Nähe erhebt sich der *Menengai Crater*, ein erloschener Vulkan. 50 km nördlich von Nakuru erreicht man über eine relativ gute Straße den *Baringo-See*. Er ist kleiner als der Nakuru-See, der Artenreichtum der Vogelwelt ist jedoch genauso eindrucksvoll. Auf der »Halbmondinsel« (*Crescent Island*), in der Mitte des Sees, gibt es einen Zeltplatz und man kann Boote mieten.
Kisumu ist ein Handelszentrum am Victoria-See. Von hier aus kann man den *Mount-Elgon-Nationalpark* besuchen, der berühmt ist für seine interessante Tierwelt und seine wunderschönen Bergblumen.

Die Küste

Mombasa, die zweitgrößte Stadt Kenias, liegt 500 km von Nairobi entfernt. Vor dem Beginn des Kolonialzeitalters war Mombasa nach Sansibar die bedeutendste Stadt für den Handel mit Arabien, Indien und dem Fernen Osten. Sklaven und Elfenbein wurden gegen Gewürze und Kleinartikel getauscht, später gegen Gold und Dollars. Mombasa ist noch immer eine wichtige Hafenstadt, die von ihrer Lage an der einzigen Bahnstrecke ins Landesinnere profitiert. Heutzutage überwiegen im neuen Hafen graue ausländische Kriegsschiffe, während malerische, arabische Dhaus aus dem Persischen Golf und Jemen beim Anlegen beobachten. Das Fremdenverkehrsamt (Mo-Fr 08.00-12.00 und 14.00-16.30 Uhr, Sa 08.00-12.00 Uhr) befindet sich in der Moi Avenue.
Malindi liegt 125 km nördlich von Mombasa und ist der älteste Urlaubsort Kenias. Entlang der Küste liegen die *Malindi-* und *Watamu*-Wasserschutzgebiete, in denen man die Unterwasserwelt der Korallenriffe vom Glasbodenboot aus beobachten kann. Tauchen, ob in voller Ausrüstung oder nur mit der Taucherbrille, ist hier ebenfalls beliebt. In der Nähe von Watamu, im *Gedi-Nationalpark*, liegt eine Ruinenstadt aus dem 13. Jahrhundert, von der Teile noch gut erhalten sind. Das kleine Dorf Mambui, nördlich von Malindi, ist ebenfalls einen Ausflug wert.
Die bezaubernde Insel **Lamu** liegt 200 km nördlich von Malindi und lockt mit feinsandigen Palmenstränden, an denen malerische Dhaus vorbeisegeln, und einer faszinierenden Inselstadt. Die engen Gassen sind nur mit Eseln oder Handwagen passierbar; auf der Insel ist kein motorisierter Verkehr gestattet. Bei einem Stadtbummel stößt man auf geschäftige Basare, zahlreiche Moscheen und schöne arabische Häuser mit eindrucksvoll geschnitzten Holztüren. In der Mwango Road in der Nähe des Treasury Square steht auch in Hindutempel. Angelfahrten auf Dhaus werden angeboten; mit den Bootseigentümern kann man Tagesausflüge zu den ca. 600 Jahre alten Ruinen auf den nahegelegenen Inseln *Pate* und *Manda* machen. Zum Geburtstag des Propheten findet ein Festival mit Tanz, Gesang und anderen Feierlichkeiten statt, das eine Woche lang andauert. Zu diesem Anlaß kommen Moslems der ganzen Küste nach Lamu. Die beste Zeit für einen Besuch der Insel ist außerhalb der Hauptsaison (April - November).
Vor der Küste **südlich von Mombasa** liegt ein Korallenriff, hier gibt es schöne und geschützte Strände. Zu den Touristenregionen gehören Likoni, Tiwi und Diani Beach.
An der Küste **nördlich von Mombasa** liegen die Urlaubsorte Bamburi, Kenya, Watamu und Casuarina Beach. Auch hier gibt es herrliche Strände. Streckenweise wurden große Hotelkomplexe errichtet.

Nationalparks

Der Artenreichtum ihrer Tier- und Pflanzenwelt hat Kenias Nationalparks in aller Welt berühmt gemacht. Dem rigorosen Naturschutzprogramm, das die kenianische Regierung in den sechziger Jahren einführte und einer kompetenten Verwaltung ist es zu verdanken, daß die Naturschutzgebiete, die zu den schönsten Afrikas zählen, in ihrer Ursprünglichkeit erhalten geblieben und dennoch Besuchern zugänglich sind. Dürren und Überweidung haben zwar schon einige Gebiete zerstört, und Stammesinteressen und Naturschutz scheinen oft unvereinbar, die Regierung hat jedoch noch rechtzeitig eingesehen, daß der zukünftige Wohlstand des Landes sehr wahrscheinlich von der Erhaltung seines bemerkenswerten Naturerbes abhängt.
10% der Fläche des Landes besteht aus Nationalparks. In den 40 Parks sind alle verschiedenen Lebensräume vertreten, von Wüste über Bergwald bis hin zu Wasserschutzgebieten am Indischen Ozean. Die Tourismus-Einrichtungen sind außerordentlich gut. Es gibt zahlreiche organisierte Safaris, aber wer Zeit und Geld hat, kann auch ein eigenes Fahrzeug und die entsprechende Ausrüstung mieten. Immer beliebter werden Ballonflüge, die die Möglichkeit bieten, die Wildtiere aus der Vogelperspektive zu beobachten; vor allem im Masai-Mara-Nationalreservat empfiehlt es sich, frühzeitig zu buchen.
Einige der kleineren Parks sind bereits in den beiden vorhergehenden Rubriken beschrieben worden. Im folgenden eine Kurzbeschreibung der bekannteren Nationalparks.
Aberdare-Nationalpark: Dieser Park umfaßt eine dichtbewaldete Bergkette, die nahe beim Mount Kenia liegt und bis auf 4000 m Höhe ansteigt. Hier leben Elefanten, Nashörner, seltene Waldantilopen wie Bongo- und Dik-Dik-Antilopen, Leoparde, Löwen und verschiedene Affenarten. Aufgrund der dichten Vegetation und des dunstigen Bergklimas sehen ungeübte Beobachter manchmal nur Riesenwaldschweine, Paviane und Büffel, die oft neben dem Weg schlafen oder fressen. Die meisten Besucher ziehen es vor, das Wild von den beiden erhöhten Lodges aus zu beobachten (*Treetops* und *The Ark*), die eine bei Nacht beleuchtete Schneise überblicken. An den höheren Hängen wachsen große Bergpflanzen in fast ständigem Nebel. Es gibt zahlreiche Wasserfälle, der größte ist der 300 m hohe Guru-Wasserfall.
Der **Amboseli-Nationalpark** ist für Kenias Verhältnisse mit seinen über 400 qkm beinahe klein und liegt an der Grenze nach Tansania, 220 km von Nairobi entfernt. Die schöne Aussicht auf den schneebedeckten Kilimanjaro, Afrikas höchstem Berg, zieht viele Besucher an. Im Park selbst ist allerdings die einst üppige Savanne allmählich versandet, und die meisten Tiere haben sich in die Unterholz- und Sumpfgebiete zurückgezogen.
Das **Masai-Mara-Nationalreservat** liegt 390 km von Nairobi entfernt im äußersten Südwesten des Landes. Hier trifft man auf Szenen wie aus einem Afrika-Bilderbuch: eine weite Ebene, die einmal im Jahr von Millionen von Gnus und Zebras, Gazellen und Antilopen überquert wird, die von der Serengeti des Nachbarstaates Tansania aus gen Norden ziehen. Die Tiere werden oft von Löwen, Geparden, Leoparden und Hyänen verfolgt. Erschöpft sammeln sie sich an einer Stelle des Mara-Flusses, wo sie in langen Reihen auf die Überquerung warten. Das Schauspiel kann am besten von einem der drei Heißluftballons aus beobachtet werden, die vom *Grosvenor's Camp* aus aufsteigen. Zur Zeit der Tierwanderung (Juli/August) sitzen die im Reservat beheimateten Löwen satt und faul in der Sonne und nehmen von den Touristen wenig Notiz. Ebenfalls das ganze Jahr über kann man Elefanten, Paviane, Giraffen, Schakale, Wasserbüffel und Strauße beobachten. Es gibt 13 Buschlager und zwei Lodges (*Mara Serena Lodge* und *Keekorok Lodge*) im Reservat. Grosvenor's Camp verfügt über eine Landebahn und ist das am besten ausgestattete Lager. Am Steilhang außerhalb des Reservats hat man ein Luxushotel gebaut mit guter Aussicht auf die Ebene. Die Massai leben am Rande des Reservats. Sie verkaufen oft traditionelle Perlenhalsbänder und verzierte Flaschenkürbisse an die Touristen oder posieren für eine kleine Gebühr vor der Kamera.
Im **Meru-Nationalpark**, 400 km von Nairobi entfernt, lebt die einzige weiße Nashornherde Kenias. Dieser Park ist einer der wilderen und ursprünglicheren Naturschutzgebiete.
Der Äquator führt durch den 600 qkm großen **Mount-Kenya-Nationalpark**, der aus Wald, nacktem Fels und Schneefeldern auf den Berggipfeln besteht. Das Schutzgebiet beginnt in 1800 m Höhe und steigt auf über 5000 m an. Der Aufstieg ist sehr schön, professionelle Ausrüstung ist nicht erforderlich; man sollte sich jedoch genügend Zeit nehmen, um Höhenkrankheit zu vermeiden. Es ist ratsam, die Tour in Begleitung eines Führers anzutreten. Unterwegs kann man in Berghütten übernachten. Warme Kleidung, einen Schlafsack und Nahrungsmittel muß man selbst mitbringen. Der Berg ist einer der letzten Jagdgründe des schwarzen Leoparden und der Lebensraum des seltenen schwarzweißen Colobus-Affen.
Samburu-Wildpark: Dieser wüstenähnliche Park liegt zwischen Nairobi und dem Turkana-See. Hier kann man die seltenen Oryx-Antilopen, Gerenuks, netzförmig gemusterte Giraffen und Grevys-Zebras sehen. Strauße und Elefanten sind in der freien Wildbahn leicht zu ersichten. In der *Samburu Lodge* und der *River Lodge* im Nationalpark werden im Blickfeld der an der Bar sitzenden Gäste Köder für Leoparden aufgehängt. Dieser Park wurde nach dem Samburu-Stamm benannt, der mit den Massai entfernt verwandt ist.
Der **Tsavo-Nationalpark**, mit 2100 qkm bei weitem der größte Park Kenias, ist zum größten Teil für die Öffentlichkeit geschlossen. Seit den siebziger Jahren wird hier Jagd auf Elfenbein gemacht, auch Nashörner haben die Wilddiebe es abgesehen. Der größte Teil des Landes ist offene Savanne und Buschland, das von Büffeln,

Löwen, Antilopen, Gazellen, Giraffen und Zebras bevölkert ist. Bei *Mzima Springs* im Westen des Parks kann man Krokodile und Flußpferde sehen.
Am **Turkana-See** im Norden Kenias liegen mehrere Naturschutzgebiete. In diesem außergewöhnlichen See, der sich mehrere hundert Kilometer durch windige und weitgehend unbewohnte Wüste erstreckt, gibt es einige nur hier vorkommende Fischarten und Wasserpflanzen. Manche Urlauber kommen vor allem zum Fischen hierher. Am Ostufer hat man für Angeltouristen mehrere Lodges errichtet, man erwartet eine generelle Expansion des Tourismus in dieser Gegend. Trotz des unwirtlichen Klimas trifft man hier viele der bekanntesten Tierarten Kenias an. Im See liegen zwei große vulkanische Inseln. Der mit Wasser gefüllte Krater der südlichen Insel beheimatet außergewöhnlich große Krokodile. Manchmal peitschen wilde Stürme den See, dabei werden die Algen aufgewirbelt; die Folge sind erstaunliche Veränderungen der Wasserfarbe.

SOZIALPROFIL

ESSEN & TRINKEN: Kenias Nationalgerichte tauchen auf den Speisekarten der meisten Hotels auf. Einheimisches Rind-, Huhn-, Lamm- und Schweinefleisch ist ausgezeichnet gut, und tropische Früchte gibt es in Hülle und Fülle. Je nach Jahreszeit werden auch Forellen, Nilbarsche, Hummer, Garnelen oder Mombasa-Austern angeboten. In den meisten Gegenden findet man die indische Küche und Gerichte aus dem Nahen Osten. Einige Lodges der Wildparks servieren Wild, einschl. Büffelsteak, das in einheimischem Likör mariniert und mit Beeren und oft mit wildem Honig und Sahne garniert wird. Hauptnahrungsmittel der meisten Kenianer sind Mais, auch Maismehl, und Bohnen. In den kleinen *Hotelis* sind *Chai* (Tee, der mit Milch und Zucker gekocht wird) und *Mandazi* (Fettgebackenes) sehr beliebt. In Nairobi und Mombasa findet man eine große Auswahl an Restaurants, in den kleineren Städten gibt es Restaurants vor allem in den Hotels. **Getränke:** Einheimisches Bier (*Tusker* und *White Cap*) und in Flaschen abgefülltes Sodawasser kann man im ganzen Land kaufen. *Kenya Cane* (Zuckerrohrschnaps) und *Kenya Gold* (ein Kaffeelikör) sind weitere alkoholische Spezialitäten. Das traditionelle Bier *Uki* wird mit Honig gebraut.
NACHTLEBEN: In den meisten Hotels in Nairobi und den Urlaubsorten gibt es jeden Abend Tanzveranstaltungen mit Live-Musik oder Diskotheken. Man findet auch einige afrikanische Nachtklubs. Nairobi bietet eine große Auswahl an Kinos, die in erster Linie amerikanische und europäische Filme zeigen.
EINKAUFSTIPS: In der Bishara Street in Nairobi und in Mombasa sowie auf den Märkten kann man *Khanga-*, *Kitenge-* und *Kikoi*-Kleidung kaufen. In einer besonders guten Kooperative in Machakos sind naturgefärbte *Kiondos*-Taschen mit starken Lederriemen erhältlich. Schöne Souvenirs sind auch Holzschnitzereien, Batikarbeiten, Perlenschmuck und Steinarbeiten. Der Verkauf von Souvenirs aus Wildhäuten (einschl. Reptilienhäuten und Fellen) ist verboten, und es versteht sich von selbst, daß man sich an diesem Verbot hält.
Öffnungszeiten der Geschäfte: Mo-Sa 08.30-12.30 und 14.00-17.30 Uhr.
SPORT: Tennis, Squash, Bowling, Reiten und Polo sind beliebte Sportarten. Gute Sportanlagen gibt es für Kenias Leichtathleten, die regelmäßig große internationale Erfolge erringen. Vorübergehende Mitgliedschaft in Sportklubs ist möglich. **Wassersport:** Segeln, Wasserski, Schwimmen und **Wellenreiten** sind in den Ferienanlagen nördlich und südlich von Mombasa sehr beliebt, hierzu gehören Malindi, Nyali, Bamburi, Shanzu, Kikambala und Kilifi. Die Urlaubsorte bieten gute Sandstrände und z. T. Korallenriffe. **Angeln** (Forellen) an den Seen bietet sich in den Monaten November bis März an.
VERANSTALTUNGSKALENDER
April/Mai '96 *KITE '96* (internationale Tourismus-Ausstellung). **Juni - Aug.** *Musikfest der Schulen*. **Sept.** *National Show* (Landwirtschaftsmesse), Mombasa. **Sept./Okt.** *Nairobi International Show* (Landwirtschafts- und Industriemesse). **April '97** *Kenya Safari Rallye*.
SITTEN & GEBRÄUCHE: Westeuropäische Bräuche spiegeln im ganzen Land den britischen Einfluß wider. Kenianer sind im allgemeinen sehr freundlich. Kleidung ist zwanglos, und Alltagskleidung wird außer bei besonderen gesellschaftlichen Anlässen überall akzeptiert.
Trinkgeld: Falls kein Bedienungsgeld verlangt wird, sind 10 KSh angemessen. Höhere Trinkgelder liegen im Ermessen des Gastes.

WIRTSCHAFTSPROFIL

WIRTSCHAFT: Kenia ist ein Agrarland – 76% der Bevölkerung sind in der Landwirtschaft tätig. Die Haupterzeugnisse sind Tee und Kaffee, deren Ernten unter den Dürren der achtziger Jahre schwer gelitten hatten. Kenia ist eines der wenigen afrikanischen Länder mit nennenswerter Milchwirtschaft. Außer Tee und Kaffee sind Petroleumprodukte die Hauptexportgüter des Landes. Das Land importiert große Mengen Rohöl, außerdem Fertigprodukte, die hauptsächlich aus Großbritannien, Deutschland und Japan kommen. Großbritannien, Deutschland und Uganda sind die Hauptabsatzmärkte des Landes. Kenia bezieht Entwicklungshilfe aus Großbritannien; der größte Teil dieser Gelder wird direkt zur Schuldentilgung verwendet. Kenia hat mit dem Internationalen Währungsfonds eine Abmachung getroffen, die ein strukturelles Angleichungsprogramm beinhaltet und die wirtschaftlichen Perspektiven des Landes verbessern soll. Eine verstärkte wirtschaftliche Zusammenarbeit ist mit den Nachbarländern Uganda und Tansania vorgesehen. Die verworrene politische Lage des Landes sowie Inflation, Arbeitslosigkeit und ein Übermaß an Bürokratie wirkten sich in jüngster Zeit negativ auf die, verglichen mit anderen afrikanischen Nationen, florierende Wirtschaft des Landes aus. Der Tourismussektor, der wichtigste Devisenbringer, erlitt ebenso Einbußen, als sich die Meldungen von Überfällen auf Touristen im Masai-Mara-Nationalreservat häuften. Inzwischen läßt sich jedoch wieder ein leichter Aufwärtstrend verzeichnen, 1994 gab es eine Steigerung der Besucherzahlen um 5-7%.
GESCHÄFTSVERKEHR: Leichte Anzüge sind für alle Anlässe angebracht. Termine sollten im voraus vereinbart werden. Englisch ist die offizielle Geschäftssprache.
Geschäftszeiten: Mo-Fr 08.00-13.00 und 14.00-17.00 Uhr. In Mombasa öffnen und schließen die Büros im allgemeinen eine halbe Stunde früher.
Kontaktadressen: *The Austrian Trade Commisioner* (Österreichische Außenhandelsstelle), PO Box 30112, Nairobi. Tel: (02) 22 06 16, 22 46 78, 22 06 18. Telefax: (02) 33 66 65.
Kenya National Chamber of Commerce and Industry (Industrie- und Handelskammer), PO Box 47024, Nairobi. Tel: (02) 33 44 13.
Investment Promotion Centre (Investitionsförderungs-Center), PO Box 55704, Nairobi. Tel: (02) 22 14 01. Telefax: (02) 33 66 63.
KONFERENZEN/TAGUNGEN: Das *Kenyatta International Conference Centre* befindet sich in Nairobi, PO Box 30746, Tel: (02) 22 59 15, 33 28 60, 33 27 67. Weitere Auskünfte vom Fremdenverkehrsamt.

KLIMA

Die Küstengebiete sind tropisch mit kühlenden Monsunwinden. In den Niederungen ist es heiß und zumeist trocken, im Hochland eher gemäßigt mit vier Jahreszeiten. Nairobi hat wegen seiner Höhenlage das ganze Jahr über ein angenehmes Klima. Am Victoria-See sind die Temperaturen viel höher, hier gibt es z. T. starke Regenfälle.
Kleidung: An der Küste und an den Seen leichte Baumwollsachen und Regenschutz, im Juni und Juli auch wärmere Kleidung, da es an der Küste morgens recht kühl sein kann. Im Hochland ist das ganze Jahr über leichte Kleidung ausreichend. Regenschutz zwischen März und Juni sowie zwischen Oktober und Dezember.

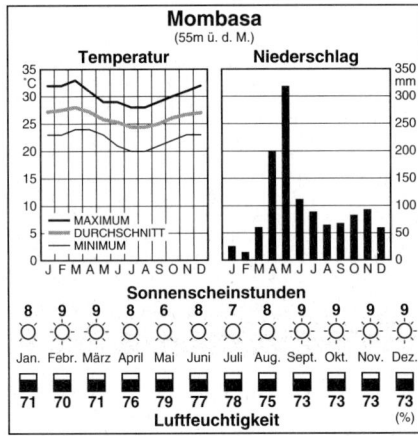

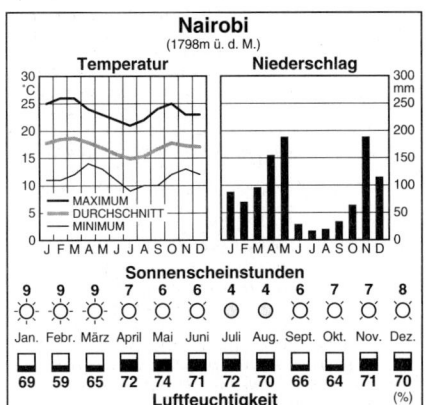

Kirgisistan

□ *Internationaler Flughafen*

Lage: Zentralasien, nördlich von Tadschikistan.

Olympia-Reisen
Siegburger Straße 49
D-53229 Bonn
Tel: (0228) 40 00 30. Telefax: (0228) 46 69 32.
Mo-Fr 08.00-18.00 Uhr.
State Commitee for Tourism and Sport
Togolok Moldo 17
720033 Bischkek
Tel: (03312) 22 06 57. Telefax: (03312) 21 28 45.
Botschaft der Republik Kirgisistan
Koblenzer Straße 62
53173 Bonn
Tel: (0228) 36 52 30/73. Telefax: (0228) 36 51 91.
Mo-Fr 08.30-13.00 und 14.30-17.30 Uhr, *Konsularabt.*: Mo-Fr 09.00-13.30 Uhr.
Botschaft der Republik Kirgisistan
Naglergasse 25/5
A-1014 Wien
Tel: (0222) 535 03 78/79. Telefax: (0222) 535 03 78 13, 535 03 79 13.
Mo-Fr 09.00-17.00 Uhr, *Konsularabt.*: Mo-Fr 09.00-12.00 Uhr.
Botschaft der Bundesrepublik Deutschland
Uliza Pervomajskaja 28
Bischkek
Tel: (03312) 22 48 03/11, 22 88 76. Telefax: (03312) 62 00 07, 22 85 23.
Österreich und die Schweiz unterhalten keine eigenen Vertretungen in Kirgisistan. Für Österreich ist die Botschaft in Moskau (s. Russische Föderation) und für die Schweiz die Botschaft in Taschkent (s. Usbekistan) zuständig.

FLÄCHE: 198.500 qkm.
BEVÖLKERUNGSZAHL: 4.590.000 (1993).
BEVÖLKERUNGSDICHTE: 23 pro qkm.
HAUPTSTADT: Bischkek (ehemals Frunze). **Einwohner:** 631.300 (1991).
GEOGRAPHIE: Kirgisistan grenzt im Norden an Kasachstan, im Westen an Usbekistan, im Süden an Tadschikistan und im Osten an China. Das imposante Tienschan-Gebirge (die »Himmlischen Berge«) nimmt einen Großteil der Landesfläche ein. Der Pik Pobedy ist mit 7439 m die höchste Erhebung des Landes.
STAATSFORM: Präsidialrepublik seit 1991, neue Verfassung seit Mai 1993, letzte Änderung 1994. Zweikammerparlament (Zhogorku Kenesh) mit 105 Mitgliedern. Direktwahl des Staatsoberhauptes alle 5 Jahre. Staatsoberhaupt: Askar Akajew, seit Oktober 1990.

TIMATIC INFO-CODES

Abrufbar über Ihr CRS-System (für START/Amadeus Ama-Maske benutzen). Für Galileo bitte TI-DFT eingeben (mit Bindestrich).

Flughafengebühren	TI DFT/ FRU /TX
Währung	TI DFT/ FRU /CY
Zollbestimmungen	TI DFT/ FRU /CS
Gesundheit	TI DFT/ FRU /HE
Reisepassbestimmungen	TI DFT/ FRU /PA
Visabestimmungen	TI DFT/ FRU /VI

Regierungschef: Apas Dschumagulow, seit Dezember 1993.
SPRACHE: Landessprache ist Kirgisisch, das zu den Turksprachen gehört und eng mit Usbekisch, Kasachisch, Turkmenisch und Türkisch verwandt ist. Jeder Versuch, Kirgisisch zu sprechen, wird von der Bevölkerung positiv aufgenommen. Im Hinblick auf den großen Anteil der russischen Bevölkerung in Kirgisistan ist Russisch rechtlich als Landessprache geschützt. Die Regierung ist jedoch bestrebt, das russische kyrillische Alphabet, das derzeit benutzt wird, bis 1995 durch die türkische Version des lateinischen Alphabetes zu ersetzen. Die meisten Einwohner Kirgisistans sprechen Russisch, allerdings oft nur ungern. Beschäftigte der Tourismusbranche sprechen meistens auch Englisch. Außerdem werden Usbekisch und Kasachisch sowie zahlreiche regionale Sprachen und Dialekte gesprochen.
RELIGION: Hauptsächlich sunnitische Moslems. Russisch-Orthodoxe und buddistische Minderheiten.
ORTSZEIT: MEZ + 4 (MEZ + 5 14. April - 28. Sept.).
NETZSPANNUNG: 220 V, 50 Hz.
POST- UND FERNMELDEWESEN: Telefon: Internationale Telefongespräche können von Telefonstellen aus geführt werden, die normalerweise an das Postamt angeschlossen sind. Außerdem kann man von der Rezeption einiger Hotels aus ins Ausland anrufen. Alle Ferngespräche ins Ausland werden in Kirgisistan vom Fernamt vermittelt. **Landesvorwahl: 7** (die Ortsnetzkennzahl für Bischkek ist 03312). Ortsgespräche von Privatanschlüssen aus sind kostenlos, Hotels berechnen jedoch manchmal eine geringe Gebühr. Bei Ferngesprächen innerhalb der ehemaligen Sowjetunion wählt man zuerst »8« und wartet auf einen weiteren Wählton. Dann wählt man die Vorwahl der Stadt und die gewünschte Teilnehmernummer. **Telefax:** In großen Hotels gibt es Telefaxanschlüsse, die allerdings nur den Gästen des jeweiligen Hotels zur Verfügung stehen. **Telex/Telegramme:** Ein Telexservice ist ebenfalls in den größeren Hotels ausschließlich für Gäste des Hotels erhältlich. Außerdem findet man Telex- und Telegrammeinrichtungen (letztere mit kyrillischer und lateinischer Tastatur, die – außer in Notfällen – äußerst unpraktisch ist) in den Postämtern der größeren Städte. **Post:** Postsendungen nach Westeuropa sind zwischen zwei Wochen und zwei Monaten unterwegs. Im Postamt kann man Umschläge mit Briefmarken kaufen. Postsendungen nach Kirgisistan sollten in der folgenden Reihenfolge adressiert sein: Postleitzahl des Landes, Stadt, Straße, Hausnummer und zuletzt der Name des Adressaten. Öffnungszeiten: Mo-Fr 09.00-18.00 Uhr. Besucher können außerdem die Postämter in den großen Hotels benutzen.
DEUTSCHE WELLE
Der Einsatz der Kurzwellenfrequenzen ändert sich mehrfach im Laufe eines Jahres, und Sendungen auf den folgenden Frequenzen werden jeweils nur zu bestimmten Tageszeiten ausgestrahlt. Näheres in der Einleitung.

MH	21,640	17,845	15,275	12,055	9,655
Meterband	13	16	19	25	31

REISEPASS/VISUM

Wichtiger Hinweis: *Die Einreisebestimmungen mancher Länder können sich kurzfristig ändern – rufen Sie sicherheitshalber auf Ihrem CRS-System (TIMATIC-Info-Code-Fenster in diesem Kapitel) den aktuellen Stand ab bzw. wenden Sie sich an die zuständige diplomatische Vertretung. Etwaige Zahlen in der Tabelle beziehen sich auf nachfolgende Fußnoten.*

	Paß erforderlich?	*Visum erforderlich?*	*Rückflugticket erforderlich?*
Deutschland	Ja	Ja	Ja
Österreich	Ja	Ja	Ja
Schweiz	Ja	Ja	Ja
Andere EU-Länder	Ja	Ja	Ja

Anmerkung: Die Einreisebestimmungen können sich jederzeit ändern. Reisende sollten sich bei den zuständigen Vertretungen erkundigen oder sich mit Olympia-Reisen in Verbindung setzen (Adressen s. o.).
REISEPASS: Allgemein erforderlich, muß noch mindestens 6 Monate gültig sein.
VISUM: Allgemein erforderlich, ausgenommen sind Staatsbürger von Albanien, Bosnien-Herzegowina, Bulgarien, China (VR) (alle Paßarten mit dem dienstlichen Ziel der Reise), GUS-Staaten, Jugoslawien, Kroatien, Kuba, Malaysia (Touristen bis 1 Monat), Mazedonien, Mongolei (bis 3 Monate), Polen, Rumänien, Slowakische Republik, Slowenien, Tschechische Republik, Türkei (bis zu 1 Monat), Ungarn und Vietnam.
Anmerkung: Ein Visum, das für Staatsangehörige von Belarus, Kasachstan, Usbekistan oder Rußland ausgestellt wurde, gilt als dreitägiges Transitvisum für die Durchreise durch Kirgisistan. Besucher, die länger in Kirgisistan bleiben möchten, wenden sich bei ihrer Ankunft an das Außenministerium. Es ist im Moment nicht nötig, Visa für jede Stadt, die man besuchen möchte, zu beantragen. Transitvisa werden bei der Vorlage des Visums des Drittlandes erteilt. Gültigkeit des Transitvisums 5 Tage.
Visaarten: Geschäfts-, Touristen-, Transit- und Dauervisa (nur für Geschäfts- und Dienstreisen, zwei- und mehrmalige Einreise).
Visagebühren: Touristenvisum 40 DM, ca. 300 öS; Transitvisum 40 DM; Gruppenvisum 30 DM; Dauervisum 200 DM; Expressvisum (innerhalb 48 Stunden) 150 DM.
Gültigkeitsdauer: In der Regel 1 Monat.
Antragstellung: Bei der zuständigen konsularischen Vertretung (Adresse s. o.).
Unterlagen: (a) 1 Antragsformular. (b) 1 Paßfoto. (c) Reisepaß (keine Kopie). (d) Einladung, die durch die kirgisische Milizbehörde (OWIR) bestätigt wurde. (e) Für Geschäftsvisa: Einführungsschreiben mit Angaben über Ziele und Zweck der Reise. (f) Für Geschäftsreisen bis 28 Tage: Einladungsschreiben seitens kirgisischer Staatseinrichtungen können ohne Bestätigung des Außenministeriums direkt bei der Botschaft vorgelegt werden, Einladungen von kirgisischen Privatfirmen müssen durch das Außenministerium bestätigt werden. (g) Für Touristenvisa: Reisebürobestätigung mit folgenden Angaben: Benennung und Anschrift des kirgisischen Reisebüros, Familienname und Staatsangehörigkeit des Reisenden, Paßnummer, Reiseroute, Aufenthaltsdauer und Teilnehmerliste bei einer Gruppenanzahl von mehr als 7 Personen. (h) Gebühr.
Der postalischen Antragstellung sollten ein frankierter und adressierter Umschlag und der Zahlungsbeleg über die Visumgebühren beigelegt werden. Bei Beantragung über die Vertretungen der Russischen Föderation s. entsprechende Rubrik im Kapitel *Russische Föderation*.
Bearbeitungszeit: 5 Werktage, bei postalischer Beantragung 8-10 Werktage.

GELD

Währung: Kirgisistan verließ als erstes Land der GUS die gemeinsame Rubelzone. Im Mai 1993 wurde der Som (KS) mit Hilfe eines Kredites des Internationalen Währungsfonds über 80 Mio. US$ eingeführt. 1 Som = 100 Tyin. Banknoten sind in den Werten von 100, 50, 20, 10, 5 und 1 Som und 50, 10 und 1 Tyin in Umlauf. Münzen werden nicht geprägt. Die Nachbarrepubliken haben sich bisher nicht bereiterklärt, die neue Währung zu akzeptieren. Dies führte zu einem Rückgang der kirgisischen Exporte. Obwohl der Som durch Kredite des Internationalen Währungsfonds und der Weltbank gestützt wird, hat sich sein Wert rapide verringert. Devisen (vor allem US-Dollar) werden bevorzugt angenommen, russische Rubel werden ebenfalls noch akzeptiert. Es gibt kaum Unterschiede zwischen dem offiziellen und inoffiziellen Wechselkurs.
Geldwechsel: Alle Rechnungen werden normalerweise bar beglichen. Wer mit Reiseveranstaltern fährt, bezahlt seine Reise im voraus. Da es nicht genug Wechselgeld gibt, sollten Besucher insbesondere kleine Geldscheine mit sich führen. Belege über den Geldwechsel sind nicht nötig. Wechseln kann man in Banken und offiziellen Valutaaustauschstellen.
Kreditkarten werden in einigen größeren Hotels in Bischkek akzeptiert. Einzelheiten vom Aussteller der betreffenden Kreditkarte.
Reiseschecks werden lediglich in einer Bank in Bischkek akzeptiert, die Gebühren sind jedoch sehr hoch.
Euroschecks werden nicht akzeptiert.
Wechselkurse

	KS Okt. '93	KS Jan. '94	KS Jan. '95	KS Febr. '96
1 DM	2,47	6,45	k. A.	7,78
1 US$	4,00	10,50	k. A.	11,30

Devisenbestimmungen: Die Ein- und Ausfuhr der Landeswährung ist verboten. Fremdwährungen können unbegrenzt eingeführt werden, es besteht jedoch Deklarationspflicht. Ausfuhr maximal in Höhe des deklarierten Betrages.
Öffnungszeiten der Banken: Mo-Fr 09.30-17.30 Uhr, Geldtransaktionen bis 13.00 Uhr.

DUTY FREE

Folgende Artikel können zollfrei nach Kirgisistan eingeführt werden:
250 Zigaretten oder 250 g Tabakprodukte;
1 l Spirituosen;
2 l Wein;
eine angemessene Menge Parfüm für den persönlichen Bedarf;
Geschenke bis zum Wert von ca. 1000 russischen Rubel.
Anmerkung: Bei der Einreise müssen Touristen ein Zollerklärungsformular ausfüllen, das bis zur Ausreise aufbewahrt werden muß. Dies berechtigt zur Einfuhr von Gegenständen für den persönlichen Bedarf einschl. Währungen und Wertsachen, die auf dem Formular aufgeführt werden müssen. Die Zollabfertigung kann einige Zeit in Anspruch nehmen.
Ein- und Ausfuhrverbot: S. *Russische Föderation*.

GESETZLICHE FEIERTAGE

1. Mai '96 Tag der Arbeit. **9. Mai** Tag des Sieges. **13. Juni** Kurban Ait (Gedenktag) **31. Aug.** Unabhängigkeitstag. **1. Jan. '97** Neujahr. **7. Jan.** Russisch-orthodoxes Weihnachten. **21. März** Noorus (kirgisisches Neujahr, richtet sich nach dem Mondkalender). **8. März** Internationaler Frauentag. **1. Mai** Tag der Arbeit. **5. Mai** Tag der Verfassung. **9. Mai** Tag des Sieges.

GESUNDHEIT

In der folgenden Tabelle aufgeführte Impfvorschriften können sich kurzfristig ändern. Es wird stets empfohlen, auf Ihrem CRS-System (TIMATIC-Info-Code-Fenster in diesem Kapitel) den aktuellen Stand der Gesundheitsbestimmungen abzurufen bzw. rechtzeitig vor der Reise ärztlichen Rat einzuholen.

	Vorsichtsmaßnahmen empfohlen	*Impfschein erforderlich*
Gelbfieber	Nein	Nein
Cholera	Ja	1
Typhus & Polio	Ja	-
Malaria	Nein	-
Essen & Trinken	2	-

[1]: Eine Impfbescheinigung gegen Cholera ist für die Einreise nach Kirgisistan nicht erforderlich, das Risiko einer Infektion ist jedoch nicht auszuschließen. Da die Wirksamkeit der Schutzimpfung umstritten ist, empfiehlt es sich, rechtzeitig vor Antritt der Reise ärztlichen Rat einzuholen. Näheres unter *Gesundheit* (s. Inhaltsverzeichnis).
[2]: Wasser ist im allgemeinen keimfrei, weist jedoch einen hohen Gehalt an Schwermetallen auf. Milch ist pasteurisiert, und Milchprodukte können unbesorgt verzehrt werden. Fleisch- und Fischgerichte nur gut durchgekocht und heiß serviert essen. Der Genuß von Schweinefleisch, rohen Salaten und Mayonnaise sollte vermieden werden. Gemüse sollte gekocht und Obst geschält werden.
Da es sehr schwierig ist, sich in manchen Teilen Kirgisistans ausgewogen zu ernähren, wird empfohlen, Vitamintabletten einzunehmen.
Tollwut kommt vor. Wer ein erhöhtes Risiko eingeht (z. B. längerer Aufenthalt in abgelegenen Gebieten), sollte vor Reiseantritt eine Schutzimpfung erwägen. Bei Bißwunden so schnell wie möglich ärztliche Hilfe in Anspruch nehmen. Weitere Informationen im Kapitel *Gesundheit* (s. Inhaltsverzeichnis).
Hepatitis A, B und *E* kommen vor.
Diphtherie-Ausbrüche wurden gemeldet.
Gesundheitsvorsorge: Für medizinische Behandlungen müssen Reisende selbst aufkommen. Ausgenommen sind Notfälle. Die medizinische Versorgung ist unzureichend. Wer auf Medikamente angewiesen ist, sollte seine Reiseapotheke entsprechend gut bestücken. Der Abschluß einer Reisekrankenversicherung mit Notrückführung wird dringend empfohlen.

REISEVERKEHR - International

FLUGZEUG: Die nationale Fluggesellschaft *Kirgisistan Airlines* bietet eine wöchentliche Flugverbindung von Istanbul. Aufgrund von Treibstoffmangel ist der Flughafen jedoch immer wieder vorübergehend geschlossen. Alle Verbindungen von Europa und den Vereinigten Staaten gehen über Moskau oder Almaty (s. *Kasachstan*). Charterflüge von Hannover und Stuttgart über Orenburg (Russ. Föderation) nach Bischkek werden von Kirgisistan Airlines angeboten, Auskünfte von Erat-Reisen, Tel: (07951) 2 75 74. Von Indien und Pakistan soll es ebenfalls bald Direktverbindungen geben.
Durchschnittliche Flugzeiten: *Hannover/Stuttgart* – Bischkek: 8 Std. 30 (einschl. Zwischenlandung); *Istanbul* – Bischkek: 5 Std. 30; *Frankfurt/M.* – Almaty: 7 Std; *Istanbul* – Almaty: 5 Std. 30 (4 Std. Busfahrt nach Bischkek).
Internationaler Flughafen: *Manas* (FRU) liegt 30 km nördlich von Bischkek. Es gibt einen Minibus-Shuttleservice in die Innenstadt (wenn der Flughafen geöffnet ist). Taxistand vorhanden. Bank, Bars, Postamt und Wickelraum.
BAHN: Es gibt Zugverbindungen in die Russische Föderation (die Fahrt nach Moskau dauert drei Tage) und in die anderen zentralasiatischen Republiken.
BUS/PKW: Die wichtigsten internationalen Verbindungsstraßen führen nach Kasachstan, außerdem gibt es zwei Übergänge nach China. Regelmäßige Busverbindungen von Bischkek nach Taschkent (10-12 Std. Fahrzeit) und Almaty (4 Std.). Die Busse fahren von der Fernbusstation (Zapadni) ab. Von Taschkent aus gibt es eine Direktverbindung durch das Fergana-Tal nach Osch (s. *Usbekistan*).

REISEVERKEHR - National

FLUGZEUG: Falls Treibstoff erhältlich ist, gibt es Verbindungen von Bischkek nach Tscholpon-Ata, Kara-Kol, Naryn und Osch. Die zentrale Tienschan-Region erreicht man mit dem Hubschrauber, der Bergsteiger in das Inylchek-Tal befördert.
BAHN: Die einzige Inlandstrecke führt von Bischkek nach Baliktschi, am westlichen Ende des Sees Issyk-Kul.
BUS/PKW: Kirgisistan hat ein 28.400 km langes Straßennetz. **Bus/Fernbusse:** Es gibt regelmäßige Bus- und Reisebusverbindungen in alle Landesteile, die Busse sind allerdings meistens überfüllt. **Taxi:** Taxis und Privattaxis stehen in den großen Städten zur Verfügung. Viele haben keine Lizenz. Den Fahrpreis sollte man im voraus vereinbaren. Da sich viele Straßennamen (insbesondere in der Hauptstadt) seit der Unabhängigkeitser-

klärung geändert haben, sollten Reisende stets nach dem alten und neuen Namen fragen, wenn Auskünfte über das Reiseziel eingeholt werden. **Mietwagen** gibt es nicht. Es ist möglich, Mietwagen mit Fahrer für längere Strecken zu mieten. Aufgrund der Treibstoffknappheit ist dies jedoch eine kostspielige Alternative. Von Ausländern wird in der Regel Bezahlung in US$ erwartet.
Unterlagen: Internationaler Führerschein und zwei Paßfotos werden benötigt.
STADTVERKEHR: In der Hauptstadt gibt es Busse und Oberleitungsbusse.
FAHRZEITEN von Bischkek zu den folgenden größeren Städten (ungefähre Angaben in Std. und Min.):

	Pkw/Bus
Osch	12.00
Tokmak	1.00
Baliktschi	2.30
Kara-Kol	5.30

UNTERKUNFT

HOTELS: Es gibt keinerlei Beschränkungen bei der Unterkunftswahl für Ausländer, Unterkünfte außerhalb Bischkeks sind allerdings nur begrenzt vorhanden, und Reisende können weder westlichen Komfort noch Standard erwarten. Generell sind die Unterkünfte jedoch sauber. Touristen müssen einen speziellen Touristentarif in US-Dollar bezahlen, der unter Umständen zehnmal teurer als der normale Tarif ist. Zu den Hotels in Bischkek gehören das *Dostuk* (Tel: (03312) 28 42 18. Telefax: (03312) 28 44 66), das *Ala-Too* (Tel: (03312) 22 59 42). Einige Hotels außerhalb der Hauptstadt haben immer noch Bedenken, Einzelreisende aus dem Ausland aufzunehmen. In Osch gibt es das Hotel *Osch* (Tel: (033222) 2 47 17).
TURBASAS: Sogenannte »Touristenbasen«, die eine gute Alternative zur Hotelunterbringung sind. Für ein oder zwei Dollar in der Landeswährung bekommt man einfache Bungalow-Unterkünfte und drei Mahlzeiten am Tag.
SANATORIEN: Heute beherbergen die Sanatorien an den Ufern des Sees Issyk-Kul, die ursprünglich von Kooperativen und Gewerkschaften für erholungsbedürftige Arbeiter gebaut wurden, auch Touristen. Die Atmosphäre ist allerdings nicht unbedingt jedermanns Sache.
BERGSTEIGERCAMPS: *Dostuk Trekking* bieten einige Camps für Bergsteiger, die sich an den zahlreichen Gipfeln der kirgisischen Berge versuchen möchten.

URLAUBSORTE & AUSFLÜGE

Majestätische Bergketten, weite Täler und der reizvolle Issyk-Kul-See mit seinen sonnenverwöhnten Sandstränden und Thermalquellen sind die Hauptattraktionen Kirgisistans. Rund 70% des Landes ist Hochgebirge. Die isolierte Lage hat dafür gesorgt, daß die atemberaubend schöne Landschaft mit ihren mächtigen Gebirgen, Gletschern und Seen bislang von den Besuchermassen verschont geblieben ist. Gebirge und Seen bieten Gelegenheit zum Trekking, Skifahren, Bergsteigen, Segeln und Schwimmen.
Dort, wo einst eine Kreidesteinfestung stand, die der Khan von Kokand errichtet hatte und die später von den Russen zerstört wurde, entstand 1878 die kirgisische Hauptstadt **Bischkek.** Sie liegt am Fuße des *Tienschan-Gebirges* und ist für ihre schönen Alleen und ihre Weitläufigkeit bekannt. Die Stadt wurde größtenteils von den Sowjets erbaut. An der *Ulitsa Sovietskaja*, der breiten, von Bäumen gesäumten Straße zwischen Innenstadt und Bahnhof, befinden sich die Kirgisische Staatsoper (gutes Ballettensemble), die *Tschernyschewsky*-Bücherei und das Staatliche Kunstmuseum. Das Historische Museum am *Starij Ploschad* (Alten Platz), das Zoologische Museum und das Kirgisische Theater sind ebenfalls sehenswert. Das *General-Frunze-Museum* an der Ulitsa Frunze, das an den in Kirgisistan geborenen russischen General erinnerte, soll nun nach neuen Plänen die ethnische Vielfalt Kirgisistans betonen. Eine Abteilung für jüdische Kultur wurde bereits eröffnet.
Eine knappe Autostunde von Bischkek entfernt befindet sich der *Buranaturm*, ein 25 m hohes Minarett, das sich auf das 11. Jahrhundert zurückdatieren läßt, und welches das einzige erhaltene Zeugnis der antiken Stadt *Balasagun* ist. Noch weiter östlich liegt das Juwel der unabhängigen Republik: Der Salzwassersee **Issyk-Kul** befindet sich 1600 m ü. d. M. und war Ausländern während der Sowjetherrschaft nicht zugänglich. Sowohl der kirgisische Name als auch die chinesische Bezeichnung (Ze-Hai) bedeuten »warmer See«, und tatsächlich friert der See trotz seiner Höhenlage niemals zu. Der See ist von schneebedeckten Bergkuppen und Sandstränden umgeben und bietet einen Anblick märchenhafter Schönheit. Am nördlichen Ufer des Sees befindet sich **Tscholpon-Ata**, ein Kurort, dessen Bild von dem gut ausgestatten Resort Issyk-Kul und Sanatorien im sowjetischen Stil bestimmt wird. In den nahegelegenen **Kungay-Ala-Too-Bergen** nehmen vier Trekking-Routen ihren Anfang, die zum vier bis sechs Tage entfernten **Medeo** außerhalb der kasachischen Hauptstadt Almaty führen. In der Nähe von **Ulan**, 18 km von Baliktschi entfernt, befindet sich eine Stadt aus dem 12. Jahrhundert, die 2-3 m unter der Wasseroberfläche des Sees Issyk-Kul liegt und besonders für Sporttaucher interessant sein dürfte. Am östlichen Ende des Sees gelangt man zur Stadt **Kara-Kol**, hinter der sich das **Turksay-Ala-Too-Gebirge** erstreckt; eine unverfälschte Wildnis, die im Sommer von nomadischen Schafhirten bevölkert wird. Es gibt nur wenige Straßen und kein Hotel. Das 16 km außerhalb von Kara-Kol gelegene Heilbad **Ak-Suu** verfügt über heiße Mineralquellen. Anspruchsvollere Reisende können der alten *Seidenstraße* nach **Kaschgar** in China folgen. Die Grenze überquert man am **Torugart-Paß** in der Nähe des Sees **Tschatyr-Kul**. Trekkingexpeditionen und Skiausflüge werden von *Dostuk Trekking* (Tel: (03312) 42 74 71. Telefax: (03312) 41 91 29) und *Tienschan Travel* (Tel: (03312) 27 28 85. Telefax: (03312) 27 05 76) angeboten.
Osch, Kirgisistans zweitgrößte Stadt, liegt im Süden an der usbekischen Grenze. Ihre 2500jährige Geschichte ist für die Nachwelt völlig verlorengegangen. Seit dem 10. Jahrhundert kommen Pilger zum *Suleiman Gora*, einem Hügel in der Mitte der Stadt, wo der Prophet der Legende zufolge einmal gebetet haben soll. Insbesondere kinderlose Frauen kommen in der Hoffnung hierher, ein Kind zu bekommen (der Hügel sieht angeblich wie eine schwangere Frau aus, die auf dem Rücken liegt). Das Heimatmuseum und der Basar sind ebenfalls einen Abstecher wert. Nördlich von Osch liegt die Stadt **Uzgen**, in der sich das Mausoleum befindet, das den Leichnam des kirgisischen Helden *Manas* beherbergt haben soll. Östlich von Osch gelangt man zum **Naturpark Sary-Tschelek** mit dem herrlichen gleichnamigen See. Kirgisistan hat außerdem Bergsteigercamps anzubieten: Das *Ala-Artscha Camp* ist 40 km von Bischkek entfernt, bietet ca. 160 verschiedene Routen und ist Ausgangspunkt für Besteigungen des Kirgisischen Gebirges (der höchste Punkt liegt bei 4876 m). Das *Pamir Camp* im Süden bietet Gelegenheit zur Besteigung der Gipfel des **Pamir-Gebirges**, wie z. B. *Pik Lenina* und *Pik Kommunisma*, beide über 7000 m. Bergtrekking-Touren werden u. a. von Olympia-Reisen angeboten (Adresse s. o.). *Dostuk Trekking* und *Tienschan Travel* haben sowohl Pauschalreisen als auch Reiserouten im Programm, die auf persönliche Bedürfnisse zugeschnitten werden. *Dostuk Trekking* besorgt Visa für China und bietet eine Reiseroute von Beijing nach Almaty/Kasachstan an: Fahrten zu den Sehenswürdigkeiten, anspruchsvolle Wanderfahrten, Bergsteiger- und Heli-Ski-Touren in Kirgisistan und den Nachbarrepubliken. *Kirgisintourist* bietet eine Reihe von Pauschalangeboten für Campingaufenthalte, Wandertouren, Reiterferien, Skifahren, Heli-Skiing und Wildwasserkanu inkl. Ausflügen zu den Sehenswürdigkeiten auf der jeweiligen Reiseroute.

SOZIALPROFIL

ESSEN & TRINKEN: Die kirgisische Küche reflektiert die geographische Lage und Geschichte des Landes: wie es sich für eine Nation gehört, die von nomadischen Schafshirten abstammt, ist Hammelfleisch das Nationalgericht. Dabei sorgen chinesische Einflüsse für Abwechslung auf der Speisekarte. *Schaschlik* (aufgespießte Hammelstücke, die über einem Kohlefeuer gegrillt werden) und *Lipioschka* (rundes, ungesäuertes Brot) werden oft am Straßenrand angeboten. *Plov* ist ein zentralasiatisches Gericht aus gebratenem Reis mit geschnetzelten Steckrüben und Hammelstückchen, das mit Brot serviert wird. *Laghman* ist eine Nudelsuppe mit Hammel und Gemüse. Bestellt man *Beschbarmak*, bekommt man Nudeln in klarer Brühe mit geraspeltem, gekochtem Fleisch serviert. In der Region um den See Issyk-Kul wird das Fleisch oft durch Kartoffelstärke ersetzt. *Schorpo* ist eine Fleischsuppe mit Kartoffeln und Gemüse. *Manty* (gedämpfte Nudeltaschen mit Fleisch und Gemüse), *Samsa* (mit Fleisch oder Gemüse gefüllte Teigtaschen) und *Tschibureki* (frittiertes Gebäck) sind beliebte Snacks. Die Kirgisen und Kasachen gehören zu den wenigen zentralasiatischen Völkern, die Pferdefleisch essen. Es werden nur junge Stuten gegessen, die auf den Wiesen in den Höhenlagen weiden. Dies soll den Geschmack besonders positiv beeinflussen. Restaurants in der Hauptstadt servieren nach 22.00 Uhr keine Speisen mehr. **Getränke:** Schwarzer oder grüner Tee sind die beliebtesten Getränke. *Koumis* (fermentierte Stutenmilch) ist leicht alkoholhaltig und wird vor allem in ländlichen Gegenden getrunken. Die angebotene Koumis abzulehnen, könnte unter Umständen als Beleidigung ausgelegt werden. Zu den weiteren Spezialitäten gehören *Dsharma* (fermentiertes Gerstenmehl) und *Boso* (fermentierte Hirse, die ähnlich wie Bier schmeckt). Im Sommer sind die sogenannten *Tschai Khanas* (Teestuben im Freien) besonders beliebt. In den meisten Restaurants bekommt man Bier, Wodka und regionale Branntweine.
NACHTLEBEN: Im Staatlichen Opernhaus in Bischkek werden sowohl russische als auch europäische Ballette und Opern aufgeführt. Volksmusik und Theaterstücke erfreuen sich seit der Unabhängigkeitserklärung erneut großer Beliebtheit, und Auszüge aus der *Manas*, dem kirgisischen Nationalepos über einen heldenhaften Krieger, das über 500.000 Zeilen lang ist, werden vor vollen Häusern aufgeführt. Die *Manas* wurde ursprünglich mündlich tradiert und erst Anfang dieses Jahrhunderts niedergeschrieben. 1995 feierte man das 1000-jährige Jubiläum des Epos Manas.
EINKAUFSTIPS: Die Basare in Bischkek, Osch und Al-Medin sind besonders für ihre Handarbeiten und das breite Lebensmittelangebot bekannt. In Bischkek gibt es außerdem einen Laden in der Kunstgalerie, der Gemälde und traditionelle kirgisische Produkte verkauft. Besonders beliebt sind bestickte Filzmützen (sog. *Kalpaks*), Filzteppiche und Schachspiele mit traditionellen kirgisischen Figuren.
SPORT: Reiten: Die Nationalsportarten spiegeln den hohen Stellenwert des Pferdes in der kirgisischen Kultur wider. *Ulak Tartysch* ist ein Mannschaftsspiel, bei dem die beiden berittenen Parteien versuchen, einen Ziegenkadaver, der 30-40 kg wiegt, über die Ziellinie der gegnerischen Mannschaft zu befördern. Die Spieler dürfen versuchen, dem Gegner den Kadaver zu entreißen, körperliche Angriffe werden jedoch nicht gerne gesehen. Jedes Spiel dauert 15 Minuten. *At-Tschabysch* sind Pferderennen, die über Strecken zwischen 4 und 50 km abgehalten werden. Reiter unter 13 Jahren dürfen nicht an diesem Wettbewerb teilnehmen. *Oodarysch* ist ein Wettbewerb zu Pferd, bei dem zwei Reiter oder zwei Reiterteams versuchen, einander und oft auch ihre Pferde zu Boden zu ringen. Andere Sportarten wie **Fußball**, **Skifahren** und **Schwimmen**, **Heli-Skiing** und **Wildwasser-Kanufahrten** sind ebenfalls beliebt.
VERANSTALTUNGSKALENDER
Am Neujahrstag des Mondkalenders (Naurus) und am Unabhängigkeitstag werden farbenfrohe Festivals veranstaltet.
SITTEN & GEBRÄUCHE : Trinkgeld: Wird nicht erwartet, aber dankbar angenommen.

WIRTSCHAFTSPROFIL

WIRTSCHAFT: Ähnlich wie die anderen zentralasiatischen Republiken befand sich auch die kirgisische Wirtschaft nach dem Zusammenbruch der UdSSR in einem desolaten Zustand. Getreide-, Baumwoll-, Tabak-, Gemüse- und Obstanbau überwiegen im Argrarsektor, die Nutzfläche ist jedoch klein. Schaf- und Rinderhaltung sind ebenfalls von Bedeutung. Die Landwirtschaft ist noch immer der größte Arbeitgeber und beschäftigte 1993 33% der Erwerbstätigen. Kirgisistan hat einige Bodenschätze, vor allem Steinkohle, Erdöl, Gold, Erdgas, Antimon, Zinn und Quecksilber sowie bedeutende Marmor- und Granitvorkommen. Metall-, Textil- und Nahrungsmittelindustrie sowie Maschinenbau sind die wichtigsten Industriezweige. Die Regierung hat ein umfassendes drastisches Reformprogramm mit großangelegten Privatisierungsmaßnahmen verabschiedet, um die Wirtschaft anzukurbeln. 1993 betrug das durchschnittliche Jahresgehalt eines Kirgisen 180 US-Dollar. Die Arbeitslosigkeit steigt kontinuierlich, da unwirtschaftliche Betriebe geschlossen werden, manche werden allerdings nur umstrukturiert. Hoffnungen setzt man auf den Tourismus und die Energiewirtschaft. Die Tourismusindustrie ist potentiell eine große Deviseneinnahmequelle, im Land fehlt es allerdings an der nötigen Infrastruktur, und ihr Ausbau wird viel Zeit in Anspruch nehmen. Das Wirtschaftsvolumen sinkt nach wie vor, und es gibt trotz der anhaltenden finanziellen Unterstützung seitens des Internationalen Währungsfonds und der Weltbank kaum Anzeichen für eine kurzfristige Verbesserung der Lage. Das im Januar 1994 unterzeichnete Abkommen mit den

Eine weitere wichtige Veröffentlichung von Columbus Press ist der »World Travel Guide«, der jährlich herausgegeben wird und Informationen in englischer Sprache auf mehr als tausend Seiten über alle Länder der Erde enthält.

Weitere Einzelheiten von:
Columbus Press, Verkaufsabteilung, Aurikelweg 9, D-38108 Braunschweig.
Tel: 05309/2123. Telefax: 05309/2877.

Kirgisistan / Kiribati

Nachbarstaaten Usbekistan und Kasachstan, das den Abbau von Handelshindernissen, könnte zusammen mit westlichen Krediten und westlicher Technologie längerfristig die Wirtschaft ankurbeln. Wie auch die anderen Republiken des sowjetischen Zentralasiens litt Kirgisistan seit dem Zusammenbruch der Sowjetunion unter dem Exodus ethnischer Russen mit technischem Know-how. Kirgisistan ist Mitglied der Weltbank, des Internationalen Währungsfonds, der Osteuropa-Bank, der Zentralasiatischen Wirtschaftszone und der Asiatischen Entwicklungsbank. Das Land sucht nach Außenhandelspartnern, die dic Industrie modernisieren helfen und neue Technologien einführen sollen. Aus diesem Grund hat die Regierung Gesetze erlassen, die Anreize für ausländische Investoren (u. a. beträchtliche Steuererleichterungen) schaffen sollen. Um in Kirgisistan investieren zu können, müssen Ausländer beim Ministerium für Wirtschaft und Finanzen registriert sein. Anträge sollten zuerst an das Staatskommitee für ausländische Investitionen und Wirtschaftshilfe (Goskominvest) gestellt werden. Die Regierung ist insbesondere daran interessiert, Investitionen in den Bereichen Bergbau, Industrie (Elektronik, landwirtschaftliche Maschinen und pharmazeutische Erzeugnisse), Petroleum, Hydroelektrizität und Landwirtschaft zu fördern.
Kontaktadressen: *Bundesverband der Deutschen Industrie, Ost-Ausschuß der Deutschen Wirtschaft,* Gustav-Heinemann-Ufer 84-88, D-50968 Köln. Tel: (0221) 370 84 17. Telefax: (0221) 370 85 40.
Wirtschaftskammer Österreich, Außenwirtschaftsorganisation, Osteuroparefarat, Wiedner Hauptstraße 63, A-1045 Wien. Tel: (0222) 5 01 05-4322. Telefax: (0222) 5 02 06-255.
Die wirtschaftlichen Interessen Österreichs werden von der Außenhandelsstelle der Wirtschaftskammer Österreich in Moskau vertreten (s. Russische Föderation).
Interessengemeinschaft Schweiz-GUS, Postfach 690, c/o SHIV (Vorort), CH-8034 Zürich. Tel: (01) 382 23 23. Telefax: (01) 382 23 32.
Staatskommitee für ausländische Investitionen und Wirtschaftshilfe (Goskominvest), Ul. Erkindik 58, 720874 Bischkek. Tel: (03312) 22 32 92. Telefax: (03312) 22 03 63.
Ministerium für Finanzen, Ul. Erkindik 58, 720874 Bischkek. Tel: (03312) 22 70 39. Telefax: (03312) 22 59 90.
Industrie- und Handelskammer der Republik Kirgisistan, Kievskaja 107, 720001 Bischkek. Tel: (03312) 21 05 74. Telefax: (03312) 21 05 75.
Internationaler Fonds für Unternehmensförderung und ausländische Investitionen, Ul. Erkindik 57, 720001 Bischkek. Tel: (03312) 22 55 68. Telefax: (03312) 26 30 85.

KLIMA

Kontinentales Klima mit relativ wenig Niederschlägen. Es gibt ca. 247 Tage Sonnenschein. In den Bergen sind die Morgen im Sommer gewöhnlich klar und die Nachmittage diesig mit gelegentlichen Niederschlägen. In den Tiefebenen reichen die Temperaturen von -4°C und 6°C im Januar bis zu 16°C und 24°C im Juli, in den Hochebenen von -14°C und -20 °C im Januar bis 8°C und 12°C im Juli. Im Winter kommt es zu heftigen Schneefällen.
Kleidung: Besuchern der Gebirgsregionen wird empfohlen, warme Kleidung einzupacken.

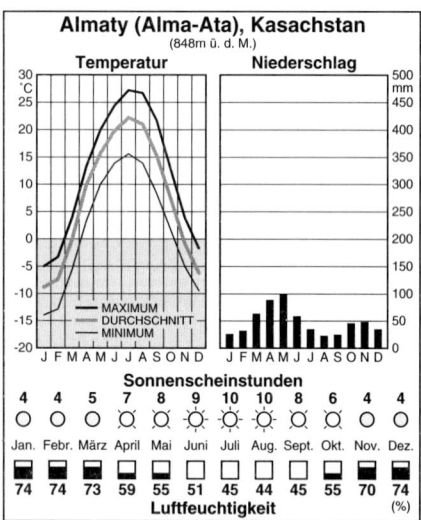

Pass- und Visavorschriften mancher Länder können sich kurzfristig ändern – Im Zweifelsfall erkundigen Sie sich bitte vor der Abreise bei der zuständigen Botschaft

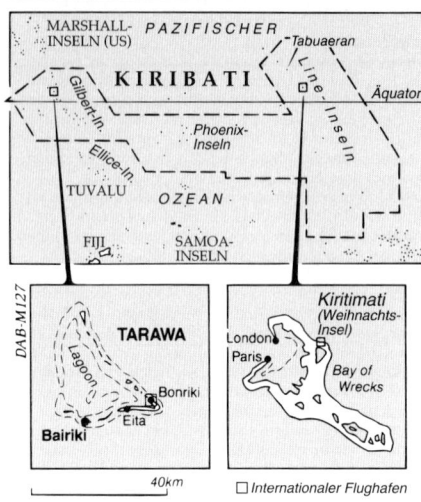

Lage s. Karte der Pazifik-Region am Anfang des Buches

Lage: Südpazifik, Ozeanien, Mikronesien.

Tourism Council of the South Pacific (TCSP)
Deutsche Vertretung: Interface International
Dircksenstraße 40
D-10178 Berlin
Tel: (030) 23 81 76 45. Telefax: (030) 23 81 76 41.
Mo-Fr 09.00-18.00 Uhr.
Kiribati Visitors Bureau
PO Box 261
Bikenibeu
Tarawa
Tel: 2 82 88. Telefax: 2 61 93.
Honorarkonsulat der Republik Kiribati
Rödingsmarkt 16
D-20459 Hamburg
Tel: (040) 36 14 61 12. Telefax: (040) 36 14 61 23.
Mo-Fr 08.15-13.30 und 14.30-17.15 Uhr.
Die Bundesrepublik Deutschland, Österreich und die Schweiz unterhalten keine diplomatischen Vertretungen in Kiribati. Zuständig für die Bundesrepublik Deutschland ist die Botschaft in Wellington (s. Neuseeland). Die Interessen Österreichs werden durch die Botschaft in Canberra (s. Australien) vertreten. Für die Schweiz ist das Generalkonsulat in Sydney (s. Australien) zuständig.

FLÄCHE: 810,5 qkm.
BEVÖLKERUNGSZAHL: 76.000 (1993).
BEVÖLKERUNGSDICHTE: 93,8 pro qkm.
HAUPTSTADT: Bairiki. **Einwohner:** 25.390 (1990).
GEOGRAPHIE: Kiribati (ausgesprochen »Kiribass«; die früheren Gilbert-Inseln) setzt sich aus drei Inselgruppen im Pazifik zusammen: Kiribati (einschl. Banaba, früher Ozean-Insel), den Line- und den Phoenix-Inseln. Die 33 Inseln liegen verstreut im Pazifik und verteilen sich auf ein Gebiet von 5180 qkm. Die meisten von ihnen sind tiefliegende Atolle, die nur mit einer dünnen Erdschicht bedeckt sind. Einzige Ausnahme ist die Korallenformation Banaba, die 80 m hoch aus dem Meer aufragt. Die Bodenqualität ist außer auf Banaba nicht sehr gut, die Niederschlagsmenge ist unterschiedlich. Die Vegetation besteht in erster Linie aus Kokospalmen und Pandanus-Bäumen. Auf den Inseln gibt es weder Flüsse noch Hügel, Wasser wird aus Reservoirs und Quellen gewonnen.

TIMATIC INFO-CODES

Abrufbar über Ihr CRS-System (für START/Amadeus Ama-Maske benutzen). Für Galileo bitte TI-DFT eingeben (mit Bindestrich).

Flughafengebühren	TI DFT/ TRW /TX
Währung	TI DFT/ TRW /CY
Zollbestimmungen	TI DFT/ TRW /CS
Gesundheit	TI DFT/ TRW /HE
Reisepassbestimmungen	TI DFT/ TRW /PA
Visabestimmungen	TI DFT/ TRW /VI

STAATSFORM: Präsidialrepublik im Commonwealth seit 1979. Einkammerparlament. Staats- und Regierungschef: Präsident H. E. Teburoro Tito, seit Oktober 1994.
SPRACHE: I-Kiribati, eine austronesische Sprache, und Englisch sind Amtssprachen.
RELIGION: Ca. 50% Katholiken, ca. 40% Protestanten.
ORTSZEIT: MEZ + 11 mit folgenden Ausnahmen: **Canton-Insel, Enderbury-Insel:** MEZ - 12. **Christmas-Insel:** MEZ - 11.
NETZSPANNUNG: 240 V, 50 Hz; dreipolige Stecker, Adapter erforderlich.
POST- UND FERNMELDEWESEN: Die Regierung ist Betreiber von Funk und Postdienst auf allen bewohnten Inseln. **Telefon:** Selbstwähldienst im Stadtgebiet von Tarawa. **Landesvorwahl:** 686. Die meisten anderen Inseln sind über Funkfernsprecher zu erreichen. **Telefaxgeräte** gibt es in den örtlichen Telekommunikationsämtern. **Telexe/Telegramme** können in Betio täglich von 09.00-15.00 Uhr aufgegeben werden. Telegramme nach Europa sind mehrere Tage unterwegs. **Post:** Luftpost nach Europa ist bis zu zwei Wochen unterwegs; Auslandspost wird wöchentlich befördert. Öffnungszeiten der Postämter: Mo-Fr 09.00-15.00 Uhr.

REISEPASS/VISUM

Wichtiger Hinweis: Die Einreisebestimmungen mancher Länder können sich kurzfristig ändern – rufen Sie sicherheitshalber auf Ihrem CRS-System (TIMATIC-Info-Code-Fenster in diesem Kapitel) den aktuellen Stand ab bzw. wenden Sie sich an die zuständige diplomatische Vertretung. Etwaige Zahlen in der Tabelle beziehen sich auf nachfolgende Fußnoten.

	Paß erforderlich?	Visum erforderlich?	Rückflugticket erforderlich?
Deutschland	Ja	Ja/2	Ja
Österreich	Ja	Ja/2	Ja
Schweiz	Ja	1	Ja
Andere EU-Länder	Ja	1/2	Ja

REISEPASS: Allgemein erforderlich zur Einreise.
VISUM: Allgemein erforderlich, ausgenommen sind Staatsangehörige folgender Länder:
(a) [1] Schweiz (für max. 21 Tage Aufenthalt) sowie Dänemark (max. 20 Tage), Großbritannien (außer Nordirland), Schweden (max. 21 Tage) und Spanien (max. 21 Tage). Staatsbürger aller anderen EU-Länder benötigen Visa (darunter auch Nordirland);
(b) Für Aufenthalte von bis zu 20 Tagen: Amerikanisch-Samoa, Ecuador und Guam;
(c) Für Aufenthalte von bis zu 21 Tagen: Norwegen, Philippinen, San Marino, Tunesien und Uruguay;
(d) Für Aufenthalte von bis zu 28 Tagen: Antigua und Barbuda, Bahamas, Barbados, Bermuda, Botswana, Brit. Jungferninseln, Cayman-Inseln, Cook-Inseln, Falkland-Inseln, Fidschi, Gibraltar, Grenada, Guyana, Hongkong, Indien, Island, Jamaika, Kanada, Kenia, Lesotho, Malaysia, Malta, Montserrat, Neuseeland, Niue, St. Kitts und Nevis, St. Lucia, Salomonen, Seychellen, Sierra Leone, Simbabwe, Singapur, Tonga, Trinidad und Tobago, Turks- und Caicos-Inseln, Tuvalu, Vanuatu, West-Samoa und Zypern.
Anmerkung: [2] Visumpflichtige Reisende können in der Regel Visa direkt bei der Einreise erhalten. Staatsbürger folgender Länder benötigen zusätzlich zum Visum Referenzen:
Ägypten, Albanien, Algerien, Bahrain, Bulgarien, China (VR), GUS-Staaten, Irak, Jemen, Jordanien, Jugoslawien (alle Nachfolgestaaten), Kambodscha, Korea-Nord, Kuba, Kuwait, Laos, Libanon, Libyen, Marokko, Mongolei, Polen, Rumänien, Saudi-Arabien, Slowakische Republik, Südafrika, Sudan, Syrien, Tschechische Republik, Ungarn, Vereinigte Arabische Emirate und Vietnam.
Weitere Informationen vom Konsulat.
Visaarten: Geschäfts-, Touristen- und Transitvisa. Transitreisende mit Flugtickets und gültigen Ausweispapieren, die den Flughafen nicht verlassen, benötigen kein Transitvisum. Bei der Ankunft kann auch ein *Visitor's Permit* beantragt werden, das zu Aufenthalten von maximal 4 Monaten innerhalb eines Jahres berechtigt. Unterlagen: (a) Visum (falls erforderlich). (b) Gültiges Rück- bzw. Weiterreiseticket. (c) Nachweis ausreichender Geldmittel für die Dauer des Aufenthalts.
Visagebühren: Kostenlos für Deutsche und Österreicher. Ansonsten unterschiedlich, erkundigen Sie sich beim Konsulat.
Gültigkeitsdauer: Bis zu 3 Monaten.
Antragstelle: Konsulat (Adresse s. o.).
Unterlagen: (a) Antragsformular und für Geschäftsvisa ein Firmenschreiben. (b) Reisepaß (mind. noch 4 Monate gültig). (c) Flugtickets (Buchungsnachweis/Kopie). Der postalischen Antragstellung sollten ein frankierter und adressierter Umschlag (Einschreiben) und der Zahlungsbeleg über die Visumgebühren beigefügt werden.
Aufenthaltsgenehmigung: Anträge an: *Office of the President,* PO Box 68, Bairiki, Tarawa, Kiribati.

GELD

Währung: 1 Australischer Dollar (A$) = 100 Cents. Banknoten gibt es im Wert von 100, 50, 20, 10 und 5

Kiribati

A$; Münzen sind im Wert von 2 und 1 A$ sowie 50, 20, 10 und 5 Cents in Umlauf.
Kreditkarten werden nicht akzeptiert.
Reiseschecks sollten in US- oder Australischen Dollar ausgestellt sein.
Wechselkurse

	A$ Sept. '92	A$ Febr. '94	A$ Jan. '95	A$ Jan. '96
1 DM	0,91	0,80	0,83	0,93
1 US$	1,36	1,39	1,29	1,34

Devisenbestimmungen: Keine Ein- oder Ausfuhrbeschränkungen.
Öffnungszeiten der Banken: Mo-Fr 09.30-15.00 Uhr.

DUTY FREE

Folgende Artikel können zollfrei nach Kiribati eingeführt werden:
200 Zigaretten oder 50 Zigarren oder 225 g Tabak;
1 l Spirituosen und 1 l Wein (Personen über 21 Jahre);
Parfüm für den persönlichen Bedarf;
Geschenke bis zu 25 A$.
Ein- und Ausfuhrverbot: Schußwaffen, Munition, Sprengstoff, pornographische Schriften, Pflanzen und Tiere dürfen nicht eingeführt werden. Ein Ausfuhrverbot besteht für Kunstgegenstände, die mindestens 30 Jahre alt sind, traditionelle Kampfschwerter, traditionelles Handwerkszeug, Tanzornamente, Kampfanzüge und menschliche Überreste.

GESETZLICHE FEIERTAGE

12. Juli '96 Unabhängigkeitstag. 4. Aug. Tag der Jugend. 10. Dez. Tag der Menschenrechte. 25./26. Dez. Weihnachten. 1./2. Jan. '97 Neujahr. 28.-31. März Ostern.

GESUNDHEIT

In der folgenden Tabelle aufgeführte Impfvorschriften können sich kurzfristig ändern. Es wird stets empfohlen, auf Ihrem CRS-System (TIMATIC-Info-Code-Fenster in diesem Kapitel) den aktuellen Stand der Gesundheitsbestimmungen abzurufen bzw. rechtzeitig vor der Reise ärztlichen Rat einzuholen.

	Vorsichtsmaßnahmen empfohlen	Impfschein erforderlich
Gelbfieber	Nein	1
Cholera	Nein	Nein
Typhus & Polio	2	-
Malaria	Nein	-
Essen & Trinken	3	-

[1]: Eine Impfbescheinigung gegen Gelbfieber wird von allen Reisenden verlangt, die aus Infektionsgebieten kommen und über ein Jahr alt sind.
[2]: Typhus tritt auf, Poliomyelitis jedoch nicht.
[3]: Wasser sollte generell vor der Benutzung zum Trinken, Zähneputzen und zur Eiswürfelbereitung entweder abgekocht oder anderweitig sterilisiert werden. Fleisch- und Fischgerichte nur gut durchgekocht und heiß serviert essen. Der Genuß von Schweinefleisch, rohen Salaten und Mayonnaise sollte vermieden werden. Gemüse sollte gekocht und Obst geschält werden.
Hepatitis A und B kommen vor.
Gesundheitsvorsorge: Der Abschluß einer Reisekrankenversicherung wird empfohlen. Das Hauptkrankenhaus *Tungaru Central Hospital* (Tarawa) ist für die medizinische Versorgung aller Inseln zuständig. In den staatlichen Apotheken wird auch Erste Hilfe geleistet.

REISEVERKEHR - International

FLUGZEUG: Kiribatis nationale Fluggesellschaft heißt *Air Tungaru (VK)*. Kiribati wird außerdem von den folgenden Fluggesellschaften angeflogen: *Air Nauru (ON)* und *Air Marshall (CW)*.
Durchschnittliche Flugzeit: *Frankfurt – Tarawa:* 30 Std. (über Sydney und Nauru).

WELTKARTE?

LÄNDERKARTEN?

ZEITZONENKARTE?

INFORMATION ÜBER

IMPFBESTIMMUNGEN UND

GESUNDHEITSVORKEHRUNGEN?

. . . siehe Inhaltsverzeichnis

Internationale Flughäfen: *Tarawa* (TRW) und *Christmas-Insel* (CXI). Bus- und Taxiservice vom Flughafen zu den Hotels sind vorhanden.
Flughafengebühren: 10 A$ bei der Ausreise, ausgenommen sind Kinder unter zwei Jahren.
SCHIFF: Die internationalen Häfen auf Tarawa, Banaba und der Christmas-Insel werden von den folgenden Frachtschifflinien angelaufen: *Pacific Forum Line, Bank Line, Daiwa Line, Tanker Ship (McDonald Hamilton)* und *China Navigation Co.*

REISEVERKEHR - National

FLUGZEUG: *Air Tungaru (VK)* bietet von Tarawa aus regelmäßige Linienflüge zu fast allen entfernteren Inseln.
BUS/PKW: Auf Kiribati herrscht Linksverkehr. Auf Tarawa und auf der Christmas-Insel gibt es Allwetterstraßen. **Busse** und **Taxis** verkehren in den Stadtgebieten auf Tarawa. Busse können überall zum Ein- oder Aussteigen angehalten werden. **Mietwagen** gibt es nur in den Stadtgebieten auf Tarawa und der Christmas-Insel.
Unterlagen: Internationaler Führerschein.

UNTERKUNFT

HOTELS: In Kiribati gibt es sechs Hotels, die sich auf Tarawa, der Christmas-Insel und auf Abemama befinden. Außerdem stehen ein kleines Resort mit einfachen Einrichtungen auf Abemama und zwei Motels (auf Ambo und Tarawa) zur Verfügung.
PENSIONEN: Preiswerte Pensionen gibt es auf allen Inseln. Kochgelegenheiten sind beschränkt, und Besucher sollten das nötige Kochgeschirr mitbringen. Die Übernachtungspreise sind sehr unterschiedlich.

URLAUBSORTE & AUSFLÜGE

Es gibt nur wenige organisierte Rundfahrten, man kann die Schlachtfelder des 2. Weltkriegs besichtigen oder naturkundliche Ausflüge unternehmen, um die artenreiche Vogelwelt ein wenig kennenzulernen. Die großen Vogelkolonien auf der **Christmas-Insel** sind besonders interessant. Rennen mit Auslegerkanus und Tanzwettbewerbe finden häufig statt. Kiribati bietet ausgezeichnete Schnorchel- und Tauchmöglichkeiten. Wem dies zu aktiv ist, der kann sich einfach nur an den wunderschönen Stränden sonnen. Besucher sind im *Maneaba*, dem traditonellen Versammlungshaus, in dem Tänze, Lieder und Geschichten aufgeführt werden, immer willkommen. Die einheimische Kultur ist auf diesen Inseln noch fest verankert. In Süd-Tarawa werden in Handarbeit hergestellte Artikel zum Kauf angeboten.

SOZIALPROFIL

ESSEN & TRINKEN: Die wenigen Restaurants des Landes befinden sich meist in den größeren Ortschaften. Auf Tarawa gibt es das M'Aneaba-Restaurant (Aantebuku) und das Otintai-Hotelrestaurant. Die Spezialität der südlichen Inseln Kiribatis sind gekochte *Pandanus* (eine ananasähnliche Frucht), die dünn geschnitten und mit Kokosnußpaste serviert werden. Eine weitere Delikatesse ist *Palu Sami*, das aus Kokospaste, geschnittenen Zwiebeln und Curry zubereitet und dann in Taroblätter gewickelt in einem mit Algen ausgestopften Erdofen gegart wird. Dieses Gericht kann vegetarisch oder mit gebratenem Schweinefleisch oder Huhn zubereitet werden. Wie auf den meisten südpazifischen Inseln werden Konserven als Luxusartikel betrachtet.
NACHTLEBEN: In den »Island Nights« werden traditionelle polynesische Musik und Tänze sowie Filmvorführungen dargeboten. In den *Maneabas*, die es auf allen Inseln gibt, finden oft auch Festessen statt.
EINKAUFSTIPS: Schöne Mitbringsel sind Körbe, Tischsets, Fächer und Behälter aus Pandanus- und Palmwedeln, Kokosnußschalen und Muscheln. Muschelketten und Modelle von Kanus und Häusern der Inseln sind auch sehr beliebt. Das kiribatische Haifischschwert aus poliertem Kokosnußholz mit Haifischzähnen wird auf beiden Seiten rasiermesserscharf geschliffen. Heutzutage sind die meisten Exemplare Reproduktionen. **Öffnungszeiten der Geschäfte:** Mo-Sa 08.00-19.00 Uhr, einige Geschäfte öffnen auch bis 20.30 Uhr.
SPORT: In den Hotels kann man **Kanus** sowie **Angel-** und **Tauchausrüstungen** mieten. Auf der Christmas-Insel nisten Millionen von Vögeln; sie ist für Vogelfreunde ein Paradies. Vor der Christmas-Insel wird **Hochseefischen** immer beliebter, ein Angelschein wird nicht benötigt. Boote können ebenfalls gemietet werden.
Schwimmen: Die zahlreichen Strände bieten sichere Bademöglichkeiten.
VERANSTALTUNGSKALENDER
12. Juli '96 *Unabhängigkeitstag* (wird mit farbenfrohen Paraden im Bairiki-Nationalstadion begangen), landesweit. **7. Aug.** *Tag der Jugend* (zahlreiche Sport- und Tanzwettbewerbe zwischen den einzelnen Schulen).
SITTEN & GEBRÄUCHE: Die Inselbewohner sind, wie auch auf anderen südpazifischen Inseln, offen und gastfreundlich. Sie haben ihre Kultur und ihre Traditionen noch weitgehend bewahrt. In der lockeren ungezwungenen Atmosphäre der Inselgruppe findet man neben den einheimischen Traditionen inzwischen auch europäische Bräuche. Offizielle Schreiben werden jetzt mit dem Vor- und Zunamen unterschrieben. Sonst ist es normalerweise üblich, Personen nur mit dem Vornamen anzusprechen. **Trinkgeld** wird nicht erwartet.

WIRTSCHAFTSPROFIL

WIRTSCHAFT: Das Ende des Phosphatbergbaus, der früher 85% der Exporterlöse erbrachte, hat sich auf die Wirtschaft Kiribatis nachteilig ausgewirkt. Die Landwirtschaft konzentriert sich auf den Anbau von Kokospalmen, ansonsten ist der Boden nicht sehr fruchtbar. Hauptexportgüter sind heute Kopra und Fischereiprodukte, insbesondere Thunfisch. Trotz der beträchtlichen Exporteinkünfte ist das Land angesichts einer konstant negativen Zahlungsbilanz stark von ausländischer Finanzhilfe abhängig. Der Tourismus ist inzwischen einer der wichtigsten Industriezweige des Landes und erbringt ca. 11% des Bruttoinlandproduktes. Anfang 1993 erhielt Kiribati beträchtliche Finanzhilfe von der *Asian Development Bank* zur Finanzierung von Entwicklungsprojekten auf den nördlichen Line-Inseln. Ein Projekt, das Nord- und Süd-Tarawa sowie einige abgelegene Inseln durch Brücken verbinden soll, soll in der nächsten Zeit abgeschlossen sein. Die wichtigsten Handelspartner sind Australien, Japan, USA und Bangladesch.
GESCHÄFTSVERKEHR: Krawatten braucht man nur zu besonderen Anlässen. **Geschäftszeiten:** Mo-Fr 08.00-12.30 und 13.30-16.15 Uhr.

KLIMA

Auf der mittleren Inselgruppe herrscht äquatoriales Meeresklima, das Klima auf den nördlichen und südlichen Inseln ist tropisch. Zwischen März und Oktober weht der Passatwind, die Temperaturen sind dann am angenehmsten. Der meiste Niederschlag fällt zwischen Dezember und März auf den nördlichen Inseln. Feucht und schwül von November bis Februar.
Kleidung: Leichte Baumwollsachen und Regenschutz von Dezember bis März. Bikinis sollten nur am Strand getragen werden.

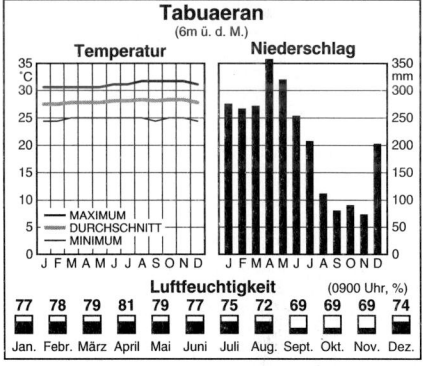

COLUMBUS ATLAS

Auf ca. 100 Seiten enthält dieser Atlas unter anderem europäische Fähr- und Eisenbahnverbindungen und weltumspannende Kreuzfahrtkarten, Straßenkarten, Gebietskarten vielbesuchter Regionen wie z. B. Costa Brava, Florida u. a. Falls Sie bei der Beratung oder Reiseplanung verstärkt auf Karten zurückgreifen möchten, werden Sie diesen speziell auf die Reisebranche zugeschnittenen Atlas unentbehrlich finden – und dazu besonders preisgünstig!

Weitere Einzelheiten von:
Columbus Press, Verkaufsabteilung,
Aurikelweg 9,
D-38108 Braunschweig.
Tel: 05309/2123. Telefax: 05309/2877.

Kolumbien

Lage: Nordwestliches Südamerika.

Corporación Nacional de Turismo (Fremdenverkehrsamt)
Calle 28, No. 13a-15, 17°-18°
Apartado Aéreo 8400
Bogotá
Tel: (1) 283 94 66. Telefax: (1) 284 38 18.
Botschaft der Republik Kolumbien
Friedrich-Wilhelm-Straße 35
D-53113 Bonn
Tel: (0228) 23 45 65, 23 45 42, *Konsularabt.:* 23 42 91.
Telefax: (0228) 23 68 45.
Mo-Fr 09.00-13.00 und 15.00-17.00 Uhr.
Generalkonsulat der Republik Kolumbien (mit Visumerteilung)
Dorotheen Straße 89
D-10117 Berlin
Tel: (030) 229 26 69, 394 12 30. Telefax: (030) 229 27 43.
Mo-Fr 10.00-14.00 Uhr.
Generalkonsulat der Republik Kolumbien (mit Visumerteilung)
Fürstenberger Straße 223
D-60323 Frankfurt/M.
Tel: (069) 596 30 50, 596 30 60. Telefax: (069) 596 20 80.
Mo-Fr 09.00-13.00 Uhr.
Generalkonsulat der Republik Kolumbien (mit Visumerteilung)
Hochallee 89
D-20149 Hamburg
Tel: (040) 45 28 12. Telefax: (040) 410 84 62.
Mo-Fr 09.00-13.00 und 14.00-16.00 Uhr.

TIMATIC INFO-CODES

Abrufbar über Ihr CRS-System (für START/Amadeus Ama-Maske benutzen). Für Galileo bitte TI-DFT eingeben (mit Bindestrich).

Flughafengebühren	TI DFT/ BOG /TX
Währung	TI DFT/ BOG /CY
Zollbestimmungen	TI DFT/ BOG /CS
Gesundheit	TI DFT/ BOG /HE
Reisepassbestimmungen	TI DFT/ BOG /PA
Visabestimmungen	TI DFT/ BOG /VI

Generalkonsulat der Republik Kolumbien (mit Visumerteilung)
Steinsdorfstraße 8
D-80538 München
Tel: (089) 29 16 00 20. Telefax: (089) 29 16 06 24.
Mo-Fr 09.00-13.00 Uhr.
Honorarkonsulat ohne Visumerteilung in Stuttgart.
Botschaft der Republik Kolumbien
Stadiongasse 6-8
A-1010 Wien
Tel: (0222) 405 42 49, 406 44 46, *Konsularabt.:* 405 71 46. Telefax: (0222) 408 83 03.
Mo-Fr 09.00-13.00 Uhr.
Botschaft der Republik Kolumbien
Dufourstraße 47
CH-3005 Bern
Tel: (031) 351 17 00, *Konsularabt.:* 351 54 34. Telefax: (031) 352 70 72.
Mo-Fr 09.00-16.00 Uhr, *Konsularabt.:* Mo-Fr 09.00-14.00 Uhr.
Botschaft der Bundesrepublik Deutschland
Carrera 4, No. 72-35
6°, Edificio Sisky
Apartado Aéreo 91808
Bogotá
Tel: (1) 212 05 11. Telefax: (1) 210 42 56.
Honorarkonsulate in Barranquilla, Cali, Cartagena, Cúcuta, Manizales und Medellín.
Botschaft der Republik Österreich
Carrera 11, No. 75-29
Apartado Aéreo 075651
Bogotá 8
Tel: (1) 235 66 28, 249 43 99, 211 98 31. Telefax: (1) 217 24 04.
Generalkonsulat in Bogotá.
Konsulate in Barranquilla, Cali, Cartagena und Medellín.
Botschaft der Schweizerischen Eidgenossenschaft
Carrera 9, No. 74-08
Edificio Profinanzas
Apartado Aéreo 251957
Bogotá
Tel: (1) 255 39 45, 255 52 80, 235 95 07. Telefax: (1) 235 96 30.
Honorarkonsulat in Cali.

FLÄCHE: 1.141.748 qkm.
BEVÖLKERUNGSZAHL: 35.682 000 (1993).
BEVÖLKERUNGSDICHTE: 31 pro qkm.
HAUPTSTADT: (Santa Fé de) Bogotá. **Einwohner:** 5.026.000 (1993).
GEOGRAPHIE: Kolumbien grenzt im Norden an das Karibische Meer, im Nordwesten an Panama, im Westen an den Pazifischen Ozean, im Südwesten an Ecuador und Peru, im Nordosten an Venezuela und im Südosten an Brasilien. Die Anden durchziehen in drei Bergketten das Land von Süden nach Norden und fallen schließlich zu den Ebenen an der karibischen Küste ab. An der südlichen Pazifikküste befinden sich ausgedehnte sumpfige Ebenen, die zu einer relativ niedrigen, zerklüfteten Bergkette ansteigen. Östlich dieser Bergkette erstrecken sich im Südwesten Küstenebenen von der Hafenstadt Buenaventura an der Pazifikküste bis zum Karibischen Meer. Im Osten werden diese Ebenen von den Hängen der westlichen Kordilleren begrenzt, die zusammen mit den mittleren Kordilleren von der karibischen Ebene im Norden bis nach Ecuador verlaufen. Die beiden Bergketten werden durch ein Tal getrennt, das im Süden bis zu einer Höhe von 2500 m mit vulkanischer Asche gefüllt ist. Weiter nördlich verläuft die fruchtbare Cauca-Tal, das sich bis nach Cartago hinzieht, wo es sich zu einer Schlucht verengt, die sich zwischen den Kordilleren bis zur karibischen Ebene hinzieht. Die östlichen Kordilleren, die längste Bergkette, steigen nördlich der Grenze zu Ecuador an und verlaufen erst nördlich und dann nordöstlich zur venezolanischen Grenze. Die flachen Grassteppen im Osten sowie die Dschungel und die riesigen Regenwälder des Amazonas bedecken über die Hälfte des Landes. 480 km nordwestlich vor der kolumbianischen Küste liegen die kleine Inseln, San Andrés und Providencia, die seit 1822 zu Kolumbien gehören.
STAATSFORM: Präsidialrepublik seit 1886, Verfassung von 1991; Zweikammerparlament (Repräsentantenhaus mit 165 Mitgliedern, Senat mit 102 Mitgliedern). Staatsoberhaupt und Regierungschef: Ernesto Samper Pizano, seit August 1994. Unabhängig seit Aug. 1819 (ehemalige spanische Kolonie).
SPRACHE: Amtssprache ist Spanisch. Daneben werden Chibcha, Quechua und andere Indio-Dialekte, z. T. auch Englisch gesprochen.
RELIGION: Katholiken (95%); protestantische und jüdische Minderheiten.
ORTSZEIT: MEZ - 6.
NETZSPANNUNG: 110 oder 120 V (in wenigen Stadtteilen von Bogota), 60 Hz. Zweipolige Flachstecker.
POST- UND FERNMELDEWESEN: Telefon: Selbstwählferndienst in die meisten Gebiete, kleinere Orte kann man über die internationale Vermittlung erreichen. **Landesvorwahl:** 57. Bei Telefonaten innerhalb des Landes wird der Ortsnetzkennzahl eine 9 vorangestellt, Rufnummern in Bogotá z. B. erreicht man unter der Vorwahl 91. **Telefaxanschlüsse** gibt es in den großen Hotels. **Telegramme** können in den Hotels *Tequendama* und *Hilton* in Bogotá oder in den nationalen ENDT-Telekommunikationsbüros aufgegeben werden. In den meisten Hotels stehen **Telexgeräte** zur Verfügung. **Post:** Postämter heißen *Correos*. Öffnungszeiten: Mo-Fr 09.00-17.00 Uhr, Sa 08.00-12.00 Uhr. Grüne Briefkästen für Stadtpost, gelbe Briefkästen für Sendungen in andere Städte und ins Ausland. Luftpost nach Europa ist 5 bis 7 Tage unterwegs.
DEUTSCHE WELLE
Der Einsatz der Kurzwellenfrequenzen ändert sich mehrfach im Laufe eines Jahres, und Sendungen auf den folgenden Frequenzen werden jeweils nur zu bestimmten Tageszeiten ausgestrahlt. Näheres in der Einleitung.

MHz	17,860	17,810	17,765	11,785	9,545
Meterband	16	16	16	25	31

REISEPASS/VISUM

Wichtiger Hinweis: Die Einreisebestimmungen mancher Länder können sich kurzfristig ändern – rufen Sie sicherheitshalber auf Ihrem CRS-System (TIMATIC-Info-Code-Fenster in diesem Kapitel) den aktuellen Stand ab bzw. wenden Sie sich an die zuständige diplomatische Vertretung. Etwaige Zahlen in der Tabelle beziehen sich auf nachfolgende Fußnoten.

	Paß erforderlich?	Visum erforderlich?	Rückflugticket erforderlich?
Deutschland	Ja	Nein/1	Ja
Österreich	Ja	Nein/1	Ja
Schweiz	Ja	Nein/1	Ja
Andere EU-Länder	Ja	Nein/1	Ja

REISEPASS: Allgemein erforderlich, Reisepaß muß noch mindestens 6 Monate gültig sein.
VISUM: Kein Visumzwang für touristische Aufenthalte bis zu 3 Monaten bei Vorlage eines Reisepasses, eines Hin- und Rückflugtickets sowie einer Gelbfieber-Impfbescheinigung für die Regionen Chocó und Amazonas. Reisende erhalten den Sichtvermerk dann direkt bei der Einreise. Verlängerung vor Ort möglich. Ausgenommen von dieser Regelung sind nur Staatsbürger von China (VR), Dominikanische Republik, Haiti, Hongkong, Indien, Iran, Irak, Kuba, Nicaragua und Taiwan (China); sie müssen sich vor der Abreise ein Visum beim Konsulat besorgen. [1] Für Geschäftsreisen, Arbeits- und Studienaufenthalte besteht genereller Visumzwang für Staatsangehörige aller Länder.
Visaarten: Geschäfts-, Journalisten-, Studenten- und Arbeitsvisa sowie Visa für Aufenthalte zur medizinischen Behandlung und andere Sonderzwecke. Alle Reisenden benötigen zur Ausreise einen Ausreisestempel der *DAS* (Sicherheitspolizei). Dieser Stempel ist in großen Städten, am Flughafen oder an der Staatsgrenze erhältlich.
Visagebühren: Unterschiedlich, je nach Nationalitäten und Antragszweck. Das Visumformular und konsularische Beglaubigung der Dokumente ist ebenfalls kostenpflichtig. Die Gebühren für die verschiedenen Visaarten sind bei den konsularischen Vertretungen zu erfragen (Adressen s. o.).
Gültigkeitsdauer: Arbeitsvisa sind für Aufenthalte bis zu maximal 2 Jahren, Geschäftsvisa und alle übrigen Visa je nach Vereinbahrung. Verlängerungsmöglichkeit vor Ort ist möglich.
Antragstellung: Konsulat(oder Konsularabteilung der Botschaft (Adressen s. o.).
Unterlagen: Unterschiedlich, abhängig von der Visaart und Länge des Aufenthalts: (a) 1 Paßfoto. (b) Gültiger Reisepaß. (c) Offizielles, von der Industrie- und Handelskammer beglaubigtes Firmenschreiben. (d) Antrag. (e) Beglaubigtes Gesundheitszeugnis. (f) Polizeiliches Führungszeugnis. (g) Übersetzungen der obengenannten Dokumente ins spanische von einem vereidigten Übersetzer.
Bearbeitungszeit: Je nach Visum zwischen 2 Tagen und 3 Monaten. Telefonische Terminabsprache zur Visumerteilung ist erwünscht.
Aufenthaltsgenehmigung: Bitte wenden Sie sich an das zuständige Konsulat bzw. die Konsularabteilung der Botschaft.

GELD

Währung: 1 Peso (Col$) = 100 Centavos. Banknoten sind im Wert von 10.000, 5000, 2000, 1000, 500 und 200 Peso im Umlauf. Münzen im Wert von 500, 200, 100, 50, 20, 10, 5 und 1 Peso.
Geldwechsel: Der Wechselkurs ist i. allg. an der karibischen Küste günstiger als in Bogotá, Medellín oder Cali. Am gebräuchlichsten sind US-Dollar, die man in Hotels, Banken, Geschäften und Reisebüros umtauschen kann; überall wird eine Gebühr berechnet. Es ist verboten, bei nicht anerkannten Händlern Geld zu tauschen.
Kreditkarten: Die meisten internationalen Karten werden akzeptiert. Einzelheiten vom Aussteller der betreffenden Kreditkarte.
Reiseschecks: In kleineren Ortschaften kann man sie nicht überall einlösen, die *Banco de la República* nimmt jedoch Reiseschecks an.
Wechselkurse

	Col$ Sept. '92	Col$ Febr. '94	Col$ Jan. '95	Col$ Jan. '96
1 DM	417,6	471,03	536,51	694,61
1 US$	620,61	817,69	831,60	998,50

Südamerika... ist Ihnen nahe

Bogota
Cartagena
San Andres
Leticia
Quito
Guayaquil
Lima
La Paz
Santiago de Chile
Panama City
San José Costarica
Guatemala City
Aruba

FRANKFURT BOGOTA NON STOP
AVIANCA, die modernste Luftfahrtflotte Südamerikas, bietet zwei wöchentliche Exklusiv-Non-Stop-Flüge in einer Boeing 767 ab Frankfurt nach Bogota mit sofortigem Anschluß ins Inland und Südamerika.

BUSINESS FIRST
AVIANCA bietet den kompletten Service einer ersten Klasse zum Preis einer Business Class. Auf unseren lateinamerikanischen und Inland Linien ist Business First als geräumigste und komfortabelste Klasse anerkannt, mit denselben Leistungen wie auf unserem interkontinentalen Netz.

AVIANCA PLUS
Heute noch können Sie an unserem AVIANCA PLUS Programm teilnehmen und bei uns Punkte sammeln und so schnell Gratistickets oder die höhere Klasse auf AVIANCA, US AIR und den wichtigsten lateinamerikanischen Luftfahrtgesellschaften erlangen.

Avianca

AVIANCA FRANKFURT
Tel (069) 75 80 99 22
Frankenallee 125-127
60326 Frankfurt

AVIANCA ZÜRICH
Tel (01) 212 50 10
Bahnhofstrasse 71
8001 Zürich

Devisenbestimmungen: Touristen können bis zu 25.000 US$ in bar bzw. den entsprechenden Gegenwert in anderer Währung einführen, dies muß jedoch bei der Einreise deklariert werden; bei Geschäftsreisenden hängt der zugelassene Höchstbetrag vom Geschäftsvorhaben ab. Die Landeswährung ist außerhalb Kolumbiens nicht konvertibel.
Öffnungszeiten der Banken: Mo-Fr 09.00-15.00 Uhr.

DUTY FREE

Folgende Artikel dürfen zollfrei nach Kolumbien eingeführt werden:
200 Zigaretten und 50 Zigarren und 500 g Tabak;
2 Flaschen Spirituosen;
Parfüm oder Eau de toilette für den persönlichen Gebrauch.
Anmerkung: Für die Ausfuhr von Smaragden und Gegenständen aus Gold oder Platin ist eine Quittung, die den Kauf bestätigt, erforderlich.

GESETZLICHE FEIERTAGE

1. Mai '96 Tag der Arbeit. **20. Mai*** Christi Himmelfahrt. **17. Juni*** Herzjesufest. **10. Juni*** Fronleichnam. **1. Juli*** Peter und Paul. **20. Juli** Unabhängigkeitstag. **7. Aug.** Gedenktag an die Schlacht von Boyacá. **19. Aug.*** Mariä Himmelfahrt. **14. Okt.*** Tag der Hispanität. **4. Nov.*** Allerheiligen. **11. Nov.** Unabhängigkeitstag von Cartagena. **8. Dez.** Mariä Empfängnis. **25. Dez.** Weihnachten. **1. Jan. '97** Neujahr. **6. Jan.*** Dreikönigsfest. **Ende März*** St. Josephstag. **27. März** Gründonnerstag. **28. März** Karfreitag. **1. Mai** Tag der Arbeit. **8. Mai*** Christi Himmelfahrt.
Anmerkung: [*] Wenn diese Feiertage nicht auf einen Montag fallen, werden sie am folgenden Montag begangen.

GESUNDHEIT

In der folgenden Tabelle aufgeführte Impfvorschriften können sich kurzfristig ändern. Es wird stets empfohlen, auf Ihrem CRS-System (TIMATIC-Info-Code-Fenster in diesem Kapitel) den aktuellen Stand der Gesundheitsbestimmungen abzurufen bzw. rechtzeitig vor der Reise ärztlichen Rat einzuholen.

	Vorsichtsmaßnahmen empfohlen	*Impfschein erforderlich*
Gelbfieber	1	Ja/1
Cholera	2	2
Typhus & Polio	Nein	-
Malaria	3	-
Essen & Trinken	4	-

[1]: Eine Schutzimpfung für Gelbfieber wird für Reisende in folgende Gebiete empfohlen: den mittleren Abschnitt des Tals des Río Magdalena, die östlichen und westlichen Vorgebirge der Cordillera Oriental von der ecuadorianischen bis zur venezolanischen Grenze, Urabá, die Vorgebirge der Sierra Nevada, die östlichen Flachlandgebiete (Corinoquia) und Amazonas. Wer in die Gebiete Chocó und Amazonia reist, muß bei der Einreise eine Impfbescheinigung vorweisen.
[2]: Eine Impfbescheinigung gegen Cholera ist für die Einreise nach Kolumbien nicht erforderlich, das Risiko einer Infektion ist jedoch nicht auszuschließen. Da die Wirksamkeit der Schutzimpfung umstritten ist, empfiehlt es sich, rechtzeitig vor Reiseantritt ärztlichen Rat einzuholen. Weitere Informationen im Kapitel *Gesundheit*
(s. Inhaltsverzeichnis).
[3]: Malariarisiko besteht ganzjährig in folgenden unter 800 m gelegenen ländlichen Regionen: Urabá (Dep. Antioquia und Chocó), Bajo Cauca-Nechi (Dep. Córdoba und Antioquia), Catatumbo (Dep. Norte de Santander), im mittleren Abschnitt des Magdalena-Flußtals, im gesamten Küstengebiet des Pazifik, in den östlichen Flachlandgebieten (Orinoquia) und in Amazonia. Die vorherrschende gefährliche Form *Plasmodium falciparum* soll stark Chloroquin-resistent und resistent gegen Sulfadoxin/Pyrimethamin sein.
[4]: Wasser sollte generell vor der Benutzung zum Trinken, Zähneputzen und zur Eiswürfelbereitung entweder abgekocht oder anderweitig sterilisiert werden. Milch ist nicht pasteurisiert und sollte ebenfalls abgekocht werden. Trocken- und Dosenmilch nur mit keimfreiem Wasser weiterverarbeiten. Milchprodukte aus ungekochter Milch am besten vermeiden. Fleisch- und Fischgerichte nur gut durchgekocht und heiß serviert essen. Der Genuß von Schweinefleisch, rohen Salaten und Mayonnaise sollte vermieden werden. Gemüse sollte gekocht und Obst geschält werden.
Tollwut kommt vor. Wer ein erhöhtes Risiko eingeht (z. B. längerer Aufenthalt in abgelegenen Gebieten), sollte vor Reiseantritt eine Schutzimpfung erwägen. Bei Bißwunden so schnell wie möglich ärztliche Hilfe in Anspruch nehmen. Weitere Informationen im Kapitel *Gesundheit* (s. Inhaltsverzeichnis).
Hepatitis B und *D (Delta-Hepatitis)* sowie *Virushepatitis* kommen ebenfalls vor.
Gesundheitsvorsorge: Besucher Bogotás sollten einige Tage zur Akklimatisierung einplanen, die Höhenlage kann Schwindelgefühl und Schwächeanfälle auslösen. Der Alkoholkonsum sollte gering gehalten werden. Die medizinischen Einrichtungen in den Städten sind gut. Der Abschluß einer Reisekrankenversicherung wird dringend empfohlen.

REISEVERKEHR - International

FLUGZEUG: Kolumbiens nationale Fluggesellschaft heißt *Avianca (AV)*. Nonstopflüge von Frankfurt; keine Direktverbindungen von Zürich oder Wien, Umsteigen in Frankfurt, Paris oder Madrid.
Durchschnittliche Flugzeit: *Frankfurt* – Bogotá: 11 Std. 55.
Internationale Flughäfen: *Bogotá (BOG)* (Eldorado) liegt 12 km östlich der Stadt. Flughafeneinrichtungen: Bank, Post, Geschäfte, Duty-free-Shop, Tourist-Information, Hotel-Reservierung, Apotheke, Autovermietung, Bar, Restaurants und Taxistand. Zubringerbus zur Stadt (»Consul«) von 06.00-19.00 Uhr alle 20 Min. (Fahrzeit 30 Min.).
Barranquilla (BAQ) (Ernesto Cortissoz) liegt 10 km außerhalb der Stadt. Am Flughafen gib es eine Autovermietung.
Cali (CLO) (Palmaseca) liegt 19 km außerhalb der Stadt.
Cartagena (CTG) (Crespo) liegt 2 km außerhalb der Stadt.
Flughafengebühren: 20 US$ (bzw. Gegenwert in Pesos) bei der Ausreise.
Anmerkung: Auf alle in Kolumbien gekauften internationalen Flugtickets wird eine Steuer erhoben (Einzelflugtickets 15%, Rückflugtickets 7,5%).
SCHIFF: Die kolumbianischen Häfen werden von Passagier- und Frachtschiffen mit Passagierkabinen angelaufen. Folgende Reedereien laufen Kolumbien an: von den USA – *Delta Line;* von Europa – *French Line, Italian Line, Pacific Steam Navigation, Royal Netherlands SS Co.* und *Linea 'C'*. Cartagena wird von folgenden Kreuzschifffahrtslinien angelaufen: *Sun Line, Princess Cruises, Delta, Norwegian American, Holland America, Westours, Sitmar* und *Costa*.
BAHN: Es gibt keine internationalen Bahnverbindungen.
BUS/PKW: Die Panamerikana wird nach Fertigstellung Kolumbien mit Panama verbinden. Fahrzeuge können von Panama nach Kolumbien verschifft wer den. Es gibt Straßen nach Ecuador und Venezuela.
Fernbusse: Busse der *TEPSA* fahren nach Venezuela. Der Service ist gut, und die Busse sind bequem. Von Maracaibo (Venezuela) gibt es Busse zweiter Klasse nach Santa Marta und Cartagena, die z. T. recht unbequem sind.

REISEVERKEHR - National

FLUGZEUG: Der innerkolumbianische Flugverkehr wird von *AVIANCA (SAM)* und 15 kleineren Firmen bestritten. Die Flugverbindungen zwischen den Städten sind ausgezeichnet, einschl. zur Karibikküste. Es gibt auch Hubschrauber zu mieten. Von den größeren kolumbianischen Städten aus werden die San-Andrés- und Providencia-Inseln angeflogen. San Andrés wird von den Fluggesellschaften *AVIANCA* und *Lacsa* regelmäßig angeflogen.
SCHIFF: Von Mulle de Pegasos gibt es Fährverbindungen zu den San-Andrés- und Providencia-Inseln. Die Fahrt ist preiswert, dauert aber 72 Std. Weitere Informationen über Fährverbindungen zur San-Andrés-Insel gibt es beim Büro der *Maritima San Andrés*. Von der Insel aus gehen Boote nach Johnny Cay und zum Aquarium.
Der Río Magdalena ist die Hauptverkehrsader Kolumbiens, einige Frachtschiffe befördern auch Passagiere. Diese Art zu reisen nimmt jedoch sehr viel Zeit in Anspruch. Für bestimmte Routen kann man Boote mieten. Schaufelraddampfer sind ebenfalls zu mieten, dies kann jedoch sehr teuer sein. Von Leticia an der peruanischen Grenze kann man Besichtigungstouren und Ausflüge in den Dschungel am Amazonas buchen. Am besten holt man vor Ort Informationen ein und vergleicht die Preise, bevor man bucht (näheres unter *Urlaubsorte & Ausflüge*).
BAHN: Es gibt Güterzüge, aber kaum Passagierzüge. Die Hauptstrecke ist zwischen Bogotá und Santa Marta an der karibischen Küste, östlich von Barranquilla. Aufgrund der großen Entfernungen empfiehlt es sich, das Flugzeug zu benutzen.
BUS/PKW: Eine gute Schnellstraße verbindet Santa Marta im Osten über Barranquilla mit Cartagena. Seit Fertigstellung der neuen Transkaribischen Schnellstraße braucht man von Barranquilla nach Venezuela nur 5 Std. Nordöstlich von Santa Marta auf der Halbinsel Guajira sind die Straßen außer in der Regenzeit, i. allg. befahrbar. Die Küstenstädte und andere Städte im Landesinneren sind durch Schnellstraßen mit der Hauptstadt verbunden, oft sind diese jedoch im schlechten Zustand. **Bus:** Die besten Buslinien sollen *Flota Magdalena, Expresso Boliviano* und *Expresso Palmita* sein. Aufgrund der großen Entfernungen ist jedoch das Flugzeug das beste Verkehrsmittel. Es gibt ca. 42 Busgesellschaften mit modernen Bussen und Minibussen, die die Küstenstädte mit anderen Städten verbinden.
Mietwagen: *Avis, Hertz, Budget* und *National* haben in Kolumbien Niederlassungen. Vom Autofahren in Städten wird abgeraten. **Unterlagen:** Internationaler Führerschein wird empfohlen, ist jedoch nicht Vorschrift.
STADTVERKEHR: Das städtische Verkehrsnetz in Bogotá umfaßt Oberleitungsbusse, Busse und Minibusse sowie eine Zahnradbahn. Es gibt einen Einheitsfahrpreis. Sammeltaxis (*Buseta*), die auf Wunsch am Straßenrand halten, sind preiswert. Die Fahrer dürfen für Fahrten außerhalb der Stadt und zum Flughafen einen Zuschlag verlangen. Vor Hotels warten grün/beigefarbene Touristentaxis, die etwas teurer sind als normale Taxis. Man sollte darauf bestehen, daß der Zähler eingeschaltet wird. Bei Taxis ohne Zähler sollte der Fahrpreis im voraus vereinbart werden.
FLUGZEITEN von Bogotá zu den folgenden größeren Städten (ungefähre Angaben in Std. und Min.):

	Flugzeug
Cartagena	1.15
Barranquilla	1.15
Medellín	1.15
Manizales	1.00
Cali	1.00
Bucaramanga	0.45
Cúcuta	1.00
Pereira	1.00
Leticia	2.00

UNTERKUNFT

HOTELS: Es empfiehlt sich, ein vom kolumbianischen Fremdenverkehrsamt empfohlenes Hotel zu wählen (Adresse s. o.). Es gibt Niederlassungen in den meisten Städten und auf den größeren Flughäfen sowie im zweiten Stock des El-Dorado-Flughafens. Man sollte so früh wie möglich buchen.
Da die Übernachtungspreise jedes Jahr um etwa 10% ansteigen, sollte man sich bei der Reservierung nach dem Preis erkundigen. Auf der Insel San Andrés stehen mehrere Hotels und *Residencias* zur Verfügung, auf der Insel Providencia gibt es ein Hotel. Weitere Informationen sind von der *National Hotel Association (COTELCO)* erhältlich.
Kategorien: Es gibt ein Sternesystem, das dem europäischen System gleicht.
Anmerkung: Im ganzen Land werden 5% Steuer auf die Rechnung aufgeschlagen.
CAMPING ist in Kolumbien möglich, es gibt aber nur sehr wenige ausgewiesene Campingplätze. Zwei der besseren Campingplätze sind *Camping del Sol* und *Camping de Covenas*.

URLAUBSORTE & AUSFLÜGE

Die weitläufige, noch ursprüngliche Natur vieler Landstriche wird nicht nur Naturfreunde begeistern. Die vier größten Städte Kolumbiens sind Bogotá, Medellín, Cali und Barranquilla.
Bogotá, die Hauptstadt und größte Stadt des Landes, liegt fast genau in der Landesmitte auf einer Höhe von 2600 m. Besucher sind fasziniert von der Mischung aus kolumbianischer Tradition und spanischen Kolonialeinflüssen. Viele historische Wahrzeichen sind erhalten geblieben, einschl. des Kapitols, des Kardinalspalastes und der klassizistischen Kathedrale auf dem Hauptplatz, der *Plaza Bolivar*. Zu den schönsten Kirchen der Stadt gehören *San Ignacio* und *Santa Clara*. Außerdem gibt es ein Goldmuseum mit über 100.000 präkolumbianischen Ausstellungsstücken.
Medellín, mit 1.6 Mio. Einwohnern Kolumbiens zweitgrößte Stadt, liegt in einem schmalen Tal der mittleren Bergkette auf einer Höhe von 3300 m. Schlagzeilen machte die Industriestadt durch die Kämpfe zwischen der Regierung und den berüchtigten Drogenbossen. Medellín ist außerdem Zentrum des Kaffee- und Textilhandels.
Cali ist das Zentrum der kolumbianischen Zuckerindustrie, moderne Technologie mischt sich hier mit kolonialer Tradition. Es gibt Kohle- und Metallvorkommen.
Barranquilla, ein geschäftiger Hafen und Kolumbiens viertgrößte Stadt, liegt an der Mündung des Río Magdalena. Die Stadt ist eines der wichtigsten Handelszentren des Landes. In der sogenannten Zona Negra, an einem Seitenkanal des Flusses, findet man einen farbenfrohen Markt vor.
Cartagena, eine alte, von Wällen umgebene Festungsstadt, liegt an der Nordküste Kolumbiens. Am besten erkundet man Cartagena zu Fuß oder mit einer Pferdekutsche. Insbesondere abends, wenn die malerischen Straßenlaternen im Kolonialstil die Plätze, Festungsanlagen, Kreuzgänge und Balkone erleuchten, fühlt man sich in eine längst vergangene Zeit zurückversetzt.
Die Inseln **San Andrés** und **Providencia** liegen fast 500 km nordwestlich der kolumbianischen Küste und sind per Flugzeug oder Schiff von Cartagena aus erreichbar. San Andrés war früher das Hauptquartier des englischen Piratenkapitäns Henry Morgan, der Schrecken der Karibik. Heute sind die Inseln eine zollfreie Zone und daher oft überlaufen, obwohl man auch noch relativ ruhige Plätze finden kann. Die kleine Insel *Johnny Cay* (schöner Strand) ist Ziel vieler Bootsausflüge.
Weitere Anziehungspunkte: In Kolumbien gibt es viele archäologisch interessante Stätten. Der archäologische

Park von *San Augustin* enthält unzählige Relikte und riesige Statuen aus Stein. Die historische Stadt **Popayán** ist der Geburtsort der bekanntesten Staatsmänner des Landes. Hier gibt es noch viele schöne Häuser und Kirchen aus der Kolonialzeit. Die feierliche Prozession in der Karwoche zieht viele Besucher an.
Santa Marta war eine der ersten größeren Städte, die von den Spaniern in Südamerika gegründet wurden. Mit ihren modernen Hotels und weißen Stränden ist die Stadt bei Touristen noch immer sehr beliebt.
In **Tierradentro**, im Südwesten des Landes, befinden sich angelegte Grabhöhlen, die mit präkolumbianischen, geometrischen Mustern bemalt sind. In der Nähe liegt die reizvolle Indiostadt **Silva**.
Villa de Leyva wurde 1572 gegründet und ist eines der schönsten Dörfer des Landes aus der Kolonialzeit. Außerdem findet man hier ein interessantes paläontologisches Museum mit faszinierenden Ausstellungsstücken. Da die Gegend vor mehreren Millionen Jahren unter dem Meer verborgen lag, sind ungewöhnlich viele Fossilien erhalten geblieben.
Das Gebiet der Kaffeeplantagen umfaßt zahlreiche Dörfer und Städte. Zu den wichtigsten gehören **Pereira**, **Manizales** und **Armenia**. Hier kann man Kolumbiens tief verwurzelte Traditionen hautnah kennenlernen, die mitreißende Folklore erleben und die hübschen Handarbeiten bestaunen.
Leticia ist die Hauptstadt von Amazonas. Eine Reise durch den Amazonas ist eine Abenteuerfahrt zum größten ökologischen Naturschutzgebiet der Welt. Der Pflanzen- und Artenreichtum ist beeindruckend, und man fühlt sich in direktem Kontakt mit der Natur. Auf der Halbinsel **Guajura** leben über 100.000 nomadische Indios.

SOZIALPROFIL

ESSEN & TRINKEN: In den Restaurants werden internationale Gerichte serviert. Die einheimische Küche ist vielseitig und schmackhaft, der spanische Einfluß ist unverkennbar. Spezialitäten sind *Ajiaco* (Hühnereintopf mit Kartoffeln, Sahne, Maiskolben und Kapern); *Arepas* (salzlose Maispfannkuchen, die an Stelle von Brot gegessen werden); *Bandeja (Paisa – Fleischgericht mit Maniok)*. Eine regionale Spezialität von Medellín ist Reis mit gebratenen Kochbananen und roten Bohnen. An der karibischen Küste findet man viele Meeresfrüchte, *Mariscos* genannt. Hummer sind hier besonders wohlschmeckend.
Getränke: Man sollte abgefülltes Wasser trinken. Die Kolumbianer trinken selten Alkohol zu Mahlzeiten. Alkoholfreie Getränke mit Kohlensäure heißen *Gaseosa*, eine kleine Tasse schwarzer Kaffee *Tinto*, der gleiche Ausdruck wird jedoch auch für Rotwein (kurz für *vino tinto*) benutzt. Kolumbianische Weine sind nicht zu empfehlen, in Restaurants werden preiswerte chilenische und argentinische Weine serviert. In Kolumbien werden viele unterschiedliche Rumsorten (*Ron*) hergestellt. *Cañalazo* ist ein schmackhafter Rumcocktail, der heiß oder kalt getrunken werden kann.
NACHTLEBEN: Das Bogotaer *Colon*-Theater bietet Ballett, Oper, Theateraufführungen und Musikdarbietungen mit internationalen und einheimischen Künstlern. In den größeren Städten gibt es zahlreiche Nachtklubs und Diskotheken.
EINKAUFSTIPS: Zu empfehlen sind Kunstgewerbe-, Baumwoll-, Woll- und Lederartikel, vor allem Wolldecken, *Ruanas* und Reisetaschen. In den Hotelboutiquen kann man Kopien aus Gold von antiken kolumbianischen Schmuckstücken kaufen. Kolumbianische Edelsteine, vor allem Smaragde, gehören zu den besten der Welt. **Öffnungszeiten der Geschäfte:** Mo-Sa 09.00-12.00 und 14.00-18.30 Uhr.
SPORT: Fußball ist Nationalsport, wichtige Ligaspiele finden das ganze Jahr über statt. **Tennis** ist ebenfalls beliebt, die meisten größeren Hotels haben Tennisplätze. Die besten Bedingungen zum **Bergsteigen** bietet die Region rund 48 km östlich von Santa Marta; die Gipfel steigen bis auf nahezu 6000 m an. Das große **Radrennen**, die Tour von Kolumbien, findet jedes Jahr im März/April statt. **Boxen** und **Stierkampf** (letzterer in Bogotá, Cali, Medellín, Manizales und Cartagena) sind beliebte Publikumssportarten. **Golfklubs** erlauben Besuchern, ihre Anlagen zu benutzen. Gute **Skipisten** gibt es an den Hängen des Nevado del Ruiz (5400 m), 48 km von Manizales entfernt. Ausgezeichnete **Angelgründe** sind das ganze Jahr über vorhanden, man benötigt jedoch einen Angelschein. **Wassersport:** Bootsfahrten, Wasserski und Segeln. **Tauchen:** Vorsicht vor Haien und Barracudas, man sollte sich immer bei den örtlichen Behörden nach eventuell erforderlichen Vorsichtsmaßnahmen erkundigen.
VERANSTALTUNGSKALENDER
Juni '96 (1) *Internationales Filmfest*, Cartagena. (2) *Volksfest*, Neiva. (3) *Porro-Festival*, San Pelayo. **Aug.** (1) *Meeres-Festival*, Santa Marta. (2) *Parade der Blumenhändler*, Medellín. **Sept.** *Orchesterwettbewerb*, Paipa. **Nov.** (1) *Miss-Colombia-Festzug*, Cartagena. (2) *Volks- und Touristenfest*, San Martin. **Dez.** *Zuckerrohr-Festival*, Cali. **Jan '97** (1) *Manizales-Messe*, Manizales. (2) *Fest der Weißen und Schwarzen*, Pasto. **Febr.** *Barranquilla-Karneval*, Barranquilla. **März** *Internationales Karibisches Musikfest*, Cartagena. **April** (1) *Festival der Vallenato*

Legende. (2) *Karwoche*, feierliche Prozessionen in Mompos, Popayan und Pamplona.
Die *Media Torta* in Bogotá bietet Sonntag nachmittags und an Feiertagen Musik, Spiele und Volkstänze. Ein Amateurtheater führt oft Stücke in englischer Sprache auf.
SITTEN & GEBRÄUCHE: Die üblichen Höflichkeitsregeln gelten auch hier. Gästen wird zuerst schwarzer kolumbianischer Kaffee mit viel Zucker angeboten (*Tinto* genannt). In vielen Landesteilen herrschen spanische Gebräuche und spanische Kultur vor, in Bogotá setzen sich jedoch immer mehr nordamerikanische Sitten durch. Alltagskleidung ist in den meisten Orten angebracht, für besondere gesellschaftliche Anlässe sowie in exklusiven Restaurants sollte man sich jedoch angemessen kleiden. Rauchen ist fast überall erlaubt. Besucher sollten beachten, daß in vielen größeren kolumbianischen Städten die Straßenkriminalität sehr hoch ist, vor allem nachts. Drogenbedingte Verbrechen sind im ganzen Land ein großes Problem, Reisende sollten sich vorsehen. **Trinkgeld:** Taxifahrer erwarten kein Trinkgeld. Gepäckträgern in Flughäfen und Hotels sollte man ein paar Pesos pro Gepäckstück geben. Viele Restaurants, Bars und Cafés setzen 10% Bedienungsgeld auf die Rechnung oder erwarten diesen Betrag. Zimmermädchen und Personal an der Hotelrezeption bekommen normalerweise kein Trinkgeld. Bogotás Schuhputzjungen leben vom Trinkgeld und erwarten ca. 50 Pesos.

WIRTSCHAFTSPROFIL

WIRTSCHAFT: Die kolumbianische Wirtschaft ist eine der stabilsten in ganz Südamerika. Die Landwirtschaft ist der wichtigste Wirtschaftszweig. Kaffee ist das Haupterzeugnis und erbringt 18% der Exporterlöse (Kolumbien ist der zweitgrößte Kaffeeproduzent der Welt); daneben werden vor allem Zucker, Bananen, Mais, Schnittblumen und Baumwolle exportiert. Es wird erwartet, daß die Rinderzucht in den nächsten Jahren stark expandiert. Die Verbrauchsgüterproduktion deckt den Eigenbedarf, und die Ausfuhr von Fertigwaren wie Textilien, Leder- und Metallwaren, Chemikalien, pharmazeutische Produkte und Zement nahm in den letzten Jahren stetig zu. Kolumbien hat bedeutende Erdölvorkommen, Erdöl und Erdölprodukte sind neben Kaffee die wichtigsten Ausfuhrgüter. Die Kohlevorkommen sind die größten Lateinamerikas, die Fördermenge ist bislang jedoch vor allem aufgrund finanzieller Schwierigkeiten der staatlichen Kohlegesellschaft recht gering. Ferner gibt es Gold-, Silber-, Platin- und Eisenvorkommen.
Kolumbien ist Mitglied des Andenpaktes und der südamerikanischen Zollunion *Asociación Latinoamericano de Integración* (ALADI) mit Sitz in Montevideo, Uruguay. Haupthandelspartner ist die USA, andere wichtige Bezugs- und Absatzgebiete sind Deutschland, Japan und Venezuela. Zu den wichtigsten Aufgaben der jetzigen Regierung zählt der Kampf gegen die Drogenkartelle; angeblich stammte ein großer Teil der in der Dienstleistungsbilanz für 1991 angegebenen 4,3 Mrd. DM aus dem Drogenhandel. Die Arbeitslosenquote lag 1994 bei über 7,4%, die Inflationsrate blieb jedoch (1991 fast 30%, 1993 ca. 21%, 1994 22,6%).
GESCHÄFTSVERKEHR: In Geschäftskreisen wird viel englisch gesprochen; das kolumbianische Außenministerium bietet einen amtlichen Übersetzerdienst, daneben stehen auch private Dolmetscherdienste zur Verfügung. Spanischkenntnisse sind in jedem Fall vorteilhaft. Geschäftspartner werden nicht selten zum Abendessen eingeladen, dem oft eine lange Cocktailparty vorausgeht, während die Mahlzeit erst etwa um 23.00 Uhr beginnt. Der günstigste Zeitraum für Geschäftsreisen ist zwischen März und November. Traditionelle Ferienzeit sind die Monate September bis Februar. Man sollte Besuche in Baranquilla im Juni und Juli vermeiden. **Geschäftszeiten:** Mo-Fr 09.00-12.00 und 14.00-17.00 Uhr.
Kontaktadressen: *Cámara de Industria y Comercio Colombo-Alemana* (Deutsch-Kolumbianische Industrie- und Handelskammer), Apdo. Aéreo 91527/28, Bogotá. Tel: (1) 213 61 85, 213 61 63. Telefax: (1) 214 23 38.
El Consejero Comercial de la Embajada de Austria (Außenhandelsstelle der Wirtschaftskammer Österreich), Apdo. Aéreo 12308, Bogotá. Tel: (1) 621 17 40, 616 08 50. Telefax: (1) 616 09 64.
Cámara de Commercio Colombo Suiza (Schweizer-Kolumbianische Industrie- und Handelskammer), Carrera 7a, No. 33-81, Bogotá. Tel: (1) 288 50 79. Telefax: (1) 288 54 59.
Instituto Colombiano de Comercio Exterior (INCOMEX – Institut für Außenhandel), Calle 28, No. 13a-15, Apdo. Aéreo 240193, Bogotá. Tel: (1) 283 32 84. Telefax: 281 25 60.
Confederación Colombiana de Cámaras de Comercio (CONFECAMARAS) (Industrie- und Handelskammer), Carrera 13, No. 27-47, Of. 502, Apdo. Aéreo 29750, Bogotá. Tel: (1) 288 12 00. Telefax: (1) 288 42 28.
KONFERENZEN/TAGUNGEN: Weitere Informationen, Broschüren und Planungshilfen gibt es bei folgender Organisation:
Colombia Convention Center and Exhibit Corporation, Carrera 40, No. 22 C-67, Bogotá. Tel: (1) 244 01 00/05. Telefax: (01) 268 84 69.

KLIMA

Sehr warmes tropisches Klima an der Küste und im Norden (Durchschnittstemperatur 22°-30°C). Regenzeit von Mai bis November. Das Klima ist je nach Höhenlage unterschiedlich. Im Hochland ist es kühler, in den Bergen in 2400-3200 m Höhe kalt. In Bogotá herrscht ganzjährig frühlingshaftes Wetter, tagsüber ist es kühl und nachts kalt.
Kleidung: Leichte Baumwoll- und Leinensachen, Regenschutz während der Regenzeit in den Küsten- und nördlichen Gebieten. Wärmere Kleidung in den Hochländern und Bergen.

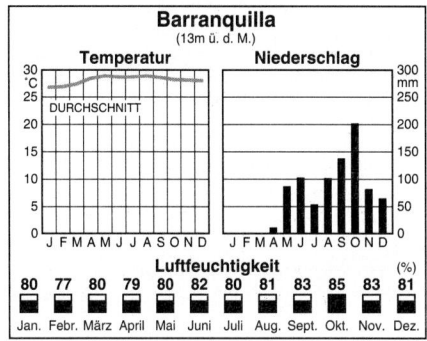

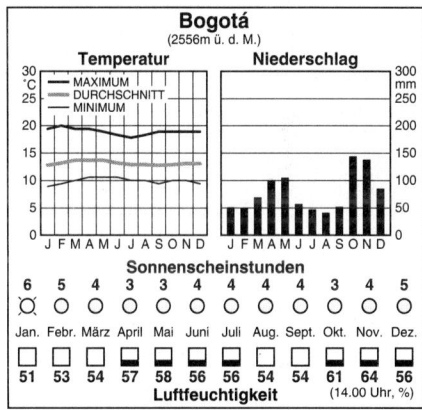

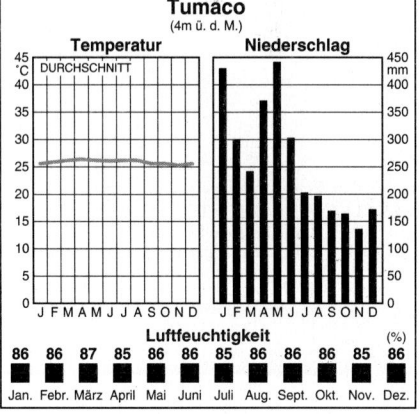

WELTKARTE?

LÄNDERKARTEN?

ZEITZONENKARTE?

INFORMATION ÜBER

IMPFBESTIMMUNGEN UND

GESUNDHEITSVORKEHRUNGEN?

... siehe Inhaltsverzeichnis

Komoren

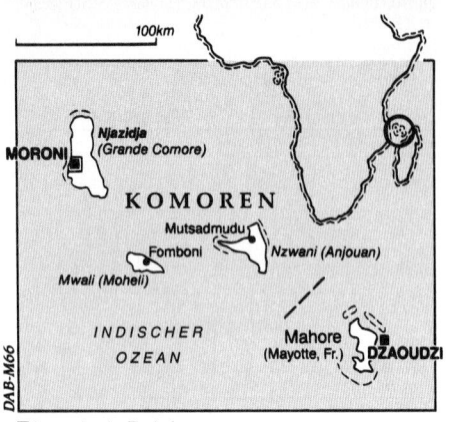

☐ Internationaler Flughafen

Lage: Indischer Ozean, zwischen der ostafrikanischen Küste und Madagaskar.

Société Comorienne de Tourisme et d'Hôtellerie (COMOTEL) (Fremdenverkehrsamt)
Itsandra Hotel
Njazidja
Tel: 73 23 65.

Secrétariat d'Etat aux Transports et aux Tourisme
Direction du Tourisme
BP 97
Moroni
Tel: 73 20 98. Telex: 244.

Botschaft der Islamischen Bundesrepublik der Komoren
20 Rue Marbeau
F-75016 Paris
Tel: (1) 40 67 90 54. Telefax: (1) 40 67 72 26.
Mo-Fr 09.30-16.30 Uhr.
(zuständig für Deutschland, Österreich und die Schweiz)
Die Bundesrepublik Deutschland, Österreich und die Schweiz unterhalten keine diplomatischen Vertretungen auf den Komoren. Die Interessenvertretung der Bundesrepublik Deutschland erfolgt durch die Botschaft in Antananarivo (s. Madagaskar). Die Interessen Österreichs werden von der Botschaft der Republik Österreich in Nairobi (s. Kenia) vertreten. Für die Schweiz ist die Botschaft der Schweizerischen Eidgenossenschaft in Dar es Salaam (s. Tansania) zuständig.

FLÄCHE: 1862 qkm.
BEVÖLKERUNGSZAHL: 471.000 (1993).
BEVÖLKERUNGSDICHTE: 253 pro qkm.
HAUPTSTADT: Moroni. **Einwohner:** 22.000 (1988).
GEOGRAPHIE: Die Inselgruppe der Komoren liegt im Indischen Ozean, nordwestlich von Madagaskar. Sie besteht aus vier Hauptinseln vulkanischen Ursprungs, die von Korallenriffen umgeben sind: Njazidja (Grande Comore), Nzwani (Anjouan), Mwali (Moheli) und Mahore (Mayotte). Mahore wird weiterhin von Frankreich verwaltet, wird aber von den Islamischen Bundesrepublik der Komoren beansprucht. Die landwirtschaftlichen Erträge decken kaum den Eigenbedarf; die umliegenden Gewässer sind jedoch sehr fischreich.
STAATSFORM: Islamische Bundesrepublik seit 1982; Staatsoberhaupt: Saïd Mohammed Djohar, seit 1989. Regierungschef: Caambi El-Yachrutu, seit April 1995. 1991 scheiterte ein Umsturzversuch; die neue Verfassung vom Juni 1992 legt eine gesetzgebende Versammlung mit 42 Mitgliedern fest, die alle 4 Jahre gewählt wird und einen Senat mit 15 Mitgliedern, die alle 6 Jahre ernannt werden.

TIMATIC INFO-CODES

Abrufbar über Ihr CRS-System (für START/Amadeus Ama-Maske benutzen). Für Galileo bitte TI-DFT eingeben (mit Bindestrich).

Flughafengebühren	TI DFT/ HAH /TX
Währung	TI DFT/ HAH /CY
Zollbestimmungen	TI DFT/ HAH /CS
Gesundheit	TI DFT/ HAH /HE
Reisepassbestimmungen	TI DFT/ HAH /PA
Visabestimmungen	TI DFT/ HAH /VI

SPRACHE: Amtssprachen sind Französisch und Arabisch. Komorisch, eine dem Kisuaheli verwandte Sprache, und einige Bantu-Sprachen werden ebenfalls gesprochen.
RELIGION: Islam ist Staatsreligion. Römisch-katholische Minderheit.
ORTSZEIT: MEZ + 2.
NETZSPANNUNG: 220 V, 50 Hz.
POST- UND FERNMELDEWESEN: Telefon: Kein Selbstwählferndienst, alle Gespräche von den Komoren müssen über das Fernamt geführt werden. **Landesvorwahl:** 269. **Post:** Luftpost nach Europa ist mindestens eine Woche unterwegs.
DEUTSCHE WELLE
Der Einsatz der Kurzwellenfrequenzen ändert sich mehrfach im Laufe eines Jahres, und Sendungen auf den folgenden Frequenzen werden jeweils nur zu bestimmten Tageszeiten ausgestrahlt. Näheres in der Einleitung.

MHz	17.560	15.135	13.780	11.795	9.545
Meterband	16	19	22	25	31

REISEPASS/VISUM

Wichtiger Hinweis: Die Einreisebestimmungen mancher Länder können sich kurzfristig ändern - rufen Sie sicherheitshalber auf Ihrem CRS-System (TIMATIC-Info-Code-Fenster in diesem Kapitel) den aktuellen Stand ab bzw. wenden Sie sich an die zuständige diplomatische Vertretung. Etwaige Zahlen in der Tabelle beziehen sich auf nachfolgende Fußnoten.

	Paß erforderlich?	Visum erforderlich?	Rückflugticket erforderlich?
Deutschland	Ja	Ja	Ja
Österreich	Ja	Ja	Ja
Schweiz	Ja	Ja	Ja
Andere EU-Länder	Ja	Ja	Ja

REISEPASS: Allgemein erforderlich.
VISUM: Allgemein erforderlich, wird bei der Einreise ausgestellt. Die Gebühren müssen in den folgenden Währungen bezahlt werden: Deutsche Mark, Schweizer Franken, Französische Francs, Südafrikanische Rand, Britische Pfund oder US-Dollar.
Visaarten: Transitvisa (bis zu 5 Tagen gültig) und Touristenvisa. Ausreisegenehmigung erforderlich.
Visagebühren: *Transitvisa:* Gebührenfrei. Passagiere, die mit dem gleichen oder nächsten Flugzeug ausreisen, benötigen kein Transitvisum. *Touristenvisa:* Gebührenpflichtig, für Aufenthalte von 1-45 Tagen: 2000 KMF; für Aufenthalte von 45-90 Tagen: 4000 KMF. Für Aufenthalte von bis zu 12 Monaten werden ebenfalls Gebühren erhoben; diese richten sich danach, ob man als Einwohner gemeldet ist: 10.000 KMF ohne und 25.000 KMF mit Anmeldung.
Ausreisegenehmigungen sind allgemein erforderlich (1500 KMF).
Anmerkung: Alle Passagiere müssen Weiter- oder Rückflugtickets vorlegen.

GELD

Währung: 1 Komoren-Franc (KMF) = 100 Centimes. Banknoten sind im Wert von 5000, 1000, 500, 100 und 50 KMF im Umlauf. Münzen im Wert von 20, 10, 5, 2 und 1 KMF. Der Komoren-Franc ist dem CFA-Franc gleichgestellt, und CFA-Francs werden ebenfalls benutzt. Weitere Informationen erhalten Sie von der Botschaft. Auf Mahore werden Französische Francs benutzt (75 KMF = 1 FF).
Kreditkarten werden in den meisten Hotels akzeptiert. Einzelheiten vom Aussteller der betreffenden Kreditkarte.
Reiseschecks sollten in Französischen Francs ausgestellt sein. In der Banque pour l'Industrie et le Commerce (BIC) können Reiseschecks getauscht werden.
Wechselkurse

	KMF Sept. '92	KMF Febr. '94	KMF Jan. '95	KMF Jan. '96
1 DM	169,37	339,41	259,23	258,21
1 US$	251,71	589,20	401,81	371,18

Devisenbestimmungen: Keine Aus- und Einfuhrbeschränkungen.
Öffnungszeiten der Banken: Mo-Do 07.30-13.00 Uhr, Fr 07.30-11.00 Uhr.

DUTY FREE

Folgende Artikel können zollfrei in die Komoren eingeführt werden:
400 Zigaretten oder 100 Zigarren oder 500 g Tabak;
1 l Spirituosen;
75 ml Parfüm.
Einfuhrverbot: Pflanzen und Blumenerde.

GESETZLICHE FEIERTAGE

19. Mai '96 Islamisches Neujahr. 28. Mai Ashoura. 6. Juli Unabhängigkeitstag. 28. Juli. Mouloud (Geburtstag des Propheten). 27. Nov. Jahrestag der Ermordung des Präsidenten Abdallah. 8. Dez. Leilat al-Meiraj. 10. Jan. '97 Beginn des Ramadan. 19. Febr. Eid al-Fitr (Ende des Ramadan). 18. April Eid al-Adha (Opferfest). 9. Mai Islamisches Neujahr. 18. Mai Ashoura.
Anmerkung: Die angegebenen Daten für islamische Feiertage richten sich nach dem Mondkalender und verschieben sich daher von Jahr zu Jahr. Während des Fastenmonats Ramadan, der dem Festtag Eid al-Fitr vorangeht, essen Mohammedaner nicht tagsüber, sondern erst nach Sonnenuntergang, wodurch der normale Geschäftsablauf gestört werden kann. Diese Unterbrechungen können auch während des Eid al-Fitr auftreten. Dieses Fest, ebenso wie das Eid al-Adha, hat keine festgelegte Zeitdauer und kann je nach Region 2-10 Tage dauern. Nähere Informationen im Kapitel *Welt des Islam* (s. Inhaltsverzeichnis).

GESUNDHEIT

In der folgenden Tabelle aufgeführte Impfvorschriften können sich kurzfristig ändern. Es wird stets empfohlen, auf Ihrem CRS-System (TIMATIC-Info-Code-Fenster in diesem Kapitel) den aktuellen Stand der Gesundheitsbestimmungen abzurufen bzw. rechtzeitig vor der Reise ärztlichen Rat einzuholen.

	Vorsichtsmaßnahmen empfohlen	Impfschein erforderlich
Gelbfieber	Nein	Nein
Cholera	Ja	1
Typhus & Polio	2	-
Malaria	3	-
Essen & Trinken	4	-

[1]: Eine Impfbescheinigung gegen Cholera ist keine Einreisebedingung, das Risiko einer Infektion besteht jedoch. Da die Wirksamkeit der Schutzimpfung umstritten ist, empfiehlt es sich, rechtzeitig vor Antritt der Reise ärztlichen Rat einzuholen. Näheres unter *Gesundheit* (s. Inhaltsverzeichnis).
[2]: Typhus kommt vor, Poliomyelitis jedoch nicht.
[3]: Malariarisiko besteht ganzjährig in allen Landesteilen. Die vorherrschende gefährlichere Form *Plasmodium falciparum* soll Chloroquin-resistent sein.
[4]: Wasser sollte generell vor der Benutzung zum Trinken, Zähneputzen und zur Eiswürfelbereitung entweder abgekocht oder anderweitig sterilisiert werden. Milch ist nicht pasteurisiert und sollte ebenfalls abgekocht werden. Trocken- und Dosenmilch nur mit keimfreiem Wasser anrühren. Milchprodukte aus ungekochter Milch sollten vermieden werden. Fleisch- und Fischgerichte nur gut durchgekocht und heiß serviert essen. Der Genuß von rohen Salaten und Mayonnaise sollte vermieden werden. Gemüse sollte gekocht und Obst geschält werden.
Tollwut kommt vor. Wer ein erhöhtes Risiko eingeht (z. B. längerer Aufenthalt in abgelegenen Gebieten), sollte vor Reiseantritt eine Schutzimpfung erwägen. Bei Bißwunden so schnell wie möglich ärztliche Hilfe in Anspruch nehmen. Weitere Informationen im Kapitel *Gesundheit* (s. Inhaltsverzeichnis).
Hepatitis A, B und *E* kommen ebenfalls vor.
Meningokokken-Meningitis kommt ebenfalls vor.
Gesundheitsvorsorge: Der Abschluß einer Reisekrankenversicherung wird dringend empfohlen.

REISEVERKEHR - International

FLUGZEUG: Die nationale Fluggesellschaft heißt *Air Comores (OR)*. Es gibt keine Direktverbindungen auf die Komoren. *Air France* fliegt von Frankfurt, Wien und Zürich aus über Paris nach Moroni. Ferner ganzjährig Pauschalreiseverkehr.
Durchschnittliche Flugzeiten: *Frankfurt* – Moroni: 12 Std. 15; *Wien* – Moroni: 11 Std. 20; *Zürich* – Moroni: 11 Std. 50.
Internationaler Flughafen: *Moroni Hahaya* (HAH) liegt 25 km südlich der Stadt. Eine Busfahrt zur Stadt dauert etwa 30 Minuten. Taxis sind ebenfalls vorhanden.
Flughafengebühren: 54 DM, 20 sfr.
SCHIFF: Schiffsverbindungen von Madagaskar, Réunion, Mauritius oder Ostafrika (Mombasa, Kenia) nach Moroni oder Mutsamudu sind unregelmäßig. Die *Baraka-Belinga*-Linie verbindet die Komoren mit Frankreich. *Norwegian American* bietet Kreuzfahrten durch das Arabische Meer an (von Genua nach Mutsamudu).

REISEVERKEHR - National

FLUGZEUG: Jede Insel hat eine Landepiste. *Air Comores (OR)* bietet viermal wöchentlich Flüge zwischen Moroni, Mwali (Moheli) und Nzwani (Anjouan) sowie zweimal wöchentlich zwischen Moroni und Dzaoudzi (Mahore) an.
SCHIFF: Die Inseln werden durch regelmäßige Fähren miteinander verbunden. Besucher können Motor- und Segelboote sowie Kanus in den Dörfern und Städten am Meer mieten. Ein Boot ist besonders auf Mwali (Moheli) angebracht, da das Straßennetz hier recht dürftig ist.
BUS/PKW: Buschtaxis (*Taxis-brousse*), Miet- oder Privatwagen sind die einzigen Verkehrsmittel auf den Inseln. Besonders während der Regenzeit sind im Landesinneren und auf den entfernteren Inseln Fahrzeuge mit Allradantrieb angebracht. Man sollte vorsichtig fahren, da die Straßen schmal sind und Nutzvieh oft frei herumläuft. *Tourism Services Comoros* bietet einen Minibusdienst.
Unterlagen: Internationaler Führerschein.

UNTERKUNFT

Der Standard der Unterkünfte auf den Komoren wird ständig verbessert und die Bettenkapazität erweitert, aber es gibt momentan nur wenige Hotels, und man teilt sich oft das Zimmer. Einfache Unterkünfte (*Gîtes*) gibt es auf Mahore (Mayotte) und an den Hängen des aktiven Vulkans Karthala.

URLAUBSORTE & AUSFLÜGE

Auf den Komoren wachsen in allen Regionen zahlreiche Gemüsesorten. 65% des Weltbedarfs an Parfüm-Essenzen kommen von den Inseln und werden aus den Blüten des Ylang-Ylang, Jasmin und der Orange gewonnen. Ylang-Ylang-Essenzen werden z. B. in Haarpflegemitteln, Rheumamedikamenten und zusammen mit Kokosöl als Sonnenschutzmittel benutzt. Muskatnuß, Gewürznelken, Pfeffer, Basilikum und Vanille werden angebaut und sind ein weiterer Stützpfeiler der Wirtschaft.

NJAZIDJA (GRANDE COMORE): Moroni: Die Hauptstadt ist eine malerische, ruhige Stadt mit modernen Regierungsgebäuden und großen Plätzen sowie alten, engen und gewundenen Gassen und einem Marktplatz. Die Moscheen, einschl. der *Vendredi-Mosque*, von deren Minarett man eine gute Aussicht hat, sind sehr sehenswert.

Mont Karthala: Abenteuerlustige Besucher können den Berg besteigen und einen Blick in den Krater werfen – der Vulkan Mont Karthala (2761 m) brach 1977 zum letzten Mal aus. Man sollte eine Übernachtung in den vorhandenen Berghütten einplanen.

Das heutige Fischerdorf **Itsandra** (6 km von Moroni entfernt) war vor langer Zeit einmal die Hauptstadt der Insel und hat einen wunderschönen Sandstrand. Die alte Festung und die Königsgräber sind beide einen Besuch wert. Die einheimischen Männer führen gelegentlich traditionelle Tänze auf.

Ausflüge: Am *Lac Sale* gibt es heiße Schwefelquellen, und bei *Iconi* liegt ein Dorf aus dem 14. Jahrhundert. **Mitsamiouli** ist eine Stadt im Norden der Insel, die für ihre guten Tauchgründe und die Komoran-Tänzer bekannt ist. Auf der Insel gibt es besonders viele Spinnen und Fledermäuse, die teilweise auch am hellichten Tag unterwegs sind.

MWALI (MOHELI): Am Strand von **Fomboni** werden immer noch Dhaus gebaut. In der Nähe von **Miringoni** gibt es einen erfrischenden Wasserfall. Riesenwasserschildkröten kann man in der *Niumashuwa-Bucht* bestaunen.

NZWANI (ANJOUAN): Herrliche, kühle Wasserfälle und üppige Vegetation bestimmen das Landschaftsbild. Die Hauptstadt **Mutsamudou** wurde im swahilischen Shirazi-Stil erbaut. Die Häuser stammen überwiegend aus dem 17. Jahrhundert, und die geschnitzten Türen sind nicht nur architektonisch interessant. Gewinkelte Gassen, eine Moschee und eine Zitadelle laden zum Erforschen ein. Die ehemalige Hauptstadt **Domoni** ist ebenfalls sehenswert. Ausgezeichnete Strände findet man in der Nähe von **Bimbini**. In **Bambao** kann man Parfüm-Destillerien besichtigen.

MAHORE (MAYOTTE): Diese Insel wird weiterhin von Frankreich verwaltet. Sie ist von einem Korallenriff umgeben und bietet traumhafte Strände und ausgezeichnete Tauchmöglichkeiten. Besucher können die angeblich größte Lagune der Welt per Einbaum erkunden. Die Stadt **Dzaoudzi** hat einige interessante Befestigungsanlagen. **Pamanzi** ist eine kleine üppig bewaldete Insel, die 5 km entfernt liegt. In *Sulu* rauscht ein Wasserfall direkt ins Meer. In *Tsingoni* gibt es Überreste einer alten Moschee, außerdem kann man Zuckerraffinerien aus dem 19. Jahrhundert besichtigen.

SOZIALPROFIL

ESSEN & TRINKEN: Die Restaurants bieten Spezialitäten wie pikant gewürzte Soßen, Reisgerichte, Maniok, Kochbananen und Couscous, gegrilltes Ziegenfleisch, zahlreiche Meeresfrüchte und tropische Früchte an. Alkoholische Getränke sind verboten.

EINKAUFSTIPS: Einheimisches Kunstgewerbe kann man in Moroni auf Njazidja (Grande Comore) kaufen. Beliebte Mitbringsel sind Gold-, Perlen- und Muschelschmuck, Webstoffe, bestickte Kappen (*Koffia*) und Hausschuhe, geschnitzte Truhen, Holzreliefs, *Portes-Cran* (Lesepulte) sowie Ton- und Korbwaren. Meist kann man Souvenirs in den Dörfern kaufen, wo sie auch hergestellt werden. **Öffnungszeiten der Geschäfte:** Die meisten Geschäfte sind über Mittag von 13.00 bis 17.00 Uhr geschlossen.

SPORT: Es gibt ein Sportzentrum mit Bungalows an einem der Strände von Mahoré. **Wassersport:** Die **Tauchgründe** sind ausgezeichnet: besonders zu empfehlen sind das *Trou du Prophète* in Misamiouli (Njazidja), die *Niumashuwa*-Bucht (Mwali) und die kleine Pamanzi-Insel bei Mahore. Alle Inseln bieten wunderschöne Strände. *Pirogue*-(Kanu)-Rennen werden manchmal in der Lagune von Mahoré veranstaltet. **Segelboote** und **Kanus** kann man in vielen Häfen mieten.

SITTEN & GEBRÄUCHE: Die religiösen Bräuche sollten besonders während des Ramadans respektiert werden. Die Kleidung sollte zurückhaltend sein, obwohl die französischen Bewohner und Besucher recht lässig gekleidet sind. **Trinkgeld:** 10% ist üblich.

WIRTSCHAFTSPROFIL

WIRTSCHAFT: Die Wirtschaft der Komoren ist kaum entwickelt und stark von französischer Finanzhilfe abhängig. Der wichtigste Wirtschaftszweig ist die Landwirtschaft, Hauptexportprodukte sind Vanille (78%), Ylang-Ylang und Gewürznelken, außerdem wird Kopra ausgeführt. Erwerbsbringender Fischfang wird nur in geringem Umfang betrieben. Es gibt einige wenige Betriebe, die sich hauptsächlich auf die Verarbeitung von Vanille spezialisiert haben. Der Fremdenverkehr gewinnt zunehmend an Bedeutung. Der Verfall der Weltmarktpreise für die Hauptexportgüter des Landes ließ das Außenhandelsdefizit weiter anwachsen. Haupthandelspartner ist Frankreich, das 36% der Importe liefert und 41% der Exporte abnimmt. Wichtige Bezugsländer sind außerdem Südafrika, die USA und Japan.

GESCHÄFTSVERKEHR: Geschäftszeiten: Mo-Fr 08.00-12.00 und 14.00-17.00 Uhr.

Kontaktadressen: *Die wirtschaftlichen Interessen Österreichs werden von der Außenhandelsstelle in Johannesburg (s. Südafrika) wahrgenommen.*

Chambre de Commerce, d'Industrie et d'Agriculture (Industrie- und Handelskammer), BP 763, Moroni.

KLIMA

Sehr warmes Tropenklima. An den Küsten heiß und sehr schwül (Dezember bis März); häufige Niederschläge und saisonbedingte Wirbelstürme. In den höheren Lagen ist es besonders nachts kühler mit vielen Niederschlägen. **Kleidung:** Leichte Baumwollkleidung und Regenschutz. Wärmere Kleidung und Regenschutz für die Berge.

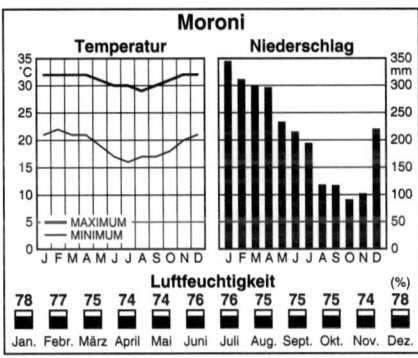

COLUMBUS ATLAS

Auf ca. 100 Seiten enthält dieser Atlas unter anderem europäische Fähr- und Eisenbahnverbindungen und weltumspannende Kreuzfahrtkarten, Straßenkarten, Gebietskarten vielbesuchter Regionen wie z. B. Costa Brava, Florida u. a. Falls Sie bei der Beratung oder Reiseplanung verstärkt auf Karten zurückgreifen möchten, werden Sie diesen speziell auf die Reisebranche zugeschnittenen Atlas unentbehrlich finden – und dazu besonders preisgünstig!

Weitere Einzelheiten von:
Columbus Press, Verkaufsabteilung,
Aurikelweg 9,
D-38108 Braunschweig.
Tel: 05309/2123. Telefax: 05309/2877.

Kongo

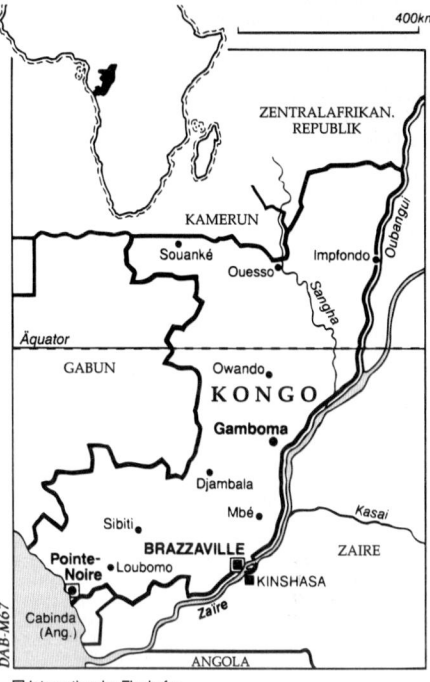

Lage: Zentralafrika, Westküste Äquatorialafrikas.

Direction Générale du Tourisme et des Loisirs (Fremdenverkehrsamt)
BP 456
Brazzaville
Tel: 83 09 53. Telex: 5210.
Botschaft der Republik Kongo
Rheinallee 45
D-53173 Bonn
Tel: (0228) 35 83 55. Telefax: (0228) 36 11 31.
Mo-Fr 09.00-15.00 Uhr.
(auch für Österreich zuständig)
Konsulat der Republik Kongo
82 Rue de Lausanne
CH-1202 Genf
Tel: (022) 738 43 44. Telefax: (022) 731 92 25.
Mo-Fr 10.00-12.00 und 14.00-16.30 Uhr.
Botschaft der Bundesrepublik Deutschland
Villa Marina
L'angle de la Rue de Reims et de la Rue de Pavie
BP 2022
Brazzaville
Tel: 83 29 90, 83 11 27. Telefax: 83 73 67.
Honorarkonsulat in Point-Noire.
Die Interessenvertretung Österreichs erfolgt durch die Botschaft in Lagos (s. Nigeria) und die der Schweiz erfolgt durch die Botschaft in Kinshasa (s. Zaïre).

FLÄCHE: 342.000 qkm.
BEVÖLKERUNGSZAHL: 2.443.000 (1993).
BEVÖLKERUNGSDICHTE: 7 pro qkm.
HAUPTSTADT: Brazzaville. **Einwohner:** 760.300 (1990).
GEOGRAPHIE: Kongo grenzt im Norden an Kamerun und die Zentralafrikanische Republik, im Osten an Zaïre, im Südwesten an den Atlantik und die angolanische Enklave von Cabinda und im Westen an Gabun. Große Gebiete des Landes bestehen aus Sümpfen, Savannen und dichten Wäldern. Die Flüsse sind die einzigen Ver-

TIMATIC INFO-CODES

*Abrufbar über Ihr CRS-System (für START/Amadeus Ama-Maske benutzen). Für Galileo bitte TI-DFT eingeben (**mit Bindestrich**).*

Flughafengebühren	TI DFT/ BZV/TX
Währung	TI DFT/ BZV /CY
Zollbestimmungen	TI DFT/ BZV /CS
Gesundheit	TI DFT/ BZV /HE
Reisepassbestimmungen	TI DFT/ BZV /PA
Visabestimmungen	TI DFT/ BZV /VI

Kongo

bindungen ins Landesinnere. Der gewaltige Strom Kongo und seine Nebenflüsse bilden den größten Teil der Grenze zu Zaïre und entwässern gleichzeitig die Sümpfe im nördlichen Landesteil. Die schmale, sandige Küstenebene wird von Lagunen aufgelockert, hinter denen die Mayombe-Berge aufragen. Die Mehrheit der Bevölkerung lebt im Süden des Landes.
STAATSFORM: Republik, neue Verfassung seit März 1992. Staatsoberhaupt: Pascal Lissouba, seit August 1992. Regierungschef: General Jacques-Joachim Yhombi-Opango, seit Juni 1993. Aufgrund der politischen Umorientierung von Militärherrschaft zu demokratischem Mehrparteiensystem kommt es immer wieder zu Unruhen.
SPRACHE: Amtssprache ist Französisch. Lingala, Monokutuba, Sanga, Teke, Ubangi und Kikongo sind ebenfalls gebräuchlich. Es wird nur sehr wenig Englisch gesprochen.
RELIGION: Naturreligionen mit christlichen und islamischen Minderheiten.
ORTSZEIT: MEZ.
NETZSPANNUNG: 220 V, 50 Hz; Adapter empfehlenswert.
POST- UND FERNMELDEWESEN: Telefon: Selbstwählferndienst. Landesvorwahl: 242. Verbindungen nach Europa sind normalerweise gut. **Telexe/Telegramme** können in den Hauptpostämtern und einigen Hotels in den Städten aufgegeben werden. **Post:** Die Post ist eher unzuverlässig. Öffnungszeiten der Postämter: Mo-Fr 07.30/8.00-12.00 und 14.30-17.30 Uhr; für Briefmarkenverkauf und Telegrammaufgabe Mo-Sa 08.00-20.00 Uhr; sonn- und feiertags 08.00-12.00 Uhr.
DEUTSCHE WELLE
Der Einsatz der Kurzwellenfrequenzen ändert sich mehrfach im Laufe eines Jahres, und Sendungen auf den folgenden Frequenzen werden jeweils nur zu bestimmten Tageszeiten ausgestrahlt. Näheres in der Einleitung.

MHz	15,275	15,135	11,795	9,545	6,075
Meterband	19	19	25	31	49

REISEPASS/VISUM

Wichtiger Hinweis: Die Einreisebestimmungen mancher Länder können sich kurzfristig ändern – rufen Sie sicherheitshalber auf Ihrem CRS-System (TIMATIC-Info-Code-Fenster in diesem Kapitel) den aktuellen Stand ab bzw. wenden Sie sich an die zuständige diplomatische Vertretung. Etwaige Zahlen in der Tabelle beziehen sich auf nachfolgende Fußnoten.

	Paß erforderlich?	Visum erforderlich?	Rückflugticket erforderlich?
Deutschland	Ja	Ja	Ja
Österreich	Ja	Ja	Ja
Schweiz	Ja	Ja	Ja
Andere EU-Länder	Ja	Ja	Ja

REISEPASS: Allgemein erforderlich zur Einreise.
VISUM: Allgemein erforderlich.
Visaarten: Transit- und Einreisevisa für einmalige und mehrfache Einreise.
Visagebühren: Unterschiedlich je nach Visum und Aufenthaltsdauer. *Deutschland:* Transitvisum: 100-150 DM; 30-Tage-Visum: 150-200 DM; 60-Tage-Visum: 200-250 DM; 90-Tage-Visum: 250-300 DM; 6-Monats-Visum: 300-350 DM.
Schweiz: Transit- und 15-Tage-Visa: 50 sfr.
Gültigkeitsdauer: Transitvisa berechtigen zu einem Aufenthalt von 72 Std. In Deutschland ausgestellte Transitvisa gelten für 3 Monate nach Ausstellung, in der Schweiz ausgestellte für 15 Tage. In Deutschland werden außerdem Ein- und Mehrfachvisa für 30, 60 und 90 Tage sowie für 6 Monate (jeweils für einmalige und mehrfache Einreise) ausgestellt. In Genf sind nur 15-Tage-Visa erhältlich.
Antragstellung: Konsulat oder Konsularabteilung der Botschaft (Adressen s. o.).
Unterlagen: (a) Antragsformular. (b) Paßfoto. (c) Reisepaß (mind. noch 6 Monate gültig). (d) Gebühr. (e) Rück- oder Weiterreiseticket und/oder Buchungsbestätigung des Hotels (bei Beantragung in Bonn nicht obligatorisch). (f) Für Geschäftsreisen zusätzlich ein Firmenschreiben mit Angaben über den Zweck der Reise. (g) Bei der Beantragung in Genf wird außerdem eine Gelbfieber-Impfbescheinigung verlangt. Bei Antragstellung auf dem Postweg sollte ein frankierter Rückumschlag und ein Zahlungsbeleg über die Visumgebühren beigefügt werden.
Bearbeitungszeit: Bei postalischer Antragstellung bis zu einer Woche, bei persönlicher Beantragung erfolgt die Ausstellung am selben Tag.
Aufenthaltsgenehmigung: Anfragen richten Sie bitte an die *Direction de Sécurité d'Etat* in Brazzaville.

GELD

Währung: 1 CFA-Franc (CFA Fr) = 100 Centimes. Banknoten sind im Wert von 10.000, 5000, 1000 und 500 CFA Fr in Umlauf; Münzen im Wert von 500, 100, 50, 25,10, 5, 2 und 1 CFA Fr. Der Kongo ist Teil der französischen Währungszone, und die Banknoten gelten in allen Ländern des ehemaligen Französisch-Äquatorialafrika (Gabun, Kamerun, Kongo, Tschad und Zentralafrikanische Republik).
Kreditkarten: *Diners Club* und *Eurocard* werden teilweise akzeptiert. Einzelheiten vom Aussteller der betreffenden Kreditkarte.
Reiseschecks sollten in Französischen Franc oder US-Dollar ausgestellt sein.
Wechselkurse

	CFA Fr Sept. '92	CFA Fr Febr. '94	CFA Fr Jan. '95	CFA Fr Jan. '96
1 DM	169,38	339,41	344,31	342,57
1 US$	251,72	589,20	533,68	492,45

Devisenbestimmungen: Keine Ein- oder Ausfuhrbeschränkungen für Fremdwährungen, es besteht jedoch Deklarationspflicht. Die Einfuhr der Landeswährung ist unbeschränkt, die Ausfuhr ist auf 25.000 CFA Fr beschränkt.
Öffnungszeiten der Banken: Mo-Sa 06.20-13.00 Uhr (Schalter schließen um 11.30 Uhr).

DUTY FREE

Folgende Artikel können zollfrei in den Kongo eingeführt werden:
*200 Zigaretten oder eine Kiste Zigarren oder Tabak (Frauen dürfen nur Zigaretten einführen);
1 Flasche Spirituosen;
Parfüm für den persönlichen Gebrauch.*
Anmerkung: Sportgewehre dürfen nur mit besonderer Genehmigung eingeführt werden.

GESETZLICHE FEIERTAGE

1. Mai '96 Tag der Arbeit. **15. Aug.** Unabhängigkeitstag. **25. Dez.** Weihnachten. **1. Jan. '97** Neujahr. **28. März** Karfreitag. **31. März** Ostermontag. **1. Mai** Tag der Arbeit.
Anmerkung: Der 31. Juli und der 13./14. August sind inoffizielle Feiertage. Durch den politischen Umbruch können sich Änderungen ergeben.

GESUNDHEIT

In der folgenden Tabelle aufgeführte Impfvorschriften können sich kurzfristig ändern. Es wird stets empfohlen, auf Ihrem CRS-System (TIMATIC-Info-Code-Fenster in diesem Kapitel) den aktuellen Stand der Gesundheitsbestimmungen abzurufen bzw. rechtzeitig vor der Reise ärztlichen Rat einzuholen.

	Vorsichtsmaßnahmen empfohlen	Impfschein erforderlich
Gelbfieber	Ja	1
Cholera	2	2
Typhus & Polio	Ja	-
Malaria	3	-
Essen & Trinken	4	-

[1]: Eine Impfbescheinigung gegen Gelbfieber wird von allen Reisenden verlangt, die über ein Jahr alt sind.
[2]: Eine Impfbescheinigung gegen Cholera ist keine Einreisebedingung, das Risiko einer Infektion besteht jedoch. Da die Wirksamkeit der Schutzimpfung umstritten ist, empfiehlt es sich, rechtzeitig vor Antritt der Reise ärztlichen Rat einzuholen. Näheres unter *Gesundheit* (s. Inhaltsverzeichnis).
[3]: Malariarisiko ganzjährig in allen Landesteilen. Die vorherrschende gefährlichere Form *Plasmodium falciparum* soll stark Chloroquin-resistent sein.
[4]: Wasser sollte generell vor der Benutzung zum Trinken, Zähneputzen und zur Eiswürfelbereitung entweder abgekocht oder anderweitig sterilisiert werden. Milch ist nicht pasteurisiert und sollte ebenfalls abgekocht werden. Dosenmilch und Milchpulver nur mit keimfreiem Wasser anrühren. Milchprodukte aus ungekochter Milch am besten vermeiden. Fleisch- und Fischgerichte nur gut durchgekocht und heiß serviert essen. Der Genuß von Schweinefleisch, rohen Salaten und Mayonnaise sollte vermieden werden. Gemüse sollte gekocht und Obst geschält werden.
Tollwut kommt vor. Wer ein erhöhtes Risiko eingeht (z. B. längerer Aufenthalt in abgelegenen Gebieten), sollte vor Reiseantritt eine Schutzimpfung erwägen. Bei Bißwunden so schnell wie möglich ärztliche Hilfe in Anspruch nehmen. Weitere Informationen im Kapitel *Gesundheit* (s. Inhaltsverzeichnis).
Bilharziose-Erreger kommen in manchen Teichen und Flüssen vor, das Schwimmen und Waten in Binnengewässern sollte daher vermieden werden. Gut gepflegte Schwimmbecken mit gechlortem Wasser sind unbedenklich.
Hepatitis A, B und *E* kommen ebenfalls vor.
Gesundheitsvorsorge: Außerhalb von Brazzaville ist die medizinische Versorgung eher lückenhaft. Der Abschluß einer Reisekrankenversicherung wird unbedingt empfohlen.

REISEVERKEHR - International

FLUGZEUG: *Air France* und *Air Afrique* (die Regierung Kongos ist Aktionär dieser Fluggesellschaft) betreiben Flugdienste nach Brazzaville. *Swissair* bietet Direktflüge von Zürich nach Brazzaville über Genf an mit ein oder zwei Zwischenstopps in Afrika. Alle anderen Flüge gehen über Paris, die Flugzeiten hängen von der jeweiligen Anschlußverbindung ab.
Durchschnittliche Flugzeiten: *Zürich* – Brazzaville: 9 Std. 15 (reine Flugzeit); *Paris* – Brazzaville: 9 Std. (einschl. Stopp).
Internationale Flughäfen: *Brazzaville* (BZV) (Maya Maya) liegt 4 km nordwestlich der Stadt. Flughafeneinrichtungen: Restaurant und Mietwagenschalter (*Europcar* und *Hertz* sowie einheimische Firmen). Taxis sind ebenfalls vorhanden.
Pointe-Noire (PNR) liegt 5,5 km außerhalb der Stadt. Taxis stehen zur Verfügung.
Flughafengebühren: Unterschiedlich je nach Fluggesellschaft und Flugroute, umgerechnet ca. 18,50 sfr für die Verbindung Brazzaville – Zürich.
SCHIFF: Frachtschiffe laufen Pointe-Noire an. Stündlich fährt eine Fähre über den Kongo von Kinshasa (Zaïre) nach Brazzaville (Fahrzeit 20 Min.). Fähren auf dem Ubangi verbinden Kongo mit der Zentralafrikanischen Republik.
BUS/PKW: Es gibt Straßen von Lambaréné (Gabun) nach Loubomo und Brazzaville. Die Verbindungsstraße von Kamerun ist nur in der Trockenzeit befahrbar. Anreise auch über Zaïre und Angola möglich.

REISEVERKEHR - National

FLUGZEUG: Die nationale Fluggesellschaft *Lina Congo* (GC) bietet Linienflüge nach Pointe-Noire, Boundji, Djambala, Epena, Kindamba, Loubomo, Makoua, Ouesso, Owando, Sibiti, Souanke und Zanaga und außerdem nach Banjul (Gambia) und Libreville (Gabun) an. Flugtaxis stehen ebenfalls zur Verfügung.
Flughafengebühren: 500 CFA Fr für alle Inlandflüge.
SCHIFF: Dampfer verkehren von Brazzaville aus auf dem Kongo und dem Ubangi. Die Flüsse sind als Verkehrswege von großer Bedeutung.
BAHN: Das Streckennetz wird durch die *Congo-Ocean*-Eisenbahngesellschaft betrieben. Es gibt täglich zwei Verbindungen zwischen Brazzaville und Pointe-Noire (Fahrzeit 11-15 Std., dreimal wöchentlich mit Liegewagen) sowie täglichen Zugverkehr von Mbinda; alle Züge haben Speisewagen. Man sollte im voraus buchen und sich nicht auf die Fahrpläne verlassen.
BUS/PKW: Straßen sind meist unbefestigte Sandpisten und nur in der Trockenzeit mit Allradantrieb befahrbar. Rund 1200 km (10%) des gesamten Straßennetzes sind asphaltiert. **Mietwagen:** Zahlreiche Verleihfirmen haben Niederlassungen in Brazzaville, ein Verzeichnis ist in den größeren Hotels erhältlich.
Unterlagen: Internationaler Führerschein.
STADTVERKEHR: In Brazzaville verkehren Minibusse. In Brazzaville, Pointe-Noire und Loubomo gibt es Taxis – ohne Taxameter, der Fahrpreis sollte vor der Abfahrt vereinbart werden. Extra Trinkgeld wird nicht erwartet.

UNTERKUNFT

Die Unterkunftsmöglichkeiten beschränken sich im wesentlichen auf Brazzaville, Loubomo und Pointe-Noire. Das Hotelangebot in den genannten Städten ist relativ gut.

URLAUBSORTE & AUSFLÜGE

Die Hauptstadt **Brazzaville** liegt an der Westseite des Malebo-Beckens am Kongo. Die alte Kathedrale St. Fir-

---

Eine weitere wichtige Veröffentlichung von Columbus Press ist der »World Travel Guide«, der jährlich herausgegeben wird und Informationen in englischer Sprache auf mehr als tausend Seiten über alle Länder der Erde enthält.

*Weitere Einzelheiten von:
Columbus Press, Verkaufsabteilung, Aurikelweg 9, D-38108 Braunschweig.
Tel: 05309/2123. Telefax: 05309/2877.*

min, der Vorort Poto Poto, die Tempelmoschee, die bunten fröhlichen Märkte in Ouendze und Moungali und das Nationalmuseum gehören zu den Hauptsehenswürdigkeiten. Der Stadtpark lädt zu erholsamen Spaziergängen ein. Interessant ist auch das Haus, das eigens für de Gaulle gebaut wurde, als Brazzaville im 2. Weltkrieg vorübergehend Hauptstadt des freien Frankreich war. 150 km nördlich der Hauptstadt liegt das historische Dorf **M'Bé**, die Hauptstadt König Makokos. Beliebte Ausflugsziele sind ferner der *Bleu-See* und das *Tal der Schmetterlinge*.

Südlich von Brazzaville (11 km auf geteerten Straßen) liegen die tosenden Stromschnellen des Kongos, die glitzernden *Foulakari-Fälle* und das *Trou de Dieu*, das einen einzigartigen Rundblick über die umliegende Landschaft bietet.

Die größte Küstenstadt, **Pointe-Noire**, ist für ihren farbenfrohen abendlichen Markt bekannt. Herrliche einsame Strände finden Sonnenhungrige in der Region *Côte Sauvage*. An der gesamten Küste, in den Flüssen und den Seen *Nago* und *Kayo* gibt es gute Fischgründe. In *Mayombé* (150 km im Landesinneren) und in der *Lagune von Gounkouati* ist die Landschaft besonders reizvoll, und die artenreiche Tierwelt wird nicht nur Tierfreunde begeistern.

SOZIALPROFIL

ESSEN & TRINKEN: In den Restaurants findet man überwiegend französische Küche; an der Küste stehen oft Meeresfrüchte, Riesenaustern und Garnelen auf der Speisekarte. Die Hotelrestaurants in Brazzaville bieten ausgezeichnete französische Gerichte an, manche sind auch auf italienische, libanesische und vietnamesische Küche spezialisiert. Einige Restaurants, wie am Nanga-See und im Grand Hotel (Loubomo), bieten afrikanische Spezialitäten wie *Piri Piri* (Huhn mit Pfeffer), *Mohambe* (Huhn in Palmöl), Maniokblätter oder *Paka Paka* in Palmöl. Die Restaurants und Bars in Pointe-Noire und Loubomo haben Tischbedienung, in einigen Bars gibt es auch Tresenbedienung.

NACHTLEBEN: In den größeren Städten treten einheimische Musikbands auf. In Brazzaville und Pointe-Noire gibt es mehrere Nachtklubs.

EINKAUFSTIPS: Die Geschäfte und bunten Märkte in Brazzaville haben für jeden Geschmack etwas anzubieten. Das Kunst- und Gewerbezentrum in Poto Poto ist u. a. auf einheimische Gemälde und geschnitzte Holzmasken und Holzfiguren spezialisiert. Die beiden größten Märkte sind in Moungali und Ouendze. In der Avenue Foch findet ein Straßenmarkt mit fliegenden Händlern statt. Auf den Freiluftmärkten in den Dörfern Makana und M'Pila (3 km von Brazzaville) werden Ton- und Korbwaren angeboten. **Öffnungszeiten der Geschäfte:** Mo-Sa 08.00-12.00 und 15.00-18.00 Uhr. Einige Geschäfte schließen Montag nachmittags, manche haben Sonntag morgens geöffnet.

SPORT: In Brazzaville gibt es gute **Segelmöglichkeiten**, **Reit-** und **Golfplätze**. An der Küste bei Pointe-Noire ist **Angeln** sehr beliebt. Der *Plage Mandaine* ist ein geschützt liegender Badeort mit guten **Wasserskimöglichkeiten** und **Jachthäfen**. Die Lagunen bei Gounkouati sind für ihren Fischreichtum bekannt.

VERANSTALTUNGSKALENDER
Das Transkongo-Autorennen findet jedes Jahr von Ende März bis Anfang April statt.

SITTEN & GEBRÄUCHE: Die üblichen Höflichkeitsformen sollten bei Einladungen beachtet werden, kleine Geschenke sind gern gesehen. Zwanglose Alltagskleidung wird überall akzeptiert. Kunstvolle Schnitzereien, überlieferte Tänze und Lieder aller Art spielen in der sehr traditionellen Kultur Kongos eine bedeutende Rolle. Immer mehr Menschen verlassen die Walddörfer auf der Suche nach Arbeit, und fast die Hälfte der Bevölkerung lebt heute in den Städten, vor allem in Brazzaville. Im Kongo arbeiten viele ausländische Techniker, Geschäftsleute und Händler. **Fotografieren:** Öffentliche Gebäude und Einrichtungen sollten nicht fotografiert werden. **Trinkgeld:** In Hotels und Restaurants 10%. Gepäckträger erwarten kein Trinkgeld.

WIRTSCHAFTSPROFIL

WIRTSCHAFT: Die Bevölkerung, mehrheitlich Bantus, setzt sich aus 14 unterschiedlichen Volksgruppen (u. a. Kongos, Tékés und Boubangius) zusammen. Etwa 50% der Bevölkerung leben in den Städten. Die jungen Leute ziehen schon seit Generationen die Arbeit in den Städten der Selbstversorgung in den Dschungeldörfern vor. Erdöl und Erdölprodukte sind die wichtigsten Exportgüter des Landes. Die Forstwirtschaft ist einer der Haupterwerbszweige. Etwa 60% der Staatsfläche sind bewaldet, die Hälfte ist Nutzwald. Ca. 60% der Erwerbstätigen sind in Forst- und Landwirtschaft beschäftigt. Für die eigene Nahrungsmittelversorgung ist der Kongo dennoch zum Teil auf Lebensmittelimporte angewiesen. Angebaut werden als die Grundnahrungsmittel Maniok und Kochbananen für den Eigenverbrauch sowie Palmöl, Zucker, Kakao und Kaffee für den Export. Weitere 12% der Erwerbstätigen sind in der Industrie beschäftigt, die Erdölgewinnung ist der wichtigste Industriezweig. Sie erbringt 83% der Exporteinnahmen und sorgt für eine günstige Handelsbilanz. Bedingt durch den Verfall der Ölpreise auf dem Weltmarkt sank der Anteil der Ölexporte am erwirtschafteten Bruttosozialprodukt jedoch in den achtziger Jahren von 40% auf 15%. Der produktive Agrarsektor bewahrte den Kongo allerdings vor einer größeren Wirtschaftskrise. Die Erdölexporte gehen überwiegend in die USA sowie nach Spanien und Frankreich. Die USA, Belgien und Italien sind die wichtigsten Exportpartner. Hauptbezugsländer sind neben Frankreich – das 37% der Importgüter liefert – Italien, die USA und Hongkong. Importiert werden vor allem Maschinen, Transportgeräte, Eisen, Stahl und Lebensmittel. Der Kongo ist Mitglied der CFA-Franc-Zone und der Zentralafrikanischen Wirtschafts- und Zollunion *UDEAC*. Nach der Unabhängigkeit verfolgte der Kongo eine sozialistische Wirtschaftspolitik, seit Ende 1989 erfolgt jedoch eine Umorientierung zur freien Marktwirtschaft.

GESCHÄFTSVERKEHR: Anzug und Krawatte bzw. Kostüm sind in der Regel nur bei Verhandlungen mit Regierungsbeamten üblich, jedoch nicht bei Geschäftstreffen. Französischkenntnisse sind unbedingt erforderlich, da keine Übersetzer- und Dolmetscherdienste zur Verfügung stehen. Geschäftsreisen legt man am besten in die Monate Januar bis März und Juni bis September.
Geschäftszeiten: Mo-Fr 07.00-14.00 Uhr, Sa 07.00-12.00 Uhr.
Kontaktadressen: *Die wirtschaftlichen Interessen Österreichs werden von der Außenhandelsstelle in Lagos (s. Nigeria) wahrgenommen.*
Chambre de Commerce d'Agriculture et d'Industrie (Industrie- und Handelskammer), BP 92, Brazzaville. Tel: 83 21 15.

KLIMA

Tropisches, feuchtheißes Klima mit kurzen Regenzeiten zwischen Oktober und Dezember und langen Regenzeiten von Mitte Januar bis Mitte Mai. Haupttrockenzeit zwischen Mai und September.
Kleidung: Praktische und leichte Baumwoll- oder Leinenkleidung. Leichter Regenschutz während der Regenzeit.

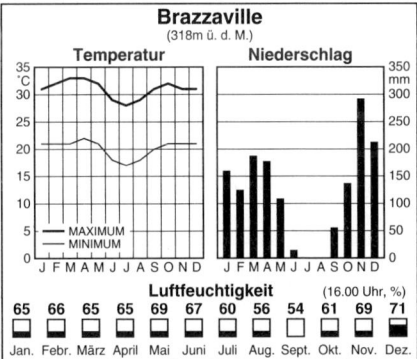

Pass- und Visavorschriften mancher Länder können sich kurzfristig ändern – Im Zweifelsfall erkundigen Sie sich bitte vor der Abreise bei der zuständigen Botschaft

---

Zur Benutzung der Timatic-Codes beachten Sie bitte auch die *Einleitung*

Korea (Nord)

Lage: Ostasien.

Studienreisen Max Klingenstein GesmbH
Bayerngasse 1/11
A-1030 Wien
Tel: (0222) 714 32 18. Telefax: (0222) 713 99 36.
Mo-Fr 09.00-17.00 Uhr.
Ryohaengsa (Fremdenverkehrsamt)
Central District
Pyongyang
Tel: (2) 81 72 01. Telefax: (2) 81 76 07.
Außenstelle der Botschaft der VR China – Büro für den Schutz der Interessen der Demokratischen Volksrepublik Korea
Glinkastraße 5-7
D-10117 Berlin
Tel: (030) 229 31 89. Telefax: (030) 229 31 91, 229 40 42.
Mo-Fr 08.00-12.00 und 13.00-17.00 Uhr.
Botschaft der Demokratischen Volksrepublik Korea
Beckmanngasse 10-12
A-1140 Wien
Tel: (0222) 894 23 11/13. Telefax: (0222) 894 31 74.
Mo-Fr 09.00-17.00 Uhr.
Botschaft der Demokratischen Volksrepublik Korea
Pourtalèsstraße 43
CH-3074 Muri
Tel: (031) 951 66 21. Telefax: (031) 951 57 04.
Mo-Fr 08.00-12.00 und 14.00-18.00 Uhr.
Interessenvertretung der Bundesrepublik Deutschland
c/o Königlich-Schwedische Botschaft
Munsudong District
Pyongyang
Tel: (2) 381 73 85, 381 74 89. Telefax: (2) 381 76 21.
Österreich und die Schweiz unterhalten keine diplomatischen Vertretungen in der Demokratischen Volksrepublik Korea. Zuständig sind die jeweiligen Botschaften in Beijing (s. China).

FLÄCHE: 120.538 qkm.
BEVÖLKERUNGSZAHL: 23.036.000 (1993).
BEVÖLKERUNGSDICHTE: 191 pro qkm.
HAUPTSTADT: Pyongyang. **Einwohner:** 2.360.000 (1987, mit Außenbezirken).
GEOGRAPHIE: Die Demokratische Volksrepublik Korea grenzt im Norden an China und die Russische Föderation, im Osten an das Japanische Meer, im

TIMATIC INFO-CODES

Abrufbar über Ihr CRS-System (für START/Amadeus Amaske benutzen). Für Galileo bitte TI-DFT eingeben (mit Bindestrich).

Flughafengebühren	TI DFT/ FNJ /TX
Währung	TI DFT/ FNJ /CY
Zollbestimmungen	TI DFT/ FNJ /CS
Gesundheit	TI DFT/ FNJ /HE
Reisepassbestimmungen	TI DFT/ FNJ /PA
Visabestimmungen	TI DFT/ FNJ /VI

Westen und Süden an das Gelbe Meer und im Süden an die entmilitarisierte Zone, die sie von der Republik Korea trennt. Das Land besteht zum größten Teil aus Hügeln, kleineren Mittelgebirgen und endlosen Wäldern; nur ein kleines Gebiet ist landwirtschaftlich nutzbar. Es gibt großangelegte Wasserschutz- und Bodenerhaltungsprogramme, einschl. der Landgewinnung vom Meer. Die Ostküste ist felsig mit steilen Klippen, die dramatisch aus dem Meer aufragen. In dieser Gegend gibt es die meisten Flüsse und Wasserwege.
STAATSFORM: Kommunistische Volksrepublik. Staatsoberhaupt: Kim Jong Il (Oberbefehlshaber und Vorsitzender der nationalen Verteidigungskommission), seit 1994. Regierungschef: Kang Song San, seit Dezember 1992.
SPRACHE: Amtssprache ist Koreanisch. Russisch und Chinesisch sind z. T. als Handelssprachen gebräuchlich. Englisch wird auch teilweise gesprochen.
RELIGION: Überwiegend Konfessionslose (68%); Buddhismus, Konfuzianismus.
ORTSZEIT: MEZ + 8.
NETZSPANNUNG: 110/220 V, 60 Hz.
POST- UND FERNMELDEWESEN: **Telefon:** Selbstwählferndienst nur nach Pyongyang, das interne Telefonnetz ist jedoch sehr klein. **Landesvorwahl: 850.** **Telexe/Telegramme** können in allen Hotels in Pyongyang aufgegeben werden. **Post:** Der Postverkehr ist langsam und außerhalb der Hauptstadt recht eingeschränkt. Luftpost nach Europa ist bis zu 10 Tagen unterwegs. Öffnungszeiten der Postämter: tgl. 09.00-21.00 Uhr.
DEUTSCHE WELLE
Der Einsatz der Kurzwellenfrequenzen ändert sich mehrfach im Laufe eines Jahres, und Sendungen auf den folgenden Frequenzen werden jeweils nur zu bestimmten Tageszeiten ausgestrahlt. Näheres in der Einleitung.

MHz	21,640	13,780	12,000	11,795	9,715
Meterband	13	22	25	25	31

REISEPASS/VISUM

Wichtiger Hinweis: *Die Einreisebestimmungen mancher Länder können sich kurzfristig ändern – rufen Sie sicherheitshalber auf Ihrem CRS-System (TIMATIC-Info-Code-Fenster in diesem Kapitel) den aktuellen Stand ab bzw. wenden Sie sich an die zuständige diplomatische Vertretung. Etwaige Zahlen in der Tabelle beziehen sich auf nachfolgende Fußnoten.*

	Paß erforderlich?	*Visum erforderlich?*	*Rückflugticket erforderlich?*
Deutschland	Ja	Ja	Ja
Österreich	Ja	Ja	Ja
Schweiz	Ja	Ja	Ja
Andere EU-Länder	Ja	Ja	Ja

REISEPASS: Allgemein erforderlich zur Einreise.
VISUM: Visumzwang für alle Reisende.
Visagebühren: 30 DM, 150 öS, 20 sfr.
Antragstellung: Konsularabteilung der Botschaft (Adressen s. o.). Besucher können in der Regel in einer vom koreanischen Fremdenverkehrsamt genehmigten Gruppenreise das Land bereisen. Individualreisen sind nur möglich, wenn die gesamte Reiseroute im voraus gebucht und genehmigt wurde.
Unterlagen: (a) 2 Formulare. (b) 2 Paßfotos. (c) Gültiger Reisepaß. (d) Rückflugticket. (e) Bei Geschäftsreisen: Einladung von der Firma.
Bearbeitungszeit: Etwa 14 Tage.

GELD

Währung: 1 Won (NKW) = 100 Chon. Banknoten gibt es im Wert von 100, 50, 10, 5 und 1 NKW; Münzen sind im Wert von 1 NKW sowie 50, 10, 5 und 1 Chon in Umlauf.
Wechselkurse

	NKW Sept. '92	NKW Febr. '94	NKW Jan. '95	NKW Jan. '96
1 DM	1,45	1,24	1,39	1,50
1 US$	2,16	2,16	2,15	2,15

Devisenbestimmungen: Die Ein- und Ausfuhr der Landeswährung ist verboten. Die Ein- und Ausfuhr von Fremdwährungen ist unbeschränkt, es besteht aber Deklarationspflicht.

DUTY FREE

Folgende Artikel können zollfrei nach Nordkorea eingeführt werden:
Eine angemessene Menge Tabak und Spirituosen.
Einfuhrverbot: Die Einfuhr von Waffen, Munition, Sprengstoff, Drogen, Radios und Ferngläsern ist verboten. Lebensmittel, Tiere und Pflanzen dürfen nur mit schriftlicher Genehmigung eingeführt werden. Persönliche Gegenstände wie Kameras, Uhren, Videogeräte, Fernseher und Geschenke müssen bei der Ankunft deklariert werden.

GESETZLICHE FEIERTAGE

1. Mai '96 Maifeiertag. **1. Juni** Tag der Kinder. **15. Aug.** Jahrestag der Befreiung. **9. Sept.** Unabhängigkeitstag. **10. Okt.** Jahrestag der Gründung der Arbeiterpartei Koreas. **27. Dez.** Tag der Verfassung. **1. Jan. '97** Neujahr. **16./17. Febr.** Kim Jong Ils Geburtstag. **8. März** Internationaler Frauentag. **15. April** Kim Il Sungs Geburtstag. **1. Mai** Maifeiertag.

GESUNDHEIT

In der folgenden Tabelle aufgeführte Impfvorschriften können sich kurzfristig ändern. Es wird stets empfohlen, auf Ihrem CRS-System (TIMATIC-Info-Code-Fenster in diesem Kapitel) den aktuellen Stand der Gesundheitsbestimmungen abzurufen bzw. rechtzeitig vor der Reise ärztlichen Rat einzuholen.

	Vorsichtsmaßnahmen empfohlen	*Impfschein erforderlich*
Gelbfieber	Nein	Nein
Cholera	Nein	Nein
Typhus & Polio	Nein	-
Malaria	Nein	-
Essen & Trinken	1	-

[1]: Wasser sollte generell vor der Benutzung zum Trinken, Zähneputzen und zur Eiswürfelbereitung entweder abgekocht oder anderweitig sterilisiert werden. Milch ist nicht pasteurisiert und sollte ebenfalls abgekocht werden. Trocken- und Dosenmilch nur mit keimfreiem Wasser anrühren. Milchprodukte aus ungekochter Milch am besten vermeiden. Fleisch- und Fischgerichte nur gut durchgekocht und heiß serviert essen. Der Genuß von Schweinefleisch, rohen Salaten und Mayonnaise sollte vermieden werden. Gemüse sollte gekocht und Obst geschält werden.
Hepatitis A und *B* kommen vor.
Gesundheitsvorsorge: Der Abschluß einer Reisekrankenversicherung wird dringend empfohlen.

REISEVERKEHR - International

FLUGZEUG: Die nationale Fluggesellschaft *Air Koryo* bietet Flugdienste von Pyongyang nach Berlin-Schönefeld (1 x wöchentlich, über Moskau), Sofia, Moskau, Beijing und Bangkok. Auch *Aeroflot* und die Nachfolgegesellschaften von *Air China* fliegen nach Pyongyang.
Durchschnittliche Flugzeiten: *Berlin* – Pyongyang: 12 Std; *Frankfurt* – Pyongyang: 15 Std.
Internationaler Flughafen: *Pyongyang (FNJ)* (Sunan) liegt 24 km außerhalb der Stadt (Fahrzeit 45 Min.).
SCHIFF: Die wichtigsten Überseehäfen sind Chongjin, Hungnam, Haeju, Rajin, Songnim, Wonsan und Nampo.
BAHN: Direktverbindung von Pyongyang dreimal wöchentlich nach Moskau (mit Schlafwagen) und viermal wöchentlich nach Beijing. Es gibt keine Verbindungen in die Republik Korea.
BUS/PKW: Es gibt Straßenverbindungen von Dandong, Luta, Liaoyang, Kirin und Changchun (alle China) sowie Wladiwostok (Russ. Föderation); Besucher dürfen jedoch nur per Flugzeug oder Bahn einreisen.

REISEVERKEHR - National

FLUGZEUG: Inlandflugverkehr von Pyongyang, Hambeing und Chongjin; Touristen dürfen Inlandflüge jedoch nicht benutzen.
BAHN: Das große Streckennetz, das die Japaner während des 2. Weltkriegs bauten, wurde durch die Teilung des Landes unterbrochen. Regelmäßige, aber zeitaufwendige Verbindungen von Pyongyang nach Sinuiji, Haeju und Chongjin.
BUS/PKW: Die größeren Straßen sind gut, viele haben zwei Fahrspuren. Öffentliche Verkehrsmittel dürfen von Touristen nicht benutzt werden.
STADTVERKEHR: In Pyongyang gibt es eine U-Bahn und Linienbusse.

UNTERKUNFT

Pyongyang hat fünf Spitzenhotels, in denen Reisegruppen untergebracht werden. In den anderen Städten gibt es jeweils ein Spitzenhotel für Reisegruppen.

URLAUBSORTE & AUSFLÜGE

Es ist unmöglich, die Statuen von Kim Il Sung zu übersehen, die in jedem Museum zu finden sind. Die *Stadttore von Pyongyang* sind architektonische Meisterwerke und besonders sehenswert. Im *Morangborg Park* und im Erholungsgebiet *Taesongsan* (Jahrmarkt) findet man Abwechslung und Entspannung. Die Besichtigung eines Industriegeländes wird mit Sicherheit auf jedem Besuchsprogramm stehen. Außerhalb der Hauptstadt liegt **Mangyongdae**, Geburtsort Kim Il Sungs, das heute ein Nationalheiligtum ist. In **Kaesong** (6 Std. Bahnfahrt von Pyongyang) sind die Schätze aus Koreas kaiserlicher Vergangenheit ausgestellt. Für die 13. Weltfestspiele der Jugend und Studenten wurde 1989 in Pyongyang ein Stadion mit 150.000 Sitzplätzen gebaut. Die Festspiele waren ein Erfolg und ein farbenprächtiges Schauspiel, Besucher können sich jetzt eine eigene Meinung über die zahlreichen neuen Sporteinrichtungen bilden, die für die Festspiele gebaut wurden. **Myoyangsan**, dessen Name »exotischer, wohlduftender Berg« bedeutet, bietet angenehme Spaziergänge in abwechslungsreicher Szenerie. Wasserfälle, Wälder und buddhistische Pagoden können hier, rund 120 km nordöstlich der Hauptstadt, bewundert werden. Das *Exhibition Center*, mit seinen imposanten, vier Tonnen schweren Bronzetoren, beherbergt Tausende von Geschenken, die Kim Il Sung und seinem Sohn von ausländischen Besuchern gemacht wurden.

SOZIALPROFIL

ESSEN & TRINKEN: Verhältnismäßig gute Restaurants gibt es in größeren Städten. Grundnahrungsmittel ist Reis. In Hotels sind koreanische, chinesische und japanische Gerichte zu empfehlen. Restaurantbesuche werden arrangiert. Alkoholkonsum sollte diskret gehandhabt werden.
NACHTLEBEN: Eine Vorstellung der Oper ist unvergeßlich. Zirkus und Konzerte sorgen für weitere Abwechslung.
SPORT: Wie bereits oben erwähnt, wurden 1989 die 13. *Weltfestspiele der Jugend und Studenten* in Nordkorea abgehalten. Aus diesem Anlaß wurde das Angebot der Sporteinrichungen in der Hauptstadt erweitert.
SITTEN & GEBRÄUCHE: Zurückhaltung bei politischen Themen empfohlen. **Trinkgeld** ist unüblich.

WIRTSCHAFTSPROFIL

WIRTSCHAFT: Die Demokratische Volksrepublik Korea hat eine Planwirtschaft. Etwa ein Drittel der Bevölkerung arbeitet in der Landwirtschaft (Hauptanbauprodukte: Reis, Mais, Kartoffeln, Sojabohnen); auch Viehzucht und Fischfang spielen eine Rolle. Trotzdem muß Nordkorea Nahrungsmittel importieren. Wichtigster Wirtschaftszweig ist die Schwerindustrie. Das Land ist reich an Bodenschätzen (Kohle, Eisenerz, Molybdän, Graphit, Wolfram, Gold und Silber). Nach dem Aufbau der industriellen Infrastruktur in den fünfziger Jahren konzentrierte man sich zunehmend auf die Förderung der Leichtindustrie sowie Automatisierungs- und Modernisierungsmaßnahmen. Wichtigster Handelspartner waren der damalige Ostblock (70%), daneben Japan und China, mit denen eine Reihe von Joint-ventures realisiert wurden. Das Handelsaufkommen mit dem Westen ist gering (9% mit Westeuropa) mit jedoch steigender Tendenz. Unter der gegenwärtigen Regierung erscheinen umfassende politische und wirtschaftliche Reformen, wie sie in Osteuropa durchgeführt wurden, unwahrscheinlich. Im März 1992 kündigte die DVR Korea allerdings die Zulassung von ausländischen Unternehmen in Sonderwirtschaftszonen sowie eine Steuervergünstigung für die dort tätigen Unternehmen an. Gleichzeitig wurde eine Garantie für den Transfer wirtschaftlicher Gewinne gegeben. Die nordkoreanische Wirtschaft, die sich seit Jahren in einer Rezession befindet, sieht nach dem Verlust wichtiger Absatzgebiete in Osteuropa, vor allem in der ehemaligen UdSSR, schweren Zeiten entgegen. Nordkorea könnte von einer wirtschaftlichen Zusammenarbeit mit Südkorea sicherlich profitieren. Obwohl Südkorea kaum Rohstoffe besitzt, sind hier Wirtschaftsvolumen und BSP wesentlich höher als im Nachbarland. 1994 wurden jedoch die innerkoreanischen Verhandlungen über eine politische und wirtschaftliche Zusammenarbeit abgebrochen. Die Spannungen, die durch die nordkoreanische Weigerung entstanden waren, die Atomanlagen des Landes von internationalen Beobachtern inspizieren zu lassen, sind erst einmal wieder abgeflaut. Im Juli 1993 erklärte sich die Regierung Nordkoreas zu Inspektionen durch die USA bereit. Im Gegenzug verpflichtete sich die USA zur Unterstützung der Umstellung des Atomprogrammes. Im Juni 1994 kam es zu einer Grundsatzerklärung zwischen Nordkorea und den USA, derzufolge die politischen und wirtschaftlichen Beziehungen zwischen den beiden Ländern normalisiert werden sollen.
GESCHÄFTSVERKEHR: Treffen finden generell nicht in Geschäftsräumen/Büros statt, da diese nicht von Besuchern betreten werden dürfen.
Kontaktadresse: *Korean Committee for the Promotion of International Trade* (Komittee zur Förderung des Internationalen Handels), Central District, Pyongyang.
KONFERENZEN/TAGUNGEN: Informationen von: *Korea International Exhibition Corp.*, Sosong District, Pyongyang.

KLIMA

Gemäßigtes Klima mit vier Jahreszeiten. Die heißeste Jahreszeit und gleichzeitig Regenzeit ist Juli - August. Am kältesten ist es Dezember - Januar. Frühling und Herbst sind trocken und mild.

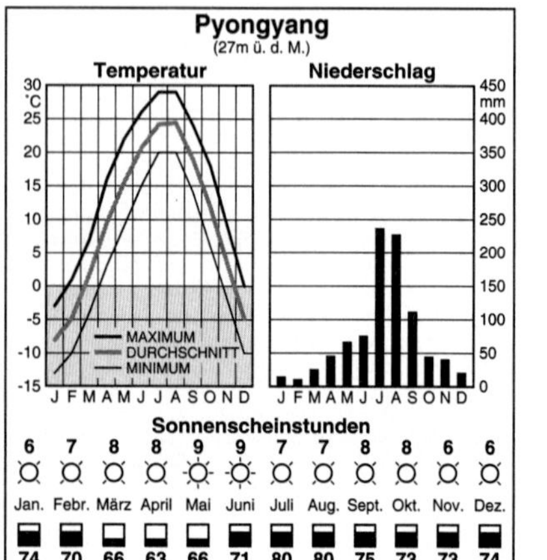

Korea (Süd)

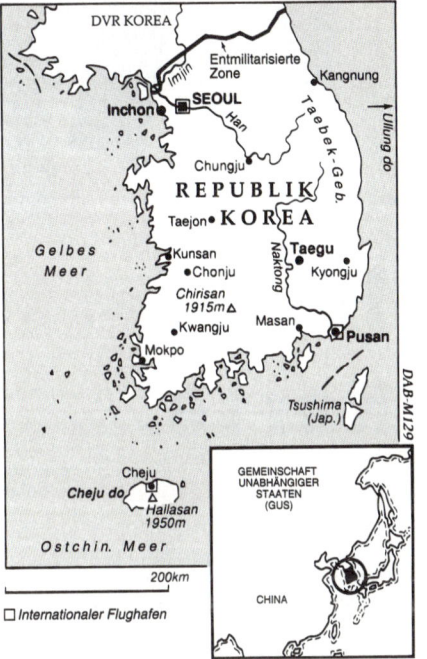

□ Internationaler Flughafen

Lage: Ostasien.

Staatliches Koreanisches Fremdenverkehrsamt
Baseler Straße 48
D-60329 Frankfurt/M.
Tel: (069) 23 32 26, 23 49 73. Telefax: (069) 25 35 19.
Mo-Fr 08.30-12.00 und 13.00-17.30 Uhr.
Korea National Tourism Organization
KNTO Building
10 Ta-dong
Chung-ku
CPO Box 903
Seoul 100
Tel: (02) 729 96 00. Telefax: (02) 757 59 97.
Botschaft der Republik Korea
Adenauerallee 124
D-53113 Bonn
Tel: (0228) 26 79 60, *Konsularabt.*: 267 96 43/-45.
Telefax: (0228) 22 39 43.
Mo-Fr 08.30-12.30 und 14.00-17.00 Uhr, *Konsularabt.*:
Mo-Fr 09.00-12.00 und 14.00-16.00 Uhr.
Generalkonsulat der Republik Korea (mit Visumerteilung)
Kurfürstendamm 180
D-10707 Berlin
Tel: (030) 88 59 55-0. Telefax: (030) 88 59 55 26.
Mo-Fr 09.00-12.00 und 14.00-16.30 Uhr.
Generalkonsulat der Republik Korea (mit Visumerteilung)
Eschersheimer Landstraße 327
D-60320 Frankfurt/M.
Tel: (069) 956 75 20. Telefax: (069) 56 98 14.
Mo-Fr 14.30-16.30 Uhr.
Generalkonsulat der Republik Korea (mit Visumerteilung)
Neue Rabenstraße 3
D-20354 Hamburg
Tel: (040) 410 20 31. Telefax: (040) 44 04 59.
Mo-Fr 09.00-12.30 und 14.00-17.00 Uhr.
Honorargeneralkonsulate ohne Visumerteilung in München und Stuttgart.
Botschaft der Republik Korea
Gregor-Mendel-Straße 25
A-1180 Wien
Tel: (0222) 478 19 91, *Konsularabt.*: 478 10 04. Telefax: (0222) 478 10 13.
Mo-Fr 09.00-12.00 und 14.00-17.00 Uhr.
Botschaft der Republik Korea
Kalcheggweg 38
CH-3006 Bern
Tel: (031) 351 10 81/82. Telefax: (031) 351 26 57.
Mo-Fr 08.30-12.00 und 14.00-17.00 Uhr.
Botschaft der Bundesrepublik Deutschland
4th Floor, Daehan Fire and Marine Insurance Building
51-1 Namchang-dong, Chung-ku
CPO Box 1289
Seoul 100
Tel: (02) 726 71 14. Telefax: (02) 726 71 41.
Honorarkonsulat in Pusan.
Botschaft der Republik Österreich
Room 1913, Kyobo Building, 1-1, 1-Ka
Chong-ro, Chong-ro Ku
Seoul 110-714
CPO Box 10099
Seoul 100-699
Tel: (02) 732 90 71/72. Telefax: (02) 732 94 86.
Konsulat ohne Paß- und Sichtvermerksbefugnis, in Seoul.

TIMATIC INFO-CODES

*Abrufbar über Ihr CRS-System (für START/Amadeus Ama-Maske benutzen). Für Galileo bitte TI-DFT eingeben (**mit** Bindestrich).*

Flughafengebühren	TI DFT/ SEL /TX
Währung	TI DFT/ SEL /CY
Zollbestimmungen	TI DFT/ SEL /CS
Gesundheit	TI DFT/ SEL /HE
Reisepassbestimmungen	TI DFT/ SEL /PA
Visabestimmungen	TI DFT/ SEL /VI

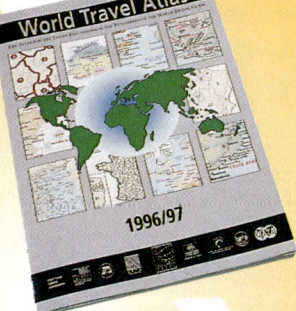

Korea (Süd)

Botschaft der Schweizerischen Eidgenossenschaft
32-10 Songwol-dong, Chongro-gu
Seoul 110-101
CPO Box 2900
Seoul 100-629
Tel: (02) 739 95 11/14. Telefax: (02) 737 93 92.

FLÄCHE: 99.314 qkm.
BEVÖLKERUNGSZAHL: 44.131.000 (1993).
BEVÖLKERUNGSDICHTE: 444 pro qkm.
HAUPTSTADT: Seoul. Einwohner: 10.612.577 (1990).
GEOGRAPHIE: Die Republik Korea (Südkorea) grenzt im Norden an die entmilitarisierte Zone, die sie von der Demokratischen Volksrepublik Korea (Nordkorea) trennt, im Osten an das Japanische Meer, im Süden an das Ostchinesische Meer und im Westen an das Gelbe Meer. Im Süden von Korea liegen zahlreiche Inseln, Buchten und Halbinseln. Die vulkanische Insel Cheju do liegt vor der Südwestküste. Hier befindet sich der höchste Berg Südkoreas, Hallasan mit knapp 2000 m Höhe. Der überwiegende Teil des Landes ist hügelig oder bergig. Ein Drittel der Fläche besteht aus fruchtbaren Ebenen, in denen sich die Mehrheit der Bevölkerung angesiedelt hat. Die meisten Flüsse entspringen in den Bergen im Osten und fließen nach Westen und Süden in das Gelbe Meer. Der Fluß Naktong fließt in der Nähe der Hafenstadt Pusan. Die Ostküste ist felsig, hier ragen die Berge steil aus dem Meer auf.
STAATSFORM: Präsidialrepublik seit 1948; Verfassung von 1988. Staatsoberhaupt: Kim Young Sam, seit Februar 1993. Regierungschef: Lee Hong Koo, seit Dezember 1994. Nationalversammlung mit 299 Mitgliedern. Direktwahl des Staatsoberhauptes alle 5 Jahre. Im Dezember 1991 unterzeichneten Nord- und Südkorea in Seoul einen Nichtangriffspakt. Bei den letzten Wahlen im März 1992 hatte die Opposition (die Demokratische Partei) einen beträchtlichen Stimmenzuwachs zu verzeichnen, die Demokratisch-Liberale Partei behielt jedoch mit 149 von 299 Parlamentsmitgliedern knapp die Mehrheit.
SPRACHE: Koreanisch. In Geschäftskreisen spricht man auch Englisch und Japanisch.
RELIGION: Buddhismus (36,3%), Protestanten (23,3%), Katholiken (5,2%) und andere.
ORTSZEIT: MEZ + 8 (MEZ + 7 im Sommer).
NETZSPANNUNG: 110 und 220 V (in Städten), 60 Hz.
POST- UND FERNMELDEWESEN: Telefon: Selbstwählferndienst von und nach Seoul und anderen Großstädten. Landesvorwahl: 82. Es gibt zahlreiche Kartentelefone, von denen sowohl Orts- als auch Ferngespräche geführt werden können. Telefonkarten sind in vielen Geschäften erhältlich. Orangefarbene Telefonzellen sind nur für Ortsgespräche, graue Telefonzellen kann man auch für Ferngespräche benutzen. **Telefaxservice** in größeren Hotels und Geschäftszentren. **Telexe/Telegramme** können in allen größeren Hotels aufgegeben werden. *Korea International Telecommunications* (Adresse: 1 Choong-ro, Chung-gu, Seoul) hat folgende Öffnungszeiten: Mo-Fr 09.00-17.00 Uhr, Sa 09.00-13.00 Uhr, im Sommer in der Woche eine Stunde länger (bis 18.00 Uhr). **Post:** Luftpostsendungen nach Europa sind etwa 10 Tage unterwegs. Öffnungszeiten der Postämter: Mo-Fr 09.00-17.00 Uhr, Sa 09.00-13.00 Uhr.
DEUTSCHE WELLE
Der Einsatz der Kurzwellenfrequenzen ändert sich mehrfach im Laufe eines Jahres, und Sendungen auf den folgenden Frequenzen werden jeweils nur zu bestimmten Tageszeiten ausgestrahlt. Näheres in der Einleitung.

| MHz | 21,640 | 13,780 | 12,000 | 11,795 | 9,570 |
| Meterband | 13 | 22 | 25 | 25 | 31 |

REISEPASS/VISUM

Wichtiger Hinweis: Die Einreisebestimmungen mancher Länder können sich kurzfristig ändern – rufen Sie sicherheitshalber auf Ihrem CRS-System (TIMATIC-Info-Code-Fenster in diesem Kapitel) den aktuellen Stand ab bzw. wenden Sie sich an die zuständige diplomatische Vertretung. Etwaige Zahlen in der Tabelle beziehen sich auf nachfolgende Fußnoten.

	Paß erforderlich?	Visum erforderlich?	Rückflugticket erforderlich?
Deutschland	Ja	Nein	Ja
Österreich	Ja	Nein	Ja
Schweiz	Ja	Nein	Ja
Andere EU-Länder	Ja	Nein	Ja

Anmerkung: Für die Dauer des Aufenthaltes müssen ausreichende Geldmittel nachgewiesen werden. Bei Sichtvermerk der Demokratischen Volksrepublik Korea im Reisepaß ist ein Zweitpaß erforderlich. Nähere Auskunft erteilt die Konsularabteilung der zuständigen Botschaft.
REISEPASS: Ein gültiger Reisepaß ist für Staatsangehörige aller Länder erforderlich.
VISUM: Allgemein erforderlich, ausgenommen sind Staatsangehörige folgender Länder, sofern sie als **Touristen** reisen:
(a) Bundesrepublik Deutschland, Österreich und der Schweiz für Aufenthalte von bis zu 3 Monaten;
(b) Belgien, Dänemark, Finnland, Frankreich, Griechenland, Großbritannien, Irland, Luxemburg, Niederlande, Schweden und Spanien für Aufenthalte bis zu 3 Monaten. Italien und Portugal bis zu 2 Monaten;
(c) Tunesien für Aufenthalte bis zu 1 Monat;
(d) Lesotho für Aufenthalte bis zu 2 Monaten;
(e) Antigua und Barbuda, Bahamas, Bangladesch, Barbados, Bulgarien, Costa Rica, Dominica, Dominikanische Republik, Grenada, Haiti, Island, Israel, Jamaika, Kanada, Kolumbien, Liberia, Liechtenstein, Malaysia, Marokko, Mexiko, Neuseeland, Nicaragua, Norwegen, Pakistan, Peru, Polen, St. Kitts und Nevis, St. Lucia, St. Vincent und die Grenadinen, Singapur, Suriname, Thailand, Trinidad und Tobago, Tschechische Republik, Türkei und Ungarn (für Aufenthalte bis zu 3 Monaten);
(f) Japan bei Aufenthalten bis 15 Tagen, sofern sie nicht direkt aus Japan kommen oder direkt nach Japan zurückreisen (nur Transitvisa).
Visaarten: Touristen-, Geschäfts- und Transitvisa.
Visagebühren: Unterschiedlich, je nach Nationalität und Visum.
Gültigkeitsdauer: Vom Tag der Ausstellung maximal 3 Monate.
Antragstellung: Bei der Botschaft (Adressen s. o.).
Unterlagen: (a) Reisepaß, der noch mindestens 6 Monate gültig ist. (b) Antragsformular. (c) 1 Paßfoto. (d) Gebühr, muß per Firmenscheck oder Postanweisung bezahlt werden. (e) Personen mit ständigem Wohnsitz in den USA: Kopie der Green Card. (f) Frankierter Rückumschlag. (g) Für Geschäftsvisa benötigt man eine Einladung des Geschäftspartners und ein Referenzschreiben der eigenen Firma.
Bearbeitungszeit: 2-3 Tage (Kurzaufenthalt); mindestens 6-8 Wochen (Arbeits- oder langer Aufenthalt). Postalische Bearbeitung dauert ca. eine Woche länger.
Aufenthaltsgenehmigung: Anträge für eine Aufenthaltsgenehmigung oder eine Visaverlängerung über 60 bzw. 90 Tage hinaus sollten an das *Immigration Office* in Seoul (Tel: (02) 650 63 99) gestellt werden.

GELD

Währung: Won (keine Unterteilung). Banknoten sind im Wert von 10.000, 5000 und 1000 Won in Umlauf; Münzen in den Nennbeträgen 500, 100, 50, 10, 5 und 1 Won.
Kreditkarten: *Diners Club*, *Visa*, *American Express* und *Eurocard* werden häufig akzeptiert. Einzelheiten vom Aussteller der jeweiligen Kreditkarte.
Reiseschecks werden nur selten eingelöst.
Wechselkurse:

	Won Sept. '92	Won Febr. '94	Won Jan. '95	Won Jan. '96
1 DM	524,05	465,21	508,71	548,31
1 US$	778,81	807,59	788,51	788,20

Devisenbestimmungen: Die Ein- und Ausfuhr der Landeswährung ist auf den Gegenwert von 10.000 US-Dollar begrenzt. Die Einfuhr von Fremdwährungen ist unbegrenzt, Beträge über 10.000 US-Dollar oder dem entsprechenden Gegenwert müssen jedoch bei der Einreise deklariert werden. Die Ausfuhr von Fremdwährungen ist auf den bei der Einreise deklarierten Betrag begrenzt. Im Ausland wird die Landeswährung nicht gehandelt.
Öffnungszeiten der Banken: Mo-Fr 09.30-16.30 Uhr, Sa 09.30-13.30 Uhr.

DUTY FREE

Folgende Artikel können zollfrei nach Südkorea eingeführt werden:
200 Zigaretten, 50 Zigarren, 250 g Tabak (das Gesamtgewicht darf 500 g nicht überschreiten);
2 Flaschen alkoholischer Getränke (insgesamt 1520 ccm);
57 ml Parfüm;
Geschenke bis zum Wert von 300.000 Won.
Ausfuhrbeschränkung: Antiquitäten und wertvolle Kunst- und Kulturgegenstände dürfen nur mit Genehmigung ausgeführt werden. Weitere Information erteilt *Art & Antique Assessment Office* (Kimpo-Büro) Tel: (02) 664 89 97.

GESETZLICHE FEIERTAGE

5. Mai '96 Kindertag. 24. Mai Buddhas Geburtstag. 6. Juni Heldengedenktag. 17. Juli Verfassungstag. 15. Aug. Befreiungstag. 26.-28. Sept. Chu-suk (Erntedankfest). 3. Okt. Staatsgründungstag. 25. Dez. Weihnachten. 1./2. Jan. '97 Neujahr. 6.-8. Febr.* Neujahr des Mondkalenders. 1. März Tag der Unabhängigkeitsbewegung. 5. April Tag des Baumes. 5. Mai Kindertag.
Anmerkung: [*] Das Datum ändert sich von Jahr zu Jahr und richtet sich nach dem Mondkalender.

GESUNDHEIT

In der folgenden Tabelle aufgeführte Impfvorschriften können sich kurzfristig ändern. Es wird stets empfohlen, auf Ihrem CRS-System (TIMATIC-Info-Code-Fenster in diesem Kapitel) den aktuellen Stand der Gesundheitsbestimmungen abzurufen bzw. rechtzeitig vor der Reise ärztlichen Rat einzuholen.

	Vorsichtsmaßnahmen empfohlen	Impfschein erforderlich
Gelbfieber	Nein	-
Cholera	Nein	-
Typhus & Polio	Nein	-
Malaria	Nein	-
Essen & Trinken	1	

Korea (Süd)

▲ *Traditionelle Hochzeit*

[1]: Leitungswasser ist normalerweise gechlort und relativ sauber, es können jedoch u. U. leichte Magenverstimmungen auftreten. Für die ersten Wochen wird daher in Flaschen abgefülltes Wasser empfohlen. Milch ist nicht pasteurisiert und sollte abgekocht werden. Trocken- und Dosenmilch nur mit keimfreiem Wasser vermischen. Milchprodukte aus ungekochter Milch sollten vermieden werden. Fleisch- oder Fischgerichte nur gut durchgekocht und möglichst heiß serviert essen. Der Genuß von Schweinefleisch, Mayonnaise und rohen Salaten sollte vermieden werden. Gemüse sollte gekocht und Obst geschält werden.
Hepatitis A und *B* kommen vor.
Gesundheitsvorsorge: Der Abschluß einer Reisekrankenversicherung wird empfohlen. In allen Touristengebieten ist die ärztliche Versorgung gewährleistet; Hotels können einen einheimischen Arzt empfehlen. Die großen Krankenhäuser haben englischsprachiges Personal.

REISEVERKEHR - International

FLUGZEUG: Die nationalen Fluggesellschaften *Korean Air (KE)* fliegt regional und international: nach Amerika, Europa, China und zum Nahen Osten; *Asiana Airlines (AAR)* bietet Flüge nach Japan. Seoul wird von zahlreichen internationalen Fluggesellschaften, u. a. *British Airways*, *Air Korea* und *Lufthansa*, angeflogen.
Durchschnittliche Flugzeiten: Frankfurt – Seoul: 14 Std. 35; Zürich – Seoul: 16 Std. (reine Flugzeit; zwei Zwischenlandungen). Keine Direktverbindung von Wien, Umsteigen in Zürich.
Internationale Flughäfen: *Seoul (SEL)* (Kimpo) liegt 17 km westlich der Stadt. Der Flughafenbus (Fahrzeit ca. 1 Std.) fährt alle 7-10 Min., der Linienbus alle 5-15 Min. Taxistand, Bank, Apotheke, Kinderkrippe, Postamt, Gepäckaufbewahrung, Souvenirladen, Duty-free-Shop, Tourist-Information, Hotel-Reservierung, Mietwagenschalter und Restaurants vorhanden.
Derzeit wird auf Yongjong Island, 52 km westlich von Seoul, ein neuer Flughafen mit stark erweiterter Kapazität gebaut (bis zum Jahr 2020 Abfertigung von 100 Mio. Passagieren), der einmal den Flughafen Kimpo ersetzen soll. Die Fertigstellung der ersten Bauphase und erste Flugabfertigungen werden für 1997 erwartet.
Pusan (PUS) (Kim Hae) liegt 26 km außerhalb der Stadt. Der Flughafen wird von Tokio, Osaka und Fukuoka aus angeflogen. Es gibt Flughafenbusse, Stadtbusse und Taxis. Flughafeneinrichtungen: Wechselstube, Postamt, Duty-free-Shop, Imbiß, Souvenirladen, Restaurant, Informations- und Mietwagenschalter.
Cheju (CJU) (Cheju). Flughafenbusse und Linienbusse fahren zur Stadt. Wechselstube, Postamt, Duty-free-Shop, Restaurant, Informations- und Mietwagenschalter vorhanden.
Flughafengebühren: Internationale Flüge 8000 Won bei der Ausreise.
SCHIFF: Der größte internationale Hafen ist Pusan im Süden, zahlreiche Schiffe aus Japan, aber auch Luxus-Kreuzfahrtschiffe, legen hier an. Von Yosu verkehren Fähren nach Japan, von Inchon (westlich von Seoul) nach China, die bei Billigreisenden und Studenten besonders beliebt sind. Betreiber der Fährdienste nach Japan sind *Pukwan Ferry*, *Korea Ferry* und *Korea Marine Express* und nach China *Weidong Ferry* und *Tianjin Ferry*. Zwischen Nagasaki und der koreanischen Insel Cheju do gibt es eine Schnellbootverbindung. Die wichtigsten Passagierlinien sind *Pukwan Ferry* und *Orient Overseas Lines*. Zu den Fracht- und Passagierlinien, die koreanische Häfen anlaufen, zählen *American Mail* und *American President Lines*.

▼ *Kum-San-Tempel*

BAHN/BUS/PKW: Derzeit gibt es keine Verbindung nach Nordkorea auf dem Landweg. Dies kann sich jedoch in absehbarer Zeit ändern, die Grenze soll zunächst für Ausländer in organisierten Reisegruppen geöffnet werden.

REISEVERKEHR - National

FLUGZEUG: *Korean Air (KE)* und *Asiana Airlines (AAR)* verbinden Seoul regelmäßig mit allen größeren Städten des Landes sowie der Insel Cheju do. Die Flugzeiten liegen zwischen 30 Minuten und einer Stunde.
Flughafengebühren: 2000 Won für Inlandflüge.
SCHIFF: Auto-Fährverbindungen zwischen Pusan und Cheju täglich, außer Sonntags; zwischen Mokp'o und Cheju 5x die Woche; zwischen Wando und Chuju täglich. Es gibt ebenfalls Auto-Fährverbindungen zwischen Pusan und Sogwip'o sowie zwischen P'ohang und

Korea (Süd)

▲ *Seidenmarkt, Seoul*

▼ *Seoul bei Nacht*

Ullungdo. Mehrmals täglich gibt es Fährverbindungen zwischen Mokp'o und Hongdo. Eine Fahrt mit dem Luftkissenboot durch den Hallyosudo-Marinepark, vorbei an den vielen hübschen Inseln, ist besonders reizvoll; auch auf dem Fluß Hangang werden interessante Ausflugsfahrten angeboten.
BAHN: Die Züge der Staatlichen Koreanischen Eisenbahngesellschaft verbinden alle größeren Ortschaften und sind immer pünktlich. Mit der Bahn kommt man schnell ans Ziel und umgeht vor allem an Feiertagen Verkehrsstaus. Super-Expreßzüge fahren auf folgenden Strecken: Seoul – Mokpo, Seoul – Pusan, Seoul – Chongju und Seoul – Kyongju. Einige Züge haben einen Speisewagen. In manchen Zügen sind Familienabteile erhältlich, für die man einen Zuschlag zahlt. Die Beschilderung auf Bahnhöfen ist meist auch in Englisch; Fahrpläne sind ebenfalls in englischer Sprache erhältlich. An Wochenenden und Feiertagen sollte man Fahrkarten vorbestellen. An einigen Bahnhöfen gibt es auch besondere Schalter für Ausländer.
BUS/PKW: Das Straßennetz ist über 60.000 km lang, 84% der Straßen sind asphaltiert. Alle großen Städte sind durch ausgezeichnete Autobahnen miteinander verbunden. Wichtigste Strecke ist die 428 km lange Autobahn Seoul – Pusan. Neben- und Landstraßen sind allerdings oft in schlechtem Zustand. **Mietwagen** sind in Großstädten erhältlich. Aufgrund der abweichenden Verkehrsregeln ist Autofahren in Korea Übungssache; für den Anfang empfehlen sich wahrscheinlich Wagen mit Fahrer. Weitere Auskünfte erteilt die *Korea Car Rental Union*, Tel: (02) 533 25 03, Telefax: (02) 568 43 29. **Taxis** sind preiswert und eines der besten Verkehrsmittel in Korea. **Bus:** Die Linien- und Expreßbusse sind ebenfalls preiswert, Linienbusse sind jedoch oft überfüllt, zudem gibt es häufig Verständigungsschwierigkeiten. Die klimatisierten Expreß-Fernbusse, die der Bahn Konkurrenz machen, sind komfortabel und verbinden die größeren Städte. Zwischen kleineren Städten und Dörfern verkehren regionale Buslinien. **Unterlagen:** Internationaler Führerschein erforderlich.
STADTVERKEHR: Busse sind das wichtigste städtische Verkehrsmittel. In Seoul gibt es eine U-Bahn, Vorortbahnen und ein gut ausgebautes Busnetz; die öffentlichen Verkehrsmittel sind häufig überfüllt. Taxis stehen selbstverständlich auch zur Verfügung.
FAHRZEITEN von Seoul zu folgenden größeren Städten (ungefähre Angaben in Std. und Min.):

	Flugzeug	Bahn	Bus/Pkw
Pusan	0.50	4.10	5.30
Taegu	0.40	4.10	3.50
Kwangju	0.50	6.00	3.55
Ulsan	0.50	4.00	4.40
Chinju	1.10	6.30	5.20
Cheju	0.55	-	-
Kyongju	-	3.30	4.40

Weitere Fahrzeiten: Die Fahrt mit dem Schiff von Pusan nach Cheju dauert 12. Std. 30, von Mokpo nach Cheju 5 Std. 30. Mit der Bahn fährt man 40 Min. von Pusan nach Kyongju, mit dem Auto 1 Std.

UNTERKUNFT

HOTELS: In Großstädten und Urlaubsorten gibt es zahlreiche moderne Touristenhotels, die bei der Regierung registriert sind. Fast alle Zimmer haben Bad, Heizung und Klimaanlage. Die meisten Hotels bieten Speisesäle, Konferenzräume, Bars, Souvenirläden, Cocktailbars, Friseur- und Schönheitssalons sowie Freizeit- und Fitneßeinrichtungen. **Kategorien:** Die Einstufung der registrierten Hotels erfolgt nach Standard und Serviceangebot. Als Qualitätssymbol dient die Hibiskusblüte, die Nationalblume Koreas. Die Klassifizierung reicht von 5 (Luxusklasse) bis zu 2 Hibiskusblüten (3. Klasse). Weitere Auskünfte vom Hotelverband in Seoul (Tel: (02) 631 98 68) bzw. von der *Korea National Tourism Organisation KNTO*, Tel: (02) 729 96 00, Telefax: (02) 757 59 97.
YOGWANS sind sehr preiswerte koreanische Gasthäuser, die von manchen Reisenden als beste Übernachtungsmöglichkeit geschätzt werden. Man schläft auf traditionelle Art auf einer kleinen Matratze mit hartem Kopfkissen auf dem *Ondol*, dem geheizten Fußboden. Es gibt auch Zimmer im westlichen Stil.
FERIENHÄUSER gibt es in den Badeorten, die Preise sind jedoch hoch und die Einrichtungen oft begrenzt.
CAMPING: Zeltplätze gibt es im ganzen Land. Nähere Auskunft erteilt das Fremdenverkehrsamt.
JUGENDHERBERGEN: Gegenwärtig gibt es 14 Jugendherbergen in Korea, hauptsächlich in Seoul, Kyongju, Pusan, Puyo und Sokcho. Der Jugendherbergsverband ist unter folgender Adresse zu erreichen: *Korea Youth Hostel Association*, Room 408-409, Chokson Hyundai Building 80, Chokson-dong, Chongno-gu, Seoul. Tel: (02) 725 30 31/32.

URLAUBSORTE & AUSFLÜGE

Die meisten Besucher beginnen ihren Urlaub in der Hauptstadt **Seoul**, einem geschäftigen modernen Handelszentrum, in dem heute keine Spuren des Koreakrieges mehr zu sehen sind. Viele Zeugnisse aus der Vergangenheit, königliche Paläste, Märkte, Museen und die Überreste der alten Stadtmauer sind erhalten geblieben. Seoul, seit 1392 die Landeshauptstadt, ist in der von China übernommenen, traditionellen quadratischen Form angelegt. Die Stadt war einst von einer 16 km lan-

▲ Hallyo-Wasserstraße

gen, hohen Mauer umgeben; wenn ein Angriff zu erwarten war, wurden die neun Stadttore geschlossen. Vier dieser Tore sind noch erhalten.
Eine Tagestour durch das alte und neue Seoul schließt die Besichtigung des *Changdokkung-Palastes* ein, der seit dem 17. Jahrhundert für Festlichkeiten des Königshauses benutzt wurde. Das Haupttor des Palastes soll das älteste Tor der Stadt sein. Neben dem Palast erstreckt sich sein »Geheimer Garten« mit Pavillons, Teichen und Wäldchen; früher standen sie ausschließlich der königlichen Familie zur Verfügung.
Im *Toksukung-Palast*, der ehemaligen königlichen Residenz, ist heute das Museum für Moderne Kunst untergebracht. Der 1394 erbaute *Kyongbokkung-Palast* wurde 1592 während der japanischen Invasion des Landes niedergebrannt und erst 1868 wiederaufgebaut. Auf dem Gelände befinden sich u. a. viele der ältesten Steinpagoden Koreas sowie ein entlegener Pavillon inmitten eines Lotusteiches. Das große Südtor Seouls, *Namdaemun*, wird als Koreas bedeutendstes historisches Bauwerk betrachtet. Es wurde 1448 erbaut, mußte jedoch nach dem Koreakrieg restauriert werden. Hier befindet sich auch der beliebte Namdaemun Markt mit seiner preiswerten Angebotspalette. Der *Pagoda-Park* ist nach einer Pagode aus der Choson-Dynastie benannt. Der Park ist eine Gedenkstätte an den Kampf gegen die japanische Herrschaft. Hier begann 1919 der gewaltlose Unabhängigkeitskampf gegen die japanische Besatzung, der sich im ganzen Land ausbreitete. Der *Namsam-Berg* in der Stadtmitte gibt eine wunderschöne Aussicht auf Seoul. Auf der Spitze steht der neue Fernsehturm mit einer Aussichtsplattform, von der man bis nach Inchon im Westen sehen kann. Weitere Sehenswürdigkeiten sind die 1348 erbaute *Achteckige Pagode* und der *Marktplatz am Osttor*.
Ein Besuch des Volkskundedorfs **Suwon,** das 50 km südlich von Seoul liegt, ist wie eine Reise in die Vergangenheit. In diesem Bauerndorf wird die Lebensweise vergangener Jahrhunderte erhalten. Töpfer, Weber, Schmiede und andere Handwerker führen ihre Arbeit in alter Tradition und in alten Trachten aus. Auch die Werkzeuge, die die Handwerker benutzen, entsprechen alter Zeit. Man kann ihnen bei der Arbeit zusehen oder sich an dem farbenprächtigen Schauspiel der Folkloretänze erfreuen, die täglich aufgeführt werden.
Kulturhistorischer Höhepunkt jeder Koreareise ist **Kyongju** an der Südostküste (ca. 320 km von Seoul entfernt), laut UNESCO eine der zehn wichtigsten historischen Städte der Welt. Die ehemalige Hauptstadt der Shilla-Dynastie (57 v. Chr. - 935 n. Chr.) war einst eine der sechs größten Städte der Welt. Die große Anzahl bedeutender historischer Bauten hat Kyongju den Beinamen »Museum ohne Mauern« eingebracht. Tempel, Königsgräber, eindrucksvolle Monumente und nicht zuletzt das älteste Observatorium Asiens erwarten den Besucher. In der örtlichen Niederlassung des Nationalmuseums sind Tausende von Relikten aus der Shillazeit ausgestellt, einschl. goldener Kronen, Gürtel, Schmuck, Keramik und Waffen. Außerhalb der Stadt steht der *Pulguksa-Tempel*, eine der wichtigsten buddhistischen Stätten Koreas. Zahlreiche Gebäude stammen aus der Zeit um 751 n. Chr., viele der Holzbauten wurden jedoch im Laufe der Jahrhunderte mehrmals wieder aufgebaut. Die *Sokkuram-Höhle* mit dem riesigen Granitbuddha liegt ganz in der Nähe. Der *Onung*, der Komplex der fünf Grabmale, soll das Grabmal des ersten Shilla-Königs, seiner Gemahlin und dreier späterer Könige sein. Das Ferienzentrum am Pomun-See mit zwei großen Hotelkomplexen, Tagungszentrum, Kasino, Golfplatz, Jachthafen und Einkaufszentrum ist von Kyongju aus leicht zu erreichen.
Im Süden Koreas liegen **Pusan**, die größte Hafenstadt des Landes, und die beiden bekannten Badeorte *Haeundae* und *Songjong*. Haeundae mit seinen langen Sandstränden und Heilquellen ist der beliebteste Urlaubsort dieser Region; für das leibliche Wohl sorgt eine gute Auswahl an Hotels und Restaurants. Heiße Quellen gibt es auch im Ferienort **Tongnae**. In der Nähe liegt der *Kumgang-Park* mit ungewöhnlichen Steinformationen und historischen Relikten, darunter eine Pagode und mehrere Tempel.
Die Insel **Cheju do**, eine Flugstunde von Seoul und nur 40 Min. von Pusan entfernt, ist bei Urlaubern besonders beliebt. Die Insel unterscheidet sich in vieler Hinsicht vom koreanischen Festland. Der vulkanische Ursprung prägt die Landschaft, die von dem höchsten Berg Koreas, dem *Hallasan* (1950 m), überragt wird. Auf einer Inselrundfahrt fällt die verblüffende landschaftliche Vielfalt ins Auge. Besuchen sollte man auf alle Fälle die *Samsonghyol-Höhlen*, die Schlangenhöhle und den Drachenteich, auch das Volkskundedorf Songup südöstlich der

Stadt Cheju ist sehr sehenswert. Eine Tagestour führt meist zu den Mandarinenhainen, den Chongbang-Wasserfällen, dem Modelldorf und zum Songsanilchulbong-Park. Der weitläufige Ferienort **Chungmun** liegt eine halbe Autostunde entfernt von Sogwip'o an der Südküste. Lange weiße Sandstrände, Sport- und Freizeitanlagen und erholsame Ausflüge, u. a. zum Ch'onjeyon-Wasserfall, locken zahlreiche Besucher an. Im Bergland an der **Ostküste** Koreas gibt es moderne Skizentren, die allen Ansprüchen gerecht werden. Am besten erkundet man diese herrliche Landschaft im farbprächtigen Herbst. An der 390 km langen Küste bieten sich viele Ausflugsmöglichkeiten, vom beliebten Hwajinpo-Strand bis nach Pusan im Süden. Berge ragen steil aus dem Meer auf, werden jedoch hie und da von langen Sandstränden, Häfen und kleinen Fischerdörfern unterbrochen. Die drei Nationalparks *Soraksan*, *Odaesan* und *Chuwangsan* sind auf der 1978 eröffneten Küstenschnellstraße zu erreichen. Das Dorf **Sorakdong** im Soraksan-Nationalpark wurde zum Feriendorf ausgebaut; von hier aus kann man herrliche Bergwanderungen unternehmen. In der Nähe erhebt sich der erstmalig 645 n. Chr. erbaute Tempel *Sinhung-sa*. Eine Drahtseilbahn verkehrt zwischen Sorakdong und der *Festung Kwongumsong* (Teile stammen aus dem Jahr 57 v. Chr.). In dieser Gegend liegt auch die Stadt **Sokch'o**, ein großer Fischereihafen. Ganz in der Nähe liegt der Urlaubsort **Choksan**, in dem es heiße Quellen gibt.

RUNDREISEN: 5tägige: Seoul – Pusan – Kyongju – Mt. Songnisan Nationalpark – Suwon – Panmunjom – Seoul. **7tägige:** Seoul – Mt. Soraksan Nationalpark – Kyongju – Haeinsa-Tempel – Pusan – Cheju do Insel – Seoul.

▲ *Bauerntanz*

SOZIALPROFIL

ESSEN & TRINKEN: Die koreanische Kochkunst hat sich in der asiatischen Küche neben der japanischen und chinesischen Küche gut behaupten können. Reis ist das Hauptnahrungsmittel; ein typisches koreanisches Gericht besteht aus Reis, Suppe, Reiswasser und acht bis zwanzig Beilagen wie Gemüse, Fisch, Geflügel, Eier, Tofu und Seegemüse. Die meisten koreanischen Suppen und Beilagen werden stark mit roten Pimentos gewürzt. Typische Gerichte sind *Kimchi* (stark gewürzter, eingelegter Chinakohl oder Radieschen mit weißen Rüben, Zwiebeln, Salz, Fisch, Kastanien und Pimentos); scharfe Suppen (mit Rind, Schwein, Ochsenschwanz oder anderem Fleisch, Fisch, Kohl und Huhn); *Pulgogi* (mariniertes Rindfleisch, das auf dem Holzkohlengrill zubereitet wird) und *Sinsollo* (Fleisch, Fisch, Eier und Gemüse, wie z. B. Kastanien und Pinienkerne, die über Holzkohle am Tisch gegart werden). Weitere Spezialitäten der einheimischen Küche sind *Sanjok* (in Streifen geschnittenes Steak mit Zwiebeln und Pilzen), *Kalbichim* (gedünstete Rinderrippen), frische Abalone und Garnelen (von der Cheju do Insel, mit Senf, Soja- oder Chili-Soße serviert) und koreanisches Seegemüse (in ganz Ostasien berühmt). Es gibt auch Selbstbedienungsrestaurants. In den meisten großen Hotels werden koreanische, japanische, chinesische und westliche Gerichte angeboten. **Getränke:** Einheimische Getränke werden meist aus fermentiertem Reis oder Weizen hergestellt. *Jungjong* ist eine Art Reiswein und vergleichsweise teuer. *Soju* ähnelt Wodka und wird aus Kartoffeln oder Korn gebrannt. Die koreanischen Biersorten sind *Crown* und *OB*. *Ginseng-Wein* ist stark und süß; er hat Ähnlichkeit mit Branntwein, variiert jedoch im Geschmack je nach der Grundzutat. Abends geht man zumeist in die *Suljip* (Weinbar), es gibt aber auch Bierkeller, in denen die bekannten europäischen Marken angeboten werden.

NACHTLEBEN: Immer neue Nachtklubs, Varietés, Restaurants, Theater und Bierkeller machen in Seoul auf, vor allem im Vergnügungsviertel *It'aewon*; außerdem gibt es zahlreiche Kinos. Opern, Konzerte und Liederabende werden im Nationaltheater veranstaltet. Im *Drama Centre* und im *Korea House* (Theaterrestaurant) kann man Aufführungen koreanischer klassischer Musik, Tänze und Theaterstücke sehen. Die beiden englischsprachigen Tageszeitungen Koreas enthalten Veranstaltungskalender. Es gibt mehrere Spielkasinos.

EINKAUFSTIPS: Maßgeschneiderte Kleidungsstücke, Pullover (einfarbig, bestickt oder perlenbesetzt), Seide, Brokat, Handtaschen, Lederartikel, Goldschmuck, Topase, Amethyste, Bernstein, Jade, Silber, Ginseng, Gemälde, Folklorepuppen, Sportartikel, Messinggegenstände, Musikinstrumente, Töpferwaren, Lackarbeiten, Holzschnitzarbeiten, Korbwaren, Paravents und Schriftrollen. In Kaufhäusern sind die Preise festgesetzt, in Ladengalerien und auf Märkten kann man handeln. In den Großstädten gibt es »Duty-free-Shops for Tourists«, in denen man mit Devisen und unter Vorlage des Reisepasses zollfrei einkaufen kann. Die Adressen erfährt man im Hotel. **Öffnungszeiten der Geschäfte:** Mo-Sa 10.30-19.30 Uhr.

SPORT: Rund 75 **Golfplätze** stehen zur Verfügung. **Bergsteigen:** Die Leitung des koreanischen Nationalparks führt ausgezeichnete Bergsteigerkurse am Berg Pukhan, in Seoul, am Berg Sorak an der Ostküste und am Berg Halla auf der Insel Cheju do durch. **Skifahren** kann man in den Skigebieten Dragon Valley, Yangji, Alps, Chonmasan, Bears Town, Aurora und Muju. Sie bieten gute Pisten, Lifte, Skiverleih und Skilehrer.

Auch für Abendunterhaltung ist gesorgt. **Schwimmen:** Die größeren Hotels haben Swimmingpools; an der Küste und an den Seen gibt es schöne Strände, an denen auch **Wellenreiten, Wasserskifahren** und **Paragliding** möglich sind. Kontakt-Adresse Wellenreiten: *Korea Waterski Association*, 88 Oryun-dong, Songpa-gu, Seoul. Tel: (02) 203 04 88. Telefax: (02) 413 05 44.
Pferderennen: Die Rennsaison in Seoul beginnt im Juni an der Tuksom-Rennbahn, die 13 km vom Zentrum entfernt liegt. **Angeln** ist eine beliebte Freizeitbeschäftigung, da Korea auf drei Seiten ans Meer grenzt und viele Flüsse und Wasserreservoirs hat. Der Kampfsport **Taekwondo** ist in Korea weitverbreitet.

VERANSTALTUNGSKALENDER

Das wichtigste Fest des Jahres ist der Geburtstag Buddhas, an dem auf den Straßen Koreas das *Laternenfest* gefeiert wird. Von Bedeutung sind auch die jährlich stattfindenden Dorffestlichkeiten, die zu Ehren der Berggeister, bekannter Generäle und früherer Könige begangen werden. Außerdem gibt es Bittfeste für gute Ernten. Typisch für diese Feste sind Musik, Tänze, Kämpfe und Sportveranstaltungen, um das jeweilige historische Ereignis darzustellen oder um die guten Geister zu beschwören. Ein besonderes Schauspiel sind die Prozessionen, bei denen die Teilnehmer Masken und Trachten tragen. Im Anschluß eine Auswahl der jährlich stattfindenden Veranstaltungen. Einzelheiten und genaue Daten vom Fremdenverkehrsamt erhältlich.
3. - 8. Mai '96 *Chinnam-Festival* (Wettbewerbe im Bogenschießen und chinesischer Dichtkunst), Yosu. **24. Mai** *Buddha's Geburtstag* (Feuerwerk, Laternenumzüge, Tänze). **23. - 27. Mai** *Chun Hyang-Festival*, (Laternenumzug, Miss-Wahl), Namwon. **18. - 22. Juni** *Kangnung Tano Festival* (Maskentänze, Ringkampf), Kangnung. **4. - 7. Sept.** *KOFTA '96* (Tourismusmesse), Seoul. **1. - 4. Okt.** *Paeksche Festival* (Rituale und Prozessionen), Kongju oder Puyo. **5. - 11. Okt.** *Halla-Kulturfestival* (Tanz der Taucherinnen, folkloristische Darbietungen), Insel Cheju do. **8. - 10. Okt.** *Shilla Kulturfestival* (Andenken an das ehemalige Königreich, Drachentanz), Kyongju. **7. - 17. Nov.** *J.C.I.* (Kongreß der Wirtschaftsjunioren). **Jan. '97*** *Schneemann-Wettbewerb*, Young Pyeong Ski Resort. **Febr.** *Samil-Folklorefestival*, Youngsan. **März** *Myong-dong-Festival*, Seoul. **April** (1) *Kyongju Kirschblüten Fun Run*, Kyongju. (2) *Pyokkol-Festival*, Kimje. **Mai** (1) *Chinnam-Festival* (Wettbewerb im Bogenschießen), Yosu. (2) *Posong Tee-Festival*, Posong.
Anmerkung: [*] Für 1997 liegen noch keine genauen Daten vor.

SITTEN & GEBRÄUCHE: Vor dem Betreten eines koreanischen Hauses sollte man die Schuhe ausziehen. Die Bewirtung ist normalerweise überaus großzügig; Koreaner sind leicht gekränkt, wenn man ihre Gastfreundschaft zurückweist. Kleine Geschenke sind üblich, den traditionellen Umgangsformen nach benutzt man ausschließlich die rechte Hand zum Geben und Nehmen. Alter und Familienstand spielen eine wichtige Rolle im gesellschaftlichen Leben, und man wird oft danach gefragt; antworten muß man allerdings nicht unbedingt. Die Kleidung kann durchaus zwanglos und bequem sein. Die Landbevölkerung trägt traditionelle Kleidung: Männer den *Hanbok*, eine kurze Jacke, weite Hosen und *Kat* – einen hohen, dunklen Hut mit runder Krempe; Frauen die *Chima-jeogon*, ein sehr weites Seidenkleid mit einer *Chogori*, einer boleroartigen Jacke mit langen Ärmeln. **Trinkgeld** ist in Korea nicht üblich. In den meisten Hotels und Restaurants ist für Touristen ein Bedienungsgeld in der Rechnung enthalten.

WIRTSCHAFTSPROFIL

WIRTSCHAFT: Die Republik Korea ist eines der hochindustrialisierten Wirtschaftswunderländer der Pazifikregion mit konstant hoher Wachstumsrate des Bruttosozialprodukts dank einer wettbewerbsfähigen exportorientierten Wirtschaft. Die südkoreanische Wirtschaftsmacht stützt sich hauptsächlich auf die Sektoren Schiffbau, Elektronik, Stahl- und Baustoffindustrie. In den achtziger Jahren konnte Südkorea eine der höchsten Wachstumsraten der Welt verzeichnen. Anfang der neunziger Jahre befürchtete man eine Überhitzung, und die Regierung ergriff Maßnahmen zur Eindämmung der Inflationsrate und des wachsenden Handelsdefizits. In den nächsten Jahren wird sich zeigen, ob die in Familienhand befindlichen *Chaebol* (Handelsgruppen), auf die sich die koreanische Wirtschaft im wesentlichen stützt, anpassungsfähig sind und sich auf die Bedürfnisse einer modernen Industriegesellschaft einstellen können. Verglichen mit Nordkorea verfügt Südkorea über nur wenige Bodenschätze, obwohl die jüngsten Erdgasfunde vor der südkoreanischen Küste sich günstig auf die Energieversorgung des Landes auswirken dürften. Wichtigste Handelspartner sind die USA und Japan, seit kurzem unterhält Südkorea auch bessere Handelsbeziehungen mit der GUS, der Volksrepublik China und Nordkorea. Hauptexportgüter sind Fertigwaren, Maschinen und chemische Erzeugnisse. 1994 wurde in Südkorea das »Visit Korea Year« gefeiert, von dem man sich auch wirtschaftliche Impulse erhofft. Tourismus: rund 2,5 Mio. (1995); Anstieg von 6,4% zum Vorjahr.
GESCHÄFTSVERKEHR: In Geschäftskreisen und Behörden wird häufig Englisch gesprochen. Termine sollten im voraus vereinbart werden, Visitenkarten sind üblich. Sie sollten unbedingt mit der rechten Hand übergeben und entgegengenommen werden. Die günstigste Zeit für Geschäftsreisen ist von Februar bis Juni (keine Regenzeit).
Kontaktadressen: *Korea Trade Center*, Koreanisches Handelszentrum, Mainzer Landstraße 27-31, D-60329 Frankfurt/M. Tel: (069) 23 68 95. Telefax: (069) 25 35 89.
Korean-German Chamber of Commerce and Industry (Deutsch-Koreanische Industrie- und Handelskammer), CPO Box 4963, Seoul 100-649. Tel: (02) 776 15 46. Telefax: (02) 756 78 28.
The Commercial Counsellor at the Austrian Embassy (Österreichischer Handelsbeauftragter), CPO Box 6417, Seoul 100-664. Tel: (02) 732 66 49. Telefax: (02) 732 43 37.
Wirtschaftskammer Schweiz-Korea, Hintere Hauptgasse 9, CH-4800 Zofingen. Tel: (062) 52 10 66. Telefax: (062) 51 85 53.
Korea Trade Center, Clarider Straße 36, CH-8002 Zürich. Tel: (01) 202 12 32. Telefax: (01) 202 43 18.
Korea Chamber of Commerce and Industry (Industrie- und Handelskammer), CPO Box 25, Seoul 100-743. Tel: (02) 316 31 14. Telefax: (02) 757 94 75.
KONFERENZEN/TAGUNGEN: Südkorea hat ausgezeichnete Konferenzeinrichtungen in vier Städten, besonders hervorzuheben ist das *Korea Exhibition Center* (KOEX) in Seoul. Das *Korea World Trade Center* ist eine Organisation, dessen Dienstleistungsangebot Kontaktvermittlung, Beratung und Informationen erteilt. Adresse: Korea World Trade Center, 159 Samsungdong, Kangnam-ku, Seoul 135-731. Tel: (02) 551 51 14. Telefax: (02) 551 51 00. Weitere Informationen und Planungshilfen ebenso erhältlich von der *Korea Convention and Co-ordinating Committee*, c/o Korea National Tourism Organisation, 10 Ta-Dong, Chungku, Seoul 100-180. Tel: (02) 729 96 00. Telefax: (02) 757 59 97.

KLIMA

Gemäßigtes Klima, die heißeste Jahreszeit ist die Regenzeit von Juli bis August, am kältesten es ist im Dezember und Januar. Frühling und Herbst sind mild und zumeist trocken.
Kleidung: Leichte Baumwoll- und Leinensachen im Sommer. Leichte bis wärmere Kleidung im Frühling und Herbst. Warme Kleidung im Winter.

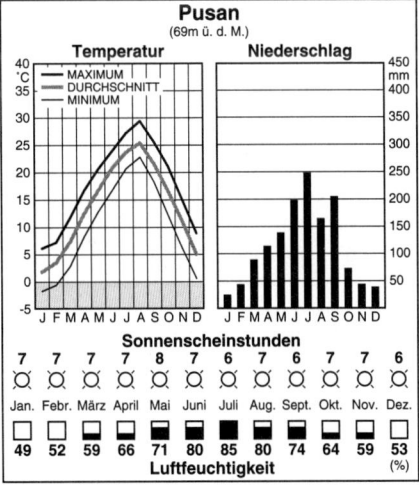

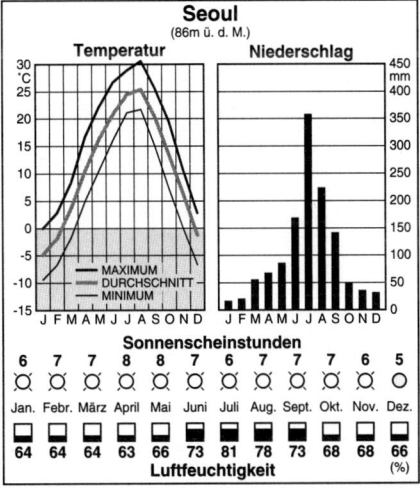

Kroatien

Lage: Südosteuropa.

Anmerkung: Reisen in folgende Gebiete gelten gegenwärtig als krisenfrei: Zagreb, die Gebiete nördlich von Zagreb zur Grenze mit Slowenien und Ungarn, die Istrische Halbinsel, die Küste in Nord-Dalmatien, Split, die Küste südlich von Dubrovnik sowie die Inseln in der Adria (einschließlich Anreise über Split Hafen bzw. Flughafen). Aktuelle Informationen vom Auswärtigen Amt in Bonn, dem Außenministerium in Wien und dem EDA in Bern.

Kroatische Zentrale für Tourismus
Karlsruher Straße 18
D-60329 Frankfurt/M.
Tel: (069) 25 20 45. Telefax: (069) 25 20 54.
Mo-Fr 09.00-18.00 Uhr.
Kroatische Zentrale für Tourismus
Augsburger Straße 29
D-10789 Berlin
Tel: (030) 214 11 24. Telefax: (030) 214 13 59.
Mo-Fr 10.00-18.00 Uhr.
Kroatische Zentrale für Tourismus
Oststraße 89
D-40210 Düsseldorf
Tel: (0211) 13 57 54. Telefax: (0211) 13 58 53.
Mo-Fr 09.00-18.00 Uhr.
Kroatische Zentrale für Tourismus
Rumfordstraße 5
D-80469 München
Tel: (089) 26 93 27. Telefax: (089) 260 92 84.
Mo-Fr 09.00-18.00 Uhr.
Kroatische Zentrale für Tourismus
Burggasse 23
A-1070 Wien
Tel: (0222) 522 64 28. Telefax: (0222) 522 64 27.
Mo-Fr 09.00-17.00 Uhr.
Kroatische Zentrale für Tourismus
Beckenhofstraße 10
CH-8006 Zürich

TIMATIC INFO-CODES

*Abrufbar über Ihr CRS-System (für START/Amadeus Ama-Maske benutzen). Für Galileo bitte TI-DFT eingeben (**mit Bindestrich**).*

Flughafengebühren	TI DFT/ ZAG /TX
Währung	TI DFT/ ZAG /CY
Zollbestimmungen	TI DFT/ ZAG /CS
Gesundheit	TI DFT/ ZAG /HE
Reisepassbestimmungen	TI DFT/ ZAG /PA
Visabestimmungen	TI DFT/ ZAG /VI

Tel: (01) 361 31 27. Telefax: (01) 362 14 39.
Mo-Fr 09.00-18.00 Uhr.
Kroatische Zentrale für Tourismus
Ilica 1a
HR-10000 Zagreb
Tel: (01) 455 64 55. Telefax: (01) 42 86 74.
Ministry of Tourism (Ministerium für Tourismus)
Avenija Vukovar 78
HR-10000 Zagreb
Tel: (01) 63 34 44. Telefax: (01) 61 32 16.
Botschaft der Republik Kroatien
Rolandstraße 45
D-53179 Bonn
Tel: (0228) 33 28 64. Telefax: (0228) 33 54 50.
Mo-Fr 09.00-17.00 Uhr.
Konsularabteilung
Rolandstraße 52
D-53179 Bonn
Tel: (0228) 47 67 96, 47 25 55. Telefax: (0228) 46 50 60.
Mo-Fr 09.30-14.00 Uhr, Di auch 16.00-18.00 Uhr.
Generalkonsulate mit Visumerteilung in Berlin (Tel: (030) 251 35 37), Frankfurt/M. (Tel: (069) 29 41 24), München (Tel: (089) 98 25 21) und Stuttgart (Tel: (0711) 95 57 10).
Botschaft der Republik Kroatien
Heuberggasse 10
A-1170 Wien
Tel: (0222) 46 42 85. Telefax: (0222) 450 29 42.
Konsularabteilung
Neutorgasse 12/10
A-1010 Wien
Tel: (0222) 535 25 76/77. Telefax: (0222) 535 43 50.
Mo-Fr 09.00-13.00 Uhr (Publikumsverkehr), Mo-Fr 09.00-17.00 Uhr (telefonisch).
Botschaft der Republik Kroatien
Thunstraße 43a
CH-3005 Bern
Tel: (031) 352 50 80. Telefax: (031) 352 80 59.
Mo-Fr 09.00-12.00 Uhr, Di auch 16.00-18.00 Uhr.
Konsulate in Zürich (Tel: (01) 422 83 18) und Lugano (Tel: (091) 966 63 10).
Botschaft der Bundesrepublik Deutschland
Ulica grada Vukovara 64
P. p. 207
HR-10000 Zagreb
Tel: (01) 51 92 00, 51 74 21. Telefax: (01) 51 80 70.
Honorarkonsulat in Split.
Botschaft der Republik Österreich
Jabukovac 39
HR-10000 Zagreb
Tel: (01) 27 33 92, 27 89 83. Telefax: (01) 42 40 65.
Konsulat in Rijeka.
Botschaft der Schweizerischen Eidgenossenschaft
Bogoviceva 3
P. p. 471
HR-10000 Zagreb
Tel: (01) 42 15 73, 42 14 73. Telefax: (01) 42 59 95.

FLÄCHE: 56.538 qkm. Kroatien war die zweitgrößte Republik der ehemaligen jugoslawischen Föderation.
BEVÖLKERUNGSZAHL: 4.511.000 (1993).
BEVÖLKERUNGSDICHTE: 79,8 pro qkm.
HAUPTSTADT: Zagreb. **Einwohner:** 706.770 (1991).
GEOGRAPHIE: Kroatien grenzt im Norden an Ungarn und Slowenien, im Osten an Jugoslawien (Serbien und Montenegro) und an Bosnien-Herzegowina. Es besitzt einen langen, sich zum Süden hin verengenden Küstenstreifen an der Adria mit den Häfen Rijeka, Pula, Zadar, Sibenik, Split und Dubrovnik und ein größeres Gebiet im Inland, das sich von Zagreb in östlicher Richtung bis an die durch die Donau gebildete Grenze zu Serbien erstreckt.
STAATSFORM: Republik. Staatsoberhaupt: Franjo Tudjman, seit 1990, im August 1992 wiedergewählt. Regierungschef: Nikica Valentic, seit April 1993. Zweikammerparlament mit 201 Mitgliedern. Kroatien wurde im Januar 1992 von der damaligen EG anerkannt. Zwei Bezirke haben einen Sonderstatus (Glina und Knin). Im Februar 1992 schlossen sich die serbischen autonomen Gebiete Krajina, West- und Ostslowenien zur Republik Serbische Krajina zusammen (RSK), die jedoch international nicht anerkannt wird. Im August 1995 eroberte die kroatische Armee das Gebiet zurück und erklärte die RSK für aufgelöst.
SPRACHE: Amtssprache ist Kroatisch (lateinische Schrift). Serbokroatisch (kyrillische Schrift) wird von der serbischen Minderheit gesprochen.
RELIGION: 76,5% der Bevölkerung sind römisch-katholisch, 11,1% orthodox; moslemische, protestantische und jüdische Minderheiten.
ORTSZEIT: MEZ.
NETZSPANNUNG: 220 V, 50 Hz.
POST- UND FERNMELDEWESEN: Telefon, Telefax, Telex/Telegramme: Im allgemeinen sind Verbindungen von und nach Westeuropa möglich. Selbstwählferndienst. **Landesvorwahl: 385.** Die wenigen Telefonverbindungen zwischen Zagreb und Belgrad sind extrem überlastet. Die Inlandsverbindungen sind im allgemeinen relativ gut. Inzwischen gibt es auch moderne Kartentelefone.
DEUTSCHE WELLE
Der Einsatz der Kurzwellenfrequenzen ändert sich mehrfach im Laufe eines Jahres, und Sendungen auf den folgenden Frequenzen werden jeweils nur zu bestimmten Tageszeiten ausgestrahlt. Näheres in der Einleitung.

MHz	15,275	13,780	9,545	6,075	3,995
Meterband	19	22	31	49	75

Hinweis: In den größeren Hotels in Zagreb, Rijeka, Split und in anderen Küstenorten an der Adria kann CNN über Satellit (Astra) empfangen werden.

REISEPASS/VISUM

Wichtiger Hinweis: *Die Einreisebestimmungen mancher Länder können sich kurzfristig ändern – rufen Sie sicherheitshalber auf Ihrem CRS-System (TIMATIC-Info-Code-Fenster in diesem Kapitel) den aktuellen Stand ab bzw. wenden Sie sich an die zuständige diplomatische Vertretung. Etwaige Zahlen in der Tabelle beziehen sich auf nachfolgende Fußnoten.*

	Paß erforderlich?	*Visum erforderlich?*	*Rückflugticket erforderlich?*
Deutschland	Nein	Nein	Nein
Österreich	Nein	Nein	Nein
Schweiz	Nein	Nein	Nein
Andere EU-Länder	Nein	1	Nein

REISEPASS: Allgemein erforderlich für touristische Aufenthalte von mehr als 90 Tagen und im Transitverkehr. Ansonsten genügt der Personalausweis in Verbindung mit einem Passierschein (den man an der Grenze erhält für einen Aufenthalt bis zu 90 Tagen). Kinder unter 16 Jahren benötigen einen Kinderausweis (ab 5 Jahren mit Lichtbild) bzw. müssen im Paß der Eltern eingetragen sein.
VISUM: Allgemein erforderlich, ausgenommen sind Staatsbürger von:
(a) **[1]** Deutschland, Österreich sowie der EU-Länder und Schweiz;
(b) Algerien, Argentinien, Bosnien-Herzegowina (nur Flüchtlinge und Vertriebene), Bulgarien, Chile, Ecuador, Japan, Liechtenstein, Ehemalige jugoslawische Republik Mazedonien, Malta, Monaco, Rumänien, Russische Föderation (mit offizieller oder beglaubigter privater Einladung), San Marino, Slowakische Republik, Slowenien, Tschechische Republik, Türkei, Ungarn und Vatikanstadt.
Anmerkung: Alle Personen, die einen Paßersatz besitzen (Fremdenpaß, Reiseausweis, Reisedokument), benötigen ein Visum ohne Rücksicht auf ihre Staatsangehörigkeit.
Visaarten: Touristen- und Geschäftsvisa.
Visagebühren: 17 DM, 300 öS, 35 sfr. Staatsbürger von Australien, China, Kanada, Neuseeland und den USA erhalten die Visa gratis.
Gültigkeitsdauer: Maximal 3 Monate.
Antragstellung: Botschaft oder konsularische Vertretung (Adressen s. o.).
Unterlagen: (a) Gültiger Reisepaß. (b) Antrag. (c) Gebühr. Bei Staatsbürgern einiger Länder zusätzlich eine bestätigte Rückreisebuchung.
Bearbeitungszeit: Unterschiedlich, je nach Staatsangehörigkeit des Antragstellers, in der Regel bei persönlicher Antragstellung am selben Tag. Bei Staatsbürgern der Bundesrepublik Jugoslawien (Serbien und Montenegro) muß erst eine Genehmigung bei den kroatischen Behörden eingeholt werden.

GELD

Währung: 1 Kuna (Kn) = 100 Lipas. Banknoten sind im Wert von 1000, 500, 200, 100, 50, 20, 10 und 5 Kn in Umlauf. Münzen gibt es in den Nennbeträgen 5, 2 und 1 Kn sowie in 50, 20, 10, 5, 2 und 1 Lipa.
Euroschecks werden angenommen.
Geldwechsel: Obwohl die Inflation durch Stabilisierungsprogramme der Regierung reduziert werden konnte und der Kuna eine auch außerhalb des Landes konvertierbare Währung ist, haben de facto nur die Deutsche Mark und der US-Dollar Kaufkraft. Man sollte nur in Banken und autorisierten Wechselstuben Geld umtauschen.
Wechselkurse

	CRD Okt. '93	CRD Febr. '94	Kn Jan. '95	Kn Jan. '96
1 DM	4457,85	3786,11	3,63	3,73
1 US$	7253,67	6572,52	5,63	5,37

Devisenbestimmungen: Die Ein- und Ausfuhr der Landeswährung ist auf 2000 Kn beschränkt. Die Ein- und Ausfuhr von Fremdwährungen ist unbegrenzt.
Öffnungszeiten der Banken: Mo-Fr 07.00-19.00 Uhr, Sa 08.00-14.00 Uhr.

DUTY FREE

Folgende Artikel dürfen zollfrei nach Kroatien eingeführt werden:
200 Zigaretten oder 50 Zigarren oder 250 g Tabak;
1 l Spirituosen und 3 l Bier und 1 l Wein;
250 ml Eau de toilette;
3 kg Kaffee;
Parfüm für den Eigenbedarf.
Anmerkung: Persönliche Gegenstände wie Videokameras, Campingausrüstung usw. müssen mündlich deklariert werden.

GESETZLICHE FEIERTAGE

1. Mai '96 Maifeiertag. **30. Mai** Tag der Republik. **22. Juni** Antifaschistischer Feiertag. **15. Aug.** Mariä Himmelfahrt. **1. Nov.** Allerheiligen. **25./26. Dez.** Weihnachten. **1. Jan. '97** Neujahr. **6./7. Jan.** Orthodoxes Weihnachtsfest. **31. März** Ostermontag. **1. Mai** Maifeiertag. **30. Mai** Tag der Republik.
Hinweis: Moslemische Glaubensangehörige begehen außerdem die moslemischen Feiertage Eid al-Fitr und Eid al-Adha.

GESUNDHEIT

In der folgenden Tabelle aufgeführte Impfvorschriften können sich kurzfristig ändern. Es wird stets empfohlen, auf Ihrem CRS-System (TIMATIC-Info-Code-Fenster in diesem Kapitel) den aktuellen Stand der Gesundheitsbestimmungen abzurufen bzw. rechtzeitig vor der Reise ärztlichen Rat einzuholen.

	Vorsichtsmaßnahmen empfohlen	*Impfschein erforderlich*
Gelbfieber	Nein	Nein
Cholera	Nein	Nein
Typhus & Polio	Ja	-
Malaria	Nein	-
Essen & Trinken	1	-

[1]: Leitungswasser ist normalerweise gechlort und relativ sauber, es können jedoch leichte Magenverstimmungen auftreten. Für die ersten Wochen des Aufenthalts wird daher abgefülltes Wasser empfohlen, welches überall erhältlich ist.
Tollwut kommt vor. Wer ein erhöhtes Risiko eingeht (z. B. längerer Aufenthalt in abgelegenen Gebieten), sollte vor Reiseantritt eine Schutzimpfung erwägen. Bei Bißwunden so schnell wie möglich ärztliche Hilfe in Anspruch nehmen. Näheres unter *Gesundheit* (s. Inhaltsverzeichnis).
Hepatitis A und *B* können auftreten.
Gesundheitsvorsorge: Obwohl de jure das gegenseitige Abkommen Deutschlands mit Kroatien und damit auch die Anspruchsbescheinigung Ju 6C noch gültig sind, wird auf jeden Fall der Abschluß einer Reisekrankenversicherung empfohlen. Dies gilt auch für Reisende aus Österreich und der Schweiz.

REISEVERKEHR - International

FLUGZEUG: Kroatiens nationale Fluggesellschaft *Croatian Airlines* bietet mehrmals wöchentlich Flugdienste von zahlreichen europäischen Städten, darunter Berlin, Düsseldorf, Frankfurt (tgl.), Hamburg, München, Stuttgart, Leipzig/Halle, Wien (tgl.) und Zürich (tgl.). Ausländische Fluggesellschaften wie *Lufthansa, Austrian Airlines* und *Swissair* fliegen ebenfalls regelmäßig Zagreb (ZAG) und Dubrovnik (DBV) an.
Durchschnittliche Flugzeiten: *Frankfurt* – Zagreb: 1 Std. 30; *Berlin* – Zagreb: 1 Std. 20 (2 Std. 15 mit kleiner Maschine); *Wien* – Zagreb: 1 Std; *Zürich* – Zagreb: 1 Std. 45.
Internationale Flughäfen: *Pleso International* (ZAG) (Zagreb) liegt 16 km südöstlich der Stadt. Der Bus zum Stadtzentrum braucht 25 Min., es gibt auch Taxis (Fahrzeit 20 Min.). Flughafeneinrichtungen: Hotel-Reservierung, Banken, Restaurants/Bars, Cafeteria, Geschäfte einschl. Duty-free-Shop, Tourist-Information, Postamt und Mietwagenschalter.
Dubrovnik (DBV) liegt 22 km südöstlich der Stadt (Fahrzeit 30 Min.). Verbindung mit Flughafenbus nach Dubrovnik. Bank, Bar, Restaurant, Duty-free-Shop, Geschäfte, Post, Tourist-Information und Mietwagenschalter.
Hinweis: Aufgrund des andauernden Konfliktes im ehemaligen Jugoslawien kontrolliert Kroatien den eigenen Luftraum nur teilweise.
SCHIFF: Passagier- und Autofähren kroatischer Reedereien verkehren saisonbedingt zwischen Italien und Kroatien auf den Strecken Ancona – Split, Ancona – Zadar, Triest – Mali-Losinj und Bari – Dubrovnik.
BAHN/BUS/PKW: Es gibt eine tägliche ICE-Verbindung von München über Salzburg nach Zagreb. Die *EURO DOMINO*-Netzkarte und der *InterRail-Paß* sind auch in Kroatien gültig (Einzelheiten s. *Deutschland*). Weitere Informationen von den *Generalvertretungen der Kroatischen Eisenbahnen* in Deutschland und Österreich. Anschriften: Eschersheimer Landstraße 69, D-60322 Frankfurt/M. Tel: (069) 59 81 78. Telefax: (069) 596 23 06 bzw. Operngasse 5, A-1010 Wien. Tel/Telefax: (0222) 586 37 84/85. **Fernbusse:** Die *Deutsche Touring* betreibt u. a. auch Verbindungen von Deutschland nach Kroatien. Zentrale Reservierungsstelle: Tel: (069) 79 03-0. Telefax: (069) 70 47 14.

REISEVERKEHR - National

FLUGZEUG: Es gibt Linienflüge von Zagreb nach Split, Rijeka, Dubrovnik, Pula und Brac.
SCHIFF: Ganzjährig tägliche Fährverbindung von Rijeka nach Split, 2-3 x die Woche Verlängerung nach Dubrovnik.
PKW: Bleifreies Benzin ist erhältlich. **Unterlagen:** Lan-

HABEN SIE VOR, KROATIEN ZU BESUCHEN?

DANN NEHMEN SIE KONTAKT MIT ATLAS AUF – ATLAS IST DIE FÜHRENDE KROATISCHE REISEAGENTUR, 1923 GEGRÜNDET UND IN FOLGENDEN BEREICHEN DER TOURISMUSINDUSTRIE TÄTIG:

Incentives aus aller Welt, professionelle Organisation von Konferenzen und Seminaren, Busreisen in Kroatien und ganz Europa, Pilgerfahrten nach Međugorje, Tagesausflüge und Bootsfahrten zu den Inseln.

Unterkunftsreservierungen und Fahrkartenverkauf; Eintrittskarten für Sportveranstaltungen und kulturelle Ereignisse; Special-Interest-Reisen, darunter z. B. Kunst, Geschichte, Architektur, Kur- und Anti-Stress-Programme, Skifahren, Ökotouren, Weintouren, Abenteuerurlaub wie Kajak- oder Kanufahren, Rafting, Radfahren, Bergwandern und Ballonfahrten.

Zur Verfügung stehen moderne, vollklimatisierte Setra-Busse, Pkw mit Fahrer, die exklusive »weiße Flotte«, ein Funk-Kommunikationsnetz mit 24-Stunden-Dienst im ganzen Land, das Nautica Club-Restaurant in Dubrovnik, die Galerie Sebastian und eine Seilbahn (Dubrovnik).

MITGLIED VON:
ACTA, API, ASTA, ATS, COTAL, DRV, IATA, ICCA, JATA, ORV, TRAVEL CONTACTS, UFTAA, USTOA, WTT.

ATLAS HAUPTSITZ: 20000 DUBROVNIK, Pile 1 - Tel: +385 (20) 44 22 22 - Fax: +385 (20) 41 11 00 • **ATLAS GESCHÄFTSZENTRUM:** 10000 ZAGREB, Lastovska 23 - Tel: +385 (1) 612 44 44 - Fax: +385 (1) 611 16 96
Präsident: Frau Pave Župan Rusković
ATLAS MARKETING BÜRO: 1804 Riggs Place, NW, Washington DC 20009 - Tel: +1 (202) 667 74 11 - Fax: +1 (202) 462 71 60 - Toll free: (800) 738 4537 • **ATLAS OPERATIONS BÜRO:** 60 East 42nd Street, New York, NY 10165 - Tel: +1 (212) 697 67 67 - Fax: +1 (212) 697 76 78 - Gebührenfrei: (800) 528 5275

70 Jahre Branchenerfahrung 1923-1993

deseigener oder internationaler Führerschein, Fahrzeugschein. Die Mitnahme der Internationalen Grünen Versicherungskarte wird empfohlen. **Verkehrsbestimmungen:** Höchstgeschwindigkeit 60 km/h in geschlossenen Ortschaften, 130 km/h auf Autobahnen, 100 km/h auf Kraftfahrtstraßen, 90 km/h auf allen anderen Straßen und mit Anhängern außerhalb geschlossener Ortschaften überall 80 km/h. Promillegrenze 0,5‰. Im Notfall stehen deutschsprachige Notrufstationen des ADAC in Zagreb (Tel: (01) 52 66 68, ganzjährig) zur Verfügung.

UNTERKUNFT

HOTELS: Kroatien war vor dem Ausbruch des Bürgerkrieges im ehemaligen Jugoslawien ein beliebtes Ferienziel; die besten Hotels liegen an der Adriaküste, die inzwischen auch in Mittel- und Süddalmatien wieder zugänglich ist. Vor allem auf der Istrischen Halbinsel (Rijeka-Pula) und an der Kvarner Bucht stehen moderne Hotelanlagen mit guten Einrichtungen zur Verfügung. Auch in Dubrovnik haben mittlerweile wieder einige Hotels geöffnet. Weitere Informationen von der Kroatischen Zentrale für Tourismus (Adressen s. o.) oder vom *Kroatischen Hotelverband*, Hotel Kvarner, Park 1, Svibnja 4, HR-51410 Opatija. Tel: (051) 27 12 33. Telefax: (051) 27 12 02.
CAMPING: Die meisten der kroatischen Campingplätze befinden sich an der Adriaküste, einige bieten auch Segelanleger. Weitere Informationen und Reservierungen durch *Kamping Udruga* (Kroatischer Campingverband), Porec. Tel: (052) 45 13 24. Telefax: (052) 45 12 79.

URLAUBSORTE & AUSFLÜGE

Die nachfolgenden Angaben beziehen sich z. T. auf Informationen, die vor dem Ausbruch des Bürgerkrieges zutreffend waren, und sind in der Hoffnung hier aufgeführt, daß bald Urlaubsreisen in alle Regionen des Landes wieder möglich sein werden. Wie bereits erwähnt, verläuft der Tourismusbetrieb in Istrien und an der Kvarner Bucht normal, und auch für Ziele in Mittel- und Süddalmatien hat die Nachfrage zugenommen; in der Saison 1993 konnte die Zuwachsrate in der Tourismusindustrie gegenüber dem Vorjahr um 30% gesteigert werden, 1994 betrug sie sogar 50%. Die landschaftliche Vielfalt Kroatiens reicht von kleinen Dörfern im Landesinneren bis zur schönen und abwechslungsreichen Küste Dalmatiens. Die Halbinsel Istrien im Norden des Landes bietet für jeden etwas, reizvolle Hügellandschaft, mehrere Nationalparks, historische Städte und sonnige Badefreuden. Hier liegen die berühmten Badeorte **Porec, Pula, Opatija** und **Rovinj**. Die südlichen Regionen um Split und Makarska sind bekannte Urlaubsgebiete, ebenso die mittelalterliche Stadt Dubrovnik. **Split** wurde im 4. Jh. n. Chr. vom römischen Kaiser Diokletian gegründet. Der gewaltige Palast und die von Mauern umgebene Stadt, die er erbauen ließ, bilden heute einen Teil der Altstadt. Der Palast war so groß, daß man aus einzelnen Sälen Häuser machte und die Korridore in Straßen umwandelte. Im Palast finden Konzerte, Opern und Tanzveranstaltungen statt.
Die Inseln im Süden des Landes gehören zu den größten Touristenattraktionen. Das Klima ist warm und sonnig, die Strände sind hervorragend, und der Besucher findet üppige Vegetation und antike Gebäude. **Dubrovnik,** berühmt für die fast vollständig erhaltenen mittelalterlichen Stadtmauern und prächtigen Paläste, war einst eine freie Republik und galt als die schönste Stadt in Kroatien. Durch die lange Bombardierung während des Bürgerkrieges wurden viele historische Gebäude und die meisten Hotels zerstört oder beschädigt. Inzwischen ist der Flughafen wiedereröffnet, und die Sanierungsarbeiten schreiten voran. Einige Hotels haben ebenfalls bereits wieder den Betrieb aufgenommen. Wichtige Sehenswürdigkeiten waren der *Dogenpalast*, der *Onofu-Brunnen* und die *Kirche des Hl. Vlaho*. Das Sommerfestival von Mitte Juli bis Ende August zog bislang jedes Jahr erstklassige Künstler aus Musik, Tanz und Theater an. In **Zagreb**, der Hauptstadt Kroatiens, stehen viele bedeutende Bauwerke aus dem 13. Jahrhundert. Die Stadt ist eine kulturelle Hochburg, in der Theater- und Opernaufführungen, die Weltfestspiele für Zeichentrickfilm (alle zwei Jahre) und das internationale Folklore-Festival (jedes Jahr im Juli) stattfinden. Es gibt Museen, Kunstgalerien, das kroatische Nationaltheater, die sehenswerte *Markuskirche* und vor allem den großartigen *Stephansdom*. Im äußersten Nordwesten Istriens liegt **Umag**, eine römische Stadtgründung, mit guten Sport- und Freizeitmöglichkeiten. Interessante Ausflüge in die reizvolle Umgebung bieten sich an, z. B. nach *Buje* mit seiner historischen Altstadt und in die vielen hübschen Fischerörtchen. Die mittelalterliche Stadt **Vrsar** mit ihren idyllischen Gäßchen ist bekannt für ihren großen FKK-Strand. Das *Naturschutzgebiet Limfjord* liegt ganz in der Nähe. **Rovinj** ist eine zauberhafte Stadt mit vielen stattlichen Häusern, deren malerische Lage am Meer seit jeher Künstler hierher zog. Die waldreiche Katarina-Insel und andere vorgelagerte Inseln sind ideal für Ausflüge. **Pula** wurde im 5. Jh. v. Chr. gegründet, und das römische Amphitheater (1. Jh.) wird noch heute für Aufführungen und Konzerte genutzt. Zahlreiche andere imposante Bauwerke, darunter der Augustustempel, erinnern daran, daß Kroatien einmal römische Provinz war. **Medulin** ist das größte Touristenzentrum in Südistrien. Beliebt sind auch **Rabac** und **Labin** mit seiner malerischen Altstadt. Der österreichisch-ungarische Adel machte seinerzeit in **Opatija** Urlaub, und ein Schimmer der alten Eleganz ist noch übriggeblieben. **Rijeka** ist die größte Hafenstadt Kroatiens. Es gibt Museen, Kunstgalerien, Theater und eine mittelalterliche Festung. In der *Kvarner Bucht* liegen zahllose Inseln: **Krk, Rab** und **Pag** sind die bekanntesten. Von **Zadar**, dem südlichsten Ort in der Bucht, kann man mit einem Wassertaxi zu den unbewohnten **Kornati-Inseln** fahren. Die bekanntesten Inseln in der kroatischen Adria sind **Brac, Hvar** und **Korcula**.

SOZIALPROFIL

ESSEN & TRINKEN: Die Adriaküste ist berühmt für ihr reichhaltiges Angebot an Meeresfrüchten, u. a. Krabben, *Prstaci* (Muscheln) und *Brodet* (Eintopf aus verschiedenen Fischen mit Reis). Alle Gerichte werden mit Olivenöl zubereitet und mit Gemüse serviert. Im Landesinneren sollte man *Manistra od Bobica* (Bohnen mit Maissuppe) versuchen. **Getränke:** Die örtlichen Weine sind gut. Italienischer Espresso ist sehr beliebt und preiswert.
NACHTLEBEN: Vor allem in den Urlaubsgebieten in Istrien gibt es ein reichhaltiges Unterhaltungsangebot. Diskotheken, Kasinos, aber auch traditionelle Folkloreveranstaltungen sorgen für Abwechslung. Viele Hotels haben eigene Unterhaltungsprogramme.
EINKAUFSTIPS: Traditionelle Handarbeiten wie Stickereien, Holzschnitzereien und Töpferwaren sind gute Mitbringsel. Aber auch einheimisches Kristall, Lederwaren und Porzellan eignen sich als Souvenirs. Besuchern wird die Umsatzsteuer innerhalb eines Jahres zurückerstattet, falls der Wert der eingekauften Waren 50 DM (Dinargegenwert) übersteigt. **Öffnungszeiten der Geschäfte:** Mo-Fr 08.00-20.00 Uhr und Sa 08.00-15.00 Uhr.
SPORT: Delnice und **Platak** sind die bekanntesten Ski- und Kurorte. An der Adriaküste ist **Angeln** uneingeschränkt erlaubt, aber zum Frischwasserangeln und -fischen mit Zubehör braucht man eine Genehmigung. Häufig kann man auch mit einem Fischer mitfahren. Hotels und örtliche Behörden erteilen Angelscheine. Am besten erkundigt man sich vor Ort. **Segeln** ist an der Küste sehr beliebt. In allen Häfen kann man sowohl Boote als auch Liegeplätze mieten. Man braucht eine Genehmigung, wenn man das eigene Boot ins Land bringen möchte. Generell gute Wassersportmöglichkeiten in den Küstengebieten; **Schnorcheln, Wasserski** und **Surfen** sind besonders weit verbreitet. **Wandern** bietet sich vor allem auch im waldreichen Hinterland an. **Publikumssport:** Besonders **Fußball** ist sehr beliebt.
VERANSTALTUNGSKALENDER
Mai '96 (1) *Festival der Philharmonie*, Zagreb. (2) *Dalmatia Cup* (Segelregatta). (3) *Rovinj Regatta*. **Juni** (1) *Internationales Autorennen*, Rijeka. (2) *Weltfestival des Zeichentrickfilms*, Zagreb. **Juli** (1) *Kunstfestival*, Split. (2) *Internationales Folklorefestival*, Zagreb. (3) *Filmfest*, Pula. (4) *Moreska* (Turniere und Wettkämpfe in prächtigen Trachten zum Gedenken an den Sieg über die Mauren im 11. Jh.), Korcula. (5) *Kunstfestival*, Opatija. **Juli - Aug.** (1) *Sommerfestival*, Dubrovnik. (2) *Sommerfestival*, Zagreb. (3) *Kultureller Sommer*, Zagreb. (4) *Sommerfestspiele*, Insel Krk. **Aug.** (1) *Croatia Open* (Tennisturnier), Umag. (2) *Sinjska Alka* (ritterlicher Reiterwettstreit), Sinj. (3) *Internationales Puppentheaterfestival*, Zagreb. **Sept.** *Barockabende*, Varazdin. **Okt.** (1) *Jazzfestival*, Zagreb. (2) *Traditionelles Maronenfest*, Opatija und Lovran. **Nov.** *Goldene Pirouette* (Eiskunstlaufmeisterschaften), Zagreb. **Jan./Febr. '97** *Karneval*, Opatija. **Febr.** (1) *Schutzpatron St. Blasius*, Dubrovnik. (2) *Internationales Fahrradrennen*, Rovinj.
SITTEN & GEBRÄUCHE: Zur Begrüßung und zum Abschied gibt man sich die Hand. Angesichts der angespannten Lage empfiehlt es sich, politische Themen nicht anzuspechen. In öffentlichen Verkehrsmitteln und öffentlichen Gebäuden ist Rauchen verboten. **Fotografieren:** Man sollte vorsichtig sein, da das Fotografieren nicht überall erlaubt ist. **Trinkgeld:** In Hotels, Restaurants und Taxis sind 10% Trinkgeld üblich.

WIRTSCHAFTSPROFIL

WIRTSCHAFT: Kroatien war die zweitreichste und wirtschaftlich am weitesten entwickelte aller ehemaligen jugoslawischen Republiken. Die frühere Teilrepublik erwirtschaftete 25% des jugoslawischen Bruttosozialproduktes und produzierte 22% der Landwirtschafts- und Industrieerzeugnisse. 1990/91 stammten 20% der jugoslawischen Exporte aus Kroatien. Im gleichen Zeitraum betrug das Bruttosozialprodukt pro Kopf in Kroatien ca. 3000 US-Dollar und lag damit leicht über dem jugoslawischen Durchschnitt (das slowenische BSP lag allerdings bedeutend höher). Aufgrund der gegenwärtigen Wirtschaftskrise verschlechtert sich der Lebensstandard immer mehr. Das Bruttoinlandsprodukt sank von 3351 US$ (1990) auf 2505 US$ (1994). Grund hierfür sind der Wegfall des gesamtjugoslawischen Marktes (der innerjugoslawische Handel erbrachte 25% des regionalen Bruttoinlandsproduktes) und der Bürgerkrieg, der Schätzungen zufolge Schäden in Höhe von mindestens 20 Milliarden US-Dollar verursacht hat (zerstörte Gebäude und Infrastruktur; 25% Produktionsausfall). Besonders schwerwiegend ist der Verlust der Einnahmen aus der Touristikindustrie an der Adriaküste, die noch 1989/90 insgesamt ca. 6 Milliarden US-Dollar betrugen. Ein Aufwärtstrend zeichnet sich jedoch ab, und der Fremdenverkehr hatte im Gegensatz zu den meisten anderen Wirtschaftszweigen einen Zuwachs zu verzeichnen (Umsatzsteigerung 1993/1994 von 50%). Die Mehrheit der ausländischen Feriengäste, bei denen Individualreisende überwogen, kamen aus Deutschland, der Tschechischen Republik, Slowenien und Österreich. Drei Viertel der Übernachtungen entfielen auf Istrien und die Kvarner Bucht. Aufgrund der politischen Instabilität wird die Rückführung von schätzungsweise 15-20 Milliarden US-Dollar blockiert, die sich im Besitz von kroatischen Emigranten befinden und auf Bankkonten im Ausland deponiert sind (vor allem in Deutschland, wo sich 600.000 kroatische Gastarbeiter aufhalten). Kroatien ist auch nicht in der Lage, seinen vereinbarten Anteil an der Tilgung der Auslandsschulden der ehemaligen Föderation (2,6 Milliarden US-Dollar, zusätzlich ca. 30% der nicht umgelegten Bundesschulden, oder ca. 25% der gesamten Auslandsschulden Jugoslawiens) zu bezahlen. Die Regierung hat bereits formell eine Umschuldung beantragt. Im Januar 1993 wurde Kroatien Mitglied des Internationalen Währungsfonds. Die Einführung einer neuen, stabileren Währung hat zur Verringerung der Inflationsrate beigetragen. Das Exportvolumen, insbesondere in die EU-Staaten, ist bisher minimal. Soziale und wirtschaftliche Reformen (vor allem die Privatisierung) stecken noch im Anfangsstadium. Die Arbeitslosenquote liegt derzeit bei rund 16%. Eine zusätzliche wirtschaftliche Belastung bilden die 627.000 Flüchtlinge in Kroatien, deren Unterhalt ca. 50 Mio. US-Dollar kostet, was ca. 20% des gesamten Regierungsbudgets ausmacht. Haupthandelspartner Kroatiens sind Slowenien, Italien und Deutschland.
GESCHÄFTSVERKEHR: Kroatien war in vieler Hinsicht eine der eher konservativen Teilrepubliken der ehemaligen jugoslawischen Föderation, und daher geht es im Geschäftsleben eher formell zu. Hinter dem Image westlicher Rationalität verbirgt sich jedoch eine lähmende Bürokratie. Sprachschwierigkeiten dürfte es kaum geben, da Deutsch und Englisch als Zweitsprachen weit verbreitet sind. Nach der Vorstellung sollte man seine Karte (möglichst mit Berufsbezeichnung und akademischen Titeln) überreichen. Vor Ort bieten eine Vielzahl von Maklern, Beratern, Gutachtern und – nicht ganz so zahlreich – Rechtsanwälten den ausländischen Firmen ihre Dienste an. Es empfiehlt sich, diese gründlich zu überprüfen, bevor man ihren Service in Anspruch nimmt. **Geschäftszeiten:** Mo-Fr 08.00-16.00 Uhr.
Kontaktadressen: *Wirtschaftsabteilung der Botschaft der Republik Kroatien*, Rolandstraße 45, D-53179 Bonn. Tel: (0228) 33 28 64. Telefax: (0228) 33 54 50.
Handelsabteilung der Botschaft der Republik Kroatien, Heuberggasse 10, A-1170 Wien. Tel: (0222) 450 20 83. Telefax: (0222) 450 29 42.
Trgovinski izaslanik Austrije (Außenhandelsstelle der Wirtschaftskammer Österreich), P. p. 25, HR-10000 Zagreb. Tel: (01) 27 50 44. Telefax: (01) 27 81 99.
Kroatische Wirtschaftskammer, Ruzveltov Trg 1, HR-10000 Zagreb. Tel: (01) 45 34 22. Telefax: (01) 44 86 18.

KLIMA

Unterschiedlich. Kontinentalklima im Norden, Mittelmeerklima an der Adriaküste.
Kleidung: Warme Kleidung und Wintermantel im Winter, leichte Kleidung und Regenmantel im Sommer.

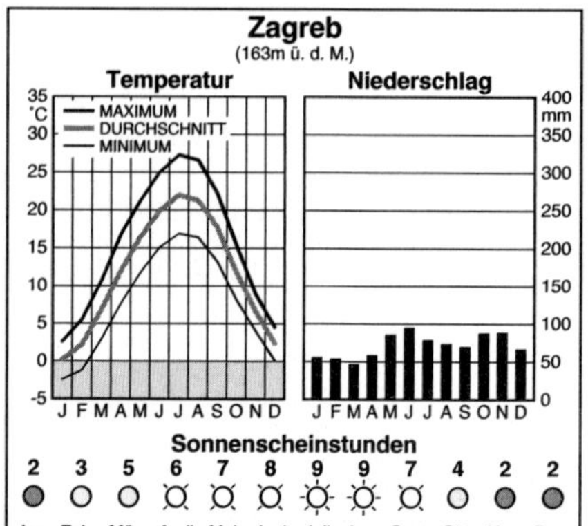

Kuba

Lage: Mittelamerika, Nordwestliche Karibik.

Kubanisches Fremdenverkehrsbüro
An der Hauptwache 7
D-60313 Frankfurt/M.
Tel: (069) 28 83 22/23. Telefax: (069) 29 66 64.
Mo-Fr 09.00-17.30 Uhr.
(auch zuständig für Anfragen aus Österreich und den Niederlanden)
Ministerio de Turismo
Calle 19
Nr. 710 esq. a Pasco
Vedado
Minicipio Plaza de la Revolución

La Habana
Tel: (07) 33 40 87. Telefax: (07) 33 40 86.
Botschaft der Republik Kuba
Kennedyallee 22-24
D-53175 Bonn
Tel: (0228) 3 09-0. Telefax: (0228) 30 92 44.
Mo-Fr 10.00-12.00 Uhr, *Konsularabt.:* Mo-Fr 09.00-12.00 Uhr (nach Vereinbarung).
Konsulat der Republik Kuba
Kuckhoffstraße 69
D-13156 Berlin
Tel: (030) 916 45 51. Telefax: (030) 916 45 53.
Mo 09.00-12.00 Uhr, Di-Fr 08.30-12.00 Uhr.
Botschaft der Republik Kuba
Himmelhofgasse 40a-c
Postfach 36
A-1130 Wien
Tel: (0222) 877 81 98, 877 21 59. Telefax: (0222) 877 77 03.
Mo-Fr 08.30-12.00 Uhr.
Botschaft der Republik Kuba
Gesellschaftsstraße 8
CH-3012 Bern
Postfach 5275
CH-3001 Bern
Tel: (031) 302 98 30. Tel/Telefax: (031) 302 21 11.
Mo-Fr 09.00-12.00 Uhr.
(auch für touristische Anfragen zuständig)
Botschaft der Bundesrepublik Deutschland
B. No. 652
Esquina A 13
Vedado
La Habana
Tel: (07) 33 25 69/39, 33 24 60. Telefax: (07) 33 15 86.
Botschaft der Republik Österreich
Calle 4, No. 101
Entre 1ra y 3ra
Miramar
La Habana
Tel: (07) 33 28 25. Telefax: (07) 33 12 35.
Botschaft der Schweizerischen Eidgenossenschaft
5ta Avenida, No. 2005
Entre 20 y 22
Miramar-Playa
Ciudad de La Habana
Apartado 3328
La Habana 3
Tel: (07) 33 26 11, 33 27 29, 33 29 89. Telefax: (07) 33 11 48.

FLÄCHE: 110.860 qkm.
BEVÖLKERUNGSZAHL: 10.862.000 (1993).
BEVÖLKERUNGSDICHTE: 97,9 pro qkm.
HAUPTSTADT: La Habana/Havanna. **Einwohner:** 2.175.995 (1993).
GEOGRAPHIE: Kuba ist die größte karibische Insel und die westlichste der Großen Antillen. Sie liegt 145 km südlich von Florida. Das Land ist überwiegend flach, nur ein Viertel ist gebirgig. Im Westen und Osten gibt es Gebirgsketten, die eine Höhe von 2500 m erreichen. Westlich von Havanna liegt die Sierra de los Organos, die bis auf 750 m ansteigt. Südlich der Sierra befindet sich ein schmaler Landstreifen von 2320 qkm, auf dem

TIMATIC INFO-CODES

Abrufbar über Ihr CRS-System (für START/Amadeus Ama-Maske benutzen). Für Galileo bitte TI-DFT eingeben (mit Bindestrich).

Flughafengebühren	TI DFT/ HAV /TX
Währung	TI DFT/ HAV /CY
Zollbestimmungen	TI DFT/ HAV /CS
Gesundheit	TI DFT/ HAV /HE
Reisepaßbestimmungen	TI DFT/ HAV /PA
Visabestimmungen	TI DFT/ HAV /VI

▼ *Tal von Viñales*

Kuba

der beste kubanische Tabak angebaut wird. Die Trinidad-Berge liegen in der Mitte und erreichen im Osten eine Höhe mit 1100 m. Um den Hafen von Santiago de Cuba erhebt sich die zerklüftete Sierra Maestra. 25% der Insel sind mit Pinien- und Mahagoniwäldern bedeckt. Die Küste ist sumpfig mit dichten Mangrovenwäldern.
STAATSFORM: Sozialistische Republik seit 1959. Verfassung von 1976 auf der Grundlage des Marxismus-Leninismus; letzte Verfassungsänderung 1992. Einheitspartei: Kommunistische Partei Kubas (PCC). Die 589 Mitglieder des Volkskongresses werden seit Februar 1993 erstmals direkt gewählt. Der Staatsrat, mit 31 Mitgliedern, hat die gesetzgebene Funktion; Vorsitzender des Staatsrates ist zugleich Staatsoberhaupt und Vorsitzender des Ministerrates. Staatsoberhaupt, Regierungschef und Generalsekretär des Zentralkomitees der PCC: Dr. Fidel Castro Ruz, seit 1959, im März 1993 im Amt bestätigt.
SPRACHE: Spanisch. Es wird auch etwas Französisch und Englisch gesprochen und in Touristikzentren meist auch Deutsch.
RELIGION: 56% ohne Religionszugehörigkeit, 38% Katholiken, auch protestantische und jüdische Glaubensgemeinschaften. Seit 1992 herrscht erstmals Religionsfreiheit.
ORTSZEIT: MEZ - 5 (MEZ - 6 zwischen Oktober und März).
NETZSPANNUNG: 110-220 V, 60 Hz; zweipolige amerikanische Stecker. Bestimmte Hotels haben europäische Stecker.
POST- UND FERNMELDEWESEN: Telefon: Selbstwählferndienst. **Landesvorwahl:** 53. **Telexe/Telegramme** können in allen Postämtern in Havanna und einigen Hotels in größeren Städten aufgegeben werden. **Post:** Briefe nach Europa sind oft mehrere Wochen unterwegs; Luftpost wird empfohlen.
DEUTSCHE WELLE
Der Einsatz der Kurzwellenfrequenzen ändert sich mehrfach im Laufe eines Jahres, und Sendungen auf den folgenden Frequenzen werden jeweils nur zu bestimmten Tageszeiten ausgestrahlt. Näheres in der Einleitung.

MHz	17,860	17,715	15,275	9,545	6,100
Meterband	16	16	19	31	49

REISEPASS/VISUM

Wichtiger Hinweis: Die Einreisebestimmungen mancher Länder können sich kurzfristig ändern – rufen Sie sicherheitshalber auf Ihrem CRS-System (TIMATIC-Info-Code-Fenster in diesem Kapitel) den aktuellen Stand ab bzw. wenden Sie sich an die zuständige diplomatische Vertretung. Etwaige Zahlen in der Tabelle beziehen sich auf nachfolgende Fußnoten.

	Paß erforderlich?	Visum erforderlich?	Rückflugticket erforderlich?
Deutschland	Ja	Ja/1	Ja
Österreich	Ja	Ja/1	Ja
Schweiz	Ja	Nein	Ja
Andere EU-Länder	Ja	Ja/1	Ja

REISEPASS: Allgemein erforderlich zur Einreise, muß noch mindestens 6 Monate gültig sein.
VISUM: Allgemein erforderlich zur Einreise, ausgenommen sind Staatsbürger der folgenden Länder: (a) Schweiz, Barbados (bis zu 21 Tagen), Benin, Bosnien-Herzegowina, Bulgarien, den GUS-Staaten (außer Usbekistan, dessen Staatsbürger ein Visum benötigen), Liechtenstein, Ehem. jugosl. Republik Mazedonien, Mongolei, Namibia, Polen, Rumänien, der Slowakischen Republik, der Tschechischen Republik und Ungarn;
(b) [1] Inhaber einer **Touristenkarte** (s. u.).
Visa sind allgemein für Geschäftsreisen erforderlich; der Geschäftspartner in Kuba muß sich um eine Genehmigung kümmern, nach deren Erhalt die Botschaft im Wohnsitzland das Visum ausstellen kann.
Visaarten: Geschäfts- und Touristenvisa.
Visagebühren: 60 DM, 480 öS.
Gültigkeitsdauer: Geschäftsvisa nach Bedarf, Touristenvisa 30 Tage, Verlängerungsmöglichkeit.
Antragstellung: Konsularabteilung der Botschaft bzw. Konsulat (Adressen s. o.).
Unterlagen: (a) Gültiger Reisepaß. (b) Genehmigung, die der kubanische Geschäftspartner besorgt und meist per Telex oder Telefax an die Botschaft sendet. (c) Gebühr. Die postalischen Antragstellung sollte ein frankierter und adressierter Umschlag und der Zahlungsbeleg über die Visumgebühren beigefügt werden (keine Schecks).
Bearbeitungszeit: Unterschiedlich, in der Regel ca. 1 Monat (Geschäftsvisa).
Aufenthaltsgenehmigung: Anfragen an die zuständige Botschaft.
TOURISTENKARTE: Die kubanischen Konsulate bzw. Konsularabteilungen der Botschaften stellen sowohl für Einzelpersonen als auch an Reisebüros (für Pauschal- oder Individualreisen) Touristenkarten aus, die für je eine Reise in Verbindung mit einer Hotelbuchung gültig sind. Man muß durch einen autorisierten Reiseveranstalter gebucht und im voraus bezahlt haben. Diese Regelung wird allerdings nicht mehr so streng gehandhabt, und u. U. kann man eine Hotelreservierung auch erst bei der Ankunft in Kuba vornehmen. Unterlagen über die Rück- oder Weiterreise, aus denen die genauen Reisedaten hervorgehen, müssen ebenfalls vorgelegt werden.
Gültigkeitsdauer: 30 Tage.
Gebühren: Individualreisen: 48 DM, 250 öS. Pauschalreisen: 32 DM, 178,50 öS.
Bearbeitungszeit: 2-3 Tage.

GELD

Währung: 1 Kubanischer Peso (Cub$) = 100 Centavos. Banknoten gibt es im Wert von 50, 20, 10, 5, 3 und 1 Cub$. Münzen sind im Wert von 1 Cub$ und im Wert von 40, 20, 10, 5, 2 und 1 Centavo in Umlauf. Seit Juli 1993 ist außerdem der US-Dollar als Zahlungsmittel zugelassen.
Geldwechsel sollte nur in Hotels, Banken oder in den internationalen Flughäfen vorgenommen werden, wobei eine Quittung ausgestellt wird. Inzwischen gibt es auch zwei Wechselstuben in Havanna. In den offiziellen Touristengeschäften kann man nur mit US-Dollar und Touristengutscheinen bezahlen (s. u.). Auf Schwarzmarkt-Umtauschgeschäfte stehen empfindliche Strafen.
Kreditkarten: *Eurocard* und *Visa* werden akzeptiert. *American Express* wird nicht angenommen. Einzelheiten vom Aussteller der betreffenden Kreditkarte.
Touristengutscheine werden von der Nationalbank ausgegeben und entsprechen dem US-Dollar; sie wurden zur Erleichterung der Umtauschformalitäten eingeführt.
Reiseschecks: US-Dollar-Reiseschecks werden empfohlen, allerdings sollte der Aussteller nicht *American Express* sein. Die weiße Quittung, die man beim Einlösen eines Reiseschecks erhält, muß aufbewahrt werden.
Wechselkurse:

	Cub$ Sept. '92	Cub$ Febr. '94	Cub$ Jan. '95	Cub$ Jan. '96
1 DM	0,51	0,44	0,64	0,70
1 US$	0,76	0,76	1,00	1,00

Devisenbestimmungen: Die Ein- und Ausfuhr der Landeswährung ist verboten. Die Einfuhr von Fremdwährung ist unbegrenzt, es besteht jedoch Deklarationspflicht. Grundsätzlich dürfen bis zu 10 Cub$ in Fremdwährung zurückgetauscht werden, sofern man korrekt ausgefüllte Umtauschquittungen vorweisen kann.
Öffnungszeiten der Banken: Mo-Fr 08.30-12.00 und 13.30-15.00 Uhr, Sa 08.30-10.30 Uhr.

DUTY FREE

Folgende Artikel können zollfrei nach Kuba eingeführt werden:
200 Zigaretten oder 50 Zigarren oder 250 g Tabak;
2 Flaschen Spirituosen;
Parfüm für den persönlichen Gebrauch;
Geschenke bis zum Wert von 100 US$.
Einfuhrverbot: Obst und Gemüse, Fleisch- und Milchprodukte, Waffen und Munition, pornographische Artikel aller Art und Betäubungsmittel. Bestimmte Tier- und Pflanzenprodukte werden u. U. bei der Einreise desinfiziert.

GESETZLICHE FEIERTAGE

1. Mai '96 Tag der Arbeit. **26. Juli** Tag der Revolution von 1953. **10. Okt.** Tag des Unabhängigkeitskrieges. **1. Jan. '97** Tag der Befreiung. **1. Mai** Tag der Arbeit.

GESUNDHEIT

In der folgenden Tabelle aufgeführte Impfvorschriften können sich kurzfristig ändern. Es wird stets empfohlen, auf Ihrem CRS-System (TIMATIC-Info-Code-Fenster in diesem Kapitel) den aktuellen Stand der Gesundheitsbestimmungen abzurufen bzw. rechtzeitig vor der Reise ärztlichen Rat einzuholen.

	Vorsichtsmaßnahmen empfohlen	Impfschein erforderlich
Gelbfieber	Nein	Nein
Cholera	Nein	Nein
Typhus & Polio	Nein	-
Malaria	Nein	-
Essen & Trinken	1	-

[1]: Wasser sollte außerhalb Havannas generell vor der Benutzung zum Trinken, Zähneputzen und zur Eiswürfelbereitung entweder abgekocht oder anderweitig sterilisiert werden. Milch ist pasteurisiert und Milchprodukte sind unbedenklich. Fleisch- und Fischgerichte nur gut

▼ *Tabakplantage*

CUBA: CARIBIC FÜR INSIDER

Cuba. Gerade jetzt wärmstens zu empfehlen. Temperaturen von mindestens 26 °C verlocken zum **Eintauchen** in das türkisblaue Wasser und zum Genießen von Sonne, Strand – und mehr! Denn auch das Landesinnere mit seinem üppigen Pflanzenreichtum, die **malerischen Städte** und die historischen Kulturgüter sind eine Rundreise, oder allemal einen Ausflug, wert. Cuba bietet auf liebevolle Art den umfangreichen **Komfort** großer Touristik-Destinationen: anspruchsvolle Hotels aller Kategorien, gutausgebildetes Personal, ausgezeichnete Restaurants und unzählige **Sportmöglichkeiten**. Auf Cuba erleben Ihre Kunden erholsame und abwechslungsreiche Ferien. Mit Sicherheit. Cuba. Der **Geheimtip** unter den Urlaubsparadiesen.

CUBA
Willkommen in der Caribic

CUBA SELBST ERLEBEN!
Mit dem Cuba-Info-Paket. Das aktuelle Video (Spieldauer 25 Min.) gibt Ihnen lohnenswerte Insider-Informationen, dazu erhalten Sie attraktive Informations- und Dekorationsmaterialien. Damit Sie sich für Ihre zuverlässige Empfehlung ein eigenes Bild machen können.

❑ **Ja!** Ich will das Cuba-Infopaket mit Video!

Vorname/Name

Reisebüro

Straße/Nr.

PLZ/Ort

Bitte einsenden an:
Cubanisches Fremdenverkehrsbüro,
An der Hauptwache 7, 60313 Frankfurt
Telefon 0 69/28 83 22-23, Fax 0 69/29 66 64

Kuba

durchgekocht und heiß serviert essen.
Tollwut kommt in Ausnahmefällen vor. Wer ein erhöhtes Risiko eingeht (z. B. längerer Aufenthalt in abgelegenen Gebieten), sollte vor Reiseantritt eine Schutzimpfung erwägen. Bei Bißwunden so schnell wie möglich ärztliche Hilfe in Anspruch nehmen. Weitere Informationen im Kapitel *Gesundheit* (s. Inhaltsverzeichnis).
Gesundheitsvorsorge: Die medizinische Versorgung ist sehr gut und in Notfällen kostenlos, es fehlt jedoch immer wieder an Medikamenten. Eine gut bestückte Reiseapotheke ist empfehlenswert. Der Abschluß einer Reisekrankenversicherung mit Notrückführung wird empfohlen.

▼ *Capitolio, Parlamentsgebäude, Havanna*

REISEVERKEHR - International

FLUGZEUG: Kubas nationale Fluggesellschaft *Empresa Consolidada Cubana de Aviación (CU)* bietet internationale Flüge nach Nord- und Südamerika, Karibik, Europa und Afrika. *Iberia* fliegt Havanna von Berlin, Düsseldorf, Frankfurt/M., Hamburg, München sowie Wien, Genf und Zürich an. Ferner fliegt *LTU* ab Düsseldorf nach Havanna, und *Condor* bietet ebenfalls eine Verbindung von Frankfurt/M.
Durchschnittliche Flugzeiten: *Frankfurt* – Havanna: 10 Std. 30; *Berlin* – Havanna: 13 Std. (reine Flugzeit, Stopp in Las Palmas); *Wien* – Havanna: 12 Std; *Zürich* – Havanna: 10-11 Std.
Internationale Flughäfen: *La Habana* (HAV) (José Marti International) liegt 18 km südlich der Stadt. Wechselstube (24 Std.), Touristinformation, Hotel-Reservationsschalter, Mietwagenschalter, Duty-free-Shops, Bar/Restaurant. Taxistand ist vorhanden, Busse fahren in die Stadt.
Weitere internationale Flughäfen befinden sich in Santiago de Cuba, Camagüey, Holguín, Cayo Largo, Ciego de Avila und Varadero. Die Flughafeneinrichtungen in Santiago de Cuba sind erweitert worden.

REISEVERKEHR - National

FLUGZEUG: *Empresa Consolidada Cubana de Aviación* bietet Linienflüge zwischen den meisten größeren Städten an. Man sollte im voraus buchen, da das Angebot begrenzt ist.
BAHN: Von dem rund 14.500 km langen Schienennetz werden etwa 5000 km für den öffentlichen Verkehr genutzt. Es gibt Verbindungen von Havanna nach Santiago de Cuba sowie weitere Direktverbindungen von der Hauptstadt in andere größere Städte. Einige Züge sind klimatisiert und bieten Erfrischungen an.
BUS/PKW: Viele Nebenstrecken sind unbefestigt und manchmal bei starkem Regen nicht befahrbar. Die Routen der meisten Besichtigungsfahrten sind festgelegt, alle Reisen innerhalb des Landes werden üblicherweise über verschiedene Anbieter gebucht. **Fernbusse:** Die meisten Überlandfahrten finden in klimatisierten Langstreckenbussen statt, die auch von Kubanern viel benutzt werden. Eine Direktverbindung von La Habana nach Santiago de Cuba gibt es nicht. Die Fahrpreise sind niedrig und die Verbindungen zuverlässig, aber die Busse können sehr überfüllt sein. **Taxis** für Einheimische und Fahrzeuge mit Chauffeur sind selten. Für Touristen gibt es Tourist-Taxis, die vor den großen Hotels warten. Die Preise entsprechen etwa den nordwesteuropäischen. Die Taxis haben meistens Taxameter; bei den anderen sollte man den Fahrpreis im voraus vereinbaren. Es gibt staatliche Taxiunternehmen. **Mietwagen:** *Havanautos* ist die nationale Autovermietung. **Fahrräder** können ebenfalls gemietet werden. **Unterlagen:** Eigener oder internationaler Führerschein.
STADTVERKEHR: In Havanna fahren Busse, Minibusse und viele Sammeltaxis preiswert zum Einheitsfahrpreis. Busse verkehren häufig, sind aber oft sehr überfüllt.
FAHRZEITEN von Havanna zu den folgenden größeren Städten (ungefähre Angaben in Std. und Min.):

COLUMBUS REISEFÜHRER 1996/97

An der Hauptkreuzung der Stadt...
Im schönsten Teil der Stadt...

◀ International Hotel

Cuatro Palmas Hotel ▼

Sevilla Hotel ▶

Inmitten pulsierenden Lebens und Großstadtatmosphäre zeichnen sich die Gran Caribe Hotels in Havanna durch ihren ganz eigenen Stil aus.

Hotel Nacional de Cuba, Hotel Riviera, Hotel Habana Libre, Hotel Sevilla, Hotel Copacabana, Hotel Plaza, Hotel Inglaterra, Complejo Neptuno Tritón, Hotel Victoria, Hotel Presidente

Das Ziel für Besucher,
die immer die richtige Wahl treffen

GRAN CARIBE
grupo hotelero
★★★★★

Ave. 7ma. No. 4210 entre 42 y 44, Miramar, Havanna, Kuba. Tel: 33 0575-82 Fax: 33 0565, 33 0238

Zentrale
Calle F No 157 entre Novena y Calzada
El Vedado Plaza
La Habana/Havanna, Kuba
Tel: (53 7) 33 41 55/60
Telefax: (53 7) 33 35 29/33 33 30/33 31 04

Varadero
Calle Primera esquina a 33
Tel: (53 5) 66 72 17
Telefax: (53 5) 66 70 48

CUBATUR ist ein unabhängiges Unternehmen, das innerhalb Kubas in den Bereichen Touristik- und Reisemanagement tätig ist. CUBATURs umfangreiches Urlaubsangebot in verschiedenen kubanischen Orten in Verbindung mit anderen karibischen Zielen, wie z. B. Cancún, reicht von Küste zu Küste und dient dazu, Besuchern die Geschichte, die Kultur und die natürliche Schönheit der einzelnen Regionen näherzubringen. CUBATURs Erfahrung hilft auch bei Konferenzen und Seminaren; wir organisierten 300 solcher Veranstaltungen allein im letzten Jahr. Das moderne Convention Centre und die hervorragenden Einrichtungen unserer besten Hotels werden den verschiedensten Kundenwünschen und -vorstellungen gerecht.

CUBATUR stellt auf Wunsch auch spezielle Programme für Individualreisende und Special-Interest-Gruppen zusammen. CUBATURs landesweite Zweigstellen sind ideal als Vertreter für internationale Reiseanbieter. Wir kümmern uns um das gesamte Groundhandling – vom Meet-&-Greet-Service, über Unterkünfte vor Ort und das Organisieren von Ausflügen, bis hin zur Klärung von Gepäckverlusten, Informationen über spezielle Extras und Helfer in Notsituationen. Wie auch immer Ihre Ansprüche sind – CUBATUR ist Ihr Partner in Kuba!

	Flugzeug	Pkw/Bus
Varadero	0.15	2.00
Trinidad	0.20	4.00
Santiago de Cuba	1.15	17.00
Playas del Este	-	0.20
Pinar del Rio	0.15	1.30

UNTERKUNFT

HOTELS: Das Angebot wird gegenwärtig erweitert. Die besten Hotels findet man in Havanna und Varadero, wo es Unterkünfte aller Kategorien gibt. Da die meisten Urlaubsaufenthalte in Kuba Pauschalreisen sind, werden die Hotels vom Veranstalter ausgesucht. Die meisten größeren Hotels haben ein Touristenbüro. Weitere Auskünfte erteilt die *Gran Caribic Hotelkette*, Avenida 7, No. 4210, e/42 y 44, Playa, La Habana. Tel: (07) 33 41 81. Telefax: (07) 33 02 38.

URLAUBSORTE & AUSFLÜGE

Seit den fünfziger Jahren hat sich **Havanna** vom berüchtigten Glücksspielzentrum der Karibik zur angesehenen Hauptstadt der Republik Kuba gewandelt. In der Wirtschafts- und Kulturmetropole erwarten den Besucher vielfältige Eindrücke. Organisierte Stadtrundfahrten führen die Besucher vom ehemaligen Bordellviertel zu den schönen Vororten Vedado und Miramar. Am *Revolutionsplatz*, dem Schauplatz farbenprächtiger Paraden, stehen Regierungsgebäude, die fast alle aus den fünfziger Jahren stammen. Der *Kathedralenplatz* im alten Havanna dagegen ist von vielen historischen Bauwerken und Straßen mit Kopfsteinpflaster umgeben. Die Altstadt mit ihren zahlreichen Renaissance- und Barockhäusern, imposanten Palästen und prächtigen Plätzen wurde 1982 zum Weltkulturgut der UNESCO erklärt. Besonders eindrucksvoll ist der *Admiralitätspalast* an der hübschen *Plaza de Armas*, in dem heute das Städtische Museum untergebracht ist. Obwohl die Fassaden vieler Gebäude abbröckeln und manche Straßenzüge einen sehr heruntergekommenen Eindruck machen, läßt sich der einstige Glanz der Stadt in den liebevoll restaurierten Bauwerken einiger Straßen erahnen. In einem der sorgfältig sanierten Museen in Alt-Havanna können Oldtimer-Fans u. a. auch den Chevrolet bewundern, in dem einst der legendäre Revolutionär Che Guevara umherfuhr. Den Sonnenuntergang genießt man am einer der zahlreichen Festungen oder bei einem Spaziergang am *Malecon*, der Strandpromenade. In der *Finca Vigia* im Südosten der Stadt lebte der amerikanische Schriftsteller Ernest Hemingway; von ihm sind hier heute verschiedene Ausstellungsstücke zu besichtigen. Nicht weit von der Hauptstadt und leicht zu erreichen sind die *Playas del Este*, Strände, die sonnige Badefreuden gewähren. Insgesamt gibt es 280 Strände an der 7500 km langen kubanischen Küste, die beliebtesten liegen im Norden. **Varadero**, der größte Urlaubsort Kubas, liegt auf einer geschützten Halbinsel 130 km nordöstlich von Havanna. Am Strand, der ganzjähriges Baden ermöglicht, stehen Villen und Hotels in weitläufigen Parkanlagen. Sauberes Wasser, Palmen und weißer Sandstrand wie aus dem Bilderbuch garantieren einen erholsamen Aufenthalt. Auch an der Südküste kann man nach Herzenslust baden. Zu nennen ist hier vor allem das Feriengebiet *Parque Baconao* (Provinz Oriente). Das wiederaufgebaute Indianerdorf *Guama* liegt an einer weiten Lagune, 179 km südöstlich von Havanna in der Provinz *Matanzas*. Skulpturen, die das Alltagsleben der Indianer darstellen, erinnern an die Kultur der Ureinwohner Kubas, die von den ersten Kolonialherren ausgerottet wurden. Hier entstand ein Urlaubsort mit Hütten aus Palmenholz, die durch Brücken über die Lagune miteinander verbunden sind.

Das wohlhabende und moderne **Cienfuegos**, 325 km südöstlich von Havanna, hat einen malerischen Hafen. Die geschäftige Stadt **Santa Clara** (288 km östlich von Havanna) liegt im Herzen einer Agrarregion.

Das historische **Trinidad**, 444 km östlich von Havanna, hat die Atmosphäre einer alten Kolonialstadt, und der idyllische Stadtkern steht schon seit den fünfziger Jahren unter Denkmalschutz.

Camagüey, 563 km östlich von Havanna inmitten einer fruchtbaren Ebene gelegen, ist seit langem Zentrum der kubanischen Zuckerindustrie.

Santiago de Cuba liegt 933 km östlich von Havanna an einem großen natürlichen Hafen und war bis 1549 Hauptstadt Kubas. Hier begann im Juli 1953 die kubanische Revolution, als Fidel Castros Truppen die Moncada-Kasernen stürmten.

SOZIALPROFIL

ESSEN & TRINKEN: Das Angebot in Restaurants (Tisch- und Selbstbedienung) kann durch Lebensmittel-Engpässe eingeschränkt sein. Es gibt europäische und kubanische Spezialitäten (insbesondere Meeresfrüchte wie Hummer und Garnelen). Besonders beliebt sind Omelette (oft mit Käse gefüllt), Schweinefleisch, Spanferkel, Huhn und Reis sowie gebratene grüne Kochbananen. Eine dicke Suppe aus Huhn oder schwarzen Bohnen wird ebenfalls häufig serviert. Als Dessert oder einfach zwischendurch bietet sich kubanisches Speiseeis an, das genauso gut schmecken soll wie italienisches *Gelati*. Gerichte in den Hotels sind nicht unbedingt ausgefallen, dazu gehören z. B. Huhn, Fisch, Käse und Schinken, frische Papayas, Melonen, Ananas, Mangos und Bananen. Zum Angebot der wohlschmeckenden Nachspeisen zählen Gebäck, Obsttorten, Karamelpudding und Guaven-Creme. **Getränke:** Bars haben grundsätzlich Tisch- und Tresenbedienung. Kubanischer Kaffee ist weltberühmt und ausgezeichnet; kubanisches Bier ist nicht sehr stark, aber schmackhaft. Spirituosen sind teuer, mit Ausnahme von Rum, der in vielen ausgezeichneten Cocktails wie *Daiquiris* und *Mojitos* (ausgesprochen »Mo-chi-tos«) verwendet wird.

Das **NACHTLEBEN** konzentriert sich auf Havanna, Varadero und Guanabo östlich von Havanna. Unterhaltungsprogramme werden oft vom Reiseveranstalter geplant und in Gruppen besucht. Es gibt verschiedene Shows, Nachtklubs und Theater. Im schon legendären *Tropicana*-Nachtklub werden ausgezeichnete Freilichtshows zu mitreißenden Salsarhythmen geboten. Theater, Oper und Ballett in Havanna haben das ganze Jahr über Spielzeit, und Karten sind nicht teuer, müssen jedoch im voraus gebucht werden.

EINKAUFSTIPS: Zu den besonders beliebten Mitbringseln zählen Zigarren, Rum, Kassetten mit kubanischer Musik und einheimisches Kunstgewerbe. Spezielle Devisenläden bieten auch Waren an, die sonst nicht erhältlich sind. In allen internationalen Flughäfen Kubas gibt es Duty-free-Shops.

SPORT: Alle Sportveranstaltungen im Land sind kostenlos. **Baseball** ist Nationalsport, aber **Fußball** und andere Ballspiele sind ebenfalls beliebte Freizeitbeschäftigungen. Es gibt zahlreiche Stadien, die Kubaner lieben Sportveranstaltungen – sei es als Zuschauer oder als aktive Teilnehmer. **Wassersport: Tauchen, Wasserski, Rudern** und **Surfen** bieten sich an. Besonders gute Tauchgründe findet man in den Gewässern vor der *Isla de la Juventud*. Die Strände sind im Sommer oft überfüllt, abgelegenere Strände bieten gute Tauch- und Angelmöglichkeiten, sind aber nur schwer erreichbar. In einigen Feriengebieten wird **Reiten** angeboten. **Tennisplätze** gibt es in größeren Orten. **Golf** kann man nur in Havanna und Varadero spielen (9-Loch-Plätze).

VERANSTALTUNGSKALENDER
Mai '96 (1) *Internationale Touristenbörse*. (2) *Ernest Hemingway Angelwettbewerb*. **Juli** *Karneval*, Santiago de Cuba. **Dez.** *Lateinamerikanisches Film-Festival*, Havanna. **Febr. '97** *Karneval*, Havanna.

▲ *Bodegeita del Medro, Havanna*

Auskünfte über genaue Daten sowie weitere Feste und Veranstaltungen sind vom Kubanischen Fremdenverkehrsbüro erhältlich.
SITTEN & GEBRÄUCHE: Zur Begrüßung gibt man sich die Hand. Die Kubaner grüßen sich mit *Compañero*, Besucher sollten *Señor* oder *Señora* benutzen. Alle Kubaner haben zwei Nachnamen, bei der Anrede benutzt man allerdings nur den ersten Nachnamen. Bei Privateinladungen zum Essen ist ein kleines Geschenk angemessen. Seit der Revolution ist die Kleidung wesentlich legerer. Kubanische Männer tragen *Guayabera* (ein leicht faltiges Hemd, das über der Hose getragen wird). Elegante Kleidung ist selten nötig. Männer sollten nur in Strandnähe Shorts tragen. Frauen tragen tagsüber Baumwollkleider oder Hosen und Cocktailkleider zu besonderen Anlässen. **Trinkgeld:** Ein kleines Trinkgeld ist angemessen.

WIRTSCHAFTSPROFIL

WIRTSCHAFT: Kuba ist überwiegend ein Agrarland und hat lange an der Planwirtschaft festgehalten. Aufgrund der schweren Wirtschaftskrise wurden inzwischen jedoch umfassende Wirtschaftsreformen angekündigt. Erste Schritte wurden mit der begrenzten Privatisierung von Landwirtschaft und Gewerbe getan. Das Land ist der größte Zuckerexporteur der Welt. Angesichts der konstant niedrigen Weltmarktpreise für Zucker und des anhaltenden Embargos der USA fördert die Regierung verstärkt den Anbau anderer Agrarprodukte (v. a. Tabak und Zitrusfrüchte) für den Export. Wichtigster Industriezweig ist die Nahrungsmittelindustrie (vor allem Zucker und Zuckerprodukte). Erdölraffinerien sowie Tabak- und Textilindustrie sind ebenfalls von Bedeutung. Daneben werden Zement, Dünger, Fertigbauteile, landwirtschaftliche Maschinen und Verbrauchsgüter für den Binnenmarkt hergestellt. Eisen-, Kupfer-, Nickel-, Mangan- und Chromerze werden in steigendem Maße abgebaut. Kuba setzt große Hoffnungen auf den Fremdenverkehr und investiert seit einigen Jahren in den Ausbau der Infrastruktur. Der Tourismus hat jährliche Zuwachsraten zu verzeichnen und erbrachte 1994 rund 800 Mio. US-Dollar. Die meisten Besucher kamen aus Kanada, Deutschland, Italien, Mexiko und Spanien. Haupthandelspartner Kubas war bislang die GUS, die in der Vergangenheit im Rahmen gegenseitiger Wirtschaftshilfe einen Großteil der kubanischen Zuckerexporte im Austausch gegen Erdöllieferungen abnahm. Die jüngsten Forderungen nach Bezahlung in harten Devisen stellen Kuba vor große Probleme, da das Land auf billige Erdölimporte angewiesen ist. Kuba wickelte einen Großteil seines Außenhandels mit den Mitgliedsländern des aufgelösten Wirtschaftsbundes RGW ab, und die kubanische Regierung versucht nun, vor allem die bereits bestehenden Handelsbeziehungen zu Argentinien, China, Japan, Kanada und Spanien auszubauen. Im April 1992 verschärfte die US-Regierung das seit 1961 gegen Kuba bestehende Handelsembargo; seither dürfen Schiffe, die am Handel mit Kuba beteiligt sind, nur noch mit Ausnahmegenehmigungen amerikanische Häfen anlaufen.
GESCHÄFTSVERKEHR: Werbegeschenke sind verboten und werden nicht angenommen. Einladungen zu Geschäftsessen werden in der Regel an Gruppen, nicht an Einzelpersonen ausgesprochen. Bei Gegeneinladungen sollte man daher an die Kosten denken. Geschäftsreisen legt man am besten in den Zeitraum November bis April (wenig Niederschlag). **Geschäftszeiten:** Mo-Fr 08.30-12.30 und 13.30-16.30 Uhr.
Kontaktadressen: *Die wirtschaftlichen Interessen Österreichs werden von der Außenhandelsstelle der Wirtschaftskammer Österreich in Mexiko City (s. Mexiko) wahrgenommen.*
Cámara de Comercio de la República de Cuba (Handelskammer), Calle 21, No. 661/701, esq. Calle A, Apdo. 4237, Vedado, La Habana. Tel: (07) 30 33 56. Telefax: (07) 33 30 42.

KLIMA

Heißes, subtropisches Klima das ganze Jahr über. Der meiste Niederschlag fällt von Mai bis Oktober. Im Herbst (August - November) können Wirbelstürme vorkommen. Die kühleren Monate Januar und April haben die geringste Niederschlagsmenge.
Kleidung: Leichte Baumwoll- und Leinensachen fast das ganze Jahr über. Da die Luftfeuchtigkeit sehr hoch ist, sollte man keine synthetischen Kleidungsstücke tragen. Leichter Regenschutz ist während des ganzen Jahres angebracht.

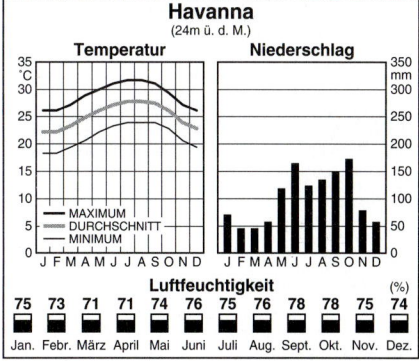

Kuwait

☐ Internationaler Flughafen

Lage: Nahost.

Anmerkung: Während der irakischen Invasion und dem darauffolgenden Golfkrieg Anfang 1991 wurde die Infrastruktur des Landes fast völlig zerstört, die Wiederaufbauarbeiten sind jedoch fast abgeschlossen. Aktuelle Informationen erhalten Sie von der Kuwaitischen Botschaft, vom Auswärtigen Amt in Bonn, dem Außenministerium in Wien und dem EDA in Bern.

Touristic Enterprises Co.
PO Box 23310
13094 Safat
Kuwait City
Tel: 565 27 75. Telefax: 565 75 94.
Department of Tourism
Ministry of Information
as-Sour Street
PO Box 193
13002 Safat
Kuwait City
Tel: 243 66 44. Telefax: 242 97 58.
Botschaft des Staates Kuwait
Godesberger Allee 77-81
D-53175 Bonn
Tel: (0228) 37 80 81/-84. Telefax: (0228) 37 89 36.
Mo-Fr 09.00-15.00 Uhr, Konsularabt.: 09.00-12.30 Uhr.
Botschaft des Staates Kuwait
Universitätsstraße 5/II.
A-1010 Wien
Tel: (0222) 40 55 64 60. Telefax: (0222) 405 56 46 13, Konsularabt.: 408 56 00.
Mo-Fr 09.00-15.00 Uhr, Konsularabt.: 09.00-12.00 Uhr.
Konsulat des Staates Kuwait
2 Avenue de l'Ariana
CH-1202 Genf
Tel: (022) 734 83 30. Telefax: (022) 740 21 55.
Mo-Fr 09.00-12.00 Uhr.
Botschaft der Bundesrepublik Deutschland
Abdullah Salem Area
Plot 1, Street 14
Villa 13
Kuwait City
PO Box 805
13009 Safat
Tel: 252 08 57/32/27. Telefax: 252 07 63.
Botschaft der Republik Österreich
Daiyah, Area Nr. 3
Shawki Street
House Nr. 10
Kuwait City
PO Box 33259
73453 Rawda
Tel: 255 25 32, 253 27 61. Telefax: 256 30 52.
Botschaft der Schweizerischen Eidgenossenschaft
House No. 122
Block 2, Street 1
Qortuba-Kuwait
PO Box 23954
13100 Safat
Tel: 534 01 75. Telefax: 534 01 76.

FLÄCHE: 17.818 qkm.
BEVÖLKERUNGSZAHL: 1.800.000 (1993).
BEVÖLKERUNGSDICHTE: 101 pro qkm.
HAUPTSTADT: Kuwait City. Einwohner: 44.335 (1985).
GEOGRAPHIE: Kuwait grenzt im Norden an den Irak und im Süden an Saudi-Arabien. Im Osten liegt der Persische Golf mit neun kleinen Inseln, die ebenfalls zu Kuwait gehören. Die Landschaft besteht überwiegend aus Wüstenhochland sowie aus einem flachen, fruchtbaren Küstenstreifen.
STAATSFORM: Emirat (Erbmonarchie) seit 1962, letzte Verfassungsänderung 1986. Staatsoberhaupt: Emir Scheich Jaber al-Ahmed al-Jaber as-Sabah (13. Emir von Kuwait), seit 1978. Regierungschef: Kronprinz Scheich Sa'ad al-Abdullah as-Salem as-Sabah, seit 1978. Nationalrat mit 50 gewählten und 25 vom Emir ernannten Abgeordneten. Bei den Wahlen im Oktober 1992 gingen 32 Mandate an Kandidaten der Opposition. Wahlberechtigt sind nur Männer über 21 Jahre, deren Familien seit mindestens 1920 in Kuwait ansässig sind (15%).
SPRACHE: Offizielle Landessprache ist Arabisch; Englisch ist die Handelssprache.
RELIGION: Islam ist Staatsreligion.
ORTSZEIT: MEZ + 2.
NETZSPANNUNG: 240 V, 50 Hz; Adapter empfohlen.
POST- UND FERNMELDEWESEN: Telefon: Selbstwählferndienst. Landesvorwahl: 965. **Telefaxservice** ist in einigen Hotels vorhanden. **Telex/Telegramme:** Telexanschlüsse gibt es im Hauptpostamt (24 Std.) und in den größeren Hotels. Der Telegrammdienst wird vom Haupttelegrafenamt in Kuwait City betrieben, Telegramme müssen aber im Postamt aufgegeben werden. Öffnungszeiten: Sa-Mi 07.00-23.00 Uhr, Do 07.00-12.00 Uhr. **Post:** Luftpost nach Europa ist ca. 5 Tage unterwegs.

DEUTSCHE WELLE
Der Einsatz der Kurzwellenfrequenzen ändert sich mehrfach im Laufe eines Jahres, und Sendungen auf den folgenden Frequenzen werden jeweils nur zu bestimmten Tageszeiten ausgestrahlt. Näheres in der Einleitung.

MHz	21,640	15,275	13,780	11,795	9,655
Meterband	13	19	22	25	31

REISEPASS/VISUM

Wichtiger Hinweis: Die Einreisebestimmungen mancher Länder können sich kurzfristig ändern – rufen Sie sicherheitshalber auf Ihrem CRS-System (TIMATIC-Info-Code-Fenster in diesem Kapitel) den aktuellen Stand ab bzw. wenden Sie sich an die zuständige diplomatische Vertretung. Etwaige Zahlen in der Tabelle beziehen sich auf nachfolgende Fußnoten.

	Paß erforderlich?	Visum erforderlich?	Rückflugticket erforderlich?
Deutschland	Ja	Ja	Nein
Österreich	Ja	Ja	Nein
Schweiz	Ja	Ja	Nein
Andere EU-Länder	Ja	Ja	Nein

Einreisebeschränkungen: Israelischen Staatsbürgern wird die Einreise verweigert. Personen mit israelischen Sichtvermerken im Reisepaß wird ebenfalls die Einreise verweigert (Zweitpaß erforderlich).
REISEPASS: Allgemein erforderlich, Reisepaß muß noch mindestens 6 Monate gültig sein.
VISUM: Allgemein erforderlich.
Visaarten: Visa, Transitvisa und Einreisegenehmigungen. Touristenvisa werden nicht ausgestellt. Visa und Einreisegenehmigungen werden im allgemeinen nur nach vorheriger Einladung vom Geschäftspartner oder Sponsor erteilt. Transitreisende, die den Flughafen nicht verlassen und Rück-/Weiterflugtickets besitzen, brauchen kein Transitvisum innerhalb von 24 Std. Wenn vom Partner in Kuwait beim Innenministerium ein No Objection Certificate (NOC) beantragt wird, ist kein Visum nötig, der Partner muß jedoch den Besucher am Flughafen unter Vorlage des NOC abholen.
Visagebühren: Je nach Nationalität; 48 DM für Deutsche, 480 öS für Österreicher und 75 sfr für Schweizer.
Gültigkeitsdauer: Unterschiedlich; Einreisegenehmigungen gelten 3 Monate vom Tag der Einreise ab.
Antragstellung: Botschaft bzw. Konsulat (Adressen s. o.).
Unterlagen: (a) Gültiger Reisepaß. (b) 1 Antragsformulare (keine Fotokopien). (c) 2 Paßfotos. (d) Einladungsfax des kuwaitischen Geschäftspartners oder Sponsors. (e) Gebühr. Der postalischen Antragstellung sollten ein frankierter und adressierter Umschlag und der Zahlungsbeleg über die Visumgebühren beigefügt werden.
Bearbeitungszeit: Etwa 2-3 Tage nach Eingang der Unterlagen für eine Einreisegenehmigung; 1 Monat für ein Visum.
Aufenthaltsgenehmigung: Anträge sind an die Botschaft zu richten.

GELD

Währung: 1 Kuwaitischer Dinar (KD) = 1000 Fils. Banknoten gibt es im Wert von 20; 10; 5; 1; 0,50 und 0,25 KD; Münzen in den Nennbeträgen 100, 50, 20, 10, 5 und 1 Fils.
Kreditkarten: Die meisten Kreditkarten werden akzeptiert. Einzelheiten vom Aussteller der betreffenden Kreditkarte.
Reiseschecks werden weitgehend angenommen.
Devisenbestimmungen: Es gibt keine Ein- oder Ausfuhrbeschränkungen für Devisen.
Wechselkurse

	KD Sept. '92	KD Febr. '94	KD Jan. '95	KD Jan. '96
1 DM	0,20	0,17	0,19	0,21
1 US$	0,29	0,30	0,30	0,30

Öffnungszeiten der Banken: Sa-Do 08.00-12.00 Uhr.

DUTY FREE

Folgende Artikel können zollfrei nach Kuwait eingeführt werden:
500 Zigaretten oder 900 g Tabak.
Einfuhrverbot: Alkohol und Betäubungsmittel; Strafen bei Zuwiderhandlung sind hoch.

GESETZLICHE FEIERTAGE

19. Mai '96 Islamisches Neujahr. **28. Juli** Mouloud (Geburtstag des Propheten). **8. Dez.** Leilat al-Meraj (Himmelfahrt des Propheten). **1. Jan. '97** Neujahr. **10. Jan.** Beginn des Ramadan. **11. Febr.** Eid al-Fitr (Ende des Ramadan). **25. Febr.** Nationalfeiertag. **19. April** Eid al-Adha (Opferfest). **10. Mai** Islamisches Neujahr.
Anmerkung: Die angegebenen Daten für islamische Feiertage sind nach dem Mondjahr berechnet und verschieben sich daher von Jahr zu Jahr. Während des Fastenmonats Ramadan, dem Festtag Eid al-Fitr vorangeht, essen Mohammedaner nicht tagsüber, sondern erst nach Sonnenuntergang, wodurch der normale Geschäftsablauf gestört werden kann. Diese Unterbrechungen können auch während des Eid al-Fitr auftreten. Dieses Fest, ebenso wie das Eid al-Adha, hat keine festgelegte Zeitdauer und kann je nach Region 2-10 Tage dauern. Weitere Informationen unter Welt des Islam (s. Inhaltsverzeichnis).

GESUNDHEIT

In der folgenden Tabelle aufgeführte Impfvorschriften können sich kurzfristig ändern. Es wird stets empfohlen, auf Ihrem CRS-System (TIMATIC-Info-Code-Fenster in diesem Kapitel) den aktuellen Stand der Gesundheitsbestimmungen abzurufen bzw. rechtzeitig vor der Reise ärztlichen Rat einzuholen.

	Vorsichtsmaßnahmen empfohlen	Impfschein erforderlich
Gelbfieber	Nein	Nein
Cholera	Nein	-
Typhus & Polio	1	-
Malaria	Nein	-
Essen & Trinken	2	-

[1]: Typhus kommt vor, Inzidenz der Poliomyelitis ist gering.
[2]: Leitungswasser ist normalerweise gechlort und relativ sauber, es können u. U. jedoch leichte Magenverstimmungen auftreten. Für die ersten Wochen des Aufenthalts wird daher abgefülltes Wasser empfohlen, welches überall erhältlich ist.
Tollwut kommt vor. Wer ein erhöhtes Risiko eingeht (z. B. längerer Aufenthalt in abgelegenen Gebieten), sollte vor Reiseantritt eine Schutzimpfung erwägen. Bei Bißwunden so schnell wie möglich ärztliche Hilfe in Anspruch nehmen. Weitere Informationen im Kapitel Gesundheit (s. Inhaltsverzeichnis).
Hepatitis A, B und E kommen ebenfalls vor.
Gesundheitsvorsorge: Der Abschluß einer Reisekrankenversicherung wird dringend empfohlen. Private und staatliche Krankenversorgung ist möglich.

REISEVERKEHR - International

FLUGZEUG: Kuwaits nationale Fluggesellschaft heißt Kuwait Airways (KU).
Durchschnittliche Flugzeit: Frankfurt – Kuwait: 5 Std. 25.

TIMATIC INFO-CODES

Abrufbar über Ihr CRS-System (für START/Amadeus Ama-Maske benutzen). Für Galileo bitte TI-DFT eingeben (mit Bindestrich).

Flughafengebühren	TI DFT/ KWI /TX
Währung	TI DFT/ KWI /CY
Zollbestimmungen	TI DFT/ KWI /CS
Gesundheit	TI DFT/ KWI /HE
Reisepassbestimmungen	TI DFT/ KWI /PA
Visabestimmungen	TI DFT/ KWI /VI

Internationaler Flughafen: *Kuwait International* (KWI) liegt 16 km südlich von Kuwait City (Fahrzeit 25 Min.). Busse fahren von 06.00-23.00 Uhr alle 45 Min. zur Stadt (Fahrzeit 30 Min.). Taxis sind ebenfalls vorhanden. Restaurants, Snackbar, Bank, Kinderkrippe (24 Std. Aufsicht), Duty-free-Shop, Läden, Post und Mietwagenschalter.
SCHIFF: Der Hafen in Kuwait City wird in erster Linie von Öltankern und Frachtschiffen benutzt.
BUS/PKW: Anmerkung: Aufgrund der gegenwärtigen politischen Unruhen im südlichen Irak sollte man sich vor Reiseantritt bei der Botschaft nach den günstigsten Reiseroute informieren. Es gibt ausgezeichnete Straßenverbindungen nach Saudi-Arabien und in den Irak, die weiter nach Syrien und Jordanien führen. Vom Mittelmeer aus gibt es zwei bevorzugte Strecken: Tripoli – Homs – Bagdad – Basra – Kuwait und Beirut – Damaskus – Amman – Kuwait. Die letztere Strecke folgt der Trans-Arabischen Pipeline (TAP-Line) über Beirut, Damaskus und Amman durch Saudi-Arabien nach Kuwait, die erstere durch die Syrische Wüste.

REISEVERKEHR - National

SCHIFF: Dhaus und kleine Boote können für Fahrten zu den vorgelagerten Inseln gemietet werden.
BUS/PKW: Gute Straßen gibt es nur zwischen den größeren Städten. **Bus:** Die *Kuwait Transport Company* betreibt preiswerte und zuverlässige Busse. **Taxis** sind an ihren roten Nummernschildern erkennbar und können pro Tag gemietet werden, der Fahrpreis sollte in diesem Fall im voraus vereinbart werden. Sammeltaxis sind ebenfalls üblich. Taxis können auch telefonisch bestellt werden, dieser Service ist verläßlich und wird häufig in Anspruch genommen. Fahrpreise sind i. allg. einheitlich, allerdings sind vor Hotels geparkte Taxis teurer. Trinkgeld wird nicht erwartet. **Mietwagen** sind erhältlich. Falls man einen internationalen Führerschein vorweist, kann die Mietwagenfirma innerhalb von fünf Tagen eine befristete Fahrerlaubnis besorgen, die bis zu einem Monat gültig ist. **Unterlagen:** Ein internationaler Führerschein ist erforderlich. Eine Versicherung muß mit der *Gulf Insurance Company* oder der *Kuwait Insurance Company* abgeschlossen werden.

UNTERKUNFT

Vor der Invasion durch den Irak gab es eine gute Auswahl an Spitzenhotels. Der Wiederaufbau ist jedoch voll im Gang, und die größten Hotels sind bereits wieder geöffnet. Die Unterkünfte sind verhältnismäßig teuer. Es empfiehlt sich, im voraus zu buchen. Auf alle Rechnungen werden 15% Bedienung aufgeschlagen.

URLAUBSORTE & AUSFLÜGE

Kuwait City war vor dem Golfkrieg eine geschäftige Hauptstadt mit Wolkenkratzern, Luxushotels, breiten Alleen sowie gutgepflegten Parks und Gartenanlagen. Der Seehafen wird von Öltankern, Frachtschiffen und auch zahlreichen Vergnügungsschiffen angelaufen. Die weithin sichtbaren *Kuwait Towers* sind drei verschieden große, spitz zulaufende Rundtürme mit facettenreichen, ballrunden Verdickungen. Sie werden als Wasserspeicher genutzt. Das älteste Gebäude der Stadt ist der *Seif Palace* aus dem Jahr 1896 mit den Büros des Emirs und der Minister. Die original islamischen Mosaiken im Inneren wurden allerdings während der irakischen Besatzung schwer beschädigt. Das *Kuwait Museum* wurde ebenfalls geplündert und ist noch nicht wieder geöffnet. *Dasman Palace*, die Residenz des Emirs, liegt westlich der Kuwait Towers. Die Stadtmauer stammt von ca. 1920, einige hundert Meter der Mauer und fünf der Stadttore stehen noch.
Failaka, 30 km von Kuwait City, ist die schönste von Kuwaits neun Inseln. Die rund 6000 Bewohner der überwiegend flachen Insel werden durch eine Unterwasser-Pipeline vom Festland mit Süßwasser versorgt. Der große Resort-Komplex im Süden der Insel bietet Strände, Swimmingpools, Sportplätze, Restaurants und Unterkunftsmöglichkeiten.

SOZIALPROFIL

ESSEN & TRINKEN: In den Restaurants werden arabische sowie internationale Gerichte serviert. Araber essen mit der rechten Hand, aber Bestecke sind auch erhältlich. Alkohol ist in Kuwait nicht gestattet.
NACHTLEBEN: In Kuwait City gibt es mehrere Kinos, die neue Filme zeigen. Zwei Theater organisieren Laienaufführungen. Einige Nachtklubs haben wieder geöffnet.
EINKAUFSTIPS: In Kuwait City führen Boutiquen und Geschäfte gängige Waren sowie alle möglichen Luxusartikel. **Öffnungszeiten der Geschäfte:** Sa-Do 08.00-12.30, Fr 15.30-20.30 Uhr.
SPORT: Schwimmen, Segeln und **Tauchen** sind beliebt in Kuwait City. **Reitklubs** sind im Winter geöffnet; manche Hotels haben **Tennisplätze**.
SITTEN & GEBRÄUCHE: Zur Begrüßung gibt man sich die Hand. Es ist unwahrscheinlich, daß man in ein Privathaus eingeladen wird, da die Bewirtung normalerweise im Restaurant oder Hotel stattfindet. Ein Firmengeschenk oder ein Geschenk aus dem Heimatland wird gern angenommen. Die Landesbewohner tragen die Nationalkleidung, ein langes weißes Gewand und weiße Kopfbedeckungen. Die meisten Frauen tragen traditionelle *Yashmaks*. Frauen sollten sich auf jeden Fall zurückhaltend und im Rahmen der islamischen Gesetze kleiden. Männer sollten in der Öffentlichkeit keine Shorts tragen und nicht den Oberkörper entblößen. Die islamischen Gesetze und Bräuche sollten respektiert werden. **Trinkgeld:** 10% sind üblich. In Restaurants, Hotels und Klubs wird 15% Bedienung auf Rechnungen aufgeschlagen.

WIRTSCHAFTSPROFIL

WIRTSCHAFT: Kuwait besitzt knapp 10% der Erdölvorkommen und ist einer der wichtigsten Erdölproduzenten der Welt. Öl und Erdölprodukte erbringen auch nach dem Golfkrieg wieder rund 93% der Exporterlöse des Landes; die Fördermengen übertreffen die von vor dem Krieg. Da die vereinbarte Erdölfördermenge der OPEC-Länder nach dem Höchststand von 1972 konstant zurückging, setzte die Regierung zunehmend auf die Erschließung neuer Wirtschaftszweige. Die Bemühungen konzentrierten sich vor allem auf den Bereich der Leichtindustrie, insbesondere die Papier- und Zementproduktion. Daneben gibt es etwas Landwirtschaft (Melonen, Tomaten, Datteln, Zwiebeln) und Fischerei. Die Erlöse aus den Investitionen des Kuwaitischen Investitionsbüros (KIO), das als Aktionär an zahlreichen ausländischen Firmen beteiligt ist, sind mindestens ebenso hoch wie die Einnahmen aus den Erdölexporten. Die meisten Importe kommen aus Japan, den USA und Deutschland, generell hat der Handel mit dem Westen nach dem Golfkrieg zugenommen.
GESCHÄFTSVERKEHR: In Geschäftskreisen wird viel Englisch gesprochen; wer einige Worte arabisch spricht oder ein paar Redewendungen beherrscht, sollte sie jedoch ruhig anbringen, die arabischen Geschäftspartner werden es zu schätzen wissen. Visitenkarten sind üblich. Einige der größeren Hotels bieten Übersetzungsdienste und vermitteln Fremdsprachensekretärinnen.
Geschäftszeiten Sa-Mi 07.00-13.00 und 16.00-20.00 Uhr (Winter) sowie Sa-Mi 08.00-13.00 und 15.00-19.00 Uhr (Sommer).
Kontaktadressen: Österreichisch-Kuwaitische Handelskammer, PO Box 44180, 32056 Hawally. Tel: 256 30 65, 256 30 67/68. Telefax: 256 30 64.
Kuwait Chamber of Commerce and Industry (Industrie- und Handelskammer), PO Box 775, 13008 Safat. Tel: 243 38 64. Telefax: 240 41 10.

KLIMA

Heiß und trocken im Sommer (April bis Oktober) bei wenig Niederschlag. Im Winter (November bis März) kühl mit etwas Regen. Der Frühling ist kühl und angenehm.
Kleidung: Leichte Tropenkleidung für den Sommer, wärmere Sachen für das kühlere Winterwetter.

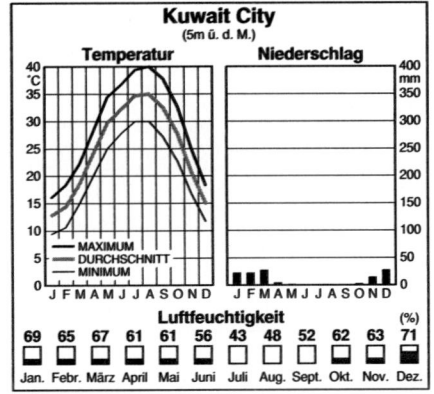

WELTKARTE?

LÄNDERKARTEN?

ZEITZONENKARTE?

INFORMATION ÜBER

IMPFBESTIMMUNGEN UND

GESUNDHEITSVORKEHRUNGEN?

... siehe Inhaltsverzeichnis

Laos

Lage: Südostasien.

Asien Reisen
Europaplatz 20
D-70565 Stuttgart
Tel: (0711) 715 60 91. Telefax: (0711) 971 63 30.
Mo-Fr 09.00-18.30 Uhr, Sa 09.00-13.00 Uhr.
Studienreisen Max Klingenstein
Thomas-Wimmer-Ring 9
D-80539 München
Tel: (089) 23 50 81. Telefax: (089) 23 50 81 34.
Mo-Fr 09.00-18.00 Uhr.
Studienreisen Max Klingenstein GesmbH
Bayerngasse 1/11
A-1030 Wien
Tel: (0222) 714 32 18. Telefax: (0222) 713 99 36.
Mo-Fr 09.00-17.00 Uhr.
Harry Kolb
Am Pilgerweg 4
CH-8802 Kirchberg (ZH)
Tel: (01) 715 36 36. Telefax: (01) 715 31 37.
Mo-Fr 08.00-12.00 und 13.30-18.00 Uhr, Sa 08.00-12.00 Uhr.
National Tourism Authority of Lao PDR
BP 3556
Vientiane
Tel: (21) 21 22 48. Telefax: (21) 21 27 69.
Botschaft der Laotischen Demokratischen Volksrepublik
Am Lessing 6
D-53639 Königswinter
Tel: (02223) 2 15 01. Telefax: (02223) 30 65.
Mo-Fr 09.00-12.00 und 14.00-17.00 Uhr, *Konsularabt.:*
Mo-Fr 09.00-12.00 Uhr.
Botschaft der Laotischen Demokratischen Volksrepublik
74 Avenue Raimond Poincaré
F-75116 Paris
Tel: (1) 45 53 70 47, 45 53 02 98. Telefax: (1) 47 27 57 89.
Mo-Fr 09.00-12.30 und 14.00-17.00 Uhr, *Konsularabt.:*
Mo-Fr 09.00-12.00 Uhr.

TIMATIC INFO-CODES

Abrufbar über Ihr CRS-System (für START/Amadeus Ama-Maske benutzen). Für Galileo bitte TI-DFT eingeben (mit Bindestrich).

Flughafengebühren	TI DFT/ VTE /TX
Währung	TI DFT/ VTE /CY
Zollbestimmungen	TI DFT/ VTE /CS
Gesundheit	TI DFT/ VTE /HE
Reisepassbestimmungen	TI DFT/ VTE /PA
Visabestimmungen	TI DFT/ VTE /VI

(zuständig für Österreich und die Schweiz)
Botschaft der Bundesrepublik Deutschland
BP 314
Rue Sokpalouang 26
Sisattanek
Vientiane
Tel: (21) 31 21 10/11. Telefax: (21) 31 43 22.
Österreich und die Schweiz unterhalten keine Vertretungen in Laos. Zuständig sind die jeweiligen Botschaften in Bangkok (s. Thailand).

FLÄCHE: 236.800 qkm.
BEVÖLKERUNGSZAHL: 4.605.000 (1993).
BEVÖLKERUNGSDICHTE: 19 pro qkm.
HAUPTSTADT: Vientiane. **Einwohner:** 442.000 (1990).
GEOGRAPHIE: Laos hat keinen Zugang zum Meer und grenzt im Norden an China, im Osten an Vietnam, im Süden an Kambodscha und im Westen an Thailand und Myanmar (Burma). Abgesehen von der Flußebene am Mekong entlang der Grenze zu Thailand ist das Land bergig, insbesondere im Norden, und teilweise dicht bewaldet.
STAATSFORM: Demokratische Volksrepublik seit 1975, Verfassung von 1991; Staatsoberhaupt: Nouhak Phoumsavanh, seit November 1992. Regierungschef: General Khamtay Siphandone, seit August 1991. Die Volksversammlung von Laos verabschiedete am 14. Aug. 1991 die erste Verfassung seit der Machtübernahme der Kommunisten 1975. Parlament mit 85 Mitgliedern.
SPRACHE: Lao ist Amtssprache. Außerdem Französisch, Chinesisch und Vietnamesisch.
RELIGION: 58% Buddhismus (Hinayana/Theravada), Stammesreligionen (34%), sowie christliche und moslemische Minderheiten, Konfuzianismus und Taoismus.
ORTSZEIT: MEZ + 6.
NETZSPANNUNG: 220 V, 50 Hz. Gelegentlich Stromausfall.
POST- UND FERNMELDEWESEN: Telefon: Beschränkter Selbstwählferndienst. **Landesvorwahl: 856.** Es gibt eine Telefonverbindung nach Bangkok. Weitere Informationen erhalten Sie von der Botschaft.
DEUTSCHE WELLE
Der Einsatz der Kurzwellenfrequenzen ändert sich mehrfach im Laufe eines Jahres, und Sendungen auf den folgenden Frequenzen werden jeweils nur zu bestimmten Tageszeiten ausgestrahlt. Näheres in der Einleitung.

MHz	21,640	17,845	12,055	11,795	9,655
Meterband	13	16	25	25	31

REISEPASS/VISUM

***Wichtiger Hinweis:** Die Einreisebestimmungen mancher Länder können sich kurzfristig ändern – rufen Sie sicherheitshalber auf Ihrem CRS-System (TIMATIC-Info-Code-Fenster in diesem Kapitel) den aktuellen Stand ab bzw. wenden Sie sich an die zuständige diplomatische Vertretung. Etwaige Zahlen in der Tabelle beziehen sich auf nachfolgende Fußnoten.*

	Paß erforderlich?	*Visum erforderlich?*	*Rückflugticket erforderlich?*
Deutschland	Ja	Ja	Ja
Österreich	Ja	Ja	Ja
Schweiz	Ja	Ja	Ja
Andere EU-Länder	Ja	Ja	Ja

REISEPASS: Allgemein erforderlich. Der Reisepaß sollte mindestens noch 6 Monate nach Beendigung der Reise gültig sein.
VISUM: Ein gültiges Visum ist für alle Reisenden erforderlich.
Visaarten: In Bonn werden Visa für Individual- und Gruppenreisen erteilt, in Paris nur für Gruppenreisen. Zur Beantragung wird eine Einreisegenehmigung benötigt, die von bestimmten laotischen Reiseveranstaltern bei der Konsularabteilung des Außenministeriums in Vientiane besorgt wird. Eine Liste dieser Agenturen ist von der Botschaft in Bonn erhältlich (frankierter Rückumschlag erforderlich). Nach Eingang der Bestätigung kann die für das Wohnsitzland des Antragstellers zuständige Botschaft dann das Visum ausstellen. Für Transitvisa müssen die nötigen Reisedokumente bzw. ein Flugticket für das Drittland vorgelegt werden. Transitvisa für Laos erhält man auch über Reisebüros in Hanoi und Bangkok. Transitvisa werden nicht benötigt bei sofortigem Weiterflug nach Ankunft in Vientiane. Ein Einladungsschreiben eines laotischen Unternehmens ist für Geschäftsreisen erforderlich.
Visagebühren: 50 DM; 150 FF (jeweils pro Person).
Gültigkeitsdauer: Touristenvisa berechtigen zu einem Aufenthalt von 15 Tagen (Verlängerungsmöglichkeit vor Ort besteht). Transitvisa gelten 7 Tage.
Antragstellung: Konsularabteilung der zuständigen Botschaft (Adressen s. o.).
Unterlagen: (a) 3 Paßfotos (1 Paßfoto bei Beantragung in Paris). (b) Antrag in dreifacher Ausführung (1 Antrag in Paris). (c) Genehmigung des Außenministeriums in Vientiane. (d) Bei Individualreisen muß eine Hotelbuchung vorliegen. (e) Für Geschäftsvisa ist ein Einführungsschreiben der Firma sowie eine Einladung eines laotischen Unternehmens erforderlich. Der postalischen Antragstellung sollten ein frankierter und adressierter Umschlag (Einschreiben) und der Zahlungsbeleg über die Gebühr beigelegt werden.
Bearbeitungszeit: Der Antrag sollte so früh wie möglich, mindestens jedoch 1 Monat vor der geplanten Abreise, gestellt werden. Nach Erhalt der Bestätigung aus Laos erfolgt die Ausstellung in der Regel innerhalb von 3 Tagen.

GELD

Währung: 1 Neuer Kip (K) = 100 Centimes. Banknoten gibt es im Wert von 500, 100, 50, 20 und 10 K. Thailändische Baht und US-Dollars werden ebenfalls angenommen.
Kreditkarten werden nur begrenzt akzeptiert.
Wechselkurse

	K Sept. '92	K Febr. '94	K Jan. '95	K Jan. '96
1 DM	483,66	416,20	464,86	640
1 US$	718,79	722,51	720,54	920

Devisenbestimmungen: Es gibt keine Ein- oder Ausfuhrbeschränkungen für Fremdwährungen. Die Banken wechseln aber nur thailändische Baht, Britische Pfund, Deutsche Mark, Französische Francs, Schweizer Franken oder US-Dollars. Die Ein- und Ausfuhr der Landeswährung ist verboten.
Öffnungszeiten der Banken: Mo-Sa 08.30-11.30 und 14.00-15.00 Uhr (Winter). Mo-Sa 08.00-12.00 und 13.30-16.30 Uhr (Sommer: 1. März - 30. Sept.).

DUTY FREE

Folgende Artikel können zollfrei **aus nichtangrenzenden Ländern** nach Laos eingeführt werden:
500 Zigaretten oder 100 Zigarren oder 500 g Tabak;
1 Flasche Spirituosen;
2 Flaschen Wein;
Parfüm für den persönlichen Gebrauch.

GESETZLICHE FEIERTAGE

1. Mai '95 Tag der Arbeit. **2. Dez.** Nationalfeiertag. **13.-15. April '96** Neujahr (Wasserfest). **1. Mai** Tag der Arbeit.

GESUNDHEIT

In der folgenden Tabelle aufgeführte Impfvorschriften können sich kurzfristig ändern. Es wird stets empfohlen, auf Ihrem CRS-System (TIMATIC-Info-Code-Fenster in diesem Kapitel) den aktuellen Stand der Gesundheitsbestimmungen abzurufen bzw. rechtzeitig vor der Reise ärztlichen Rat einzuholen.

	Vorsichtsmaßnahmen empfohlen	*Impfschein erforderlich*
Gelbfieber	Nein	1
Cholera	Ja	2
Typhus & Polio	Ja	-
Malaria	3	-
Essen & Trinken	4	-

[1]: Eine Impfbescheinigung gegen Gelbfieber wird von Reisenden verlangt, die aus Infektionsgebieten kommen.
[2]: Eine Impfbescheinigung gegen Cholera ist keine Einreisebedingung, das Risiko einer Infektion ist jedoch nicht auszuschließen. Da die Wirksamkeit der Schutzimpfung umstritten ist, empfiehlt es sich, rechtzeitig vor Antritt der Reise ärztlichen Rat einzuholen. Näheres im Kapitel *Gesundheit* (s. Inhaltsverzeichnis).
[3]: Malariarisiko besteht ganzjährig in allen Landesteilen, außer in Vientiane. Die vorherrschende gefährlichere Form *Plasmodium falciparum* soll stark Chloroquin-resistent sein.
[4]: Wasser sollte generell vor der Benutzung zum Trinken, Zähneputzen und zur Eiswürfelbereitung entweder abgekocht oder anderweitig sterilisiert werden. Milch ist außerhalb der Stadtgebiete nicht pasteurisiert und sollte abgekocht werden. Den Genuß von Milchprodukten aus ungekochter Milch am besten vermeiden, ebenso Schweinefleisch, rohe Salate und Mayonnaise. Fleisch- und Fischgerichte nur gut durchgekocht und heiß serviert essen. Gemüse sollte gekocht und Obst geschält werden.
Tollwut kommt vor. Wer ein erhöhtes Risiko eingeht (z. B. längerer Aufenthalt in abgelegenen Gebieten), sollte vor Reiseantritt eine Schutzimpfung erwägen. Bei Bißwunden so schnell wie möglich ärztliche Hilfe in Anspruch nehmen. Weitere Informationen im Kapitel *Gesundheit* (s. Inhaltsverzeichnis).
Hepatitis A und *E* kommen vor, *Hepatitis B* ist hochendemisch.
Gesundheitsvorsorge: Der Abschluß einer Reisekrankenversicherung wird dringend empfohlen.

REISEVERKEHR - International

Anmerkung: Am einfachsten ist es, von Thailand oder Vietnam aus einzureisen. Voraussetzung ist die Buchung einer Tour. Mehrere Reisebüros in Bangkok (u. a. *Diethelm Travel*) organisieren in Zusammenarbeit mit *Lao Tourist* Reisen nach Laos und besorgen auch das Visum. Man kann entweder von Bangkok oder Hanoi nach Vientiane fliegen oder mit dem Zug oder Bus von Thailand an die Grenze fahren und dann von Nong Khai mit der Fähre oder über die Brücke den Grenzfluß Mekong überqueren.
FLUGZEUG: Die nationale Fluggesellschaft heißt *Lao Aviation (QV)*. Es gibt internationale Verbindungen nach Hanoi, Ho Chi Minh City (Vietnam), Bangkok (Thailand) und Phnom Penh (Kambodscha).
Durchschnittliche Flugzeit: *Bangkok* – Vientiane: 55 Min.
Internationaler Flughafen: *Vientiane (VTE)* (Wattay) liegt 4 km außerhalb der Stadt (Fahrzeit 20 Min.).
Flughafengebühren: 5 US$ bei Abflug. Kinder unter 2 Jahren und Transitreisende, die innerhalb von 48 Std. weiterfliegen sind davon ausgenommen.
BAHN: In Laos gibt es keine Züge, aber das thailändische Bahnnetz führt von Bangkok über Nakhon Ratchasima nach Nong Khai an der laotisch-thailändischen Grenze. Dort gibt es eine Fährverbindung und eine Brücke zur laotischen Seite des Mekong, 19 km östlich von Vientiane.
BUS/PKW: Es gibt Straßenverbindungen nach Thailand (Nong Khai, s. u.) und Vietnam.

REISEVERKEHR - National

FLUGZEUG: Es gibt Flüge von Vientiane nach Luang Prabang, Pakse und Savannakhet.
SCHIFF: Der Mekong und die anderen Flüsse sind wichtige Verkehrswege.
BAHN: Es gibt keine Bahnverbindungen.
BUS/PKW: In den letzten Jahren wurden viele Straßen befestigt, einschl. der Schnellstraße von der thailändischen Grenze bei Savannakhet zur vietnamesischen Grenze. Nur wenige Straßen sind jedoch bei jedem Wetter befahrbar. Außerhalb der Provinz Vientiane ist der Straßenzustand allgemein schlecht, und es gibt keine befahrbaren Straßen in den Regionen südlich von Vientiane. Im Norden des Landes gibt es Straßenverbindungen zwischen Vientiane und Luang Prabang sowie zwischen Vientiane, Nam Dong und Tran Ninh. **Bus:** Verbindungen bestehen lediglich zwischen einigen größeren Städten, sie sind jedoch nicht sehr zuverlässig. **Mietwagen** kann man durch die Hotels buchen. **Unterlagen:** Internationaler Führerschein wird empfohlen, ist jedoch nicht Vorschrift.
STADTVERKEHR: In Vientiane gibt es Fahrrad-Rikschas, jedoch kaum Taxis.

UNTERKUNFT

HOTELS: Die gegenwärtige Zahl der Hotels und Gästehäuser liegt bei ungefähr 130. Die meisten Hotels konzentrieren sich in der Hauptstadt Vientiane, weitere Hotels befinden sich in der ehmaligen Königsstadt Luang Prabang und der Provinz Xieng Khoung. Der Standard außerhalb der Städte ist nicht sehr hoch. Herbergen in kleinen Ortschaften sind nur dürftig eingerichtet.
CAMPING: In Laos gibt es keine Campingplätze.

URLAUBSORTE & AUSFLÜGE

1988 wurde den ersten 500 Besuchern aus dem Westen die Einreise gestattet, 1994 kamen 150.000 Besucher nach Laos und für die nächsten Jahre werden weiterhin steigende Zahlen erwartet. Neben den laotischen buddhistischen Tempeln gibt es viele Gebäude, die den französischen Einfluß widerspiegeln. Insgesamt vermittelt **Vientiane** den Eindruck einer französischen Provinzstadt. Das *Monument des Morts* hat entfernt Ähnlichkeit mit dem Arc de Triomphe in Paris. Es gibt mehrere Tempel zu besichtigen, teilweise mit interessanten Buddhastatuen. Einer der größten ist der Tempel *Wat Phra Keo*. 25 km außerhalb der Hauptstadt befindet sich der Steingarten *Xieng Khuane*. Im königlichen Palast in **Luang Prabang**, der früheren Hauptstadt von Laos, kann man einheimische Kunstwerke sowie eine Sammlung prächtiger Geschenke an die Könige besichtigen. In der nahegelegenen Stadtmitte erhebt sich der *Phousi*, ein riesiger Felsen, von dem man eine gute Aussicht auf den Fluß und die Tempel hat. Von Luang Prabang aus kann man Ausflüge auf dem **Mekong** unternehmen, z. B. zu den *Pak-Ou-Höhlen*, in denen unzählige Buddhastatuen stehen. In **Wat Xieng Khwan** in der Provinz von Vientiane gibt es einen außergewöhnlichen Tempel zu besichtigen.

SOZIALPROFIL

ESSEN & TRINKEN: Reis ist das Grundnahrungsmittel, die Gerichte sind indochinesisch im Geschmack und in der Zusammenstellung. Auf den Märkten werden einheimische Produkte verkauft. Es gibt französische Restaurants in Vientiane, die überwiegend von Diplomaten besucht werden. Hotelrestaurants bieten außer laotischen Gerichten auch chinesische oder französische Küche. Eine Spezialität ist Wild.
NACHTLEBEN: In Vientiane gibt es in den zwei größeren Hotels Diskotheken, die am Wochenende geöffnet sind.
EINKAUFSTIPS: Die Märkte in Vientiane und Luang

Prabang (etwa 40 Flugminuten von Vientiane entfernt) sind besuchenswert. Außerdem gibt es einige Antiquitäten- und Souvenirläden, in denen Opiumpfeifen, ethnischer Silberschmuck, Möbelstücke mit Einlegearbeiten, Flechtkörbe und Ikatseide verkauft werden. **Öffnungszeiten der Geschäfte:** Mo-Fr 08.00-12.00 und 14.00-17.00 Uhr, Sa 08.00-12.00 Uhr.

VERANSTALTUNGSKALENDER

Die meisten Veranstaltungen sind mit buddhistischen Feiertagen verbunden. Die folgenden Feste finden jährlich statt:
Mai '96 *Visakha Bu-saa* (Buddhas Geburt, Erleuchtung und Tod). **Aug./Sept.** (1) *Haw Khao Padap Din* (Fest der Verstorbenen). (2) *Bootrennen*, Luang Prabang. **Nov.** *That-Luang-Festival* (Mönchsprozessionen, die Almosen und Blumen erhalten, außerdem Feuerwerk und Musik), Vientiane. **Dez./Jan. '97** *Bun Pha Wet* (das Leben Prinz Vessantaras wird vorgetragen). **Febr.** (1) *Magha Puja* (Jahrestag einer Rede, die von Buddha gehalten wurde). (2) *Têt* und *Chinesisches Neujahr*.
SITTEN & GEBRÄUCHE: Die Laoten sind zurückhaltend, aber freundlich. Religiöse Sitten sollten respektiert werden. Es empfiehlt sich, bei Unterhaltungen alle politischen und angrenzenden Themen zu vermeiden.
Trinkgeld wird inzwischen in Hotels und Restaurants sowie von Fremdenführern angenommen.

WIRTSCHAFTSPROFIL

WIRTSCHAFT: Der gesamte Außenhandel wird von der Abteilung für Außenhandel im Wirtschaftsministerium abgewickelt. Laos, eines der ärmsten Länder der Welt mit einem Pro-Kopf-Einkommen von jährlich nicht mehr als 230 US-Dollar, ist immer noch überwiegend ein Agrarland. Seit Mitte der siebziger Jahre waren die Erträge so gering, daß sie nur den Eigenbedarf deckten. Haupterzeugnisse sind Mais, Maniok, Hülsenfrüchte, Erdnüsse, Obst, Zuckerrohr, Tabak und vor allem Reis. Das Land besitzt große, bisher ungenutzte Zinn-, Blei-, Zink-, Eisenerz- und Kohlevorkommen. Der Waldreichtum macht Laos für die Holzindustrie interessant. Das Außenhandelsdefizit ist groß, wirtschaftliche Unterstützung erfolgt durch die früheren Ostblockstaaten, insbesondere die GUS-Länder, aber auch Japan, Vietnam, Thailand und Schweden. Die Wirtschaftsprobleme werden durch den Mangel an Facharbeitern und Devisen verschärft. Hauptexportgüter sind Elektrizität, Holzprodukte (insbesondere Teak), Kaffee, Zinn, Baumwolle, Tee, Reis und Gewürze. Illegaler Handel wird mit Opium, Gold und Edelsteinen betrieben. Die kleinen Betriebe der verarbeitenden Industrie produzieren vor allem Bier und Zigaretten. Die GUS-Staaten sind mit Abstand der wichtigste Handelspartner. Die 1991 verabschiedete Verfassung verpflichtet die Regierung, die Reformen zur Schaffung eines marktwirtschaftlichen Systems fortzusetzen.
GESCHÄFTSVERKEHR: Zum geschäftlichen Termin trägt man einen leichten Anzug, Hemd und Krawatte. Französischkenntnisse sind sehr nützlich. Geschäftsreisen legt man am besten in die Trockenzeit (Nov. - April).
Geschäftszeiten: Mo-Fr 08.00-12.00 und 14.00-17.00 Uhr, Sa 08.00-12.00 Uhr.
Kontaktadressen: *Die wirtschaftlichen Interessen Österreichs werden von der Außenhandelsstelle in Bangkok (s. Thailand) wahrgenommen.*
Lao National Chamber of Commerce and Industry (Industrie- und Handelskammer), BP 4596, Vientiane. Tel: (21) 71 84. Telefax: (21) 90 45.
Société Lao Import-Export, BP 278, Vientiane. Tel: (21) 29 44. Telefax: (21) 57 53.

KLIMA

Die Temperatur hängt von der Höhenlage ab, im Hochland ist es kühler. Im größten Teil des Landes herrscht heißes Tropenklima. Während der Regenzeit von Mai bis Oktober ist es am heißesten, die Trockenzeit dauert von November bis April.
Kleidung: Ganzjährig leichte Baumwollkleidung. Während der Regenzeit benötigt man Regenkleidung.

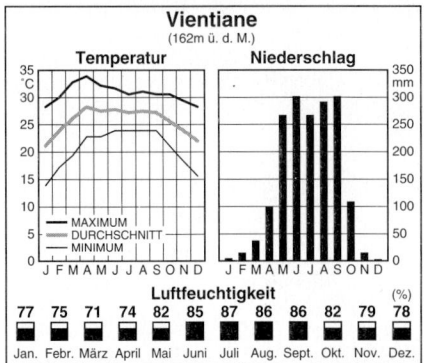

Lesotho

Honorarkonsulat des Königreichs Lesotho (mit Visumerteilung)
Leinstraße 8
D-30159 Hannover
Tel: (0511) 32 66 74. Telefax: (0511) 32 66 76.
Mo, Mi und Do 10.00-12.00 Uhr.
Honorarkonsulat des Königreichs Lesotho (mit Visumerteilung)
Schieferstein 6
D-65439 Flörsheim
Tel: (06145) 70 75. Telefax: (06145) 78 95.
Mo-Fr 08.00-12.00 Uhr.
Generalkonsulat des Königreichs Lesotho (ohne Visumerteilung)
Bleicherweg 45
CH-8002 Zürich
Tel: (01) 201 44 45. Telefax: (01) 201 44 46.
Mo-Fr 08.00-12.00 und 14.00-17.30 Uhr.
Übergeordnete Vertretung ist die Botschaft in Brüssel:
Botschaft des Königreichs Lesotho
45 Boulevard Général Wahis
B-1030 Brüssel
Tel: (02) 736 39 76/77. Telefax: (02) 734 67 70.
Mo-Fr 09.00-12.45 und 14.00-16.00 Uhr.
(auch zuständig für die Schweiz)
Die Bundesrepublik Deutschland, Österreich und die Schweiz unterhalten keine Vertretungen in Lesotho. Zuständig für Deutschland sind die Botschaft in Pretoria und das Generalkonsulat in Johannesburg (s. Südafrika). Zuständig für Österreich ist die Botschaft in Harare (s. Simbabwe). Die Interessen der Schweiz werden von der Botschaft in Johannesburg (s. Südafrika) vertreten.

Lage: Südliches Afrika.

Lesotho Tourist Board
PO Box 1378
Maseru 100
Tel: 31 37 60. Telefax: 31 37 60.
Botschaft des Königreichs Lesotho
Godesberger Allee 50
D-53175 Bonn
Tel: (0228) 37 68 68/69. Telefax: (0228) 37 99 47.
Mo-Fr 09.00-13.00 und 14.00-16.00 Uhr, *Konsularabt.:*
Mo-Fr 09.00-12.00 Uhr.
(auch zuständig für Österreich)

FLÄCHE: 30.355 qkm.
BEVÖLKERUNGSZAHL: 1.943.000 (1993).
BEVÖLKERUNGSDICHTE: 64 pro qkm.
HAUPTSTADT: Maseru. **Einwohner:** 109.400 (1986).
GEOGRAPHIE: Lesotho wird an allen Seiten von Südafrika umschlossen. Das Königreich liegt auf dem höchsten Abschnitt der Drakensberge am Ostrand des südafrikanischen Plateaus. Das gebirgige Land wird von vielen Tälern und Schluchten durchzogen, wodurch eine äußerst reizvolle Landschaft entsteht. Im Westen senkt es sich von den Bergausläufern zu sanften Hügeln und einer Ebene entlang der Grenze; hier leben zwei Drittel der Bevölkerung. Die drei großen Flüsse Orange, Caledon und Tugela entspringen in den Bergen Lesothos.
STAATSFORM: Parlamentarische Monarchie im Commonwealth seit 1993. Staatsoberhaupt: König Moshoeshoe II., seit Jan. 1994. Regierungschef: Ntsu Mokhehle, seit April 1993. Im März 1993 erste freie Wahlen seit 1970. Unabhängig seit Okt. 1966 (ehem. brit. Kolonie).
SPRACHE: Offizielle Landessprachen sind Sesotho und Englisch.
RELIGION: 44% Katholiken, 30% Protestanten, außerdem moslemische Minderheiten und Naturreligionen.
ORTSZEIT: MEZ + 1.
NETZSPANNUNG: 220 V, 50 Hz; Adapter erforderlich.
POST- UND FERNMELDEWESEN: Telefon: Selbstwählferndienst zu einigen Städten. **Landesvorwahl: 266.** Das interne Telefonnetz ist begrenzt. **Telexe/Telegramme** können in manchen Postämtern und Hotels aufgegeben werden. Weitere Informationen von der Botschaft. **Post:** Öffnungszeiten der Postämter: Mo-Fr 08.00-13.00 und 14.00-16.30 Uhr, Sa 08.00-12.00 Uhr.
DEUTSCHE WELLE
Der Einsatz der Kurzwellenfrequenzen ändert sich mehrfach im Laufe eines Jahres, und Sendungen auf den folgenden Frequenzen werden jeweils nur zu bestimmten Tageszeiten ausgestrahlt. Näheres in der Einleitung.

MHz	17,560	15,135	11,795	9,545	6,075
Meterband	16	19	25	31	49

TIMATIC INFO-CODES

Abrufbar über Ihr CRS-System (für START/Amadeus Ama-Maske benutzen). Für Galileo bitte TI-DFT eingeben (mit Bindestrich).

Flughafengebühren	TI DFT/ MSU /TX
Währung	TI DFT/ MSU /CY
Zollbestimmungen	TI DFT/ MSU /CS
Gesundheit	TI DFT/ MSU /HE
Reisepassbestimmungen	TI DFT/ MSU /PA
Visabestimmungen	TI DFT/ MSU /VI

PHOTO CREDIT: DI JONES

COLUMBUS REISEFÜHRER 1996/97

Lesotho
Ein Himmlisches Königreich

Erforschen Sie den Zauber und das Geheimnis des einzigartigen Königreiches der afrikanischen Berge – Sie werden sich in Lesotho verlieben!
Lesotho ist bekannt für seine wilde, ursprüngliche Landschaft, angenehmen und abenteuerlichen Wanderwege, spektakulären Wasserfälle, freundlichen Menschen und die legendären Zeichnungen der Buschmänner... dieser Urlaub verzaubert auch Sie. Reiten Sie auf unseren kräftigen und zahmen Basotho Ponys in ein unvergeßliches Pony-trekking Abenteuer, das Sie durch die majestätische Gebirgslandschaft führt und jedes Herz höher schlagen läßt.

Vergessen Sie das graue Großstadtleben und besuchen Sie das saftige Grün unserer Landschaft, in der Sie Ruhe und Zufriedenheit wiederfinden werden.
Für weitere Informationen wenden Sie sich an das Fremdenverkehrsamt in Lesotho unter folgender Adresse:
Lesotho Tourist Board
PO Box 1378
Maseru 100
Lesotho
Telefon: (+266) 31 28 96 0der 31 37 60.
Telefax: (+266) 31 01 08. Telex: 4240 LO.

Lesotho Tourist Board
BOTO EA TSA BOETI LESOTHO

P.O. Box 1378 Maseru Lesotho Tel (Information) 312896 (Zentrale) 313760 Telex 4280LO Fax 310108

Lesotho

(Adressen s. o.).
Unterlagen: (a) 2 Antragsformulare. (b) 2 Paßfotos. (c) Buchungsbestätigung der Rück- oder Weiterreise. (d) Firmenschreiben. Der postalischen Antragstellung sollte ein frankierter und adressierter Umschlag beigelegt werden.
Bearbeitungszeit: 24 Std.
Aufenthaltsgenehmigung: Anträge an das Innenministerium in Maseru; weitere Informationen erhalten Sie von der Botschaft.

GELD

Währung: 1 Loti (M) = 100 Lisente. Banknoten gibt es im Wert von 50, 20, 10, 5 und 2 M; Münzen im Wert von 1 Loti sowie 50, 25, 10, 5, 2 und 1 (Li)sente. Die Mehrzahl von »Loti« ist »Maloti«. Der Südafrikanische Rand ist dem Loti gleichgestellt und wird als Zahlungsmittel anerkannt.
Kreditkarten: *Diners Club, Eurocard* und *Visa* werden teilweise akzeptiert. Einzelheiten vom Aussteller der betreffenden Kreditkarte.
Reiseschecks: DM-Reiseschecks werden empfohlen. Außerhalb der Hauptstadt werden sie kaum akzeptiert.
Wechselkurse

	M Sept. '92	M Febr. '94	M Jan. '95	M Jan. '96
1 DM	1,87	1,9	2,29	2,52
1 US$	2,79	3,42	3,54	3,63

Devisenbestimmungen: Die Ein- und Ausfuhr der Landeswährung ist unbegrenzt. Die Einfuhr von Fremdwährungen ist unbegrenzt, muß aber deklariert werden. Die Ausfuhr ist auf den deklarierten Betrag abzüglich umgetauschter Beträge begrenzt.
Öffnungszeiten der Banken: Mo, Di, Do, Fr 08.30-15.30 Uhr, Mi 08.30-13.00 Uhr und Sa 08.30-11.00 Uhr.

DUTY FREE

Folgende Artikel können zollfrei nach Lesotho eingeführt werden:
400 Zigaretten und 50 Zigarren und 250 g Tabak;
1 l alkoholische Getränke;
Parfüm bis zu 300 ml.
Anmerkung: Es darf kein weiterer Alkohol als die zollfreie Menge eingeführt werden. Sportausrüstungen können als Teil des Privatgepäcks nach Lesotho gebracht werden. Schußwaffen, Munition und Tiere dürfen nur mit einer Genehmigung eingeführt werden.

GESETZLICHE FEIERTAGE

1. Mai '96 Tag der Arbeit. **2. Mai** Geburtstag des Königs. **16. Mai** Christi Himmelfahrt. **4. Juli** Tag der Familie. **4. Okt.** Unabhängigkeitstag. **7. Okt.** Tag des Sports. **25./26. Dez.** Weihnachten. **1. Jan. '97** Neujahr. **12. März** Moshoeshoe-Tag. **28. April** Karfreitag. **31. April** Ostermontag. **1. Mai** Tag der Arbeit. **8. Mai** Christi Himmelfahrt.
Anmerkung: Feiertage, die auf einen Samstag oder Sonntag fallen, werden am darauffolgenden Montag nachgeholt.

GESUNDHEIT

In der folgenden Tabelle aufgeführte Impfvorschriften können sich kurzfristig ändern. Es wird stets empfohlen, auf Ihrem CRS-System (TIMATIC-Info-Code-Fenster in diesem Kapitel) den aktuellen Stand der Gesundheitsbestimmungen abzurufen bzw. rechtzeitig vor der Reise ärztlichen Rat einzuholen.

	Vorsichtsmaßnahmen empfohlen	Impfschein erforderlich
Gelbfieber	Ja	1
Cholera	Nein	-
Typhus & Polio	2	-
Malaria	Nein	-
Essen & Trinken	3	-

REISEPASS/VISUM

Wichtiger Hinweis: Die Einreisebestimmungen mancher Länder können sich kurzfristig ändern – rufen Sie sicherheitshalber auf Ihrem CRS-System (TIMATIC-Info-Code-Fenster in diesem Kapitel) den aktuellen Stand ab bzw. wenden Sie sich an die zuständige diplomatische Vertretung. Etwaige Zahlen in der Tabelle beziehen sich auf nachfolgende Fußnoten.

	Paß erforderlich?	Visum erforderlich?	Rückflugticket erforderlich?
Deutschland	Ja	Ja	Ja
Österreich	Ja	Ja	Ja
Schweiz	Ja	Ja	Ja
Andere EU-Länder	Ja	1	Ja

Anmerkung: Wer über Südafrika einreist, muß auch die Paß- und Visabestimmungen dieses Landes erfüllen. Die Einreisebestimmungen für Lesotho werden zur Zeit überarbeitet, aktuelle Informationen von den Botschaften in Bonn und Brüssel.
REISEPASS: Allgemein erforderlich (mindestens noch 6 Monate gültig).
VISUM: Allgemein erforderlich, ausgenommen sind Staatsbürger folgender Länder für Aufenthalte bis zu 30 Tagen:
(a) [1] Dänemark, Finnland, Griechenland, Großbritannien, Irland und Schweden;
(b) Island, Israel, Japan, Norwegen und San Marino;
(c) Commonwealth-Länder (Mitgliedstaaten s. Inhaltsverzeichnis; Staatsbürger von Ghana, Kanada, Indien, Nigeria, Sri Lanka, Neuseeland, Australien und Pakistan brauchen jedoch Visa).
Staatsbürger aller anderen Länder müssen *vor* der Einreise Visa beantragen.
Visagebühren: 25 DM.
Gültigkeitsdauer: 3 Monate (einmalige Einreise) und 6 Monate (mehrmalige Einreise).
Antragstellung: Konsularabteilung der Botschaft

[1]: Eine Impfbescheinigung gegen Gelbfieber wird von Reisenden verlangt, die aus Infektionsgebieten kommen.
[2]: Typhus kommt vor, einige wenige Fälle von Poliomyelitis wurden gemeldet.
[3]: Leitungswasser ist in Stadtgebieten gechlort und relativ sauber, es können jedoch u. U. leichte Magenverstimmungen auftreten. Wasser außerhalb der Städte ist nicht unbedingt keimfrei und sollte sterilisiert werden. Milch ist pasteurisiert und kann ohne Bedenken verzehrt werden. Einheimische Milchprodukte, Fleisch, Geflügel, Meeresfrüchte, Obst und Gemüse sind normalerweise ebenfalls unbedenklich.
Tollwut kommt vor. Wer ein erhöhtes Risiko eingeht (z. B. längerer Aufenthalt in abgelegenen Gebieten), sollte vor Reiseantritt eine Schutzimpfung erwägen. Bei Bißwunden so schnell wie möglich ärztliche Hilfe in Anspruch nehmen. Weitere Informationen im Kapitel *Gesundheit* (s. Inhaltsverzeichnis).
Hepatitis A kommt vor, *Hepatitis B* ist hochendemisch.
Gesundheitsvorsorge: Der Abschluß einer Reisekrankenversicherung wird empfohlen.

Foto: Peter Millin

Anmerkung: Lesotho ist am einfachsten über Südafrika zu erreichen, beachten Sie daher die südafrikanischen Gesundheitsbestimmungen.

REISEVERKEHR - International

FLUGZEUG: Lesothos nationale Fluggesellschaft *Lesotho Airways Corporation* verbindet Maseru mit Johannesburg (Südafrika).
Durchschnittliche Flugzeit: *Wien* – *Maseru*: 16 Std. (einschl. 1 Zwischenlandung). Es gibt keine Direktflüge von Frankfurt oder Zürich.
Internationaler Flughafen: *Maseru* (MSU) (Moshoeshoe I International) liegt 18 km südlich der Stadt. Flughafeneinrichtungen: Bank, Wechselstube, Mietwagenschalter, Gepäckaufbewahrung, Bars und Restaurants. Es besteht eine Busverbindung zum Stadtzentrum (30 Min.).
Flughafengebühren: 20 M pro Person bei der Ausreise. Ausgenommen sind Transitreisende und Kinder unter 5 Jahren.
BAHN: Von Südafrika gibt es eine Bahnstrecke nach Maseru. Der Passagierdienst wurde vor einiger Zeit eingestellt und heute fahren lediglich Güterzüge nach Lesotho hinein.
BUS/PKW: Die drei Hauptstraßen nach Südafrika führen über die Maseru Bridge im Westen, die Ficksburg Bridge im Norden und durch das Caledon's Poort im Westen. Alle der angeführten Grenzgänge haben durchgehend geöffnet. Es gibt auch andere Grenzübergänge, jedoch mit schlechteren Straßen (i. allg. von 08.00-16.00 Uhr geöffnet).

REISEVERKEHR - National

FLUGZEUG: *Lesotho Airways* bietet Verbindungen zwischen einigen der größeren Städte.
BUS/PKW: Das Straßennetz ist eher dürftig, und es gibt nur wenige Asphaltstraßen. Eine geteerte Hauptstraße führt vom Norden bis zu den Städten an der West- und Südgrenze des Landes, die anderen Straßen sind während der Regenzeit oft unbefahrbar. In den Ebenen verkehren auch Minibusse. **Unterlagen:** Internationaler Führerschein empfohlen. Der Führerschein des eigenen Landes wird nur akzeptiert, wenn er in englischer Sprache ausgestellt ist oder wenn eine beglaubigte Übersetzung beigefügt ist. Es besteht Gurtanlegepflicht.
FAHRZEITEN von Maseru zu den folgenden größeren Städten (ungefähre Angaben in Std. und Min.):

	Flugzeug	Pkw/Bus
Teyateyaneng	-	0.20
Leribe	0.20	1.00
Butha-Buthe	-	1.30
Mokhotlong	0.35	7.00
Qacha's Nek	0.45	8.00
Thabatseka	0.25	5.00
Mohale's Hoek	0.20	1.30
Quthing	0.30	3.00
Mafeteng	0.15	1.00

UNTERKUNFT

HOTELS: In den größeren Städten gibt es Hotels unterschiedlicher Qualität. In den abgelegeneren Regionen kann man in Berghütten Unterkunft finden. In Maseru, Leribe und Masionokang sind in letzter Zeit neue Hotels gebaut worden, viele Hotels in Maseru entsprechen dem internationalen Standard. Es gibt zwei staatliche Hotels, in Sehlabathele im Osten und in Makones, in der Nähe von Quthing (nur während der Trockenzeit geöffnet). Beide bieten Übernachtung, jedoch keine Verpflegung. Weitere Informationen vom Hotelverband: *Hotel and Hospitality Association*, PO Box 1072, Maseru 100. Tel: 32 58 00.
LODGES: Außerhalb der Städte findet man Unterkunft in modernen Camps, in denen man Bungalows mieten kann.
JUGENDHERBERGEN: Die neuesten Informationen gibt es von der *Youth Hostel Association* (Jugendherbergsverband), PO Box 970, Maseru. Tel: 31 19 69.

URLAUBSORTE & AUSFLÜGE

Maseru ist der ideale Ausgangspunkt für den Urlaub in Lesotho. Die Hauptstadt hat einige schöne Wahrzeichen, z. B. den historischen Friedhof und den königlichen Palast mit seiner äußerst eindrucksvollen Architektur. Die Residenz des Premierministers ist ebenfalls sehenswert. Von Maseru aus bieten sich verschiedene Tagesausflüge mit komfortablen Kleinbussen oder Fahrten auf eigene Faust an.
Nicht weit entfernt von Maseru kann man die *Ha-Khotso-Felszeichnungen* der Buschmänner bewundern. Ganz in der Nähe liegt *Thaba Bosiu*, wo sich die Basotho heldenhaft gegen die Buren auflehnten. Viele ihrer Stammesoberhäupte liegen hier begraben.
Das *Outward Bound Centre* Lesothos liegt in **Thaba-Phatsoa**, den Ausläufern der *Malutis*. Das Camp wurde für 500.000 Rand ausgebaut. Erfahrene Ausbilder unterrichten das *Outward-Bound-Konzept*, eine Art Überlebenstraining, nach Lehrmethoden, die in 33 Zentren weltweit entwickelt wurden. Es gibt auch Kurse im Bergsteigen, Bergwandern, Camping, Kanufahren, Segeln und Reiten.
Pony-Trekking: Das bestangepaßte Fortbewegungsmittel für die herrliche Berglandschaft der »afrikanischen Schweiz« ist das Basotho-Pony. Es werden Treks unterschiedlicher Länge angeboten, Reitkenntnisse sind nicht erforderlich. In erster Linie stehen Gruppenausritte auf drei verschiedenen Routen zur Auswahl; zwei davon führen zu den großen Wasserfällen bei *Ribaneng*, *Ketane* und *Maletsunyane* – letzterer ist der höchste Wasserfall im südlichen Afrika. Nach der Ankunft in *Semonkong* kann man entweder nach Maseru zurückfliegen oder den Ritt zwei Tage lang fortsetzen und von *Ha Ramabanta* per Auto nach *Mohale's Hoek* zurückkehren. Der Molimo-Nthuse-Roundtrek beginnt an der *Molimo-Nthuse-Lodge*, die gleichzeitig der Sitz des *Basotho Pony Trekking Centre* ist. Dieser Trek führt über den *Thaba-Putsoa-Paß* und endet am zweiten Tag schließlich an der *Ha-Markabei-Senqunyane-Lodge*. Auf dem Rückweg besucht man *Molikaliko* sowie die *Qiloane-Fälle* und kehrt am fünften Tag nach Molimo Nthuse zurück. In den überwiegend ländlichen Regionen übernachtet man normalerweise in den Stammeshütten der Basotho. Alle Treks führen durch traumhafte Landschaft.
Der Süden: Der Süden Lesothos ist touristisch recht gut erschlossen und ideal für Ausflüge zu den *Metlejoeng-Höhlen* (2 km südlich von *Mohale's Hoek*), den Fußabdrücken der Dinosaurier bei *Maphutseng* und *Moyeni*, zum *Masitise-Höhlenhaus* und dem versteinerten Wald am *Taaba-Ts'oeu-Berg*. Es gibt Hotels in Moyeni und Mohale's Hoek. Das neue *Orange River Hotel* bietet Reitpferde, Kanufahrten, Bergsteigen und Bergwanderungen. Im Südosten liegt eine der schönsten Regionen Lesothos und vielleicht die schönste Region des gesamten südlichen Afrikas: **Ramanbanta**, **Semonkong** (mit den *Maletsunyane-Wasserfällen*), der *Sehlabathebe-Nationalpark* und der *Mont-aux-Sources-Nationalpark* gehören zu den Höhepunkten jeder Lesothoreise.

SOZIALPROFIL

ESSEN & TRINKEN: In den größeren Hotels der Hauptstadt Maseru stehen internationale Spezialitäten auf der Speisekarte. Einige Restaurants in anderen größeren Städten sind jedoch auch sehr empfehlenswert. Die Hotels und Restaurants Lesothos bieten für jeden Geschmack etwas, *Halal*-Gerichte und Meeresfrüchte sowie französische und italienische Küche sind hier vertreten. Im *China Garden Restaurant* (Maseru) kann man auch gut chinesisch essen gehen. Zahlreiche Lebensmittel müssen aus Südafrika importiert werden, aber die Flüsse sind sehr fischreich. **Getränke:** In den besseren Restaurants gibt es eine gute Auswahl an Wein, Bier und Spirituosen.
NACHTLEBEN: Einige Hotels und Restaurants bieten Live-Unterhaltung. In Maseru gibt es mehrere Kinos, die beiden größten internationalen Hotels haben Spielkasinos.
EINKAUFSTIPS: Zahlreiche Kunstgewerbeläden verkaufen beliebte Souvenirs wie die traditionellen Basotho-Hüte, Grasmatten und -besen, Ton- und Steingutwaren, Woll- und Mohairläufer, Wandteppiche, Textilien, Reproduktionen von Felsmalereien, traditionellen Schmuck aus Tonperlen, Silber- und Goldgegenstände, Kupfer- und Ebenholzarbeiten. **Öffnungszeiten der Geschäfte:** Mo-Fr 08.00-17.00 Uhr, Sa 08.00-13.00 Uhr.

Foto: Di Jones

402 Lesotho

SPORT: Angeln: Lesothos Stauseen und Flüsse haben gute Fischgründe mit Karpfen und Regenbogenforellen. **Pony-Trekking/Bergsteigen:** Auf dem Rücken der Basotho-Ponies oder auch zu Fuß lernt man die bizarre, zerklüftete Schönheit des Landes am besten kennen. **Vogelbeobachtung:** 279 verschiedene Vogelarten sind in Lesotho zu Hause. Vogelfreunden wird ein Ausflug entlang der Mountain Road empfohlen, da man dort die exotischen und seltenen Vögel Südafrikas besonders gut bewundern kann. **Schwimmen:** Bilharziosefreie Flüsse und Seen (vor Ort erkundigen) sowie die Swimmingpools der Hotels laden zum Baden ein. **Tennis:** Im *Maseru Club* stehen gute Tennisplätze zur Verfügung. **Golf:** Es gibt mehrere 9-Loch-Golfplätze. **Publikumssport:** Pferderennen sind sehr beliebt und werden im ganzen Land abgehalten. Fußball ist Lesothos Nationalsport, an den meisten Wochenenden finden Spiele statt.

SITTEN & GEBRÄUCHE: Bei einem Aufenthalt in einem Dorf gehört es zum guten Ton, sich mit dem Dorfhäuptling in Verbindung zu setzen. Die üblichen Höflichkeitsformen sowie ein herzliches, freundliches Auftreten werden geschätzt. Kleidung sollte praktisch und leger sein, Besucher sollten Rücksicht auf einheimisches Brauchtum nehmen. **Fotografieren:** Der Palast, Polizeieinrichtungen, Regierungsgebäude, der Flughafen und die Finanzverwaltung sollten auf keinen Fall fotografiert werden. **Trinkgeld:** 10% ist üblich in Hotels und Restaurants.

WIRTSCHAFTSPROFIL

WIRTSCHAFT: Lesotho ist eines der ärmsten Länder der Erde. 77% der Bevölkerung ist in der Landwirtschaft beschäftigt. In erster Linie werden Mais, Weizen und andere Getreidearten angebaut – trotzdem muß etwa die Hälfte der Nahrungsmittel aus der Republik Südafrika importiert werden. Wolle, Mohair, Schuhe, Textilien und andere Fertigwaren sind die wichtigsten Exportgüter. Der Verfall der Weltmarktpreise und die geringere Nachfrage nach Diamanten in den achtziger Jahren machten die Hoffnungen auf den Aufbau einer Diamantenindustrie zunichte. Der Tourismus nimmt an Bedeutung zu, Hauptdevisenquelle sind jedoch die vielen Spielkasinos. 38% des Bruttosozialproduktes werden durch in Südafrika lebende lesothische Bergarbeiter erwirtschaftet, die einen Teil ihrer Löhne nach Hause überweisen. Die Regierung ist bemüht, vor allem für den Ausbau der Infrastruktur Entwicklungshilfegelder ins Land zu holen. Angestrebt wird auch, Investitionen aus dem Fernen Osten anzuregen, da Lesotho billige Arbeitskräfte bietet und als Plattform für Exporte in die Region dienen kann. Die wichtigsten Handelspartner sind die Länder der südafrikanischen Zollunion SACU, die Schweiz und die EU-Staaten.

GESCHÄFTSVERKEHR: Leichter Anzug, Hemd und Krawatte sind üblich für geschäftliche Termine, die Atmosphäre ist ungezwungen. Die meisten Geschäftsleute sprechen Englisch. **Geschäftszeiten:** Mo-Fr 08.00-13.00 und 14.00-16.30 Uhr, Sa 08.00-13.00 Uhr. **Kontaktadressen:** *Ministry of Trade and Industry*, PO Box 747, Maseru 100. Tel: 32 21 38. Telefax: 31 01 21. *Lesotho National Development Corporation*, Private Bag A96, Maseru 100. Tel: 31 20 12. Telefax: 31 10 38. *Lesotho Chamber of Commerce and Industry* (Industrie- und Handelskammer), PO Box 79, Maseru. Tel: 32 34 82.

KLIMA

Gemäßigtes Klima mit vier ausgeprägten Jahreszeiten. Regenzeit im Sommer. 85% der Niederschläge in den Bergen fallen zwischen Oktober und April. Im Hochland schneit es von Mai bis September. Am heißesten ist es im Januar und Februar. Lesotho bietet einen strahlend blauen Himmel und über 300 Tage Sonnenschein im Jahr.

Kleidung: Im Sommer leichte Baumwollsachen, wärmere Kleidung für die Abende. Im Winter Übergangs- bis warme Kleidung. Regenschutz während der Regenzeit.

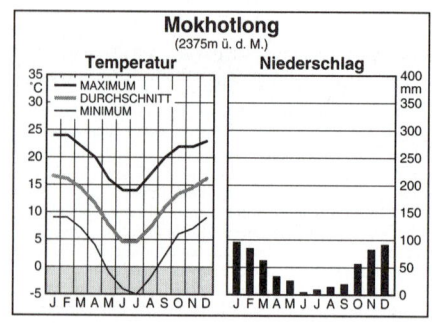

Lettland

□ *Internationaler Flughafen*

Lage: Nordeuropa.

Baltische Zentrale für Fremdenverkehr
Woldsenstraße 36
D-25813 Husum
Tel: (04841) 30 04. Telefax: (04841) 21 09.
Mo-Fr 08.00-12.30 Uhr.
Latvian Tourist Board (Lettische Fremdenverkehrszentrale)
Pils lauk. 4
LV-1050 Riga
Tel/Telefax: 722 99 45.
Botschaft der Republik Lettland
Adenauerallee 110
D-53113 Bonn
Tel: (0228) 26 42 42, *Konsularabt.:* 26 44 37. Telefax: (0228) 26 58 40.
Mo-Fr 09.30-12.30 und 13.30-17.00 Uhr, *Konsularabt.:* Mo-Fr 09.30-12.30 Uhr.
Honorarkonsulat der Republik Lettland (mit Visumerteilung)
Königin-Luise-Straße 77
D-14195 Berlin
Tel: (030) 831 58 77. Telefax: (030) 832 88 46.
Mo und Do 13.00-16.00 Uhr, Di und Fr 10.00-13.00 Uhr.
Botschaft der Republik Lettland
Weringer Straße 3
A-1090 Wien
Tel: (0222) 403 31 12. Telefax: (0222) 403 31 12-27.
Mo-Do 10.00-13.00 Uhr.
Honorarkonsulat in Wien.
Konsulat der Republik Lettland
3 Rue Bellot
CH-1206 Genf
Tel: (022) 347 46 45. Telefax: (022) 347 80 54.
Mo-Fr 09.00-12.00 und 14.00-17.00 Uhr.
Geschäftsbereich: Kantone Bern, Freiburg, Waadt, Wallis, Neuenburg, Genf und Jura.
Honorarkonsulat der Republik Lettland
Gessnerallee 36
CH-8001 Zürich
Tel: (01) 212 86 16. Telefax: (01) 221 09 29.
Di und Do 14.30-16.30 Uhr.
Geschäftsbereich: Kantone Zürich, Luzern, Uri, Schwyz, Unterwald und Zug.

TIMATIC INFO-CODES

*Abrufbar über Ihr CRS-System (für START/Amadeus Ama-Maske benutzen). Für Galileo bitte TI-DFT eingeben (**mit** Bindestrich).*

Flughafengebühren	TI DFT/ RIX /TX
Währung	TI DFT/ RIX /CY
Zollbestimmungen	TI DFT/ RIX /CS
Gesundheit	TI DFT/ RIX /HE
Reisepassbestimmungen	TI DFT/ RIX /PA
Visabestimmungen	TI DFT/ RIX /VI

Botschaft der Bundesrepublik Deutschland
Basteja bulvaris 14
LV-1050 Riga
Tel: 722 90 96, 722 48 56. Telefax: 782 02 23.
Konsulat der Republik Österreich (ohne Paß- und Sichtvermerksbefugnis)
Brivibas bulvaris 21
LV-1806 Riga
Tel: 782 03 63. Telefax: 782 03 64.
Botschaft der Schweizerischen Eidgenossenschaft
Elizabetes iela 2
LV-1340 Riga
Tel: 783 01 10. Telefax: 783 03 10.

FLÄCHE: 64.589 qkm.
BEVÖLKERUNGSZAHL: 2.611.000 (1993).
BEVÖLKERUNGSDICHTE: 40 pro qkm.
HAUPTSTADT: Riga. **Einwohner:** 874.200 (1993).
GEOGRAPHIE: Lettland liegt an der Ostsee und grenzt im Norden an Estland, im Süden an Litauen, im Osten an die Russische Föderation und im Südosten an Belarus. Zur Küste hin ist die Landschaft überwiegend flach. Der östliche Landesteil ist eher hügelig mit zahlreichen Wäldern und Seen. Es gibt 12.000 Flüsse in Lettland, der größte Fluß ist die Daugava.
STAATSFORM: Parlamentarische Republik seit 1991. Staatsoberhaupt: Guntis Ulmanis, seit Juli 1993. Regierungschef: Maris Gailis, seit September 1994. Parlament mit 100 Mitgliedern. Die lettische Verfassung von 1922 ist, nachdem sie 1940 während der sowjetischen Besetzung Lettlands anulliert wurde, wieder in Kraft.
SPRACHE: Amtssprachen sind Lettisch und Russisch.
RELIGION: Evangelisch-lutherisch; im östlichen Landesteil gibt es eine römisch-katholische Minderheit. Ferner Angehörige der russisch-orthodoxen Kirche.
ORTSZEIT: MEZ + 1 (MEZ + 2 im Sommer).
NETZSPANNUNG: 220 V, 50 Hz.
POST- UND FERNMELDEWESEN: Telefon: Selbstwählferndienst. **Landesvorwahl:** 371. Es gibt keine Ortsnetzkennzahlen. Alle sechsstelligen Nummern müssen eine »7« vorangestellt bekommen. Die Auskunft erreicht man unter der Nummer 09. *Cable & Wireless* modernisieren derzeit in Zusammenarbeit mit *Lattelekom* das Telefonnetzsystem. **Telefax-** und **Telexstellen** stehen in der Hauptpost (Adresse s. u.) zur Verfügung. **Telegramme** können z. T. in Hotels aufgegeben werden. Bei Telegrammaufgabe von öffentlichen Fernsprechern wählt man die Nummer 06. **Post:** Das Hauptpostamt befindet sich in der Brivibas bulvaris 21. Briefe nach Westeuropa sind 3-4 Tage unterwegs.
DEUTSCHE WELLE
Der Einsatz der Kurzwellenfrequenzen ändert sich mehrfach im Laufe eines Jahres, und Sendungen auf den folgenden Frequenzen werden jeweils nur zu bestimmten Tageszeiten ausgestrahlt. Näheres in der Einleitung.

MHz	17,560	13,780	9,545	6,075	6,140
Meterband	16	22	31	49	49

REISEPASS/VISUM

Wichtiger Hinweis: Die Einreisebestimmungen mancher Länder können sich kurzfristig ändern – rufen Sie sicherheitshalber auf Ihrem CRS-System (TIMATIC-Info-Code-Fenster in diesem Kapitel) den aktuellen Stand ab bzw. wenden Sie sich an die zuständige diplomatische Vertretung. Etwaige Zahlen in der Tabelle beziehen sich auf nachfolgende Fußnoten.

	Paß erforderlich?	Visum erforderlich?	Rückflugticket erforderlich?
Deutschland	Ja	Ja	Nein
Österreich	Ja	Ja	Nein
Schweiz	Ja	Ja	Nein
Andere EU-Länder	Ja	1/2	Nein

REISEPASS: Allgemein erforderlich.
VISUM: Allgemein erforderlich zur Einreise. Ausgenommen sind Staatsbürger von Estland, Litauen, [1] Großbritannien, Polen, Slowakische Republik, Tschechische Republik und Ungarn.
Staatsbürger der EU können ein Visum für Lettland, Estland oder Litauen jeweils auch für die Einreise in die beiden anderen baltischen Staaten benutzen. Eilvisa für Aufenthalte von bis zu 10 Tagen sind auch direkt bei der Einreise im Flug- bzw. Seehafen gegen eine Gebühr von ca. 35 DM erhältlich.
Anmerkung: Bei Einreise auf dem Landweg über Rußland oder Belarus wird ein entsprechendes Transitvisum benötigt. Dieses Visum ist nicht an der Grenze erhältlich und muß bereits vor der Abreise beantragt werden (s. *Russische Föderation* bzw. *Belarus*). Das Visum für Lettland ist auch gültig für die Einreise nach Litauen und Estland.
Visaarten: Geschäfts-, Transitvisum (ein- und mehrmalige Durchreise), Einreisevisum (ein- und mehrmalige Einreise).
Anmerkung: Mehrmalige Einreisevisa werden nur an Geschäftsreisende ausgestellt. Beim mehrmaligen Einreisevisum, das für 12 Monate gültig ist, beträgt die maximale Aufenthaltsdauer jeweils 90 Tage. Generell ist für mehrmalige Einreisevisa eine Einladung wie auch ein *Registration Certificate* notwendig.
Visagebühren: *Einmalige Einreise* (max. 3 Monate): 15 DM, 120 öS, 15 sfr; *mehrmalige Einreise* (max. 3 Monate, nur für Geschäftsreisende) 45 DM, 300 öS, 45 sfr; *Transitvisa:* einmalige Durchreise (48 Std. gültig) 7 DM, 60 öS, 7 sfr; zweimalige Durchreise (96 Std. gültig) 10 DM, 80 öS, 10 sfr; *Gruppenvisum* (ab 10 Personen): 15 DM, 60 öS, 10 sfr (jeweils pro Person). *Eilvisum* (Ausstellung innerhalb von 24 Std.) ist in der Schweiz gegen einen Aufpreis von 7-75 sfr erhältlich. [2] Visa für Staatsbürger Österreichs und der USA werden kostenlos ausgestellt. Visa für Jugendliche unter 16 Jahren sind ebenfalls gebührenfrei.
Anmerkung: Expressvisa werden gegen einen Aufpreis ausgestellt. Nähere Informationen von den jeweiligen Konsularabteilungen.
Antragstellung: Bei den Konsulaten oder den Botschaften (Adressen s. o.).
Gültigkeit: Max. bis zu 3 Monate. Für einen längeren Aufenthalt von bis zu 12 Monaten benötigt man eine Aufenthaltsgenehmigung (in der Regel für Geschäftsreisende), die beim *Immigration Department*, Raina bulvaris 5, LV-1050 Riga erhältlich ist.
Unterlagen: (a) Reisepaß (bzw. Kinderausweis). (b) 2 Paßbilder. (c) Visaantrag in zweifacher Ausfertigung. (d) Zahlungsbeleg über die Visumgebühr. (e) Bei postalischer Antragstellung zusätzlich ein frankierter Rückumschlag (Einschreiben).
Bearbeitungszeit: Ca. 10 Tage.
Aufenthaltsgenehmigung: Zu beantragen beim *Immigration Department* (Adresse s. o.).

GELD

Währung: Im Frühjahr 1993 wurde die neue lettische Währung, der Lat, ausgegeben, die den lettischen Rubel nach und nach ersetzen soll. 1 Lat (L) = 100 Santimi. Banknoten sind im Wert von 500, 100, 50, 20, 10 und 5 L in Umlauf; Münzen im Wert von 2 und 1 L sowie 50, 20, 10, 5 und 1 Santimi.
Geldwechsel: Es gibt zahlreiche Wechselstuben, vor allem in Hotels, Postämtern und Bahnhöfen. Diese schließen im allgemeinen um 16 Uhr. DM und US$ werden empfohlen.
Kreditkarten werden bislang nur in einigen Hotels und Tankstellen angenommen. Einzelheiten vom Aussteller der betreffenden Kreditkarte.
Wechselkurse

	L Okt. '93	L Febr. '94	L Jan. '95	L Jan. '96
1 DM	0,38	0,33	0,35	0,38
1 US$	0,62	0,58	0,55	0,54

Devisenbestimmungen: Keine Einfuhr- oder Ausfuhrbeschränkungen für frei konvertierbare Währungen, Deklaration wird jedoch empfohlen. Die Ein- und Ausfuhr von russischen Rubeln ist verboten.
Öffnungszeiten der Banken: Mo-Fr 10.00-18.00 Uhr.

DUTY FREE

Folgende Artikel können zollfrei nach Lettland eingeführt werden:
200 Zigaretten oder 250 g Tabak;
1 l Spirituosen und 2 l Wein.

GESETZLICHE FEIERTAGE

1. Mai '96 Maifeiertag. **23./24. Juni** Johannitage (Mitsommerwende). **18. Nov.** Nationalfeiertag. **25./26. Dez.** Weihnachten. **31. Dez.** Silvester. **1. Jan. '97** Neujahr. **28. März** Karfreitag. **31. März** Ostermontag. **1. Mai** Maifeiertag.

GESUNDHEIT

In der folgenden Tabelle aufgeführte Impfvorschriften können sich kurzfristig ändern. Es wird stets empfohlen, auf Ihrem CRS-System (TIMATIC-Info-Code-Fenster in diesem Kapitel) den aktuellen Stand der Gesundheitsbestimmungen abzurufen bzw. rechtzeitig vor der Reise ärztlichen Rat einzuholen.

	Vorsichtsmaßnahmen empfohlen	Impfschein erforderlich
Gelbfieber	Nein	Nein
Cholera	Nein	Nein
Typhus & Polio	Nein	-
Malaria	Nein	-
Essen & Trinken	Nein	

Tollwut kommt in ländlichen Gegenden vor.
Hepatitis A kommt vor.
Diphterie-Ausbrüche wurden ebenfalls gemeldet.
Gesundheitsvorsorge: Der Abschluß einer Reisekrankenversicherung wird empfohlen.

REISEVERKEHR - International

FLUGZEUG: Die nationale Fluggesellschaft *Baltic International Airlines* betreibt täglich Flugdienste von Frankfurt/M. nach Riga. Tägliche Direktverbindungen

Lettland

RIGA

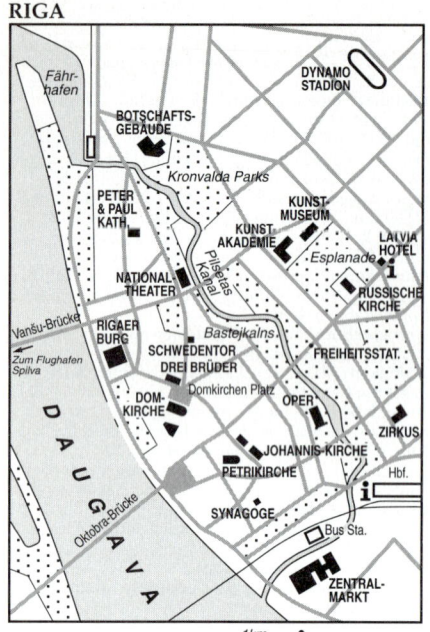

von Frankfurt werden auch von *Lufthansa* angeboten. *SAS* bietet täglich Flugverbindungen von Berlin, Frankfurt, Hamburg, Hannover, München und Stuttgart über Kopenhagen an. *Latvian Airlines* fliegen Riga zweimal wöchentlich von Wien aus an. Von Zürich gibt es keine Direktverbindungen, man fliegt über Stockholm, Kopenhagen oder Wien. Weitere Informationen sind von der Baltischen Zentrale für Fremdenverkehr (Adressen s. o.).
Durchschnittliche Flugzeiten: *Frankfurt* – Riga: 3 Std. 15; *Wien* – Riga: 2 Std; *Zürich* – Riga: 4 Std. 40 (über Kopenhagen).
Internationaler Flughafen: *Riga (RIX)* (Spilva) liegt ca. 7 km vom Stadtzentrum entfernt. Busverbindungen alle 20 Min. zur Stadtmitte. Am Flughafen gibt es einen Taxistand, Duty-free-Shops, Bank, Post, Tourist-Information, Hotel-Reservierungsschalter, Mietwagenschalter und ein Restaurant.
Flughafengebühren: 22,50 DM, 180 öS.
SCHIFF: Verschiedene Reedereien, u. a. *Seetours* in Frankfurt/M., haben im Frühling und Sommer 12-14tägige Ostsee-Kreuzfahrten im Programm, in deren Verlauf auch Riga angelaufen wird. Abfahrtshäfen meist Kiel oder Hamburg.
BAHN: Von Berlin-Lichtenberg gibt es eine tägliche Verbindung mit Kurswagen über Warschau, Grodno (Belarus) und Vilnius (Litauen) nach Riga (weißrussisches Transitvisum erforderlich, muß vor der Abreise besorgt werden). Das lettische Streckennetz ist gut und bietet Verbindungen in die GUS-Republiken sowie nach Estland und Litauen.
BUS/PKW: Mehrere Verbindungsstraßen führen nach Estland, Litauen und in die Russische Föderation. Einreise mit dem Pkw über Finnland und die Russische Föderation, Polen und Belarus oder Litauen. Grenzübergangsstellen zwischen Polen und Litauen: Ogrodniki – Lazdijai, zwischen Polen und Belarus: Terespol – Brest. Am polnisch-litauischen Grenzübergang muß mit Wartezeiten von mehr als 24 Stunden gerechnet werden.

REISEVERKEHR - National

BAHN: Das gut ausgebaute Streckennetz verbindet Riga regelmäßig mit allen anderen größeren Städten des Landes.
BUS/PKW: Alle Landesteile werden durch das gute Straßennetz verbunden. Bleifreies Benzin ist an allen Nesta-Tankstellen erhältlich, an denen allerdings nur mit Devisen und Kreditkarten bezahlt werden kann. Kein Haftpflichtversicherungszwang. Es empfiehlt sich, eine Kurzkaskoversicherung abzuschließen. **Bus:** Der Zentrale Omnibusbahnhof in Riga ist in der Pragas iela 1. Busse sind das beste Verkehrsmittel. **Mietwagen:** Buchung über Hotels möglich, Vorausbestellung wird empfohlen. Angeboten werden westliche Marken in allen Klassen auch mit Chauffeurservice. Einwegmieten ebenfalls im Angebot. **Unterlagen:** EU-Führerschein bzw. der Führerschein des eigenen Landes. Die Mitnahme eines internationalen Führerscheins ist jedoch bei Anreise mit dem Pkw über die Russische Föderation oder Belarus erforderlich. **Verkehrsbestimmungen:** Es besteht Gurtanlegepflicht. Tempolimit auf Landstraßen 80 km/h, innerhalb geschlossener Ortschaften 50 km/h. Promillegrenze: 0,0‰.
STADTVERKEHR: Taxis sind immer noch billig in Riga. Die steigenden Benzinpreise machen sich jedoch langsam bemerkbar, und die Preise ziehen an. Das Busliniennetz ist gut. Fahrkarten für Busse, Straßenbahnen und Oberleitungsbusse werden in Kiosken und Geschäften verkauft.

UNTERKUNFT

HOTELS: Seit der Unabhängigkeit Lettlands bemühen sich westliche Firmen darum, die ehemaligen staatlichen Hotels dem internationalen Standard anzupassen. Zahlreiche große Hotels in Riga wurden in Zusammenarbeit mit westlichen Firmen modernisiert wie z. B. das *Hotel Riga* und *Latvija*. Im Dezember 1991 wurde das *Hotel de Rome* in Riga als erstes Luxushotel eröffnet. Die 90 Zimmer bieten hohen Komfort, einschl. Minibar, Farbfernseher, Radio und Telefon. Zu den weiteren Einrichtungen gehören Konferenzräume und Souvenirshops. Die Modernisierungs- und Umbaumaßnahmen zur Erweiterung der Hotelkapazität und zur Verbesserung des Hotelangebots konzentrieren sich derzeit auf die Hauptstadt. Außerhalb von Riga findet man eine recht gute Auswahl an größeren Hotels und kleineren Pensionen, die vor der Unabhängigkeit unter staatlicher Aufsicht standen. Hotels in Riga sind mitunter recht teuer. Eine Ausweichmöglichkeit ist der Badeort Jurmala. Hier findet man hübsche Villen aus der Zeit um die Jahrhundertwende und Hotels zu angemessenen Preisen. Zu empfehlen sind auch Privatquartiere, die inzwischen in fast jedem Ort vermittelt werden. Da die Übernachtungsmöglichkeiten in Hotels noch z. T. begrenzt sind, ist es ratsam, die Unterkunft in Lettland im voraus zu buchen.
Kategorien: Die Klassifizierung der Hotels erfolgt mit Sternen. Weitere Informationen erteilt u. a. die Baltische Zentrale für Fremdenverkehr.
JUGENDHERBERGEN: Informationen von der Baltischen Fremdenverkehrszentrale in Husum und dem Lettischen Fremdenverkehrsamt in Riga (Adressen s. o.).

URLAUBSORTE & AUSFLÜGE

Das Lettische Fremdenverkehrsamt iniziiert und überwacht regionale Touristikprogramme, die das natürliche Erbe Lettlands in den Mittelpunkt stellen. **Riga**, die Hauptstadt Lettlands, ist eine der schönsten baltischen Städte. Die Geschichte der historischen Stadt reicht bis ins Mittelalter zurück. Die architektonische Vielfalt ist groß, was ganz besonders in der alten *Domkirche* deutlich wird. Seit der ursprünglichen Grundsteinlegung 1201 wurde unablässig an ihr gebaut. Ele-

IMMER ZU IHREN DIENSTEN

- Sightseeing und Reisen weltweit
- Unterkünfte in allen baltischen Staaten und der GUS (in Drei-, Vier- und Fünf-Sterne Hotels)
- Incoming–Outgoing Tour Operator
- Reisebüro
- Reiseleitung, Dolmetscherdienste
- Flugreisen
- Ticketdienst
- Charter-Flüge
- Andere Kundendienste

Hauptbüro:
18 Dzirnavu St., Riga, LV–1010, Lettland
Tel: (+371) 733 3988, 733 2674
Fax: (+371) 783 0207 Telex: 161 220 SIB LV

Zweigstellen:
- Hauptbahnhof. Tel: (+371) 722 9446
  Tel/Fax: (+371) 721 0371
- Internationaler Flughafen "Riga". Tel: (+371) 720 7502
- Hotel "Tourist". Tel: (+371) 761 5690

S.I.B. TRAVEL LTD
LETTISCHE AGENTUR FÜR FREMDENVERKEHR

mente der Romanik, Gotik, Renaissance, des Barock und des Klassizistik machen den Reiz dieser Kirche aus. Die Kirchenorgel mit ihren mehr 7000 Orgelpfeifen gilt als eines der eindrucksvollsten Musikinstrumente der Welt und erfreut bei ihren Konzerten regelmäßig zahlreiche Besucher. Der ehemalige *Palast Peters des Großen* in der Nähe der Domkirche wurde durch zahlreiche Umbauten völlig verändert. Die Altstadt steht seit ihrer Instandsetzung nach dem 1. Weltkrieg unter Denkmalschutz, und ganze Straßenzüge mit Jugendstilhäusern sind erhalten geblieben. Anfang des 13. Jahrhunderts wurde die backsteinerne *Jakobi-Kirche* im Übergangsstil zwischen Romanik und Gotik errichtet. Der Grundstein der ehemaligen *Residenz des Deutschen Ritterordens* wurde 1330 gelegt; dieses Schloß mit dem einzigen noch erhaltenen Stadttor, dem *Schwedentor*, beherbergt heute zahlreiche Museen, u. a. das 1896 gegründete *Lettische Geschichtsmuseum* mit seiner interessanten Ausstellung zur Rigaer Stadtgeschichte. Nördlich vom Schloß steht auch die von Katharina II. in Auftrag gegebene *Peter-und-Paul-Kathedrale* (Ende des 18. Jh.). Im *Haus der kleinen Gilde* kamen einst Handwerker zusammen, im *Haus der großen Gilde* saßen die Kaufleute. Die zweischiffige »Alte Gildestube« wird jetzt von der Philharmonie benutzt. Weiteres Wahrzeichen ist der 137 m hohe Holzturm der *Petrikirche*. Die *Johanniskirche* (14. Jh.) des früheren Dominikanerklosters zählt zu den schönsten Bauwerken des früheren Bischofssitzes. Der Großteil dieser Kirche mit dem beeindruckenden Westgiebel, dem Barockaltar (18. Jh.) und dem kleinen Turm (1853) stammt jedoch aus dem 15. Jahrhundert. Die mittelalterlichen Bürgerhäuser, darunter die sogenannten *Drei Brüder* und 24 Lagerhäuser in der Altstadt, sind weitere architektonische Schmuckstücke Rigas.
Die zahlreichen Museen bieten informative Ausstellungen zur Stadt- und Landesgeschichte. Das *Museum für Stadt-, Schiffbau- und Seefahrtgeschichte* besteht bereits seit 1773. Eine wahre Fundgrube für nationale Kunst ist das *Staatliche Lettische Kunstmuseum*. Im Gegensatz dazu zeigt das *Museum für Ausländische Kunst* viele Werke flämischer Meister. Ein Besuch des *Museums für Medizingeschichte* sollte Teil jeder Stadtbesichtigung sein. In dem 1924 angelegten fast 100 ha großen *Freilichtmuseum* sind bäuerliche Wohn- und Wirtschaftshäuser aus dem 16.-19. Jahrhundert zu besichtigen, die aus verschiedenen Regionen zusammengestellt wurden. Das bedeutendste Wahrzeichen der Stadt ist die *Freiheitsstatue* in der Freiheitsallee. Die Frauengestalt und die von ihr gehaltenen Sterne symbolisieren Lettland und die drei lettischen Provinzen Vidzeme, Kurzeme und Latgale.
Einige Kilometer von Riga entfernt liegt der Bade- und Kurort **Jurmala**, der sich aus verschiedenen kleineren Ortschaften auf einer Sandnehrung der Rigaer Bucht zusammensetzt. Weitläufige Kiefernwälder und Dünen sowie das bekannte Kurzentrum gehören zu den Attraktionen. Ausgedehnte, erholsame Spaziergänge am Ostseestrand und im waldreichen Hinterland bieten sich an. Ein weiterer reizvoller Kurort ist **Sigulda** (im 13. Jh. gegründet), das im Binnenland an den wunderschönen Ufern der Gauja liegt. Die romantischen Burgruinen und Höhlen der Umgebung laden zum Erforschen ein. Das bedeutendste Barockschloß des Landes steht in **Pilsrundale**, etwa 77 km südlich von Riga unweit der litauischen Grenze. Die herrliche Sommerresidenz wurde von dem bedeutenden italienischen Baumeister Rastrelli erbaut, der auch den weltbekannten Winterpalast in St. Petersburg schuf. Der Park wurde nach französischem Vorbild angelegt.
Wer Erholung in noch unberührter Natur sucht, findet herrliche Flora und eine reiche Tierwelt in Kurzeme (Kurland), Vidzeme (Livland) und Latgale (Lettgalien), die ideal für Wanderungen sind. In zahlreichen hübschen Kleinstädten wie *Cesis, Kuldiga, Talsi* und *Bauska* kann man der Hektik des Alltags entfliehen und sich an dem beschaulichen Lebensstil der Einheimischen ein Beispiel nehmen.

SOZIALPROFIL

ESSEN & TRINKEN: Lettische Vorspeisen sind besonders schmackhaft und oftmals der kulinarische Höhepunkt der Mahlzeit. Spezialitäten wie graue Erbsen mit Speck und Bier, *Pirogi* (Hefeteigtaschen mit Speck und Zwiebeln gefüllt), Sauerampfersuppe (mit gekochtem Schweinefleisch, Zwiebeln, Kartoffeln, Graupen, hartgekochten Eiern und saurer Sahne) und *Akroshka* (Milchsuppe mit Zwiebeln, Kräutern, Salatgurke und saurer Sahne) sollten gekostet werden. Geschmorte, mit Äpfeln und Pflaumen gefüllte Gans ist eine weitere baltische Spezialität. Als Nachspeise gibt es häufig *Alexandertorte* (mit Himbeeren oder Preiselbeeren). Beliebte Getränke sind *Miestins* (aus Limonade und Honig) und Birkensaft.
NACHTLEBEN: In Riga gibt es eine große Auswahl an Restaurants, Cafés und Bars.
EINKAUFSTIPS: Hübsche Souvenirs sind Bernstein und kunsthandwerkliche Artikel aller Art.
VERANSTALTUNGSKALENDER
Die wichtigste Veranstaltung des Jahres in Lettland ist die **Johannisnacht** vom 23. auf den 24. Juni. Für das leibliche Wohl wird ein spezieller Käse hergestellt und Bier gebraut. Man trägt Blumenkränze im Haar und verbringt die Nacht an großen Feuern. Zu den weiteren Veranstaltungen gehören:
5. Mai '96 *Blaskappellen-Wettbewerb*, Riga. 29. Mai - 2. Juni 5. *Internationales Heißluftballon Festival*, Sigulda. 31. Mai - 1. Juni *Riga Cup* (Leichtathletik), Riga. 1. Juni *Treffen der Männer- und Frauenchöre*, Ogre. 29. Juni *Tanztag in Riga* (Volkstänze). 29./30. Juni *Keggi Velo '96* (Radrennen), Riga. 12. - 14. Juli *Reit-Weltmeisterschaften*, Riga. 22. - 26. Okt. *Internationales Festival der Amateur-Theater*, Riga. 7. - 10. Nov. *Internationales Volksmusikfestival*, Riga.
SITTEN & GEBRÄUCHE: Zur Begrüßung gibt man sich die Hand. Die üblichen Höflichkeitsformen gelten auch hier, und die Gastgeberin freut sich bei Einladungen über einen Strauß Blumen. Letten sind eher zurückhaltende Menschen, jedoch äußerst gastfreundlich. Sie sind sehr stolz auf ihre Kultur und Geschichte, respektieren Sie dies als Besucher. **Trinkgeld:** Aufpreise für Bedienung sind in Rechnungen enthalten. Taxifahrpreise enthalten ebenfalls bereits ein Trinkgeld.

WIRTSCHAFTSPROFIL

WIRTSCHAFT: Vor dem Zweiten Weltkrieg war die Leichtindustrie der wichtigste Wirtschaftszweig des Landes, nach 1945 gewann die Schwerindustrie jedoch immer mehr an Bedeutung. Heute erbringt die Industrie fast die Hälfte des Bruttosozialproduktes. Die Reprivatisierung staatlicher Betriebe wird noch einige Zeit in Anspruch nehmen. Die Regierung des neuen unabhängigen Lettlands hat sich vorgenommen, die starke Umweltbelastung durch die Betriebe der Schwerindustrie zu verringern. Lettland hat kaum Bodenschätze, die verarbeitende Industrie spielt daher eine große Rolle. Metall-, Elektro-, Düngemittel-, chemische, Holz- und Leichtindustrie sind heute zusammen mit Milchwirtschaft und Fischerei die wichtigsten Stützen der Wirtschaft. Die Infrastruktur ist, wie in allen baltischen Staaten, relativ gut ausgebaut. Ein großes Problem ist die Energieversorgung, Lettland kann momentan nur 50% seines Energiebedarfs decken. Hauptenergieträger ist die Wasserkraft. Die drei großen Wasserkraftwerke an der Daugava produzieren 60% der benötigten Energie. Die Regierung hofft, künftig Strom aus Litauen zu bekommen, in dem das einzige Kernkraftwerk des Baltikums steht. Estland hat angekündigt, daß es im kommenden Jahr nur noch 40% des lettischen Stromverbrauchs liefern wird. Durch das Anfang 1992 geschlossene Handels- und Kooperationsabkommen mit der EU eröffnen sich Lettland gute Handelsmöglichkeiten auf dem europäischen Markt. Mit den USA wurde 1994 ebenfalls ein günstiges Handelsabkommen unterzeichnet. Mit Riga und Ventspils verfügt das Land über zwei eisfreie Häfen. Lettland ist seit 1992 Nutznießer des Internationalen Währungsfonds und der Weltbank. Haupthandelspartner sind die Russische Föderation und Deutschland.
GESCHÄFTSVERKEHR: Geschäftszeiten: Mo-Fr 08.30-18.00 Uhr.
Kontaktadressen: *Repräsentanz der Deutschen Wirtschaft*, World Trade Center Riga, Elizabetes 2, LV-1340 Latvia. Tel: 732 07 18. Telefax: 882 03 70.
Die wirtschaftlichen Interessen Österreichs werden von der Außenhandelsstelle in Stockholm (s. Schweden) wahrgenommen.
Latvia Chamber of Commerce and Industry (Lettische Handelskammer), Brivibas bulv. 21, LV-1849 Riga. Tel: 722 55 95. Telefax: 782 00 92.
KONFERENZEN/TAGUNGEN: Nähere Auskünfte erhältlich von: *The Association of Latvian Travel Agents*, 29/31 Brunineku iela, LV-1001 Riga. Tel: 727 51 87. Telefax: 782 15 10.

KLIMA

Gemäßigtes Klima. Warme Sommer; Frühling und Herbst sind relativ mild. Kalte Winter (November bis Mitte März) mit starken Schneefällen. Die Niederschläge sind über das ganze Jahr verteilt, im August ist die Niederschlagsmenge am höchsten.

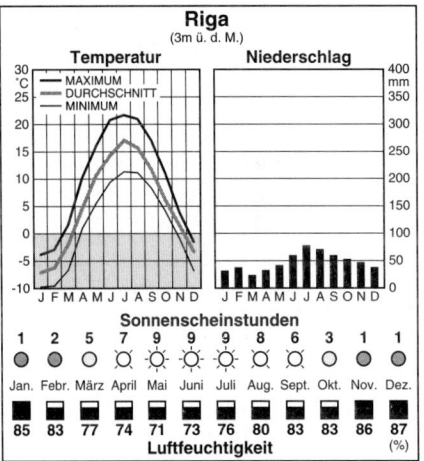

Eine weitere wichtige Veröffentlichung von Columbus Press ist der »World Travel Guide«, der jährlich herausgegeben wird und Informationen in englischer Sprache auf mehr als tausend Seiten über alle Länder der Erde enthält.

Weitere Einzelheiten von:
Columbus Press, Verkaufsabteilung, Aurikelweg 9, D-38108 Braunschweig.
Tel: 05309/2123. Telefax: 05309/2877.

COLUMBUS ATLAS

Auf ca. 100 Seiten enthält dieser Atlas unter anderem europäische Fähr- und Eisenbahnverbindungen und weltumspannende Kreuzfahrtkarten, Straßenkarten, Gebietskarten vielbesuchter Regionen wie z. B. Costa Brava, Florida u. a. Falls Sie bei der Beratung oder Reiseplanung verstärkt auf Karten zurückgreifen möchten, werden Sie diesen speziell auf die Reisebranche zugeschnittenen Atlas unentbehrlich finden – und dazu besonders preisgünstig!

Weitere Einzelheiten von:
Columbus Press, Verkaufsabteilung, Aurikelweg 9, D-38108 Braunschweig.
Tel: 05309/2123. Telefax: 05309/2877.

Libanon

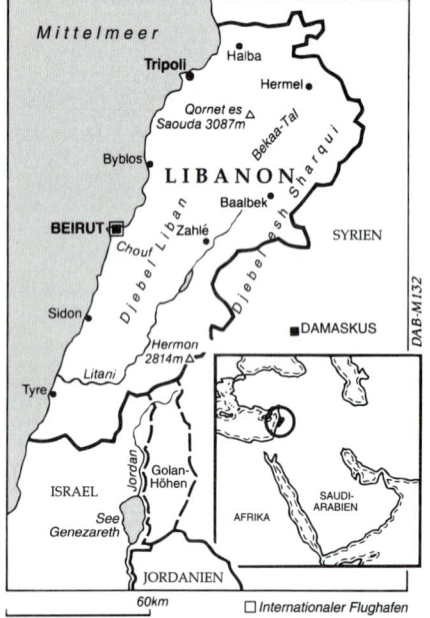

Lage: Naher Osten.

Anmerkung: Vor Fahrten in die südlichen Landesteile, die bis vor kurzem noch von der israelischen bzw. Südlibanesischen Armee kontrolliert wurden, sollte man sich beim Auskunftsbüro des Ministry of Tourism nach der momentanen Lage erkundigen.

Ministry of Tourism
550 Central Bank Street
Beirut
Tel: (01) 34 09 40. Telefax: (01) 34 32 79.
Botschaft der Libanesischen Republik
Rheinallee 27
D-53173 Bonn
Tel: (0228) 95 68 00. Telefax: (0228) 35 75 60.
Mo-Fr 09.00-12.00 Uhr.
Außenstelle der Botschaft der Libanesischen Republik
Esplanade 8-10
D-13187 Berlin
Tel: (030) 472 41 93. Telefax: (030) 478 75 11.
Mo-Fr 10.00-12.00 Uhr (12.00-13.00 Uhr tel. Auskünfte).
Botschaft der Libanesischen Republik
Oppolzergasse 6/3
A-1010 Wien
Tel: (0222) 53 38 82 10. Telefax: (0222) 533 49 84.
Mo-Fr 09.15-12.30 Uhr.
Botschaft der Libanesischen Republik
Thunstraße 10
CH-3074 Muri
Tel: (031) 951 29 72/73. Telefax: (031) 951 81 19.
Mo-Fr 08.30-13.00 Uhr.
Botschaft der Bundesrepublik Deutschland
Rabieh/Mtaileb
PO Box 2820
Beirut
Tel: (01) 40 69 50. Telefax: (01) 40 53 11.
Honorarkonsulat in Tripoli.
Konsulat der Republik Österreich
Rue Riad El Solh
c/o Assurex s. a. l.
Immeuble El Tanmiah, 2nd floor
Sidon
Tel: (07) 72 53 12.
Botschaft der Schweizerischen Eidgenossenschaft
Centre Debs, 9e étage

TIMATIC INFO-CODES

Abrufbar über Ihr CRS-System (für START/Amadeus Ama-Maske benutzen). Für Galileo bitte TI-DFT eingeben (mit Bindestrich).

Flughafengebühren	TI DFT/ BEY /TX
Währung	TI DFT/ BEY /CY
Zollbestimmungen	TI DFT/ BEY /CS
Gesundheit	TI DFT/ BEY /HE
Reisepassbestimmungen	TI DFT/ BEY /PA
Visabestimmungen	TI DFT/ BEY /VI

Kaslik
BP 2008, Jounieh
Beirut
Tel: (01) 91 62 79, 93 88 94. Telefax: (01) 93 88 95.

FLÄCHE: 10.452 qkm.
BEVÖLKERUNGSZAHL: 3.855.000 (Schätzung 1995).
BEVÖLKERUNGSDICHTE: 369 pro qkm.
HAUPTSTADT: Beirut. **Einwohner:** 1.500.000 (Schätzung 1995).
GEOGRAPHIE: Das gebirgige Land liegt am östlichen Ende des Mittelmeers. Zwischen dem Libanon- und dem Anti-Libanon Gebirge liegt die fruchtbare Hochebene der Beka'a. Fast die Hälfte des Landes liegt mehr als 900 m ü. d. M. Die landschaftliche Vielfalt und Schönheit in diesem flächenmäßig kleinen Staat ist kaum zu überbieten. Die berühmten Zedern wachsen hoch in den Bergen, an den niedrigeren Hängen gedeihen Weintrauben, Aprikosen, Pflaumen, Pfirsiche, Feigen, Oliven und Gerste, oft auf Terrassenfeldern, die mühsam aus den Bergen gehauen wurden. In der fruchtbaren Küstenebene wachsen Zitrusfrüchte, Bananen und Gemüse.
STAATSFORM: Parlamentarische Republik, seit 1926 (letzte Verfassungsänderung 1990); Einkammerparlament. Staatsoberhaupt: Elias Hrawi, seit 1989. Regierungschef: Premierminister Rafik al-Hariri, seit Oktober 1992. Staatsoberhaupt muß maronitischer Christ, Regierungschef sunnitischer, Parlamentspräsident schiitischer Muslim sein. Der Krieg, der 1975 begann, wurde nach 15 Jahren schrittweise beigelegt. Im Herbst 1992 wurden die ersten Parlamentswahlen seit dem Ausbruch des Krieges abgehalten.
SPRACHE: Amtssprache ist Arabisch. Französisch und Englisch werden ebenfalls viel gesprochen. Bedeutende Minderheitensprachen sind Armenisch und Kurdisch.
RELIGION: 17 anerkannte Religionsgemeinschaften, u. a. Christen, Drusen und Moslems.
ORTSZEIT: MEZ + 1 (MEZ + 2 vom letzten Sonntag im März bis zum letzten Sonntag im September).
NETZSPANNUNG: 110/220 V, 50 Hz.
POST- UND FERNMELDEWESEN: Telefon: Selbstwählferndienst. **Landesvorwahl:** 961. **Telefonanschlüsse** werden zunehmend üblicher. **Telex** ist vorhanden.
Post: Briefe und Postkarten nach Mitteleuropa sind etwa 4 Tage unterwegs. Da es keine Briefkästen gibt, sollte Post direkt im Postamt oder Hotel aufgegeben werden.
DEUTSCHE WELLE
Der Einsatz der Kurzwellenfrequenzen ändert sich mehrfach im Laufe eines Jahres, und Sendungen auf den folgenden Frequenzen werden jeweils nur zu bestimmten Tageszeiten ausgestrahlt. Näheres in der Einleitung.

MHz	21,560	17,845	15,275	13,780	9,545
Meterband	13	16	19	22	31

REISEPASS/VISUM

Wichtiger Hinweis: Die Einreisebestimmungen mancher Länder können sich kurzfristig ändern – rufen Sie sicherheitshalber auf Ihrem CRS-System (TIMATIC-Info-Code-Fenster in diesem Kapitel) den aktuellen Stand ab bzw. wenden Sie sich an die zuständige diplomatische Vertretung. Etwaige Zahlen in der Tabelle beziehen sich auf nachfolgende Fußnoten.

	Paß erforderlich?	Visum erforderlich?	Rückflugticket erforderlich?
Deutschland	Ja	Ja	Ja
Österreich	Ja	Ja	Ja
Schweiz	Ja	Ja	Ja
Andere EU-Länder	Ja	Ja	Ja

Einreisebeschränkungen: Personen mit israelischen Sichtvermerken jeglicher Art im Reisepaß wird die Einreise verweigert.
REISEPASS: Allgemein erforderlich zur Einreise, ausgenommen sind Staatsangehörige von Syrien mit gültigem Personalausweis, die direkt aus Syrien einreisen. Der Reisepaß muß bei der Ausreise noch mindestens 6 Monate gültig sein.
VISUM: Allgemein erforderlich, ausgenommen sind Staatsangehörige von Bahrain, Katar, Kuwait, Oman, Saudi-Arabien, Syrien und den Vereinten Arabischen Emiraten, die das Visum am Flughafen erhalten.
Visaarten: Touristenvisa (Individual- und Gruppenvisa) und Geschäftsvisa. Für alle Visaarten gilt:
Deutsche und schweizer Staatsbürger: einmalige Einreise: 3 Monate gültig; mehrmalige Einreise: 6 Monate gültig.
Österreichische Staatsbürger: Sowohl Touristen- als auch Geschäftsvisum gilt nur 1 Monat.
Visagebühren: Für ein- bzw. mehrmaliger Einreise gilt:
Für deutsche und schweizer Staatsbürger: 32 DM, 32 sfr (3 Monate); 64 DM, 64 sfr (6 Monate).
Österreichische Staatsbürger: 235 öS (1 Monat).
Gültigkeitsdauer: Touristen- und Geschäftsvisa: zwischen 1 und 6 Monaten, je nach Herkunftsland.
Antragstellung: Vor Antritt der Reise bei der Konsularabteilung der Botschaft (Adressen s. o.).
Unterlagen: (a) Gültiger Reisepaß. (b) Für Touristenvisa: Adresse des Gastgebers in Libanon (außer bei Buchung einer Pauschalreise). (c) Für Geschäftsvisa: Einladung der libanesischen Firma per Telex zur ausstellenden Botschaft und Schreiben der eigenen Firma. (d) 1 Antragsformular. (e) 1 Paßfoto. (f) Gebühr. Der postalischen Antragstellung sollten ein frankierter und adressierter Umschlag und der Zahlungsbeleg über die Visumgebühr beigelegt werden.
Bearbeitungszeit: 1 Woche.
Aufenthaltsgenehmigung: Die nötigen Formalitäten werden im Libanon abgewickelt.

▼ *Beirut, Luftansicht*

408 Libanon

▲ Byblos

GELD

Währung: 1 Libanesisches Pfund (L£) = 100 Piaster. Banknoten gibt es im Wert von 100.000, 50.000, 20.000, 10.000, 5000, 1000, 500, 250, 100 und 50.
Kreditkarten: *American Express, Diners Club, Eurocard* und *Visa* werden in begrenztem Umfang angenommen. Einzelheiten vom Aussteller der betreffenden Kreditkarte.
Euroschecks werden bis zu 400 DM pro Scheck eingelöst, allerdings nur in begrenztem Umfang.
Reiseschecks: DM- oder US$-Reiseschecks werden im begrenztem Umfang angenommen.
Wechselkurse

	L£	L£	L£	L£
	Sept. '92	Febr. '94	Jan. '95	Jan. '96
1 DM	1682,03	981,88	1062,57	1109,57
1 US$	2499,71	1704,50	1647,00	2476,56

Devisenbestimmungen: Es gibt keine Ein- oder Ausfuhrbeschränkungen für Landes- oder Fremdwährungen.
Öffnungszeiten der Banken: Mo-Fr 08.30-12.30 Uhr, Sa 08.30-12.00 Uhr.

▼ *Beiteddine: Palast des Emir Bashir*

DUTY FREE

Folgende Artikel können zollfrei in den Libanon eingeführt werden:
400 Zigaretten oder 20 Zigarren oder 500 g Tabak;
2 Flaschen alkoholische Getränke;
60 g Parfüm.
Ein- und Ausfuhrverbot: Waffen und Munition bedürfen einer gültigen Ein- oder Ausfuhrgenehmigung.

GESETZLICHE FEIERTAGE

6. Mai '96 Märtyrertag. **18. Mai** Islamisches Neujahr. **27. Mai** Ashoura. **27. Juli** Maulid an-Nabi (Geburtstag des Propheten). **15. Aug.** Mariä Himmelfahrt. **1. Nov.** Allerheiligen. **22. Nov.** Unabhängigkeitstag. **25. Dez.** Weihnachten. **1. Jan. '97** Neujahr. **10. Jan.** Beginn des Ramadan. **9. Febr.** Fest des Hl. Maron. **11. Febr.** Eid al-Fitr (Ende des Ramadan). **28.-31. März** Ostern. **15. April** Griechisch-orthodoxer Ostermontag. **19. April** Eid al-Adha (Opferfest). **6. Mai** Märtyrertag. **7. Mai** Islamisches Neujahr. **8. Mai** Christi Himmelfahrt. **16. Mai** Ashoura.
Anmerkung: Die angegebenen Daten für islamische Feiertage sind nach dem Mondjahr berechnet und verschieben sich daher von Jahr zu Jahr. Während des Fastenmonats Ramadan, der dem Festtag Eid al-Fitr vorangeht, essen Mohammedaner nicht tagsüber, sondern erst nach Sonnenuntergang, wodurch der normale Geschäftsablauf gestört werden kann. Diese Unterbrechungen können auch während des Eid al-Fitr auftreten. Dieses Fest hat ebenso wie Eid al-Adha keine festgelegte Zeitdauer und kann je nach Region 2-10 Tage dauern. Nähere Informationen im Kapitel *Welt des Islam* (s. Inhaltsverzeichnis).

GESUNDHEIT

In der folgenden Tabelle aufgeführte Impfvorschriften können sich kurzfristig ändern. Es wird stets empfohlen, auf Ihrem CRS-System (TIMATIC-Info-Code-Fenster in diesem Kapitel) den aktuellen Stand der Gesundheitsbestimmungen abzurufen bzw. rechtzeitig vor der Reise ärztlichen Rat einzuholen.

	Vorsichtsmaßnahmen empfohlen	Impfschein erforderlich
Gelbfieber	Nein	1
Cholera	Nein	-
Typhus & Polio	Ja	-
Malaria	Nein	-
Essen & Trinken	2	-

[1]: Eine Impfbescheinigung gegen Gelbfieber wird von allen Reisenden verlangt, die aus Infektionsgebieten kommen.
[2]: Leitungswasser ist normalerweise gechlort und relativ sauber, es können jedoch u. U. leichte Magenverstimmungen auftreten. Für die ersten Wochen des Aufenthalts wird daher abgefülltes Wasser empfohlen, das überall erhältlich ist. Das Trinkwasser außerhalb der großen Städte kann Risiken in sich bergen und sollte daher abgekocht oder anderweitig sterilisiert werden. Milch ist pasteurisiert, und Milchprodukte, Fleisch, Geflügel, Meeresfrüchte, Obst und Gemüse sind unbedenklich.
Tollwut kommt vor. Wer ein erhöhtes Risiko eingeht (z. B. längerer Aufenthalt in abgelegenen Gebieten), sollte vor Reiseantritt eine Schutzimpfung erwägen. Bei Bißwunden so schnell wie möglich ärztliche Hilfe in Anspruch nehmen. Weitere Informationen im Kapitel *Gesundheit* (s. Inhaltsverzeichnis).
Hepatitis A und *E* kommen vor.
Gesundheitsvorsorge: Der Abschluß einer Reisekrankenversicherung wird dringend empfohlen.

REISEVERKEHR - International

FLUGZEUG: Libanons nationale Fluggesellschaft heißt *Middle East Airlines* (MEA). Insgesamt fliegen ca. 30 internationale Fluggesellschaften Beirut inzwischen wieder an.
Durchschnittliche Flugzeiten: *London – Beirut:* 4 Std. 35; *Frankfurt – Beirut:* 3 Std. 45; *Wien – Beirut:* 3 Std. 20; *Zürich – Beirut:* 3 Std. 40.
Internationaler Flughafen: *Beirut International* (BEY) (Khaldeh) liegt 16 km südlich der Stadt. Am Flughafen gibt es einen Duty-free-Shop, Bars und Restaurants. Taxis fahren zur Stadt. Das Postamt ist nur Nichtreisenden zugänglich.
Flughafengebühren: Normalerweise im Reiseticket enthalten.
SCHIFF: Die größten internationalen Häfen sind Beirut, Tripoli und Jounieh. Kein libanesischer Hafen wird bisher von Kreuzfahrtschiffen angelaufen, dies soll sich jedoch innerhalb von 1996 ändern.
BAHN: Gegenwärtig kein Personenverkehr.
BUS/PKW: Die besten internationalen Verbindungen führen entlang der Küste von Norden nach Süden durch das Land und von Beirut nach Damaskus (Syrien). Von Europa verkehren auch Fernbusse in den Libanon. *Oft-Reisen* bietet eine kombinierte Busrundreise durch Syrien und den Libanon an. Anschrift: Siemensstraße 6, D-71254 Ditzingen. Tel: (07156) 16 11-0. Telefax: (07156) 16 11-50.

REISEVERKEHR - National

SCHIFF: An der Küste zwischen den Hafenstädten verkehren Fährschiffe. Weitere Informationen von der Botschaft.
BUS/PKW: Es wird rechts gefahren. Gute Bremsen, Hupen und Reaktionsschnelligkeit sind wichtig im Straßenverkehr. **Bus:** Die privaten Intercity-Busse sind preiswert und zuverlässig. **Taxi:** Preise sollten generell vor Fahrantritt vereinbart werden. Sammeltaxis, die mit weiteren Fahrgästen geteilt werden, gibt es in Beirut und ganz Libanon. Sie bieten auch Fahrten nach Syrien und Jordanien an. **Mietwagen** sind erhältlich. **Unterlagen:** Grüne Versicherungskarte ist erforderlich. Internationaler Führerschein wird empfohlen, ist aber nicht vorgeschrieben.
STADTVERKEHR: Der öffentliche Busverkehr entwickelt sich erst langsam wieder, Sammeltaxis sind momentan die einzigen öffentlichen Verkehrsmittel in Beirut.

COLUMBUS REISEFÜHRER 1996/97

Der Libanon...
das Tor zum Nahen Osten

Auf der relativ kleinen Fläche des Libanons bietet sich dem Besucher eine unvergleichlich abwechslungsreiche Landschaft, wie sie weltweit kaum noch einmal zu finden ist. Am östlichen Zipfel des Mittelmeeres gelegen teilt es seine Landesgrenzen mit Syrien und Palästina. Das fruchtbare Beka'a Tal wird von den Bergketten Libanon und Anti-Libanon eingerahmt. Die berühmten Zedern wachsen bis in die Höhenlagen der teilweise schneebedeckten Gipfel, trotz des gleißenden Sonnenscheins in niederen Lagen. Es entspricht also durchaus der Wahrheit, wenn Libanesen sagen, daß man in diesem Land am Morgen skifahren und am Nachmittag baden kann... falls Sie sich von den herrlichen und langen Mittagsmahlzeiten losreißen können!

Die Gastronomie ist hervorragend, ebenso wie die Auswahl: alle erdenklichen Küchen von der skandinavischen bis hin zur philippinischen sind in der Hauptstadt Beirut vertreten. Lassen Sie ein erstklassiges Abendessen mit dem ausgezeichneten einheimischen Obst ausklingen: Melonen, Clementinen, Weintrauben oder Feigen!
Auch die Geschichte ist reichhaltig. Phönizische, ägyptische und byzantinische Einflüsse machen den Reiz von Byblos aus, der vermutlich ältesten Stadt der Welt. Einer der besterhaltenen römischen Tempel der Welt wartet in Baalbek auf Sie. Besuchen Sie die Ruinen der antiken Stadt Tyrus mit dem einzigartigen Hippodrom oder die Burg von Sidon, die teilweise aus römischen Überresten erbaut wurde!

Der Libanon war schon zu Frühzeiten als Handelszentrum und glitzernde Metropole des Nahen Ostens bekannt. Falls Sie auf der Suche nach einem aufregenden Nachtleben sind – der Libanon enttäuscht Sie auch hier nicht. Nachtklubs, Orchester, Varieté-Shows, Kinos, Bars, Theater und Kabarett finden Sie an Beiruts Hafenpromenade. Und am Morgen danach können Sie sich an einem der zahlreichen Strände entspannen.

**Ministry of Tourism der Libanesischen Republik,
PO Box 11-5344,
Central Bank Street,
Beirut, Libanon.
Tel: (1) 34 09 40.
Fax: (1) 34 32 79.
Telex: 20898 LE.**

Oder wählen Sie zwischen den unendlichen Einkaufsmöglichkeiten. Die traditionellen Souks sind landesweit verbreitet und bieten eine Fülle von handgearbeiteten Waren zu günstigen Preisen: Keramiken, Messing- und Kupferartikel, Glas, Seide, Wolle, Leinen, Gold- und Silbergegenstände, um nur einiges zu nennen.
Der Libanon erwacht erneut als *der* Urlaubsort im Nahen Osten. Warum entdecken Sie ihn nicht selbst?

Libanon

▲ Sidon: Wasserburg

UNTERKUNFT

Auf alle Übernachtungspreise wird Bedienungsgeld aufgeschlagen.
HOTELS: Besucher finden zu jeder Jahres- und Reisezeit angemessene Unterkünfte für jeden Geschmack und Geldbeutel. Es gibt Hotels aller Preisklassen in Beirut und anderen größeren Städten. Buchungen sollten durch ein auf den Libanon spezialisiertes Reisebüro vorgenommen und vor Abreise bestätigt werden. Es gibt keine saisonbedingten Preisunterschiede, aber durch die weiterhin unbeständige Situation sind die Zimmerpreise starken Schwankungen ausgesetzt. **Kategorien:** 1-4 Sterne mit Staffelung in A- und B-Qualität in jeder Klasse.
PENSIONEN mit angemessenen Preisen befinden sich in vielen Küstendörfern; in größeren Städten findet man auch Jugendherbergen.
FERIENHÄUSER UND -WOHNUNGEN können möbliert oder unmöbliert gemietet werden.
CAMPING: Das *Youth Centre* (eine Abteilung des nationalen Fremdenverkehrsamtes) erteilt Informationen über Campingplätze, preiswerte Unterkünfte, Jugendherbergen und Camps, in denen man mitarbeiten kann.

URLAUBSORTE & AUSFLÜGE

Beirut, einst als »Paris des Ostens« bekannt, befindet sich nach umfangreichen Zerstörungen aus 15 Kriegsjahren in einer faszinierenden Wiederaufbauphase. Die entstehende ultramoderne Stadt soll möglichst viele architektonische Zeugen aus der Zeit von 1875-1975 beinhalten, die den Charme des alten Beiruts widerspiegeln. Der eindrucksvolle Zusammenklang von Meer und Gebirgen verlieh der Stadt eine unvergleichliche Schönheit. Beirut ist der ideale Ausgangspunkt für Ausflüge – keine landschaftliche oder archäologische Sehenswürdigkeit ist weiter als drei Fahrstunden entfernt.
Tripoli ist die zweitgrößte Stadt des Landes. Die lange Geschichte und zahlreichen Beispiele der mamelukischen Architektur machen ihren Charme aus, der ganz besonders in quirligen Basar zum Ausdruck kommt. Ein Ausflug nach **Bscharré**, der Geburtsort von Gibran Khalil Gibran (der Prophet), führt durch eine eindrucksvolle Landschaft. Oberhalb der Stadt, in fast 2000 m Höhe, wachsen die berühmten libanesischen Zedern.
Die *Wasserburg* in **Sidon** im Süden des Landes wurde auf römischen Fundamenten erbaut. In der Stadt findet man Märkte mit reichhaltigem Angebot. In **Tyrus** sind die umfangreichen Überreste der alten Stadt sehr beeindruckend. Die UNESCO hat die Stadt auch in die Liste des Kulturerbes der Menschheit aufgenommen. Das gut erhaltene *Hippodrom* gehört zu den größten der Antike.
Byblos soll die älteste Stadt der Welt sein. Die phönizischen, ägyptischen und byzantinischen Einflüsse sind deutlich erkennbar. Im Hafen verkehren Fischkutter ebenso wie Vergnügungsboote.
In **Beiteddine**, südöstlich von Beirut, in den Chouf-Bergen, ließ Emir Bashir in der ersten Hälfte des 19. Jahrhunderts einen Palast erbauen. Der Palast gilt als eine »Perle neuerer orientalischer Architektur«, der Hof und die Prunksäle sind besonders sehenswert.

In **Baalbek** befindet sich eine der besterhaltenen Tempelanlagen der Römerzeit. Inmitten des umfangreichen Tempelkomplexes ragen die Säulen des *Jupiter-Tempels* in den Himmel. Der imposante *Bacchus-Tempel* ist fast vollständig erhalten.

SOZIALPROFIL

ESSEN & TRINKEN: In Beirut bieten Restaurants internationale Küche für jeden Geschmack an. Selbstverständlich gibt es überall gute arabische Küchen. Eine libanesische Spezialität ist *Kibbe*, Lamm- oder Rindfleischpaste mit Weizen, roh oder auf Blechen gebacken bzw. als gebratene Bällchen. Empfehlenswert ist auch die traditionelle libanesische *Mezze*, bis zu 40 kleine Vorspeisen, die mit *Arrak* (Anisschnaps) serviert werden. Die Hauptgerichte bestehen meist aus den libanesischen Hauptnahrungsmitteln Gemüse, Reis und Hammel. *Lahme mishwi* (Hammelragout mit Zwiebeln, Paprika und Tomaten) ist sehr beliebt. Andere typische Gerichte sind *Tabbouleh* (Salat mit Weizen und viel Petersilie), *Hommos* (Kichererbsenpüree mit Sesampaste) und *Mtabbal* (gegrilltes Auberginenmus). Libanesische Feinschmecker lieben auch Gebäck, dessen Teig regional unterschiedlich mit Nüssen, Sahne oder Sirup verfeinert wird. Jede Mahlzeit wird mit Obst abgeschlossen, wie z. B. Melonen, Äpfeln, Orangen, Persimonen, Mandarinen, Kaktusfrüchten, Weintrauben und Feigen. In den Restaurants wird normalerweise am Tisch bedient.
Getränke: Bars bieten Tisch- und/oder Tresenbedienung. Alkohol ist nicht verboten. Libanesischer Wein hat sich auch international einen Namen gemacht.
NACHTLEBEN: Es gibt einige Nacht- und Musikklubs in den Urlaubsorten in den Bergen und in Beirut (viele der ehemals berühmten Etablissements sind heute geschlossen). Das Unterhaltungsangebot reicht von Solo-Gitarristen über Orchester bis hin zu Live-Shows. Viele Kinos zeigen die neusten Filme aus aller Welt. Das *Casino du Liban* in Maameltein an der Bucht von Jounieh, das vor dem Krieg wegen seiner luxuriösen Spielhallen, Restaurants und großartigen Revuen international bekannt war, wird voraussichtlich im Laufe von 1996 wiedereröffnet werden.
EINKAUFSTIPS: Auf den traditionellen *Souks* oder Märkten kann man überall im Land wertvolle und dekorative Handarbeiten sehr günstig erstehen. Besonders beliebte Mitbringsel sind traditionelle Töpfer- und Glaswaren, Bestecke aus gehärtetem Stahl oder Messing- und Kupferartikel (Schüsseln, Kannen, Aschenbecher, Schwerter und Türbeschläge), die mit handgearbeiteten Gravuren versehen sind. Bei den Antiquitäten sind besonders beliebt Holzartikel mit Perlmutt-Einlegearbeit gefragt, sie sind allerdings teuer. Ebenso begehrte Souvenirs sind Leinen-, Seiden- und Wollkaftans, *Abbayas* (bestickte, langärmelige Übergewänder), handgearbeitete Gold- und Silberwaren und Tischdecken. Auch die neuesten westlichen Artikel werden verkauft.
SPORT: Wassersport: Die Mittelmeerküste bietet während des ganzen Jahres gute **Schwimm-, Tauch-, Wasserski-** und **Segelmöglichkeiten**. Viele Strände sind gut ausgestattet; die meisten bieten zusätzlich Süßwasser-Swimmingpools (vorübergehende Mitgliedschaft möglich). Zum **Angeln** an der Küste sind auch Boote zu mieten; einheimische Angler ziehen das **Hochseeangeln** vor. Die **Skiurlaubsorte** in den Bergen bieten ausgezeichnete Unterkünfte und Wintersportanlagen in den Lebanon Cedars, Farayam, Laklouk und Karrat Bakish. Skisaison: Dezember - April. **Golf:** Interessierte Besucher können auch vorübergehend Mitglied im Golfklub des Libanon werden und den 9-Loch-Golfplatz (Par 72) benutzen (weitere Einzelheiten im Hotel oder der Touristenpolizei). In den größeren Städten und Urlaubsorten gibt es zahlreiche **Tennisplätze. Reiten:** Libanons Reiterverband hat sechs Reitklubs, in denen ausgezeichnete Araberpferde zur Verfügung stehen. **Publikumssport:** Viele **Fußballklubs** tragen das ganze Jahr über Spiele aus. Auf den kleinen Sportplätzen spielt man ebenso begeistert wie bei wichtigen Spielen im großen Stadion *Cité Sportive*.
SITTEN & GEBRÄUCHE: Die unter *Religion* schon erwähnte Vielfalt der religiösen Gemeinschaften mit ihren zahlreichen, teilweise ungewohnten Traditionen, verlangt von Besuchern Offenheit und Respekt gegenüber den Sitten und Gebräuchen der Einheimischen. Besonders bei einer Einladung zum Essen sollte ein kleines Geschenk mitgebracht werden. Freizeitkleidung ist tagsüber angebracht. In den größeren Städten ist die Kleidung meistens etwas formeller. In guten Hotels und Restaurants wird Abendgarderobe erwartet. **Trinkgeld:** Bedienungsgeld ist normalerweise in den Hotel- und Restaurantrechnungen enthalten, jedoch ist es üblich ein zusätzliches Trinkgeld von bis zu 10% zu geben. Taxifahrer erwarten kein Trinkgeld.

WIRTSCHAFTSPROFIL

WIRTSCHAFT: Vor dem Ausbruch des Krieges Mitte der siebziger Jahre war Beirut das wichtigste Finanz- und Wirtschaftszentrum Vorderasiens. Heute kann die Wirtschaft nur mit Hilfe beträchtlicher ausländischer Finanzhilfen überleben. Das Bank- und Finanzwesen hat sich in den langen Jahren des Krieges insgesamt erstaunlich gut gehalten. Der einst so lukrative Transithandel kam jedoch durch die andauernden Kämpfe nahezu völlig zum Erliegen. Etwa 8% der Erwerbstätigen sind in der Landwirtschaft beschäftigt (1992), angebaut werden hauptsächlich Zitrusfrüchte, Oliven und Getreide. Vor allem in den Gebirgsregionen wird Viehzucht betrieben. In begrenztem Umfang werden Juwelen, Textilien, Metallprodukte und Maschinen, elektrische Geräte, pharmazeutische Produkte und Nahrungsmittel ausgeführt. Hauptabsatzgebiete (1992) sind 89% arabische Länder, vor allem Saudi-Arabien und die Vereinigten Arabischen Emirate sowie Schweiz und Italien. Seit Beendigung des Krieges verzeichnete die Wirtschaft beträchtliche Zuwachsraten, 1992 stieg das Bruttoinlandprodukt um 37% und das libanesische Pfund gewann 10% seines Wertes zurück. Im März 1993 gewährte die Weltbank 175 Mio. US$ zur Rekonstruktion der libanesischen Infrastruktur.
GESCHÄFTSVERKEHR: Viele Geschäftsleute sprechen Englisch und/oder Französisch. **Geschäftszeiten:** In der Regel Mo-Fr 08.30-17.00 Uhr, Sa 08.00-15.00 Uhr. **Kontaktadressen:** *Le Conseiller Commercial auprès de l'Ambassade d'Autriche* (Außenhandelsstelle der Wirtschaftskammer Österreich), BP 11-420, Beirut. Tel: (01) 135 42 38, 135 42 14. Telefax: (01) 160 22 20. *Beirut Chamber of Commerce and Industry* (Industrie- und Handelskammer), PO Box 11-1801, Sanayeh, Beirut. Tel: (01) 34 95 30. Telefax: (01) 86 58 02.

KLIMA

Mittelmeerklima. Die Sommer sind heiß, an der Küste eher feucht und in Höhenlagen allgemein trocken. Tagestemperatur ca. 30°C. Die Winter sind kühl und regnerisch, Tagestemperatur ca. 15°C. In den Bergen erreicht die Temperatur im Sommer im Schnitt 26°C, die Nächte sind jedoch kühler. Im Winter wird es in den Bergen kalt; ab 1300 m Höhe fällt Schnee, manchmal auch schon ab 700 m.
Kleidung: Während der wärmeren Monate leichte Baumwoll- und Leinenkleidung. Im Winter benötigt man wärmere Kleidung und Regenschutz. Für die Berge wird warme Kleidung empfohlen.

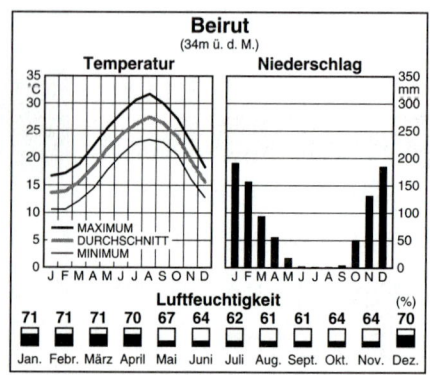

Liberia

☐ Internationaler Flughafen

Lage: Westafrika.

Anmerkung: Bei Redaktionsschluß befand sich Liberia im politischen Umbruch, die folgenden allgemeinen Angaben und Auskünfte sollten unter diesem Vorbehalt gesehen werden. Es bleibt zu hoffen, daß sich die Lage in dem vom Bürgerkrieg zerrütteten Land in naher Zukunft normalisiert. Die diplomatischen Vertretungen in Monrovia sind z. Zt. geschlossen. Die liberianischen Botschaften und Konsulate erteilen weiterhin Visa. Reisen zu touristischen Zwecken sind jedoch derzeit nicht zu empfehlen.

Botschaft der Republik Liberia
Mainzer Straße 259
D-53179 Bonn
Tel: (0228) 34 08 22. Telefax: (0228) 34 08 22.
Konsularabt.: Mo, Mi, Fr 10.00-14.00 Uhr, *Botschaft:*
Mo-Fr 09.00-16.00 Uhr.
(auch zuständig für Österreich)
Generalkonsulat ohne Visumerteilung in Frankfurt/M.
Honorarkonsulate ohne Visumerteilung in Berlin, Bremen, Düsseldorf, Freiburg i. Br. und München.
Honorarkonsulat der Republik Liberia (mit Visumerteilung)
Reisnerstraße 20
A-1030 Wien
Tel: (0222) 713 65 58-13. Telefax: (0222) 713 65 58-10.
Mo-Fr 08.00-12.00 Uhr.
Generalkonsulat der Republik Liberia
Limmatquai 3
CH-8001 Zürich
Tel: (01) 251 29 46. Telefax: (01) 252 41 56.
Mo-Fr 09.30-11.45 und 14.15-16.00 Uhr.
Botschaft der Bundesrepublik Deutschland
Oldest Congotown
PO Box 10-0034
1000 Monrovia 10
Tel: 26 14 60. Telefax: 22 62 19.
Zur Zeit geschlossen, zuständig ist die Botschaft in Abidjan

TIMATIC INFO-CODES

Abrufbar über Ihr CRS-System (für START/Amadeus Ama-Maske benutzen). Für Galileo bitte TI-DFT eingeben (mit Bindestrich).

Flughafengebühren	TI DFT/ MLW /TX
Währung	TI DFT/ MLW /CY
Zollbestimmungen	TI DFT/ MLW /CS
Gesundheit	TI DFT/ MLW /HE
Reisepassbestimmungen	TI DFT/ MLW /PA
Visabestimmungen	TI DFT/ MLW /VI

(s. Côte d'Ivoire).
Das Generalkonsulat der Republik Österreich in Monrovia ist zur Zeit nicht besetzt. Zuständig ist die Botschaft in Abidjan
(s. Côte d'Ivoire).
Botschaft der Schweizerischen Eidgenossenschaft
Old Congo Road 245
PO Box 10-0283
1000 Monrovia 10
Tel: 26 10 65. Telex: 44559.
Zur Zeit geschlossen, zuständig ist die Botschaft in Accra
(s. Ghana).

FLÄCHE: 110.058 qkm.
BEVÖLKERUNGSZAHL: 2.845.000 (1993).
BEVÖLKERUNGSDICHTE: 26 pro qkm.
HAUPTSTADT: Monrovia. **Einwohner:** 800.000 (Schätzung 1993, Großraum).
GEOGRAPHIE: Liberia grenzt im Norden an die Republik Guinea, im Osten an die Côte d'Ivoire und im Nordwesten an Sierra Leone. Die Atlantikküste im Südwesten ist 560 km lang und besteht zu über 50% aus Sandstränden. Parallel zur Küste erstrecken sich drei unterschiedliche Landschaftsgebiete. Die Küste wird durch die flachen Lagunen, zahlreichen Buchten und Mangrovensümpfe bewässert. Dahinter steigt das Land allmählich zu einem mit dichtem Urwald bedeckten Plateau an (500-800 m). Das Landesinnere ist sehr gebirgig, Mount Nimba (1752 m) und Mount Waulo (1400 m) sind die höchsten Erhebungen. Etwa 50% der Bevölkerung leben in den ländlichen Regionen.
STAATSFORM: Präsidialrepublik seit 1847. Bürgerkrieg seit 1989, das Zweikammerparlament wurde Mitte 1990 aufgelöst. Unterzeichnung eines Friedensabkommens im Dezember 1994. Im Januar 1995 wurde das Abkommen zur Beendigung des Bürgerkrieges unterzeichnet. Seit Dezember desselben Jahres gibt es einen sechsköpfigen Staatsrat. Staats- und Regierungschef: Vorsitzender des Staatsrats Wilton Sankawulo, seit September 1995.
SPRACHE: Amtssprache ist Englisch. Afrikanische Stammessprachen wie Golla, Kpelle, Mande und Kru werden ebenfalls gesprochen.
RELIGION: Christentum (68%), Moslems (18%) und Naturreligionen.
ORTSZEIT: MEZ - 1.
NETZSPANNUNG: 110 V, 60 Hz.
POST- UND FERNMELDEWESEN: Telefon: Selbstwählferndienst zu den Städten. **Landesvorwahl:** 231. Internes Telefonnetz z. Zt. nur in Monrovia, Erweiterung geplant. **Telex/Telegramme:** Man kann Telexe und Telegramme über Dakar nach Europa und in die USA, jedoch nicht ins restliche Westafrika senden. **Post:** Luftpost nach Europa ist 5-12 Tage unterwegs.
DEUTSCHE WELLE
Der Einsatz der Kurzwellenfrequenzen ändert sich mehrfach im Laufe eines Jahres, und Sendungen auf den folgenden Frequenzen werden jeweils nur zu bestimmten Tageszeiten ausgestrahlt. Näheres in der Einleitung.

MHz	17,860	15,135	11,795	9,545	7,185
Meterband	16	19	25	31	41

REISEPASS/VISUM

Wichtiger Hinweis: Die Einreisebestimmungen mancher Länder können sich kurzfristig ändern – rufen Sie sicherheitshalber auf Ihrem CRS-System (TIMATIC-Info-Code-Fenster in diesem Kapitel) den aktuellen Stand ab bzw. wenden Sie sich an die zuständige diplomatische Vertretung. Etwaige Zahlen in der Tabelle beziehen sich auf nachfolgende Fußnoten.

	Paß erforderlich?	Visum erforderlich?	Rückflugticket erforderlich?
Deutschland	Ja	Ja	Ja
Österreich	Ja	Ja	Ja
Schweiz	Ja	Ja	Ja
Andere EU-Länder	Ja	Ja	Ja

Anmerkung: Die folgenden Bestimmungen galten vor Ausbruch des Bürgerkrieges. Im Moment ist die Einreise auf Einzelpersonen beschränkt, die über Côte d'Ivoire oder Sierra Leone einreisen.
REISEPASS: Allgemein zur Einreise erforderlich.
VISUM: Allgemein erforderlich, ausgenommen sind Staatsangehörige von Benin, Burkina Faso, Côte d'Ivoire, Gambia, Ghana, Guinea (Republik), Guinea-Bissau, Kap Verde, Korea-Süd, Mali, Mauretanien, Niger, Nigeria, Senegal, Sierra Leone und Togo.
Visaarten: Touristen-, Geschäfts- und Transitvisa.
Visagebühren: 75 DM, 600 öS, 41 sfr.
Gültigkeitsdauer: Unterschiedlich, die Reise muß innerhalb von 60 Tagen nach der Ausstellung des Visums angetreten werden. Wer einen längeren Aufenthalt plant, sollte sich innerhalb von 48 Std. nach der Einreise mit zwei Paßfotos beim *Immigration Office,* Broad Street, Monrovia melden. Für die Ausreise nach einem Aufenthalt von mehr als 15 Tagen wird eine Ausreisegenehmigung benötigt.
Antragstellung: Konsulat in Wien oder Zürich bzw. Konsularabteilung der Botschaft in Bonn (Adressen s. o.).
Unterlagen: (a) Antragsformular mit Durchschlag. (b) 2 Paßfotos. (c) Noch mindestens 6 Monate gültiger Reisepaß. (d) Rück- oder Weiterreiseticket. (e) Bescheinigung über Schutzimpfung gegen Gelbfieber. (f) Bei Geschäftsreisen sollte zusätzlich ein Firmenschreiben über Zweck und Dauer der Reise beigelegt werden mit einer Bestätigung, daß die Aufenthaltskosten von der Firma getragen werden.
Für die Durchreise wird ein Transitvisum benötigt (mit Ausnahme von Flugreisenden im Transit, die den Flugplatz nicht verlassen und innerhalb von 48 Std. mit demselben oder dem nächsten Anschlußflugzeug weiterreisen); der Reisende muß im Besitz einer Flugbuchung zur Weiterreise sein. Transitreisende sind vom Gelbfieber-Impfzwang ausgenommen.
Bei postalischer Antragstellung sollten ein frankierter und adressierter Umschlag und der Zahlungsbeleg über die Visumgebühren beigefügt werden.
Bearbeitungszeit: 24 Std.
Aufenthaltsgenehmigung: Anträge sind vor der Einreise an das Außenministerium in Monrovia zu richten.

GELD

Währung: 1 Liberianischer Dollar (L$) = 100 Cents. Die Währung ist an den US-Dollar gebunden (1 L$ = 1 US$), und die folgenden US$-Banknoten sind als gesetzliche Zahlungsmittel in Umlauf: 100, 50, 20, 10, 5 und 1 US$. Es gibt Banknoten im Wert von 10 und 5 L$. Münzen sind im Wert von 1 L$ sowie 50, 25, 10, 5 und 1 Cent in Umlauf.
Kreditkarten: *Diners Club* und *Eurocard* werden teilweise akzeptiert. Einzelheiten vom Aussteller der betreffenden Kreditkarte.
Reiseschecks: Die Mitnahme von Reiseschecks in US-Dollar wird empfohlen.
Wechselkurse

	L$ Sept. '92	L$ Febr. '94	L$ Jan. '95	L$ Jan. '96
1 DM	0,67	0,57	0,65	0,69
1 US$	1	1	1	1

Devisenbestimmungen: Es gibt keine Ein- und Ausfuhrbeschränkungen. Es besteht jedoch Deklarationspflicht. Die Ausfuhr ist auf den bei der Einreise deklarierten Betrag beschränkt.
Öffnungszeiten der Banken: Mo-Do 09.00-12.00 Uhr, Fr 08.00-14.00 Uhr. Die *Bank of Monrovia* (Tubman Boulevard, Sinkor) hat auch Sa 08.00-11.00 Uhr geöffnet.

DUTY FREE

Folgende Artikel können zollfrei nach Liberia eingeführt werden:
200 Zigaretten oder 25 Zigarren oder 250 g Tabakwaren;
1 l alkoholische Getränke;
100 g Parfüm;
Artikel bis zu einem Wert von 125 US$.

GESETZLICHE FEIERTAGE

14. Mai '96 Tag der nationalen Einheit. **26. Juli** Unabhängigkeitstag. **24. Aug.** Tag der Nationalflagge. **6. Nov.** Erntedankfest. **12. Nov.** Nationaler Gedenktag. **29. Nov.** Präsident Tubmans Geburtstag. **25. Dez.** Weihnachten. **1. Jan. '97** Neujahr. **11. Febr.** Tag der Streitkräfte. **12. März** Tag der Auszeichnung. **15. März** J. J. Roberts Geburtstag. **28. März** Karfreitag. **11. April** Gebets- und Fastentag. **12. April** Nationaler Erlösungstag (Jahrestag des Putsches von 1980). **14. Mai** Tag der nationalen Einheit.

GESUNDHEIT

In der folgenden Tabelle aufgeführte Impfvorschriften können sich kurzfristig ändern. Es wird stets empfohlen, auf Ihrem CRS-System (TIMATIC-Info-Code-Fenster in diesem Kapitel) den aktuellen Stand der Gesundheitsbestimmungen abzurufen bzw. rechtzeitig vor der Reise ärztlichen Rat einzuholen.

	Vorsichtsmaßnahmen empfohlen	Impfschein erforderlich
Gelbfieber	Ja	1
Cholera	Ja	2
Typhus & Polio	Ja/3	-
Malaria	4	-
Essen & Trinken	5	

[1]: Eine Impfbescheinigung gegen Gelbfieber wird von allen Reisenden verlangt, die über ein Jahr alt sind. Es ist zu beachten, daß die Impfbescheinigung bei der Visumbeantragung vorgelegt werden muß.
[2]: Eine Impfbescheinigung gegen Cholera ist keine Einreisebedingung, das Risiko einer Infektion besteht jedoch. Da die Wirksamkeit der Schutzimpfung umstritten ist, empfiehlt es sich, rechtzeitig vor Antritt der Reise ärztlichen Rat einzuholen. Näheres unter *Gesundheit* (s. Inhaltsverzeichnis).
[3]: Typhus kommt vor, Poliomyelitis ist endemisch.
[4]: Malariarisiko besteht ganzjährig in allen Landesteilen; vorherrschend ist die gefährlichere Form *Plasmodium falciparum.* Chloroquin- und Sulfadoxin/Pyrimethamin-Resistenz wurde gemeldet.
[5]: Wasser sollte generell vor der Benutzung zum Trinken, Zähneputzen und zur Eiswürfelbereitung entweder

Liberia

abgekocht oder anderweitig sterilisiert werden. Milch ist nicht pasteurisiert und sollte abgekocht werden. Dosen- und Trockenmilch nur mit keimfreiem Wasser anrühren. Milchprodukte aus ungekochter Milch sollten vermieden werden. Fleisch- und Fischgerichte nur gut durchgekocht und heiß serviert essen. Der Genuß von Schweinefleisch, rohen Salaten und Mayonnaise sollte vermieden werden. Gemüse sollte gekocht und Obst geschält werden. *Tollwut* kommt vor. Wer ein erhöhtes Risiko eingeht (z. B. längerer Aufenthalt in abgelegenen Gebieten), sollte vor Reiseantritt eine Schutzimpfung erwägen. Bei Bißwunden so schnell wie möglich ärztliche Hilfe in Anspruch nehmen. Weitere Informationen im Kapitel *Gesundheit* (s. Inhaltsverzeichnis).
Bilharziose-Erreger kommen in manchen Teichen und Flüssen vor, das Schwimmen und Waten in Binnengewässern sollte daher vermieden werden. Gut gepflegte Schwimmbecken mit gechlortem Wasser sind unbedenklich.
Hepatitis A, B und *E* kommen vor.
Meningokokken-Meningitis wurde ebenfalls verzeichnet.
Gesundheitsvorsorge: In den Apotheken sind europäische und amerikanische Arzneimittel erhältlich. Gute Ärzte (nur Privatpatienten), Kliniken und Krankenhäuser sind ebenfalls vorhanden. Der Abschluß einer Reisekrankenversicherung wird dringend empfohlen.

REISEVERKEHR - International

Anmerkung: Aufgrund der Bürgerkriegslage waren bei Redaktionsschluß Flüge internationaler Fluggesellschaften nach Monrovia nicht möglich, der internationale Flughafen in Monrovia ist zerstört. Es gibt vereinzelt die Möglichkeit, in Kleinflugzeugen über Abidjan (Côte d'Ivoire) einzureisen. Reisen nach Liberia zu touristischen Zwecken sind nicht zu empfehlen; die Angaben in dieser Rubrik beziehen sich z. T. auf die Zeit vor dem Bürgerkrieg.
FLUGZEUG: Liberias nationale Fluggesellschaft heißt *Air Liberia Inc. (NL)*. Monrovia wird in Friedenszeiten von *Ethiopian Airlines, Russian International Airlines* und *Zambia Airways* angeflogen.
SCHIFF: Frachtschiffe europäischer Reedereien mit Passagierkabinen laufen in unregelmäßigen Abständen die liberianischen Häfen Monrovia, Buchanan, Greenville, Harper und Robertsport an. Der Hafen von Monrovia wird gegenwärtig ausgebaut.
BUS/PKW: Mit dem Auto erreicht man Liberia am besten von Guinea, Sierra Leone und der Côte d'Ivoire aus, die Straßen sind jedoch während der Regenzeit meist unbefahrbar. Die Straße im Nordosten nach Sierra Leone (über Kolahun und Kailahun) ist z. Zt. geschlossen.

REISEVERKEHR - National

FLUGZEUG: *Air Liberia (NL)* bietet Linienflüge zwischen Monrovia und den größeren Städten des Landes an. Es gibt über 60 Landepisten für Kleinflugzeuge.
SCHIFF: Die Küstenschiffe befördern manchmal Passagiere, sie verkehren allerdings nur unregelmäßig. Auf den vielen Flüssen des Landes werden kleine Boote als Verkehrs- und Transportmittel benutzt. **Kanu-Safaris:** Die *Liberian Forest Development Authority* bietet in Friedenszeiten in den Monaten Dezember bis März Kanuausflüge flußaufwärts an; Ausgangspunkt ist Greenville, ein kleiner Küstenhafen (200 km südöstlich von Monrovia).
BAHN: Drei Bahnlinien führen von der Küste ins Landesinnere. Sie werden überwiegend zum Transport von Kohle und Eisenerz aus den Bergwerken benutzt, aber die private *LAMCO*-Linie bietet eine tägliche Verbindung für Passagiere und Frachtgut von Buchanan nach Yekepa an (an der Grenze nach Côte d'Ivoire und Guinea).
BUS/PKW: Man muß u. U. mit langen Fahrzeiten im Verkehr auf den Küstenstraßen rechnen, da die Lagunen und Flußmündungen schwierig zu umfahren sind. Umleitungen und Verzögerungen sind häufig. Eine Straße verbindet Monrovia mit den östlichen und westlichen Landesteilen. Viele Straßen sind bisher nicht geteert, Autos sind ebenfalls noch selten. Die **Busverbindungen** zwischen den Städten sind nicht sehr gut. **Mietwagen** mit und ohne Chauffeur sind in Monrovia erhältlich. **Unterlagen:** Internationaler Führerschein wird empfohlen, ist aber nicht vorgeschrieben. Gegen Vorlage des eigenen Führerscheins wird eine befristete Fahrerlaubnis ausgestellt.
STADTVERKEHR: In Monrovia verkehren Minibusse.

UNTERKUNFT

HOTELS: In und außerhalb der Hauptstadt sind Unterkünfte teuer, und man sollte lange im voraus buchen. Es gibt klimatisierte Hotels, die internationalem Standard entsprechen, sowie einige preiswertere Hotels und Motels.
PENSIONEN: Es gibt mehrere Pensionen mit Kochgelegenheiten etwa 4 km vom Stadtzentrum entfernt. Die Preise sind gegenüber den Hotels um einiges billiger.
JUGENDHERBERGEN: Die Jugendherberge befindet sich an der Ecke von Broad Street und McDonald Street.
CAMPING: Es gibt keine offiziellen Campingplätze; Camping ist gestattet, jedoch ist Vorsicht geboten.

URLAUBSORTE & AUSFLÜGE

Die Hauptstadt **Monrovia** ist eine weitläufig angelegte Küstenstadt, die von Lagunen, Buchten und felsigen Landzungen durchzogen wird. Um die Gurley Street findet man mehrere Nachtklubs, Restaurants und Bars. In der Nähe der Stadt gibt es einige gute Sandstrände. Auf **Providence Island** kamen Anfang des 19. Jahrhunderts die ersten amerikanischen Siedler an. Ein Museum, in dem auch Beispiele einheimischer Kunst und regionalen Kunsthandwerks ausgestellt sind, erinnert an dieses Ereignis. 80 km von der Hauptstadt entfernt liegt der **Lake Piso** mit idealen Angel-, Schwimm- und Wassersportmöglichkeiten. Zur Abwechselung bietet sich auch ein Tagesausflug zur 50 km entfernten *Firestone-Gummiplantage* (einer der größten der Welt) an. Außerhalb der Hauptstadt gibt es weitere interessante Museen und Kulturzentren. Einige der schönsten Strände Liberias liegen in der Nähe von **Robertsport**.

SOZIALPROFIL

ESSEN & TRINKEN: Die Hotels, Motels und Restaurants in Liberia bieten eine gute Auswahl leckerer Gerichte der amerikanischen, europäischen, asiatischen und afrikanischen Küche. In den kleineren Städten im Norden und Osten des Landes sollten Besucher die ungewöhnlichen westafrikanischen Gerichte in den *Cookhouses* probieren, die traditionelle liberianische Gerichte mit Reis anbieten. **Getränke:** Einheimische Spirituosen kann man überall kaufen, einige Biersorten sind ausgezeichnet. Wein und andere importierte Getränke sind auch erhältlich.
NACHTLEBEN: In Monrovia wird Nachtleben großgeschrieben, wie die überfüllten Nachtklubs, Diskotheken und Bars zeigen, die bis in die frühen Morgenstunden hinein geöffnet haben. In der Nähe der Gurley Street ist am meisten los. Auf Providence Island gibt es einen Musikpavillon und ein Amphitheater, in denen traditionelle afrikanische Musik und Tänze aufgeführt werden.
EINKAUFSTIPS: In den Seitenstraßen der Hauptstadt gibt es zahlreiche Schneider, die aus bunten und bestickten Stoffen im handumdrehen Kleidungsstücke im afrikanischen oder europäischen Stil maßschneidern. Monrovia bietet vielfältige Einkaufsmöglichkeiten; elegante Boutiquen und Geschäfte, moderne, klimatisierte Supermärkte und traditionelle Läden. Beliebte Mitbringsel sind liberianische Kunstgewerbeartikel wie Ebenholz- und Mahagonischnitzereien, Gegenstände aus Stein, Specksteinschnitzereien (wie Fruchtbarkeitssymbole der Kissi), Metallschmuck, Statuetten, Strohpuppen der Loma und rituelle Masken. **Öffnungszeiten der Geschäfte:** Mo-Sa 08.00-18.00 Uhr (teilweise in der Mittagszeit geschlossen; samstags teilweise nur 08.00-13.00 Uhr).
SPORT: Schwimmen und **Bootfahren** kann man an der Küste. Die beliebtesten Strände sind Bernard's Beach, Elwa Beach, Kenema Beach, Kendaje Beach, Sugar Beach, Cedar Beach, Cooper's Beach und Caesar's Beach, die alle eine kleine Gebühr verlangen. Der Lake Piso ist ideal für Wassersportler. **Tauchen:** Die Tauchsaison ist von Dezember bis Mai, das Wasser ist dann am klarsten. **Angeln:** In den Flüssen Saint Paul und Mesurado sowie an der Küste und in der Nähe von Fischerdörfern am Lake Piso gibt es gute Fischgründe. **Tennis und Golf:** Es gibt mehrere Privatklubs. **Reiten:** In Monrovia gibt es einen Reitklub. **Fußball** ist der Nationalsport.
SITTEN & GEBRÄUCHE: In den islamischen Regionen des Landes sollten sich Besucher besonders taktvoll verhalten und die Sitten und Gebräuche respektieren. Kleidung darf i. allg. leger und praktisch sein, nur in Hotels und Restaurants der gehobenen Preisklasse erwartet man elegantere Garderobe. Die Lebenshaltungskosten sind sehr hoch. **Trinkgeld:** Taxifahrer erwarten kein Trinkgeld, ansonsten sind 50 Cents üblich.

WIRTSCHAFTSPROFIL

WIRTSCHAFT: Liberias Wirtschaft wurde mit Hilfe amerikanischer Investitionen aufgebaut und ist weitgehend in amerikanischer Hand. 69% der Bevölkerung sind in der Landwirtschaft tätig, die hauptsächlich das Grundnahrungsmittel Reis sowie Palmöl, Kaffee und Kakao für den Export produziert. Naturkautschuk und Eisenerz sind die Hauptexportgüter des Landes. Im Zuge des niedrigen Eisenerzbedarfs auf dem Weltmarkt aufgrund der zurückgehenden Stahlerzeugung ging der Anteil des Eisenerzexports an den Exporterlösen, der früher 75% betrug, auf 50% zurück. Die Bemühungen der Regierung um Diversifizierung der Wirtschaft haben Früchte getragen, einige Leichtindustrien, die Zement, Baumaterialien, Seife, Schuhe, Regenschirme und andere Verbrauchsgüter produzieren, haben sich angesiedelt. Liberias Haupthandelspartner sind Deutschland, die USA sowie andere EU-Staaten.
GESCHÄFTSVERKEHR: Zwanglose Kleidung auch für geschäftliche Termine, Safarianzug oder Hemd und Krawatte bzw. Sommerkleid reichen aus. Die Geschäftssprache ist Englisch. **Öffnungszeiten der Behörden:** Mo-Fr 08.00-12.00/13.00 und 13.00/14.00-16.00 Uhr. **Kontaktadresse:** *Liberia Chamber of Commerce*, PO Box 92, Monrovia. Tel: 22 37 38. Telex: 44211.

KLIMA

Heißes und tropisches Klima ganzjährig mit kaum spürbaren Temperaturunterschieden. Die Regenzeit ist von Mai bis Oktober. In der Küstenregion herrscht sehr trockenes Klima vor, verursacht durch den *Harmattan*-Wind, der von Oktober bis März weht.
Kleidung: Ganzjährig leichte Baumwoll- und Leinenkleidung. Regenschutz während der Regenzeit.

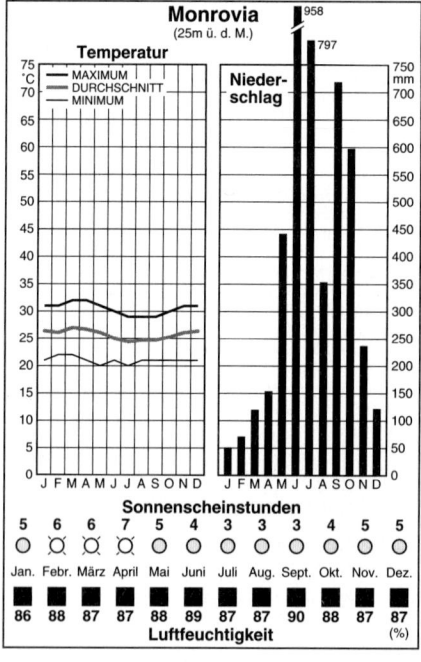

Eine weitere wichtige Veröffentlichung von Columbus Press ist der »World Travel Guide«, der jährlich herausgegeben wird und Informationen in englischer Sprache auf mehr als tausend Seiten über alle Länder der Erde enthält.

Weitere Einzelheiten von:
Columbus Press, Verkaufsabteilung, Aurikelweg 9, D-38108 Braunschweig.
Tel: 05309/2123. Telefax: 05309/2877.

Pass- und Visavorschriften mancher Länder können sich kurzfristig ändern – Im Zweifelsfall erkundigen Sie sich bitte vor der Abreise bei der zuständigen Botschaft

Libyen

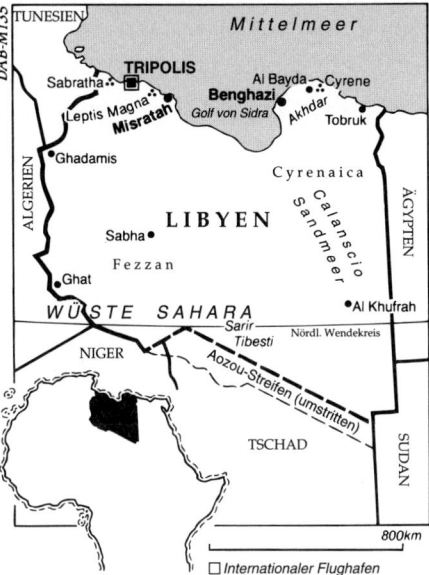

Lage: Nordafrika.

Anmerkung: Im April 1992 hat der UN-Sicherheitsrat als teil der Sanktionen ein Flugverbot erhoben, welches eine schnelle Evakuierung in Notfällen aus Libyen erschwert. Das Verbot schließt die Lieferung von Flugzeugen, Ersatzteilen und die technische Wartung von libyschen Flugzeugen und die dazugehörenden Dienstleistungen durch ausländische Firmen ein und beeinträchtigt möglicherweise die Sicherheit und Zuverlässigkeit der internen Flüge. In jüngster Zeit sind Gewalttätigkeiten gegen Ausländer und Touristen vorgekommen. Es ist daher ratsam Fotoapparate und Videokameras zu Hause zu lassen. Der Konsum und Besitz von Alkohol sowie offene Kritik am Land, dessen Regierung und der Religion werden mit hohen Strafen versehen.

Department of Tourism and Fairs
PO Box 891
Sharia Omar Mukhtar
Tripolis
Tel: (021) 3 22 55. Telex: 20179.
Volksbüro (Botschaft) der Sozialistischen Libysch-Arabischen Volks-Dschamhirija
Beethovenallee 12a
D-53173 Bonn
Tel: (0228) 82 00 90. Telefax: (0228) 36 42 60.
Konsularabt.: Mo und Fr 10.00-12.00 Uhr.
Volksbüro (Botschaft) der Sozialistischen Libysch-Arabischen Volks-Dschamhirija
Dornbacherstraße 27
A-1170 Wien
Tel: (0222) 45 36 11/-14. Telefax: (0222) 45 36 15.
Mo-Fr 09.00-14.30 Uhr, Konsularabt.: Mo-Do 09.00-12.00 Uhr.
Volksbüro (Botschaft) der Sozialistischen Libysch-Arabischen Volks-Dschamhirija
Tavelweg 2
CH-3006 Bern
Tel: (031) 351 30 76. Telefax: (031) 351 13 25.
Mo-Fr 09.00-14.30 Uhr.
Botschaft der Bundesrepublik Deutschland
Sharia Hassan el Mashai
PO Box 302

TIMATIC INFO-CODES

Abrufbar über Ihr CRS-System (für START/Amadeus Ama-Maske benutzen). Für Galileo bitte TI-DFT eingeben (mit Bindestrich).

Flughafengebühren	TI DFT/ TIP /TX
Währung	TI DFT/ TIP /CY
Zollbestimmungen	TI DFT/ TIP /CS
Gesundheit	TI DFT/ TIP /HE
Reisepassbestimmungen	TI DFT/ TIP /PA
Visabestimmungen	TI DFT/ TIP /VI

Tripolis
Tel: (021) 333 05 54, 333 38 27, 444 85 52. Telefax: (021) 444 89 68.
Botschaft der Republik Österreich
Shara Khalid Ben Walid/Shara Arismondi
Dahra Area
Garden City
PO Box 3207
Tripolis
Tel: (021) 444 33 79, 444 33 93. Telefax: (021) 444 08 38.
Botschaft der Schweizerischen Eidgenossenschaft
Bederei Area/off Ben Ashour Street
PO Box 439
Tripolis
Tel: (021) 60 73 65/66. Telefax: 60 74 87.

FLÄCHE: 1.775.500 qkm.
BEVÖLKERUNGSZAHL: 5.044.000 (1993).
BEVÖLKERUNGSDICHTE: 2,8 pro qkm.
HAUPTSTADT: Tripolis. Einwohner: 591.100 (1988).
GEOGRAPHIE: Libyen besteht zum größten Teil aus Wüste. Das Land grenzt im Westen an Tunesien und Algerien, im Osten an Ägypten, im Süden an Niger, Tschad und den Sudan (die Sahara erstreckt sich bis in diese drei Länder). Die Mittelmeerküste ist knapp 2000 km lang. Im Osten zieht sich eine Ebene von der tunesischen Grenze bis zum Gebiet des Jabal Akhdar (Grüner Berg), das Binnenland ist hügelig. Im westlichen Küstengebiet zwischen Zuara und Misurata und im Osten zwischen Susah (Apollonia) und Benghazi wird Landwirtschaft betrieben. In der höhergelegenen Provinz Cyrenaika und auf dem Jabal Akhdar ist die Vegetation etwas üppiger. Im ganzen Land gibt es Oasen, außer im Gebiet des »Sandsees« Sarir Calanscio und der Sahara-Berge von Sarir Tibesti.
STAATSFORM: Volksrepublik auf islamisch-sozialistischer Grundlage seit 1976, seit 1994 Scharia (islamisches Recht). Staatsoberhaupt: Generalsekretär Abd Ar-Razia Sawsa, seit 1990 (de facto ist Oberst Muammar Al-Gaddafi Staatsoberhaupt, seit 1969). Regierungschef: Abel Madjid al-Kaud, seit 1994. Oberstes Staatsorgan: General-Volkskongreß mit rund 2700 Mitgliedern, 7 Generalsekretäre. Unabhängig seit Dezember 1951.
SPRACHE: Amtssprache ist Arabisch. Berber- und nilosaharanische Sprachen. Es wird etwas Englisch oder Italienisch gesprochen. Angestellte in Hotels, Restaurants und Geschäften verstehen meist Englisch.
RELIGION: Islam ist Staatsreligion; katholische und orthodoxe Minderheiten.
ORTSZEIT: MEZ + 1.
NETZSPANNUNG: 220 V, 50 Hz. Gelegentlich Stromausfall.
POST- UND FERNMELDEWESEN: Telefon: Selbstwählferndienst. **Landesvorwahl: 218. Telefax** gibt es in den größeren Hotels. **Telexe** können ebenfalls in den größeren Hotels aufgegeben werden. **Post:** Es gibt nur in größeren Städten Postämter; der Service ist unzuverlässig, mitunter werden Briefe zensiert. Luftpost nach Europa ist ca. zwei Wochen unterwegs.
DEUTSCHE WELLE
Der Einsatz der Kurzwellenfrequenzen ändert sich mehrfach im Laufe eines Jahres, und Sendungen auf den folgenden Frequenzen werden jeweils nur zu bestimmten Tageszeiten ausgestrahlt. Näheres in der Einleitung.

MHz	15,275	13,780	9,545	6,075	1,557
Meterband	19	22	31	49	MW

REISEPASS/VISUM

Wichtiger Hinweis: Die Einreisebestimmungen mancher Länder können sich kurzfristig ändern – rufen Sie sicherheitshalber auf Ihrem CRS-System (TIMATIC-Info-Code-Fenster in diesem Kapitel) den aktuellen Stand ab bzw. wenden Sie sich an die zuständige diplomatische Vertretung. Etwaige Zahlen in der Tabelle beziehen sich auf nachfolgende Fußnoten.

	Paß erforderlich?	Visum erforderlich?	Rückflugticket erforderlich?
Deutschland	Ja	Ja	Ja
Österreich	Ja	Ja	Ja
Schweiz	Ja	Ja	Ja
Andere EU-Länder	Ja	Ja	Ja

Einreise- und Transitverbot: Staatsbürgern von Israel sowie Personen, deren Reisepaß israelische Sichtvermerke enthält, werden Einreise und Transit verweigert.
REISEPASS: Allgemein erforderlich.
VISUM: Allgemein erforderlich, ausgenommen sind: Palästinenser und Staatsbürger von Ägypten, Algerien, Bahrain, Irak, Jemen, Jordanien, Katar, Kuwait, Libanon, Marokko, Mauretanien, Oman, Saudi-Arabien, Sudan, Syrien, Tunesien und Vereinigte Arabische Emirate.
Visaarten: Touristen- und Geschäftsvisa.
Gültigkeitsdauer: Für Touristenvisa 1 Monat.
Visagebühren: 45 DM, 60 sfr, 500 öS.
Antragstellung: Visaanträge müssen beim Volksbüro eingereicht werden (Adressen s. o.), unter Umständen persönlich. Deutsche Staatsbürger müssen ein Visum vorweisen, das beim Libyschen Volksbüro in Bonn ausgestellt wurde.
Unterlagen: (a) 2 Paßfotos. (b) Reisepaß, der minde-

stens noch 6 Monate gültig ist. Die persönlichen Daten müssen in einen Stempelvordruck mit Dienstsiegel der Paßstelle in arabischer Schrift eingetragen werden; die Übersetzung muß von einem öffentlich bestellten und vereidigten Übersetzer angefertigt werden. (c) Antragsformulare in zweifacher Ausführung. (d) Genehmigung zur Ausstellung des Visums (von der Einwanderungsbehörde in Tripolis). (e) 2 Bescheinigungen des Reisebüros über bezahlten Hin- und Rückflug. (f) Gebühren. (g) Frankierter Rückumschlag (Einschreiben). (h) Geschäftsreisende sollten eine Einladung einer libyschen Firma haben, die dann das Geschäftsvisum in Libyen beantragt, oder eine Bestätigung der Kostenübernahme ihres Unternehmens vorweisen. (i) Bei Ankunft in Libyen müssen 500 US$ oder der entsprechende Gegenwert vorgewiesen werden.
Bearbeitungszeit: Ca. 7 Tage.

GELD

Währung: 1 Libyscher Dinar (LD) = 1000 Dirham. Banknoten gibt es im Wert von 10, 5 und 1 LD sowie 500 und 250 Dirham, Münzen in den Nennbeträgen 100, 50, 20, 10, 5 und 1 Dirham.
Kreditkarten: *Diners Club* und *Visa* werden in begrenztem Umfang angenommen. Einzelheiten vom Aussteller der betreffenden Kreditkarte.
Reiseschecks in DM werden empfohlen.
Wechselkurse

	LD Sept. '92	LD Febr. '94	LD Jan. '95	LD Jan. '96
1 DM	0,17	0,17	0,23	0,25
1 US$	0,26	0,30	0,36	0,35

Devisenbestimmungen: Fremdwährungen können in unbegrenzter Höhe eingeführt werden, müssen jedoch deklariert werden. Die Ausfuhr ist nur in Höhe der bei der Einreise deklarierten Summe möglich. Die Ein- und Ausfuhr der Landeswährung ist verboten.
Öffnungszeiten der Banken: Im Winter: Sa-Mi 08.00-12.00 Uhr, im Sommer: Sa-Do 08.00-12.00 Uhr und Sa/Mi 16.00-17.00 Uhr.

DUTY FREE

Folgende Artikel können zollfrei nach Libyen eingeführt werden:
200 Zigaretten oder 25 Zigarren oder 250 g Tabak;
Parfüm für den persönlichen Gebrauch;
500 g Kaffee und 250 g Tee.
Einfuhrverbot: Alkohol und Lebensmittel sowie Dosen dürfen nicht eingeführt werden. Artikel, die entweder in Israel oder von Firmen hergestellt wurden, die mit Israel Handel betreiben, dürfen nicht eingeführt werden. Ein Verzeichnis aller verbotenen Artikel ist vom Volksbüro erhältlich.

GESETZLICHE FEIERTAGE

20. Mai '96 Islamisches Neujahr. 28. Mai Ashoura. 11. Juni Tag der Evakuierung. 28. Juli Mouloud (Geburtstag des Propheten). 1. Sept. Nationalfeiertag. 7. Okt. Tag der Evakuierung. 8. Dez. Leilat ü-Meiraj (Himmelfahrt des Propheten). 10. Jan. '97 Beginn des Ramadan. 11. Febr. Eid al-Fitr (Ende des Ramadan). 28. März Tag der Britischen Evakuierung. 18. April Eid al-Adha (Opferfest). 9. Mai Islamisches Neujahr.
Anmerkung: Die angegebenen Daten für islamische Feiertage richten sich nach dem Mondkalender und verschieben sich daher von Jahr zu Jahr. Während des Ramadan, der dem Festtag Eid al-Fitr vorangeht, essen Mohammedaner nicht tagsüber, sondern erst nach Sonnenuntergang, wodurch der normale Geschäftsablauf gestört werden kann. Diese Unterbrechungen können auch während des Eid al-Fitr auftreten. Dieses Fest, ebenso wie Eid al-Adha, hat keine bestimmte Zeitdauer und kann je nach Region 2-10 Tage dauern. Weitere Informationen im Kapitel *Welt des Islam* (s. Inhaltsverzeichnis).

GESUNDHEIT

In der folgenden Tabelle aufgeführte Impfvorschriften können sich kurzfristig ändern. Es wird stets empfohlen, auf Ihrem CRS-System (TIMATIC-Info-Code-Fenster in diesem Kapitel) den aktuellen Stand der Gesundheitsbestimmungen abzurufen bzw. rechtzeitig vor der Reise ärztlichen Rat einzuholen.

	Vorsichtsmaßnahmen empfohlen	Impfschein erforderlich
Gelbfieber	Nein	1
Cholera	Ja	2
Typhus & Polio	3	-
Malaria	4	-
Essen & Trinken	5	-

[1]: Eine Impfbescheinigung gegen Gelbfieber wird von allen Reisenden verlangt, die aus Infektionsgebieten kommen und über ein Jahr alt sind.
[2]: Eine Impfbescheinigung gegen Cholera ist keine Einreisebedingung, das Risiko einer Infektion ist jedoch nicht auszuschließen. Da die Wirksamkeit der Schutzimpfung umstritten ist, empfiehlt es sich, rechtzeitig vor

Libyen

Antritt der Reise ärztliche Hilfe einzuholen. Näheres unter *Gesundheit* (s. Inhaltsverzeichnis).
[3]: Typhus kommt vor, seit 1991 wurden keine Poliomyelitis-Fälle mehr gemeldet.
[4]: Ein sehr begrenztes Malariarisiko besteht von Februar bis einschließlich August in zwei kleinen Gebieten im Südwesten des Landes.
[5]: Leitungswasser ist normalerweise gechlort und relativ sauber, es können jedoch leichte Magenverstimmungen auftreten. Für die ersten Wochen des Aufenthalts wird daher abgefülltes Wasser empfohlen, welches überall erhältlich ist. Wasser sollte außerhalb der Städte mit Vorsicht genossen und vor der Benutzung zum Trinken, Zähneputzen und zur Eiswürfelbereitung entsprechend sterilisiert werden. Milch ist außerhalb der Stadtgebiete nicht pasteurisiert und sollte abgekocht werden. Der Genuß von Milchprodukten aus ungekochter Milch, rohen Salaten und Mayonnaise sollte vermieden werden. Fleisch- und Fischgerichte nur gut durchgekocht und heiß serviert essen. Gemüse sollte gekocht und Obst geschält werden.
Tollwut kommt vor. Wer ein erhöhtes Risiko eingeht (z. B. längerer Aufenthalt in abgelegenen Gebieten), sollte vor Reiseantritt eine Schutzimpfung erwägen. Bei Bißwunden so schnell wie möglich ärztliche Hilfe in Anspruch nehmen. Weitere Informationen im Kapitel *Gesundheit* (s. Inhaltsverzeichnis).
Bilharziose-Erreger kommen in manchen Teichen und Flüssen vor, das Schwimmen und Waten in Binnengewässern sollte daher vermieden werden. Gut gepflegte Schwimmbecken mit gechlortem Wasser sind unbedenklich.
Hepatitis A tritt auf.
Gesundheitsvorsorge: Die ärztliche Versorgung außerhalb der Städte ist unzulänglich. Der Abschluß einer Reisekrankenversicherung wird dringend empfohlen.

REISEVERKEHR - International

FLUGZEUG: Libyens nationale Fluggesellschaft *Jamahiriya Libyan Arab Airlines (LN)* fliegt nach Europa, in den Nahen Osten und innerhalb Nordafrikas.
Durchschnittliche Flugzeiten: *Frankfurt* – Tripolis: 5 Std. 10; *Wien* – Tripolis: 3 Std. 40; *Zürich* – Tripolis: 3 Std. 50.
Internationale Flughäfen: *Tripolis International (TIP)* liegt 34 km südlich der Stadt (Fahrzeit 40 Min.). Busse und Taxistand sind vorhanden.
Benina International (BEN) liegt 19 km südlich vom Stadtzentrum Benghazi.
Sebha (SEB) liegt 11 km südlich der Stadt.
SCHIFF: Mehrere Reedereien laufen libysche Häfen an. Eine von der staatlichen Reederei betriebene Autofähre verkehrt zwischen Tripolis und Malta und verschiedenen italienischen Hafenstädten. Die italienischen Reedereien *Grimaldi* und *Tirrenia* verbinden Genua und Neapel mit Tripolis und Benghazi.
BAHN: Es gibt keine Passagierzüge.
BUS/PKW: Die wichtigsten Straßenverbindungen bestehen zwischen Libyen und Tunesien, Algerien, Niger, Tschad und Ägypten. Die Grenze nach Ägypten ist seit einiger Zeit wieder geöffnet; die Strecke über Tunesien wird am häufigsten benutzt.

REISEVERKEHR - National

FLUGZEUG: *Jamahiriya Libyan Arab Airlines (LN)* bietet schnelle und regelmäßige Verbindungen zwischen Tripolis und Benghazi, Sebha, Beida, Mersa Brega, Tobruk, Misurata, Ghadames und Kufra an. Zwischen Tripolis und Benghazi gibt es einen Shuttle-Service im Einstundentakt.
BAHN: Es gibt keine Passagierzüge.
BUS/PKW: Die wichtigste Durchgangsstraße von West nach Ost führt an der Küste entlang. Einige größere Straßen führen auch in Landesinnere, u. a. nach Sebha, Ghadames und Kufra. Seit 1969 dürfen nur Straßenschilder mit arabischer Schrift benutzt werden, sie sind außerhalb größerer Ortschaften nur selten zu sehen. Benzin ist überall erhältlich und recht preiswert, verläßliche Stadtpläne gibt es nicht. Ersatzteile sind kaum zu finden, Reparaturen werden nicht sehr zuverlässig ausgeführt. Generell ist der Standard nicht mit dem europäischen zu vergleichen. **Bus:** Zwischen Tripolis und Benghazi verkehrt ein Linienbus, zwischen Benghazi und Tobruk ein Minibus. **Taxi:** Fahrpreise sollten im voraus vereinbart werden. **Mietwagen** sind in Tripolis und Benghazi erhältlich. **Unterlagen:** Führerscheine sind drei Monate gültig, danach muß ein libyscher Führerschein beantragt und mitgeführt werden.
STADTVERKEHR: In Tripolis und Benghazi gibt es ein öffentliches Busnetz mit drei Preiszonen. Die Busse sind überfüllt und fahren nicht regelmäßig.

UNTERKUNFT

HOTELS: Das Al-Kabir ist das einzige Hotel der 5-Sterne-Klasse in Tripolis, aber auch hier trifft man auf abgeblätterten Putz und freiliegende Kabel. Moderne Hotels der gehobenen Mittelklasse sind das *Grand, Kasr Libya, Libya Palace* und *Marhaba* in Tripolis und das *Kasr al Jazeera* und *Omar Khayam* in Benghazi. Außerdem gibt es akzeptable Hotels in Beida, Cyrene (Shahat), Ghadames, Homs, Sebha, Tobruk und Derna.

URLAUBSORTE & AUSFLÜGE

Wer eine Gruppenreise nach Libyen plant, kann sich an folgende Kontaktadresse wenden: Sabrata Tours, Libyen. Tel: (025) 2 40 10.
Die Altstadt von **Tripolis** ist ein typisch nordafrikanischer Irrgarten enger Gassen. Das Hafengebiet darf unter keinen Umständen fotografiert werden. Das alte *Fort der Malteserritter* ist einen Besuch wert, und am *Al-Jazaiyr-Platz* findet man hübsche Häuser aus der Kolonialzeit. Besonders sehenswert sind die folgenden historischen Städte: das römische **Leptis Magna** (gut erhaltenes Amphitheater), 120 km östlich von Tripolis, **Cyrene** (griechische Akropolis), 245 km östlich von Benghazi und **Sabratha** (graeco-römisches Theater), 75 km westlich von Tripolis. **Ghadames**, die »Perle der Wüste«, liegt 800 km südlich von Tripolis und kann per Flugzeug erreicht werden.

SOZIALPROFIL

ESSEN & TRINKEN: Seit die Regierung 1969 den Alkoholgenuß im Land verboten hat, haben viele Restaurants geschlossen. Die wenigen noch geöffneten sind sehr teuer. Hotelrestaurants sind im allgemeinen nicht sehr gut, oft jedoch die einzige Möglichkeit, zu einer Mahlzeit zu kommen. Obwohl traditionell mit der rechten Hand gegessen wird, steht meist auch Besteck zur Verfügung. Es gibt keine Bars.
NACHTLEBEN: Alle Nachtklubs wurden geschlossen. In größeren Städten gibt es Kinos, einige zeigen auch ausländische Filme. Es gibt weder Theater noch Konzerthallen.
EINKAUFSTIPS: Die *Souks* in den größeren Städten sind die Arbeitsplätze vieler Handwerker wie Weber, Kupfer-, Gold- und Silberschmiede; auch Lederwaren werden hergestellt. Außerdem werden Gewürze, Metallgravierungen und Schmuck angeboten.
SPORT: Schöne Strände, die zum **Schwimmen** einladen, gibt es auch weiter entfernt von den öffentlichen Stränden in Tripolis und Benghazi. In größeren Städten kann man **Tennis** und **Golf** spielen sowie **Kegeln**. **Fußballspiele** und **Pferderennen** sind beliebte Freizeitbeschäftigungen.
SITTEN & GEBRÄUCHE: Sozialistisch-islamische Prinzipien bestimmen das Leben in Libyen. Arabische Sitten und Gebräuche herrschen vor und sollten respektiert werden. Bei typisch arabischen Veranstaltungen sind Frauen im allgemeinen nicht zugelassen. Näheres im Kapitel *Welt des Islam* (s. Inhaltsverzeichnis). Frauen sollten sich dezent kleiden, insbesondere beim Besuch von Moscheen und in Kleinstädten. Badekleidung darf unter keinen Umständen außerhalb der Strände getragen werden. **Fotografieren:** Öffentliche Gebäude dürfen nicht fotografiert werden. Man sollte immer um Erlaubnis fragen, bevor man Personen fotografiert. **Trinkgeld:** 10-20% Bedienung sind normalerweise in den Rechnungen der Hotels und Restaurants inbegriffen. Gepäckträger erhalten ein Trinkgeld, Taxifahrer nicht.

WIRTSCHAFTSPROFIL

WIRTSCHAFT: Die Erdölförderung ist der bedeutendste Wirtschaftszweig des Landes, der Ölexport macht etwa 90% des gesamten libyschen Exports aus und ist die wichtigste Einnahmequelle. Die vollen Staatskassen ermöglichten es Präsident Gaddafi, die Infrastruktur des Landes zu verbessern und die hohen Militärausgaben zu finanzieren. Der schwankende Weltmarktpreis für Erdöl stellt die libyschen Wirtschaftsplaner allerdings vor große Probleme, da das Staatseinkommen des nächsten Jahres sich nie genau voraussberechnen läßt. So stiegen die Erdöleinnahmen von 4 Milliarden US$ (1973) auf 21 Milliarden US$ (1981), verringerten sich aber 1987 auf nur 5 Milliarden US$. Die Folgen des nach wie vor relativ niedrigen Rohölpreises machen sich in allen OPEC-Ländern bemerkbar. Libyen hat erhebliche Auslandsschulden, deren Begleichung die Finanzen des Landes stark belastet. In der einst florierenden Binnenwirtschaft gibt es seit einiger Zeit Anzeichen einer Krise. Dennoch konnte 1991 ein großangelegtes Bewässerungsprojekt – das größte der Welt – fertiggestellt werden, mit dessen Hilfe die unfruchtbare Küstenregion in Ackerland verwandelt werden soll. Das Projekt soll Libyen unabhängig von Nahrungsmittelimporten machen. Die Regierung ist bemüht, die Wirtschaft mit allen Mitteln anzukurbeln, so daß Privatbesitz und ausländische Investitionen nun in begrenztem Umfang erlaubt sind. Außerdem soll es Pläne zur Privatisierung von Staatsbetrieben geben. Libyen war die treibende Kraft bei der Gründung der Union des Arabischen Maghreb. Gaddafi hat bereits in der Vergangenheit mehrmals versucht, ähnliche Allianzen aus der Taufe zu heben – meist aus Gründen des Pan-Arabismus – diesmal hat die Vereinigung allerdings eine engere Zusammenarbeit auf den Gebieten Handel, Industrie, Tourismus und Wissenschaft zum Ziel. Italien und Deutschland sind Libyens wichtigste Handelspartner. Das UN-Embargo, das seit der Auseinandersetzung um die beiden Libyer besteht, die des Bombenanschlags auf ein US-amerikanisches Flugzeug über der schottischen Stadt Lockerbie verdächtigt werden, hat bisher keine wesentliche Auswirkung auf die libysche Wirtschaft gehabt.

GESCHÄFTSVERKEHR: An heißen Sommertagen kann man durchaus kurzärmelig zur geschäftlichen Verabredung erscheinen. Anzug und Krawatte bzw. Kostüm sind größeren Anlässen vorbehalten. Nahezu alle Geschäftsverhandlungen finden mit staatlichen Behörden, Organisationen oder Firmen statt. Englisch wird meistens verstanden, übliche Geschäftssprache ist jedoch arabisch, und Geschäftsleute sollten sich darauf einstellen, daß alle offiziellen Dokumente in arabisch verfaßt sind. Termine müssen im voraus vereinbart werden. Visitenkarten werden nicht überall benutzt. Die Bürozeiten sind sehr unterschiedlich, der Arbeitstag beginnt aber früh. **Geschäftszeiten:** I. allg. 07.00-14.00 Uhr.
Kontaktadressen: *The Commercial Counsellor at the Austrian Embassy* (Außenhandelsstelle der Wirtschaftskammer Österreich), PO Box 5072, Tripolis. Tel. (021) 333 51 76/77. Telefax: (021) 333 73 22.
Tripoli Chamber of Commerce, Industry and Agriculture, (Industrie- und Handelskammer), PO Box 2321, Tripolis. Tel: (021) 3 37 55. Telex: 20181.

KLIMA

Mittelmeerklima mit nahezu ununterbrochenem Sonnenschein und wenig Regen (November bis Februar). Die Sommer sind heiß, die Winter mild mit kühlen Abenden. In der Wüste ist es tagsüber sehr heiß, nachts kann es sehr kalt werden.
Kleidung: Leichte Sommerkleidung, etwas wärmere Kleidung für kühle Abende, leichte Wollsachen für Winterabende und Wüstennächte. In den Küstengebieten benötigt man während der Wintermonate Regenschutz.

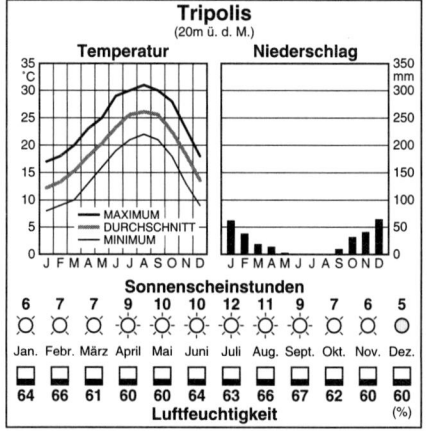

Eine weitere wichtige Veröffentlichung von Columbus Press ist der »World Travel Guide«, der jährlich herausgegeben wird und auf über tausend Seiten Informationen in englischer Sprache über alle Länder der Erde enthält.

*Weitere Einzelheiten von:
Columbus Press, Verkaufsabteilung,
Aurikelweg 9,
D-38108 Braunschweig.
Tel: 05309/2123. Telefax: 05309/2877.*

Liechtenstein

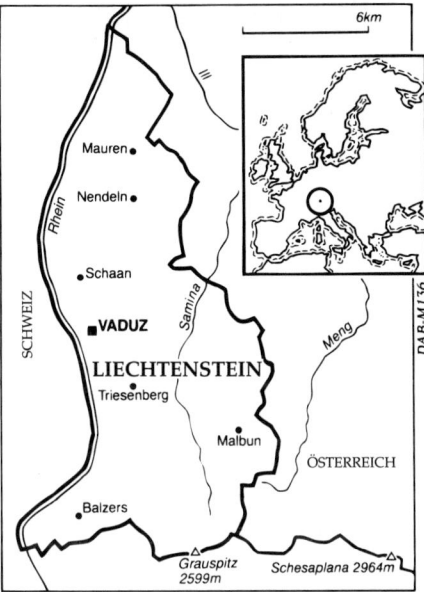

Lage: Mitteleuropa.

Die touristischen Interessen Liechtensteins werden im Ausland von der schweizer Tourismuszentrale in Zürich bzw. ihren Vertretungen wahrgenommen (s. Schweiz).
Liechtensteinische Fremdenverkehrszentrale
Landstraße 83
Postfach 139
FL-9490 Vaduz
Tel: 232 14 43, 392 11 11. Telefax: 392 16 18.
Mo-Fr 08.00-12.00 und 13.30-17.00 Uhr.
Liechtenstein unterhält nur wenige Auslandsvertretungen, jedoch sind auch die diplomatischen Vertretungen der Schweiz mit der Wahrnehmung der liechtensteinischen Interessen im Ausland betraut. Zuständig in der Bundesrepublik Deutschland ist die Schweizerische Botschaft in Bonn (s. Schweiz). Zuständig für Österreich ist das Amt für Auswärtige Angelegenheiten in Vaduz:
Amt für Auswärtige Angelegenheiten
Heiligkreuz 14
FL-9490 Vaduz
Tel: 236 60 58. Telefax: 236 60 59.
Botschaft des Fürstentums Liechtenstein
Willadingweg 65
CH-3000 Bern 16
Tel: (031) 357 64 11. Telefax: (031) 357 64 15.
Mo-Fr 09.00-12.00 und 14.30-17.30 Uhr.
Die Bundesrepublik Deutschland unterhält keine diplomatische Vertretung in Liechtenstein, zuständig ist das Generalkonsulat in Zürich.
Generalkonsulat der Bundesrepublik Deutschland
Kirchgasse 48
CH-8001 Zürich
Tel: (01) 265 65 65, *Konsularabt.:* 265 65 50/52. Telefax: (01) 265 65 00.
Mo-Fr 08.30-11.30 Uhr (Publikumsverkehr), 14.00-15.00 Uhr (tel. Auskünfte).
Botschaft der Republik Österreich
Ballhausplatz 2
A-1014 Wien
Tel: (0222) 5 31 15-3437. Telefax: (0222) 535 50 91.
Konsulat der Republik Österreich

TIMATIC INFO-CODES

Abrufbar über Ihr CRS-System (für START/Amadeus Amat-Maske benutzen). Für Galileo bitte TI-DFT eingeben (mit Bindestrich).

Flughafengebühren	TI DFT/ ZRH /TX
Währung	TI DFT/ ZRH /CY
Zollbestimmungen	TI DFT/ ZRH /CS
Gesundheit	TI DFT/ ZRH /HE
Reisepassbestimmungen	TI DFT/ ZRH /PA
Visabestimmungen	TI DFT/ ZRH /VI

Landstraße 152
FL-9494 Schaan
Tel: 232 74 77. Telefax: 233 23 57.

FLÄCHE: 160 qkm.
BEVÖLKERUNGSZAHL: 30.629 (1994).
BEVÖLKERUNGSDICHTE: 191 pro qkm.
HAUPTSTADT: Vaduz. **Einwohner:** 4995 (1994).
GEOGRAPHIE: Liechtenstein liegt zwischen dem österreichischen Bundesland Vorarlberg und den Schweizer Kantonen Graubünden und St. Gallen an der Westabdachung des Rätikons über dem Tal des Alpenrheins. Trotz seiner kleinen Ausmaße unterteilt sich das Fürstentum in ein Oberland (die ehemalige Grafschaft Vaduz) und ein Unterland (die frühere Herrschaft Schellenberg) mit insgesamt 11 autonomen Ortschaften, die mit einem breiten Freizeit- und Unterhaltungsangebot aufwarten. Liechtenstein ist für seine ausgezeichneten Weingüter bekannt.
STAATSFORM: Parlamentarische Monarchie seit 1921. Staatsoberhaupt: Fürst Hans-Adam II., seit November 1989. Regierungschef: Mario Frick, seit Dezember 1993. Fürst Hans-Adam II. hat das sogenannte Hausgesetz dahingehend geändert, daß die Möglichkeit zur Absetzung des Monarchen durch das Volk besteht. Der Fürst möchte dies auch im Grundgesetz Liechtensteins verankert sehen. Außerdem ist im Gespräch, daß Fürst Hans-Adam sich bald zur Ruhe setzen und sein Sohn Alois an seine Stelle treten werde. Unabhängig seit August 1806 (Auflösung des Deutschen Reiches).
SPRACHE: Deutsch ist Amtssprache. Umgangssprache ist ein alemannischer Dialekt.
RELIGION: Katholiken (81%), Protestanten (7,3%).
ORTSZEIT: MEZ.
NETZSPANNUNG: 220 V, 50 Hz.
POST- UND FERNMELDEWESEN: Telefon: Selbstwählferndienst. **Landesvorwahl:** 00 41 75 (von Deutschland und Österreich), 075 (von der Schweiz). **Telefax:** Die meisten Hotels stellen ihre Telefaxgeräte zur Verfügung. **Telexe/Telegramme** kann man in Postämtern und Hotels aufgeben. **Post:** Postämter in Vaduz sind Mo-Fr 07.45-18.00 Uhr sowie Sa 08.00-11.00 Uhr, in Schaan Mo-Fr 07.45-12.00 und 13.45-18.00 Uhr, Sa 08.00-11.00 Uhr und in Triesenberg Mo-Fr 07.45-11.45 und 13.30-17.45 Uhr, Sa 08.30-11.00 Uhr geöffnet. Briefe innerhalb Europas sind 3-4 Tage unterwegs.
DEUTSCHE WELLE
Der Einsatz der Kurzwellenfrequenzen ändert sich mehrfach im Laufe eines Jahres, und Sendungen auf den folgenden Frequenzen werden jeweils nur zu bestimmten Tageszeiten ausgestrahlt. Näheres in der Einleitung.
| MHz | 17,560 | 9,545 | 6,140 | 6,075 | 3,995 |
| Meterband | 16 | 31 | 49 | 49 | 75 |

REISEPASS/VISUM

Es gelten die gleichen Bestimmungen wie für die Schweiz. Nähere Informationen im Kapitel über die *Schweiz*.

GELD

Währung: 1 Schweizer Franken (sfr) = 100 Centimes/Rappen. Banknoten gibt es im Wert von 1000, 500, 100, 50, 20 und 10 sfr. Münzen sind im Wert von 5, 2 und 1 sfr sowie 50, 20, 10 und 5 Centimes in Umlauf. Liechtenstein gehört zum Währungsgebiet der Schweiz.
Kreditkarten: Alle bekannten internationalen Kreditkarten werden akzeptiert. Einzelheiten vom Aussteller der betreffenden Kreditkarte.
Euroschecks werden bis zum Garantiehöchstbetrag von 300 sfr angenommen.
Postsparbuch: Abhebung von jedem Postamt in Schweizer Franken.
Wechselkurse

	sfr Sept. '92	sfr Febr. '94	sfr Jan. '95	sfr Jan. '96
1 DM	0,89	0,83	0,84	0,81
1 US$	1,32	1,44	1,31	1,16

Devisenbestimmungen: Landes- und Fremdwährungen können in unbegrenzter Höhe ein- und ausgeführt werden.
Öffnungszeiten der Banken: Mo-Fr 08.00-16.30 Uhr.

DUTY FREE

In Liechtenstein gelten die gleichen Zollbestimmungen wie in der *Schweiz*.

GESETZLICHE FEIERTAGE

1. Mai '96 Tag der Arbeit. **16. Mai** Christi Himmelfahrt. **27. Mai** Pfingstmontag. **6. Juni** Fronleichnam. **15. Aug.** Mariä Himmelfahrt. **1. Nov.** Allerheiligen. **25. Dez.** Weihnachten. **26. Dez.** Stefanstag. **1. Jan. '97** Neujahr. **6. Jan.** Dreikönigsfest. **2. Febr.** Mariä Lichtmeß. **19. Febr.** Fastnachtsdienstag. **19. März** Josefstag. **28. März** Karfreitag. **31. März** Ostermontag. **1. Mai** Tag der Arbeit. **8. Mai** Christi Himmelfahrt. **19. Mai** Pfingstmontag.

GESUNDHEIT

In der folgenden Tabelle aufgeführte Impfvorschriften können sich kurzfristig ändern. Es wird stets empfohlen, auf Ihrem CRS-System (TIMATIC-Info-Code-Fenster in diesem Kapitel) den aktuellen Stand der Gesundheitsbestimmungen abzurufen bzw. rechtzeitig vor der Reise ärztlichen Rat einzuholen.

	Vorsichtsmaßnahmen empfohlen	Impfschein erforderlich
Gelbfieber	Nein	Nein
Cholera	Nein	Nein
Typhus & Polio	Nein	-
Malaria	Nein	-
Essen & Trinken	Nein	-

Gesundheitsvorsorge: Deutschen und Österreichern wird der Abschluß einer Reisekrankenversicherung empfohlen. Die medizinische Versorgung ist ausgezeichnet.

REISEVERKEHR

FLUGZEUG: Durchschnittliche Flugzeiten: *Frankfurt – Zürich*: 1 Std; *Wien – Zürich*: 1 Std. 20. Weitere Informationen s. *Schweiz*.
Internationaler Flughafen: *Zürich-Kloten*, der nächstgelegene internationale Flughafen, liegt ca. 130 km von Liechtenstein entfernt. Von hier aus kann man Liechtenstein einfach mit dem Auto oder der Bahn erreichen. Es gibt eine Autobahnverbindung von Zürich nach Liechtenstein (Abfahrt: Balzers). Mietwagen sind am Flughafen und in Liechtenstein erhältlich.
BAHN: Gute Schnellzugverbindungen in den Schweizer Grenzort Buchs (SG) und das etwas weiter entfernte Sargans sowie nach Feldkirch in Österreich. Jeweils gute Anschlußverbindungen mit dem Bus nach Vaduz und in die anderen Gemeinden. Die Busfahrt von Buchs in die Hauptstadt dauert 15 Min., Fahrzeit mit dem Taxi etwa 10 Min.
BUS/PKW: Die Autobahn N 13 führt an Liechtensteins Rheingrenze entlang zum Bodensee, nach Österreich, nach Norden in die Bundesrepublik Deutschland und südlich an Chur vorbei nach St. Moritz in der Schweiz. Zürich, Bern und Basel sind ebenfalls über die Autobahnen zu erreichen. **Bus:** Linienbusse verkehren zwischen allen 11 Ortschaften und fahren auch in die Liechtensteiner Alpenregion. **Unterlagen:** Führerschein des eigenen Landes. Bleifreies Benzin ist erhältlich.
FAHRZEITEN von Vaduz zu den folgenden größeren europäischen Städten (ungefähre Angaben in Std. und Min.):

	Bahn	Bus/Pkw
Zürich	1.30	1.30
Genf	6.00	4.00
München	4.30	3.00
Frankfurt	7.30	5.30
Mailand	5.00	3.30
Paris	9.00	10.00

UNTERKUNFT

HOTELS/PENSIONEN: In den 46 Hotels und Pensionen stehen insgesamt ca. 1400 Betten zur Verfügung. 8 Hotels haben einen überdachten Swimmingpool. Etwa 150 Hotels und Restaurants sind dem Liechtensteiner Gastgewerbeverband angeschlossen.
BERGHOTELS sind eine Besonderheit des Landes. Alle liegen mindestens 1200 m hoch, sind aber leicht mit dem Auto zu erreichen. Die Ruhe und die saubere Bergluft sorgen für einen erholsamen Urlaub.
BERGHÜTTEN: Die Berghütte in Gafadura (50 Betten) liegt in 1428 m Höhe, die Pfälzer-Hütte am Bettlerjoch (100 Betten) liegt 2111 m hoch.
CHALETS UND FERIENWOHNUNGEN: In der Alpenregion stehen etwa 70 Ferienwohnungen mit ca. 350 Betten zur Verfügung. Weitere Informationen erhalten Sie vom *Verkehrsbüro Malbun*, FL-9497 Malbun-Triesenberg. Tel: 263 65 77. Telefax: 263 73 44.
CAMPINGPLÄTZE: Es gibt zwei Campingplätze: Mittagspitze, FL-9495 Triesen (Tel: 392 36 77; 392 26 86, nur in der Saison. Telefax: 392 36 80) und Bendern, FL-9491 Bendern (Tel: 373 12 11).
JUGENDHERBERGEN: Liechtensteins einzige Jugendherberge, zwischen Schaan und Vaduz, liegt ca. 500 m abseits der Hauptstraße. Insgesamt stehen 96 Betten zur Verfügung (4 Zweibett-Zimmer; 12 Zimmer mit je 6 Betten und 4 Vierbett-Zimmer).

URLAUBSORTE & AUSFLÜGE

Das Fürstentum Liechtenstein besteht aus dem fruchtbaren Rheintal und den tiefliegenden Westhängen der Drei Schwestern sowie hohen Bergen im östlichen Landesteil, die man leicht durch drei Hochtäler erreichen kann. Am bekanntesten ist Malbun, das Skigebiet Liechtensteins (s. u.). Alpenszenerie, reizvolle Naturschutzgebiete und Beschaulichkeit sind wohl die Hauptattraktionen des Fürstentums.
URLAUBSORTE: Vaduz, Triesen, Balzers, Triesenberg, Planken, Schaan, Eschen, Mauren, Gamprin, Schellenberg, Ruggell, Malbun und Steg.

Liechtenstein / Litauen

Der Wintersport konzentriert sich auf das Gebiet um **Malbun** (1600 m) und **Steg** (1300 m). In Malbun gibt es zwei Sessellifte, vier Skilifte und zwei Natureisbahnen. Steg ist für seine Langlaufloipen bekannt. Es gibt drei Loipen, über 4 km, 6 km und 10,5 km. Teilweise können sie auch nachts benutzt werden. Es gibt auch eine Rodelbahn in Steg.

AUSFLÜGE: Liechtenstein ist überwiegend gebirgig, die Alpen nehmen fast 70% der Landesfläche ein. Die höchste Erhebung ist der Grauspitz mit fast 2600 m. Im Sommer kann man sich die herrlichen Wälder und Berge erwandern. Jede Gemeinde in Liechtenstein hat ein eigenes Netz markierter Wanderwege, das insgesamt 160 km im Alpen- und 240 km im Talgebiet umfaßt. Für Bergwanderungen sind Steg und Malbun die besten Ausgangspunkte. Von Planken und Gaflei erreicht man das besonders sehenswerte Drei-Schwestern-Gebiet. Die Berge des Fürstentums ziehen Bergwanderer aller Klassen an. Es gibt aber auch zahlreiche Ausflugsmöglichkeiten für Erholungssuchende, die einen weniger anstrengenden Urlaub vorziehen. Weinproben nach Voranmeldung bietet die Hofkellerei in Vaduz, und in Schächle's Weinstube in Nendeln kann man 350 verschiedene Weine probieren. Das Vogelparadies *Birka* an der Straße zwischen Mauren und Schaanwald ist ebenfalls besuchenswert. In der Hauptstadt **Vaduz** gibt es drei interessante *Museen*: die *Liechtensteinische Staatliche Kunstsammlung* (wechselnde Ausstellungen aus öffentlichen und privaten Sammlungen aus dem In- und Ausland), das *Briefmarkenmuseum* (ein Muß für jeden Philatelisten) und das *Ski-Museum*. Die *Staatsbibliothek* ist auch einen Besuch wert. Das Liechtensteinische Landesmuseum bleibt leider auch 1996 wegen Renovierungsarbeiten das ganze Jahr geschlossen. Für das leibliche Wohl ist in dem historischen Gasthof Löwen (1380) gesorgt. Die örtlichen Museen in **Triesenberg** (Walser-Heimatmuseum), **Balzers** und **Schaan** sollte man sich ebenfalls anschauen (Besichtigung nur nach Voranmeldung). Sehenswert sind auch das Theater und die *Kapelle St.-Maria-zum-Trost* in **Schaan** und die Kapellen von *St. Mamerten* und *Maria* in **Triesen**. Die *Burg Gutenberg* in **Balzers** und der alte Teil des Dorfes **Triesen** sorgen für weitere Abwechslung im Besichtigungsprogramm. Die römischen Ausgrabungen bei **Eschen-Nendeln** und **Schaan** sind hochinteressant. In **Planken** steht die hübsche *St.-Joseph-Kapelle*. Die Pfarrkirchen von **Mauren**, **Bendern** und **Ruggell** sind schöne Beispiele für die regionale Architektur. Die Ruinen der oberen und unteren **Burg Schellenberg** sind ein beliebtes Ausflugsziel.

SOZIALPROFIL

ESSEN & TRINKEN: Die angebotenen Spezialitäten sind eine Mischung aus schweizerischer und österreichischer Kochkunst. Eines der Nationalgerichte, die heute noch in einigen Restaurants serviert werden, sind die *Käsknöpfle*. Deftige Hausmannskost wird immer beliebter, auf der Speisekarte finden sich häufig *Älplerrösti*, *Liechtensteiner Rauchteller* oder geschnetzelte Schweinsleber mit Rösti. Der rote *Vaduzer* ist nur einer der ausgezeichneten Weine, die in Liechtenstein gekeltert werden. Alle international bekannten Getränke sind ebenfalls erhältlich. Das Auto sollte man nach dem Alkoholgenuß selbstverständlich stehen lassen, Trunkenheit am Steuer wird mit hohen Geldbußen belegt.

NACHTLEBEN: In Vaduz, Balzers und Schaan gibt es je ein Kino. In der »Maschlina-Bar« in Vaduz, im »Tiffany« in Eschen, im »Derby« in Schaanwald, im »Roxy«, »Trailer« und »Römerkeller« in Balzers und im »Turna« in Malbun kann man das Tanzbein schwingen. Die Theater TaK und Takino in Schaan bieten u. a. Pantomime, Tanztheater, Kabarett, Filmvorführungen und Ballett.

EINKAUFSTIPS: Preise und Auswahl ähnlich wie in der Schweiz. Neben den üblichen Souvenirs werden hübsche Puppen in der Nationaltracht, Keramik, Tonwaren und Liechtensteiner Briefmarken angeboten. In der Schautöpferei in Nendeln kann man bei der Anfertigung der Keramikwaren zuschauen und ein hübsches Mitbringsel erstehen. **Öffnungszeiten der Geschäfte:** Mo-Fr 08.00-12.00 und 13.30-18.30 Uhr, Sa 08.00-16.00 Uhr. Montag vormittags sind einige Geschäfte geschlossen. Von April bis Oktober sind die Souvenirläden in Vaduz auch sonntags und an Feiertagen geöffnet.

SPORT: Mehrere Hotels haben eigene überdachte **Swimmingpools** und **Bowlingbahnen**. **Tennisplätze** gibt es in zahlreichen Gemeinden. **Kegeln** und **Boccia** sind ebenfalls populär. **Wintersport:** Liechtenstein bietet ausgezeichnete Skipisten und Langlaufbahnen. Die Wintersportgebiete konzentrieren sich auf die Region Malbun und Steg. Malbun hat inzwischen auch international an Bedeutung gewonnen und erfreut sich immer größerer Beliebtheit. Besonders für Anfänger ist hier gut gesorgt. In Steg (Valünatal) gibt es ausgezeichnete Loipen für Langläufer, besonders gefragt ist die »Valüna-Lopp«. Rodeln kann man ebenfalls nach Herzenslust, die 1 km lange Rodelbahn vom Berggasthof Sücka nach Steg ist beleuchtet. Bergtouren werden in Zusammenarbeit mit dem Alpenverein durchgeführt, auch Gebirgstouren mit Übernachtung sind möglich. Gestartet wird meist in Malbun. In den Sommermonaten sind die Wintersportorte ideale Ausgangspunkte für schöne **Wanderungen**. Vom 1500 m hoch gelegenen Gaflei können Wanderungen auf dem *Fürstensteig* unternommen werden, der über einen Höhenzug zwischen den malerischen Rhein- und Saminatälern führt (s. auch *Urlaubsorte & Ausflüge*). Bei **Radtouren** lernt man Land und Leute ebenfalls gut kennen. Radwege stehen in der Rheintalebene und am Schellenberg zur Verfügung. In Vaduz und Schaan kann man Räder mieten. Ein Faltblatt ist von der Liechtensteinischen Fremdenverkehrszentrale erhältlich. Für Wagemutige werden im Sommer und Winter **Gleitschirm-Passagierflüge** angeboten, auch besondere Ausbildungsprogramme mit Halbpension sind möglich. Romantiker können auf **Kutschfahrten** die reizvollsten Gegenden erkunden, verschiedene Rundfahrten sind im Angebot (Prospekt von der Fremdenverkehrszentrale in Vaduz).

VERANSTALTUNGSKALENDER
7. - 13. Juli '96 *LiGiTa*, 4. Liechtensteinische Gitarrentage, Eschen/Mauren. 8. - 20. Juli *Internationale Meisterkurse in Musik*. 22. - 27. Juli *Jazz-Tage*. 9. - 11. Aug. *Internationales Musikfestival*, Vaduz. 15. Aug. *Staatsfeiertag mit Volksfest und Feuerwerk*, Verduz. 7. - 15. Sept. LIHGA, Liechtensteinische Industrie-, Handels- und Gewerbeausstellung, Schaan.

SITTEN & GEBRÄUCHE: Zur Begrüßung gibt man sich die Hand. Bitte beachten Sie Nichtraucherzeichen, Zuwiderhandlungen werden bestraft. **Trinkgeld:** In allen Rechnungen ist ein Bedienungszuschlag von 15% enthalten, ein zusätzliches Trinkgeld für Extraservice wird aber erwartet. Taxifahrer geben an, ob das Trinkgeld im Fahrpreis enthalten ist. Personal in Privatpensionen erwartet auch ein kleines Trinkgeld.

WIRTSCHAFTSPROFIL

WIRTSCHAFT: Bis zum 2. Weltkrieg war das Fürstentum ein Agrarstaat, nach 1945 expandierte jedoch die verarbeitende Industrie. Metalle, Maschinen und Präzisionsgeräte sind die wichtigsten Exportgüter. Früher wurde der Export über die Schweiz abgewickelt, aber immer mehr Firmen sind bereits zum Direktexport aus Liechtenstein übergegangen. Der Finanzsektor, der etwa die Hälfte des Bruttoinlandsproduktes erbringt, ist der am schnellsten wachsende Wirtschaftszweig; mehr als 25.000 ausländische Firmen profitieren von dem strengen Bankgeheimnis und der niedrigen Besteuerung. Liechtenstein hat nur einen kleinen Binnenmarkt und daher eine positive Zahlungsbilanz. Es herrscht fast Vollbeschäftigung. Das Land wurde 1990 Mitglied der UNO und trat 1991 der EFTA bei. Im Dezember 1992 stimmten über 50% der Stimmbürger in einer Volksabstimmung dem Beitritt Liechtensteins zum Europäischen Wirtschaftsraum zu. Wichtigste Handelspartner sind die Schweiz und die Mitgliedsländer der Europäischen Union. Das Fürstentum bildet zusammen mit der Schweiz eine Zollunion.

GESCHÄFTSVERKEHR: Geschäftsbesuche während der Osterwoche, von Mitte Juli bis Ende August und zwischen Mitte Dezember und Anfang Januar sollte man vermeiden. **Geschäftszeiten:** Mo-Fr 08.00-12.00 und 13.30-17.00 Uhr. Bei kürzerer Mittagspause wird abends entsprechend früher geschlossen.

Kontaktadressen: Die wirtschaftlichen Interessen Liechtensteins werden i. allg. von den *Schweizer Industrie- und Handelskammern* vertreten (s. *Schweiz*). *Liechtensteinische Industrie- und Handelskammer*, Postfach 232, FL-9490 Vaduz. Tel: 237 55 11. Telefax: 237 55 12.

KONFERENZEN/TAGUNGEN: Einige Hotels haben Konferenzeinrichtungen und geben auch Planungshilfen, darunter Löwen und Schlössle in Vaduz, der Meierhof in Triesen, das Kulm in Triesenberg sowie Gorfion und Malbuner-Hof in Malbun/Triesenberg.

KLIMA

Gemäßigtes Klima mit warmen, manchmal regnerischen, Sommern. Im Winter kann es mitunter recht kalt werden, die Temperaturen sinken jedoch selten unter -15°C.

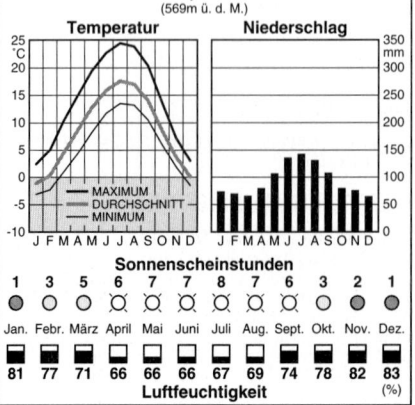

Litauen

Lage: Nordeuropa.

Baltische Zentrale für Fremdenverkehr
Woldsenstraße 36
D-25813 Husum
Tel: (04841) 30 04. Telefax: (04841) 21 09.
Mo-Fr 08.00-12.30 Uhr.

Litauen-Reisen
Judenbühlweg 46
D-97082 Würzburg
Tel: (0931) 8 42 34. Telefax: (0931) 8 64 47.
Mo-Fr 09.00-12.00 Uhr, Mo zusätzlich 16.00-19.00 Uhr, Di und Do 14.30-17.00 Uhr.

State Touristic Service
Gedimino pr. 30/1
LT-2695 Vilnius
Tel: (2) 22 67 06. Telefax: (2) 22 68 19.

Botschaft der Republik Litauen (mit Visumerteilung)
Argelanderstraße 108a
D-53115 Bonn
Tel: (0228) 91 49 10, 914 91 16, *Konsularabt.*: 914 91 13. Telefax: (0228) 914 91 15.
Mo-Fr 09.00-17.00 Uhr, *Konsularabt.*: 10.00-13.00 Uhr.

Außenstelle der Botschaft (mit Visumerteilung)
Potsdamerstraße 133
D-10783 Berlin
Tel: (030) 217 29 01. Telefax: (030) 215 20 71.
Mo-Fr 10.00-13.00 Uhr (Publikumsverkehr).

Botschaft der Republik Litauen
Löwengasse 47
A-1030 Wien
Tel: (0222) 718 54 68. Telefax: (0222) 718 54 69.
Mo-Fr 09.00-13.00 Uhr.

Konsulat der Republik Litauen
20 Château Banquet
CH-1202 Genf
Tel: (022) 731 80 55, 731 55 20. Telefax: (022) 735 38 78.
Mo-Fr 09.00-18.00 Uhr.

Botschaft der Bundesrepublik Deutschland
Sierakausko Gatve 24/8
LT-2600 Vilnius
Tel: (2) 65 02 72, 65 01 82, 26 36 27. Telefax: (2) 23 18 12.

Österreich unterhält keine Vertretung in Litauen, zuständig ist die Botschaft in Kopenhagen (s. *Dänemark*). Die Schweizerische Interessenvertretung erfolgt durch die Botschaft in Riga (s. *Lettland*).

FLÄCHE: 65.300 qkm.
BEVÖLKERUNGSZAHL: 3.712.000 (1993).

TIMATIC INFO-CODES

*Abrufbar über Ihr CRS-System (für START/Amadeus Ama-Maske benutzen). Für Galileo bitte TI-DFT eingeben (**mit** Bindestrich).*

Flughafengebühren	TI DFT/ VNO /TX
Währung	TI DFT/ VNO /CY
Zollbestimmungen	TI DFT/ VNO /CS
Gesundheit	TI DFT/ VNO /HE
Reisepassbestimmungen	TI DFT/ VNO /PA
Visabestimmungen	TI DFT/ VNO /VI

BEVÖLKERUNGSDICHTE: 57 pro qkm.
HAUPTSTADT: Vilnius (Wilna). **Einwohner:** 590.100 (1993).
GEOGRAPHIE: Litauen liegt an der Ostseeküste und grenzt im Norden an Lettland, im Südwesten an Polen und die Russische Föderation und im Südosten an Belarus. Der geometrische Mittelpunkt Europas liegt im östlichen Landesteil in der Nähe von Bernotai (25 km nördlich von Vilnius). Die Landschaft ist wald- und sumpfreich und besteht aus Tiefebenen und sanftem Hügelland. Das Land wird von einer Vielzahl von Flüssen durchzogen, darunter Nemunas (Memel) und Neris. 1,5% der Landesoberfläche sind Seen, die zum Großteil nördlich des baltischen Landrückens liegen, wie der Druksiai und der Tauragnas.
STAATSFORM: Republik seit 1991; Staatsoberhaupt: Algirdas Brazauskas, seit November 1992, 1993 durch Wahlen im Amt bestätigt. Regierungschef: Adolfas Slezevicius, seit März 1993. Seit November 1992 neue Verfassung. Parlament (Sejm) mit 141 Abgeordneten. Im Oktober 1992 fanden die ersten freien Parlamentswahlen seit über 50 Jahren statt.
SPRACHE: Amtssprache ist Litauisch. Gemessen an der Größe des Landes gibt es eine erstaunlich große Anzahl von Dialekten, es wird u. a. Hochlitauisch *(Aukstaiciai)* und Niederlitauisch *(Zemaiciai)* gesprochen sowie Polnisch und Weißrussisch. Seit der Unabhängigkeit kann die Verwendung von Russisch u. U. zu Schwierigkeiten führen, im Zweifelsfall sollte man Englisch sprechen.
RELIGION: Überwiegend römisch-katholisch, es gibt auch verschiedene evangelische Minderheiten, v. a. Lutheraner, sowie Angehörige der russisch-orthodoxen Glaubensrichtung.
ORTSZEIT: MEZ + 1 (im Sommer MEZ + 2).
NETZSPANNUNG: 220 V, 50 Hz.
POST- UND FERNMELDEWESEN: Telefon: Selbstwählferndienst. Bei Ferngesprächen innerhalb des Landes muß man zuerst eine (8) wählen. **Landesvorwahl: 370.** Ortsnetzkennzahl für Vilnius (2), für Kaunas (7) und für Klaipeda (6). **Telefaxservice** bieten in Vilnius das *Telegraph Center* (Universiteto 14, Tel: (2) 62 66 49, durchgehend geöffnet), das *Foreign Tourist Service Bureau* (im Hotel Lietuva, Ukmerges 20, Tel: (2) 35 60 16) und das *Comliet Büro* (Architektu 146, Tel: (2) 29 00 11). Auch in Klaipeda gibt es mehrere Telefaxstellen. **Post:** Briefe nach Westeuropa sind bis zu sechs Tagen unterwegs. Das Hauptpostamt in Vilnius am Gedimino pr. 7 ist Mo-Sa 08.00-20.00 Uhr, So 11.00-19.00 Uhr geöffnet.
DEUTSCHE WELLE
Der Einsatz der Kurzwellenfrequenzen ändert sich mehrfach im Laufe eines Jahres, und Sendungen auf den folgenden Frequenzen werden jeweils nur zu bestimmten Tageszeiten ausgestrahlt. Näheres in der Einleitung.

MHz	17,560	11,865	9,545	6,140	6,075
Meterband	16	25	31	49	49

REISEPASS/VISUM

Wichtiger Hinweis: *Die Einreisebestimmungen mancher Länder können sich kurzfristig ändern – rufen Sie sicherheitshalber auf Ihrem CRS-System (TIMATIC-Info-Code-Fenster in diesem Kapitel) den aktuellen Stand ab bzw. wenden Sie sich an die zuständige diplomatische Vertretung. Etwaige Zahlen in der Tabelle beziehen sich auf nachfolgende Fußnoten.*

	Paß erforderlich?	*Visum erforderlich?*	*Rückflugticket erforderlich?*
Deutschland	Ja	Ja	Nein
Österreich	Ja	Ja	Nein
Schweiz	Ja	Nein	Nein
Andere EU-Länder	Ja	Ja/1	Nein

REISEPASS: Allgemein erforderlich zur Einreise.
VISUM: Allgemein erforderlich, ausgenommen sind Staatsbürger folgender Länder:
(a) **[1]** Dänemark, Großbritannien und Italien;
(b) Australien, Bulgarien, Estland, Island, Japan, Liechtenstein, Lettland, Norwegen, Polen, Slowakische Republik, Tschechische Republik, Ungarn, USA und Vatikanstadt.
Für Staatsbürger einiger Länder ist ein litauisches Visum auch für Estland und Lettland gültig.
Anmerkung: Bei Einreise auf dem Landweg über Rußland oder Belarus wird ein russisches bzw. weißrussisches Transitvisum benötigt. Dieses Visum ist nicht an der Grenze erhältlich und muß bereits vor der Abreise beantragt werden (s. *Russische Föderation* oder *Belarus*).
Visaarten: Transit-, Einreisevisum (zur ein- und mehrmaligen Einreise) und Gruppenvisum.
Visagebühren: *Transitvisum:* einmalige Einreise: 10 DM, 15 sfr (48 Std. gültig), mehrmalige Einreise: 25 DM, 150 öS, 50 sfr (48 Std. gültig). *Einfachvisum:* 35 DM, 30 sfr; *Mehrfachvisum:* 95 DM, 150 öS, 50 sfr; *Gruppenvisum:* 15 DM, 10 sfr pro Person. Bei Wochenend- oder Feiertagsausstellung: Verdoppelung der normalen Gebühr. Für österreichische Staatsbürger werden einmalige Transitvisa, Einfach- und Gruppenvisa kostenlos ausgestellt.
Anmerkung: Expreßvisa werden gegen einen Aufpreis ausgestellt. Nähere Informationen von den jeweiligen Konsularabteilungen. Expreßvisa werden nur persönlich nach Zustimmung des Konsuls ausgestellt. Gleiches gilt für Visaausstellungen am Wochenende oder an Feiertagen. Visa für Kinder unter 16 Jahren sind kostenlos. Gruppenvisa werden in Bonn für Gruppen ab 5 Personen, in der Schweiz ab 10 Personen ausgestellt.
Gültigkeitsdauer: Transitvisum: 48 Std; Einfachvisum: 30 Tage; Mehrfachvisum: bis zu 90 Tagen.
Unterlagen: (a) Gültiger Reisepaß. (b) 1 Paßbild (2 Paßfotos bei Beantragung in Genf und Wien). (c) Ausgefüllter Visumantrag (Original; 2 Visaanträge in Genf). (d) Bei postalischer Antragstellung ein frankierter Rückumschlag (Einschreiben). (e) Kopie des abgestempelten Überweisungsbelegs (Schecks werden nicht akzeptiert).
Antragstellung: Bei der zuständigen konsularischen Vertretung (Adressen s. o.). Staatsangehörige von Ländern, in denen Litauen keine Vertretung unterhält, sowie Reisende mit festem Wohnsitz in Litauen erhalten ein Visum an der Grenze.
Bearbeitungszeit: Bei postalischer Beantragung etwa 10 Werktage, bei persönlicher Antragstellung Ausstellung am selben Tag. Postalische Expreßausstellung gegen erhöhte Gebühr innerhalb von 3 Tagen.

GELD

Währung: 1 Litas = 100 Centas. Banknoten sind im Wert von 100, 50, 20, 10, 5, 2 und 1 Litas und Münzen sind in den Nennbeträgen 5, 2 und 1 Litas sowie 50, 20 und 10 Centas in Umlauf. Der Litas ist an den US-Dollar gebunden.
Geldwechsel: Geld kann in Banken oder auch im *Foreign Tourist Service Bureau* im Hotel Lietuva (Adresse s. o.) gewechselt werden, hier werden auch täglich die offiziellen Wechselkurse ausgehängt. Wechselstuben gibt es auch in Kaunas und Klaipeda. Am besten hat man DM oder US-Dollar dabei.
Reiseschecks werden von einigen Banken ebenfalls akzeptiert.
Wechselkurse

	Litas Okt. '93	Litas Febr. '94	Litas Jan. '95	Litas Jan. '96
1 DM	2,54	2,25	2,58	2,78
1 US$	4,13	3,91	4,00	4,00

Devisenbestimmungen: Keine Einfuhr- oder Ausfuhrbeschränkungen für Fremdwährungen, Deklaration erforderlich.
Öffnungszeiten der Banken: Mo-Fr 9.00-17.00 Uhr, einige Banken auch Sa 09.00-13.00 Uhr.

DUTY FREE

Folgende Artikel können zollfrei nach Litauen eingeführt werden:
200 Zigaretten oder 50 Zigarren oder 250 g Tabak;
1 l Spirituosen oder 2 l Wein.

GESETZLICHE FEIERTAGE

5. Mai '96 Muttertag. **6. Juli** Jahrestag der Krönung des Großherzogs Mindaugas von Litauen. **1. Nov.** Allerheiligen. **25./26. Dez.** Weihnachten. **1. Jan. '97** Neujahr. **16. Febr.** Unabhängigkeitstag. **28. März** Karfreitag. **31. März** Ostermontag. **5. Mai** Muttertag.

GESUNDHEIT

In der folgenden Tabelle aufgeführte Impfvorschriften können sich kurzfristig ändern. Es wird stets empfohlen, auf Ihrem CRS-System (TIMATIC-Info-Code-Fenster in diesem Kapitel) den aktuellen Stand der Gesundheitsbestimmungen abzurufen bzw. rechtzeitig vor der Reise ärztlichen Rat einzuholen.

	Vorsichtsmaßnahmen empfohlen	*Impfschein erforderlich*
Gelbfieber	Nein	Nein
Cholera	Nein	Nein
Typhus & Polio	Nein	-
Malaria	Nein	-
Essen & Trinken	Nein	-

Tollwut kommt in abgelegenen Gegenden vor.
Hepatitis A kann vorkommen.
Diphterie-Ausbrüche wurden ebenfalls gemeldet.
Gesundheitsvorsorge: Urlaubern stand bislang bei Unfällen freie medizinische Versorgung zur Verfügung. Das Gesundheitswesen befindet sich im Umbruch, und der Abschluß einer Reisekrankenversicherung wird empfohlen.

REISEVERKEHR - International

FLUGZEUG: Linienflugverkehr mehrmals wöchentlich mit der nationalen Fluggesellschaft *Lithuanian Airlines (LAL)* von Berlin und Frankfurt/M. nach Vilnius. *Lufthansa* fliegt die litauische Hauptstadt von Frankfurt/M. und Hamburg an. *Austrian Airlines* betreiben ebenfalls Flugdienste nach Vilnius. Von der Schweiz werden keine direkten Linienflüge nach Litauen mehr angeboten, man steigt in Wien, Frankfurt/M., Kopenhagen, Budapest oder Warschau um. *Hamburg Airlines, Estonian Air, LOT, Malev* und SAS bieten ebenfalls regelmäßige Verbindungen. Im Sommer auch Charterflugverbindungen nach Palanga/Kurische Nehrung u. a. von Hamburg, Frankfurt/M. und Münster/Osnabrück. In Erwägung zu ziehen ist auch ein Flug nach Kaliningrad/Russ. Föderation mit Transfer an die litauische Ostseeküste.
Durchschnittliche Flugzeiten: *Hamburg* – Vilnius: 4 Std. 25 (einstündiger Aufenthalt in Frankfurt); *Frankfurt/M.* – Vilnius: 2 Std. 10; *Wien* – Vilnius: 2 Std. (Nonstop); *Zürich* – Vilnius: 3 Std. 15 (reine Flugzeit, zzgl. 55 Min. Aufenthalt in Wien).
Internationale Flughäfen: *Vilnius International Airport* (VNO) liegt ca. 10 km außerhalb der Stadt. Bus- und Taxiservice erhältlich. Die Fahrzeit zur Innenstadt beträgt etwa 20 Minuten. Weitere internationale Flughäfen befinden sich in Kaunas und Palanga (das Tor zur Ostseeküste).
SCHIFF: Ganzjährig verkehrt eine Fähre zwischen Mukran in der Nähe von Saßnitz auf Rügen und Klaipeda (Litauen). Die Fahrzeit beträgt ca. 18 Std., Vorausbuchung wird empfohlen. Weitere Informationen sind von der *Deutschen Seereederei-Lines (DSR) GmbH* in Saßnitz-Neu Mukran erhältlich. Mittwochs und donnerstags gibt es eine Verbindung zwischen Kiel und Klaipeda, Überfahrtsdauer etwa 30 Std. Außerdem Verbindungen von Klaipeda nach Ahus (Schweden) 18 Std. und Klaipeda nach Fredericija (Dänemark) 34 Std. Klaipeda ist der einzige ganzjährig eisfreie Seehafen der Baltischen Staaten und wird von 200 internationalen Häfen aus angelaufen.
BAHN: Vilnius ist Knotenpunkt für den internationalen und nationalen Eisenbahnverkehr. Die wichtigsten Strecken führen nach Riga (Lettland), Minsk (Belarus) und Kaliningrad (Russ. Föderation) sowie Grodno (Belarus) und Warschau (Polen). Es gibt eine tägliche Schlafwagenverbindung (Kurswagen) nach Vilnius von Berlin-Lichtenberg über Warschau und Grodno (weißruss. Transitvisum erforderlich, das vor der Abreise besorgt werden muß). Weitere Verbindungen im Passagierverkehr nach Budapest, Prag, Sofia (über Belarus) sowie nach Suwalki (Polen).
BUS/PKW: Litauen hat ein gut ausgebautes Straßennetz, das die Republik mit allen Nachbarstaaten verbindet. Es gibt zahlreiche Grenzübergangsstellen von Litauen nach Lettland, Belarus und in die Region Kaliningrad (Russ. Föderation). Am günstigsten ist die Anreise über Polen (Ogrodniki/Polen – Lazdijai/Litauen). Mit oft langen Wartezeiten an der Grenze muß gerechnet werden. Die alte Verbindungsstraße *Via Baltica*, die durch Lettland und Litauen verläuft, soll in allen Abschnitten zur modernen Fernverkehrsstraße ausgebaut werden und von Tallinn/Estland nach Warschau führen und eine schnelle Verbindung von Skandinavien nach Westeuropa ermöglichen. **Bus:** Fernbuslinienverkehr von Vilnius nach Kopenhagen, Warschau, Danzig, Riga/Lettland, Tallinn/Estland, Minsk/Belarus und Kaliningrad/Russ. Föderation.

REISEVERKEHR - National

FLUGZEUG: Die Flughäfen von *Kaunas*, *Palanga* und *Siauliai* dienen dem innerlitauischen Flugverkehr.
BAHN: Gute Verbindungen von Vilnius in alle größeren Städte einschl. Kaunas, Klaipeda und Siauliai. Zweimal täglich verkehrt ein Zug (darunter ein Nachtzug) von Vilnius zur Ostseeküste, der allerdings nicht in Palanga, dem beliebtesten Bade- und Kurort an der Ostsee, hält. Man kann jedoch in Kretinga oder Klaipeda aussteigen und von dort den Bus nehmen. Von Klaipeda aus gibt es auch Busverbindungen nach Nida und Juodkrante auf der Kurischen Nehrung. Vorortzüge Richtung Ignalina verbinden die Hauptstadt mit der reizvollen Seenplatte im Trakaier Naturschutzgebiet.
BUS/PKW: Alle größeren Städte sind an das Straßennetz angeschlossen und können von Vilnius aus bequem von Pkw-Reisenden erreicht werden. Der Zustand der Straßen ist i. allg. recht gut. Moderne vierspurige Autobahnen führen von Vilnius nach Kaunas, Klaipeda und Panevezys. **Busse:** Das Linienbusnetz ist gut und bedient nahezu alle Ortschaften des Landes. Generell kommt man mit Bussen schneller ans Ziel als mit der Bahn, zumal sie in kürzeren Abständen verkehren. Vilnius hat einen zentralen Omnibusbahnhof. **Mietwagen** auch mit Chauffeur werden von lokalen Autovermietungen und zunehmend auch von internationalen Firmen angeboten, sind aber sehr teuer. Der Abschluß einer Kurzkaskoversicherung wird empfohlen. Tankstellen akzeptieren Devisen oder Kreditkarten. Bleifreies Benzin ist in allen größeren Städten und an bestimmten Tankstellen entlang der Via Baltica erhältlich. **Verkehrsbestimmungen:** Es besteht Anschnallpflicht. Höchstgeschwindigkeit auf Autobahnen 110 km/h, auf Landstraßen 90 km/h und 60 km/h innerhalb geschlossener Ortschaften. **Unterlagen:** EU-Führerschein oder Führerschein des eigenen Landes. Bei Anreise über Belarus empfiehlt sich die Mitnahme eines internationalen Führerscheins.
STADTVERKEHR: Innerhalb der Städte verkehren Busse und Oberleitungsbusse zwischen 06.00-01.00 Uhr. Fahrkarten kauft man im voraus am Kiosk. Taxis (zu erkennen am *Taksi*-Schild) haben grüne Leuchtschilder und können einfach auf der Straße angehalten werden.

UNTERKUNFT

HOTELS: Seit der Unabhängigkeit Litauens bemühen sich westliche Firmen darum, die ehemaligen staatlichen Hotels dem internationalen Standard anzupassen. Jointventures mit europäischen und amerikanischen Firmen sollen dafür sorgen, daß die Unterkunftsmöglichkeiten in Litauen bald westlichem Standard entsprechen. Bisher ist

dies jedoch noch nicht überall der Fall. Aufgrund einer Energiekrise, ausgelöst durch die Weigerung der Russischen Föderation, Litauen weiterhin mit Öl unter Weltmarktpreisen zu beliefern, haben viele Hotels und Privathaushalte oft kein Warmwasser. Da die Versorgung zentral erfolgt, sind bei einem Ausfall des Heizkraftwerks gleich ganze Stadtteile betroffen. Die großen Hotels sind allerdings zunehmend darauf bedacht, eine eigenständige Versorgung zu gewährleisten. Bei der Hotelbuchung sollte man darauf achten, daß Heißwasser und Heizung vorhanden sind. Bei Ferienwohnungen an der Ostseeküste besteht dieses Problem in der Regel nicht. Die Modernisierungs- und Umbaumaßnahmen zur Erweiterung der Hotelkapazität und zur Verbesserung des Hotelangebots konzentrieren sich vor allem auf die Hauptstadt. Das *Hotel Lietuva* ist ein 3-Sterne-Hotel mit 350 Zimmern unweit der Innenstadt. Daneben gibt es sechs weitere große Hotels in Vilnius (*Neringa, Astrija, Vilnius, Karolina, Turistas, Sarunas*). Außerhalb von Vilnius findet man eine recht gute Auswahl an größeren Hotels und kleineren Pensionen, die vor der Unabhängigkeit unter staatlicher Aufsicht standen. Die Klassifizierung erfolgt nach dem Sternesystem. Da die Bettenkapazität momentan nicht ausreicht, wird eine Vorausbuchung dringend empfohlen. An der Straße nach Riga etwa 19 km von Vilnius befindet sich das moderne *Hotel Villon*. Die großen Hotels in Kaunas liegen alle in der Stadtmitte (*Baltija, Lietuva, Nemunas, Neris*). In Klaipeda stehen ebenfalls einige größere Hotels zur Verfügung (*Klaipeda Pamarys, Prusija, Vetrunge*). Gute Unterkunftsmöglichkeiten in Palanga und auf der Kurischen Nehrung bieten Pensionen und Ferienhotels. Weitere Informationen erteilen das *Baltische Fremdenverkehrsamt* und *Litauen-Reisen* (Adressen s. o.) sowie der *Lithuanian Hotel Association*, c/o Herr R. Mikuius, Vyetenio 9/25, LT-2009 Vilnius. Tel: (2) 23 27 11. Telefax: (2) 23 27 60.
PRIVATUNTERKÜNFTE (Zimmer und Häuser) werden durch örtliche Reisebüros vermittelt und sind speziell in den Ferienorten eine beliebte Alternative.
CAMPING: Es gibt nur wenige offizielle Campingplätze, diese liegen jedoch in den schönsten Landesteilen wie Palanga (Ostseeküste) und Trakai (Seengebiet) oder in der Nähe der größten Städte, darunter drei in und um Vilnius. Auf der Kurischen Nehrung ist das Campen verboten. An fast allen Seen und Flußufern, auch in den Nationalparks, darf man sein Zelt an ausgewiesenen Stellen gegen eine geringe Gebühr aufschlagen, es gibt jedoch kaum Service-Einrichtungen. Allerdings ist die Gebühr dafür, einen Wohnwagen in ein Naturschutzgebiet zu bringen, sehr hoch (ca. 400 DM).
JUGENDHERBERGEN/BILLIGUNTERKÜNFTE: Informationsstelle: *Student and Youth Travel*, Basanaviciaus 30/15, LT-Vilnius. Tel: (2) 65 01 45. Telefax: (2) 26 21 31.

URLAUBSORTE & AUSFLÜGE

Die litauische Hauptstadt **Vilnius** wird auf drei Seiten von bewaldeten Hügeln umschlossen und durch den Fluß *Neris* (Vilnya) in zwei Hälften geteilt. Die Innenstadt liegt am Südufer. Im Gegensatz zu Tallinn und Riga ist Vilnius keine deutsche Stadtgründung. Die wunderschöne Altstadt wird nach und nach restauriert und wird bald in alter Pracht zu besichtigen sein. Die Vielfalt der architektonischen Stilrichtungen ist beeindruckend, und der Einfluß der italienischen Architektur ist nicht zu übersehen. Im Herzen der Stadt liegt der schöne *Gediminas-Platz*, auf dem auch die Kathedrale im klassizistischen Stil steht, die jahrelang als Gemäldegalerie diente. Vor drei Jahren wurde sie jedoch an die Katholische Kirche zurückgegeben. In der *St.-Peter-und-St.-Paul-Kirche* liegt der Heilige Kasimir begraben, einer der am meisten verehrten litauischen Prinzen. Keine Stadtbesichtigung wäre ohne einen Besuch der alten Universität von Vilnius vollständig. Sie wurde 1579, zur Blütezeit der Stadt, gegründet und ist damit eine der ältesten Europas. Die Universität mit ihren Innenhöfen und Bogengängen ist ein schönes Beispiel der Renaissance-Baukunst. Von der hochgelegenen *Gediminas-Burg*, die auch das Wahrzeichen der Stadt ist, hat man einen herrlichen Panoramablick. Ganz in der Nähe von Vilnius liegt **Purnuskes**, der exakte geographische Mittelpunkt Europas. **Trakai**, die ehemalige Hauptstadt Litauens, liegt ca. 25 km von Vilnius entfernt am Ufer des Galve-Sees, welcher sich ideal für Bootfahrten eignet. Die Stadt ist leicht mit dem Vorortzug von Vilnius aus zu erreichen. Die imposante Burg aus dem 14. Jahrhundert sollte in keinem Besuchsprogramm fehlen. Hübsche Holzhäuser prägen das Bild der reizvollen Altstadt. Das seenreiche Umland zählt zu den schönsten Landstrichen Litauens. Das 3000 ha große Naturschutzgebiet ist wie geschaffen für ausgedehnte Wanderungen. **Kaunas**, die zweitgrößte Stadt des Landes, ist ein wichtiges Industrie- und Kulturzentrum. Die Stadt macht ihrem Namen als »Stadt der Museen« alle Ehre. Das *Museum für Teufelsdarstellungen* lädt Furchtlose zu einer ausgedehnten Besichtigung ein. Eher nachdenklich stimmt das Denkmal für die Opfer der deutschen Invasion im 2. Weltkrieg. Die drei Theater sorgen für kulturelle Abwechslung. Einige Burgruinen aus dem 11. Jahrhundert und das alte Rathaus sind ebenfalls sehr sehenswert. Der malerische Seekurort **Druskininkai** liegt ca. 135 km von Vilnius entfernt. In der Kleinstadt **Rumsiskes** (80 km von Vilnius) sollte man einen Besuch des Freilichtmuseums mit zahlreichen Bauernhäusern aus allen Teilen des Landes einplanen. **Birstonas** ist ein hübscher Kurort mit reizvoller Altstadt. **Kernave** liegt 40 km nordwestlich von Vilnius und war vor Trakai und Vilnius Hauptstadt Litauens. Archäologische Ausgrabungen haben hier eine mittelalterliche Siedlung aus dem 12. Jahrhundert zum Vorschein gebracht. Im Gemeindemuseum gibt es eine große Sammlung religiöser Gegenstände und Statuen, die während der sowjetischen Besatzung versteckt waren. In **Paezeriai** findet man ein Schloß aus dem 18. Jahrhundert. Auf dem **Rambynas-Berg** befindet sich eine heidnische Opferstätte, die Mittsommernachtsfeste sind besonders sehenswert. Auf dem *Berg der Kreuze* in der Nähe der nördlichen Industriestadt **Siauliai** wurden zehntausende von Kreuzen als Zeichen des Widerstandes aufgestellt. Der Badeort **Palanga** bietet saubere Strände und herrliche Sanddünen. Palanga ist einer der schönsten Ferienorte Europas und ein beliebter Kurort. Der 80 ha große *Botanische Garten* und das in einem alten Palais untergebrachte *Bernsteinmuseum* sind einen Besuch wert. Die Kiefernwälder, langen Sandstrände und malerischen Sanddünen der Umgebung sind ideal für Erholungssuchende. Ganz in der Nähe liegt **Klaipeda**, ein wichtiger See- und Fährhafen. Es gibt fünf Nationalparks und mehrere Naturschutzgebiete in allen Landesteilen. Zu den schönsten zählen das Seengebiet um Trakai und der *Aukstaitija-Nationalpark* im Nordosten mit seinem herrlichen alten Baumbestand. Sie bieten Gelegenheit, seltene Pflanzen zu entdecken und Schwarzstörche und Kraniche zu beobachten. Ein einzigartiges Naturparadies ist der *Nationalpark Kurische Nehrung*. Das litauische Wort *Neringa* bezeichnet die gesamte, aus verwaltungstechnischen Gründen geschaffene Gemeinde, die die ganze Halbinsel und insgesamt 100 qkm umfaßt. Wunderbare Wander- und Erholungsmöglichkeiten findet man auch hier. Lauschige Wälder, verträumte Orte, idyllische Holzhäuser und vor allem die eindrucksvolle Dünenlandschaft, die tatsächlich an die Sahara erinnert, machen diese Region zu einer der schönsten in ganz Europa. Kein Wunder, daß sich Künstler schon immer hierhergezogen fühlten. Auch Thomas Mann verbrachte hier in den dreißiger Jahren mehrmals seinen Sommerurlaub in seinem Haus, das man heute besichtigen kann. Unweit der südlichsten Ortschaft **Nida** befindet sich die sogenannte »Litauische Sahara«, die von bis zu 60 m hohen Dünen gebildet wird. Weitere bekannte Urlaubsorte sind Juodkrante und Preila.

SOZIALPROFIL

ESSEN & TRINKEN: Tischbedienung ist üblich, Bistros und Snackbars mit Selbstbedienung sind jedoch auch weit verbreitet. »Fast food« bekommt man kaum. Vorspeisen sind sehr schmackhaft und oftmals der kulinarische Höhepunkt der Mahlzeit. Einheimische Spezialitäten sind *Skilandis* (Zwischenmahlzeit mit Fleisch), *Salti Barsciai* (kalt servierte Suppe), *Bulviniai Blynai* (Kartoffelklöße), *Vedarai* (Wurst aus Kartoffeln) und *Cepelinai* (aus geriebenen Kartoffeln mit Hackfleischfüllung). Geschmorte Gans mit Äpfeln und Pflaumen gefüllt ist eine weitere baltische Spezialität. Geräucherter Aal wird an der Ostseeküste serviert. *Midus*, das berühmte litauische Honiggetränk mit leichtem Alkoholgehalt, sollte man unbedingt einmal probieren.
NACHTLEBEN: In Vilnius gibt es eine große Auswahl an Restaurants, Cafés, Bars und Nachtklubs. Opernaufführungen und Ballettabende kann man im Vienuolio-Theater genießen. Besonders renommiert sind die Inszenierungen im Januimo-Theater. Auch in den anderen Großstädten bieten Restaurants mit Live-Musik, Diskotheken und Nachtclubs mit Varietéprogramm Abendunterhaltung. Kinos gibt es in allen Städten, Kaunas hat ein Musiktheater. Marionettenstücke für Kinder werden in Vilnius und Kaunas angeboten.
EINKAUFSTIPS: Schöne Souvenirs sind Bernstein, Leinenstoffe und Kunstgewerbeartikel. Wer tiefer in die Tasche greifen möchte, kann sich in den Kunstgalerien der großen Städte umsehen.
SPORT: **Basketball** ist Nationalsport. In Litauen gibt es sehr gute Sportanlagen, besonders hervorzuheben ist das *Zalgiris-Stadion* (Vilnius) mit 15.000 Sitzplätzen. Das Trakaier Seengebiet, das Haff *Kursin marios* und der Stausee *Kauno marios*, ein reizvolles Naherholungsgebiet, bieten gute Bedingungen zum **Segeln** und **Windsurfen**. **Schwimmen, Fußball, Handball, Tennis** und **Eishockey** sind ebenfalls beliebte Sportarten.
VERANSTALTUNGSKALENDER
22. - 25. Mai '96 *Festival von Traditionstänzen*, Klaipeda. **23. - 26. Mai** *Skamba skamba kankliai* (Internationales Folklorefestival), Vilnius. **29./30. Juni** *Internationale Ruderregatta*, Trakai. **1. - 28. Juli** *Sommer-Musikfestival*, Vilnius. **25. - 28. Aug.** *Sea Festival*, Klaipeda. **29./30. Aug.** *Ruderregatta*, Trakai. **3. - 8. Sept.** *Baltische Textil- und Lederwarenausstellung '96 (Litexpo)*, Vilnius. **1. - 10. Okt.** *Internationales Festival von Streichquartetten*. **Anfang '97** *450jähriges Jubiläum des ersten litauischen Buches*.
SITTEN & GEBRÄUCHE: Zur Begrüßung gibt man sich die Hand. Die üblichen Höflichkeitsformen gelten auch hier. Litauer sind sehr stolz auf ihre Kultur und Geschichte, respektieren Sie dies als Besucher. **Trinkgeld:** Zuschläge für Bedienung sind in den Rechnungen enthalten. Die Taxifahrpreise enthalten ebenfalls ein Trinkgeld. Ein Extratrinkgeld ist jedoch manchmal gern gesehen.

WIRTSCHAFTSPROFIL

WIRTSCHAFT: Litauens wichtigste Wirtschaftszweige sind Industrie und Landwirtschaft, welche in 1994 40% bzw. 8% des Bruttoinlandsprodukts erbrachten. Die Landwirtschaft spielt eine weitaus größere Rolle als in den anderen baltischen Staaten; Getreide und Kartoffeln sind die Haupterzeugnisse, Milch- und Viehwirtschaft werden ebenfalls betrieben. Die wichtigsten Industriezweige sind der Maschinenbau, die Lebensmittelindustrie und die Produktion von elektrischen, elektronischen und optischen Geräten. Die Fischerei ist ebenfalls von Bedeutung. Litauen verfügt über keinerlei Rohstoffe und muß alle Brenn- und Kraftstoffe importieren (1992 40% der Importe). Auf diese Abhängigkeit zielten die Wirtschaftssanktionen ab, die vom Kreml 1989 und 1990 verhängt wurden. Anfang 1992 wurde eine Vereinbarung mit der Russischen Föderation über den Austausch wichtiger Güter getroffen. Inzwischen weigert sich die Russische Föderation jedoch, weiterhin Erdöl unter dem Weltmarktpreis an Litauen abzugeben. Dies führte zu einer bis jetzt anhaltenden Energiekrise. Die Warmwasser- und Heizungsversorgung ist in weiten Landesteilen fast das ganze Jahr über immer wieder unterbrochen. Wie alle ehemaligen Ostblockstaaten hat die Umstellung von der Planwirtschaft auf ein marktwirtschaftliches System große Probleme mit sich gebracht. Die Regierung sprach sich 1993 für vorsichtige marktwirtschaftliche Reformen und eine enge Zusammenarbeit mit westlichen Ländern aus. So sind Rohölförderungen mit Hilfe eines schwedischen Konzerns im Gespräch. Jointventures werden gefördert und Anreize für ausländische Investoren geschaffen. Die Privatisierung staatlicher Betrieben schreitet langsam voran. Beide Sektoren haben allerdings erhebliche Produktionsverluste zu verzeichnen. Chronischer Devisenmangel erschwert den Erwerb dringend benötigter Maschinen und die Umstellung auf moderne Technologien. Litauen erhielt im September 1992 einen Beistandskredit über 82 Mio. US-Dollar vom Internationalen Währungsfonds, Investitionshilfen wurden auch von den skandinavischen Ländern gestellt. Ein 1992 geschlossenes Handelsabkommen zwischen der damaligen EG und den baltischen Staaten soll die Umorientierung auf westliche Märkte erleichtern und einen besseren Zugang zum Markt der Europäischen Union ermöglichen. 1994 wurde ein einseitiges Freihandelsabkommen mit der EU unterzeichnet. Litauen ist an einer Mitgliedschaft in der Europäischen Union interessiert. Hauptabsatzmärkte sind die Russische Föderation, die Ukraine, Deutschland und die Niederlande. Exportiert werden vor allem Maschinen, Baumaterialien, Holz und Papier, Textilien, Schuhe und Nahrungsmittel.
GESCHÄFTSVERKEHR: Bei geschäftlichen Treffen geht es recht formell zu, und auf eine gepflegte Erscheinung wird großen Wert gelegt. Deutsch und Englisch sind als Geschäftssprachen gebräuchlich. **Geschäftszeiten:** Mo-Fr 09.00-13.00 und 14.00-18.00 Uhr.
Kontaktadressen: *Repräsentanz der Deutschen Wirtschaft*, c/o Industrie- und Handelskammer, Algirdo Sr. 31, LT-2600 Vilnius. Tel: (2) 66 01 83. Telefax: (2) 66 26 53.
Die wirtschaftlichen Interessen Österreichs werden von der Außenhandelsstelle in Stockholm (s. Schweden) *wahrgenommen*.
Association of Lithuanian Chambers of Commerce and Industry (Industrie- und Handelskammer), V. Kudirkos 18, LT-2600 Vilnius. Tel: (2) 22 26 30. Telefax: (2) 22 26 21.
KONFERENZEN/TAGUNGEN: Einige Hotels in Vilnius bieten Konferenzeinrichtungen und Planungshilfen für Konferenzen und Kongresse. In der Nachsaison können Tagungen auch in einigen Ferienzentren in Palanga durchgeführt werden.

KLIMA

Gemäßigtes Klima, Übergangszone zwischen Kontinental- und Meeresklima. Generell eher wechselhaft, im Schnitt 1670 Sonnenscheinstunden pro Jahr. Warme Sommer, Frühling und Herbst sind relativ mild. Kalte Winter (November bis Mitte März), oft mit starken Schneefällen. Die Niederschläge sind über das ganze Jahr verteilt, im August fällt der meiste Regen.

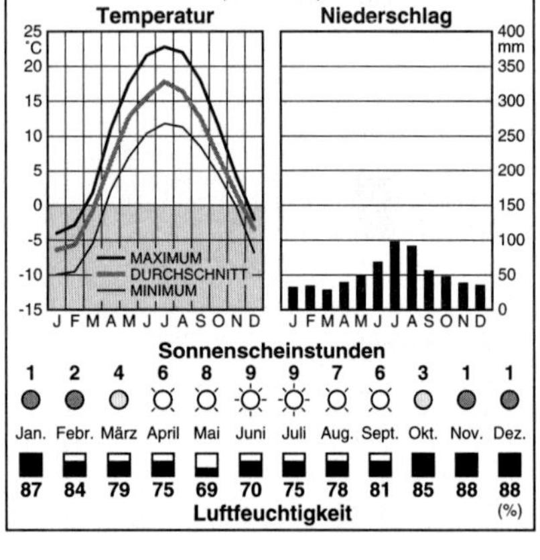

Luxemburg

Internationaler Flughafen

Lage: Westeuropa.

Luxemburgisches Verkehrsamt
Bismarckstraße 23-27
D-41061 Mönchengladbach
Tel: (02161) 20 88 88. Telefax: (02161) 27 42 22.
Mo-Fr 09.30-18.00 Uhr, Sa 09.30-12.30 Uhr.
Office National du Tourisme
77 Rue d'Anvers
BP 1001
L-1010 Luxembourg
Tel: 40 08 08. Telefax: 40 47 48.
Großherzoglich-Luxemburgische Botschaft
Adenauerallee 108
D-53113 Bonn
Tel: (0228) 21 40 08. Telefax: (0228) 22 29 20.
Mo-Fr 09.00-12.00 und 14.00-17.00 Uhr, *Konsularabt.:*
09.30-11.30 Uhr.
Honorargeneralkonsulat mit Visumerteilung in Frankfurt/M. (Tel: (069) 23 66 11).
Honorarkonsulate mit Visumerteilung in Aachen (Tel: (0241) 40 36 56), *Berlin* (Tel: (030) 31 00 51 30), *Bremen* (Tel: (0421) 36 60 01 33), *Düsseldorf* (Tel: (0211) 498 13 36), *Hamburg* (Tel: (040) 82 30 32), *Hannover* (Tel: (0511) 56 30 35), *Stuttgart* (Tel: (0711) 24 55 91), *Trier* (Tel: (0651) 4 04 01) und *Saarbrücken* (Tel: (06898) 10 34 98). Die Botschaft erteilt Auskunft über den jeweiligen Zuständigkeitsbereich.
Honorargeneralkonsulat ohne Visumerteilung in München.
Honorarkonsulat ohne Visumerteilung in Dresden.
Großherzoglich-Luxemburgische Botschaft
Sternwartestraße 81
A-1180 Wien
Tel: (0222) 478 21 42. Telefax: (0222) 478 21 44.
Konsularabt.: Mo-Fr 09.00-12.00 Uhr.
Großherzoglich-Luxemburgische Botschaft
Kramgasse 45
CH-3011 Bern
Postfach 619
CH-3000 Bern 8
Tel: (031) 311 47 32. Telefax: (031) 311 00 19.

TIMATIC INFO-CODES

Abrufbar über Ihr CRS-System (für START/Amadeus Amadeus-Maske benutzen). Für Galileo bitte TI-DFT eingeben (mit Bindestrich).

Flughafengebühren	TI DFT/ LUX /TX
Währung	TI DFT/ LUX /CY
Zollbestimmungen	TI DFT/ LUX /CS
Gesundheit	TI DFT/ LUX /HE
Reisepassbestimmungen	TI DFT/ LUX /PA
Visabestimmungen	TI DFT/ LUX /VI

Konsularabt.: Mo-Fr 09.30-11.00 und 15.30-17.00 Uhr.
Botschaft der Bundesrepublik Deutschland
20-22 Avenue Emile Reuter
L-2420 Luxembourg
Tel: 453 44 51. Telefax: 45 56 04.
Botschaft der Republik Österreich
3 Rue des Bains
L-1212 Luxembourg
Tel: 47 11 88. Telefax: 46 39 74.
Botschaft der Schweizerischen Eidgenossenschaft
35 Boulevard Royal
L-2449 Luxembourg
BP 469
L-2014 Luxembourg
Tel: 22 74 74. Telefax: 46 43 93.

FLÄCHE: 2586 qkm.
BEVÖLKERUNGSZAHL: 400.000 (1994).
BEVÖLKERUNGSDICHTE: 155 pro qkm.
HAUPTSTADT: Luxembourg-Ville. **Einwohner:** 119.775 (1992).
GEOGRAPHIE: Luxemburg grenzt im Norden und Westen an Belgien, im Süden an Frankreich und im Osten an Deutschland. Ein Drittel des Landes besteht aus den Bergen und Wäldern der Ardennen, der Rest ist Agrarland. Im Südosten liegt das fruchtbare Weintal der Mosel.
STAATSFORM: Parlamentarisch-demokratisches Großherzogtum. Staatsoberhaupt: Großherzog Jean, seit 1964. Regierungschef: Jean-Claude Juncker, seit Januar 1995. Einkammerparlament mit 60 Mitgliedern. Legislaturperiode: 5 Jahre. Die letzten Wahlen fanden 1994 statt.
SPRACHE: Seit 1984 drei amtliche Arbeitssprachen: Französisch, Deutsch und Letzeburgisch. Gesetzessprache ist Französisch, Geschäftssprachen sind Deutsch und Französisch; viele Zeitungen sind deutschsprachig. Letzeburgisch, ein moselfränkischer Dialekt, wird von den meisten Einwohnern gesprochen und geschrieben.
RELIGION: 94% römisch-katholisch, protestantische und jüdische Minderheiten.
ORTSZEIT: MEZ.
NETZSPANNUNG: 220 V, 50 Hz.
POST- UND FERNMELDEWESEN: Telefon: Selbstwählferndienst. **Landesvorwahl:** 352. Internationale Telefonzellen erkennt man an der gelben Wählscheibe mit dem Telefonhörer in der Mitte. **Telefax:** Im Hauptpostamt von Luxembourg-Ville gibt es eine Telefax-Kabine. Telefaxe kann man an die Sammelnummer 49 11 75 schicken, sie werden dann innerhalb Luxemburgs per Eilboten zugestellt. **Telex/Telegramme:** Übermittlung im Postamt in der Rue Aldringen 25, Luxembourg-Ville und in allen größeren Städten, ebenso in Hotels.
Post: Man kann an alle Postämter postlagernd schreiben, muß jedoch ein Postfach beantragen. Die Post wird bis zu einem Monat aufgehoben. Postämter sind Mo-Fr 08.00-12.00 und 13.30-17.00 Uhr geöffnet, kleinere Postämter oft nur einige Stunden täglich. Das Hauptpostamt in Luxembourg-Ville hat wochentags 07.00-20.00 Uhr geöffnet, Sa 07.00-19.00 Uhr und So 07.00-11.00 Uhr.
DEUTSCHE WELLE
Der Einsatz der Kurzwellenfrequenzen ändert sich mehrfach im Laufe eines Jahres, und Sendungen auf den folgenden Frequenzen werden jeweils nur zu bestimmten Tageszeiten ausgestrahlt. Näheres in der Einleitung.

| MHz | 15,275 | 9,545 | 6,140 | 6,075 | 3,995 |
| Meterband | 19 | 31 | 49 | 49 | 75 |

REISEPASS/VISUM

Wichtiger Hinweis: Die Einreisebestimmungen mancher Länder können sich kurzfristig ändern - rufen Sie sicherheitshalber auf Ihrem CRS-System (TIMATIC-Info-Code-Fenster in diesem Kapitel) den aktuellen Stand ab bzw. wenden Sie sich an die zuständige diplomatische Vertretung. Etwaige Zahlen in der Tabelle beziehen sich auf nachfolgende Fußnoten.

	Paß erforderlich?	Visum erforderlich?	Rückflugticket erforderlich?
Deutschland	1	Nein	Ja
Österreich	1	Nein	Ja
Schweiz	1	Nein	Ja
Andere EU-Länder	1	Nein	Ja

Anmerkung: (a) Luxemburg ist Unterzeichner des Schengener Abkommen, das am 26. März 1995 in Kraft trat (s. Einleitung).
(b) Ein Nachweis über ausreichende Geldmittel sowie eine Rück- oder Weiterflugticket wird von allen Reisenden verlangt.
REISEPASS: Gültiger Reisepaß ist erforderlich, ausgenommen sind:
(a) [1] Staatsangehörige der Bundesrepublik Deutschland, Österreichs, der übrigen Länder der Europäischen Union sowie der Schweiz mit gültigem Personalausweis.
(b) Staatsangehörige von Andorra, Liechtenstein, Malta, Monaco und San Marino mit gültigem Personalausweis für Aufenthalte bis zu 3 Monaten.
Anmerkung: Falls ein Reisepaß benötigt wird, muß dieser mind. 3 Monate über den voraussichtlichen Ausreisetag hinaus gültig sein.
VISUM: Genereller Visumzwang, ausgenommen sind:

(a) Staatsangehörige der unter *Reisepaß* aufgeführten Länder sowie Sloweniens bei Aufenthalten bis zu 90 Tagen;
(b) Staatsangehörige von Argentinien, Australien, Brasilien, Brunei, Chile, Costa Rica, Ecuador, El Salvador, Guatemala, Honduras, Island, Israel, Jamaika, Japan, Kanada, Korea-Süd, Malawi, Malaysia, Malta, Mexiko, Neuseeland, Nicaragua, Norwegen, Panama, Paraguay, Polen, Singapur, der Slowakischen Republik, der Tschechischen Republik, Ungarn, Uruguay, der USA, die Vatikanstadt, Venezuela und Zypern.
Anmerkung: Da Visa i. allg. für alle drei Benelux-Staaten gültig sind (Niederlande, Belgien und Luxemburg), müssen Ausweispapiere auch für diese Staaten gültig sein. Das Visum sollte bei der Vertretung desjenigen Benelux-Staates beantragt werden, den man zuerst besucht.
Visaarten: Touristen- und Transitvisa.
Visagebühren: *Touristenvisum:* 43,50 DM, 342 öS, 54 sfr. *Transitvisum:* 19,50 DM, 152 öS, 24 sfr.
Antragstellung: Zuständiges Konsulat bzw. Konsularabteilung der Botschaft (Adressen s. o.).
Unterlagen: (a) Antragsformular. (b) Frankierter und adressierter Umschlag. (c) 1 Paßfoto. (d) Reisepaß oder Personalausweis. (e) Gebühr. (f) Weiterflugticket für ein Transitvisum. *Schweiz (nur persönliche Beantragung):* (g) Bescheinigung einer Hotelreservierung für ein Touristenvisum. (h) Arbeitsbestätigung in der Schweiz. Auskünfte erteilt das zuständige Konsulat bzw. die Konsularabteilung der Botschaft.
Bearbeitungszeit: Im allgemeinen innerhalb von 48 Std. (oder postwendend bei postalischer Antragstellung), jedoch unter Umständen bis zu 2-3 Wochen, dies betrifft vor allem Staatsbürger arabischer Staaten, Bangladeschs, Chinas, Ghanas, Indiens, Mauretaniens, Pakistans, Südafrikas und Sri Lankas.
Aufenthaltsgenehmigung: Informationen von der Botschaft.

GELD

Währung: 1 Luxemburgischer Franc (lfr) = 100 Centimes. Banknoten gibt es im Wert von 5000, 2000, 1000, 500 und 100 lfr. Münzen sind im Wert von 50, 20, 5 und 1 lfr in Umlauf. Belgische Francs sind in Luxemburg ebenfalls gesetzliches Zahlungsmittel, Luxemburgische Francs werden jedoch nicht immer in Belgien akzeptiert (1 lfr = 1 bfr).
Kreditkarten: *Eurocard, American Express, Visa* und *Diners Club* werden oft angenommen. Einzelheiten vom Aussteller der betreffenden Kreditkarte.
Reiseschecks werden vielerorts akzeptiert, DM-Reiseschecks sind empfehlenswert.
Euroschecks werden bis zu einem Höchstbetrag von 7000 lfr akzeptiert.
Postsparbuch: Abhebung in luxemburgischen Francs in jedem Postamt, täglicher Höchstbetrag im Gegenwert von 1000 DM.
Wechselkurse:

	lfr Okt. '92	lfr Febr. '94	lfr Jan. '95	lfr Jan. '96
1 DM	20,58	20,60	20,54	20,55
1 US$	30,59	35,77	31,83	29,54

Devisenbestimmungen: Es gibt keine Ein- oder Ausfuhrbeschränkungen.
Öffnungszeiten der Banken: Mo-Fr 09.00-12.00 und 13.30-16.30 Uhr.

DUTY FREE

Folgende Artikel können zollfrei nach Luxemburg eingeführt werden:
(a) Seit Januar 1993 gibt es keine Beschränkungen mehr für die private Wareneinfuhr (einschließlich von Verbrauchsgütern wie Alkohol und Tabak) innerhalb der Europäischen Union. Es wurden jedoch folgende Richtmengen festgesetzt, bei deren Überschreiten gewerblicher Handel vermutet wird, der im Bestimmungsland zu versteuern ist:
800 Zigaretten;
200 Zigarren;
400 Zigarillos;
1000 g Tabak;
90 l Wein (darunter nicht mehr als 60 l Schaumwein);
10 l Spirituosen;
20 l alkoholische Getränke (z. B. Portwein oder Sherry) mit einem Alkoholgehalt von höchstens 22%;
110 l Bier.
(b) Bei Einreise aus Nicht-EU-Ländern (oder falls die Waren innerhalb der EU zollfrei eingekauft wurden):
200 Zigaretten oder 50 Zigarren oder 100 Zigarillos oder 250 g Tabak;
1 l Spirituosen über 22% oder 2 l Spirituosen bis zu 22% oder 2 l Sekt und 2 l Wein;
50 g Parfüm und 250 ml Eau de toilette;
andere Artikel für den persönlichen Gebrauch im Wert von bis zu 7300 lfr.

GESETZLICHE FEIERTAGE

1. Mai '96 Maifeiertag (Tag der Arbeit). **16. Mai** Christi Himmelfahrt. **27. Mai** Pfingstmontag. **23. Juni** Nationalfeiertag. **15. Aug.** Mariä Himmelfahrt. **1. Nov.** Allerheiligen. **25./26. Dez.** Weihnachten. **1. Jan. '97**

COLUMBUS REISEFÜHRER 1996/97

Neujahr. **10. Febr.** Fastnachtsmontag. **31. März** Ostermontag. **1. Mai** Maifeiertag (Tag der Arbeit). **8. Mai** Christi Himmelfahrt. **18./19. Mai** Pfingsten.
Anmerkung: Bis zu zwei öffentliche Feiertage pro Jahr, die auf einen Sonntag fallen, können auf den darauffolgenden Montag verlegt werden. Weitere Auskünfte vom Verkehrsamt.

GESUNDHEIT

In der folgenden Tabelle aufgeführte Impfvorschriften können sich kurzfristig ändern. Es wird stets empfohlen, auf Ihrem CRS-System (TIMATIC-Info-Code-Fenster in diesem Kapitel) den aktuellen Stand der Gesundheitsbestimmungen abzurufen bzw. rechtzeitig vor der Reise ärztlichen Rat einzuholen.

	Vorsichtsmaßnahmen empfohlen	*Impfschein erforderlich*
Gelbfieber	Nein	Nein
Cholera	Nein	Nein
Typhus & Polio	Nein	-
Malaria	Nein	-
Essen & Trinken	Nein	-

Gesundheitsvorsorge: Deutsche und Österreicher sollten sich vor Reiseantritt bei ihrer Krankenkasse die Anspruchbescheinigung E 111 besorgen. Aushelfender Träger in Luxemburg ist die Nationale Krankenkasse für Arbeiter *(Caisse nationale d'assurance maladie des ouvriers)*. Arztbesuche und rezeptpflichtige Medikamente müssen zunächst bar bezahlt werden; der größte Teil der anfallenden Kosten wird gegen Vorlage der E 111 und der Arztquittung vom luxemburgischen Träger zurückerstattet. Die Rückerstattung kann auch nach der Reise über die Krankenkasse abgewickelt werden. Schweizern wird der Abschluß einer Reisezusatzversicherung empfohlen.

REISEVERKEHR - International

FLUGZEUG: Luxemburgs nationale Fluggesellschaft heißt *Luxair (LG)*. Linienflugverbindungen nach Luxemburg von allen europäischen Großstädten.
Durchschnittliche Flugzeiten: *Frankfurt* – Luxembourg-Ville: 50 Min; *Zürich* – Luxembourg-Ville: 1 Std; *Wien* – Luxembourg-Ville: 1 Std. 50.
Internationaler Flughafen: *Luxembourg (LUX)* (Findel) liegt 5 km östlich der Stadt. Am Flughafen gibt es einen Duty-free-Shop für ausreisende Passagiere, Mietwagenschalter, Post, Restaurants, Bars, Bank/Wechselstube und Tourist-Information. Die Fahrzeit vom Flughafen zur Stadt beträgt etwa 20 Minuten. Der Flughafenbus fährt von 06.05 bis 22.45 Uhr stündlich zur Stadt und von seinem Halteplatz Nr. 6 am Place de la Gare (Bahnhofsplatz) zwischen 05.40 und 19.50 Uhr zum Flughafen. Die Busline 9 fährt zwischen 05.22 und 23.45 Uhr alle 15 Min. zur Stadt, Rückfahrt vom Neudorfer Busbahnhof, Place de la Gare, zwischen 05.00 und 23.10 Uhr. Ein Taxistand ist ebenfalls vorhanden (Fahrzeit: 10 Minuten).
BAHN: Gute Verbindungen aus allen Nachbarländern. Anreise am besten mit *EuroCity* über Mainz/Koblenz oder Basel/Metz (alle Verbindungen mit einmal Umsteigen). *EURO DOMINO-Netzkarten* und *InterRail-Pässe* sind auch in Luxemburg gültig. Einzelheiten s. *Deutschland*. Alle wichtigen internationalen Züge führen Speisewagen. Nähere Informationen erteilt die *CFL* in Luxemburg. Tel: 49 24 24.
BUS/PKW: Näheres unter den Rubriken *Unterlagen* und *Verkehrsbestimmungen*.
FAHRZEITEN von Luxembourg-Ville zu folgenden europäischen Großstädten (ungefähre Angaben in Std. und Min.):

	Flugzeug	Bahn	Bus/Pkw
Amsterdam	0.45	6.30	5.30
Brüssel	0.45	2.30	2.00
Frankfurt	0.50	3.30	2.30
Paris	1.00	4.00	4.00
London	1.00	**8.00	*8.00
Zürich	1.20	5.00	5.00
Wien	1.50	11.23	-

Anmerkung: [*] Einschl. Fähre (über Calais); [**] Jetfoil über Ostende. Die neue Zugverbindung London – Brüssel durch den Kanaltunnel dauert 3 Std. 15 und verkürzt die Fahrzeit London – Luxembourg-Ville auf ca. 6 Std.

REISEVERKEHR - National

BAHN: Das gute luxemburgische Eisenbahnnetz der *CFL* ist ausgezeichnet mit dem Busliniennetz abgestimmt. Auf den Hauptstrecken verkehren die Züge im Einstundentakt. Die *CFL*-Züge und die *CFL/CRL*-Busse können auch mit der *Benelux-5-Tage-Rundfahrkarte (Benelux-Tourrail)* benutzt werden: Die Karte berechtigt zu beliebig vielen Fahrten auf dem belgischen, niederländischen und luxemburgischen Streckennetz an 5 Tagen innerhalb eines Zeitraumes von einem Monat. Erhältlich nur an größeren Bahnhöfen in Belgien. Es gibt auch Wochenendermäßigungen für Einzelpersonen und Gruppen innerhalb der Benelux-Staaten sowie Tageskarten (kombiniert für Bahn und Bus).
BUS/PKW: Wie fast überall in Europa ist das Straßen- und Autobahnnetz auch in Luxemburg ausgezeichnet.
Fernbusse: Überlandbusse verkehren zwischen allen Städten. **Taxis** müssen zumeist telefonisch bestellt werden. Zwischen 22.00 und 06.00 Uhr zahlt man einen Zuschlag von 10%. **Mietwagen:** Alle größeren Autovermieter sind vertreten. **Verkehrsbestimmungen:** Das Mindestalter für den Führerscheinerwerb ist 18 Jahre. Es besteht Gurtanlegepflicht auf allen Sitzplätzen. Es ist Vorschrift, mindestens 3000 lfr mit sich zu führen, um Strafmandate bezahlen zu können. Die Strafen für Alkohol am Steuer sind hoch (Promillegrenze 0,8‰). Kinder unter 10 Jahren müssen auf dem Rücksitz fahren. Motorradfahrer müssen auch tagsüber mit Abblendlicht fahren. Die Geschwindigkeitsbegrenzungen sind 50 km/h innerhalb geschlossener Ortschaften, 90 km/h auf Landstraßen und 120 km/h auf Autobahnen. Weitere Einzelheiten vom Automobilklub des Großherzogtums Luxemburg, *Automobile Club du Grand-Duché de Luxembourg*, 54 Route de Longwy, L-8007 Bertrange. Tel: 45 00 45 (dieselbe Nummer für die 24-Std.-Pannenhilfe). **Unterlagen:** Eine Haftpflichtversicherung ist gesetzlich vorgeschrieben. Die Grüne Versicherungskarte ist nicht Vorschrift, sollte jedoch mitgenommen werden. Ohne diese Versicherungskarte erhalten Besucher nur den Mindestversicherungsschutz Luxemburgs. Der Führerschein des eigenen Landes reicht aus.
STADTVERKEHR: In Luxembourg-Ville gibt es Linienbusse. Es gibt Sammelfahrscheine für 10 Fahrten.

UNTERKUNFT

HOTELS: Informationen über die Hotels des Großherzogtums Luxemburg erhalten Sie beim Verkehrsamt, das einen kostenlosen Führer herausgibt, oder beim nationalen Hotelverband *Horesca*, 9 Rue des Trévires, L-2628 Luxembourg. Tel: 48 71 65. Telefax: 48 71 56. **Kategorien:** Luxemburg verfügt über eine große Auswahl an Hotels. In allen Benelux-Ländern gibt es ein einheitliches System, nach dem je nach Qualität bis zu 5 Sterne vergeben werden. Die Teilnahme an diesem System ist freiwillig, und es gibt durchaus erstklassige Hotels, die nicht erfaßt sind. Die Aufteilung ist im einzelnen wie folgt:
5 Sterne (H5): Luxushotel. Höchster Komfort, exzellente Einrichtung. 24-Std.-Zimmerservice, A-la-carte-Restaurant, Geschenkboutiquen, Park- und Gepäckservice, Reise- und Theaterkartenbuchung.
4 Sterne (H4): 80% der Zimmer mit Bad, Nachtportier und zeitlich begrenztem Zimmerservice. Telefon auf allen Zimmern. Fahrstuhl.
3 Sterne (H3): 50% der Zimmer mit Bad. Rezeption nur tagsüber besetzt. Aufenthaltsraum. Fahrstuhl (bei mehr als zwei Stockwerken).
2 Sterne (H2): Mittelklasse. 25% der Zimmer mit Bad/WC. Eine Bar ist vorhanden.
1 Stern (H1): Einfacher Standard. Alle Zimmer haben fließend heiß und kalt Wasser. Frühstück im Angebot.
Kat. H: Minimalstandard. Mind. 1 Badezimmer je 10 Zimmer.
Kat. 0: Einfache Unterbringung.
FERIENHÄUSER UND -WOHNUNGEN kann man im ganzen Land mieten. Das Verkehrsamt veröffentlicht eine kostenlose Liste.
JUGENDHERBERGEN gibt es in Beaufort, Bourglinster, Echternach, Eisenborn, Ettelbruck, Grevenmacher, Hollenfels, Larochette, Lultzhausen, Luxembourg-Ville, Troisvierges, Vianden und Wiltz. Einen Jugendherbergsführer gibt es ebenfalls kostenlos vom Verkehrsamt oder vom Jugendherbergswerk, 18 Place d'Armes, Luxembourg-Ville. Tel: 22 55 88. Telefax: 46 39 87.
CAMPING: Es gibt über 120 Zeltplätze. Einstufung in drei Kategorien nach von der Regierung aufgestellten Normen. Preise sind jeweils am Eingang angegeben. Das Verkehrsamt verschickt eine umfassende und kostenlose Broschüre, der Sie alle Informationen entnehmen können.

URLAUBSORTE & AUSFLÜGE

Luxemburg bietet Urlaubern eine reizvolle Landschaft und interessante historische Städte.
Die Stadtansicht von **Luxembourg-Ville** ist eine der schönsten Europas. Die gewaltigen Viadukte sind ein beliebtes Fotomotiv. Zu den wichtigsten Sehenswürdigkeiten gehören das Naturkundliche Museum und das Museum für Geschichte und Kunst in den *Musées de L'Etat*, die *Kirche St. Mathieu* (11./16. Jh.), die *Kathedrale Notre Dame* (ehem. Jesuitenkirche aus dem 17. Jh.), die Kasematten und das imposante Rathaus (1830-38). Die Umgebung bietet vielfältige Ausflugs- und Erholungsmöglichkeiten. Zu den besuchenswertesten Ausflugszielen zählen die prähistorischen Höhlen in **Mersch**, das im 7. Jahrhundert erbaute Benediktinerkloster in **Echternach**, die römischen Ruinen am Titelberg (1. Jh.) und die römischen Tempelruinen in **Steinsel**. Das *Victor-Hugo-Museum* in **Vianden**, dessen Stadtbild von der mächtigen Burg geprägt wird, ist nicht nur für Liebhaber des französischen Schriftstellers interessant. Weitere stolze Burgen kann man in *Beaufort*, *Larochette* und *Bourscheid* besichtigen. Ein wahres Kleinod ist das idyllische, im Herzen der Ardennen gelegene Städtchen **Clerf**.
Herrliche Wandermöglichkeiten bietet der *Deutsch-Luxemburgische Naturpark* (täglich Ausflugsfahrten vom Busbahnhof in Luxembourg-Ville).
Urlaubsorte: Luxembourg, Clervaux, Diekirch, Echternach, Esch-sur-Süre, Remich, Vianden, Wiltz und Mondorf-les-Bains (mit neuem Sport- und Freizeitzentrum).

SOZIALPROFIL

ESSEN & TRINKEN: Kinder und Jugendliche unter 17 Jahren dürfen sich in Gaststätten nur in Begleitung Erwachsener aufhalten. Die Öffnungszeiten sind 07.00-24.00 Uhr (werktags) und bis 03.00 Uhr an Wochenenden und Feiertagen. Luxemburgische Küche verbindet das Herzhafte der deutschen Küche mit der Finesse französischer Kochkunst. Spezialitäten: *Carré de porc fumé* (geräuchertes Schweinefleisch mit dicken Bohnen oder Sauerkraut), *Cochon de lait en gelée* (Spanferkel in Aspik) und *Jambon d'Ardennes* (der berühmte geräucherte Ardennenschinken). Forelle, Hecht und Langusten sind besondere Delikatessen, ebenso Kuchen und Gebäck. Einem Stück *Zwetschgentorte* wird kaum jemand widerstehen können. Es gibt köstliche Nachspeisen mit Likören, z. B. *Omelette soufflée au kirsch*. Ein Schuß *Zwetschge*, *Mirabelle* oder *Kirsch* gehört zum Obstcocktail.
Getränke: Luxemburgs weiße Moselweine ähneln den Rheinweinen und sind trockener im Geschmack als die französischen Moselweine. Die bekanntesten Biersorten sind *Mousel*, *Bofferding*, *Diekirch*, *Funck* und *Simon*. Das Angebot an Likören und Spirituosen wie *Eau de vie* (45-50% Alkoholgehalt) ist ebenfalls reichhaltig.
NACHTLEBEN: Nachtklubs und Diskotheken haben normalerweise bis 03.00 Uhr geöffnet.
EINKAUFSTIPS: In Luxemburg gibt es u. a. wunderschönes Porzellan und Kristallglas. Man kann auf Anfrage die berühmte Porzellanmanufaktur von *Villeroy und Boch* in Septfontaines besichtigen. Eine regionale Besonderheit ist Steingut aus Nospelt, wo jeweils im August eine 14tägige Ausstellung stattfindet. **Öffnungszeiten der Geschäfte:** Di-Sa 08.30-18.00 Uhr, Mo 14.00-18.00 Uhr. Manche kleine Läden öffnen 08.30-19.00/21.00 Uhr. Viele Geschäfte schließen zwischen 12.00 und 14.00 Uhr und Montag vormittags.
SPORT: Obwohl Luxemburg ein kleines Land ist, bietet es dem Besucher ein breites Spektrum an Freizeitaktivitäten, darunter **Wandern, Reiten, Tennis, Golf, Bergsteigen, Radwandern, Bootsfahrten, Ballonfahrten** und **Wasserski. Angelscheine** sind von der Kommunalverwaltung erhältlich.
VERANSTALTUNGSKALENDER
3. - 5. Mai '96 *Nautilux* '96 (Interregionale Bootsausstellung), Remich Schwebsingen. **10. Mai - 28. Juni** *Internationales Festival klassischer Musik*, Echternach. **25. Mai - 6. Juni** *Pfingstkirmes*, Esch-sur-Alzette. **27. Mai** *Ginsterfest* (Umzüge, Musikkapelle), Wiltz. **15./16. Juni** *16. Internationaler Kunsthandwerksmarkt*, Bourglinster. **21. - 24. Juni** *Musik- und Folklorefestival*, Roder. **23. Juni** *Patriotische Umzüge*, *Gottesdienste*, *Konzerte*, *Paraden zum Nationalfeiertag*, landesweit. **14. Juli** *Kutschenumzug*, Diekirch. **15. Aug.** *Kerzenprozession zur 1000jährigen Eiche*, Altrier. **8. Sept.** *Wein- und Traubenfest*, Grevenmacher. **15. Sept.** *Tage des Kulturerbes*, landesweit. **5. - 13. Okt.** *Internationale Luxemburger Herbst-Messe*, Luxemburg. **1. Dez.** *St. Nikolausmarkt*, Wiltz. **15. Dez.** *Weihnachtsmarkt*, Dudelange.
SITTEN & GEBRÄUCHE: Zur Begrüßung gibt man sich die Hand. Wenn man zum Essen eingeladen wird, ist ein kleines Geschenk für den Gastgeber üblich. Freizeitkleidung wird überall akzeptiert. In einigen Restaurants, Klubs und zu besonderen gesellschaftlichen Anlässen trägt man elegantere Kleidung. **Trinkgeld:** 15% Bedienungsgeld ist in den Hotel-, Restaurant- und Gasthausrechnungen enthalten. Taxifahrer erwarten 15% des Fahrpreises.

WIRTSCHAFTSPROFIL

WIRTSCHAFT: Luxemburg ist ein sehr wohlhabendes Land und hat das höchste Pro-Kopf-Einkommen der Welt. Die Präsenz wichtiger Organe der EU bringt dem Land beträchtliche Vorteile. Stützpfeiler der Wirtschaft sind vor allem der Stahlbau und das Bankwesen. Bis 1981 wurde einheimisches Eisenerz für die Stahlproduktion verwendet; seit die Förderung eingestellt wurde, ist man allerdings auf Importe angewiesen. Die Stahlerzeugung wird auch weiterhin von wirtschaftlicher Bedeutung sein, obwohl Banken und Versicherungen heute einen höheren wirtschaftlichen Stellenwert haben. Das Bankwesen bietet zwar weniger Arbeitsplätze, sein Anteil am Bruttosozialprodukt ist jedoch weitaus größer. Die Vereinheitlichung der Steuergesetzgebung innerhalb der Europäischen Union kann sich negativ auswirken. Die Wirtschaftspolitik bemüht sich um die Ansiedlung neuer Industriezweige und den Aufbau einheimischer Industrien. Gegenwärtig entwickeln sich das Baugewerbe und die Medientechnik besonders erfolgsversprechend. Die wichtigsten Agrarprodukte sind Kartoffeln, Gerste, Hafer, Weizen und Obst. Luxemburg gehört der Benelux-Wirtschafts- und Zollunion an und ist eines der Gründungsmitglieder der EWG. Haupthandelspartner sind die EU-Partnerländer, vor allem Deutschland, Frankreich und Belgien.
GESCHÄFTSVERKEHR: Terminvereinbarung und

Visitenkarten sind üblich. Für Geschäftsreisen ungünstig sind die Weihnachtszeit, Ostern sowie die Ferienmonate Juli und August. **Geschäftszeiten:** Mo-Fr 08.30-12.00 und 14.00-18.00 Uhr.
Kontaktadressen: *Chambre de Commerce DEBELUX* (Deutsch-Belgisch-Luxemburgische Handelskammer), 7 Rue Alcide de Gasperi, L-2981 Luxembourg-Kirchberg. Tel: 43 58 53. Telefax: 43 83 26.
Die wirtschaftlichen Interessen Österreichs und der Schweiz werden von den jeweiligen Außenhandelsstellen in Brüssel (s. Belgien) wahrgenommen.
KONFERENZEN/TAGUNGEN: Aufgrund seiner Lage im Herzen der EU ist das Großherzogtum ein beliebtes Tagungs- und Konferenzziel. Planungshilfen und Broschüren sind auf Anfrage von folgender Organisation erhältlich: *Luxembourg-Congres*, Centre Arsenal, Boulevard Royal, L-2249 Luxembourg. Tel: 46 34 34. Telefax: 47 40 11.

KLIMA

Gemäßigtes Klima. Im Winter häufig Schneefall. Die Ardennenregion im Norden ist i. allg. feuchter als der Süden.

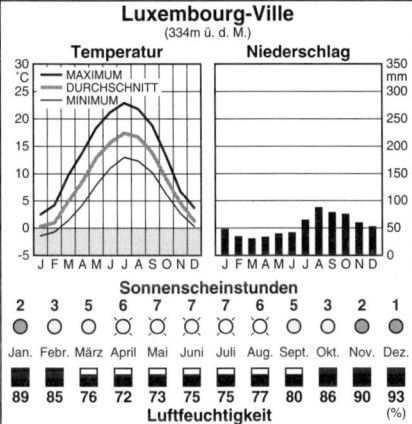

Macau

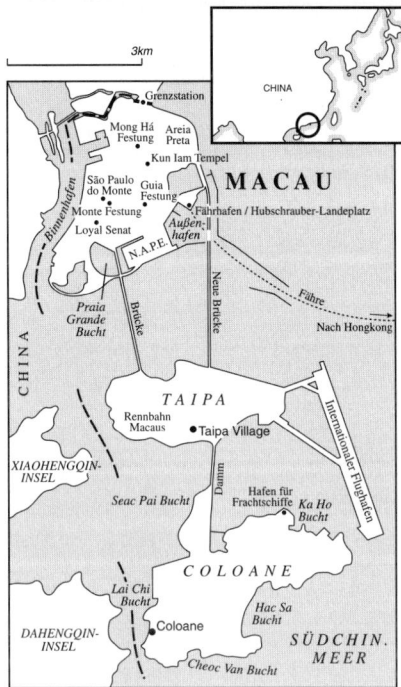

Lage: Südchinesische Küste.

Macau Government Tourist Office
c/o Portugiesisches Touristik- und Handelsbüro
Schäfergasse 17
D-60313 Frankfurt/M.
Tel: (069) 23 40 94, 29 05 49. Telefax: (069) 23 14 33.
Mo-Fr 09.00-17.00 Uhr.
Weitere Büros des Portugiesischen Touristik- und Handelsbüros in Berlin und Stuttgart (s. Portugal).
Direcção dos Serviços de Turismo (Fremdenverkehrsamt)
Largo do Senado 9
Edificio Ritz
CP 3006
Macau
Tel: 397 12 10. Telefax: 51 01 04.
Macau steht unter portugiesischer Verwaltung, zuständig sind die portugiesischen Botschaften (s. Portugal).
Die Bundesrepublik Deutschland, Österreich und die Schweiz unterhalten keine Vertretung in Macau. Zuständig sind die jeweiligen diplomatischen Vertretungen in Hongkong (s. Hongkong).

FLÄCHE: 18,7 qkm.
BEVÖLKERUNGSZAHL: 381.000 (1993).
BEVÖLKERUNGSDICHTE: 20.374 pro qkm.
HAUPTSTADT: (Santo Nome de Deus de) Macau.
GEOGRAPHIE: Macau liegt auf einer winzigen Halbinsel an der Mündung des Perlenflusses und wird mit China durch eine schmale Landzunge verbunden. Zum Hoheitsgebiet gehören auch die Inseln Taipa und Coloane, die mit der Halbinsel durch eine Brücke bzw. einen Damm verbunden sind. Die Landschaft ist überwiegend flach mit sieben kleinen Hügeln.
STAATSFORM: Chinesisches Territorium unter portugiesischer Verwaltung, seit 1976 vollständige innere Autonomie. Im Dezember 1999 fällt Macau wieder an China zurück. Staatsoberhaupt und Regierungschef: Gouverneur Gen. Vasco Rocha Vieira, seit April 1991. Konsultativrat (10 Mitglieder) und Gesetzgebende Ver-

sammlung (mit 23 Mitgliedern, davon acht direkt gewählt).
SPRACHE: Portugiesisch ist Amtssprache, Kanton-Chinesisch die Umgangssprache. Englisch wird von vielen Geschäftsleuten und in der Touristikbranche gesprochen.
RELIGION: Buddhisten (45%), Christen (9%, vor allem Katholiken), Konfessionslose (46%).
ORTSZEIT: MEZ + 7.
NETZSPANNUNG: 220 V, 50 Hz.
POST- UND FERNMELDEWESEN: Telefon: Selbstwählferndienst. **Landesvorwahl:** 853. Ferngespräche ins Ausland können vom Hauptpostamt am Leal Senado-Platz in Macau (Stadt) und den Hauptpostämtern in Taipa und Coloane geführt werden. Die Hotels haben **Telefaxanschlüsse. Telexe/Telegramme** können in größeren Hotels, den Telekommunikationsbüros und allen Telefonzellen aufgegeben werden. **Post:** Luftpost nach Europa ist 3-5 Tage unterwegs. Öffnungszeiten der Postämter: Mo-Fr 09.00-13.00 und 15.00-17.30 Uhr, Sa 09.00-12.30 Uhr.
DEUTSCHE WELLE
Der Einsatz der Kurzwellenfrequenzen ändert sich mehrfach im Laufe eines Jahres, und Sendungen auf den folgenden Frequenzen werden jeweils nur zu bestimmten Tageszeiten ausgestrahlt. Näheres in der Einleitung.

MHz	21,640	12,000	11,795	9,715	9,570
Meterband	13	25	25	31	31

REISEPASS/VISUM

Wichtiger Hinweis: Die Einreisebestimmungen mancher Länder können sich kurzfristig ändern – rufen Sie sicherheitshalber auf Ihrem CRS-System (TIMATIC-Info-Code-Fenster in diesem Kapitel) den aktuellen Stand ab bzw. wenden Sie sich an die zuständige diplomatische Vertretung. Etwaige Zahlen in der Tabelle beziehen sich auf nachfolgende Fußnoten.

	Paß erforderlich?	Visum erforderlich?	Rückflugticket erforderlich?
Deutschland	Ja	Nein	Nein
Österreich	Ja	Nein	Nein
Schweiz	Ja	Nein	Nein
Andere EU-Länder	Ja	Nein	Nein

REISEPASS: Allgemein erforderlich.
VISUM: Visa sind bei der Einreise nach Macau erhältlich. Bürger von Staaten, die keine diplomatischen Beziehungen mit Portugal unterhalten, benötigen jedoch ein Visum, das vor der Einreise von einer portugiesischen Vertretung (z. B. dem Portugiesischen Konsulat in Hongkong) beantragt werden muß.
Ein gültiges Visum ist allgemein erforderlich, ausgenommen sind Staatsbürger der folgenden Länder:
(a) EU-Staaten und Schweiz für Aufenthalte bis zu 20 Tagen;
(b) Australien, Brasilien, Indien, Japan, Kanada, Korea-Süd, Malaysia, Mexiko, Neuseeland, Norwegen, Philippinen, Singapur, Südafrika, Thailand, Uruguay und USA für Aufenthalte bis zu 90 Tagen;
(c) Großbritannien und der Commonwealth-Länder (Mitgliedstaaten s. Inhaltsverzeichnis) mit Wohnsitz in Hongkong für Aufenthalte bis zu 20 Tagen;
(d) China mit Hongkong-Ausweis oder Wiedereinreiseschein für Hongkong bzw. mit britischem Reisepaß mit dem Eintrag »British Subject« für Aufenthalte bis zu 3 Monaten;
(e) Einwohner Hongkongs, die nicht unter (c) und (d) aufgeführt sind, benötigen kein Visum für Aufenthalte bis zu 3 Tagen.
Visaarten: Touristen- und Geschäftsvisa.
Visagebühren: 190 HK$ für Einzelreisende, 380 HK$ für Familien, 95 HK$ für Kinder unter 12 Jahren und 95 HK$ pro Person für Mitglieder von Reisegruppen (ab 10 Teilnehmer).
Gültigkeitsdauer: 20 Tage, Verlängerung möglich.
Antragstellung: Die Einreise erfolgt über Hongkong. Visa werden auf dem Portugiesischen Konsulat in Hongkong, beim Konsulat in Berlin (s. *Portugal*) oder bei der Ankunft in Macau ausgestellt.
Unterlagen: (a) 2 Antragsformulare. (b) 2 Paßfotos. (c) Gültiger Reisepaß. (c) Weiterreise- oder Rückflugticket. (e) Ausländermeldekarte. (f) Firmenschreiben bei Geschäftsvisum. Der postalischen Antragstellung sollten ein frankierter und adressierter Umschlag und der Zahlungsnachweis der Gebühren beigelegt werden.
Bearbeitungszeit: Max. 4 Wochen.
Aufenthaltsgenehmigung: Wenden Sie sich an die diplomatischen Vertretungen Portugals.

GELD

Währung: 1 Pataca (MP) = 100 Avos. Banknoten gibt es im Wert von 1000, 500, 100, 50 und 10 MP; Münzen in den Nennbeträgen 5 und 1 MP sowie 50, 20 und 10 Avos.
Anmerkung: Der Pataca ist an den Hongkong-Dollar angebunden, was sich jedoch 1997 ändern könnte, wenn Hongkong an China übergeben wird.
Kreditkarten: *Eurocard, American Express* und *Visa* werden akzeptiert. Einzelheiten vom Aussteller der betreffenden Kreditkarte.
Reiseschecks können in Banken, Wechselstuben und

COLUMBUS ATLAS

Auf ca. 100 Seiten enthält dieser Atlas unter anderem europäische Fähr- und Eisenbahnverbindungen und weltumspannende Kreuzfahrtkarten, Straßenkarten, Gebietskarten vielbesuchter Regionen wie z. B. Costa Brava, Florida u. a. Falls Sie bei der Beratung oder Reiseplanung verstärkt auf Karten zurückgreifen möchten, werden Sie diesen speziell auf die Reisebranche zugeschnittenen Atlas unentbehrlich finden – und dazu besonders preisgünstig!

Weitere Einzelheiten von:
Columbus Press, Verkaufsabteilung,
Aurikelweg 9,
D-38108 Braunschweig.
Tel: 05309/2123. *Telefax:* 05309/2877.

TIMATIC INFO-CODES

Abrufbar über Ihr CRS-System (für START/Amadeus Ama-Maske benutzen). Für Galileo bitte TI-DFT eingeben (mit Bindestrich).

Flughafengebühren	TI DFT/ MFM /TX
Währung	TI DFT/ MFM /CY
Zollbestimmungen	TI DFT/ MFM /CS
Gesundheit	TI DFT/ MFM /HE
Reisepassbestimmungen	TI DFT/ MFM /PA
Visabestimmungen	TI DFT/ MFM /VI

vielen Hotels eingetauscht werden.
Wechselkurse

	MP Sept. '92	MP Febr. '94	MP Jan. '95	MP Jan. '96
1 DM	5,40	4,61	5,15	5,56
1 US$	8,03	8,00	7,98	7,99

Devisenbestimmungen: Es gibt keinerlei Ein- oder Ausfuhrbeschränkungen.
Öffnungszeiten der Banken: Mo-Fr 09.30-16.00 Uhr und Sa 09.30-12.00 Uhr.

DUTY FREE

Folgende Artikel können zollfrei nach Macau eingeführt werden:
Eine angemessene Menge Tabak, Spirituosen und Parfüm für den Privatgebrauch.
Anmerkung: Für die Einfuhr elektrischer Geräte kann 5% Zoll verlangt werden. Es gibt keine Exportzölle, aber man muß fast immer über Hongkong reisen und daher die Im- und Exportbestimmungen Hongkongs beachten (s. *Hongkong*).

GESETZLICHE FEIERTAGE

1. Mai '96 Tag der Arbeit. **10. Juni** Camões-Tag/Tag der portugiesischen Gemeinde. **20. Juni** Drachenbootfest. **24. Juni** Fest zum Gedenken an Johannes der Täufer. **28. Sept.** Tag nach dem Herbstfest. **1. Okt.** Nationalfeiertag der Volksrepublik China. **5. Okt.** Tag der Republik. **20. Okt.** Fest der Ahnen (Chung Yeung). **2. Nov.** Allerseelen. **1. Dez.** Jahrestag der Wiedererlangung der Unabhängigkeit. **8. Dez.** Mariä Empfängnis. **22. Dez.** Wintersonnenwende. **24./25. Dez.** Weihnachten. **1. Jan. '97** Neujahr. **Jan./Febr.** Chinesisches Neujahr. **28.-31. März** Ostern. **5. April** Ching-Ming-Fest. **25. April** Jahrestag der portugiesischen Revolution. **1. Mai** Tag der Arbeit.

GESUNDHEIT

In der folgenden Tabelle aufgeführte Impfvorschriften können sich kurzfristig ändern. Es wird stets empfohlen, auf Ihrem CRS-System (TIMATIC-Info-Code-Fenster in diesem Kapitel) den aktuellen Stand der Gesundheitsbestimmungen abzurufen bzw. rechtzeitig vor der Reise ärztlichen Rat einzuholen.

	Vorsichtsmaßnahmen empfohlen	*Impfschein erforderlich*
Gelbfieber	Nein	Nein
Cholera	Nein	Nein
Typhus & Polio	Nein	-
Malaria	Nein	-
Essen & Trinken	1	-

[1]: Das Leitungswasser aus den staatlichen Wasserleitungen entspricht den Richtlinien der Weltgesundheitsorganisation und ist zum Trinken geeignet. In Flaschen abgefülltes Wasser ist überall erhältlich. Der Genuß von Schweinefleisch, rohen Salaten und Mayonnaise sollte vermieden werden. Gemüse sollte gekocht und Obst geschält werden.
Hepatitis A und B kommen vor.
Gesundheitsvorsorge: Es gibt gute medizinische Einrichtungen; Hotels und religiöse Orden können weitere Auskünfte erteilen. Der Abschluß einer Reisekrankenversicherung wird empfohlen.

REISEVERKEHR - International

FLUGZEUG: Die nationale Fluggesellschaft heißt *Air Macau*. Die Fluggesellschaft *Sabena* fliegt ab April 1996 von Frankfurt über Brüssel direkt nach Macau.
Zwischen Hongkong und Macau besteht seit November 1990 eine Hubschrauberverbindung. Die zwei Bell 222-Helikopter mit acht Sitzplätzen fliegen die Strecke Hongkong – Macau täglich zum Preis von 1206 HK$ (werktags) bzw. 1310 HK$ (an Wochenenden und Feiertagen). Der Rückflug von Macau kostet 1202 HK$ (werktags) bzw. 1306 HK$ (an Wochenenden und Feiertagen). Die angegebenen Preise schließen jeweils die Flughafengebühren ein. Die Flugzeit beträgt etwa 20 Minuten.
Durchschnittliche Flugzeiten: *Frankfurt* – Macau: 14 Std. (mit 1 Stunde Aufenthalt in Brüssel); *Zürich* – Hongkong: 12 Std. 15.
Internationaler Flughafen: *Macau International Airport* (MFM) wurde im November 1995 eröffnet. Der Flughafen liegt 6 km nordwestlich von Macau Stadt entfernt. Flughafeneinrichtungen: Duty-free shops, Restaurant, Bank und Geschäfte.
SCHIFF: allgemein: Tragflächenboote fahren rund um die Uhr in nur knapp 60 Minuten von und nach Hongkong. Auf den Hochgeschwindigkeitsfähren beträgt das zulässige Höchstgewicht für Gepäck gegenwärtig 20 kg pro Person. Das Gepäck wir für 30 Pataca befördert. Sogenannte **Super-Shuttle Jumbocats** verkehren zwischen Hongkong und Macau, die Sitzplatz für 306 Passagiere bieten. Die Fahrzeit beträgt ca. 60 Minuten. Die schnellste über-Wasser-Verbindung von Hongkong nach Macau (weniger als 1 Std.) bieten die **Jetfoils**, die zwischen 07.00-17.00 Uhr alle 15 Minuten und ab 17.00 Uhr bis Mitternacht alle 30 Minuten fahren (danach sporadisch). **Hover-Ferries** bieten Platz für 250 Passagiere, Abfahrt vom China Ferry Terminal 12 mal täglich von 6.00-21.30 Uhr, sowie 2 Abendfahrten von Macau zum Shun Tak Centre. Super ausgestattete **Katamarane** fahren 8 mal zwischen 9.00 und 16.45 Uhr ab Kowloon und zwischen 10.30 und 17.00 Uhr ab Macau. **High-Speed Ferries** (moderne Küstenfähren mit 3 Decks für 650 Passagiere) fahren rund 100 Minuten 5 mal täglich zwischen 7.30-20.00 Uhr ab Shun Tak Centre und zwischen 10.30-22.15 Uhr ab Macau. **Turbo Cats** (Hochgeschwindigkeitskatamarane) bieten 11 Hin- und Rückfahren zwischen 06.00-17.00 Uhr.

REISEVERKEHR - National

FLUGHAFEN: Die nationale Fluggesellschaft, *Air Macau*, bietet seit November 1995 Verbindungen in 11 chinesische Städte an, darunter Beijing und Shanghai
BUS/PKW: Es gibt eine Brücke zur Insel Taipa und vom internationalen Flughafen zur chinesischen Grenze bei Gonbei. **Bus:** In der Stadt verkehren fünf Buslinien, die Linie 3 fährt vom Fähranleger zur Stadtmitte. Es gibt tägliche Busverbindungen zu den Inseln. Die ersten Busse fahren um 07.00 Uhr, die letzten um Mitternacht (zu den Inseln um 23.00 Uhr).
Mietwagen: Es können auch Fahrzeuge mit Fahrer gemietet werden. Es herrscht Linksverkehr.
Taxi: Die meisten Taxis sind schwarz mit beigefarbenem Dach. Außerdem gibt es *Pedicabs*, Fahrräder mit zwei Sitzplätzen im Anhänger. Der Fahrpreis sollte vor Fahrtantritt vereinbart werden. Die Sehenswürdigkeiten Macaus, die auf den Hügeln liegen, sind per Pedicab nicht erreichbar.
Unterlagen: Internationaler Führerschein.

UNTERKUNFT

Alle Arten von Unterkünften sind vertreten, von Spitzenhotels bis zu preiswerten Touristenhotels. Es gibt Gasthäuser, luxuriöse Apartments in modernen Gebäuden und ältere Hotels im Kolonialstil. An Wochenenden sind die meisten Unterkünfte ausgebucht, man sollte rechtzeitig reservieren. Zur Zeit stehen ca. 7000 Hotelzimmer zur Verfügung. Das Zimmerkontingent wird ständig erweitert. Fast alle Hotels sind klimatisiert und haben Zimmer mit Bad. 10% Bedienungsgeld und 5% Regierungssteuer werden auf alle Hotelrechnungen aufgeschlagen. Weitere Informationen vom Vorsitzenden des Hotelverbandes: Douglas Schwab, President of the Hotel Association and General Manager of the Hyatt Regency, Macau.

URLAUBSORTE & AUSFLÜGE

MACAU: Die berühmteste Sehenswürdigkeit Macaus ist die Ruine der *St.-Pauls-Kirche*, deren Grundstein im Jahre 1602 gelegt wurde. Sie brannte während eines verheerenden Wirbelsturms 1835 nieder. Die Jesuitenkapelle *São Paulo do Monte* liegt fast genau in der Stadtmitte. Sie bildet den befestigten Mittelpunkt der alten Stadtmauern und spielte 1622 bei der Verteidigung gegen die Holländer eine große Rolle. Die im 17. Jh. erbaute *Guia-Festung* steht auf der höchsten Erhebung Macaus; ihr Leuchtturm ist der älteste an der chinesischen Küste. Das vielleicht schönste Beispiel portugiesischer Baukunst ist das *Leal Senado*, das Senatorenzimmer. Die öffentliche Bücherei in der Nähe der Haupttreppe und der Hauptsaal sind für Besucher ebenfalls interessant. Das *Sun Yat Sen*, heute ein Museum, war einst die Residenz des Revolutionsführers, der 1910 die Ching-Dynastie entmachtete. Die Kirche von *São Domingo* aus dem 17. Jahrhundert ist einer der schönsten Sakralbauten Macaus. Auch die Kirchen *Santo Agostinho*, *São Jose* und *São Lourenco* sind sehenswert, ebenso wie die Denkmäler zu Ehren von Jorge Alvares und Vasco da Gama. Auch das chinesische Erbe des Landes ist interessant. Der Tempelkomplex *Kun Iam Tong*, der in der Ming-Dynastie (1368-1644) errichtet wurde, beherbergt eine kleine Statue Marco Polos und andere Kunstschätze. Der Tempel der Göttin *A-Ma* ist mindestens 600 Jahre alt und damit der älteste chinesische Tempel des Landes. Ein Besuch lohnt sich vor allem wegen der eindrucksvollen mehrfarbigen Basrelief-Steinarbeiten. Die chinesischen Gärten *Lou Lim Ioc* und *Camões* sind auf jeden Fall einen Besuch wert.
Die Insel **Taipa** ist für ihre Feuerwerksfabriken bekannt, aber es gibt auch mehrere kleine Buddhatempel und einige alte portugiesische Bauwerke, deren Besichtigung sich lohnt.
Coloane hat eine abwechslungsreiche Landschaft mit Wäldern, Hügeln und herrlichen Stränden. Zu den Sehenswürdigkeiten der Insel gehören chinesische Tempel, die Kapelle von *St. Francis Xavier* und eine Werft, in der immer noch traditionelle Dschunken gebaut werden.

SOZIALPROFIL

ESSEN & TRINKEN: In den meisten Restaurants wird am Tisch bedient. Hotels, Gasthäuser und Restaurants bieten eine verführerische Auswahl an Gerichten an. Der Schwerpunkt liegt auf portugiesischer Küche, aber es werden auch chinesische, japanische, koreanische und indonesische Spezialitäten angeboten. Die einheimische Küche ist würzig und pikant, eine einzigartige Mischung aus chinesischen und portugiesischen Einflüssen. Besonders schmackhaft sind *Bacalhau* (Stockfisch gebacken, gegrillt, gedämpft oder gekocht), *Caldo verde* und *Sopa a alentejana* (reichhaltige Suppen mit Brot und Olivenöl), Huhn afrikanisch (gegrillt mit scharfen Gewürzen), *Galinha a portuguesa* (Brathähnchen mit Kartoffeln, Zwiebeln, Ei und Safran), *Minche* (Hackfleisch mit Bratkartoffeln und Zwiebeln), Seezunge Macau (gebratener Fisch, normalerweise mit Salat) und *Feijoadas* (ein brasilianisches Gericht aus Bohnen, Schweinefleisch, Kartoffeln, Kohl und gewürzten Würstchen). Zu den chinesischen Spezialitäten *Dim sum* (gedämpfte Teigtaschen, die in Bambuskörben auf Teewagen serviert werden) zählen *Cha siu bao* (Schweinefleischklößchen), *Har gau* (Krabbenklößchen) und *Shui mai* (Schweinehack mit Krabben).
Getränke: In den Bars wird am Tisch oder am Tresen bedient. Alle Restaurants haben eine Auswahl portugiesischer Rot- und Weißweine sowie preiswerten Portwein und Weinbrand. Außerdem bekommt man den schäumenden *Vinho verde*.
NACHTLEBEN: Die meisten Veranstaltungen finden in den Hotels statt, die häufig Nachtklubs mit Varieté, portugiesische Volkstänze, Tanzkapellen, Diskotheken und Bars bieten. Im Sommer kann man in den zahllosen Freilicht-*Esplanadas* auf dem Platz vor dem *Hotel Lisboa* sitzen und sich mit alkoholfreien Getränken erfrischen. Glücksspiele sind die große Attraktion Macaus; die Spielkasinos sind rund um die Uhr geöffnet und bieten Bakkarat, Siebzehnundvier, Roulette und chinesische Spiele wie *Fantan* und *Dai-Siu*. Auch *Keno* und Spielautomaten (in Macau »hungrige Tiger« genannt) gehören zum umfangreichen Angebot. Berühmte Künstler sorgen für Unterhaltung.
EINKAUFSTIPS: Die beliebtesten Mitbringsel aus Macau sind nach wie vor Schmuck (in erster Linie Gold), chinesische Antiquitäten, Porzellan, Töpferwaren, Elektroartikel, Kameras, Armbanduhren und Perlenarbeiten. Alles ist zollfrei erhältlich, da Macau ein Freihafen ist. Handeln ist üblich. Es lohnt sich auch, chinesische Kräuter und Arzneien, getrocknete Meeresfrüchte (wie Haifischflossen), Abalonen oder Gebäck aus Macau und China zu kaufen sowie einheimische Strickarbeiten von den Verkaufsständen. Beim Kauf von Antiquitäten, Gold- und Silberschmuck sollte man sich nach den Empfehlungen des Goldschmiede- und Schmuckverbandes oder des Fremdenverkehrsamts in Macau richten, das ein Verzeichnis seriöser Geschäfte veröffentlicht. Man sollte auf einer Quittung und einem Zertifikat für erstandenen Schmuck, Gold, Kameras, Armbanduhren und Elektroartikel bestehen. **Öffnungszeiten der Geschäfte:** Meist Mo-Sa 10.00-20.00 Uhr. Manche Geschäfte schließen an jedem Monatsersten.
SPORT: Hunderennen finden dienstags, donnerstags, an Wochenenden und an gesetzlichen Feiertagen Hongkongs auf der Hunderennbahn in der Av. General Castelo Branco statt (Beginn 20.00 Uhr). Das Gala-Motorrad- und Formel-III-Rennen in Fernost, der *Macau Grand Prix*, wird in der dritten Novemberwoche veranstaltet. Der *Macau Jockey Club* organisiert Pferderennen auf der Insel Taipa. Beim Fremdenverkehrsamt in Macau kann man **Badminton-** und **Tennisplätze** sowie die nötige Ausrüstung auf Wunsch im voraus buchen. Im Erdgeschoß des *Hotel Lisboa* befindet sich eine **Bowlingbahn**. Die Hotels *Oriental Macau* und *Royal* haben **Squashplätze**. In den größeren Hotels, wie dem *Hyatt Regency*, *Lisboa*, *Pousada de Sao Tiago*, *Pousada de Coloane*, *Royal*, *Oriental Macau* und *Estoril* gibt es **Swimmingpools**, darüber hinaus stehen in Macau und auf der Insel Coloane öffentliche Schwimmbäder zur Verfügung.
VERANSTALTUNGSKALENDER
Mai '96 (1) *Rituelle Waschung Buddhas*. (2) *Fest des trunkenen Drachen*. (3) *Tam Kong Festival*. (4) *Umzug zu Ehren der Jungfrau von Fatima*. **Juni** (1) *Kuan-Tai-Fest*. (2) *Portugiesische Nacht*, St. Antonius. (3) *Na-Cha-Fest*. **Aug.** *Fest der Hungrigen Geister*. **Sept.** *Fest der Herbstmitte*. **Sept./Okt.** *Internationales Feuerwerk-Festival*. **Okt./Nov.** 9. *Internationales Musikfest*, Macau. **Nov.** *Macau Grand Prix*. **Dez.** *Internationaler Marathon*, Macau.
SITTEN & GEBRÄUCHE: Das gesellschaftliche Leben spielt sich normalerweise in der Öffentlichkeit ab, z. B. in Restaurants. Man wird selten in Privatwohnungen eingeladen; es sei denn, der Gastgeber ist besonders wohlhabend. Spirituosen sind ideale Gastgeschenke. Abgesehen von Nachtklubs und guten Restaurants, ist im allgemeinen saloppe Kleidung akzeptabel. **Trinkgeld:** Die meisten Hotels und Restaurants berechnen 10% Bedienungsgeld, aber man sollte trotzdem ein kleines Trinkgeld hinterlassen.

WIRTSCHAFTSPROFIL

WIRTSCHAFT: Macau ist, ähnlich wie Hongkong, seit langem ein wichtiger Umschlagplatz für chinesische Waren. Das wirtschaftliche Wachstum wird jedoch durch den Mangel einer Infrastruktur behindert. Hauptexportgüter der Fertigungsindustrie sind Textilien, Spielwaren, optische Geräte, Gummi, Porzellan, Möbel und Schuhe. Der Tourismus ist ein wichtiger Devisenbringer, und Macaus Spielkasinos erwirtschaften 40% der Haushaltseinnahmen. Alljährlich besuchen etwa 8 Mio. Feriengäste die Halbinsel; 1993 waren knapp 46.000 Deutsche darunter, was eine Steigerung von 24% gegenüber dem Vorjahr bedeutete. Das Bauwesen erlebte einen Aufschwung durch den Bau mehrerer Hotels und des internationalen Flughafens. Versuche, die Wirtschaft auf eine breitere Basis zu stellen, um die wirtschaftliche Abhängigkeit Macaus von der Textil- und Tourismusindustrie zu mindern, scheiterten am Mangel an Arbeitskräften und geeignetem Bauland. Macau ist Mitglied des Allgemeinen Zoll- und Handelabkommens (GATT). Im Juni 1992 unterzeichnete Macau ein Wirtschafts- und Zollabkommen mit der Europäischen Union. USA, China, Hongkong und die Bundesrepublik sind die Haupthandelspartner des Landes. Nach 1999 soll Macau seinen Status als Freihafen behalten und ein unabhängiges Zollgebiet bleiben.

GESCHÄFTSVERKEHR: Visitenkarten und vorherige Terminvereinbarung sind üblich, auf Pünktlichkeit wird Wert gelegt. Das *Macau Business Center* bietet u. a. folgende Einrichtungen: Tagungsräume, Schreibbüro, Mikrofone, Tonbandgeräte, Video und Telex.

Kontaktadressen: *Die wirtschaftlichen Interessen Österreichs werden von der Außenhandelsstelle in Hongkong (s. Hongkong) wahrgenommen.*

Associação Comercial de Macau (Handelskammer von Macau), Rua de Xanghai 175, Edificio ACM, 5F, Macau. Tel: 57 68 33. Telefax: 59 45 13.

KONFERENZEN/TAGUNGEN: Es gibt vier größere Tagungszentren: das *Forum* (Mehrzweckanlage mit einer Kapazität von max. 4350), das *Macau Cultural Center* (Kapazität max. 1200), das *Nam Kwong* (max. 1000 Teilnehmer) und das Konferenzzentrum der *Macau University* (für 764 Teilnehmer). Mehrere Hotels bieten Tagungseinrichtungen; die entsprechenden Anlagen und Dienstleistungen vermittelt das oben erwähnte *Macau Business Center*. Nähere Informationen auch vom Fremdenverkehrsamt in Macau (Adresse s. o.).

KLIMA

Subtropisches Klima mit sehr heißen Sommern, Regenzeit während der Sommermonate. Der meiste Niederschlag fällt nachmittags. Der Wind kann Orkanstärke erreichen, und Taifune sind selten.

Kleidung: Während der wärmeren Monate wird leichte Baumwoll- und Leinenkleidung empfohlen. Wärmere Kleidung für die Frühlings- und Herbstabende. Warme Kleidung für die Wintermonate. Regenschutz wird empfohlen.

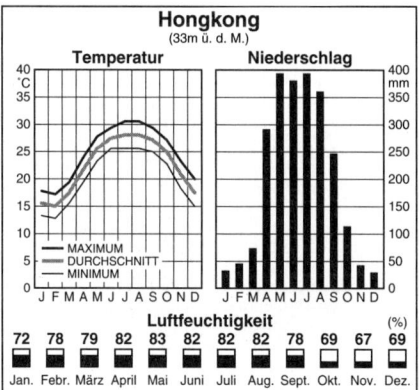

WELTKARTE?

LÄNDERKARTEN?

ZEITZONENKARTE?

INFORMATION ÜBER

IMPFBESTIMMUNGEN UND

GESUNDHEITSVORKEHRUNGEN?

... siehe Inhaltsverzeichnis

Madagaskar

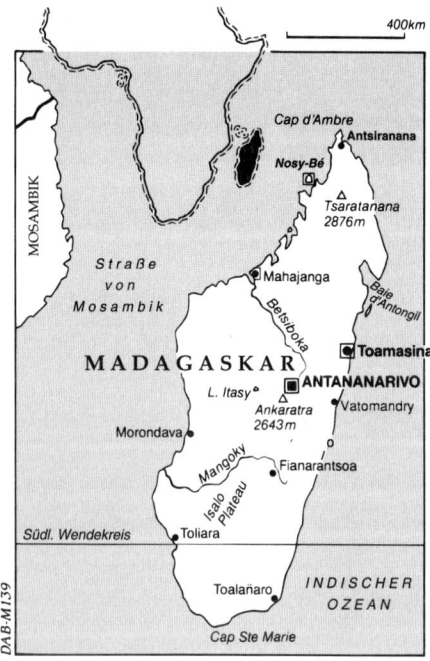

□ *Internationaler Flughafen*

Lage: Indischer Ozean, 500 km vor der Küste Mosambiks.

Air Madagascar
Herzog-Rudolf-Straße 3
D-80539 München
Tel: (089) 29 00 39 40. Telefax: (089) 29 00 39 46.
Mo-Fr 09.00-18.00 Uhr.

Direction du Tourisme de Madagascar
Ministry of Tourism
Tsimbazaza
BP 610
101 Antananarivo
Tel: (02) 2 62 98. Telefax: (02) 2 67 10.

Botschaft der Republik Madagaskar (mit Visumerteilung)
Rolandstraße 48
D-53179 Bonn
Tel: (0228) 95 35 90. Telefax: (0228) 33 46 28.
Mo-Fr 09.00-12.00 und 14.30-16.00 Uhr.
Geschäftsbereich: ganz Deutschland.

Honorarkonsulat der Republik Madagaskar (mit Visumerteilung)
Wilhelm-Busch-Straße 5
D-40474 Düsseldorf
Tel: (0211) 43 26 43.
Publikumsverkehr nach vorheriger Vereinbarung.
Geschäftsbereich: Nordrhein-Westfalen und Hessen.

Honorarkonsulat der Republik Madagaskar (mit Visumerteilung)
Akademiestraße 7
D-80799 München
Tel: (089) 381 90 20. Telefax: (089) 38 19 02 36.
Mo-Fr 08.00-15.00 Uhr.
Geschäftsbereich: Bayern.

Honorarkonsulat der Republik Madagaskar (mit Visumerteilung)
Straße des 13. Januar 273
D-66333 Völklingen-Louisenthal

TIMATIC INFO-CODES	
Abrufbar über Ihr CRS-System (für START/Amadeus Amaske benutzen). Für Galileo bitte TI-DFT eingeben (mit Bindestrich).	
Flughafengebühren	TI DFT/ TNR /TX
Währung	TI DFT/ TNR /CY
Zollbestimmungen	TI DFT/ TNR /CS
Gesundheit	TI DFT/ TNR /HE
Reisepassbestimmungen	TI DFT/ TNR /PA
Visabestimmungen	TI DFT/ TNR /VI

Tel: (06898) 8 11 00.
Publikumsverkehr nach vorheriger Vereinbarung.
Geschäftsbereich: ganz Deutschland.

Honorargeneralkonsulat der Republik Madagaskar
Pötzleinsdorferstraße 94
A-1184 Wien
Tel: (0222) 479 12 73. Telefax: (0222) 47 91 27 34.
Mo, Mi und Fr 09.00-12.00 Uhr.

Honorarkonsulat der Republik Madagaskar (mit Visumerteilung)
Kochelgasse 4
CH-3011 Bern
Tel: (031) 311 31 11. Telefax: (031) 311 08 71.
Mo-Fr 08.00-12.00 und 13.00-17.00 Uhr.

Generalkonsulat der Republik Madagaskar (mit Visumerteilung)
Kappelergasse 14
CH-8005 Zürich
Tel: (01) 212 85 66. Telefax: (01) 211 80 18.
Mo-Fr 08.30-11.30 Uhr.

Botschaft der Republik Madagaskar
276 Avenue de Tervueren
B-1150 Bruxelles
Tel: (02) 770 17 26/74. Telefax: (02) 772 37 31.
Mo-Fr 09.00-12.30 und 13.30-16.30 Uhr, *Konsularabt.*:
Mo-Fr 09.30-12.00 Uhr.
(übergeordnete Vertretung für die Schweiz)

Botschaft der Bundesrepublik Deutschland
101 Rue du Pasteur Rabeony Hans
BP 516
Antananarivo
Tel: (02) 2 38 02/03, 2 16 91. Telefax: (02) 2 66 27.

Konsulat von Österreich (ohne Paß- und Sichtvermerksbefugnis)
PO Box 28
Ankorondrano
Antananarivo
Tel: (02) 2 27 21. Telefax: (02) 2 84 20.
Übergeordnete Vertretung ist die Botschaft der Republik Österreich in Addis Abeba (s. Äthiopien).

Botschaft der Schweizerischen Eidgenossenschaft
Solombavambahoaka
Frantsay 77
BP 118
101 Antananarivo
Tel: (02) 2 28 46, 3 26 72. Telefax: (02) 2 89 40.

FLÄCHE: 587.041 qkm.
BEVÖLKERUNGSZAHL: 13.854.000 (1993).
BEVÖLKERUNGSDICHTE: 24 pro qkm.
HAUPTSTADT: Antananarivo (vormals Tananarive).
Einwohner: 2.000.000 (Schätzung 1994).
GEOGRAPHIE: Die viertgrößte Insel der Welt liegt im Indischen Ozean und ist durch die Straße von Mosambik vom afrikanischen Festland getrennt. Einige kleinere Inseln gehören zum Staatsgebiet. Die zentrale Bergkette, die *Hauts Plateaux*, bedecken über die Hälfte der Hauptinsel und bedingen die ethnischen, klimatischen und landschaftlichen Unterschiede der West- und Ostküste. Die kleine, üppig bewachsene Ebene der Ostküste wurde im 6. Jahrhundert von polynesischen Seefahrern besiedelt. Die Westküste war früher mit trockenem Laubwald bedeckt und besteht heute fast nur noch aus Savanne. Der Norden beider Küsten hat mehr Niederschläge, allerdings kommen an der Ostküste auch Monsunregen vor. Die Halbwüste an der südlichen Inselspitze ist mit großen Wäldern kaktusähnlicher Pflanzen bewachsen. Die Hauptstadt Antananarivo liegt hoch in den Hauts Plateaux, fast in der Inselmitte. Ein großer Teil der Inselflora und -fauna ist nur auf Madagaskar zu finden. Es gibt 3000 einheimische Schmetterlingsarten; die vielen verschiedenen einheimischen Makis (Lemuren) füllen die biologischen Nischen aus, die anderswo auf der Welt von Waschbären, Affen, Murmeltieren, Buschbabys oder Faultieren eingenommen werden. Die Vielfalt der Reptilien, Amphibien und Vögel, vor allem Enten, sowie seltener Pflanzen ist ebenfalls typisch für diese Insel.
STAATSFORM: Republik seit 1992 (III. Republik); Staatsoberhaupt: Präsident Albert Zafy, seit März 1993. Regierungschef: Francisque Ravony, seit August 1993. Zweikammerparlament: Nationalversammlung (138 Mitglieder) und Senat, ein Drittel der Mitglieder wird vom Staatsoberhaupt ernannt. Im Juni 1993 fanden die letzten Wahlen statt.
SPRACHE: Malagasy und Französisch als Amtssprachen, regionale Sprachen als Umgangssprachen.
RELIGION: Über 50% Naturreligionen; offiziell 45% Christen, 5% Muslime.
ORTSZEIT: MEZ + 2.
NETZSPANNUNG: 220 V, 50 Hz.
POST- UND FERNMELDEWESEN: Telefon: Selbstwählferndienst ist zu den größeren Städten möglich.
Landesvorwahl: 261. **Telex/Telegramme:** Telexanschlüsse gibt es in den Telekommunikationszentren und in den Hotels Colbert und Hilton in der Hauptstadt. Das Hauptpostamt *(PTT)* in Antananarivo nimmt rund um die Uhr Telegramme entgegen. **Post:** Am besten läßt man Sendungen postlagernd an das Hauptpostamt schicken. Luftpost nach Europa ist mindestens 7 Tage unterwegs, auf dem Landweg kann es 3-4 Monate dauern.

DEUTSCHE WELLE
Der Einsatz der Kurzwellenfrequenzen ändert sich mehr-

fach im Laufe eines Jahres, und Sendungen auf den folgenden Frequenzen werden jeweils nur zu bestimmten Tageszeiten ausgestrahlt. Näheres in der Einleitung.

MHz	15,275	15,135	11,795	9,545	7,185
Meterband	19	19	25	31	41

REISEPASS/VISUM

***Wichtiger Hinweis:** Die Einreisebestimmungen mancher Länder können sich kurzfristig ändern – rufen Sie sicherheitshalber auf Ihrem CRS-System (TIMATIC-Info-Code-Fenster in diesem Kapitel) den aktuellen Stand ab bzw. wenden Sie sich an die zuständige diplomatische Vertretung. Etwaige Zahlen in der Tabelle beziehen sich auf nachfolgende Fußnoten.*

	Paß erforderlich?	*Visum erforderlich?*	*Rückflugticket erforderlich?*
Deutschland	Ja	Ja	Ja
Österreich	Ja	Ja	Ja
Schweiz	Ja	Ja	Ja
Andere EU-Länder	Ja	Ja	Ja

REISEPASS: Allgemein erforderlich (noch mind. 6 Monate gültig).
VISUM: Allgemein erforderlich.
Visaarten: Geschäfts-, Touristen- und Transitvisa. Durchreisende, die mit dem gleichen oder dem nächsten Verbindungsflugzeug innerhalb von 24 Std. weiterfliegen und den Flughafen nicht verlassen, brauchen kein Transitvisum.
Visagebühren: 50 DM (einmalige Einreise), 90 DM (mehrmalige Einreise, Aufenthalt bis zu 1 Monat); 350 öS (einmalige Einreise, Aufenthalt bis zu einem Monat sowie einmaliger Transit); 700 öS (mehrmalige Einreise, Aufenthalt bis zu drei Monaten sowie mehrmaliger Transit); 50 sfr (einmalige Einreise, Aufenthalt bis zu einem Monat sowie einmaliger Transit); 90 sfr (mehrmalige Einreise, Aufenthalt bis zu drei Monaten sowie mehrmaliger Transit).
Gültigkeitsdauer: Visa sind 6 Monate gültig für Aufenthalte von 30 Tagen, Verlängerung vor Ort möglich.
Antragstellung: Honorarkonsulat oder Botschaft (Adressen s. o.).
Unterlagen: (a) 4 Antragsformulare. (b) 4 Paßfotos. (c) Empfehlungsschreiben bei der Beantragung eines Geschäftsvisums. (d) Nachweis der bezahlten Rück- oder Weiterreise. Der postalischen Antragstellung sollten ein frankierter und adressierter Umschlag und der Zahlungsnachweis der Gebühren beigelegt werden.
Bearbeitungszeit: Bei persönlicher Antragstellung meist am gleichen Tag; 10 Tage bei postalischer Beantragung.

GELD

Währung: 1 Madagaskar-Franc (FMG) = 100 Centimes. Banknoten gibt es im Wert von 25.000, 10.000, 5000, 2500, 1000 und 500 FMG; Münzen in den Nennbeträgen 250, 100, 50, 25, 20, 10, 5, 2 und 1 FMG. Die Benutzung einer parallelen, inoffiziellen Währungseinheit ist weit verbreitet. Der *Piastre*, auch als *Ariary*, *Drala* oder *Parata* bekannt, ist 5 FMG wert. Auf den Märkten werden die Preise in dieser Einheit und in FMG angegeben, damit man eine Vergleichsmöglichkeit hat. Seit März 1994 wird der FMG auf dem internationalen Geldmarkt gehandelt und hat seither viel von seinem Wert verloren, was sich für Reisende natürlich günstig auswirkt.
Kreditkarten: *American Express*, *Diners Club*, *Eurocard* und *Visa* werden in den Hotels in der Hauptstadt akzeptiert, in den anderen Ortschaften jedoch nur begrenzt angenommen. Einzelheiten vom Aussteller der betreffenden Kreditkarte.
Reiseschecks sollten in US-Dollar, Schweizer Franken oder DM ausgestellt sein.
Wechselkurse

	FMG Sept. '92	FMG Febr. '94	FMG Jan. '95	FMG Jan. '96
1 DM	1077,69	1100,16	2346,86	2848,70
1 US$	1601,59	1909,83	3637,67	4095,00

Anmerkung: Die Wechselkurse ändern sich fast täglich aufgrund der hohen Inflationsrate.
Devisenbestimmungen: Die Landeswährung darf nicht eingeführt werden. Die Ausfuhr ist auf 25.000 FMG beschränkt. Der Wechselkurs für nicht ausgegebene Restbeträge in der Landeswährung ist sehr ungünstig. Die Einfuhr von Fremdwährungen ist unbeschränkt, muß jedoch deklariert werden. Die Ausfuhr ist auf den bei der Einreise deklarierten Betrag beschränkt. Diese Bestimmungen gelten für Touristen, Geschäftsleute sollten sich an die Botschaft wenden. Individualreisende müssen in Madagaskar einen Mindestbetrag von ca. 580 DM (2000 FF) ausgeben.
Öffnungszeiten der Banken: Mo-Fr 08.00-16.00 Uhr.

DUTY FREE

Folgende Artikel können zollfrei nach Madagaskar eingeführt werden:
400 Zigaretten oder 25 Zigarren oder 500 g Tabak;
1,5 l Spirituosen (mehr als 25% Alkoholgehalt);
2 l alkoholische Getränke (bis 25% Alkoholgehalt);
50 g Parfüm;
750 ml Eau de toilette.

Anmerkung: Artikel wie Kameras, Videogeräte, Computer, Schreibmaschinen, Schmuck usw. müssen bei der Einreise deklariert werden.
Für die Ausfuhr bestimmter Artikel braucht man eine Genehmigung: bestimmte Mineralien, geschützte Flora und Fauna und Produkte, die diese enthalten, alte Briefmarken und Münzen, Dokumente und alte Gemälde.

GESETZLICHE FEIERTAGE

1. Mai '96 Tag der Arbeit. **16. Mai** Christi Himmelfahrt. **27. Mai** Pfingstmontag. **26. Juni** Unabhängigkeitstag. **1. Nov.** Allerheiligen. **25. Dez.** Weihnachten. **30. Dez.** Jahrestag der demokratischen Republik. **1. Jan. '97** Neujahr. **29. März** Gedenktag der Revolution von 1947. **28. März** Karfreitag. **31. März** Ostermontag. **1. Mai** Tag der Arbeit. **8. Mai** Christi Himmelfahrt. **19. Mai** Pfingstmontag.

GESUNDHEIT

In der folgenden Tabelle aufgeführte Impfvorschriften können sich kurzfristig ändern. Es wird stets empfohlen, auf Ihrem CRS-System (TIMATIC-Info-Code-Fenster in diesem Kapitel) den aktuellen Stand der Gesundheitsbestimmungen abzurufen bzw. rechtzeitig vor der Reise ärztlichen Rat einzuholen.

	Vorsichtsmaßnahmen empfohlen	*Impfschein erforderlich*
Gelbfieber	Ja	1
Cholera	Ja	2
Typhus & Polio	Ja	-
Malaria	3	-
Essen & Trinken	4	-

[1]: Eine Impfbescheinigung gegen Gelbfieber wird von allen Reisenden verlangt, die aus Infektionsgebieten kommen oder die im Transit durch solche Gebiete gereist sind.
[2]: Eine Impfbescheinigung gegen Cholera ist keine Einreisebedingung, das Risiko einer Infektion besteht jedoch. Da die Wirksamkeit der Schutzimpfung umstritten ist, empfiehlt es sich, rechtzeitig vor Antritt der Reise ärztlichen Rat einzuholen. Näheres im Kapitel *Gesundheit* (s. Inhaltsverzeichnis).
[3]: Malariarisiko der vorherrschenden gefährlicheren Form *Plasmodium falciparum* besteht ganzjährig in allen Landesteilen und besonders in den Küstengebieten. Chloroquin-Resistenz ist gemeldet worden.
[4]: Wasser sollte generell vor der Benutzung zum Trinken, Zähneputzen und zur Eiswürfelbereitung entweder abgekocht oder anderweitig sterilisiert werden. Milch ist nicht pasteurisiert und sollte abgekocht werden. Trocken- und Dosenmilch nur mit keimfreiem Wasser anrühren. Milchprodukte aus ungekochter Milch am besten vermeiden. Fleisch- und Fischgerichte nur gut durchgekocht und heiß serviert essen. Der Genuß von Schweinefleisch, rohen Salaten und Mayonnaise sollte vermieden werden. Gemüse sollte gekocht und Obst geschält werden.
Tollwut kommt vor. Wer ein erhöhtes Risiko eingeht (z. B. längerer Aufenthalt in abgelegenen Gebieten), sollte vor Reiseantritt eine Schutzimpfung erwägen. Bei Bißwunden so schnell wie möglich ärztliche Hilfe in Anspruch nehmen. Weitere Informationen im Kapitel *Gesundheit* (s. Inhaltsverzeichnis).
Bilharziose-Erreger kommen in manchen Teichen und Flüssen vor, das Schwimmen und Waten in Binnengewässern sollte daher vermieden werden. Gut gepflegte Schwimmbecken mit gechlortem Wasser sind unbedenklich.
Hepatitis A, B und *E* treten auf.
Gesundheitsvorsorge: Der Abschluß einer Reisekrankenversicherung wird dringend empfohlen und sollte die Notrückführung einschließen.

REISEVERKEHR - International

FLUGZEUG: Madagaskars nationale Fluggesellschaft *Air Madagascar (MD)* bietet Flugverbindungen in die Nachbarländer (u. a. nach Réunion, Mauritius, Kenia, Tansania, zu den Komoren und den Seychellen) und nach Europa: angeflogen werden Frankfurt, München, Zürich und Paris.
Durchschnittliche Flugzeiten: *Frankfurt* – Antananarivo: 12 Std. 05; *Zürich* – Antananarivo: 11 Std. 50 (Direktflug).
Internationale Flughäfen: *Antananarivo (TNR)* liegt 17 km außerhalb der Stadt. Am Flughafen gibt es eine Wechselstube und ein Restaurant. Busse fahren zum Büro von *Air Madagascar* und zum Hilton Hotel. Taxis sind ebenfalls vorhanden.
Weitere Flughäfen: *Nosy Bé* (Flüge zu den Seychellen), *Mahajanga* (Ostafrika und die Komoren) und *Toamasina* (Mauritius und Réunion-Inseln).
Flughafengebühren: 100 FF (ca. 30 DM) pro Passagier bei der Ausreise nach Europa (Transitreisende sind hiervon ausgenommen). 80 FF pro Passagier bei der Ausreise in afrikanische Nachbarländer.
SCHIFF: Haupthafen der Insel ist Toamasina. Internationale Reiseveranstalter laufen Madagaskar im Rahmen von Kreuzfahrten durch den Indischen und Pazifischen Ozean an.

REISEVERKEHR - National

FLUGZEUG: Der Großteil Madagaskars ist per Flugzeug erreichbar, es gibt über 200 Landepisten, davon sind 57 für den öffentlichen Verkehr geöffnet. Ausnahme sind einige Städte des mittleren Hochlands.
Flughafengebühren: 8000 FMG (3-4 DM) für Inlandflüge.
SCHIFF: Madagaskar hat eine bedeutende Seefahrertradition: In den Küstengewässern verkehren zahlreiche Fracht- und Passagierschiffe. Der bedeutendste Hafen ist Toamasina. Die vielen Stromschnellen machen viele Flüsse unbefahrbar. Die *Direction du Tourisme* bietet Foto-Safaris in kleinen Booten auf den Flüssen Betsiboka und Tsiribihina sowie Segeltörns an. Der Pangalanes-Kanal verläuft auf 600 km parallel zur Ostküste, Schlick verhindert allerdings zur Zeit auf weiten Strecken den kommerziellen Verkehr.
BAHN: Madagaskar hat vier Eisenbahnlinien. Es gibt Passagierzüge von Toamasina (Ostküste) über Antananarivo nach Antsirabe (eine Nebenstrecke führt zum Alaotra-See) sowie von Manakara (ebenfalls an der Ostküste) nach Fianarantsoa. Die nördliche Strecke soll noch ausgebaut werden, die Südstrecke führt durch dichten Regenwald. Waggons 1. Klasse sind klimatisiert. Auf allen Strecken verkehren täglich ein oder zwei Züge.
PKW/BUS: Das Straßennetz hat eine Ausdehnung von 8600 km, davon sind etwa 3500 km geteert. Viele Straßen sind recht reperaturbedürftig. Asphaltierte Straßen verbinden die Städte des zentralen Hochlands und führen weiter zur Ost- und Nordwestküste. Die drei Hauptverbindungsstraßen führen von Antananarivo nach Mahajanga (RN4), nach Toamasina (RN2) und nach Fianarantsoa (RN7). In anderen Landesteilen gibt es einige befestigte Straßen, die Mehrheit besteht allerdings aus unbefestigten Wegen, von denen viele während der Regenzeit (November bis April) unbefahrbar sind. 1988 bewilligte die Weltbank einen Kredit von 140 Mio. US$ für die Erneuerung des madagassischen Straßennetzes. **Fernbusse** sind eher unzuverlässig. Es gelten Einheitsfahrpreise. **Taxi:** Außer in Antananarivo und Fianarantsoa gelten Einheitsfahrpreise. In diesen beiden Städten werden Preise danach berechnet, ob man in die Ober- oder Unterstadt möchte. Taxis gibt es in zwei Ausführungen: *Taxi-bes* sind schneller und bequemer; *Taxi-brousses* (Buschtaxis) sind preiswerter, allerdings langsamer, da sie öfter anhalten und auch in die ländlichen Gegenden fahren. Preise sollten im voraus vereinbart werden. **Rikschas:** *Pousse-Pousses* befördern Passagiere überallhin, ausgenommen sind verkehrsreiche Gebiete oder zu steile Hänge. Die Preise hängen von der jeweiligen Entfernung ab. **Kutschen:** Es verkehren noch einige Passagierkutschen in Antananarivo. **Mietwagen** gibt es nur in den größeren Touristenstädten; erkundigen Sie sich im voraus nach den Versicherungsbedingungen. Motorräder können ebenfalls gemietet werden. **Unterlagen:** Ein internationaler Führerschein wird benötigt.

UNTERKUNFT

HOTELS: Der Hotel- und Touristenbetrieb auf Madagaskar steckt noch fast in den Kinderschuhen, so gibt es z. B. in der Hauptstadt Antananarivo sowie in Nosy Bé und Toamasina deutlich mehr Hotels als in anderen Regionen. In letzter Zeit wurden jedoch Resorts und Mittelklasse-Hotels mit angemessenen Übernachtungspreisen eröffnet. Außerdem sind Gruppen- und Jugendherbergen vorhanden. Außerhalb der größeren Städte sind Unterkünfte, die europäischem Standard entsprechen, dünn gesät – bei Reisen in abgelegene Regionen sollte dies vorher bedacht werden. Weitere Informationen vom Hotelverband *Groupement des Associations et des Syndicats du Tourisme de Madagascar*. Die *Air-Madagascar-Agenturen* erteilen ebenfalls Auskunft. **Kategorien:** Hotels sind mit **1-5 Sternen** ausgezeichnet (5 Sterne entsprechen in etwa 3 Sternen in Europa). Mit **Ravinala** (Palmen) werden die ländlichen Unterkünfte ausgezeichnet.

URLAUBSORTE & AUSFLÜGE

Die *Direction du Tourisme* (Adresse s. o.) bietet eine große Auswahl an Touren, die bis zu einem Monat dauern können. Es gibt viel zu entdecken, und man hat als Europäer den Eindruck, daß sich auf Madagaskar seit Menschengedenken kaum etwas geändert hat.
Unberührte Wildnis findet man noch an der steilen Ostküste, deren einsame Buchten auch ideal für einen erholsamen Badeurlaub sind. Im Berenty-Nationalpark, in der Nähe von Taolanaro, leben u. a. die seltenen Lemuren und eine interessante Fledermausart, die Flughunde. Die landschaftliche Vielfalt der Insel ist wirklich beeindruckend; Dschungel an der Ostküste, fruchtbare Ebenen im Westen, Reisterrassen, Wüstengebiete und Savanne erwarten den Besucher. Wer auf eigene Faust durch Madagaskar reisen will, sollte bedenken, daß es in bestimmten Bergregionen Banditen gibt. Das Klima und unwegsames Terrain erschweren zudem Überlandreisen in vielen Regionen fast das ganze Jahr über.

Das zentrale Hochland

Die Hauptstadt und mehrere andere wichtige Städte liegen in der zentralen Region der *Hauts Plateaux*, einer

Kette schroffer und von Schluchten durchzogener Berge, die in der Mitte Madagaskars von Nord nach Süd verlaufen.

Antananarivo, oft als *Tana* abgekürzt, ist auf drei Ebenen erbaut. Der Palast der Königin und das damit verbundene königliche Dorf *(Rova)* stehen unter Denkmalschutz und beherrschen das Stadtbild. Einst lebten hier die Herrscher und Herrscherinnen der Merina-Dynastie, die im 19. Jahrhundert Madagaskar erstmalig vereinte. Auf der niedrigsten Ebene der Stadt befindet sich der *Analakely-Markt*. Auf dem *Zuma-Markt*, angeblich dem zweitgrößten Markt der Welt, ist freitags am meisten los; man sollte sich aber vor Taschendieben in acht nehmen. *Tsimbazaza*, der Zoo und Botanische Garten, ist Do, So und an öffentlichen Feiertagen geöffnet. Das *Touristen-Informationsbüro* liegt ganz in der Nähe. Nach Sonnenuntergang sollte man sich nicht zu weit vom Hotel entfernen.

Ambohimanga ist der Geburtsort des Staates Madagaskar und liegt 20 km von der Hauptstadt entfernt. Die Stadt ist von Wäldern umgeben und als »Blaue Stadt«, »Heilige Stadt« und auch als »Verbotene Stadt« bekannt. Auch hier gibt es einen königlichen Palast. Die Zitadelle war einmal eine bedeutende Merina-Festung, und es stehen noch heute mehrere Gebäude, die für Zeremonien benutzt wurden. Das Haupttor besteht aus einer riesigen Steinscheibe, die nur von 40 Männern bewegt werden kann. Sonntags finden hier rituelle Ahnenverehrungen statt.

Mantasoa liegt 80 km von der Hauptstadt entfernt und ist ein beliebtes Picknick- und Ausflugsziel. Das Gelände wurde von einem schiffbrüchigen Franzosen für die Merina-Königinnen angelegt und umfaßt einen künstlichen See, Pinienwälder und Madagaskars erstes Industriegelände.

Ampefy (90 km von der Hauptstadt entfernt) ist ein vulkanisches Gebiet mit verführerischen Wasserfällen, einem Vulkansee und Geysiren. Mit Hilfe der hier angelegten Dämme werden Aale gefangen.

Perinet (auch Andasibe) liegt 140 km von der Hauptstadt entfernt, ist ein Naturschutzgebiet und die Heimat des *Indri* (schwanzloser Maki) sowie vieler Orchideenarten.

Antsirabe (170 km von der Hauptstadt entfernt) ist ein Thermalbad sowie Madagaskars größtes Industriezentrum. Die Stadt wird von vulkanischen Hügeln mit Kraterseen umgeben. Madagaskars zweithöchster Berg, der Tsiafajovona, ragt westlich der Straße von Antananarivo empor.

Der Norden

Der üppig-grüne Norden des Landes wird von zwei großen Bergen überragt. Der Tsarantanana (2880 m), der höchste Berg der Insel, ist besonders im höhergelegenen Regenwald mit Riesenfarnen und Flechten bewachsen. Der Nationalpark *Montagne d'Arbre* (1500 m) beherbergt die berühmten Orchideen und zahlreiche Lemurarten. Im Osten fällt zwischen Dezember und März der Monsunregen.

Mahajanga ist die Provinzhauptstadt an der Mündung des größten Flusses von Madagaskar, dem *Betsiboka*. Die Straße zur Stadt ist nur zwischen Juli und Oktober befahrbar. Man kann mit Booten nach Nosy Bé und zu mehreren anderen Inseln fahren. In diesen Küstengewässern soll es keine Haie geben. Die interessantesten Höhlen der Insel liegen in der Nähe von *Anjohibe*, 90 km im Landesinneren. Bei Ankarafantsika befindet sich ein Naturschutzgebiet.

Nosy Bé ist Madagaskars wichtigstes Urlaubsgebiet. Die Insel wird von vielen kleineren Inseln umgeben und liegt vor der Westküste. Man kann sie in einer Flugstunde von der Hauptstadt aus erreichen. Exotische Aromas wie Ylang-Ylang, Vanille, Lemon Grass und Patchouli liegen in der Luft. Die größte Stadt ist *Andoany* (Hell-Ville). Ganz in der Nähe stößt man auf die Ruinen eines indischen Dorfes aus dem 17. Jahrhundert.

Der kosmopolitische Küstenhafen **Antsiranana** (früher Diégo Suarez) an der nördlichsten Inselspitze überblickt einen schönen Golf. Oberhalb der Stadt entfaltet sich eine herrliche Landschaft mit Seen, Wasserfällen, Höhlen und Regenwald, in dem sich Makis und Krokodile tummeln. Für den Besuch des nahegelegenen Nationalparks am *Montagne d'Arbre* ist eine Genehmigung vom *Ministère des Eaux et Forêts* (Außenstelle in der Stadt) erforderlich. Boote fahren zur Insel Nosy Bé. Bei **Ramena** gibt es einen schönen Sandstrand, allerdings wird hier vor Haien gewarnt. Die Straße Richtung Süden zur Hauptstadt ist nur zwischen Juli und Oktober befahrbar.

Ile Ste-Marie (Nosy Boraha) ist eine Insel vor der Ostküste, 150 km nördlich von Toamasina. Die dichte Vegetation und die nur schwer zu umsegelnden Lagunen machten die Insel einst zu einem idealen Piratenversteck – und später zu einer Sträflingskolonie. Zahlreiche Gewürznelken-Plantagen und einige historische Stätten sind hier zu finden, einschl. Madagaskars ältester katholischer Kirche.

Die Provinzhauptstadt **Toamasina** liegt an der Ostküste und hat den größten Hafen des Landes. Sie liegt acht Autostunden von Antananarivo entfernt und bietet wie die Landeshauptstadt mehrere geschäftige Märkte, einschl. des *Bé-Basar*. 11 km nördlich der Stadt liegen die *Ivolina-Gartenanlagen* mit zahlreichen Gemüsesorten der östlichen Waldvegetation und vielen verschiedenen Tierarten.

Das weiter südlich gelegene **Vatomandry** ist ein beliebter Strandurlaubsort; wegen der Haie kann man allerdings nicht im Meer baden.

Der Süden

Im kargen Süden fallen vor allem die vielen seltsamen affenbrotbaumartigen Pflanzen auf. Die Bevölkerung in diesem Landesteil hat ein ganz besonderes Verhältnis zum Tod; ihrem Glauben nach halten sich die Seelen ihrer Vorfahren noch unter den Lebenden auf – manchen Lemuren, deren Augen weise und traurig in die Ferne blicken, werden die Seelen der Toten zugesprochen. Einheimische Totenfeste und Begräbnisrituale spiegeln diesen Glauben wider.

Die Provinzhauptstadt **Fianarantsoa** ist ein wichtiges Zentrum der Wein- und Reisproduktion sowie ein guter Ausgangspunkt, um das südliche Hochland zu erforschen. Zu den interessantesten Ortschaften der umliegenden Berge gehört **Amabalavao**, das die »Heimat der Verstorbenen« sein soll. Man stellt hier *Antemore-Papier* und *Lamba-Aridrano-Seide* her. An den nahegelegenen **Ambondrome-** und **Ifandana-Felsen** kann man die Knochen der hier verehrten Vorfahren sehen. Der Ifandana-Felsen war 1811 der Schauplatz eines Massenselbstmords. In **Ambositra** und den benachbarten **Zafimaniny-Dörfern** werden komplizierte Holzeinlegearbeiten hergestellt. Der **Isalo-Nationalpark** liegt in einer Sandsteinbergkette (erreichbar per Fahrzeug mit Allradantrieb oder zu Fuß mit einem Führer, Zelten ist möglich). In **Ranomafana** ist ein Thermalbad. In dem beliebten Strandurlaubsort **Mananjary** an der Ostküste sollte man der Haie wegen nicht im Meer baden.

Taolanaro (vormals Fort Dauphin) liegt an der Südostspitze der Insel und war die erste französische Siedlung auf Madagaskar. Teile der Festung aus dem 17. Jahrhundert sind noch zu sehen. Die Stadt und ihre Umgebung sind für Meeresfrüchte, Orchideen und fleischfressende Pflanzen bekannt, die man auch im landwirtschaftlichen *Mandona-Zentrum* in der Baie de Sainte-Luce sehen kann. In der Nähe befindet sich der *Berenty-Nationalpark*, in dem einige seltene Tierarten leben.

Der Westen

Der Westen Madagaskars war einst mit üppigen Laubwäldern bewachsen, besteht aber heute überwiegend aus Savanne. Dieser Landesteil ist nur spärlich bevölkert, der größte Wirtschaftszweig der Region ist die Zucht von *Zebus*, einer Ochsenart, die im 8. Jahrhundert von südostasiatischen Siedlern eingeführt wurde.

Toliara ist die Provinzhauptstadt der Südwestküste mit herrlichen Stränden sowie Gelegenheiten zum Tauchen, Fischen, Segeln und weiteren Wassersportarten.

SOZIALPROFIL

ESSEN & TRINKEN: »Gut essen« bedeutet auf Madagaskar »viel essen«. Die Landesküche beruht auf Bergen von Reis mit Soßen, Fleisch, Gemüse und Gewürzen. Zu den Spezialitäten zählen *Ro* (Kräuter und Blattgemüse mit Reis vermischt); Rind- und Schweinefleisch, das in Essig, Wasser und Öl mariniert und dann mit Gemüse, Zwiebeln und eingelegtem Gemüse gekocht und mit Pimento gewürzt wird; *Ravitoto* (ein Eintopf aus Fleisch und Blattgemüse); *Ramazava* (Blattgemüse, Rind- und Schweinefleischstücke, gebraten); *Vary amid 'anana* (Reis, Blattgemüse oder Kräuter, Fleisch und manchmal Garnelen), das oft mit *Kitoza* (langen Scheiben gepökeltem oder gesalzenem Fleisch) gegessen wird. Die Landesbewohner lieben sehr scharfe Gerichte und servieren oft Pimentos als Beilage. **Getränke:** Die Auswahl ist eher begrenzt; der einheimische Wein ist akzeptabel. Ebenfalls in Madagaskar hergestellt werden *Litchel* (Aperitif aus Litchis), *Betsabetsa* (eine Art Bier aus Zuckerrohr) und *Toaka gasy* (aus Zuckerrohr und Reis destilliert) sowie »Three-Horses«-Pilsner. Zu den alkoholfreien Getränken zählen *Ranon 'apango* oder *Rano vda* (ein Reisgetränk) und einheimisches Mineralwasser.

NACHTLEBEN: Es gibt einige Diskotheken, in denen manchmal auch Bands oder Solo-Musiker auftreten. Spielkasinos befinden sich in Antananarivo, Toamasina und auf Nosy Bé. In den meisten größeren Städten findet man Kinos und Theater, und ein Wandertheater führt Vorstellungen im ganzen Land auf. Man findet auch traditionelle Tanzgruppen.

EINKAUFSTIPS: Zu den Handarbeiten zählen *Lamba* (traditionelle Stoffquadrate aus Webstoffen mit unterschiedlichen Mustern); *Zafimaniny*-Holzeinlegearbeiten; Silberarbeiten wie *Mahafaly*-Kreuze und *Vangavanga*-Armbänder; Edelsteinschmuck; Artikel aus geflochtenem Schilfrohr, Raffiabast und Stroh; *Antemore*-Papier, das mit getrockneten Blumen geschmückt ist, und Stickereien. Für alle Produkte aus der Tier- und Pflanzenwelt Madagaskars (einschl. getrockneter Blumen) sind Ausfuhrgenehmigungen erforderlich, die beim Kauf mitgeliefert werden müssen. Manche »Souvenirs« (darunter auch Schildpatt- und Muschelartikel) werden illegal hergestellt und dürfen weder ohne noch mit Genehmigung ausgeführt werden – ganz davon abgesehen, daß man mit dem Kauf solcher Gegenstände die bedrohte und einzigartige Natur Madagaskars weiter gefährden würde. **Öffnungszeiten der Geschäfte:** Mo-Fr 08.00-12.00 und 14.00-18.00 Uhr.

SPORT: Tennis: In den meisten größeren Städten findet man Tennisplätze. **Golf** kann man in Tana spielen. **Wassersport:** Viele Städte haben öffentliche Schwimmbäder. Vom Baden an der Ostküste wird wegen der Haie abgeraten. Die besten Tauchzentren befinden sich auf Nosy Bé (sowie auf den Nachbarinseln Tanikely, Nosy Mitsio und Nosy Radama), Nosy Lava, Toliara und Ile Ste-Marie (Nosy Boraha). Wasserski- und Seglerzentren gibt es in Ambohibao (Mantasoa-See), Antsirabe (auf dem Andraikiba-See) und in Ramena. **Wandern:** Die *Direction du Tourisme* bietet Wander- und Trekking-Touren in unterschiedlichen Landesteilen an, die nach Interessengruppen zusammengestellt werden. Ponyausritte werden ebenfalls veranstaltet. **Publikumssport:** Auf **Fußballfelder** stößt man in allen Landesteilen, und während der Trockenzeit werden zuweilen auch Reisfelder als Fußballplätze benutzt. **Basketball** und **Volleyball** sind außerordentlich beliebt, so daß hierfür überdachte Stadien gebaut wurden.

VERANSTALTUNGSKALENDER
Es finden viele traditionelle Veranstaltungen und Feste statt, besonders in ländlichen Gegenden (s. *Sitten & Gebräuche*). *Mphira gasy* (traditionelle Sänger) tragen singend und tanzend Geschichten vor. Eine typische Vorstellung dauert zwischen einer halben und einer ganzen Stunde. Die Reisernte wird in vielen Ortschaften gefeiert.

SITTEN & GEBRÄUCHE: Besuchern der Insel fällt immer wieder die entgegenkommende Natur der Bevölkerung auf; wer nicht darauf eingestellt ist, könnte sich jedoch am madagassischen Verhältnis zur Zeit stören – so fahren z. B. staatliche Busse erst los, wenn alle Sitze besetzt sind, egal, wie lange dies dauert. Zwanglose Kleidung ist durchaus angemessen, nur in vornehmeren Hotels und Restaurants rechnet man eventuell mit ele-

Madagaskar / Malawi

ganter gekleideten Gästen. Einladungen in Privathäuser sind eher selten. Außerhalb der größeren Städte sollte man die örtlichen Tabus (*Fady*) respektieren, da diese jedoch regional verschieden sind, kann man sich nur vorher so gut wie möglich informieren und sich vor allem Grabmälern oder Gräbern nur nach einheimischen Ratschlägen nähern. In manchen Gegenden ist es heute noch vereinzelt üblich (soweit die Kosten dieser Aktion es zulassen), einen Ahnen zum Dorffest einzuladen und ihn zu diesem Zweck auszugraben, damit er persönlich anwesend sein kann. Später wird er dann in neue Totenhemden gekleidet und wieder begraben. Dieses Ritual (als *Famadihana* bekannt) zeigt das Festhalten der Bevölkerung an althergebrachten Traditionen. Wer als Besucher zu einer solchen Feier eingeladen wird, kann dies als große Ehre auffassen. **Fotografieren:** Militärische oder Polizeieinrichtungen sollten nicht fotografiert werden. **Trinkgeld:** 10-15% Trinkgeld in Restaurants ist üblich.

WIRTSCHAFTSPROFIL

WIRTSCHAFT: Madagaskar ist überwiegend ein Agrarland. Kaffee, Vanille, Gewürznelken, Sisal, Kakao und Fisch sind die wichtigsten Exportgüter (Madagaskar ist der größte Vanilleproduzent der Welt). Die Grundnahrungsmittel Reis und Maniok werden überwiegend für den Eigenbedarf angebaut. Die Wirtschaft unterliegt massiver staatlicher Kontrolle. Das Land verfügt über bedeutende Mineralvorkommen (u. a. Chrom, Uran und Bauxit), die Lagerstätten sind jedoch oft schwer zugänglich, und der Abbau erwies sich bislang als unwirtschaftlich. Etwa 17% des Bruttosozialprodukts erwirtschaftet die Fertigungsindustrie, überwiegend Nahrungsmittelverarbeitung und Textilien. Die negative Zahlungsbilanz der vergangenen Jahre wurde mit Hilfe des Internationalen Währungsfonds in den achtziger Jahren etwas aufgebessert, aber das Land ist immer noch von Krediten und Entwicklungshilfe der EU (besonders von Frankreich) und der Weltbank abhängig. Seit die madagassische Währung auf dem Weltmarkt gehandelt wird, ist die Inflationsrate stark angestiegen. Wichtigste Handelspartner sind Frankreich (34%), die USA, Deutschland und Japan. In jüngster Zeit bemüht sich die Regierung, den natürlichen Reichtum des Landes, die reizvolle exotische Tier- und Pflanzenwelt, zu vermarkten. Neben dem Ausbau des Tourismus denkt man dabei an eine Art weltweites Unterstützungsprogramm, ähnlich dem in Lateinamerika zum Schutz des Regenwaldes entworfenen Modell.
GESCHÄFTSVERKEHR: Leichte Tropenkleidung ist auch bei Geschäftsterminen angemessen. Die Botschaft kann nach vorheriger Vereinbarung Dolmetscher zur Verfügung stellen.
Kontaktadressen: *Die wirtschaftlichen Interessen Österreichs werden von der Außenhandelsstelle in Johannesburg (s. Südafrika) wahrgenommen.*
Fédération des Chambres de Commerce, d'Industrie et d'Agriculture de Madagascar (Industrie- und Handelskammer), 20 Rue Colbert, BP 166, 101 Antananarivo. Tel: (02) 2 15 67.

KLIMA

Heißes und subtropisches Klima, in den Bergen ist es kühler. Regenzeit: November - März. Trockenzeit: April - Oktober. Im Süden und Westen ist es heiß und trocken. Die Monsunregen im Osten und Norden bringen zwischen Dezember und März Stürme und Wirbelstürme mit sich. In den Bergen, einschl. Antananarivo, ist es zwischen November und April warm und gewittrig, ansonsten trocken, kühl und windig.
Kleidung: Leichte Kleidung während der Sommermonate auf den Zentralplateaus und ganzjährig im Norden und Süden. Wärmere Kleidung für die Abende und im Winter in den Bergen. Regenkleidung wird empfohlen.

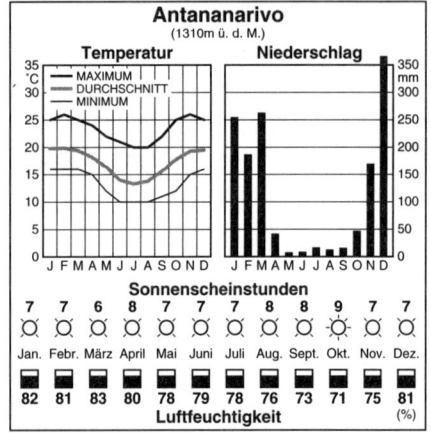

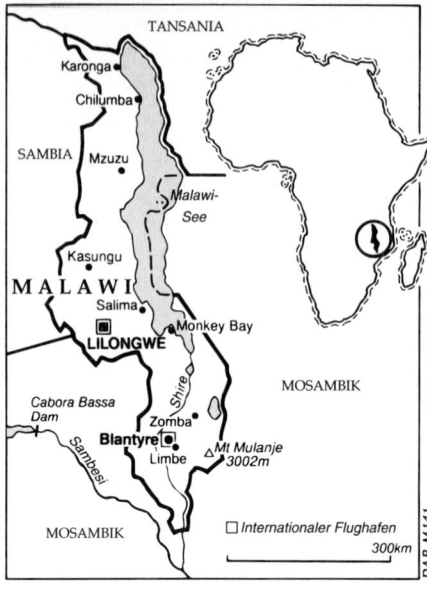

Lage: Südostafrika.

Department of Tourism
PO Box 402
Blantyre
Tel: 62 03 00. Telefax: 62 09 47.
Botschaft der Republik Malawi
Mainzer Straße 124
D-53179 Bonn
Tel: (0228) 34 30 16/-19. Telefax: (0228) 34 06 19.
Mo-Fr 09.00-12.00 und 13.00-16.30 Uhr.
(auch zuständig für Österreich)
Konsulat der Republik Malawi
40 Rue du Rhône
CH-1204 Genf
Tel: (022) 310 82 73. Telefax: (022) 311 03 14.
Mo-Fr 09.00-12.00 Uhr.
Botschaft der Bundesrepublik Deutschland
PO Box 30046
Lilongwe 3
Tel: 78 25 55. Telefax: 78 02 50.
Österreich und die Schweiz unterhalten keine Vertretungen in Malawi, zuständig sind die Botschaften in Harare (s. Simbabwe).

FLÄCHE: 118.484 qkm.
BEVÖLKERUNG: 10.520.000 (1993).
BEVÖLKERUNGSDICHTE: 89 pro qkm.
HAUPTSTADT: Lilongwe. **Einwohner:** 450.000 (1990).
GEOGRAPHIE: Malawi grenzt im Norden und Nordosten an Tansania, im Osten, Süden und Südwesten an Mosambik und im Norden und Nordwesten an Sambia. Der Malawi-See ist der drittgrößte See Afrikas. Er ist Wahrzeichen des Landes und bildet die östliche Grenze zu Tansania und Mosambik. Die Chewa sind die größte ethnische Gruppe. Sie sprechen die nationale Umgangssprache Chichewa und leben an den Ufern des Sees und in den Ebenen. Am südlichen Seeufer siedeln die z. T. muslimischen Kulturgruppen der Yao. Die Yaos leben auch in Salima und Nkhotakota im Landesinneren zusammen mit den Ngoni, deren spektakulärer Kriegstanz Ngoma genannt wird. Die Tonga leben hauptsächlich in der nördlichen Region bis Usisya. Ihre Sprache ist das Chi Tonga. Die Tumbuka-Henga sind überwiegend zwischen Mzimba und Karonga ansässig, während weiter nördlich die mehrheitlich christlichen Ngonde leben, die ihre eigene Sprache sprechen. Die nördliche Region ist bergig, die höchsten Gipfel steigen hier auf über 3000 m an. Zum Norden gehören auch die hügelige Nyika-Hochebene, zerklüftete Steilhänge, Täler und die dicht bewaldeten Abhänge der Viphya-Hochebene. Die zentrale Region ist das landwirtschaftliche Zentrum des Landes. Sie besteht hauptsächlich aus einer 1000 m hohen Ebene, die sich durch ihre malerische Landschaft auszeichnet. Flachland überwiegt in der südlichen Region, südlich des Malawi-Sees erstreckt sich die Zomba-Hochebene und im Südosten erhebt sich das riesige, abgelegene Mulanje-Gebirgsmassiv. Die noch verhältnismäßig unberührte Natur, die abwechslungsreiche Landschaft und die vielfältige Fauna und Flora machen Malawi zu einem attraktiven Reiseziel.
STAATSFORM: Präsidialrepublik seit 1966. Staats- und Regierungschef: Bakili Muluzi (*United Democratic Front*), seit Mai 1994. Die wachsende Kritik an der Diktaturherrschaft Bandas führte 1992 zu verschiedenen Zwischenfällen. 1993 wurde nach einem Referendum das Mehrparteiensystem eingeführt. Im Juni bildeten Regierung und Opposition den sogenannten *National Executive Council*, in dem sich beide Parteien die Regierungsvollmacht teilten. 1994 fanden die ersten freien Wahlen seit 1964 statt.
SPRACHE: Englisch und Chichewa sind Amtssprachen. Außerdem werden Chitumbuka, Lomwe, Yao und Sena gesprochen.
RELIGION: 65% Christen; 43% Anhänger von Naturreligionen; 17% Muslime.
ORTSZEIT: MEZ + 1.
NETZSPANNUNG: 220/240 V, 50 Hz. Verschiedene Steckertypen sind in Gebrauch, in modernen Gebäuden werden quadratische dreipolige Stecker benutzt. Mitnahme eines Adapters wird empfohlen.
POST- UND FERNMELDEWESEN: Telefon: Selbstwählferndienst. **Landesvorwahl:** 265. **Telefax:** Öffentliche Telefax-Büros stehen in Blantyre und Zomba zur Verfügung. **Telex/Telegramme:** Diese Büros bieten auch einen öffentlichen Telexservice an. Telegrammaufgabe ist nur im Hauptpostamt möglich. **Post:** Luftpost nach Europa ist ungefähr 10 Tage unterwegs. Die Postämter sind im allgemeinen Mo-Fr 07.30-12.00 und 13.00-17.00 Uhr geöffnet. Manche Postämter in den größeren Städten öffnen sonntags zwischen 09.00-10.00 Uhr, jedoch nur zur Briefmarkenverkauf und zur Annahme von Telegrammen.
DEUTSCHE WELLE
Der Einsatz der Kurzwellenfrequenzen ändert sich mehrfach im Laufe eines Jahres, und Sendungen auf den folgenden Frequenzen werden jeweils nur zu bestimmten Tageszeiten ausgestrahlt. Näheres in der Einleitung.

MHz	15,135	13,610	11,795	9,700	7,185
Meterband	19	22	25	31	41

REISEPASS/VISUM

Wichtiger Hinweis: Die Einreisebestimmungen mancher Länder können sich kurzfristig ändern – rufen Sie sicherheitshalber auf Ihrem CRS-System (TIMATIC-Info-Code-Fenster in diesem Kapitel) den aktuellen Stand ab bzw. wenden Sie sich an die zuständige diplomatische Vertretung. Etwaige Zahlen in der Tabelle beziehen sich auf nachfolgende Fußnoten.

	Paß erforderlich?	Visum erforderlich?	Rückflugticket erforderlich?
Deutschland	Ja	Nein	Ja
Österreich	Ja	Ja	Ja
Schweiz	Ja	Ja	Ja
Andere EU-Länder	Ja	1	Ja

REISEPASS: Allgemein erforderlich.
VISUM: Genereller Visumzwang, ausgenommen sind Staatsbürger der folgenden Länder:
(a) [1] Bundesrepublik Deutschland, Belgien, Dänemark, Finnland, Großbritannien, Irland, Luxemburg, Niederlande, Portugal und Schweden (Staatsbürger der übrigen EU-Mitgliedstaaten benötigen jedoch Visa);
(b) Antigua und Barbuda, Australien, Bahamas, Bangladesch, Barbados, Belize, Botswana, Brunei, Dominica, Fidschi, Gambia, Ghana, Grenada, Guyana, Island, Israel, Jamaika, Kanada, Kenia, Kiribati, Lesotho, Madagaskar, Malaysia, Malediven, Malta, Mauritius, Mosambik, Namibia, Nauru, Neuseeland, Nigeria, Norwegen, Papua-Neuguinea, Sambia, San Marino, Seychellen, Sierra Leone, Simbabwe, Singapur, Salomonen, Sri Lanka, St. Kitts und Nevis, St. Lucia, St. Vincent und den Grenadinen, Südafrika, Swasiland, Tansania, Tonga, Trinidad und Tobago, Tuvalu, Uganda, USA, Vanuatu, West-Samoa und Zypern.
Visaarten: Touristenvisa: Es gibt Visa zur einmaligen Einreise, die zu einem Aufenthalt von max. 3 Monaten berechtigen; darüber hinaus sind Visa zur mehrmaligen Einreise für Aufenthalte bis zu 6 Monaten erhältlich. Transitvisa werden nur von Bürgern einiger Länder benötigt, die in Malawi zwischenlanden. Das Transitvisum berechtigt nicht zum Verlassen des Flughafens.
Visagebühren: Touristenvisum, einmalige Einreise, gültig max. 3 Monate: 67 DM. Touristenvisum, mehrmalige Einreise, gültig bis zu 6 Monaten: 100 DM.
Österreicher erhalten die Visa gratis.

Flughafengebühren	TI DFT/ LLW /TX
Währung	TI DFT/ LLW /CY
Zollbestimmungen	TI DFT/ LLW /CS
Gesundheit	TI DFT/ LLW /HE
Reisepassbestimmungen	TI DFT/ LLW /PA
Visabestimmungen	TI DFT/ LLW /VI

Abrufbar über Ihr CRS-System (für START/Amadeus Amaske benutzen). Für Galileo bitte TI-DFT eingeben (mit Bindestrich).

Gültigkeitsdauer: 3 Monate ab Ausstellungsdatum. Die Möglichkeit einer Visumverlängerung besteht, Beantragung beim *Immigration Department* in Blantyre.
Antragstellung: Bei der Botschaft (Adresse s. o.). Der Antrag kann auch an die Einwanderungsbehörden gestellt werden (Adresse s. u.).
Unterlagen: (a) Antragsformular in zweifacher Ausfertigung. (b) 2 Paßbilder. (c) Gebühr. (d) Gültiger Reisepaß. (e) Buchungsbestätigung der Rück- oder Weiterfahrt. (f) Nachweis über ausreichende Geldmittel o. ä. für die Dauer des Aufenthalts im Land. (g) Ggf. ein Schreiben der Firma oder des Sponsors.
Bearbeitungszeit: 5 Tage.
Aufenthaltsgenehmigung: Anfragen vor der Reise an den *Controller of Immigration Services*, PO Box 311, Blantyre.

GELD

Währung: 1 Kwacha (MWK) = 100 Tambala. Geldscheine gibt es in den Nennwerten 100, 50, 20, 10, 5 und 1 MWK. Münzen sind im Wert von 1 MKW sowie 50, 20, 10, 5, 2 und 1 Tambala in Umlauf.
Geldwechsel: Die einheimische Währung kann nicht außerhalb des Landes gewechselt werden, deshalb möglichst Reiseschecks benutzen. Es bestehen kaum Umtauschmöglichkeiten für weniger gängige Währungen.
Kreditkarten: Die Annahme von Kreditkarten ist beschränkt, in der Hauptstadt und den großen Hotels werden die bekanntesten wie *Eurocard, Diners Club* und *American Express* angenommen. Einzelheiten vom Aussteller der betreffenden Kreditkarte.
Reiseschecks und die gängigen Währungen, einschließlich US-Dollar und Pfund Sterling, können bei Banken, Hotels und anderen Einrichtungen gewechselt werden. In abgelegenen Gebieten werden Schecks von der Amtskasse der örtlichen Behörden eingelöst.
Wechselkurse

	MWK Sept. '92	MWK Febr. '94	MWK Jan. '95	MWK Jan. '96
1 DM	2,61	2,57	9,93	10,68
1 US$	3,88	4,46	15,39	15,35

Devisenbestimmungen: Ein- und Ausfuhr der Landeswährung bis zu 200 MWK ist gestattet. Die Einfuhr von Fremdwährungen ist unbegrenzt, die Ausfuhr ist auf den bei der Einreise deklarierten Betrag beschränkt.
Öffnungszeiten der Banken: Mo-Fr 08.00-13.00 Uhr.

DUTY FREE

Folgende Artikel können zollfrei nach Malawi eingeführt werden:
200 Zigaretten oder 250 g Tabak in jeder Form;
1 l Spirituosen oder 1 l Bier oder 1 l Wein (für Reisende ab 16 Jahren);
250 ml Eau de toilette und 50 g Parfüm.
Einfuhrverbot: Einfuhr von Schußwaffen nur gegen Vorlage einer Einfuhrlizenz.

GESETZLICHE FEIERTAGE

1. Mai '96 Tag der Arbeit. **6. Juli** Tag der Republik. **17. Okt.** Muttertag. **21. Dez.** Nationaler Baumpflanzungstag. **25./26. Dez.** Weihnachten. **1. Jan. '97** Neujahr. **3. März** Märtyrertag. **28.-31. März** Ostern. **1. Mai** Tag der Arbeit.
Anmerkung: Fällt ein Feiertag auf einen Samstag, wird der vorherige Tag automatisch zum Feiertag; sollte er auf einen Sonntag fallen, wird der folgende Montag zum Feiertag.

GESUNDHEIT

In der folgenden Tabelle aufgeführte Impfvorschriften können sich kurzfristig ändern. Es wird stets empfohlen, auf Ihrem CRS-System (TIMATIC-Info-Code-Fenster in diesem Kapitel) den aktuellen Stand der Gesundheitsbestimmungen abzurufen bzw. rechtzeitig vor der Reise ärztlichen Rat einzuholen.

	Vorsichtsmaßnahmen empfohlen	*Impfschein erforderlich*
Gelbfieber	Ja	1
Cholera	2	2
Typhus & Polio	Ja/3	-
Malaria	4	-
Essen & Trinken	5	-

[1]: Eine Impfbescheinigung gegen Gelbfieber wird von allen Reisenden verlangt, die aus Infektionsgebieten kommen.
[2]: Eine Impfbescheinigung gegen Cholera ist keine Einreisebedingung, das Risiko einer Infektion besteht jedoch. Da die Wirksamkeit der Schutzimpfung umstritten ist, empfiehlt es sich, rechtzeitig vor Antritt der Reise ärztlichen Rat einzuholen. Näheres im Kapitel *Gesundheit* (s. Inhaltsverzeichnis).
[3]: Typhus kommt vor, Poliomyelitis ist endemisch.
[4]: Malariarisiko besteht ganzjährig in allen Landesteilen. Die vorherrschende gefährlichere Form *Plasmodium falciparum* soll stark Chloroquin- und Sulfadoxin/Pyrimethamin-resistent sein.
[5]: Milch ist nicht immer pasteurisiert. Trocken- und Dosenmilch sind erhältlich und im Zweifelsfall empfehlenswert. Alle Milchprodukte unterliegen strengen Qualitätskontrollen des *Malawi Bureau of Standard*. Obst sollte man vorsichtshalber schälen.
Tollwut kommt vor. Wer ein erhöhtes Risiko eingeht (z. B. längerer Aufenthalt in abgelegenen Gebieten), sollte vor Reiseantritt eine Schutzimpfung erwägen. Bei Bißwunden so schnell wie möglich ärztliche Hilfe in Anspruch nehmen. Weitere Informationen im Kapitel *Gesundheit* (s. Inhaltsverzeichnis).
Bilharziose-Erreger kommen in manchen Teichen und Flüssen und im Malawi-See vor. Generell sollte man vor Ort Rat einholen, bevor man in Binnengewässern badet. Gut gepflegte Schwimmbecken mit gechlortem Wasser sind unbedenklich.
Hepatitis A, B und *E* kommen vor.
Gesundheitsvorsorge: Der Abschluß einer Reisekrankenversicherung ist unbedingt notwendig. Persönliche Medikamente am besten in ausreichender Menge mitnehmen.

REISEVERKEHR - International

FLUGZEUG: Malawis nationale Fluggesellschaft heißt *Air Malawi* (QM). Es gibt Direktflüge von Amsterdam (*KLM*) und London (*British Airways*) nach Lilongwe sowie Flugverbindungen zwischen Malawi und Kenia, Mauritius, Südafrika und Simbabwe.
Durchschnittliche Flugzeiten: *Amsterdam* – Lilongwe: 11 Std. 50 (einschl. Zwischenlandung in Dar es Salaam); *London* – Lilongwe: 12 Std. 20 (einschl. Zwischenlandung in Harare).
Internationale Flughäfen: *Lilongwe (LLW)* (Kamuzu International) liegt 22 km nördlich der Hauptstadt. Flughafeneinrichtungen: Duty-free-Shop, Mietwagenschalter, Bank, Post, Tourist-Information, Hotel-Reservierungsschalter, Restaurants und Bars. Busverbindungen zur Stadt; ein Taxistand ist ebenfalls vorhanden.
Blantyre (BLZ) (Chileka) liegt 18 km von der Stadt entfernt. Mietwagenschalter, Restaurants und Bars. Busverbindungen zur Stadt.
Flughafengebühren: 20 US$ pro Passagier bei der Ausreise, Transitreisende sind hiervon befreit. Die Gebühr muß in US-Dollar bezahlt werden.
BAHN: Es gibt zwei internationale Bahnverbindungen zu den Seehäfen Beira und Naçala in Mosambik. Naçalas Hafen ist erst kürzlich wiedereröffnet worden; er wurde während des Bürgerkrieges in Mosambik zerstört. Es wird geplant, das nationale Bahnnetz vom derzeitigen Endbahnhof in Mchinji über die Grenze nach Sambia auszudehnen.
BUS/PKW: Malawi ist mit allen Nachbarländern durch Straßen verbunden.

REISEVERKEHR - National

FLUGZEUG: *Air Malawi* verbindet Blantyre und Lilongwe mit den regionalen Flughäfen Mzuzu, Karonga und Monkey Bay. Es besteht außerdem die Möglichkeit, Flugzeuge zu chartern und die zahlreichen kleinen Flughäfen im Land anzufliegen. Auskünfte erteilt *Capital Air Services Ltd.*
SCHIFF: Regionale Schiffahrtsgesellschaften führen Rundfahrten auf dem Malawi-See durch. Kabinen stehen zur Verfügung, und Mahlzeiten können an Bord eingenommen werden. Nähere Auskünfte erteilen die örtlichen Behörden. *Malawi Railways* bieten ebenfalls Rundfahrten auf dem See an, Ausgangspunkt ist der Bahnhof in Chipoka.
BAHN: *Malawi Railways* betreiben die beiden einzigen Bahnlinien des Landes. Die Hauptstrecke verbindet Mchinji, Lilongwe, Salima, Chipoka, Blantyre, Limbe und Nsanje mit dem Hafen von Beira in Mosambik. Die zweite Strecke zweigt in östlicher Richtung nach Mkaya ab, südlich von Balaka, und führt durch Liwonde auf dem Weg zur Grenze nach Mosambik.
BUS/PKW: Das Straßennetz in Malawi umfaßt über 11.500 km. Alle großen und die meisten der kleineren Straßen können bei jedem Wetter befahren werden. Die große Nord-Süd-Schnellstraße nach Karonga im Norden ist vor kurzem asphaltiert worden. **Fernbusse:** Gute Busverbindungen, einschließlich eines Express-Service von Blantyre nach Lilongwe und Zomba, von Chitipa nach Mzuzu und von Lilongwe nach Mzuzu, Nkhotakota, Salima und Zomba. Die Fahrt von Mzuzu nach Karonga ist besonders eindrucksvoll. **Mietwagen** sind in den größeren Städten erhältlich. Wegen der großen Nachfrage sollte man Mietwagen rechtzeitig vorbestellen. Wagen mit Chauffeur stehen auch zur Verfügung. **Unterlagen:** Internationaler Führerschein ist in den meisten Fällen erforderlich. **Verkehrsbestimmungen:** Linksverkehr.
STADTVERKEHR: In Blantyre und Lilongwe verkehren Doppeldeckerbusse. Es gibt in allen größeren Städten Linienbusse. **Taxi:** Es gibt nur wenige Taxis, sie können nicht auf der Straße angehalten werden. Taxifahrer erwarten 30 MWK Trinkgeld.
FAHRZEITEN von Lilongwe zu den folgenden größeren Städten (ungefähre Angaben in Std. und Min.):

	Flugzeug	Bus/Pkw
Blantyre	0.40	4.30
Mzuzu	1.00	5.00
Zomba	-	4.00
Karonga	1.30	6.30
Salima	-	1.00
Mangochi	1.00	4.30

UNTERKUNFT

HOTELS: In allen größeren Städten gibt es ausgezeichnete Hotels, die vornehmeren sind in Blantyre und Lilongwe. In den Haupturlaubsorten gibt es außerdem einige ausgezeichnete Bungalow-Hotels.
RASTHÄUSER: Das Ministerium für Tourismus unterhält gemütliche, saubere Rasthäuser. Alle haben Badezimmer und Kochgelegenheiten, im allgemeinen verpflegen sich die Gäste selbst.
CAMPING: Es gibt einige offizielle Campingplätze mit schöner Aussicht auf den See oder die Berge. Zelten ist im ganzen Land möglich. Die Saison ist sehr lang, da das trockene Wetter von April bis November anhält. Auf allen Campingplätzen gibt es Wasser und sanitäre Anlagen.

URLAUBSORTE & AUSFLÜGE

Der Norden

Die Straße von Kasungu nach **Mzuzu,** einer bislang wenig besuchten Stadt im Norden des Landes, führt durch das hügelige Grasland der Viphya-Hochebene. Weiter nördlich in der Nähe der **Livingstonia-Mission** gelangt man über eine Straße mit 22 Haarnadelkurven zum *Livingstonia-Steilhang* und zu den spektakulären *Manchewe-Wasserfällen* in herrlicher Umgebung. In Livingstonia gibt es ein Museum. Die gesamte Region ist in jüngster Zeit in der Besuchergunst gestiegen. Mzuzu hat ein erstklassiges Hotel, das sich als Ausgangspunkt für Fahrten zum *Nyika-Nationalpark* und zur *Nkhata Bay* anbietet.

Der Malawi-See

Der riesige **Malawi-See** erstreckt sich vom äußersten Nordosten bis nach Mangochi im Süden. Die Ufer des fast 24.000 qkm großen und 699 m hoch gelegenen Sees sind überwiegend sandig. Krokodile, eine ständige Gefahr in afrikanischen Seen, sind an den Hauptbadeorten nicht anzutreffen. Es gibt keine Gezeiten oder Strömungen. Die meisten Hotels stellen Boote zur Verfügung und ermöglichen ihren Gästen Wassersport wie Segeln, Fischen, Wasserskifahren und Surfen. Der Malawi-See ist ein Unterwasserparadies für Taucher und Liebhaber tropischer Fische. Er ist der artenreichste See der Welt, bisher wurden über 400 verschiedene Fischarten gezählt. Einige der seltensten tropischen Fische kommen nur in diesem See vor, der auch Fischadlern, Schwarzadlern, Eisvögeln, Seeschwalben und vielen anderen Vogelarten einen Lebensraum bietet.
Es lohnt sich, die Insel **Likoma** in der Mitte des Sees zu besuchen. Ausgezeichnete Strände laden zum Baden ein, und auf einem Hügel steht eine sehenswerte anglikanische Kathedrale.
Den Malawi-See lernt man am besten auf einer Rundreise mit der *Ilala II* kennen, dem kleinen Linienschiff des Sees, das zwischen der *Monkey Bay* (nördlich des *Club Makokola*) und **Karonga** im Norden des Landes verkehrt. Auf der 1052 km langen Reise kann man sich die Binnenhäfen ansehen und den Ausblick auf die eindrucksvolle Gebirgslandschaft genießen. Die Monate von März bis Mai sind für eine Seerundfahrt am günstigsten. Abfahrt ist regelmäßig freitags, Rückkehr am darauffolgenden Mittwoch. In der Hochsaison ist es wegen des großen Andrangs unbedingt erforderlich, Kabinen auf der *Ilala II* im voraus zu reservieren und zu bezahlen.
Kap Maclear in der Nähe der Monkey Bay ist einen Besuch wert. Ein Sandstrand und angenehme Wassertemperaturen laden zum Schwimmen ein. Die in der Monkey Bay gelegene Insel **Thumbi** ist ein Naturschutzgebiet. Die *Nkhata Bay* ist ruhig und abgelegen. **Nkhotakota** war früher Zentrum des Sklavenhandels im südlichen Afrika und ist eine der ältesten Marktstädte Afrikas.

Zentral Malawi

Salima: 19 km von Salima entfernt liegt der größte Badeort der zentralen Region des Landes mit ausgezeichneten Unterkunftsmöglichkeiten und Campingplätzen. Die *Lizard-Insel* in der Nähe von Salima steht unter Naturschutz und beheimatet verschiedene Arten von Eidechsen und Adlern.
Westlich von Salima auf dem Weg zur neuen Hauptstadt **Lilongwe** durchquert man eine große fruchtbare Ebene. Lilongwe hat Zomba als Malawis Hauptstadt abgelöst und liegt im Herzen des fruchtbaren Agrargebietes im Zentrum Malawis. Die moderne Stadt zeichnet sich durch einfallsreiche Architektur und eine reizvolle Umgebung aus. Nördlich der Hauptstadt liegt der 2000 qkm große **Kasungu-Nationalpark** – ein riesiges Gebiet mit bewaldeten Hügeln und Grasland, das vielen Tierarten einen Lebensraum bietet (siehe unten). Nordwestlich von Lilongwe liegt Malawis Hauptanbaugebiet für Tabak.

Der Süden

Blantyre, das Geschäftszentrum der südlichen Region, wurde Ende des letzten Jahrhunderts gegründet. Es

besteht eigentlich aus zwei Städten: Blantyre und Limbe, die ca. 7 km voneinander entfernt und durch ein Industriegebiet getrennt sind. Auf halbem Weg zwischen Blantyre und Limbe, abseits der Hauptstraße, steht das *Nationalmuseum*.
Südwestlich von Blantyre liegt *Lengwe*, der kleinste Nationalpark des Landes (siehe unten). 60 km nördlich von Blantyre befindet sich die Universitätsstadt **Zomba**, die alte Hauptstadt des Landes, die einen ausgezeichneten Markt hat. Ein Abstecher zum nahegelegenen *Berg Zomba* mit seinen Wasserfällen, fischreichen Bächen, Fichtenschonungen und seltenen Orchideen lohnt sich. Seine Ausläufer umrahmen einen der schönsten Golfplätze Afrikas auf einem Gelände mit Bächen, kleinen Wasserfällen, Bäumen und Felsformationen. In der Nähe kommt man an *Chingwes Loch* vorbei, das angeblich so tief ist, daß man es nicht messen kann. Im Südosten erstrecken sich die weitläufigen Teeanbaugebiete, aus denen sich das mächtige **Mulanje-Massiv** erhebt, ein riesiges Bergmassiv, das sich über mehr als 640 qkm hinzieht. Bei **Sapitwa** ragt ein Gipfel über 3000 m hoch auf. Mulanje bietet Touristen viel Abwechslung, man kann bergsteigen, wandern oder, weniger anstrengend, Forellen fischen. Wege und Feuerschneisen erschließen die meisten Regionen des Massivs. Gut gepflegte Waldhütten sind ideale Raststationen für Streifzüge durch die umliegenden Abhänge, Wälder und unzähligen Berggipfel. Die Touristensaison in der Mulanje-Region hat ihren Höhepunkt von April bis Dezember, die dramatische Wandlung der Landschaft nach starken Regenfällen lockt jedoch auch während der restlichen Monate viele Besucher an. In den Dörfern am Fuß des Massivs kann man Schnitzarbeiten aus einheimischem Zedernholz erwerben.

Nationalparks

Malawi hat fünf große Nationalparks, die für Besucher geöffnet sind.
Der **Nyika-Nationalpark** ganz im Norden ist ganzjährig geöffnet. Der 2000-3000 m hoch gelegene Park erstreckt sich über fast die gesamte Nyika-Hochebene. Rauschende Bäche, Nadelwälder, tiefe Täler und hügeliges Grasland sind charakteristisch für diese Region. Seltene Vögel, Schmetterlinge, Großwild und Blumenreichtum machen jeden Ausflug zum Erlebnis.
Chelinda Camp liegt hoch oben am Rande eines Nadelwaldes. Von hier aus hat man einen herrlichen Blick über den Stausee, der zahlreiche Forellen beheimatet. Unterkunft findet man in gemütlichen Häuschen mit offenen Kaminen. Der *Chowo Forest* in der Nähe von **Chelinda** ist ideal für Wanderungen und einer der letzten noch erhaltenen Naturwälder des Parks.
Der **Kasungu-Nationalpark** ist ein ca. 2000 qkm großes Waldgebiet im Nordwesten der mittleren Region. Er liegt 112 km von Lilongwe entfernt. Hauptattraktion des Parks sind die Elefanten, die am frühen Morgen und gegen Abend erscheinen, um an den *Dambos* oder Flußkanälen zu trinken. Das Grasland dient den großen Büffelherden als Nahrung, gelegentlich erspäht man hier sogar ein Rhinozeros. Die scheuen Geparden, Leoparden und Löwen lassen sich nur selten blicken; Säbelantilopen, Zebras, Kudus und Rietböcke sind dagegen weit verbreitet. Kasungu ist normalerweise von Anfang Mai bis Ende Dezember geöffnet. Unterkunft findet man in der *Lifupa Wildlife Lodge*, einem Hotelkomplex aus runden, strohgedeckten Häuschen mit Restaurant, Schwimmbad, Tagescamp und einfachen sanitären Anlagen.
Der **Lengwe-Nationalpark** im äußersten Südwesten ist nur 130 qkm groß und das nördlichste Habitat der seltenen und scheuen Nyala-Antilope. Zuweilen hat man das Glück, große Herden dieser anmutigen Tiere zusammen mit Livingstones Suni, einer der kleinsten Antilopenarten, und den ebenso seltenen Blauen oder Samango-Affen zu sehen. Buschbock, Kudu, Hartebeest, Impala, Warzenschwein und Duiker sind hier ebenfalls anzutreffen. In versteckten Beobachtungsständen kann der Besucher all diese Tiere aus nächster Nähe betrachten. Die beste Zeit dafür ist der frühe Morgen. Begrenzte Unterkunftsmöglichkeiten sind im *Lengwe Game Camp* vorhanden.
Der **Liwonde-Nationalpark** erstreckt sich über die Ebenen des Shire Valley vom Malombe-See im Norden bis zum Stadtgebiet Liwondes im Süden. In gemieteten Booten kann man durch die Schilfsümpfe fahren und Flußpferde, Elefanten und Wasserböcke an der Tränke beobachten. Auf Auto- oder Busfahrten sieht man Wald- und Steppentiere wie Säbelantilopen, Kudus, Duiker und Paviane. Ein neugeschaffenes Wasservogelschutzgebiet bietet Reihern, Enten, Gänsen, Eisvögeln und Kormoranen Nistplätze. Der Park ist zwischen November und Mai geschlossen. Campingplätze und Kochgelegenheiten stehen im Mvuu Camp zur Verfügung, das von *Wilderness Safaris* betrieben wird. Die Einrichtung eines Bootsverkehrs zwischen einem Hotel an der Südspitze des Malawi-Sees und der Liwonde-Talsperre ist geplant. Nähere Auskünfte erteilt das *Department of Tourism* (Adresse s. o.).
Der 1980 gegründete **Malawi-See-Nationalpark** umfaßt den südlichen und mittleren Teil des Sees. Tropische Fische sind hier die Hauptattraktion, mit Sporttaucherausrüstung oder einfach mit der Taucherbrille kommt man ihnen leicht auf die Spur. Landeinwärts findet man Klippspringer, Buschböcke und Vervet-Affen. Der Park ist ganzjährig geöffnet. Campingplätze sind vorhanden, darüber hinaus ist für die nahe Zukunft der Bau eines modernen Hotels und anderer Unterkünfte geplant. Gut untergebracht ist man u. a. in der *Nkopola Lodge*, im *Club Makokola*, im *Mulangeri* und im *Palm Beach*.
Neben den Nationalparks gibt es eine Reihe weiterer Natur- und Landschaftsschutzgebiete, in denen zur Zeit keine Unterkunftsmöglichkeiten für Besucher zur Verfügung stehen. Das ca. 65 km nördlich von Lengwe gelegene **Majete-Wildreservat** ist abgelegen und wenig erschlossen. Es bietet zahlreichen Tierarten einen Lebensraum, u. a. Flußpferden, Elefanten und Großkatzen. Südöstlich von Lengwe befindet sich das **Mwabvi-Wildreservat**, in dem schwarze Nashörner, Impalas, Zebras und Säbelantilopen in geringer Anzahl leben. Weitere sehenswerte Schutzgebiete sind das **Nkhotakota-Wildreservat** in der mittleren Region, **Lizard Island** bei Salima, das **Lilongwe-Naturschutzgebiet** in der Hauptstadt und der **Michiru Mountain Park** in der Nähe von Blantyre, ein Paradies für Vogelkundler.

SOZIALPROFIL

ESSEN & TRINKEN: Die Spezialität des Landes ist frischer Fisch aus dem Malawi-See. *Chambo* (Tilapia-Fisch) ist die größte Delikatesse des Sees. Die Bäche auf den Zomba-, Mulanje- und Nyika-Hochebenen sind voller Forellen. In Hotelrestaurants und den größeren Restaurants der Hauptstadt ißt man sehr gut. Das Angebot an ausgezeichneten Menüs ist groß, darunter die schmackhaften Malawi-See-Gerichte und bestes Malawi-Rindfleisch sowie internationale *Haute Cuisine*. Es gibt eine große Auswahl an Geflügel, Milchprodukten und tropischen Früchten. Das einheimische Bier ist gut, Importbier und alkoholfreie Getränke sind überall erhältlich. Wein wird aus den traditionellen Weinländern eingeführt.
EINKAUFSTIPS: Malawi ist für farbenprächtige Kunstgewerbeartikel bekannt. Alle sind handgearbeitet, Massenproduktion von billigen Souvenirs für Touristen gibt es nicht. Angeboten werden Handarbeiten aus Raffiabast, Schilf, Sisal, Palm- und Maisblättern, Holzschnitzereien, Möbel aus Holz und Peddigrohr, Specksteinarbeiten, bunte Stoffe, Keramik und Perlstickereien. Traditionelle Musikinstrumente werden im ganzen Land verkauft. Am beliebtesten ist die Tanztrommel, die aus einem ausgehöhlten Holzklotz hergestellt und an einem Ende mit einem Tierfell bespannt wird. **Öffnungszeiten der Geschäfte:** Mo-Sa 08.00-17.00 Uhr.
SPORT: Angeln: Die Südufer des Malawi-Sees sind fischreich und ideal zum Angeln. Der April ist die beste Zeit zum Fischen, in diesem Monat finden auch regelmäßig Angelwettbewerbe statt. Mangochi, das ca. 190 km von Blantyre entfernt liegt, ist ein Paradies für Angler. Weitere gute Stellen sind Boadzulu Island, Nkopola Lodge und White Rock. Es empfiehlt sich, Boote im voraus bei den Hotels am See zu mieten. Der Fang kann aus *Lake Yellow*, *Seelachs* und *Lake Tiger* bestehen. Ausgezeichnete Fischgründe sind die Flußmündungen in der Salima-Region, die Kapichira-Fälle im Shire Valley und die Nyika- und Zomba-Hochebenen. **Bergsteigen:** Der *Mount Mulanje* ist der höchste Berg Zentralafrikas und lockt Bergsteiger aus aller Welt an. Sein majestätischer Gipfel ragt 3000 m hoch auf. Der Berg hat die längste schroffe Steilwand Afrikas, das Trekken auf Bergpfaden bietet einen leichteren Aufstieg. Zwei- bis sechstägige Touren sind zu empfehlen. Es besteht die Möglichkeit, Berghütten zu mieten oder auf dem nahegelegenen Campingplatz Zelte aufzuschlagen. Ein Motel und ein Rasthaus bieten weitere Unterkunftsmöglichkeiten. Steilhänge finden sich in *Dedza* in der mittleren Region, in Michiru, Ndirande und Chiradzulu bei Blantyre. Im Norden werden einbis sechstägige Wandertouren durch das Grasland der *Nyika-Hochebene* angeboten. Führer und Träger werden gestellt, Teilnehmer müssen ihre eigene Campingausrüstung mitbringen. **Golf:** Die meisten der sieben Golfplätze in Malawi haben 9 Löcher, können aber auf 18 Löcher ausgedehnt werden. Die Gebühren für Benutzung und Caddie sind günstig. **Wassersport:** Schwimmen, Wasserski und Segeln sind sehr beliebt am Malawi-See. **Reiten** ist ebenfalls möglich.
VERANSTALTUNGSKALENDER
Bei den meisten Zeremonien in Malawi spielen Tänze eine große Rolle, die von Chewa und Mang'anja aufgeführt werden. Der wichtigste Tanz ist *Gule Wamkulu*, bei dem die Tänzer geschnitzte Masken und Federschmuck tragen. Körper und Gesicht sind bemalt. Dieser und andere Nationaltänze sind während traditioneller Feierlichkeiten zu sehen.
Juli *Malawi-Yacht-Marathon* (einwöchige Regatta). **6. Juli** *Nationaltag der Republik.*
SITTEN & GEBRÄUCHE: Die bislang vor allem für Frauen strengen Bekleidungsvorschriften sind inzwischen aufgehoben. Dennoch ist im allgemeinen eher zurückhaltende Kleidung angebracht. Lange Haare bei Männern (über dem Hemdkragen) sind ungern gesehen. **Trinkgeld:** In den meisten Hotels und Restaurants wird ein Bedienungszuschlag von 10% erhoben. Trinkgeld ist nur für besondere Dienstleistungen üblich. Taxifahrer erhalten Trinkgeld.

WIRTSCHAFTSPROFIL

WIRTSCHAFT: Malawi lebt überwiegend von der Landwirtschaft, angebaut werden Tabak, Zucker, Tee und Mais. Die Erträge decken den Eigenbedarf und dienen dem Export. Obwohl die einheimische landwirtschaftliche Produktion den Nahrungsmittelbedarf des Landes deckt, ist das Außenhandelsdefizit groß. Die Abhängigkeit von Geldern der Weltbank und bilateraler Entwicklungshilfe ist entsprechend groß. Malawi war lange Zeit von den Dürrekatastrophen, die die Nachbarländer heimsuchten, verschont geblieben, leidet aber gegenwärtig unter einer Dürreperiode. Die verarbeitende Industrie ist noch wenig entwickelt und konzentriert sich auf die Herstellung von landwirtschaftlichen Geräten, Textilien und Konserven. Malawis Wirtschaft ist größtenteils von Witterungsbedingungen und internationalen Rohstoffpreisen abhängig. Die Erweiterung der Industrie Ende der achtziger und Anfang der neunziger Jahre wurde durch die Devisenknappheit behindert, die den nötigen Rohstoffankauf unmöglich machte. Die wirtschaftliche Entwicklung wurde zusätzlich durch Guerrilla-Aktionen auf den Transportrouten zu den Häfen Mosambiks belastet. Mitte 1992 beschlossen die westlichen Länder, die den größten Teil von Malawis Entwicklungshilfe leisten, die Finanzhilfe an Malawis demokratische Entwicklung zu knüpfen. Malawis wichtigste Handelspartner sind Großbritannien, Südafrika, Japan, Deutschland, die USA und die Niederlande.
GESCHÄFTSVERKEHR: Bei Geschäftsbesuchen sind Anzug und Krawatte angebracht. Terminvereinbarung und Visitenkarten sind üblich. Büros öffnen früh in Malawi. Die beste Zeit für Geschäftsreisen sind die Monate Mai bis Juli und September bis November.
Geschäftszeiten: Mo-Fr 07.30-17.00 Uhr.
Kontaktadressen: *Die wirtschaftlichen Interessen Österreichs werden von der Außenhandelsstelle in Harare (s. Simbabwe) wahrgenommen.*
Malawi Chamber of Commerce and Industry (Industrie- und Handelskammer), Chichiri Trade Fair Grounds, PO Box 258, Blantyre. Tel: 67 19 88. Telefax: 67 11 47.
KONFERENZEN/TAGUNGEN: Das *Kwacha International Conference Centre* in Blantyre ist Malawis einziges Kongreßzentrum. Es verfügt über 500 Sitzplätze. Weitere Informationen über das Zentrum sowie Hotels mit Konferenzräumen sind vom Department of Tourism (Adresse s. o.) erhältlich.

KLIMA

Entlang des Malawi-Sees ist es am wärmsten, jedoch weht meistens eine kühle Brise. Kühler im Bergland. Die Winter (von Mai bis Juli) sind trocken. Die Nächte können kalt sein, vor allem im Bergland. Die Regenzeit dauert von November bis März. Die Niederschlagsmengen in der Umgebung des Malawi-Sees sind verhältnismäßig gering.
Kleidung: Im Gebiet um den Malawi-See trägt man das ganze Jahr über leichte Kleidung, leichte Wollsachen sind für kühle Abende angebracht. In den Bergen wird die Mitnahme von wärmerer Bekleidung ganzjährig empfohlen, besonders im Winter. Regenschutz nicht vergessen.

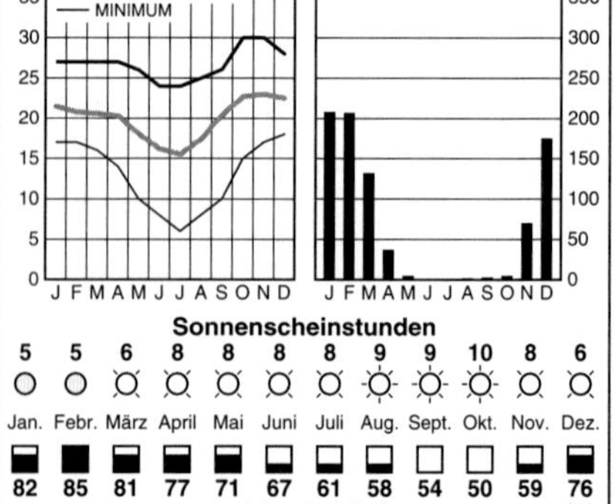

Zur Benutzung dieses Buches beachten Sie bitte auch die *Einleitung*

Malaysia

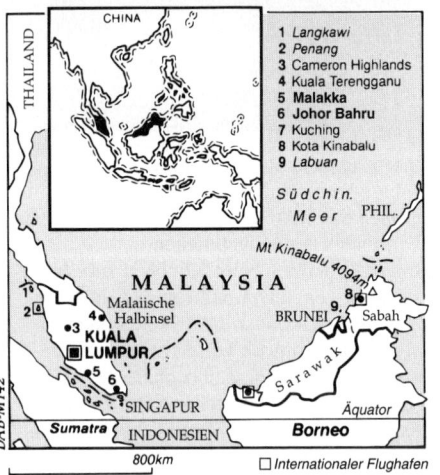

Lage: Südostasien.

Malaysisches Fremdenverkehrsamt
Roßmarkt 11
D-60311 Frankfurt/M.
Tel: (069) 28 37 82/83. Telefax: (069) 28 52 15.
Mo-Fr 09.00-13.00 und 14.00-17.00 Uhr.
Malaysia Tourism Promotion Board
17th, 24th-27th & 30th Floors
Menaro Dato' Onn
Putra World Trade Centre
45 Jalan Tun Ismail
50480 Kuala Lumpur
Tel: (03) 293 51 88. Telefax: (03) 293 58 84.
Botschaft von Malaysia
Mittelstraße 43
D-53175 Bonn
Tel: (0228) 30 80 30. Telefax: (0228) 37 65 84.
Mo-Fr 09.00-13.00 und 14.15-17.00 Uhr, *Konsularabt.:*
Mo-Fr 09.00-12.00 Uhr.
Honorarkonsulate ohne Visumerteilung in Berlin, Esslingen, Hamburg und München.
Botschaft von Malaysia
Prinz-Eugen-Straße 18
A-1040 Wien
Tel: (0222) 505 10 42-0, 505 15 69, 505 63 23. Telefax: (0222) 505 79 42.
Mo-Fr 09.00-16.30 Uhr, *Konsularabt.:* Mo-Fr 09.00-12.00 Uhr.
Generalkonsulat von Malaysia
International Centre Cointrin
First Floor, Block H
20 Route de Pré-Bois
Case Postale 711
CH-1215 Genf 15
Tel: (022) 788 15 05. Telefax: (022) 788 04 92.
Konsularabt.: Di und Do 09.00-13.00 und 14.00-17.00 Uhr.
(zuständig für die ganze Schweiz außer Zürich)
Honorarkonsulat von Malaysia
Paradeplatz 6
CH-8010 Zürich
Tel: (01) 239 42 18. Telefax: (01) 239 48 13.
(zuständig für Zürich)
Botschaft der Bundesrepublik Deutschland
3 Jalan U Thant
55000 Kuala Lumpur
PO Box 10023
50700 Kuala Lumpur
Tel: (03) 242 96 66, 242 98 25, 242 99 59. Telefax: (03) 241 39 43.
Honorarkonsulat in Penang.
Botschaft der Republik Österreich
7th Floor
MUI Plaza Building
Jalan P. Ramlee
50250 Kuala Lumpur
PO Box 10154
50704 Kuala Lumpur
Tel: (03) 248 42 77, 248 43 59, 248 48 97. Telefax: (03) 248 98 13.
Botschaft der Schweizerischen Eidgenossenschaft
16 Pesiaran Madge
55000 Kuala Lumpur
PO Box 12008
50764 Kuala Lumpur
Tel: (03) 248 06 22, 248 07 51, 248 06 39. Telefax: (03) 248 09 35.

FLÄCHE: 329.758 qkm.
BEVÖLKERUNGSZAHL: 19.047.000 (1993).
BEVÖLKERUNGSDICHTE: 58 pro qkm.
HAUPTSTADT: Kuala Lumpur. **Einwohner:** 1.145.075 (1991).
GEOGRAPHIE: Malaysia besteht aus den Bundesstaaten West-Malaysia auf der malaiischen Halbinsel zwischen dem Südchinesischen Meer und der Andamansee und dem 650 km entfernten Ost-Malaysia (Sabah und Sarawak) im Norden der Insel Borneo. Die Landschaftsbilder Malaysias sind so vielfältig wie die Menschen, die hier leben – die Halbinsel besteht aus bewaldeten Bergketten, die sich von Nord nach Süd erstrecken, und aus tiefliegenden Küstenebenen mit einer Gesamtlänge von 1900 km beiderseits der Gebirgsketten. An der Westküste herrschen Mangrovensümpfe und Schlammbänke vor, an der ungeschützten Ostküste dichter Dschungel und stille, weiße Strände. Die westlichen Ebenen sind gelichtet und werden landwirtschaftlich genutzt. Die Küstenebenen von Sarawak bestehen aus Schwemmland, zum Teil mit Sümpfen, sowie Flüssen, die in den dschungelbewachsenen Bergen des Landesinneren entspringen. In Sabah geht der schmale Küstenstreifen unmittelbar in Dschungel und hohe Berge über. Der höchste Berg in Malaysia ist der Kinabalu mit 4090 m. Die Inseln Penang und Pangkor und die aus 99 Inseln bestehenden Langkawi-Inseln liegen vor der Westküste; Tioman, Redang, Perhentian und Rawa unweit der Ostküste.
STAATSFORM: Parlamentarisch-demokratische Wahlmonarchie seit 1963. Zweikammerparlament mit 192 für 5 Jahre gewählten Abgeordneten. Wahlrecht ab 21 Jahren. Staatsoberhaupt: König Yang di-Pertuan Besar, seit April 1994. Wahl des Staatsoberhauptes durch 9 Sultane. Regierungschef: Dato' Seri Mahathir bin Mohamad, seit 1981. Die letzte Verfassungsänderung (1994) schränkte die Privilegien der Sultansfamilien ein.
SPRACHE: Malaiisch ist Amtssprache. Englisch ist Bildungssprache. Außerdem Chinesisch, Tamilisch und andere austronesische Sprachen.
RELIGION: Islam ist Staatsreligion; außerdem gibt es Christen, Buddhisten, Konfuzianer und Hindus.
ORTSZEIT: MEZ + 7.
NETZSPANNUNG: 220 V, 50 Hz. Im allgemeinen werden dreipolige Stecker benutzt, Glühbirnen haben englische Bajonettfassungen.
POST- UND FERNMELDEWESEN: Telefon: Selbstwählferndienst. Landesvorwahl: 60. Öffentliche Telefonzellen gibt es in vielen Supermärkten und Postämtern. Telefonkarten für Kartentelefone, die ebenfalls weit verbreitet sind, können am Flughafen, an Tankstellen und in einigen Geschäften gekauft werden. **Telefax:** Öffentliche Telefaxstellen gibt es in den Postämtern der größeren Städte und in Hotels. **Telex/Telegramme:** Das Telegrafenamt in der Jalan Raja Chulan in Kuala Lumpur bietet, ebenso wie viele Hotels, rund um die Uhr einen Telexdienst an. Telegramme können von allen Telegrafenämtern geschickt werden. **Post:** Postämter gibt es in den Geschäftsvierteln der meisten Städte, Öffnungszeiten: Mo-Sa 08.00-17.00 Uhr.
DEUTSCHE WELLE
Der Einsatz der Kurzwellenfrequenzen ändert sich mehrfach im Laufe eines Jahres, und Sendungen auf den folgenden Frequenzen werden jeweils nur zu bestimmten Tageszeiten ausgestrahlt. Näheres in der Einleitung.

MHz	21,640	17,845	15,105	11,795	9,655
Meterband	13	16	19	25	31

REISEPASS/VISUM

Wichtiger Hinweis: *Die Einreisebestimmungen mancher Länder können sich kurzfristig ändern – rufen Sie sicherheitshalber auf Ihrem CRS-System (TIMATIC-Info-Code-Fenster in diesem Kapitel) den aktuellen Stand ab bzw. wenden Sie sich an die zuständige diplomatische Vertretung. Etwaige Zahlen in der Tabelle beziehen sich auf nachfolgende Fußnoten.*

	Paß erforderlich?	Visum erforderlich?	Rückflugticket erforderlich?
Deutschland	Ja	Nein/1/2	Ja
Österreich	Ja	Nein/1/2	Ja
Schweiz	Ja	Nein/1/2	Ja
Andere EU-Länder	Ja	1/2	Ja

Einreisebeschränkungen: Staatsbürgern von Israel und der Bundesrepublik Jugoslawien (Serbien und Montenegro) wird die Einreise verweigert. Schwangeren Frauen (über den 6. Monat hinaus) und Personen mit ungepflegter Erscheinung kann die Einreise ebenfalls verweigert werden. Reisepässe, die in Taiwan (China) ausgestellt wurden, werden nicht anerkannt, es sei denn, die Person kann einen Paßersatz mit Einreisevisum vorlegen. Alle Besucher müssen über ausreichende Geldmittel verfügen und Belege für die Rück- oder Weiterfahrt vorweisen.
REISEPASS: Gültige Reisepässe oder andere von der Regierung anerkannte Reisedokumente werden von allen Reisenden verlangt. Der Reisepaß sollte noch mindestens 6 Monate gültig sein.
VISUM: [1] Alle Besucher benötigen einen *Visit Pass* (Besucherpaß). Dieser wird für Geschäftsleute, Touristen und Privatbesucher bei der Einreise ausgestellt, Reisen aus anderen Gründen müssen vorher angemeldet werden. Die Aufenthaltsdauer wird von den Einreisebehörden bestimmt. Inhaber eines Besucherpasses dürfen keine Arbeit annehmen oder Geschäfte aufmachen. Staatsbürger der folgenden Länder benötigen kein Visum zur Einreise:
(a) [2] Belgien, Bundesrepublik Deutschland, Dänemark, Finnland, Frankreich, Italien, Luxemburg, Niederlande, Österreich und Schweden sowie der Schweiz für private oder geschäftliche Aufenthalte bis zu 3 Monaten. Staatsbürger von Großbritannien und Irland bis zu 2 Monaten (Verlängerung bis zu 6 Monaten ist möglich);
(b) Ägypten, Algerien, Bahrain, Island, Japan, Jemen, Jordanien, Katar, Korea-Süd, Kuwait, Libanon, Liechtenstein, Marokko, Norwegen, Oman, San Marino, Saudi-Arabien, Slowakische Republik, Tschechische Republik, Tunesien, Türkei, Ungarn, USA, Vereinigte Arabische Emirate und Commonwealth-Staaten (Mitgliedstaaten s. Inhaltsverzeichnis) für private oder geschäftliche Aufenthalte bis zu 3 Monaten. Staatsbürger von Indien, Sri Lanka, Pakistan und Bangladesch benötigen jedoch auf jeden Fall ein Visum;
(c) ASEAN-Länder (Brunei, Indonesien, Philippinen, Singapur und Thailand) sowie Argentinien*, Polen und Südafrika* für Aufenthalte bis zu 1 Monat;
(d) Afghanistan, Iran, Irak, Libyen und Syrien für Aufenthalte bis zu 2 Wochen;
(e) Albanien, Bulgarien, GUS-Staaten und Rumänien für Aufenthalte bis zu 1 Woche.
In jedem Fall ein Visum benötigen Staatsangehörige von Bangladesch, Bhutan, China (VR), Indien, Korea-Nord, Kuba, der Mongolei, Myanmar, Nepal, Pakistan, Sri Lanka, Taiwan (China) und Vietnam.
Anmerkung: (a) [*] Zusätzlich ist eine Gelbfieber-Impfbescheinigung erforderlich. (b) Visafreier Transitaufenthalt bis zu 72 Std. in Malaysia ist möglich.
Visagebühren: Unterschiedlich, je nach Nationalität. Nähere Informationen von den jeweiligen Botschaften (Adressen s. o.).
Gültigkeitsdauer: Die Aufenthaltsdauer wird im Besucherpass eingetragen und von den Behörden bestimmt. Verlängerungen sind möglich.
Antragstellung: Bei der zuständigen Botschaft (Adressen s. o.).
Unterlagen: (a) Paßfoto. (b) Gebühr. (c) Antragsformular. (d) Ggf. Einladungsschreiben (auf Firmenpapier) der Kontaktperson (z. B. Geschäftspartner) in Malaysia.
Bearbeitungszeit: Je nach Nationalität des Antragstellers.
Arbeitsgenehmigung: Setzen Sie sich mit der Einwanderungsbehörde oder der Botschaft in Verbindung. Bei der Beantragung einer Arbeitsgenehmigung wenden sich auch der zukünftige Arbeitgeber an die Einwanderungsbehörde in Kuala Lumpur wenden unter folgender Adresse: *Immigration Department*, Block I, Level 1-7, Jalan Damansutra, Pusat Vandar Damansara, Damansar Height, 50550 Kuala Lumpur. Tel: (3) 255 50 77. Telefax: (3) 256 23 40.

GELD

Währung: 1 Ringgit (MYR) = 100 Sen. Geldscheine gibt es im Wert von 1000, 500, 100, 50, 20, 10, 5 und 1 MYR. Münzen sind in den Nennbeträgen 1 MYR sowie 50, 20, 10, 5 und 1 Sen in Umlauf. Alle Gedenkmünzen in verschiedenen Werten sind ebenfalls gültige Zahlungsmittel. Der Ringgit wurde früher auch als Malaysischer Dollar bezeichnet.
Kreditkarten: *Visa, Eurocard, Diners Club* und *American Express* werden angenommen. Einzelheiten vom Aussteller der betreffenden Kreditkarte.
Reiseschecks werden von allen Banken, Hotels und großen Kaufhäusern angenommen.
Wechselkurse

	MYR Sept. '92	MYR Febr. '94	MYR Jan. '95	MYR Jan. '96
1 DM	1,68	1,59	1,65	1,78
1 US$	2,50	2,76	2,55	2,55

Devisenbestimmungen: Einheimische und ausländische Währungen können unbeschränkt ein- und ausgeführt werden.
Öffnungszeiten der Banken: Mo-Fr 10.00-15.00 Uhr (in Sabah 08.00-15.00 Uhr). In Sabah wird eine Mittagspause von 12.00-14.00 Uhr eingehalten. Sa i. allg. 09.30-11.30 Uhr. In Kedah, Perlis Kelantan und Terengganu: Sa-Mi 10.00-15.00 Uhr, Do 09.30-11.00 Uhr. Freitags ist Ruhetag.

TIMATIC INFO-CODES

Abrufbar über Ihr CRS-System (für START/Amadeus Ama-Maske benutzen). Für Galileo bitte TI-DFT eingeben (mit Bindestrich).

Flughafengebühren	TI DFT/ KUL /TX
Währung	TI DFT/ KUL /CY
Zollbestimmungen	TI DFT/ KUL /CS
Gesundheit	TI DFT/ KUL /HE
Reisepassbestimmungen	TI DFT/ KUL /PA
Visabestimmungen	TI DFT/ KUL /VI

Tierisches Vergnügen in Borneo
(Alastair & Dina Fuad-Luke)

Im nördlichsten Winkel Borneos, auf der drittgrößten Insel der Welt, befindet sich einer der glänzenden Juwele der südöstlich gelegenen asiatischen Tropen, das zauberhafte »Land Below the Wind«, Sabah (Malaysia). Wenig unterhalb der Taifunzone des Südchinesischen Meeres bietet die saftig grüne Landschaft eine natürliche Trennung und einen leichten Zugang für Touristen zum unberührten Teil des Regenwaldes, wo Wissenschaftler auch heute noch neue Arten an Flora und Fauna entdecken. Ein Paradies auf Erden für die modernen Ökourlauber.

Sabahs kompaktes Landmassiv von 74.000 qkm verfügt über einen riesigen Artenreichtum und eine geographische Vielfalt. Landschaftlich gesehen gibt es für einen jeden etwas: von den schwindelerregenden Höhen des Kinabalu Berges (4,101 m), in dessen Felsvorsprüngen bekannte, zahme Tierarten hausen, bis hin zu dem tropisch-feuchten Regenwald im Danum Valley und den Mangroven im unteren Teil des Kinabatanga Flußbeckens, den riesengroßen Ölpalmenplantagen und den mit Kokosnußpalmen umsäumten Inselstränden.

Die Vielfalt der Natur reflektiert sich in dem breitgefächerten Menschenschlag der Einheimischen. Über 30 Gruppen sprechen über 100 Dialekte. Die einst territorial gespaltenen Gruppen haben sich in diesem Jahrhundert wieder vereint und die instinktive Beziehung zum Land wiederaufgenommen, ein letzter Versuch, der von allen gleichmäßig respektiert wird.

Dank dieser Einstellung wurden Sabahs Naturschätze bewahrt und eine Erhaltung der altehrwürdigen Bräuche zum Land garantiert. Dieses kollektive Volksdenken hat dazu beigetragen, daß heute rund 63% von Sabahs Land bewaldet sind, während vergleichsweise in England nur 8% des Landes von Wäldern bedeckt sind.

Kinabalu Park, einer von den großen malayisischen Nationalparks, kommt demnächst unter die Aufsicht der Sabah State Parks. Er ist 767 qkm groß, befindet sich auf und um den Mount Kinabalu und wurde Ende der 60er Jahre gegründet. Schon 1966 erkannte Sabah Foundation, ein Verein, der von der Regionalverwaltung von Sabah gegründet wurde, und gesetzlich vorgeschrieben ist, daß die Natur zu Gunsten der Einwohner geschützt werden muß. Eine kostbare Hinterlassenschaft an Naturliebhaber. Diese Stiftung hat über 80.000 ha an Waldland – ca. 1% der gesamten Landmasse – auf Lebenszeit für Reservate bereitgestellt. Die zwei wichtigsten Naturschutzgebiete sind das Danum Valley und das Maliau Becken im Südosten des Landes.

Für Urlauber mit wenig Zeit bietet der zentral gelegene Kinabalu Park, der nur eine zweistündige Autofahrt vom Flughafen entfernt ist, ein ideales Kennenlernen einer bewaldeten Berglandschaft. Von der Veranda Ihrer Holzhütte aus können Sie den gezackten Gipfel des Mount Kinabalu, den »Shy Mountain«, in den Wolken verschwinden und wieder auftauchen sehen. Zahlreiche Fußpfade winden sich an dessen Gebirgsausläufern. Alternative dazu ist der Gipfelaufstieg, der sich durch den dicken Wald schlängelt, in dem Orchideen und fleischfressende Pflanzen, »Nepenthes«, im Überfluß vorhanden sind. Etwas höher gelegen, im sogenannten »Wolkenwald«, können Sie zwischen den komischsten Formen von umgestürzten Baumstämmen herumklettern, die vom Spanischen Moos wie für einen Science-Fiction-Film dekoriert sind. Und schließlich, in der Nähe des »Low's Peak«, sind die vom Wind verwehten Kahlstellen mit Zwergrhododendren und Kräutern bewachsen – definitiv ein Kontrast zum saftigen Grün der unteren Berglandschaft.

Tierliebhaber, auf der Suche nach Tieren groß und klein, sollten schnurstracks auf Sukau zugehen, das in dem unteren Flußlauf des Kinabatanga Flusses in der Nähe von Sandakan liegt. Hier begrüßt den Reisenden eine Kakophonie von verschiedenen Tönen: Orang-Utans, Nashornvögel, Reiher, Krokodile, Makakken und einzigartige, endemische Rüsselaffen haben hier ihre Habitate am Fluß sowie zwischen den Mangroven und Baumgipfeln.

In Sepilok, einem Spezial - und Wildreservat von 4000 ha kann man die liebenswerten Orang-Utans beobachten.

Marine Parks bieten ein Schutzgebiet für seltene Wasserlebewesen. Das bekannteste davon ist Pulau Selingan, welches Teil einer Inselgruppe in dem Sulu Meer ist. Es ist das wichtigste Brutgebiet für die enormen grünen Schildkröten. Hier können Besucher Tausenden der neugeborenen Jungschildkröten beim Kriechen zum Meer zusehen – ein unvergeßliches Abenteuer. Andere Attraktionen sind die Korallenriffe von Sipadan unweit von Sabahs Ostküste und die angenehme Atmosphäre des Tunku Abdul Rahman Park in der Nähe von Kota Kinabalu, das nur 30 Minuten vom internationalen Flughafen entfernt liegt.

Sabahs smaragdgrüne Landschaft und Artenreichtum wird vielleicht am besten mit den Worten von Sir David Attenborough, einem Umweltschützer und Filmproduzenten, umschrieben: »Sabah ist eines der besten Naturschutzgebiete der Welt. Es war der Ort in Südostasien, den ich unbedingt mit meiner Filmcrew besuchen mußte: Es gibt nämlich keinen dramatischeren Parasiten wie die Rafflesia, die zugleich die größte Blume der Welt ist oder einen spektakuläreren Pflanzenfresser wie den Rüsselaffen«. Viel Lob von einem Menschen, der ein erfahrener professioneller Ökoreisender ist!

Fotografien, von rechts nach links:
– Ausgewachsener männlicher Rüsselaffe;
– Sir David Attenborough filmt einen Rüsselaffen am Kinabatanga Fluß;
– Faltennashornvogel.

Alle Fotografien J Cede Prudente ©

VERANSTALTUNGSKALENDER VON SABAH FÜR 1996:

Regatta Lipa Lipa (Lepa), Semporna
31 März
Pesta Kaamatam (Erntefest)
1–31 Mai
Sabahfest
18–29 Mai
Sabah Internationaler Fischwettbewerb
11–12 Mai
Malaysia Airlines, Sabah Internationaler Triathlon
26 Mai
Sabah Drachenbootwettbewerb
2 Juni
10. Malaysian Airlines, Internationaler Klettermarathon, Mount Kinabalu
14–15 Sept.
Borneo Safari
19–27 Okt.
Kota Belud Tamu Besar (Großer Marktplatz)
1 Dez

Malaysia

Nasses Vergnügen in Sabah
(Kan Yau Cheong)

Sabah, ein Abenteuer-Naturreiseziel in Malaysias Borneo, ist als erstklassiges Wassersportzentrum im Kommen.

Das Äquatorialklima läßt die Temperaturen selten unter 28°C sinken und macht dadurch Sabah zum verführerischen Reiseziel für Urlauber aus kälteren Ländern.

Dieses 74.500 qkm große tropische Paradies ist von drei Meeren umgeben: im Westen grenzt es an das Südchinesische Meer, im Norden an das Sulu Meer und im Osten an das Celebes Meer.

Inseln gibt es im Überfluß, und sie sind umsäumt von wunderschönen Stränden und kristallklarem Wasser, in dem farbenprächtige Korallenriffe und die verschiedenartigste Unterwasserwelt gedeihen.

Superlatives Sipadan
Sabahs weltweiter Ruhm für seine Tauchgründe begann vor genau 15 Jahren mit der Entdeckung einer bislang unbekannten Insel im Ozean namens Sipadan.

Der amerikanische Schriftsteller der Unterwasserwelt, Bill Gleason, schreibt: »Jeder Zentimeter des 160 ha und im Umfang 5,3 km großen Riffes ist von Korallen besät«.

Der weltweit bekannte Fund for Nature unterstreicht Sipadans Artenreichtum mit den Worten: »Kein anderer Ort auf der ganzen Welt hat eine schönere Unterwasserwelt als diese Insel«.

Jaques Cousteau, der 1988 die Insel besuchte, lobte diese in höchsten Tönen mit den Worten:

»Ich habe Orte wie Sipadan schon einmal gesehen, allerdings vor 45 Jahren. Heute gibt es so etwas gar nicht mehr. Mit dieser Insel haben wir jedoch ein unberührtes Stück Kunst wiederentdeckt«.

Erstaunlicherweise thront die Insel Sipadan auf einem erloschenen Vulkankegel. Nur 10 m von der Küste entfernt kann das Meer eine Tiefe von 640 Metern erreichen. Dadurch macht die Insel ihrer Auszeichnung der *Indepth* Zeitschrift als »Best Beach Dive« der Welt alle Ehre und sichert sich damit auch einen Platz unter den fünf besten Tauchgründen mit senkrecht abfallenden Unterwasserklippen.

Kota Kinabalu
Zurück zum Festland der Insel: Kota Kinabalu, Sabahs Hauptstadt, ist wahrscheinlich der beste Ort der Welt, um tauchen zu erlernen, znverbessern, zu genießen und sich selbst zu übertreffen sowie das Zentrum anderer Wassersportmöglichkeiten.

An der Westküste gelegen ist die Stadt ein internationales Tor zum Land; nur 10 Minuten vom Flughafen entfernt befinden sich die Hotels und die Stadt selbst.

Ein eher einmaliges und seltenes Kennzeichen der Hauptstadt ist der »Korallengarten« in der Form eines 50 km großen Parks, dem Tunku Abdul Rahman Park. Die Hauptattraktion des Parkes ist eine fünfköpfige Inselgruppe mit 10 beliebten Tauchstellen, die nur 10-20 Minuten von der Stadt entfernt sind.

Layang Layang
Die Insel Layang Layang, die 165 km nordwestlich von Kota Kinabalu liegt, ist ein weiteres Reich für Taucher. Hier kann man allerdings nur zwischen April und Oktober tauchen. In dieser Zeit besteht nämlich die Chance, ganze Schwärme von Hammerhaien und enormen Teufelsrochen zu beobachten.

Das Vergnügen schlechthin
Diejenigen, die sich lieber über der Wasseroberfläche vergnügen, können bei Tanjung Aru entweder Wasserskifahren, Paragliden oder Windsurfen. Segeln und Bootsfahrten auf größeren Schiffen und kleinen Jachten ist ebenfalls möglich.

Für Sportangler sind die Gewässer außerhalb von Kota Kinabalu ein beliebtes Ziel, in denen die Träume eines jeden Anglers wahr werden. Hier gibt es den berühmten schwarzen und blauen Fächerfisch, den Fächerfisch, den gelben Schwimmflossenthunfisch und die Spanische Makrele um nur einige zu nennen.

Beim alljährlichen Sabah Fischwettbewerb im Mai, schaffte 1995 ein Fischboot drei schwarze Fächerfische innerhalb eines Morgens an Land zu bringen.

Falls Sie sich mehr für das Tiefseeangeln interessieren, freuen Sie sich auf Grouper, Red Snapper und den Giant Trevally.

Abenteuerlustige können sich auf Wildwasserfahrten entweder auf Flüssen in abgelegenen Ortschaften an der Ostküste oder auf den Pada bzw. Kiulu Flüssen der Westküste entlang, freuen. Beide sind nur ca. zwei Stunden von Kota Kinabalu entfernt.

Alle Fotografien Tommy Chang ©

Für weitere Informationen wenden Sie sich bitte an:
Tourism Malaysia Reisebüros, Ihre Reiseagentur oder an:

SABAH TOURISM PROMOTION CORPORATION

51 Jalan Gaya, 88000 Kota Kinabalu Sabah, Malaysia.

Tel: +(6088) 21 21 21. Fax: +(6088) 21 20 75.
E-mail Adresse: sabah@po.jaring.my
Sabah web site: http://www.jaring.my/sabah

DUTY FREE

Folgende Artikel können zollfrei nach Malaysia eingeführt werden:
200 Zigaretten oder 50 Zigarren oder 225 g Tabak;
1 l Spirituosen, Wein oder Likör;
geöffnete Parfümflaschen im Wert von bis zu 200 MYR;
Geschenke im Wert von bis zu 200 MYR.
Einfuhrverbot: Wertgegenstände müssen deklariert und eventuell muß eine Sicherheit hinterlegt werden (in der Regel 50% des Warenwertes, Quittung verlangen). Die Einfuhr von Waren aus Israel ist verboten. Die Einfuhr von hochdosierten Medikamenten (z. B. Morphium) ohne Rezept, Waffen, Pornographie und Gegenständen mit In- bzw. Aufschriften aus dem Koran ist verboten. **Auf die Einfuhr von und den Handel mit Rauschgiften steht die Todesstrafe.**

GESETZLICHE FEIERTAGE

1. Mai '96 Tag der Arbeit. **19. Mai** Awal Muharam (Islamisches Neujahr). **1. Juni** Offizieller Geburtstag des Königs Yang di-Pertuan Besar. **28. Juli** Mouloud (Geburtstag des Propheten). **31. Aug.** Nationalfeiertag. **9./10. Nov.** Deepavali. **25. Dez.** Weihnachten. **Jan. '97** Neujahr. **20. Jan.** Chinesisches Neujahr. **21. Febr.** Hari Raya Puasa (Ende des Ramadan). **1. Mai** Tag der Arbeit. **9. Mai** Awal Muharam (Islamisches Neujahr).
Anmerkung: (a) Fällt ein Feiertag auf einen Sonntag, wird der nachfolgende Arbeitstag zum Feiertag. (b) Zusätzlich gibt es mehrere regionale Feiertage. Das Fremdenverkehrsamt von Malaysia erteilt gern nähere Auskunft. (c) Islamische Feiertage sind in den Bundesstaaten Sabah, Sarawak und Labuan nicht sehr verbreitet. Diese Feste werden nach dem Mondkalender berechnet und verschieben sich daher von Jahr zu Jahr. Während des Fastenmonats Ramadan, der mit Hari Raya Puasa (Eid al-Fitr) abschließt, fasten Mohammedaner am Tage und essen erst nach Einbruch der Dunkelheit. Hari Raya Puasa und Qurban (Eid al-Adha) können je nach Region zwischen 2 und 10 Tagen dauern. Weitere Informationen im Kapitel *Welt des Islam* (s. Inhaltsverzeichnis). (d) Hindufeste werden durch örtliche astronomische Beobachtungen bestimmt, es kann daher nur der Monat angegeben werden.

GESUNDHEIT

In der folgenden Tabelle aufgeführte Impfvorschriften können sich kurzfristig ändern. Es wird stets empfohlen, auf Ihrem CRS-System (TIMATIC-Info-Code-Fenster in diesem Kapitel) den aktuellen Stand der Gesundheitsbestimmungen abzurufen bzw. rechtzeitig vor der Reise ärztlichen Rat einzuholen.

	Vorsichtsmaßnahmen empfohlen	*Impfschein erforderlich*
Gelbfieber	Nein	1
Cholera	Ja	2
Typhus & Polio	Ja/3	-
Malaria	4	-
Essen & Trinken	5	-

[1]: Eine Impfbescheinigung gegen Gelbfieber wird von allen Reisenden verlangt, die aus Infektionsgebieten einreisen und über ein Jahr alt sind. Auch als endemisch klassifizierte Länder gelten bei den malaysischen Behörden als Infektionsgebiete.
[2]: Eine Impfbescheinigung gegen Cholera ist keine Einreisebedingung, das Risiko einer Infektion ist jedoch nicht auszuschließen. Da die Wirksamkeit der Schutzimpfung umstritten ist, empfiehlt es sich, rechtzeitig vor Antritt der Reise ärztlichen Rat einzuholen. Näheres unter *Gesundheit* (s. Inhaltsverzeichnis).
[3]: Typhus kommt vor, Poliomyelitis ist eher selten.
[4]: Malaria kommt nur in kleinen, abgelegenen Gebieten im Landesinneren vor. Städte und Küstenregionen sind verhältnismäßig ungefährdet. In Sabah tritt die gefährlichere Malariaart *Plasmodium falciparum* das ganze Jahr über auf. Hochgradige Chloroquin- und Sulfadoxin/Pyrimethamin-Resistenz wurde gemeldet.
[5]: Leitungs- und Brunnenwasser ist nicht immer keimfrei und sollte zum Trinken, Zähneputzen und zur Eiswürfelbereitung abgekocht oder sterilisiert werden. Milch ist nicht pasteurisiert und muß abgekocht werden. Trocken- und Dosenmilch nur mit keimfreiem Wasser weiterverarbeiten. Milchprodukte aus ungekochter Milch außerhalb der Städte vermeiden. Fleisch- und Fischgerichte nur gut durchgekocht und heiß serviert essen. Vorsicht vor Schweinefleisch, rohen Salaten und Mayonnaise, außer in exklusiven Restaurants. Gemüse sollte gekocht und Obst geschält werden. Auf frische Fruchtsäfte von Straßenständen sollte man verzichten.
Tollwut kommt vor. Wer ein erhöhtes Risiko eingeht (z. B. längerer Aufenthalt in abgelegenen Gebieten), sollte sich vor Reiseantritt impfen lassen. Bei Bißwunden sofort ärztliche Hilfe in Anspruch nehmen. Weitere Informationen im Kapitel *Gesundheit* (s. Inhaltsverzeichnis).
Hepatitis A, B und *E* kommen vor.
Gesundheitsvorsorge: Der Abschluß einer Reisekrankenversicherung wird empfohlen. Krankenhäuser gibt es in allen größeren Städten. In Kleinstädten und ländlichen Gegenden gibt es Ärzte und mobile Apotheken. Die Notrufnummer ist 999.

REISEVERKEHR - International

FLUGZEUG: Die nationale Fluggesellschaft *Malaysia Airlines (MH)* bietet dreimal pro Woche Flugdienste nach Kuala Lumpur von Frankfurt (Nonstop), einmal pro Woche von München (über Dubai) und zweimal wöchentlich von Wien (Nonstop-Verbindung) und Zürich (Nonstop-Flüge nur im Winter, sonst über Dubai). Anschlußverbindung in Kuala Lumpur u. a. nach Penang, Langkawi, Kuantan, Kota Kinabalu und Kuching.
Durchschnittliche Flugzeiten: *Frankfurt* – Kuala Lumpur: 12 Std. 30 (Nonstop); *München* – Kuala Lumpur: 13 Std. 30; *Wien* – Kuala Lumpur: 10-11 Std; *Zürich* – Kuala Lumpur: 11 Std. (Nonstop; 13 Std. 30 mit Zwischenhalt in Dubai).
Internationale Flughäfen: *Kuala Lumpur* (KUL) (Subang International) liegt 22,5 km westlich der Stadt (Fahrzeit 35 Min.). Am Flughafen gibt es Duty-free-Shops, Banken, Restaurant, Bar, Post, Tourist-Information, Hotel-Reservierung und Mietwagenschalter. Ein Bus fährt alle 30 Min. zur Stadt (Jalan-Sultan-Mohammed-Busbahnhof). Fahrkarten sind im Flughafen erhältlich. Ein Taxistand ist ebenfalls vorhanden.
Penang (Bayan Lepas) liegt 17,5 km außerhalb der Inselhauptstadt Georgetown. Penang ist eine kleine Insel nordwestlich der Halbinsel Malaysia. Hier gibt es Duty-free-Shops, Restaurant, Bar, Bank, Wechselstube und Mietwagenschalter.
Kota Kinabalu liegt 6,5 km außerhalb der Stadt an der Nordküste von Sabah (im Norden der Insel Borneo), wird als Tor nach Ost-Malaysia (Sabah und Sarawak) bezeichnet und international angeflogen. Bank/Wechselstube, Bar und Restaurant sind vorhanden.
Kuching liegt 11 km außerhalb der Stadt im Westen von Sarawak auf der Insel Borneo und hat kaum internationalen Flugverkehr.
Flughafengebühren: 20 MYR für internationale Flüge (einschl. nach Singapur und Brunei).
SCHIFF: Die internationalen Häfen sind Georgetown (Penang), Port Kelang (nach Kuala Lumpur) sowie Kota Kinabalu, Lahad Datu, Sandakan, Tawau, die Labuan-Insel und Kuching in Ost-Malaysia (Sabah und Sarawak). Passagierlinien: *Blue Funnel, P&O* und *Straits Shipping*. Fracht-/Passagierlinien: *Austasia, Knutsen, Lykes, Neptune Orient, Orient Overseas* und *Straits Shipping*.
BAHN: Täglich Direktverbindungen von Singapur über Kuala Lumpur und Butterworth nach Bangkok (und zurück nach Singapur).
BUS/PKW: Die Halbinsel Malaysia ist durch gute Straßen mit Thailand verbunden, mit Singapur über zwei Dämme. Auf Borneo sind die Straßenverbindungen zwischen den östlichen Bundesstaaten Sarawak und Sabah und dem Nachbarstaat Brunei sowie dem zu Indonesien gehörenden Kalimantan recht gut, während der Regenzeit aber nicht immer befahrbar.

REISEVERKEHR - National

FLUGZEUG: *Malaysia Airlines* fliegt mehrere kommerzielle Flughäfen auf der Halbinsel Malaysia an. *Berjaya Air* fliegt nach der Insel Tioman. In Ost-Malaysia verkehren die *MAS* und *Pelangi Air* in Sabah und Sarawak sowie nach Brunei. Der *Discover Malaysia-Pass* gilt für je 28 Tage und bietet verbilligte Flüge innerhalb von fünf Regionen Malaysias. Weitere Informationen erhältlich von Malaysian Airlines.
Flughafengebühren: 5 MYR für Inlandflüge.
SCHIFF: Küstenfähren verkehren regelmäßig zwischen Penang und Butterworth, und es gibt einen fahrplanmäßigen Passagierdienst zwischen Port Kelang, Sarawak und Sabah. Kleine Flußdampfer sind praktische Transportmittel in Ost-Malaysia und mitunter die einzige Möglichkeit (außer per Hubschrauber), abgelegene Dörfer zu erreichen. Boote können gemietet werden; es gibt auch Flußfähren und Wassertaxis.
BAHN: Das Streckennetz der *Malayan Railways (KTM)* umfaßt insgesamt 2090 km. Der rasante *Express Rakyat* fährt tagsüber von Singapur nach Butterworth. Expreßzüge sind modern, manche haben Schlaf- und Speisewagen, und es gibt auch Abteile mit Klimaanlagen. Eine weitere Bahnstrecke verläuft entlang der Westküste, von Singapur Richtung Norden nach Kuala Lumpur und Butterworth und schließt an der Grenze an das thailändische Eisenbahnnetz an. Die vierte Strecke auf der Halbinsel zweigt in Gemas an der Westküste ab und verläuft Richtung Nordosten nach Kota Bahru. Ost-Malaysia hat nur eine Bahnlinie. Diese verläuft an der Küste entlang, beginnt in Kota Kinabulu (Sabah) und zieht sich durch ein tiefes Dschungeltal nach Tenom.
Sonderfahrkarten: 10 oder 30 Tage gültige Sonderpässe gewähren freie Fahrt auf allen Zügen auf der Halbinsel Malaysia und Singapur, der *Express Rakyat* und der *Mersa Express* sind allerdings ausgenommen. Das Fremdenverkehrsamt (Adresse s. o.) erteilt gern weitere Auskunft.
BUS/PKW: Die meisten Straßen der Halbinsel sind asphaltiert und deutlich und übersichtlich ausgeschildert; das malaysische Straßennetz gehört zu den besten in Südostasien. Die größte Fernstraße führt an der Westküste entlang zur Grenze nach Thailand. Es herrscht Linksverkehr. In Kuala Lumpur und anderen Städten darf man Autos nur auf Parkplätzen abstellen, es wird eine Gebühr erhoben und eine Quittung ausgestellt. Autobahngebühren werden ebenfalls erhoben. In Ost-Malaysia gibt es nicht viele Straßen, mit dem Boot oder Flugzeug kommt man schneller voran. **Fernbusse:** Es gibt über 1000 Buslinien, die regelmäßig alle größeren Städte verbinden. **Minibusse** verkehren in den größeren Städten. **Trischas** (eine Art Rikscha) sind preiswerte Verkehrsmittel für kurze Strecken. Der Fahrpreis sollte vorher vereinbart werden. **Taxis** und Sammeltaxis sind normalerweise schnell und zuverlässig, Sammeltaxis fahren jedoch erst ab, wenn sie genügend Fahrgäste haben.
Mietwagen: Verschiedene Firmen bieten Mietwagen an, teilweise mit Kilometerpauschale, auch mit Chauffeur.
Unterlagen: Der Führerschein des eigenen Landes ist normalerweise ausreichend, muß aber vom *Registrar of Motor Vehicles* in Malaysia bestätigt werden. **Verkehrsbestimmungen:** 50 km/h ist die Höchstgeschwindigkeit, Sicherheitsgurte für Fahrer und Beifahrer sind Vorschrift. Benzin ist wesentlich billiger als in Westeuropa.
STADTVERKEHR: In Kuala Lumpur verkehren Busse und *Bas Mini* (Kleinbusse), letztere werden für kurze Fahrten benutzt und sind meistens überfüllt. Außerdem gibt es Taxis und Trischas. Die Preise für Busse sind unterschiedlich, *Bas-Mini*-Preise sind einheitlich.
FAHRZEITEN von Kuala Lumpur zu den folgenden größeren Städten (ungefähre Angaben in Std. und Min.):

	Flugzeug	Bahn	Bus/Pkw
Penang	0.45	9.30	6.00
Fraser Hill	-	-	2.00
Ipoh	0.30	4.30	3.00
Kuantan	0.35	-	4.00
Kuching	1.00	-	-
Kota Kinabalu	1.30	-	-
Kuala Terengganu	1.00	-	8.00
Kota Bahru	1.30	-	10.00
Johor Baharu	0.35	6.00	5.00
Langkawi	1.00	-	*10.00
Malakka	-	-	2.00
Tioman	1.00	-	*8.00
Port Dickson	-	-	1.30

Anmerkung: [*] Einschließlich Bootsfahrt.

UNTERKUNFT

HOTELS: In Malaysia gibt es zahlreiche Hotels der Luxus- und Touristenklasse. Vorausbuchung ist erforderlich, vor allem in den Schulferien, an Feiertagen und zu Weihnachten; zahlreiche Malaysier suchen dann auch die beliebtesten Urlaubsgegenden wie Penang, Langkawi und die Highlands auf. Die einfacheren Hotels haben kaum moderne Waschmöglichkeiten und oft nur ein Waschbecken anstelle von Bad oder Dusche. 5% Regierungssteuer sowie 10% Bedienung werden auf die Rechnung aufgeschlagen. Trinkgeld (nur bei guter Bedienung) wird von Gepäckträgern und für Zimmerservice erwartet. Die meisten Hotels bieten einen Wäschereidienst an. Weitere Informationen von der *Malaysian Association of Hotels (MAH)*, c/o Malaysian Tourist Information Complex, 109 Jalan Ampang, 50450 Kuala Lumpur. Tel: (03) 242 05 16. Telefax: (03) 248 80 59.
REST HOUSES sind preiswerte, von der Regierung subventionierte Hotels. Sie sind sehr einfach, aber immer sauber und bequem und haben zumeist gute Restaurants. Zimmer sind immer sehr gefragt und sollten vorbestellt werden.
CAMPING: Zeltmöglichkeiten gibt es im Taman Negara und in den Nationalparks. *Jungle Lodges* vermieten hier Zelte, Feldbetten, Kartuschenlampen und Moskitonetze für Wanderungen durch den Regenwald.
JUGENDHERBERGEN: Nicht sehr zahlreich, aber preiswert. Unterkunft in Schlafsälen, Mahlzeiten sind erhältlich. Die Rezeption ist meist zwischen 17.00 und 20.00 Uhr geöffnet. Jugendherbergen gibt es in Cameron Highlands, in Kuala Lumpur, Kuantan, Malakka, Penang und Port Dickson. Adresse der Jugendherberge in Kuala Lumpur: 21 Jalan Padang Belia, 50460 Kuala Lumpur (Tel: (03) 274 14 39). Weitere Einzelheiten erhalten Sie vom Fremdenverkehrsamt (Adresse s. o.).

URLAUBSORTE & AUSFLÜGE

Malaysia ist ein Land, das für jeden etwas zu bieten hat. Traumstrände, üppige Vegetation, eine exotische Tierwelt, imposante Berge, moderne Großstädte, freundliche Menschen, bunte Festivals und kulturelle Vielfalt garantieren einen unvergeßlichen Aufenthalt.

Kuala Lumpur, Malakka und der Südwesten

Die fortschrittlichste und am dichtesten besiedelte Region mit den meisten historischen Stätten des Landes. **Kuala Lumpur**, die Hauptstadt von Malaysia, wurde gegen Ende des 19. Jahrhunderts gegründet. Ihre Architektur spiegelt die weltstädtische Mischung malaysischer, chinesischer, indischer und europäischer Kulturen wider. Obwohl die Stadt hauptsächlich geschäftliches und kommerzielles Zentrum ist, hat sie auch Touristen einiges zu bieten. Die *Tasek Perdana Lake Gardens* sind eine herrliche Parklandschaft für Picknicks, Bootsfahrten und Spaziergänge und ein bekanntes Wahrzeichen der Stadt. Innerhalb der Gärten stehen das *Parlamentsgebäude* und das *Nationaldenkmal*. Ganz in der Nähe liegt das *Nationalmuseum* mit zahlreichen historischen Ausstellungsstücken. In der Nähe des Bahnhofs erhebt sich die von Springbrunnen und Rasen umgebene *Nationale Moschee* und nicht weit von hier findet man den alten chinesischen Tempel *Chan See Yuen* und den farbenfrohen indischen Tempel *Sri Mahamarianman*. Im kürzlich renovierten 50 Jahre alten *Central Market* kann man Handwerker bei der Arbeit beobachten, exotische Speisen probieren oder Konzerte und Theateraufführungen besuchen. Einige Kilometer nördlich der Stadt liegen die *Batu-Höhlen*. Diese großen natürlichen Höhlen werden über 272 Stufen erreicht und beherbergen den Schrein des Hindugottes Subramanian. In der nahegelegenen Museumshöhle findet man eine faszinierende Sammlung bunter Statuen und Wandmalereien der indischen Mythologie. *Templar Park* liegt 22 km außerhalb der Hauptstadt und ist ein gut erhaltenes Regenwaldgebiet mit Dschungelpfaden, Lagunen und Wasserfällen.

Petaling Jaya liegt zwischen dem Flughafen und Kuala Lumpur. Ursprünglich nur als Übernachtungsstätte gedacht, hat sich der Ort aber schnell zu einem beliebten Zentrum mit internationalen Hotels, Restaurants und Nachtlokalen entwickelt. In der Nähe gibt es vier ausgezeichnete Golfplätze.

Port Dickson liegt ca. anderthalb Autostunden südlich von Kuala Lumpur. Am Wochenende strömen auch Malaysier aus der Großstadt hierher, aber an dem 18 km langen Strand ist für alle Platz. Die sandigen Buchten sind ideal für Wassersportler und Angler; Wasserski, Motorboote und Tiefseeausrüstungen können gemietet werden.

Port Kelang ist Malaysias größter Hafen. Die Stadt ist berühmt für ihre Fischrestaurants, zu deren Spezialitäten gedämpfte Krebse, gebratene Garnelen und Haifischflossen zählen.

Malakka, zwei Autostunden von Kuala Lumpur entfernt, wurde Anfang des 15. Jahrhunderts gegründet und ist eine überwiegend chinesische Stadt geblieben; man findet jedoch reichlich Erinnerungen an die portugiesische, holländische und britische Herrschaft, u. a. im *Städtischen Museum*. Zu den architektonischen Zeugnissen dieser geschichtsträchtigen Vergangenheit zählen der *Cheng-Hoon-Teng-Tempel* in der Innenstadt, das Tor der portugiesischen *A-Formosa-Festung*, die *St.-Pauls-Kirche* mit dem Grab des Hl. Xavier, das *Stadthuys*, die holländische *Christuskirche* und die *Tranquerah-Moschee*, eine der ältesten Moscheen des Landes. Es gibt mehrere internationale Hotels in Malakka. Ein Resort mit breitem Freizeitangebot liegt 12 km außerhalb der Stadt.

Die Reise gen Süden von Malakka nach Johor Baharu und Singapur führt durch **Muar** und **Batu Pahat**.

Penang, Langkawi und Pangkor

Die Insel **Penang**, die sich mit dem Attribut »Perle des Orients« schmückt, liegt vor der Nordwestküste der Halbinsel Malaysia. Das Angebot für Urlauber ist kürzlich stark erweitert worden. Penang ist nicht nur eine besonders schöne tropische Insel mit Palmen und Sandstränden, sondern auch das Tor zum nördlichen Malaysia. Der natürliche Hafen, in dem gegen Ende des 18. Jahrhunderts die Engländer landeten, ist noch heute einer der bedeutendsten des Landes. Die drittlängste Brücke der Welt verbindet Penang mit dem Festland, es gibt jedoch auch Fähren nach Butterworth.

Georgetown ist die einzige Stadt der Insel, bunt zusammengesetzt aus malaysischer, chinesischer, thailändischer, indischer und europäischer Kultur. Die meisten Geschäfte sind in der Campbell Street und in der Canarvon Street zu finden. Einen Besuch wert sind das *Khoo Kongsi*, ein altes chinesisches Großfamilienhaus, *Fort Cornwallis*, eine britische Festung aus dem 18. Jahrhundert, das *Penang-Museum* mit der *Kunstgalerie* und die zahlreichen Kirchen, Tempel und Moscheen.

Penang empfiehlt sich für Urlauber, die nicht zuviel herumreisen und trotzdem die Vielfalt des malaysischen Alltags beobachten möchten. Außerdem hat die Insel einige der schönsten Strände des Landes, z. B. *Batu Ferringghi* an der Nordküste; hier befinden sich auch die meisten Hotels, obwohl viele neue internationale Hotels in Georgetown und in der Nähe des Flughafens gebaut worden sind. Penang bietet jedoch mehr als seine Strände – einer der ungewöhnlichsten Sehenswürdigkeiten ist der *Schlangentempel* mit einer Vielzahl giftiger Schlangen, die aus verständlichen Gründen kräftig mit Weihrauch betäubt werden. Im Inneren der Insel erhebt sich der 700 m hohe *Penang Hill*. Ein reizendes kleines Hotel auf dem Gipfel kann mit einer Seilbahn erreicht werden. Die Spazierwege und die herrliche Aussicht sind einen Besuch wert.

Nördlich von Penang und über 100 km entfernt liegen die 99 **Langkawi-Inseln**, von denen viele nicht mehr als Korallenbänke sind. Die größte dieser Inselchen ist die Langkawi-Insel, die einzige, die gut auf Touristen eingestellt ist. Außerdem ist die Insel zum Freihafen erklärt worden, so daß zollfreies Einkaufen möglich ist. Es gibt bereits mehrere vollständig eingerichtete Hotelkomplexe. Die vielen kleinen Buchten und Lagunen laden zum Schwimmen, Segeln, Fischen und Tauchen ein. Ausritte, Bootsfahrten zu den kleineren Inseln und Golfpartien sind ebenfalls möglich. Die Inseln sind von Kuala Lumpur, Penang und Alur Setar aus mit dem Flugzeug zu erreichen, außerdem gibt es Fährverbindungen. Ein selten besuchtes Naturparadies ist die Insel **Pangkor**, ca. 100 km südlich von Penang (30 Min. mit der Fähre von Lumut). Seit dem Bau von zwei internationalen Hotels ist die Insel in der Besuchergunst gestiegen. Unzählige Buchten und ausgezeichnete Strände lassen die Herzen aller Wassersportler höher schlagen. Seit kurzem werden auch Flugdienste nach Pangkor angeboten.

Die Ferienorte in den Bergen

Die über Malaysias »Rückgrat« (die von Nord nach Süd verlaufende Bergkette) verstreuten Ferienorte liegen alle mehr als 1400 m über dem Meeresspiegel und bieten mit ihrem kühleren Wetter eine Erholung von der oft drückenden Hitze der Städte und Ebenen.

Genting Highlands ist nur eine Autostunde von Kuala Lumpur entfernt. Hier steht das einzige Kasino des Landes (Reisepaß mitnehmen). Ein regelmäßiger Hubschrauberdienst verbindet das Urlauberzentrum mit der Hauptstadt. Es gibt vier Hotels, Golfplätze mit prächtigem Klubhaus, einen künstlichen See, ein Sportzentrum und ein Schwimmbad.

100 km nördlich von Kuala Lumpur und mitten im dichten Dschungel liegt **Fraser Hill**, beliebt bei Urlaubern und begeisterten Golfspielern. Eine Vielzahl weiterer Sportarten wird ebenfalls geboten. Die Anlage ist in sich abgeschlossen, Ferienhäuser und ein internationales Hotel stehen zur Verfügung. Es gibt einen täglichen Pendelverkehr zum Merlin-Hotel.

Noch weiter nördlich (ca. 4 Std.) von Kuala Lumpur entfernt liegt **Cameron Highlands**. Drei Siedlungen gehören zu diesem bergigen Urlaubsgebiet, einem der bekanntesten in Asien – Brichang, Tanah Rata und Ringlet. Vor einem üppig-grünen Hintergrund erheben sich ein Hotel von internationalem Rang und eine Reihe Bungalows. Das Freizeitangebot umfaßt Tennis, Golf, Squash, Badminton, Dschungelwanderungen und Schwimmen. Von hier aus bieten sich Ausflüge zum *Gunung Brichang* an, der mit 2064 m der höchste besiedelte Punkt der malaiischen Halbinsel ist – und eine atemberaubende Aussicht bietet.

Die Ostküste

Hier gibt es zahlreiche sagenhafte Strände, einige gehören zu den einsamsten in ganz Asien. Eigentlich ist die gesamte Ostküste ein endloser Strand an den Ausläufern des Dschungels. Diese Region bedeckt zwei Drittel der malaiischen Halbinsel und besteht aus den Staaten Kelantan, Pahang, Johor sowie den Inseln Tioman und Rawa. Tägliche Flugverbindungen der *MH* verbinden Kuala Lumpur mit Kota Bahru, Kuantan, Kuala Terengganu und Penang mit Kota Bahru. Klimatisierte Busse verbinden die meisten größeren Städte des Landes mit der Ostküste. Während der Monsunregen sind die Straßen jedoch oft unpassierbar.

Kuantan, die Hauptstadt Pahangs, wird als Urlaubsort immer beliebter. Hübsche einheimische Kunstgewerbeartikel sind Holzschnitzereien, Batik und aus Pandanusblättern geflochtene Matten, Hüte und Körbe.

Cherating war Asiens erstes Urlaubsdorf des Club Mediterranée und liegt 45 km nördlich von Kuantan. In dieser Gegend liegt auch Malaysias »Loch Ness«, der *Chini-See;* in den Tiefen des Sees sollen mythologische Ungeheuer lauern, die den Eingang der legendären versunkenen Stadt bewachen. Außer im Frühjahr ist der See über und über mit Lotus bewachsen; Bootsfahrten sind möglich.

Malaysias größter Nationalpark, **Taman Negara**, liegt im Norden des Staates. Dieser Park, vom ältesten Tropenwald der Welt (ca. 130 Millionen Jahre alt) umgeben, ist weitgehend naturbelassen und ein beliebtes Ausflugsziel für Naturliebhaber. Zum Herzen des Parks gelangt man

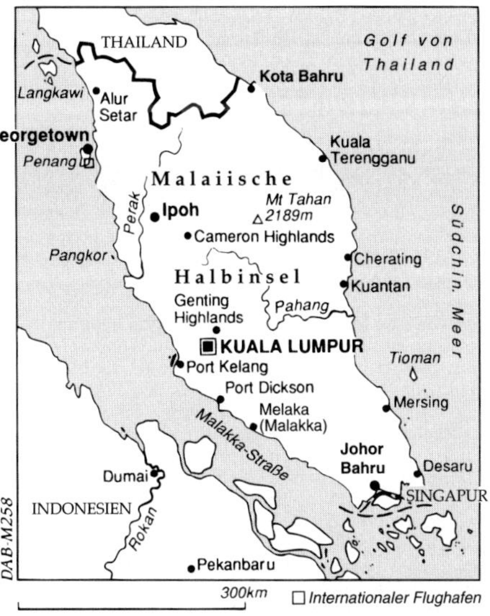

nach einer kombinierten Bahn-, Auto- und dreistündigen Bootsfahrt. Die Unterkünfte sind einfach und begrenzt, rechtzeitige Vorbestellung wird empfohlen.

An der Küste Pahangs im Südchinesischen Meer liegt die **Insel Tioman**, die größte der 64 vulkanischen Inseln dieser Gruppe und ein absolutes Muß für begeisterte Sporttaucher. Die Inseln sind per Boot, Hubschrauber oder Kleinflugzeug von Mersing, Kuala Lumpur und Singapur aus erreichbar.

Im Bundesstaat **Terengganu** gibt es weiße Sandstrände von insgesamt 225 km Länge. Schwimmen und alle anderen Wassersportarten sind hier die beste Freizeitbeschäftigung. Viele Strände beherbergen Brutstätten von Schildkröten. Im Besucherzentrum von Rantau Abang kann man die Riesenschildkröten beim Eierlegen beobachten.

Der nördliche Staat Kelantan grenzt an Thailand. Die Strände in der Nähe von **Kota Bahru** sind sauber und relativ unberührt und das Meer ideal zum Schwimmen, Tauchen und Fischen. Einige der zahlreichen kulturellen Festivals gibt es nur in diesem Staat. *Puja Umur* (der Geburtstag des Sultans) wird eine Woche lang gefeiert und beginnt in Kota Bahru mit einem farbenprächtigen Umzug. *Ma'yong*, eine Mischung aus Ballett, Oper, romantischem Drama und Komödie, diente ursprünglich dem königlichen Hof zur Zerstreuung, diese Darstellungskunst gibt es nur in Kelantan. Schattenspiele, Kreiseldrehen und Drachensteigen sind ebenfalls beliebt.

Johor Baharu im Staat Johor ist gut per Bahn und Straße zu erreichen. Zwei Dämme verbinden die Insel mit Singapur. Sehenswert sind *Johor Lama*, der Sitz der Sultane von Johor nach ihrer Vertreibung aus Malakka; die *Kota-Tinggi*-Wasserfälle, die Keramikfabriken von *Ayer Hitam* und *Muar*, im ganzen Land bekannt durch *Ghazal*-Musik und den tranceartige Zustände hervorrufenden *Kuda-Kepang*-Tanz. In dieser Region gibt es zahlreiche Gummi- und Palmöl-Plantagen. **Desaru** ist der neueste Badeort, feiner Sandstrand geht hier in dichten Dschungel über. Die angebotenen Sportarten reichen von Schwimmen, Kanufahren und Schnorcheln bis hin zu Pferdesport und Dschungelwanderungen. Ein zweiter 18-Loch-Golfplatz wird zur Zeit angelegt. Die Unterbringung ist in Hotels und im malaysischen Stil gebauten Häuschen. Von Mersing an der Küste fahren Fähren zur Insel Tioman.

Sabah und Sarawak

Sabah und Sarawak liegen 950 km von der malaiischen Halbinsel entfernt auf der Insel Borneo. Direktflüge über das Südchinesische Meer verbinden diese Bundesstaaten mit Kuala Lumpur und Singapur.

SABAH ist als »Land unter dem Wind« bekannt und bietet Besuchern sowohl einen der ältesten tropischen Regenwälder der Welt als auch einen der höchsten Gipfel Südostasiens, *Mount Kinabalu*. Der größte Teil des Aufstiegs kann mit dem Auto bewältigt werden, die letzte Strecke ist jedoch nur zu Fuß möglich. Diese Region ist ideal für Expeditionen und zum Felsenklettern. Der **Mount-Kinabalu-Nationalpark** bietet über 500 Vogelarten und mehr als 800 Orchideenarten einen Lebensraum. Übernachtungsmöglichkeiten sind vorhanden.

Kota Kinabalu, die Hauptstadt, wurde aus den Ruinen des im 2. Weltkrieg zerstörten Jesselton neu errichtet. Wahrzeichen der Stadt ist die mit einer prächtigen Goldkuppel versehene Staatsmoschee. Ein guter Rundblick über die Stadt ist von der Spitze des Signal Hill möglich.

Etwas weiter südlich liegt der Urlaubsort **Tanjung Aru**. Der Resort- und Strandkomplex ist für Geschäftsreisende und Touristen errichtet worden. Es gibt Konferenz- und Tagungsräume und einen regelmäßigen Pendelverkehr zur Stadt. Die kleinen Inseln vor der Küste sind Teil eines maritimen Nationalparks und eignen sich hervorragend zum Sonnenbaden, Schwimmen und Schnorcheln.

Mit dem Auto kann man **Tuaran** in einer halben Stunde erreichen. Die Straße von Kota Kinabalu führt durch sanftgrüne Täler, Gummiplantagen und über bewaldete Hügel. Die Stadt hat einen guten *Tamu* (Markt). In der Nähe liegt *Mengkabong*, ein Pfahldorf in einer Lagune, wo man sich nur mit dem Boot fortbewegen kann. **Sandakan**, die alte Hauptstadt Borneos, ist beinahe 400 km von Kota Kinabalu entfernt. Das *Sepilok Sanctuary* ist die Heimat der »Wilden Männer von Borneo«, der größten Orang-Utan-Herde der Welt, und liegt 24 km von Sandakan entfernt.

In die Region **Tenom** gelangt man von Kota Kinabalu auf Sabahs einziger Eisenbahnstrecke. Diese folgt dem Padas-Fluß durch die engen Dschungelschluchten der Crocker-Berge, die Fahrt ist ein atemberaubendes Erlebnis. Der architektonische Stil der Langhäuser in der Stadt Temon ist seit Jahrhunderten unverändert geblieben, ebenso wie die hier aufgeführten traditionellen Lieder und Tänze.

In der nordwestlichen Küstenregion Borneos liegt der Bundesstaat **SARAWAK**. Die Einwohner benutzen zumeist die weitverzweigten Wasserwege als Verkehrsmittel. Besucher werden gleichfalls dazu ermutigt, in größeren Ortschaften gibt es allerdings auch Taxis und Mietwagen.

Kuching, das Finanz- und Handelszentrum des Staates an den Ufern des Flusses Sarawak, liegt an den Ausläufern einer riesigen Regenwald- und Gebirgslandschaft.

Pfahldörfer ziehen sich an den Ufern der Flüsse entlang. Ein Besuch des *Sarawak-Museums* bietet einen sehr guten Überblick über Geschichte, Flora, Fauna und Anthropologie Borneos. Es werden Ausflüge entlang des Flusses *Skrang* angeboten, man übernachtet in Langhäusern. Flußfahrten nach *Santubong*, einer uralten Handelsniederlassung an der Küste, sind ebenfalls empfehlenswert.
Sehr interessant ist die Tier- und Pflanzenwelt des etwa 26 qkm großen **Bako-Nationalparks,** einschl. fleischfressender Pflanzen, der kuriosen Nasenaffen und des anmutigen Sambar-Rotwilds. Touren werden von Kuching aus zusammengestellt.
Ein weiterer Ausflug bietet sich über **Miri** zu den *Niah-Höhlen* an. Hier findet man Spuren menschlicher Existenz, die bis zu 40.000 Jahre zurückreichen. Die Höhlen werden außerdem als Guano-Abbaustelle geschätzt und liefern Vogelnester als aparte Suppenzutat. Viele Höhlen können mit Hilfe eines Führers erforscht werden, manche sind verhältnismäßig einfach zu erreichen. Auch der **Gunung-Mulu-Nationalpark** bietet interessante Höhlen und bizarre Felsformationen, der höchste Berg hier ist erst vor kurzer Zeit erstmalig erstiegen worden. Andere Ausflugsmöglichkeiten sind Bootsfahrten die Flüsse hinauf, z. B. den Rejang. Man kommt dabei an vielen traditionellen Langhäusern und leider zunehmend auch an abgeholzten Landstrichen vorbei.
Ausflüge zum unabhängigen Sultanat *Brunei* werden ebenfalls unternommen.
RUNDREISEN: 5tägige: (a) Kuala Lumpur – Genting Highlands – Fraser Hill – Cameron Highlands – Penang – Kuala Lumpur. (b) Kuala Lumpur – Penang – Langkawi – Georgetown – Kuala Lumpur. **7tägige:** (a) Kuala Lumpur – Kuantan – Terengganu – Redang – Kuala Lumpur. (b) Kuala Lumpur – Malakka – Johor Baharu – Tioman – Kuantan – Kuala Lumpur.

SOZIALPROFIL

ESSEN & TRINKEN: So wunderbar vielfältig wie die Kultur der Bevölkerung Malaysias ist auch ihre Speisekarte. Der Geschmack der malaysischen Küche wird fein abgestimmt und erfordert mitunter stundenlange Zubereitung. Ingwer, Kokosmilch, Erdnüsse und andere Zutaten werden in genau abgemessener Menge beigefügt. *Sambal* (eine Paste aus gemahlenem Chili, Zwiebeln und Tamarinde) wird häufig als Beilage angeboten. *Blachan* (Paste aus getrockneten Krabben) ist sehr gebräuchlich, und *Ikan Bilis* (getrocknete Anchovies) werden zu Getränken serviert. Ein beliebtes Gericht ist *Satay* (eine Auswahl verschiedener Fleischsorten, besonders Hähnchen, auf Spießchen über dem Feuer gebraten) mit einer pikanten Erdnußsoße und einem Salat aus Gurken, Zwiebeln und anderem Gemüse. Die besten Soßen müssen oft stundenlang vorbereitet werden, um ihren typischen Geschmack zu erreichen. *Gula Malakka* (ein fester Sagopudding mit Palmzuckersoße) wird ebenfalls in den Restaurants angeboten. Ebenso reichhaltig ist das Angebot der chinesischen Restaurants, einschl. Peking-, Hakka-, Szechuan- und kantonesischer Küche. Sehr beliebt ist die indische Küche mit Currygerichten, bei denen von mild bis sehr scharf für jeden Geschmack etwas dabei ist. Vegetarische Gerichte, Chutneys und indische Brotsorten werden ebenfalls angeboten. Die indonesische Küche verbindet die Verwendung getrockneter Meeresfrüchte und scharf gewürzter Gemüse mit der japanischen Methode des Dämpfens, um den bestmöglichen Geschmack zu erzielen. Japanische Gerichte wie *Siakaiu Beef* (am Tisch gegrilltes Rindfleisch), *Tempura* (in Teig fritiertes Gemüse oder Meeresfrüchte) und *Sashimi* (hauchdünner, roher Fisch mit Salat) sind besonders beliebt. Auch europäische Gerichte sind im ganzen Land erhältlich, die großen Hotels und Cafés haben internationale Speisekarten. Die koreanische und thailändische Küche sind ebenfalls vertreten. Zumeist wird am Tisch serviert, und in chinesischen Restaurants darf man sich im Essen mit Stäbchen üben; indische und malaysische Gerichte werden traditionell mit der rechten Hand gegessen. **Getränke:** Alkoholische Getränke werden überall serviert. Einheimische Biersorten wie *Tiger* und *Anchor* sind besonders empfehlenswert, den berühmten *Singapore-Sling-Cocktail* sollte man auch einmal probieren.
NACHTLEBEN: In Kuala Lumpur gibt es jede Menge guter Nachtklubs und Diskotheken, die meisten gehören zu den großen Hotels. In Penang kann man abends auch gut ausgehen, die größeren Hotels haben Cocktailbars und vornehme Restaurants, man kann tanzen gehen oder kulturelle Veranstaltungen besuchen. In den meisten Städten gibt es Nachtmärkte, u. a. in Kuala Lumpur und im chinesischen Viertel von Penang. Malaysische und chinesische Filme werden häufig mit englischen Untertiteln gezeigt, manchmal werden auch englische Filme angeboten. Die Nationale Lotterie und das einzige Kasino in Genting Highlands sind von der Regierung zugelassen, Touristen sollten sonst nirgendwo an Glücksspielen teilnehmen. Im Kasino werden Keno, Chinese Tai Sai, Roulette, Bakkarat, French Bull und Blackjack gespielt. Abendkleidung wird gern gesehen, das Mindestalter ist 21 Jahre.
EINKAUFSTIPS: Batikstoffe und -kleidung, Silber- und Zinnwaren, Brokat, Kunsthandwerk (besonders geflochtene Artikel) und Antiquitäten. **Öffnungszeiten der Geschäfte:** Unterschiedlich, i. allg. 09.30-19.00 Uhr. Supermärkte und Kaufhäuser bleiben meistens bis 22.00 Uhr geöffnet.
SPORT: In Malaysia gibt es zahlreiche ungewöhnliche Sportarten, einschließlich *Gasing*-Kreiseldrehen (*Main Gasing* genannt) – aus Hartholz gefertigte und mit Blei vorsichtig ausbalancierte Kreisel werden um die Wette gedreht. *Wau*-Drachenfliegen ist eine nationale Freizeitbeschäftigung. *Sepak Takraw* wird so ähnlich wie Volleyball gespielt, der Ball ist aus Rattanstreifen geflochten, die Spieler benutzen Kopf, Knie und Füße, der Ball darf jedoch nicht mit der Hand berührt werden. **Autorennen** finden auf der Batu-Tiga-Rennstrecke in der Nähe von Kuala Lumpur statt. **Golf:** Es gibt über 60 Golfklubs in Malaysia. Golfmeisterschaften werden jedes Jahr im März abgehalten, und viele bekannte Berufsspieler nehmen teil. **Pferderennen:** In Ipoh, Kuala Lumpur und Penang. **Karate:** 150 Trainingszentren bieten 6 Tage in der Woche regelmäßiges Training durch Karate-Schwarzgürtel an. **Segelregatta:** Jeden Sonntag in Port Dickson, ca. 95 km außerhalb von Kuala Lumpur.
VERANSTALTUNGSKALENDER
Die Zahl der farbenfrohen Feste in Malaysia ist riesig, außer den landesweiten Festen gibt es je nach Region und Religion verschiedene Festtage.
Mai '96 (1) *Keamatan-Festival*, Kota Kinabalu, Sabah. (2)*Sabah-Fest* (Kunsthandwerk, traditionelle Tänze und Musik), Kota Kinabalu, Sabah. (3) *Internationales Drachenfest*, Pantai Sri Tujuh Tumpat, Kelantan. **Juni** (1) *Gawai Dayak* (Erntedankfest), Kuching, Sarawak. (2) *Drachenbootrennen*, Klebang-Strand, Malakka. (3) *Orchideen- und Blumenwoche*, Kangar Perlis. (4) *Blumenfest*, Kuala Lumpur. **Juli** *Internationales Trommelfest*, Kota Bahru, Kelantan. **Aug.** (1) *Kuching-Festival* (Straßenumzüge, Wettbewerbe), Kuching, Sarawak. (2) *Blumenfest von Cameron Highlands*, Pahang. **Sept.** (1) *Kuantan-Strand-Langstreckenlauf*, Cherating-Strand, Pahang. (2) *Malaysia-Fest* (großangelegte Veranstaltung mit breitem Rahmenprogramm), Kuala Lumpur. **Nov.** (1) *Malakkafest*, Air Keroh, Malakka. (2) *Kuala-Lumpur-Perlis-Rallye und Schatzsuche*, Kangar, Perlis. (3) *Perlis-Fest* (großes Kulturfestival), Kangar, Perlis.
Das Fremdenverkehrsamt erteilt auf Wunsch Auskünfte über die vielen weiteren Veranstaltungen in Malaysia.
SITTEN & GEBRÄUCHE: Malaysias Bevölkerung setzt sich aus einer Mischung ganz unterschiedlicher Kulturen zusammen, die ohne große Schwierigkeiten miteinander leben und doch ihre individuellen und traditionellen Sitten und Gebräuche beibehalten. Malaien stellen immer noch gut die Hälfte der Gesamtbevölkerung und führen ein ruhiges Leben, das durch tiefverwurzelten Respekt vor der älteren Generation und überlieferte Sitten bestimmt ist. Einwanderer aus Indien, Pakistan und Sri Lanka kamen ursprünglich hierher, um im öffentlichen Dienst als Beamte, Polizisten und auf den Gummiplantagen zu arbeiten. Viele sind heute Angehörige der gehobenen Berufsklassen, einige arbeiten immer noch auf den Plantagen. Die Chinesen, die ca. ein Drittel der Bevölkerung ausmachen, sind meistens Geschäftsleute. Der europäische Einfluß (Niederländer, Portugiesen und Briten) macht sich noch immer bemerkbar, obwohl die Anzahl der hier lebenden Europäer bedeutend abgenommen hat. Malaien grüßen mit dem islamischen »Friede sei mit dir«, Männer werden als *Encik* (Enschik) angesprochen, unverheiratete Frauen als *Cik* (Sche ausgesprochen) und Ehefrauen als *Puan*. Chinesen und Inder grüßen meistens europäisch. Die Gastfreundschaft ist immer herzlich, großzügig und ungezwungen. Besucher sollten dem malaysischen Beispiel folgen und vor allem für religiöse Bräuche Respekt zeigen, z. B. die Schuhe an der Tür ausziehen und angemessene Kleidung tragen. Kleidung darf ungezwungen sein, aber nicht zu knapp. In den Städten versucht die Regierung seit einiger Zeit, das Rauchen einzudämmen – in öffentlichen Gebäuden wie Kinos, Theatern und Büchereien werden zum Teil heftige Geldbußen erhoben. **Trinkgeld:** 10% Bedienung und 5% Regierungssteuer werden auf die meisten Rechnungen aufgeschlagen. Taxifahrer erwarten kein Trinkgeld.

WIRTSCHAFTSPROFIL

WIRTSCHAFT: Die malaysische Wirtschaft basiert auf den Produkten einiger weniger Schlüsselindustrien – Erdöl, Palmöl, Zinn und Gummi – die zwei Drittel der Exporterlöse erbringen. Malaysia ist der größte Gummiproduzent der Welt sowie einer der größten Zinnproduzenten. Trotz des Verfalls der Öl- und Zinnpreise in den achtziger Jahren hat Malaysia die Weltwirtschaftskrise recht gut überstanden. Der Edelholzhandel, ein weiterer bedeutender Industriezweig, ist aus Naturschutzgründen zumindest teilweise eingeschränkt worden und ist weiterhin umstritten. Große Flächen Regenwald wurden abgeholzt, um Palmölplantagen anzulegen. Die Regierung hat ein Förderungsprogramm verabschiedet, das den Ausbau bestimmter Wirtschaftszweige vorsieht – insbesondere Elektronik, Maschinenbau, Transportmittel, Stahl und Textilien. Die herstellende Industrie erwirtschaftet heute ein Viertel des Bruttosozialprodukts. Der Tourismus wird als Devisenbringer immer bedeutender, 1994 stieg z. B. die Zahl der deutschen Besucher von 58.000 (1993) auf ca. 70.000. Japan tauscht hauptsächlich Fertigwaren gegen Rohmaterialien – vor allem Erdöl und Erdgas – und ist neben den USA und Singapur Haupthandelspartner Malaysias. Malaysia nähert sich seinem Ziel, bis zum Jahr 2020 zum Kreis der Industrienationen zu gehören.
GESCHÄFTSVERKEHR: Anzüge oder Safarianzüge sind angemessene Bekleidung für Geschäftstermine. Die meisten Malaysier sind Mohammedaner, und die religiösen Sitten und Gebräuche sollten respektiert werden. Pünktlichkeit wird erwartet, und es ist üblich, Verabredungen im voraus zu treffen und Visitenkarten zu benutzen. **Geschäftszeiten:** Im allgemeinen 08.30-16.00/17.00 Uhr mit Mittagspause zwischen 12.00 und 14.00 Uhr, Sa 08.00-12.30 Uhr.
Kontaktadressen: *Handelsabteilung der Botschaft von Malaysia*, Domprobst-Ketzerstraße 1-9, D-50667 Köln. Tel: (0221) 12 40 07. Telefax: (0221) 139 04 16.
Deutsch-Malaysische Industrie- und Handelskammer, PO Box 11683, 50754 Kuala Lumpur. Tel: (03) 238 35 61. Telefax: (03) 232 11 98.
Handelsabteilung der Malaysischen Botschaft, Mariahilfer Straße 84, 5. Stock, A-1070 Wien. Tel: (0222) 523 93 46. Telefax: (0222) 523 93 06.
The Commercial Counsellor at the Austrian Embassy (Außenhandelsstelle der Wirtschaftskammer Österreich), PO Box 10555, 50716 Kuala Lumpur. Tel: (03) 261 47 24, 261 49 58. Telefax: (03) 261 31 30.
Malaysian International Chamber of Commerce and Industry (MICCI), Wisma Damansara, 10th Floor, Jalan Semantan, PO Box 12921, 50792 Kuala Lumpur. Tel: (02) 254 26 77. Telefax: (03) 255 49 46.
National Chamber of Commerce and Industry of Malaysia (Industrie- und Handelskammer), 37 Jalan Kia Peng, 50450 Kuala Lumpur. Tel: (03) 241 96 00. Telefax: (03) 241 37 75.
KONFERENZEN/TAGUNGEN: In Malaysia finden alljährlich zahlreiche Tagungen statt. Außer den Konferenzsälen des *Putra World Trade Centre* in Kuala Lumpur stehen in zahlreichen Hotels entsprechende Einrichtungen zur Verfügung. Einzelheiten erhältlich von der *Convention Promotion Division* des Malaysischen Fremdenverkehrsamts (Adressen s. o.).

KLIMA

Tropisch bei extrem hohen Tagestemperaturen (im Jahresdurchschnitt liegen die Tagestemperaturen bei 25°-27°C). Die Nächte können relativ kühl werden. Die Luftfeuchtigkeit beträgt 95% und mehr. Im Osten der Halbinsel sowie in Sabah und Sarawak dauert die Hauptregenzeit von November bis Februar, an der Westküste regnet es im August und im September. Genauere Wetterangaben sind schwierig, da die Niederschlagsmenge an den Küsten sehr stark von den jeweiligen Monsunwinden (nordwestlich oder südwestlich) beeinflußt wird. Angenehme Wassertemperaturen von 26°C.
Kleidung: Ganzjährig sommerliche Baumwoll- oder Leinensachen, etwas wärmere Kleidung für die Abende und für die Bergstationen. Regenschutz ist das ganze Jahr über empfehlenswert.

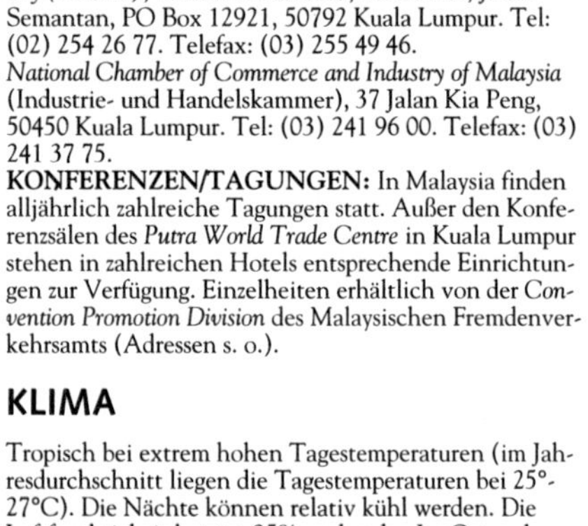

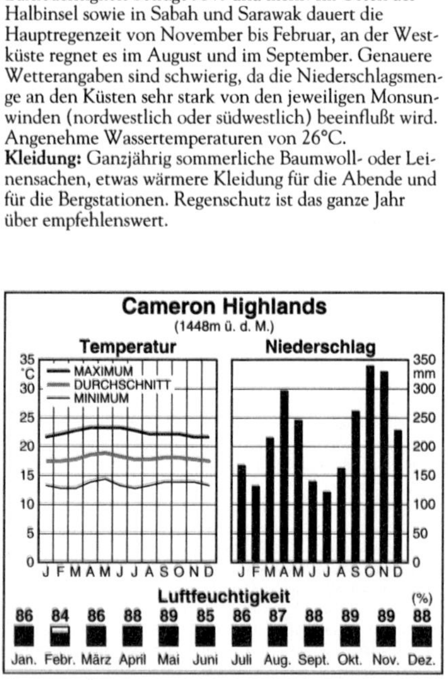

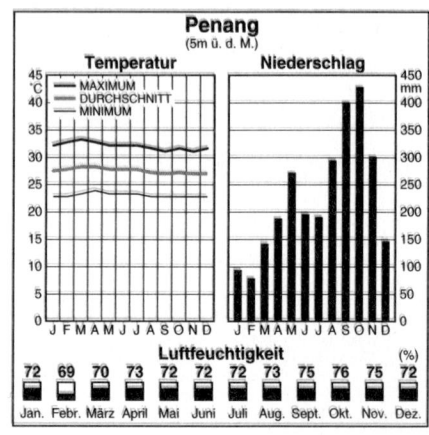

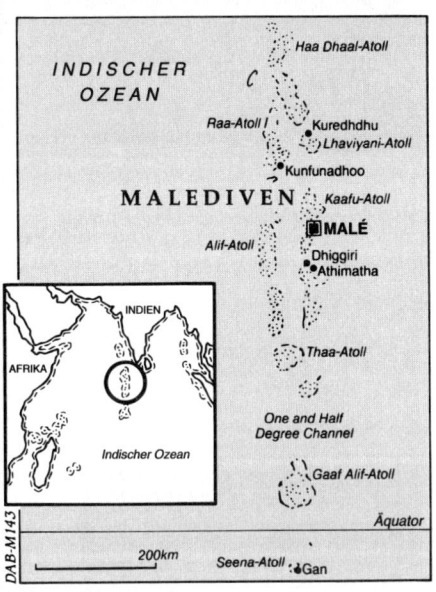

□ Internationaler Flughafen

Lage: Inselgruppe im Indischen Ozean, ca. 500 km südwestlich der Südspitze Indiens.

Touristisches Informationsbüro *und* **Honorargeneralkonsulat der Republik Malediven**
Immanuel-Kant-Straße 16
D-61350 Bad Homburg
Nur postalisch erreichbar.
Außenstelle des Touristischen Informationsbüros am Frankfurter Flughafen, Mo-Fr 09.30-14.00 Uhr. Tel: (069) 690-6 67 89. Telefax: (069) 69 21 02.
Touristisches Informationsbüro *und* **Konsulat der Republik Malediven**
Weimarerstraße 104
A-1190 Wien
Tel: (0222) 31 90 01 00. Telefax: (0222) 319 70 73.
Mo-Do 08.30-17.00 Uhr, Fr 08.30-12.30 Uhr.
Nach der Schließung des Züricher Konsulats gibt es derzeit keine konsularische Vertretung und kein Fremdenverkehrsamt in der Schweiz.
Maldives Ministry of Tourism
Boduthakurufaanu Magu
Malé 20-05
Tel: 32 32 24. Telefax: 32 25 12.
Honorarkonsulat der Bundesrepublik Deutschland
38 Orchid Magu
Malé 20-02
Tel: 32 30 80, 32 35 12, 32 29 71. Telefax: 32 26 78.
Österreich und die Schweiz unterhalten keine diplomatischen Vertretungen auf den Malediven. Zuständig ist für die Schweiz die Botschaft in Colombo (s. Sri Lanka). Die Interessen Österreichs werden von der Botschaft in New Delhi (s. Indien) vertreten.
FLÄCHE: 298 qkm.
BEVÖLKERUNGSZAHL: 238.000 (1993).
BEVÖLKERUNGSDICHTE: 799 pro qkm.
HAUPTSTADT: Malé. **Einwohner:** 70.105 (1994).
GEOGRAPHIE: Die Republik der Malediven liegt 500 km südwestlich der Südspitze Indiens und besteht aus 1190 flachen Koralleninseln, von denen nur 200 bewohnt sind. Die meisten der bewohnten Inseln haben eine üppige, tropische Vegetation mit vielen Palmen. Auf den unbewohnten Inseln, von denen einige nur Sand- oder Korallenbänke sind, wächst niedriges Gebüsch. Alle Inseln sind von Riffen umgeben, die die flachen Lagunen einschließen. Hunderte dieser Inseln bilden jeweils zusammen mit anderen Korallenbänken ein Atoll, das eine große Lagune umgibt. Keine der Inseln liegt höher als 2 m über dem Meeresspiegel. Die Mehrheit der einheimischen Bevölkerung mischt sich nicht unter die Touristen, ausgenommen ist der Teil der Bevölkerung, der vom Tourismus lebt und die Bewohner der Hauptstadt. Gegenwärtig sind etwa 70 Inseln als »Urlaubsinseln« touristisch erschlossen.
STAATSFORM: Präsidialrepublik. Staatsoberhaupt und Regierungschef: Maumoon Abdul Gayoom, seit November 1978. Gayoom wurde zuletzt 1993 im Amt bestätigt. Die 1200 Inseln sind administrativ in 19 Atolle eingeteilt, und jedes Atoll wird von einem Atollchef verwaltet, der vom Präsidenten ernannt wird.
SPRACHE: Maldivisch (Singhalesische Sonderform Dhivehi), Elu und Englisch sind Amtssprachen. Deutsch, Italienisch oder Französisch wird vereinzelt gesprochen.
RELIGION: Sunnitische Muslime.
ORTSZEIT: MEZ + 4.
NETZSPANNUNG: 220 V, 50 Hz; Adapter erforderlich.
POST- UND FERNMELDEWESEN: Telefon: Selbstwählferndienst. **Landesvorwahl:** 960. Telefaxanschlüsse gibt es auf Malé und den Urlaubsinseln. **Telex-/Telegrammservice** steht in Mali, Dhiraagu, und auf den Urlaubsinseln zur Verfügung. **Post:** Luftpost nach Europa ist ca. eine Woche unterwegs. Öffnungszeiten der Postämter: Sa-Do 07.30-13.30 und 16.00-17.50 Uhr.
DEUTSCHE WELLE
Der Einsatz der Kurzwellenfrequenzen ändert sich mehrfach im Laufe eines Jahres, und Sendungen auf den folgenden Frequenzen werden jeweils nur zu bestimmten Tageszeiten ausgestrahlt. Näheres in der Einleitung.
MHz   17,845   15,275   11,795   9,555   9,680
Meterband 16   19   25   31   31

REISEPASS/VISUM

Wichtiger Hinweis: Die Einreisebestimmungen mancher Länder können sich kurzfristig ändern – rufen Sie sicherheitshalber auf Ihrem CRS-System (TIMATIC-Info-Code-Fenster in diesem Kapitel) den aktuellen Stand ab bzw. wenden Sie sich an die zuständige diplomatische Vertretung. Etwaige Zahlen in der Tabelle beziehen sich auf nachfolgende Fußnoten.

	Paß erforderlich?	Visum erforderlich?	Rückflugticket erforderlich?
Deutschland	Ja	Ja	Ja
Österreich	Ja	Ja	Ja
Schweiz	Ja	Ja	Ja
Andere EU-Länder	Ja	Ja	Ja

REISEPASS: Allgemein erforderlich. Der Reisepaß muß noch sechs Monate über das Abreisedatum hinaus gültig sein.
VISUM: Visa haben eine Gültigkeit von 30 Tagen und werden bei der Ankunft auf dem Flughafen von Malé kostenlos ausgestellt. Sie können gebührenpflichtig verlängert werden.
Anmerkung: Ausländische Besucher müssen mindestens 25 US$ pro Aufenthaltstag nachweisen können. Dies gilt nicht für Pauschalreisende und Personen, die zur Arbeitsaufnahme einreisen.

GELD

Währung: 1 Maledivische Rufiyaa (Mrf) = 100 Laari. Banknoten gibt es in den Werten von 500, 100, 50, 20, 10, 5 und 2 Mrf. Münzen in den Nennbeträgen 1 Mrf sowie 50, 25, 10, 5, 2 und 1 Laari.
Kreditkarten: *American Express, Visa, Eurocard* und *Diners Club* werden akzeptiert. Einzelheiten vom Aussteller der betreffenden Kreditkarte.
Wechselkurse

	Mrf Sept. '92	Mrf Febr. '94	Mrf Jan. '95	Mrf Jan. '96
1 DM	7,13	6,42	7,59	8,19
1 US$	10,60	11,14	11,76	11,77

Devisenbestimmungen: Es gibt keine Ein- oder Ausfuhrbeschränkungen. Einkäufe und Rechnungen können in den meisten Resorts und Hotels in harter Währung bezahlt werden.
Öffnungszeiten der Banken: So-Do 09.00-13.00 Uhr.

DUTY FREE

Folgende Artikel können zollfrei in die Malediven eingeführt werden:
200 Zigaretten oder 50 Zigarren oder 250 g Tabak; eine angemessene Anzahl Geschenke.
Einfuhrverbot: Alkohol, pornographische Zeitschriften, religiöse Artikel und Narkotika.
Ausfuhrverbot: Korallen und Schildkrötenpanzer (Ausnahme sind Schmuckgegenstände).

GESETZLICHE FEIERTAGE

19. Mai '96 Islamisches Neujahr. **26. Juli** Unabhängigkeitstag. **28. Juli** Geburtstag des Propheten. **3. Nov.** Tag des Sieges. **11. Nov.** Tag der Republik. **2. Dez.** Tag der Märtyrer. **10. Dez.** Tag der Fischer. **7. Jan. '97** Nationalfeiertag. **8. Febr.** Eid al-Fitr (Ende des Ramadan) **18. April** Beginn des Eid al-Al'h'aa (Opferfest). **9. Mai** Islamisches Neujahr.
Anmerkung: Die angegebenen Daten für islamische Feiertage richten sich nach dem Mondkalender und verschieben sich daher von Jahr zu Jahr. Während des Fastenmonats Ramadan, dem Festtag Eid al-Fitr vorangeht, essen Mohammedaner nicht tagsüber, sondern erst nach Sonnenuntergang, wodurch der normale Geschäftsablauf gestört werden kann. Diese Unterbrechungen können auch während des Eid al-Fitr auftreten. Dieses Fest, ebenso wie das Eid al-Al'h'aa, hat keine festgelegte Zeitdauer und kann je nach Region 2-10 Tage dauern. Nähere Informationen im Kapitel *Welt des Islam* (s. Inhaltsverzeichnis).

GESUNDHEIT

In der folgenden Tabelle aufgeführte Impfvorschriften können sich kurzfristig ändern. Es wird stets empfohlen, auf Ihrem CRS-System (TIMATIC-Info-Code-Fenster in diesem Kapitel) den aktuellen Stand der Gesundheitsbestimmungen abzurufen bzw. rechtzeitig vor der Reise ärztlichen Rat einzuholen.

	Vorsichtsmaßnahmen empfohlen	Impfschein erforderlich
Gelbfieber	Ja	1
Cholera	2	2
Typhus & Polio	3	-
Malaria	4	-
Essen & Trinken	5	-

[1]: Eine Impfbescheinigung gegen Gelbfieber wird von allen Reisenden verlangt, die aus Infektionsgebieten kommen.
[2]: Eine Impfbescheinigung gegen Cholera ist keine Einreisebedingung, das Risiko einer Infektion besteht jedoch. Da die Wirksamkeit der Schutzimpfung umstritten ist, empfiehlt es sich, rechtzeitig vor Antritt der Reise ärztlichen Rat einzuholen. Näheres unter *Gesundheit* (s. Inhaltsverzeichnis).
[3]: Typhus kommt vor, Poliomyelitis nicht.
[4]: Malaria kommt auf den Malediven so gut wie nicht mehr vor. Die beiden letzten einheimischen Fälle wurden 1983 gemeldet.
[5]: Wasser sollte generell vor der Benutzung zum Trinken, Zähneputzen oder zur Eiswürfelbereitung abgekocht oder anderweitig sterilisiert werden. Milch ist nicht pasteurisiert und sollte abgekocht werden. Milchprodukte aus ungekochter Milch sowie rohe Salate und Mayonnaise am besten vermeiden. Fleisch- oder Fischgerichte nur gut durchgekocht und heiß serviert essen. Gemüse sollte gekocht und Obst geschält werden. In vielen Ferienanlagen ist der Hygienestandard jedoch sehr hoch, so daß sich die oben erwähnten Vorsichtsmaßnahmen erübrigen.
Tollwut kommt vor. Wer ein erhöhtes Risiko eingeht (z. B. längerer Aufenthalt in abgelegenen Gebieten), sollte eine Schutzimpfung vor Reiseantritt erwägen. Bei Bißwunden sofort ärztliche Hilfe in Anspruch nehmen. Weitere Informationen im Kapitel *Gesundheit* (s. Inhaltsverzeichnis).
Hepatitis A, B und *E* kommen ebenfalls vor.
Gesundheitsvorsorge: Auf allen Urlaubsinseln gibt es Erste-Hilfe-Stationen. Auf Malé befindet sich ein Krankenhaus. Der Abschluß einer Reisekrankenversicherung wird empfohlen.

REISEVERKEHR - International

FLUGZEUG: *Air Maldives*, die nationale Fluggesellschaft, betreibt nur Inlandflüge. Es gibt Direktflüge von Europa, Indien, Singapur, Sri Lanka und den Vereinten Arabischen Emiraten. *Condor* bietet 1 x wöchentlich Direktflüge von Frankfurt und München. In der Saison Charterflugverkehr von Wien, ganzjährig von Zürich mit *Balair-CTA*.
Durchschnittliche Flugzeiten: *Frankfurt/München* – *Malé:* 9 Std. 30; *Wien* – *Malé:* 8 Std; *Zürich* – *Malé:* 11 Std.
Internationaler Flughafen: *Malé International (MLE)* auf der Insel Hulhule liegt 2 km außerhalb der Stadt. Boote von den Urlaubsinseln warten auf die ankommenden Flugzeuge, um die Urlauber zu ihren Unterkünften zu bringen. Bei Vorausbuchung wird man von einem Vertreter des Resorts abgeholt, der den Transfer regelt. Zu den Flughafeneinrichtungen gehören eine Bank, Post, Duty-free-Shops, Bar und Restaurant.
Flughafengebühren: 10 US$.

REISEVERKEHR - National

FLUGZEUG: *Air Maldives* betreibt die Inlandflüge. Es bestehen Verbindungen von Malé nach Kaadedhdhoo und Gan sowie Hanimaadhoo im Norden – diese Inseln stehen allerdings bei Touristen selten auf dem Programm. Daneben Flugtaxidienste und Bedarfsflugverkehr zum Ari-Atoll und anderen abgelegenen Inseln. Einige Firmen betreiben Hubschrauberflüge vom Flughafen zu den Urlaubsinseln, Rundflüge werden auch angeboten.

TIMATIC INFO-CODES

Abrufbar über Ihr CRS-System (für START/Amadeus Ama-Maske benutzen). Für Galileo bitte TI-DFT eingeben (mit Bindestrich).

Flughafengebühren	TI DFT/ MLE /TX
Währung	TI DFT/ MLE /CY
Zollbestimmungen	TI DFT/ MLE /CS
Gesundheit	TI DFT/ MLE /HE
Reisepassbestimmungen	TI DFT/ MLE /PA
Visabestimmungen	TI DFT/ MLE /VI

JOURNEYWORLD

Hembadoo und unser Motorkreuzer Kabaarani.

FÜR IHREN KOMFORT AUF HEMBADOO:

35 km vom Flughafen und der Hauptinsel Malé entfernt, zwei Stunden zum Flughafen per Fähre, 45 Min. per Schnellboot. 50 Zimmer mit Strandblick; Klimaanlage und Minibar auf Wunsch, Telefon mit internationaler Direktwahl; Süßwasser, Restaurant mit westlicher, orientalischer und einheimischer Küche; Bar mit großem Angebot internationaler Drinks und Cocktails. Sportangebot: Volleyball, Tischtennis, Wassersport, Tauchen mit Atemgeräten, Schnorcheln, Windsurf-Schule, Katamaran-Segeln, Wasserski, Paddelboote, »Bananenreiten«, Angeln, Hochseefischen u. v. m.

UNSER GANZ BESONDERER SERVICE:

Transit Inn Guest House auf Malé zur Übernachtung in der Hauptstadt und für Geschäftsreisende; Tauchkreuzfahrten durch die Malediven mit unserem Motorkreuzer Kabaarani.

Journeyworld (Maldives) PTE. LTD.
PO Box 2016, Malé,
Republic of Maldives.
Tel: (960) 443884, 441948, 322016, 320420. Fax: (960) 326606.
Telex: 66084 JEWORLD MF.

Kristallklares Wasser und sonnige Strände.

Nähere Auskünfte erteilen: *Hummingbird Helicopters*, MHA Buldinding, 4th Floor, 1 Orchid Magu, PO Box 6, Malé. Tel: 32 57 08, Telefax: 32 31 61; *Air Maldives Ltd*, Faashana Building, Boduthakurufaanu Magu, Malé, Tel: 32 24 36, Telefax: 32 50 66; *Seagull Airways*, 02-00, MTCC Building, Boduthakurufaanu Magu, Malé 20-02. Tel: 31 51 34, Telefax: 31 51 23.

SCHIFF: Die meisten Besucher verbringen den Urlaub ausschließlich auf »ihrer« Urlaubsinsel, dabei sind Rundfahrten zu den anderen Inseln durchaus möglich. Man kann auch Boote chartern. Die einheimische Bevölkerung lebt ein zurückgezogenes Leben und besucht selbst Malé nur selten.

BUS/PKW: Die Fortbewegung auf den Inseln ist einfach, da man die meisten Inseln in einer halben Stunde zu Fuß überqueren kann.

UNTERKUNFT

HOTELS: Auf Malé gibt es drei Hotels und 43 Pensionen. Die meisten Besucher wohnen jedoch auf den Urlaubsinseln, auf denen die Unterbringung in Resorts erfolgt. Weitere Auskünfte erteilt die *Maldives Association of Tourism Industry (MATI)*, H. Deems Villa, Meheli Goalhi, PO Box 23, Malé. Tel: 32 66 40. Telefax: 32 66 41.

RESORTS: Es gibt 70 Resorts auf ebensovielen Inseln, deren Ausstattung von sehr luxuriös bis zu verhältnismäßig einfach reicht. Man wohnt in schilfgedeckten Bungalows (*Cabanas*) mit eigenem Bad. Die Bungalows enthalten meist Ventilatoren, manche sind auch klimatisiert und/oder haben einen Kühlschrank. In vielen Ferienanlagen wurden Entsalzungsanlagen zur Versorgung mit sauberem Leitungswasser gebaut. In den Resorts auf den Urlaubsinseln gibt es Sport- und Freizeiteinrichtungen, Restaurants, Bars und manchmal Geschäfte und/oder Diskotheken. Die Größe der Anlagen schwankt zwischen 6 und 250 Bungalows; im Durchschnitt zwischen 30 und 50. Die unterschiedlichen Inseln scheinen verschiedene Nationalitäten anzuziehen.

URLAUBSORTE & AUSFLÜGE

Jahrelang galten die Malediven als gut gehüteter Geheimtip. Diese einmalig schönen, flachen Koralleninseln im Indischen Ozean sind ein Traumziel für Taucher, Wassersportler und Sonnenanbeter. So ist es kein Wunder, daß viele der Inseln in den letzten Jahren für den Tourismus erschlossen wurden und zahlreiche Reiseveranstalter die Malediven in ihr Urlaubsprogramm aufgenommen haben. Seit es Direktflüge von Europa gibt, wird dieses Reiseziel bei Ferntouristen immer beliebter.

Die Malediven bestehen aus 19 Atollen, insgesamt 1190 Inseln, von denen die meisten unbewohnt sind. Die Mehrzahl der Resorts liegt auf dem **Malé (Kaafu)-Atoll**, einige auch auf **Vaanu**, **Baa** und **Lhaviyani**.

Das **Alifu (Ari)-Atoll** ist ein neues Urlaubsgebiet, es entstehen mehrere Ferienanlagen, und bestehende Kapazitäten werden modernisiert. Die Resorts bieten ideale Bedingungen für Schnorchler, Windsurfer und Wasserskifahrer; in vielen kann man Taucherausrüstungen mieten, Volleyball spielen, segeln auf den typischen maledivischen Dhoni-Segelbooten und Hochseefischen. Die meisten haben auch Tennis- und Badminton-Plätze und andere Sportanlagen. Im folgenden werden einige der größeren Urlaubsinseln beschrieben.

Die Hauptstadt der Malediven, **Malé**, liegt auf der gleichnamigen Insel. Der Flughafen befindet sich in der Nähe der Hauptstadt an der Südspitze des Nördlichen Malé-Atolls. Obwohl es Unterkunftsmöglichkeiten gibt, bleiben nur wenige Besucher in der Hauptstadt. Selbst Geschäftsleute wohnen normalerweise auf einer der nahegelegenen Urlaubsinseln und fahren mit dem Boot nach Malé. Die meisten Inseln werden mindestens einmal wöchentlich von einem Boot aus Malé angelaufen. In der Hauptstadt gibt es mehrere Geschäfte, die einheimische Handarbeiten und Importwaren verkaufen. Zu den Sehenswürdigkeiten gehören das *Nationalmuseum* und die *Große Moschee* mit der goldenen Kuppel.

Kaafu-Atoll (Nord)

Es folgt eine Kurzbeschreibung einiger größerer Resorts im **Kaafu-Atoll** (auch als Nördliches und Südliches Malé-Atoll bekannt).

Baros, ca. 450 m lang und 180 m breit, ist eine ovale Insel, die etwa eine Bootsstunde vom Flughafen entfernt liegt. Die eine Seite der Insel ist voller Korallen, zwischen 3-6 m vom Strand entfernt im seichten Wasser gelegen und ideal zum Schnorcheln und Tauchen. Am Traumstrand auf der anderen Seite der Insel kann man wunderbar schwimmen und Wasserski fahren.

Östlich von Baros liegt die Urlaubsinsel **Bandos** mit einem der größeren Resorts. Die Unterkünfte bestehen aus gut eingerichteten Bungalows am Strand. Die Tauchschule ist besonders empfehlenswert. Eine beliebte Tauchstrecke führt zum *Shark Point*, wo der Tauchlehrer die Haifische mit der Hand füttert.

Die Insel **Vaadhoo** an der Nordspitze des Südlichen Malé-Atolls liegt ca. 45 Bootsminuten vom Flughafen entfernt und hat ebenfalls eine vollständig ausgerüstete Tauchschule. Es gibt 31 Zimmer im Cabana-Stil mit Süßwasserduschen.

Hudhuveli an der Ostseite des Nördlichen Malé-Atolls ist eine moderne Anlage mit strohgedeckten Einzelbungalows und Süßwasserduschen.

Ihuru ist eine bezaubernde kleine Insel, die oft fotografiert wird. Die Unterkünfte bestehen aus einfachen Bungalows mit insgesamt 45 Betten.

Kurumba: Dieses hübsche, nur ca. 800 qm große Inselchen liegt 20 Bootsminuten vom Flughafen Hulhule und 30 Minuten von Malé entfernt. Zum Angebot gehören Konferenzräume, Restaurants, Swimmingpools, Fitneßraum und Whirlpool. Die meisten Wassersportarten können ausgeübt werden, Tauchen ist besonders beliebt. Die herrlich bunten Fische in der Lagune sind handzahm.

Nakatchafushi hat die größte Lagune der Malediven und ist wohl eine der schönsten Inseln. Sie liegt an der Westseite des Malé-Atolls. Die 24 km vom Flughafen legt man mit dem Boot in ca. 90 Min. zurück. Die Lagune ist ideal für alle Wassersportarten; an dem langen Sandstreifen an der westlichen Inselspitze kann man ungestört sonnenbaden.

Furana ist eine Urlaubsinsel in der Nähe des Flughafens (20 Min. Fahrzeit). Die tiefe Lagune ist bei Jachtbesitzern besonders beliebt. Das Full-Moon-Strandresort hat einen Fitneßraum und ein Geschäftszentrum.

Makunudhoo liegt 2 Std. vom Flughafen entfernt und ist eine der teuersten Urlaubsinseln. Die Küche hat einen besonders guten Ruf. Die Insel bietet vielleicht die besten Anlegestellen der Inseln mit großer Segelboot-Vermietung. Makunudhoo ist von allen Seiten durch eine Lagune geschützt. Die Unterkünfte bestehen aus einzelnen Bungalows mit Schilfdächern in einem Kokospalmenhain, der sich bis zum Strand hinzieht.

Kanifinohlu (Kani) liegt am östlichen Rand des Atolls. Das Meer bietet hier einige der besten Korallenriffe überhaupt; selbst bei rauhem Wetter sind Taucher durch das äußere Riff geschützt. Die Anlage ist im orientalischen und einheimischen Stil gebaut. Einige der Bungalows sind auch klimatisiert. Die Insel verfügt über eine Meerwasserentsalzungsanlage zur Süßwassergewinnung.

Farukolufushi und **Thulhagiri** wurden kürzlich umgebaut. Farukolufushi liegt in der Nähe des Flughafens und wird vom Club Méditerranée betrieben. Beide Inseln bieten ausgezeichnete Wassersportmöglichkeiten. Auf Thulhagiri, das von *Deen's Orchid Agency* betrieben wird, kommt auf jedes Doppelzimmer ein Windsurfer; es gibt auch einen Swimmingpool auf der Insel. Andere Urlaubsinseln in diesem Atoll sind **Boduhiti** und die Nachbarinsel **Kudahithi**. Kudahithi, eine der teuersten

Urlaubsinseln der Malediven, bietet nur sechs Bungalows – ideal für private Kleingruppen. Näher am Flughafen liegt **Lhonifushi** mit einer schönen Lagune und vielfältigen Wassersportmöglichkeiten.

Kaafu-Atoll (Süd)

Südlich des Flughafens und ebenfalls im Malé (Kaafu)-Atoll liegen weitere Urlaubsinseln. Besonders erwähnenswert sind **Biyaadhoo** und **Villivaru** in etwa 30 km Entfernung vom Flughafen. Auf der nahegelegenen Insel **Cocoa** gibt es acht zweistöckige Cabanas mit Schilfdächern, die alle geschmackvoll eingerichtet sind. Privatgruppen können die ganze Insel mieten.
Nördlich von Cocoa liegen die »Zwillingsinseln« **Veligandhu Huraa** und **Digufinolhu**, die durch einen Damm miteinander verbunden sind. Digufinolhu ist die lebendigere der beiden Inseln mit einem größeren Angebot an Zimmern und Unterhaltung. Veligandhu Huraa bietet Einzelbungalows und eine ganz private Atmosphäre. Die beiden Inseln sind nur einen Katzensprung voneinander entfernt, falls man Abwechslung sucht.
Südlich der Insel Cocoa liegt **Kandooma**. Die Unterkünfte im Villenstil sind von blühenden Sträuchern umgeben. Besuche ins nahegelegene Fischerdorf können organisiert werden.
Bodufinolhu (Fun Island) liegt am östlichen Riff des Südlichen Malé-Atolls. Die Insel hat eine riesige Lagune und ist mit zwei unbewohnten kleineren Inseln verbunden, die man bei Ebbe zu Fuß erreichen kann. Alle Bungalows liegen am Strand, haben Badezimmer, Klimaanlage, internationale Telefonanschlüsse und fließend warmes und kaltes Wasser aus der Entsalzungsanlage.

Die anderen Atolle

Die meisten Urlaubsinseln liegen im Kaafu-Atoll und im Alif (Ari)-Atoll, es gibt jedoch noch weitere touristisch erschlossene Inseln.
Zu den Urlaubsinseln im Ari-Atoll, westlich von Malé, gehört **Kuramathi**, eine verhältnismäßig große Insel mit erstklassigem Resort und hervorragenden Tauchgründen, Surfen, Wasserski und nächtlichen Angelfahrten. **Nika** ist eine kleine, ruhige Insel der gehobenen Preisklasse mit 26 Zimmern, einem erstklassigen Restaurant und besonders komfortablen Booten. Weitere Urlaubsinseln dieser Gruppe sind **Halaveli, Bathala, Ellaidoo, Gangeli, Madoogali** und **Maayaafushi**; einige andere werden zur Zeit ausgebaut.
Das Resort auf der kleinen Insel **Angaga**, ebenfalls im Ari-Atoll, ist eindrucksvoll im traditionellen maledivischen Stil erbaut und bietet Klimaanlagen sowie fließend heißes und kaltes Süßwasser.
Im Süden liegt das **Vaavu-Atoll**. Hier gibt es einige der besten Tauchgründe in den Malediven. Die traditionelle Urlaubsinsel **Alimatha**, die speziell bei Italienern sehr beliebt ist, bietet 70 Bungalows. **Fesdu** liegt in der Mitte des Atolls. Die Unterkünfte bestehen aus 50 schilfgedeckten Rundhäusern, die alle am Strand liegen.
Auf dem im Norden gelegenen Lhaviyani-Atoll befindet sich das 250 Bungalows umfassende **Kuredu-Resort**, das vor allem für begeisterte Taucher eingerichtet wurde.
Das **Baa-Atoll** liegt etwa 130 km nordwestlich der Hauptstadt. Hier wird noch traditionelles Kunsthandwerk ausgeübt. Die Urlaubsinsel **Kunfunadu** mit 50 Betten liegt in diesem Atoll, zur Zeit ist die Anlage allerdings aufgrund von Renovierungsarbeiten geschlossen.
Der Tourismus konzentriert sich im allgemeinen auf die nördlichen Atolle; nur **Seenu**, das südlichste Atoll des Archipels (südlich des Äquators) ist wegen des ehemaligen Stützpunktes der britischen Luftwaffe in **Gan** bekannt. Unterkunft findet man im Gan Holiday Village.
Air Maldives verkehrt regelmäßig zwischen Malé und Gan. Einige Firmen bieten außerdem einen Hubschrauberservice an (s. Reiseverkehr - National).

SOZIALPROFIL

ESSEN & TRINKEN: In der Hauptstadt Malé gibt es einige einfache Restaurants, die sowohl einheimische als auch internationale Gerichte anbieten. Auf den anderen Inseln findet man nur die Restaurants der Ferienanlagen. Die Gerichte stammen aus der internationalen Küche – außer Fisch und Meeresfrüchten, die ausgezeichnet sind, werden alle Zutaten importiert. Curries und andere asiatische Gerichte werden überall angeboten. **Getränke:** Eine große Auswahl an alkoholischen und alkoholfreien Getränken in den Resorts reflektieren die Bedürfnisse der Touristen. Natürlich gibt es auch einige Spezialitäten-Cocktails wie z. B. die nicht zu unterschätzende Maldive Lady, die in jeder Bar und auf jeder Insel etwas anders ausfällt.
Anmerkung: Bars gibt es nur auf den Urlaubsinseln. Die einheimische Bevölkerung trinkt keinen Alkohol, und der Alkoholgenuß ist auf die Bars der Urlaubsinseln beschränkt. In Malé ist Alkohol generell nicht erhältlich.
NACHTLEBEN: Es gibt wenig oder kein organisiertes Nachtleben, auf den Urlaubsinseln werden jedoch meistens Disko-Abende in den Bars veranstaltet, oft mit Live-Bands, die einheimische oder westliche Musik spielen. Strand- und Grillpartys sind sehr beliebt. An manchen Abenden werden Videos gezeigt.
EINKAUFSTIPS: Schwarze Korallenringe und Muscheln (die in hierzu berechtigten Geschäften gekauft sein müssen und nicht am Strand gesammelt oder aus dem Meer geholt werden dürfen), lackierte Holzkästchen und Schilfmatten. Die Ausfuhr von nicht zu Schmuckstücken verarbeiteten Korallen ist streng verboten. **Öffnungszeiten der Geschäfte:** Sa-Do 08.00-23.00 Uhr, Fr 14.30-23.00 Uhr. Geschäfte schließen fünfmal täglich für eine Viertelstunde während der islamischen Gebetsstunden, außer auf den Urlaubsinseln, wo die Geschäfte normalerweise den ganzen Tag und häufig auch abends geöffnet sind.
SPORT: Auf den meisten Urlaubsinseln werden **Tauchen** und **Windsurfen** von qualifizierter Ausbildern angeboten, die mehrere Fremdsprachen sprechen. **Nachttauchen** kann vereinbart werden. Die Unterwasserwelt der Malediven ist von unvergleichlicher Faszination und Vielfalt, die man auf manchen Urlaubsinseln auch vom Glasbodenboot aus erforschen kann. **Wasserski** wird auf den meisten Urlaubsinseln angeboten; auf manchen kann man auch Katamarane mieten. **Tag-** oder **Nachtangeln** wird angeboten. Auf vielen Urlaubsinseln findet man auch Sportanlagen für **Tennis, Fußball, Volleyball** sowie **Badminton**.
SITTEN & GEBRÄUCHE: Die Bekleidung ist zwanglos, aber die einheimische islamische Bevölkerung nimmt an Badekleidung in der Öffentlichkeit Anstoß. Die Regierung besteht auf angemessener Bekleidung. Zur Begrüßung gibt man sich die Hand. Malediver, die nicht in der Tourismusindustrie tätig sind, leben auf abgelegenen Inseln und bleiben unter sich. Viele Einheimische rauchen, während des Ramadan raucht und ißt man jedoch im allgemeinen erst nach Sonnenuntergang. **Trinkgeld** wird offiziell nicht gern gesehen.

WIRTSCHAFTSPROFIL

WIRTSCHAFT: Die Mehrheit der Bevölkerung lebt vom Tourismus. Die vor einiger Zeit aufgenommenen Direktflüge von Europa haben das Problem der Einreise über Sri Lanka gelöst und den Rückgang der Touristenzahlen im Zuge der dortigen Ereignisse gestoppt. Auf vielen der 70 Urlaubsinseln wurden in den letzten Jahren zahlreiche Investitionen vorgenommen (Meerwasserentsalzungsanlagen, renovierte Unterkünfte, Generatoren und Klimaanlagen). Alle Anzeichen deuten darauf hin, daß dieser Wirtschaftszweig, der derzeit rund 18% des Bruttosozialproduktes bestreitet, auch in Zukunft florieren wird. 1993 kamen etwa drei Viertel der Besucher aus Europa, rund 13.000 davon aus der Schweiz. Fischerei und, in geringerem Maße, Landwirtschaft sind weitere bedeutende Einnahmequellen. Importiert werden vorwiegend Halbfertigwaren und Erdölprodukte. Fische, Fischerzeugnisse sowie Bekleidung werden exportiert. Haupthandelspartner sind Großbritannien, die USA, Thailand, Sri Lanka, Deutschland und Japan.
GESCHÄFTSVERKEHR: Die Inseln müssen fast alles importieren und sind daher für Geschäftsleute von Interesse. Die meisten Geschäfte werden vormittags abgewickelt. **Geschäftszeiten:** Sa-Do 07.30-13.30 Uhr. Freitag ist Ruhetag.
Kontaktadressen: State Trading Organisation (Handelskammer), STO Building, 7 Haveeree Higun, Malé 20-02. Tel: 32 32 79. Telefax: 32 52 18.
Ministry of Trade and Industries, Ghaazee Building, Ameer Ahmed Magu, Malé 20-05. Tel: 32 36 68. Telefax: 32 37 56.

KLIMA

Die Malediven haben ein heißes, tropisches Klima. Es gibt zwei Monsune, den Südwest-Monsun von Mai bis Oktober und den Nordost-Monsun von November bis April. Der Südwest-Monsun bringt normalerweise im Juni und Juli Wind und Regen. Die Temperaturen fallen selbst nachts selten unter 25°C. Die beste Urlaubszeit ist zwischen November und April.
Kleidung: Ganzjährig leichte Baumwoll- und Leinenkleidung. Während der Monsunzeit sollte man leichten Regenschutz nicht vergessen.

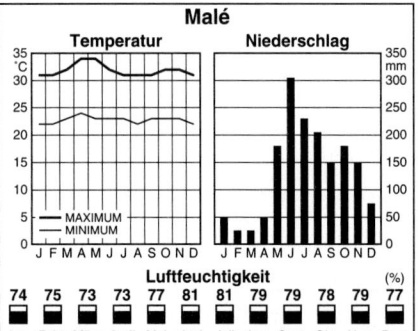

Mali

☐ Internationaler Flughafen

Lage: Westafrika.

Société Malienne d'Exploitation des Ressources Touristiques (SMERT) (Fremdenverkehrsamt)
Place de la République
BP 222
Bamako
Tel: 22 59 42. Telex: 2433.
Botschaft der Republik Mali (mit Visumerteilung)
Basteistraße 86
D-53173 Bonn
Tel: (0228) 35 70 48. Telefax: (0228) 36 19 22.
Mo-Fr 09.00-16.00 Uhr.
(auch zuständig für die Schweiz)
Honorarkonsulat von Mali (mit Visumerteilung)
Hamburger Straße 11
D-22083 Hamburg
Tel: (040) 227 80 39. Telefax: (040) 227 98 69.
Di und Do 10.00-12.30 Uhr.
Honorarkonsulat von Mali (mit Visumerteilung)
Blumenstraße 1
D-85598 Baldham
Tel: (08106) 67 70. Telefax: (08106) 85 53.
Mo-Fr 08.00-12.00 Uhr und nach Vereinbarung.
Honorarkonsulat von Mali
Mariahilferstraße 5
A-1060 Wien
Tel: (0222) 587 77 48. Telefax: (0222) 587 37 20.
Mo-Fr 09.00-12.00 Uhr.
Botschaft der Bundesrepublik Deutschland
Badalabougou Zone Est
Lotissement A6
BP 100
Bamako
Tel: 22 32 99, 22 37 15. Telefax: 22 96 50.
Österreich unterhält keine Vertretung in Mali. Zuständig ist die Botschaft der Republik Österreich in Dakar (s. Senegal).
Vertretung der Schweizerischen Eidgenossenschaft
BP 2386
Bamako
Tel: 22 32 05. Telefax: 22 81 79.
Übergeordnete Vertretung ist die Botschaft der Schweizerischen Eidgenossenschaft in Dakar (s. Senegal).

TIMATIC INFO-CODES	
Abrufbar über Ihr CRS-System (für START/Amadeus Ama-Maske benutzen). Für Galileo bitte TI-DFT eingeben (mit Bindestrich).	
Flughafengebühren	TI DFT/ BKO /TX
Währung	TI DFT/ BKO /CY
Zollbestimmungen	TI DFT/ BKO /CS
Gesundheit	TI DFT/ BKO /HE
Reisepassbestimmungen	TI DFT/ BKO /PA
Visabestimmungen	TI DFT/ BKO /VI

FLÄCHE: 1.240.192 qkm.
BEVÖLKERUNGSZAHL: 10.135.000 (1993).
BEVÖLKERUNGSDICHTE: 8 pro qkm.
HAUPTSTADT: Bamako. **Einwohner:** 658.275 (1987).
GEOGRAPHIE: Mali hat keine Küsten und grenzt im Nordosten an Algerien, im Südosten an Niger und Burkina Faso, im Süden an Côte d'Ivoire, im Südwesten an die Republik Guinea und im Nordwesten an Mauretanien und Senegal. Die endlosen Ebenen werden von den Flüssen Senegal (im äußersten Westen) und Niger durchflossen. Auf seinem Weg nach Norden fließt der Niger mit dem Bani zusammen und bildet ein großes Inlanddelta, die Sümpfe von Macina, die 450 km lang und stellenweise bis zu 200 km breit sind. Die Landesmitte besteht aus der unfruchtbaren Sahelzone. Bei Timbuktu erreicht der Niger die Wüste und fließt zunächst nach Osten und dann bei Bourem nach Südosten zum Atlantik. In der Wüste, nahe der algerischen und nigrischen Grenze im Nordosten des Landes, erhebt sich das bis zu 800 m hohe Adrar-des-Iforas-Massiv. Der Norden des Landes besteht aus Wüste; entlang der alten Trans-Sahara-Karawanenstraßen gibt es einige Oasen. In dieser Region der Oasen und Kamelrouten leben die Tuareg, weiter südlich die rinderzüchtenden Peulh-Nomaden. Die Mehrheit der Bevölkerung, überwiegend Singhai, Malinke, Senoufou, Dogon und Bambara, lebt in der Savanne im Süden.
STAATSFORM: Präsidialrepublik seit 1960. Im Januar 1992 wurde per Volksabstimmung eine neue Verfassung angenommen. Erste freie Wahlen zur Nationalversammlung fanden Anfang 1992 statt (Wahlbeteiligung: ca. 20%). Staatsoberhaupt: Alpha Oumar Konaré, seit Juni 1992. Regierungschef: Ibrahima Boubacar Keïta, seit Febr. 1994. 1993 wurde der frühere Staatschef Moussa Traoré, der für das Massaker von 1991 verantwortlich gemacht wurde, zum Tode verurteilt. Noch immer kommt es zu Konflikten zwischen Tuareg-Nomaden und Regierungstruppen.
SPRACHE: Amtssprache ist Französisch. Umgangssprachen sind Arabisch, Bambara, Songhai-Jerma, Manding, Soninké und Ful.
RELIGION: Islam (90%) sowie animistische und christliche Minderheiten.
ORTSZEIT: MEZ - 1.
NETZSPANNUNG: 220 V, 50 Hz (in Bamako). Die anderen größeren Städte haben eigene Generatoren.
POST- UND FERNMELDEWESEN: Telefon: Selbstwählferndienst nur begrenzt möglich. **Landesvorwahl: 223.** In ländlichen Gebieten wird noch mit der Hand vermittelt. **Telexe** kann man in größeren Hotels und im Haupttelexbüro in Bamako aufgeben. **Post:** Auslandssendungen werden nur von den größeren Städten und Hauptpostämtern befördert. Luftpost nach Europa ist ca. zwei Wochen unterwegs.
DEUTSCHE WELLE
Der Einsatz der Kurzwellenfrequenzen ändert sich mehrfach im Laufe eines Jahres, und Sendungen auf den folgenden Frequenzen werden jeweils nur zu bestimmten Tageszeiten ausgestrahlt. Näheres in der Einleitung.

MHz	17,860	15,135	11,795	9,700	7,185
Meterband	16	19	25	31	41

REISEPASS/VISUM

Wichtiger Hinweis: Die Einreisebestimmungen mancher Länder können sich kurzfristig ändern – rufen Sie sicherheitshalber auf Ihrem CRS-System (TIMATIC-Info-Code-Fenster in diesem Kapitel) den aktuellen Stand ab bzw. wenden Sie sich an die zuständige diplomatische Vertretung. Etwaige Zahlen in der Tabelle beziehen sich auf nachfolgende Fußnoten.

	Paß erforderlich?	*Visum erforderlich?*	*Rückflugticket erforderlich?*
Deutschland	Ja	Ja	Ja
Österreich	Ja	Ja	Ja
Schweiz	Ja	Ja	Ja
Andere EU-Länder	Ja	Ja	Ja

REISEPASS: Allgemein erforderlich.
VISUM: Allgemein erforderlich.
Visaarten: Touristen- und Geschäftsvisa.
Visagebühren: Je 66 DM bzw. 450 öS pro Person.
Gültigkeitsdauer: 1 Monat. Die Aufenthaltsdauer kann kostenlos im Land verlängert werden (Einwanderungsbehörden in Bamako oder jede Polizeidienststelle).
Antragstellung: Konsulat oder Konsularabteilung der Botschaft (Adressen s. o.).
Unterlagen: (a) 2 Antragsformulare. (b) 2 Paßfotos. (c) Für Geschäftsvisa: 2 Empfehlungsschreiben. (d) Gebühr (in bar). Der postalischen Antragstellung sollten ein frankierter und adressierter Umschlag und der Zahlungsbeleg über die Visumgebühren beigelegt werden.
Bearbeitungszeit: Ca. 1 Woche, bei postalischer Antragsstellung 1-2 Wochen.
Aufenthaltsgenehmigung: Anfragen sind an die Botschaft zu richten.

GELD

Währung: 1 CFA-Franc (CFA Fr) = 100 Centimes. Banknoten gibt es im Wert von 10.000, 5000, 2500, 1000 und 500 CRA Fr; Münzen sind im Wert von 250, 100, 50, 25, 10 und 5 CFA Fr in Umlauf.
Geldwechsel: Fremdwährungen können in den Banken in Bamako gewechselt werden, man muß jedoch mit langen Wartezeiten rechnen. Französische Francs werden manchmal als Zahlungsmittel akzeptiert, da der CFA-Franc an den Französischen Franc gebunden ist.
Kreditkarten: *Diners Club* und *Eurocard* werden in begrenztem Umfang angenommen. Einzelheiten vom Aussteller der betreffenden Kreditkarte.
Reiseschecks in Französischen Francs werden empfohlen.
Wechselkurse

	CFA Fr Sept. '92	CFA Fr Febr. '94	CFA Fr Jan. '95	CFA Fr Jan. '96
1 DM	169,38	339,41	344,30	342,57
1 US$	251,72	589,20	533,68	492,45

Anmerkung: Anfang 1994 wurde der CFA-Franc gegenüber dem Französischen Franc abgewertet und verlor ca. 50% seines Wertes.
Devisenbestimmungen: Die Ein- und Ausfuhr der Landeswährung ist unbeschränkt. Die Einfuhr von Fremdwährungen ist ebenfalls unbeschränkt, die Ausfuhr ist auf den Gegenwert von 25.000 CFA Fr beschränkt.
Öffnungszeiten der Banken: Mo-Do 07.30-12.00 und 13.15-15.00 Uhr, Fr 07.30-12.30 Uhr.

DUTY FREE

Folgende Artikel können zollfrei nach Mali eingeführt werden:
1000 Zigaretten oder 250 Zigarren oder 2 kg Tabak; alkoholische Getränke und Parfüm (in geöffneten Flaschen) für den persönlichen Gebrauch.
Anmerkung: Kameras und Filme müssen deklariert werden.

GESETZLICHE FEIERTAGE

1. Mai '96 Tag der Arbeit. **25. Mai** Afrikatag (Jahrestag der Gründung der OAU). **28. Juli** Mouloud (Geburtstag des Propheten). **27. Aug.** Taufe des Propheten. **22. Sept.** Unabhängigkeitstag. **19. Nov.** Jahrestag des Putsches von 1968. **25. Dez.** Weihnachten. **1. Jan. '97** Neujahr. **20. Jan.** Tag der Streitkräfte. **8. Febr.** Korité (Ende des Ramadan). **26. März** Feiertag. **19. April** Tabaski (Opferfest). **1. Mai** Tag der Arbeit. **25. Mai** Afrikatag (Jahrestag der Gründung der OAU).
Anmerkung: Die angegebenen Daten für islamische Feiertage richten sich nach dem Mondkalender und verschieben sich daher von Jahr zu Jahr. Während des Fastenmonats Ramadan, der dem Festtag Korité vorangeht, essen Mohammedaner nicht tagsüber, sondern erst nach Sonnenuntergang, wodurch der normale Geschäftsablauf gestört werden kann. Diese Unterbrechungen können auch während des Korité auftreten. Dieses Fest, ebenso wie das Tabaski, hat keine festgelegte Zeitdauer und kann je nach Region 2-10 Tage dauern. Nähere Informationen im Kapitel *Welt des Islam* (s. Inhaltsverzeichnis).

GESUNDHEIT

In der folgenden Tabelle aufgeführte Impfvorschriften können sich kurzfristig ändern. Es wird stets empfohlen, auf Ihrem CRS-System (TIMATIC-Info-Code-Fenster in diesem Kapitel) den aktuellen Stand der Gesundheitsbestimmungen abzurufen bzw. rechtzeitig vor der Reise ärztlichen Rat einzuholen.

	Vorsichtsmaßnahmen empfohlen	*Impfschein erforderlich*
Gelbfieber	Ja	1
Cholera	Ja	2
Typhus & Polio	Ja/3	-
Malaria	4	-
Essen & Trinken	5	-

[1]: Eine Impfbescheinigung gegen Gelbfieber wird von allen Reisenden verlangt, die über ein Jahr alt sind.
[2]: Eine Impfbescheinigung gegen Cholera ist keine Einreisebedingung, das Risiko einer Infektion besteht jedoch. Da die Wirksamkeit der Schutzimpfung umstritten ist, empfiehlt es sich, rechtzeitig vor Antritt der Reise ärztlichen Rat einzuholen. Näheres im Kapitel *Gesundheit* (s. Inhaltsverzeichnis).
[3]: Typhus kommt vor, Poliomyelitis ist endemisch.
[4]: Malariarisiko besteht ganzjährig in allen Landesteilen. Die vorherrschende gefährlichere Form *Plasmodium falciparum* soll stark Chloroquin-resistent sein.
[5]: Wasser sollte generell vor der Benutzung zum Trinken, Zähneputzen und zur Eiswürfelbereitung entweder abgekocht oder anderweitig sterilisiert werden. Milch ist nicht pasteurisiert und sollte abgekocht werden. Trocken- und Dosenmilch nur mit keimfreiem Wasser anrühren. Milchprodukte aus ungekochter Milch am besten meiden. Fleisch- und Fischgerichte nur gut durchgekocht und heiß serviert essen. Der Genuß von Schweinefleisch, rohen Salaten und Mayonnaise sollte vermieden werden. Gemüse sollte gekocht und Obst geschält werden.
Tollwut kommt vor. Wer ein erhöhtes Risiko eingeht (z. B. längerer Aufenthalt in abgelegenen Gebieten), sollte vor Reiseantritt eine Schutzimpfung erwägen. Bei Bißwunden so schnell wie möglich ärztliche Hilfe in Anspruch nehmen. Weitere Informationen im Kapitel *Gesundheit* (s. Inhaltsverzeichnis).
Bilharziose-Erreger kommen in manchen Teichen und Flüssen vor, das Schwimmen und Waten in Binnengewässern sollte daher vermieden werden. Gut gepflegte Schwimmbecken mit gechlortem Wasser sind unbedenklich.
Hepatitis A, B und *E* kommen vor.
Gesundheitsvorsorge: Der Abschluß einer Reisekrankenversicherung wird dringend empfohlen. Es gibt insgesamt 3500 Krankenhausbetten und einen Arzt für je 26.000 Einwohner.

REISEVERKEHR - International

FLUGZEUG: Malis nationale Fluggesellschaft *Air Mali (MY)* soll den Betrieb eingestellt haben. *Air France* fliegt Bamako von Paris aus an. Es gibt keine Direktflüge von Deutschland, Österreich oder der Schweiz.
Durchschnittliche Flugzeit: *Frankfurt* – Bamako: 10 Std.
Internationaler Flughafen: *Bamako (BKO)* liegt 15 km außerhalb der Stadt (Fahrzeit 20 Min.). Flughafenbusse fahren zur Stadt.
BAHN: Zweimal wöchentlich fährt ein klimatisierter Zug mit Schlaf- und Speisewagen von Bamako nach Dakar (Senegal). Auf diesem Zug kann man auch Autos befördern. Eine Verlängerung der Strecke nach Guinea ist geplant.
BUS/PKW: Die besten Straßen führen nach Côte d'Ivoire und Burkina Faso, weitere Verbindungen gibt es nach Senegal und Guinea. Das Befahren der abgelegenen und trostlosen Trans-Sahara-Strecke nach Algerien ist nicht ungefährlich. Eine Allwetterstraße folgt dem Niger bis nach Niamey (Niger). **Fernbusse** verkehren zwischen Kankan (Guinea) und Bamako; Bobo Dioulasso (Burkina Faso) und Segou oder Mopti sowie Niaméy (Niger) und Gao.

REISEVERKEHR - National

FLUGZEUG: *Mali Tombouctou Air Service* (Malitas) verkehrt auf einigen Inlandflügen. Kleinflugzeuge können von der *Société des Transports Aériens (STA)* gemietet werden.
SCHIFF: Von Juli bis Dezember gibt es wöchentliche Fährverbindungen auf dem Niger zwischen Bamako über Timbuktu nach Gao. Wegen der Dürre in der Sahelzone sollte man mit Unterbrechungen und Verzögerungen rechnen. Die 1300 km lange Fahrt nimmt 5-7 Tage in Anspruch, auf den Fähren kann man Lebensmittel kaufen. Eingeschränkter Fährverkehr von Dezember bis März, die Fähren verkehren dann nur zwischen Mopti und Gao. Für Fahrten von Timbuktu und Mopti kann man auch *Pirogues* mit und ohne Motor mieten. Seit der Fertigstellung des Manantali-Staudamms 1988 bemüht man sich um weitere Schiffbarmachung des Flusses Senegal.
BAHN: Die Eisenbahn ist Malis wichtigstes Verkehrs- und Transportmittel. Es gibt eine Verbindung zwischen Bamako und Kayes auf der Strecke nach Dakar (Senegal). Züge verkehren außerdem zwischen Bamako und Koulikoro.
BUS/PKW: Die Straßenqualität reicht von mittelmäßig bis fast unbefahrbar. Die Hauptverkehrsstraße verbindet Sikasso im Süden mit Bamako, Mopti und Gao. Während der Regenzeit, wenn der Niger und sein Nebenfluß Bani über die Ufer treten, ist die Straße zwischen Mopti und Gao unpassierbar. **Fernbusse:** Busse verbinden die größeren Städte untereinander. **Unterlagen:** Internationaler Führerschein wird empfohlen, ist aber nicht vorgeschrieben.
Anmerkung: Außer auf den Hauptstraßen sollte man im Konvoi fahren und ausreichend Ersatzteile mitnehmen.
STADTVERKEHR: Taxi: Sammeltaxis in den Städten sind preiswert, es gelten Einheitstarife.

UNTERKUNFT

HOTELS: Nur in Bamako entsprechen die Hotels internationalem Standard. In den anderen Städten gibt es einfache Unterkünfte, von denen einige Klimaanlagen haben. Die Unterkunftsmöglichkeiten sind begrenzt und die Preise dementsprechend hoch, daher sollte man unbedingt im voraus buchen. Der Hotelverband ist unter der folgenden Adresse zu erreichen: Hotel Sofitel, BP 1720, Bamako. Tel: 22 43 95. Telefax: 22 43 85.
LODGES: Im La-Boucle-du-Baoule-Nationalpark (120 km von Bamako entfernt) gibt es einige Buschcamps.

URLAUBSORTE & AUSFLÜGE

Die moderne Landeshauptstadt **Bamako** ist zugleich Ausbildungs- und Kulturzentrum. Interessant sind der Botanische Garten und der Zoo. Das Kunstgewerbezentrum und die Märkte sind auch einen Besuch wert.
Djenne, auch als »Juwel des Nigers« bekannt, ist eine der ältesten Handelsstädte an der Trans-Sahara-Karawanenstraße. Die Stadt wurde 1250 gegründet und hat eine sehr schöne Moschee. Das ursprüngliche Djenne wurde um 250 v. Chr. gegründet und liegt ca. 5 km von der heutigen Stadt entfernt.

Mopti liegt am Zusammenfluß von Bani und Niger. Die Stadt steht auf drei Inseln, die durch Dämme miteinander verbunden sind. Die Moschee der Stadt ist sehenswert.
Südöstlich von Mopti, auf dem **Bandiagara-Plateau**, liegen die Dörfer des Stammes der Dogon. Diese überaus malerischen Siedlungen sollte man nur auf organisierten Touren oder mit Führer besuchen, um die noch sehr traditionelle Lebensweise der Bewohner nicht zu sehr zu stören. Der Glaube der Dogon ist vom Islam noch kaum beeinflußt und schließt eine große Abneigung gegen Fotoapparate ein – als Besucher und Gast sollte man hierfür unbedingt Verständnis zeigen.
Timbuktu ging als Ausdruck für »unerreichbar« und »abgelegen« in die deutsche Sprache ein. Trotzdem finden die Kamelkarawanen, mitunter mit bis zu 3000 Tieren, immer ihren Weg hierher. Sie kommen jährlich von den *Taoudenni-Salzminen* und verkaufen die mitgebrachten Waren in der gesamten Sahelzone. Timbuktu war im 15. Jahrhundert Mittelpunkt des lukrativen Gold- und Salzhandels und ein Zentrum für islamische Studien. Ein großer Teil der alten Stadt ist dem Verfall preisgegeben, aber einige schöne Moscheen (z. B. *Djingerebur*, *Sankore* und *Sidi Yahaya*) sowie Grabmale aus dem 14. Jahrhundert zeugen noch von vergangener Pracht.
Gao ist eine alte Stadt, die ihre Blütezeit im 15. Jahrhundert erlebte. Hier kann man die *Kankan-Moussa-Moschee* und die *Grabmäler der Askia-Dynastie* besichtigen. Es gibt auch zwei ausgezeichnete Märkte. In den letzten Jahren ist viel gebaut worden, und die Ausmaße der Stadt nehmen ständig zu.
Sowohl **San** als auch **Segou** bieten eindrucksvolle Sehenswürdigkeiten.
Die vielfältige Flora und Fauna der südlichen Sahara kann man im **La-Boucle-du-Baoule-Nationalpark** bewundern, der u. a. Giraffen, Leoparden, Löwen, Elefanten, Büffeln und Nilpferden einen Lebensraum bietet.

SOZIALPROFIL

ESSEN & TRINKEN: Viele Hotels, besonders das Hotel de l'Amitié, haben Restaurants und Bars von internationalem Standard mit internationaler Küche. In den meisten Städten bieten die Restaurants einheimische und nordafrikanische Gerichte an. Eine besondere Spezialität ist *La Capitaine Sangha*, eine Art Barsch, der mit scharfer Chilisoße, gebratenen Bananen und Reis serviert wird. Die Auswahl an Restaurants ist eher begrenzt. Hotelrestaurants sind auch für Nichtgäste geöffnet; man sollte aber auch die kleinen Restaurants in den Städten aufsuchen, um die einheimischen und nordafrikanischen Gerichte zu probieren. **Getränke:** Spirituosen werden in Bars angeboten; da die Bevölkerung überwiegend islamisch ist, gibt es eine Riesenauswahl an leckeren erfrischenden Fruchtsäften. Tamarinden- und Guavensaft sind Spezialitäten.
NACHTLEBEN: In Bamako findet man eine gute Auswahl an Nachtklubs mit Musik und Tanz.
EINKAUFSTIPS: Beliebte Mitbringsel sind die beeindruckenden Kampfmasken der Bambara-, Dogon- und Malinko-Stämme; Holzschnitzereien, Gold- und Silberschmuck, Webstoffe, Matten und Kupferartikel. In der Segou-Region werden ausgezeichnete Ton- und Steingutwaren angeboten, während Timbuktu für seine Eisen- und Kupferartikel (u. a. Schwerter, Dolche und traditionelle Haushaltsgegenstände) bekannt ist.
SPORT: Der mit sowjetischer Hilfe erbaute Omni-Sport-Komplex in Bamako hat einen Swimmingpool und viele andere Sportanlagen.
SITTEN & GEBRÄUCHE: Die Einwohner sind sehr stolz auf die Geschichte und Kultur ihres Landes, und ihre reiche Tradition erscheint ihnen wichtiger als ihre Armut. Würde und Zurückhaltung lassen sie manchmal verschlossen und distanziert erscheinen, aber sie sind durchaus gastfreundlich und laden Besucher in ihre Häuser ein. Man sollte die religiösen Sitten und Gebräuche respektieren; Frauen sollten sich eher zurückhaltend kleiden. Weitere Informationen im Kapitel **Welt des Islam** (s. Inhaltsverzeichnis). **Trinkgeld:** 10% in Restaurants und Bars, Taxifahrer erwarten kein Trinkgeld. Gepäckträger erhalten 100 CFA Fr pro Gepäckstück.

WIRTSCHAFTSPROFIL

WIRTSCHAFT: Mali ist eines der ärmsten Länder der Welt; die Landwirtschaft ist effektiv der einzige Wirtschaftszweig, obwohl nur auf knapp 2% der Fläche Anbau möglich ist. Die Bevölkerung betreibt Viehzucht und baut Grundnahrungsmittel wie Hirse, Sorghum, Mais und in jüngster Zeit auch Reis an. Falls genug Regen fällt, was in den letzten Jahren eine Seltenheit war, kann die Überschußproduktion exportiert werden. Die anderen Exportgüter sind in erster Linie Baumwolle und Erdnüsse sowie Obst und Gemüse, die nach Europa verkauft werden. Mali ist kaum industrialisiert, und mit Ausnahme von landwirtschaftlichen Erzeugnissen, müssen alle Güter importiert werden. Entwicklungshilfe und Kredite sollen das Staatsbudget entlasten und dem Land dabei helfen, die Wirtschaft weiter auszubauen. Die neue Regierung fördert Dezentralisierung und die Liberalisierung der Wirtschaft, außerdem bemüht sie sich, die Touristikindustrie zu stimulieren und den Bergbau (bisher werden Salz, Kalkstein und Gold gefördert) auf die vor kurzem entdeckten Phosphor-, Bauxit-, Mangan- und Uranvorkommen zu erweitern. Frankreich und Côte d'Ivoire sind Malis Haupthandelspartner, Frankreich liefert 25% der Importe (Côte d'Ivoire 17%) und nimmt etwa den gleichen Prozentsatz an Exporten ab (Côte d'Ivoire 40%). Mali ist Mitglied von ECOWAS und anderer multinationaler westafrikanischer Wirtschaftgemeinschaften.
GESCHÄFTSVERKEHR: Sommer- oder Tropenanzüge mit Krawatte werden zu besonderen Anlässen empfohlen; ansonsten sind Jackett und Krawatte nicht nötig. Französischkenntnisse sind unbedingt erforderlich.
Geschäftszeiten: Mo-Do 07.30-12.30 und 13.00-16.00 Uhr, Fr 07.30-12.30 und 14.30-17.30 Uhr.
Kontaktadressen: *Die wirtschaftlichen Interessen Österreichs werden von der Außenhandelsstelle der Wirtschaftskammer Österreich in Casablanca (s. Marokko) vertreten.*
Chambre de Commerce et d'Industrie du Mali (Industrie- und Handelskammer), Place de la Liberté, BP 46, Bamako. Tel: 22 50 36. Telefax: 22 21 20.

KLIMA

Es gibt drei Jahreszeiten, die je nach Breitengrad variieren. Die Regenzeit ist von Juni bis Oktober, im Norden ist sie weniger ausgeprägt. Der kühleren Jahreszeit (Oktober - Februar) folgt bis Juni sehr heißes und trockenes Wetter.
Kleidung: Fast das ganze Jahr über leichte Baumwoll- und Leinenkleidung, von November bis Februar wärmere Kleidung. Regenschutz für die Regenzeit.

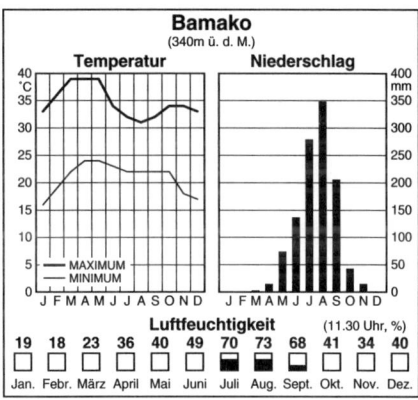

☐ *Internationaler Flughafen*

Lage: Südeuropa, Mittelmeer, südlich von Sizilien.

Fremdenverkehrsamt Malta
Schillerstraße 30-40
D-60313 Frankfurt/M.
Tel: (069) 28 58 90. Telefax: (069) 28 54 79.
Mo-Do 09.00-17.00 Uhr, Fr 09.00-15.00 Uhr.
(auch zuständig für die Schweiz)
B. T. R. Ernst W. Braun Touristik
(Vertretung des Fremdenverkehrsamtes von Malta)
Hilton Center, 17. Stock, Zi. 1742
Landstrasser Hauptstraße 2
A-1030 Wien
Tel: (0222) 713 40 51. Telefax: (0222) 713 40 36.
Mo-Fr 08.30-17.30 Uhr.
National Tourism Organisation (Fremdenverkehrsamt von Malta)
280 Republic Street
Valletta CMR 02
Malta
Tel: 22 44 44. Telefax: 22 04 01.
Botschaft von Malta
Viktoriastraße 1
D-53173 Bonn
Tel: (0228) 36 30 17/18. Telefax: (0228) 36 30 19.
Mo-Fr 08.30-17.15 Uhr.
Honorarkonsulate mit Visumerteilung in Berlin (Tel: (030) 881 38 13), Bremen (Tel: (0421) 50 52 50), Köln (Tel: (0221) 208 09 48), Mainz (Tel: (06131) 47 31 00) und Stuttgart (Tel: (0711) 73 22 13).
Generalkonsulate mit Visumerteilung in Düsseldorf (Tel: (0211) 35 82 66), München (Tel: (089) 18 45 22), Generalkonsulat München – Außenstelle Dresden (Tel: (0351) 25 79 50).
Honorargeneralkonsulat mit Visumerteilung in Hamburg (Tel: (040) 68 10 10).
Generalkonsulat von Malta
c/o B. T. R. Ernst W. Braun Touristik
Hilton Center, 17. Stock, Zi. 1742
Landstrasser Hauptstraße 2
A-1030 Wien
Tel: (0222) 713 40 51. Telefax: (0222) 713 40 36.
Mo-Fr 09.00-12.00 Uhr.
Honorarkonsulate mit Visumerteilung in Innsbruck (Tel: (0512) 32 52 07, nur Di und Fr Vormittag) und Salzburg (Tel: (0662) 80 84).
Generalkonsulat von Malta
26 Parc Château-Banquet
CH-1202 Genf
Tel: (022) 901 05 80. Telefax: (022) 738 11 20.
Mo-Fr 08.15-17.30 Uhr.

TIMATIC INFO-CODES

Abrufbar über Ihr CRS-System (für START/Amadeus Ama-Maske benutzen). Für Galileo bitte TI-DFT eingeben (mit Bindestrich).

Flughafengebühren	TI DFT/ MLA /TX
Währung	TI DFT/ MLA /CY
Zollbestimmungen	TI DFT/ MLA /CS
Gesundheit	TI DFT/ MLA /HE
Reisepassbestimmungen	TI DFT/ MLA /PA
Visabestimmungen	TI DFT/ MLA /VI

Eine weitere wichtige Veröffentlichung von *Columbus Press* ist der »World Travel Guide«, der jährlich herausgegeben wird und auf über tausend Seiten Informationen in englischer Sprache über alle Länder der Erde enthält.

Weitere Einzelheiten von:
Columbus Press, Verkaufsabteilung,
Aurikelweg 9,
D-38108 Braunschweig.
Tel: 05309/2123. *Telefax:* 05309/2877.

Generalkonsulate mit Visumerteilung in Lugano (Tel: (091) 23 36 61/62) und Zürich (Tel: (01) 252 70 50).

Botschaft der Bundesrepublik Deutschland
»Il Piazzetta«
Tower Road
Sliema SLM 16
PO Box 48
Valletta CMR 01
Tel: 33 65 20/31. Telefax: 33 39 76.

Generalkonsulat der Republik Österreich (ohne Paß- und Sichtvermerksbefugnis)
19/5 Tigne Seafront
Sliema SLM 11
Tel: 34 34 44/45. Telefax: 23 06 54.
Übergeordnet ist die Botschaft in Rom (s. Italien).

Konsulat der Schweizerischen Eidgenossenschaft
(ohne Paß- und Sichtvermerksbefugnis)
6 Zachary Street
Valletta VLT 04
Malta
Tel: 24 41 59, 24 74 47. Telefax: 23 77 50.
Übergeordnet ist die Botschaft in Rom (s. Italien).

FLÄCHE: 315,6 qkm.
BEVÖLKERUNGSZAHL: 361.000 (1993).
BEVÖLKERUNGSDICHTE: 1144 pro qkm.
HAUPTSTADT: Valletta. **Einwohner:** 14.000 (1994).
GEOGRAPHIE: Die maltesische Inselgruppe, die aus sechs Inseln besteht, liegt im Mittelmeer. Die größte der bewohnten Inseln, die Hauptinsel Malta, liegt 93 km südlich von Sizilien und 290 km nördlich der nordafrikanischen Küste. Gozo und Comino sind ebenfalls besiedelt. Die Landschaft der drei bewohnten Inseln wird durch Hügel und Terrassenfelder geprägt. Malta hat keine Berge oder Flüsse. An der Küste findet man Häfen, Buchten, schöne Sandstrände und kleine Felsbuchten. Gozo ist mit einer Fähre von Malta aus erreichbar und hat eine üppige Vegetation, sanft gewellte Hügel und schroffe Klippen. Comino ist die kleinste Insel und ist mit der Fähre von Malta und Gozo aus zu erreichen. Auf dem Inselchen leben nur drei Malteser.
STAATSFORM: Parlamentarische Republik (im Commonwealth) seit 1974, letzte Änderung 1987. Einkammerparlament (Parlament mit 69 Mitgliedern). Staatsoberhaupt: Ugo Mifsud Bonnici, seit April 1994. Regierungschef: Dr. Edward Fenech Adami (*Nationalist Party*), seit 1987. Die letzten Wahlen fanden im Februar 1992 statt. Die Nationalist Party befürwortet den Beitritt Maltas zur Europäischen Union.
SPRACHE: Maltesisch (eine semitische Sprache mit arabischem und romanischem Vokabular durchsetzt) und Englisch sind die Amtssprachen. Italienisch ist Umgangssprache.
RELIGION: Katholiken (99%), kleine protestantische Minderheit.
ORTSZEIT: MEZ.
NETZSPANNUNG: 240 V, 50 Hz. Es gibt keine Standardeinrichtungen, meistens werden englische dreipolige Stecker benutzt. Adapter werden empfohlen.
POST- UND FERNMELDEWESEN: Telefon: Selbstwählferndienst ist möglich im *Main Telegraph Office*, St. Georges Road, St. Julian's (24 Std.); in der Filiale in der South Street, Valletta (Mo-Sa 08.00-19.00 Uhr); im *Malta International Airport* (tgl. 07.00-19.00 Uhr); in der Bisazza Street, Sliema (im Sommer: Mo-Fr 08.00-13.00 Uhr, sonst 08.00-12.00 und 13.00-16.00 Uhr) und in Gozo (tgl. 07.30-21.00 Uhr). **Landesvorwahl: 356.**
Telefaxservice in den Büros der *Telemalta Corporation*.
Telexe/Telegramme können ebenfalls vom Büro der Telemalta Corp., St. Georges Road, St. Julian's, aufgegeben werden. **Post:** Luftpostsendungen nach West- und Mitteleuropa sind ca. drei Tage unterwegs. Die Postverbindungen auf der Insel sind gut.
DEUTSCHE WELLE
Der Einsatz der Kurzwellenfrequenzen ändert sich mehrfach im Laufe eines Jahres, und Sendungen auf den folgenden Frequenzen werden jeweils nur zu bestimmten Tageszeiten ausgestrahlt. Näheres in der Einleitung.

MHz	15,275	13,780	9,545	6,075	3,995
Meterband	19	22	31	49	75

REISEPASS/VISUM

Wichtiger Hinweis: *Die Einreisebestimmungen mancher Länder können sich kurzfristig ändern – rufen Sie sicherheitshalber auf Ihrem CRS-System (TIMATIC-Info-Code-Fenster in diesem Kapitel) den aktuellen Stand ab bzw. wenden Sie sich an die zuständige diplomatische Vertretung. Etwaige Zahlen in der Tabelle beziehen sich auf nachfolgende Fußnoten.*

	Paß erforderlich?	*Visum erforderlich?*	*Rückflugticket erforderlich?*
Deutschland	Nein	Nein	Nein
Österreich	Nein	Nein	Nein
Schweiz	Nein	Nein	Nein
Andere EU-Länder	Nein	Nein	Nein

REISEPASS: Ein gültiger Reisepaß wird von allen Reisenden verlangt, ausgenommen sind Staatsangehörige der Bundesrepublik Deutschland, Österreich, Schweiz, Polen, der Slowakischen Republik, der Tschechischen Republik und Ungarn, die unter Vorlage eines gültigen Personalausweises für maximal 3 Monate einreisen dürfen.
Anmerkung: Auch Kinder benötigen einen Lichtbildausweis.
VISUM: Genereller Visumzwang, ausgenommen sind Staatsangehörige der folgenden Länder für Aufenthalte von maximal 3 Monaten, sofern nicht anders angegeben:
(a) Bundesrepublik Deutschland, Österreich, übrige Länder der Europäischen Union und Schweiz;
(b) Ägypten, Algerien, Anguilla, Antigua und Barbuda, Argentinien, Australien, Bahamas, Barbados, Belize, Bermuda, Botswana, Britische Jungferninseln und die britischen Überseegebiete im Indischen Ozean, in der Antarktis und Henderson Ducie und Oene Inseln, Brunei, Cayman-Inseln, Chile, Dominica, Falkland-Inseln, Fidschi, Gambia, Gibraltar, Grenada, Guyana, Hongkong, Indonesien, Island, Israel, Jamaica, Japan, Kanada, Kenia, Kiribati, Korea-Süd, Kroatien, Kuwait, Libyen, Liechtenstein, Lesotho, Malawi, Malaysia, Malediven, Marokko, Mauritius, Monaco, Montserrat, Nauru, Neuseeland, Norwegen, Papua-Neuguinea, Pitcairn Inseln, Polen, Salomonen, Sambia, San Marino, Saudi-Arabien, Seychellen, Sierra Leone, Simbabwe, Singapur, Slowakische Republik, Slowenien, South Georgia, South Sandwich-Inseln, St. Helena, St. Kitts und Nevis, St. Lucia, St. Vincent und die Grenadinen, Swasiland, Tansania, Tonga, Trinidad und Tobago, Tristan da Cunha, Tschechische Republik, Tunesien, Turks- und Caicos-Inseln, Türkei, Tuvalu, Uganda, Ungarn, Uruguay, USA, Vanuatu, Vatikanstadt, West-Samoa und Zypern.
Anmerkung: Staatsbürger, die lediglich im Besitz eines alten jugoslawischen Reisepasses sind, benötigen ein Visum. Demnächst können sich die Visabestimmungen für einige Staatsbürger ändern.
Visaarten: Touristenvisum (4 Wochen), Transitvisum (24 Std.), Mehrfachvisum (ein Jahr, wird von der *Immigration Police* in Malta ausgestellt). Es gibt nur Einzelvisa.
Visagebühren: Touristenvisum: 85 DM (8 Wochen Bearbeitungszeit), 110 DM (4 Wochen Bearbeitungszeit), 500 öS, 43 sfr; Transitvisum: 32 DM (zzgl. Bearbeitungsgebühr), 300 öS, 23 sfr.
Gültigkeitsdauer: 4 Wochen. Visa können maximal 3 Monate vor der Einreise ausgestellt werden. Das Einreisedatum wird bei der Visumausstellung festgelegt. Verlängerung und Neuausstellung durch die Einwanderungsbehörde (Adresse s. u.). Transitvisa gelten für 24 Std. Wenn beim Weiterflug am gleichen Tag das Flughafengelände nicht verlassen wird, ist kein Transitvisum nötig.
Antragstellung: Konsulat oder Konsularabteilung der Botschaft (Adressen s. o.).
Unterlagen: (a) 3 Anträge. (b) 3/4 identische Paßfotos. (c) Gültiger Reisepaß. (d) Gebühr (kein Bargeld).
Bearbeitungszeit: 4-5 Wochen. Alle Anträge aus Österreich werden in Bonn bearbeitet, die Ausstellung dauert daher 4-6 Wochen; Transitvisa werden in der Regel am selben Tag ausgestellt.
Aufenthaltsgenehmigung: Anträge sind an die Einwanderungsbehörde unter folgender Adresse zu stellen: *Principal Immigration Officer*, Police General Headquarters, Floriana, Malta.

GELD

Währung: 1 Maltesischer Lira (Lm) = 100 Cents; 1 Cent = 10 Mils. Banknoten sind im Wert von 20, 10, 5 und 2 Lm in Umlauf, Münzen im Wert von 1 Lm und 50, 25, 10, 5, 2 und 1 Cent sowie 5, 3 und 2 Mils. Es wurden auch einige Gold- und Silbermünzen geprägt, die offiziell verkauft werden. Für diese Münzen ist eine Ausfuhrgenehmigung erforderlich.
Kreditkarten: *Eurocard*, *American Express*, *Diners Club* und *Visa* werden angenommen. Einzelheiten vom Aussteller der betreffenden Kreditkarte.
Reiseschecks werden in Banken und autorisierten Wechselstuben umgetauscht.
Euroschecks werden bis zu einem Höchstbetrag von 70 Lm pro Scheck akzeptiert.
Wechselkurse

	Lm Sept. '92	Lm Febr. '94	Lm Jan. '95	Lm Jan. '96
1 DM	0,19	0,23	0,24	0,25
1 US$	0,29	0,39	0,37	0,35

Devisenbestimmungen: Die Einfuhr der Landeswährung ist auf 50 Lm beschränkt, die Ausfuhr auf 25 Lm. Fremdwährungen können unbegrenzt eingeführt werden, Deklaration ist jedoch erforderlich. Ausfuhr in Höhe des bei der Einreise deklarierten Betrages.
Öffnungszeiten der Banken: Mo-Do 08.00-12.00 Uhr, Fr 08.00-12.00 und 14.30-16.00 Uhr, Sa 08.00-11.30 Uhr.

DUTY FREE

Folgende Artikel können zollfrei nach Malta eingeführt werden:
200 Zigaretten oder 50 Zigarren oder 100 Zigarillos oder 250 g Tabak;
1 Flasche Wein;
1 Flasche Spirituosen;
10 ml Parfüm und 125 ml Eau de toilette.
Anmerkung: Es wird empfohlen, größere elektrische Geräte (wie Videokameras, tragbare Fernseher oder Videorekorder) bei der Einreise zu deklarieren, da man sonst u. U. Ausfuhrzoll bezahlen muß.

GESETZLICHE FEIERTAGE

1. Mai '96 Tag der Arbeit. **7. Juni** »Sette Giugno« (Erinnerung an den Befreiungskampf von 1919). **29. Juni** St. Peter und St. Paul. **15. Aug.** Mariä Himmelfahrt. **8. Sept.** Sieg über die Türken (1565). **21. Sept.** Unabhängigkeitstag. **8. Dez.** Mariä Empfängnis. **13. Dez.** Tag der Republik. **25. Dez.** Weihnachten. **1. Jan. '97** Neujahr. **10. Febr.** St. Pauls Schiffbruch. **19. März** St. Josephstag. **28. März** Karfreitag. **31. März** Freiheitstag. **1. Mai** Tag der Arbeit.

GESUNDHEIT

In der folgenden Tabelle aufgeführte Impfvorschriften können sich kurzfristig ändern. Es wird stets empfohlen, auf Ihrem CRS-System (TIMATIC-Info-Code-Fenster in diesem Kapitel) den aktuellen Stand der Gesundheitsbestimmungen abzurufen bzw. rechtzeitig vor der Reise ärztlichen Rat einzuholen.

	Vorsichtsmaßnahmen empfohlen	*Impfschein erforderlich*
Gelbfieber	Nein	1
Cholera	Nein	-
Typhus & Polio	2	-
Malaria	Nein	-
Essen & Trinken	3	-

[1]: Eine Impfbescheinigung gegen Gelbfieber wird von allen Reisenden verlangt, die aus Infektionsgebieten kommen und über neun Monate alt sind. Kinder unter neun Monaten, die aus diesen Gegenden einreisen, werden u. U. in Quarantäne genommen oder unter Beobachtung gestellt.
[2]: Typhus kommt vor, Poliomyelitis nicht.
[3]: Leitungswasser ist normalerweise gechlort und sauber, während der Umgewöhnung wird für den Anfang des Urlaubes abgefülltes Wasser empfohlen. Milch ist pasteurisiert und der Verzehr von Milchprodukten unbedenklich. Einheimisches Fleisch, Geflügel, Meeresfrüchte, Obst und Gemüse können ohne Bedenken gegessen werden.
Gesundheitsvorsorge: Die großen Krankenhäuser sind St. Luke's in Gwardamanga auf Malta und Craig Hospital auf Gozo. Der Abschluß einer Reisekrankenversicherung wird empfohlen.

REISEVERKEHR - International

FLUGZEUG: Maltas nationale Fluggesellschaft heißt *Air Malta (KM)*. *Lufthansa*, *Austrian Airlines* und *Swissair* fliegen Malta nonstop an.
Durchschnittliche Flugzeiten: *Frankfurt* – Malta: 2 Std. 40; *Wien* – Malta: 2 Std. 25; *Zürich* – Malta: 2 Std. 15.
Internationaler Flughafen: *Malta International Airport (MLA)* (Luqa) liegt 5 km südöstlich der Stadt Valletta (Fahrzeit: 20 Min). Im Flughafen gibt es einen Duty-free-Shop, Mietwagenschalter, Bank, Läden, Tourist-Information, Apotheke, Postamt und Restaurant mit Bar. Alle Einrichtungen sind durchgehend geöffnet. Im Februar 1992 wurde ein neuer Terminal eröffnet, der eine Kapazität von rund 2,5 Mio. Passagieren hat. Es gibt Busverbindungen nach Valletta. Die Taxis haben Taxameter.
SCHIFF: Die Haupthäfen sind Grand Harbour, Marsaxlokk/Malta und Mgarr/Gozo. Es bestehen regelmäßige Schiffsverbindungen zwischen Malta und Italien (Reggio di Calabria, Catania und Syrakus auf Sizilien sowie Neapel). Ein Hochgeschwindigkeits-Katamaran (45 Knoten) verkehrt zwischen Malta und Sizilien (Fahrzeit 1 Std. 30).

REISEVERKEHR - National

FLUGZEUG: Es gibt eine regelmäßige Hubschrauberverbindung zwischen Malta International Airport und Gozo.
SCHIFF: Eine Passagier-/Autofähre verkehrt zwischen Cirkewwa und Marsamxett Harbour auf Malta und Mgarr (Gozo). Außerdem gibt es eine Fährverbindung von Malta nach Comino. Weitere Informationen bei der *Gozo Channel Company Ltd.*, Hay Wharf, San Maison in Malta. Tel: 24 39 64. Telefax: 24 80 07. Reservierung von Kfz-Plätzen ist nicht möglich, daher empfiehlt es sich, möglichst frühzeitig an der Abfahrtsstelle zu sein. Ein neuer zusätzlicher Service mit dem Hovercraft *Calypso* wurde zwischen Malta und Gozo eingerichtet. Das erste Boot verläßt Gozo um 07.00 Uhr morgens, das letzte Boot Malta um 20.30 Uhr. Es werden ausschließlich Passagiere befördert.
BUS/PKW: Es wird links gefahren. Die Höchstgeschwindigkeit beträgt 64 km/h auf Autobahnen und Landstraßen, in geschlossenen Ortschaften 40 km/h. Promillegrenze: 0,0‰. Bleifreies Benzin wird mittlerweile an einigen Tankstellen angeboten. **Bus:** Gute Busverbindungen zwischen Malta International Airport, Valletta, San Maison und Viktoria (Gozo) und allen anderen Städten. **Taxis** sind weiß und haben rote Nummern-

MIT CRESTA DIVING CENTRE
**Cresta Quay Beach Club, St. George's Bay, St. Julian's, Malta.
Tel: (356) 310 743 Fax: (356) 372 589**

WIR BIETEN:
*Tauchgänge in Begleitung
Geräteverleih und -verkauf
Tauchkurse:
vom Anfänger bis zum Profi
Nitrox und technische Tauchausbildung*

UNSER ANGEBOT:
Große Auswahl an den verschiedenartigsten Tauchgängen, z. B. Klippen, Höhlen, Wrack, Riff, in der Nacht sowie vom Boot oder direkt vom Strand. Gut sortierter Tauch-Shop mit Geräteverleih. Täglich zwei Tauchgänge. Schiffscharter.

- **186 km unberührte Küste, warmes Wasser und keine Tide**
- **Zahlreiche Tauchgründe sind allein uns bekannt**
- **Mehr als 30jährige Taucherfahrung**

Das Tauchzentrum in der malerischen St. George's Bay liegt nur ein paar Schritte vom Meer entfernt, direkt im Cresta Quay Beach Club. Dazu gehören eine Bar, ein Restaurant, Sonnenterrasse, Swimmingpool und ein breitgefächertes Wassersportangebot.

Die besten Tauchgründe auf den maltesischen Inseln, seit 1962

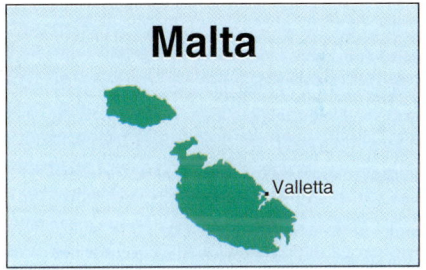

Tauchen Sie in Malta unter!

MALTA GOZO COMINO

Lernen Sie Tauchen – im klaren Wasser des Mittelmeeres
- **Einführungskurse**
- **PADI-/ CMAS-Kurse**
- **Tauchgänge vom Strand oder vom Boot aus**
- **Gruppenermäßigungen**
- **Unterkunft / Transfers**

Wenden Sie sich an

Strand Diving Services
Ramon Perellos Street
PO Box 20, St. Paul's Bay,
SPB01, Malta
Tel: +356 - 57 45 02. Fax: +356 - 57 74 80.

schilder. Die Tarife sind von der Regierung festgesetzt. Alle Taxis haben Taxameter. **Mietwagen:** Mehrere Autovermieter bieten ihre Dienste an. *Hertz* und *Avis* haben Büros im Flughafen Luqa. Die Mietwagengebühren auf Malta gehören zu den preiswertesten in Europa. Mietwagen erkennt man an gelben Nummernschildern mit schwarzen Lettern. **Unterlagen:** Der Führerschein des eigenen Landes reicht aus. Wer einen Wagen mietet, muß jedoch seinen Führerschein im Polizeipräsidium (Police Headquarters) in Floriana beglaubigen lassen. Die Grüne Versicherungskarte wird anerkannt.

UNTERKUNFT

Malta bietet vielfältige Unterkunftsmöglichkeiten für jedes Reisebudget. Das Spektrum reicht von Hotels, Feriendörfern, Pensionen, billigen Herbergen bis hin zu Ferienwohnungen und Bungalows.

HOTELS: Viele Hotels bieten außerhalb der Hauptsaison erhebliche Preisnachlässe an. Weitere Auskünfte erteilt das Fremdenverkehrsamt (Adressen s. o.). **Kategorien:** 1-5 Sterne, Vergabe durch das *Secretariat for Tourism* und den maltesischen Hotel- und Gaststättenverband je nach Standard, Service und Ausstattung. Alle Hotels werden regelmäßig auf ihren Standard überprüft. Weitere Auskünfte erteilt die *Hotel and Restaurants Association*, Flat 1, 66 Tower Road, Sliema SLM 16. Tel: 31 81 33. Telefax: 33 64 71.

5 Sterne: Luxusklasse. Alle Zimmer mit Klimaanlage, eigenem Bad und Dusche, Telefon, Radio und TV. 24-Std.-Zimmerservice, Bar, Restaurant und Café, Salon, Tanzflächen, Swimmingpool und Sportanlagen, 24-Std.-Rezeption, Wäscherei, Bügeldienst und Reinigung, Friseur und Geschäfte.

4 Sterne: Erstklassig. Alle Zimmer mit Klimaanlage und eigenem Bad oder Dusche, z. T. mit Radio und Telefon. Zimmerservice (06.00-24.00 Uhr), Bar, Restaurant, Swimmingpool, 24-Std.-Rezeption, Wäscherei, Bügeldienst und Reinigung, Aufenthaltsraum, Friseur und Geschäfte.

3 Sterne: Gute Mittelklasse. Hotels mit Bar und Restaurant, Aufenthaltsraum, 24-Std.-Rezeption, Wäscherei, Bügeldienst und Reinigung.

2 Sterne: Einfach und zweckmäßig eingerichtete Zimmer mit Handwaschbecken und Spiegel; 20% der Zimmer haben ein eigenes Bad oder eine Dusche. Zumindest Frühstück wird angeboten, Tagesrezeption und Nachtportier.

1 Stern: Kleine Hotels mit einfachen Zimmern, zumindest Gemeinschaftsbäder und WCs. Alle Zimmer haben Handwaschbecken und Spiegel. Frühstück, z. T. auch andere Mahlzeiten. Tagesrezeption und Nachtportier.

JUGENDHERBERGEN: Reservierungen für alle maltesischen Jugendherbergen nimmt die *Malta Youth Hostels Association* (MYHA) entgegen, Anschrift: 17 Triq Tal-Borg, Pawla PLA 06 (Paola). Tel/Telefax: 69 39 57. Schriftliche Reservierungen bitte in englischer Sprache. Es gibt drei Jugendherbergen in Malta (zwei auf Malta, eine auf Gozo).

CAMPING: Auf Malta gibt es keine Campingplätze. Zelten im Freien ist nicht gestattet.

URLAUBSORTE & AUSFLÜGE

Die maltesischen Inseln liegen fast genau in der Mitte des Mittelmeeres. Das herrlich klare, blaue Meer, einsame Buchten und Sandstrände machen den Reiz dieses Urlaubsparadieses aus. Die reiche Geschichte der Inseln spiegelt sich in den Städten mit ihren mittelalterlichen Festungen, prächtigen Barockkirchen und Palästen wider.

Malta

Valletta: Die Stadt wurde nach der Türkenbelagerung 1565 von den Kreuzrittern des Johanniterordens als neue Inselhauptstadt erbaut. Neue, uneinnehmbare Befestigungsanlagen nach allen Seiten sollten weitere Angriffe unmöglich machen. Von der Festung kann man nicht nur **Grand Harbour**, einen der besten europäischen Naturhäfen, sondern die ganze Halbinsel überblicken. Die Stadt wuchs um die heute als *Republic Street*, *Old Bakery Street* und *Merchants Street* bekannten Straßen. In der Merchants Street findet man einige der schönsten Beispiele maltesischer Barockarchitektur. Die strengen Außenfassaden der *St.-John's-Co-Cathedral* (1573-77) täuschen, das Innere der Kirche beeindruckt durch vergoldete Verzierungen, Bodenmosaike aus Marmor und einen Lapislazuli-Altar, hinter dem sich wunderschöne Marmorstatuen befinden, die die Taufe Christi darstellen. Das von Caravaggio gemalte berühmte Gemälde »Die Enthauptung des Hl. Johannes« befindet sich in der Kapelle. Der *Grand Master's Palace*, der ehemalige Sitz der Großmeister des Johanniterordens in der Republic Street, wurde 1574 fertiggestellt. Heute sind hier einige bedeutende Gemälde untergebracht, die u. a. die große Belagerung von 1565 darstellen. Sie wurden von einem Schüler Michelangelos gemalt. Die Wandteppiche, die ursprünglich für den französischen Sonnenkönig Ludwig XIV. entworfen wurden, sind ebenfalls sehenswert. Die Waffenkammer des Palastes verfügt über eine der besten Sammlungen überhaupt. Das *Manoel Theatre* wurde nach dem bekannten Großmeister Manoel de Vilhena benannt und ist das zweitälteste Theater Europas. Es wurde 1731 als Hoftheater erbaut. Zwischen Oktober und Mai finden hier Konzerte, Opern-, Theater- und Ballettaufführungen statt. Das *National Museum of Fine Art* befindet sich in einem Palast aus dem 18. Jahrhundert und enthält eine schöne Sammlung exquisiter Möbel, Skulpturen, Gemälde und anderer Schätze des Johanniterordens. Die Kirche *Our Lady of Victory* wurde 1566 zum Gedenken an den Sieg über die Türken erbaut und ist die älteste Kirche in Valletta. In der nahegelegenen *Auberge de Provence* befindet sich das Nationalmuseum für Archäologie mit bedeutenden Ausstellungsstücken aus prähistorischer Zeit. Ein Bummel über den geschäftigen sonntäglichen Markt im Vorort **Floriana** lohnt sich auf jeden Fall. In der Merchants Street findet montags bis samstags ebenfalls ein Markt statt.

In der Nähe von **Paola** (Pawla) befindet sich die archäologische Ausgrabungsstätte *Tarxien* (u. a. Tempel aus dem Neolithikum). Das *Hypogäum* ist eine 3000 Jahre alte unterirdische Tempelanlage, die aus dem Fels gehauen wurde und aus einem Gewirr von Höhlen und Gängen besteht. Die vier Stockwerke tiefe Anlage diente als Kult- und Begräbnisstätte. *Ghar Dalam* (»Dunkle Höhle«) ist das älteste Zeugnis menschlichen und tierischen Lebens auf Malta; Fossilien längst ausgestorbener Tiere, darunter Zwergflußpferde und Elefanten, wurden hier gefunden.

Sliema liegt am Grand Harbour gegenüber von Valletta und ist eine große, moderne Stadt mit Hotels, Geschäften, Cafés, Kinos, Restaurants, Bars, Klubs und Diskotheken. Die Küste ist hier felsig, bietet aber trotzdem gute Bademöglichkeiten.

Die ehemalige Hauptstadt Maltas, **Mdina,** liegt auf einem hohen Plateau und überblickt die Insel. Die mit Stadtmauern befestigte mittelalterliche Stadt ist durchaus sehenswert. Man betritt sie über eine steinerne Zugbrücke und kommt in ein Gewirr von engen Gassen mit Kirchen, Klöstern und Palästen, die durch kleine Piazzas miteinander verbunden sind. Der mittelalterliche *Palazzo Falzan* wurde im normannischen Stil erbaut und heißt im Volksmund »das Normannenhaus«. Er beherbergt eine Sammlung alter Waffen und Keramiken, eine Kathedrale und ein Museum, in dem trotz der Plünderungen französischer Truppen im 18. Jahrhundert noch immer eine ausgezeichnete Kunstsammlung untergebracht ist. Von dem wunderschönen *Bastion Square* (Bastionsplatz) hat der Besucher einen atemberaubenden Blick auf die Felder und Dörfer der Umgebung sowie auf die *St.-Pauls-Bucht*.

Rabat hat viele schöne Barockkirchen; weitere Anziehungspunkte sind die Katakomben von *St. Paul* und *St. Agatha* (4. Jh. n. Chr.) sowie die Römische Villa, beredte Zeugnisse von Maltas Glanz zur Zeit der Römerherrschaft (218 v. Chr. - 870 n. Chr.). In der Umgebung der Stadt kann man viele interessante Spaziergänge unternehmen, etwa zum *Chadwick Lake*, zu den *Dingli Cliffs* und zum *Verdala Castle*, das die *Buskett Gardens* überblickt, das einzige Waldgebiet Maltas.

An der Südwestküste liegt die *Blaue Grotte*, der Legende nach sollen hier die Sirenen die Seefahrer mit ihren Gesängen verzaubert haben. Es gibt vier Höhlen, die die leuchtenden Farben der Korallen und Mineralien im Kalkstein widerspiegeln. Die Blaue Grotte ist die beeindruckendste dieser Höhlen, die man am besten bei ruhiger See am frühen Morgen besichtigt. Man erreicht sie mit dem Bus von Valletta.

Marsaxlokk, **Birzebbugia** und **Marsacala** sind typische maltesische Fischerdörfer, die in den Buchten an der Südspitze Maltas liegen. Im Hafenviertel kann man Fischernetze und bunt angemalte Boote sehen. In den Tavernen, meist Familienbetriebe, werden täglich frischgefangene Fische serviert. Bei Marsaxlokk wurde kürzlich ein der Fruchtbarkeitsgöttin Juno geweihter griechischer Tempel entdeckt. Die beliebtesten Strände befinden sich an der Nordküste. Das klare Wasser lädt zum Segeln, Tauchen und Wasserskifahren ein. Die schönsten Sandstrände sind *Paradise Bay*, *Golden Bay*, *Mellieha Bay*, *Armier Bay* und *Ghajn Tuffieha Bay*, die im Sommer relativ überfüllt, im Frühjahr jedoch angenehm leer sind.

Gozo

Gozo ist die zweitgrößte Insel des Archipels; Hügel, Täler, zerklüftete Klippen und Villen, die zwischen Pfirsich-, Zitronen-, Oliven- und Orangenhainen stehen, prägen das abwechslungsreiche Landschaftsbild. Im Frühling blühen Bougainvillea, Hibiskus, Oleander und Mimosen. Einige der einheimischen Handarbeiten (Spitze und Stickereien) kann man direkt in den Hausfluren oder auf den Straßen kaufen. Gozo ist ideal für erholungssuchende Urlauber, die fern von Autolärm und Hektik einmal ganz abschalten wollen.

Die Inselhauptstadt **Viktoria** (früher Rabat) wurde von den Arabern auf dem *Castle Hill* erbaut. Von hier aus hat man einen wunderbaren Rundblick über die ganze Insel. Die Kathedrale hat eigentlich keine Kuppel, mancher Besucher wurde jedoch schon von dem raffinierten *Trompe-l'Oeil*-Deckengemälde im Inneren getäuscht, das den Eindruck erweckt, die Kathedrale habe eine große Kuppel. In der Kathedrale befindet sich auch ein Museum, das den Kirchenschatz beherbergt.

Im archäologischen Museum im *Palazzo Bondi* sind u. a. Münzen, Schmuck- und Gebrauchsgegenstände ausgestellt, die von einem römischen Schiff stammen, das hier vor langer Zeit Schiffbruch erlitt. Außerdem findet man Ausstellungsstücke von Ausgrabungen des jungsteinzeitlichen *Megalith-Tempels* von *Ggantija*.

Zu den weiteren Sehenswürdigkeiten auf Gozo gehören die Zitadelle (*Gran Castello*, 15. Jh.) mit dem historischen Bollwerk und einigen alten Gebäuden (eines davon ist heute ein Museum für Völkerkunde). Bei **Xaghra** kann man die Alabaster-Tropfsteinhöhlen *Xerri's Grotto* und *Ninu's Grotto* besichtigen. Die Basilika bei *Ta'Pinu* in der Nähe des Dorfes **Gharb** ist eine der schönsten Kirchen Maltas. **Xewkija** ist eine Kleinstadt mit einer schönen neuen Kirche, die um die alte Pfarrkirche *St. John the Baptist* errichtet wurde.

Das Meer, das die Insel umgibt, ist sauber und klar. Die bekanntesten Strände sind *I-Qawra* mit einer geschützten Badestelle, kristallklarem Wasser und hohen Felsenklippen, *Ir-Ramla I-Hamra* (schöner Sandstrand) und die *Xlendi Bay*. Im Sommer finden in den Straßen viele Feste mit Feuerwerk und Pferderennen statt.

Das Fischerdorf **Marsalforn** an der Nordküste ist heute Gozos beliebtester Badeort.

Comino

Die Insel **Comino** zwischen Malta und Gozo ist dicht mit wilden Kräutern bewachsen (vor allem Kreuzkümmel). Auf der Insel gibt es nur noch einen Bauernhof mit drei Einwohnern. Die Pfade, die sich durch ungewöhnliche Felsformationen winden, sind die einzigen Verbindungswege auf der Insel. Comino ist ideal für jeden, der einen ruhigen erholsamen Urlaub verbringen möchte. Es gibt einige schöne Strände und kleine Sandbuchten, darunter die *Blue Lagoon*. Die Wassersportmöglichkeiten sind ausgezeichnet.

SOZIALPROFIL

ESSEN & TRINKEN: Die Auswahl an Restaurants und Cafés ist groß, Besucher finden Luxus-Restaurants ebenso wie Schnellimbisse. Es gibt chinesische Restaurants, Fischlokale, Bars und Strandtavernen. Normalerweise wird man am Tisch bedient, aber viele Cafés und Bars haben Tisch- und Tresenbedienung. Zu den einheimischen Gerichten gehören *Lampuki Pie*, *Bragoli* und *Fenek* (Kaninchen in Wein gedünstet). Schweinefleisch- und Fischgerichte sind zu empfehlen, auch die Gemüse sind ausgezeichnet. Maltas Orangen, Weintrauben, Erdbeeren, Melonen, Maulbeeren, Mandarinen, Feigen und Granatäpfel sind köstlich als Nachtisch oder kleine Zwischenmahlzeit. **Getränke:** Das maltesische Bier ist ausgezeichnet; es gibt auch Importbier aus dem Ausland. Einheimischer Wein ist preiswert, und die Auswahl ist gut. Man findet auch importierte Weine und Spirituosen. Die süßsaure und sehr erfrischende Limonade *Kinni* ist ein typisch maltesisches, alkoholfreies Getränk. Bars, Restaurants und Cafés sind normalerweise von 09.00-01.00 Uhr geöffnet, die meisten Hotelbars schließen zwischen 13.00 und 16.00 Uhr.

NACHTLEBEN: Es gibt mehrere Diskotheken. Roulette, Bakkarat, Black Jack und Boule kann im palastartigen *Dragonara-Kasino* in St. Julian's gespielt werden. Das *Manoel Theatre* ist eines der ältesten Theater Europas. In den Kinos werden häufig englische und amerikanische Filme gezeigt.

EINKAUFSTIPS: Empfehlenswerte Mitbringsel sind Web- und Töpferwaren, Keramik, Glaswaren, Puppen sowie Kupfer- und Messingartikel. Maltesische Gold- und Silberfiligranarbeiten sowie handgearbeitete Spitzen sind berühmt. **Öffnungszeiten der Geschäfte:** I. allg. Mo-Sa 09.00-13.00 und 16.00-19.00 Uhr.

SPORT: Zwischen April und November finden im Grand Harbour häufig Ruderregatten statt. Der Jachtklub von Valletta befindet sich am Couvre Port, einen weiteren gibt es auf der winzigen Insel Manoel am Marsamxett-Hafen (vorübergehende Mitgliedschaft ist in beiden Klubs möglich). Im *Marsa Sports Club* werden **Golf, Tennis, Squash, Kricket** und **Polo** angeboten; es gibt auch eine Pferderennbahn. **Windsurfen** ist auch in Malta beliebt – viele Hotels vermieten Ausrüstungen. In St. George's Bay, St. Julian's, gibt es eine **Bowlinganlage**. Die Bedingungen für **Unterwassersport, Tauchen** und **Schnorcheln** sind auf Malta ideal. Die meisten Hotelanlagen haben ihren eigenen Swimmingpool. Das Meer ist rund um die Insel zum Schwimmen geeignet. **Fußball** ist auch in Malta sehr beliebt und wird von September bis Juni viel gespielt. **Wasserball:** Im Sommer werden internationale Wettkämpfe abgehalten. **Pferderennen** finden zwischen Oktober und Mai an Sonntagnachmittagen statt.

VERANSTALTUNGSKALENDER

5. Mai '96 *Fun Run Day*, Gozo. **6. - 12. Mai** *Malta Snooker Masters*. **12. - 19. Mai** *Audi Malta Tennis Open*. **25. Mai** *11. Internationaler Windsurfwettbewerb*. **20. - 25. Juni** *Internationale Bowling-Meisterschaften*. **Mitte Juli - Mitte Aug.** *Internationales Kunstfestival*. **Juli (letztes Wochenende)** *Jazz Festival*. **Anfang Aug.** *Internationales Gastronomie- und Bierfest*. **5. - 7. Sept.** *Nationale Schwimmeisterschaften*. **28./29. Sept.** *Internationale Flugshow*. **13. Okt.** *Olympic Triathlon*. **Okt. - Nov.** *Schachmeisterschaften*. **4. - 9. Nov.** *Geschichtswoche*. **24./25. Nov.** *Internationales Amateurfilm- und Video-Festival*.

Malta / Marokko   **443**

Eine vollständige Aufstellung ist vom Fremdenverkehrsamt Malta erhältlich.
SITTEN & GEBRÄUCHE: Die üblichen europäischen Höflichkeitsformen werden auch hier erwartet. Malteser sind ausgesprochen gastfreundlich. Besucher sollten daran denken, daß die römisch-katholische Kirche in Malta auch heute noch große Bedeutung hat. Beim Besuch einer Kirche sollten Schultern und Beine bedeckt sein. Rauchen ist in öffentlichen Verkehrsmitteln und Kinos verboten. **Trinkgeld:** Sofern Trinkgeld nicht in den Hotel- oder Restaurantrechnungen enthalten ist, werden 10% erwartet. Taxifahrer erwarten 10% des Fahrpreises.

WIRTSCHAFTSPROFIL

WIRTSCHAFT: Viele Jahre hindurch waren die Werften der britischen Marine eine der Stützen der maltesischen Wirtschaft. Ihre Schließung im Jahr 1979 zwang die Regierung zu einer umfassenden neuen Wirtschaftspolitik. Die Werften wurden verstaatlicht und in kommerzielle Betriebe für Schiffbau und -reparatur umgewandelt. Sie sind trotz der im Zuge der globalen Rezession abnehmenden Nachfrage im internationalen Handelsschiffbau auch weiterhin eine der Haupteinnahmequellen des Landes. Seit Anfang der sechziger Jahre wird die Leichtindustrie ausgebaut, und heute werden hauptsächlich Textilien, aber auch Plastik, Druckerzeugnisse, elektronische Bauteile und Geräte hergestellt. Die Landwirtschaft hat jedoch ihre Bedeutung beibehalten. Kartoffeln, Tomaten, Zwiebeln und Blumen werden auch für den Export angebaut. Der Tourismus ist eine wichtige Devisenquelle und erwirtschaftet ca. 37% des Bruttoinlandsproduktes. 1992 kamen fast ein Fünftel der Urlauber aus Deutschland. Neben dem Tourismus fördert die Regierung insbesondere High-Tech-Unternehmen. Es gibt auch ein großes Offshore-Business-Centre. Malta verfügt über keine nennenswerten Rohstoffe und muß vor allem Erdöl importieren, Libyen ist Hauptlieferant. Die teuren Ölimporte tragen wesentlich zum konstanten Außenhandelsdefizit des Landes bei. Die Möglichkeit der Ausschöpfung von Erdöl- und Erdgasvorkommen vor der Küste wird z. Zt. untersucht. Italien ist der größte Handelspartner des Landes, gefolgt von Deutschland und Großbritannien.
GESCHÄFTSVERKEHR: In Geschäftskreisen wird hauptsächlich Englisch gesprochen. Das Geschäftsprotokoll ist konservativ. Auf Pünktlichkeit und gute Kleidung wird Wert gelegt. Die günstigsten Monate für Geschäftsreisen sind Oktober bis Mai. **Geschäftszeiten:** Mo-Fr 08.30-12.45 und 14.30-17.30 Uhr sowie Sa 08.30-12.00 Uhr. Einige Büros machen von 13.00 bis 16.00 Uhr Mittagspause.
Kontaktadressen: *Die wirtschaftlichen Interessen Österreichs werden von der Außenhandelsstelle der Wirtschaftskammer Österreich in Rom (s. Italien) wahrgenommen.*
Malta Chamber of Commerce (Handelskammer), Exchange Buildings, Republic Street, Valletta VLT 05. Tel: 24 72 33. Telefax: 24 52 23.
KONFERENZEN/TAGUNGEN: Die maltesischen Fremdenverkehrsämter (Adressen s. o.) verleihen kostenlos ein Video mit Planungshilfen für Tagungs- und Konferenzplaner.

KLIMA

Mittelmeerklima. Es ist fast das ganze Jahr über angenehm warm. Heiße Sommertemperaturen, besonders von Juni bis September. Kühle Meeresbrisen mildern das Klima. Es gibt nur kurze Regenperioden, hauptsächlich in den Monaten Dezember - März. Milde Winter.
Kleidung: Von März bis September wird leichte Baumwoll- und Leinenkleidung empfohlen. Wärmere Sachen im Winter, Frühjahr, Herbst und für kühle Abende. Leichter Regenmantel im Winter.

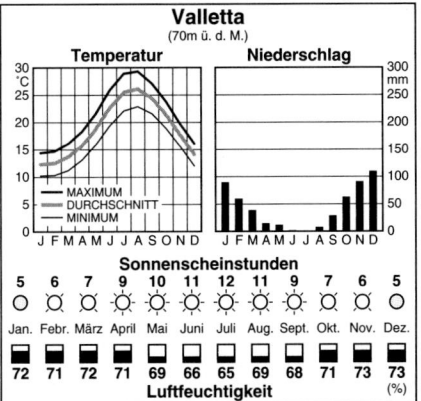

1 Gibraltar (Brit.)
2 Ceuta (Sp.)
3 Melilla (Sp.)

☐ Internationaler Flughafen

Lage: Nordafrika.

Staatliches Marokkanisches Fremdenverkehrsamt
Graf-Adolf-Straße 59
D-40210 Düsseldorf
Tel: (0211) 37 05 51/52. Telefax: (0211) 37 40 48.
Mo-Fr 09.00-13.00 und 14.00-17.30 Uhr.
Staatliches Marokkanisches Fremdenverkehrsamt
Schiffländle 5
CH-8001 Zürich
Tel: (01) 252 77 52. Telefax: (01) 251 10 44.
Mo-Fr 09.00-17.00 Uhr.
Office National Marocain de Tourisme
Angle Avenue al-Abtal et Rue Oved Fas
Agdal
Rabat
Tel: (07) 77 51 71. Telefax: (07) 77 74 37.
Botschaft des Königreiches Marokko
Gotenstraße 7-9
D-53175 Bonn
Tel: (0228) 35 50 44/46. Telefax: (0228) 35 78 94.
Mo-Fr 09.00-15.00 Uhr.
Außenstelle ohne Visumerteilung in Berlin (Tel: (030) 482 97 03). *Generalkonsulate* mit Visumerteilung in Düsseldorf (Tel: (0211) 45 10 41) und Frankfurt/M. (Tel: (069) 55 98 87).
Honorarkonsulate ohne Visumerteilung in Bremen, Hamburg und München.
Botschaft des Königreiches Marokko
Untere Donaustraße 13-15/6
A-1020 Wien
Tel: (0222) 214 25 68. Telefax: (0222) 216 79 84.
Mo-Fr 10.00-14.00 Uhr.
Honorarkonsulat ohne Visumerteilung in Salzburg.
Botschaft des Königreiches Marokko
Helvetiastraße 42
CH-3005 Bern
Tel: (031) 351 03 62. Telefax: (031) 351 03 64.
Mo-Fr 8.30-12.00 und 14.30-17.00 Uhr.
Generalkonsulate ohne Visumerteilung in Montreux und

TIMATIC INFO-CODES

Abrufbar über Ihr CRS-System (für START/Amadeus Ama-Maske benutzen). Für Galileo bitte TI-DFT eingeben (mit Bindestrich).

Flughafengebühren	TI DFT/ RBA /TX
Währung	TI DFT/ RBA /CY
Zollbestimmungen	TI DFT/ RBA /CS
Gesundheit	TI DFT/ RBA /HE
Reisepassbestimmungen	TI DFT/ RBA /PA
Visabestimmungen	TI DFT/ RBA /VI

Zürich.
Botschaft der Bundesrepublik Deutschland
7 Zankat Madnine
BP 235
Rabat
Tel: (07) 70 96 62/85/97, 70 83 75. Telefax: (07) 70 68 51.
Generalkonsulat in Casablanca. *Vizekonsulat* in Tanger.
Botschaft der Republik Österreich
2 Zankat Tiddas
BP 135
Rabat
Tel: (07) 76 40 03, 76 16 98. Telefax: (07) 76 54 25.
Honorargeneralkonsulat in Casablanca.
Botschaft der Schweizerischen Eidgenossenschaft
Square de Berkane
10001 Rabat
BP 169
10000 Rabat
Tel: (07) 70 69 74, 70 75 12, 70 57 48. Telefax: (07) 70 57 49.
Konsulat in Casablanca.

FLÄCHE: 712.550 qkm (einschl. des umstrittenen Gebietes der Westsahara, sonst 458.7300 qkm).
BEVÖLKERUNGSZAHL: 25.945.000 (1993).
BEVÖLKERUNGSDICHTE: 57 pro qkm.
HAUPTSTADT: Rabat. **Einwohner:** 1.172.000 (1990).
GEOGRAPHIE: Marokko liegt an der westlichen Spitze Nordafrikas und wird im Osten von Algerien, im Südosten von Mauretanien und im Süden vom umstrittenen Gebiet der Westsahara (Demokratische Arabische Republik Sahrawi) begrenzt. Durch die Mitte des Landes zieht sich das Atlasgebirge, das zu den fruchtbaren Ebenen und Sandstränden der Atlantikküste hin abfällt. Der Mittlere Atlas steigt vom Süden bis auf über 3000 m an und ist mit Pinien, Eichen und Zedern bewachsen, hier gibt es viel Weideland und kleine Seen. Das Rif-Gebirge erstreckt sich entlang der Nordküste. Ebenfalls an der Nordküste liegen die Häfen Ceuta (Sebta) und Melilla, die von Spanien verwaltet werden.
STAATSFORM: Parlamentarische Monarchie seit 1972; Einkammerparlament (Nationalversammlung mit 333 Mitgliedern). Staatsoberhaupt: König Hassan II., seit 1961. Regierungschef: Abdellatif Filali, seit Mai 1994. Bei einer 1992 durchgeführten Volksbefragung befürwortete eine überwiegende Mehrheit die vom König vorgeschlagenen Verfassungsänderungen.
SPRACHE: Amtssprache ist Arabisch, es werden aber auch Berbersprachen gesprochen. Zweitsprache ist Französisch, das vor allem in Geschäfts- und Verwaltungskreisen gesprochen wird. Im Norden und Süden spricht man auch Spanisch, in den Städten oft auch etwas Englisch.
RELIGION: Überwiegend islamisch (89%); jüdische und christliche Minderheiten. Die Bevölkerung stammt von Berbern, Arabern, Mauren, Juden und anderen Volksgruppen ab.
ORTSZEIT: MEZ - 1 (MEZ im Sommer).
NETZSPANNUNG: 110 V, 50 Hz ist am häufigsten anzutreffen, neue Installationen haben 220 V. Eurostecker wird empfohlen.
POST- UND FERNMELDEWESEN: Telefon: Selbstwählferndienst. **Landesvorwahl: 212. Telefaxservice** in den größeren Hotels. **Telex/Telegramme:** Telexanschlüsse gibt es in den großen Hotels. Telegramme kann man in jedem Hauptpostamt aufgeben. **Post:** Luftpost nach Europa ist bis zu einer Woche unterwegs, die Zustellung ist nicht immer zuverlässig.
DEUTSCHE WELLE
Der Einsatz der Kurzwellenfrequenzen ändert sich mehrfach im Laufe eines Jahres, und Sendungen auf den folgenden Frequenzen werden jeweils nur zu bestimmten Tageszeiten ausgestrahlt. Näheres in der Einleitung.

MHz	17,560	15,135	9,545	7,185	6,075
Meterband	16	19	31	41	49

REISEPASS/VISUM

Wichtiger Hinweis: Die Einreisebestimmungen mancher Länder können sich kurzfristig ändern – rufen Sie sicherheitshalber auf Ihrem CRS-System (TIMATIC-Info-Code-Fenster in diesem Kapitel) den aktuellen Stand ab bzw. wenden Sie sich an die zuständige diplomatische Vertretung. Etwaige Zahlen in der Tabelle beziehen sich auf nachfolgende Fußnoten.

	Paß erforderlich?	Visum erforderlich?	Rückflugticket erforderlich?
Deutschland	Ja/1	Nein	Ja
Österreich	Ja/1	Nein	Ja
Schweiz	Ja/1	Nein	Ja
Andere EU-Länder	Ja/1	Nein	Ja

REISEPASS: Allgemein erforderlich. Für die spanischen Enklaven Ceuta und Melilla gelten die Einreisebestimmungen für Spanien. Der Paß muß mindestens noch 6 Monate (bei Pauschalreisen genügen 3 Monate) über den Einreisetag hinaus gültig sein.
[1] Staatsangehörige der Bundesrepublik Deutschland, von Österreich, der Schweiz sowie von Dänemark, Finn-

land, Frankreich, Schweden und Spanien sowie von Island und Norwegen können auch unter Vorlage eines Personalausweises oder Sammelpasses einreisen, wenn sie an einer organisierten Gruppenreise teilnehmen.
VISUM: Erforderlich, ausgenommen sind Staatsangehörige folgender Länder für einen Aufenthalt bis zu drei Monaten:
(a) Bundesrepublik Deutschland, Österreich, übrige EU-Länder und Schweiz;
(b) Andorra, Argentinien, Australien, Bahrain, Brasilien, Chile, Côte d'Ivoire, Guinea, Island, Indonesien, Japan, Kanada, Katar, Kongo, Korea-Süd, Libyen, Liechtenstein, Mali, Malta, Mexiko, Monaco, Neuseeland, Niger, Norwegen, Oman, Peru, Philippinen, Rumänien, Saudi-Arabien, Senegal, Tunesien, Türkei, USA, Venezuela und Vereinigte Arabische Emirate.
Visaarten: Touristenvisum. Transitvisa werden kostenlos erteilt.
Visagebühren: *Einmalige Einreise:* 21 DM, 150 öS, 16,60 sfr. *Zweimalige Einreise:* 27 sfr.
Gültigkeit: Einreisevisa sind maximal 3 Monate gültig. Wer länger bleiben möchte, muß innerhalb von 15 Tagen nach der Einreise einen Antrag bei der Polizei stellen. Weitere Auskünfte erteilt die Botschaft.
Antragstellung: Konsulat oder Konsularabteilung der Botschaft (Adressen s. o.).
Unterlagen: (a) Antrag in dreifacher Ausfertigung. (b) 3 Paßfotos. (c) Fotokopie des Reisepasses (muß am Einreisetag mind. noch 6, bei Pauschalreisen mind. noch 3 Monate gültig sein). (d) Gebühr. (e) Ggf. Buchungsbestätigung vom Reisebüro. (f) Ggf. Kopie der Aufenthaltsgenehmigung des Gastlandes.
Bearbeitungszeit: Da die Anträge zur Genehmigung nach Marokko geschickt werden, sollte man sie sehr frühzeitig einreichen (7-10 Wochen vor der geplanten Abreise).
Aufenthaltsgenehmigung: Beantragung bei den örtlichen Polizeidienststellen (s. o.). Weitere Informationen vom *Ministre du Travail*, Rabat, Marokko.

GELD

Währung: 1 Marokkanischer Dirham (Dh) = 100 Centimes. Banknoten sind im Wert von 200, 100, 50 und 10 Dh im Umlauf; Münzen in den Nennbeträgen 5 und 1 Dh sowie 50, 20, 10 und 5 Centimes.
Kreditkarten: Die größeren internationalen Kreditkarten werden akzeptiert. Einzelheiten vom Aussteller der betreffenden Kreditkarte.
Reiseschecks werden von Banken und in größeren Hotels angenommen.
Euroschecks werden ebenfalls akzeptiert bis zu einem Gegenwert von 2000 Dh, müssen jedoch in Devisen ausgestellt sein.
Wechselkurse

	Dh Sept. '92	Dh Febr. '94	Dh Jan. '95	Dh Jan. '96
1 DM	5,28	5,55	5,75	5,94
1 US$	7,85	9,63	8,91	8,54

Devisenbestimmungen: Die Ein- und Ausfuhr der Landeswährung ist nicht gestattet. Vor der Ausreise muß die Landeswährung wieder zurückgetauscht werden. Die Ein- und Ausfuhr von Fremdwährung ist unbegrenzt. Unter Vorlage der Umtauschquittungen der Banken darf man bis zu 50% der getauschten Landeswährung wieder zurücktauschen (mit bestimmten Einschränkungen).
Öffnungszeiten der Banken: *Winter:* Mo-Fr 08.30-11.30 und 14.30-17.00 Uhr. *Sommer:* Mo-Fr 08.00-15.30 Uhr. *Ramadan:* 09.30-14.00 Uhr.

DUTY FREE

Folgende Artikel dürfen zollfrei nach Marokko eingeführt werden:
200 Zigaretten oder 50 Zigarren oder 250 g Tabak;
1 l Spirituosen und 1 l Wein;
50 ml Parfüm.

GESETZLICHE FEIERTAGE

1. Mai '96 Tag der Arbeit. **23. Mai** Nationalfeiertag. **19. Mai** Islamisches Neujahr. **28. Mai** Ashoura. **9. Juli** Fest der Jugend und Geburtstag des Königs. **28. Juli** Mouloud (Geburtstag des Propheten). **14. Aug.** Oued-Ed-Dahab-Tag (Huldigung des Vadi Ed Dahab). **20. Aug.** Jahrestag der Revolution. **6. Nov.** Jahrestag des Friedensmarsches. **18. Nov.** Unabhängigkeitstag. **1. Jan. '97** Neujahr. **11. Jan.** Unabhängigkeitserklärung. **10. Febr.** Eid el-Seghir (Eid al-Fitr, Ende des Ramadan). **3. März** Jahrestag der Thronbesteigung von König Hassan II. **18. April** Eid el-Kebir (Eid al-Adha). **1. Mai** Tag der Arbeit. **9. Mai** Islamisches Neujahr.
Anmerkung: Die angegebenen Daten für islamische Feiertage sind nach dem Mondkalender berechnet und verschieben sich daher von Jahr zu Jahr. Während des Fastenmonats Ramadan, der dem Festtag Eid al-Fitr vorangeht, essen Mohammedaner nicht tagsüber, sondern erst nach Sonnenuntergang, wodurch der normale Geschäftsablauf gestört werden kann. Diese Unterbrechungen können auch während des Eid al-Fitr auftreten. Dieses Fest, ebenso wie das Eid al-Adha, hat keine bestimmte Zeitdauer und kann je nach Region 2-10 Tage dauern. Weitere Informationen im Kapitel *Welt des Islam* (s. Inhaltsverzeichnis).

GESUNDHEIT

In der folgenden Tabelle aufgeführte Impfvorschriften können sich kurzfristig ändern. Es wird stets empfohlen, auf Ihrem CRS-System (TIMATIC-Info-Code-Fenster in diesem Kapitel) den aktuellen Stand der Gesundheitsbestimmungen abzurufen bzw. rechtzeitig vor der Reise ärztlichen Rat einzuholen.

	Vorsichtsmaßnahmen empfohlen	*Impfschein erforderlich*
Gelbfieber	Nein	Nein
Cholera	Nein	Nein
Typhus & Polio	1	-
Malaria	2	-
Essen & Trinken	3	-

[1]: Typhus kommt vor, Poliomyelitis jedoch nicht.
[2]: Das Malariarisiko ist gering, Malaria tritt nur in der weniger gefährlichen Form *Plasmodium vivax* in einigen ländlichen Gebieten zwischen Mai und Oktober auf. Begrenzte Herde wurden hauptsächlich in folgenden Provinzen gemeldet: Béni-Mellal, Chefchaouen, El Kelâa Srahna, Khémisset, Khénifra, Khouribga, Larache, Settat, Taounate und Taza.
[3]: In Großstädten ist Leitungswasser normalerweise gechlort und relativ ungefährlich, kann jedoch u. U. leichte Magenbeschwerden hervorrufen. Für die ersten Wochen des Aufenthalts wird daher in Flaschen abgefülltes Wasser empfohlen. Außerhalb der Großstädte ist Trinkwasser nicht immer keimfrei und sollte sterilisiert werden. Milch ist nicht pasteurisiert und sollte abgekocht werden. Trocken- und Dosenmilch nur mit keimfreiem Wasser anrühren. Milchprodukte aus ungekochter Milch am besten vermeiden. Fleisch- oder Fischgerichte nur gut durchgekocht und heiß serviert essen. Gemüse sollte gekocht und Obst geschält werden.
Tollwut kommt vor. Wer ein erhöhtes Risiko eingeht (z. B. längerer Aufenthalt in abgelegenen Gebieten), sollte sich vor Reiseantritt impfen lassen. Bei Bißwunden so schnell wie möglich medizinische Hilfe in Anspruch nehmen. Weitere Informationen im Kapitel *Gesundheit* (s. Inhaltsverzeichnis).
Bilharziose-Erreger kommen in manchen Teichen und Flüssen vor, das Schwimmen und Waten in Binnengewässern sollte daher vermieden werden. Gut gepflegte Schwimmbecken mit gechlortem Wasser sind unbedenklich.
Hepatitis A kommt vor.
Gesundheitsvorsorge: In allen Großstädten gibt es gute medizinische Einrichtungen, einschl. Notdienst-Apotheken (manchmal im Rathaus), die außerhalb der üblichen Zeiten geöffnet haben. Die Krankenhäuser bieten in Notfällen für eine geringe Gebühr oder auch kostenlos ärztliche Behandlung. Grundsätzlich keine Kostenrückerstattung für Sachleistungen (Medikamente, ärztliche Behandlung) möglich. Der Abschluß einer Reisekrankenversicherung wird empfohlen.

REISEVERKEHR - International

FLUGZEUG: *Royal Air Maroc (AT)* ist die nationale Fluggesellschaft. Gute Flugverbindungen von Frankfurt, Wien und Zürich.
Durchschnittliche Flugzeiten: *Frankfurt* – Casablanca: 3 Std. 40; *Wien* – Casablanca: 3 Std. 40; *Zürich* – Casablanca: 4 Std. 40.
Internationale Flughäfen: *Casablanca (CAS)* (Mohammed V) liegt 30 km südlich der Stadt (Fahrzeit: 30 Min.). Flughafeneinrichtungen: Duty-free-Shop, Bank/Wechselstube (24 Std.), Post, Restaurant/Bar und Mietwagenschalter. Flughafenbusse und Taxis fahren nach Casablanca, und ein Bus fährt nach Rabat.
Rabat (RBA) (Sale) liegt 10 km nordöstlich der Stadt (Fahrzeit: 15 Min). Am Flughafen gibt es eine Bank, Post, Mietwagenschalter, Geschäfte, Restaurants und Bars. Ein Taxistand ist ebenfalls vorhanden.
Tangier (TNG) (Boukhalef) liegt 12 km außerhalb der Stadt (Fahrzeit: 20 Min.). Flughafeneinrichtungen: Duty-free-Shop, Bank/Wechselstube, Restaurant/Bar und Mietwagenschalter. Busse und Taxis fahren nach Tanger.
Agadir (AGA) (Al Massira) liegt 22 km außerhalb der Stadt (Fahrzeit: 20 Min.). Bank/Wechselstube, Bar (kein Restaurant) und Mietwagenschalter. Busverbindung und Taxis zur Stadt.
Fez (FEZ) (Sais) liegt 10 km außerhalb der Stadt (Fahrzeit: 10 Min.). Taxis fahren zur Stadt.
Marrakesch (RAK) liegt 6 km außerhalb der Stadt. Am Flughafen gibt es eine Bank/Wechselstube. Taxis und Busse fahren zur Stadt.
SCHIFF: Die Haupthäfen sind Tanger, Casablanca und Ceuta. Folgende Reedereien laufen diese Häfen an: *Transocean-Tours*, *Compañía Transmediterránea*, *Limadet*, *Bland Line* (von Spanien und Gibraltar), *Polish Ocean Lines* und *Nautilus* (von Spanien und den USA) sowie *Comanav*.
Auto-Passagierfähren: Preiswerte Linienfähren verbinden Südspanien mit Tanger und den spanischen Enklaven an der nordmarokkanischen Küste auf folgenden Strecken: Algeciras – Ceuta (Sebta) (Autofähre); Algeciras – Tanger (Tragflächenboot und Autofähre); Gibraltar – Tanger (Tragflächenboot und Autofähre) und Almería – Melilla (Autofähre).
Autofähren der *Compagnie Marocaine de Navigation* verkehren außerdem zwischen Sète an der französischen Küste (zwischen Béziers und Montpellier am Golfe du Lyon) und Tanger.
BAHN: Die Verbindung zwischen Oujda und der algerischen Grenze ist bereits seit einiger Zeit wieder geöffnet. *EURO DOMINO-Netzkarten* und *InterRail-Paß* gelten auch in Marokko, Einzelheiten s. *Deutschland*.
BUS/PKW: Die beste Straßenverbindung ist über Südspanien oder Frankreich mit einer der Auto-/Passagierfähren (s. o. *Schiff*). Im Norden Marokkos gibt es auch eine Straßenverbindung nach Algerien.

REISEVERKEHR - National

FLUGZEUG: *Royal Air Maroc (AT)* bietet Linienflüge von Casablanca nach Agadir, Al Hoceima, Dakhla, Fez, Marrakesch, Ouarzazate, Oujda, Rabat, Tanger und Tetouan an.
BAHN: Das marokkanische Bahnnetz ist nicht sehr umfangreich, es gibt jedoch regelmäßige und preiswerte Verbindungen und auch Züge mit Wagen 1. Klasse und Speisewagen. Die Fahrpreise sind sehr günstig im internationalen Vergleich. Das Schienennetz verbindet Oujda im Nordosten mit Casablanca an der Westküste und Tanger an der Nordküste mit Marrakesch im Landesinneren. Die wichtigste Verbindung führt von Fez nach Rabat und Casablanca, auf dieser Strecke verkehren auch Nachtzüge. Regelmäßige Zugverbindungen gibt es außerdem von Casablanca nach Marrakesch.
BUS/PKW: Die Hauptstraßen, vor allem im Norden und Nordwesten des Landes, sind bei jedem Wetter befahrbar. Im Landesinneren, südlich des Atlasgebirges, wird das Reisen schwieriger, vor allem jedoch beim Überqueren des Atlas während der Wintermonate ist Vorsicht geboten. **Fernbusse:** Die Busverbindungen zwischen den größeren Städten sind sehr gut, hauptsächlich fahren Privatbusse. Die zwei größten Firmen sind *CTM* (landesweit) und *SATAS* (verkehrt zwischen Casablanca, Agadir und südlich von Agadir). Die Busse zwischen den meisten Großstädten und Dörfern verkehren häufig und regelmäßig. Sie können sehr überfüllt sein, und es empfiehlt sich, frühzeitig am Bus zu sein, um einen Sitzplatz zu bekommen. Die Fahrpreise sind niedrig, besonders im Regionalverkehr. Es ist üblich, dem Schaffner für das Einladen des Gepäcks ein Trinkgeld zu geben. Man kann von mehreren Busunternehmen klimatisierte Busse mieten. **Taxis** findet man in den größeren Städten. Nur *Petits Taxis* haben Taxameter (s. *Stadtverkehr*). Im Überlandverkehr werden größere Taxis, meist der Marke Mercedes, benutzt, die man mit anderen Passagieren teilen kann; der Fahrpreis sollte im voraus vereinbart werden. **Mietwagen:** Die großen Mietwagenfirmen haben Niederlassungen in Tanger, Agadir und Casablanca. Bleifreies Benzin ist nur in einigen größeren Städten erhältlich. **Unterlagen:** Führerschein des eigenen Landes oder Internationaler Führerschein. Haftpflichtversicherung und Internationale Grüne Versicherungskarte (muß für Marokko gültig geschrieben sein) erforderlich. Versicherungen können auch vor Ort abgeschlossen werden.
STADTVERKEHR: In Casablanca und den anderen Großstädten gibt es weitverzweigte Busnetze. Man kann die Fahrkarten im voraus kaufen. In den Städten gibt es zahlreiche *Petits Taxis* mit Taxametern.
FAHRZEITEN von Casablanca zu den folgenden größeren Städten (ungefähre Angaben in Std. und Min.):

	Flugzeug	Bahn	Bus/Pkw
Rabat	0.30	1.00	1.30
Marrakesch	*0.40	4.00	4.00
Agadir	*0.55	-	9.00
Fez	*0.40	5.00	5.00
Meknes	-	3.30	2.30
Tanger	*0.50	6.00	7.00
Oujda	*0.65	12.00	12.00
Layoune	1.30	-	20.00
Errachidia	1.35	-	12.00

Anmerkung: [*] Diese Zeitangaben gelten für Linienflüge von Casablanca.

UNTERKUNFT

HOTELS: Marokko verfügt über 100.000 Hotelbetten. In allen größeren Ortschaften ist die Auswahl relativ groß; in den meisten Großstädten gibt es auch internationale Hotels. Weitere Informationen sind vom Fremdenverkehrsamt (Adressen s. o.) oder vom ADAC erhältlich. Weitere Kontaktadresse: *Federation Nationale de l' Industrie Hoteliere*, 11 Rue Caporal Beaux, 21000 Casablanca. Tel: (02) 31 90 83. Telefax: (02) 31 74 25.
Kategorien: Klassifizierung mit 1-5 Sternen.
FERIENWOHNUNGEN sind in Agadir, Tanger und Marrakesch erhältlich. Das Fremdenverkehrsamt erteilt nähere Auskunft.
CAMPING: In vielen Gegenden Marokkos gibt es gut ausgestattete Campingplätze. Weitere Einzelheiten können Sie einer Broschüre des Fremdenverkehrsamtes entnehmen.
JUGENDHERBERGEN: Es gibt Jugendherbergen in Asni, Azrou, Casablanca, Fez, Ifrane, Meknes und

Rabat. Sie sind ausschließlich Schülern, Studenten sowie Jugendlichen mit Jugendherbergsausweis vorbehalten.

URLAUBSORTE & AUSFLÜGE

Die Königsstädte

Die Königsstädte Fez, Marrakesch und Meknes waren alle irgendwann einmal Hauptstadt des Landes. Das im 12. Jahrhundert gegründete **Rabat** ist die heutige Landeshauptstadt und Residenz des Königs. In dieser ungewöhnlich grünen Stadt fallen mehrere imposante Tore auf, besonders beeindruckend ist das Tor in der *Kasbah Oudaias*, dem reizvollsten Viertel der Stadt. Überall laden Straßencafés zum Verweilen ein. Im Sommer sind die zahlreichen Strände und der nahegelegene Mamora-Wald die beliebtesten Touristenziele. Sehr besuchenswert ist der *Tour Hassan*, das grandiose Minarett einer riesigen, unvollendeten Moschee aus dem 12. Jahrhundert. Aus dem Mittelalter stammen auch die Zinnen, die die Altstadt und einen Teil der Neustadt umgeben. Etwas außerhalb liegt die *Chellah* mit einmaligen Denkmälern, schönen Gärten und römischen Ruinen. Zu den weiteren Sehenswürdigkeiten gehören der *Königspalast*, das *Nationalmuseum* und das *Mausoleum Mohammeds V.*, ein hervorragendes Beispiel traditioneller marokkanischer Architektur. *Salé*, das im 11. Jahrhundert gegründet wurde, liegt auf dem gegenüberliegenden Flußufer.
Meknes ist von einer 16 km langen, von Türmen und Bastionen flankierten Stadtmauer umgeben. Die Stadt hat einen wundervollen *Souk* und spiegelt in ihrer Architektur die Macht König Moulai Ismails wider, der ein Zeitgenosse des französischen Sonnenkönigs Ludwig XIV. war und das Land 55 Jahre lang regierte. Die Wintersportorte *Michlifen* und *Djebel Habri* liegen außerhalb von Meknes.
Fez, die älteste und bedeutendste Königsstadt, wurde im 8. Jahrhundert gegründet. Diese exotische, an historischen Baudenkmälern so reiche Stadt besteht aus zwei Teilen – El Bali (die Altstadt) und Jadid (die Neustadt). Zu den berühmtesten Touristenattraktionen zählen der *Place Nejjarine* mit seinem reizvollen *Springbrunnen*, die *Er-Rsif-Moschee*, die *Andalusische Moschee* und der *Königliche Palast*. Die grandiose, altehrwürdige *Karaouine-Moschee* ist heute Sitz der Universität. Eindrucksvoll ist auch die Architektur der wunderbaren mittelalterlichen Koranschulen. Der Markt von Fez ist einer der größten Märkte der Welt – es gibt kaum etwas, das man hier nicht kaufen könnte.
Das *Ouergha-Tal* im Norden ist für seine *Souks* und Marokkos berühmteste Reiterspiele bekannt, die angeblich von Papst Silvester II. vor seiner Amtsübernahme im Jahre 999 n. Chr. besucht wurden. Papst Silvester II. war es auch, der nach seinem Besuch in Marokko die arabische Mathematik in Europa einführte.
Marrakesch wurde 1062 gegründet und war die Hauptstadt eines Reiches, das sich von Toledo bis zum Senegal erstreckte. In der Stadt gibt es ein Labyrinth enger Gassen, romantisch-exotische Paläste, interessante Museen, eindrucksvolle Moscheen und bunte Märkte. Die Stadtparks werden noch immer von einem unterirdischen Bewässerungssystem gespeist, das im 11. Jahrhundert angelegt wurde. Auf dem *Djemma-el-Fna*, einem großen Platz, treten Tänzer, Wahrsager, Akrobaten und Märchenerzähler auf, unvergeßlich dargestellt in Hubert Fichtes gleichnamigem Roman. Weitere Sehenswürdigkeiten sind das majestätische *Koutoubia-Minarett* (12. Jh.), die *Ben Youssef Medresa* (Mosaiken, Marmor und Holzschnitzereien), der prächtige *Bahia-Palast*, die schönen *Saadian-Grabmale* (hier sind die Herrscher der Saadia-Dynastie beigesetzt), die weitläufigen *Menara-* und *Aquedal-Gärten* und der berühmte Kamelmarkt. Sehr schön ist eine Fahrt mit der Pferdekutsche bei Sonnenuntergang durch die Altstadt (ca. 12 km).
Eine Autostunde von Marrakesch entfernt liegt **Oukaimeden**, Marokkos bester Skiurlaubsort. Auf der Fahrt nach Oukaimeden lohnt sich ein Abstecher nach **Ourika** (Eselmarkt) und nach **Asni** am Fuß des **Toubkai**.

Die Küste

An der Mittelmeerküste zwischen Tanger und Nador stößt man überall auf kleine Flüsse, Buchten, geschützte Strände und Klippen, die ideal zum Schwimmen, Fischen und Bootfahren sind. *Al Hoceima, M'Diq, Taifor* und *Smir/Restinga* sind neue Urlaubsorte mit guten Unterkunftsmöglichkeiten von Luxushotels bis hin zu Bungalows.
Die Atlantikküste ist an vielen Stellen felsig, hat aber auch gute Sandstrände und windgeschützte Buchten.
Der Freihafen **Tanger**, das Tor nach Afrika, gibt sich weltstädtisch: Die Straßenschilder sind hier auch heute noch dreisprachig. Die hochgelegene Altstadt mit den wunderschönen *Mendoubia-Gärten* ist eine der Hauptsehenswürdigkeiten. Bei Besuchern besonders beliebt sind auch die *Sidi-Bounabib-Moschee*, die *Moulai-Ismail-Moschee* und die *Merinid-Medresse*. Das herrlich gelegene Tanger hat einen malerischen und geschäftigen Markt, den *Grand Socco*. Interessante Ausflugsorte sind der Bergort **Chechaouèn**, das Fischerdorf **Asilah** und die *Herkules-Höhle* am Kap Spartel.
Ebenfalls an der Atlantikküste befindet sich **Casablanca**, eine Stadt, die noch nicht sehr alt ist. Sie wurde Anfang dieses Jahrhunderts gegründet, ist die größte Handelsstadt des Landes und die viertgrößte Stadt Afrikas mit einem der größten Häfen des Kontinents.
Agadir ist ein moderner Ferienort mit herrlichen Stränden, zahlreichen Sportanlagen, guten Hotels, einladenden Ferienhäusern und Ferienwohnungen. Nur ein einziges Gebäude überstand das Erdbeben von 1960. Es bieten sich Ausflugsmöglichkeiten nach **Taroudant, Tiznit, Tafraout, Goulimine, Essaouira** und natürlich nach **Marrakesch**.
Mohammedia, Essaouira (Surferparadies) und **El Jadida** sind drei weitere reizvolle Urlaubsorte in dieser Gegend. In El Jadida ist vor allem das alte Portugiesische Viertel mit der *Maria-Himmelfahrts-Kirche* und gut erhaltenen Befestigungsanlagen besuchenswert.

Der Süden

Im Süden ist die Landschaft besonders eindrucksvoll, und Brauchtümer und Volkskunst sind noch ursprünglicher. Man findet malerische kleine Oasen und beschauliche Städte, die von Obstgärten und Olivenhainen umgeben sind. **Erfoud** ist ein guter Ausgangspunkt für Ausflüge zur *Tafilalet-Oase*, die ihr üppiges Grün den unterirdischen Flüssen Ziz und Rheris verdankt. Mittelpunkt der Provinzhauptstadt **Er Rachidia** ist der lebhafte Marktplatz. Auf der Straße von Er Rachidia nach Erfoud, in Meski, kommt man an den *Blauen Quellen* vorbei und in der Nähe von Mindelt an einem natürlichen Amphitheater, dem *Cirque de Jaffar*. **Tinerhir** war einst eine große Garnison der französischen Fremdenlegion; die *Kasbahs* sind einen Besuch wert. In der Nähe von Tinerhir liegen die eindrucksvollen Schluchten *Dades* und *Todra*.
Hauptanziehungspunkte von **Quarzazate** sind die *Kasbah Taourirt*, ein Museum für Kunsthandwerk und ein genossenschaftlicher Laden der Teppichknüpfer.
Zagora: Von den Höhen des Djebel Zagora hat man eine herrliche Aussicht auf das Draa-Tal und die Wüste. Die Oase **Tamergroute** liegt 18 km von Zagora entfernt, hier gibt es eine Bibliothek mit den ältesten arabischen Manuskripten, die vor neun Jahrhunderten auf Gazellenhaut geschrieben wurden. Sie sind in der *Zaouia Nasseria* ausgestellt. In der Nähe liegt **Mhamid** mit seinen Palmengärten, das Tor zur großen Sandwüste. Südlich von Agadir, hoch auf Felsen, liegen die Kasbahs von **Tafraoute**. Viele der Fassaden sind mit eigenartigen weißen oder ockerfarbenen Mustern bemalt. In **Goulimine** wird an jedem Wochenende der *Souk* der Blauen Tuareg abgehalten, samstags ist Kamelmarkt.

SOZIALPROFIL

ESSEN & TRINKEN: Die traditionellen Gerichte der marokkanischen Küche sind ausgezeichnet und fast immer preiswert. Sie sind häufig auf recht komplizierte Art zubereitet, und zu den Hauptzutaten zählen Fleisch und süße Pasteten. Spezialitäten sind *Harira* (dickflüssige Suppe) und *Bastilla*, eine Pastete mit Taubenfleisch, die aus vielen Schichten dicken Teigs gemacht wird. *Tajine*, ein Eintopf aus Huhn, Pflaumen, Mandeln und Gemüse, wird in einem speziellen Tongefäß gegart. *Kuskus*, das marokkanische Nationalgericht, hat gedämpften Couscous (eine Art Weizengrieß) zur Grundlage, dazu kommen Ei, Huhn, Lamm, Gemüse oder süße Gewürze. *Touajen* sind leckere, dicke Eintopfgerichte mit mariniertem Lamm oder Huhn. *Hout* ist eine Fischvariante des gleichen Gerichtes, *Djaja Mahamara* ist ein mit Mandeln, Grieß und Rosinen gefülltes Huhn und *Mchoui* in einer Grube gegarter Hammel. Zum Nachtisch gibt es oft *Kab-el-Ghzal*, ein Mandelgebäck, oder süßen Couscous. Hotelrestaurants bieten normalerweise französische Gerichte an, in Restaurants gibt es eine gute Auswahl einheimischer, französischer, italienischer oder spanischer Gerichte. In den *Souks* werden an Ständen Kebabs (*Brochettes*) mit einer Gewürzsoße verkauft. **Getränke:** Das Nationalgetränk ist Pfefferminztee, der aus frischer Minze und Zucker zubereitet wird. Der Kaffee ist sehr stark (außer zum Frühstück). Einheimischer Wein, Bier und Mineralwasser sind gut und preiswert. Importierte Getränke sind teuer.
NACHTLEBEN: Marokko bietet vielfältige Unterhaltungsmöglichkeiten, einschl. Kasinos, Diskotheken, Restaurants und Nachtklubs, in denen oft Bauchtänzerinnen auftreten. In allen Städten und Urlaubsorten findet man moderne Nachtklubs. In Marrakesch und in Mohammedia gibt es auch Spielkasinos. Traditionelle Unterhaltung wie z. B. Folkloretänze wird in jeder Stadt geboten. Auf dem *Djemma-el-Fna*, dem vor der Altstadt Marrakeschs gelegenen Marktplatz, kann man täglich Aufführungen von Akrobaten, Folkloretänzern, Schlangenbeschwörern und Wahrsagern zusehen. Imbißstände, Stände mit Gebrauchtwaren und Souvenirläden runden das orientalische Straßenbild ab.
EINKAUFSTIPS: Die Genossenschaftsläden der marokkanischen Handwerker, *Coopartim*, stehen unter Aufsicht der Regierung und verkaufen ihre Waren zu Festpreisen mit einer Bescheinigung oder einem Herkunftszertifikat für den Export. Auf den Souks kann man am besten einheimische Produkte kaufen, besonders schöne Mitbringsel sind Lederwaren, die in Fez gefärbt und gegerbt werden, Kupfer- und Silberwaren, Kleidung aus Seide und anderen Stoffen, wollene Läufer, Teppiche und Decken. Feilschen ist üblich, der Endpreis sollte etwa ein Drittel des geforderten Preises betragen. Im Süden des Landes gibt es Versteigerungen von Berberteppichen in Marrakesch, Taroudant und Tiznit – man sollte einen Führer mitnehmen. **Öffnungszeiten der Geschäfte:** Im allgemeinen Mo-Sa 09.00-13.00 und 15.00-19.30 Uhr (in Tanger Mo-Sa 08.30-12.30 und 14.00-18.30 Uhr). Einige Läden in den Medinas (Souks) sind sonntags geöffnet, und viele Geschäfte haben freitags geschlossen.
SPORT: An allen Küsten kann man wunderbar **schwimmen**, das Wasser an der Atlantikküste kann jedoch auch im Sommer kalt sein. Mohammedia, Agadir, El Jadida, Oualidia, Safi und Essaouira sind gute Badeorte. Die Mittelmeerküste wird zunehmend touristisch erschlossen; neugebaute Feriendörfer eignen sich bestens für einen Schwimm- und Tauchurlaub. **Angeln:** Angelscheine braucht man für Forellenbäche, Seen und Hechtteiche. Sie werden vom Forst- und Fischereiamt sowie von den örtlichen Vereinen ausgegeben. Hochseeangeln kann vereinbart werden. **Golf:** Golfplätze gibt es im *Dar es Salaam Club* in Rabat, in Mohammedia, im *Country Club* in Tanger, im *Royal Golf Anfa* in Casablanca und in Marrakesch, außerdem in Cabo Negro und Agadir. **Wintersport:** Ifrane im Mittleren Atlas und Oukaimeden im Hohen Atlas haben Skipisten. Beliebte Wander-Skigebiete sind der Tidiquin-Berg im Ketamabezirk sowie der Djebel Bou Volane im Mittleren Atlas (kaum Unterbringungs-, Transport- oder Freizeitmöglichkeiten). **Reiten:** Es gibt in allen größeren Städten Reitklubs, vor allem in Casablanca, Rabat, Marrakesch, Agadir und Fez. Einige Reitklubs veranstalten Ponytrekking im Mittleren Atlas.
VERANSTALTUNGSKALENDER
Mai '96 (1) *Rosen-Festival*, El Kelâa des M'Gouna. (2) *Wachsfest*, Salé. **Juni** (1) *Folklore-Festival*, Marrakesch. (2) *Kamelmarkt*, Gelmin. (3) *Kirschfest*, Sefrou. **Aug.** *Kulturfestival*, Asilah. **Sept.** *Imilshil-Stammestreffen* (Fest der Verlobten), Imilshil. **Okt.** (1) *Dattelfestival*, Erfoud. (2) *Pferdefest*, Tissa. **Febr. '97** *Mandelblüte*, Tafraout. Weitere Auskünfte vom Fremdenverkehrsamt (Adressen s. o.).
SITTEN & GEBRÄUCHE: Zur Begrüßung gibt man sich die Hand. Viele der Höflichkeits- und Umgangsformen sind französischen Ursprungs. In manchen Situationen zahlt es sich aus, Geduld, Gleichmut und Beharrlichkeit zu zeigen. Oft wird man als Tourist ungewollt im Mittelpunkt der Aufmerksamkeit stehen. In den Städten gibt es zahlreiche Jugendliche, die gegen Entgelt den Weg zeigen, Waren verkaufen oder sich fotografieren lassen wollen. Inoffizielle Führer bieten ihre Dienste an, und Besucher sollten höflich, aber vorsichtig sein. Alltagskleidung wird überall akzeptiert; Badekleidung und Shorts gehören allerdings an den Strand oder an den Swimmingpool. Rauchen ist sehr verbreitet, es ist durchaus üblich, einander Zigaretten anzubieten. **Trinkgeld:** In Hotelrechnungen ist Bedienung normalerweise bereits enthalten. Taxifahrer, Friseure, Platzanweiser und Kellner erwarten ein Trinkgeld.

WIRTSCHAFTSPROFIL

WIRTSCHAFT: 35% der Erwerbstätigen sind in der Landwirtschaft beschäftigt. Angebaut werden hauptsächlich Getreide, Zitrusfrüchte und Gemüse. Marokko ist der größte Weltproduzent von Kalziumphosphat und hat weitere bedeutende Mineralvorkommen wie Eisenerz, Kohle, Blei, Zink, Kobalt, Kupfer, Silber und Mangan. Die Haupterzeugnisse der herstellenden Industrie sind Nahrungsmittel, Textilien und Lederartikel. Wichtigste Devisenquelle neben dem Tourismus sind die Überweisungen der 1,6 Mio. Gastarbeiter, von denen etwa 50% in Frankreich arbeiten. In den achtziger Jahren hatte die Wirtschaft einige Probleme aufgrund der hohen Importpreise von Erdöl (Marokko produziert kein Erdöl) und der Tilgung der Auslandsschulden. Die Umschuldung, gute Ernten und niedrigere Erdölpreise haben die Wirtschaftslage mittlerweile verbessert. Die gute Infrastruktur des Landes (eine der besten Afrikas) beginnt sich ebenfalls auszuzahlen. Hohe Geburtenraten, Arbeitslosigkeit und der Konflikt im Gebiet der Westsahara wirken sich jedoch weiterhin negativ auf die Wirtschaft aus. Der marokkanische König hat wiederholt den Wunsch geäußert, der EU beizutreten. Die Aussichten auf eine EU-Mitgliedschaft sind jedoch gering. Marokko ist Mitglied der Maghreb-Union, der auch Mauretanien, Algerien, Libyen und Tunesien angehören. Haupthandelspartner sind die EU-Länder, vor allem Frankreich. Spanien, Deutschland und die USA sind die wichtigsten Bezugsländer.
GESCHÄFTSVERKEHR: Korrekte Kleidung wird erwartet, ein Anzug ist bei heißem Wetter jedoch nicht erforderlich. Termine sollten im voraus vereinbart werden. Hartnäckiges Handeln, oft mit verschiedenen Gesprächspartnern, ist üblich. **Geschäftszeiten:** *Winter* (September bis Juli außer während des Ramadan): 08.30-12.00 und 14.30-18.00 Uhr oder später. *Ramadan* (s. *Gesetzliche Feiertage*): 09.00-15.00/16.00 Uhr. *Sommer* (Juli bis Anfang Sept.): 08.00-15.00/16.00 Uhr. Viele Büros halten sich jedoch in dieser Zeit an die Winteröffnungszeiten.
Kontaktadressen: *Le Délégué Commercial d'Autriche* (Außenhandelsstelle der Wirtschaftskammer Österreich), BP 13822, Casablanca. Tel: (02) 26 69 04, 22 32

Marokko / Martinique

82. Telefax: (02) 22 10 83.
Delegierter der Schweizer Handelskammer in Marokko, 22 Chemin des Croisettes, CH-1066 Epalinges-Lausanne. Tel: (021) 653 53 11. Telefax: (021) 653 57 48.
Chambre de Commerce Suisse au Maroc (Schweizer Handelskammer in Marokko), Romandie II, Bd. Bir Anzarane, 20100 Casablanca. Tel: (02) 36 49 16. Telefax: (02) 36 49 66.
La Fédération des Chambres de Commerce et d'Industrie du Maroc (Industrie- und Handelskammer), 6 Rue d'Erfoud, Rabat-Agdal. Tel: (07) 76 70 78. Telefax: (07) 76 70 76.
KONFERENZEN/TAGUNGEN: Das *Pullman Conference Center* in Marrakesch bietet ausgezeichnete Rahmenbedingungen für Konferenzen mit maximal 5000 Teilnehmern. Allgemeine Informationen vom Fremdenverkehrsamt (Adressen s. o.).

KLIMA

An der Küste warmes Mittelmeerklima, das an der Ostküste durch Passatwinde gemildert wird. Im Landesinneren ist es heißer, trockener und dem Kontinentalklima ähnlich. Im Süden des Landes herrscht Wüstenklima, es ist meist sehr heiß und trocken mit starker nächtlicher Abkühlung. Die kühlsten Monate sind Dezember und Januar. In den Küstenregionen regnet es von November bis März. Der Sommer ist überwiegend heiß und trocken, nur in den Bergen ist es kühler. Im Winter beträgt die Temperatur in Marrakesch und Agadir ca. 20°C.
Kleidung: Im Sommer sind leichte Baumwoll- und Leinensachen angebracht. Wärmere Kleidung wird für die Winterabende und für das Gebirge empfohlen. Während der Regenzeit benötigt man an der Küste und in den Bergen einen Regenschutz.

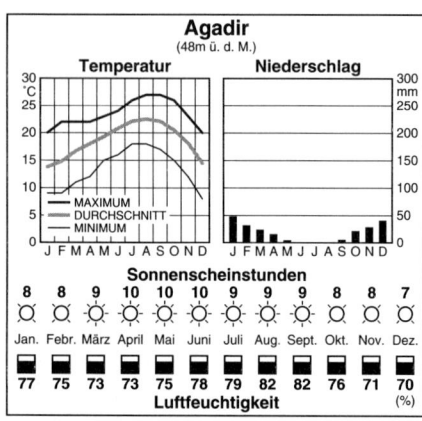

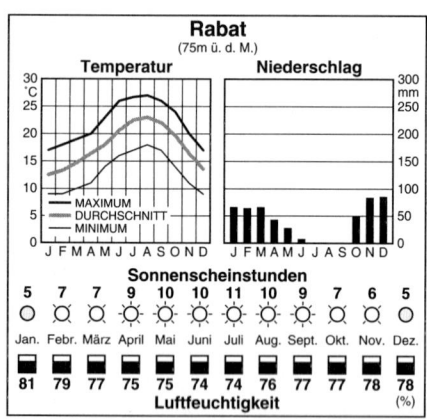

WELTKARTE?

LÄNDERKARTEN?

ZEITZONENKARTE?

INFORMATION ÜBER

IMPFBESTIMMUNGEN UND

GESUNDHEITSVORKEHRUNGEN?

... siehe Inhaltsverzeichnis

Martinique

☐ *Internationaler Flughafen*

Lage: Karibik, nördlichste der Windward-Inseln.

Maison de la France
Westendstraße 47
D-60325 Frankfurt/M.
Tel: (069) 756 08 30. Telefax: (069) 75 21 87.
Mo-Fr 09.00-16.30 Uhr.
La Martinique Reisen GmbH
Mattseestraße 20a
D-81827 München
Tel: (089) 430 29 66. Telefax: (089) 430 72 24.
Mo-Fr 08.00-16.30 Uhr.
Maison de la France
Argentinier Straße 41a
A-1040 Wien
Tel: (0222) 715 70 62. Telefax: (0222) 75 70 62 10.
Mo-Do 10.00-12.00 und 13.00-17.30 Uhr, Fr 10.00-12.00 und 13.00-16.30 Uhr.
Maison de la France
Löwenstraße 59
Postfach 7226
CH-8023 Zürich
Tel: (01) 211 30 85. Telefax: (01) 212 16 44.
Mo-Do 10.00-13.00 und 14.00-17.30 Uhr, Fr 10.00-13.00 und 14.00-16.30 Uhr.
Das *Maison de la France* in Genf ist für den französischsprachigen Teil der Schweiz zuständig, Tel: (022) 732 86 10. Telefax: (022) 731 58 73.
Délégation Regionale au Tourisme
41 Rue Gabriel Péri
97200 Fort-de-France
Tel: 63 18 61.
Honorarkonsulat der Bundesrepublik Deutschland
Acajou Lamentin
97200 Fort-de-France
BP 423
97292 Le Lamentin Cedex 2
Tel: 50 38 39. Telefax: 50 38 75.
Übergeordnete Vertretung ist die Botschaft in Paris (s. Frankreich).
Martinique ist französisches Überseegebiet. Visa sind bei den französischen Botschaften (Adressen s. Frankreich) erhältlich.
Österreich und die Schweiz unterhalten keine Vertretungen auf Martinique. Zuständig sind die jeweiligen Botschaften in Paris (s. Frankreich).

FLÄCHE: 1128 qkm.
BEVÖLKERUNGSZAHL: 371.000 (1993).
BEVÖLKERUNGSDICHTE: 329 pro qkm.
HAUPTSTADT: Fort-de-France. **Einwohner:** 100.080 (1990).
GEOGRAPHIE: Die französische Überseeprovinz Martinique ist eine bildschöne Vulkaninsel und die nördlichste der karibischen Windward-Inseln. Sie ist felsiger als die Leeward-Inseln und hat feine Strände (schwarzer, weißer oder gemischter Sand), die von Zuckerrohr-, Palmen-, Bananen- und Ananasplantagen gesäumt sind. Kolumbus nannte sie das »schönste Land der Welt«. Bevor die Insel zu Ehren des heiligen Martin umbenannt wurde, nannten die Eingeborenen sie *Madidina* (»Insel der Blumen«).
STAATSFORM: Martinique ist eines der französischen Départements d'Outre-Mer und gilt als Teil des Mutterlandes. Die Insel hat ein Regionalparlament und stellt vier Senatoren für die französische Nationalversammlung. Einkammerparlament: Conseil général mit 45 Abgeordneten. Präfekt: Jean-François Cordet. Die letzten Wahlen zum Regionalparlament fanden im März 1992 statt.
SPRACHE: Offizielle Landessprache ist Französisch; die einheimische Sprache ist Créole.
RELIGION: Hauptsächlich römisch-katholisch.
ORTSZEIT: MEZ - 5.
NETZSPANNUNG: 110/220 V, 50 Hz.
POST- UND FERNMELDEWESEN: Telefon: Selbstwählferndienst nach Martinique. Landesvorwahl: **596.** Fernsprechteilnehmer auf den Nachbarinseln erreicht man von Martinique aus über das Fernamt. Es gibt sowohl Münzfernsprecher als auch Kartentelefone. Telefonkarten sind im Hauptpostamt, Rue Antoine Siger, Fort-de-France erhältlich. Am Flughafen gibt es nur Kartentelefone. **Telexe** können in Fort-de-France und den größeren Hotels aufgegeben werden. **Luftpost** nach Europa muß in den Hauptpostämtern abgegeben werden und ist etwa eine Woche unterwegs. Öffnungszeiten der Postämter: Mo-Fr 07.00-18.00 Uhr und Samstag vormittags.
DEUTSCHE WELLE
Der Einsatz der Kurzwellenfrequenzen ändert sich mehrfach im Laufe eines Jahres, und Sendungen auf den folgenden Frequenzen werden jeweils nur zu bestimmten Zeiten ausgestrahlt. Näheres in der Einleitung.

MHz	17,860	17,715	15,275	9,730	6,100
Meterband	16	16	19	31	49

REISEPASS/VISUM

Es gelten die Einreisebestimmungen wie für Frankreich.

GELD

Währung: 1 Französischer Franc (FF) = 100 Centimes. Banknoten gibt es im Wert von 500, 200, 100, 50 und 20 FF. Münzen in den Nennbeträgen 20 10, 5, 2 und 1 FF sowie 20, 10 und 5 Centimes.
Kreditkarten: *American Express, Diners Club, Visa* und z. T. *Eurocard* werden akzeptiert. Einzelheiten vom Aussteller der betreffenden Kreditkarte.
Reiseschecks: FF-Reiseschecks werden empfohlen.
Wechselkurse

	FF Sept. '92	FF Febr. '94	FF Jan. '95	FF Jan. '96
1 DM	3,39	3,39	3,44	3,43
1 US$	5,03	5,89	5,34	4,93

Devisenbestimmungen: *S. Frankreich.*

DUTY FREE

Siehe *Frankreich*.

GESETZLICHE FEIERTAGE

1. Mai '96 Tag der Arbeit. **8. Mai** Siegestag. **16. Mai** Christi Himmelfahrt. **27. Mai** Pfingstmontag. **14. Juli** Nationalfeiertag. **15. Aug.** Mariä Himmelfahrt. **1. Nov.** Allerheiligen. **11. Nov.** Tag des Waffenstillstands (1. Weltkrieg). **25. Dez.** Weihnachten. **1. Jan. '97** Neujahr. **28. März** Karfreitag. **31. März** Ostermontag. **1. Mai** Tag der Arbeit. **8. Mai** Christi Himmelfahrt. **19. Mai** Pfingstmontag.

GESUNDHEIT

In der folgenden Tabelle aufgeführte Impfvorschriften können sich kurzfristig ändern. Es wird stets empfohlen, auf Ihrem CRS-System (TIMATIC-Info-Code-Fenster in diesem Kapitel) den aktuellen Stand der Gesundheitsbestimmungen abzurufen bzw. rechtzeitig vor der Reise ärztlichen Rat einzuholen.

	Vorsichtsmaßnahmen empfohlen	Impfschein erforderlich
Gelbfieber	Nein	1
Cholera	Nein	Nein
Typhus & Polio	Nein	-
Malaria	Nein	-
Essen & Trinken	2	-

TIMATIC INFO-CODES

Abrufbar über Ihr CRS-System (für START/Amadeus Amas-Maske benutzen). Für Galileo bitte TI-DFT eingeben (mit Bindestrich).

Flughafengebühren	TI DFT/ FDF /TX
Währung	TI DFT/ FDF /CY
Zollbestimmungen	TI DFT/ FDF /CS
Gesundheit	TI DFT/ FDF /HE
Reisepassbestimmungen	TI DFT/ FDF /PA
Visabestimmungen	TI DFT/ FDF /VI

[1]: Eine Impfbescheinigung gegen Gelbfieber wird von allen Reisenden verlangt, die aus Infektionsgebieten kommen und über ein Jahr alt sind.
[2]: Leitungswasser ist normalerweise gechlort und relativ sauber, es können jedoch leichte Magenverstimmungen auftreten. Für die ersten Wochen des Aufenthalts wird daher abgefülltes Wasser empfohlen, welches überall erhältlich ist. Das Trinkwasser außerhalb der großen Städte kann Risiken in sich bergen und sollte daher abgekocht oder anderweitig sterilisiert werden. Milch ist pasteurisiert, und Milchprodukte, Fleisch, Geflügel, Meeresfrüchte, Obst und Gemüse sind unbedenklich. Bilharziose-Erreger kommen in manchen Teichen und Flüssen vor, das Schwimmen und Waten in Binnengewässern sollte daher vermieden werden. Gut gepflegte Schwimmbecken mit gechlortem Wasser sind unbedenklich.
Hepatitis A kann auftreten.
Gesundheitsvorsorge: Die Mitgliedsländer der EU haben für den Krankheitsfall im Ausland ein gemeinsames Formblatt (E 111) zur reibungslosen Versorgung und Kostenregelung formuliert. Die Behandlung erfolgt gegen Vorlage der Anspruchsbescheinigung E 111, die entstandenen Kosten werden zum größten Teil vom Krankenversicherungsträger am Ort zurückerstattet. Auslehender Träger ist der Ortskasse für Krankenversicherung (*Caisse primaire d'assurance maladie*). Schweizern wird empfohlen, eine Reisezusatzversicherung abzuschließen. Vor Reiseantritt sollte man in jedem Fall Rücksprache mit der jeweiligen Krankenkasse halten. Es gibt 17 Krankenhäuser auf der Insel.

REISEVERKEHR - International

FLUGZEUG: Martiniques nationale Fluggesellschaft heißt *Air Martinique (NN)*. *LIAT*, *Air Antilles*, *Air Guadeloupe*, *BWIA* und *Air France* verbinden Fort-de-France mit vielen anderen karibischen Inseln.
Durchschnittliche Flugzeit: Martinique erreicht man am schnellsten über Paris. Die Flüge dauern, je nach Anzahl der Zwischenlandungen, 10-15 Std.
Internationaler Flughafen: *Fort-de-France (FDF)* (Lamentin) liegt 15 km außerhalb der Stadt. Am Flughafen gibt es Restaurants, Mietwagenschalter und Geschäfte.
SCHIFF: Martinique wird von vielen internationalen Kreuzfahrtlinien angelaufen. Es gibt Verbindungen zwischen Martinique und Guadeloupe, von Miami und San Juan/Puerto Rico und zu anderen Karibikinseln. Weitere Informationen vor Ort.

REISEVERKEHR - National

FLUGZEUG: *Air Martinique* vermietet Hubschrauber und Flugzeuge.
SCHIFF: Fähren verkehren regelmäßig in der Bucht von Fort-de-France zwischen der Hauptstadt und Pointe de Bout bzw. Anse Mitan.
BUS/PKW: Das Straßennetz ist gut, und die Straßen sind asphaltiert. **Fernbusse:** Es gibt nur wenige Busverbindungen. **Taxis** unterliegen staatlicher Kontrolle und sind verhältnismäßig preiswert, wenn man sie mit anderen Fahrgästen teilt. Das Angebot an **Mietwagen** ist ausgezeichnet. **Mopeds** und **Fahrräder** können ebenfalls gemietet werden. **Unterlagen:** Internationaler Führerschein wird empfohlen, der Führerschein des eigenen Landes mit einjähriger Fahrpraxis reicht jedoch aus. Mindestalter: 21 Jahre.

UNTERKUNFT

HOTELS: Martinique hat ein gutes Hotelangebot. Auf die Rechnungen werden 10% Bedienungsgeld und andere Steuern aufgeschlagen. Das *Relais de la Martinique*, ein Verband von kleinen Hotels und Pensionen, bietet besondere Buchungs- und Ausflugsmöglichkeiten an. **Kategorien:** Es gibt Hotels der Luxusklasse, der mittleren und niedrigeren Preisklasse. Weitere Informationen sind vom Hotelverband erhältlich. Adresse: *Chambre Syndicale des Hôtels de Tourisme de la Martinique*, Martinique Hotel Association, Point de la Chery, 97223 Le Diamant. Tel: 76 27 82. Telefax: 76 28 43. Auskünfte erteilt außerdem das *Office du Tourisme* (Adresse s. o.).
FERIENHÄUSER UND -WOHNUNGEN: Villen, einfache Häuser und Appartements können gemietet werden. Informationen von der *Association pour le Tourisme en Espace Rural*, Relais des Gîtes de France, BP 1122, Maison du Tourisme Vert, 9 Boulevard du Général-de-Gaulle, 97248 Fort-de-France Cédex. Tel: 73 67 92. Telefax: 63 55 92.

URLAUBSORTE & AUSFLÜGE

Die Landschaft Martiniques geht von hohen Bergen im nördlichen und mittleren Teil der Insel über sanfte Hügel um Fort-de-France zu sicheren und geschützten Häfen an der Südwestküste über. Der 1430 m hohe Vulkan **Mont Pelée** im Norden brach zuletzt 1902 in einer unglaublichen Explosion aus, die die Bergspitze abhob und die Stadt St. Pierre mit allen 30.000 Einwohnern unter sich begrub (der einzige Überlebende war der Gefangene Auguste Ciparis, der daraufhin begnadigt wurde und später als »Kuriosität« auf einem Jahrmarkt in den USA auftrat). Die wenigen Überreste von St. Pierre werden heute von Touristen besucht. Wandfotos werden im *Musée Volcanologique* ausgestellt. Das Gelände wird zur Zeit zu einem Park- und Erholungsgebiet ausgebaut. In **Carbet**, wo Kolumbus auf seiner vierten Reise im Jahre 1502 landete, befindet sich das *Centre d'Art Paul Gauguin* und in der Nähe die restaurierte Plantage von **Leyritz**, in der man noch heute die ehemaligen Sklavenhütten sehen kann. Nördlich dieser Region liegt das größte Urlaubsgebiet von Martinique, der **Pointe du Bout**.
Die Inselhauptstadt **Fort-de-France** ist geprägt von zahllosen verwinkelten Gassen und farbenfrohen Märkten. In der Stadtmitte liegt der Park *La Savanne*, ein beliebter Treffpunkt für Touristen mit dem Standbild von Napoleons Kaiserin Josephine, die auf Martinique geboren wurde. Ihr Haus, *La Pagerie*, ist eine der beliebtesten Sehenswürdigkeiten der Insel. **Les Trois-Islets** (Josephines Geburtsort) liegt auf der anderen Seite der Bucht von Fort-de-France.
Im *Musée Départmentale* kommt man anhand von Funden aus der Zeit der Arawak-Indianer und Kariben der vorkolonialen Geschichte der Insel auf die Spuren. Es gibt ein interessantes Kunstzentrum und zehn kleine Museen, die sich mit allen Aspekten der Inselkultur und -geschichte befassen; einschl. Kaiserin Josephines Verbindung zur Insel, dem Ausbruch des Vulkans Pelée, dem Rumhandel und Puppen, die aus einheimischen Materialien hergestellt sind.
In **Sainte-Anne**, **Diamant** und **Anses d'Arlets** befinden sich einige der schönsten Badestrände der Insel.

SOZIALPROFIL

ESSEN & TRINKEN: Die französisch beinflußte Küche bietet viele Gerichte mit Meeresfrüchten, wie z. B. Hummer, Meeresschnecken, Tintenfisch und Seeigel. Besonders empfehlenswert sind *Soudins* (Muscheln mit Pfeffer und Limonensaft), *Blaff* (Fischeintopf mit vielen verschiedenen Kräutern), gefüllter Krebs, Meeresschneckensuppe, gebratene Wildziege, Hasenpfeffer und gebratene Tauben. Auch die kreolische Küche, eine Verbindung französischer, indischer und afrikanischer Einflüsse mit exotischen Gewürzen, ist weit verbreitet. In einigen Restaurants wird elegante Kleidung erwartet. **Getränke:** Das Angebot an französischen Weinen, Sekt und Spirituosen sowie einheimischem Rum ist sehr groß. Rumpunsch ist eine karibische Spezialität aus Rum, Limonensaft, Bitterlikör und Sirup. Es gibt auch

448 Martinique / Mauretanien

Fruchtsäfte aus Guaven, Passionsfrucht, Mandarinen sowie Zuckerrohrsaft.
NACHTLEBEN: Es gibt viele Restaurants, Bars, Diskotheken und regionale Tanz- und Musikveranstaltungen. Das *Ballet Martiniquais* gehört zu den berühmtesten Ballettensembles der Welt. Die Lokalzeitung *Choubouloute* enthält Informationen über Abendveranstaltungen und ist bei den Zeitungshändlern erhältlich.
EINKAUFSTIPS: Importierte französische Produkte wie Parfüm, Wein, Spirituosen und Lalique-Kristall werden von Besuchern ebenso gern gekauft wie einheimischer Rum, Stroh- und Bastwaren, Bambushüte, Voodoo-Puppen, Körbe und Gegenstände aus der aromatischen Vetiverwurzel. Einige Geschäfte geben bei Bezahlung mit Reiseschecks 20% Rabatt. **Öffnungszeiten der Geschäfte:** Mo-Fr 08.30-18.00 Uhr, Sa 08.30-13.00 Uhr.
SPORT: Schwimmen, Wasserskifahren und **Segeln** werden in vielen Urlaubsorten an der Küste angeboten. **Tennis:** Viele große Hotels haben Tennisplätze. Besucher können zeitweilig Mitglied werden und sowohl tagsüber als auch nachts spielen. In Trois-Islets gibt es einen 18-Loch-**Golfplatz**. **Reiten, Wandern** und **Bergsteigen** sind ebenfalls beliebt auf Martinique.
VERANSTALTUNGSKALENDER
Zwischen dem 1. Januar und dem Beginn der Fastenzeit wird an jedem Wochenende Karneval gefeiert, das fröhliche Treiben erreicht am Aschermittwoch (12. Febr. 1997) seinen Höhepunkt. Zu Ostern lassen Kinder Drachen steigen. Zu allen Festlichkeiten gehören Tänze, die oft afrikanischen Ursprungs sind. Der *Béguine* ist ein berühmter Tanz aus diesem Teil der Welt. Im Juli findet alljährlich das Festival von Fort-de-France mit zahllosen Veranstaltungen statt (u. a. Schauspiel, Ballett). Zwischen Januar und Juli finden spektakuläre Segelbootregatten anläßlich verschiedener Festivals statt.
SITTEN & GEBRÄUCHE: Die Atmosphäre ist grundsätzlich entspannt und zwanglos. In besseren Restaurants und Nachtklubs wird Abendkleidung erwartet. Ein **Trinkgeld** von 10% ist üblich.

WIRTSCHAFTSPROFIL

WIRTSCHAFT: Die wichtigsten Wirtschaftszweige sind Tourismus und Landwirtschaft. Angebaut werden Zuckerrohr und Bananen. Infolge der verheerenden Wirbelstürme, die die karibischen Inseln in den achtziger Jahren heimsuchten, waren beträchtliche Ernteeinbußen zu verzeichnen, und auch die für den Tourismus bedeutende Infrastruktur wurde stark in Mitleidenschaft gezogen. Die weltweite Rezession und die allgemein unsichere politische Lage auf der Insel hatten zuvor bereits zu einem Rückgang der Touristenzahlen geführt.

Die Regierung strebt durch gezielte Maßnahmen eine größere Diversifikation der Wirtschaft an, gefördert werden vor allem Kleinbetriebe und die Leichtindustrie. Die Lücken, die der Niedergang der traditionellen Wirtschaftssektoren hinterließ, müssen immer noch gefüllt werden. Haupthandelspartner sind Frankreich, die anderen Länder der Europäischen Union und die USA. Der einheitliche europäische Wirtschaftsraum und die dadurch entstehende wirtschaftliche Konkurrenz bereitet Martinique einiges Kopfzerbrechen.
GESCHÄFTSVERKEHR: Kleidung: Leichte Anzüge und Safari-Anzüge sind angemessen. Geschäftsreisen sollte man am besten in die Monate Januar bis März und Juni bis September legen. Hauptgeschäftsverbindungen mit Frankreich. **Geschäftszeiten:** Mo-Fr 08.00-12.00 und 14.00-18.00 Uhr.
Kontaktadresse: *Chambre de Commerce et d'Industrie de la Martinique* (Industrie-und Handelskammer), 50-54 Rue Ernest Deproge, Fort-de-France. Tel: 55 28 00. Telefax: 60 66 68.

KLIMA

Ganzjährig warmes Wetter. Die Hauptregenzeit ist der Herbst, aber kurze Schauer können jederzeit auftreten. In den höheren Lagen ist es kühler.
Kleidung: Leichte Sachen und Regenschutz für die Regenzeit.

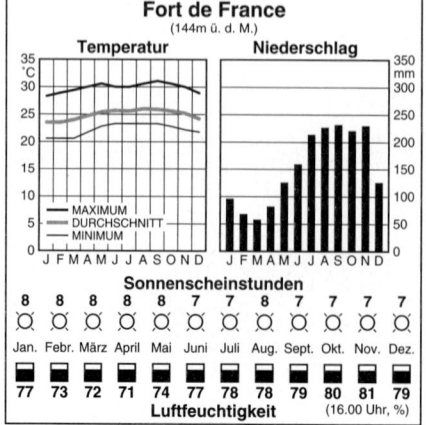

Mauretanien

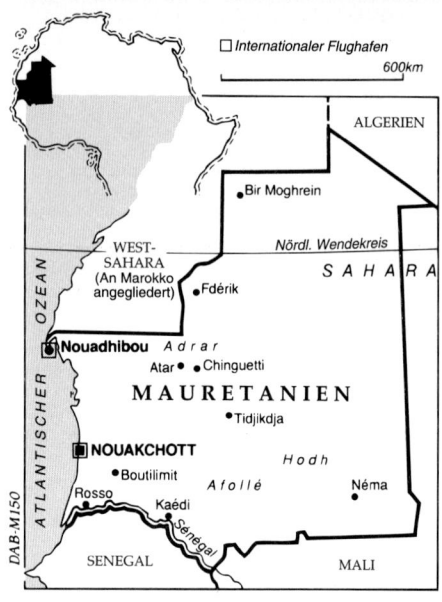

Lage: Westafrika.

Direction du Tourisme
BP 246
Nouakchott
Tel: 5 35 72.
Société Mauritanienne de Tourisme et d'Hôtellerie (SMTH) (Fremdenverkehrsamt und Hotelverband)
BP 552
Nouakchott
Tel: 5 33 51.
Botschaft der Islamischen Republik Mauretanien
Bonner Straße 48
D-53173 Bonn
Tel: (0228) 36 40 24/25. Telefax: (0228) 36 17 88.
Mo-Do 09.00-15.00 Uhr, Fr 09.00-13.00 Uhr.
Konsularabt.: Mo-Do 10.00-13.00 Uhr, Fr 10.00-12.00 Uhr.
(auch zuständig für Österreich)
Konsulat der Islamischen Republik Mauretanien (mit Visumerteilung)
Zimmergasse 16
CH-8032 Zürich
Tel: (01) 261 88 81. Telefax: (01) 251 78 41.
Mo-Fr 08.00-12.00 und 13.00-17.00 Uhr (tel. Anmeldung).
(zuständig für Zürich)
Konsulat der Islamischen Republik Mauretanien (mit Visumerteilung)
94 Rue des Eaux Vivre
CH-1207 Genf
Tel: (022) 736 42 00. Telefax: (022) 736 54 80.
Mo-Fr 10.30-15.30 Uhr.
(zuständig für die gesamte Schweiz)
Ambassade de la République Islamique de Mauritanie
5 Rue de Montevideo
F-75116 Paris
Tel: (1) 45 04 88 54. Telefax: (1) 40 72 82 96.
Mo-Do 09.00-15.00 Uhr, Fr 09.00-14.00 Uhr.
(auch zuständig für die Schweiz)
Botschaft der Bundesrepublik Deutschland
BP 372
Nouakchott
Tel: 5 10 32, 5 17 29. Telefax: 5 17 22.

TIMATIC INFO-CODES

*Abrufbar über Ihr CRS-System (für START/Amadeus Ama-Maske benutzen). Für Galileo bitte TI-DFT eingeben (**mit** Bindestrich).*

Flughafengebühren	TI DFT/ NKC /TX
Währung	TI DFT/ NKC /CY
Zollbestimmungen	TI DFT/ NKC /CS
Gesundheit	TI DFT/ NKC /HE
Reisepassbestimmungen	TI DFT/ NKC /PA
Visabestimmungen	TI DFT/ NKC /VI

Österreich unterhält keine Vertretung in Mauretanien, zuständig ist die Botschaft in Rabat (s. Marokko).
Die Schweiz unterhält keine Vertretung in Mauretanien, zuständig ist die Botschaft in Tunis (s. Tunesien).

FLÄCHE: 1.030.700 qkm.
BEVÖLKERUNGSZAHL: 2.161.000 (1993).
BEVÖLKERUNGSDICHTE: 2,1 pro qkm.
HAUPTSTADT: Nouakchott. **Einwohner:** 393.325 (1988).
GEOGRAPHIE: Mauretanien grenzt an Algerien, Mali, West-Sahara (Demokratische Arabische Republik Sahrawi) und den Senegal. Im Westen liegt der Atlantische Ozean. Mauretanien besteht überwiegend aus den Wüstenebenen der Sahara mit Sanddünen und stellenweise felsigen Plateaus mit tiefen Schluchten und einsamen Gipfeln. Das 500 m hohe Adrar-Plateau liegt in der Landesmitte, das Tagant-Plateau im Süden steigt auf 600 m an. In dieser Region liegen mehrere Städte, kleine Dörfer und Oasen. Das Nordufer des Flusses Senegal, die Südgrenze des Landes, ist als einzige Region des Landes ganzjährig mit Vegetation bedeckt – auch die Tierwelt ist hier vielfältig.
STAATSFORM: Islamische Präsidialrepublik, Militärregime. Staatsoberhaupt: Oberst Maaouiya Ould Sid'Ahmed Taya, seit Dezember 1984 diktatorisch, im Januar 1992 erstmals durch Wahlen im Amt bestätigt. Regierungschef: Sidi Mohamed Ould Boubacar, seit April 1992.
SPRACHE: Arabisch, Französisch ist Geschäftssprache. Die Mauren arabischer oder berberischer Abstammung sprechen den arabischen Hassanije-Dialekt. Daneben auch andere Sprachen, u. a. Solinke, Pulaar und Wolof.
RELIGION: Islam ist Staatsreligion; christliche Minderheiten.
ORTSZEIT: MEZ - 1.
NETZSPANNUNG: 127/220 V, 50 Hz.
POST- UND FERNMELDEWESEN: Telefon: Selbstwählferndienst in Nouakchott und Nouadhibou. **Landesvorwahl: 222.** Es gibt keine Ortsnetzkennzahlen. Alle Auslandsgespräche werden über die internationale Vermittlung in Paris geführt, man muß ca. 30 Min. auf die Verbindung warten. **Telexanschlüsse** gibt es in Nouakchott und Nouadhibou. **Post:** Internationaler Postdienst nur in größeren Städten. Luftpostsendungen nach Europa sind ca. zwei Wochen unterwegs.
DEUTSCHE WELLE
Der Einsatz der Kurzwellenfrequenzen ändert sich mehrfach im Laufe eines Jahres, und Sendungen auf den folgenden Frequenzen werden jeweils nur zu bestimmten Tageszeiten ausgestrahlt. Näheres in der Einleitung.

MHz	17,860	15,135	11,795	9,545	6,075
Meterband	16	19	25	31	49

REISEPASS/VISUM

Wichtiger Hinweis: *Die Einreisebestimmungen mancher Länder können sich kurzfristig ändern – rufen Sie sicherheitshalber auf Ihrem CRS-System (TIMATIC-Info-Code-Fenster in diesem Kapitel) den aktuellen Stand ab bzw. wenden Sie sich an die zuständige diplomatische Vertretung. Etwaige Zahlen in der Tabelle beziehen sich auf nachfolgende Fußnoten.*

	Paß erforderlich?	*Visum erforderlich?*	*Rückflugticket erforderlich?*
Deutschland	Ja	Ja	Ja
Österreich	Ja	Ja	Ja
Schweiz	Ja	Ja	Ja
Andere EU-Länder	Ja	1	Ja

REISEPASS: Allgemein erforderlich.
VISUM: Allgemein erforderlich, ausgenommen sind Staatsangehörige von:
(a) [1] Frankreich und Italien (alle anderen EU-Mitglieder benötigen ein Visum);
(b) Benin, Bulgarien, Burkina Faso, Côte d'Ivoire, Gabun, Gambia, Ghana, Guinea, Guinea-Bissau, Kamerun, Kap Verde, Kongo, Liberia, Madagaskar, Mali, Niger, Rumänien, Senegal, Sierra Leone, Togo, Tschad und der Zentralafrikanischen Republik;
(c) Mitgliedsländer der Arabischen Liga (mit Ausnahme von Marokko).
Visaarten: Touristenvisa.
Visagebühren: 32 DM, 50 sfr.
Gültigkeitsdauer: 1 Monat (Ausstellung in Deutschland), 3 Monate (Ausstellung in der Schweiz).
Antragstellung: Zuständiges Konsulat bzw. Konsularabteilung der Botschaft (Adressen s. o.).
Transit: Transitreisende, die den Flughafen nicht verlassen und innerhalb von 24 Std. das Land wieder verlassen, brauchen kein Transitvisum. Sie müssen alle erforderlichen Reisedokumente wie Weiterflugtickets und Ausweispapiere vorweisen können.
Unterlagen: (a) 2 Antragsformulare (in französischer oder deutscher Sprache). (b) 2 Paßfotos. (c) Gültiger Reisepaß. (d) Gebühr. (e) Buchungsbestätigung der Rück- oder Weiterreise oder ausreichende Geldmittel für die Dauer des Aufenthalts. (f) Firmenschreiben für Geschäftsreisende. (g) Der postalischen Antragstellung sollten ein frankierter und adressierter Umschlag und der Zahlungsbeleg über die Visumgebühren beigefügt werden.
Bearbeitungszeit: 3-5 Tage.

GELD

Währung: 1 Mauretanischer Ouguiya (UM) = 5 Khoums. Banknoten gibt es im Wert von 1000, 500, 200 und 100 UM; Münzen sind in den Nennbeträgen 20, 10, 5 und 1 UM sowie im Wert von 1 Khoum in Umlauf.
Kreditkarten werden nicht akzeptiert.
Reiseschecks ausgestellt in DM oder Französischen Francs werden empfohlen.
Wechselkurse

	UM Sept. '92	UM Febr. '94	UM Jan. '95	UM Jan. '96
1 DM	52,47	69,45	78,66	93,77
1 US$	77,98	120,57	121, 92	134,80

Devisenbestimmungen: Die Ein- und Ausfuhr der Landeswährung ist nicht gestattet. Die Einfuhr von Fremdwährungen ist unbeschränkt, jedoch deklarationspflichtig. Ausfuhr nur in Höhe des deklarierten Betrags, abzüglich umgetauschter Beträge.
Öffnungszeiten der Banken: So-Do 07.00-15.00 Uhr.

DUTY FREE

Folgende Artikel können zollfrei nach Mauretanien eingeführt werden:
200 Zigaretten oder 25 Zigarren oder 450 g Tabak (Frauen nur Zigaretten);
50 ml Parfüm.

GESETZLICHE FEIERTAGE

1. Mai '96 Tag der Arbeit. **19. Mai** Islamisches Neujahr. **25. Mai** Afrikatag (Jahrestag der Gründung der OAU). **28. Juli** Mouloud (Geburtstag des Propheten). **28. Nov.** Nationalfeiertag. **8. Dez.** Leilat al-Meiraj (Himmelfahrt des Propheten). **1. Jan. '97** Neujahr. **10. Jan.** Beginn des Ramadan. **10. Febr.** Beginn des Eid al-Fitr (Ende des Ramadan). **18. April** Tabaski (Eid al-Adha). **1. Mai** Tag der Arbeit. **9. Mai** Islamisches Neujahr. **25. Mai** Afrikatag (Jahrestag der Gründung der OAU).
Anmerkung: Die angegebenen Daten für islamische Feiertage richten sich nach dem Mondkalender und verschieben sich daher von Jahr zu Jahr. Während des Fastenmonats Ramadan, der dem Festtag Eid al-Fitr vorangeht, essen Mohammedaner nicht tagsüber, sondern erst nach Sonnenuntergang, wodurch der normale Geschäftsablauf gestört werden kann. Diese Unterbrechungen können auch während des Eid al-Fitr auftreten. Dieses Fest hat ebenso wie Tabaski (Eid al-Adha) keine festgelegte Zeitdauer und kann je nach Region 2-10 Tage dauern. Nähere Informationen im Kapitel *Welt des Islam* (s. Inhaltsverzeichnis).

GESUNDHEIT

In der folgenden Tabelle aufgeführte Impfvorschriften können sich kurzfristig ändern. Es wird stets empfohlen, auf Ihrem CRS-System (TIMATIC-Info-Code-Fenster in diesem Kapitel) den aktuellen Stand der Gesundheitsbestimmungen abzurufen bzw. rechtzeitig vor der Reise ärztlichen Rat einzuholen.

	Vorsichtsmaßnahmen empfohlen	*Impfschein erforderlich*
Gelbfieber	Ja	1
Cholera	Ja	2
Typhus & Polio	Ja	-
Malaria	3	-
Essen & Trinken	4	-

[1]: Eine Impfbescheinigung gegen Gelbfieber wird von allen Reisenden verlangt, die über ein Jahr alt sind. Ausgenommen sind Personen, die aus einem infektionsfreien Gebiet kommen und weniger als zwei Wochen im Land bleiben.
[2]: Eine Impfbescheinigung gegen Cholera ist keine Einreisebedingung, das Risiko einer Infektion besteht jedoch. Da die Wirksamkeit der Schutzimpfung umstritten ist, empfiehlt es sich, rechtzeitig vor Antritt der Reise ärztlichen Rat einzuholen. Näheres im Kapitel *Gesundheit* (s. Inhaltsverzeichnis).
[3]: Malariaschutz gegen die weniger gefährliche Form *Plasmodium vivax* ist ganzjährig in allen Landesteilen erforderlich, ausgenommen sind die nördlichen Regionen Dakhlet-Nouadhibou und Tiris-Zemour. In Adrar und Inchiri besteht ein Malariarisiko nur während der Regenzeit (August - September).
[4]: Wasser sollte generell vor der Benutzung zum Trinken, Zähneputzen und zur Eiswürfelbereitung entweder abgekocht oder anderweitig sterilisiert werden. Milch ist nicht pasteurisiert und sollte abgekocht werden. Trocken- und Dosenmilch nur mit keimfreiem Wasser weiterverarbeiten. Einheimische Milchprodukte aus ungekochter Milch am besten vermeiden. Fleisch- und Fischgerichte nur gut durchgekocht und heiß serviert essen. Der Genuß von rohen Salaten und Mayonnaise sollte vermieden werden. Gemüse sollte gekocht und Obst geschält werden.
Tollwut kommt vor. Wer ein erhöhtes Risiko eingeht (z. B. längerer Aufenthalt in abgelegenen Gebieten), sollte vor Reiseantritt eine Schutzimpfung erwägen. Bei Bißwunden so schnell wie möglich ärztliche Hilfe in Anspruch nehmen. Weitere Informationen im Kapitel *Gesundheit* (s. Inhaltsverzeichnis).
Bilharziose-Erreger kommen in manchen Teichen und Flüssen vor, das Schwimmen und Waten in Binnengewässern sollte daher vermieden werden. Gut gepflegte Schwimmbecken mit gechlortem Wasser sind unbedenklich.
Hepatitis A, B und *E* kommen vor.
Gesundheitsvorsorge: Es gibt nur wenige medizinische Einrichtungen. Das Krankenhaus der Hauptstadt hat 450 Betten, außerhalb von Nouakchott gibt es weniger als 100 Betten. Der Abschluß einer Reisekrankenversicherung mit Notrückführung wird dringend empfohlen.

REISEVERKEHR - International

FLUGZEUG: Mauretaniens nationale Fluggesellschaft heißt *Air Mauritanie (MR)*. *Air France* bietet zweimal wöchentlich eine Verbindung von London über Paris nach Nouakchott an.
Durchschnittliche Flugzeit: *London* – Nouakchott: 7 Std.
Internationale Flughäfen: *Nouakchott* (NKC) liegt 4 km östlich der Stadt (Fahrzeit 20 Min.). Taxis sind vorhanden.
Nouadhibou (NDB) liegt 4 km außerhalb der Stadt. Auch hier gibt es Taxis.
Flughafengebühren: 500 UM.
SCHIFF: Der wichtigste Hafen ist Nouadhibou, Nouakchott hat auch einen kleinen Hafen.
BUS/PKW: Die geteerte Straße von Dakar nach Nouakchott ist 575 km lang. Der Fluß Senegal muß bei Rosso mit einer Fähre überquert werden. Wer vom Westen oder Nordwesten (Westsahara) nach Mauretanien fahren möchte, sollte sich bei der marokkanischen Botschaft nach der aktuellen politischen Lage in der West-Sahara erkundigen. Die *Route du Mauritanie* durch Algerien ist nicht mehr befahrbar.

REISEVERKEHR - National

FLUGZEUG: *Air Mauritanie (MR)* bietet Inlandflüge zwischen Nouakchott und den anderen größeren Städten an. Gegenwärtig gibt es zwei Flüge pro Tag zwischen Nouadhibou und Nouakchott.
BAHN: Die Strecke zwischen Nouadhibou und Zouérate wurde für die Eisenerzbergwerke gebaut. Die Fahrt ist zwar kostenlos, aber lang und anstrengend.
BUS/PKW: Straßen verbinden Nouakchott mit Rosso im Süden (gepflasterte Straße), sowie mit Akjoujt im Norden des Landes. Die gepflastere *La Route de l'Espoir* führt von Nouakchott in den Osten des Landes, bis nach Néma. Alle anderen Straßen, z. B. die Verbindung von Atar im Westen mit Ain Ben Tilli im Norden, sind Sandpisten, die nur mit Fahrzeugen mit Allradantrieb befahrbar sind. In einigen Regionen sind die Straßen während der Regenzeit unpassierbar. In der Trockenzeit verdeckt Treibsand manchmal die Sandpisten; ohne erfahrenen Fahrer sollte man sich nicht in diese unwirtliche Gegend wagen. **Mietwagen** sind in Nouakchott, Nouadhibou und Atar erhältlich. Fahrzeuge mit Allradantrieb und Fahrer sind sehr teuer.
Unterlagen: Internationaler Führerschein wird empfohlen, ist aber nicht vorgeschrieben.
Anmerkung: Wüstenfahrten auf eigene Faust sollten nie ohne Ersatzteile und umfangreiche Sicherheitsvorkehrungen unternommen werden. Die *Direction du Tourisme* in Nouakchott erteilt weitere Informationen und Ratschläge.
STADTVERKEHR: Taxis in Nouakchott und Nouadhibou sind sehr teuer. Es gelten Einheitspreise, und ein kleines Trinkgeld wird erwartet.

UNTERKUNFT

HOTELS: Das Hotelangebot ist nicht sehr groß, und man sollte im voraus buchen. Die wenigen Hotels in Nouakchott sind sehr komfortabel (Klimaanlagen), aber recht teuer. Rechnungen beinhalten normalerweise Bedienungsgeld und Steuern. Weitere Informationen vom Tourismus- und Hotelverband (Adresse s. o.).
PENSIONEN: Im ganzen Land gibt es staatliche Rasthäuser, die über die *Direction du Tourisme* gebucht werden können.

URLAUBSORTE & AUSFLÜGE

Der Großteil des Landes ist trocken und unwirtlich. Aus militärischen und politischen Gründen bestehen Einschränkungen für Reisen in die von Marokko besetzte Westsahara.
Die Hauptstadt Mauretaniens **Nouakchott** wurde erst 1960 im traditionellen Berberstil gebaut. Sie liegt in einer Ebene nahe eines Sees und ist von Sanddünen mit Dornenbüschen umgeben. Die Stadt ruht auf den Fundamenten von *Ksar*, einer alten maurischen Ortschaft. Sehenswert sind der *Plage du Wharf* und die Moschee. Die *Ksar* (Altstadt) mit ihrem Markt, der afrikanische Markt und der Kamelmarkt laden zum Stöbern ein. Es lohnt sich, das Kunsthandwerkszentrum, die *Maison de la Culture* und die Teppichfabrik zu

Mauretanien / Mauritius

besuchen. Von Nouakchott aus kann man auch zu Angelfahrten aufbrechen.
Nouadhibou, dieser ständig im Wachstum begriffene Hafen, ist das Zentrum der Fischindustrie. Nouadhibou liegt auf einer Halbinsel am nördlichen Ende der Bucht von *Levrier.*
Mauretaniens **Küste** ist ein 8000 km langer Sandstrand ohne jegliche Vegetation, aber mit einer erstaunlichen Anzahl von Vogelarten. Die Küstengewässer sind sehr fischreich, und einige Küstenstriche sind trotz des Süßwassermangels bewohnt. Ein Stamm, der zwischen Nouakchott und Nouadhibou lebt, hat eine besondere Art des Fischfangs entwickelt: Delphine treiben die Fische in die flachen Küstengewässer, woraufhin die Fischer mit ihren Netzen in die gleiche Richtung schwimmen. Beide erhalten ihren Anteil am Fang. Kutter aus Japan und der GUS werden diese Gewässer jedoch bald leergefischt haben.
Bevor man sich in die **Adrar-Region** aufmacht, sollte man unbedingt Informationen über etwaige Reisebeschränkungen einholen, da manchmal eine Erlaubnis der Regierung für Reisen in dieses Gebiet erforderlich ist. Das eindrucksvolle *Adrar-Massiv* besteht aus rosafarbenen und braunen Plateaus, die durch Dünen vergoldet und von Tälern aufgelockert werden. Diese Region im nördlichen Landesteil beginnt ca. 320 km nordöstlich von Nouakchott.
Die Provinzhauptstadt **Atar** ist eine Oase an der Salzkarawanenstraße und Marktzentrum für die Nomaden im nördlichen Mauretanien. Die schöne Altstadt, die *Ksar,* besteht aus Häusern mit flachen Dächern sowie einem reizvollen Palmenhain. Die Oase *Azoughui* war im 11. und 12. Jahrhundert Hauptstadt der Almoraviden, und es gibt immer noch befestigte Gebäude aus dieser Zeit.
Ein schöner Tagesausflug von Atar führt über den atemberaubenden Bergpaß von *Homogjar* nach **Chinguetti,** einer heiligen islamischen Stadt (im 13. Jh. gegründet). Die mittelalterliche Moschee und die Bibliothek, in der viele alte Manuskripte ausgestellt sind, sind besonders sehenswert. Ein Großteil der Altstadt liegt unter Treibsand begraben.
Ein Ausflug in die Regionen **Affole** und **Assaba,** südlich bzw. südöstlich von Tagant, lohnt sich immer. Von *Kiffa, Tamchakett* und *Ayoun el Atrouzum* bietet sich eine Fahrt zum Plateau von *El Agher* an. Die interessanten archäologischen Ausgrabungsstätten bei *Koumbi Saleh,* der früheren Hauptstadt des Ghana-Reiches (70 km von Timbedra), sind über eine gute Sandpiste erreichbar. In der Nähe von Tamchakett liegt *Tagdawst,* das frühere Aoudaghost, die alte Hauptstadt des Berber-Reiches. *Oualata* (100 km von Néma entfernt) liegt am Ende einer Wüstenpiste und war früher ein bedeutendes Entrepot für Karawanen. Die befestigte mittelalterliche Stadt mit ihrer guten Bibliothek wurde terrassenförmig auf einem felsigen Berghang angelegt und war jahrhundertelang ein Zufluchtsort für Gelehrte. Ganz in der Nähe liegt der Friedhof von *Tirzet.*

SOZIALPROFIL

ESSEN & TRINKEN: In der Hauptstadt gibt es einige Hotelrestaurants, die westliche Gerichte anbieten. Die meisten Restaurants servieren jedoch traditionelle Gerichte. Die einheimischen Spezialitäten haben oft Hirse als Hauptzutat und sind schmackhaft und preiswert. Besondere Leckerbissen sind *Mechoui* (ganzes gebratenes Lamm), Datteln, gewürzter Fisch mit Gemüse, Fischbällchen, getrockneter Fisch, getrocknetes Fleisch und *Kuskus.*
Getränke: Der Islam verbietet den Genuß von Alkohol, aber in einigen Hotelbars werden alkoholische Getränke angeboten. *Zrig* (Kamelmilch) und süßer Pfefferminztee sind äußerst beliebt.
EINKAUFSTIPS: Auf den Märkten werden Lederkissen, Silberwaren mit schönen Gravuren, Läufer und Holzschnitzereien angeboten. Das Kunsthandwerkszentrum in Nouakchott hat eine gute Auswahl an Silberschmuck, Dolchen, Holz- und Silberkästchen und Teppichen. Nur in der Region Tagant findet man Steingut- und Tonwaren. Im Marabout-Zentrum (Institut für Islamische Studien) im südlichen Boutilimit werden aus Ziegen- und Kamelhaaren wunderschöne Teppiche hergestellt.
Öffnungszeiten der Geschäfte: I. allg. Sa-Do 08.00-12.00 und 14.00-18.00 Uhr.
Während der *Hivernage* (Regenzeit im August und September): 08.00-12.00 und 15.30/16.00-19.00 Uhr.
SPORT: Von Nouakchott kann man zum **Hochseeangeln** aufbrechen. In La Guera, auf der anderen Seite der Kap-Blanc-Halbinsel, vermieten die Fischer ihre Segelboote für Ausflugsfahrten. Der Fluß Senegal bietet ebenfalls gute Angelmöglichkeiten.
SITTEN & GEBRÄUCHE: Seit dem 7. Jahrhundert wird das Land vom Islam beeinflußt, und Besucher sollten die religiösen Gesetze und Bräuche respektieren. Frauen sollten sich zurückhaltend kleiden. Fast alle Bewohner Mauretaniens stammen von Nomaden-Stämmen ab. Die größten Bevölkerungsgruppen sind die Bidan (55%) und die Harattin (20%). Klassen- und Stammesrivalitäten sind keine Seltenheit. **Trinkgeld:** 15% sind üblich.

WIRTSCHAFTSPROFIL

WIRTSCHAFT: Lange Trockenperioden haben ehemals fruchtbares Land in Wüste verwandelt, und die einst nomadische Bevölkerung sah sich angesichts immer kleiner werdender Herden dazu gezwungen, auf der Suche nach Arbeit in die Städte zu ziehen. Die Landwirtschaft konzentriert sich auf einen schmalen Landstreifen entlang des Senegal im Südwesten, wo das Land bewässert wird. Gemüse, Hirse, Reis und Datteln sind die Hauptprodukte. Die Fischerei spielt eine große Rolle, Fisch und Fischprodukte sind Hauptexportgüter. Die wichtigste Industrie ist der Eisenerzbergbau im Norden des Landes, der gegenwärtig weiter ausgebaut wird. Der Kupferbergbau wurde wegen geringer Nachfrage und niedriger Weltmarktpreise vorübergehend eingestellt, kann aber bei Bedarf wieder aufgenommen werden. Mauretanien ist ein sehr armes Land und in hohem Maße von Entwicklungshilfe abhängig – vor allem aus arabischen Ländern. Japan und die südlichen EU-Länder (insbesondere Italien und Frankreich) sind die bedeutendsten Exportmärkte des Landes. Importe bezieht Mauretanien vor allem aus Frankreich (26%) und Spanien sowie Deutschland, den Niederlanden und den USA.
GESCHÄFTSVERKEHR: Gute Französischkenntnisse sind unbedingt notwendig. **Geschäftszeiten:** Sa-Mi 08.00/09.00-15.00 Uhr; Donnerstag nachmittags ist geschlossen.
Kontaktadressen: *Die wirtschaftlichen Interessen Österreichs werden von der Außenhandelsstelle in Casablanca (s. Marokko) wahrgenommen. Chambre de Commerce, d'Agriculture, d'Elevage, d'Industrie et des Mines de Mauritanie* (Industrie- und Handelskammer), BP 215, Nouakchott. Tel: 5 22 14. Telex: 581.

KLIMA

Trocken und heiß, kaum Regen. Im Süden des Landes gibt es eine Regenzeit (Aug. - Sept.). Die Temperaturen an der Küste werden durch Meeresbrisen gemildert; mit Ausnahme der Umgebung von Nouakchott, wo es sehr heiß ist und die Regenzeit ca. einen Monat später beginnt. In der Wüste ist es in den Monaten März und April kühl und windig.
Kleidung: Leichte Baumwoll- und Leinenkleidung, wärmere Kleidung für kühle Abende. Regenschutz für die Regenzeit.

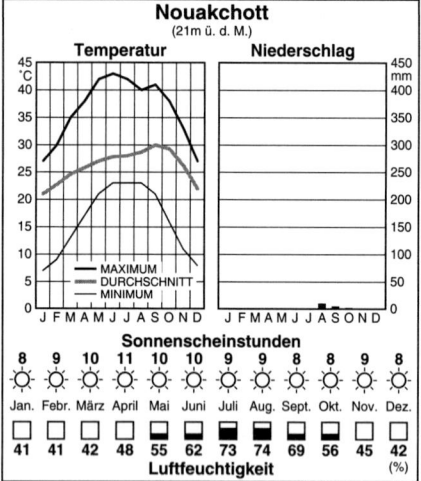

WELTKARTE?

LÄNDERKARTEN?

ZEITZONENKARTE?

INFORMATION ÜBER

IMPFBESTIMMUNGEN UND

GESUNDHEITSVORKEHRUNGEN?

. . . siehe Inhaltsverzeichnis

Mauritius

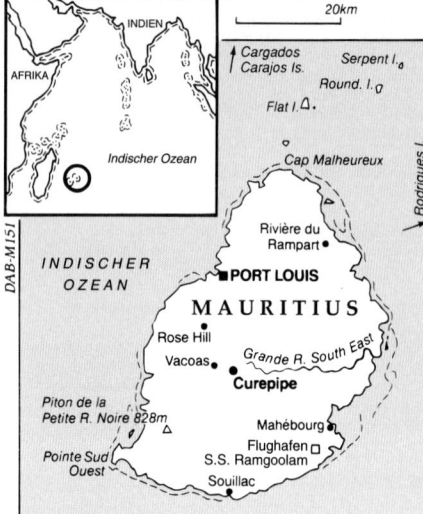

☐ Internationaler Flughafen

Lage: Indischer Ozean, südöstlich von Afrika, östlich von Madagaskar.

Mauritius Informationsbüro
Hohenwaldstraße 10
D-61449 Steinbach
Tel: (06171) 98 03 54. Telefax: (06171) 98 06 52.
Mo-Fr 09.00-17.00 Uhr (nur telefonisch, kein Publikumsverkehr).
Mauritius Informationsbüro
Kirchenweg 5
CH-8008 Zürich
Postfach 1323
CH-8032 Zürich
Tel: (01) 383 87 88. Telefax: (01) 383 51 24.
Mo-Fr 08.15-17.30 Uhr.
(auch für Österreich zuständig)
Mauritius Government Tourist Office
Emmanuel Anquetil Building
Sir Seewoosagur Ramgoolam Street
Port Louis
Tel: 201 17 03. Telefax: 212 51 42.
Honorargeneralkonsulat der Republik Mauritius
Jacobistraße 7
D-40211 Düsseldorf
Tel: (0211) 35 67 54. Telefax: (0211) 36 56 39.
Mo-Fr 09.00-13.00 Uhr.
Geschäftsbereich: Bremen, Hamburg, Niedersachsen, Nordrhein-Westfalen und Schleswig-Holstein.
Honorargeneralkonsulat der Republik Mauritius
Landwehrstraße 10
D-80336 München
Tel: (089) 55 55 15. Telefax: (089) 55 35 04.
Di und Do 10.00-13.00 Uhr.
Geschäftsbereich: Bayern, Baden-Württemberg, Hessen, Rheinland-Pfalz und Saarland.
Wer in Berlin und den neuen Bundesländern ansässig ist, kann sich derzeit an beide Konsulate wenden, da offiziell noch keine Vertretung für diese Konsularbezirke zuständig ist.
Botschaft der Republik Mauritius
127 Rue de Docqueville
F-75017 Paris
Tel: (1) 42 27 30 19. Telefax: (1) 40 53 02 91.
Mo-Fr 10.00-12.30 Uhr.
(auch zuständig für Österreich und die Schweiz)

TIMATIC INFO-CODES

*Abrufbar über Ihr CRS-System (für START/Amadeus Ama-Maske benutzen). Für Galileo bitte TI-DFT eingeben (**mit** Bindestrich).*

Flughafengebühren	TI DFT/ MRU /TX
Währung	TI DFT/ MRU /CY
Zollbestimmungen	TI DFT/ MRU /CS
Gesundheit	TI DFT/ MRU /HE
Reisepassbestimmungen	TI DFT/ MRU /PA
Visabestimmungen	TI DFT/ MRU /VI

Honorargeneralkonsulat der Bundesrepublik Deutschland
32 bis Rue Saint Georges
Port Louis
Tel: 211 41 11, 240 74 25. Telefax: 208 53 30.
Übergeordnet ist die Botschaft in Antananarivo (s. Madagaskar).
Konsulat der Republik Österreich
c/o Roders & Co. Ltd.
Rogers House
5 President John Kennedy Street
PO Box 60
Port Louis
Tel: 208 68 01. Telefax: 212 42 10.
Übergeordnet ist die Botschaft in Addis Abeba (s. Äthiopien).
Honorargeneralkonsulat der Schweizerischen Eidgenossenschaft
2 Jules Koenig
BP 437
Port Louis
Tel: 208 87 63. Telefax: 208 88 50.
Übergeordnet ist die Botschaft in Dar es Salaam (s. Tansania).

FLÄCHE: 2040 qkm.
BEVÖLKERUNGSZAHL: 1.091.000 (1993).
BEVÖLKERUNGSDICHTE: 535 pro qkm.
HAUPTSTADT: Port Louis. **Einwohner:** 142.850 (1992).
GEOGRAPHIE: Mauritius liegt im Indischen Ozean, östlich von Madagaskar und ca. 3000 km südöstlich der afrikanischen Küste. Der Inselstaat befindet sich in einem Gebiet, das einmal eine Landbrücke zwischen Afrika und Asien bildete. Von der Küste steigen weite fruchtbare Ebenen auf, auf denen Zuckerrohr, Bananen und Tee angebaut werden. 500 km östlich liegt die Insel Rodrigues. Im Nordosten befinden sich die Cargados-Carajos-Bänke und 900 km nördlich die Insel Agalega.
STAATSFORM: Seit 1968 Republik im Commonwealth, letzte Verfassungsänderung 1992. Regierungschef: Sir Anerood Jugnauth, seit 1982; Staatsoberhaupt: Präsident H. E. Cassam Uteem, seit 1992. Gesetzgebende Volksversammlung mit 70 Abgeordneten, von denen 62 auf fünf Jahre gewählt werden.
SPRACHE: Amtssprache ist Englisch. Mauritianisch (Französisches Kreolisch), indische Sprachen, Chinesisch, Französisch als Bildungssprache.
RELIGION: 53% Hindus, 30% Christen, 13% Moslems; buddhistische Minderheit.
ORTSZEIT: MEZ + 3.
NETZSPANNUNG: 220/240 V, 50 Hz. Adapter erforderlich.
POST- UND FERNMELDEWESEN: Telefon: Selbstwählferndienst. **Landesvorwahl: 230.** Es gibt keine Ortsnetzkennzahlen. Telefonzellen sind selten, die meisten befinden sich am Flughafen und in den größeren Hotels. **Telefaxanschlüsse** in den meisten Hotels. **Telexe/Telegramme** können in den Büros der *Mauritius Telecommunication Services* in Cassis und Port Louis aufgegeben werden, ebenso beim *Overseas Telecom Services Ltd.*, Rogers House, President John Kennedy Street, Port Louis. **Post:** Luftpost nach Europa braucht etwa 5 Tage, auf dem Seeweg 4-6 Wochen. Öffnungszeiten der Postämter: Mo-Fr 09.00-11.00 und 12.00-16.00 Uhr sowie Sa 09.00-11.00 Uhr.
DEUTSCHE WELLE
Der Einsatz der Kurzwellenfrequenzen ändert sich mehrfach im Laufe eines Jahres, und Sendungen auf den folgenden Frequenzen werden jeweils nur zu bestimmten Tageszeiten ausgestrahlt. Näheres in der Einleitung.

MHz	15,275	15,135	11,795	9,545	6,075
Meterband	19	19	25	31	49

REISEPASS/VISUM

Wichtiger Hinweis: *Die Einreisebestimmungen mancher Länder können sich kurzfristig ändern – rufen Sie sicherheitshalber auf Ihrem CRS-System (TIMATIC-Info-Code-Fenster in diesem Kapitel) den aktuellen Stand ab bzw. wenden Sie sich an die zuständige diplomatische Vertretung. Etwaige Zahlen in der Tabelle beziehen sich auf nachfolgende Fußnoten.*

	Paß erforderlich?	*Visum erforderlich?*	*Rückflugticket erforderlich?*
Deutschland	Ja	Nein	Ja
Österreich	Ja	Nein	Ja
Schweiz	Ja	Nein	Ja
Andere EU-Länder	Ja	Nein	Ja

Anmerkung: Staatsbürger von Taiwan (China) und Nordzypern müssen ein Visum beim *Passport and Imigration Office* in Mauritius beantragen (Adresse s. u.).
REISEPASS: Allgemein erforderlich, muß mindestens noch 6 Monate gültig sein.
VISUM: Allgemein erforderlich, ausgenommen sind Staatsbürger von:
(a) Ländern der Europäischen Union und der Schweiz;
(b) Bahrain, Island, Israel, Japan, Kuwait, Katar, Liechtenstein, Monaco, Norwegen, Oman, San Marino, Saudi-Arabien, Tunesien, Türkei, der USA, der Vatikanstadt und der Vereinigten Arabischen Emirate;
(c) Commonwealth-Ländern (Mitgliedstaaten s. Inhaltsverzeichnis), Ausnahme sind Staatsbürger von Bangladesch, Kamerun, Indien, Pakistan, Sri Lanka und Swasiland, die ein Visum brauchen.
Anmerkung: Staatsbürger von Ländern, für die keine Visumpflicht besteht, erhalten bei der Einreise einen Stempel, der zu einem Aufenthalt von normalerweise 14 Tagen, im Höchstfall von 3 Monaten berechtigt. Staatsbürger der folgenden Länder erhalten Visa für einen Aufenthalt von 2 Wochen bei der Einreise: Albanien, Bulgarien, Fidschi, Komoren, Madagaskar, Polen, Rumänien, Slowakische Republik, Tschechische Republik, Ungarn sowie alle Nachfolgestaaten der UdSSR (Estland, Lettland, Litauen und GUS-Staaten).
Visaarten: Touristen- und Geschäftsvisa. Transitreisende, die im Besitz eines bestätigten Tickets sind und innerhalb von 72 Stunden weiterreisen, benötigen kein Visum.
Visagebühren: In der Regel 40 DM.
Gültigkeit: Touristen- und Geschäftsvisa 14 Tage. Verlängerungen können beim Einwanderungsamt vor Ort (Adresse s. u.) beantragt werden.
Antragstellung: Konsulat oder Konsularabteilung der Botschaft (Adressen s. o.).
Unterlagen: (a) 1 Antragsformular. (b) Gültiger Reisepaß. (c) Paßfotos. (d) Ggf. Nachweis ausreichender Geldmittel. (e) Buchungsbestätigung der Rück- oder Weiterreise.
Bearbeitungszeit: 4-8 Wochen.
Aufenthaltsgenehmigungen werden ausgestellt vom Einwanderungsamt, *Passport and Immigration Office*, Police Headquaters, Line Barracks, Port Louis, Mauritius. Telefax: 208 80 87. Eine Arbeitsgenehmigung ist erforderlich, falls eine Arbeit in Mauritius aufgenommen werden soll.

GELD

Währung: 1 Mauritius-Rupie (MUR) = 100 Cents. Banknoten gibt es in den Werten von 1000, 500, 200, 100, 50, 20, 10 und 5 MUR. Münzen im Wert von 5 und 1 MUR sowie 50, 25, 20, 10, 5 und 1 Cent.
Kreditkarten: *Eurocard, Visa, Diners Club* und *American Express* werden in den meisten Hotels akzeptiert. Einzelheiten vom Aussteller der betreffenden Kreditkarte.
Reiseschecks können in Banken, Hotels und dazu berechtigten Geschäften umgetauscht werden. Empfohlen werden DM-Reiseschecks.
Wechselkurse

	MUR Sept. '92	MUR Febr. '94	MUR Jan. '95	MUR Jan. '96
1 DM	9,74	10,76	11,65	12,75
1 US$	14,48	18,69	18,05	18,33

Devisenbestimmungen: Die Einfuhr von Fremdwährungen ist unbegrenzt; Deklaration empfohlen. Ausfuhr von Fremdwährungen ist auf den eingeführten Betrag beschränkt. Die Einfuhr der Landeswährung ist bis 700 MUR, die Ausfuhr bis 350 MUR gestattet.
Öffnungszeiten der Banken: Mo-Fr 09.30-14.30 Uhr, Sa 09.30-11.30 Uhr.

DUTY FREE

Folgende Artikel können ab dem 16. Lebensjahr zollfrei nach Mauritius eingeführt werden:
250 Zigaretten oder 50 Zigarren oder 250 g Tabak;
2 l Wein oder Bier;
1 l Spirituosen;
250 ml Eau de toilette und bis zu 100 ml Parfüm für den persönlichen Gebrauch.

GESETZLICHE FEIERTAGE

1. Mai '96 Tag der Arbeit. **17. Aug.** Ganesh Chaturti. **1. Nov.** Allerheiligen. **10. Nov.** Diwali. **25. Dez.** Weihnachten. **1./2. Jan. '97** Neujahr. **Febr.** Chinesisches Frühlingsfest; Maha Shivaratree. **11. Febr.** Eid al-Fitr (Ende des Ramadan). **März/April** Ougadi. **12. März** Unabhängigkeitstag. **1. Mai** Tag der Arbeit.
Anmerkung: (a) Jede Kultur- bzw. Religionsgemeinschaft auf Mauritius feiert ihre eigenen Feste. (b) Die angegebenen Daten für islamische Feiertage sind nach dem Mondkalender berechnet und verschieben sich daher von Jahr zu Jahr. Während des Fastenmonats Ramadan, der dem Festtag Eid al-Fitr vorangeht, essen Mohammedaner nicht tagsüber, sondern erst nach Sonnenuntergang, wodurch der normale Geschäftsablauf gestört werden kann. Diese Unterbrechungen können auch während des Eid al-Fitr auftreten. Dieses Fest hat keine bestimmte Zeitdauer und kann je nach Region 2-10 Tage dauern. Weitere Informationen finden Sie im Kapitel *Welt des Islam* (s. Inhaltsverzeichnis). (c) Hinduistische und chinesische Feiertage richten sich nach örtlichen astronomischen Messungen, so daß Abweichungen von den angegebenen Daten möglich sind.

GESUNDHEIT

In der folgenden Tabelle aufgeführte Impfvorschriften können sich kurzfristig ändern. Es wird stets empfohlen, auf Ihrem CRS-System (TIMATIC-Info-Code-Fenster in diesem Kapitel) den aktuellen Stand der Gesundheitsbestimmungen abzurufen bzw. rechtzeitig vor der Reise ärztlichen Rat einzuholen.

	Vorsichtsmaßnahmen empfohlen	*Impfschein erforderlich*
Gelbfieber	Nein	1
Cholera	Ja	2
Typhus & Polio	3	-
Malaria	4	4
Essen & Trinken	5	-

[1]: Reisende, die aus Infektions- oder Endemiegebieten kommen und über ein Jahr alt sind, müssen eine Impfbescheinigung gegen Gelbfieber vorlegen.
[2]: Eine Impfbescheinigung gegen Cholera ist keine Einreisebedingung, das Risiko einer Infektion ist jedoch nicht auszuschließen. Da die Wirksamkeit der Schutzimpfung umstritten ist, empfiehlt es sich, rechtzeitig vor Antritt der Reise ärztlichen Rat einzuholen. Näheres unter *Gesundheit* (s. Inhaltsverzeichnis).
[3]: Typhus kommt vor, Poliomyelitis jedoch nicht.
[4]: Die weniger gefährliche Malariaart *Plasmodium vivax* kann während des ganzen Jahres in ländlichen Regionen (mit Ausnahme der Insel Rodrigues) auftreten.
[5]: Wasser sollte generell vor der Benutzung zum Trinken, Zähneputzen und zur Eiswürfelbereitung abgekocht werden. Milch ist außerhalb der Stadtgebiete nicht pasteurisiert und sollte ebenfalls abgekocht werden. Milchprodukte aus ungekochter Milch am besten vermeiden. Fleisch- und Fischgerichte nur gut durchgekocht und heiß serviert essen. Der Genuß von Schweinefleisch, rohen Salaten und Mayonnaise sollte vermieden werden. Obst sollte geschält und Gemüse gekocht werden.
Tollwut kommt vor. Wer ein erhöhtes Risiko eingeht (z. B. längerer Aufenthalt in abgelegenen Gebieten), sollte vor Reiseantritt eine Schutzimpfung erwägen. Bei Bißwunden so schnell wie möglich ärztliche Hilfe in Anspruch nehmen. Weitere Informationen im Kapitel *Gesundheit* (s. Inhaltsverzeichnis).
Bilharziose-Erreger kommen in manchen Teichen und Flüssen vor, das Schwimmen und Waten in Binnengewässern sollte daher vermieden werden. Gut gepflegte Schwimmbecken mit gechlortem Wasser sind unbedenklich.
Hepatitis A, B und *E* kommen vor.
Gesundheitsvorsorge: Die öffentliche medizinische Versorgung ist gut. Es gibt auch mehrere Privatkliniken. Der Abschluß einer Reisekrankenversicherung wird empfohlen.

REISEVERKEHR - International

FLUGZEUG: *Air Mauritius (MAU)* ist die nationale Fluggesellschaft. Gute Flugverbindungen zweimal wöchentlich von Frankfurt mit *Condor*.
Durchschnittliche Flugzeiten: *Frankfurt* – Mauritius: 11 Std. (Nonstop); *London* – Mauritius: 11 Std. 30.
Internationaler Flughafen: *Mauritius (MRU)* (S. S. Ramgoolam) liegt 48 km südöstlich von Port Louis (40 Min. Fahrzeit). Flughafeneinrichtungen: Duty-free-Shop, Banken, Post, Restaurant, Tourist-Information, Mietwagenschalter, Geschäfte und Bars. Es gibt Bus- und Taxiverbindungen zur Stadt.
Flughafengebühren: 100 MUR. Transitpassagiere, die sich nicht länger als 48 Std. aufhalten, sowie Kinder unter zwei Jahren sind hiervon ausgenommen.
SCHIFF: Port Louis hat den größten Hafen der Insel, der in erster Linie Frachthafen für den Zuckerexport und allgemeine Importe ist; es gibt jedoch einen begrenzten Passagierdienst nach Réunion.

REISEVERKEHR - National

FLUGZEUG: *Air Mauritius* verkehrt täglich zwischen dem Flughafen S. S. Ramgoolam und der Insel Rodrigues.
SCHIFF: Regelmäßig verkehren Schiffe zwischen Port Louis und der Insel Rodrigues. Weitere Informationen von *Rogers & Co.*, 5 President John Kennedy Street, PO Box 60, Port Louis. Tel: 208 68 01. Telefax: 212 02 18.
BUS/PKW: Die Insel verfügt über ein gutes asphaltiertes Straßennetz. **Bus:** Es gibt viele und gute Busverbindungen. **Taxis** erkennt man am weißen Nummernschild mit schwarzen Ziffern. **Mietwagen:** Es gibt zahlreiche Autovermieter auf der Insel. **Unterlagen:** Der Führerschein des eigenen Landes reicht offiziell aus, ein internationaler Führerschein wird jedoch empfohlen.
STADTVERKEHR: In allen Stadtgebieten gibt es Busse und Taxis.
FAHRZEITEN von Port Louis zu den folgenden Städten (ungefähre Angaben in Std. und Min.):

	Bus/Pkw
Curepipe	0.20
Plaisance	0.60
Grand Baie	0.30
Centre de Flaq	1.00
Souillac	0.60

UNTERKUNFT

Die Zahl der Hotels in Mauritius nimmt ständig zu; außerdem gibt es Pensionen und Strandbungalows. An der Nordwestküste ist 1994 das sechste Beachcomber-Hotel eröffnet worden mit 240 Zimmern und diversen Freizeiteinrichtungen, u. a. einer Tauchbasis unter deutschsprachiger Leitung. Weitere Informationen erhalten Sie vom Mauritius Informationsbüro (Adressen s. o.) oder vom Hotelverband *AHRIM*, *Association des Hoteliers et Restaurateurs de l'Ile Maurice*, Royal Road, Grand Baie. Tel: 263 89 71. Telefax: 263 79 07.

URLAUBSORTE & AUSFLÜGE

Port Louis, die Hauptstadt, wurde 1736 von dem französischen Gouverneur Mahé de Labourdonnais gegründet. Eine Bergkette schützt den Hafen, um den herum sich der größte Teil des geschäftigen Treibens der Stadt abspielt. Die Stadt hat Flair, besonders interessant sind die unterschiedlichen Baustile in den verschiedenen Stadtvierteln. Am palmengesäumten *Place d'Armes* in der Nähe des Hafens findet man einige besonders schöne französische Kolonialgebäude wie das Regierungsgebäude und das Stadttheater aus dem 18. Jahrhundert. Sehenswert sind die anglikanische und die katholische Kirche, das Gerichtsgebäude, die im 18. Jahrhundert errichteten Kasernen und das Naturgeschichtliche Museum (mit dem inzwischen ausgestorbenen Dodo). Imposant sind auch die *Jummah-Moschee* in der Royal Street und die *Chinesische Pagode*. An der Stadtgrenze liegt das *Champ de Mars*, das ursprünglich für Militärparaden entworfen wurde und auf dem heute die Pferderennbahn angelegt ist. Den besten Blick auf die Pferderennbahn, die Stadt und den Hafen hat man von *Fort Adelaide*, einer Zitadelle, die zur Zeit Williams IV. erbaut wurde. Südlich von Port Louis liegt *Le Reduit*, die Residenz des Staatspräsidenten von Mauritius, die von schönen Gartenanlagen umgeben ist.
Der 1200 ha große Naturpark **Domaine les Pailles** erstreckt sich unweit von Port Louis am Fuße einer Bergkette. Hier kann man im Landrover die Berge erkunden, in denen u. a. zahlreiches Wild, Affen und seltene Vögel leben, oder in einer Pferdekutsche die Nachbildung einer Zuckermühle besichtigen. Darüber hinaus gibt es mehrere Restaurants, einen Reitklub, ein Spielkasino und natürliche Quellen.
Curepipe ist die größte Stadt im Inneren der Insel mit guten Geschäften und Restaurants. Oberhalb der Stadt, zwischen Curepipe und Vacoas, erhebt sich der imposante *Trou aux Cerfs*, ein erloschener Krater, der 85 m tief und über 180 m breit ist, und von dessen Rand aus man einen herrlichen Rundblick über die Insel hat.
Pamplemousses, ein botanischer Garten im Norden der Insel, ist bekannt für seine weitläufigen Anlagen und die Vielfalt exotischer Pflanzen; die riesigen Viktoria-Seerosen und die zahlreichen Palmenarten sind wirklich beeindruckend. Besonders interessant ist die Talipot-Palme, die nach 100 Jahren ein einziges Mal blüht und dann sterben soll. Über 100 Jahre alte Schildkröten sind ebenfalls hier zu Hause.
Rochester Falls: Bei diesem erfrischenden Wasserfall in der Nähe von *Souillac* tost das Wasser über eindrucksvolle Felsformationen, die durch rasch abgekühlte Lava gebildet wurden. Die Straße zum Wasserfall führt durch eine Zuckerrohrplantage, die man ebenfalls besichtigen kann.
Grand Bassin: In einem erloschenen Krater, nicht weit von *Mare aux Vacoas*, liegt einer der beiden natürlichen Seen der Insel, ein Wallfahrtsort für die hinduistische Bevölkerung.
Plaine Champagne: Vom höchsten Punkt des Zentralplateaus (740 m) hat man eine ausgezeichnete Aussicht auf die *Rivière-Noire-Berge* und das Meer. An den waldigen Hängen des Rivière Noire wachsen Bäume, die es nur in Mauritius gibt. Vogelfreunde können hier die meisten einheimischen Vogelarten beobachten.
Eine gewundene Straße führt vom Dorf *Case Noyale* aus nach **Chamarel** (»Bunte Erde«), einem Hügel mit unterschiedlich gefärbten Erdschichten. Aus den Sümpfen des Urwalds entsteht ein Fluß, der sich in einen atemberaubenden Wasserfall verwandelt.
Der ca. 50 ha große **Casela-Vogelpark** liegt im Gebiet des Rivière Noire. Hier leben mindestens 140 verschiedene Vogelarten aus allen fünf Erdteilen. Die rosa Tauben in Mauritius gehören zu den seltensten Vogelarten der Welt und üben eine besondere Anziehungskraft aus. Der Fischteich, die Schildkröten, Affen, Orchideen (saisonbedingt) und vor allem die malerische Landschaft mit üppiger, tropischer Vegetation und plätschernden Bächen tragen zum exotischen Image des Landes bei.
In der stillen Lagune zwischen *Pointe aux Piments* und *Trou aux Biches* befindet sich das **Meeresaquarium** mit 200 Arten von Fischen und anderen Meereslebewesen, die alle aus dem Meer der Umgebung kommen. Die 36 Becken werden durch einen offenen Wasserkreislauf gespeist, in dem eine Million Liter Wasser zirkulieren. Das Aquarium bietet eine gute Möglichkeit, die Schätze des Indischen Ozeans zu bewundern.
La-Vanille-Krokodilpark: In der Nähe von *Rivière des Anguilles*, mitten in der unberührten Landschaft im Süden der Insel, liegt die Krokodilfarm, auf der aus Madagaskar eingeführte Nilkrokodile gezüchtet werden. Der große Naturpark bietet schöne Spaziergänge durch einen üppigen Wald mit Süßwasserquellen. Es gibt einen kleinen Zoo mit einheimischen Wildtieren.
Domaine des Grands Bois: Dieser wunderschöne 800 ha große Park liegt in dem hügeligen Gebiet bei *Anse Jonchée*, unweit von *Mahébourg* im Südosten der Insel. In dem Waldgelände leben Hirsche, Affen und Wildschweine inmitten von Palmen, Eukalyptusbäumen und wilden Orchideen.
STRÄNDE: Tamarin ist ein beliebter Badestrand am Fuß der Rivièreberge an der Westküste mit einer schönen Lagune, in die der Rivière Noire mündet. Auf den hohen Ozeanwellen kann man wunderbar surfen; Ausrüstungen können gemietet werden.
Grand Baie: An der Nordküste oberhalb der *Baie du Tombeau* gibt es zahlreiche traumhafte Strände wie *Pointe aux Piments* mit seiner atemberaubenden Unterwasserwelt, *Trou aux Biches* mit *Filoas* (Kasuarina-Bäumen), Kokospalmen und einem schönen Hindutempel. Weiter nördlich liegt *Mont Choisy* mit einem der beliebtesten Strände der Insel. In Strandnähe gibt es auch Sportanlagen. Nördlich der Landzunge mit dem Leuchtturm liegt *Grand Baie*. Hier gibt es einen Jachthafen und ausgezeichnete Wasserski- und Surfmöglichkeiten.
Péreybère: Diese kleine Bucht liegt an der Küstenstraße zwischen Grand Baie und Cap Malheureux. Das klare, tiefe Wasser macht diese Bucht zu einer der besten Badebuchten der Insel.
Cap Malheureux: Dieses Fischerdorf liegt im äußersten Norden der Insel. Von hier aus kann man die vulkanischen Inseln Flat Island, Round Island und Gunner's Quoin sehen.
Grand Gaube ist ein besonders reizvolles Dorf an der Nordostküste. Die örtlichen Fischer gelten als hervorragende Segelschiffsbauer und Hochseefischer.
Roches Noire und **Poste Lafayette** sind beliebte Küstenurlaubsorte. In den heißeren Monaten verschafft die frische Meeresbrise hier Kühlung.
Belle Mare hat einen traumhaften weißen Sandstrand, der sich über mehrere Kilometer bis zum malerischen Fischerdorf *Trou d'Eau Douce* hinzieht. Hier wird der Strand schmaler, und die Straße führt an der Küste entlang nach Mahébourg. Der sich anschließende Sandstrand erstreckt sich von den Strandbungalows in Pointe d'Esny bis hin zur Blue Bay.
Blue Bay: Diese Bucht an der Südküste hat einen der schönsten Strände der Insel mit einer Hintergrund-Kulisse von Kasuarina-Bäumen.

SOZIALPROFIL

ESSEN & TRINKEN: Viele Restaurants bieten sowohl französische als auch kreolische, indische und chinesische Gerichte an. Es gibt aber auch Restaurants, die sich auf die Spezialitäten eines Landes beschränken. Restaurants sind jedoch oft auf importiertes Gemüse, Reis, Fleisch und selbst Meeresfrüchte angewiesen, so daß Engpässe vorkommen und nicht immer die gesamte Speisekarte zur Verfügung steht. Zu den Spezialitäten gehören Hirschfleisch (saisonbedingt), *Camarons* (Flußkrebse) mit würziger Soße, Tintenfisch, frische Ananas mit Chilisoße und Reis mit Curry. Scharfe Currygerichte heißen *Daube*; weniger scharfe, zumeist mit mehr Tomaten zubereitete Currys werden *Rougaille* genannt. **Getränke:** Rum und Bier sind überall erhältlich, zu empfehlen sind jedoch auch gute importierte Weine, Mineralwasser und frische Kokosmilch.
NACHTLEBEN: Diskotheken und Nachtklubs gibt es vor allem in Port Louis und Grand Baie. Rivière Noire ist eine kreolische Fischergegend, in der man Samstag abends oft *Sega*-Tänze sehen kann. Sega-Tanzgruppen treten auch in den Hotels auf. Die Spielkasinos der Hotels werden immer beliebter.
EINKAUFSTIPS: Auf dem großen Markt von Port Louis gibt es jede Menge Stände, die Früchte, Gemüse, Gewürze, Fisch, Fleisch und Kunstgewerbeartikel anbieten. Schöne Souvenirs sind Schmuckstücke aus Muscheln, Gold und chinesischer und indischer Jade, Teakholzarbeiten, Textilien und Keramik. Die Schilder in den Geschäften sind zum Teil auf Englisch, zum Teil in Französisch oder Chinesisch. **Öffnungszeiten der Geschäfte:** Port Louis: Mo-Fr 10.00-17.00 Uhr, Sa 10.00-12.00 Uhr. Curepipe und Rose Hill: Mo-Mi, Fr-Sa 10.00-18.00 Uhr, Do und So 10.00-12.00 Uhr.
SPORT: Schwimmen: Die Strände, Lagunen und Buchten bieten gute Bademöglichkeiten (s. *Urlaubsorte & Ausflüge*). Viele Hotels haben auch Swimmingpools. **Tauchen:** Grand Baie nördlich von Pamplemousses Gardens ist ein beliebtes Tauchgebiet. **Wellenreiten:** In Trou aux Biches im Nordwesten, südlich des Feriendorfs des Club Mediterranée am Pointe aux Canonniers, kommen Wellenreiter voll auf ihre Kosten. **Windsurfen, Segeln** und **Wasserski** fahren kann man vor allem in Grand Baie. **Angeln** ist rund um die Insel möglich, es gibt u. a. Thunfisch, Marlin, Barrakuda und Wahoo.
VERANSTALTUNGSKALENDER
Mai '96 (1) *Zeremonie der Schwertbesteigung*, Mont Choisy. (2) *Feuerlauf*, Rose Hill. **Mai - Nov.** *Pferderennen* (jeweils am Wochenende), Champs de Mars. **Juni** *Cavadi* (Hindufest mit Prozession), Mahébourg. **Juli** *Cavadi* (Hindufest mit Prozession), Grand Baie. **Aug.** *Raksha Bandhan* (Hindufest). **Aug.** *Ganesh Chaturthi* (Fest zu Ehren des Hindugottes Ganesh). **Sept.** (1) *Cavadi* (Hindufest mit Prozession) und *Feuerlauf*, Terre Rouge. (2) *Zeremonie der Schwertbesteigung*, Stanley. **Sept.** *Wallfahrt zum Schrein des Père Laval.* **Okt.** *Diwali* (Lichterfest). **Nov.** (1) *Feuerlauf*, Rose Belle und Terre Rouge. (2) *Yaun un Nabi* (Geburtstag des Propheten). **Dez.** *Feuerlauf*, diverse Orte.
SITTEN & GEBRÄUCHE: Zur Begrüßung gibt man sich die Hand. Bei Einladungen sollte man ein kleines Geschenk mitbringen und sich bemühen, die jeweiligen Traditionen der Gastgeber zu respektieren, die je nach Religionszugehörigkeit sehr unterschiedlich sein können. Zwanglose Bekleidung ist angemessen, nur bei bestimmten gesellschaftlichen Ereignissen wird Abendkleidung erwartet. **Trinkgeld:** 10% Bedienungsgeld ist in Hotels und Restaurants üblich. Taxifahrer erwarten ebenfalls ein kleines Trinkgeld.

WIRTSCHAFTSPROFIL

WIRTSCHAFT: Bis vor kurzem hatten die Gewinnung und der Export von Rohrzucker bei weitem den größten wirtschaftlichen Stellenwert; auf 70% der landwirtschaftlich nutzbaren Fläche wird Zucker angebaut, weitere landwirtschaftliche Exportgüter sind Tabak und Tee. Schlechte Ernten und konstant niedrige Weltmarktpreise für Zucker verursachten gegen Ende der siebziger Jahre eine Wirtschaftskrise. Die Gründung einer Freiexportzone, die ausländischen Investoren besonders günstige Bedingungen bietet, hat sich bereits bezahlt gemacht und zu einer Verbesserung der Zahlungsbilanz geführt. Hauptprodukte der Exportzone sind Textilien, seit einiger Zeit werden auch Elektroartikel hergestellt. 1991/92 förderte die Regierung ganz besonders die Elektronik- und Informatikbranche sowie feinmechanische Betriebe. Ein weiterer Devisenbringer ist der Tourismus, der immer mehr an Bedeutung gewinnt. Die wichtigsten Handelspartner des Landes sind Frankreich, die USA, Hongkong, Großbritannien und Südafrika. Die jüngsten Bemühungen der Regierung zielen darauf ab, die Ansiedlung von ausländischen Finanzinstituten anzuregen. Da jedoch jede kleine Inselnation diese Bestrebung hat, bleibt der Erfolg abzuwarten.
GESCHÄFTSVERKEHR: In Geschäftskreisen werden oft Safari-Anzüge getragen. Termine sollten im voraus vereinbart werden. Geschäftsleute sprechen häufig Englisch. **Geschäftszeiten:** Mo-Fr 08.45-16.30 Uhr, Sa 09.00-12.00 Uhr. **Behörden:** Mo-Fr 09.00-16.00 Uhr.
Kontaktadressen: *Die wirtschaftlichen Interessen Österreichs werden von der Außenhandelsstelle in Johannesburg (s. Südafrika) wahrgenommen.*
Mauritius Chamber of Commerce and Industry (Industrie- und Handelskammer), 3 Royal Street, Port Louis. Tel: 208 33 01. Telefax: 208 00 76.

KLIMA

Warmes Klima an der Küste (besonders von Januar bis April), am kühlsten und trockensten von Juni bis September. Auf dem Plateau um Curepipe sind die Temperaturen etwas niedriger. Frische Brisen gibt es besonders an der Ostküste das ganze Jahr über.
Kleidung: Leichte Sachen im Sommer; für Winterabende braucht man Wollpullover. Im Sommer kann auch eine Regenjacke nützlich sein.

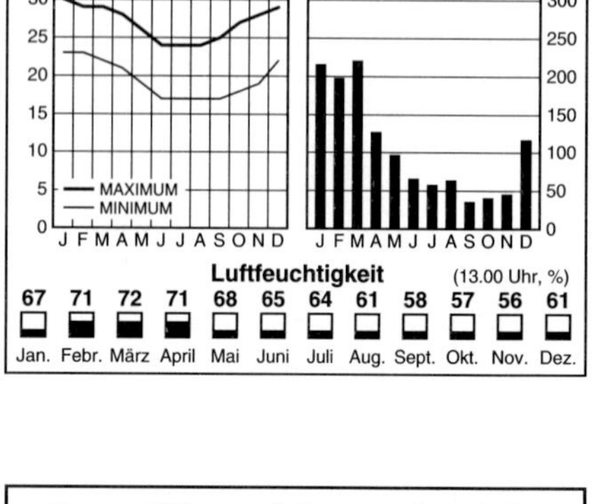

Pass- und Visavorschriften mancher Länder können sich kurzfristig ändern – Im Zweifelsfall erkundigen Sie sich bitte vor der Abreise bei der zuständigen Botschaft

Mazedonien
(Ehemalige Jugoslawische Republik)

Lage: Südosteuropa.

Anmerkung: Die ehemalige jugoslawische Teilrepublik Mazedonien erklärte sich am 19. Nov. 1991 für unabhängig. Im Mai 1992 signalisierte die EU ihre Bereitschaft, Mazedonien als Staat unter der Bedingung anzuerkennen, daß ein Name gefunden werde, den auch Griechenland akzeptiert. Der ursprünglich erwogene Name »Republik Mazedonien« war in Athen auf Ablehnung gestoßen, da der neue Staat direkt an die gleichnamige griechische Provinz grenzt und man territoriale Ansprüche befürchtete. Die Anerkennung Mazedoniens erfolgte 1993, nachdem man sich auf den offiziellen Namen »Ehemalige Jugoslawische Republik Mazedonien« einigte. In Bonn und Wien unterhält Mazedonien seit 1994 diplomatische Vertretungen, in der Schweiz soll demnächst eine Vertretung eröffnet werden.

Palair Macedonia (Direktion und Fremdenverkehrsamt)
Hüttenstraße 7
40215 Düsseldorf
Tel: (0211) 385 99 60. Telefax: (0211) 385 99 72.
Mo-Fr 09.00-18.00 Uhr.

Misir-Sonnenlandreisen (Reiseveranstalter und Generalvertretung für Palair Macedonia)
Viehofer Straße 23
D-45127 Essen
Tel: (0201) 23 60 33/4. Telefax: (0201) 23 88 63.
Mo-Fr 09.00-18.00 Uhr.

Palair Macedonia
Kapuzinerstraße 17
D-80337 München
Tel: (089) 538 05 71. Telefax: (089) 538 06 22.
Mo-Fr 09.00-18.00 Uhr.

Palair Macedonia
Klingenstraße 9
CH-8035 Zürich
Tel: (01) 446 40 50, (077) 78 51 36 (Mobiltelefon).
Telefax: (01) 271 90 80.
Mo-Fr 09.00-17.00 Uhr.

Reisebüro Besa
Elsässerstraße 8
CH-4056 Basel
Tel: (061) 322 42 32. Telefax: (061) 322 42 12.

Botschaft der Ehemaligen Jugoslawischen Republik Mazedonien

TIMATIC INFO-CODES

Abrufbar über Ihr CRS-System (für START/Amadeus Ama-Maske benutzen). Für Galileo bitte TI-DFT eingeben (mit Bindestrich).

Flughafengebühren	TI DFT/ SKP /TX
Währung	TI DFT/ SKP /CY
Zollbestimmungen	TI DFT/ SKP /CS
Gesundheit	TI DFT/ SKP /HE
Reisepassbestimmungen	TI DFT/ SKP /PA
Visabestimmungen	TI DFT/ SKP /VI

Sträßchensweg 6
D-53113 Bonn
Tel: (0228) 23 77 44, Konsularabt.: (0228) 23 09 71.
Telefax: (0228) 23 10 25.
Mo-Fr 09.00-13.00 Uhr (Publikumsverkehr), 14.00-16.00 Uhr (telefonische Anfragen).

Botschaft der Ehemaligen Jugoslawischen Republik Mazedonien
Walfischgasse 8/20
A-1010 Wien
Tel: (0222) 512 85 10/11. Telefax: (0222) 512 85 12.
Mo-Do 09.00-12.00 Uhr (Publikumsverkehr), 14.00-16.00 Uhr (telefonische Anfragen).

Botschaft der Ehemaligen Jugoslawischen Republik Mazedonien (Konsularabteilung)
Giessereiweg 9
CH-3007 Bern
Tel: (031) 371 11 66. Telefax: (031) 371 15 25.

Botschaft der Bundesrepublik Deutschland
Veljko Vlahovic 26
91000 Skopje
Tel: (091) 11 77 99. Telefax: (091) 11 77 13.
Österreich und die Schweiz unterhalten derzeit noch keine diplomatischen Vertretungen in Mazedonien, zuständig sind die jeweiligen Botschaften in Belgrad (s. Jugoslawien).

FLÄCHE: 25.713 qkm.
Hinweis: Die Ehemalige jugoslawische Republik Mazedonien ist nur ein Teil der historischen Region Mazedonien, die einst auch die nordgriechische Provinz Mazedonien und Gebietsteile im Südwesten Bulgariens umfaßte. Die Teilung erfolgte nach dem 2. Balkankrieg 1913.
BEVÖLKERUNGSZAHL: 1.936.877 (1994).
BEVÖLKERUNGSDICHTE: 75,3 pro qkm.
HAUPTSTADT: Skopje. **Einwohner:** 563.301 (1991).
GEOGRAPHIE: Mazedonien ist ein Binnenland und grenzt im Norden an Jugoslawien (Serbien und Montenegro), im Westen an Albanien, im Süden an Griechenland und im Osten an Bulgarien.
STAATSFORM: Republik seit 1991, Verfassung von 1991. Staatsoberhaupt: Präsident Kiro Gligorow, seit Dezember 1990. Regierungschef: Branko Crvenkovski, seit September 1992. Einkammerparlament mit 120 Mitgliedern. Die Ehemalige Jugoslawische Republik Mazedonien erklärte im November 1991 ihre Unabhängigkeit. Die Verfassung ist seit November 1991 in Kraft. Im April 1992 rief die Minderheit der »Albanische Autonome Republik Illyria« aus. Das Land wurde im April 1993 von ca. 50 Staaten anerkannt.
SPRACHE: Amtssprache ist Mazedonisch. Die ethnischen Minderheiten sprechen Serbokroatisch, Türkisch und Albanisch.
RELIGION: Die Mehrheit der Bevölkerung gehört der mazedonisch-orthodoxen Kirche an, die ein eigenes Oberhaupt hat, jedoch international nicht anerkannt wird. Daneben 26% Muslime (Albaner und Türken), eine serbisch-orthodoxe Minderheit und Katholiken.
ORTSZEIT: MEZ.
NETZSPANNUNG: 220 V, 50 Hz.
POST- UND FERNMELDEWESEN:
Selbstwählferndienst. Landesvorwahl: 389.
Telefon/Telefax/Telex/Telegramme: Im allgemeinen gute Verbindungen nach und von Westeuropa, die Verbindungen über Serbien und Griechenland sind allerdings momentan noch aufgrund der andauernden Wirtschaftsblockade seitens beider Regierungen unterbrochen. Aufgrund der jüngsten Entwicklungen sollte sich dies jedoch bald ändern.

DEUTSCHE WELLE
Der Einsatz der Kurzwellenfrequenzen ändert sich mehrfach im Laufe eines Jahres, und Sendungen auf den folgenden Frequenzen werden jeweils nur zu bestimmten Tageszeiten ausgestrahlt. Näheres in der Einleitung.

MHz	17,560	15,275	13,780	9,545	6,075
Meterband	16	19	22	31	49

Hinweis: Die staatliche Fernseh- und Rundfunkanstalt RTS strahlt Sendungen in Mazedonisch, Albanisch und Türkisch aus. Das Informationsamt der Regierung ist gleichzeitig Nachrichtenagentur und gibt regelmäßig Informationsmaterial in englischer Sprache für das Ausland heraus.

REISEPASS/VISUM

Wichtiger Hinweis: Die Einreisebestimmungen mancher Länder können sich kurzfristig ändern – rufen Sie sicherheitshalber auf Ihrem CRS-System (TIMATIC-Info-Code-Fenster in diesem Kapitel) den aktuellen Stand ab bzw. wenden Sie sich an die zuständige diplomatische Vertretung. Etwaige Zahlen in der Tabelle beziehen sich auf nachfolgende Fußnoten.

	Paß erforderlich?	Visum erforderlich?	Rückflugticket erforderlich?
Deutschland	Ja	1	Nein
Österreich	Ja	1	Nein
Schweiz	Ja	1	Nein
Andere EU-Länder	Ja	1	Nein

Anmerkung: Aufgrund der jüngsten politischen Entwicklungen können sich Paß- und Visabestimmungen u. U. kurzfristig ändern, man sollte sich auf jeden Fall vor der Abreise bei den konsularischen Vertretungen über den aktuellen Stand informieren (Adressen s. o.).
REISEPASS: Allgemein erforderlich.
VISUM: (a) [1] Kein Visumzwang für Deutsche, Österreicher und Schweizer, ein Passierschein wird gegen eine Gebühr an der Grenze ausgestellt. Generell können alle EU-Bürger ohne Visum einreisen, nur für griechische Staatsangehörige besteht die Visumpflicht; (b) Kein Visumzwang auch für die folgenden Länder: Argentinien, Bolivien, Bulgarien, Chile, Costa Rica, Island, Israel, Japan, Jugoslawien (Serbien und Montenegro), Kroatien, Kuba, Liechtenstein, Malta, Mexiko, Monaco, Norwegen, Polen, Rumänien, Russische Föderation (mit Einladung), San Marino, Slowenien, Tschechische Republik, Türkei und Ungarn.
Anmerkung: Visa für Staatsbürger von Australien, Kanada, Korea-Süd und der USA können sofort bei der Einreise ausgestellt werden.
Visaarten: Einfache, zweifache und mehrfache Einreise, Geschäftsvisa.
Visagebühren: Unterschiedlich, je nach Nationalität und Aufenthaltsdauer. Nähere Informationen von den zuständigen Botschaften bzw. Konsularabteilungen (Adressen s. o.).
Gültigkeitsdauer: Maximal 90 Tage. Verlängerung vor Ort möglich.
Antragstellung: Konsularische Vertretung (Adressen s. o.).
Unterlagen: (a) Antragsformular. (b) Gültiger Reisepaß. (c) Frankierter und adressierter Rückumschlag. (d) Gebühr.
Bearbeitungszeit: 1-2 Tage. 2-3 Wochen bei Staatsbürgern einiger Länder, für die eine besondere Genehmigung zur Visaerteilung eingeholt werden muß.
Anmerkung: Staatsbürger, die ein Visum benötigen, müssen ggf. bei der Einreise ausreichende Geldmittel für die Dauer des Aufenthalts nachweisen.

GELD

Währung: Der Mazedonische Denar wurde im Mai 1993 mit dem Wechselkurs 13 MaD = 1 DM eingeführt, um den hyperinflationären Jugoslawischen Dinar zu ersetzen. 1 Mazedonischer Denar (MaD) = 100 Deni. Banknoten gibt es im Wert von 500, 100, 50, 20 und 10 MaD. Münzen im Wert von 5, 2 und 1 MaD und 50 Deni. Wie in allen jugoslawischen Nachfolgestaaten haben aufgrund der hohen Inflationsrate de facto nur die Deutsche Mark und der US-Dollar Kaufkraft.
Kreditkarten werden nur begrenzt in einigen Geschäften angenommen, die entsprechend gekennzeichnet sind. Einzelheiten vom Aussteller der betreffenden Kreditkarte.
Wechselkurse

	MaD Okt. '93	MaD Jan. '96
1 DM	19,50	27,34
1 US$	32,00	39,30

Devisenbestimmungen: Unbegrenzte Ein- und Ausfuhr von Fremdwährungen.
Öffnungszeiten der Banken: Mo-Fr 07.00-15.00 Uhr; Sa 08.00-14.00 Uhr.

DUTY FREE

Folgende Artikel können zollfrei in die Ehemalige Jugoslawische Republik Mazedonien eingeführt werden:
200 Zigaretten oder 50 Zigarren oder 250 g Tabak;
0,75 l Spirituosen oder 1 l Wein;
250 ml Eau de toilette;
Parfüm für den persönlichen Gebrauch.
Hinweis: Alle Gegenstände sollten mündlich deklariert werden.

GESETZLICHE FEIERTAGE

1. Mai '96 Tag der Arbeit. **4. Juli** Tag der Kämpfer. **2. Aug.** Staatsfeiertag. **8. Sept.** Unabhängigkeitstag. **11. Okt.** Tag des Aufstandes des mazedonischen Volkes (2. Weltkrieg). **1./2. Jan. '97** Neujahr. **8. Jan.** Weihnachten. **1. Mai** Tag der Arbeit.

GESUNDHEIT

In der folgenden Tabelle aufgeführte Impfvorschriften können sich kurzfristig ändern. Es wird stets empfohlen, auf Ihrem CRS-System (TIMATIC-Info-Code-Fenster in diesem Kapitel) den aktuellen Stand der Gesundheitsbestimmungen abzurufen bzw. rechtzeitig vor der Reise ärztlichen Rat einzuholen.

	Vorsichtsmaßnahmen empfohlen	Impfschein erforderlich
Gelbfieber	Nein	Nein
Cholera	Nein	Nein
Typhus & Polio	1	-
Malaria	Nein	
Essen & Trinken	2	-

[1]: Typhus kann auftreten, Poliomyelitis jedoch nicht.
[2]: Leitungswasser ist normalerweise gechlort und

relativ sauber, es können jedoch leichte Magenverstimmungen auftreten. Für die ersten Wochen des Aufenthalts wird daher abgefülltes Wasser empfohlen, welches überall erhältlich ist.
Tollwut kommt vor. Wer ein erhöhtes Risiko eingeht (z. B. längerer Aufenthalt in abgelegenen Gebieten), sollte vor Reiseantritt eine Schutzimpfung erwägen. Bei Bißwunden so schnell wie möglich ärztliche Hilfe in Anspruch nehmen. Näheres unter *Gesundheit* (s. Inhaltsverzeichnis).
Hepatitis A kann auftreten.
Gesundheitsvorsorge: Obwohl de jure das gegenseitige Abkommen Deutschlands mit Jugoslawien und damit auch die Anspruchsbescheinigung Ju 6 noch gültig ist, wird auf jeden Fall der Abschluß einer Reisekrankenversicherung empfohlen. Dies gilt auch für Reisende aus Österreich und der Schweiz.

REISEVERKEHR - International

FLUGZEUG: Skopje ist der einzige internationale Flughafen des Landes. Die nationale Fluggesellschaft der ehemaligen jugoslawischen Republik *Palair Macedonian Airlines* bietet Flugdienste von Berlin, Hamburg, Düsseldorf, Frankfurt/M., München, Stuttgart, Wien, Zürich, Basel und Genf an. Es gibt auch Flüge von Zürich nach Ohrid (saisonbedingt). Ferner gibt es Verbindungen mit der Türkei sowie mit Italien und Dänemark.
Durchschnittliche Flugzeiten: *Frankfurt* – Skopje: 2 Std. 10; *Düsseldorf* – Skopje: 2 Std. 30; *Wien* – Skopje: 2 Std; *Zürich* – Skopje: 2 Std; *Zürich* – Ohrid: 2 Std.
Hinweis: Die Flugzeiten werden sich nach Beilegung des Bürgerkrieges im ehemaligen Jugoslawien verkürzen, da zur Zeit noch die Route über Österreich und Albanien benutzt werden muß.
Flughafengebühr: 18 DM.
BAHN/BUS/PKW: Der internationale Verkehr muß einen langen Umweg über Ungarn und Belgrad bzw. Bulgarien in Kauf nehmen. Die Anreise über Albanien ist ebenfalls möglich (Fährverbindung von Italien und Slowenien, Einzelheiten s. *Albanien*). Vor kurzem wurden drei neue Grenzübergänge nach Albanien eingerichtet (Prespa-See, Ohrid und Debar). Mit Wartezeiten an der jugoslawischen Grenze muß gerechnet werden. Die wichtige Nord-Süd-Verbindungsstraße ist geöffnet. Aufgrund des andauernden Konflikts im ehemaligen Jugoslawien und der fortdauernden griechischen Wirtschaftsblockade können sich jedoch u. U. Probleme ergeben. Gleiches gilt für die Schienenwege. An der mazedonisch-griechischen Grenze muß mitunter ebenfalls mit langen Wartezeiten gerechnet werden. Auf den Hauptverbindungsstraßen von und nach Bulgarien und Albanien herrscht normaler Grenzverkehr, und es gibt kaum Schwierigkeiten. Benzingutscheine sind gegen Devisen bei den Niederlassungen des mazedonischen Automobilclubs AMFM erhältlich. **Fernbusse:** Die *Deutsche Touring* bietet u. a. auch Verbindungen von Deutschland nach Skopje an. Zentrale Reservierungsstelle in Frankfurt/M., Tel: (069) 7903-0.
Unterlagen: Der Führerschein des eigenen Landes reicht aus. Ein internationaler Führerschein wird jedoch vor allem bei Anreise über Bulgarien empfohlen. Die Mitnahme der Internationalen Grünen Versicherungskarte ist ebenfalls anzuraten.

REISEVERKEHR - National

FLUGZEUG: *Palair Macedonia* bietet Linienflüge in verschiedene mazedonische Städte an.
BAHN/BUS/PKW: Der Binnenverkehr auf Straßen und Schienen verläuft normal, es gibt Verbindungen von Skopje nach Kumanovo im Norden, Tetovo im Westen, Stip im Osten und Tilov, Velco, Prilep und Bitola im Süden.

UNTERKUNFT

Es gibt keine Luxushotels. In Skopje und in der Ferienregion an den Seen an der Grenze zu Albanien und Griechenland stehen Hotels der Touristenklasse zur Verfügung.

URLAUBSORTE & AUSFLÜGE

Die Landschaft der Ehemaligen Jugoslawischen Republik Mazedonien ist im Sommer trockener und rauher als in den Nachbarstaaten. Griechische, bulgarische und türkische Einflüsse machen sich noch heute bemerkbar. Die schönen Ikonen und Fresken sind besonders berühmt. Von **Bitola**, das nur 5 km von der griechischen Grenze entfernt liegt, kann man die Ruinen der griechischen Stadt *Heraclea* besichtigen. Das bedeutendste mittelalterliche Bauwerk des Landes ist die *St. Sophienkirche* in **Ohrid** am Ohrid-See. Die wunderschönen Fresken in der *St. Clemenskirche* sind ebenfalls sehenswert. Die Hauptstadt **Skopje** wurde 1963 bei einem Erdbeben fast völlig zerstört. Ein Besuch lohnt sich trotzdem. Die wichtigsten Sehenswürdigkeiten sind die imposante mittelalterliche Brücke über den Vardar, die *Mustafa-Pascha-Moschee*, das türkische Bad *Daut-Pascha* (15. Jh.) und die Kirche des *Hl. Panteleimon*.

SOZIALPROFIL

ESSEN & TRINKEN: Die Einflüsse der türkischen und griechischen Küche sind unverkennbar. Kebabs und Moussaka gibt es an jeder Straßenecke. *Gravce na Tavce* ist eine mazedonische Spezialität aus gebratenen Bohnen, auch die schmackhafte Ohrid-Forelle sollte man einmal probieren.
EINKAUFSTIPS: Traditionelle Handarbeiten wie Stickereien, Holzschnitzereien und Töpferwaren sind gute Mitbringsel. **Öffnungszeiten der Geschäfte:** Mo-Fr 08.00-20.00 Uhr und Sa 08.00-15.00 Uhr.
SPORT: Gute **Wassersportmöglichkeiten** u. a. auf dem Ohrid-See. **Publikumssport:** Vor allem **Fußball** ist sehr beliebt.
VERANSTALTUNGSKALENDER
Mai '96 *Opernabende*, Skopje. **Juli/Aug.** *Folklore-Festival*, Ohrid.
Nähere Informationen vom Fremdenverkehrsamt.
SITTEN & GEBRÄUCHE: Zur Begrüßung gibt man sich die Hand. Die Atmosphäre ist zwanglos, bei geschäftlichen Verhandlungen läßt man sich Zeit. **Fotografieren:** Das Fotografieren ist nicht überall erlaubt (Flughäfen, Staudämme und Militäranlagen dürfen nicht fotografiert werden). Entsprechende Warnschilder sind jedoch aufgestellt. **Trinkgeld:** In Hotels, Restaurants und Taxis sind 10% Trinkgeld üblich.

WIRTSCHAFTSPROFIL

WIRTSCHAFT: Die Ehemalige Jugoslawische Republik Mazedonien ist die ärmste der früheren jugoslawischen Teilrepubliken, und es gibt nur wenig Industrie, die sich auf die Bereiche Stahl, Textilien, Nahrungsmittelverarbeitung und chemische Industrie beschränkt. Die Republik erwirtschaftete nur 5,6% des jugoslawischen Bruttosozialproduktes (1990/91), das Bruttoinlandsprodukt pro Kopf betrug nur 1400 US-Dollar und lag damit unter dem jugoslawischen Durchschnitt. Mazedonien ist überwiegend ein Agrarland und hat kaum Bodenschätze (hauptsächlich Eisen, Blei, Nickel, Zink und Gold). Wichtigste landwirtschaftliche Erzeugnisse sind Getreide (v. a. Weizen), Kartoffeln, Baumwolle, Zuckerrüben und Tabak. Da der einheimische Tabak einen hohen Teergehalt hat, ist er für den gesundheitsbewußter werdenden westeuropäischen Markt uninteressant. Nach dem Zusammenbruch des gesamtjugoslawischen Marktes stand die mazedonische Wirtschaft, die ohnehin stark von Finanzspritzen aus Belgrad abhängig war, vor dem völligen Ruin. 1992/93 ging die Industrieproduktion um 15% zurück, die Arbeitslosenrate betrug 1994 ca. 30%, die Inflationsrate über 120%. Die hohe Schuldenlast tat ein übriges, zumal die Regierung über keine nennenswerten Reserven verfügt, um die übernommenen Auslandsschulden abzuzahlen. Der serbische Boykott und das griechische Embargo wirkten sich ebenfalls katastrophal auf die wirtschaftliche Lage aus. Die Zukunftsprognosen lassen kaum auf eine Verbesserung der Situation in absehbarer Zeit hoffen. Die Überweisungen der etwa 350.000 mazedonischen Gastarbeiter und Emigranten in Westeuropa und Nordamerika bringen jedoch wichtige Devisen ins Land.
GESCHÄFTSVERKEHR: Korrekte Kleidung wird erwartet. Im Vergleich zu anderen jugoslawischen Nachfolgestaaten sind Deutsch und Englisch weniger gebräuchlich. **Geschäftszeiten:** Mo-Fr 07.00/08.00-15.00/16.00 Uhr.
Kontaktadressen: *Die wirtschaftlichen Interessen Österreichs werden von der Außenhandelsstelle der Wirtschaftskammer Österreich in Belgrad (s. Jugoslawien) wahrgenommen.*
Narodna Banka na Makedoniji (Mazedonische Nationalbank), Kompleks Banki bb, 91000 Skopje. Tel: (091) 11 21 77. Telefax: (091) 11 11 61.
Mazedonische Wirtschaftskammer, Dimitrie Cupovski 13, 91000 Skopje. Tel: (091) 23 32 15. Telefax: (091) 11 62 10.

KLIMA

Kontinentalklima, sehr kalte Winter und heiße Sommer.

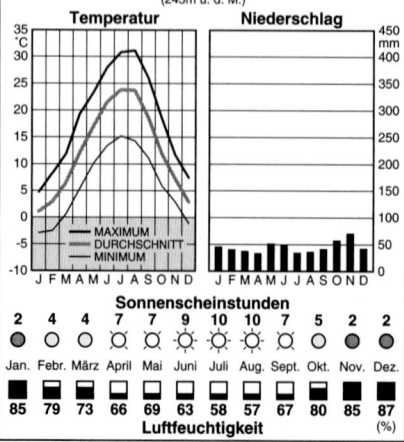

Mexiko

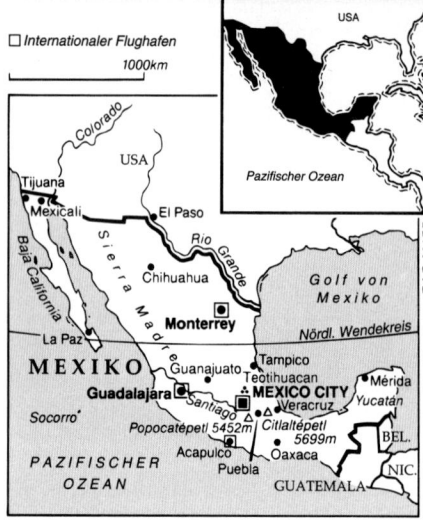

Lage: Südliches Nordamerika, nördliches Mittelamerika.

Anmerkung: Aufgrund der politischen Unruhen im südmexikanischen Bundesstaat Chiapas wird von Reisen in dieses Gebiet immer noch abgeraten. Aktuelle Informationen vom Auswärtigen Amt in Bonn, dem Außenministerium in Wien und dem EDA in Bern.

Staatliches Mexikanisches Verkehrsamt
Wiesenhüttenplatz 26
D-60329 Frankfurt/M.
Tel: (069) 25 34 13, 25 35 41. Telefax: (069) 25 37 55.
Mo-Fr 09.00-13.00 und 14.00-17.00 Uhr.
Das Mexikanische Verkehrsamt hat einen speziellen Info-Service für Reisebüros eingerichtet, der Mo-Fr 10.00-13.00 und 14.00-18.00 Uhr zu erreichen ist. Tel: (069) 25 35 09. Telefax: (069) 25 37 55.
Fondo Nacional de Fomento al Turismo (FONATUR) (Staatliche Gesellschaft zur Förderung des Tourismus)
Insurgentes Sur 800, 17°
Col. Del Valle
03100 México, DF
Tel: (05) 687 26 97. Telefax: (05) 682 50 58.
Mexikanische Botschaft
Adenauerallee 100
D-53113 Bonn
Botschaft: Tel: (0228) 91 48 60. Telefax: (0228) 914 86 19.
Mo-Fr 09.00-17.00 Uhr.
Konsularabt.: Tel: (0228) 914 86 32/33. Telefax: (0228) 914 86 19, 21 11 13.
Mo-Fr 09.00-14.00 Uhr (telefonisch bis 15.00 Uhr).
Mexikanisches Generalkonsulat (Erteilung von Visa und Touristenkarten)
Kurfürstendamm 72/III
D-10709 Berlin
Tel: (030) 324 90 47. Telefax: (030) 324 98 43.
Mo-Fr 09.00-13.00 Uhr.
Mexikanisches Generalkonsulat (Erteilung von Visa und Touristenkarten)
Hallerstraße 76
D-20146 Hamburg
Tel: (040) 450 15 80. Telefax: (040) 45 01 58 20.
Mo-Fr 09.00-13.00 Uhr.
Mexikanisches Konsulat (Erteilung von Visa und Touristenkarten)
Hochstraße 35-37

TIMATIC INFO-CODES	
Abrufbar über Ihr CRS-System (für START/Amadeus Ama-Maske benutzen). Für Galileo bitte TI-DFT eingeben (mit Bindestrich).	
Flughafengebühren	TI DFT/ MEX /TX
Währung	TI DFT/ MEX /CY
Zollbestimmungen	TI DFT/ MEX /CS
Gesundheit	TI DFT/ MEX /HE
Reisepassbestimmungen	TI DFT/ MEX /PA
Visabestimmungen	TI DFT/ MEX /VI

D-60313 Frankfurt/M.
Tel: (069) 2 86 44. Telefax: (069) 2 86 31.
Mo-Fr 09.00-13.00 Uhr.
Honorarkonsultate (nur Touristenkarten) in Bremen (Tel: (0421) 32 49 46), Hannover (Tel: (0511) 32 81 88), München (Tel: (089) 98 16 17) und Stuttgart (Tel: (0711) 728 98 62).
Mexikanische Botschaft
Türkenstraße 15
A-1090 Wien
Tel: (0222) 310 73 83. Telefax: (0222) 310 73 87.
Mo-Fr 09.00-13.00 Uhr.
Mexikanische Botschaft
Bernastraße 57
CH-3005 Bern
Tel: (031) 351 18 75. Telefax: (031) 351 34 92.
Mo-Fr 09.30-13.00 und 15.00-17.00 Uhr.
Mexikanisches Konsulat (Erteilung von Visa und Touristenkarten)
Münsterberg 1
CH-4051 Basel
Postfach
CH-4001 Basel
Tel/Telefax: (061) 271 38 08.
Mi 14.00-18.00 Uhr, Fr 08.00-12.00 Uhr.
Mexikanisches Honorarkonsulat (Erteilung von Visa und Touristenkarten)
16 Rue de Candolle
CH-1205 Genf
Tel: (022) 328 39 20. Telefax: (022) 328 52 42.
Mo-Fr 09.30-11.30 und 14.30-16.00 Uhr.
Mexikanisches Honorarkonsulat (Erteilung von Visa und Touristenkarten)
9 Route Suisse
CH-1295 Mies/Lausanne
Tel: (022) 779 02 57. Telefax: (022) 779 15 04.
Öffnungszeiten nach Vereinbarung.
Mexikanisches Honorarkonsulat (Erteilung von Visa und Touristenkarten)
Kirchgasse 38
CH-8001 Zürich
Tel: (01) 251 04 62. Telefax: (01) 252 12 41.
Mo-Fr 09.30-11.30 Uhr.
Honorarkonsulat (nur Touristenkarten) in Luzern (Tel: (041) 418 54 19).
Botschaft der Bundesrepublik Deutschland
Calle Lord Byron 737
Col. Polanco Chapultepec
11560 México, DF
Apartado Postal M-10792
0600 México, DF
Tel: (05) 280 54 09, 280 55 34, 280 56 59. Telefax: (05) 281 25 88.
Honorarkonsulate in Acapulco, Cancún, Chihuahua, Guadalajara, Mazatlán, Mérida, Monterrey, Puebla, Tampico, Tijuana und Veracruz.
Botschaft der Republik Österreich
Sierra Tarahumara 420
Col. Lomas de Chapultepec
11000 México, DF
Apartado Postal 10850 C.P.
11002 México, DF
Tel: (05) 251 97 92, 251 16 06. Telefax: (05) 245 01 98.
Konsulate in Acapulco, Guadalajara, Monterrey und Tijuana.
Botschaft der Schweizerischen Eidgenossenschaft
Torre Optima, 11°
Avenida Paseo de las Palmas Nr. 405
Lomas de Chapultepec
Apartado 10-724
11000 México, DF
Tel: (05) 520 85 35. Telefax: (05) 520 86 85.

FLÄCHE: 1.958.201 qkm.
BEVÖLKERUNGSZAHL: 90.027.000 (1993).
BEVÖLKERUNGSDICHTE: 46 pro qkm.
HAUPTSTADT: Mexiko City (Ciudad de México).
Einwohner: 21.800.000 (Großraum, 1993).
GEOGRAPHIE: Mexiko grenzt im Norden an die USA, im Nordwesten an den Golf von Kalifornien, im Westen an den Pazifik, im Süden an Guatemala und Belize sowie im Osten an den Golf von Mexiko und das Karibische Meer. Im Süden nimmt Mexiko die Hälfte der mittelamerikanischen Landbrücke ein. Die landschaftliche Vielfalt Mexikos reicht von Feuchtgebieten bis hin zu Wüsten und von Dschungel bedeckten Ebenen bis hin zu alpiner Vegetation. Ein Großteil des Landes besteht aus einem 1000-2500 m hohen Hochland, das gegen den Pazifik und den Atlantik durch die Bergketten der *Sierra Madre Occidental* und der *Sierra Madre Oriental* begrenzt wird. Der nördliche Teil des Plateaus, der 40% der Gesamtfläche Mexikos ausmacht, ist unfruchtbar und nur dünn besiedelt. Im Süden des Hochlands verläuft eine vulkanische Bergkette, die sich von der *Sierra Volcánica* im Westen durch das Tal von Mexiko nach Veracruz an der Ostküste erstreckt. Mächtige Berge erheben sich hier, von denen einige, wie der 5700 m hohe *Pico de Orizaba* und der *Popocatépetl*, noch tätige Vulkane sind. Hier leben 50% der Bevölkerung. Weiter südlich auf den Hängen und Ebenen der dünnbesiedelten Landenge *Tehuantepec* wird Ackerbau betrieben. Der Osten und die Yucatán-Halbinsel sind flach, 75% der jährlichen Niederschläge fallen in diesem Gebiet. Die höchsten landwirtschaftlichen Erträge werden im Nordwesten Mexikos erzielt. Erdöl wird an der Golfküste gefördert, wo man auch Schwefel gewinnt. An der Nordwestküste, gegenüber der Halbinsel *Baja California*, an der Südwestküste von *Bahía de Campeche* sowie auf der Yucatán-Halbinsel gibt es viele Lagunen und Feuchtgebiete.
STAATSFORM: Präsidiale Bundesrepublik aus 31 Staaten und einem Bundesdistrikt (der Hauptstadt Mexiko City) seit 1917, letzte Verfassungsänderung 1994. Staats- und Regierungschef: Ernesto Zedillo Ponce de Léon, seit Dezember 1994. Zweikammerparlament (*Congreso de la Unión*). Die 128 Abgeordneten des Senats werden auf sechs Jahre, die 500 Abgeordneten des Abgeordnetenhauses auf drei Jahre gewählt (davon werden 300 direkt gewählt). Die exekutive Gewalt liegt beim Präsidenten, der das Kabinett ernennt. Seine Amtsperiode überschneidet sich mit der des Senats. Jeder Staat hat seinen eigenen Gouverneur und ein gewähltes Abgeordnetenhaus.
SPRACHE: Amtssprache ist Spanisch, als Umgangssprache ist es oft mit aztekischen Lehnwörtern durchsetzt. Etwa 8% der Bevölkerung sprechen nur indianische Sprachen. Englisch wird relativ viel gesprochen.
RELIGION: 90% römisch-katholisch; protestantische, jüdische und bahaiische Minderheiten.
ORTSZEIT: Mexiko hat drei Zeitzonen:
Süd-, Ost- und Mittelmexiko: MEZ - 7 (*Central Standard Time*).
Nayarit, Sonora, Sinaloa und Baja California Sur: MEZ - 8 (*Mountain Time*).
Baja California Norte: MEZ - 9 (*Pacific Time*).
NETZSPANNUNG: 110 V, 60 Hz; Flachstecker (wie in den USA).
POST- UND FERNMELDEWESEN: Telefon: Selbstwählferndienst. Telefongespräche ins Ausland sind verhältnismäßig teuer. Tarife sollten auf jeden Fall vorher erfragt werden. **Landesvorwahl: 52.** Für Touristen steht eine 24stündige, kostenlose *Hotline* zur Verfügung, die unter der Nummer 91 800 90392 zu erreichen ist (zweisprachiges Personal). **Telefaxgeräte** u. a. in vielen Hotels. **Telex/Telegramme:** Internationale Telexanschlüsse findet man in einigen Hotels von Mexiko City sowie in Acapulco, Chihuahua, Guadalajara, Mérida, Monterrey, Puebla, Tampico und Veracruz. Telegrammaufgabe in den Ämtern der *Telegrafos Nacionales* in allen größeren Städten (Hauptbüro in Mexiko City: Balderas y Colón, México 1, DF). **Post:** Luftpostbriefe nach Europa sind etwa sechs Tage unterwegs. Versendung auf dem Land- und Seeweg dauert sehr viel länger. In der Hauptstadt steht ein Express-Service zur Verfügung (*Entrega Immediata*), der eine Zustellung innerhalb von zwei bis drei Tagen ermöglicht.
DEUTSCHE WELLE
Der Einsatz der Kurzwellenfrequenzen ändert sich mehrfach im Laufe eines Jahres, und Sendungen auf den folgenden Frequenzen werden jeweils nur zu bestimmten Tageszeiten ausgestrahlt. Näheres in der Einleitung.

MHz	17,860	17,715	15,275	9,545	6,100
Meterband	16	16	19	31	49

REISEPASS/VISUM

***Wichtiger Hinweis:** Die Einreisebestimmungen mancher Länder können sich kurzfristig ändern – rufen Sie sicherheitshalber auf Ihrem CRS-System (TIMATIC-Info-Code-Fenster in diesem Kapitel) den aktuellen Stand ab bzw. wenden Sie sich an die zuständige diplomatische Vertretung. Etwaige Zahlen in der Tabelle beziehen sich auf nachfolgende Fußnoten.*

	Paß erforderlich?	*Visum erforderlich?*	*Rückflugticket erforderlich?*
Deutschland	Ja	1/3/5	Nein
Österreich	Ja	1/3/5	Nein
Schweiz	Ja	1/3/5	Nein
Andere EU-Länder	Ja	2/4/6	Nein

Anmerkung: Die Visabestimmungen sind außerordentlich kompliziert, und die folgenden Angaben sind nur als Richtlinie gedacht. Einzelheiten sind bei den konsularischen Vertretungen zu erfragen. Die Nichtbefolgung der Einreisebestimmungen wird mit hohen Geldstrafen geahndet, und Reisende werden auf Kosten der Fluggesellschaft in ihr Heimatland zurückgeschickt. Zur besseren Übersicht im folgenden in Kürze die Visabestimmungen für Deutsche, Österreicher und Schweizer: Zur Einreise nach Mexiko benötigen Staatsbürger von **Deutschland**, **Österreich** und der **Schweiz** eine *Touristenkarte*, die gegen Vorlage eines gültigen Reisepasses kostenlos bei allen mexikanischen Konsulaten und bei Fluggesellschaften und Reiseveranstaltern, die Mexiko anfliegen bzw. im Programm haben, erhältlich ist.
REISEPASS: Allgemein erforderlich zur Einreise, ausgenommen sind Staatsangehörige Kanadas, und der USA, sofern sie einen Identitätsnachweis mit Foto vorweisen können.
Anmerkung: Eltern Minderjähriger, die *allein* nach Mexiko reisen wollen, müssen dem Konsulat bei der Beantragung den Kinderausweis, 2 Paßfotos und eine notariell beglaubigte Zustimmungserklärung vorlegen. Minderjährige, die mit einem Elternteil oder Vormund reisen, benötigen eine notariell beglaubigte Zustimmungserklärung des anderen Elternteils (oder Vormunds).
TOURISTENKARTE (FMT): Wird *nur* für Touristen und Reisende ausgestellt, die nicht zur Aufnahme einer bezahlten Tätigkeit oder zu geschäftlichen Zwecken nach Mexiko einreisen wollen. *Das Konsulat behält sich das Recht vor, Nachweise darüber zu verlangen, daß der Aufenthalt nur touristischen Zwecken dient und ausreichende Geldmittel vorhanden sind.* Die Touristenkarte, die in Original und Kopie ausgehändigt wird, muß bei der Einreise abgestempelt werden. Das Original dient zur Einreise, die Kopie zur Ausreise.
Anmerkung: (a) Kinder und Jugendliche benötigen eine eigene Touristenkarte. (b) Reisende, die ohne Minderjährige (s. o.) einreisen und zur Einreise lediglich eine Touristenkarte benötigen (s. u.), können diese im Flugzeug oder bei der Einreise in Mexiko erhalten.
Touristenkarten können von Staatsbürgern der folgenden Länder beantragt werden:
(a) **[1]** Bundesrepublik Deutschland, Österreich und Schweiz;
(b) **[2]** übrige EU-Länder (mit Ausnahme von Frankreich, deren Staatsbürger ein Visum benötigen);
(c) Argentinien, Australien, Chile, Island, Israel, Japan, Kanada, Korea-Süd, Liechtenstein, Monaco, Neuseeland, Norwegen, San Marino, Singapur, Uruguay und USA.
Hinweis: Über Bestimmungen für hier nicht aufgeführte Länder erteilen die mexikanischen Botschaften und Konsulate Auskunft (Adressen s. o.).
GESCHÄFTSVISA: Geschäftsreisende sollten ein Geschäftsvisum beantragen; dieses berechtigt nicht zur Arbeitsaufnahme oder zur Ausübung von Tätigkeiten im technischen Bereich. Geschäftsvisa sind zur mehrmaligen Einreise gültig.
Geschäftsvisa können von Staatsbürgern der folgenden Länder beantragt werden:
(a) **[3]** Bundesrepublik Deutschland, Österreich und Schweiz;
(b) **[4]** übrige EU-Länder;
(c) *Bahamas, *Belize, *Bolivien, *Brasilien, *Chile, *Costa Rica, *Ecuador, *El Salvador, *Guatemala, *Honduras, *Jamaika, *Kolumbien, Liechtenstein, *Monaco, *Neuseeland, *Nicaragua, Norwegen, *Panama, *Paraguay, *Peru, *Rumänien, Uruguay, *Venezuela und die *Nachfolgestaaten Jugoslawiens.
Anmerkung: (a) Über Bestimmungen für hier nicht aufgeführte Länder erteilen die mexikanischen Botschaften und Konsulate Auskunft (Adressen s. o.). (b) **[*]** Reisende müssen ihren festen Wohnsitz in Deutschland, Österreich oder der Schweiz haben, wenn sie Visa bei den dortigen Botschaften oder Konsulaten beantragen wollen.
TECHNIKERVISA: Techniker und Monteure erhalten sogenannte Technikervisa, die zur mehrmaligen Einreise gültig sind.
Staatsbürger der folgenden Länder können ein Technikervisum beantragen:
(a) **[5]** Bundesrepubik Deutschland, Österreich und Schweiz;
(b) **[6]** übrige EU-Länder (ausgenommen sind Irland, Luxemburg, Portugal und Spanien);
(c) *Armenien, *Australien, *Belarus, *Georgien, *Island, *Israel, *Japan, Kanada, *Kasachstan, *Kirgistan, *Moldawien, *Neuseeland, Norwegen, *Polen, *Russische Föderation, *Slowakische Republik, *Südafrika, *Tadschikistan, *Tschechische Republik, *Turkmenistan, *Ukraine, USA und *Usbekistan.
Anmerkung: (a) Über Bestimmungen für hier nicht aufgeführte Länder erteilen die mexikanischen Botschaften und Konsulate Auskunft (Adressen s. o.). (b) **[*]** Reisende müssen ihren festen Wohnsitz in Deutschland, Österreich oder der Schweiz haben, wenn sie Visa bei den dortigen Botschaften oder Konsulaten beantragen wollen.
Gültigkeitsdauer: Die Gültigkeitsdauer ist auf jeder Karte angegeben (normalerweise 30 oder 90 Tage, 6 Monate für Staatsangehörige Kanadas, Großbritanniens und der USA, Verlängerungsmöglichkeit für weitere 6 Monate in Mexiko).
Touristenkarten: Ab dem Ausstellungsdatum muß die Einreise innerhalb von 90 Tagen erfolgen. Die Karte ist nur für die einmalige Einreise gültig.
Geschäftsvisa: Ab dem Ausstellungsdatum muß die Einreise innerhalb von 90 Tagen erfolgen; das Visum ist 180 Tage gültig.
Technikervisa: Ab dem Ausstellungsdatum muß die Einreise innerhalb von 90 Tagen erfolgen.
Anmerkung: Staatsbürger der folgenden Länder erhalten nur ein Visum, falls das Innenministerium in Mexiko die Erlaubnis erteilt (dies dauert ca. zwei Monate):
Afghanistan, Bangladesch, China (VR), Hongkong, Irak, Iran, Jordanien, Nachfolgestaaten des ehemaligen Jugoslawien, Kambodscha, Korea-Nord, Libanon, Libyen, Pakistan, Sri Lanka, Syrien, Taiwan (China) und Vietnam.
Antragsstellung: Konsulate oder Konsulararbeitungen der Botschaften (Adressen s. o.).

Unterlagen: *Touristenkarten:* (a) Reisepaß, der mindestens noch 6 Monate gültig ist sowie eine Kopie des Reisepasses. (b) 3 Paßbilder. (c) Bei postalischer Antragstellung ein Begleitschreiben, das das Datum der Ein- und Ausreise angibt. (d) Reisebestätigung. (e) Aufenthaltserlaubnis für das Land, in dem der Antrag gestellt wird.
Geschäfts- und Technikervisa: (a) Gültiger Reisepaß. (b) Ausgefülltes Antragsformular. (c) Begleitschreiben des Arbeitgebers mit Angaben über die Art des Geschäftes, die zu besuchenden Firmen in Mexiko sowie die finanzielle Haftung für die Bezahlung des Antragstellers. (d) Schreiben der mexikanischen Firma. (e) 2 identische Paßfotos neueren Datums. (f) Gebühr. (g) Falls der Aufenthalt 30 Tage überschreitet: Begleitschreiben der Industrie- und Handelskammer des Landes.
Anmerkung: (a) Allen postalischen Anträgen müssen große, frankierte Rückumschläge für die Zustellung per Einschreiben beigefügt werden. (b) Eine internationale Impfbescheinigung gegen Cholera wird von allen Reisenden benötigt, die innerhalb von 2 Wochen nach dem Besuch eines Infektionsgebietes nach Mexiko einreisen.
Gebühren: Touristenkarten sind kostenlos. Gebühren für Geschäfts- und Technikerkarten sind unterschiedlich.
Bearbeitungszeit: Bei persönlicher Antragstellung 2 Tage; bei postalischer Antragstellung eine Woche.
VISUM: Allgemein erforderlich, ausgenommen sind Staatsbürger, die im Besitz einer Touristenkarte oder eines anderen Dokumentes sind, das ein Visum ersetzt.
Unterlagen: S. *Touristenkarte.*
Aufenthaltsgenehmigung: Anträge sind an die Botschaft zu richten (Adressen s. o.).

GELD

Anmerkung: Am 1. Januar 1993 wurde die mexikanische Währung im Verhältnis 1000 mexikanische Peso = 1 Neuer Mexikanischer Peso umgestellt. Die alten Banknoten und Münzen sind in einigen Teilen Mexikos weiterhin gültige Zahlungsmittel (im Verhältnis 1000 : 1). Man sollte jedoch besser in den Neuen Peso wechseln.
Währung: 1 Mexikanischer Neuer Peso (N$) = 100 Centavos (C). Banknoten gibt es im Wert von 100, 50, 20 und 10 N$, Münzen sind in den Werten von 10, 5, 2 und 1 N$ sowie 50, 20, 10 und 5 Centavos in Umlauf.
Geldwechsel: Wechselstuben sind durchgehend von 09.00-20.00 Uhr geöffnet, auf internationalen Flughäfen gibt es einen 24-Std.-Service.
Kreditkarten: *Eurocard, American Express, Diners Club* und *Visa* werden angenommen. Einzelheiten vom Aussteller der betreffenden Kreditkarte.
Reiseschecks: US-Dollar-Reiseschecks werden fast überall angenommen. Gegen Vorlage der *Eurocard* und des Ausweises sind Bargeldauszahlungen bei Banken möglich, die dem System *RED, Cajeros Compartidos* angeschlossen sind.
Wechselkurse

	Mex$ Sep. '92	N$ Febr. '94	N$ Jan. '95	N$ Jan. '96
1 DM	2012,87	1,79	3,18	5,27
1 US$	2991,39	3,10	4,92	7,57

Devisenbestimmungen: Die Einfuhr von Goldmünzen ist verboten. Unbegrenzte Ein- und Ausfuhr von Landes- und Fremdwährungen.
Öffnungszeiten der Banken: Mo-Fr 09.00-13.30 Uhr. Manche Banken haben Samstag nachmittags geöffnet.

DUTY FREE

Folgende Artikel können zollfrei nach Mexiko eingeführt werden:
400 Zigaretten oder 250 g Tabak oder Tabakwaren bis zu 250 g pro Personen (Mindestalter 18 Jahre);
3 l Spirituosen;
Parfüm für den persönlichen Bedarf;
1 Fotoapparat, 1 tragbare Filmkamera und bis zu 12 neue Filmrollen pro Kamera;
1 Fernglas;
1 (tragbares) Musikinstrument;
elektrische Geräte (tragbar) für den persönlichen Bedarf;
Waren im Gesamtwert von 300 US$.

GESETZLICHE FEIERTAGE

1. Mai '96 Tag der Arbeit. **5. Mai** Jahrestag der Schlacht von Puebla. **16. Sept.** Unabhängigkeitstag. **12. Okt.** Entdeckung Amerikas. **1. Nov.*** Allerheiligen und Jahresansprache des Präsidenten. **2. Nov.** Allerseelen. **20. Nov.*** Jahrestag der mexikanischen Revolution. **12. Dez.*** Tag der Jungfrau von Guadalupe. **25. Dez.** Weihnachten. **1. Jan. '97** Neujahr. **5. Febr.** Tag der Verfassung. **21. März** Geburtstag von Benito Juárez. **28.- 31. März** Ostern. **1. Mai** Tag der Arbeit. **5. Mai** Jahrestag der Schlacht von Puebla.
Anmerkung: [*] Nur halbe Tage.
Es gibt zusätzlich viele regionale Feiertage. Fällt ein Feiertag auf einen Dienstag oder Donnerstag, wird das Wochenende häufig verlängert. Weitere Informationen vom Verkehrsamt.

GESUNDHEIT

In der folgenden Tabelle aufgeführte Impfvorschriften können sich kurzfristig ändern. Es wird stets empfohlen, auf Ihrem CRS-System (TIMATIC-Info-Code-Fenster in diesem Kapitel) den aktuellen Stand der Gesundheitsbestimmungen abzurufen bzw. rechtzeitig vor der Reise ärztlichen Rat einzuholen.

	Vorsichtsmaßnahmen empfohlen	*Impfschein erforderlich*
Gelbfieber	Nein	1
Cholera	Ja	2
Typhus & Polio	3	-
Malaria	4	-
Essen & Trinken	5	-

[1]: Eine Impfbescheinigung gegen Gelbfieber wird von allen Reisenden verlangt, die aus Infektionsgebieten kommen und älter als sechs Monate sind.
[2]: Das Risiko einer Infektion in Mexiko besteht. Da die Wirksamkeit der Schutzimpfung umstritten ist, empfiehlt es sich, rechtzeitig vor Antritt der Reise ärztlichen Rat einzuholen. Näheres unter *Gesundheit* (s. Inhaltsverzeichnis).
[3]: Typhus kommt vor, Poliomyelitis jedoch nicht.
[4]: Malaria tritt hauptsächlich an der Westküste auf, Malariaprophylaxe wird für tropische Regionen empfohlen. Die weniger gefährliche Form *Plasmodium vivax* kommt in ländlichen Gebieten vor, die von Touristen selten besucht werden: in den Staaten Campeche, Chiapas, Chihuahua, Hidalgo, Michoacán, Nayarit, Oaxaca, Quintana Roo, Sinaloa und Tabasco.
[5]: In den meisten Hotels ist Wasser in Flaschen oder sterilisiertes Wasser aus Trinkwasserhähnen erhältlich. Ist dies nicht der Fall, sollte Wasser vor der Benutzung zum Trinken, Zähneputzen und zur Eiswürfelbereitung abgekocht oder anderweitig sterilisiert werden. Milch ist außerhalb der größeren Städte nicht pasteurisiert und sollte abgekocht werden. Trocken- und Dosenmilch nur mit keimfreiem Wasser zubereiten. Fleisch- oder Fischgerichte sollten nur gut durchgekocht und heiß serviert verzehrt werden. Der Genuß von Schweinefleisch, Mayonnaise, rohen Salaten und Milchprodukten aus ungekochter Milch sollte wegen des erheblichen Risikofaktors vermieden werden. Gemüse sollte gekocht und Obst geschält werden.
Tollwut kommt vor. Wer ein erhöhtes Risiko eingeht (z. B. längerer Aufenthalt in abgelegenen Gebieten), sollte sich vor Reiseantritt impfen lassen. Bei Bißwunden möglichst schnell ärztliche Hilfe in Anspruch nehmen. Weitere Informationen im Kapitel *Gesundheit* (s. Inhaltsverzeichnis).
Hepatitis A tritt ebenfalls auf.
Gesundheitsvorsorge: Der Abschluß einer Reisekrankenversicherung wird empfohlen. Die medizinischen Einrichtungen sind ausgezeichnet, es stehen staatliche und private Krankenhäuser, Ärzte, Kliniken und Apotheken zur Verfügung. Arzneimittel kann man häufig ohne Rezept erhalten, und Apotheker dürfen leichte Erkrankungen und Verletzungen behandeln. Da Mexiko City relativ hoch liegt, kann es sein, daß Besucher eine Akklimatisationszeit benötigen, zumal die Stadt unter hohen Smog-Meßwerten leidet.

REISEVERKEHR - International

FLUGZEUG: Die wichtigsten mexikanischen Fluggesellschaften heißen *Mexicana de Aviacion (MX)* und *Aeromexico (AM)*; erstere betreibt vor allem Flugdienste in die USA, letztere auch nach Europa (z. B. Paris). *TAESA* fliegt innerhalb Mexikos und bietet Charterflüge von Köln, Düsseldorf und Berlin nach Puerto Vallarta und Acapulco. Derzeit keine Direktverbindung von Österreich, jedoch vor allem preislich günstige Verbindung mit *British Airways* über London dreimal wöchentlich.
Durchschnittliche Flugzeiten: *Frankfurt* – Mexiko City: 11 Std. 45; *Zürich* – Mexiko City: 13 Std. (über Atlanta/USA); *London* – Mexiko City: 10 Std; *Los Angeles* – Mexiko City: 5 Std. 20; *New York* – Mexiko City: 5 Std.
Internationale Flughäfen: *Mexiko City (MEX)* liegt 13 km südlich der Stadt. Am Flughafen gibt es Restaurants, Duty-free-Shops, Banken, Läden, Tourist-Information, Hotel-Reservierungsschalter, Post, Mietwagenschalter. Busverbindung zur Stadt (Fahrzeit 20 Min.). Abfahrt im Stadtzentrum Richtung Flughafen vom Hotel *Camino Real*, Reforma-Straße. U-Bahn-Anschluß zur Stadt (Fahrzeit 20 Min.). Der U-Bahnhof liegt 20 Min. (Fußweg) vom Flughafen entfernt. Hoteleigener kostenloser Zubringerbus zum Airport Holiday Inn.
Acapulco (ACA) liegt 26 km außerhalb der Stadt (Fahrzeit 30 Min.). Duty-free-Shop, Post, Apotheke, Restaurants, Bank, Tourist-Information, Mietwagenschalter. Busverbindung zur Stadt, Rückfahrt vom Hotel *Las Hamacas*. Taxis verlangen ab 22.00 Uhr einen Nachtzuschlag.
Guadalajara (GDL) liegt 20 km südöstlich der Stadt (Fahrzeit 30 Min.). Restaurants, Läden, Duty-free-Shop, Apotheke, Bars, Mietwagenschalter, Bank, Tourist-Information, Hotel-Reservierungsschalter.
Busverbindung zur Stadt. Kostenlose hoteleigene Zubringerbusse zu den Hotels *Camino Real, El Tapatio, Holiday Inn* und *Sheraton*.
Monterrey (MRY) liegt 24 km außerhalb der Stadt, (Fahrzeit 45 Min.). Busse und Taxis fahren zur Stadt.
Flughafengebühren: Internationale Flüge: 11,50 US$.
SCHIFF: Im Rahmen von Kreuzfahrten werden vor allem folgende Häfen angelaufen: Cozumel, Acapulco, Tampico, Zihuatanejo/Ixtapa, Manzanillo, Puerto Vallarta und Mazatlán. Regelmäßiger Passagierlinienverkehr von Südamerika und Australien. Zahlreiche Reedereien bieten Kreuzfahrtprogramme nach Mexiko an.
BAHN: Von allen Großstädten der USA und Kanadas gibt es Zugverbindungen nach Mexiko. Alle Züge bieten Pullman-Schlafwagen, Speisewagen und Klubwagen. Die meisten Züge sind klimatisiert.
BUS/PKW: Die wichtigsten Grenzübergangsstellen im Grenzverkehr mit den USA sind Mexicali bei Anreise von San Diego; Nogales von Phoenix/Tucson; El Paso/Ciudad Juárez von Tucson und Alberquerque aus; Eagle Pass/Piedras Negras von Del Río, San Angelo und El Paso; Laredo/Nuevo Laredo von Houston, San Antonia und Del Río aus sowie Brownsville/Matamoros bei Anfahrt von Houston und Galveston. Von Guatemala aus gibt es zwei Hauptverbindungsstraßen nach Mexiko. Die Panamerikana führt durch Mexiko nach Mittel- und Südamerika.

REISEVERKEHR - National

FLUGZEUG: Das Inlandflugnetz ist gut, *Aeroméxico* und *Mexicana* fliegen alle größeren Städte an, daneben operieren auch *TAESA* und *AVIACSA*. Viele der kleineren Flughäfen bieten auch internationale Flüge an und haben Landekapazitäten für Großflugzeuge. *Mexicana Aeroméxico* bietet den *Mexipass* an, der auch Flüge nach Guatemala einschließt. Er gilt nur für Touristen und kann in Reisebüros in Deutschland, Österreich und der Schweiz gebucht werden.
Gepäckträger verlangen etwa 2 US$ pro Gepäckstück.
SCHIFF: Fahrplanmäßiger Fährverkehr zwischen Mazatlán und La Paz (Baja California); Guayamas und Santa Rosalia (über den Golf von Kalifornien); Puerto Juárez und Isla Mujeres sowie La Paz und Topolobambo. Im Rahmen von Kreuzfahrten an der Westküste werden auch die Pazifikhäfen Mazatlán, Puerto Vallarta und Acapulco angelaufen.
BAHN: Mexiko verfügt über ein gut ausgebautes Streckennetz, an das alle größeren Städte des Landes angeschlossen sind. Nähere Auskünfte über die Verbindungen und Serviceleistungen sind bei *Ferrocarriles Nacionales de México* erhältlich. Das Busliniennetz ist umfassender, und man kommt im allgemeinen schneller ans Ziel. Im Inlandverkehr spielen Überlandbusse aufgrund kürzerer Fahrzeiten eine größere Rolle und haben ein höheres Fahrgastaufkommen als Züge.
BUS/PKW: Das mexikanische Straßennetz umfaßt 245.433 km, ca. 36% der Straßen sind asphaltiert. Die Schnellstraßen werden von *Caminos y Puentes Federales de Ingresos y Servicios Conexos* betrieben und sind gebührenpflichtig. An den Raststätten der Schnellstraßen stehen Pannendienste und Erste-Hilfe-Einrichtungen zur Verfügung. Die Organisation *Angeles Verdes* (Grüne Engel) bietet als Service des Ministeriums für Tourismus jeweils zwischen 08.00 und 20.00 Uhr einen kostenlosen Pannendienst auf den Schnellstraßen (Benzin, Ersatzteile und Öl gegen Bezahlung). Die Mechaniker sprechen Englisch. Bleifreies Benzin ist an einigen der rund 3000 PEMEX-Tankstellen erhältlich.
Fernbusse: Mexiko verfügt über ein ausgezeichnetes und preiswertes Fernbusnetz. Es gibt 1. Klasse-, Deluxe- und Standardbusse. Fahrpreise, Fahrpläne und Informationen erhält man in den Busbahnhöfen der Großstädte. Abfahrt von den Omnibus-Bahnhöfen, die meist in der Nähe des Stadtzentrums liegen. **Mietwagenverleih** auf Flughäfen, in größeren Städten und Urlaubsorten. Fast alle großen Verleihfirmen sind vertreten. **Unterlagen:** Internationaler und nationaler Führerschein werden akzeptiert. Es empfiehlt sich, eine Versicherung abzuschließen, kurzfristige Versicherungspolicen sind preiswert.
STADTVERKEHR: Mexiko City hat ein gutes und preiswertes U-Bahnnetz. Die Züge verkehren in kurzen Abständen, es gelten Einheitsfahrpreise. Ein Straßenbahnnetz und ein umfassendes Busliniennetz ergänzen das Nahverkehrssystem. Die Oberleitungsbusse wurden kürzlich modernisiert, auch hier gelten Einheitsfahrpreise. In allen größeren Städten dienen Busse und Straßenbahnen als Verkehrsmittel. In Guadalajara gibt es neben den öffentlichen Buslinien und Oberleitungsbussen auch zahlreiche private Busunternehmen. **Taxis:** Es gibt vier unterschiedliche Taxis:
Gelbweiße Taxis: Mit Taxameter (meist VWs).
Orange Taxis (*Sitio*): Mit Taxameter, stehen an Taxiständen und sind etwas teurer, Fahrpreis sollte im voraus vereinbart werden.
Turismo-Taxis: Englischsprachige Fahrer, keine Taxameter, vor größeren Hotels zu finden.
Peseros (grünweiß): Sammel- und Linientaxis, die bestimmte Routen hauptsächlich in der Innenstadt fahren, der Fahrpreis richtet sich nach der Entfernung.

MEXIKO

Lange bevor Ihre Kunden an ihre Mexiko-Reise dachten, haben wir uns schon damit beschäftigt. American Express® betreut sie überall.

American Express bietet Ihnen die besten Reisearrangements zu den schönsten Reisezielen Mexiko's. Setzen Sie sich mit uns in Verbindung bezüglich günstiger Gruppenreisen von bester Qualität.

1. Veranstalter für Individualteilnehmer und Gruppen.
2. Bodenservice.
3. Ausflüge, Stadtrundfahrten und Städte- Pakete.
4. Kongresse und Tagungen.
5. Fachstudienreisen.
6. Incentives.

American Express Destination Services hat eigene Büros in Mexiko's wichtigsten Städten und Urlaubszielen, wie z. B. Mexiko City, Acapulco, Cancun, Ixtapa, Mazatlán and Puerto Vallarta.

Mexiko-City Telefon
Tel: (0052-5) 326 28 31.
Fax: (0052-5) 326 28 83.

Trinkgeld liegt im Ermessen des Fahrgastes. Generell empfiehlt es sich, den Fahrpreis vorher zu vereinbaren. Zwischen 22.00 und 07.00 Uhr wird ein Zuschlag erhoben.
In Mexiko-City ist neuerdings ein Regierungsprogramm zur Verbesserung der Umweltbedingungen in Kraft getreten. Dieses beinhaltet, daß an bestimmten Wochentagen Autos mit bestimmten Kennzeichen Fahrverbot haben – »Hoy no Circula«. Auch Mietwagen sind hiervon betroffen.
FAHRZEITEN von Mexiko City zu anderen größeren mexikanischen Städten (ungefähre Angaben in Std. und Min.):

	Flugzeug	Bahn	Bus/Pkw
Acapulco	0.50	-	6.00
Cancún	2.15	-	30.00
Oaxaca	1.15	12.00	10.00
Chihuahua	2.15	40.00	34.00
P. Vallarta	1.55	-	14.00
Guadalajara	0.55	12.00	9.00
Tijuana	2.45	-	36.00

UNTERKUNFT

HOTELS: Die zunehmende Beliebtheit Mexikos als touristisches Reiseziel spiegelt sich in dem großen Hotelangebot aller Preisklassen wider. Insgesamt stehen ca. 8500 anerkannte Hotels und Motels internationaler und nationaler Hotelketten mit 330.000 Betten zur Verfügung. Seit den siebziger Jahren entstanden im Rahmen eines staatlichen Förderprogrammes neue Ferienzentren mit diversen Freizeiteinrichtungen für Aktivurlauber (u. a. Ixtapa bei Zihuatanejo und Los Cabos, Baja California), um der gestiegenen Nachfrage Rechnung zu tragen. Musterbeispiel ist Cancún auf der Halbinsel Yucatán; hier wurden bislang bereits 112 Hotels mit insgesamt etwa 16.000 Doppelzimmern gebaut. Eine Reihe von Hotelketten betreiben Hotels in ganz Mexiko; darüber hinaus besteht die Möglichkeit, Urlaub auf Ferienranches zu verbringen. Hotelreservierungen sollte man sich schriftlich bestätigen lassen, da sich die Tarife häufig ändern. Besonders in der Hauptsaison empfiehlt es sich, im voraus zu buchen. Jedes Hotel muß die amtlich festgesetzten Preise aushängen, Mahlzeiten sind im allgemeinen nicht im Preis inbegriffen. Weitere Informationen vom mexikanischen Hotel- und Motelverband unter folgender Adresse: *Mexican Hotel and Motel Association*, Thiers 83, 1159 México, DF. Tel: (05) 203 68 72. Telefax: (05) 203 62 46. **Kategorien:** 1-5 Sterne, ähnlich wie in Europa. Zusätzlich gibt es die Kategorie *Grand Turismo*. Alle Hotels sind kategorisiert.
Grand Turismo: Hotels in dieser Kategorie müssen insgesamt 108 Voraussetzungen in bezug auf Ausstattung und Service erfüllen; u. a. Klimaanlage, Satellitenantenne, Einkaufsmöglichkeiten und zusätzliche Einrichtungen und Serviceleistungen. Mindestgröße der Räume: 32 qm.
5-Sterne: 96-101 Voraussetzungen müssen erfüllt sein, u. a. 16stündiger Zimmerservice, Restaurant, Cafeteria, Nachtklub, sowie gute hygienische Verhältnisse und Sicherheitsvorrichtungen. Mindestgröße der Zimmer: 28 qm.
4-Sterne: 71-76 Voraussetzungen, u. a. gute Einrichtung, einige Einkaufsmöglichkeiten und guter Standard. Mindestgröße der Zimmer: 25 qm.
3-Sterne: 47-52 Voraussetzungen, einschl. zweckmäßiger Einrichtung, Restaurant, Cafeteria, Ventilatoren und einige Extras/Serviceeinrichtungen. Mindestgröße der Zimmer: 21,5 qm.
2-Sterne: 33-37 Voraussetzungen müssen erfüllt sein, u. a. zweckmäßige Einrichtung, bestimmte Hygieneauflagen sowie Sicherheitsvorschriften und Erste-Hilfe-Einrichtungen. Mindestgröße der Zimmer: 19 qm.
1 Stern: 24-27 Voraussetzungen, einschl. zweckmäßige Einrichtung, bestimmte Auflagen hinsichtlich des Komforts. Mindestgröße der Zimmer: 15 qm.
PENSIONEN (*Casas de Huespedes*) bieten einfache und preiswerte Unterkunftsmöglichkeiten.
CAMPING: In den Nationalparks kann man, anders als im übrigen Mexiko, gebührenfrei und ohne besondere Genehmigung zelten und wandern. Das Campen ist überall innerhalb der Parks gestattet. Weitere Informationen vom Verkehrsamt oder von der Zentralen Informationsstelle der Nationalparks. Die meisten Campingplätze liegen außerhalb der Nationalparks. Bei Campingurlaubern besonders beliebt sind die Westküste und Baja California. Die Ausstattung der Campingplätze an der westlichen Pazifikküste ist ausgezeichnet, die Zeltplätze in Baja California sind abgelegener und weniger gut ausgestattet. Die Anzahl der Campingplätze an den Schnellstraßen nimmt ständig zu.
JUGENDHERBERGEN: Informationen erteilt der Jugendherbergsverein *Direccion de Villas Deportivas Juveniles*, Glorieta del Metro Insurgentes, Local c-11, Mexiko City. Tel: (05) 525 29 16, 533 12 91, 525 29 74.

URLAUBSORTE & AUSFLÜGE

Mexiko, bekannt für die vielen faszinierenden Stätten alter Zivilisationen aus präkolumbischer Zeit, ist gleichzeitig ein Schwellenland mit moderner Industrie. Tempel und eindrucksvolle barocke Kathedralen aus der Kolonialzeit stehen in reizvollem Kontrast zu modernen, futuristischen Gebäuden, Schnellstraßen und modernen Badeorten. Mexiko City ist die größte Stadt der Welt und hat eine der größten Universitäten. Auf dem Land haben sich in der Lebensweise der Bewohner noch Elemente der alten Kulturen erhalten. Auch die Kolonialzeit hat ihre Spuren hinterlassen. Die lokalen Feste werden mit großer Begeisterung gefeiert, und die Märkte in Städten und Dörfern sind farbenfroh und geschäftig.

Mexiko City

Die mexikanische Hauptstadt liegt 2300 m über dem Meeresspiegel. Die schneebedeckten Vulkane *Popocatépetl* und *Iztaccíhuatl* überragen die Stadt. Breite Alleen, vornehme Wohngegenden, Parkanlagen, Gärten, Paläste, belebte Straßen, bunte Märkte und hübsche Plätze prägen das Stadtbild. Eine der Hauptsehenswürdigkeiten ist der *Zócalo*, der älteste Platz der Stadt. Hier steht die Kathedrale, deren Grundstein im Jahre 1573 gelegt wurde, die jedoch erst im 19. Jahrhundert fertiggestellt wurde. Im Nationalpalast, der 1692 auf den Ruinen des Palastes von *Moctezuma* errichtet wurde, sind heute die Amtszimmer des Staatspräsidenten untergebracht. Auf der *Plaza de las Tres Cultures* sind die drei Kulturen, die Mexikos Geschichte nachhaltig geprägt haben, vereint. Aztekische Ruinen, eine barocke Kolonialkirche aus dem 17. Jahrhundert und einige Gebäude aus jüngster Zeit dokumentieren die Vielfalt der mexikanischen Architektur. Die *Basilika de Guadalupe*, ein Schrein und Wallfahrtsort, steht an jener Stelle, an der die Jungfrau Maria dem Indio Juan Diego im Jahre 1531 erschienen sein soll. Sie wurde im 18. Jahrhundert erbaut, wegen des Absinkens der Fundamente jedoch aus Sicherheitsgründen geschlossen. 1976 wurde eine neue, moderne Basilika direkt neben der alten errichtet, die 10.000 Gläubigen Platz bietet. Wenn die 70 Portale geöffnet sind, können weitere 25.000 Menschen auf dem Vorplatz dem Gottesdienst beiwohnen. Im *Chapultepec-Park* befindet sich ein Schloß, in dem das *Nationalmuseum für Geschichte* und das *Nationale Völkerkundemuseum* untergebracht sind, das archäologische Schätze aus allen Landesteilen und Epochen ausstellt. Die schwimmenden Gärten von *Xochimilco* und die vornehme Einkaufsstraße *Paseo de la Reforma* sind sehenswert. Das *Polyforum de Siqueiros* ist eine große Ausstellungshalle mit vielen großzügigen Räumlichkeiten für Tanzveranstaltungen, Ballett- und Theateraufführungen. Die Entwürfe zu dem interessanten Gebäude stammen von dem mexikanischen Architekten David Alfaro Siqueiros. Die *Ciudad Universitaria* liegt am Pedregal-Platz und ist ein weiteres gelungenes Beispiel moderner mexikanischer Baukunst. Zur Anlage gehört ein Stadion, das 100.000 Zuschauern Platz bietet.

Zentralmexiko

Das zentrale Hochland hat ein mildes Klima und ist die bevölkerungsreichste Region Mexikos. Im folgenden eine Kurzbeschreibung der größeren Städte der Region.
Acolman liegt 39 km nördlich der Hauptstadt an der Straße nach *Teotihuacan*. Die Stadt wurde um ein Nonnenkloster des Augustinerordens aus dem 16. Jahrhundert gebaut.
124 km von Mexiko City entfernt liegt **Cholula**, eine Kultstätte aus präkolumbischer Zeit mit über 400 Heiligtümern und Tempeln. Heute stehen hier 350 Kirchen, die z. T. auf den Ruinen der alten Kultstätten erbaut wurden. Die *Pyramide von Tepanapa* ist die größte mexikanische Pyramide. Auf ihrer Spitze steht die Kapelle von *Nuestra Señora de los Remedios*. Die 49 Kuppeln der *Capilla Real* (Königlichen Kapelle) lassen sie wie eine Moschee aussehen. Die schöne Kirche *San Francisco Acatepec* liegt 6 km von Cholula entfernt. Die Stadt ist für ihre *Fiestas* (Volksfeste) bekannt. Darbietungen maurischer und christlicher Tänze finden jeweils am 15. August statt; am 8. September, dem Fest der *Virgen de los Remedios*, werden indianische Tänze aufgeführt.
Cuernavaca liegt 85 km von der Hauptstadt entfernt und wurde um zwei große Plätze herum gebaut. Ein indianischer Markt, auf dem man Sandalen (*Huaraches*), Korb- und Lederwaren kaufen kann, lädt zu einem Besuch ein. Hauptsehenswürdigkeiten der reizvollen Stadt sind die zahlreichen schönen Plätze, die Blumengärten, die wundervollen *Borda-Gärten* aus dem 18. Jahrhundert, eine Kathedrale (16. Jh.) und der *Palacio de Cortés*, der im Jahre 1538 erbaut wurde und heute ein Museum ist, in dem Fresken von Diego Rivera ausgestellt sind.
Guadalajara, die Hauptstadt von Jalisco, ist das Agrar-, Handels- und Industriezentrum des westlichen Hochlands. Die Stadt hat eine ganz eigene Atmosphäre, man fühlt sich mitunter in die Kolonialzeit zurückversetzt. Auf den Plazas finden häufig Konzerte statt. Pferdewagen sind zu mieten. Die Volksmusik der Gegend heißt *Mariachi* und wird so genannt, weil man sie früher oft auf Hochzeiten spielte. Eine Besonderheit dieser Musik sind die Trompeten und die prachtvollen Kostüme der Sänger und Sängerinnen. Die Kathedrale der Stadt hat 11 Altäre, 30 Säulen und viele wertvolle Kunstschätze. In den zahlreichen schönen Parkanlagen kann man sich vom geschäftigen Treiben der Stadt erholen. Bei einem Spaziergang durch den *Parque Agua Azul* (»Blaues Wasser«) glaubt man fast, in einem Wald zu sein. Der Park ist außerdem für seine vielen Freizeiteinrichtungen bekannt. Der *Parque des las Armas* ist ein beliebter Treffpunkt für Liebespaare. Die beiden Parkanlagen nahe der Kathedrale (*Parque de los Laureles* und *Parque de la Revolución*) bieten ebenfalls willkommene Zuflucht. Auf der *Plaza de Rotonda* stehen Säulen und Statuen zu Ehren der Helden Jaliscos. Auf dem Markt auf der *Plaza Libertad* werden einheimische Produkte angeboten. Stierkämpfe und Reiterspiele (*Charreada*) kann man während des jährlichen Oktoberfestes sehen. Der berühmte *Jarabe Tapatio*, der »Mexikanische Huttanz«, kommt aus dieser Gegend.
Guanajuato liegt an Mexikos berühmter »Unabhängigkeitsstraße«, die 1400 km lang ist und an wichtigen Stationen des langen mexikanischen Unabhängigkeitskrieges vorbeiführt. Die Stadt hat den Charme einer Kolonialstadt. Ihr ganz besonderer Reiz zeigt sich u. a. in dem *Gouverneurspalast*, der Universität, dem *Teatro de Juarez*, der Basilika von *Nuestra Señora de Guanajuato* und der *Iglesia de Valencia*. Die Pfarrkirche *Dolores Hidalgo* ist von großer historischer Bedeutung: Hier ertönte zum ersten Mal der *Grito de Dolores* (»Freiheitsruf«), als Pater Miguel Hidalgo im Jahre 1810 mit seinen 80.000 Anhängern den Freiheitskampf gegen Spanien begann.
Morelia liegt zwischen Guadalajara und Mexiko City. Die Stadt ist für die ungewöhnlichen Steinfassaden der älteren Häuser bekannt. Auf den Märkten kann man schöne Webarbeiten und Lackwaren kaufen.
Puebla liegt 2160 m über dem Meeresspiegel und ist typisch für die Städte der Kolonialzeit. Sie ist bekannt für die Fayencen, die Kirchenkuppeln und Hauswände schmücken. Farbige Keramikdekorationen kann man in der ganzen Stadt sehen, und auf dem Markt gibt es schöne Töpfereiwaren zu kaufen. Es gibt über 60 Kirchen, einige der schönsten sind die *Kathedrale* und die *Iglesia de Santo Domingo* mit der *Rosenkranzkapelle*. Die Kathedrale hat 14 Kapellen und wurde aus blaugrauem Stein erbaut. Hauptmerkmal der Kirche Santo Domingo sind die herrlichen Verzierungen aus Blattgold. Die *Casa del Alfenique* stellt Handarbeiten und einheimische Trachten aus. Eindrucksvoll ist die Silhouette der Vulkane *Popocatéptl*, *Iztaccíhuatl* und *Pico de Orizaba*, die man von Puebla aus sehen kann.
In **Querétaro** wurde der unglückliche Kaiser Maximilian 1917 gefangen, verurteilt, hingerichtet und die noch heute gültige Verfassung aufgesetzt. Das alte Franziskanerkloster ist heute ein Museum, das ehemalige Augustinerkloster dient als Verwaltungsgebäude. An der *Plaza de la Independencia* steht das Haus des Markgrafen Villa del Aguila, der den Aquädukt der Stadt bauen ließ. Es gibt erstklassige Hotels und Restaurants.
San Miguel de Allende wurde von den Franziskanern im Jahre 1542 gegründet und steht heute unter Denkmalschutz. Der Ort hat enge kopfsteingepflasterte Gassen und Plätze, die von alten Bäumen gesäumt sind. Die Häuser und Patios wurden im Stil der eleganten spanischen Kolonialarchitektur errichtet. Das Kulturinstitut, ein ehemaliges Kloster, ist ebenso wie die Stadt selbst nach dem mexikanischen Revolutionshelden Ignacio de Allende benannt. Der indianische Bildhauer Ceferino Gutierrez verschönerte Ende des 19. Jahrhunderts den Pfarrbezirk *Parroquia de San Miguel* mit seinen Arbeiten. Unter seinen Händen verwandelten sich strenge Fassaden und wurden durch gotische Türmchen und Bögen belebt. Auf dem Balkon der *Casa de los Perros* (dem »Haus der Hunde«) stehen originelle Hundestatuen. Die Stadt mit ihren gemütlichen Straßencafés ist für die jährlich in der Weihnachtszeit stattfindenden *Posadas*-Fiestas bekannt.
Taxco, das 160 km von Mexiko City entfernt liegt, steht ebenfalls unter Denkmalschutz. Die Silberminen verhalfen der Stadt zu Wohlstand, und der Verkauf von Silberwaren und Schmuck ist auch heute noch eine der Haupteinnahmequellen der Stadt. Hübsche kopfsteingepflasterte Gassen laden zum Stadtbummel ein. Die Kirche von *Santa Prisca* ist ein Juwel barocker Baukunst mit ihren vielen Statuen, Ornamenten und dem wunderschönen mit Blattgold verzierten Altaraufsatz. Die interessantesten Häuser der Kolonialzeit sind die *Casa de Humboldt* (Alexander von Humboldt hielt sich hier auf einer seiner Entdeckungsreisen auf), die *Casa Borda* und die *Casa Figueroa*. Die *Cacahuamilpa-Höhlen* liegen nördlich von Taxco.
Teotihuacán liegt 48 km nördlich von Mexiko City und ist eine der wichtigsten archäologischen Ausgrabungsstätten des Landes. Die *Stadt der Götter* ist mehrere Quadratkilometer groß, die *Zitadelle* und der *Tempel des Quetzalcóatl* liegen in der Mitte des Areals.
Tepozotlán liegt 43 km von der Hauptstadt entfernt und ist für ihre beeindruckende Barockkirche bekannt, deren Fassade mit über 300 Skulpturen geschmückt ist. Das Nonnenkloster aus dem 16. Jahrhundert hat mächtige Strebepfeiler. Auf dem nahen Hügel befindet sich eine heilige Stätte der Azteken, die dem Gott des Festessens und -trinkens geweiht ist. Am 8. September findet hier jedes Jahr ein Fest mit aztekischen Tanz- und Theateraufführungen statt. Die Erfahrungen mexikanischer Pilger auf dem Weg nach Bethlehem

Acapulco – eine magische Mischung aus unglaublicher Schönheit und hypnotischem Charme

Acapulco ist Mexikos größter und atemberaubendster Urlaubsort am Meer. Vor kurzem komplett saniert, zieht es heutzutage mit 16.900 Gästezimmern jährlich über 1,5 Mio. Urlauber an.

Obwohl es ein geruhsames Paradies in den Tropen ist, hat Acapulco einiges an Abwechslung zu bieten. Die guten Einkaufsmöglichkeiten und 160 Restaurants mit internationaler Küche tragen ihren Teil zur Dynamik der Stadt bei. Es ist das Nachtleben, das einen jeden Urlauber in einen Nachtschwärmer verwandelt. Ob man sich die Füße bis in die frühen Morgenstunden hinein wund tanzt, den Klippenspringern von *La Quebrada* zusieht, die in tiefster Nacht mit ihren Fackeln in das dunkle Meer eintauchen oder lieber in einer romantischen Piano-Bar sanften Klängen lauscht und über die glitzernd-beleuchtete Stadtsilhouette hinausblickt, bleibt einem jeden selbst überlassen...

Acapulco pulsiert 24 Stunden lang und verlockt mit seinem A-Z-Freizeitangebot Familien, Singles, Pärchen und Senioren.

360 Tage Sonnenschein im Jahr, 32 km goldener Sandstrände und die saftig-grüne Vegetation der Berge der Sierra Madre machen Acapulco zu einem Paradies für Aktivurlauber. So werden in der Acapulco Bucht zahlreiche Wassersportarten angeboten: Tauchgänge an Riffen und zu Wracks oder Hochseefischen nach Marlin und Fächerfisch sind für Sportenthusiasten täglich im Angebot sowie Wasserski oder Parasailing. Aber auch Golf- und Tennisliebhaber kommen in Acapulco auf ihre Kosten: ein Nachmittag auf einem 9- oder 18-Loch Golfplatz oder vielleicht doch lieber die Rückhand auf einem unserer 84 Tennisplätze verbessern? Wer die Wahl hat, hat die Qual.

Sonnenuntergänge, der Duft von blühendem Hibiskus und Bougainvillea und das Meeresrauschen sind immer schon anziehend für Hochzeitsreisende gewesen. Bill und Hillary Clinton, Jackie Kennedy, Elizabeth Taylor und Michael Todd – sie alle starteten hier in ihre gemeinsame Zukunft.

Acapulco ist aber nicht nur ein »Spielplatz für Erwachsene«. Kinder können hier ebenso gut ihre Ferien genießen. Für alle Altersgruppen lohnt sich ein Tagesausflug in den *CICI Wasser-Freizeitpark*. Hier finden u. a. Robben- und Delphinvorstellungen statt, und danach geht es ab zum Rutschen ins Wellenbad. Jugendliche können ihre Künste beim Wasserskifahren, Schnorcheln oder Windsurfen ausprobieren. Für ein tierisches Vergnügen sorgt der *Acapulco Zoo* auf der *La Roqueta Insel*, der einzige Zoo der Welt mit Sitz auf einer Insel; und anschließend kann man in der Festung *El Fuerte de San Diego* (1616) Acapulcos Geschichte entdecken.

Attraktionen in Hülle und Fülle, für Jung und Alt, für Groß und Klein. Mit einem breitgefächerten Angebot läßt Acapulco den Traum eines jeden Urlaubers wahr werden...

Informationen von: Carolyn Izzo Integrated Communications   4 Ash Court   Highland Mills   NY 10930   Fax 914/928 8614

werden in den *Pastorellas* nachempfunden.
Das 66 km von Mexiko City entfernt gelegene **Toluca** liegt in einem Tal am Fuß des schneebedeckten *Nevado de Toluca*, einem erloschenen Vulkan (dessen Krater Sonne und Mond genannt werden). Sehenswert sind der Markt, das Volkskundemuseum und das Archäologische Museum. Die Indiodörfer *Tenancingo*, *Metepec* und *Chiconcuac* befinden sich in der Nähe. Die dem Windgott geweihte Kegelpyramide von *Caliztlahuaca* liegt 8 km nördlich von Toluca.
Tula, 85 km von Mexiko City entfernt, beheimatet den legendären Quetzalcóatl (angeblich Sohn des Majakönigs Mixcoatl). Einen Besuch dieser reizvollen Stadt mit ihren zahlreichen schönen Plätzen und historischen Bauwerken sollte jeder Mexikoreisende einplanen. In der Nähe liegt *Atlantes*, die Hauptstadt der Toltek-Dynastien. Große Monolithen aus Vulkangestein stehen auf den Stufen der Pyramiden.

Nordmexiko

Der Norden des Landes besteht zum größten Teil aus Wüste, einem großen öden Plateau, über das der Wind fegt. Es wird von den Bergketten der östlichen und westlichen Sierra Madre umgeben. Die Mehrheit der Bevölkerung lebt in den großen Städten an der Küste. Ein Teil des Plateaus wird für den Ackerbau genutzt, der Norden Mexikos ist jedoch insgesamt nur dünn besiedelt.
Chihuahua ist die Hauptstadt des gleichnamigen größten mexikanischen Bundesstaates und ein wichtiges Industrie- und Handelszentrum. Die Stadt hat viele schöne Gebäude aus der Kolonialzeit, darunter die Kathedrale (18. Jh.), den Regierungspalast, das Rathaus und *Quinta Luz*, das Villa-Museum, in dem Andenken an den Revolutionshelden Pancho Villa ausgestellt sind. Sehenswert ist auch das Denkmal der *División del Norte* von Doroteo Arango (Pancho Villas richtiger Name). Das Freizeitangebot ist groß: Stierkämpfe, Hunde- und Pferderennen, Nachtklubs und Restaurants. *Ciudad Juárez* ist ein Handels- und Kulturzentrum mit modernen Gebäuden im traditionellen Baustil. Die Stadt ist für *Sarapes* (Decken) und Glaswaren bekannt. Man kann den Handwerkern bei der Herstellung zuschauen. In den Restaurants stehen mexikanische und internationale Gerichte auf der Speisekarte.
Eine Fahrt mit der **Kupfertalbahn** von Chihuahua zum Golf von Kalifornien ist ein unvergeßliches Erlebnis; Zuckerrohrplantagen, Geisterstädte und die Täler, Tafelländer und nackten Gipfel der westlichen Sierra Madre ziehen an den Zugfenstern vorbei. Ingenieure bewundern noch heute die Bravour, mit der die Bauherren die schwierigen technischen Probleme bei der Schienenlegung meisterten. Die Aussicht am *Barranca del Cobre*, wo der Urique-Fluß sich ein 3660 m tiefes Flußbett durch die Berge gegraben hat, soll nicht einmal vom Grand Canyon übertroffen werden. Die Region mit ihrer reichen Tier- und Pflanzenwelt gehört zu den schönsten in Mexiko und ist ein Paradies für Naturfreunde. Die Fahrzeit beträgt etwa 14 Std.
Monterrey ist die führende Industriestadt Mexikos. Sie liegt am Fuß der höchsten Gipfel der östlichen Sierra Madre in wunderschöner Umgebung. Die *Kathedrale*, der *Palacio del Gobierno* und die *Obispado* erinnern an beschaulichere Zeiten.
Tijuana, an der Grenze zu den USA, soll »die meistbesuchte Stadt der Welt« sein. Mehr als 20 Millionen Besucher kommen jährlich in die Stadt, viele davon unternehmen einen Tagesausflug von Kalifornien aus. San Diego liegt nur wenige Kilometer entfernt jenseits der Grenze. Tijuana lebt vom Tourismus und dem Verkauf von Souvenirs.

Baja California

Baja California ist eine 1200 km lange Halbinsel, die südlich von Tijuana in den Pazifischen Ozean hineinragt. Sie besteht aus den Staaten *Baja California Norte* und *Baja California Sur*. Der Golf von Kalifornien mit seiner faszinierenden Unterwasserwelt ist ein Paradies für Angler und erfahrene Taucher, die Strömungen sind jedoch nicht zu unterschätzen. An der Spitze des Golfs liegt die Flußmündung des Colorado (nur wenig Wasser erreicht jedoch tatsächlich das Meer, da der Colorado zur Bewässerung für die Landwirtschaft flußaufwärts benötigt wird). Grauwale kommen jedes Jahr an die Pazifikküste der Halbinsel, um ihre Jungen zur Welt zu bringen. Das Landesinnere besteht aus einer bergigen Wüste ohne Süßwasser, in der nur die genügsamsten und widerstandsfähigsten Tiere und Pflanzen überleben können.
Cabo San Lucas und **San Jose del Cabo** haben herrliche Strände und sind beliebte Urlaubsziele. Cabo San Lucas liegt an der Spitze der Halbinsel, 216 km von La Paz entfernt. Hier kann man oft Seehunde sehen.
Mexicali ist die Hauptstadt von Baja California Norte und ein guter Ausgangspunkt, um die umliegenden Berge und die Landschaft der Rumorosa zu erkunden.
La Paz, die Hauptstadt des Bundesstaates Baja California Sur, liegt in einer Bucht am Golf von Kalifornien. Gute Wassersportmöglichkeiten, vor allem Hochsee-Angeln, erwarten den Feriengast. Die Strände von *Las Hamacas*, *Palmeira*, *El Coromuel* und *Puerto Balandra* sind ideal für Schwimmer und Taucher, da das Wasser klar und ruhig ist. Fischgerichte und Meeresfrüchte bestimmen die Speisekarte.

Südmexiko

Die Staaten **Guerrero, Oaxaca, Chiapas** und **Tabasco** trennen Nord- und Mittelamerika. Die östliche und westliche Bergkette der Sierra Madre vereinigen sich hier und verlaufen in südlicher Richtung zu den Anden. Die Wüstenlandschaft wird hier von tropischem Urwald und Bergwäldern abgelöst. Die Temperaturen in dieser Region liegen im Jahresdurchschnitt bei 23°C oder höher. Acapulco (s. u.) zieht die meisten Besucher an, aber den abenteuerlustigen Urlauber erwarten noch viele andere interessante Sehenswürdigkeiten. Wie überall in Mexiko findet man auch hier viele hübsche Bergdörfer. An der Küste gibt es Lagunen und in den Bergen wunderschöne Seen.
In **Oaxaca**, der »Jadestadt«, findet der Besucher schöne Gärten, ein wirklich interessantes archäologisches Museum, von Arkaden gesäumte Plätze und mehrere schöne Kirchen wie die *Iglesia de Santo Domingo* aus dem 17. Jahrhundert, die wie eine Festung wirkt. Das prachtvolle Innere der Kirche beeindruckt mit seiner Fülle an Barockornamenten, Statuen und Altären. Neben der Kirche befindet sich ein Kloster. Der *Zocalo* ist für seine vielen Cafés und Restaurants bekannt. Ein Orchester spielt hier zweimal wöchentlich, und Straßenmusikanten spielen auf ihren *Marimbas*. Mit dem Bau der Kathedrale wurde im 16. Jahrhundert begonnen, sie wurde jedoch erst zwei Jahrhunderte später fertiggestellt. Samstags ist Markt, an den Ständen kann man u. a. handgewebte und handbestickte Kleidungstücke, Goldschmuck und schwarze Töpfereiwaren kaufen. Das *Archäologische Museum* hat eine sehenswerte Sammlung von Artefakten der Zapoteken und Mixteken aus Gold, Jade, Silber, Türkis und Quarz. In der Kirche *La Soledad* befindet sich die Statue der Jungfrau von Soledad, der Schutzheiligen der Stadt, die viele Wunder vollbracht haben soll.
Mitla, 45 km von Oaxaca entfernt, war Mittelpunkt der Welt der Mixteken. Die *Säulenhalle* und die *Lebenssäule*, die die Besucher anfassen können, um ihre Lebenserwartung festzustellen, sind besonders sehenswert. Einen Besuch im *Frisell-Museum* sollte man ebenfalls einplanen.
14 km von Oaxaca entfernt liegt **Monte Albán**, in prähistorischer Zeit eine heilige Stadt und das religiöse Zentrum der Zapoteken-Kultur, die vor über 2000 Jahren ihre Blütezeit erlebte. Die eindrucksvolle *Plaza Central*, der Hof, auf dem die zeremoniellen Ballspiele ausgetragen wurden und viele Grabmale können besichtigt werden. Der englische Schriftsteller Aldous Huxley schrieb einmal »Monte Albán ist das Werk von Menschen, die die Baukunst meisterhaft beherrschten«. Die Stadt hat eine Fläche von 38 qkm, von Oaxaca werden Ausflugsfahrten angeboten. Der Schatz von Monte Albán ist im Regionalmuseum von Oaxaca zu besichtigen.
Palenque ist eine kleine, aber archäologisch bedeutende Kultstätte der Mayas nahe der Grenze zu Guatemala. Man kann sie in wenigen Stunden besichtigen, Interessierte finden hier einzigartige Meisterwerke der Baukunst der Mayas. In den Bergen der Umgebung gibt es zahlreiche Wasserfälle und schöne Badestellen.

Yucatán

Die Yucatán-Halbinsel erstreckt sich in nördlicher Richtung und wird im Osten vom Karibischen Meer und im Westen vom Golf von Mexiko begrenzt. Die Halbinsel unterteilt sich in die Staaten **Cempeche, Yucatán** und **Quintanta Roo**. Hier liegen die meisten Kultstätten der Mayas.
Die Hauptstadt Yucatáns ist **Mérida**, die »Weiße Stadt«, die 1542 auf den Ruinen einer alten Maya-Stadt erbaut wurde. Die Straßen werden von Lorbeerbäumen gesäumt, und die Parks sind voller Blumen. Die Kathedrale (16. Jh.), die *Casa de Montejo* und das Archäologische Museum sind nur einige der vielen Sehenswürdigkeiten. Die Stadt ist ein guter Ausgangspunkt für Ausflüge in die nähere Umgebung.
Chichén Itzá liegt 120 km östlich von Mérida und ist noch heute geheimnisumwittert. Im 12. Jahrhundert wurde die Stadt Hauptstadt des Reiches der Tolteken, aber die Mayas eroberten sie im 13. Jahrhundert zurück, um sie kurze Zeit später aufzugeben. Hauptsehenswürdigkeiten sind die große *Kukulkán-Pyramide*, die »Schlangensäulen« des *Kriegertempels*, der *Jaguartempel*, die *Heilige Cenote* (ein riesiger Brunnen, in dem in Dürreperioden reichgeschmückte Frauen und Männer mit Opfergaben dem Regengott Chac geopfert wurden), das Observatorium *El Caracol* und die guterhaltenen Höfe, in denen ein heiliges Ballspiel stattfand, bei dem der Sieger am Ende den Opfertod fand.
Uxmal liegt 80 km südlich von Mérida und beeindruckt durch seine vielen schönen Bauwerke und Statuen. Besonders bemerkenswert sind die Masken des Regengottes Chac und die verschlungenen Schlangen im *Nonnenhof* (in Kabah). Kabah ist durch eine zeremonielle Straße mit Uxmal verbunden. Weitere Sehenswürdigkeiten sind die *Wahrsagerpyramide* und der *Schildkrötentempel*.
Im Dschungel im Landesinneren befinden sich noch Reste vieler alter Städte; die Undurchdringlichkeit des Dschungels macht es jedoch fast unmöglich, sie zu erreichen.

Badeorte

PAZIFIKKÜSTE: Acapulco an der Bucht von Acapulco ist wahrscheinlich Mexikos bekanntester Badeort. Die Stadt erstreckt sich über 16 km um die halbmondförmige Bucht herum; Sonnenhungrige finden hier viele einladende Strände und erstklassige Hotels. Man kann die *Malecón* (Strandpromenade) entlanglaufen. Der quirlige und beliebte Urlaubsort mit seinen vielen Freizeiteinrichtungen läßt keine Langeweile aufkommen und ist ideal für Wassersportfreunde. Tauchen, Angeln, Paragleiten, Wasserski, Golf und Reiten gehören zum Freizeitangebot. Das einzigartige Schauspiel der Quebrada-Taucher sollte man sich nicht entgehen lassen. Das Meer ist ruhig, und man kann überall in der Bucht ohne Bedenken schwimmen. Rauhere See und Brandung gibt es am *La-Condesa*-Strand, wo man gut surfen kann. In der Nähe des Stadtzentrums liegen zwei Strände, *Playa Caleta* und *Playa Caletilla*, die vor allem vormittags viel Sonne haben. Nachmittagssonne findet man am *Playa Hornos*, der weiter östlich liegt. Es werden Tauchkurse angeboten. Die unbewohnte **Insel Roqueta** liegt ganz in der Nähe und ist mit einem Glasbodenboot zu erreichen. Die Insel ist ein beliebter Ausflugsort, besonders für Familien. *Fort San Diego* liegt in der Innenstadt Acapulcos. Hier fand die letzte Schlacht des Unabhängigkeitskrieges statt. Der Eintritt ist frei, donnerstags ist jedoch geschlossen.
Hinter Acapulco erheben sich die Berge der *Sierra Madre*, die mit ihrer üppigen tropischen Vegetation und ihren eindrucksvollen schroffen Felswänden ein beliebtes Motiv für Fotografen sind. Von oben hat man eine herrliche Aussicht auf die Bucht.
16 km entfernt liegt *Pie de la Cuesta* mit mehreren ausgedehnten Stränden und einer Lagune. Die Brandung kann gefährlich sein.
Ixtapa-Zihuatanejo ist ein Ferienort mit Jachthafen und Golfplatz etwa 200 km nördlich von Acapulco (Flugverbindungen nach Mexiko City mehrmals täglich).
Das Hafenstädtchen **Manzanillo** wurde erst vor kurzem für den Tourismus entdeckt. Es gibt schöne Strände und ausgezeichnete Wassersportmöglichkeiten (vor allem Hochseeangeln).
Mazatlán mit seinen 200.000 Einwohnern hat seinen Feriengästen viel zu bieten, es gibt zahlreiche Strände sowie vielfältige Sport- und Unterhaltungsmöglichkeiten, u. a. Tauchen, Hochseeangeln, Tennis, Golf und Reiten. Der Name der Stadt bedeutet »Hirschplatz« in der Nahuatlsprache, was darauf hinweist, daß die Stadt schon lange mit dem Jagdsport verbunden ist. Nachtschwärmer kommen hier ebenfalls auf ihre Kosten. Die Strandpromenade wechselt mehrmals ihren Namen, sie heißt *Avenida Camaron* im Norden und *Olas Atlas* im Süden. Am Abend ist sie noch belebter als tagsüber, und man muß sich zwischen den *Arañas* (überdachten Pferdewagen), dreirädrigen Taxis und anderen vierräderigen Beförderungsmitteln einen Weg bahnen. An der Strandpromenade steht der *Mirador*, ein Turm, von dem Taucher zweimal am Tag wagemutige Darbietungen ihrer Künste geben. *El Faro* ist einer der höchsten Leuchttürme der Welt und liegt am Vorgebirge des *Cerro del Creston*. Es gibt Direktflüge nach Mazatlán von Los Angeles und von vielen mexikanischen Städten aus. Darüber hinaus besteht eine Fährverbindung zwischen Mazatlán und La Paz in Baja California. Die nahegelegene *Mexcaltitan-Insel* soll das ursprüngliche Siedlungsgebiet der Azteken gewesen sein.
Puerto Vallarta ist die größte Stadt in der riesigen Ferienregion Bahía de Banderos, der größten natürlichen Bucht Mexikos (erreichbar in ca. 1 Std. mit dem Flugzeug von Mexiko City). Die Küste ist hunderte von Kilometern lang, und Badeurlauber finden viele schöne Sandstrände. Paragleiten, Schießen, Tauchen, Segeln, Fischen, Golf und Tennis gehören zum Freizeitangebot. Bootsfahrten bieten die Möglichkeit, die Küste auszukundschaften. **Yelapa**, ein an polynesische Dörfer erinnerndes Örtchen, kann man nur auf dem Wasserweg erreichen. Die Fahrt im Einbaum ist ein besonderes Erlebnis. Die Berge, die hinter der Bucht aufragen, lassen sich am besten mit dem Pferd erkunden. Zu bestimmten Jahreszeiten werden *Charreadas* (mexikanische Rodeos) veranstaltet. **San Blas, Barra de Navidad, Zihuatanejo, Puerto Escondido** und **Puerto Angel** gehören zu den kleineren Ferienorten der Region.
KARIBISCHE KÜSTE: Die Ferieninseln **Cozumel, Cancún** und **Isla Mujeres** sind der Halbinsel Yucatán vorgelagert. Sie wurden erst vor kurzem touristisch erschlossen und bieten dem Urlauber Sonne, Sand und Meer in tropischer Landschaft. Auch für das kulinarische Wohl ist gesorgt, die Meeresfrüchte sind besonders zu empfehlen. Die Hauptattraktion von Cozumel ist das riesige *Palancar-Riff*, ein Unterwasserparadies für Taucher und Schnorchelenthusiasten. Cancún ist eines der beliebtesten Ferienzentren des Landes. Die Insel, die durch zwei Brücken mit dem Festland verbunden ist, bietet unzählige Freizeitmöglichkeiten und ist ideal für einen Erholungsurlaub. Die Isla Mujeres wird besonders von jungen Leuten geschätzt. Alljährlich kommen Riesenschildkröten zum Eierlegen auf die Insel.
Veracruz ist eine hübsche Hafenstadt mit guten

DER BESTE ORT, UM ZU VERWEILEN.

Casa de Sierra Nevada, erbaut im Jahre 1580, ist der beste Erholungsort in ganz Mexiko. Sie bietet 24 Suiten und Zimmer mit ausgesuchter, traditioneller Einrichtung; eine ausgezeichnete Küche, die beste in ganz San Miguel de Allende, und die meisten Freizeitaktivitäten in unserem Reitsportzentrum. Unser Personal wurde nach der Vorlage der Schweizer Hotelindustrie ausgebildet, die als weltweit beste angesehen wird. Casa de Sierra Nevada ist die perfekte Mischung aus traditionellem, europäischem Service und mexikanischer Gastfreundschaft. Reservierungen unter Tel: (415) 22874 oder 21895 in San Miguel de Allende, Guanajuato, Mexiko.

CASA DE SIERRA NEVADA
Suiten • Konferenzräume • Gastronomie • Kurort • Reitsportzentrum

Hospicio 35, San Miguel de Allende, Gto, 37700 Mexiko

Restaurants, ebenfalls bekannt für leckere Meeresfrüchte. In der lebenslustigen Stadt feiert man auch Karneval.

SOZIALPROFIL

ESSEN & TRINKEN: Tisch- und/oder Tresenbedienung in Bars. In Mexiko kocht man gut und mit Pfiff. Einige der köstlichsten Spezialitäten der vielfältigen mexikanischen Küche sind *Turkey mole*, eine Soße aus Pepperoni, Tomaten, Erdnüssen, Schokolade, Mandeln, Zwiebeln und Knoblauch. *Guacamole* ist eine delikate würzige Soße aus Avocado, rotem Paprika, Zwiebeln und Tomaten, die mit Truthahn, Huhn oder *Tortillas* (dünne Maismehlpfannkuchen) serviert wird. *Enchiladas* und *Tacos* (knusprige Maismehltaschen mit verschiedenen Füllungen, u. a. Schweinefleisch, Huhn, Gemüse oder Käse und Pepperoni) und *Tamales* sind ebenfalls zu empfehlen. Jede Region hat selbstverständlich auch ihre eigenen Spezialitäten. In den meisten Hotelrestaurants der größeren Städte stehen internationale Gerichte auf der Speisekarte. Als Erfrischung für zwischendurch empfehlen sich Papayas, Mangos, Guaven, *Zapotes*, Ananas, *Mameyes* und *Tunas* (Kaktusfrüchte). **Getränke:** Importierte Spirituosen sind teuer; einheimische Getränke, vor allem Rum und Gin, bieten mehr fürs Geld. Außerdem gibt es eine große Auswahl an mexikanischen Biersorten, die wirklich gut schmecken. Der bekannte *Tequila* wird aus dem *Maguey*-Kaktus hergestellt. Er ist nicht nur Bestandteil zahlreicher Cocktails, sondern wird auch pur mit einer Prise Salz und einer Scheibe Zitrone getrunken. Mexikos Kaffeelikör *Kahlúa* ist weltberühmt. Es gibt gute Weißweine (*Hidalgo*, *Domecq* und *Derrasola*) und ausgezeichnete Rotweine (*Los Reyes* und *Calafia*).
NACHTLEBEN: Mexiko City bietet vielfältige Einkaufs- und Unterhaltungsmöglichkeiten. Das Musikleben der Stadt ist interessant; wer gerne ausgeht, kann zwischen großen Aussichtsrestaurants, intimen Bars und Restaurants der verschiedensten Preiskategorien wählen. Einige der besten Restaurants und Bars befinden sich in den Hotels. Mexiko City kommt nachts erst so richtig in Schwung. Das Nachtleben bietet für jeden etwas: bekannte Entertainer, internationale Shows, Jazz- und Rockgruppen, traditionelle mexikanische Musik- und Tanzdarbietungen, spanische Flamencotänzer und Zigeunermusik. Die imposante Light-Show mit fantastischen Soundeffekten in der »Stadt der Götter«, *Teotihuacan*, einer der berühmtesten Kult- und Ausgrabungsstätten Mexikos, ist ein unvergeßliches Erlebnis. Niemand weiß, wer die beeindruckenden Tempel und Pyramiden errichtete, die später den Azteken und Tolteken als Kultstätten dienten. Aufführungen jeden Abend von Oktober bis Mai.
EINKAUFSTIPS: Schöne Mitbringsel sind Silberwaren (besonders in Taxco), Keramik, Töpferwaren, Wolldecken (*Sarapes*), bunte Halstücher aus Wolle oder Seide (*Rebozos*), reichbestickte Charrohüte, Sombreros, Gold- und Silberschmuck, Glaswaren, Handarbeiten aus Holz, Zinn und Kupfer, Leder-, Lack- und Korbwaren, Onyx, Herrenhemden aus Baumwoll-Voile (*Guayaberas*), weiße, mit bunten Blumenmustern bestickte Kleider (*Huipiles*), die auf Märkten verkauft werden, und Hängematten. Die besten Einkaufsmöglichkeiten bestehen in Mexiko City, Cuernavaca, Taxco, San Miguel de Allende, Acapulco, Guadalajara, Oaxaca, Mérida und Campeche.
Öffnungszeiten der Geschäfte: Mexiko City: Mo-Sa 09.00-20.00 Uhr. Außerhalb der Hauptstadt: Mo-Fr 09.00-14.00 und 16.00-20.00 Uhr.
SPORT: Reiten: Pferde und erfahrene Führer findet man in größeren Städten und Urlaubsorten. **Tennisplätze** gibt es in fast allen größeren Urlaubsorten. Tenniszentren mit Luxusunterkünften stehen in Cancún (Karibikküste), Manzanillo, Ixtapa und Puerto Vallarta (Pazifikküste) zur Verfügung. Acapulco ist Dank des günstigen Klimas weiterhin Mexikos Tennishauptstadt (ideale Bedingungen von Oktober bis Juni). **Golf:** Viele Plätze gehören privaten Klubs oder sind Teil von Hotelanlagen. Besonders in den Urlaubsgebieten ist Besuchern jedoch oft die Benutzung nur gegen Gebühr gestattet. **Schwimmen:** Die Hotels der Großstädte und viele Ferienanlagen haben Swimmingpools. In einigen Städten gibt es öffentliche Schwimmbäder. Das Wasser an beiden Küsten ist warm und ideal zum Schwimmen. Acapulco ist der bekannteste Badeort. **Wasserski:** Vermietung von Schnellbooten und Ausrüstung in Acapulco und anderen Urlaubsorten.
Wellenreiten/Paragleiten: Besonders gut an der Pazifikküste. **Segeln:** Am Golf, im Karibischen Meer und an der Pazifikküste sowie auf den Bergseen. Die meisten Hotels vermieten Segelboote. **Windsurfing** ist sehr populär. Weitere Informationen erteilt der mexikanische Segelverband *Mexican Sailing Federation* in Mexico City. **Tauchen** ist beliebt in Cozumel und Cancún, wo das Wasser besonders klar ist. Ausrüstungen können jedoch in allen Badeorten gemietet werden. **Angeln:** Mexikos Küsten bieten einige der besten Fischgründe der Welt. In den größeren Häfen kann man Boote und Ausrüstungen mieten. In den Lagunen, Seen und Flüssen kann man ebenfalls angeln. Die Bestimmungen sind je nach Saison unterschiedlich. Die örtlichen Behörden stellen kostenlos eine Angellizenz aus.
Publikumssport: Im Azteken-Stadion von Mexiko City werden donnerstags und sonntags das ganze Jahr über **Fußballspiele** ausgetragen. Die **Baseball-Liga** beginnt im April, in der Hauptstadt kann man fast täglich Spiele sehen. **Jai Alai** ist eine schnelle Variante des baskischen Pelotenspiels und wird in Acapulco, Mexico City und Tijuana gespielt. In der größten Stierkampfarena der Welt, der *Plaza de Toros de México*, feuern die Zuschauer bekannte Matadore an. **Pferderennen** finden viermal die Woche im *Hipodromo de las Americanas* in Mexico City und Tijuana statt (Oktober und September).
VERANSTALTUNGSKALENDER
Die Mexikaner feiern jährlich über 120 Feste und Festivals, einige davon werden nur regional begangen. Musik, Tanz, Prozessionen und Feuerwerke sind feste Bestandteile fast aller Festivitäten. Im folgenden eine Auswahl der größeren Veranstaltungen. Eine vollständige Liste ist vom Fremdenverkehrsamt erhältlich.
April - Mai '96 *San-Marcos-Kirmes* (eines der ältesten und schönsten Feste des Landes mit viel Tanz und Musik, seit 1604), Aguascalientes. **Mai** *Fest des Heiligen Kreuzes* (trad. Tänze und Prozessionen), landesweit. **Juni** *Fronleichnam* (Tänze), landesweit. **Ende Juli** *Guelaguetzafest* (indianisches Fest vorspan. Tradition), Oaxaca. **15. Aug.** *Mariä Himmelfahrt* (Tänze, Wallfahrten und Jahrmärkte), landesweit. **Sept.** (1) *Tag-/Nachtgleichheit* (beeindruckendes Naturschauspiel bei Sonnenuntergang), Pyramide von Kukulkán/Chichén Itzá. (2) *Stadtfest*, San Miguel de Allende. **15. Sept.** *Festlichkeiten zum Unabhängigkeitstag*, Mexiko City. **Okt.** *Oktoberfestival* (ca. 2 Wochen Kultur, Tanz, Musik, Ausstellungen, Sportveranstaltungen), Guadalajara. **1./2. Nov.** *Feierlichkeiten zu Allerseelen*, auf der Insel Janitzio (Pátzcuaro-See). **Dez.** *Posadas* (allabendliche Prozessionen mit Liedern, die die Suche der heiligen Familie nach Herberge darstellen), landesweit. **3. Dez.** *San Andrés-Fest* (Tänze und Prozessionen mit kunstvollem Kreuz), Veracruz. **6. Jan. '97** *Dreikönigsfest* (Kinderfeste und Jahrmärkte; die Hl. Drei Könige bringen den mexikanischen Kindern Geschenke), landesweit. **10./11. Febr.** *Mardi Gras* (Karneval), landesweit. **März** *Tag-/Nachtgleichheit* (beeindruckendes Naturschauspiel bei Sonnenuntergang), Pyramide von Kukulkán/Chichén Itzá.
SITTEN & GEBRÄUCHE: Zur Begrüßung gibt man sich die Hand. Tagsüber wird überall bequeme Freizeitkleidung akzeptiert. In den Badeorten sind die Kleidungsvorschriften für Männer und Frauen sehr

zwanglos, Männer brauchen nirgends einen Schlips zu tragen. Hotels und Restaurants in Mexiko City erwarten elegante Kleidung. Das Rauchen ist i. allg. überall erlaubt, sofern nicht anders angezeigt. Freundschaft, Familie und zwischenmenschliche Beziehungen spielen im Leben der Mexikaner neben der Religion die größte Rolle, und sie scheuen sich nicht, ihre Emotionen zu zeigen. Eine mexikanische Großfamilie scheint immer Platz für einen Gast zu finden, der dann schnell ganz ins Familienleben miteinbezogen wird. Als Besucher sollte man immer daran denken, daß einheimische Bräuche und Traditionen von großer Bedeutung sind. **Trinkgeld:** Das Bedienungsgeld ist selten bereits in Rechnungen enthalten. Das Personal benötigt das Trinkgeld, um seinen Lebensunterhalt bestreiten zu können. 15% sind üblich, 20% sollte man für sehr gute Bedienung geben.

WIRTSCHAFTSPROFIL

WIRTSCHAFT: Die Landwirtschaft ist immer noch ein bedeutender Wirtschaftszweig, etwa 26% der Erwerbstätigen sind im Argarsektor beschäftigt. Die Produktivität ist jedoch trotz jüngster Ertragssteigerungen durch den Einsatz moderner Maschinen und von Düngemitteln relativ gering. Die wichtigsten landwirtschaftlichen Exportgüter sind Kaffee, Obst und Gemüse, vor allem Tomaten. Nur ein Sechstel des Landes ist für die landwirtschaftliche Nutzung geeignet, jedoch kann in Mexiko praktisch alles angebaut werden. Die beträchtlichen Erdölvorkommen sind eine wichtige Deviseneinnahmequelle, und der Anteil der Mineralölprodukte an den Exporterlösen des Landes beträgt 31%. Anfang der achziger Jahre betrug er noch 78%. Mexiko ist zwar immer noch eines der Hauptförderländer, eine stärkere Diversifizierung der Wirtschaft wird jedoch angestrebt. Nach dem Verfall der Weltmarktpreise für Erdöl, der Mexiko in eine schwere Wirtschaftskrise stürzte, setzte ein Umdenken in der Wirtschaftspolitik ein, und heute sind die Industriegüter, vor allem Kraftfahrzeuge und Ersatzteile, mit 51% der Exporterlöse wichtigste Devisenbringer. Mexiko ist reich an Bodenschätzen, und die Förderung von Silber, Wismut, Arsen, Antimon und in geringerem Umfang von Schwefel, Blei, Zink und Kadmium hat durchaus weiterhin wirtschaftlichen Stellenwert. Dennoch erwirtschaftet der Bergbau nur noch 4% des Bruttoinlandsprodukts, während 28% auf den Industriesektor entfallen. Automontage, Stahl, Textilien, Nahrungsmittelverarbeitung und Brauereien sind die größten Industriezweige, die sich seit den sechziger Jahren rapide entwickelt haben. Der Elektronik- und Computerbereich hat in den letzten Jahren einen wahren Boom erlebt. Der Tourismus spielt ebenfalls eine immer größere Rolle und ist bereits zweitwichtigster Devisenbringer. 1993 erbrachte er Einnahmen von 6,5 Milliarden US-Dollar. Im selben Jahr kamen 188.000 Besucher allein aus dem deutschsprachigen Raum. Wirtschaftliche Bedeutung haben auch die sogenannten »Maquiladoras«, deren Zahl sich seit 1980 verdreifacht hat. Es handelt sich hierbei um ausländische Unternehmen, die das relativ niedrige Lohnniveau in Mexiko ausnutzen, um halbfertige Produkte weiterverarbeiten zu lassen. Hauptabsatz- und -bezugsgebiet sind die USA (70% der Import- und 85% der Exportgüter). Weitere wichtige Handelspartner sind Kanada, Japan und Deutschland. Mexiko trat 1987 dem Freihandelsabkommen GATT bei und ist Mitglied der neugegründeten nordamerikanischen Freihandelszone NAFTA, der auch die USA und Kanada angehören.
GESCHÄFTSVERKEHR: In Geschäftskreisen wird viel englisch gesprochen, Spanischkenntnisse sind aber auf jeden Fall vorteilhaft. Spanische Geschäftsbriefe sollten auch in Spanisch beantwortet werden. Korrekte Kleidung wird erwartet. Mexikaner legen Wert auf Höflichkeit und korrekte Anrede, im Zweifelsfall sollte man *Licenciado* anstelle von *Señor* benutzen. Terminvereinbarung ist üblich. Die beste Zeit für Geschäftsreisen sind die Monate Januar bis Juni und September bis November. Die zwei Wochen vor und nach Weihnachten und Ostern sollten vermieden werden. Die **Geschäftszeiten** sind sehr unterschiedlich, i. allg. sind Büros Mo-Fr 09.00-14.00 und 15.00-18.00 Uhr.
Kontaktadressen: *Cámara Mexicano-Alemana de Comercio e Industria A. C.* (Deutsch-Mexikanische Industrie- und Handelskammer), Apartado Postal 41-740, 11000 México, DF. Tel: (05) 251 40 22. Telefax: (05) 596 76 95.
Handelsabteilung der Mexikanischen Botschaft, Adenauerallee 100, D-53113 Bonn. Tel: (0228) 22 30 21. Telefax: (0228) 26 10 04.
(auch für Österreich und die Schweiz zuständig)
El Delegado Comercial de Austria (Außenstelle der Wirtschaftskammer Österreich), Apdo. Postal 105-242, 11581 México, DF. Tel: (05) 254 44 38. Telefax: (05) 255 16 65.
Asociación Empresarial Mexicana-Suiza (Schweizer-Mexikanische Handelskammer), c/o Zurich Chapultepec, Guillermo Prieto 76, Col. San Raffael, 06470 México, DF. Tel: (05) 705 53 39. Telefax: (05) 703 16 52. *Kontaktstelle in der Schweiz:* Tel: (061) 421 61 21.
Confederación de Cámaras Nacionales de Comercio, Servicios y Turismo/CONCANACO (Handelskammer), Balderas 144, 3°, Col. Centro, 06079 México, DF. Tel:

(05) 709 15 59. Telefax: (05) 709 11 52.
KONFERENZEN/TAGUNGEN: Das Verkehrsamt gibt eine Informationsbroschüre heraus, in der neben Planungshilfen über 70 Tagungsstätten in Mexiko City, Acapulco (Kongreßzentrum mit Kapazitäten für maximal 8000 Teilnehmer), Guadalajara, Saltillo, Veracruz, Monterrey, Cancún, Leon, Morelia, Irapuato, Tijuana und San Luis Potosí aufgeführt sind. Das größte Kongreß- und Messezentrum des Landes ist das *Expo Guadalajara*, dessen große Ausstellungshalle auf 14.400 qm bis zu 775 Stände faßt. Weitere Informationen von *Secretaría de Turismo, Subsecretaría de Promoción y Fomento, Dirección de Reuniones y Viajes de Incentivo*, Mariano Escobedo 726, Col. Nueva Anzures, CP 11590, México, DF. Tel: (05) 254 89 67, 250 85 55.

KLIMA

Je nach Höhenlage kann man drei Klimazonen unterscheiden. In den Küstenregionen, im Flachland im Süden Mexikos und auf der Yucatán-Halbinsel (*Tierra Caliente*) herrscht tropisches Klima. Es ist heiß, und die Luftfeuchtigkeit ist hoch. Gemäßigtes Klima in Lagen zwischen 800 und 2000 m (im Hochland sinken die Temperaturen jedoch nachts stark ab). In Hochlagen über 2000 m (*Tierra Fria*) ist es kühl, die Temperaturen liegen bei 15°C. Die Niederschlagsmenge ist regional verschieden. Nur die östliche Sierra Madre, die Landenge von Tehuantepec und der Staat Chiapas im äußersten Süden haben nennenswerte Niederschläge; in der Regenzeit zwischen Juni und September kommt es häufig zu kurzen und heftigen Schauern. In den anderen Regionen gibt es längere Trockenperioden. Die nördlichen und mittleren Gebiete des Hochlands sind trocken und unfruchtbar. Im Norden fällt im Winter manchmal Schnee. Die Trockenzeit ist zwischen Oktober und Mai.
Beste Reisezeit: Oktober bis April.
Kleidung: Je nach Jahreszeit und Höhenlage unterschiedlich. Leichte Sachen im Sommer. In der Regenzeit Sommer- und Übergangskleidung sowie Regenschutz. Regenschutz für die Berge im Winter. In Höhenlagen (u. a. auch in Mexiko City) empfiehlt es sich wegen der starken Temperaturschwankungen, ganzjährig auch Wollsachen mitzunehmen.

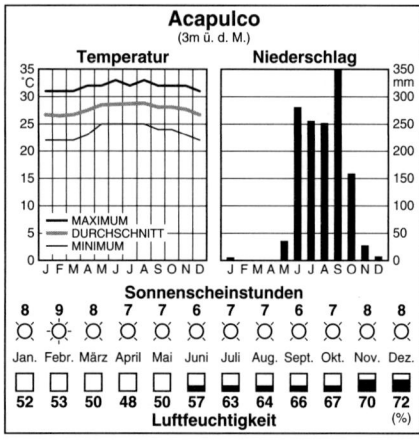

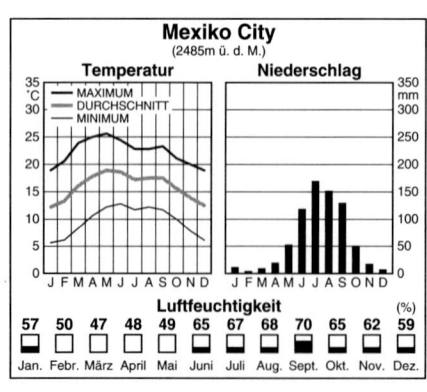

Zur Benutzung dieses Buches beachten Sie bitte auch die Einleitung

Pazifische Inseln von Mikronesien

Lage: Ozeanien, Pazifik.

Anmerkung: Die vier Staaten Mikronesiens standen bis 1990 alle unter Treuhandschaft der USA. Seither ist die Treuhandschaft der **Föderierten Staaten von Mikronesien**, der **Marshall-Inseln** und der **Nördlichen Marianen** durch die UNO aufgehoben worden. **Belau** schloß im Oktober 1994 einen geänderten Assozierungsvertrag mit den USA ab und wurde souverän. Die Föderierten Staaten von Mikronesien und die Marshall-Inseln wurden 1991 in die UNO aufgenommen.

Einleitung

Keiner der vier Staaten hat eine diplomatische oder touristische Vertretung in Deutschland, Österreich oder der Schweiz.

FLÄCHE: 20.124.000 qkm (Landfläche 1867 qkm).
BEVÖLKERUNGSZAHL: S. Einzelrubriken zu den Staaten im Anschluß an die Einleitung.
GEOGRAPHIE: Mikronesien besteht aus vier Inselgruppen: den Föderierten Staaten von Mikronesien, der Republik Marshall-Inseln, den Nördlichen Marianen und der Republik Belau (Palau). Jede Inselgruppe besteht aus Hunderten kleinerer Inselgruppen, die in ihrer Topographie sehr unterschiedlich sind. Genauere Beschreibungen finden Sie unter den Einzelrubriken. Es gibt in erster Linie drei recht unterschiedliche Bevölkerungsgruppen: Malayen aus Indonesien und von den Philippinen; Melanesier aus den Inseln im südwestlichen Pazifik und Polynesier aus der Südpazifikregion.
SPRACHE: Englisch, Japanisch und zahlreiche mikronesische und polynesische Dialekte.
RELIGION: Römisch-katholisch und protestantisch sowie Mormonen- und Bahai-Minderheiten.
ORTSZEIT: S. Einzelrubriken.
NETZSPANNUNG: 110/120 V, 60 Hz.
POST- UND FERNMELDEWESEN: Telefon: Selbstwählferndienst zu allen Inselstaaten. Weitere Informationen in den Einzelrubriken. **Telefaxanschlüsse** gibt es in Belau und den Nördlichen Marianen.
Telex/Telegramme: Auf manchen Inseln kann man Telexe und Telegramme rund um die Uhr aufgeben.
Post: Luftpost nach Europa ist mindestens 10 Tage unterwegs. Die Postämter liegen in den Hauptgeschäftsgebieten der Staaten.

REISEPASS/VISUM

Wichtiger Hinweis: Die Einreisebestimmungen mancher Länder können sich kurzfristig ändern – rufen Sie sicherheitshalber auf Ihrem CRS-System (TIMATIC-Info-Code-Fenster in diesem Kapitel) den aktuellen Stand ab bzw. wenden Sie sich an die zuständige diplomatische Vertretung. Etwaige Zahlen in der Tabelle beziehen sich auf nachfolgende Fußnoten.

	Paß erforderlich?	Visum erforderlich?	Rückflugticket erforderlich?
Deutschland	Ja	Ja	Ja
Österreich	Ja	Ja	Ja
Schweiz	Ja	Ja	Ja
Andere EU-Länder	Ja	Ja	Ja

Anmerkung: Jede Regierung betreibt eine eigene Tourismuspolitik, und Bestimmungen können sich kurzfristig ändern. Anträge müssen an die zuständige Einreisebehörde gestellt werden, falls der geplante Aufenthalt über 30 Tage hinausgeht. Die Marshall-Inseln haben als einzige generelle Visumpflicht auch für Aufenthalte von weniger als 1 Monat. Es besteht generell Verlängerungsmöglichkeit bei Vorlage eines Weiterflugtickets. Auf vielen Inseln, ganz besonders den abgelegeneren, hängt die Einreise nicht so sehr von den richtigen Dokumenten ab, sondern vielmehr von der Einstellung der Inselbewohner.
REISEPASS: Allgemein erforderlich zur Einreise, ausgenommen sind Staatsbürger der USA, die mit anderen Identitätsnachweisen einreisen können.
VISUM: Weitere Einzelheiten unter den Rubriken der einzelnen Staaten.

GELD

Währung: 1 US-Dollar (US$) = 100 Cents. Banknoten gibt es im Wert von 1000, 500, 100, 50, 20, 10, 5, 2 und 1 US$; Münzen in den Nennbeträgen 1 US$ sowie 50, 25, 10, 5 und 1 Cent.

Mikronesien

Kreditkarten: *American Express*, *Eurocard* und *Visa* werden in den meisten größeren Städten und Siedlungsgebieten akzeptiert. Einzelheiten vom Aussteller der betreffenden Kreditkarte.
Wechselkurse

	US$ Sept. '92	US$ Febr. '94	US$ Jan. '95	US$ Jan. '96
1 DM	0,67	0,58	0,65	0,70

Devisenbestimmungen: Keine Ein- oder Ausfuhrbeschränkungen. Beträge über 5000 US$ (300 US$ auf den Marshall Islands) müssen deklariert werden.
Öffnungszeiten der Banken: S. Einzelrubriken.

DUTY FREE

Folgende Artikel können zollfrei nach **Belau** eingeführt werden:
200 Zigaretten oder 454 g Zigarren oder Tabak;
2 l Spirituosen*.
Folgende Artikel können zollfrei auf die **Marshall-Inseln** eingeführt werden:
300 Zigaretten oder 75 Zigarren oder 225 g Tabak;
2 l Spirituosen*.
Folgende Artikel können zollfrei in die **Föderierten Staaten von Mikronesien** und auf die **Nördlichen Marianen** eingeführt werden:
600 Zigaretten oder 454 g Zigarren oder Tabak;
2 l Spirituosen*.
Anmerkung: [*] Nur Reisende über 21 Jahren.
Ein- und Ausfuhrverbot: Schußwaffen, Munition, Drogen und pornographisches Material dürfen nicht eingeführt werden, Tiere, Obst und Pflanzen nur mit einem Zertifikat der Quarantäneabteilung des Ministeriums für Ressourcen und Entwicklung. Die Ausfuhr von Korallen, Schildpatt und anderen Naturschätzen ist verboten.

GESETZLICHE FEIERTAGE

Die Feiertage der USA werden zusätzlich zu den jeweiligen regionalen Feiertagen begangen, s. Einzelrubriken.

GESUNDHEIT

In der folgenden Tabelle aufgeführte Impfvorschriften können sich kurzfristig ändern. Es wird stets empfohlen, auf Ihrem CRS-System (TIMATIC-Info-Code-Fenster in diesem Kapitel) den aktuellen Stand der Gesundheitsbestimmungen abzurufen bzw. rechtzeitig vor der Reise ärztlichen Rat einzuholen.

	Vorsichtsmaßnahmen empfohlen	Impfschein erforderlich
Gelbfieber	Nein	Nein
Cholera	Nein	Nein
Typhus & Polio	1	-
Malaria	Nein	-
Essen & Trinken	2	-

[1]: Typhus kommt vor, Poliomyelitis jedoch nicht.
[2]: Leitungswasser ist normalerweise gechlort und relativ sauber, es können jedoch u. U. leichte Magenverstimmungen auftreten. Für die ersten Wochen des Aufenthalts wird daher abgefülltes Wasser empfohlen, welches überall erhältlich ist. Milch ist pasteurisiert und kann, ebenso wie Milchprodukte aus ungekochter Milch, Obst und Gemüse unbesorgt verzehrt werden.
Hepatitis A kommt vor, *Hepatitis B* ist endemisch.
Gesundheitsvorsorge: Der Abschluß einer Reisekrankenversicherung wird empfohlen. Es gibt neun Krankenhäuser mit insgesamt 629 Betten und 55 Ärzten.

REISEVERKEHR - International

FLUGZEUG: Die größte Fluggesellschaft der Region ist *Air Micronesia (CO)*.
Durchschnittliche Flugzeiten: Die Flugzeit von Frankfurt, Wien und Zürich nach Mikronesien hängt von der gewählten Flugstrecke ab. Flüge gehen meist über Los Angeles und Honolulu: *Frankfurt – Honolulu*: 19 Std; Honolulu – Marshall-Inseln: 4 Std. 30.
Internationale Flughäfen: Bei Anreise aus dem Norden und Westen: *Saipan (SPN)*, *Guam (GUM)* und *Belau*.
Bei Anreise aus dem Süden: *Pohnpei (PNI)*.
Bei Anreise aus dem Osten: *Majuro (MAJ)*.
Regionale Fluggesellschaften: Die einheimischen Fluggesellschaften bieten Linien-, Charter- und Rundflüge zu allen Inseln an. Von Guam und Majuro (Marshall-Inseln) gibt es ausgezeichnete Verbindungen zu den verschiedenen Inselstaaten. Flüge zwischen den kleineren Inseln sind seltener.
Airline of the Marshall Islands (AMI) betreibt Charter-, Besichtigungs- und Linienflüge zwischen Majuro und den anderen Marshall-Inseln sowie internationale Flugdienste nach Hawaii, Fidschi, Kiribati und Tuvalu.
Air Micronesia (CO) bietet Flugverbindungen zwischen allen vier Inselgruppen sowie nach Hawaii, Guam, Australien, Papua Neuguinea, Korea-Süd, Taiwan (China), Japan und zu den Philippinen.
Blue Pacific Air betreibt tägliche Flugdienste nach Tinian, Rota, Saipan (alle Nördl. Marianen) und Guam.
Charterflüge sind auch im Angebot.
Air Nauru fliegt von Kosrae, Pohnpei und Chuuk (Föd. Staaten von Mikronesien) nach Guam und zurück.
SCHIFF: Die größten Häfen sind Pohnpei, Majuro, Saipan, Tuik, Yap und Koror. Einige Fracht- und Passagierschifflinien laufen die Inseln an. Ausflugsboote, kleine Schnellboote und große Glasbodenboote werden für den Linienverkehr, Besichtigungs- und Sonnenuntergangskreuzfahrten sowie zum Fischen und Tauchen benutzt. Eine Fähre verbindet Saipan mit Tinian, Verbindungen zu den kleineren Inseln sind eher unregelmäßig. Die folgenden Regierungsbüros nehmen Buchungen entgegen: *Commonwealth of the Northern Marianas*, Saipan; *Majuro Office of Transportation*, Marshall-Inseln; *Koror*, Belau; *Kolonia*, Pohnpei; *Moen*, Chuuk und *Colonia*, Yap. Es gibt nur wenige Kabinen, und es kann durchaus vorkommen, daß man an Deck schlafen muß, weshalb man eine eigene Unterlage mitbringen sollte. Die Schiffe können auch für Kurzreisen von der Regierung gechartert werden.

REISEVERKEHR - National

BUS/PKW: Gute Straßen gibt es nur auf den größeren Inseln, auf denen auch preiswerte **Taxis** verkehren.
Busse: Es gibt keine Linienbusse auf den Inseln, nur Touristenbusse. Limousinen, Minibusse und *Jeepneys* dienen als öffentliche Verkehrsmittel. **Mietwagen** sind in größeren Ortschaften von einheimischen oder internationalen Firmen erhältlich. **Unterlagen:** Führerschein des eigenen Landes ist ausreichend.

UNTERKUNFT

Der Standard der Unterkünfte ist sehr unterschiedlich. Auf manchen Inseln gibt es nur wenige Hotelzimmer, und Einzelgäste werden manchmal gebeten, ihr Zimmer mit anderen Gästen zu teilen.

SOZIALPROFIL

ESSEN & TRINKEN: In den meisten Hotelrestaurants stehen japanische, chinesische, westliche und einheimische Gerichte auf der Speisekarte. Auf manchen abgelegenen Inseln werden Besucher mit einem Festessen empfangen, das aus verschiedenen Fischen, Venusmuscheln, Tintenfisch, Langusten, Seegurken und Aalen zubereitet wird. Brotfrucht (püriert, gekocht, gebacken oder gebraten), Taro, Reis und Maniok sind die häufigsten Beilagen. Einige örtliche Delikatessen sind Kokosnußkrebse und Mangrovenmuscheln. In einigen Restaurants gibt es Büfetts; Tischbedienung ohne große Eile ist jedoch die Regel. Weitere Informationen im Anschluß.
NACHTLEBEN: Einige Hotels haben Cocktailbars mit Live-Unterhaltung. In Saipan gibt es Nachtklubs mit Musik und Tanz. In den größeren Zentren findet man Kinos. Besucher müssen selbst für Unterhaltung sorgen und Eigeninitiative entwickeln. Weitere Informationen in den Einzelbeschreibungen.
SPORT: Fischen, Wandern und Wassersport sind die schönsten Urlaubsbeschäftigungen auf den pazifischen Inseln. Die Küstengewässer haben atemberaubende Unterwasserlandschaften und kuriose Meereslebewesen, die sie zu einem wahren Taucherparadies machen.
SITTEN & GEBRÄUCHE: Die westliche Auffassung von Eigentum und Privatbesitz ist in vielen Teilen Mikronesiens unbekannt, und Besucher sollten ihre Sachen im Auge behalten. Wege und Grundstücke sind generell Privatbesitz, und man sollte stets um Erlaubnis zum Betreten des Landes fragen. Höflichkeit und Freundlichkeit helfen auch hier weiter.

WIRTSCHAFTSPROFIL

WIRTSCHAFT: Die Landwirtschaft ist der wichtigste Wirtschaftszweig in allen vier Inselstaaten. Die Hauptagrarprodukte sind Kopra, Kokosnüsse, Maniok und Süßkartoffeln. Der Ernteertrag ermöglicht Export in einigen Fällen. Die Fischerei spielt ebenfalls eine wichtige Rolle. Auf den Marshall-Inseln und auf Belau gibt es Kleinbetriebe der Leichtindustrie, u. a. in den Sektoren Nahrungsmittelverarbeitung und Schiffbau. Der Tourismus nimmt angesichts der fehlenden Infrastruktur und der Abgelegenheit der Inseln nur langsam an Bedeutung zu. Mit Hilfe japanischer und amerikanischer Investitionen haben die Nördlichen Marianen und die Föderierten Staaten Mikronesiens allerdings schon erfolgreich erste Schritte unternommen, eine leistungsfähige Tourismusindustrie aufzubauen. In beiden Ländern ist der Fremdenverkehr bereits eine wichtige Einnahmequelle. Auf den Marianen erbringt der Tourismus fast die Hälfte des Bruttoinlandproduktes und beschäftigt knapp 50% der Erwerbstätigen. Die US-Regierung will im nächsten Jahrzehnt 480 Mio. US$ für den Ausbau der Infrastruktur auf Belau bereitstellen. 1992 hatte Mikronesien unter einer Dürreperiode zu leiden.
GESCHÄFTSVERKEHR: Leichte Anzüge oder Hemd mit Krawatte bzw. Sommerkleid sind in der Regel ausreichend. Terminvereinbarung und Visitenkarten sind üblich. Geschäftsreisen legt man am besten in den Zeitraum zwischen Mai und Oktober. **Geschäftszeiten:** Mo-Fr 08.00-17.00 Uhr. **Behörden:** Mo-Fr 08.00-12.00 und 13.00-17.00 Uhr.

KLIMA

Die 2000 Inseln erstrecken sich über ein 7,8 Mio. qkm großes Gebiet des Pazifischen Ozeans und haben sehr unterschiedliche klimatische Verhältnisse. Herbst und Winter (November - April) sind am angenehmsten, die Regenzeit dauert von Mai bis Oktober. Das Klima in diesem Teil der Welt ist tropisch, Meeresbrisen verhindern jedoch extreme Temperaturen und zu hohe Luftfeuchtigkeit. Weitere Informationen in den Einzelrubriken.
Kleidung: Leichte Baumwoll-, Leinen- und Regensachen.

Republik Palau (Belau)

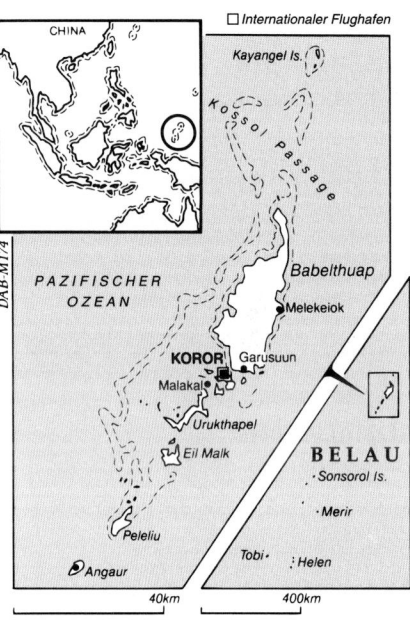

Lage: Ozeanien, Pazifik.

Belau Visitors Authority
PO Box 256
Koror
PW 96940
Tel: 488 27 93. Telefax: 488 14 53.
Die Bundesrepublik Deutschland unterhält keine diplomatische Vertretung in Belau, zuständig ist die Botschaft in Manila (s. Philippinen).

FLÄCHE: 508 qkm.
BEVÖLKERUNGSZAHL: 16.100 (1993).
BEVÖLKERUNGSDICHTE: 32 pro qkm.
HAUPTSTADT: Koror. **Einwohner:** 10.486 (Insel, 1990).
GEOGRAPHIE: Belau ist die westlichste Ansammlung von sechs größeren Inselgruppen, die insgesamt als Caroline-Inseln bekannt sind und 1000 km östlich der Philippinen liegen. Die über 650 km lange Inselgruppe erstreckt sich vom Kayangel-Atoll bis hin zur kleinen Tobi-Insel. Belau besteht aus über 200 Inseln, von denen acht bewohnt sind. Mit Ausnahme von drei Inseln liegen alle auf einem einzigen Riff, das zwei geologische Formationen darstellt. Die größeren Inseln sind vulkanischen Ursprungs mit schroffen Küsten und Dschungel im Inneren und großen Grasterrassen. Die Felseninseln bestehen aus Kalkstein. Die nördlichste Insel ist Kayangel, ein typisches Korallenatoll.
STAATSFORM: Präsidialrepublik; seit Oktober 1994 souveräner Staat in freier Assoziation mit den USA. Staats- und Regierungschef: Kuniwo Nakamura, seit Januar 1993. Zweikammerparlament: Delegiertenversammlung (16 Mitglieder) und Senat (14 Mitglieder) sowie 16köpfiger Häuptlingsrat mit beratender Funktion.
SPRACHE: Englisch und mikronesische Dialekte.
RELIGION: Hauptsächlich Katholiken. Außerdem Protestanten und Sieben-Tage-Adventisten. Daneben weiterhin die traditionelle Religion Modekngei.
ORTSZEIT: MEZ + 8.
NETZSPANNUNG: 110/120 V, 60 Hz.
POST- UND FERNMELDEWESEN: Telefon: Selbstwählferndienst. **Landesvorwahl:** 680.
Telefaxgeräte sind in einigen Hotels vorhanden.

Mikronesien

Telexe/Telegramme können in Koror aufgegeben werden. **Post:** In Koror gibt es ein Postamt. Öffnungszeiten: 07.30-11.30 Uhr.

REISEPASS/VISUM

Staatsbürger der USA brauchen kein Visum.
Staatsbürger anderer Staaten: Bei Aufenthalten bis zu 30 Tagen werden keine Visa benötigt, aber bei der Einreise wird ein *Entry permit* ausgestellt. Wer länger als 30 Tage bleiben möchte, muß rechtzeitig eine Genehmigung beantragen.
Antragstellung: *Chief of Immigration*, Republic of Palau, Koror, PW 96940.
Unterlagen: (a) Nachweis ausreichender Geldmittel. (b) Buchungsbestätigung der Rück- oder Weiterreise.

GESETZLICHE FEIERTAGE

Zusätzlich zu den Feiertagen der USA:
5. Mai '96 Tag der Senioren. **9. Juli** Verfassungstag. **1./2. Okt.** Unabhängigkeitstage. **24. Okt.** Tag der Arbeit. **15. März '97** Tag der Jugend. **5. Mai** Tag der Senioren.
Anmerkung: Von Insel zu Insel sind Abweichungen möglich.

REISEVERKEHR

FLUGZEUG: Internationaler Flughafen: *Koror* (ROR).
Belau Paradise bietet Linienflüge zwischen den Inseln an. Flugverbindungen zwischen Koror/Peleliu, Peleliu/Angaur und Koror/Angaur.
SCHIFF: Internationale Kreuzfahrtschiffe laufen Belau selten an. Wer Belau privat ansegelt, kann die Inselgruppe auf verschiedenen Seekarten finden. Die US Naval Chart HO 5500 kartographiert das gesamte Gebiet von Mikronesien. Es gibt unregelmäßige Fährverbindungen vom Hafen in Koror nach Babelthuap, Kayangel und Peleliu.
BUS/PKW: *Ausflugsbusse:* Busse und Minibusse kann man für Ausflüge mieten. **Taxi:** In Koror findet man viele komfortable Taxis; sie haben keine Taxameter und keine vorgeschriebenen Fahrpreise.

SOZIALPROFIL

ESSEN & TRINKEN: Mehrere Restaurants bieten amerikanische und japanische Gerichte an. Auf Wunsch werden einheimische Spezialitäten wie gefüllte Tauben und Hummer serviert. Besondere Delikatessen sind frischer Fisch und einheimisches Obst.
NACHTLEBEN: Viele Restaurants haben eine Bar und Abendunterhaltung. Das Fremdenverkehrsamt kann Tanzveranstaltungen arrangieren.
EINKAUFSTIPS: Belaus bekannteste Kunstform ist das »Storyboard«. Es besteht aus bemalten Holzschnitzereien unterschiedlicher Länge in Krokodil-, Fisch- oder Schildkrötenform. Die Storyboards schildern einheimische Erzählungen, die ca. 30 beliebten Legenden und Überlieferungen entnommen wurden. Modelle von *Bais* (Häusern) und Kanus und kleine geschnitzte Figuren (*Dilukai*) sind schöne Souvenirs, außerdem Muschelschmuck, Radierungen auf Schalen der schwarzen Austern sowie Körbe, Geldbörsen, Hüte und Matten aus Pandanus oder Palmwedeln. Denken Sie jedoch daran, daß Schildkröten, Korallen und manche Muschelarten unter Naturschutz stehen. Der Kauf solcher Produkte gefährdet diese einzigartigen Naturerscheinungen.
SPORT: Im Inselstaat Belau findet man einige der verführerischsten **Tauchgründe** der Welt. Im *Jellyfish Lake* kann man z. B. zwischen unzähligen harmlosen Quallen tauchen, andernorts gibt es senkrechte Abhänge mit interessanten Felsenbewohnern unter Wasser. Rock Island soll die besten Tauchgründe bieten.
VERANSTALTUNGSKALENDER
Mai '96 *Jahrmarkt zum Tag der Senioren* (Kunstgewerbeausstellung, Umzug, Tanzwettbewerb). Juli *Kunstfestival* (Kunstgewerbeausstellung, Tanz, Kochwettbewerbe). März '97 *Tag der Jugend* (Konzerte, Sportveranstaltungen). Mai *Jahrmarkt zum Tag der Senioren* (s. o.).
SITTEN & GEBRÄUCHE: Belaus traditionelle Gesellschaftsform war ein komplexes matriarchalisches System; die überlieferte Glaubensrichtung Modekngei besteht auch heute noch neben dem Christentum. Belauaner gehören zu den unternehmungslustigsten Insulanern des Südpazifikraums. Das politische System orientiert sich am Vorbild der USA, und westliche Einflüsse sind überall spürbar, zumal viele Bewohner ihre Ausbildung im Ausland fortsetzen. **Trinkgeld:** Bleibt den Besuchern selbst überlassen.

WIRTSCHAFTSPROFIL

Kontaktadresse: *Palau Chamber of Commerce* (Handelskammer), Koror, PW 96940.
KONFERENZEN/TAGUNGEN: Das *Airai View Hotel* in Koror bietet Konferenzeinrichtungen für 150 Teilnehmer. Adresse: PO Box 37, Koror, PW 96940. Tel: 587 34 85. Telefax: 488 10 27.

KLIMA

Das ganze Jahr über meist feucht, heiß und schwül.

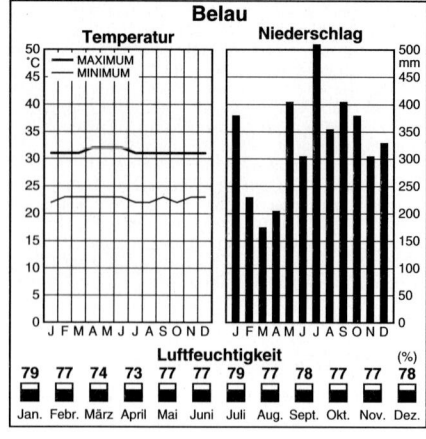

Marshall-Inseln

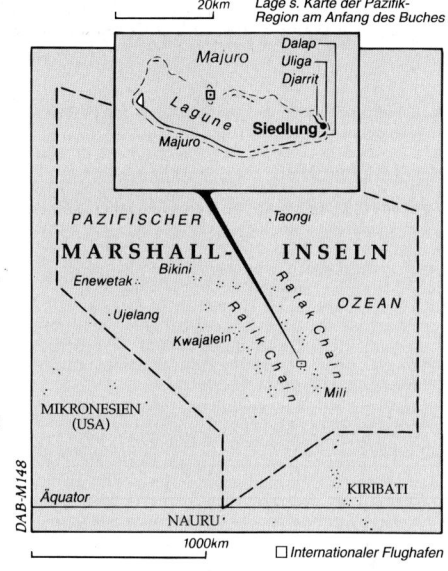

Lage: Ozeanien, Pazifik.

Marshall Islands Tourist Authority
PO Box 1727
Majuro
MH 96960
Tel: 625 32 06. Telefax: 625 32 18.
Die Bundesrepublik Deutschland unterhält keine diplomatische Vertretung auf den Marshall-Inseln, zuständig ist die Botschaft in Manila (s. Philippinen).
Österreich unterhält keine diplomatische Vertretung auf den Marshall-Inseln, zuständig ist die Botschaft in Canberra (s. Australien).

FLÄCHE: 181,3 qkm.
BEVÖLKERUNGSZAHL: 51.000 (1993).
BEVÖLKERUNGSDICHTE: 281 pro qkm.
HAUPTSTADT: Rita (über 3 Inseln: Dalap, Uliga und Djarrit). **Einwohner:** 17.650 (1988).
GEOGRAPHIE: Die Marshall-Inseln bestehen aus zwei fast parallel verlaufenden Insel- und Atollketten. Die Ratak- (Sonnenaufgang) Kette im Osten besteht aus 15 Atollen und Inseln, und die Ralik- (Sonnenuntergang) Inselkette im Westen aus 16 Atollen und Inseln. Beide Ketten umfassen zusammen 1152 Inseln und Inselchen, die sich über ein Gebiet von 1.900.000 qkm im mittleren Pazifik erstrecken.
STAATSFORM: Präsidialrepublik, selbständig seit dem 22. Dezember 1990 (Treuhandschaft der USA von der UNO aufgehoben). Staats- und Regierungschef: Amata Kabua, seit 1980.
SPRACHE: Englisch, etwas Japanisch und Marshallese.
RELIGION: 90% Unabhängige Protestantische Kirche der Marshall-Inseln, 8,5% römisch-katholisch.
ORTSZEIT: MEZ + 11.
NETZSPANNUNG: 110/120 V, 60 Hz.
POST- UND FERNMELDEWESEN: Telefon: Selbstwählferndienst. **Landesvorwahl:** 692. Internationale Telefonverbindungen über Satellit möglich. Ein **Telex-** und **Telegrammdienst** steht auf Majuro, in der Nähe der Hochschule in Rita, zur Verfügung. **Post:** Auf Majuro gibt es ein amerikanisches Postamt. Öffnungszeiten der Postämter: Mo-Fr 08.00-12.00 und 13.00-17.00 Uhr.

REISEPASS/VISUM

Staatsbürger der USA, der **Föderierten Staaten von Mikronesien, Belau (Palau)** und **Fidschi** (für einen Aufenthalt bis zu 30 Tagen) brauchen kein Visum.
Staatsbürger anderer Staaten: Ein Visum ist allgemein erforderlich und wird für die Dauer von 90 Tagen ausgestellt. Besucher der Marshall-Inseln müssen einen gültigen Reisepaß, ein Rückflugticket sowie ausreichende Geldmittel vorweisen. Wer länger als 90 Tage bleiben möchte, muß rechtzeitig eine Genehmigung beantragen.
Antragstellung: *Chief of Immigration*, Ministry of Foreign Affairs, Republic of the Marshall Islands, Majuro, MH 96960. Tel: 625 31 81. Telefax: 625 36 85.

GESETZLICHE FEIERTAGE

Zusätzlich zu den Feiertagen der USA:
1. Mai '96 Tag der Verfassung. **7. Juli** Tag der Fischer. **17. Aug.** Nationalfeiertag. **5. Sept.** Dri-Jerbal-Tag (Tag der Arbeit). **29. Sept.** Manit (Tag der Kultur). **21. Okt.** Unabhängigkeitstag. **17. Nov.** Tag des Präsidenten. **4. Dez.** Kamolo (Erntedankfest). **1. März '97** Gedenktag der Strahlenopfer.
Anmerkung: Abweichungen sind von Insel zu Insel möglich.

GESUNDHEIT

Gesundheitsvorsorge: Die beiden großen Krankenhäuser befinden sich auf Majuro und Ebeye. Ein medizinisches Zentrum steht ferner auf Kwajalein zur Verfügung.

REISEVERKEHR

FLUGZEUG: Die nationale Fluggesellschaft heißt *Majuro* (MAJ).
Die *Airline of the Marshall Islands* verbindet 10 Atolle der Marshall-Inseln und vermietet auch Charterflugzeuge. Angeflogen werden ferner Honolulu/Hawaii und Fidschi (über Kiribati und Tuvalu). Der *Island-Hopper-Service* der *Air Micronesia* von Guam nach Honolulu macht in Majuro und Kwajalein Zwischenlandung.
Internationaler Flughafen: *Majuro International Airport* (MAJ). Busverbindung zur Stadt. Taxistand.
SCHIFF: Der internationale Hafen ist Majuro. Einige Reedereien laufen die Marshall-Inseln an.
Es gibt vier staatliche Fähren, die regelmäßig innerhalb der Inselgruppe verkehren. Auf diesen Schiffen, die auch für Ausflüge zur Verfügung stehen, gibt es komfortable Passagierkabinen.
BUS/PKW: Alle Hauptstraßen sind asphaltiert. **Busse** fahren von und nach Laura. **Taxis** und **Sammeltaxis** sind preiswert und zahlreich. **Mietwagen** sind meist japanische Limousinen. **Unterlagen:** Der Führerschein des eigenen Landes ist max. 30 Tage gültig.

UNTERKUNFT

Das **Hotelangebot** auf Majuro ist relativ gut. Eine Erweiterung der Bettenkapazität ist jedoch geplant. Auf einigen Inseln gibt es **Guesthouses. Campingmöglichkeiten** bestehen auf dem Majuro-Atoll und einigen Inseln. Nähere Auskünfte erteilt das Marshall Islands Visitors Bureau (Adresse s. o.).

SOZIALPROFIL

ESSEN & TRINKEN: In Majuro gibt es mehrere Restaurants, die amerikanische, westliche, chinesische und einheimische Gerichte anbieten. Auf manchen Inseln sind alkoholische Getränke nicht zugelassen.
NACHTLEBEN: Auf Majuro und Ebeye gibt es mehrere Nachtclubs, in einigen Hotels werden traditionelle Tänze aufgeführt.
EINKAUFSTIPS: Beliebte Souvenirs sind Kili-Handtaschen, die von früheren Bikini-Insulanern hergestellt werden; auf Stäben geschnitzte Landkarten, die früher für Navigationszwecke auf Fahrten zwischen den weitverstreuten Inseln benutzt wurden; geflochtene Bodenmatten, Fächer, Geldbörsen, Muschelhalsbänder und Körbe. Denken Sie jedoch daran, daß manche Muscheln unter Naturschutz stehen. Der Kauf solcher Produkte gefährdet unnötig den Fortbestand dieser einzigartigen Naturwunder. **Öffnungszeiten der Geschäfte:** Mo-Sa 08.00-20.00 Uhr, So 08.00-18.00 Uhr.
SPORT: Basketball und **Volleyball** sind die beliebtesten Sportarten. **Softball** (eine Art Baseball) und **Tennis** werden ebenfalls viel gespielt. Ausgezeichnete **Tauchgründe.**
VERANSTALTUNGSKALENDER
Mai '96 *Tag der Verfassung* (Paraden). Juli *Angelwettbewerb der Marshall-Inseln.* Letzte Augustwoche *Alele-Woche.* Okt. *Unabhängigkeitstag* (Paraden). Sept. *Manit-Tag* (Kulturfest).
SITTEN & GEBRÄUCHE: Zwanglose Kleidung ist normalerweise für Geschäftstreffen und gesellschaftliche Anlässe angemessen. Zu knappe Bekleidung, einschl. oben ohne, wird ungern gesehen. In manchen Gegenden

können die Inselpfade nur mit Erlaubnis benutzt werden. Man sollte die einheimischen Sitten und Gebräuche beachten. **Trinkgeld:** Trinkgelder sind nicht üblich.

WIRTSCHAFTSPROFIL

Kontaktadresse: *Majuro Chamber of Commerce* (Handelskammer), Majuro, MH 96960. Tel: 625 30 51. Telefax: 625 33 43.

KLIMA

Tropisch mit kühlenden Meeresbrisen und einigen Niederschlägen. Passatwinde wehen zwischen Dezember und März von Nordost. Die meisten Niederschläge fallen normalerweise zwischen Oktober und November.

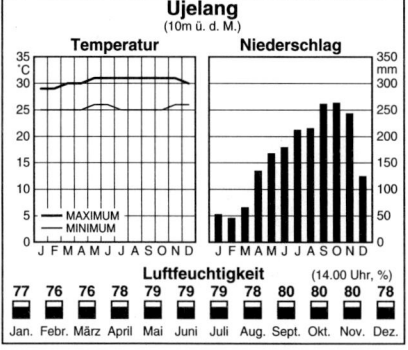

Föderierte Staaten von Mikronesien

(Einschl. Yap, Pohnpei, Kosrae und Chuuk, vormals Truk.)
Lage: Ozeanien, Pazifik.

Pohnpei Tourist Commission
PO Box 66
Kolonia
Pohnpei, FSM 96941
Tel: 320 24 21, 320 51 33.
Chuuk (Truk) Visitors Bureau
PO Box FQ
Moen
Chuuk (Truk), FSM 96942
Tel: 330 41 33. Telefax: 330 41 94.
Yap Division of Commerce and Industries
Department of Resources and Development
PO Box 36
Colonia
Yap State, FSM 96943
Tel: 350 22 98, 350 21 84. Telefax: 350 25 71.
Kosrae Tourism Office
PO Box R&D
Kosrae, FSM 96944
Tel: 370 30 44.
Die Bundesrepublik Deutschland unterhält keine diplomatische Vertretung in den Föderierten Staaten von Mikronesien, zuständig ist die Botschaft in Manila (s. Philippinen).
Österreich unterhält keine diplomatische Vertretung in den Föderierten Staaten von Mikronesien, zuständig ist die Botschaft in Canberra (s. Australien).

FLÄCHE: Kosrae (5 Inseln): 110 qkm; **Pohnpei** (163 Inseln): 344 qkm; **Chuuk (vormals Truk)** (294 Inseln): 127 qkm; **Yap** (145 Inseln): 119 qkm. **Insgesamt: 700 qkm.**
BEVÖLKERUNGSZAHL: 105.000 qkm (1993).
BEVÖLKERUNGSDICHTE: 150 pro qkm.
Hauptstadt: Kolonia (auf Pohnpei). **Einwohner:** 6306 (1985).
GEOGRAPHIE: Die Inselgruppen der Föderierten Staaten Mikronesiens liegen weiter verstreut als die anderen Pazifikinseln. Das Hochland von Yap ist mit Wiesen und Gebüsch bedeckt. Die Lagune von Chuuk wird von einem der größten Riffe der Welt umgeben. Auf Pohnpei steigen die Berge bis auf 600 m an. Traumstrände laden auf allen Inseln zum Sonnenbaden ein.
STAATSFORM: Bundesrepublik seit 1980 (freie Assoziation mit den USA seit 1986). Staats- und Regierungschef: Bailey Olter, seit 1991.
SPRACHE: Englisch und neun mikronesische und polynesische Sprachen.
RELIGION: Überwiegend römisch-katholisch mit protestantischer Minderheit.
ORTSZEIT: Aufgrund der großen Fläche, die Mikronesien bedeckt, gibt es zwei Zeitzonen:
Chuuk (vormals Truk) und Yap: MEZ + 10.
Kosrae und Pohnpei: MEZ + 11.
POST- UND FERNMELDEWESEN: Telefon: Selbstwählferndienst. Landesvorwahl: 691.
Telexe/Telegramme kann man in den Inselhauptstädten und größeren Hotels aufgeben. **Post:** Postämter gibt es in Kolonia (Pohnpei), Moen (Chuuk), Lelu (Kosrae) und Colonia (Yap). Öffnungszeiten der Postämter: Mo-Fr 08.30-16.30 Uhr, Sa 10.00-12.00 Uhr.

REISEPASS/VISUM

Anmerkung: Ausländische Schiffe und Flugzeuge benötigen Visa, die vor der Einreise beantragt und eingeholt werden müssen.
Staatsbürger der USA brauchen kein Visum.
Staatsbürger anderer Staaten: Bei Aufenthalten bis zu 30 Tagen werden keine Visa benötigt, aber bei der Einreise wird ein *Entry permit* ausgestellt. Wer länger als 30 Tage bleiben möchte, muß rechtzeitig eine Genehmigung beantragen.
Unterlagen: (a) Nachweis ausreichender Geldmittel. (b) Buchungsbestätigung der Rück- oder Weiterreise.
Antragstellung: *Division of Immigration*, Office of the Attorney General, Central Office, PO Box PS 106, Palikir, Pohnpei, 96941. Tel: 320 58 44.
Telefax: 320 22 34.

GELD

Währung: Auf Yap werden nach wie vor riesige Steinmünzen benutzt, allerdings wird man als Besucher eher US-Dollar verwenden – die Münzen wiegen bis zu 4500 kg und haben einen Durchmesser von 3,5 m. Weitere Informationen über Zahlungsmittel in der *Einleitung* zu diesem Kapitel.

GESETZLICHE FEIERTAGE

Zusätzlich zu den Feiertagen der USA:
10. Mai '96 Verfassungstag. **8. Sept.** Tag der Befreiung (Kosrae). **11. Sept.** Tag der Befreiung (Pohnpei). **23. Sept.** Tag der Verfassung (Chuuk). **24. Okt.** Tag der Vereinten Nationen. **3. Nov.** Unabhängigkeitstag. **8. Nov.** Tag der Verfassung (Pohnpei). **24. Dez.** Tag der Verfassung (Yap). **11. Jan. '97** Tag der Befreiung (Kosrae). **24. Febr.** Tag des Sokehs-Aufstands (Pohnpei). **1. März** Yap-Tag (Yap). **10. Mai** Verfassungstag.
Anmerkung: Von Insel zu Insel sind Abweichungen möglich.

GESUNDHEIT

Gesundheitsvorsorge: Auf allen Inseln gibt es gute staatliche Krankenhäuser in den größeren Städten. Die zahnärztliche Versorgung ist ebenfalls gut.

REISEVERKEHR

FLUGZEUG: *Continental/Air Micronesia* (CO) betreibt Flugdienste zwischen Pohnpei, Chuuk und Yap sowie nach Majuro, Belau und Saipan. Die Flugzeuge der *Air Nauru* fliegen zweimal pro Woche von Kosrae, Pohnpei und Chuuk nach Guam und zurück. *Pacific Missionary Aviation* bietet Charter- und Besichtigungsflüge in Pohnpei sowie Verbindungen nach Kosrae an.
Internationaler Flughafen: *Pohnpei (Kolonia)* liegt 5 km von der Hauptstadt entfernt.
Flughafengebühren: 5 US$.
SCHIFF: Die internationalen Häfen sind Pohnpei, Chuuk und Yap. Von Honolulu fahren Schiffe nach Pohnpei und Chuuk. Handelsschiffe sind in Pohnpei, Yap und Chuuk stationiert und laufen die entferntesten Inseln an.
BUS/PKW: Auf den größeren Inseln gibt es gute Straßennetze. **Busse** sind nicht vorhanden. Preiswerte **Taxis** verkehren auf allen Inseln. **Mietwagenfirmen** gibt es in allen größeren Städten. **Unterlagen:** Internationaler Führerschein oder Führerschein des eigenen Landes.

UNTERKUNFT

In den größeren Städten der Inseln gibt es **Hotels**. Auf Chuuk, Pohnpei und Kosrae entstehen Strandresorts. Es gibt keine ausgewiesenen **Campingplätze,** nach Absprache mit dem jeweiligen Eigentümer kann man aber durchaus sein Zelt auf Privatgrundstücken aufschlagen.

SOZIALPROFIL

ESSEN & TRINKEN: Die einheimischen Spezialitäten sind Brotfrucht (Chuuk) und dünne Scheiben rohen Fisches, der in eine Pfeffersoße getaucht wird. *Sakau* (Pohnpei) oder *Kava* (übrige Inseln), aus der Wurzel eines Busches, hat eine milde narkotische Wirkung, wenn es durch Hibiskusrinde gesiebt wird. Dieses Getränk wird in mehreren *Sakau*-Bars angeboten, und man kann bei der Herstellung zugucken. In manchen Restaurants gibt es Büfetts, aber Tischbedienung ist üblicher, wenn auch recht langsam. Pohnpeis Einwohner haben über 100 verschiedene Wörter für die Yamswurzel, die hier in erstaunlichen Größen geerntet wird, so daß mitunter mehrere Personen zum Tragen einer einzigen Wurzel erforderlich sind. Die Yamswurzel nimmt auch in der einheimischen Kultur einen hohen Stellenwert ein. Alkohol ist nur auf Chuuk nicht zugelassen.
NACHTLEBEN: Auf den größeren Inseln gibt es einige gute Restaurants und Kinos. Die einheimische Bevölkerung und Besucher veranstalten oft eigene Unterhaltungsprogramme. Viele Hotels bieten Musik- und Tanzabende und haben auch Diskotheken. Auf Pohnpei wird abends oft *Sakau* getrunken. Die Verkehrsämter organisieren traditionelle Tanzveranstaltungen.
EINKAUFSTIPS: Beliebte Souvenirs sind »Liebesstäbe« und Kriegskeulen. Auf Yap kann man farbenprächtige Grasröcke erstehen. *Lava-lavas* (aus Hibiskusrinde gewebt), Kinderkrippen, Beutel für Betelnüsse und Steingeld sind ebenfalls schöne Mitbringsel. Auf Pohnpei werden schöne und maßstabgetreue Modellkanus und gewebte Gegenstände hergestellt. **Öffnungszeiten der Geschäfte:** Mo-Fr 08.00-20.00 Uhr, So 08.00-18.00 Uhr.
SPORT: Gute **Tauchmöglichkeiten** für Schnorchler und Profis, **Angeln, Windsurfing, Kanufahren, Wandern, Tennis, Basketball, Volleyball** und **Baseball** sind ebenfalls beliebt.
VERANSTALTUNGSKALENDER: *Mitmits* sind Feste auf Yap, die von Tänzen und dem Austausch von Geschenken in den Dörfern begleitet werden. Diese Feste finden mitunter erst wieder nach mehreren Jahren statt. Eine Woche vor dem Befreiungstag (11. September) Pohnpeis werden Sportveranstaltungen und traditionelle Wettbewerbe wie Kanurennen abgehalten. Auf Pohnpei zählen Begräbnisfeste, die oft mehrere Tage dauern, zu den wichtigsten Veranstaltungen. Auf Kosrae werden in der Weihnachtszeit Gesangswettbewerbe der verschiedenen Kirchenchöre abgehalten.
SITTEN & GEBRÄUCHE: Sitten und Gebräuche sind oft sehr unterschiedlich. 95% der Einwohner Kosraes gehören freien Gemeinden an, ihr Ruhetag ist der Sonntag. Auf Yap sind voreuropäische Einflüsse besonders stark, für den Besuch dieser Insel ist eine vorherige Genehmigung erforderlich. Manche Strände und Pfade können ebenfalls nur mit einer Erlaubnis benutzt werden. Man sollte sich bemühen, die örtlichen Sitten und Gebräuche zu beachten. Bikinis gehören an den Strand. **Fotografieren:** Bevor man jemanden ablichtet, sollte man immer vorher um Erlaubnis fragen, da dies besonders auf den abgelegeneren Inseln als Beleidigung aufgefaßt werden kann.
KONFERENZEN/TAGUNGEN: Auf Pohnpei stehen Konferenzlokalitäten für bis zu 300 Personen zur Verfügung. Konferenzeinrichtungen für kleinere Veranstaltungen bieten einige Hotels auf Chuuk, Yap und Kosrae.

KLIMA

Tropisch mit ganzjährig hoher Luftfeuchtigkeit. Sonnenbrille, Sonnencreme und leichten Regenschutz nicht vergessen!

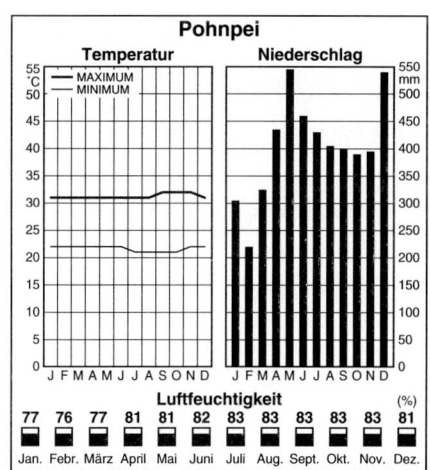

Nördliche Marianen

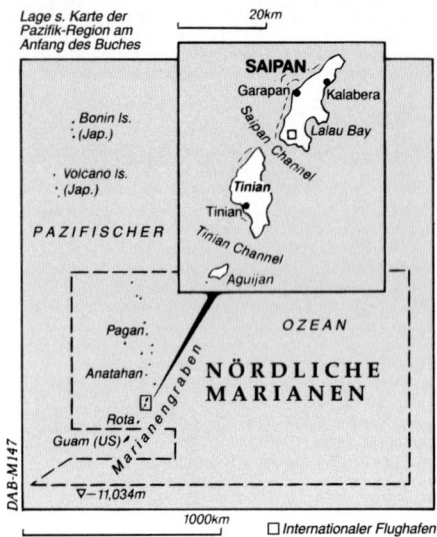

Saipan, Tinian und Rota (vormals Marianen).
Lage: Ozeanien, Pazifik.

Mariana Visitors Bureau
PO Box 861
Saipan
Northern Mariana Islands 96950
Tel: 234 83 25. Telefax: 234 35 96.
Österreich unterhält keine diplomatische Vertretung auf den Nördlichen Marianen, zuständig ist das Generalkonsulat in Los Angeles (s. USA).

FLÄCHE: 457 qkm.
BEVÖLKERUNGSZAHL: 45.000 (1992).
BEVÖLKERUNGSDICHTE: 98 pro qkm.
HAUPTSTADT: Garapan (Saipan). **Einwohner:** 38.896 (Insel, 1990).
GEOGRAPHIE: Die Nördlichen Marianen liegen südlich von Japan und nördlich von Guam. Sie bestehen aus 14 Inseln vulkanischen Ursprungs mit Saipan, Tinian und Rota als den größten Inseln. Die Inselkette erstreckt sich über 650 km im Pazifik.
STAATSFORM: Anschluß an die USA bei innerer Unabhängigkeit; Zweikammerparlament. Gouverneur: Froilan Tenorio, seit Januar 1994. Die Bürger der Marianen sind USA-Bürger, haben jedoch bei den US-Wahlen kein Stimmrecht.
SPRACHE: Englisch, Chamorro und Carolinisch (polynesische Sprachen).
RELIGION: Überwiegend römisch-katholisch.
ORTSZEIT: MEZ + 9.
POST- UND FERNMELDEWESEN: Telefon: Selbstwählferndienst. **Landesvorwahl:** 670. Auf Saipan und in vielen Hotels und Restaurants gibt es öffentliche Telefonzellen. **Telefaxanschlüsse** sind vorhanden. **Telexe/Telegramme** können bei *Micronesia Telecommunications* (PO Box 306, Saipan) aufgegeben werden. Öffnungszeiten: 07.30-19.30 Uhr. **Post:** Das Postamt auf Saipan ist von 09.00-16.00 Uhr geöffnet.

REISEPASS/VISUM

Staatsbürger der USA brauchen kein Visum.
Staatsbürger anderer Staaten: Bei Aufenthalten bis zu 30 Tagen werden keine Visa benötigt, aber bei der Einreise wird ein *Entry Permit* ausgestellt. Für Aufenthalt von mehr als 30 Tagen Antrag an: *Office of Immigration, Northern Mariana Islands, Saipan, MP 96950.*
Antragstellung: An die Einwanderungsbehörde (Adresse s. o.).
Unterlagen: (a) Nachweis ausreichender Geldmittel. (b) Buchungsbestätigung der Rück- oder Weiterreise.

GESETZLICHE FEIERTAGE

Zusätzlich zu den Feiertagen der USA:
20. Mai '96 Gedenktag. **2. Sept.** Tag der Arbeit. **3. Jan. '97** Commonwealth-Tag. **20. Mai** Gedenktag.
Anmerkung: Von Insel zu Insel sind Abweichungen möglich.

REISEVERKEHR

FLUGZEUG: S. Einleitung.
Internationaler Flughafen: *Saipan (SPN)* liegt 5 km südöstlich von Chalan Kanoa.
SCHIFF: Der internationale Hafen der Nördlichen Marianen ist Saipan. Einige Reedereien legen hier an.
BUS/PKW: Auf den größeren Inseln gibt es ein gutes Straßennetz. **Busse** sind nicht vorhanden. **Taxis** stehen in allen größeren Ortschaften zur Verfügung. **Mietwagen** kann man in den größeren Städten erhalten. **Unterlagen:** Internationaler oder Führerschein des eigenen Landes.

UNTERKUNFT

HOTELS: Die Hotelauswahl der Nördlichen Marianen reicht von luxuriös bis einfach. Sie werden überwiegend von Japanern besucht.

SOZIALPROFIL

ESSEN & TRINKEN: Eine einheimische Spezialität ist *Kelaguin*, eine Mischung von gewürfeltem Hühnerfleisch, geraspelter Kokosnuß und dünnen Scheiben roher Kokosnuß, die in eine Pfeffersoße getaucht werden.
NACHTLEBEN: In Garapan gibt es Nachtklubs und Diskotheken.
EINKAUFSTIPS: Schöne Mitbringsel sind Puppen, Kokosnußmasken, Holzschnitzereien und zollfreie Waren. **Öffnungszeiten der Geschäfte:** Mo-Fr 08.00-20.00 Uhr, So 08.00-18.00 Uhr.
SPORT: Wassersport ist sehr beliebt, besonders gefragt ist **Tauchen**, ob nur mit der Taucherbrille oder in voller Ausrüstung. Auf Saipan kann man herrlich **windsurfen**. Auch **Wettangeln** bietet sich an. In San Jose gibt es eine **Bowlingbahn** und einen 9- und 18-Loch-**Golfplatz**.
VERANSTALTUNGSKALENDER
Zu Ehren der Schutzheiligen finden Dorffeste statt, die zu den größten Ereignissen des Jahres zählen. Das »Fest des brennenden Baumes« findet zwei Wochen vor dem 4. Juli, dem amerikanischen Nationalfeiertag, statt (17. Juni - 1. Juli '96) und erinnert an die Befreiung der Inseln durch die Amerikaner 1944. Der Name kommt von den königlichen Poinciana-Bäumen, die zu dieser Zeit hellorange Blüten tragen. Auf Rota findet am zweiten Wochenende im Oktober (12./13. Okt. '96) das größte Inselfest zu Ehren von San Francisco do Borja statt, dem Schutzheiligen des Dorfes Songsong. Festessen, Getränke, Musik, Tänze und Umzüge gehören zu den Feierlichkeiten, die auch von Einwohnern der Nachbarinseln besucht werden. Während dieser Zeit ist es schwierig, Unterkünfte zu finden.
SITTEN & GEBRÄUCHE: Die Einflüsse der Chamorro-Kultur (Ureinwohner) sind nach wie vor spürbar, obwohl der amerikanische Einfluß zunimmt. Westliche Bräuche werden durchaus verstanden.

WIRTSCHAFTSPROFIL

Kontaktadresse: *Saipan Chamber of Commerce* (Handelskammer), Chalan Kanoa, PO Box 806, Saipan, Northern Mariana Islands 96950. Tel: 233 71 50. Telefax: 234 71 51.

KLIMA

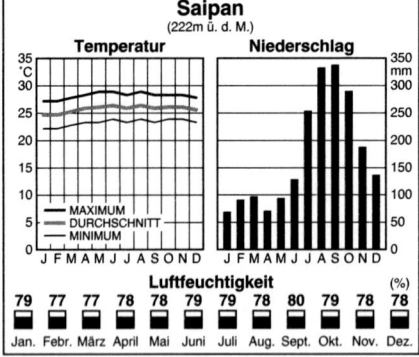

Moldawien (Moldau)

Lage: Südosteuropa.

Anmerkung: Von Reisen in die Dnjestr-Region Transnistrien, die nach Unabhängigkeit strebt, wird derzeit aufgrund der unübersichtlichen Sicherheitslage abgeraten. Aktuelle Informationen vom Auswärtigen Amt in Bonn, dem Außenministerium in Wien und dem EDA in Bern.

Olympia-Reisen
Siegburger Straße 49
D-53229 Bonn
Tel: (0228) 40 00 30. Telefax: (0228) 46 69 32.
Mo-Fr 08.00-18.00 Uhr.
Moldova-Tur
Hotel National
4 Stefan cel Mare
277058 Chisinau
Tel: (02) 26 66 79, 26 66 46. Telefax: (02) 26 25 86.
Botschaft der Republik Moldawien
An der Elisabethkirche 24
53113 Bonn
Tel: (0228) 910 94 10, Konsularabt.: 910 94 14. Telefax: (0228) 910 94 18.
Mo-Fr 09.00-13.00 und 14.00-17.00 Uhr.
Botschaft der Republik Moldawien
Köstlergasse 4/7
A-1060 Wien
Tel: (0222) 581 83 01. Telefax: (0222) 581 83 00.
Botschaft der Bundesrepublik Deutschland
c/o Hotel Seabeco
Strada M. Chibotaru 37
277012 Chisinau
Tel: (02) 23 73 63, 23 28 72. Telefax: (02) 23 46 80.
Die diplomatische Vertretung Österreichs erfolgt durch die Botschaft in Bukarest (s. Rumänien), die Schweizerische Interessenvertretung durch die Botschaft in Kiew (s. Ukraine).

FLÄCHE: 33.700 qkm.
BEVÖLKERUNGSZAHL: 4.408.000 (1993).
BEVÖLKERUNGSDICHTE: 131 pro qkm.

TIMATIC INFO-CODES

Abrufbar über Ihr CRS-System (für START/Amadeus Ama-Maske benutzen). Für Galileo bitte TI-DFT eingeben (mit Bindestrich).

Flughafengebühren	TI DFT/ KIV /TX
Währung	TI DFT/ KIV /CY
Zollbestimmungen	TI DFT/ KIV /CS
Gesundheit	TI DFT/ KIV /HE
Reisepassbestimmungen	TI DFT/ KIV /PA
Visabestimmungen	TI DFT/ KIV /VI

HAUPTSTADT: Chisinau (früher Kischinjow). **Einwohner:** 753.500 (1991).
GEOGRAPHIE: Moldawien ist ein kleines Land und weist für einen Nachfolgestaat der ehemaligen Sowjetunion eine hohe Bevölkerungsdichte auf. Im Norden, Osten und Süden grenzt Moldawien an die Ukraine, im Westen an Rumänien. Der Fluß Prut bildet die rumänisch-moldawische Grenze. Das Land ist waldreich und hat gute Weinanbaugebiete.
STAATSFORM: Republik seit 1991. Staatsoberhaupt: Präsident Mircea Ion Snegur, seit 1990. Regierungschef: Andrei Sangheli, seit Juli 1992. Die ersten freien Wahlen fanden im Dezember 1991 statt. Eine neue Verfassung ist seit August 1994 in Kraft. In Gagausien und der überwiegend russischsprachigen Dnjestr-Region gibt es Autonomiebestrebungen.
SPRACHE: Landessprache ist Rumänisch. Nach dem Anschluß an die Sowjetunion 1940 wurde in Moldawien die kyrillische Schrift eingeführt, um dem Land dadurch eine »nationale Identität« zu verleihen. Zwischen 1940 und 1989 war deshalb Moldawisch die Landessprache. Das lateinische Alphabet wurde dann 1989 wiedereingeführt, aber nach 45 Jahren Sowjetherrschaft fällt es vielen Moldawiern schwer, Rumänisch zu sprechen. Russisch ist immer noch die meistgesprochene Sprache; daneben auch Ukrainisch, Gagausisch (eine Turksprache) und andere Sprachen von Minderheiten.
RELIGION: Überwiegend russisch-orthodox, jüdische Minderheit.
ORTSZEIT: MEZ + 1.
NETZSPANNUNG: 220 V, 50 Hz.
POST- UND FERNMELDEWESEN müssen dringend modernisiert werden. **Telefon:** Selbstwählferndienst in die Großstädte. **Landeskennzahl: 373.** Ferngespräche ins Ausland werden in Moldawien über das Fernamt vermittelt. **Post:** Der Postverkehr von und nach Moldawien unterliegt langen Verzögerungen, mitunter sind Sendungen bis zu sechs Wochen unterwegs. Es empfiehlt sich, alle Korrespondenz per Einschreiben zu schicken. Die Chisinauer Hauptpost befindet sich in der Stefan cel Mare 73. Öffnungszeiten: Mo-So 09.00-20.00 Uhr.
DEUTSCHE WELLE
Der Einsatz der Kurzwellenfrequenzen ändert sich mehrfach im Laufe eines Jahres, und Sendungen auf den folgenden Frequenzen werden jeweils nur zu bestimmten Tageszeiten ausgestrahlt. Näheres in der Einleitung.

Mhz	15,275	13,780	9,545	6,075	3,995
Meterband	19	22	31	49	75

REISEPASS/VISUM

Wichtiger Hinweis: *Die Einreisebestimmungen mancher Länder können sich kurzfristig ändern – rufen Sie sicherheitshalber auf Ihrem CRS-System (TIMATIC-Info-Code-Fenster in diesem Kapitel) den aktuellen Stand ab bzw. wenden Sie sich an die zuständige diplomatische Vertretung. Etwaige Zahlen in der Tabelle beziehen sich auf nachfolgende Fußnoten.*

	Paß erforderlich?	*Visum erforderlich?*	*Rückflugticket erforderlich?*
Deutschland	Ja	Ja	Nein
Österreich	Ja	Ja	Nein
Schweiz	Ja	Ja	Nein
Andere EU-Länder	Ja	Ja	Nein

Anmerkung: Die Einreisebestimmungen können sich jederzeit ändern, man sollte sich unbedingt vor Reiseantritt genauestens bei den zuständigen Behörden über die aktuellen Regelungen erkundigen.
REISEPASS: Allgemein erforderlich, der Reisepaß muß 6 Monate über die Länge des Aufenthalts hinaus gültig sein.
VISUM: Allgemein erforderlich, ausgenommen sind Staatsbürger der GUS-Staaten und Rumäniens. Staatsbürger der baltischen Staaten benötigen jedoch ein Visum.
Visaarten: Geschäfts-, Touristen- und Transitvisa.
Visagebühren: Unterschiedlich, je nach Nationalität und Aufenthaltsdauer. Nähere Informationen von den zuständigen Botschaften bzw. Konsularabteilungen (Adresse s. o.). *Deutschland:* Einmaliges Visum (1-30 Tage gültig): 52 DM. Einmaliges Transitvisum: 26 DM (Aufenthaltsdauer: 2 Tage), Doppeltransitvisum: 52 DM (Aufenthaltsdauer: 2 Tage). Mehrmaliges Einreisevisum (3 Monate gültig): 140 DM.
Gültigkeitsdauer: Die Aufenthaltsdauer wird für jeden Besuch individuell festgesetzt. In der Regel 1 Monat, bei merhmaligen Einreisevisa maximal 3 Monate.
Unterlagen: (a) Gültiger Reisepaß. (b) 2 Paßfotos. (c) Antrag. (d) Bei Individualreisen ein vom Innenministerium beglaubigtes Einladungsschreiben aus Moldawien. (e) Bei Touristenreisen eine vom Reisebüro bestätigte Hotelbuchung. (f) Für Geschäftsvisa ein Schreiben des Arbeitgebers und des moldawischen Geschäftspartners. (g) Gebühr.
Bearbeitungszeit: Zwei Wochen (Expressausstellung sofort).
Aufenthaltsgenehmigung: Anträge sind an das Außenministerium in Chisinau zu richten.

GELD

Währung: Im November 1993 wurde eine neue Währung, der Lei, eingeführt. 1 Lei (L) = 100 Bani. Auf den neuen Banknoten ist der mittelalterliche Herrscher und Staatsgründer Stefan der Große abgebildet. Angesichts der hohen Inflationsrate sinkt der Wechselkurs ständig; im Januar 1995 entsprachen 2 Lei ca. 1 DM.
Geldwechsel ist in allen Wechselstuben und Hotels möglich.
Kreditkarten: *Visa, Eurocard,* und *Diners Club* werden begrenzt akzeptiert. Einzelheiten vom Aussteller der betreffenden Kreditkarte.

DUTY FREE

Es gibt derzeit noch keine verbindlichen Regelungen für die zollfreie Einfuhr nach Moldawien.

GESETZLICHE FEIERTAGE

9. Mai '96 Sieges- und Gedenktag. **27. Aug.** Unabhängigkeitstag. **31. Aug.** Limba Noastra (»Tag unserer Sprache«). **7./8. Jan. '97** Orthodoxes Weihnachten. **8. März** Internationaler Frauentag. **27. April** Orthodoxes Ostern.

GESUNDHEIT

In der folgenden Tabelle aufgeführte Impfvorschriften können sich kurzfristig ändern. Es wird stets empfohlen, auf Ihrem CRS-System (TIMATIC-Info-Code-Fenster in diesem Kapitel) den aktuellen Stand der Gesundheitsbestimmungen abzurufen bzw. rechtzeitig vor der Reise ärztlichen Rat einzuholen.

	Vorsichtsmaßnahmen empfohlen	*Impfschein erforderlich*
Gelbfieber	Nein	Nein
Cholera	Nein	Nein
Typhus & Polio	1	-
Malaria	Nein	-
Essen & Trinken	2	-

[1]: Typhus kommt nicht vor, Poliomyelitis tritt auf.
[2]: Leitungswasser ist generell gechlort, abgefülltes Mineralwasser ist jedoch zu empfehlen und überall erhältlich. Fleisch, Geflügel, Obst und Gemüse können in der Regel bedenkenlos verzehrt werden.
Tollwut kommt vor. Wer ein erhöhtes Risiko eingeht (z. B. längerer Aufenthalt in abgelegenen Gebieten), sollte vor Reiseantritt eine Schutzimpfung erwägen. Bei Bißwunden so schnell wie möglich ärztliche Hilfe in Anspruch nehmen. Weitere Informationen im Kapitel *Gesundheit* (s. Inhaltsverzeichnis).
Hepatitis A tritt auf.
Diphterie-Ausbrüche wurden ebenfalls gemeldet.
Gesundheitsvorsorge: Der Abschluß einer Reisekrankenversicherung wird dringend empfohlen. Im Notfall wendet man sich an die Unfallstation in der Suite 401, im 4. Stock des Hotel National. Ein Krankenhaus mit 24stündiger Ambulanzstation steht ebenfalls zur Verfügung. Die Behandlung und alle Rezepte sind generell kostenpflichtig. Wer auf Medikamente angewiesen ist, sollte seine Reiseapotheke entspechend bestücken.

REISEVERKEHR - International

FLUGZEUG: Die nationale Fluggesellschaft *Air Moldova* bietet wöchentlich Flugverbindungen von Frankfurt und Wien nach Chisinau an. Außerdem Charterflugverkehr von Deutschland, Rumänien, der Türkei, den GUS-Staaten und Israel.
Durchschnittliche Flugzeiten: *Frankfurt* – Chisinau: 2 Std.; *Wien* – Chisinau: 3 Std. 45; *Moskau* – Chisinau: 1 Std. 45; *Kiew* – Chisinau: 1 Std. 25; *St. Petersburg* – Chisinau: 2 Std.
Internationaler Flughafen: *Chisinau International (KIV)* liegt 14,5 km von der Innenstadt entfernt (Fahrzeit: 25 Min.). Es gibt eine regelmäßige Busverbindung zur Stadt. Taxistand vorhanden. *Moldova-Tur* bietet nach Voranmeldung einen Abholservice an.
BAHN: Gute Zugverbindungen von Moskau (Fahrzeit 22 Std.) und Kiew/Ukraine (10 Std.) nach Chisinau. Regelmäßiger Zugverkehr von Odessa/Ukraine (3 Std.) sowie Bukarest (Rumänien, 11 Std. 30) und Sofia (Bulgarien, 23 Std.) über Ungheni.
BUS/PKW: Es gibt Grenzübergänge von der Ukraine und Rumänien (Grenzstation Leuscheni).

REISEVERKEHR - National

BAHN: Das Schienennetz umfaßt über 1200 km. Tägliche Zugverbindung von Chisinau nach Benderi (1 Std.).
BUS/PKW: Das Straßennetz umfaßt 10.000 km. Taxis warten meist vor den großen internationalen Hotels. Fahrpreise sollten im voraus vereinbart werden. **Taxis** fahren meist mit Flüssiggas, die Butangasbehälter befinden sich im Kofferraum, daher ist wenig Platz für Gepäck. **Mietwagen** werden von Moldova-Tur vermittelt. Die Berechnung erfolgt entweder per Kilometer oder tageweise. **Unterlagen:** Internationaler Führerschein erforderlich.
STADTVERKEHR: Busse und Oberleitungsbusse sind sehr preiswert, aber fürchterlich überfüllt und unzuverlässig.

UNTERKUNFT

Es gibt einige recht gute Hotels in Chisinau, das beste ist das Hotel Intourist. Es liegt sehr zentral, nicht weit vom Bahnhof und nur 6 km vom Flughafen entfernt. In der Nähe des Bahnhofs befindet sich auch das Hotel Kosmos. Etwas außerhalb unweit der Ialovnuer Weinberge liegt das Motel Strugurasch.

URLAUBSORTE & AUSFLÜGE

Die moldawische Hauptstadt **Chisinau** (russ. Kischinjow) liegt auf sieben Hügeln am Ufer des Flüßchens Byk. Die Stadt ist ca. 500 Jahre alt und bietet einige architektonische Besonderheiten, die unter Anleitung des italienischen Architekten Bernardazzi im 19. Jahrhundert errichtet wurden. Insgesamt 30 Bauwerke zeigen eine einzigartige Verschmelzung russischer und italienischer Elemente. Einen Einblick in Geschichte und Volkskunst der jungen Republik gewährt das *Landes- und Volkskundemuseum*, in dem vor allem die Abteilung über die Tripolkjekultur (4./3. Jh. v. Chr.) sehenswert ist. Farbenprächtige Trachten und Teppiche kann man ebenfalls in diesem reizvollen, fast türkisch anmutenden Gebäude sehen. Ein Teil des Kunstmuseums ist in einer prächtigen *Kathedrale* aus dem 19. Jahrhundert untergebracht, einem der schönsten Bauwerke der Stadt. Das *Museum der Schönen Künste* hat eine interessante Sammlung russischer, westeuropäischer und moldawischer Gemälde und Skulpturen. Das *Puschkinhaus* erinnert an die Jahre 1820-1823, als der große russische Dichter hier in der Verbannung war. Im Exil begann Puschkin an seinem berühmten epischen Gedicht »Eugen Onegin« zu arbeiten, das Tschaikowsky später vertonte. Besuchenswert sind auch die alten armenischen und jüdischen Friedhöfe, auf letzterem sind viele Opfer des Chisinauer Pogroms von 1903 begraben. Heute gibt es nur noch eine einzige Synagoge in Chisinau, viele jüdische Einwohner wanderten in den achtziger und neunziger Jahren aus. Das *Tschechow-Theater* ist in einer früheren Synagoge zuhause. Am Eingang des hübschen und sehr gepflegten *Puschkinparks* steht ein Denkmal des moldawischen Herrschers Stefan des Großen (Stefan cel Mare), der den Moldawiern ans Herz gewachsen ist, da das Land unter ihm von 1457-1504 unabhängig war. Das von dem Bildhauer Plamadeala geschaffene Denkmal wurde 1927 enthüllt und ging in den letzten Jahren in die Geschichte als Treffpunkt moldawischer Nationalisten und Anhänger des Sowjetsystems ein, wobei es oft zu gewalttätigen Auseinandersetzungen kam. In der Nähe des Parks steht das größte Kino *Patria* (Vaterland), das 1947 von deutschen Kriegsgefangenen gebaut wurde. Erholung findet man an den idyllischen Ufern des *Chisinau-Sees*, der künstlich angelegt wurde. Boote können gemietet werden. In der Freilichtbühne *Grünes Theater* finden 7000 Zuschauer Platz. Fünf Oberleitungsbuslinien fahren zu diesem Naherholungsgebiet. **Tiraspol**, 70 km von der Hauptstadt entfernt, wurde 1792 an der damaligen russischen Grenze gegründet. Mit seinen 200.000 Einwohnern ist die Stadt heute ein wichtiges Industriezentrum und zugleich Hauptstadt der einseitig ausgerufenen Republik Transnistrien. Nahrungsmittelindustrie und Seidenspinnereien sind die wichtigsten Industriezweige in dieser Region. **Benderi** ist eine der ältesten Städte des Landes, die leider ebenso wie das Schloß (17. Jh.) in den jüngsten Kampfhandlungen beschädigt wurde. Aus **Balti**, einem 150 km von Chisinau gelegenen industriellen Zentrum, kommen Zucker und Speiseöle. Der Kurort **Kagul** liegt etwa 160 km südlich der Hauptstadt und bietet Thermal- und Moorbäder. Es gibt ein kleines Hotel und ein gutes Theater. **Hirjauca**, in der gleichen Region, ist ebenfalls ein Kurbad. Moldawien ist dank seines milden Klimas ein Weinanbaugebiet, besonders bekannt sind die Weinberge und Keltereien in **Mileschti** und **Krikowa-Weki**.

SOZIALPROFIL

ESSEN & TRINKEN: Es gibt zahlreiche kleine Restaurants und Cafés. Die Bedienung ist meist recht langsam, aber das Warten lohnt sich, denn die moldawische Küche ist ausgezeichnet. Zu den Spezialitäten gehören *Mititeji* (kleine Bratwürste mit Zwiebeln und Paprika) und *Mamliga* (eine gehaltvolle Maispastete), die mit Schafskäse serviert wird. *Tocana* (Eintopf mit Schweinegeschnetzeltem) ißt man mit Wassermelonen und Äpfeln. **Getränke:** Mehr als 100 gute Weine werden in Moldawien gekeltert. Riesling, Gligote und Semilion sind die bekanntesten Weißweine, zu den besten Rotweinen zählen moldawischer Cabernet und Bordeaux. Branntwein, z. B. Nistriju und Doina, wird zum Dessert gereicht.
NACHTLEBEN: In Chisinau gibt es zahlreiche Theater und Konzertsäle. Die Oper und das Jugendtheater *Luceafarul* (»poetischer Stern«) bieten interessante Abendunterhaltung. Das Puschkin-Theater führt vor allem Produktionen in moldawischer Sprache auf, während das Tschechow-Theater ausschließlich Stücke in russischer Sprache inszeniert. Der Philharmonische Konzertsaal ist Sitz des Moldawischen Symphonieorchesters. Auch der *Doinachor* (Folklore) und das international bekannte Staatliche Tanzensemble *Dschok* sind hier

Moldawien / Monaco

zuhause. Russische und moldawische Stücke kann man im Marionettentheater *Licurici* (»Glühwürmchen«) sehen.
EINKAUFSTIPS: Schöne Mitbringsel sind die in kräftigen leuchtenden Farben gehaltenen Trachten, Teppiche und eine Flasche Wein oder Branntwein. **Öffnungszeiten:** Die größeren Geschäfte haben in der Regel von 08.00-20.00 Uhr geöffnet.
VERANSTALTUNGSKALENDER
Erste Märzwoche »Mertsischor« (Frühlings-Kunstfest), Chisinau.
SITTEN & GEBRÄUCHE: Die Kleidung sollte nicht allzu salopp sein, bei gesellschaftlichen Anlässen wird elegantere Garderobe getragen. Kleine Mitbringsel wie Zigaretten, Parfüm oder Kaffee werden gerne angenommen. Moldawien ist bekannt für seine Folklore, die liebevoll gepflegt wird. Auch heute noch gibt es viele *Tarafs*, Musikgruppen, die auf zum Teil seltenen Instrumenten wie dem *Tsamabal* (eine Art Zimbal) oder dem dudelsackähnlichen *Tsimpoi* spielen. **Trinkgeld:** 5-10% sind üblich.

WIRTSCHAFTSPROFIL

WIRTSCHAFT: Moldawien ist ein Agrarland und war eine der wichtigsten Weinregionen der Sowjetunion. Die Böden sind sehr ertragreich und die klimatischen Bedingungen außerordentlich günstig. Moldawische Weine haben wiederholt internationale Preise gewonnen, die Weinbaugebiete liegen in Süd- und Mittelmoldawien. Neben Wein werden hauptsächlich Obst, Gemüse, Tabak, Getreide und Zuckerrüben angebaut. Rund ein Drittel der Erwerbstätigen ist in der Landwirtschaft beschäftigt. Moldawien hat kaum Bodenschätze und muß seinen Energiebedarf durch Importe, vor allem aus der Ukraine, decken. Es gibt nur wenig Industrie, Nahrungsmittel- und Leichtindustrie haben die größte Bedeutung. Die Betriebe der Elektronikbranche, die vor allem für die sowjetische Raumfahrt- und Rüstungsindustrie produzierten, mußten viele Entlassungen vornehmen und bemühen sich um westliche Investoren. Wichtigste Exportgüter sind Lebensmittel, Argarerzeugnisse, Textilien und Maschinen. Der Übergang zur Marktwirtschaft wird durch die Krisensituation in der nach Autonomie strebenden Dnjestr-Republik und das sinkende Handelsvolumen mit den GUS-Staaten erschwert. Haupthandelspartner sind die Russische Föderation, die Ukraine und Rumänien. In der Hoffnung auf wirksame Finanzhilfe wurde Moldawien Mitglied des Internationalen Währungsfonds, der Weltbank und der Europäischen Bank für Wiederaufbau und Entwicklung. Das Land schloß mit Österreich und der Ukraine bilaterale Wirtschaftsabkommen.
GESCHÄFTSVERKEHR: Kontaktadressen: *Ost-Ausschuß der Deutschen Wirtschaft*, Gustav-Heinemann-Ufer 84-88, D-50968 Köln. Tel: (0221) 370 84 17. Telefax: (0221) 370 85 40.
Die wirtschaftlichen Interessen Österreichs werden von der Außenhandelsstelle in Bukarest (s. Rumänien) wahrgenommen.
Industrie- und Handelskammer der Republik Moldawien, M. Emineskou 28, 277012 Chisinau. Tel: (02) 22 15 52. Telefax: (02) 23 38 10.

KLIMA

Gemäßigtes Kontinentalklima. Insgesamt angenehm mild. Schöne warme Sommer mit Durchschnittstemperaturen von 20°-23°C, klare sonnige Herbsttage und kalte, manchmal schneereiche Winter.
Kleidung: Leichte Baumwollsachen im Sommer, wärmere Kleidung und feste Schuhe im Winter. Einen leichten Regenmantel sollte man ebenfalls einpacken.

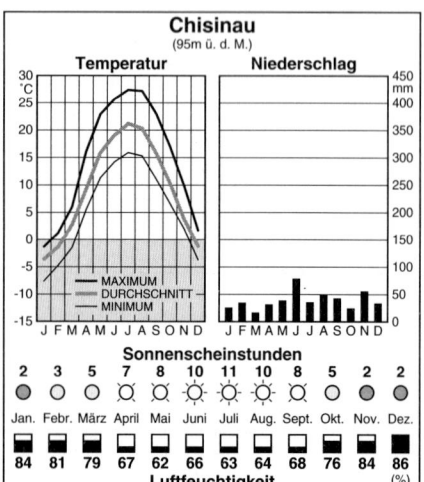

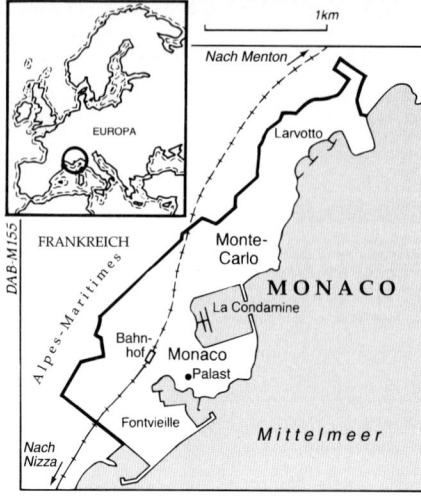

Lage: Süd- bzw. Westeuropa.

Monaco Informations-Centrum
Königsallee 27-31
D-40212 Düsseldorf
Tel: (0211) 323 78 43. Telefax: (0211) 323 78 46.
Mo-Fr 09.00-13.00 und 14.00-18.00 Uhr.
(auch für Österreich und die Schweiz zuständig)
Direction du Tourisme et des Congrès de la Principauté de Monaco (Fremdenverkehrsamt)
2a Boulevard des Moulins
Monte Carlo
MC-98030 Monaco Cedex
Tel: 92 16 61 16. Telefax: 92 16 60 00.
(u. a. auch deutschsprachige Mitarbeiter)
Botschaft des Fürstentums Monaco (ohne Visumerteilung)
Zitelmannstraße 16
D-53113 Bonn
Tel: (0228) 23 20 07/08. Telefax: (0228) 23 62 82.
Mo-Do 09.00-17.00 Uhr, Fr 09.00-14.00 Uhr.
Honorarkonsulate ohne Visumerteilung in Berlin, Düsseldorf, Frankfurt/M., Hamburg, München und Stuttgart.
Übergeordnete Vertretung ist die französische Botschaft in Bonn (s. Frankreich).
Generalkonsulat des Fürstentums Monaco (ohne Visumerteilung)
Khevenhüllerstraße 9a
A-1184 Wien
Tel: (0222) 440 14 61-0.
Di und Do 09.00-12.00 Uhr.
Botschaft des Fürstentums Monaco
Junkerngasse 28
CH-3011 Bern
Tel: (031) 311 28 58/59. Telefax: (031) 311 86 96.
Mo-Fr 09.00-13.00 Uhr.
Generalkonsulate ohne Visumerteilung in Basel, Bern, Genf, Zürich und Lugano.
Honorarkonsulat der Bundesrepublik Deutschland
Villa »Les Flots«
2 Rue des Giroflées
Monte Carlo
MC-98000 Monaco
Tel: 93 30 19 49. Telefax: 93 50 39 58.
Übergeordnete Vertretung ist das Generalkonsulat der Bundesrepublik Deutschland in Marseille (s. Frankreich).
Honorargeneralkonsulat der Republik Österreich
»Monte Carlo Palace«
7 Boulevard des Moulins

TIMATIC INFO-CODES

Abrufbar über Ihr CRS-System (für START/Amadeus Ama-Maske benutzen). Für Galileo bitte TI-DFT eingeben (mit Bindestrich).

Flughafengebühren	TI DFT/ MCM /TX
Währung	TI DFT/ MCM /CY
Zollbestimmungen	TI DFT/ MCM /CS
Gesundheit	TI DFT/ MCM /HE
Reisepassbestimmungen	TI DFT/ MCM /PA
Visabestimmungen	TI DFT/ MCM /VI

Monte Carlo
MC-98000 Monaco
Tel: 93 30 23 00. Telefax: 92 16 04 54.
Übergeordnete Vertretung ist die Botschaft in Paris (s. Frankreich).
Die Schweiz unterhält keine Vertretung in Monaco, zuständig ist das Konsulat der Schweizerischen Eidgenossenschaft in Nizza (s. Frankreich).

FLÄCHE: 1,95 qkm.
BEVÖLKERUNGSZAHL: 29.972 (1990).
BEVÖLKERUNGSDICHTE: 15.370 pro qkm.
HAUPTSTADT: Monaco-Ville. **Einwohner:** 1234 (1987).
GEOGRAPHIE: Das Fürstentum Monaco, einer der kleinsten Staaten Europas, liegt an der französischen Riviera in der Nähe der italienischen Grenze am Fuß der französischen Alpes-Maritimes. Es wird im Süden vom Mittelmeer begrenzt. Monaco ist in vier Stadtbezirke aufgeteilt. *Monaco-Ville* liegt auf einem felsigen Vorgebirge. Im Palais du Prince residiert die Familie Grimaldi, das älteste noch herrschende europäische Fürstenhaus. Das Hafengebiet wird *La Condamine* genannt. *Monte Carlo* ist das Geschäftszentrum, hier konzentrieren sich auch die Theater, Kinos, Kasinos und andere Vergnügungszentren. In *Fontvieille* entstehen neue Industrieanlagen und Wohnviertel.
STAATSFORM: Parlamentarisches erbliches Fürstentum; Zweikammerparlament. Staatsoberhaupt: Fürst Rainier III., seit 1949. Regierungschef: Paul Dijoud, seit 1994. Der Regierungschef wird auf Vorschlag Frankreichs ernannt und steht unter der Autorität von Fürst Rainier III.
SPRACHE: Amtssprache ist Französisch. Monegasco (das mit dem Ligurischen und Provenzalischen verwandt ist) wird nur von einem kleinen Teil der Bevölkerung gesprochen. Italienisch und Englisch sind Umgangssprachen.
RELIGION: 90% Katholiken; Monaco hat einen Erzbischof. Protestantische und jüdische Minderheiten.
ORTSZEIT: MEZ.
NETZSPANNUNG: 220 V, 50 Hz.
POST- UND FERNMELDEWESEN: Telefon: Selbstwählferndienst. **Landesvorwahl:** 33. Einige Hotels haben **Telefax**-Anschluß. **Telex/Telegrammdienst** in Hotels und Postämtern. Auf der Hauptpost können Telegramme täglich von 08.00 bis 21.00 Uhr aufgegeben werden. **Post:** Monaco hat eigene Briefmarken, es gelten die gleichen Gebühren wie in Frankreich. Das Hauptpostamt befindet sich im Scala Palace, Beumarchais Square. Öffnungszeiten: Mo-Fr 08.00-19.00 Uhr, Sa 08.00-12.00 Uhr.
DEUTSCHE WELLE
Der Einsatz der Kurzwellenfrequenzen ändert sich mehrfach im Laufe des Jahres, und Sendungen auf den folgenden Frequenzen werden jeweils nur zu bestimmten Tageszeiten ausgestrahlt. Näheres in der Einleitung.

MHz	15,275	13,780	9,545	6,075	3,995
Meterband	19	22	31	49	75

REISEPASS/VISUM

Für Touristen gelten die gleichen Einreisebestimmungen wie für *Frankreich*. Die diplomatischen Auslandsvertretungen von Monaco erteilen kein Visa – da die Einreise in jedem Fall über Frankreich erfolgen muß, gelten Visa für Frankreich auch für Monaco.
Aufenthaltsgenehmigung: Für längere Aufenthalte wendet man sich an die französischen Konsulate. Monaco ist kein Mitgliedstaat der Europäischen Union.

GELD

Währung: Leitwährung ist der Französische Franc; eigenes Münzrecht. Einzelheiten über Wechselkurse und Devisenbestimmungen s. *Frankreich*.
Kreditkarten: *Eurocard* und *American Express* werden angenommen. Einzelheiten vom Aussteller der betreffenden Kreditkarte.
Euroschecks werden bis zu einem Höchstbetrag von 1400 Fr pro Scheck angenommen.
Öffnungszeiten der Banken: Mo-Fr 09.00-12.00 und 14.00-16.30 Uhr. *Crédit Lyonnais* in Monaco-Ville, *Société Générale* in La Condamine und *Banque Franco-Portugaise* in Monte Carlo sind außerdem auch samstags geöffnet.

DUTY FREE

Es gelten die gleichen Einfuhrbestimmungen wie für *Frankreich*.

GESETZLICHE FEIERTAGE

1. Mai '96 Tag der Arbeit. **16. Mai** Christi Himmelfahrt. **27. Mai** Pfingstmontag. **6. Juni** Fronleichnam. **15. Aug.** Mariä Himmelfahrt. **1. Nov.** Allerheiligen. **19. Nov.** Nationalfeiertag. **8. Dez.** Mariä Empfängnis. **25. Dez.** Weihnachten. **1. Jan. '97** Neujahr. **27. Jan.** Fest der St. Dévote (Schutzheilige von Monaco). **11. Febr.** Faschingsdienstag (nachmittag). **31. März** Ostermontag. **1. Mai** Tag der Arbeit. **8. Mai** Christi Himmelfahrt. **19. Mai** Pfingstmontag. **29. Mai** Fronleichnam.

GESUNDHEIT

In der folgenden Tabelle aufgeführte Impfvorschriften können sich kurzfristig ändern. Es wird stets empfohlen, auf Ihrem CRS-System (TIMATIC-Info-Code-Fenster in diesem Kapitel) den aktuellen Stand der Gesundheitsbestimmungen abzurufen bzw. rechtzeitig vor der Reise ärztlichen Rat einzuholen.

	Vorsichtsmaßnahmen empfohlen	*Impfschein erforderlich*
Gelbfieber	Nein	Nein
Cholera	Nein	Nein
Typhus & Polio	Nein	-
Malaria	Nein	-
Essen & Trinken	Nein	-

Gesundheitsvorsorge: Die monegassische Krankenversorgung ist ausgezeichnet. Aufgrund der engen Beziehungen des Landes zu Frankreich gilt die Anspruchsbescheinigung E 111 auch in Monaco. Schweizer Reisenden wird der Abschluß einer Reisekrankenversicherung empfohlen.

REISEVERKEHR - International

FLUGZEUG: Monaco hat keinen eigenen Flughafen. Es gibt tägliche Hubschrauber-Verbindungen mit *Héli-Air Monaco*, *Héli-Transport* und *Monacair* zum Flughafen von Nizza (*Nizza/Côte d'Azur*), der 22 km von Monaco entfernt liegt (Flugzeit 7 Min.). Auch andere Flughäfen an der Côte d'Azur und in Italien werden angeflogen. Zubringerbusse zum Flughafen Nizza fahren von folgenden Haltestellen ab: Hotel Mirabeau, Hotel Beach Plaza, Hotel Loews, Hotel Monte Carlo Beach und Place de la Crémaillère. Die Fahrt per Taxi ist nicht gerade billig (Fahrzeit ca. 45 Min.). Nähere Auskünfte erteilt: *Héli-Air Monaco*, Monaco Heliport, Quartier de Fontvieille, MC-98000 Monaco. Tel: 92 05 00 50. Telefax: 92 05 76 17.
Durchschnittliche Flugzeiten: *Frankfurt* – Nizza: 1 Std. 30; *Wien* – Nizza: 1 Std. 40; *Genf* – Nizza: 50 Min; *Zürich* – Nizza: 1 Std. 05.
BAHN: Ein dichtes Bahnnetz verbindet das Fürstentum mit den Städten entlang der Riveria. Es gibt keine Direktverbindungen von Deutschland, Österreich, der Schweiz oder Paris nach Monaco. In Marseille hat man Anschluß nach Paris mit dem superschnellen TGV-Zug. Der *Métrazur* der französischen Staatsbahn *SNCF* verkehrt auf der Strecke Saint Raphaël – Ventimiglia (an der französisch-italienischen Grenze) mit Halt in Monaco. Abfahrt während der Sommermonate alle 30 Min. Passagier-Informationen sind unter Tel: 93 10 60 15 erhältlich.
BUS/PKW: Das Fürstentum ist durch das europäische Autobahnnetz u. a. mit Frankreich, Deutschland, der Schweiz und Österreich verbunden. Cannes liegt 50 km und Nizza 18 km westlich von Monaco. Im Osten sind es 12 km bis zur französisch-italienischen Grenze und 9 km bis nach Menton. Zwischen Nizza und Menton verlaufen drei reizvolle Landstraßen: die »Basse Corniche«, die am Meer entlang führt, die »Moyenne Corniche«, die durch das Dorf Eze führt, und die »Grande Corniche«, die in 512 m Höhe über den *Col d'Eze* verläuft. Es gibt keine Grenzkontrollen zwischen Frankreich und Monaco.
Busse: Der Airport Busservice *Rapides Côte d'Azur* (Tel: 93 21 30 83) verbindet den Flughafen von Nizza mit Monaco.
Basse Corniche: Ein Bus fährt an der Küste entlang und hält in Cap d'Ail, Eze-sur-Mer, Beaulieu-sur-Mer und Villefranche-sur-Mer; Abfahrt zwischen 06.00-21.00 Uhr, etwa alle 30 Min.
Moyenne Corniche: Über Cap d'Ail, Eze-Village und Col de Villefranche; Abfahrt einmal stündlich zwischen 06.00 und 18.15 Uhr (Sa und So bis 20.00 Uhr).
Menton: Der Bus fährt an der Küste entlang und hält in Roquebrune und Cap-Martin; er verkehrt von 05.30-21.00 Uhr alle 30 Min.

REISEVERKEHR - National

STADTVERKEHR: Linienbusverkehr mit Autobussen und Minibussen. Insgesamt stehen fünf Buslinien zur Verfügung.
Linie 1: Monaco-Ville – Saint-Roman und zurück.
Linie 2: Monaco-Ville – Jardin Exotique und zurück.
Linie 4: Bahnhof – Casino – Larvotto (Strände) und zurück.
Linie 5: Bahnhof – Fontvieille – Krankenhaus und zurück.
Linie 3: Fontvieille – Monaco-Ville und zurück (nur im Sommer und Ostern). Wochentags verkehren die Busse zwischen 07.00 und 21.00 Uhr im Abstand von ca. 11 Minuten. (An Sonn- und Feiertagen zwischen 07.15 und 20.45 Uhr alle 20 Minuten.)
Fahrpläne mit genauen Abfahrtszeiten sind an jeder Haltestelle angeschlagen. Es gelten Einheitsfahrpreise. Günstige Sammelfahrkarten (8 Fahrten) sind erhältlich.
Taxistände am Place du Casino, vor dem Bahnhof Monaco-Monte Carlo und in der Avenue Princesse Grace. Nach 22.00 Uhr wird ein Zuschlag verlangt. Taxis können selbstverständlich auch telefonisch angefordert werden, Vorausbestellung für längere Fahrten ist möglich. **Mietwagenverleih** mit oder ohne Fahrer u. a. bei *Avis*, *Europcar* und *Hertz*.
Verkehrsbestimmungen: Höchstgeschwindigkeit: 50 km/h. Die Zufahrt nach Monaco-Ville ist i. allg. nur Fahrzeugen gestattet, die in Monaco selbst oder im französischen Departement *Alpes-Maritimes* zugelassen sind. Alle anderen Hauptverkehrsstraßen sind jedoch für alle Fahrzeuge freigegeben. Anschnallpflicht. Bleifreies Benzin ist fast an jeder Tankstelle erhältlich. **Unterlagen:** Wie in Frankreich genügt der nationale Führerschein. Die Mitnahme der Grünen Versicherungskarte wird empfohlen.
FAHRZEITEN von Monaco zu einigen europäischen Großstädten (ungefähre Angaben in Std. und Min.):

	Flugzeug	Schiff	Bahn	Bus/Pkw
London	1.45	-	-	-
Paris	1.15	-	[1] 6.40	-
Nizza	[2] 0.07	0.20	0.30	0.45
Menton	-	-	0.25	0.35
Genf	0.50	-	[3] 6.30	3.30
Zürich	1.05	-	-	-
Frankfurt	1.30	-	[4] 6.00	-
Wien	1.40	-	-	-

[1] TGV Paris – Marseille. [2] Hubschrauber (s. o.). [3] Reine Fahrzeit, Umsteigen in Nizza. [4] Frankfurt – Ventimiglia (s. o.), nur im Sommer.

UNTERKUNFT

HOTELS: Monaco hat einige der besten Hotels und Konferenzzentren der Welt. 1993 wurden im Fürstentum 601.111 Übernachtungen gezählt. Nähere Auskünfte erteilt das Fremdenverkehrsamt *Direction du Tourisme et des Congrès de la Principauté de Monaco* (Adresse s. o.). Die Bezeichnung *Hôtel de tourisme* dürfen nur diejenigen Hotels führen, deren Einrichtungen und Serviceleistungen den durch Ministerialerlaß festgelegten Mindestnormen entsprechen. **Kategorien:** 1- bis 4-Sterne-Hotels mit Zusatz P für »Palace«. Es gibt insgesamt 18 Hotels, sieben davon sind 4-Sterne-Palace-Hotels.
FERIENWOHNUNGEN stehen ebenfalls zur Verfügung. Weitere Informationen sind unter folgender Adresse erhältlich: *Touring France*, 44 Boulevard d'Italie, Monte Carlo, MC-98000 Monaco. Tel: 93 30 30 79.
JUGENDHERBERGEN: Das *Centre de la Jeunesse Princesse Stephanie* befindet sich 24 Avenue Prince Pierre, MC-98000 Monaco (Tel: 93 50 83 20. Telefax: 93 25 29 82), nur 100 m vom Bahnhof entfernt. Die Herberge ist für Jugendliche bis zu 26 Jahren (Studenten bis zu 31 Jahren) geöffnet.

URLAUBSORTE & AUSFLÜGE

Monaco ist eine Enklave und liegt im französischen Departement *Alpes-Maritimes*. Der schmale Küstenstreifen ist durch seine Lage am Fuß der Berge geschützt vor kalten Winden und plötzlichen Wetterumbrüchen. Monaco erweckt fast den Eindruck eines natürlichen Amphitheaters. Von den Höhen des *Tête de Chien* und des *Mont Angel* oder von der tiefergelegenen *Moyenne-Corniche* in der Nähe des *Jardin Exotique* hat man eine herrliche Aussicht. *Rocher* und das Vorgebirge *Spélugues* grenzen an den Jachthafen. Monacos Altstadt mit ihren malerischen engen Gassen hat einen reizvollen mittelalterlichen Charakter. Die sauberen Straßen, gesäumt von schönen jahrhundertealten Häusern, führen alle zum *Place du Palais*, auf dem das Fürstliche Palais steht. Interessante Museen, elegante Boutiquen und Restaurants sorgen für Abwechslung und leibliches Wohl.
Wichtigste Sehenswürdigkeiten mit Öffnungszeiten:
Monaco-Ville: *Palais du Prince*: Die Wachablösung vor dem Palais findet täglich um 11.55 Uhr statt. Die Prunksäle können zwischen Juni und September täglich von 09.30-18.30 Uhr besichtigt werden (1.-31. Okt. 10.00-17.00 Uhr). Von November bis Ende Mai ist das Palais durchgehend für Besucher geschlossen. Die Besichtigungstour umfaßt u. a. den blauen und goldenen Saal Ludwigs XV., die Pfalzkapelle (17. Jh.) und den Ehrenhof mit doppelbögiger Freitreppe aus Carrara-Marmor (17. Jh.).
Musée Napoléon (Napoleonische Souvenirs und Ausstellungsstücke aus der monegassischen Geschichte): 09.30-18.30 Uhr (Juni - Sept.) bzw. 10.00-17.00 Uhr (1.-31. Okt.) sowie 10.30-12.30 und 14.00-17.00 Uhr (Dez. - Mai, tgl. außer Mo).
Musée Océanographique (Ozeanographisches Museum und Aquarium): tgl. 09.30-19.00 (Okt. - März) bzw. 09.00-19.00 Uhr (April, Mai und Sept.) und 09.00-20.00 Uhr (Juni - August) sowie 10.00-18.00 Uhr (Nov. - Febr.).
Historial des Princes de Monaco (Wachsfigurenkabinett): tgl. 10.30-17.00 (Nov. - Jan.) bzw. 09.30-19.00 Uhr (Febr. - Okt.).
Monaco: *Jardin Exotique* (Gartenanlage mit exotischen Pflanzen, einer prähistorischen Grotte mit Stalagmiten und Stalaktiten und einem Museum für prähistorische Anthropologie –*Musée d'Anthropologie Préhistorique*): tgl. 09.00-19.00 Uhr (15. Mai - 15. Sept.), 09.00-18.00 Uhr (bzw. bis es dunkel wird) (16. Sept. - 14. Mai).
Centre d'Acclimatation Zoologique (Zoologischer Garten): tgl. 09.00-12.00 und 14.00-19.00 Uhr (Juni - Sept.) bzw. 10.00-12.00 und 14.00-17.00 Uhr (Okt. - Febr.) sowie 10.00-12.00 und 14.00-18.00 Uhr (März - Mai).
Monte Carlo: *Musée National* »Mechanisches Spielzeug, Spielautomaten und Puppen von Gestern«, zeitgenössische Skulpturen im terrassenförmig angelegten Rosengarten: tgl. 10.00-18.30 Uhr (Ostern - Sept.) bzw. 10.00-12.15 und 14.30-18.30 Uhr (Okt. - Ostern).
Casino de Monte Carlo (Mindestalter 21 Jahre): Die *Salles publiques* sind täglich ab 12.00 Uhr geöffnet, der *Salle Blanche* ab 14.00 Uhr. Die *Salles privées* täglich ab 15.00 Uhr (1. Nov. - 30. April) und ab 16.00 Uhr (1. Mai - 31. Okt.). Zwischen beiden besteht eigentlich kein gravierender Unterschied mehr. Früher waren die Salles Privées für Spiele um hohe Einsätze reserviert. Das Sun-Casino (Mindestalter 21 Jahre): Mo-Do ab 17.00 Uhr, Fr-So ab 16.00 Uhr geöffnet (prunkvolle Innenausstattung) und das S.B.M./Loews-Casino (Mindestalter 21 Jahre): tgl. ab 11.00 Uhr.
Monte Carlo Bord de Mer (Larvotto): Die Verlegung von Schienensträngen unter die Erde machte die Erschließung dieses Areals möglich. Das neue Siedlungsgebiet hat einen Strand, Geschäfte, Restaurants und Snackbars. In dieser Gegend stehen dem Besucher Sportanlagen aller Art, ein großer Swimmingpool und mehrere Restaurants zur Verfügung.
Im *Salle Garnier* und im *Théâtre aux Etoiles* von **Portier** finden ganzjährig zahlreiche Veranstaltungen und Aufführungen für jeden Geschmack statt. Operettenaufführungen stehen ebenso auf dem Programm wie Musicals, Opern, Ballett und Rockkonzerte.
Anmerkung: Die Beschreibung der Region Südosten im Kapitel *Frankreich* enthält Informationen über die nähere Umgebung Monacos und interessante Ausflugsziele. Es werden verschiedene Rundfahrten an die italienische Riviera und an die Côte d'Azur angeboten. Wer sich Monaco einmal von oben ansehen möchte, kann Panorama-Rundflüge mit dem Hubschrauber unternehmen.

SOZIALPROFIL

ESSEN & TRINKEN: Ausgezeichnete Restaurants mit erstklassiger Bedienung und einer Riesenauswahl an vorzüglichen Gerichten erwarten den Gast. Die Küche ist überwiegend französisch, es gibt jedoch auch einige monegassische Spezialitäten. Viele der Bars und Restaurants sind bis in die frühen Morgenstunden geöffnet.
NACHTLEBEN: Das weltberühmte Kasino von Monte Carlo ist eine der größten Attraktionen. Im gleichen Gebäude sind das Kasino-Kabarett und der *Salle Garnier*, die wunderschöne Oper, untergebracht. Im Frühling und im Winter stehen Opernaufführungen, Ballettabende und Konzerte auf dem Programm. Im Sporting Club Monte Carlo, im Café de Paris und im Hotel Loews Monte Carlo gibt es weitere Kasinos. Es gibt zwei Kinos und unzählige Nachtklubs und Diskotheken. Im Sommer werden jeden Abend internationale Filme (im Original) in einem Freilichtkino gezeigt.
EINKAUFSTIPS: Schöne Mitbringsel sind Parfüm, Keramik, Bekleidung, Strumpfwaren, Schuhe, Bücher, Schmuck, Schokolade und Stickereien. Kunsthandwerkliche Artikel werden in der *Boutique du Rocher* verkauft. Diese wohltätige Organisation wurde von der verstorbenen Fürstin Gracia Patrizia ins Leben gerufen. Monegassische Briefmarken werden von Sammlern sehr geschätzt. **Öffnungszeiten der Geschäfte:** Mo-Sa 09.00-18.30 Uhr.
SPORT: Auf dem hügeligen Gelände des Monte-Carlo-**Golfklubs** werden regelmäßig Meisterschaften ausgetragen. Eine Minigolfanlage steht ebenfalls zur Verfügung. **Tennis** kann im *Monte-Carlo Country Club* sowie im *Tennis Club de Monaco*, **Squash** im *Monte Carlo Country Club* und im Stadion *Louis II* gespielt werden. Das Klubgelände des *Monte-Carlo Country Club* ist Austragungsort internationaler Tennismeisterschaften, an denen prominente Tennisprofis aus aller Welt teilnehmen.
Schwimmsport: Die Strände sind oft überfüllt. Neben den Swimmingpools der Hotels gibt es mehrere geheizte Meerwasserschwimmbäder. **Segeln:** Im Jachtklub von Monaco und am Hafen kann man im Juli und August Segelunterricht nehmen. Im Mai findet der berühmte Grand Prix von Monte Carlo statt (**Formel-I-Rennen**). **Windsurfen**, **Wasserskifahren** und **Tauchen** sind ebenfalls möglich. Wer Lust hat, kann auch einmal das einheimische **Boulespiel** versuchen.
VERANSTALTUNGSKALENDER
1997: *700jähriges Bestehen der Grimaldi-Dynastie*.
5. April - 12. Mai '96 *Printemps des Arts* (Frühlingsfestival der Künste). **19. Mai** *54ème Grand Prix Automobile de Monaco* (Formel-I-Rennen). **20./23./27. Juli und 6./10. Aug.** *31. Internationales Feuerwerkfestival.* **2. Aug.** *Gala de la Croix-Rouge Monégasque* (Monegassische Galaveranstaltung des Roten Kreuzes), Monte Carlo Sporting Club. **Jan. '97** *65ème Rallye Automobile Monte-Carlo.* **Febr.** *37ème Festival de Télévision de Monte-Carlo*, Hotel Loews. **März** *Bal de la Rose*, Monte Carlo Sporting Club.
SITTEN & GEBRÄUCHE: Tagsüber trägt man wie überall an der Riviera Freizeitkleidung. Elegantere Kleidung wird in exklusiven Restaurants und Hotels, im Kasino und in den Nachtklubs erwartet. Während des Essens sollte man nicht rauchen. Man gibt sich zur Begrüßung die Hand; Freunde und gute Bekannte küßt man wie in Frankreich auf beide Wangen. **Trinkgeld:** In den Rechnungen fast aller Hotels und Restaurants ist das Trinkgeld bereits enthalten, ansonsten sind 15% üblich (auch für Taxifahrer).

Monaco / Mongolei

WIRTSCHAFTSPROFIL

WIRTSCHAFT: Das Bank- und Versicherungswesen und der Tourismus sind die bedeutendsten Wirtschaftszweige; besonders die Spielbanken sind ein bedeutender Wirtschaftsfaktor. Der Finanzsektor macht ein Drittel der nicht-industriellen Einnahmen aus. Der Immobilienmarkt hat sich von der Konjunkturflaute der letzten Jahre erholt. Das Baugewerbe und die Leichtindustrie – Arzneimittel, Plastik und elektronische Geräte – sind ebenfalls wichtige Industriezweige. Monaco exportiert seine Waren vor allem nach Frankreich, mit dem es durch eine Wirtschafts-, Zoll- und Währungsunion verbunden ist. Die anderen EU-Länder sind ebenfalls wichtige Handelspartner. Die meisten Touristen in Monaco kommen aus Italien, Frankreich und Großbritannien.
GESCHÄFTSVERKEHR: Bei Geschäftsbesuchen sind Anzug und Krawatte bzw. Kostüm angebracht. Terminvereinbarung ist üblich. Die Atmosphäre bei Geschäftsgesprächen ist förmlich. Es gilt als unhöflich, ein Gespräch auf Französisch anzufangen, um dann auf Deutsch weiterzusprechen. **Geschäftszeiten:** Mo-Fr 09.00-12.00 und 14.00-17.00 Uhr.
Kontaktadressen: *Die wirtschaftlichen Interessen Österreichs werden von der Außenhandelsstelle der Wirtschaftskammer Österreichs in Paris (s. Frankreich) wahrgenommen.*
Conseil Economique (Handelskammer), 8 Rue Louis Notari, Monte Carlo, MC-98000 Monaco. Tel: 93 30 20 82. Telefax: 93 50 05 96.
Jeune Chambre Economique de Monaco, PO Box 13, MC-98001 Monaco. Tel: 92 05 54 00. Telefax: 92 05 31 29. Weitere Adressen s. Frankreich.
KONFERENZEN/TAGUNGEN: Mehrere Kongreßzentren stehen in Monaco zur Verfügung, unter anderem das *Centre de Congrès-Auditorium*, ein riesiger Gebäudekomplex mit Ausstellungshallen. Das zweite große Kongreßzentrum Monacos ist das *Centre de Rencontres Internationales*. Der Bau eines neuen Messezentrums ist für 1998 geplant. Die Zahl der Konferenzen und Tagungen hat sich in den letzten Jahren verdoppelt. Weitere Informationen erhalten Sie von der *Direction du Tourisme et des Congrès de la Principauté de Monaco* (Adresse s. o.).

KLIMA

Ganzjährig angenehmes Mittelmeerklima. Milde Winter. Juli und August sind die heißesten Monate, Januar und Februar die kältesten. Es regnet vor allem im Winter, insgesamt gibt es etwa 60 Regentage.
Kleidung: Sommer- und Winterkleidung, je nach Jahreszeit. Leichte Wollsachen für kühle Sommerabende.

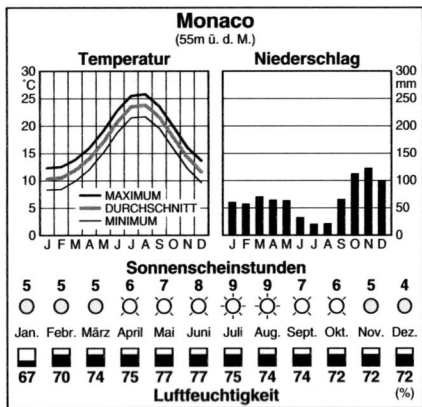

Zur Benutzung der Timatic-Codes beachten Sie bitte auch die *Einleitung*

Pass- und Visavorschriften mancher Länder können sich kurzfristig ändern – Im Zweifelsfall erkundigen Sie sich bitte vor der Abreise bei der zuständigen Botschaft

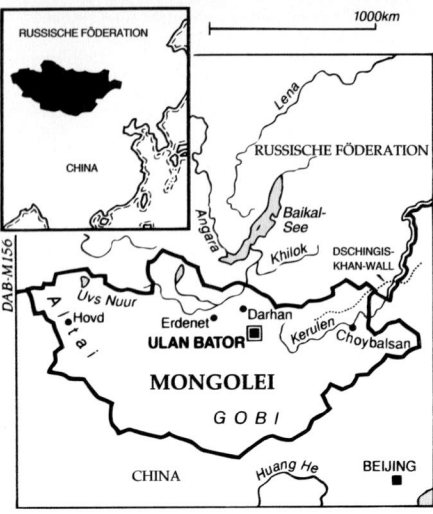

Lage: Zentralasien.

Juulchin Foreign Tourism Corporation of Mongolia
Representative Office
Arnold-Zweig-Straße 2
D-13189 Berlin
Tel: (030) 478 24 84. Telefax: (030) 471 88 33.
Mo-Fr 08.00-16.00 Uhr.
(auch zuständig für Anfragen aus Österreich und der Schweiz)
Lernidee-Reisen und **Mongolia Tourist Information Services**
Dudenstraße 78
D-10965 Berlin
Tel: (030) 786 50 56. Telefax: (030) 786 55 96.
Mo-Fr 09.00-18.00 Uhr.
(auch zuständig für Österreich und die Schweiz)
Juulchin Foreign Tourism Corporation
Chingis Haany Örgön Chölöö
Ulan Bator 210543
Tel: (01) 32 84 28. Telefax: (01) 32 02 46.
Botschaft der Mongolei
Siebengebirgsblick 4
D-53844 Troisdorf-Sieglar (bei Bonn)
Tel: (02241) 40 27 27. Telefax: (02241) 4 77 81.
Mo-Fr 08.30-12.30 und 14.00-16.00 Uhr, *Konsularabt.:*
Di 08.30-12.30 Uhr, Do 14.00-16.00 Uhr.
(auch zuständig für die Schweiz)
Außenstelle der Botschaft
Gotlandstraße 12
D-10439 Berlin
Tel: (030) 446 93 20. Telefax: (030) 446 93 21.
Mo-Fr 08.00-16.00 Uhr, *Konsularabt.:* Mo und Do 08.00-12.00 Uhr.
Die Mongolei unterhält keine diplomatische Vertretung in Österreich. Zuständig ist die Botschaft in Ungarn:
Botschaft der Mongolei
Bogár Utca 14/C
H-1022 Budapest
Tel: (01) 212 45 79, 212 59 04. Telefax: (01) 212 57 31.
Konsulat der Mongolei
4 Chemin de Mollies
CH-1293 Bellevue
Tel: (022) 774 19 74. Telefax: (022) 774 32 01.
Mo-Fr 09.00-12.00 und 14.30-17.00 Uhr.
Konsulat der Mongolei
Limmertstraße 35

TIMATIC INFO-CODES

Abrufbar über Ihr CRS-System (für START/Amadeus Ama-Maske benutzen). Für Galileo bitte TI-DFT eingeben (mit Bindestrich).

Flughafengebühren	TI DFT/ ULN /TX
Währung	TI DFT/ ULN /CY
Zollbestimmungen	TI DFT/ ULN /CS
Gesundheit	TI DFT/ ULN /HE
Reisepassbestimmungen	TI DFT/ ULN /PA
Visabestimmungen	TI DFT/ ULN /VI

CH-8005 Zürich
Tel: (01) 361 71 44. Telefax: (01) 272 79 24.
Mo-Fr 14.00-16.30 Uhr nach vorheriger Anmeldung.
Botschaft der Bundesrepublik Deutschland
Straße der Vereinten Nationen
PO Box 708
210613 Ulan Bator
Tel: (01) 32 33 25, 32 39 15, 32 09 08. Telefax: (01) 32 39 05.
Österreich und die Schweiz unterhalten keine diplomatischen Vertretungen in der Mongolei, zuständig sind die Botschaften in Beijing (s. China, VR).

FLÄCHE: 1.565.000 qkm.
BEVÖLKERUNGSZAHL: 2.318.000 (1993).
BEVÖLKERUNGSDICHTE: 1,5 pro qkm.
HAUPTSTADT: Ulan Bator. **Einwohner:** 619.000 (1993).
GEOGRAPHIE: Die Mongolei grenzt im Norden an die Russische Föderation und im Süden an China. Von Nord nach Süd kann das Land in vier Regionen aufgeteilt werden: Berg- und Wald-Steppe, Bergsteppe mit im äußersten Süden Halbwüste und Wüste, die ca. 3% der Landesfläche ausmachen. Das Land liegt verhältnismäßig hoch, die Hauptgebirgszüge befinden sich im Westen. Der höchste Gipfel ist der Munkhairkhan mit 4362 m. Der tiefste Punkt des Landes ist der östliche Khukhu-Nuur-See (552 m). In der Mongolei gibt es mehrere hundert Seen und viele Flüsse, von denen der Zabkhan mit 1300 km der längste ist.
STAATSFORM: Republik seit 1992. Staatsoberhaupt: Punsalmaagiyn Otschirbat, seit März 1990 (Austritt aus der Kommunistischen Partei im September 1991; im Juni 1993 bei den ersten direkten Wahlen im Amt bestätigt). Regierungschef: Puntsagiyn Dschasray (Mongolische Revolutionäre Volkspartei), seit Juli 1992. Einkammerparlament: Parlament (Großer Volkshural) mit 76 Mitgliedern. Direktwahl des Staatsoberhauptes alle 4 Jahre. Nach 70 Jahren kommunistischer Herrschaft legte die Mongolei im Januar 1992 die Bezeichnung »Volksrepublik« ab. Unabhängig von China seit Juli 1921, 1946 Unabhängigkeit durch China völkerrechtlich anerkannt.
SPRACHE: Amtssprache ist Khalkha-Mongolisch (seit 1993 mit mongolischem Alphabet). Außerdem verschiedene mongolische Dialekte. Russisch wird ebenfalls gesprochen.
RELIGION: Lamaistischer Buddhismus (90%), Minderheiten von Schamanen und Muslime.
ORTSZEIT: MEZ + 7 (MEZ + 8 im Sommer).
NETZSPANNUNG: 220 V, 50 Hz.
POST- UND FERNMELDEWESEN: Es gibt nur wenige **Telefon**-Anschlüsse. Selbstwählferndienst ist neuerdings möglich. **Landesvorwahl:** 976. **Telefax**-Dienste gibt es seit Dezember 1990. Es gibt nur wenige **Telexanschlüsse** in Ulan Bator. **Post:** Luftpostsendungen nach Europa sind bis zu zwei Wochen unterwegs. Die Öffnungszeiten der Postämter: 10.00-18.00 Uhr (werktags), 9.00-15.00 Uhr (samstags).
DEUTSCHE WELLE
Der Einsatz der Kurzwellenfrequenzen ändert sich mehrfach im Laufe eines Jahres, und Sendungen auf den folgenden Frequenzen werden jeweils nur zu bestimmten Tageszeiten ausgestrahlt. Näheres in der Einleitung.

MHz	21,640	13,780	12,000	9,715	7,570
Meterband	13	22	25	31	31

REISEPASS/VISUM

Wichtiger Hinweis: Die Einreisebestimmungen mancher Länder können sich kurzfristig ändern – rufen Sie sicherheitshalber auf Ihrem CRS-System (TIMATIC-Info-Code-Fenster in diesem Kapitel) den aktuellen Stand ab bzw. wenden Sie sich an die zuständige diplomatische Vertretung. Etwaige Zahlen in der Tabelle beziehen sich auf nachfolgende Fußnoten.

	Paß erforderlich?	Visum erforderlich?	Rückflugticket erforderlich?
Deutschland	Ja	Ja	Ja
Österreich	Ja	Ja	Ja
Schweiz	Ja	Ja	Ja
Andere EU-Länder	Ja	Ja	Ja

REISEPASS: Allgemein erforderlich zur Einreise. Der deutsche Kinderausweis wird nicht anerkannt.
VISUM: Genereller Visumzwang.
Visaarten: Besuchs-, Touristen-, Geschäfts- und Transitvisa.
Visagebühren: *Touristenvisa:* 50 DM (einmalige Einreise, gültig bis 90 Tage), 35 sfr (nur gültig für 1 Monat bei Antragstellung im Konsulat Bellevue). *Transitvisa:* 40 DM, *Geschäftsvisa* 50 DM, 72 sfr.
Gültigkeitsdauer: Unterschiedlich. Touristenvisa, ausgestellt in Deutschland gelten für Aufenthalte bis zu 90 Tagen, Ausstellung in der Schweiz 1 Monat. Transitvisa gelten bis zu 48 Stunden. Besuchsvisa gelten für 30 Tage.
Antragstellung: Botschaft bzw. Außenstelle oder Lernidee-Reisen (Vermittlung) (Adressen s. o.). *In Ausnahmefällen können Transitvisa direkt an den Grenzübergangsstellen von den mongolischen Grenzkontrollbehörden ausgestellt werden, hierbei wird eine Zusatzgebühr fällig.*
Unterlagen: (a) Antragsformular in zweifacher Ausführung. (b) Reisepaß, der noch mindestens 6 Monate

Mongolei

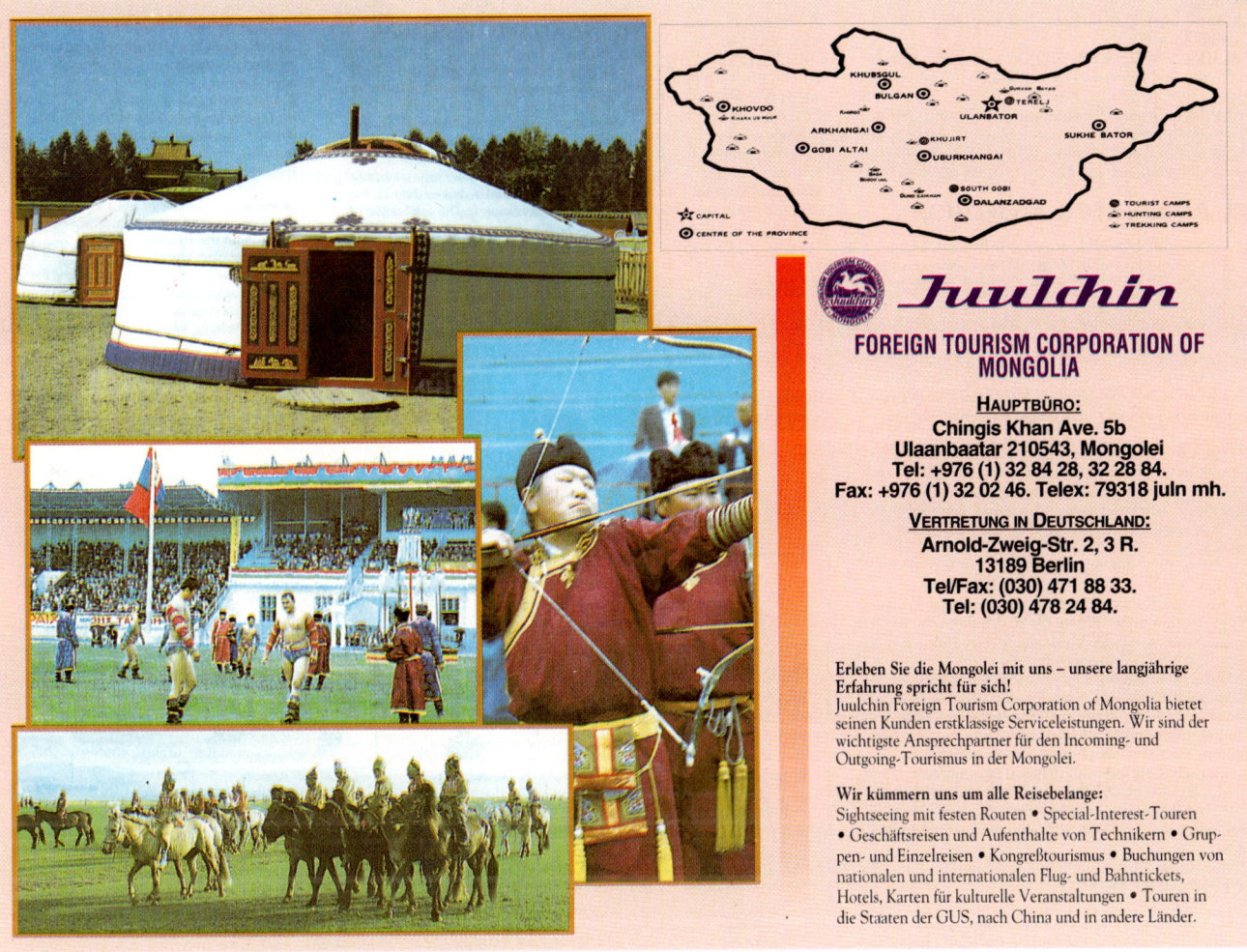

FOREIGN TOURISM CORPORATION OF MONGOLIA

HAUPTBÜRO:
Chingis Khan Ave. 5b
Ulaanbaatar 210543, Mongolei
Tel: +976 (1) 32 84 28, 32 28 84.
Fax: +976 (1) 32 02 46. Telex: 79318 juln mh.

VERTRETUNG IN DEUTSCHLAND:
Arnold-Zweig-Str. 2, 3 R.
13189 Berlin
Tel/Fax: (030) 471 88 33.
Tel: (030) 478 24 84.

Erleben Sie die Mongolei mit uns – unsere langjährige Erfahrung spricht für sich!
Juulchin Foreign Tourism Corporation of Mongolia bietet seinen Kunden erstklassige Serviceleistungen. Wir sind der wichtigste Ansprechpartner für den Incoming- und Outgoing-Tourismus in der Mongolei.

Wir kümmern uns um alle Reisebelange:
Sightseeing mit festen Routen • Special-Interest-Touren • Geschäftsreisen und Aufenthalte von Technikern • Gruppen- und Einzelreisen • Kongreßtourismus • Buchungen von nationalen und internationalen Flug- und Bahntickets, Hotels, Karten für kulturelle Veranstaltungen • Touren in die Staaten der GUS, nach China und in andere Länder.

---

gültig sein muß. (c) 2 Paßfotos. (d) Nachweis über Reisebuchung oder Einladung. Der postalischen Antragstellung sollten ein frankierter und adressierter Umschlag und der Zahlungsbeleg über die Visagebühren beigefügt werden.
Bearbeitungszeit: Ca. 7-10 Tage für Touristenvisa, eine Woche für Transitvisa. Bei Sofort- oder Schnellbearbeitung (max. 3 Tage) wird ein Zuschlag von 50% der Visagebühr erhoben.
Aufenthaltsgenehmigung: Anfragen sind an die Botschaft zu richten.

GELD

Währung: 1 Tugrik (Tug) (Plural: Tugrig) = 100 Mongos. Banknoten sind im Wert von 5000, 1000, 500, 100, 50, 20, 10, 5, 3 und 1 Tug in Umlauf. Münzen gibt es im Wert von 200, 100, 50 und 20 Tug sowie 50, 20 und 10 Mongos.
Kreditkarten werden in der Hauptstadt in begrenztem Umfang akzeptiert.
Reiseschecks sollten vorzugsweise in US-Dollar ausgestellt sein.
Wechselkurse

	Tug Sept. '92	Tug Febr. '94	Tug Jan. '95	Tug Jan. '96
1 DM	27,06	231,22	264,62	320,13
1 US$	40,21	401,39	410,17	460,18

Devisenbestimmungen: Die Ein- und Ausfuhr der Landeswährung ist nicht gestattet. Die Einfuhr von Fremdwährungen ist unbegrenzt, Deklaration ist jedoch erforderlich. Die Ausfuhr von Fremdwährungen ist auf den bei der Einreise deklarierten Betrag beschränkt.
Anmerkung: Alle Umtauschquittungen sowie Hotel- und Transportrechnungen sollten bis zur Ausreise aufbewahrt werden.
Öffnungszeiten der Banken: Mo-Fr 10.00-15.00 Uhr.

DUTY FREE

Zollfreie Einfuhr in die Mongolei:
200 Zigaretten;
2 l Spirituosen;
Parfüm für den persönlichen Gebrauch;
Bei der Einreise muß von jedem Besucher ein Zollformular ausgefüllt werden, das bis zur Ausreise aufbewahrt wird.
Ein- und Ausfuhrverbot: Schußwaffen, radioaktive Substanzen, Rauschgift, Pornographie, regierungsfeindliches Material; für die Ausfuhr von archäologischen Fundstücken, Pflanzen, Tieren, Wolle und Fellen ist eine Sondergenehmigung erforderlich.

GESETZLICHE FEIERTAGE

1. Juni '96 Kinder- und Muttertag. 11.-13. Juli Naadam-Fest. 26. Nov. Tag der Republik. 18.-20. Febr. '97 Tsagaan Sar (Mongolisches Neujahr).

GESUNDHEIT

In der folgenden Tabelle aufgeführte Impfvorschriften können sich kurzfristig ändern. Es wird stets empfohlen, auf Ihrem CRS-System (TIMATIC-Info-Code-Fenster in diesem Kapitel) den aktuellen Stand der Gesundheitsbestimmungen abzurufen bzw. rechtzeitig vor der Reise ärztlichen Rat einzuholen.

	Vorsichtsmaßnahmen empfohlen	Impfschein erforderlich
Gelbfieber	Nein	Nein
Cholera	Nein	Nein
Typhus & Polio	1	-
Malaria	Nein	-
Essen & Trinken	2	-

[1]: Typhus kommt nicht vor, Poliomyelitis tritt auf.
[2]: Wasser sollte generell vor der Benutzung zum Trinken, Zähneputzen und zur Eiswürfelbereitung entweder abgekocht oder anderweitig sterilisiert werden. Milch ist nicht pasteurisiert und sollte abgekocht werden. Trocken- und Dosenmilch nur mit keimfreiem Wasser anrühren. Milchprodukte aus ungekochter Milch am besten vermeiden. Fleisch- und Fischgerichte nur gut durchgekocht und heiß serviert essen. Der Genuß von Schweinefleisch, rohen Salaten und Mayonnaise sollte vermieden werden. Gemüse sollte gekocht und Obst geschält werden.
Hepatitis A und *B* kommen vor.
Gesundheitsvorsorge: In der Mongolei stehen fast 23.000 Krankenhausbetten und über 5000 Ärzte zur Verfügung. Der Abschluß einer Reisekrankenversicherung wird empfohlen.

REISEVERKEHR - International

FLUGZEUG: Die nationale Fluggesellschaft heißt *Air Mongol (OM)*. Sie fliegt nach Moskau, Almaty, Irkutsk, Beijing und Seoul.
Durchschnittliche Flugzeit: *Frankfurt – Ulan Bator*: mind. 13 Std. (einschl. Zwischenlandungen in Moskau und Beijing).
Internationaler Flughafen: *Ulan Bator (ULN)* liegt ca. 15 km vom Stadtzentrum entfernt. Taxis sind vorhanden, Gruppenreisende werden i. allg. abgeholt.
Flughafengebühren: 8 US$.
BAHN: Einmal wöchentlich fährt ein Expreßzug der *Trans-Mongolischen Eisenbahn* von Moskau über Ulan Bator in die chinesische Hauptstadt Beijing. Ferner gibt es zwei wöchentliche Verbindungen zwischen Ulan Bator und Beijing und eine weitere Verbindung nach Moskau. Züge, die auf internationalen Strecken verkehren, führen Schlaf- und Speisewagen.
BUS/PKW: Mehrere Fernstraßen sind vorhanden, die Hauptverkehrsstraße führt von Irkutsk (Russ. Föderation) nach Ulan Bator.

REISEVERKEHR - National

FLUGZEUG: Inlandflüge werden von *Air Mongol* angeboten. Das Flugzeug ist das beste Verkehrsmittel, besonders für Reisen in abgelegenere Regionen.
Flughafengebühren: 1 US$.
BAHN: Das Streckennetz umfaßt 1807 km. Die Hauptstrecke verläuft von Nord nach Süd: Sühbaatar – Darhan – Ulan Bator – Saynshand. Die wichtigsten Industriegebiete sind durch Nebenstrecken an das Bahnnetz angebunden.
BUS/PKW: Befestigte Straßen gibt es nur in der Nähe der größeren Städte. *Fernbusse* verkehren zwischen den Städten, aber die Straßen sind zumeist nicht asphaltiert. *Mietwagen* sind erhältlich. Neben Jeeps stehen auch Pferde und Kamele zur Verfügung.
FAHRZEITEN von Ulan Bator zu den folgenden größeren Städten (ungefähre Angaben in Std. und Min.):

	Flugzeug	Bus/Pkw
Erdenet	1.30	-
Süd-Gobi	1.30	-
Gurran Naur	1.30	-
Khujurt	0.45	-
Khujirt K' Korum	1.00	-
Terelj	-	1.00

UNTERKUNFT

HOTELS: In den meisten größeren Ortschaften wie Ulan Bator, Erdenet und Darhan sind Hotels vorhanden. Sie bieten Vollpension, Tagesausflüge und Eintrittskar-

ten für Museen sowie Führer und Dolmetscher. Es gibt vier Kategorien; Deluxe, Semi-Deluxe, 1. Klasse und Touristenklasse.
URLAUBS- UND KURORTE: Die Unterkunftsmöglichkeiten sind begrenzt, Preise sind auf Anfrage erhältlich.
CAMPING: In den Touristencamps in Terelj, Undur Dov und Chinggisiin Urgu wohnt man in mongolischen *Yurten*. Außerdem gibt es einige Touristencamps in ländlichen Gebieten, die von Mai bis Oktober geöffnet sind.

URLAUBSORTE & AUSFLÜGE

Die Hauptstadt **Ulan Bator** ist das politische, wirtschaftliche und kulturelle Zentrum des Landes. In der Stadt gibt es einige Museen, das *Naturkundemuseum* ist das größte, mit einer imposanten paläontologischen Abteilung (Saurierskelette). Das *Museum der Schönen Künste* bietet eine große sehenswerte Sammlung aus der Zeit vor der Revolution von 1921. Zahlreiche, im 17. Jh. entstandene Werke des Bildhauers und Ikonenmalers Sanbasar sind hier ausgestellt. In Ulan Bator sind auch mehrere Theater und Theaterensembles zu Hause, darunter die Staatsoper, das Ballett, das staatliche Schauspielhaus und das Volkslied- und Tanzensemble. Die staatlich öffentliche Bücherei von Ulan Bator stellt eine einzigartige Sammlung von Sanskrit-Manuskripten aus dem 11. Jahrhundert aus. Auch die buddhistischen Tempelmuseen und das *Gandan-Kloster* werden gern besucht.
Jede Provinz hat ihre eigenen Museen mit interessanten Exponaten, die einen Eindruck vom Reichtum der regionalen Kultur vermitteln. Ein einzigartiges Erlebnis ist ein Ausflug in die **Wüste Gobi**, dem Lebensraum seltener Tierarten wie der Wildkamele, Przewalski-Pferde, Gobi-Bären und Schneeleoparden.
Die Bergregion **Khangai** ist für nicht weniger als 40 heiße Quellen mit heilenden Eigenschaften bekannt. Eine solche Quelle befindet sich auch in der Nähe des Touristenzentrums in **Khujirt**. Hier kann man die Ruinen von *Kharkorin* besichtigen, der Hauptstadt des Mongolischen Reiches aus dem 13. Jahrhundert.
Terelj befindet sich 85 km von der Hauptstadt entfernt in der atemberaubenden Landschaft der *Gorki-Berge*. Hier liegen die *Schildkröten-Felsen* am malerischen Fluß *Terelji*.

SOZIALPROFIL

ESSEN & TRINKEN: Fleisch, besonders Rind und Hammel, ist das Grundnahrungsmittel. Seit einiger Zeit wird auch Fisch häufiger angeboten. Getränke: Mongolischer Wodka ist ausgezeichnet; Bier ist gut, aber teuer.
NACHTLEBEN: In der Staatsoper und im Ballett sowie im staatlichen Dramentheater und Puppentheater finden regelmäßig Aufführungen statt. In der Hauptstadt sind auch das Volkslieder- und Tanzensemble sowie die Gesangs- und Tanzensemble der Armee zu Hause. In fast jeder größeren Stadt gibt es ein Theater.
SPORT: Die Sportanlagen werden überall ausgebaut, Sportveranstaltungen finden in den meisten Städten statt. Traditionelle Sportarten wie **Pferderennen**, **Ringen** und **Bogenschießen** sind sehr beliebt.
SITTEN & GEBRÄUCHE: Religiöses Brauchtum sollte respektiert werden. Die üblichen Umgangsformen gelten auch hier. Trinkgeld: Nicht üblich.

WIRTSCHAFTSPROFIL

WIRTSCHAFT: Die Mehrheit der Bevölkerung lebt von der Viehzucht. Die Industrie konzentriert sich auf den Raum Ulan Bator und Umgebung, die größte Rolle spielen die Nahrungsmittelproduktion, Wolle, Häute und Felle. Textilindustrie und Leichtmaschinenbau sind von geringerer Bedeutung. Wichtigste Kohlebergbauregion sind die Reviere Darhan und Choybalsan. Auch Bodenschätze wie Molybdän, Kupfer, Wolfram, Zinn, Gold und Blei werden ausgebeutet. Die Wirtschaft litt lange unter den sich seit Anfang der siebziger Jahre verschlechternden Beziehungen zu China, aber in den letzten Jahren war ein Aufschwung in der Industrie- und Getreideproduktion zu verzeichnen. Haupthandelspartner waren traditionell die frühere UdSSR (die Mongolei wickelte 90% ihres Außenhandels mit Moskau ab) und die Ostblockländer. Im Zuge der jüngsten Umwälzungen hat auch in der Mongolischen Republik in Wirtschaft und Politik eine Liberalisierung eingesetzt. Anfang März 1992 gab die Regierung die Preise für Lebensmittel frei, die mehr als 30 Jahre unter staatlicher Kontrolle gestanden hatten. Aufgrund der neuesten Entwicklungen ging der Außenhandel der Mongolei jedoch drastisch zurück. Dies lag insbesondere am Mangel einer konvertierbaren Währung. Da die Mongolei Weltmarktpreise nicht bezahlen konnte, herrschte Mangel an Petroleum, Medikamenten, Lebensmitteln und Konsumgütern. Die industrielle Produktion wurde durch die Beendigung der billigen Rohmateriallieferungen (überwiegend Erdöl) aus der ehemaligen Sowjetunion und Vertriebsprobleme behindert. Aufgrund der Entfernung von Europa ergeben sich für europäische Firmen nur beschränkte Möglichkeiten, bessere Entwicklungs- und Investitionsmöglichkeiten bestehen für Japan und andere ostasiatische Länder. Wichtigste Handelspartner sind die Russische Föderation, China (VR) und Kasachstan.
GESCHÄFTSVERKEHR: Zum Geschäftstermin trägt man einen Anzug bzw. ein Kostüm. Man sollte Übersetzer- und Dolmetscherdienste vor der Abreise buchen.
Geschäftszeiten: Mo-Sa 09.00-18.00 Uhr.
Kontaktadressen: *Die wirtschaftlichen Interessen Österreichs werden von der Außenhandelsstelle der Wirtschaftskammer Österreich in Beijing (s. China) wahrgenommen.*
Mongolian Chamber of Commerce & Industry (Mongolische Industrie- und Handelskammer), Sambuugiyn Gudamj, Ulan Bator 11. Tel: (01) 32 47 06, 32 71 76. Telefax: (01) 32 46 20.

KLIMA

Kontinentales Hochlandklima mit kurzen Sommern (im Norden Temperaturen bis 15°C, im Süden bis 30°C) und sehr kalten, schneereichen Wintern (Oktober - April). Im Sommer etwas Regen.
Kleidung: Nicht zu leichte Kleidung während des Sommers, sehr warme Sachen für den Winter.

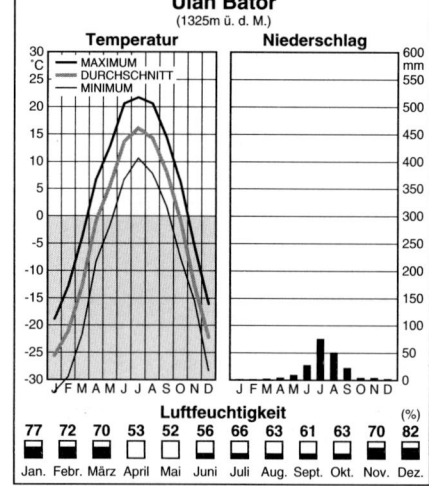

Montserrat

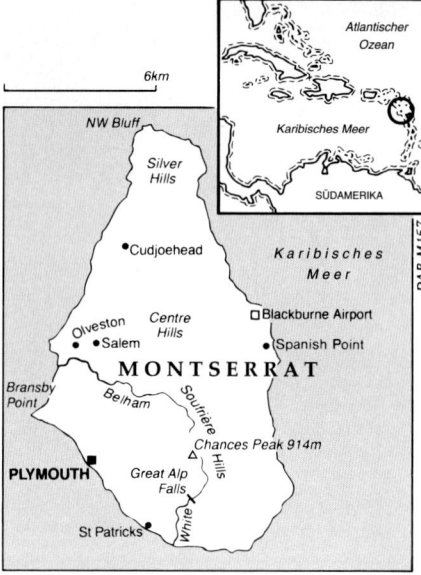

Lage: Leeward-Inseln, Karibik.

Montserrat Tourist Board (EUROPE)
The West India Committee
Lomerstraße 28
D-22047 Hamburg
Tel: (040) 695 88 46. Telefax: (040) 380 00 51.
Mo-Fr 09.00-17.00 Uhr.
(auch zuständig für Anfragen aus anderen europäischen Ländern und der Schweiz)
Montserrat Tourist Board
Marine Drive
PO Box 7
Plymouth
Tel: 491 22 30. Telefax: 491 74 30.
Montserrat ist eine britische Kronkolonie und unterhält keine eigenen Auslandsvertretungen. Visapflichtige Staatsbürger (s. u.) wenden sich an die britischen Botschaften (Adressen s. Großbritannien).
Die Bundesrepublik Deutschland, Österreich und die Schweiz unterhalten keine diplomatischen Vertretungen auf Montserrat. Zuständig für Deutschland ist die Botschaft in Port-of-Spain (s. Trinidad und Tobago). Die Interessen Österreichs und der Schweiz werden von den jeweiligen Botschaften in London vertreten (s. Großbritannien).

FLÄCHE: 102 qkm.
BEVÖLKERUNGSZAHL: 11.000 (1993).
BEVÖLKERUNGSDICHTE: 108 pro qkm.
HAUPTSTADT: Plymouth. **Einwohner:** 1478 (1980).
GEOGRAPHIE: Montserrat gehört zu den Leeward-Inseln der Karibik. Die Insel ist vulkanischen Ursprungs mit schwarzen Sandstränden und üppiger tropischer Vegetation. Es gibt drei größere Vulkane mit dem 915 m hohen Chances Peak als der höchsten Erhebung. Zum Krater des Galways-Soufrière kann man mit dem Auto fahren, Abenteuerlustige können hier die heißen Quellen und hochgelegenen Bergseen besuchen. Der Great-Alps-Wasserfall ist einer der eindrucksvollsten auf den Westindischen Inseln.
STAATSFORM: Britische Kronkolonie seit 1632, innere Autonomie seit 1960. Staatsoberhaupt: Königin Elizabeth II. Gouverneur: Frank Savage, seit Februar 1993. Verfassung von 1989: Legislativrat mit 11 Mitgliedern.

COLUMBUS ATLAS

Auf ca. 100 Seiten enthält dieser Atlas unter anderem europäische Fähr- und Eisenbahnverbindungen und weltumspannende Kreuzfahrtkarten, Straßenkarten, Gebietskarten vielbesuchter Regionen wie z. B. Costa Brava, Florida u. a. Falls Sie bei der Beratung oder Reiseplanung verstärkt auf Karten zurückgreifen möchten, werden Sie diesen speziell auf die Reisebranche zugeschnittenen Atlas unentbehrlich finden – und dazu besonders preisgünstig!

Weitere Einzelheiten von:
Columbus Press, Verkaufsabteilung,
Aurikelweg 9,
D-38108 Braunschweig.
Tel: 05309/2123. Telefax: 05309/2877.

TIMATIC INFO-CODES

Abrufbar über Ihr CRS-System (für START/Amadeus Ama-Maske benutzen). Für Galileo bitte TI-DFT eingeben (mit Bindestrich).

Flughafengebühren	TI DFT/ PLH /TX
Währung	TI DFT/ PLH /CY
Zollbestimmungen	TI DFT/ PLH /CS
Gesundheit	TI DFT/ PLH /HE
Reisepassbestimmungen	TI DFT/ PLH /PA
Visabestimmungen	TI DFT/ PLH /VI

SPRACHE: Offizielle Landessprache ist Englisch.
RELIGION: Überwiegend Protestanten.
ORTSZEIT: MEZ - 5.
NETZSPANNUNG: 110/220 V, 60 Hz.
POST- UND FERNMELDEWESEN: Telefon: Selbstwählferndienst. **Landesvorwahl: 1 809. Telefaxe/Telexe/Telegramme** können bei *Cable & Wireless (WI) Ltd.* in Plymouth aufgegeben werden. **Post:** Das Hauptpostamt ist in Plymouth. Öffnungszeiten: Mo, Di, Do, Fr 08.00-16.00 Uhr, Mi und Sa 08.00-11.30 Uhr.
DEUTSCHE WELLE
Der Einsatz der Kurzwellenfrequenzen ändert sich mehrfach im Laufe eines Jahres, und Sendungen auf den folgenden Frequenzen werden jeweils nur zu bestimmten Tageszeiten ausgestrahlt. Näheres in der Einleitung.

MHz	17,860	17,715	15,275	9,545	6,100
Meterband	16	16	19	31	49

REISEPASS/VISUM

Wichtiger Hinweis: *Die Einreisebestimmungen mancher Länder können sich kurzfristig ändern – rufen Sie sicherheitshalber auf Ihrem CRS-System (TIMATIC-Info-Code-Fenster in diesem Kapitel) den aktuellen Stand ab bzw. wenden Sie sich an die zuständige diplomatische Vertretung. Etwaige Zahlen in der Tabelle beziehen sich auf nachfolgende Fußnoten.*

	Paß erforderlich?	*Visum erforderlich?*	*Rückflugticket erforderlich?*
Deutschland	Nein	Nein	Ja
Österreich	Nein	Nein	Ja
Schweiz	Nein	Nein	Ja
Andere EU-Länder	1	Nein	Ja

REISEPASS: Allgemein erforderlich, ausgenommen sind Staatsbürger Kanadas, der USA und **[1]** Großbritanniens, die mit einem Personalausweis oder anderen Identifikationspapieren für bis zu 6 Monate einreisen dürfen.
VISUM: Allgemein erforderlich, ausgenommen sind Staatsbürger von:
(a) Großbritannien.
(b) Ländern der Europäischen Union und der Schweiz (für Aufenthalte von max. 14 Tagen);
(c) Antigua und Barbuda, Australien, den Bahamas, Barbados, Belize, Botswana, Dominica, Fidschi, Gambia, Ghana, Grenada, Guyana, Island, Jamaika, Kanada, Kenia, Kiribati, Lesotho, Liechtenstein, Malawi, Malaysia, Malta, Mauritius, Nauru, Neuseeland, Nigeria, Norwegen, Papua-Neuguinea, Sambia, San Marino, den Seychellen, Sierra Leone, Simbabwe, Singapur, den Salomonen, St. Kitts und Nevis, St. Lucia, St. Vincent und den Grenadinen, Swasiland, Tansania, Tonga, Trinidad und Tobago, Tunesien, Tuvalu, Uganda, USA, Vanuatu, West-Samoa und Zypern.
Für Aufenthalte bis zu 14 Tagen braucht man in der Regel kein Visum. Dies gilt nicht für Staatsbürger von Afghanistan, Albanien, Angola, Argentinien, Bulgarien, China (VR), den GUS-Staaten, Korea-Nord, Kuba, den Nachfolgestaaten des ehemaligen Jugoslawien, der Mongolei, Rumänien, der Slowakischen Republik, Syrien, der Tschechischen Republik, Ungarn und Vietnam.
Visaarten: Touristen- und Transitvisa.
Antragstellung: Bei den britischen Konsulaten (Adressen s. *Großbritannien*).
Anmerkung: Alle Besucher müssen ein Rück- oder Weiterflugticket vorweisen können. Ebenso muß ein Nachweis über ausreichende Geldmittel für die Dauer des Aufenthalts erbracht werden. Besucher ohne Rück-/Weiterflugticket müssen bei der Einreise eine Kaution hinterlegen.

GELD

Währung: 1 Ostkaribischer Dollar (EC$) = 100 Cents. Banknoten gibt es im Wert von 100, 20, 10 und 5 EC$; Münzen sind im Wert von 1 EC$ sowie von 25, 10, 5, 2 und 1 Cent in Umlauf. Der Ostkaribische Dollar ist an den US-Dollar angelehnt.
Geldwechsel: Es gibt drei Banken auf Montserrat.
Kreditkarten: *Visa* und *American Express* werden akzeptiert. Einzelheiten vom Aussteller der betreffenden Kreditkarte.
Reiseschecks: DM-Reiseschecks werden empfohlen.
Wechselkurse

	EC$ Sept. '92	EC$ Febr. '94	EC$ Jan. '95	EC$ Jan. '96
1 DM	1,82	1,56	1,74	1,88
1 US$	2,71	2,71	2,70	2,70

Devisenbestimmungen: Die Einfuhr von Landes- und Fremdwährungen ist unbegrenzt.
Öffnungszeiten der Banken: Mo-Do 08.00-15.00 Uhr; Fr 08.00-17.00 Uhr.

DUTY FREE

Folgende Artikel können ab dem 17. Lebensjahr zollfrei nach Montserrat eingeführt werden:
200 Zigaretten oder 50 Zigarren;
1,14 l Spirituosen;
168 g Parfüm;
Geschenke bis zum Wert von 250 EC$.

GESETZLICHE FEIERTAGE

1. Mai '96 Tag der Arbeit. **27. Mai** Pfingstmontag. **8. Juni** Offizieller Geburtstag der Königin. **5. Aug.** Tag der Emanzipation. **23. Nov.** Tag der Befreiung. **25./26. Dez.** Weihnachten. **31. Dez.** Festival-Tag. **1. Jan. '97** Neujahr. **17. März** St.-Patricks-Tag. **28. März** Karfreitag. **31. März** Ostermontag. **1. Mai** Tag der Arbeit. **19. Mai** Pfingstmontag.

GESUNDHEIT

In der folgenden Tabelle aufgeführte Impfvorschriften können sich kurzfristig ändern. Es wird stets empfohlen, auf Ihrem CRS-System (TIMATIC-Info-Code-Fenster in diesem Kapitel) den aktuellen Stand der Gesundheitsbestimmungen abzurufen bzw. rechtzeitig vor der Reise ärztlichen Rat einzuholen.

	Vorsichtsmaßnahmen empfohlen	*Impfschein erforderlich*
Gelbfieber	Nein	Nein
Cholera	Nein	Nein
Typhus & Polio	Nein	-
Malaria	Nein	-
Essen & Trinken	1	-

[1]: Leitungswasser ist normalerweise gechlort und relativ sauber, es können jedoch leichte Magenverstimmungen auftreten. Für die ersten Wochen des Aufenthalts wird daher abgefülltes Wasser empfohlen, welches überall erhältlich ist. Milch ist pasteurisiert und kann, ebenso wie Milchprodukte, Fleisch, Geflügel, Obst und Gemüse, unbesorgt verzehrt werden.
Tollwut kommt vor. Wer ein erhöhtes Risiko eingeht (z. B. längerer Aufenthalt in abgelegenen Gebieten), sollte sich vor Reiseantritt impfen lassen. Bei Bißwunden sofort ärztliche Hilfe in Anspruch nehmen. Weitere Informationen im Kapitel *Gesundheit* (s. Inhaltsverzeichnis).
Bilharziose-Erreger kommen in manchen Teichen und Flüssen vor, das Schwimmen und Waten in Binnengewässern sollte daher vermieden werden. Gut gepflegte Schwimmbecken mit gechlortem Wasser sind unbedenklich.
Hepatitis A kommt vor.
Gesundheitsvorsorge: Das Hauptkrankenhaus hat 70 Betten, und acht Ärzte stehen auf der Insel zur Verfügung. Der Abschluß einer Reisekrankenversicherung wird empfohlen.

REISEVERKEHR - International

FLUGZEUG: Der nächstgelegene größere internationale Flughafen ist Antigua. Von Antigua bieten *LIAT* und der *Montserrat Airways* regelmäßige Verbindungen nach Montserrat. Regelmäßige, tägliche Flugverbindungen mit *WINAIR* nach St. Maarten.
Durchschnittliche Flugzeiten: *Frankfurt* – Montserrat: 9 Std. (einschl. Aufenthalt auf Antigua); *Zürich* – Antigua: 8-9 Std; *Los Angeles* – Montserrat: 9 Std; *New York* – Montserrat: 3 Std. 30; *Singapur* – Montserrat: 33 Std; *Antigua* – Montserrat: 12 Min.
Internationaler Flughafen: *Plymouth* (PLH) (Blackburne) liegt 17 km außerhalb der Stadt (Fahrzeit 20 Min.). Am Flughafen gibt es eine Bar und Geschäfte. Taxis nach Plymouth kosten etwa 16 DM.
Flughafengebühren: 25 EC$ bei der Ausreise. Durchreisende, die innerhalb von 24 Std. weiterfliegen, zahlen 5 EC$. Kinder unter 12 Jahren sind hiervon befreit.

REISEVERKEHR - National

SCHIFF: Jachten können gemietet werden. Der größte Hafen ist Plymouth. Segler können die Einrichtungen des Jachtklubs und mehrere Naturhäfen benutzen.
BUS/PKW: Das Verkehrsnetz asphaltierter Straßen umfaßt ca. 200 km und verbindet alle Städte der Insel. Wer nicht an kurvenreiche Bergstraßen gewöhnt ist, muß sich hier erst ans Fahren gewöhnen. **Bus:** Linienbusse fahren stündlich, auch Ausflugsfahrten werden angeboten. **Taxi:** Auf Standardstrecken gelten Festpreise. Fahrer können auch als Führer für die zahlreichen Ausflüge, die sich anbieten, gebucht werden. **Mietwagen** kann man am Flughafen, in Plymouth oder über das Hotel buchen. Ein Fahrzeug mit oder ohne Chauffeur ist oft im Übernachtungspreis enthalten. **Unterlagen:** Unter Vorlage des eigenen Führerscheins ist am Flughafen oder auf der Polizeiwache (Plymouth) ein befristeter Inselführerschein erhältlich.

UNTERKUNFT

HOTELS: Hotels sind i. allg. klein mit persönlichem Service. Übernachtungspreise sind im Winter höher als im Sommer. Einige Hotels bieten kleine separate Bungalows und Hotelzimmer. Reinigungspersonal, Babysitter und Wäschedienst werden auf Wunsch angeboten. Auf die Rechnungen werden normalerweise 7% Steuern und 10% Bedienungsgeld aufgeschlagen. **Kategorien:** Die meisten Hotels bieten mehrere Übernachtungspreise an: **Full American Plan (FAP):** Zimmer mit Vollpension (einschl. Nachmittagstee). **American Plan (AP):** Zimmer mit drei Mahlzeiten. **Modified American Plan (MAP):** Zimmer, Frühstück und Abendessen, in manchen Hotels auch Nachmittagstee. **Continental Plan (CP):** Zimmer mit Frühstück. **European Plan (EP):** nur Übernachtung.
FERIENHÄUSER UND -WOHNUNGEN: Villen und Ferienwohnungen kann man direkt über das Montserrat Tourist Board buchen. Bei allen Buchungen müssen 20% Kaution hinterlegt werden, ein Bedienungsgeld von 10% wird auf die Rechnung aufgeschlagen. Weitere Informationen bei der *Montserrat Hotel Association*, c/o Cedrick Osborne, Vue Pointe Hotel. Tel: 491 52 10. Telefax: 491 48 13.

URLAUBSORTE & AUSFLÜGE

Irische Siedler, die im 17. und 18. Jahrhundert von den anderen karibischen Inseln und aus der Kolonie Virginia kamen, gaben der Insel wegen der üppig-grünen Riesenfarne an den Hängen der Vulkane den Beinamen »Smaragd-Insel«. Ortsnamen wie *Galway Estates*, *Cork Hill*, *St. Patrick's* und *Potato Hill* zeugen vom irischen Einfluß.

Die Küste

Die »Hauptstadt« **Plymouth** ist ein kleiner, sehr britisch wirkender Ort mit 4000 Einwohnern. Bei einem Rundgang fallen das *Government House* und die anglikanische *Church of St. Anthony* aus dem 18. Jahrhundert auf. 300 m oberhalb der Stadt auf dem St. George's Hill erhebt sich das im 18. Jahrhundert erbaute *Old Fort*.
Das *Dutchers-Studio* in **Olveston** ist ebenfalls sehenwert. In den Ruinen von *Galways Estates* gibt es Werkzeuge der ehemals hier florierenden Zuckerindustrie zu besichtigen, und am *Bransby Point* befindet sich eine Bastion mit restaurierten Kanonen.
Die *Rendezvous Bay* bietet den einzigen weißen Sandstrand Montserrats; der Sand der anderen Strände ist vulkanischen Ursprungs und grau oder schwarz. In unzähligen Buchten bestehen Tauch- und Wassersportmöglichkeiten. Einige Strände sind noch völlig unberührt; es ist allerdings geplant, die touristische Infrastruktur auszubauen. Noch können Besucher hier jedoch herrlich unverfälschte Landschaft genießen. Näheres unter *Sport* in der Rubrik *Sozialprofil*.
Montserrats Nationalvogel ist der Icterus Oberi (eine Pirolart), den man in der *Woodlands Bay* oder im *Bamboo Forest* beobachten kann.

Das Inselinnere

Abseits der Strände und Urlaubsorte gibt es zahlreiche interessante Sehenswürdigkeiten, die aber nicht immer leicht erreichbar sind. Ein Paar Wanderschuhe können gute Dienste leisten, wenn man die Berge und die erloschenen Vulkane erforschen will. Der atemberaubende Ausblick über die wunderschöne Landschaft ist jede Strapaze wert.
Den besten Blick über die Insel hat man vom Gipfel des 900 m hohen *Chances Peak*. Der 1-2stündige Aufstieg ist anstrengend, aber man kann sich an Seilen festhalten. In dem kleinen Gipfelsee soll eine Meerjungfrau leben – man muß den Berg allerdings schon selbst erklimmen, um sich zu vergewissern. Der Legende zufolge bekommt derjenige einen Schatz, der mit ihrem Kamm das Meer erreicht, ohne von der Diamantenschlange gefangen zu werden. Dies ist nur ein Beispiel für die reichhaltige Sagenwelt der Insel, die ihren Ursprung in alten irischen Legenden hat. Die Wege sind oft uneben und auf schwierigeren Abschnitten nicht immer leicht zu bewältigen. Man sollte deshalb die Dienste eines Führers in Anspruch nehmen.
15 Autominuten außerhalb der Hauptstadt beginnt der Weg zum *Great-Alps-Wasserfall*. Der Pfad folgt dem Lauf des White River durch das Unterholz, dabei wird man zuweilen unangenehm daran erinnert, warum die Insel auch als »Land des Dornenbuschs« bekannt ist. Man wandert durch lauschige Wälder und erreicht schließlich die Stelle, an der der Fluß 20 m tief in einen See rauscht. Ein Ausflug in den Krater des *Galways Soufrière* mit den erstaunlichen Schwefelblasen ist unvergleichbar. Vom gleichen Parkplatz aus wandert man ca. 3 Std. lang zum tropischen *Bamboo Forest*.

SOZIALPROFIL

ESSEN & TRINKEN: Neben den Restaurants in Hotels gibt es in Montserrat auch eine Reihe eigenständiger Restaurants. Spezialitäten der Insel sind frische Meeresfrüchte und *Goatwater*, eine karibische Variation des Eintopfgerichts *Irish Stew*. Oft wird Gegrilltes angeboten, außerdem gibt es Kürbissuppe, Auberginenpasteten, Salzfisch, Crêpes und Gerichte mit viel frischem Obst. Wer bei der Bestellung eines *Mountain Chicken* an Freilandhähnchen denkt, sollte sich auf eine Überraschung gefaßt machen, da es sich um die Schenkel eines großen Landfrosches handelt, der sonst nur noch auf der Insel Dominica zu finden ist. *Dasheen* und andere einheimische Gemüsearten werden in den meisten Hotels angeboten. Tischbedienung ist üblich. **Getränke:** In den meisten Bars gibt es importiertes Bier, Spirituosen und Wein. Der einheimische Rum wird in Punsch und Cocktails angeboten.
NACHTLEBEN: Einige Hotels bieten Live-Unterhaltung mit Musik und Tanz. Grillpartys sind sehr beliebt.

Weitere Informationen erhält man an der Hotelrezeption.
EINKAUFSTIPS: Schöne Souvenirs sind Schmuck, Taschen, Körbe, Keramik, Glasartikel, Gegenstände aus Kokosnüssen, Kleidung, Tischdecken, und Kissen. Plymouth lebt an den Markttagen auf, und Straßenverkäufer bieten tropische Früchte und Handarbeiten an.
Öffnungszeiten der Geschäfte: Mo, Di, Do, Fr 08.00-16.00 Uhr, Mi und Sa 08.00-12.00 Uhr.
SPORT: Golf: Besucher sind auf dem *Belham-River-Valley-Parcours* mit seinen zwei 9-Loch-Plätzen willkommen. **Bergwandern:** Ein beliebtes Wanderziel ist die Galways Soufrière. **Schwimmen:** Die meisten Hotels und Ferienhäuser haben eigene Swimmingpools. Die Strände sind aus »schwarzem« vulkanischem Sand, die Ostküste ist jedoch für Schwimmer gefährlich. **Tauchen:** Die Küstengewässer sind gut zum Tauchen geeignet. Ausrüstungen und Ausbilder stehen zur Verfügung. **Segeln:** In Montserrat gibt es einen Jachtklub. **Tennis:** Das *Vue Pointe Hotel* hat einen Tennisplatz, der nicht nur Hotelgästen zur Verfügung steht. **Fischen:** Hochseeangeln wird durch einige Hotels organisiert. **Kricket** ist sehr beliebt und wird zwischen Februar und Juni gespielt.
VERANSTALTUNGSKALENDER
Mai '96 Nationaler Angelwettbewerb. **Aug.** *Pilgertage* **Okt.** *Mountain Bike Ralley.* **31. Dez.** *Festival.* **März '97** *Montserrat Open Golf Tournament.* **17. März** *St.-Patricks-Tag.*
SITTEN & GEBRÄUCHE: Alltagskleidung ist angemessen, aber Badekleidung gehört an den Strand bzw. Swimmingpool. Der Lebensstil ist beschaulich und verbindet irische und westindische Einflüsse. Die Insulaner sind freundlich und heißen Besucher gern willkommen.
Trinkgeld: Es ist üblich, ein Trinkgeld zu geben.

WIRTSCHAFTSPROFIL

WIRTSCHAFT: Auf der Insel wird hauptsächlich Landwirtschaft betrieben; die Produktivität könnte durchaus gesteigert werden, aber die Erträge sind zufriedenstellend. Früchte und Gemüse werden angebaut, hauptsächlich Kartoffeln und Zwiebeln. Baumwolle spielt auch eine wichtige Rolle. Der Selbstversorgungsgrad im landwirtschaftlichen Bereich soll weiter erhöht, und die Nahrungsmittelimporte sollen reduziert werden. Fördermaßnahmen seitens der Regierung kamen in den letzten Jahren insbesondere der Viehzucht zugute, die sich vielversprechend entwickelt hat. Der Tourismus, der etwa 25% des Bruttosozialproduktes erbringt, ist ein weiterer wichtiger Wirtschaftszweig. 1993 beliefen sich die Einnahmen auf ca. 40 Mio. EC$. Es gibt nur wenig Industrie. Die elektronische Fertigungsindustrie trägt aber beträchtlich zum Export bei. Haupthandelspartner der Insel sind die USA, die 90% der Exporte abnehmen und 31% der Importwaren liefern. Gute Handelsbeziehungen unterhält Montserrat mit Großbritannien, der karibischen Handelsgemeinschaft CARICOM, der Organisation der Ostkaribischen Staaten (OECS) und der Assoziation der Karibischen Staaten (ACS).
GESCHÄFTSVERKEHR: Anzug bzw. Kostüm werden bei Geschäftsterminen nicht unbedingt erwartet.
Geschäftszeiten: Mo-Do 08.00-12.00 und 13.00-16.00 Uhr, Fr 08.00-12.00 Uhr.
Kontaktadresse: *Montserrat Chamber of Commerce and Industry* (Industrie- und Handelskammer), PO Box 384, Plymouth. Tel: 491 36 40. Telefax: 491 46 60.
KONFERENZEN/TAGUNGEN: Bis zu 125 Personen können im größten Veranstaltungszentrum Platz finden; Extraräume und moderne Anlagen stehen zur Verfügung. Weitere Informationen erhalten Sie vom *Montserrat Tourist Board* (Adresse s. o.).

KLIMA

Subtropisches Klima, durch Passatwinde gemildert. Auf Regenschauer muß man während der Sommermonate eigentlich fast immer gefaßt sein, sie reinigen jedoch die Luft, und innerhalb kurzer Zeit scheint wieder die Sonne.
Kleidung: Leichte Tropenkleidung mit leichten Wollsachen für kühle Abende. Regenschutz wird empfohlen.

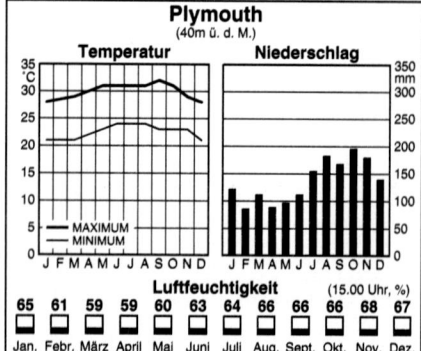

Mosambik

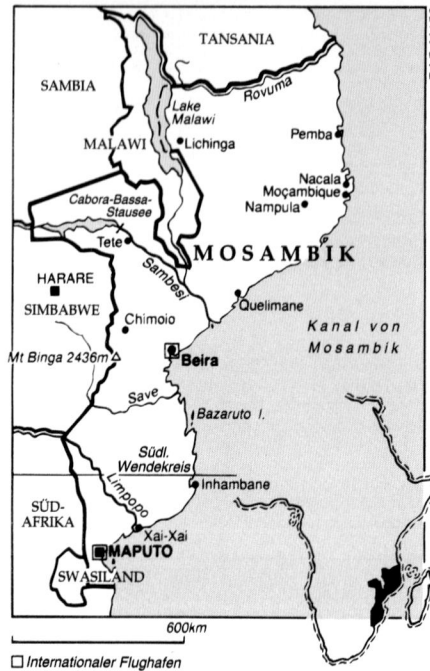

Lage: Südostafrika.

Anmerkung: Generell bestehen keine Bedenken bezüglich Reisen nach Mosambik. Längere Fahrten über Land sind allerdings gefährlich, da es nach den langen Jahren des Bürgerkriegs überall im Land Minen gibt. Man sollte zumindest bei der Botschaft vor Ort Informationen über die geplante Reiseroute einholen. Es empfiehlt sich jedoch, längere Strecken mit dem Flugzeug zurückzulegen. Aktuelle Informationen vom Auswärtigen Amt in Bonn, dem Außenministerium in Wien und dem EDA in Bern.

Empresa Nacional de Turismo (ENT)
Avda. 25 de Setembro 1203
Caixa Postal 2446
Maputo
Tel: (01) 42 17 94. Telefax: (01) 42 17 95.
Botschaft der Republik Mosambik
Adenauerallee 46a
D-53113 Bonn
Tel: (0228) 26 29 93. Telefax: (0228) 21 39 20.
Mo-Fr 09.00-12.30 und 14.00-16.00 Uhr.
(auch zuständig für Österreich)
Botschaft der Republik Mosambik
Boulevard Saint Michel 97
B-1040 Brüssel
Tel: (02) 736 25 64. Telefax: (02) 735 62 07.
Mo-Fr 09.00-16.00 Uhr, *Konsularabt.:* 09.00-13.00 Uhr.
(auch zuständig für Österreich)
Konsulat der Republik Mosambik (mit Visumerteilung)
Route de Florissant 51
CH-1206 Genf
Tel: (022) 347 90 46. Telefax: (022) 347 90 45.
Mo-Fr 08.00-12.00 und 13.30-17.00 Uhr.
Übergeordnete Vertretung ist die Botschaft in Paris:
Botschaft der Republik Mosambik
82 Rue Laugier
F-75017 Paris

TIMATIC INFO-CODES

Abrufbar über Ihr CRS-System (für START/Amadeus Amadeus-Maske benutzen). Für Galileo bitte TI-DFT eingeben (mit Bindestrich).

Flughafengebühren	TI DFT/ MPM /TX
Währung	TI DFT/ MPM /CY
Zollbestimmungen	TI DFT/ MPM /CS
Gesundheit	TI DFT/ MPM /HE
Reisepassbestimmungen	TI DFT/ MPM /PA
Visabestimmungen	TI DFT/ MPM /VI

Tel: (1) 47 64 91 32. Telefax: (1) 44 15 90 13.
Mo-Fr 09.30-14.30 Uhr.
(auch zuständig für die Schweiz)
Botschaft der Bundesrepublik Deutschland
Rua de Mapulangwene 506
PO Box 1595
Maputo
Tel: (01) 49 27 14, 49 29 96. Telefax: (01) 49 28 88.
Konsulat der Republik Österreich (ohne Paß- und Sichtvermerksbefugnis)
Avda. 24 de Julho - 4°
PO Box 487
Maputo
Tel: (01) 42 32 44, 42 53 87. Telefax: (01) 42 53 87.
Übergeordnete Vertretung ist die Botschaft der Republik Österreich in Harare (s. Simbabwe).
Botschaft der Schweizerischen Eidgenossenschaft
Avda. Julius Nyerere 1213
PO Box 135
Maputo
Tel: (01) 49 24 32, 49 27 44. Telefax: (01) 49 24 74.

FLÄCHE: 807.751 qkm.
BEVÖLKERUNGSZAHL: 15.102.000 (1993).
BEVÖLKERUNGSDICHTE: 19 pro qkm.
HAUPTSTADT: Maputo. **Einwohner:** 1.470.000 (1990).
GEOGRAPHIE: Mosambik grenzt im Norden an Tansania, im Nordwesten an Sambia und Malawi, im Westen an Simbabwe sowie im Süden an Südafrika und Swasiland. Im Osten liegt der Indische Ozean; die Küste ist annähernd 2500 km lang mit Stränden, Lagunen, Korallenriffen und Inselketten. Nach Westen und Norden verläuft ein großes Plateau, das zu den Bergen hin ansteigt und etwa 50% der Landesfläche einnimmt. Das Plateau besteht aus verhältnismäßig trockener Savanne mit einigen Wäldern und Steppenregionen. Der Sambesi ist der größte und wichtigste der 25 Flüsse und fließt durch Mosambik in den Indischen Ozean. Die Mehrheit der Bevölkerung (98% sind Bantus) lebt an der Küste oder in den fruchtbaren Tälern, besonders in den Provinzen Sambesi und Gaza. Die Makua-Lomwe, die zu den Bantu gehören, leben im Norden der Provinzen Sambesi, Mosambik, Niassa und Cabo Delgado. Die Thonga, die größte Volksgruppe der südlichen Ebene, stellen einen Großteil der Arbeiter für die südafrikanischen Minen. In Inhambane an der Küste leben die Chopi und Tonga, während die Landesmitte von den Shona bewohnt wird. Die Makonde sind im äußersten Norden ansässig.
STAATSFORM: Republik seit 1990; Einführung des Mehrparteiensystems. Staatsoberhaupt: General Major Joaquím Alberto Chissano (FRELIMO, ehem. kommunistische Einheitspartei), seit 1986. Regierungschef: Pascoal Manuel Mocumbi (FRELIMO), seit 1994. Ein erstes Friedensabkommen zwischen der Regierung und den rechtsgerichteten RENAMO-Rebellen wurde im August 1992 unterzeichnet. Im Herbst 1994 fanden die ersten freien Wahlen statt, bei denen General Chissano im Amt bestätigt wurde.
SPRACHE: Amtssprache ist Portugiesisch. Kisuaheli, Makua, Nyanja und andere Bantu-Sprachen werden ebenfalls gesprochen.
RELIGION: Naturreligionen (70%), muslimische, hinduistische, katholische u. a. christliche Minderheiten.
ORTSZEIT: MEZ + 1.
NETZSPANNUNG: 220 V, 50 Hz.
POST- UND FERNMELDEWESEN: Telefon: Selbstwählferndienst. **Landesvorwahl:** 258. **Telex/Telegramme:** Verbindungen kommen über Südafrika zustande. Guter Telex-Service in Maputo und Beira. Die meisten Städte des Landes sind durch verschiedene Kommunikationseinrichtungen miteinander verbunden. **Postdienst** in den größeren Städten. Luftpostsendungen nach Europa sind normalerweise 5-7 Tage unterwegs, manchmal auch länger.
DEUTSCHE WELLE
Der Einsatz der Kurzwellenfrequenzen ändert sich mehrfach im Laufe eines Jahres, und Sendungen auf den folgenden Frequenzen werden jeweils nur zu bestimmten Tageszeiten ausgestrahlt. Näheres in der Einleitung.

MHz	15,275	15,135	13,610	7185	6,075
Meterband	19	19	22	41	49

REISEPASS/VISUM

Wichtiger Hinweis: Die Einreisebestimmungen mancher Länder können sich kurzfristig ändern – rufen Sie sicherheitshalber auf Ihrem CRS-System (TIMATIC-Info-Code-Fenster in diesem Kapitel) den aktuellen Stand ab bzw. wenden Sie sich an die zuständige diplomatische Vertretung. Etwaige Zahlen in der Tabelle beziehen sich auf nachfolgende Fußnoten.

	Paß erforderlich?	Visum erforderlich?	Rückflugticket erforderlich?
Deutschland	Ja	Ja	Ja
Österreich	Ja	Ja	Ja
Schweiz	Ja	Ja	Ja
Andere EU-Länder	Ja	Ja	Ja

REISEPASS: Allgemein erforderlich zur Einreise, Reisepaß muß noch mindestens 6 Monate über die Länge des Aufenthalts hinaus gültig sein.
VISUM: Genereller Visumzwang.

Visaarten: Touristen- und Geschäftsvisa.
Visagebühren: Touristen- und Geschäftsvisa: 80 DM (für 30 Tage), 120 DM (bis zu 90 Tagen, Botschaft in Bonn); 1700 bfr (Botschaft in Brüssel); 60 sfr (Konsulat in Genf).
Gültigkeitsdauer: 1 Monat ab Einreise (Verlängerungsmöglichkeit vor Ort).
Antragstellung: Konsulat bzw. Konsularabteilung der Botschaft (Adressen s. o.).
Unterlagen: (a) Antragsformular (b) 2 Paßfotos. (c) Reisepaß. (d) Hotelbuchung. (e) Bestätigungsschreiben der beruflichen oder privaten Kontaktpersonen in Mosambik. (f) Frankierter und adressierter Briefumschlag.
Bearbeitungszeit: Ca. 7 Tage, Eilausstellung gegen Aufpreis möglich: Bearbeitung innerhalb von 48 Stunden (Aufpreis: 20 DM), sofortige Bearbeitung (Aufpreis: 50 DM).
Aufenthaltsgenehmigung: Anträge sind an die Botschaft zu richten.

GELD

Währung: 1 Mosambik Metical (Mt) = 100 Centavos. Banknoten gibt es im Wert von 10.000, 5000, 1000, 500, 100 und 50 Mt; Münzen sind im Wert von 500, 100, 20, 10, 5, 2,5 und 1 Mt sowie 50 Centavos in Umlauf.

Wechselkurse

	Mt Sept. '92	Mt Febr. '94	Mt Jan. '95	Mt Jan. '96
1 DM	1845,81	3112,08	4164,70	6886,96
1 US$	2743,12	5402,44	6455,35	9900,00

Devisenbestimmungen: Die Ein- und Ausfuhr der Landeswährung ist nicht gestattet. Die Einfuhr von Fremdwährungen ist unbegrenzt, es besteht jedoch Deklarationspflicht. Ausfuhr in Höhe der deklarierten Einfuhr.
Öffnungszeiten der Banken: Mo-Fr 07.30-11.15 Uhr.

DUTY FREE

Folgende Artikel können zollfrei nach Mosambik eingeführt werden:
200 Zigaretten oder 250 g Tabak;
0,5 l Spirituosen;
eine angemessene Menge Parfüm (geöffnet).
Einfuhrbeschränkungen: Narkotika. Für Schußwaffen braucht man eine Einfuhrgenehmigung.

GESETZLICHE FEIERTAGE

1. Mai '96 Tag der Arbeit. **25. Juni** Unabhängigkeitstag. **7. Sept.** Siegestag. **25. Sept.** Tag der Streitkräfte. **25. Dez.** Tag der Familie. **1. Jan. '97** Neujahr. **3. Febr.** Heldentag. **7. April** Tag der Frau. **1. Mai** Tag der Arbeit.

GESUNDHEIT

In der folgenden Tabelle aufgeführte Impfvorschriften können sich kurzfristig ändern. Es wird stets empfohlen, auf Ihrem CRS-System (TIMATIC-Info-Code-Fenster in diesem Kapitel) den aktuellen Stand der Gesundheitsbestimmungen abzurufen bzw. rechtzeitig vor der Reise ärztlichen Rat einzuholen.

	Vorsichtsmaßnahmen empfohlen	*Impfschein erforderlich*
Gelbfieber	Nein	1
Cholera	Ja	2
Typhus & Polio	Ja	-
Malaria	3	-
Essen & Trinken	4	-

[1]: Eine Impfbescheinigung gegen Gelbfieber wird von allen Reisenden verlangt, die aus Infektionsgebieten kommen und über ein Jahr alt sind.
[2]: Eine Impfbescheinigung gegen Cholera ist keine Einreisebedingung, das Risiko einer Infektion besteht jedoch. Da die Wirksamkeit der Schutzimpfung umstritten ist, empfiehlt es sich, rechtzeitig vor Antritt der Reise ärztlichen Rat einzuholen. Näheres unter *Gesundheit* (s. Inhaltsverzeichnis).
[3]: Malariaschutz ganzjährig in allen Landesteilen erforderlich. Die vorherrschende gefährlichere Form *Plasmodium falciparum* soll stark Chloroquin-resistent und Sulfadoxin/Pyrimethamin-resistent sein.
[4]: Wasser sollte generell vor der Benutzung zum Trinken, Zähneputzen und zur Eiswürfelbereitung entweder abgekocht oder anderweitig sterilisiert werden. Milch ist nicht pasteurisiert und sollte abgekocht werden. Trocken- und Dosenmilch nur mit keimfreiem Wasser anrühren. Milchprodukte aus ungekochter Milch am besten vermeiden. Fleisch- und Fischgerichte nur gut durchgekocht und heiß serviert essen. Der Genuß von Schweinefleisch, rohen Salaten und Mayonnaise sollte vermieden werden. Gemüse sollte gekocht und Obst geschält werden.
Tollwut kommt vor. Wer ein erhöhtes Risiko eingeht (z. B. längerer Aufenthalt in abgelegenen Gebieten), sollte vor Reiseantritt eine Schutzimpfung erwägen. Bei Bißwunden so schnell wie möglich ärztliche Hilfe in Anspruch nehmen. Weitere Informationen im Kapitel *Gesundheit* (s. Inhaltsverzeichnis).
Bilharziose-Erreger kommen in manchen Teichen und Flüssen vor, das Schwimmen und Waten in Binnengewässern sollte daher vermieden werden. Gut gepflegte Schwimmbecken mit gechlortem Wasser sind unbedenklich.
Hepatitis A, B und *E* kommen vor.
Gesundheitsvorsorge: Es gibt nur wenige medizinische Einrichtungen, der Standard ist allgemein niedrig; auf je 44.000 Einwohner entfällt ein Arzt. Viele medizinische Versorgungsstationen wurden während des Konflikts mit den Rebellen der RENAMO geschlossen. Der Abschluß einer Reisekrankenversicherung wird dringend empfohlen.

REISEVERKEHR - International

FLUGZEUG: Mosambiks nationale Fluggesellschaft heißt LAM – *Linhas Aereas de Moçambique (TM)*. Maputo wird u. a. von *TAP Air Portugal* und *Air France* angeflogen.
Durchschnittliche Flugzeiten: *Paris* – Maputo: 12 Std; *Lissabon* – Maputo: 10 Std.
Internationale Flughäfen: *Maputo* (MPM) (Mavalane) liegt 3 km nördlich der Stadt (Fahrzeit 20 Min.). Am Flughafen gibt es eine Bank, Post, Duty-free-Shops, Tourist-Information, Mietwagenschalter, Bars und Restaurants. Es gibt nur wenige Taxis, man sollte sich abholen lassen.
Beira (BEW) liegt 13 km außerhalb der Stadt (Fahrzeit 15 Min.). Nur für Flüge aus Europa, anderen afrikanischen Ländern und Amerika. Am Flughafen gibt es Restaurants, Geschäfte und eine Post.
SCHIFF: Einige Frachtschiffe laufen Maputo und Beira an, Passagierschiffe verkehren nur unregelmäßig.
BAHN: Ein Zug verkehrt zwischen Johannesburg und der mosambikanischen Grenze bei Komatipoort; man sollte sich allerdings nicht auf eine Anschlußverbindung nach Maputo verlassen. Es gibt keine Verbindungen zwischen Harare und Beira/Maputo. Verbindungen bestehen von Malawi nach Beira (die Grenze muß u. U. zu Fuß überquert werden) und Naçala.
Anmerkung: Aufgrund der immer noch angespannten politischen Lage ist der Zugverkehr unregelmäßig.
BUS/PKW: Mit Ausnahme von Tansania führen gute Verbindungsstraßen in alle Nachbarstaaten. Die geltenden Einreisebestimmungen und die Namen der Grenzübergänge erhalten Sie von der Botschaft.

REISEVERKEHR - National

FLUGZEUG: Flugzeuge bieten die sicherste Reisemöglichkeit für längere Strecken. Linien- und Charterflüge verbinden Maputo mit Blantyre, Inhambane, Beira, Quelimane, Tete, Lichinga, Nampula und Pemba. Der Flughafen in Maputo hat je nach Jahreszeit unterschiedliche Verkehrszeiten. Flugtaxidienste stehen ebenfalls zur Verfügung.
BAHN: Es gibt keine Verbindung zwischen Maputo und Beira. Zugverkehr zwischen Beira und Tete; weitere Verbindungen über den Gleisanschluß Monapo von den Städten Moçambique und Naçala nach Nampula und Lichinga. Züge fahren von Maputo nach Goba und Ressano Garcia sowie Richtung Norden auf der Strecke nach Simbabwe. Es gibt drei Klassen. Schlafwagen sind selten, Speisewagen und klimatisierte Abteile sind nicht vorhanden. Sitzplätze und Schlafwagen muß man im voraus buchen. Verspätungen sind recht häufig.
BUS/PKW: Geteerte Straßen verbinden Maputo mit Beira und Beira mit Tete. Längere Fahrten über Land sind aufgrund der weitverbreiteten Verminung gefährlich. Es wird empfohlen, die Reiseroute mit der Botschaft vor Ort zu besprechen. **Busse** fahren in fast alle Regionen des Landes und sind das preiswerteste Verkehrsmittel. Auf längeren Fahrten sollte man Wasser und Lebensmittel mitnehmen. An der Grenze nach Simbabwe und im Norden des Landes muß man mit häufigen Straßen- und Ausweiskontrollen rechnen. **Taxis** in Maputo haben Taxameter, für längere Fahrten sollte der Fahrpreis im voraus vereinbart werden. Es gibt kaum Taxis außerhalb Maputos. Taxifahrer erwarten 10% Trinkgeld. **Mietwagen** sind nur bei einer oder zwei Firmen erhältlich und haben daher einen gewissen Seltenheitswert. Linksverkehr. Bezahlung nur in Devisen. **Unterlagen:** Internationaler Führerschein.
STADTVERKEHR: Das Busliniennetz in Maputo wurde vor kurzem erweitert, und neue Busse erhöhen den Fahrkomfort. Taxis haben Taxameter, aber es gibt nur wenige.

UNTERKUNFT

HOTELS: In Maputo und Beira gibt es wenige Hotels mit internationalem Standard, Unterkünfte in kleineren Städten sind eher einfach. Preise sind auf Anfrage erhältlich, aber zur Zeit sind die Hotels normalerweise durch internationale Hilfsorganisationen ausgebucht.
FERIENHÄUSER UND -WOHNUNGEN: Einige preiswerte Ferienhäuser, Bungalows und sogenannte *Rondavels* (runde strohgedeckte Häuser) können gemietet werden.
CAMPING: An den Stränden sowie im Gorongosa-Nationalpark gibt es Campingplätze. Zelten ist auch auf den Grundstücken mehrerer christlicher Missionen im Land möglich.

URLAUBSORTE & AUSFLÜGE

Mosambik ist kaum für den Tourismus erschlossen. Es sind nur Gruppenreisen erlaubt.
Beira hat schöne Strände und ist der ideale Ausgangspunkt für Ausflüge zum *Gorongosa-Nationalpark*. Für einen Strandurlaub eignen sich auch *Ponta do Ouro*, *Malagane* (im Süden), die *Inhaca-Insel* (nahe Maputo), *Xai-Xai*, *San Martino do Bilene* und *Chonguene*. **Tofo** (ca. 400 km nördlich der Hauptstadt) ist ein kleiner beliebter Badeort bei Inhambane. Das Museum in **Maputo** stellt Gemälde und Skulpturen bekannter einheimischer Künstler aus. Die Kunstgalerie im Arbeitsministerium ist ebenso sehenswert wie der bunte Markt. **Moçambique** ist eine beeindruckende Stadt mit zahlreichen Gebäuden aus der portugiesischen Kolonialzeit (17. und 18. Jh.) sowie einigen interessanten Moscheen.
Die **Bazaruto-Inseln** sowie die nördlich von Beira gelegenen **Santa-Carolina-** und **Zalala-Inseln** sind beliebte Urlaubsorte.
NATIONALPARKS: Mosambik hat drei herrliche Tierschutzgebiete. Der **Maputo-Elefantenpark** liegt am rechten Ufer des Maputo-Flusses. Der **Gorongosa-Nationalpark** ist von Anfang Mai bis Ende Oktober geöffnet, Besuche können durch das LAM-Büro (Maputo) gebucht werden. Man erreicht den Park über die Landepiste in Chitengo, im Park sind Führer und Flugzeuge vorhanden. Der **Marromeu-Nationalpark** liegt an der Mündung des Sambesi.

SOZIALPROFIL

ESSEN & TRINKEN: Die Küche ist überwiegend portugiesisch mit fernöstlichen Einflüssen. Spezialitäten sind *Piri-Piri*-Huhn, Schalentiere (besonders lecker sind gegrillte Garnelen aus der Delagoa-Bucht mit *Piri-Piri*-Soße), *Matapa* (Erdnußsoße mit Maniokblättern) mit Reis oder *Wusa* (dicker Maisbrei). In den größeren Städten gibt es Restaurants und Hotelrestaurants.
NACHTLEBEN: In Maputo gibt es einige Nachtklubs mit Tanz und Musik. Von typischen mosambikanischen Volksliedern bis zu westlicher Popmusik wird alles geboten. Kinos sind in den größeren Städten vorhanden.
EINKAUFSTIPS: Beliebte Mitbringsel sind Korbwaren, Schilfrohrmatten, Holzschnitzereien, Masken, bedruckte Stoffe und Lederartikel. **Öffnungszeiten der Geschäfte:** Di-Sa 08.30-13.00 und 15.00-18.30 Uhr. Montag morgens sind die Geschäfte geschlossen, öffnen aber nachmittags von 14.00-18.30 Uhr.
SPORT: Gute **Angelgründe** (Fächerfisch, Barracuda, Segel- und Schwertfisch), besonders in den Gewässern um die Inhaca-Insel (Maputo), die Bazanito-Inselgruppe und die Moçambique-Insel. **Schwimmen:** Es gibt wunderschöne Strände und Lagunen – Vorsicht vor Haien ist jedoch geboten. Viele Hotels haben Swimmingpools. **Tauchen:** Einige Urlaubsorte vermieten Ausrüstungen, das Wasser ist klar, und es gibt viel zu entdecken. Besonders das Zavora-Korallenriff ist ein wahres Unterwasserparadies.
SITTEN & GEBRÄUCHE: Zur Begrüßung gibt man sich die Hand. Portugiesische Sitten und Gebräuche sowie die anderer südeuropäischer Länder sind noch weit verbreitet. Freizeitkleidung wird überall akzeptiert, elegante Kleidung wird nur selten benötigt. **Trinkgeld** wird in Hotels nicht gern gesehen, sonst sind 10% üblich.

Eine weitere wichtige Veröffentlichung von Columbus Press ist der »World Travel Guide«, der jährlich herausgegeben wird und Informationen in englischer Sprache auf mehr als tausend Seiten über alle Länder der Erde enthält.

Weitere Einzelheiten von:
Columbus Press, Verkaufsabteilung, Aurikelweg 9, D-38108 Braunschweig.
Tel: 05309/2123. Telefax: 05309/2877.

Mosambik / Myanmar

WIRTSCHAFTSPROFIL

WIRTSCHAFT: Durch die Abwanderung der Portugiesen nach dem Ende der Kolonialherrschaft entstand ein Mangel an qualifizierten Arbeitskräften, der sich katastrophal auf die Wirtschaft ausgewirkt hat. Der furchtbare Bürgerkrieg tat ein übriges, um die Wirtschaft an den Rand des Ruins zu bringen. Die ohnehin nur wenig entwickelte Industrie hat schwer gelitten. Nahrungsmittel- und Textilindustrie, Brauereien und andere Branchen der Leichtindustrie haben die Wirren der letzten Jahre relativ unbeschadet überstanden. Schwerindustrie und Bergbau sind durchaus ausbaufähig, jedoch fehlt die nötige Infrastruktur. Noch immer sind 81% der Beschäftigten in der Landwirtschaft tätig, deren Erträge jedoch kaum für den Export ausreichen. Die Hauptexporterzeugnisse sind Krustentiere, Cashewnüsse, Tee, Zucker, Sisal, Baumwolle, Kopra, pflanzliche Öle und Zitrusfrüchte. Dürre und Trockenheit haben vor allem in den achtziger Jahren der Landwirtschaft arg zugesetzt. Mosambik ist in hohem Maße von Entwicklungshilfe abhängig. Ein Silberstreif am Horizont ist ein Wirtschaftsförderungsprogramm, das 1987 eingeleitet wurde und langsam erste Früchte trägt. Hauptexportländer sind Spanien, die USA und Japan. Die Waffenstillstandsvereinbarung vom Herbst 1992 dürfte sich günstig auf die Wirtschaft auswirken. Die wichtigen Bahnstrecken nach Beira und am Limpopo entlang sind nach regionalen Waffenstillstandsabkommen wiedereröffnet worden, und Auslandsinvestitionen beginnen erneut zu fließen. Die Weltbank wird Hilfsgelder in Höhe von mehr als 500 Mio. US$ bereitstellen.

GESCHÄFTSVERKEHR: In der heißen Jahreszeit trägt man Safari- oder leichte Tropenanzüge bei geschäftlichen Treffen, ansonsten sind Jackett oder Sommeranzüge bzw. Sommerkleider angebracht. Es gibt kaum Dolmetscher- und Übersetzerdienste in Maputo, meist findet sich in Geschäftskreisen aber jemand, der behilflich sein kann. Januar ist Ferienzeit in Mosambik, Geschäftsreisen in dieser Zeit vermeidet man am besten. **Geschäftszeiten:** Mo-Fr 08.00-12.00 und 14.00-17.00 Uhr.

Kontaktadressen: *Die wirtschaftlichen Interessen Österreichs werden von der Außenhandelsstelle der Wirtschaftskammer Österreich in Harare (s. Simbabwe) vertreten.*
Cámara de Comércio de Moçambique (Handelskammer), Caixa Postal 1836, Maputo. Tel: (01) 49 19 70. Telex: 6498.

KLIMA

Regional verschieden. Sehr heißes, in Küstenregionen tropisch-feuchtes Klima. Im Landesinneren ist es kühler als an der Küste, die Niederschlagsmenge variiert je nach Höhenlage. Der meiste Niederschlag fällt zwischen Januar und März. Die heißeste und feuchteste Zeit ist zwischen Oktober und März. Von April bis September ist es an der Küste warm und trocken, Meeresbrisen bringen willkommene Kühlung.

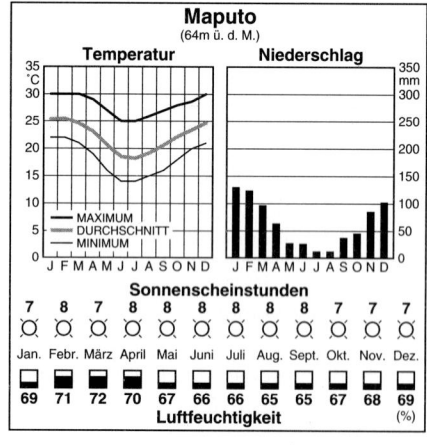

Mustique
... siehe Inhaltsverzeichnis

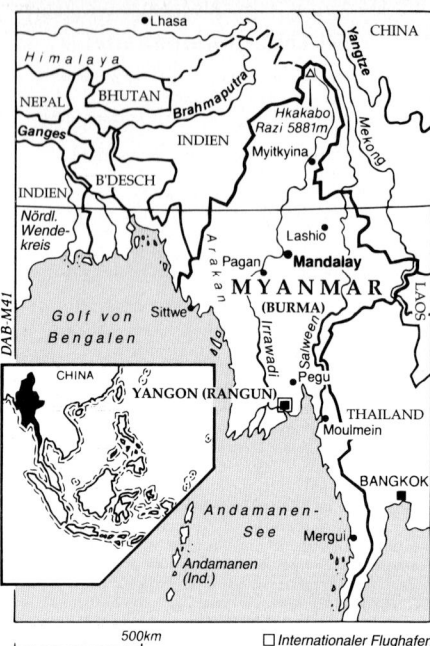

Lage: Südostasien.

Anmerkung: Reisen in vom Bürgerkrieg betroffene Regionen, z. B. in die südliche Provinz Shan bzw. die Grenzgebiete zu Thailand, gelten als gefährlich. Aktuelle Informationen vom Auswärtigen Amt in Bonn, dem Außenministerium in Wien und dem EDA in Bern. Burma nahm 1989 den Namen Myanmar an. Der alte Name ist ebenfalls noch gebräuchlich, sollte jedoch in offiziellen Zusammenhängen vermieden werden.

Studienreisen Max Klingenstein
Thomas-Wimmer-Ring 9
D-80539 München
Tel: (089) 23 50 81. Telefax: (089) 23 50 81 34.
Mo-Fr 09.00-18.00 Uhr.
Studienreisen Max Klingenstein GesmbH
Bayerngasse 1/11
A-1030 Wien
Tel: (0222) 714 32 18. Telefax: (0222) 713 99 36.
Mo-Fr 09.00-17.00 Uhr.
Harry Kolb
Am Pilgerweg 4
CH-8802 Kirchberg (ZH)
Tel: (01) 715 36 36. Telefax: (01) 715 31 37.
Mo-Fr 08.00-12.00 und 13.30-18.00 Uhr, Sa 08.00-12.00 Uhr.
Myanmar Travels and Tours (Fremdenverkehrsamt)
77-91 Sule Pagoda Road
PO Box 559
Yangon 11141
Tel: (01) 7 58 28. Telefax: (01) 8 95 88.
Botschaft der Union Myanmar
Schumannstraße 112
D-53113 Bonn
Tel: (0228) 21 00 91/92. Telefax: (0228) 21 93 16.
Mo-Fr 09.00-16.30 Uhr, *Konsularabt.:* 09.30-12.30 Uhr.
(auch zuständig für Österreich)
Generalkonsulat der Union Myanmar (mit Visumerteilung)
47 Avenue Blanc
CH-1202 Genf
Tel: (022) 7 31 75 40. Telefax: (022) 7 38 48 82.
Mo-Fr 09.30-12.30 und 14.00-16.00 Uhr.
Übergeordnete Vertretung ist die Botschaft in Paris.
Botschaft der Bundesrepublik Deutschland
32 Nat Mauk Street
PO Box 12, General Post Office
Yangon
Tel: (01) 3 89 51-53. Telefax: (01) 3 88 99.
Konsulat der Republik Österreich (ohne Paß- und Sichtvermerksbefugnis)
63, 157th Street
PO Box Tamwe
Yangon
Tel: (01) 3 88 36.
Übergeordnete Vertretung ist die Botschaft in Bangkok (s. Thailand).
Die Schweiz unterhält keine diplomatische Vertretung in der Union Myanmar, zuständig ist die Botschaft in Bangkok (s. Thailand).

FLÄCHE: 676.552 qkm.
BEVÖLKERUNGSZAHL: 44.596.000 (1993).
BEVÖLKERUNGSDICHTE: 66 pro qkm.
HAUPTSTADT: Yangon (Rangun). **Einwohner:** 3.302.000 (1990).
GEOGRAPHIE: Myanmar ist, grob gesehen, rautenförmig. Die Ausdehnung von Ost nach West beträgt 925 km und von Nord nach Süd 2100 km. Das Land grenzt im Osten an China, Laos und Thailand und im Westen an Bangladesch, Indien und den Indischen Ozean (Golf von Bengalen und Andamanensee). Der Fluß Irrawadi fließt durch die Landesmitte, an der Südküste bildet er ein Delta. Die Hauptstadt Yangon liegt an einer der zahlreichen Flußmündungen. Nördlich des Deltas liegen das Irawadi-Becken und Zentral-Myanmar, das durch eine hufeisenförmige Bergkette geschützt wird. Sie erreicht eine Höhe von 3000 m und wirkt sich klimatisch auf das Gebiet aus. Im Westen liegen die Berge Arakan, Chin und Naga und die Patkai-Hügel, im Norden die Kachin-Hügel. Das Shan-Plateau im Osten dehnt sich bis zum Iriwadi-Becken aus. In der Landesmitte wird intensiv Landwirtschaft betrieben, die Felder werden künstlich bewässert. Auf dem Shan-Plateau gedeihen Obst, Gemüse und Zitrusfrüchte, ein Großteil des Landes ist jedoch von subtropischen Wäldern bedeckt.
STAATSFORM: Sozialistische Republik seit 1974; neue Verfassung in Ausarbeitung. Militärregime. Staatsoberhaupt und Regierungschef: General Than Shwe, seit April 1992. Ein im April 1992 von den Militärs vorgelegter Zeitplan sieht die Einberufung einer verfassungsgebenden Versammlung sowie die Freilassung aller politischen Häftlinge in naher Zukunft vor. Hausarrest gegen die Oppositionsführerin Aung San Suu Kyi wurde im Juli 1995 ohne Auflagen aufgehoben. In einigen Landesteilen herrscht nach wie vor Bürgerkrieg. Der Stamm der Karen ist die größte Rebellengruppe und operiert von der thailändischen Grenze aus.
SPRACHE: Amtssprache ist Birmanisch, außerdem werden über 100 verschiedene Sprachen und Dialekte gesprochen. In Geschäftskreisen spricht man Englisch.
RELIGION: Theravada-Buddhismus (87%); Hinduismus, Islam, Christentum und Anhänger von Naturreligionen.
ORTSZEIT: MEZ + 5 Std. 30.
NETZSPANNUNG: 220/230 V, 50 Hz. Adapter empfohlen.
POST- UND FERNMELDEWESEN: Telefon: Selbstwählferndienst zu den wichtigsten Städten. **Landesvorwahl:** 95. Das interne Telefonnetz ist begrenzt. **Telefax:** Dieser Dienst steht nicht zur Verfügung. **Telex/Telegramme:** Telegramme können im *Central Telegraph Office*, Maha Bandoola Street, und bei der *Post and Telecommunications Corporation* in Yangon aufgegeben werden. Die Telex-Einrichtungen der Hotels stehen ausschließlich Geschäftsleuten zur Verfügung. **Post:** Luftpost nach Europa ist ca. eine Woche unterwegs. Es empfiehlt sich, Briefe persönlich aufzugeben und eine Bescheinigung dafür zu verlangen (geringe Gebühr).
DEUTSCHE WELLE
Der Einsatz der Kurzwellenfrequenzen ändert sich mehrfach im Laufe eines Jahres, und Sendungen auf den folgenden Frequenzen werden jeweils nur zu bestimmten Tageszeiten ausgestrahlt. Näheres in der Einleitung.

MHz	21,640	17,845	11,795	9,655	9,525
Meterband	13	16	25	31	31

REISEPASS/VISUM

Wichtiger Hinweis: Die Einreisebestimmungen mancher Länder können sich kurzfristig ändern – rufen Sie sicherheitshalber auf Ihrem CRS-System (TIMATIC-Info-Code-Fenster in diesem Kapitel) den aktuellen Stand ab bzw. wenden Sie sich an die zuständige diplomatische Vertretung. Etwaige Zahlen in der Tabelle beziehen sich auf nachfolgende Fußnoten.

	Paß erforderlich?	Visum erforderlich?	Rückflugticket erforderlich?
Deutschland	Ja	Ja	Nein
Österreich	Ja	Ja	Nein
Schweiz	Ja	Ja	Nein
Andere EU-Länder	Ja	Ja	Nein

TIMATIC INFO-CODES

Abrufbar über Ihr CRS-System (für START/Amadeus Ama-Maske benutzen). Für Galileo bitte TI-DFT eingeben (mit Bindestrich).

Flughafengebühren	TI DFT/ RGN /TX
Währung	TI DFT/ RGN /CY
Zollbestimmungen	TI DFT/ RGN /CS
Gesundheit	TI DFT/ RGN /HE
Reisepassbestimmungen	TI DFT/ RGN /PA
Visabestimmungen	TI DFT/ RGN /VI

Anmerkung: Staatsbürger von Taiwan (China) brauchen zur Einreise nach Myanmar eine Sondergenehmigung.
REISEPASS: Allgemein erforderlich, Reisepaß muß noch 6 Monate gültig sein.
VISUM: Allgemein erforderlich. Jedes Kind über 7 Jahre, selbst wenn es im Reisepaß der Eltern eingetragen ist, benötigt ein separates Visum.
Anmerkung: Einreise nur per Flugzeug. Einzelreisende müssen bei der Ankunft mindestens 300 US-Dollar (bzw. entsprechenden Gegenwert) umtauschen (s. *Devisenbestimmungen*).
Visaarten: Touristen- und Geschäftsvisa.
Visagebühren: Touristenvisa: 20 DM, 20 sfr. Geschäftsvisa: 60 DM, 50 sfr.
Gültigkeitsdauer: 3 Monate vom Ausstellungsdatum. Maximale Aufenthaltsdauer 28 Tage. Geschäftsvisa können u. U. im Land verlängert werden.
Antragstellung: Botschaft bzw. Konsulat (Adressen s. o.).
Unterlagen: *Touristenvisum:* (a) 3 Paßfotos neuesten Datums. (b) 3 Antragsformulare. (c) Gültiger Reisepaß. *Geschäftsvisum:* (a) 4 Antragsformulare. (b) 4 Paßfotos neuesten Datums. (c) Schreiben der Firma mit genauen Angaben über Reisezweck und Aufenthaltsdauer sowie die finanzielle Situation des Antragstellers. (d) Einladungsschreiben des Geschäftspartners oder der betreffenden Regierungsstelle in Myanmar. (e) Gültiger Reisepaß.
Bearbeitungszeit: 2-7 Tage.

GELD

Währung: 1 Kyat (K) = 100 Pyas. Banknoten sind im Wert von 200, 90, 45, 15, 10, 5 und 1 K in Umlauf. Münzen im Wert von 1 K sowie 50, 25, 10, 5 und 1 Pyas. 100.000 Kyat werden *Lakh* und 10 Millionen Kyat *Crore* genannt. »Kyat« wird »Tschät« ausgesprochen. Um den Schwarzmarkt zu unterbinden und die finanzielle Situation der Dissidentengruppen zu schwächen, werden gelegentlich bestimmte Banknoten ohne Vorwarnung für ungültig erklärt.
Kreditkarten werden nur in begrenztem Umfang akzeptiert. Einzelheiten vom Aussteller der betreffenden Kreditkarte.
Reiseschecks werden angenommen.
Wechselkurse

	K Sept. '92	K Febr. '94	K Jan. '95	K Jan. '96
1 DM	4,02	3,66	3,79	3,97
1 US$	5,97	6,35	5,87	5,71

Devisenbestimmungen: Die Landeswährung darf weder ein- noch ausgeführt werden. Keine Beschränkungen bei der Einfuhr von Fremdwährungen, sie müssen jedoch deklariert werden. Dies gilt auch für Reiseschecks und Kreditkarten. Die Deklaration muß aufbewahrt werden, da die Ausfuhr auf die bei der Einreise deklarierte Summe beschränkt ist. Bei der Einreise muß ein Mindestbetrag von 300 US-Dollar (oder der entsprechende Gegenwert) umgetauscht werden. Nur Beträge über 300 US$ sind zurücktauschbar. Am Flughafen in Yangon finden regelmäßig Kontrollen statt. Daher sollten alle Quittungen zum Nachweis der im Lande ausgegebenen Summen aufbewahrt werden.
Öffnungszeiten der Banken: Mo-Fr 10.00-14.00 Uhr.

DUTY FREE

Folgende Artikel können ab dem 17. Lebensjahr zollfrei nach Myanmar eingeführt werden:
400 Zigaretten oder 100 Zigarren oder 250 g Tabak;
1,136 l Spirituosen;
500 ml Parfüm oder Eau de toilette.
Anmerkung: Für den Export burmesischer Schmuckwaren, deren Gesamtwert 250 K übersteigt, benötigt man eine Genehmigung des Ministeriums für Devisenkontrolle. Antiquitäten dürfen nicht ausgeführt werden. Alle persönlichen Schmuckstücke sollten bei der Einreise deklariert werden, sonst kann bei der Ausreise die Ausfuhr verweigert werden. Dies gilt auch für elektrische Geräte und Kameras.

GESETZLICHE FEIERTAGE

1. Mai '96 Tag der Arbeit. **Mai** Vollmond in Kason. **19. Juli** Tag der Märtyrer. **Juli/Aug.** Vollmond in Waso. **Okt.** (1) Vollmond in Thadingyut. (2) Diwali. **Nov.** Tazaungdaing-Festival. **Nov./Dez.** Nationalfeiertag. **25. Dez.** Weihnachten. **4. Jan. '97** Unabhängigkeitstag. **12. Febr.** Tag der Vereinigung. **März** Vollmond in Tabaung. **2. März** Tag der Bauern. **27. März** Tag der Streitkräfte. **April** Maha Thingyan (Wasserfest). **17. April** Neujahr. **18. April** Id al-Adha. **Mai** Vollmond in Kason. **1. Mai** Tag der Arbeit.
Anmerkung: Die Daten für diese und andere buddhistische Feiertage hängen vom Mondkalender ab. Minoritäten haben unterschiedliche Feiertage. Im Oktober/November begehen die Hindus das Lichterfest Diwali, Mohammedaner feiern Bakri Idd Ende November, Weihnachten und Ostern werden von Christen begangen, und der Stamm der Karen feiert Anfang Januar Neujahr. Weitere Informationen erhalten Sie von den diplomatischen Vertretungen.

GESUNDHEIT

In der folgenden Tabelle aufgeführte Impfvorschriften können sich kurzfristig ändern. Es wird stets empfohlen, auf Ihrem CRS-System (TIMATIC-Info-Code-Fenster in diesem Kapitel) den aktuellen Stand der Gesundheitsbestimmungen abzurufen bzw. rechtzeitig vor der Reise ärztlichen Rat einzuholen.

	Vorsichtsmaßnahmen empfohlen	*Impfschein erforderlich*
Gelbfieber	Nein	1
Cholera	Ja	2
Typhus & Polio	Ja	-
Malaria	3	-
Essen & Trinken	4	-

[1]: Eine Impfbescheinigung gegen Gelbfieber wird von allen Reisenden verlangt, die aus Infektionsgebieten kommen.
[2]: Eine Impfbescheinigung gegen Cholera ist keine Einreisebedingung, das Risiko einer Infektion besteht jedoch. Da die Wirksamkeit der Schutzimpfung umstritten ist, empfiehlt es sich, rechtzeitig vor Antritt der Reise ärztlichen Rat einzuholen. Näheres unter *Gesundheit* (s. Inhaltsverzeichnis).
[3]: Malariarisiko besteht in den nachfolgenden Landesteilen unter 1000 m: (a) ganzjährig in der Provinz Karen; (b) von März bis Dezember in den Provinzen Chin, Kachin, Kajak, Mon, Rachin und Shan, in Pegu und in den Gemeinden Hlegu, Hmawbi und Taikkyi im Distrikt Yangon; (c) von April bis Dezember in den ländlichen Regionen des Distrikts Tenasserim; (d) von Mai bis Dezember im Distrikt Irawadi und in ländlichen Gebieten des Distrikts Mandalay; (e) von Juni bis November in den ländlichen Gebieten des Distrikts Magwe und im Distrikt Sagaing. Die vorherrschende gefährlichere Form *Plasmodium falciparum* soll stark Chloroquin- und Sulfadoxin/Pyrimethamin-resistent sein.
[4]: Wasser sollte generell vor der Benutzung zum Trinken, Zähneputzen und zur Eiswürfelbereitung entweder abgekocht oder anderweitig sterilisiert werden. Milch ist nicht pasteurisiert und sollte ebenfalls abgekocht werden. Trocken- und Dosenmilch nur mit keimfreiem Wasser weiterverarbeiten. Milchprodukte aus ungekochter Milch am besten vermeiden. Fleisch- und Fischgerichte nur gut durchgekocht und heiß serviert essen. Der Genuß von Schweinefleisch, rohen Salaten und Mayonnaise sollte vermieden werden. Gemüse sollte gekocht und Obst geschält werden.
Tollwut kommt vor. Wer ein erhöhtes Risiko eingeht (z. B. längerer Aufenthalt in abgelegenen Gebieten), sollte vor Reiseantritt eine Schutzimpfung erwägen. Bei Bißwunden so schnell wie möglich ärztliche Hilfe in Anspruch nehmen. Weitere Informationen im Kapitel *Gesundheit* (s. Inhaltsverzeichnis).
Hepatitis A und *E* treten auf, *Hepatitis B* ist hochendemisch.
Gesundheitsvorsorge: Der Abschluß einer Reisekrankenversicherung wird dringend empfohlen. In den Städten gibt es Krankenhäuser, auf dem Land Arztpraxen. Medikamente gegen Magen- und Darmbeschwerden sollten mitgeführt werden.

REISEVERKEHR - International

FLUGZEUG: Myanmars nationale Fluggesellschaft heißt *Myanma Airways International (MAI)*. Verbindungen aus Europa über Bangkok.
Internationaler Flughafen: *Yangon (RGN)* (Mingaladon) liegt 19 km nördlich der Stadt. Flughafeneinrichtungen: Bank, Post, Tourist-Information, Hotel-Reservierung, Duty-free-Shops, Bars und Restaurants. Es gibt Taxis (die jedoch nicht immer zur Verfügung stehen) und einen Linienbus.
Anmerkung: Die Einreise nach Myanmar ist nur auf dem Luftweg erlaubt.

REISEVERKEHR - National

FLUGZEUG: Das Flugzeug ist das beste Verkehrsmittel, leider ist der Flugplan jedoch eingeschränkt. Oft beeinträchtigen Sicherheitsmaßnahmen den Reiseverkehr. Es gibt Flüge zu den meisten Städten, außerdem Charterflugverkehr. Über 50 Landepisten stehen zur Verfügung. Flugtickets und Auskünfte beim *Myanmar Travels and Tours* (Adresse s. o.).
Flugzeiten: Yangon – *Mandalay*: 2 Std. 10; Yangon – *Pagan*: 1 Std. 30; Yangon – *Heho*: 1 Std. 25.
SCHIFF: Am besten lernt man das Land per Boot kennen, insbesondere zwischen Bhamo und Mandalay und Mandalay und Pagan. Myanmars befahrbare Flüsse haben eine Gesamtlänge von 8000 km. Reisebüros vor Ort organisieren diese Fahrten. Man muß im allgemeinen für die eigene Verpflegung sorgen und sollte viel Zeit haben, da es fast immer Verspätungen gibt.
BAHN: Die Züge der *Myanma Railways* befahren diverse Strecken, die wichtigste führt von Yangon nach Mandalay (Fahrzeit 12-14 Std.). Nachtzüge haben normalerweise Schlafwagen. Das Streckennetz der staatlichen Bahn umfaßt 4740 km und führt in fast alle Landesteile. Es gibt auch Fahrkarten 1. Klasse. Mit Ausnahme der Strecke Yangon – Mandalay sind alle Zugverbindungen von regelmäßigen Verspätungen und anderen Störungen betroffen, die durch klimatische, technische und bürokratische Schwierigkeiten verursacht werden. Fahrkarten müssen durch *Myanmar Travels and Tours* erworben werden, möglichst 24 Std. im voraus. Es empfiehlt sich, 1. Klasse zu fahren. Regelmäßige Bahnverbindungen gibt es auf den Strecken Yangon – Mandalay, und Yangon – Thazi. Die Strecken Mandalay – Lashio – Myitkyana sind für Touristen nicht zu empfehlen. Die Bahnfahrkarten können mit Bustickets kombiniert werden.
BUS/PKW: Es gibt zwar **Langstreckenbusse**, aber der Zustand der Busse und Straßen ist so schlecht, daß die Fahrt alles andere als angenehm ist. Die meisten Fahrzeuge sind recht antiquiert. Japanische Lieferwagen mit offener Ladefläche verbinden die größeren Städte, verkehren aber nur unregelmäßig. Fahrräder können gemietet werden. **Unterlagen:** Internationaler Führerschein, der bei der Polizei vorgelegt werden muß, die ihn dann entweder bestätigt oder einen Besucherführerschein ausstellt.
STADTVERKEHR: Yangon hat eine ringförmige Bahnstrecke. In allen Städten verkehren Busse, die allerdings zumeist veraltet und überfüllt sind. Taxis ohne Taxameter stehen zur Verfügung, außerdem Motor- und Fahrradrikschas. Der Fahrpreis sollte im voraus vereinbart werden.
Anmerkung: Reisen in bestimmte Landesteile sind nicht gestattet. Erkundigen Sie sich vor der Abreise bei der Botschaft.

UNTERKUNFT

HOTELS: In Yangon gibt es ca. 1000 Hotelzimmer. Man sollte Reservierungen im voraus vornehmen bei der *Hotel and Tourist Corporation* (gleiche Adresse wie *Myanmar Travels and Tours*). Die Bettenkapazität nimmt weiterhin zu.
Hotels gibt es außerdem in den Urlaubsorten Sandoway, Taunggyi und Pagan. Von November bis März sollte man besonders früh buchen. **Kategorien:** Es gibt drei Kategorien: Luxus-, Erste- und Touristenklasse.
Besucher, die in Landesteile abseits der üblichen Touristenrouten reisen wollen, sollten Decken oder Schlafsäcke mit sich führen. In den Pagoden, Tempeln und Klöstern darf man oft nicht länger als ein oder zwei Nächte bleiben. Unterkünfte in vielen Ortschaften sind Regierungsbeamten vorbehalten, Besucher werden jedoch unter Vorlage einer offiziellen Genehmigung aufgenommen.

URLAUBSORTE & AUSFLÜGE

Myanmar ist noch immer ein faszinierendes Land, ganz besonders, weil es seit 1960 beinahe hermetisch von der Außenwelt abgeriegelt ist. Im ganzen Land gibt es zahlreiche prächtige Stupas (kuppelförmige buddhistische Schreine), Tempel und Pagoden. Die Auswahl fällt schwer. Wegen des Bürgerkriegs dürfen einige Gebiete von Besuchern nicht betreten werden. Während der Trockenzeit veranstaltet die *Tourist Corporation* sonntags Ausflüge per Flugzeug zu den Stränden von Napali und Sandoway.

Der Süden

Charakteristisch für die Hauptstadt **Yangon** sind die vielen buddhistischen Tempel, Straßenmärkte, Imbißstände und teilweise etwas baufälligen Gebäude aus der Kolonialzeit. In der Stadt leben über 2 Millionen Menschen. Obwohl die meisten Gebäude erst in den letzten 100 Jahren errichtet wurden und Yangon während des 2. Weltkrieges viel Schaden erlitten hat, kann man auch heute noch Zeugnisse einer sehr alten Kultur finden. Die goldene *Shwe-Dagon-Pagode* ist einer der außergewöhnlichsten buddhistischen Schreine Asiens – die älteste Pagode an dieser Stelle soll vor 2500 Jahren gebaut worden sein, das derzeitige Gebäude stammt von 1769. Sehenswert sind auch die *Sule-Pagode* und die *Maha Pasan Guha* oder »Große Höhle« – eine künstlich angelegte Höhle, die Teil der *Kaba-Aye-Pagode* ist. Interessant an der *Botataung-Pagode* ist, daß man die hohle Stupa betreten kann. Die Decke ist mit einem Spiegelmosaik verziert, viele kleine Nischen laden zur Meditation ein.
Auch außerhalb der Hauptstadt gibt es interessante Sehenswürdigkeiten. In der Nähe von *Myinkaba* liegt der *Naga-Yone-Tempel* mit einer berühmten Buddhafigur, um die sich eine riesige Kobra windet, die den Buddha beschützen soll. Diese Darstellung verbindet die buddhistische mit der brahmanischen Astrologie. Sehenswert ist auch *Kyaik Tyo* mit der »Goldfelsen-Pagode«. Dieser fast 6 m hohe Schrein wurde auf einem vergoldeten Felsbrocken auf dem Gipfel einer Klippe errichtet. *Pegu* wurde 1573 gegründet. Besonders sehenswert sind die goldene *Shwemawdaw-Pagode* und der Markt. Nordöstlich von Pegu befindet sich der *Shwethalyaung-Buddha*, der als einer der schönsten und fast lebensecht wirkenden ruhenden Buddhas verehrt wird. 1757 wurde Pegu zerstört, und die Buddhafigur wurde von der Vegetation überwuchert. Erst als während der britischen Kolonialzeit eine Bahnlinie durch dieses Gebiet gebaut wurde, wurde sie wiederentdeckt.

Zentral-Myanmar

Pagan ist das historisch bedeutendste Gebiet des Landes. Am schönsten ist es hier am frühen Morgen, wenn die Sonne aufgeht, oder bei Sonnenuntergang. Während des goldenen Zeitalters der 11 großen Könige (ca. 1044-1287) gab es mehr als 13.000 Pagoden in dieser trockenen Ebene. Die drohende Invasion durch Kublai Khan aus China bereitete dieser Ära ein Ende, und diese außergewöhnliche Siedlung wurde aufgegeben. Heute stehen hier nur noch rund 3000 Pagoden. Im Dorf Pagan gibt es ein Museum, einen Markt, kleine Restaurants und Übernachtungsmöglichkeiten. Das Dorf *Myinkaba* ist von Pagan aus zu Fuß zu erreichen. Sehenswert sind der Tempel und zahlreiche Werkstätten, in denen Lackwaren hergestellt werden. In der Region um Pagan (etwa 40 qkm) gibt es Dutzende beeindruckender offener Tempel, vor allem den 1311 errichteten *Shwegugyi-Tempel* mit wunderschönen Stuckarbeiten. Der *Gawdawpalin-Tempel* wurde 1975 durch ein Erdbeben schwer beschädigt, gilt aber immer noch als einer der eindrucksvollsten Tempel dieses Gebietes. Der *Thatbyinnyu-Tempel* ist der höchste Tempel dieser Region.

Mandalay, die alte Königsstadt, hat einen ungewöhnlichen Reichtum an Palästen, Stupas, Tempeln und Pagoden, obwohl sie von mehreren Großfeuern heimgesucht worden ist, durch die viele Bauwerke zerstört wurden. Die Stadt ist das Zentrum des Buddhismus und der burmesischen Kunst. Neben ausgezeichneten Kunstgewerbemärkten gibt es zahlreiche Steinmetzwerkstätten und kleine Betriebe, in denen Blattgold hergestellt wird. Der nordöstlich des Palastes gelegene *Mandalay Hill* (240 m) gab der Stadt ihren Namen. Sie wurde von König Mindon 1857 gegründet, der die alten Holzgebäude des Palastes in Amarapura abbauen und neu errichten ließ. Besonders sehenswert sind der riesige *Shweyattaw-Buddha* in der Nähe des Hügels, dessen ausgestreckter Finger auf die Stadt zeigt; ferner die 1847 errichtete und mit Blattgold belegte *Eindawya-Pagode*, die *Shwekyimyint-Pagode*, deren Buddha während der Pagan-Periode von Prinz Minshinzaw geweiht wurde, und die *Mahumuni-Pagode* (»Große Pagode«) mit der berühmten und hochverehrten Mahumuni-Figur. Die Statue wurde 1784 von Arakan nach Mandalay gebracht, soll aber bedeutend älter sein. Sie wurde von gläubigen Buddhisten im Laufe der Jahre völlig mit Blattgold bedeckt. Vom imposanten *Mandalay-Palast*, der einst eher eine riesige, von Mauern umgebene Stadt als ein Palast war, sind heute nur noch das Fundament, der Schloßgraben und die mächtigen Mauern erhalten. 1942 brannte der überwiegend aus Holz bestehende Palast nieder. Ein großformatiges Modell vermittelt eine Vorstellung von seiner einstigen Pracht. Das *Shwenandaw Kyaung-i* war einst Teil des Palastes und wurde von König Mindon und seiner Hauptkönigin bewohnt. Auch dieses hölzerne Gebäude ist wunderschön vergoldet. Es enthält herrliche geschnitzte Wandpaneele sowie ein Foto des *Atumashi-Kyaung-Klosters*, das 1890 durch ein Feuer zerstört wurde. Die Ruinen des Klosters liegen südlich der *Kuthodaw-Pagode*, die das »größte Buch der Welt« genannt wird. 729 Marmorplatten, die mit dem gesamten buddhistischen Kanon beschrieben sind, umgeben die Pagode in der Mitte des Klostergeländes.

In der Umgebung von Mandalay liegen mehrere verlassene ehemalige Hauptstädte. *Sagaing* ist leicht zu erreichen; in *Tupayon*, *Aungmyelawka* und *Kaunghmudaw* kann man interessante Pagoden besichtigen. Sagaing war einst die Hauptstadt des unabhängigen Shan-Königreiches. Vom 15. bis zum 19. Jahrhundert (bis zum Untergang des Königreiches) war *Ava* die Hauptstadt; dort sind die alten Stadtwälle noch zu sehen. *Mingun* erreicht man mit dem Boot von Mandalay. Die berühmte *Mingun-Glocke* soll die älteste und größte Glocke der Welt sein, die noch nie einen Sprung hatte. 1790 erteilte König Bodawpaya den Auftrag, die Glocke zu gießen. Sie sollte in seiner riesigen Pagode aufgehängt werden, die jedoch nie fertiggestellt wurde, da der König 1819 starb. Das Fundament der Pagode allein ist etwa 50 m hoch. Die 1783 von König Bodawpaya gegründete Stadt *Amarapura* südlich von Mandalay ist für ausgezeichnete Baumwoll- und Seidenstoffe bekannt.

Der Osten

Dieser Landesteil ist ideal für Wanderer und Bergsteiger. In den Kieferwäldern liegen mehrere Erholungsorte wie *Kalaw*, in denen man sich von der schwülen Atmosphäre Yangons erholen kann. Am *Pindaya-See* gibt es zahlreiche berühmte Höhlen mit einigen tausend Buddhafiguren. In der Nähe des Dorfes Yengan liegen die *Padah-Lin-Höhlen*, die prähistorische Malereien enthalten. Der *Inle-See* auf dem Shan-Plateau ist für seine schwimmenden Gärten und für die Fischer bekannt, die ihre Boote mit den Beinen rudern. Weiter nördlich ist *Maymyo*, eine zauberhafte Bergstation mit malerischen Wasserfällen, in der schon die Angehörigen der britischen Kolonialmacht einst Erholung suchten. Aufgrund der hohen Lage herrscht ein angenehmes Klima.

Der Nordwesten

Wegen der schlechten Verkehrsverbindungen und der politischen Situation gelangen Besucher so gut wie nie in dieses Gebiet, das von Minoritätenstämmen bewohnt wird. Am bekanntesten sind die sogenannten »Giraffenfrauen«, die um Hals und Hand- und Fußgelenke Dutzende von Kupfer- und Messingringen tragen. Bis zum Hochzeitstag werden jedes Jahr neue Ringe hinzugefügt.

SOZIALPROFIL

ESSEN & TRINKEN: Burmesische Gerichte sind scharf und würzig. Fisch, Reis, Nudeln und Gemüse werden mit Zwiebeln, Ingwer, Knoblauch und Chilis gewürzt. Spezialitäten sind *Lethok Son* (ein scharf gewürzter vegetarischer Reissalat), *Mohinga* (Fischsuppe mit Nudeln) und *Oh-No Khauk Swe* (Reisnudeln, Huhn und Kokosmilch). Die Avocados aus der Gegend am Inle-See sind ausgezeichnet; auf den Märkten sind die unterschiedlichsten tropischen Früchte erhältlich. In größeren Ortschaften gibt es an allen Straßenecken Imbißstände. Hotels und Restaurants bieten auch chinesische und indische Gerichte an. **Getränke:** Burmesischer Tee ist ein beliebtes Getränk; mitunter werden Gewürze hinzugefügt, die die Zunge knallrot färben. Die einheimischen alkoholfreien Getränke sind von minderwertiger Qualität und recht teuer. Kaffee wird kaum getrunken. Einheimisches Bier sowie einheimischer Rum, Whisky und Gin sind überall erhältlich.

NACHTLEBEN im westlichen Sinne existiert nicht, gelegentlich finden Veranstaltungen in den drei Theatern Yangons statt. Kinos sind populär, sieben der 50 Kinos in Yangon zeigen regelmäßig Filme in englischer Sprache.

EINKAUFSTIPS: Schmuck und Edelsteine (Rubine) sollte man nur in hierzu offiziell berechtigten Geschäften kaufen. Lackarbeiten sind beliebte Mitbringsel. Der Markt in Yangon ist farbenfroh und faszinierend.

SPORT: Zahlreiche europäische Sportarten werden in den Sportklubs ausgeübt, man muß aber entweder Mitglied oder Gast eines Mitglieds sein. Im Aung-San-Stadion in Yangon und auf kleineren Plätzen in anderen Orten werden **Fußballspiele** veranstaltet. Der Nationalsport ist **Chinglone**. Zu dieser Sportart benötigt man sechs Spieler pro Seite, die einen aus Bambusrohr geflochtenen Ball so lange wie möglich in der Luft halten, dazu jedoch lediglich Füße und Knie benutzen dürfen. Burmesisches **Boxen** ist ebenfalls eine sehr beliebte Sportart, die dem uneingeweihten Zuschauer allerdings recht brutal vorkommen kann.

VERANSTALTUNGSKALENDER

Es gibt zahlreiche buddhistische Festivals, die oft bei Vollmond veranstaltet werden. Man muß schon sehr viel Pech haben, um während eines Aufenthaltes in Myanmar nicht mindestens ein Fest mitzuerleben. *Maha Thingyan*, das burmesische Neujahr, findet Mitte April statt und dauert mindestens drei Tage. Zwei weitere bedeutende Feierlichkeiten sind *Thadingyut* zur Zeit des Vollmondes im Oktober und *Tazaungdaing* Anfang November. Während der buddhistischen Fastenzeit (Juli bis Oktober) wird drei Monate lang gefastet und gebetet.

SITTEN & GEBRÄUCHE: Bei der Anrede wird der volle Name benutzt. Ältere oder angesehene burmesische Männer werden mit *U* vor dem Namen angesprochen (entspricht etwa unserem *Herr*), erwachsene Männer mit *Ko* und junge Männer mit *Aung*. Frauen werden mit *Daw* angesprochen. Höfliches Benehmen und Respekt für Tradition und Religion werden erwartet. Vor dem Betreten religiöser Gebäude muß man Schuhe und Strümpfe ausziehen. Vor dem Betreten einer Wohnung zieht man die Schuhe aus, obwohl das in vielen modernen Haushalten nicht mehr erwartet wird (dort werden sie nur vor dem Betreten der Schlafzimmer ausgezogen). Beim Sitzen sollten die Fußsohlen nicht sichtbar sein, dies wird als Beleidigung aufgefaßt. Kleine Geschenke werden gern entgegengenommen, aber nie erwartet. Shorts und Miniröcke sollten nicht getragen werden. **Trinkgeld:** Taxifahrer erwarten kein Trinkgeld. In Hotels und Restaurants gibt man zwischen 5% und 10%.

WIRTSCHAFTSPROFIL

WIRTSCHAFT: Myanmar, das reich an Bodenschätzen ist, hat unter der Mißwirtschaft der Nationalen Einigkeitspartei (früher Burmesische Sozialistische Programmpartei) wirtschaftlich stagniert. Landwirtschaft – hauptsächlich Viehzucht – und Fischerei sind auch heute noch die wichtigsten Wirtschaftszweige. Traditionelle Methoden ohne jeglichen Maschineneinsatz sind noch immer die Regel. Reis, seit langem das wichtigste Exportgut, hat durch den konstant niedrigen Weltmarktpreis in den letzten Jahren an Bedeutung verloren. Exportiert werden außerdem Teakholz (Exportanteil 20%), Edelsteine, Rohmetalle, Ölsaaten, Zuckerrohr, Baumwolle, Jute und Kautschuk. Außerdem illegaler Handel mit Opium. Das Land verfügt über bedeutende Erdöl-, Zinn-, Kupfer- und Kohlevorkommen, die bisher nicht in vollem Umfang ausgebeutet wurden. Ein Modernierungsprogramm soll in naher Zukunft Abhilfe schaffen. Fertigwaren müssen immer noch überwiegend importiert werden. Chronischer Devisenmangel stand der wirtschaftlichen Entwicklung des Landes bislang im Weg, und Regierung und staatliche Handelsagenturen sahen sich zu umständlichen Tauschgeschäften gezwungen. China, Japan, Singapur, Indonesien und Südkorea sind die wichtigsten Handelspartner Myanmars. Der Fremdenverkehr soll ausgebaut werden und 1996 ist zum Jahr des Tourismus erklärt worden. Aufgrund der zahlreichen Menschenrechtsverletzungen bleibt abzuwarten, ob sich Myanmar zu einem beliebtem Reiseziel entwickeln wird.

GESCHÄFTSVERKEHR: Leichter Anzug oder Sommerkleid sind angemessen für geschäftliche Termine. Gespräche auf höchster Ebene erfordern konservativere Kleidung. Die Geschäftssprache ist i. allg. Englisch. Geschäftsreisen legt man am besten in die Monate Oktober bis Februar. **Geschäftszeiten:** Mo-Fr 09.30-16.30 Uhr.

Kontaktadressen: Es gibt über 20 Staatsunternehmen, die in allen geschäftlichen Fragen behilflich sein können. Folgende Organisation fördert den Außenhandel: *Myanmar Export-Import Services*, 622-624 Merchant Street, Yangon. Tel: (01) 8 02 66. Telefax: (01) 8 95 87. *Die wirtschaftlichen Interessen Österreichs werden von der Außenhandelsstelle der Wirtschaftskammer Österreich in Bangkok (s. Thailand) vertreten.*

KLIMA

In Myanmar gibt es drei Jahreszeiten – die heißeste Jahreszeit liegt zwischen Februar und Mai mit geringem Niederschlag. Die Monsunzeit dauert von Mai bis Oktober. Von Oktober bis Februar herrscht trockenes, kühleres Wetter.

Kleidung: Ganzjährig leichte Baumwoll- und Leinenkleidung, leichte Wollsachen für die kältere Jahreszeit und für kühle Abende. Während der Regenzeit benötigt man einen Regenmantel oder Schirm.

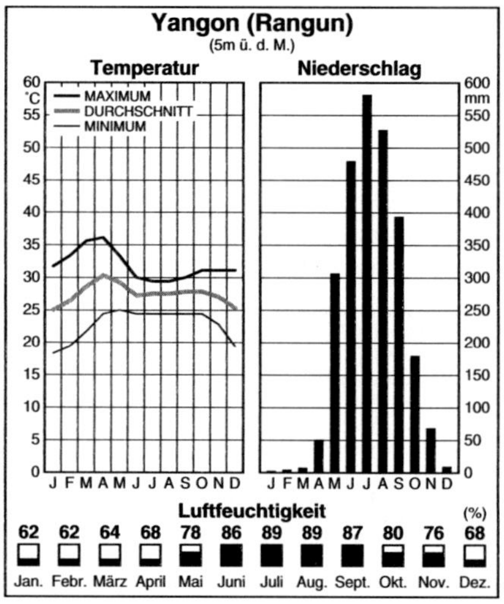

COLUMBUS ATLAS

Auf ca. 100 Seiten enthält dieser Atlas unter anderem europäische Fähr- und Eisenbahnverbindungen und weltumspannende Kreuzfahrtkarten, Straßenkarten, Gebietskarten vielbesuchter Regionen wie z. B. Costa Brava, Florida u. a. Falls Sie bei der Beratung oder Reiseplanung verstärkt auf Karten zurückgreifen möchten, werden Sie diesen speziell auf die Reisebranche zugeschnittenen Atlas unentbehrlich finden – und dazu besonders preisgünstig!

Weitere Einzelheiten von:
Columbus Press, Verkaufsabteilung,
Aurikelweg 9,
D-38108 Braunschweig.
Tel: 05309/2123. Telefax: 05309/2877.

Namibia

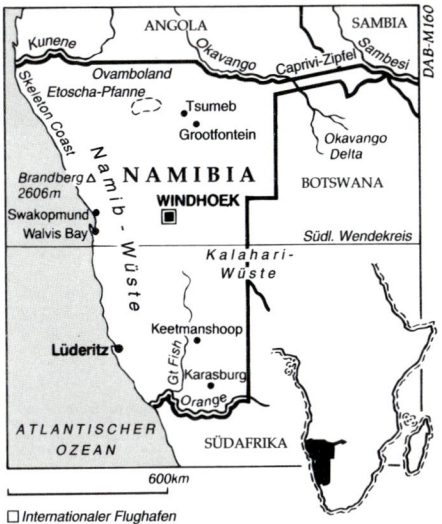

Lage: Südwestafrika.

Namibia Verkehrsbüro
Im Atzelnest 3
D-61352 Bad Homburg
Postfach 2041
D-61290 Bad Homburg
Tel: (06172) 40 66 50. Telefax: (06172) 40 66 90.
Mo-Fr 08.30-16.30 Uhr, telefonisch 08.30-13.00 Uhr.

Namibia Tourism
Private Bag 13346
Windhoek 9000
Tel: (061) 284 91 11. Telefax: (061) 22 19 30.
Botschaft der Republik Namibia
Mainzer Straße 47
D-53179 Bonn
Tel: (0228) 34 60 21. Telefax: (0228) 34 60 25.
Mo-Fr 08.30-12.45 und 13.45-16.30 Uhr, *Konsularabt.:*
09.00-12.00 Uhr, sonst nach Vereinbarung.
(auch für Österreich und die Schweiz zuständig)
Botschaft der Bundesrepublik Deutschland
Sanlam Centre, 6th Floor
154 Independence Avenue
PO Box 231
Windhoek
Tel: (061) 22 92 17. Telefax: (061) 22 29 81.
Zuständig sind die Botschaft der Republik Österreich in Harare (s. Simbabwe) und die Konsularabteilung der österreichischen Botschaft Pretoria in Kapstadt (s. Südafrika).
Generalkonsulat der Schweizerischen Eidgenossenschaft
Southern Life Tower, 2nd Floor
Post Street Mall 39
PO Box 22287
Windhoek
Tel: (061) 22 23 59. Telefax: (061) 22 79 22.
Übergeordnete Vertretung ist die Botschaft der Schweizerischen Eidgenossenschaft in Harare (s. Simbabwe).

FLÄCHE: 824.292 qkm.
BEVÖLKERUNGSZAHL: 1.529.000 (1992).
BEVÖLKERUNGSDICHTE: 1,9 pro qkm.
HAUPTSTADT: Windhoek. **Einwohner:** 142.000 (1991).
GEOGRAPHIE: Namibia liegt im südwestlichen Afrika. Das überwiegend karge Land grenzt im Norden an Angola, im Osten an Botswana und im Süden an Südafrika, der Caprivi-Zipfel, eine schmale Landzunge im Nordosten des Landes, grenzt an Sambia und Simbabwe. Der 1280 km lange Küstenstreifen ist einer der eindruckvollsten, aber auch der einsamsten der Welt. Die riesigen Wanderdünen der Namib-Wüste an der Küste erstrecken sich 80-130 km landeinwärts (bedecken damit 15% der gesamten Landesfläche) und machen die ganze Region äußerst siedlungsfeindlich. Die Ausläufer eines von Nord nach Süd verlaufenden Plateaus senken sich nach Osten zur Kalahari-Wüste hin ab. Im Nordwesten erheben sich die 66.000 qkm umfassenden Kaokoveld-Berge, tiefer im Landesinneren erstreckt sich die riesige Etoscha-Pfanne. Gras- und Buschland umgibt diesen flachen, oft ausgetrockneten Salzsee, der Heimat zahlloser Wildtiere ist. Das Etoscha-Tierreservat ist eines der schönsten Afrikas und von Menschenhand fast völlig unangetastet. Der Tiefseehafen Walvis Bay wurde am 28. Februar 1994 unter die Verwaltung von Namibia gestellt.
STAATSFORM: Parlamentarisch-demokratische Republik seit 21. März 1990 (zuvor von Südafrika verwaltet). Staatsoberhaupt: Samuel (Sam) Daniel Nujoma (SWAPO), seit März 1990; Direktwahl alle 5 Jahre. Regierungschef: Hage Gottfried Geingob (SWAPO),

TIMATIC INFO-CODES

Abrufbar über Ihr CRS-System (für START/Amadeus Ama-Maske benutzen). Für Galileo bitte TI-DFT eingeben (mit Bindestrich).

Flughafengebühren	TI DFT/ WDH /TX
Währung	TI DFT/ WDH /CY
Zollbestimmungen	TI DFT/ WDH /CS
Gesundheit	TI DFT/ WDH /HE
Reisepassbestimmungen	TI DFT/ WDH /PA
Visabestimmungen	TI DFT/ WDH /VI

Namibia

REISEPASS/VISUM

Wichtiger Hinweis: *Die Einreisebestimmungen mancher Länder können sich kurzfristig ändern – rufen Sie sicherheitshalber auf Ihrem CRS-System (TIMATIC-Info-Code-Fenster in diesem Kapitel) den aktuellen Stand ab bzw. wenden Sie sich an die zuständige diplomatische Vertretung. Etwaige Zahlen in der Tabelle beziehen sich auf nachfolgende Fußnoten.*

	Paß erforderlich?	Visum erforderlich?	Rückflugticket erforderlich?
Deutschland	Ja	Nein	Ja
Österreich	Ja	Nein	Ja
Schweiz	Ja	Nein	Ja
Andere EU-Länder	Ja	1	Ja

REISEPASS: Allgemein erforderlich. Der Reisepaß muß mindestens 6 Monate über das beabsichtigte Rückreisedatum von Namibia hinaus Gültigkeit haben.
VISUM: Allgemein erforderlich, ausgenommen sind Staatsbürger der folgenden Staaten für Aufenthalte von max. 3 Monaten:
(a) [1] der meisten EU-Länder (nur Staatsbürger Griechenlands brauchen ein Visum);
(b) Schweiz und Liechtenstein;
(c) Angola, Australien, Bahamas, Botswana, Brasilien, Japan, Kanada, Kenia, Mosambik, Neuseeland, Norwegen, Russische Föderation, Sambia, Simbabwe, Singapur, Südafrika, Tansania und USA.
Visagebühren: Mehrfachvisa: 70 DM; Einzel- und Transitvisa: 35 DM.
Gültigkeitsdauer: Generell 3 Monate Gültigkeit, eine Verlängerung ist möglich durch das *Ministry of Home Affairs*, Cohen Building, Casino Street, Windhoek. Tel: (061) 22 13 61. Telefax: (061) 22 38 17.
Antragstellung: Botschaft (Adresse s. o.).
Unterlagen: (a) Gültiger Reisepaß. (b) Antragsformular. (c) 2 Paßfotos. (d) Geldmittelnachweis. (d) Firmenschreiben für Geschäftsvisum. (e) Rückflugticket.
Bearbeitungszeit: 30 Tage.
Aufenthaltsgenehmigung: Auskünfte von der Botschaft in Bonn (Adresse s. o.).

GELD

Währung: Im September 1993 wurde der Namibische Dollar (N$) eingeführt. Er ist dem Rand (R) gleichgestellt, und die beiden Währungen sollen zunächst parallel laufen. 1 N$ = 100 Cents. Banknoten gibt es im Wert von 100, 50 und 10 N$. Münzen in den Nennbeträgen von 5 und 1 N$ sowie 50, 10 und 5 Cents.
Kreditkarten: *Diners Club*, *Eurocard* und *Visa* werden akzeptiert. Einzelheiten vom Aussteller der betreffenden Kreditkarte.
Wechselkurse

	R Sept. '92	R Febr. '94	R Jan. '95	R Jan. '96
1 DM	1,87	1,97	2,28	2,52
1 US$	2,79	3,42	3,54	3,63

Devisenbestimmungen: Die Ein- und Ausfuhr der Landeswährung ist auf 500 N$ begrenzt. Die Einfuhr von Fremdwährungen ist unbeschränkt, muß aber deklariert werden. Die Ausfuhr ist auf den bei der Einreise deklarierten Betrag begrenzt.
Öffnungszeiten der Banken: Mo-Fr 09.00-15.30 Uhr, Sa 08.30-11.00 Uhr.

seit März 1990. Im Dezember 1991 wandelte sich die ehemalige Rebellenorganisation SWAPO (»South West African People's Organisation of Namibia«) in eine Partei um. Namibia erreichte als letzte Kolonie Afrikas 1990 seine Unabhängigkeit.
SPRACHE: Offizielle Landessprache ist Englisch. Afrikaans ist Umgangssprache. Deutsch ist verbreitet; zahlreiche afrikanische Sprachen wie Ovambo und Herero werden ebenfalls gesprochen.
RELIGION: Protestanten (62%), Katholiken (20%) und Naturreligionen.
ORTSZEIT: MEZ im Winter, MEZ + 1 im Sommer (September bis April).
NETZSPANNUNG: 220/240 V, dreipolige Stecker. Adapter erforderlich.
POST- UND FERNMELDEWESEN: Telefon: Selbstwählferndienst. Die Telefonnummern in Windhoek, die mit »3«, »5« oder »6« beginnen, müssen eine »2« vorangestellt bekommen. Es gibt Kartentelefone. **Landesvorwahl:** 264. **Telefaxgeräte** stehen in einigen Hotels zur Verfügung. **Telexe** können in größeren Ortschaften aufgegeben werden. **Telegrafenämter** gibt es in jeder Stadt. **Post:** Der Postdienst ist ausgezeichnet. Luftpost nach Europa ist 4-14 Tage unterwegs.
DEUTSCHE WELLE
Der Einsatz der Kurzwellenfrequenzen ändert sich mehrfach im Laufe eines Jahres, und Sendungen auf den folgenden Frequenzen werden jeweils nur zu bestimmten Tageszeiten ausgestrahlt. Näheres in der Einleitung.

MHz	15,275	15,135	11,795	9,700	9,545
Meterband	19	19	25	31	31

▼ Kolmanskop

Namibia

Wir wissen, wieviel Unterschied es macht, wenn Sie auf Ihrem Flug Platz haben – vielleicht liegt es daran, daß wir in einem Land mit schier endlosen Weiten leben.

Jedes Detail unseres Bord-Service ist ganz darauf abgestimmt, Ihnen den Flug vom Start bis zur Landung so bequem wie möglich zu machen. Von den 110 cm zwischen den weichen, handgenähten Ledersitzen der Super Business Class bis hin zu der überraschenden Geräumigkeit und Beinfreiheit in der Economy Class. Dieser Komfort macht es Ihnen natürlich noch leichter, die ausgezeichnete Küche und den aufmerksamen Service zu genießen, für die Air Namibia bekannt ist.

Wenn Sie also ins südliche Afrika fliegen, ob beruflich oder zum Vergnügen – Air Namibia freut sich darauf, Sie an Bord begrüßen zu dürfen.

Weitere Informationen erhalten Sie von Ihrem Reisebüro oder von Air Namibia in Bad Homburg, Tel: (06172) 40 66-0. Telefax: (06172) 40 66-40.

Die Fluglinie der unendlichen Weiten

DUTY FREE

Folgende Artikel können zollfrei nach Namibia eingeführt werden:
400 Zigaretten oder 50 Zigarren oder 250 g Tabak;
2 l Wein und 1 l Spirituosen;
50 ml Parfüm und 250 ml Eau de toilette;
Geschenke im Wert bis zu 500 N$, einschl. der zollfrei eingeführten Artikel.
Einfuhrbeschränkungen: Jagdwaffen dürfen eingeführt werden, wenn bei der Einreise ein gültiger Waffenschein und eine Buchungsbestätigung einer Jagd-Safari oder eine Einladung eines namibischen Farmers oder Jägers vorgelegt werden kann. Die Einfuhr von Pistolen ist nicht erlaubt.

GESETZLICHE FEIERTAGE

1. Mai '96 Tag der Arbeit. **4. Mai** Cassinga-Tag. **16. Mai** Christi Himmelfahrt. **25. Mai** Afrikatag. **26. Aug.** Heldengedenktag. **10. Dez.** Internationaler Menschenrechtstag. **25./26. Dez.** Weihnachten. **1. Jan. '97** Neujahr. **21. März** Unabhängigkeitstag. **28.-31. März** Ostern. **1. Mai** Tag der Arbeit. **4. Mai** Cassinga-Tag. **8. Mai** Christi Himmelfahrt. **25. Mai** Afrikatag.

GESUNDHEIT

In der folgenden Tabelle aufgeführte Impfvorschriften können sich kurzfristig ändern. Es wird stets empfohlen, auf Ihrem CRS-System (TIMATIC-Info-Code-Fenster in diesem Kapitel) den aktuellen Stand der Gesundheitsbestimmungen abzurufen bzw. rechtzeitig vor der Reise ärztlichen Rat einzuholen.

	Vorsichtsmaßnahmen empfohlen	Impfschein erforderlich
Gelbfieber	Nein	1
Cholera	Nein	Nein
Typhus & Polio	2	-
Malaria	3	-
Essen & Trinken	4	-

[1]: Eine Impfbescheinigung gegen Gelbfieber wird von allen Reisenden verlangt, die aus Infektionsgebieten kommen. Länder und Landesteile in endemischen Zonen Afrikas und Südamerikas gelten in Namibia als Infektionsgebiete. Wer per Linienflug aus einem Land außerhalb der Infektionsgebiete einreist, braucht auch dann keine Impfbescheinigung, wenn in einem Land dieser Zone (Infektionsgebiet) zwischengelandet wurde, sofern beim Transit der Flughafen oder die nächstgelegene Stadt nicht verlassen wurde. Charterpassagiere brauchen immer eine Impfbescheinigung, wenn in einem Infektionsgebiet zwischengelandet wurde.
Bei Kindern unter einem Jahr wird nicht auf einer Impfbescheinigung bestanden; diese Kinder können jedoch unter Beobachtung gestellt werden.
[2]: Typhus kann vorkommen; 1993 gab es Poliomyelitis-Epidemie, seitdem sind nur noch einige wenige Poliomyelitisfälle gemeldet worden.
[3]: Malariaschutz von November bis Mai/Juni in den nördlichen Landesteilen sowie ganzjährig im Okawango-Gebiet (Kavango). Die vorherrschende gefährlichere Form *Plasmodium falciparum* soll Chloroquin-resistent sein.
[4]: Leitungswasser ist normalerweise gechlort und relativ sauber, es können jedoch leichte Magenverstimmungen auftreten. Für die ersten Wochen des Aufenthalts wird daher abgefülltes Wasser empfohlen, welches überall erhältlich ist. Das Trinkwasser außerhalb größerer Ortschaften sollte als verunreinigt betrachtet und sterilisiert werden. Milch ist pasteurisiert und kann, ebenso wie Milchprodukte, Fleisch, Geflügel, Meeresfrüchte, Obst und Gemüse, unbesorgt verzehrt werden.
Tollwut kommt vor. Wer ein erhöhtes Risiko eingeht (zum B. längerer Aufenthalt in abgelegenen Gebieten), sollte vor Reiseantritt eine Schutzimpfung erwägen. Bei Bißwunden so schnell wie möglich ärztliche Hilfe in Anspruch nehmen. Weitere Informationen im Kapitel *Gesundheit* (s. Inhaltsverzeichnis).
Bilharziose-Erreger kommen in manchen Teichen und Flüssen vor, das Schwimmen und Waten in Binnengewässern sollte daher vermieden werden. Gut gepflegte Schwimmbecken mit gechlortem Wasser sind unbedenklich.
Hepatitis A und *B* kommen vor.

COLUMBUS REISEFÜHRER 1996/97

Namibia

Gesundheitsvorsorge: Der Abschluß einer Reisekrankenversicherung wird dringend empfohlen. Serum gegen Schlangen- und Skorpionbisse sollte u. U. mitgeführt werden.

REISEVERKEHR - International

FLUGZEUG: Namibias nationale Fluggesellschaft heißt *Air Namibia (SW)*. Sie bietet dreimal wöchentlich Nonstopflüge von Frankfurt aus an. Außerdem fliegt die *LTU International Airlines* von München und Düsseldorf nach Windhoek. *Lufthansa* fliegt von Frankfurt über Johannesburg nach Windhoek.
Durchschnittliche Flugzeiten: *Frankfurt* – Windhoek: 10 Std; *München* – Windhoek: 9 Std. 55. Es gibt keine Direktflüge von Österreich oder der Schweiz. Die Flüge gehen normalerweise über Frankfurt, Paris oder Johannesburg.
Internationaler Flughafen: *Windhoek (WDH)* liegt 40 km östlich der Stadt (Fahrzeit 35 Min.). Am Flughafen gibt es eine Bank, eine Post, Autovermietung, Duty-free-Shops, Bars und Restaurants. Airportbusse und Taxis stehen zur Verfügung. Die Bushaltestelle für die Abfahrt zum Flughafen liegt an der Ecke Independence Avenue und Peter-Müller-Straße (gegenüber vom *Kalahari Sands*). Die Busse fahren ca. 90 Minuten vor Abflug ab.
SCHIFF: Die moderne Hafenstadt Walvis Bay (Tiefseehafen) gehört seit März 1994 zu Namibia. Lüderitz hat einen kleinen Hafen.
BAHN: Die einzige internationale Verbindung kommt einmal pro Woche aus Südafrika. Sie führt durch die Landesmitte Namibias nach Windhoek und endet in Grootfontein; Nebenstrecken verbinden Walvis Bay, Gobabis und Lüderitz mit Windhoek.
BUS/PKW: Eine asphaltierte Straße im Süden des Landes führt nach Upington und nach Kapstadt (Südafrika), eine weitere Straße führt von Windhoek über Gobabis nach Botswana und eine Straße führt über Oshikango nach Angola.

REISEVERKEHR - National

FLUGZEUG: Das schnellste und praktischste Verkehrsmittel für Langstrecken in Namibia ist das Flugzeug. *Air Namibia* fliegt alle größeren Ortschaften sowie die Etoscha-Pfanne an (vom Eros-Flughafen, 3 km von Windhoek).
BAHN: Regionale Züge (vor allem Frachtverkehr) verkehren mehrmals wöchentlich, meistens jedoch nachts.
BUS/PKW: Es herrscht Linksverkehr. Das verhältnismäßig gut instandgehaltene Straßennetz umfaßt 37.000 km Sandpisten, zusätzlich gibt es 4400 km Allwetterstraßen. Wegen erhöhter Unfallgefahr ist äußerste Vorsicht auf Schotterstraßen geboten. Weitere Auskünfte von der *Automobil Association*, Carl List Gebäude 15, Independence Avenue, Postfach 61, Windhoek. **Busse** pendeln viermal wöchentlich zwischen den größeren Ortschaften Namibias. Ferner werden von Veranstaltern vor Ort Bustouren durch das Land organisiert. **Mietwagen** sind am Flughafen und in größeren Orten erhältlich. **Unterlagen:** Internationaler Führerschein erforderlich.

UNTERKUNFT

HOTELS: In Windhoek, Swakopmund und anderen Städten stehen Hotels der gehobenen Mittelklasse zur Verfügung. Hotelzimmer sind jedoch nur in begrenztem Umfang vorhanden, rechtzeitige Vorausbuchung wird

ENDLOSE SPEZIALANGEBOTE

- Größte Auswahl an Fahrzeugen im südlichen Afrika.
- Fahrerlaubnis für Simbabwe und Botswana. Nur für Allrad- und VW-Microbus-Fahrzeuge.
- Campingausrüstung erhältlich mit allen Leihwagen.

KESSLER 4x4 HIRE

Weitere Informationen von:
Tel: (061) 33451/227638.
Fax: (061) 224551.
PO Box 20274, 72 Tal Street, Windhoek, Namibia

---

alle Daten... World Travel Atlas

Der beliebteste Travel Atlas

neu für '96

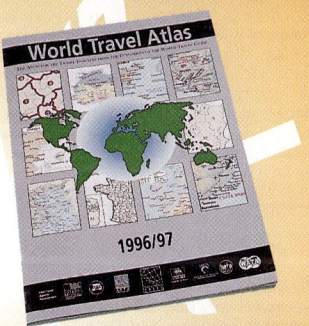

Neu in dieser Ausgabe ...

- Neue und detailliertere Weltkarten
- Europäische und nordamerikanische Skigebiete
- Deutsche Kurorte
- Nordamerik. Verbindungen
- Europäische Freizeitparks
- Schwerpunkt Australien
- Schwerpunkt Karibik
- Aktuellste Statistiken
- Schwerpunkt Zentraleuropa
- Schwerpunkt China und Hongkong
- Nordamerik. Klimakarten
- Europäische Zug- und Fährverbindungen
- Neue Blindkarten
- Lehrer Lösungsheft

Der Atlas für die Reiseindustrie, der nach 15jähriger enger, weltweiter Kooperation zusammengestellt wurde. Zusätzlich zu den Farbkarten, auf denen jeder Winkel der Erde verzeichnet ist, finden Sie auf Spezialkarten die beliebtesten Reiseziele und Resorts – eine Neuheit, die in gewöhnlichen Atlanten nicht existiert. Kurzum, nur dieser Atlas bietet Ihnen eine detaillierte Auswahl über die Gebiete und Resorts, die Ihre Kunden besuchen wollen.

Die neueste Ausgabe des *World Travel Atlas* wurde vollkommen überarbeitet und aktualisiert; außerdem gibt es noch mehr aktuelle Statistiken und Informationen über Gebiete, Attraktionen, Resorts und Möglichkeiten, die Ihre Kunden informieren und verlocken. Der *World Travel Atlas* garantiert Ihnen eine kompetente Kundenberatung durch aktuellste Informationen, Statistiken und Neuheiten.

Nähere Informationen erhältlich von:
Columbus Press, Aurikelweg 9, D-38108 Braunschweig. Tel: (03509) 21 23. Fax: (03509) 28 77.

...auf den Karten...

empfohlen. Einige Hotels und Lodges haben auch Einrichtungen für behinderte Reisende. Es gibt viele – meist deutsche – Gästefarmen. Weitere Informationen sind erhältlich von *Hotel Association of Namibia (HAN)*, PO Box 2862, Windhoek. Tel/Telefax: (061) 23 84 23.
Kategorien: Hotels werden mit 1-4 Sternen ausgezeichnet.
LODGES: Unterkünfte gibt es u. a. in der Nähe der berühmten Dünen von Sossuvlei und im Namib-Naukluft-Park. Außerdem befinden sich gut ausgestattete Buschcamps im Etoscha-Nationalpark und in anderen Tierschutzgebieten. Für weitere Informationen wenden Sie sich bitte an die *Tourism and Safari Association of Namibia (TASA)*, PO Box 11534, Windhoek. Tel: (061) 23 27 48. Telefax: (061) 22 84 61 oder das Namibia Verkehrsbüro (Adresse s. o.). Buchungen werden vorgenommen über die staatliche Reservierungsstelle beim Direktor für Tourismus, PO Box 13267, Windhoek. Tel: (061) 23 69 75. Telefax: (061) 22 49 00.
CAMPING: Campingplätze gibt es in einigen Tierschutzgebieten, u. a. im Etoscha-Nationalpark; außerdem in Ai-Ais, am Hardap-Damm im Süden, in Groß-Barmen in der Nähe von Okahandja, an den Popa-Fällen in Kavango und an verschiedenen Küstenorten.

URLAUBSORTE & AUSFLÜGE

Zu Namibias Hauptattraktionen zählen die zehn Nationalparks, die vom Ministerium für Umwelt und Tourismus verwaltet werden. Vorausbuchung wird unbedingt empfohlen.
Etoscha-Nationalpark und Wildreservat: Dieser ganzjährig geöffnete Nationalpark mit der berühmten Etoscha-Pfanne ist eines der bekanntesten Tierschutzgebiete der Welt. Die in 1065 m Höhe liegende Hochmulde bildet ein riesiges, salzhaltiges Becken, das nur zeitweilig mit Wasser gefüllt ist. Hier leben große Herden der verschiedensten Tierarten: Elefanten, Löwen, Zebras, Giraffen, Springböcke, Kudus, Oryx-Antilopen, Hyänen, Schakale, Leoparden und Geparde. Es sind gute Unterkunftsmöglichkeiten vorhanden.
Der **Fischfluß-Canyon** im Süden des Landes ist mit 161 km Länge, 27 km Breite und bis zu 550 m Tiefe eines der größten Naturwunder Afrikas und nach dem Grand Canyon (USA) der größte Canyon der Welt. Am besten gelangt man von Keetsmanshoop zum Fischfluß, an dem auch der **Hardap-Damm** liegt.
Ai-Ais und **Groß-Barmen** sind Urlaubsorte mit heißen Quellen. In der **Twyfelfontein-Region** nordwestlich von Windhoek kann man uralte Felszeichnungen besichtigen. Nordöstlich von Twyfelfontein (westlich von Khorixas) befindet sich der »versteinerte Wald« mit seinen 30 m langen, auf ein Alter von 200 Mio. Jahren geschätzten, versteinerten Baumstämmen. Das **Brandbergmassiv** ragt einsam aus der Halbwüste auf, sein Hauptgipfel ist mit 2573 m der höchste Berg des Landes. In den Schluchten und Höhlen des Brandenbergmassivs gibt es zahlreiche Felszeichnungen und Steingravierungen. Die Zeichnung der »weißen Dame« ist die berühmteste von ihnen.

Die bis zu 300 m hoch aufragenden Sanddünen der **Namib-Wüste** an der Westküste sind die höchsten Sanddünen der Welt (am höchsten bei Sossusvlei). Die Namib-Wüste gehört zu den ältesten und trockensten Wüsten der Welt, sie erinnert an eine geheimnisvolle Mondlandschaft. Der **Namib-Naukluft-Park** ist mit 49.768 qkm das viertgrößte Naturschutzgebiet der Welt. Campingplätze gibt es in Sesriem und Naukluft. Der **Skelett-Küstenpark** ist eine eigenartige Küstenlandschaft an den Wüstenausläufern im Norden des Landes mit endlosen Dünen großen Kiesflächen, dicken Nebelschwaden und Luftspiegelungen. Zahlreiche Schiffswracks und verlassene Minen verstärken die unheimliche Atmosphäre. Im malerischen Badeort **Swakopmund** erinnern manche Gebäude noch daran, daß Namibia einst eine deutsche Kolonie war. Die kleine charmante Hafenstadt **Lüderitz** liegt im Süden der Namib-Region. Lüderitz war die erste deutsche Siedlung im ehemaligen Deutsch-Südwestafrika. Sie verdankt ihren Namen dem Bremer Kaufmann Adolf Lüderitz, der die heute rund 4000 Einwohner zählende Kleinstadt 1884 gegründet hat. Charakteristisch sind die vielen Jugendstilbauten an den schwarzen Felsen am glitzernden Meer.
Windhoek, die lebhafte Hauptstadt im Zentrum des Landes, liegt mitten im Gebirge. Wie in einigen anderen Städten des Landes gibt es auch hier zahlreiche Beispiele deutscher Kolonialarchitektur, z. B. die *Christuskirche*, die *Alte Feste* und der *Tintenpalast*; dieser prachtvolle Palast ist damals wie heute Regierungssitz. Nur eine Flugstunde von der Hauptstadt entfernt gehen Buschmänner in den entlegenen Regionen Namibias mit Pfeil und Bogen auf die Jagd und halten weitgehend an ihren alten Traditionen fest.

SOZIALPROFIL

ESSEN & TRINKEN: Die Küche Namibias ist eine Mischung afrikanischer und europäischer Kochkunst, der deutsche Einfluß ist noch immer spürbar. So wird z. B. Bier nach dem deutschen Reinheitsgebot gebraut. Restaurants gibt es in erster Linie in den größeren Ortschaften. Eine Spezialität Namibias sind die verschiedenartig zubereiteten Wildfleischsorten wie z. B. *Biltong* (Dörrfleisch) und Rauchfleisch.
NACHTLEBEN: In Windhoek gibt es Restaurants, Kaffeehäuser, Kino und Theater.
EINKAUFSTIPS: In der Hauptstadt gibt es eine Auswahl eleganter Geschäfte. Einheimisches Kunstgewerbe kann man in Spezialgeschäften oder auf dem Windhoek-Straßenmarkt erstehen. Edelsteine sind Namibias einträglichster Exportartikel. **Öffnungszeiten der Geschäfte:** Mo-Fr 08.30-17.00 Uhr, Sa 08.30-13.00 Uhr.
SPORT: Nordwestlich von Usakos erhebt sich die 1728 m hohe Spitzkoppe aus der Wüste Namib mit ausgezeichneten Möglichkeiten zum **Bergsteigen**. Einige Stellen an der Küste und den Flüssen bieten gute **Angelgründe**, ein Angelschein ist nicht erforderlich. Verschiedene **Wanderwege** führen durch den Fischfluß-Canyon, den Waterberg Plateau-Park, die Naukluft-Berge und am Fluß Ugab entlang.
VERANSTALTUNGSKALENDER
1. Mai '96 *Save the Rhino Day*, Windhoek. **18. Mai** *Leichtathletik Meisterschaften der Senioren*, Windhoek. **16. Juni** *Tag des afrikanischen Kinder*, Windhoek. **31. Okt.** *Halloween*.
Eine vollständige Liste der Veranstaltungen erhalten Sie vom Fremdenverkehrsbüro (Adresse s.o.).
SITTEN & GEBRÄUCHE: Trinkgeld: 10% sind üblich.

WIRTSCHAFTSPROFIL

WIRTSCHAFT: Die wirtschaftlichen Aussichten des vor nicht allzu langer Zeit unabhängig gewordenen Landes Namibia sind recht vielversprechend. Während der Kontrolle durch Südafrika war der Bergbau der wichtigste Industriezweig. In den Minen Namibias werden Diamanten, Kupfer, Gold, Blei, Zink und Uran abgebaut – die Rossing-Uranmine ist die größte der Welt. Dieser Sektor bestreitet etwa 35% des Bruttosozialproduktes. Ein kleinerer, aber trotzdem bedeutender Prozentsatz stammt aus Landwirtschaft und Fischfang. Viehzucht spielt eine größere Rolle als Ackerbau. Ein Großteil der Bevölkerung baut Weizen, Mais und Hirse für den Eigenbedarf des Landes an. Namibia hat einige der besten Fischgründe der Welt. Sardinen sind zahlenmäßig am stärksten verbreitet, die Bestände sind aber durch Überfischen der Gewässer stark dezimiert worden. In Walvis Bay liegt der beste Tiefwasserhafen der Atlantikküste Afrikas. Ein besonderes Problem der neuen SWAPO-Regierung ist die Kontrolle der Wirtschaft. Die Erwartungen der ärmeren schwarzen Bevölkerung sollen erfüllt werden, ohne die von Weißen geführten multinationalen Konzerne zu provozieren, die immer noch einen Großteil der namibischen Wirtschaft kontrollieren. Der Tourismus spielt eine immer größere Rolle. 1993 erwirtschaftete dieser Sektor ca. 20% des Bruttosozialproduktes. Von den ca. 280.000 Touristen kamen die meisten aus Südafrika (ca. 170.000); Deutschland stand mit 40.000 Besuchern an zweiter Stelle. Südafrika ist der bedeutendste Handelspartner – Rohmaterialien werden exportiert und hergestellte Waren eingeführt. Weitere wichtige Handelspartner sind Großbritannien, Deutschland und Japan.
GESCHÄFTSVERKEHR: Für Geschäftsbesuche sind Anzug und Krawatte bzw. Kostüm angebracht. Termine sollten im voraus vereinbart werden. In Geschäftskreisen wird meistens Englisch gesprochen. Die beste Zeit für Geschäftsbesuche sind die Monate Februar bis Mai und September bis November.
Kontaktadressen: Die wirtschaftlichen Interessen Österreichs werden von der Außenhandelsstelle der Wirtschaftskammer in Johannesburg (s. Südafrika) vertreten.
Namibia National Chamber of Commerce and Industry, PO Box 9355, Windhoek. Tel: (061) 22 88 09. Telefax: (061) 22 80 09.
KONFERENZEN/TAGUNGEN: Informationen und Auskünfte erteilt *Conference Link*, Marlise Serfontein, PO Box 9870, Windhoek. Tel/Telefax: (061) 25 10 14.

KLIMA

Der kalte Benguela-Strom hält das Küstengebiet der Wüste Namib kühl und beinahe niederschlagsfrei. Morgens ist dichter Küstennebel möglich. Im Landesinneren fällt im Sommer (Oktober - April) der meiste Niederschlag. Die Sommertemperaturen sind im Jan. und Febr. mit durchschnittlichen Tagestemperaturen von 20°-29°C am höchsten; durch die Höhenlage sind die Nächte mitunter kühl. Die durchschnittlichen Wintertemperaturen liegen zwischen 6°-18°C.
Kleidung: Leichte Baumwollkleidung im Sommer, Wollsachen für kühle Abende. Im Binnenland muß man Schuhe tragen, der Boden kann während des Tages unerträglich heiß werden.

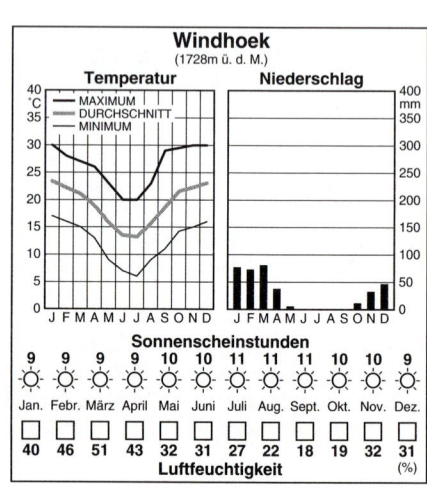

Nauru

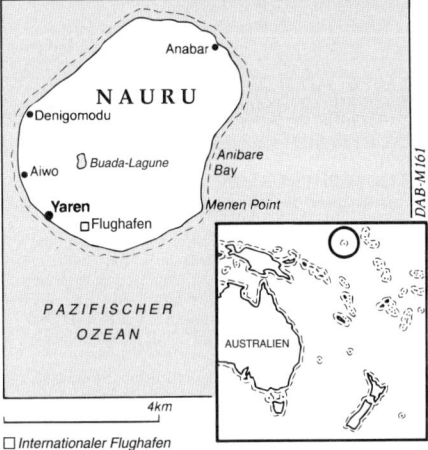

□ Internationaler Flughafen

Lage: Südpazifik.

Air Nauru
Directorate of Civil Aviation
Government of Nauru Offices
Yaren
Nauru
Tel: 444 31 13. Telefax: 444 31 73.
Nauru Government Office
3 Chesham Street
GB-London SW1X 8ND
Tel: (0171) 235 69 11. Telefax: (0171) 235 74 23.
Mo-Fr 09.30-17.00 Uhr.
(einzige Vertretung Naurus in Europa, auch zuständig für die Bundesrepublik Deutschland, Österreich und die Schweiz)
Principal Immigration Officer (Einreisebehörde)
Immigration Department
Nauru
Tel: 444 31 61. Telefax: 444 31 89.
Die Bundesrepublik Deutschland, Österreich und die Schweiz unterhalten keine diplomatischen Vertretungen auf Nauru. Zuständig sind für Deutschland und Österreich die jeweiligen Botschaften in Canberra, für die Schweiz das Generalkonsulat in Sydney (s. Australien).

FLÄCHE: 21,3 qkm.
BEVÖLKERUNGSZAHL: 9500 (1992).
BEVÖLKERUNGSDICHTE: 446 pro qkm.
HAUPTSTADT: Yaren. **Einwohner:** 4000 (1989).
GEOGRAPHIE: Nauru liegt westlich von Kiribati im Südpazifik. Die ovale Koralleninsel ist von einem Riff umgeben, das bei Ebbe sichtbar ist. Es gibt keinen Tiefwasserhafen, aber die Ankerplätze vor der Küste sollen in den tiefsten Gewässern der Welt liegen. Ein fruchtbarer Küstenstreifen trennt die mit Korallen durchwachsenen Strände vom Landesinneren. Hier liegt eine 60 m hohe Korallenklippe, hinter der sich ein hochgradig phosphathaltiges Plateau erhebt. Mit Ausnahme eines winzigen Gebiets am Ufer einer flachen Lagune ist diese Region unbewohnt; ein paar strauchähnliche Bäume bilden die einzige Vegetation. Durch ausgedehnten Phosphatabbau ist die Insel fast völlig ausgelaugt, man rechnet damit, daß die Phosphatvorkommen zwischen 1995 und 2010 erschöpft sein werden. Der Internationale Gerichtshof in Den Haag setzte einen Betrag von über 100 Mio. Australischen Dollar fest, der von der ehemaligen Treuhandmacht Australien bereitgestellt werden muß, um die Umweltschäden möglichst zu beheben und die Wirtschaft der Insel wiederaufzubauen.
STAATSFORM: Parlamentarische Republik seit 1968.
Staats- und Regierungschef: Bernard Dowiyogo, seit 1989. Gesetzgebender Rat mit 18 auf drei Jahre gewählten Abgeordneten.
SPRACHE: Nauruisch und Englisch.
RELIGION: Überwiegend Christen.
ORTSZEIT: MEZ + 11.
NETZSPANNUNG: 110/240 V, 50 Hz.
POST- UND FERNMELDEWESEN: Telefon: Selbstwählferndienst. **Landesvorwahl:** 674. **Telexe/Telegramme** können im *Nauru Government Communications Office* aufgegeben werden. **Post:** Luftpost nach Europa ist bis zu einer Woche unterwegs.
DEUTSCHE WELLE
Der Einsatz von Kurzwellenfrequenzen ändert sich mehrfach im Laufe eines Jahres, und Sendungen auf den folgenden Frequenzen werden jeweils nur zu bestimmten Tageszeiten ausgestrahlt. Näheres in der Einleitung.

MHz	21,640	17,845	11,795	9,735	9,690
Meterband	13	16	25	31	31

REISEPASS/VISUM

Wichtiger Hinweis: Die Einreisebestimmungen mancher Länder können sich kurzfristig ändern – rufen Sie sicherheitshalber auf Ihrem CRS-System (TIMATIC-Info-Code-Fenster in diesem Kapitel) den aktuellen Stand ab bzw. wenden Sie sich an die zuständige diplomatische Vertretung. Etwaige Zahlen in der Tabelle beziehen sich auf nachfolgende Fußnoten.

	Paß erforderlich?	Visum erforderlich?	Rückflugticket erforderlich?
Deutschland	Ja	Ja/1	Ja
Österreich	Ja	Ja/1	Ja
Schweiz	Ja	Ja/1	Ja
Andere EU-Länder	Ja	Ja/1	Ja

REISEPASS: Allgemein erforderlich.
VISUM: Allgemein erforderlich.
[1] Touristen, die bei der Einreise einen gültigen Reisepaß, ein Rückflugticket und eine Hotelreservierung vorweisen können, erhalten direkt am Flughafen ein Visum für einen Aufenthalt bis zu 30 Tagen. Transitreisende, die ihre Reise in ein drittes Land sofort oder mit dem nächsten Flugzeug fortsetzen, benötigen kein Visum. Gültige Reisedokumente, einschließlich bestätigter Tickets und Platzreservierung, müssen vorgelegt werden.
Visaarten: Touristen- und Geschäftsvisa.
Visagebühren: Visa werden kostenlos erteilt.
Gültigkeitsdauer: Für Aufenthalte bis zu 4 Monaten, Verlängerung möglich bei der Einreisebehörde in Nauru (Adresse s. o.).
Antragstellung: Visa werden vom *Principal Immigration Officer* in Nauru (Adresse s. o.) ausgestellt. Das *Nauru Government Office* in London erteilt keine Visa mehr.
Unterlagen: Es gibt keine vorgedruckten Antragsformulare. Ein formloses Schreiben sollte folgende Angaben enthalten: Vor- und Zuname, Geburtsdatum, Geburtsland, Beruf, Geburtsland, Nationalität, Reisepaßnummer und ausstellende Behörde, Ausstellungsdatum, Grund und Dauer des Besuches, voraussichtliche Daten und Art der An- und Abreise. Für Geschäftsvisa muß dem Antrag ein Schreiben des Geschäftspartners in Nauru beigefügt werden. Reisende, die nicht in einem Hotel übernachten, müssen ein Schreiben ihres Gastgebers beilegen. (Der Reisepaß sollte nicht mit eingeschickt werden.) Alle Besucher müssen außerdem ausreichende Geldmittel und u. U. Impfbescheinigungen vorweisen können.
Bearbeitungszeit: Mindestens 14 Tage.
Aufenthaltsgenehmigung: Wenden Sie sich an den *Principal Immigration Officer* in Nauru (Adresse s. o.).

GELD

Währung: 1 Australischer Dollar (A$) = 100 Cents.
Banknoten gibt es im Wert von 100, 50, 20, 10 und 5 A$, Münzen in den Nennbeträgen 2 und 1 A$ sowie 50, 20, 10 und 5 Cents.
Kreditkarten: *American Express, Diners Club* und *Visa* werden akzeptiert. Einzelheiten vom Aussteller der betreffenden Kreditkarte.
Wechselkurse

	A$ Sept.'92	A$ Febr. '94	A$ Jan. '95	A$ Jan. '96
1 DM	0,91	0,81	0,83	0,93
1 US$	1,36	1,40	1,29	1,34

Devisenbestimmungen: Es bestehen keine Ein- und Ausfuhrbeschränkungen für die Landes- oder Fremdwährungen.
Öffnungszeiten der Banken: Mo-Do 09.00-16.00 Uhr, Fr 09.00-16.40 Uhr.

DUTY FREE

Folgende Artikel können zollfrei nach Nauru eingeführt werden:
400 Zigaretten oder 50 Zigarren oder 450 g Tabak;
3 Flaschen Spirituosen (für Reisende über 21 Jahre);
Parfüm für den persönlichen Gebrauch.
Anmerkung: Für nauruische Kunstgegenstände benötigt man eine Ausfuhrlizenz. Ein- und Ausfuhrverbot von Schußwaffen und Rauschgiften.

GESETZLICHE FEIERTAGE

17. Mai '96 Verfassungstag. **26. Okt.** Angam-Tag. **25./26.Dez.** Weihnachten. **1. Jan. '97** Neujahr. **31. Jan.** Unabhängigkeitstag. **28. März** Karfreitag. **31. März** Ostermontag. **17. Mai** Verfassungstag.

GESUNDHEIT

In der folgenden Tabelle aufgeführte Impfvorschriften können sich kurzfristig ändern. Es wird stets empfohlen, auf Ihrem CRS-System (TIMATIC-Info-Code-Fenster in diesem Kapitel) den aktuellen Stand der Gesundheitsbestimmungen abzurufen bzw. rechtzeitig vor der Reise ärztlichen Rat einzuholen.

	Vorsichtsmaßnahmen empfohlen	Impfschein erforderlich
Gelbfieber	Nein	1
Cholera	Nein	2
Typhus & Polio	3	-
Malaria	Nein	-
Essen & Trinken	4	-

[1]: Eine Impfbescheinigung gegen Gelbfieber wird von allen Reisenden verlangt, die aus Infektionsgebieten kommen und über ein Jahr alt sind.
[2]: Ebenso wird eine Impfbescheinigung gegen Cholera von Reisenden verlangt, die sich während der letzten fünf Tage in einem Infektionsgebiet aufgehalten haben. Kinder unter einem Jahr sind davon ausgenommen.
[3]: Typhus kommt vor, Poliomyelitis nicht.
[4]: Leitungswasser ist normalerweise gechlort und relativ sauber, es können jedoch leichte Magenverstimmungen auftreten. Für die ersten Wochen des Aufenthalts wird daher abgefülltes Wasser empfohlen, welches überall erhältlich ist. Fleisch, Geflügel, Meeresfrüchte, Obst und Gemüse können unbesorgt verzehrt werden.
Hepatitis A und *B* treten auf.
Gesundheitsvorsorge: Der Abschluß einer Reisekrankenversicherung wird empfohlen. Die medizinische Versorgung auf Nauru ist gut. Es gibt zehn Ärzte und zwei Krankenhäuser (insgesamt 210 Betten, 1 Bett pro 38 Einwohner). Für Staatsbürger von Nauru ist die ärztliche Behandlung umsonst.

REISEVERKEHR - International

FLUGZEUG: Naurus nationale Fluggesellschaft *Air Nauru (ON)* fliegt Destinationen im Südpazifik (u. a. Australien und Neuseeland) und in Südostasien an. 1996 wird wieder der *Visit South Pacific Pass* von den folgenden Fluggesellschaften angeboten: *Air Pacific, Qantas, Royal Tongan Airlines, Air Caledonia International, Polynesian Airlines, Solomon Airlines* (Näheres von IATA Reisebüros). Südpazifikflüge werden hierbei bis auf 50% reduziert. Der Visit South Pacific Pass fliegt u. a. folgende Ziele an: Sydney und Brisbane (Australien), Auckland (Neuseeland), Tonga, Cook-Inseln, Fidschi und West-Samoa. Es können mindestens zwei und maximal acht Ziele angeflogen werden. Die Reise muß außerhalb des Südpazifiks begonnen werden, und es ist ratsam, die Flüge im voraus zu buchen.
Reisegepäck: Bis zu 20 kg pro Person.
Durchschnittliche Flugzeit: *Frankfurt – Nauru:* 30 Std. (mit Zwischenaufenthalten).
Internationaler Flughafen: *Nauru Island* (INU).
Flughafengebühren: 10 A$ bei der Ausreise. Transitreisende und Kinder unter 12 Jahren sind hiervon ausgenommen.
SCHIFF: Nauru hat einen internationalen Hafen, der von den Schiffahrtsgesellschaften *Nauru Pacific Line, Royal Shipping Co.* und *Daiwa Navigation Co.* angefahren wird. Die gefahrenreiche Küste zwingt kommerzielle Schiffe, in einiger Entfernung von der Insel anzulegen.

REISEVERKEHR - National

BAHN: Das nur ca. 5 km lange Streckennetz bedient das Phosphatabbaugebiet.
BUS/PKW: Eine 19 km lange Asphaltstraße führt rund um die Insel und ins Landesinnere nach Buada und zum Phosphatgebiet. Es herrscht Linksverkehr. **Busse** sind die einzigen öffentlichen Verkehrsmittel. **Mietwagen** sind erhältlich. **Unterlagen:** Der Führerschein des eigenen Landes wird anerkannt.

URLAUBSORTE & AUSFLÜGE

Die Insel wird seit der Entdeckung der gewaltigen Phosphatvorkommen um 1900 hauptsächlich zum Abbau des Naturdüngers genutzt, und die meisten Einwohner sind bei der *Nauru Phosphate Corporation* beschäftigt. Die Bevölkerung wohnt entlang der Küste oder am Ufer der Buada-Lagune, der Rest der Insel besteht aus Phosphatabbaufeldern. Nauru ist nicht auf Tourismus ausgerichtet – es gibt nur zwei Hotels, von denen eins an der Westküste in der Nähe der Restaurants und Geschäfte liegt und das andere an der *Anibare Bay* an der nur spärlich besiedelten Ostküste.

TIMATIC INFO-CODES

Abrufbar über Ihr CRS-System (für START/Amadeus Ama-Maske benutzen). Für Galileo bitte TI-DFT eingeben (mit Bindestrich).

Flughafengebühren	TI DFT/ INU /TX
Währung	TI DFT/ INU /CY
Zollbestimmungen	TI DFT/ INU /CS
Gesundheit	TI DFT/ INU /HE
Reisepassbestimmungen	TI DFT/ INU /PA
Visabestimmungen	TI DFT/ INU /VI

SOZIALPROFIL

ESSEN & TRINKEN: Das Angebot an frischen und nährreichen Lebensmitteln ist äußerst schlecht. Fast alle erhältlichen Lebensmittel sind importierte Konserven, etwa ein Drittel der Bevölkerung leidet an ernährungsmäßig bedingter Diabetes, Herzkrankheiten und Bluthochdruck. Es gibt etwas Fisch und manchmal Rindfleisch zu kaufen, aber keine einheimischen Obst- oder Gemüsesorten. Zahlreiche Restaurants bieten internationale Gerichte an, die aber selten aus frischen Produkten hergestellt sind. Die chinesischen Restaurants bieten ein besseres Speiseangebot als die nauruischen.

Das **NACHTLEBEN** findet überwiegend in Restaurants und Bars statt. Das einzige Kino liegt am südlichen Ende der Insel. Nach Einbruch der Dunkelheit ist Vorsicht geboten, Nauruaner sind zwar freundliche Leute, haben jedoch scharfe Hunde, die Passanten manchmal für Eindringlinge halten.

EINKAUFSTIPS: Die Bedienung in staatlichen Geschäften sowie die Qualität der Waren lassen viel zu wünschen übrig. Auswahl und Qualität sind in chinesischen Geschäften besser, Nauru ist trotzdem bestimmt kein Einkaufsparadies. Auf Nauru herrscht Zollfreiheit; elektrische Geräte, Zigaretten und Alkohol sind daher preiswert.

SPORT: Australischer Fußball ist Nationalsport. Fast alle Spiele werden samstags auf dem Spielfeld nördlich von Location ausgetragen (im Westen der Insel). Der Eintritt ist frei. Ganz in der Nähe kann man **Tennis** und **Volleyball** spielen. Im *East End Club* stehen **Billiardtische** zur Verfügung.

SITTEN & GEBRÄUCHE: Die Atmosphäre ist leger, europäische Sitten und Gebräuche vertragen sich durchaus mit einheimischen Traditionen. **Trinkgeld** wird selten erwartet.

WIRTSCHAFTSPROFIL

WIRTSCHAFT: Naurus Wirtschaft ist fast ausschließlich auf den Abbau und Verkauf des Phosphats angewiesen, der 80% der Insel unbewohnbar macht. Das Monopol hält die *Nauru Phosphate Corporation*. Die Erschöpfung der Phosphatvorkommen ist zwischen 1995 und 2010 zu erwarten. Bis dahin, so hofft man, wird die Wirtschaft der Insel verstärkt auf das See- und Lufttransportgeschäft verlagern. *Offshore Banking* beginnt ebenfalls eine Rolle zu spielen. Es gibt nur wenig fruchtbares Agrarland und daher auch kaum nennenswerte Landwirtschaft; Kokosnüsse und Bananen werden in geringen Mengen geerntet. Auf Tourismus ist die Insel nicht eingestellt. Fast alle Lebensmittel, Konsumgüter, Brennstoffe und Maschinen werden aus Neuseeland und Australien importiert. Die Bewohner Naurus befürchten, daß durch den Treibhauseffekt ihre Küstengebiete verkleinert werden; der Regierungschef Naurus unterzeichnete die Konvention zum Schutz des Weltklimas beim Umweltgipfel in Rio de Janeiro im Juni 1992.

GESCHÄFTSVERKEHR: Formelle Kleidung wird nur zu ganz besonderen Anlässen benötigt. Englisch und Französisch werden fast überall gesprochen. Die beste Zeit für Geschäftsbesuche sind die Monate Mai bis Oktober.

Geschäftszeiten: Mo-Fr 08.00-12.00 und 13.30-16.30 Uhr.

Kontaktadresse: *Die wirtschaftlichen Interessen Österreichs werden von der Außenhandelsstelle der Wirtschaftskammer Österreich in Sydney (s. Australien) vertreten.*

KLIMA

Maritimes Äquatorialklima, das von März bis Oktober durch nordöstliche Passatwinde gemildert wird. Die meisten Niederschläge fallen von Dezember bis März.

Kleidung: Sommerliche Baumwoll- und Leinenkleidung, Regenschutz wird ganzjährig benötigt.

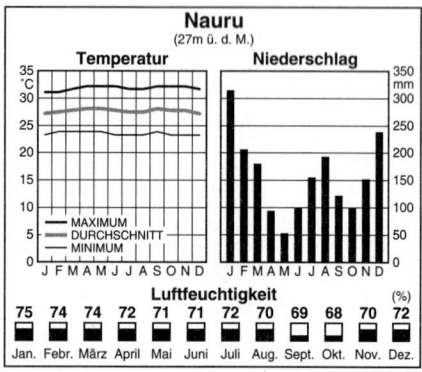

Pass- und Visavorschriften mancher Länder können sich kurzfristig ändern – im Zweifelsfall erkundigen Sie sich bitte vor der Abreise bei der zuständigen Botschaft

Lage: Indischer Subkontinent.

Department of Tourism
HM Government of Nepal
Patan Dhoka
Lalitpur
Kathmandu
Tel: (01) 52 36 92. Telefax: (01) 52 78 52.

Botschaft des Königreichs Nepal
Im Hag 15
D-53179 Bonn
Tel: (0228) 34 30 97/98/99. Telefax: (0228) 85 67 47.
Mo-Fr 08.30-13.00 und 14.00-16.30 Uhr, *Konsularabt.:*
Mo-Fr 09.00-12.30 Uhr.
(auch zuständig für Österreich)
Geschäftsbereich: Nordrhein-Westfalen, Schleswig-Holstein, Niedersachsen, Hamburg und Bremen.

Honorargeneralkonsulat des Königreichs Nepal
Flinschstraße 63
D-60388 Frankfurt/M.
Tel: (069) 408 72 87.
Mo-Fr 08.00-12.00 Uhr.
Geschäftsbereich: Hessen, Rheinland-Pfalz und Saarland.

Honorarkonsulat des Königreichs Nepal
Ehrenbreitsteinerstraße 44
D-80993 München
Tel: (089) 14 36 52 60.
Di 10.00-12.00 Uhr, Do 14.00-16.00 Uhr.
Geschäftsbereich: Bayern.

Honorarkonsulat des Königreichs Nepal
Schmiedener Weg 7
D-70736 Fellbach-Stuttgart
Tel: (0711) 95 79 12 24. Telefax: (0711) 957 91 23.
Di, Mi, Do 09.00-13.00 Uhr.
Geschäftsbereich: Baden-Württemberg.

Honorarkonsulat des Königreichs Nepal
Uhlandstraße 171/172
D-10719 Berlin
Tel: (030) 881 40 40/49. Telefax: (030) 882 59 17.
Mo-Fr 10.00-13.00 und 14.00-17.00 Uhr, Mi nur vormittags.
Geschäftsbereich: Berlin, Brandenburg, Mecklenburg-Vorpommern, Sachsen, Sachsen-Anhalt und Thüringen.

Generalkonsulat des Königreichs Nepal
Asylstraße 81
PO Box
CH-8030 Zürich
Tel: (01) 261 59 93. Telefax: (01) 251 91 52.
Mo-Fr 10.00-11.00 Uhr.

Botschaft der Bundesrepublik Deutschland
Gyaneshwar
PO Box 226
Kathmandu
Tel: (01) 41 27 86, 41 65 27, 41 68 32. Telefax: (01) 41 68 99.

Honorarkonsulat der Republik Österreich (ohne Paß- und Sichtvermerksbefugnis)
Hattisar, Naxal
Ward No. 1 GHA 2-200
PO Box 146
Kathmandu
Tel: (01) 41 08 91. Telex: 2322.
Übergeordnete Vertretung ist die Botschaft der Republik Österreich in New Delhi (s. Indien).
Die Schweiz unterhält keine diplomatische Vertretung in Nepal, zuständig ist die Botschaft in New Delhi (s. Indien).

FLÄCHE: 147.181 qkm.
BEVÖLKERUNGSZAHL: 20.810.000 (1993).
BEVÖLKERUNGSDICHTE: 141 pro qkm.
HAUPTSTADT: Kathmandu. **Einwohner:** 419.073 (1991).

GEOGRAPHIE: Der größte Teil des Landes liegt an den Südhängen des Himalaya und erstreckt sich von den höchsten Gipfeln durch bergiges Land zur oberen Grenze der Ganges-Ebene. Das Königreich grenzt im Norden und Nordwesten an China sowie im Westen, Süden und Osten an Indien. Man kann das Land in fünf Regionen aufteilen: Terai, Siwalik, Mahabharat Lekh, die Zentralregion oder Pahar und den Himalaya. Die bergige Zentralregion wird vom südlichen Himalaya durchzogen, hier befinden sich die höchsten Gipfel der Welt.

STAATSFORM: Konstitutionelle demokratische Monarchie; Zweikammerparlament. Staatsoberhaupt: König Birendra Bir Bikram Shâh Dev, seit 1972. Regierungschef: Sher Bahadur Deuba, seit 11. Sept. 1995. Die neue Verfassung von 1990 legte die Einschränkung der königlichen Machtbefugnisse und die Einführung des Mehrparteiensystems fest. Im November 1994 fanden Neuwahlen statt.

SPRACHE: Nepali. Die Bevölkerung setzt sich aus zahlreichen Volksgruppen, Religionen und Sprachgruppen zusammen. Verwaltungsangestellte und im Tourismus Beschäftigte sprechen zumeist auch Englisch.

RELIGION: 89% Hindus, außerdem Muslime, Christen und Buddhisten, letztere überwiegend im Norden des Landes. Animistische Riten und Jhankrismus haben sich z. T. in beiden Glaubensrichtungen erhalten.

ORTSZEIT: MEZ + 4 Std. 45.
NETZSPANNUNG: 220 V, 50 Hz.

POST- UND FERNMELDEWESEN: Telefon: Selbstwählferndienst ist nur nach Kathmandu möglich. Alle anderen Auslandsgespräche müssen über das Fernamt geführt werden. **Landesvorwahl: 977.** Das Haupttelegrafenamt hat während der Bürostunden geöffnet, internationale Telefonverbindungen kommen jedoch nicht immer leicht zustande. **Telefaxanschlüsse** gibt es in zahlreichen Reisebüros und einigen Hotels. Am Flugplatz gibt es eine Telefaxkabine. **Telex/Telegramme:** Das Internationale Telefonamt nimmt täglich rund um die Uhr Telegramme entgegen und vermittelt Telefongespräche. **Postämter** gibt es in den meisten Ortschaften. Achten Sie darauf, daß die Briefmarken in Ihrer Gegenwart gestempelt werden. Postfächer sollten nicht für wichtige Post benutzt werden. Die größeren Hotels bieten auch einen Postdienst an. Das Hauptpostamt in Kathmandu hat So-Fr 10.00-17.00 Uhr (16.00 Uhr im Winter) geöffnet.

DEUTSCHE WELLE
Der Einsatz der Kurzwellenfrequenzen ändert sich mehrfach im Laufe eines Jahres, und Sendungen auf den folgenden Frequenzen werden jeweils nur zu bestimmten Tageszeiten ausgestrahlt. Näheres in der Einleitung.

MHz	21,640	17,845	12,055	9,655	9,680
Meterband	13	16	25	31	31

REISEPASS/VISUM

Wichtiger Hinweis: Die Einreisebestimmungen mancher Länder können sich kurzfristig ändern – rufen Sie sicherheitshalber auf Ihrem CRS-System (TIMATIC-Info-Code-Fenster in diesem Kapitel) den aktuellen Stand ab bzw. wenden Sie sich an die zuständige diplomatische Vertretung. Etwaige Zahlen in der Tabelle beziehen sich auf nachfolgende Fußnoten.

	Paß erforderlich?	Visum erforderlich?	Rückflugticket erforderlich?
Deutschland	Ja	Ja	Nein
Österreich	Ja	Ja	Nein
Schweiz	Ja	Ja	Nein
Andere EU-Länder	Ja	Ja	Nein

REISEPASS: Allgemein erforderlich, ausgenommen sind indische Staatsbürger.

VISUM: Allgemein erforderlich, ausgenommen sind indische Staatsbürger.

Visaarten: Touristenvisa. Visa für 15 oder 30 Tage sind am Flughafen erhältlich. Geschäftsbesuche kann man mit einem Touristenvisum ausführen.

Visagebühren: Die folgenden Angaben beziehen sich jeweils auf die Ausstellung 1. bei der Botschaft in Bonn, 2. bei den Honorarkonsulaten in Deutschland, 3. beim Konsulat in Zürich und 4. auf die Ausstellung am Flughafen bei der Einreise. Aufenthaltsdauer bis 15 Tage: 29 DM, 38

DM, 40 sfr, 15 US$; bis 30 Tage (einmalige Einreise): 49 DM, 58 DM, 60 sfr, 25 US$; bis 30 Tage (zweimalige Einreise): 76 DM, 85 DM, 80 sfr, 40 US$; bis 60 Tage (mehrmalige Einreise): 114 DM, 123 DM, 120 sfr, 60 US$.
Gültigkeitsdauer: Die Benutzung muß innerhalb von 6 Monaten erfolgen. Vom Einreisedatum an ist das Visum 30 bzw. 60 Tage gültig (vor Ort kann die Aufenthaltsdauer auf 4 Monate, in Ausnahmefällen auf 5 Monate verlängert werden). Weitere Informationen erteilen die Botschaft und die Konsulate (Adressen s. o.). Da sich die Bestimmungen kurzfristig ändern können, sollte man sich auf jeden Fall bei den zuständigen Vertretungen nach dem neusten Stand erkundigen.
Antragstellung: Konsulate oder Botschaft, je nach Zuständigkeit (Adressen s. o.).
Unterlagen: (a) Antragsformular. (b) Gültiger Reisepaß, mindestens noch 6 Monate gültig. (c) 1 Paßfoto. (d) Gebühr. (e) Der postalischen Antragstellung sollten ein frankierter und adressierter Umschlag und ein Verrechnungsscheck (innerhalb Deutschlands, Postanweisung vom Ausland) über die Gebühren beigelegt sein.
Bearbeitungszeit: 14 Tage; in Ausnahmefällen innerhalb eines Tages (Mo-Fr 09.00-13.00 Uhr bei persönlicher Antragstellung).

GELD

Währung: 1 Nepal-Rupie (NR) = 100 Paisa. Banknoten gibt es im Wert von 1000, 500, 100, 50, 20, 10, 5, 2 und 1 NR, Münzen in den Nennbeträgen 1 NR sowie 50, 25, 10, 5 und 1 Paisa.
Kreditkarten: *American Express* und teilweise auch *Eurocard* und *Visa* werden akzeptiert. Einzelheiten vom Aussteller der betreffenden Kreditkarte.
Wechselkurse

	NR Sept. '92	NR Febr. '94	NR Jan. '95	NR Jan. '96
1 DM	31,54	26,23	31,85	37,74
1 US$	46,87	45,54	49,37	54,25

Devisenbestimmungen: Die Ein- und Ausfuhr der Landeswährung und der indischen Währung ist verboten. Unbegrenzte Ein- und Ausfuhr von Fremdwährungen, Deklarationspflicht. Nur 15% der umgetauschten Summe können bei der Ausreise unter Vorlage der Umtauschquittungen wieder in Fremdwährungen zurückgetauscht werden.
Öffnungszeiten der Banken: So-Do 10.00-14.50 Uhr, Fr 10.00-12.30 Uhr. Das Wechselbüro der *Nepal Rastra Bank* in der New Road, Kathmandu, hat von 08.00-20.00 Uhr geöffnet.

DUTY FREE

Folgende Artikel können zollfrei nach Nepal eingeführt werden:
200 Zigaretten oder andere Tabakprodukte gleichen Gewichts;
1 l Spirituosen oder 12 Dosen Bier;
Parfüm für den persönlichen Gebrauch.
Anmerkung: (a) Das gesamte Gepäck muß bei der Ein- und Ausreise deklariert werden. (b) Man darf nur eine begrenzte Anzahl Kameras, Videos und elektronischer Geräte einführen. Diese werden oft im Visum vermerkt. (c) Gegenstände von archäologischer oder historischer Bedeutung dürfen nicht exportiert werden. Für die Ausfuhr bestimmter Antiquitäten ist die Zustimmung des Amtes für Archäologie erforderlich.

GESETZLICHE FEIERTAGE

April/Mai '96* Baishakh Purnima. **Sept.*** Indra Jatra (Fest des Regengottes). **Sept./Okt.*** Durga Puja Festival (1 Woche). **24. Okt.** Tag der UNO. **Okt./Nov.** Deepavali (Lichterfest; 3 Tage). **8. Nov.** Königin Aishworyas Geburtstag. **9. Nov.** Tag der Verfassung. **29. Dez.** König Birendras Geburtstag. **11. Jan. '97** Tag der Einheit. **30. Jan.** Tag der Märtyrer. **Febr.*** Shivaratri. **19. Febr.** Tribhuvan Jiyanti (Geburtstag des verstorbenen König Tribhuvan); Tag der Demokratie. **5. März** Holi-Festival. **8. März** Internationaler Frauentag. **14. April** Navabarsha (Neujahrstag). **April/Mai*** Baishakh Purnima.
Anmerkung: [*] Alle nepalesischen religiösen Feste und Feiertage werden nach dem Mondjahr berechnet, ihr Datum ändert sich daher von Jahr zu Jahr, weshalb hier nur der Monat angegeben ist.

GESUNDHEIT

In der folgenden Tabelle aufgeführte Impfvorschriften können sich kurzfristig ändern. Es wird stets empfohlen, auf Ihrem CRS-System (TIMATIC-Info-Code-Fenster in diesem Kapitel) den aktuellen Stand der Gesundheitsbestimmungen abzurufen bzw. rechtzeitig vor der Reise ärztlichen Rat einzuholen.

	Vorsichtsmaßnahmen empfohlen	Impfschein erforderlich
Gelbfieber	Nein	1
Cholera	Ja	2
Typhus & Polio	Ja	-
Malaria	3	-
Essen & Trinken	4	-

[1]: Eine Impfbescheinigung gegen Gelbfieber wird von allen Reisenden verlangt, die aus Infektionsgebieten kommen.
[2]: Eine Impfbescheinigung gegen Cholera ist keine Einreisebedingung, das Risiko einer Infektion besteht jedoch. Da die Wirksamkeit der Schutzimpfung umstritten ist, empfiehlt es sich, rechtzeitig vor Antritt der Reise ärztlichen Rat einzuholen. Näheres unter *Gesundheit* (s. Inhaltsverzeichnis).
[3]: Malariarisiko, überwiegend in der weniger gefährlichen Form *Plasmodium vivax*, besteht ganzjährig in den Landgegenden der Terai-Bezirke Danuka, Mahotari, Sarlahi, Rautahat, Bara, Parsa, Rupendehi, Kapilvastu und insbesondere entlang der indischen Grenze (einschl. des bewaldeten Hügellandes und der Waldgebiete). Chloroquin-Resistenz der gefährlichen Form *Plasmodium falciparum* ist gemeldet worden.
[4]: Wasser sollte generell vor der Benutzung zum Trinken, Zähneputzen und zur Eiswürfelbereitung entweder abgekocht oder anderweitig sterilisiert werden. Milch ist nicht pasteurisiert und sollte abgekocht werden. Trocken- und Dosenmilch immer mit keimfreiem Wasser verwenden. Milchprodukte aus ungekochter Milch am besten meiden. Fleisch- und Fischgerichte nur durchgekocht und heiß serviert essen. Der Genuß von Schweinefleisch, rohen Salaten und Mayonnaise sollte vermieden werden. Gemüse sollte gekocht und Obst geschält werden.
Tollwut kommt vor. Wer ein erhöhtes Risiko eingeht (zum B. längerer Aufenthalt in abgelegenen Gebieten), sollte vor Reiseantritt eine Schutzimpfung erwägen. Bei Bißwunden so schnell wie möglich ärztliche Hilfe in Anspruch nehmen. Weitere Informationen im Kapitel *Gesundheit* (s. Inhaltsverzeichnis).
Hepatitis A und *E* kommen vor, *Hepatitis B* ist endemisch.
Höhenkrankheit ist für Bergwanderer gefährlich. Ausführliche Ratschläge erteilt die *Himalayan Rescue Association* in der Nähe des *Kathmandu Guest House* im Stadtviertel Thamel in Kathmandu.
Ausbrüche von *Meningokokken-Meningitis* wurden gemeldet.
Gesundheitsvorsorge: Das für Besucher am leichtesten erreichbare Krankenhaus ist das *Patan Hospital* in Lagankhel. Die meisten Krankenhäuser haben englischsprachiges Personal, und in den großen Hotels kann man nach Hausärzten fragen. Die Apotheken in Kathmandu befinden sich überwiegend in der New Road und bieten preiswerte westliche Medikamente an. Der Abschluß einer Reisekrankenversicherung wird empfohlen.

REISEVERKEHR - International

FLUGZEUG: Nepals nationale Fluggesellschaft heißt *Royal Nepal Airlines Corporation (RA)*.
Durchschnittliche Flugzeit: *Frankfurt* – Kathmandu: 9 Std. 15 (ohne Zwischenlandungen).
Internationaler Flughafen: *Kathmandu (KTM)* (Tribhuvan) liegt 6,5 km östlich der Stadt (Fahrzeit 20 Min.). Am Flughafen gibt es einen Duty-free-Shop. Zur Innenstadt gelangt man mit dem Flughafenbus (06.00-18.00 Uhr), Taxis oder *Tempos* (Motor-Rikschas).
Flughafengebühren: 600 NR bei der Ausreise nach Bangladesch, Bhutan, Indien, Malediven, Pakistan und Sri Lanka; 700 NR für alle anderen Länder. Kinder unter 12 Jahren sind hiervon befreit.
BAHN: Zwei Strecken der indischen Eisenbahn führen bis in die Nähe der nepalesischen Grenze (Raxaul, im indischen Bundesstaat Bihar, oder Nautanwa, Uttar Pradesh), von hier aus fährt man mit Fahrrad-Rikschas weiter zur Grenze (Fahrpreis vorher aushandeln).
BUS/PKW: Es gibt insgesamt 12 Grenzübergänge. Neue Straßen verbinden Kathmandu mit Indien und Tibet.

REISEVERKEHR - National

FLUGZEUG: Die größeren Städte des Landes werden von Kathmandu aus mit dem internen Flugnetz verbunden. Viele dieser Flüge bieten eine einmalige Aussicht über die Berge. Hubschrauber kann man von der *Royal Nepal Airlines Corporation* mieten.
BAHN: Einige Schmalspurbahnen verkehren in Nepal.
BUS/PKW: Die Qualität der Straßen ist unterschiedlich. **Bus:** Das Busnetz wird von der *Transport Corporation of Nepal* und von Privatfirmen betrieben. **Mietwagen** sind in Kathmandu von den Vertretungen von *Hertz*, *Gorkha Travels*, *Avis* und *Yeti Travels* erhältlich. Wagen mit Chauffeur kann man nur im Kathmandu-Tal bestellen. **Unterlagen:** Der internationale Führerschein ist 15 Tage lang gültig. Das Mindestalter ist 18 Jahre. Unter Vorlage des gültigen eigenen Führerscheins ist ein vorläufiger Landesführerschein erhältlich. Es herrscht Linksverkehr.
STADTVERKEHR: In den bewohnten Regionen um Kathmandu, einschl. der Nachbarstädte Patan und Bhaktapur, verkehren Linienbusse. Ein häufig verkehrender Oberleitungsbus befährt die 11 km lange Strecke zwischen Kathmandu und Bhaktapur. Private Minibusse verbinden die nahegelegenen Dörfer mit der Hauptstrecke. In den Bussen und Oberleitungsbussen der *Transport Corporation of Nepal* gibt es Fahrscheine in vier unterschiedlichen Preisklassen, die farblich verschieden sind und vom Schaffner verkauft werden. **Tempos** sind dreirädrige Fahrzeuge mit Taxameter, die etwas preiswerter sind als die Taxis. **Taxi:** In Kathmandu findet man zahlreiche Taxis mit Taxameter, die während der Nachtstunden 50% Zuschlag verlangen. Private Taxis sind teurer, vor Fahrtantritt sollte der Fahrpreis vereinbart werden. **Rikschas** findet man in der ganzen Stadt. Auch hier sollten Fahrpreise vor dem Fahrtantritt vereinbart werden. **Fahr-** und **Motorräder** kann man von Fahrradgeschäften stunden- oder tageweise mieten. Motorradfahrer brauchen einen Führerschein. Achten Sie darauf, daß Ihr Fahrrad eine gut funktionierende Klingel hat – diese ist das wichtigste Zubehör im nepalesischen Straßenverkehr.

UNTERKUNFT

HOTELS: In Kathmandu gibt es zunehmend Hotels der internationalen Klasse, für die sich besonders im Frühling und Herbst rechtzeitige Vorausbuchung empfiehlt. Komfortable Hotels gibt es auch in Pokhara und im königlichen Chitwan-Nationalpark im Terai-Dschungel. Auf die Rechnung wird eine Regierungssteuer aufgeschlagen, die je nach Hotelkategorie verschieden ist.
GUEST HOUSES: In der Altstadt von Kathmandu, in den Straßen um den Durbar-Platz und im Stadtviertel Thamel gibt es zahlreiche Herbergen, die vor allem bei Rucksacktouristen beliebt sind. Vorausbuchung ist nicht erforderlich. Guest Houses gibt es mittlerweile in allen bei Touristen beliebten Ortschaften im Kathmandu-Tal. Die *Lukla Sherpa Cooperative* bietet Bergsteigern im Sherpa-Bezirk Berghütten an. Unterkünfte in Paplu im Sagarmatha-Gebiet werden von *Hostellerie des Sherpas* angeboten, die man über *Great Himalaya Adventure* im Kantipath (Kathmandu) erreichen kann.

URLAUBSORTE & AUSFLÜGE

Das schöne und geheimnisumwobene Nepal, auch als »Land der Götter« bekannt, war lange Zeit fast unbekannt und machte erst in den fünfziger Jahren den Sprung vom 11. Jahrhundert in die moderne Zeit. Zuerst kamen Bergsteiger und Weltrekordler hierher, später wurde das Land zu einem Schlupfwinkel für Rucksacktouristen – heute muß man weder ernsthafter Berg- noch Aussteiger sein, um nach Nepal reisen zu wollen. 1989 wurden auch die letzten Reisebeschränkungen für Touristen aufgehoben.

Kathmandu

Die nepalesische Hauptstadt ist ein zauberhafter Ort und, im Gegensatz zu vielen Landeshauptstädten, absolut unverwechselbar. Die Stadtmitte bildet der *Durbar-Platz* mit zahlreichen wunderschönen buddhistischen und hinduistischen Tempeln und Schreinen, die nachts als Tierställe dienen und in deren Außenwänden sich Nischen für Verkaufsstände befinden. Der alte Königspalast und die Statue des Affengottes befinden sich ebenfalls auf dem Durbar-Platz. Außerdem findet man hier das Haus der lebenden Göttin *Kumari*, in dem ein durch verschiedene Rituale ausgewähltes Mädchen ca. vom sechsten Lebensjahr an bis zur Pubertät wohnt. Sie verläßt das Haus nur, um die täglichen Bitten ihrer Anhänger entgegenzunehmen, die sie auf einem Thron im Tempel empfängt, und um an zahlreichen Festen teilzunehmen. Hinter dem Durbar-Platz beginnt ein Markt, der sich über große Teile der Altstadt ausbreitet. In einigen Gassen werden Lebensmittel und Haushaltsgegenstände ebenso wie Souvenirs für Touristen oder bunte Armbänder und Kosmetik oder Kerzen und Räucherstäbchen angeboten. In den engen Gassen der Altstadt findet man zahlreiche kleine Restaurants, Buch- und Bekleidungsgeschäfte. Hier kommen Motorfahrzeuge nur im Schritttempo vorwärts, weil sie die Fahrbahn mit Fußgängern, Radfahrern und Kühen teilen.
Der Berg außerhalb der Stadt beheimatet den berühmten *Affentempel*, der Pilger und Touristen gleichermaßen anzieht. Freche Paviane leben hier in Scharen, beim Picknicken muß man aufpassen, daß sie einem nicht die Leckerbissen aus der Hand stibitzen.

Das Kathmandu-Tal

Die Städte **Patan** und **Bhaktapur** hatten früher die gleiche Bedeutung wie Kathmandu. Jede dieser Städte hat ihren eigenen Durbar-Platz und eine Kumari (s. o.). Der Königspalast in Patan ist ein Muß für jeden Besucher des Landes. Bhaktapur ist eine schöne, ruhige Stadt, in deren Seitenstraßen man noch stärker als in Kathmandu das Gefühl hat, dem 20. Jahrhundert entronnen zu sein. Auf dem Platz der Töpfer sind ganze Familien damit beschäftigt, geschickt Tonwaren aller Größen zu formen und nach dem Trocknen in der Sonne zu lackieren. Das Dorf **Nagarkot** liegt eine Busfahrt entfernt oder eine stramme Wanderung durch Wälder und an Terrassenfeldern vorbei inmitten einer Landschaft, die bisher noch jeden verzaubert hat. An nebelfreien Tagen hat man einen ausgezeichneten Blick auf den Mount Everest. Einfache Übernachtungsmöglichkeiten sind vorhanden, es gibt allerdings keinen Strom – im *Restaurant at the End of the Universe* wird das Essen über der Feuerstelle in einer Ecke auf dem Boden zubereitet, während sich vor dem Fenster die majestätische Ruhe der Bergwelt nach allen Seiten hin ausbreitet. Westlich von Kathmandu steht in *Swayambhunath* der älteste und bedeutendste Buddha-

tempel des Landes mit seinem berühmten großen starrenden Augenpaar. Im Tal stößt man überall auf Götterschreine für alle Zwecke, in denen Einheimische regelmäßig Farbpulver und kleine Opfergaben weihen. Die Tradition gebietet, daß man an Schreinen und Tempeln immer links vorbeigeht.
Die abgelegene Stadt **Pokhara** liegt 200 km westlich von Kathmandu in der Mitte von Nepal (am Phewa-See). Nirgendwo sonst auf der Welt hat man so einen guten Blick auf den Himalaya. Von Pokhara aus brechen zahlreiche Gruppen mit Führung zum Trekking auf.

Die Berge

Wer nach Nepal fährt, kommt nicht umhin, sich von der unendlich scheinenden Bergwelt faszinieren zu lassen. Man muß nicht gleich auf den Mount Everest steigen, um einen Eindruck vom Bergsteigerleben zu bekommen. Einige einheimische Reisebüros organisieren Tagesausflüge in die Berge mit Begleitung und bieten auch Gruppen-Treks von mehreren Tagen Dauer an. Die Landschaft ist oft rauh und zerklüftet, aber immer atemberaubend schön, und die Wege sind unbefestigt. Die kurzen, populärsten Strecken sind auch ohne Führung zu bewältigen, im allgemeinen empfiehlt sich jedoch ein erfahrener Führer, der am besten durch ein gutes Reisebüro vermittelt sein sollte. Die Trekking-Saison dauert von September bis Mai, ist jedoch am schönsten zwischen Oktober und Dezember sowie zwischen März und April. Einige Reisebüros bieten Flüge mit einem Kleinflugzeug über den Mount Everest an. Man kann auch von *Jomosom* und anderen Ortschaften westlich der Hauptstadt Flüge über die eindrucksvolle *Annapurna-Bergkette* buchen.

SOZIALPROFIL

ESSEN & TRINKEN: Die nepalesische Küche ist der indischen sehr ähnlich. Reis ist das Grundnahrungsmittel. Oft ißt man auch *Dal* (Linsen), Gemüsecurry, *Chapatis* und *Tsampa* (Gerstenbrei mit Tee, ein traditionelles Gericht der Bergbevölkerung). Süße und herzhafte Zwischenmahlzeiten sind *Jalebi*, *Laddus* und *Mukdal*, in Kathmandu findet man jedoch eine erstaunliche Vielfalt leckerer Kuchen und Torten nach europäischen Rezepten: Bananenkuchen, Kokoskuchen und selbst Karottenkuchen sind keine Seltenheit, einige Bäckereien haben sich sogar auf eine Art deutsches Misch- oder Schwarzbrot eingestellt. Zu den regionalen Besonderheiten gehört *Gurr*, ein Sherpa-Gericht aus rohen, zerstampften Kartoffeln mit Gewürzen, die dann wie Pfannkuchen auf einem heißen, flachen Stein gegart werden. Tibetanische Spezialitäten sind *Thukba* (dicke Suppe) und *Momos* (gefüllte Teigwaren, gebraten oder gekocht). Fleisch gibt es von der Ziege, dem Schwein, Huhn und Büffel, jedoch nie vom Rind. In Kathmandu gibt es zahlreiche Restaurants, andernorts ist die Auswahl zumeist gering. Auf alle Rechnungen werden 12% Regierungssteuer aufgeschlagen. **Getränke:** Das Nationalgetränk ist *Chiya* (Tee, der mit Milch, Zucker und Gewürzen aufgekocht wird; in den Bergen wird der Tee gesalzen und mit Yak-Butter angeboten). Ein anderes beliebtes Getränk der Berge ist *Chhang* (Bier, das aus gegorener Gerste mit Mais, Roggen und Hafer hergestellt wird). *Arak* (Kartoffelschnaps) und *Raksi* (Weizen- oder Reisschnaps) werden auch angeboten. Man findet nepalesisches Bier und einheimischen Rum, Wodka und Gin. Der einheimische Whisky ist nicht sehr berühmt, es gibt jedoch auch (teurere) importierte Marken.
NACHTLEBEN: In Kathmandu gibt es mehrere Kinos, die überwiegend indische Filme zeigen. Westliche Filme werden im europäischen und amerikanischen Kulturzentrum angeboten. Um 22.00 Uhr sind die meisten Stadtbewohner im Bett. Das Nachtleben ist begrenzt, nur einige Tempel und Restaurants bieten Abendunterhaltung. Einige Touristenhotels bieten einheimische Tanz- und Musikaufführungen. Im *Soaltee Oberoi Hotel* gibt es ein Spielkasino mit Baccarat, Chemin de Fer und Roulette.
EINKAUFSTIPS: Als nepalesische Besonderheiten sind einheimische Kleidungsstücke wie *Topi* (Kappen mit Ohrenklappen), gestrickte Fausthandschuhe und Socken, tibetanische Kleidungsstücke, Webschals, mehrfarbige tibetanische Jacken, diagonal geknöpfte Männerhemden, *Pashmin* (Laken aus Ziegenwolle), *Khukri* (der traditionelle Dolch), *Saranghi* (eine kleine Violine mit vier Saiten, die mit einem Bogen aus Pferdehaar gespielt wird), tibetanische Teeschüsseln, Tanzmasken aus Pappmaché, Buddhastatuetten und Filigran-Ornamente, Bambusflöten, bedrucktes Reispapier als originelles Schreibpapier und vieles mehr zu empfehlen. Auf den Märkten und in zahlreichen Geschäften kann man handeln. **Öffnungszeiten der Geschäfte:** So-Fr 10.00-19.00 Uhr (einige Geschäfte haben auch samstags und an Feiertagen geöffnet).
SPORT: Der *Royal Golf Club* hat einen 9-Loch-Golfplatz, auf dem auch Besucher auf Empfehlung eines Mitglieds spielen können. **Tennis:** Mehrere Hotels in Kathmandu haben Tennisplätze, die gegen eine kleine Gebühr auch von Nichtgästen benutzt werden können. Weitere Informationen erhalten Sie vom *HIT Tennis Centre*. **Angeln:** In vielen Flüssen und Talseen im Terai kann man gut *Asla* (Schneeforelle) und *Masheer* fangen. Die besten Monate sind Februar, März, Oktober und November. Angelscheine sind vom *National Parks and Wildlife Conservation Department* in Banswar erhältlich. **Schwimmen:** Mehrere Hotels in Kathmandu haben Swimmingpools, die auch Nichtgästen zur Verfügung stehen. Vorsicht vor der mitunter reißenden Strömung der Bergflüsse; die Flüsse der Ebenen sind zum Schwimmen besser geeignet. Mitunter kann auch ein Krokodil auftauchen. **Rafting** ist bei Touristen besonders beliebt, Reisebüros in Kathmandu stellen Gruppen mit Führer und Ausrüstung zusammen. **Reiten** kann man nur, wenn man vor der Abreise Vereinbarungen trifft. Näheres vom *Nepal National Health & Sports Council.*
VERANSTALTUNGSKALENDER
April/Mai '96 (1) *Baisakh.* (2) *Buddha Jayanti*, landesweit. **Juni/Juli** *Tribhuvan Jayanti* (zu Ehren des verstorbenen Königs Tribhuvan), Tripureshwar. **Juli/Aug.** *Ghanta Karna* (Fest zum Ende der Reisfeldbestellung), Newar. **Aug./Sept.** (1) *Gaijatra* (Prozession der Kühe). (2) *Indra Jatra* (Fest des Regengottes). Indra Jatra beginnt mit dem Errichten eines Holzmastes zu Ehren des Regengottes. (3) *Krishnastami* (Geburtstag des Gottes Krishna). (4) *Teej Brata* (Gebete zu den Göttern Shiva und Parvati für ein langes, glückliches Eheleben). (5) *Dasain.* **Sept./Okt.** *Durga Puja* (wichtigstes Fest des Landes, Dauer sieben Tage, mit Maskenumzügen in Patan, Papierdrachen und Bambusschaukeln. Die letzte Festnacht fällt immer auf Vollmond, viele Frauen fangen dann ein einmonatiges Fasten an). **Okt./Nov.** *Tihar* (Fest der Lichter, 3-5tägig, Ende der Erntezeit, Jahresanfang und Huldigung an die Tiere). **Okt./Dez.** *Mani Rimdu* (Festival der Sherpas des Khumba-Gebiets). **19. Nov.** *Bala Chaturdasi* (Wallfahrt nach Pashupatinath). **Nov./Dez.** *Vivaha Panchami*, Janakpur. **29. Dez.** *Geburtstag des Königs Birendra Bir Bakram Shah Dev*, landesweit. **Dez./Jan. '97** (1) *Seto Machhendranath Snan* (der Gott des Mitleids wird vom Tempel geholt, gebadet, verehrt und dann von der lebendigen Göttin Kumari besucht). (2) *Tag der Verfassung* (im Andenken an die Verfassung von 1962). **Jan./Febr.** (1) *Magha Sankranti* (Übergang vom Winter zum Frühling). (2) *Basanta Panchami* (Frühlingsfest und Tag zu Ehren der Göttin der Weisheit, Saraswati). **Febr.** *Maha Sivarati.* **März/April** *Holi-Festival* (Fest der Farben).
Anmerkung: Hindu-Feiertage richten sich nach örtlichen astrologischen Beobachtungen, ein genaues Datum kann daher nicht angegeben werden.
SITTEN & GEBRÄUCHE: Aberglaube und Religion mischen sich. Als Ausländer sollte man mehrere Regeln beachten: steigen Sie nie über die Füße eines Nepalesen, sondern gehen Sie um sie herum; bieten Sie kein Essen oder Trinken an, von dem Sie bereits selbst gekostet haben; verwenden Sie die linke Hand nicht zum Entgegennehmen oder Anbieten, man benutzt die rechte oder beide Hände. Es ist unhöflich, mit dem Finger (oder Fuß) auf eine Person oder Statue zu zeigen. Wenn man ein Haus oder einen Schrein betritt, zieht man die Schuhe aus. Küchen und Eßecken sollten nicht mit Schuhen oder Strümpfen betreten werden, sie sind das Herz des Hauses und somit heilig. Stehen Sie nicht neben einer essenden Person, da sonst die Füße dem Essen zu nahe sind; setzen oder hocken Sie sich daneben. Die örtlichen *Tschorten* (tibetanische Schreine) wurden zur Beschwichtigung von einheimischen Dämonen oder Verstorbenen errichtet, an Tschorten und Tempeln sollte man nur im Uhrzeigersinn (links) vorbeigehen, da sich die Welt in dieser Richtung bewegt. Es gilt als Frevel, die kleinen flachen Steine mit Inschriften neben den Tschorten zu entfernen. Berühren Sie keinen Nepalesen, der ganz in weiß gekleidet ist – die Kleidung bedeutet, daß ein Familienmitglied verstorben ist. Zur förmlichen Begrüßung gibt man sich traditionell nicht die Hand, sondern hält die Handflächen zusammen – Finger nach oben, wie zum Gebet – und sagt *Namaste*. Ein Gastgeschenk wird oft ungeöffnet zur Seite gelegt, da das Öffnen eines Päckchens in der Gegenwart eines Gastes als unhöflich angesehen wird. Außer zu formalen Gesellschaftstreffen wird zwanglose Kleidung akzeptiert. Bikinis, Shorts, unbedeckte Schultern und Rücken werden ungern gesehen. Männer ziehen nur zum Baden die Hemden aus. Man sollte in der Öffentlichkeit, besonders an religiösen Stätten, keine Zärtlichkeiten austauschen. **Fotografieren:** Fragen Sie immer im voraus um Erlaubnis. Außerhalb der Tempel und bei Festen ist das Fotografieren erlaubt. Religiöse Zeremonien oder die Inneneinrichtung von Tempeln sollten nicht fotografiert werden. Es gibt jedoch keine genauen Vorschriften, am besten fragt man jedesmal um Erlaubnis und akzeptiert die Entscheidung. **Trinkgeld** wird nur in Touristenhotels und Restaurants erwartet. Taxifahrer erwarten nur dann ein Trinkgeld, wenn sie besonders hilfsbereit waren. 10% sind ausreichend. In allen anderen Fällen ist kein Trinkgeld angebracht.

WIRTSCHAFTSPROFIL

WIRTSCHAFT: Nepal ist eines der am wenigsten entwickelten Länder der Welt und hat nach Angaben der Weltbank das zehntniedrigste Pro-Kopf-Bruttosozialprodukt. 1991 lebten noch 43% der Bevölkerung unterhalb der Armutsgrenze. Obwohl der größte Teil des Landes unkultivierbar ist, arbeiten 84% der Erwerbstätigen in der Landwirtschaft oder Forstindustrie. Es werden Reis, Hirse, Jute und Ingwer angebaut. Lebensmittel und Nutzvieh produzieren 30% von Nepals Exporteinnahmen. Die herstellende Industrie ist klein und produziert Baumaterialien, Teppiche und Lebensmittel. Das Land hat große Wasserkraft-Ressourcen, deren Nutzung die Einfuhr von fast allen Energiebrennstoffen decken könnte – bisher ist diese Energiequelle jedoch noch ungenutzt. Eisenglimmer, Braunkohle, Kupfer, Kohle und Eisenerz werden in geringem Maße gefördert. Das Land hat ein großes Handelsdefizit und hängt von umfangreicher Entwicklungs- und Lebensmittelhilfe ab. 1992 wurde Nepal von der *Aid Nepal Group* unter Vorsitz der Weltbank Entwicklungshilfe in Höhe von 445 Mio. US$ zugesagt. Nepal ist Mitglied der Asiatischen Entwicklungsbank. Indien ist der Haupthandelspartner des Landes, die Beziehungen zwischen den Nachbarstaaten sind jedoch nicht immer problemlos. Die Grenze zu China wurde kürzlich wieder geöffnet, und mit der chinesischen Regierung wurde ein Handelsabkommen abgeschlossen.
GESCHÄFTSVERKEHR: Hemd und Krawatten bzw. ein leichtes Kostüm sind angemessen. Die beste Besuchszeit ist zwischen Oktober und Mai. **Geschäftszeiten:** So-Fr 10.00-17.00 Uhr.
Kontaktadressen: *Die wirtschaftlichen Interessen Österreichs werden von der Außenhandelsstelle in New Delhi (s. Indien) wahrgenommen.*
Nepal Chamber of Commerce (Handelskammer), Chamber Bhavan, Kanti Path, PO Box 198, Kathmandu. Tel: (01) 22 28 90. Telefax: (01) 22 99 98.
Federation of Nepalese Chambers of Commerce (Vereinigung der Handelskammern), TNT Building, Teenkune, Koteswor, PO Box 269, Kathmandu. Tel: (01) 47 50 32. Telefax: (01) 47 40 51.

KLIMA

Das Wetter in Nepal ist selten unberechenbar und meistens angenehm. Der Sommer, der mit der Monsunzeit zusammenfällt, dauert von Juni bis Oktober, der Rest des Jahres ist trocken. Frühling und Herbst sind die schönsten Jahreszeiten. Im Winter gibt es Frost und in den Bergen viel Schnee.
Kleidung: Zwischen Juni und August ist Tropenkleidung und Regenschutz angemessen. In Kathmandu sollte man zwischen Oktober und März leichte Kleidung tragen. Ein Mantel wird für kühle Abende und für die Berge benötigt.

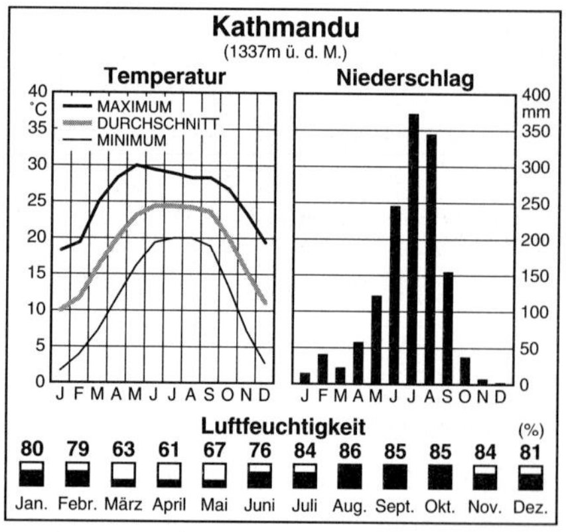

WELTKARTE?
LÄNDERKARTEN?
ZEITZONENKARTE?
INFORMATION ÜBER
IMPFBESTIMMUNGEN UND
GESUNDHEITSVORKEHRUNGEN?
. . . siehe Inhaltsverzeichnis

Neukaledonien

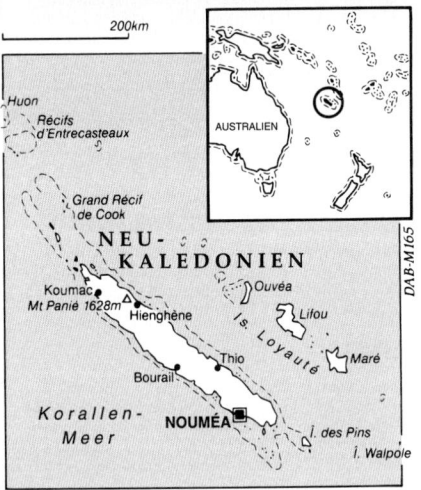

□ Internationaler Flughafen

Lage: Südpazifik.

Maison de la Nouvelle-Calédonie (Fremdenverkehrsamt)
7 Rue du Général-Bertrand
F-75007 Paris
Tel: (1) 42 73 24 14. Telefax: (1) 40 65 96 00.
Mo-Fr 09.30-12.00 und 14.00-18.30 Uhr.
Weitere Auskünfte erteilen in der Bundesrepublik Deutschland, Österreich und der Schweiz die französischen Fremdenverkehrsämter (s. Frankreich).
Destination Nouvelle-Calédonie (Fremdenverkehrsamt)
Immeuble Manhattan
39-41 Rue de Verdun
BP 688
Nouméa
Nouvelle-Calédonie
Tel: 27 26 32. Telefax: 27 46 23.
Neukaledonien ist französisches Übersee-Territorium, diplomatische Vertretungen sind die französischen Botschaften (s. Frankreich).
Die Bundesrepublik Deutschland, Österreich und die Schweiz unterhalten keine diplomatischen Vertretungen auf Neukaledonien. Zuständig sind für die Bundesrepublik Deutschland und die Schweiz die jeweiligen Botschaften in Paris (s. Frankreich). Die Interessen Österreichs werden von dem Konsulat der Republik Österreich in Papeete vertreten (s. Französisch-Polynesien).

FLÄCHE: 19.103 qkm.
BEVÖLKERUNGSZAHL: 179.000 (1993).
BEVÖLKERUNGSDICHTE: 9 pro qkm.
HAUPTSTADT: Nouméa. **Einwohner:** 65.110 (1989).
GEOGRAPHIE: Neukaledonien ist eine Inselgruppe vor der australischen Nordostküste. Die gesamte Hauptinsel wird von einer kristallinen serpentinenartigen Bergkette durchzogen. Die Westhälfte ist verhältnismäßig flach und mit Gummibäumen bewachsen, die Ostküste ist gebirgig und bietet palmengesäumte Strände. Rund 48 km südöstlich von Neukaledonien liegt die Ile des Pines (Kunie), die für ihre Tropfsteinhöhlen mit Stalagmiten und Stalaktiten bekannt ist. Die Loyauté-Inseln Ouvéa, Lifou und Maré liegen östlich der Hauptinsel. Die übrigen Inseln sind die Chesterfield-Gruppe, die Huon-Gruppe, Hinter, Matthew und Walpole.
STAATSFORM: Französisches Übersee-Territorium mit begrenzter Selbstverwaltung (zwei Vertreter in der Pariser Nationalversammlung und ein weiterer im Senat). Verwaltung durch den Hochkommissar Didier Cultiaux und das beratende Komitee der Präfekten sowie des Kongreßvorsitzenden. Infolge einer Volksabstimmung muß bis 1998 die Unabhängigkeitsfrage geklärt werden, in der sich die in erster Linie französischstämmigen Anhänger der RPCR und die mehrheitlich melanesische FLNKS bisher kompromißlos gegenüberstehen.
SPRACHE: Offizielle Landessprache ist Französisch. Polynesisch und melanesische Sprachen sowie Englisch werden auch gesprochen.
RELIGION: Katholiken (59%), Protestanten (17%) und muslimische Minderheit.
ORTSZEIT: MEZ + 10.
NETZSPANNUNG: 220 V, 50 Hz.
POST- UND FERNMELDEWESEN: Telefon: Zu 80% automatisiertes Telefonnetz mit Selbstwählferndienst. **Landesvorwahl:** 687. Es gibt einen 24-Stunden-Dienst für internationale Ferngespräche, die durch das Postamt oder die Hotels angemeldet werden können. **Telex/Telegramme:** Telexgeräte gibt es in den meisten Büros oder Hotels. **Post:** Luftpost nach Europa ist bis zu einer Woche unterwegs. Das Hauptpostamt in der Rue Eugène Porchéron ist von 07.15-11.15 und 12.00-18.00 Uhr geöffnet.
DEUTSCHE WELLE
Der Einsatz der Kurzwellenfrequenzen ändert sich mehrfach im Laufe eines Jahres, und Sendungen auf den folgenden Frequenzen werden jeweils nur zu bestimmten Tageszeiten ausgestrahlt. Näheres in der Einleitung.

MHz	21,640	17,845	15,105	11,795	9,735
Meterband	13	16	19	25	31

REISEPASS/VISUM

Wichtiger Hinweis: Die Einreisebestimmungen mancher Länder können sich kurzfristig ändern – rufen Sie sicherheitshalber auf Ihrem CRS-System (TIMATIC-Info-Code-Fenster in diesem Kapitel) den aktuellen Stand ab bzw. wenden Sie sich an die zuständige diplomatische Vertretung. Etwaige Zahlen in der Tabelle beziehen sich auf nachfolgende Fußnoten.

	Paß erforderlich?	Visum erforderlich?	Rückflugticket erforderlich?
Deutschland	Ja	Nein	Ja
Österreich	Ja	Nein	Ja
Schweiz	Ja	Nein	Ja
Andere EU-Länder	1	Nein	Ja

REISEPASS: Allgemein erforderlich, ausgenommen sind [1] Staatsbürger von Frankreich, die im Besitz eines gültigen Personalausweises sind.
VISUM: Allgemein erforderlich, ausgenommen sind Staatsbürger von:
(a) der Bundesrepublik Deutschland, Österreich und der Schweiz bei Aufenthalten bis zu 3 Monaten;
(b) Frankreich unbegrenzt, Staatsbürger der anderen EU-Länder bei Aufenthalten bis zu 3 Monaten;
(c) Andorra, Island, Liechtenstein, Malta, Monaco, Norwegen, San Marino und der Vatikanstadt bei Aufenthalten bis zu 3 Monaten;
(d) Brunei, Kanada, Korea-Süd, Japan, Polen, der Slowakischen Republik, Singapur, Slowenien, der Tschechischen Republik, Ungarn, den USA und Zypern bei Aufenthalten bis zu 1 Monat.
Anmerkung: Die Visabestimmungen ändern sich häufig kurzfristig, erkundigen Sie sich rechtzeitig vor Reiseantritt bei den französischen Konsulaten.
Visaarten: Touristen- und Transitvisa.
Visagebühren: Unterschiedlich, je nach Nationalität.
Gültigkeitsdauer: Touristenvisa max. 3 Monate.
Transit: Transitreisende, die mit dem gleichen oder nächsten Flugzeug weiterfliegen, brauchen kein Transitvisum.
Antragstellung: Französische Konsulate (Adressen s. Frankreich).
Unterlagen: (a) 2 Antragsformulare. (b) 2 Paßfotos. (c) Hoteladresse und Buchungsbestätigung der Rück- oder Weiterreise. (d) Arbeitsbestätigung.
Bearbeitungszeit: Etwa 2 Wochen.
Aufenthaltsgenehmigung: Anträge an die französischen Konsulate.

GELD

Währung: 1 Französischer Pazifik-Franc (CFP) = 100 Centimes. Banknoten gibt es im Wert von 10.000, 5000, 1000 und 500 CFP. Münzen in den Nennbeträgen 100, 50, 20, 10, 5, 2 und 1 CFP sowie 50 Centimes.
Geldwechsel: Geld kann man am Flughafen und in Banken umtauschen.
Kreditkarten: *American Express, Visa* und teilweise auch *Diners Club* und *Eurocard* werden akzeptiert. Einzelheiten vom Aussteller der betreffenden Kreditkarte.
Reiseschecks: FF-Reiseschecks werden empfohlen.
Wechselkurse

	CFP Sept. '92	CFP Febr. '94	CFP Jan. '95	CFP Jan. '96
1 DM	60,44	61,01	62,84	62,59
1 US$	89,83	105,91	97,41	89,98

Devisenbestimmungen: Unbeschränkte Ein- und Ausfuhr der Landeswährung, es besteht jedoch Deklarationspflicht für Beträge über 50.000 FF. Die Ein- und Ausfuhr von Fremdwährungen ist ebenfalls gestattet, Bargeld im Gegenwert von über 50.000 FF muß deklariert werden.
Öffnungszeiten der Banken: Mo-Fr 07.30-15.45 Uhr.

DUTY FREE

Folgende Artikel können zollfrei nach Neukaledonien eingeführt werden (Alkohol und Tabakprodukte nur von Personen über 17 Jahren):
200 Zigaretten oder 100 Zigarillos oder 50 Zigarren oder 250 g Tabak;
1 l Spirituosen und 2 l Wein oder 2 l alkoholische Getränke bis zu 22% (Dessertweine u. ä.);
50 g Parfüm oder 250 ml Eau de toilette;
500 g Kaffee oder 200 g Kaffee-Extrakt;
100 g Tee oder 50 g Tee-Extrakt.
Anmerkung: Weitere Auskünfte erhalten Sie von der *Direction du Service des Douanes de Nouvelle-Calédonie*.

GESETZLICHE FEIERTAGE

6. Mai '96 Tag der Arbeit. **8. Mai** Tag des Sieges (2. Weltkrieg). **16. Mai** Christi Himmelfahrt. **14. Juli** Bastille-Tag. **15. August** Mariä Himmelfahrt. **24. Sept.** Neukaledonien-Tag. **1. Nov.** Allerheiligen. **11. Nov.** Waffenstillstandstag. **25. Dez.** Weihnachten. **1. Jan. '97** Neujahr. **31. März** Ostermontag. **1. Mai** Tag der Arbeit. **8. Mai** Tag des Sieges (2. Weltkrieg); Christi Himmelfahrt.

GESUNDHEIT

In der folgenden Tabelle aufgeführte Impfvorschriften können sich kurzfristig ändern. Es wird stets empfohlen, auf Ihrem CRS-System (TIMATIC-Info-Code-Fenster in diesem Kapitel) den aktuellen Stand der Gesundheitsbestimmungen abzurufen bzw. rechtzeitig vor der Reise ärztlichen Rat einzuholen.

	Vorsichtsmaßnahmen empfohlen	Impfschein erforderlich
Gelbfieber	Nein	1
Cholera	2	2
Typhus & Polio	3	-
Malaria	Nein	-
Essen & Trinken	4	-

[1]: Eine Impfbescheinigung gegen Gelbfieber wird von allen Reisenden verlangt, die aus Infektionsgebieten kommen und über ein Jahr alt sind.
[2]: Eine Cholera-Schutzimpfung ist nicht erforderlich. Wer aus einem Infektionsgebiet einreist, muß für die Einreise ein Formular für die Gesundheitsbehörden ausfüllen.
[3]: Typhus kommt vor, Poliomyelitis jedoch nicht.
[4]: Leitungswasser ist normalerweise gechlort und relativ sauber, es können jedoch leichte Magenverstimmungen auftreten. Für die ersten Wochen des Aufenthalts wird daher abgefülltes Wasser empfohlen, welches überall erhältlich ist. Wasser außerhalb der größeren Städte sollte generell sterilisiert werden. Milch ist pasteurisiert und kann, ebenso wie einheimische Milchprodukte, Fleisch, Geflügel, Obst und Gemüse, unbedenklich verzehrt werden. Der Verzehr von Fisch und Meeresfrüchte kann u.U. Vergiftungen zur Folge haben.
Hepatitis A und *B* kommen vor.
Gesundheitsvorsorge: Nouméa hat ein öffentliches Krankenhaus, drei Privatkliniken und einige Apotheken. Die Hotels können Ärzte und Zahnärzte empfehlen. Der Abschluß einer Reisekrankenversicherung wird empfohlen.

REISEVERKEHR - International

FLUGZEUG: Neukaledoniens nationale Fluggesellschaft heißt *Air Calédonie International* (SB). Alle Flüge gehen über Paris, die Flugzeit ist von der jeweiligen Verbindung abhängig. *Air France* bietet Direktflüge von Paris nach Neukaledonien und Verbindungen zu anderen Reisezielen in der Südsee. 1996 wird wieder der *Visit South Pacific Pass* von den folgenden Fluggesellschaften angeboten: *Air Pacific, Qantas, Royal Tongan Airlines, Air Caledonia International, Polynesian Airlines, Solomon Airlines* (Näheres von IATA Reisebüros). Südpazifikflüge werden hierbei bis auf 50% reduziert. Der Visit South Pacific Pass fliegt u. a. folgende Ziele an: Sydney und Brisbane (Australien), Auckland (Neuseeland), Tonga, Cook-Inseln, Fidschi und West-Samoa. Es können mindestens zwei und maximal acht Ziele angeflogen werden. Die Reise muß außerhalb des Südpazifiks begonnen werden, und es ist ratsam, die Flüge im voraus zu buchen. Umbuchungen durch Preisaufschlag, allerdings nur bei Neuausstellung des Tickets. Rückerstattung des gesamten Betrages nur dann, wenn die Reise noch nicht angetreten wurde.
Reisegepäck: Gepäckstücke dürfen bis zu 20 kg pro Person wiegen.
Durchschnittliche Flugzeit: *Frankfurt* – *Nouméa:* 25 Std. (2-3 Zwischenlandungen).
Internationaler Flughafen: *Nouméa* (NOU) (Tontouta) liegt 37 km nordwestlich der Stadt (Fahrzeit ca. 60 Min.). Am Flughafen gibt es eine Bank, Post, Duty-free-Shops, Kinderkrippe, Läden, Mietwagenschalter, Bars und Restaurants. Taxis und Flughafenbusse stehen zur Verfügung.
SCHIFF: Der internationale Hafen Nouméa wird von *Chandris, CTC* und einigen anderen Reedereien angelaufen.

TIMATIC INFO-CODES

Abrufbar über Ihr CRS-System (für START/Amadeus Ama-Maske benutzen). Für Galileo bitte TI-DFT eingeben (mit Bindestrich).

Flughafengebühren	TI DFT/ NOU /TX
Währung	TI DFT/ NOU /CY
Zollbestimmungen	TI DFT/ NOU /CS
Gesundheit	TI DFT/ NOU /HE
Reisepassbestimmungen	TI DFT/ NOU /PA
Visabestimmungen	TI DFT/ NOU /VI

Neukaledonien

REISEVERKEHR - National

FLUGZEUG: Inlandflüge werden von *Air Calédonie* (TY) angeboten, die Nouméa mit allen anderen Ortschaften und Inseln verbindet. Der größte Inlandflughafen ist *Magenta Airport*, 6 km außerhalb des Stadtzentrums von Nouméa. Von hier aus fliegt *Air Calédonie* regelmäßig nach Touho (Ostküste), Koné, Koumac, Belep (Westküste) und zur benachbarten Ile des Pines sowie zu den Loyauté-Inseln Maré, Ouvéa, Lifou und Tiga.
Charterflugzeuge: *Air Calédonie* vermietet auch Flugzeuge. Weitere Informationen von *Air Calédonie*, Aviazur.
Flugzeiten von Nouméa: *Ile des Pines* (Kunie) 30 Min; *Lifou* 50 Min; *Maré* 50 Min; *Ouvéa* 45 Min; *Tiga* 45 Min; *Koné* 35 Min; *Touho* 1 Std. 05; *Koumac* 1 Std. 40; *Belep* 2 Std. 35.
SCHIFF: Von Grande Terre gibt es regelmäßige Verbindungen zu den kleineren Inseln. Weitere Informationen von den Hafenbehörden.
BUS/PKW: Das Straßennetz ist nicht sehr umfangreich. Linienbusse und ein Postbus verkehren überall auf der Insel. **Taxi:** Fahrpreise richten sich nach Zeit und Entfernung. Sonntags und nach 19.00 Uhr wird ein Zuschlag berechnet. Man sollte darauf bestehen, daß der Taxameter eingeschaltet wird. **Mietwagen** sind bei *Hertz, Avis, Budget, AB Location* und der einheimischen Firma *Mencar* in der Hauptstadt erhältlich. Tagsüber kann man Kleinfahrzeuge mieten. **Unterlagen:** Internationaler oder landeseigener Führerschein.
FAHRZEITEN von Nouméa zu den folgenden größeren Städten (ungefähre Angaben in Std. und Min.):

	Bus/Pkw
Bourail	2.10
Hienghene	5.10
Koné	3.30
Poindimié	4.10
Thio	2.00
Tontouta	0.45
Touho	4.40

UNTERKUNFT

Die Auswahl der Unterkünfte reicht von Hotels über Gasthäusern bis zu Unterkünften auf dem Land mit unterschiedlicher Qualität und Preisen.
HOTELS: Die meisten Hotels sind klein und gemütlich, die Preise reichen von gemäßigt bis teuer. In Anse Vata und an der Baie des Citrons gibt es moderne Hotels, in den abgelegeneren Teilen der Hauptinsel sowie auf den entfernt liegenden Inseln auch Bungalows.
JUGENDHERBERGEN: Außerhalb der Hauptstadt befindet sich eine preiswerte Herberge mit Schlafsälen und Gemeinschaftseinrichtungen. Ein Jugendherbergsausweis muß nicht unbedingt vorgelegt werden.
CAMPING: Zum Zelten sollte man den Grundstückeigentümer um Erlaubnis bitten.

URLAUBSORTE & AUSFLÜGE

Nouméa (Grande Terre)

Die Hauptstadt **Nouméa** überblickt einen der größten geschützten Naturhäfen der Welt. Die geschäftige Kleinstadt beherbergt ein gemischtes Völkchen, u. a. Franzosen, Araber, Melanesier und Indonesier. Minibusse sind wahrscheinlich die beste Art, die Stadt und die Vororte kennenzulernen. Der Busbahnhof in der Baie de la Moselle ist der Knotenpunkt aller Buslinien.
Auf einem Stadtbummel sollte man sich auf jeden Fall die St.-Josephs-Kathedrale, die Berheim-Bibliothek und die zahlreichen alten Kolonialgebäude ansehen. Auf dem interessanten Markt kann man stundenlang stöbern. Das *Aquarium* ist eines der führenden Meeresforschungszentren der Welt. Das nahegelegene Südpazifische Kommissionsgebäude stellt Kunstgewerbe der gesamten Südseeraums aus. Im *Neukaledonien-Museum* wird einheimisches Kunsthandwerk ausgestellt. 4 km von der Hauptstadt entfernt liegt der *Botanische Park*, der über 700 verschiedene Tierarten beheimatet.
18 km von Nouméa entfernt auf einem Korallenriff steht der *Amedée-Leuchtturm*, der während der Regierungszeit von Napoleon III. erbaut und in Einzelteilen nach Neukaledonien verschifft wurde. In der Lagune kann man wunderbar schwimmen und tauchen.
Östlich der Hauptstadt, in schöner Küstenlandschaft, liegt der Mont-Doré. Auf dem Weg zum Berg kommt man am melanesischen Dorf *St. Louis* und einem Aussichtspunkt vorbei, der einen herrlichen Blick auf das umliegende Riff bietet.

Die Küste (Grande Terre)

Die Westküste: 170 km von Nouméa entfernt liegt *Bourail* mit zahlreichen großen, schönen Höhlen und bizarren Felsen, die die Brandung des Pazifiks geformt hat. In der alten, etwas weiter nördlich gelegenen Siedlung **Koné** hat man 2000 Jahre altes Tongeschirr gefunden. Von **Koumac** windet sich eine neue Straße um die Inselspitze. Die Landschaft besteht aus kleinen Atollen und weißen Sandstränden, die von dichtem Regenwald gesäumt werden.
Die Ostküste: Die neue Straße führt nach *Hienghene*, wo 120 m hohe schwarze Klippen eine bildschöne Lagune umgeben. Weiter südlich liegt **Poindimié**, die größte Stadt der Ostküste. Das nahegelegene **Touho** wird von einem 500 m hohen Berg überragt. Zahlreiche Kirchen und Dörfer, Wälder, Palmen und viele schöne Strände machen die abwechslungsreiche Landschaft aus. Am südlichsten Punkt der Küste liegt **Yaté**, umgeben von Wasserfällen, Seen und Wäldern. Tagesausflüge von der Hauptstadt bieten sich an.

Ile des Pines

Diese Insel (70 km südöstlich von Grande Terre) wurde 1774 von James Cook entdeckt und benannt. Unzählige weiße Sandstrände, verführerische türkisfarbene Lagunen, üppiger Regenwald, Pinien, Orchideen und Farne zeichnen diese traumhaft schöne Insel aus. Sie ist seit langer Zeit bewohnt, wie archäologische Ausgrabungen bewiesen, bei denen man Überreste von 4000 Jahre alten Siedlungen fand. Im 19. Jahrhundert diente sie eine Zeitlang als Sträflingskolonie – vom Gefängnis sind heute nur noch dichtbewachsene Ruinen übrig. Zahlreiche *Beach Lodges* bieten einfache, aber ausgezeichnete Unterkünfte. Tagesausflüge von Nouméa nach *Vao*, der größten Stadt Ile des Pines, sind sehr beliebt.

Loyauté-Inseln

Diese Inselgruppe liegt 100 km östlich von Neukaledonien und bietet ausgezeichnete Fisch- und Tauchgründe. Das 650 qkm große **Maré** ist die südlichste dieser Inseln, der Großteil der Bevölkerung lebt in der Stadt **Tadine**. **Lifou** ist mit 1150 qkm die größte der drei Inseln und beheimatet 7000 Einwohner, die Hauptstadt ist **Chépénétié**.
Das 130 qkm große **Ouvéa** ist nur an wenigen Stellen mehr als 3 oder 4 km breit. Die Lagune ist besonders fischreich. Die Bevölkerung lebt fast ausschließlich in **Fayaové**.

SOZIALPROFIL

ESSEN & TRINKEN: Die Auswahl an Restaurants und die Qualität der angebotenen Speisen sind ausgezeichnet, die Preispalette reicht von erschwinglich bis teuer. Gutes Essen ist eine Leidenschaft, und vorzügliche Küche ist häufig zu finden. Gourmet-Restaurants und Bistros bieten französische, italienische, spanische, indonesische, afrikanische und chinesische Gerichte an. Spezialitäten wie Pazifischer Stachelhummer, Krabben, Krebse oder Mangrovenaustern, Salate aus rohem Fisch (in Zitronensaft mariniert) und *Rousette* (eßbarer fliegender Fisch in Rotweinsoße) sind sehr zu empfehlen. Das Nationalgericht ist *Bougna* – gebratenes Schwein, Fisch oder Huhn in Bananenblätter gewickelt und auf heißen Steinen und unter Sand gegart. In Nouméa und am *Anse-Vata-Strand* gibt es ausgezeichnete Delikatessen- und Lebensmittelgeschäfte, in denen man alle Zutaten für ein üppiges Picknick erstehen kann. Französischer Wein wird oft angeboten.
NACHTLEBEN: Es gibt zahlreiche Diskotheken und am *Anse-Vata-Strand* das einzige Spielkasino des Südpazifis. Die Nachtklubs in Nouméa bieten europäische und einheimische Unterhaltung. Kinos zeigen französischsprachige Filme.
EINKAUFSTIPS: Die Boutiquen in Nouméa bieten die neueste französische Mode. Französische Luxusartikel wie Parfüm, Schmuck und Schuhe sowie Seidenschals, Sandalen und Handtaschen aus Italien kann man hier ebenfalls erstehen. Schöne Mitbringsel sind auch einheimisches Kunstgewerbe wie Kuriositäten aus Muscheln, Holzschnitzereien, Keramiken, handbemalte Stoffe, Aloha-Hemden, Tapa-Stoffe und Schallplatten mit polynesischer Musik. In manchen Duty-free-Shops wird ein Rabatt, wenn der Einkauf 2000 CFP übersteigt. **Öffnungszeiten der Geschäfte:** Mo-Fr 07.30-11.00 und 14.00-18.00 Uhr, Sa 07.30-11.00 Uhr.
SPORT: Wassersport: Tauchen ist besonders beliebt, ob nur mit der Taucherbrille oder in voller Montur; Ausbilder und Geräteverleih sind vorhanden. Weitere Informationen erhalten Sie vom *Nauti Club*, Kuto, Ile des Pines. Angeln ist ganz besonders auf der Schildkröten-Insel zu empfehlen. Alle Inseln bieten ausgezeichnete Strände, und einige Hotels haben eigene Swimmingpools. Ein Schwimmbad mit Olympiamaßen (täglich geöffnet) liegt hinter dem *Château-Royal*-Spielkasino. **Tennis:** Unter Vorlage der Touristenkarte können Besucher auf den Plätzen des *Mont-Coffyn*-Tennisklubs spielen. Weitere Tennisplätze gibt es beim *Château-Royal*-Spielkasino und am Anse-Vata-Strand. **Squash:** Der neue Klub an der Baie des Pêcheurs steht auch Besuchern offen, Ausrüstungen kann man leihen. **Reiten:** Im *Club d'Etrier* kann man auf Empfehlung eines Mitglieds Pferde mieten. Melanesische Männer und Frauen in farbenfrohen Kleidern spielen am Wochenende **Kricket. Wanderungen** ins Landesinnere können von der Hauptstadt aus organisiert werden.
SITTEN & GEBRÄUCHE: Die Atmosphäre ist zwanglos, die Mischung europäischer Sitten und traditioneller Gebräuche ist sehr reizvoll. Legere Kleidung ist angebracht, in manchen Restaurants wird jedoch elegantere Kleidung erwartet. Am Abend sollten Männer in Restaurants und Klubs lange Hosen tragen. Im Spielkasino müssen Sakko und Krawatte getragen werden. **Trinkgeld** wird nicht erwartet.

WIRTSCHAFTSPROFIL

WIRTSCHAFT: Die wichtigsten Wirtschaftszweige Neukaledoniens sind Bergbau, Tourismus, Land- und Forstwirtschaft. Die Leichtindustrie wird gegenwärtig ausgebaut. Das Land steht nach Kanada und den USA weltweit an dritter Stelle in der Nickelproduktion und besitzt 30% der bekannten Nickel-Reserven. Das Wirtschaftswachstum wurde in jüngster Zeit durch die weltweit niedrigen Nickelpreise etwas abgeschwächt (Nickel trägt fast 90% zum Exportvolumen bei). Der Lebensstandard in Neukaledonien ist recht hoch. In der Landwirtschaft werden vor allem Getreide, Obst und Gemüse produziert sowie Kopra und Kaffee für die Exporte. Die Inselgruppe ist Mitglied der Südpazifik-Kommission. Frankreich trägt als Haupthandelspartner 50% des Im- und Exports. Weitere wichtige Handelspartner sind die USA, Japan, Australien und Deutschland.
GESCHÄFTSVERKEHR: Geschäftsbesuche sollten vorher vereinbart werden. Geschäftsessen als Form der Verhandlung sind selten. Preisangaben sollten in Französischen Franc oder CFP gemacht werden. Die beste Zeit für Geschäftsreisen ist von Mai bis Oktober.
Geschäftszeiten: Mo-Fr 07.30-11.30 und 13.30-17.30 Uhr, Sa 07.30-11.30 Uhr.
Kontaktadressen: *Die wirtschaftlichen Interessen Österreichs werden von der Außenhandelsstelle der Wirtschaftskammer Österreich in Sydney (s. Australien) vertreten. Chambre de Commerce et d'Industrie* (Industrie- und Handelskammer), BP M3, 98849 Nouméa Cédex, Nouvelle-Calédonie. Tel: 27 25 51. Telefax: 27 81 14.

KLIMA

Warmes, subtropisches Klima, durch Passatwinde gemildert. Die kühle Jahreszeit ist zwischen Juni und September, am heißesten ist es von Oktober bis Mai. Die meisten Niederschläge fallen zwischen Januar und März. Im Osten ist der Jahreszeitenwechsel nicht so ausgeprägt wie im Westen.

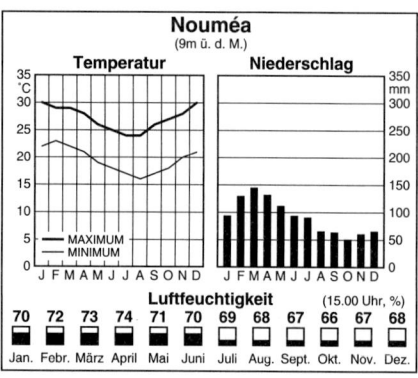

Eine weitere wichtige Veröffentlichung von *Columbus Press* ist der »World Travel Guide«, der jährlich herausgegeben wird und auf über tausend Seiten Informationen in englischer Sprache über alle Länder der Erde enthält.

Weitere Einzelheiten von:
Columbus Press, Verkaufsabteilung,
Aurikelweg 9,
D-38108 Braunschweig.
Tel: 05309/2123. *Telefax:* 05309/2877.

Neuseeland

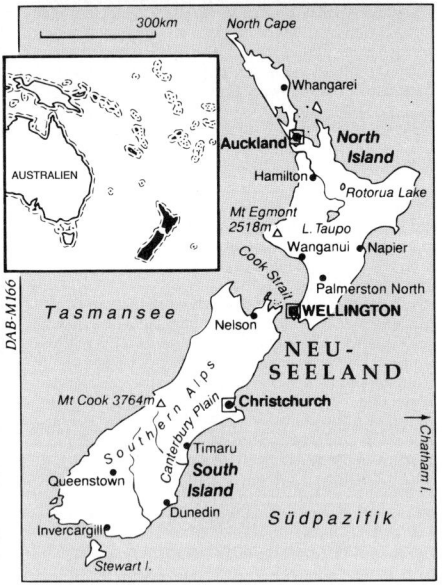

□ Internationaler Flughafen

Lage: Südpazifik.

New Zealand Tourism Board
Friedrichstraße 10-12
D-60323 Frankfurt/M.
Tel: (069) 97 12 11-0. Telefax: (069) 97 12 11-13.
Mo-Fr 09.00-17.30 Uhr.
(auch zuständig für Österreich und die Schweiz)
Botschaft von Neuseeland
Bundeskanzlerplatz 2-10
D-53113 Bonn
Tel: (0228) 22 80 70. Telefax: (0228) 22 16 87.
Mo-Do 09.00-13.00 und 14.00-17.30 Uhr, Fr 09.00-13.00 und 14.00-16.30 Uhr, *Konsularabt.*: 10.00-12.00 Uhr.
(auch zuständig für Österreich)
Honorarkonsulat ohne Visumerteilung in Hamburg.
Konsulat von Neuseeland
28a Chemin du Petit-Saconnex
CH-1209 Genf
Tel: (022) 734 95 30. Telefax: (022) 734 30 62.
Mo-Fr 09.00-12.00 und 14.00-17.00 Uhr.
Botschaft der Bundesrepublik Deutschland
90-92 Hobson Street
PO Box 1687
Wellington
Tel: (04) 473 60 63. Telefax: (04) 473 60 69.
Honorarkonsulate in Auckland und Christchurch.
Generalkonsulat der Republik Österreich (mit Paß- und Sichtvermerksbefugnis)
Security Express House
22-24 Garrett Street
PO Box 6016
Wellington
Tel: (04) 801 97 09. Telefax: (04) 85 46 42.
Konsulat in Auckland.
Übergeordnete Vertretung ist die Botschaft in Canberra (s. Australien).
Botschaft der Schweizerischen Eidgenossenschaft
22 Panama Street
Wellington
Tel: (04) 472 15 93/94. Telefax: (04) 499 63 02.

FLÄCHE: 270.534 qkm.
BEVÖLKERUNGSZAHL: 3.487.000 (1993).

TIMATIC INFO-CODES

*Abrufbar über Ihr CRS-System (für START/Amadeus Ama-Maske benutzen). Für Galileo bitte TI-DFT eingeben (**mit** Bindestrich).*

Flughafengebühren	TI DFT/ WLG /TX
Währung	TI DFT/ WLG /CY
Zollbestimmungen	TI DFT/ WLG /CS
Gesundheit	TI DFT/ WLG /HE
Reisepassbestimmungen	TI DFT/ WLG /PA
Visabestimmungen	TI DFT/ WLG /VI

BEVÖLKERUNGSDICHTE: 13 pro qkm.
HAUPTSTADT: Wellington. **Einwohner:** 326.900 (Großraum, 1993).
GEOGRAPHIE: Neuseeland liegt 1930 km südöstlich von Australien und besteht aus zwei Hauptinseln: der 114.470 qkm großen North Island und der 150.660 qkm umfassenden South Island, die durch die Cook Strait voneinander getrennt sind. Stewart Island (1750 qkm) liegt südlich der South Island, die Chatham Islands liegen 675 km südöstlich der North Island. Die Temperaturen im Süden sind niedriger als im Norden. Verglichen mit dem australischen Nachbarn ist der Inselstaat winzig (etwas größer als die alten Bundesländer der Bundesrepublik Deutschland). Zwei Drittel des Landes sind gebirgig; rauschende Flüsse, tiefe Bergseen und dichte Regenwälder (*Bush* genannt) prägen das Landschaftsbild. Auckland liegt auf einer Halbinsel im Norden der North Island. Auf dieser Insel überwiegt fruchtbares Hügelland, das in der Inselmitte zu einem Gebirge von bis zu 2796 m Höhe ansteigt. Sie hat vulkanischen Charakter und besitzt zahlreiche tätige Vulkane, heiße Thermalquellen und Geysire. Besonders die Umgebung von Rotorua, 240 km südlich von Auckland, ist durch Geysire, kochende Schlammtümpel, heiße Mineralquellen, Terrassen aus Kieselerde und zischende Fumarole (vulkanischer Gasdampf) zu einer weltberühmten Touristenattraktion geworden. Etwa ein Drittel der Bevölkerung lebt auf der größeren South Island. Die Insel wird von den Southern Alps durchzogen, deren höchste Erhebung der Mount Cook (3764 m) ist; die Gletscher Franz Josef und Fox liegen ebenfalls in dieser Region. Neuseeland hat drei Außengebiete mit innerer Autonomie: die *Cook Islands* liegen etwa 3500 km nordöstlich von Neuseeland; *Niue* liegt 920 km westlich der Cook-Inseln; und die drei Atolle von *Tokelau* liegen 960 km nordwestlich von Niue. Das *Ross Dependency*, ein Hoheitsgebiet in der Antarktis, umfaßt über 700.000 qkm.
STAATSFORM: Parlamentarische Monarchie im Commonwealth seit 1907; keine geschriebene Verfassung; Einkammerparlament (99 Mitglieder, 4 davon sind Maori-Ureinwohner). Staatsoberhaupt: Königin Elizabeth II., vertreten durch die Generalgouverneurin Dame Catherine Tizard, seit November 1990. Regierungschef: James Brendan Bolger, seit Oktober 1990. Unabhängig de facto seit September 1907, nominell seit Dezember 1931.
SPRACHE: Amtssprache ist Englisch, die Ureinwohner sprechen Maori.
RELIGION: Insgesamt 62% Christen: Anglikaner, Presbyterianer, Katholiken, Methodisten und Baptisten; außerdem Angehörige der Maori-Kirchen.
ORTSZEIT: MEZ + 11 (MEZ + 12 von der ersten Oktoberwoche bis zur letzten Märzwoche).
NETZSPANNUNG: 230 V, 50 Hz. Adapter erforderlich.
POST- UND FERNMELDEWESEN: Telefon: Selbstwählferndienst. **Landesvorwahl: 64. Telefaxgeräte** stehen in zahlreichen Hotels zur Verfügung. **Telex/Telegramme:** Telegramme können telefonisch sowie in allen Postämtern aufgegeben werden. Alle Hauptpostämter sind an das Telexnetz angeschlossen. **Post:** Luftpost nach Europa ist 4-5 Tage unterwegs, postlagernde Sendungen sind möglich. Öffnungszeiten der Postämter: Mo-Fr 09.00-17.00 Uhr.
DEUTSCHE WELLE
Der Einsatz der Kurzwellenfrequenzen ändert sich mehrfach im Laufe eines Jahres, und Sendungen auf den folgenden Frequenzen werden jeweils nur zu bestimmten Tageszeiten ausgestrahlt. Näheres in der Einleitung.

| MHz | 17,845 | 15,105 | 11,795 | 9,735 | 9,690 |
| Meterband | 16 | 19 | 25 | 31 | 31 |

REISEPASS/VISUM

Wichtiger Hinweis: Die Einreisebestimmungen mancher Länder können sich kurzfristig ändern – rufen Sie sicherheitshalber auf Ihrem CRS-System (TIMATIC-Info-Code-Fenster in diesem Kapitel) den aktuellen Stand ab bzw. wenden Sie sich an die zuständige diplomatische Vertretung. Etwaige Zahlen in der Tabelle beziehen sich auf nachfolgende Fußnoten.

	Paß erforderlich?	Visum erforderlich?	Rückflugticket erforderlich?
Deutschland	Ja	Nein	Ja
Österreich	Ja	Nein	Ja
Schweiz	Ja	Nein	Ja
Andere EU-Länder	Ja	1	Ja

REISEPASS: Allgemein erforderlich zur Einreise.
Anmerkung: Der Reisepaß muß noch mindestens 3 Monate über die Aufenthaltsdauer hinaus gültig sein. Besucher müssen über ausreichende Geldmittel für die Dauer des Aufenthalts verfügen (1000 DM pro Person pro Monat). Ein Kinderausweis reicht aus, falls genügend Platz für die Visumetikette vorhanden ist. Ein eigener Reisepaß mit Lichtbild wird jedoch empfohlen.
VISUM: Genereller Visumzwang, ausgenommen sind Staatsangehörige von:
(a) **[1]** EU-Ländern (einschl. Bundesrepublik Deutschland und Österreich) und der Schweiz für Aufenthalte von max. 3 Monaten (Staatsbürger Portugals müssen in Portugal ansässig sein). Britische Staatsbürger oder Inhaber britischer Reisepässe mit ständigem Wohnsitz in Großbritannien können für Aufenthalte von max. 6 Monaten einreisen;
(b) Brunei, Island, Indonesien, Japan, Kanada, Kiribati, Korea-Süd, Liechtenstein, Malaysia, Malta, Monaco, Nauru, Norwegen, Singapur, Thailand, Tuvalu und den USA (auch für Amerikanisch-Samoa und Swains-Inseln gültig) für Aufenthalte von max. 3 Monaten;
(c) Australien sowie neuseeländische Überseegebiete.
Anmerkung: Transitvisa werden von folgenden Staatsbürgern verlangt, falls diese zwischen Neuseeland und den Cook-Inseln, Fidschi, Neukaledonien, den Salomonen, Tahiti, Tonga, Vanuatu und West-Samoa reisen: Afghanistan, Äthiopien, Bangladesch, Bulgarien, China (VR), Ghana, Indien, Irak, Iran, Libyen, Myanmar, Pakistan, Somalia, Sri Lanka, Syrien, Türkei und Zaïre. Der Flughafen darf hierbei nicht verlassen werden. Weitere Informationen erteilen die zuständigen Botschaften (Adressen s. o.).
Visagebühren: 60 DM bzw. 48 sfr pro Antrag.
Gültigkeitsdauer: Touristenvisum: in der Regel 3 Monate, maximal 9 Monate. Transitvisum: 24 Std.
Antragstellung: Konsulat bzw. Visumabteilung der Botschaft (Adressen s. o.).
Unterlagen: (a) Antragsformular. (b) 1 Paßfoto. (c) Gültiger Reisepaß. (d) Gebühr (bar oder Scheck). (e) Ausreichend frankierter und adressierter Umschlag (Einschreiben). (f) Firmenschreiben oder Schreiben des Sponsors bei Geschäftsbesuchen.
Zusätzlich sind ggf. die folgenden Unterlagen erforderlich: (g) Nachweis ausreichender Geldmittel (1000 DM pro Person pro Monat; 400 DM pro Person pro Monat, falls die Unterkunft schon bezahlt worden ist). (h) Rück- oder Weiterflugticket.
Bearbeitungszeit: Etwa 10 Tage.
Aufenthaltsgenehmigung: Unterschiedlich. Anträge sollten nicht länger als 6 Monate vor der Einreise gestellt werden. Weitere Informationen von der Botschaft.

GELD

Währung: 1 Neuseeländischer Dollar (NZ$) = 100 Cents. Banknoten gibt es im Wert von 100, 50, 20, 10 und 5 NZ$. Münzen sind im Wert von 2 und 1 NZ$ sowie 50, 20, 10 und 5 Cents in Umlauf.
Geldwechsel: Fremdwährungen können überall in Neuseeland gewechselt werden.
Kreditkarten: *American Express, Diners Club, Eurocard* und *Visa* werden akzeptiert. Einzelheiten vom Aussteller der betreffenden Kreditkarte.
Reiseschecks: DM-Reiseschecks werden empfohlen.
Wechselkurse

	NZ$ Sept. '92	NZ$ Febr. '94	NZ$ Jan. '95	NZ$ Jan. '96
1 DM	1,22	1,01	1,01	1,06
1 US$	1,81	1,75	1,56	1,52

Devisenbestimmungen: Die Ein- und Ausfuhr von Landes- und Fremdwährungen ist unbegrenzt.
Öffnungszeiten der Banken: Mo-Fr 09.00-16.30 Uhr.

DUTY FREE

Folgende Artikel können ab dem 17. Lebensjahr zollfrei nach Neuseeland eingeführt werden:
200 Zigaretten oder 50 Zigarren oder 250 g Tabak oder eine Kombination von Tabakprodukten bis zu 250 g;
4,5 l Wein oder Bier;
1125 ml Spirituosen;
Parfüm für den persönlichen Gebrauch;
Geschenke bis zum Wert von 700 NZ$.
Anmerkung: Die neuseeländische Regierung veröffentlicht eine vollständige Liste der Waren, die zollfrei eingeführt werden können. Schußwaffen dürfen nur mit vorheriger Genehmigung der Polizeibehörden eingeführt werden. Es besteht Einfuhrverbot für Lebensmittel, Pflanzen und Tiere.

GESETZLICHE FEIERTAGE

3. Juni '96 Geburtstag der Königin. **28. Okt.** Tag der Arbeit. **25./26. Dez.** Weihnachten. **1./2. Jan. '97** Neujahr. **6. Febr.** Waitangi-Tag. **28.-31. März** Ostern. **25. April** Anzac-Tag.

GESUNDHEIT

In der folgenden Tabelle aufgeführte Impfvorschriften können sich kurzfristig ändern. Es wird stets empfohlen, auf Ihrem CRS-System (TIMATIC-Info-Code-Fenster in diesem Kapitel) den aktuellen Stand der Gesundheitsbestimmungen abzurufen bzw. rechtzeitig vor der Reise ärztlichen Rat einzuholen.

	Vorsichtsmaßnahmen empfohlen	Impfschein erforderlich
Gelbfieber	Nein	Nein
Cholera	Nein	Nein
Typhus & Polio	Nein	-
Malaria	Nein	-
Essen & Trinken	1	

[1]: Trinkwasser birgt im allgemeinen keine Gefahren für die Gesundheit. Milch ist pasteurisiert und kann,

ebenso wie einheimische Milchprodukte, Fleisch, Geflügel, Meeresfrüchte, Obst und Gemüse, unbesorgt verzehrt werden.
Gesundheitsvorsorge: Medizinische und zahnärztliche Behandlungen sind für ausländische Besucher generell kostenpflichtig. Der Abschluß einer Reisekrankenversicherung wird empfohlen. Sonnenschutz ist unbedingt erforderlich, vor allem zwischen 11.00-15.00 Uhr, wenn die UV-Strahlung der Sonne am stärksten ist.

REISEVERKEHR - International

FLUGZEUG: Neuseelands nationale Fluggesellschaft heißt *Air New Zealand* (NZ). Es gibt Direktflüge von Frankfurt mit Air New Zealand und von Zürich mit *Singapore Airlines*, außerdem gute Verbindungen von London.
Durchschnittliche Flugzeiten: *Frankfurt* – Auckland: 27 Std; *Frankfurt* – Wellington: 29 Std; *Frankfurt* – Christchurch: 30 Std; *Zürich* – Auckland: 24 Std. (Zwischenhalt in Singapur).
Internationale Flughäfen: *Auckland (AKL)* (Mangere) liegt 22,5 km südlich der Stadt (Fahrzeit 40 Min.). Duty-free-Shop, Apotheke, Geschäfte, Mietwagenschalter, Bank, Post, Hotel-Reservierung und Tourist-Information stehen während der Ankunfts- und Abflugzeiten der internationalen Flüge zur Verfügung. Busverbindung zur Stadt. Taxis verlangen nach 22.00 Uhr und an Wochenenden einen Zuschlag.
Christchurch (CHC) liegt 10 km nordwestlich der Stadt (Fahrzeit 20 Min.). Flughafeneinrichtungen: Duty-free-Shop, Mietwagenschalter, Bank, Post, Tourist-Information und Hotel-Reservierungsschalter (während der Ankunfts- und Abflugzeiten internationaler Flüge). Busverbindung zur Stadt. Taxis verlangen nach 22.00 Uhr einen Zuschlag.
Wellington (WLG) (Rongotai) liegt 8 km südöstlich der Stadt (Fahrzeit 30 Min.). Duty-free-Shop, Mietwagenschalter, Bank, Läden, Tourist-Information und Hotel-Reservierung (während der Ankunfts- und Abflugzeiten internationaler Flüge). Busverbindung zur Stadt. Taxis verlangen nach 22.00 Uhr einen Zuschlag.
Flughafengebühren: 20 NZ$ für internationale Flüge. Kinder bis 11 Jahren und Transitreisende sind hiervon befreit.
SCHIFF: Die Hafenstädte Auckland, Wellington, Lyttleton, Dunedin, Picton und Opua werden von folgenden Reedereien angelaufen: *Ben Shipping, CTC, Port Royal Interocean, P&O, Sitmar, Polish Ocean Lines* und *Farrell Lines*. Mehrmals täglich pendelt eine Eisenbahnfähre zwischen Wellington (North Island) und Picton (South Island).

REISEVERKEHR - National

FLUGZEUG: Die Fluggesellschaften *Air New Zealand (NZ), Mount Cook Airlines (NM)* und *Ansett New Zealand (ZQ)* fliegen alle Hauptflughäfen an (s. o.) sowie Palmerston North, Dunedin, Napier, Queenstown, Rotorua und 27 weitere Verkehrsflughäfen. Es gibt verschiedene Sondertarife für Touristen: Air New Zealand und Ansett z. B. bieten je einen *Explore New Zealand Airpass* an. Der Paß kann bei Vorlage eines Flugtickets im Heimatland gebucht werden und bietet Besuchern für den Zeitraum der Reise wahlweise 3 bis 8 Flüge in Neuseeland.
BAHN: Das neuseeländische Streckennetz umfaßt 4000 km. Die Züge sind pünktlich, aber nicht alle Landesteile sind an das Schienennetz angeschlossen. Zahlreiche Strecken führen durch wunderschöne Landschaft. Schnellzüge befahren die folgenden Strecken: Auckland – Wellington (Tag- und Nachtzüge), Christchurch – Invercargill, Christchurch – Picton, Christchurch – Greymouth, Auckland – Rotorua, Auckland – Tauranga sowie Wellington – Napier. Einige Züge haben Speisewagen, es gibt keine Schlafwagen. Ein günstiges Angebot ist der Intercity-Pass für Busse und Bahnen (s. o.).
BUS/PKW: Das Straßennetz umfaßt 91.876 km; es herrscht Linksverkehr. Reise- und Linienbusse u. a. der *New Zealand Railways* ergänzen das Schienennetz. Sie fahren auf ähnlichen Routen wie die Züge und verbinden die Bahnhöfe der verschiedenen Städte; Sitzplätze sollten rechtzeitig gebucht werden. Weitere Informationen erteilt das *New Zealand Tourism Board* (Adresse s. o.). **Fernbusse:** Der *Kiwi Coach Pass* ist für Busse der *Mount Cook Landliner Services* und andere große Busunternehmen gültig. *Newmans Coachlines* bietet den *Flexipass* an (Tel: (09) 309 97 38). Regionale Buslinien verbinden fast alle Landesteile. Platzreservierung wird empfohlen. **Taxis** stehen überall zur Verfügung. **Mietwagen** sind bei internationalen und regionalen Autovermietern in fast allen Ortschaften erhältlich (Mindestalter: 21 Jahre). **Unterlagen:** Ein Internationaler Führerschein wird empfohlen.
STADTVERKEHR: Ausgezeichnete Linienbusnetze gibt es in fast allen Städten. In Wellington fahren auch Oberleitungsbusse. In Wellington und Auckland werden die Preise nach Zonen berechnet, Tages- und Einzelfahrkarten kann man im voraus kaufen.
FAHRZEITEN von Wellington zu den folgenden größeren Städten (ungefähre Angaben in Std. und Min.):

	Flugzeug	Schiff	Bahn	Bus/Pkw
Auckland	1.00	-	10.00	9.00
Rotorua	1.15	-	6.00	3.30
Napier	1.00	-	6.00	6.30
N. Plymouth	1.00	-	-	8.30
Palmerston N.	0.30	-	2.30	2.30
Picton	0.30	3.00	-	-
Christchurch	0.45	-	*5.20	*7.20
Dunedin	1.20	-	*11.20	*12.20
Queenstown	2.05	-	-	*15.40
Bay of Islands	2.00	-	-	14.00
Nelson	0.20	-	-	6.00
Mount Cook	2.00	-	-	10.00
Gletscher (Westküste)	**1.45	-	-	8.20

Anmerkung: [*] Zusätzlich 3 Std. Fähre. [**] Zusätzlich 2 Std. 30 Autofahrt.

UNTERKUNFT

HOTELS: Neben Hotels, Motels und Gasthäusern gibt es in Neuseeland außerdem die Möglichkeit, in traditionellen Maori-Häusern zu übernachten. In ländlichen Regionen sind Übernachtungen meistens billiger, aber auch in den Städten findet man preisgünstige Unterkünfte. Es gibt jedoch zu wenig Luxushotels. In der Hochsaison ist es daher nicht immer einfach, Zimmer der gewünschten Preisklasse zu finden. Es empfiehlt sich, möglichst rechtzeitig zu buchen. Gute Motels mit Kochgelegenheiten werden in den letzten Jahren immer beliebter und machen inzwischen ca. 75% der angebotenen Unterkünfte aus. Weitere Auskünfte von der *Hotel Association of New Zealand*, PO Box 503, Wellington. Tel: (04) 385 13 69. Telefax: (04) 384 80 44. **Kategorien:** Neuseeländische Hotels und Motels sind nicht in Kategorien aufgeteilt. Lage, Einrichtungen und Preise sind jedoch richtungsweisend für den jeweiligen Standard.
BEHINDERTENGERECHTE UNTERKÜNFTE: Die Broschüre *New Zealand Access: Guide for the Less Mobile Traveller* des neuseeländischen Fremdenverkehrsverbandes enthält Adressen entsprechender Unterkünfte und Angaben über die jeweiligen Einrichtungen.
URLAUB AUF DEM BAUERNHOF: Viele Farmen nehmen Besucher auf.
JUGENDHERBERGEN: Von Dezember bis März kann man bei der *Youth Hostel Association* Betten im voraus buchen, Adresse: PO Box 436, Christchurch 1. Tel: (03) 379 99 70. Telefax: (03) 365 44 76. In den größeren Städten gibt es auch andere preiswerte Unterkünfte, z. B. das *Beethoven House* in Wellington.
CAMPING: Zahlreiche Zeltplätze der verschiedensten Preislagen mit unterschiedlichem Standard stehen zur Verfügung. Zwischen Dezember und April (Ostern) empfiehlt sich Vorausbuchung. Die *New Zealand Motor Camps* haben im allgemeinen Wasch- und Kochgelegenheiten, größere Plätze sind oft besser ausgestattet. Die Camps stellen keine Zelte zur Verfügung, Ausrüstungen können aber bei verschiedenen Organisationen gemietet werden.

URLAUBSORTE & AUSFLÜGE

North Island

Auckland, die größte Stadt Neuseelands (910.200 Einwohner, 1993), erstreckt sich bis in die sanften Hügel der Umgebung. *Mount Eden* ist ein guter Aussichtpunkt, der einen schönen Blick auf die Stadt und ihre ausgedehnten Häfen gewährt. In der *Parnell-* und in der *Ponsonby Road* gibt es gute Restaurants. Ausgezeichnete Geschäfte, das schöne Universitätsgelände, sehenswerte Vororte wie Takapuna mit seinem schönen Strand und der lebendige Hafen machen den Reiz dieser Geschäftsstadt aus. Die öffentlichen Verkehrsmittel sind gut, und die Fahrer geben oft nützliche Tips. Am *Otara Square* findet jeden Samstag ein Markt der Maori und Polynesier statt. Die reizvollen Parkanlagen *Auckland Domain* und *Auckland Wintergardens* sind ebenfalls einen Besuch wert.
Die Strände der Halbinsel **Northland** sind sehr beliebt. Landesweit ermöglichen zahlreiche kleine Strandorte einen ruhigen und erholsamen Urlaub.
In der Hauptstadt **Wellington** laden zahlreiche Geschäfte und Fußgängerzonen zum Stadtbummel ein. Viele Hotels und Restaurants bieten eine einmalige Aussicht auf *South Island*. Die neueren Gebäude klammern sich förmlich an die Hänge der steilen Hügel. Eine Seilbahn führt auf den 160 m hohen *Kelburn Hill*, der einen herrlichen Ausblick bietet. In Wellington gibt es außerdem einen großen *Botanischen Garten*. Das *National Museum* (Maori-Kunst) und das *Parlamentsgebäude* sind weitere Sehenswürdigkeiten. Wellington ist ein wichtiger Fährhafen; es besitzt einen der schönsten Häfen der Welt und ist ein idealer Ausgangspunkt für Ausflüge zu den kleineren Inseln.
Rotorua ist eine der schönsten und bekanntesten Attraktionen des Landes und bietet die Möglichkeit, erloschene Vulkane, Geysire, Thermalquellen und kochende Schlammtümpel einmal »hautnah« zu erleben. Die Höhlen von *Waitomo* werden von Hunderten von Glühwürmchen bevölkert und gelten als einzigartiges Naturwunder. Die Geysire in der Umgebung von *Orakei Korako* erreicht man nach halbstündiger Autofahrt. In Rotorua leben zahlreiche Maoris, die Ureinwohner Neuseelands. Im Kunstzentrum kann man jungen Maoris bei der Herstellung traditioneller Stein- und Holzschnitzereien zuschauen. Diese Kunstgegenstände sind wunderschöne Andenken und Geschenke. Mitunter sieht man auch Neuseelands Nationalvogel, den Kiwi, einen recht scheuen Nachtvogel. Vier tätige und zahlreiche erloschene Vulkane wie der *Mount Egmont* an der Westküste sind typisch für die einmalig-exotische Landschaft auf North Island. Noch ganz unberührte Regionen wie die *Coromandel-Halbinsel* machen das Land zu einem wahren Paradies für Naturliebhaber. Der exakt im Zentrum der Insel gelegene *Taupo-See* ist für seinen Fischreichtum bekannt. In den nordöstlichen Küstenstädten kann man Boote zum Hochseefischen mieten.

South Island

Zahllose Gärten, bildschöne Strände und eine wachsende Künstlerkolonie sind die besonderen Anziehungspunkte der kleinen Küstenstadt **Nelson**. Wer sich eine Unterkunft in einem Privathaushalt sucht, lernt Land und Leute am besten kennen – Familienanschluß ist garantiert. Ausgezeichnete Straßen machen die Erkundung von South Island einfach. Schottische Siedler gründeten **Dunedin** und **Invercargill**, in denen der keltische Einfluß immer noch deutlich spürbar ist. In den Ausläufern der *Canterbury Plains* liegt die sehr englische »Gartenstadt« **Christchurch**, die vom Avon durchflossen wird. Die architektonische Vielfalt der Stadt ist beeindruckend – alte Steingebäude, zahlreiche Herrenhäuser und die neugotische Kathedrale stehen Seite an Seite. Die Universität *Old Canterbury* ist nicht nur für Studenten interessant. Bei einem Stadtbummel kann man das Gebäude der Handelskammer und *Riccarton House* besichtigen. Zahlreiche Parks und Gärten sind ideal für ausgedehnte Spaziergänge. Die Galerien und Museen wie das *Canterbury-Museum* sind für jeden Kunstliebhaber interessant.
Der Bergort **Queenstown** zieht Skiurlauber aus aller Welt an. Im Sommer bieten sich lange Wanderungen auf den ausgezeichneten Wanderwegen an. Die Landschaft der South Island ist außergewöhnlich schön. Auf engen Straßen, die durch dichten Regenwald und an Wasserfällen vorbeiführen, erreicht man die malerische Kleinstadt **Arthur's Pass**. Ein Flug mit dem Kleinflugzeug ermöglicht eine ausgezeichnete Aussicht auf den **Mount Cook**.
Die zwölf Tierschutzgebiete des Landes bieten eine äußerst abwechslungsreiche Landschaft mit Wäldern, lauschigen Tälern, Thermalgebieten, Seen, Bergen, Gletschern und einsamen Buchten. Der **Abel-Tasman-Park** kann zu Fuß oder besser noch per Boot von der kleinen Stadt **Kaiteriteri** erreicht werden. Naturliebhaber können hier die immer seltener werdenden einheimischen Tierarten, die in dichterbesiedelten Gebieten von importierten Tierarten verdrängt wurden, in freier Wildbahn beobachten und seltene Pflanzen in ihrer ganzen Schönheit bewundern. In den Ebenen um Christchurch lebte einst der straußenähnliche Moa, heute grasen dort riesige Schafherden. Auch der Kiwi ist selten geworden.
RUNDREISEN: 5tägige: Auckland – Waitomo – Rotorua – Taupo-See – Wellington. **7tägige:** (a) Nelson – Christchurch – Dunedin – Invercargill – Queenstown – Mount Cook – Kaiteriteri. (b) Auckland – Waitomo – Rotorua – Queenstown – Mount Cook – Christchurch.

SOZIALPROFIL

ESSEN & TRINKEN: Neuseeländisches Lamm-, Rind- und Schweinefleisch genießt weltweit einen ausgezeichneten Ruf. Die *Kumara*, eine Süßkartoffel, schmeckt ausgezeichnet. Einheimische Fischarten wie *Snapper, Grouper* und *John Dory* sowie Forellen, junge Sprotten, Austern, Flußkrebse und Jakobsmuscheln werden je nach Saison angeboten. Geflügelgerichte sind durchaus empfehlenswert. Eine beliebte Nachspeise ist *Pavlova*, ein mit Früchten und Schlagsahne gefüllter Baiserboden. Einheimische Milchprodukte haben ebenfalls einen angestammten Platz auf der Speisekarte. Besondere Picknick- und Grillplätze sind fast überall zu finden. In vielen Restaurants, die keine Schankkonzession haben, kann man seine eigenen alkoholischen Getränke mitbringen (»BYO«). Außer in eleganteren Restaurants herrscht eine ungezwungene Atmosphäre. **Getränke:** Zahlreiche neuseeländische Weine und Biersorten haben internationale Auszeichnungen gewonnen. Einige Hotelbars stehen nur Gästen zur Verfügung, und es geht sehr förmlich zu. Alkohol darf an Jugendliche zwischen 18 und 21 Jahren nur verkauft werden, wenn sie in Begleitung Erwachsener sind. Schankstunden sind regional verschieden, i. allg. jedoch 11.00-23.00 Uhr (außer So).
NACHTLEBEN: Den aktuellen Veranstaltungskalender findet man meist in der Rubrik »What's On« der jeweiligen Tageszeitungen. In den größeren Städten gibt es Nachtklubs, Kinos und Theater. Das Angebot an Konzerten, Musicals und ähnlichen Live-Veranstaltungen mit internationalen Künstlern ist gut.
EINKAUFSTIPS: Schöne Mitbringsel sind geschnitzte Schmuckstücke aus *Greenstone* (einer Art Jade) und *Paua*-Muscheln (die in allen Farben des Regenbogens

schimmern), *Tiki* (Maori-Talisman aus Greenstone), Einlegeholzschnitzereien aus Paua-Muscheln, Pullover und Decken aus Schurwolle und Lederwaren. **Öffnungszeiten der Geschäfte:** Mo-Fr 09.00-17.30 Uhr, Sa 09.00-12.30 Uhr, länger in den Urlaubsorten. Zahlreiche Geschäfte sind Do und Fr bis 21.00 Uhr geöffnet. **SPORT: Rugby** und **Kricket** sind Nationalsport, **Fußball** wird immer beliebter. Es gibt 325 **Golfplätze** auf den Inseln. Die Berge Mount Ruapehu (North Island) und Coronet Peak, Treble Cone und Mount Hutt (South Island) eignen sich vorzüglich für Skiläufer – auch **Gletscher-** und **Heliskilauf** wird angeboten. Wunderschöne **Wanderwege** wie den Milford Track und den Routeburn Track gibt es in ganz Neuseeland, u. a. im Hollyford Valley und im Fjordland-Nationalpark. Die Forellengründe von Taupo und Rotorua sind sehr gut. An den Küsten beider Inseln bieten sich **Hochsee-Angelfahrten** an. Angelscheine kann man beim Fremdenverkehrsamt beantragen. Auf besonderen Rasenplätzen wird im Sommer (Sept. - April) **Bowls** gespielt. Fast alle Städte und Urlaubsorte haben **Tennisplätze**. Öffentliche Badeanstalten, die Swimmingpools der Hotels und natürlich das Meer laden zum **Schwimmen** ein. **Autorennen, Pferderennen, Leichtathletik** und **Hütehundprüfungen** werden regelmäßig veranstaltet. Einzelheiten erscheinen in den regionalen Tageszeitungen.
VERANSTALTUNGSKALENDER:
16. - 19. Mai '96 *Nationales Wollfest*, landesweit. 9. - 14. Juni *Bay of Islands Internationaler Yellowtail Wettbewerb*. 10. - 20. Juli *Mount Cook Line Winterfestival* (Skiwettbewerb, Mountain-biking auf Schnee, Eisskulpturen), Queenstown. 26. - 30. Juli *Neuseelands Rauchfreie Rallye*, Auckland und Rotorua. 27. Juli - 4. Aug. *Montana Winter-Karneval*, Christchurch. 10. Aug. *Ski-Rennen*, Coronet Peak. 12. - 18. Okt. *Rhododendron-Festival*, Dunedin. 12./13. Okt. *ANZ Neuseeland Wein- und Gastronomie-Festival*, Wellington. 10. - 16. Nov. *Internationales Forellen-Wettangeln*, Rotorua. 18. - 26. Nov. *Manawatu Rosen- und Gartenfest*. 27. Jan. '97 *Jubiläumsregatta*, Auckland.
SITTEN & GEBRÄUCHE: *Hongi* (das Aneinanderreiben der Nasen) ist die traditionelle Maori-Begrüßung. Manche Besucher haben die große Ehre, zu einem der Maori-Feste eingeladen zu werden. Legere Bekleidung wird überall akzeptiert. Neuseeländer sind sehr gelassen, offen und gastfreundlich, man redet sich schnell mit dem Vornamen an. Nichtraucherzonen sollten beachtet werden. **Trinkgeld** wird nicht erwartet. Bedienungsgeld und Steuern sind nicht in Hotel- und Restaurantrechnungen enthalten.

WIRTSCHAFTSPROFIL

WIRTSCHAFT: Obwohl Neuseeland allgemein als Agrarland betrachtet wird, erbringt dieser Wirtschaftszweig nur 9% des Bruttoinlandproduktes und beschäftigt nur 11% der Erwerbstätigen. Woll-, Fleisch- und Milchprodukte sind trotzdem wichtige Exportgüter. Neuseeland ist besorgt über die protektionistische Agrarpolitik der EU, die bislang Hauptabnehmer der landwirtschaftlichen Produkte war. Die Ausfuhr von Agrarprodukten ging 1991 um 12% zurück, wobei sich der Anteil der Exporte nach Europa beträchtlich verringerte, während der Anteil der Exporte nach Asien zunahm. Der vielversprechende Abbau von Titan, Gold, Silber und Schwefel soll weiter ausgebaut werden. Seit Ende der siebziger Jahre wurden zu diesem Zweck neue Industrieunternehmen gegründet, die nach und nach Industriezweige wie Textilien, landwirtschaftliche Maschinen und Kunstdünger ersetzen. Australien ist der größte Handelspartner. Auf Regierungsebene wird seit einiger Zeit zwischen beiden Staaten über die Schaffung einer bilateralen Freihandelszone verhandelt. Japan, die USA und Großbritannien sind ebenfalls wichtige Handelspartner. Die Tourismusbranche nimmt an Bedeutung zu, dabei wird besonderer Wert gelegt auf einen »sanften« Tourismus, der Umwelt- und Tierschutz mit den Ansprüchen der Besucher vereinbaren soll. Von Mai 1993 bis Mai 1994 kamen 60.000 deutsche Touristen nach Neuseeland, eine Steigerung von über 15% gegenüber dem Vorjahr.
GESCHÄFTSVERKEHR: Bei Geschäftsbesuchen sind Anzug und Krawatte angebracht. Wie in Europa sollten Termine vereinbart und Visitenkarten benutzt werden. Auf Pünktlichkeit wird viel Wert gelegt. Der Geschäftsverkehr ist eher konservativ. Die beste Zeit für Geschäftsreisen sind die Monate Februar bis April und Oktober bis November. Die Zeit zwischen Weihnachten und Ende Januar ist ungünstig. **Geschäftszeiten:** Mo-Fr 09.00-17.00 Uhr.
Kontaktadressen: *New Zealand Trade Development Board*, Heimhuderstraße 56, D-20148 Hamburg. Tel: (040) 44 25 55-0. Telefax: (040) 44 25 55-49.
New Zealand-German Business Association e.V. (Repräsentanz der Deutschen Wirtschaft), PO Box 95, Auckland 1. Tel: (09) 307 10 66. Telefax: (09) 309 02 09.
Die wirtschaftlichen Interessen Österreichs werden von der Außenhandelsstelle in Sydney (s. Australien) wahrgenommen.
New Zealand Chambers of Commerce and Industry (Handelskammer), PO Box 11-043, Wellington. Tel: (04) 472 33 76. Telefax: (04) 472 33 75.
KONFERENZEN/TAGUNGEN: Die größten Tagungszentren sind in Auckland, Wellington und Christchurch. Zahlreiche Hotels haben Konferenzräume. Es gibt über 20 regionale Tagungszentren. Weitere Informationen, Broschüren und Planungsideen von folgender Adresse: *New Zealand Convention Association*, 10 Rangitisa Avenue, PO Box 31-202, Takapuna, Auckland. Tel: (09) 486 41 28. Telefax: (09) 486 41 26.

KLIMA

Das Klima auf North Island ist subtropisch mit minimalen Temperaturunterschieden. Gemäßigtes Klima mit kalten Wintern (Juni - September) und Schneefällen in den Höhenlagen auf South Island. Niederschläge ganzjährig, die höchsten Niederschlagsmengen von April - September.
Keidung: Auf der Nordinsel Sommerkleidung, Regenschutz und leichte Wollsachen, je nach Jahreszeit. Für die Südinsel werden, je nach Jahreszeit, Sommer- oder Winterkleidung empfohlen. Für Besuche der Regenwälder ist wasserabweisende Kleidung notwendig.

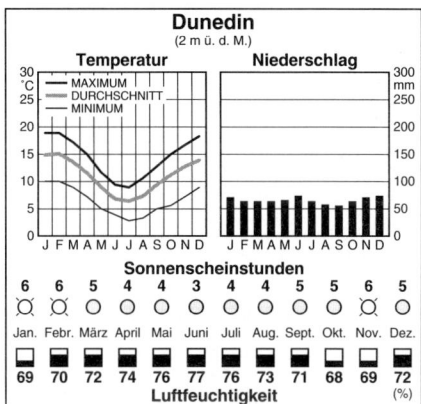

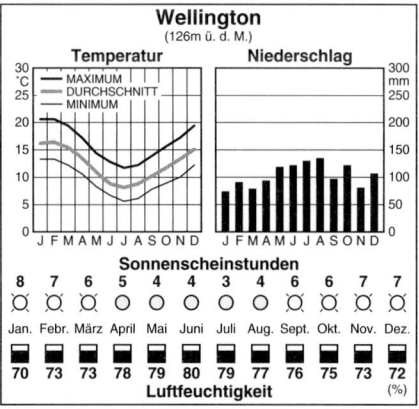

Pass- und Visavorschriften mancher Länder können sich kurzfristig ändern – Im Zweifelsfall erkundigen Sie sich bitte vor der Abreise bei der zuständigen Botschaft

Zur Benutzung dieses Buches beachten Sie bitte auch die *Einleitung*

☐ *Internationaler Flughafen*

Lage: Mittelamerika.

Anmerkung: Trotz Ende des Bürgerkriegs kommt es noch immer zu Zusammenstößen gegnerischer Gruppen, vor allem im Norden des Landes. Reisen auf dem Landweg in die Nachbarländer sind zeitweilig gefährlich. Nach Einbruch der Dunkelheit sollte man sich nicht auf Landstraßen aufhalten. Die Kriminalität ist im Steigen begriffen. Besucher sollten sich vor Verlassen der Städte bei den diplomatischen Vertretungen in Managua nach der aktuellen Lage erkundigen.

Instituto Nicaragüense de Turismo (INTURISMO)
Avenida Bolívar Sur
Apdo. 122
Managua
Tel: (02) 22 54 36. Telefax: (02) 22 53 14.
Botschaft der Republik Nicaragua
Konstantinstraße 41
D-53179 Bonn
Tel: (0228) 36 25 05. Telefax: (0228) 35 40 01.
Mo-Fr 09.00-17.00 Uhr, *Konsularabt.*: Mo-Fr 09.00-13.00 Uhr.
(auch zuständig für die Schweiz)
Botschaft der Republik Nicaragua
Ebendorferstraße 10/3/12
A-1010 Wien
Tel: (0222) 403 18 38/39. Telefax: (0222) 403 27 52.
Mo-Fr 09.00-12.00 und 14.00-17.00 Uhr, *Konsularabt.*: Mo-Fr 09.00-12.30 Uhr.
Botschaft der Bundesrepublik Deutschland
Bolonia
De la Plaza España, 2 Cuadras al Norte
(Contiguo a la Optica Nicaragüense)
Apdo. Postal 29
Managua
Tel: (02) 66 39 17/18. Telefax: (02) 66 76 67.
Honorarkonsulat in Corinto.
Regionalbüro für Entwicklungszusammenarbeit der Botschaft Guatemala (Österreichische Vertretung in Nicaragua)
De la Plaza España, 1 cuadra al Lago
Apdo. Postal 3173
Managua

TIMATIC INFO-CODES

Abrufbar über Ihr CRS-System (für START/Amadeus Ama-Maske benutzen). Für Galileo bitte TI-DFT eingeben (mit Bindestrich).

Flughafengebühren	TI DFT/ MGA /TX
Währung	TI DFT/ MGA /CY
Zollbestimmungen	TI DFT/ MGA /CS
Gesundheit	TI DFT/ MGA /HE
Reisepassbestimmungen	TI DFT/ MGA /PA
Visabestimmungen	TI DFT/ MGA /VI

Tel: (02) 66 33 16, 66 01 71. Telefax: (02) 66 34 24.
Übergeordnet ist die Botschaft der Republik Österreich in Guatemala City (s. Guatemala).

Konsulat der Schweizerischen Eidgenossenschaft
c/o Cruz Lorena SA
km 6,5 Carretera Norte, entrada de la Cerveceria Toña
Apdo. Postal 166
Managua
Tel: (02) 49 62 77, 49 26 71. Telefax: (02) 49 18 81.
Übergeordnet ist die Botschaft der Schweizerischen Eidgenossenschaft in San José (s. Costa Rica).

FLÄCHE: 120.254 qkm.
BEVÖLKERUNGSZAHL: 4.114.000 (1993).
BEVÖLKERUNGSDICHTE: 34 pro qkm.
HAUPTSTADT: Managua. **Einwohner:** 1.000.000 (1994).
GEOGRAPHIE: Nicaragua grenzt im Norden an Honduras und im Süden an Costa Rica; im Osten liegt die Karibik und im Westen der Pazifik. An der Nordgrenze erstrecken sich die Cordilleres Isabella, und der 148 km lange und bis zu 55 km breite Lago de Nicaragua liegt im Südwesten. Zu den größten Touristenattraktionen des Landes zählen die 310 Inseln des Sees, die größte ist die Isla de Ometepe. Der Lago de Managua schließt sich im Norden an; mehrere Vulkane, darunter der berühmte Momotombo, erheben sich nordwestlich des Sees. Die größten Flüsse des Landes sind der San Juan, dessen Unterlauf teilweise die Grenze zu Costa Rica bildet, und der Río Coco, der im Norden den größten Teil der Grenze zu Honduras bildet. Die karibischen Islas del Maíz, zwei schöne kleine Inseln mit weißen Korallen und Palmen, sind äußerst beliebte Urlaubsziele. Der Großteil der Bevölkerung lebt und arbeitet in den Ebenen zwischen dem Pazifik und den Westufern des Lago de Nicaragua, an den Südwestufern des Lago de Managua sowie an den Südwesthängen der Vulkane. Erst seit kurzer Zeit wird in den Hochländern um Matagalpa und Jinotega Kaffeeanbau und Viehzucht betrieben.
STAATSFORM: Präsidialrepublik seit 1987. Neue Verfassung von 1995, Einkammerparlament. Staats- und Regierungschefin: Violeta Barrios de Chamorro, seit April 1990.
SPRACHE: Spanisch ist Amtssprache; Chibcha und teilweise Englisch (an der Moskitoküste) werden auch gesprochen.
RELIGION: 91% römisch-katholisch; etwa 5% protestantisch; außerdem Anhänger von Naturreligionen.
ORTSZEIT: MEZ - 7.
NETZSPANNUNG: 110 V, 60 Hz.
POST- UND FERNMELDEWESEN: Telefon: Selbstwählferndienst. **Landesvorwahl: 505. Telexe/Telegramme** kann man in Managua aufgeben. **Post:** Luftpost nach Europa ist vier Tage bis zwei Wochen unterwegs. Postlagernde Sendungen nach Managua sind möglich. Öffnungszeiten der Postämter: Mo-Sa 09.00-17.30 Uhr.
DEUTSCHE WELLE
Der Einsatz der Kurzwellenfrequenzen ändert sich mehrfach im Laufe eines Jahres, und Sendungen auf den folgenden Frequenzen werden jeweils nur zu bestimmten Tageszeiten ausgestrahlt. Näheres in der Einleitung.

MHz	17,860	17,715	15,275	9,545	6,100
Meterband	16	16	19	31	49

REISEPASS/VISUM

Wichtiger Hinweis: *Die Einreisebestimmungen mancher Länder können sich kurzfristig ändern – rufen Sie sicherheitshalber auf Ihrem CRS-System (TIMATIC-Info-Code-Fenster in diesem Kapitel) den aktuellen Stand ab bzw. wenden Sie sich an die zuständige diplomatische Vertretung. Etwaige Zahlen in der Tabelle beziehen sich auf nachfolgende Fußnoten.*

	Paß erforderlich?	*Visum erforderlich?*	*Rückflugticket erforderlich?*
Deutschland	Ja	Ja	Ja
Österreich	Ja	Ja	Ja
Schweiz	Ja	Nein	Ja
Andere EU-Länder	Ja	1	Ja

REISEPASS: Allgemein erforderlich, muß noch mindestens 6 Monate bei der Einreise gültig sein.
VISUM: Allgemein erforderlich, ausgenommen sind [1] **Touristen** (genereller Visumzwang für Geschäftsreisende) aus:
(a) Belgien, Dänemark, Finnland, Griechenland, Großbritannien, Irland, Luxemburg, den Niederlanden, Schweden, Spanien und der Schweiz bei Aufenthalten bis zu 90 Tagen;
(b) Argentinien, Bolivien, Chile, El Salvador, Guatemala, Honduras, Korea-Süd, Liechtenstein, Norwegen, Polen, Ungarn und den USA bei Aufenthalten bis zu 90 Tagen.
Visaarten: Touristen- und Geschäftsvisa.
Visagebühren: 40 DM, 30 US$.
Gültigkeitsdauer: Nach Ausstellung 30 Tage gültig für einen Aufenthalt von 30 Tagen.
Antragstellung: Konsularabteilung der zuständigen Botschaft (Adressen s. o.).
Unterlagen: (a) Gültiger Reisepaß. (b) Antragsformular. (c) 1 Paßfoto. (d) Gebühr. (e) Buchungsbestätigung der Rück- oder Weiterreise. (f) Nachweis über ausreichende Geldmittel (mindestens 500 US$) für die Dauer des Aufenthalts.
Bearbeitungszeit: 10 Tage.
Aufenthaltsgenehmigung: Anfragen sollten an die Botschaft gerichtet werden.

GELD

Währung: 1 Córdoba Oro (C$) = 100 Centavos. Banknoten gibt es im Wert von 100, 50, 20, 10, 5 und 1 C$ sowie 50, 25, 10, 5 und 1 Centavos.
Kreditkarten: *American Express, Eurocard, Diners Club* und *Visa* werden teilweise akzeptiert. Einzelheiten vom Aussteller der betreffenden Kreditkarte.
Reiseschecks: US$-Reiseschecks werden empfohlen.
Wechselkurse

	C$ Sept. '92	C$ Febr. '94	C$ Jan. '95	C$ Jan. '96
1 DM	3,64	3,71	4,56	5,54
1 US$	5,41	6,44	7,06	7,96

Devisenbestimmungen: Die Ein- und Ausfuhr von Landes- und Fremdwährungen ist unbegrenzt.
Öffnungszeiten der Banken: Mo-Fr 08.00-16.00 Uhr, Sa 08.30-11.30 Uhr.

DUTY FREE

Folgende Artikel können zollfrei nach Nicaragua eingeführt werden:
200 Zigaretten oder 500 g Tabak;
3 l Spirituosen oder Wein;
1 Flasche Parfüm oder Eau de Cologne.
Einfuhrverbot: Fleischkonserven, Milchprodukte, Medikamente ohne Rezept, militärische Uniformen, Schußwaffen (falls sie nicht den Einfuhrbestimmungen für Sportwaffen entsprechen).
Ausfuhrverbot: Archäologische Ausgrabungsstücke, Lebensmittel, Medikamente ohne Rezept und Antiquitäten.

GESETZLICHE FEIERTAGE

1. Mai '96 Tag der Arbeit. **19. Juli** Befreiungstag. **10. Aug.** Santo Domingo (Managua; regionaler Feiertag). **14. Sept.** Schlacht von San Jacinto. **15. Sept.** Unabhängigkeitstag. **2. Nov.** Allerseelen. **25. Dez.** Weihnachten. **1. Jan. '97** Neujahr. **27. März** Gründonnerstag. **28. März** Karfreitag. **1. Mai** Tag der Arbeit.
Anmerkung: Zusätzlich gibt es mehrere Feiertage, die nur in Managua begangen werden.

GESUNDHEIT

In der folgenden Tabelle aufgeführte Impfvorschriften können sich kurzfristig ändern. Es wird stets empfohlen, auf Ihrem CRS-System (TIMATIC-Info-Code-Fenster in diesem Kapitel) den aktuellen Stand der Gesundheitsbestimmungen abzurufen bzw. rechtzeitig vor der Reise ärztlichen Rat einzuholen.

	Vorsichtsmaßnahmen empfohlen	*Impfschein erforderlich*
Gelbfieber	Nein	1
Cholera	2	2
Typhus & Polio	3	-
Malaria	4	-
Essen & Trinken	5	-

[1]: Eine Impfbescheinigung gegen Gelbfieber wird von allen Reisenden verlangt, die aus Infektionsgebieten kommen und über ein Jahr alt sind.
[2]: Eine Impfbescheinigung gegen Cholera ist keine Einreisebedingung, das Risiko einer Infektion besteht jedoch. Da die Wirksamkeit der Schutzimpfung umstritten ist, empfiehlt es sich, rechtzeitig vor Antritt der Reise ärztlichen Rat einzuholen. Näheres unter *Gesundheit* (s. Inhaltsverzeichnis).
[3]: Typhus kommt vor, Poliomyelitis jedoch nicht.
[4]: Malariaschutz gegen die vorherrschende weniger gefährliche Form *Plasmodium vivax* von Juni bis Dezember in den ländlichen Regionen und in den Vororten von Bluefields, Bonanza, Chinándega, León, Puerto Cabeca, Rosita und Siuna sowie in den am Managua-See gelegenen Teilen der Hauptstadt.
[5]: Wasser sollte generell vor der Benutzung zum Trinken, Zähneputzen und zur Eiswürfelbereitung entweder abgekocht oder anderweitig sterilisiert werden. Milch ist nicht überall pasteurisiert und sollte abgekocht werden. Trocken- und Dosenmilch nur mit keimfreiem Wasser anrühren. Milchprodukte aus ungekochter Milch am besten vermeiden. Fleisch- und Fischgerichte nur gut durchgekocht und heiß serviert essen. Der Genuß von Schweinefleisch, rohen Salaten und Mayonnaise sollte vermieden werden. Gemüse sollte gekocht und Obst geschält werden.
Tollwut kommt vor. Wer ein erhöhtes Risiko eingeht (z. B. längerer Aufenthalt in abgelegenen Gebieten), sollte vor Reiseantritt eine Schutzimpfung erwägen. Bei Bißwunden so schnell wie möglich ärztliche Hilfe in Anspruch nehmen. Weitere Informationen im Kapitel *Gesundheit* (s. Inhaltsverzeichnis).
Hepatitis A kommt vor.
Gesundheitsvorsorge: Der Abschluß einer Reisekrankenversicherung wird empfohlen.

REISEVERKEHR - International

FLUGZEUG: Nicaraguas nationale Fluggesellschaft heißt *NICA*. Der *Visit Central America Pass* wird von fünf zentralamerikanischen Fluggesellschaften gemeinsam angeboten. Er gilt auf dem gesamten Streckennetz von *Lacsa*, *TACA* (El Salvador), *Aviateca* (Guatemala), *NICA* (Nicaragua) und *Copa* (Panama). Es können mindestens drei und maximal fünf Ziele angeflogen werden. Die Reise muß über eine der nachfolgenden Städte begonnen und auch wieder abgeschlossen werden: *USA:* u. a. Houston, Los Angeles, Miami, New Orleans, New York, Orlando, San Francisco, Washington; *Mittelamerika:* u. a. Cancún, Mexico City, Rio de Janeiro; *Südamerika:* u. a. Bogota, Cali, Caracas, Santiago, São Paulo; *Karibik:* u. a. Havanna, Kingston, Montego Bay, Santo Domingo. Vorausbuchung wird empfohlen; Bestellung ist bis zu drei Tagen vor Reiseantritt möglich. Umbuchungen sind kostenlos; bei Rerouting wird eine Gebühr von 50 US$ erhoben. Rückerstattung von 50 US$ nur vor Reiseantritt; danach keine Rückerstattung möglich. Buchungen und Informationen bei *Central American Tours*, Daimlerstraße 1, D-63303 Dreieich. Tel: (06103) 83 02 37. Telefax: (06103) 8 10 61.
Durchschnittliche Flugzeit: *Frankfurt* – Managua: 12 Std. (einschl. Zwischenlandung).
Internationaler Flughafen: *Managua (MGA)* (Augusto César Sandino) liegt 9 km außerhalb der Stadt (Fahrzeit 15 Min.). Am Flughafen gibt es einen Duty-free-Shop. Busse und Taxis sind vorhanden.
SCHIFF: Die Haupthäfen Corinto, Puerto Sandino, El Bluff und Puerto Cabezas werden von Reedereien Nicaraguas, Mittel- und Nordamerikas sowie Europas angelaufen.
BUS/PKW: Die Panamerikana führt durch Estelí und Managua. Busse *(Ticabus)* fahren täglich von Managua zu den meisten mittelamerikanischen Hauptstädten, Fahrkarten sind bis zu fünf Tage im voraus erhältlich. Alle erforderlichen Reisedokumente werden vor Ausstellung der Fahrkarte überprüft (s. *Anmerkung* am Beginn des Kapitels).

REISEVERKEHR - National

SCHIFF: Eine Fähre verbindet zweimal wöchentlich Bluefields mit den Islas del Maíz. Die 310 Inseln im Lago de Nicaragua werden ebenfalls von Fähren angelaufen.
BAHN: Die 349 km lange *Ferrocarril del Pacifico* ist die einzige Schienenstrecke des Landes. Seit der Einführung von Dieselloks ist diese Verbindung schneller und bequemer. Züge verbinden Managua zwei- oder dreimal täglich mit León und viermal täglich mit Granada. Außerdem verkehren Züge zwischen León und Rio Grande und anderen kurzen Nebenstrecken.
BUS/PKW: Geteerte Straßen verbinden San Juan del Sur mit Corinto. Fahrten außerhalb der Stadtgebiete können, vor allem nach Einbruch der Dunkelheit, gefährlich sein (s. *Anmerkung* am Kapitelanfang). **Bus:** Die meisten größeren Städte werden durch regionale Buslinien verbunden, Vorausbuchung in Managua wird empfohlen. **Taxis** stehen am Flughafen oder in Managua zur Verfügung. Preise richten sich nach der jeweiligen Entfernung und sollten vor Fahrtantritt vereinbart werden, in den Taxis hängt eine Preisliste aus. **Mietwagen** sind in Managua oder am Flughafen erhältlich und als Fortbewegungsmittel zu empfehlen, da öffentliche Verkehrsmittel eher langsam und überfüllt sind. **Unterlagen:** Der Führerschein des eigenen Landes ist bis zu 30 Tagen gültig.
STADTVERKEHR: Minibusse in Managua sind preiswert, aber teilweise verwirrend und überfüllt.
FAHRZEITEN von Managua zu den folgenden größeren Städten (ungefähre Angaben in Std. und Min.):

	Bus/Pkw
Granada	1.00
Masaya	0.30
Estelí	2.15
Chinandega	1.30
Matagalpa	1.45
Jinotega	2.30
Rivas	1.30

UNTERKUNFT

Mehrere neue Hotels wurden an der Schnellstraße gebaut, die an der Altstadt vorbeiführt, trotzdem sind Unterkünfte weiterhin eher dünn gesät. Auf alle Hotelrechnungen werden 10% Steuern aufgeschlagen. Entlang der Panamerikana gibt es Motels, und die modernen Urlaubsorte an der Westküste bieten Hotels mit gutem Standard. **Kategorien:** Es gibt Hotels der oberen, mittleren und unteren Klasse, Preis und Standard sind entsprechend.

URLAUBSORTE & AUSFLÜGE

Städte

Managua: Der Stadtkern der Hauptstadt wurde durch ein Erdbeben im Dezember 1972 völlig zerstört, und weitere schwere Schäden wurden durch den Bürgerkrieg (1978-1979) verursacht. Die Regierung baute Teile der Altstadt wieder auf, Parks und Erholungsanlagen wurden angelegt. Der Nationalpalast und die Kathedrale über-

standen Erdbeben und Bürgerkrieg unbeschadet.
Ausflüge: In den Vororten Managuas hat man zahlreiche Vulkankrater und Lagunen zu Wassersportzentren und Wohngebieten ausgebaut. Schöne Angelstellen und Picknickplätze sind hier überall zu finden, *Laguna de Xiloá* ist am beliebtesten. Am *Lago de Managua* kann man Boote mieten und den aktiven Vulkan Momotombo sowie die Uferdörfer besuchen. Um den Vulkan zu besteigen, braucht man eine Sondergenehmigung. An der nahegelegenen Tiscapa-Lagune entstand ein Freizeitzentrum. Eine weitere Sehenswürdigkeit ist der *Volcán Santiago* im *Volcán-Masaya-Nationalpark*.
León: Das intellektuelle Zentrum Nicaraguas mit seiner Universität und verschiedenen theologischen Hochschulen bietet außerdem die größte mittelamerikanische Kathedrale mit interessanten Werken der spanischen kolonialen Malerei und mehrere Kirchen aus der Kolonialzeit. Der berühmte Dichter Rubén Darío ist in der Kathedrale begraben. Auch hier richteten die schweren Bürgerkriegskämpfe zahlreiche Schäden an. *León Viejo*, das 1610 durch ein Erdbeben zerstört wurde, wird z. Zt. ausgegraben.
Granada: Die drittgrößte Stadt des Landes liegt am Fuß des Vulkans Mombacho. Interessant sind die erhalten gebliebenen kastilischen Häuser und Gebäude. Die Kathedrale wurde im neoklassischen Stil wiederaufgebaut. Schöne Beispiele sakraler Bauwerke sind auch die Kirchen von *La Merced* und *Jalteva* sowie die Festungskirche *San Francisco*.
Der **Lago de Nicaragua**, der zehntgrößte Süßwassersee der Welt, ist Lebensraum der einzigartigen Süßwasserhaie. Auf der Insel Omotepe gibt es präkolumbianische Steinfiguren und -inschriften zu besichtigen.

Strände

Etwa eine Autostunde von Managua entfernt liegen die Strände der Pazifikküste. Am schnellsten erreichbar sind **Pochomil** und **Masachapa**. Die Ferienanlage **Montelimar** ist die größte in Mittelamerika. Der **El-Velero-Strand** ist ideal für Schwimmer und Wellenreiter. An der Karibikküste liegen mehrere kleine Häfen, u. a. auch **Bluefields**. Von hier aus kann man eine Bootsfahrt zu den schönen **Islas del Maíz** unternehmen. Die größere der Inseln ist ein beliebter Urlaubsort für Touristen. Hier kann man ebenfalls gut baden und wellenreiten.
TOURISTENZENTREN: Es entstehen mehrere Resorts, einige sind bereits fertiggestellt, darunter das *Centro Turistico Pochomil* am Pochomil-Strand. Weitere im Bau befindliche Urlaubszentren sind: La Boquita (Pazifikküste) und El Trapiche (am Panama-Fluß) sowie das Projekt an der Xiloa-Lagune.

SOZIALPROFIL

ESSEN & TRINKEN: Internationale Küche wird vor allem in exklusiven Hotelrestaurants in Managua angeboten, hier gibt es spanische, italienische, französische, lateinamerikanische und chinesische Restaurants. *Gallo pinto* (gebratener Reis mit Pintobohnen) und *Mondongo* (Kuttelnsuppe) zählen zu den einheimischen Spezialitäten. Kochbananen werden häufig verwendet. *Papas a la Crema* (Kartoffeln in Sahnesoße) ist eine beliebte Beilage. Straßenstände bieten gegrillte Maiskolben an. Die meisten Gerichte werden in Tortillas serviert, die mit der Hand gegessen werden. Meeresfrüchte und importierte Getränke sind ebenfalls erhältlich, in manchen Regionen gibt es allerdings Versorgungsengpässe.
Getränke: Preiswerte und gute Bars (*Comedores*) bieten meist die guten einheimischen Biersorten an. In einigen Luxushotels sind auch international bekannte Getränke erhältlich. Ein besonderer Genuß sind die farbenfrohen Obstsäfte aus frischen tropischen Früchten.
NACHTLEBEN: In Managua gibt es mehrere Nachtklubs, einige mit Live-Musik. In den Kinos werden französische, englische und spanische Filme gezeigt.
EINKAUFSTIPS: Schöne Souvenirs sind Goldarbeiten, Stickereien, Schuhe und Gemälde. Besonders auf dem Handarbeitsmarkt in Masaya kann man traditionelles Kunstgewerbe erstehen. **Öffnungszeiten der Geschäfte:** Mo-Fr 09.00-18.00 Uhr, Sa 09.00-13.00 Uhr.
SPORT: Wassersport: An den Pazifik- und Karibikstränden kann man herrlich baden. Einige Strände erheben eine Benutzungsgebühr, Hotel-Swimmingpools können manchmal auch von Nichtgästen benutzt werden. Mehrere vulkanische Kraterlagunen eignen sich wunderbar zum **Schwimmen**. Im Lago de Nicaragua ist vor Haien und Krokodilen Vorsicht geboten. Der El-Velero- und der Pochomil-Strand sowie einige Strände der Westküste sind ideal zum **Wellenreiten**. Die Küsten und Flüsse bieten gute **Fischgründe**. Baseball ist Nationalsport. Basketball ist ebenfalls beliebt.
VERANSTALTUNGSKALENDER
Aug. '96 (1) *Festival von Santo Domingo*, Managua. (2) *Mariä Himmelfahrt* (Fiesta), Granada. **Dez.** *Weihnachts-Maskenfest*, Granada. **1. Jan. '97** *Catarina* (Folklore), Masaya. **Ostern** (1) *Fiesta*, Granada. (2) *Feiern zur Karwoche*, León.
SITTEN & GEBRÄUCHE: Legere Kleidung wird akzeptiert. **Fotografieren:** Militäreinrichtungen und Soldaten sollten nicht fotografiert werden. **Trinkgeld:** In Hotels und Restaurants wird normalerweise 10% Bedienungsgeld berechnet. Gepäckträger erwarten ein kleines Trinkgeld, Taxifahrer jedoch nicht.

WIRTSCHAFTSPROFIL

WIRTSCHAFT: Nicaragua ist überwiegend ein Agrarland, 35% der Bevölkerung sind in der Landwirtschaft beschäftigt. Hauptexporterzeugnisse sind Kaffee, Baumwolle, Zucker, Bananen und Fleisch (bedeutende Rinderzucht). Daneben werden auch Fischprodukte, Edelhölzer, Edelmetalle, chemische Produkte, Textilien und Lederwaren ausgeführt. Die Wirtschaft befindet sich mittlerweile überwiegend in privater Hand, vor allem, seit die Regierung Chamorro konfisziertes Eigentum wieder an die früheren Besitzer zurückgegeben hat. 1991 haben weitreichende wirtschaftliche und institutionelle Reformen sowie ein Stabilisierungsprogramm die chronische Hyperinflation gebremst. Ein beachtliches Wachstum zeichnet sich ab, begünstigt durch Liberalisierungsmaßnahmen wie z. B. den Abbau von Devisenbeschränkungen, die Abschaffung von Staatsmonopolen, Steuererleichterungen, die Erschließung neuer Märkte und die Privatisierung von Betrieben. Die Arbeitslosigkeit ist jedoch nach wie vor hoch (1993 auf 50-60% geschätzt). Haupthandelspartner sind heute Mexiko, Japan und andere Staaten Mittelamerikas.
GESCHÄFTSVERKEHR: An besonders heißen Tagen tragen Geschäftsleute durchaus auch kurzärmelige Sporthemden, niemals jedoch Shorts. Spanischkenntnisse sind sehr nützlich, vereinzelt wird auch englisch gesprochen. Die günstigste Zeit für Geschäftsreisen ist zwischen November und März. **Geschäftszeiten:** Mo-Fr 08.00-16.00 Uhr.
Kontaktadressen: *Die wirtschaftlichen Interessen Deutschlands werden von der Handelskammer in Guatemala City (s. Guatemala) wahrgenommen.*
Die wirtschaftlichen Interessen Österreichs werden von der Außenhandelsstelle in Mexico City (s. Mexiko) wahrgenommen.
Cámara de Comercio de Nicaragua (Handelskammer), Apdo. 135, C. C. Managua. Tel: (02) 67 07 18. Telefax: (02) 78 08 20.

KLIMA

Vorherrschend tropisches Klima. Die Trockenzeit dauert von Dezember bis Mai, die Regenzeit von Juni bis November. In der nördlichen Bergregion ist es wesentlich kühler.
Kleidung: Ganzjährig leichte Baumwoll- und Leinensachen. Während der Regenzeit Regenschutz und wärmere Kleidung für die nördlichen Berge.

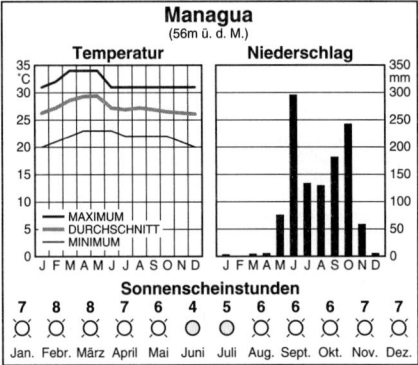

WELTKARTE?

LÄNDERKARTEN?

ZEITZONENKARTE?

INFORMATION ÜBER

IMPFBESTIMMUNGEN UND

GESUNDHEITSVORKEHRUNGEN?

. . . siehe Inhaltsverzeichnis

Niederlande

Lage: Westeuropa.

Niederländisches Büro für Tourismus
Postfach 270580
D-50511 Köln
Tel: (0221) 257 03 83. Telefax: (0221) 257 03 81.
Mo-Fr 10.00-12.00 und 14.00-16.00 Uhr (nur telefonisch).
Niederländisches Büro für Tourismus
Postfach 160
A-1041 Wien
Tel: (0222) 504 33 19 (24stündiges Tonband für Bestellungen von Informationsmaterial, das am selben Tag verschickt wird).
Sonstige Anfragen an das Büro in der Schweiz.
Niederländisches Büro für Tourismus
Rautistraße 12
CH-8047 Zürich
Tel: (01) 405 22 22. Telefax: (01) 405 22 00.
Publikumsverkehr: Mo-Fr 09.00-12.00 und 14.00-17.00 Uhr; tel. Auskünfte: Mo-Fr 10.00-12.00 Uhr.
Nederlands Bureau voor Toerisme
PO Box 458
NL-2266 MG Leidschendam
Tel: (070) 370 57 05. Telefax: (070) 320 16 54.
Kgl. Niederländische Botschaft (ohne Visumerteilung)
Sträßchensweg 10
D-53113 Bonn
Tel: (0228) 5 30 50. Telefax: (0228) 23 86 21.
Mo-Fr 09.00-12.00 Uhr.
Generalkonsulate mit Visumerteilung in Berlin (Tel: (030) 201 20 23), Düsseldorf (Tel: (0211) 361 30 55), Frankfurt/M. (Tel: (069) 75 20 21), Hamburg (Tel: (040) 309 63 90) und München (Tel: (089) 545 96 70).
Honorarkonsulat mit Visumerteilung in Stuttgart (Tel: (0711) 29 70 80).
Honorarkonsulate ohne Visumerteilung in Aachen, Bremen, Duisburg, Emden, Hannover, Kleve, Köln, Münster, Osnabrück, Rendsburg und Saarbrücken.

TIMATIC INFO-CODES

*Abrufbar über Ihr CRS-System (für START/Amadeus Ama-Maske benutzen). Für Galileo bitte TI-DFT eingeben (**mit** Bindestrich).*

Flughafengebühren	TI DFT/ AMS /TX
Währung	TI DFT/ AMS /CY
Zollbestimmungen	TI DFT/ AMS /CS
Gesundheit	TI DFT/ AMS /HE
Reisepassbestimmungen	TI DFT/ AMS /PA
Visabestimmungen	TI DFT/ AMS /VI

Kgl. Niederländische Botschaft (mit Visumerteilung)
Untere Donaustraße 13-15
A-1020 Wien
Tel: (0222) 214 85 87. Telefax: (0222) 212 19 75.
Mo-Fr 09.00-12.00 Uhr.
Konsulate in Bludenz, Graz, Innsbruck, Klagenfurt, Linz und Salzburg (nehmen Visaanträge entgegen, Ausstellung in Wien).
Kgl. Niederländische Botschaft (mit Visumerteilung)
Kollerweg 11
CH-3006 Bern
Tel: (031) 352 70 63. Telefax: (031) 352 87 35.
Konsularabt.: Mo-Fr 09.30-12.00 Uhr.
Konsulate mit Visumerteilung in Basel (Tel: (061) 271 32 77), Genf (Tel: (022) 312 19 01/02) und Zürich (Tel: (01) 383 88 18).
Honorarkonsulate ohne Visumerteilung in Davos und Lugano (nehmen Visaanträge entgegen, Ausstellung in Bern).
Botschaft der Bundesrepublik Deutschland
Groot Hertoginnelaan 18-20
NL-2517 EG Den Haag
Tel: (070) 342 06 00. Telefax: (070) 365 19 57.
Generalkonsulat in Amsterdam.
Honorarkonsulate in Eindhoven, Leeuwarden, Maastricht, Rotterdam und Vlissingen.
Botschaft der Republik Österreich
Van Alkemadelaan 342
NL-2597 AS Den Haag
Postbus 96855
NL-2509 JG Den Haag
Tel: (070) 324 54 70/71/72. Telefax: (070) 328 20 66.
Generalkonsulat in Amsterdam. *Konsulat* in Rotterdam.
Botschaft der Schweizerischen Eidgenossenschaft
Lange Voorhout 42
NL-2514 EE Den Haag
Postbus 30913
NL-2500 GX Den Haag
Tel: (070) 364 28 31/32. Telefax: (070) 356 12 38.
Generalkonsulate in Amsterdam und Rotterdam.

FLÄCHE: 41.865 qkm (einschl. 7923 qkm Binnengewässern).
BEVÖLKERUNGSZAHL: 15.280.000 (1993).
BEVÖLKERUNGSDICHTE: 365 pro qkm (bzgl. Landfläche).
HAUPTSTADT: Amsterdam. **Einwohner:** 719.850 (1993).
Regierungssitz: Den Haag. **Einwohner:** 444.600 (1993).
GEOGRAPHIE: Holland grenzt im Süden an Belgien und im Osten an Deutschland. Im Norden und Westen liegt die Nordsee. Große Gebiete Hollands wurden dem Meer abgewonnen, und ein Fünftel des von Flüssen und Kanälen durchzogenen Landes liegt unter dem Meeresspiegel. Die dem Meer abgewonnenen Gebiete sind flach, werden Polder genannt und sind sehr fruchtbar. Die Landschaft wird durch den Arnheimer Wald, die Tulpenfelder des Westens, die Seen der nördlichen und mittleren Regionen sowie durch die eindrucksvollen Dünen der Küstenregion aufgelockert.
STAATSFORM: Parlamentarische Monarchie seit 1848. Verfassung von 1983. Zweikammerparlament. Staatsoberhaupt: Königin Beatrix Wilhelmina Armgard, seit 1980. Regierungschef: Wim Kok, seit August 1994.
SPRACHE: Niederländisch, Friesisch in der Provinz Friesland. Englisch wird viel gesprochen und verstanden. Viele Holländer sprechen auch Deutsch oder etwas Französisch.
RELIGION: 36% römisch-katholisch; 27% Protestanten, besonders Niederländisch Reformierte Kirche; muslimische und jüdische Minderheiten.
ORTSZEIT: MEZ.
NETZSPANNUNG: 220V, 50 Hz.
POST- UND FERNMELDEWESEN: Telefon: Selbstwählferndienst. **Landesvorwahl: 31**. Billig Tarif: Mo-Fr 18.00-08.00 Uhr und an Wochenenden. Telefonate können von Telefonzellen und Postämtern aus geführt werden. Für Telefonzellen braucht man Münzen im Wert von 25 Cents, 5 und 1 Hfl oder Telefonkarten. Telefonkarten sind in Postämtern, VVV-Büros oder allen Geschäften, die das Telefonkartenzeichen haben, erhältlich. **Telefaxanschlüsse** gibt es in zahlreichen Telefaxstellen, Büros und Hotels. **Telexe** und **Telegramme** können in Hotels aufgegeben werden. Es gibt keine öffentlichen Telexkabinen. Telegramme können in allen größeren Postämtern oder per Telefon aufgegeben werden.
Post: Briefmarken erhält man in Postämtern, Tabakläden und Kiosks. Öffnungszeiten der Postämter: Mo-Fr 09.00-17.00 Uhr, Sa 09.00-12.00 Uhr. In Amsterdam (Nieuwezjids Voorburgwal, hinter dem königlichen Palast) und in Rotterdam gibt es Postämter, die rund um die Uhr geöffnet sind.
DEUTSCHE WELLE
Der Einsatz der Kurzwellenfrequenzen ändert sich mehrfach im Laufe eines Jahres, und Sendungen auf den folgenden Frequenzen werden jeweils nur zu bestimmten Tageszeiten ausgestrahlt. Näheres in der Einleitung.

MHz	15,275	9,545	6,140	6,075	3,995
Meterband	19	31	49	49	75

Auch regionale deutsche Radiosender sind in den Niederlanden zu empfangen.

REISEPASS/VISUM

Wichtiger Hinweis: *Die Einreisebestimmungen mancher Länder können sich kurzfristig ändern – rufen Sie sicherheitshalber auf Ihrem CRS-System (TIMATIC-Info-Code-Fenster in diesem Kapitel) den aktuellen Stand ab bzw. wenden Sie sich an die zuständige diplomatische Vertretung. Etwaige Zahlen in der Tabelle beziehen sich auf nachfolgende Fußnoten.*

	Paß erforderlich?	*Visum erforderlich?*	*Rückflugticket erforderlich?*
Deutschland	Nein	Nein	2
Österreich	Nein	Nein	2
Schweiz	Nein	Nein	2
Andere EU-Länder	1	Nein	2

Anmerkung: Die Niederlande sind Unterzeichner des Schengener Abkommens, das am 26. März 1995 in Kraft trat (s. Einleitung).
REISEPASS: Gültiger Reisepaß erforderlich zur Einreise, ausgenommen sind Staatsangehörige von [1] EU-Ländern (mit Ausnahme von Finnland und Schweden), der Schweiz, Andorra, Liechtenstein, Malta, Monaco und San Marino, die mit gültigem Personalausweis einreisen können.
Anmerkung: [2] Reisende ohne Fahrkarten für die Rück- oder Weiterreise werden eventuell um einen Nachweis ihrer finanziellen Mittel gebeten.
VISUM: Genereller Visumzwang für alle Reisenden, ausgenommen sind, bei Aufenthalten touristischer und geschäftlicher Natur bis zu 3 Monaten, Staatsangehörige von:
(a) der unter [1] genannten Länder sowie Finnland und Schweden;
(b) Argentinien, Australien, Bermuda, Brasilien, Brunei, Chile, Costa Rica, Ecuador, El Salvador, Guatemala, Honduras, Island, Israel, Jamaika, Japan, Kanada, Korea-Süd, Malawi, Malaysia, Mexiko, Neuseeland, Nicaragua, Norwegen, Panama, Paraguay, Polen, Singapur, der Slowakischen Republik, Slowenien, der Tschechischen Republik, der Türkei (falls in einem EU-Land ansässig), Ungarn, Uruguay, den USA, der Vatikanstadt, Venezuela und Zypern.
Visaarten: Transit- und Einreisevisa (Urlaubs- oder Geschäftsreisen).
Visagebühren: *Einreisevisum:* 44 DM, 342 öS, 34,45 sfr (Aufenthalte bis 1 Monat); 58,50 DM, 456 öS, 45,80 sfr (Aufenthalte bis 3 Monate); 75 DM, 570 öS, 57,50 sfr (Aufenthalte bis 1 Jahr). *Transitvisum:* 19,50 DM, 152 öS, 15,30 sfr.
Gültigkeitsdauer: Transitvisum: 24 Std; Einreisevisum: 1 bzw. 3 Monate.
Antragstellung: Zuständiges Konsulat bzw. Konsularabteilung der Botschaft (Adressen s. o.).
Unterlagen: (a) Antragsformular. (b) Gültiger Reisepaß. (c) Bearbeitungsgebühr. (d) Paßfotos (nicht für Transitvisa).
Die Anzahl der Antragsformulare und Paßfotos hängt von der Nationalität des Antragstellers ab.
Der postalischen Antragstellung sollten ein frankierter und adressierter Umschlag und der Zahlungsbeleg über die Visumgebühr beigefügt werden.
Bearbeitungszeit: Oft innerhalb von 24 Std., z. T. jedoch bis zu 6 Wochen.
Aufenthaltsgenehmigung: Nicht erforderlich für EU-Bürger. Nähere Informationen erteilt die Botschaft.

GELD

Währung: 1 Gulden (Hfl) = 100 Cents. Banknoten gibt es im Wert von 1000, 250, 100, 50, 25 und 10 Gulden. Münzen sind im Wert von 5, 2.5 und 1 Gulden sowie 25, 10 und 5 Cents in Umlauf.
Geldwechsel: Wechselstuben sind mit »GWK« gekennzeichnet.
Kreditkarten: *Eurocard, American Express, Diners Club* und *Visa* werden angenommen. Einzelheiten vom Aussteller der betreffenden Kreditkarte.
Euroschecks werden bis zu 300 Gulden pro Scheck akzeptiert.
Postsparbuch: Abhebung in Gulden bei jedem Postamt.
Wechselkurse

	Hfl Sept. '92	Hfl Febr. '94	Hfl Jan. '95	Hfl Jan. '96
1 DM	1,13	1,12	1,12	1,12
1 US$	1,67	1,94	1,74	1,61

Devisenbestimmungen: Es gibt keine Ein- oder Ausfuhrbeschränkungen.
Öffnungszeiten der Banken: Mo-Fr 09.00-16.00 Uhr.

DUTY FREE

Folgende Artikel können zollfrei in die Niederlande eingeführt werden:
(a) Seit Januar 1993 gibt es keine Beschränkungen mehr für die private Wareneinfuhr (einschließlich von Verbrauchsgütern wie Alkohol und Tabak) innerhalb der Europäischen Union. Es wurden jedoch folgende Richtmengen festgesetzt, bei deren Überschreiten gewerblicher Handel vermutet wird, der im Bestimmungsland zu versteuern ist:
800 Zigaretten;
400 Zigarren;
200 Zigarillos;
1000 g Tabak;
90 l Wein (darunter nicht mehr als 60 l Schaumwein);
10 l Spirituosen;
20 l alkoholische Getränke (z. B. Portwein oder Sherry) mit einem Alkoholgehalt von höchstens 22%;
110 l Bier.
(b) Bei Einreise aus Nicht-EU-Ländern (oder falls die Waren innerhalb der EU zollfrei eingekauft wurden):
200 Zigaretten oder 50 Zigarren oder 100 Zigarillos oder 250 g Tabak [1];
1 l Spirituosen über 22% oder 2 l Spirituosen unter 22% Alkoholgehalt oder 2 l Sekt bzw. Likör [1];
2 l Wein [1];
8 l Luxemburger Wein [1];
60 g Parfüm und 250 ml Eau de toilette [1];
500 g Kaffee oder 200 g Kaffee-Extrakt;
100 g Tee oder 40 g Tee-Extrakt;
andere Artikel bis zu einem Gesamtwert von 125 Gulden.
Anmerkung: (a) [1] Diese Artikel können nur von Personen eingeführt werden, die über 17 Jahre alt sind. (b) Weitere Informationen über die Zollbestimmungen sind einer Broschüre der Niederländischen Botschaft zu entnehmen. (c) Anfragen über Importbestimmungen sollten an die Niederländische Botschaft oder an die Industrie- und Handelskammer gerichtet werden. (d) Katzen und Hunde, die aus anderen Ländern als Belgien oder Luxemburg eingeführt werden, benötigen ein Tollwut-Impfzeugnis (mind. 30 Tage, höchstens 1 Jahr alt).

GESETZLICHE FEIERTAGE

5. Mai '96 Nationaler Befreiungstag. **16. Mai** Christi Himmelfahrt. **26./27. Mai** Pfingsten. **25./26.Dez.** Weihnachten. **1. Jan. '97** Neujahr. **28. März** Karfreitag. **30./31. März** Ostern. **30. April** Geburtstag der Königin. **5. Mai** Nationaler Befreiungstag. **8. Mai** Christi Himmelfahrt. **18./19. Mai** Pfingsten.

GESUNDHEIT

In der folgenden Tabelle aufgeführte Impfvorschriften können sich kurzfristig ändern. Es wird stets empfohlen, auf Ihrem CRS-System (TIMATIC-Info-Code-Fenster in diesem Kapitel) den aktuellen Stand der Gesundheitsbestimmungen abzurufen bzw. rechtzeitig vor der Reise ärztlichen Rat einzuholen.

	Vorsichtsmaßnahmen empfohlen	*Impfschein erforderlich*
Gelbfieber	Nein	Nein
Cholera	Nein	Nein
Typhus & Polio	Nein	-
Malaria	Nein	-
Essen & Trinken	Nein	-

Gesundheitsvorsorge: Für Deutsche und Österreicher gilt die Anspruchsbescheinigung E 111. Im Krankheitsfall wendet man sich an einen Vertragsarzt der Allgemeinen Krankenkasse ANOZ (*Algemeen Nederlands Onderling Ziekenfonds*). Je nachdem, ob der Arzt die Anspruchbescheinigung annimmt, ist die Behandlung entweder kostenlos, oder man bezahlt zunächst selbst und erhält dann von der ANOZ den größten Teil der Kosten zurückerstattet. Zahnärztliche Behandlungen sind im allgemeinen gebührenpflichtig. Schweizer Reisenden wird der Abschluß einer Reisezusatzversicherung empfohlen.

REISEVERKEHR - International

FLUGZEUG: Die nationale Fluggesellschaft heißt *Royal Dutch Airlines (KLM/NLM)*. Gute Verbindungen von vielen deutschen, österreichischen und schweizerischen Flughäfen nach Amsterdam, Eindhoven, Rotterdam und Maastricht. Neuerdings bietet *Air Engiadina* zweimal täglich einen Direktflug von Bern nach Amsterdam an.
Durchschnittliche Flugzeiten: *Frankfurt* – Amsterdam: 1 Std. 05; *München* – Amsterdam: 1 Std. 30; *Wien* – Amsterdam: 2 Std; *Zürich* – Amsterdam: 1 Std. 30; *Basel* – Amsterdam: 1 Std. 50.
Internationale Flughäfen: Amsterdam hat den größten Flughafen. Einige internationale Flüge verkehren auch von Rotterdam, Eindhoven und Maastricht.
Amsterdam (AMS) (Schiphol) liegt 15 km südwestlich der Stadt (Fahrzeit 30 Min.). Am Flughafen gibt es Banken, Post, Mietwagenschalter, Tourist-Information, Hotel-Reservierungsschalter, Duty-free-Shops, Bars und Restaurants. KLM-Busse fahren vom Flughafen zu den Hotels *Amsterdam Hilton, Hotel Ibis, Golden Tulip Barbizon, Centraal, Park Hotel* und *Apollo Hotel* und zurück nach Schiphol. Der Zug zum Südbahnhof (Amsterdam-Zuid) fährt zwischen 05.25-00.15 Uhr alle 15 Min. Züge in Richtung Flughafen fahren vom Bahnhof Zuid, Parnassusweg/Minervalaan (mit der Straßenbahnlinie 5 vom Zentrum aus erreichbar) zwischen 05.45-00.40 Uhr ab. Es gibt nur eine Direktverbindung zwischen dem Flughafen und dem Amsterdamer Zentralbahnhof (*Centraal Station*). Von 05.25-00.12 Uhr gibt es alle 15 Minuten eine Verbindung zum RAI-Kongreßzentrum. Vom RAI-Bahnhof (vom Stadtzentrum mit der Straßenbahnlinie 4 erreichbar) gehen zwischen 05.45-00.40 Uhr Züge zum Flughafen. Selbstverständlich stehen auch Taxis zur

Verfügung.
Rotterdam (RTM) (Zestienhoven) liegt 8 km nördlich der Stadt (Fahrzeit 25 Min.). Flughafeneinrichtungen: Restaurant, Bank, Duty-free-Shop, Mietwagenschalter, Tourist-Information, Hotel-Reservierung und Post. Anschluß zur Stadt mit der Buslinie 33. Taxistand.
Eindhoven (EIN) (Welschap) liegt 8 km nördlich der Stadt. Busse (alle 15 Min.) und Taxis fahren zur Stadt. Mietwagenschalter, Duty-free-Shop, Tourist-Information, Hotel-Reservierungsschalter und Konferenzeinrichtungen.
Maastricht (MST) (Beek) liegt 8 km außerhalb der Stadt. Duty-free-Shop für ausreisende Passagiere, Konferenzeinrichtungen.
Die Flughäfen in *Groningen* (GRQ) (Elede) und *Enschede* (ENS) (Twente) werden nicht im internationalen Flugverkehr benutzt.
SCHIFF: Autofähren verkehren zwischen den Niederlanden und Großbritannien auf den Strecken Hoek van Holland – Harwich (*Sealink*, ca. 7 Std. 30 Fahrzeit) und Rotterdam – Hull (*North Sea Ferries*, ca. 14 Std.).
BAHN: Ausgezeichnete Verbindungen von allen europäischen Großstädten nach Amsterdam, Den Haag, Utrecht und Rotterdam und zahlreichen anderen niederländischen Städten, u. a. mit folgenden komfortablen EuroCity-Zügen:
EuroCity Rembrandt: Amsterdam – Emmerich – Basel – Chur.
EuroCity Frans Hals: Amsterdam – Emmerich – Kufstein – Innsbruck.
EuroCity Erasmus: Amsterdam – Emmerich – Würzburg – München.
BUS/PKW: Die Autobahnverbindungen in die europäischen Nachbarländer sind ausgezeichnet. Grenzformalitäten zwischen Deutschland, Belgien und den Niederlanden gibt es nicht mehr, Autofahrer können jedoch u. U. auch auf Nebenstraßen von Zollbeamten angehalten und kontrolliert werden.

REISEVERKEHR - National

FLUGZEUG: Die Liniendienste der *KLM* (KL) verbinden Amsterdam, Rotterdam, Groningen, Enschede, Maastricht und Eindhoven. Weitere Informationen von KLM oder dem Niederländischen Büro für Tourismus (Adressen s. o.).
SCHIFF: Es gibt Fährverbindungen über das Ijsselmeer (früher Zuydersee) zur Wadden-Insel sowie über das Mündungsgebiet der Schelde. Kanalfahrten und Bootsausflüge werden in Amsterdam, Rotterdam, Utrecht, Arnheim, Groningen, Giethoorn, Delft und Maastricht angeboten.
BAHN: Das Streckennetz ist weitverzweigt, und Fahrten mit der Eisenbahn sind relativ preiswert. Moderne Inter-City- und Vorortzüge verkehren mindestens alle 30 Min. auf den Hauptstrecken zwischen allen Landesteilen. Auch nachts fährt jede Stunde ein Zug zwischen Utrecht, Amsterdam, Schiphol, Den Haag und Rotterdam. Expreßzüge verbinden die großen Städte miteinander. Bahn- und Busfahrpläne sind aufeinander abgestimmt, und das Zonen-Fahrpreissystem ist in allen Städten und ländlichen Regionen einheitlich.
Sonderfahrkarten: Netzkarten sind für einen Tag gültig. Mit den Ergänzungskarten, die kombiniert mit den Netzkarten erhältlich sind, kann man alle öffentlichen Verkehrsmittel im Land benutzen. Die *Benelux-5-Tage-Rundfahrkarte (Benelux-Tourrail)* berechtigt zu beliebig vielen Fahrten auf dem belgischen, holländischen und luxemburgischen Streckennetz an 5 Tagen innerhalb eines Zeitraumes von einem Monat. Es gibt auch Wochenendermäßigungen für Einzelpersonen und Gruppen innerhalb der Benelux-Staaten.
Außerdem gibt es *Junioren-Tourenkarten* für Jugendliche unter 19 Jahren (gültig für 4 Tage innerhalb eines Zeitraums von 10 Tagen in den Monaten Juni, Juli und August) und *Sommer-Tourenkarten* (gültig für 2 Personen für 3 Tage innerhalb eines Zeitraums von 10 Tagen in den Monaten Juni, Juli und August). Kinder unter 4 Jahren reisen kostenlos innerhalb der Niederlande. Kinder zwischen 4 und 11 Jahre bezahlen 40% bei Zugfahrten ins Ausland sowie 50% des Fahrpreises für die holländische Strecke. Die Niederländischen Eisenbahnen organisieren vor allem in den Monaten Mai - September verschiedene reizvolle Tagestouren (*Dagtochten*); die *Dagtochtkaartjes* kann man auf fast allen Bahnhöfen kaufen (Fahrpreis und Eintrittsgeld jeweils im Preis schon inbegriffen).
Nähere Auskünfte über die verschiedenen Netzkarten und Fahrpreisermäßigungen erteilt die *Generalvertretung der Niederländischen Eisenbahnen*, Abteilung Personenverkehr, c/o Tourist Team GmbH, Postfach 1948, D-50209 Frechen, Tel: (02234) 27 30 37. Telefax: (02234) 27 30 50. *EURO-DOMINO-Netzkarten* und *InterRail-Pässe* sind auch in den Niederlanden gültig, Einzelheiten s. *Deutschland*.
BUS/PKW: Das Straßennetz der Niederlande ist ausgezeichnet. An Tankstellen werden Kreditkarten akzeptiert. Gute **Linienbusverbindungen;** zwischen den Städten verkehren Überlandbusse. Fahrpreise ähnlich wie bei der Bahn. Alle **Taxis** haben Zähler. **Autovermietung:** Alle großen europäischen Autoverleihfirmen, u. a. *Avis*, *Hertz* und *Budget Rent a Car*, sind in den Niederlanden vertreten – z. B. auf Flughäfen und in Hotels. Vorausbuchung empfohlen, es ist auf jeden Fall teurer, vor Ort ein Auto zu mieten. Unterschiedliche Bedingungen, Mindestalter meist 21 oder 23 Jahre. **Fahrradverleih:** An allen größeren Bahnhöfen kann man Fahrräder mieten, die man nach Gebrauch am selben Bahnhof wieder abgibt. Eine Sicherheit (Geldsumme oder Reisepaß) muß hinterlegt werden.
Verkehrsbestimmungen: Autofahrer sollten besondere Rücksicht auf die große Zahl der Radfahrer nehmen, für die im übrigen bestens gesorgt ist. Die Niederlande sind ein Radlerparadies, in jeder Ortschaft und zwischen den Ortschaften gibt es eine große Anzahl von Radwegen. In Amsterdam sind Parkplätze Mangelware, und während der Stoßzeiten vermeidet man am besten das Autofahren im ganzen Land. Scheinwerfer müssen in Ortschaften abgeblendet werden. Kinder unter 12 Jahre dürfen nicht auf dem Beifahrersitz fahren. Gurtanlegepflicht. Höchstgeschwindigkeiten: 80 km/h auf Landstraßen, 120 km/h auf Autobahnen und 50 km/h innerhalb geschlossener Ortschaften. Promillegrenze: 0,5‰. Bleifreies Benzin ist an jeder Tankstelle erhältlich. **Unterlagen:** Der eigene Führerschein reicht aus. Für Anhänger oder Wohnwagen sind keine gesonderten Dokumente erforderlich. Die grüne Versicherungskarte ist nicht Vorschrift, wird aber empfohlen, da sie den Versicherungsschutz des Heimatlandes garantiert.
STADTVERKEHR: Gute öffentliche Verkehrsmittel in allen Städten. Das Verkehrsnetz des gesamten Landes ist in Standardzonen aufgeteilt (z. B. 4-5 Metro-Haltestellen in Amsterdam pro Zone), so daß Einzel- und Sammelfahrscheine überall gültig sind. Die preisgünstigen Sammelfahrscheine (*Strippenkaart*), die für alle Busse, Straßen- und Untergundbahnen sowie für Züge (2. Klasse) innerhalb der Stadtgebiete von Amsterdam, Rotterdam, Den Haag, Utrecht und Zoetermeer gültig sind, erhält man u. a. auch in Tabakläden und Postämtern. Wer die »Streifenkarte« beim Fahrer kauft, muß etwas mehr bezahlen. Bei Fahrtantritt stempelt man so viele Einheiten des Sammelfahrscheins ab, wie man Zonen durchfährt. Weitere Informationen über den Stadtverkehr in Amsterdam, Rotterdam und Den Haag s. u. In allen anderen Städten verkehren Linienbusse, in Utrecht auch Straßenbahnen und in Arnheim Oberleitungsbusse.
Amsterdam: Das Amsterdamer Nahverkehrsnetz ist sehr gut, ein großes Bus-, Straßenbahn- und U-Bahnnetz (*Metro*) sorgt für schnelle Anschlüsse zwischen dem frühen Morgen und Mitternacht. Außerdem gibt es Nachtbusse. Weitere Informationen (einschl. Stadtplan), Tageskarten und *Strippenkaart* sind im Büro der GVB (Verkehrsverbund) gegenüber dem Hauptbahnhof erhältlich (tgl. 08.00-22.00 Uhr geöffnet) oder von der Zentralen Informationsstelle der GVB in der Prins Hendrikkade 108-114. Mit den öffentlichen Verkehrsmitteln in Amsterdam kommt man auch in Stoßzeiten erstaunlich schnell ans Ziel. Das *RAI-Messezentrum* liegt 45 Min. zu Fuß oder eine Fahrt mit der Straßenbahnlinie 4 vom Stadtzentrum entfernt. **Taxis** gibt es am Taxistand oder auf telefonische Bestellung. **Mietwagen:** Alle größeren Mietwagenfirmen einschl. *Hertz* und *Avis* sind vertreten. Leihwagen werden auch von den meisten Hotels vermittelt.
Rotterdam: Ausgezeichnetes Bus- und Straßenbahnnetz sowie zwei U-Bahnlinien. **Taxi:** Taxistände oder telefonische Bestellung. **Mietwagen:** Alle größeren Firmen, einschl. *Hertz* und *Avis*.
Den Haag: Linienbusse und Straßenbahnen. **Taxi**: Taxistände oder telefonische Bestellung. **Mietwagen**: *Avis* und *Hertz*.
FAHRZEITEN von Amsterdam zu den folgenden größeren Städten (ungefähre Angaben in Std. und Min.):

	Flugzeug	Bahn	Bus/Pkw
Den Haag	-	0.44	0.40
Rotterdam	-	1.00	1.00
Utrecht	-	0.30	0.25
Groningen	-	2.20	2.00
Arnheim	-	1.10	1.10
Maastricht	0.40	2.30	2.30
Vlissingen	-	2.45	2.00
Eindhoven	0.30	1.25	1.30
Breda	-	1.50	1.30

UNTERKUNFT

HOTELS: In den Niederlanden gibt es eine gute Auswahl an Unterkunftsmöglichkeiten, das Angebot reicht von Luxushotels in den Großstädten bis hin zu Jugendherbergen und modernen Motels an den Autobahnen. Das Niederländische Buchungszentrum (NRC) kann Reservierungen im ganzen Land vornehmen. Adresse: Postbus 404, NL-2260 AK Leidschendam. Tel: (70) 320 25 00. Telefax: (070) 320 26 11. Das Niederländische Büro für Tourismus gibt einen Hotelführer (mit Hotel- und Motelklassifizierung), ein Verzeichnis der Gruppenunterkünfte, eine Liste der Bungalows sowie eine Informationsbroschüre für Campingurlauber heraus. **Kategorien:** Ein gut sichtbares Schild am Eingang kennzeichnet Hotels, die der Niederländische Fremdenverkehrsverband regelmäßig auf ihren Standard überprüft. Das Schild garantiert, daß die gesetzlich vorgeschriebenen Richtlinien hinsichtlich Qualität und Ausstattung eingehalten werden. In allen Benelux-Ländern gibt es darüber hinaus ein weiteres System, nach dem je nach Qualität bis zu 5 Sterne vergeben werden. Die Teilnahme an diesem System ist freiwillig, und es gibt durchaus erstklassige Hotels, die nicht erfaßt sind. Die Aufteilung ist im einzelnen wie folgt:
5 Sterne (H5): Luxushotel. Höchster Komfort, exzellente Einrichtung, 24-Std.-Zimmerservice, à-la-carte-Restaurant, Geschenkboutiquen, Park- und Gepäckservice, Reise- und Theaterkartenbuchung.
4 Sterne (H4): 80% der Zimmer mit Bad, Nachtportier und zeitlich begrenzter Zimmerservice, Telefon auf allen Zimmern. Fahrstuhl.
3 Sterne (H3): 50% der Zimmer mit Bad, Rezeption nur tagsüber geöffnet. Aufenthaltsraum, Fahrstuhl (bei mehr als zwei Stockwerken).
2 Sterne (H2): Mittelklasse. 25% der Zimmer mit Bad/WC. Eine Bar ist vorhanden.
1 Stern (H1): Einfacher Standard. Alle Zimmer haben fließend heiß und kalt Wasser. Frühstück im Angebot.
Kat. H: Minimalstandard. Mind. ein Badezimmer je 10 Zimmer.
Kat. 0: Einfache Unterbringung.
Weitere Auskünfte erteilt der niederländische Hotelverband *Bedrijfschap Horeca*, Baron de Coubertinlaan 6, Postbus 121, NL-2700 AC Zoetermeer. Tel: (070) 317 11 71.
PENSIONEN haben unterschiedliche Preise und können über örtliche Fremdenverkehrsämter gebucht werden.
FERIENHÄUSER: Gasthöfe für Gruppen oder Bungalows und Ferienvillen, vor allem in den touristisch weniger erschlossenen Regionen Zeelands, können Monate im voraus über örtliche Fremdenverkehrsämter gebucht werden. Reservierungen für Unterkünfte in Bungalow-Feriendörfern im ganzen Land werden im Niederländischen Büro für Tourismus oder dem Niederländischen Buchungszentrum (s. o.) entgegengenommen. Unterschiedliche Preise je nach Saison und Ausstattung.
CAMPING: Camper werden sich in den Niederlanden wohlfühlen. Es gibt landesweit 2500 registrierte Zeltplätze. Vorausbuchung ist empfehlenswert, soweit möglich (nur auf etwa 500 Plätzen). Außerhalb der hierfür vorgesehenen Plätze ist das Campen (auch in Wohnwagen) verboten. Die Preise für Stellplätze sind hoch, nach der ersten Nacht wird weniger berechnet. Das Büro für Tourismus veröffentlicht eine Liste aller Campingplätze. Auf einigen Plätzen stehen auch Wanderhütten für bis zu vier Personen zur Verfügung. Wie der Name schon sagt, sind sie für Wanderer gedacht; die Zahl der Übernachtungen ist daher begrenzt.
JUGENDHERBERGEN: Es gibt über 50 Jugendherbergen im Land (keine Altersbegrenzung). Informationen beim Jugendherbergsverband, *Stiching Nederlandse Jeugdherberg Centrale (NJHC)*, Professor Tulpstraat 2, NL-1018 HA Amsterdam. Tel: (020) 551 31 55. Telefax: (020) 603 49 86.
ÜBERNACHTUNG MIT FRÜHSTÜCK: Die VVV-Büros vermitteln auf Wunsch Adressen von Privatunterkünften. So lernt man Land und Leute vielleicht am besten kennen und muß nicht so tief in die Tasche greifen; das Angebot ist jedoch begrenzt. VVV-Büros gibt es in allen größeren Ortschaften, sie sind u. a. bei Hotelreservierungen behilflich und informieren über Sehenswürdigkeiten, Veranstaltungen und Verkehrsverbindungen (Öffnungszeiten in der Regel Mo-Fr 09.00-17.00 Uhr, Sa 10.00-12.00 Uhr).

URLAUBSORTE & AUSFLÜGE

Zur besseren Übersicht ist diese Rubrik in die folgenden sieben Regionen aufgeteilt: *Amsterdam* (einschl. der Provinz Noord-Holland); *Rotterdam; Den Haag* (einschl. der Provinz Zuid-Holland); *Utrecht; Der Norden* (die Provinzen Friesland, Groningen und Drenthe); *Der Osten* (die Provinzen Flevoland, Overijssel und Gelderland) und *Der Süden* (die Provinzen Noord-Brabant, Zeeland und Limburg). Den Abschluß bildet eine Kurzbeschreibung der *Küstenregion*. Die Niederlande sind bekannt für gute Museen, eine Museumskarte ermöglicht freien Eintritt in viele der insgesamt 300 Museen des Landes, erhältlich in jedem VVV-Büro (Ermäßigungen für Jugendliche unter 19 und Senioren).

Amsterdam

Amsterdam ist die Hauptstadt der Niederlande, jedoch nicht der Regierungssitz. Die Stadt ist um ein halbkreisförmiges Netz von Kanälen (Grachten) gebaut und hat mehr als 1000 Brücken. Viele der Gebäude und Brücken stammen aus dem 17. Jahrhundert, in dem Holland seine Blütezeit erlebte. Eine Kanalfahrt ist vielleicht die schönste Art, die Stadt kennenzulernen. Es werden auch stimmungsvolle, abendliche Bootsfahrten angeboten. Die meisten Boote legen vor dem Hauptbahnhof ab. Auf dem Museumsplein sind gleich drei gute Kunstgalerien versammelt; das Rijksmuseum, das Van-Gogh-Museum und das Stedelijk-Museum. Insgesamt gibt es in Amsterdam 37 Museen, 200 Kunstgalerien, 30 Konzertsäle und 60 Theater. Die *Tourist-Information* (VVV) befindet sich gegenüber dem Hauptbahnhof: Stationsplein 10, Tel: (06) 34 03 40 66 (täglich von 09.00-17.00 Uhr geöffnet). Es ist möglich, bei der VVV registrierte Führer oder Hostessen bei *Guidor*, c/o Niederländisches Buchungszentrum, zu buchen (s. o.).
SEHENSWÜRDIGKEITEN: Im Anschluß eine Auswahl der meistbesuchten Sehenswürdigkeiten:

AMSTERDAM

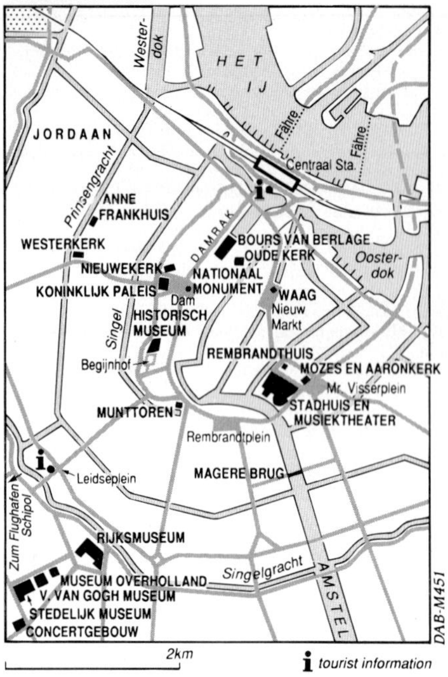

Rijksmuseum: Nationalmuseum, Stadhouderskade 42; holländische Gemälde des 16.-19. Jahrhunderts, einschl. der berühmten »Nachtwache« von Rembrandt. Öffnungszeiten: Di-Sa 10.00-17.00 Uhr, sonn- und feiertags 13.00-17.00 Uhr (montags sowie 1. Jan. geschlossen).
Anne-Frank-Haus, Prinsengracht 263. Öffnungszeiten: Tgl. 09.00-17.00 Uhr (Juni - Aug. bis 19.00 Uhr), einschl. gesetzl. Feiertage (1. Jan., 25. Dez. und Yom Kippur geschlossen).
Vincent-Van-Gogh-Museum: Paulus Potterstraat 7. Öffnungszeiten: Mo-Sa 10.00-17.00 Uhr, sonn- und feiertags 13.00-17.00 Uhr (1. Jan. geschlossen).
Museum »Het Rembrandthuis«: Rembrandthaus, Jodenbreestraat 4-6. Ehemaliges Wohnhaus des großen Malers. Öffnungszeiten: Mo-Sa 10.00-17.00 Uhr, sonn- und feiertags 13.00-17.00 Uhr (1. Jan. geschlossen).
Weitere Sehenswürdigkeiten: Königlicher Palast; die *Nieuwe Kerk*; der Munt-Turm am Schwimmenden Markt auf dem Singel-Kanal; der Flohmarkt am Waterlooplein; der *Begijnhof* (Almshäuser aus dem 14. Jh.) und die Buchhandlungen am Oudemanhuispoort.
NACHTLEBEN: Viele der Nachtklubs liegen im Viertel um die Plätze Rembrandtsplein und Leidseplein. Die Zeitschrift *Amsterdamer Woche* veröffentlicht einen umfassenden Veranstaltungskalender. Walletjes ist das berüchtigte Vergnügungsviertel der Stadt an der Ostseite von Damrak. Hier und um die Leidseplein herum findet man unzählige »Coffee-Shops«, Bars und Klubs mit Live-Unterhaltung von Kabarett bis zu Rockmusik.
Konzertsäle/Theater: Stadsschouwburg (Oper) und *Concertgebouw*, Sitz des renommierten gleichnamigen Orchesters (klassische Musik, Oper, Ballett). Weitere Auskünfte vom Theater-Informationsbüro des VVV-Büros am Stationsplein (s. o.). Kartenvorbestellungen für alle Veranstaltungen in der Hauptstadt werden auch beim Niederländischen Buchungszentrum (NRC) entgegengenommen.

Noord-Holland

Das Amsterdamer VVV veröffentlicht ein Handbuch mit über 15 Ausflugszielen. Tagesausflüge werden u. a. nach **Alkmaar** angeboten; hier findet am Waagplein zwischen Mitte April und Mitte September jeden Freitag von 10.00-12.00 Uhr der berühmte Käsemarkt statt. Züge verkehren vom Hauptbahnhof aus *(Centraal Station)*. Ein Bus fährt vom Hauptbahnhof zu den Fischerdörfern **Volendam** und **Marken**, die zum größten Teil aus Holzhäusern bestehen. Volendam ist überwiegend katholisch, Marken evangelisch.
Haarlem (20 km westlich von Amsterdam) ist das größte Tulpenzentrum Hollands, und von Ende März bis Mitte Mai bietet die Umgebung der Stadt einen einmaligen Anblick. In der Stadt gibt es außerdem ein interessantes Museum. Die Wassersportzentren **Hoorn** und **Enkhuizen** liegen nicht weit von hier. In **Zandvoort** (5 km westlich von Haarlem), dem Austragungsort des holländischen Grand Prix, kann man im Spielkasino sein Glück versuchen. Im Freilichtmuseum **National Zuider Zee Museum,** Wierdijk 18, Noord-Holland, kann man alte Schiffe und nachgebaute Häuser bewundern. Öffnungszeiten: Anfang April bis Ende Oktober tgl. 10.00-17.00 Uhr (1. Jan. sowie 25./26. Dez. geschlossen). Der berühmten Blumenauktion in **Aalsmeer,** Legmeerdijk 313, kann man Mo-Fr von 07.30-11.00 Uhr beiwohnen. In der Nähe von **Lisse,** 8 km südlich von Haarlem, liegen die herrlichen Keukenhof-Gärten. Öffnungszeiten: 24. März-23. Mai tgl. 08.00-20.00 Uhr. In der letzten Woche gibt es hier auch eine Lilienschau. Die Frans-Roozen-Gärtnerei und Tulpenschau in **Vogelenzang** kann vom 25. März bis zum 27. Mai tgl. 08.00-18.00 Uhr sowie von Juli bis September tgl. 09.00-17.00 Uhr am Vogelenzangseweg 49 besichtigt werden. In **Broek op Langedijk** steht Europas älteste Gemüse-Großhandelshalle mit einer großen und interessanten Ausstellung über die Landgewinnung in den Niederlanden. Öffnungszeiten: Mo-Fr 10.00-17.00 Uhr, Sa 12.00-17.00 Uhr, So 12.00-16.00 Uhr. Gruppen im selben Zeitraum nach vorheriger Vereinbarung.

Den Haag

Den Haag (offiziell 's-Gravenhage), die Provinzhauptstadt von Zuid-Holland, ist eine Weltstadt mit über 60 Botschaften sowie dem Sitz des Internationalen Gerichtshofs. Obwohl die Stadt der Regierungssitz der Niederlande ist, ist sie nicht die Landeshauptstadt. Mittelpunkt der Altstadt von Den Haag ist der *Binnenhof*, der Regierungsplatz aus dem Mittelalter. Den Haag ist eine grüne Stadt, weitläufige Parks und prächtige Boulevards laden zu ausgiebigen Spaziergängen und zum Bummeln ein. Ein Vorort von Den Haag ist das Nordseebad **Scheveningen** mit seinem berühmten Spielkasino.
SEHENSWÜRDIGKEITEN
Die **Miniaturstadt Madurodam**, die im Maßstab 1:25 gebaut ist, steht in der Haringvlietkade 175. Öffnungszeiten: März - Mai tgl. 09.00-22.30 Uhr, Juni - Aug. 09.00-23.00 Uhr, Sept. 09.00-21.30 Uhr und Okt. - Anf. Jan. 09.00-18.00 Uhr. Von den geschäftigen Arbeiten im Hafen bis zum Straßenverkehr, von der Musik aus dem Opernhaus bis zur abendlichen Straßenbeleuchtung ist an alle Details gedacht – der Anblick ist wirklich erstaunlich.
Mesdag Panorama: Zeestraat 65b. An den Wänden eines Rundzimmers befindet sich das größte Panorama-Rundgemälde der Welt: Ein faszinierender, authentisch anmutender Rundblick auf Scheveningen und Den Haag von 1800, gemalt von H. W. Mesdag, sowie andere seiner Bilder. Öffnungszeiten: Mo-Sa 10.00-17.00 Uhr sowie sonn- und feiertags 12.00-17.00 Uhr (25. Dez. geschlossen).
Antiquitäten-Rundgang: Vom VVV-Informationsbüro ist ein Stadtplan mit einem detaillierten Rundgang erhältlich, der die meisten der 150 Antiquitätenläden Den Haags einschließt. Der Rundgang ist auf der Rückseite eines Drucks von 1614 abgebildet.
Parlamentsgebäude und Ritterhalle: Regelmäßige Besichtigungstouren und Dia-Vorträge über die Geschichte des Binnenhofs aus dem 13. Jahrhundert. Öffnungszeiten: Mo-Sa 10.00-16.00 Uhr.
Königliches Gemäldekabinett: Im Mauritshuis am Korte Vijverberg 8, in der Nähe des Binnenhofs. Zur Sammlung gehören die »Anatomiestunde« von Rembrandt und andere bedeutende holländische Werke des 17. Jahrhunderts (Rubens, Vermeer u. a.). Öffnungszeiten: Di-Sa 10.00-17.00 Uhr, sonn- und feiertags 11.00-17.00 Uhr (1. Jan. und 25. Dez. geschlossen).
Weitere Sehenswürdigkeiten: Der *Huis ten Bosch Palast*, der Antiquitätenmarkt an der Lange Voorhout, der Duinoord-Bezirk im alten holländischen Stil, der Stadtwald *Haagse Bos*, die *Nieuwe Kerk* (17. Jh.) und die Königliche Bibliothek.

Zuid-Holland

22 km südöstlich von Rotterdam und ca. 45 km südöstlich von Den Haag, in der Nähe von Alblasser, liegt **Kinderdijk**, wo die Windmühlen noch dichter stehen als anderswo in den Niederlanden. Wochentags können die Windmühlen besichtigt werden. In **Delft**, zwischen Rotterdam und Den Haag, konzentriert sich die niederländische Keramikindustrie; das handgemalte blaue Porzellan dieser Region ist weltberühmt. In **Gouda**, 20 km südöstlich von Rotterdam, findet im Sommer Donnerstag vormittags der weithin bekannte Käsemarkt statt. Das Städtchen hat auch eine Tonpfeifenfabrik und eine Kerzenfabrik, im Dezember ist das Kerzenfest ein großer Anziehungspunkt. Im Stadtzentrum steht das große spätgotische Rathaus mit den schönen Buntglasfenstern. In der Nähe liegt das alte Städtchen *Oudewater* mit malerischen Giebelhäusern aus dem frühen 17. Jahrhundert. 12 km nordwestlich von Gouda liegt die Stadt **Boskoop** mit

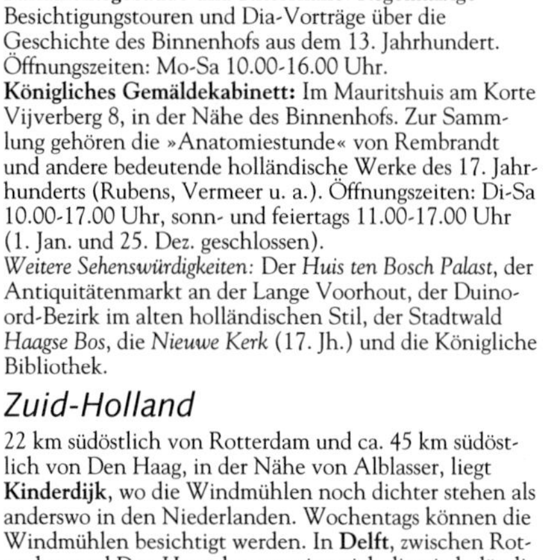

ihren Apfelgärten, die vor allem zur Blütezeit ein herrliches Bild bieten. **Dordrecht**, 15 km südöstlich von Rotterdam und ca. 37 km südöstlich von Den Haag, war vor der großen Flut im Jahre 1421 eine bedeutende Hafenstadt. Beeindruckend ist die Gemäldesammlung aus dem 17.-19. Jahrhundert im Städtischen Museum. Das bemerkenswerteste Gebäude ist die *Grote Kerk*, mit deren Bau im Jahre 1305 begonnen wurde. **Leiden** (20 km nordöstlich von Den Haag, 40 km nördlich von Rotterdam) ist der Geburtsort Rembrandts und war im Mittelalter eine berühmte Weberstadt. Im 16. Jahrhundert spielte die Stadt im Unabhängigkeitskrieg gegen Spanien eine bedeutende Rolle. Als Dank für die Königstreue gründete Wilhelm der Stille im Jahre 1575 die Universität der Stadt. Die Pilgerväter lebten hier von 1610-1620, und im Dokumentationszentrum in der Boisotkade (Vliet 45) sind zahlreiche Kunstgegenstände, Bilder und Urkunden aus dieser Zeit ausgestellt. Die beliebtesten Nordseebäder in Zuid-Holland sind Scheveningen, Katwijk aan Zee, Noordwijk aan Zee, Monster, Wassenaar, 's-Gravenzande, Wassenaar und Ter Heijde.

Rotterdam

Rotterdam hat den größten Hafen der Welt mit einem riesigen jährlichen Güterumschlag. In dieser dynamischen Stadt konzentriert sich ein großer Teil des niederländischen Wirtschaftslebens. Die Stadt wurde im 2. Weltkrieg stark zerstört, historische Gebäude gibt es hier nur noch vereinzelt. Bereits im 14. Jahrhundert war Rotterdam ein großes Industriezentrum, der Hafen gewann jedoch erst zu Beginn des 19. Jahrhunderts an Bedeutung.
SEHENSWÜRDIGKEITEN
Euromast: Parkhaven 20. Dieser Aussichtsturm ist 185 m hoch und der höchste Punkt in den Niederlanden. Es gibt zwei Restaurants und eine Aussichtsplattform. Öffnungszeiten: 10.00-19.00 Uhr (Sommer) und 10.00-18.00 Uhr (Winter). Das Museumsschiff **»De Buffel«:** Leuvehaven 1, ist Hauptattraktion des *Maritiem Museum Prins Hendrik*. Öffnungszeiten: Di-Sa 10.00-17.00 Uhr, sonn- und feiertags 11.00-17.00 Uhr (1. Jan. und 30. April geschlossen).
Museum Boymans van Beuningen: Mathenesserlaan 18-20. Eine einzigartige Sammlung von Gemälden, Skulpturen und Kunstgegenständen. Öffnungszeiten: Di-Sa 10.00-17.00 Uhr, sonn- und feiertags 11.00-17.00 Uhr (1. Jan. und 30. April geschlossen). **Hafenrundfahrten:** Willemsplein. Bootsfahrten *(Spido)* durch die Häfen Rotterdams werden das ganze Jahr über angeboten. Im Sommer gibt es Ausflüge zum Europoort, dem Delta-Projekt sowie Dämmertörns. Man kann auch luxuriöse Motorboote mieten. Eine Busfahrt durch das gesamte Hafengelände ist ebenfalls möglich. Die Fahrt ist 100-150 km lang und führt an Werften und Lagerhallen vorbei, an futuristischen Getreidesilos, hochaufragenden Kränen und Brücken, Ölraffinerien, Kraftwerken und Leuchttürmen, die zusammen eine gespenstisch-schöne Skyline bilden, vor allem bei Sonnenuntergang. Hin und wieder fällt unter den unzähligen Docks, Wasserwegen, Kanälen und Hafenbecken ein Anblick aus der Reihe, wie etwa die Gartensiedlung für Hafenarbeiter oder der Sandstrand ganz im Westen des riesigen Hafengeländes. Eine Hafenrundfahrt lohnt sich unbedingt.
Blijdorp Zoo: Van Aerssenlaan 49. Ein Zoo mit schönen Grünanlagen und Restaurant. Öffnungszeiten: Mo-So 09.00-17.00 Uhr (Mai - Okt. 09.00-18.00 Uhr).
Museen: Das Stadtmuseum ist Mo-Sa 10.00-17.00 Uhr, sonn- und feiertags 11.00-17.00 Uhr geöffnet (1. Jan. und 30. April geschlossen).
Weitere Sehenswürdigkeiten: Die Häuser aus dem 17. Jahrhundert im Stadtteil Delfshaven; die *Pilgrimskerk*; die Sammlung alter Land- und Seekarten in der alten Stadthalle von Delfshaven; zahlreiche traditionelle Keramik-, Uhrmacher- und Drechsler-Werkstätten.
NACHTLEBEN: Größter Veranstaltungssaal ist die De-Doelen-Konzerthalle (klassische Musik, Theater usw.) mit 2000 Sitzplätzen.

Utrecht

In dieser Provinz im Herzen der Niederlande gibt es zahlreiche Landhäuser, Schlösser, Wälder und Gartenanlagen. Die Stadt Utrecht ist die viertgrößte Stadt Hollands und liegt in der Geest, etwas höher als die Küstenregion. In einem Land, das häufig von Überflutung bedroht war, begünstigte diese Tatsache den Aufschwung der Stadt. Die Anfänge der Stadt gehen bis auf die Römerzeit zurück. Im Mittelalter spielte Utrecht zeitweise als kaiserliche Residenz eine große Rolle, und die Bischöfe der Stadt übten keinen geringen Einfluß auf die weltlichen Angelegenheiten Europas aus. Der frühe Wohlstand der Stadt ist an den prunkvollen Kirchen aus dieser Zeit erkennbar – der *Michaelskathedrale* (13. Jh.), *St. Pieterskerk* und *St. Janskerk* (beide 11. Jh.) und der *St. Jacobskerk* (12. Jh.). Zu den Sehenswürdigkeiten zählen auch das Haus des Deutschen Ordens, das *Huys Oudean* (14. Jh.), das St.-Bartholomäus-Krankenhaus und das moderne Neudeflat. Vom Restaurant im 15. Stock dieses in den sechziger Jahren errichteten Gebäudes hat man eine herrliche Aussicht über die Stadt.
Museen und Galerien: u. a. das Zentralmuseum (mit einer hervorragenden Abteilung für moderne Kunst), das Erzbischöfliche Museum, das Eisenbahnmuseum, die Archäologische Sammlung und das Stadtmuseum.
Die Stadt liegt in einer sehr fruchtbaren Gartenland-

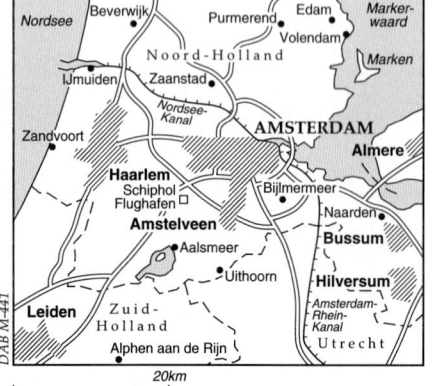

schaft und stellt einen guten Ausgangspunkt für Ausflüge in das Veluwegebiet der Provinz Gelderland dar (s. u. *Der Osten*).
25 km nordöstlich von Utrecht liegt die Stadt **Amersfoort** umgeben von Wald- und Heideland. Die Altstadt ist gut erhalten, eines der schönsten Gebäude ist die *St. Georgskirche*. 8 km entfernt liegt **Soestdijk** mit dem Königlichen Palast und den Parkanlagen der Königinmutter. Zwischen Soestdijk und Hilversum liegt **Baarn**, ein bei Holländern beliebter Sommerurlaubsort.

Der Norden

FRIESLAND: Die Provinz Friesland liegt im Nordwesten des Landes und hat einen eigenen Dialekt und eine eigenständige Kultur. Das Marschland an der Nordseeküste wurde zum größten Teil dem Meer abgewonnen und ist vielerorts nicht für den Ackerbau geeignet, dafür jedoch als saftiges Weideland für die weithin bekannten friesischen Kühe. Das friesische Seengebiet südlich der Stadt **Sneek** bietet gute Wassersportmöglichkeiten, vor allem für Segler. Im Städtchen **Bolsward**, unweit von Sneek, lohnt sich der Anblick des großartigen Rathauses aus der Renaissance. Die Provinzhauptstadt **Leeuwarden** lockt mit historischen Gebäuden und dem ausgezeichneten Friesischen Museum. 6 km westlich liegt das Dorf **Marssum** mit einem prächtigen Herrenhaus aus dem 16. Jahrhundert. Täglich gibt es Fährverbindungen zu vier der friesischen Inseln, und auf der Strecke Aldfaer's – Erf sind zahlreiche Museen zu besichtigen. Die westfriesischen Inseln (Texel, Vlieland, Terschelling, Ameland und Schiermonnikoog) mit ihren weitläufigen Vogelschutzgebieten sind herrlich zum Wattwandern und Nordseeluft-Schnuppern. Zimmer und Zeltplätze sind vorhanden.
GRONINGEN: Die Agrarprovinz Groningen ist für ihre befestigten Landhäuser aus dem 14. Jahrhundert bekannt. Die Provinzhauptstadt und alte Hansestadt **Groningen** ist seit Jahrhunderten wirtschaftlich von großer Bedeutung für den Norden der Niederlande und ein kultureller Mittelpunkt. Während des 2. Weltkriegs wurde ein großer Teil der Stadt zerstört, viele Gebäude aus dem 16.-18. Jahrhundert sind jedoch vollständig restauriert worden.
DRENTHE: In dieser Provinz gibt es besonders viele Fahrradwege, die durch eine Landschaft mit über 50 geheimnisumwobenen Hünengräbern (besonders in der Nähe des Dorfes **Havelte**) und hübschen historischen Dörfern führen. Die Region lebt von der Landwirtschaft, und das Ackerland wird durch *Venns* und *Weiks* entwässert. Die größte Stadt, umgeben von Waldgebieten, heißt **Assen**, war jedoch bis zur Mitte des letzten Jahrhunderts ein unbedeutendes Dorf, so daß es hier keine historischen Gebäude gibt – dafür ist das Provinzmuseum einen Besuch wert. Im Süden und Westen der Stadt sind auch vereinzelt Hünengräber zu finden.

Der Osten

Der waldreiche Osten der Niederlande besteht aus den Provinzen Overijssel, Gelderland und Flevoland.
OVERIJSSEL: Die Provinz Overijssel bietet ein sehr abwechslungsreiches Landschaftsbild. Besonders eigenwillig ist das Dorf **Giethoorn**, in dem es Kanäle anstelle von Straßen gibt. Jedes Haus steht auf seiner eigenen kleinen Insel unter Bäumen; Postbote, Bäcker und Besucher kommen im Boot an, und selbst die Kühe werden per Boot von einer Weide zur anderen transportiert. In **Wanneperveen** gibt es ein gut ausgestattetes Wassersportzentrum. Die alten Hansestädte **Zwolle** und **Kampen** haben schöne historische Anlegestellen und Gebäude. Am Ijsselmeer entlang liegt so manches Vogelschutzgebiet.
GELDERLAND: Die größte Provinz der Niederlande zieht sich von Nord nach Süd durch das Land. **Arnheim** ist die größte Stadt. Im 2. Weltkrieg wurde sie stark beschädigt, wie auch schon in den vorangehenden Jahrhunderten, in denen die Stadt wegen ihrer strategischen Lage am Rhein verschiedene Besatzungen und Plünderungen über sich ergehen lassen mußte. Die Altstadt ist jedoch sorgfältig wiederaufgebaut worden. Im großen Freilichtmuseum etwas außerhalb der Stadt fühlt man sich inmitten der authentischen alten Bauernhöfe, Mühlen, Wohnhäuser und Handwerkstätten in vergangene Jahrhunderte versetzt. Nicht weit vom Stadtzentrum entfernt befinden sich der Zoo und Safaripark.
Der nahegelegene **Hoge-Veluwe-Nationalpark** ist ein großes Sandgebiet und ein beliebtes Ausflugsziel mit einem Tierpark im Süden sowie der *Kroller-Muller-Kunstgalerie* und dem Museum mit vielen modernen Skulpturen und Gemälden (Van-Gogh-Sammlung). Die Eintrittskarte ist für alle Attraktionen gültig, und die Leihfahrräder zur Erkundung des Parks sind kostenlos. Öffnungszeiten: April bis Oktober Di-Sa 10.00-17.00 Uhr, sonn- und feiertags 11.00-17.00 Uhr; November bis März 13.00-17.00 Uhr täglich. Öffnungszeiten des Statuenparks: April bis Oktober Di-Sa 10.00-16.30 Uhr, sonn- und feiertags 11.00-16.30 Uhr.
Fast alle kleinen alten Dörfer sind heute Touristenattraktionen mit Pensionen und Gästezimmern. Es gibt keine Städte in der Veluwe-Region.
FLEVOLAND: Der größte Teil dieser Region wurde erstmalig in den fünfziger und sechziger Jahren entwässert. In mancher Hinsicht ist das Gebiet ein geographisches Museum, und der Süden Flevolands ist noch nicht für die Landwirtschaft geeignet, so daß man als Besucher die unterschiedlichen Stufen der Kultivierung bestens nachvollziehen kann. **Lelystad**, in den sechziger Jahren nach einem umstrittenen Design gebaut, ist die größte Stadt der Region. Teile von Flevoland dienen als Auffanggebiet der Randstad Holland, so daß es auf dem 1100 qkm großen Gebiet zahlreiche neue Wohngegenden gibt. Nicht nur für Kinder ein Vergnügen ist ein Besuch des **Flevohofs**, eines großen Bauernhofes »zum Anfassen«, auf dem man sich z. B. im Kühemelken und Butterstampfen versuchen kann. Neben verschiedenen Restaurants und Freizeitanlagen gibt es auch ein Indianerdorf für die jüngsten Besucher.

Der Süden

NOORD-BRABANT: Diese Agrarregion besteht zum größten Teil aus einer Ebene, die nur an wenigen Stellen mehr als 30 m über dem Meeresspiegel liegt. Im Februar wird hier Karneval gefeiert, und alljährlich findet ein *Oude Stijl Jazz Festival* statt. Die Provinzhauptstadt **'s-Hertogenbosch** (zumeist knapp *Den Bosch* genannt) ist umgeben von flachem Weideland, das jeden Winter überflutet wird. Die *St.-Jan's-Kathedrale* ist die größte Kirche des Landes, und das Provinzmuseum ist ebenfalls einen Besuch wert. Weitere große Städte in diesem verhältnismäßig dicht besiedelten Gebiet sind **Eindhofen**, ein Industriezentrum, das im letzten Jahrhundert emporschoß, und die mittelalterliche Stadt **Breda**. Hier wurde 1566 die Erklärung unterschrieben, die zum Ausbruch des holländischen Unabhängigkeitskrieges führte. Im Norden der Industriestadt **Tilburg** gibt es einen großen Freizeitpark mit einem Spukschloß.
Am Europaweg in der Nähe von Kaatsheuvel liegt der **De-Efteling-Freizeit- und Abenteuerpark** mit etwa 50 Attraktionen, darunter ein Märchenwald und eine Achterbahn. Öffnungszeiten: Mitte April bis Ende Oktober Mo-Sa 10.00-18.00 Uhr. Am Museumspark 1 in Overloon befindet sich das **Nationale Kriegsmuseum**. In einem Parkgelände stehen Ausstellungsstücke aus dem 2. Weltkrieg, ein historischer Abriß wird geboten. Öffnungszeiten: Anfang April - September tgl. 10.00-17.00 Uhr, Juni - August tgl. 10.00-18.00 Uhr (1. Jan., 24.-26. und 31. Dez. geschlossen). In Hilvarenbeek, Beekse Bergen 1, liegt der **De-Beekse-Bergen-Safaripark**. Safaribusse fahren in regelmäßigen Abständen. Öffnungszeiten: April - Juni 10.00-17.00 Uhr, Juli/Aug. 10.00-18.00 Uhr, Okt./Nov./März 10.00-16.00 Uhr, Dez. - Febr. 10.00-15.30 Uhr (jeweils täglich).
LIMBURG: Die Provinz Limburg ist der südlichste Landesteil und grenzt an Belgien und Deutschland. In dieser hügeligen Region trifft man oft auf lauschige Wanderwege, die an Flüssen und Bächen vorbeiführen. Käse und Küche Limburgs sind weithin bekannt. Im Süden der Provinz liegt **Maastricht**, ganz in der Nähe sowohl der belgischen Grenze als auch der deutschen Stadt Aachen. In Maastricht, einer der ältesten Städte der Niederlande, steht *St. Servatius*, die älteste Kirche des Landes, die man auch auf der Durchfahrt keinesfalls verpassen sollte. Weiter nördlich liegt die Stadt **Roermond**, die ein wichtiges Kultur- und Künstlerzentrum ist. Größte Attraktion ist hier die *Munsterkerk*.
ZEELAND: In der Provinz Zeeland gibt es einige mittelalterliche Hafenstädte, in denen die besten Fische und Meeresfrüchte Europas angeboten werden. Der größte Teil Zeelands liegt unter dem Meeresspiegel und wurde dem Meer abgewonnen, ferner gehören mehrere Inseln und Halbinseln im Südwesten der Niederlande zur Provinz (Walcheren, Goeree-Overflakkee, Schouwen-Duiveland, Tholen, St. Filipsland und Nord- und Süd-Beveland). Zeeland ist durch das komplexe System hoher Polderdeiche bekannt, die das Festland und die dem Meer abgewonnenen Gebiete vor den vernichtenden Fluten schützen sollen. Das Binnenland wird intensiv landwirtschaftlich genutzt. Die Provinzhauptstadt **Middelburg** hat eine lange Geschichte, ihr Rathaus ist als einer der schönsten gotischen Profanbauten Europas bekannt. 8 km nördlich liegt die Kleinstadt **Veere**, in der noch etliche Gebäude aus ihrer Blütezeit im 16. Jahrhundert erhalten sind. In der Hafenstadt **Vlissingen** wurde im Jahre 1572 zuerst die Fahne der Freiheit während des holländischen Unabhängigkeitskrieges gehißt.

Die Küste

Die holländische Nordseeküste hat 280 km Strand mit über 50 Badeorten, die fast alle einfach von Amsterdam, Rotterdam und Den Haag zu erreichen sind. Vielerorts sind FKK-Strände abgeteilt, die Strände sind breit und sandig. Das Wasser wird nur allmählich tiefer, die Wellen können jedoch recht stark sein, und Schwimmer sollten Strömungen und örtliche Warnschilder berücksichtigen. Während der Hauptsaison gibt es an vielen Stränden Bademeister.

SOZIALPROFIL

ESSEN & TRINKEN: »Typisch Holländisch« bedeutet nicht nur Käse, Salat und Fisch; in jeder größeren Stadt der Niederlande findet man eine gute Auswahl an Restaurants, die holländische, chinesische, italienische, französische, jugoslawische, spanische, deutsche und amerikanische Küche anbieten. Besonders weit verbreitet ist die indonesische Kochkunst durch die ehemalige Kolonialherrschaft der Holländer in Fernost. Diese Gerichte sind äußerst vielfältig, zum Teil scharf gewürzt und bestehen aus schmackhaften exotischen Zutaten. *Patat friet met Pindasaus* (Pommes mit scharfer Erdnußsoße), an jeder Straßenecke erhältlich, sind ein leckeres Beispiel dafür, wie einfach sich in Holland unterschiedliche Geschmacksrichtungen und Kochkünste kombinieren lassen. Ein typisches holländisches Frühstück besteht aus mehreren Brotsorten, dünnen Käsescheiben, Schinken, Wurst, Butter, Marmelade oder Honig und manchmal einem gekochten Ei. Die Mittagsmahlzeit heißt *Koffietafel* und besteht für Berufstätige oft aus Brot, einer kalten Fleisch- und Käseplatte und Beilagen, z. B. Omelette, Quiche oder Salat.
Als Imbisse holt man sich im *Broodwinkel* oft *Broodjes* (Brötchen) mit allen möglichen Belägen. Gefüllte Pfannkuchen sind auch sehr beliebt. Leicht gesalzene grüne Heringe kann man an Straßenständen kaufen. Die Hauptmahlzeiten werden normalerweise abends eingenommen, hierzu gehören u. a. *Erwtensoep* (Erbsensuppe mit Brot), *Groentensoep* (klare Suppe mit Gemüse, Fadennudeln und Fleischklößchen), *Hutspot* (Kartoffeln, Karotten und Zwiebeln), *Klapstuk* (eine Mischung aus gehacktem und magerem Rindfleisch) und *Boerenkool met Rookworst* (Grünkohl und Kartoffeln mit Räucherwurst). Fisch und Meeresfrüchte sind generell ausgezeichnet. Vor allem in Amsterdam und Rotterdam findet man *Gebakken Zeetong* (gebratene Seezunge), *Lekkerbekjes* (gebratener Weißfisch), Austern, Krabben, Muscheln, Hummer und Aal (geräuchert, filettiert und auf Brot, gehackt oder gebraten). Zum Nachtisch ißt man gern *Flensjes* oder *Pannekoeken* (es gibt über 25 verschiedene Pfannkuchenarten), *Wafels met Slagroom* (Waffeln mit Schlagsahne), *Poffertjes* (rundes Gebäck mit Puderzucker) und *Spekkok* (unterschiedliche Lagen von stark gebuttertem Biskuitkuchen mit indonesischen Gewürzen). Zum Frühstück trinkt man Kaffee, Tee, Kakao oder Fruchtsäfte. **Getränke:** *Jenever* (holländischer Gin) ist der einheimische Klare, der eisgekühlt zum Bier getrunken oder mit Cola oder Wermut gemischt wird. Jenever gibt es in unterschiedlichen Geschmacksrichtungen. Die beliebtesten Marken sind: *Bols, Bokma, De Kuyper* und *Claeryn*. Holländisches Bier ist zumeist Pilsener. Die beliebtesten Biersorten in Amsterdam sind *Heineken* und *Amstel*. Zu den holländischen Likören gehören *Curaçao, Triple Sec* (dem Cointreau ähnlich), *Parfait d'Amour* und eine holländische Variation von Crème de Menthe, Apricot Brandy und Anisette.
NACHTLEBEN: In den Großstädten findet man ausgezeichnete Nachtklubs und Diskotheken. Die Bars und Cafés der Provinzstädte sind genauso beliebt bei Nachtschwärmern. In allen größeren Städten gibt es Theater und Kinos. Amsterdam ist eine Weltstadt mit regem Nachtleben und einigen der besten Jazzklubs Europas (s. *Urlaubsorte & Ausflüge*). Spielkasinos gibt es in Amsterdam, Breda, Den Haag, Eindhoven, Groningen, Nijmegen, Rotterdam, Zandvoort, Valkenburg und Scheveningen (soll das größte Europas sein). Einlaß ab 18 Jahren (Ausweis kann verlangt werden).
EINKAUFSTIPS: Zu den schönsten Souvenirs gehören Holzschuhe, Delfter Porzellan (zwischen Den Haag und Rotterdam) sowie Porzellan aus Makkum und Workum, Trachtenpuppen und Silberartikel aus Schoonhoven, Glas und Kristall aus Leerdam und Diamanten aus Amsterdam. Herrlich zum Stöbern ist in Amsterdam der Flohmarkt auf dem Waterlooplein. **Öffnungszeiten der Geschäfte:** Mo 13.00-18.00 Uhr, Di-Fr 09.00-18.00 Uhr, Sa 09.00-17.00 Uhr und Do 19.00-21.00 Uhr (Do in größeren Städten, Fr in kleineren).
Anmerkung: Pflanzen und Blumenzwiebeln dürfen nur mit einem Zertifikat der Exportbehörden ausgeführt werden.
SPORT: Fußball, Leichtathletik und **Radfahren** sind die beliebtesten Sportarten in den Niederlanden. **Tennis-** und **Golfplätze** sind vorhanden, das Niederländische Büro für Tourismus erteilt nähere Auskünfte. **Windsurfen** und **Segeln** kann man auf den Loosdrechtse Plassen (südlich von Amsterdam), den friesischen Seen, dem Veerse-Meer und zwischen den Poldern im Ijsselmeer. Boote kann man überall mieten. Kanal- und Flußfahrten bieten sich überall in den Niederlanden an. **Wasserskifahren** ist auf den Seen gestattet. **Angeln** ist ebenfalls ein weit verbreiteter Sport, Angelscheine für Binnengewässer sind auf Postämtern erhältlich.
VERANSTALTUNGSKALENDER
1. März - 2. Juni '96 *Vermeer Ausstellung*, Den Haag. **21. März - 22. Mai** *Frühlingsgarten Europas*, Keukenhof. **11. Mai** *Nationaler Windmühlen Tag.* **11. - 18. Mai** *Weltmeisterschaften der Sandskulpturen.* **31. Mai - 30. Juni** *Holland Festival*, Amsterdam. **12. - 14. Juli** *Nordsee Jazzfestival*, Den Haag. **13. - 26. Juli** *Traditionelle Segelregatta*, Friesische Seen und Ijsselmeer. **16. - 19. Juli** *Viertagemarsch*, Nijmegen. **16. Aug.** *Canal Konzert*, Amsterdam. **Sept.** *Welt-Hafentage*, Rotterdam. **21. Sept. - 12. Jan. '97** *Jan Steen Ausstellung*, Amsterdam.
SITTEN & GEBRÄUCHE: Sehr viele Holländer sprechen als Zweitsprache Englisch, auch Deutsch oder Französisch. Zwanglose Kleidung wird überall akzeptiert, nur zu besonderen Anlässen und bei Geschäftstreffen werden Anzug bzw. Kostüm erwartet. Einige vornehme Restaurants, Klubs und Bars verlangen Abendkleidung. **Trinkgeld:** Hotel- und Restaurantrechnungen schließen 15% Bedienungsgeld sowie Mehrwertsteuer mit ein. Es ist üblich, etwas Kleingeld zu hinterlassen. Gepäckträger, Taxifahrer und Portiere erwarten ein oder zwei Gulden. Bei Friseuren ist das Trinkgeld im Preis inbegriffen.

Niederlande / Niger

WIRTSCHAFTSPROFIL

WIRTSCHAFT: In den Niederlanden gibt es außer Erdgas nur wenig Bodenschätze. Hauptexportgüter sind Fertigwaren und landwirtschaftliche Erzeugnisse. Nach den USA ist Holland der größte Exporteur von Agrarprodukten. Milchprodukte (vor allem Käse), Fleisch, Gemüse und Blumen sind die Hauptausfuhrgüter. Hochentwickelt ist auch die Industrie, besondere Bedeutung haben Schwer- und Stahlindustrie, Petrochemie und Plastikherstellung, Pharmazeutik und die Herstellung synthetischer Stoffe. Ebenso vielfaltig ist die Leichtindustrie, u. a. in der Herstellung von elektronischen Geräten. Nur die traditionell starke Textilindustrie hat in den letzten Jahren Verluste hinnehmen müssen. Das Industriegebiet Hollands liegt in der kleinen Region Randstadt (nur 5% der Landesfläche) zwischen Amsterdam, Rotterdam und Den Haag. Die wirtschaftlichen Aussichten des Landes sind angesichts der niedrigen Inflationsrate weiterhin gut, da auch die neuen Technologien wie Computertechnik, Telekommunikations- und Biotechnik hier stark vertreten sind. Der größte Teil des wachsenden Außenhandels findet innerhalb der EU statt. Größter einzelner Handelspartner ist Deutschland (25% des Im- und 29% des Exports). Weitere wichtige Absatz- und Bezugsgebiete sind Belgien, Luxemburg, Frankreich und Großbritannien.

GESCHÄFTSVERKEHR: Terminvereinbarungen sind unerläßlich und Visitenkarten üblich. Von Geschäftsleuten wird gepflegte Kleidung erwartet. In Geschäftskreisen wird viel Englisch gesprochen. Die besten Monate für Geschäftsreisen sind März - Mai und September - November. Geschäftsleute in Holland sprechen meist sehr gut Englisch, etliche auch Deutsch. Größtes Messegelände ist das RAI-Ausstellungszentrum in Amsterdam. **Geschäftszeiten:** Mo-Fr 08.30-17.00 Uhr.

Kontaktadressen: *Deutsch-Niederländische Handelskammer*, Postfach 320213, D-40417 Düsseldorf. Tel: (0211) 498 72 01. Telefax: (0211) 492 04 15.
Nederlands-Duitse Kamer van Koophandel (Deutsch-Niederländische Handelskammer), Postbus 80533, NL-2508 GM Den Haag. Tel: (070) 311 41 14. Telefax: (070) 363 22 18.
Niederländische Handelskammer für Österreich, Postfach 160, A-1041 Wien. Tel: (0222) 505 57 08. Telefax: (0222) 505 57 00.
Oostenrijkse Handelsdelegatie (Außenhandelsstelle der Wirtschaftskammer Österreich), Lange Voorhout 58a, NL-2514 EG Den Haag. Tel: (070) 365 49 16. Telefax: (070) 365 73 21.
Handelskammer Holland-Schweiz, Postfach 16, CH-8030 Zürich. Tel: (01) 251 51 30. Telefax: (01) 251 54 90.
Zwitsere Kamer van Koophandel in Nederland (Schweizer Handelskammer in den Niederlanden), Koningsplein 11, NL-1017 BB Amsterdam. Tel: (020) 624 94 36. Telefax: (020) 625 59 85.
Nederlands Centrum voor Handelsbevordering (Niederländischer Rat für Handelsförderung), PO Box 10, NL-2501 CA Den Haag. Tel: (070) 344 15 44. Telefax: (070) 385 35 31.

KONFERENZEN/TAGUNGEN: Die größten Konferenz- und Messezentren sind das *RAI* in Amsterdam und das *Jaarbeurs* in Utrecht. Kleinere Zentren befinden sich in Den Haag, Rotterdam und Maastricht. Tagungsräume gibt es in zahlreichen Hotels. Das viertgrößte Konferenzzentrum befindet sich in Noordwijk, wo das größte Hotel einen Hubschrauberlandeplatz hat. Die kleine Küstenstadt bietet saubere, preisgekrönte Strände. In Amsterdam und Den Haag gibt es Geschäftszentren. Weitere Informationen vom *Nederlandse Convention Bureau*, Amsteldijk 166, NL-1079 LH Amsterdam. Tel: (020) 646 25 80. Telefax: (020) 644 59 35.

KLIMA

Angenehmes, mildes Seeklima mit zumeist warmen, aber wechselhaften Sommern. Im Winter mitunter recht kalt, Schneefall ist möglich.

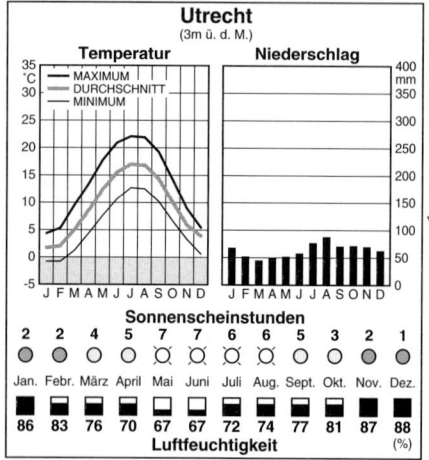

□ Internationaler Flughafen

Lage: Zentralafrika.

Office National du Tourisme (ONT)
Avenue du Président H. Luebke
BP 612
Niamey
Tel: 73 24 47. Telefax: 73 37 56.

Botschaft der Republik Niger
Dürenstraße 9
D-53173 Bonn
Tel: (0228) 35 48 14. Telefax: (0228) 36 32 46.
Mo-Do 09.00-12.30 und 13.30-15.30 Uhr, Fr 09.00-14.00 Uhr.
Honorarkonsulate mit Visumerteilung in Berlin (Tel: (030) 304 63 09), Grünwald bei München (Tel: (089) 649 20 82) und Mannheim (Tel: (0621) 87 95 60).
Honorarkonsulat ohne Visumerteilung in Kiel.

Konsulat der Republik Niger
Esslinggasse 16/19
A-1010 Wien
Tel: (0222) 532 10 69. Telefax: (0222) 533 39 77.
(auch zuständig für die Schweiz)
Übergeordnete Vertretung ist die Botschaft der Republik Niger in Brüssel.
Die Botschaft der Republik Niger in Paris ist die übergeordnete Vertretung für die Schweiz:

Botschaft der Republik Niger (Konsularabteilung)
154 Rue de Longchamp
F-75116 Paris
Tel: (1) 45 04 80 60. Telefax: (1) 45 04 62 26.
Mo-Fr 09.00-12.30 und 14.30-18.00 Uhr, *Konsularabt.:* Mo-Fr 10-12.30 Uhr.

Botschaft der Bundesrepublik Deutschland
71 Avenue du Général de Gaulle
BP 629
Niamey
Tel: 72 25 34, 72 35 10. Telefax: 72 39 85.
Österreich unterhält keine diplomatische Vertretung in Niger, zuständig ist die Botschaft in Abidjan (s. Côte d'Ivoire).

Koordinationsbüro der DEH
BP 728
Niamey
Tel: 73 39 16, 73 23 25. Telefax: 73 33 13.
Übergeordnete Vertretung ist die Botschaft der Schweizerischen Eidgenossenschaft in Abidjan (s. Côte d'Ivoire).

FLÄCHE: 1.267.000 qkm.
BEVÖLKERUNGSZAHL: 8.550.000 (1993).

TIMATIC INFO-CODES

Abrufbar über Ihr CRS-System (für START/Amadeus Amaske benutzen). Für Galileo bitte TI-DFT eingeben (mit Bindestrich).

Flughafengebühren	TI DFT/ NIM /TX
Währung	TI DFT/ NIM /CY
Zollbestimmungen	TI DFT/ NIM /CS
Gesundheit	TI DFT/ NIM /HE
Reisepassbestimmungen	TI DFT/ NIM /PA
Visabestimmungen	TI DFT/ NIM /VI

BEVÖLKERUNGSDICHTE: 7 pro qkm.
HAUPTSTADT: Niamey. **Einwohner:** 550.000 (Großraum, 1990).
GEOGRAPHIE: Niger grenzt im Norden an Libyen und Algerien, im Osten an den Tschad, im Süden an Nigeria und Benin und im Westen an Mali und Burkina Faso. Die Hauptstadt Niamey am nördlichen Ufer des Niger ist schon seit langem ein bedeutendes Handelszentrum an diesem stark befahrenen Wasserweg. Der Fluß schlängelt sich über 500 km durch den westlichen Teil des Landes. Im Süden entlang der nigerianischen Grenze befindet sich ein Landstrich mit Trockensavanne, der jedes Jahr durch Überweidung 20 km schmaler wird. Die *Ténéré-Wüste* nimmt bereits heute über 50% der Fläche Nigers ein. Sie wird von einer flachen Bergkette durchzogen, die *Aïr ou Azbine*. In den südlichen Ausläufern liegt die Provinzhauptstadt Agadez, mitten in der Halbwüste, umgeben von grünen Tälern und heißen Quellen. Sie ist noch immer ein bedeutender Zielort für die Karawanen der Sahara. Die östlich der Bergkette gelegene Geröllwüste verwandelt sich in der Regenzeit in Weideland. Der Norden und Westen bestehen überwiegend aus großen Sandflächen. Am Tschad-See im Südosten wird Ackerbau betrieben. In der Nähe des Sees sind die Manga (oder Kanun) ansässig; sie sind für ihre farbenfrohen Zeremonien bekannt, in denen Flöten und Trommeln die langsamen und würdevollen Tänze begleiten. Die Haussa-Stämme leben an der nigerianischen Grenze und sind überwiegend Bauern. Die Songhai- und Dscherma-Stämme siedeln im Nigertal und leben von Landwirtschaft und Fischerei. In der gesamten Sahelzone trifft man die hochgewachsenen, nomadischen Fulani. Die mit den berühmten blauen Gewändern bekleideten und verschleierten Tuareg beherrschten früher die südlichen Städte; die wenigen Nachkommen sind heute Kamelzüchter und unterhalten Karawanen an der Transsahara-Route.
STAATSFORM: Präsidialrepublik seit 1960; Mehrparteiensystem seit 1993, Parlament mit 83 Mitgliedern. Staatsoberhaupt: Mahamane Ousmane, seit April 1993. Regierungschef: Hama Amadou, seit Februar 1995.
SPRACHE: Amtssprache ist Französisch. Umgangssprachen sind u. a. Haussa (75% der Bevölkerung) und Tamaschagh, ein Tuaregdialekt, sowie Songhai-Dscherma und Fulbe.
RELIGION: 80% Islam, 10% Animisten, christliche Minderheiten.
ORTSZEIT: MEZ.
NETZSPANNUNG: 220/380 V, 50 Hz. Französische Rundstecker.
POST- UND FERNMELDEWESEN: Telefon: Selbstwählferndienst. Landesvorwahl: 227. Telexdienst und Telegrammaufgabe im Haupttelegrafenamt in Niamey, einigen Hotels und allen anderen Telegrafenämtern. Es gibt drei Gebührenklassen. **Post:** Luftpost nach Europa ist bis zu zwei Wochen unterwegs. Öffnungszeiten der Postämter: 07.30-12.30 und 15.30-18.00 Uhr.
DEUTSCHE WELLE
Der Einsatz von Kurzwellenfrequenzen ändert sich mehrfach im Laufe eines Jahres, und Sendungen auf den folgenden Frequenzen werden jeweils nur zu bestimmten Tageszeiten ausgestrahlt. Näheres in der Einleitung.

MHz	21.560	17.560	15.135	11.795	9.545
Meterband	13	16	19	25	31

REISEPASS/VISUM

Wichtiger Hinweis: *Die Einreisebestimmungen mancher Länder können sich kurzfristig ändern – rufen Sie sicherheitshalber auf Ihrem CRS-System (TIMATIC-Info-Code-Fenster in diesem Kapitel) den aktuellen Stand ab bzw. wenden Sie sich an die zuständige diplomatische Vertretung. Etwaige Zahlen in der Tabelle beziehen sich auf nachfolgende Fußnoten.*

	Paß erforderlich?	Visum erforderlich?	Rückflugticket erforderlich?
Deutschland	Ja	Ja	Ja
Österreich	Ja	Ja	Ja
Schweiz	Ja	Ja	Ja
Andere EU-Länder	Ja	1	Ja

REISEPASS: Allgemein erforderlich zur Einreise. Bei der Einreise verlangt die Einreisebehörde u. U. die Vorlage des Rück- oder Weiterreisetickets.
VISUM: Genereller Visumzwang, ausgenommen sind Staatsangehörige der folgenden Länder für Aufenthalte von max. 3 Monaten:
(a) [1] Finnland, Großbritannien und Schweden;
(b) Norwegen sowie Algerien, Benin, Burkina Faso, Côte d'Ivoire, Gambia, Ghana, Guinea, Guinea-Bissau, Kap Verde, Liberia, Mali, Marokko, Mauretanien, Nigeria, Senegal, Sierra Leone, Togo, Tschad, Tunesien und Zentralafrika.
Visagebühren: *Deutschland:* Touristenvisum: 89 DM. *Österreich:* Einreisevisum (zur mehrmaligen Ein- und Ausreise): 950 öS.
Gültigkeitsdayer: *Deutschland:* Maximal 3 Monate ab Ausstellungsdatum. *Österreich:* Maximal 6 Monate ab Einreisedatum.
Antragstellung: Zuständiges Konsulat oder Konsularabteilung der Botschaft (Adressen s. o.).

Unterlagen: (a) 3 Antragsformulare. (b) 3 Paßfotos (in Wien 4). (c) Reisepaß, noch mindestens 6 Monate gültig. (d) Rück- oder Weiterreiseticket. (e) Touristen, die auf dem Landweg einreisen: Nachweis über die Bereitschaft einer anerkannten Bank, die Rückflugkosten im Notfall zu übernehmen (Übersetzung auf Französisch) sowie für Fahrzeughalter ein Nachweis über einen gültigen Haftpflicht-Versicherungsschutz (aktuelle Informationen vom ADAC erhältlich). (f) Nachweis über den Abschluß einer Reiseversicherung.
Der postalischen Antragstellung sollten ein frankierter Rückumschlag und der Zahlungsbeleg über die Visumgebühr (Kopie der Postanweisung oder Euroscheck) beigefügt werden.
Anmerkung: Eine Gelbfieber-Impfbescheinigung ist zwar nicht für einen Visumantrag notwendig, muß aber später bei der Einreise vorgelegt werden.
Bearbeitungszeit: 3 Wochen bzw. je nach Nationalität.
Aufenthaltsgenehmigung: Wer sich länger als 90 Tage in Niger aufhalten möchte, muß vor Ort innerhalb von 3 Monaten nach der Einreise eine Aufenthaltsgenehmigung beim Innenministerium in Niamey beantragen.
Anmerkung: Bei Wüstensafaris wird empfohlen, sich aus eigenen Sicherheitsgründen vor der Safari bei der örtlichen Polizei zu melden.

GELD

Währung: 1 CFA-Franc (CFA Fr) = 100 Centimes. Banknoten gibt es im Wert von 10.000, 5000, 2500, 1000 und 500 CFA Fr. Münzen sind im Wert von 250, 100, 50, 25, 10 und 5 CFA Fr in Umlauf.
Kreditkarten: *Eurocard* und *Diners Club* werden in begrenztem Umfang akzeptiert. Einzelheiten vom Aussteller der betreffenden Kreditkarte.
Wechselkurse

	CFA Fr Sept. '92	CFA Fr Febr. '94	CFA Fr Jan. '95	CFA Fr Jan. '96
1 DM	169,38	339,41	344,30	342,57
1 US$	251,72	589,20	533,68	492,45

Devisenbestimmungen: Es gibt keine Beschränkungen für die Einfuhr von Landes- oder Fremdwährungen. Die Ausfuhr der Landeswährung ist auf 25.000 CFR Fr beschränkt. Die Ausfuhr von Fremdwährungen ist nicht beschränkt.
Öffnungszeiten der Banken: Mo-Fr 08.00-13.30 Uhr.

DUTY FREE

Folgende Artikel können zollfrei nach Niger eingeführt werden:
200 Zigaretten oder 100 Zigarillos oder 25 Zigarren oder 250 g Tabak;
1 l Spirituosen.
Ein- und Ausfuhrbeschränkungen: Die Einfuhr von pornographischen Erzeugnissen ist verboten. Für die Einfuhr von Sportgewehren benötigt man eine besondere Genehmigung, die von den Zollbehörden erteilt werden kann. Das Ausgraben und die Ausfuhr von antiken Kunstgegenständen ist nicht gestattet. Für Empfangs- und Übertragungsgeräte (einschl. Fotoapparate) benötigt man eine Sondergenehmigung.

GESETZLICHE FEIERTAGE

1. Mai '96 Tag der Arbeit. **19. Mai** Islamisches Neujahr. **3. Aug.** Unabhängigkeitstag. **28. Juli** Mouloud (Geburtstag des Propheten). **18. Dez.** Tag der Republik. **25. Dez.** Weihnachten. **1. Jan. '97** Neujahr. **10. Febr.** Eid al-Fitr. **31. März** Ostermontag. **18. April** Eid al-Adha. **1. Mai** Tag der Arbeit.
Anmerkung: (a) Die angegebenen Daten für islamische Feiertage richten sich nach dem Mondkalender und verschieben sich daher von Jahr zu Jahr. Während des Ramadan, der dem Festtag Eid al-Fitr vorangeht, essen Mohammedaner nicht tagsüber, sondern erst nach Sonnenuntergang, wodurch der normale Geschäftsablauf gestört werden kann. Diese Unterbrechungen können auch während des Eid al-Fitr auftreten. Dieses Fest, ebenso wie Eid al-Adha, hat keine bestimmte Zeitdauer und kann je nach Region 2-10 Tage dauern. Weitere Informationen im Kapitel *Welt des Islam* (s. Inhaltsverzeichnis). (b) Nigers kleine christliche Gemeinde feiert auch Ostern, Pfingsten, Christi Himmelfahrt, Mariä Himmelfahrt, Allerheiligen und Weihnachten.

GESUNDHEIT

In der folgenden Tabelle aufgeführte Impfvorschriften können sich kurzfristig ändern. Es wird stets empfohlen, auf Ihrem CRS-System (TIMATIC-Info-Code-Fenster in diesem Kapitel) den aktuellen Stand der Gesundheitsbestimmungen abzurufen bzw. rechtzeitig vor der Reise ärztlichen Rat einzuholen.

	Vorsichtsmaßnahmen empfohlen	*Impfschein erforderlich*
Gelbfieber	Ja	1
Cholera	Ja	2
Typhus & Polio	3	-
Malaria	4	-
Essen & Trinken	5	-

[1]: Eine Impfbescheinigung gegen Gelbfieber wird von allen Reisenden verlangt, die über ein Jahr alt sind.
[2]: Eine Impfbescheinigung gegen Cholera ist keine Einreisebedingung, das Risiko einer Infektion besteht jedoch. Da die Wirksamkeit der Schutzimpfung umstritten ist, empfiehlt es sich, rechtzeitig vor Antritt der Reise ärztlichen Rat einzuholen. Näheres im Kapitel *Gesundheit* (s. Inhaltsverzeichnis).
[3]: Typhus kommt vor, Poliomyelitis ist endemisch.
[4]: Malariarisiko besteht ganzjährig in allen Landesteilen. Die vorherrschende gefährlichere Form *Plasmodium falciparum* soll stark Chloroquin-resistent sein.
[5]: Wasser sollte generell vor der Benutzung zum Trinken, Zähneputzen und zur Eiswürfelbereitung entweder abgekocht oder anderweitig sterilisiert werden. Milch ist außerhalb der Stadtgebiete nicht pasteurisiert und sollte abgekocht werden. Trocken- und Dosenmilch nur mit keimfreiem Wasser anrühren. Milchprodukte aus ungekochter Milch vermeiden. Fleisch- und Fischgerichte nur gut durchgekocht und heiß serviert essen. Der Genuß von Schweinefleisch, rohen Salaten und Mayonnaise sollte vermieden werden. Gemüse sollte gekocht und Obst geschält werden.
Tollwut kommt vor. Wer ein erhöhtes Risiko eingeht (z. B. längerer Aufenthalt in abgelegenen Gebieten), sollte vor Reiseantritt eine Schutzimpfung erwägen. Bei Bißwunden so schnell wie möglich ärztliche Hilfe in Anspruch nehmen. Weitere Informationen im Kapitel *Gesundheit* (s. Inhaltsverzeichnis).
Bilharziose-Erreger kommen in manchen Teichen und Flüssen vor, das Schwimmen und Waten in Binnengewässern sollte daher vermieden werden. Gut gepflegte Schwimmbecken mit gechlortem Wasser sind unbedenklich.
Hepatitis A, B und *E* kommen ebenfalls vor.
Gesundheitsvorsorge: Die Hauptkrankenhäuser befinden sich in Niamey und in Zinder. Nur in den größeren Ortschaften ist die medizinische Versorgung einigermaßen angemessen. Da Arzneien nur schwer erhältlich sind, empfiehlt es sich, seine eigenen Medikamente mitzubringen. Der Abschluß einer Reisekrankenversicherung mit Notrückführung wird dringend empfohlen.

REISEVERKEHR - International

FLUGZEUG: Die meisten internationalen Flüge werden von *Air Afrique (RK)* und *Air France* angeboten.
Durchschnittliche Flugzeit: Es gibt keine Direktflüge. Am besten fliegt man über Paris; *Paris* – Niamey: 7 Std.
Internationaler Flughafen: *Niamey (NIM)* liegt 12 km südöstlich der Stadt (Fahrzeit 25 Min.). Am Flughafen gibt es eine Post, Wechselstube, Mietwagenschalter, Bars und Geschäfte. Ein Taxistand ist vorhanden. Kostenloser Bustransfer für die Gäste vieler Hotels vom Flughafen.
Flughafengebühren: 13,50 DM.
BUS/PKW: Eine der Hauptverbindungsstraßen führt von Kano (Nigeria) nach Zinder, Fernstraßen gibt es auch nach Benin, Burkina Faso und Mali. Die wichtigste Transsahara-Wüstenpiste führt von Algier nach Asamakka und Arlit, mit einer asphaltierten Straße nach Agadez. Das Fahren in der Wüste kann schwierig sein, da Straßenmarkierungen nicht immer sichtbar sind und Benzin knapp ist. Es gibt Busverbindungen von Burkina Faso, Benin und Mali.

REISEVERKEHR - National

Anmerkung: Besucher müssen sich in jeder Stadt, in der sie übernachten, bei der Polizei melden.
FLUGZEUG: Inlandflugverkehr von Niamey nach Agadez, Tahoua, Zinder, Arlit, Diffa und Maradi mit *SONITA* und *Trans-Niger Aviation.*
BUS/PKW: Es gibt über 10.000 km Allwetterstraßen. Die Hauptverkehrsstraßen des Landes führen von Niamey nach Zinder, Tahoua, Arlit und Gaya. Viele Nebenstraßen sind während der Regenzeit nicht befahrbar. Die beste Zeit für Überlandfahrten ist von Dezember bis März. Tankstellen sind recht selten, und Reparaturen sind außerordentlich teuer. Man darf nur auf der Route reisen, die am Ausgangsort polizeilich im Reisepaß vermerkt wurde. **Bus:** Seitdem viele Straßen asphaltiert wurden, gibt es zwischen den größeren Ortschaften relativ gute Busverbindungen – von Niamey verkehren Busse nach Zinder, Agadez, N'guemi und Tera. In anderen Landesteilen fährt man normalerweise als Passagier in Lastwagen; falls man in der Fahrerkabine sitzen möchte, muß man einen Zuschlag bezahlen. Diese Art des Reisens ist äußerst zeitaufwendig und strapaziös. Buschtaxis verkehren im ganzen Land. **Mietwagen** kann man mit und ohne Fahrer mieten, außerhalb der Hauptstadt nur mit Fahrer. **Anmerkung:** In den meisten Landesteilen benötigt man ein Fahrzeug mit Allradantrieb, einen Führer und eine vollständige Ausrüstung. **Unterlagen:** Internationaler Führerschein, *Carnet de Passage* und zwei Paßfotos. Mindestalter: 23 Jahre.
FAHRZEITEN von Niamey zu den folgenden größeren Städten (ungefähre Angaben in Std. und Min.):

	Flugzeug	Bus/Pkw
Zinder	0.45	12.00
Maradi	-	9.00
Tahoua	-	7.00
Dosso	-	1.00
Tillabéri	-	0.45
Agadez	-	17.00

UNTERKUNFT

HOTELS: Hotelzimmer sind schwer zu bekommen; Unterkunft in einem der internationalen Hotels sollte lange im voraus gebucht werden. Gute Hotels findet man in Niamey, Zinder, Ayorou, La Tapoa, Maradi und Agadez. Außerdem gibt es *Encampments* in Agadez, Boubon, Namaro und Tillabéri. Die örtlichen Hotels nehmen keine Reservierungen entgegen. Weitere Informationen von *Direction du Tourisme et de l'Hôtellerie*, BP 12130, Niamey. Tel: 73 23 85. Telex: 5249.

URLAUBSORTE & AUSFLÜGE

Niamey, am Nordufer des Niger, ist eine weitläufige Stadt voller Kontraste mit moderner Innenstadt und Elendsquartieren in den Vororten. Der Kleine und der Große Markt sind einen Besuch wert. Weitere Sehenswürdigkeiten sind die Große Moschee, das Nationalmuseum (großer Park mit Botanischem Garten, Zoo und Kunstgewerbeausstellung), das französisch-nigerische Kulturzentrum und das Hippodrom, wo sonntags oft Kamel- und Pferderennen stattfinden. Stadtrundfahrten werden angeboten.
Südlich von Niamey liegt der bekannte *Parc National du W*, in dem Büffel, Elefanten, Löwen, Hyänen, Schakale, Paviane und viele verschiedene Vogelarten leben. Der Niger-Fluß fließt hier durch die malerische Mékron-Schlucht.
Agadez, die malerische Hauptstadt der Tuareg, ist noch immer ein Karawanenknotenpunkt, hier wird rege Handel getrieben. Heute ist sie auch ein Anziehungspunkt für Touristen. In den Nebenstraßen kann man schöne Silber- und Lederwaren kaufen. Vom Minarett der Moschee, das aus getrocknetem Lehm gebaut wurde und fast 500 Jahre alt ist, hat man bei Sonnenuntergang einen ausgezeichneten Blick über die Stadt und das Aïr-Gebirge. Man kann Ausflüge in die Berge zu den Quellen in **Igouloulef** und **Tafadek** machen, oder zur prähistorischen Stätte bei **Iférouane.** Das nördlich von Agadez gelegene *Aïr-Gebirge* hat etwas mehr Niederschlag als die Halbwüste, von der es umgeben ist. Bis vor kurzem konnte man hier Tiere sehen, die sich gewöhnlich nicht in dieser Höhenlage aufhalten, wie z. B. Leoparden, Löwen und Giraffen. Als Folge der Dürre, die sich bis hierher ausgewirkt hat, nimmt der Tierbestand jedoch rapide ab. Für Reisen in dieses Gebiet ist u. U. eine Sondergenehmigung erforderlich. Weiter im Norden finden sich die berühmten Sanddünen von *Temet*. Abenteuerlustige können die *Wüste Ténéré* durchqueren und die *Djado-Berge* besuchen.
Zinder war bis 1927 die Hauptstadt Nigers. Die Altstadt mit ihrem Labyrinth von Gassen ist typisch für eine Stadt der Haussa. In der Nähe der Stadtmitte befinden sich der Sultanspalast und die Moschee, von deren Minarett man einen ausgezeichneten Rundblick hat. Der Stadtteil *Zengou* war früher ein Lager- und Rastplatz für Karawanen. Donnerstags findet ein farbenfroher Markt statt, auf dem man erstklassige Lederwaren kaufen kann. Auf der Strecke nach Zinder liegt **Dosso**, das im 13. Jahrhundert nach dem Fall der Gao von den Zarma gegründet wurde. Der außergewöhnlich schöne Palast und der belebte Dorfplatz, auf dem viele Festivals und offizielle Feierlichkeiten stattfinden, sind sehenswert.
Nigers wirtschaftliches Zentrum ist **Maradi**; die hier lebende Bevölkerung ist überwiegend in der Landwirtschaft oder im Kunstgewebe tätig. Der Palast des Sultans und die Moschee sind einen Besuch wert.
Ayorou an der Grenze zu Mali ist ein alter Handelsposten; sonntags findet hier ein wichtiger Kamel-Markt statt. Wer ein bißchen Glück hat, kann in der Gegend um **Tillabéri** Giraffen sehen. In Niamey kann man Zweitagestouren buchen.

SOZIALPROFIL

ESSEN & TRINKEN: Einheimischer Fisch, Fleisch und Gemüse werden zur Zubereitung europäischer, asiatischer und afrikanischer Gerichte verwendet. Die Auswahl an importierten Getränken ist gut. Aufgrund der Dürre können jedoch Versorgungsengpässe bei einheimischen Lebensmitteln auftreten. In größeren Städten findet man einige gute Restaurants und Hotelrestaurants. Da Niger ein islamisches Land ist, sind alkoholische Getränke nicht immer und überall erhältlich.
NACHTLEBEN: In Niamey gibt es mehrere Nachtklubs mit Musik und Tanz sowie drei Freiluftkinos.
EINKAUFSTIPS: Auf den Märkten, vor allem in Niamey und Agadez, werden typische Kunstgewerbegegenstände zum Kauf angeboten. Im *Centre des Métiers d'Art de Niger* in der Nähe des Nationalmuseums findet man eine gute Auswahl an einheimischen Artikeln. Höfliches Handeln ist üblich. Besonders zu empfehlen sind bunte Decken, Lederartikel, verzierte Kalebassen, Silberschmuck, Schwerter und Messer. **Öffnungszeiten der Geschäfte:** Mo-Fr 08.00-12.00 und 16.00-19.00 Uhr, Sa 08.00-12.00 Uhr.
SPORT: Mit **Kanus** und **Motorbooten** kann man auf dem Niger zum *Parc National du W* an der Grenze nach Burkina Faso und Benin fahren. In Niamey und Agadez gibt es mehrere **Schwimmbäder**, in Flüssen und Seen sollte man nicht baden. In der Hauptstadt befinden sich außerdem zwei **Reitschulen**. **Angeln** ist ganzjährig mög-

lich, die Hauptsaison ist von April bis September. **Jagen** nach Großwild ist verboten.
VERANSTALTUNGSKALENDER
Zu den wichtigen Festlichkeiten zählen *Guerewol*, ein Volksfest zum Ende der Regenzeit, sowie das *Cure salée*, wenn die Nomaden sich zum Viehauftrieb versammeln. Alljährlich finden traditionelle Wettkämpfe und eine Landwirtschaftsmesse statt, auf der auch Kunstgewerbeartikel ausgestellt werden. Alle zwei Jahre wird ein Festival für die Jugend veranstaltet.
SITTEN & GEBRÄUCHE: Zwanglose Kleidung wird überall akzeptiert. Frauen sollten keine kurzen Röcke tragen. Traditionelle Glaubenssätze und islamische Sitten sollten respektiert werden. **Fotografieren:** Filmen ist nur mit Genehmigung der Polizei erlaubt; Reiseveranstalter und Fremdenverkehrsämter sind gern beim Einholen der Genehmigung behilflich. Filme sind teuer, vom Entwickeln im Land wird abgeraten. Man sollte Einheimische nicht einfach fotografieren, ohne vorher um Erlaubnis zu fragen. Das Fotografieren und Entwickeln von Militäranlagen, Flugplätzen und Verwaltungsgebäuden (einschl. des Präsidentenpalastes) ist verboten. **Trinkgeld:** 10% werden fast immer erwartet. Die meisten Hotels berechnen 10-15% Bedienungsgeld. **Verbote:** Nicht gestattet sind: Großwildjagden, das Ausgraben oder die Ausfuhr antiker Kunstgegenstände, der Verkauf von Kraftfahrzeugen ohne besondere Genehmigung sowie das Abweichen von der Reiseroute, die die Polizei im vorherigen Aufenthaltsort in den Reisepaß eingetragen und genehmigt hat.

WIRTSCHAFTSPROFIL

WIRTSCHAFT: Niger ist eines der ärmsten Länder der Welt. 86% der Erwerbstätigen sind in der Landwirtschaft beschäftigt, obwohl der Anteil der Nutz- an der Gesamtfläche nur 5% beträgt. Dürrekatastrophen, fortschreitende Wüstenbildung und Schädlingsbefall machen dem Land zu schaffen. Der landwirtschaftliche Anbau dient überwiegend der Selbstversorgung, nur 10% der Agrarprodukte, vor allem Erdnüsse und Baumwolle, sind für den Export bestimmt. Der Nahrungsmittelbedarf der Bevölkerung muß z. T. durch Importe und Entwicklungshilfe gedeckt werden. Das Land hat reiche Uranvorkommen. Die wichtigste Einnahmequelle ist der Uranexport; angesichts des Überangebots bei kaum steigendem Bedarf liegt der Weltmarktpreis jedoch gegenwärtig weit unter dem der siebziger Jahre. Frankreich nimmt Uran zu subventionierten Preisen ab. Frankreich (30% der Importe, 76% der Exporte) und Nigeria (28% der Importe, 11% der Exporte) sind die Haupthandelspartner.
GESCHÄFTSVERKEHR: Leichtes Sakko und Krawatte bzw. Sommerkleid/leichtes Kostüm genügen. Französischkenntnisse sind unbedingt erforderlich, da kaum Dolmetscher- und Übersetzerdienste zur Verfügung stehen. **Geschäftszeiten:** Mo-Fr 07.30-14.30 Uhr, Sa 07.30-12.30 Uhr.
Kontaktadressen: *Die wirtschaftlichen Interessen Österreichs werden von der Außenhandelsstelle der Wirtschaftskammer Österreich in Abidjan (s. Côte d'Ivoire) vertreten.* Chambre de Commerce, d'Agriculture, d'Industrie et d'Artisanat du Niger (Industrie- und Handelskammer), Place de la Concertation, BP 209, Niamey. Tel: 73 22 10. Telex: 5242.

KLIMA

Die Sommer sind sehr heiß mit Temperaturen bis zu 48°C. Trockenzeit von Oktober bis Mai. Von Juli bis August ist es sehr heiß mit teilweise heftigen Regenfällen. Beste Reisezeit: Anfang November bis Anfang März. **Kleidung:** Leichte Baumwoll- und Leinensachen für den größten Teil des Jahres. Wärmere Kleidung besonders im Norden sowie für kühlere Abende. Regenkleidung wird empfohlen.

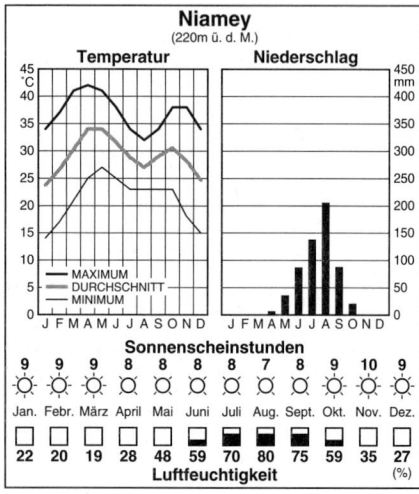

Nigeria

Lage: Westafrika.

Anmerkung: Vor Reisen nach Nigeria wird wegen der hohen Kriminalitätsrate gewarnt. Man sollte sich am Flughafen in Lagos abholen lassen, außerhalb der Städte nur im Konvoi fahren, immer einen Reservekanister dabeihaben und nie nachts unterwegs sein. Aktuelle Informationen vom Auswärtigen Amt in Bonn, dem Außenministerium in Wien und dem EDA in Bern.

Nigerian Tourist Board
Trade Fair Complex
Badagry Expressway
PO Box 2944
Lagos
Tel: (01) 61 86 65.
Nigerian Tourism Development Corporation
Block 2, Sefadu Street
Zone 4, Wuse
PMB 167
Garki, Abuja
Tel: (09) 523 04 18. Telefax: (09) 523 09 62.
Botschaft der Bundesrepublik Nigeria
Goldbergweg 13
D-53177 Bonn
Tel: (0228) 32 20 71/75. Telefax: (0228) 32 80 88.
Mo-Fr 09.00-16.00 Uhr, *Konsularabt.:* Mo-Fr 09.00-12.00 Uhr.
Botschaft der Bundesrepublik Nigeria
Rennweg 25
A-1030 Wien
Tel: (0222) 712 66 85/86/87. Telefax: (0222) 714 14 02.
Mo-Fr 09.00-11.30 Uhr.
Botschaft der Bundesrepublik Nigeria
Zieglerstraße 45
CH-3007 Bern
Postfach 574
CH-3000 Bern 14
Tel: (031) 382 07 26. Telefax: (031) 382 16 02.
Mo-Fr 08.30-12.00 und 13.00-16.00 Uhr, *Konsularabt.:* Mo-Fr 09.00-11.30 Uhr.
Botschaft der Bundesrepublik Deutschland
15 Eleke Crescent
Victoria Island
PO Box 728
Lagos
Tel: (01) 261 10 11/82, 261 11 73. Telefax: (01) 261 77 95.

TIMATIC INFO-CODES

*Abrufbar über Ihr CRS-System (für START/Amadeus Ama-Maske benutzen). Für Galileo bitte TI-DFT eingeben (**mit** Bindestrich).*

Flughafengebühren	TI DFT/ LOS /TX
Währung	TI DFT/ LOS /CY
Zollbestimmungen	TI DFT/ LOS /CS
Gesundheit	TI DFT/ LOS /HE
Reisepassbestimmungen	TI DFT/ LOS /PA
Visabestimmungen	TI DFT/ LOS /VI

Außenstelle der Botschaft in Abuja.
Honorarkonsulat in Ibadan.
Botschaft der Republik Österreich
3b Ligali Ayorinde Avenue
Fabac House
Victory Island
PO Box 1914
Lagos
Tel: (01) 261 60 81. Telefax: (01) 61 76 39.
Botschaft der Schweizerischen Eidgenossenschaft
7 Anifowoshe Street
Victoria Island
PO Box 536
Lagos
Tel: (01) 261 39 18, 261 38 48, 261 01 83. Telefax: (01) 261 69 28.

FLÄCHE: 923.768 qkm.
BEVÖLKERUNGSZAHL: 105.300.000 (1993).
BEVÖLKERUNGSDICHTE: 114 pro qkm.
HAUPTSTADT: Abuja (seit 1991). **Einwohner:** 378.671 (1991). **Hauptstadt bis 1991:** Lagos. **Einwohner** 4.000.000 (1991).
GEOGRAPHIE: Nigeria grenzt im Norden an Niger, im Nordosten an den Tschad (der Tschad-See bildet einen Teil der Grenze), im Osten an Kamerun und im Westen an Benin. Im Süden liegt der Golf von Guinea, einschl. der Bucht von Benin und des Golfs von Biafra. Landschaft und Vegetation sind sehr unterschiedlich; die Küstenregion ist flach mit Lagunen, Sandstränden und Mangrovensümpfen sowie Regenwäldern mit bis zu 30 m hohen Palmen. Von hier aus geht die Landschaft in Savanne und offene Waldgebiete über, die zum zentralen Plateau von Jos ansteigen (2000 m). Der Norden, der südliche Ausläufer der Sahara, besteht aus Wüste und Halbwüste.
STAATSFORM: Präsidiale Bundesrepublik, Nationalversammlung mit zwei Kammern, seit 1993 aufgelöst; Militärregime. Staats- und Regierungschef: General Sani Abacha, seit November 1993. Im August 1993 trat die alte Verfassung von 1979 (Änderung 1984) wieder in Kraft. Das Ergebnis der ersten zivilen Präsidentschaftswahlen im Juni 1993 wurde nicht veröffentlicht, die Wahlkommission aufgelöst, die Wahlen für ungültig erklärt und der inoffizielle Sieger, Moshood Abiola, wurde verhaftet. Chief Ernest Shonekan wurde im August 1993 als neuer Ministerpräsident einer Übergangsregierung vereidigt, die von Sozialdemokraten und Republikanern als Kompromißlösung akzeptiert worden war. Im November 1993 riß jedoch General Sani Abacha die Macht an sich, löste alle demokratischen Institutionen und Parteien auf und setzte den *Provisional Ruling Council* (PRC) ein, der zugleich die oberste Machtinstanz bildete. Die Wahlen zur Verfassungsgebenden Versammlung im Mai 1994 wurden von der Opposition boykottiert. Es bleibt abzuwarten, ob Nigeria zu einem demokratischen System zurückfinden kann.
SPRACHE: Amtssprache ist Englisch. Es werden über 250 einheimische Sprachen und Dialekte gesprochen, darunter Haussa (Norden), Yoruba (Südwesten) und Ybo (Südosten).
RELIGION: 45% Muslime (im Norden); 33% Christen (im Süden) und Anhänger von Naturreligionen.
ORTSZEIT: MEZ.
NETZSPANNUNG: 220/250 V, 50 Hz; Adapter empfohlen.
POST- UND FERNMELDEWESEN: Telefon: Selbstwählferndienst. **Landesvorwahl:** 234. **Telexe/Telegramme** können bei *Nigerian Telecommunications Ltd.* (NITEL) in allen größeren Städten aufgegeben werden. **Post:** Luftpost nach Europa erreicht nicht immer ihr Ziel und ist bis zu drei Wochen unterwegs. Internationale Kurierzustellung ist zuverlässiger.
DEUTSCHE WELLE
Der Einsatz der Kurzwellenfrequenzen ändert sich mehrfach im Laufe eines Jahres, und Sendungen auf den folgenden Frequenzen werden jeweils nur zu bestimmten Tageszeiten ausgestrahlt. Näheres in der Einleitung.

MHz	17,860	15,275	11,795	9,545	7,185
Meterband	16	19	25	31	41

REISEPASS/VISUM

Wichtiger Hinweis: Die Einreisebestimmungen mancher Länder können sich kurzfristig ändern – rufen Sie sicherheitshalber auf Ihrem CRS-System (TIMATIC-Info-Code-Fenster in diesem Kapitel) den aktuellen Stand ab bzw. wenden Sie sich an die zuständige diplomatische Vertretung. Etwaige Zahlen in der Tabelle beziehen sich auf nachfolgende Fußnoten.

	Paß erforderlich?	Visum erforderlich?	Rückflugticket erforderlich?
Deutschland	Ja	Ja	Ja
Österreich	Ja	Ja	Ja
Schweiz	Ja	Ja	Ja
Andere EU-Länder	Ja	Ja	Ja

REISEPASS: Allgemein erforderlich, Reisepaß muß noch mindestens 6 Monate gültig sein.
VISUM: Allgemein erforderlich, ausgenommen sind Staatsbürger von:
(a) Kamerun und Tschad bei Aufenthalten bis zu 90

Tagen;
(b) Benin, Burkina Faso, Côte d'Ivoire, Gambia, Ghana, Republik Guinea, Guinea-Bissau, Kap Verde, Liberia, Mali, Mauretanien, Niger, Senegal, Sierra Leone und Togo, die bei der Einreise ein 90-Tage-Visum erhalten.
Anmerkung: Kinder unter 16 Jahren, die ihre in Nigeria lebenden Eltern begleiten und im Reisepaß der Eltern eingetragen sind, brauchen kein Visum, müssen aber ein Antragsformular und ein Paßfoto einreichen. Alle Kinder mit eigenem Reisepaß benötigen Visa oder Wiedereinreisegenehmigungen.
Transitvisa: Allgemein erforderlich, ausgenommen sind:
(a) die unter *Visum* aufgeführten Länder;
(b) wer mit demselben Flugzeug ausreist und den Flughafen nicht verläßt;
(c) wer Nigeria innerhalb von 48 Std. wieder verläßt und gültige Reisedokumente für das Zielland vorweisen kann.
Wiedereinreisegenehmigungen werden von Personen gebraucht, die eine Aufenthaltsgenehmigung für Nigeria haben. Der Antrag sollte rechtzeitig vor Ausreise gestellt werden.
Visaarten: Touristen-, Transit- und Geschäftsvisa (Arbeit und Zeitarbeit).
Visagebühren: Nach Nationalität verschieden. 40 DM (für Deutsche), 500 öS (für Österreicher), 40 sfr (für Schweizer).
Antragstellung: Konsularabteilung der zuständigen Botschaft (Adressen s. o.).
Unterlagen: (a) Antragsformular. (b) Reisepaß. (c) 3 Paßfotos. (d) Firmenschreiben des Geschäftspartners in Nigeria oder Schreiben der Person, die die Einreiseverantwortung übernimmt. In diesem Fall müssen nigerianische Staatsbürger Fotokopien der Seiten 1-5 ihres Reisepasses und ausländische Staatsbürger eine Fotokopie ihrer Aufenthaltsgenehmigung beilegen. (e) Rück- oder Weiterreiseticket. (f) Erkundigen Sie sich bei der Botschaft, ob gegenwärtig eine Impfbescheinigung gegen Gelbfieber vorgeschrieben ist.
Bearbeitungszeit: 2-7 Tage.

GELD

Währung: 1 Naira (N) = 100 Kobo. Banknoten gibt es im Wert von 50, 20, 10 und 5 N; Münzen in den Nennbeträgen 1 N sowie 50, 25, 10, 5 und 1 Kobo.
Kreditkarten: *American Express* und teilweise auch *Diners Club, Eurocard* und *Visa* werden akzeptiert. Einzelheiten vom Aussteller der betreffenden Kreditkarte.
Reiseschecks in britischen Pfund werden empfohlen.
Wechselkurse

	N Sept. '92	N Febr. '94	N Jan. '95	N Jan. '96
1 DM	12,78	12,67	14,19	15,30
1 US$	18,45	22,00	22,00	22,00

Devisenbestimmungen: Die Ein- und Ausfuhr der Landeswährung ist auf 100 N beschränkt. Die Einfuhr von Fremdwährungen ist unbeschränkt, es besteht Deklarationspflicht. Die Ausfuhr ist auf den deklarierten Betrag beschränkt. Bei der Einreise muß der Gegenwert von 100 US$ umgetauscht werden. Umtausch auf dem Schwarzmarkt lohnt nicht, die Strafen sind hoch.
Öffnungszeiten der Banken: Mo 08.00-15.00 Uhr, Di-Fr 08.00-13.30 Uhr. Es gibt über 80 Geschäftsbanken, die Regierung kontrolliert 60% aller Handelsbanken.

DUTY FREE

Folgende Artikel können zollfrei nach Nigeria eingeführt werden:
200 Zigaretten oder 50 Zigarren oder 200 g Tabak;
1 l Spirituosen;
eine kleine Menge Parfüm.
Anmerkung: Falls die angegebene Menge überschritten wird, muß die Gesamtmenge verzollt werden. Bei längeren Aufenthalten werden auf Luxusartikel wie Kameras oder Radios hohe Zölle erhoben. Antiquitäten dürfen nur vom Direktor für Antiquitäten oder einem lizensierten Händler ver- und angekauft werden. Vor der Ausfuhr von Antiquitäten muß man sich von den o. a. Stellen eine Genehmigung besorgen.
Einfuhrverbot: Champagner oder Sekt (hohe Geldbußen oder Gefängnisstrafe bei Zuwiderhandlungen).

GESETZLICHE FEIERTAGE

1. Mai '95 Maifeiertag. **28. Juli** Mouloud (Geburtstag des Propheten). **1. Okt.** Nationalfeiertag. **25./26. Dez.** Weihnachten. **1. Jan. '97** Neujahr. **10. Febr.** Eid al-Fitr (Ende des Ramadan). **28.-31. März** Ostern. **19. April** Beginn des Eid al-Kabir (Opferfest). **1. Mai** Maifeiertag.
Anmerkung: Die angegebenen Daten für islamische Feiertage richten sich nach dem Mondkalender und verschieben sich daher von Jahr zu Jahr. Während des Fastenmonats Ramadan, der dem Festtag Eid al-Fitr vorangeht, essen Mohammedaner nicht tagsüber, sondern erst nach Sonnenuntergang, wodurch der normale Geschäftsablauf gestört werden kann. Diese Unterbrechungen können auch während des Eid al-Fitr auftreten. Dieses Fest, ebenso wie das Eid al-Kabir, hat keine festgelegte Zeitdauer und kann je nach Region 2-10 Tage dauern. Nähere Informationen im Kapitel *Welt des Islam* (s. Inhaltsverzeichnis).

GESUNDHEIT

In der folgenden Tabelle aufgeführte Impfvorschriften können sich kurzfristig ändern. Es wird stets empfohlen, auf Ihrem CRS-System (TIMATIC-Info-Code-Fenster in diesem Kapitel) den aktuellen Stand der Gesundheitsbestimmungen abzurufen bzw. rechtzeitig vor der Reise ärztlichen Rat einzuholen.

	Vorsichtsmaßnahmen empfohlen	*Impfschein erforderlich*
Gelbfieber	Ja	1
Cholera	Ja	2
Typhus & Polio	3	-
Malaria	4	-
Essen & Trinken	5	-

[1]: Eine Impfbescheinigung gegen Gelbfieber wird von allen Reisenden verlangt, die aus Infektionsgebieten kommen und über ein Jahr alt sind.
[2]: Eine Impfbescheinigung gegen Cholera ist keine Einreisebedingung, das Risiko einer Infektion besteht jedoch. Da die Wirksamkeit der Schutzimpfung umstritten ist, empfiehlt es sich, rechtzeitig vor Antritt der Reise ärztlichen Rat einzuholen. Näheres unter *Gesundheit* (s. Inhaltsverzeichnis).
[3]: Typhus kommt vor, Poliomyelitis ist endemisch.
[4]: Malariaschutz ist ganzjährig in allen Landesteilen erforderlich. Die vorherrschende gefährlichere Form *Plasmodium falciparum* soll Chloroquin-resistent sein.
[5]: Wasser sollte generell vor der Benutzung zum Trinken, Zähneputzen und zur Eiswürfelbereitung entweder abgekocht oder anderweitig sterilisiert werden. Milch ist nicht pasteurisiert und sollte abgekocht werden. Trocken- und Dosenmilch nur mit keimfreiem Wasser anrühren. Milchprodukte aus ungekochter Milch am besten vermeiden. Fleisch- und Fischgerichte nur gut durchgekocht und heiß serviert essen. Der Genuß von Schweinefleisch, rohen Salaten und Mayonnaise sollte vermieden werden. Gemüse sollte gekocht und Obst geschält werden.
Tollwut kommt vor. Wer ein erhöhtes Risiko eingeht (z. B. längerer Aufenthalt in abgelegenen Gebieten), sollte vor Reiseantritt eine Schutzimpfung erwägen. Bei Bißwunden so schnell wie möglich ärztliche Hilfe in Anspruch nehmen. Weitere Informationen im Kapitel *Gesundheit* (s. Inhaltsverzeichnis).
Bilharziose-Erreger kommen in manchen Teichen und Flüssen vor, das Schwimmen und Waten in Binnengewässern sollte daher vermieden werden. Gut gepflegte Schwimmbecken mit gechlortem Wasser sind unbedenklich.
Hepatitis A, B und *E* kommen vor.
Gesundheitsvorsorge: Medikamente sollten in ausreichenden Mengen mitgenommen werden, da es manchmal Versorgungsengpässe gibt. Der Abschluß einer Reisekrankenversicherung wird empfohlen.

REISEVERKEHR - International

FLUGZEUG: Nigerias nationale Fluggesellschaft heißt *Nigeria Airways (WT)*. *Lufthansa* und *Swissair* bieten Direktflüge nach Lagos an.
Durchschnittliche Flugzeiten: *Frankfurt* – Lagos: 6 Std. 25; *Zürich* – Lagos: 6 Std. 10.
Internationale Flughäfen: *Lagos (LOS)* (Murtala Mohammed) liegt 22 km nordwestlich der Stadt (Fahrzeit 40 Min.). Am Flughafen gibt es eine Bank, Post, Mietwagenschalter, Tourist-Information, Hotel-Reservierungsschalter, Apotheke, Duty-free-Shops, Bars und Restaurants. Alle 15 Min. fahren kostenlose Busse zur Stadt, Taxis stehen auch zur Verfügung.
Kano (KAN) liegt 8 km nördlich der Stadt (Fahrzeit 25 Min.). Bank, Post, Mietwagenschalter, Duty-free-Shops und Restaurants. Von 06.00-22.00 Uhr fahren Flughafenbusse im Zehnminutentakt, Linienbusse und Taxis stehen ebenfalls zur Verfügung.
Abuja (ABV) liegt 35 km außerhalb der Stadt. Außerdem gibt es einen internationalen Flughafen in Port Harcourt und in Calabar.
Flughafengebühren: 35 US$ für alle internationalen Abflüge.
SCHIFF: Die Haupthäfen Lagos, Port Harcourt und Calabar werden von London, Liverpool und anderen europäischen Häfen aus angelaufen.
BUS/PKW: Straßen führen nach Benin, Niger, Tschad und Kamerun. Die großen Transsahara-Straßen führen von Niger weiter nach Nigeria. Die Hauptstrecke von Benin überquert die Grenze bei Idoroko, und auf der guten Küstenstraße kommt man nach Lagos. Alle Landesgrenzen mit Ausnahme der Grenze zum Tschad sind wieder geöffnet.

REISEVERKEHR - National

FLUGZEUG: *Nigeria Airways* verbindet Lagos mit Ibadan, Benin, Port Harcourt, Enugu, Calabar, Kaduna, Kano, Jos, Sokoto, Maiduguri und Yola. Charterflugzeuge kann man in Lagos bei *Aero Contractors, Pan-African Airlines* und *Delta Air Charter* erhalten. Inlandflüge sollten rechtzeitig im voraus gebucht werden, mit langen Verspätungen muß gerechnet werden.
Flughafengebühren: 100 N für Inlandflüge.
SCHIFF: An der Südküste und auf den Flüssen Niger und Benue verkehren Fähren.
BAHN: Die beiden täglich befahrenen Hauptstrecken verlaufen von Lagos nach Kano (über Ibadan, Oyo Ogbomboso, Kaduna und Zaria) und von Port Harcourt nach Maiduguri (über Aba, Enugu, Makurdi und Jos). In Kaduna und Kafanchan kann man von der einen auf die andere Hauptstrecke umsteigen. Beide Hauptstreckenzüge verkehren täglich. Weitere Nebenstrecken verbinden Zaria mit Gusau und Kaura Namoda. Schlafwagenplätze müssen im voraus gebucht werden. Es gibt drei Klassen, einige Züge haben Speisewagen und Klimaanlage. Züge sind langsamer als Busse, aber preiswerter.
BUS/PKW: Das Straßennetz verbindet alle größeren Städte miteinander. In einigen abgelegeneren Regionen sind Straßen während der Regenzeit unbefahrbar. **Busse** und **Taxis** (Ford Transits) verkehren zwischen den größeren Städten. **Mietwagen** sind am besten in Lagos und Abula erhältlich, man sollte über sein Hotel buchen. **Unterlagen:** Internationaler Führerschein und 2 Paßfotos.
STADTVERKEHR: Das öffentliche Verkehrswesen in Lagos ist verwirrend. Die Stadt leidet unter chronischen Verkehrsstaus, und Fährpläne können besonders in den Stoßzeiten nicht eingehalten werden. In Lagos gibt es ein staatliches Busnetz, zwei private Busfirmen und Tausende privater Minibusse. Für die gelben Taxis in Lagos sollte man Fahrpreis und Trinkgeld vor Antritt der Fahrt aushandeln. Eine Fähre pendelt zur Insel Lagos.

UNTERKUNFT

HOTELS: In Lagos und in den anderen größeren Städten gibt es Spitzenhotels, die jedoch häufig ausgebucht sind. Rechtzeitige Vorausbuchung wird empfohlen. Die meisten guten Hotels liegen auf der gleichnamigen Insel. Hotels sind normalerweise sehr teuer, aber es gibt auch einige preiswertere Unterkünfte.
ANDERE UNTERKÜNFTE: Staatliche **Rest Houses**, die meist in alten Kolonialhäusern untergebracht sind, gibt es im ganzen Land. **Christliche Missionen** bieten gute, einfache und preiswerte Unterkünfte. Die Universitäten haben eigene **Guest Houses** für Gastakademiker, in denen manchmal auch Touristen unterkommen können. In den meisten größeren Städten bieten **Sportklubs** preiswerte Unterkünfte mit Mahlzeiten, man muß allerdings meist eine zeitlich begrenzte Mitgliedschaft erwerben. Als Zentrum der Erdölindustrie bietet Port Harcourt vielfältige Unterkunftsmöglichkeiten.

URLAUBSORTE & AUSFLÜGE

Nigeria ist das am dichtesten bevölkerte, wohlhabendste und bei weitem größte Land Westafrikas. Zur besseren Übersicht werden die einzelnen Regionen getrennt vorgestellt.

Der Südwesten

Lagos, die angeblich teuerste Stadt der Welt, ist eine geschäftige und überfüllte Hauptstadt. In der Stadtmitte liegt die Insel Lagos, die auch Wirtschafts- und Verwaltungszentrum des Landes ist und durch zwei Brücken mit dem Festland verbunden wird. Die eleganten Wohngebiete und schönen Gärten der Inseln Ikoyi und Victoria sind ebenfalls mit der Insel Lagos verbunden. Im *Nationalmuseum* in Onikan auf der Insel Lagos kann man Gebrauchsgegenstände alter nigerianischer Zivilisationen bewundern und im angeschlossenen Handwerkszentrum nigerianisches Kunstgewerbe zu festgesetzten Preisen erstehen. Auf dem *Jankara-Markt* der Insel ist das Handeln erlaubt. Hier werden einheimische bedruckte Baumwoll- und handgewebte Stoffe, Gewürze und Lederartikel angeboten.
Ibadan ist berühmt für seine Universität und den Markt, der zu den größten Nigerias zählt. Von hier aus kann man die alten Städte des Western State besuchen.
In der ehemaligen Hauptstadt des Yoruba-Königreiches **Oyo** gibt es einige alte portugiesische Kolonialgebäude. In **Oshogbo** wurde die international bekannte *Oshogbo-Kunstschule* gegründet. Hier sind auch die berühmten *Oshun-Schreine* und der *Oshun-Hain* der Yoruba-Göttin der Fruchtbarkeit zu Hause. Ende August findet hier jedes Jahr das *Oshun-Festival* statt.
Ile-Ife ist der ehemalige Name der Stadt **Ife**, der Wiege der Yoruba-Kultur. Im Museum werden zahlreiche schöne Bronze- und Terrakottaskulpturen aus dem 13. Jahrhundert ausgestellt. Die Universität ist Zentrum der Batikfärberei.
Die sieben *Olumirin-Wasserfälle* erreicht man am besten von **Akure** aus.

Die Niger-Mündung

Benin City ist eine moderne und schnellwachsende Großstadt, einige Zeugnisse der langen Yoruba-Geschichte haben sich jedoch bewahrt. In der Altstadt kann man an einigen Stellen noch den Stadtwall und Stadtgraben sehen. Das *Nationalmuseum* mit seiner Ausstellung königlicher Kunst ist auf jeden Fall einen Besuch wert. Für einen Abstecher zum *Oba's Palace* sollte man rechtzeitig eine Erlaubnis in Lagos beantragen. Zahlreiche Dörfer im **Cross River State** sind für ihr Kunsthandwerk und überlieferte magische Rituale bekannt, aber nur mit dem Kanu oder zu Fuß erreichbar.

Sapoba, Abaraka, Sapele, Warri und Auchi können auch auf dem Straßenweg erreicht werden.

Auf einem Hügel oberhalb des gleichnamigen Flusses liegt die reizvolle Stadt **Calabar**. **Ikot Ekepne** ist bekannt für seine Korbwaren und Holzschnitzereien. Im Museum sollte man einen Blick auf die ausgestellten Ibibio- und Efik-Schnitzereien werfen. An der Straße nach Kamerun liegt **Ikom**, dessen geheimnisvolle, kreisförmig angeordnete Monolithen zahlreiche Besucher anziehen.

Port Harcourt ist seit langer Zeit ein bedeutender Hafen und neuerdings Zentrum der Erdölindustrie.

Der Norden

Die Verwaltungshauptstadt **Kaduna** mit ihren schönen Gebäuden und modernen Anlagen wurde von den Briten erbaut. Die alte von Stadtmauern umgebene Stadt **Zaria** im Norden konnte sich einen Großteil ihres alten Charakters bewahren. Hier sollte man sich die Moschee und den Palast des Emirs ansehen. Außerhalb von **Katsina**, an der Grenze zu Niger, befinden sich einige Grabhügel der Haussa. In der Stadt finden auch die eindrucksvollen *Sallah-Festivals* statt.

Kano war einst die größte Haussa-Stadt und ist heute die drittgrößte Stadt Nigerias. Die von Mauern umgebene Altstadt hat eine mittelalterliche Atmosphäre. Kano wurde vor über 1000 Jahren gegründet und war ein strategischer Stützpunkt an den Transsahara-Handelsstraßen. Auf dem *Kurmi-Markt* kann man originelle Souvenirs wie reich bestickte Fulani-Pferdedecken und Festdekorationen erstehen. Die berühmten Färbgruben (*Kofar Mata*) gehören zu den ältesten Afrikas und werden immer noch benutzt. Die *Große Moschee* und der *Palast des Emirs* sind architektonisch interessant, letzterer vor allen Dingen als herausragendes Beispiel der Haussa-Architektur. In der Stadt gibt es einige Sportklubs, gute Restaurants und ein vielseitiges Nachtleben.

Das angenehme Klima von **Jos** (580 ü. M.) macht diese Stadt zu einem beliebten Urlaubsziel. Das Museum hat eine faszinierende Sammlung von Keramik-Gegenständen, die aus dem ganzen Land zusammengetragen wurden. Das nahegelegene Architekturmuseum beherbergt eine Sammlung lebensgroßer Nachbildungen der verschiedenen nigerianischen Bauweisen, einschl. des Katsina-Palasts, der Zaria-Moschee und der Kano-Mauer. Auch der kleine Zoo ist interessant; Ausflüge zu den *Assob-Wasserfällen* sind einfach zu organisieren.

In **Maiduguri** wird drei Monate nach dem Eid al-Fitr das *Sallah-Festival* gefeiert. Die Borno-Reiter zeigen auf diesem Fest ihr Können. Bei einem Stadtbummel sollte man sich auch den Palast, den Zoo und die Museen ansehen. Die flache Umgebung des **Tschad-Sees** ist während und nach der Regenzeit oft überflutet. Diese Region ist ein wahres Paradies für Ornithologen und Naturliebhaber. Ein Gegengewicht dazu bildet die einzigartige und faszinierende Berglandschaft um **Biu** und in Richtung der Grenze nach Kamerun.

Abuja, seit Dezember 1991 neue Bundeshauptstadt, ist für den Tourismus leider noch nicht gerüstet. Die wunderschöne Lage ermöglicht jedoch einen herrlichen Blick über die Savanne.

SOZIALPROFIL

ESSEN & TRINKEN: In Lagos und den anderen größeren Städten gibt es eine gute Auswahl an Restaurants. Es werden zahlreiche europäische und orientalische Gerichte angeboten. In vielen Kaufhäusern gibt es Cafeterias. Tischbedienung ist üblich. Die nigerianischen Gerichte sind typisch für das gesamte Westafrika; Yamswurzeln, Süßkartoffeln, Kochbananen und Pfeffersuppe stehen häufig auf der Speisekarte, es gibt aber regionale Unterschiede. Im Norden ist Fleisch beliebter als in den anderen Landesteilen. Spezialitäten wie *Suya* (gegrillte Leber und Rindfleisch auf Spießen) und *Kilishi* (getrocknetes und gewürztes Fleisch) sowie im Osten *Egussi Soup* (Fleischeintopf mit getrocknetem Fisch und Melonenkernen) sollte man sich nicht entgehen lassen. Im Süden werden Ziegenfleisch und Wildbret angeboten. **Getränke:** Die einheimischen Biersorten sind gut. In den größeren Hotels gibt es Klubs, Bars und Cocktailbars; Spirituosen sind jedoch teuer.

NACHTLEBEN: In vielen Hotels in Lagos und im Surulere-Bezirk gibt es Nachtklubs. Einige Klubs bieten Live-Unterhaltung, Einzelheiten können den regionalen Zeitungen entnommen werden. Nördlich von Oyo, in Ogbomosho, kann man bunte Märkte besuchen, die vor allem abends stattfinden. Regionale Festivals werden überwiegend im Sommer veranstaltet und bieten eine gute Möglichkeit, traditionelle Tänze und Kostüme zu bewundern.

EINKAUFSTIPS: Märkte sind die besten und interessantesten Einkaufsstätten. Schöne Mitbringsel sind *Adure* (gemusterte und indigogefärbte Stoffe), Batiken und Keramiken aus dem Südwesten, Lederarbeiten und *Kaduna*-Baumwolle aus dem Norden und Schnitzereien aus dem Osten. Die Muster sind von Stadt zu Stadt verschieden und machen den Reiz der einzelnen Kunstgewerbeartikel aus. Gewürze, Perlenarbeiten, Korbwaren und zeremonielle Masken der verschiedenen Stämme werden auch gerne gekauft. **Öffnungszeiten der Geschäfte:** Mo-Fr 08.00-17.00 Uhr, Sa 08.00-16.30 Uhr.

SPORT: **Schwimmen:** Die zahlreichen Strände bieten herrliche Bademöglichkeiten. Vorsicht vor starken Strömungen ist jedoch geboten, besonders vor Lagos. Zahlreiche Hotels haben eigene Swimmingpools. **Tennis/Squash:** Die Sportklubs der größeren Städte haben meist Tennis- und Squashplätze, allerdings muß man eine vorläufige Mitgliedschaft erwerben. **Golf:** In den größeren Städten bieten die Sport- und Freizeitklubs Golfplätze. **Fischen:** Landesweit gibt es gute Angelgründe in Flüssen und an der Küste.

VERANSTALTUNGSKALENDER

Im überwiegend islamischen Norden ist das wichtigste Fest das *Sallah*, das drei Monate nach dem Eid al-Fitr besonders in den Städten Katsina, Kano und Zaria gefeiert wird. Jede Familie schlachtet einen Widder, und das Fest dauert mehrere Tage. Es finden Prozessionen auf Pferden statt sowie Musik- und Tanzveranstaltungen. In den nördlichen Orten sieht man auch *Durbars*, lange Linien von Reitern, die von einer Kapelle angeführt werden. Die Pferde werden in gesteppte Panzer gekleidet, und die Reiter tragen gesteppte Mäntel und schwingen zeremonielle Schwerter. In der nördlichen Stadt Ogbomosho finden im Februar, Juli und August Feste statt. Die Religionsfeste des Südens bieten Maskeraden. Das *Oshuna-Festival* findet in Oshogbo am Ende der Regenzeit statt (August bis September) und zieht tausende von kinderlosen Frauen an, die die Hilfe der Yoruba-Fruchtbarkeitsgöttin erbitten. Zu den Festen der westlichen Staaten gehören die Maskeraden im Juni, das *Oro-Festival* im Juli und das *Shango-Festival* im August. Im Dezember wird in Benin City das *Igue-Festival* veranstaltet.

SITTEN & GEBRÄUCHE: Zur Begrüßung gibt man sich die Hand. Im Yorubaland ist es ein Zeichen des Respekts, bei der Vorstellung einen Knicks zu machen und schon beim ersten Treffen nach der Verwandtschaft zu fragen. Einladungen in Privathäuser sind eher selten, besonders in Lagos wird man meistens in Restaurants und Klubs bewirtet. Die gesellschaftlichen Bräuche ähneln britischen Sitten. Kleine Geschenke werden gern angenommen, und Geschäftsgeschenke mit dem Firmenaufdruck sind angemessen. Zwanglose Kleidung wird akzeptiert, leichte Anzüge und Krawatte werden von Geschäftsleuten nur bei förmlichen Treffen erwartet. Frauen sollten sich, besonders im islamischen Norden, zurückhaltend kleiden (Hosentragen vermeiden) und örtliche Bräuche beachten. In Nigeria gibt es über 250 verschiedene Stämme, zu den größten gehören die Haussa im Norden, die Ibo im Südosten und die Yoruba im Südwesten. Die Fulani, Tiv, Kanuri, Igala, Idoma, Igbirra und Nupe im Norden, die Ibibio, Efik, Ekoi und Ijaw im Osten und die Edo, Urhobo, Itsekiri und Ijaw im Westen sind nur einige der anderen ethnischen Gruppen. Diese unterschiedlichen Volksgruppen haben ihre eigenen Kunstformen, Tänze, Sprachen, Musik, Bräuche, ihr eigenes Kunsthandwerk und ein ausgeprägtes Stammesbewußtsein entwickelt. **Trinkgeld:** Falls Bedienung nicht bereits in der Rechnung enthalten ist, werden 10% erwartet. Fahrpreise werden im voraus vereinbart und enthalten ein Trinkgeld. Gepäckträger werden nach Gepäckstücken bezahlt und erwarten ebenfalls ein Trinkgeld.

WIRTSCHAFTSPROFIL

WIRTSCHAFT: Nigeria ist ein OPEC-Land. Der Erdölexport, der 90% der Deviseneinnahmen erbringt, ist von entscheidender Bedeutung für die nigerianische Wirtschaft. Der Verfall des Weltmarktpreises nach 1986 ließ die Einnahmen erheblich sinken. Nigeria verfügt ferner über große, z. T. noch nicht ausgebeutete, Kohle-, Erdgas- und Mineralvorkommen. 64% der Erwerbstätigen sind noch immer in der Landwirtschaft beschäftigt, die Abwanderung in die Städte hat jedoch in den letzten Jahren stark zugenommen. Die Regierung versucht, der Landflucht entgegenzuwirken und den Lebensstandard der Landbevölkerung zu heben. Die Wirtschaftspolitik zielt darauf ab, die Abhängigkeit von den Erdöleinnahmen zu verringern und die Produktivität der Landwirtschaft zu verbessern, die in den letzten Jahren unter der Dürre und der geringen Investitionstätigkeit litt. Obwohl Nigeria früher Selbstversorger war, muß das Land heute Nahrungsmittel importieren. Hauptexportgüter im Agrarbereich sind Erdnüsse, Kakao und Palmenöl. Die weltweite Rezession Anfang der achtziger Jahre hat sich lähmend auf die gut entwickelte Fertigungswirtschaft ausgewirkt. Einige Branchen hatten angesichts der Devisenknappheit auch mit Ersatzteilmangel zu kämpfen. Die Inflationsrate ist nach wie vor hoch (1992 bei 45%). Die politischen Unruhen und Streiks und die in Frage gestellte Demokratisierung des Landes haben die wirtschaftliche Entwicklung zusätzlich beeinträchtigt. Hauptbezugsgebiete sind Großbritannien, Deutschland, Frankreich und die USA. Die wichtigsten Absatzgebiete sind die USA (40%), Spanien und Deutschland.

GESCHÄFTSVERKEHR: In Geschäftskreisen wird englisch gesprochen. Geschäftliche Treffen finden oft ohne vorherige Terminvereinbarung statt. Bei Verhandlungen mit Regierungsvertretern ist es jedoch ratsam, Termine im voraus zu vereinbaren. Geschäftsabschlüsse kommen meist erst nach langwierigen Verhandlungen zustande. **Geschäftszeiten:** Mo-Fr 07.30-15.30 Uhr. **Kontaktadressen:** *Delegate of German Industry and Commerce* (Repräsentant der Deutschen Wirtschaft), PO Box 51311, Falomo-Ikoyi, Lagos. Tel: (01) 61 97 51. Telefax: (01) 61 97 52.
The Commercial Counsellor at the Austrian Embassy (Außenhandelsstelle der Wirtschaftskammer Österreich), PO Box 1217, Lagos. Tel: (01) 263 68 27/28. Telefax: (01) 263 11 24.
Nigerian Association of Chambers of Commerce, Industry, Mines and Agriculture, 15A Ikorodu Road, Maryland, PMB 12816, Lagos. Tel/Telefax: (01) 496 47 37.

KLIMA

Regional unterschiedlich. An der Südküste ist es heiß und schwül, Regenzeit ist zwischen März und November. In der Trockenzeit weht der Saharawind *Harmattan*. Die Regenzeit im Norden dauert von April bis September. Von Dezember bis Januar können die Nächte recht kalt sein.

Kleidung: Leichte Baumwoll- und Leinenkleidung. Wärmere Überkleidung für den Norden. Während der Regenzeit wird Regenschutz benötigt.

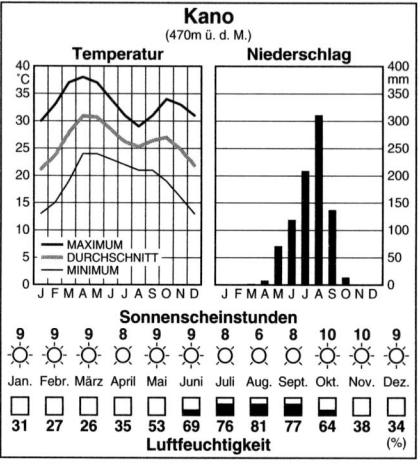

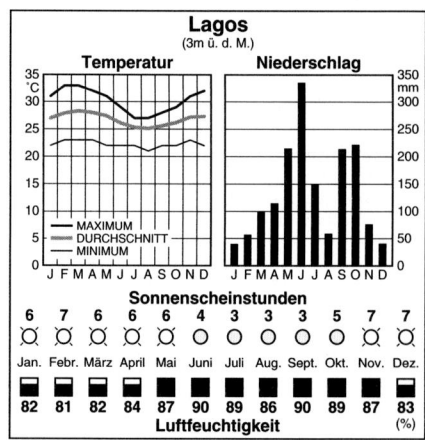

Zur Benutzung der Timatic-Codes beachten Sie bitte auch die *Einleitung*

Pass- und Visavorschriften mancher Länder können sich kurzfristig ändern – Im Zweifelsfall erkundigen Sie sich bitte vor der Abreise bei der zuständigen Botschaft

Niue

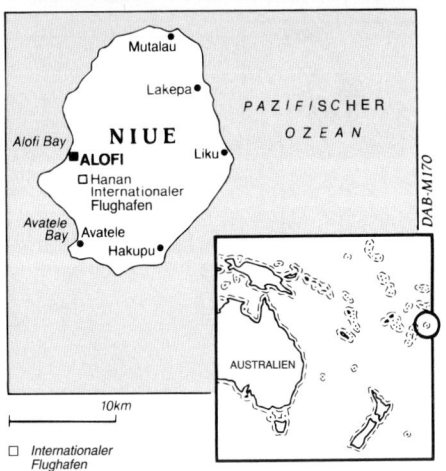

Lage: Südpazifik.

Tourism Council of the South Pacific (TCSP)
Deutsche Vertretung: Interface International
Dircksenstraße 40
D-10178 Berlin
Tel: (030) 23 81 76 45. Telefax: (030) 23 81 76 41.
Mo-Fr 08.00-17.00 Uhr.
Niue Tourism Office
Planning & Development Department
PO Box 42
Alofi
Tel: 42 24. Telefax: 42 25.
Niue unterhält keine diplomatischen Vertretungen in Europa, Auskünfte erteilt das Konsulat in Neuseeland:
Niue Consulate
PO Box 68541
Newton, Auckland
Neuseeland
Tel: (09) 77 40 81. Telefax: (09) 38 97 20.
(auch zuständig für Tourismus und Handel)

FLÄCHE: 262,7 qkm.
BEVÖLKERUNGSZAHL: 2321 (1994).
BEVÖLKERUNGSDICHTE: 8,8 pro qkm.
HAUPTSTADT: Alofi. Einwohner: 900 (1987).
GEOGRAPHIE: Niue liegt 480 km östlich von Tonga, 560 km südöstlich von West-Samoa, 920 km westlich der Cook-Inseln und 980 km westlich von Rarotonga. Hauptanziehungspunkte der abgelegenen Insel sind die reizvolle exotische Landschaft und das angenehme Klima. Auf Niue gibt es unberührte Wälder, die seit Jahrhunderten von keinem Menschen betreten wurden und zu den ursprünglichsten Waldgebieten der Welt gehören. Faszinierende Tauchgründe und gute Wassersportmöglichkeiten sorgen für einen abwechslungsreichen Ferienaufenthalt.
STAATSFORM: Niue wurde 1900 zum Britischen Protektorat erklärt und ein Jahr später zusammen mit den Cook-Inseln von Neuseeland annektiert. Im Oktober 1974 wurde Niue als kleinster Staat aller neuseeländischen Außengebiete mit innerer Autonomie unabhängig, bleibt aber frei mit Neuseeland assoziiert. Niuaner behalten weiterhin die neuseeländische Staatsangehörigkeit, verwalten aber die Insel selbst. Staatsoberhaupt: Königin Elizabeth II. Regierungschef: Frank Fakaotimanava Lui. Einkammerparlament (Fono Ekepule) mit 22 Mitgliedern, von denen 14 die dörflichen Wahlkreise repräsentieren. Allgemeine Wahlen finden alle drei Jahre statt.

TIMATIC INFO-CODES

Abrufbar über Ihr CRS-System (für START/Amadeus Ama-Maske benutzen). Für Galileo bitte TI-DFT eingeben (**mit** Bindestrich).

Flughafengebühren	TI DFT/ IUE /TX
Währung	TI DFT/ IUE /CY
Zollbestimmungen	TI DFT/ IUE /CS
Gesundheit	TI DFT/ IUE /HE
Reisepassbestimmungen	TI DFT/ IUE /PA
Visabestimmungen	TI DFT/ IUE /VI

SPRACHE: Niuanisch und Englisch.
RELIGION: Überwiegend Christen, vor allem protestantischer Konfession.
ORTSZEIT: MEZ - 12.
NETZSPANNUNG: 230 V, 50 Hz. Dreipolige Stecker, Adapter erforderlich.
POST- UND FERNMELDEWESEN: Telefon: Selbstwählferndienst. **Landesvorwahl: 683.** Telefone gibt es in Hotels, Motels und Guest Houses. Betreiber des Fernmeldenetzes ist das im *Central Administration Building* in Alofi ansässige *Telecommunications Department*. Dort wird auch ein 24-stündiger **Telefax-** und **Telexservice** angeboten. **Post:** Öffnungszeiten des Postamtes: Mo-Fr 08.00-15.00 Uhr.
DEUTSCHE WELLE
Der Einsatz von Kurzwellenfrequenzen ändert sich mehrfach im Laufe eines Jahres, und Sendungen auf den folgenden Frequenzen werden jeweils nur zu bestimmten Tageszeiten ausgestrahlt. Näheres in der Einleitung.

MHz	21,640	17,845	11,795	9,735	9,690
Meterband	13	16	25	31	31

REISEPASS/VISUM

Wichtiger Hinweis: Die Einreisebestimmungen mancher Länder können sich kurzfristig ändern – rufen Sie sicherheitshalber auf Ihrem CRS-System (TIMATIC-Info-Code-Fenster in diesem Kapitel) den aktuellen Stand ab bzw. wenden Sie sich an die zuständige diplomatische Vertretung. Etwaige Zahlen in der Tabelle beziehen sich auf nachfolgende Fußnoten.

	Paß erforderlich?	Visum erforderlich?	Rückflugticket erforderlich?
Deutschland	Ja	Nein/1	Ja
Österreich	Ja	Nein/1	Ja
Schweiz	Ja	Nein/1	Ja
Andere EU-Länder	Ja	Nein/1	Ja

REISEPASS: Allgemein erforderlich.
VISUM: [1] Touristen dürfen gegen Vorlage des Reisepasses für Urlaubsaufenthalte von bis zu 30 Tagen nach Niue einreisen. Rück- oder Weiterflugtickets sowie ausreichende Geldmittel für die Dauer des Aufenthalts müssen vorgewiesen werden. Bei der Einreise erhält man ein *Entry Permit*. Staatsbürger von Neuseeland und Australien benötigen kein Entry Permit, sondern nur einen gültigen Reisepaß zur Einreise. Es besteht eine Verlängerungsmöglichkeit vor Ort, die Beantragung kann bei folgenden Stellen erfolgen: *Immigration Office*, PO Box 67, Administration Blocks, Alofi oder *Secretary to the Government's Office*, PO Box 42, Alofi. Tel: 42 24. Telefax: 42 32. **Aufenthaltsgenehmigung:** Auskunft erteilt das Immigration Office (Adresse s. o.).

GELD

Währung: 1 Neuseeländischer Dollar (NZ$) = 100 Cents. Banknoten gibt es im Wert von 100, 50, 20, 10 und 5 NZ$. Münzen sind im Wert von 2 und 1 NZ$ sowie 50, 20, 10 und 5 Cents in Umlauf. Von Zeit zu Zeit werden Gedenkmünzen geprägt, die im *Philatelic Bureau* und bei der *Westpac Bank* erhältlich sind.
Kreditkarten: *American Express, Diners Club, Eurocard* und *Visa* werden im *Niue Hotel* angenommen. Die meisten Reiseunternehmen akzeptieren *Eurocard* und *American Express.* Bezahlung mit *American Express, Diners Club* und *Eurocard* ist im *Sails Restaurant* möglich. Einzelheiten vom Aussteller der betreffenden Kreditkarte.
Wechselkurse: S. Neuseeland.
Devisenbestimmungen: Es bestehen keine Ein- und Ausfuhrbeschränkungen für die Landes- oder Fremdwährungen. Schecks, Post- und Zahlungsanweisungen in neuseeländischer Währung müssen jedoch bei der *Westpac Banking Corporation* deklariert werden.
Öffnungszeiten der Banken: Mo-Do 09.00-14.00 Uhr, Fr 08.30-14.00 Uhr.

DUTY FREE

Folgende Artikel können zollfrei nach Niue eingeführt werden:
200 Zigaretten oder 50 Zigarren oder 227 g Tabak;
1 Flasche Spirituosen;
1 Flasche Wein;
Waren im Wert von bis zu 50 NZ$.
Einfuhr- und Ausfuhrverbot: Schußwaffen und Munition können nur mit besonderer Genehmigung der örtlichen Polizei (*Chief Officer of Police*, Police Department of Niue) eingeführt werden. Die Einfuhr von Tieren, Tierprodukten und Pflanzen muß auf einem Formular deklariert werden. Kunstwerke, Korallen und wertvolle Muscheln dürfen nicht ausgeführt werden.

GESETZLICHE FEIERTAGE

15. Juni '96 Geburtstag der britischen Königin. **7./8. Okt.** Verfassungstage. **14. Okt.** Peniamina-Tag. **25./26. Dez.** Weihnachten. **1. Jan. '97** Neujahr. **6. Febr.** Waitangi-Tag (Jahrestag des Abkommens von 1840). **28. März** Karfreitag. **31. März** Ostermontag. **25. April** Anzac-Tag.

GESUNDHEIT

In der folgenden Tabelle aufgeführte Impfvorschriften können sich kurzfristig ändern. Es wird stets empfohlen, auf Ihrem CRS-System (TIMATIC-Info-Code-Fenster in diesem Kapitel) den aktuellen Stand der Gesundheitsbestimmungen abzurufen bzw. rechtzeitig vor der Reise ärztlichen Rat einzuholen.

	Vorsichtsmaßnahmen empfohlen	Impfschein erforderlich
Gelbfieber	Nein	1
Cholera	Nein	Nein
Typhus & Polio	2	-
Malaria	Nein	-
Essen & Trinken	3	-

[1]: Eine Impfbescheinigung gegen Gelbfieber wird von allen Reisenden verlangt, die aus Infektionsgebieten kommen und über ein Jahr alt sind.
[2]: Typhus tritt auf, Polimyelitis jedoch nicht.
[3]: Das Trinkwasser wird aus Quellen und Regenwasser gewonnen und gilt als unbedenklich.
Hepatitis A und B treten auf.
Gesundheitsvorsorge: Medizinische und zahnärztliche Behandlungen werden im *Lord Liverpool Hospital* durchgeführt, das drei weitere Gesundheitszentren auf der Insel unterhält. Ein 24-stündiger Notfalldienst steht zur Verfügung. Der Abschluß einer Reisekrankenversicherung wird empfohlen.

REISEVERKEHR - International

FLUGZEUG: *Royal Tongan Airlines (WR)* fliegt zweimal wöchentlich von Tonga nach Niue. *Niue Airlines* und *Air Nauru* verbinden Auckland mit Niue.
Durchschnittliche Flugzeit: *Frankfurt* - Niue: 28 Std. (reine Flugzeit, Zwischenstopps in Los Angeles, Honolulu und Tonga).
Internationaler Flughafen: *Niue International (IUE)* (Hanan) liegt 7 km nördlich von Alofi. Es gibt einige Geschäfte, die zu den Verkehrszeiten der Linienflüge geöffnet sind. Taxis und Busverbindungen zu den Touristenzentren stehen zur Verfügung.
Flughafengebühren: 20 NZ$, Kinder unter 5 Jahren sind hiervon befreit.
SCHIFF: Niue wird nicht im internationalen Passagierschiffsverkehr angelaufen, es gibt jedoch Anlegeplätze für Jachten.

REISEVERKEHR - National

BUS/PKW: Das Netz befestigter Straßen umfaßt 123 km. Es herrscht Linksverkehr. Es gibt keinen öffentlichen Nahverkehr. **Mietwagen** sind von zwei lokalen Autovermietern erhältlich, Vorausbuchung wird empfohlen. Fahrräder, Motorräder und Motorroller können ebenfalls gemietet werden. **Unterlagen:** Gegen Vorlage des nationalen Führerscheins stellt das *Police Department* eine örtliche Fahrerlaubnis aus.

UNTERKUNFT

HOTELS: Das größte Hotel der Insel, das Niue Hotel, bietet Zimmer mit Bad und Ventilator, einen Swimmingpool, Restaurant und Bar. Ein weiteres Hotel ist das Wamakulu Hotel, das im September 1995 eröffnet wurde. Preisgünstiger ist die besonders für Tauchgruppen geeignete Niue Island Lodge, deren Gäste auch die Einrichtungen im nahegelegenen Niue Hotel benutzen dürfen. Das neue Matavi Resort wird im Sommer 1996 eröffnet.
MOTELS: Die beiden Motels haben Ventilatoren und gut ausgestattete Küchen. *Damiana's Holiday Motel* liegt in Alofi, *Esther's Village Motel* ist nur 15 Minuten von Avatele Beach entfernt.
GUEST HOUSES: Das einzige Guest House, *Peleni's Guest House*, bietet Vollpension oder die Möglichkeit der Selbstversorgung.
CAMPING: Auf Niue kann man nicht zelten.

URLAUBSORTE & AUSFLÜGE

Ein Großteil der Einheimischen stammt von Siedlern aus Tonga, Sampa und Fidschi ab, die sich zwischen 600 und 1000 n. Chr. auf der Insel niederließen und ihre eigene Kultur entwickelten. Noch heute spielen Zeremonien, die auf bedeutende Initiationsriten zurückgehen, eine wichtige Rolle im Leben der Niuaner. Festlichkeiten, die der Fertigkeit der Väter beim Fischen und Pflanzen Ausdruck verleihen, werden heute mit Beiträgen und Geschenken der Verwandten begangen. Andere Zeremonien stehen im Zusammenhang mit der Zubereitung von Speisen.
Als tropische Insel bietet Niue seinen Gästen eine wunderschöne Landschaft und ein fantastisches Klima mit warmen Tagen und angenehm kühlen Nächten. Hier gibt es unberührte Waldgebiete, die einst *Tabu* waren und jahrhundertelang von keinem Menschen betreten worden sind. In ihnen gedeiht üppige Vegetation mit Kokospalmen und einigen sehr alten Ebenholzbäumen. Heute kann man alle Tabu-Zonen betreten – mit Aus-

nahme des Waldes, der vom Dorf **Hakupu** verwaltet wird. Die Wälder grenzen an eine traumhaft schöne Küste mit herrlichen Korallenriffen. Wanderungen durch die Wälder, Tauchen und Schnorcheln sowie verschiedene Arten des Angelns gehören zu den beliebtesten Freizeitbeschäftigungen auf der Insel. Die Wasser- und Landschaftsschutzgebiete sind lohnende Ausflugsziele. Von kulturgeschichtlichem Interesse sind das *Huanaki Cultural Centre* (einzigartige niuanische Kunstgegenstände) und das *Huanaki-Museum* in **Alofi**. In der *Women's Club Town Hall* werden kunsthandwerkliche Gegenstände verkauft. 5 km nördlich liegt in der Nähe von **Makapu Point** das *Grab von Peniamina*, der das Christentum auf die Insel brachte. Auch die *Experimental Farm* ist einen Besuch wert. In **Opaahi** landete einst Captain Cook; er wurde von den Einheimischen seinerzeit nicht sehr freundlich empfangen. Zu den weiteren Sehenswürdigkeiten gehört das an der Küste gelegene verlassene Dorf **Fatiau Tuai**, dessen Bewohner sich einst aus gesundheitlichen Gründen 2 km entfernt in Vaiea ein neues Dorf bauten. Neben der rauhen, zerklüfteten Küste zählen *Vaikona Chasm* in der Nähe von **Liku**, *Togo Chasm* bei **Hakapu** und *Matapa Chasm* am Fuße des **Hikutavake-Hügels** zu den ungewöhnlichsten landschaftlichen Formationen auf der Insel. In *Vaotoi Pool* strandete 1967 ein japanisches Fischerboot. Die Insel hat zahlreiche atemberaubende Seen und Felsspalten, von denen viele jedoch nur mit Hilfe erfahrener Führer erreicht werden können. In *Vaitafe* in der Nähe von **Fulala** und **Lakepa**, in Avaiki und vor allem in Limu an der Nordküste kann man in natürlichen Teichen ausgezeichnet schwimmen. Auch **Avatele Bay** bietet gute Wassersportmöglichkeiten. Man kann Fischern in ihren Booten und Kanus zusehen, tauchen oder den Sonnenuntergang beobachten. Bei Ebbe sollte man *The Arches*, die Höhlen von *Talava*, besichtigen. Weitere sehenswerte Höhlen sind *Ulupaka Cave*, *Palaha Cave* und *Anatoloa Cave* in der Nähe von Lakepa, die einst der Behausung eines gefährlichen Gottes war. Die Überreste menschlicher Knochen erinnern noch an diese grausigen Zeiten.

SOZIALPROFIL

ESSEN & TRINKEN: Wie bereits erwähnt spielt die Zubereitung von Speisen eine große Rolle im gesellschaftlichen Leben der Insel und hat zeremoniellen Charakter. Eines dieser gemeinschaftlichen Rituale basiert auf der Gewinnung von *Nu-pia-Stärke*, die aus der Pfeilwurzel gewonnen wird und viel in traditionellen Gerichten verwendet und auch verschenkt wird. Ein anderes rituelles Fest dreht sich um die *Ti-Wurzel*, die für ein süßliches Getränk verwendet oder als Süßigkeit zu Kokosnüssen gegessen wird. Taro, Kokosnüsse, Papaya, Bananen, Tomaten und verschiedene Arten von Yamswurzeln sind ebenfalls Zutaten für beliebte Speisen. Der einheimische *Luku*-Farn wird in einem Erdofen mit Kokuskrem, Huhn oder gepökeltem Rindfleisch gekocht, gebraten oder auch nur kurz angebracht. Es gibt nur wenige Restaurants. Das Hotelrestaurant des Niue Hotels ist täglich tagsüber und abends geöffnet. Spezialität des *Sails Restaurants* in Makapu Point sind Fleisch- und Fischgerichte. Vorausbuchung wird empfohlen (Di-So mittags und abends geöffnet). Täglich außer sonntags kann man in *Jena's de la Cuisine* in Alofi zu Mittag oder Abend essen. Ein Bedienungsgeld wird nicht erhoben.
NACHTLEBEN: Der *Niue Sport Club* sorgt für Unterhaltung und veranstaltet Diskoabende und Tanzdarbietungen der Einheimischen. Das *Niue Hotel* und *Sails Restaurant* sind für ihre *Fiafia*-Nächte bekannt.
EINKAUFSTIPS: Niuanische Frauen sind für ihre Webkunst bekannt; mit großer Kunstfertigkeit stellen sie Hüte, Körbe, Handtaschen und Matten aus einheimischen Pflanzen her, die sich gut als Souvenirs eignen. Kunstgewerbeartikel kauft man am besten im *Niue Handicraft Shop* oder im Kulturzentrum in Alofi. Bunte T-shirts, Briefmarken und Münzen sind weitere schöne Mitbringsel.
SPORT: Auf der Insel kann man **Golf** und **Tennis** gespielt werden, der *Niue Sport Club* hat einen 9-Loch-Golfplatz und zwei Tennisplätze. Waldspaziergänge oder längere **Wanderungen** sind ebenfalls beliebt. Die sauberen, klaren Gewässer um Niue bieten ideale Bedingungen für **Tauchen**, **Schnorcheln** und **Schwimmen**. Der beste Tauchgrund ist Limu im Nordwesten der Insel. Ausrüstungen können gemietet werden, Tauchkurse werden ebenfalls angeboten. **Angeln:** Rotbarsch, Wahoo, Thunfisch, Marlin und Fächerfisch sind in Hülle und Fülle vorhanden. Niuanisches **Kricket** ist ein beliebter Publikumssport.
VERANSTALTUNGSKALENDER
27. April '96 *Hutparade zum Muttertag*. 27. Mai *White Sunday*. 8. Juni *Hakupu Atua Annual Showday*. 12. Juni *Queen's Birthday Weekend Ambrose Tournament*. 1. Juli *Matavai Resort Opening*. 17. Aug. *Miss Niue Pageant*. 24. Aug. *Lakepa VC Showday*. 7. Sep. *Tuapa Village Council Showday*. 28. Sep. *Alofi South Annual Showday*. 5. Oct. *Topaka Mountain Show*. 12. Nov. *Huttag der Fauen*.
SITTEN & GEBRÄUCHE: Das Beschenken der Kinder einer Dorfgemeinschaft mit Geld, Stoffen und Speisen stärkt das Gemeinschaftsgefühl und ist ein wichtiger Bestandteil der Inititiationsriten, bei denen Mädchen die Ohrläppchen durchstoßen werden und Jungen ihren ersten Haarschnitt erhalten. Auch Feriengäste können auf Anfrage an diesen Zeremonien teilnehmen. Bevor man Privatland betritt, sollte man um Erlaubnis fragen.

Der Sonntag ist dem Nichtstun gewidmet, und man geht morgens und abends in die Kirche. Angeln, Bootfahren und andere Aktivitäten sind sonntags verboten. Die Niue Tourism Section gibt Auskünfte über weitere Einschränkungen (Adresse s. o.). Freizeitkleidung ist üblich und aufgrund der Temperaturen auch angebracht. Zum Kirchgang tragen Frauen jedoch oft einen Hut und Männer lange Hosen. Badekleidung gehört an den Strand. **Trinkgeld** ist unüblich.

WIRTSCHAFTSPROFIL

WIRTSCHAFT: Subsistenzwirtschaft und kleine Industrie- und Handwerksbetriebe haben den größten wirtschaftlichen Stellenwert. Hauptexportgüter sind Kunstgewerbeartikel, Fußbälle, Honig, Taro und Limonen. Wichtigster Absatzmarkt ist Neuseeland. Das Handelsdefizit ist aufgrund der vielen Importe sehr hoch, so daß Niue von ausländischer Finanzhilfe abhängig ist. Hoffnungen werden auf den Ausbau der Tourismusindustrie gesetzt. Eine weitere Einnahmequelle ist der Verkauf von Briefmarken und Münzen.
GESCHÄFTSVERKEHR: Zur Begrüßung und zum Abschied gibt man sich die Hand. Üblicherweise werden leichte Sommeranzüge bzw. Sommerkleider getragen. Auf Einladungen zu offiziellen Anlässen ist die gewünschte Kleidung immer angegeben. »Fiafa« bedeutet, daß saloppe Kleidung akzeptiert wird. **Geschäftszeiten:** Mo-Do 07.30-15.00 Uhr, Fr 07.30-16.00 Uhr.
KONFERENZEN/TAGUNGEN: Konferenzeinrichtungen für 15-25 Personen stehen zur Verfügung. Für weitere Informationen wenden Sie sich an das Niue Tourism Office (Adresse s. o.).

KLIMA

Tropisches Klima mit südöstlichen Passatwinden. Tagsüber ist es angenehm warm, die Nächte sind erfrischend kühl.
Kleidung: Leichte Baumwollsachen, wärmere Kleidung für die Abende.

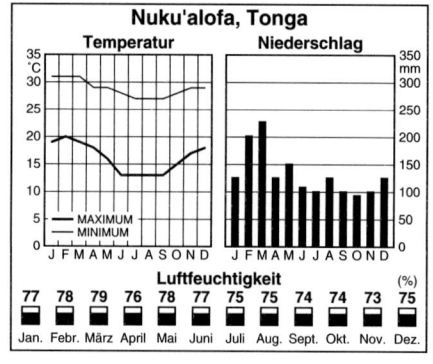

Eine weitere wichtige Veröffentlichung von *Columbus Press* ist der »World Travel Guide«, der jährlich herausgegeben wird und auf über tausend Seiten Informationen in englischer Sprache über alle Länder der Erde enthält.

Weitere Einzelheiten von:
Columbus Press, Verkaufsabteilung,
Aurikelweg 9,
D-38108 Braunschweig.
Tel: 05309/2123. Telefax: 05309/2877.

Norwegen

□ Internationaler Flughafen

Lage: Skandinavien, Nordeuropa.

Norwegisches Fremdenverkehrsamt
Mundsburger Damm 45
D-22087 Hamburg
Tel: (040) 22 71 08 10. Telefax: (040) 22 71 08 15.
Mo-Fr 10.00-16.30 Uhr.
Norwegian Tourist Board (NORTRA)
PO Box 2893 Solli
Strammesveien 40
N-0230 Oslo
Tel: 22 92 52 00. Telefax: 22 56 05 05.
Norwegische Botschaft
Mittelstraße 43
D-53175 Bonn
Tel: (0228) 81 99 70, *Konsularabt.*: 819 97 40. Telefax: (0228) 37 34 98.
Mo-Fr 09.00-16.00 Uhr, *Konsularabt.*: Mo-Fr 09.00-12.00 Uhr.
Außenstelle in Berlin (Tel: (030) 264 17 22, 264 18 22).
Generalkonsulate mit Visumerteilung in Hamburg (Tel: (040) 34 34 55/57) und Jena (Tel: (03641) 65 22 02; keine Visumerteilung, Anträge sind jedoch erhältlich).
Honorarkonsulate ohne Visumerteilung in Bremen, Dresden, Düsseldorf, Frankfurt, Hannover, Kiel, Lübeck, München und Rostock.
Norwegische Botschaft
Bayerngasse 3
A-1030 Wien
Tel: (0222) 715 66 92. Telefax: (0222) 712 65 52.
Mo-Fr 10.00-15.30 Uhr, *Konsularabt.*: Mo-Fr 10.00-12.00 Uhr.
Honorarkonsulate ohne Visumerteilung in Graz, Götzis, Innsbruck, Salzburg und Wien.
Norwegische Botschaft
Dofourstraße 29
CH-3005 Bern
Tel: (031) 356 24 24. Telefax: (031) 356 24 26.
Mo-Fr 09.00-12.00 und 13.00-16.00 Uhr.
Generalkonsulat mit Visumerteilung in Zürich (Tel: (01)

TIMATIC INFO-CODES	
Abrufbar über Ihr CRS-System (für START/Amadeus Ama-Maske benutzen). Für Galileo bitte TI-DFT eingeben (mit Bindestrich).	
Flughafengebühren	TI DFT/ OSL /TX
Währung	TI DFT/ OSL /CY
Zollbestimmungen	TI DFT/ OSL /CS
Gesundheit	TI DFT/ OSL /HE
Reisepassbestimmungen	TI DFT/ OSL /PA
Visabestimmungen	TI DFT/ OSL /VI

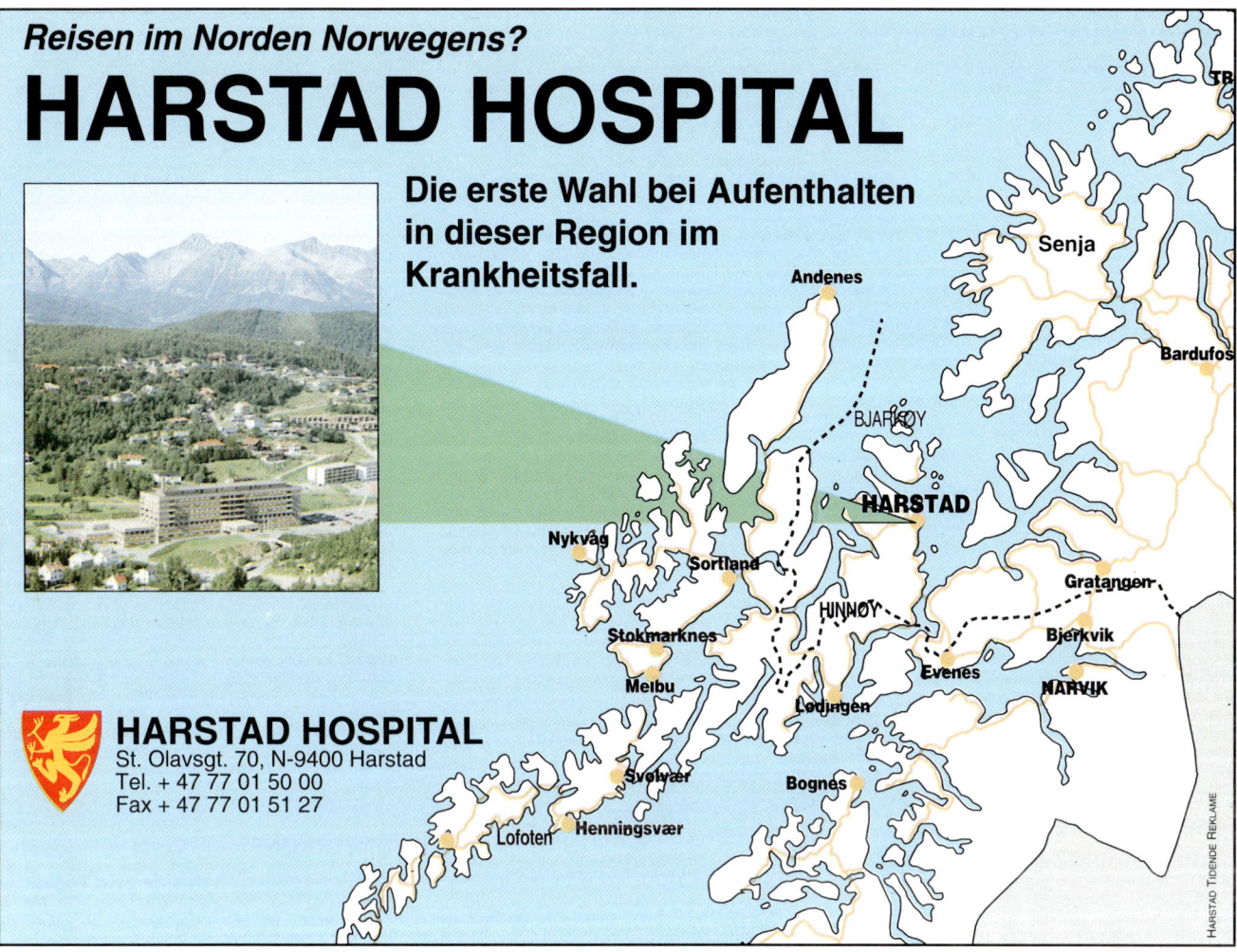

251 69 39). *Konsulat* ohne Visumerteilung in Locarno.
Botschaft der Bundesrepublik Deutschland
Oscarsgate 45
N-0258 Oslo
Tel: 22 55 20 10/-14. Telefax: 22 44 76 72.
Honorarkonsulate in Ålesund, Bergen, Bodø, Haugesund, Kirkenes, Kristiansund N., Lillehammer, Narvik, Skien, Stavanger, Svolvaer, Tromsø und Trondheim.
Botschaft der Republik Österreich
Thomas Heftyes Gate 19-21
N-0244 Oslo
Tel: 22 55 23 48. Telefax: 22 55 43 61.
Generalkonsulat ohne Paß- und Sichtvermerksbefugnis in Oslo.
Konsulate ohne Paß- und Sichtvermerksbefugnis in Bergen und Stavanger.
Botschaft der Schweizerischen Eidgenossenschaft
Bygdøy Allé 78
N-0268 Oslo
Tel: 22 43 05 90. Telefax: 22 44 63 50.

FLÄCHE: 323.877 qkm.
BEVÖLKERUNGSZAHL: 4.298.000 (1993).
BEVÖLKERUNGSDICHTE: 13 pro qkm.
HAUPTSTADT: Oslo. **Einwohner:** 473.300 (1993).
GEOGRAPHIE: Die norwegische Westküste liegt am Europäischen Nordmeer, die Nordküste am Eismeer und die Südküste am Skagerrak, der Norwegen von Dänemark trennt. Im Osten grenzt das Land an Schweden, im Norden an Finnland und im äußersten Nordosten an die Russische Föderation. Die 2700 km lange Fjordküste ist Norwegens »Markenzeichen«. Die Fjorde sind oft sehr tief, im Durchschnitt zwischen 80 und 100 km lang und von hohen Bergen umgeben. Im Landesinneren beherrschen im Süden weitläufige Waldgebiete mit zahlreichen Flüssen und Seen das Landschaftsbild; der Norden, am Polarkreis, ist eine schroffe Hochgebirgswelt.
STAATSFORM: Parlamentarische Monarchie seit 1905; Zweikammerparlament. Staatsoberhaupt: König Harald V., seit 1991. Regierungschefin: Ministerpräsidentin Gro Harlem Brundtland (Sozialdemokratische Partei), seit 1990. Parlament mit 165 Abgeordneten. Im April 1992 sprach sich Gro Harlem Brundtland erstmalig offiziell für einen EU-Beitritt des Landes aus. Der Antrag Norwegens auf EU-Mitgliedschaft erfolgte im November 1992, in einem Referendum stimmte die norwegische Bevölkerung 1994 jedoch mehrheitlich gegen einen Beitritt.
SPRACHE: Norwegisch (mit den zwei einander sehr ähnlichen offiziellen Schriftsprachen Bokmål und Nynorsk) ist die Landessprache. Im Norden Norwegens wird auch Lappisch gesprochen. Viele Norweger sprechen Englisch, manche auch Deutsch.
RELIGION: Evangelisch-lutherisch; katholische und moslemische Minderheiten.
ORTSZEIT: MEZ (MEZ + 1 im Sommer).
NETZSPANNUNG: 220/230 V, 50 Hz.
POST- UND FERNMELDEWESEN: Telefon: Selbstwählferndienst. **Landesvorwahl: 47. Telefax** steht in den größeren Hotels zur Verfügung. **Telex/Telegramme:** Das Hauptbüro der *Televerket* liegt im *Teledirektoratet*, Universitetsgate 2. Am einfachsten gibt man Telegramme telefonisch oder per Telex auf. **Post:** Hotelrezeptionen, Geschäfte und Kioske verkaufen Ansichtskarten und Briefmarken. Luftpostsendungen nach Deutschland, Österreich oder in die Schweiz sind zwei bis vier Tage unterwegs. Postlagernde Sendungen können an die Postämter der größeren Städte geschickt werden. Öffnungszeiten der Postämter: Mo-Fr 09.00-17.00 Uhr und Sa 09.00-13.00 Uhr.
DEUTSCHE WELLE
Der Einsatz der Kurzwellenfrequenzen ändert sich mehrfach im Laufe eines Jahres, und Sendungen auf den folgenden Frequenzen werden jeweils nur zu bestimmten Tageszeiten ausgestrahlt. Näheres in der Einleitung.

MHz	21,560	17,560	15,275	9,545	6,140
Meterband	13	16	19	31	49

REISEPASS/VISUM

Wichtiger Hinweis: Die Einreisebestimmungen mancher Länder können sich kurzfristig ändern – rufen Sie sicherheitshalber auf Ihrem CRS-System (TIMATIC-Info-Code-Fenster in diesem Kapitel) den aktuellen Stand ab bzw. wenden Sie sich an die zuständige diplomatische Vertretung. Etwaige Zahlen in der Tabelle beziehen sich auf nachfolgende Fußnoten.

	Paß erforderlich?	Visum erforderlich?	Rückflugticket erforderlich?
Deutschland	Nein/1	Nein	Nein
Österreich	Nein/1	Nein	Nein
Schweiz	Nein/1	Nein	Nein
Andere EU-Länder	Nein/1	Nein/2	Nein

REISEPASS: Allgemein erforderlich mit Ausnahme von [1] Staatsbürgern der Bundesrepublik Deutschland, von Österreich und der Schweiz sowie Belgien, Dänemark, Finnland, Frankreich, Griechenland, Island, Italien, Liechtenstein, Luxemburg, der Niederlande, Portugal, Schweden und Spanien mit gültigem Personalausweis.
Die Gültigkeit des Reisepasses muß die geplante Aufenthaltsdauer um mindestens 2 Monate überschreiten.
VISUM: Allgemein erforderlich, ausgenommen sind:
(a) Staatsbürger der unter *Reisepaß* genannten Länder;
(b) [2] Staatsbürger von Großbritannien und Irland;
(c) Staatsbürger von Andorra, Argentinien, Australien, den Bahamas, Barbados, Belize, Bermuda (nur BDTC-Paßinhaber), Bolivien, Botswana, Brasilien, Brunei, Chile, Costa Rica, Dominica, der Dominikanischen Republik, Ecuador, El Salvador, Fidschi, Gambia, Grenada, Guatemala, Guyana, Haiti, Honduras, Israel, Jamaika, Japan, Kanada, Kenia, Kiribati, Kolumbien, Korea-Süd, Kroatien, Kuba, Lesotho, Litauen, Macau, Malawi, Malaysia, Malta, Mauritius, Mexiko, Monaco, Namibia, Neuseeland, Nicaragua, Niger, Panama, Paraguay, Peru, Polen, Sambia, St. Kitts und Nevis, St. Lucia, St. Vincent und den Grenadinen, San Marino, der Seychellen, Sierra Leone, Simbabwe, Singapur, der Slowakischen Republik, Slowenien, den Salomonen, Suriname, Swasiland, Tansania, Thailand, Trinidad und Tobago, der Tschechischen Republik, Tuvalu, Uganda, Ungarn, Uruguay, den USA, der Vatikanstadt, Venezuela und Zypern.
Visaarten: Touristen-/Einreisevisa.
Visagebühren: 40 DM, 270 öS, 35 sfr.
Gültigkeitsdauer: Im allgemeinen 3 Monate. Verlängerungen sind bei der Botschaft zu beantragen.
Antragstellung: Konsulat oder Konsularabteilung der Botschaft (Adressen s. o.).
Unterlagen: (a) Gültiger Reisepaß. (b) 2 Antragsformulare. (c) 2 Paßfotos. (d) Kopie der gebuchten Reise.
Der postalischen Antragstellung sollten ein frankierter und adressierter Rückumschlag und der Zahlungsbeleg beigelegt werden.
Bearbeitungszeit: 3-6 Wochen, postalisch oder persönlich.
Aufenthaltsgenehmigung: Wer länger in Norwegen bleiben möchte, sollte im eigenen Land frühzeitig einen Antrag stellen.

GELD

Währung: 1 Norwegische Krone (NKr) = 100 Øre.
Banknoten gibt es in den Werten von 1000, 500, 100 und 50 NKr, Münzen in den Nennbeträgen 10, 5 und 1 NKr sowie 50 Øre.
Kreditkarten: *Eurocard, American Express, Diners Club* und *Visa* werden angenommen. Einzelheiten vom Aus-

steller der betreffenden Kreditkarte.
Euroschecks werden bis zu 1300 NKr pro Scheck eingelöst.
Postsparbuch: Abhebung in NKr bei über 1200 Postämtern.
Wechselkurse

	NKr Sept. '92	NKr Febr. '94	NKr Jan. '95	NKr Jan. '96
1 DM	3,95	4,29	4,36	4,41
1 US$	5,87	7,45	6,76	6,34

Devisenbestimmungen: Die Ein- und Ausfuhr der Landes- und Fremdwährung ist unbegrenzt, sofern sie nicht den Betrag von 25.000 NKr übersteigt. Alles, was diese Summe übersteigt, muß deklariert werden.
Öffnungszeiten der Banken: *Winter:* Mo-Mi und Fr 08.15-15.30 Uhr, Do 08.15-17.00 Uhr. *Sommer* (15. Mai - 31. Aug.): Mo-Mi und Fr 08.15-15.00 Uhr, Do 08.15-17.00 Uhr.

DUTY FREE

Folgende Artikel können zollfrei nach Norwegen eingeführt werden:
(a) Staatsbürger europäischer Länder:
Mindestalter 18: *200 Zigaretten oder 250 g Tabak und 200 Blatt Zigarettenpapier;*
2 l Bier und 2 l Wein/Spirituosen (nicht über 22%);
Mindestalter 20: *2 l Wein oder 1 l Spirituosen (nicht über 60%) und 1 l Wein/Bier (nicht über 22%);*
eine kleine Menge Parfüm für den persönlichen Gebrauch; andere Artikel bis zum Wert von 1200 NKr.
(b) Staatsbürger außereuropäischer Länder:
Mindestalter 18: *400 Zigaretten oder 500 g Tabak und 200 Blatt Zigarettenpapier;*
2 l Bier und 2 l Wein/Spirituosen (nicht über 22%);
Mindestalter 20: *2 l Wein oder 1 l Spirituosen (nicht über 60%) und 1 l Wein/Bier (nicht über 22%);*
eine kleine Menge Parfüm für den persönlichen Gebrauch; andere Artikel bis zum Wert von 1200 NKr.
Einfuhrverbot: Drogen, Medikamente und Gift, Spirituosen mit einem Alkoholgehalt von über 60%, Lebensmittel wie Eier, Kartoffeln, Fleisch und Milch, Tiere, Betäubungsmittel und Waffen.

GESETZLICHE FEIERTAGE

1. Mai '96 Tag der Arbeit. **16. Mai** Christi Himmelfahrt. **17. Mai** Nationalfeiertag. **26./27. Mai** Pfingsten. **25./26. Dez.** Weihnachten. **1. Jan. '97** Neujahr. **23. März** Palmsonntag. **27. März** Gründonnerstag. **28. März** Karfreitag. **31. März** Ostermontag. **1. Mai** Tag der Arbeit. **8. Mai** Christi Himmelfahrt. **17. Mai** Nationalfeiertag. **18./19. Mai** Pfingsten.

GESUNDHEIT

In der folgenden Tabelle aufgeführte Impfvorschriften können sich kurzfristig ändern. Es wird stets empfohlen, auf Ihrem CRS-System (TIMATIC-Info-Code-Fenster in diesem Kapitel) den aktuellen Stand der Gesundheitsbestimmungen abzurufen bzw. rechtzeitig vor der Reise ärztlichen Rat einzuholen.

	Vorsichtsmaßnahmen empfohlen	*Impfschein erforderlich*
Gelbfieber	Nein	Nein
Cholera	Nein	Nein
Typhus & Polio	Nein	-
Malaria	Nein	-
Essen & Trinken	Nein	-

Gesundheitsvorsorge: Die norwegische Krankenversorgung ist ausgezeichnet, der E 111 gilt auch in Norwegen. Deutsche und Österreicher sollten sich diese Anspruchsbescheinigung vor der Abreise bei ihrer Krankenkasse besorgen. Schweizern wird der Abschluß einer Reisezusatzkrankenversicherung empfohlen. Medikamente erhalten Sie in der »Apotek«.

REISEVERKEHR - International

FLUGZEUG: Norwegen ist beteiligt am *Scandinavian Airlines System (SAS)*. Mit dem *Visit Scandinavia Air Pass* von SAS (3 Monate gültig) kann man zwischen den skandinavischen Ländern und innerhalb Norwegens verbilligt fliegen.
Durchschnittliche Flugzeiten: *Frankfurt* – Oslo: 2 Std; *Zürich* – Oslo: 2 Std. 30; *Wien* – Oslo: 3 Std. 35 (mit Zwischenlandung).
Internationale Flughäfen: *Oslo (OSL)* (Fornebu) liegt 8 km südwestlich der Stadt (Fahrzeit 25 Min.). Passagieren stehen ein Duty-free-Shop, Bank, Post, Mietwagenschalter, Restaurants und Bars zur Verfügung. Busverbindung zur Stadt im 20-Minutentakt. Die Buslinie 31 fährt alle 30 Min. Taxis berechnen nach 22.00 Uhr Nachtzuschlag.
Stavanger (SVG) (Sola) liegt 14,5 km südwestlich der Stadt (Fahrzeit 20 Min.). Am Flughafen gibt es eine Bank, eine Post, einen Duty-free-Shop, Tourist-Information, Mietwagenschalter, Bars und Restaurants. Ein Zubringerbus fährt zum Royal Atlantic Hotel, Jembaneveien 1. Die Buslinie 40 fährt alle 20 Min. Taxis berechnen nach 22.00 Uhr einen Nachtzuschlag.
Bergen (BGO) (Flesland) liegt 19 km südwestlich der Stadt (Fahrzeit 30 Min.). Post, Mietwagenschalter, Tourist-Information, Duty-free-Shop, Bars und Restaurants. Vom Busbahnhof *Flyterminalen* fährt ein Zubringerbus Passagiere 1 Std. vor Abflug zum Flughafen. *Flyplassen*-Busse fahren tagsüber stündlich zur Stadt und verkehren außerdem vom Flyterminalen zum Flughafen. Taxis berechnen nach 22.00 Uhr einen Nachtzuschlag.
Flughafengebühren: 30 DM.
SCHIFF: Oslo, Narvik, Stavanger, Kristiansand und Bergen sind die wichtigsten Hafenstädte. *Color Line* bietet Fährverbindungen von Kiel nach Oslo, von Hirtshals (Dänemark) nach Kristiansand und nach Oslo und von Newcastle (Großbritannien) nach Bergen. Von Dänemark aus setzt man mit der *Larvik Line* von Frederiks havn an der Nordspitze Jütlands nach Larvik in Norwegen über. Im Sommer kann man den *Larvik Line Express* von Skagen (Dänemark) nach Larvik nehmen. Weitere Verbindungen von Dänemark (Hanstholm) mit *Fjord Line* nach Egersund und Bergen; mit *Stena Line* von Frederikshavn nach Moss und nach Oslo; mit *Scandinavian Seaways* von Kopenhagen nach Oslo und von Amsterdam nach Kristiansand. Bei Anreise über Schweden: Travemünde – Trelleborg, Kiel – Göteborg.
BAHN: Auf der »Vogelfluglinie« fährt man von Deutschland aus in kombinierter Zug-/Schiffsreise über Hamburg – Puttgarden – Rødby – Kopenhagen – Helsingør – Hälsingborg – Göteborg (Schweden) nach Norwegen; die Anreise per Zug/Fähre über Frederikshavn (Dänemark) und Larvik (Norwegen) ist ebenfalls möglich.
BUS/PKW: Die Straßen sind gut, sowohl von Schweden als auch, ganz im Norden, von Finnland aus. Mit Nummernschild versehene Wohnwagen sind zugelassen, ihre Breite darf 2,3 m nicht überschreiten. Busverbindungen aus Deutschland: Mit *Nor-Way Bussekspress* von Hamburg über Kristiansand nach Stavanger oder von Hamburg über Kopenhagen und Göteborg nach Oslo.

REISEVERKEHR - National

FLUGZEUG: Inlandflüge werden von *Scandinavian Airlines (SAS)*, *Braathen's SAFE (BU)*, *Widerøe Norsk Air*, *Widerøe Flyveselskap (WF)*, *Coast Air*, *Teddy Air*, *Air Stord* und *West Aviation* angeboten. An der Küste und im Landesinneren gibt es insgesamt 40 Flughäfen. Klein- und Wasserflugzeuge können fast überall gemietet werden. Die genannten Fluggesellschaften verbinden alle größeren und viele kleinere Städte des Landes. Für Familien, Gruppen und Senioren gibt es Flugpreisermäßigungen, z. B. den oben erwähnten *Visit Scandinavia Air Pass*.
Flughafengebühren: 65 NKr.
SCHIFF: Fähren und Tragflächenboote legen in allen Küstenstädten an. Die *Hurtigruten* von Bergen nach Kirkenes (in der Nähe der russischen Grenze), entlang der norwegischen Westküste, steht für 11tägige Rundreisen zur Verfügung; die Boote legen täglich ab und machen häufig Halt. Einige Fähren bieten auch Ausflugsfahrten an (50% Ermäßigung im Frühling und Herbst); in Trondheim, Bodø oder Tromsø kann man aussteigen.
BAHN: Im Anschluß die wichtigsten Strecken der norwegischen Staatsbahn *NSB*:
Oslo – Trondheim *(Dovre Line)*; Trondheim – Bodø *(Nordland Railway)*; Oslo – Bergen *(Bergen Railway)*; Oslo – Stavanger *(Sørland Railway)*. Es gibt auch Verbindungen nach Charlottenburg (Stockholm) und Halden (Malmö) in Schweden. In den Expreßzügen müssen Sitzplätze reserviert werden. In einigen Zügen stehen Speise-, Büfett- oder Schlafwagen zur Verfügung. Schweres Gepäck kann im voraus aufgegeben werden.
Preisnachlässe: Das *ScanRail-Ticket* berechtigt zur unbegrenzten Benutzung des Streckennetzes in Schweden, Dänemark, Norwegen und Finnland wahlweise innerhalb eines Monats oder an 5 beliebigen Tagen innerhalb eines Zeitraumes von 15 Tagen bzw. 10 beliebigen Tagen innerhalb eines Zeitraumes von 1 Monat (erhältlich jeweils für die 1. und 2. Klasse). Ermäßigungen werden für Kinder zwischen 4 und 11 J. sowie Jugendlichen zwischen 12 und 25 Jahren gewährt. Weitere Informationen erhältlich von: *Norwegian State Railways*, Persontrafikk, Gernbametorhet 1, N-0048 Oslo. Tel: 22 17 14 00. Telefax: 22 36 64 58. *EURO DOMINO*-Netzkarte und *Inter-Rail-Paß* sind auch in Norwegen gültig, Einzelheiten s. *Deutschland*.
BUS/PKW: Die Qualität der Straßen ist unterschiedlich (besonders während der Wintermonate im Norden), das Straßennetz wird jedoch durch zahlreiche Autofähren über die Fjorde ergänzt. **Bus:** Langstreckenbusse fahren von Bø (in Telemark) nach Haugesund (8 Std.), von Ålesund über Molde und Kristiansund nach Trondheim (8 Std.), von Fauske nach Kirkenes (4 Tage), von wo aus Verbindungen zur Bø-Linie im Norden bestehen. *Inter-Nordic* fahren von Trondheim nach Stockholm. Es gibt diverse regionale Buslinien, sie werden teilweise von Unternehmen betrieben, die den Fährgesellschaften angeschloßen sind. *Nor-Way Bussekspress* bietet verschiedene Rundreisen an. Das offizielle *Rutehefte* ist für die Benutzung der öffentlichen Verkehrsmittel unerläßlich. Strecken und Fahrpläne aller Bus-, Bahn-, Fähr- und Fluglinien sind hier übersichtlich aufgelistet. **Taxi:** Fast alle Taxis haben Taxameter und können telefonisch bestellt werden. Nach 22.00 Uhr wird ein Aufschlag von 15% verlangt. **Mietwagen** sind in fast allen Städten erhältlich. Die Kosten sind hoch, und Parken ist überall ein Problem, die Benutzung der ausgezeichneten öffentlichen Verkehrsmittel ist praktischer und bequemer. Man kann auch Fahrräder mieten.
Verkehrsvorschriften: Das Mindestalter für Autofahrer ist 18 Jahre. Strafmandate für Trunkenheit am Steuer und Verstöße gegen Parkverbote sind hoch (Promillegrenze 0,5‰). Gurtanlegepflicht; Abblendlicht ist auch tagsüber Vorschrift. Kinder unter 12 Jahren müssen auf dem Rücksitz sitzen. Höchstgeschwindigkeit 80 km/h auf Landstraßen, 90 km/h auf Autobahnen und 50 km/h innerhalb geschlossener Ortschaften. Im Winter werden Schneeketten oder Winterreifen empfohlen. Tankstellen sind ausreichend vorhanden. ADAC-Mitglieder wenden sich bitte an den *Norwegischen Automobilclub* (NAF), Storgate 2, N-0155 Oslo. Der 24-stündige Notfalldienst ist unter der Nummer 22 34 16 00 oder 81 00 05 05 zu erreichen.
Unterlagen: Der Führerschein des eigenen Landes reicht aus. Zulassungspapiere müssen ebenfalls mitgenommen werden. Empfehlenswert ist die grüne Versicherungskarte, ohne die in Norwegen nur der gesetzliche Mindestversicherungsschutz geboten wird. Die Versicherungskarte stockt diesen zur Höhe des eigenen Versicherungsschutzes auf.
STADTVERKEHR: In den größeren Städten gibt es gute öffentliche Verkehrsmittel. In Oslo fahren Busse, Züge, U-Bahnen und Straßenbahnen. Fahrkarten können im voraus gekauft werden. Man entwertet die Fahrkarten selbst und kann innerhalb einer Stunde beliebig oft umsteigen. Die *Oslo-Karte* bietet kostenlose Benutzung der öffentlichen Verkehrsmittel und freien Eintritt zu den meisten Museen und Sehenswürdigkeiten Oslos (erhältlich bei Tourist-Informationsstellen und in vielen Hotels).
FAHRZEITEN von Oslo zu den folgenden größeren Städten (ungefähre Angaben in Std. und Min.):

	Flugzeug	Bahn	Bus/Pkw
Bergen	0.35	8.00	9.00
Kristiansand	0.30	5.00	5.00
Lillehammer	0.20	2.30	3.00
Stavanger	0.35	8.00	7.00
Tromsø	1.40	-	20.00
Trondheim	0.40	9.00	10.00

UNTERKUNFT

HOTELS in Norwegen sind durchweg von hohem Standard. Zu den Mindestanforderungen gehören z. B. eine Rezeption, ein Speisesaal und mindestens 30 Zimmer mit Bad oder Dusche. Zahlreiche Hotels sind Familienbetriebe. Der Übernachtungspreis für Kinder setzt oft voraus, daß das Kind in einem Extrabett im Zimmer der Eltern schläft. Vollpension zu ermäßigten Preisen bekommt, wer mindestens 3 bis 5 Tage in einem Hotel bleibt. Mit verschiedenen Hotelpässen sind weitere Vergünstigungen erhältlich. Der **Fjord Pass** (für 2 Erwachsene, mit Sonderpreisen für Kinder unter 15 Jahren) wird zwischen dem 1. Mai und dem 30. September von 250 Hotels angenommen, Preisnachlässe von ca. 20% sind möglich. Der **Nordic Passepartout** gilt nicht nur in Norwegen und wird während der Sommermonate und an Wochenenden in 50 norwegischen Hotels akzeptiert. Jede fünfte Übernachtung ist umsonst. Der **Scandinavian Bonus Pass** (für 2 Erwachsene, mit Sonderpreisen für Kinder bis zu 15 Jahren) wird von 45 norwegischen Hotels während der Sommermonate und an Wochenenden im Winter akzeptiert. Er bietet zwischen 15-50% Ermäßigung und wird auch in vielen Hotels in Dänemark, Finnland und Schweden akzeptiert. Der **Scanrail Pass** wird ebenfalls angenommen. Der **Scandinavian Hotel Express** ist ein Reiseklub, der Mitgliedern in bestimmten Hotels eine Ermäßigung von 50% ermöglicht. Alle Hotels sind Mitglieder im Hotelverband: *Norsk Hotell og Restaurantforbund*, Essendrupsgate 6, N-0368 Oslo. Tel: 22 96 50 80. Telefax: 22 56 96 20. **Kategorien:** Norwegische Hotels sind nicht in Kategorien aufgeteilt, *Turisthotells* und *Høyfjellshotells* müssen jedoch bestimmte Voraussetzungen erfüllen.
PENSIONEN & BERGHOTELS: Pensionen (*Pensjonat*) und Berghotels sind im allgemeinen kleiner als Hotels, und die Ausstattung ist z. T. weniger komfortabel.
FERIEN AUF DEM BAUERNHOF: Wer auf einem Bauernhof in Norwegen Urlaub macht, darf auf dem Hof mithelfen (muß aber nicht). Die Gastgeber sind gern bei der Urlaubsgestaltung behilflich und schlagen Ausflüge und Aktivitäten vor. Näheres vom Fremdenverkehrsamt oder regionalen Touristenbüros.
FERIENHÄUSER, Ferienwohnungen und Blockhütten sind preiswerter als Hotels und können auch von Gruppen gemietet werden. Fast alle Ferienhäuser haben Elektrizität, Heizung und Kochplatten, in den rustikaleren gibt es Gaskocher und Holzfeuer, und das Wasser muß man sich von einem nahegelegenen Brunnen oder Bach holen.
In Feriendörfern sind gemütliche Bungalows um ein Hauptgebäude gruppiert, zur Anlage gehören meist eine Cafeteria, Aufenthaltsräume, ein Fernsehzimmer, eine Sauna, ein Lebensmittelgeschäft und mitunter ein Schwimmbecken. Alle Ferienhäuser und -wohnungen werden regelmäßig überprüft. Buchungen können direkt über die entsprechenden Vermieter gemacht werden.
Den Norske Hytteformidling A/S, Box 3404 Bjølsen,

Norwegen

Unser Unternehmen, die HAGA Buss AS, blickt zurück auf eine 70jährige Familientradition.
In unserer Flotte stehen 30 luxuriös ausgestattete Busse mit Air-Condition – drei Doppeldecker, zwei 30 Sitzer und 25 Busse mit 48 bis 50 Sitzplätzen.
Wir bieten Ihnen ein ganzjähriges Programm mit den Zielen Europa, Norwegen und Skandinavien.

Wählen Sie aus unserem Programm:
- Senioren-Reisen
- Ausflugsreisen
- Spontanreisen
- Reisen maßgeschneidert nach Ihren Wünschen
- Abenteuer- und Kultur-Trips
- Studienreisen
- Schulungs- und Konferenzreisen
- und vieles mehr
- Wanderungen/Jagen/Fischen

Wir kooperieren mit Reisebüros auf der gauzen Welt und sind einer der führenden Touren-Organisierer Norwegens.
Wir sind immer darauf bedacht, neue Programme mit interessanten Zielen für Sie zu entwickeln.
Hochwertige Leistungen sind garantiert.
Bitte fragen Sie nach einer unserer Mitarbeiterinnen – Anne Kari Fossen oder Ragnhild Burja

Stavangerveien 36
N - 4300 Sandnes
Norwegen
Telefon + 47 51 67 65 00
Fax   + 47 51 68 95 00

N-0406 Oslo (Tel: 22 35 67 10. Telefax: 22 71 94 13, 71 65 74) vermittelt Ferienhäuschen überall in Norwegen, mit Vollpension oder Selbstverpflegung.
Rorbu-Ferien: Eine *Rorbu* ist eine Schutzhütte für Fischer, die während der Kabeljau-Fangzeit im Winter benutzt wird. Diese Hütten sind mit allem Nötigen ausgestattet und werden im Sommer an Urlauber vermietet. Die Hütten sind preiswert und oft direkt am Wasser gebaut. Wer seine eigenen Fische fängt, kann die Urlaubskosten noch weiter verringern.
CAMPING: Das Fremdenverkehrsamt veröffentlicht eine Broschüre mit einem Verzeichnis aller Zeltplätze. Man darf in Norwegen auch außerhalb der Campingplätze zelten (außer auf den Rastplätzen der Landstraßen), Lagerfeuer auf Feldern oder in Waldgebieten sind in der Zeit vom 15. April bis 15. September allerdings strengstens verboten. Wer auf Feldern oder Wiesen zelten möchte, bittet den Bauern um Erlaubnis. Weitere Auskünfte sowie ein Handbuch sind erhältlich vom norwegischen Automobilklub unter folgender Adresse: *NAF*, Storegate 2, N-0155 Oslo. Tel: 22 34 14 00. Telefax: 22 33 13 72. **Kategorien:** Über 1400 offizielle 1-Stern-, 2-Sterne- und 3-Sterne-Campingplätze. Preise je nach Kategorie. Eine Liste der Einrichtungen hängt auf jedem Platz aus.
JUGENDHERBERGEN: Ca. 100 Jugendherbergen stehen in Norwegen zur Verfügung, darunter sind einige ganzjährig geöffnet. Andere sind Wohnheime auf Schul- und Universitätsgelände und können nur während der Sommermonate benutzt werden. Schlafsäcke können gemietet werden. Gruppen müssen im voraus buchen. Alle Altersgruppen sind willkommen, Mitglieder des norwegischen Jugendherbergsverbandes oder ähnlicher Organisationen anderer Länder werden jedoch bevorzugt. Eine Mitgliedskarte kann in jeder Herberge erworben werden. Weitere Informationen erhalten Sie vom Fremdenverkehrsamt (Camping/JH-Broschüre) oder unter folgender Adresse: *Norske Vandrerhjem*, Dronningensgate 26, N-0154 Oslo. Tel: 22 42 14 10. Telefax: 22 42 44 76.

URLAUBSORTE & AUSFLÜGE

Die verschiedenen Regionen im anschließenden Überblick stimmen nicht unbedingt mit den Verwaltungs- oder Kulturgrenzen überein.

Der Oslo-Fjord

Das Gebiet um den 100 km langen Oslo-Fjord ist bei Norwegern und ausländischen Touristen gleichermaßen beliebt. Vor der Küste liegen zahllose Inseln, im Landesinneren lockern Flüsse und Seen die Landschaft auf. Segeln und Schwimmen sind die beliebtesten Freizeitbeschäftigungen in den Sommermonaten. Zu den historischen Sehenswürdigkeiten der Region gehören Felszeichnungen, Grabhügel, Kirchen, Landgüter und Festungen.
Die Hauptstadt **Oslo** ist zugleich Norwegens führende Industrie-, Handels- und Schiffahrtsmetropole. Nur 12% der Stadtfläche sind bebaut, der Rest besteht aus Waldwegen, Inseln und unzähligen Seen, in denen man herrlich baden oder angeln kann. Oslo ist auch eine Kunst- und Kulturstadt; das Angebot umfaßt bedeutende Kunst- und Gemäldesammlungen, Schiffahrtsmuseen, mehrere Theater, ein Opernhaus und Konzertveranstaltungen. Hauptsehenswürdigkeiten sind das Munch-Museum, die Henie-Onstad-Kunstsammlung (u. a. Werke von Picasso und Matisse), das Norwegische Folkloremuseum, das Zentrum für Wikingerschiffe, das Fram-Museum, das Norwegische Schiffahrtsmuseum und das Kon-Tiki-Museum (Ausstellung der Expeditions-Boote des norwegischen Forschers Thor Heyerdahl). Im Norden der Stadt liegt das berühmte Wintersportgebiet Holmenkollen mit Skischanze, Museum und Restaurant. Reizvoll sind auch Bootsfahrten durch den Fjord. Die mittelalterliche Akershus-Burg zählt zu den bedeutendsten Bauwerken der Stadt.
Urlaubsorte: Holmestrand, Horten, Tonsberg, Sandefjord, Larvik, Oslo, Sarpsborg, Fredrikstad und Halden.
Osloer Umgebung: Lohnenswerte Ausflugsziele sind die Tertitten-Schmalspurbahn in Sorumsand; der Zoo in Ski; die Kongsten-Festung in Fredrikstad (17. Jh.); die geschichtlich interessante Strecke zwischen Fredrikstad und Skjeberg mit Felszeichnungen aus der Bronzezeit und Grabhügeln der Wikinger; die Binnenwasserstraßen und das Freizeitzentrum von Vansjo; das Marine-Museum in Horten und das Walfang-Museum in Sandefjord.

Die östlichen Täler

In diesem Landesteil liegen einige der größten und schönsten Täler des Landes. Die Region ist typisch für das Landesinnere Norwegens und wird im Norden, Westen und Süden von dem gewaltigen Rondane-Massiv, den Dovrefjell- und Jotunheimen-Bergketten und der Hardanger-Ebene begrenzt. Weiter südlich senkt sich das Land hin zur Seenlandschaft. Diese Region ist für ihr ausgeglichenes Klima bekannt.
In **Hedmark** gibt es ausgedehnte Wälder. Norwegens längster Fluß, die Glomma, fließt durch diese Region. Die zahlreichen Urlaubsorte liegen oft in der Nähe ausgezeichneter Freizeitanlagen. Moderne Unterkünfte aller Art stehen zur Verfügung. Berg- und Gletscherwanderungen, Ausritte, Sommerskifahren, Kanufahrten und Angeln sind beliebte Freizeitbeschäftigungen. Die größeren Urlaubsorte bieten abwechslungsreiche Unterhaltungsprogramme an.
URLAUBSORTE: Winter und Sommer: Geilo, Gjovik, Fagernes, Lillehammer, Otta, Dombas und Tynset.
Nur im Sommer: Rena, Elverum, Hamar, Kongsvinger, Honefoss, Drammen und Kongsberg.
Sehenswürdigkeiten und Ausflugsziele: Unbedingt empfehlenswert sind Raddampferfahrten über den Mjosa-See; das Eisenbahn-Museum in Hamar; die Kongsvinger Burg (17. Jh.); das Norwegische Forstmuseum in Elverum; eine Bootsfahrt auf dem Femund-See; Nordeuropas größtes Freilichtmuseum in Lillehammer; das Fahrzeugmuseum und die Glashütten in Gjovik und Jevnaker; Stabkirchen aus dem 12. Jahrhundert in Valdres; Sommerskilaufen auf dem Veslejuvbreen in der Nähe von Juvasshytta; die Blaufärbereien in Modum; das Folkloremuseum in Hallingal und in Geilo eine Fahrt mit dem Sessellift nach Geilohøgaa.

STAVANGER

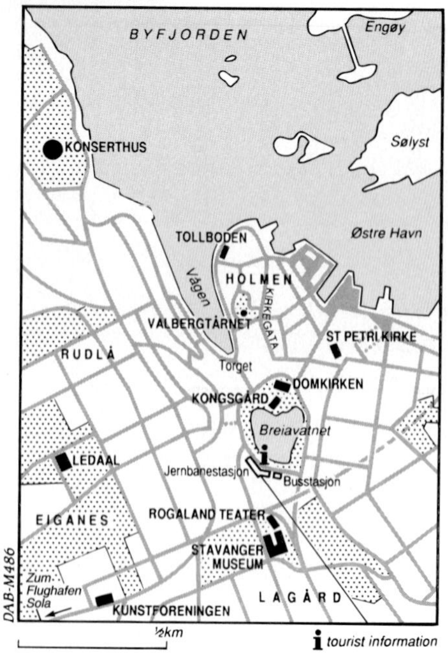

Telemark und die Südküste

An der Küste dieser Region bestimmen zahllose Riffe vor schönen Badestränden das Landschaftsbild, außerdem geschützte Ankerplätze, malerische kleine Häfen und Dörfer. Das Landesinnere besteht zum großen Teil aus Wäldern und Tälern, die in weitläufige Moorlandschaften und majestätische Bergketten übergehen. Dem begeisterten Wanderer stehen markierte Pfade und Blockhütten für die Übernachtung zur Verfügung. Weithin bekannt sind die Kunsthandwerker der Region, darunter auch die Silberschmiede. Die Wasserwege der Telemark verbinden die Küstenstadt Skien mit dem Landesinneren über ein weitverzweigtes Schleusensystem.

URLAUBSORTE: Winter und Sommer: Bykle, Dalen, Hovden und Rjukan.

Nur im Sommer: Skien, Porsgrunn, Kragero, Risor, Arendal, Grimstad, Lillesand, Kristiansand, Mandal, Farsund, Flekkefjord und Evje.

Sehenswürdigkeiten und Ausflugsziele: Eine Fahrt auf der *Victoria* über 18 Kanäle und Schleusen von Skien nach Dalen; Kanufahrten auf Seen und Flüssen; der Lakeland-Freizeitpark in Skien; das Berg-Kragero-Museum und die Inseln vor Kragero; die Stabkirche von Heddal aus dem Jahr 1240; die Krosso-Seilbahn in Rjukan; die Altstadt von Arendal; das Ibsen-Museum von Grimstad; die Silberschmiede in Setesdal; Fahrten zu den Küstenriffen; die Christiansholm-Festung und der Zoo von Kristiansand; das Schiffahrtsmuseum in Mandal; das Museum von Farsund und historische Stätten; Felszeichnungen der Frühzeit und Grabhügel in Litalandet.

Die westlichen Fjorde

Das Land der Fjorde reicht von Stavanger im Süden bis nach Kristiansund im Norden und vom Nordmeer im Westen bis zu den Bergketten im Osten. Zahlreiche Fjorde sind an manchen Stellen nicht breiter als 100 m. Mitunter erreichen die steilen Klippen auf beiden Seiten eine Höhe von über 1000 m. Sognefjord ist mit über 200 km der längste Fjord dieser Gegend. Fast ebenso bekannt sind die Ryfylke-Fjorde, der Hardanger-Fjord, der Sunn-Fjord, der Nord-Fjord, der Geiranger-Fjord und der Romsdal-Fjord. Die Gletscher der westnorwegischen Bergregion reichen mitunter bis in die angrenzenden Täler. In unzähligen Flüssen und Seen der Region kann man ausgezeichnet angeln. Wandern, Fahrrad- und Bootsausflüge sind gleichfalls beliebte Freizeitbeschäftigungen. **Stavanger** hat eine hübsche Altstadt mit vielen Holzhäusern. Besuchenswert sind vor allem die Domkirche, das Stadtmuseum und ein Bauernhof aus der Eisenzeit. Ferner bietet sich eine Bootsfahrt auf dem Fjord an. In der zweitgrößten norwegischen Stadt **Bergen** gibt es ebenfalls einige schöne alte Bauwerke. Hervorzuheben ist die im 12. Jahrhundert erbaute Mariakirche. Im Mai und Juni findet alljährlich ein interessantes Kulturfestival statt. Von der Innenstadt kann man eine Seilbahnfahrt zum Fløyfjell unternehmen. Ein Ausflug zum Hardanger-Fjord und zu den imposanten Vøringfoss-Wasserfällen darf in keinem Besuchsprogramm fehlen.

URLAUBSORTE: Winter und Sommer: Voss.

Nur im Sommer: Egersund, Stavanger, Haugesund, Bergen, Sogndal, Floro, Ålesund, Andalsnes, Molde und Kristiansund.

Sehenswürdigkeiten und Ausflugsziele: Die Borgund-Stabkirche (1150) in Laerdal; die Flam-Eisenbahn, die auf einer Strecke von 20 km einen Höhenunterschied von über 900 m überwindet; das Sunnmøre-Museum in Ålesund; das Romsdal-Museum und das Jazz-Festival in Molde.

Der Norden

Im hohen Norden des Landes gibt es majestätische Berge, sanfte Moorlandschaften, tiefe fruchtbare Täler, geschützte Fjorde und Tausende kleiner Inseln. Von April bis August scheint hier die Mitternachtssonne. Der Golfstrom fließt an der Küste entlang und sorgt für ein erstaunlich gemäßigtes Klima. Der Fischfang, der oft mit der Landwirtschaft verbunden wird, ist in diesem Landesteil immer noch die Haupteinnahmequelle. Die faszinierende Landschaft ist der größte Anziehungspunkt des hohen Nordens. Hochseeangeln ist möglich, und in Tausenden von Flüssen und Seen kann man Lachse und Forellen fangen.

URLAUBSORTE: Winter und Sommer: Harstad, Narvik und Svolvaer.

Nur im Sommer: Rana, Mosjøen, Bodø, Svolvaer, Narvik, Harstad, Finnsnes, Tromsø, Kautokeino, Karasjok, Alta, Kirkenes, Vadsø, Hammerfest, Vardø und Nordkapp.

Sehenswürdigkeiten und Ausflugsziele: Das Tromsø-Museum, das Tromsø-Meerwasser-Aquarium und das Polarmuseum von Tromsø; das Internationale Hochseeangel-Festival (Juni/Juli) in Harstad; das Tromsø-Kriegsmuseum in Bardu; 2500-4500 Jahre alte Felszeichnungen in Blasfjord; dichte, unberührte Nadelwälder, Klippen und Wasserfälle in Reisadalen; die Kirche und Hochseeangelausflüge in Bodø; der Glom-Fjord; die Grønnli-Höhle mit eindrucksvollen Stalaktiten und einem unterirdischen Wasserfall; eine Seilbahnfahrt zur Fagernesfjell-Vogelkolonie bei Røst und Vørøy; Zeugnisse samischer Kultur in Karasjok; Flußbootfahrten nach Sauvtso; eine sehenswerte Kirche und der Meridian-Stein in Hammerfest; Nordkapp (Aussichtspunkt im äußersten Norden Norwegens); und die Kapellen von Kong Oskar und St. Georg in Kirkenes.

Trøndelag

Durch die unzähligen Klippen und Inseln der Westküste zieht sich der Trondheim-Fjord durch das fruchtbare Agrarland, die weitläufigen Moore und fischreichen Seen der Region Trøndelag. Im Süden und Südosten liegen die Bergketten von Trollheimen und Sylene. Kristallklare Flüsse fließen durch hügeliges Ackerland. Fast alle Frischluft-Aktivitäten können hier ausgeübt werden, besonders beliebt ist jedoch der Angelsport, ob auf hoher See oder im nächstgelegenen Fluß. Viele Angler spezialisieren sich ganz auf Lachse. Das Klima ist mild und warm genug zum Baden.

URLAUBSORTE: Winter und Sommer: Røros, Oppdal.

Nur im Sommer: Orkanger, Trondheim, Stjørdal Levanger, Verdal Steinkjer, Namsos und Rorvik.

Sehenswürdigkeiten und Ausflugsziele: Der großartige Dom, das erzbischöfliche Palais (12. Jh.) und das Ringve-Musik-Museum in Trondheim; die Trollheimen-Berge mit markierten Wanderwegen, Pony-Trekking, Reitercamps und Lachs- oder Forellenangeln; die Kongsvold-Berggärten in Oppdal und Orkdal; die Rein-Abtei in Rissa; ausgezeichnete Fischgründe in allen Flüssen und dem Nordmeer; prähistorische Stätten wie Grabhügel, Findlinge und mysteriöse Steinkreise in Eggekvammen (Tingvoll); die Helge-Farm in Byafossen; das Olav-Drama in Stiklestad; Burgruinen aus dem Jahr 1525 in Steinviksholm; Felszeichnungen und Grabhügel in Skogn, Hell, Leirfall und Lekaøya.

SOZIALPROFIL

ESSEN & TRINKEN: Das Frühstück ist in Norwegen oft sehr umfangreich, man bedient sich am kalten Büfett – es gibt mehrere Sorten Fisch, Fleisch, Käse und Brot, dazu Kaffee und gekochte oder Spiegeleier. Zahlreiche Restaurants bieten auch zur Mittagszeit ein *Koldtbord* (kaltes Büfett) an. Geräucherter Lachs, frischer Hummer, Krabben und auch einige warme Gerichte stehen zur Auswahl. Üppig belegte Brote mit Fleisch, Fisch, Käse und Salaten werden auch gern gegessen. Besondere Spezialitäten sind *Ptarmigan* (Wildbraten in Sahnesoße mit wilden Preiselbeeren), *Multer* (Moltebeeren), *Lutefisk* und Heringsgerichte aller Art. **Getränke:** *Aquavit* (Schnaps) ist ein beliebtes Getränk, im allgemeinen sind alkoholische Getränke allerdings teuer. In den Restaurants wird zumeist Bier und Wein serviert. Spirituosen können nur in staatlichen Spirituosengeschäften gekauft werden. Die Ausschankzeiten werden streng eingehalten. Sonntags wird nur Wein oder Bier serviert.

NACHTLEBEN: Zahlreiche Hotels in Oslo veranstalten Kabarett- und Unterhaltungsabende. Über alle Veranstaltungen informieren die Tageszeitungen. Theater, Kinos, Nachtklubs und Diskotheken stehen in allen größeren Ortschaften zur Verfügung. In den Urlaubsorten werden Tanzabende veranstaltet und Volkstänze aufgeführt.

EINKAUFSTIPS: In fast allen Städten und Urlaubsorten gibt es Geschäfte, die typisch norwegische Andenken verkaufen. Die zahlreichen Silberschmieden und Töpfereien sind einen Besuch wert. Handgestrickte »Norweger-Pullover« und andere Wollsachen, bedruckte Stoffe, Webstoffe, Holzschnitzereien, Silberschmuck und Artikel aus Emaille, Zinn, Glas und Porzellan sind besonders schöne Mitbringsel. In 2500 Geschäften, die ein Schild mit der Aufschrift *Tax-free for Tourists* haben, erhält man Formulare für die Rückerstattung der Mehrwertsteuer. **Öffnungszeiten der Geschäfte:** Mo-Fr 09.00-18.00 Uhr, Sa 09.00-15.00/16.00 Uhr. Einmal pro Woche haben die Geschäfte abends geöffnet, in Oslo Donnerstag abends.

SPORT: Tennis: Zahlreiche Ferienhotels haben eigene Tennisplätze. **Golf:** In Oslo (Bogstad), Stokke (zwischen Tønsberg und Sandefjord), Bergen, Sarpsborg, Hamar, Kristiansand und Trondheim kann man Golf spielen. **Reiten:** Reiturlaub wird immer beliebter. Reitschulen, Klubs, Ausbilder und Pferde stehen im ganzen Land zur Verfügung. Zahlreiche Hotels haben ebenfalls Reitställe. **Skilaufen** ist in manchen Gegenden selbst in den Sommermonaten Juni und Juli möglich. Die Wintersaison dauert von Dezember bis April. **Fischen:** Angeln kann man in den Seen, Flüssen und auf hoher See. In über 100 Flüssen kann man Lachse fangen, die Gebühren sind nicht allzu hoch. Ein nationaler Angelschein ist erforderlich und auf jedem Postamt erhältlich. Zum Angeln in Flüssen und Seen muß man zudem eine Erlaubnis vor Ort einholen. **Boote:** Zahlreiche Hotels, Zeltplätze und Ferienwohnungen stellen Boote zur Verfügung. **Windsurfen/Wasserski:** Hotels und Zeltplätze in Wassernähe vermieten Ausrüstungen und vermitteln Ausbilder. **Schwimmen:** Norwegens Küsten- und Binnengewässer sind während der Sommermonate ideal zum Baden. Zahlreiche FKK-Strände stehen ebenfalls zur Verfügung. Einige Urlaubshotels haben auch Schwimmbecken.

VERANSTALTUNGSKALENDER

1997: *Tausendjahrfeier*, Trondheim.

17. Mai '96 *Tag der Verfassung* (verschiedene Veranstaltungen), landesweit. **Juni - Juli** *Vestfold Internationales Festival*, Voss. **Aug.** *Peer Gynt Festival*, Vinstra. **2. - 4. Aug.** *Risør Internationales Holzbootfest*. **Sep.** (1) *Kulinarisches Fest Norwegens*, Ålesund. (2) *Oslo Rock Festival*. **10. - 20. Okt.** *Nordlyd Festival*, Trondheim. **10. Dez.** *Verleihung des Friedensnobelpreises*, Oslo.

Hierbei handelt es sich lediglich um eine Auswahl der jährlichen Veranstaltungen. Das norwegische Fremdenverkehrsamt veröffentlicht eine vollständige Liste.

SITTEN & GEBRÄUCHE: Ähnlich wie im übrigen Europa. Gäste sollten erst trinken, nachdem der Gastgeber sein Glas hebt – »Prost« heißt »Skål«. Auf Pünktlichkeit wird großen Wert gelegt. Legere Bekleidung wird überall akzeptiert. Das Mittagessen, die Hauptmahlzeit, wird oft erst am späten Nachmittag (mitunter erst um 17.00 Uhr) eingenommen, Norweger nehmen aber trotzdem Einladungen zum Abendessen an. Das Rauchen ist in den öffentlichen Verkehrsmitteln und in zahlreichen öffentlichen Gebäuden verboten. **Trinkgeld** wird nicht überall erwartet. In den Rechnungen der Hotels, Restaurants und Bars ist die Bedienung und Mehrwertsteuer bereits enthalten. Taxifahrer erwarten kein Trinkgeld.

WIRTSCHAFTSPROFIL

WIRTSCHAFT: Es gibt kaum landwirtschaftlich nutzbares Land in Norwegen, die Viehzucht ist von größerer Bedeutung als die Agrarwirtschaft. Durch Holzwirtschaft – das Pflanzen von Bäumen für die zahlreichen Papiermühlen und Sägewerke – verbessern viele Landwirte ihr Einkommen, die Holzproduktion und die Papierherstellung sind dementsprechend wichtige Industriezweige. Die Hochseefischerei hat weitgehend an Bedeutung verloren, in den letzten Jahren sind jedoch zahlreiche Fischzuchtanlagen eingerichtet worden, und seither ist Norwegen größter Lachslieferant der Welt. Nach dem Ende des 2. Weltkrieges konzentrierte sich der wirtschaftliche Aufbau auf die Schwerindustrie (u. a. den Schiffsbau), die ebenfalls Mitte der siebziger Jahre an Bedeutung eingebüßt hat. Zu diesem Zeitpunkt wurde vor der norwegischen Küste Erdöl entdeckt, das seither für Norwegens Wirtschaft eine große Rolle spielt. Überhaupt war es der stark entwickelte Energiesektor, der Norwegen geholfen hat, den wirtschaftlichen Wohlstand aufrechtzuerhalten – das Land hat fast unbegrenzte Möglichkeiten für den Bau von Wasserkraftwerken, die die Betriebskosten großer Industrieanlagen, z. B. Aluminiumfabriken, erheblich senken. In den letzten Jahren sind hier hochtechnologische Industrien von Weltniveau entwickelt worden; Norwegen exportiert Maschinen, Fahrzeuge, elektrotechnische und chemische Erzeugnisse. Großbritannien, Deutschland und Schweden sind die wichtigsten Im- und Exportpartner. Norwegen beantragte im Herbst 1992 offiziell die EU-Mitgliedschaft, entschied sich jedoch bei einem Referendum 1994 gegen den Beitritt. Es bestehen keine Handelsbeschränkungen zwischen Norwegen und den EU-Ländern. Der stark geschützte Agrarsektor Norwegens ist jedoch davon ausgenommen. Der Tourismus nimmt an Bedeutung zu, seit 1990 sind die Besucherzahlen um 50% gestiegen. Im ersten Halbjahr 1994 buchten deutsche Urlauber allein ca. 850.000 Übernachtungen in Norwegen.

GESCHÄFTSVERKEHR: Bei Geschäftsbesuchen sind Anzug und Krawatte angebracht. Termine sollten vereinbart und Visitenkarten benutzt werden. Pünktlichkeit ist auch in Norwegen gern gesehen. Norwegische Geschäftsleute sind eher reserviert. Internationale Geschäfte werden zumeist auf Englisch abgewickelt, manche Norweger sprechen jedoch auch Deutsch. Die beste Zeit für Geschäftsbesuche sind die Monate Februar bis Mai und Oktober bis Dezember. **Geschäftszeiten:** Mo-Fr 08.30-16.00 Uhr (Winter), Mo-Fr 08.00-16.00 Uhr (Sommer). **Kontaktadressen:** *Norsk-Tysk Handelskammer* (Deutsch-

Norwegische Handelskammer), Solli, Drammensveien 40, PO Box 2853, N-0230 Oslo. Tel: 22 44 70 79. Telefax: 22 83 08 88.
Den Østerrikse Handelsdelegasjon (Außenhandelsstelle der Wirtschaftskammer Österreich), Oscarsgate 81, N-0256 Oslo. Tel: 22 55 57 30, 22 55 56 51/65. Telefax: 22 55 66 22.
Norwegian Trade Council, Drammensveien 40, N-0243 Oslo. Tel: 22 92 63 00. Telefax: 22 92 64 00.
KONFERENZEN/TAGUNGEN: Zahlreiche Tagungsstätten stehen in Oslo (9000 Sitze), Stavanger, Bergen, Trondheim und Tromsø zur Verfügung. Weitere Informationen, Broschüren und Planungsideen erhalten Sie unter folgender Adresse: *Norway Convention Bureau* (NORTRA), PO Box 2893, Solli, N-0230 Oslo 1. Tel: 22 92 52 00. Telefax: 22 56 05 05.

KLIMA

Der Golfstrom und Luftströmungen des Nordatlantik sorgen für ein gemäßigtes Klima an den Küsten. Die Temperaturen im Landesinneren sind unterschiedlich. Im allgemeinen haben die südlichen Flachländer wärmere Sommer und kältere Winter als die Küstengegenden. Regen fällt während des ganzen Jahres, im Winter gibt es heftige Schneefälle. In der Nähe des Polarkreises herrscht ständiges Tageslicht zur Mittsommerzeit und ständiges Zwielicht während der Wintermonate.
Kleidung: Sommer- und Winterkleidung, je nach Jahreszeit. Schirm oder Regenmantel wird ganzjährig empfohlen.

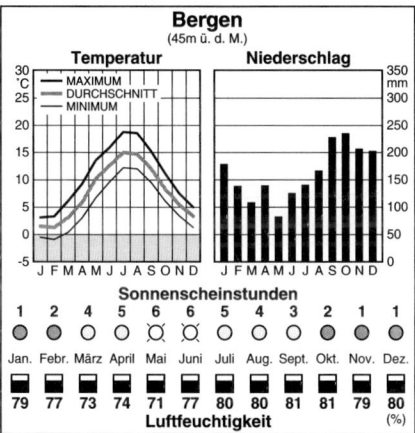

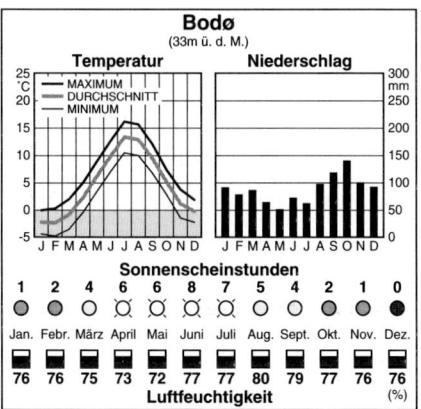

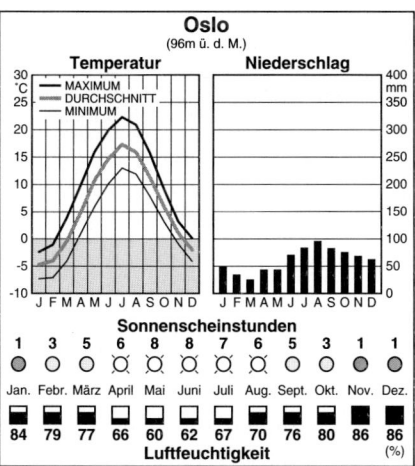

Oman

Lage: Nahost, Südostspitze der arabischen Halbinsel.

Directorate-General of Tourism
PO Box 550
Maskat 113
Tel: 79 95 00. Telefax: 79 42 13.
Botschaft des Sultanats Oman
Lindenallee 11
D-53173 Bonn
Tel: (0228) 35 70 31/-35. Telefax: (0228) 35 70 45.
Mo-Fr 09.00-15.00 Uhr.
(auch zuständig für die Schweiz)
Honorarkonsulat mit Visumerteilung in Frankfurt/M. (Tel: (069) 170 07 90).
Botschaft des Sultanats Oman
Währingerstraße 2-4/24-25
A-1090 Wien
Tel: (0222) 310 86 43/44/84. Telefax: (0222) 310 72 68.
Mo-Fr 09.00-15.00 Uhr.
Generalkonsulat des Sultanats Oman (mit Visumerteilung)
28b Chemin du Petit-Saconnex
Entrée C
CH-1209 Genf
Tel: (022) 734 14 53. Telefax: (022) 740 10 75.
Mo-Fr 09.30-14.30 Uhr.
Botschaft der Bundesrepublik Deutschland
Near the Al-Nahda Hospital
PO Box 128
Ruwi
Maskat 112
Tel: 70 24 82, 70 21 64. Telefax: 70 56 90.
Botschaft der Republik Österreich
Moosa Complex Building
No. 477, 2nd Floor
Way 3109
PO Box 2070
Ruwi
Maskat 112
Tel: 79 31 35. Telefax: 79 36 69.
Die Schweiz unterhält keine diplomatische Vertretung in Oman, zuständig ist die Botschaft in Riyadh (s. Saudi-Arabien).

TIMATIC INFO-CODES

Abrufbar über Ihr CRS-System (für START/Amadeus Amа-Maske benutzen). Für Galileo bitte TI-DFT eingeben (mit Bindestrich).

Flughafengebühren	TI DFT/ MCT /TX
Währung	TI DFT/ MCT /CY
Zollbestimmungen	TI DFT/ MCT /CS
Gesundheit	TI DFT/ MCT /HE
Reisepassbestimmungen	TI DFT/ MCT /PA
Visabestimmungen	TI DFT/ MCT /VI

FLÄCHE: 212.457 qkm.
BEVÖLKERUNGSZAHL: 1.998.000 (1993).
BEVÖLKERUNGSDICHTE: 9 pro qkm.
HAUPTSTADT: Maskat. **Einwohner:** 85.000 (Großraum, 1990).
GEOGRAPHIE: Oman grenzt im Westen an die Vereinigten Arabischen Emirate, Saudi-Arabien und die Republik Jemen. Die Musandam-Halbinsel ist eine Küstenexklave in der Straße von Hormus und grenzt an die Vereinigten Arabischen Emirate; von hier aus verläuft das Al-Hajar-Gebirge in südöstlicher Richtung. Die 2700 km lange Küste erstreckt sich vom Golf von Oman zum Arabischen Meer. Im Nordwesten liegt die schmale fruchtbare Ebene der Batinah-Küste, die vom Djebel Akhdar beherrscht wird. Die südliche Provinz Dhofar wird vom Norden durch Wüste getrennt, der Küste vorgelagert sind die Kuria-Muria-Inseln. Hinter der Küstenebene erheben sich Berge. An der Batinah-Küste wohnen die Nachkommen von Händlern aus Pakistan, Indien und Iran, die mehr Kontakt zur Außenwelt haben als die arabischen Berg- und Wüstenstämme. Im Gegensatz dazu bewahren Maskat und Matrah weiterhin starke arabische Traditionen. Ein Teil der Bevölkerung der südlichen Provinzhauptstadt Salalah sind Nachkommen afrikanischer Sklaven, während im Landesinneren die nomadischen *Bedus* (Beduinen) leben.
STAATSFORM: Unabhängiges Sultanat ohne Parlament seit 1744. Staatsoberhaupt und Regierungschef: Sultan Qabus bin Said, seit 1970. Die Familie des Sultans ist seit dem 18. Jahrhundert an der Macht. Der Sultan ernennt den Nationalen Konsultativrat mit 59 Mitgliedern alle drei Jahre. 1991 ließ der absolutistisch herrschende Staats- und Regierungschef Sultan Quabus bin Said erstmals eine beratende Versammlung auf Regierungsebene zu, die allerdings keine gesetzgebende Funktion hat.
SPRACHE: Offizielle Landessprache ist Arabisch. Persisch und Urdu sind teilweise Umgangssprachen. Englisch wird ebenfalls gesprochen.
RELIGION: Islam ist Staatsreligion; Ibadi-Muslime sowie sunnitische Minderheiten; 15% Hindus.
ORTSZEIT: MEZ + 3.
NETZSPANNUNG: 220/240 V, 50 Hz; Adapter empfohlen.
POST- UND FERNMELDEWESEN: Telefon: Selbstwählferndienst. Landesvorwahl: 968. Telefaxgeräte stehen bei *Omantel* und in manchen Hotels zur Verfügung. Telexe/Telegramme kann man im *Omantel*-Büro in Maskat und beim Fernamt aufgeben.
Post: Luftpost nach Europa ist bis zu zwei Wochen unterwegs.
DEUTSCHE WELLE
Der Einsatz der Kurzwellenfrequenzen ändert sich mehrfach im Laufe eines Jahres, und Sendungen auf den folgenden Frequenzen werden jeweils nur zu bestimmten Tageszeiten ausgestrahlt. Näheres in der Einleitung.

MHz	21,560	15,275	13,780	11,795	9,545
Meterband	13	19	22	25	31

REISEPASS/VISUM

Wichtiger Hinweis: Die Einreisebestimmungen mancher Länder können sich kurzfristig ändern – rufen Sie sicherheitshalber auf Ihrem CRS-System (TIMATIC-Info-Code-Fenster in diesem Kapitel) den aktuellen Stand ab bzw. wenden Sie sich an die zuständige diplomatische Vertretung. Etwaige Zahlen in der Tabelle beziehen sich auf nachfolgende Fußnoten.

	Paß erforderlich?	Visum erforderlich?	Rückflugticket erforderlich?
Deutschland	Ja	Ja	Nein
Österreich	Ja	Ja	Nein
Schweiz	Ja	Ja	Nein
Andere EU-Länder	Ja	Ja	Nein

Einreisebeschränkungen: Israelischen Staatsbürgern und Personen mit israelischen Sichtvermerken im Reisepaß wird die Einreise verweigert.
REISEPASS: Allgemein erforderlich.
VISUM: Allgemein erforderlich, ausgenommen sind Staatsbürger von Bahrain, Katar, Kuwait, Saudi-Arabien und den Vereinigten Arabischen Emiraten.
Anmerkung: Reisenden, die in den Oman ohne Visum oder »No Objection Certificate« (NOC) einreisen, wird die Einreise verweigert. Besucher, die im Besitz eines Touristenvisums sind, dürfen auch auf dem Landweg nach Oman einreisen.
Visaarten: Touristen- und Geschäftsvisa.
Gültigkeitsdauer: 4 Wochen; für Aufenthalte von bis zu 3 Wochen.
Visagebühren: 70 DM, 400 öS, 65 sfr.
Antragstellung: Konsularabteilung der Botschaften bzw. Honorarkonsulat (Adressen s. o.). Die Anträge werden nach Maskat weitergeleitet.
Unterlagen: (a) Antragsformular. (b) Gültiger Reisepaß. (c) Gebühr (Verrechnungsscheck, kein Bargeld). (d) Frankierter Rückumschlag (Einschreiben).
Bearbeitungszeit: Anträge werden per Telefax nach Maskat geschickt, danach bis zu 2 Wochen.

GELD

Währung: 1 Omanischer Rial (OR) = 1000 Baiza. Banknoten gibt es im Wert von 50, 20, 10, 5 und 1 OR sowie 500, 250, 200 und 100 Baiza; Münzen in den Nennbeträgen 500, 250, 200, 100, 50, 25, 10 und 5 Baiza.
Kreditkarten: Alle internationalen Kreditkarten wie *American Express* werden akzeptiert, *Eurocard* und *Visa* jedoch nur im begrenztem Umfang. Einzelheiten vom Aussteller der betreffenden Kreditkarte.
Reiseschecks: US$-Reiseschecks werden empfohlen.
Wechselkurse

	OR Okt. '91	OR Febr. '94	OR Jan. '95	OR Jan. '96
1 DM	0,23	0,22	0,25	0,27
1 US$	0,39	0,39	0,38	0,39

Devisenbestimmungen: Die Ein- und Ausfuhr von Landes- und Fremdwährungen ist unbegrenzt. Die Einfuhr der israelischen Währung ist nicht gestattet.
Öffnungszeiten der Banken: Sa-Mi 08.00-12.00 Uhr, Do 08.00-11.30 Uhr.

DUTY FREE

Folgende Artikel können bei Einreise mit dem Flugzeug zollfrei nach Oman eingeführt werden:
Tabak für den persönlichen Gebrauch;
227 g Parfüm.
Einfuhrverbot: Alkohol (1 l Alkohol ist jedoch zulässig für nicht-moslemische Besucher des Landes), verderbliche Lebensmittel, Narkotika, pornographische Erzeugnisse und Schußwaffen (einschl. Spielzeugpistolen und Nachbildungen).

GESETZLICHE FEIERTAGE

19. Mai '96 Islamisches Neujahr. **28. Mai** Ashoura. **28. Juli** Mouloud (Geburtstag des Propheten). **18. Nov.** Nationalfeiertag **19. Nov.** Geburtstag des Sultans. **8. Dez.** Leilat al-Meiraj. **10. Jan. '97** Beginn des Ramadan. **10. Febr.** Beginn des Eid al-Fitr. **18. April** Beginn des Eid al-Adha. **9. Mai** Islamisches Neujahr. **18. Mai** Ashoura.
Anmerkung: Die angegebenen Daten für islamische Feiertage sind nach dem Mondjahr berechnet und verschieben sich daher von Jahr zu Jahr. Während des Fastenmonats Ramadan, der dem Festtag Eid al-Fitr vorangeht, essen Mohammedaner nicht tagsüber, sondern erst nach Sonnenuntergang, wodurch der normale Geschäftsablauf gestört werden kann. Diese Unterbrechungen können auch während des Eid al-Fitr auftreten. Dieses Fest, ebenso wie das Eid al-Adha, kann je nach Region 2-10 Tage dauern. Nähere Informationen im Kapitel *Welt des Islam* (s. Inhaltsverzeichnis).

GESUNDHEIT

In der folgenden Tabelle aufgeführte Impfvorschriften können sich kurzfristig ändern. Es wird stets empfohlen, auf Ihrem CRS-System (TIMATIC-Info-Code-Fenster in diesem Kapitel) den aktuellen Stand der Gesundheitsbestimmungen abzurufen bzw. rechtzeitig vor der Reise ärztlichen Rat einzuholen.

	Vorsichtsmaßnahmen empfohlen	*Impfschein erforderlich*
Gelbfieber	Nein	1
Cholera	Nein	-
Typhus & Polio	2	-
Malaria	3	-
Essen & Trinken	4	-

[1]: Eine Impfbescheinigung gegen Gelbfieber wird von allen Reisenden verlangt, die aus Infektionsgebieten kommen.
[2]: Typhus kommt vor, Poliomyelitis eher selten.
[3]: Malariaschutz gegen die vorherrschende gefährlichere Form *Plasmodium falciparum* ist ganzjährig in allen Landesteilen erforderlich. Chloroquin-Resistenz wurde gemeldet.
[4]: Wasser sollte generell vor der Benutzung zum Trinken, Zähneputzen und zur Eiswürfelbereitung entweder abgekocht oder anderweitig sterilisiert werden. Milch ist nicht pasteurisiert und sollte abgekocht werden. Trocken- und Dosenmilch nur mit keimfreiem Wasser anrühren. Milchprodukte aus ungekochter Milch vermeiden. Fleisch- und Fischgerichte nur gut durchgekocht und heiß serviert essen. Der Genuß von rohen Salaten und Mayonnaise sollte vermieden werden. Gemüse sollte gekocht und Obst geschält werden.
Tollwut kommt vor. Wer ein erhöhtes Risiko eingeht (z. B. längerer Aufenthalt in abgelegenen Gebieten), sollte vor Reiseantritt eine Schutzimpfung erwägen. Bei Bißwunden so schnell wie möglich ärztliche Hilfe in Anspruch nehmen. Weitere Informationen im Kapitel *Gesundheit* (s. Inhaltsverzeichnis).
Hepatitis A, B und *E* treten ebenfalls auf.
Gesundheitsvorsorge: Die medizinische Versorgung in Oman ist gut, es gibt 46 Krankenhäuser, 86 Gesundheitszentren und 65 vorbeugende Gesundheitszentren. Die Behandlung ist für Einheimische kostenlos, für Ausländer jedoch teuer. Der Abschluß einer Reisekrankenversicherung wird dringend empfohlen.

REISEVERKEHR - International

FLUGZEUG: Oman hat zwei nationale Fluggesellschaften, *Oman Air* und *Oman Aviation*, und besitzt einen Anteil an *Gulf Air* zusammen mit den Regierungen von Abu Dhabi, Bahrain und Katar.
Durchschnittliche Flugzeiten: *Frankfurt* – Maskat: 7 Std. 10; *Zürich* – Maskat: 6 Std; *London* – Maskat: 9 Std. 15.
Internationaler Flughafen: *Maskat (MCT)* (Seeb International) liegt 37 km westlich der Stadt (Fahrzeit 30 Min.). Am Flughafen gibt es ein Flughafenrestaurant, Bank, Post, Duty-free-Shops, Mietwagenschalter und Bars. Taxis stehen zur Verfügung.
Flughafengebühren: 3 OR, Kinder unter 12 Jahren sind hiervon befreit.
SCHIFF: Die Haupthäfen Mina Qaboos und Mina Raysut werden überwiegend von Frachtschiffen angelaufen.
BUS/PKW: Die Einreise auf dem Landweg ist nur mit vorheriger Genehmigung der Regierung gestattet. Die beste Straße ist die Nord-Süd-Straße, die Maskat mit Salalah verbindet (10-12 Std. Fahrzeit). Straßenverbindungen über Saudi-Arabien und die Vereinigten Arabischen Emirate lassen sehr zu wünschen übrig.

REISEVERKEHR - National

FLUGZEUG: *Gulf Air (GF)* betreibt Inlandflüge von Maskat nach Salalah, die Flugzeit beträgt ca. 2 Std. Flugtickets für Inlandflüge kann man von Reisebüros in Maskat kaufen. Hierfür ist eine Genehmigung vom Informationsministerium nötig.
BUS/PKW: Die Hauptstraßen führen von Nord nach Süd. **Bus:** Die Busnetze von Maskat und Nordoman werden von der *Oman National Transport Company* betrieben. **Taxi:** Die Preise sind hoch und sollten vor Fahrtantritt vereinbart werden. Sammeltaxis sind ebenfalls vorhanden, außerdem verkehren für den Passagierverkehr umgebaute Lastwagen. **Mietwagen** sind u. a. bei *Zubair Travel* und *Service* in Maskat erhältlich sowie von *Avis*, die in zahlreichen Hotels im Land vertreten sind. **Verkehrsvorschriften:** Besucher dürfen ohne Erlaubnis des Innenministeriums nicht weiter als bis nach Seeb fahren (50 km von Maskat entfernt). Für Alkohol am Steuer werden hohe Strafen verhängt. **Unterlagen:** Inhaber von Touristenvisa können bis zu 7 Tage ihren eigenen Führerschein benutzen. Geschäftsreisende und alle Personen, deren Aufenthalt 7 Tage übersteigt, brauchen entweder einen omanischen Führerschein, den man unter Vorlage des eigenen nationalen Führerscheins bei jeder Polizeistation erhält, oder einen Internationalen Führerschein.

UNTERKUNFT

HOTELS: Es gibt 12 moderne Hotels. Kleinere Hotels sind preiswerter, die Einrichtungen sind jedoch begrenzt. In ländlichen Regionen gibt es nur wenige Hotels, gegenwärtig wird ein großes Hotelbauprogramm durchgeführt. Rechtzeitige Vorausbuchung wird dringend empfohlen. Auf alle Hotelrechnungen werden 15% Bedienungsgeld aufgeschlagen.

URLAUBSORTE & AUSFLÜGE

Maskat wird von den alten Stadtmauern sowie zwei guterhaltenen portugiesischen Festungen aus dem 16. Jahrhundert umgeben. Alte Gebäude, enge Straßen und drei wunderschön geschnitzte Stadttore machen den Reiz dieser Stadt aus. Besuchenswert sind außerdem die *Ali-Moschee*, die *Neue Moschee* und der *Palast des Sultans*. Das *Oman-Museum* und das Kulturgebiet in Qurum beantworten viele Fragen zur Archäologie, Geschichte und Kultur des Landes. Die Strände und Fischgründe an der Küste sind ausgezeichnet.
Matrah-Maskat: Die archäologische Ausgrabungsstätte der Grabhügel bei *Souks Bausharios* ist besonders eindrucksvoll.
Nizwa, die heilige Stadt des *Ibadhi Imam* und einstige Hauptstadt, ist heute vor allem wegen ihrer Gold- und Silberarbeiten bekannt.
Jabrin: Der Palast aus dem 17. Jahrhundert ist für seine bemalten Holzdecken und den ausgezeichneten Blick über die Wüste auf die Berge bekannt.
Bahla: Diese alte Stadt hat außergewöhnliche Keramiken zu bieten und hat außerdem einen interessanten *Souk* (Markt). Ausflüge in das nahegelegene Dorf *Al Hamra* bieten sich an.
Djebel Akhdar: Über die Hänge des »Grünen Bergs« verteilt liegen malerische Terrassendörfer.
Al Hazm: An den Nordhängen des *Djebel Akhdar* liegen das *Fort Al Hazm* (1708) und die Oase *Rustag*.
Qurum: Das *Nationalmuseum* hat eine interessante Sammlung von Silber, Schmuck, Waffen und alten Steingegenständen. Von hier aus kann man in malerischen Dhaus die palmengesäumte Küste entlangfahren.
In **Wadi Sahtan** gibt es schöne Felszeichnungen zu bewundern.
Salalah ist die Hauptstadt der südlichen Region Dhofar. Die Stadt liegt inmitten von Kokosnuß- und Bananenplantagen und bietet wunderschöne Sandstrände. Die sattgrüne Vegetation, Produkt der Monsunregen, gibt der Stadt ein beinahe tropisches Ambiente. Hier befindet sich das Grab der Königin von Saba.
In **Sohar** findet man einen interessanten *Souk*, der Schneider, Obsthändler und Fischer anzieht. Das Fort ist mit seinen sechs Türmen besonders interessant.
In der Nähe von Schisr, in der riesigen Wüste Rub al-Khali, hat man vor kurzem die Ruinen der ca. 7000 Jahre alten Stadt Ubar entdeckt, die ehemals ein wichtiges Zentrum des Karawanenhandels (besonders Weihrauchhandels) war.

SOZIALPROFIL

ESSEN & TRINKEN: In den letzten Jahren haben einige Restaurants eröffnet; zahlreiche Besucher ziehen jedoch weiterhin die Hotelrestaurants vor. Die Auswahl reicht von arabischen, indischen, orientalischen und europäischen bis hin zu internationalen Gerichten. Kaffeehäuser sind sehr beliebt, Tischbedienung ist üblich. **Getränke:** Moslems ist Alkoholkonsum nicht gestattet, aber in den meisten Hotelbars werden alkoholische Getränke trotzdem angeboten. Westliche Besucher brauchen eine Erlaubnis ihrer Botschaft, um Alkohol trinken zu dürfen.
NACHTLEBEN: In den Hotels von Maskat gibt es einige Nachtklubs. In Ruwi gibt es drei klimatisierte Kinos, und das Al-Falaj-Hotel bietet ein Freiluftkino. Es werden arabische, indische und englische Filme gezeigt.
EINKAUFSTIPS: Die modernen Geschäfte liegen überwiegend in Ruwi. Die beiden größten *Souks* befinden sich in Matrah und Maskat. Traditionelles Kunsthandwerk wie Silber- und Goldschmuck, *Khanjars* (omanische Dolche), handgewebte Textilien, Teppiche und Körbe sind besonders schöne Mitbringsel. **Öffnungszeiten der Geschäfte:** Sa-Do 08.00-13.00 und 16.00-20.00 Uhr. *Souks* sind 08.00-11.00 und 16.00-19.00 Uhr geöffnet. Zahlreiche Geschäfte sind freitags geschlossen, während des Ramadan öffnen die Geschäfte eine Stunde später.
SPORT: Die vielen Strände sind ideal zum **Schwimmen, Tauchen** und **Segeln**. In privaten Sportklubs gibt es manchmal auch **Angel-** und **Wasserski**-Ausrüstungen. Einige Hotels haben Swimmingpools. In Maskat haben zahlreiche Sportklubs eigene **Tennis-** und **Squashplätze**. Mehrere **Golfklubs** sind auch für Besucher geöffnet. **Hockey, Fußball, Volleyball** und **Basketball** sind beliebte Publikumssportarten, oft werden Spiele im Wattayah-Stadion ausgetragen. Auf der alten Landebahn in Seof finden freitags und an Feiertagen **Kamel-** und **Pferderennen** statt.
SITTEN & GEBRÄUCHE: Zur Begrüßung gibt man sich die Hand. Ein kleines Firmengeschenk oder ein Geschenk aus dem Heimatland wird gern angenommen. Frauen sollten zu legere Kleidung vermeiden. Man sollte in der Öffentlichkeit keine Shorts tragen und der Höflichkeit halber auch nicht rauchen, offizielle Nichtraucherzonen sind jedoch meist ausgeschildert. **Trinkgeld:** 10-15% sind üblich.

WIRTSCHAFTSPROFIL

WIRTSCHAFT: Vor der Entdeckung von Erdöl Anfang der siebziger Jahre war die omanische Wirtschaft noch kaum entwickelt – inzwischen erbringt der Erdölexport 94% der Exporterlöse. Ein Teil dieser Einnahmen wird von der Regierung in den Ausbau einheimischer Industrien (v. a. Baugewerbe) und die Förderung der Landwirtschaft investiert. Die Landwirtschaft beschränkt sich auf die Küstenebene und einige bewässerte Gebiete im Landesinneren, da der Rest des Landes aus Wüste

Eine weitere wichtige Veröffentlichung von Columbus Press ist der »World Travel Guide«, der jährlich herausgegeben wird und Informationen in englischer Sprache auf mehr als tausend Seiten über alle Länder der Erde enthält.

Weitere Einzelheiten von:
Columbus Press, Verkaufsabteilung, Aurikelweg 9, D-38108 Braunschweig.
Tel: 05309/2123. Telefax: 05309/2877.

besteht. Datteln, Limonen und Alfalfa sind die Haupterzeugnisse, in geringerem Umfang wird Nutzvieh gezüchtet. Die Produktion von Weihrauch soll auch wieder aufgenommen werden. An der Küste hat die Fischerei eine traditionsreiche Vergangenheit. Außer Erdöl werden mittlerweile auch Kupfer und Chromerz gewonnen, außerdem werden Kohlevorkommen abgebaut. Der im Februar 1991 angelaufene Fünfjahresplan zur wirtschaftlichen Entwicklung Omans sieht u. a. die Förderung der Sektoren Öl, Gas, Landwirtschaft, Fischerei, Gesundheit, Energiegewinnung sowie Erziehung, Fernmeldetechnik, Transport- und Bauwesen vor. Der Tourismus ist in Oman noch relativ neu, soll jedoch ausgebaut werden. Vor allem der Individualtourismus soll gefördert werden, so daß die Einnahmen aus dem Fremdenverkehr von bisher 1% (1994) auf 5% gesteigert werden können. Japan, die Vereinigten Arabischen Emirate und Südkorea sind die wichtigsten Handelspartner des Landes.
GESCHÄFTSVERKEHR: In Geschäftskreisen wird oft Englisch gesprochen, jeder Gastgeber freut sich jedoch, wenn der Gast ein paar Worte Arabisch spricht. Termine müssen im voraus vereinbart werden, und in Geschäftskreisen wird Pünktlichkeit zunehmend wichtiger. **Geschäftszeiten:** Sa-Mi 08.00-13.00 und 16.00-19.00 Uhr, Do 08.00-13.00 Uhr. **Behörden:** Sa-Mi 07.30-14.30 Uhr.
Kontaktadressen: *Die wirtschaftlichen Interessen Österreichs werden von der Außenhandelsstelle der Wirtschaftskammer Österreich in Abu Dhabi (s. Vereinigte Arabische Emirate) vertreten.*
Ministry of Commerce and Industry – Directorate General of Tourism (Ministerium für Industrie und Handel, Aufsichtsrat für Tourismus), PO Box 550, Maskat 113. Tel: 79 95 00. Telefax: 79 42 38.
Oman Chamber of Commerce and Industry (Industrie- und Handelskammer), PO Box 1400, Ruwi, Maskat 112. Tel: 70 76 84. Telefax: 70 84 97.

KLIMA

Im Juni und Juli ist es besonders heiß. Die Niederschlagsmenge ist regional verschieden, in Salalah kommen zwischen Juni und September leichte Monsunregen vor.
Kleidung: Leichte Kleidung während des ganzen Jahres, wärmere Kleidung für kühlere Winterabende. Leichter Regenschutz wird empfohlen.

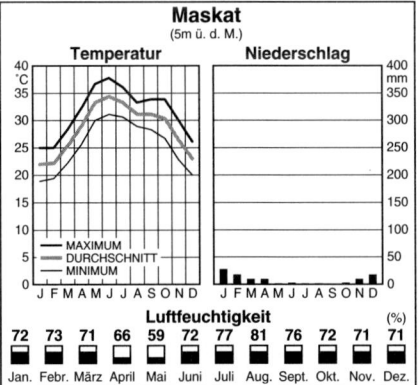

WELTKARTE?

LÄNDERKARTEN?

ZEITZONENKARTE?

INFORMATION ÜBER

IMPFBESTIMMUNGEN UND

GESUNDHEITSVORKEHRUNGEN?

... *siehe* Inhaltsverzeichnis

Pass- und Visavorschriften mancher Länder können sich kurzfristig ändern – Im Zweifelsfall erkundigen Sie sich bitte vor der Abreise bei der zuständigen Botschaft

Österreich

Lage: Westeuropa.

Österreich Werbung
Rotwandweg 4
D-82024 Taufkirchen
Postfach 1231
D-82019 Taufkirchen (bei München)
Tel: (089) 66 67 01 00. Telefax: (089) 66 67 12 01.
Mo-Fr 09.00-17.00 Uhr.
(zuständig für Urlaubsberatung und Prospektversand für Reisebüros und Kunden).
Österreich Werbung
Mannheimer Straße 15
D-60329 Frankfurt/M.
Tel: (069) 24 24 25-22. Telefax: (069) 25 07 41.
(nur zuständig für Marketing, Koordination für ganz Deutschland)
Österreich Werbung
Tauentzienstraße 16
D-10789 Berlin
Tel: (030) 217 68 88. Telefax: (030) 213 66 73.
(nur Marketing, Berlin und neue Bundesländer)
Österreich Werbung
Rahlstedterstraße 6
D-22149 Hamburg
Tel: (040) 67 39 76-0. Telefax: (040) 67 39 76-32.
(nur Marketing, Norddeutschland)
Österreich Werbung
Alter Markt 28-32
D-50667 Köln
Tel: (0221) 257 78 22. Telefax: (0221) 257 78 23.
(nur Marketing, Nordrhein-Westfalen)
Österreich Werbung
Zweierstraße 146
CH-8036 Zürich
Tel: (01) 451 15 51. Telefax: (01) 451 11 80.
Mo-Fr 08.00-12.00 und 13.00-16.00 Uhr.
(Urlaubsberatung)
Österreich Werbung
Margaretenstraße 1
A-1040 Wien
Tel: (0222) 587 20 00. Telefax: (0222) 588 66 20.
Mo-Fr 09.00-17.30 Uhr, Do 09.00-18.00 Uhr.
Publikumsverkehr: Mo-Fr 10.00-17.00 Uhr, *Urlaubsberatung:* Do 10.00-18.00 Uhr.
Botschaft der Republik Österreich
Johanniterstraße 2
D-53113 Bonn

TIMATIC INFO-CODES

Abrufbar über Ihr CRS-System (für START/Amadeus Amaske benutzen). Für Galileo bitte TI-DFT eingeben (mit Bindestrich).

Flughafengebühren	TI DFT/ VIE /TX
Währung	TI DFT/ VIE /CY
Zollbestimmungen	TI DFT/ VIE /CS
Gesundheit	TI DFT/ VIE /HE
Reisepassbestimmungen	TI DFT/ VIE /PA
Visabestimmungen	TI DFT/ VIE /VI

Tel: (0228) 53 00 60, *Konsularabt.*: 530 06 22. Telefax: (0228) 530 06 45.
Mo-Fr 08.30-13.00 und 14.00-16.30 Uhr (tel. Auskünfte), *Konsularabt.*: Mo-Fr 09.00-12.00 Uhr (Publikumsverkehr).
Generalkonsulate mit Visumerteilung in Berlin (Tel: (030) 609 38 65), Düsseldorf (Tel: (0211) 43 41 41), Frankfurt/M. (Tel: (069) 97 99 13-0), Hamburg (Tel: (040) 44 60 04), Hannover (Tel: (0511) 960-3662, nur Postweg) und München (Tel: (089) 92 10 90-0).
Konsulate mit Visumerteilung in Nürnberg (Tel: (0911) 34 19 67), Saarbrücken (Tel: (0681) 94 83 70) und Stuttgart (Tel: (0711) 62 62 60).
Honorarkonsulate ohne Visumerteilung in Bielefeld, Bremen, Dortmund, Kiel, Köln, Lübeck und Mainz.
Botschaft der Republik Österreich
Kirchenfeldstraße 28
Postfach 266
CH-3005 Bern
Tel: (031) 351 01 11. Telefax: (031) 351 56 64.
Mo-Fr 09.00-17.00 Uhr, *Konsularabt.*: Mo-Fr 09.00-12.00 Uhr.
Generalkonsulate mit Visumerteilung in Basel (Tel: (061) 271 35 35), Genf (Tel: (022) 312 06 00) und Zürich (Tel: (01) 383 72 00).
Konsulate mit Visumerteilung in Lausanne (Tel: (021) 617 28 94) und Luzern (Tel: (041) 210 41 82). *Konsulat* mit Paßbefugnis in St. Gallen (Tel: (071) 28 85 11).
Konsulate ohne Visumerteilung in Chur und Lugano.
Botschaft der Bundesrepublik Deutschland
Metternichgasse 3
A-1030 Wien
Tel: (0222) 7 11 54. Telefax: (0222) 713 83 66.
Generalkonsulate mit Visumerteilung in Graz (Tel: (0316) 821 40 10) und Innsbruck (Tel: (0512) 59 66 51).
Honorarkonsulate in Bregenz, Eisenstadt, Klagenfurt, Linz und demnächst Salzburg.
Botschaft der Schweizerischen Eidgenossenschaft
Prinz-Eugen-Straße 7
A-1030 Wien
Tel: (0222) 795 05-0. Telefax: (0222) 795 05-21.

FLÄCHE: 83.858 qkm.
BEVÖLKERUNGSZAHL: 8.039.900 (1994).
BEVÖLKERUNGSDICHTE: 95 pro qkm.
HAUPTSTADT: Wien. **Einwohner:** 1.593.400 (1994).
GEOGRAPHIE: Die Schweiz, Liechtenstein, Deutschland, die Tschechische Republik, die Slowakische Republik, Ungarn, Slowenien und Italien grenzen an den Binnenstaat Österreich. Fast die Hälfte dieses schönen Gebirgslandes wird von Wald bedeckt, höchste Erhebung ist mit 3797 m der Großglockner. Es gibt fünf Großlandschaften: die Ostalpen, das Alpen- und Karpatenvorland, das Vorland im Osten, das Wiener Becken und das Granit- und Gneishochland. Das Dachsteingebirge in Oberösterreich, die majestätischen Tiroler Berggipfel, die Kärntner Seen, das Salzkammergut, der Donauraum und die tiefen Wälder der Steiermark sind nur einige der zahlreichen Attraktionen dieses beliebten Reiselandes.
STAATSFORM: Parlamentarisch-demokratische Bundesrepublik. Regierungschef: Bundeskanzler Dr. Franz Vranitzky (SPÖ), seit 1986. Staatsoberhaupt: Bundespräsident Dr. Thomas Klestil, seit Juli 1992. Amtszeit sechs Jahre. Zweikammerparlament (Bundesrat und Nationalrat). Die Bundesregierung muß das Vertrauen des Nationalrates genießen, dessen Abgeordnete alle vier Jahre gewählt werden. Die Mitglieder des Bundesrates werden direkt von den Landtagen entsandt. Neues Wahlsystem in Vorbereitung. Seit dem 1. Januar 1995 ist Österreich Mitglied der Europäischen Union.
SPRACHE: Deutsch ist die Landessprache; in Südkärnten wird außerdem Slowenisch gesprochen, im Burgenland spricht man auch Kroatisch und begrenzt Ungarisch. In Wien gibt es eine kleine tschechische und slowakische Minderheit. Die meisten Österreicher sprechen auch Englisch. Die regionalen Dialekte weichen z. T. stark vom Hochdeutschen ab.
RELIGION: 78% römisch-katholisch; 5% protestantisch. Moslemische und jüdische Minderheiten.
ORTSZEIT: MEZ (MEZ + 1 im Sommer).
NETZSPANNUNG: 220 V, 50 Hz.
POST- UND FERNMELDEWESEN: Telefon: Selbstwählbierdienst. **Landesvorwahl: 43**. Es gibt Kartentelefone und Münzfernsprecher. Ferngespräche innerhalb Österreichs sind Mo-Fr 18.00-08.00 Uhr und am Wochenende ca. ein Drittel billiger. **Telefaxanschlüsse** sind weit verbreitet. **Telex/Telegramme:** Telexe können in Hotels (nur Gäste) oder im Fernmeldeamt in Wien aufgegeben werden. Die Landesvorwahl ist 47. Telegramme können in jedem Postamt aufgegeben werden. **Post:** Briefe bis 20 g und Postkarten werden innerhalb Europas per Luftpost befördert. Briefmarken sind außer auf Postämtern auch in Tabakläden erhältlich. Fast alle Postämter nehmen postlagernde Sendungen entgegen. Öffnungszeiten der Postämter: Mo-Fr 08.00-12.00 und 14.00-17.00/18.00 Uhr. Hauptpostämter und Postämter an großen Bahnhöfen sind täglich (einschl. Sonn- und Feiertage) durchgehend geöffnet.

REISEPASS/VISUM

Wichtiger Hinweis: *Die Einreisebestimmungen mancher Länder können sich kurzfristig ändern – rufen Sie sicherheitshalber auf Ihrem CRS-System (TIMATIC-Info-Code-Fenster in diesem Kapitel) den aktuellen Stand ab bzw. wenden Sie sich an die zuständige diplomatische Vertretung. Etwaige Zahlen in der Tabelle beziehen sich auf nachfolgende Fußnoten.*

	Paß erforderlich?	*Visum erforderlich?*	*Rückflugticket erforderlich?*
Deutschland	Nein/1	Nein	Nein
Österreich	-	-	-
Schweiz	Nein/1	Nein	Nein
Andere EU-Länder	Nein/1	Nein	Nein

Anmerkung: Es ist damit zu rechnen, daß sich einige Visabestimmungen (vor allem in Verbindung mit ehemaligen Ostblockstaaten) in Kürze ändern. Aktuelle Auskünfte erteilen die konsularischen Vertretungen.
REISEPASS: Gültiger Reisepaß ist allgemein erforderlich. [1] Staatsbürger aller EU-Länder, der Schweiz sowie von Andorra, Liechtenstein, Malta, Monaco, Norwegen und San Marino können mit einem gültigen Personalausweis oder bis zu 5 Jahre abgelaufenem Reisepaß einreisen.
VISUM: Allgemein erforderlich, ausgenommen sind Staatsbürger:
(a) der Bundesrepublik Deutschland, von Belgien, Dänemark, Finnland, Frankreich, Griechenland, Irland, Italien, den Niederlanden, Portugal, Schweden und Spanien sowie Schweiz und Liechtenstein für Aufenthalte bis zu 90 Tagen;
(b) von Andorra, Argentinien, Australien, den Bahamas, Barbados, Bolivien, Brasilien, Chile, Costa Rica, Ecuador, El Salvador, Guatemala, Hongkong (britische Paßinhaber), Island, Israel, Jamaika, Kanada, Kolumbien, Korea-Süd, Kroatien, Malaysia, Malta, Mexiko, Monaco, Neuseeland, Norwegen, Panama, Paraguay, Polen, San Marino, den Seychellen, Singapur, Slowenien, Trinidad und Tobago, Uruguay, den USA, der Vatikanstadt, Venezuela und Zypern für Aufenthalte bis zu 90 Tagen;
(c) der Slowakischen Republik, der Tschechischen Republik und Ungarns für Aufenthalte bis zu 30 Tagen;
(d) Japans für Aufenthalte bis zu 6 Monaten.
Visaarten: Touristen-, Dienst-, Diplomaten- und gewöhnliche Pflichtvermerke.
Visagebühren: Jeweils 400 öS in der Landeswährung; bei Drucklegung 56,90 DM, 46,30 sfr. Für Staatsangehörige einiger Länder werden die Visa kostenlos ausgestellt. Die Gebühren sind entweder per Post- oder Bankanweisung zu bezahlen.
Gültigkeitsdauer: Unterschiedlich, je nach Visaart und Nationalität. Visa werden nicht verlängert, können aber jederzeit neu beantragt werden. Ein Visum wird für max. 6 Monate ausgestellt.
Antragstellung: Konsulat oder Konsularabteilung der Botschaft (Adressen s. o.).
Unterlagen: (a) Antragsformular. (b) Gültiger Reisepaß. (c) Zahlungsbeleg. (d) Krankenversicherung. Der postalischen Antragstellung sollten ein frankierter und adressierter Rückumschlag und der Zahlungsnachweis beigelegt werden.
Anmerkung: Staatsbürger mancher Länder müssen den Antrag in zweifacher Ausführung und zusätzlich 1 Paßfoto vorlegen, mitunter wird auch das Flugticket, Kontoauszug o. ä. verlangt. Erkundigen Sie sich im Einzelfall beim Konsulat bzw. der Botschaft.
Bearbeitungszeit: Sehr unterschiedlich, 1 Tag bis 6 Wochen.
Aufenthaltsgenehmigung: Wenden Sie sich bitte an die österreichische Botschaft.

GELD

Währung: 1 Österreichischer Schilling (öS) = 100 Groschen. Banknoten gibt es in den Werten 5000, 1000, 500, 100, 50 und 20 öS, Münzen in den Nennbeträgen 20, 10, 5 und 1 öS sowie 50, 10, 5 und 2 Groschen.
Geldwechsel: Fremdwährungen und Reiseschecks werden von allen Banken, Sparkassen und Wechselstuben an Flughäfen und Bahnhöfen umgetauscht. Fast alle Reisebüros und Hotels nehmen ebenfalls Auslandswährungen an.
Kreditkarten werden in allen größeren Städten und Urlaubsregionen akzeptiert. Einzelheiten vom Aussteller der betreffenden Kreditkarte.
Euroschecks werden bis zum Höchstbetrag von 2500 öS angenommen.
Postsparbuch: Abhebung in Schilling in jedem Postamt.
Wechselkurse

	öS Sept. '92	öS Febr. '94	öS Jan. '95	öS Jan. '96
1 DM	7,04	7,04	7,03	7,03
1 US$	10,46	12,21	10,90	10,11

Devisenbestimmungen: Es gibt keine Beschränkungen für die Ein- und Ausfuhr von Fremd- und Landeswährung.
Öffnungszeiten der Banken: *Wien:* Mo, Di, Mi und Fr 08.00-12.30 und 13.30-15.00 Uhr, Do 08.00-12.30 und 13.30-17.30 Uhr (Zentralen sind über Mittag geöffnet). Zum Teil unterschiedliche Öffnungszeiten in den einzelnen Bundesländern. Die Wechselstuben in Flughäfen und Bahnhöfen öffnen täglich 08.00-22.00 Uhr.

DUTY FREE

Folgende Artikel können zollfrei nach Österreich eingeführt werden:
(a) Seit Januar 1995 gibt es keine Beschränkungen mehr für die private Wareneinfuhr (einschließlich von Verbrauchsgütern wie Alkohol und Tabak) innerhalb der Europäischen Union. Es wurden jedoch folgende Richtmengen festgesetzt, bei deren Überschreiten gewerblicher Handel vermutet wird, der im Bestimmungsland zu versteuern ist:
800 Zigaretten;
200 Zigarren;
400 Zigarillos;
1000 g Tabak;
90 l Wein (davon nicht mehr als 60 l Schaumwein);
10 l Spirituosen;
20 l alkoholische Getränke (z. B. Portwein oder Sherry) mit einem Alkoholgehalt von höchstens 22%;
110 l Bier.
(b) Bei Einreise aus Nicht-EU-Ländern (oder falls die Waren innerhalb der Europäischen Union zollfrei eingekauft wurden):
200 Zigaretten oder 100 Zigarillos oder 50 Zigarren oder 250 g Tabak;
1 l Spirituosen mit einem Alkoholgehalt über 22% oder 2 l Spirituosen mit einem Alkoholgehalt bis höchstens 22% oder 2 l Schaumwein;
2 l sonstiger Wein;
500 g Kaffee oder 200 g Kaffeeextrakt;
100 g Tee oder 40 g Tee-Extrakt;
50 g Parfüm und 0,25 l Eau de toilette.
insgesamt darf die Reisefreimenge einen Wert von max. 2500 öS (nur bei Einreise auf dem Luftweg sowie auf dem Landweg aus Liechtenstein und der Schweiz) bzw. 1000 öS (bei Einreise auf dem Landweg von Ungarn, der Slowakischen Republik, der Tschechischen Republik und Slowenien) nicht überschreiten.
Anmerkung: (a) Wenn in einem Tax-/Duty-free-Laden gekauft wurde, gelten nur die Bestimmungen für die Einfuhr aus Ländern außerhalb der Europäischen Union. Die Zollfreiheit der Waren hängt davon ab, daß sie im persönlichen Gepäck des Reisenden mitgeführt werden. (b) Tabakwaren und alkoholische Getränke dürfen nur von Personen ab 17 Jahren eingeführt werden.
Einfuhrbeschränkungen: Katzen und Hunde dürfen nur mit Tollwut-Impfzeugnis eingeführt werden, das nicht älter als ein Jahr und mindestens 30 Tage alt ist.

GESETZLICHE FEIERTAGE

1. Mai '96 Staatsfeiertag. **16. Mai** Christi Himmelfahrt. **27. Mai** Pfingstmontag. **6. Juni** Fronleichnam. **15. Aug.** Mariä Himmelfahrt. **26. Okt.** Nationalfeiertag. **1. Nov.** Allerheiligen. **2. Nov.** Allerseelen (nur schulfrei). **8. Dez.** Mariä Empfängnis (Geschäfte können offen haben). **25. Dez.** Christtag. **26. Dez.** Stephanitag. **1. Jan. '97** Neujahr. **6. Jan.** Dreikönigsfest. **31. März** Ostermontag. **1. Mai** Staatsfeiertag. **8. Mai** Christi Himmelfahrt. **19. Mai** Pfingstmontag. **29. Mai** Fronleichnam.

GESUNDHEIT

In der folgenden Tabelle aufgeführte Impfvorschriften können sich kurzfristig ändern. Es wird stets empfohlen, auf Ihrem CRS-System (TIMATIC-Info-Code-Fenster in diesem Kapitel) den aktuellen Stand der Gesundheitsbestimmungen abzurufen bzw. rechtzeitig vor der Reise ärztlichen Rat einzuholen.

	Vorsichtsmaßnahmen empfohlen	*Impfschein erforderlich*
Gelbfieber	Nein	Nein
Cholera	Nein	Nein
Typhus & Polio	Nein	-
Malaria	Nein	-
Essen & Trinken	Nein	-

Zecken kommen während der Sommermonate in den Wäldern in manchen Gebieten Österreichs vor. Wer sich viel in Wäldern aufhält, sollte eine Schutzimpfung gegen Zeckenenzephalitis erwägen. Bei Zeckenbefall im Zweifelsfall den Arzt aufsuchen. Weitere Informationen im Kapitel *Gesundheit* (s. Inhaltsverzeichnis).
Gesundheitsvorsorge: Deutsche Staatsbürger und Bürger anderer EU-Staaten sollten sich vor der Reise bei der Krankenkasse die Anspruchsbescheinigung E 111 besorgen, die man im Bedarfsfall in Österreich bei der örtlichen Gebietskrankenkasse gegen einen Krankenschein umtauschen kann und damit Anspruch auf dieselben Leistungen wie in Österreich versicherte Personen hat. Für Medikamente wird eine Rezeptgebühr erhoben. Schweizer Staatsbürgern wird der Abschluß einer Reisekrankenversicherung empfohlen.
Ärzte und Apotheken stehen in allen Städten, Gemeinden und größeren Ortschaften zur Verfügung. An jeder Apotheke befinden sich Hinweise auf Nacht- und Sonntagsdienste, die abwechselnd angeboten werden. In Gebirgsorten sind Bergrettungsdienste vorhanden.

REISEVERKEHR - International

FLUGZEUG: Die nationale Fluggesellschaft heißt *Austrian Airlines (OS)*. Vor allem Wien, aber auch die Flughäfen Graz, Innsbruck, Klagenfurt, Linz und Salzburg werden im internationalen Flugverkehr angeflogen.
Durchschnittliche Flugzeiten: *Frankfurt* – Wien: 1 Std. 35; *Frankfurt* – Innsbruck: 1 Std. 35; *Frankfurt* – Graz: 1 Std. 35; *Frankfurt* – Salzburg: 1 Std. 35; *Berlin* – Wien: 1 Std. 30; *Köln/Bonn* – Wien: 1 Std. 30; *München* – Wien: 1 Std; *Zürich* – Wien: 1 Std. 20; *Basel* – Wien: 1 Std. 50; *Bern* – Wien: 1 Std. 30; *Genf* – Wien: 1 Std. 40; *London* – Wien: 2 Std. 10; *Los Angeles* – Wien: 15 Std; *New York* – Wien: 9 Std; *Singapur* – Wien: 14 Std; *Sydney* – Wien: 25 Std.
Internationale Flughäfen: *Wien (VIE)* (Wien-Schwechat) liegt 18 km östlich der Stadt. Serviceeinrichtungen: Shopping Plaza mit diversen Läden, Duty-free-Shop, Banken, Wechselstuben, Postamt, Restaurant, Mietwagenschalter, Hotel-Reservierungsschalter, Tourist-Information, Parkplatz und Kinderkrippe. Busse, Bahn und Taxis fahren regelmäßig in die Stadt. Flughafenbus zur Stadt alle 20 Min. (Fahrzeit ca. 20 Min.). Ein Zubringerbus fährt vom *Hilton Hotel* zum Flughafen. Flughafenbahn S7 zum Bahnhof Wien Mitte im Schnellbahn-Taktverkehr.
Innsbruck (INN) (Kranebitten) liegt 5,5 km von der Stadt entfernt. Busse fahren zum Stadtzentrum. Taxistand, Duty-free-Shop, Wechselstube, Restaurant und Mietwagenschalter vorhanden.
Graz (GRZ) liegt 12 km südlich der Stadt. Am Flughafen gibt es eine Bank, Tourist-Information, Mietwagenschalter, Duty-free-Shops, Bars und Restaurants. Busse und Taxis stehen zur Verfügung. 4 x täglich Schnellbusverkehr zum Hauptbahnhof.
Linz liegt 15 km südwestlich der Stadtmitte. Am Flughafen gibt es eine Bank, Tourist-Information, Hotel-Reservierungsschalter, Mietwagenschalter, Duty-free-Shops, Bars und Restaurants. Busse und Taxis stehen zur Verfügung.
Salzburg (SZG) (Maxglan) liegt 5 km westlich der Stadt. Serviceeinrichtungen: Bank, Bankomat, Geschäftszeile mit Duty-free-Shop, Post, Mietwagenschalter, Hotel-Reservierungsschalter, Tourist-Information, Babyraum, Bars und Restaurants. Taxistand. Linienbusverbindung alle 15 Min. zum Hauptbahnhof (Fahrzeit 17 Min.).
Klagenfurt (KLU) (Wörthersee) ist 2 km von der Stadt entfernt (Fahrzeit zur Stadtmitte 15 Min.). Konferenzreinrichtungen, Flughafenhotel, Mietwagenschalter, Duty-free-Shops, Bar, Snackbar und Restaurants. Taxistand. Unregelmäßige Busverbindung.
BAHN: EuroCity/InterCity/SuperCity- und Autoreisezüge verbinden Österreich mit allen Nachbarländern. Der InterCity-Express von Hamburg nach München (Linie im Einstundentakt) hat Anschluß nach Salzburg, Wien, Graz und Klagenfurt. Von Nürnberg nach Wien verkehren EuroCity-Züge im Zweistundentakt, es gibt auch EuroCity-Züge von Zürich nach Wien. Die *Euro-Night*-Züge bieten preiswerte und komfortable Nachtverbindungen von Deutschland und der Schweiz nach Österreich. *Rail Europ S* (RES für Senioren), *EURO DOMINO*-Netzkarte und *InterRail-Paß* gelten auch in Österreich, Einzelheiten s. *Deutschland*. Wer sich etwas ganz besonderes gönnen möchte, kann mit dem exklusiven Luxuszug *Imperial Express* in großem Stil eine viertägige Rundreise von Wien über Budapest und Prag unternehmen. Erstklassige Verpflegung und ein reichhaltiges Ausflugsprogramm sind im Fahrpreis inbegriffen. Abfahrt jeden Sonntag. Betreiber sind *T.G.E. Exclusive Voyages GmbH* in Wien. Tel: (0222) 87 72 44 00. Telefax: (0222) 877 79 04.
BUS/PKW: Verbindungen mit dem *Europabus* von den umliegenden Ländern nach Österreich. Insgesamt gibt es rund 190 internationale Linien, die Verbindungen nach Österreich im Programm haben. Zahlreiche Busunternehmen bieten auch Pauschalreisen oder Tagesfahrten nach Österreich an.

REISEVERKEHR - National

FLUGZEUG: Inlandflüge der *Austrian Airlines (OS)* und *Austrian Air Services (SO)* verkehren zwischen Wien und Graz, Klagenfurt, Linz und Salzburg. *Tyrolean Airways* fliegen von Wien nach Innsbruck. **Charter:** Einige Fluggesellschaften vermieten Klein- und Jetflugzeuge.
SCHIFF: Manche Reiseveranstalter bieten Kreuzfahrten von der Donau bis zum Schwarzen Meer und von Bregenz über den Bodensee an. Mitunter ist ein Reisepaß oder Personalausweis erforderlich. Die Kreuzfahrten dauern zwischen einem Tag und einer Woche und werden vom Frühjahr bis zum Herbst angeboten. **Fähren:** Die Schiffahrtsgesellschaft *DDSG* und ähnliche private und staatliche Unternehmen betreiben zwischen Mitte Mai und Mitte September regelmäßige Fährdienste auf der Donau. Kinder unter 6 Jahren fahren umsonst. Weitere Informationen, u. a. über Verbindungen nach Bratislava (Slowakische Rep.) und Budapest, erhalten Sie vom *DDSG-Reisedienst*, Handelskai 265, A-1020 Wien. Tel: (0222) 7 27 50-0. Telefax: (0222) 727 50 440. Ein günstiges Angebot ist der *Bodensee-Paß*, der 50% Ermäßigung für Fahrten auf allen Linienschiffen gewährt sowie auf bestimmten Bahn-, Bus- und Bergbahnstrecken. Der Paß ist wahlweise für 15 Tage oder für ein ganzes Jahr an

Bregenz
Kulturelle Hochburg im Vierländereck

Die Festspiel- und Kongreßstadt Bregenz, kulturelle Hochburg Westösterreichs und einzigartig zwischen Bodensee und Pfändermassiv im Vierländereck Österreich–Deutschland–Schweiz–Liechtenstein gelegen, ist mit jedem Verkehrsmittel schnell zu erreichen. Das Festspiel- und Kongreßhaus am Ufer des Bodensees macht es den Veranstaltern leicht: Zimmervermittlung, das Erstellen von Rahmenprogrammen, die gastronomische Betreuung und vieles mehr können übernommen werden. Mehrere Säle mit 30 bis 1800 Plätzen, eine 1100-m²-Bühne (eine der größten Europas), die Freilichttribüne am See für 4500 Personen und Foyers für Ausstellungen mit zwei Standsystemen stehen zur Verfügung. Alle Räume sind mit Ton-, Projektions-, Video-, Licht- und Bühnentechnik ausgestattet, eine 6-Kanal-Infrarot-Simultananlage und qualifiziertes technisches Personal sind vorhanden.

FESTSPIEL- UND KONGRESSHAUS BREGENZ
PLATZ DER WIENER SYMPHONIKER 1
A-6900 BREGENZ • ÖSTERREICH
TELEFON 05574/4920-0 • TELEFAX 05574/48719

GOLDENES KREUZ
Kranken- und Entbindungsanstalt

A-1090 Wien, Lazarettgasse 16-18
Telefon ++43-1/40 111-0 Telefax ++43-1/40 111-505

Mitten im neunten Wiener Gemeindebezirk, in unmittelbarer Nähe der Wiener Universitätskliniken, befindet sich das Privatkrankenhaus GOLDENES KREUZ. Ein Spital, das Tradition und Fortschritt gleichermaßen zum Wohl seiner Patienten pflegt. Die 131 Betten sind in Ein- und Zweibettzimmer/Appartements untergebracht, ausgestattet mit Dusche/Bad/WC, Telefon, Kabel-TV, Radio, Tresor, Kühlschrank und Klimaanlage. Patienten und Besucher können sowohl die wunderschöne Dachterrasse als die neue Cafeteria im Wintergarten genießen.

Medizinische Schwerpunkte
INNERE MEDIZIN (Kardiologie, Angiologie, Gastroenterologie, Onkologie)
CHIRURGIE (Allgemein-, Gefäß-, Schilddrüsen-, Neuro-, Unfall-, Plastische-, Kinder- und Augenchirurgie,
Orthopädie – Sporttraumatologie – Urologie – HNO – Dermatologie/Lasertherapie,
GYNÄKOLOGIE, GEBURTSHILFE UND SÄUGLINGSABTEILUNG, NEONATOLOGIE
RÖNTGEN (Mammographie – Ultraschall – Knochendichtemessung – Sonographie)
ANÄSTHESIOLOGIE UND INTENSIVMEDIZIN
PHYSIOTHERAPIE (Elektro- und Magnetfeldtherapie)

DAS GOLDENE KREUZ IST EIN SPITAL UNSERER ZEIT.
MODERN, INNOVATIV, MIT ÜBERSCHAUBAREN STRUKTUREN UND HOHER MEDIZINISCHER EFFIZIENZ.

allen Bahnhöfen, Schiffsanlegestellen und in Verkehrsämtern rund um den Bodensee erhältlich.
BAHN: Das österreichische Bundesbahnnetz umfaßt ca. 5800 km Eisenbahnstrecken und ist an das gesamte europäische Eisenbahnnetz angeschlossen. Auf allen Hauptstrecken fahren die Züge im Ein- und Zweistundentakt, in den größeren Städten sind direkte Anschlüsse gewährleistet. In den Ballungszentren verkehren Nahverkehrszüge in dichten Intervallen. Für Urlauber besonders reizvoll sind die romantischen Regional- oder Zahnradbahnstrecken. Zu den Sonderkarten der Österreichischen Bundesbahn (ÖBB) zählen Rückfahrkarten auf Kurzstrecken zu ermäßigten Preisen, Netzkarten, Umwelttickets, Seniorenpässe und Schülerpässe. Nähere Auskünfte erteilt die Service-Stelle, Reiseverkehr der *Österreichischen Bundesbahn*, Nordbahnstraße 50, A-1020 Wien. Tel: (0222) 580 03 39 99. Telefax: (0222) 580 02 56 11. Die Gebühren für Gepäckträger in Österreich sind tariflich festgelegt.
BUS/PKW: Notrufnummer des ÖAMTC: 120 (rund um die Uhr). Ausführliche Verkehrsmeldungen werden im Radio gesendet. Einige der Autobahnen sind gebührenpflichtig. Das öffentliche Verkehrsnetz umfaßt über 2000 Buslinien. Weitere Auskünfte erteilt die *Zentrale Bundesbusauskunft* in Wien, Tel: (0222) 7 11 01. In fast allen Städten werden Stadtrundfahrten und Ausflüge in die Umgebung angeboten.
Mietwagen: In nahezu allen Städten, auf Flughäfen und Bahnhöfen findet man Niederlassungen von Mietwagenfirmen.
Verkehrsvorschriften: Gurtanlegepflicht. Motorradfahrer und Beifahrer müssen Sturzhelme tragen und mit Abblendlicht fahren. Erlaubte Höchstgeschwindigkeit auf Autobahnen 130 km/h, auf Landstraßen 100 km/h (Vorarlberg 80 km/h) und innerhalb geschlossener Ortschaften 50 km/h (in Graz nur 30 km/h). Promillegrenze: 0,8‰. Bleifreies Benzin ist an jeder Tankstelle erhältlich.
STADTVERKEHR: In Wien verkehren Busse, U-Bahnen, Vorortzüge und Straßenbahnen. Einheitsfahrpreise, Zeitkarten und Sammelfahrscheine sind erhältlich. In den als *Schaffnerlos* gekennzeichneten Straßenbahnen befinden sich Fahrkartenautomaten. Fahrkarten sind in *Trafiken* erhältlich. Lassen Sie es sich nicht nehmen, in Wien mit dem *Fiaker* (Pferdekutsche) zu fahren. Linienbusse verkehren in fast allen Städten. In Linz, Innsbruck und Graz fahren auch Straßenbahnen; in Linz, Innsbruck und Salzburg Oberleitungsbusse.
FAHRZEITEN von Wien zu den folgenden größeren Städten (ungefähre Angaben in Std. und Min.):

	Flugzeug	Bahn	Bus/Pkw
Salzburg	0.45	3.20	3.00
Linz	0.45	1.50	2.00
Innsbruck	1.10	5.20	5.00
Bregenz	-	8.10	7.00
Klagenfurt	0.50	4.20	4.00
Graz	0.40	2.30	2.40

UNTERKUNFT

Österreich ist ein beliebtes Urlaubsland, und Zimmer für die Monate Juli/August und für die Weihnachts- und Osterzeit müssen frühzeitig gebucht werden. Buchungen sind für alle Beteiligten verbindlich. Für reservierte, nicht in Anspruch genommene Hotelzimmer kann eine Stornogebühr berechnet werden. Viele Österreich-Urlauber wohnen in gemütlichen Pensionen mit Familienatmosphäre.
HOTELS: 87% der 5-Sterne-Hotels und 55% der 4-Sterne-Hotels sind Mitglied in der *Österreichischen Hoteliervereinigung (ÖHV)*, Hofburg, Michaelertrakt, A-1010 Wien. Tel: (0222) 533 09 52. Telefax: (0222) 533 70 71.
Kategorien: Die Kategorisierung wird von der Wirtschaftskammer vorgenommen und richtet sich nach dem angebotenen Standard: 5 Sterne für DeLuxe-Hotels, 4 Sterne für 1. Klasse, 3 Sterne für Mittelklasse, 2 Sterne für Touristenklasse und 1 Stern für einfache Hotels.
5-Sterne-Hotels: Alle Zimmer mit Bad/Dusche und WC; Telefon und Farbfernseher, Zimmerservice, durchgehend besetzte Rezeption; Restaurant, Hotelbar, Aufzüge und Parkplätze stehen ebenfalls zur Verfügung.
4-Sterne-Hotels: Alle Zimmer mit Bad/Dusche und WC; Telefon und Notrufsystem. Fernseher in 50% der Zimmer. Außerdem Zimmerservice, durchgehend besetzte Rezeption, Speisesaal und Aufzüge.
3-Sterne-Hotels: Alle Zimmer in Neubauten mit Bad/Dusche und WC (in Altbauten 70% der Zimmer). Aufzüge und Speisesäle stehen zur Verfügung. Fernseher im Zimmer nicht verpflichtend. In Hotels mit mehr als 30 Betten haben alle Zimmer ein Telefon.
2-Sterne-Hotels: 20% der Zimmer mit Bad/Dusche und WC, 30% mit Bad/Dusche (WC am Gang). Telefon und Fernseher im Zimmer nicht erforderlich, Mehrzweck-Speisesaal.
1-Stern-Hotels: Alle Zimmer haben Handwaschbecken. WC und Duschen auf der Etage. Mehrzweck-Speisesaal.
URLAUB AUF DEM BAUERNHOF: Adressenverzeichnis erhältlich vom *Bundesverband Urlaub am Bauernhof*, Hardtgasse 19, A-1190 Wien. Tel: (0222) 368 01 11. Telefax: (0222) 36 80 11 13.
FERIENHÄUSER UND -WOHNUNGEN können überall in Österreich gemietet werden. Auskünfte erteilen die nachstehenden Organisationen:
Wien – *Ruefa Reisen GmbH*, Fleischmarkt 1, A-1010 Wien. Tel: (0222) 534 04. Telefax: (0222) 53 40 43 97.
Burgenland – *Blaguss Reisen GmbH*, Untere Hauptstraße 12, A-7100 Neusiedl am See. Tel: (02167) 81 41. Telefax: (02167) 88 72.
Kärnten – *Kärntner Reisebüro*, Neuer Platz 2, A-9020 Klagenfurt. Tel: (0463) 5 64 00. Telefax: (0463) 5 44 50.
Niederösterreich – *Niederösterreichische Information*, Heidenschuß 2, A-1014 Wien. Tel: (0222) 533 31 14 34. Telefax: (0222) 536 10 60 60.
Salzburg-Land – *Interhome*, Johann Wolfstraße 7, A-5020 Salzburg. Tel: (0662) 84 55 86. Telefax: (0662) 845 58 95.
Dr. Degener GmbH, Linzer Gasse 4, A-5024 Salzburg. Tel: (0662) 8 04 10. Telefax: (0662) 87 35 39.
Steiermark – *Steiermärkisches Landesreisebüro*, Hauptplatz 14, A-8010 Graz. Tel: (0316) 82 64 56. Telefax: (0316) 81 72 61.
Tirol – *Tiroler Landesreisebüro*, Bozner Platz 7, A-6020 Innsbruck. Tel: (0512) 59 88 50. Telefax: (0512) 57 54 07.
Oberösterreich – *Oberösterreich Touristik, Buchungsstelle*, Kapuzinerstraße 3, A-4021 Linz. Tel: (0732) 77 30 24. Telefax: (0732) 77 30 25.
Vorarlberg – *Pego* (Ferienwohnungen in ganz Österreich), Peter Godula, Sägeweg 1, A-6700 Bludenz. Tel: (05552) 6 56 66. Telefax: (05552) 6 38 01.
CAMPING: Auf allen ca. 500 Zeltplätzen kann man ohne große Formalitäten übernachten, ca. 160 der Plätze stehen auch im Winter zur Verfügung. Ermäßigungen gibt es für Kinder sowie Mitglieder von Camperverbänden. Für Wohnwagen, Motorräder und Autos werden die üblichen Gebühren erhoben. Wohnwagen dürfen nicht an den Autobahnen oder auf Rastplätzen geparkt werden, Fahrzeuge mit Wohnanhänger dürfen hier parken, solange die entsprechenden Bestimmungen beachtet werden. Einige Bergstraßen sind für Wohnwagen gesperrt. Weitere Auskünfte erteilen die Automobilklubs, die Österreich Werbung und der *Österreichische Campingklub* unter folgender Adresse: ÖCC, Schubertring 1-3, A-1010 Wien. Tel: (0222) 7 11 99-1272. Telefax: (0222) 7 11 99-1498.
Anmerkung: Zum Zelten auf Privatgrundstücken ist die Erlaubnis des Eigentümers, der Polizei und der Ortsbehörden erforderlich.
JUGENDHERBERGEN: Alle Jugendherbergen in Österreich stehen den Mitgliedern des Internationalen Jugendherbergsverbandes zur Verfügung. Besonders in der Hochsaison empfiehlt es sich, im voraus zu buchen. Nähere Auskunft erteilt der *Österreichische Jugendherbergsverband*, Ecke Schottenring 28, A-1010 Wien. Tel: (0222) 533 53 53. Telefax: (0222) 535 08 61.
REISEN FÜR BEHINDERTE: Hoteladressen, Informationen zu behindertengerechten Taxis, Fahrtendienste, Sightseeing-Touren für Behinderte usw. sind von der Österreich Werbung erhältlich (Adressen s. o.). Hotels mit besonderen Einrichtungen für Behinderte gibt es in fast allen Städten Österreichs.

URLAUBSORTE & AUSFLÜGE

Österreich ist weltweit nicht nur für seine herrlichen Skipisten bekannt, sondern auch für seine Beschaulichkeit, majestätischen Berglandschaften und wunderbaren Wandergebiete. Die westlichen Bundesländer **Vorarlberg, Tirol** und **Salzburger Land** sind die bekanntesten Urlaubsregionen, aber **Kärnten** im Süden (an der Grenze zu Italien und Slowenien) wird wegen seines milden Klimas und der reizvollen Seen bei Feriengästen aus dem In- und Ausland immer beliebter.
Das weitverzweigte Netz der Wanderwege und Bergtouren ist sorgfältig ausgeschildert, ausgezeichnete Landkarten stehen zur Verfügung. Berghütten zwischen 915 m und 2744 m Höhenlage können gemietet werden. Im Sommer ist ein Bergwart anwesend. Weitere Auskünfte erteilt der *Österreichische Alpenverein*, Wilhelm-Greil-Straße 15, A-6010 Innsbruck. Tel: (0512) 5 95 47. Telefax: (0512) 57 55 28.
Über 600 Wintersportorte liegen zwischen Brand im Westen und Semmering im Osten. Mehr als 400 Skischulen und vorzügliche Skilehrer stehen Skihasen aller Altersklassen zur Verfügung.

Wien

Die österreichische Hauptstadt ist ein Bundesland für sich und ein wichtiger Umschlagplatz im Ost-West-Handel. Im Internationalen Zentrum von Wien (*UNO City*) und im *Austria Center Vienna* finden ständig Kongresse und Tagungen statt. Wien, das vom Bundesland Niederösterreich umgeben ist, liegt im Nordosten Österreichs. Die vielbesungene blaue Donau fließt durch die nördlichen Vororte der Stadt. Die Ringstraße umgibt die Innenstadt mit den schönsten Geschäften, Hotels und Bauwerken. Dieses Viertel hat die Eleganz, Verträumtheit und das Flair längst vergangener Zeiten und sollte zu Fuß erkundet werden. Unweit der Altstadt zeugen noch einige Jugendstilbauten wie das *Majolikahaus* von der hier entstandenen Kunstepoche. Die *Nationalbibliothek* am Josefsplatz ist ein Meisterstück barocker Baukunst. Das *Schloß Schönbrunn* mit seinem herrlichen Park, in dem sich der älteste Zoo der Welt befindet, kann sich durchaus mit Versailles messen. Im *Kunsthistorischen Museum* hängen Werke von Breughel, Dürer und Tizian;

WIEN

i tourist information

HOFBURG:
A. NEUE HOFBURG & NATIONALBIBLIOTHEK
B. SCHATZKAMMER & BURGKAPELLE
C. STALLBURG E. AUGUSTINERKIRCHE
D. Josefplatz F. ALBERTINA

1. KAPUZINERKIRCHE
2. HOTEL SACHER
3. Burggarten
4. Heldenplatz
5. Volksgarten
6. RATHAUS
7. PARLAMENT
8. JUSTIZPALAST
9. NATURHISTORISCHES MUSEUM
10. KUNSTHISTORISCHES MUSEUM
11. AKADAMIE DER BILDENDEN KUNST
12. MUSIKVEREIN
13. HISTORISCHES MUSEUM DER STADT WIEN
14. DOMINIKANERKIRCHE

in der *Akademie der Bildenden Künste* sind Werke von Hieronymus Bosch ausgestellt. Die Ballsaison dauert von Neujahr bis zum Aschermittwoch, der bekannteste Ball ist der Opernball. Anläßlich der Wiener Festwochen im Mai/Juni gibt es ein breitgefächertes Programm mit Konzerten, Opernaufführungen und Theaterveranstaltungen. Die *Wiener Oper* bietet von September bis Juni ein abwechslungsreiches Programm. Opernführungen, einschl. der Bühne, werden im Juli und August regelmäßig, während der Saison nach Möglichkeit durchgeführt. Wer sich nach der Oper stärken möchte, kann dies im berühmten *Hotel Sacher* tun, das gleich dahinter liegt. Wien hat Dutzende Museen, imposante Schlösser, Geschäfte und Antiquitätenmärkte zum Stöbern und international bekannte Orchester und Chöre zu bieten. In den ausgezeichneten Restaurants und den gemütlichen Kaffeehäusern kann man sich vom Stadtbummel erholen. Idyllisch sind auch die Heurigen-Lokale am Stadtrand, wo Wein der letzten Ernte ausgeschänkt wird. Die *Hofburg* war einst die Residenz der Habsburger, die sechs Jahrhunderte lang das Land regierten. Kaum ein Besucher läßt sich die *Kaiser-Appartements* und die Kronjuwelen in der *Schatzkammer* entgehen. Die weltberühmten Lippizaner-Hengste der *Spanischen Reitschule* führen den Zuschauern die Hohe Schule des Dressurreitens nach klassischer Musik von Mozart und Strauß vor (Sommerpause: Juli/August). Im 18. und 19. Jahrhundert lebten nicht nur diese Komponisten, sondern auch Haydn, Beethoven, Schubert, Bruckner, Brahms und Mahler in Wien. Kein Wunder, daß Wien eine Sonderrolle in der Musikgeschichte spielt.
Besichtigungen/Ausflüge: Wien ist ein ideales Reiseziel für Liebhaber von Kunst und Musik. Die Wiener Sängerknaben und die Wiener Philharmoniker sind international bekannt. Besonders sehenswert sind das Schloß Schönbrunn, die Kunstsammlung im Belvedere, die Spanische Reitschule, die Burgkapelle der Hofburg, die Staatsoper, das Parlamentsgebäude, das Rathaus, das Burgtheater, die Nationalbibliothek, die Universität und die Votiv-Kirche an der Ringstraße, außerdem der Stephansdom sowie die Karls- und Rupertskirche, das Augustinerkloster, die Kapuzinerkirche und die Kapuzinergruft, Begräbnisstätte der Habsburger. Wien hat unzählige Museen, einige der interessantesten sind das Kunsthistorische Museum, das Naturhistorische Museum, das Österreichische Museum für Angewandte Kunst, das Kunst Haus Wien, das Museum für Moderne Kunst und das Uhrenmuseum. Das Künstlerhaus und das Kunstforum zeigen wichtige Ausstellungen. Interessierte sollten sich auch die Gedenkstätten von Mozart, Haydn, Beethoven, Schubert und Strauß sowie das Freud-Museum nicht entgehen lassen.

Burgenland

Österreichs jüngstes Bundesland ist ein beliebtes Feriengebiet im Osten des Landes. Die bewaldeten Hügel im

Süden der Region sind die Vorläufer der Alpen, der Nordosten gehört zur Mitteleuropäischen Ebene. Das milde Klima begünstigt den Anbau ausgezeichneter Weine. Der Neusiedler See, der größte Steppensee Mitteleuropas, ist einer der größten touristischen Anziehungspunkte.
Urlaubsorte: Breitenbrunn, Deutschkreuz, Eisenstadt, Heiligenbrunn, Mogersdorf, Mörbisch, Neusiedl am See, Podersdorf, Raiding, Rust, St. Margarethen, Bad Tatzmannsdorf und Illmitz.
Besichtigungen/Ausflüge: In der Landeshauptstadt Eisenstadt kann man das Schloß Esterhazy, den Dom, die Haydngasse, die Bergkirche (hier ist Haydn bestattet), die Franziskanerkirche und diverse Museen besichtigen. Nachdenklich stimmt ein Besuch des jüdischen Friedhofs und des ehemaligen jüdischen Ghettos. Überall im Burgenland gibt es sehenswerte Burgen und Schlösser zu erkunden. Im Juli und August finden in Mörbisch vor der Kulisse des Neusiedler Sees Operettenfestspiele statt. Interessant ist auch das Heimatmuseum von Neusiedl am See. In Raiding steht das Geburtshaus von Franz Liszt, in St. Margarethen werden alle fünf Jahre Passionsspiele aufgeführt. Der Nationalpark Neusiedler See-Seewinkel lädt zu geführten Exkursionen in fünf Bewahrungszonen ein. Bad Tatzmannsdorf ist ein bekannter Kurort.

Kärnten
Zwischen dem höchsten Berg Österreichs, dem Großglockner, und den Karawanken im Süden ist die Atmosphäre freundlicher, die Sommer sind wärmer, die berühmten Seen erreichen Wassertemperaturen bis 28°C und haben Kärnten für ihre Wasserqualität den Europäischen Umweltpreis eingebracht.
Vom **Wörthersee** bis zum Nationalpark **Hohe Tauern**, vom Carinthischen Sommer bis zum Radweg an der Drau bietet Kärnten vielfältige Erlebnismöglichkeiten auch im Winter, wenn die Seen zu Eislaufplätzen werden und 10 Skiregionen mit 1000 Pistenkilometern aufwarten.
Die Landeshauptstadt **Klagenfurt** hat Tradition. Über 50 Arkadenhöfe und der Lindwurm prägen das Stadtbild. In Villach verbindet sich das Flair der Stadt mit dem Angebot einer Therme.
Urlaubsorte: z. B. Friesach, Heiligenblut, Millstatt, Obervellach, Ossiach, St. Veit an der Glan, Villach, Klagenfurt, Velden und Pörtschach.
Besichtigungen/Ausflüge: In Klagenfurt der Dom, die Stadtpfarrkirche mit Aussichtsturm und Glockenspiel, das Geburtshaus von Robert Musil »Minimundus«, das Planetarium, der Tierpark Schloß Margaregg und mehrere Museen. Der Wörthersee hat schöne Strände. Die Kirchen und Klöster von Gurk, Maria Saal, St. Paul i. L. und Viktring sind besonders sehenswert, ebenso die zum Teil bestens erhaltenen 130 Burgen und 150 Schlösser. Mit dem Renaissanceschloß Porcia und der Burg Hochosterwitz beherbergt Kärnten zwei der bedeutendsten Profanbauten. Kärnten ist reich an Sehenswürdigkeiten: Kirchen, Burgen, Schlösser und Museen – auf Schritt und Tritt begegnet man der Geschichte.

Niederösterreich
Niederösterreich ist das größte Bundesland. Die zerklüfteten Berge, die Alpenausläufer, das Donautal, die riesigen Weingüter, das bewaldete Hügelgebiet im Norden der Donau, zahlreiche Wiesen und unzählig kleine Seen sorgen für eine abwechslungsreiche Landschaft. Auch Kunstinteressierte kommen in Niederösterreich auf ihre Kosten. Zahlreiche antike Ausgrabungsstätten und eindrucksvolle Bauwerke, vor allem prächtige Barockschlösser und bedeutende romanische und gotische Kirchen, können besichtigt werden.
Urlaubsorte: Baden bei Wien, Semmering (Kur- und Skiort), Bad Deutsch-Altenburg, Dürnstein, Krems an der Donau, Retz, Rohrau, St. Pölten, Wiener Neustadt und Zwettl.
Besichtigungen/Ausflüge: Im Kurort Baden gibt es ein Kasino, ein Sommertheater und eine Trabrennbahn, in Bad Deutsch-Altenburg ein Museum und den römischen Archäologiepark Carnuntum. Dürnstein hat interessante Burgruinen und eine Altstadt und Kirche aus dem Mittelalter. In Retz kann man heute unterirdische Weinkeller, guterhaltene mittelalterliche Stadtmauern, Windmühlen und eine Dominikanerkirche besichtigen und in Rohrau Joseph Haydns Geburtshaus. In der Landeshauptstadt St. Pölten locken der Dom, die Bischofsresidenz, eine Franziskanerkirche, die Kirche der Karmeliterinnen, ein Museum und zahlreiche Patrizierhäuser. Die Österreichische Militärakademie (eine alte Burg), der Dom, eine Kapuzinerkirche und das Stadtmuseum (eine ehemalige Jesuitenkirche) können in Wiener Neustadt besichtigt werden. Das Kloster, die Bibliothek, die Prunksäle und den Kapitellsaal der Abtei in Zwettl sollte man sich ansehen. In Schloß Rosenau ist ein Freimaurer-Museum untergebracht. Interessante und schöne Kirchen, Klöster, Burgen und Schlösser gibt es auch anderswo in Niederösterreich.

Salzburger Land
Nicht allein die Salzburger Festspiele ziehen Besucher aus aller Welt an, sondern auch die eindrucksvolle Architektur, die originellen Schlösser und nicht zuletzt Wolfgang Amadeus Mozart, dessen Musik eng mit der Stadt Salzburg verbunden ist. Die schneebedeckten Berge der Hohen Tauern erheben sich im Süden des Bundeslandes, die Hügel und Seen des Salzkammerguts liegen im Nordosten.
Salzburg ist eine elegante und weitläufig angelegte Stadt vor dem Hintergrund einer wunderschönen Berglandschaft. Alle Sehenswürdigkeiten sind nur wenige Schritte von der Altstadt entfernt. Die Festung Hohensalzburg überragt die Stadt. Alljährlich finden nicht nur im Großen und Kleinen Festspielhaus, sondern auch auf dem Domplatz oder in der Universitätskirche die weltberühmten Salzburger Festspiele statt. Mozarts Geburtshaus in der Getreidegasse und sein Wohnhaus am Marktplatz sind heute Museen. Wie in Wien gibt es auch in Salzburg wunderschöne barocke Architektur zu bewundern.
Urlaubsorte: Z. B. Badgastein (Kur- und Wintersportort), Bad Hofgastein, Großgmain, Hallein, St. Gilgen, Kaprun (im Sommer kann man auf dem Gletscher skilaufen), Oberndorf und Zell am See.
Besichtigungen/Ausflüge: Salzburg: Die Festung Hohensalzburg, der Domplatz, die Stiftskirche St. Peter mit Friedhof und Katakomben, die Franziskanerkirche, das Nonnberg-Kloster, die Dreifaltigkeitskirche, der Friedhof von St. Sebastian, die moderne Kirche von Parsch, die Residenz (ehem. Sitz der Fürstenerzbischöfe), das Glockenspiel, das Rathaus, die Getreidegasse und Mozarts Geburtshaus, die Pferdeschwemme, die Festspielhäuser, Schloß Mirabell mit den schönen Gartenanlagen, der Mönchsberg, der Kapuzinerberg, mehrere Museen, das Theater, Schloß Hellbrunn und die Wasserspiele, Schloß Leopoldskron, Schloß Klessheim, die Wallfahrtskirche Maria Pein, der Gaisberg und der Untersberg laden zu Besichtigungen und Spaziergängen ein.
Salzburger Land: Einen Besuch in den Salzbergwerken und dem Keltenmuseum in Hallein sollte man auf jeden Fall einplanen. Das berühmte geschnitzte Kirchentor in Irrsdorf bei Straßwalchen ist ebenfalls sehenswert. Weitere Sehenswürdigkeiten ersten Ranges sind die Burg Hohenwerfen, das Freilichtmuseum Großgmain, die Liechtensteinklamm sowie die Krimmler Wasserfälle im Nationalpark Hohe Tauern, dem ersten Nationalpark Österreichs.
Skiurlaubsorte:
Um Zell am See: Mitte Dezember - Mitte März. Nachtleben begrenzt, aber nett. *Kaprun:* Weihnachten - Ende März. Gut ausgebautes Gletscherskigebiet. Gemeinsamer Skipaß »Europa Sportregion«.
Saalbach/Hinterglemm: *Hinterglemm:* Schön angelegtes neues Skidorf. *Saalbach:* Größer und teurer, dafür renommiert. Auch für Skimuffel geeignet. Austragungsort der Alpinen Skiweltmeisterschaften 1991.
Obertauern: Anfang Dezember - Ende April.
Um Badgastein: *Badgastein:* Zahlreiche Abfahrts- und Langlaufpisten. Ende Dezember - Anfang April. *Bad Hofgastein:* Ruhiges Dorf, gute Skischule. Anfänger und Fortgeschrittene. *Dorfgastein:* Klein und freundlich. Moderne Berghütten. Anfänger und Fortgeschrittene. *Sportgastein:* Diese neue Skistation erreicht man mit dem Auto oder Bus von Badgastein. Gemeinsamer Skipaß »Gastein Super Ski«.
Pongau: *Flachau:* Anfänger und Fortgeschrittene. Einige schwierige Pisten. *St. Johann im Pongau:* Pisten aller Schwierigkeitsgrade. Große Skischule. *Wagrain:* Anfänger und Fortgeschrittene. Nachtleben gut organisiert, aber ruhig. *Filzmoos:* Beschauliche, freundliche Atmosphäre. Anfänger und Fortgeschrittene. *Altenmarkt:* Altes Taldorf. Verschiedene Pisten. Gemeinsamer Skipaß »Salzburger Sportwelt Amadé«.

Steiermark
Die Steiermark, das »grüne Herz Österreichs«, ist aufgrund seiner vielfältigen Landschaft ein beliebtes und besonders reizvolles Urlaubsland. Der Norden der Steiermark wird von mächtigen Gebirgszügen beherrscht, die Süd- und die Oststeiermark sind von sanften Hügellandschaften und umfangreichen Weingütern geprägt. Die riesigen Wälder laden zu ausgiebigen Wanderungen ein. Überall in der Steiermark kann man zahlreiche Schlösser, Burgen, Kirchen, Museen und Naturschönheiten besichtigen.
In Graz, der Landeshauptstadt der Steiermark, bieten sich viele Sehenswürdigkeiten, die gut erhaltene Altstadt, ein breites kulturelles Angebot und sehr gute Einkaufsmöglichkeiten.
Im Gebirge: Die Region Dachstein-Tauern ist eine der bekanntesten Wander- und Sportregionen. Der Dachstein lädt nicht nur zu einer Besteigung ein, er bietet am Gletscher auch das ganze Jahr über die Möglichkeit zum Skifahren. Im Salzkammergut folgt man den Spuren von Künstlern und Literaten, die hier die Sommerfrische gesucht und gefunden haben. Das Gebiet rund um den Grimming eignet sich hervorragend für gemütliche Familienurlaube. Und das Gesäuse (Alpental) beeindruckt durch seine schroffen Gesteinswände und die tosende Enns, die zum Raften, Kajak- und Floßfahren einlädt. In Admont befindet sich das berühmte Stift mit der barocken Stiftsbibliothek.
Im Winter: Sehr vielfältiges Gelände für Anfänger, Fortgeschrittene und Könner, hervorragende Möglichkeiten

WIEN WEST
Ob auf Geschäftsreise oder mit Familie unterwegs, das Novotel Wien West bietet einen streßfreien und ruhigen Standort für Besuche in der "Weltstadt mit Herz".
1996/7 Wochenendpreise!
2 Kinder unter 16 Jahren schlafen gratis im Zimmer der Eltern und erhalten ein kostenfreies Frühstück.

Unterwegs zu Hause!

Novotel Wien West, Am Auhof, 1140 Wien, Österreich
Tel: 0043-1-979 25 42-0. Fax: 0043-1-979 41 40.

Buchbar über:		
RESINTER	Tel: (49) 61 96 43004	
AMADEUS	RT VIEWES	
GALILEO	RT 28720	
APOLLO	RT 28720	
SABRE	RT 9460	

NOVOTEL

zum Langlaufen.
In den Steirischen Tauern: Das Gebiet von Murau, dem Naturpark Grebenzen, dem Wölzertal und der Krakau ist ein sehr schönes Wandergebiet. Besonders sehenswert ist die Steirische Holzstraße mit dem Holzmuseum in St. Ruprecht. Hier beginnt auch der Radweg »Tour de Mur«, der entlang der Mur bis in den Südosten der Steiermark nach Bad Radkersburg führt. Die Stadt Judenburg verfügt über ein beachtliches kulturelles Angebot wie den Judenburger Musiksommer. Rund um die Stadt Knittelfeld bieten sich zahlreiche Wandermöglichkeiten. Besonders sehenswert: Stift Seckau.
Im Winter: Lawinensichere Pisten für alle Könnerstufen. Ein Tip für Familienurlaube. Ausgezeichnete Möglichkeiten zum Langlaufen. Touren- und Tiefschneefahren.
Im Wald- und Bergland: Die Gebiete um den Hochschwab, im Mariazellerland, in der Waldheimat, Liesing-Paltental, im Salzatal und entlang der Steirischen Eisenstraße laden zu ausgedehnten Wanderungen ein. Das Salatal ist ein Zentrum für Raftingbegeisterte. Besonders sehenswert: der Erzberg in Eisenerz, das Wasserleitungsmuseum in Wildalpen, der Wallfahrtsort Mariazell, die Burg Strechau, das Kornmesserhaus in Bruck an der Mur und Peter Roseggers Waldheimat.
Im Winter: Familienskigebiete mit Abfahrten in allen Schwierigkeitsgraden, Langlaufloipen und Tiefschneefahren.
Im Hügelland: Das Hartbergerland und das Alm- und Apfelland sind das Zentrum für Ballonflieger. Das Apfelland ist besonders zur Apfelblüte sehenswert. Für Badespaß ist am Stubenbergsee gesorgt.
Besonders sehenswert sind Stift Pöllau, die Wallfahrtskirche Pöllauberg, die Blumenstraße, Stift Vorau, das Haus des Apfels in Puch/Weiz.
Im Winter: Familienskigebiet mit leichten bis mittelschweren Abfahrten und Loipen.
In Graz und Umgebung: Zahlreiche Sehenswürdigkeiten laden zu Spaziergängen durch die Landeshauptstadt ein: der Schloßberg mit dem Uhrturm, der Landhaushof, der Dom, das Schloß Eggenberg, das Mausoleum, das Landeszeughaus mit der weltgrößten Sammlung mittelalterlicher Rüstungen, zahlreiche Museen und die sehenswerte Altstadt. Für den kulturellen Genuß sorgen die Oper und das Schauspielhaus sowie die Festivals »Styriarte« und »steirischer Herbst«.
In der Umgebung von Graz finden sich neben vielen Wanderwegen auch Möglichkeiten zum Golfen und Radfahren. Besonders sehenswert: das Österreichische Freilichtmuseum in Stübing, die Lurgrotte Semriach/Peggau und das Stift Rein.
Im Winter: Gespurte Loipen in unterschiedlichen Schwierigkeitsgraden.

Im Weinland: In dieser Region verzaubern die Weinhänge der Südsteirischen Weinstraße, der Sausaler Weinstraße und der Schilcherweinstraße – und nicht zuletzt der vorzügliche Wein, der hier gekeltert wird.
Besonders sehenswert: Bärnbach, das Lipizzanergestüt Piber, Schloß Seggau, das Weinmuseum in Kitzeck und die Weinbauschule Silberberg.
Im Winter: Gepflegte Pisten für Familien, Rennstrecke für »Profis«, Abendskilauf, Loipen aller Schwierigkeitsgrade.
Im Schlösser- und Thermenland: Hier befinden sich die heißen Thermalquellen von Bad Walterdorf, Loipersdorf, Bad Gleichenberg und Bad Radkersburg mit einem umfassenden Gesundheits- und Kurangebot. Sportangebot: Golfen, Radfahren, Tennis.
Besonders sehenswert sind die Schlösser und Burgen der Steirischen Schlösserstraße, die Vinothek in St. Anna am Aigen, Gsellmanns Weltmaschine in Kaag und die Klocher Weinstraße.

Tirol

Tirol, Urlaubsziel Nummer eins in Österreich, liegt im Herzen der Alpen. Die gebirgige Landschaft besteht aus dichten Wäldern, kleinen Dörfchen, saftigen Alpenwiesen, fruchtbaren Tälern und tiefen Bergseen. Im Sommer kann man hier wunderbar wandern, im Winter werden alle Wintersportarten angeboten. Die Tiroler Baukunst ist in den Dörfern, Kirchen und Schlössern der Region unverkennbar. Traditionen und Volkskunst werden in Tirol auch heute noch gepflegt.
In Innsbruck, der Hauptstadt Tirols, fand schon zweimal die Winter-Olympiade statt. Die Stadt ist das Zentrum eines international bekannten Wintersportgebietes. Sechs weitere Wintersportorte liegen in der Umgebung. Die Stadt Innsbruck ist zwar 800 Jahre alt, die Universität gibt es aber erst seit 1669. Das Schloß Ambras wurde in der Renaissance-Zeit umgebaut. Auch der Innenhof des Volkskundemuseums ist im Renaissance-Stil gehalten. Die Gebäude in der Altstadt stammen aus dem Spätmittelalter. In der Maria-Theresien-Straße findet man einige Barock-Palais und im historischen Stil errichtete Häuser. Eine Standseilbahn führt zur Hungerburg, mit einer Seilbahn fährt man weiter auf das 2334 m hohe Hafelekar. Von hier eröffnet sich eine wunderschöne Aussicht auf die Stadt und die südlichen Alpen.
Urlaubsorte: Innsbruck, Erl, Steinach am Brenner, Hall in Tirol, Kitzbühel, Kramsach, Landeck, Lienz und Matrei in Osttirol, Rattenberg, Seefeld in Tirol und Thiersee.
Besichtigungen/Ausflüge: In Innsbruck das Goldene Dacherl, die Herzog-Friedrich-Straße, das Helbling-Haus, der Stadtturm, die Hofkirche, die Hofburg, der Hofgarten und das Riesenrundgemälde, die Pfarrkirche St. Jakob, die Maria-Theresien-Straße, das Landhaus, die Triumphpforte, die Wiltener Basilika, der Berg Isel, das Schloß Ambras, das Tiroler Landesmuseum, das Landestheater, das Kongreßhaus, die Hungerburg, die Seegrube und das Hafelekar. Passionsspiele finden in Erl alle fünf Jahre und in Thiersee alle sechs Jahre statt. Auch der Münzturm der Burg Hasegg in Hall i. T. ist sehenswert. Rattenberg ist eine gut erhaltene Stadt aus dem Mittelalter. Überall in Tirol stößt man auf wunderschöne Kirchen, Klöster, Schlösser und Burgen. Sehr zu empfehlen ist auch eine Besichtigung von Stift Stams und seiner Basilika.
Skiurlaubsorte: *Kaunertal:* Ganzjährig; Weihnachten bis Ende März Pisten für Anfänger und Fortgeschrittene.
Um Imst: Weihnachten bis März kinderfreundliches Skigebiet, gute Ausgehmöglichkeiten; *Innerpitztal:* Ganzjährig; *Jerzens:* Vom Anfänger bis zum Könner. *Tannheimer Tal:* Schönes Loipengebiet, aber auch 23 Aufstiegshilfen für Alpinskifahrer. *Kaiserwinkel:* Paradies für Langläufer, bietet aber auch Pisten für Anfänger und Fortgeschrittene. *Osttirol:* Schöne Tourenmöglichkeiten, Alpinskilauf für jede Zielgruppe, Langläufer kommen ebenfalls auf ihre Kosten.
Um Innsbruck: Igls: Bob-Turniere. Olympiastrecke in der Nähe. Après-Ski gut. Mitte Dezember - Mitte März. *Innsbruck:* Mitte Dezember - Mitte März. Diskotheken, Bars.
Axamer Lizum: Schneesicher. Einige Anfängerpisten. Abendunterhaltung in den Hotelbars. *Mutters:* Hübsches Dorf und wunderschöne Aussicht. Ausgezeichnet für Familien und Skiläufer aller Klassen, auch für Skimuffel nicht langweilig. *Seefeld:* Ende Dezember - Mitte März. Après-Ski gut, modernes Sportzentrum.
Um Ischgl: Ischgl: Legere Atmosphäre. Mitte Dezember - Mitte April. *Galtür:* Ideal für Familien, auch Fortgeschrittene. Sportzentrum.
Um Kitzbühel: Kitzbühel: Internationaler Skiort. Après-Ski ausgezeichnet. Saison Mitte Dezember - Mitte März. *Kirchberg:* Für jeden etwas. Mitte Dezember - Mitte März. *Fieberbrunn:* Ruhiger Familienort. *Kirchdorf:* Lockere Dorfatmosphäre. Ideal für Anfänger und Fortgeschrittene. *St. Johann in Tirol:* Anfänger und Fortgeschrittene.
Zugspitzgebiet: Ehrwald: Pisten stellen nicht allzu große Anforderungen, ideal für Familien. *Lermoos:* Saison Weihnachten - Anfang April. Après-Ski und Freizeitangebot gut.
Um Obergurgl: Hochgurgl: Kleiner zweckgebauter Ort für Skifahrer aller Klassen. *Obergurgl:* Anfang Dezember - Ende April. Traditionell und freundlich.
Um Sölden: Sölden: Anfang Dezember - Ende April. Südliche, sonnige Lage. *Hochsölden:* Abgelegene Südhänge.
Um den Wilden Kaiser: Söll: Saison Mitte Dezember - Mitte März. Flotte und ungezwungene Atmosphäre. *Ellmau:* Ideal für Fortgeschrittene. Abfahrt und Langlauf für Anfänger und Fortgeschrittene, auch Rodeln. *Itter:* Gute Skischule. Malerische Umgebung, gemütliches Nachtleben. *Westendorf:* Après-Ski ausgezeichnet. Mitte Dezember - Mitte März.
Stubaital: Fulpmes: Après-Ski gut. *Neustift:* Reizendes Dorf, ideal auch für Skimuffel. Saison Mitte Dezember - Mitte März, auch ganzjährig.
Zillertal: Mayrhofen: Sehr gesellig. Mitte Dezember - Mitte März. *Zell am Ziller:* Kleiner Ort. Saison Mitte Dezember - Mitte März. Après-Ski begrenzt. *Finkenberg:* 3 Pisten für Anfänger ohne Vorkenntnisse, 19 Pisten für Fortgeschrittene. *Fügen und Hochfügen:* Schöne, aber nur wenige Pisten. *Gerlos:* Ideal für Anfänger und Fortgeschrittene. Erstklassige Skischule. Langlauf ausgezeichnet. *Hintertux:* Ganzjährig. Alle Klassen. *Lanersbach:* Fortgeschrittene und Skiasse, auch Anfängerhügel.
Serfaus: Après-Ski ruhig. Preiswerter Ort. Einfache Pisten. Mitte Dezember - Mitte April.
Nauders: Klein, aber sehr lebhaftes Nachtleben. Mitte Dezember - Anfang April.
Arlberg: *St. Anton:* Bei jungen Leuten beliebt. Anfang Dezember - Mitte April. *St. Christoph:* Gut für Familien geeignet, aber keine Anfängerpisten.
Wildschönau: *Niederau:* Mitte Dezember - Anfang April. Sehr populär, Après-Ski lebhaft. *Auffach:* Ausgezeichnet für Fortgeschrittene. Skischule. Freundlich und professionell. *Oberau:* Ideal für Anfänger, sehr beliebt bei Schulklassen.
Alpbach: Ein Dorf wie aus dem Bilderbuch. Weihnachten - Mitte März.
Kaunertal: Ganzjährig. Weihnachten bis Ende März Pisten für Anfänger und Fortgeschrittene.
Imst-Region: Weihnachten bis März, kinderfreundliches Skigebiet, gute Ausgehmöglichkeiten; *Innerpitztal:* Ganzjährig; *Herzens:* Vom Anfänger bis zum Könner.
Tannheimer Tal: Schönes Loipengebiet, aber auch 23 Aufstiegshilfen für Alpinskifahrer.
Kaiserwinkl: Paradies für Langläufer, bietet aber auch Pisten für Anfänger und Fortgeschrittene.
Osttirol: Schöne Tourenmöglichkeiten, Alpinskilauf für jede Zielgruppe, Langläufer kommen ebenfalls auf ihre Kosten.

Oberösterreich

Im Süden dieses Bundeslandes liegt das Salzkammergut mit seinen malerischen Seen. Ideal für einen erholsa-

Diakoniewerk

Evangelisches Diakoniewerk Gallneukirchen

Das Evangelische Diakoniewerk Gallneukirchen ist ein lutherischer Verein, der seit 120 Jahren in der Betreuung behinderter, alter und kranker Menschen in zahlreichen Zentren tätig ist. Darüber hinaus führt das Diakoniewerk Ausbildungsstätten und Freizeiteinrichtungen für Mitarbeiter.

Unsere Krankenhäuser in Linz (Oberösterreich), Salzburg und Schladming (Steiermark) sind nach dem neuesten Stand der Medizintechnik ausgestattet, die für eine erfolgreiche Beratung notwendig ist. In wohltuender und freundlicher Atmosphäre sorgt unser Pflegepersonal für Ihr Wohlbefinden.

Unsere drei Krankenhäuser bieten Ihnen folgende Spezialbehandlungen:

Diakonissen-Krankenhaus Linz
Weißenwolfstraße 15
A-4020 Linz
Tel: 0043 (732) 76 75-0

mit Zusatzversicherung, 116 Betten
- Kardiologie
- Gastroenterologie
- Radiologie (inkl. CT, Mammographie, vaskuläre Radiologie)

Diakonissen-Krankenhaus Diakonie-Zentrum Salzburg
Guggenbichlerstraße 20
A-5026 Salzburg
Tel: 0043 (662) 63 85-0

mit Zusatzversicherung, 80 Betten
- Haemodialyse (Einzelnadel, Bikarbonat, Acetat, High-Flux)
- Psychosomatik

Diakonissen-Krankenhaus Schladming
Hochstraße 450
A-8970 Schladming
Tel: 0043 (3687) 2 25 69

normales Krankenhaus, 108 Betten
- Traumatologie
- Minimalinvasive Chirurgie
- Dialyse
- Einsetzen von Herzschrittmachern

---

men Urlaub sind die ruhigen Dörfer und Bauernhöfe im Norden – dem Mühlviertel. Dort wechseln sich sanfte Ebenen, dichte Hochwälder, steile Granitfelsen und saftige Wiesen ab. Die Pyhrn-Eisenwurzen-Region ist sehr bergig und alpin, im Innviertel-Hausruckwald (im Westen von Oberösterreich) gibt es fruchtbare Felder, viele Flüsse, dichte Wälder und äußerst wirksame Heilquellen in den Kurorten. Die zahlreichen Kurorte und Sanatorien dieser Region bieten Behandlungen für die unterschiedlichsten Krankheiten an.
Urlaubsorte: Bad Ischl, Hallstatt, St. Wolfgang, Mondsee, Gmunden, Braunau, Schärding, Freistadt, Grein, Steyr und Windischgarsten.
Besichtigungen/Ausflüge: In der Landeshauptstadt Linz kann man den Dom, die Altstadt, das Schloßmuseum, das Bruckner-Haus, den Pöstlingberg sowie zahlreiche Kirchen und Klöster besichtigen. Bekannte Klöster und Stifte wie St. Florian mit der weltberühmten Bruckner-Orgel, Aigen-Schlägel mit einer Stiftsbrauerei und Kremsmünster mit dem ersten Hochhaus Europas, um nur einige zu nennen, erwarten den Besucher. In Bad Ischl steht die ehemalige Sommerresidenz von Kaiser Franz Josef. Auch ein Salzbergwerk (ebenso in Hallstatt) und mehrere Museen sind einen Besuch wert. Hallstatt hat einer ganzen Epoche seinen Namen verliehen, der Mondsee ist einer der wärmsten Seen des Salzkammergutes, und in St. Wolfgang gibt es nicht nur einen imposanten Altar, sondern auch eine Zahnradbahn. Gmunden, das »oberösterreichische Nizza«, hat zahlreiche kulturelle Höhepunkte zu bieten. Braunau und Schärding haben jeweils eine wunderschöne Altstadt; Freistadt kann mit Befestigungen aus dem Mittelalter aufwarten; in Grein kann man das Schiffahrtmuseum besuchen, das alte Theater und die nahe Burg Clam. In Steyr schließlich fasziniert die Altstadt, das Arbeitswelt-Museum sowie die Wallfahrtskirche »Christkindl«.
Skiurlaubsorte: Bad Goisern, Gosau, Obertraun und Grünau im Salzkammergut sowie Hinterstoder, Windischgarsten und Spital am Pyhrn in der Region Pyhrn-Eisenwurzen.

Vorarlberg

Das Bundesland Vorarlberg liegt im äußersten Westen Österreichs. Eingebettet zwischen den Ufern des Bodensees und den Gipfeln des Silvretta-Massivs, fasziniert das kleine Land, das an die Schweiz, Liechtenstein und Deutschland grenzt, besonders durch seine landschaftliche Vielfalt. Das Bodenseegebiet lädt im Sommer zum Schwimmen, Segeln, Sightseeing und zum Radfahren ein, ebenfalls Rheintal und Walgau, während die Regionen in den Bergen eine Vielzahl an Wander- und im Winter Skimöglichkeiten anbieten.
Besichtigungen/Ausflüge: *Bregenz* (Landeshauptstadt): die historische Altstadt, die Oberstadt mit dem Martinsturm, die Seekapelle, das Festspiel- und Kongreßhaus mit der größten Seebühne der Welt (Bregenzer Festspiele), die Klosterkirche Mehrerau, das Vorarlberger Landesmuseum und der Aussichtsberg Pfänder, auf dem im Sommer eine Raubvogelflugschau zu bewundern ist. Schiffsfahrten auf dem Bodensee.
Feldkirch: die historische Altstadt mit dem Dom St. Nikolaus, die Schattenburg mit dem Heimatmuseum, das Landeskonservatorium, das Ensemble St.-Magdalena-Kirche mit dem ehemaligen Siechenhaus (heute Jugendherberge), die Burgruine und die Kirche St. Corneli mit einer tausendjährigen Eibe.
Hohenems: der Renaissancepalast, das jüdische Museum und der einzige jüdische Friedhof Vorarlbergs.
Schwarzenberg im Bregenzerwald: bezaubernder historischer Dorfplatz, Heimat der Malerin Angelika Kauffmann, Heimatmuseum und Kirche.
Skiurlaubsgebiete (Saison Dezember bis Ende April):
Brandnertal: *Bürserberg:* Kleines Dorf, Anfänger und Fortgeschrittene. *Brand:* Familienskigebiet, viele sportliche Angebote (Paragleiten, Reiten, Tennis, Langlauf). Skipaß Brandnertal.
Kleinwalsertal: Anfänger und Fortgeschrittene, breites Sportangebot, Winterwanderwege, Höhenloipen. Gemeinsamer Skipaß mit Oberstdorf (Allgäu).
Montafon: *Schruns:* Großes Skigebiet, aktives Nachtleben. *Gargellen:* Kleines Dorf, entspannt, freundlich und preiswert. *Hochmontafon:* Großes Skigebiet, freundliche, familiäre Orte. Skipaß Montafon für alle Liftanlagen im Tal. Langlauf in allen Höhenlagen.
Bregenzerwald: Mehrere kleine und größere Skigebiete für Anfänger und Fortgeschrittene, Après-Ski. 3-Täler-Skipaß: Liftkarte für die Skigebiete im hinteren Bregenzwald, im Großen Walsertal und im Lechtal. Langlaufparadies.
Arlberg: Sehr großes Skigebiet. *Lech und Zürs:* Hoher Komfort bei Liften, Hotels, Restaurants und Skischulen. Gemeinsamer Skipaß für 88 Liftanlagen für die Orte Lech, Zürs und Stuben, für das Sonnenkopfskigebiet im Klostertal und für die Orte St. Anton und St. Christoph in Tirol.
RUNDREISEN: 5tägige: Bregenz – Feldkirch – Innsbruck – Salzburg. **7tägige:** (a) Linz – Wien – Graz – Linz. (b) Salzburg – Linz – Graz – Klagenfurt – Badgastein – Salzburg.

SOZIALPROFIL

ESSEN & TRINKEN: Die bekanntesten österreichischen Spezialitäten sind *Wiener Schnitzel, Tafelspitz, Gulasch, Salzburger Nockerln, Kaiserschmarrn, Palatschinken* und geräuchertes und gepökeltes Schweinefleisch. Zahlreiche Gerichte aus Ungarn, Serbien, Rumänien und Dalmatien haben die Wiener Küche bereichert. Zur Hausmannskost gehören oft Reis, Kartoffeln, Knödel und Soße. Das Mittagessen ist die Hauptmahlzeit. Süßspeisen heißen in Österreich *Mehlspeisen*. Zur Kaffeestunde stehen zahlreiche leckere Torten und Kuchen zur Auswahl, u. a. *Sachertorte, Apfelstrudel* und *Mozartkugeln*, Pralinen aus Salzburg. In den ganztägig geöffneten Kaffeehäusern trifft man sich zum Plaudern oder Zeitunglesen. **Getränke:** Kaffee wird in den Kaffeehäusern in vielen Variationen getrunken (z. B. mit Schlagobers – Schlagsahne). Österreichisches Bier wird oft im Krug serviert und ist bedeutend preiswerter als Importbier. *Riesling* und *Veltliner* sind die bekanntesten Weißweine, ausgezeichnete Rotweine kommen aus Baden und dem Burgenland. *Obstler* (Branntwein) wird aus verschiedenen Obstsorten hergestellt und ist recht preiswert.
Anmerkung: Die Polizeistunde ist in jedem Bundesland verschieden.
NACHTLEBEN: Das vielfältige Wiener Nachtleben bietet für jeden Geschmack etwas: Oper, Theater, Kabarett sowie zahlreiche Musik- und Szene-Lokale. Diskotheken, Bars und Nachtclubs für gehobene Ansprüche sind vor allem in der Innenstadt zu finden. Die charakteristische gemütliche Atmosphäre kann man beim *Heurigen* am Stadtrand genießen.
EINKAUFSTIPS: Trachtenkleidung, Kunsthandwerk, Keramik, Kunstschmiede- und Holzschnitzarbeiten sind schöne Urlaubsandenken. **Öffnungszeiten der Geschäfte:** Mo-Fr 08.00-18.00 Uhr, manche Geschäfte haben über Mittag geschlossen. Fast alle Geschäfte schließen samstags um 12.00 Uhr, nur am ersten Samstag jeden Monats sind die meisten Geschäfte bis 17.00 Uhr geöffnet.
SPORT: Fahrräder werden fast überall vermietet. Zum **Angeln** muß man sich einen Angelschein besorgen. **Segelfliegen** und **Reiten** sind vielerorts möglich, **Drachenfliegen** wird in den Bergen immer beliebter. Im Sommer bieten sich **Schwimmen, Segeln, Bergsteigen** und **Wandern** an.
Wintersport: Österreich ist eines der beliebtesten und modernsten Wintersportgebiete Europas. In Tirol, Salzburg, Vorarlberg, Kärnten, Steiermark, Ober- und Niederösterreich stehen zahlreiche Wintersportorte zur Verfügung, in denen nicht nur Skilaufen angeboten wird,

522 Österreich / Pakistan

sondern auch Rodeln, Ausflüge mit dem Pferdeschlitten, Schlittschuhlaufen, Eisstockschießen und Kegeln. Einzelheiten zu den einzelnen Urlaubsorten s. o.
VERANSTALTUNGSKALENDER
Sommer 1996: *Internationales Jazzfest – 1000 Jahre Österreich.*
20. April - 5. Mai '96 *Eishockey WM der Gruppe A*, Wien.
5. April - 30. Juni *Die Fotografien der Spätzeit*, Salzburg.
25. - 27. Mai *Pfingstkonzerte*, Salzburg. **26. April - 26. Okt.** *Vom Ruf zum Nachruf – Anton Bruckner*, St. Florian/Mondsee. **30. Juni** *Kajak-WM*, Landeck. **28. Mai - 24. Aug.** *1000 Jahre Musikland Österreich*, Stift Altenburg. **5. Juni - 7. Juli** *Niederösterreichisches Donaufestival*, St. Pölten. **Ende Juli - Ende Aug.** *Salzburger Festspiele.* **Juli/Aug.** *Internationale Musikwochen*, Millstatt. **5. - 7. Juli** *Weinfest*, Feldkirch. **6. - 15. Sept.** *Internationale Haydntage*, Eisenstadt. **Sept.** *Tiroler Kunst- und Antiquitätenmesse 1996*, Innsbruck. **14. - 17. Nov.** *Internationaler Chorwettbewerb Franz Schubert*, Wien. **6. Okt.** *Tiroler Geländeberglauf*, Tannheim. **Nov.** *World Cup-Kunstbahnrodeln*, Igls. **Dez.** *Weihnachtsmärkte*, landesweit. **Febr. '97** (1) *Weltmeisterschaft in Kunstbahnrodeln*, Igls. (2) *Opernball*, Wien.
Außerdem finden zahllose weitere Veranstaltungen statt (klassische Musik, Sport, Flohmärkte und vieles mehr). Eine vollständige Liste ist von der *Österreich Werbung* erhältlich (Adressen s. o.).
SITTEN & GEBRÄUCHE: Österreicher sind für ihren Charme und ihre Höflichkeit bekannt und im Geschäftsleben eher zurückhaltend. Man spricht sich erst nach geraumer Zeit mit dem Vornamen an. Auf österreichisch begrüßt man sich mit *Grüß Gott* oder, salopper, *Servus*. Die Gastgeberin freut sich über einen Blumenstrauß. Der Opern- und Theaterbesuch ist ein gesellschaftliches Ereignis, und entsprechende Garderobe wird erwartet. **Trinkgeld** ist üblich, es werden aber keine hohen Beträge erwartet. 10-15% Bedienung werden zur Restaurantrechnung hinzugerechnet, üblicherweise gibt man ein zusätzliches Trinkgeld in Höhe von 5-10%. Taxifahrer usw. erwarten Trinkgeld. Gepäckträger an Bahnhöfen und Flughäfen erhalten eine festgesetzte Summe.

WIRTSCHAFTSPROFIL
WIRTSCHAFT: Österreich gehört zu den reichsten Ländern der Welt. Kennzeichen der günstigen Entwicklung der österreichischen Wirtschaft war seit 1955 ein kontinuierliches Wirtschaftswachstum bei relativ niedriger Inflationsrate (1993: 3,6%) und geringer Arbeitslosenquote. Die Fertigungswirtschaft (Bergbau, Sachgüterproduktion und Bauwesen) erbringt 30% des Bruttoinlandsproduktes. Nach dem Zweiten Weltkrieg wurden zahlreiche Sektoren, u. a. Eisen- und chemische Industrie, Metallverarbeitung sowie Maschinen- und Stahlbau verstaatlicht. Die glas- und holzverarbeitenden Industrien trugen ebenfalls zum Wirtschaftsaufschwung bei. Die exportorientierte Wirtschaft profitierte allgemein aufgrund der engen bilateralen Wirtschaftsbeziehungen von den Folgen der deutschen Wiedervereinigung. Die Landwirtschaft zeichnet sich ebenfalls durch hohe Produktivität aus. Österreich hat einen hohen Selbstversorgungsgrad. Angebaut werden hauptsächlich Zuckerrüben, Kartoffeln, Getreide, Hanf, Flachs, Tabak und Wein. Österreich verfügt über Braunkohle-, Magnesit-, Eisenerz-, Erdgas-, Zink-, Kupfer-, Wolfram-, Silber-, Blei- und Salzvorkommen. Der Energiebedarf des Landes muß überwiegend durch Importe gedeckt werden, vor allem aus den ehemaligen Ostblockländern. Ein wichtiger Devisenbringer ist der Fremdenverkehr. Deutsche Touristen gaben 1994 in Österreich 65 Mrd. öS aus (Gesamtdeviseneinnahmen aus dem Tourismus 1994: 150,3 Mrd. öS). Damit bleibt die Republik weiterhin eines der beliebtesten Reiseländer der Deutschen. Die meisten Feriengäste kamen nach Tirol, Salzburg und Kärnten. Neben dem Tourismus verzeichneten auch die Elektro- und Elektronikindustrie sowie die Baubranche 1993 Zuwachsraten. Das Land war Mitglied der EFTA und stellte 1989 einen Antrag auf Vollmitgliedschaft in der damaligen EG. Nachdem sich die Bevölkerung in einer Volksabstimmung für den Beitritt aussprach, wurde Österreich am 1. Januar 1995 Vollmitglied der Europäischen Union. Wichtigste Außenhandelspartner sind die EU-Länder (64% aller Warenexporte), insbesondere Deutschland, Italien, Frankreich, die Niederlande und Großbritannien, sowie die USA, Japan, Ungarn und die Staaten der GUS. Ausgeführt werden speziell Maschinen, Fahrzeuge, chemische Produkte, Textilien sowie im Bereich der Schwerindustrie Eisen und Stahl. Beträchtliche Exportsteigerungen waren 1993 auf dem Gebiet der Nahrungsmittelindustrie zu verzeichnen.
GESCHÄFTSVERKEHR: Frühling und Herbst sind am günstigsten für Geschäftsreisen. **Geschäftszeiten** sind nicht einheitlich.
Kontaktadressen: *Österreichische Handelsabteilung*, Bockenheimer Landstraße 2, D-60323 Frankfurt/M. Tel: (069) 9 71 01 20. Telefax: (069) 97 10 12 29. Zweigstellen in Berlin (Tel: (030) 238 62 00. Telefax: (030) 391 36 01), Düsseldorf (Tel: (0211) 32 40 36/37. Telefax: (0211) 32 64 01), Hamburg (Tel: (040) 34 06 39. Telefax: (040) 35 44 28) und München (Tel: (089) 22 52 88. Telefax: (089) 22 58 87).
Deutsche Handelskammer in Österreich, Postfach 107, A-1103 Wien. Tel: (0222) 545 14 17. Telefax: (0222) 545 22 59.
Schweizerische Handelskammer in Österreich, Neuer Markt 4, A-1010 Wien. Tel: (0222) 512 79 50. Telefax: (0222) 513 92 82.
Österreichische Handelsdelegation, Talstraße 65, CH-8001 Zürich. Tel: (01) 212 48 00. Telefax: (01) 212 28 38.
Wirtschaftskammer Österreich, Wiener Hauptstraße 63, A-1045 Wien. Tel: (0222) 5 01 05. Telefax: (0222) 50 20 62 50.
KONFERENZEN/TAGUNGEN: Österreich liegt im internationalen Kongreßtourismus an 10. Stelle. Konferenzeinrichtungen bieten die Landeshauptstädte Wien, Salzburg, Innsbruck, Graz, Linz, Bregenz, Klagenfurt und Eisenstadt sowie verschiedene Bade- und Kurorte. Landesweit haben sich über 90 Hotels auf die Ausrichtung von Konferenzen spezialisiert. Nähere Auskünfte erteilt das *Austrian Convention Bureau*, Neubaugürtel 3818, A-1070 Wien. Tel: (0222) 522 88 85. Telefax: (0222) 522 88 89.

KLIMA
Gemäßigtes mitteleuropäisches Klima. Die Temperatur und die Niederschlagsmenge sind stark von der Höhe und Lage der einzelnen Landesteile abhängig. Bei Touren im Hochgebirge sollten unbedingt vorher Informationen über die Wetterlage, Schneebeschaffenheit und Lawinengefahr eingeholt werden. Warnungen von Einheimischen sind zu beachten! Die Wintersaison dauert von Anfang Dezember bis Anfang März, in höheren Regionen bis Ende Mai.

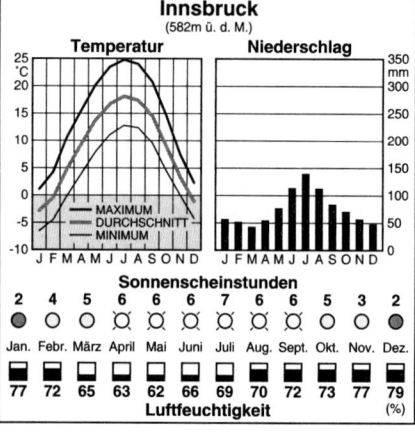

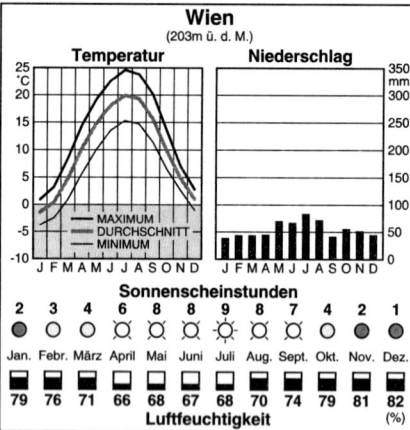

WELTKARTE?

LÄNDERKARTEN?

ZEITZONENKARTE?

INFORMATION ÜBER

IMPFBESTIMMUNGEN UND

GESUNDHEITSVORKEHRUNGEN?

... siehe Inhaltsverzeichnis

Pakistan

☐ *Internationaler Flughafen*

Lage: Indischer Subkontinent.

Ministry of Culture, Sports & Tourism
Tourism Division
Government of Pakistan
13-T/U College Road,
Commerical Area, Markaz F-7
Islamabad
Tel: (051) 82 70 24, 81 18 59. Telefax: (051) 81 57 67.
Pakistan Tourism Development Corporation (PTDC)
PO Box 1465
House No. 2, Street 61
F-7/4 Islamabad
Tel: (051) 81 10 01/-4. Telefax: (051) 82 41 73.
Botschaft der Islamischen Republik Pakistan
Rheinallee 24
D-53173 Bonn
Tel: (0228) 95 53-0. Telefax: (0228) 95 53-210.
Mo-Fr 08.30-13.00 und 14.00-16.30 Uhr, *Konsularabt.*: Mo-Do 09.00-12.00 Uhr.
Honorarkonsulat der Islamischen Republik Pakistan (mit Visumerteilung)
Höhlmannstraße 13
D-14193 Berlin
Tel: (030) 826 70 71. Telefax: (030) 825 97 54.
Konsularabt.: Mo-Fr 10.00-12.00 Uhr (im Febr. nur 10.00-11.00 Uhr).
Honorargeneralkonsulate ohne Visumerteilung in Düsseldorf, Hamburg und München.
Honorarkonsulat ohne Visumerteilung in Bremen.
Botschaft der Islamischen Republik Pakistan
Hofzeile 13
A-1190 Wien
Tel: (0222) 36 73 81/82. Telefax: (0222) 36 73 76.
Mo-Fr 09.00-17.00 Uhr, *Konsularabt.*: Mo-Fr 09.00-11.00 Uhr.
Botschaft der Islamischen Republik Pakistan
Bernastraße 47
CH-3005 Bern
Tel: (031) 352 29 92. Telefax: (031) 351 54 40.
Mo-Fr 08.30-12.30 und 13.30-16.30 Uhr.
Botschaft der Bundesrepublik Deutschland
Ramma 5
Diplomatic Enclave
PO Box 1027
Islamabad

TIMATIC INFO-CODES

*Abrufbar über Ihr CRS-System (für START/Amadeus Ama-Maske benutzen). Für Galileo bitte TI-DFT eingeben (**mit** Bindestrich).*

Flughafengebühren	TI DFT/ ISB /TX
Währung	TI DFT/ ISB /CY
Zollbestimmungen	TI DFT/ ISB /CS
Gesundheit	TI DFT/ ISB /HE
Reisepassbestimmungen	TI DFT/ ISB /PA
Visabestimmungen	TI DFT/ ISB /VI

Tel: (051) 21 24 12. Telefax: (051) 21 29 11.
Generalkonsulat in Karachi.
Honorarkonsulate in Lahore und Peshawar.
Botschaft der Republik Österreich
13, 1st Street, Shalimar 6/3
PO Box 1018
Islamabad
Tel: (051) 21 04 13, 21 02 37. Telefax: (051) 21 67 54.
Honorarkonsulat ohne Paß- und Sichtvermerksbefugnis in Lahore.
Botschaft der Schweizerischen Eidgenossenschaft
Street 6, Diplomatic Enclave
G-5/4
PO Box 1073
Islamabad
Tel: (051) 21 10 60/61. Telefax: (051) 21 89 05.
Generalkonsulat in Karachi.

FLÄCHE: 796.095 qkm.
BEVÖLKERUNGSZAHL: 122.829.000 (1993).
BEVÖLKERUNGSDICHTE: 154 pro qkm.
HAUPTSTADT: Islamabad. **Einwohner:** 400.000 (1993).
GEOGRAPHIE: Pakistan grenzt im Norden an Afghanistan, im Osten an Indien, im Westen an den Iran und im Süden an das Arabische Meer. Im äußersten Norden liegt das umstrittene Gebiet Jammu und Kaschmir, das an Afghanistan, China (VR) und Indien grenzt. Pakistan besteht aus drei Regionen. Das nördliche Hochland, der Hindukusch, ist zerklüftet und bergig; das Indus-Tal ist eine flache Schwemmebene, deren oberer Teil von fünf Flüssen durchzogen wird, die in den Indus münden. Dieser fließt in südlicher Richtung zur Makranküste. Sind grenzt im Osten an die Wüste Thar und die Rann of Kutch und im Westen an die Kirthar-Bergkette; das Plateau von Balutschistan ist ein von Bergen umgebenes unfruchtbares Tafelland.
STAATSFORM: Föderative Islamische Republik (im Commonwealth), seit 1973. Staatsoberhaupt: Sander Faruk Ahmad Khan Leghari, seit November 1993. Regierungschefin: Benazir Bhutto, wiedergewählt im Herbst 1993. Zweikammerparlament mit Nationalversammlung (217 Mitgliedern) und Senat (87 Mitglieder). Wahl des Staatsoberhauptes durch Wahlmännerkollegium alle 5 Jahre. Seit 1971 Staatsgebiet auf ehem. Westpakistan reduziert.
SPRACHE: Offizielle Landessprache ist Urdu, außerdem gibt es regionale Sprachen und Dialekte wie Sindhi, Balutschi, Pundschabi, Paschtu, Saraiki und Hindko. Englisch ist weit verbreitet.
RELIGION: Fast 100% Muslime (90% Sunniten, 5-10% Schiiten), Minderheiten von Hindus, Christen und Buddhisten.
ORTSZEIT: MEZ + 4.
NETZSPANNUNG: 220 V, 50 Hz.
POST- UND FERNMELDEWESEN: Telefon: Selbstwählferndienst. **Landesvorwahl: 92. Telefaxanschlüsse** wurden 1986 vom pakistanischen Telefon- und Telegrafenamt eingeführt. **Telex/Telegramme** können in Postämtern, Telegrafenämtern und größeren Hotels aufgegeben werden. Das Haupttelegrafenamt in 11 Chundrigar Road, Karachi, bietet einen 24-Std.-Dienst. **Post:** Luftpost nach Europa ist vier bis fünf Tage unterwegs. Schalter für postlagernde Sendungen gibt es in Lahore, Karachi und Rawalpindi. Die Hauptpostämter der Großstädte haben rund um die Uhr geöffnet. Wichtige Briefe sollten per Einschreiben geschickt und versichert werden.
DEUTSCHE WELLE
Der Einsatz von Kurzwellenfrequenzen ändert sich mehrfach im Laufe eines Jahres, und Sendungen auf den folgenden Frequenzen werden jeweils nur zu bestimmten Tageszeiten ausgestrahlt. Näheres in der Einleitung.

MHz	21,640	17,845	15,275	13,780	9,545
Meterband	13	16	19	22	31

REISEPASS/VISUM

Wichtiger Hinweis: *Die Einreisebestimmungen mancher Länder können sich kurzfristig ändern – rufen Sie sicherheitshalber auf Ihrem CRS-System (TIMATIC-Info-Code-Fenster in diesem Kapitel) den aktuellen Stand ab bzw. wenden Sie sich an die zuständige diplomatische Vertretung. Etwaige Zahlen in der Tabelle beziehen sich auf nachfolgende Fußnoten.*

	Paß erforderlich?	*Visum erforderlich?*	*Rückflugticket erforderlich?*
Deutschland	Ja	Ja	Ja
Österreich	Ja	Ja	Ja
Schweiz	Ja	Ja	Ja
Andere EU-Länder	Ja	Ja	Ja

Anmerkung: Folgenden Reisenden wird die Einreise verweigert: (a) Staatsbürgern von Israel (auch die Durchreise); (b) Inhabern von Reisepässen von Taiwan, China außer zur Durchreise, wenn sie den Flughafen nicht verlassen.
REISEPASS: Allgemein erforderlich. Der Reisepaß muß noch mindestens 6 Monate gültig sein.
VISUM: Allgemein erforderlich.
Visaarten: Visa für einmalige Einreise sind 3 Monate gültig. Mit einem Mehrfachvisum kann man bis zu sechsmal innerhalb eines Jahres einreisen, jedoch jedesmal höchstens 3 Monate im Land bleiben. Das Visum muß innerhalb von 6 Monaten nach der Ausstellung benutzt werden.
Visagebühren: Unterschiedlich, je nach Nationalität (z. B. 40 DM für Deutsche bei Antragstellung in Bonn, 240 öS für Österreicher bei Antragstellung in Wien, 30 sfr für Schweizer bei Antragstellung in Bern). Erkundigen Sie sich bei der Botschaft.
Antragstellung: Bei der Botschaft (Adressen s. o.).
Unterlagen: (a) Gültiger Reisepaß. (b) Antrag. (c) 1 Paßfoto. (d) Bestätigtes Ticket zur Weiterreise oder zum Rückflug.
Der postalischen Antragstellung sollten ein frankierter Rückumschlag und der Zahlungsbeleg über die Gebühren beigelegt werden.

GELD

Währung: 1 Pakistanische Rupie (PR) = 100 Paisa. Banknoten gibt es im Wert von 1000, 500, 100, 50, 10, 5, 2 und 1 PR. Münzen gibt es im Wert von 1 PR und 50, 25, 10 und 5 Paisa.
Kreditkarten: Am gebräuchlichsten ist *American Express. Visa, Eurocard* und *Diners Club* werden ebenfalls akzeptiert. Einzelheiten vom Aussteller der betreffenden Kreditkarte.
Reiseschecks werden von den meisten Banken, 4- und 5-Sterne-Hotels und großen Geschäften angenommen.
Wechselkurse

	PR Sept. '92	PR Febr. '94	PR Jan. '95	PR Jan. '96
1 DM	16,83	17,44	19,85	23,80
1 US$	25,01	30,27	30,77	34,22

Devisenbestimmungen: Die Ein- und Ausfuhr der Landeswährung ist auf 3000 PR begrenzt. Unbegrenzte Ein- und Ausfuhr von Fremdwährungen.
Öffnungszeiten der Banken: In der Regel So-Do 09.00-13.00 und 15.00-20.00 Uhr, freitags geschlossen. Einige Banken haben auch samstags geöffnet.

DUTY FREE

Folgende Artikel können zollfrei nach Pakistan eingeführt werden:
200 Zigaretten oder 50 Zigarren oder 500 g Tabak;
250 ml Parfüm und Eau de toilette.
Anmerkung: (a) Die Einfuhr von Alkohol, Streichhölzern, Pflanzen, Obst und Gemüse ist verboten. Wer aus Versehen Spirituosen importiert oder sie in ein drittes Land mitnehmen möchte, kann diese beim Zoll bis zur Aureise hinterlegen. (b) Edelsteine und Schmuck dürfen bis zu einem Wert von 10.000 PR ausgeführt werden (5000 PR für Einwohner von Afghanistan, den Golfstaaten, Iran und Nepal). Teppiche dürfen – mit Ausfuhrgenehmigung – bis zu einem Wert von 25.000 PR exportiert werden. Bei allen o. a. Artikeln muß der Nachweis erbracht werden, daß sie mit Devisen bezahlt wurden. Der Export von Antiquitäten ist verboten.

GESETZLICHE FEIERTAGE

1. Mai '96 Maifeiertag. **29. Mai** Ashoura. **1. Juli** Feiertag. **1. Aug.** Eid-i-Milad-un-Nabi (Geburtstag des Propheten). **14. Aug.** Unabhängigkeitstag. **6. Sept.** Verteidigungstag Pakistans. **11. Sept.** Gedenktag des Todes von Quaid-e-Azam. **9. Nov.** Allama-Iqbal-Tag. **25. Dez.** Quaid-e-Azams Geburtstag; Weihnachten. **31. Dez.** Feiertag. **10. Jan. '97** Beginn des Ramadan. **11. Febr.** Eid al-Fitr (Ende des Ramadan). **23. März** Pakistantag. **19. April** Beginn des Eid al-Adha.
Anmerkung: (a) Die angegebenen Daten für islamische Feiertage sind nach dem Mondjahr berechnet und verschieben sich daher von Jahr zu Jahr. Während des Ramadan, der dem Festtag Eid al-Fitr vorangeht, essen Mohammedaner nicht tagsüber, sondern erst nach Sonnenuntergang, wodurch der normale Geschäftsablauf gestört werden kann. Diese Unterbrechungen können auch während des Eid al-Fitr auftreten. Dieses Fest, ebenso wie Eid al-Adha, kann je nach Region 2-4 Tage dauern. Weitere Informationen im Kapitel *Welt des Islam* (s. Inhaltsverzeichnis). (b) Die christlichen Feiertage werden nur von den christlichen Gemeinden gefeiert.

GESUNDHEIT

In der folgenden Tabelle aufgeführte Impfvorschriften können sich kurzfristig ändern. Es wird stets empfohlen, auf Ihrem CRS-System (TIMATIC-Info-Code-Fenster in diesem Kapitel) den aktuellen Stand der Gesundheitsbestimmungen abzurufen bzw. rechtzeitig vor der Reise ärztlichen Rat einzuholen.

	Vorsichtsmaßnahmen empfohlen	*Impfschein erforderlich*
Gelbfieber	Nein	1
Cholera	Ja	2
Typhus & Polio	Ja	-
Malaria	3	-
Essen & Trinken	4	-

[1]: Eine Impfbescheinigung gegen Gelbfieber wird von Reisenden verlangt, die aus Infektionsgebieten kommen. Kinder unter sechs Monaten sind davon ausgenommen, falls die Mutter vor der Geburt gegen Gelbfieber geimpft wurde. Länder und Gebiete der endemischen Zonen werden von Pakistan noch immer als Infektionsgebiete betrachtet.
[2]: Eine Impfbescheinigung gegen Cholera ist keine Einreisebedingung, das Risiko einer Infektion besteht jedoch. Da die Wirksamkeit der Schutzimpfung umstritten ist, empfiehlt es sich, rechtzeitig vor Antritt der Reise ärztlichen Rat einzuholen. Näheres unter *Gesundheit* (s. Inhaltsverzeichnis).
[3]: Ein Malariarisiko besteht ganzjährig in allen Landesteilen unter 2000 m. Die gefährlichere Malariaart *Plasmodium falciparum* soll Chloroquin-resistent sein.
[4]: Wasser sollte generell vor der Benutzung zum Trinken, Zähneputzen und zur Eiswürfelbereitung entweder abgekocht oder anderweitig sterilisiert werden. Milch ist außerhalb der Stadtgebiete nicht pasteurisiert und sollte abgekocht werden. Trocken- und Dosenmilch nur mit keimfreiem Wasser weiterverarbeiten. Milchprodukte aus ungekochter Milch am besten vermeiden. Fleisch- und Fischgerichte nur gut durchgekocht und heiß servieren essen. Der Genuß von rohen Salaten und Mayonnaise sollte vermieden werden. Gemüse sollte gekocht und Obst geschält werden.
Tollwut kommt vor. Wer ein erhöhtes Risiko eingeht (z. B. längerer Aufenthalt in abgelegenen Gebieten), sollte vor Reiseantritt eine Schutzimpfung erwägen. Bei Bißwunden so schnell wie möglich ärztliche Hilfe in Anspruch nehmen. Näheres im Kapitel *Gesundheit* (s. Inhaltsverzeichnis).
Hepatitis A und *E* kommen vor, *Hepatitis E* tritt zum Teil in größeren Epidemien auf. *Hepatitis B* ist endemisch.
Gesundheitsvorsorge: Der Abschluß einer Reisekrankenversicherung wird dringend empfohlen.

REISEVERKEHR - International

FLUGZEUG: Pakistans nationale Fluggesellschaft *Pakistan International Airlines (PIA)* fliegt weltweit 47 Destinationen an. Von Wien gibt es keine Direktverbindungen.
Durchschnittliche Flugzeiten: *Frankfurt* – Karachi: 6 Std. 10; *Zürich* – Karachi: 6 Std; *Riyadh* – Karachi: 3 Std. 35; *Singapur* – Karachi: 6 Std. 55.
Internationale Flughäfen: *Karachi (KHI)* (Zivil) liegt 15 km nordöstlich der Stadt (Fahrzeit 25 Min.). Am Flughafen gibt es eine Bank, Post, Mietwagenschalter, Tourist-Information, Duty-free-Shops, Snackbars und Restaurants. Flughafenbusse warten auf alle ankommenden Flüge. Tagsüber fährt alle 30 Min. ein Linienbus. Ein Taxistand ist vorhanden.
Lahore (LHE) liegt 11 km südöstlich der Stadt (Fahrzeit 20 Min.). Flughafenbus alle 20 Min., Linienbusse alle 10 Min. Taxistand vorhanden. Am Flughafen gibt es eine Bank, Mietwagenschalter, Restaurant und Geschäfte.
Islamabad (ISB) (Islamabad International) liegt 8 km südöstlich der Stadt (Fahrzeit 20 Min.). Am Flughafen gibt es eine Bank, eine Post, Mietwagenschalter, Tourist-Information, Duty-free-Shops, Snackbars und Restaurants. Busse und Taxistand sind vorhanden.
Peshawar (PEW) liegt 4 km außerhalb der Stadt (Fahrzeit 10 Min.). Busse und Taxistand vorhanden.
Flughafengebühren: 400 PR für Passagiere der 1. Klasse, 300 PR für Passagiere der Klub-Klasse und 200 PR für Passagiere der Touristenklasse. Bei Ticketkauf in Pakistan wird zusätzlich eine Steuer von 700 PR erhoben. Transitreisende und Kinder unter zwei Jahren sind hiervon befreit.
SCHIFF: Der wichtigste Hafen ist Karachi (Keamari). Mehrere Reedereien laufen Karachi von Europa aus an.
BAHN: Die einzige Bahnverbindung nach Indien ist von Lahore nach Amritsar. Abfahrt ist täglich um 11.00 Uhr, die Passagiere müssen jedoch bereits um 09.00 Uhr zur Erledigung der Zoll- und Ausreiseformalitäten am Bahnhof sein. Es gibt auch eine Schnellzugverbindung von Quetta nach Zahedan im Iran, Abfahrt jeden Freitag um 10.50 Uhr. Ein Passagierzug verkehrt dienstags zwischen Quetta und Taftan, Abfahrt um 10.45 Uhr.
BUS/PKW: Es gibt Straßenverbindungen von China (VR), Indien, Iran und Afghanistan. Die Strecke zwischen Karachi und Lahore ist am meisten befahren. Weitere Verbindungsstraßen von Kabul (Afghanistan) nach Rawalpindi sowie von Karachi nach Quetta und zur iranischen Grenze. Bei der Ausreise müssen 2 PR bezahlt werden.

REISEVERKEHR - National

FLUGZEUG: Hauptbetreiber der Inlandflüge ist *PIA*. Weitere Flugdienste werden von *Aero Asia* und *Shaheen* angeboten. Es gibt täglich mehrere Flüge von Karachi nach Lahore, Rawalpindi und zu anderen Städten. Im Inlandverkehr ist das Flugzeug das schnellste und praktischste Fortbewegungsmittel.
Flughafengebühren: 20 PR im Inlandverkehr.
SCHIFF: Der Flußverkehr auf dem Indus ist fast ausschließlich gewerblicher Natur, eine Vielzahl von Gütern wird auf diesem Weg zum Punjab und in den Norden transportiert.
BAHN: Die britischen Kolonialherren hinterließen ein ausgedehntes Bahnnetz, dessen Hauptstrecke mit mehreren Tages- und Nachtzügen von Karachi nach Lahore, Rawalpindi und Peshawar führt. Die meisten anderen Strecken haben täglich mehrere Verbindungen. Sogar die Abteile der 1. Klasse sind oft überfüllt und heiß. Es empfiehlt sich, in klimatisierten Abteilen zu fahren.

Pakistan Railways bietet für Touristen (Inder ausgenommen) gegen Vorlage einer von der Pakistan Tourist Development Corporation ausgestellten Bescheinigung besondere Vergünstigungen an. Gruppen- und Einzelreisende erhalten 25% und Studenten 50% Rabatt. Wer sein eigenes Fahrzeug oder einen Mietwagen mit der Bahn befördert, erhält 25% Ermäßigung. Weitere Informationen sind an jedem Bahnhof in Pakistan erhältlich. Ungefähre Fahrzeiten: Karachi – *Lahore*: 16 Std; Karachi – *Rawalpindi*: 28 Std; Karachi – *Peshawar*: 32 Std; Lahore – *Rawalpindi*: 6 Std.
BUS/PKW: Das Schnellstraßennetz zwischen den Städten ist gut instandgehalten. **Bus:** Zwischen den meisten Städten und Dörfern gibt es regelmäßige Verbindungen. Auf der Strecke Lahore – Rawalpindi – Peshawar fährt stündlich ein Bus. Auf langen Strecken sollte man mit Bussen fahren, die Air-condition bieten. Es empfiehlt sich, im voraus zu buchen. **Mietwagenfirmen** findet man in den meisten größeren Städten sowie an den Flughäfen von Karachi, Lahore und Islamabad. Die meisten Hotels vermitteln auch Mietwagen. Es herrscht Linksverkehr. **Unterlagen:** Internationaler Führerschein.
STADTVERKEHR: In Lahore, Karachi und in anderen Städten ist das **Bus-** und **Minibusnetz** gut ausgebaut, die Fahrzeuge sind jedoch oft überfüllt. **Taxi:** Die zahlreichen, preiswerten Taxis sind bei weitem das beste Verkehrsmittel, während des Ramadan fahren sie allerdings oft nur tagsüber. Außerdem gibt es **Motor-Rikschas**.

UNTERKUNFT

HOTELS: Die Auswahl an Unterkünften ist groß. In den größeren Städten gibt es moderne Hotels mit allem Komfort wie Swimmingpools und anderen Sporteinrichtungen. Weiterhin findet man in allen größeren *Hill Stations* und Urlaubsorten Ferienhäuser, *Dak-Bungalows* und *Rest Houses*. 15% Steuer wird auf alle Übernachtungspreise aufgeschlagen. Es empfiehlt sich, Zimmer lange im voraus zu reservieren und die Buchung bestätigen zu lassen. Weitere Auskünfte erteilt die *Pakistan Hotel Association*, Shafi Court, PO Box 7448, Merewether Road, Civil Lines, Karachi. Tel: (021) 632 74 25. Die *Pakistan Tourism Development Corporation* (PTDC) betreibt vier Hotels in Lahore, Rawalpindi, Muree und Peshawar. PTDC unterhält außerdem gut ausgestattete Motels der Mittelklasse in 15 Ferienorten im ganzen Land. Motel-Buchungen nimmt das *PTDC Motels Reservation Office* entgegen. Adresse: Block B-4 Markaz F-7, Bhitai Road, Islamabad 44000. Tel: (051) 81 93 84. Telefax: (051) 21 82 33.
JUGENDHERBERGEN: Der Jugendherbergsverband Pakistans betreibt neun Jugendherbergen, die Mitgliedern der angeschlossenen Jugendherbergsorganisationen offenstehen. Näheres von der *Pakistan Youth Hostel Association*, 110 Firduous Market, Gurberg 111, Lahore.

URLAUBSORTE & AUSFLÜGE

KARACHI: Die ehemalige Hauptstadt Karachi ist die größte Stadt Pakistans. Sie liegt am Arabischen Meer, nahe der Indus-Mündung. Die Hauptstadt der Provinz Sind ist heute eine moderne Industriestadt und der größte pakistanische Hafen. Sie ist nicht unbedingt für Touristen attraktiv, bietet aber einige Sehenswürdigkeiten wie den Fischereihafen, wo aus farbenfrohen Booten Fische und Meeresfrüchte ausgeladen werden, die wichtige Devisenbringer sind. In Hunderten von Straßenrestaurants und Teestuben sowie an Samosa- und Fruchtsaftständen läßt sich das einheimische Flair beim Essen oder Trinken genießen. Ein Ausflug zum *Paradise Point* lohnt sich auf jeden Fall, denn hier kann man Kamele und Pferde mieten. Außerdem kann man nach Sonnenuntergang mit dem Boot zum Krebsfang ausfahren. Dies ist bei Mondschein besonders romantisch. Zahlreiche Gebäude erinnern an die britische Kolonialzeit, vor allem die Klubs. Das unbestritten schönste Gebäude ist das *Quaiz-e-Azam's Mazar*, das Mausoleum des Gründers von Pakistan. Es besteht ganz aus weißem Marmor und hat prächtige nordafrikanische Bögen und chinesische Kristalleuchter. Die beste Besuchszeit ist die Wachablösung, die dreimal täglich stattfindet. Weiterhin lohnt sich ein Besuch des Nationalmuseums, der Parks, des Zoos und des Strands in der Nähe von Clifton.
SIND: Die interessantesten Ortschaften dieser schönen Region sind das 5000 Jahre alte **Mohenjo Daro** und **Tatta** mit seinen Mausoleen und Moscheen. Am 14 km entfernten *Haleji-See* werden zahlreiche Wassersportarten geboten.
DER PUNJAB: Lahore ist eine altehrwürdige Stadt voller Leben mit eindrucksvollen Gebäuden aus rosa und weißem Marmor. Zu den Sehenswürdigkeiten gehören die Basare, die *Badshahi-Moschee*, die zauberhaften *Shalimar-Gärten*, das *Nationalmuseum für Archäologie* und das *Gate of Chauburji*. Weitere interessante Städte sind Lyallpur, Taxila, Attock, Harappa, Multan und Bahawalpur.
Islamabad, seit 1963 die Hauptstadt Pakistans, und **Rawalpindi** sind die größten Städte der Potowar-Ebene; sie sind eher für Geschäftsleute als für Touristen interessant. Durch die Entscheidung, die Hauptstadt nach Islamabad zu verlegen, gewann die früher schläfrige Nachbarstadt Rawalpindi an Bedeutung. In **Rawalpindi** wohnen derzeit viele Regierungsbeamte. Der alte Teil der Stadt besticht durch traditionelle Architektur, und in den engen Gassen gibt es viele Basare, auf denen die Kunsthandwerker noch nach traditionellen Methoden arbeiten. Da **Islamabad** eine moderne und auf dem Reißbrett geplante Stadt ist, fehlt ihr vielleicht der Charme anderer Städte, aber es gibt eine Reihe interessanter moderner Gebäude, die für Regierungszwecke entworfen wurden. Die Stadt hat zahlreiche Parks und wunderschöne Gartenanlagen mit Brunnen. Inmitten der unweit gelegenen *Margalla Hills* liegt *Damam-e-Koh*, ein in Terrassen angelegter Garten; von hier hat man einen traumhaften Blick über die Stadt. Die *Shah Faisal Masjid*, in der 100.000 Gläubige Platz finden sollen, ist ebenso einen Besuch wert. 8 km von der Stadt entfernt liegt der *Rawal-See* mit vielen Freizeitmöglichkeiten und schönen Picknickplätzen. Das reizvolle *Swat Valley* nördlich von Rawalpindi bietet eine großartige Hochgebirgslandschaft. In früheren Jahrhunderten war hier die berühmte Skulpturenschule der Gandhara beheimatet, in der sich griechische Elemente mit buddhistischen Formen vermischen. Die Region ist bekannt für die vielen Ruinen großer buddhistischer Stupa, Klöster und Statuen. **Mingora, Miandam, Kalam, Behrain** und andere beliebte Urlaubsorte ziehen alljährlich zahlreiche Besucher an.
KASHMIR: In dieser Provinz befinden sich einige der höchsten Berge der Welt, der berühmteste ist der *Nanga Parbat*. Der zweithöchste Berg ist der *K2*. *Gilgit* und *Skardu* sind beliebte Haltepunkte für Bergsteiger. Der *Karakoram Highway* ist jetzt von Gilgit nach Hunza befahrbar, über den *Khunjerab Pass* und weiter nach Kashgar in der chinesischen Provinz Xinjiang. Diese Route folgt der Seidenstraße und ist sicherlich eine der spektakulärsten Reiserouten der Welt.
PESHAWAR: Die Hauptstadt der nordwestlichen Grenzprovinz ist Heimat der Pathanen. **Peshawar-City** wird von hohen Mauern mit 20 Stadttoren umgeben. Die Rasen und Parkanlagen erinnern an die britische Kolonialzeit. In den umliegenden Gebieten herrscht teilweise noch Stammesrecht. Sie können nur mit behördlicher Genehmigung bereist werden. Alle Männer tragen eine Waffe, die als übliche Ausrüstung eines pathanischen Kriegers gilt. In dieser Region befindet sich der berühmte *Khyber Pass*, der 1200 m hoch liegt, aus kahlem Fels besteht und die Grenze zwischen Pakistan und Afghanistan bildet.

SOZIALPROFIL

ESSEN & TRINKEN: Pakistanische, westliche und chinesische Küche steht zur Auswahl. Im allgemeinen schmecken die pakistanischen Gerichte viel besser als europäische, es sei denn, das Restaurant hat einen europäischen Koch. In der einheimischen Küche gibt es oft *Masalas* (scharfe Curry-Soßen) zu Hähnchen, Hammelfleisch, Garnelen und vielen verschiedenen Gemüsesorten. Zu den Spezialitäten gehören *Biryani* (gewürzter Reis mit Fleisch- oder Gemüsecurry), *Pilao* (ähnlich, aber weniger scharf), *Sag Gosht* (saftiger Curry mit Spinat) und *Niramish* (gebratenes Gemüse mit Kräutern). Joghurt als Beilage löscht das »Curry-Feuer« besser als Wasser oder andere Getränke. Lahore ist das Zentrum der ausgezeichneten Mogul-Küche, die als *Moghlai* bekannt ist. Typisch sind *Chicken Tandoori* (Hähnchen aus dem »Tandoor«-Ofen), *Shish-Kebabs* (auf Holzkohle gegrillte Fleischspieße), *Shami-Kebabs* (Pasteten mit in *Ghee*, oder Butter, gebratenem Hackfleisch), *Tikka-Kebabs* (gegrilltes würziges Hammel- oder Rindfleisch) und *Chicken Tikka* (scharf gewürzte, über Holzkohle gegrillte Hähnchenstücke). Als Nachtisch gibt es u. a. Kuchen, *Shahi Tukray* (in Milch gebackene Brotscheiben mit Sirup, die mit Nüssen und Safran bestreut werden), *Halwa* oder *Firni* (entfernte Ähnlichkeit mit Vanillepudding). **Getränke:** Das Nationalgetränk ist Tee, der mit Milch und Gewürzen aufgekocht und oft sehr süß serviert wird. Alkohol kann in den größeren Hotels gekauft werden, man benötigt jedoch eine Genehmigung (*Liquor Permit)* des *Excise and Taxation Office*. Wein ist teuer und nur in Spitzenrestaurants erhältlich. Pakistanisches Bier ist wie Tee und alkoholfreie Getränke überall erhältlich. Wegen der strengen Alkoholgesetze gibt es keine Bars, und in der Öffentlichkeit ist Alkoholkonsum verboten.
NACHTLEBEN: In den Spitzenhotels gibt es Bars mit Tanz, man findet jedoch kaum Nachtleben westlichen Stils. Kinos sind bei Pakistanis sehr beliebt, in den Großstädten werden internationale und pakistanische Filme gezeigt. Sehenswerte Aufführungen traditioneller Musik und Tänze finden statt, die pakistanische Kunstakademie bietet mehrere Vorstellungen pro Jahr.
EINKAUFSTIPS: Schöne Mitbringsel sind geschnitzte Holztische, Tabletts, Wandschirme, Silbergegenstände, Keramik, Bambus-, Messing- und Rattanartikel, Armreifen aus Glas, Goldornamente, handbestickte Schals, Läufer und Teppiche, Seide, Kaschmirschals und *Saleem-Shahi*-Schuhe mit nach oben gebogenen Spitzen. In manchen größeren Städten bieten Kunsthandwerkszentren typische Gegenstände aus verschiedenen Regionen an, es macht jedoch mehr Spaß, auf dem Basar einzukaufen. Handeln ist üblich. **Öffnungszeiten der Geschäfte:** Sa-Do 09.30-13.00 und 15.00-20.00 Uhr. Die Basare haben länger geöffnet.
SPORT: Golf: In den größeren Städten gibt es Golfklubs, in die man von einem Mitglied eingeführt werden muß; meist kann man auch eine vorübergehende Mitgliedschaft erwerben. **Tennis:** Sportklubs in den größeren Städten haben Tennisplätze; auch hier muß man durch ein Mitglied eingeführt werden. Eine andere Möglichkeit ist, durch die *Pakistan Tourism Development Corporation* eine vorläufige Mitgliedschaft der Klubs zu erwerben. **Wassersport:** Zusätzlich zu den Stränden gibt es in größeren Städten in Klubs sowie in den größeren Hotels Swimmingpools. Man kann *Keamari*-Segel- oder Motorboote zu einem im voraus vereinbarten Preis mieten. Ein besonderes Erlebnis ist nächtliches Angeln auf dem Meer. Die Süßwasserseen bieten ebenfalls gute Angelgründe. **Publikumssport: Kricket** ist Nationalsport, in den größeren Städten ist fast immer ein Spiel zu sehen. **Fußball** und **Hockey** werden immer beliebter, im Stadion von Karachi und auf vielen anderen Sportplätzen im ganzen Land kann man bei Mannschaftsspielen zusehen; **Polo** wird auch viel gespielt. Im Winter finden in Lahore und Karachi **Pferderennen** statt.
VERANSTALTUNGSKALENDER
14./15. Mai '96 *Joshi oder Chilimjusht*, Chitral. **Juli** *Shandur-Paß-Polo-Wettkämpfe*, Chitral. **Mitte Juli** *Utchal (Kalash-Festival)*, Chitral. **Mitte Sept.** *Jashn-e-Khyber*, Peshawar. **20. - 25. Sept.** *Phool* (Wein- und Walnußernte-Fest), Chitral. **Okt.** *Lok Mela* (Folklorefestival), Islamabad. **7. - 13. Okt.** *Jashan-e-Gilgit*, Gilgit. **Febr. '97** *Sibi-Festival*, Balochistan. **Anfang Febr.** *Basant-Drachenfliegerfest*, Lahore. **Febr./März** *Nationale Pferde- und Viehschau*, Lahore. **März** *Mela Chiraghan* (Lampenfestival), Lahore.
Bei den oben aufgezählten Veranstaltungen handelt es sich um eine Auswahl. Eine vollständige Aufzählung ist vom Fremdenverkehrsamt erhältlich.
SITTEN & GEBRÄUCHE: Zur Begrüßung gibt man sich die Hand. Gastfreundschaft und höfliches Benehmen sind ungeachtet der gesellschaftlichen Stellung des Gastgebers von großer Wichtigkeit. Respektieren Sie den islamischen Glauben der Pakistanis sowie ihre Umgangsformen und Gepflogenheiten. In manchen öffentlichen Gebäuden ist Rauchen verboten; man sollte vor dem Anzünden einer Zigarette immer um Erlaubnis fragen. Geschäftsleute werden normalerweise in Hotels oder Restaurants eingeladen. Bei einer Einladung in ein Privathaus freut sich der Gastgeber über ein Geschenk aus der eigenen Heimat oder ein Firmengeschenk. Zwanglose Kleidung ist für die meisten Anlässe angemessen. Frauen sollten keine engen Kleider tragen und darauf achten, daß Arme und Beine bedeckt sind. Die pakistanische Gesellschaft ist in Klassen aufgeteilt, innerhalb jeder Klasse gibt es wiederum feine soziale Unterschiede. Der Koran, auf dem auch das herrschende islamische Gesetz beruht, beeinflußt alle Aspekte des täglichen Lebens (weiteres im Kapitel *Welt des Islam*, s. Inhaltsverzeichnis). **Trinkgeld:** Die meisten erstklassigen Hotels und Restaurants berechnen 10% Bedienungsgeld; Trinkgeld nach Ermessen.

WIRTSCHAFTSPROFIL

WIRTSCHAFT: Rund die Hälfte der Erwerbstätigen ist in der Landwirtschaft tätig, in der hauptsächlich Weizen, Reis, Zuckerrohr und Baumwolle angebaut werden. Die oft katastrophalen Wetterverhältnisse der letzten Jahre sowie mangelnde Entwicklung haben einen Zuwachs der landwirtschaftlichen Produktion weitgehend verhindert, so daß die Regierung bemüht ist, andere Wirtschaftszweige anzukurbeln. Der Bergbau hat hier ein großes Potential, das Vorhandensein einiger großer Lagerstätten ist bestätigt – Investitionen halten sich bisher jedoch in Grenzen. Die Erdölförderung begann in den achtziger Jahren, ist aber am internationalen Standard gemessen geringfügig; außerdem gibt es Graphit-, Kalkstein-, Kupfer- und Kohlevorkommen. In der Industrie überwiegt die Herstellung von Textilien und Baumaterialien sowie die Nahrungsmittelverarbeitung. Pakistans Armut berechtigt das Land zu Auslandshilfen, die umfangreicher geworden sind, seit sich die Rückzahlungen verbessert haben – nur die USA haben ihre Entwicklungshilfe in letzter Zeit drastisch reduziert. Dennoch zeichnet sich ein wirtschaftlicher Aufschwung ab: Zollschranken und Devisenbeschränkungen wurden gelockert, das Defizit im Staatshaushalt wurde abgebaut, das Staatseinkommen wurde aufgestockt durch die Privatisierung von Banken und Industriekonzernen sowie Transport- und Kommunikationsorganisationen. Nach entsprechender Gesetzgebung haben Investitionen aus dem Ausland zugenommen. Allerdings befürchtet die Regierung eine negative Auswirkung der Islamisierungsbestrebungen auf die Wirtschaft. Größter Importpartner des Landes sind Japan und die USA, exportiert wird vor allem in die USA, nach Hongkong, Japan, Deutschland und Großbritannien.
GESCHÄFTSVERKEHR: Zu wichtigen geschäftlichen Terminen werden Krawatte bzw. Kostüm/Sari erwartet. In Geschäftskreisen wird oft Englisch gesprochen. Freitag ist Feiertag. Visitenkarten sind wichtig. **Geschäftszeiten Behörden:** So-Do 09.00-17.00 Uhr.
Kontaktadressen: *The Commercial Counsellor at the Austrian Embassy* (Außenhandelsstelle der Wirtschaftskammer Österreich), 43/1/N, Razi Road, Block 6, P.E.C.H.S., Karachi 75400. Tel: (021) 454 91 11/12. Telefax: (021) 454 73 82.
Overseas Investors Chamber of Commerce and Industry (Industrie- und Handelskammer für ausländische Investoren), PO Box 4833, Karachi. Tel: (021) 241 08 14. Telefax: (021) 242 73 15.

Pakistan / Panama

KLIMA

Es gibt drei Jahreszeiten. Der Winter (März - April) ist warm, an der Küste bringen Meeresbrisen Kühlung. Der Sommer (April - Juli) hat extreme Temperaturen. Während der Monsunzeit (Juli - September) regnet es in den gebirgigen Landesteilen am meisten. Karachi hat nur wenig Niederschlag. Den Süden des Landes besucht man am besten zwischen November und März, wenn die Tage kühler und klarer sind. Die günstigsten Monate für Reisen nach Nordpakistan sind April bis Oktober.
Kleidung: Leichte Kleidung genügt meist, wärmere Kleidung besonders im Norden zwischen November und April. Regenschutz nicht vergessen.

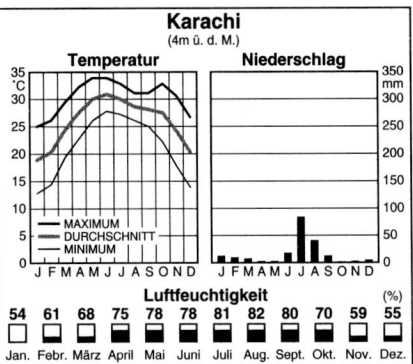

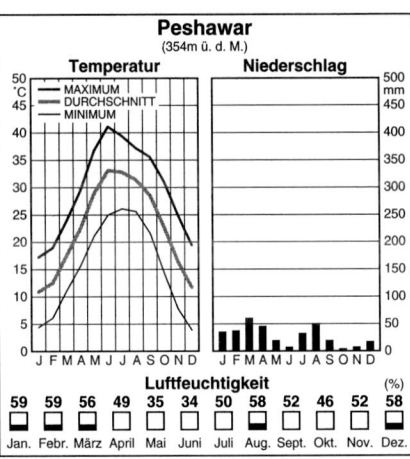

Eine weitere wichtige Veröffentlichung von *Columbus Press* ist der »World Travel Guide«, der jährlich herausgegeben wird und auf über tausend Seiten Informationen in englischer Sprache über alle Länder der Erde enthält.

Weitere Einzelheiten von:
Columbus Press, Verkaufsabteilung,
Aurikelweg 9,
D-38108 Braunschweig.
Tel: 05309/2123. Telefax: 05309/2877.

Panama

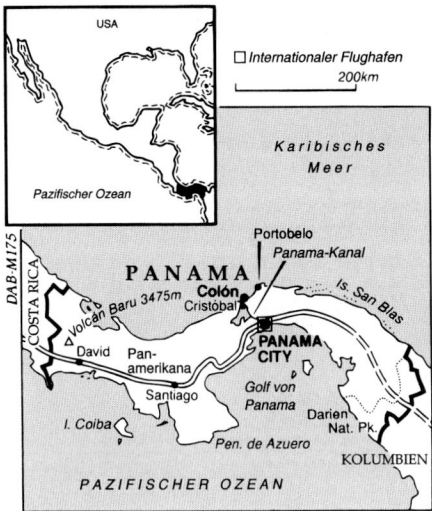

Lage: Mittelamerika.

Instituto Panameño de Turismo (IPAT)
Centro de Convenciones ATLAPA
Vía Israel
Apdo. 4421
Panamá 5
Tel: 26 70 00. Telefax: 26 34 83.
Botschaft der Republik Panama
Lützowstraße 1
D-53173 Bonn
Tel: (0228) 36 10 36/37. Telefax: (0228) 36 35 58.
Mo-Fr 09.00-16.00 Uhr.
Generalkonsulat mit Visumerteilung in Hamburg (Tel: (040) 34 02 18, 34 36 16).
Honorargeneralkonsulat mit Visumerteilung in Frankfurt/M. (Tel: (069) 63 66 63) und Mainz (Tel: (06131) 47 68 72).
Botschaft der Republik Panama
Elisabethstraße 4/5, 3°, Tür 9
A-1010 Wien
Tel: (0222) 587 23 47. Telefax: (0222) 586 30 80.
Mo-Fr 10.00-13.00 Uhr.
Generalkonsulat der Republik Panama (mit Visumerteilung)
72 Rue de Lausanne
CH-1202 Genf
Tel: (022) 738 03 88. Telefax: (022) 738 03 63.
Mo-Fr 09.30-13.00 und 14.30-17.00 Uhr.
Generalkonsulat der Republik Panama (mit Visumerteilung)
Löwenstraße 40
CH-8023 Zürich
Tel: (01) 225 14 88. Telefax: (01) 225 14 89.
Mo-Fr 10.00-12.30 Uhr.
Konsulat mit Visumerteilung in Lugano (Tel: (091) 923 38 37).
Übergeordnete Vertretung ist die Botschaft der Republik Panama in Paris.
Botschaft der Bundesrepublik Deutschland
Edificio Bancomer, 6°
Calle 50 y 53 esquina
Apdo. 4228
Panamá 5
Tel: 263 77 33, 264 11 47. Telefax: 223 66 64.
Honorarkonsulate in Colón und David.
Generalkonsulat der Republik Österreich (ohne Paß-, mit Sichtvermerksbefugnis)
Edificio Concreto
Avenida Simón Bolívar
Apdo. 177
Panamá 9A
Tel: 29 27 00. Telefax: 29 29 25.
Übergeordnete Vertretung ist die Botschaft in Bogotá (s. Kolumbien).
Die Schweiz unterhält keine diplomatische Vertretung in Panama, zuständig ist die Botschaft in San José (s. Costa Rica).

FLÄCHE: 76.949 qkm.
BEVÖLKERUNGSZAHL: 2.538.000 (1993).
BEVÖLKERUNGSDICHTE: 33 pro qkm.
HAUPTSTADT: Panama City. Einwohner: 625.200 (1992).
GEOGRAPHIE: Panama ist das Bindeglied zwischen Nord- und Südamerika. Das Land grenzt im Osten an Kolumbien, im Westen an Costa Rica, im Norden an die Karibik und im Süden an den Pazifischen Ozean. Es erstreckt sich von Ost nach West über 772 km, ist S-förmig und zwischen 60 und 177 km breit. Die bergige Landschaft senkt sich an beiden Küsten auf flußreiche Ebenen hinab. Bewaldete Hänge und eine große Savanne mit sanften Hügeln (El Interior), die zwischen der Peninsula de Azuero und der zentralen Bergkette liegt, sind weitere Aspekte der abwechslungsreichen Landschaft. Die Karibik und der Pazifische Ozean werden durch den 65 km langen Panama-Kanal verbunden, der durch die Landenge zwischen der *Cordillera de Talamanca* und der *Cordillera de San Blas* gebaut wurde. Nur ca. ein Viertel des Landes ist besiedelt. Die Mehrheit der Bevölkerung wohnt entweder in der Umgebung des Kanals und in den größeren Städten Panama City und Colón, die 40% der Einwohner des Landes beherbergen, oder in den Ebenen der Pazifikküste. Es gibt nur drei eingeborene Indianerstämme, die ihre Unabhängigkeit und ihren traditionellen Lebensstil durch einen Rückzug in abgelegenere Regionen erhalten haben.
STAATSFORM: Präsidialrepublik seit 1972, Verfassung von 1983, letzte Änderung 1994 (Abschaffung der Armee); Einkammerparlament (72 Mitglieder). Direktwahl des Staatsoberhauptes alle 5 Jahre. Staats- und Regierungschef: Ernesto Pérez Balladares, seit September 1994. Legislative und Exekutive liegen bei Präsidium und Regierung. Verfassungsreform von Juni 1992 zur Schaffung von Regionalregierungen, Unabhängigkeit der Justiz; Verhaftung des Diktators Manuel Noriega im Juli 1992. Unabhängig seit 1821 von Spanien, Beitritt zur Republik Großkolumbien; 1903 Lösung von Großkolumbien.
SPRACHE: Amtssprache ist Spanisch. Englisch ist Umgangssprache. Außerdem werden indianische Sprachen gesprochen.
RELIGION: 96% Katholiken. Zahlreiche Einwanderer von den Karibischen Inseln sind Methodisten, Baptisten oder gehören der Episkopal-Kirche an. Protestantische und muslimische Minderheiten.
ORTSZEIT: MEZ - 6.
NETZSPANNUNG: 120 V, 60 Hz.
POST- UND FERNMELDEWESEN: Telefon: Selbstwählferndienst. Landesvorwahl: 507. **Telefaxgeräte** stehen in manchen Hotels sowie in den Hauptpostämtern zur Verfügung. **Telexdienst** und **Telegrammaufgabe** in Panama City und in größeren Hotels sowie den Hauptpostämtern. Pro Telex wird eine Steuer von 1 US$ erhoben, auf jedes Telegramm entfällt eine Steuer von 50 Cents. **Post:** Luftpost nach Europa ist 5-10 Tage unterwegs, die größeren Postämter nehmen postlagernde Sendungen entgegen und bieten einen Expreßservice für Postzustellungen an. Öffnungszeiten der Postämter: Mo-Fr 06.30-17.45 Uhr, Sa 07.00-17.00 Uhr.
DEUTSCHE WELLE
Der Einsatz der Kurzwellenfrequenzen ändert sich mehrfach im Laufe eines Jahres, und Sendungen auf den folgenden Frequenzen werden jeweils nur zu bestimmten Tageszeiten ausgestrahlt. Näheres in der Einleitung.

MHz	17,860	17,715	15,275	9,545	6,100
Meterband	16	16	19	31	49

REISEPASS/VISUM

Wichtiger Hinweis: Die Einreisebestimmungen mancher Länder können sich kurzfristig ändern - rufen Sie sicherheitshalber auf Ihrem CRS-System (TIMATIC-Info-Code-Fenster in diesem Kapitel) den aktuellen Stand ab bzw. wenden Sie sich an die zuständige diplomatische Vertretung. Etwaige Zahlen in der Tabelle beziehen sich auf nachfolgende Fußnoten.

	Paß erforderlich?	Visum erforderlich?	Rückflugticket erforderlich?
Deutschland	Ja	Nein/1	Ja
Österreich	Ja	Nein/1	Ja
Schweiz	Ja	Nein/1	Ja
Andere EU-Länder	Ja	1/2/3	Ja

Anmerkung: Die Einreisebestimmungen werden streng eingehalten; bei Verstößen wird man meistens auf Kosten der Fluggesellschaft ins Herkunftsland zurückgeschickt, sofern man nicht über genügend Geldmittel für seinen Aufenthalt verfügt (Touristen müssen mindestens 500 US$ oder Kreditkarten vorweisen können).
REISEPASS: Allgemein erforderlich zur Einreise. Der Reisepaß muß bei der Ankunft noch mindestens 6 Mona-

TIMATIC INFO-CODES

*Abrufbar über Ihr CRS-System (für START/Amadeus Ama-Maske benutzen). Für Galileo bitte TI-DFT eingeben (**mit** Bindestrich).*

Flughafengebühren	TI DFT/ PTY /TX
Währung	TI DFT/ PTY /CY
Zollbestimmungen	TI DFT/ PTY /CS
Gesundheit	TI DFT/ PTY /HE
Reisepaßbestimmungen	TI DFT/ PTY /PA
Visabestimmungen	TI DFT/ PTY /VI

te gültig sein. Im Kinderausweis, der auch bei Kindern unter 10 Jahren mit einem Lichtbild versehen sein sollte, muß die entsprechende Nationalität eingetragen sein.
VISUM: [1] Alle Geschäftsreisenden benötigen ein Visum. Genereller Visumzwang auch für Touristen, ausgenommen sind Staatsangehörige folgender Länder:
(a) **[2]** Bundesrepublik Deutschland, Österreich, Schweiz sowie Chile, Costa Rica, El Salvador, Finnland, Großbritannien, Honduras, Spanien und Uruguay für Aufenthalte von 30 Tagen (Verlängerungsmöglichkeit bis 90 Tage in Panama bei den Einwanderungsbehörden möglich);
(b) **[3]** Staatsangehörige der folgenden Staaten brauchen für Aufenthalte von bis zu 30 Tagen kein Visum, wenn sie im Besitz einer **Touristenkarte** sind, die vom Reisebüro besorgt oder vor dem Abflug von den Fluggesellschaften erhältlich ist:
Antigua und Barbuda, Argentinien, Aruba, Australien, Bahamas, Barbados, Belgien, Belize, Bolivien, Brasilien, Dänemark, Dominikanische Republik, Ecuador, Frankreich, Grenada, Griechenland, Guatemala, Guyana, Irland, Island, Italien, Jamaika, Japan, Kanada, Kolumbien, Korea-Süd, Luxemburg, Malta, Mexiko, Monaco, Neuseeland, Nicaragua, Niederlande, Norwegen, Paraguay, Peru, Portugal, San Marino, São Tomé und Principe, Schweden, St. Lucia, St. Vincent und die Grenadinen, Suriname, Taiwan (China), Trinidad und Tobago, USA, Venezuela und West-Samoa.
Staatsangehörigen dieser Länder, die bei der Einreise keine Touristenkarte vorweisen können, wird sie bei der Ankunft gegen eine Gebühr ausgestellt.
Anmerkung: Bei der Einreise ohne Visum bzw. mit Touristenkarte müssen ein noch mindestens sechs Monate gültiger Reisepaß, ein Rück- oder Weiterreiseticket und ausreichende Geldmittel vorgewiesen werden. Zusätzlich ist es empfehlenswert, eine Gelbfieber-Impfbescheinigung mit sich zu führen.
Inhaber palästinensischer Pässe und Staatsbürger der folgenden Länder müssen vor der Einreise zusätzlich zum Visum eine Genehmigung bei der panamaischen Einwanderungsbehörde beantragen:
Äthiopien, Afghanistan, Albanien, Algerien, Andorra, Angola, Bahrain, Bangladesch, Benin, Bhutan, Botswana, Bulgarien, Burkina Faso, Burundi, China (VR), Estland, Fidschi, Gabun, Gambia, Ghana, GUS-Staaten, Haiti, Hongkong, Indien, Indonesien, Irak, Iran, Jemen, Jordanien, Jugoslawien (alle Nachfolgestaaten), Kambodscha, Kamerun, Katar, Kenia, Kiribati, Kongo, Korea-Nord, Kuba, Kuwait, Laos, Lesotho, Lettland, Libanon, Liberia, Libyen, Litauen, Madagaskar, Malawi, Malaysia, Malediven, Mali, Marokko, Mauretanien, Mauritius, Mongolei, Mosambik, Myanmar, Nauru, Nepal, Niger, Nigeria, Oman, Pakistan, Papua-Neuguinea, Polen, Ruanda, Rumänien, Sambia, Saudi-Arabien, Senegal, Sierra Leone, Simbabwe, Slowakische Republik, Somalia, Sri Lanka, Südafrika, Sudan, Syrien, Tansania, Togo, Tonga, Tschechische Republik, Türkei, Tunesien, Tuvalu, Uganda, Ungarn, Vanuatu, Vereinigte Arabische Emirate, Vietnam, Zaïre und Zentralafrikanische Republik.
Transitreisende aus oben den genannten Ländern mit Endziel Belize müssen außerdem ein Weiter- oder Rückreiseticket in das Land ihres Wohnsitzes vorweisen sowie ausreichende Geldmittel (mindestens 500 US$).
Visaarten: Einreisevisa. Es gibt keine Transitvisa. Reisende aus Ländern, die ohne Visum bzw. mit Touristenkarte einreisen dürfen oder innerhalb von neun Stunden in ein Drittland weiterfliegen, benötigen kein Visum zur Durchreise.
Visagebühren: Ein Visum kostet 10 US$ (bzw. den Gegenwert in DM, öS oder sfr). Die Botschaft in Wien stellt nur für Staatsbürger einiger Länder Visa aus. Staatsangehörige, die für die Einreise eine Genehmigung der panamaischen Einwanderungsbehörde benötigen, müssen eine höhere Gebühr entrichten.
Gültigkeitsdauer: 1 Monat Aufenthalt vom Tag der Einreise, Verlängerung in Panama bis zu 90 Tage ist möglich. Visa müssen innerhalb von 3 Monaten benutzt werden.
Antragstellung: Konsulat bzw. Konsularabteilung der Botschaft (Adressen s. o.).
Unterlagen: (a) Gültiger Reisepaß. (b) 2 Paßfotos. (c) 2 Antragsformulare. (d) Rückflugticket. (e) Gebühr. (f) Ggf. Aufenthaltsgenehmigung für Deutschland, Österreich bzw. die Schweiz. (g) Bei Geschäftsvisa: Firmenschreiben und Nachweis ausreichender Geldmittel.
Bearbeitungszeit: 24 Std. bei persönlicher Antragstellung. Normale Einreisevisa werden sofort bearbeitet, genehmigungspflichtige Visa erhält man nach ca. drei Tagen (nach Eintreffen der Bestätigung aus Panama). Alle Visa müssen persönlich beantragt werden.

GELD

Währung: 1 Balboa (BA) = 100 Centésimos. Banknoten sind nicht in Umlauf. Münzen gibt es im Wert von 100 und 1 BA sowie 50, 25, 10, 5 und 1 Centésimo. US-Dollar werden überall anerkannt: 1 BA = 1 US$.
Kreditkarten: *American Express, Diners Club, Eurocard* und *Visa* werden akzeptiert. Einzelheiten vom Aussteller der betreffenden Kreditkarte.
Reiseschecks: US$-Reiseschecks werden empfohlen.
Wechselkurse

	BA Sept. '92	BA Febr. '94	BA Jan. '95	BA Jan. '96
1 DM	0,67	0,58	0,65	0,69

Devisenbestimmungen: Die Ein- und Ausfuhr von Landes- und Fremdwährungen ist unbegrenzt. Besucher, die ein Visum benötigen, müssen bei der Einreise im Besitz von mindestens 3000 US$ sein (oder 10 US$ pro Tag für Aufenthalte über 15 Tage).
Öffnungszeiten der Banken: Mo-Fr 08.00-13.30 Uhr, Sa 08.30-12.00 Uhr.

DUTY FREE

Folgende Artikel können zollfrei nach Panama eingeführt werden:
2 Kartons Zigaretten oder 50 Zigarren oder 500 g Tabak;
Spirituosen für den persönlichen Gebrauch;
Parfüm und Eau de Cologne für den persönlichen Gebrauch.
Einfuhrverbot: Pflanzen (Obst, Gemüse, Blumen usw.), Fleisch und tierische Produkte.

GESETZLICHE FEIERTAGE

1. Mai '96 Tag der Arbeit. **15. Aug.** Gründung von Panama City (nur in Panama City). **11. Okt.** Revolutionstag. **3. Nov.** Tag der Unabhängigkeit von Kolumbien. **4. Nov.** Flaggentag. **10. Nov.** Tag der ersten Ausrufung der Unabhängigkeit. **28. Nov.** Tag der Unabhängigkeit von Spanien. **8. Dez.** Muttertag/Mariä Empfängnis. **25. Dez.** Weihnachten. **1. Jan. '97** Neujahr. **9. Jan.** Nationaler Märtyrertag. **19./20. Febr.** Faschingsmontag und -dienstag. **31. März** Karfreitag. **1. Mai** Tag der Arbeit.

GESUNDHEIT

In der folgenden Tabelle aufgeführte Impfvorschriften können sich kurzfristig ändern. Es wird stets empfohlen, auf Ihrem CRS-System (TIMATIC-Info-Code-Fenster in diesem Kapitel) den aktuellen Stand der Gesundheitsbestimmungen abzurufen bzw. rechtzeitig vor der Reise ärztlichen Rat einzuholen.

	Vorsichtsmaßnahmen empfohlen	*Impfschein erforderlich*
Gelbfieber	Ja	1
Cholera	2	2
Typhus & Polio	3	-
Malaria	4	-
Essen & Trinken	5	-

[1]: Eine Impfbescheinigung gegen Gelbfieber wird allen Reisenden empfohlen, die die Provinz Darién besuchen.
[2]: Eine Impfbescheinigung gegen Cholera ist keine Einreisebedingung, das Risiko einer Infektion ist jedoch nicht auszuschließen. Da die Wirksamkeit der Schutzimpfung umstritten ist, empfiehlt es sich, rechtzeitig vor Reiseantritt ärztlichen Rat einzuholen. Näheres im Kapitel *Gesundheit* (s. Inhaltsverzeichnis).
[3]: Typhus tritt auf, Poliomyelitis jedoch nicht.
[4]: Malariaschutz ganzjährig erforderlich gegen die vorherrschende weniger gefährliche Form *Plasmodium vivax* in den ländlichen Regionen um die Seen Boyana und Gatún, in den Alto Chucunaque- und Darién-Regionen sowie in den kontinentalen Regionen um die San-Blas-Inselgruppe. Die gefährlichere Form *Plasmodium falciparum* soll Chloroquin-resistent sein.
[5]: Leitungswasser ist normalerweise gechlort und relativ sauber, es können jedoch u. U. leichte Magenverstimmungen auftreten. Für die ersten Wochen des Aufenthalts wird daher abgefülltes Wasser empfohlen, welches überall erhältlich ist. Trinkwasser außerhalb der größeren Städte sollte sterilisiert werden. Milch ist pasteurisiert und kann, ebenso wie Milchprodukte aus ungekochter Milch, Fleisch, Geflügel, Obst und Gemüse, unbesorgt verzehrt werden.
Tollwut kommt vor. Wer ein erhöhtes Risiko eingeht (z. B. längerer Aufenthalt in abgelegenen Gebieten), sollte vor Reiseantritt eine Schutzimpfung erwägen. Bei Bißwunden so schnell wie möglich ärztliche Hilfe in Anspruch nehmen. Weitere Informationen im Kapitel *Gesundheit* (s. Inhaltsverzeichnis).
Hepatitis A kommt vor.
Gesundheitsvorsorge: Die medizinischen Einrichtungen haben einen hohen Standard, es gibt ca. 7000 Krankenhausbetten und 2000 Ärzte im Land. Der Abschluß einer Reisekrankenversicherung wird empfohlen, da die Behandlungskosten hoch sind.

REISEVERKEHR - International

FLUGZEUG: Panamas nationale Fluggesellschaft heißt *Copa (Compania Panameña de Aviación)*. Keine Direktflüge von Zürich und Wien, günstige Verbindungen über Miami. Der *Visit Central America Pass* wird von fünf zentralamerikanischen Fluggesellschaften gemeinsam angeboten. Er gilt auf dem gesamten Streckennetz von *Lacsa*, *TACA* (El Salvador), *Aviateca* (Guatemala), *NICA* (Nicaragua) und *Copa* (Panama). Es können mindestens drei und maximal fünf Ziele angeflogen werden. Die Reise muß über eine der nachfolgenden Städte begonnen und auch wieder abgeschlossen werden: *USA*: u. a. Houston, Los Angeles, Miami, New Orleans, New York, Orlando, San Francisco, Washington; *Mittelamerika*: u. a. Cancún, Mexico City, Rio de Janeiro; *Südamerika*: u. a. Bogota, Cali, Caracas, Santiago, São Paulo; *Karibik*: u. a. Havanna, Kingston, Montego Bay, Santo Domingo. Vorausbuchung wird empfohlen; Bestellung ist bis zu drei Tagen vor Reiseantritt möglich. Umbuchungen sind kostenlos; bei Rerouting wird eine Gebühr von 50 US$ erhoben. Rückerstattung von 50 US$ nur vor Reiseantritt; danach keine Rückerstattung möglich. Buchungen und Informationen bei *Central American Tours*, Daimlerstraße 1, D-63303 Dreieich. Tel: (06103) 83 02 37. Telefax: (06103) 8 10 61.
Durchschnittliche Flugzeiten: *Frankfurt* – Panama City: 14 Std; *Miami* – Panama City: 2 Std. 45.
Internationaler Flughafen: *Panama City (PTY)* (Tocumen International) liegt 27 km nordwestlich der Stadt (Fahrzeit 30 Min.). Flughafeneinrichtungen: Bank, Post, Mietwagenschalter, Apotheke, Läden, Tourist-Information, Hotel-Reservierungsschalter, Restaurant und Duty-free-Shop. Busse und Taxis sind vorhanden.
Flughafengebühren: 20 US$. Transitreisende und Kinder unter zwei Jahren sind hiervon befreit. In Panama gekaufte Flugtickets werden mit einer Steuer von 4% belegt.
SCHIFF: Der Panama-Kanal ist die wichtigste Verkehrsverbindung zwischen Atlantik und Pazifik. Panama (Balboa) wird von vielen Kreuzfahrt-, Passagier- und Frachtschiffen angelaufen.
BAHN: Es gibt eine internationale Verbindung von Costa Rica (Puerto Cortés) nach David und Bajo Baquete im Norden Panamas. Passagier- und Frachtzüge der *Ferrocarril de Panamá* verkehren zwischen Panama City und Colón. Die Züge der *United Fruit Subsidiary* verbinden die Plantagen in Bocas del Toro und Puerto Armuelles. Für klimatisierte Abteile muß ein Zuschlag bezahlt werden.
BUS/PKW: Die Panamerikana verläuft von Costa Rica nach Panama City. In der Regenzeit ist die südliche Straße nach Kolumbien fast unpassierbar. Der *Trans-Isthman-Highway* verbindet Panama City mit Colón.

REISEVERKEHR - National

FLUGZEUG: Die kleineren Verkehrsflughäfen sind *Aeropuerto Marcos A. Glabert* in Paitilla und *Enrique Maleck* in David, Chiriquí. Die Fluggesellschaften COPA, *Aeroperlas, Alas Chirincanas* und andere regionale Gesellschaften verbinden Panama City mit allen anderen Zentren in Panama.
BUS/PKW: Buslinien verkehren zwischen den meisten größeren Städten, der Service ist allerdings manchmal recht langsam. **Taxis** haben keine Taxameter, und Fahrpreise sollten im voraus vereinbart werden. **Mietwagen** sind in den Städten und an den Flughäfen erhältlich.
Unterlagen: Der Führerschein des eigenen Landes reicht aus.
STADTVERKEHR: In Panama City gibt es ein großes Bus- und Minibusliniennetz mit Einheitsfahrpreisen. Am Einstieg der meisten Busse gibt es Drehkreuze, in die man Münzen einwerfen muß.
FAHRZEITEN von Panama City zu den folgenden größeren Städten (ungefähre Angaben in Std. und Min.):

	Flugzeug	Bus/Pkw
Chiriquí	0.45	6.00
Santiago	0.30	3.00
Chitré	0.30	3.10

UNTERKUNFT

HOTELS: In Panama werden gegenwärtig zahlreiche neue Hotels gebaut. Das Angebot reicht von Hotels mit internationalem Standard über preiswerte Landgasthäuser und neue Urlaubshotels zu sehr einfachen Hotels. Auf alle Hotelrechnungen werden 10% Steuern aufgeschlagen.
CAMPING: Offizielle Campingplätze gibt es nicht, aber man kann an einigen Stränden und Abschnitten der Panamerikana zelten.

URLAUBSORTE & AUSFLÜGE

Panama bietet zahlreiche Touristenattraktionen und ausgezeichnete Einkaufsmöglichkeiten. Die geographische Lage des Landes machte es zu einer natürlichen Handelsroute. Die Hauptgeschäftsstraßen der größeren Städte profitieren von diesem geschäftigen Handel.
Panama City ist eine eigenartige Mischung aus dem alten Spanien der Kolonialzeit und dem modernen Amerika mit einem Hauch östlicher Basar-Atmosphäre. In der Altstadt sind die schönsten Sehenswürdigkeiten zu finden, darunter die *Plaza de Francia*, der *Justizpalast*, die *Paseo de las Bóvedas* und die *Santo-Domingo-Kirche*. Gleich daneben liegt das interessante *Museum für Koloniale Religiöse Kunst*. Der *Präsidentenpalast*, das eindrucksvollste Gebäude der Stadt, liegt über der Bucht. Am Ufer wird auch ein farbenfroher geschäftiger Markt abgehalten. Die Ruinen von *Panamá Viejo*, dem ursprünglichen Panama City, liegen 6 km von der Stadt entfernt. Auch hier plünderte der berüchtigte englische Pirat Henry Morgan 1671 alles, was nicht niet- und nagelfest war.
Der **Panama-Kanal** westlich der Stadt zieht viele Touristen an, und eine Zug- oder Busreise am 1914 eröffneten Kanal entlang ist empfehlenswert – die Landschaft ist wunderschön und der Mechanismus des Kanals faszinierend. Noch schöner ist natürlich eine Bootsfahrt. Die Fahrzeit von der Pazifik- zur Karibikküste beträgt etwa 8

Panama / Papua-Neuguinea

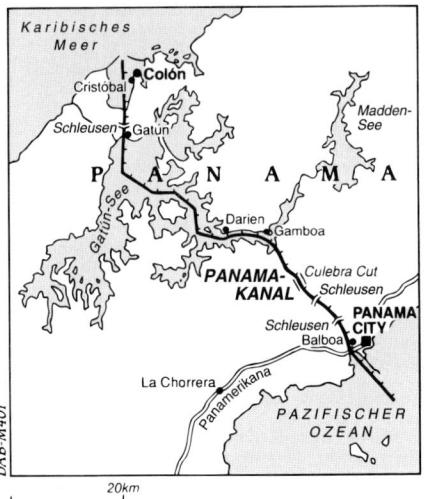

Stunden.
Balboa liegt zwischen dem Kanal und dem Ancón-Hügel. Eine Bootsstunde von der Stadt entfernt liegt die Insel **Taboga** mit schönen Stränden und zahlreichen ausgezeichneten Hotels. Die öffentlichen Verkehrsmittel sind Taxis, die hier auch *Pangas* genannt werden. Für einen längeren Ausflug bietet sich eine Bootsfahrt zum *Archipel de las Perlas* an, dessen Inseln überwiegend von Hochseeanglern besucht werden.
Fort San Lorenzo liegt an der Mündung des Rio Chague. Das eindrucksvollste Bauwerk stammt aus dem 16. Jahrhundert, das jedoch weder Henry Morgan noch Admiral Vernon davon abhalten konnte, die Stadt zu plündern.
Colón: Die zweitgrößte Stadt Panamas liegt am Karibischen Meer. Besucher sollten sich die Kathedrale und die Statuen entlang der Promenade, allgemein als *Paseo Centenario* bekannt, anschauen. Front Street war einst eine berühmte Einkaufsstraße für zollfreie Luxusartikel, von ihrem ehemaligen Glanz ist heute jedoch nicht mehr viel zu spüren.
Ein interessantes Ausflugsziel sind die **San-Blas-Inseln**, die aus 365 Inseln bestehen. Hier sind die Cuna-Indios zu Hause, die eine hochentwickelte Kultur haben und politisch besonders aktiv sind.
Portobelo liegt 48 km östlich von Colón und war zwei Jahrhunderte lang eine spanische Garnison. Der Hafeneingang wird von drei großen Steinfestungen bewacht. In der Stadt gibt es eine alte spanische Kanone zu besichtigen. Auch die Schatzkammer, in der das peruanische Gold aufbewahrt wurde, ist interessant.
Azuero-Halbinsel: Reizende kleine Kolonialstädte, beschauliche Dörfer und leere Strände erwarten den Besucher auf der pazifischen Halbinsel Azuero.
Anmerkung: Die *Fiestas* in den einzelnen Städten sind sehr lebendig, und es macht Spaß, selbst ein wenig mitzumischen; besonders der Karneval von Panama City, der an den vier Tagen vor Aschermittwoch abgehalten wird, ist ein fröhlich-buntes Spektakel. Andere Feste werden zu Ehren der örtlichen Schutzheiligen begangen. *Las Balserías*, ein Fest der Guaymí-Indios, findet jeden Februar in der Chiriquí-Provinz statt. Ein Festessen und ein Wettkampf junger Männer, die sich gegenseitig mit Holzstücken als Balsaholz bewerfen, sind Höhepunkte der Feierlichkeiten. Der Sieger des Wettkampfes darf sich eine Braut erwählen.

SOZIALPROFIL

ESSEN & TRINKEN: In Panama City und in anderen größeren Städten gibt es eine große Auswahl an Restaurants, die französische, spanische und amerikanische Gerichte anbieten. Außerdem gibt es mehrere orientalische Restaurants. Die einheimische Küche erinnert an scharf und stark gewürzte kreolische Gerichte. Landesspezialitäten sind *Ceviche* (Fisch in Limonensaft, Zwiebeln und Paprikaschoten), *Palacones de Plátano* (gebratene Kochbananen), *Sancocho* (panamaischer Eintopf mit Huhn, Fleisch und Gemüse), *Tamales* (gewürzte Pastete in Bananenblätter gewickelt), *Carimañolas* und *Empanadas* (Pfannkuchen mit Fleisch, Huhn oder Käse gefüllt). Tischbedienung ist üblich. In Hotels, Bars und Restaurats gibt es eine große Auswahl an Wein, Spirituosen und Bier.
NACHTLEBEN: Besonders Panama City hat einiges für Nachtschwärmer zu bieten. Das Angebot reicht von Nachtklubs und Spielkasinos bis hin zu Volkstänzen, Bauchtanz und klassischem Theater. In allen großen Hotels und in zahlreichen Klubs gibt es Shows und Tanzveranstaltungen. In den anderen größeren Städten sorgen Musik, Tanz, Spielkasinos und Kinos für Zerstreuung.
EINKAUFSTIPS: Panama ist ein zollfreies Einkaufsparadies für Luxusartikel aus aller Welt, die hier ca. ein Drittel billiger sind. Beliebte Souvenirs sind Lederartikel, gemusterte Perlenhalsbänder der Guaymí-Indios, Nationaltrachten, Holzschnitzereien, Keramiken, Gegenstände aus Pappmaché, Makramee und Mahagoni-Schüsseln.

Öffnungszeiten der Geschäfte: Mo-Sa 08.00-18.00 Uhr.
SPORT: Die Angelgründe im panamaischen Teil der Karibik und des Pazifik sind gut. Die besten Fischgründe gibt es in der Piñas-Bucht, um die Inseln Coiba, Contadora und Taboga auf der pazifischen Seite sowie vor den San-Blas-Inseln und in der Chiriquí-Lagune an der Bocas-Del-Toro-Inselgruppe der Karibik. **Wassersport: Wellenreiten** und **Wasserski** bieten sich an den pazifischen Stränden wie Santa Clara, Nuevo Gogona und San Carlos sowie auf den San Blas-Inseln an. Río Mar ist ein wahres **Surferparadies. Golf:** Es gibt insgesamt sechs Golfplätze. Die Golfplätze des *Panama Country Club, Summit* und *Fort Amador* stehen auch Besuchern offen. Für den 18-Loch-Golfplatz des *Coronado Beach Country Club* braucht man eine Gästekarte.
VERANSTALTUNGSKALENDER
Ende April/Anfang Mai '96 *Azuero-Festival*, Villa de los Santos. **Juli** *Virgen del Carmen*, Insel Taboga. **Okt.** (1) *Chitré-Feier* (Umzüge, historische Trachten), Chitré. (2) *Feier des Schwarzen Christus*, Portobelo. **Mitte Febr. '97** *Las Balserías* (Fest der Guaymí-Indios, s. o. *Urlaubsorte & Ausflüge*), Chiriquí-Provinz. **19./20. Febr.** *Karneval*, Panama City und Las Tablas. **28. - 31. März** *Osterprozessionen*, Villa de los Santos. **Mitte April** *Blumen- und Kaffeefest*, Boquete.
In vielen Orten finden außerdem Jahrmärkte statt, bei denen die Bewohner ihre örtlichen Trachten tragen.
SITTEN & GEBRÄUCHE: Zur Begrüßung gibt man sich die Hand. Zwanglose Kleidung ist angemessen. Die einheimische Kultur ist eine lebendige Mischung aus spanischem und amerikanischem Lebensstil. **Trinkgeld:** In Hotels und Restaurants sind 10% üblich; Taxifahrer erwarten kein Trinkgeld.

WIRTSCHAFTSPROFIL

WIRTSCHAFT: Vor den politischen Wirren Ende der achtziger Jahre ging es Panama wirtschaftlich recht gut; eine stabile Landwirtschaft und Leichtindustrie sowie Erträge aus dem Panama-Kanal und dem Dienstleistungssektor sorgten für beträchtliche Einnahmen. Über 50% des Landes wird landwirtschaftlich genutzt, Hauptexporterzeugnisse sind Bananen, Zuckerrohr und Kaffee. Reis, Mais und Bohnen werden ebenfalls angebaut. Panama hat gute Fischgründe, exportiert werden vor allem Garnelen. Ferner führt Panama auch Petroleum aus; das Rohöl hierfür wird importiert. In der Leichtindustrie überwiegt die Herstellung von Textilien, Papier und Baumaterialien sowie die Nahrungsmittelverarbeitung. Weitere Einkünfte erbringen die Benutzungsgebühren des Panama-Kanals sowie das Off-shore-Finanzwesen. Die USA und Japan sind die wichtigsten Handelspartner, China und Deutschland sind weitere bedeutende Im- und Exportländer. Ein Drittel des Umschlags erfolgt über den Freihafen Colón.
GESCHÄFTSVERKEHR: Pünktlichkeit und Visitenkarten werden erwartet. **Geschäftszeiten:** Mo-Fr 08.00-17.00 Uhr.
Kontaktadressen: Die wirtschaftlichen Interessen Österreichs werden von der Außenhandelsstelle der Wirtschaftskammer Österreich in Bogotá (s. Kolumbien) vertreten.
Cámara de Comercio, Industrias y Agricultura de Panamá (Industrie- und Handelskammer), Apdo. 74, Panamá 1. Tel: 27 12 33. Telefax: 27 41 86.

KLIMA

Ganzjährig hohe Temperaturen, in den Bergen kühler. Die Regenzeit dauert von Mai bis September. An der Pazifikküste ist die Niederschlagsmenge doppelt so hoch wie an der Karibik.
Kleidung: Leichte Baumwoll- und Leinenkleidung, Regenkleidung während der Regenzeit. Im Hochland ist zu jeder Jahreszeit wärmere Kleidung angebracht.

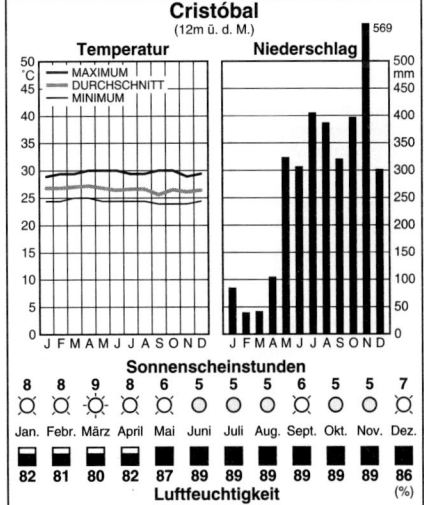

Papua-Neuguinea

Lage: Ozeanien.

Anmerkung: Reisen nach Bougainville sind weiterhin untersagt, solange es dort zu gewalttätigen Aufständen kommt. Das Gebiet entlang der überwiegend unzugänglichen Grenze mit Indonesien sollte wegen der dort tätigen indonesischen Separatistenbewegung gemieden werden. Touristische Aufenthalte in Rabaul sind wegen des Vulkanausbruchs vom September 1994 nicht möglich, da sämtliche Infrastruktur, wie z. B. Unterkünfte, zerstört wurde.

Air Niugini
Waidmannstraße 45
D-60596 Frankfurt/M.
Tel: (069) 63 40 95. Telefax: (069) 631 33 32.
Mo-Fr 09.30-17.00 Uhr (nur telefonisch).
Melanesian Tourist Services
Alt Schwanheim 50
D-60529 Frankfurt/M.
Tel: (069) 35 66 67. Telefax: (069) 35 00 80.
Mo-Fr 09.00-18.00 Uhr.
Tourism Council of the South Pacific (TCSP)
Deutsche Vertretung: Interface International
Dirckstraße 40
D-10178 Berlin
Tel: (030) 23 81 76 45. Telefax: (030) 23 81 76 41.
Mo-Fr 09.00-18.00 Uhr.
Papua New Guinea Tourism Promotion Authority
PO Box 7144
Boroko
Port Moresby
Tel: 27 25 21. Telefax: 25 91 19.
Botschaft von Papua-Neuguinea
Gotenstraße 163
D-53175 Bonn
Tel: (0228) 37 68 55/56. Telefax: (0228) 37 51 03.
Mo-Do 08.00-12.00 und 13.00-16.00 Uhr, Fr 08.00-12.00 und 13.00-15.00 Uhr.
(auch zuständig für Österreich und die Schweiz)
Botschaft der Bundesrepublik Deutschland
Pacific View Apartments, 2nd Floor
Pruth Street
3 Mile Hill
Port Moresby
PO Box 3631
Boroko
Tel: 325 29 71, 325 29 88. Telefax: 325 10 29.

TIMATIC INFO-CODES

Abrufbar über Ihr CRS-System (für START/Amadeus Ama-Maske benutzen). Für Galileo bitte TI-DFT eingeben (mit Bindestrich).

Flughafengebühren	TI DFT/ POM /TX
Währung	TI DFT/ POM /CY
Zollbestimmungen	TI DFT/ POM /CS
Gesundheit	TI DFT/ POM /HE
Reisepassbestimmungen	TI DFT/ POM /PA
Visabestimmungen	TI DFT/ POM /VI

COLUMBUS REISEFÜHRER 1996/97

Honorarkonsulat der Republik Österreich (ohne Paß- und Sichtvermerksbefugnis)
ANG House, 10th Floor
Hunter Street
PO Box 35
Port Moresby
Tel: 21 19 77. Telefax: 21 15 86.
Übergeordnete Vertretung ist die Botschaft in Canberra (s. Australien).
Die Schweiz unterhält keine Vertretung in Papua-Neuguinea, zuständig ist das Generalkonsulat in Sydney (s. Australien).

FLÄCHE: 462.840 qkm.
BEVÖLKERUNGSZAHL: 4.110.000 (1993).
BEVÖLKERUNGSDICHTE: 9 pro qkm.
HAUPTSTADT: Port Moresby. **Einwohner:** 193.242 (1990).
GEOGRAPHIE: Papua-Neuguinea besteht aus über 600 Inseln und liegt in der Mitte einer langen Inselkette, die sich als Verlängerung des südostasiatischen Festlandes im Südpazifischen Raum erstreckt. Das Land liegt 160 km nördlich von Australien und bedeckt die östliche Hälfte von Neuguinea, der zweitgrößten nichtkontinentalen Insel der Welt. Zum Staatsgebiet gehören auch die kleineren Inseln des Bismarck-Archipels (Neu-Britannien, Neu-Irland, Manus), die D'Entrecasteaux-Inseln, die nördlichen Salomonen (Bougainville und Buka) und die drei Inseln der Louisiade-Gruppe. Die westliche Hälfte der Hauptinsel bildet die indonesische Provinz Irian Jaya. Die größeren Inseln Papua-Neuguineas sind bergig und zerklüftet und von großen, fruchtbaren Tälern durchzogen. Flüsse aus dem Hochland fließen mit starkem Gefälle in die Küstenebenen hinab. Von der Nordküste der Hauptinsel erstreckt sich eine Reihe noch tätiger Vulkane bis zur Insel Neu-Britannien. Nördlich und südlich dieser zentralen Bergkette befinden sich große Mangrovensümpfe und weitläufige Flußmündungen. Im Südosten einiger Inseln gibt es Vulkane und warme Seen. Papua-Neuguinea hat die größte Anzahl unterschiedlicher Ökosysteme im Südpazifik, darunter fünf verschiedene Arten von Flachlandregenwald, dreizehn Bergregenwaldarten, fünf verschiedene Palmen- und Sumpfwaldarten und drei unterschiedliche Arten von Mangrovenwald. Zwei Drittel aller Orchideenarten kommen aus Papua-Neuguinea. Zu den einheimischen Vogelarten gehören allein 38 Paradiesvogel- sowie andere wenig verbreitete Arten. Seltene Beutel- und Säugetiere, die hier beheimatet sind, sind u. a. Kuskusse, Baumkänguruhs, Wallabys, Ameisenbären und in den Küstengewässern Seekühe. Es gibt auf den Inseln zwischen 170 und 200 Frosch- und etwa 450 Schmetterlingsarten.
STAATSFORM: Parlamentarische Monarchie im Commonwealth,Verfassung von 1975. Staatsoberhaupt: Königin Elizabeth II., vertreten durch Generalgouverneur Sir Wiwa Korowi, seit November 1991. Regierungschef: Sir Julius Chan, seit September 1994.
SPRACHE: Amtssprache ist Englisch, das überwiegend in Geschäfts- und Regierungskreisen gesprochen wird. Melanesisches Pidgin wird als Umgangssprache am häufigsten gesprochen; daneben gibt es über 700 andere Papua-Sprachen und Sprachen der verschiedenen Minderheiten.
RELIGION: Christentum (91%) und Naturreligionen.
ORTSZEIT: MEZ + 9.
NETZSPANNUNG: 240 V, 50 Hz, Adapter erforderlich. Einige Hotels haben noch 110 V.
POST- UND FERNMELDEWESEN: Telefon: Selbstwählferndienst. **Landesvorwahl: 675.** Es gibt keine Ortsnetzkennzahlen. **Telefaxeinrichtungen** findet man in allen größeren Firmen und Behörden. **Telex/Telegramme:** Hotels und größere Firmen haben Telexanschlüsse. Telegrammannahmestellen gibt es in den größeren Ortschaften. **Post:** Luftpostsendungen nach Europa sind etwa 7-10 Tage unterwegs. Öffnungszeiten der Postämter: Mo-Fr 08.00-16.00 Uhr, Sa 09.00-12.00 Uhr.
DEUTSCHE WELLE
Der Einsatz der Kurzwellenfrequenzen ändert sich mehrfach im Laufe eines Jahres, und Sendungen auf den folgenden Frequenzen werden jeweils nur zu bestimmten Tageszeiten ausgestrahlt. Näheres in der Einleitung.

MHz	17,845	11,795	9,735	9,690	9,655
Meterband	16	25	31	31	31

REISEPASS/VISUM

Wichtiger Hinweis: Die Einreisebestimmungen mancher Länder können sich kurzfristig ändern – rufen Sie sicherheitshalber auf Ihrem CRS-System (TIMATIC-Info-Code-Fenster in diesem Kapitel) den aktuellen Stand ab bzw. wenden Sie sich an die zuständige diplomatische Vertretung. Etwaige Zahlen in der Tabelle beziehen sich auf nachfolgende Fußnoten.

	Paß erforderlich?	*Visum erforderlich?*	*Rückflugticket erforderlich?*
Deutschland	Ja	Ja	Ja
Österreich	Ja	Ja	Ja
Schweiz	Ja	Ja	Ja
Andere EU-Länder	Ja	Ja	Ja

REISEPASS: Allgemein erforderlich; der Paß sollte bei der Einreise noch ein Jahr Gültigkeit haben.
VISUM: Allgemein erforderlich.
Visaarten: Touristen- und Geschäftsvisa.
Anmerkung: Touristenvisa sind auch bei Einreise am Flughafen erhältlich. Diese Regelung gilt nicht für Geschäftsvisa.
Visagebühren: Touristenvisum: 20 DM. Geschäftsvisum – einmalige Einreise: 20 DM; mehrmalige Einreise: 250 DM. Für Arbeits-, Forschungs- und Studienvisa gelten andere Gebühren, Auskünfte von der Botschaft.
Gültigkeitsdauer: Touristenvisum: 2 Monate; Geschäftsvisum – einmalige Einreise: 1 Monat; mehrmalige Einreise: 1 Jahr, wobei man sich hierbei jeweils maximal 60 Tage aufhalten darf.
Antragstellung: Konsularabteilung der Botschaft (Adresse s. o.). Touristenvisa sind auch am Flughafen erhältlich. Österreicher und Schweizer sollten die Gebühren per Scheck, keinesfalls jedoch in Briefmarken bezahlen.
Unterlagen: (a) 2 Antragsformulare (pro Reisepaß). (b) Gültiger Reisepaß (mindestens 6 Monate Gültigkeit). (c) Reisedokumente eines bevollmächtigten Reisebüros (oder der Firma bei Geschäftsreisen). (d) Geldmittel- oder Unterkunftsnachweis. (e) Der postalischen Antragstellung sollten ein frankierter und adressierter Umschlag und der Zahlungsbeleg über die Visumgebühren beigefügt werden. (f) Für Geschäftsvisa: Ausführliches Empfehlungsschreiben, mit Angaben über den Grund des Besuches, Geschäftskontakte und den Kostenträger der Reise, Lebenslauf, Beschreibung des Projekts im Land, Jahresbericht der Muttergesellschaft, Unterlagen wie (c) und (d). (g) Nachweis eines Rückflugtickets.
Kinder sollten ebenfalls zwei Antragsformulare ausfüllen, ob sie im Elternpaß eingetragen sind oder einen Kinderausweis besitzen. Eltern können die Formulare für ihre Kinder unterzeichnen.
Bearbeitungszeit: Mindestens 48 Std. für Touristen- und Geschäftsvisa. Anträge sollten mindestens eine Woche vor der Abreise gestellt werden. Die Ausstellung vorläufiger Aufenthaltsgenehmigungen dauert 6 Wochen oder länger.
Aufenthaltsgenehmigungen werden i. allg. nur berufstätigen Personen wie Forschern, Journalisten, Beratern, Filmproduzenten, deren Mitarbeitern usw. ausgestellt. Die Ausstellung erfolgt durch: *Director General*, Migration Division, Department of Foreign Affairs, PO, Wards Strip, Waigani. Tel: 27 13 11. Telefax: 25 44 67.

GELD

Währung: 1 Kina (K) = 100 Toea (T). Banknoten gibt es im Wert von 50, 20, 10, 5 und 2 K; Münzen sind im Wert von 1 K sowie 50, 20, 10, 5, 2 und 1 T im Umlauf.
Kreditkarten: *American Express, Diners Club* und *Visa* werden in großen Hotels und Restaurants in den größeren Städten akzeptiert. Einzelheiten vom Aussteller der betreffenden Kreditkarte.
Reiseschecks: US$- und A$-Reiseschecks werden empfohlen.
Wechselkurse

	K Sept. '92	K Febr. '94	K Jan. '95	K Jan. '96
1 DM	0,64	0,59	0,76	0,93
1 US$	0,95	1,03	1,18	1,34

Devisenbestimmungen: Die Einfuhr von Landes- und Fremdwährungen ist unbegrenzt, Deklaration wird empfohlen. Die Ausfuhr von Fremdwährungen ist auf den bei der Einreise deklarierten Betrag beschränkt. Die Landeswährung darf nicht ausgeführt werden.
Öffnungszeiten der Banken: Mo-Do 09.00-15.00 Uhr, Fr 09.00-17.00 Uhr.

DUTY FREE

Folgende Artikel können zollfrei nach Papua-Neuguinea eingeführt werden:
200 Zigaretten oder 50 Zigarren oder 250 g Tabak;
1 l Spirituosen;
Parfüm für den persönlichen Gebrauch;
Artikel bis zum Wert von 200 K (100 K für Personen unter 18 Jahren), einschl. Radios, Kassettenrekorder, Fernsehgeräte, Videokameras und Plattenspieler (ausgenommen sind Souvenirs und Geschenke).

GESETZLICHE FEIERTAGE

17. Juni '96 Geburtstag der Königin. **23. Juli** Gedenktag. **16. Sept.** Verfassungs- und Unabhängigkeitstag. **25./26. Dez.** Weihnachten. **1. Jan. '97** Neujahr. **28. März** Karfreitag. **31. März** Ostern.

GESUNDHEIT

In der folgenden Tabelle aufgeführte Impfvorschriften können sich kurzfristig ändern. Es wird stets empfohlen, auf Ihrem CRS-System (TIMATIC-Info-Code-Fenster in diesem Kapitel) den aktuellen Stand der Gesundheitsbestimmungen abzurufen bzw. rechtzeitig vor der Reise ärztlichen Rat einzuholen.

	Vorsichtsmaßnahmen empfohlen	*Impfschein erforderlich*
Gelbfieber	Nein	1
Cholera	Nein	-
Typhus & Polio	Ja	-
Malaria	2	-
Essen & Trinken	3	-

[1]: Eine Impfbescheinigung gegen Gelbfieber wird von allen Reisenden verlangt, die aus Infektionsgebieten kommen und über ein Jahr alt sind.
[2]: Malariarisiko besteht ganzjährig im gesamten Land in unterhalb von 800 m Höhe gelegenen Gebieten. Die vorherrschende gefährlichere Form *Plasmodium falciparum* soll Sulfadoxin/Pyrimethamin- und stark Chloroquin-resistent sein.
[3]: Wasser sollte vor der Benutzung zum Trinken, Zähneputzen und zur Eiswürfelbereitung entweder abgekocht oder anderweitig sterilisiert werden. Milch ist pasteurisiert, und Milchprodukte sind unbedenklich. Fleisch- und Fischgerichte nur gut durchgekocht und heiß serviert essen. Der Genuß von Schweinefleisch, rohen Salaten und Mayonnaise sollte vermieden werden. Gemüse sollte gekocht und Obst geschält werden.
Hepatitis A und *B* kommen vor.
Gesundheitsvorsorge: Die größten Krankenhäuser sind das Port Moresby General Hospital (Papua-Region), das Goroka Base Hospital (Hochland) und das Angau Memorial Hospital. Es gibt 16 weitere Krankenhäuser und 460 medizinische Versorgungsstationen im ganzen Land sowie Privatpraxen in den größeren Städten. Begrenzte Behandlungsmöglichkeiten stehen auch in den christlichen Missionen zur Verfügung. Der Abschluß einer Reisekrankenversicherung wird dringend empfohlen.

REISEVERKEHR - International

FLUGZEUG: Papua-Neuguineas nationale Fluggesellschaft heißt *Air Niugini*. *Qantas* fliegt Papua-Neuguinea ebenfalls an.
Durchschnittliche Flugzeit: Es gibt keine Direktflüge aus Europa. Die reine Flugzeit von *Frankfurt* nach Port Moresby beträgt ca. 17 Std., die Gesamtreisezeit ist jedoch erheblich länger (rund eineinhalb Tage).
Internationaler Flughafen: *Port Moresby (POM)* (Jackson Field) liegt 11 km südlich der Stadt. Der Flughafenbus fährt 30 Min. zur Stadt. Am Flughafen gibt es einen Duty-free-Shop, Bank, Mietwagenschalter und eine Tourist-Information.
Flughafengebühren: 15 K pro Person bei der Ausreise. Kinder unter 2 Jahren sind hiervon befreit.
SCHIFF: Die internationalen Häfen sind Lae, Madang, Port Moresby, Wewak (Sepik), Rabaul (Neu-Britannien), Kieta (nördliche Salomonen) und Momote (Manus). Regelmäßige Passagier-/Kreuzschiffverbindungen werden von *Seetours, Lindblad, P&O* und *Sitmar* betrieben, außerdem gibt es Verbindungen im Fracht-/ Passagierverkehr.

REISEVERKEHR - National

FLUGZEUG: *Talair, Air Niugini, Trans Island Airways* und *Air Link* verbinden die wichtigsten Städte, die Flugpreise sind jedoch hoch. Da das Land extrem unwegsam und gebirgig ist, ist das Flugzeug das beste Verkehrsmittel. Inlandflüge sollten zwischen November und Februar gebucht werden. *Air Niugini (PX)* fliegt über 100 Ziele im ganzen Land an und verbindet über 20 größere Städte miteinander. *Air Niugini* gewährt Ermäßigungen für im voraus gebuchte Ausflüge. Außerdem können Flugzeuge gechartert werden.
SCHIFF: Kreuzfahrten und Ausflugsfahrten (3-16 Tage) werden angeboten, sowohl zu anderen Orten an der Küste als auch zu den Inseln. Die Reederei *Lutheran Shipping* bietet Fracht-/Passagierverbindungen (einschl. Passagierkabinen und Mahlzeiten) zwischen Madang und Lae an. Im Programm der *Melanesian Tourist Services* sind Luxuskreuzfahrten sowie Expeditionsfahrten von Alotau nach Madang mit Zwischenstation auf den Trobriand-Inseln. *M.V. Rita* bieten Passagierverbindungen zwischen Lae und Rabaul. In einigen Landesteilen stellen die Flüsse, besonders der Sepik, die Hauptverkehrsadern für die einheimische Bevölkerung dar. In diesen Gegenden kann man kleine Motorboote mieten oder auf Frachtschiffen Passagen buchen. Kreuzfahrten sind die einzigen regelmäßigen Schiffsverbindungen auf den Flüssen (s. *Urlaubsorte & Ausflüge*).
BUS/PKW: Aufgrund der zerklüfteten Landschaft Papua-Neuguineas geht der Straßenbau im Landesinneren nur langsam voran. Das bisherige Straßennetz umfaßt 4900 km und verbindet die Städte an der Nordküste (Madang und Lae) mit den größeren Orten im Hochland. **Bus:** Es gibt begrenzte Busliniennetze in Port Moresby und abgelegeneren Regionen. Touristenzentren haben normalerweise keine öffentlichen Verkehrsmittel. Im Hochland verkehrt ein Bus zwischen Goroka und Lae bzw. Mount Hagen, und Busse des *Lomutoba Travel Service* verbinden Lae mit Goroka. Man kann auch Busse chartern. **Taxis** gibt es in den regionalen Hauptstädten. **Mietwagen** sind in den größeren Städten bei den bekannten Firmen erhältlich. **Unterlagen:** Führerschein des eigenen Landes bei Aufenthalten von bis zu drei Monaten.

UNTERKUNFT

In ganz Papua-Neuguinea gibt es angemessene und komfortable Unterkünfte, die Preise liegen etwas über dem Durchschnitt für den Raum Australien/Ozeanien.
HOTELS von internationalem Standard befinden sich

in Port Moresby, Lae, Madang und fast allen größeren Städten. Die meisten Motels bieten gute und preisgünstige Übernachtungsmöglichkeiten.
LODGES: Das Angebot an Tourismuseinrichtungen wird gegenwärtig erweitert, und auch in bisher schlecht erreichbaren Gebieten entstehen immer mehr Unterkünfte. In den Hochländern und am Fluß Sepik kann man in Lodges übernachten, die nur per Boot oder mit dem Flugzeug erreichbar sind. Sie sind normalerweise einstöckig und aus natürlichen Materialien der Region gebaut.

URLAUBSORTE & AUSFLÜGE

Die ethnische Vielfalt eines Landes mit über 700 unterschiedlichen Sprachen macht Papua-Neuguinea zu einem faszinierenden Urlaubsziel.
Das Ausflugsangebot ist interessant und ausgefallen. Man kann z. B. die Kupfermine in Bougainville besuchen oder sich die vielen Flugzeugwracks aus dem 2. Weltkrieg im Dschungel ansehen.
Haus Tambarans (»Geisterhäuser«) findet man in vielen Dörfern und Städten des Landes (besonders am Fluß Sepik). Sie dürfen nur von eingeweihten Männern des jeweiligen Stammes betreten werden, in manchen Orten werden für Touristen jedoch Ausnahmen gemacht. Obwohl diese Häuser in zahlreichen unterschiedlichen Stilen gebaut sind, haben alle große hölzerne und geschnitzte Stützen als gemeinsames Hauptmerkmal. Innen befinden sich weitere Schnitzereien und Masken, die Geister darstellen. Der Rednerstuhl in diesen Häusern ist nicht zum Sitzen gedacht. Man schlägt Blätterbündel auf die Sitzfläche zur Unterstützung des Vortragenden.

Port Moresby

Die Hauptstadt **Port Moresby** liegt am Hafen Fairfax. Hier befinden sich das Nationalparlament und das Nationalmuseum, der Botanische Garten und die katholische Kirche (im *Haus-Tambaran*-Stil). Das Nationalmuseum stellt Tonwaren aus allen Provinzen und archäologische Fundstücke aus, von denen einige 50.000 Jahre alt sind. In Port Moresby gibt es viele Sportmöglichkeiten (u. a. Tauchen, Windsurfen, Segeln, Wasserski, Golf, Tennis und Squash).
Die Umgebung der Hauptstadt bietet eine Fülle von interessanten Sehenswürdigkeiten. Dazu gehören die *Kokoda*- und die *Sogeri*-Straße: Die 40 km lange Kokoda-Straße nimmt ihren Anfang in Port Moresby, und die Sogeri-Straße führt durch zahlreiche Gummibaumplantagen zu vielen atemberaubenden Aussichtspunkten. *Village Arts* liegt in der Nähe des Flughafens in Six Mile und ist eine staatliche Kunstgewerbehandlung, die die beste Artefaktausstellung des Landes bietet.
Andere Sehenswürdigkeiten in der Nähe von Port Moresby sind der *Wairiata-Nationalpark*, die *Moitaka-Krokodilfarm*, die *Loloata-Insel* und das *Seepark-Ozeanarium*.

Lae und die Provinz Morobe

Lae ist die zweitgrößte Stadt in Papua-Neuguinea, ein wichtiges Wirtschaftszentrum und ein Seehafen. Der Botanische Garten gehört zu den schönsten des Landes. Der Berg Lunaman bietet einen guten Ausblick über den Huon-Golf und das Markham-Tal.
Unweit von Lae liegt **Wau**, ein früheres Goldbergbauzentrum. Das Ökologische Institut in Wau ist eine privat finanzierte Organisation, die auch einen Zoo und ein kleines Museum unterhält. Besucher können u. a. Baumkänguruhs, Krokodile, Paradiesvögel, einheimische Schmetterlinge und üppige Rhododendren bewundern. Zu den Sehenswürdigkeiten in der Nähe von Wau gehören der *McAdam-Nationalpark* und der *Mount Kaindi*, **Finschafen** (eine äußerst pittoreske Küstenstadt) und die **Tami-Inseln**, auf denen die berühmten geschnitzten Holzschüsseln hergestellt werden. **Sialum** ist eine reizvolle Küstenregion und bekannt für ihre Korallenterrassen. Wagemutige sollten sich das abenteuerliche Wildwasser-Rafting auf dem Watut-Fluß nicht entgehen lassen.

Madang

Madang ist die Haupstadt der gleichnamigen Provinz und Ausgangspunkt vieler Inselrundfahrten und Bootsfahrten auf dem Fluß Sepik (s. u.). Die Stadt hat zahlreiche Geschäfte, Hotels, Restaurants und Märkte, auf denen man Geschichtstafeln kaufen kann, die Mythen und Legenden darstellen. In den nahegelegenen Orten **Yabobs** und **Bilbils** kann man beim traditionellen Töpfern zusehen.
In dieser Provinz leben vier unterschiedliche Bevölkerungsgruppen: Insel-, Küsten-, Fluß- und Bergbewohner, die alle ihre eigenen Gerichte, Traditionen und Bräuche haben. Die Bewohner der **Manam-Inseln** stellen ihre Häuser z. B. aus ineinander geflochtenen Blättern und Blattstielen von Sago- und Toddy-Palmen her. Die Menschen am Fluß **Ramu** bauen ähnliche Häuser, die aber auf Pfählen stehen. Ihre traditionellen Schnitzereien sind von den Völkerstämmen am Sepik beeinflußt. Die Bergbewohner sind kleinwüchsiger als andere Bevölkerungsgruppen Papua-Neuguineas. Sie bauen Gemüse an, das man eher in unseren Breiten vermutet: Salat, Radieschen, Kohl und Kartoffeln. Bei den Familien der Küstenbewohner stehen Halsbänder aus Hundezähnen, Kopfbänder aus Tambu-Muscheln und Amulette aus Schweinehauern hoch im Kurs. Diese Artikel werden manchmal noch als Währungen im Handel zwischen den Stämmen benutzt.

Der Fluß Sepik

Dieser Fluß ist der längste in Papua-Neuguinea und war viele Jahrhunderte lang Handelsroute ins Landesinnere. Er schlängelt sich von den Bergen nahe der indonesischen Grenze durch kaum erschlossene Dschungelgebiete, Sümpfe und Grasland, bevor er die 1,6 km breite Meeresmündung erreicht. Der Sepik bildet zahllose gekrümmte Wasserwege, Seen, Nebenflüsse, Sümpfe, Lagunen und Kanäle, die zur Begradigung angelegt wurden. Trotz seiner Größe hat der Fluß kein Delta-System, sondern fließt mit starker Strömung direkt ins Meer. Aus den Uferdörfern kommen viele Meisterwerke primitiver Kunst. Das *Haus Tambaran* in **Angoram** stellt Kunstwerke aus den Gebieten entlang des gesamten Flußlaufs aus. Im Dorf **Kambaramba** und anderen Ortschaften werden die Häuser zum Schutz vor Überflutungen auf Pfählen gebaut, und der Einbaum ist das wichtigste Transportmittel; für Besucher werden Kreuzfahrten veranstaltet. An den zahlreichen schönen Dachgiebeln und Häuserpfosten läßt sich unschwer erkennen, daß die Holzschnitzerei zu den wichtigsten regionalen Handwerkskünsten gehört. Besonders schöne Beispiele findet man im Dorf **Tambanum**.
In **Timbunke** findet man weitere Beispiele örtlicher Bautechniken (einschl. Brückenbau).
In der Umgebung der **Chambri-Seen** leben einige der vielen Vogelarten, für die Papua-Neuguinea berühmt ist – u. a. Silberreiher, gescheckte Reiher, Gabelweihen, Kormorane und Eisvögel. Eine weitere Attraktion der Chambri-Region ist das einzigartige Dorf **Aibom**, wo Kamine, Kochtöpfe und andere Gefäße in Aufbaukeramik von Frauen getöpfert und in offenen Feuerplätzen gebrannt werden.
In **Kanganaman** wird ein *Haus Tambaran* wiederaufgebaut, das für die Landeskultur von großer Bedeutung ist. Die Wiederaufbauarbeiten bieten ausgezeichnete Möglichkeiten, die Schnitzereien der großen Häuserpfosten zu sehen. **Korogo** ist für seine »*Mei-Masken*« berühmt. Am Oberlauf des Sepik beherrschen Insektentotems die Stammesgruppen und Kunstformen. Gottesanbeterinnen und Rhinozeruskäfer oder auffällige Insektenaugen werden als Motive benutzt. Die Buge der Kanus sind oft ebenso kunstvoll verziert wie die Leitern, die in die Behausungen führen. In **Waskusk** wird auf der Decke des *Haus Tambaran* der Traum eines Führers erzählt. Leider ist dieser Ort, je nach Zustand des Flusses, manchmal unerreichbar. In **Yigei** kann man *Garamut*-Trommeln (»Schlitzgongs«) im Stil des oberen Sepik sehen und hören. In **Swagap** verlaufen interessante weiße und gelbe Muster entlang des Wassers. In diesem Dorf werden schlichte, aber elegante Tonwaren und Kamine sowie Kanus von ausgezeichneter Qualität hergestellt. Vor nicht allzu langer Zeit wurde in dieser Gegend ein Friedensschluß zwischen zwei Dörfern noch mit dem Austausch von Totenschädeln besiegelt.
Neben der vielfältigen Vogelwelt der *Chambri-Seen* ist auch das mannigfaltige Tierleben auf dem Sepik und seinen Nebenflüssen faszinierend. Ein Wirrwarr von Vegetation und die Reste umgefallener Bäume schwimmen den Fluß hinunter zum Bismarck-See. Nachts kann man mit Hilfe einer Taschenlampe Salz- und Süßwasserkrokodile beobachten. Große Sumpf- und Grasgebiete am Fluß bilden die Heimat von Stelzvögeln, Reihern, Fischadlern und vielen anderen Wildvögeln. Manchmal werden in der Nacht oder am frühen Morgen Exkursionen in den Dschungel angeboten, bei denen man die einzigartige Geräuschkulisse erleben kann, die die Vögel bei ihrer Vorbereitung zur Jagd veranstalten.
Es werden auch verschiedene Flußfahrten veranstaltet, deren Routen jedoch flexibel sind, da sie von den örtlichen Gegebenheiten abhängen, und versucht wird, Besuchern möglichst viele der interessanten einheimischen Bräuche und Feste nahezubringen.

Das Hochland

Die Mehrheit der Bevölkerung lebt im unzugänglichsten Teil des Landes.
Die **Eastern Highlands** haben von allen Gebieten des Landes den längsten Kontakt mit dem Westen. **Kainantu** kann man von Lae aus über den Kassim-Paß erreichen. In der Stadtmitte erwartet den Besucher ein großes Kulturangebot, das den Verkauf von traditionellem Kunstgewerbe und Unterricht im Drucken und Weben einschließt. Die größte Stadt ist **Goroka**, das Landwirtschafts- und Wirtschaftzentrum des Hochlandes. Die umfangreiche Sammlung des *J.-K.-McCarthy-Museums* beinhaltet neben regionalem Kunsthandwerk eine Reihe von Fotografien, die von Erforschern der Insel in den Pioniertagen der Fotografie aufgenommen wurden. Die Raun-Raun-Theatergruppe in der Innenstadt inszeniert zeitgenössische Aufführungen traditioneller Geschichten und Legenden. Das Dorf **Bena Bena**, 10 km von Goroka, hat die größte Handweber-Organisation des Hochlandes. Ganz in der Nähe liegt **Asaro**, wo sich die Männer mit grauem Schlamm bedecken und für die Touristen die historischen Rachefeldzüge gegen das Nachbardorf vorführen. Der Legende nach bedeckten sich die besiegten und erfindungsreichen Dorfbewohner mit Schlamm und statteten dem Nachbardorf einen Besuch ab. Die erfolgreich verängstigten Dorfbewohner glaubten, sie würden von Geistern heimgesucht, und ergriffen die Flucht.
Die Kleinstadt **Kundiawa** ist Hauptstadt der Provinz **Simbu**. Einige der örtlichen Höhlen werden als Gräber benutzt, andere sind jedoch noch bewohnt. Die Flüsse *Wahgi* und *Purari* laden zu Floßfahrten ein. Der 4694 m hohe *Mount Wilhelm* ist der höchste Berg in Papua-Neuguinea.
In vieler Hinsicht gleicht **Mount Hagen**, Hauptstadt der Provinz **Western Highland**, einer Wildweststadt. Sie wuchs erst in jüngster Zeit auf Stadtgröße an. Hier finden die Bewohner immer einen Grund zum Feiern: So werden aus verschiedensten Anlässen *Sing-Sings* (Singfeste) organisiert. Vom Bezahlen des Brautpreises bis zur Eröffnung einer neuen Straße wird alles besungen. Die Stadt hat auch ein Kulturzentrum. Der *Baiyer-River-Naturschutzpark*, 55 km nördlich von Mount Hagen, ist ideal zum Beobachten von Paradiesvögeln. Hier leben auch Opossums, Baumkänguruhs und Papageien.
Das **Mendi-Tal** in den **Southern Highlands** ist für seine eindrucksvolle Landschaft und Kalksteinhöhlen bekannt. Hier wohnen die Huli-Perückenmänner, die ihre Gesichter rot und gelb schminken und kunstvoll dekorierte Echthaarperücken tragen.
Zu den vielen kulturellen Sehenswürdigkeiten in **Wabang** in der Provinz **Enga** zählen eine Kunstgalerie und ein Museum. Man kann jungen Künstlern bei der Herstellung von Sandbildern zusehen. Schutzschilder, Perücken, Waffen und Gebrauchsgegenstände aus ganz Papua-Neuguinea können im Museum besichtigt werden. Enga ist die ursprünglichste der Hochlandprovinzen.

Die Inseln

Die Hauptinseln sind **Neu-Britannien, Neu-Irland** und die **Admiralitäts-Inseln** (die zusammen den Bismarck-Archipel bilden), die nördlichen Salomon-Inseln **Bougainville** und **Buka** sowie eine weiter südliche Inselgruppe, die die **Trobriand-** und die **D'Entrecasteaux-Inseln** einschließt.
Die Hauptstadt von Neu-Britannien, **Rabaul**, bietet mehrere Hotels, Klubs, Restaurants, Tanz- und andere Unterhaltungsveranstaltungen. Es gibt auch Sportplätze, z. B. einen Golfplatz, aber das Hauptgewicht liegt eindeutig auf Wassersport, einschl. Tauchen, Angeln, Segeln und Windsurfing. So bietet es sich an, am Morgen eine dieser Sportarten auszuüben und sich am Nachmittag am Strand oder auf den kleineren Inseln auszuruhen. Man kann jedoch auch diverse interessante Stätten besichtigen: das *Gunantabu* (die Überreste der Residenz Königin Emmas) mit ihrem Privatfriedhof; die Ruinen des *Deutschen Regierungshauses* auf dem Namanula-Hügel; das 576 km lange unterirdische Tunnelsystem, das von den Japanern angelegt wurde; den *Admirals-Bunker*, der heute ein Museum ist; einen Orchideenpark und den Markt in *Rabaul*, der im ganzen Südpazifikraum bekannt ist. Die Aussichtspunkte *Malmaluan* und *Namanula* bieten einen guten Panoramablick. Abenteuersuchende und Kletterbegeisterte können die erloschenen und aktiven Vulkane der Insel erkunden.
Das Inselvolk der Baining führt nachts spektakuläre Feuertänze auf.
Neu-Irland und die **Admiralitäts-Inseln** liegen abseits der üblichen Touristenpfade. Auf den nordwestlichen Admiralitäts-Inseln gibt es keine Bäume. Die Inselbewohner fertigen Kanus aus Baumstämmen, die den Sepik heruntergetrieben werden.
Bougainville und **Buka** werden durch eine Reihe von Inselchen voneinander getrennt. Bougainville ist ganz auf Touristen eingestellt; einheimische Tänzer besuchen regelmäßig die Hotels und führen Episoden aus der Geschichte ihrer Stämme vor. Vor der Küste kann man ausgezeichnet tauchen und schwimmen; die Insel bietet gute Möglichkeiten für Buschwanderungen und Höhlenexpeditionen. Angeboten werden u. a. eine sechsstündige Wanderung (bergab) von **Panguna** nach **Arawa** sowie ein dreitägiger Ausflug zum Gipfel des *Mount Balbi*, einem erloschenen Vulkan. Man sollte sich vor Beginn eines solchen Ausflugs beim *Tourism Officer* eine Genehmigung für den Besuch einiger Dörfer entlang der Reiseroute besorgen. In Arawa gibt es einen 9-Loch-Golfplatz und im nahegelegenen Dorf **Kerei** eine Schmetterlingsfarm, die man nach vorheriger Vereinbarung besuchen kann. Ein weiterer interessanter Ausflug führt zur gewaltigen Kupfermine von Bougainville.
Überall in Papua-Neuguinea findet man noch Relikte aus der japanischen und deutschen Besatzungszeit. Das Wrack von Admiral Yamamotos Flugzeug liegt im Regenwald von **Buin**.
Die Inseln um Bougainville haben zahllose weiße Sandstrände.
Die **Trobriand-Inseln** sind von allen Inseln der Provinz Milne Bay am leichtesten zu erreichen. Auch hier gibt es ausgezeichnete Wassersportmöglichkeiten. Die Süßkartoffelernte (Mai - September) wird von vielen langen Ritualen und Feiern begleitet, die im Juli und August ihren Höhepunkt finden.
Die **D'Entrecasteaux-Inseln** erheben sich steil und gebirgig aus dem Meer. In der Mitte der **Goodenough-Insel** befindet sich ein großer Stein, der mit mysteriösen Gemälden dekoriert ist.

SOZIALPROFIL

ESSEN & TRINKEN: Die meisten Hotelrestaurants stehen auch Nichtgästen offen. In den besser erschlossenen Regionen ist die Speiseauswahl groß, in abgelegeneren Gegenden sind die Gerichte einfacher. Frischer Fisch, Fleisch, Gemüse und Obst wie z. B. Ananas, Papayas, Mangos, Passionsfrüchte und Bananen, stehen immer häufiger auf der Speisekarte. Die traditionelle Küche Papua-Neuguineas verwendet viel Wurzelgemüse wie Taro, Kaukau und Yamswurzeln, außerdem Sago und Schweinefleisch (zu traditionellen Festen im Erdofen gegart). Die Zahl der chinesischen, europäischen und indonesischen Restaurants stieg in den letzten Jahren erheblich an. Tischbedienung ist üblich. Das Angebot an alkoholischen Getränken umfaßt u. a. verschiedene bekannte Biersorten.
NACHTLEBEN: In mehreren Hotels in Port Moresby finden abends Tanzveranstaltungen und andere Live-Unterhaltungsprogramme statt. Es gibt zwei Kinos, ein Autokino und Theateraufführungen. Die Programme werden in den Regionalzeitungen veröffentlicht. Manchmal werden *Sing-Sings* abgehalten.
EINKAUFSTIPS: Kunstgewerbeartikel werden in vielen Geschäften, aber auch direkt von der Dorfbevölkerung verkauft. Besonders beliebte Mitbringsel sind u. a. zeremonielle Masken und Statuetten aus Angoram und der Sepikregion, Buka-Korbwaren, Pfeile und Bogen, dekorierte Äxte, Töpferwaren und anderes einheimisches Kunsthandwerk. In den größeren Ortschaften gibt es Supermärkte. Die Schmetterlingsfarmen verschicken seltene Arten in die ganze Welt. **Öffnungszeiten der Geschäfte:** Mo-Fr 09.00-17.00 Uhr und Sa 09.00-12.00 Uhr. Einige Geschäfte haben länger oder auch sonntags geöffnet.
SPORT: Die ausgezeichneten Fischgründe in Port Moresby, Lae, Madang, Rabaul und Wewak laden zum **Angeln** ein. Informationen erhält man vom *Moresby Game Fishing Club*, Box 5028, Boroko. Der *Port Moresby Golf Club* ist einer der ältesten in Papua-Neuguinea und steht auch Besuchern offen. Weitere Golfklubs befinden sich in Lae, Madang, Rabaul, Wau und Minj. **Reiten:** Auf der *Illimo Farm*, Port Moresby, kann man Pferde mieten und nachmittags an Wochenenden Reitunterricht nehmen. Der *Royal Papua Yacht Club* bietet Besuchern ein breites Angebot an **Segelmöglichkeiten**; die Saison beginnt Ende April. Zum **Tauchen** stehen Anlagen und Ausbilder zur Verfügung, besonders gute Tauchmöglichkeiten bieten sich in den Wracks und Riffen vor Port Moresby, Rabaul und Madang. Die Inseln Loloaka und Wuvulu eignen sich ebenfalls für Tauchurlaube. Der Unterwasserklub in Port Moresby steht auch Besuchern offen. **Squashplätze** und -ausrüstungen findet man in größeren Orten. Das Angebot an organisierten **Wandertouren** reicht von einfachen Buschwanderungen bis zu langen Expeditionen durch das zerklüftete Landesinnere.
VERANSTALTUNGSKALENDER
Juni '96 *Port-Moresby-Show* (Wochenende des Geburtstags der Königin), Port Moresby. **Juli/Aug.** *Yam-Festival*, Trobriand-Inseln. **Aug.** (1) Mt. *Hagen- und Goroka-Show*. (2) *Sepik-Show.* **Sept.** *Hiri-Moale-Königin-Wettbewerb*, Port Moresby. **16. Sept.** *Feiern zum Unabhängigkeitstag.* **Okt.** *Alljährliches Morobe-Landwirtschafts- und Kulturfestival.* **Ende Jan. - Anfang Febr. '97** *Chinesisches Neujahr.*
Besucher sollten auch auf jeden Fall an einem *Sing-Sing* (Singfest) teilnehmen, falls sich die Gelegenheit bietet. Von Zeit zu Zeit finden Blumenfeste statt.
SITTEN & GEBRÄUCHE: Zur Gesellschaft und Kultur Papua-Neuguinas gehören Volksgruppen, die relativ unberührt von der westlichen Zivilisation ihrem traditionellen Lebensstil nachgehen. Andererseits gibt es zwei Universitäten, in Lae (Technische Universität mit hohem Anteil europäischer und nordamerikanischer Studenten und Dozenten) und Port Moresby. Kleidung darf leicht und zwanglos sein. Shorts sind durchaus akzeptabel, aber Badekleidung sollte nur am Strand oder Swimmingpool getragen werden. In einigen Hotels gehören abends für Männer lange Hosen zum guten Ton, Krawatten sind selten erforderlich. Bei besonderen gesellschaftlichen Anlässen ist für Frauen ein langes Kleid angemessen. **Trinkgeld** ist nicht üblich und wird nicht gern gesehen.

WIRTSCHAFTSPROFIL

WIRTSCHAFT: Die Mehrheit der Erwerbstätigen ist in der Landwirtschaft tätig, die wichtigsten Exportprodukte sind Kopra, Kaffee, Kakao, Holz, Palmöl, Gummi, Tee, Zucker und Erdnüsse. Die Entdeckung bedeutender Mineralvorkommen (u. a. Kupfer, Gold, Silber und Chrom) hat der Wirtschaft des Landes in den letzten Jahren neue Impulse gegeben. Die Gewinne aus dem Gold- und Kupferexport allein dürften dem Land bis weit über die Jahrtausendwende hinaus zu einer positiven Bilanz verhelfen. Papua-Neuguinea hat eines der größten Kupfervorkommen der Welt, die gesamte Produktion wird per Langzeitvertrag nach Japan und Westeuropa ausgeführt. Der Weltmarktpreis für Kupfer stieg 1992 um 29% an, langfristig wird der Bedarf jedoch wohl eher zurückgehen. Die Schließung der Kupferminen in Bougainville führte vorübergehend zu beträchtlichen Exporteinbußen, die allerdings dank neuer Mineralfunde inzwischen ausgeglichen werden konnten. Öl- und Erdgaslager werden ebenfalls z. Zt. erschlossen; der Bau zweier Ölraffinerien, in Port Moresby und Kopi, ist geplant. In der Leichtindustrie ist ein ständiger Aufschwung zu verzeichnen, hauptsächlich in der Produktion für den Binnenmarkt – hierunter fallen u. a. die Bauindustrie, Druckereien, Brauereien sowie Abfüllungs- und Verpackungsindustrie. Die sowieso schon kleine Tourismusindustrie hat in den letzten Jahren unter den politischen Unruhen in Bougainville gelitten. Zur Zeit ist die Wirtschaft noch stark auf australische Finanzhilfe angewiesen, die jedoch demnächst ausläuft. Wichtigste Bezugsgebiete sind Australien (45% Marktanteil), außerdem Japan und die USA. Hauptabsatzmärkte sind Japan und Deutschland.
GESCHÄFTSVERKEHR: Im allgemeinen sehr ungezwungen, Anzug oder Kostüm sind nicht erforderlich – Hemd oder Safarianzug bzw. Kleid genügt. **Geschäftszeiten:** Mo-Fr 08.00-16.30 Uhr. **Behörden:** Mo-Fr 08.00-16.00 Uhr.
Kontaktadressen: *Die wirtschaftlichen Interessen Österreichs werden von der Außenhandelsstelle der Wirtschaftskammer Österreich in Sydney (s. Australien) vertreten.*
Papua New Guinea Chamber of Commerce and Industry (Industrie- und Handelskammer), PO Box 1621, Port Moresby. Tel: 21 30 57. Telefax: 21 42 03.

KLIMA

An den Küsten herrscht heißes, tropisches Klima. Im Hochland kühler mit unterschiedlichen klimatischen Verhältnissen in den verschiedenen Gebieten durch Einflüsse von Passatwinden im Südosten und dem Monsun im Nordwesten. Höchste Niederschlagsmenge während des Monsuns im Nordwesten zwischen Dezember und März. In Port Moresby ist zur gleichen Zeit Trockenzeit. In Hochlagen mitunter Frost und Schneefall.

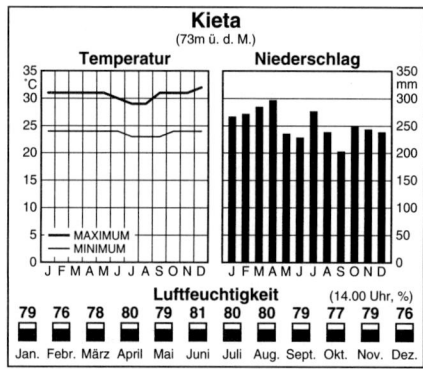

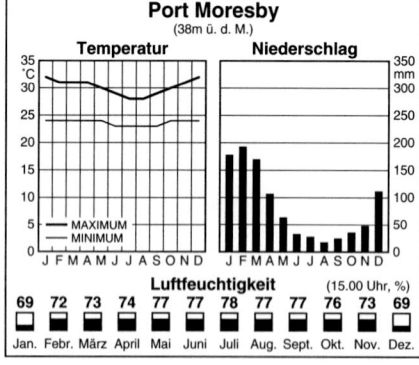

Zur Benutzung dieses Buches beachten Sie bitte auch die *Einleitung*

Paraguay

Lage: Mittleres Südamerika.

Dirección General de Turismo
Ministerio de Obras Públicas y Comunicaciones
Palma 468
Asunción
Tel: (021) 44 15 30. Telefax: (021) 49 12 30.
Botschaft der Republik Paraguay
Uhlandstraße 32
D-53173 Bonn
Tel: (0228) 35 67 27. Telefax: (0228) 36 66 63.
Mo-Do 09.00-17.00 Uhr, Fr 09.00-15.00 Uhr (persönliche Beratung nur nach Terminvereinbarung).
Generalkonsulat mit Visumerteilung in Hamburg (Tel: (040) 47 47 41).
Honorarkonsulate ohne Visumerteilung in Frankfurt/M., Kiel und München.
Honorarvizekonsulat ohne Visumerteilung in Lorch.
Botschaft der Republik Paraguay
Strohgasse 16/6
A-1030 Wien
Tel: (0222) 715 56 08. Telefax: (0222) 715 56 09.
Mo-Fr 09.00-12.00 Uhr.
Honorarkonsulat ohne Visumerteilung in Wien.
Botschaft der Republik Paraguay
Kramgasse 58
CH-3011 Bern
Tel: (031) 312 32 22. Telefax: (031) 312 34 32.
Mo-Fr 09.00-13.00 und 14.00-16.30 Uhr, *Konsularabt.:* 09.00-13.00 Uhr.
Botschaft der Bundesrepublik Deutschland
Avda. Venezuela 241
Casilla de Correo 471
Asunción
Tel: (021) 21 40 09/-11. Telefax: (021) 21 28 63.
Honorarkonsulat in Encarnación.
Generalkonsulat der Republik Österreich (ohne Paß- und Sichtvermerksbefugnis)
Edif. International Faro
Gral Diaz 525 – c.c. 582
Asunción
Tel: (021) 44 39 10 Telefax: (021) 44 48 15.
Übergeordnete Vertretung ist die Botschaft in Buenos Aires (s. Argentinien).
Botschaft der Schweizerischen Eidgenossenschaft
Juan E. O'Leary 409
esq. Estrella

TIMATIC INFO-CODES

Abrufbar über Ihr CRS-System (für START/Amadeus Amadeus-Maske benutzen). Für Galileo bitte TI-DFT eingeben (mit Bindestrich).

Flughafengebühren	TI DFT/ ASU /TX
Währung	TI DFT/ ASU /CY
Zollbestimmungen	TI DFT/ ASU /CS
Gesundheit	TI DFT/ ASU /HE
Reisepassbestimmungen	TI DFT/ ASU /PA
Visabestimmungen	TI DFT/ ASU /VI

Edif. »Parapití«, 4° - Ofs. 419/23
Asunción
Tel: (021) 44 80 22, 49 08 48. Telefax: (021) 44 58 53.

FLÄCHE: 406.752 qkm.
BEVÖLKERUNGSZAHL: 4.701.000 (1993).
BEVÖLKERUNGSDICHTE: 12 pro qkm.
HAUPTSTADT: Asunción. **Einwohner:** 607.700 (1990).
GEOGRAPHIE: Paraguay ist ein Binnenland und grenzt an Argentinien, Bolivien und Brasilien. Der Río Paraguay, der von Nord nach Süd fließt, ist ein Nebenfluß des Río Paraná und teilt das Land in zwei sehr unterschiedliche Regionen auf. Die 159.000 qkm große *Oriental*-Region wird von bis zu 600 m hohen Hügelketten durchzogen und erstreckt sich bis zum Mato-Grosso-Plateau im Norden. Östlich und südöstlich von Asunción liegen die ältesten Siedlungen, in denen ein Großteil der Bevölkerung lebt. Diese Region grenzt an hügeliges Ackerland und im Süden an dichte Wälder. Die große Schwemmebene, auch *Occidental*-Zone oder Gran Chaco genannt, bedeckt 246.827 qkm und besteht überwiegend aus grauem Ton, der im Süden und Osten von Sümpfen bedeckt ist. Diese Gegend ist nur sehr spärlich besiedelt.
STAATSFORM: Präsidialrepublik seit 1967. Zweikammerparlament. Wahlpflicht ab 18 J. Polizisten und Soldaten dürfen seit 1995 nicht mehr wählen. Staats- und Regierungschef: Juan Carlos Wasmosy Monti, seit August 1993. Die neue Verfassung, die im August 1992 verabschiedet wurde, verbietet die Wiederwahl des Präsidenten. Im Mai 1993 fanden die ersten freien Wahlen statt.
SPRACHE: Offizielle Landessprache ist Spanisch. Guaraní wird überall gesprochen, besonders in der Umgebung von Asunción. Englisch wird weniger häufig gesprochen.
RELIGION: 96% römisch-katholisch. Minderheiten von Protestanten und Bahai.
ORTSZEIT: MEZ - 5.
NETZSPANNUNG: 220 V, 50 Hz.
POST- UND FERNMELDEWESEN: Telefon: Selbstwählferndienst. **Landesvorwahl: 595.** Das Telefonnetz beschränkt sich im wesentlichen auf die größeren Städte. **Telefaxgeräte** stehen in einigen Hotels zur Verfügung. **Telex/Telegramme:** Viele Hotels haben eigene Telexanschlüsse. Bei *Antelco* (Administracion Nacional de Telecommunicationes) kann man Telexe und Telegramme aufgeben. **Post:** Luftpost nach Europa ist ca. fünf Tage unterwegs.
DEUTSCHE WELLE
Der Einsatz der Kurzwellenfrequenzen ändert sich mehrfach im Laufe eines Jahres, und Sendungen auf den folgenden Frequenzen werden jeweils nur zu bestimmten Tageszeiten ausgestrahlt. Näheres in der Einleitung.

MHz	17,860	17,810	17,765	11,785	9,545
Meterband	16	16	16	25	31

REISEPASS/VISUM

Wichtiger Hinweis: *Die Einreisebestimmungen mancher Länder können sich kurzfristig ändern – rufen Sie sicherheitshalber auf Ihrem CRS-System (TIMATIC-Info-Code-Fenster in diesem Kapitel) den aktuellen Stand ab bzw. wenden Sie sich an die zuständige diplomatische Vertretung. Etwaige Zahlen in der Tabelle beziehen sich auf nachfolgende Fußnoten.*

	Paß erforderlich?	*Visum erforderlich?*	*Rückflugticket erforderlich?*
Deutschland	Ja	Nein	Ja
Österreich	Ja	Nein	Ja
Schweiz	Ja	Nein	Ja
Andere EU-Länder	Ja	1	Ja

REISEPASS: Allgemein erforderlich, ausgenommen sind Staatsbürger von Argentinien, Brasilien, Chile und Uruguay mit gültigem Personalausweis.
VISUM: Allgemein erforderlich, ausgenommen sind Staatsbürger der folgenden Länder für Aufenthalte bis zu 90 Tagen:
(a) Bundesrepublik Deutschland, Österreich und die Schweiz;
(b) [1] Belgien, Dänemark, Finnland, Großbritannien, Irland, Italien, Luxemburg, die Niederlande, Schweden und Spanien. Staatsbürger von Frankreich und Portugal benötigen jedoch ein Visum;
(c) Argentinien, Bolivien, Brasilien, Chile, Costa Rica, Ecuador, Israel, Japan, Kolumbien, Norwegen, Peru, Südafrika, USA und Uruguay.
Visaarten: Touristen-, Geschäfts- und Transitvisa.
Visagebühren: Eine Gebühr wird in der Regel nicht erhoben. Das Generalkonsulat in Hamburg verlangt 20 DM.
Gültigkeitsdauer: Maximal 90 Tage.
Antragstellung: Botschaft bzw. Generalkonsulat (Adressen s. o.).
Unterlagen: (a) Gültiger Reisepaß. (b) 2 Antrag. (c) Buchungsbestätigung der Rück- oder Weiterreise. (d) 2 Paßfotos. Bei Geschäftsvisa: (e) Führungszeugnis und (f) Arbeitsnachweis.
Der postalischen Antragstellung sollten ein frankierter und adressierter Umschlag beigefügt werden.
Bearbeitungszeit: Bis zu einer Woche.
Aufenthaltsgenehmigung: Anträge an die Einwanderungsbehörde des Innenministeriums.

GELD

Währung: Guaraní (PG). Banknoten gibt es im Wert von 50.000, 10.000, 5000, 1000 und 500 PG; Münzen in den Nennbeträgen 100, 50, 10, 5 und 1 PG.
Geldwechsel: Alle geschäftlichen Angelegenheiten müssen grundsätzlich nach dem Wechselkurs abgewickelt werden. Das gilt auch für Reiseschecks und Fremdwährungen. Zahlreiche preiswerte Hotels nehmen weder Kreditkarten noch Reiseschecks als Bezahlung. US-Dollar werden landesweit akzeptiert.
Kreditkarten: *American Express, Eurocard* und *Visa* sowie teilweise auch *Diners Club* werden akzeptiert. Einzelheiten vom Aussteller der betreffenden Kreditkarte.
Wechselkurse

	PG Sept. '92	PG Febr. '94	PG Jan. '95	PG Jan. '96
1 DM	1016,7	1039,35	1234,68	1365,22
1 US$	1510,95	1804,27	1913,77	1962,50

Devisenbestimmungen: Keine Ein- oder Ausfuhrbeschränkungen.
Öffnungszeiten der Banken: Mo-Fr 08.45-12.15 Uhr.

DUTY FREE

Folgende Artikel können zollfrei nach Paraguay eingeführt werden:
Eine angemesse Menge Tabak, Spirituosen und Parfüm für den persönlichen Gebrauch.

GESETZLICHE FEIERTAGE

1. Mai '96 Tag der Arbeit. **15. Mai** Unabhängigkeitstag. **16. Mai** Christi Himmelfahrt. **6. Juni** Fronleichnam. **12. Juni** Friedenstag des Gran Chaco. **15. Aug.** Gründung von Asunción. **25. Aug.** Tag der Verfassung. **29. Sept.** Schlacht bei Boquerón. **12. Okt.** Tag der Entdeckung Amerikas. **1. Nov.** Allerheiligen. **8. Dez.** Mariä Empfängnis. **25. Dez.** Weihnachten. **1. Jan. '97** Neujahr. **3. Febr.** San Blás (Nationalheiliger). **1. März** Heldengedenktag. **27. März** Gründonnerstag. **28. März** Karfreitag. **1. Mai** Tag der Arbeit. **8. Mai** Christi Himmelfahrt. **15. Mai** Unabhängigkeitstag. **19. Mai** Pfingstmontag.

GESUNDHEIT

In der folgenden Tabelle aufgeführte Impfvorschriften können sich kurzfristig ändern. Es wird stets empfohlen, auf Ihrem CRS-System (TIMATIC-Info-Code-Fenster in diesem Kapitel) den aktuellen Stand der Gesundheitsbestimmungen abzurufen bzw. rechtzeitig vor der Reise ärztlichen Rat einzuholen.

	Vorsichtsmaßnahmen empfohlen	*Impfschein erforderlich*
Gelbfieber	Nein	1
Cholera	Nein	Nein
Typhus & Polio	Nein	-
Malaria	2	-
Essen & Trinken	3	-

[1]: Eine Impfbescheinigung gegen Gelbfieber wird von allen Reisenden verlangt, die in Endemiegebiete ausreisen oder aus solchen einreisen.
[2]: Malariaschutz gegen die vorherrschende weniger gefährliche Form *Plasmodium vivax* erforderlich von Oktober bis Mai in einigen ländlichen Regionen der Departamentos Alto Paraná, Amambay, Caaguazú, Canendiyú und San Pedro.
[3]: Leitungswasser ist normalerweise gechlort und relativ sauber, es können jedoch u. U. leichte Magenverstimmungen auftreten. Für die ersten Wochen des Aufenthalts wird daher abgefülltes Wasser empfohlen, welches überall erhältlich ist. Wasser ist außerhalb der größeren Städte nicht immer keimfrei und sollte sterilisiert werden. Milch ist im allgemeinen pasteurisiert. Milchprodukte aus ungekochter Milch am besten meiden. Fleisch- und Fischgerichte nur gut durchgekocht und heiß serviert essen. Der Genuß von Schweinefleisch, rohen Salaten und Mayonnaise sollte vermieden werden. Gemüse sollte gekocht und Obst geschält werden.
Tollwut kommt vor. Wer ein erhöhtes Risiko eingeht (z. B. längerer Aufenthalt in abgelegenen Gebieten), sollte vor Reiseantritt eine Schutzimpfung erwägen. Bei Bißwunden so schnell wie möglich ärztliche Hilfe in Anspruch nehmen. Weitere Informationen im Kapitel *Gesundheit* (s. Inhaltsverzeichnis).
Gesundheitsvorsorge: Es gibt etwa 150 Krankenhäuser mit 4000 Betten und 1700 Ärzte. Der Abschluß einer Reisekrankenversicherung wird dringend empfohlen.

REISEVERKEHR - International

FLUGZEUG: Paraguays neue nationale Fluggesellschaft heißt *LAPSA (Lineas Aéreas Paraguayas Sociedad Anonima)*. Es gibt noch keine Direktverbindungen von Frankfurt, Wien oder Zürich. Flüge nach Europa sind erst ab Mitte 1996 geplant. *Iberia* fliegt Paraguay über Madrid an, *Varig* über Rio de Janeiro.
Ungefähre Flugzeiten: *Frankfurt* – Asunción: 14-18 Std. (je nach Strecke); *Madrid* – Asunción: 15 Std. 25.
Internationaler Flughafen: *Asunción Silvio Pettirossi (ASU)* (Campo Grande) liegt 16 km außerhalb der Stadt (Fahrzeit 20 Min.). Am Flughafen gibt es eine Wechselstube, Duty-free-Shops, Mietwagenschalter und Restaurants. Flughafenbusse und Taxis sind vorhanden.
Flughafengebühren: 15 US$ pro Passagier bei der Ausreise. Transitreisende und Kinder unter 2 Jahren sind hiervon befreit.
SCHIFF: Es gibt unregelmäßige Verbindungen nach Buenos Aires (Argentinien) und Corumbá (Brasilien).
BAHN: Es gibt keine direkten Zugverbindungen nach Argentinien, aber wöchentlich fährt ein Zug nach Posadas (Argentinien), der die Bahnfähre benutzt. Von hier hat man Anschluß nach Concordia und Buenos Aires.
BUS/PKW: Die Straßen von Rio und São Paulo nach Asunción (an den Iguazú-Wasserfällen vorbei) sind asphaltiert. Gute Straßen führen auch von Buenos Aires nach Asunción. **Bus:** Es gibt tägliche Busverbindungen nach São Paulo und Rio de Janeiro (Brasilien), Santa Fe, Rosario, Córdoba, Buenos Aires (Argentinien) und Montevideo (Uruguay).

REISEVERKEHR - National

FLUGZEUG: Inlandflüge werden von *ARPA (Aerolineas Paraguaya)*, *LADESA (Lineas Aereas del Este)*, *TAM (Transportes Aero Militar)*, *LATN (Lineas Aéreas de Transporte Nacional)*, *Aeronorte* und *Aerosur* angeboten. Ausflüge von Asunción zu den Iguazú-Wasserfällen mit *Varig Airways* sind sehr beliebt. Flugtaxis sind ideal für den nur schwer zugänglichen Gran Chaco (s. *Geographie*).
SCHIFF: Verbindungen auf dem Río Paraguay.
BAHN: Einmal wöchentlich fährt ein Zug mit einer alten Dampflok von Asunción nach Encarnación (431 km). Ein weiterer Zug verkehrt zwischen San Salvador und Abai.
BUS/PKW: Die Straßen zu den wichtigsten Städten sind in gutem Zustand. Nicht asphaltierte Straßen können bei schlechtem Wetter gesperrt sein. Nur etwa 10% der Straßen sind asphaltiert. Eine Schnellstraße verbindet Asunción mit den Iguazú-Wasserfällen, die Autofahrt dauert ca. 8 Std. **Busse** sind die preiswertesten Verkehrsmittel in Paraguay. Expressverbindungen stehen zwischen den größeren Städten zur Verfügung. Für längere Strecken empfiehlt sich Vorausbuchung. **Mietwagen** erhält man von den örtlichen Fremdenverkehrsämtern. **Unterlagen:** Führerschein des eigenen Landes oder internationaler Führerschein.
STADTVERKEHR: Privatfirmen betreiben Busse und Minibusse in Asunción. Es gibt zwei Fahrzonen, das Fahrgeld wird von Schaffnern kassiert. Zwei Linien der staatlichen Straßenbahn sind noch in Betrieb.

UNTERKUNFT

HOTELS: Außerhalb der Hauptstadt gibt es nur wenige Unterkunftsmöglichkeiten, Vorausbuchung wird empfohlen. Alle Hotels in Asunción sind normalerweise während der Urlaubszeit (Juli - August) ausgebucht. Weitere Informationen erteilt die *Asociacion Industrial Hotelera Gastronomica del Paraguay*, Palma 752, Piso 2, Asunción. Tel/Telefax: (021) 49 45 18.
CAMPING/JUGENDHERBERGEN: Weitere Informationen von der *Dirección General de Turismo* erhältlich (Adresse s. o.).

URLAUBSORTE & AUSFLÜGE

Besonders beliebt ist die 200 km lange Rundfahrt, die an den interessantesten Stätten und Sehenswürdigkeiten des Landes vorbeiführt.
Asunción, die farbenfrohe und lebendige Landeshauptstadt, liegt an der Bucht von Asunción am *Río Paraguay*. Die rechteckig angelegte Stadt bietet viele hübsche Parks, reizvolle Plätze und einen großen Botanischen Garten. Pauschalreisen zu den sagenhaft schönen *Iguazú-Wasserfällen* und den *Salto-Kristallfällen* können von hier aus gebucht werden. Ausflüge nach *Villera* oder Bootsfahrten auf dem *Río Pilcomayo* in den Gran Chaco sind ebenfalls beliebt. In **Luque,** in der Nähe der Hauptstadt, werden die berühmten Harfen hergestellt und zum Kauf angeboten.
Hauptsehenswürdigkeit des 1775 gegründeten **San Lorenzo** ist die gotischen Kirche.
Itá wurde 1539 von Domingo Martinez gegründet. Eine regionale Besonderheit sind die handbemalten *Gallinita*-Hennen aus schwarzem Ton. Auf dem bunten Markt kann man wunderbar nach Gelegenheitskäufen stöbern.
Yaguarón: Während der spanischen Kolonialzeit war hier der Hauptsitz der Franziskanermissionen. Zahlreiche, mit schönen Holzornamenten geschmückte Kirchen sind erhalten geblieben und gehören in jedes Besichtigungsprogramm. Fast alle wurden Ende des 18. Jahrhunderts erbaut.
Paraguarí liegt in den Ausläufern der *Cordillera des Altos*. In diesem reizenden Dorf gibt es noch einige Kolonialbauten.
Chololo ist ein hübsches Urlaubszentrum mit Bars, Restaurants und Ferienbungalows.
Piribebuy war einst Schauplatz der blutigen Kämpfe im Dreiländerkrieg mit Argentinien, Brasilien und Uruguay. Die *Encaje-yu*-Klöppelspitze, *Parani*-Ponchos und andere Handarbeiten werden hier angefertigt. Dieser Ort ist auch bekannt für die »Jungfrau der Wunder«.

San Bernadino am Ypacaraí-See ist besonders im Sommer ein beliebter Urlaubsort mit guten Stränden und Hotels, Bars und Restaurants.
Ciudad Del Este ist die am schnellsten wachsende Stadt des Landes und bietet gute Einkaufsmöglichkeiten. Die nur 10 km entfernt liegenden die *Monday-Wasserfälle*, die ein beliebtes Ausflugsziel sind. Von hier aus kann man auch den *Itaipú-Damm*, den größten hydroelektrischen Damm der Welt, besuchen und die großartigen *Iguazú-Wasserfälle* (an der Grenze zwischen Argentinien und Brasilien).
In **Encarnación** findet man zahlreiche Gebäude aus der Kolonialzeit und eine verträumte Uferregion komplett mit *Gauchos* und Sandwegen.
Paraguay Chaco besteht aus weitläufigen, dünn besiedelten Ebenen und Wäldern. Die Fahrt von Asunción führt durch den unteren Chaco, eine Gegend aus Palmenwäldern und Marschland, zum mittleren Chaco mit seiner Hauptstadt *Filadelfia*. Hier haben Mennoniten deutscher Abstammung landwirtschaftliche Betriebe und ihre eigenen Schulen gegründet.

SOZIALPROFIL

ESSEN & TRINKEN: Spezialitäten wie *Chipas* (Maisbrot mit Ei und Käse), *Sopa Paraguaya* (Auflauf aus gemahlenem Mais, Käse, Milch und Zwiebeln), *Soo-Yosopy* (Suppe aus Maismehl und Rinderhack), *Albondiga* (Suppe mit Fleischklößchen) und *Boribori* (Suppe mit gewürfeltem Fleisch, Gemüse und kleinen Maismehlklößen mit Käse) sind eine Kostprobe wert. *Palmitos* (Palmenherzen), *Surubi* (ein Fisch des Río Paraná) und das einheimische Rindfleisch schmecken besonders lecker. In Asunción findet man eine gute Auswahl an Restaurants mit Tischbedienung. **Getränke:** Nationalgetränk ist *Cana*, das aus Zuckerrohr und Honig gewonnen wird. Zuckerrohrsaft ist als *Mosto* bekannt, und der einheimische Rotwein ist auch nicht zu verachten. *Yerba Maté*, ein Erfrischungsgetränk, wird von fast allen Bewohnern des Landes getrunken. Es gibt keine festgesetzten Schankzeiten, und Alkohol ist überall erhältlich.
NACHTLEBEN: Das Nachtleben in Asunción hat sich in den letzten Jahren entwickelt, es gibt Kneipen, Spielkasinos und Diskotheken. Die *Parrilladas* (Freiluftrestaurants), besonders in Asunción, sind für ihre gute Atmosphäre bekannt. In den Grenzstädten Ciudad Del Este und Encarnación gibt es ebenfalls Spielkasinos.
EINKAUFSTIPS: Schöne Souvernirs sind *Nandutí*-Spitze, die von den Frauen von Itagua gemacht wird, und *Aho-poi*-Tischdecken in unterschiedlichen Farben und Mustern. Auch Lederarbeiten, Holzgegenstände, silberne *Yerba-Maté*-Tassen und einheimischer Schmuck sind beliebte Mitbringsel. **Öffnungszeiten der Geschäfte:** Mo-Fr 08.00-12.00 und 15.00-19.00 Uhr, Sa 07.30-13.00 Uhr.
SPORT: Fußball ist Nationalsport. In einigen Hotels und in Asunción gibt es **Tennisplätze**. Ein 18-Loch-**Golfplatz** steht im Golfklub von Asunción zur Verfügung. **Wasserski**-Anlagen werden von einem Hotel am Río Paraguay angeboten. Einige größere Hotels haben **Swimmingpools. Angeln** ist besonders beliebt. Die bis zu 29 kg schwere einheimische Dorade kommt im Río Paraguay, Río Paraná und Río Tebicuary vor. Internationale Angelwettbewerbe werden in der Nähe von Asunción ausgetragen. Kleinere Seen bieten meist ebenfalls gute Fischgründe.
VERANSTALTUNGSKALENDER
15. Mai '96 *Dia de la Independencia* (Feierlichkeiten anläßlich des Nationalfeiertages), landesweit. **Juni** *San-Juan-Fiesta*, landesweit. **Juli** *Nauduti-Festival* (Folklore, Kunstgewerbe), Itagua. **15. Aug.** *Tag der Jungfrau von Asunción*, Asunción. **Sept.** *Alfalfa-Festival*, Sapucai. **Okt.** *Internationales Chortreffen*, Encarnacíon. **Nov.** *Poyvi-Festival* (Kunst, Musik und Kunsthandwerk), Carapegua. **Dez.** *Beginn der Tourismussaison*, San Bernadino. **Febr. '97** *San-Blas-Fiesta*. **Febr./März** *Karneval*, landesweit. **März** *Heilige Woche* (Kreuzwege u. a.), landesweit. **15. Mai** *Dia de la Independencia* (Feierlichkeiten anläßlich des Nationalfeiertages), landesweit.
Weitere, variable Festtage können von der *Dirección de Turismo* (Adresse s. o.) erfragt werden.
SITTEN & GEBRÄUCHE: Zur Begrüßung gibt man sich die Hand. In Kinos und Theatern darf nicht geraucht werden. Kleidung darf leger sein, Sportkleidung ist beliebt. **Fotografieren:** Militärische Anlagen sollten nicht fotografiert werden. **Trinkgeld:** Auf Hotel- und Restaurantrechnungen werden meist 10-15% aufgeschlagen.

WIRTSCHAFTSPROFIL

WIRTSCHAFT: Die Landwirtschaft erbringt einen Großteil der Exporteinnahmen, ca. ein Viertel des Bruttoinlandprodukts und bietet ein großes Wachstumspotential. Fast die Hälfte der Erwerbstätigen sind im Agrarsektor beschäftigt. Hauptexporterzeugnisse sind Baumwolle und Sojabohnen. Viehzucht spielt ebenfalls eine wirtschaftliche Rolle. Kürzlich fertiggestellte Wasserkraftwerke, darunter der größte hydroelektrische Damm der Welt bei Itaipú – ein Gemeinschaftsprojekt mit Brasilien – gewährleisten die Energieversorgung des Landes. Die Rezession zu Beginn der achtziger Jahre ist mittlerweile überwunden – die Wirtschaft Paraguays ist heute eine der am schnellsten expandierenden Lateinamerikas und ist im Gegensatz zu anderen Nationen des Kontinents nicht mit extrem hohen Auslandsschulden belastet. In den letzten Jahren gelang es, die Auslandsverschuldung zu halbieren. Die Inflationsrate ist aber immer noch relativ hoch. Die einheimische Industrie hat eine rasche Entwicklung durchgemacht, die Absatzgebiete für Fertigwaren sind jedoch noch ausbaufähig. Paraguay ist Mitglied der *Asociación Latinoamericana de Integración* (11 Mitgliedstaaten), die den freien Handel und die wirtschaftliche Entwicklung in Lateinamerika fördert. Paraguay und Bolivien erfreuen sich besonderer Zollvergünstigungen, was Paraguay in nächster Zukunft zu einer der Haupthandelsdrehscheiben Südamerikas machen könnte. Brasilien ist der wichtigste Handelspartner, gefolgt von Argentinien. Die Mitgliedschaft in der Handelsgemeinschaft lateinamerikanischer Staaten *Mercosur* dürfte das Wirtschaftswachstum noch weiter ankurbeln.
GESCHÄFTSVERKEHR: Gute Spanischkenntnisse sind vorteilhaft; viele Geschäftsleute sprechen auch Englisch. Terminvereinbarung im voraus ist erforderlich, die üblichen Höflichkeitsformen gelten auch hier. Beste Besuchszeit ist zwischen Mai und September. **Geschäftszeiten:** Mo-Fr 07.30/08.00-12.00 und 15.00-17.30/19.00 Uhr.
Kontaktadressen: *Lateinamerikanische Handelskammer in der Schweiz*, Hintere Hauptgasse 9, CH-4800 Zofingen. Tel: (062) 752 32 22. Telefax: (062) 751 85 53.
Cámara de Comercio e Industria Paraguayo-Alemana (Deutsch-Paraguayische Industrie- und Handelskammer), Casilla de Coreo 919, Asuncíon. Tel: (021) 44 65 94. Telefax: (021) 44 97 35.
Die wirtschaftlichen Interessen Österreichs werden von der Außenhandelsstelle der Wirtschaftskammer Österreich in Buenos Aires (s. Argentinien) vertreten.
Cámara y Bolsa de Comercio (Paraguayische Handelskammer), Estrella 540, Asunción. Tel: (021) 49 33 21. Telefax: (021) 44 08 17.
Hinweis: Informationen erteilen auch die Handelsabteilungen der paraguayischen Botschaften in Bonn, Wien und Zürich (Adressen s. o.).
KONFERENZEN/TAGUNGEN: Weitere Informationen erhältlich von: *Dirección General de Promocion de las Exportaciones e Inversiones*, Padre Cardozo 469, Asunción. Tel: (021) 20 82 76/77, 20 86 41. Telefax: (021) 20 04 25.

KLIMA

Subtropisches Klima mit ganzjährig wechselnden Temperaturen. Mitunter sehr heiß im Sommer (Dezember - März), eher mild im Winter (Juni - September) mit einigen kalten Tagen. Die Niederschlagsmenge ist zwischen Dezember und März am höchsten.
Kleidung: Leichte Baumwoll- und Leinensachen während der wärmeren Monate. Im Frühling und Herbst einige wärmere Kleidungsstücke mitnehmen, im Winter wärmere Übergangskleidung. Regenschutz das ganze Jahr über.

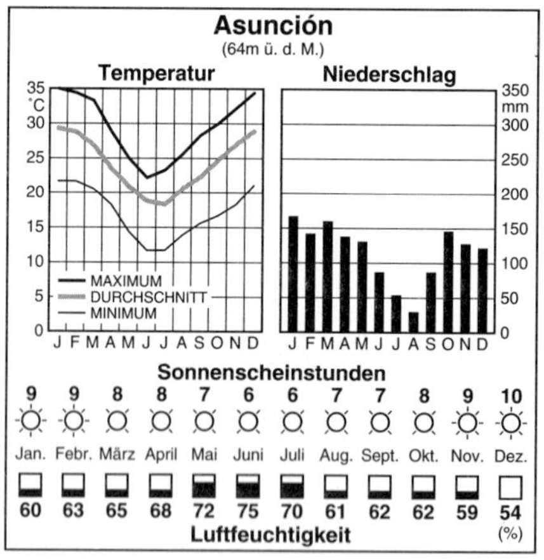

Pass- und Visavorschriften mancher Länder können sich kurzfristig ändern – Im Zweifelsfall erkundigen Sie sich bitte vor der Abreise bei der zuständigen Botschaft

Pazifik

Die meisten Pazifikstaaten haben eigene Kapitel in diesem Buch (s. Inhaltsverzeichnis). Informationen über Hawaii im Kapitel *USA*.

Tourism Council of the South Pacific (TCSP)
Deutsche Vertretung: Interface International
Dircksenstraße 40
D-10178 Berlin
Tel: (030) 23 81 76 45. Telefax: (030) 23 81 76 41.
Mo-Fr 09.00-18.00 Uhr.

Pazifik-Übersicht

Das riesige, dünn besiedelte Gebiet des Pazifischen Ozeans, das etwa ein Viertel der Erdoberfläche bedeckt, hat in den letzten Jahren erhebliches Interesse auf sich gezogen. Die Myriaden kleiner Inseln, die weit verstreut im Ozean liegen, haben einmalige geographische und wirtschaftliche Besonderheiten und nicht zuletzt ihre eigene Geschichte – einige sind seit kurzem selbständig, andere Treuhandgebiete oder noch heute Kolonien. Es gibt jedoch weltpolitische und -wirtschaftliche Trends, die mit Sicherheit einen erheblichen Einfluß auf den gesamten Pazifikraum ausüben werden.
In den siebziger und achtziger Jahren fand eine zunehmende Militarisierung des Gebietes statt, die in Zukunft vermutlich keine so große Rolle mehr spielen wird. Neben den bekannteren nuklearen Teststationen Frankreichs und der USA (Frankreich führte 1995 sechsTests in Französisch-Polynesien durch), wurden in der Pazifikregion verschiedene Frühwarnsysteme und Nachrichtendienste aufgebaut. Seit dem Ende des Kalten Krieges fehlt jedoch die Rechtfertigung der strategischen Nutzung des Pazifik. Für die Pazifikinseln verringert sich damit die Gefahr, ihre Autonomie im Konflikt der Supermächte einzubüßen. Diese Entwicklung bedeutet jedoch auch, daß die Großmächte weniger Interesse haben, die Wirtschaft der Inselstaaten zu unterstützen. Daher sind die Inseln jetzt verstärkt darauf angewiesen, ihre eigenen Wirtschaftssysteme auszubauen, wobei sich die Bemühungen auf drei Bereiche konzentrieren.
Große Hoffnungen setzt man langfristig auf den zunehmenden Tourismus. Bisher liegt das Gebiet im Einzugsbereich reicher amerikanischer und australischer Touristen; um auch für den Durchschnittsurlauber als Reiseziel attraktiv zu werden, müssen jedoch preiswertere, schnellere und umweltfreundlichere Transportmittel gefunden werden. Eine weitere potentielle Zielgruppe für die Tourismusindustrie ist die Bevölkerung Asiens und Südamerikas, Voraussetzung ist allerdings eine erhebliche Steigerung von Lebensstandard und verfügbarem Einkommen in diesen Ländern.
Ein weiterer Faktor, der in naher Zukunft erheblich an Bedeutung gewinnen dürfte, ist der erstaunliche Reichtum des Pazifiks an natürlichen Ressourcen. Kommerzieller Fischfang, besonders seitens Japans, wird seit langem in enormem Umfang betrieben, ohne jedoch einen wesentlichen Einfluß auf die Tiefseefischbestände im Pazifik auszuüben. Der Pazifik hat außerdem äußerst umfangreiche Mineralvorkommen. Hawaii und Japan forschen nach einer wirtschaftlichen Methode für den Abbau mineralreicher Manganbrocken, die in den unergründlichen Tiefen des Pazifiks liegen. Zusätzlich stellt das pazifische Randgebiet eine potentielle Energiequelle dar, zunächst durch geothermale Einrichtungen, in Zukunft vielleicht auch durch die Nutzung von Tiefseegezeiten und Temperaturgefällen zur Energiegewinnung.
Der dritte Faktor ist die Verschiebung der Welthandelsachse vom Atlantik zum Pazifik, die dadurch bewirkt wurde, daß Japan und andere Hochkonjunkturländer im Pazifikraum ihren Handel seit einiger Zeit eher auf die Westküste der Vereinigten Staaten konzentrieren als auf die alten Knotenpunkte des Welthandels, die amerikanische Ostküste und Europa. Diese Situation eröffnet den pazifischen Inseln die Möglichkeit, sich als Umschlagplätze für die Schiffahrt zu etablieren und ähnliche Off-shore-Dienste im Finanzwesen anzubieten wie z. B. die britischen Kanalinseln und die Cayman-Inseln – vor allem Nauru, Vanuatu und Tonga sind mögliche Kandidaten für eine solche Entwicklung.
Ein Problem, das in den letzten Jahren verstärkt diskutiert wird und viele Regierungen im Pazifikraum beschäftigt, betrifft die möglichen Konsequenzen des Treibhauseffekts auf den Meeresspiegel. Eine Reihe von Inseln sehen sich einer ernsten Bedrohung gegenüber; einige,
z. B. Nauru, könnten eines Tages ganz verschwinden. Bei internationalen Begegnungen, auf denen Umweltfragen diskutiert werden, spielen die Inselstaaten des Pazifik daher eine immer größere Rolle.

Internationaler Flughafen

Lage: Westliches Südamerika.

Fondo de Promoción Turística (FOPTUR)
Calle Uno s/n. Urb. Córpac
Lima 27
Tel: (014) 440 83 33, 442 94 07, 440 71 20. Telefax: (014) 442 92 80, 440 61 19.
Botschaft der Republik Peru
Godesberger Allee 125
D-53175 Bonn
Tel: (0228) 37 30 45/-47. Telefax: (0228) 37 94 75.
Mo-Fr 09.00-17.00 Uhr, *Konsularabt.:* Mo-Fr 09.00-14.00 Uhr.
Generalkonsulate mit Visumerteilung in Berlin (Tel: (030) 229 14 55), Frankfurt/M. (Tel: (069) 2 03 01/02) und Hamburg (Tel: (040) 47 67 45, 460 12 23).
Honorarkonsulate mit Visumerteilung in Bremen (Tel: (0421) 1 56 29), Düsseldorf (Tel: (0211) 66 78 39), Hannover (Tel: (0511) 893 10 04), München (Tel: (089) 290 48 07) und Stuttgart (Tel: (0711) 666 51 03).
Botschaft der Republik Peru
Gottfried-Keller-Gasse 2
A-1030 Wien
Tel: (0222) 713 43 77, 715 74 86. Telefax: (0222) 712 77 04.
Mo-Fr 09.30-13.00 und 14.00-17.00 Uhr.
Botschaft der Republik Peru
Turnstraße 36
CH-3005 Bern
Tel: (031) 351 85 55, *Konsularabt.:* 351 85 67. Telefax: (031) 351 85 70.
Mo-Fr 09.00-16.00 Uhr, *Konsularabt.:* Mo-Fr 09.00-14.00 Uhr.
Generalkonsulat mit Visumerteilung in Genf (Tel: (022) 731 19 12).
Konsulat mit Visumerteilung in Basel (Tel: (061) 276 13 76).
Konsulate ohne Visumerteilung in Lausanne, Neuenburg

TIMATIC INFO-CODES

Abrufbar über Ihr CRS-System (für START/Amadeus Ama-Maske benutzen). Für Galileo bitte TI-DFT eingeben (mit Bindestrich).

Flughafengebühren	TI DFT/ LIM /TX
Währung	TI DFT/ LIM /CY
Zollbestimmungen	TI DFT/ LIM /CS
Gesundheit	TI DFT/ LIM /HE
Reisepassbestimmungen	TI DFT/ LIM /PA
Visabestimmungen	TI DFT/ LIM /VI

und Schaffhausen.
Botschaft der Bundesrepublik Deutschland
Avenida Arequipa 4202-4210
Miraflores
Apartado 18-0504
Lima 18
Tel: (014) 442 49 19, 422 46 87. Telefax: (014) 442 64 75.
Honorarkonsulate in Arequipa, Cusco, Iquitos, Piura und Trujillo.
Botschaft der Republik Österreich
Edificio »De las Naciones«
Avenida Central 643, 5°
San Isidro
Lima 27
Apartado 853
Lima 100
Tel: (014) 442 05 03, 442 18 07. Telefax: (014) 442 88 51.
Generalkonsulat ohne Paß- und Sichtvermerksbefugnis in Lima.
Honorarkonsulat ohne Paß- und Sichtvermerksbefugnis in Arequipa.
Botschaft der Schweizerischen Eidgenossenschaft
Avenida Salaverry 3240
San Isidro
Lima 27
Casilla 11-0210
Lima 11
Tel: (014) 462 40 90. Telefax: (014) 462 72 98.

FLÄCHE: 1.285.216 qkm.
BEVÖLKERUNGSZAHL: 23.531.701 (1995).
BEVÖLKERUNGSDICHTE: 18 pro qkm.
HAUPTSTADT: Lima. Einwohner: 6.414.500 (1990).
GEOGRAPHIE: Peru ist ein bergiges Land an der Pazifikküste, südlich des Äquators. Das Land grenzt im Norden an Ecuador und Kolumbien, im Osten an Brasilien und Bolivien und im Süden an Chile und gliedert sich in vier Regionen: Costa, Sierra, Montaña und Selza. Die Hauptstadt Lima liegt in der **Costa-Region**. Dieses Gebiet besteht aus einem nur schmalen Küstenstreifen, der wüstenhaften Charakter hat und teilweise künstlich bewässert wird. In dieser Gegend befinden sich Zuckerrohr- und Baumwollplantagen sowie zahlreiche Erdölfelder. In der **Sierra-Region** lebt der Großteil der indianischen Bevölkerung. Die Anden erreichen eine Höhe von über 6000 m. Fast alle Mineralvorkommen des Landes und der größte Teil der Viehzucht sind auf diese Region konzentriert. Die **Montaña-Region** liegt zwischen den Anden und dem Dschungel im Osten Perus. Das fruchtbare subtropische Gebiet ist bisher kaum erschlossen. Die im Bau befindliche internationale Autobahn kann in einigen Abschnitten bereits befahren werden. Die **Selza-Region**, der Amazonas-Dschungel im östlichen Teil des Landes, verfügt über bedeutende Bodenschätze. Seitdem 1973 die Suche nach Erdöl begann, hat sich die Infrastruktur des bis dahin weitgehend unerforschten Gebiets verbessert. Die Bevölkerung besteht überwiegend aus Indios und Mestizen. Europäische (hauptsächlich spanische), chinesische und afrikanische Siedler haben sich ebenfalls hier niedergelassen.
STAATSFORM: Präsidialrepublik. Staatsoberhaupt: Präsident Alberto K. Fujimori, seit Juli 1990. Regierungschef: Dante Cérdova Blanco, seit Juli 1995. Die Verfassung von 1979, die ein Parlament aus zwei Kammern und allgemeines Wahlrecht vorschrieb, wurde im April 1992 außer Kraft gesetzt, und das Parlament wurde aufgelöst. Der vom Militär und der Öffentlichkeit unterstützte Staatsstreich führte zur Verhaftung von Oppositionspolitikern und zur Entlassung von Richtern; die Presse wurde der Zensur unterstellt. Seit August 1993 gilt eine neue Verfassung.
SPRACHE: Spanisch und Quechua. Aymará wird teilweise gesprochen. In zahlreichen Urlaubsgebieten spricht man auch Englisch.
RELIGION: 96% römisch-katholisch. Protestantische Minderheit sowie Anhänger von Naturreligionen.
ORTSZEIT: MEZ - 6.
NETZSPANNUNG: 220 V, 60 Hz; in Arequipa 220 V, 50 Hz und Iquitos 110 V, 50 Hz; amerikanische Stecker.
POST- UND FERNMELDEWESEN: Telefon: Selbstwählferndienst. **Landesvorwahl:** 51. **Telefax:** Dieser Service steht in einigen Hotels zur Verfügung. **Telex/Telegramme** können bei ENTEL PERU in Lima aufgegeben werden, Telexe auch in den Bolivar-, Crillon- und Sheraton-Hotels. **Post:** Luftpost nach Europa ist bis zu zwei Wochen unterwegs. Außerhalb Limas ist die Post weniger zuverlässig. An Postfächer innerhalb Perus adressierte Luftpostsendungen sind ca. vier Tage unterwegs, man muß jedoch mit Verzögerungen rechnen. Öffnungszeiten des Hauptpostamtes in Lima: Mo-Sa 08.00-18.00 Uhr sowie So 08.00-12.00 Uhr.
DEUTSCHE WELLE
Der Einsatz der Kurzwellenfrequenzen ändert sich mehrfach im Laufe eines Jahres, und Sendungen auf den folgenden Frequenzen werden jeweils nur zu bestimmten Tageszeiten ausgestrahlt. Näheres in der Einleitung.

MHz	17,860	17,810	17,765	11,785	9,545
Meterband	16	16	16	25	31

REISEPASS/VISUM

Wichtiger Hinweis: Die Einreisebestimmungen mancher Länder können sich kurzfristig ändern – rufen Sie sicherheitshalber auf Ihrem CRS-System (TIMATIC-Info-Code-Fenster in diesem Kapitel) den aktuellen Stand ab bzw. wenden Sie sich an die zuständige diplomatische Vertretung. Etwaige Zahlen in der Tabelle beziehen sich auf nachfolgende Fußnoten.

	Paß erforderlich?	Visum erforderlich?	Rückflugticket erforderlich?
Deutschland	Ja	Nein/1	Ja
Österreich	Ja	Nein/1	Ja
Schweiz	Ja	Nein/1	Ja
Andere EU-Länder	Ja	Nein/1	Ja

REISEPASS: Allgemein erforderlich.
VISUM: Allgemein erforderlich, ausgenommen sind Staatsbürger folgender Länder bis zu 3 Monaten, sofern sie ausschließlich als Touristen einreisen:
(a) Bundesrepublik Deutschland, Österreich, übrige EU-Länder sowie die Schweiz;
(b) Andorra, Argentinien, Australien, Bolivien, Brasilien, Chile, Cook-Inseln, Costa Rica, Dominikanische Republik, Ecuador, El Salvador, Fidschi, Guatemala, Guyana, Honduras, Indonesien, Island, Israel, Japan, Kanada, Kiribati, Kolumbien, Korea-Süd, Liechtenstein, Malaysia, Malta, Mexiko, Föd. Staaten von Mikronesien, Monaco, Nauru, Neuseeland, Nicaragua, Niue, Norwegen, Palau, Panama, Papua-Neuguinea, Paraguay, Philippinen, San Marino, Singapur, Süd-Afrika, Suriname, Thailand, Tonga, Tschechische Republik, Tuvalu, Uruguay, USA, Vanuatu, Vatikanstadt, Venezuela und West-Samoa;
(c) Staaten der Karibik (Staatsbürger von Kuba benötigen jedoch ein Visum);
(d) Touristen, die eine organisierte (und genehmigte) Reise gebucht haben.
Anmerkung: Einige der unter (a) und (b) genannten Länder benötigen eine gelbe »Cedula C« zusammen mit einem Rück- oder Weiterreiseticket. Die »Cedula C« wird gewöhnlich umsonst von der jeweiligen Fluggesellschaft ausgestellt.
Wichtig: [1] **Geschäftsreisende** aller Nationalitäten brauchen Visa, sofern sie auf ihrer Reise Geld aus peruanischen Quellen in Empfang nehmen werden.
Visaarten: Touristen- und Geschäftsvisa. Reisende, die innerhalb von 24 Std. weiterfliegen und den Flughafen nicht verlassen, benötigen kein Transitvisum. Gültige Reisedokumente und die Bestätigung der Platzreservierung müssen vorgelegt werden. Außerdem gibt es Studenten-, Arbeits- und andere Visa. Erkundigen Sie sich im Einzelfall bei der Botschaft oder den Konsulaten.
Visagebühren: Die Gebühren hängen vom US$-Kurs ab; z. Zt. kosten Touristenvisa 20,40 DM; 156 öS; 18 sfr und Geschäftsvisa 45,90 DM; 351 öS; 18 sfr.
Antragstellung: Persönlich beim Konsulat bzw. der Konsularabteilung der zuständigen Botschaft (Adressen s. o.). Postalische Anträge können nicht bearbeitet werden.
Unterlagen: (a) Gültiger Reisepaß. (b) Paßfoto. (c) Zweifacher Antrag. (d) Buchungsbestätigung der Rück- oder Weiterreise. (e) Gebühr. (f) Für Geschäftsreisen: Firmenschreiben mit Besuchsanlaß.
Reisende aus China (VR), den Ländern Osteuropas und Taiwan (China) sowie Besucher mit Reisedokumenten, die von einer internationalen Organisation oder anderen Ländern als dem Geburtsland ausgestellt wurden (sowohl Touristen als auch Geschäftsreisende), benötigen eine vorherige Genehmigung des peruanischen Außenministeriums.
Bearbeitungszeit: Normalerweise 24 Std.

GELD

Währung: 1 Neuer Sol (PES) = 100 Céntimos. Banknoten gibt es im Wert von 100, 50, 10 und 5 PES. Münzen sind im Wert von 1 PES und 50, 10, 5 und 1 Céntimo in Umlauf. Der Neue Sol löste 1991 den Inti (PEI) ab.
Geldwechsel: Reisende sollten US-Dollar mitführen. Der Umtausch anderer ausländischer Währungen ist nicht nur umständlich, sondern auch teuer. Banken und Wechselstuben verlangen hohe Kommissionen. Offiziell darf nur die *Banco de la Nación* Geld wechseln, zahlreiche *Casas de Cambios* und einige der großen Hotels sind aber autorisierte Zweigstellen der Nationalbank. Die *Casas de Cambios* sind für ihre guten Wechselkurse und zügige Bedienung bekannt.
Kreditkarten: *American Express, Diners Club, Eurocard* und *Visa* werden in Lima akzeptiert, außerhalb der Hauptstadt kann es Schwierigkeiten geben. Einzelheiten vom Aussteller der betreffenden Kreditkarte.
Wechselkurse

	PEI Sept. '92	PES Febr. '94	PES Jan. '95	PES Jan. '96
1 DM	0,95	1,24	1,41	1,63
1 US$	1,41	2,16	2,18	2,34

Devisenbestimmungen: Es gibt keine Einfuhrbeschränkungen für Fremd- oder Landeswährungen. Die Ausfuhr der Landeswährung ist unbegrenzt. Die Ausfuhr von Fremdwährungen ist auf den bei der Einreise deklarierten Betrag begrenzt. Für den Rücktausch des Neuen Sol müssen Umtauschbelege vorgelegt werden.

Öffnungszeiten der Banken: Mo-Fr 08.15-11.30 Uhr (Januar - März) und Mo-Fr 09.15-12.45 Uhr (April - Dezember). Einige Banken haben auch nachmittags geöffnet.

DUTY FREE

Folgende Artikel dürfen zollfrei nach Peru eingeführt werden:
400 Zigaretten oder 50 Zigarren oder 250 g Tabak;
3 l Spirituosen oder 3 l Wein;
Parfüm für den persönlichen Bedarf.

GESETZLICHE FEIERTAGE

1. Mai '96 Tag der Arbeit. **29. Juni** Peter und Paul. **28./29. Juli** Unabhängigkeitstag. **30. Aug.** Santa Rosa de Lima (Prozessionen zu Ehren der Heiligen). **8. Okt.** Herbstfeiertag. **1. Nov.** Allerheiligen. **8. Dez.** Mariä Empfängnis. **25. Dez.** Weihnachten. **1. Jan. '97** Neujahr. **27. März** Gründonnerstag. **28. März** Karfreitag. **1. Mai** Tag der Arbeit.

GESUNDHEIT

In der folgenden Tabelle aufgeführte Impfvorschriften können sich kurzfristig ändern. Es wird stets empfohlen, auf Ihrem CRS-System (TIMATIC-Info-Code-Fenster in diesem Kapitel) den aktuellen Stand der Gesundheitsbestimmungen abzurufen bzw. rechtzeitig vor der Reise ärztlichen Rat einzuholen.

	Vorsichtsmaßnahmen empfohlen	*Impfschein erforderlich*
Gelbfieber	Ja	1
Cholera	Ja	2
Typhus & Polio	Nein	-
Malaria	3	-
Essen & Trinken	4	-

[1]: Eine Impfbescheinigung gegen Gelbfieber wird von allen Reisenden verlangt, die älter als sechs Monate sind und aus Infektionsgebieten kommen. Vor dem Besuch ländlicher Regionen wird zu einer Schutzimpfung geraten.
[2]: Eine Impfbescheinigung gegen Cholera ist keine Einreisebedingung, das Risiko einer Infektion besteht jedoch. 1991 wurde Peru von einer anhaltenden schweren Choleraepidemie heimgesucht, und ganz Peru ist bis auf Widerruf als Infektionsgebiet zu betrachten. Zuletzt wurden 1993 autochthone Cholerafälle gemeldet. Da die Wirksamkeit der Schutzimpfung umstritten ist, empfiehlt es sich, rechtzeitig vor Antritt der Reise ärztlichen Rat einzuholen. Näheres im Kapitel *Gesundheit* (s. Inhaltsverzeichnis).
[3]: Ein Malariarisiko der weniger gefährlichen Form *Plasmodium vivax* herrscht ganzjährig in den ländlichen Regionen unterhalb 1500 m (im Küstenstreifen und in den Andentälern sowie im Amazonasbecken) vor. Die gefährlichere Form *Plasmodium falciparum* tritt sporadisch in den Grenzgebieten zu Bolivien (Madre-de-Dios-Fluß), Brasilien (an den Flüssen Yavari und Acre), Kolumbien (Patamayo-Fluß), Ecuador (Napo-Fluß) sowie in der Provinz Zarumilla (Dep. Tumbes) auf. Chloroquin- und Sulfadoxin-/Pyrimethamin-Resistenz von *Plasmodium falciparum* wurde gemeldet.
[4]: Trinkwasser ist normalerweise gechlort und relativ sauber, es können jedoch u. U. leichte Magenverstimmungen auftreten. Für die ersten Wochen des Aufenthalts wird daher abgefülltes Wasser empfohlen, welches überall erhältlich ist. Das Trinkwasser außerhalb der größeren Städte sollte vor der Benutzung zum Trinken, Zähneputzen und zur Eiswürfelbereitung entweder abgekocht oder anderweitig sterilisiert werden. Milchprodukte aus ungekochter Milch sollte man außerhalb der Städte meiden. Fleisch- und Fischgerichte sollten gut durchgekocht und heiß serviert werden. Den Genuß von Schweinefleisch, rohen Salaten und Mayonnaise sollte man vermeiden. Gemüse nur gekocht und Obst geschält essen.
Tollwut kommt vor. Wer ein erhöhtes Risiko eingeht (z. B. längerer Aufenthalt in abgelegenen Gebieten), sollte vor Reiseantritt eine Schutzimpfung erwägen. Bei Bißwunden so schnell wie möglich ärztliche Hilfe in Anspruch nehmen. Weitere Informationen im Kapitel *Gesundheit* (s. Inhaltsverzeichnis).
Hepatitis B und *D* treten ebenfalls auf.
Gesundheitsvorsorge: Etwa 450 Krankenhäuser (30.000 Betten) und 12.000 Ärzte stehen zur Verfügung. Der Abschluß einer Reisekrankenversicherung wird empfohlen.

REISEVERKEHR - International

FLUGZEUG: Perus nationale Fluggesellschaften heißen *Aeroperu (PL)* und *Faucett (CF)*. Es gibt keine Direktflüge von Zürich oder Wien (Umsteigen z. B. in Frankfurt, Paris, Madrid, New York oder Miami).
Durchschnittliche Flugzeiten: *Frankfurt* – Lima: 18 Std. 20 (einschl. Zwischenlandungen); *Los Angeles* – Lima: 8 Std. 55; *Miami* – Lima: 5 Std. 55; *New York* – Lima: 9 Std. 20.
Internationaler Flughafen: *Lima (LIM)* (Jorge Chávez International) liegt 16 km nordwestlich der Stadt (Fahrzeit 25 Min.). Serviceeinrichtungen: Duty-free-Shops, Banken, Post, Tourist-Information, Mietwagenschalter, Geschäfte, Bars und Restaurants. Busse fahren rund um die Uhr alle 5 Min. zur Stadt. Zum Flughafen fahren sie von der Haltestelle *Le Paris Movie* (La Colmena Avenue, Block 7) und vom Hotel Crillon ab. Linienbusverkehr alle 15 Min. zur Stadt (24 Std.). Von der Haltestelle Camana, Block 8, fährt man zurück zum Flughafen. Taxis stehen ebenfalls zur Verfügung.
Flughafengebühren: 17,70 US$ bei Ausreise, ausgenommen sind Transitreisende und Kinder unter 2 Jahren.
SCHIFF: Die *Delta Line Cruises* bietet Kreuzfahrten von San Francisco und Los Angeles nach Südamerika an. Die Reise dauert 55 Tage und führt durch den Panama-Kanal und die Magellan-Straße. Die Schiffe legen in Valparaiso und Callao an, der wichtigsten Hafenstadt Perus.
BAHN: Zweimal täglich fährt ein Zug von Tacna nach Arica (Chile). Weiteres unter *Reiseverkehr - National.*
BUS/PKW: Die Panamerikana ist die wichtigste internationale Straßenverbindung. Diese Autobahn verläuft in nord-südlicher Richtung durch die Wüstengebiete an der peruanischen Küste. Die *TEPSA*- und *Ormeño*-Reisebusse fahren von Ecuador über Peru nach Chile.

REISEVERKEHR - National

FLUGZEUG: Die Fluggesellschaften *Faucett, Americana* und *Aeroperu* verbinden Lima mit Arequipa, Ayacucho, Cuzco, Iquitos, Piura, Pucallpa, Talara, Trujillo, Tumbes, Yurimagnas, Tacna, Chiclayo und anderen Städten. *Americana de Aviacion* bietet den *Peru Airpass* in zwei Variationen an. Er muß außerhalb des Landes gekauft werden und ist nur für Touristen gültig. Man kann ihn entweder mit 2, 3, 4 oder 5 Flug-Coupons oder für beliebig viele Flüge, jeweils innerhalb von 30 Tagen kaufen.
Flughafengebühren: 4 US$.
SCHIFF: Regelmäßige Verbindungen zwischen Pucallpa und Iquito sowie von Iquito zur Grenze.
BAHN: Es gibt zwei Schienennetze, die aber nicht miteinander verbunden sind. Zusätzlich gibt es Kurzstrecken in den Bergbaugebieten sowie einen kurzen Schienenstrang von Chile nach Tacna. Es besteht keine Verbindung zwischen Lima und Cuzco. Auf einigen Strecken verkehren schnelle und bequeme elektrische *Autovagons*. Es empfiehlt sich, nur tagsüber mit dem Zug zu fahren, da Bahnhöfe und Züge nachts mitunter von Dieben heimgesucht werden.
Die *Zentralstrecke* verbindet Lima, La Oroya, Huancayo und Huancavelica. Von La Oroya führt die höchste Normalspurstrecke der Welt nach Huancayo, die aber leider nicht mehr für den Personenverkehr genutzt wird. Dafür ist die Fahrt auf der Schmalspurstrecke von Lima nach La Oroya empfehlenswert. Wegen der akuten Bergrutsch gefahr kann der Fahrplan allerdings nicht immer eingehalten werden. Die Nebenstrecke von La Oroya nach Cerro de Pasco ist seit Jahren geschlossen. Die *Südstrecke* führt von Arequipa über Juliaca nach Puno am Titicaca-See. Jeden Dienstag fährt eine Fähre über den See nach Bolivien und kehrt freitags wieder zurück. Der Fahrplan ändert sich häufig, erkundigen Sie sich vor Ort. Eine Nebenstrecke verläuft von Juliaca nach Cuzco, eine weitere Kurzstrecke nach Macchu Picchu. Da beide Strecken nicht miteinander verbunden sind, muß man nicht nur den Zug, sondern auch den Bahnhof wechseln. Die Nebenstrecke südlich von Arequipa ist ebenfalls seit einigen Jahren geschlossen. Es gibt einen Winter- und einen Sommerfahrplan.
BUS/PKW: Eine Straße verbindet Lima, Canta und Cerro de Pasco mit Huánuco und führt über Tingo María nach Pucallpa am Fluß Ucayali. Der *Central Highway* verbindet Lima mit La Oroya, Huancayo, Huancavelica, Ayacucho, Cuzco, Puno und Arequipa. Auf der Rundreise Lima – Cuzco – Puno – Arequipa – Lima bewältigt man 2400 km.
In Peru sind nur wenige Straßen gepflastert. Erdrutsche und unwegsame Straßen erschweren das Fahren, und Pannen sind häufig. Der Automobilklub von Peru ist gern bei der Urlaubsplanung behilflich und verkauft gute Karten der 12 Departamentos. Während der Regenzeit sind die Straßen in manchen Gebieten, insbesondere zwischen der Küste und den Bergen, aufgrund von Erdrutschen gesperrt. An allen ausländischen Fahrzeugen muß die Genehmigung der Zollbehörden, die bei der Einreise ausgestellt wird, gut sichtbar angebracht sein.
Taxis findet man vor den Hotels und am Flughafen.
Busse sind preiswert und als Verkehrsmittel weit verbreitet. Reisebusse der Firmen *Ormeño, Cruz del Sur, Oltursa* und *TEPSA* verkehren auf der Autobahn *Panamerikana*. **Mietwagen** kann man bei *Hertz, Avis, National* und *Budget* in Lima und anderen Städten erhalten.
Unterlagen: Internationaler Führerschein.
STADTVERKEHR: 50% der öffentlichen Verkehrsmittel in Lima sind Stadtbusse, etwa 30% Minibusse und 20% sogenannte *Colectivos*. In diesen Sammeltaxis haben bis zu sechs Personen Platz, sie fahren auf vorgeschriebenen Strecken in die Vororte. Diese Taxis findet man an der Haltestelle La Colmena an der Plaza San Martín. Man bezahlt einen Einheitspreis und kann überall ein- und aussteigen. Die gewöhnlichen Taxis sind verhältnismäßig preiswert und haben keine Taxameter, deswegen sollte man den Fahrpreis vorher vereinbaren. Eine neue Buslinie mit zehn Haltestellen wird von hochmodernen Bussen befahren.
FAHRZEITEN von Lima zu den folgenden größeren Städten (ungefähre Angaben in Std. und Min.):

	Flugzeug	Schiff*	Bus/Pkw
Arequipa	1.10	-	18.00
Cuzco	1.00	-	30.00
Huaraz	-	-	8.00
Iquitos	1.30	5 Tage	-
Nazca	-	-	8.00
Pucallpa	0.50	2,5 Tage	22.00
P. M'nado	2.00	3,5 Tage	-

Anmerkung: **[*]** Die Zeit für Straßenverbindungen zwischen den einzelnen Wasserwegen ist in dieser Tabelle nicht berücksichtigt.

UNTERKUNFT

HOTELS: Hotels internationaler Klasse findet man nur in Lima, hier gibt es auch die größte Auswahl an Unterkünften. In zahlreichen anderen Städten sind nur die staatlichen *Hoteles Turista* empfehlenswert, wobei es sich meistens um modernisierte und umgebaute Wohnhäuser handelt. Zahlreiche recht preiswerte *Pensiones* findet man in allen größeren Ortschaften Perus. 18% für Bedienung und Steuern sind in den Rechnungen enthalten. In den Provinzen ist die Übernachtung preiswerter als in der Hauptstadt. **Kategorien:** 1-5 Sterne. Der Standard der staatlichen Touristenhotels *(Hoteles Turistas)* ist sehr unterschiedlich, vielerorts bieten sie jedoch die besten Unterkunftsmöglichkeiten. In den Rechnungen der staatlichen Hotels und Häusern der Luxus- und 1. Klasse sind 18% für Steuern enthalten, Bedienung wird jedoch extra berechnet. Alle anderen Hotels berechnen 13-19%. Ein neues Gesetz verlangt das Aushängen besonderer Schilder: H (Hotel), HR (Hotel Residencial), HS (Hostal Residencial) oder P (Pension). Näheres erfahren Sie vom Hotelverband unter folgender Adresse:
AHORA (Asociación Peruana de Hoteles, Restaurantes y Afines), Avenida José Pardo 620, Of. 306, Miraflores, Lima 18. Tel/Telefax: (014) 446 87 73.
CAMPING: Es gibt keine offiziellen Campingplätze in Peru und nur sehr wenige in anderen Ländern Südamerikas.
JUGENDHERBERGEN: 26 Jugendherbergen mit Schlafsälen, Doppel- oder Einzelzimmern, Kochgelegenheiten, einer Bar oder Cafeteria und manchmal auch Schwimmbecken stehen zur Verfügung. Genaue Einzelheiten erhältlich beim Jugendherbergswerk: *Youth Tourist Hostels*, Casimiro Ulloa 328, Miraflores, Lima 18. Tel: (014) 446 54 88. Telefax: (014) 444 81 87.

URLAUBSORTE & AUSFLÜGE

Im Anschluß finden Sie die Kurzbeschreibungen der schönsten Städte und Regionen von Nord nach Süd, ausgewählt nach ihrer reizvollen Lage in fruchtbaren Tälern, Ebenen und Wüstengebieten, in den Anden oder dem Amazonas-Dschungel. Es wird darauf hingewiesen, daß in den abgelegenen Gegenden die Guerillaorganisation *Sendero Luminoso* weiterhin aktiv ist. Es kann daher gefährlich sein, die Touristengegenden zu verlassen.
Tacna: Die *Kathedrale* dieser Stadt an der chilenischen Grenze wurde von Eiffel entworfen, dem Erbauer des Pariser Eiffelturms. Das *Eisenbahnmuseum* ist ebenfalls einen Besuch wert.
Arequipa: Die »Weiße Stadt« liegt am Hang des 2359 m hohen Berges Misti. Der spanische Koloniale influß ist überall zu sehen. Das *Nonnenkloster von Santa Catalina* bildet ein wunderschönes Stadtviertel.
Puno und Titicaca-See: Puno liegt auf der 3800 m hohen Callao-Hochebene. Riesige Mineralvorkommen zogen die Spanier in diese Region. Überall kann man Kirchen der Kolonialzeit und präkolumbianische Überreste besichtigen. Puno ist das Zentrum peruanischer Folklore. Herrliche Wollstoffe aus *Alpaca* werden angeboten, außerdem *Torito de Pucara* (Tongefäße) und Silberwaren. Der Titicaca-See wird als der höchstgelegene befahrbare See der Welt beschrieben. Die in dieser Gegend lebenden Uru-Indios stammen von den Ureinwohnern ab und leben überwiegend vom Fischfang.
Cuzco: Diese Stadt liegt 3360 m über dem Meeresspiegel. Cuzco war die Hauptstadt der Inkas. Zahlreiche Ruinen der Inkazeit können besichtigt werden, besonders sehenswert ist der *Coricancha*, der Zweite Sonnentempel. Bemerkenswerte Kirchen wie *La Merced* und das dazugehörige *Kloster San Francisco Belén de los Reves* aus dem 17. Jahrhundert sowie die *Klöster Santa Clara* und *San Blas* stellen eine eindrucksvolle Mischung von spanischer und indianischer Architektur dar. Der Markt von Cuzco ist eine besondere Attraktion. Von der Ruine der *Sacsahuaman-Festung* ist die Aussicht auf die Stadt wirklich atemberaubend. Leicht erreichbar sind die Inkastätten *Kkenkko, Puca Pucara*, die Ruinen von *Machay, Pisac, Ollantaytambo* – und *Macchu Picchu*.
Macchu Picchu ist von Cuzco mit der Bahn oder zu Fuß auf dem Inka-Pfad erreichbar. Es gibt drei verschiedene Züge: Regionalzüge, Touristenzüge und die schnelleren *Autovagons*. Die Fahrt dauert mehrere Stunden. Am Kilometerstein 88 kann man aussteigen und den Weg auf dem Inka-Pfad fortsetzen. Von hier aus beträgt der Fußweg ca. 30 km zu den Ruinen. Das Gelände ist schwierig, und man sollte mindestens drei Tage für den Weg rechnen.

Die Überreste der ehrfurchtgebietenden Paläste, Türme, Tempel und Steintreppen werden zur Zeit restauriert. Den besten Eindruck erhält man während der Morgen- oder Abenddämmerung. Viele Besucher halten Macchu Picchu für das achte Weltwunder.
Ica und Nazca: Die *Museen* beider Städte enthalten Ausstellungsstücke aus der Zeit vor den Inkas. In der Nähe von Nazca findet man die mysteriösen »Landebahnen Außerirdischer«, die Erich von Däniken so eindrucksvoll in seinen Büchern beschrieben hat. Die Fluggesellschaft *Nazca Lines* veranstaltet preiswerte Rundflüge über dieses Gebiet.
Ayacucho wird auch die »Stadt der hundert Kirchen« genannt. Von manchen Aussichtspunkten hat man den Eindruck, daß es hier mehr Kirchen als Häuser gibt. In den Geschäften werden handgearbeitete Keramik, Lederartikel, Stoffe und Schmuckstücke angeboten.
Lima: Die Hauptstadt Perus wurde 1535 von Pizarro gegründet und ist auch als die »Stadt der Könige« bekannt. Im Stadtzentrum findet man zahlreiche Kirchen, Museen, Galerien und Denkmäler. Die Kirche *San Francisco* ist berühmt für ihre Katakomben und ihre umfangreiche Sammlung alter Texte. Die modernen Vororte mit ihren Banken und Geschäften sind Zeichen einer aufsteigenden Nation der Dritten Welt. Der Stierkampf ist eine nationale Leidenschaft, und im Oktober und November findet hier das berühmte Stierkampf-Festival statt; es gibt auch ein Stierkampf-Museum, das *Museo Tourino*.
Trujillo und Chan-Chan: Chan-Chan ist die größte aus Lehm gebaute Stadt der Welt. In Trujillo, der »Stadt des Ewigen Frühlings«, und im Norden des Landes sind Naturreligionen weit verbreitet.
Chiclayo ist ein Ort im Norden des Landes, in dessen Nähe es mehrere interessante archäologische Ausgrabungsstätten gibt: Tucume, Batán und Huaca Rajada, wo 1987 das Grabmal des Señor de Sipán gefunden wurde, das aus der Moche-Periode stammt und ca. 1600 Jahre alt ist.
Tumbes: Die nördlichste Stadt Perus ist ein bedeutendes Sport- und Fischereizentrum.
Der Dschungel: Das Amazonas-Becken zieht sich durch den größten Teil des Landes, ist aber kaum touristisch erschlossen. Von *Pucallpa* kann man zwar mit dem Boot nach *Iquitos* auf dem Fluß Ucayali fahren, das beste Transportmittel nach Iquitos, der wichtigsten Stadt des Gebietes, ist aber das Flugzeug. Die Stadt hat große Parkanlagen mit zahlreichen Baum- und Pflanzenarten. Regelmäßige Bootsfahrten werden zu den Siedlungen der Amazonas-Indianer veranstaltet. Die Bademöglichkeiten in dieser Gegend sind sehr gut. Von Iquitos kann man nach *Puerto Maldonado* fliegen, der Hauptstadt der Provinz Madre de Dios.

SOZIALPROFIL

ESSEN & TRINKEN: Die scharf gewürzte peruanische Küche ist auch im Ausland sehr beliebt. Beim Würzen wird besonders großzügig mit *Aji* und *Ajo* (Pfeffer und Knoblauch) umgegangen. Die Gemüseauswahl ist erstaunlich, es gibt über 220 verschiedene Kartoffelarten. Tropische Früchte aller Art sowie Avocados sind reichlich vorhanden. *Ceviche* ist eine einheimische Spezialität (in Zitronensaft marinierter roher Fisch, der mit Maiskolben, Kartoffeln und Zwiebeln gegessen wird); wegen der Cholera-Gefahr sollte man jedoch auf den Genuß dieser Delikatesse verzichten. *Escabeche* ist eine Vorspeise aus gekochtem Fisch, die kalt gegessen und mit Pfefferschoten und Zwiebeln garniert wird. *Corvina* (Seebarsch) wird verschiedenartig zubereitet. Jakobsmuscheln *(Conchitas)*, Miesmuscheln *(Choros)* und Krabben *(Camarones)* sind ebenfalls zu empfehlen. *Chupe de Camarones* ist ein Eintopf aus Krabben, Milch, Eiern, Kartoffeln und Pfefferschoten. Weitere Spezialitäten sind *Sopa Criolla* (stark gewürzte Suppe mit Rindfleisch und Nudeln), *Aji de Gallina* (Hühnerfleisch in pikanter Sahnesoße), *Anticuchos* (südamerikanischer Kebab) und *Lomo Saltado* (Rindfleischstücke mit Zwiebeln und Paprikaschoten, gedünstet und mit Bratkartoffeln und Reis angerichtet). Reis und Kartoffeln sind die Beilagen fast aller Gerichte. Traditionelle Süßspeisen sind *Arroz Con Leche* (Milchreis), *Mazamorra Morada* (gehaltvoller, fruchtiger Pudding), *Suspiro* und *Manjar Blanco* (beide aus gesüßter Kondensmilch) und *Picarones* (Schmalzgebäck mit Sirup). Wer nicht gern scharf ißt, sollte seiner Bestellung ein »*Sin Picante*« hinzufügen (*Criolla* heißt »scharf«). In den Hotels und Restaurants wird am Tisch bedient. **Getränke:** Einheimische Biere sind ausgezeichnet, die Weine sind akzeptabel. *Pisco Sour* wird aus einem kräftigen Weinbrand hergestellt und ist ein beliebtes einheimisches Getränk. Weitere auf Pisco basierende Getränke sind *Algar-Robina* (Pisco und Johannisbrotsirup), *Chilcano* (Pisco und Ingwerbier) und *Capitán* (Pisco und Wermut). *Chicha de Jora* (fermentiert) und *Chicha Morada* (alkoholfrei) sind Getränke, die schon bei den Inkas beliebt waren.
NACHTLEBEN: Peruaner verbringen die Abende im Kreis der Familie, trotzdem gibt es in den Städten und Urlaubsorten zahlreiche Bars und Diskotheken. *Peñas* sind die traditionellen Stätten des peruanischen Nachtlebens. Dort kann man der *Criolla* (Volksmusik) zuhören und kleinere Mahlzeiten bestellen. Einige *Peñas* bieten auch komplette Menüs an. Theater und Kinos sorgen für weitere Abendunterhaltung.
EINKAUFSTIPS: Typisch peruanisch sind Wollsachen und Teppiche aus *Alpaca-* und Lamawolle, indianische Masken, handgewebte *Ponchos* und Nachbildungen alter Inka-Schmuckstücke. Staatliche Kunstgewerbeläden *(Eppaperú)* findet man in allen Städten. Artikel aus Silber, Gold, Leder und Holz sind ebenfalls schöne Andenken. **Öffnungszeiten der Geschäfte:** Mo-Sa 10.30-13.00 und 16.00-19.00 Uhr.
SPORT: Stierkampf: Die bedeutendsten Stierkämpfe finden in der Plaza-de-Toros-de-Acho-Arena von Lima statt (Oktober bis März). **Golf/Tennis:** Tennis- und Golfplätze gibt es in Lima und den Vororten. In einigen Privatklubs darf man auch als Besucher spielen. **Reiten** kann man im zentralen Hochland und in den Pferdezuchtgebieten des Südens (Ica). **Bergsteigen:** In den Anden gibt es zahlreiche unbezwungene Gipfel. **Forschungsreisen:** Bitte wenden Sie sich an den *South American Explorers Club*. **Wassersport:** An der Küste können fast alle Wassersportarten ausgeübt werden. Die Brandung kann durchaus mit Hawaii oder Kalifornien verglichen werden. An den Stränden von Lima können Surfbretter gemietet werden. **Fischen:** Im Titicaca-See und in Conococha kann man Lachse und Forellen fangen. Das Meer ist ebenfalls für seinen Fischreichtum bekannt.
VERANSTALTUNGSKALENDER
Anfang Mai '95 *Kreuzfestival*. **Juni** (1) *Sonnenfestival* (traditionelles Andenfestival), Quispicanchis bei Cuzco. (2) *Fronleichnam- und Folklorefest*, Cuzco. (3) *Raqchi Folklorefestival*, Sicuani. **Juli** *Festival der Jungfrau von Carmen*, Puacartambo und andere Städte. **Sept.** *Festival der Jungfrau von Cocharacas*, Huancayo. **Letzte Woche im Sept.** *Internationales Frühlingsfestival*, Trujillo. **Okt.** (1) *Feria del Señor de los Milagros*, Lima. (2) *Wein-Festival*, Ica. (3) *Stierkampf-Festival*, Lima. **Nov.** *Folklore-Woche*, Puno. **24. Dez.** *Santuranticuy* (Heiligabend), Cuzco. **6. Jan. '96** *Dreikönigsfest*, landesweit. **Febr.** *Jungfrau von Candelaria*, Puno. **Febr./März** (1) *Karneval* (der Beginn der Fastenzeit wird im ganzen Land gefeiert, besonders sehenswert in Cajamarca, Puno, Ayacucho und Iquitos). (2) *Festival der Fischer*, Trujillo. **März** (1) *Karwoche* (besonders eindrucksvoll in Ayachuo). (2) *La Vendimia* (Wein-Festival), Ica.
SITTEN & GEBRÄUCHE: Zur Begrüßung gibt man sich die Hand. Kleine Geschenke und höfliches Benehmen erhalten auch in Peru die Freundschaft. Legere Kleidung wird akzeptiert, am Abend zieht man sich allerdings etwas festlicher an. Zahlreiche Geschäftsleute tragen im Sommer *Guayaberas* (traditionelle Hemden ohne Krawatte). Shorts und Badebekleidung gehören an den Strand. Das Leben verläuft geruhsam, und die Peruaner nennen ihre Unpünktlichkeit lachend *La Hora Peruana* – peruanische Zeit. **Trinkgeld:** Rechnungen enthalten i. allg. 18% für Bedienung. Ein zusätzliches Trinkgeld in Höhe von 5% wird erwartet. Taxifahrer erwarten kein Trinkgeld.

WIRTSCHAFTSPROFIL

WIRTSCHAFT: Die umfangreichen Mineralvorkommen erbringen den größten Teil der peruanischen Exporteinkünfte. Ein Drittel der Bevölkerung ist in der Landwirtschaft beschäftigt, allerdings ist der Anteil am Bruttoinlandsprodukt verhältnismäßig gering. Zuckerrohr, Kartoffeln, Mais, Reis, Getreide, Baumwolle und Kaffee werden hauptsächlich angebaut. Peru ist der größte Koka-Produzent der Welt; die Regierung versucht jedoch, den Anbau der Kokablätter zu unterbinden, ein entsprechendes Abkommen mit den USA wurde bereits unterzeichnet. Die Fischerei spielt eine große Rolle, einst gehörten die Erträge aus diesem Wirtschaftszweig zu den höchsten der Welt – die Fischbestände erholen sich jedoch derzeit nur langsam, nachdem sie durch klimatische Veränderungen in den achtziger Jahren reduziert wurden. Die peruanischen Erdölreserven sind nicht sehr umfangreich, und das »schwarze Gold« wurde in den letzten zehn Jahren mehr ein- als ausgeführt; dafür gibt es große Kupfer-, Gold-, Silber-, Eisenerz-, Kohle- und Phosphatvorkommen. Der Export von Bergbauprodukten erbringt fast die Hälfte der Exporteinnahmen. Niedrige Weltmarktpreise und industrielle Probleme haben allerdings auch diesem Wirtschaftszweig schwer zu schaffen gemacht. Peru hat Auslandsschulden in Höhe von 22 Mrd. US$. Mit den USA wurde 1992 ein Umschuldungs-Abkommen getroffen, und der Internationale Währungsfonds gewährte Dollarkredite in Millionenhöhe. Das beträchtliche Haushaltsdefizit und die hohe Inflationsrate (1991 noch 140%) konnten inzwischen verringert werden (1994 nur noch etwa 20%). Die schlechte Wirtschaftslage hält jedoch an, und die Arbeitslosenzahlen sind weiterhin hoch (1994: 8,9% in Lima und schätzungsweise 50% landesweit). Peru ist Mitglied des Andenpakts und der *Asociación Latinoamericana de Integración* (11 Mitgliedstaaten), die den freien Handel und die wirtschaftliche Entwicklung in Lateinamerika fördert. Die USA, Japan, Kolumbien und Deutschland sind die wichtigsten Handelspartner.
GESCHÄFTSVERKEHR: Spanischkenntnisse sind erforderlich; Geschäftsleute, die nicht Spanisch sprechen, sollten sich um einen Dolmetscher bemühen. Termine sollten im voraus vereinbart und bestätigt werden. Pünktlichkeit wird von Besuchern erwartet, obwohl sich Peruaner nicht immer selbst daran halten. Visitenkarten sind üblich. **Geschäftszeiten:** Mo-Fr 09.00-17.00 Uhr.
Kontaktadressen: *Cámara de Comercio e Industria Peruano-Alemana* (Deutsch-Peruanische Industrie- und Handelskammer), Casilla 27-0069, San Isidro, Lima 27. Tel: (014) 441 86 16-19. Telefax: (014) 442 60 14.
Die wirtschaftlichen Interessen Österreichs werden von der Außenhandelsstelle der Wirtschaftskammer Österreich in Santiago de Chile (s. Chile) vertreten.
Lateinamerikanische Handelskammer in der Schweiz, Mövenstraße 29, CH-8640 Rapperswil. Telefax: (055) 55 27 84 57.
Cámara de Comercio Suiza en el Peru (Schweizerische Handelskammer in Peru), Avenida Central 717, Piso 8A, San Isidro, Lima 27. Tel: (014) 442 23 45. Telefax: (014) 440 73 57.
Confederación de Cámaras de Comercio y Producción del Perú (Handelskammer), Avenida Gregorio Escobedo 398, Lima 11. Tel: (014) 463 34 34. Telefax: (014) 463 28 20.

KLIMA

Unterschiedlich, je nach Region. Der Winter dauert von Mai bis September. An der Küste und um Lima ist von Oktober bis April Sommer, im Dschungel und in den Bergen ist dies die Regenzeit. Von Mai bis September ist es in den Bergen klar, in den Küstengebieten dagegen oft neblig.
Kleidung: Sommer- oder Winterkleidung je nach Region und Jahreszeit.

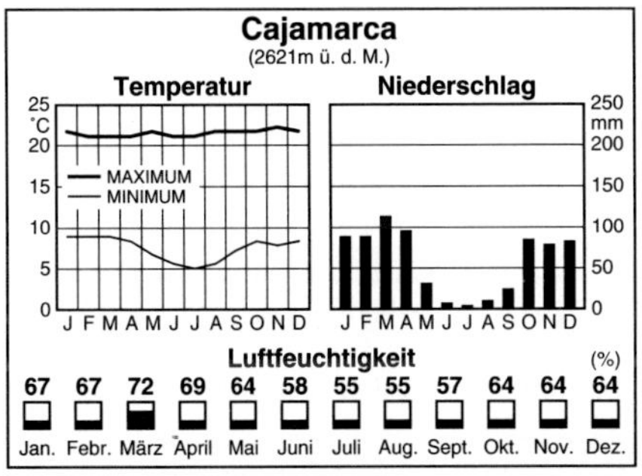

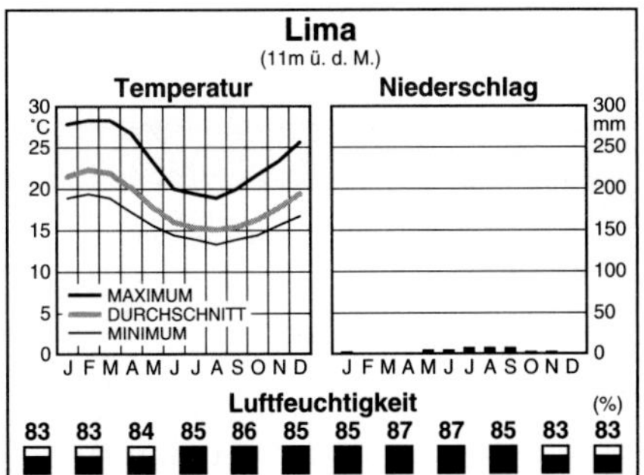

Eine weitere wichtige Veröffentlichung von Columbus Press ist der »World Travel Guide«, der jährlich herausgegeben wird und Informationen in englischer Sprache auf mehr als tausend Seiten über alle Länder der Erde enthält.

Weitere Einzelheiten von:
Columbus Press, Verkaufsabteilung, Aurikelweg 9, D-38108 Braunschweig.
Tel: 05309/2123. Telefax: 05309/2877.

Philippinen

□ *Internationaler Flughafen*

Lage: Südostasien.

Philippinisches Fremdenverkehrsamt
Kaiserstraße 15
D-60311 Frankfurt/M.
Tel: (069) 2 08 93/94. Telefax: (069) 28 51 27.
Mo-Fr 09.00-17.00 Uhr.
Department of Tourism
Department of Tourism Building
Teodoro M. Kalaw Street
Agrifina Circle
Rizal Park
PO Box 3451
Metro Manila
Tel: (02) 59 90 31. Telefax: (02) 50 17 51.
Botschaft der Republik Philippinen
Argelanderstraße 1
D-53115 Bonn
Tel: (0228) 26 79 90. Telefax: (0228) 22 19 68.
Mo-Fr 09.00-13.00 und 14.00-17.00 Uhr, *Konsularabt.*:
Mo-Fr 09.00-13.00 Uhr.
Generalkonsulat mit Visumerteilung in Hamburg (Tel: (040) 44 29 52).
Honorarkonsulate mit Visumerteilung in Berlin (Tel: (030) 861 35 30, 861 92 18, auch Außenstelle der Botschaft), Düsseldorf (Tel: (0211) 37 03 66), Frankfurt/M. (Tel: (069) 62 75 38) und München (Tel: (089) 98 22 69).
Botschaft der Republik Philippinen
Billrothstraße 2/2/21
A-1190 Wien
Tel: (0222) 36 85 51 90. Telefax: (0222) 318 71 38.
Mo-Fr 09.00-12.00 und 14.00-16.00 Uhr.
Botschaft der Republik Philippinen
Brunnmattstraße 24
CH-3007 Bern

TIMATIC INFO-CODES

Abrufbar über Ihr CRS-System (für START/Amadeus Ama-Maske benutzen). Für Galileo bitte TI-DFT eingeben (mit Bindestrich).

Flughafengebühren	TI DFT/ MNL /TX
Währung	TI DFT/ MNL /CY
Zollbestimmungen	TI DFT/ MNL /CS
Gesundheit	TI DFT/ MNL /HE
Reisepassbestimmungen	TI DFT/ MNL /PA
Visabestimmungen	TI DFT/ MNL /VI

Tel: (031) 398 22 66. Telefax: (031) 382 40 47.
Mo-Fr 08.00-12.00 und 14.00-17.00 Uhr, *Konsularabt.*:
10.00-12.00 und 14.00-16.00 Uhr.
Botschaft der Bundesrepublik Deutschland
6/F Solidbank Building
777 Paseo de Roxas
Makati
1226 Metro Manila
PO Box 2190
CPO Makati
1261 Makati
Metro Manila
Tel: (02) 892 49 06/-10, 892 10 01/02. Telefax: (02) 810 47 03.
Botschaft der Republik Österreich
4/F Prince Building
117 Rada Street
Legaspi Village
Makati
Metro Manila
PO Box 2411
MCPO Makati
Metro Manila
Tel: (02) 817 91 91. Telefax: (02) 813 42 38.
Generalkonsulat ohne Paß- und Sichtvermerksbefugnis in Manila.
Konsulat ohne Paß- und Sichtvermerksbefugnis in Cebú City.
Botschaft der Schweizerischen Eidgenossenschaft
18/F Solidbank Building
777 Paseo de Roxas
1200 Makati
Metro Manila
PO Box 2068
MCPO Makati
1260 Makati
Metro Manila
Tel: (02) 819 02 02. Telefax: (02) 815 03 81.

FLÄCHE: 300.000 qkm.
BEVÖLKERUNGSZAHL: 65.000.000 (1994).
BEVÖLKERUNGSDICHTE: 216 pro qkm.
HAUPTSTADT: Manila. **Einwohner:** 10.000.000 (Schätzung 1994, Großraum).
GEOGRAPHIE: Die Philippinen liegen vor der südostasiatischen Küste zwischen Taiwan und Borneo im Pazifik. Sie bestehen aus 7107 Inseln und Inselchen, von denen 2773 benannt sind. Die beiden größten Inseln, Luzón im Norden und Mindanao im Süden, machen 65% der Landmasse aus; 60% der Bevölkerung leben hier. Zwischen Luzón und Mindanao liegt die Inselgruppe der Visayas.
STAATSFORM: Präsidialrepublik seit 1987; Zweikammerparlament (Parlament mit 250 und Senat mit 24 Mitgliedern). Staatsoberhaupt und Regierungschef: General Fidel V. Ramos, seit Juni 1992. Der frühere Verteidigungsminister übernahm nach von Betrugsvorwürfen überschatteten Wahlen das Präsidentenamt von Corazon Aquino. Gemäß der in 1987 in Kraft getretenen Verfassung beträgt die Amtszeit des Präsidenten 6 Jahre (keine Wiederwahl).
SPRACHE: Filipino stammt von Tagalog ab und ist die offizielle Landessprache. Englisch ist weit verbreitet, teilweise wird auch Spanisch gesprochen. Es gibt über 100 Kultur- und Volksgruppen, jede hat ihre eigene Sprache oder ihren eigenen Dialekt. Insgesamt sind 988 Sprachen gesprochen.
RELIGION: 84% Katholiken. Protestanten, Buddhisten, Muslime, Anhänger der Unabhängigen Philippinischen Kirche und Anhänger von Naturreligionen.
ORTSZEIT: MEZ + 7.
NETZSPANNUNG: 220 V (110 V in Baguio), 60 Hz. 110 V-Anschlüsse sind in den meisten Hotels erhältlich. Es werden flache und runde zwei- und dreipolige Stecker benutzt.
POST- UND FERNMELDEWESEN: Telefon: Selbstwählferndienst zu den meisten größeren Städten. **Landesvorwahl:** 63. Internationale Telefonate in kleinere Ortschaften müssen bei der Vermittlung angemeldet werden. **Telefax:** Alle 3- bis 5-Sterne-Hotels haben Telefaxanschluß. **Telex/Telegramme:** Telegramme können in den Büros der *Eastern Telecommunications Philippines Incorporated* aufgegeben werden. Öffentliche Telexkabinen werden von der gleichen Firma sowie von *Globe-Mackay Cable and Radio Corporation* und *RCA Communications* gestellt. **Post:** Luftpost nach Europa ist etwa 10 Tage unterwegs. Öffnungszeiten der Postämter: Mo-Fr 08.00-17.00 Uhr, Sa und an Feiertagen 08.00-13.00 Uhr. Viele Einrichtungen machen zwischen 12.00-13.00 Uhr Mittagspause.
DEUTSCHE WELLE
Der Einsatz der Kurzwellenfrequenzen ändert sich mehrfach im Laufe eines Jahres, und Sendungen auf den folgenden Frequenzen werden jeweils nur zu bestimmten Tageszeiten ausgestrahlt. Näheres in der Einleitung.

| MHz | 21,640 | 17,845 | 15,105 | 11,795 | 9,655 |
| Meterband | 13 | 16 | 19 | 25 | 31 |

REISEPASS/VISUM

Wichtiger Hinweis: Die Einreisebestimmungen mancher Länder können sich kurzfristig ändern – rufen Sie sicherheitshalber auf Ihrem CRS-System (TIMATIC-Info-Code-Fenster in diesem Kapitel) den aktuellen Stand ab bzw. wenden Sie sich an die zuständige diplomatische Vertretung. Etwaige Zahlen in der Tabelle beziehen sich auf nachfolgende Fußnoten.

	Paß erforderlich?	Visum erforderlich?	Rückflugticket erforderlich?
Deutschland	Ja	1	Ja
Österreich	Ja	1	Ja
Schweiz	Ja	1	Ja
Andere EU-Länder	Ja	1	Ja

REISEPASS: Allgemein erforderlich mit Ausnahme von Staatsbürgern von Hongkong, die mit Personalausweis einreisen können. Der Reisepaß muß noch mindestens 6 Monate über den Aufenthalt hinaus gültig sein.
VISUM: Generell besteht kein Visumzwang für:
(a) Staatsbürger von Brasilien, Gibraltar, Israel, Rumänien und Sri Lanka für Aufenthalte bis zu 59 Tagen;
(b) Transitreisende;
(c) Staatsbürger von Hongkong mit britischem Paß für Aufenthalte bis zu 7 Tagen;
(d) [1] Touristen (einschl. Geschäftsleuten) für Aufenthalte bis zu 21 Tagen, wenn ein Reisepaß mit noch mindestens 6 Monaten Gültigkeit und eine Fahrkarte für die Rück- oder Weiterreise vorgelegt werden können (für längere Aufenthalte ist jedoch ein Visum erforderlich). Staatsbürger der folgenden Länder benötigen jedoch auf jeden Fall ein Visum zur Einreise:
Afghanistan (zusätzlich Bestätigung des Visums aus Manila erforderlich), Albanien, Bosnien-Herzegowina, China (VR), aller GUS-Staaten, Iran, Korea-Nord (zusätzlich Bestätigung des Visums aus Manila erforderlich), Kambodscha, Kroatien, Kuba, Laos, Libyen und Vietnam.
Visaarten: Touristen- und Geschäftsvisa.
Visagebühren: Die Gebühren richten sich nach Nationalität und Grund des Besuchs, bitte wenden Sie sich an die philippinische Botschaft. Bei Aufenthalten bis zu 59 Tagen: 58,75 DM, 375 öS, 40 sfr.
Gültigkeit: Touristen- und Geschäftsvisa sind bis zu 59 Tage vom Tag der Einreise an gültig. Für Verlängerungen ist die Einwanderungsbehörde, das *Bureau of Immigration*, zuständig.
Antragstellung: Konsulat oder Konsularabteilung der Botschaft (Adressen s. o.).
Unterlagen: (a) Antragsformular. (b) 1 Paßfoto. (c) Noch mind. 6 Monate gültiger Reisepaß. (d) Kopie des Rückflug- oder Weiterreisetickets. (e) Gebühr.
Bearbeitungszeit: Bei persönlicher Antragstellung am gleichen Tag, auf dem Postweg 5-7 Tage.

GELD

Währung: 1 Philippinischer Peso (PP) = 100 Centavos. Banknoten gibt es im Wert von 1000, 500, 100, 50, 20, 10 und 5 PP, Münzen in den Nennbeträgen 5, 2 und 1 PP sowie 50, 25, 10, 5 und 1 Centavo.
Geldwechsel: Reiseschecks und Fremdwährungen können bei allen Banken einschließlich der Zweigstellen der Zentralbank gewechselt werden wie auch in den meisten Hotels, Restaurants und Geschäften. Man sollte in Manila nur die offiziellen Wechselstuben oder Banken in Anspruch nehmen, obwohl die meisten Banken mitunter sehr langsam arbeiten. Außerhalb der Hauptstadt gibt es seltener Gelegenheit zum Geldwechseln, und der Kurs wird schlechter, je weiter man sich von der Hauptstadt entfernt.
Kreditkarten: *American Express*, *Diners Club*, *Eurocard* und *Visa* werden vielerorts akzeptiert. Einzelheiten vom Aussteller der betreffenden Kreditkarte.
Reiseschecks: S. *Geldwechsel*.
Wechselkurse

	PP Sept. '92	PP Febr. '94	PP Jan. '95	PP Jan. '96
1 DM	16,48	15,90	15,74	18,24
1 US$	24,49	27,60	24,40	26,22

Devisenbestimmungen: Die einheimische Währung darf nur in Höhe von 5000 PP ein- und ausgeführt werden. Die Ein- und Ausfuhr von Fremdwährungen ist unbegrenzt.
Öffnungszeiten der Banken: Mo-Fr 09.00-16.00 Uhr.

DUTY FREE

Folgende Artikel können zollfrei in die Philippinen eingeführt werden:
200 Zigaretten oder 250 g Tabak;
2 l alkoholische Getränke;
Parfüm für den persönlichen Bedarf.
Einfuhrverbot: Schußwaffen, Munition, Sprengstoffe, pornographisches Material, Narkotika, ungestempelte Gold- und Silberartikel.

GESETZLICHE FEIERTAGE

1. Mai '96 Tag der Arbeit. **6. Mai** Baatantag (Araw ng Kagitingan). **12. Juni** Unabhängigkeitstag. **27. Aug.** Tag der Nationalhelden. **1. Nov.** Allerheiligen. **30.**

IN DEN PHILIPPINEN IST DAS MEDICAL CITY-KRANKENHAUS FÜR MEDIZINISCHE QUALITÄT BEKANNT

Auf Reisen hat man gern die Gewißheit, daß es für den Bedarfsfall ein Krankenhaus gibt, in dem die Behandlung ebenso gut ist wie zuhause. In den Philippinen können Sie sich auf das Medical City General Hospital verlassen, das in günstiger Lage im neuen Industriegebiet von Metro Manila im Ortigas Center liegt. Das Medical City zählt zu den führenden philippinischen Krankenhäusern und Vorsorgezentren.

Das Medical City General Hospital:

☆ bietet ein breites Spektrum diagnostischer, therapeutischer, rehabilitativer und präventiver Dienste, deren Standard mit dem der besten Krankenhäuser der Welt vergleichbar ist.

☆ verfügt über einige der erfahrensten Ärzte, Spezialisten, medizinisch-technischen Assistenten und Verwaltungskräfte in Asien.

☆ bedient sich der modernsten Technologien in Fachgebieten wie der Azetat-/Bicarbonat-Dialyse, Krankengymnastik, Phaco-Emulsifikation, Katarakt-Extraktion, kosmetischen Chirurgie, laparoskopischen Gallenblasenchirurgie u.a. Ein Krankenwagendienst steht rund um die Uhr zur Verfügung.

☆ bietet eine große Auswahl an Zimmern, Betten und Einrichtungen mit Telefon, Fernsehen und anderem Komfort.

In den Philippinen ist das Medical City General Hospital Ihr Heimatkrankenhaus!

THE MEDICAL CITY GENERAL HOSPITAL

San Miguel Avenue corner Lourdes St., Ortigas Center, Mandaluyong,
Metro Manila, Philippines
Telephone No. 6318626
Fax No. 6316302

Nov. Andres-Bonifacio-Tag. **25. Dez.** Weihnachten. **30. Dez.** Rizal-Tag. **31. Dez.** Silvester. **1. Jan. '97** Neujahr. **25. Febr.** Edsa-Revolutionstag. **27. März** Gründonnerstag. **28. März** Karfreitag. **9. April** Gedenktag. **6. Mai** Bataantag (Araw ng Kagitingan). **1. Mai** Tag der Arbeit.
Anmerkung: S. auch *Flugzeug* in der Rubrik *Reiseverkehr - National*.

GESUNDHEIT

In der folgenden Tabelle aufgeführte Impfvorschriften können sich kurzfristig ändern. Es wird stets empfohlen, auf Ihrem CRS-System (TIMATIC-Info-Code-Fenster in diesem Kapitel) den aktuellen Stand der Gesundheitsbestimmungen abzurufen bzw. rechtzeitig vor der Reise ärztlichen Rat einzuholen.

	Vorsichtsmaßnahmen empfohlen	Impfschein erforderlich
Gelbfieber	Nein	1
Cholera	Ja	2
Typhus & Polio	Ja	-
Malaria	3	-
Essen & Trinken	4	-

[1]: Eine Impfbescheinigung gegen Gelbfieber wird bei der Einreise von allen Besuchern verlangt, die über ein Jahr alt sind und sich innerhalb der vorangegangenen sechs Tage in einem Infektionsgebiet aufgehalten haben.
[2]: Eine Impfbescheinigung gegen Cholera ist keine Einreisebedingung, das Risiko einer Infektion besteht jedoch. Da die Wirksamkeit der Schutzimpfung umstritten ist, empfiehlt es sich, rechtzeitig vor Antritt der Reise ärztlichen Rat einzuholen. Näheres unter *Gesundheit* (s. Inhaltsverzeichnis).
[3]: Malaria kommt in Gebieten unter 600 m Höhe das ganze Jahr über vor, mit Ausnahme der Regionen Bohol, Catanduanes, Cebú und Leyte. Es besteht keine Gefahr in den Ebenen und Stadtgebieten. Die gefährlichere Malariaart *Plasmodium falciparum* kommt vor, hochgradige Chloroquin-Resistenz wurde gemeldet.
[4]: Wasser sollte generell vor der Benutzung zum Trinken, Zähneputzen und zur Eiswürfelbereitung entweder abgekocht oder anderweitig sterilisiert werden. Milch ist außerhalb der Stadtgebiete nicht pasteurisiert und sollte abgekocht werden. Einheimische Milchprodukte außerhalb der Städte vermeiden. Fleisch- und Fischgerichte nur gut durchgekocht und heiß serviert essen. Gemüse sollte gekocht und Obst geschält werden.
Tollwut kommt vor. Wer ein erhöhtes Risiko eingeht (z. B. längerer Aufenthalt in abgelegenen Gebieten), sollte sich vor Reiseantritt impfen lassen. Bei Bißwunden sofort ärztliche Hilfe in Anspruch nehmen. Weitere Informationen im Kapitel *Gesundheit* (s. Inhaltsverzeichnis).
Bilharziose-Erreger kommen in manchen Teichen und Flüssen im südlichen Teil des Landes vor, das Schwimmen und Waten in Binnengewässern sollte daher vermieden werden. Gut gepflegte Schwimmbecken mit gechlortem Wasser sind unbedenklich.
Hepatitis A, B und *E* kommen vor.
Gesundheitsvorsorge: Der Abschluß einer Reisekrankenversicherung wird unbedingt empfohlen. Es gibt ca. 1600 Krankenhäuser, etwa 75% davon sind Privatkliniken.

REISEVERKEHR - International

FLUGZEUG: Die nationale Fluggesellschaft *Philippine Airlines* (PR) fliegt ca. Frankfurt, Paris und London.
Durchschnittliche Flugzeiten: *Frankfurt* – Manila: 15-17 Std. (einschl. Zwischenlandung); *Zürich* – Manila: 14 Std. 50 (einschl. Zwischenlandung); *Los Angeles* – Manila: 15 Std. 20; *Singapur* – Manila: 3 Std. 10; *Sydney* – Manila: 10 Std. 25. Es gibt keine Direktflüge von Österreich.
Internationale Flughäfen: *Ninoy Aquino* (MNL) liegt 12 km südöstlich von Manila. Am Flughafen gibt es Duty-free-Shops, Apotheke, Banken, Post, Tourist-Information, Mietwagenschalter, Hotel-Reservierung, Geschäfte, Bars und Restaurants. Flughafenbusse und Taxis fahren zur Stadt (Fahrzeit 35 Min.).
Cebu Mactan (CEB) liegt 2 km nordöstlich von Lapu-Lapu. Flughafeneinrichtungen: Bank, Mietwagenschalter, Apotheke, Duty-free-shop, Postamt, Restaurants, Geschäfte, Touristinformation und Hotel-Reservierung.
Flughafengebühren: 500 PP für internationale Flüge, ausgenommen sind Kinder unter 2 Jahren und Transitreisende.
SCHIFF: Manila ist ein großer Seehafen und Handelsknotenpunkt der asiatischen Pazifikregion. Folgende Schiffahrtslinien legen in Manila an: *American President Lines, Anline, Ben Line Container Ltd, Everett Lines, Hapag-Lloyd, 'K' Line, Knutsen Line, Lykes Orient Line, Orient Overseas Container Line, Scandutch, Sealand, Seetours, United States Line* und die *Waterman Line*.

REISEVERKEHR - National

FLUGZEUG: Das Inlandflugnetz der *Philippine Airlines* ist umfangreich, und es gibt zahlreiche Angebote für billige Flugtickets. Die Nachfrage ist jedoch sehr groß, und Flüge sollten im voraus gebucht werden. Es gibt ebenfalls mehrere private Fluggesellschaften.
Anmerkung: Die Zeiten zwischen Karfreitag und Ostermontag und zwischen Weihnachten und Neujahr (manchmal auch länger) sind beliebte Urlaubszeiten in den Philippinen, Flüge für diese Zeit sollten rechtzeitig im voraus gebucht werden. Außerdem können sich Verzögerungen ergeben.
Flughafengebühren: 50 PP für Inlandflüge.
SCHIFF: Fähren, die auch Kabinen 1. Klasse haben, verkehren zwischen den wichtigsten Häfen der philippinischen Inseln. Weitere Auskunft erteilen die einheimischen Schiffahrtsgesellschaften.
BAHN: Die einzige Bahnlinie gibt es auf Luzón, sie führt von Legazpi nach San Fernando (*Philippine National Railway*). Drei Züge fahren täglich von und nach Manila, es gibt auch einen Nachtzug mit Speise- und Schlafwagen. Einige Abteile haben Klimaanlagen.
BUS/PKW: Insgesamt gibt es auf den Inseln ein Straßennetz von ca. 161.000 km Länge, und auf Mindanao, den Visayas und Luzón gibt es Schnellstraßen. **Bus:** Linienbusse verkehren zwischen allen Städten. *Jeepneys* sind jeepähnliche Großtaxis mit Bänken, die bis zu 14 Personen befördern können und fahrpreismäßig den Bussen ähnlich sind. **Taxis** gibt es in allen größeren Städten, sie fahren auch die Kleinstädte an. Man sollte darauf bestehen, daß der Zähler eingeschaltet wird, um überhöhte Preisforderungen zu vermeiden. Trinkgeld ist nicht nötig. **Mietwagen** sind in Manila und den anderen größeren Städten erhältlich. **Unterlagen:** Ein internationaler Führerschein ist erforderlich.
STADTVERKEHR: *Metro Manila Transport* betreibt außer den üblichen Linienbussen auch einige Doppeldeckerbusse und in Manila einen »Love Bus« mit Klimaanlage. Dieser Bus gehört heute zu den Attraktionen der Stadt und sorgt für eine bequeme Fahrt auf ausgewählten Strecken. Die meisten Fahrten werden jedoch von den *Jeepneys* bestritten, es gibt allein in Manila etwa 30.000 dieser Minibusse. Die LRT (*Light Rail Transit*) wurde 1984 eingeweiht und hat mittlerweile ihre volle Kapazität erreicht. Dieses, einer Schwebebahn ähnliche Verkehrsmittel, hat eine Schienenstrecke von 15 km Länge, die den Bahnhof Baclaran im Süden mit dem Bahnhof Caloocan im Norden verbindet.
FAHRZEITEN von Manila zu den folgenden größeren Städten (ungefähre Angaben in Std. und Min.):

	Flugzeug	Schiff	Bus/Pkw
Baguio	0.50	-	4.00
Cebú	1.10	24.00	-
Cagayan de Oro	1.25	48.00	-
Laoag	1.25	-	7.00
Iloilo	1.00	24.00	-

Batangas	-	2.00
Banaue	0.50*	4.00

Anmerkung: [*] Zur Stadt Baguio, dann 4 Stunden Auto-/Busfahrt.

UNTERKUNFT

HOTELS: In Manila gibt es rund 10.000 Hotelzimmer erster Klasse. Außerdem stehen zahllose kleinere Hotels, Gasthäuser, Herbergen und Pensionen zur Verfügung. Die Preise sind oft sowohl in Pesos als auch US-Dollar angegeben. 51% sind Mitglied der *Hotel and Restaurant Association of the Philippines*, Room 205, Regina Building, Aguirre Street, Legaspi Village, Makati, Metro Manila. Tel: (02) 815 46 61. Telefax: (02) 815 46 63. Viele Regionen haben auch eigene Hotelverbände. Das Fremdenverkehrsamt der Philippinen erteilt gern nähere Auskunft. Man muß mitunter mit Stromausfällen rechnen, die Stromversorgung ist jedoch in letzter Zeit verbessert worden, und die großen Hotels haben ihre eigenen, unabhängigen Generatoren. **Kategorien:** Touristenklasse, Standardklasse, 1. Klasse und De Luxe; 18% der Hotels gehören der 1. Klasse und De Luxe-Klasse an; teilweise wird auch das Sternesystem für die Klassifizierung der Hotels benutzt.

FERIENWOHNUNGEN: Man kann Ferienwohnungen mit Küche für eine Mindestzeit von einer Woche mieten.

CAMPING ist nur auf wenigen ausgesuchten Plätzen möglich.

URLAUBSORTE & AUSFLÜGE

Die Philippinen bestehen aus 7107 Inseln, die zusammen eine größere Küstenlänge haben als die USA. Die tropischen Gewässer sind ideal zum Sonnenbaden und Schwimmen, begeisterte Taucher können hier Korallengärten sowie tiefe Meeresgräben erforschen. Charterflugzeuge bringen die Urlauber zu den abgelegenen Inseln. Die reiche Geschichte und Kultur der philippinischen Bevölkerung, die atemberaubende Landschaft und das lebhafte Treiben der Städte haben bisher noch jeden Besucher fasziniert. Zur besseren Übersicht sind die Philippinen in diesem Buch in die Regionen Luzón, die Visayas und Mindanao aufgeteilt.

Luzón

Luzón ist die größte und nördlichste der Hauptinseln. Die faszinierende Landschaft setzt sich aus Bergregionen im Norden, einer Ebene im Inneren, den Seen und Vulkanen der nördlichen Halbinsel und der Küste mit ihren Buchten und Sandbänken zusammen.

Manila liegt an der Ostküste und ist die Hauptstadt und der Knotenpunkt der Nation. Die Stadt wurde 1571 auf den Ruinen einer muslimischen Siedlung erbaut und ist seit Jahrhunderten Hafenstadt. *Intramuros*, die Altstadt, war früher ganz von einer massiven Stadtmauer umgeben, die trotz der schweren Kämpfe des 2. Weltkrieges heute noch teilweise erhalten ist. Sehenswert sind die *San Agustin-Kirche*, der *amerikanische Friedhof*, *Coconut Palace* und die *Manila-Kathedrale*, von der aus man einen ausgezeichneten Rundblick über den 2000 qkm großen Hafen und die *Ruinen des Fort Santiago* genießen kann. *Chinatown*, das chinesische Viertel, liegt außerhalb der Stadtmauern im Bezirk Binondo. Hier findet man einen Markt, zahlreiche Geschäfte, Imbißstände und Restaurants. Im *Luneta (oder Rizal)-Park* steht das *Rizal-Denkmal*; dieses Mahnmahl wurde zum Gedenken des großen Intellektuellen des 19. Jahrhunderts nach dessen Hinrichtung errichtet. Die Stadt hat diverse Museen, in denen man einen Einblick in die Geschichte, Kultur, Anthropologie, Kunst und andere Aspekte des Landes bekommt.

Manila ist ein guter Ausgangspunkt für Ausflüge. *Las Pinas* liegt etwas außerhalb der Stadt, hier steht die berühmte Bambusorgel, und man kann kostenlos die *Sarao Jeepney-Fabrik* besichtigen. Nach einer Stunde Fahrzeit durch Kokosplantagen erreicht man die *Tagaytay-Brücke* in **Cavite** mit herrlichem Blick auf den See mit dem *Taal-Vulkan*, der wiederum einen Kratersee enthält. **Tagaytay** ist ein beliebtes Ausflugsziel, im Sommer finden hier zahllose Festlichkeiten statt, und Stände am Straßenrand bieten eine überwältigende Auswahl an Blumen und Früchten an (je nach Jahreszeit).

Die Provinz **Laguna** in der Nähe von Manila ist für ihre heißen Schwefelquellen bekannt. Die Kurbäder **Pansol, Los Baños** und **Cuyab** liegen hier. Etliche Mineralwasserquellen liegen im *Hidden Valley* im 90 m tiefen Krater von **Alaminos** versteckt, der von dichtem Wald umgeben ist. Die Temperaturen der Quellen variieren von heiß bis kalt, und lauschige Wege durch das Tal führen zu einer Schlucht mit einem Wasserfall. Die 800 ha große Kokosnuß-Plantage *Villa Escudero* ist noch voll in Betrieb ist; hier erhält man einen Einblick in einen Aspekt der Landwirtschaft. Besucher können auf einem von *Carabaos* (Wasserbüffeln) gezogenen Wagen durch das Dorf fahren. Die Fahrt von Manila hierher dauert weniger als 2 Stunden.

Per Tragflächenboot gelangt man von Manila zur **Corregidor-Insel**. Das berühmte Mahnmal »The Rock« erinnert an die japanische Invasion. Tagesausflüge mit Führer und Verpflegung werden angeboten. Ein weiterer Tagesausflug führt nach **Pagsanjan**, etwa 63 km südöstlich von Manila, der Fahrten im Einbaum auf dem Dschungelfluß zu den *Pagsanjan-Wasserfällen* mit einschließt. Dieses beliebte Ausflugsziel war der Drehort für Francis Ford Coppolas Film »Apocalypse Now«. **Baguio** liegt 250 km nördlich von Manila. Mit 1525 m ü. d. M. bietet es eine kühle Abwechslung von der sommerlichen Hitze. Baguio kann sowohl per Flugzeug als auch auf dem Landweg erreicht werden. Wegen der spektakulären Aussicht ist der Landweg jedoch beliebter. Zu den Hauptattraktionen gehören *The Mansion* (die Sommerresidenz des philippinischen Präsidenten), die *Glockenkirche* (eine Ansammlung verschiedener Tempel, die buddhistische, taoistische und konfuzianische Einflüsse verbinden), die *Kathedrale* von Baguio, die wegen ihrer hundert Stufen berühmt ist, und die *Kristallhöhle*, die einst Grabstätte war. **Banaue** liegt nördlich von Baguio und kann per Bus in ca. 4 Stunden erreicht werden. Besucher können die Siedlungen der hier ansässigen Bergbewohner besichtigen. Die wunderschönen Reisterrassen sind besonders sehenswert.

Die **Hundred Islands** liegen an der Küste von Pangasinan; die 400 von feinem Sandstrand und Korallengärten umgebenen Inselchen sind herrlich zum Schwimmen und Tauchen geeignet. Hundred Islands ist das zweitgrößte Wasserschutzgebiet der Welt und beheimatet 2000 verschiedene Arten von Meerestieren. Die Höhlen und Kuppeln der *Marcos-Insel* und die *Devils Kitchen* (»Teufelsküche«) sind einen Besuch wert.

Mit der Fähre vom Batangas-Pier erreicht man die südlich von Manila gelegene Insel **Mindoro**. Die Landschaft hier ist paradiesisch; es gibt den 2700 m hohen *Mount Halcon*, den *Naujan-See* und die *Tamarao-Wasserfälle* zu sehen, die in einem mit leuchtendgrünem Pflanzenteppich verhangenen See enden.

In der **Bicol-Region** im Südosten gibt es Strände, Hotels und Sehenswürdigkeiten wie den *Mayon-Vulkan*, ein fast vollkommener Zuckerhut, die Thermalquellen der *Tiwi Hotsprings*, den *Naglambong Boiling Lake* (»kochender See«) und das Feriendorf *Kalaynkay*.

Die Visayas

Die Visayas sind eine Inselgruppe zwischen Luzón und Mindanao. Ihre größten Inseln sind **Samar, Panay, Negros, Cebú** und **Leyte**, bekannt als Landeplatz der amerikanischen Truppen im Jahre 1944. Samar und Leyte sind durch die längste Brücke des Landes, die *San Juanico Bridge*, miteinander verbunden. Leyte ist auch die erste Insel, die der spanische Entdecker Ferdinand Magellan im 16. Jahrhundert erblickte. Cebú ist die am dichtesten besiedelte Insel. **Cebú City** ist die zweitgrößte Stadt der Philippinen und ein Handelszentrum mit internationalem Hafen. *Magellan's Cross* ist eine der Sehenswürdigkeiten der Stadt, das hölzerne Kreuz wurde vor 473 Jahren von Magellan persönlich errichtet, zum Gedenken der christlichen Taufe des Raja Humabon, seiner Frau Juana und 800 ihrer Anhänger. Das dreieckige *Fort San Pedro* ist die älteste und kleinste spanische Festung des Landes.

Südlich von Cebú City liegt die Stadt **Carcar** mit vielen erhalten gebliebenen Häusern, Gärten und Kirchen im kastilischen Stil. Aus der spanischen Zeit stammende handgeschnitzte, lebensgroße Statuen von Jesus und seinen Aposteln können in der Abendmahlskapelle *Chapel of the last Supper* bewundert werden. 1886 wurde auf der **Mactan-Insel** das *Magellan-Denkmal* errichtet. Hier wurde Magellan von dem wilden Häuptling Datu Lapu-Lapu getötet, der sich den spanischen Eroberern nicht unterwerfen wollte. Datu Lapu-Lapu wird als erster Patriot der Philippinen verehrt, und man hat auch ihm hier ein Denkmal errichtet. **Maribago** ist Mittelpunkt des Gitarrenbaus der Region. Außer zahlreichen geschichtlich interessanten Stätten gibt es hier etliche gut besuchte Hotels, Strandklubs und Ferienzentren.

Die Insel **Panay** ist vorwiegend landwirtschaftlich geprägt, es werden Gemüse, Kakao, Kaffee und tropische Früchte angebaut. **Iloilo City** ist mit dem Flugzeug erreichbar. Zu den Hauptanziehungspunkten gehören die Ferienzentren an den Stränden und die *Miagao-Kirche* aus dem 18. Jahrhundert, ein außergewöhnliches Beispiel barocker Kolonialarchitektur, deren Fassade Reliefs mit Kokospalmen und Papayabäumen zieren. Die Insel *Sicogon* ist ideal für Sporttaucher, und ihre Berge und dichten, unberührten Wälder laden zum Wandern und Entdecken ein. *Boracay Island* ist ein weiteres Inselparadies – hierher gelangt man mit dem Flugzeug, das auf einem sandigen Landestreifen im nördlichen Zipfel von Panay landet, von wo es zuerst mit dem Jeepney weitergeht und dann mit dem Boot. Die etwas umständliche Anreise lohnt sich – der Strand der Insel mit seinem weißen Pulversand muß wohl einer der schönsten der Welt sein.

Die **Insel Bohol** liegt zwischen Cebú und Mindanao und beherbergt eines der faszinierendsten Naturwunder der Philippinen: Hunderte von *Kalksteinhügeln*, einige davon 30 m hoch, sehen im Sommer wie übergroße Schokoladenhalbkugeln aus und werden auch »Chocolate Hills« genannt. Die glatten, runden Hügel sind mit dünnem Gras bewachsen, das im Sommer austrocknet und in der Sonne braun wird. Die Hügel erheben sich direkt aus dem Flachland und bieten wirklich ein einmaliges Schauspiel. Sie sind etwa 55 km von Tagbilaran City, der Hauptstadt der Insel, entfernt. Bohol hat ebenfalls schöne Strände und hübsche abgelegene Buchten zu bieten, die über ein gutes Straßennetz erreichbar sind. Auf dieser Insel werden vor allem Kokosnüsse angebaut; typische Kunstgewerbeartikel sind geflochtene Matten, Hüte und Körbe. Die *Baclayon-Kirche* sollte man sich ansehen, sie wurde 1595 errichtet und soll die älteste Steinkirche der Philippinen sein. Die Insel erreicht man per Flugzeug oder Fähre. Der Flug von Cebú nach Tagbilaran dauert 25 Min.

Die Insel **Palawan**, westlich der Visayas gelegen zwischen Sulu-See und Südchinesischem Meer, eignet sich hervorragend für Abenteuer- und Entdeckungsreisen. Hier gibt es noch ursprünglichen Regenwald. Das Meeresreservat bei *Puerto Galera* ist ein Taucherparadies. Die Insel ist auch für ihren unterirdischen *St. Pauls River* berühmt.

Mindanao und der Süden

Mindanao ist die zweitgrößte und südlichste Insel und unterscheidet sich in vieler Hinsicht vom Rest des Landes. Verschiedene moslemische Volksgruppen leben hier, vor allem in der Gegend um Jolo und den Lanao-See.

An der südwestlichen Spitze von Mindanao liegt **Zamboanga City**, oft als romantischste Stadt der Philippinen bezeichnet und zu Recht ein beliebter Urlaubsort. Die Stadt ist für ihre Seemuscheln, wunderschöne Tropenlandschaft und prächtigen Blumen bekannt (*Zamboanga* kommt aus dem Malaiischen und bedeutet »Land der Blumen«). Zamboanga wurde von den Spaniern gegründet, die Stadtmauern des *Fort Pilar* aus dem 17. Jahrhundert sind noch gut erhalten. Die Festung wurde gebaut, um die Spanier und die christlichen Filipinos vor den Angriffen der Moslems zu schützen. In der Stadt gibt es zahlreiche ausgezeichnete Hotels; Autoverleihfirmen und öffentliche Verkehrsmittel stehen zur Verfügung, man kann auch *Vintas* (kleine bunte Segelboote) mieten und eine Rundfahrt in der Bucht unternehmen. Auf dem *Flohmarkt* werden islamische Keramik, Kleidung und Messingwaren angeboten. Etwa 2 km von Fort Pilar entfernt stehen die Häuser der Badjaos, auf Stelzen ins Wasser gebaut. Die sogenannten Wasserzigeuner leben in dieser Gegend auf Booten und folgen den Fischen zu den besten Fanggründen. *Plaza Pershing* und *Pasonanca Park* sind ebenfalls einen Besuch wert. Der Strand der Insel *Santa Cruz* färbt sich rosarot, wenn Korallen aus dem Meer an Land gespült werden und eignet sich hervorragend zum Schwimmen und Tauchen, mit Taucherbrille ebenso wie in voller Ausrüstung. Auf der Insel gibt es auch einen alten moslemischen Friedhof.

Die Provinz **Davao** ist das industrielle Zentrum von Mindanao und besonders für den Export von Perlen und Bananen bekannt. **Davao City** ist die fortschrittlichste Industriestadt des Landes. Der *Mount Apo* ist der höchste Berg dieser Inseln, und überall in der *Apo-Bergkette* gibt es atemberaubend schöne Wasserfälle, Stromschnellen, Wälder, Frischwasserquellen und Bergseen.

An der Nordwestküste von Mindanao liegt **Cagayan de Oro**, Ausgangshafen für einige der schönsten Inseln der Philippinen. In *Bukidnon* gibt es riesige Rinderfarmen und die berühmten Del Monte-Ananasfelder. Das Wasserkraftwerk in *Iligan City* wird von den Maria Cristina-Wasserfällen angetrieben.

In der Provinz **Lanao del Sur** leben die Maranaos, ein moslemischer Volksstamm, an den Ufern des Lanao-Sees. Die *Mindanao-Staatsuniversität*, *Signal Hill*, *Sacred Mountain*, der *Torongan-Markt*, die *Häuser der königlichen Familie der Maranaos* und verschiedene *Moscheen* sind ebenfalls am See zu finden. Das einheimische Messingschmiedehandwerk konzentriert sich vor allem auf Tugaua.

SOZIALPROFIL

ESSEN & TRINKEN: Im Gegensatz zu anderen asiatischen Ländern geht die philippinische Küche mit Gewürzen geradezu sparsam um. Chinesische, malaiische, spanische, japanische und amerikanische Einflüsse haben zur subtilen Mischung der philippinischen Kultur und Küche beigetragen. Selbstverständlich spielen Meeresfrüchte eine große Rolle, sie werden gegrillt, gekocht, gebraten oder gedämpft und mit *Kalamansi* (einheimischer Zitrone), *Bagoong* (Fischpaste) oder Essig mit *Labuyo* (dem feurigen einheimischen Pfeffer) serviert. Viele Restaurants sind auf Meeresfrüchte spezialisiert und bieten Krebse, Hummer, Garnelen, Austern, Thunfisch, Süßwasserfische, *Bangus* (ein grätenreicher, aber sehr leckerer Fisch) und den süßlichen *Maliputo* (in tiefen Seen lebender Fisch) an. *Lechon* (Spanferkel) wird zu Festtagen oder Familienfeiern zubereitet. Andere köstliche Spezialitäten sind *Kare-kare* (Ochsenschwanz-Gulasch mit Erdnußsoße und Bagoong), *Sinigang* (Fleisch oder Fisch in saurer Soße) und *Adobo* (geschmortes Schweinefleisch oder Hähnchen in würziger Sojasoße mit Essig und Knoblauch). Regionale Gerichte wie *Pinakbet* (Gemüsepfanne mit Schweinefleisch und Bagoong) aus der Iloilo-Region, *Relleno* (gefülltes Hähnchenfleisch oder Fischfilets) von der Insel Luzón und *Kinilaw* (roher Fisch in würziger Essigmarinade) von den Visayas sollten unbedingt einmal gekostet werden. Reis wird zu fast allen Gerichten serviert. Früchte wie Mango, Papaya, Bananen, Chicos, Lanzones, Guavas und Rambutans sind in großen Mengen vorhanden. Auf den örtlichen Märkten kann man exotisches Eingemachtes wie *Atsara* (ähnlich wie Chutney) und Süßspeisen wie *Pili Nut Brittle* (eine knusprige Leckerei aus den nur in der Bicol-Region wachsenden Pilinüssen) kaufen. Regionale

Leckerbissen werden von fast allen Restaurants in Manila angeboten; die Speisekarten bieten eine große Auswahl an Gerichten aller Art. Weniger abenteuerlustige Esser finden auch Restaurants mit europäischer Küche oder amerikanische Schnellrestaurants. Legere Kleidung ist in den meisten Restaurants angebracht. **Getränke:** Das einheimische San Miguel-Bier schmeckt ausgezeichnet, und philippinischer Rum ist ebenfalls eine Kostprobe wert. In den meisten Bars wird man von Kellnern bedient.
NACHTLEBEN: Das Unterhaltungsangebot ist sehr von der Liebe der Einheimischen zur Musik beeinflußt. Die großen 5-Sterne-Hotels bieten nicht nur moderne Diskotheken, sondern auch Aufführungen von Volksgesängen und Tänzen, Auftritte erstklassiger Popstars und Künstler sowie Unterhaltungskapellen und klassische Streichensembles an. In Theatern und Konzerthallen finden Aufführungen einheimischer und internationaler Künstler statt. In Manila, Baguio, Cebú, Zamboanga, Iloilo und Davao gibt es auch Kasinos.
EINKAUFSTIPS: Die Philippinen sind ein wahres Einkaufsparadies. Zahllose Geschäfte, Kaufhäuser mit Klimaanlagen und Basare unter freiem Himmel bieten Kunstgewerbeartikel der verschiedenen Regionen an. Das Angebot der Warenhäuser reicht von den typisch philippinischen *Barong Tagalog* (handbestickte Herrenhemden aus feinem *Jusi*-Stoff) bis zu Tiffany-Lampen aus Capiz-Muscheln. Für Lokalkolorit geht jedoch nichts über einen Flohmarktbesuch: feine Webarbeiten, Messingwaren von den südlichen Inseln, Holzschnitzereien, Flechtwaren, seltene Muscheln und andere Andenken werden hier in Hülle und Fülle angeboten. Empfehlenswert sind vor allem Silberschmuck der Baguio-Region, Schmuckkästchen aus Korallen, Rattan-Möbel, Körbe aller Art, Grasmatten (*Banig*), antike Holzfiguren, mit dem traditionellen *Callado* bestickte Kleidungsstücke, Filipino-Kleider für Damen (aus Bananen- oder Ananasblattfasern), Zigarren und *Abaca-Tischsets*. Kunstgewerbeläden gibt es im ganzen Land, vor allem in den Großstädten. Die großen Kaufhäuser verkaufen einheimische und importierte Waren. **Öffnungszeiten der Geschäfte:** Unterschiedlich, im allgemeinen Mo-So 09.30-19.30 Uhr. Die meisten Kaufhäuser und Supermärkte sind auch sonntags geöffnet.
SPORT: Tauchen: Kristallklares Wasser, tropisches Klima; die Korallenriffe mit ihrer bunten Vielfalt an Meerestieren machen die Philippinen sowohl für Sporttaucher in voller Ausrüstung als auch für Schnorchler zu einem Paradies, ob mitten im Feriengebiet oder auf abenteuerlichen Bootsfahrten zu fast unerforschten Gebieten. Die Inseln Batangas, Mindoro (besonders empfehlenswert ist der Unterwasserpark *Apo Reef Marine Park*) und Palawan bieten die besten Tauchgründe des Landes. **Bootsfahrten:** Am Strand kann man vielerorts *Bancas* (Kanus) mieten. **Schwimmen:** Auf den Philippinen ist es nie sehr weit zum nächsten Strand oder Swimmingpool. **Tennis:** Tennisplätze gibt es in den meisten Städten und Urlaubsgebieten. **Angeln:** Die warmen Gewässer haben eine Fläche von beinahe 2.000.000 qkm, und die Philippinen sind das 12 größte fischverarbeitende Land der Welt. Unter den 2400 Fischarten findet man den großen Thunfisch, Tanguingue, Königsmakrelen, den großen Barrakuda, Delphinfische (nicht mit »Flipper« zu verwechseln), Schwertfische und Fächerfische. **Golf** ist in den größeren Städten sehr beliebt. In Manila gibt es einen öffentlichen Golfplatz mit Übungsmöglichkeiten und Minigolfbahnen. Die meisten Golfplätze des Landes sind hervorragend angelegt und bieten ausgezeichnete Einrichtungen für Spieler und Zuschauer. Die ländlichen Golfklubs stehen meistens auch Gästen der Mitglieder zur Verfügung, sonst können auch die Hotels behilflich sein.
Publikumssport: Basketball ist das ganze Jahr über beliebt. **Pferderennen, Fußball,** amerikanischer **Baseball** und **Boxen** sind ebenfalls weit verbreitet. *Sipa* ist ein einheimisches Spiel mit einem kleinen Ball aus Korbgeflecht, zuschauen kann man im *Rizal Court* in Manila.
VERANSTALTUNGSKALENDER
Mai '96 (1) *Santacruzan-Festival*, landesweit. (2) *Flores de Mayo-Festival*, landesweit. (3) *Carabao-Festival*, Pulilan, Provinz Bulacan. (4) *Pahiyas-Festival*, Lucban und Sariaya, Provinz Quezon. (5) *Obando-Fruchtbarkeitsfest*, Obando, Provinz Bulacan. **Juni** *Parada ng Lechon*, Balayan, Provinz Batangas. **Juli** *Pagoda sa Wawa*, Bocaue, Provinz Bulacan. **Aug.** *Kadayawan sa Dabaw*, Davao City, Provinz Davao. **Sept.** *Nuestra Señora de Peñafrancia*, Naga City, Provinz Camarines Sur. **Okt.** *MassKara-Festival*, Bacolod City. **l. Nov.** *Allerheiligen*, landesweit. **24./25. Dez.** *Laternenfest*, San Fernando, Provinz Pampanga. **Jan '97** (1) *Nazareno*, Quiapo, Provinz Manila. (2) *Ati-Atihan*, Kalibo, Provinz Aklan. (3) *Sinulog-Festival*, Cebú City, Provinz Cebú. **Jan./Febr.** *Chinesisches Neujahr*, Chinatown in Manila. **Febr.** (1) *Moriones-Festival*, Provinz Marinduque. (2) *Paraw-Regatta*, Iloilo City, Provinz Iloilo. **März** *Turumba*, Pakil, Provinz Laguna. **Mai** (1) *Santacruzan-Festival*, landesweit. (2) *Flores de Mayo-Festival*, landesweit. (3) *Carabao-Festival*, Pulilan, Provinz Bulacan. (4) *Pahiyas-Festival*, Lucban und Sariaya, Provinz Quezon. (5) *Obando-Fruchtbarkeitsfest*, Obando, Provinz Bulacan.
SITTEN & GEBRÄUCHE: Regierungsbeamte werden mit ihren Titeln angesprochen wie Senator, Abgeordneter (*Congressman*) oder Direktor. Ansonsten werden die üblichen Höflichkeitsformen erwartet. Freizeitkleidung ist weitgehend üblich, in muslimischen Gegenden sollte man sich zurückhaltender kleiden. Zu festlichen Anlässen tragen philippinische Männer oft ein besticktes, langärmeliges Hemd oder ein einfaches weißes Barong Tagalog-Hemd (s. *Einkaufstips*) und schwarze Hosen. In vieler Hinsicht ist man hier westlicher orientiert als in anderen asiatischen Ländern, der Einfluß der malaiischen Kultur ist jedoch unübersehbar. **Trinkgeld:** Rechnen Sie in Hotels mit 15% Bedienungsgeld.

WIRTSCHAFTSPROFIL

WIRTSCHAFT: Der Kokosnußbau in den Philippinen ist der größte der Welt. Edelhölzer und Zucker werden ebenfalls angebaut. Weitere bedeutende Exportgüter sind Kupfer, Gold und Nickel. Die herstellende Industrie, die zum großen Teil in den letzten Jahren privatisiert wurde, konzentriert sich auf elektronische Geräte, Textilien, Chemikalien sowie die Lebensmittel- und Erdölverarbeitung. Die Fördermenge beträgt zur Zeit 14.000 Barrel pro Tag. Es wird erwartet, daß im Jahr 2000 bis zu 270.000 Barrel Erdöl pro Tag gefördert werden. Die jetzige Regierung hat seit dem Sturz von Marcos der Wirtschaft auf die Sprünge helfen können und hofft, daß die Privatisierung der Industrie das Wirtschaftswachstum auch für die Zukunft garantieren kann. Zur Zeit sind Arbeitslosigkeit und Unterbeschäftigung noch ein Problem. In der Zwischenzeit bemüht sich die Regierung vor allem um die Abtragung der erheblichen Auslandsschulden, die sich 1994 auf 35 Mrd. US-Dollar beliefen. Die Philippinen haben einen Handelsüberschuß gegenüber den meisten ihrer Handelspartner, einschließlich der USA und den EU-Staaten.
GESCHÄFTSVERKEHR: Safari-Anzüge oder ein langärmeliges Barong Tagalog sind für Geschäftsbesuche durchaus akzeptabel. Voranmeldung ist notwendig, und Visitenkarten sind erwünscht. Der Geschäftsstil ist amerikanisch, und zumeist wird englisch gesprochen. Die besten Monate für geschäftliche Besuche sind Oktober bis November und Januar bis März. **Geschäftszeiten** sind sehr unterschiedlich. Viele Büros sind montags bis freitags von 09.00-17.00 Uhr geöffnet.
Kontaktadressen: *The Commercial Counsellor at the Austrian Embassy* (Außenhandelsstelle der Wirtschaftskammer Österreich), PO Box 1215, MCPO 1252 Makati, Metro Manila. Tel: (02) 818 15 81, 818 61 16. Telefax: (02) 810 37 13.
European Chamber of Commerce of the Philippines (Europäische Handelskammer auf den Philippinen), King's Court II Building, 2129 Don Chino Roces Avenue, Makati, Metro Manila. Tel: (02) 811 22 34. Telefax: (02) 815 26 88.
Philippine Chamber of Commerce and Industry (Philippinische Industrie- und Handelskammer), PICC Secretariat Building, CCP Complex, Roxas Boulevard, Pasay City. Tel: (02) 833 88 91. Telefax: (02) 833 88 95.
KONFERENZEN/TAGUNGEN: Das moderne Tagungszentrum *Philippine International Convention Centre* hat 4000 Sitzplätze. Mehrere Hotels haben Tagungsräume mit dazugehörigem Service, zumeist stehen ca. 1500 Sitzplätze zur Verfügung. Fast 150 einheimische Reisebüros, Hotels und Restaurants gehören zur *Philippine Convention and Visitors' Corporation*, 4th Floor, Legaspi Towers, 300 Roxas Boulevard, Metro Manila, Tel: (02) 57 50 31, Telefax: (02) 521 61 65, die in den USA und Europa Niederlassungen hat.

KLIMA

Tropisches, durch eine ständige Seebrise gemildertes Klima. Es gibt drei Jahreszeiten: Die Regenzeit dauert von Juni bis Oktober, von November bis Februar ist es kühl und trocken und von März bis Mai heiß und weitgehend trocken. Die Abende sind kühler. Taifune kommen gelegentlich zwischen Juli und Oktober vor.
Kleidung: Sommerliche Baumwoll- und Leinenbekleidung das ganze Jahr über, wärmere Kleidung am Abend. Regenschutz nicht vergessen.

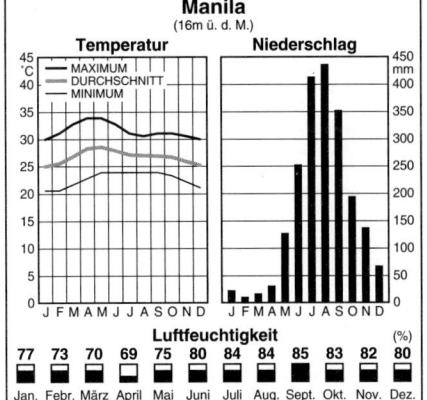

Polen

□ *Internationaler Flughafen*

Lage: Mitteleuropa.

Polnisches Informationszentrum für Touristik
Waidmarkt 24
D-50676 Köln
Tel: (0221) 23 05 45. Telefax: (0221) 23 89 90.
Mo-Fr 10.00-13.00 und 13.30-15.00 Uhr.
POLORBIS Reiseunternehmen GmbH
Hohenzollernring 99-101
D-50672 Köln
Tel: (0221) 95 15 34 30/31 (Flug/Bus/Weltweit), 95 15 34 20 (Einzelreisen), 95 15 34 40 (Gruppenreisen). Telefax: (0221) 52 82 77.
Mo-Fr 09.00-18.00 Uhr.
AUSTRO-ORBIS Touristik- und Handels-GmbH *und*
Polnisches Informationszentrum für Touristik
Lilienbrunngasse 5
A-1020 Wien
Tel: (0222) 214 76 88, 212 13 56. Telefax: (0222) 214 76 89.
Mo-Do 08.30-17.00 Uhr, Fr 08.30-14.30 Uhr.
LOT
Schweizergasse 10
CH-8001 Zürich
Tel: (01) 211 53 90/91/92. Telefax: (01) 212 09 11.
Mo-Fr 08.30-13.00 und 14.00-17.30 Uhr.
Staatsamt für Sport und Tourismus (UKFiT)
Swietorzyska 12
PL-00-916 Warszawa
Tel: (02) 694 55 55. Telefax: (02) 26 21 72.
Botschaft der Republik Polen
Lindenallee 7
D-50968 Köln
Tel: (0221) 93 73 0-0. Telefax: (0221) 34 30 89.
Mo-Fr 08.30-12.30 Uhr.
Konsularabteilung
Leyboldstraße 74
D-50968 Köln
Tel: (0221) 93 73 0-0. Telefax: (0221) 38 25 35.

TIMATIC INFO-CODES

*Abrufbar über Ihr CRS-System (für START/Amadeus Ama-Maske benutzen). Für Galileo bitte TI-DFT eingeben (***mit** *Bindestrich).*

Flughafengebühren	TI DFT/ WAW /TX
Währung	TI DFT/ WAW /CY
Zollbestimmungen	TI DFT/ WAW /CS
Gesundheit	TI DFT/ WAW /HE
Reisepassbestimmungen	TI DFT/ WAW /PA
Visabestimmungen	TI DFT/ WAW /VI

Mo, Di, Do, Fr 08.30-12.30 Uhr.
Geschäftsbereich: Hessen, Nordrhein-Westfalen, Rheinland-Pfalz, Saarland.
Außenstelle der Botschaft der Republik Polen (Konsularabteilung)
Unter den Linden 74
D-10117 Berlin
Tel: (030) 220 25 51, *Konsularabt.*: 220 24 51. Telefax: (030) 229 15 77.
Mo-Fr 09.00-13.00 Uhr.
Geschäftsbereich: Berlin, Brandenburg, Mecklenburg-Vorpommern, Sachsen-Anhalt.
Generalkonsulat der Republik Polen
Poetenweg 51
D-04155 Leipzig
Tel: (0341) 585 21 80. Telefax: (0341) 585 21 30.
Mo, Di, Do, Fr 09.00-12.00 Uhr.
Geschäftsbereich: Sachsen, Thüringen.
Generalkonsulat der Republik Polen
Gründgensstraße 20
D-22309 Hamburg
Tel: (040) 631 11 81. Telefax: (040) 632 50 30.
Mo, Di, Do, Fr 09.00-13.00 Uhr.
Geschäftsbereich: Hamburg, Bremen, Niedersachsen, Schleswig-Holstein.
Generalkonsulat der Republik Polen
Ismaningerstraße 62a
D-81675 München
Tel: (089) 418 60 80. Telefax: (089) 47 13 18.
Mo, Di, Do, Fr 09.00-13.00 Uhr.
Geschäftsbereich: Bayern, Baden-Württemberg.
Botschaft der Republik Polen
Hietzinger Hauptstraße 42c
A-1130 Wien
Tel: (0222) 877 74 44. Telefax: (0222) 877 74 44-222.
Konsularabt.: Mo, Di, Do, Fr 09.00-13.00 Uhr.
Botschaft der Republik Polen
Elfenstraße 20a
CH-3006 Bern
Tel: (031) 352 04 52. Telefax: (031) 352 34 16.
Mo, Di, Do, Fr 09.00-12.00 Uhr.
Konsulat ohne Visumerteilung in Zürich.
Botschaft der Bundesrepublik Deutschland
Dabrowiecka 30
PL-03-932 Warszawa
Tel: (02) 617 30 11/-15. Telefax: (02) 617 35 82.
Generalkonsulate in Wroclaw, Gdansk, Kraków und Szczecin. *Honorakonsulat* in Poznan, *Vizekonsulat* in Opole.
Botschaft der Republik Österreich
Ul. Gagarina 34
PL-00-748 Warszawa
Tel: (02) 41 00 81/82/83/84. Telefax: (02) 41 00 85.
Generalkonsulat in Kraków. *Konsulat* in Wroclaw.
Botschaft der Schweizerischen Eidgenossenschaft
Aleje Ujazdowskie 27
PL-00-540 Warszawa
Tel: (02) 628 04 81/82, 621 01 72. Telefax: (02) 621 05 48.

FLÄCHE: 312.683 qkm.
BEVÖLKERUNGSZAHL: 38.303.000 (1993).
BEVÖLKERUNGSDICHTE: 122,5 pro qkm.
HAUPTSTADT: Warszawa (Warschau). **Einwohner:** 1.642.700 (1992).
GEOGRAPHIE: Polen grenzt im Norden an die Ostsee, im Osten an Litauen und die GUS-Staaten Belarus, Russ. Föderation und Ukraine, im Süden an die Tschechische und Slowakische Republik und im Westen an Deutschland. Die polnische Ostseeküste hat über 500 km Sandstrände, Buchten, Steilküsten und Dünen. Im nördlichen Polen gibt es viele Seen, Inseln, bewaldete Hügel sowie Kanäle und Flüsse. Die Masurische Seenplatte im Nordwesten ist besonders schön, und der Hancza-See, der tiefste See Polens, ist hier zu finden. Das breite Flußbett der Wisla (Weichsel) verläuft von Warszawa nach Gdansk (Danzig). Der Rest des Landes steigt langsam zu den Sudeten an der tschechischen Grenze hin an. Die Oder bildet die Nordwestgrenze zur Bundesrepublik; an ihrer Flußmündung liegt Szczecin (Stettin).
STAATSFORM: Verfassung von 1989, 1990 und 1992 abgeändert. Demokratischer Rechtsstaat auf parlamentarischer Grundlage. Staatsoberhaupt: Lech Walesa, seit Dezember 1990. Regierungschef: Józef Oleksy, seit März 1995. Zweikammerparlament: Sejm (460 Sitze) und Senat (100 Sitze). Die neue Verfassung garantiert Parteienpluralismus und deutliche Trennung der Befugnisse von Präsident und Kabinett sowie Regierung und Parlament.
SPRACHE: Offizielle Landessprache ist Polnisch. Viele Polen sprechen auch Deutsch oder Russisch, z. T. Englisch oder Französisch.
RELIGION: 97% römisch-katholisch; außerdem Russisch-Orthodoxe, Altkatholiken, Protestanten, Juden und Moslems.
ORTSZEIT: MEZ.
NETZSPANNUNG: 220 V, 50 Hz.
POST- UND FERNMELDEWESEN: Telefon: Selbstwählferndienst. **Landesvorwahl: 48. Telexe/Telegramme** kann man in den Hauptpostämtern aufgeben. **Post:** Briefe innerhalb Europas sind etwa 3-4 Tage unterwegs. Postlagernde Sendungen kann man an alle Postämter des Landes schicken. Öffnungszeiten der Postämter: Mo-Fr 08.00-18.00 Uhr.
DEUTSCHE WELLE
Der Einsatz der Kurzwellenfrequenzen ändert sich mehrfach im Laufe eines Jahres, und Sendungen auf den folgenden Frequenzen werden jeweils nur zu bestimmten Tageszeiten ausgestrahlt. Näheres in der Einleitung.

MHz	15,275	9,545	6,140	6,075	3,995
Meterband	19	31	49	49	75

REISEPASS/VISUM

Wichtiger Hinweis: Die Einreisebestimmungen mancher Länder können sich kurzfristig ändern – rufen Sie sicherheitshalber auf Ihrem CRS-System (TIMATIC-Info-Code-Fenster in diesem Kapitel) den aktuellen Stand ab bzw. wenden Sie sich an die zuständige diplomatische Vertretung. Etwaige Zahlen in der Tabelle beziehen sich auf nachfolgende Fußnoten.

	Paß erforderlich?	*Visum erforderlich?*	*Rückflugticket erforderlich?*
Deutschland	Ja	Nein	Nein
Österreich	Ja	Nein	Nein
Schweiz	Ja	Nein	Nein
Andere EU-Länder	Ja	1	Nein

REISEPASS: Allgemein erforderlich. Der Reisepaß muß noch mindestens 1 Jahr gültig sein.
VISUM: Allgemein erforderlich, ausgenommen sind Staatsbürger der folgenden Länder:
(a) **[1]** Bundesrepublik Deutschland, Österreich und Schweiz sowie Belgien, Dänemark, Finnland, Frankreich, Griechenland, Irland, Italien, Luxemburg, Niederlande, Portugal, Schweden und Spanien für Aufenthalte bis zu 90 Tagen sowie Großbritannien bis zu 180 Tagen;
(b) Andorra, Argentinien, Bolivien, Costa Rica, GUS-Staaten, Honduras, Island, Korea-Süd, Kroatien, Kuba, Lettland, Liechtenstein, Litauen, Malta, Ehemalige Jugoslawische Republik Mazedonien (mit neuem Paß), Monaco, Norwegen, San Marino, Slowakische Republik, Slowenien, Tschechische Republik, Ungarn, Uruguay, USA und Zypern bis zu 90 Tagen;
(c) Bulgarien, Estland, Mongolei und Rumänien bis zu 30 Tagen;
(d) Hongkong bis zu 14 Tagen (Verlängerung für bis zu einem Monat Aufenthalt möglich).
Anmerkung: Staatsbürger der folgenden Länder brauchen ein Visum, wenn sie nicht in ihrem Heimatland leben: Bulgarien, Estland, GUS-Staaten, Kroatien, Lettland, Litauen, Slowenien und Rumänien.
Visaarten: Besuchs- und Transitvisa.
Visagebühren: *Einfaches Besuchsvisum:* 66 DM, 550 öS, 60 sfr. *Transitvisum (einmalige Durchreise)*: 33 DM, 300 öS, 60 sfr. *Transitvisum (zweimalige Durchreise)*: 66 DM, 550 öS, 60 sfr. Wird das Visum per Post zugeschickt, wird eine zusätzliche Bearbeitungsgebühr erhoben.
Gültigkeitsdauer: Generell sechs Monate vom Ausstellungsdatum an. Besuchsvisa: bis zu 90 Tagen. Verlängerungen sind in Polen in örtlichen Paßbüros erhältlich. Transitvisa sind 48 Std. gültig.
Antragstellung: Zuständige Konsulate bzw. Konsularabteilung der Botschaft (Adressen s. o.).
Unterlagen: (a) Gültiger Reisepaß (muß noch mindestens 1 Jahr gültig sein). (b) Antragsformular. (c) 2 Paßfotos. (d) Rückflugticket (für Staatsbürger nichteuropäischer Länder). (e) Visum des Ziellandes (bei Beantragung von Transitvisa).
Anmerkung: Kinder unter 16 Jahren, die im Reisepaß ihrer Eltern eingetragen sind, benötigen keinen eigenen Visumantrag.
Bearbeitungszeit: Bis zu einer Woche.
Aufenthaltsgenehmigung: Anträge sind an die zuständigen Konsulate bzw. die Konsularabteilungen der zuständigen Botschaft zu stellen (Adressen s. o.).

GELD

Währung: 1 Zloty (Zl) = 100 Grosz. Banknoten gibt es im Wert von 2.000.000, 1.000.000, 500.000, 200.000, 100.000, 50.000, 20.000, 10.000, 5000, 2000, 1000, 500, 200 und 100 Zl. Die alten Münzen wurden bereits aus dem Verkehr gezogen. Anfang 1995 wurde der Zloty im Verhältnis 1:10.000 abgewertet. Für den neuen Zloty gibt es Scheine im Wert von 200, 100, 50, 20 und 10 Z; Münzen in den Nennbeträgen 5, 2 und 1 Zl sowie 50, 20, 10, 5, 2 und 1 Grosz. Die alte Währung ist bis Ende 1996 gültig.
Geldwechsel: Fremdwährungen können in über tausend Wechselstuben gewechselt werden (fast in jedem Ort).
Kreditkarten: *Eurocard, American Express, Diners Club, Air Plus, ICB* und *Visa* werden akzeptiert. Einzelheiten vom Aussteller der betreffenden Kreditkarte.
Reiseschecks und Kreditkarten können nicht in Bargeld umgetauscht werden. Wechselgeld in Auslandswährungen erhält man nur, wenn der Kaufpreis 50% des Scheckwertes übersteigt.
Euroschecks werden bis zu einem Höchstbetrag von umgerechnet 400 DM angenommen, jedoch nicht von allen Banken eingelöst.
Wechselkurse

	Zl Sept. '92	Zl Febr. '94	Zl Jan. '95	Zl Jan. '96
1 DM	9475,56	12.544,70	15.722,40	1,73
1 US$	14.081,9	21.777,00	24,370	2,48

Devisenbestimmungen: Die Ein- und Ausfuhr der Landeswährung ist verboten. Die Einfuhr von Fremdwährungen ist unbegrenzt, es besteht jedoch Deklarationspflicht. Die Ausfuhr der Differenz von Fremdwährungen in Höhe des deklarierten Betrages ist gestattet.
Öffnungszeiten der Banken: Mo-Fr 08.00-18.00 Uhr.

DUTY FREE

Folgende Artikel können von Personen über 18 Jahren zollfrei nach Polen eingeführt werden:
250 Zigaretten oder 50 Zigarren oder 250 g Tabak;
2 l Wein oder 5 l Bier oder 0,5 l Spirituosen;
Geschenke im Gegenwert von bis zu 100 US$.
Ausfuhrverbot: Antiquitäten dürfen nicht exportiert werden.
Anmerkung: Duty-free-Shops gibt es an Grenzübergängen, in allen ORBIS-Hotels und vielen anderen Hotels. Reiseschecks, Kreditkarten oder Fremdwährungen können als Zahlungsmittel benutzt werden. Einkaufszeiten: 09.00-19.00 Uhr; sonntags meistens geschlossen.
Haustiere (Hunde und Katzen) brauchen internationale Impfpässe mit einer Tollwut-Impfbescheinigung, die mindestens drei Wochen und höchstens ein Jahr alt sein darf; außerdem ein amtstierärztliches Gesundheitszeugnis.

GESETZLICHE FEIERTAGE

1. Mai '96 Tag der Arbeit. **3. Mai** Tag der Verfassung. **6. Juni** Fronleichnam. **15. Aug.** Mariä Himmelfahrt. **1. Nov.** Allerheiligen. **11. Nov.** Unabhängigkeitstag. **25./26. Dez.** Weihnachten. **1. Jan. '97** Neujahr. **31. März** Ostermontag. **1. Mai** Tag der Arbeit. **3. Mai** Tag der Verfassung. **29. Mai** Fronleichnam.

GESUNDHEIT

In der folgenden Tabelle aufgeführte Impfvorschriften können sich kurzfristig ändern. Es wird stets empfohlen, auf Ihrem CRS-System (TIMATIC-Info-Code-Fenster in diesem Kapitel) den aktuellen Stand der Gesundheitsbestimmungen abzurufen bzw. rechtzeitig vor der Reise ärztlichen Rat einzuholen.

	Vorsichtsmaßnahmen empfohlen	*Impfschein erforderlich*
Gelbfieber	Nein	Nein
Cholera	Nein	Nein
Typhus & Polio	Nein	-
Malaria	Nein	-
Essen & Trinken	Nein	-

Tollwut kommt vor. Wer ein erhöhtes Risiko eingeht (z. B. längerer Aufenthalt in abgelegenen Gebieten), sollte vor Reiseantritt eine Schutzimpfung erwägen. Bei Bißwunden so schnell wie möglich ärztliche Hilfe in Anspruch nehmen. Weitere Informationen im Kapitel Gesundheit (s. Inhaltsverzeichnis).
Gesundheitsvorsorge: Die Notrufnummer für Krankheitsfälle ist 999. Der Abschluß einer Reisekrankenversicherung wird empfohlen.

REISEVERKEHR - International

FLUGZEUG: Polens nationale Fluggesellschaft heißt *LOT Polish Airways (LO)*. Gute Direktverbindungen von Frankfurt/M. nach Warszawa, Katowice und Kraków, von Berlin nach Warszawa, von Düsseldorf nach Poznan, von Köln/Bonn nach Kraków und Warszawa sowie von Hamburg nach Gdansk und Warszawa. *LOT* bietet Flugdienste mehrmals wöchentlich von Zürich und Genf nach Warszawa. Von Wien wird Warszawa mehrmals täglich angeflogen.
Durchschnittliche Flugzeiten: *Berlin* – Warszawa: 1 Std. 30; *Frankfurt* – Warszawa: 1 Std. 50; *Hamburg* – Gdansk: 1 Std. 20; *Köln/Bonn* – Kraków: 2 Std. 25; *Düsseldorf* – Wroclaw: 3 Std. 10 (mit Zwischenlandung in Poznan); *Wien* – Warszawa: 1 Std. 15; *Genf* – Warsawa: 2 Std; *Zürich* – Warszawa: 1 Std. 50.
Internationale Flughäfen: *Warszawa (WAW)* (Okecie) liegt 10 km südwestlich der Stadt. Fahrzeit: 40 Min. (Bus), 15 Min. (Taxi). Am Flughafen gibt es eine Bank (08.00-20.00 Uhr), Duty-free-Shop, Tourist-Information, Mietwagenschalter, Hotel-Reservierungsschalter, Post, Bars und Restaurants. Taxis sind vorhanden. Busse fahren zwischen 05.00-23.00 Uhr alle 25 Min.
Kraków (KRK) (Balice) liegt 11 km westlich der Stadt, und es gibt Busse und Taxis zur Stadt. Keine Duty-free-Shops.
Wroclaw (WRO) (Strachowice) liegt 8 km außerhalb der Stadt. Busverbindungen. Taxistand. Duty-free-Shops.
Daneben gibt es kleinere Flughäfen in *Gdansk*, *Katowice* und *Poznan*, die auch im internationalen Verkehr angeflogen werden.
SCHIFF: *Polish Zegluga Baltica* betreiben ganzjährige Liniendienste zwischen Polen und Skandinavien auf den Strecken Gdansk – Oxelösund/Schweden, Gdansk – Helsinki/Finnland, Swinoujscie (Swinemünde) – Ystad/Schweden, Swinoujscie – Kopenhagen und Swinoujscie – Rønne/Dänemark (nur im Sommer). Buchung in Deutschland bei *Dapol* (Tel: (030) 342 00 74).
Wöchentliche Verbindungen mit *Polish Ocean Lines* von

KRAKAU

Es gibt nur wenige europäische Städte, deren Grundriß so unverwechselbar mittelalterlich ist, wie Krakaus. Werfen Sie einen Blick auf die glänzenden Dächer der Stadt, und Sie werden eine buntgewürfelte Straßenlegung entdecken, die zum Teil noch von der alten Stadtmauer umsäumt ist. Ein Bild einer mittelalterlichen Festung, umgeben von einer Stadtmauer, die nicht nur dazu diente ihre Bewohner, sondern auch die unvergleichliche Architektur zu schützen.

Die Gebäude im historischen Stadtkern zeigen einen weltweit einzigartigen Abriß der Architekturgeschichte. Teile der Altstadt, mit dem größten Marktplatz in Europa im Mittelalter, ebenso wie die Salzmine von Wieliczka sind von der UNESCO zu Weltkulturgütern erklärt worden.

Eine der wenigen Städte der Welt, die im letzten Jahrtausend vor zahllosen Katastrophen bewahrt wurde. In dieser Stadt kann man die verschiedensten Epochen, Baustile und Kulturen wiederfinden. Krakau war bis ins 17. Jahrhundert die Hauptstadt Polens, die erste urkundliche Erwähnung der Stadt datiert jedoch aus dem 10. Jahrhundert. Die geheimnisumwitterten Grabhügel, die die Stadt überblicken, sind allerdings Zeitzeugen einer reichhaltigeren Vergangenheit. Das ursprüngliche Krakau, eine romanische Siedlung, hatte über 20 Kirchen. Das mittelalterliche Krakau wuchs dann allmählich über die kleine Siedlung hinaus und erhielt 1257 erstmals Stadtrechte. Der Krakauer Marktplatz, größer als der Markusplatz in Venedig oder der Petersplatz in Rom, ist heute noch das Herz der Stadt und ein Anziehungspunkt für die Touristen mit seinen Kneipen, Cafés, der Musik und dem Gemurmel der Menschenmassen. Im Jahre 1364 wurde hier die Jagellonische Universität gegründet, damals die zweite Universität in Mitteleuropa nach der Prager Universität. Die Marienkirche von Krakau beherbergt ein wahres Meisterwerk, den weltbekannten Hochaltar von Veit Stoß aus Nürnberg. Das 16. Jahrhundert war auch Krakaus »Goldenes Zeitalter« und der Höhepunkt des italienischen Einflusses. Ein Umstand, der mit der Herrschaft der italienischen Königin Bona Sforza zusammenfiel, deren Thronfolger Sigismund d. Ä. und Sigismund Augustus waren. Aus dieser Ära stammen auch die Wawelburg, im Renaissance-Stil erbaut, und die Sigismundkapelle, das beste Beispiel der Renaissance-Architektur nördlich der Alpen.

Die Kathedrale auf dem Wawelhügel diente als Krönungskirche und letzte Ruhestätte der polnischen Könige. Die Könige der Piasten- und Jagellonengeschlechter hatten ihre Residenz in der Renaissance-Burg. Selbst die Wasadynastie war hier ansässig, bevor die Hauptstadt nach Warschau verlegt wurde. Im 17. und 18. Jahrhundert wurde Krakaus Stadtansicht durch das Zeitalter des Barocks bereichert. Eines der Beispiele, die Peter-und-Paul-Kirche, läßt sich durchaus mit ihrem Gegenstück in Rom vergleichen. Später wurde Krakau in erster Linie vom Jugendstil beinflußt. Die habsburgische k.-und-k.-Monarchie hinterließ ebenfalls ihren architektonischen Stempel: eine Anzahl von Wehrtürmen, die zwar heute nicht mehr in ursprünglichen Sinne genutzt werden, jedoch auch ein ihriges zur Kultur der Stadt beitragen.

Nur einen Katzensprung vom Stadtzentrum entfernt liegt eine andere Welt: ein Gewirr enger Gassen des ehemaligen jüdischen Stadtteils Kazimierz. Bis 1939 spielte sich das Leben hier genauso ab, wie es vom Nobelpreisträger Isaac Bashevis Singer beschrieben wurde. Die dramatische Geschichte der Juden Krakaus, die von den Nazis verschleppt und getötet wurden, wurde besonders authentisch in Steven Spielbergs Film »Schindlers Liste«, der an Orginalschauplätzen gedreht wurde, dargestellt. Kazimierz war einst eine eigenständige Stadt mit Marktplatz und Rathaus sowie einem pulsierenden Kulturleben, die ganz besonders während des 16. Jahrhunderts ihre Blütezeit erlebte. In dieser Zeit wurden auch die Grundsteine der ältesten jüdischen Schreine Polens gelegt, die Alte Synagoge gefolgt von der Remuh Synagoge mit dem Renaissance-Friedhof. Das Jüdische Kulturfestival findet jedes Jahr in Kazimierz statt und bietet das beste an jüdischer Musik und Liedern sowie Theatervorstellungen.

Krakau ist eine traditionsreiche Stadt, in der sich Vergangenheit und Zukunft verbinden und Traum und Wirklichkeit aufeinandertreffen. Es ist eine Stadt der Mythen, Legenden und Träume. Selbst Faust, so erzählt man sich, hat der Stadt auf seiner Suche nach dem »Stein der Weisen« einen Besuch abgestattet.

Eine weitere Legende ist mit der Invasion der Tataren verbunden: auch heute noch endet das stündliche Hornsignal in alle vier Himmelsrichtungen vom Turm der Marienkirche abrupt, wie damals, als der Bläser von einem Tatarenpfeil tödlich getroffen wurde.

Außerdem beheimatet Krakau eine Auswahl erlesenster europäischer Kunstsammlungen. Die 136 Arras Gobelins, die weiterhin in den Zimmern des Schlosses zu bewundern sind, wurden im 16. Jahrhundert aus Flandern geliefert und sind selbst heute noch weltweit einzigartig. Das gleiche gilt für die Sammlung von türkischen Zelten, die von König Johannes Sobieski III. in der Schlacht um Wien 1683 beschlagnahmt wurden.

Aber Krakau ist mehr als nur eine Ansammlung hochkarätiger geschichtlicher Monumente und ein Zeichen des polnischen Nationalstolzes. Die Stadt ist von einer fast mystischen Aura umgeben. Hier befindet sich nämlich einer der heiligen Steine des Hinduismus, eines der sieben Energiezentren der Welt. Diese Energieballung inspirierte wohl auch einige der bekanntesten Bürger der Stadt: Nikolaus Kopernikus, Papst Johannes Paul II., Krzysztof Penderecki (Komponist klassischer und avantgardistischer Musik), Tadeusz Kantor (Gründer des ungewöhnlichen »Cricot 2«-Theaters), Andrzej Wajda (Theater- und Filmregisseur), Tadeusz Banachiewicz (Mathematiker und Astronom) und Stanislaw Lem (Autor zahlreicher Science-Fiction-Bücher).

Die Konferenz der Kultusminister der Europäischen Union erteilte Krakau den Titel »Kulturhauptstadt Europas«. In diesem Jahr beginnt ein 5jähriges Kulturprojekt zusätzlich zu den üblichen 35 Kultur- und Kunstveranstaltungen, die hier jährlich stattfinden. Jedes Festival, angefangen mit dem Europäischen Theater Festival in diesem Jahr, wird unter einem individuellen Motto stehen und eine Art Einleitung zu dem grandiosen Festival der europäischen Kultur 2000 – Krakau 2000 sein. Hier finden Sie eine Stadt mit fast unbegrenztem Potential, das ganz besonders in einem der außergewöhnlichsten Momente zum Ausdruck kommen wird – der Jahrtausendwende.

Ob Krakau wirklich so ist? Kommen und sehen Sie selbst!

**PROMOTION UND OFFERS-ABTEILUNG
STADT KRAKAU
PL-31-004 Krakau
Wszystkich Swietych 3/4, Polen.
Tel/Telefax: 22 55 31. Tel: 16 15 26.**

Herzlich willkommen im Märchenschloß

Wenn Ihre Kunden im Schloß Ksiaz Urlaub machen, werden Sie sich einfach königlich fühlen. Denn das Schloß, das 1292 von Prinz Bolko I. gebaut wurde, ist ein wahres Märchenschloß. Und die Stadt Walbrzych ist der ideale Ausgangspunkt für wunderbare Ausflüge in die ebenso schöne wie interessante Umgebung.

WALBRZYCH

Für weitere Informationen wenden Sie sich bitte an:
Polska Agencja Promocji Turystyki w Walbrzychu, Rynek 9, 58-300 Walbrzych, Polen.
Telefon/Fax (0048 74) 22000.

USTRON
Aktive Erholung im Weichseltal

Ustroń Miasto, einer der bekanntesten Urlaubs- und Kurorte Polens, liegt eingebettet in herrliche Natur im Weichseltal, 130 km von Kraków entfernt. Acht Bergwanderwege mit einer Gesamtlänge von 60 km durchziehen die Umgebung, in Ustroń hat die Wanderroute »Westliche Beskiden« ihren Anfang. Vom Gipfel der Czantoria, der auch per Sessellift erreichbar ist, eröffnet sich das unvergeßliche Panorama der Tatra und der Kleinen Fatra. Eine ähnlich herrliche Aussicht bietet sich von der Touristenunterkunft auf der Równica, die man per Auto oder zu Fuß erklimmt. Skifans finden hier im Winter ein wahres Paradies, mit Hängen verschiedener Schwierigkeitsgrade, guten Liften und einem beleuchteten Hang. Tennisplätze, ein Schwimmbad und Naturstrände an den Ufern der Weichsel zählen im Sommer zum breitgefächerten Freizeitvergnügen.

Übernachtungspreis mit Vollpension ca. 25-30 DM – bei einem Kuraufenthalt schließt der Übernachtungspreis im allgemeinen das Therapieprogramm mit ein.

Informationszentrale der Stadt Ustroń
Rynek 7, 43-450 Ustroń, Polen.
Tel: +48 (3864) 26 53. Fax: +48 (3864) 23 91.

Kur-Informationen
Tel: +48 (3864) 28 98.
Telex: 038408.

Das Unterkunftsangebot reicht von Hotels und Pensionen bis hin zu Sanatorien und Erholungsheimen, eine Übernachtung mit Vollpension kostet ca. 25-30 DM. 1986 wurde im Kurgebiet Zawodzie ein Kurkrankenhaus mit 800 Betten in Betrieb genommen. Eine moderne kardiologische Intensivstation, umfassende analytische und diagnostische Untersuchungseinrichtungen sowie Ein- und Zweibettzimmer mit WC und Bad zählen zur erstklassigen Ausstattung. Eine Naturheilanstalt ist mit dem Krankenhaus verbunden und bietet zahlreiche Therapien wie Bäder, Heilmassagen und Moorpackungen. Zu den Indikationen für einen Kuraufenthalt in Ustroń Miasto zählen Erkrankungen der Bewegungsorgane (Rheuma, Erkrankungen der Wirbelsäule, traumatologische Fälle), Atemwegserkrankungen, Kreislauf- und Stoffwechselstörungen. Das hohe Dienstleistungsniveau wird durch die professionelle Pflege des Ärzte-, Krankenschwester- und Therapeutenteams gewährleistet.

Gdynia (Gdingen) nach Kopenhagen, Helsinki, Oxelösund und Malmö/Schweden, mit *Unity Line* von Swinoujscie nach Ystad.
Hanseatic Tours fahren im Rahmen von Kreuzfahrten Szczecin, Gdynia (Gdingen) und Gdansk, *Transocean Tours* Szczecin und Gdynia und *Seetours* Gdynia an.
BAHN: Züge vom nördlichen Deutschland aus fahren zumeist über Berlin und Szczecin bzw. Frankfurt/O., etwas weiter südlich auch über Dresden und Görlitz. Es verkehren Züge von Bützow nach Szczecin, von Berlin nach Gdynia, Gorzow und Warszawa (EuroCity ab Köln) sowie von Leipzig nach Wroclaw und Kraków. Es gibt Autoreisezüge von Hannover nach Ilawa (nördl. Polen). Von Süddeutschland führt die kürzeste Strecke über Prag. Von der Schweiz fährt man entweder über Prag oder Wien. Die beste Verbindung von Österreich aus führt ebenfalls über die Tschechische Republik, tagsüber verkehrt der Schnellzug *Jan Sobieski* nach Warszawa (Wien – Warszawa: 7 Std. 34). Günstig ist auch die Verbindung mit dem Schnellzug 202 *Chopin* von Wien nach Warszawa über Katowice (Nachtverbindung, Schlafwagen). Auskünfte erteilen die *Verkehrsvertretungen der Polnischen Staatsbahnen*. Anschriften: Elisabethstraße 6/4, Wohnung 5, A-1010 Wien. Tel: (0222) 587 12 85. Telefax: (0222) 587 15 50. In Deutschland: Schillerstraße 3, D-60313 Frankfurt/M. Tel: (069) 29 43 66. Telefax: (069) 28 36 97.
BUS/PKW: Die Straßenverbindungen sind gut und zahlreich. Rund um die Uhr geöffnet sind die folgenden deutsch-polnischen Grenzübergänge: Linken – Lubieszyn, Pomellen – Kolbaskowo, Schwedt – Krajnik Dolny, Hohenwutzen – Osinow Dolny, Kietz – Kostrzyn, Frankfurt/O. – Slubice/Swiecko, Görlitz – Zgorzelec, Guben – Gubin, Bad Muskau – Leknica, Zittau – Sieniawka/Porajow, Forst – Olszyna. **Fernbus:** Der Europabus der *Deutschen Touring GmbH* verkehrt auf folgenden Strecken nach Polen (und zurück): Frankfurt/M. – Kraków, Frankfurt/M. – Zamosc, Frankfurt/M.– Warszawa, Köln – Katowice, Köln – Düsseldorf – Warszawa, Köln – Zamosc, Hamburg – Warszawa, Hamburg – Gdansk, Stuttgart – Radom, Stuttgart – Katowice, Stuttgart – Raciborz, Saarbrücken – Warszawa und Ulm – Kraków. Anschrift der Zentrale: Am Römerhof 17, D-60486 Frankfurt/M. Tel: (069) 79 03-0.

REISEVERKEHR - National

FLUGZEUG: Inlandflüge werden von *LOT (Polish Airways)* angeboten, die alle größeren Städte anfliegt. Von Warszawa gibt es Verbindungen nach Gdansk, Katowice, Kraków, Poznan, Rzeszow, Wroclaw und Szczecin. Weitere Auskünfte erhalten Sie von den *LOT*-Stadtbüros in Berlin, Düsseldorf, Hamburg, Köln, Frankfurt/M. und Zürich.
SCHIFF: Personenverkehr besteht zwischen den Ostseehäfen, auf den Großen Masurischen Seen und auf einigen Abschnitten der Weichsel und Oder mit Schiffen und Tragflächenbooten der Küsten- und Binnenschifffahrt.
BAHN: Züge der *Polnischen Staatsbahn* verbinden Warszawa mit allen Landesteilen. Es gibt drei Zugarten und zwei Fahrklassen. Für Expreßzüge sind Platzkarten erforderlich. Kinder unter 4 Jahren fahren umsonst, Kinder im Alter von 4 bis 10 Jahren bezahlen die Hälfte. Der *Polrailpass* hat eine Gültigkeitsdauer von wahlweise 8, 15, 21 oder 30 Tagen und ist bei POLORBIS oder an großen Bahnhöfen in Polen erhältlich (für die 1. oder 2. Klasse). Bei Vorbestellung bei POLORBIS muß auch die Reisepaßnummer angegeben werden. *InterRail-Paß* und *EURO DOMINO-Netzkarte* sind auch in Polen gültig, Einzelheiten s. *Deutschland*.
BUS/PKW: Die Versorgung mit bleifreiem Benzin ist flächendeckend gewährleistet. Eine Liste der Tankstellen ist von POLORBIS erhältlich. **Bus:** Die meisten Städte werden durch regionale Buslinien verbunden. **Mietwagen** kann man an Flughäfen oder in den städtischen ORBIS-Büros mieten. Das Mindestalter beträgt 21 Jahre. **Verkehrsbestimmungen:** Es besteht generelle Anschnallpflicht. Es ist Pflicht, ein Warndreieck mitzuführen. Die Geschwindigkeitsbegrenzung ist 60 km/h in geschlossenen Ortschaften, 90 km/h auf Landstraßen und 110 km/h auf Autobahnen. Vom 1. November bis 31. März muß man auch tagsüber mit Abblendlicht fahren. Promillegrenze: 0,2‰. Der Pannendienst des polnischen Kfz-Klubs PZM ist unter der Telefonnummer 981 zu erreichen. Ein deutschsprachiger Notrufdienst wurde ebenfalls eingerichtet (Tel: (02) 29 03 74, 24-Stundenservice). **Unterlagen:** Wer mit dem eigenen Fahrzeug einreist, braucht Fahrzeugpapiere, Führerschein und die grüne Versicherungskarte. Der Führerschein des eigenen Landes reicht aus.
STADTVERKEHR: In allen Städten gibt es gute Busnetze, Straßenbahnen und Oberleitungsbusse, die auch in die Vororte fahren. Das städtische Nahverkehrssystem in Warszawa umfaßt Busse, Straßenbahnen und Vorortzüge. Oberleitungsbusse wurden 1983 auf einer Strecke wiedereingeführt. Es bestehen Einheitstarife, und Fahrkarten können im voraus gekauft werden. **Taxis** sind in den meisten Städten vorhanden. Es gibt Taxistände, man kann Taxis jedoch auch telefonisch bestellen. Zwischen 23.00-05.00 Uhr, an Wochenenden und für Fahrten außerhalb der Stadt wird ein Zuschlag erhoben. **Trinkgeld:** Taxifahrer erwarten 10%.
FAHRZEITEN von Warszawa zu den folgenden größeren polnischen Städten (ungefähre Angaben in Std. und Min.):

	Flugzeug	Bahn	Bus/Pkw
Kraków (Krakau)	1.40	4.00	4.00
Poznan (Posen)	1.00	3.00	4.00
Wroclaw (Breslau)	1.15	6.00	6.00
Gdansk (Danzig)	1.00	5.00	6.00
Szczecin (Stettin)	2.00	6.45	8.00
Katowice (Kattowitz)	1.30	4.00	4.30
Lodz		2.00	2.00

UNTERKUNFT

HOTELS: *Orbis*, *Novotels*, *Holiday Inn*, *Intercontinental* und andere Unternehmen betreiben Hotels in Polen. Vorausbuchung empfiehlt sich in der Hauptsaison. Weitere Auskünfte erteilt u. a. das Polnische Informationszentrum in Köln (Adresse s. o.).
Kategorien: Es gibt fünf Kategorien: Luxusklasse, 4 Sterne, 3 Sterne, 2 Sterne und 1 Stern. Die Touristenhotels, Pensionen und Motels sind ebenfalls in verschiedene Kategorien aufgeteilt.
PENSIONEN (drei Kategorien) gibt es in allen Städten. Sie werden von den regionalen Fremdenverkehrsämtern betrieben, die auch die Buchungen vornehmen.
CAMPING: Polen hat über 200 Campingplätze. Annähernd 75% bieten 220 V-Stromanschlüsse, und einige haben 24 V-Anschlüsse für Wohnwagen. Wasch- und Speiseräume, Lebensmittelkioske und Restaurants gehören ebenfalls zur Standardausstattung. Campingplätze sind in 2 Kategorien eingeteilt. In der 1. Kategorie ist jeder Stellplatz mindestens 100 qm groß, der Platz ist beleuchtet, und die Rezeption ist ganztägig besetzt. Die Saison dauert von Mitte Mai bis Ende September. Mit dem Ausweis des Campingverbands (FICC) erhält man 10% Ermäßigung. Weitere Informationen von *Polska Federacja Campingu i Caravaningu* (Polnischer Camping- und Caravaningföderation/PFCC), Grochowska 331, PL-03-823 Warszawa. Tel/Telefax: (02) 10 60 50.
JUGENDHERBERGEN: In Polen gibt es etwa 1200 Jugendherbergen. Weitere Informationen von der Polnischen Gesellschaft für Jugendherbergen (PTSM), Chocimska 28, PL-00-791 Warszawa. Tel: (02) 49 42 51. Tel/Telefax: (02) 49 83 54.

URLAUBSORTE & AUSFLÜGE

In allen größeren Touristikzentren findet man Fremdenverkehrsämter unter dem Zeichen »it«. Es folgen Kurzbeschreibungen der Sehenswürdigkeiten der sieben größten polnischen Städte und des beliebtesten Wintersportortes Zakopane.
WARSZAWA (Warschau): Im 2. Weltkrieg wurde das an der Weichsel liegende Warszawa völlig zerstört, inzwischen hat man die Altstadt jedoch wieder originalgetreu aufgebaut. Im kunstvoll restaurierten *Wilanów-Palast* ist eine seltene Sammlung von Gemälden und Möbeln untergebracht, und in der Orangerie ist ein Plakatmuseum zu Hause. Das wiederaufgebaute *Königliche Schloß* ist ebenfalls einen Besuch wert. Der *Lazienki-Palast*, die Residenz des letzten polnischen Königs Stanislaus Poniatowski, liegt in einem wunderschönen Garten mit einem griechischen Freilufttheater und einem Chopin-Denkmal.
Ausflüge: *Zelazowa Wola* (53 km westlich von Warszawa) ist ein schöner Park, in dem Chopins Geburtshaus steht. Der *Kampinos-Nationalpark* mit seinen Wäldern, Sümpfen und Sandböden erstreckt sich über 340 qkm. Hier trifft man auf freilebende Wildschweine und Elche. Der *Bialowiezá-Nationalpark* ist 1250 qkm groß und besteht aus einem alten Wald, der sich entlang der russischen Grenze erstreckt. Hier kann man den Wisent (europäischen Bison) noch in freier Wildbahn beobachten ebenso wie Luchse, Elche, wilde Waldponies und andere seltene Waldbewohner. **Lublin** liegt 164 km südöstlich von Warszawa und ist eine reizvolle mittelalterliche Stadt mit fünf Universitäten.

WARSCHAU

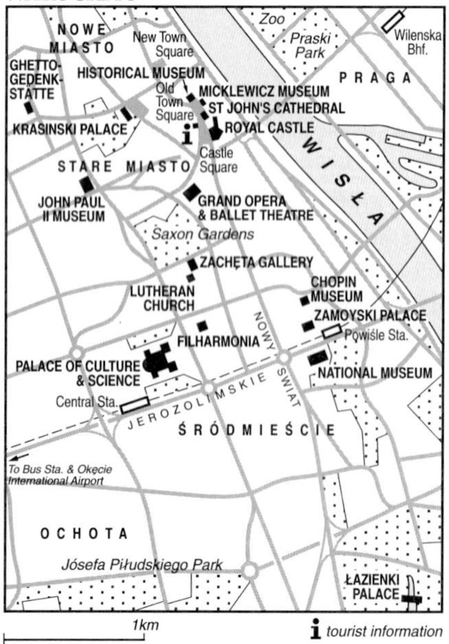

Polens zweitgrößte Stadt **KRAKÓW (Krakau)** liegt ebenfalls an der Weichsel in den bewaldeten Ausläufern des Tatra-Gebirges. Die Stadt wurde im 2. Weltkrieg kaum zerstört und hat ihren mittelalterlichen Charakter bewahren können. Auf dem riesigen prachtvollen Marktplatz befindet sich die *Tuchhalle* aus dem 14. Jahrhundert. In der gegenüberliegenden *Marienkirche* kann man den weltberühmten Holzaltar von Veit Stoß bewundern. Die Universität wurde 1364 von den Jagellonen gegründet und ist somit eine der ältesten Europas. Kopernikus studierte hier, und seine astronomischen Instrumente sind in der Universität ausgestellt. Vom *Wawel* (Königsschloß) mit den wunderbaren Wandteppichen aus dem 16. Jahrhundert hat man einen schönen Ausblick über die Stadt. Neben dem Schloß liegt die *Königliche Kathedrale*, in der viele polnische Könige begraben liegen (Kraków war bis 1611 Hauptstadt Polens). Das sehenswerte *Czartoryski-Museum* beherbergt Sammlungen alter Kunstwerke, europäischer Gemälde und Handarbeiten.
Ausflüge: Die interessanten Salzminen von *Wieliczka* liegen 13 km von Kraków entfernt. Das ehemalige Konzentrationslager **Oswieciem** (Auschwitz) mit einer Gedenkstätte liegt 54 km westlich der Stadt. Die *Blendowska-Wüste* ist vielleicht die einzige echte europäische Wüste. **Wadowice** ist der Geburtsort Papst Johannes Paul II. Das Marienporträt, das der Heilige Lukas gemalt haben soll, befindet sich in der großen Klosteranlage von *Czestochowa*, etwa 100 km nördlich von Kraków.
ZAKOPANE liegt 112 km südlich von Kraków im Herzen der Tatra, einem herrlichen Naturpark mit seltener Tier- und Pflanzenwelt. In diesem schönen Wintersportort mit seinen hübschen Holzhäusern tragen die Einwohner noch die alten Trachten.
Ausflüge: Organisierte Ausflugsfahrten gibt es zu den *Dunajec-Stromschnellen*, bei denen man die eindrucksvolle Landschaft des *Koscielia-Tals* durchquert. Eine Zahnradbahn führt auf den 1990 m hohen *Kasprowy Wierch*, von dem man eine herrliche Aussicht genießen kann. Der zauberhafte Bergsee *Morskie Oko* ist wirklich einen Besuch wert.
WROCLAW (Breslau) ist die Hauptstadt Niederschlesiens und geht auf böhmische Ursprünge zurück; später war sie ein Hansestadt. Hier wurde zuerst auf der *Ostrow-Tumskie-Insel* (Kathedralen-Insel) eine befestigte Ortschaft angelegt. Auf einer Länge von insgesamt 90 km durchziehen Kanäle und verschiedene Nebenflüsse der Oder die Stadt, die über 100 Brücken hat. Auf der Ostrow-Tumskie-Insel sollte man sich das spätgotische Rathaus und die *Kathedrale Johannes des Täufers* ansehen, die der Insel ihren Namen gab. In der Universität gibt es eine prächtige barocke Aula, die *Leopoldina*, zu besichtigen.
Ausflüge: Die Bade- und Kurorte des *Klodzko-Tals*, die zerklüfteten *Stolowe-Berge*, die Skiorte der *Karkonosze-Berge* an der tschechischen Grenze und die vielen mittelalterlichen Städte wie *Swidnica*, *Bolslawiec* und *Palzkow* sind äußerst lohnende Ausflugsziele.
POZNAN (Posen): Diese beschauliche Stadt an der Warta (Warthe) liegt in der westpolnischen Tiefebene. Hier wurde der erste polnische Bischofsstuhl 968 gegründet. Über die Hälfte der Stadt wurde im 2. Weltkrieg zerstört, aber vieles konnte restauriert werden. Einen Besuch im *Rathaus* am alten Marktplatz mit seinen hübschen Barockhäusern, dem *Gorki-Palast*, dem *Dzyalinski-Herrenhaus* (heute ein Hotel), der *Johanneskirche* (12. Jh.), der *Maria Magdalena-Kirche*, im Nationalmuseum und dem *Przemyslaw-Schloß* (ehemaliger Sitz des polnischen Großherzogs) sollte man sich auf jeden Fall vornehmen. Auch hier gibt es eine *Ostrow-Tumskie-Insel*, auf der der Peter- und Paulsdom steht. An den vielen Waldseen in der Umgebung gibt es gute Wassersportmöglichkeiten. Poznan ist die Messehauptstadt Polens, im Juni findet hier die internationale Handelsmesse statt.
Ausflüge: Gniezno erhebt den Anspruch, die Wiege des polnischen Staates zu sein. Bis 1320 wurden hier die polnischen Könige gekrönt. Nach der Legende sind die Brüder Lech, Tschech und Rus die Gründer der slawischen Nationen. Lech soll sich in Gniezno niedergelassen haben, nachdem er das Nest eines weißen Adlers fand, der dann zum polnischen Staatssymbol wurde. Sehenswert ist die spätgotische Kathedrale. **Biskupin** mit einer gut erhaltenen archäologischen Fundstätte aus der Zeit um 500 v. Chr. liegt in der Nähe. Ein Kleinod des berühmten Architekten Schinkel erwartet den Besucher am Ortsrand von **Kornik**. Das in einem wundervollen Park gelegene Wasserschloß bietet eine interessante Sammlung von Möbeln, Manuskripten und Büchern. Auch das Schloß Rogalin mit seiner sehenswerten Gemäldesammlung liegt in einem prächtigen Park. Obwohl **SZCZECIN (Stettin)** 60 km von der Odermündung entfernt liegt, ist die Stadt der größte polnische Ostseehafen. An die Zeit, als Szczecin die Hauptstadt Pommerns war, erinnern das *Schloß* der pommerschen Prinzen (14. Jh.) und die *Kathedrale* aus dem 12. Jahrhundert. Die weitläufige Stadt wurde im letzten Jahrhundert neu aufgebaut, wobei Paris mit seinen vielen breiten

Radisson  SAS
HOTEL SZCZECIN

Das luxuriöse Radisson *SAS* Hotel Szczecin befindet sich 15 km von der deutschen Grenze und nur 130 km von Berlin entfernt. In Szczecin selbst werden Sie uns im Stadtzentrum finden, gleich neben dem Pazim Bürokomplex bzw. Einkaufszentrum. Das Radisson *SAS* Hotel Szczecin bietet voll ausgestattete Unterkünfte, Restaurants, Konferenzräume und viel Unterhaltung.

Wir sind bekannt für:

- *369 höchstmoderne Gästezimmer und Suiten*
- *Frühstück, Mittagessen und ein Buffet zum Abendessen gibt es in unserem Café Europa*
- *Das Restaurant Renaissance, kunstvoll im Renaissance-Stil eingerichtet, tischt Ihnen norditalienische Spezialitäten und auserlesene Weine auf*
- *Copernicus Club – unsere Piano-Bar auf der obersten Etage*
- *Unser Nachtklub Quo Vadis*
- *Das Fitness-Center beherbergt ein Hallenbad, Fitnessraum, Sauna und Solarium*
- *Festsaal und Konferenz-Zentrum mit neuester Technologie; hier können bis zu 550 Personen untergebracht werden*
- *Schönheitssalon, Avis Autoverleih und Wechselstube*
- *Zimmerservice rund um die Uhr*
- *Garagen*

RADISSON *SAS* HOTEL SZCZECIN
70-419 Szczecin, Polen
Plac Rodla 10
Tel: (+4891) 595 595. Telefax: (+4891) 594 594.
Reservierungen: (+4891) 595 101, 595 102.

Reisen mit PKP – die beste Art, Polen kennenzulernen

Bequemes Reisen mit Zügen der Polnischen Staatsbahnen und dem *Polrailpass*.

Der *Polrailpass* ermöglicht für die Dauer seiner Gültigkeit leichtes Reisen mit allen Zügen der Polnischen Staatsbahnen ohne Formalitäten. Für Schlaf- und Liegewagen muß Zuschlag gezahlt werden.

Der Preis des Tickets ist von der Gültigkeit abhängig. Den *Polrailpass* gibt es in folgenden Versionen: 8, 15 oder 21 Tage sowie 1 Monat Gültigkeit.

Polrailpässe sind von den Polnischen Reisebüros *ORBIS* in Brüssel, Paris, London, Wien, Stockholm, Rom, New York und Frankfurt/M. erhältlich.

Auch im Angebot:

- Tagesverbindungen mit erstklassig ausgestatteten EuroCitys und InterCitys
- Gut ausgestattete Nachtzüge mit Schlaf- und Liegewagen
- Charterzüge
- Zusätzliche Wagen für reguläre Züge – Salons, Schlaf- und Liegewagen, Restaurant und Bar – auf nationalen und internationalen Routen
- Zuverlässiges computerisiertes Buchungssystem für nationale und internationale Zugverbindungen
- Nostalgie-Touren mit Zügen im alten Stil, Besuche der Dampfeisenbahn skansen, Fahrten mit Schmalspurzügen

Verbindungen mit Zügen im alten Stil

▲ Normalspurgleise mit Dampfeisenbahn-Zentren
● Schmalspurgleise
■ Warschauer Eisenbahn Museum

 **POLNISCHE STAATSBAHNEN**
Chalubińskiego 4, 00-928 Warschau. Fax: (48-22) 24-40-39.

Alleen als Vorbild diente.
Ausflüge: Die Badeorte an der pommerschen Küste wie **Kolobrzeg** (eher elegant) oder **Leba** (ein ruhiger Urlaubsort mit einem wunderbaren Sandstrand) bieten Abwechselung vom Stadtleben. Die Buchenwälder des *Wolin-Nationalparks* beheimaten den seltenen europäischen Seeadler. Wunderschön ist auch der *Slowinski-Nationalpark* mit seiner eigentümlichen Landschaft (Wanderdünen, Vogelschutzgebiet).
GDANSK (Danzig) ist ein wichtiger Ostseehafen mit bewegter Vergangenheit. Der Deutsche Ritterorden eroberte die Stadt im 14. Jahrhundert, verlor sie aber später an Preußen. Seit 1920 war Danzig »Freie Stadt«, 1939 wurde sie vom Deutschen Reich annektiert. Ihre Lenin-Werft war die Geburtsstätte von *Solidarnosc* (Solidarität) und somit des heutigen demokratischen Polens. Während des 2. Weltkrieges wurde fast die gesamte Stadt zerstört, nach 1945 wurde Danzig jedoch im alten Stil wiederaufgebaut. Als Besucher sollte man sich das Rathaus, die restaurierten Renaissancehäuser vor allem in der Langen Gasse und am Langen Markt, das *Goldene Tor* (17. Jh.), das *Krantor* (15. Jh.) und die riesige gotische *Marienkirche* auf keinen Fall entgehen lassen. Der Badeort Sopot (Zoppot) hat den längsten Pier Europas (500 m).
Ausflüge: Die bewaldete *Hel-Halbinsel*, die *kaschubische Seenplatte* und die Schmalspurbahn an der *Weichsellandzunge* sind leicht zu erreichen. Die deutschen Burgen in **Malbork** (Marienburg), *Gnien* und anderen Orten sowie das *Nikolaus Kopernikus-Museum* in Torun, seinem Geburtsort, sind besonders sehenswert. Weiter östlich liegt **Masuren**, eine große und spärlich besiedelte Seenplatte mit dichten Wäldern und Sümpfen. In diesem wildreichen Gebiet findet man Wisente und Europas größte Elchherde. Masuren ist eine stille Ferienregion, in der man geruhsam Pilze sammeln, segeln, kanufahren und zelten kann. In **Olsztyn** (Allenstein), der größten Stadt Masurens, gibt es eine alte Burg des Deutschen Ritterordens zu besichtigen. Tief im masurischen Wald liegt **Ketrzyn** (Rastenburg), in dem Hitlers »*Wolfsschanze*« lag, das einst Schauplatz eines mißglückten Attentats auf Hitler durch Mitglieder des deutschen Generalstabs war.
Die Seengebiete **Pomorskie** und **Lubuskie** sind aufgrund ihrer Nähe zu Deutschland und Skandinavien beliebte Urlaubsziele.

SOZIALPROFIL

ESSEN & TRINKEN: Die typischen Zutaten der polnischen Küche sind Dill, Majoran, Kümmel, Wildpilze und saure Sahne, die häufig für Suppen, Soßen und Schmorbraten verwendet werden. Polens Nationalgericht ist *Bigos*, ein Gericht aus Sauerkraut, frischem Kohl, Zwiebeln und Fleischstücken. Oft beginnt man das Essen mit *Przekaski* (Vorspeisen) wie Aal in Aspik, mariniertem Fisch in saurer Sahne, Rollmops, *Kulebiak* (eine Pilz- und Kohlpastete), *Kabanos* (eine lange, dünne, stark gewürzte Wurst) oder *Mysliwska* (eine Wurst aus Schweine- und Wildfleisch). Sämige, reichhaltige Suppen spielen eine große Rolle. Suppen wie *Barszcz* (Rote-Beete-Suppe mit saurer Sahne) oder *Rosok* (Rind- oder Hühnerbouillon) werden häufig in Tassen und mit kleinen Pasteten, die mit Fleisch oder Kohl gefüllt sind, serviert. Beliebte Gerichte sind *Zrazy Zawijane* (pilzgefüllte Rouladen in saurer Sahne) mit gekochtem *Kascha* (Buchweizen) und Eisbein. Polen hat auch eine große Auswahl an frischem Fisch (*Ryba*). Karpfen wird in einer süßsauren Aspiksoße serviert, und pochierter Hecht mit Sahnemeerrettich ist sehr zu empfehlen. Hering ist ebenfalls sehr beliebt und wird in vielen Variationen angeboten. Polnische Backwaren (*Ciastka*) sind ausgezeichnet. **Getränke:** Wodka (*Wódka*) wird eiskalt getrunken. *Wyborowa* soll der beste Wodka sein, aber es gibt noch viele andere Geschmacksrichtungen wie *Zubrowka* (Bisongras), *Tarniowka* (Schlehe), *Sliwowica* (Pflaume) und *Pieprzowka* (mit weißem Pfeffer). Andere alkoholische Getränke wie Whisky, Wein, Gin oder andere Branntweine sind teuer. *Zywiec* ist ein recht starkes Pils. Cafés sind beliebte Treffpunkte und haben den ganzen Tag geöffnet.
NACHTLEBEN: In fast allen größeren Städten gibt es Diskotheken, in Warszawa findet man auch Nachtklubs. Mit ihren 17 Theatern und drei Opernhäusern spiegelt die Hauptstadt die große Musik- und Theatertradition des Landes wider. In den Kinos werden polnische und internationale Filme gezeigt.
EINKAUFSTIPS: Glas, Emaillewaren, handgewebte Läufer, Silberartikel, handgearbeiteter Schmuck, Folklorepuppen, Holzschnitzereien sowie Ton- und Metallskulpturen sind beliebte Mitbringsel. **Öffnungszeiten der Geschäfte:** Mo-Fr 10.00-19.00 Uhr.
SPORT: Reisebüros können für Sportvereine, Jugendorganisationen und Schulklassen Hobbyurlaube auf Booten oder Wassersporturlaube an den Masurischen Seen arrangieren. **Wintersport-** und **Reiterferien** sind ebenfalls sehr beliebt. **Wintersport:** Die beliebtesten Wintersportorte sind Zakopane in der Tatra und Krynica und Szczyrk im Beskidy-Gebirge. Die Skisaison ist von November bis Mai. Auf den gefrorenen Wasserwegen kann man sehr gut eissegeln. Die Tatra bietet auch herrliche **Wandermöglichkeiten**. **Angeln:** Ein Angelschein kann gegen eine Gebühr beantragt werden.
Segeln: Die Masurischen Seen sowie die Sulwatki- und Augustow-Seen sind die beliebtesten Segelgebiete.
Schwimmen: In den meisten Städten gibt es Schwimmbäder. An der Ostseeküste und in den Masurischen Seen kann man ebenfalls gut schwimmen, nur in den zum größten Teil stark verschmutzten Flüssen ist das Baden nicht zu empfehlen. **Pferderennen:** Die größten Pferderennbahnen sind in Warszawa (Sluzewiec), Sopot, Raculka (in der Nähe von Zielona Gora), Biali Bor (bei Slupsk) und Ksiaz (in der Nähe von Walbrzych).
VERANSTALTUNGSKALENDER
Mai '96 *Internationale Buchmesse*, Warszawa. **12. Juni - 28. Juli** *Mozartfestival*, Warszawa. **28. Juli - 4. Aug.** *Folkloristisches Kulturfestival der Beskiden Region*, Wisla, Szczyrk, Zywiec und Makow Podhalanski. **Anfang Aug.** *Internationales Chopin Festival*, Duszniki-Zdroj. **Aug.** *Internationales Straßentheater-Festival*, Jelenia Gora. **4.-6. Aug.** *Internationales Folklorefestival der baltischen Länder*, Gdansk. **Okt. (2. Hälfte)** *Jazz Jamboree*, Warszawa. Weitere Auskünfte erteilen POLORBIS oder das Polnische Informationszentrum.
SITTEN & GEBRÄUCHE: Polen heißen Besucher zumeist herzlich willkommen. Es gibt große Unterschiede zwischen Stadt- und Landleben, die Landbevölkerung ist sehr gläubig und konservativer und ihr Lebensstil traditioneller. Der Katholizismus spielt eine große Rolle im täglichen Leben, und Kritik oder Witze darüber werden ungern gesehen, obwohl Polen im allgemeinen humorvolle Menschen sind. Kunst und Musik sind ebenfalls wichtige Aspekte der polnischen Kultur. Zur Begrüßung gibt man sich die Hand, Frauen werden mit Handkuß begrüßt. Die üblichen Höflichkeitsformen werden erwartet, und Gastgeber freuen sich über einen Blumenstrauß. Kleidung sollte zurückhaltend, aber leger sein. In guten Restaurants oder zu besonderen Anlässen wird elegantere Kleidung erwartet. In manchen öffentlichen Gebäuden ist Rauchen verboten. **Fotografieren:** Militärische Anlagen, Industriegebäude und Verkehrsknotenpunkte, die mit einer durchgestrichenen Kamera gekennzeichnet sind, dürfen nicht fotografiert werden. **Trinkgeld:** Die Bedienung ist normalerweise in der Rechnung enthalten.

WIRTSCHAFTSPROFIL

WIRTSCHAFT: Landwirtschaft und Industrie sind die wichtigsten Arbeitgeber. Der Agrarsektor, der Produktionsrückgänge zu verzeichnen hatte, erbringt nur 7% des

UNITY LINE

Neue Fährverbindung zwischen Polen und Schweden

Seit Juni 1995 gibt es eine fantastische neue Fährverbindung zwischen Swinoujscie in Polen und Ystad in Schweden. Die Unity-Line-Fähre ist ganz neu gebaut und besonders auf Sicherheit und Passagier-Komfort ausgerichtet. Die moderne Passagier-, Auto- und Eisenbahnfähre kann insgesamt 1000 Personen befördern (darunter eine Mannschaft von 82 Personen) und soll nicht nur eine sichere, sondern auch eine ganz besonders angenehme Überfahrt gewährleisten. So werden Passagiere ein A-la-Carte-Restaurant, eine Disco-Bar, eine Cocktail-Bar, ein Kasino, ein SB-Restaurant und eine TV-Lounge vorfinden. Ein Konferenzraum mit 30 Sitzplätzen steht ebenfalls zur Verfügung. In De-Luxe-Kabinen, Business-Class-Kabinen, Touristenklasse-Kabinen und komfortablen Club-Chairs können Passagiere die Überfahrt genießen. Das Bordpersonal wurde in einem der Häuser des *Vienna International Hotels Network* geschult und bietet einen erstklassigen, freundlichen Service.

Die Unity-Line-Fähre legt um 22.00 Uhr in Ystad ab und kommt morgens um 7.00 Uhr in Swinoujscie an. Abfahrt von Swinoujscie ist jeweils um 13.00 Uhr, Ankunft in Ystad um 19.00 Uhr.

Fahrkarten und nähere Informationen, auch über unsere anderen Reiseangebote, erhalten Sie vom Reisedienst der Unity Line unter folgenden Adressen: **Unity Line Co. Ltd., Plac Rodla 8, 70-419 Szczecin, Polen Tel: 0048 (91) 595 795. Fax: 0048 (91) 595 885.**

J.A. Agentur, Jersbecker Str. 12, D-22941 Bargteheide, Deutschland Tel: 0049 4532 65 17, 4532 65 19. Fax: 0049 4532 24 143.

Auf der Suche nach Investitionsmöglichkeiten und Geschäftspartnern? In Starachowice sind Sie an der richtigen Adresse

Starachowice hat 60.000 Einwohner und bietet eine günstige Lage inmitten der schönen Swietokrzyskie-Berge zwischen Warschau und Kraków, nur 130 km von der Ostgrenze Polens entfernt.

Erfolgreiche Betriebe im Bereich Maschinenbau, Holz- und Fleischverarbeitung sowie Metallverarbeitung haben sich in der Stadt angesiedelt.

Die Einrichtung einer speziellen Wirtschaftszone in Starachowice ist bereits in Planung. Ausländische Investoren werden besonders von der Fülle wirtschaftlicher Möglichkeiten und Nutzen dieser Zone überzeugt sein.

Anfragen von potentiellen Investoren, die sich für eine Ansiedelung in der geplanten Wirtschaftszone interessieren oder generell Informationen über die Regionen möchten, sind uns herzlich willkommen.

Wir sind sehr an einer internationalen Zusammenarbeit interessiert und bieten wirtschaftliche Vorteile, qualifiziertes Personal, ideale Bürogebäude und Fabrikanlagen sowie einen hervorragenden Anschluß an das internationale Telekommunikationsnetz.

Die Stadtverwaltung in diesem äußerst attraktiven Teil Polens ist hilfsbereit und steht Ihnen jederzeit gern mit Rat und Tat zur Seite.

Rathaus, 27-200 Starachowice, Ul. Radomska 45, Polen.
Tel: +48 (47) 74 55 19 oder 74 88 11.
Fax: +48 (47) 74 78 73.

Warten Sie nicht – Treten Sie mit uns in Verbindung!

Bruttoinlandproduktes. Haupterzeugnisse sind Roggen, Weizen, Hafer, Zuckerrüben und Kartoffeln. Nutzvieh ist ein bedeutender Devisenbringer. Die wichtigsten Industriezweige sind die Bereiche Schiffbau, Textilien, Stahl, chemische Industrie, Zement und Nahrungsmittelverarbeitung. Nach einer Periode erheblicher industrieller Expansion in den siebziger Jahren mit Hilfe von Westkrediten stürzte vor allem die Schwerindustrie in eine anhaltende Rezession. Marktreformen haben zwar zu einer gewissen Belebung geführt, die Probleme sind jedoch noch längst nicht überwunden. Die neue Regierung hat die Stützpfeiler der alten Planwirtschaft mittlerweile zum größten Teil abgebaut – es wurde ein umfassendes Privatisierungsprogramm mit einem Gutschein-System eingeführt. Der Zloty ist heute konvertierbar, das Steuer- und Finanzsystem wird vollständig umstrukturiert. Die Inflation ist von fast 700% auf rund 35% gesunken (1993). Polen hat einen Assoziierungsvertrag mit der Europäischen Union unterzeichnet und wird voraussichtlich um die Jahrtausendwende die EU-Mitgliedschaft beantragen. Ein Handelsabkommen mit der EFTA wird jedoch bisher von Uneinigkeiten über die Reduzierung der Einfuhrzölle behindert. Polen gehört dem Visegrád-Viererbund an, dessen Mitglieder anstreben, gemeinsam den Übergang von der Planwirtschaft zur sozialen Marktwirtschaft zu bewältigen. Haupthandelspartner ist Deutschland. Die Tourismusindustrie, die bislang erst 1% des Bruttoinlandproduktes erbringt und nur 0,4% der Erwerbstätigen beschäftigt, ist ausbaufähig. Die meisten Besucher kommen aus Deutschland.
GESCHÄFTSVERKEHR: Relativ formell, Geschäftsreisen sollten lange im voraus vereinbart werden. Angestellte in staatlichen Organisationen und Ämtern machen keine Mittagspause und nehmen dafür ihr Hauptmahlzeit nach 15.00 Uhr ein. **Geschäftszeiten:** Mo-Fr 07.00-16.00 Uhr.
Kontaktadressen: *Büro des Polnischen Handelsrates,* An der Alteburger Mühle 6, D-50968 Köln. Tel: (0221) 34 99-0. Telefax: (0221) 34 99 10.
Polsko-Niemiecka Izba Przemyslowo-Handlowa (Deutsch-Polnische Industrie- und Handelskammer), PO Box 439, PL-00-950 Warszawa. Tel: (02) 635 33 53. Telefax: (02) 635 81 06.
Handelsvertretung der Botschaft der Republik Polen, Titlgasse 15, A-1130 Wien. Tel: (0222) 877 83 41. Telefax: (0222) 877 35 97.
Radca Handlowy Ambasady Austrii (Österreichische Außenhandelsstelle), Skrytka Poczt. 78, PL-00-976 Warszawa 13. Tel: (02) 43 79 09, 43 99 32. Telefax: (02) 43 95 05.
Büro des Polnischen Handelsrates, Postfach 198, CH-3000 Bern 16. Tel: (031) 351 19 35. Telefax: (031) 351 34 57.
Schweizerisch-Polnische Industrie- und Handelskammer, c/o OSEC, Stampfenbachstraße 85, CH-8035 Zürich. Tel: (01) 365 52 21. Telefax: (01) 365 51 51.
Krawoja Izba Gospodarcza (Polnische Handelskammer), Trebacka 4, PO Box 361, PL-00-074 Warszawa. Tel: (02) 26 02 21. Telefax: (02) 27 46 73.
Weitere Kontaktadressen für Wirtschaftsfragen s. Kapitelanfang (POLORBIS, AUSTRO-ORBIS).
KONFERENZEN/TAGUNGEN: Die größten Konferenzzentren befinden sich in Warszawa, Kraków, Wroclaw und Gdansk, einigen andere Städte bieten ebenfalls Konferenzeinrichtungen. Nähere Informationen vom *ORBIS SA,* PO Box 146, PL-00-950 Warszawa. Tel: (02) 26 16 58. Telefax: (02) 26 12 97.

KLIMA

Gemäßigte, warme Sommer und kalte Winter. Im Herbst ist es meist sonnig und schon relativ frisch. In den Sudeten von Dezember - April Schneefälle. Niederschläge sind über das ganze Jahr verteilt.
Kleidung: Warme bis sehr warme Kleidung im Winter. Regenschutz das ganze Jahr über.

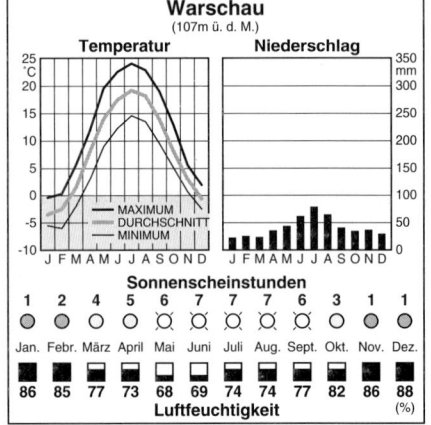

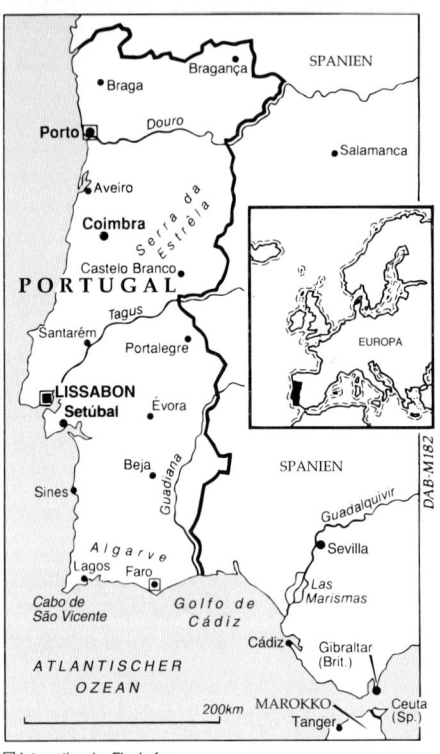

☐ *Internationaler Flughafen*

Lage: Südwesteuropa.

Portugiesisches Touristik- und Handelsbüro
Schäfergasse 17
D-60313 Frankfurt/M.
Tel: (069) 23 40 94. Telefax: (069) 23 14 33.
Mo-Fr 09.00-13.00 und 14.00-17.00 Uhr.
Portugiesisches Touristik-Zentrum
Stubenring 16/3
A-1010 Wien
Tel: (0222) 513 26 70. Telefax: (0222) 512 88 28.
Mo-Fr 09.00-17.00 Uhr.
Portugiesisches Verkehrsamt und Handelsdelegation
Badenerstraße 15
CH-8004 Zürich
Tel: (01) 241 03 00. Telefax: (01) 241 00 12.
Mo-Fr 09.00-12.00 und 14.00-17.00 Uhr.
Direcção Geral do Turismo
Avenida António Augusto de Aguiar 86
Apartado 1929
P-1004 Lisboa Codex
Tel: (01) 357 50 86. Telefax: (01) 357 52 20.
Botschaft der Republik Portugal (ohne Visumerteilung)
Ubierstraße 78
D-53173 Bonn
Tel: (0228) 36 30 11. Telefax: (0228) 35 28 64.
Mo-Do 09.00-13.00 und 14.30-17.30 Uhr, Fr 09.00-13.00 und 14.30-16.30 Uhr.
Außenstelle Berlin (mit Visumerteilung)
Wilhelmstraße 65
D-10117 Berlin
Tel: (030) 229 00 11, *Konsularabt.*: 229 13 88. Telefax: (030) 229 00 12.

TIMATIC INFO-CODES

Abrufbar über Ihr CRS-System (für START/Amadeus Amadeus-Maske benutzen). Für Galileo bitte TI-DFT eingeben (mit Bindestrich).

Flughafengebühren	TI DFT/ LIS /TX
Währung	TI DFT/ LIS /CY
Zollbestimmungen	TI DFT/ LIS /CS
Gesundheit	TI DFT/ LIS /HE
Reisepassbestimmungen	TI DFT/ LIS /PA
Visabestimmungen	TI DFT/ LIS /VI

Mo-Fr 09.00-14.00 Uhr.
Geschäftsbereich: Berlin und neue Bundesländer.
Generalkonsulate mit Visumerteilung in Düsseldorf (Tel: (0211) 13 87 80), Frankfurt/M. (Tel: (069) 70 20 66), Hamburg (Tel: (040) 34 34 78, 34 00 47), Osnabrück (Tel: (0541) 4 80 46/47) und Stuttgart (Tel: (0711) 226 50 13/-15).
Botschaft der Republik Portugal
Operngasse 20b/8
A-1040 Wien
Tel: (0222) 586 75 36. Telefax: (0222) 587 58 39.
Mo-Fr 09.00-13.00 und 15.00-17.00 Uhr, *Konsularabt.*: Mo-Fr 10.00-13.00 Uhr.
Honorarkonsulat ohne Visumerteilung in Salzburg.
Botschaft der Republik Portugal
Jungfraustraße 1
CH-3005 Bern
Tel: (031) 352 83 29, *Konsularabt.*: 351 17 73. Telefax: (031) 351 44 32.
Mo-Fr 09.00-12.00 und 14.00-17.00 Uhr.
Geschäftsbereich: Kantone Bern, Freiburg, Jura und Solothurn.
Generalkonsulate mit Visumerteilung in Genf (Tel: (022) 791 05 11, 791 06 25, *Geschäftsbereich:* Waadt, Wallis, Neuenburg und Genf) und Zürich (Tel: (01) 261 33 66/67, *Geschäftsbereich:* übrige Kantone).
Botschaft der Bundesrepublik Deutschland
Campo dos Mártires da Pátria 38
P-1150 Lisboa
Apartado 1046
P-1001 Lisboa
Tel: (01) 881 02 10. Telefax: (01) 885 38 46.
Generalkonsulat in Porto.
Honorarkonsulate in Faro, Funchal (Madeira) und Ponta Delgada (Azoren).
Botschaft der Republik Österreich
Avenida Infante Santo 43, 4°
P-1350 Lisboa
Tel: (01) 395 82 20. Telefax: (01) 395 82 24.
Honorarkonsulate ohne Paß- und Sichtvermerksbefugnis in Portimao, Porto, Funchal (Madeira) und Ponta Delgada (Azoren).
Botschaft der Schweizerischen Eidgenossenschaft
Travessa do Patrocínio 1
P-1399 Lisboa Codex
Tel: (01) 397 31 21/22, 396 98 53, 395 09 66. Telefax: (01) 397 71 87.

FLÄCHE: 92.389 qkm.
BEVÖLKERUNGSZAHL: 9.858.600 (1991).
BEVÖLKERUNGSDICHTE: 106,7 pro qkm.
HAUPTSTADT: Lissabon (Lisboa). Einwohner: 2.048.200 (mit Außenbezirken, 1992).
GEOGRAPHIE: Portugal liegt im Südwesten der Iberischen Halbinsel und grenzt im Norden und Osten an Spanien und im Süden und Westen an den Atlantischen Ozean. Das Land ist in mehrere Provinzen aufgeteilt, einschl. der Insel Madeira und der Azoren, die etwa 1220 km westlich von Lissabon liegen. Die Flüsse Douro, Tejo und Guadiana entspringen in Spanien und fließen nach Portugal, wo sie in den Atlantik münden. Der Norden Portugals ist bergig. Die *Serra da Estrela,* das höchste Gebirge, ist ein beliebtes Skigebiet. Südlich von Lissabon erstrecken sich die endlosen Ebenen der *Alentejo-*Region. Zwischen *Alentejo* und der Algarve an der südlichen Küste verläuft eine Gebirgskette. Die Algarve gehört zu den beliebtesten Feriengebieten mit breiten Sandstränden und einsamen Buchten.
STAATSFORM: Parlamentarische Republik seit 1976, letzte Verfassungsänderung 1992. Staatsoberhaupt: Präsident Mário Alberto N. L. Soares, seit März 1986 (1991 wiedergewählt). Regierungschef: Aníbal Cavaco Silva, seit 1985. Sozialistische Tendenz der Verfassung von 1976 durch Änderung von 1982 abgeschwächt. Parlament mit 230 Abgeordneten. Unabhängiges Königreich seit 1143, endgültig unabhängig seit Dezember 1640 (Aufkündigung der Personalunion mit Spanien).
SPRACHE: Offizielle Landessprache ist Portugiesisch.
RELIGION: Römisch-katholisch (94%). Protestantische, moslemische und jüdische Minderheiten.
ORTSZEIT: MEZ (Madeira MEZ - 1; Azoren MEZ - 2).
NETZSPANNUNG: 110/220 V, 50 Hz.
POST- UND FERNMELDEWESEN: Telefon: Selbstwählferndienst. **Landesvorwahl: 351.** Telefonzellen gibt es in fast allen Ortschaften. In vielen Bars und Cafés gibt es öffentliche Telefone, von denen Auslandsgespräche geführt werden können. **Telefaxgeräte** stehen in Büros und größeren Hotels zur Verfügung. **Telex/Telegramme:** Das öffentliche Telexbüro (Praça D. Luis 30 - 1, Lissabon) ist Mo-Fr 09.00-18.00 Uhr geöffnet. Die größeren Hotels haben Telex- und Telegrammservice. **Post:** Luftpost von Portugal und den Azoren nach Nordeuropa ist ca. drei Tage, von Madeira ca. fünf Tage unterwegs. Alle Postämter haben Schalter für postlagernde Sendungen.
DEUTSCHE WELLE
Der Einsatz der Kurzwellenfrequenzen ändert sich mehrfach im Laufe eines Jahres, und Sendungen auf den folgenden Frequenzen werden jeweils nur zu bestimmten Tageszeiten ausgestrahlt. Näheres in der Einleitung.

MHz	17,560	13,780	9,545	6,140	6,075
Meterband	16	22	31	49	49

REISEPASS/VISUM

Wichtiger Hinweis: Die Einreisebestimmungen mancher Länder können sich kurzfristig ändern – rufen Sie sicherheitshalber auf Ihrem CRS-System (TIMATIC-Info-Code-Fenster in diesem Kapitel) den aktuellen Stand ab bzw. wenden Sie sich an die zuständige diplomatische Vertretung. Etwaige Zahlen in der Tabelle beziehen sich auf nachfolgende Fußnoten.

	Paß erforderlich?	*Visum erforderlich?*	*Rückflugticket erforderlich?*
Deutschland	Nein	Nein	Nein
Österreich	Nein	Nein	Nein
Schweiz	Nein	Nein	Nein
Andere EU-Länder	1	Nein	Nein

REISEPASS: Allgemein erforderlich, ausgenommen sind **[1]** Staatsangehörige der EU sowie der Schweiz, Andorra, Island, Liechtenstein, Malta und Norwegen, die mit ihrem Personalausweis einreisen können.
VISUM: Allgemein erforderlich, ausgenommen sind Staatsbürger von:
(a) der Schweiz und den EU-Ländern für Aufenthalte bis zu 3 Monaten;
(b) Andorra, Argentinien, Australien, Bermuda, Chile, Costa Rica, Island, Israel, Japan, Kroatien*, Liechtenstein, Malta, Macau, Mexiko, Monaco, Neuseeland, Norwegen, Polen, San Marino, der Slowakischen Republik, Slowenien*, der Tschechischen Republik, Ungarn, Uruguay, Vatikanstadt, Venezuela und Zypern für Aufenthalte bis zu 3 Monaten;
(c) Ecuador, Kanada, Korea-Süd, Malawi und den USA für Aufenthalte von bis zu 2 Monaten;
(d) Brasilien für Aufenthalte bis zu 6 Monaten.
Hinweis: [*] Staatsbürger der anderen Nachfolgestaaten Jugoslawiens sollten sich vor Reiseantritt bei der Botschaft erkundigen.
Anmerkung: Für Madeira und die Azoren gelten i. allg. die gleichen Einreisebestimmungen wie für Portugal; Abweichungen sind im entsprechenden Kapitel aufgeführt.
Visaarten: Einzelvisum und Familienvisum (in einen Familienpaß eingestempeltes Visum).
Visagebühren: 49,65 DM, 351 öS, 42 sfr.
Gültigkeitsdauer: Vom Tag der Ausstellung an 120 Tage; vom Tag der Einreise an 60 Tage.
Antragstellung: Zuständige Konsulate in der Bundesrepublik Deutschland, Botschaften in Österreich und der Schweiz (Adressen s. o.).
Unterlagen: (a) Gültiger Reisepaß. (b) Antragsformular. (c) 3 Paßfotos.
Der postalischen Antragstellung sollte ein frankierter Briefumschlag beigelegt werden.
Bearbeitungszeit: 3-21 Tage.
Aufenthaltsgenehmigung: Weitere Informationen von den konsularischen Vertretungen.

GELD

Währung: 1 Escudo (Esc) = 100 Centavos. Banknoten gibt es im Wert von 10.000, 5000, 2000, 1000 und 500 Esc. Der gängige Ausdruck für 1000 Escudos ist *Conto*. Münzen gibt es in 200, 100, 50, 20, 10, 5 und 2.5 Esc sowie 1 und 50 Centavos.
Kreditkarten: *Visa*, *American Express* und *Eurocard* werden akzeptiert. Einzelheiten vom Aussteller der betreffenden Kreditkarte.
Euroschecks: Garantiehöchstbetrag 35.000 Esc.
Postsparbuch: Abhebung in Escudos bei jedem Postamt.
Wechselkurse

	Esc Sept. '92	Esc Febr. '94	Esc Jan. '95	Esc Jan. '96
1 DM	87,82	100,58	102,71	104,05
1 US$	130,52	174,60	159,2	149,58

Devisenbestimmungen: Alle Währungen können in unbegrenzter Höhe eingeführt werden. Pro Person darf man 100.000 Esc in Bargeld bzw. einheimischen Reiseschecks oder Fremdwährungen im Wert von 1 Mio. Esc. ausführen. Sollte die Einfuhr nachweisbar höher gewesen sein als die oben genannten Beträge, können auch größere Summen ausgeführt werden. Die Ausfuhr von Gold, Silber, Schmuck und anderen Wertgegenständen ist auf 30.000 Esc beschränkt. Weitere Einzelheiten von der Botschaft (Adressen s. o.).
Öffnungszeiten der Banken: Mo-Fr 08.30-15.00 Uhr. Einige Banken in Lissabon haben Mo-Fr 18.00-23.00 Uhr geöffnet. Algarve: Die Bank im Einkaufszentrum Vilamoura Marina hat täglich 09.00-21.00 Uhr geöffnet.

DUTY FREE

Folgende Artikel können zollfrei nach Portugal eingeführt werden:
(a) Seit Januar 1993 gibt es keine Beschränkungen mehr für die private Wareneinfuhr (einschließlich von Verbrauchsgütern wie Alkohol und Tabak) innerhalb der Europäischen Union. Es wurden jedoch folgende Richtmengen festgesetzt, bei deren Überschreiten gewerblicher Handel vermutet wird, der im Bestimmungsland zu versteuern ist:
800 Zigaretten;
400 Zigarillos;
200 Zigarren;
1000 g Tabak;
90 l Wein (darunter nicht mehr als 60 l Schaumwein);
10 l Spirituosen;
20 l alkoholische Getränke (z. B. Portwein oder Sherry) mit einem Alkoholgehalt von höchstens 22%;
110 l Bier.
(b) Bei Einreise aus Nicht-EU-Ländern (oder falls die Waren innerhalb der EU zollfrei eingekauft wurden):
200 Zigaretten oder 100 Zigarillos oder 50 Zigarren oder 250 g Tabak;
1 l Spirituosen über 22% oder 2 l Spirituosen bis zu 22% Alkoholgehalt;
2 l Wein;
50 g Parfüm und 250 ml Eau de toilette;
weitere Artikel im Werte von 7500 Esc.

GESETZLICHE FEIERTAGE

1. Mai '96 Tag der Arbeit. **6. Juni** Fronleichnam. **10. Juni** Camões, Nationalfeiertag. **13. Juni** St. Anton (nur Lissabon). **24. Juni** Johannes der Täufer (nur Porto). **15. Aug.** Mariä Himmelfahrt. **5. Okt.** Tag der Republik. **1. Nov.** Allerheiligen. **1. Dez.** Unabhängigkeitstag. **8. Dez.** Mariä Empfängnis. **25. Dez.** Weihnachten. **1. Jan. '97** Neujahr. **11. Febr.** Faschingsdienstag. **28. März** Karfreitag. **25. April** Befreiungstag. **1. Mai** Tag der Arbeit.

GESUNDHEIT

In der folgenden Tabelle aufgeführte Impfvorschriften können sich kurzfristig ändern. Es wird stets empfohlen, auf Ihrem CRS-System (TIMATIC-Info-Code-Fenster in diesem Kapitel) den aktuellen Stand der Gesundheitsbestimmungen abzurufen bzw. rechtzeitig vor der Reise ärztlichen Rat einzuholen.

	Vorsichtsmaßnahmen empfohlen	*Impfschein erforderlich*
Gelbfieber	Nein	1
Cholera	Nein	Nein
Typhus & Polio	2	-
Malaria	Nein	-
Essen & Trinken	3	-

[1]: Für die Einreise nach Madeira oder auf die Azoren wird von allen Reisenden, die aus Infektionsgebieten kommen und über ein Jahr alt sind, eine Impfbescheinigung gegen Gelbfieber verlangt. Transitreisende benötigen für Funchal, Porto Santo und Santa Maria keine Impfbescheinigung.
[2]: Typhus kommt vor, Poliomyelitis nicht.
[3]: Leitungswasser ist gechlort und keimfrei, kann jedoch u. U. leichte Magenverstimmungen hervorrufen. Während der ersten Urlaubstage sollte man daher abgefülltes Wasser trinken. Trinkwasser außerhalb größerer Ortschaften ist nicht immer keimfrei und sollte sterilisiert werden. Milch ist pasteurisiert und kann ebenso wie Milchprodukte aus ungekochter Milch, Fleischwaren, Geflügel, Meeresfrüchte, Obst und Gemüse unbesorgt verzehrt werden.
Gesundheitsvorsorge: Für Staatsangehörige Deutschlands und Österreichs sind ärztliche Behandlungen und Krankenhausaufenthalte frei bei Vorlage der Anspruchsbescheinigung E 111 (erhältlich bei der Krankenkasse). Für Arzneimittel muß normalerweise ein Kostenanteil bezahlt werden. Schweizer Staatsbürger sollten eine Reisezusatzversicherung abschließen.

REISEVERKEHR - International

FLUGZEUG: Portugals nationale Fluggesellschaft *TAP Air Portugal (TP)* bietet Linienflugdienste von Berlin (4 x wöchentl.), Hamburg (4 x wöchentl.), Frankfurt (tgl.), München (5 x wöchentl.), Wien (5 x wöchentl.), Genf (tgl.) und Zürich (tgl.) nach Lissabon. *TAP Air Portugal* fliegt zudem täglich von Frankfurt und Zürich direkt nach Porto. Von Genf (tgl.) und Zürich (1 x wöchentl.) wird auch Faro direkt angeflogen. *Lufthansa* betreibt ebenfalls mehrmals wöchentlich einen Flugdienst nach Faro und fliegt auch die anderen portugiesischen Flughäfen an. Außerdem wird Faro im Rahmen des Pauschalreiseverkehrs von vielen deutschen, österreichischen und schweizerischen Flughäfen bedient. In Lissabon bestehen Anschlußmöglichkeiten in alle Landesteile.
Durchschnittliche Flugzeiten: *Frankfurt* – Lissabon: 2 Std. 55 (nonstop); *Frankfurt* – Faro: 3 Std. 10 (nonstop); *Frankfurt* – Porto: 2 Std. 55; *Wien* – Lissabon: 3 Std. 30; *Wien* – Porto: 4 Std. 20; *Wien* – Faro: 4 Std. 10; *Zürich* – Lissabon: 2 Std. 50; *Zürich* – Porto: 3 Std. 35 (einschl. Stopp in Genf); *Genf* – Lissabon: 2 Std. 30.
Internationale Flughäfen: *Lissabon (LIS)* liegt 7 km nördlich der Stadt (Fahrzeit 30 Min.). Flughafeneinrichtungen: Bank, Post, Duty-free-Shops, Tourist-Information, Hotel-Reservierung, Mietwagenschalter, Bars und Restaurants. Taxis und Busse stehen zur Verfügung. Die *Aerobusse* fahren alle 10 Min. zur Stadt und zum Hauptbahnhof (05.30-01.00 Uhr). Es gibt auch einen Airbus, der alle 20 Min. ins Stadtzentrum fährt. Taxis berechnen nach 22.00 Uhr einen Zuschlag.
Faro (FAO) liegt 4 km westlich der Stadt (Fahrzeit 25 Min.). Bank, Post, Duty-free-Shops, Tourist-Information, Mietwagenschalter, Bars und Restaurants. Die Busse 17 und 18 fahren zur Stadtmitte. Taxistand.
Porto (OPO) (Porto Sá Carneiro) liegt 13 km von der Stadt entfernt. Duty-free-Shops, Banken/Wechselstuben, Mietwagenschalter, Restaurants und Bars. Taxistand.
SCHIFF: Lissabon, Leixões (Porto), Funchal (Madeira), Setúbal und Portimão (Algarve) sind die wichtigsten Hafenstädte. Sie werden u. a. von *Hanseatic Tours*, *Seetours* und *Transocean Tours* angelaufen.
BAHN: Von Deutschland und Österreich fährt man über Paris nach Lissabon, von der Schweiz über Lyon. Die Fahrzeit von Paris beträgt etwa 16 Std. im *Rápido;* von Genf etwa 41 Std. Der *Sud-Express* zwischen Paris und Lissabon hat Abteile der 1. und 2. Klasse, Schlaf- und Speisewagen.
BUS/PKW: Im Norden gibt es sieben, im Osten sechs Grenzübergänge. Sie sind i. allg. 24 Std. geöffnet, manche bis 24.00 Uhr. Fahrzeuge können für Aufenthalte bis zu sechs Monaten eingeführt werden (s. *Unterlagen* und *Verkehrsbestimmungen.*)

REISEVERKEHR - National

FLUGZEUG: *TAP Air Portugal (TP)*, *LAR* und *Portugalia* fliegen Lissabon, Faro, Madeira, Porto Santo, Porto und die Azoren an. Die Fluggesellschaft *SATA (Serviço Açoreana de Transportes Aereos) (SP)* verbindet die einzelnen Azoreninseln. Außerdem gibt es Charterflüge.
SCHIFF: Zwischen zahlreichen Orten an der Küste und auf den größeren Flüssen verkehren Fähren.
BAHN: Die *Portugiesische Staatsbahn* (CP) unterhält Bahnverbindungen zu allen Städten. Zwischen den größeren Städten verkehren Züge im Stundentakt, Umsteigen nimmt oft nur wenige Minuten in Anspruch. Schnellzüge fahren regelmäßig von Lissabon in die Urlaubsgebiete Cascais und Sintra. Die wichtigsten Züge haben Speisewagen und Minibar.
Fahrpreisermäßigungen: An den sogenannten »Blauen Tagen«, normalerweise von Montag nachmittag bis Donnerstag, gibt es Ermäßigungen. Gruppen von 10 oder mehr Personen erhalten zwischen 20-30% Ermäßigung *(Bilhete de Grupo)*, Mindestentfernung 75 km (Einfachfahrt) oder 150 km (Hin- und Rückfahrt). Der Antrag sollte 4 Tage vor der Fahrt vom Gruppenleiter gestellt werden. Touristenkarten (*Bilhete Túristicos*) gelten 7, 14 oder 21 Tage für unbegrenzte Entfernungen. Der *Cheque Trem* wird in verschiedenen Preisklassen auf den eigenen oder den Firmennamen ausgestellt. Dieser Paß gewährt eine Ermäßigung von 15% und kann beim Kauf von Fahrkarten und für andere Dienste der Bahn benutzt werden.
Bei Nachweis des Alters (über 65) wird Senioren eine Ermäßigung von 50%. Diese Vergünstigungen gelten nicht für Vorortzüge. Kinder unter vier Jahren fahren kostenlos, Kinder zwischen 4 und 11 Jahren zahlen den halben Preis.
InterRail-Paß und *EURO DOMINO NETZKARTEN* sind auch in Portugal gültig, Einzelheiten s. *Deutschland*. Weitere Informationen von allen DB-/ÖBB- und SBB-Agenturen. Nähere Auskünfte über *Familienpaß*, *Inklusivreisen per Bahn* und *Touristentouren* erteilen das Fremdenverkehrsamt oder die Portugiesische Staatsbahn *Caminhos de Ferro Portugueses*, Estaçao de Santa Apolónia, P-1200 Lisboa. Tel: (01) 888 40 25. Telefax: (01) 886 75 55.
BUS/PKW: Gut ausgebautes Straßennetz. Tankstellen sind 07.00-24.00 Uhr geöffnet, einige haben 24-Stunden-Service; bei Bezahlung mit Kreditkarte wird mitunter eine geringe Gebühr berechnet. Die Autobahngebühren richten sich nach Fahrzeugtyp und Entfernung. **Taxis** haben Taxameter. **Mietwagen** mit und ohne Fahrer sind an Flughäfen und in den größeren Städten erhältlich. **Verkehrsbestimmungen:** Das Mindestalter für Autofahrer ist 18 Jahre. Fahrzeuge können für maximal 6 Monate eingeführt werden. Innerhalb geschlossener Ortschaften ist Abblendlicht vorgeschrieben, in schlecht beleuchteten Straßen sollte das Standlicht eingeschaltet sein. Kinder sollten auf dem Rücksitz sitzen. Sicherheitsgurte und Warndreieck sind Vorschrift, Reservekanister mit Benzin dürfen nicht mitgeführt werden. Bleifreies Benzin ist überall erhältlich. Die Höchstgeschwindigkeit in geschlossenen Ortschaften beträgt 50 km/h, außerhalb geschlossener Ortschaften 90 km/h und 120 km/h auf Autobahnen. **Unterlagen:** Internationale und ausländische Führerscheine werden akzeptiert. Haftpflichtversicherung und Grüne Versicherungskarte sind vorgeschrieben. Für Lieferwagen werden Transitdokumente benötigt.
FAHRZEITEN von Lissabon zu den folgenden größeren Städten (ungefähre Angaben in Std. und Min.):

	Flugzeug	Bahn	Bus/Pkw
Faro	0.35	5.00	4.00
Porto	0.45	3.00	5.00
Funchal	1.30	-	-

UNTERKUNFT

Unterkunft findet man in Luxushotels, Pensionen, einfachen Gasthöfen, Privatzimmern, Herrenhäusern, auf Bauernhöfen, Campingplätzen und in Jugendherbergen.
HOTELS: Fast alle Hotels haben einen Swimmingpool. In den Restaurants werden internationale Gerichte und portugiesische Spezialitäten serviert. In der Nachsaison gibt es erhebliche Preisnachlässe. In jedem Zimmer sollte

eine offizielle Preisliste aushängen. Für Kinder unter 8 Jahren gibt es eine Ermäßigung von 50% für Mahlzeiten und Übernachtung im Extrabett im Zimmer oder Apartment der Eltern. Weitere Informationen erhalten Sie vom *Direcção Geral do Turismo* (Adresse s. o.) oder vom *Associação dos Hõteis de Portugal*, Rua Ramalho Ortigão, 3-5°, P-1000 Lisboa. Tel: (01) 385 54 92. Telefax: (01) 385 54 97. **Kategorien:** Hotels unterliegen dem internationalen Sterne-System (1-5 Sterne). Die Preise werden von der Regierung überprüft. Apartment-Hotels sind mit 2-4 Sternen ausgezeichnet, Motels mit 2-3 Sternen, Pensionen mit 1-4 Sternen; es gibt auch 4-Sterne-*Albergarias*.

GASTHÖFE: Die staatlichen *Pousadas* sind z. T. umgebaute historische Gebäude wie Burgen, Paläste und Klöster, z. T. Neubauten. Sie liegen oft außerhalb der üblichen Touristenzentren und bieten die Möglichkeit, Sitten und Gebräuche des Landes besser kennenzulernen. Bei der Auswahl der Gebäude wurde besondere Aufmerksamkeit auf Architektur und Design gelegt, um dem Besucher einen Einblick in Kultur, Küche, Weine und das Kunstgewerbe der verschiedenen Regionen zu ermöglichen. Ein Verzeichnis der *Pousadas* erhalten Sie vom Fremdenverkehrsamt.

URLAUB AUF DEM BAUERNHOF: In zahlreichen Privathäusern und auf Bauernhöfen kann man Zimmer mieten. Einige alte Herrenhäuser sind der Öffentlichkeit zugänglich gemacht worden und bieten Touristen eine ausgezeichnete Gelegenheit, Land und Leute kennenzulernen.

FERIENHÄUSER UND -WOHNUNGEN: Vor allem an der Algarve gibt es eine große Auswahl an Ferienwohnungen und Villen.

JUGENDHERBERGEN: Die Jugendherbergen liegen in der Nähe interessanter Städte, in ländlichen Gegenden, in den Bergen oder in Strandnähe. Wer zwischen 14 und 40 Jahren alt ist, erhält dort Unterkunft und Verpflegung. Nähere Auskunft vom portugiesischen Jugendherbergsverband: MOVI JOVEM, Avenida Duque d'Avila, 137, P-1050 Lisboa. Tel: (01) 355 90 81. Telefax: (01) 352 86 21.

CAMPING: Zahlreiche Campingplätze liegen in Strandnähe oder in dichtbewaldeten Gebieten. Einige haben Swimmingpools, Sportplätze, Supermärkte und Restaurants. Ein Verzeichnis der Campingplätze mit Beschreibung der Lage, Kategorie, Ausstattung und Kapazität sowie weitere Informationen erhalten Sie vom Fremdenverkehrsamt oder vom portugiesischen Campingverband unter folgender Adresse: *Federaçao Portuguesa de Campismo e Caravanismo*, Avenida 5 de Outubro 15, 31°, P-1050 Lisboa. Tel: (01) 315 27 15.

URLAUBSORTE & AUSFLÜGE

Portugal hat sechs Hauptferiengebiete, die Urlaubsvergnügen jeder Art bereithalten: die an der Westküste gelegenen Küstenregionen *Costa Verde*, die sich anschließende *Costa de Prata* und die *Costa de Lisboa* im Süden bieten mehr als Sand, Sonne und Meer. Großer Beliebtheit erfreut sich weiterhin die *Algarve*, eines der wichtigsten europäischen Touristenzentren. Im Landesinneren liegen die bergigen *Montanhas* und die agrarisch geprägte Region *Planícies*.

Costa Verde

Die Costa Verde beginnt an der spanischen Grenze im Nordwesten Portugals, erstreckt sich bis südlich von Porto und im Osten bis nach Vila Real. Die Flüsse Minho, Lima und Douro fließen durch diese Region, in der die Farbe grün in all ihren Schattierungen die Landschaft prägt; hier nordöstlich von Braga (ca. 60 Autominuten entfernt) befindet sich auch der 70.000 ha große, herrliche *Peneda-Gerês-Nationalpark*. Wälder, Wasserfälle, künstliche Seen, fischreiche Flüsse und felsige Höhenzüge, die auf 1500 m ansteigen, bieten unbegrenzte Wander- und Freizeitmöglichkeiten. Markierte Wanderwege stehen zur Verfügung. In den entlegeneren Gebieten kann man sogar Wölfen und Wildpferden begegnen. In der Nähe des Haupteinganges sind Unterkunftsmöglichkeiten vorhanden, darunter eine komfortable Pousada. **Gerês** war schon in der Römerzeit ein Kurort und ist ein guter Ausgangspunkt für Fahrten in den Nationalpark. Die Region bietet viel Interessantes: lange Strände mit Pinienwäldern, hübsches Kunstgewerbe, die schmackhafte einheimische Küche, *Vinho Verde*, Spielkasinos, historische Bauwerke und archäologische Stätten. Gute Angelmöglichkeiten bestehen in den Flüssen und im Meer, und das Unterhaltungsangebot ist umfangreich. Folklore und Kunsthandwerk sind lebendig geblieben, vor allem Keramikwaren, Silber- und Filigranarbeiten locken zum Kauf. Jede Stadt und jedes Dorf hat Kirchen und Schreine, die aus besonderem Anlaß oder als Danksagung für erwiesene Gnade errichtet wurden. Einige Orte sind vielleicht schon etwas überlaufen, trotzdem findet man auch hier noch das ursprüngliche Portugal. Aus der Umgebung von Porto stammt der berühmte Portwein. In dieser vielbesuchten Urlaubsregion gibt es auch einige Kurorte wie Caldelas, Gerez, Vizela und Monção. Außerhalb der Touristenzentren ist die Costa Verde ideal, um das wirkliche Portugal zu entdecken. Die Küstenstriche sind dicht mit Pinien bewachsen, die der Region den Namen Costa Verde (grüne Küste) verliehen haben. Die Urlaubsorte zwischen Espinho und der Mündung des Minho haben breite goldgelbe Strände. Beliebte Ausflugsziele sind die Täler der Flüsse Minho und Douro, in denen der *Vinho Verde* angebaut wird. Überall gibt es etwas zu sehen und zu entdecken; sei es ein Jahrmarkt in einem Dorf, eine religiöse Prozession oder die Weinernte im Frühherbst.

Porto, die zweitgrößte Stadt Portugals, ist die wichtigste Stadt der Costa Verde. Sie erblühte unter der römischen Herrschaft und ist der Geburtsort von Prinz Heinrich, dem Seefahrer und großen Entdecker des 15. und 16. Jahrhunderts. Der Portweinexport nach England begründete Anfang des 18. Jahrhunderts den Reichtum der Stadt. Besucher der Weingüter sollten sich eine Portweinprobe nicht entgehen lassen. Porto hat eine reizvolle Altstadt mit mittelalterlichen Häusern, barocker Pracht und fröhlichen, bunten Märkten.

Valença ist ein hübsches Grenzstädtchen aus dem 13. Jahrhundert. Winzige Kirchen, verwinkelte Gäßchen mit altem Kopfsteinpflaster und gemütliche Cafés prägen die auf einem Hügel über dem Minho-Fluß gelegene ehemalige Garnisonsstadt. Aus **Monção** kommt der *Alvarinho*-Wein (*Vinho Verde*). **Espinho** ist ein moderner Badeort mit Spielkasino; **Vila do Conde** ein ruhiges Fischerdorf, das für seine Klöppelspitze, Schokolade und Fischerboote bekannt ist. **Ofir** liegt an einem weitläufigen Sandstrand, der von Pinienwäldern umgeben ist. **Viana do Castelo** ist eine Festungsstadt mit eindrucksvoller Architektur, vor allem aus der Renaissance. Stickereien, Keramik, Schmuck und Filigranarbeiten werden in diesem beliebten Ferienort zum Kauf angeboten. **Barcelos** ist bekannt für gutes Kunstgewerbe, insbesondere Töpferwaren. Donnerstags ist Markttag, eine günstige Gelegenheit, schöne Sachen zu erschwinglichen Preisen zu erstehen. Auch für Antiquitäten ist Barcelos eine Fundgrube. **Braga** hat eine schöne Kathedrale aus dem 12. Jahrhundert, die imposanten Glockentürme wurden im 18. Jahrhundert gebaut. Die reichen Kunstschätze, die auf das 10. Jahrhundert zurückgehen, sind im *Museu de Arte Sacra* im nordwestlichen Flügel der Kathedrale untergebracht. Im früheren Erzbischöflichen Palais befindet sich heute die Stadtbücherei. Der dahinterliegende *Jardim de Santa Bárbara* ist eine Oase der Ruhe. Die Farbenpracht der herrlichen Blumenrabatten ist eine Augenweide. Der für eine Adelsfamilie im 17. Jahrhundert errichtete *Palácio dos Biscainhos*, der nunmehr als Städtisches Museum dient, gibt mit seinem prächtigen Interieur einen Eindruck vom glanzvollen Lebensstil der gehobenen Kreise der damaligen Zeit. Zimmerknappheit ist in der mit Pilgern überlaufenen Stadt fast das ganze Jahr über ein Problem. Lange Vorausbuchung empfiehlt sich auf jeden Fall, ganz besonders in der *Semana Santa*, der Karwoche. In der Stadt der Kirchen ist die Zeit jedoch nicht stehengeblieben, und auch Industrie hat sich angesiedelt. **Guimarães**, rund 50 km nordöstlich von Porto in einem bewaldeten Tal gelegen, war im Mittelalter portugiesische Hauptstadt.

Urlaubsorte: Aboinha, Afife, Além do Rio, Amarante, Arcos de Valdevez, Aver-o-Mar, Baião, Barcelos, Bom Jesus do Monte, Braga, Caldas de Canavezes, Caldas das Taipas, Caldas de Vizela, Caldelas, Caniçada, Castro de Laboreiro, Entre-os-Rios, Ermesinde, Espinho, Esposende, Fafe, Felgueiras, Gerez, Granja, Guardeiras, Guimarães, Gulpilhares, Leça do Bailio, Lousada, Marco de Canavezes, Matosinhos, Melgaco, Moledo do Minho, Monção, Monte Faro, Monte de São Felix, Novelas, Ofir, Pacos de Ferreira, Paredes, Penha, Ponte da Barca, Ponte de Lima, Porto, Póvoa de Varzim, Praia de Miramar, Riba de Ave, Rio Caldo, Santa Marta, Santo Tirso, São Bento de Porta Aberta, São Martinho do Campo, São Tiago, São Vicente, Seixas, Serra do Marão, Terras do Bouro, Torre, Valença, Valongo, Viana do Castelo, Vieira do Minho, Vila do Conde, Vila Nova de Cerveira, Vila Nova de Famalicão und Vila Praia de Ancora.

Costa de Prata

Die Costa de Prata ist ein schmaler Küstenstreifen südlich der Costa Verde. Die Region, in der überall prächtige Pinien wachsen, ist das ganze Jahr über ein Ferienparadies für die ganze Familie. Im Norden liegt Espinho, im Süden Ericeira. Anziehungspunkte dieser Urlaubsregion par excellance sind Coimbra, Fátima mit dem berühmten Schrein der Jungfrau Maria, die Kurbäder Luso und Curia und die Höhlen von Santo António und Alvados. In Küstennähe liegen die *Ilhas Berlengas*, ein Anglerparadies. Wie an der Costa Verde laden auch hier Denkmäler, Burgen, Paläste, Klöster und Museen zur Besichtigung ein. Die modernen Urlaubsorte haben wunderschöne Strände, bieten jedoch mehr als unbegrenzte Badefreuden.

Coimbra ist die drittgrößte Stadt Portugals. Diese alte Universitätsstadt hat verwinkelte Gassen, zahlreiche Gebäude mit hübschen Fassaden und eine eigene Variante des *Fado*, der melancholischen, bewegenden Musik der Portugiesen. Sehenswert sind die romanische *Se Velha* (Alte Kathedrale), das interessante Kunstmuseum *Museu Machado de Castro* im ehemaligen Bischofspalast (bedeutende Skulpturensammlung), die Kirche und das Kloster vom Heiligen Kreuz (*Mosteiro de Santa Cruz*) und die Universität, eine der ältesten in Europa. Auf dem Gelände der *Velha Universidade* liegt die prächtige *Capela de São Miguel*, deren glanzvolles Interieur schon viele Besucher beeindruckt hat. Besonders prächtig ist die vergoldete Barockorgel. Direkt daneben befindet sich die *Biblioteca Joanina*, eine der schönsten Barockbibliotheken der Welt. Die Anlagen des Botanischen Gartens nahe der Universität gehören zu den eindrucksvollsten in ganz Portugal. Reizvoll ist auch der reich geschmückte Renaissancepalast *Casa de Sôbre-Ripas*.

Aveiro, das »portugiesische Venedig«, ist von Salzmarschen, Lagunen und Stränden umgeben. Das Stadtbild wird vom großen Kanal geprägt. Besuchenswert sind vor allem die Kathedrale, die mit Fayencekacheln geschmückte Karmeliterkirche (*Igreja das Carmelitas*) und das in einem früheren Kloster untergebrachte *Museu de Aveiro*. Die Hafflandschaft der *Ria de Aveiro* nördlich der Stadt erkundet man am besten auf einer Bootsfahrt. **Torreira**, ein typisches Fischerdorf, liegt zwischen dem Meer und einer Lagune. Man erreicht das Dorf mit einem Boot von Aveiro. **Anadia** ist Mittelpunkt des Weinanbaugebietes Bairrada, die Weingüter können besichtigt werden. In **Conimbriga** sind vor allem die römischen Ruinen aus dem Jahr 1 v. Chr. besuchenswert. **Buçaco** ist bekannt für seinen schönen Nationalpark und für den herrlichen Baumbestand des Waldes, in dessen Mitte ursprünglich ein Karmeliterkloster stand. Mehr als 700 teilweise exotische Baumarten kann man hier sehen. Das Kloster gibt es jedoch längst nicht mehr, an seiner Stelle wurde ein grandioses Jagdschloß für die königliche Familie erbaut, das heute ein teures Luxushotel ist. **Figueira da Foz** ist ein moderner Urlaubsort mit ausgezeichnetem Strand, einem Spielkasino und anderen Sport- und Unterhaltungsmöglichkeiten. In der Umgebung von **Pinhal do Rei** liegt ein schöner Kiefernwald, der *Pinhal Real*. **Fátima** ist seit dem Erscheinen der Jungfrau Maria 1917 ein bekannter Wallfahrtsort. Am 13. jedes Monats von Mai bis Oktober werden besondere Zeremonien abgehalten. Das wirklich großartige Kloster *Mosteiro de Santa Maria da Vitória da Batalha*, das an den Sieg der Portugiesen gegen eine spanische Übermacht 1385 erinnert, steht direkt an der Schnellstraße von Lissabon nach Coimbra. Das gotische Meisterwerk gilt als eines der bedeutendsten Bauwerke des Landes. Sehenswert sind auch die Höhlen von **Santo António e Alvados** und das Fischerdorf **Nazaré**, das mittlerweile so beliebt als Badeort ist, daß man einen Besuch am besten in die Nachsaison legt. Hauptattraktion ist der herrliche lange Strand. **Alcobaça** ist eine beschauliche Stadt mit engen Straßen und einem interessanten Markt. Unbedingt ansehen sollte man sich das grandiose *Mosteiro de Santa Maria* (12. Jh.). Im idyllischen **Obidos** kann man die gut erhaltenen mittelalterlichen Stadtmauern besichtigen. **Leiria** ist ein ruhiges Provinzstädtchen zwischen Lissabon und Porto. Auf einem Plateau oberhalb der Stadt steht eine Burg aus dem 12. Jahrhundert. Jedes Jahr findet hier Ende März ein Jahrmarkt statt. **Tomar** ist eine malerische alte Stadt mit schönen Parks und mittelalterlichen Gäßchen. Hoch über der Stadt auf einem Hügel ragen die Zinnen einer mächtigen Burg auf. Hauptsehenswürdigkeit ist jedoch zweifellos das *Convento de Cristo*, die einstige Hochburg des Templerordens. **Caldas da Rainha, Monte Real, Curia, Luso, Vimeiro** und **Cucos** sind berühmte Thermalbäder.

Urlaubsorte: Agueda, Albergaria-a-Velha, Alcobaça, Aljubarrota, Anadia, Arouca, Aveiro, Avelar, Batalha, Bombarral, Buarcos, Bussaco, Cacia, Caldas da Rainha, Caldas de São Jorge, Cantanhede, Coimbra, Cucos, Curia, Esmoriz-Barrinhas, Estarreja, Fátima, Fermentelos, Figueira da Foz, Figueiro dos Vinhos, Forte da Barra, Foz do Arelho, Ilhavo, Leiria, Luso, Marinha Grande, Mealhada, Minde, Mira de Aire, Monte Real, Murtosa, Nazaré, Obidos, Oliveira de Azeméis, Oliveira do Bairro, Peniche, Piedade, Pombal, Porto de Barcas, Praia da Areia Branca, Praia da Barra, Praia do Furadouro, Praia de Mira, Praia de Pedrogão, Praia do Porto Novo, Praia de Santa Cruz, Sangalhos, Santa Luzia, São Joao da Madeira, São Martinho do Porto, São Pedro de Muel, Seixal da Lourinha, Serém, Sever do Vouga, Sobrado de Paiva, Tomar, Torres Vedras, Torreira, Vale de Cambra, Vale Gracioso, Vale do Grou, Vale da Mó, Vieira de Leiria, Vila Nova de Ourém und Vimeiro.

Montanhas

Diese bergige Region im Nordosten Portugals hat eine wilde, noch ursprüngliche Landschaft mit Flüssen, Wäldern und Heilquellen. Hier liegen die bekanntesten portugiesischen Thermalbäder Vidago, Pedras, Chaves, Felgueiras, Salgadas, São Pedro do Sul, Aregos, Manteigas und Monfortinho. Die *Serra da Estrela* östlich von Coimbra wurde zum Naturschutzgebiet erklärt. Auf den Gipfeln der Hügel stehen oft Burgen, die den wild-romantischen Charakter der Gegend noch verstärken. Man kann Weingüter und alte Herrenhäuser besichtigen, Wanderungen und Bergtouren unternehmen oder in den Flüssen die Leine auswerfen und Forellen fangen. **Guarda** ist die höchstgelegene Stadt Portugals, das interessante *Städtische Museum* und die eindrucksvolle *Kathedrale* sind die wichtigsten Sehenswürdigkeiten dieser geschäftigen Stadt. **Gouveia** ist eine nette Kleinstadt mit bemerkenswerter Architektur. In **Manteignas,** bekannt für gutes Kunsthandwerk, findet man noch Häuser mit hölzernen Balkonen. **Penhas da Saùde** ist ein Skiurlaubsort nahe der höchsten Erhebung auf dem portugiesischen Festland, dem über 1900 m hohen *Torre*. Das Industriezentrum **Covilhã**, eine der ältesten Städte Portugals, bietet gute Restaurants und viele kulinarische Spezialitäten. Die *Beira Baixa*, eine der ältesten und geschichtsträchtigsten Regionen des Landes, ist reich an malerischen Ortschaften mit Burgen wie **Belmonte, Sabugal** und **Monsanto. Vila Real** im Süden der Hochebene *Trás-os-Montes*, ist ein wichtiges Wirtschafts- und Verwaltungszentrum mit einer sehenswerten Kathedrale. Rund 3 km südlich der Stadt liegt der bekannte *Palácio Mateus*, der auch heute noch bewohnt ist. Teile des eleganten Palastes können jedoch besichtigt werden. Die Gartenanlagen sind außerordentlich prächtig. Der *Parque Natural de Alváo* bei Vila Real bietet ideale Erholungsmöglichkeiten. **Lamego** hat eine Kathedrale, zahlreiche schöne Kirchen, Klöster, Herrensitze und andere bedeutende Bauwerke, die bis auf die Römerzeit zurückgehen. Von der bezaubernden Wallfahrtskirche *Nossa Senhora dos Remdios* hat man einen herrlichen Blick auf die Stadt und die reizvolle Umgebung.

Urlaubsorte: Alfândega da Fé, Alijó, Alpedrinha, Alto do Cacador, Arganil, Armamar, Belmonte, Bragança, Caldas de Alcafache, Caldas de Aregos, Caldas da Cavaca, Caldas da Felgueira, Caldas de São Gemil, Caramulo, Carvalhelhos, Castelo Branco, Castro de Aire, Catraia de São Romao, Celorico da Beira, Cernache do Bonjardim, Chaves, Cinfães, Coja, Covilhã, Escalhão, Figueira de Castelo Rodrigo, Fornos de Algodres, Fundão, Gândara de Espariz, Gouveia, Guarda, Lamego, Lousã, Luga do Torrão, Macedo de Cavaleiros, Mangualde, Manteigas, Miranda do Douro, Mirandela, Mogadouro, Moimenta da Beira, Monfortinho, Nelas, Oliveira de Frades, Oliveira do Hospital Orvalho, Pedras Salgadas, Penacova, Penhas da Saúde, Peso da Régua, Pinhão, Pinheiro de Lafões, Pinhel, Póvoa das Quartas, Resende, Rio Torto, Sabugal, São João de Pesqueira, São Pedro do Sul, Seia, Serta, Torre de Moncorvo, Urgeirica, Vidago, Vila Flor, Vila Nova de Poiares, Vila Réal, Vilar Formoso, Vimioso, Vinhais, Viseu und Vouzela.

Costa de Lisboa

Diese Region besteht aus der Hauptstadt **Lissabon**, der **Estoriler Küste**, der **Costa Azul** und der **Costa Dourada** im Süden. Die Millionenstadt Lissabon, rund 10 km von der Atlantikküste entfernt, ist eine quirlige, internationale Metropole mit viel Charme und interessantem Kultur- und Freizeitangebot. Im Süden liegt die Algarve und im Norden die Costa de Prata und die Costa Verde. Die Estoriler Küste zieht sich von der Mündung des Tejo bis nach Ericeira am Atlantik hin. In der Umgebung von Lissabon gibt es lange Strände, landschaftlich schöne Fleckchen und sehenswerte Parkanlagen, Burgen und Paläste. An der Costa do Estoril herrscht eine kosmopolitische Atmosphäre mit einem Spielkasino, Restaurants, mehreren Nachtklubs und diversen Sport- und Einkaufsmöglichkeiten (Golf, Reiten, Wassersport). In **Vila Franca,** einer Hochburg des Stierkampfs, grasen Stiere auf den Feuchtwiesen. Die lokale Küche dieser modernen Stadt ist ganz besonders schmackhaft. Das Fischerdorf **Sesimbra** ist ebenfalls einen Besuch wert. Das noch weniger bekannte Urlaubsgebiet **Costa Dourada** hat schöne Sandstrände.

LISSABON: Die herrliche Lage macht diese bedeutende Kulturstadt Europas zu einem idealen Reiseziel. Pastellfarbene Paläste und weiße Wohnhäuser bedecken die sieben Hügel der portugiesischen Hauptstadt, bunte Farbtupfer im Grün. Lissabon hat eine altmodische, stilvolle Atmosphäre und bezaubert durch das Nebeneinander grandioser, eleganter Plätze und der dunklen, engen Gassen des alten maurischen Viertels, wo die Zeit stehengeblieben zu sein scheint – hier flattert wie eh und je die Wäsche zwischen den Balkonen der schon etwas heruntergekommenen Häuser im Wind. Das wundervolle Licht, das alles in einen warmen goldbraunen Ton taucht, wird jedem Besucher in Erinnerung bleiben. Lissabon liegt an der Mündung des Tejo und hat einen der besten Naturhäfen auf der Iberischen Halbinsel. Eine imposante Hängebrücke überspannt auf 3 km Länge den träge dahinfließenden Fluß. Weltstadt mit Herz und fast ländlich anmutendem Flair, vielleicht erklärt diese unwiderstehliche Mischung den besonderen Reiz dieser schönen Stadt. Springbrunnen, üppige Gartenanlagen und mit Blumen übersäte Balkone und Fenstersimse sind typisch für diese freundliche Stadt, die man auch leicht zu Fuß erkunden kann. Selbst wer sich in den verwinkelten Gäßchen der hoch über dem Zentrum gelegenen Altstadt *(Alfama)* verlaufen hat, braucht nicht gleich zu verzweifeln. Zum einen gibt es eine Menge zu entdecken, und außerdem braucht man eigentlich nur immer weiter den Hügel hinab zu gehen, um schließlich wieder in die Innenstadt zu gelangen. Die Alfama ist eines der interessantesten Viertel Lissabons und neben dem *Bairro Alto* (der Oberstadt) das einzige, das das schreckliche Erdbeben im 18. Jahrhundert weitgehend unzerstört überstand. Einst lebten hier wohlhabende Bürger, heute jedoch ist die Alfama eine Arme-Leute-Gegend, und man sollte sich vor Dieben in acht nehmen. In den zahlreichen kleinen Lokalen kann man den Klängen des *Fado* lauschen, dieses seelenvollen, traurigen Gesanges, der meist von einer schwarzgekleideten Sängerin zur Gitarrenbegleitung vorgetragen wird.

Einer der besten Ausgangspunkte für einen Stadtbummel ist das berühmte Kastell *São Jorge*, das im 8. Jahrhundert hoch über der Stadt auf den Ruinen einer römischen Festung erbaut wurde und eine schöne Aussicht über Lissabon bietet. Nach der Vertreibung der Mauren im 12. Jahrhundert residierten hier die portugiesischen Könige. Mehrmals zerstört und wiederaufgebaut, gibt sich das *Castelo* heute mittelalterlich, obwohl vom ursprünglichen Bauwerk nicht viel übriggeblieben ist. Hier trifft man sich zum Picknick oder ißt eine Kleinigkeit im *Casa do Leão*, dem Burgrestaurant. Der Weg hinunter in die Alfama führt an mittelalterlichen Häusern mit schmiedeeisernen Balkonen vorbei, gemütlichen kleinen Cafés und der hübschen Kirche von *Santa Luzia*. Beeindruckend sind die wunderbaren Fayencekacheln *(Azulejos)*, die viele Häuserfassaden und Kirchen in der Altstadt verzieren. Die Geschichte dieser Kunst kann man im *Museu Nacional do Azulejo* verfolgen, das in den Kreuzgängen der zauberhaften Kirche *Igreja da Madre de Deus* untergebracht ist. Mitte Juni, wenn das Fest des Stadtheiligen St. Antonius gefeiert wird, sind die Gassen festlich geschmückt, und das ganze Viertel sprüht abends vor Leben.

Viele alte Bauwerke haben sich auch im Bairro Alto erhalten, einem Geschäftsviertel mit kleinen Läden und Büros. Dieser hochgelegene Stadtteil westlich der Innenstadt ist bekannt für seine guten Restaurants und die *Tascas*, winzige Gaststuben, die nur aus einem Raum bestehen und Familienbetriebe sind. Das Bairro Alto erreicht man am besten und ohne aus der Puste zu kommen mit der Straßenbahn (zwei Linien fahren hinauf) oder mit dem Aufzug *Santa Justa*, der Fahrgäste auch zu einer Aussichtsplattform mit Panoramablick bringt. Eine enge Eisenbrücke führt von dort zur Ruine einer Karmelitenkirche aus der Zeit der Renaissance. Eine der Hauptattraktionen des Bairro Alto ist der Botanische Garten, *Jardim Botânico*, der 1873 eröffnet wurde. Beinahe noch schöner ist ein Besuch in der *Estufa Fria*, einem Gewächshaus im *Parque Eduardo Septimo* am Ende der Avenida da Liberdade.

Kunstfreunden wird das *Museu Calouste Gulbenkian* ein Begriff sein, dessen Exponate der armenische Erdölmagnat Gulbenkian der Stadt stiftete. Es gibt zwei große Abteilungen für Kunst des Orients und des Okzidents. Die Stücke spiegeln den individuellen Geschmack des Sammlers wider, Gemälde der holländischen Schule von Rubens, Rembrandt und Hals finden sich ebenso wie Arbeiten der Impressionisten Renoir, Degas und Manet. Erwähnenswert ist auch die großartige Schmucksammlung mit Werken von Lalique und die chinesischen Porzellan- und Jadearbeiten. Moderne portugiesische Kunst ist im *Centro de Arte Moderno* vertreten. Unbedingt lohnenswert ist ein Besuch im *Museu Nacional de Arte Antiga* (Antikenmuseum im Baixa-Viertel, s. u.), das über eine bedeutende Kollektion alter Gemälde verfügt. Weitere sehenswerte Museen liegen im Vorort Belém, etwa 8 km von der Innenstadt. Von hier liefen einst die Schiffe Vasco da Gamas, Alvares Cabrals und anderer bekannter Entdecker aus. Der *Torre de Belém* (Belémer Turm) und das *Mosteiro dos Jerónimos* (Hieronymus-Kloster) sind berühmte Wahrzeichen der Stadt. Der Turm wurde 1520 nach fünfjähriger Bauzeit fertiggestellt und hat unzähligen Seefahrern als Orientierung gedient. Ende des 15. Jahrhunderts in der Regierungszeit Manuels I. erbaut, fasziniert das Kloster vor allem durch seinen einmaligen Kreuzgang, einem der schönsten der Welt. In den alten Klostergebäuden sind das *Museu Nacional de Arqueologia e Etnologia* (Archäologie und Ethnologie) und das *Museu da Marinha* (Marinemuseum) untergebracht. Eines der interessantesten Museen Lissabons ist zweifelsohne das *Museu dos Coches* (Wagenmuseum) im ehemaligen Marstall. Die prächtigen, überreich verzierten Kutschen suchen ihresgleichen.

Auf dem Weg in die *Baixa* (Unter- bzw. Innenstadt) kommt man durch die Haupteinkaufsstraße *Rua Garrett* mit ihren Straßencafés und Boutiquen. Das Kaffeehaus *Brasileira* ist auch heute noch Künstlertreff. Sehenswert ist auch die Kirche *Nossa Senhora da Conceicão Velha*, deren Portal aus dem 16. Jahrhundert stammt. Der *Rossio*, ein weiträumiger Platz, der auf drei Seiten von klassizistischen Gebäuden eingerahmt wird, ist voller Leben und das eigentliche Herz der Stadt. An seiner Nordseite steht das *Teatro Nacional*, das Mitte des 19. Jahrhunderts erbaut wurde. In den traditionsreichen Cafés kann man das bunte Treiben verfolgen und sich vom Bummel durch die nahegelegenen Einkaufsviertel *Chiado* und Baixa erholen. Die von alten Bäumen gesäumte Prachtstraße Lissabons, die elegante *Avenida da Liberdade*, wird oft mit der Champs-Elysées verglichen. Zahlreiche alte Bürgerhäuser, Straßenmaler und nette Straßencafés machen den besonderen Reiz dieses Boulevards aus.

Die Millionenstadt Lissabon ist eine lebhafte, internationale Metropole mit viel Charme, in der man sich wohlfühlen und rundum erholen kann. Im Umkreis gibt es zahlreiche hübsche Badeorte und schöne Naherholungsgebiete, die sich auch für Tagesausflüge eignen (s. u.).

Stadtverkehr: Lissabon verfügt über ein gutes Nahverkehrsnetz mit Bussen, Straßenbahnen und U-Bahnen. Touristenkarten und Sammelkarten für 20 Fahrten sind u. a. an den orange-weißen Informationskiosken von *Carris* erhältlich. Hier bekommt man auch eine Liniennetz-Übersicht. Eine Fahrt mit einer der bunten Straßenbahnen ist an sich schon ein Erlebnis, da die Straßen oft so eng sind, daß man ganz nahe an den Häusern zu beiden Seiten vorbeifährt. Das U-Bahnnetz ist recht klein – es umfaßt 24 Stationen – und daher ist es leicht, sich zurechtzufinden. Taxis – zu erkennen an den grünen Dächern – gibt es überall, sie haben Taxameter und sind preiswert. Außerhalb der Stadtgrenzen gilt ein Einheitstarif.

Für Tagestouren in die reizvolle Umgebung stehen regelmäßige S-Bahnverbindungen nach Sintra (Fahrzeit ca. 45 Min. ab Bahnhof am Rossio) und in die Badeorte Estoril/Cascais (rund 30 Min. vom Bahnhof Cais do Sodré) zur Verfügung. Mit der Fähre erreicht man Cacilhas und Barreiro (Abfahrt vom Hafen an der Praça do Comércio) sowie von Belém aus Trafaria.

Unterkunft: Von teuren Luxushotels über Hotels der Mittelklasse bis zu kleinen *Pensãos* (Pensionen) gibt es alles, was das Herz begehrt. Betuchte nächtigen im bekannten *Ritz Intercontinental* in der Rua Rodrigo da Fonseca oder im neuesten Spitzenhotel, dem Méridien in der Rua Castilho. Jugendstil erwartet die Gäste im *Hotel Lisboa Plaza* an der Ecke Travessa Salitre/Avenida da Liberdade. Viele Besucher schwören auf das *York House* in der Rua das Janelas Verdes, das in einem alten Renaissancekloster untergebracht ist. Wer lieber nicht so viel Geld ausgeben möchte, kann in der Jugendherberge oder auf dem Campingplatz nächtigen.

Essen & Trinken: Selbstverständlich beherrschen Meeresfrüchte die Speisekarte in den Lissaboner Restaurants. Das Angebot ist jedoch überaus vielfältig und verlockend. Ob regionale Küche oder internationale Spezialitäten, alles ist zu haben. Vor allem kleine Gaststätten haben immer einige leckere *Cozidos* (Eintöpfe) zur Auswahl. Bei Einheimischen und Touristen gleichermaßen beliebt sind die *Tascas*, in denen herzhafte Kost zu niedrigen Preisen serviert wird. Man findet sie vor allem im Bairro Alto. In den *Pastelarias*, der portugiesischen Version eines Kaffeehauses, kann man auch den süßen Hunger stillen. Sonntags haben viele Restaurants Ruhetag. Da die Portionen generell selbst von ausgehungerten Touristen nicht zu schaffen sind, teilt man sich am besten ein Gericht und verlangt »uma meia dose«. Um die Mittagszeit, wenn die Angestellten zu Tisch gehen, kann es schon einmal Engpässe geben, Mittagessen wird von 11.30 bis 15.00 Uhr serviert, Abendessen zwischen 20.00 und 22.00 Uhr. Schlips und Kragen werden nur in den besten Restaurants verlangt. Die Preise sind, verglichen mit anderen europäischen Hauptstädten, günstig. Für den kleinen Hunger zwischendurch kann man natürlich auch auf die üblichen Schnellrestaurants zurückgreifen. Wer mit der Fähre über die Tejo-Mündung nach *Almada* übersetzt, kann sich in den ausgezeichneten Fischrestaurants stärken.

Nachtleben: Nachtklubs und Bars mit Live-Musik sorgen für flotte Abendunterhaltung. Oft stehen afrikanische Rhythmen auf dem Programm. Beliebt ist *Clavi di Nos* in der Rua do Norte (Bairro Alto). Jazzfans kommen im *Hot Clube de Portugal* auf ihre Kosten (Praça da Alegria). Besonders gefragt unter den Diskos war bislang eine umgebaute Fabrik, die *Alcântara Mar*, in der Rua da Cozinha Económica. Die Trends ändern sich jedoch wie überall recht häufig.

Einkaufstips: Die Geschäfte in der Rua Augusta (Baixa) sind ideal für ausgedehnte Einkaufsbummel. Der Chiado ist jedoch immer noch die beste Einkaufsgegend. Kacheln, feines Porzellan, Stoffe und Teppiche, Kristallwaren und Schmuck sind schöne Mitbringsel. Kunstgewerbeläden (*Artesanatos*) bieten hübsche Qualitätswaren, meist aus den Provinzen. Im *Centro de Turismo e Artesanato* in der Rua Castilho ist die Auswahl besonders groß. Die Geschäfte schließen im allgemeinen zwischen 13.00 und 15.00 Uhr, und bleiben bis 19.00 Uhr geöffnet. Wer Antiquitäten mit nach Hause nehmen möchte, sollte in die Rua da Escola Politécnica gehen. Hier steht ein Antiquitätenladen neben dem anderen. Günstige Gelegenheitskäufe findet man oft in der Rua Dom Pedro V. (Bairro Alto), die sich an die Rua da Escola Politécnica anschließt. So richtig kramen und stöbern kann man auf dem sonntäglichen Flohmarkt in der Chão da Feira beim Castelo de São Jorge.

Die Badeorte Estoril und Cascais sind nur ein paar Kilometer von der Hauptstadt entfernt. **Estoril** war einst exklusiver Urlaubsort der Reichen aus aller Welt. Heute hat sich die Stadt den Bedürfnissen des modernen Tourismus angepaßt. Der hohe Standard der Hotels am herrlichen Tamariz-Strand ist jedoch erhalten geblieben, heutzutage stehen sie auch Gruppenreisenden zur Verfügung. Sportbegeisterte finden hier ganzjährig ideale Bedingungen. Vor allem Golf, Reiten, Tennis und Autorennen (Formel-I-Weltcup) sind populär. **Cascais** hat sich beinahe noch mehr verändert. Aus einem Fischerdorf mit menschenleeren Stränden ist ein belebter Urlaubsort mit Bars, Nachtklubs und preiswerten, aber erstklassigen Restaurants geworden.

Das bildhübsche Bergstädtchen **Sintra** mit den malerischen *Monserrate-Gärten* und einem interessanten Antiquitätenmarkt, der zweimal im Monat stattfindet, zählte schon viele berühmte Namen zu seinen Gästen. Die ca. 25 km von Lissabon gelegene einstige Sommerresidenz der portugiesischen Könige ist auf alle Fälle einen Abstecher wert; ebenso **Queluz** mit dem von herrlichen Gartenanlagen umgebenen eleganten Rokokopalast, das Barockkloster von **Mafra** (1717) und das kleine Fischerdorf **Ericeira.** Das Dorf **Colares** ist für seinen Rotwein bekannt. Die farbenprächtig bemalten Fischerboote von **Sesimbra** sind ebenfalls sehenswert, hier gibt es ausgezeichnete Meeresfrüchte und gute Strände; oberhalb des Dorfes liegt eine alte maurische Burg. Zu erreichen ist das Fischerstädtchen von Lissabon aus in nur 30 Autominuten. **Tróia** ist ein modernes Ferienzentrum auf einer

Halbinsel in der Nähe der Hafenstadt Setúbal. Hier findet man ausgezeichnete Strände, Hotels, Restaurants, Supermärkte, Swimmingpools, Nachtklubs, einen Golfplatz und ein Wassersportzentrum. **Setúbal** liegt 39 km südlich von Lissabon. Besuchenswert ist die idyllische Altstadt mit einer der schönsten Kirchen des Landes. In dem Dorf **Palmela** steht eine romantische mittelalterliche Burg (12. Jh.). Das alte Kloster ist heute eine *Pousada* (s. *Unterkunft*).
Urlaubsorte: Lissabon, Caparica, Palmela, Azeitão, Arrábida, Setúbal, Tróia, Sesimbra, Carcavelos, Estoril, Cascais, Guincho, Colares, Sintra, São Pedro de Sintra, Queluz, Ericeira, Praia das Maçãs, Praia Grande und Parede.

Planícies

Dieses weitläufige Gebiet im Landesinneren besteht aus den Regionen Cova da Beira, Ribatejo, Alentejo, Monsaraz, Marvão, Moura und Monsanto. Überall in dem fruchtbaren Agrargebiet kann man typische portugiesische Dörfer finden. **Planícies** ist die Kornkammer Portugals. Hier wachsen auch die Korkeichen, deren Borke zur Herstellung von Flaschenkorken und anderen Korkprodukten benutzt wird. Zu den Attraktionen dieser Gegend gehören eine Reihe bunter Folklore-Festivals; außerdem gibt es gute Angelmöglichkeiten. Wer Badefreuden genießen will und einen Tag am Meer verbringen möchte, braucht gar nicht weit zu fahren. Die *Costa Dourada* mit den einsamen Stränden von Alentejo ist schnell erreicht. Gerichte mit Meeresfrüchten sind eine lokale Spezialität, und Kunstgewerbe spielt wie eigentlich überall in Portugal eine bedeutende Rolle.
Abrantes wird von einer Burg überragt, von der man einen herrlichen Blick hat. Im dem zauberhaften Städtchen **Sardoal** scheint die Zeit stehengeblieben zu sein. **Castelo de Bode** am Südende eines großen Reservoirs, knapp 15 km von Tomar entfernt, bietet gute Fischgründe. **Santarem** liegt auf sieben Hügeln und gewährt einen schönen Blick auf die fruchtbare Ribatejo-Ebene. Erwähnenswert sind die zahlreichen schönen Kirchen, darunter vor allem die anmutige *Igreja de Marvila* und die Kathedrale. Wunderschön ist auch die gotische *Igreja da Graça* mit der eindrucksvollen Fensterrosette. Die ältesten Stücke des faszinierenden Archäologischen Museums stammen aus der Römerzeit. Durch die *Portas do Sol* tritt man in einen wundervollen Garten mit Ausblick auf den Tejo und die weite Ebene des Ribatejo. Die Region Alentejo liegt auf dem Weg von Lissabon Richtung Süden zu den Stränden der Algarve. Mit alten Korkeichen und Oliven bewachsene Ebenen prägen das Landschaftsbild. Kaum jemand weiß, daß die zahlreichen Dolmen und Menhire der Gegend älter sind als die ungleich bekannteren in der Bretagne. Teilweise befinden sie sich in sehr abgelegenen Gebieten und sind nicht immer leicht zu finden. Eine Broschüre, in der die Standorte verzeichnet sind, ist u. a. vom Verkehrsamt in Evora erhältlich (s. u.). Der *Dolmen von Zambujeiro* ist der größte der Iberischen Halbinsel. Weitere Reize dieses beschaulichen Landstrichs sind die vielen mittelalterlichen Städte und die interessanten Ruinen aus der Römerzeit. Hier hat man noch Zeit, und es lohnt sich gewiß, mehr als nur ein paar Stunden in dieser traditionsreichen Provinz zu verbringen, die zu den ursprünglichsten Portugals gehört. Die Unterkunftsmöglichkeiten sind allerdings noch recht begrenzt. Eine der schönsten Städte der für seine Töpferwaren bekannten Region ist das Kulturzentrum **Evora,** das zum Weltkulturgut der UNESCO erklärt wurde. Es gibt viel zu sehen in dieser an bedeutenden Baudenkmälern so reichen Stadt. Eine Vielzahl schöner Bauwerke erwartet den Besucher, darunter der *Römische Tempel* und das *Museu de Evora* gleich gegenüber, das im ehemaligen Erzbischöflichen Palais untergebracht ist (Skulpturen und Gemälde). Sehenswert ist auch die in der Renaissance erbaute *Jesuitenuniversität*. Die *Kathedrale* wurde nach 64 Jahren Bauzeit 1250 fertiggestellt. Die Wände im Gebäudeinnern schmücken die vielleicht schönsten Azulejos ganz Portugals. **Estremoz** ist ein bunter Marktflecken mit steilen, von weißen Häusern gesäumten, gäßchen. In **Monsaraz** unweit der spanischen Grenze ist das maurische Erbe unverkennbar. Die Hauptstraße verläuft vom Stadttor hinauf zur Burg (13. Jh.). Angesichts der vielen Häuser aus dem 16. und 17. Jahrhundert fühlt man sich in diesem Städtchen in eine andere Zeit zurückversetzt. **Vila Viçosa** erfreut das Auge durch seine von Orangen- und Limonenbäumen eingefaßten Straßen und Esplanaden. Die mittelalterliche Burg hat schon bessere Tage gesehen. Der grandiose *Paço Ducal*, das Fürstenpalais, war seit seiner Fertigstellung 1601 Sommerresidenz der portugiesischen Könige. Der alte römische Bade- und Kurort **Castelo de Vide** ist eine der reizvollsten Städte Portugals. Die Burg trohnt über der Stadt und bietet einen unvergeßlichen Blick auf die Dächer des Ortes und weiter auf Berge und Wälder. Das alte jüdische Ghetto, das *Judiaria*, ist ein Gewirr winziger Gäßchen mit Kopfsteinpflaster. Am *Platz des Dom Pedro V.* mit seinen prächtigen Villen gilt es, die *Igreja de Santa Maria* zu besichtigen. **Marvão** klammert sich förmlich an den 850 m hohen Granitfelsen, auf dem es liegt, und ist ganz von einer Stadtmauer umgeben. Zugang erhält man durch das mittelalterliche Stadttor. Auch hier gibt es eine alte Festung, schöne Kirchen und zahlreiche hübsche Häuser aus dem 16. und 17. Jahrhundert. Von der Festung hat

man gute Fernsicht und kann an klaren Tagen bis zur Serra de Estrela sehen.
Urlaubsorte: Alcácer do Sal, Alter do Chão, Beja, Benavente, Campo Maior, Castanheira, Castelo de Vide, Caxarias, Charneca do Infantado, Coruche, Elvas, Estremoz, Évora, Ferreira do Alentejo, Grândola, Lagoa de Santo André, Marvão, Minde, Monsaraz, Monte das Flores, Montemor-o-Novo, Moura Ponte do Sôr, Portalegre, Rio Maior, Santa Clara-a-Velha, Santarém, Santiago do Cacém, Serpa, Sines, Tomar, Torrão, die Costa Alentejana von Troia bis zur Algarve, Sines und Vila Nova de Milfontes.

Die Algarve

Die Algarve liegt im Süden Portugals am Atlantik; die herrliche Küstenlandschaft zieht sich westlich von der spanischen Grenze bis hin zum *Cabo de São Vicente*. Die Strände erstrecken sich über eine Länge von über 250 km und gehören zu den saubersten in Europa. Zwischen verschiedenfarbigen Klippen und bizarren Felsformationen liegen versteckte kleine Sandbuchten. Große Hotels, Spielkasinos, Sportanlagen und zahlreiche Unterhaltungsmöglichkeiten vermitteln eine internationale Atmosphäre. Es gibt Feriendörfer für den Familienurlaub und zahlreiche Campingplätze. Alle Hotels, Apartment- und Villenanlagen haben den in Portugal üblichen hohen Standard. Trotz der vielfach häßlichen modernen Hotelkomplexe und Feriensiedlungen, die einst malerische Fischerdörfer verschandeln, findet man in dieser beliebten Urlaubsregion auch heute noch reizvolle historische Städte und hübsche Marktflecken, einsame Strandfreuden und beeindruckendes Naturerlebnis. Typisch für die Algarve sind die vielen Mandelbäume, deren weiße Blüten schon im Februar den Frühling ankündigen. Am späten Abend verlassen von Laternen beleuchtete Boote die Häfen zum Fischfang, der für die Bewohner dieser Region weiterhin eine sehr große Rolle spielt. Es gibt 14 Golfplätze. Man kann aber auch Tennis oder Squash spielen, reiten und natürlich jede nur erdenkliche Wassersportart ausüben.
Faro, die Provinzhauptstadt, wurde 1755 durch ein Erdbeben zerstört; nur ein kleiner Teil der Altstadt ist erhalten geblieben. Mehrere interessante Museen, die in verschiedenen Stilen erbaute *Kathedrale* und die grazile Barockkirche *Igreja do Carmo* sind die Hauptsehenswürdigkeiten. Schön ist eine Bootsfahrt durch das Feuchtgebiet des *Parque Natural da Ria Formosa*, bei der man zahlreiche Vogelarten beobachten kann. Die Marktstadt **Loulé** ist berühmt für ihre ausgezeichneten Lederwaren und Kupferartikel. **Albufeira** ist der wohl beliebteste Badeort der Algarve und im Sommer ziemlich überlaufen. Die Altstadt ist ein Gewirr enger, malerischer Gäßchen und terrassenförmig zum Meer hinunterreichender Häuschen. Der heute so quirlig-geschäftige Fischerort bietet zahlreiche Cafés, Restaurants, Boutiquen und Diskotheken. Auf der alten Festung (16. Jh.) kann man eine Kleinigkeit essen und dabei den schönen Ausblick genießen. Das Fischerdorf **Armação de Pêra** liegt an einem der längsten Strände der Algarve. **Silves** hat alte Stadtmauern und eine sehenswerte Kathedrale aus dem 12. Jahrhundert. Die Burg erinnert an die lange maurische Herrschaft. Im *Museu Municipal de Arqueologia* kann man Ausstellungsstücke aus dieser Zeit betrachten. Am besten verschafft man sich einen Eindruck von der früheren Provinzhauptstadt bei einem Bummel durch die engen Straßen. Der Hafen des alten Fischerdorfes **Carvoeiro** ist äußerst malerisch. **Portimão** ist eine der größten Hafenstädte an der Algarve und bekannt für Möbel und Korbwaren. Der Kurort **Monchique** hoch in den Bergen wurde schon von den Römern aufgesucht. Überall locken hübsche kleine Läden, in denen vor allem auch die schönen Kunsthandwerksartikel angeboten werden, für die das Städtchen berühmt ist. Ganz in der Nähe, auf dem über 750 m hohen *Picota*, erwartet Besucher eine wundervolle Aussicht. In **Lagos** kann man historische Schiffswerften besichtigen oder in netten Straßencafés sitzen. Dieser Ort hat sich zum Zentrum des Rucksack-Tourismus entwickelt. Es gibt einige hübsche Kirchen zu besichtigen, darunter die *Igreja de Santa Maria* und die *Kapelle des Heiligen Antonius*. Ein Erlebnis ist der fröhliche Wochenmarkt. Die Innenstadt ist von Neubauten verschont geblieben, und es macht Spaß, durch die alten kopfsteingepflasterten Sträßchen zu laufen. Im Sommer ist das Nachtleben rege, und Nachteulen kommen in den Diskos auf ihre Kosten. **Sagres** ist ein winziges Dorf mit einer Festung aus dem 17. Jahrhundert; die felsige Küste ist hier ideal für den Hummerfang. **Cabo de São Vicente** ist der südwestlichste Punkt des europäischen Festlandes. Die gesamte *Costa Vicentina* ist ein Schutzgebiet. Im Südwesten der Algarve befinden sich einige der schönsten Strände der Provinz, und das beste ist, daß man meistens ganz für sich bleibt und sie mit niemandem teilen muß. Auch das Hinterland hat jedoch seine Reize, zumal hier der Tourismus noch nicht in dem Maße Einzug gehalten hat wie sonst in der Algarve. Die Städte und Dörfer haben hier einen ganz eigenen Charakter, und die Wiesen sind voll bunter Blumen. In **São Brás de Alportel** gibt es ein kleines Volkskunstmuseum, in dem lokale Trachten ausgestellt sind.
Urlaubsorte: Albufeira, Armação de Pêra, Lagos, Portimão, Praia da Rocha, Silves, Tavira, Vila Real de Santo António, Olhão, Quarteira, Carvoeiro, Loulé, Sagres, Vilamoura, Monte Gordo, São Brás de Alportel, Aljezur und Monchique.

SOZIALPROFIL

ESSEN & TRINKEN: Meeresfrüchte spielen eine große Rolle in der einheimischen Küche, besonders in Lissabon (s. o.); die Gerichte können jedoch recht kostspielig sein. Suppen, die oft eher Eintopfgerichten gleichen, werden als Hauptmahlzeit serviert. Typisch portugiesische Gerichte sind *Sopa de Marisco* (Suppe aus Schalentieren mit Wein), *Caldo Verde* (grüne Suppe aus feingeschnittenem Grünkohl), *Bacalhau* (getrockneter Kabeljau, der zu über 100 verschiedenen Gerichten verarbeitet wird), *Caldeirada* (ein Fischeintopf aus neun verschiedenen Fischen, Zwiebeln und Tomaten), *Carne de Porco a Alentejana* (gebratenes Schweinefleisch mit einer Soße aus Muscheln, Tomaten und Zwiebeln). Beliebte Nachspeisen sind *Arroz Doce* (Milchreis), *Flan* (Karamelpudding), Madeira-Pudding und *Nuvens* (Vanillepudding). **Getränke:** Die portugiesischen Tafelweine sind preiswert. Die bekanntesten Weine sind: *Dão* und *Serradayres* (rot), *Bucelas* und *Colares* (weiß), *Vinho Verde* (junger Wein, weiß oder rot). Fast alle Weine werden nach dem Herkunftsgebiet benannt. Einige Weine wie u. a. der berühmte *Mateus Rosé* sind fast ausschließlich für den Export bestimmt. Der beste portugiesische Weinbrand kommt ebenso wie der Portwein aus der Umgebung von Porto. *Bica* ist eine kleine Tasse sehr starken, schwarzen Kaffees; *Galão* ein Glas Milchkaffee, und eine *Carioca de Limão* ist eine Tasse Tee aus Zitronenschalen, der sehr aromatisch und überhaupt nicht sauer schmeckt.
NACHTLEBEN: In den größeren Städten gibt es ein breites Unterhaltungsangebot: Nachtklubs, Theater, Kinos, Shows, Volkstanzaufführungen und musikalische Veranstaltungen. Der Stierkampf wird von berittenen *Toreiros* ausgetragen. Die traditionellen *Fado*-Gesänge können in zahlreichen Restaurants gehört werden (ab ca. 22.00 Uhr). Die Theatersaison ist von Oktober bis Mai. In Estoril, Figueira da Foz, Espinho, Alvor, Vilamoura und Monte Gordo gibt es Spielkasinos.
EINKAUFSTIPS: Überall kann man Geschenke und Andenken kaufen, in den eleganten Geschäften und auf den Märkten in den Städten ebenso wie in kleinen Dorfläden. Zu empfehlen sind Lederwaren, Kupfergegenstände, Keramik, handbearbeitetes Gold und Silber, Stickereien und Wandteppiche, Holzschnitzereien, Korkprodukte, Porzellan und Geschirr, Kristall- und Glaswaren. **Öffnungszeiten der Geschäfte:** Normalerweise Mo-Fr 09.00-13.00 und 15.00-19.00 Uhr (im Dezember bis 18.00 Uhr), Sa 09.00-13.00 Uhr (im Dezember auch 15.00-19.00 Uhr geöffnet). Einkaufszentren sind von 10.00-24.00 Uhr geöffnet.
SPORT: Vom Fremdenverkehrsamt sind Broschüren von Hotels und Urlaubsanlagen mit Sportmöglichkeiten erhältlich. **Golf:** Es gibt zahlreiche ausgezeichnete Golfplätze, die auch von Besuchern benutzt werden können. **Tennis:** Fast alle Städte und Urlaubsorte haben Tennisplätze. **Reiten:** In zahlreichen Ferienorten kann man Pferde mieten und Reitunterricht nehmen. **Wassersport:** Schwimmen, Wasserski, Segeln und Windsurfen sind die beliebtesten Wassersportarten. Man kann an der Küste oder auf hoher See angeln. An der Algarve kann man das ganze Jahr über Wassersport betreiben, obwohl die Gezeiten im Winter recht gefährlich sein können. **Publikumssport:** Von März bis Oktober werden in den meisten Städten Stierkämpfe veranstaltet. Im *Campo Pequeno* in Lissabon finden sie jeden Sonntagnachmittag statt. Jedes Jahr werden Golf- und Tennisturniere veranstaltet. Weitere beliebte Sportarten sind **Tontaubenschießen** und **Squash.**
VERANSTALTUNGSKALENDER
Die meisten portugiesischen Festivals finden im Juni statt. Erwähnenswert sind vor allem das Internationale Musikfestival der Algarve in Faro, das bereits im Mai beginnt und das beeindruckende Fest der *Senhora da Agonia* in Viana do Castelo. In Palmela findet man sich im September zum Fest der Weinlese ein. Das ganze Jahr über werden landesweit religiöse Festlichkeiten aller Art begangen. Im Mai und Oktober finden die Wallfahrten zum berühmten Schrein in Fatima statt. Jeden Winter wird das Gulbenkian-Musikfestival veranstaltet. In den Tagen vor Aschermittwoch wird überall Karneval gefeiert.
SITTEN & GEBRÄUCHE: Das Leben der Portugiesen verläuft in ruhigen Bahnen. Althergebrachte Höflichkeit und warmherzige südeuropäische Gastfreundlichkeit sind selbstverständlich. Das Land hat einen sehr ausgeprägten nationalen Charakter, trotzdem hat jede

Region ihre eigene Tradition und Folklore. Legere Bekleidung ist durchaus akzeptabel, Strandkleidung sollte jedoch nicht in Städten getragen werden. **Trinkgeld:** Zwischen 10-15%, Taxifahrer erhalten 10% Trinkgeld.

WIRTSCHAFTSPROFIL

WIRTSCHAFT: Portugal ist ein traditionelles Agrarland, das in den letzten Jahren umfassend industrialisiert wurde. 1992 waren nur noch 12% der Erwerbstätigen in der Landwirtschaft tätig, Haupterzeugnisse sind Weizen, Mais, Tomaten, Kartoffeln und Weintrauben. Anstelle von Weizen und Mais sollen in der Zukunft vermehrt Zuckerrüben angebaut werden. Eine Verringerung der landwirtschaftlichen Produktion hat dazu geführt, daß Portugal heute nach jahrelanger Selbstversorgung einen beträchtlichen Teil seines Nahrungsmittelbedarfs aus dem Ausland deckt. Der Fischfang ist nach wie vor wichtig. In der Fertigungswirtschaft dominiert die Textilindustrie, die dank beträchtlicher Investitionen zusammen mit der Schuhindustrie für bedeutende Exporteinnahmen sorgt. Weitere wichtige Erzeugnisse sind Kork, Papier und andere Holzprodukte, Elektrogeräte, Chemikalien und Keramik. Seit dem Beitritt zur Europäischen Gemeinschaft in 1986 hat Portugal ein starkes Wirtschaftswachstum zu verzeichnen, wegen einer erhöhter Investitionstätigkeit aus dem In- und Ausland sowie einer umfassenden Modernisierung der Infrastruktur. Problematisch ist die relativ geringe Leistungsfähigkeit des landwirtschaftlichen Sektors und das weiterhin bestehende Gefälle zwischen dem relativ wohlhabenden Norden und dem ärmeren Süden des Landes. Haupthandelspartner sind Deutschland, Frankreich, Spanien, Italien und Großbritannien. Eine wichtige Einnahmequelle ist der Tourismus, der 6% des Bruttoinlandproduktes erbringt. 5% der Erwerbstätigen sind in der Tourismusbranche tätig. 1994 wurden ca. 23 Mio. Besucher erwartet; die meisten Feriengäste kommen aus Spanien, Großbritannien und Deutschland. Beliebteste Urlaubsziele sind die Algarve, die Costa de Lisboa und Madeira.
GESCHÄFTSVERKEHR: In Geschäftskreisen kommt man oft mit Englisch- oder Französischkenntnissen aus, im Zweifelsfalle jedoch vorher anfragen. Visitenkarten werden im allgemeinen nur in Managerkreisen ausgetauscht. Juli und August sind für Geschäftsreisen nicht zu empfehlen. **Geschäftszeiten:** Mo-Fr 09.00-13.00 und 15.00-19.00 Uhr.
Kontaktadressen: *Câmara de Comércio e Indústria Luso-Alemã* (Deutsch-Portugiesische Handelskammer), Avenida da Liberdade, 38-2°, P-1250 Lisboa. Tel: (01) 321 12 00. Telefax: (01) 346 71 50. *Zweigstelle* in Porto.
O Delegado Comercial da Austria (Österreichische Außenhandelsstelle), Rua Rodriguez Sampaio, 18-5°, P-1150 Lisboa. Tel: (01) 354 76 09. Telefax: (01) 352 24 89.
Câmara de Comercio e Industria Suiça em Portugal (Schweizerische Industrie und Handelskammer in Portugal), Edificio Libersil, Avenida da Liberdade, 38-1 dt, P-1200 Lisboa. Tel: (01) 347 14 28. Telefax: (01) 342 11 54.
Confederação do Comércio Português (CCP) (Handelskammer), Rua dos Correeiros 79, 1°, P-1100 Lisboa. Tel: (01) 301 01 92. Telefax: (01) 301 06 26.
KONFERENZEN/TAGUNGEN: Lissabon ist ein wichtiges Zentrum für Tagungen und Konferenzen mit Räumlichkeiten, in denen bis zu 1500 Personen Platz finden können. 1987 wurde das *Lisbon Convention Bureau* gegründet und zwei Jahre später ein großes Kongreß- und Ausstellungszentrum eröffnet. Weitere Informationen sind erhältlich vom *Lisbon Convention Bureau*, Apartado 3326, P-1300 Lisboa. Tel: (01) 361 03 50. Telefax: (01) 361 03 59.

KLIMA

Nordwesten: milde Winter; heftige Niederschläge und ziemlich kurze Sommer. Nordosten: längere Winter, heiße Sommer. Süden: lange warme Sommer (März bis Oktober), wenig Regen, außer zu Beginn des Frühjahrs und im Herbst. In Estoril wird die Hitze durch ständige Brisen gemildert (Juli bis August).
Kleidung: Sommerkleidung und leichte Winterkleidung, Regenschutz nicht vergessen.

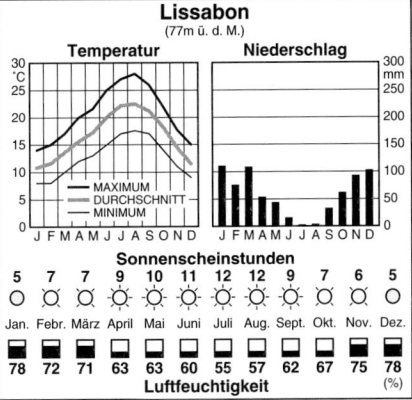

Madeira

Lage: Atlantischer Ozean, 535 Seemeilen südwestlich von Lissabon.

FLÄCHE: 794 qkm.
BEVÖLKERUNG: 253.000 (1991).
HAUPTSTADT: Funchal. **Einwohner:** 120.000 (1991).
GEOGRAPHIE: Die Inselgruppe besteht aus der Hauptinsel Madeira, der kleineren Insel Porto Santo und den drei unbewohnten Inselchen Ilhéu Chão, Deserta Grande und Ilhéu de Bugio (*Ilhas Desertas*). Die Inseln vulkanischen Ursprungs sind hügelig. Die Küste von Madeira ist steil und felsig. Tiefe Lavaschluchten fallen zum Meer hin ab, insbesondere an der Nordküste. Madeira, die größte Insel, ist der Gipfel einer Bergkette, die sich vom Meeresboden bis auf eine Höhe von 6,5 km erhebt. Im bergigen Landesinneren und an den Lavaströmen an der Küste erkennt man den vulkanischen Ursprung. *Cabo Girão*, westlich der Hauptstadt Funchal, ist die zweithöchste Klippe der Welt. Im Landesinneren liegen die höchsten Erhebungen der Insel. *Pico Ruivo* ist mit 1862 m der höchste Berg der Insel, der ganz in der Nähe liegende *Pico do Arieiro* ist 1810 m hoch. Beide Berge bieten eine wunderschöne Aussicht auf die Umgebung und sind beliebte Ausflugsziele. Auf Madeira gibt es nur einen kleinen Sandstrand, Prainha, in der Nähe des Walfangdorfes Caniçal ganz im Osten. Madeira ist 58 km lang und 23 km breit. Die kleinere Insel Porto Santo ist nur 14 km lang und 5 km breit, hat aber einen langen goldenen Sandstrand.
ORTSZEIT: MEZ - 1 (MEZ im Sommer).
NETZSPANNUNG: 220 V, 50 Hz.
POST- UND FERNMELDEWESEN: Es werden die gleichen Dienste angeboten wie auf dem Festland.
DEUTSCHE WELLE
Der Einsatz der Kurzwellenfrequenzen ändert sich mehrfach im Laufe eines Jahres, und Sendungen auf den folgenden Frequenzen werden jeweils nur zu bestimmten Tageszeiten ausgestrahlt. Näheres in der Einleitung.

MHz	17,560	15,275	11,795	9,545	6,075
Meterband	16	19	25	31	49

REISEPASS /VISUM

Die Reisepaß- und Visabestimmungen sind die gleichen wie auf dem Festland.

GESUNDHEIT

S. *Portugal*.

REISEVERKEHR

FLUGZEUG: *Air Portugal TAP (TP)* fliegt regelmäßig nach Madeira, von Wien wird zweimal wöchentlich (über Lissabon), von Frankfurt und Zürich einmal wöchentlich ein Direktflug nach Funchal angeboten. Madeira wird auch im Pauschalreiseverkehr von zahlreichen deutschen, österreichischen und schweizerischen Flughäfen fast das ganze Jahr über angeflogen.
Durchschnittliche Flugzeiten: *Frankfurt* – Funchal: 4 Std. 15 (mit Zwischenlandung); *Wien* – Funchal: 5 Std. (reine Flugzeit, Stopp in Lissabon); *Zürich* – Funchal: 3 Std. 55.
Internationale Flughäfen: *Funchal (FNC)* liegt 23 km außerhalb der Stadt. *Porto Santo (PXO)* erreicht man über Funchal und Lissabon.
SCHIFF: Funchal ist die wichtigste Hafenstadt. Sie wird von diversen Kreuzfahrtlinien angelaufen. Die Fähre von Madeira nach Porto Santo benötigt ca. 3 Std.

UNTERKUNFT

HOTELS: An der Küste gibt es zahlreiche erstklassige Hotels. Sie sind während der Sommermonate und in der Weihnachtszeit oft ausgebucht; es empfiehlt sich, im voraus zu buchen. Fast alle Hotels haben Swimmingpools.

URLAUBSORTE & AUSFLÜGE

Madeira ist eine besonders schöne Insel. Reizvoll ist neben dem ganzjährig günstigen Klima vor allem die landschaftliche Vielfalt auf kleinem Raum; herrliche, sonnenverwöhnte Strände für ausgelassene Badefreuden und schroffe Gebirgszüge, die bis auf fast 2000 m ansteigen, liegen weniger als 20 km auseinander. Dichte Wälder, Weingüter, fruchtbares Ackerland, tiefe Täler und steile Klippen findet man auf diesem glücklichen Eiland, das die Feriengäste alljährlich, speziell in den Wintermonaten, in Scharen anlockt. Die Einheimischen bezeichnen ihre Insel zu Recht als »schwimmenden Garten«; der Boden ist seit Jahrhunderten intensiv kultiviert worden. An den *Levadas* (Bewässerungskanälen), die durch die gesamte Insel laufen, führen reizvolle Spazierwege entlang. Zahlreiche Besucher kommen wegen des einzigartigen Blüten- und Pflanzenreichtums nach Madeira. Auf jeden Fall sollte man den prachtvollen *Botanischen Garten* von Funchal auf dem Grundstück eines alten Landhauses besuchen. Die üppig angelegten Terrassen sind voll tropischer Pflanzen und Blumen; die empfindlicheren Arten kann man in zahlreichen Gewächshäusern bewundern. Der Botanische Garten ist von 10.00-17.00 Uhr geöffnet. Von dort hat man auch einen schönen Ausblick auf den Hafen.
Auf Madeira können zahlreiche Ausflüge unternommen werden; etwas ganz Besonderes ist jedoch eine »Schlittenfahrt« vom hochgelegenen Dorf *Monte* bis nach Funchal. Vor der Erfindung des Autos waren diese Schlitten das übliche Verkehrsmittel und besondere »Pisten« wurden angelegt. Heute werden sie nur noch für Touristen benutzt. Zwei Männer steuern den breiten *Carro* (ein dem Strandkorb ähnliches Gebilde aus Korbgeflecht auf hölzernen Kufen) mit Seilen.
Madeira verdankt seine Beliebtheit vor allem dem hohen Standard der Hotels und dem ausgezeichneten Service.
In **Funchal** werden mehrere Stadtrundfahrten angeboten, die alle wichtigen Sehenswürdigkeiten im Programm haben, so den *Mercado dos Lavradores* (belebter Blumen- und Gemüsemarkt), den *Botanischen Garten* (s. o.), die *Kathedrale* (15. Jh.), *Quinta das Cruzes* und das *Museu Diocesano de Arte Sacra* (religiöse Kunst, darunter auch Gemälde flämischer Meister). Das Museum ist im ehemaligen Erzbischöflichen Palais untergebracht. Imposant ist auch der *Palácio de São Lourenzo*, der im 16. Jahrhundert fertiggestellt wurde. Die Kathedrale ist vor allem im Innern beeindruckend, insbesondere die kassettenförmige Decke aus Zedernholz mit den herrlichen Intarsienarbeiten aus Elfenbein und das vergoldete Chorgestühl. Ein Besuch der neben dem Fremdenverkehrsamt gelegenen Kellerei wird empfohlen; dort kann man verschiedene Madeira-Weine probieren und natürlich auch kaufen.
Baía de Zarco ist der Name eines neuen bedeutenden Touristengebietes 24 km außerhalb Funchals mit den Dörfern Agua de Pena, Machico, Caniçal, Portela, Porto da Cruz, Santa de Serra und Santa Cruz. Die unterschiedlichsten Wassersportarten können hier ausgeübt werden, ebenso wie Golf und Tennis. Unterkunft findet man in zahlreichen Hotels und Ferienhäusern. In Prainha an der östlichen Spitze der Insel liegt der beste Sandstrand Madeiras.
Die Küste: Fast alle Küstenorte bieten Wassersportmöglichkeiten. Man erreicht sie von Funchal aus auf Straßen mit spektakulärer Aussicht. Hübsche Kirchen und andere Beispiele portugiesischer Kolonialarchitektur, die zum Besichtigen einladen, gibt es in fast allen Ortschaften. An der zugänglicheren Südküste liegt Calheta; im Fischerdorf Câmara de Lobos, etwa 8 km westlich von Funchal, verbrachte der britische Premier Winston Churchill oft seinen Urlaub. Porta do Sol liegt auf beiden Seiten einer tiefen Schlucht. Die Straßen sind oft schlecht, aber die atemberaubende Aussicht auf das Meer entschädigt hierfür allemal. Die Landschaft im Norden der Insel ist wesentlich unberührter als im Süden. Hier befinden sich die besten Weingüter und

---

WELTKARTE?

LÄNDERKARTEN?

ZEITZONENKARTE?

INFORMATION ÜBER

IMPFBESTIMMUNGEN UND

GESUNDHEITSVORKEHRUNGEN?

. . . siehe Inhaltsverzeichnis

zahlreiche Gebäude aus der Kolonialzeit. Porto Moniz, São Vincente und Santana sind die wichtigsten Ortschaften der Region. Ein Ausflug auf die Madeira vorgelagerten *Ilhas Desertas*, einem interessanten Schutzgebiet, ist nicht nur Naturfreunden zu empfehlen.
Das Landesinnere: Gewundene Straßen führen ins gebirgige Landesinnere und manchmal bis zu den Gipfeln der höchsten Erhebungen. Besonders sehenswert sind *Camacha* (Zentrum der Korbflechterei), das in der Mitte des Kraters Eira do Serrado versteckte Dorf *Curral das Freiras* sowie *Pico Ruivo*, der höchste Berg der Insel. Von Monte kann man mit dem Schlitten nach Funchal zurückkehren.
Porto Santo: Der Flug von Funchal dauert nur 15 Min., sollte jedoch rechtzeitig gebucht werden. Die Insel ist flacher und hat bessere Strände als Madeira. Ein breitgefächertes Unterhaltungs- und Freizeitangebot darf man jedoch nicht erwarten. Das Leben auf der Insel verläuft ausgesprochen ruhig, ganz so, als sei die Zeit stehengeblieben. Porto Santo ist das richtige für alle, die völlig abschalten, am Strand liegen und die Welt vergessen wollen. Tagesausflüge nach Madeira können allerdings leicht arrangiert werden, falls man doch einmal das Bedürfnis nach etwas größerer Abwechslung verspürt. Die Bedingungen für Segeln und Windsurfen sind ausgezeichnet. Felder, Weinberge und bunte Kleingärten voller Gemüsebeete und Obststauden sind typisch für die Landschaft. In **Vila Baleira,** der winzigen Hauptstadt, kann man das Haus besichtigen, in dem Christoph Kolumbus gewohnt hat.

SOZIALPROFIL

ESSEN & TRINKEN: Spezialitäten sind *Sopa de Tomate e Cebola* (Tomaten- und Zwiebelsuppe), *Caldeirada* (Fischsuppe), *Bife de Atum e Milho Frito* (Thunfischsteak mit gebratenem Mais), *Carne Vinho e Alho* (eingelegtes Schweinefleisch mit Knoblauch), *Espetada* (Rindfleisch am Spieß gegrillt), *Espada* (Degenfisch) und *Bolo de Mel* (Madeira-Honigkuchen). **Getränke:** Beliebte Weinsorten sind der *Malmsey*-Dessertwein (Malvasia), *Bual* und der trockene *Serceal*. Aus Portugal und Europa importierter Wein, Spirituosen und Biersorten sind ebenfalls erhältlich.
NACHTLEBEN: Einige Hotels haben Nachtklubs mit Tanzmusik, Folkloredarbietungen und Kabarett mit internationaler Besetzung. Sie sind nicht nur für Hotelgäste geöffnet.
EINKAUFSTIPS: In Funchal gibt es zahlreiche Geschäfte mit Gebrauchsartikeln, die auch Souvenirs führen. Besonders empfehlenswert sind Stickereien, Wandteppiche, Korbwaren und Madeirawein.
SPORT: Golf: Santo da Serra ist der älteste Golfplatz auf Madeira, er liegt 29 km von Funchal entfernt. Weitere Golfplätze sind der Madeira Golf Course und der Palheiro Golf Course (beide 18 Löcher), beide in der Umgebung von Funchal. **Tennis:** Zahlreiche Hotels haben Tennisplätze, manche können auch von Nicht-Gästen benutzt werden. **Wassersport:** Es gibt viele Swimmingpools, einige auf Hoteldächern, andere in der Nähe der Uferpromenaden, außerdem ein Strandbad mit Swimmingpool, Geschäften und Restaurants (Kapazität: etwa 2000 Personen). Wasserski, Windsurfen, Tauchen, Angeln usw. werden von einigen Hotels vermittelt.
VERANSTALTUNGSKALENDER
Während des ganzen Jahres finden auf Madeira interessante Veranstaltungen statt. Es lohnt sich durchaus, den Urlaub entsprechend zu planen. Im Mai und Juni finden in Funchal Wochenendkonzerte statt. Die Veranstaltungen zwischen Weihnachten und Neujahr sind besonders schön. Zahlreiche Kreuzfahrtschiffe laufen am Silvesterabend den Hafen von Funchal an, damit die Passagiere das herrliche Feuerwerk erleben können. Kirchenglocken und Schiffssirenen begrüßen ebenfalls das Neue Jahr. Im April findet das berühmte Blumen-Festival statt, im September das Wein-Festival, im Februar der Karneval und im Dezember die bereits erwähnten Silvester-Feiern.

KLIMA

Mildes subtropisches Klima; warme Sommer und sehr milde Winter.
Kleidung: Sommerkleidung und leichte Wollsachen, je nach Jahreszeit (wie in den Azoren).

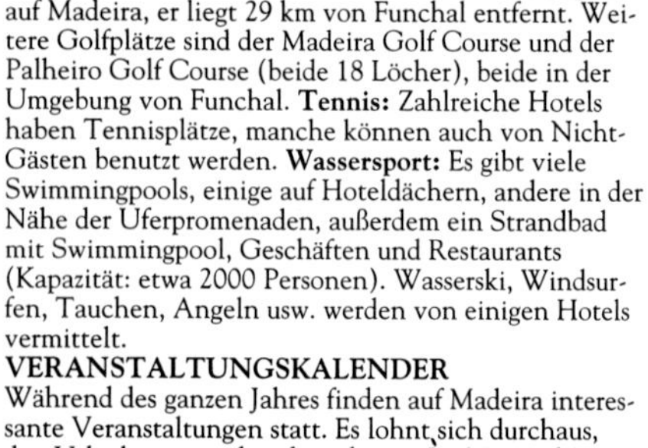

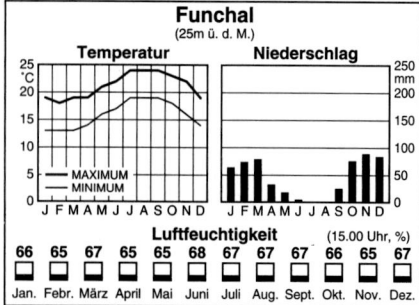

Azoren

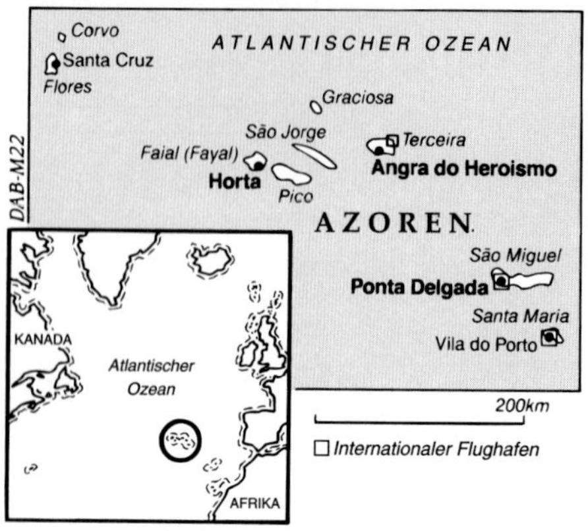

Lage: Atlantik, 1220 km westlich von Portugal.

FLÄCHE: 2247 qkm.
BEVÖLKERUNGSZAHL: 237.800 (1991).
BEVÖLKERUNGSDICHTE: 108,3 pro qkm.
HAUPTSTADT: Ponta Delgada (*São Miguel*); Horta (*Faial*); Angra do Heroismo (*Terceira*).
GEOGRAPHIE: Die Azoren sind eine weit auseinanderliegende Inselgruppe im Atlantik, westlich vom portugiesischen Festland. Sie besteht aus den Inseln São Miguel, Santa Maria, Terceira, Graciosa, São Jorge, Pico, Faial, Flores und Corvo. Alle Inseln sind bergig und bewaldet. An der Küste gibt es lange Strände und Fischereihäfen, im Inneren einige Mineral- und Schwefelquellen.
ORTSZEIT: MEZ - 2.
NETZSPANNUNG: 220/110 V.
POST- UND FERNMELDEWESEN: Ähnlich wie in Portugal, etwas eingeschränkt.

REISEPASS/VISUM

Die Reisepaß- und Visabestimmungen sind i. allg. die gleichen wie in Portugal (s. o.).

GESUNDHEIT

S. *Portugal*.

REISEVERKEHR

FLUGZEUG: Die nationale Fluggesellschaft der Azoren heißt *SATA (SP)*, sie fliegt alle Azoreninseln an. *TAP Air Portugal* fliegt von Frankfurt die Azoren 1 x wöchentlich direkt an, sonst von Frankfurt, Wien und Zürich über Lissabon.
Durchschnittliche Flugzeit: Zu den Azoren fliegt man generell über Lissabon, die Flugzeit hängt von der Dauer der Zwischenlandung ab. *Lissabon* – Azoren: 2 Std. 30.
Internationale Flughäfen: *Ponta Delgada (PDL)* (São Miguel), *Santa Maria (SMX)* (Vila do Porto) und *Terceira (TER)* (Terceira).
SCHIFF: *CTC, Hapag-Lloyd Tours* und *P&O* laufen die Hafenstadt Ponta Delgada an.

UNTERKUNFT

Auf den größeren Inseln findet man eine gute Auswahl an Hotels, die nur selten ausgebucht sind. Trotzdem empfiehlt es sich, im voraus zu buchen.

URLAUBSORTE & AUSFLÜGE

Während der letzten 500 Jahre haben sich die Azoren kaum verändert, die Inseln sind beschaulich und noch weitgehend unverfälscht. Hier kann man sich so richtig erholen und der Welt mit seinen Alltagssorgen den Rücken kehren. Es gibt keine Hotelkomplexe, keinen offensichtlichen Kommerz und verhältnismäßig wenige Menschen. Die Azoren zeichnen sich durch klares Wasser, blauen Himmel, saubere Luft und eine bildschöne Landschaft aus. Vulkanische Kraterseen, hohe Klippen, sanfte Täler, üppige Vegetation, seltene Blumen, Geysire, Mineralquellen und versteckte Buchten laden zu langen Wanderungen und Spaziergängen ein. Überall stehen hübsche, weiß gestrichene Häuschen. Jede der neun Inseln hat ihren ganz eigenen Reiz, den es zu entdecken gilt.
Santa Maria wurde als erste Insel entdeckt. Hier gibt es Weingüter, grüne Felder, Palmen und Windmühlen. Die Sandstrände von São Lourenco und Praia sind ausgezeichnet. Die Strände auf Santa Maria gelten allgemein als die besten auf den Azoren. Die Insel ist ideal zum Wasserskifahren. **Vila do Porto,** die größte Stadt, bietet einige Sehenswürdigkeiten, vor allem die Pfarrkirche aus dem 15. Jahrhundert. Ein ehemaliges Kloster aus dem 16. Jahrhundert dient heute als Rathaus.
São Miguel ist die größte und eine der schönsten der Azoreninseln. Der Krater *Sete Cidades* ist wohl eines der erstaunlichsten Naturwunder der Azoren – der 40 qkm umfassende Krater hat zwei Seen: einer ist tiefblau, der andere smaragdgrün. In **Furnas** kann man in vulkanischen Bächen und therapeutischen Schwefelquellen baden. Stickereien und Ananasprodukte werden hier hergestellt. Die Hauptstadt **Ponta Delgada** hat einen geschäftigen Hafen und ist auch sonst quicklebendig. Die Burg (16. Jh.) diente früher der Verteidigung gegen die Korsaren. Sehenswert sind die zahlreichen Kirchen, vor allem die *Igreja de São José* und die prächtige *Igreja Maartiz de São Sebastião*. Besuchenswert ist auch der im 17. Jahrhundert erbaute *Conceicão-Palast*. **Ribeira Grande** ist eine hübsche Stadt mit einem herrlichen Strand und mehreren interessanten Bauwerken, darunter einem Rathaus aus der Renaissance. Viele Ortschaften haben sehr sehenswerte kleine Kirchen, die *Capela de Santa Bárbara* in dem Fischerdorf **Povoção** ist das älteste Gotteshaus der Insel.
Terceira, die »lila Insel«, erhielt ihren Beinamen aufgrund des herrlichen Sonnenuntergangs, den man allabendlich genießen kann. Auf dieser Insel wird eine besondere Art des Stierkampfes ausgeübt. Überall wachsen Hortensien und Azaleen. Am Straßenrand stehen kleine, farbenprächtige Wegkreuze, die während des Pfingstfestes, das auf allen Azoreninseln gefeiert wird, benutzt werden. Ein Kleinod ist die wichtigste Stadt der Insel, **Angra do Heroismo,** die zum Weltkulturgut der UNESCO erklärt wurde. Hübsche weiße Häuser, enge Sträßchen mit Kopfsteinpflaster, die eindrucksvolle Kathedrale, der herrliche Stadtpark, schöne Kirchen und der in einem früheren Palast untergebrachte Regierungssitz sind nur einige der zahlreichen Anziehungspunkte. Der *Caldeira de Guilherme Moniz* ist der größte Vulkan auf den Azoren.
Graciosa: Die *Furna de Enxofre* ist eine sehenswerte geologische Kuriosität: In einer Grotte unterhalb eines Kraters in 80 m Tiefe liegt ein kleiner, warmer Schwefelsee, den man über eine Wendeltreppe erreicht. Ebenso sehenswert sind auch der schwarze unterirdische *Caldeira-See* und die heißen Quellen im Badehaus der Ortschaft **Carapacho.** Auf den Feldern stehen die typischen Windmühlen der Azoren. Der Weinanbau ist der wichtigste Wirtschaftszweig. In der winzigen Hauptstadt **Santa Cruz** befinden sich noch zahlreiche Gebäude aus dem 18. Jahrhundert. Die Insel hat eine freundliche Atmosphäre, die Feriengästen den Aufenthalt noch verschönert.
São Jorge ist von glatten schwarzen Felsenklippen umgeben, die steilen Abhänge zum Meer sind mit üppiger Vegetation bedeckt. Der *Pico de Esperança* ist ein guter Aussichtspunkt, der einen wunderbaren Ausblick auf diese grüne Insel gewährt. Zedernwälder umgeben die Inselhauptstadt **Velas.** Zahlreiche alte Bauwerke, darunter eine Kirche aus dem 17. Jahrhundert, können besichtigt werden. Es gibt einige malerische Dörfer. São Jorge ist für seine Molkereiprodukte bekannt, Obst- und Weinbau werden ebenfalls betrieben.
Faial: Der Name bedeutet »Buche«, obwohl auf der Insel fast ausschließlich Arbutusbäume wachsen. Die Felder sind von blauen Hortensienhecken umgeben. An der Küste liegen zahlreiche geschützte Buchten, hier wachsen Pinien und exotische Bäume aus Japan und anderen Ländern. **Horta,** die wichtigste Hafenstadt, ist Treffpunkt für Segler und Kreuzfahrtschiffe aus aller Welt. Besonders in der *Semana do Mar* lohnt ein Besuch. Die »Woche des Meeres« bietet diverse Sportveranstaltungen, Stände mit Kunstgewerbeartikeln, Musikdarbietungen und allerlei Leckereien – für jeden Geschmack ist etwas dabei. Vom riesigen Krater *Caldeira* hat man eine atemberaubende Aussicht.
Pico: Der gleichnamige Berg ist mit 2351 m Portugals höchste Erhebung. Der schneebedeckte Gipfel verändert je nach Tageszeit seine Farbe, am Abend spiegelt er farblich den Sonnenuntergang wider. Auf den Weingütern dieser größtenteils rauhen und felsigen Insel wird der berühmte *Verdelho* produziert. Das Walfangmuseum in **Lajes do Pico** ist ebenfalls interessant. Auch Tagesausflüge von Faial sind möglich, es gibt eine Verbindung von Horta nach Madalena.
Flores: Die wahrscheinlich hübscheste Insel der Azoren erhielt ihren Namen durch die einmalige Blumenpracht. Hortensienhecken scheinen die Insel förmlich zu überziehen. Die Landschaft ist vielfach zerklüftet, aber selbst in den tiefsten Schluchten wachsen Blumen. Die zahlreichen Wasserfälle haben alle nur erdenklichen blauen und grünen Farbschattierungen. Die Insel ist ideal für alle Wassersportarten. In der größten Stadt **Santa Cruz** gibt es ein kleines Volkskundemuseum. Sehenswert ist auch die reizvolle Barockkirche. Interessant ist eine Tour der nahegelegenen Grotten, insbesondere der *Exareus-Grotte*.
Corvo: Auf der kleinsten Insel gibt es nur ein Dorf mit ein paar hundert Einwohnern, die alle miteinander verwandt sind. Die Eingangstüren werden niemals abgeschlossen, es gibt weder ein Gericht noch ein Gefängnis. Die Einwohner von Corvo betreiben Weidewirtschaft und Fischfang.

SOZIALPROFIL

ESSEN & TRINKEN: Die Küche ist ähnlich wie auf dem Festland. Kaninchen und Flußkrebse sind Spezialitäten der Azoren. Die einheimischen Weine und Weinbrände sind empfehlenswert.
EINKAUFSTIPS: Typisch für die Azoren sind Leinenstoffe, Wollsachen, Spitze und Töpferwaren.
SPORT: Alle Wassersportarten, einschl. **Hochseeangeln**, können ausgeübt werden, auf São Miguel hat man die besten Möglichkeiten. Einige Hotels haben **Tennisplätze**, man kann auch **Golf** spielen.

KLIMA

Subtropisch, durch den Golfstrom wird das etwas feuchte Klima ausgeglichen. Die Regenzeit dauert von November bis März.
Kleidung: Übergangskleidung ist wahrscheinlich am besten, Regenschutz nicht vergessen.

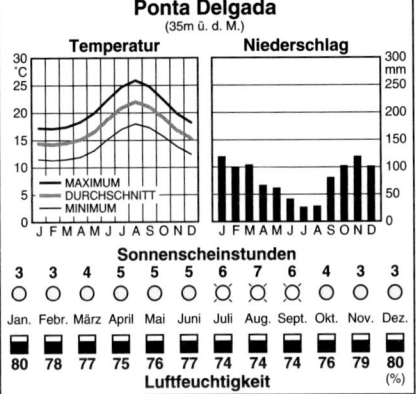

COLUMBUS ATLAS

Auf ca. 100 Seiten enthält dieser Atlas unter anderem europäische Fähr- und Eisenbahnverbindungen und weltumspannende Kreuzfahrtkarten, Straßenkarten, Gebietskarten vielbesuchter Regionen wie z. B. Costa Brava, Florida u. a. Falls Sie bei der Beratung oder Reiseplanung verstärkt auf Karten zurückgreifen möchten, werden Sie diesen speziell auf die Reisebranche zugeschnittenen Atlas unentbehrlich finden – und dazu besonders preisgünstig!

Weitere Einzelheiten von:
Columbus Press, Verkaufsabteilung,
Aurikelweg 9,
D-38108 Braunschweig.
Tel: 05309/2123. Telefax: 05309/2877.

Puerto Rico

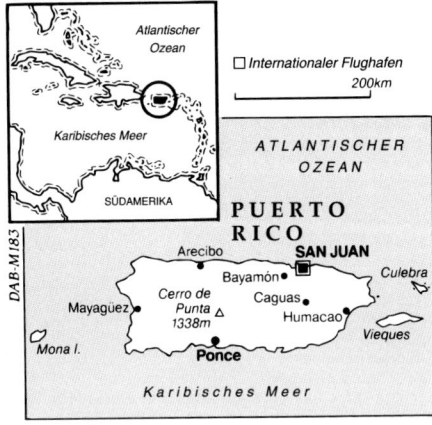

Lage: Karibik.

Fremdenverkehrsbüro Puerto Rico
c/o Symens und Partner GmbH
Abraham-Lincoln-Straße 2
D-65189 Wiesbaden
Tel: (0611) 977 23 12. Telefax: (0611) 977 23 19.
Mo-Fr 09.00-18.00 Uhr.
(auch zuständig für Österreich und die Schweiz)
Commonwealth of Puerto Rico Tourism Company
PO Box 4435
Old San Juan Station
San Juan, PR 00904
Tel: 721 24 00. Telefax: 725 44 17.
Puerto Rico unterhält keine eigenen Auslandsvertretungen. Die Interessenvertretung erfolgt durch die USA (Adressen s. USA).
Honorarkonsulat der Bundesrepublik Deutschland
Santa Bibiana Street 1618
Sagrado Corazón, Cupey
Rio Piedras
Apartado 3746
San Juan, PR 00936
Tel/Telefax: 755 82 28.
Übergeordnete Vertretung ist das Generalkonsulat der Bundesrepublik Deutschland in Miami (s. USA).
Konsulat der Republik Österreich (ohne Paß- und Sichtvermerksbefugnis)
1452 Ashford Avenue
San Juan, PR 00907
PO Box 1451
San Juan, PR 00902
Tel/Telefax: 721 60 76.
Honorarkonsulat der Schweizerischen Eidgenossenschaft
1505 Loiza Street
PO Box 209
San Juan, PR 00911
Tel: 727 29 78. Telefax: 883 62 88.

FLÄCHE: 9103 qkm.
BEVÖLKERUNGSZAHL: 3.616.000 (1993).
BEVÖLKERUNGSDICHTE: 397 pro qkm.
HAUPTSTADT: San Juan. Einwohner: 437.745 (1990).
GEOGRAPHIE: Die Insel Puerto Rico liegt östlich der Dominikanischen Republik und westlich der britischen Jungferninseln. Einige kleinere Inseln wie Culebra, Mona und Vieques sind der Küste vorgelagert. Fruchtbare Küstenebenen umgeben die zentrale Bergkette; höchster Gipfel ist der 1337 m hohe Cerro de la Punta. Die Hauptstadt liegt an der Nordostküste. Ein großer Teil des Waldes wurde gerodet, um Platz für die Landwirtschaft zu schaffen, die nordöstliche Region wurde zum Nationalpark erklärt. Ponce, Bayamón und Caguas sind die wichtigsten Städte nach San Juan.
STAATSFORM: Autonomer Bundesstaat der USA seit 1951; die Bewohner sind Bürger der USA, haben bei US-Wahlen jedoch kein Stimmrecht. Zweikammer-Parlament nach dem Modell der USA. Gouverneur: Pedro Rosselló, seit Januar 1993. Der Gouverneur wird alle 4 Jahre direkt gewählt und hat die Exekutivgewalt.
SPRACHE: Spanisch und Englisch.
RELIGION: 81% Katholiken. Es gibt protestantische und jüdische Minderheiten.
ORTSZEIT: MEZ - 5.
NETZSPANNUNG: 120 V, 60 Hz. Flachstecker, Adapter erforderlich.
POST- UND FERNMELDEWESEN: Telefon: Selbstwählferndienst. **Landesvorwahl:** 1 787. **Telex/Telegramme:** Dieser Dienst steht in der Hauptstadt und den größeren Hotels zur Verfügung. **Post:** Luftpost nach Europa ist etwa eine Woche unterwegs.
DEUTSCHE WELLE
Der Einsatz der Kurzwellenfrequenzen ändert sich mehrfach im Laufe eines Jahres, und Sendungen auf den folgenden Frequenzen werden jeweils nur zu bestimmten Tageszeiten ausgestrahlt. Näheres in der Einleitung.

MHz	17,860	17,715	15,275	9,545	6,100
Meterband	16	16	19	31	49

REISEPASS/VISUM

Die Reisepaß- und Visabestimmungen entnehmen Sie bitte der entsprechenden Rubrik im Kapitel *USA*.

GELD

Währung: 1 US-Dollar (US$) = 100 Cents. Näheres unter *Geld* im Kapitel *USA*.
Kreditkarten: *Eurocard, American Express, Diners Club* und *Visa* werden angenommen. Einzelheiten vom Aussteller der betreffenden Kreditkarte.
Reiseschecks: Reiseschecks aller Währungen werden angenommen, US$-Reiseschecks werden jedoch bevorzugt.
Wechselkurse, Devisenbestimmungen und Öffnungszeiten der Banken: S. *USA*.

DUTY FREE

S. *USA*.

GESETZLICHE FEIERTAGE

23.-27. Mai '96 Gedenktage. 24. Juni Festtag Johannes des Täufers. 4. Juli Unabhängigkeitstag der USA. 17. Juli Luis Muñoz Riveras Geburtstag. 24. Juli* José Celso Barbosas Geburtstag. 25. Juli Tag der Verfassung. 2. Sept. Tag der Arbeit. 14. Okt. Columbus-Tag. 11. Nov. Tag der Veteranen. 19. Nov. Tag der Entdeckung. 28. Nov. Erntedankfest. 25. Dez. Weihnachten. 31. Dez. Sylvester. 1. Jan. '97 Neujahr. 6. Jan. Dreikönigsfest. 9. Jan.* Eugenio Maria de Hostos' Geburtstag. 15. Jan. Martin-Luther-King-Tag. Febr. Washington-Lincoln-Tag. 22. März* Abschaffung der Sklaverei. 28. März Karfreitag. Mai Gedenktag.
Anmerkung: [*] Mit wenigen Ausnahmen haben die Geschäfte an diesen Tagen nur nachmittags geschlossen. Sollte der Feiertag auf einen Sonntag fallen, ist der nachfolgende Arbeitstag ein Feiertag.

GESUNDHEIT

In der folgenden Tabelle aufgeführte Impfvorschriften können sich kurzfristig ändern. Es wird stets empfohlen, auf Ihrem CRS-System (TIMATIC-Info-Code-Fenster in diesem Kapitel) den aktuellen Stand der Gesundheitsbestimmungen abzurufen bzw. rechtzeitig vor der Reise ärztlichen Rat einzuholen.

	Vorsichtsmaßnahmen empfohlen	Impfschein erforderlich
Gelbfieber	Nein	Nein
Cholera	Nein	Nein
Typhus & Polio	Nein	-
Malaria	Nein	-
Essen & Trinken	1	-

[1]: Leitungswasser ist normalerweise gechlort und weitgehend keimfrei, es können jedoch leichte Magenverstimmungen auftreten. Für die ersten Wochen des Aufenthalts wird daher abgefülltes Wasser empfohlen, welches überall erhältlich ist.
Tollwut kommt vor. Wer ein erhöhtes Risiko eingeht (z. B. längerer Aufenthalt in abgelegenen Gebieten), sollte vor Reiseantritt eine Schutzimpfung erwägen. Bei Bißwunden so schnell wie möglich ärztliche Hilfe in Anspruch nehmen. Weitere Informationen im Kapitel *Gesundheit* (s. Inhaltsverzeichnis).
Bilharziose-Erreger kommen in manchen Teichen und Flüssen vor, das Schwimmen und Waten in Binnengewässern sollte daher vermieden werden. Gut gepflegte Schwimmbecken mit gechlortem Wasser sind unbedenk-

---

TIMATIC INFO-CODES

Abrufbar über Ihr CRS-System (für START/Amadeus Amaske benutzen). Für Galileo bitte TI-DFT eingeben (mit Bindestrich).

Flughafengebühren	TI DFT/ SJU /TX
Währung	TI DFT/ SJU /CY
Zollbestimmungen	TI DFT/ SJU /CS
Gesundheit	TI DFT/ SJU /HE
Reisepassbestimmungen	TI DFT/ SJU /PA
Visabestimmungen	TI DFT/ SJU /VI

lich.
Hepatitis A kommt vor.
Gesundheitsvorsorge: Die Krankenversorgung ist ausgezeichnet, aber teuer. Der Abschluß einer Reisekrankenversicherung wird empfohlen.

REISEVERKEHR - International

FLUGZEUG: Regelmäßige Flüge verbinden Puerto Rico mit anderen Städten und Inseln der Karibik. *Condor* bietet Direktflüge an von Frankfurt nach San Juan.
Durchschnittliche Flugzeiten: *Frankfurt* – Puerto Rico: 9 Std. 45; *London* – Puerto Rico: 8 Std; *Miami* – Puerto Rico: 2 Std. 35; *New York* – Puerto Rico: 4 Std; *Washington, DC* – Puerto Rico: 3 Std. 50.
Internationaler Flughafen: *Luis Muñoz Marin (SJU)* liegt 14 km östlich von San Juan (zur Innenstadt sind es 14 km). T2-Busse fahren alle 30 Min. von 06.00-23.00 Uhr. Taxis stehen ebenfalls zur Verfügung. Am Flughafen gibt es ein Restaurant, Bar, Hotel-Reservierungsschalter, Bank, Post, Duty-free-Shop und Mietwagenschalter.
SCHIFF: San Juan ist der größte Passagierhafen Puerto Ricos. Diverse Schiffahrtslinien fahren regelmäßig nach San Juan.

REISEVERKEHR - National

FLUGZEUG: Die Fluggesellschaft *Prinair (PQ)* fliegt regelmäßig von San Juan nach Ponce und Mayaguez.
BUS/PKW: Mietwagen der Firmen *AAA, Afro, Atlantic, Avis, Budget* und *Discount* stehen am Flughafen und in Stadtbüros zur Verfügung. **Unterlagen:** Der Führerschein des eigenen Landes reicht aus.
STADTVERKEHR: Bus: Die einheimischen Busse werden *Guaguas* genannt. Haltestellen gibt es in Bayamón, Catano, Country Club, Rio Piedras und in der Hauptstadt. Viele Busunternehmen veranstalten Ausflüge und Rundfahrten. **Taxi:** *Publicos* (Sammeltaxis) haben das Zeichen P oder PD auf dem Nummernschild. Die Preise sind festgelegt und erschwinglich. Der *Linea*-Dienst (zwischen San Juan und den meisten anderen Städten) hat ebenfalls vorgeschriebene Preise und setzt Passagiere nach Belieben ab. Konventionelle Taxis werden pro Stunde oder nach Zählerstand bezahlt. Preise für Ausflüge außerhalb der städtischen Taxibereiche sollten jedoch vorher vereinbart werden. Taxis können entweder auf der Straße angehalten oder telefonisch bestellt werden. Taxistände sind am Flughafen sowie in der Nähe von Hotels zu finden.
FAHRZEITEN von San Juan zu den folgenden größeren Städten und Urlaubsorten (ungefähre Angaben in Std. und Min.):

	Flugzeug	Schiff	Bus/Pkw
Ponce	0.30	-	1.30
Mayagüez	0.30	-	2.30
Vieques	0.30	2.00	0.45*
Fajardo	-	-	0.45
Dorado	-	-	0.35
Humacao-Palmas	-	-	0.45

Anmerkung: [*] Nach Fajardo.

UNTERKUNFT

HOTELS: Die Hotels in San Juan und Ponce entsprechen amerikanischem Standard. Die staatlichen *Paradores* sind durchweg hübsche Herbergen im spanischen Stil mit regionaler Küche. Weitere Auskünfte von der *Puerto Rico Hotel and Tourism Association*, Suite 702, Plaza Center, 954 Ponce de León Avenue, Miramar, Santurce 00907. Tel: 721 24 00. Telefax: 725 29 13.
FERIENWOHNUNGEN: Zahlreiche Firmen haben sich auf die Vermietung von Apartments im amerikanischen Stil spezialisiert. Die besten dieser Unterkünfte mit Selbstverpflegung sind in der Nähe von Luquillo Beach im Nordosten der Insel zu finden. Weitere Informationen unter der Rubrik *Unterkunft* im Kapitel USA.

URLAUBSORTE & AUSFLÜGE

Puerto Rico erfreut sich dank der interessanten Mischung aus spritziger lateinamerikanischer Kultur und US-amerikanischen Einflüssen vor allem bei deutschen Urlaubern immer größerer Beliebtheit. Die vielseitigen Freizeitmöglichkeiten sind ein weiterer Anziehungspunkt.

Die Hauptstadt **San Juan** gliedert sich in eine Alt- und eine Neustadt. Die Altstadt wurde 1521 gegründet und inzwischen unter Denkmalschutz gestellt. Zahlreiche Gebäude aus dem 16. und 17. Jahrhundert sind in original spanischem Stil restauriert, und die romantischen Gassen mit ihren Geschäften, Restaurants, Kunstgalerien und Museen laden zum Stadtbummel ein. Das *Pablo-Casals-Museum* ist dem Werk des berühmten Cellisten gewidmet, und Videoaufzeichnungen früherer Casals-Festivals können auf Wunsch angesehen werden. Das Casals-Festival findet jeden Juni statt. In der *Casa de los Contrafuertes* sind das *Latin American Graphic Arts Museum* und das *Pharmacy Museum* mit einer restaurierten ehemaligen Apotheke untergebracht. Die typisch spanische *Casa del Callejon* beherbergt das *Museum of Colonial Architecture* und das *Museum of the Puerto Rican Family*. In der *Casa del Libro* werden alte Bücher und Manuskripte ausgestellt, die teilweise bis ins 15. Jahrhundert zurückgehen. Das *Museum für Kunst und Geschichte* ist im 1855 errichteten Marktgebäude untergebracht. 1979 wurde es restauriert und zum Kulturzentrum umfunktioniert; im Innenhof werden häufig Konzerte veranstaltet. Die *Plaza de San José* liegt am »oberen« Ende der Altstadt, in ihrer Mitte steht die Statue des Juan Ponce de León. Kleine Museen und Cafés umgeben diesen Platz. *El Morro*, die spanische Festung aus dem 16. Jahrhundert, sowie *San Cristobal*, das 1771 errichtete Fort, sind hoch auf den Felsen gebaut. Diese imposanten Zeugnisse von Puerto Ricos abenteuerlicher Vergangenheit als spanische Bastion in der Karibik sollte man sich beim Rundgang durch die Stadt keinesfalls entgehen lassen. Die *Casa Blanca* wurde 1523 als Wohnhaus für Ponce de León errichtet. Im *Dominikanischen Kloster* (ebenfalls 1523 erbaut) ist heute das *Instituto de Cultura Puertorriqueña* untergebracht. *La Fortaleza*, die heutige Residenz des Gouverneurs, wurde 1540 fertiggestellt und ist das älteste Gebäude dieser Art in der westlichen Hemisphäre. Der alte *Stadtwall* wurde um 1630 von den Spaniern errichtet; sein Mauerwerk folgt den Konturen der Halbinsel und bietet eine ausgezeichnete Aussicht auf Altstadt und Meer. Die *Kathedrale von San Juan* wurde um 1520 erbaut und 1977 vollständig restauriert. Die *San José-Kirche* ist die zweitälteste Kirche der westlichen Hemisphäre, Ponce de León lag bis zum Anfang dieses Jahrhunderts hier begraben. Die *Alcaldia* oder Stadthalle wurde zwischen 1604 und 1789 erbaut. Das *Casino*, nicht mit einem Spielkasino zu verwechseln, ist ein wunderschönes Gebäude aus dem Jahr 1917, dessen Marmorfußböden, exquisite Stuckarbeiten und riesige Kronleuchter erst kürzlich restauriert wurden.
In **Condado**, der Neustadt, ist in den letzten Jahren viel gebaut worden; dieser Stadtteil ist durch einen schmalen Landstreifen mit der Altstadt verbunden. Der *Botanische Garten* und das *Museum für Völkerkunde* sind sehr interessant. Hafenrundfahrten bieten eine schöne Aussicht auf Stadt und Umgebung.
Östlich der Hauptstadt liegt **El Yunque**, ein 11.300 ha großer Regenwald mit über 240 Baumarten und einem Vogelschutzgebiet, das in den Luquillo-Bergen liegt und per Auto oder Schmalspurbahn erreichbar ist. Der El Yunque ist der einzige tropische Regenwald unter den US-amerikanischen Wäldern.
Die schöne Stadt **Ponce**, die durch eine gebührenpflichtige Autobahn mit der Hauptstadt verbunden ist, liegt an der Südküste der Insel in der Nähe traumhafter Strände. Die Zuckermühle, das Rum-Museum und den *Indian Ceremonial Park* sollte man nicht versäumen. Das *Kunstmuseum* enthält 1000 Gemälde und 400 Skulpturen klassischer und moderner Kunstrichtungen. Die Sammlung präraffaelitischer Gemälde aus dem 19. Jahrhundert gilt als eine der besten in Amerika.
Im alten Bahnhof von **Guayama** ist heute ein Kunsthandwerkszentrum untergebracht. Das **Tibes Indian Ceremonial Center**, eine alte Grabstätte der Tainos unweit von Ponce, erreicht man mit dem Auto. In der Nähe des kleinen Museums wurde ein Dorf der Taino-Indios vollständig nachgebaut. Das Museum ist Di-So von 09.00-16.00 Uhr geöffnet.
Das Meeresleuchten in der **Phosphorescent Bay** in der Nähe von La Parguera im Südwesten der Insel ist ein großer Anziehungspunkt für alle Besucher Puerto Ricos. Durch Bewegungen von Fischen oder Booten aufgestört, veranstalten Milliarden mikroskopisch kleiner Meereslebewesen in der Dunkelheit eine spektakuläre Lightshow, die in mondlosen Nächten besonders reizvoll ist. Eine ähnliche »leuchtende Bucht« gibt es in Vieques.
Die **Camuy Caves,** in der Nähe von Arecibo an der Nordküste, bilden das drittgrößte Höhlensystem der Welt. Die Höhlen sind leicht mit dem Auto erreichbar, und eine elektrische Bahn bringt Besucher bis an den Eingang der Höhlen.
Etwa 30 km von **Arecibo** entfernt steht die größte Radio-Teleskop-Antenne der Welt, in einem ungewöhnlich kargen Landstrich zwischen San Juan und Mayagüez. Die Ausmaße der Antenne sind am bestem vom Kleinflugzeug aus zu erfassen. Besichtigungen sind sonntags von 14.00-16.30 Uhr möglich, für Gruppen Di-Fr um 14.00 Uhr.
Der **Caguana Indian Ceremonial Park** liegt südlich des Arecibo-Observatoriums und ist eine 800 Jahre alte Kultstätte der Taino-Indios. Einen ähnlichen Ceremonial Park gibt es auch in Ponce.
San German und **Mayagüez** sind alte Kolonialstädte. Die **Tropical Agricultural Research Station** von Mayagüez gehört zur Universität von Puerto Rico. Mo-Fr von 07.30-12.00 und 13.00-16.30 Uhr ist die botanische Forschungsstation mit ihrer großen tropischen Pflanzenpracht für Besucher zugänglich.
Bei Rundfahrten über die Insel gibt es zahlreiche schöne Stellen zu entdecken. Der Fluß **Espirito Santo** (»Heiliger Geist«) entspringt im Luquillo-Gebirge und mündet in den Atlantik. Boote mit bis zu 24 Passagieren befahren 8 km des Flusses. Die unvergeßliche Fahrt dauert ca. 2 Stunden.

SOZIALPROFIL

ESSEN & TRINKEN: Besonders in San Juan gibt es zahllose Restaurants mit spanischer, chinesischer, italienischer, griechischer und französischer Speisekarte. Die einheimische Küche ist spanisch beeinflußt mit Bohnen und Reis unter den Hauptzutaten. Nationalgericht ist *Asopao* (Reistopf mit Fisch, Huhn oder Krabben). *Paella*, Geflügelgerichte, schwarze Bohnensuppe, gebackene Krebse, *Jueyes* (scharf gewürzte Krebse) und *Pan de Agua* (ein einheimisches Brot) sind ebenso lecker wie die würzige *Langosta*. *Barrilito*, ein einheimischer Rum, ist eine Kostprobe wert.
NACHTLEBEN: Nachtschwärmer haben die Wahl zwischen Diskotheken, Musikkneipen und klassischen Konzerten; die großen Hotels bieten ebenfalls ein abwechslungsreiches Unterhaltungsprogramm. Spielkasinos findet man unter anderem in den Hotels *Carib Inn, Caribe Hilton, La Concha, Condado Plaza, Sands* und *Ramada*. Nach 20.00 Uhr wird oft Abendkleidung erwartet.
EINKAUFSTIPS: Typisch für Puerto Rico sind Zigarren, Hängematten, Strohartikel, Skulpturen, *Santos* (geschnitzte Heiligenfiguren), Teufelsmasken aus Kokosnüssen und Streichinstrumente.
SPORT: Während des ganzen Jahres finden in Rio Pedras (El Comandante) **Pferderennen** statt. **Reitpferde** können auf der *Rancho Borinquen, Rancho Criollo* und *Rancho Guayama* geliehen werden. Acht **Baseball**-Vereine spielen in der Liga, und das San-Juan-Santurce-Stadion bietet Platz für ca. 25.000 Personen. Weitere Stadien gibt es in Arecibo, Caguas, Mayagüez und Ponce. Zahlreiche **Golfplätze** stehen zur Verfügung, z. B. der *Punto Borinquen* in Aguadillo und der *Dorado Del Mar Country Club*. Fast alle Hotels haben eigene **Tennisplätze**, zusätzlich gibt es 17 Plätze mit Flutlicht im *San Juan's Central Park* (täglich geöffnet) und sechs weitere Plätze im *Dorado Del Mar Country Club* in Dorado. **Hochseeangeln** ist weit verbreitet; blauer und weißer Marlin, Fächerfisch, Wahoo, Allison-Thunfisch, Makrelen, atlantischer Tarpon und Snook sind in diesen Gewässern zu finden. Boote mit Mannschaft können überall an der Küste gemietet werden. In Palmas del Mar kann man **Ruder-** und **Segelboote** mieten. Die Copa del Palmas-Regatta wird jährlich hier ausgetragen. Puerto Ricos Küste wird von zahlreichen Korallenriffen und *Keys* (Koralleninseln) geschützt. Die vielfältige Meeresfauna der flachen Gewässer und Mangrovensümpfe kann man wunderbar mit der Schnorchelmaske erkunden, **Sporttauchen** in voller Ausrüstung ist ebenfalls möglich, Ausbilder und Ausrüstungen stehen in den großen Hotels zur Verfügung. **Wellenreiten** und **Windsurfen** ist in Pine Grove, Condado und an vielen anderen Stränden möglich.
VERANSTALTUNGSKALENDER
3. - 5. Mai '96 *Puerto Rico Webfestival*. **13. - 17. Mai** *Danza-Woche* (traditioneller Tanz, ähnlich dem Walzer). **28. Juni - 7. Juli** *Blumenfestival*, Aibonito. **21. Juni** *San Juan Bautista* (eine Woche), alle größeren Städte. **13. - 15. Juli** *34. Barranquitas Artisans Fair* (älteste Kunstgewerbemesse der Insel), Barranquitas. **Ende Juli** *Karneval*, Loiza. **30. Aug. - 2. Sept.** *Tourismusmesse von Puerto Rico*. **13. - 24. Okt.** *Internationales Filmfestival*. **17. - 27. Okt.** *San Juan Cinemafest 1996*. **24. - 28. Okt.** *National Plantain Festival* (Kochbananenfest mit Musik, Tanz und Ausstellungen), Corozal. **17. - 19. Nov.** *27. Jayaya Indian Festival* (Kulturfest der Taino-Indianer). **28. Nov. - 1. Dez.** *Festival der Gastronomie*, Luquillo. **Dez.** *Navidades* (inselweite Weihnachtsfestlichkeiten). **28. Dez.** *Hatillo Maskenfest*. **Febr. '97** *Kaffee-Erntefest* (Umzüge, Musik). **Mitte März** *Zucker-Erntefest*, San German.
Ganzjährig: *Le-Lo-Lai-Festival* (Puerto Ricos einmalige Kultur und historisches Erbe werden gefeiert).
Fiestas Patronales (Jahrmärkte zu Ehren des Schutzheili-

Eine weitere wichtige Veröffentlichung von Columbus Press ist der »World Travel Guide«, der jährlich herausgegeben wird und Informationen in englischer Sprache auf mehr als tausend Seiten über alle Länder der Erde enthält.

Weitere Einzelheiten von:
Columbus Press, Verkaufsabteilung, Aurikelweg 9, D-38108 Braunschweig.
Tel: 05309/2123. Telefax: 05309/2877.

gen, Prozessionen, Umzüge, Musik, Tanz und Spiele) finden in vielen Ortschaften statt und dauern etwa 10 Tage.
SITTEN & GEBRÄUCHE: Zur Begrüßung gibt man sich die Hand. Legere Bekleidung wird akzeptiert. Shorts sollten jedoch nicht in Restaurants, Hotels oder in den Kasinos getragen werden, da nach 20.00 Uhr oft Abendkleidung verlangt wird. Spanische und amerikanische Sitten und Gebräuche existieren nebeneinander. Einige Hotels bestehen auf formeller Kleidung. **Trinkgeld:** 15-20% sind üblich, falls nicht bereits in der Rechnung enthalten.

WIRTSCHAFTSPROFIL

WIRTSCHAFT: Außer einigen Nickel- und Kupfervorkommen besitzt Puerto Rico kaum nennenswerte Bodenschätze. Infolge eines intensiven Industrialisierungsprogramms der Regierung hat die Fertigungswirtschaft inzwischen größere Bedeutung als die Landwirtschaft. Pharmazeutika, elektrische und elektronische Geräte, Konserven, Textilien, Kleidung, Rum, Petrochemie und Erdölveredelung sind die wichtigsten Industriezweige. Milchprodukte und Fleischwaren sind heute bedeutende Agrarerzeugnisse als Zuckerrohr, außerdem wird zunehmend Obst und Gemüse für den Export angebaut. Größter Arbeitgeber im Dienstleistungssektor ist der Tourismus. Vor allem die Zahl der deutschen Feriengäste nimmt ständig zu, 1993 kamen 7600 deutsche Besucher auf die Karibikinsel. Puerto Ricos Wirtschaft ist eng mit der US-amerikanischen verflochten, es bestehen jedoch auch gute Handelsbeziehungen mit Japan, Großbritannien, der Dominikanischen Republik und den Jungferninseln.
GESCHÄFTSVERKEHR: Spanischkenntnisse sind von Vorteil, Geschäftsleute sprechen allerdings oft auch Englisch. **Geschäftszeiten:** Mo-Fr 08.30-17.00 Uhr.
Kontaktadressen: *Die wirtschaftlichen Interessen Österreichs werden von der Außenhandelsstelle der Wirtschaftskammer Österreich in Houston (s. USA) vertreten.*
Chamber of Commerce of Puerto Rico (Handelskammer), PO Box S-3789, San Juan, PR 00902-3789. Tel: 721 60 60. Telefax: 723 18 91.
KONFERENZEN/TAGUNGEN: Informationen und Planungshilfen vom *Puerto Rico Tourism Company*, PO Box 4435, Old San Juan Station, San Juan, PR 00904. Tel: 721 24 00. Telefax: 722 63 52, oder vom *Puerto Rico Convention Bureau*, 59 Calle del Cristo, Old San Juan, Puerto Rico, PR 00901. Tel: 725 21 10. Telefax: 725 21 33.

KLIMA

Heißes, tropisches Klima zwischen 25° und 29°C. In Höhenlagen etwas kühler.
Kleidung: Leichte Sommerkleidung das ganze Jahr über, Regenschutz ist vor allem im Herbst notwendig.

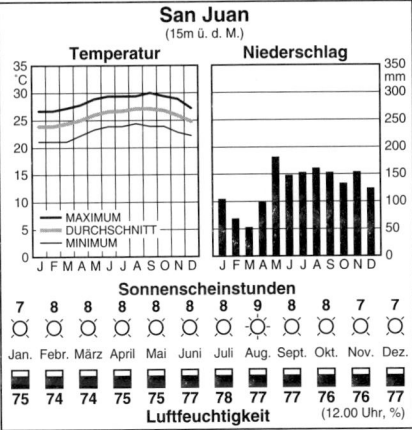

Pass- und Visavorschriften mancher Länder können sich kurzfristig ändern – Im Zweifelsfall erkundigen Sie sich bitte vor der Abreise bei der zuständigen Botschaft

Réunion

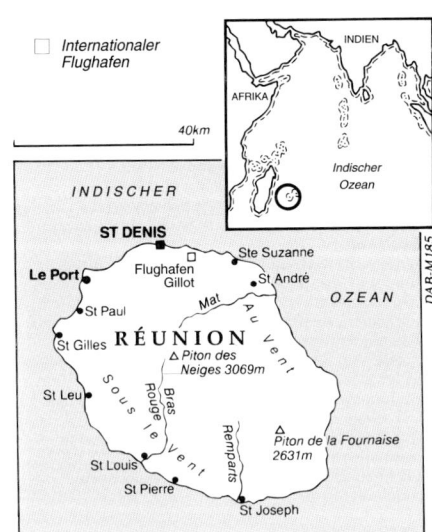

Lage: Östlich von Madagaskar im Indischen Ozean.

Touristische Informationen sind von den französischen Fremdenverkehrsämtern erhältlich:
Maison de la France
Westendstraße 47
D-60325 Frankfurt/M.
Tel: (069) 756 08 30. Telefax: (069) 75 21 87.
Mo-Fr 09.00-16.30 Uhr.
Maison de la France
Argentinierstraße 41a
A-1040 Wien
Tel: (0222) 715 70 62. Telefax: (0222) 75 70 62 10.
Mo-Fr 10.00-12.00 und 13.00-17.30 Uhr, Fr nur bis 16.30 Uhr.
Maison de la France
Löwenstraße 59
Postfach 7226
CH-8023 Zürich
Tel: (01) 211 30 85. Telefax: (01) 212 16 44.
Mo-Do 10.00-13.00 und 14.00-17.35 Uhr, Fr 10.00-13.00 und 14.00-16.35 Uhr.
Das Maison de la France in Genf ist für den französischsprachigen Teil der Schweiz zuständig, Tel: (022) 732 86 10. Telefax: (022) 731 58 73.
Comité du Tourisme de la Réunion
90 Rue de la Boétie
F-75008 Paris
Tel: (1) 40 75 02 79. Telefax: (1) 40 75 02 73.
Mo-Fr 10.00-17.00 Uhr.
Comité du Tourisme de la Réunion
23 Rue Tourette
BP 1119
97482 Saint-Denis Cedex
Tel: 41 84 41. Telefax: 20 25 93.
Réunion ist ein französisches Übersee-Departement und unterhält keine eigenen diplomatischen Vertretungen. Zuständig sind die französischen Botschaften (s. Frankreich). Die Bundesrepublik Deutschland, Österreich und die Schweiz unterhalten keine eigenen diplomatischen Vertretungen auf Réunion. Zuständig sind die Botschaften in Paris (s. Frankreich).

FLÄCHE: 2512 qkm.
BEVÖLKERUNGSZAHL: 633.000 (1991).
BEVÖLKERUNGSDICHTE: 252 pro qkm.
HAUPTSTADT: Saint-Denis. **Einwohner:** 121.952 (1990).

TIMATIC INFO-CODES

Abrufbar über Ihr CRS-System (für START/Amadeus Amа-Maske benutzen). Für Galileo bitte TI-DFT eingeben (mit Bindestrich).

Flughafengebühren	TI DFT/ RUN /TX
Währung	TI DFT/ RUN /CY
Zollbestimmungen	TI DFT/ RUN /CS
Gesundheit	TI DFT/ RUN /HE
Reisepassbestimmungen	TI DFT/ RUN /PA
Visabestimmungen	TI DFT/ RUN /VI

GEOGRAPHIE: Réunion liegt 760 km östlich von Madagaskar im Indischen Ozean. Eine Vulkankette verläuft diagonal über die gesamte Insel und teilt sie in zwei Regionen auf: die grüne und schwüle Ostseite (*Le Vent*) und die trockene, geschützte Süd- und Westseite (*Sous le Vent*). Der Großteil der Bevölkerung lebt an der Küste. Über 50% des landwirtschaftlich nutzbaren Bodens ist mit Zuckerrohr bepflanzt, zahlreiche Grundnahrungsmittel müssen eingeführt werden. Fünf kleinere Inseln mit einer Gesamtoberfläche von weniger als 50 qkm sind unbewohnt.
STAATSFORM: Französisches Überseegebiet mit acht Abgeordneten im französischen Parlament. Ein Präfekt vertritt die französische Regierung, zwei gewählte Versammlungen vertreten regionale Interessen. Präfekt: Pierre Steinmetz.
SPRACHE: Offizielle Landessprache ist Französisch. Créole und Gujarati werden ebenfalls gesprochen.
RELIGION: Katholiken 90%.
ORTSZEIT: MEZ + 3.
NETZSPANNUNG: 220 V, 50 Hz.
POST- UND FERNMELDEWESEN: Telefon: Selbstwählferndienst. **Landesvorwahl: 262.** Telexe/Telegramme können in Saint-Denis aufgegeben werden. **Post:** Luftpost nach Europa ist bis zu drei Wochen unterwegs. Postlagernde Sendungen können nach Saint-Denis geschickt werden.
DEUTSCHE WELLE
Der Einsatz der Kurzwellenfrequenzen ändert sich mehrfach im Laufe eines Jahres, und Sendungen auf den folgenden Frequenzen werden jeweils nur zu bestimmten Tageszeiten ausgestrahlt. Näheres in der Einleitung.

MHz	15,275	13,780	11,785	9,765	6,100
Meterband	19	22	25	31	49

REISEPASS/VISUM

Es gelten die gleichen Einreisebestimmungen wie für *Frankreich*.

GELD

Währung: 1 Französischer Franc (FF) = 100 Centimes. Banknoten gibt es im Wert von 500, 200, 100, 50 und 20 FF; Münzen in 20, 10, 5, 2 und 1 FF sowie 50, 20 und 10 Centimes.
Kreditkarten: *American Express, Diners Club* und *Visa* sowie teilweise *Eurocard* werden akzeptiert. Einzelheiten vom Aussteller der betreffenden Kreditkarte.
Reiseschecks: FF-Reiseschecks werden empfohlen.
Wechselkurse

	FF Sept. '92	FF Febr. '94	FF Jan. '95	FF Jan. '96
1 DM	3,39	3,39	3,44	3,43
1 US$	5,03	5,89	5,34	4,92

Devisenbestimmungen: Weitere Einzelheiten s. *Frankreich*.
Öffnungszeiten der Banken: Mo-Fr 08.00-15.00/16.00/16.30 Uhr.

DUTY FREE

Siehe *Frankreich*. Es gelten die Bestimmungen für die Einfuhr aus Nicht-EU-Ländern.

GESETZLICHE FEIERTAGE

Wie in Frankreich (s. *Frankreich*), außerdem:
20. Dez. '96 Tag der Abschaffung des Sklavenhandels.

GESUNDHEIT

In der folgenden Tabelle aufgeführte Impfvorschriften können sich kurzfristig ändern. Es wird stets empfohlen, auf Ihrem CRS-System (TIMATIC-Info-Code-Fenster in diesem Kapitel) den aktuellen Stand der Gesundheitsbestimmungen abzurufen bzw. rechtzeitig vor der Reise ärztlichen Rat einzuholen.

	Vorsichtsmaßnahmen empfohlen	Impfschein erforderlich
Gelbfieber	Nein	1
Cholera	2	2
Typhus & Polio	3	-
Malaria	Nein	-
Essen & Trinken	4	-

[1]: Eine Impfbescheinigung gegen Gelbfieber wird von allen Reisenden verlangt, die aus Infektionsgebieten kommen und über ein Jahr alt sind.
[2]: Eine Impfbescheinigung gegen Cholera ist keine Einreisebedingung, das Risiko einer Infektion besteht jedoch. Da die Wirksamkeit der Schutzimpfung umstritten ist, empfiehlt es sich, rechtzeitig vor Antritt der Reise ärztlichen Rat einzuholen. Näheres unter *Gesundheit* (s. Inhaltsverzeichnis).
[3]: Typhus kommt vor, Poliomyelitis jedoch nicht.
[4]: Leitungswasser ist normalerweise gechlort und relativ sauber, in der Umgewöhnungszeit können allerdings leichte Magenverstimmungen auftreten, abgefülltes Wasser wird daher für die ersten Urlaubstage empfohlen. Außerhalb der Städte ist das Wasser nicht immer keim-

frei und sollte vor der Benutzung zum Trinken, Zähneputzen und zur Eiswürfelbereitung entweder abgekocht oder anderweitig sterilisiert werden. Milch ist nicht pasteurisiert und sollte ebenfalls abgekocht werden. Trocken- und Dosenmilch nur mit keimfreiem Wasser anrühren. Milchprodukte aus ungekochter Milch am besten vermeiden. Fleisch- und Fischgerichte nur gut durchgekocht und heiß serviert essen. Der Genuß von Schweinefleisch, rohen Salaten und Mayonnaise soltle vermieden werden. Gemüse sollte gekocht und Obst geschält werden.
Tollwut kommt vor. Wer ein erhöhtes Risiko eingeht (z. B. längerer Aufenthalt in abgelegenen Gebieten), sollte vor Reiseantritt eine Schutzimpfung erwägen. Bei Bißwunden so schnell wie möglich ärztliche Hilfe in Anspruch nehmen. Weitere Informationen im Kapitel *Gesundheit* (s. Inhaltsverzeichnis).
Hepatitis A, B und *E* kommen vor.
Gesundheitsvorsorge: Es gibt 19 Krankenhäuser, und jede Stadt hat eine ambulante Krankenstation. Das französische Gesundheitssystem und somit das Formblatt E 111 gelten für Deutsche und Österreicher, man sollte sich jedoch bei der Krankenkasse nach den Leistungen erkundigen und ob eine zusätzliche Reisekrankenversicherung empfohlen wird. Schweizer brauchen in jedem Fall eine Reisezusatzversicherung.

REISEVERKEHR - International

FLUGZEUG: *Air France (AF)* bietet Flugdienste nach Réunion.
Durchschnittliche Flugzeiten: *Frankfurt* – Gillot: 14 Std; *Paris* – Gillot: 16 Std.
Internationaler Flughafen: *Roland-Garros (RUN)* liegt 8 km östlich von Saint-Denis (Fahrzeit 20 Min.). Flughafeneinrichtungen: Bank, Bars, Mietwagenschalter, Duty-free-Shop, Postamt, Restaurants, Läden, Touristinformation und Hotelreservierungsschalter.
SCHIFF: Der wichtigste Hafen, Pointe-des-Galets, wird vor allem von französischen Linien im Passagier- und Frachtverkehr angelaufen.

REISEVERKEHR - National

FLUGZEUG: Am Flughafen Gillot kann man Flugzeuge für einen herrlichen Inselrundflug chartern.
SCHIFF: Vier Reedereien betreiben den Küstenverkehr rund um die Insel. In zahlreichen Häfen kann man auch Boote mieten.
BUS/PKW: Über 2975 km der verhältnismäßig guten Straßen sind geteert, es gelten die gleichen Verkehrsregeln wie in Frankreich. Die Hauptstraße verläuft von Nord nach Süd. Man kann die Insel leicht per Bus, Taxi oder Mietwagen durchqueren. Die **Busverbindungen** sind ausgezeichnet, die Busse sind sehr komfortabel und halten auf Wunsch. **Mietwagen** erhält man am Flughafen und in Saint-Denis. **Unterlagen:** Ein internationaler Führerschein wird empfohlen.

UNTERKUNFT

Die Auswahl an Hotels, Guest Houses, Lodges und Pensionen ist gut. Die Preise sind hoch und die sanitären Anlagen meist recht einfach, aber das ausgezeichnete Essen entschädigt hierfür. Übernachtungspreise beinhalten normalerweise Zimmer mit Frühstück, Steuer und Bedienung. Hotels sind mit 1-4 Sternen kategorisiert. *Gîtes* (Hütten) für Bergsteiger und gute Campingplätze sind ebenfalls vorhanden. Weitere Auskünfte erteilt das *Relais Départemental des Gîtes Rureaux*, 10 Place Sarda Garriga, 97400 Saint-Denis. Tel: 90 78 90. Telefax: 41 84 29. Den Hotelverband erreicht man unter folgender Adresse: *Chambre Syndicale de l'Hotelière de la Réunion*, Lieu dit »Tamatave«, 97435 Saint-Gilles-les-Hauts. Tel: 55 37 30. Telefax: 55 37 29.

URLAUBSORTE & AUSFLÜGE

Die Hauptstadt **Saint-Denis** ist ein Ort der Begegnung verschiedener Kulturen und Religionen; so gibt es hier einen Familientempel, eine Moschee, zwei chinesische Tempel und eine Kathedrale. Auf jeden Fall sollte man einen Besuch des *Naturkundemuseums* und der *Leon-Dierx-Kunstgalerie* (Sammlung französischer Impressionisten) einplanen. Die Umgebung der Stadt bietet eine ganze Reihe interessanter Ausflugsziele, so zum Beispiel die mit Tamarinden, Calumets und Affouches, einer Art wilder Feigenbäume, bewachsene *Plaine d'Affouches* in **La Montagne**. Eine weitere Straße führt zum *Brûlé*. Auf besonders Sportliche wartet hier ein Wanderweg, auf dem man nach mehreren Stunden zum *Roche-Ecrite* gelangt, einem 2227 m hohen Gipfel, der den gesamten nördlichen Teil der Insel überragt, und zu den *Cirques* von Malfate und Salazie abfällt. Insgesamt führen rund 600 km markierter Wanderwege, die ausgezeichnet instandgehalten sind, in alle Inselteile. Eine Besonderheit auf Réunion sind die sogenannten *Cirques*; Talkessel mit jeweils ca. 10 km Durchmesser, die Zeit und Erosion in das Gestein gegraben haben: **Mafate** im Nordwesten, **Salazie** im Nordosten und **Cilaos** im Süden. Einige Reiseveranstalter in Saint-Denis bieten Tagesausflüge zu den Cirques an.
Der Kurort **Cilaos** war früher ein berüchtigter Zufluchtsort für entflohene Sklaven. In dieser atemberaubenden, bis zu 1200 m hohen Bergregion hat man einen besonders schönen Ausblick von den Bergen *Le Bras Sec* und *Ilet à Cordres*.
Der möglicherweise schönste Cirque ist **Salazie** mit seinen kühlen, rauschenden Wasserfällen, besonders erwähnenswert ist der *Voile de la Mariée* (»Brautschleier«) in der Nähe von Hell-Bourg. Die Forellenfarm ist sehenswert, ebenso wie die wilde Schönheit der schroffen Landschaft des Grand-Ilet. *Piton des Neiges*, die höchste Erhebung der Insel, erreicht man nach einer Wanderung von Hell-Bourg aus.
Das abgelegene Tal **Mafate** kann nicht per Straße erreicht werden. Von hier aus bietet sich ein Besuch der ehemaligen Landeshauptstadt **St. Paul** an. In der hübschen historischen Stadt wurde Leconte de Lisle geboren. Ausflüge zu dem noch tätigen Vulkan **La Fournaise** sind auch sehr beliebt.
Die **Nez-de-Boeuf** (Ochsennase) bietet einen unvergeßlichen Ausblick über die 1000 m tiefer gelegenen *Rivière des Remparts, Plaine des Sables* und den *Belle-Combe-Paß*. Den *Enclos-Fouque-Krater* und den höchsten Gipfel der Fournaise (2631 m) kann man zu Fuß erforschen. Die aktiven Krater Bory und Brûlant sind ebenfalls einen Besuch wert.
Auf Réunion wachsen zahlreiche tropische Blumen, Bäume und Früchte. Auf einigen Touren werden Besuchern die vielen verschiedenen Pflanzenarten in ihrem natürlichen Lebensraum gezeigt, bevor man zum Botanischen Garten von Saint-Denis zurückkehrt.
Strände: Auf Réunion sind die Strände zwar nicht besonders lang, aber vor allem an der windgeschützten Westküste sehr malerisch mit gelbem, schwarzem oder weißem Sand. Einige der schönsten Strände liegen in der Nähe von *Saint-Gilles, Saint-Leu* und *Etang-Salé*. Es sind in erster Linie flache Korallenstrände, die sich zum Riff hin ausdehnen. In der Nähe von Saint-Leu gibt es eine Schildkrötenfarm.

SOZIALPROFIL

ESSEN & TRINKEN: Die ausgezeichneten Restaurants bieten gute französische und kreolische Spezialitäten an, wie *Rougail* (Meeresfrüchte mit verschiedenen Soßen) und zahlreiche Currys. Das einheimische Gemüse *Bredes* schmeckt ähnlich wie Spinat und ist eine Kostprobe wert. Spezialitäten sind auch *Petit salé aux lentilles* (Gepökeltes mit Linsen) oder *Canard au maïs* (Ente mit Mais). In Saint-Denis gibt es mindestens zehn ausgezeichnete Restaurants. Die Restaurants der Uferpromenaden bieten besonders gute einheimische Gerichte, eine Mischung aus chinesischer, afrikanischer und indischer Küche. **Getränke:** Beliebt sind arabischer Kaffee (*Café Bourbon*), französischer Wein, Spirituosen und der gute einheimische Rum, der in verschiedenen Sorten Rumpunsch wie *Rhum Arrange* (weißer Rum mit Vanille, Orchideen, Anis und Zimt) verwendet wird. Bier und Wein aus Réunion sind auch empfehlenswert. Die Auswahl an alkoholischen Getränken ist gut. Schankzeiten werden i. allg. nicht so genau beachtet.
EINKAUFSTIPS: Die Haupteinkaufsstraßen von Saint-Denis sind die Rue du Maréchal-Leclerc, die Rue Jean-Chatel und die Rue Juliette-Dodu. Schöne Mitbringsel sind einheimische Handarbeiten wie Spitze und Stickereien sowie Korbwaren. Tamarinden- und Olivenholz werden für die Möbel im traditionellen »Kolonialstil« und auch von Bildhauern und Kunsthandwerkern benutzt. Rum-, Vanille-, Geranien- und Ylang-Ylang-Essenzen sind ebenfalls beliebte Souvenirs.
SPORT: Wassersport: Die *Sous-le-Vent*-Küste und besonders die Lagune bei *Saint-Gilles-des-Bains* bieten gute Schwimm- und Wassersportmöglichkeiten. Vorsicht vor Haien ist jedoch geboten, man sollte die Ratschläge der Einheimischen beachten. **Wandern** kann man gut in den Bergen, **Bergsteigen** auf den vulkanischen Gipfeln. **Angeln:** Forellen kann man an den *Takamaka-Wasserfällen* fangen. Außerdem werden angeboten: **Reiten, Golf, Tennis, Tontaubenschießen, Eislaufen, Squash, Drachenfliegen** und **Fallschirmspringen.**
VERANSTALTUNGSKALENDER
Die traditionellen kreolischen Tänze (*Sega* und *Maloya*) werden zu besonderen Anlässen aufgeführt, und die asiatischen Gemeinden bieten manchmal Rituale wie *Malabar*, Tänze und Feuerlauf.
Mai '96 (1) *Cross du Piton des neiges* (Bergtour). (2) *Fête du Chouchou*, Hell-Bourg, Salazie. (3) *Passe-Montagne* (Bergwandern). **Juni** (1) *Musikfestival*, inselweit. (2) *Landwirtschaftmesse*, Bras-Panon. **Juli** (1) *Guavenfest*, Plaine de Palmistes. (2) *Kunstgewerbe-Ausstellung*, Saint-Denis. **Aug.** (1) *Fête du Vacoa*, Saint-Philippe. (2) *Safranfest*, Saint-Joseph. (3) *Yop Réunion Pro* (Wettbewerb im Wellenreiten), Saint-Leu. (4) *Expo Bois* (Ausstellung kreolischer Möbel), Rivière Saint-Louis. **Sept.** (1) *Azaleenfest*, Saint-Denis. (2) *Fête de la Salette*. (3) *Kulturtage*. (4) *Fahrradtour über die Insel*. **Okt.** (1) *Course de la Pleine Lune* (Sportveranstaltung). (2) *Fête du Piton Anchaing*, Salazie. (3) *Ökotourismus-Messe*, Sainte-Rose. (4) *Maïdo Run*. (5) *Diwali* (Lichterfest), Saint-André, Saint-Paul. **Nov.** (1) *Linsenfest*. (2) *Vétiverfest*, Saint-Joseph. **20. Dez.** *Fest zum Gedenken an die Abschaffung der Sklaverei*, inselweit. **Jan. '97** *Feuerlauf*. **Febr.** *Ananasfest*, Bois de Nèfles, Sainte-Clotilde.
SITTEN & GEBRÄUCHE: Die Inselbewohner richten sich nicht selten nach der letzten französischen Mode, und legere Kleidung ist durchaus angebracht. Die üblichen Höflichkeitsformen gelten auch hier. Die indischen, pakistanischen und europäischen Einwanderer haben sich ihre unterschiedlichen Kulturformen weitgehend erhalten und feiern ihre eigenen Feste und Feiertage. **Trinkgeld:** Ca. 10% sind üblich.

WIRTSCHAFTSPROFIL

WIRTSCHAFT: Haupterzeugnis und -exportgut der Insel ist das Zuckerrohr; außerdem gedeihen auf dem überwiegend vulkanischen Boden Vanille, Tabak und Duftpflanzen wie Vetiver und Ylang-Ylang. Die einzigen Industrien Réunions sind Zuckerraffinerien und Rumbrennereien. Der Selbstversorgungsgrad ist entsprechend gering, die Insel ist auf französische Unterstützung angewiesen, um ihr Handels- und Haushaltsdefizit abzudecken. Außer mit Frankreich betreibt Réunion auch Handel mit Bahrain, den USA, Südafrika und Japan. Zwischen 1989 und 1993 erhielt Réunion finanzielle Hilfe von der Europäischen Union.
GESCHÄFTSVERKEHR: Entspannte und freundliche Atmosphäre; Anzug bzw. Kostüm nur für Geschäftstreffen auf höchster Ebene. Gute Französischkenntnisse sind wichtig – formelle Übersetzerdienste stehen nicht zur Verfügung. Preise sollten in Französischen Francs angegeben und alle Verkaufsunterlagen in französischer Sprache abgefaßt sein.
Kontaktadressen: *Die wirtschaftlichen Interessen Österreichs werden von der Außenhandelsstelle der Wirtschaftskammer Österreich in Johannesburg* (s. Südafrika) *vertreten. Chambre de Commerce et d'Industrie de la Réunion* (Industrie- und Handelskammer), BP 120, 97463 Saint-Denis Cédex. Tel: 21 53 66. Telefax: 41 80 34.

KLIMA

Heißes Tropenklima. Von Mai bis Oktober ist es an der Küste am angenehmsten. In den Bergen ist es meist kühler, die Temperaturen sinken nachts mitunter bis auf den Gefrierpunkt ab. Zwischen Januar und März können Wirbelstürme auftreten, in dieser Jahreszeit ist es oft schwül und feucht. In der östlichen Inselhälfte und an den Berghängen ist die Niederschlagsmenge recht hoch.
Kleidung: Leichte Kleidung ganzjährig in den Küstengegenden. In den Hügeln und Bergen sind wärmere Sachen angebracht. Besonders während der Regenzeit wird ein Regenschutz benötigt.

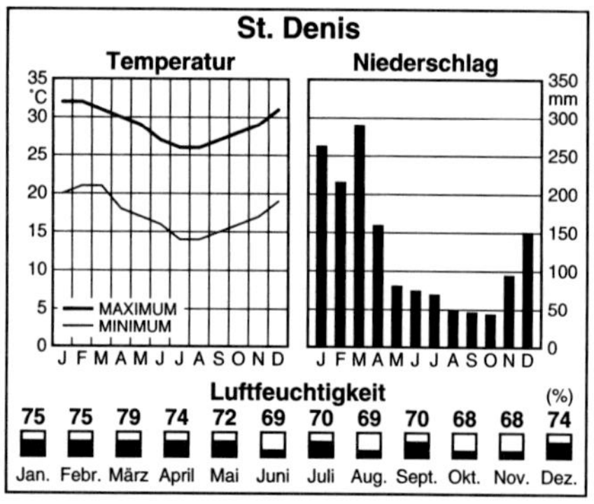

Zur Benutzung der Timatic-Codes beachten Sie bitte auch die ***Einleitung***

WELTKARTE?

LÄNDERKARTEN?

ZEITZONENKARTE?

INFORMATION ÜBER IMPFBESTIMMUNGEN UND GESUNDHEITSVORKEHRUNGEN?

. . . ***siehe Inhaltsverzeichnis***

Ruanda

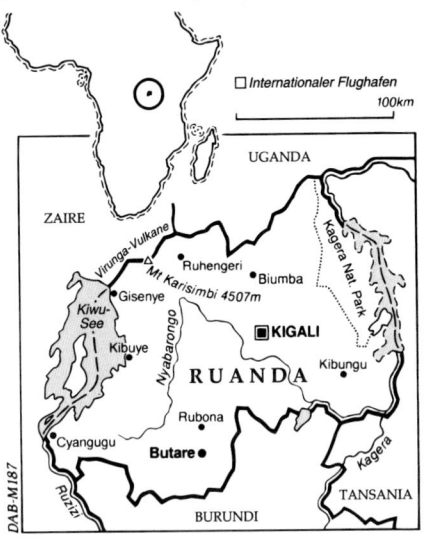

Lage: Zentralafrika.

Anmerkung: Obwohl der Bürgerkrieg beendet ist, wird von touristischen Reisen nach Ruanda weiterhin abgeraten. Die Versorgungssituation ist äußerst schlecht und die Sicherheitslage ebenso. Hunderttausende leben noch in Flüchtlingslagern, in Ruanda selber und in den Nachbarländern.

Office Rwandais du Tourisme et des Parcs Nationaux (ORTPN)
BP 905
Kigali
Tel: 7 65 14. Telefax: 7 65 12.
Botschaft der Republik Ruanda
Beethovenallee 72
D-53173 Bonn
Tel: (0228) 35 52 28. Telefax: (0228) 35 19 22.
Mo-Fr 09.00-13.00 und 15.00-17.00 Uhr, *Konsularabt.*: Mo-Fr 09.00-13.00 Uhr.
(*auch zuständig für Österreich*)
Honorarkonsulate ohne Visumerteilung in Hamburg, Mainz und Stuttgart.
Botschaft der Republik Ruanda
Eigerstraße 60
CH-3007 Bern
Tel: (031) 371 44 66. Telefax: (031) 371 44 75.
Generalkonsulat ohne Visumerteilung in Küsnacht.
Konsulat ohne Visumerteilung in Genf.
Botschaft der Bundesrepublik Deutschland
8 Rue de Bugarama
BP 355
Kigali
Tel: 7 52 22, 7 51 41. Telefax: 7 72 67.
Konsulat der Republik Österreich (ohne Paß- und Sichtvermerksbefugnis)
Centre Kigali
6 Boulevard de la Révolution
Maison »La Rwandaise S. A.«
BP 2288
Kigali
Tel: 7 30 12/13. Telefax: 7 30 18.
Übergeordnete Vertretung ist die Botschaft in Nairobi (s. Kenia).
Botschaft der Schweizerischen Eidgenossenschaft
38 Boulevard de la Révolution
BP 597
Kigali
Tel: 7 35 34, 7 55 34. Telefax: 7 24 61.

TIMATIC INFO-CODES

Abrufbar über Ihr CRS-System (für START/Amadeus Ama-Maske benutzen). Für Galileo bitte TI-DFT eingeben (mit Bindestrich).

Flughafengebühren	TI DFT/ KGL /TX
Währung	TI DFT/ KGL /CY
Zollbestimmungen	TI DFT/ KGL /CS
Gesundheit	TI DFT/ KGL /HE
Reisepassbestimmungen	TI DFT/ KGL /PA
Visabestimmungen	TI DFT/ KGL /VI

FLÄCHE: 26.338 qkm.
BEVÖLKERUNGSZAHL: 7.554.000 (1993).
BEVÖLKERUNGSDICHTE: 287 pro qkm.
HAUPTSTADT: Kigali. **Einwohner:** 234.472 (1991).
GEOGRAPHIE: Ruanda ist ein kleines bergiges Binnenland in Zentralafrika und grenzt im Norden an Uganda, im Osten an Tansania, im Süden an Burundi und im Westen an Zaïre. Von Nord nach Süd erstreckt sich eine bis zu 3000 m hohe Bergkette. Die Virunga-Vulkane steigen westlich des Kiwu-Sees steil auf und neigen sich zum hügeligen Zentralplateau. Ganz im Westen, am Oberlauf des Kagera-Flusses, gibt es eine Region mit Sumpfland. Hier befindet sich auch der Kagera-Nationalpark.
STAATSFORM: Präsidialrepublik mit neuer Verfassung seit 1991. Staatsoberhaupt: Pasteur Bizimungu (Hutu), seit Juli 1994. Regierungschef: Pierre-Célestin Rwigema (Hutu), seit August 1995. Seit November 1994 gibt es ein provisorisches Parlament mit 70 Abgeordneten.
SPRACHE: Offizielle Landessprachen sind Französisch und Kinyarwanda, Geschäftssprache ist Swahili.
RELIGION: Christentum (65%), Anhänger von Naturreligionen (50%), Moslems (10%).
ORTSZEIT: MEZ + 1.
NETZSPANNUNG: 220 V, 50 Hz.
POST- UND FERNMELDEWESEN: Telefon: Selbstwählferndienst. **Landesvorwahl:** 250. **Telefax**-Service ist vorhanden. **Telexe/Telegramme** kann man in Kigali und in den großen Hotels aufgeben. **Post:** Luftpost nach Europa ist ca. zwei Wochen unterwegs. Die Deutsche Bundespost nimmt Luftpostsendungen nach Ruanda bis auf weiteres nicht mehr an. Auch auf dem Landweg kann die Zustellung nicht gewährleistet werden. Öffnungszeiten der Postämter: Mo-Fr 08.00-12.00 und 14.00-17.00 Uhr, Sa 08.00-12.00 Uhr.
DEUTSCHE WELLE
Der Einsatz der Kurzwellenfrequenzen ändert sich mehrfach im Laufe eines Jahres, und Sendungen auf den folgenden Frequenzen werden jeweils nur zu bestimmten Tageszeiten ausgestrahlt. Näheres in der Einleitung.

MHz	15,275	15,135	11,795	9,545	6,075
Meterband	19	19	25	31	49

REISEPASS/VISUM

Wichtiger Hinweis: Die Einreisebestimmungen mancher Länder können sich kurzfristig ändern – rufen Sie sicherheitshalber auf Ihrem CRS-System (TIMATIC-Info-Code-Fenster in diesem Kapitel) den aktuellen Stand ab bzw. wenden Sie sich an die zuständige diplomatische Vertretung. Etwaige Zahlen in der Tabelle beziehen sich auf nachfolgende Fußnoten.

	Paß erforderlich?	Visum erforderlich?	Rückflugticket erforderlich?
Deutschland	Ja	Ja	Ja
Österreich	Ja	Ja	Ja
Schweiz	Ja	Ja	Ja
Andere EU-Länder	Ja	Ja	Ja

REISEPASS: Allgemein erforderlich, müssen noch 6 Monate gültig sein.
VISUM: Allgemein erforderlich.
Visaarten: Touristen- und Geschäftsvisa. Durchreisende, die innerhalb von 24 Std. wieder ausreisen und den Flughafen nicht verlassen, brauchen kein Transitvisum.
Visagebühren: 60 DM; 40 sfr.
Gültigkeitsdauer: Normalerweise 3 Monate, Verlängerungsmöglichkeit in Ruanda (s. u.).
Antragstellung: Konsulat oder Konsularabteilung der Botschaft (Adressen s. o.).
Unterlagen: (a) Gültiger Reisepaß. (b) 2 Paßfotos. (c) Impfzeugnis gegen Gelbfieber. (d) 2 Antragsformulare. (e) Firmenschreiben. (f) Gebühr. (g) Polizeiliches Führungszeugnis.
Bei postalischer Beantragung ist ein frankierter Rückumschlag notwendig.
Bearbeitungszeit: In der Regel 3-5 Werktage.
Aufenthaltsgenehmigung: Visa können von den Einwanderungsbehörden in Kigali verlängert werden.

GELD

Währung: 1 Ruanda-Franc (FRW) = 100 Centimes. Banknoten gibt es im Wert von 5000, 1000, 500 und 100 FRW; Münzen in den Nennbeträgen 50, 20, 10, 5 und 1 FRW.
Kreditkarten: *Eurocard* und teilweise auch *Diners Club* werden akzeptiert. Einzelheiten vom Aussteller der betreffenden Kreditkarte.
Reisechecks: FF-Reisechecks werden empfohlen.
Wechselkurse

	FRW Sept. '92	FRW Febr. '94	FRW Jan. '95	FRW Jan. '96
1 DM	91,53	83,99	89,28	153,04
1 US$	136,03	145,80	138,38	220,00

Devisenbestimmungen: Die Ein- und Ausfuhr der Landeswährung ist auf 5000 FRW begrenzt. Fremdwährungen dürfen unbeschränkt eingeführt werden, es besteht jedoch Deklarationspflicht. Die Ausfuhr ist in Höhe des deklarierten Betrags möglich.
Öffnungszeiten der Banken: Mo-Fr 08.30-11.30 und 13.30-16.30 Uhr, Sa 08.30-11.30 Uhr.

DUTY FREE

Folgende Artikel können ab 16 Jahren zollfrei nach Ruanda eingeführt werden:
200 Zigaretten oder 50 Zigarren oder 454 g Tabak;
2 l Spirituosen oder Wein (geöffnet);
Parfüm für den persönlichen Gebrauch.

GESETZLICHE FEIERTAGE

1. Mai '96 Tag der Arbeit. **16. Mai** Christi Himmelfahrt. **27. Mai** Pfingstmontag. **1. Juli** Unabhängigkeitstag. **15. Aug.** Mariä Himmelfahrt. **25. Sept.** Kamarampaka (Jahrestag der Volksbefragung von 1961). **26. Okt.** Tag der Armee. **1. Nov.** Allerheiligen. **25. Dez.** Weihnachten. **1. Jan. '97** Neujahr. **28. Jan.** Tag der Demokratie. **31. März** Ostermontag. **1. Mai** Tag der Arbeit. **8. Mai** Christi Himmelfahrt. **19. Mai** Pfingstmontag.

GESUNDHEIT

In der folgenden Tabelle aufgeführte Impfvorschriften können sich kurzfristig ändern. Es wird stets empfohlen, auf Ihrem CRS-System (TIMATIC-Info-Code-Fenster in diesem Kapitel) den aktuellen Stand der Gesundheitsbestimmungen abzurufen bzw. rechtzeitig vor der Reise ärztlichen Rat einzuholen.

	Vorsichtsmaßnahmen empfohlen	Impfschein erforderlich
Gelbfieber	Ja	1
Cholera	Ja	2
Typhus & Polio	3	-
Malaria	4	-
Essen & Trinken	5	-

[1]: Eine Impfbescheinigung gegen Gelbfieber wird von allen Reisenden verlangt, die über ein Jahr alt sind.
[2]: Eine Impfbescheinigung gegen Cholera ist keine Einreisebedingung, das Risiko einer Infektion besteht jedoch. Da die Wirksamkeit der Schutzimpfung umstritten ist, empfiehlt es sich, rechtzeitig vor Antritt der Reise ärztlichen Rat einzuholen. Näheres unter *Gesundheit* (s. Inhaltsverzeichnis).
[3]: Typhus kommt vor, Poliomyelitis ist endemisch.
[4]: Malariaschutz ist ganzjährig in allen Landesteilen erforderlich. Die vorherrschende gefährliche Form *Plasmodium falciparum* soll hochgradig Chloroquin- und Sulfadoxin/Pyrimethamin-resistent sein.
[5]: Wasser sollte generell vor der Benutzung zum Trinken, Zähneputzen und zur Eiswürfelbereitung entweder abgekocht oder anderweitig sterilisiert werden. Milch ist nicht pasteurisiert und sollte ebenfalls abgekocht werden. Trocken- und Dosenmilch nur mit keimfreiem Wasser anrühren. Milchprodukte aus ungekochter Milch sollten vermieden werden. Fleisch- und Fischgerichte nur gut durchgekocht und heiß serviert essen. Der Genuß von Schweinefleisch, rohen Salaten und Mayonnaise sollte vermieden werden. Gemüse sollte gekocht und Obst geschält werden.
Tollwut kommt vor. Wer ein erhöhtes Risiko eingeht (z. B. längerer Aufenthalt in abgelegenen Gebieten), sollte vor Reiseantritt eine Schutzimpfung erwägen. Bei Bißwunden so schnell wie möglich ärztliche Hilfe in Anspruch nehmen. Weitere Informationen im Kapitel *Gesundheit* (s. Inhaltsverzeichnis).
Bilharziose-Erreger kommen in manchen Teichen und Flüssen vor, das Schwimmen und Waten in Binnengewässern sollte daher vermieden werden. Gut gepflegte Schwimmbecken mit gechlortem Wasser sind unbedenklich.
Hepatitis A, B und *E* kommen vor.
Ebola-Ausbrüche traten besonders im Sommer 1995 auf.
Gesundheitsvorsorge: Vor dem Bürgerkrieg gab es etwa 250 Krankenhäuser mit insgesamt 8000 Betten und 1200 Ärzte. Derzeit ist die medizinische Versorgung nicht gewährleistet. Der Abschluß einer Reisekrankenversicherung mit Notrückführung wird empfohlen.

REISEVERKEHR - International

FLUGZEUG: Ruandas nationale Fluggesellschaft *Air Rwanda* (NR) bietet keine internationalen Flüge an, außer nach Entebbe in Uganda und Bujumbura in Burundi. Ruanda wird z. Zt. von *Sabena* angeflogen.
Durchschnittliche Flugzeit: Frankfurt - Kigali: 10 Std. (einschl. Zwischenlandungen).
Internationaler Flughafen: *Kigali* (KGL) (Kanombe) liegt 12 km östlich der Stadt (Fahrzeit 25 Min.). Am Flughafen gibt es einen Duty-free-Shop, eine Wechselstube, Post und Bar. Flughafenbusse und Taxis stehen zur Verfügung.
BUS/PKW: Straßen führen von den Nachbarstaaten Zaïre, Uganda und Tansania nach Ruanda. Ein Bus fährt zweimal wöchentlich von Kampala in Uganda nach Kigali.

REISEVERKEHR - National

FLUGZEUG: *Air Rwanda* (NR) bietet Flüge nach Bedarf an. Es gibt Charterflugzeuge, die jedoch teuer sind.
SCHIFF: Viermal wöchentlich läuft ein Boot der ONATRACOM (Office National des Transports en Commun) einige Städte am Kiwu-See an. Zwei Boote fahren von der Nord- zur Südseite des Sees (9 Std.).

BUS/PKW: Das Straßennetz ist nicht allzu umfangreich und hat durch den Bürgerkrieg stark gelitten; auch wichtige Brücken sind beschädigt worden. Die Panoramastraße entlang des Kiwu-Sees ist unbefestigt. **Busse** werden von *L'Office National des Transports en Commun* betrieben und fahren in drei Klassen auf: Stadtbusse (mit A, B oder C beschildert); Vorortbusse (D) und Langstreckenbusse. Fahrpläne und Fahrpreise sind in Ruanda erhältlich. **Taxis** gibt es in Kigali und in den anderen größeren Städten, der Fahrpreis sollte im voraus vereinbart werden. **Mietwagen** sind in Kigali erhältlich, u. a. von *Eurocar* (Meridien Hotel) oder *TAT* (Hotel des Mille Collines). Wagen mit Allradantrieb werden empfohlen. **Unterlagen:** Internationaler Führerschein.

UNTERKUNFT

HOTELS sind teuer, die meisten sind in Kigali zu finden. In der Nähe touristisch interessanter Gebiete gibt es kleine, preiswerte Hotels. Schlafsäle von Missionen sind besonders in Kleinstädten und abgelegeneren Regionen empfehlenswert. Die Hotels der Ruhengeri- und der Gisenyi-Mission bieten ausgezeichnete Unterkünfte und gutes Essen.
PENSIONEN: Außerhalb der größeren Städte gibt es *Guest Houses*, die normalerweise billiger als Hotels sind. Ein Guest House ist auch am Rand des Kagera-Nationalparks bei Byumba im Nordosten des Landes vorhanden.
CAMPING: In Gabiro, im Kagera-Nationalpark, gibt es einen Campingplatz.

URLAUBSORTE & AUSFLÜGE

Das bergige Ruanda liegt im Herzen Afrikas und wird von einem Senkgraben sowie zwei Bergketten geteilt, die das Land von Nord nach Süd durchziehen. Das Land bietet einige sehenswerte Regionen; die interessantesten sind die Virunga-Vulkane, der Kagera-Nationalpark und die Umgebung des Kiwu-Sees. Die Hauptstadt **Kigali** ist in erster Linie Geschäfts- und Verwaltungszentrum und bietet nur wenige Sehenswürdigkeiten.
Im Osten des Landes ist **Kibungu** inmitten von Seen und Wasserfällen, einschl. des Mungesera-Sees und der Rusumo-Wasserfälle. Diese Region bildet die Südspitze des 2500 qkm umfassenden **Kagera-Nationalparks**, der westlich des Kagera-Flusses an der Grenze zu Tansania liegt. Der Park bietet zahlreichen Tierarten und 500 verschiedenen Vogelarten ein Zuhause. 100 km nördlich, am Rand des Parks bei Gabiro, gibt es Unterkünfte, die man am besten im voraus bucht. In der Regenzeit (Dezember, März und April) sind viele Straßen unbefahrbar.
Westlich von Kagera befindet sich der **Parc des Volcans**, einer der letzten Lebensräume der Berggorillas (deren Schicksal seit dem Krieg noch nicht geklärt ist). Das ORTPN-Fremdenverkehrsamt in Kigali bietet für kleine Gruppen geführte Touren durch den Park an; wer sich diese nicht entgehen lassen will, sollte lange im voraus buchen. Diese Vulkankette mit zwei aktiven Vulkanen auf der zaïrischen Seite beeindruckt durch ihre atemberaubende Landschaft. Das Verwaltungsbüro in Kinigi erteilt Ratschläge und Informationen für Ausflüge. Hier sind auch gute Führer und der Wetterbericht erhältlich, den man wegen des oft unberechenbaren Wetters stets einholen sollte.
Gisenyi ist der ideale Ausgangspunkt für Ausflüge in den Parc des Volcans. Am Nordufer des **Kiwu-Sees** sind Wassersport und Bootsfahrten beliebt. Das weiter südlich gelegene **Kibuye** ist ein weiterer Badeort. Am Südufer des Sees, in der Nähe von *Cyangugu*, gibt es bei *Kaboza* und *Nyenji* faszinierende Höhlen zu erkunden, und bei *Nyakabuye* einen Heilquellen Besucher an. Der nahegelegene *Rugege-Wald* ist die Heimat seltener Tier- und Pflanzenarten.
Östlich von Cyangugu liegt **Butare**, die intellektuelle Hauptstadt des Landes. Bei einem Stadtbummel sollte man auf jeden Fall einen Besuch der verschiedenen Museen und des Botanischen Gartens einplanen. Die Kunstgewerbegeschäfte bieten für jeden Geschmack etwas. Das Museum von Butare ist ebenfalls einen Besuch wert. Die Stadt **Kabgayi** hat eine schöne Kathedrale, und bei **Mushubati** kann man die *Grotten von Bihongori* durchstreifen.
Das Fremdenverkehrsamt in Kigali erteilt weitere Auskünfte.

SOZIALPROFIL

ESSEN & TRINKEN: In den Hotelrestaurants stehen meist eine angemessene Auswahl europäischer Gerichte auf der Speisekarte. Zahlreiche Restaurants bieten französisch-belgische und einige afrikanische Gerichte an.
Getränke: Die Auswahl an Spirituosen, Wein und Bier ist gut.
NACHTLEBEN: Außer den vielen kleinen Bars und einigen Diskotheken ist die Abendunterhaltung nicht sehr breit gefächert. In Kigali gibt es einige Kinos. Das Nationalballett Ruandas ist für traditionelle Aufführungen von Tänzen und Liedern bekannt; sie finden bei nationalen Zeremonien oder auf Wunsch auch in Dörfern statt.
EINKAUFSTIPS: Beliebte Mitbringsel sind geflochtene Körbe mit spitzen Deckeln, einheimische Keramik, Holzschnitzereien, Talismane und Messer, *Pangas* oder *Umuhoro* genannt, deren Schneiden wie Fragezeichen geformt sind. Wem Gorillahände oder -schädel angeboten werden, sollte nicht zögern und den Händler sofort bei der Polizei anzeigen.
SPORT: Safaris: Den Kagera-Nationalpark bei Gabiro kann man auf dem Straßenweg oder mit dem Flugzeug erreichen. Der Park bietet einen geschützten Lebensraum für Löwen, Zebras, Antilopen, Nilpferde, Büffel, Leoparden, Affen, Impalas, Reiher, Fischadler und Kormorane. **Bergsteigen/Ausflüge:** Die Virunga-Vulkane zwischen Ruhengeri und Gisenyi sind bei Bergsteigern beliebt. Der Nyiragongo (Zaïre) wird normalerweise von Gisenyi aus erklommen; es werden zwei- oder dreitägige Touren mit ruandischen Führern zur Kraterbesichtigung angeboten. **Wassersport:** Bei Gisenyi gibt es Sandstrände. Im Kiwu-See kann man Wasserski laufen und schwimmen. Die großen Hotels haben **Tennisplätze**.
SITTEN & GEBRÄUCHE: Der traditionelle Lebensstil beruht auf der Landwirtschaft und Rinderzucht. Die Bevölkerung lebt in den fruchtbaren Landesteilen, allerdings lebt jede Familie auf ihrem eigenen Land und nicht in Dörfern. Der Großteil der Ruander gehört der Volksgruppe der Hutu an, ca. 15% der Bevölkerung gehören zu den Tutsi. Die Unterscheidung zwischen diesen Gruppen beruht aber nicht unbedingt auf rassischen Gesichtspunkten, sondern eher auf sozialen. Die Hutu waren traditionell die Bauern des Landes, die Tutsi stellten jahrhundertelang die Oberschicht. Erst die deutschen Kolonialisten interpretierten diese soziale Unterscheidung als eine rassische auf führten u. a. Identitätskarten ein. Die kleinste Minderheit sind die Twa, ein Pygmäen-Mischvolk, die möglicherweise ältesten Bewohner des Landes, die heute Töpfer und Jäger sind. Die üblichen Höflichkeitsformen gelten auch hier.
Trinkgeld: 10-15 FRW sind üblich.

WIRTSCHAFTSPROFIL

WIRTSCHAFT: Ruanda ist ein Agrarland, produziert wird überwiegend für den Eigenbedarf. In den letzten zehn Jahren hat sich die Regierung bemüht, die Produktion teilweise auf Exporterzeugnisse wie Tee und vor allem Kaffee umzustellen. Zuckerplantagen und Reisfelder sind ebenfalls eingeführt worden. Das Land verfügt über Bodenschätze wie Zinn und einige seltene Erze, die auf dem Weltmarkt begehrt sind. Die Förderung hat sich jedoch nicht immer als wirtschaftlich erwiesen – so wurde der Abbau von Wolfram 1987 wegen zu geringer Rentabilität eingestellt. Erdgasfunde, die womöglich zu den größten der Welt zählen, stimmen hoffnungsvoll für die Zukunft. Für afrikanische Verhältnisse verlief Ruandas wirtschaftliche Enwicklung bei einer Inflationsrate von unter 10% bis zum Ausbruch des Bürgerkriegs gut; auch die Auslandsschulden des Landes waren vertretbar. Der Zusammenbruch des Kaffeepreises auf dem Weltmarkt 1990 trübte allerdings die Zukunftsaussichten, zumal diese Entwicklung mit einer ernsthaften innenpolitischen Krise zusammentraf.
Nach der Beendigung des Bürgerkriegs wird es wahrscheinlich Jahre dauern, bis sich die Wirtschaft des Landes wieder erholt. Internationale Hilfe wird dabei erforderlich sein. Mitte Januar 1995 fand in Genf eine Konferenz statt, auf der die ruandische Regierung ihr Programm zum wirtschaftlichen Wiederaufbau vorstellte. Insgesamt wurden internationale Hilfsgelder in Höhe von 560 Mio. US-Dollar zugesagt, Deutschland wird allein über 80 Mio. US-Dollar zur Verfügung stellen. Ruandas wichtigste Handelspartner sind die Benelux-Staaten, Deutschland und Kenia.
GESCHÄFTSVERKEHR: Beste Besuchszeiten sind April - Oktober und Dezember - Januar. **Geschäftszeiten:** Mo-Fr 08.00-12.00 und 14.00-17.00 Uhr.
Kontaktadressen: Die wirtschaftlichen Interessen Österreichs werden von der Außenhandelsstelle der Wirtschaftskammer Österreich in Harare (s. Simbabwe) vertreten.
Chambre de Commerce et d'Industrie du Rwanda (Industrie- und Handelskammer), BP 319, Kigali. Tel: 8 35 37. Telefax: 8 35 32.

KLIMA

Trotz der Äquatornähe ist das Klima durch die Höhenlage eher kühl. In den meisten Landesteilen ist es warm, in den Bergen jedoch kühler. Es gibt zwei Regenzeiten: Mitte Januar - April und Mitte Oktober - Mitte Dezember. Genaue Niederschlagsraten sind nicht erhältlich.

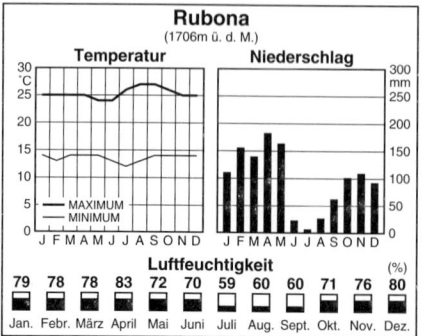

Rumänien

□ Internationaler Flughafen
200km

Lage: Osteuropa.

Rumänisches Touristenamt
Zeil 13
D-60313 Frankfurt/M.
Tel: (069) 29 52 78/79. Telefax: (069) 29 29 47.
Mo-Fr 09.00-17.00 Uhr.
Rumänisches Touristenamt
Frankfurter Tor 5
D-10243 Berlin
Tel/Telefax: (030) 589 26 84.
Mo-Fr 09.00-13.00 und 14.00-17.00 Uhr.
ONT Carpati SA
Boulevard Magheru 7
RO-7161 Bukarest 1
Tel: (01) 614 51 60. Telefax: (01) 615 10 84.
Botschaft der Republik Rumänien
Legionsweg 14
D-53117 Bonn
Tel: (0228) 55 58 60, *Konsularabt.:* 555 86 32/33. Telefax: (0228) 68 02 47.
Mo, Mi, Fr 09.00-12.00 Uhr.
Außenstelle der Botschaft der Republik Rumänien
Matterhornstraße 79
D-14129 Berlin
Tel: (030) 803 30 18. Telefax: (030) 80 31 64.
Mo, Mi, Fr 09.00-12.00 Uhr.
Botschaft der Republik Rumänien
Prinz-Eugen-Straße 60
A-1040 Wien
Tel: (0222) 505 32 27. Telefax: (0222) 504 14 62.
Konsularabteilung der Botschaft
Theresianumgasse 25
A-1040 Wien
Tel: (0222) 505 23 43. Telefax: (0222) 504 14 62.
Mo, Mi, Fr 08.00-12.00 Uhr (nach Terminvereinbarung).
Botschaft der Republik Rumänien
Kirchenfeldstraße 78
CH-3005 Bern
Tel: (031) 352 35 22, *Konsularabt.:* 352 35 21. Telefax: (031) 352 64 55.

TIMATIC INFO-CODES

Abrufbar über Ihr CRS-System (für START/Amadeus Amaske benutzen). Für Galileo bitte TI-DFT eingeben (mit Bindestrich).

Flughafengebühren	TI DFT/ BUH /TX
Währung	TI DFT/ BUH /CY
Zollbestimmungen	TI DFT/ BUH /CS
Gesundheit	TI DFT/ BUH /HE
Reisepassbestimmungen	TI DFT/ BUH /PA
Visabestimmungen	TI DFT/ BUH /VI

Mo-Do 08.00-12.00 und 14.00-17.00 Uhr, Fr 08.00-14.00 Uhr, *Konsularabt.*: Mo-Fr 09.30-11.30 Uhr (außer Dienstag).
Generalkonsulat ohne Visumerteilung in Zürich.
Botschaft der Bundesrepublik Deutschland
Strada Rabat 21
RO-71272 Bukarest
Tel: (01) 212 22 15, 212 28 30. Telefax: (01) 312 98 46.
Generalkonsulat in Hermannstadt, *Außenstelle* in Timisoara.
Botschaft der Republik Österreich
Strada Dumbrava Rosie 7
RO-70254 Bukarest
Tel: (01) 210 09 39, 210 43 54. Telefax: (01) 210 08 85.
Botschaft der Schweizerischen Eidgenossenschaft
Strada Pitar Mos 12
RO-70152 Bukarest 1
Tel: (01) 210 02 99, 210 03 78. Telefax: (01) 210 03 24.

FLÄCHE: 237.500 qkm.
BEVÖLKERUNGSZAHL: 22.761.000 (1993).
BEVÖLKERUNGSDICHTE: 96 pro qkm.
HAUPTSTADT: Bukarest. **Einwohner:** 2.068.474 (1992).
GEOGRAPHIE: Rumänien grenzt im Norden an die Ukraine, im Osten an Moldawien, im Südosten an das Schwarze Meer, im Süden an Bulgarien, im Südwesten an die Bundesrepublik Jugoslawien und im Westen an Ungarn. Durch das Land zieht sich der mächtige Bogen der Karpaten, der von den Südkarpaten zur Bukowina reicht und das Siebenbürgische Hochland in der Mitte des Landes einschließt. Den Süden des Landes zwischen den Karpaten und der flachen Donauebene nimmt die leicht wellige Walachei mit der Hauptstadt Bukarest ein. Die Donau bildet die Grenze nach Bulgarien. Im Westen hat Rumänien Anteil an der großen Tiefebene, die sich weiter nach Ungarn zieht. Die Hafenstadt Constanta, die Donaumündung und zahlreiche Urlaubsorte liegen am Schwarzen Meer im Osten. Über die Hälfte der Landfläche wird landwirtschaftlich genutzt.
STAATSFORM: Republik seit 1991. Staatsoberhaupt: Ion Iliescu, seit 1990. Regierungschef: Nicolae Vacariou, seit November 1992. Zweikammerparlament. Die neue Verfassung von 1991 bildet die Grundlage des demokratischen und sozialen Rechtsstaats und garantiert Parteienpluralismus.
SPRACHE: Die Landessprache ist Rumänisch. In den Grenzgebieten wird mitunter Ungarisch, Serbisch, Ukrainisch, Armenisch oder Jiddisch gesprochen. Französisch ist weit verbreitet, in Transsilvanien wird viel Deutsch gesprochen, und in den Touristengebieten spricht man auch Englisch.
RELIGION: Rumänisch-orthodox (87%) und katholische, protestantische, griechisch-orthodoxe, islamische und jüdische Minderheiten.
ORTSZEIT: MEZ + 1.
NETZSPANNUNG: 220 V, 50 Hz.
POST- UND FERNMELDEWESEN: Telefon: Selbstwählferndienst nach Rumänien, Auslandsgespräche von Rumänien aus müssen beim Fernamt (971) angemeldet werden. **Landesvorwahl: 40.** Öffentliche Telefonzellen gibt es überall. Hotels verlangen oft sehr hohe Gebühren für Ferngespräche. **Telefaxanschlüsse** sind in den meisten größeren Hotels vorhanden. **Telexe/Telegramme** können in Bukarest in Postämtern aufgegeben werden, außerdem gibt es einen Nachtdienst von 20.00-07.00 Uhr. Die großen Hotels haben meist auch Telexgeräte. **Post:** Luftpost nach Westeuropa ist bis zu zwei Wochen unterwegs. Postämter sind Mo-Fr 08.00-20.00 Uhr und Sa 09.00-12.00 Uhr geöffnet.
DEUTSCHE WELLE
Der Einsatz der Kurzwellenfrequenzen ändert sich mehrfach im Laufe eines Jahres, und Sendungen auf den folgenden Frequenzen werden jeweils nur zu bestimmten Tageszeiten ausgestrahlt. Näheres in der Einleitung.

MHz	21,560	15,275	13,780	9,545	6,075
Meterband	13	19	22	31	49

REISEPASS/VISUM

Wichtiger Hinweis: Die Einreisebestimmungen mancher Länder können sich kurzfristig ändern – rufen Sie sicherheitshalber auf Ihrem CRS-System (TIMATIC-Info-Code-Fenster in diesem Kapitel) den aktuellen Stand ab bzw. wenden Sie sich an die zuständige diplomatische Vertretung. Etwaige Zahlen in der Tabelle beziehen sich auf nachfolgende Fußnoten.

	Paß erforderlich?	Visum erforderlich?	Rückflugticket erforderlich?
Deutschland	Ja	Ja	Nein
Österreich	Ja	Ja	Nein
Schweiz	Ja	Ja	Nein
Andere EU-Länder	Ja	Ja	Nein

REISEPASS: Allgemein erforderlich. Der Reisepaß muß mindestens noch 6 Monate über den beabsichtigten Aufenthalt hinaus gültig sein. Der Kinderausweis muß ein Lichtbild aufweisen.

HOTEL INTER·CONTINENTAL BUKAREST

25 Jahre zu Ihren Diensten

4 Nicolae Bălcescu Boulevard, Bukarest 1, Rumänien
Tel: 40 1 210 73 30, Fax: 40 1 312 04 86.

VISUM: Allgemein erforderlich, ausgenommen sind Staatsbürger von:
(a) Bulgarien, der Bundesrepublik Jugoslawien (Serbien und Montenegro), Kroatien, der Mongolei, Polen, der Slowakischen Republik, Slowenien, der Tschechischen Republik, den Nachfolgestaaten der ehemaligen UdSSR (Staatsbürger Estlands, Lettlands und Litauens benötigen jedoch ein Visum), Ungarn und USA;
(b) Costa Rica, Marokko, Mauretanien, San Marino, São Tomé und Principe und Zypern;
(c) der Türkei für Aufenthalte bis zu 2 Monaten;
(d) Kuba für Aufenthalte bis zu 30 Tagen.
Anmerkung: Kinder unter 14 Jahren, die namentlich im Reisepaß des Vaters oder der Mutter eingetragen sind und mit dem betreffenden Elternteil reisen, können in das Visum für den Elternteil eingetragen werden. Die Visagebühr beträgt 19 DM pro Kind. Sind die Kinder nicht im Reisepaß eines ihrer Eltern eingetragen, muß ein separates Visum beantragt und die volle Gebühr bezahlt werden. Die Visagebühren müssen generell zusammen mit dem Antrag entrichtet werden. Die Ausstellung von Visa per Nachnahme ist nicht möglich.
Visaarten: Touristen- und Transitvisa (einfach und doppelt).
Visagebühren: Touristen- und Transitvisum: 70 DM, 420 öS (für österreichische Staatsbürger kostet es 15 öS), 50 sfr.
Gültigkeitsdauer: Im allgemeinen 30 Tage innerhalb von 2 Monaten. Transitvisa erhält man auch am Flughafen oder an den Grenzübergängen, sie gelten für 72 Std.
Antragstellung: Visa werden grundsätzlich von den Botschaften oder Konsularvertretungen ausgestellt (Adressen s. o.). Man kann sie aber auch direkt an der Grenze bekommen.
Unterlagen: (a) Gültiger Reisepaß (muß noch mindestens 6 Monate über den beabsichtigten Aufenthalt hinaus gültig sein). (b) Schreiben mit Abreisedatum und Aufenthaltsdauer sowie vollständiger Adresse des Paßinhabers. (c) Gebühren. (d) Der postalischen Antragstellung sollten ein adressierter Freiumschlag und der Zahlungsbeleg über die Gebühren beigelegt werden.
Bearbeitungszeit: Bei postalischer Beantragung ca. 1 Woche, bei persönlicher Beantragung ist die Ausstellung noch am selben Tag möglich.
Aufenthaltsgenehmigung: Bitte erkundigen Sie sich bei der Botschaft.

GELD

Währung: Aufgrund der hohen Inflationsrate ändern sich die Nennbeträge von Banknoten und Münzen häufig. 1 Leu (Plural: Lei) = 100 Bani. Banknoten gibt es im Wert von 10.000, 5000, 1000 und 500 Lei, Münzen im Wert von 100, 50, 20 und 10 Lei.
Geldwechsel: Besucher sollten zumindest einen Teil ihres Geldes in offiziellen Wechselstuben tauschen, obwohl Schwarzmarkt-Tauschgeschäfte in Geschäften, Restaurants und Hotels gang und gäbe sind. Unter Umständen wird jedoch ein Nachweis benötigt, daß man einen Mindestbetrag umgetauscht hat. Die Umtauschquittung muß außerdem bei der Begleichung der Hotelrechnung vorgelegt werden, es sei denn, man bezahlt mit Gutscheinen, Kreditkarte oder Reiseschecks.
Um Probleme beim Rücktausch zu vermeiden, sollten bereits eingetauschte Lei im Land verbraucht werden.
Kreditkarten: *Eurocard, American Express, Diners Club* und *Visa* werden akzeptiert. Einzelheiten vom Aussteller der betreffenden Kreditkarte.
Reiseschecks werden in Hotels, Restaurants, Geschäften und Fremdenverkehrsämtern in Leu getauscht.
Euroschecks können in Banken bis zu einem Höchstbetrag von umgerechnet 400 DM eingetauscht werden.
Wechselkurse

	Leu Sept. '92	Leu Febr. '94	Leu Jan. '95	Leu Jan. '96
1 DM	272,78	851,47	1144,74	1850,43
1 US$	405,38	1478,11	1774,37	2660,00

Devisenbestimmungen: Die Ein- und Ausfuhr der Landeswährung ist verboten. Die Einfuhr von Fremdwährungen ist unbeschränkt; es besteht Deklarationspflicht. Die Ausfuhr ist auf den bei der Einreise deklarierten Betrag beschränkt.
Öffnungszeiten der Banken: Mo-Fr 09.00-12.00 und 13.00-15.00 Uhr, Sa 09.00-12.30 Uhr.

DUTY FREE

Folgende Artikel können zollfrei nach Rumänien eingeführt werden:
200 Zigaretten oder 300 g Tabak;
2 l Spirituosen;
4 l Wein oder Bier;
Geschenke bis zum Wert von 2000 Lei.

GESETZLICHE FEIERTAGE

1./2. Mai '96 Internationale Tage der Arbeit. **1. Dez.** Nationalfeiertag. **25. Dez.** Weihnachten. **1. Jan. '97** Neujahr. **27. April** Orthodoxe Ostern. **1./2. Mai** Internationale Tage der Arbeit.

GESUNDHEIT

In der folgenden Tabelle aufgeführte Impfvorschriften können sich kurzfristig ändern. Es wird stets empfohlen, auf Ihrem CRS-System (TIMATIC-Info-Code-Fenster in diesem Kapitel) den aktuellen Stand der Gesundheitsbestimmungen abzurufen bzw. rechtzeitig vor der Reise ärztlichen Rat einzuholen.

	Vorsichtsmaßnahmen empfohlen	*Impfschein erforderlich*
Gelbfieber	Nein	Nein
Cholera	Nein	Nein
Typhus & Polio	1	-
Malaria	Nein	-
Essen & Trinken	2	-

[1]: Typhus kommt vor, Poliomyelitis ist endemisch.
[2]: Leitungswasser ist normalerweise gechlort, es können jedoch leichte Magenverstimmungen auftreten. Für die ersten Urlaubstage wird daher abgefülltes Wasser empfohlen, welches überall erhältlich ist. Milch, Milchprodukte, Fleischwaren, Geflügel, Meeresfrüchte, Obst und Gemüse können unbesorgt verzehrt werden.
Tollwut kommt vor. Wer ein erhöhtes Risiko eingeht (z. B. längerer Aufenthalt in abgelegenen Gebieten), sollte vor Reiseantritt eine Schutzimpfung erwägen. Bei Bißwunden so schnell wie möglich ärztliche Hilfe in Anspruch nehmen. Weitere Informationen im Kapitel *Gesundheit* (s. Inhaltsverzeichnis).
Hepatitis A kommt vor, *Hepatitis B* ist endemisch.
Gesundheitsvorsorge: Der Abschluß einer Reisekrankenversicherung wird empfohlen.

REISEVERKEHR - International

FLUGZEUG: Rumäniens nationale Fluggesellschaft heißt *Tarom (RO)*. Das Reisegepäck darf das zulässige Höchstgewicht nicht überschreiten: 20 kg pro Person, davon höchstens 5 kg Handgepäck. *Lufthansa, Austrian Airlines* und *Swissair* fliegen Bukarest an.
Durchschnittliche Flugzeiten: *Frankfurt* – Bukarest: 2 Std. 25; *Wien* – Bukarest: 2 Std. 30; *Zürich* – Bukarest: 2 Std. 35.
Internationaler Flughafen: *Bukarest (BUH)* (Otopeni) liegt 16 km nördlich der Stadt (Fahrzeit 35 Min.). Es gibt einen Duty-free-Shop, eine Bank (24 Std. geöffnet), Post, Mietwagenschalter, Tourist-Information, Hotel-Reservierungsschalter, Bars und Restaurants. Ein Taxistand ist ebenfalls vorhanden. Vor dem Tarom-Büro (Strada Brezoianu 10) fährt ein Zubringerbus zum Flughafen ab. Weitere Verbindung zum Flughafen mit der Buslinie 49 (Abfahrt vom Scinteia-Haus am Presse-Platz).
Flughafengebühren: Internationale Charterflüge: 13 DM.
SCHIFF: Constanta und Sulina am Schwarzen Meer sind die wichtigsten Hafenstädte. Von Orsova gibt es einen Fährdienst auf der Donau nach Jugoslawien und Bulgarien. Bei Urlaubern sehr beliebte **Donaufahrten** werden von Wien zum Schwarzen Meer angeboten. Die Dampfer legen in Wien, Bratislava, Budapest, Belgrad, Bazias, Giurgiu, Calafat und Bukarest an. Unterwegs kann man historische Städte, Museen, Kunstsammlungen, Klöster, Heilbäder, archäologische Ausgrabungsstätten, Folkloredarbietungen und Naturschutzgebiete besuchen (im Donaudelta allein gibt es über 250 Tierarten) und natürlich die wildromantische Schönheit der osteuropäischen Landschaft (vor allem Transsilvaniens) bewundern. Weitere Informationen vom Touristikamt (Adresse s. o.).
BAHN: Der Hauptbahnhof in Bukarest ist der *Gara de Nord*. Die Bahnsteige sind nicht besonders hoch und erschweren das Einsteigen für ältere und behinderte Passagiere. Der *Orient Express* und der *Wiener Walzer* sind die wichtigsten westeuropäischen Züge, die nach Rumänien fahren.
Der *Orient Express* fährt von Paris über Deutschland und erreicht Bukarest ca. anderthalb Tage später um 12.20 Uhr (Fahrzeit ca. 31 Std.). Schlafwagen stehen viermal wöchentlich zur Verfügung (nicht im Sommer); es gibt Abteile der 1. und 2. Klasse.
Der *Wiener Walzer* fährt ab Basel (Juni - September) und kommt zwei Tage später um 08.15 Uhr in Bukarest an; in Wien muß man umsteigen. Von Wien gibt es Tag- und Nachtzüge nach Bukarest und Constanta. Direktverbindungen bestehen auch zu anderen Städten Osteuropas. *InterRail*-Pässe gelten auch in Rumänien, Einzelheiten s. *Deutschland*.
BUS/PKW: Die beste Verbindung von Westeuropa nach Rumänien führt durch Deutschland, Österreich und Ungarn. Die E 64 in Ungarn führt von Budapest nach Szeged und in Rumänien über Arad, Sibiu, Brasov und Ploiesti nach Bukarest; von dort führt eine Straße nach Timisoara. Die E 60 ist die am häufigsten benutzte Strecke von Deutschland nach Rumänien, über Oradea, Cluj und Brasov nach Bukarest. Weitere Informationen s. *Unterlagen*. Der Europabus der *Deutschen Touring GmbH* verbindet acht deutsche Sädte mit Siebenbürgen (Dortmund, Düsseldorf, Essen, Frankfurt, Köln, Nürnberg, Regensburg und Passau).

REISEVERKEHR - National

FLUGZEUG: *Baneasa* (Fahrzeit: 20 Min. von Otopeni) ist der wichtigste Flughafen für Inlandflüge. *Tarom (RO)* fliegt regelmäßig nach Constanta, Arad, Bacau, Caransebes, Baia Mare, Cluj-Napoca, Iasi, Satu Mare, Timisoara, Oradea, Tirgu Mures, Sibiu, Suceava und Tulcea. Für viele Inlandflüge werden Propellermaschinen benutzt.
BAHN: Die Rumänische Staatsbahn ist pünktlich, zuverlässig und preiswert. Manche Züge haben Schlaf- und Speisewagen. Für Schnell- und Expreßzüge benötigt man einen Zuschlag und eine Platzreservierung.
BUS/PKW: Der rumänische Automobilklub (ACR) hat sein Hauptquartier in Bukarest und bietet Mitgliedern ähnlicher Organisationen Pannendienste an. Benzingutscheine sind nicht mehr erforderlich. **Busse** fahren zu fast allen Städten und Dörfern. **Taxis** können auf der Straße angehalten oder durch die Hotels bestellt werden; man sollte Taxis mit Taxameter benutzen. **Mietwagen** reserviert man am Flughafen oder über die Hotels. Es wird jedoch empfohlen, einen Mietwagen mit Chauffeur zu buchen, da der Verkehr mitunter recht hektisch ist.
Unterlagen: Landesführerschein oder internationaler Führerschein sowie die grüne Versicherungskarte. Der Abschluß einer Kurzkaskoversicherung wird empfohlen.
Verkehrsbestimmungen: Die Höchstgeschwindigkeit innerhalb geschlossener Ortschaften ist 60 km/h (40 km/h für Motorräder) und 60-90 km/h (60 km/h für Motorräder) auf Landstraßen. Es herrscht absolutes Alkoholverbot.
STADTVERKEHR: In den größeren Städten gibt es gute öffentliche Verkehrsmittel, in Bukarest fährt zusätzlich eine Untergrundbahn. Fahrkarten werden im voraus gekauft und im Bus oder Zug entwertet. Es gibt Tages-, Wochen- und Zweiwochenkarten. Ein unabhängiger Minibusdienst befährt 18 verschiedene Strecken.

UNTERKUNFT

HOTELS: Hotelgutscheine sollten von Reiseagenturen gekauft werden, die Vertragspartner des rumänischen Fremdenverkehrsamtes sind. Die Buchung läßt man am besten durch ein Telex bestätigen, da unbestätigte Buchungen oft nicht anerkannt werden. Weitere Informationen von den rumänischen Touristenämtern (Adressen s. o.).
FERIENHÄUSER UND -WOHNUNGEN: Adressen von Privatunterkünften sind vor Ort von den Reiseagenturen erhältlich.
CAMPING: Es gibt ca. 100 Campingplätze. Die von Mai bis September gültigen Gutscheine erhält man bei bevollmächtigten Reiseagenturen.
JUGENDHERBERGEN: Die Jugendherbergen sind in der Reisesaison geöffnet. Weitere Informationen vom *Fremdenverkehrsamt für Jugendliche*, Strada Onesti 4-6, Bukarest, den Touristenämtern oder Spezialveranstaltern.

URLAUBSORTE & AUSFLÜGE

Die **SCHWARZMEERKÜSTE**, Rumäniens wichtigstes Feriengebiet, ist ideal für den Familienurlaub. An den insgesamt 70 km langen weißen Sandstränden liegen die Urlaubsorte *Mamaia, Eforie-Nord, Techirghiol, Eforie-Süd, Costinesti, Neptun-Olimp, Jupiter, Venus-Aurora, Saturn* und *Mangalia*, die vielseitige Wassersportmöglichkeiten bieten. In vielen Orten können auch Boote gemietet werden. In der *Dobrudja-Region* werden Schiffsrundfahrten zu anderen Ferienorten angeboten. Am *Techirghiol-See*, dessen Thermalquellen eine Mindesttemperatur von 24°C haben, und in *Mangalia, Eforie* und *Neptun* gibt es Salzwasser- und Heilschlammbehandlungen gegen rheumatische Erkrankungen. Die im 6. Jh. v. Chr. gegründete griechisch-byzantinische Hafenstadt **Constanta** mit ihren interessanten Museen und antiken Denkmälern ist sehenswert und ein guter Ausgangspunkt für Ausflüge in die reizvolle Umgebung. Weiter im Landesinneren gibt es zahlreiche Ausgrabungsstätten zu besichtigen, z. B. die altgriechischen Stadtruinen in *Histria* und *Callatis*. Zeugnis des römischen Erbes ist das eindrucksvolle Runddenkmal in *Adamclisi*, das an den Sieg Kaiser Trajans über die Daker erinnert. Das Hinterland ist außerdem Habitat zahlreicher Füchse, Otter, Wildkatzen und Wildschweine. Während des Vogelzuges lassen sich über 300 Vogelarten am Schwarzen Meer nieder. Für Vogelliebhaber ist auch das **Donaudelta** interessant, ein geschützter Naturpark und ein wichtiger Rastplatz auf einer der Migrationsrouten zwischen Nordpol und Äquator. Dieses einzigartige Feuchtgebiet mit seiner artenreichen Pflanzenwelt und seinem sagenhaften Fischreichtum wurde von der UNESCO zum Biosphären-Reservat erklärt. Die Einwohner der wenigen kleinen Dörfer, in denen die Zeit stehen geblieben zu sein scheint, leben von Fischfang und Viehzucht. Ausflugsschiffe verkehren zwischen *Tulcea* und *Sulina*.
DIE KARPATEN: Diese wunderschöne und dicht bewaldete Gebirgsregion lädt ein zum Skifahren, Rodeln, Reiten und Tennisspielen. Zahlreiche Kur- und Wintersportorte liegen an den Berghängen und in den Tälern. Skiausrüstungen kann man auch ausleihen. Die bekanntesten Urlaubsorte sind *Sinaia* (Bobschlitten-Anlagen), *Busteni, Predeal* (beleuchtete Pisten), *Semenic, Paltinis, Bilea, Borsa* und *Durau*. Die lange Wintersportsaison

Rumänien

dauert von Dezember bis April. Außerordentlich malerische Seen liegen in den *Fagaras-* und den *Retezat-Bergen.* Auch ein Besuch der Höhlen in den Regionen Apuseni, Mehedinti und Bihor ist lohnenswert.
TRANSSILVANIEN (Siebenbürgen) hat eine der reizvollsten Landschaften Rumäniens mit ausgezeichneten Wander- und Wintersportmöglichkeiten. Die rumänischen Kurbäder sind bereits seit römischen Zeiten für ihre wunderbaren Heilkräfte bekannt. Zu den zahlreichen transsilvanischen Kurorten gehören *Baile Felix, Baile Herculane, Sovata* und *Covasana.* Einige bieten Akupunktur, Akupressur und Schlankheitskuren an. Transsilvanien ist auch die Heimat von Graf Dracula. Der irische Schriftsteller Bram Stoker schuf diese weltberühmte Figur nach dem Vorbild von König Vlad Tepes, »dem Pfähler«, der im Mittelalter Transsilvanien beherrschte. Draculas hochgelegene Bran-Burg besteht aus dicken Mauern und spitzen Türmen, von denen man eine dramatische Aussicht genießen kann. **Sighisoara,** der Geburtsort des grausamen Vlad Tepes, ist eine der schönsten mittelalterlichen Städte Europas. Auf dem Marktplatz im 12. Jh. von Siebenbürger Sachsen gegründeten Stadt **Sibiu** sieht man die Bevölkerung auch heute noch oft in traditionellen Regionaltrachten. Das mittelalterliche **Brasov**, ebenfalls eine sächsische Stadtgründung, ist das Tor zur herrlichen Ferien- und Wintersportregion *Poiana Brasov* (beleuchtete Pisten).
Die Region **BUKOWINA** liegt an den nördlichen Ausläufern der Karpaten. Auf den Außenwänden der über 500 Jahre alten Kirchen und Klöster befinden sich bedeutende Wandmalereien. Das *Kloster Sucevita* hat besonders viele dieser einzigartigen Malereien. 29 km westlich von Sucevita liegt das *Kloster Moldovita,* dessen erstaunliche Gemälde ebenso sehenswert sind wie das *Kloster Voronet.* Die 48 Klöster der Moldau-Region wurden fast alle im 14. und 15. Jh. nach dem Sieg über die Türken erbaut.
Die rumänische Hauptstadt **BUKAREST** wurde im 15. Jh. gegründet. Großzügige Boulevards und viele Grünanlagen prägen das Stadtbild. Beeindruckend ist auch die architektonische Vielfalt, die von anmutig-orthodoxen Sakralbauten bis hin zu massiven stalinistischen Neubauten reicht. Sogar einen Triumphbogen, der dem in Paris täuschend ähnlich sieht, gibt es. Das reiche kulturelle Angebot schließt u. a. ein Opernhaus und das imposante neoklassizistische *Athenäum* ein, das zu dem renommierte Philharmonische Orchester zu Hause ist. Besuchenswert sind außerdem die zahlreichen Museen. Hervorzuheben ist besonders das Freilichtmuseum *Muzeul Stului* im Herăstrău-Park, in dem man einen Eindruck von traditioneller rumänischer Architektur und Volkskunst erhält. Unbedingt sehenswert sind außerdem das *Nationale Kunstmuseum* und das *Historische Museum.* Die wald- und seenreiche Umgebung der Hauptstadt bietet unzählige Ausflugsmöglichkeiten.

SOZIALPROFIL

ESSEN & TRINKEN: Trotz erheblicher regionaler Unterschiede gibt es einige Nationalgerichte wie *Ciorba de perisoare* (Fleischklößchensuppe), *Ciorba tanancasca* (Fleisch und Gemüse), *Lamm-Bors,* Suppe aus Geflügelklein und zahlreiche Fischsuppen. Suppen werden oft mit saurer Sahne oder Ei angereichert. Die aus Maismehl hergestellten *Mamaliga* gibt es in unterschiedlichen Varianten. *Tocana* ist Gulasch aus Schweine-, Rind- oder Hammelfleisch mit Zwiebeln. *Ghivici* besteht aus über 20 verschiedenen gebratenen und kalt servierten Gemüsearten. Moldauer *Parjoale* (scharf gewürzte und reich garnierte Buletten), *Sarmale* (Kohlrouladen), *Mititei* (Holzkohlen-Grillplatte) und *Patricieni* (auf Holzkohle gegrillte Würstchen) stehen oft auf der Speisekarte. Fischgerichte wie *Nisetru la gratar* (gegrillter Stör aus dem Schwarzen Meer), *Raci* (Flußkrebse) und *Scrumbii la gratar* (gegrillter Hering) sind ebenfalls lecker. Beliebte Nachspeisen sind *Placinte cu poale in briu* (Käsegebäck), Moldauer *Cozonac* (Brioche) und *Pasca* (Käsekuchen). Zahlreiche Restaurants und preiswerte Snackbars stehen zur Verfügung. **Getränke:** Regional verschiedene Sorten von *Tzuica* (Pflaumenschnaps) werden oft zu den Vorspeisen serviert. *Tzuica de Bihor* ist sehr stark und wird im allgemeinen *Palinca* genannt. Rumänische Weine wie *Pinot Noir* und *Chardonnay* von den Murfatlar-Weingütern sind weltbekannt. Die *Grasa-* und *Feteasca-*Weine der Cotnari-Weingüter (Moldau) sowie rumänisches Bier sind ebenfalls zu empfehlen. Rumänische Weine werden gern als Schorle getrunken. In Theatern, Kinos und öffentlichen Verkehrsmitteln besteht Rauchverbot.
NACHTLEBEN: In Bukarest gibt es immer mehr Diskotheken und Nachtklubs, die Tanz und Unterhaltung anbieten. Zahlreiche Restaurants in den großen Hotels sind gleichzeitig Nachtklubs. Viele Straßencafés haben lange geöffnet. Es gibt zwei Sinfonieorchester. In der *Rapsodia-Romana-Halle* finden volkstümliche Veranstaltungen statt. Zahlreiche Theater und das Rumänische Opernhaus laden zu einem Besuch ein.
EINKAUFSTIPS: Typisch rumänische Mitbringsel sind Stickereien, Tonwaren, Stoffe, Holzschnitzereien, Artikel aus Leder und Metall, Teppiche (Läufer), Glasmalereien und Seidenkleider. **Öffnungszeiten der Geschäfte:** Mo-Sa 06.00-21.00 Uhr, So 06.00-12.00 Uhr. Es gibt saisonbedingte Unterschiede.
SPORT: Tennisplätze stehen in vielen Städten und Urlaubsorten zur Verfügung. **Reiten:** Reitställe gibt es in den Orten Izvin (Banat), Mangalia (an der Küste), Radauti (nördliche Moldau) und Simbata de Jos (bei Fagaras). Die staatliche Pferderennbahn befindet sich in Ploiesti. **Wintersport:** Es gibt zahlreiche Wintersportorte mit Pisten aller Schwierigkeitsgrade; die meisten haben Skilifte. Regionale und internationale Ski- und Bobschlitten-Meisterschaften werden in Sinaia, Predeal und Poiana Brasov veranstaltet. In fast allen Wintersportorten stehen Anlagen für Eishockey und Bobschlitten sowie zum Schlittschuhlaufen zur Verfügung. **Angeln:** Die vielen Angelplätze Rumäniens sind leicht erreichbar. **Wassersport:** Die Schwarzmeerküste hat wunderschöne Strände und zahlreiche Badeorte. Das Wasser ist sauber, und es gibt keine Gezeiten. Alle Arten von Wassersportarten können ausgeübt werden. Im Ile-Nastase-Sport- und Fitnessklub im noblen Bukarester Vorort Primavera kann man vorübergehend Mitglied werden.
VERANSTALTUNGSKALENDER
Mai '96 (1) *Tanjana de pe Marna* (Frühlingsfest), Hoteni. (2) *Narzissenfest,* Vlahita. (3) *Internationales Jazz-Festival,* Brasov. **Juli/Aug.** *Nationales Musikfest* (Unterhaltungsmusik), Mamaia. **Sept.** *Goldener-Hirsch-Musikfest,* Brasov. **April '97** *Internationales Tanzsportfest,* Timisoara.
Hierbei handelt es sich um eine Auswahl der jährlich stattfindenden Volksfeste. Das Rumänische Touristikamt erteilt Auskunft über genaue Daten und weitere Veranstaltungen.
SITTEN & GEBRÄUCHE: Zur Begrüßung gibt man sich die Hand. Frauen werden mit Handkuß begrüßt. Die Kleidung ist im allgemeinen eher konservativ, und Badekleidung gehört grundsätzlich an den Strand. **Trinkgeld:** In Restaurantrechnungen ist ein Bedienungsgeld von 12% enthalten. Gepäckträger und Taxifahrer erwarten ein Trinkgeld.

WIRTSCHAFTSPROFIL

WIRTSCHAFT: Es werden Weizen, Zuckerrüben, Gemüse, Obst, Mais und andere Ölsaaten und Wein angebaut. Auf vielen Bauernhöfen wird Nutzvieh gehalten. Die Fischzucht ist ebenfalls von Bedeutung. Fast ein Drittel der erwerbstätigen Bevölkerung war traditionell in der Landwirtschaft beschäftigt, allgemein ist jedoch die Landwirtschaft in den letzten Jahrzehnten zugunsten des industriellen Aufbaus vernachlässigt worden. Die rumänische Industrie erzeugt Industrie- und Transportmaschinen, Metalle, Möbel, Chemikalien und Fertigwaren; wichtigster Industriezweig ist jedoch die Verarbeitung von Erdöl, z. B. in petrochemische Erzeugnisse, Farben und Schutzlacken. Trotz der Erdgas- und Erdölvorkommen und anderer Energiequellen wie Wasser- und Atomkraft ist die Bevölkerung mitunter von Stromsperren betroffen. Im Laufe der achtziger Jahre verschlechterte sich auch die Nahrungsmittelversorgung der ehemaligen Kornkammer Europas infolge der rigorosen Sparpolitik der Regierung Ceaucescu, die um jeden Preis Auslandsschulden abbauen wollte. Alle in Frage kommenden Produkte wurden ohne Rücksicht auf interne Versorgungsengpässe exportiert. In den achtziger Jahren importierte Rumänien in erster Linie Maschinen und Rohmaterialien für den Ausbau der Industrie, Konsumgüter spielten dagegen nur eine untergeordnete Rolle.
Die Regierung der Nationalen Befreiungsfront ist bemüht, in Rumänien eine freie Marktwirtschaft einzuführen. Als Folge hiervon ist der Leu heute direkt konvertierbar, es gibt keine Preiskontrollen mehr, und die nationale Treuhandgesellschaft hat über vier Millionen Aktienpapiere für den Verkauf von Staatseigentum vorbereitet, von denen 30% für die Öffentlichkeit vorgesehen sind. Trotzdem steht es mit der rumänischen Wirtschaft nicht zum Besten: Die Inflation ist immer noch hoch, die Arbeitslosigkeit liegt über 10%, und obwohl das Bruttoinlandsprodukt 1993 wieder leicht stieg, sank das Realeinkommen der Bevölkerung. 1993 unterzeichnete Rumänien den Europavertrag, der es mit der EU assoziiert, und hat daraufhin Anspruch auf Kredite von der Europäischen Entwicklungsbank. Wichtigste Handelspartner sind die EU-Staaten, vor allem Deutschland, sowie China, der Iran und die Türkei.
GESCHÄFTSVERKEHR: In Geschäftskreisen versteht man oft Deutsch, Französisch oder auch Englisch. Terminvereinbarungen, Visitenkarten und Pünktlichkeit sind auch in Rumänien gern gesehen. **Geschäftszeiten:** Mo-Fr 07.00-15.30 Uhr, Sa 07.00-12.30 Uhr.
Kontaktadressen: *Handelsvertretung der Republik Rumänien,* Prinz-Eugen-Straße 60, A-1040 Wien. Tel: (0222) 504 14 61. Telefax: (0222) 504 14 62.
Repräsentanz der Deutschen Wirtschaft in Bukarest, Jean Louis Calderon 6 (1. Stock, 2. Tür), RO-70202 Bukarest. Tel: (01) 614 89 79, 613 08 97. Telefax: (01) 312 38 41.
Consilierul Comercial al Ambasadei Austriei (Außenhandelsstelle der Wirtschaftskammer Österreich), Strada Clopotarii Vechi 4, RO-71126 Bukarest. Tel: (01) 659 45 90, 312 03 35. Telefax: (01) 312 06 14.
Chambre of Commerce and Industry of Romania (Industrie- und Handelskammer von Rumänien), Boulevard Nicolae Balcescu 22, RO-79502 Bukarest. Tel: (01) 615 47 03. Telefax: (01) 312 20 91.

KLIMA

Rumänien hat vier Jahreszeiten. Die Sommertemperaturen werden an der Küste durch ständige Seebrisen gemildert. In den Ebenen im Landesinneren kann es sehr heiß werden. In den Karpaten sehr kalte Winter, an der Küste im Winter milde Temperaturen. Schnee fällt von Dezember bis März.
Kleidung: Sommer- und Winterkleidung, je nach Region und Jahreszeit. Regenschutz wird für den Frühling und Herbst empfohlen.

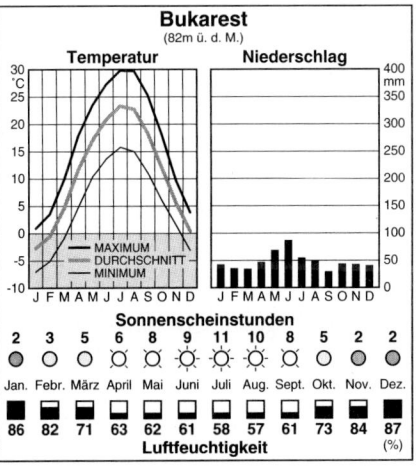

Zur Benutzung dieses Buches beachten Sie bitte auch die *Einleitung*

Russische Föderation

TIMATIC INFO-CODES	
*Abrufbar über Ihr CRS-System (für START/Amadeus Ama-Maske benutzen). Für Galileo bitte TI-DFT eingeben (**mit** Bindestrich).*	
Flughafengebühren	TI DFT/ SVO /TX
Währung	TI DFT/ SVO /CY
Zollbestimmungen	TI DFT/ SVO /CS
Gesundheit	TI DFT/ SVO /HE
Reisepassbestimmungen	TI DFT/ SVO /PA
Visabestimmungen	TI DFT/ SVO /VI

Lage: Osteuropa, Asien.

Olympia-Reisen
Siegburger Straße 49
D-53229 Bonn
Tel: (0228) 40 00 30. Telefax: (0228) 46 69 32.
Mo-Fr 08.00-18.00 Uhr.

Intourist
Ul. Mokhovaja 13
RF-103009 Moskau
Tel: (095) 292 22 60. Telefax: (095) 203 52 67.

Botschaft der Russischen Föderation
Waldstraße 42
D-53177 Bonn
Tel: (0228) 31 20 86/87/92. Telefax: (0228) 31 15 63.
Konsularabt.: Tel: (0228) 31 20 75, 31 20 89 (Bandansagen). Telefax: (0228) 38 45 61.
Mo-Fr 09.00-12.00 Uhr (*Konsularabt. und Botschaft*).

Außenstelle der Botschaft der Russischen Föderation
Unter den Linden 63-65
D-10117 Berlin
Tel: (030) 229 12 07. Telefax: (030) 229 93 97.
Mo-Fr 08.00-12.00 und 14.00-17.00 Uhr, *Konsularabt.*:
Mo-Fr 08.00-12.00 Uhr.

Visastelle
Reichensteinerweg 34/36
D-14195 Berlin
Tel: (030) 832 70 04. Telefax: (030) 832 50 49.
Mo, Mi, Fr 09.00-13.00 Uhr, Di, Do 14.00-17.00 Uhr.

Konsulat der Russischen Föderation (mit Visumerteilung)
Am Feenteich 20
D-22085 Hamburg
Tel: (040) 229 53 01. Telefax: (040) 229 27 77.
Mo-Fr 09.00-12.00 Uhr.

Konsulat der Russischen Föderation (mit Visumerteilung)
Am Kickerlingsberg 18
D-04105 Leipzig
Tel: (0341) 5 18 76. Telefax: (0341) 564 95 89.
Mo, Mi, Fr 08.00-12.00 Uhr.

Konsulat der Russischen Föderation (mit Visumerteilung)
Seidelstraße 28
D-80335 München
Tel: (089) 59 25 28. Telefax: (089) 550 38 28.
Mo, Mi, Fr 09.00-13.00 Uhr, Di 14.00-18.00 Uhr.

Konsulat der Russischen Föderation (mit Visumerteilung)
Thönenstraße 3
D-18057 Rostock
Tel: (0381) 492 27 42. Telefax: (0381) 492 27 93.
Mo, Mi, Fr 08.00-12.00 Uhr, Mi zusätzlich 13.00-17.00 Uhr.

Botschaft der Russischen Föderation
Reisnerstraße 45-47
A-1030 Wien
Tel: (0222) 713 12 15, 712 12 29, 713 86 22.
Konsularabt.: Tel: (0222) 712 32 33. Telefax: (0222) 712 33 88.
Mo, Mi, Fr 09.00-12.00 Uhr.

Generalkonsulat der Russischen Föderation (mit Visumerteilung)
Bürgelsteinstraße 2
A-5020 Salzburg
Tel: (0662) 62 41 84. Telefax: (0662) 621 74 34.
Mo-Fr 09.00-12.00 Uhr.

Botschaft der Russischen Föderation
Brunnadernrain 37
CH-3000 Bern 15
Tel: (031) 352 05 66. Telefax: (031) 352 55 95.
Mo-Do 08.00-12.30 und 14.00-18.00 Uhr, Fr 08.00-14.00 Uhr.

Konsularabteilung der Botschaft der Russischen Föderation
Brunnadernstraße 53
CH-3006 Bern
Tel: (031) 352 05 67. Telefax: (031) 352 64 60.
Mo, Mi, Fr 09.00-12.00 Uhr.

Generalkonsulat der Russischen Föderation (mit Visumerteilung)
24 Rue Schaub
CH-1202 Genf
Tel: (022) 734 79 55, 734 90 83. Telefax: (022) 740 34 70.
Mo, Mi, Fr 09.00-12.00 Uhr.

Botschaft der Bundesrepublik Deutschland
Mosfilmowskaja 56
RF-119285 Moskau
Tel: (095) 956 10 80. Telefax: (095) 938 23 54.

Generalkonsulat in Nowosibirsk, Saratow und St. Petersburg.

Botschaft der Republik Österreich
Starokonjuschennyi Per. 1
RF-119034 Moskau
Tel: (095) 220 20 43. Telefax: (095) 220 21 02.
Konsulat ohne Paß- und Sichtvermerksbefugnis in St. Petersburg.

Botschaft der Schweizerischen Eidgenossenschaft
Per. Stopani 2/5
RF-107140 Moskau
Tel: (095) 925 53 22, 258 38 30. Telefax: (095) 200 17 28.

FLÄCHE: 17.075.400 qkm.
BEVÖLKERUNGSZAHL: 148.700.500 (1993).
BEVÖLKERUNGSDICHTE: 9 pro qkm.
HAUPTSTADT: Moskau. Einwohner: 8.801.000 (1991).
GEOGRAPHIE: Die Russische Föderation ist das größte Land der Welt, beinahe zweimal so groß wie das Gebiet der USA und reicht von Moskau im Westen über den Ural und die Sibirische Steppe zum Ochotskischen Meer und Beringmeer im Osten. Das riesige Land grenzt an Finnland, Estland, Lettland, Litauen, Polen, Belarus, die Ukraine, Georgien, Aserbaidschan, Kasachstan, die Mongolei, Korea-Nord und China. Die Grenze zwischen dem europäischen Rußland und Sibirien (Asien) liegt am Uralgebirge, beim Fluß Ural und der Tiefebene von Manych. Das europäische Rußland erstreckt sich vom Nordpolarmeer über Zentralrußland zum Schwarzen Meer, dem Kaukasus und dem Kaspischen Meer. Der größte Teil der Russischen Föderation liegt jedoch in Asien. Sibirien reicht von der Westsibirischen Steppe und dem Zentralsibirischen Plateau zwischen Jenisej und Lena sowie den Gebirgszügen Sajan, Jablonovyi und Stanovoj im Süden bis zu den Ostsibirischen Bergen zwischen Lena und der Pazifikküste, einschließlich der Halbinseln Chukot und Kamtschatka.
STAATSFORM: Seit 1991 Präsidialrepublik. 89 Territorialeinheiten (davon 21 autonome Republiken). Mitglied der Gemeinschaft Unabhängiger Staaten (GUS). Parlament mit 450 Mitgliedern im Unterhaus und 178 im Oberhaus. Staatsoberhaupt: Boris N. Jelzin, seit Mai 1990. Regierungschef: Viktor Stepanowitsch Tschernomyrdin, seit Dezember 1992.
SPRACHE: Russisch. Englisch, Deutsch oder Französisch werden teilweise gesprochen.
RELIGION: Hauptsächlich christliche Religionen, die russisch-orthodoxe Kirche ist die größte Glaubensgemeinschaft. Außerdem gibt es moslemische, buddhistische und jüdische Minderheiten.
ORTSZEIT: Es gibt 11 Zeitzonen:
Zone 0: Kaliningrad: MEZ + 1.
Zone 1: Archangelsk, Astrakhan, St. Petersburg, Moskau: MEZ + 2.
Zone 2: Ischersk, Samara: MEZ + 3.
Zone 3: Amderma, Novyy Port: MEZ + 4.
Zone 4: Omsk: MEZ + 5.
Zone 5: Dikson: MEZ + 6.
Zone 6: Irkutsk: MEZ + 7.
Zone 7: Jakutsk, Tiksi: MEZ + 8.
Zone 8: Ochotsk, Wladiwostok: MEZ + 9.
Zone 9: Magadan, Sachalin: MEZ + 10.
Zone 10: Petropawlowsk, Port Prowidenija, Pewek: MEZ + 11.
Vom 31. März bis 28. September werden die Uhren um eine Stunde vorgestellt. Weitere Informationen s. Zeitzonen-Karte am Anfang des Buches.

Die folgenden Republiken gehören zur Russischen Föderation:

REPUBLIK	FLÄCHE	BEVÖLKERUNGSZAHL	HAUPTSTADT
(Bevölkerungszahlen von 1991, falls nicht anders angegeben):			
Adygea	7600 qkm	437.000	Majkop
Baschkirien	143.600 qkm	4.000.000	Ufa
Burjatien	351.300 qkm	1.060.000	Ulan-Ude
Chakassien	61.900 qkm	581.000	Abakan
Dagestan	50.300 qkm	1.850.000	Machatschkala
Altai	92.600 qkm	197.000	Gorno-Altajsk
(Bevölkerungszahlen von 1992, falls nicht anders angegeben):			
Inguschetien	3600 qkm	300.000	Nazran
Kabardino Balkarien	12.500 qkm	784.000	Naltschik
Kalmykien	76.100 qkm	327.000	Elista
Karatschajewo-Tscherkessien	14.100 qkm	431.000	Tscherkessk
Karelien	172.400 qkm	800.000	Petrozawodsk
Komi	415.900 qkm	1.265.000 (1990)	Syktywkar
Mari El	23.200 qkm	762.000	Joschkar-Ola
Mordwinien	26.200 qkm	964.000 (1990)	Saransk
Nordossetien	8000 qkm	642.000	Wladikawkas
Sacha (Jakutien)	3.103.200 qkm	1.099.000 (1990)	Jakutsk
Tatarstan	68.000 qkm	3.680.000	Kasan
Tschetschenien	15.700 qkm	1.200.000	Grozny
Tschuwaschien	18.300 qkm	1.340.000 (1990)	Tscheboksary
Tuwa	170.500 qkm	306.000	Kyzyl
Udmurtien	42.100 qkm	1.630.000	Ischewsk

MOSKAU: BEQUEMER GEHT ES NICHT

Der Ukraina Hotelkomplex liegt am Ufer der Moskva und bietet einen herrlichen Panoramablick auf das Moskauer Stadtzentrum: das Weiße Haus mit dem Sitz des Russischen Parlaments, das Rathaus, die Novy-Arbat-Straße und natürlich den Kreml. Die Lage des Hotels im verwaltungstechnischen und wirtschaftlichen Mittelpunkt der Stadt ist sowohl bei Touristen als auch bei Geschäftsreisenden beliebt.

Der Hotelkomplex hat über 1010 Zimmer mit erstklassiger Ausstattung und allen Service-Einrichtungen. Eine große Anzahl von Geschäften und Verkaufsständen befinden sich innerhalb des Gebäudes, und unsere Gäste werden mit delikaten Küchenspezialitäten aus der Ukraine, Rußland und Europa verwöhnt.

Das Executive Center des Ukraina Hotelkomplexes bietet einen umfassenden Service für Geschäftsreisende, darunter Konferenz- und Tagungseinrichtungen. Unsere Verwaltung organisiert Besichtigungsrundfahrten sowie Museum- und Theaterbesuche und ist Ihnen auch bei der Buchung von Flügen und Mietwagen gern behilflich.

UKRAINA HOTEL-KOMPLEX

2/1 Kutozowskij Prospekt, 12149 Moskau
Tel: (00-7) 095 243-3030 **Anfragen** / 243-2596 **Buchungen**
Fax: (00-7) 095 243-2896/243-3092

Russische Föderation

NETZSPANNUNG: 220V, 50 Hz. Adapter notwendig.
POST- UND FERNMELDEWESEN: Telefon: Selbstwählferndienst. **Landesvorwahl: 7.** Die »0« der jeweiligen Ortsnetzkennzahl muß auch dann gewählt werden, wenn von außerhalb der GUS angerufen wird. In einigen Moskauer Hotels gibt es Telefonzellen mit Direktwahl ins Ausland; internationale Vorwahl: 810. Hauptpostämter haben ebenfalls Telefonzellen für internationale Ferngespräche. Ortsgespräche kann man kostenlos von Hotels führen. **Telefax** gibt es in zahlreichen Konferenzzentren und Hotels, wobei die Gebühren in den Hotels weitaus höher sind. **Telegramme** können in fast allen Hotels aufgegeben werden. **Telexdienst** in den meisten Städten, Telexgeräte stehen auch in einigen Hotels (Intourist, Savoy, Kosmos, Aerostar, Olympic-Penta und Pullman-Iris) zur Verfügung. **Post:** Luftpostsendungen nach Westeuropa sind über 10 Tage unterwegs. Größere Hotels nehmen postlagernde Sendungen entgegen und haben Poststellen, die Briefmarken und Postkarten verkaufen. Öffnungszeiten der Postämter: 09.00-19.00 Uhr.
DEUTSCHE WELLE
Der Einsatz der Kurzwellenfrequenzen ändert sich mehrfach im Laufe eines Jahres, und Sendungen auf den folgenden Frequenzen werden jeweils nur zu bestimmten Tageszeiten ausgestrahlt. Näheres in der Einleitung.

Westlich des Urals:
| MHz | 17,560 | 15,275 | 9,545 | 6,140 | 3,995 |
| Meterband | 16 | 19 | 31 | 49 | 75 |

Südwesten (Schwarzes Meer) und Süden:
| MHz | 21,560 | 17,845 | 15,275 | 13,780 | 9,545 |
| Meterband | 13 | 16 | 19 | 22 | 31 |

Östlich des Urals:
| MHz | 21,640 | 13,780 | 12,000 | 9,715 | 9,570 |
| Meterband | 13 | 22 | 25 | 31 | 31 |

REISEPASS/VISUM

Wichtiger Hinweis: Die Einreisebestimmungen mancher Länder können sich kurzfristig ändern – rufen Sie sicherheitshalber auf Ihrem CRS-System (TIMATIC-Info-Code-Fenster in diesem Kapitel) den aktuellen Stand ab bzw. wenden Sie sich an die zuständige diplomatische Vertretung. Etwaige Zahlen in der Tabelle beziehen sich auf nachfolgende Fußnoten.

	Paß erforderlich?	Visum erforderlich?	Rückflugticket erforderlich?
Deutschland	Ja	Ja	Nein
Österreich	Ja	Ja	Nein
Schweiz	Ja	Ja	Nein
Andere EU-Länder	Ja	Ja	Nein

Anmerkung: Die folgenden Bestimmungen gelten auch für diejenigen Mitgliedsländer der GUS, die noch keine eigene diplomatische Vertretung in Deutschland, Österreich und der Schweiz haben. Bis auf weiteres stellen die Konsularabteilungen der russischen Botschaften und die zuständigen Konsulate in diesem Fall Visa aus, sofern eine Bestätigung des Außenministeriums des jeweiligen GUS-Staates vorliegt. Die Situation kann sich jedoch jederzeit ändern, deshalb ist es ratsam, sich vor der Beantragung direkt bei den Botschaften nach den aktuellen Bestimmungen zu erkundigen.
REISEPASS: Allgemein erforderlich (muß mindestens noch 3 Monate über die geplante Aufenthaltsdauer hinaus gültig sein). Kinder, die nicht im Paß der Eltern eingetragen sind, benötigen einen Kinderausweis und müssen einen eigenen Visumantrag einreichen.
VISUM: Allgemein erforderlich.
Anmerkung: (a) Einzel- und Pkw-Reisende können Visa generell erst dann beantragen, wenn ihre Reise von einem Reisebüro bestätigt wurde. Im Visumantrag sollte als Reisezweck »Autotourist« angegeben werden, die Grenzübergangsstellen müssen ebenfalls genannt sein. (b) Es gibt keine Gruppen- oder Tagesvisa. (c) Visa werden nicht an der Grenze ausgestellt.
Visaarten: Touristen-, Geschäfts-, Dauer- und Transitvisa. *Dauervisa* werden nur für Geschäftsreisende ausgestellt und müssen vom russischen Geschäftspartner beim Außenministerium in Moskau beantragt werden. Nach Erhalt der Bestätigung aus Moskau kann das Visum abgeholt werden.
Visagebühren: *Deutschland: Touristenvisa:* 55 DM. *Visa für private Reisen, Transit- und Geschäftsvisa:* 65 DM. *Dauervisa* (nur für Geschäftsreisen): 230 DM. **Österreich:** Die Gebühren sind unterschiedlich je nach Nationalität. *Touristen- und Geschäftsvisa:* 530 öS (für Österreicher). **Schweiz:** *Touristen- und Geschäftsvisa:* 90 sfr (180 sfr für Expreßausstellung).
Gültigkeitsdauer: *Touristenvisa:* Maximal 3 Monate. *Transitvisa:* Vom Reiseticket abhängig, sofern bestätigte Rück- bzw. Weiterflugtickets und gültige Einreisedokumente für das Zielland vorgelegt werden können. Transitreisende dürfen nur in besonderen Fällen den Flughafen verlassen.
Hinweis: Besucher, die sich länger als drei Monate im Land aufhalten, müssen eine Aids-Test-Bescheinigung vorlegen.
Bearbeitungszeit: 5-14 Tage. Expreßausstellungen sind gegen einen Preisaufschlag möglich und benötigen ca. 3 Tage. Nähere Auskünfte erteilen die Konsularabteilungen (Adressen s. o.).
Antragstellung: Konsularabteilung der Botschaft bzw. zuständige Konsulate (Adressen s. o.).
Unterlagen: *Touristenvisa:* (a) Antragsformular. (b) 3 gleiche Paßfotos neueren Datums; 1 Foto sowie entsprechender Vermerk auf dem Visaantrag eines Elternteils für Kinder, die im Paß der Eltern eingetragen sind. (c) Gültiger Reisepaß bzw. Kinderausweis (Original). (d) Reisebestätigung des Reisebüros/-veranstalters oder des Hotels bzw. Nachweis einer Privatunterkunft. (e) Visagebühr (Verrechnungsscheck oder Überweisung). Der postalischen Antragstellung sollte ein frankierter und adressierter Umschlag beigelegt sein.
Geschäftsvisa: (a) Antragsformular. (b) 3 gleiche Paßfotos neueren Datums. (c) Gültiger Reisepaß (Original). (d) Firmenschreiben mit Angaben über Reisezweck, Reiseroute, Aufenthaltsdauer, genaue Ein- und Ausreisedaten sowie Adresse der heimischen Firma mit Unterschrift des Geschäftspartners. (e) Einladungsschreiben und Stempel der zu besuchenden Firma. (f) Gebühr. Der postalischen Antragstellung sollte ein adressierter Freiumschlag (Einschreiben) und der Zahlungsbeleg über die Visagebühren beigefügt werden.
Anmerkung: Mitglieder von Reisegruppen (Standard-Pauschalreisen, Busreisen, Pauschalreisen und Kreuzfahrten) sowie Teilnehmer internationaler Sportveranstaltungen sollten ihre Unterlagen dem Reiseveranstalter geben, der die Anträge an das nächste Reisebüro weiterleitet. Für Verwandten- oder Freundesbesuche muß man eine Einladung vorweisen können. Nähere Auskünfte erteilen die Konsularabteilungen (Adressen s. o.).

GELD

Währung: Rubel (Rbl). Banknoten sind im Wert von 100.000, 50.000, 10.000, 5000, 1000, 500, 200 und 100 Rbl in Umlauf. Münzen gibt es in den Nennbeträgen von 100, 50, 20, 10, 5 und 1 Rbl. Aufgrund der astronomischen Inflationsrate sind Münzen (Kopeken) nicht mehr in Umlauf.
Geldwechsel: Fremdwährungen sollten nur in offiziellen Wechselstuben und Banken umgetauscht werden. Jeder Geldwechsel muß auf dem Deklarationsformular vermerkt werden, und alle Quittungen sollten bis zur Ausreise aufbewahrt werden. Geldwechsel außerhalb der Bankzeiten ist in internationalen Hotels und am Moskauer Flughafen *Scheremetjewo* möglich. US-Dollar in kleineren Beträgen werden empfohlen.
Kreditkarten: Alle internationalen Kreditkarten wie *American Express, Diners Club, Eurocard* und *Visa* werden

Automatisierte internationale Kommunikation zu Ihren Diensten!

Automatisierte Kommunikation mit fast allen Ländern ist nicht nur von Ihrem Büro aus erhältlich, sondern auch von Telefonzellen an folgenden Adressen:

Bolshaya Morskaya ul., 3-5 (8-23 Uhr)
Bolshaya Zelenina ul., 15 (8-22 Uhr)
Gavanskaya ul., 19 (9-21 Uhr)
Zanevsky pr., 16 (9-21 Uhr)
Nevsky pr., 88 (8-22 Uhr)
Nevsky pr., 107 (9-21 Uhr)
Pobeda ul., 16 (9-20.30 Uhr)
Shosse Revolutsii, 33 (9-21 Uhr)
Veteranov, 13 (8-21 Uhr)

Alle Zahlungen staatlicher Tarife bitte nur in Rubel.

Wir helfen Ihnen gern!

SAINT-PETERSBURG NATIONAL INTERNATIONAL TELEPHONE JOINT STOCK COMPANY

DIE INTERNATIONALE TELEFON-AKTIENGESELLSCHAFT ST. PETERSBURG NATIONAL

ist eine der größten innerstädtischen und internationalen Vermittlungen in Rußland. Ihre Hauptaufgabe besteht darin, einen zuverlässigen und qualitativ hohen Telefonservice für ihre Kunden in St. Petersburg, in den umliegenden Regionen und im Nordwesten Rußlands zu bieten.

1994 wurden insgesamt 164,8 Mio. Telefongespräche geführt, 73,5 Mio. allein im St. Petersburger Gebiet. Täglich werden hier über 500.000 Verbindungen zu den einzelnen Republiken, Regionen, Städten und Bezirken der Russischen Föderation und anderer GUS-Staaten hergestellt. 98,2% aller Gespräche wurden vollautomatisch vermittelt. Automatische Verbindungen existieren mit mehr als 1400 Städten, Kleinstädten und Ortschaften innerhalb Rußlands sowie der GUS und allen weiteren unabhängigen Ländern der ehemaligen Sowjetunion.

Wir bieten internationale Anschlüsse zu fast allen Ländern der Welt.

Die Hauptziele und der Hauptentwicklungsbereich unseres Unternehmens sind der koordinierte Aufbauprozeß der Vermittlungs- und Übermittlungssysteme, eines nationalen Kommunikationssytems, wobei letzteres auf einem modernen digitalen Übermittlungs- und Vermittlungssystem mit gleichzeitiger Einführung neuester Technologien im Bereich des Kommunikationswesens basiert, sowie die Einführung neuer Telefonnummern und eine Verbesserung der bisherigen Qualität.

Der Einsatz eines neuen AXE10 Vermittlungssystems half vor allem im Kommunikationsbereich, ganz besonders bei Veranstaltungen von weltweitem Interesse, wie z. B. der Konferenz der Europäischen Bank für Wiederaufbau und Entwicklung, den Good Will-Spielen usw.

Ein Geschäftskommunikationszentrum (BCC) wurde in dem Gebäude der AO SPb MMT eingerichtet. Das BCC bietet Kunden ein breites Dienstleistungsspektrum. Für die Zukunft sind 25 weitere dieser Zentren für das gesamte Stadtgebiet vorgesehen, die jeweils einen Teil der bereits existierenden Fernsprechbüros bilden.

Ein weiteres Hauptziel des Unternehmens ist die Weiterentwicklung der momentan benutzten Kommunikationssysteme. Die AO SPb MMT nahm an einer Reihe von Workshops teil, die sich hauptsächlich mit dem Einsatz, dem Aufbau, der Entwicklung und der Feinabstimmung digitaler Cellulartelefonnetze des GSM-Standards (1. Phase) in St. Petersburg und Umgebung beschäftigten.

Die St. Petersburger Zahltelefon-Aktiengesellschaft, an der die AO SPb MMT Anteile besitzt, unterhält inzwischen über 1000 Kartentelefone in St. Petersburg. Von hier aus sind nicht nur Orts-, sondern auch Ferngespräche möglich.

Ein weiteres Joint-venture besteht auch mit der Petersburger Telefonbuch-Gesellschaft. Sie veröffentlicht u. a. das St. Petersburger Telefonbuch und das Telefonbuch für St. Petersburg und Umgebung sowie andere informative Publikationen.

Zusätzlich wurden auch mehrere Projekte mit ausländischen Partnern zur Verbesserung und Expansion des bisherigen Angebots von AO SPb MMT in Angriff genommen.

Das Umwandlungsprogramm unseres Unternehmens wird aktiv mit Hilfe moderner Technologie und Techniken in die Tat umgesetzt, parallel zum Umbruch des Landes.

in größeren Hotels, Läden und Restaurants, in denen mit harter Währung bezahlt werden kann, akzeptiert. Einzelheiten vom Aussteller der betreffenden Kreditkarte.
Euroschecks: Bis zum Garantiehöchstbetrag von umgerechnet 400 DM. Einlösung nur bei Banken.
Reiseschecks: I. allg. sollten Reiseschecks mitgenommen werden. Für Moskaubesuche und für Einkäufe in den besonderen Läden, in denen man mit westlicher Währung bezahlen kann, wird allerdings Bargeld empfohlen.
Wechselkurse

	Rbl Sept. '92	Rbl Febr. '94	Rbl Jan. '95	Rbl Jan. '96
1 DM	*0,38	*0,34	*0,43	*0,45
1 US$	*0,56	*0,58	*0,67	*0,64

Anmerkung: [*] Offizieller Wechselkurs. Der tatsächliche Marktwert weicht erheblich ab: 1 DM = 3251,48 Rbl (Stand Januar 1996). Der offizielle Wechselkurs des Rubels wird zweimal wöchentlich von der Russischen Zentralbank festgesetzt.
Devisenbestimmungen: Die Ein- und Ausfuhr von Rubel ist nicht gestattet. Verbliebenes Bargeld in Rubel muß bei der Ausreise zurückgetauscht werden. Am besten ist es, die eingetauschten Rubel vor der Heimfahrt zu verbrauchen. Die Einfuhr von Fremdwährungen ist unbegrenzt, es besteht jedoch Deklarationspflicht. Die Ausfuhr von Fremdwährungen ist auf den deklarierten Betrag beschränkt.
Öffnungszeiten der Banken: Mo-Fr 09.30-17.30 Uhr.

DUTY FREE

Folgende Artikel können zollfrei in die Russische Föderation eingeführt werden:
400 Zigaretten oder 100 Zigarren oder 500 g Tabak;
2 l Spirituosen;
Parfüm für den persönlichen Gebrauch;
Geschenke und andere Waren bis zu einem Wert von 5000 US$.
Anmerkung: Bei der Einreise muß eine Zolldeklaration ausgefüllt werden, die bis zur Ausreise aufgehoben werden muß. Auf diesem Formular müssen alle eingeführten privaten Gegenstände, einschl. Währungen und Wertgegenstände, vermerkt werden. Bei genauer Zollkontrolle können die Zollformalitäten sehr langwierig sein. Die Ausfuhrbestimmungen sind sehr streng; es ist ratsam, sich bereits bei der Einreise nach den aktuellen Regelungen zu erkundigen.
Einfuhrverbot: Waffen, Munition, Narkotika, Drogen und alles, was als Zubehör für den Drogenkonsum betrachtet werden kann, Pornographie, unmoralische oder subversive Artikel, Gegenstände Dritter, die für diese Person importiert werden sollen, Tiere, Obst und Gemüse. Genauere Auskünfte erteilt u. a. die Botschaft.
Ausfuhrverbot: Wie oben; ungültige Wertpapiere, staatliche Schuldverschreibungen, Lotterielose und Pelze; Jagdtrophäen nur mit Sondergenehmigung.
Kunstgegenstände und Antiquitäten können nur mit vorheriger Erlaubnis ausgeführt werden.
Detaillierte Auskünfte erteilen die russischen Handelsvertetungen (Adressen s. u.).

GESETZLICHE FEIERTAGE

1./2. Mai '96 Tag der Arbeit, Frühlingstag. **9. Mai** Siegestag (2. Weltkrieg). **12. Juni** Unabhängigkeitstag. **22. Aug.** Nationaler Flaggentag. **7. Nov.** Jahrestag der Oktoberrevolution. **1. Jan. '97** Neujahr. **7. Jan.** Orthodoxes Weihnachtsfest. **8. März** Tag der Frau. **1./2. Mai** Tag der Arbeit, Frühlingsstag. **9. Mai** Siegestag (2. Weltkrieg).

GESUNDHEIT

In der folgenden Tabelle aufgeführte Impfvorschriften können sich kurzfristig ändern. Es wird stets empfohlen, auf Ihrem CRS-System (TIMATIC-Info-Code-Fenster in diesem Kapitel) den aktuellen Stand der Gesundheitsbestimmungen abzurufen bzw. rechtzeitig vor der Reise ärztlichen Rat einzuholen.

	Vorsichtsmaßnahmen empfohlen	*Impfschein erforderlich*
Gelbfieber	Nein	Nein
Cholera	Nein	Nein
Typhus & Polio	1	-
Malaria	Nein	-
Essen & Trinken	2	-

[1]: Poliomyelitis kommt vor, Typhus jedoch nicht.
[2]: Wasser ist nicht immer keimfrei und sollte vor der Benutzung zum Trinken, Zähneputzen und zur Eiswürfelbereitung entweder abgekocht oder anderweitig sterilisiert werden. Milch ist pasteurisiert und kann, ebenso wie einheimische Milchprodukte, unbesorgt verzehrt werden. In den südlichen Republiken kann das ungewohnte Essen u. U. zu leichten Darmstörungen führen. *Tollwut* kommt vor. Wer ein erhöhtes Risiko eingeht (z. B. längerer Aufenthalt in abgelegenen Gebieten), sollte vor Reiseantritt eine Schutzimpfung erwägen. Bei Bißwunden so schnell wie möglich ärztliche Hilfe in Anspruch nehmen. Weitere Informationen im Kapitel *Gesundheit* (s. Inhaltsverzeichnis).
Hepatitis A tritt ebenfalls auf.
Wegen der *Diphtherie*-Epidemie wird zur Zeit eine Schutzimpfung dringend angeraten.
Gesundheitsvorsorge: Wer auf die Einnahme von Medikamenten angewiesen ist, sollte alle notwendigen Arzneimittel mitnehmen, da sie in der GUS oft nicht erhältlich sind. Die ambulante Behandlung ist in der Regel kostenlos, es sei denn, es handelt sich um ernstere Probleme. Der Abschluß einer Reisekrankenversicherung wird empfohlen. Bei plötzlichen Zahnschmerzen kann man eine Schweizer Joint-venture-Praxis im Moskauer Hotel Intourist aufsuchen. Bezahlung nur in Devisen. Gleiches gilt für das *American Medical Center* und das *International Health Care Center* in Moskau.

REISEVERKEHR - International

FLUGZEUG: Die nationale Fluggesellschaft heißt *Aeroflot Russian International Airlines (RIA)*. Direktverbindungen von allen deutschen Flughäfen, von Zürich und Genf sowie Wien täglich oder mehrmals wöchentlich nach Moskau und St. Petersburg. *Aeroflot* fliegt außerdem im Linienflugverkehr von Berlin-Schönefeld nach Kaliningrad, und bietet im Sommer Charterflugverbindungen von Düsseldorf, Hannover, München und Stuttgart. *Aeroflot* betreibt ferner Flugdienste zwischen Moskau und den meisten größeren Städten der GUS.
Durchschnittliche Flugzeiten: *Frankfurt/M.* – Moskau oder St. Petersburg: 3 Std. 05; *Berlin* – Kaliningrad: 1 Std. 30; *Wien* – Moskau oder St. Petersburg: 3 Std; *Zürich* – Moskau: 3 Std. 30; *Zürich* – St. Petersburg: 3 Std. 15.
Durchschnittliche Flugzeiten im Flugverkehr in der GUS: *Moskau* – Almaty/Kasachstan: 4 Std. 15; *Moskau* – Baku/Aserbaidschan: 3 Std; *Moskau* – Bratsk/Russ. Föd.: 6 Std. 45; *Moskau* – Buchara/Usbekistan: 3 Std. 45; *Moskau* – Dschambul/Kasachstan: 3 Std. 45; *Moskau* – Donetsk/Ukraine: 1 Std. 30; *Moskau* – Erewan/Armenien: 4 Std. 30; *Moskau* – Irkutsk/Russ. Föd.: 7 Std; *Moskau* – Chabarowsk/Russ. Föd.: 7 Std. 30; *Moskau* – Charkow/Ukraine: 1 Std. 15; *Moskau* – Kiew/Ukraine: 1 Std. 30; *Moskau* – St. Petersburg/Russ. Föd.: 1 Std; *Moskau* – Lwow/Ukraine: 2 Std. 15; *Moskau* – Minsk/Belarus: 1 Std. 30; *Moskau* – Odessa/Ukraine: 2 Std; *Moskau* – Samarkand/Usbekistan: 3 Std. 45; *Moskau* – Simferopol/Ukraine: 2 Std. 30; *Moskau* – Tiflis/Georgien: 2 Std. 30; *Moskau* – Zarizyn/Russ. Föd.: 1 Std. 30 und *Moskau* – Jalta/Ukraine: 2 Std. 15.
Internationale Flughäfen: *Moskau (SVO)* (Scheremetjewo) liegt 29 km nordwestlich der Stadt. Flughafenbusse fahren vom zentralen Air Terminal in Moskau zum Flughafen (Fahrzeit 35 Min. zur Abflughalle für Inlandflüge, 50 Min. zur internationalen Abflughalle). Flughafeneinrichtungen: Duty-free-Shops, Tourist-Information, Bank, Restaurants. Taxistand. Zwei weitere Moskauer Flughäfen fertigen überwiegend Inlandflüge ab (s. *Reiseverkehr – National*).
St. Petersburg (LED) (Pulkowo) liegt 17 km südlich der Stadt. Bank (24 Std. geöffnet), Snackbar (24-Std.-Service), Duty-free-Shops, Bar, Restaurant, Tourist-Information, Mietwagenschalter. Busverbindung zur Innenstadt, Fahrzeit 45 Min. Taxistand (20 Min. Fahrzeit).
Folgende Flughäfen werden ebenfalls im Rahmen des internationalen Flugverkehrs angeflogen: *Irkutsk* (in die Mongolei, nach China, Korea-Nord) und *Chabarowsk* (nach Japan).
SCHIFF: *Hanseatic Tours* bieten im Sommer kombinierte Kreuzfahrten nach Polen, Rußland und Skandinavien an von Kiel, Lübeck und Hamburg mit Aufenthalt in St. Petersburg. *Seetours* haben verschiedene Ostseekreuzfahrten im Programm mit Aufenthalten in baltischen Häfen, St. Petersburg und Kaliningrad. Abfahrtshafen ist Kiel oder Bremerhaven. *Transocean Tours* bieten ebenfalls Ostseekreuzfahrten mit Landgang in St. Petersburg und Kaliningrad an. Abfahrtshäfen sind Kiel und Bremerhaven. Die *Finnjet Silja Line* bietet ganzjährig einwöchige Pauschalreisen nach St. Petersburg an; zunächst Transfer mit dem Schiff von Travemünde nach Helsinki, von dort weiter mit dem Bus nach St. Petersburg (3 Tage Aufenthalt). Abfahrt jeweils sonntags. Reservierungen und weitere Auskünfte: *Finnjet Silja Line* in Lübeck (Tel: (0451) 58 99-0), in Genf (Tel: (022) 366 42 30). Die hochmoderne MS Anna Karenina der *Baltic Express Line* fährt ganzjährig jeden Samstag von Kiel nach St. Petersburg, Fahrzeit etwa 24 Stunden. Für Rundreisen, d. h. Reisen mit unmittelbarer Hin- und Rückfahrt, ist kein Visum erforderlich; der Reisepaß genügt (Visabeantragung vor Ort möglich). Buchungen und Informationen unter der Nummer: (0431) 98 20 00 in Kiel. Verschiedene Kreuzfahrten auf der Ostsee werden auch von der russischen Reederei *CTC Limited* angeboten. Vertretung in London, Großbritannien: Tel: (0171) 896 88 44. Telefax: (0171) 839 24 83.
BAHN: Es gibt mehrere Verbindungen von Berlin über Warschau und Brest. Von Wien gibt es ebenfalls eine Verbindung über Warschau und Brest (Belarus). Seit dem Sommerfahrplan 1993 verkehren täglich zwei Nachtzüge von Berlin über Frankfurt/Oder und Polen nach Kaliningrad (Fahrzeit ca. 12 Stunden). Weitere Direktzüge oder Kurswagen stehen von anderen west- und osteuropäischen Städten sowie von der Türkei, dem Iran, der Mongolei und China zur Verfügung. Die *Transsibirische Eisenbahn* beginnt in Moskau, fährt zur sibirischen Pazifikküste und weiter mit der Fähre nach Japan. Züge verkehren täglich, aber das Schiff von Nachodka nach Yokohama fährt meist nur einmal wöchentlich. Die Reise von Moskau nach Yokohama dauert 10 Tage.
BUS/PKW: Besucher können mit dem eigenen Auto einreisen oder Mietwagen benutzen (s. *Reiseverkehr – National*). Folgende Grenzübergänge stehen zur Verfügung: Finnland/Russische Föderation: Vaalima – Torfjanowska, Nuijamaa – Brusnitschnoje und Rajajooseppi – Lotta; Polen/Belarus: Terespol – Brest; Polen/Ukraine: Przemsyl – Mostiska; Slowakische Rep./Ukraine: Vysné Nemecké – Uschgorod; Ungarn/Ukraine: Zahony – Cop; Rumänien/Ukraine: Siret – Porubnoje; Rumänien/Moldawien: Albita – Leuscheny sowie Türkei/Georgien: Kemalpasa – Sarpi (z. Zt. geschlossen). Die Grenzübergänge sind im Sommer zwischen 07.00 und 21.00 Uhr, im Winter nur bis 18.00 Uhr geöffnet. Wer mit dem eigenen Auto einreist, sollte sein Visum bei der ersten Übernachtung im Hotel, Motel oder Campingplatz registrieren lassen. Pkw-Reisende müssen sich bei der Einreise schriftlich verpflichten, das Kraftfahrzeug wieder auszuführen. Es ist ratsam, sein Auto bei der staatlichen Versicherungsgesellschaft *Ingosstrach* zu versichern; Zweigstellen gibt es an allen Grenzübergängen und in größeren Städten. Die Internationale Grüne Versicherungskarte gilt nicht, viele Versicherungsgesellschaften stellen eine besondere Bescheinigung aus. Eine Kurzkaskoversicherung sollte unbedingt abgeschlossen werden. Die Schutzbriefe der Automobilklubs gelten nur im europäischen Teil (meist nur Kostenrückerstattung, keine praktische Hilfe). Benzin ist immer noch knapp, erhältlich sind meist nur Normalbenzin und Diesel. Bleifreies Benzin gibt es an einigen Devisentankstellen u. a. in St. Petersburg. Inzwischen kann an Tankstellen auch mit Bargeld bezahlt werden. Maximal eine Tankfüllung kann zollfrei in Kanistern eingeführt werden. Besucher dürfen nur Strecken befahren, die vorher von einem Reiseveranstalter genehmigt wurden (s. u.). Die Versorgung mit Tankstellen und Serviceeinrichtungen ist auf den Hauptstrecken (Europastraßen) am besten gewährleistet; zwei der wichtigsten Europastraßen sind die Routen Brest – Minsk/Belarus – Smolensk – Moskau – Twer – St. Petersburg – Wyberg und Shegini – Lwow – Rowno – Kiew – Odessa/alle Ukraine – Leusheny/Moldawien. Weitere Informationen über Unterlagen und Bestimmungen für Reisen mit dem Pkw von Reiseveranstaltern. Entfernungen: Moskau – St. Petersburg: 692 km; Moskau – Rostow: 1198 km; Moskau – Minsk/Belarus: 690 km; Moskau – Kiew/Ukraine: 858 km; Moskau – Odessa/Ukraine: 1347 km. Einen Autoführer erhält man von Reiseveranstaltern.

REISEVERKEHR - National

FLUGZEUG: Das Flugzeug ist das wichtigste Verkehrsmittel im Binnenverkehr. Knotenpunkt des nationalen Flugnetzes sind die drei Moskauer Flughäfen. Pauschaltouren kann man u. a. bei Olympia-Reisen buchen.
Inlandflughäfen: *Wnukowo Airport (VKO)* liegt 29,5 km südwestlich von Moskau. Flughafenbusse fahren vom zentralen Air Terminal zum Flughafen (Fahrzeit 75 Min.). Taxis und Duty-free-Shops sind vorhanden.
Domodedowo (DME) liegt 40 km außerhalb Moskaus. Flughafenbusse fahren vom zentralen Air Terminal zum Flughafen (Fahrzeit 80 Min.).
Bykowo (BKA) ist der kleinste Moskauer Flughafen. Bustransfer vom zentralen Air Terminal zum Flughafen (Fahrzeit 1 Std.).
SCHIFF: Die Russische Föderation hat Häfen an der Ostsee, am Schwarzen Meer (Sotschi und Novorossijsk) und am Pazifik. Die wichtigsten Hafenstädte im Osten sind Wladiwostok, Magadan, Nachodka und Petropawlowsk, im Westen St. Petersburg und Kaliningrad. Die einzige Verbindung zum Atlantik ist der ganzjährig eisfreie Hafen von Murmansk auf der Halbinsel Kola. Flußkreuz- und Ausflugsfahrten werden auf der Wolga, der Lena sowie auf dem Irtysch, Ob, Don und Amur angeboten. Verschiedene Kreuzfahrten werden angeboten, z. B. von St. Petersburg nach Moskau, nach Rostow, über den Ladoga- und den Onega-See und über die Karelischen Seen. Nähere Auskunft von *Incentives und Reisen Böcher & Partner*, Drechslerweg 4, D-55128 Mainz. Tel: (06131) 93 40 40. Telefax: (06131) 93 40 45.
BAHN: Die Staatsbahn betreibt eines der größten Streckennetze der Welt, der Frachtgutverkehr überwiegt allerdings bei weitem. Nur wenige Fernverkehrszüge dürfen auch von Besuchern benutzt werden, alle Sitzplätze müssen im voraus gebucht werden. Die schon erwähnte *Transsibirische Eisenbahn* ist die wohl berühmteste Bahnlinie der Welt und gleichzeitig die beste Möglichkeit, das Landesinnere kennenzulernen. Allzuviel Komfort darf man zwar nicht erwarten, aber die Reise auf der 10.000 km langen Strecke zwischen dem Ural und Wladiwostok am Stillen Ozean ist ein unvergeßliches Erlebnis. Die Fahrt mit der *Transmongolischen Eisenbahn*, die in der chinesischen Hauptstadt Beijing endet, beginnt in Moskau und führt u. a. am Baikalsee und am Irkutsk (Sibirien) vorbei. Weitere Informationen von *Olympia-Reisen*. Der *Orient-Expreß* fährt ebenfalls von Moskau nach Beijing, Informationen von *Incentives und Reisen Böcher & Partner* (Adresse s. o.).

Russische Föderation **569**

Volgaintour,
Ul Mira 14, Volgograd 400052
Rußland
Tel: +7 8442 364552 Fax: +7 8442 361648
Telex: 117164 BCRU

ZARIZYN – STALINGRAD – WOLGOGRAD

Die Wolgograder-Region liegt im Süden Rußlands zwischen Wolga und Don. Ihre Geschichte und Kultur sind faszinierend: im 13. Jahrhundert wurde hier die Hauptstadt der Goldenen Horde – Saray-Berke (heute Zarew) – gegründet, im 18. Jahrhundert siedelten sich die Wolgadeutschen an und im 20. Jahrhundert fand hier die Schlacht um Stalingrad statt. Wir freuen uns darauf, Ihnen die Sehenswürdigkeiten dieser Region, ihre Geschichte, Natur und die Menschen näherzubringen.

Ausflüge zu den Schauplätzen der Schlacht um Stalingrad, zu Kosakendörfern und Siedlungen der Wolgadeutschen, Museumsbesuche, Schiffahrten auf der Wolga, Angeln und Begegnungen mit interessanten Menschen verheißen Ihnen einen unvergeßlichen Eindruck. Im Programm stehen auch Ausflüge nach Saratow, Astrachan und Elista.
Unseren Gästen steht der im "Stalin-Barockstil" gebaute Hotelkomplex 'Intourist' mit allem Komfort zur Verfügung: Einzel- und Doppelzimmer, Suiten sowie europäische und russische kulinarische Spezialitäten. Der Komplex liegt im Verwaltungs- und kulturellen Zentrum der Stadt, in der Nähe des Hauptbahnhofs und nur 18 km vom Flughafen entfernt. Ein Zehnminutenspaziergang vom Hotel – und schon sind Sie am Wolgaufer.
Rufen Sie uns an. Wir beraten Sie gern kostenlos und unverbindlich.

Herzlich willkommen!

BUS/PKW: Urlaubsreisen mit Pkw oder Wohnmobil sind möglich (s. *Reiseverkehr – International*); die Reiseroute muß von einem Reiseveranstalter genehmigt werden, und Besucher dürfen die für Pkw-Reisen vorgesehenen Strecken nicht verlassen. Die Übernachtungsorte, die Art der Unterbringung und die Zahl der Übernachtungen müssen angegeben werden. Reiseveranstalter vermitteln Mietwagen für Reisende, die es vorziehen, den eigenen Wagen zu Hause zu lassen. Der Mietpreis schließt die Versicherung mit ein. Die internationale Grüne Versicherungskarte gilt nicht. Man kann das Fahrzeug auf Wunsch gleich am Grenzübergang abholen. In größeren Städten gibt es auch Mietwagen mit Chauffeur. Folgende Unterlagen sollte man immer bei sich haben: gültigen Reisepaß mit gültigem Visum; internationalen oder nationalen Führerschein; Unterlagen mit der genehmigten Reiseroute, den Übernachtungsorten und den Mietwagenpapieren; Karte mit genehmigten Reiserouten sowie Touristenpapiere. **Verkehrsbestimmungen:** Die Höchstgeschwindigkeit in geschlossenen Ortschaften beträgt 60 km/h, auf Landstraßen 90 km/h und auf Autobahnen 100 km/h. Wer seinen Führerschein noch nicht länger als 2 Jahre hat, darf generell nicht schneller als 70 km/h fahren. Nachtfahrten sollten vermieden werden, und Besucher dürfen keine Anhalter mitnehmen. Fahren unter Alkohol- oder Drogeneinfluß ist nicht gestattet (0,0‰). Jedes Fahrzeug muß mit Sicherheitsgurten, Erste-Hilfe-Kasten, Feuerlöscher und Nothupe/rotem Warnlicht ausgerüstet sein. Hupenbenutzung ist nur zur Unfallvermeidung erlaubt. Bei Unfällen muß die nächste Verkehrswacht oder das Reisebüro benachrichtigt werden. Alle Beteiligten müssen eine schriftliche Aussage machen, die von einem Milizbeamten bestätigt werden muß. Alle anfallenden Reparaturkosten trägt der Besucher. Wichtige Rufnummern: Unfallrettung: 03, Polizeinotruf (Miliz): 02, Feuer: 01. **Unterlagen:** Internationaler oder nationaler Führerschein. Es empfiehlt sich, einen internationalen Führerschein mitzunehmen.
Mietwagen: Einige internationale Autovermietungen haben inzwischen Niederlassungen in Moskau, darunter *Budget Rent a Car, Mosrent, In-Nis* und *Europcar*. Vorausbuchung über einen Reiseveranstalter wird empfohlen. **Fernbusse:** Langstreckenbusse dürfen normalerweise nicht von Besuchern benutzt werden.
STADTVERKEHR: Die öffentlichen Verkehrsmittel sind gut und preiswert. In den meisten Städten gibt es U-Bahn, Straßenbahn und Oberleitungsbusse. Die palastartigen, prunkvollen Bahnhöfe in Moskau und St. Petersburg sind eine wahre Augenweide. In den verschiedenen Verkehrszonen gelten Einheitsfahrpreise. Taxis kann man auf der Straße anhalten, telefonisch bestellen oder an Taxiständen finden. Oft wird Bezahlung in Devisen verlangt. Vorsicht vor nicht registrierten Taxis; Überfälle auf Reisende häufen sich in letzter Zeit. Man sollte lieber einen Wagen mit Chauffeur bestellen.
FAHRZEITEN von Moskau zu den folgenden größeren Städten in der Russischen Föderation (ungefähre Angaben in Std. und Min.):

	Flugzeug	Schiff	Bahn
Chabarowsk	7.30	-	-
St. Petersburg	1.00	-	9.00
Irkutsk	7.00	-	88.00
Nachodka	-	141.00	-
Zarizyn	1.45	-	-

UNTERKUNFT

Unterkunftsmöglichkeiten gibt es in Hotels, Motels und auf Campingplätzen. Reiseveranstalter sind u. a. *Olympia-Reisen* in Bonn (Tel: (0228) 400 03-0), *Sadko Fach- und Studienreisen* in Frankfurt/M. (Tel: (069) 28 13 56/57) und *Pönisch-Reisen GmbH* in München (Tel: (089) 231 70 50). Einzel- und Pkw-Reisende sollten beachten, daß in allen Städten nur eine begrenzte Aufenthaltsdauer möglich ist. Die Hotelkapazität ist noch immer begrenzt, und der Standard der Hotels sehr unterschiedlich. Es gibt Hotels, die durchaus internationalem Niveau entsprechen, aber auch äußerst einfache. In Moskau und St. Petersburg sind einige Hotelneubauten, z. T. als Gemeinschaftsunternehmen mit westlichen Partnern, entstanden, darunter in Moskau das *Aerostar* (4-Sterne-Standard), das *Olympic-Penta* (alle Zimmer mit Bad, Klimaanlage, Radio, TV, Durchwahltelefon) und das *Novotel* am Moskauer Flughafen.
Das *Pullman-Iris* ist ebenfalls ein 4-Sterne-Hotel. Das *Grand Hotel Europe* in St. Petersburg ist eines der ersten 5-Sterne-Hotels in Rußland, das 20 km vom St. Petersburger Flughafen gelegene *Hotel Helen* ein erstklassiges russisch-finnisches Joint-venture-Hotel. Seit einiger Zeit werden auch Unterkünfte in Familien in Moskau und St. Petersburg vermittelt. Das Angebot ist für alle interessant, die Land und Leute einmal hautnah erleben und das Alltagsleben kennenlernen möchten. Die Unterbringung (Zimmer mit Frühstück) erfolgt in ausgesuchten Familien mit englischen oder deutschen Sprachkenntnissen.

URLAUBSORTE & AUSFLÜGE

Die Beschreibung der Ferienregionen und Sehenswürdigkeiten beschränkt sich auf die klassischen Touristenzentren der Russischen Föderation. Moskau und St. Petersburg, zweifelsohne die Höhepunkte jeder Rußlandreise, ist daher eine längere Beschreibung gewidmet. Das riesige Land bietet eine unvergleichliche kulturelle und landschaftliche Vielfalt, die – zusammen mit der Gastfreundschaft der Menschen – einen unvergeßlichen Aufenthalt garantiert.

Historische Städte

Moskau: Die Stadt an der Moskwa wurde 1147 erstmals urkundlich erwähnt. Funde deuten darauf hin, daß sich hier schon in der Jungsteinzeit eine Siedlung befand. Der berühmte *Rote Platz*, der von zahlreichen Wahrzeichen eingerahmt wird, ist Mittelpunkt der Stadt. Auf der

COLUMBUS REISEFÜHRER 1996/97

Russische Föderation

einen Seite erhebt sich der *Kreml*, der von einer dicken roten Befestigungsmauer mit Türmen umgeben wird. Auf den Kuppeln von fünf der 20 Festungstürme sind riesige rote Sterne angebracht. Das größte Gotteshaus auf dem Kreml-Gelände ist die *Maria-Himmelfahrts-Kathedrale* (*Uspensky Sobor*), die von einem italienischen Architekten errichtet wurde (1475-79). Die Ikonostase zeigt drei der schönsten und ältesten russischen Ikonen. Der große *Kreml-Palast* aus dem 14. Jahrhundert und der große Glockenturm *Iwan der Große* mit der prächtigen Goldkuppel sind einzigartige Meisterwerke russischer Baukunst. Die farbenprächtige prunkvolle *Basilius-Kathedrale*, die im Auftrag Iwans des Schrecklichen von 1555 bis 1560 errichtet wurde, beherrscht das andere Ende des Platzes. Es heißt, daß dieser von der Schönheit der Kathedrale so überwältigt war, daß er den Baumeister blenden ließ, damit jener nie ein ähnlich herrliches Bauwerk für einen anderen Bauherrn schaffen könne. Das *Staatliche Historische Museum* ist ein roter Ziegelbau aus dem 19. Jahrhundert. Hochzeitspaare lassen sich traditionell an der Flamme des unbekannten Soldaten an der Kremlmauer fotografieren. Kunstliebhaber kommen in Moskau auf ihre Kosten. Die *Tretjakow-Galerie* wartet mit Werken russischer Künstler auf. Die Ikonensammlung ist von großer kunsthistorischer Bedeutung; die berühmte »Dreifaltigkeit« von Andrej Rubljow ist wohl der kostbarste Besitz dieser wunderbaren Galerie. Im *Puschkin-Museum der Schönen Künste* kann man eine bedeutende internationale Sammlung von Gemälden und anderen Kunstwerken bewundern. Im Künstlerviertel *Arbat* mit seinen Kunstgewerbeständen, Pflastermalern und Straßenmusikanten gibt es die einzige Fußgängerzone der Stadt. Im *Moskauer Staatszirkus* werden neben den traditionellen Tier- und Clownnummern auch aufregende neue Tricks vorgeführt. Einen detaillierten Einblick in alle Aspekte des russischen Lebens – Landwirtschaft, Industrie, Kultur und Wissenschaft – kann man in der *Ausstellung der Wirtschaftlichen Errungenschaften* im Nordwesten der Stadt erhalten. Auf dem Gelände gibt es auch einen Zoo, einen Zirkus und eine Schlittschuhbahn. Ski fahren kann man hier ebenfalls. Im jüngst eröffneten Wirtshaus »Stuttgart« werden schwäbische Spezialitäten angeboten (beim Roten Platz).

Ausflugsziele: Porzellanliebhaber sollten dem *Staatsmuseum für Keramik* (10 km außerhalb der Moskauer Innenstadt) einen Besuch abstatten und die einzigartige Sammlung von russischem Porzellan und Glas bewundern. Hauptsehenswürdigkeit des idyllisch gelegenen Landschlosses *Archangelskoje* (16 km von Moskau) sind die im französischen Stil angelegten Anlagen, aber auch die Ausstellung europäischer Gemälde und Skulpturen im Palast-Museum ist einen Besuch wert. Die an zwei Flüssen gelegene Kleinstadt *Sergejew Posad* (früher Sagorsk) ist das Zentrum der Spielzeugmanufaktur. Im Spielzeugmuseum kann man die Entwicklung dieses Gewerbes bis zur Bronzezeit zurückverfolgen. Die wunderschöne *Dreifaltigkeits-Kathedrale* mit ihrer leuchtend blauen Kuppel, die zusätzlich mit goldenen Sternen dekoriert ist, befindet sich innerhalb des mittelalterlichen *Dreifaltigkeits-Klosters von St. Sergius*. Sie beherbergt das Grab des Hl. Sergius. Im Museum sind Meisterwerke der russischen religiösen Kunst und des Kunsthandwerks ausgestellt. Östlich von Moskau liegt **Susdal**; die malerische, wunderschön gelegene Stadt ist eine wahre Schatzkammer altrussischer Baukunst. Auf einem kurzen Spaziergang sieht man über 50 Bauwerke, die von der alten Baukunst zeugen, und erhält einen guten Einblick in die Entwicklung der russischen Architektur. **Wladimir** (ca. 32 km entfernt) spielte einst eine bedeutende Rolle im Aufbau des russischen Staates. In der Stadt stehen zwei eindrucksvolle Kathedralen aus dem 12. Jahrhundert. Das imposante *Goldene Tor*, Triumphtor der einstigen Fürstenhauptstadt, ist ein einzigartiges Denkmal altrussischer Ingenieurskunst.

715 km westlich von Moskau liegt das Kulturzentrum **St. Petersburg**, die zweitgrößte russische Stadt. Diese fächerförmig angelegte Stadt wurde 1703 von Peter dem Großen gegründet und war 200 Jahre lang Hauptstadt des russischen Zarenreiches. Breite Alleen, stille Kanäle, zahlreiche Brücken und unzählige zaristische Prachtbauten brachten der Stadt den Beinamen »Venedig des Nordens« ein. Während des 2. Weltkriegs mußte die Stadt starke Kriegsschäden hinnehmen, inzwischen wurden die meisten der betroffenen Gebäude wieder liebevoll restauriert. Auf jedem Besichtigungsprogramm sollte ein Besuch des *Sommerpalastes*, des *Winterpalastes* und der berühmten *Eremitage* mit der berühmten Kunstsammlung der Zaren stehen. Bei einem Stadtbummel kommt man auch an der Alexandrowskaja-Säule vorbei. Die *Isaaks-Kathedrale*, der drittgrößte Kuppelbau der Welt, ist heute ein Museum, ebenso wie die *Kajanski-Kathedrale*. Man sollte sich auch genug Zeit für einen Besuch der *St.-Nikolaus-Kathedrale* (erbaut im Stil des russischen Barock) und des *Alexander-Newski-Klosters* nehmen. Die *St.-Peter-und-Paul-Festung* ist ein ehemaliges Gefängnis, in dem heute ein Museum untergebracht ist. In der Kathedrale gleichen Namens liegen die Mitglieder der Romanow-Dynastie begraben. Der *Botanische Garten* ist ideal für ausgedehnte geruhsame Spaziergänge. Das *Museum für Völkerkunde und Anthropologie* und das *Museum für Russische Kunst* sollte man sich besichtigen. Dem *Russischen Museum* angeschlossen ist ein weiteres sehr interessantes Völkerkunde-Museum. St. Petersburg liegt in einer äußerst reizvollen Umgebung. Die Felsen und Kiefern der Karelischen Landenge zwischen dem Ladogasee und der Kronstädter Bucht umrahmen die Stadt. Nicht weit entfernt liegt auch der bekannte herrliche *Peterhof* (Sommerresidenz Zar Peters des Großen) mit seinen schönen Springbrunnen und Kaskaden. In *Puschkin* sollte man sich den *Katharinen-Palast* und die prächtigen Gärten ansehen. St. Petersburg ist im Gegensatz zu Moskau, das sich immer eher nach Osten orientierte, eine europäische Stadt und schon seit seiner Gründung das »Fenster zum Westen«. Nicht nur kulturhistorisch Interessierte werden von der wunderbaren Stadt an der Newamündung begeistert sein.

Nördlich von St. Petersburg auf der Halbinsel Kola liegt **Murmansk**, die größte Stadt am nördlichen Polarkreis. Der große Hafen wird durch den Golfstrom erwärmt und ist ganzjährig eisfrei. Im November und Dezember kann man das Nordlicht sehen, und im Sommer bleibt es 24 Stunden hell. Sehenswert ist die *Kirche des Hl. Nikolei*, und auch ein Besuch im *Landeskundlichen Museum* ist zu empfehlen. Im März findet in Murmansk ein bekanntes Sportfest statt.

Die karelische Landschaft südlich des Polarkreises wird von einer reizvollen Seenplatte geprägt. Kiefern- und Birkenwälder, malerische Wasserfälle, sanftes Hügelland und ein weiter Himmel erfreuen das Auge. Die karelische Hauptstadt **Petrosawodsk** ist ein guter Ausgangspunkt für Ausflugsfahrten zur *Insel Kischi* im Onegasee. Hier steht eines der schönsten Freilichtmuseen Rußlands, das Besuchern einen Einblick in die typische Holzbauweise vermittelt. Alle Bauwerke einschließlich der hübschen Kirchen mit ihren Zwiebeltürmen sind aus Holz. Besonders beeindruckend ist die mehrkuppelige *Christi-Verklärungskirche*, die innen reich mit Ikonen verziert ist. In Petrosawodsk selbst gibt es einige interessante Museen.

Nowgorod (südlich von St. Petersburg) wurde vor über 1100 Jahren gegründet und ist ein altes Handelszentrum. An einer malerischen Stelle am Wolchow gelegen, spielte die Stadt im zaristischen Rußland eine bedeutende Rolle. Im Sophienviertel, in dem sich auch der Kreml befindet, steht das älteste Gebäude Rußlands, die fünfschiffige *Sophien-Kathedrale* (11. Jh.). Gegenüber, am anderen Flußufer, kann man das Geschäftsviertel besichtigen.

Seit kurzem ist auch **Kaliningrad** (Königsberg) wieder für Touristen zugänglich. Die Unterkunftsmöglichkeiten sind allerdings äußerst begrenzt. Die Stadt am Pregel nahe der Mündung ins Frische Haff ist durch einen Kanal mit der Ostsee verbunden. Vom Deutschen Orden im 13. Jahrhundert gegründet, ist Kaliningrad heute eine moderne Stadt mit reichem architektonischen Erbe. Die Ruine der gotischen *Domkirche* mit dem Grab des bedeutenden Philosophen Immanuel Kant ist eine der Hauptsehenswürdigkeiten. *Luisenkirche*, *Sackhermer Tor* und *Rosgärtner Tor* dürfen ebenfalls in keinem Besichtigungsprogramm fehlen. Neben der Altstadt sind vor allem die Museen interessante Anziehungspunkte. Im Bernsteinmuseum erfährt man alles Wissenswerte über den beliebten Schmuckstein. Das *Frindland-Museum* gibt einen Überblick über die lange Geschichte der ehemaligen Hauptstadt Ostpreußens und das Leben zur damaligen Zeit. Die schöne Umgebung lädt zu Wanderungen in dichten Wäldern und durch sanftes Hügelland ein. Weniger als 50 km von Kaliningrad entfernt liegt der schon früher populäre Badeort **Swetlogorsk** (Rauschen). Schöne Strände und eine herrliche Dünenlandschaft machen den Reiz dieses idyllischen Ostseebades aus. Viele weitere hübsche Urlaubsorte liegen an der zauberhaften Bernsteinküste.

Sibirien

Sibirien, das sind über 12,8 Mio. qkm endloser Taiga und riesiger Wälder. Im »Schlafenden Land« (Bedeutung des Namens) gibt es eine Million Seen, 53.000 Flüsse und zahlreiche Bodenschätze. Im Winter fallen die Temperaturen weit unter den Gefrierpunkt, der Sommer kann jedoch sehr heiß sein. Eine Fahrt mit der berühmten *Transsibirischen Eisenbahn* auf der längsten Bahnstrecke der Welt gehört zu den großen Reiseabenteuern dieser Erde. Auf 9000 km sammelt man die vielfältigsten Eindrücke, während der Zug durch die endlosen Wälder Rußlands, am Ural vorbei hinein nach Asien und durch die weite sibirische Tiefebene fährt. Die abwechslungsreichste Landschaft befindet sich zwischen Irkutsk und Chabarowsk.

Die Entwicklung des 300 Jahre alten **Irkutsk** wurde durch seine Lage an den großen Handelsstraßen in die Mongolei und nach China begünstigt. Besonders Ende des 19. Jahrhunderts, als Gold- und Diamantenfunde der Stadt sprunghaft zu Wohlstand verhalfen, erlebte sie einen Boom. Damals wie heute spielte der Pelzhandel eine große Rolle, und die Stadt ist immer noch einer der größten Pelzhandelsplätze der Welt. Irkutsk gilt als die schönste sibirische Stadt, und die vielen alten imposanten Bauwerke zeugen von einer reichen Vergangenheit. Auch die typischen reizvollen Holzhäuser findet man hier. Sie sind vielfach mit hübschen Schnitzereien geschmückt. Zahlreiche Revolutionäre, darunter auch die Dezemberrevolutionäre, wurden im 19. Jahrhundert nach Irkutsk ins Exil geschickt. Die hiesige Universität war das erste höhere Bildungsinstitut in ganz Sibirien. Der nahegelegene *Baikalsee* ist ein herrliches Erholungsgebiet mit einzigartiger Flora und Fauna. Der mit über 1600 m tiefste See der Welt liegt inmitten dicht bewaldeter Gebirgsketten.

1500km
1. Trans-Sibirische Eisenbahn
2. BAM-Hauptstrecke (Baikal-Amur-Eisenbahn)
3. BAM-Nebenstrecke

Chabarowsk am Amur ist das größte Industriezentrum Ostsibiriens und ein bedeutender Verkehrsknotenpunkt. Unter den etwa 100 verschiedenen Exportgütern, die von hier in alle Welt gehen, findet man auch so exotische Produkte wie Ginseng. Die 1858 gegründete Stadt erhielt ihren Namen von dem bedeutenden Forscher Chabarow, der diese Region im 17. Jahrhundert bereiste. Das *Heimatkundemuseum* gibt einen Einblick in die verschiedenen Lebensweisen der einzelnen Amurvölker. Ein Spaziergang am Flußufer entlang ist nicht nur bei Einheimischen beliebt. Jenseits des Amur erstreckt sich eine baumlose Steppe, und man kann über die Grenze bis nach China sehen.

Die Wolga

Die mächtige, vielbesungene Wolga ist einer der wichtigsten russischen Verkehrswege. Besonders eine Flußfahrt von Kasan nach Rostow am Don ist sehr zu empfehlen, aber auch andere Städte an der Wolga werden auf Kreuzfahrten angefahren und sind besuchenswert.
Jaroslawl liegt an der oberen Wolga nördlich von Moskau und ist eine der interessantesten altrussischen Städte. 75 Klöster und Kirchen warten darauf, besichtigt zu werden. Eines der schönsten ist das *Erlöser-Kloster*. Eine Vielzahl anderer bedeutender Bauwerke bezeugt die lange Stadtgeschichte. Das 1750 erbaute Theater ist eine der ältesten Bühnen Rußlands. Wichtigste Sehenswürdigkeiten in der über 1000 Jahre alten Stadt **Uglitsch** sind der Kreml mit den prächtigen Fürstengemächern und die schönen Freskomalereien der Dmitrij-Kirche. Ein weitere reizvolle alte Stadt mit reichem architektonischen Erbe ist **Kostroma**. Hier beeindruckt insbesondere das *Kloster Ipatjew*. Das idyllisch gelegene Städtchen **Pljos** ist vor allem durch den russischen Maler Levitan bekannt, der die landschaftliche Schönheit der Gegend in vielen seiner Gemälde festhielt. Ihm ist ein interessantes Museum gewidmet. Die Millionenstadt **Nischnij Nowgorod**, das frühere Gorki, kann erst seit kurzem wieder besucht werden. Die mehr als 750 Jahre alte Stadt bietet zahlreiche sehenswerte Bauwerke. Der Regimekritiker Andrej Sacharow verbrachte hier lange Jahre der Verbannung.
Hauptsehenswürdigkeiten der Großstadt **Tscheboksarÿ** sind die Kathedrale und das Dreifaltigkeitskloster.
Kasan ist das Zentrum der tartarischen Kultur,' mit der man sich auch im *Tatarischen Staatsmuseum* ein wenig vertraut machen kann. Die Türme und Kirchen des *Kreml* (16. Jh.) gehören in jedes Besichtigungsprogramm. Die Stadt fasziniert vor allem durch die interessante Mischung aus Alt und Neu und das Nebeneinander von Baudenkmälern, die europäischen Einfluß verraten, und Moscheen, deren Minarette in den blauen Himmel aufragen.
Südlich von Kasan liegt **Samara**, ein wichtiges Industriezentrum, in dem auch die Kultur nicht zu kurz kommt. Wie Zarizyn und Saratow (s. u.) gehörte auch Samara zum Siedlungsgebiet der Wolgadeutschen. Zahlreiche interessante Baudenkmäler und Museen machen einen Besuch sehr lohnenswert.
Ende des 16. Jahrhunderts gegründet, ist **Saratow** heute eine bedeutende Industriestadt und ein wichtiger Verkehrsknotenpunkt mit einigen sehenswerten Museen.
In Lenins Geburtsort **Uljanowsk** steht das Haus seiner Eltern, in dem jetzt ein Museum untergebracht ist.
Zarizyn (früher Wolgograd, davor Stalingrad) ist voller Gedenkstätten an die furchtbare Kesselschlacht, die hier im 2. Weltkrieg stattfand. Die Dokumentation im Siegesmuseum auf dem Mamai-Hügel erinnert an den Sieg der Roten Armee über die deutsche Wehrmacht.
Im 2. Weltkrieg fast völlig zerstört, ist die Millionenstadt am Zusammenfluß von Wolga und Don heute ein bedeutendes Wirtschaftszentrum. Bootsfahrten bieten sich an, und auch die nahegelegenen Kosakendörfer können besucht werden. Die historische Stadt **Astrachan** an der Wolgamündung ist reich an architektonischen Sehenswürdigkeiten. Sehr schön ist die *Erlöser-Kirche*, und auch den *Kreml* sollte man sich anschauen. Die niedrigen Häuser von **Rostow** am Don zeigen immer noch den armenischen Einfluß. Besonders sehenswert ist die *Auferstehungs-Kathedrale*. Abwechslung bieten die vier Theater, ein Orchester und eine Pferderennbahn. Mehrere Parks und der Strand sind ideal zum Abschalten und Entspannen. Rostow ist das Tor zum Kaukasus.

Am Schwarzen Meer

An der Kaukasischen Riviera, die von Noworossijsk bis zur georgischen Stadt Batumi reicht, liegen zahlreiche reizvolle Hafenstädte, Kur- und Badeorte. Hier erwarten den Feriengast angenehmes Mittelmeerklima und eine exotische Vegetation. Die Küstenstraße von der modernen Hafenstadt Noworossijsk nach Sotschi ermöglicht eine gute Nord-Südverbindung. **Tuapse** ist ein wichtiger Verkehrsknotenpunkt mit vielen Erholungs- und Ausflugsmöglichkeiten in den umliegenden Bergen und Wäldern.
Das berühmte Kurbad **Sotschi**, der beliebteste Urlaubsort der früheren Sowjetunion, liegt am Fuß des majestätischen Kaukasus. Das angenehme Klima und die herrliche Lage zogen schon um die Jahrhundertwende begüterte Feriengäste in diesen heute auch von ausländischen Urlaubern gerne besuchten Ort. Hauptsehenswürdigkeit ist wohl die von prächtigen Bäumen gesäumte Seepromenade. Der große *Riviera-Park* bietet zahlreiche Freizeit- und Touristikeinrichtungen und ein Gewächshaus mit schönen exotischen Bäumen und Sträuchern aus aller Welt. Besuchenswert ist auch der *Botanische Garten*, der vor allem für seinen herrlichen Baumbestand bekannt ist. Die Thermalquellen in *Matsesta* im Süden der Stadt werden schon seit mehr als tausend Jahren genutzt. Der Aussichtsturm auf dem 23 km außerhalb von Sotschi gelegenen Bolschoi-Achum-Berg ermöglicht einen einzigartigen Blick auf Stadt, Meer und Berge. Südlich von Sotschi laden weitere freundliche Kurorte zum Verweilen ein, und der riesige Kaukasus-Naturpark beeindruckt durch seine gewaltige Hochgebirgslandschaft.
Der moderne Resort **Dagomys** nördlich von Sotschi überblickt das Schwarze Meer und liegt zwischen malerischen bewaldeten Hügeln inmitten subtropischer Vegetation. Die Anlage bietet mehrere Hotels und Restaurants, Cafés, Bars und Sporteinrichtungen. Eine Esplanade führt zum Strand, an dem man Boote und Tretboote mieten kann. Die Panorama-Bar im obersten Stockwerk des *Dagomys*-Hotels macht ihrem Namen alle Ehre. Ein Besuch der nahegelegenen Dagomys-Teeplantage ist ebenfalls sehr zu empfehlen. Hier kann man Krasnodar-Tee trinken und köstliche einheimische Pasteten, Marmelade, Obst und Nüsse probieren, während man die schöne Berglandschaft bewundert.
RUNDREISEN: 5tägige: (a) Moskau – Susdal – Sergejew Posad – Rostow Welikÿ – Kostroma – Moskau. (b) St. Petersburg – Zarskoje Selo – Walaam – Petrosawodsk – Kizhi – St. Petersburg. **7tägige:** (a) Tula – Moskau – Twer – St. Petersburg. (b) Wladiwostok – Chabarowsk – Ulan Ude – Baikalsee – Irkutsk. (c) Nowgorod – Kasan – Uljanowsk – Samara – Wolgograd – Rostow am Don – Sotschi.

SOZIALPROFIL

ESSEN & TRINKEN: Viele Hotels und Restaurants sowie einige Moskauer Bars nehmen auch ausländische Währungen an. Das angebotene Essen ist je nach Region und Jahreszeit verschieden. Das Frühstück ist meist sehr reichhaltig und besteht aus Wurst, gekochten Eiern, Brot, Sauerrahm, Joghurt, Marmelade und russischem Tee. Kaffee war bis vor kurzem immer noch Mangelware. Zum Frühstück wird auch gern *Kascha*, ein Graupenbrei serviert. Die Hauptmahlzeit umfaßt meist drei oder vier Gänge. Eines der berühmtesten russischen Gerichte ist *Borschtsch*, eine Suppe aus roter Beete, die heiß mit saurer Sahne serviert wird und ähnlich wie *Akroschka* (kalte Kwas-Suppe) schmeckt. *Boeuf Stroganow* (geschnetzeltes Rinderfilet in saurer Sahne geschmort), *Blini* (Pfannkuchen meist mit Kaviar oder Lachs und saurer Sahne serviert), *Aladyi* (süße Blini mit Marmeladenfüllung) und selbstverständlich *Ikra* oder *Krasnaja Ikra* (schwarzer oder roter Kaviar) sind weltweit bekannt. Weitere leckere einheimische Gerichte sind *Kotljeti po Poscharskÿ* (Hähnchenschnitzel), *Piroschki* (Pasteten mit unterschiedlichen Füllungen, meist jedoch Fleisch), *Pontschiki* (heißes gezuckertes Schmalzgebäck), *Prostakwascha* (Joghurt), *Pelmeni* (Teigtaschen mit Fleischfüllung), *Rossolnik* (heiße Suppe mit eingelegtem Gemüse), *Schtschi* (Kohlsuppe) und *Moroschenoje* (Eiscreme). Besonders beliebt zum Nachtisch sind *Blintschi* (Pfannkuchen) aus Grieß oder Buchweizen mit süßer Soße.
Getränke: Eines der beliebtesten Getränke ist *Tschai* (schwarzer Tee). Kaffee erhält man zum Essen und in Cafés, die Qualität ist unterschiedlich. Alkoholfreie Getränke, Fruchtsäfte und Mineralwasser sind überall erhältlich. Dem Wodka werden oft Gewürze beigemischt, und er wird mit Kräutern gefärbt, z. B. mit *Zubrowka* (einer Grasart), *Rjabinowka* (einer Beerensorte), *Starka* (dunkel und angenehm im Geschmack) und *Pertsowka* (mit scharfem Paprika). Russischer Sekt ist hervorragend und preiswert. *Kwas* ist ein erfrischendes und ungewöhnliches Getränk aus Schwarzbrot und Rosinen, ideal für heiße Tage. Getränke werden normalerweise per Gramm oder Flasche bestellt. Nach den geltenden Bestimmungen dürfen nicht mehr als 100 g alkoholischer Getränke pro Person und Mahlzeit verkauft werden. Bars und Cafés schließen normalerweise um 22.00 Uhr.
NACHTLEBEN: Theater, Zirkus, Konzerte und Varieté stehen meist auf dem Besucherprogramm. Moskau ist die Wiege des russischen Theaters. Das dem Bolschoi-Theater angeschlossene Ballettensemble genießt Weltruf. Das Repertoire der Theater ermöglicht einen fast allabendlichen Wechsel der Aufführungen. So werden innerhalb eines Monats manchmal 30 verschiedene Produktionen im Bolschoi-Theater aufgeführt. Karten sollten beim Servicebüro des jeweiligen Hotels bestellt werden. Einzelheiten vor Ort. In den meisten Restaurants, Nachtklubs und größeren Restaurants werden auch Musik und Tanz angeboten. Wer sein Glück versuchen möchte, hat die Wahl zwischen 69 Kasinos in Moskau. Zwei der beliebtesten Diskotheken der Hauptstadt sind das *Night Flight* und das *Arlekino*. Nachtklubs und Diskotheken haben meist von 22.00-06.00 Uhr früh geöffnet.
EINKAUFSTIPS: In Moskau und St. Petersburg sind inzwischen fast alle westlichen Konsumgüter erhältlich. In allen Touristenzentren gibt es besondere Läden, in denen man mit harter Währung bezahlen kann. In diesen Geschäften werden Armbanduhren, Kameras, Wein, Spirituosen, Keramik, Glasartikel, Schmuck und Spielsachen – nur gegen Fremdwährungen (bar oder Reiseschecks) – zu Vorzugspreisen angeboten. Bücher und Schallplatten gibt es zu Standardpreisen. In allen anderen Geschäften muß man in der Landeswährung bezahlen; hier muß man nach den Artikeln, zum Bezahlen und zum Warenempfang anstehen. Die meisten Geschäfte haben sonntags geschlossen; die speziellen Devisen-Läden sind jedoch normalerweise täglich geöffnet. Für Antiquitäten, andere wertvolle Gegenstände, Kunstwerke und Manuskripte, die nicht in den Souvenirgeschäften gekauft werden, braucht man eine Exportgenehmigung. Beliebte Souvenirs sind immer noch die *Matrjoschkas*, die buntbemalten Holzpuppen, die eine Reihe immer kleiner werdender Püppchen enthalten. Schatullen mit Märchenmotiven, geschnitztes Spielzeug, Malereien auf Holz oder Emaille und Platten mit Aufnahmen russischer Volksweisen oder Stücken der großen russischen Komponisten sind ebenfalls schöne Mitbringsel.
SPORT: Wanderungen sind besonders in Teberda-Dombaj (Südrußland), in der Altai-Region (Sibirien), in Karelien (Nordrußland) und in der Region Baksan Elbrus (Kaukasus) zu empfehlen. Der Elbrus ist mit 5642 m der höchste Berg im Kaukasus. Hier ist auch **Skilaufen** sehr beliebt. Die Saison ist allerdings recht kurz (Jan. - März). Gute Bedingungen vor allem für Langlauf. In der Umgebung von Perm im Mittleren Ural kann man viele seltene Raubvogelarten sehen. **Trekking** wird immer gefragter, speziell im Elbrus. **Fischen** kann man am Ufer des Weselowskaje-Reservoirs in der Rostow-Region (u. a. Hecht, Flußbarsch und Karpfen). **Reiterferien** bieten sich in vielen Regionen an, besonders schön sind sie im Gebiet des Altai mit seinen herrlichen Nadelwäldern und Blumenwiesen. **Eislaufen** ist im Winter ein populärer Zeitvertreib. Im großen St. Petersburger Freizeitpark gibt es auch ein Skizentrum. In vielen Parks kann man **Schachspielern** zuschauen, oder auch selbst einmal die grauen Zellen anstrengen.
Publikumssport: Fußball ist sehr beliebt, und es gibt in fast jeder Provinzstadt einen Verein. Großstädte haben gleich mehrere Vereine, die durch Fabriken, Gewerkschaften und Regierung organisiert sind. **Eishockeyspiele** sind ebenfalls Publikumsmagneten. Darüber hinaus finden zahlreiche andere Sportveranstaltungen statt.
VERANSTALTUNGSKALENDER
Mai '96 *Tanz- und Musikfestival*, Moskau. **Juni (2. Hälfte)** *Kunstfestival der »Weißen Nächte«*, St. Petersburg. **Ende Dez. - Anf. Jan. '97** *Russisches Winterfest*, Moskau. **Letzte Märzwoche** *Festival des Nordens*, Murmansk (u. a. Rentierrennen).
SITTEN & GEBRÄUCHE: Zur Begrüßung gibt man sich die Hand. Die Bevölkerung ist zwar von Region zu Region und Stadt zu Stadt verschieden, die Menschen sind jedoch überall freundlich und herzlich. Besucher sind immer wieder von der selbstverständlichen Gastfreundschaft beeindruckt. Firmengeschenke werden gern angenommen. Jede Region hat ihren eigenen charakteristischen Bekleidungsstil, der sich oft von dem westlicher Länder unterscheidet. Grundsätzlich liegt man mit eher konservativer Kleidung nie falsch. Nichtraucherzonen sind durch Hinweisschilder gekennzeichnet. **Trinkgeld:** 10% sind üblich. In einigen Hotels in Moskau und anderen Großstädten werden 10-15% für Bedienung auf die Rechnung aufgeschlagen.

WIRTSCHAFTSPROFIL

WIRTSCHAFT: Die kurzfristigen Wirtschaftsprognosen sind angesichts der schwindenden Wirtschaftsleistung und der politischen Instabilität schlecht, obwohl die Russische Föderation die leistungsfähigste Wirtschaft der GUS hat (60% der Industrieproduktion und 80% der Exporteinkünfte aller GUS-Staaten). Die russische Wirt-

Russische Föderation

schaftspolitik hat darüber hinaus Vorreiterfunktion für die anderen GUS-Republiken. Größte Bedeutung haben die Schwerindustrie und die Förderung von Brennstoffen (Erdöl, Erdgas). Petroleum und Erdgas sind die wichtigsten Exportgüter. Maschinenbau sowie chemische und holzverarbeitende Industrie haben ebenfalls wirtschaftlichen Stellenwert. Ausgeführt werden vor allem chemische Erzeugnisse, Rohstoffe, Düngemittel und Fahrzeuge. Die riesigen Auslandsschulden der ehemaligen UdSSR wurden ganz auf die Russische Föderation übertragen. Mehrere Abkommen mit internationalen Gläubigern sehen eine Umschuldung vor, und die G-7 Länder haben Finanzhilfe von mehreren Milliarden US-Dollar zugesagt. Massive Hilfsleistungen sind jedoch nötig, um die angeschlagene Wirtschaft anzukurbeln. Die Inflation ist inzwischen unter Kontrolle, aber Machtkämpfe zwischen reformorientierten und konservativen Politikern und der Anstieg des organisierten Verbrechens verhindern eine stabile politische Situation und damit ausländische Investitionen. Das radikale Reformprogramm der Regierung, das die möglichst schnelle Einführung der Marktwirtschaft vorsieht, stößt zunehmend auf Widerstand. Um langfristig eine wirkliche Verbesserung der wirtschaftlichen Lage herbeizuführen, müßten die Infrastruktur verbessert, die veralteten Produktionsanlagen modernisiert, der Dienstleistungssektor aufgebaut und die zentralistische Planwirtschaft zielstrebig in eine freie Marktwirtschaft umgewandelt werden. Anfang 1994 waren immer noch 90% der Landwirtschaft in staatlicher Hand oder der von Kollektiven. Das Land ist außerordentlich reich an Bodenschätzen aller Art (Metalle, Erdöl, Erdgas, Eisenerz, Kohle, Diamanten und Gold) und besitzt fruchtbare Böden und ausgedehnte Wälder. Seit Juni 1992 ist die Russische Föderation Mitglied der Weltbank, und im Juli 1992 trat sie dem Internationalen Währungsfonds bei. Außerdem ist die Russische Föderation Mitglied der Europabank, hat ein Kooperationsabkommen mit der EU abgeschlossen und ist eines der 11 Unterzeichnerländer des Schwarzmeerabkommens. Haupthandelspartner ist die Bundesrepublik Deutschland.

GESCHÄFTSVERKEHR: Korrekte Kleidung und Pünktlichkeit werden erwartet. Englisch ist vor allem im Managementbereich Geschäftssprache. Mitunter wird auch Deutsch gesprochen. Es ist ratsam, sich vereinbarte Termine noch einmal bestätigen zu lassen und Visitenkarten in Russisch und Deutsch bzw. Englisch mitzubringen. Die Verhandlungen ziehen sich oft hin, und es dauert relativ lange, bevor es zu einem Geschäftsabschluß kommt. Dolmetscher- und Übersetzerdienste sind von verschiedenen Organisationen erhältlich, die Bezahlung erfolgt meist in Devisen. **Geschäftszeiten:** Mo-Fr 09.00-18.00 Uhr.

Kontaktadressen: *Bundesverband der Deutschen Industrie, Ost-Ausschuß der Deutschen Wirtschaft,* Gustav-Heinemann-Ufer 84, D-50968 Köln. Tel: (0221) 370 84 17. Telefax: (0221) 370 85 40.
Handelsvertretung der Russischen Föderation, Friedrich-Engels-Straße 3, D-50937 Köln-Klettenberg. Tel: (0221) 46 62 57. Telefax: (0221) 46 63 83.
Delegierter der Deutschen Wirtschaft, Ul. Dubininskaja 98, RF-113093 Moskau. Tel: (095) 236 72 88, (007502) 222 10 72 (Satellitentelefon). Telefax: (095) 958 51 63.
Zweigstellen in St. Petersburg und Nowosibirsk.
Russische Handelsvertretung in Österreich, Argentinierstraße 25-27, A-1040 Wien. Tel: (0222) 505 26 68. Telefax: (0222) 505 81 98.
Wirtschaftskammer Österreich, Außenwirtschaftsorganisation, Osteuropareferat, Wiedner Hauptstraße 63, A-1045 Wien. Tel: (0222) 5 01 05-4322. Telefax: (0222) 5 02 06-255.
Torgowyj Sowetnik Posoljstwa Awstrii (Außenhandelsstelle der Wirtschaftskammer Österreich), Starokonjuschennyi Pereulok 1, RF-119034 Moskau. Tel: (095) 201 73 34, 201 28 44. Telefax: (095) 230 26 87.
Interessengemeinschaft Schweiz-GUS, Postfach 690, c/o SHIV (Vorort), CH-8034 Zürich. Tel: (01) 382 23 23. Telefax: (01) 382 23 32.
Industrie- und Handelskammer der Russischen Föderation, Ul. Iljinka 6, RF-103684 Moskau. Tel: (095) 923 43 23. Telefax: (095) 230 24 55.

KLIMA

Grundsätzlich kontinentales Klima mit starken jahreszeitlichen Temperaturschwankungen. Es gibt folgende Klimazonen:
Nord- und Zentralrußland: Große jahreszeitliche Schwankungen. In Nordrußland sind Frühling und Herbst kühler als in Mitteleuropa. Im äußersten Norden streng polares Klima. Milder ist es an der Ostseeküste. Im Sommer manchmal 9 Std. Sonnenschein pro Tag.
Südrußland: Kürzere Winter als im Norden. In den Steppen (Südosten) heiße, trockene Sommer und sehr kalte Winter. In der nördlichen und nordöstlichen Schwarzmeer-Region sind die Winter mild. Hohe Niederschlagsmenge das ganze Jahr über.
Sibirien: Sehr kalte Winter; angenehme, kurze Sommer mit zahlreichen Niederschlägen. Frühjahr und Herbst deutlich kühler als in Mitteleuropa.
Kleidung: Warme Kleidung, Woll- oder Pelzmützen und wasserdichte Schuhe im Winter.

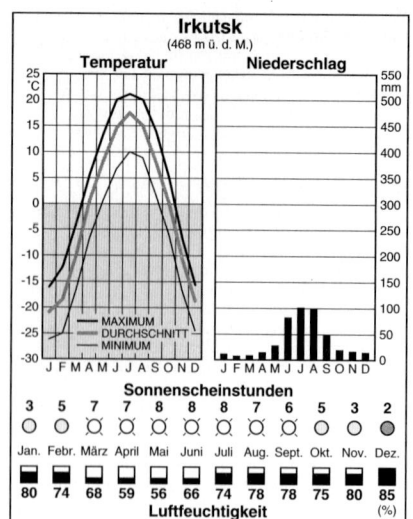
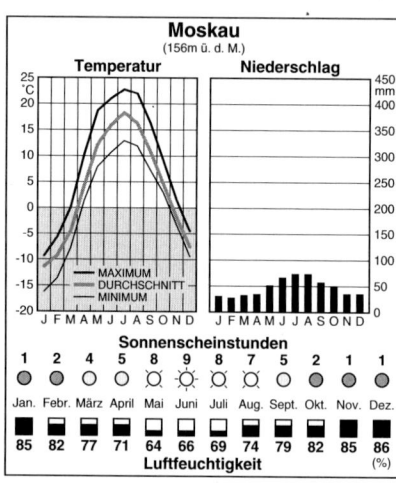
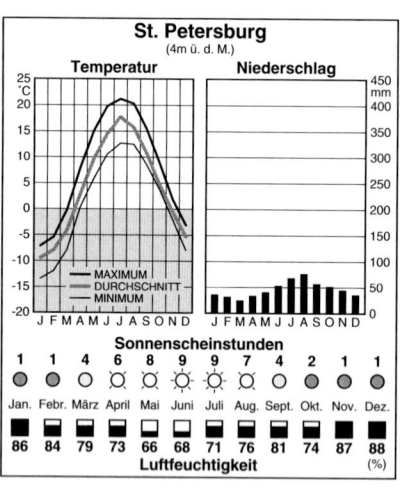
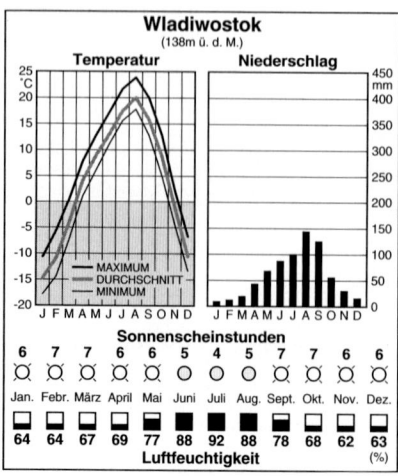
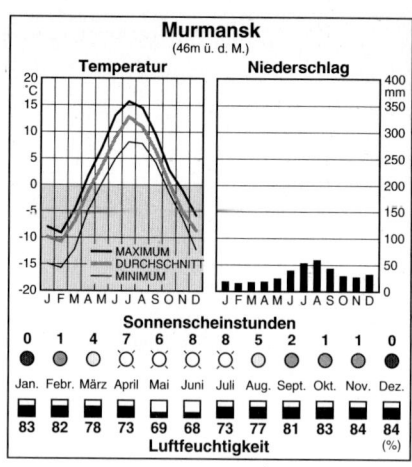
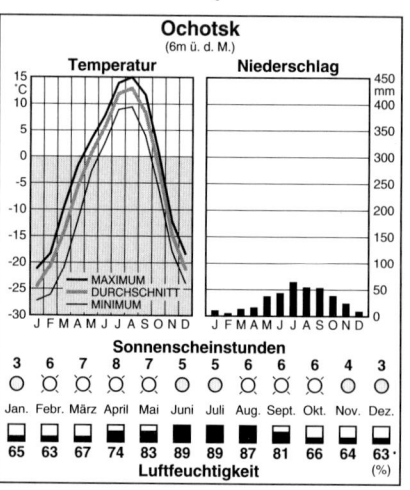
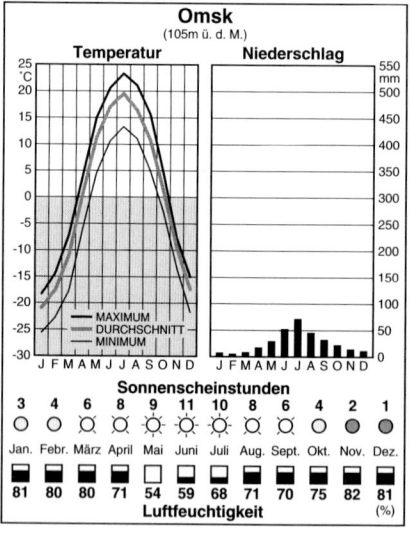
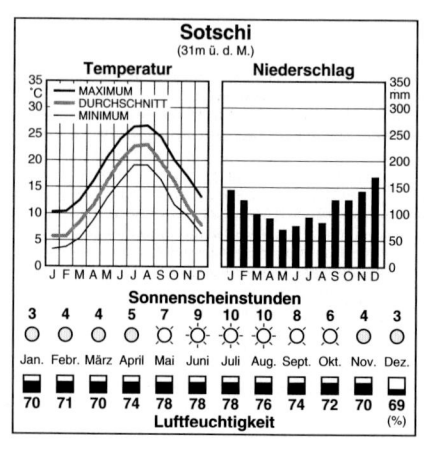

Saba

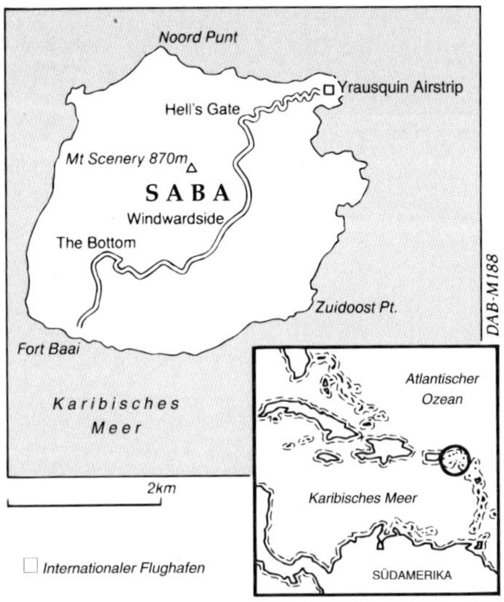

Lage: Östliche Karibik, Windward-Inseln.

Saba Tourist Office
Windwardside
PO Box 527
Saba
Tel: 6 22 31. Telefax: 6 23 50.
Büro des Generalbevollmächtigten Ministers der Niederländischen Antillen
Badhuisweg 173-175
PO Box 90706
NL-2597 JP Den Haag
Tel: (070) 351 28 11, 306 61 11. Telefax: (070) 351 27 22.
Deutschland unterhält keine Vertretung auf Saba, zuständig ist das Konsulat in Willemstad (s. Curaçao*). Übergeordnete Vertretung der Bundesrepublik Deutschland ist die Botschaft in Den Haag (s.* Niederlande*). Für Österreich und die Schweiz ist die jeweilige Botschaft in Den Haag zuständig (s.* Niederlande*).*

FLÄCHE: 13 qkm.
BEVÖLKERUNGSZAHL: 1130 (1992).
BEVÖLKERUNGSDICHTE: 86,9 pro qkm.
HAUPTSTADT: The Bottom. **Verwaltungshauptstadt der Niederländischen Antillen:** Willemstad (Curaçao).
GEOGRAPHIE: Saba ist verwaltungstechnisch eine von drei Inseln der Windward-Inseln der Niederländischen Antillen, geographisch gesehen gehört sie jedoch zu den Leeward-Inseln der Kleinen Antillen. Sie liegt 265 km östlich von Puerto Rico, 44 km südlich von St. Maarten und 21 km westlich von St. Eustatius. Saba ist der Gipfel eines erloschenen Vulkans, des 870 m hohen Mount Scenery, der mit dichtem Wald bewachsen ist. Die vier Dörfer der Insel waren bis vor kurzem nur durch Felsentreppen miteinander verbunden. Eine Straße verbindet heute den Flughafen mit The Bottom.
STAATSFORM: Konstitutionelle parlamentarisch-demokratische Monarchie. Staatsoberhaupt: Königin Beatrix der Niederlande, vertreten durch den von ihr ernannten Gouverneur Jaime M. Saleh. Regierungschef: Miguel A. Pourier. Saba ist Teil der Niederländischen Antillen, ebenso wie Bonaire, Curaçao, St. Eustatius und St. Maarten. Die Niederländischen Antillen, Aruba und die Niederlande haben als autonome Regionen mit interner Selbstverwaltung den gleichen Status innerhalb des niederländischen Königreichs. Die niederländische Königin wird durch einen Gouverneur vertreten, während die Niederländischen Antillen einen generalbevollmächtigten Minister in die Regierung des Königsreichs entsenden. Außen- und Verteidigungspolitik werden vom Ministerrat des Königsreichs entschieden, in dem auch der abgesandte Minister der Niederländischen Antillen vertreten ist. Sitz der Zentralregierung der Niederländischen Antillen ist Willemstad (Curaçao). Das Parlament (*Staten*) der Inseln ist zuständig für die innenpolitische Gesetzgebung – Saba wählt eines der 22 Mitglieder. Die Routineangelegenheiten jeder Insel (Bonaire, Curaçao und der Gruppe der Windward-Inseln) werden vom jeweiligen Inselrat unter der Aufsicht des Vizegouverneurs ausgeführt.
SPRACHE: Holländisch ist offizielle Landessprache. Außerdem werden Papiamento, Englisch und Spanisch gesprochen.
RELIGION: Römisch-katholisch mit protestantischer Minderheit und evangelische Kirchen unterschiedlicher Konfessionen sowie muslimische und hinduistische Minderheiten.
ORTSZEIT: MEZ - 5.
NETZSPANNUNG: 110/220 V, 60 Hz.
POST- UND FERNMELDEWESEN: Telefon: Vollautomatisiertes System mit Selbstwählferndienst. Telefonate, die über die Vermittlung geführt werden, sind teurer (15% Steuern werden berechnet). **Landesvorwahl** (Niederländische Antillen)**: 599**, die Vorwahl von Saba ist »4«. **Telegramme** kann man bei *Lands Radio Dienst* und *All American Cables* aufgeben. **Post:** In The Bottom gibt es ein Postamt. Luftpost nach Europa ist 4-6 Tage unterwegs, auf dem Seeweg 4-6 Wochen.
DEUTSCHE WELLE
Der Einsatz der Kurzwellenfrequenzen ändert sich mehrfach im Laufe eines Jahres, und Sendungen auf den folgenden Frequenzen werden jeweils nur zu bestimmten Tageszeiten ausgestrahlt. Näheres in der Einleitung.

MHz	17,765	17,715	15,275	9,545	6,100
Meterband	16	16	19	31	49

REISEPASS/VISUM

Wichtiger Hinweis: *Die Einreisebestimmungen mancher Länder können sich kurzfristig ändern – rufen Sie sicherheitshalber auf Ihrem CRS-System (TIMATIC-Info-Code-Fenster in diesem Kapitel) den aktuellen Stand ab bzw. wenden Sie sich an die zuständige diplomatische Vertretung. Etwaige Zahlen in der Tabelle beziehen sich auf nachfolgende Fußnoten.*

	Paß erforderlich?	*Visum erforderlich?*	*Rückflugticket erforderlich?*
Deutschland	Nein	Nein/2	Ja
Österreich	Ja	Nein/3	Ja
Schweiz	Ja	Nein/3	Ja
Andere EU-Länder	1	Nein/2/3	Ja

REISEPASS: Allgemein erforderlich, ausgenommen sind Staatsbürger von:
(a) **[1]** Belgien, Luxemburg und den Niederlanden, die im Besitz einer *Toeristenkaart* sind;
(b) der Bundesrepublik Deutschland, Brasilien, Mexiko und Trinidad und Tobago mit Personalausweis des jeweiligen Landes;
(c) den USA und Kanada mit Identitätsnachweis (Wählerkarte, beglaubigte Geburtsurkunde oder andere Ausweispapiere reichen aus);
(d) Venezuela und Touristen in Venezuela, die die Niederländischen Antillen besuchen und einen gültigen Personalausweis haben;
(e) San Marino, mit Personalausweis oder Reisepaß, der nicht länger als 5 Jahre abgelaufen ist.
Touristen müssen ggf. bei der Einreise ausreichende Geldmittel für die Dauer ihres Aufenthalts nachweisen.
VISUM: Visumpflicht nur für Staatsbürger folgender Länder, sofern sie dort ihren Wohnsitz haben: Albanien, Armenien, Aserbaidschan, Belarus, Bosnien-Herzegowina, Bulgarien, China (VR), Dominikanische Republik, Estland, Georgien, Haiti, Jugoslawien, Kambodscha, Kasachstan, Kirgisistan, Korea-Nord, Kroatien, Kuba, Lettland, Libyen, Litauen, Ehem. jugos. Republik Mazedonien, Rumänien, Russ. Föderation, Tadschikistan, Turkmenistan, Ukraine, Usbekistan und Vietnam.
Ein *Certificate of Admission for Temporary Residence (CATR)* ist jedoch auch für Urlaubsreisen erforderlich, ausgenommen sind Staatsbürger folgender Länder, sofern die Dauer des Aufenthalts 90 Tage nicht überschreitet:
(a) **[2]** Bundesrepublik Deutschland, Belgien, Großbritannien, Luxemburg, Niederlande, Spanien;
(b) Bolivien, Burkina Faso, Chile, Costa Rica, Ecuador, Israel, Jamaika, Kolumbien, Korea-Süd, Malawi, Mauritius, Niger, Philippinen, Polen, San Marino, Slowakische Republik, Swasiland, Togo, Tschechische Republik und Ungarn;
(c) **[3]** Staatsbürger anderer Länder (darunter Schweizer sowie bisher nicht aufgezählte Bürger der Mitgliedstaaten der Europäischen Union) können ohne *CATR* für Aufenthalte bis zu 14 Tagen einreisen.
Ist ein *Certificate of Admission for Temporary Residence (CATR)* erforderlich, kann es in den meisten Fällen bei der Einreise ausgestellt werden, dabei müssen Reisepaß und ausreichende Geldmittel für die Dauer des Aufenthaltes vorgelegt werden. Das CATR kann vor Ort verlängert werden.
Antragsstellung: Visumanträge an das Büro des Generalbevollmächtigten Ministers der Niederländischen Antillen (Adresse s. o.). Die Niederländischen Botschaften sind keine offiziellen Vertretungen der Niederländischen Antillen, Informationen sind dort jedoch ebenfalls erhältlich (Adressen s. *Niederlande*).
Bearbeitungszeit: Bis zu 1 Monat.
Transitvisum: Passagiere im Besitz von Weiterreiseticket und Identitätsnachweis, die ihre Reise innerhalb von 24 Std. fortsetzen und kein Visum für die Niederländischen Antillen brauchen, benötigen kein Transitvisum.
Aufenthaltsgenehmigung bzw. Arbeitserlaubnis: Wenden Sie sich an das Büro des *Lieutenant Governor of the Island Territory of Saba*, The Bottom, Saba.

TIMATIC INFO-CODES

Abrufbar über Ihr CRS-System (für START/Amadeus Ama-Maske benutzen). Für Galileo bitte TI-DFT eingeben ***(mit Bindestrich)****.*

Flughafengebühren	TI DFT/ SAB /TX
Währung	TI DFT/ SAB /CY
Zollbestimmungen	TI DFT/ SAB /CS
Gesundheit	TI DFT/ SAB /HE
Reisepassbestimmungen	TI DFT/ SAB /PA
Visabestimmungen	TI DFT/ SAB /VI

GELD

Währung: 1 Niederländischer-Antillen-Gulden (NAf) = 100 Cents. Banknoten gibt es im Wert von 250, 100, 50, 25, 10 und 5 NAf; Münzen in den Nennbeträgen 100, 50, 25, 10, 5, 2.5 und 1 Cent. Viele Gedenkmünzen, die es in Werten zwischen 10 und 200 NAf gibt, sind legale Zahlungsmittel. Die Währung ist an den US-Dollar gekoppelt.
Kreditkarten: *Eurocard, Diners Club, American Express* und *Visa* werden in größeren Restaurants und Hotels akzeptiert. Einzelheiten vom Hersteller der jeweiligen Kreditkarte.
Reiseschecks werden bevorzugt in US-Dollar angenommen.
Wechselkurse

	NAf Sept. '92	NAf Febr. '94	NAf Jan. '95	NAf Jan. '96
1 DM	1,21	1,03	1,15	1,25
1 US$	1,79	1,80	1,80	1,79

Devisenbestimmungen: Die Ein- und Ausfuhr der Landeswährung ist auf 200 NAf beschränkt; Fremdwährungen können uneingeschränkt ein- und ausgeführt werden. Die Einfuhr von Silbermünzen der Niederlande und Surinames ist verboten.
Öffnungszeiten der Banken: Mo-Fr 08.30-11.30 und 13.30-16.30 Uhr.

DUTY FREE

Saba ist ein Freihafen, es existieren keine Zollbeschränkungen.
Einfuhrverbot: Papageien und Sittiche, Hunde und Katzen aus Mittel- und Südamerika. Souvenirs und Lederwaren aus Haiti sollten nicht eingeführt werden.

GESETZLICHE FEIERTAGE

1. Mai '96 Tag der Arbeit. **16. Mai** Christi Himmelfahrt. **27. Mai** Pfingstmontag. **6. Dez.** Saba-Tag. **25./26. Dez.** Weihnachten. **1. Jan. '97** Neujahr. **28. März** Karfreitag. **31. März** Ostermontag. **30. April** Geburtstag der Königin. **1. Mai** Tag der Arbeit. **8. Mai** Christi Himmelfahrt. **19. Mai** Pfingstmontag.

GESUNDHEIT

In der folgenden Tabelle aufgeführte Impfvorschriften können sich kurzfristig ändern. Es wird stets empfohlen, auf Ihrem CRS-System (TIMATIC-Info-Code-Fenster in diesem Kapitel) den aktuellen Stand der Gesundheitsbestimmungen abzurufen bzw. rechtzeitig vor der Reise ärztlichen Rat einzuholen.

	Vorsichtsmaßnahmen empfohlen	*Impfschein erforderlich*
Gelbfieber	Ja	1
Cholera	Nein	Nein
Typhus & Polio	Nein	-
Malaria	Nein	-
Essen & Trinken	2	-

[1]: Eine Impfbescheinigung gegen Gelbfieber wird von allen Reisenden verlangt, die aus Infektionsgebieten kommen und über sechs Monate alt sind.
[2]: Leitungswasser wird aus einer Meerwasserentsalzungsanlage gewonnen und ist unbedenklich. In Flaschen abgefülltes Mineralwasser ist überall erhältlich. Milch ist pasteurisiert, und einheimische Milchprodukte sind unbedenklich. Einheimisches Fleisch, Geflügel, Meeresfrüchte, Obst und Gemüse können ohne Bedenken gegessen werden.
Moskitos können zu manchen Jahreszeiten (hauptsächlich im Früh- und Mittsommer sowie Früh- und Mittwinter) lästig sein, stellen aber keine Gefahr dar. Insektenspray wird empfohlen.
Bilharziose-Erreger kommen in manchen Teichen und Flüssen vor, das Schwimmen und Waten in Binnengewässern sollte daher vermieden werden. Gut gepflegte Schwimmbecken mit gechlortem Wasser sind unbedenklich.
Hepatitis A kann ebenfalls auftreten.
Gesundheitsvorsorge: In The Bottom gibt es ein Krankenhaus. Der Abschluß einer Reisekrankenversicherung wird dringend empfohlen.

Saba / St. Eustatius

REISEVERKEHR - International

FLUGZEUG: Die nationale Fluggesellschaft der Niederländischen Antillen heißt *ALM* (LM). Es gibt keine Direktflüge nach Saba. *KLM* bietet Flugdienste nach St. Maarten, Weiterflug mit *Windward Islands Airways* (WIA) nach Saba. Die Flugzeiten hängen von der jeweiligen Verbindung ab.
Durchschnittliche Flugzeiten: *Frankfurt* – Saba: 12 Std; *London* – Saba: 13 Std; *Los Angeles* – Saba: 10 Std; *New York* – Saba: 6 Std; *Singapur* – Saba: 34 Std.
Internationaler Flughafen: *Juancho Yrausquin (SAB)* liegt in der Cove-Baai. Die Landebahn ist 400 m lang und gehört zu den kürzesten Landebahnen der Welt. Es gibt tägliche Flüge nach St. Eustatius, St. Kitts (daher »internationaler« Flughafen) und dreimal täglich nach St. Maarten.
Flughafengebühren: 2 US$ zu den anderen Windward-Inseln; 5 US$ nach St. Kitts.
SCHIFF: Kleine Boote fahren vom Leo-A.-Chance-Pier in der Fort Baai ab. Es gibt eine regelmäßige Fährverbindung nach St. Maarten ebenso wie ein wöchentliches Frachtboot, das Lebensmittel und andere Versorgungsgüter liefert. Kreuzfahrtschiffe laufen Saba ebenfalls an. Bei guten Witterungsbedingungen legen auch Kreuzfahrtschiffe von *Seetours* an.

REISEVERKEHR - National

PKW/BUS: Auf Saba gibt es eine 15 km lange Straße, die die Insel vom Flughafen bis zur Fort-Bucht durchläuft. **Taxis** sind vorhanden. **Mietwagen** sind in Douglas Johnsons *The Square Nickel* erhältlich.

UNTERKUNFT

PENSIONEN: Es gibt fünf Guest Houses mit insgesamt 50 Zimmern: *Captain's Quarters, Cranston's Antique Inn, Scout's Place, Juliana's Apartments* und *Sharon's Ocean View*. Alle haben ihre eigene Bar und ein Restaurant.

URLAUBSORTE & AUSFLÜGE

Die winzige Insel Saba liegt auf einem großen erloschenen Vulkan, dem **Mount Scenery**, der 870 m aus der Karibischen See aufragt. Etwa 1100 Insulaner leben hier, es gibt nur eine Straße. Saba ist die ursprünglichste der Niederländischen Antillen, und Touristen sind hier noch etwas Besonderes. Die vier Dörfer der Insel sind kleine Ansammlungen verzierter Holzhäuschen, die sich an die Berghänge schmiegen. Die Vegetation wird zum Gipfel hin immer üppiger, und im Krater befindet sich ein tropischer Regenwald mit vielen verschiedenen exotischen Pflanzen und Blumen, darunter auch Orchideen. Man kann Inselrundfahrten mit dem Taxi vom Flughafen oder vom Pier aus machen oder die Insel zu Fuß erkunden und über die vielen tausend Steinstufen laufen, die die Dörfer miteinander verbinden. Das *Harry L. Johnson Memorial Museum* in **Windwardside** ist das restaurierte Haus eines holländischen Kapitäns. Besuchern wird ein Teller Schweinefleisch angeboten, das im Felsenofen der Küche frisch gebraten wurde. In Windwardside befinden sich auch das Fremdenverkehrsamt, die beiden größten Gasthäuser und die meisten Geschäfte. Die Inselhauptstadt **The Bottom** liegt 250 m ü. d. M. auf einem Plateau, das von vulkanischen Bergkuppen umgeben ist. Im **Handwerksmuseum** kann man frühe Beispiele der berühmten Saba-Spitze bewundern, komplizierte Leinen-Stickereien, die wie Spitze aussehen. Das Klima ist milder als im benachbarten St. Eustatius (nur 21 km entfernt), aber es gibt häufig Niederschläge.

SOZIALPROFIL

ESSEN & TRINKEN: Die Inselgasthäuser bieten eine gute Küche, und es gibt mehrere Restaurants, darunter chinesische und italienische. Einheimische Spezialitäten sind *Callaloo*-Suppe, Ziegen-Curry, Brotfrucht, *Soursop*-Eiscreme und Mangos, Papayas, Feigen und Bananen. Restaurants und Bars schließen normalerweise um Mitternacht. **Getränke:** Internationale Getränkemarken sind erhältlich. Der einheimische Rum, *Saba Spice*, ist eine Mischung aus Rum, Anis, Zimt, Orangenschalen, Gewürznelken, Muskatnuß, Gewürzen und braunem Zucker.
NACHTLEBEN: Touristen sind noch immer eher die Ausnahme, und abends gibt es kaum Unterhaltung. Man verbringt den Abend meist ruhig. Freitag und Samstag abends wird in einigen Etablissements Tanz angeboten.
EINKAUFSTIPS: Als der Weltbedarf an Zucker und Indigo Mitte des 19. Jahrhunderts zurückging, sahen die Zukunftsaussichten der Insulaner düster aus. Die Plantagen, bis dahin die einzigen Einnahmequellen, wurden langsam wieder vom Wald überwachsen. Um weiterhin den Lebensunterhalt bestreiten zu können, bauten die Männer Boote und wurden Fischer, die Frauen bestickten Servietten und Tischdecken. Hierzu wurde eine Technik benutzt, die eine gewisse Mary Gertrude Johnson in einem venezolanischen Kloster gelernt hatte. Die Fischindustrie ist heute relativ unbedeutend, die Stickereien machten Saba jedoch berühmt. Die *Artisan Foundation* Sabas in The Bottom (1972 mit Hilfe des Entwicklungsprogramms der UNO gegründet) fördert einheimische Handarbeiten. Im *Island Craft Shop* in Windwardside kann man handgefertigte Spitzenarbeiten, Batikstoffe und Stoffdrucke erstehen. Der hochprozentige Rum *Saba Spice* hat einen einzigartigen Geschmack und ist ein originelles Mitbringsel. **Öffnungszeiten der Geschäfte:** Mo-Fr 08.00-12.00 und 14.00-18.00 Uhr.
SPORT: Im *Sunny Valley Youth Centre* in The Bottom befindet sich ein **Tennisplatz** mit Zementboden, die Guest Houses Captain's Quarter und Scout's Place haben jeweils einen **Swimmingpool**. Saba hat nur einen Strand. **Bergwandern** zum Gipfel des Mount Scenery ist bei Besuchern besonders beliebt, Bernard Johnson bietet Ausflugstouren an. Der beliebteste Sport auf Saba ist jedoch zweifelsohne das **Tauchen**. Die Küstengewässer wurden zum Wasserschutzgebiet erklärt, da sie erfahrenen Tauchern einzigartige Möglichkeiten bieten. Die Sicht beträgt zwischen 20-30 m, im Winter ca. 40 m. Die Wassertemperatur erreicht im Sommer 29°C, im Winter sinkt sie auf 23°C ab. Die Korallenriffe sind voll bunter exotischer Fische, die nur von Haien und Barrakudas gestört werden. Die großen Meeresschildkröten und Buckelwale kommen während der Saison zu Besuch. Die zwei Tauchgeschäfte der Insel, *Saba Deep* in der Fort Baai und *Sea Saba* in Windwardside, bieten Boote und Tauchausrüstungen an; ausgebildete Tauchlehrer für alle Stufen stehen zur Verfügung. Anfänger dürfen nur in den flachen Gewässern der Fort Baai tauchen.
VERANSTALTUNGSKALENDER
Die *Saba-Tage* werden am ersten Wochenende im Dezember mit Eselsrennen, Tänzen und Parties gefeiert. Der *Karneval* findet in der letzten Juliwoche mit phantasievollen Kostümen, flotten Tänzen und karibischer Musik statt.
SITTEN & GEBRÄUCHE: Holländische Sitten und Gebräuche haben auf den Niederländischen Antillen noch immer einen starken Einfluß, der Tourismus auf dem benachbarten St. Maarten bringt jedoch seit einiger Zeit verstärkt amerikanische Einflüsse nach Saba (mehrere Geschäfte gehören US-Bürgern). Leichte, zwanglose Baumwollkleidung wird empfohlen. **Trinkgeld:** In Gasthäusern und Restaurants werden normalerweise 15% Steuern auf die Rechnungen aufgeschlagen. Ansonsten werden 10-15% Trinkgeld gern angenommen, aber nicht erwartet.

WIRTSCHAFTSPROFIL

WIRTSCHAFT: Die gesunkenen Erdölpreise und der Trend zum Umladen auf See haben sich negativ auf die einst so florierende Wirtschaft der Niederländischen Antillen ausgewirkt. Die Wirtschaft Sabas wurde jedoch nur indirekt von diesen Entwicklungen betroffen, da es auf Saba keine Erdölraffinerien gibt. Haupteinnahmequellen sind der Fischfang und handgefertigte Textilien. Der Tourismus nimmt an Bedeutung zu. Wie auch St. Eustatius und Bonaire wird Saba von den größeren Inseln der Niederländischen Antillen wirtschaftlich unterstützt.
GESCHÄFTSVERKEHR: Bei geschäftlichen Treffen geht es recht formell zu. Ein leichter Tropenanzug bzw. Kostüm sind angebracht. Terminvereinbarungen sollten im voraus getroffen werden, und auf Pünktlichkeit wird großen Wert gelegt. **Geschäftszeiten:** Mo-Fr 08.00-12.00 und 13.30-16.30 Uhr.
Kontaktadressen: *Die wirtschaftlichen Interessen Österreichs werden von der Außenhandelsstelle der Wirtschaftskammer Österreich in Caracas (s. Venezuela) vertreten. Windward Islands Chamber of Commerce and Industry, PO Box 454, Philipsburg, St. Maarten. Tel: (5) 2 35 90. Telefax: (5) 2 35 12.*

KLIMA

Die hohen Temperaturen werden durch die kühlen Passatwinde gemildert. Die durchschnittliche Jahrestemperatur beträgt 26°C und variiert selten mehr als 1-3 Grad. Jährlicher Niederschlag 1067 mm. An Winterabenden kann die Temperatur auf 16°C fallen. Auf dem Mount Scenery ist es immer etwas kühler.
Kleidung: Ganzjährig tropische und pflegeleichte Kleidung. Für die Regenzeit benötigt man einen leichten Regenschutz.

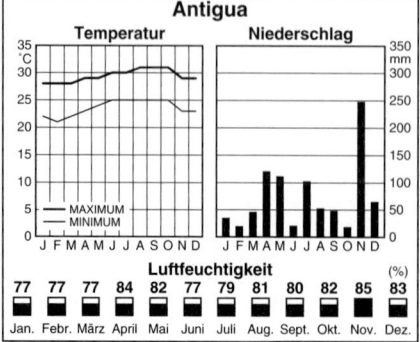

St. Eustatius

□ *Internationaler Flughafen*

Lage: Östliche Karibik, Windward-Inseln.

St. Eustatius Tourist Development Foundation
Fort Oranje Straat z/n
Oranjestad
St. Eustatius
Tel/Telefax: 8 24 33.
Büro des Generalbevollmächtigten Ministers der Niederländischen Antillen
Badhuisweg 173-175
PO Box 90706
NL-2597 JP Den Haag
Tel: (070) 351 28 11, 306 61 11. Telefax: (070) 351 27 22.
Deutschland unterhält keine Vertretung auf St. Eustatius, zuständig ist das Konsulat in Willemstad (s. Curaçao). Übergeordnete Vertretung der Bundesrepublik Deutschland ist die Botschaft in Den Haag (s. Niederlande). Für Österreich und die Schweiz ist die jeweilige Botschaft in Den Haag zuständig (s. Niederlande).

FLÄCHE: 21 qkm.
BEVÖLKERUNGSZAHL: 1839 (1992).
BEVÖLKERUNGSDICHTE: 87,6 pro qkm.
HAUPTSTADT: Oranjestad. **Verwaltungshauptstadt der Niederländischen Antillen:** Willemstad (Curaçao).
GEOGRAPHIE: St. Eustatius ist verwaltungstechnisch eine von drei Windward-Inseln der Niederländischen Antillen, geographisch gesehen gehört sie jedoch zu den Leeward-Inseln der Kleinen Antillen. Die Insel liegt 286 km östlich von Puerto Rico, 171 km östlich von St. Croix, 56 km südlich von St. Maarten und 14 km nordwestlich von St. Kitts. Im Süden der Insel erhebt sich der erloschene Vulkan *The Quill*, dessen Krater von üppigem Regenwald bedeckt ist. Zweimal jährlich kommen Seeschildkröten auf den schwarzen vulkanischen Sand am Rand der Insel zur Eiablage. Große Landkrebse jagen jede Nacht an den Stränden.
STAATSFORM: Konstitutionelle parlamentarisch-demokratische Monarchie. Staatsoberhaupt: Königin Beatrix der Niederlande, vertreten durch den von ihr ernannten Gouverneur Jaime M. Saleh. Regierungschef: Miguel A. Pourier. St. Eustatius ist Teil der Niederländischen Antillen, ebenso wie Bonaire, Curaçao, Saba und St. Maarten. Die Niederländischen Antillen, Aruba und die Niederlande haben als autonome Regionen mit

TIMATIC INFO-CODES

Abrufbar über Ihr CRS-System (für START/Amadeus Ama-Maske benutzen). Für Galileo bitte TI-DFT eingeben (mit Bindestrich).

Flughafengebühren	TI DFT/ EUX /TX
Währung	TI DFT/ EUX /CY
Zollbestimmungen	TI DFT/ EUX /CS
Gesundheit	TI DFT/ EUX /HE
Reisepassbestimmungen	TI DFT/ EUX /PA
Visabestimmungen	TI DFT/ EUX /VI

interner Selbstverwaltung den gleichen Status innerhalb des niederländischen Königreiches. Die niederländische Königin wird durch einen Gouverneur vertreten, während die Niederländischen Antillen einen generalbevollmächtigten Minister in die Regierung des Königreichs entsenden. Außen- und Verteidigungspolitik werden vom Ministerrat des Königreiches entschieden, in dem auch der abgesandte Minister der Niederländischen Antillen vertreten ist. Sitz der Zentralregierung der Niederländischen Antillen ist Willemstad (Curaçao). Das Parlament (*Staten*) der Inseln ist zuständig für die innenpolitische Gesetzgebung – St. Eustatius wählt eines der 22 Mitglieder. Die Routineangelegenheiten jeder Insel (Bonaire, Curaçao und der Gruppe der Windward-Inseln) werden vom jeweiligen Inselrat unter der Aufsicht des Vizegouverneurs ausgeführt.
SPRACHE: Holländisch ist die offizielle Landessprache und wird im Behördenverkehr benutzt und in den Schulen gelehrt. *Papiamento* ist der einheimische Dialekt, Französisch und Englisch werden ebenfalls gesprochen.
RELIGION: Die Mehrheit der Bevölkerung ist protestantisch, es gibt auch katholische und jüdische Glaubensgemeinschaften.
ORTSZEIT: MEZ - 5.
NETZSPANNUNG: 110/220 V, 50 Hz.
POST- UND FERNMELDEWESEN: Telefon: Vollautomatisiertes System mit Selbstwählferndienst. Telefonate, die über die Vermittlung geführt werden, sind teurer (15% Steuern werden berechnet). **Landesvorwahl** (Niederländische Antillen)**: 599**, die Vorwahl von St. Eustatius ist »3«. **Telegramme** kann man bei *Lands Radio Dienst* und *All American Cables* aufgeben. **Post:** Luftpost nach Europa ist 4-6 Tage unterwegs, auf dem Landweg 4-6 Wochen.
DEUTSCHE WELLE
Der Einsatz der Kurzwellenfrequenzen ändert sich mehrfach im Laufe eines Jahres, und Sendungen auf den folgenden Frequenzen werden jeweils nur zu bestimmten Tageszeiten ausgestrahlt. Näheres in der Einleitung.

MHz	17,765	17,715	15,275	9,545	6,100
Meterband	16	16	19	31	49

REISEPASS/VISUM

Wichtiger Hinweis: *Die Einreisebestimmungen mancher Länder können sich kurzfristig ändern – rufen Sie sicherheitshalber auf Ihrem CRS-System (TIMATIC-Info-Code-Fenster in diesem Kapitel) den aktuellen Stand ab bzw. wenden Sie sich an die zuständige diplomatische Vertretung. Etwaige Zahlen in der Tabelle beziehen sich auf nachfolgende Fußnoten.*

	Paß erforderlich?	*Visum erforderlich?*	*Rückflugticket erforderlich?*
Deutschland	Nein	Nein/2	Ja
Österreich	Ja	Nein/3	Ja
Schweiz	Ja	Nein/3	Ja
Andere EU-Länder	1	Nein/2/3	Ja

REISEPASS: Allgemein erforderlich, ausgenommen sind Staatsbürger von:
(a) **[1]** Belgien, Luxemburg und den Niederlanden, die im Besitz einer *Toeristenkaart* sind;
(b) der Bundesrepublik Deutschland, Brasilien, Mexiko und Trinidad und Tobago mit Personalausweis des jeweiligen Landes;
(c) den USA und Kanada mit Identitätsnachweis (Wählerkarte, beglaubigte Geburtsurkunde oder andere Ausweispapiere reichen aus);
(d) Venezuela und Touristen in Venezuela, die die Niederländischen Antillen besuchen und einen gültigen Personalausweis haben;
(e) San Marino, mit Personalausweis oder Reisepaß, der nicht länger als 5 Jahre abgelaufen ist.
Touristen müssen ggf. bei der Einreise ausreichende Geldmittel für die Dauer ihres Aufenthalts nachweisen.
VISUM: Visumpflicht nur für Staatsbürger folgender Länder, sofern sie dort ihren Wohnsitz haben: Albanien, Armenien, Aserbaidschan, Belarus, Bosnien-Herzegowina, Bulgarien, China (VR), Dominikanische Republik, Estland, Georgien, Haiti, Jugoslawien, Kambodscha, Kazakhstan, Kirgisistan, Korea-Nord, Kroatien, Kuba, Lettland, Libyen, Litauen, Ehem. jugos. Republik Mazedonien, Rumänien, Russ. Föderation, Tadschikistan, Turkmenistan, Ukraine, Usbekistan und Vietnam.
Ein *Certificate of Admission for Temporary Residence (CATR)* ist jedoch auch für Urlaubsreisen erforderlich, ausgenommen sind Staatsbürger folgender Länder, sofern die Dauer des Aufenthalts 90 Tage nicht überschreitet:
(a) **[2]** Bundesrepublik Deutschland, Belgien, Großbritannien, Luxemburg, Niederlande, Spanien;
(b) Bolivien, Burkina Faso, Chile, Costa Rica, Ecuador, Israel, Jamaika, Kolumbien, Korea-Süd, Malawi, Mauritius, Niger, Philippinen, Polen, San Marino, Slowakische Republik, Swasiland, Togo, Tschechische Republik und Ungarn;
(c) **[3]** Staatsbürger anderer Länder (darunter Schweizer sowie bisher nicht aufgezählte Bürger der Mitgliedstaaten der Europäischen Union) können ohne *CATR* für Aufenthalte bis zu 14 Tagen einreisen.
Ist ein *Certificate of Admission for Temporary Residence (CATR)* erforderlich, kann es in den meisten Fällen bei der Einreise ausgestellt werden, dabei müssen Reisepaß und ausreichende Geldmittel für die Dauer des Aufenthaltes vorgelegt werden. Das CATR kann vor Ort verlängert werden.
Antragsstellung: Visumanträge an das Büro des Generalbevollmächtigten Ministers der Niederländischen Antillen (Adresse s. o.). Die Niederländischen Botschaften sind keine offiziellen Vertretungen der Niederländischen Antillen, Informationen sind dort jedoch ebenfalls erhältlich (Adressen s. *Niederlande*).
Bearbeitungszeit: Bis zu 1 Monat.
Transitvisum: Passagiere im Besitz von Weiterreiseticket und Identitätsnachweis, die ihre Reise innerhalb von 24 Std. fortsetzen und kein Visum für die Niederländischen Antillen brauchen, benötigen kein Transitvisum.
Aufenthaltsgenehmigung bzw. Arbeitserlaubnis: Wenden Sie sich an das Büro des *Lieutenant Governor of the Island Territory of St. Eustatius*, Oranjestad, St. Eustatius.

GELD

Währung: 1 Niederländischer-Antillen-Gulden (NAf) = 100 Cents. Banknoten gibt es im Wert von 250, 100, 50, 25, 10 und 5 NAf; Münzen in den Nennbeträgen 100, 50, 25, 10, 5, 2.5 und 1 Cent. Viele Gedenkmünzen, die es in Werten zwischen 10 und 200 NAf gibt, sind legale Zahlungsmittel. Die Währung ist an den US-Dollar gekoppelt.
Kreditkarten: *Eurocard, Diners Club, American Express* und *Visa* werden in größeren Restaurants und Hotels akzeptiert. Einzelheiten vom Hersteller der jeweiligen Kreditkarte.
Reiseschecks werden bevorzugt in US-Dollar angenommen.
Wechselkurse

	NAf Sept. '92	NAf Febr. '94	NAf Jan. '95	NAf Jan. '96
1 DM	1,21	1,03	1,15	1,25
1 US$	1,79	1,80	1,80	1,79

Devisenbestimmungen: Die Ein- und Ausfuhr der Landeswährung ist auf 200 NAf beschränkt; Fremdwährungen können uneingeschränkt ein- und ausgeführt werden. Die Einfuhr von Silbermünzen der Niederlande und Surinames ist verboten.
Öffnungszeiten der Banken: Mo-Fr 08.30-11.30 und 13.30-16.30 Uhr.

DUTY FREE

St. Eustatius ist ein Freihafen, es existieren keine Zollbeschränkungen.
Anmerkung: Für mitgebrachte Hunde und Katzen müssen ein tierärztliches Attest und ein Tollwut-Impfzeugnis vorgelegt werden.

GESETZLICHE FEIERTAGE

1. Mai '96 Tag der Arbeit. **16. Mai** Christi Himmelfahrt. **27. Mai** Pfingstmontag. **16. Nov.** St.-Eustatius-Tag. **25./26. Dez.** Weihnachten. **1. Jan. '97** Neujahr. **28. März** Karfreitag. **31. März** Ostermontag. **30. April** Geburtstag der Königin. **1. Mai** Tag der Arbeit. **8. Mai** Christi Himmelfahrt. **19. Mai** Pfingstmontag.

GESUNDHEIT

In der folgenden Tabelle aufgeführte Impfvorschriften können sich kurzfristig ändern. Es wird stets empfohlen, auf Ihrem CRS-System (TIMATIC-Info-Code-Fenster in diesem Kapitel) den aktuellen Stand der Gesundheitsbestimmungen abzurufen bzw. rechtzeitig vor der Reise ärztlichen Rat einzuholen.

	Vorsichtsmaßnahmen empfohlen	*Impfschein erforderlich*
Gelbfieber	Ja	1
Cholera	Nein	Nein
Typhus & Polio	Nein	-
Malaria	Nein	-
Essen & Trinken	2	-

[1]: Eine Impfbescheinigung gegen Gelbfieber wird von allen Reisenden verlangt, die aus Infektionsgebieten kommen und über sechs Monate alt sind.
[2]: Leitungswasser wird aus einer Meerwasserentsalzungsanlage gewonnen und ist unbedenklich. In Flaschen abgefülltes Mineralwasser ist überall erhältlich. Milch ist pasteurisiert, und einheimische Milchprodukte sind unbedenklich. Einheimisches Fleisch, Geflügel, Meeresfrüchte, Obst und Gemüse können ohne Bedenken gegessen werden.
Moskitos können zu manchen Jahreszeiten (hauptsächlich im Früh- und Mittsommer sowie Früh- und Mittwinter) lästig sein, stellen aber keine Gefahr dar. Insektenspray wird empfohlen.
Bilharziose-Erreger kommen in manchen Teichen und Flüssen vor, das Schwimmen und Waten in Binnengewässern sollte daher vermieden werden. Gut gepflegte Schwimmbecken mit gechlortem Wasser sind unbedenklich.
Hepatitis A kann ebenfalls auftreten.
Gesundheitsvorsorge: Auf St. Eustatius gibt es ein Krankenhaus. Der Abschluß einer Reisekrankenversicherung wird empfohlen.

REISEVERKEHR - International

FLUGZEUG: Die nationale Fluggesellschaft der Niederländischen Antillen heißt *ALM (LM)*. Es gibt keine Direktflüge nach St. Eustatius. *KLM* bietet Flugdienste nach St. Maarten, Weiterflug mit *Windward Islands Airways* (WIA) nach St. Eustatius. Die Flugzeiten hängen von der jeweiligen Verbindung ab.
Durchschnittliche Flugzeiten: *Frankfurt* – St. Eustatius: 11 Std; *London* – St. Eustatius: 12 Std; *Los Angeles* – St. Eustatius: 9 Std; *New York* – St. Eustatius: 5 Std; *Singapur* – St. Eustatius: 33 Std.
Internationaler Flughafen: *F. D. Roosevelt (EUX)* liegt 1 km außerhalb von Oranjestad. Es gibt täglich Flüge aus St. Kitts und Nevis, St. Maarten (viermal täglich, Flugzeit 30 Min.) und Saba. Jets können hier nicht landen.
Flughafengebühren: 10 US$.
SCHIFF: Einige Kreuzfahrtschiffe, u. a. von *Seetours*, legen in St. Eustatius an. Kleine Boote fahren zu den anderen Windward-Inseln; nach Saba fährt man ca. 2 Std.

REISEVERKEHR - National

BUS/PKW: Die Insel St. Eustatius ist recht klein und hat nur wenige Verkehrswege. Eine unbefestigte Straße führt an der Küste entlang und ein Weg zum Rand des *The Quill* im Süden der Insel. Das gesamte Straßennetz kann man in wenigen Stunden ablaufen, dennoch gibt es 15 **Mietwagen-** und **Taxifirmen** in Oranjestad. Es gibt ebensoviele Autos wie Esel auf der Insel, die Esel können ebenfalls gemietet werden. **Unterlagen:** Führerschein des eigenen Landes.

UNTERKUNFT

Es gibt drei kleine Hotels auf St. Eustatius mit insgesamt 50 Betten: das *Golden Era*, *La Maison Sur La Plage* und *The Old Gin House*; mehrere Pensionen sind ebenfalls vorhanden. Vollausgestattete Ferienwohnungen kann man wöchentlich mieten, Vorausbuchung wird empfohlen.

URLAUBSORTE & AUSFLÜGE

St. Eustatius, im Volksmund kurz *Statia* genannt, war im 17. und 18. Jahrhundert ein geschäftiger Zwischenhafen und als »Goldener Felsen« bekannt. Danach hörte man lange Zeit nichts von St. Eustatius, bis die Insel vor kurzem vom Tourismus entdeckt wurde, der allerdings noch in den Kinderschuhen steckt. *Statia* ist heute ein verschlafenes Fleckchen, von der geschäftigen kommerziellen Vergangenheit zeugen nur noch die Ruinen alter Lagerhäuser, der mit Unkraut überwucherte *Jüdische Friedhof* (neben der zweitältesten Synagoge der »Neuen Welt«), einige Kolonialbauten, *Fort Oranje* oberhalb der Stadt und die Fundamente der holländischen Seewälle, die inzwischen im klaren Wasser der Bucht versunken sind. Die umliegenden Gewässer sind ein wahres Taucherparadies, Ausrüstungen kann man mieten. Ausflüge werden vom *Happy Hooker Watersports Centre* in der Unterstadt neben der kleinen Ferienanlage *The Inns of Gallows Bay* und von *Surfside Statia* in der Nähe des *Old Gin House* angeboten. Weitere Inselattraktionen sind ein Spaziergang zum Kraterrand des *The Quill*, dem bewaldeten erloschenen Vulkan; Eselritte an den schwarzen Sandstränden zum *Forte de Windt*; Wellenreiten an der Nordostküste und Angelausflüge. Weitere Informationen erhalten Sie vom Fremdenverkehrsamt.

SOZIALPROFIL

ESSEN & TRINKEN: Obwohl die Insel nur klein ist, gibt es neun Restaurants, die alle verschiedene Zusammenstellungen einheimischer und ausländischer Küche anbieten. In den Hotelrestaurants ißt man möglicherweise am besten, vor allem im berühmten *Mooshay Bay Dining Room* des *Old Gin House*, in dem europäische Gerichte auf Zinntellern serviert werden. Die kreolische Küche ist besonders für ihre Meeresfrüchte bekannt: Marinierte Meeresschnecken, gegrillter und gut gewürzter Fisch und Hummer werden besonders empfohlen. Das *Chinese Restaurant* bietet authentische kantonesische Spezialitäten sowie amerikanische, französische und einheimische Speisen an. **Getränke:** Es gibt keine festen Schankzeiten, allerdings schließen die meisten Bars und Restaurants um Mitternacht. Alle international bekannten Marken sind hier fast zollfrei erhältlich. Ein »Greenie« ist eine Flasche Heineken.
NACHTLEBEN: Das Nachtleben findet in den größeren Hotels und Restaurants statt. Im *Pim Pim* und *Hippy* tanzt man zu westlicher Musik vom Band und einheimischen Reggae- und Calypsorhythmen.
EINKAUFSTIPS: Die Zollfreiheit macht Parfüm, Schmuck und Spirituosen besonders erschwinglich.
Öffnungszeiten der Geschäfte: Mo-Fr 08.00-12.00 und 14.00-18.00 Uhr.

St. Eustatius / St. Kitts und Nevis

SPORT: Wassersport spielt auf der Insel eine große Rolle und ist eine der Hauptattraktionen für Urlauber. **Tauchen, Windsurfen** und **Wasserski** samt Ausbildung werden angeboten. Die Insel ist aber wohl als **Taucherparadies** am bekanntesten, zahlreiche Wracks liegen auf dem schwarzen Sand zwischen den Korallenriffen und dem alten Hafen bei Oranjestad. Seit der Eröffnung des modernen Tauchzentrums *Surfside Statia* bekommen die Fische von Tauchern Gesellschaft, die von der einzigartigen Kombination ausgezeichneter Bedingungen, klarem warmem Wasser, zahlreichen Schiffswracks, Korallen, komfortablen Hotels und vorzüglicher Küche angezogen werden. Das Tauchzentrum bietet zwei Luftkompressoren, 60 Taucherflaschen und zwei Tauchboote; Anfänger können hier Unterricht nehmen. Das *Happy Hooker Watersports Centre* in der Unterstadt vermietet ebenfalls Ausrüstungen.
VERANSTALTUNGSKALENDER: Jedes Jahr im Juli wird auf der ganzen Insel *Karneval* gefeiert. In dieser Zeit kommen viele Besucher auf die Insel, und Vorausbuchung ist erforderlich.
SITTEN & GEBRÄUCHE: Holländische Sitten und Gebräuche haben auf den Niederländischen Antillen noch immer einen starken Einfluß, der Tourismus der benachbarten Amerikanischen Jungferninseln hat jedoch seit einiger Zeit verstärkt auch amerikanische Einflüsse nach St. Eustatius gebracht. Leichte, zwanglose Baumwollkleidung wird empfohlen. Badekleidung gehört an den Strand oder Swimmingpool. Abends zieht man sich etwas eleganter an. **Trinkgeld:** Hotels berechnen 5-10% Regierungssteuer und 10-15% Bedienungsgeld. Portiers und Kellner erwarten 10% Trinkgeld, Taxifahrer erhalten normalerweise kein Trinkgeld.

WIRTSCHAFTSPROFIL

WIRTSCHAFT: Sinkende Erdölpreise und der Trend zur Umladung auf See haben die Wirtschaft der Niederländischen Antillen in den letzten Jahren schwer getroffen. Da sich die Ölindustrien der Inselgruppe jedoch in erster Linie auf Curaçao und Bonaire befinden (Aruba gehört nicht mehr zu den Niederländischen Antillen), war der Verlust für die Windward-Inseln in dieser Hinsicht geringer. St. Eustatius verfügt über ein bescheidenes Einkommen aus der Landwirtschaft und einer großen Petroleum-Umladeanlage, der weitaus größte Wirtschaftszweig ist jedoch der Tourismus, der rund 25% des Bruttoinlandproduktes erbringt. Es gibt Bemühungen, die Fischindustrie weiter auszubauen, die meisten festen Arbeitsplätze bestehen jedoch gegenwärtig in der Verwaltung der Niederländischen Antillen-Gruppe. Wie Saba und Bonaire erhält auch St. Eustatius wirtschaftliche Hilfe von den reicheren Inseln der Niederländischen Antillen.
GESCHÄFTSVERKEHR: Bei geschäftlichen Treffen geht es recht formell zu. Leichter Tropenanzug bzw. Kostüm sind angebracht. Terminvereinbarungen sollten im voraus getroffen werden, und auf Pünktlichkeit wird großen Wert gelegt. **Geschäftszeiten:** Mo-Fr 08.00-12.00 und 13.30-16.30 Uhr.
Kontaktadressen: *Die wirtschaftlichen Interessen Österreichs werden von der Außenhandelsstelle der Wirtschaftskammer Österreich in Caracas (s. Venezuela) vertreten.*
Windward Islands Chamber of Commerce and Industry (Industrie- und Handelskammer der Windward-Inseln), PO Box 454, Philipsburg, St. Maarten. Tel: (5) 2 35 90. Telefax: (5) 2 35 12.

KLIMA

Die hohen Temperaturen werden durch die kühlen Passatwinde gemildert. Die durchschnittliche Jahrestemperatur beträgt 28°C und schwankt selten mehr als 1-3 Grad. Durchschnittliche Niederschlagsmenge pro Jahr: 1771 mm.
Kleidung: Leichte Baumwollsachen das ganze Jahr über. Leichter Regenschutz wird empfohlen.

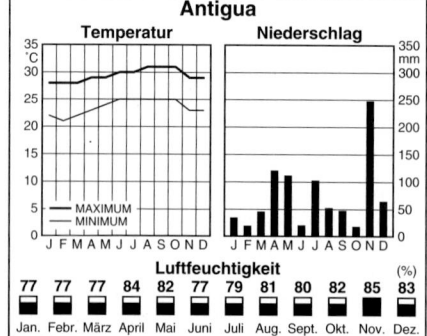

St. Kitts und Nevis

Lage: Östliche Karibik, Leeward-Inseln.

St. Kitts & Nevis Tourism Office (Hella Wolters)
Saalburgstraße 2
D-61476 Kronberg
Tel: (06173) 6 67 47. Telefax: (06173) 64 09 69.
Mo-Fr 09.00-17.00 Uhr.
St Kitts & Nevis Department of Tourism
PO Box 132
Bay Road
Basseterre
St. Kitts
Tel: 26 20, 40 40. Telefax: 87 94.
und
Main Street
Charlestown
Nevis
Tel: 10 42. Telefax: 10 66.
High Commission for Eastern Caribbean States
10 Kensington Court
GB-London W8 5DL
Tel: (0171) 937 95 22. Telefax: (0171) 937 55 14.
Mo-Fr 09.30-17.30 Uhr.
(auch zuständig für die Bundesrepublik Deutschland, Österreich und die Schweiz)
Honorarkonsulat der Bundesrepublik Deutschland
PO Box 652
Bathridge
Nevis
Tel/Telefax: 14 45.
Die übergeordnete Botschaft ist in Port of Spain (s. Trinidad und Tobago).
Österreich und die Schweiz unterhalten keine diplomatischen Vertretungen auf St. Kitts und Nevis. Zuständig sind die jeweiligen Botschaften in Caracas (s. Venezuela).
FLÄCHE: Insgesamt: 261,6 qkm (St. Kitts 168,4 qkm; Nevis 93,2 qkm).
BEVÖLKERUNGSZAHL: 42.000 (1993).
BEVÖLKERUNGSDICHTE: 161 pro qkm.
HAUPTSTADT: Basseterre (St. Kitts). **Einwohner:** 21.000 (1990).
GEOGRAPHIE: St. Kitts (offiziell St. Christopher) gehört zu den nördlichen Leeward-Inseln in der Karibik. Die Inselmitte besteht aus drei zerklüfteten Vulkangruppen, die durch tiefe Schluchten voneinander getrennt sind. Der Regenwald der zentralen Bergkette geht in höheren Lagen in dichtes Buschwerk über. Der Krater des Mount Liamuiga, dessen nördliche Ausläufer in Zuckerrohrplantagen und Wiesen übergehen, liegt in 1200 m Höhe. Die landwirtschaftlich ungenutzten, flachen Hügel sind mit dichten tropischen Wäldern und exotischen Früchten wie Brotfrucht, Mangos, Avocados, Bananen und Papayas bewachsen. Im Südwesten der Insel erstreckt sich eine flache Halbinsel mit ausgezeichneten Stränden nach Nevis.
Die kleine, fast kreisrunde Insel **Nevis** wird durch einen 3 km breiten Kanal von St. Kitts getrennt und kann per Fähre oder Flugzeug erreicht werden. Die Insel bietet kilometerlange weiße Sandstrände, goldene Kokosnußhaine und eine ruhige, türkisfarbene See, in der braune Pelikane nach den unzähligen Fischen tauchen. Höchster Punkt der Insel ist der 1090 m hohe Mount Nevis mit seinem ewig umwölkten Gipfel. Nördlich und südlich davon liegen die kleineren Erhebungen Saddle Hill und Hurricane Hill, der ehemalige Aussichtsposten der Flotte des englischen Admirals Nelson. Von hier aus kann man St. Kitts und Barbuda sehen. Auf der Westseite der Insel wachsen zahlreiche Kokospalmen, an der Nord- und Westküste erstrecken sich schöne Korallenstrände.
STAATSFORM: Offiziell »Souveräner demokratischer Föderativstaat« – konstitutionelle Monarchie im Commonwealth. Regierungschef: Denzil Douglas seit Juli 1995. Staatsoberhaupt: Königin Elizabeth II., vertreten durch den einheimischen Generalgouverneur Sir Clement Arrindell, seit 1983. Nationalversammlung aus 11 direkt gewählten und drei ernannten Mitgliedern sowie dem Gouverneur. Nevis hat den Status eines Bundesstaates und eine eigene Legislative, die sich laut Verfassung unter bestimmten Bedingungen von der Bundesregierung lossagen kann.
SPRACHE: Amtssprache ist Englisch. Kreolisches Englisch ist Umgangssprache.
RELIGION: Anglikaner, Methodisten und Katholiken.
ORTSZEIT: MEZ - 5.
NETZSPANNUNG: 230 V, 60 Hz.
POST- UND FERNMELDEWESEN: Telefon: Selbstwählferndienst. **Landesvorwahl:** St. Kitts 1 809 465, Nevis 1 809 469. **Telefaxgeräte** stehen in manchen Hotels und im Büro von *SKANTEL* (s. u.) zur Verfügung. **Telexdienst** und **Telegrammaufgabe** in größeren Hotels oder in den Büros von *SKANTEL* in Cayon Street, Basseterre und Main Street, Charlestown. Öffnungszeiten: Mo-Fr 07.00-19.00 Uhr, Sa 07.00-14.00 und 19.00-20.00 Uhr, sonn- und feiertags 08.00-10.00 und 19.00-20.00 Uhr. **Post:** Luftpostsendungen nach Europa sind 5-7 Tage unterwegs. Öffnungszeiten der Postämter: Mo, Di, Mi, Fr und Sa 08.00-15.00 Uhr, Do 08.00-11.00 Uhr.
DEUTSCHE WELLE
Der Einsatz der Kurzwellenfrequenzen ändert sich mehrfach im Laufe eines Jahres, und Sendungen auf den folgenden Frequenzen werden jeweils nur zu bestimmten Tageszeiten ausgestrahlt. Näheres in der Einleitung.

MHz	17,765	17,715	15,275	9,545	6,100
Meterband	16	16	19	31	49

REISEPASS/VISUM

Wichtiger Hinweis: Die Einreisebestimmungen mancher Länder können sich kurzfristig ändern – rufen Sie sicherheitshalber auf Ihrem CRS-System (TIMATIC-Info-Code-Fenster in diesem Kapitel) den aktuellen Stand ab bzw. wenden Sie sich an die zuständige diplomatische Vertretung. Etwaige Zahlen in der Tabelle beziehen sich auf nachfolgende Fußnoten.

	Paß erforderlich?	Visum erforderlich?	Rückflugticket erforderlich?
Deutschland	Ja	Nein	Ja
Österreich	Ja	Nein	Ja
Schweiz	Ja	Nein	Ja
Andere EU-Länder	Ja	1	Ja

REISEPASS: Allgemein erforderlich zur Einreise, ausgenommen sind Staatsangehörige von Kanada und den USA mit gültigen Identitätspapieren (bis zu 6 Monate Aufenthalt). Der Reisepaß muß bei der Einreise noch mindestens 6 Monate gültig sein.
VISUM: Genereller Visumzwang, ausgenommen sind Staatsangehörige:
(a) [1] der Bundesrepublik Deutschland, Österreichs, der übrigen EU-Länder (Staatsbürger Portugals brauchen jedoch ein Visum) sowie der Schweiz;
(b) von Commonwealth-Ländern (Mitgliedstaaten s. Inhaltsverzeichnis);
(c) von Ägypten, den Amerikanischen Jungferninseln, Bahrain, Bolivien, Brasilien, Chile, Costa Rica, Ecuador, El Salvador, Fidschi, Guatemala, Honduras, Island, Israel, Japan, Jordanien, Katar, Kolumbien, Korea-Süd, Kuwait, Liechtenstein, Mexiko, Monaco, den Niederländischen Antillen, Nicaragua, Norwegen, Oman, Panama, Paraguay, Peru, Puerto Rico, Saudi-Arabien, Suriname, Taiwan (China), der Türkei, Uruguay, den USA, Venezuela und den Vereinigten Arabischen Emiraten;
(d) Touristen, die ihre Reise in ein Drittland innerhalb von 14 Tagen fortsetzen, mit Ausnahme der Staatsbürger von Albanien, Bosnien-Herzegowina, Bulgarien, China (VR), GUS-Staaten, Haiti, Korea-Nord, Kroatien, Jugoslawien (Serbien und Montenegro), der Ehemaligen jugosl. Republik Mazedonien, der Mongolei, Polen,

TIMATIC INFO-CODES

Abrufbar über Ihr CRS-System (für START/Amadeus Ama-Maske benutzen). Für Galileo bitte TI-DFT eingeben (mit Bindestrich).

Flughafengebühren	TI DFT/ SKB /TX
Währung	TI DFT/ SKB /CY
Zollbestimmungen	TI DFT/ SKB /CS
Gesundheit	TI DFT/ SKB /HE
Reisepaßbestimmungen	TI DFT/ SKB /PA
Visabestimmungen	TI DFT/ SKB /VI

Rumänien, Slowenien, Ungarn und Vietnam, die ein Visum benötigen.
Visaarten: Touristenvisa.
Visagebühren: Je nach Nationalität verschieden, Informationen von der High Commission.
Gültigkeitsdauer: Normalerweise 6 Monate.
Antragstellung: High Commission in London (Adresse s. o.).
Bearbeitungszeit: 2-3 Tage.
Aufenthaltsgenehmigung: Anfragen sind an das Innenministerium, Basseterre, St. Kitts, West Indies, zu richten.

GELD

Währung: 1 Ostkaribischer Dollar (EC$) = 100 Cents. Banknoten gibt es im Wert von 100, 50, 20, 10, 5 und 1 EC$; Münzen sind im Wert von 1 EC$ sowie von 25, 10, 5, 2 und 1 Cent in Umlauf. US-Dollar werden fast überall angenommen.
Kreditkarten: *American Express*, *Visa* und teilweise auch *Diners Club* und *Eurocard* werden akzeptiert. Einzelheiten vom Aussteller der betreffenden Kreditkarte.
Wechselkurse

	EC$ Sept. '92	EC$ Febr. '94	EC$ Jan. '95	EC$ Jan. '96
1 DM	1,83	1,56	1,74	1,88
1 US$	2,71	2,71	2,70	2,70

Devisenbestimmungen: Die Ein- und Ausfuhr der Landeswährung ist unbegrenzt. Die Einfuhr von Fremdwährungen ist ebenfalls unbegrenzt, es besteht jedoch Deklarationspflicht. Ausfuhr maximal in Höhe des bei der Einfuhr deklarierten Betrages.
Öffnungszeiten der Banken: Mo-Do 08.00-15.00 Uhr; Fr 08.00-17.00 Uhr; Sa 08.30-11.00 Uhr.

DUTY FREE

Folgende Artikel können zollfrei nach St. Kitts und Nevis eingeführt werden:
200 Zigaretten oder 50 Zigarren oder 225 g Tabak;
1 l Wein oder Spirituosen;
150 g Parfüm.
Anmerkung: In zahlreichen Duty-free-Shops kann man Parfüm, Textilien, Kleidung, Porzellan, Kristall und Schmuck kaufen.

GESETZLICHE FEIERTAGE

1. Mai '96 Tag der Arbeit. **27. Mai** Pfingstmontag. **4. Juni** Geburtstag der Königin. **5. Aug.** August-Feiertag. **8. Aug.** Culturama (Nevis). **19. Sept.** Unabhängigkeitstag. **25./26. Dez.** Weihnachten. **31. Dez. - 2. Jan. '97** Karneval. **1. Jan.** Neujahr. **28. März** Karfreitag. **31. März** Ostermontag. **1. Mai** Tag der Arbeit. **19. Mai** Pfingstmontag.

GESUNDHEIT

In der folgenden Tabelle aufgeführte Impfvorschriften können sich kurzfristig ändern. Es wird stets empfohlen, auf Ihrem CRS-System (TIMATIC-Info-Code-Fenster in diesem Kapitel) den aktuellen Stand der Gesundheitsbestimmungen abzurufen bzw. rechtzeitig vor der Reise ärztlichen Rat einzuholen.

	Vorsichtsmaßnahmen empfohlen	*Impfschein erforderlich*
Gelbfieber	Ja	1
Cholera	Nein	Nein
Typhus & Polio	Nein	-
Malaria	Nein	-
Essen & Trinken	2	-

[1]: Eine Impfbescheinigung gegen Gelbfieber wird von allen Reisenden verlangt, die aus Infektionsgebieten kommen und über ein Jahr alt sind.
[2]: Trinkwasser ist gechlort und kann u. U. leichte Magenverstimmungen hervorrufen. Während der ersten Urlaubstage sollte man abgefülltes Wasser trinken, welches überall erhältlich ist. Milch ist pasteurisiert und kann, ebenso wie einheimische Milchprodukte, Fleisch, Geflügel, Meeresfrüchte, Obst und Gemüse, unbesorgt verzehrt werden.
Bilharziose-Erreger kommen in manchen Teichen und Flüssen vor, das Schwimmen und Waten in Binnengewässern sollte daher vermieden werden. Gut gepflegte Schwimmbecken mit gechlortem Wasser sind unbedenklich.
Hepatitis A kommt vor.
Gesundheitsvorsorge: Es gibt Krankenhäuser in Basseterre und Charlestown sowie ein kleineres in Sandy Point, St. Kitts. Mehrere Ärzte und Zahnärzte haben Privatpraxen. Der Abschluß einer Reisekrankenversicherung wird empfohlen.

REISEVERKEHR - International

FLUGZEUG: *LIAT (LI)* fliegt sechsmal wöchentlich nach Antigua und bietet Charterflüge nach Montserrat, St. Maarten, Antigua und Barbuda. *American Eagle* und *Windward Islands Airways* fliegen ebenfalls zu den Inseln. Einige große europäische Airlines fliegen in die Nähe, z. B. nach St. Maarten, Antigua und Puerto Rico.
Durchschnittliche Flugzeiten: *Frankfurt* – St. Kitts: 9 Std. (einschl. Zwischenlandung); *London* – St. Kitts: 10 Std. (einschl. Zwischenlandung in Antigua); *New York* – St. Kitts: 5 Std.
Internationale Flughäfen: *St. Kitts (SKB)* (Golden Rock) liegt 3 km außerhalb von Basseterre. Am Flughafen gibt es Duty-free-Shops, eine Tourist-Information und Restaurants. Taxis sind vorhanden.
Newcastle Airfield liegt 11 km außerhalb von Charlestown auf Nevis.
Flughafengebühren: 27 EC$ oder 10 US$.
SCHIFF: Basseterre ist ein Hochseehafen, der Schiffe bis zu 120 m Länge aufnehmen kann. *Cunard, Ocean Cruise, Regency Cruise, Royal Caribbean Cruises, Pacquet Cruise, P&O* und *Seetours* legen hier regelmäßig an. Charlestown (Nevis) wird u. a. von *Hanseatic Tours* angelaufen.

REISEVERKEHR - National

FLUGZEUG: Es gibt täglich Flüge mit *LIAT (LI)* zwischen St. Kitts und Nevis.
SCHIFF: Viermal täglich (außer Do und So) gibt es eine regelmäßige Fährverbindung zwischen Basseterre (St. Kitts) und Charlestown (Nevis). Weitere Informationen erhalten Sie vor Ort.
BUS/PKW: Über das gute Straßennetz der Inseln erreicht man alle Orte in wenigen Minuten. Die privaten **Busse** der Inseln bieten komfortable und häufige, jedoch unfahrplanmäßige Verbindungen zu allen Ortschaften. **Taxis** auf beiden Inseln haben feste Fahrpreise, eine Preisliste ist von der Regierung erhältlich. Auf St. Kitts wird zwischen 23.00 und 06.00 Uhr ein Aufpreis von 25% verlangt, auf Nevis zwischen 22.00 und 06.00 Uhr ein Aufpreis von 50%. Taxifahrer erwarten 10% Trinkgeld. **Pkws** und **Mopeds** werden von mehreren Firmen verliehen. **Unterlagen:** Gegen Vorlage des eigenen Führerscheins und einer Gebühr von 30 EC$ erhält man einen befristeten »Inselführerschein«, der ein Jahr gültig ist.
FAHRZEITEN von Basseterre zu den folgenden Städten und Urlaubsorten (ungefähre Angaben in Std. und Min.):

	Flugzeug	Schiff	Bus/Pkw
Newcastle, Nevis	0.05	-	-
Charlestown, Nevis	-	0.45	-
Sandy Point	-	-	0.20
Brimstone Hill	-	-	0.35
Frigate Bay	-	-	0.10
Cockleshell Bay	-	-	0.35

UNTERKUNFT

Die Hotelpreise unterscheiden sich je nach Standard und Ausstattung der Unterkünfte und sind außerhalb der Saison wesentlich niedriger (Mitte April - Mitte Dezember). Die meisten Hotels geben Gruppen- und Pauschalrabatt. Auf alle Hotelrechnungen werden 7% Steuer und 10% Bedienungsgeld aufgeschlagen.
HOTELS: Auf den beiden Inseln gibt es über 20 Hotels, die meisten allerdings auf St. Kitts. Zahlreiche kleine Hotels sind in privater Hand, bieten hohen Standard und sind teilweise in umgebauten Plantagenhäusern oder ehemaligen Zuckermühlen untergebracht. Weitere Bauvorhaben werden in naher Zukunft die Bettenkapazität um zusätzlich 200 Betten erweitern. Ein vollständiges Verzeichnis ist von der High Commission oder dem Fremdenverkehrsamt erhältlich. 90% der Hotels gehören zur *St. Kitts & Nevis Hotel and Tourism Association (HTA)*, PO Box 438, Basseterre, St. Kitts. Tel: 53 04. Telefax: 77 46. **Kategorien:** Die meisten Hotels bieten unterschiedliche Übernachtungspreise an. **Full American Plan (FAP):** Zimmer mit Vollpension (einschl. Nachmittagstee). **American Plan (AP):** Zimmer mit drei Mahlzeiten. **Modified American Plan (MAP):** Zimmer, Frühstück und Abendessen, in manchen Hotels auch Nachmittagstee. **Continental Plan (CP):** Zimmer mit Frühstück. **European Plan (EP):** nur Übernachtung.
GUEST HOUSE: Es gibt mehrere Guest Houses (Pensionen) auf beiden Inseln, genauere Auskünfte erteilt das Fremdenverkehrsamt.
FERIENHÄUSER UND -WOHNUNGEN können fast überall gemietet werden. Das Fremdenverkehrsamt erteilt nähere Auskünfte.

URLAUBSORTE & AUSFLÜGE

St. Kitts

Basseterre: Der Einfluß der britischen und französischen Kolonialzeit spiegelt sich in der Hauptstadt ganz besonders am *Independence Square* mit seinen historischen Gebäuden aus der Zeit zwischen 1714 und 1830 wider. Der Tiefseehafen wurde kürzlich fertiggestellt. Zu den wichtigsten Sehenswürdigkeiten gehören *The Circus*, der *Independence Square* und die Kirche *St. George*. Interessant ist auch das Handwerkshaus, und auf dem Markt kann man gut stöbern. In der Nähe der Hauptstadt sollte man sich genügend Zeit für die Erkundung der *Brimstone-Hill-Festung* und des *Black Rock* lassen. Ein Besuch der *Caribelle-Batikfabrik*, der angeblich schönsten Fabrik der Welt, sollte in keinem Besichtigungsprogramm fehlen. Das Menschenaffen-Forschungszentrum, das *Frigate-Bay-Development*, die Südosthalbinsel und der *Mount-Liamuiga-Krater* sind weitere interessante Ausflugsziele.
Brimstone Hill: Eine der eindrucksvollsten Festungen der Neuen Welt wurde auf diesem Schwefelberg gebaut und ging als »Gibraltar der Westindischen Inseln« in die Geschichte ein. Das Fort wurde 1690 erbaut, war Schauplatz einiger französisch-britischer Schlachten im 18. Jahrhundert und überragt die Ebenen, in denen die Zuckermühlen standen. Von hier aus hat man einen herrlichen Panoramablick auf die Nachbarinseln Saba und St. Eustatius.
Das Touristenzentrum **Frigate Bay** bietet zwei schöne Strände, Hotels, einen Golfplatz und ein Spielkasino. Von *Golden Rock* sind Flüge zu den Nachbarinseln möglich.

Nevis

Im 18. Jahrhundert wurde Nevis als »Königin der Karibik« bezeichnet und entwickelte sich in den letzten 100 Jahren zu einem der exklusivsten Bade- und Urlaubsorte der Welt. Zahlreiche Plantagenbesitzer wohnten auf der Insel und machten sie zu einem Zentrum des eleganten Lebensstils. Obwohl Nevis ein Erdbeben und eine Flutwelle über sich ergehen lassen mußte, die die alte Hauptstadt begraben haben soll, gibt es noch zahlreiche alte Gebäude und historische Plätze.
Charlestown: Die schöne Inselhauptstadt besticht durch ihre reich verzierten Holzhäuser und die großen Bögen aus Bougainvillea. An die Inselgeschichte erinnern u. a. die Baumwollentkörnungsfabrik, Alexander Hamiltons Geburtsort mit Museum, das Gerichtsgebäude, das Kriegerdenkmal, das Alexandra-Krankenhaus und der jüdische Friedhof. Einige der Plantagenhäuser wurden zu ausgezeichneten Hotels wie dem berühmten *Nisbet* umgebaut. Interessant sind auch das Philatelie-Zentrum und die Bibliothek. Der Markt bietet für jeden Geschmack etwas. Das *Bath House* ist eines der ältesten Hotels der Leeward-Inseln; ein Besuch des Herrenhauses *Eden Brown* läßt eine vergangene Epoche wieder aufleben. Die *Fig-Tree-Kirche*, das *Nelson Museum*, die heißen Thermalquellen und die *Newcastle-Töpferei* sind weitere Attraktionen der Insel.
Strände auf Nevis: Nördlich von Charlestown liegt *Pinney's Beach*, ein weißer, von Palmen gesäumter Sandstrand. Der nördlich gelegene schwarze Sandstrand und der *Hurricane Hill* bieten eine gute Aussicht auf St. Kitts und Barbuda.

SOZIALPROFIL

ESSEN & TRINKEN: Die Restaurants beider Inseln haben sich mit ihrer ausgezeichneten Küche einen Namen gemacht. Westindische, kreolische, kontinentale, indische, chinesische und französische Gerichte stehen auf der Speisekarte. Einheimische Spezialitäten sind Spanferkel, Langusten, Krebse und Curry. Restaurants, die vor allem von den Insulanern besucht werden, bieten Schneckenmuscheln (in Curry, gepökelt oder als Salat) sowie Reis, Erbsen und *Goat's Water* (ein Eintopfgericht). Christophines, Yamswurzeln, Brotfrucht und Papayas werden auch angeboten. Die kleineren Restaurants auf Nevis und in Charlestown kochen mehr für die Einheimischen mit Gemüsesuppe, Hummer, Hammel und Rindfleisch. Auf dem Markt am Hafen kann man Mangos, Papayas und Bananen einkaufen. **Getränke:** Der vor Ort hergestellte *CSR*, ein Schnaps aus Zuckerrohr, ist ausgezeichnet, aber international bekannte Spirituosen werden auch angeboten.
NACHTLEBEN: Das Nachtleben ist nicht gerade lebhaft. In der Hauptsaison treten in einigen Hotels Steelbands auf, und manchmal werden Tanzabende veranstaltet. Das *Royal St. Kitts* auf St. Kitts ist ein Spielkasino. Es gibt einen Nachtklub auf Nevis und auf St. Kitts bieten »J's Place« am Fuß der Brimstone-Hill-Festung, der »Cotton Club« und das »Reflections« Abendunterhaltung. Weitere Zerstreuung findet man in den Bars der Hotels und Guest Houses.
EINKAUFSTIPS: Schöne Mitbringsel sind Schnitzereien, Batiken, Wandschmuck, Lederarbeiten und Kokosnußartikel. Briefmarkensammler sollten dem Philatelie-Zentrum in Basseterre einen Besuch abstatten. Duty-free-Shops sind eine Neuheit auf St. Kitts, und die Auswahl steuerfreier Artikel ist gering. Die scharfe Pfeffersoße von Nevis ist eine der besten der Karibik und ein originelles Souvenir. **Öffnungszeiten der Geschäfte:** Mo, Di, Mi, Fr 08.00-12.00 und 13.00-16.00 Uhr, Do 08.00-12.00 Uhr und Sa 08.00-18.00 Uhr.
SPORT: Schwimmen ist besonders beliebt auf St. Kitts und Nevis, zahlreiche Hotels haben Süßwasser-Swimmingpools und manche auch Privatstrände. **Tauchen:** In den Strandhotels kann man Ausrüstungen leihen. In Basseterre bieten Bootsbesitzer manchmal auch Tauchausflüge an. **Segeln:** Man kann Boote von den Hotels mieten, die Auswahl ist jedoch begrenzt. **Fischen:** Hochseefischen ist sehr beliebt. **Golf:** Es gibt zwei Golfplätze auf St. Kitts und einen auf Nevis. **Tennis:** Auf beiden Inseln gibt es Tennisplätze, manche Hotels haben eigene Tennisplätze mit Zementboden. **Bergsteigen, Wandern, Kricket, Fußball** und **Reiten** sind auch sehr populär.

St. Kitts und Nevis / St. Lucia

VERANSTALTUNGSKALENDER
Die Feste auf St. Kitts und Nevis haben eine ganz besondere Atmosphäre, und alle Gäste sind eingeladen, nach Herzenslust an den Paraden, Festzügen und Parties teilzunehmen.
Juni '96 (1) *St. Kitts/Nevis Regatta.* (2) *Guavaberry Caribbean Offshore Regatta* (St. Maarten – St. Kitts). **7./8. Aug.** *Culturama* (Kultur-, Kunst- und Folklorefest), Nevis. **12. - 19. Sept.** *Festivitäten zum Jahrestag der Unabhängigkeit.* **4. - 11. Nov.** *Tourismuswoche*, St. Kitts. **24. Dez. - 2. Jan. '97** *Karneval* (Maskeraden, Straßentänze, Calypsowettänze, diverse kulturelle Aufführungen, traditionelle Weihnachtsfeiern und -feiern). Außerdem finden an jedem zweiten Sonntag im Monat *Sunfishkurse* und *-rennen* statt und an jedem letzten Sonntag im Monat *Fun-Golf-Veranstaltungen.*
SITTEN & GEBRÄUCHE: Die Kommerzialisierung hat auf St. Kitts und Nevis noch nicht eingesetzt, und kommerzielles Denken gehört noch nicht zum Alltag. Die Insulaner lieben den althergebrachten einfachen, ruhigen Lebensstil und heißen Besucher herzlich willkommen. Der Calypso und die Musik spielen besonders in den Sommermonaten eine große Rolle. Zwanglose Kleidung wird meist akzeptiert, grundsätzlich sollte man die Kleidung dem Anlaß entsprechend wählen. **Trinkgeld:** Auf Hotelrechnungen werden 10% Bedienungsgeld aufgeschlagen. In Restaurants sind 10-15% üblich, Taxifahrer erwarten 10%.

WIRTSCHAFTSPROFIL

WIRTSCHAFT: In erster Linie Landwirtschaft, es werden Baumwolle, Bananen und Zuckerrohr angebaut. Die Zuckerindustrie war einst wichtigster Devisenbringer des Landes. Der äußerst niedrige Weltmarktpreis für Zucker und schlechte Witterungsbedingungen haben jedoch dazu geführt, daß das Land heute von Entwicklungshilfe abhängig ist. Die Landwirtschaft trägt nur noch ca. 6% zum Bruttoinlandsprodukt bei (1992). Zucker und Zuckerprodukte sind aber immer noch wichtige Exportgüter, zusammen mit anderen Nahrungsmitteln und lebenden Tieren. Die Regierung bemüht, die Wirtschaft zu diversifizieren; andere landwirtschaftliche Produkte werden jetzt angebaut, u. a. Yamswurzel, Bananen und Süßkartoffeln. Auch die 1975 verstaatlichte Fertigungsindustrie wird ausgebaut. Vor allem im Bereich Elektronik und Datenverarbeitung sind inzwischen Zuwachsraten zu verzeichnen. Der Tourismus hat ein hohes Wachstumspotential, vor allem auf Nevis, obwohl politische Faktoren hier den Ausbau der Infrastruktur behindert haben. Der Anteil am Bruttoinlandsprodukt lag 1991 bei ungefähr 9%. Haupthandelspartner sind die USA und Großbritannien. St. Kitts und Nevis ist Mitglied der CARICOM.
GESCHÄFTSVERKEHR: Lang- oder kurzärmeliges Hemd mit Krawatte oder Safarianzug bzw. leichtes Kostüm sind für Geschäftstreffen angemessen.
Geschäftszeiten: Mo-Sa 08.00-12.00 und 13.00-16.00 Uhr. Donnerstags wird früher geschlossen.
Kontaktadressen: Die wirtschaftlichen Interessen Österreichs werden von der Außenhandelsstelle der Wirtschaftskammer Österreich in Caracas (s. Venezuela) vertreten. *St. Kitts & Nevis Chamber of Industry and Commerce* (Industrie- und Handelskammer), PO Box 332, Basseterre, St. Kitts. Tel: 29 80. Telefax: 44 90.

KLIMA

Heißes tropisches Klima, durch Passatwinde gemildert. Die Trockenzeit dauert von Januar bis April. Im Sommer und zum Jahresende ist die Niederschlagsmenge höher und je nach Höhenlage verschieden. Die jährliche Niederschlagsmenge beträgt ca. 125-200 mm, Hauptregenzeit von Mai bis Oktober. Wirbelstürme können zwischen August und Oktober auftreten.
Kleidung: Leichte Kleidung während des ganzen Jahres, wärmere Sachen für kühle Abende (besonders im Winter zwischen Oktober und Februar). Leichter Regenschutz wird empfohlen.

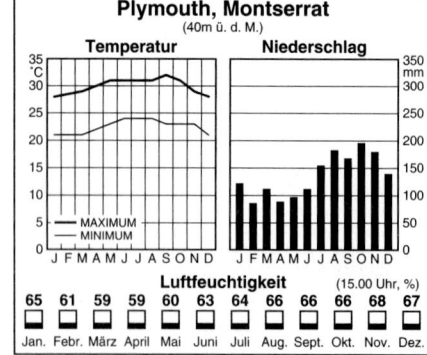
Plymouth, Montserrat (40m ü. d. M.)

St. Lucia

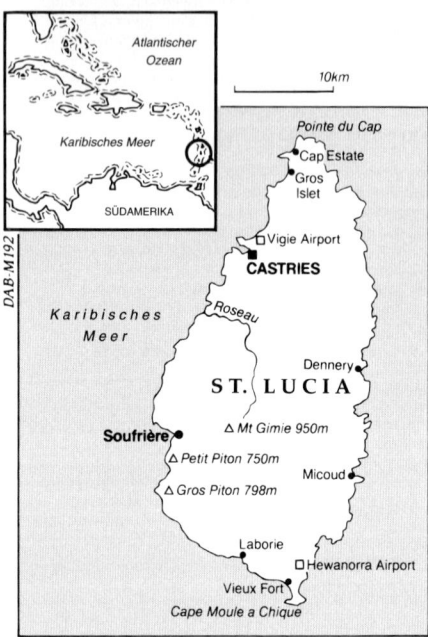

Lage: Östliche Karibik, Windward-Inseln.

St. Lucia Tourist Board
Postfach 2304
D-61293 Bad Homburg
Tel: (06172) 30 44 31. Telefax: (06172) 30 50 72.
Mo-Fr 09.00-12.30 und 14.00-16.00 Uhr.
(auch für Österreich und die Schweiz zuständig)
St. Lucia Tourist Board
Pointe Seraphine
PO Box 221
Castries
Tel: 452 59 68. Telefax: 453 11 21.
Honorarkonsulat von St. Lucia
Postfach 2304
D-61293 Bad Homburg
Tel: (06172) 30 23 24. Telefax: (06172) 30 50 72.
Di und Do 09.00-12.00 Uhr.
Personen mit Wohnsitz in Österreich oder der Schweiz können sich an die jeweiligen britischen Vertretungen wenden.
Honorarkonsulat der Bundesrepublik Deutschland
4 Manoel Street
PO Box 233
Castries
Tel: 452 37 37. Telefax: 452 37 40.
Übergeordnete Vertretung ist die Botschaft in Port-of-Spain (s. Trinidad und Tobago).
Österreich und die Schweiz unterhalten keine diplomatischen Vertretungen auf St. Lucia, zuständig sind die jeweiligen Botschaften in Caracas (s. Venezuela).

FLÄCHE: 616,3 qkm.
BEVÖLKERUNGSZAHL: 142.000 (1993).
BEVÖLKERUNGSDICHTE: 230 pro qkm.
HAUPTSTADT: Castries. **Einwohner:** 53.883 (1992).
GEOGRAPHIE: St. Lucia ist die zweitgrößte der Windward-Inseln mit einer der schönsten Berglandschaften der Westindischen Inseln. Die 43 km lange und 23 km breite Insel bietet eine reichhaltige tropische Flora und Fauna. Orchideen und tropische Pflanzen der Gattung Anthurium wachsen wild im Regenwald und am Straßenrand, große blühende Bäume spenden Schatten. Einige Eidechsenarten gibt es nur auf St. Lucia, ebenso *Agoutis* und *Manicous* (Kaninchenarten), die man auf der ganzen Insel findet. Der bunte Amazonaspapagei ist in den Regenwäldern im Landesinneren zu Hause. Der Mount Gimmie ist mit 960 m die höchste Erhebung der Insel, und an der Westküste ragen die eindrucksvollen vulkanischen Bergkegel Gros Piton und Petit Piton aus dem Meer. Hier befinden sich die Sulphur Springs, Vulkanöffnungen, die Schwefel- und andere Gase ausstoßen. Die Berge werden von Flüssen durchzogen, die in manchen Regionen fruchtbare Täler bilden. Die ausgezeichneten Strände der Insel werden vom klaren, warmen Wasser der Karibik umspült. Die Sonne scheint praktisch das ganze Jahr über. Ein Urlaubsziel wie geschaffen nicht nur zum Abschalten, Schwimmen und Sonnenbaden.
STAATSFORM: Konstitutionelle Monarchie im Commonwealth. Staatsoberhaupt: Königin Elizabeth II., vertreten durch den einheimischen Generalgouverneur Sir Stanislaus Anthony James, seit 1988. Regierungschef: John George Melvin Compton, seit 1982. Zweikammerparlament: Unterhaus mit 17 gewählten und Senat mit 11 ernannten Mitgliedern.
SPRACHE: Offizielle Landessprache ist Englisch. *Patois* (kreolisches Französisch) ist Umgangsprache.
RELIGION: Römisch-katholisch (90%) und verschiedene protestantische Glaubensrichtungen.
ORTSZEIT: MEZ - 5.
NETZSPANNUNG: 220 V, 50 Hz.
POST- UND FERNMELDEWESEN: Telefon: Selbstwählferndienst. **Landesvorwahl: 1 809. Telefaxgeräte** stehen in manchen Hotels und im Büro von *Cable & Wireless* (Tel: 452 33 01) zur Verfügung. **Telexe/Telegramme** kann man in den größeren Städten und Hotels aufgeben. **Post:** Luftpost nach Europa ist bis zu einer Woche unterwegs. Postlagernde Sendungen können nur bei Vorlage eines Ausweises abgeholt werden. Öffnungszeiten der Postämter: Mo-Fr 08.30-16.30 Uhr, Sa 09.00-13.30 Uhr.
DEUTSCHE WELLE
Der Einsatz der Kurzwellenfrequenzen ändert sich mehrfach im Laufe eines Jahres, und Sendungen auf den folgenden Frequenzen werden jeweils nur zu bestimmten Tageszeiten ausgestrahlt. Näheres in der Einleitung.

MHz	17,765	17,715	15,275	9,545	6,100
Meterband	16	16	19	31	49

REISEPASS/VISUM

Wichtiger Hinweis: Die Einreisebestimmungen mancher Länder können sich kurzfristig ändern – rufen Sie sicherheitshalber auf Ihrem CRS-System (TIMATIC-Info-Code-Fenster in diesem Kapitel) den aktuellen Stand ab bzw. wenden Sie sich an die zuständige diplomatische Vertretung. Etwaige Zahlen in der Tabelle beziehen sich auf nachfolgende Fußnoten.

	Paß erforderlich?	Visum erforderlich?	Rückflugticket erforderlich?
Deutschland	Ja	Nein	Ja
Österreich	Ja	Nein	Ja
Schweiz	Ja	Nein	Ja
Andere EU-Länder	Ja	Nein	Ja

REISEPASS: Allgemein erforderlich mit Ausnahme der Staatsbürger von Kanada oder den USA, die mit gültigen Identitätspapieren einreisen können (bis zu 6 Monaten Aufenthalt). Bei Einreise muß der Reisepaß noch mindestens 6 Monate Gültigkeit haben.
VISUM: Ein Einreisevisum ist generell erforderlich, ausgenommen von Staatsbürger:
(a) der Bundesrepublik Deutschland, Österreichs und der Schweiz;
(b) der Commonwealth-Länder (Mitgliedstaaten s. Inhaltsverzeichnis);
(c) aller europäischen Länder (Staatsbürger von Albanien, Bosnien-Herzegowina, Bulgarien, Jugoslawien (Serbien und Montenegro), Kroatien, der Ehem. jugosl. Rep. Mazedonien, Polen, Rumänien, der Slowakischen Republik, Slowenien, der Tschechischen Republik und Ungarn brauchen jedoch Visa);
(d) folgender OAS-Länder: Antigua und Barbuda, Argentinien, Bahamas, Barbados, Bolivien, Brasilien, Costa Rica, Dominica, Dominikanische Republik, Ecuador, El Salvador, Grenada, Guatemala, Haiti, Honduras, Jamaika, Mexiko, Nicaragua, Panama, Peru, St. Vincent und die Grenadinen, Suriname, Trinidad und Tobago, Uruguay, USA und Venezuela (Staatsbürger von Chile, Kolumbien und Paraguay benötigen Visa);
(e) einiger afrikanischer Staaten (Staatsbürger von Libyen und Südafrika benötigen Visa);
(f) der Länder des Fernen Ostens (Staatsbürger von Korea-Nord und Vietnam brauchen jedoch Visa).
Visaarten: Touristen- und Geschäftsvisa.
Visagebühren: Unterschiedlich, Informationen vom Konsulat.
Gültigkeitsdauer: Bis zu 6 Monate Aufenthalt.
Antragstellung: Konsulat (Adresse s. o.).

TIMATIC INFO-CODES

Abrufbar über Ihr CRS-System (für START/Amadeus Ama-Maske benutzen). Für Galileo bitte TI-DFT eingeben (mit Bindestrich).

Flughafengebühren	TI DFT/ SLU /TX
Währung	TI DFT/ SLU /CY
Zollbestimmungen	TI DFT/ SLU /CS
Gesundheit	TI DFT/ SLU /HE
Reisepassbestimmungen	TI DFT/ SLU /PA
Visabestimmungen	TI DFT/ SLU /VI

Unterlagen: (a) Antragsformular. (b) Paßfoto. (c) Nachweis ausreichender Geldmittel.
Bearbeitungszeit: Normalerweise 2-4 Tage, Verzögerungen sind möglich.
Aufenthaltsgenehmigung: Anfragen an das Konsulat; die Anträge werden vom Außenministerium in Castries bearbeitet.

GELD

Währung: 1 Ostkaribischer Dollar (EC$) = 100 Cents. Banknoten sind im Wert von 100, 50, 20, 10 und 5 EC$ in Umlauf; Münzen in den Nennbeträgen 1 EC$ sowie 50, 25, 10, 5, 2 und 1 Cent. US-Dollar werden fast überall angenommen.
Geldwechsel: Den besten Wechselkurs erhält man mit US-Dollar.
Kreditkarten: *American Express, Eurocard, Diners Club* und *Visa* werden akzeptiert. Einzelheiten vom Aussteller der betreffenden Kreditkarte.
Wechselkurse Reiseschecks: US$ – Reiseschecks werden empfohlen.

	EC$ Sept. '92	EC$ Febr. '94	EC$ Jan. '95	EC$ Jan. '96
1 DM	1,83	1,56	1,74	1,88
1 US$	2,71	2,71	2,70	2,70

Devisenbestimmungen: Die Ein- und Ausfuhr der Landeswährung ist unbegrenzt. Die Einfuhr von Fremdwährungen ist ebenfalls unbegrenzt, es besteht jedoch Deklarationspflicht. Ausfuhr maximal in Höhe des bei der Einfuhr deklarierten Betrages.
Öffnungszeiten der Banken: In der Regel Mo-Do 08.00-15.00 Uhr und Fr 08.00-17.00 Uhr. Einige haben auch Samstag vormittag geöffnet.

DUTY FREE

Folgende Artikel können zollfrei nach St. Lucia eingeführt werden:
200 Zigaretten oder 250 g Tabak;
1 l Spirituosen.

GESETZLICHE FEIERTAGE

1. Mai '96 Tag der Arbeit. **27. Mai** Pfingstmontag. **4. Juni** Geburtstag der Königin. **6. Juni** Fronleichnam. **1. Aug.** Herbst-Feiertag. **3. Okt.** Erntedankfest. **13. Dez.** St. Lucia-Tag. **25./26. Dez.** Weihnachten. **1. Jan. '97** Neujahr. **10./11. Febr.** Karneval. **22. Febr.** Unabhängigkeitstag. **28. März** Karfreitag. **31. März** Ostermontag. **1. Mai** Tag der Arbeit. **19. Mai** Pfingstmontag. **29. Mai** Fronleichnam.

GESUNDHEIT

In der folgenden Tabelle aufgeführte Impfvorschriften können sich kurzfristig ändern. Es wird stets empfohlen, auf Ihrem CRS-System (TIMATIC-Info-Code-Fenster in diesem Kapitel) den aktuellen Stand der Gesundheitsbestimmungen abzurufen bzw. rechtzeitig vor der Reise ärztlichen Rat einzuholen.

	Vorsichtsmaßnahmen empfohlen	*Impfschein erforderlich*
Gelbfieber	Ja	1
Cholera	Nein	Nein
Typhus & Polio	Nein	-
Malaria	Nein	-
Essen & Trinken	2	-

[1]: Eine Impfbescheinigung gegen Gelbfieber wird von allen Reisenden verlangt, die aus Infektionsgebieten kommen und über ein Jahr alt sind.
[2]: Trinkwasser ist gechlort und kann u. U. leichte Magenverstimmungen hervorrufen. Während der ersten Urlaubstage sollte man abgefülltes Wasser trinken, welches überall erhältlich ist. Milch ist pasteurisiert und kann, ebenso wie einheimische Milchprodukte, Fleisch, Geflügel, Meeresfrüchte, Obst und Gemüse, unbesorgt verzehrt werden.
Bilharziose-Erreger kommen in manchen Teichen und Flüssen vor, das Schwimmen und Waten in Binnengewässern sollte daher vermieden werden. Gut gepflegte Schwimmbecken mit gechlortem Wasser sind unbedenklich.
Gesundheitsvorsorge: Die Behandlungskosten sind hoch, der Abschluß einer Reisekrankenversicherung wird dringend empfohlen.

REISEVERKEHR - International

FLUGZEUG: St. Lucia wird direkt von *British Airways* und *BWIA International Airways* angeflogen. *BWIA* und *Condor* bieten Nonstop-Flugdienste von Frankfurt nach St. Lucia. Von Zürich kann man mit *BWIA* über Antigua fliegen, mit *Lufthansa* nach Puerto Rico oder Antigua und von dortaus weiter. Mit dem *Inter Caribbean BWIA Airpass* steht Reisenden fast der ganze Karibikraum offen (gültig in allen karibischen Staaten, die von BWIA angeflogen werden: neben St. Lucia auch Antigua und Barbuda, Barbados, Grenada, Jamaika, St. Maarten und Trinidad und Tobago). Innerhalb seiner Gültigkeitsdauer von 30 Tagen berechtigt er zu unbegrenzten Flügen mit BWIA, allerdings müssen die gewünschten Strecken schon beim Kauf festgelegt werden, die Daten der einzelnen Flüge können jedoch auch erst später bestimmt werden. Zulässig ist jeweils nur ein Stopover auf jeder Insel.
Durchschnittliche Flugzeiten: *Frankfurt* – Hewanorra: 7 Std. 25; *Barbados* – Hewanorra: 30 Min; *London* – Hewanorra: 8 Std. 25 (via Barbados); *Los Angeles* – Hewanorra: 9 Std; *New York* – Hewanorra: 5 Std.
Internationaler Flughafen: *Hewanorra (UVF)*, der internationale Flughafen, und *Vigie (SLU)* liegen 3 km bzw. 64 km außerhalb von Castries. Taxis und Busse sind vorhanden. Am Flughafen von *Vigie* gibt es Mietwagenschalter, Bars und Restaurants; am Flughafen von *Hewanorra* Duty-free-Shops, Mietwagenschalter, Tourist-Information, Hotel-Reservierung sowie Bars und Restaurants.
Flughafengebühren: 27 EC$ für internationale Abflüge; 20 EC$ für Flüge innnerhalb der Karibik. Transitpassagiere und Kinder unter zwei Jahren sind hiervon befreit.
SCHIFF: St. Lucia wird von einigen Kreuzfahrtlinien wie *Cunard, Seetours* und *Transocean Tours* sowie von einheimischen Passagier- und Frachtlinien angelaufen. Die wichtigsten Häfen sind Castries, Vieux Fort und Soufrière. Pointe Seraphine, ein Freihafen mit Anlegern für zwei Kreuzfahrtschiffe bietet 23 Duty-free-Shops, Restaurants und Bars.
Ein dritter Anlegeplatz für Kreuzfahrtschiffe befindet sich im Bau.

REISEVERKEHR - National

FLUGZEUG: Charterflugzeuge sind erhältlich. Charterflüge verbinden die Flughäfen *Vigie* und *Hewanorra*. Die Regionalfluggesellschaft bietet Flüge zu den benachbarten Inseln.
SCHIFF: In Castries, Marigot Bay und Rodney Bay kann man Boote mieten.
BUS/PKW: Das Straßennetz ist gut und verbindet alle größeren Orte. Die Hauptstraße der Insel führt von Vieux Fort im Süden der Insel nach Castries im Norden. **Busse** verbinden die ländlichen Gegenden mit der Hauptstadt. Die Verbindung von Castries nach Gros Islet im Norden der Insel ist gut; Busse fahren alle 30 Minuten. **Taxis** sind preiswert, auf Standardstrecken gelten Festpreise. **Mietwagen** kann man in Castries, Soufrière und Vieux Fort oder von Hotels mieten. Busse stehen für Gruppentouren zur Verfügung. Es wird links gefahren. **Unterlagen:** Unter Vorlage des eigenen Führerscheins wird eine befristete Fahrerlaubnis ausgestellt. Erhältlich auf den beiden Flughäfen und dem Polizeirevier in Castries.

UNTERKUNFT

HOTELS: St. Lucia bietet Hotels und Unterkünfte aller Klassen. Die Regierung will die Zimmerkapazität bis zum Jahr 2000 verdoppeln, die Obergrenze soll allerdings bei 5000 Hotelräumen liegen. Pauschalurlaube sind sehr beliebt und in zahlreichen Hotels möglich. In den meisten Hotels werden Abendunterhaltungen wie Calypso- und Limbotänze angeboten. 8% Steuer und 10-15% Bedienung werden auf die Rechnungen aufgeschlagen. Der Hotelverband von St. Lucia veröffentlicht eine Preisliste für alle Unterkunftsarten: *St. Lucia Hotel and Tourism Association*, PO Box 545, Castries. Tel: 452 59 78. Telefax: 452 79 67. **Kategorien:** Die meisten Hotels bieten unterschiedliche Übernachtungspreise an. **American Plan (AP):** Zimmer mit drei Mahlzeiten. **Modified American Plan (MAP):** Zimmer, Frühstück und Abendessen, in manchen Hotels auch Nachmittagstee. **Continental Plan (CP):** Zimmer mit Frühstück. **European Plan (EP):** nur Übernachtung. Die Hotels sind mit 3-5 Sternen ausgezeichnet.
GUEST HOUSES: Es gibt mehrere Unterkünfte dieser Art sowie einige Ferienhäuser und -wohnungen.
Anmerkung: Es gibt keine Campingplätze und keine Jugendherbergen auf der Insel.

URLAUBSORTE & AUSFLÜGE

St. Lucia ist eine schöne Insel vulkanischen Ursprungs mit üppigem Dschungel, welligem Ackerland und relativ wenigen, aber wundervollen Stränden. Sie ist eine der vielseitigsten Inseln der Karibik. Besucher können am Strand spazierengehen, den üppigen Regenwald im Landesinneren erforschen, heiße Quellen am einzigen mit dem Auto befahrbaren Vulkan der Welt bewundern, zerklüftete Bergpfade auf einem Ausritt erkunden, Sport treiben oder sich einfach nur in der Sonne erholen.

Castries und der Norden

Das von Hügeln umgebene **Castries** ist eine der schönstgelegenen karibischen Städte. Der große geschäftige Hafen gehört zu den Hauptzielen der Kreuzfahrtschiffe, die am Pointe Seraphine vor Anker gehen. Die tropische Vegetation am großen *Derek Walcott Square* spendet Schatten, und in der katholischen Kathedrale aus dem 19. Jahrhundert werden noch Gospelsongs gesungen. Auf dem geschäftigen, bunten Markt kann man herrlich stöbern. Auch wenn die Markthalle nicht in der Mitte von Castries liegt, ist sie zweifelsohne der Mittelpunkt der Stadt. Sehenswert ist auch das renovierte *Government House*.
Auf dem **Morne Fortune**, »dem Glückshügel«, liegt die Festung, von der aus Castries verteidigt wurde und die einen herrlichen Ausblick auf Castries und die Umgebung bietet. Eine Besichtigung lohnt sich auf jeden Fall.
In **Gros Islet** an der Nordwestküste findet jeden Freitag eine »improvisierte« Straßenparty statt. Im nahegelegenen **Pigeon Point** dokumentiert ein kleines Museum die Inselgeschichte. Von hier aus setzte der englische Admiral Rodney 1782 die Segel und zerstörte in einer entscheidenden Seeschlacht die französische Flotte. Dieses Inselende ist heute ein beliebtes Urlaubsgebiet. Von hier aus hat man einen fantastischen Ausblick, der bei klarem Wetter bis nach Martinique reicht.
Südlich von Castries an der Westküste liegt das malerische Fischerdorf **Anse La Raye**. Die Einheimischen bauen Boote aus Gummibäumen mit Segeln aus Hühnerfedern. Ebenfalls an der Westküste liegt **Marigot Bay**, ein Paradies für Motorsegler. Oberhalb der Marigot Bay liegt **Cul de Sac** mit drei großen Bananenplantagen. Der Blick auf die Bananenfelder vermittelt den Eindruck eines grünen Blättermeeres; der Film »Dr. Dolittle« wurde hier gedreht.

Soufrière und der Süden

Soufrière ist der zweitgrößte Ort der Insel. Der Tiefseehafen befindet sich an den Ausläufern von zwei erloschenen Vulkanen, den **Pitons**. Sie sind St. Lucias berühmteste Sehenswürdigkeit und steigen auf 798 m an. Der Ort ist typisch westindisch; eine Ansammlung farbenfroher Häuser mit Arkaden am Dschungelrand, vor denen kleine Fischerboote malerisch am Strand liegen. Seine Küste soll ein neuentdecktes Surferparadies sein.
Die Straße von Soufrière nach Fond St. Jacques verläuft durch dichten Regenwald in östlicher Richtung und führt zu den spektakulären **Diamond-Wasserfällen,** zum **Botanischen Garten,** zu **Schwefelquellen** und zum **»Drive-in-Vulkan«**. Letzterer sollte auf jeden Fall besucht werden, denn wann kann man schon einen Vulkan von innen betrachten? Die hübschen Dörfer **Choiseul** und **Laborie** liegen inmitten üppiger Vegetation. **Dennery** und **Micoud** im Osten der Insel sind durchaus einen Besuch wert.

Bootsausflüge

Bootsausflüge mit Katamaranen, Jachten und Briggs bieten Besuchern eine angenehme Abwechslung. Man kann die Insel einmal von der Wasserseite her erkunden und zum Picknick irgendwo ankern.

SOZIALPROFIL

ESSEN & TRINKEN: Die Hotelrestaurants ergänzen das breite Angebot der größeren Städte; Tischbedienung ist üblich. Die einheimische Küche setzt sich aus kreolischen, westindischen und französischen Einflüssen zusammen. Einheimische Spezialitäten sind *Langouste* (einheimischer Hummer) in allen Variationen; *Lambi* (Schneckenmuscheln) und andere Meeresfrüchte sowie *Pepper Pot*, gebratene Kochbananen, Brotfrucht und andere Gemüse. **Getränke:** Es gibt zahlreiche importierte Spirituosen, aber einheimischer Rum als Punsch oder in Cocktails ist auch einen Versuch wert. Karibisches Bier und Fruchtsäfte sind ebenfalls zu empfehlen.
NACHTLEBEN: Das Nachtleben findet hauptsächlich in den Hotels statt. Im Sommer ist das Nachtleben eher ruhig, aber im Winter werden in den Urlaubsorten regelmäßig Musik und Tanz angeboten.
EINKAUFSTIPS: Schöne Souvenirs sind die einzigartigen Batiken, Sporthemden, Tischmatten, Cocktailservietten und Einkaufstaschen, die in einer Werkstatt zwischen Castries und La Toc hergestellt werden. Originelle Mitbringsel sind ferner Schüsseln, Strohhüte, Glasperlen, Jutehemden, Sisalteppiche, Taschen, Sandalen und Holzschnitzereien. Am Freihafen *Pointe Seraphine* gibt es zahlreiche Duty-free-Shops, Bars und Restaurants an einer Piazza. Besucher können hier unter Vorlage des Reisepasses und der Rückfahrkarte zollfrei einkaufen. **Öffnungszeiten der Geschäfte:** Mo-Fr 08.00-16.00 Uhr, Sa 08.00-12.00 Uhr. Einkaufszentren: Mo-Fr 09.00-19.00 Uhr.
SPORT: Wassersport: St. Lucia ist einer der windigsten Orte der Welt; die Passatwinde wehen vom Meer zum Südufer. Am Strand von Anse de Sable kann man gut surfen. An der Westküste verleihen einige Hotels Tauch- und Wasserskiausrüstungen. Jet-Wasserskifahren ist auch möglich. Boote und Jachten aller Arten (bis zu 18 m, mit und ohne Besatzung) kann man mieten; einige Reisebüros bieten auch kombinierten Jacht- und Inselurlaub. Alle Strände an der Westküste bieten gute Bademöglichkeiten, während die Atlantikküste rauh und oft gefährlich ist. **Wanderausflüge** zum Mount du Cap und Pigeon Point können von den Hotels organisiert werden. Ausflüge in den Regenwald, zu den Plantagen und den Pitons werden ebenfalls vermittelt. **Golfplätze** gibt es in der Cap Estate und in La Toc. Die meisten Hotels haben eigene **Tennisplätze**. **Angeln** und **Hochseefischen** können auf Wunsch

organisiert werden. **Parasailing** ist möglich. **Reiten:** In Gros Islet gibt es Reitställe, ebenso in Cas En Bas.
VERANSTALTUNGSKALENDER
9. - 12. Mai '96 *St. Lucia Jazz Festival*. 30. Aug. *Fest der Hl. Rosa von Lima* (Blumenfest und Straßenparade). Okt. (1) *Fest der Hl. Margaret Alacoque* (Blumenfest und Straßenparade). (2) *St. Lucia Game Fishing Tournament*. (3) *Internationales Gastronomie Festival*. 28. Okt. *Jounen Kweyol Entenasyonal* (internationaler Kreole-Tag). Nov. *St.-Cecilia-Tag* (»Musikantentag«). Dez. *Atlantic Ralley for Cruisers* (Start auf den Kanarischen Inseln). 13. Dez. *Nationalfeiertag* (kulturelle und sportliche Veranstaltungen zu Ehren der Inselschutzheiligen St. Lucia). Febr. '97 *Karneval*.
SITTEN & GEBRÄUCHE: Der Lebensstil auf St. Lucia ist weiterhin französisch beeinflußt. Die Insulaner sind gastfreundlich und freuen sich, wenn Besucher sich dem friedlichen, geruhsamen Lebensstil anpassen und so richtig faulenzen. *Madras* und *Foulards* sieht man selten in der Stadt, aber sie werden zu manchen Festen getragen, wie zur *Fête des Roses* (Fest der Heiligen Rosa von Lima). Zwanglose Kleidung wird akzeptiert, manche Hotels erwarten zu den Mahlzeiten bessere Garderobe. Badekleidung gehört an den Strand. **Trinkgeld:** 10-15% Bedienung wird auf Rechnungen aufgeschlagen, Taxifahrer erwarten ein Trinkgeld.

WIRTSCHAFTSPROFIL

WIRTSCHAFT: Bisher war die Landwirtschaft Hauptstütze der Wirtschaft (Haupterzeugnisse sind Bananen, Kokosnüsse und Kakao). Aufgrund des EU-Binnenmarktes wurden jedoch alle Zollvergünstigungen abgeschafft, was den Bananenhandel St. Lucias besonders hart traf. 1994 verwüstete der Wirbelsturm Debbie große Teile der Insel, 68% der Bananenernte wurden zerstört. Diese Naturkatastrophe nahm St. Lucia zum Anlaß, die Landwirtschaft der Insel zu modernisieren und diversifizieren und z. B. Mangos und Avocados für den europäischen Markt zu produzieren. Der Tourismus gewinnt zunehmend an Bedeutung, 1991 kamen rund 340.000 Urlauber auf die Insel. Die Industrieproduktion ist gering – Plastik, Textilien und Industriegase werden produziert und elektronische Bauteile zusammengesetzt. Ausländische Investitionen nehmen seit den achtziger Jahren langsam zu. Durch das industrielle Entwicklungsprogramm wird die Abhängigkeit von der Landwirtschaft allmählich verringert. Gegen Ende der achtziger Jahre setzte ein Boom im Baugewerbe und im Konsumgütermarkt ein, das die Wirtschaft trotz Sturmschäden beflügelte. Die wichtigsten Handelspartner St. Lucias sind die USA (Importe) und Großbritannien (Exporte).
GESCHÄFTSVERKEHR: Lang- oder kurzärmeliges Hemd mit Krawatte oder Safarianzug bzw. leichtes Kostüm sind für Geschäftstreffen angemessen.
Geschäftszeiten: Mo-Fr 08.00-16.00 Uhr.
Kontaktadressen: *Die wirtschaftlichen Interessen Österreichs werden von der Außenhandelsstelle der Wirtschaftskammer Österreich in Caracas (s. Venezuela) vertreten.*
St. Lucia Chamber of Commerce, Industry and Agriculture (Industrie-, Landwirtschafts- und Handelskammer), PO Box 482, Castries. Tel: 452 31 65. Telefax: 453 69 07.
KONFERENZEN/TAGUNGEN: Einige Hotels bieten Tagungsräume und Konferenzeinrichtungen für bis zu 200 Teilnehmer. Das *St. Lucia Tourist Board* (Adresse s. o.) sowie *Conference and Incentive Services Ltd.*, Laborie Street, Castries, Tel: 452 70 58, 453 16 52, erteilen weitere Auskünfte.

KLIMA

Heißes tropisches Klima, durch Passatwinde mildert. Die Trockenzeit dauert von Januar bis April. Im Sommer und zum Jahresende ist die Niederschlagsrate höher. Temperatur im Jahresdurchschnitt bei ca. 30°C.
Kleidung: Leichte Baumwoll- und Leinenkleidung. Regenschutz für plötzliche Schauer zwischen August und Oktober. Abends kann es kühl werden, Pullover oder Jacke mitnehmen.

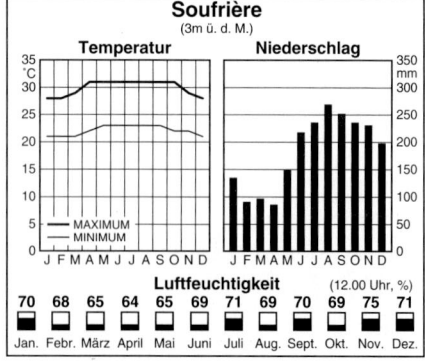
Soufrière (3m ü. d. M.)

St. Maarten

Lage: Östliche Karibik, Windward-Inseln.

St. Maarten Tourist Board
Walter Nisbeth Road 23
Philipsburg
St. Maarten
Tel: 2 23 37. Telefax: 2 27 34.
Büro des Generalbevollmächtigten Ministers der Niederländischen Antillen
Badhuisweg 173-175
PO Box 90706
NL-2597 JP Den Haag
Tel: (070) 351 28 11, 306 61 11. Telefax: (070) 351 27 22.
Deutschland unterhält keine Vertretung auf St. Maarten, zuständig ist das Konsulat in Willemstad (s. Curaçao). Übergeordnete Vertretung der Bundesrepublik Deutschland ist die Botschaft in Den Haag (s. Niederlande). Für Österreich und die Schweiz ist die jeweilige Botschaft in Den Haag zuständig (s. Niederlande).

FLÄCHE: 34 qkm.
BEVÖLKERUNGSZAHL: 36.408 (1993).
BEVÖLKERUNGSDICHTE: 1070,8 pro qkm.
HAUPTSTADT: Philipsburg. **Verwaltungshauptstadt der Niederländischen Antillen:** Willemstad (Curaçao).
GEOGRAPHIE: Politisch gesehen ist St. Maarten eine von drei Windward-Inseln in den Niederländischen Antillen; geographisch gesehen nimmt St. Maarten den Südteil einer Insel in den Kleinen Antillen ein, deren Norden zu Frankreich gehört und St. Martin heißt. Diese Insel liegt 8 km südlich von Anguilla, 232 km östlich von Puerto Rico und 56 km nördlich von St. Eustatius. St. Maarten besteht aus bewaldeten Bergen, die von den weißen Sandstränden zum Inselinneren hin ansteigen. Im Westen weichen die Berge blauen Lagunen und Salzebenen.
STAATSFORM: Konstitutionelle parlamentarisch-demokratische Monarchie. Staatsoberhaupt: Königin Beatrix der Niederlande, vertreten durch den von ihr ernannten Gouverneur Jaime M. Saleh. Regierungschef: Miguel A. Pourier. St. Maarten ist Teil der Niederländischen Antillen, ebenso wie Bonaire, Curaçao, Saba und St. Eustatius. Die Niederländischen Antillen, Aruba und die Niederlande haben als autonome Regionen mit interner Selbstverwaltung den gleichen Status innerhalb

TIMATIC INFO-CODES

Abrufbar über Ihr CRS-System (für START/Amadeus Amaske benutzen). Für Galileo bitte TI-DFT eingeben (mit Bindestrich).

Flughafengebühren	TI DFT/ SXM /TX
Währung	TI DFT/ SXM /CY
Zollbestimmungen	TI DFT/ SXM /CS
Gesundheit	TI DFT/ SXM /HE
Reisepassbestimmungen	TI DFT/ SXM /PA
Visabestimmungen	TI DFT/ SXM /VI

des niederländischen Königreiches. Die niederländische Königin wird durch einen Gouverneur vertreten, während die Niederländischen Antillen einen generalbevollmächtigten Minister in die Regierung des Königreichs entsenden. Außen- und Verteidigungspolitik werden vom Ministerrat des Königreiches entschieden, in dem auch der abgesandte Minister der Niederländischen Antillen vertreten ist. Sitz der Zentralregierung der Niederländischen Antillen ist Willemstad (Curaçao). Das Parlament (*Staten*) der Inseln ist zuständig für die innenpolitische Gesetzgebung. Die Routineangelegenheiten jeder Insel (Bonaire, Curaçao und der Gruppe der Windward-Inseln) werden vom jeweiligen Inselrat unter der Aufsicht des Vizegouverneurs ausgeführt.
SPRACHE: Englisch wird viel gesprochen, Holländisch ist die offizielle Landessprache und wird im Behördenverkehr benutzt und in den Schulen gelehrt. *Papiamento* ist der einheimische Dialekt, Französisch wird ebenfalls gesprochen.
RELIGION: Die Mehrheit der Bevölkerung ist protestantisch, es gibt auch katholische und jüdische Glaubensgemeinschaften.
ORTSZEIT: MEZ - 5.
NETZSPANNUNG: 110/220 V, 60 Hz.
POST- UND FERNMELDEWESEN: Telefon: Vollautomatisiertes System mit Selbstwählferndienst. **Landesvorwahl Niederländische Antillen:** 599, die Vorwahl von St. Maarten ist »5«. Telefonate, die über die Vermittlung geführt werden, sind teurer (15% Steuern werden berechnet). **Telefaxanschlüsse** gibt es in einigen Hotels. **Telex/Telegramme:** Der Telegrammdienst wird von *Lands Radio Dienst* und *All American Cables* betrieben. **Post:** Luftpost nach Europa ist 4-6 Tage unterwegs, auf dem Seeweg 4-6 Wochen.
DEUTSCHE WELLE
Der Einsatz der Kurzwellenfrequenzen ändert sich mehrfach im Laufe eines Jahres, und Sendungen auf den folgenden Frequenzen werden jeweils nur zu bestimmten Tageszeiten ausgestrahlt. Näheres in der Einleitung.

MHz	17,765	17,715	15,275	9,545	6,100
Meterband	16	16	19	31	49

REISEPASS/VISUM

Wichtiger Hinweis: Die Einreisebestimmungen mancher Länder können sich kurzfristig ändern – rufen Sie sicherheitshalber auf Ihrem CRS-System (TIMATIC-Info-Code-Fenster in diesem Kapitel) den aktuellen Stand ab bzw. werden Sie sich an die zuständige diplomatische Vertretung. Etwaige Zahlen in der Tabelle beziehen sich auf nachfolgende Fußnoten.

	Paß erforderlich?	Visum erforderlich?	Rückflugticket erforderlich?
Deutschland	Nein	Nein/2	Ja
Österreich	Ja	Nein/3	Ja
Schweiz	Ja	Nein/3	Ja
Andere EU-Länder	1	Nein/2/3	Ja

REISEPASS: Allgemein erforderlich, ausgenommen sind Staatsbürger von:
(a) [1] Belgien, Luxemburg und den Niederlanden, die im Besitz einer *Toeristenkaart* sind;
(b) der Bundesrepublik Deutschland, Brasilien, Mexiko und Trinidad und Tobago mit Personalausweis des jeweiligen Landes;
(c) den USA und Kanada mit Identitätsnachweis (Wählerkarte, beglaubigte Geburtsurkunde oder andere Ausweispapiere reichen aus);
(d) Venezuela und Touristen in Venezuela, die die Niederländischen Antillen besuchen und einen gültigen Personalausweis haben;
(e) San Marino, mit Personalausweis oder Reisepaß, der nicht länger als 5 Jahre abgelaufen ist.
Touristen müssen ggf. bei der Einreise ausreichende Geldmittel für die Dauer ihres Aufenthalts nachweisen.
VISUM: Visumpflicht nur für Staatsbürger folgender Länder, sofern sie dort ihren Wohnsitz haben: Albanien, Armenien, Aserbaidschan, Belarus, Bosnien-Herzegowina, Bulgarien, China (VR), Dominikanische Republik, Estland, Georgien, Haiti, Jugoslawien, Kambodscha, Kasachstan, Kirgisistan, Korea-Nord, Kroatien, Kuba, Lettland, Libyen, Litauen, Ehem. jugosl. Republik Mazedonien, Rumänien, Russ. Föderation, Tadschikistan, Turkmenistan, Ukraine, Usbekistan und Vietnam.
Ein *Certificate of Admission for Temporary Residence (CATR)* ist jedoch auch für Urlaubsreisen erforderlich, ausgenommen Staatsbürger folgender Länder, sofern die Dauer des Aufenthalts 90 Tage nicht überschreitet:
(a) [2] Bundesrepublik Deutschland, Belgien, Großbritannien, Luxemburg, Niederlande, Spanien;
(b) Bolivien, Burkina Faso, Chile, Costa Rica, Ecuador, Israel, Jamaika, Kolumbien, Korea-Süd, Malawi, Mauritius, Niger, Philippinen, Polen, San Marino, Slowakische Republik, Swasiland, Togo, Tschechische Republik und Ungarn;
(c) [3] Staatsbürger anderer Länder (darunter Schweizer sowie bisher nicht aufgezeichnete Bürger der Mitgliedstaaten der Europäischen Union) können ohne *CATR* für Aufenthalte bis zu 14 Tagen einreisen.
Ist ein *Certificate of Admission for Temporary Residence (CATR)* erforderlich, kann es in den meisten Fällen bei der Einreise ausgestellt werden, dabei müssen Reisepaß

Le Flamboyant
Hotel - Resort
★ ★ ★ ★

Lage: Im französischen Teil der Insel, direkt an der Nettle Bay gelegen. Nur 3 km von Marigot und 7 km vom Flughafen entfernt. **Unterbringung:** Junior Suiten, ein oder zwei Zimmer Suiten mit Terrasse, einige mit Kochnische. Klimaanlage, Satelliten-TV, Tresor. Restaurant mit Blick auf die Lagune, Pool-Bar.
Freizeitaktivitäten: Strand an der Lagune, 2 Swimmingpools und Whirlpool, 2 Kinderschwimmbecken, Strandspielplatz, Tennisplatz, Strandvolleyball, großes Schachspiel, Billiardtisch und Tischfußball, gratis Einführungstauchkurs, Ausflugsorganisierung, Wassersportmöglichkeiten am Strand, Fitneßcenter. Abendunterhaltung mit Mottos und live Musik, Spiele und Shows, gratis Shuttle zum Kasino, Cocktail Party des Managers. Konferenz- und Mehrzweckräume vorhanden.
Alles-Inklusive-Angebot: 3 Mahlzeiten täglich und alle Ihre Getränke, nichtmotorisierte Wassersportarten (Schnorcheln, Windsurfen, Tretboot, Sunfish), Strand-Shuttle, Inseltour, Einkaufs-Shuttle.

Buchungen bei:

ST. MARTIN	USA	FRANKREICH/EUROPA
Routes des Terres Basses	8390 N.W. 53rd St.	DOMAINES DU SOLEIL
- Baie Nettlé	Suite 313, Miami, FL 33166	48, rue des Acacias
Tel: ++ (590) 87 60 00	Tel: (305) 599-2124	- 75017 - Paris
Fax: ++ (590) 87 99 57	Gebührenfrei: 1 (800) 221-5333	Tel: (1) 44 09 22 15
	Fax: (305) 599-1946	Fax: (1) 40 68 00 04

✂ ······························

Name..
Adresse..
.... Datum..................

---

und ausreichende Geldmittel für die Dauer des Aufenthaltes vorgelegt werden. Das CATR kann vor Ort verlängert werden.
Antragsstellung: Visumanträge an das Büro des Generalbevollmächtigten Ministers der Niederländischen Antillen (Adresse s. o.). Die Niederländischen Botschaften sind keine offiziellen Vertretungen der Niederländischen Antillen, Informationen sind dort jedoch ebenfalls erhältlich (Adressen s. *Niederlande*).
Bearbeitungszeit: Bis zu 1 Monat.
Transitvisum: Passagiere im Besitz von Weiterreiseticket und Identitätsnachweis, die ihre Reise innerhalb von 24 Std. fortsetzen und kein Visum für die Niederländischen Antillen brauchen, benötigen kein Transitvisum.
Aufenthaltsgenehmigung bzw. Arbeitserlaubnis: Wenden Sie sich an das Büro des *Lieutenant Governor of the Island Territory of St. Maarten*, Philipsburg, St. Maarten.

GELD

Währung: 1 Niederländischer-Antillen-Gulden (NAf) = 100 Cents. Banknoten gibt es im Wert von 250, 100, 50, 25, 10 und 5 NAf; Münzen in den Nennbeträgen 100, 50, 25, 10, 5, 2.5 und 1 Cent. Viele Gedenkmünzen, die es in Werten zwischen 10 und 200 NAf gibt, sind legale Zahlungsmittel. Die Währung ist an den US-Dollar gekoppelt.
Kreditkarten: *Eurocard, Diners Club, American Express* und *Visa* werden in größeren Restaurants und Hotels akzeptiert. Einzelheiten vom Aussteller der jeweiligen Kreditkarte.
Reiseschecks werden bevorzugt in US-Dollar angenommen.
Wechselkurse

	NAf Sept. '92	NAf Febr. '94	NAf Jan. '95	NAf Jan. '96
1 DM	1,21	1,03	1,15	1,25
1 US$	1,79	1,80	1,80	1,79

Devisenbestimmungen: Die Ein- und Ausfuhr der Landeswährung ist auf 200 NAf beschränkt; Fremdwährungen können uneingeschränkt ein- und ausgeführt werden. Die Einfuhr von Silbermünzen der Niederlande und Surinames ist verboten.
Öffnungszeiten der Banken: Mo-Fr 08.30-11.30 und 13.30-16.30 Uhr.

DUTY FREE

St. Maarten ist ein Freihafen, es existieren keine Zollbeschränkungen.

Anmerkung: Für mitgebrachte Hunde und Katzen müssen ein tierärztliches Attest und ein Tollwut-Impfzeugnis vorgelegt werden.

GESETZLICHE FEIERTAGE

1. Mai '96 Tag der Arbeit. 16. Mai Christi Himmelfahrt. 27. Mai Pfingstmontag. 11. Nov. St.-Maarten-Tag. 25./26. Dez. Weihnachten. 1. Jan. '97 Neujahr. 28. März Karfreitag. 31. März Ostermontag. 30. April Geburtstag der Königin. 1. Mai Tag der Arbeit. 8. Mai Christi Himmelfahrt. 19. Mai Pfingstmontag.

GESUNDHEIT

In der folgenden Tabelle aufgeführte Impfvorschriften können sich kurzfristig ändern. Es wird stets empfohlen, auf Ihrem CRS-System (TIMATIC-Info-Code-Fenster in diesem Kapitel) den aktuellen Stand der Gesundheitsbestimmungen abzurufen bzw. rechtzeitig vor der Reise ärztlichen Rat einzuholen.

	Vorsichtsmaßnahmen empfohlen	Impfschein erforderlich
Gelbfieber	Ja	1
Cholera	Nein	Nein
Typhus & Polio	Nein	-
Malaria	Nein	-
Essen & Trinken	2	-

[1]: Eine Impfbescheinigung gegen Gelbfieber wird von allen Reisenden verlangt, die aus Infektionsgebieten kommen und über sechs Monate alt sind.
[2]: Leitungswasser wird aus einer Meerwasserentsalzungsanlage gewonnen und ist unbedenklich. In Flaschen abgefülltes Mineralwasser ist überall erhältlich. Milch ist pasteurisiert, und einheimische Milchprodukte sind unbedenklich. Einheimisches Fleisch, Geflügel, Meeresfrüchte, Obst und Gemüse können ohne Bedenken gegessen werden.
Moskitos können zu manchen Jahreszeiten (hauptsächlich im Früh- und Mittsommer sowie Früh- und Mittwinter) lästig sein, stellen aber keine Gefahr dar. Insektenspray wird empfohlen.
*Bilharziose-*Erreger kommen in manchen Teichen und Flüssen vor, das Schwimmen und Waten in Binnengewässern sollte daher vermieden werden. Gut gepflegte Schwimmbecken mit gechlortem Wasser sind unbedenklich.
Hepatitis A kann ebenfalls auftreten.
Gesundheitsvorsorge: Es gibt ein Krankenhaus in Cay Hill, das *St. Maarten Medical Center*. Der Abschluß einer Reisekrankenversicherung wird empfohlen.

REISEVERKEHR - International

FLUGZEUG: Die nationale Fluggesellschaft der Niederländischen Antillen heißt *ALM (LM)*. KLM bietet Flugdienste nach St. Maarten, ebenso *Lufthansa*. Die regierungseigene *Windward Islands Airways International (WIA)* mit Sitz auf dem *Princess Juliana Airport* fliegt regelmäßig die Kleinen Antillen an. WIA bietet auch Charterflüge zu allen anderen Zielen der östlichen Karibik. Mit einem *InterCaribbean BWIA Airpass* steht Reisenden fast der ganze Karibikraum offen (gültig in allen Karibikstaaten, die von BWIA angeflogen werden: neben St. Maarten auch Antigua, Barbados, Grenada, Jamaika, St. Lucia, St. Vincent und Trinidad und Tobago). Innerhalb seiner Gültigkeitsdauer von 30 Tagen berechtigt er zu unbegrenzten Flügen mit BWIA, allerdings müssen die gewünschten Strecken schon beim Kauf festgelegt werden; die Daten der einzelnen Flüge können jedoch auch erst später bestimmt werden. Zulässig ist jeweils nur ein Stopover auf jeder Insel.
Durchschnittliche Flugzeiten: *Frankfurt* – St. Maarten: 10 Std; *Los Angeles* – St. Maarten: 9 Std; *New York* – St. Maarten: 4 Std. 10; *St. Croix* – St. Maarten: 45 Min; *Singapur* – St. Maarten: 33 Std. (gute Anschlußverbindungen vorausgesetzt).
Internationale Flughäfen: *Princess Juliana Airport (SXM)* liegt 15 km westlich von Philipsburg; Flüge aus den USA, Europa und von den anderen Karibischen Inseln landen hier. Gute Busverbindungen nach Philipsburg, Taxis stehen auch zur Verfügung.
Esperance (SFG) liegt im französischen Inselteil, ist kleiner und kann keine Jets aufnehmen.
Flughafengebühren: 10 NAf bei der Ausreise (Transitreisende und Kinder unter zwei Jahren ausgenommen). 5 US$ für Karibikflüge.
SCHIFF: Kreuzfahrtschiffe von *Holland America, Cunard, Hanseatic Tours, Prince's Cruise, Royal Viking* und *Seetours* laufen regelmäßig die Insel an.

REISEVERKEHR - National

FLUGZEUG: *Windward Islands Airways* verbindet St. Maarten mit Saba und St. Eustatius.
SCHIFF: Für Ausflüge zu den Nachbarinseln, zum Angeln, Wasserskifahren und Tauchen kann man kleine Boote mieten.
BUS/PKW: Die meisten Straßen sind in gutem Zustand.

St. Maarten / St. Vincent und die Grenadinen

Mit **Taxis** kommt man überall hin. **Mietwagen** mit und ohne Chauffeur sind am Flughafen und in der Hauptstadt erhältlich. **Unterlagen:** Der Führerschein des eigenen Landes reicht aus.

UNTERKUNFT

HOTELS: St. Maarten ist seit langer Zeit ein beliebtes Urlaubsziel. Es gibt mehr als 40 Hotels mit fast 9000 Betten. Von Spielkasinos über Friseursalons bis hin zu vielfältigen Wassersporteinrichtungen ist in den meisten Hotels für alle Touristenwünsche gesorgt; selbst die kleineren Strandhotels bieten i. allg. einen Swimmingpool, Restaurant und einige Wassersportausrüstungen. Auf Hotelrechnungen werden 5% Steuer und oft 10-15% Bedienungsgeld aufgeschlagen. Manche Hotels berechnen auch 10% extra für Stromversorgung. Nähere Auskunft erteilt der Hotelverband: *St. Maarten Hotel Association*, Promenade 14, PO Box 486, Philipsburg. Tel: 2 31 33. Telex: 8014.
PENSIONEN: Es gibt einige preiswerte *Guest Houses* sowie Ferienwohnungen für Selbstversorger.

URLAUBSORTE & AUSFLÜGE

Das Wahrzeichen von St. Maarten ist der dichtbewaldete, erloschene Vulkan *Mount Flagstaff*. Die meisten Touristen kommen wegen der traumhaften Strände an der Süd- und Westküste hierher und sind mit Strandleben und Einkaufsbummeln durch die Duty-free-Shops voll ausgelastet. Dabei gibt es auch einige Sehenswürdigkeiten für unternehmungslustige Besucher.
Philipsburg, die einzige Stadt, liegt auf einem Landstreifen, der den *Great Salt Pond* (die Salzmarsch) vom Ozean trennt. Sie besteht aus zwei großen Straßen, der Voorstraat und der Achterstraat, die parallel verlaufen und durch kleinere Gassen miteinander verbunden sind. Teile der Salzmarsch sind kürzlich trockengelegt worden, um eine Ringstraße zu bauen. Viele Gebäude stammen aus der frühen Kolonialzeit, und Philipsburg strahlt trotz der vielen Duty-free-Shops eine Kolonialatmosphäre aus. Zu den Sehenswürdigkeiten zählen die neun Kirchen mit ihren Schindeldächern und das *Jubiläumsdenkmal* der Königin Wilhelmina. In der Nähe liegt *Fort Amsterdam* aus der Zeit der ersten Siedler. In den bewaldeten Hügeln um den Mount Flagstaff im Landesinneren gibt es einige malerische Ruinen alter Plantagenhäuser. Das *Border Monument* ist Zeugnis der 300 Jahre andauernden Zusammenarbeit zwischen Holländern und Franzosen. Jenseits der Grenze (Reisepaß nicht erforderlich) liegt der hübsche Marktort **Marigot**.
Ausflüge: Man kann für alle Wassersportarten und zum Fischen Boote mieten.

SOZIALPROFIL

ESSEN & TRINKEN: Die Küche St. Maartens ist ebenso vielfältig wie die Inselgeschichte. Die Speisekarte zeugt von holländischen, englischen, kreolischen und neuerdings auch anderen internationalen Einflüssen. Selbstverständlich gehören Meeresfrüchte aller Art zu den Spezialitäten der Insel. **Getränke:** In den Niederländischen Antillen werden Spirituosen (und andere Waren) wenig besteuert; alkoholische Getränke sind entsprechend preiswert. Die meisten bekannten Marken sind erhältlich.
NACHTLEBEN: Viele Restaurants und Bars bieten Live-Unterhaltung bis in die frühen Morgenstunden. In den großen Hotels gibt es Spielkasinos.
EINKAUFSTIPS: Gute Auswahl in den Duty-free-Shops in Philipsburg. **Öffnungszeiten der Geschäfte:** Mo-Sa 08.00-12.00 und 14.00-18.00 Uhr.
SPORT: Die meisten größeren Hotels bieten alle nur erdenklichen **Wassersport**-Ausrüstungen sowie Swimmingpools und **Tennisplätze**. Das *Mullet Bay Resort* verfügt über einen **Golfplatz**.
VERANSTALTUNGSKALENDER
Der *Karneval* beginnt in der zweiten Woche nach Ostern und dauert zwei Wochen. Er endet mit der symbolischen Verbrennung des Königs Moui-Moui. Lustige *Preisrennen* finden jeden Monat statt, und einmal im Jahr wird ein Staffellauf veranstaltet, der an die anfänglichen Auseinandersetzungen zwischen Franzosen und Holländern erinnern soll. Jeden Februar findet eine *Regatta* statt.
SITTEN & GEBRÄUCHE: Holländische Sitten und Gebräuche haben auf den Niederländischen Antillen noch immer einen starken Einfluß, der Tourismus hat jedoch verstärkt auch amerikanische Einflüsse nach St. Maarten gebracht; und der Lebensstil auf St. Maarten ist vielleicht freizügiger als auf den südlichen Inseln. Leichte, zwanglose Baumwollkleidung wird empfohlen. Abends zieht man sich etwas eleganter an. **Trinkgeld:** In den Hotelrechnungen sind immer 5% Steuer und manchmal 10-15% für Bedienung enthalten. Hotelportiers, Kellner und Barpersonal erwarten 10-15%. Taxifahrer erwarten kein Trinkgeld.

WIRTSCHAFTSPROFIL

WIRTSCHAFT: Zuckerrohr und Nutzvieh waren die Haupterzeugnisse St. Maartens zur Zeit der holländischen Kolonialherrschaft, obwohl der wenig fruchtbare Boden und die geringen Niederschläge die Landwirtschaft auf der Insel nicht sehr rentabel machten. Die Abschaffung der Sklaverei 1863 führte rasch zum Verfall der Plantagen, da viele ehemalige Sklaven die Insel verließen, um außerhalb von St. Maarten Arbeit zu suchen. Die Insel erlebte eine kurze Blütezeit als Salzlieferant der USA und einiger Nachbarinseln, als man in der Nähe von Philipsburg den Großen Salzsee entdeckte. Mit dem Ende des Salzabbaus 1949 setzte eine neuerliche Auswanderungswelle ein, die zu einem weiteren Bevölkerungsrückgang führte. Seither betreiben die Insulaner Ackerbau, Viehzucht und Fischerei für den Eigenbedarf, der Tourismus hat jedoch den größten wirtschaftlichen Stellenwert. 70% aller Besucher der Niederländischen Antillen kommen nach St. Maarten, über 900.000 Touristen pro Jahr, viele von ihnen Teilnehmer an Kreuzfahrten. Weitere Investitionen sind geplant, darunter ein neuer Hafenkomplex, in dem bis zu acht Kreuzfahrtschiffe gleichzeitig anlegen können. Weitere Arbeitsplätze liegen in der Verwaltung der Niederländischen Antillen.
GESCHÄFTSVERKEHR: Bei geschäftlichen Treffen geht es recht formell zu. Leichter Tropenanzug bzw. Kostüm sind angebracht. Terminvereinbarungen sollten im voraus getroffen werden, auf Pünktlichkeit wird großen Wert gelegt. **Geschäftszeiten:** Mo-Fr 08.00-12.00 und 13.30-16.30 Uhr.
Kontaktadressen: Die wirtschaftlichen Interessen Österreichs werden von der Außenhandelsstelle der Wirtschaftskammer Österreich in Caracas (s. Venezuela) vertreten. *Windward Islands Chamber of Commerce and Industry* (Industrie- und Handelskammer der Windward-Inseln), PO Box 454, Philipsburg. Tel: 2 35 90. Telefax: 2 35 12.

KLIMA

Die hohen Temperaturen werden durch die kühlen Passatwinde gemildert. Die durchschnittliche Jahrestemperatur beträgt 25°C und variiert selten mehr als 2-3 Grad. Jährlicher Niederschlag 1140 mm.
Kleidung: Ganzjährig Tropenanzüge und pflegeleichte Baumwollsachen. Leichten Regenschutz nicht vergessen.

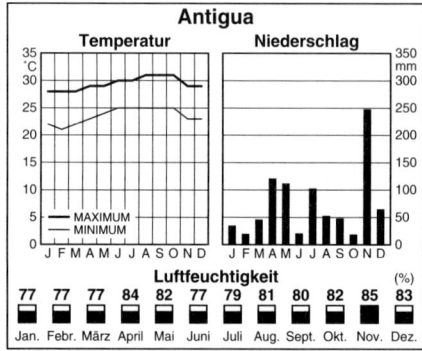

Eine weitere wichtige Veröffentlichung von *Columbus Press* ist der »World Travel Guide«, der jährlich herausgegeben wird und auf über tausend Seiten Informationen in englischer Sprache über alle Länder der Erde enthält.

Weitere Einzelheiten von:
Columbus Press, Verkaufsabteilung,
Aurikelweg 9,
D-38108 Braunschweig.
Tel: 05309/2123. Telefax: 05309/2877.

St. Vincent und die Grenadinen

Lage: Östliche Karibik, Windward-Inseln.

St. Vincent & the Grenadines Touristik-Büro
c/o Karibik Pur GmbH
Wurmbergstraße 26
D-71063 Sindelfingen
Tel: (07031) 80 10 33. Telefax: (07031) 80 50 12.
Mo-Fr 09.00-18.00 Uhr.
(auch zuständig für Österreich und die Schweiz)
St. Vincent & the Grenadines Department of Tourism
PO Box 834
Kingstown
Tel: (45) 7 15 02. Telefax: (45) 6 26 10.
High Commission for Eastern Caribbean States
10 Kensington Court
GB-London W8 5DL
Tel: (0171) 937 95 22. Telefax: (0171) 937 55 14.
Mo-Fr 09.30-17.30 Uhr, *Konsularabt.*: Mo-Do 09.30-13.00 und 14.00-17.30 Uhr, Fr 09.30-13.00 und 14.00-17.00 Uhr.
(auch zuständig für Deutschland und Österreich)
Honorarkonsulat von St. Vincent und den Grenadinen
8 Avenue de Frontenex
CH-1207 Genf
Tel: (022) 735 63 69. Telefax: (022) 735 68 63.
Mo-Fr 08.30-18.00 Uhr.
Honorarkonsulat der Bundesrepublik Deutschland
PO Box 848
Indian Bay
Tel: (45) 8 40 92. Telefax: (45) 7 48 87.
Übergeordnete Vertretung ist die Botschaft der Bundesrepublik Deutschland in Port of Spain (s. Trinidad und Tobago). Österreich und die Schweiz unterhalten keine diplomatischen Vertretungen auf St. Vincent und den Grenadinen; zuständig sind die jeweiligen Botschaften in Caracas (s. Venezuela).

FLÄCHE: Insgesamt 389,39 km (St. Vincent: 344 qkm; die Grenadinen: 45,3 qkm).
BEVÖLKERUNGSZAHL: 110.000 (1993).
BEVÖLKERUNGSDICHTE: 283 pro qkm.
HAUPTSTADT: Kingstown. Einwohner: 15.670 (1991).
GEOGRAPHIE: St. Vincent und die Grenadinen gehören zu den Windward-Inseln und liegen südlich von

TIMATIC INFO-CODES

Abrufbar über Ihr CRS-System (für START/Amadeus Ama-Maske benutzen). Für Galileo bitte TI-DFT eingeben (mit Bindestrich).

Flughafengebühren	TI DFT/ SVD /TX
Währung	TI DFT/ SVD /CY
Zollbestimmungen	TI DFT/ SVD /CS
Gesundheit	TI DFT/ SVD /HE
Reisepassbestimmungen	TI DFT/ SVD /PA
Visabestimmungen	TI DFT/ SVD /VI

St. Lucia. Wie alle Inseln dieser Gruppe ist St. Vincent vulkanischen Ursprungs. Die Landschaft ist gebirgig mit üppiger Vegetation und schwarzen Sandstränden. Der erloschene Vulkan La Soufrière (1234 m) ist die höchste Erhebung auf der Insel; tief unten im Krater befindet sich ein See. Die Inseln Bequia (»Beckwi« ausgesprochen), Petit Nevis, Isle à Quatre, Pigeon Island, Battowia, Baliceaux, Mustique, Petit Mustique, Savan, Canouan, Petit Canouan, Mayreau, die Tobago Cays, Union Island, Palm Island und Petit St. Vincent bilden die langgezogene Kette der Grenadinen. Alle Grenadinen haben weiße Sandstrände, klare Gewässer und üppige Vegetation.

STAATSFORM: Parlamentarische Monarchie im Commonwealth. Staatsoberhaupt: Königin Elizabeth II., vertreten durch den einheimischen Generalgouverneur Sir David Jack, seit 1989. Regierungschef: James F. Mitchell, seit 1984. Einkammerparlament mit 15 gewählten Abgeordneten und sechs vom Generalgouverneur ernannten Mitgliedern.

SPRACHE: Englisch. Kreolisches Englisch ist Umgangssprache.

RELIGION: Anglikaner (36%), Methodisten (39%) und Katholiken (23%).

ORTSZEIT: MEZ - 5.

NETZSPANNUNG: 220/240 V, 50 Hz.

POST- UND FERNMELDEWESEN: Telefon: Selbstwählferndienst. **Landesvorwahl: 1 809. Telefaxdienst** wird in zahlreichen Hotels angeboten. **Telexe/Telegramme** können nur in größeren Städten und Hotels aufgegeben werden. **Post:** Luftpost nach Europa ist bis zu zwei Wochen unterwegs. Öffnungszeiten der Postämter: Mo-Fr 08.30-15.00 Uhr, Sa 08.30-11.30 Uhr.

DEUTSCHE WELLE

Der Einsatz der Kurzwellenfrequenzen ändert sich mehrfach im Laufe eines Jahres, und Sendungen auf den folgenden Frequenzen werden jeweils nur zu bestimmten Tageszeiten ausgestrahlt. Näheres in der Einleitung.

MHz	17,765	17,715	15,275	9,545	6,100
Meterband	16	16	19	31	49

REISEPASS/VISUM

***Wichtiger Hinweis:** Die Einreisebestimmungen mancher Länder können sich kurzfristig ändern – rufen Sie sicherheitshalber auf Ihrem CRS-System (TIMATIC-Info-Code-Fenster in diesem Kapitel) den aktuellen Stand ab bzw. wenden Sie sich an die zuständige diplomatische Vertretung. Etwaige Zahlen in der Tabelle beziehen sich auf nachfolgende Fußnoten.*

	Paß erforderlich?	*Visum erforderlich?*	*Rückflugticket erforderlich?*
Deutschland	Ja	Nein	Ja
Österreich	Ja	Nein	Ja
Schweiz	Ja	Nein	Ja
Andere EU-Länder	Ja	Nein	Ja

REISEPASS: Allgemein erforderlich, ausgenommen sind Staatsbürger der USA mit Identitätsnachweis für Aufenthalte bis zu sechs Monaten.

VISUM: Nicht erforderlich, die Einwanderungsbehörden setzen ggf. die Länge des Aufenthalts fest.

Aufenthaltsgenehmigung: Wenden Sie sich bitte an das *Department of Tourism*, das *Konsulat* in Genf, die *High Commission for Eastern Caribbean States* in London (Adressen s. o.) oder an das *Außenministerium* in Kingstown.

GELD

Währung: 1 Eastern Caribbean Dollar (EC$) = 100 Cents. Banknoten gibt es im Wert von 20, 10 und 5 EC$, Münzen in den Nennbeträgen 1 EC$ sowie 50, 25, 10, 5, 2 und 1 Cent.

Anmerkung: Der Ostkaribische Dollar ist an den US-Dollar gebunden.

Kreditkarten: *American Express*, *Diners Club*, *Eurocard* und *Visa* werden fast überall akzeptiert. Einzelheiten vom Aussteller der betreffenden Kreditkarte.

Wechselkurse

	EC$ Sept. '92	EC$ Febr. '94	EC$ Jan. '95	EC$ Jan. '96
1 DM	1,83	1,56	1,74	1,88
1 US$	2,71	2,71	2,70	2,70

Devisenbestimmungen: Die Ein- und Ausfuhr der Landeswährung und von Fremdwährungen ist unbegrenzt. Es besteht jedoch Deklarationspflicht.

Öffnungszeiten der Banken: Mo-Do 08.00-15.00 Uhr, Fr 08.00-17.00 Uhr.

DUTY FREE

Folgende Artikel können zollfrei auf St. Vincent und die Grenadinen eingeführt werden:

200 Zigaretten oder 50 Zigarren oder 225 g Tabak;
1,136 l Spirituosen.

GESETZLICHE FEIERTAGE

1. Mai '96 Tag der Arbeit. **27. Mai** Pfingstmontag. **1. Juli** CARICOM-Tag. **2. Juli** Karnevalsdienstag. **5. Aug.** Feiertag. **27. Okt.** Tag der Unabhängigkeit. **25./26. Dez.** Weihnachten. **1. Jan. '97** Neujahr. **22. Jan.** Nationalfeiertag. **28. März** Karfreitag. **31. März** Ostermontag. **1. Mai** Tag der Arbeit. **19. Mai** Pfingstmontag.

GESUNDHEIT

In der folgenden Tabelle aufgeführte Impfvorschriften können sich kurzfristig ändern. Es wird stets empfohlen, auf Ihrem CRS-System (TIMATIC-Info-Code-Fenster in diesem Kapitel) den aktuellen Stand der Gesundheitsbestimmungen abzurufen bzw. rechtzeitig vor der Reise ärztlichen Rat einzuholen.

	Vorsichtsmaßnahmen empfohlen	*Impfschein erforderlich*
Gelbfieber	Nein	1
Cholera	Nein	Nein
Typhus & Polio	Nein	-
Malaria	Nein	-
Essen & Trinken	2	-

[1]: Eine Impfbescheinigung gegen Gelbfieber wird von allen Reisenden verlangt, die aus Infektionsgebieten einreisen und über ein Jahr alt sind.

[2]: Trinkwasser ist fast immer keimfrei, kann jedoch leichte Magenverstimmungen hervorrufen. Während der ersten Urlaubstage wird daher abgefülltes Wasser empfohlen, welches überall erhältlich ist. Milch, Milchprodukte, Fleisch, Geflügel, Meeresfrüchte, Obst und Gemüse können unbesorgt verzehrt werden.

Bilharziose-Erreger kommen in manchen Teichen und Flüssen vor, das Schwimmen und Waten in Binnengewässern sollte daher vermieden werden. Gut gepflegte Schwimmbecken mit gechlortem Wasser sind unbedenklich.

Gesundheitsvorsorge: Der Abschluß einer Reisekrankenversicherung wird empfohlen. Es gibt ein großes Krankenhaus, das *Central General Hospital*, und etwa 30 staatliche Kliniken und Apotheken.

REISEVERKEHR - International

FLUGZEUG: *LIAT (LI)* ist die wichtigste Fluggesellschaft, die St. Vincent und die Grenadinen anfliegt. *Mustique Airways* und *Aero Services* verbinden Barbados mit den Inseln. *Air Martinique* fliegt zu den französischen Karibikinseln.

Durchschnittliche Flugzeiten: *Frankfurt* – St. Vincent: 10 Std. (Zwischenlandung in London und Barbados); *London* – St. Vincent: 9 Std; *Los Angeles* – St. Vincent: 9 Std; *New York* – St. Vincent: 5 Std; *Singapur* – St. Vincent: 33 Std.

Internationaler Flughafen: *E. T. Joshua (SVD)* ist 3 km von Kingstown entfernt. Es gibt Bus- und Taxiverbindungen zur Stadt. Die meisten Hotels werden zum Einheitspreis bedient. Die Inseln Bequia, Union Island, Canouan und Mustique haben Landepisten für Kleinflugzeuge.

Flughafengebühren: 20 EC$ bei Ausreise, Kinder unter 12 Jahren sind hiervon befreit.

SCHIFF: Einige Kreuzfahrtlinien laufen regelmäßig Kingstown und einige der Grenadinen an. Kleinere Boote stellen Verbindungen nach Barbados und innerhalb der Grenadinen her.

REISEVERKEHR - National

FLUGZEUG: *Aero Services*, *Mustique Air* und *Air Martinique* fliegen regelmäßig nach Mustique, Canouan und Union Island. Kleinflugzeuge können gechartert werden, es gibt auch Charterfluggesellschaften.

SCHIFF: Die Grenadinen kann man am besten per Boot kennenlernen. Jachten mit und ohne Besatzung können ohne große Formalitäten gechartert werden. Von St. Vincent gibt es regelmäßige Fährverbindungen nach Bequia, Mustique, Canouan und Union Island. Ein Postboot fährt zweimal wöchentlich zu fast allen Inseln der Grenadinen. Das Touristik-Büro (Adresse s. o.) erteilt gern weitere Auskünfte.

BUS/PKW: Bus: Die Busverbindungen auf St. Vincent sind ausgezeichnet. Die Busse sind offen und lustig bemalt. Minibusse, sogenannte *Route-taxis*, haben Einheitspreise. Öffentliche Verkehrsmittel sind oft überfüllt, aber preiswert. **Taxis** teilt man normalerweise mit anderen Fahrgästen. Die Fahrpreise sind gesetzlich festgelegt. Eine Fahrpreisliste erhält man vom Touristik-Büro. **Mietwagen** werden von zahlreichen örtlichen und internationalen Firmen zur Verfügung gestellt. **Unterlagen:** Einheimischer Führerschein erforderlich, erhältlich gegen eine Gebühr von 40 EC$ bei Vorlage des eigenen Führerscheins am Flughafen, in der Polizeiwache (Bay Street, Kingstown) oder bei der *Licensing Authority* (Halifax Street, Kingstown, Mo-Fr 09.00-15.00 Uhr). Es herrscht Linksverkehr.

UNTERKUNFT

St. Vincent und die Grenadinen bieten Unterkünfte für jeden Geschmack und Geldbeutel. Man kann in einem einfachen Häuschen am Strand, in einem historischen Landhaus in den Bergen oder in einer Luxusunterkunft auf eigener Insel wohnen. Young Island, eine kleine Insel etwa 180 m vor der Südküste St. Vincents, hat eine Hotelanlage mit kleinen Strandbungalows mit allem Komfort. Die Anlage wird zu Recht als karibisches Paradies bezeichnet. Alle Hotels sind klein und legen großen Wert auf persönliche Betreuung. Alle Hotelrechnungen enthalten 5% Steuer. **Kategorien: FAP (Full American Plan):** Vollpension (einschl. Nachmittagstee, Abendessen usw.); **AP (American Plan):** Vollpension (drei Mahlzeiten); **MAP (Modified American Plan):** Halbpension, in einigen Hotels mit Nachmittagstee im britischen Stil; **CP (Continental Plan):** Übernachtung und Frühstück; **EP (European Plan):** nur Übernachtung. Weitere Auskünfte erteilt die *St. Vincent & the Grenadines Hotel Association*, PO Box 834, Kingstown, St. Vincent. Tel: (45) 7 10 72. Telefax: (45) 7 41 74.

URLAUBSORTE & AUSFLÜGE

St. Vincent

St. Vincent ist eine üppig-grüne Vulkaninsel mit steilen Bergen, tiefen Tälern und herrlichen Wasserfällen. An der Ostküste wechseln sich zerklüftete Klippen mit felsigen Stränden ab, an der Westküste liegen schwarze und goldfarbene Sandstrände. Im Norden erhebt sich der 1234 m hohe Vulkan *La Soufrière*. Dank der fruchtbaren Vulkanerde und regelmäßiger Niederschläge werden auf St. Vincent Obst, Gemüse und Gewürze in Hülle und Fülle angebaut. Die Ebenen und Täler des Landesinneren sind dicht mit Kokospalmen, Bananenstauden, Brotfrucht- und Muskatnußbäumen sowie Pfeilwurz bewachsen.

Kingstown, die Hauptstadt St. Vincents, ist eine lebendige Hafen- und Marktstadt an der Südküste. Sie ist in 12 kleine Viertel aufgeteilt, in denen sich zahlreiche Geschäfte befinden. Der geschäftige Hafen ist der Handelsmittelpunkt der Inseln. Auf dem Wochenmarkt am Samstagmorgen trifft sich die ganze Bevölkerung. Die Stände bieten frisches Obst und Gemüse in Hülle und Fülle. Die *St.-Mary-Kathedrale* in der Stadtmitte bietet eine elegante Kombination verschiedener europäischer Baustile: Der graue Steinbau verbindet romanische Bögen mit gotischen Türmchen und maurischen Verzierungen. Die Ruinen des *Fort Charlotte* stehen auf einem 180 m hohen Berghang im Norden der Stadt und bieten einen wunderschönen Ausblick auf die Grenadinen. Der älteste Botanische Garten der westlichen Hemisphäre liegt nördlich von Kingstown. Auf dem 8 ha großen Gelände wachsen viele seltene tropische Bäume, Blumen und andere Pflanzen. Hier steht auch ein Brotfruchtbaum, den Captain Bligh (Meuterei auf der Bounty) 1765 nach St. Vincent gebracht und gepflanzt haben soll. Interessant ist auch die Sammlung alter Steinmonumente. Etwas nördlich von Kingstown, im *St. Vincent Parrot Reserve*, kann man, wenn man Glück hat, den vom Aussterben bedrohten St.-Vincent-Papagei beobachten.

Die *Baleine-Wasserfälle* an der Nordspitze der Insel sind nur mit dem Boot zu erreichen. 18 m hohe Wasserfälle rauschen über vulkanische Abhänge und sammeln sich in einer Reihe flacher Tümpel. Eine Herausforderung für Abenteuerlustige ist die 5 km lange Wanderung zu dem über 1000 m hohen Vulkan *La Soufrière*. Die Strapaze wird mit einem wundervollen Blick aus der Vogelperspektive belohnt, der den Krater, die gesamte Insel und einige Nachbarinseln umfaßt.

An der Westküste liegen die malerischen Fischerdörfer **Questelles, Layou, Barrouallie** und **Châteaubelair** mit reizvollen pastellfarbenen Häuschen und ausgezeichneten schwarzen Sandstränden, von denen aus die Fischer jeden Tag in ihren farbenfrohen Booten zum Fischfang aufs Meer hinausfahren.

Young Island, nur 180 m von St. Vincent entfernt, besteht aus einem 10 ha großen Berg, auf dessen Hängen tropische Pflanzen und Büsche wachsen. Zu bestimmten Jahreszeiten ist die Insel mit einem Blütenteppich bedeckt. Von Young Island kann man die Jachten auf ihrem Weg nach Kingstown beobachten. Der Hotelkomplex *Young Island Resort* besteht aus 29 rustikalen Häuschen, die sich über die Hänge und Strände der gesamten Insel verteilen. Es gibt einen Süßwasser-Swimmingpool, und unter den Bäumen versteckt liegen Tennisplätze. Dicht vor der Küste von Young Island liegt *Fort Duvernette* (18. Jh.), das aus einem enormen Felsen herausgemeißelt wurde und sich 60 m hoch erhebt. Eine Fähre, eine kleinere Version der *African Queen*, pendelt ständig zwischen Young Island und St. Vincent.

Die Grenadinen

Bequia, 14 km südlich von St. Vincent, ist mit einer Fläche von 18 qkm die größte der Grenadinen. Das Leben auf der Insel hatte schon immer einen starken Bezug zum Meer. Durch ihre Abgeschiedenheit vor dem Bau der Landebahn 1992 sind uralte Traditionen wie Bootsbau, Wal- und Fischfang (in sehr beschränktem Maße) erhalten geblieben. Im Wasserschutzgebiet dürfen weder Harpunen noch Schlingen oder Netze benutzt werden. Die Inselbewohner fischen mit Handharpunen, die im Gegensatz zu kommerziellem Fischfang keinen allzu großen Schaden unter den Fischbeständen anrichten. Das Landesinnere ist hügelig und bewaldet und bildet einen eindrucksvollen Hintergrund für die zahlreichen Buchten und Strände.

Admiralty Bay, der Naturhafen der Insel, ist ein beliebter Ankerplatz für Segler aus aller Welt. Am Ufer kann man den Einheimischen beim Herstellen handgebauter Boote zusehen. *Lower Bay* ist eine weitere interessante Region mit guten Bade- und Wassersportmöglichkeiten.

An der malerischen Hafenpromenade von **Port Elizabeth** befinden sich zahlreiche Bars, Restaurants und Kunstgewerbeläden. Bequia ist von wunderschönen goldgelben Sandstränden umgeben. Sie laufen zu Buchten aus, die zum Segeln, Schwimmen, Schnorcheln und Tauchen einladen. Die Unterkünfte reichen von einfachen Gasthöfen

St. Vincent und die Grenadinen

bis zu luxuriösen Bungalows. Das Nachtleben wird zum größten Teil von den Hotels organisiert. Grillparties am Strand und Auftritte von ausgezeichneten Steelbands gehören zu den typischen Veranstaltungen auf der Insel.
Mustique: Weiter südlich liegt die Insel Mustique. Diese »Perle im Ozean« ist etwa 3 km lang und 1,5 km breit. Die Landschaft der Privatinsel ist so sanft wie ihre Lebensweise. Sanfte grüne Hügel gehen allmählich in weiße Sandstrände über, die vom türkisfarbenen Meer umspült werden. Mustique hat schon immer die Reichen dieser Welt angezogen, insbesondere Prinzessin Margaret und andere Mitglieder des britischen Königshauses. Eine weitläufige Plantage aus dem 18. Jahrhundert wurde zum einzigen Hotel der Insel umgebaut. Mehrere Steinhäuser bieten äußerst elegante Unterkünfte. Sie liegen weit auseinander, um Abgeschiedenheit zu garantieren. Die Aufenthaltsräume des Haupthauses sind mit wunderschönen Antiquitäten eingerichtet. Am Nachmittag wird auf der Veranda Tee serviert. Auf einem Hügel liegt ein Swimmingpool mit atemberaubendem Panorama. Außerdem kann man Tennis spielen, mit dem Pferd oder Motorrad die Insel erkunden und alle möglichen Wassersportarten ausüben.
Canouan hat einige der schönsten Strände in der Karibik. Der Sand ist weiß wie Puderzucker, die Gewässer sind flach und kristallklar. In den Korallenriffen kann man auch ohne zu tauchen zahlreiche Fische beobachten. Die Insel ist 5,5 km lang und etwa 2 km breit. Die beiden Hotels *Tamarind Beach Hotel* und *Canouan Beach Hotel* liegen in Strandnähe. Außerdem gibt es zwei Pensionen.
Tobago Cays: Südlich von Canouan liegen die Tobago Cays, eine Kette kleiner Inseln an den schönsten Korallenriffen der Welt. Hier kann man in völliger Abgeschiedenheit schwimmen, segeln und tauchen. Diese Inselchen sind nur mit einem gecharterten Boot zu erreichen.
Mayreau, eine weitere Privatinsel, liegt östlich der Cays. Sie ist eine der kleineren Grenadinen und nur dünn besiedelt. *Salt Whistle Bay Resort*, das einzige Hotel, kann mit dem Boot von Union Island aus erreicht werden.
Union Island: Der *Mount Parnassus* auf Union Island erreicht eine Höhe von 275 m. Sein Gipfel scheint über die südlichen Grenadinen zu wachen. Diese bergige Insel hat eine Fläche von etwa 850 ha und ist von ausgezeichneten Stränden umsäumt. Segler aus aller Welt legen hier an. Das kleine *Clifton Harbour* ist die größte Ortschaft und hat ein reges Handelsleben. An der Uferpromenade befinden sich zahlreiche einladende Gasthöfe mit freundlicher Atmosphäre.
Palm Island: Diese 45 ha große Privatinsel ist verhältnismäßig flach. Ihr Name ist auf die Unmenge schlanker Kokosnußpalmen (etwa 8000) zurückzuführen, die die Strände der Insel säumen. Die 20 Bungalows des *Palm Island Beach Club* liegen direkt am Strand. Man kann unter freiem Himmel speisen und diversen Wassersportarten nachgehen.
Petit St. Vincent, die südlichste der von St. Vincent verwalteten Grenadinen, hat eine Fläche von 45 ha. An den Stränden stehen 22 Luxusvillen, die Besuchern Zurückgezogenheit und erlesenstes Ambiente bieten. Die Häuser haben eigene Terrassen und Meeresblick. In Strandpavillons werden Mahlzeiten serviert. Die sorgenfreie Atmosphäre und die bezaubernde Umgebung garantieren einen unvergeßlichen Urlaub.

SOZIALPROFIL

ESSEN & TRINKEN: Ausgezeichnete karibische Küche kann in fast allen Hotels und Restaurants von St. Vincent genossen werden. Zahlreiche Fischspezialitäten wie *Red Snapper* oder *Lambi* (eine Meermuschelart, ähnlich wie Abalone) stehen auf der Speisekarte. Die ausgezeichnete *Calaloo*-Suppe und *Souse* (eine Soße aus Schweinsfüßen) sollten ebenso probiert werden wie das *Sea-moss*-Getränk. Frisches Obst, Gemüse und Meeresfrüchte gibt es in Hülle und Fülle. Zu bestimmten Jahreszeiten wird auch einheimischer Hummer angeboten. **Getränke:** Man trinkt einheimisches Bier und Rum (oft als Punsch und in Cocktails) und diverse exotische Fruchtsäfte von ausgezeichneter Qualität.
NACHTLEBEN: Zahlreiche Hotels bieten Abendunterhaltung; Programme sind jeweils an der Hotelrezeption erhältlich. Der *Aquatic Club* wird jetzt als Nachtklub von Stilson »Stilly« Fraser geführt. *The Attic* in Kingstown bietet ein umfangreiches Unterhaltungsprogramm mit Livemusik am Wochenende. In Peniston auf St. Vincent gibt es auch ein Spielkasino.
EINKAUFSTIPS: Wer sich einen der inseltypischen bedruckten Baumwollstoffe kauft, kann sich in zahlreichen Geschäften in zwei bis drei Tagen hübsche Kleidungsstücke anfertigen lassen. In kunsthandwerklichen Werkstätten und Geschenkläden kann man typisch westindische Artikel wie Strohgeflecht, handgewebte Grasteppiche und aromatische Gewürze (z. B. Muskatnuß und Safran) kaufen. **Öffnungszeiten der Geschäfte:** Mo-Fr 08.00-12.00 und 13.00-16.00 Uhr, Sa 08.00-12.00 Uhr.
SPORT: Segeln ist sehr beliebt, wie alle Wassersportarten überhaupt. Für Anfänger stehen ausgezeichnete Mannschaften zur Verfügung, die beim Handhaben der Segel behilflich sind. Selbstverständlich kann man auch auf der eigenen Jacht zu diesen wunderschönen Inseln fahren. Jachten mit und ohne Mannschaft können durch *The Lagoon Marina and Hotel* (Tel: (45) 8 43 08) und *Frangipani Yacht Services* (Tel: (45) 8 32 44) gechartert werden. Andere Wassersportarten (Tauchen usw.) werden durch einige Hotels vermittelt. **Hochseeangeln** wird ebenfalls angeboten. **Publikumssport: Kricket** und **Fußball** sind besonders beliebt. **Tennis:** Der *Kingstown Tennis Club* und einige Hotels stellen Tennisplätze zur Verfügung. Manche Hotels vermitteln auch **Reitpferde**.
VERANSTALTUNGSKALENDER
Mai '96 (1) *National-Trust-Heritage-Woche*. (2) *Guinness Half Marathon* (10 km Straßenrennen). **28. Juni - 9. Juli** *Carnival* (größter Karneval der Karibik mit Musik, Festumzügen und Wahl der Karnevalskönigin und des Karnevalskönigs). **1. - 5. Aug.** *Canouan-Regatta* (Angelwettbewerbe, Kricketspiel, »Greasy Pig«, Staffellauf mit Eseln, Königinwahl, Calypsowettbewerbe, Krebs-Wettrennen und Regatten). **Sept.** *Nationales Tanz-Festival*. **13. Okt.** *Kentucky Fried Chicken Round-D-Town Relay*. **Okt.** *Nationales Theater-Festival*. **Nov.** *Theaterfest der Schulen*. **14. - 24. Dez.** *Nine Mornings Festival* (Weihnachten einmal anders, auf St. Vincent feiert man das Christfest auf sehr ungewöhnliche Art. Vom neunten Tag vor Weihnachten an ziehen die Einwohner von Kingstown vor Sonnenaufgang durch die Straßen. In vielen Tanzsälen finden außerdem an jedem

Morgen Tanzveranstaltungen statt). **April '97** *Bequia Regatta* (Regatten für Boote aller Klassen, zusätzlich werden sportliche Wettbewerbe und Spiele veranstaltet).
SITTEN & GEBRÄUCHE: Die Bewohner dieses karibischen Inselstaates sind lebenslustig und gelassen; man läßt sich nicht so leicht aus der Ruhe bringen und verbindet britische Einflüsse mit karibischem Lebensstil. Der Wochenmarkt in Kingstown ist eine farbenprächtige Angelegenheit. Besucher werden freundlich willkommen geheißen, und Freizeitkleidung wird fast überall akzeptiert. Trotzdem gehören Shorts und Badekleidung an den Strand und sollten nicht beim Stadtbummel getragen werden. **Trinkgeld:** Rechnungen enthalten 10-15% Bedienungsgeld. Taxifahrer erwarten kein Trinkgeld.

WIRTSCHAFTSPROFIL

WIRTSCHAFT: Im Vergleich zu anderen ostkaribischen Inseln ist St. Vincent ein armes Land; die Landwirtschaft ist der wichtigste Arbeitgeber und erbringt den Großteil der Exporteinnahmen. Bananen sind das Haupterzeugnis, außerdem ist St. Vincent weltweit der größte Produzent von *Arrowroot* (gewonnen aus der Knolle der Pfeilwurzpflanze). Außerdem werden tropische Früchte und verschiedene Gemüsesorten angebaut. Nach der Einführung des Europäischen Binnenmarktes befürchtete man jedoch einen empfindlichen Verlust wichtiger Exportmärkte. Auch Zuckerrohr wird heute auf den Inseln wieder angebaut, allerdings mehr für den Eigenbedarf als für den Export. Die Fischerei erlebt ebenfalls einen Aufschwung, vor einiger Zeit wurde eine Fischfabrik gebaut. St. Vincent hat längst nicht so viele Touristen wie andere karibische Inseln – dem Ausbau des Tourismus steht bisher das Fehlen einer entsprechenden Infrastruktur im Wege. 1993 kamen 163.000 Besucher auf die Inseln. Haupthandelspartner sind die USA, Großbritannien, Trinidad und Tobago sowie Barbados.
GESCHÄFTSVERKEHR: Safarianzug oder Hemd und Krawatte bzw. Kostüm oder Kleid sind angebracht. Die **Geschäftszeiten der Behörden** sind unterschiedlich, allgemein gilt jedoch: Mo-Fr 08.00-16.15 Uhr. Einige haben auch am Samstagvormittag geöffnet.
Kontaktadressen: *Die wirtschaftlichen Interessen Österreichs werden von der Außenhandelsstelle der Wirtschaftskammer Österreich in Caracas (s. Venezuela) vertreten.*
St. Vincent & the Grenadines Chamber of Industry and Commerce (Industrie- und Handelskammer), PO Box 134, Kingstown. Tel: (45) 7 14 64. Telefax: (45) 6 29 44.

KLIMA

Heiß und tropisch. Passatwinde mildern die Temperaturen der heißesten Monate Juni und Juli, gelegentlich heftige Regenfälle.
Kleidung: Leichte sommerliche Kleidung, Regenschutz nicht vergessen.

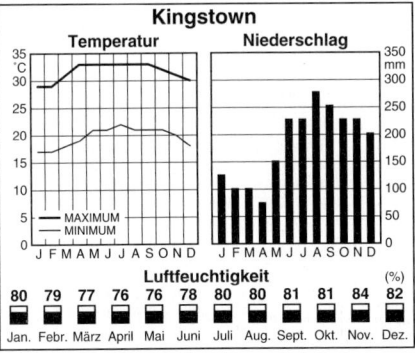

WELTKARTE?

LÄNDERKARTEN?

ZEITZONENKARTE?

INFORMATION ÜBER

IMPFBESTIMMUNGEN UND

GESUNDHEITSVORKEHRUNGEN?

. . . siehe Inhaltsverzeichnis

Salomonen

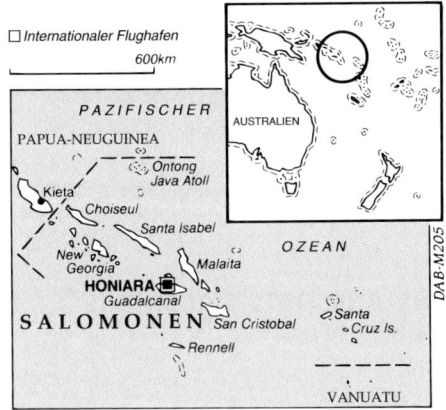

☐ *Internationaler Flughafen*
600km

Lage: Südwestlicher Pazifik.

Tourism Council of the South Pacific (TCSP)
Deutsche Vertretung: Interface International
Dircksenstraße 40
D-10178 Berlin
Tel: (030) 23 81 76 45. Telefax: (030) 23 81 76 41.
Mo-Fr 09.00-18.00 Uhr.
Solomon Airlines und Tourist Authority
Hunter House
Bigginhill Airport
GB-Bigginhill
Kent TN16 2BN
Tel: (01959) 54 07 37. Telefax: (01959) 54 06 56.
Mo-Fr 09.00-17.00 Uhr.
Solomon Islands Tourist Authority
PO Box 321
Honiara
Tel: 2 24 42. Telefax: 2 39 86.
Ministry of Culture and Tourism
PO Box G20
Honiara
Tel: 2 16 40. Telefax: 2 16 89.
Kanzlei der Botschaft der Salomonen
Avenue de l'Yser 13/Box 3
B-1040 Brüssel
Tel: (02) 732 70 85. Telefax: (02) 732 68 85.
Mo-Fr 09.00-13.00 und 14.00-17.00 Uhr.
(auch zuständig für die Bundesrepublik Deutschland, Österreich und die Schweiz)
Honarary Consulate for the Solomon Islands
19 Springfield Road
GB-London SW19 7AL
Tel: (0181) 296 02 32. Telefax: (0181) 946 17 44.
Mo-Fr 09.00-16.00 Uhr.
(auch zuständig für die Bundesrepublik Deutschland, Österreich und die Schweiz)
Honorarkonsulat der Bundesrepublik Deutschland
PO Box 114
Honiara
Tel: 2 14 02. Telex: 66313.
Übergeordnete Vertretung ist die Botschaft in Port Moresby (s. Papua-Neuguinea).
Österreich und die Schweiz unterhalten keine diplomatischen Vertretungen auf den Salomonen; zuständig sind die jeweiligen Vertretungen in Canberra bzw. Sydney (s. Australien).

FLÄCHE: 27.556 qkm.
BEVÖLKERUNGSZAHL: 354.000 (1993).

TIMATIC INFO-CODES

Abrufbar über Ihr CRS-System (für START/Amadeus Ama-Maske benutzen). Für Galileo bitte TI-DFT eingeben (mit Bindestrich).

Flughafengebühren	TI DFT/ HIR /TX
Währung	TI DFT/ HIR /CY
Zollbestimmungen	TI DFT/ HIR /CS
Gesundheit	TI DFT/ HIR /HE
Reisepassbestimmungen	TI DFT/ HIR /PA
Visabestimmungen	TI DFT/ HIR /VI

BEVÖLKERUNGSDICHTE: 13 pro qkm.
HAUPTSTADT: Honiara. **Einwohner:** 35.300 (1990).
GEOGRAPHIE: Die Salomonen liegen im südwestlichen Pazifik, östlich von Papua-Neuguinea. Zu der Gruppe gehören fast alle Inseln der Salomonen (die nordwestlichen gehören zu Papua-Neuguinea), die Ontong-Java-Inseln, die Rennell-Inseln und die weiter östlich liegenden Santa-Cruz-Inseln. Die größeren Inseln sind 145-193 km lang, die kleinsten sind nicht mehr als Korallenatolle. Die Landschaft ist überwiegend zerklüftet; Bergausläufer steigen meist langsam zu einem Hauptgipfel an und fallen auf der anderen Seite steil zum Meer hin ab. Die Hauptstadt Honiara liegt auf der Guadalcanal-Insel, auf der auch die höchste Erhebung der Inseln zu finden ist (Makarakombu, 2447 m). Auf der gesamten Inselgruppe gibt es Vulkane, die zu jeder Zeit wieder aktiv werden können.
STAATSFORM: Parlamentarische Monarchie im Commonwealth. Staatsoberhaupt: Königin Elizabeth II., vertreten durch den einheimischen Generalgouverneur Sir Moses Pitakaka, seit Juni 1994. Regierungschef: Solomon Mamaloni, seit Nov. 1994. Parlament mit einer Kammer, 47 Abgeordnete. Unabhängigkeit von Großbritannien seit 1978.
SPRACHE: Offizielle Landessprache ist Englisch. Pidgin-Englisch und rund 80 melanesische und polynesische Dialekte werden ebenfalls gesprochen.
RELIGION: Christentum und einheimische Religionen (z. B. Cargo-Kult).
ORTSZEIT: MEZ + 10.
NETZSPANNUNG: 240 V, 50 Hz.
POST- UND FERNMELDEWESEN: Telefon: Selbstwählferndienst. **Landesvorwahl:** 677. **Telefax:** Im Büro der *Solomon Telekom* in Honiara gibt es öffentliche Telefaxgeräte, manche Hotels haben ebenfalls Telefaxanschlüsse. Adresse: *Solomon Telekom*, PO Box 148, Honiara, Guadalcanal. **Telexe/Telegramme** kann man rund um die Uhr bei Solomon Telekom aufgeben. **Post:** Luftpost nach Europa ist ca. 7 Tage unterwegs. Öffnungszeiten des Hauptpostamtes in Honiara: Mo-Fr 09.00-16.30 Uhr und Sa 09.00-11.00 Uhr. Öffnungszeiten der Postämter: Mo-Fr 08.00-16.30 Uhr; Sa 08.00-12.00 Uhr.
DEUTSCHE WELLE
Der Einsatz der Kurzwellenfrequenzen ändert sich mehrfach im Laufe eines Jahres, und Sendungen auf den folgenden Frequenzen werden jeweils nur zu bestimmten Tageszeiten ausgestrahlt. Näheres in der Einleitung.

MHz	17,845	15,105	11,795	9,735	9,690
Meterband	16	19	25	31	31

REISEPASS/VISUM

Wichtiger Hinweis: Die Einreisebestimmungen mancher Länder können sich kurzfristig ändern – rufen Sie sicherheitshalber auf Ihrem CRS-System (TIMATIC-Info-Code-Fenster in diesem Kapitel) den aktuellen Stand ab bzw. wenden Sie sich an die zuständige diplomatische Vertretung. Etwaige Zahlen in der Tabelle beziehen sich auf nachfolgende Fußnoten.

	Paß erforderlich?	Visum erforderlich?	Rückflugticket erforderlich?
Deutschland	Ja	Nein	Ja
Österreich	Ja	Nein	Ja
Schweiz	Ja	Nein	Ja
Andere EU-Länder	Ja	Nein	Ja

REISEPASS: Allgemein erforderlich. Der Reisepaß muß mindestens 6 Monate über den Aufenthalt gültig sein.
VISUM: Für Aufenthalte bis zu 3 Monaten besteht kein Visumzwang, wenn ein Rück- bzw. Weiterflugticket und ein Reisepaß vorgelegt werden können. Ausgenommen sind Staatsbürger von Bangladesch, Indien, Pakistan und Sri Lanka, die generell ein Visum benötigen. (Es empfiehlt sich, sich vor der Abreise noch einmal beim Konsulat zu erkundigen, da die Einreisebestimmungen z. Zt. überarbeitet werden, Adressen s. o.).
Aufenthaltsgenehmigung: *Principal Immigration Officer*, Ministry of Commerce, Employment and Trade, PO Box G26, Honiara. Tel: 2 11 40. Telex: 66311.

GELD

Währung: 1 Salomon-Insel-Dollar (SBD) = 100 Cents. Banknoten gibt es im Wert von 50, 20, 10, 5 und 2 SBD; Münzen in den Nennbeträgen 1 SBD sowie 50, 20, 10, 5, 2 und 1 Cent.
Kreditkarten: *Diners Club* wird teilweise akzeptiert. Einzelheiten vom Aussteller der betreffenden Kreditkarte.
Reiseschecks in US- oder Australischen Dollar werden empfohlen.
Wechselkurse

	SBD Sept. '92	SBD Febr. '94	SBD Jan. '95	SBD Jan. '96
1 DM	1,96	1,86	2,12	2,40
1 US$	2,91	3,22	3,29	3,44

Devisenbestimmungen: Die Einfuhr von Fremd- und Landeswährungen ist unbegrenzt, muß aber deklariert werden. Die Ausfuhr ist bis zur deklarierten Summe möglich. Die Ausfuhr der Landeswährung ist auf 250 SBD beschränkt.
Öffnungszeiten der Banken: Mo-Fr 08.30-15.00 Uhr.

DUTY FREE

Folgende Artikel können zollfrei auf die Salomonen eingeführt werden:
200 Zigaretten oder 250 g Zigarren oder 225 g Tabak;
2 l Wein oder Spirituosen;
andere zollpflichtige Waren bis zum Wert von 40 SBD.
Einfuhrverbot: Waffen ohne Lizenz und Munition, Tiere, Samen, Erde und Pflanzen.
Ausfuhrbeschränkungen: Viele Kunstwerke der Salomonen dürfen nur mit einer besonderen Genehmigung ausgeführt werden.

GESETZLICHE FEIERTAGE

27. Mai '96 Pfingstmontag. **15. Juni** Offizieller Geburtstag der Königin. **7. Juli** Unabhängigkeitstag. **25./26. Dez.** Weihnachten. **1. Jan. '97** Neujahr. **28. März** Karfreitag. **31. März** Ostermontag. **19. Mai** Pfingstmontag.

GESUNDHEIT

In der folgenden Tabelle aufgeführte Impfvorschriften können sich kurzfristig ändern. Es wird stets empfohlen, auf Ihrem CRS-System (TIMATIC-Info-Code-Fenster in diesem Kapitel) den aktuellen Stand der Gesundheitsbestimmungen abzurufen bzw. rechtzeitig vor der Reise ärztlichen Rat einzuholen.

	Vorsichtsmaßnahmen empfohlen	*Impfschein erforderlich*
Gelbfieber	Nein	1
Cholera	Nein	Nein
Typhus & Polio	2	-
Malaria	3	-
Essen & Trinken	4	-

[1]: Eine Impfbescheinigung gegen Gelbfieber wird von allen Reisenden verlangt, die aus Infektionsgebieten kommen.
[2]: Typhus kommt vor, Poliomyelitis jedoch nicht.
[3]: Malariaschutz ganzjährig mit Ausnahme der abgelegenen kleinen Inseln im Osten und Süden. Chloroquin-Resistenz der vorherrschenden gefährlicheren Form *Plasmodium falciparum* ist gemeldet worden.
[4]: Wasser sollte generell vor der Benutzung zum Trinken, Zähneputzen und zur Eiswürfelbereitung entweder abgekocht oder anderweitig sterilisiert werden. Milch ist nicht pasteurisiert und sollte ebenfalls abgekocht werden. Trocken- und Dosenmilch nur mit keimfreiem Wasser anrühren. Milchprodukte aus ungekochter Milch am besten vermeiden. Fleisch- und Fischgerichte nur gut gekocht und heiß serviert essen. Der Genuß von Schweinefleisch, rohen Salaten und Mayonnaise sollte vermieden werden. Gemüse sollte gekocht und Obst geschält werden.
Hepatitis A kommt vor, *Hepatitis B* ist endemisch.
Gesundheitsvorsorge: Es gibt acht Krankenhäuser, das größte ist das Zentralkrankenhaus in Honiara, Guadalcanal. Kirchenmissionen dienen als medizinische Versorgungsstationen auf den entfernteren Inseln. Der Abschluß einer Reisekrankenversicherung wird dringend empfohlen.

REISEVERKEHR - International

FLUGZEUG: Die nationale Fluggesellschaft heißt *Solomon Airlines (IE)* (Adresse s. o.). 1996 wird wieder der *Visit South Pacific Pass* von den folgenden Fluggesellschaften angeboten: *Air Pacific, Qantas, Royal Tongan Airlines, Air Caledonia International, Polynesian Airlines, Solomon Airlines* (Näheres von IATA Reisebüros). Südpazifikflüge werden hierbei bis auf 50% reduziert. Der Visit South Pacific Pass fliegt u. a. folgende Ziele an: Sydney und Brisbane (Australien), Auckland (Neuseeland), Tonga, Cook-Inseln, Fidschi und West-Samoa. Es können mindestens zwei und maximal acht Ziele angeflogen werden. Die Reise muß außerhalb des Südpazifiks begonnen werden, und es ist ratsam, die Flüge im voraus zu buchen. Umbuchungen durch Preisaufschlag, allerdings nur bei Neuausstellung des Tickets. Rückerstattung des gesamten Betrages nur dann, wenn die Reise noch nicht angetreten wurde.
Reisegepäck: Gepäckstücke dürfen bis zu 20 kg pro Person wiegen.
Durchschnittliche Flugzeit: *Frankfurt/Wien/Zürich* – Honiara: 26 Std. (über Fidschi).
Internationaler Flughafen: *Honiara (HIR)* (Henderson Field) liegt 13 km östlich der Stadt (Fahrzeit 20 Min.). Busse und Taxis sind vorhanden.
Flughafengebühren: 30 SBD bei Ausreise. Kinder unter 2 Jahren sind hiervon befreit.
SCHIFF: Honiara (Guadalcanal-Insel) und Yandina (Russell-Insel) sind die internationalen Häfen. In Noro (Neu-Georgien) soll ein neuer Tiefseehafen gebaut werden, der den Hafen von Gizo ersetzen soll. *P&O, CTC* und *Sitmar* laufen die Salomonen an.

REISEVERKEHR - National

FLUGZEUG: *Solomon Airlines (IE)* (Adresse s. o.) bietet Inland- und Charterflüge zu den meisten Inseln und Städten der Salomonen an.
SCHIFF: Große und kleine Schiffe sind die besten Transportmittel zwischen den Inseln. Die Verbindungen werden von der Regierung und vielen Privatunternehmern betrieben. Einige christliche Missionen haben ebenfalls eigene Boote.
BUS/PKW: Das Straßennetz aller Inseln umfaßt insgesamt über 1300 km. Etwa 450 km davon sind Hauptstraßen und weitere 800 km Privatstraßen der Plantagen. Der allgemeine Straßenzustand läßt einiges zu wünschen übrig. **Taxis** gibt es in Honiara und Auki, der Fahrpreis sollte vorher vereinbart werden. **Mietwagen** kann man in Hotels in Honiara erhalten. **Unterlagen:** Führerschein des eigenen Landes.

UNTERKUNFT

HOTELS: In Honiara gibt es nur sechs Hotels, Vorausbuchung wird dringend empfohlen. Auf Guadalcanal, im Marau Sound, liegt das *Tavanipupu Island Resort*, das man per Flugzeug oder Boot erreichen kann. Weitere Unterkünfte befinden sich auch auf den Riff-Inseln, West-Salomonen und Malaita. Einige Lodges und Urlaubsorte bieten auch Freizeitaktivitäten an. Weitere Informationen vom TCSP in Berlin (Adresse s. o.).
CAMPING ist nur selten möglich. Die Erlaubnis des Grundbesitzers oder Dorfoberhauptes sollte vorher unbedingt eingeholt werden.

URLAUBSORTE & AUSFLÜGE

Guadalcanal, Malaita, Choiseul, Neu-Georgien, San Cristobal und **Santa Isabella** sind die größten Inseln der Gruppe. Sie sind bis zu 200 km lang und 50 km breit. Die interessante Fauna der Inseln setzt sich aus einheimischen und eingeführten Arten zusammen. Auf den meisten Inseln gibt es mehrere Reptilienarten (einschl. Schildkröten) sowie Flughunde, Opossums und andere Beuteltiere. Schweine und Hühner wurden später eingeführt. Die Europäer brachten Katzen, Pferde, Rinder und Ziegen auf die Inseln. Zu den vertretenen Vogelarten gehören u. a. Falken, Kuckucks und Stelzvögel; der gelbbraune Coucal ist der größte Kuckuck der Welt. Ameisen, Käfer, Spinnen, Motten, Schmetterlinge und Frösche sind zahlreich und allgegenwärtig. Die Küstengewässer sind voller exotischer Tiere, vor manchen ist jedoch Vorsicht geboten.
Die Hauptstadt **Honiara** auf **Guadalcanal** hat ein Museum, einen Botanischen Garten und ein chinesisches Viertel. In der Stadt sowie in der Umgebung gibt es zahlreiche Überreste aus dem 2. Weltkrieg; Gedenktafeln erinnern an die größeren Schlachten. Dörfer und landschaftlich interessante Stätten sind leicht erreichbar. Drei Reisebüros bieten Ausflüge auf und um Guadalcanal sowie zu anderen Inseln an. Beliebte Ausflugsziele sind das **Betikama**-Schnitzzentrum sowie die Dörfer *Chapura* und *Tambea* auf Guadalcanal. In den Dörfern *Laulasi* und *Alite* auf der Insel **Malaita** werden Muscheln zerbrochen, abgerundet und nach weiterer Bearbeitung aufgefädelt. Sie zeigten einst die soziale Stellung einer Person an und dienten gleichzeitig im Handel als Geschenke und Tauschobjekte. Dieses Muschelgeld trägt man heute als orginelle Halsketten, Broschen, Gürtel und Ohrringe. Teilweise werden sie mit Tier- und Fischzähnen kombiniert, früher wurden sogar Zähne von Mördern verarbeitet.
Schnitzereien für die Tourismusindustrie werden auf den Inseln **Rennell** und **Bellona** hergestellt. Kleine Dolche, Speere und Keulen sind ausgefallene Mitbringsel. Andere Schnitzarbeiten zeigen typische Tier- und Menschenszenen der Salomonen.

SOZIALPROFIL

ESSEN & TRINKEN: Einheimische Spezialitäten sind *Tapioka*-Pudding und *Taro*-Wurzeln mit *Taro*-Blättern. Außerhalb der Hotels in Honiara gibt es nur wenige Restaurants, die angebotenen asiatischen und europäischen Gerichte sind gut. Honiara bietet zwei chinesische Restaurants. Tischbedienung ist üblich. Spirituosen, Wein und Bier sind auch erhältlich.
NACHTLEBEN: Honiara ist eine recht beschauliche Stadt, manche Klubs bieten Musik und Tanz sowie gelegentliche Filmaufführungen; man kann auch Darts und Billard spielen. Kurzfristige Mitgliedschaft ist möglich.
EINKAUFSTIPS: Schöne Souvernirs sind Perlmuttartikel, Spazierstöcke, Schnitz- und Einlegeholzarbeiten, Kupferartikel, Meeresschneckengehäuse und seltene Muschelgeldartikel. Neu-Georgien ist für geschnitzte Fische, Schildkröten und Vögel berühmt. Geschnitztes Ebenholz mit Muscheln eingelegt ist eine ganz besondere Spezialität. In einigen Geschäften Honiaras kann man zollfrei einkaufen. **Öffnungszeiten der Geschäfte:** Mo-Fr 08.00-17.00 Uhr, Sa 08.00-12.30 Uhr.
SPORT: Die Küstengewässer bieten gute **Angelmöglichkeiten.** Der *Point Cruz Yacht Club*, der auch für Besucher geöffnet ist, erteilt genaue Auskünfte. Einige Urlaubsorte haben unterschiedliche Sport- und Wassersportanlagen. In den Küstengewässern von Honiara gibt es Haie, sie sind daher nicht zum Schwimmen geeignet. Mancherorts müssen sich Schwimmer auch vor Seeigeln, Borstenwürmern, stechenden Korallen, Seesternen und anderen exotischen Meeresbewohnern vorsehen. Es gibt einige **Swimmingpools. Tennisplätze** stehen im *Guadalcanal Club* zur Verfügung und können über die Hotels vorbestellt werden. An Wochenenden werden Tauchausflüge von der *Skin Diver Association* angeboten. Außerhalb von Honiara gibt es einen 9-Loch-**Golfplatz,** verschiedene Reiseveranstalter organisieren Golfpartien. Im *Tamba Village Resort*, westlich von Honiara, gibt es eine **Minigolfanlage.**
VERANSTALTUNGSKALENDER
Jede Insel der Salomonen hat ihren eigenen Provinztag, der festlich begangen wird:
8. Juni '96 Temotu. **29. Juni** Zentral. **8. Juli** Isabel. **31. Juli** Guadalcanal. **3. Aug.** Makira. **14. Aug.** Malaita. **7. Dez.** Der Westen.
SITTEN & GEBRÄUCHE: Die freundliche Atmosphäre garantiert einen angenehmen Aufenthalt. Europäische und einheimische Bräuche sind gleichermaßen verbreitet. Legere Kleidung wird überall akzeptiert, Frauen tragen allerdings bei Abendveranstaltungen oft lange Kleider. Es besteht jedoch kein Krawattenzwang für Männer. Kleidung sollte die Oberschenkel bedecken. Badekleidung gehört an den Strand. **Trinkgelder** sind auf den Salomonen nicht üblich.

WIRTSCHAFTSPROFIL

WIRTSCHAFT: Die wichtigste Stütze der Wirtschaft ist weiterhin die Landwirtschaft, die 90% der Erwerbstätigen beschäftigt und Kokosnüsse, Süßkartoffeln, Maniok, Obst und Gemüse in erster Linie für den Eigenbedarf produziert. Fische und Fischprodukte sind seit 1984 die wichtigsten Exporterzeugnisse. Traditionell werden auf den Salomonen große Mengen Kopra hergestellt; seit dem kontinuierlichen Absinken des Weltmarktpreises für Kopra bemüht sich die Regierung jedoch um ausländische Investitionen und die Entwicklung neuer Wirtschaftszweige. Kakao und Palmöl zählen zu den neu eingeführten landwirtschaftlichen Produkten, ebenso Honig. Tropische Hölzer stehen ebenfalls auf der Exportliste, die Abholzung der Regenwälder ist allerdings zu Recht umstritten. Zu den Mineralfunden auf den Inseln zählen Phosphate, Bauxit und Asbest; mögliche Gold-, Silber- und Kupfervorkommen müssen erst noch bestätigt werden. Die Tourismusindustrie ist bislang noch relativ unbedeutend, entwickelt sich aber vielversprechend. Die wichtigsten Handelspartner sind Australien und Japan.
GESCHÄFTSVERKEHR: Mit Englisch oder Französisch kommt man im allgemeinen gut aus. Die günstigste Zeit für Geschäftsreisen ist von Mai bis Oktober.
Geschäftszeiten: Mo-Fr 08.00-12.00 und 13.00-16.30 Uhr.
Kontaktadressen: *Die wirtschaftlichen Interessen Österreichs werden von der Außenhandelsstelle der Wirtschaftskammer Österreich in Sydney (s. Australien) vertreten.*
Solomon Islands Chamber of Commerce (Handelskammer), PO Box 64, Honiara. Tel: 2 29 60. Telex: 66448.

KLIMA

Halbtropisch, überwiegend heiß und schwül; kaum Temperaturunterschiede zwischen den Jahreszeiten. In der Regenzeit (November bis April) treten oft starke Wirbelstürme auf.

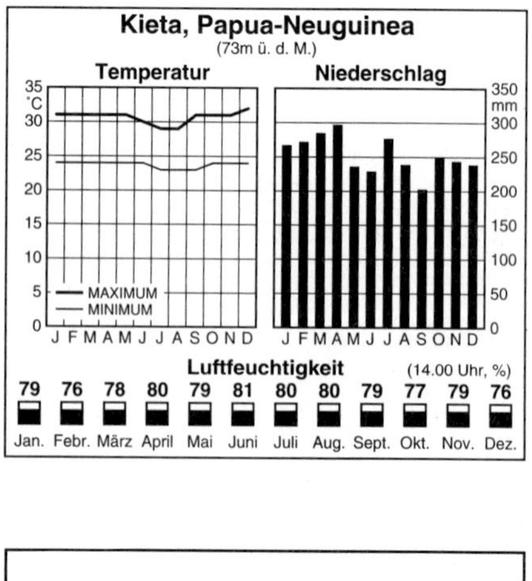

Zur Benutzung dieses Buches beachten Sie bitte auch die *Einleitung*

Sambia

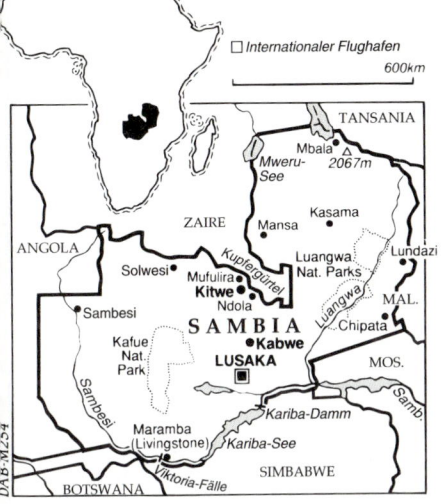

Lage: Mittleres Südafrika.

Zambia National Tourist Board
PO Box 30017
Century House
Cairo Road
Lusaka
Tel: (01) 22 90 87. Telefax: (01) 22 51 74.
Zambia National Tourist Board
Tourism Centre
Musi-oa-tunya Road
PO Box 60342
Livingstone
Tel: (03) 32 14 04/05. Telefax: (03) 32 14 87.
Tourism Council of Zambia
c/o Robin Miller
PO Box 30093
Lusaka
Tel: (01) 22 86 82. Telefax: (01) 22 29 06.
Zambia National Tourist Board
Finance House, 1st Floor
Ernest Oppenheimer Road
Bruma Lake Office Park
Bruma 2198
PO Box 591232
Kengray 2100/Johannesburg
Südafrika
Tel: 622 92 06/07. Telefax: 622 74 24.
Zambia National Tourist Board
c/o Alessandra Callegari
Relazioni Turistiche
Via Mauro Macchi 42
I-20124 Mailand
Tel: (02) 66 98 27 87, 66 98 32 53. Telefax: (02) 66 98 73 81.
Zambia National Tourist Board
c/o Mr Ghirelli
260 Via Gorgia Di Leontini
I-00124 Rom
Tel: (06) 50 91 23 12. Telefax: (06) 687 20 71.
Zambia National Tourist Board
c/o Obitair International Pty. Ltd.
Level 10, 36 Clarence Street
Sydney, NSW 2000
Australien
Tel: (02) 299 53 00. Telefax: (02) 290 26 65.
Zambia National Tourist Board
c/o Dr Andras Salomon
CRS International Kft
Radnoti Miklos
U.40.111/16
H-1137 Budapest
Ungarn
Tel: (01) 269 50 92. Telefax: (01) 131 39 60.
Botschaft der Republik Sambia und Tourist Board
Mittelstraße 39
D-53175 Bonn
Tel: (0228) 37 68 13. Telefax: (0228) 37 95 36.
Mo-Fr 09.00-13.00 und 14.00-16.00 Uhr.
(auch zuständig für Österreich)
Konsulat der Republik Sambia
17-19 Chemin du Champ-d'Anier
CH-1209 Genf
Tel: (022) 788 53 30. Telefax: (022) 788 53 40.
Mo-Fr 09.00-12.00 und 14.00-17.00 Uhr.
Botschaft der Bundesrepublik Deutschland
United Nations Avenue, Stand No. 5209
PO Box 50120
15101 Ridgeway
Lusaka
Tel: (01) 25 06 44, 25 12 59. Telefax: (01) 25 40 14.
Österreich unterhält keine diplomatischen Vertretungen in Sambia; zuständig ist die Botschaft in Harare (s. Simbabwe).
Konsulat der Schweizerischen Eidgenossenschaft
PO Box 31189
10101 Lusaka
Tel: (01) 22 87 24. Telefax: (01) 22 38 45.

TIMATIC INFO-CODES

*Abrufbar über Ihr CRS-System (für START/Amadeus Ama-Maske benutzen). Für Galileo bitte TI-DFT eingeben (**mit** Bindestrich).*

Flughafengebühren	TI DFT/ LUN /TX
Währung	TI DFT/ LUN /CY
Zollbestimmungen	TI DFT/ LUN /CS
Gesundheit	TI DFT/ LUN /HE
Reisepassbestimmungen	TI DFT/ LUN /PA
Visabestimmungen	TI DFT/ LUN /VI

Sambia

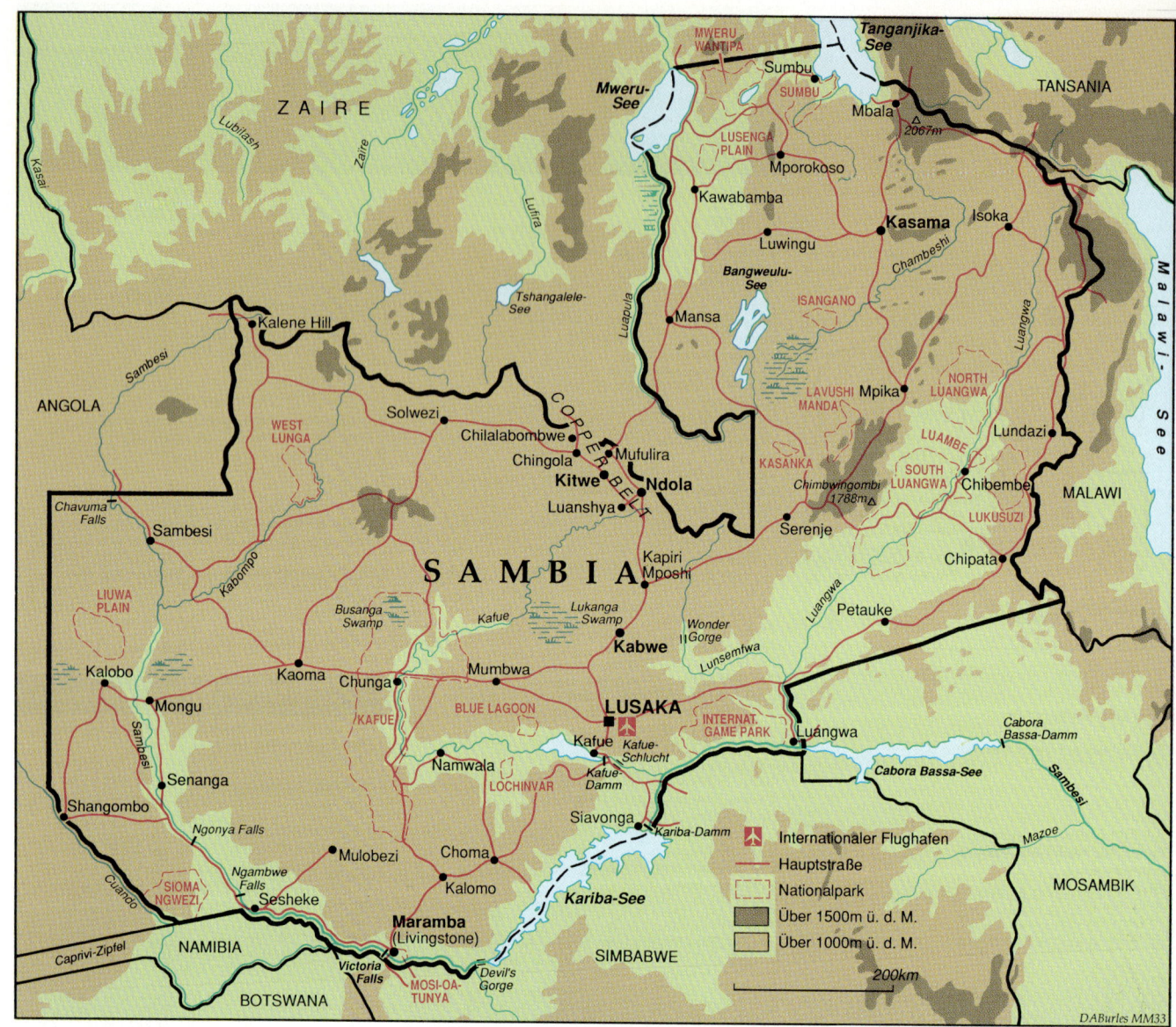

FLÄCHE: 752.614 qkm.
BEVÖLKERUNGSZAHL: 8.700.000 (1992).
BEVÖLKERUNGSDICHTE: 11,5 pro qkm.
HAUPTSTADT: Lusaka. **Einwohner:** 995.315 (1992).
GEOGRAPHIE: Sambia grenzt im Westen an Angola, im Norden an Zaïre, im Nordosten an Tansania, im Osten an Malawi, im Südosten an Mosambik, im Süden an Simbabwe und Botswana und den Caprivi-Zipfel Namibias. Im Süden bilden der Fluß Sambesi und der Kariba-See die Grenze zu Simbabwe. Die Viktoria-Fälle am Südende des künstlichen Kariba-Sees sind eines der erstaunlichsten Naturwunder Afrikas, wenn nicht der Welt. Im Osten und Nordosten des Landes steigt das sambische Plateau auf 1200 m an. Die Savanne ist mit Laubbäumen, Sträuchern, Grasebenen und Sümpfen bedeckt. Die Tierwelt in den herrlichen Luangwa- und Kafue-Nationalparks ist eine der artenreichsten Afrikas.
STAATSFORM: Präsidialrepublik; Staats- und Regierungschef: Frederick J. T. Chiluba des *Movement for Multi-party Democracy* (MMD), seit November 1991. Die neue Verfassung, die im November 1991 in Kraft trat, führte u. a. das Mehrparteiensystem ein. Einkammerparlament mit 150 Abgeordneten und *House of Chiefs* mit Vertretern verschiedener ethnischer Gruppen.
SPRACHE: Offizielle Landessprache ist Englisch. Außerdem werden 73 Stammessprachen gesprochen, einschl. Nyanja, Tonga, Bemba, Lozi, Chokwe, Luvale und Lunda.
RELIGION: Christentum ist Staatsreligion, Anhänger von Naturreligionen sowie islamische und hinduistische Minderheiten.
ORTSZEIT: MEZ + 1.
NETZSPANNUNG: 220/240 V, 50 Hz.
POST- UND FERNMELDEWESEN: Telefon: Selbstwählferndienst. **Landesvorwahl: 260.** Es gibt Telefonzellen, die meisten Gespräche führt man vom Postamt aus. **Telex/Telegramme:** Im Hauptpostamt Lusakas (24 Std.) und in den größeren Hotels gibt es Telex- und **Telefaxanschlüsse.** Telegramme können in den Telegrafenämtern der Hauptstädte aufgegeben werden (Öffnungszeiten: Mo-Fr 08.00-16.30 Uhr, Sa 08.00-12.30 Uhr, sonn- u. feiertags geschlossen). Das Hauptelegrafenamt in Lusaka nimmt Mo-Sa bis 16.00 Uhr Telegramme entgegen. **Post:** Luftpost nach Europa ist 7-14 Tage unterwegs.

DEUTSCHE WELLE
Der Einsatz der Kurzwellenfrequenzen ändert sich mehrfach im Laufe eines Jahres, und Sendungen auf den folgenden Frequenzen werden jeweils nur zu bestimmten Tageszeiten ausgestrahlt. Näheres in der Einleitung.

MHz	15,275	15,135	11,795	7,185	6,075
Meterband	19	19	25	41	49

REISEPASS/VISUM

Wichtiger Hinweis: Die Einreisebestimmungen mancher Länder können sich kurzfristig ändern – rufen Sie sicherheitshalber auf Ihrem CRS-System (TIMATIC-Info-Code-Fenster in diesem Kapitel) den aktuellen Stand ab bzw. wenden Sie sich an die zuständige diplomatische Vertretung. Etwaige Zahlen in der Tabelle beziehen sich auf nachfolgende Fußnoten.

	Paß erforderlich?	Visum erforderlich?	Rückflugticket erforderlich?
Deutschland	Ja	Ja	Ja
Österreich	Ja	Ja	Ja
Schweiz	Ja	Ja	Ja
Andere EU-Länder	Ja	1	Ja

REISEPASS: Allgemein erforderlich.
VISUM: Genereller Visumzwang, ausgenommen sind Staatsbürger von:
(a) [1] Dänemark, Finnland, Großbritannien, Irland und Schweden (alle anderen EU-Bürger brauchen Visa);
(b) Commonwealth-Ländern (Mitgliedstaaten s. Inhaltsverzeichnis; Staatsbürger Ghanas, Indiens, Pakistans und Sri Lankas brauchen jedoch Visa);
(c) Norwegen und Fidschi.
Visaarten: Touristen-, Geschäfts- und Transitvisa. Wer den Flughafen nicht verläßt und mit dem gleichen oder nächsten Flugzeug wieder ausreist, braucht kein Transitvisum.
Visagebühren: 35 DM, 30 sfr (Einfachvisum); 50 DM (Zweifachvisum); 70 DM, 60 sfr (Mehrfachvisum). Das Genfer Konsulat stellt in der Regel nur Einfachvisa aus.
Gültigkeitsdauer: Vom Tage der Ausstellung muß das Visum innerhalb von 3 Monaten benutzt werden, es ist für 90 Tage Aufenthalt gültig.
Antragstellung: Konsulat oder Konsularabteilung der Botschaft (Adressen s. o.).
Unterlagen: (a) 2 Antragsformulare. (b) Gültiger Reisepaß. (c) 2 Paßfotos. (d) Nachweis ausreichender Geldmittel. (e) Bei postalischer Antragstellung sollte ein adressierter Freiumschlag (Einschreiben) beigefügt werden. (f) Geschäftsreisende müssen auch ein Firmenschreiben beilegen.
Bearbeitungszeit: Mindestens 2 Wochen.
Aufenthaltsgenehmigung: Anträge für Aufenthalte über 90 Tage an den *Chief Immigration Officer* (CIO), PO Box 50300, Lusaka. Tel: (01) 25 17 25. Telefax: (01) 25 26 59.

GELD

Währung: 1 Kwacha (K) = 100 Ngwee. Banknoten gibt es im Wert von 500, 100, 50 und 20 K; Münzen im Wert von 1 K sowie 20, 10, 5, 2 und 1 Ngwee.
Geldwechsel: Fremdwährungen werden in offiziellen Banken und Wechselstuben umgetauscht.
Kreditkarten: *American Express* und teilweise auch *Eurocard*, *Diners Club* und *Visa* werden akzeptiert. Einzelheiten vom Aussteller der betreffenden Kreditkarte.
Wechselkurse

	K Sept. '92	K Febr. '94	K Jan. '95	K Jan. '96
1 DM	125,61	369,45	449,00	686,24
1 US$	186,68	641,35	694,55	986,47

Devisenbestimmungen: Keine Ein- und Ausfuhrbeschränkungen der Landeswährung laut Botschaft der Republik Sambia in Bonn. Die Einfuhr von Fremdwährungen ist unbegrenzt, muß aber deklariert werden. Die Ausfuhr ist auf den deklarierten Betrag beschränkt.
Anmerkung: Beim Kauf von Flugtickets in Sambia müssen Deklarations- und Umtauschformulare vorgewiesen werden.
Öffnungszeiten der Banken: Mo-Fr 08.15-14.30 Uhr.

Come to a place where fur is still fashionable.

Nicht, daß wir uns etwa nichts aus unseren vierbeinigen Freunden machen. Schließlich haben wir ihnen in neunzehn Nationalparks insgesamt sechzigtausend Quadratkilometer eingeräumt. Tausende von Elefanten, Flußpferden, Büffeln, Giraffen, Krokodilen, Antilopen und das beinahe ausgestorbene schwarze Rhinozeros als Spielkameraden. In Sambia ist allerdings nicht nur die Tierwelt wild. Der Sambesi bietet das weltbeste Terrain zum Whitewater-Rafting. Ein aufregender Schmelztiegel afrikanischer Stämme und Traditionen. Und Muoa-Tunya, weniger romantisch als die Victoria-Fälle bekannt, ist eines der sieben Naturwunder dieser Welt. Kommen Sie der Seele Afrikas auf die Spur, und spüren Sie, wie gut es Ihrer eigenen tut. **ZAMBIA. THE VERY SOUL OF AFRICA.**

Zambia National Tourist Board

DUTY FREE

Folgende Artikel können zollfrei nach Sambia eingeführt werden:
400 Zigaretten oder 500 g Tabak;
1 Flasche Spirituosen und Wein und 2,5 l Bier (geöffnet);
25 g Parfüm.
Ausfuhrverbot: Für Jagdtrophäen wie Zähne, Knochen, Hörner, Panzer, Felle, Federn usw. ist eine Ausfuhrgenehmigung erforderlich.

GESETZLICHE FEIERTAGE

1. Mai '96 Tag der Arbeit. **25. Mai** Afrika-Tag. **1. Juli** Heldengedenktag. **2. Juli** Tag der Einheit. **7. Aug.** Bauerntag. **24. Okt.** Unabhängigkeitstag. **25. Dez.** Weihnachten. **1. Jan. '97** Neujahr. **1. März** Tag der Jugend. **28.-31. März** Ostern. **1. Mai** Tag der Arbeit. **24. Mai** Afrika-Tag.

GESUNDHEIT

In der folgenden Tabelle aufgeführte Impfvorschriften können sich kurzfristig ändern. Es wird stets empfohlen, auf Ihrem CRS-System (TIMATIC-Info-Code-Fenster in diesem Kapitel) den aktuellen Stand der Gesundheitsbestimmungen abzurufen bzw. rechtzeitig vor der Reise ärztlichen Rat einzuholen.

	Vorsichtsmaßnahmen empfohlen	Impfschein erforderlich
Gelbfieber	Ja	1
Cholera	Ja	2
Typhus & Polio	Ja	-
Malaria	3	-
Essen & Trinken	4	-

[1]: Eine Impfbescheinigung gegen Gelbfieber wird von allen Reisenden verlangt, die sich innerhalb der letzten zehn Tage in einem Infektionsgebiet aufgehalten haben.
[2]: Eine Impfbescheinigung gegen Cholera ist keine Einreisebedingung, das Risiko einer Infektion besteht jedoch. Da die Wirksamkeit der Schutzimpfung umstritten ist, empfiehlt es sich, rechtzeitig vor Antritt der Reise ärztlichen Rat einzuholen. Näheres unter *Gesundheit* (s. Inhaltsverzeichnis).
[3]: Malariaschutz ganzjährig im ganzen Land erforderlich. Die vorherrschende gefährliche Form *Plasmodium falciparum* soll stark Chloroquin-resistent sein.
[4]: Wasser sollte generell vor der Benutzung zum Trinken, Zähneputzen und zur Eiswürfelbereitung entweder abgekocht oder anderweitig sterilisiert werden. Milch ist außerhalb der Stadtgebiete nicht pasteurisiert und sollte ebenfalls abgekocht werden. Milchprodukte aus ungekochter Milch am besten vermeiden. Fleisch- und Fischgerichte nur gut durchgekocht und heiß serviert essen. Der Genuß von Schweinefleisch, rohen Salaten und Mayonnaise sollte vermieden werden. Gemüse sollte gekocht und Obst geschält werden.
Tollwut kommt vor. Wer ein erhöhtes Risiko eingeht (z. B. längerer Aufenthalt in abgelegenen Gebieten), sollte vor Reiseantritt eine Schutzimpfung erwägen. Bei Bißwunden so schnell wie möglich ärztliche Hilfe in Anspruch nehmen. Weitere Informationen im Kapitel *Gesundheit* (s. Inhaltsverzeichnis).
Bilharziose-Erreger kommen in manchen Teichen und Flüssen vor, das Schwimmen und Waten in Binnengewässern sollte daher vermieden werden. Gut gepflegte Schwimmbecken mit gechlortem Wasser sind unbedenklich.
Hepatitis A und E sind weit verbreitet. *Hepatitis* B kommt vor.

Gesundheitsvorsorge: Die Behandlung ist außer in Privatkliniken kostenlos, allerdings ist die medizinische Versorgung außerhalb der größeren Städte nicht gewährleistet. Man sollte auf jeden Fall eine Reiseapotheke mitnehmen. Der Abschluß einer Reisekrankenversicherung wird empfohlen.

REISEVERKEHR - International

FLUGZEUG: Sambias nationale Fluggesellschaften sind *Aero Zambia* (ZNIB House, Dedan Kimathi, Lusaka. Tel: (01) 22 61 11/2/3. Telefax: (01) 22 61 47) und *Zambian Express* (Finance House, Cairo Road, Lusaka. Tel: (01) 22 35 86. Telefax: (01) 22 79 64). Verbindungen mit *British Airways, Air France, KLM, South African Airways, Aeroflot, Air Malawi, Kenya Airways, Air Tanzania, Air Zimbabwe, Air India, Air Botswana, Royal Swazi Airways, InterAir, Sunnair* und *Air Uganda*.
Durchschnittliche Flugzeiten: *Frankfurt* – Lusaka: ca. 14 Std. 30 (Frankfurt – Windhoek: 10 Std. 30; Windhoek – Lusaka: 4 Std.); *Wien* – Lusaka: 14 Std. (plus zweistündiger Aufenthalt in Paris); *Zürich* – Lusaka: ca. 11 Std. 30 (Zürich – Nairobi: 8 Std; Nairobi – Lusaka: 3 Std. 30); *London* – Lusaka: ca. 12 Std. (London – Harare: 10 Std; Harare – Lusaka: 1 Std; plus einstündiger Aufenthalt in Harare).
Internationaler Flughafen: Der Flughafen von *Lusaka* (LUN) liegt 26 km östlich der Stadt. Flughafeneinrichtungen: Duty-free-Shops, Mietwagenschalter, Tourist-Information, Hotel-Reservierungsschalter, Banken, Post, Bars und Restaurants. Flughafen- und Stadtbusse sowie Taxis sind vorhanden. Rückfahrt per Taxi von den Hotels *Pamodzi, Ridgeway, Intercontinental* und *Lusaka* nach vorheriger Vereinbarung (der Fahrpreis sollte ausgehandelt werden).
Der Flughafen *Mfuwe* (MFU) befindet sich im Süden des Luangwa Nationalparks, 75 Flugminuten vom Flughafen Lusakas entfernt. Lodges und Safari-Camps bieten Transfermöglichkeiten. Vorausbuchungen bzw. Anmeldungen werden empfohlen
Flughafengebühren: 20 US$ bei der Ausreise.
SCHIFF: Sambia hat keine Küsten, aber es gibt Verbindungen von Mpulungu über den Tanganjika-See und über Kigoma (Tansania) nach Bujumbura in Burundi sowie von Kazungula über den Sambesi nach Botswana.
BAHN: Zwei Strecken verbinden Sambia mit Simbabwe und Tansania. Täglich bieten *Zambia Railways* eine Verbindung von Livingstone über die Viktoria-Fälle nach Bulawayo (Simbabwe) an. Die Fahrt dauert 9-12 Std., je nachdem, ob man den normalen oder den Expreßzug benutzt. Die Züge der *Tanzania-Zambia Railway Authority* (TAZARA) verkehren dreimal wöchentlich zwischen Kapiri-Mposhi und Dar es Salaam (Tansania). Züge fallen häufig aus, man sollte sich am besten sicherheitshalber vorher beim Fremdenverkehrsamt in Lusaka erkundigen.
BUS/PKW: Die Hauptstraßen führen von Simbabwe über Chirundu und Kariba nach Livingstone; von Botswana über Kasane und Kazungula; von Mosambik nach Villa Gambito und Zumbo; von Tansania über Nakonde und Mbala; von Malawi über Chipata und Lundasi und von Zaïre über Kashiba, Mwenda, Sakania, Mokambo, Kasumbalesa und Kipushi.

REISEVERKEHR - National

FLUGZEUG: *Roan Air, Zambian Express Airways, Aero Zambia*, Chartergesellschaften und örtliche Veranstalter betreiben den Inlandverkehr. Es gibt über 127 Flughäfen und Landebahnen im Land. *Mfuwe* (MFU) liegt innerhalb des South Luangwa National Park, ca. 1 Std. 15 Flugzeit von Lusaka. Zubringerdienste zu den Lodges und Camps des Parks können arrangiert werden.
SCHIFF: Fähren verkehren auf allen Wasserwegen, weitere Informationen vor Ort.
BAHN: Die unter *Reiseverkehr - International* beschriebenen Bahnstrecken führen weiter nach Lusaka, Ndola, Kitwe und Mulobesi. Ansonsten gibt es nur wenige Verbindungen.
BUS/PKW: Es herrscht Linksverkehr. Das verhältnismäßig gute Straßennetz ist während der Regenzeit oft unbefahrbar. **Fernbusse:** *Zambia Telecommunications* (Zamtel) und private Unternehmen bieten Überlandbusdienste an, allerdings sind die Busse oft unpünktlich und überfüllt. Auf der Strecke Copperbelt – Lusaka – Livingstone verkehren Zamtel-Busse. Abfahrt ist alle zwei Tage, Fahrkarten sollten lange im voraus gebucht werden. Weitere Busdienste werden ebenfalls von *Red Heart, Giraffe* und *Djafounou* angeboten. **Mietwagen** sind in den Großstädten erhältlich. Weitere Informationen vom Tourist Board oder dem Lusaka-Busbahnhof, Dedan Kimathi Road, Lusaka. *Zungulila, Avis, Hertz, Taiwo* sowie andere Firmen vermieten Fahrzeuge mit Chauffeur. **Unterlagen:** Der internationale Führerschein ist sechs Monate lang gültig, danach ist ein Landesführerschein erforderlich, den man nach einer Fahrprüfung erhält.
STADTVERKEHR: In Lusaka gibt es Minibusse und Sammeltaxis. Die Busse sind recht einfach in der Ausstattung und meist überfüllt. Taxis haben keine Taxameter, Fahrpreise sollten im voraus vereinbart werden.
FAHRZEITEN von Lusaka zu den folgenden größeren Städten Sambias (ungefähre Angaben in Std. und Min.):

	Flugzeug	Bahn	Bus/Pkw
Liv'stone	1.20	11.00	6.30
Ndola	1.00	6.30	4.00
Kitwe	1.00	7.00	4.30
Mfuwe	1.30	-	-

UNTERKUNFT

Die sambischen Beherbergungsbetriebe werden in vier Hauptkategorien unterteilt: Hotels, Motels, Lodges und Camps; außerdem gibt es GRZ-Pensionen und Campingplätze. Da Sambia ein großes, nur wenig erschlossenes Land ist, wird nur in den größeren Touristenzentren ein umfassender Service angeboten.
HOTELS & MOTELS: Das größte Hotelangebot steht in der Umgebung von Lusaka, Livingstone und Copperbelt zur Verfügung. Andere Hotels gibt es in und an den größeren Straßen des Landes oder in der Nähe von Städten. Bei Vorausbuchung sollte man auf einer schriftlichen Bestätigung bestehen. Auf alle Rechnungen werden 10% für Bedienung und 10% Steuern erhoben, Trinkgelder sind nicht vorgeschrieben und liegen im Ermessen des Gastes. **Kategorien:** Alle Unterkünfte sind mit 1-5 Sternen gekennzeichnet, es gibt nur wenige Hotels der Spitzenklasse. Weitere Auskünfte erteilt das Zambia National Tourist Board (Adressen s. o.).
NATIONALPARKS: Alle Lodges und zahlreiche Camps der Parks bieten Vollpension an. Der Standard der Unterkünfte und der damit verbundenen Anlagen ist sehr unterschiedlich, man sollte sich vor Reiseantritt genau informieren.
Lodges sind zumeist Steingebäude mit Strohdächern und max. 40 Betten.
Die am weitesten verbreiteten Safariunterkünfte sind **Camps**, die normalerweise fließend heißes und kaltes Wasser, Strom, sanitäre Anlagen und eine komfortable Grundausstattung bieten. Im Luangwa-Camp gehören Bettwäsche, Kühlschrank, Geschirr, Besteck, Moskitonetze, Lampen, Toiletten und Duschen zur Grundausstattung. Wer keine Vollpension gebucht hat, muß seine eigenen Lebensmittel mitbringen. Manche Camps sind ganzjährig geöffnet, andere nur von Juni bis Oktober/November.
GRZ-PENSIONEN gibt es in den ländlichen Regionen. Es handelt sich hierbei um kleine Unterkünfte mit 5-24 Zimmern. Unterkünfte in regierungseigenen Gasthäusern sind in vielen Gegenden erhältlich, die Ausstattung ist allerdings sehr einfach.
CAMPING: Campingplätze gibt es in den Touristenzentren und in den Nationalparks, rechtzeitige Vorausbuchung wird empfohlen. Falls man mehr als 4 Wochen im voraus bucht, verlangen einige Reiseveranstalter 50% Anzahlung. Die Hauptsaison ist vom 1. Juni bis 13. Oktober und vom 15. Dezember bis 4. Januar sowie in der Osterzeit. In der Nebensaison sind die Preise niedriger. Auskünfte erteilt auch das Tourist Board.

URLAUBSORTE & AUSFLÜGE

Anmerkung: Die meisten touristischen Einrichtungen unterliegen der Kontrolle von Reiseveranstaltern; Preise werden lange im voraus festgelegt.
NATIONALPARKS: Die sambische Regierung hat seit langem die wirtschaftliche Bedeutung einer intakten Natur erkannt und sich aktiv um den Naturschutz bemüht. Fast 9% des Landes sind Natur- und Tierschutzgebiete. Der Tourismus konzentriert sich überwiegend auf 8 der 19 Parks: Sumbu, Kafue, Lochinvar, South Luangwa, Lower Sambesi, Kasanka, North Luangwa und Mosi-oa-Tunya; andere Parks bieten bisher nur wenige Touristeneinrichtungen. Auf Gruppensafaris (6-8 Personen pro Fahrzeug) mit erfahrenen Führern lernt man die afrikanische Flora und Fauna in noch unberührter Natur am besten kennen. Büffel-, Elefanten- und Antilopenherden können, ebenso wie Löwen und Zebras, in freier Wildbahn beobachtet werden. Nashörner, Affen, Paviane, Wildschweine, Nilpferde und Krokodile sind ebenfalls mit ein wenig Glück zu sehen. Die Vogelwelt ist allgegenwärtig; 400 verschiedene Arten beheimatet allein der Lochinvar-Nationalpark. An den Schwemmebenen und Flußufern halten sich jederzeit Scharen von Wasservögeln auf, ganz besonders im Lochinvar- und im Luangwa-Nationalpark. Angeln ist sehr beliebt, und häufig werden an den Seen internationale Angelwettbewerbe abgehalten.
Normalerweise beobachtet man das Wild vom dachlosen Landrover aus, für abenteuerlustige Besucher können aber auch Wanderungen mit bis zu sechs Personen organisiert werden. Aus Sicherheitsgründen sind Führer bewaffnet. Nachtsafaris, bei denen die Landrover mit Suchscheinwerfern ausgestattet sind, werden auch angeboten.
Alle Nationalparks sind per Auto oder Flugzeug erreichbar. Um die Parks betreten zu können, muß man zwischen 09.00-18.00 Uhr am Haupteingang eine Eintrittskarte kaufen. Weitere Auskünfte erteilt auch das Fremdenverkehrsamt.
Kafue-Nationalpark: Dieser 22.500 qkm große Park liegt in der Mitte der südlichen Landeshälfte und ist eines der größten Tierschutzgebiete Afrikas. Der schöne Park mit seiner artenreichen Fauna wird durch den Fluß Kafue geteilt, der Hunderte von Vogelarten anzieht. Es werden achttägige Safaris und Wanderungen angeboten. Unterkunft findet man das ganze Jahr über u. a. in der Mukambi Lodge (keine geführten Safaris während der Regenzeit von November - April), Lunga Cabins, Puku Pan, den Musungwa Lodges sowie im New Kalala-Camp (Vollverpflegung). Außerdem gibt es diverse andere Camps ohne Verpflegung während der Hauptsaison.
South Luangwa-Nationalpark: Tierliebhaber behaupten, daß dieser Wildpark zu den besten der Welt gehört. Elefanten, Nilpferde, Löwen, Zebras, Giraffen, Antilopen, Büffel, Affen und Wildhunde sind hier zu Hause. In der Hauptregenzeit verwandeln sich die Bäume und Wiesen in wahre Blumenteppiche. Die Regenzeit dauert von November/Dezember bis Mai. Lodges gibt es in Chichele, Mfuwe und Kapani (ganzjährig) sowie Luamfwa und Tundwe (Trockenzeit). Verpflegung wird in den Lodges von Chibembe, Tena Tena und Kaingo Camp (Trockenzeit) und Chinzombo (ganzjährig) angeboten. Auch hier gibt es in der Hauptsaison mehrere Camps ohne Verpflegung. Die anderen Anlagen des Parks beinhalten luxuriöse Doppelzimmer in Chalets mit Privatbad und Toilette, Mahlzeiten mit drei Gängen, Bar und Swimmingpool.
Lochinvar-Nationalpark: Hier ist eine einmalige Artenvielfalt der Vogelwelt zu Hause. Eine Lodge ist ganzjährig geöffnet. Die heißen Quellen von Ngwisho sind eine der ältesten archäologischen Stätten in Zentralafrika.
Sumbu-Nationalpark: An den sandigen Ufern des Tanganjika-Sees gibt es in den Kasaba-, Ndole- und Nkamba-Buchten drei ganzjährig geöffnete Strandurlaubsorte, in Ndole Bay gibt es außerdem ein Camp ohne Verpflegung. Man kann schwimmen, sonnenbaden oder angeln (Goliath-Tigerfisch bis zu 35 kg, Catfish und Nilbarsch ca. 50 kg). Abstecher in den Busch zur Tierbeobachtung können organisiert werden. In der Kasaba Bay Lodge werden Nachmittagstee und Grillabende am Strand angeboten, eine Bar steht auch zur Verfügung. In der Nkamba Bay Lodge findet man dieselben Einrichtungen, man wird allerdings in separaten Rundhäusern untergebracht. Der Park selber ist auch für seine einzigartigen Sonnenuntergänge berühmt.
Viktoria-Fälle/Mosi-oa-Tunya-Nationalpark: Dieser Park liegt an der Grenze zu Simbabwe im Süden des Landes, in dem die imposanten Viktoria-Fälle alljährlich zahlreiche Besucher anziehen. Der 2,5 km breite Sambesi stürzt 100 m in eine enge Schlucht und führt 550 Millionen Liter Wasser pro Minute mit sich, der Sprühregen ist 30 km weit zu sehen. Der kleine Mosi-oa-Tunya-Nationalpark liegt in der Nähe und beheimatet die geläufigeren sambischen Wildtiere. Im nahegelegenen **Livingstone**, der »Touristenhauptstadt Sambias«, gibt es mehrere Luxushotels und ein Spielkasino. Das *Nationalmuseum* dokumentiert die Geschichte der Stadt und stellt auch interessante völkerkundliche Funde aus. Das *Eisenbahnmuseum* ist ebenfalls einen

Besuch wert.
Kasanka Nationalpark: Dies ist einer der kleinsten Parks des Landes mit einer Fläche von 390 qkm. Insgesamt acht Seen und vier Flüsse, von letzteren sollte der wunderschöne Luwombwa erwähnt werden, durchziehen den Park. Die abwechslungsreiche Landschaft beinhaltet Wälder und Sümpfe, ein Habitat für zahlreiche Säugetiere und den seltenen Shoebill-Storch. Weitere der hier vertretenen Tierarten sind Elefante, Nilpferde, Hartebeest, Zobel, Bush- und Reedböcke, Wasserbüffel, Hyänen, Warzenschweine, Paviane, Schakale, Leoparden und den seltenen Blauen Affen, die in den Wäldern am Ufer der Kasanka Flüsse zu Hause sind.
Lower Sambesi Nationalpark: Dieser Park liegt ca. 100 km flußabwärts von den Viktoria-Fällen, am Nordufer des Sambesi. Die Artenvielfalt umfaßt u. a. Elefanten, Nilpferde, Büffel, Zebras, Löwen, Leoparden und Vögel. Auf Safaris und den zahlreichen organisierten Wanderungen begegnet der Besucher Raubkatzen und manchmal auch den Geparden. Kanusafaris, Fischen (Tigerfisch und Barsch) und Vogelbeobachtung werden angeboten.
North Luangwa Nationalpark: Einer der spektakulärsten Parks Afrikas, bekannt für seine großen Büffelherden. Der bewaldete Park wird von zahlreichen kleinen Flüssen wie dem idyllischen Mwaleshi durchzogen. Wanderungen führen an Elefanten, Leoparden, Wildkatzen, Hyänen, Puku, Impalaantilopen, Zebras, Pavianen und Velvetaffen vorbei. Über 350 Vogelarten sind hier zu Hause, z. B. der Königsreiher, der Crested Loerie, der karmesinrote Bienenfresser und die große Eagle Owl.
Aktivurlaub: Sambesi-Floßfahrten werden immer beliebter. Von den Viktoria-Fällen aus kann man eine siebentägige Fahrt zum Kariba-See unternehmen. Kürzere Wildwasser-Rafting-Safaris sind ebenfalls möglich.
LUSAKA: Die Hauptstadt bietet eine gute Auswahl an Nachtklubs und Kinos. Das *Kabwata-Kulturdorf* dient der Erhaltung der einheimischen Kunst und des Kunsthandwerks sowie ist verschiedenen Tänze. Die Kathedrale des Heiligen Kreuzes und der Botanische Garten *Munda Wanga* sowie der Zoo sind auf jeden Fall einen Besuch wert.

SOZIALPROFIL

ESSEN & TRINKEN: Seit der Liberalisierung der Wirtschaft ist die Auswahl in den Geschäften wieder groß, Lebensmittel sind leichter erhältlich. Einheimische Spezialitäten sind Brassen aus den Flüssen Sambesi, Kafue und Luapula sowie Nilbarsch, Lachse und andere Süßwasserfische. **Getränke:** Die Biersorten *Mosi* und *Rhino Lager* sowie importierte Biere sind jederzeit erhältlich, außerdem sind nichtalkoholische Getränke und Spirituosen zu bekommen.
NACHTLEBEN: In Lusaka werden in den großen Hotels Tanz-, Theater- und Kabarettaufführungen angeboten. Kinos (einschl. Autokinos) sorgen für weitere Abwechselung. Spielkasinos gibt es im *Intercontinental* und im *Pamodzi*. In der Copperbelt-Region und in Livingstone gibt es ebenfalls Abendunterhaltungen, Spielkasinos und Tanz.
EINKAUFSTIPS: Lusaka hat moderne Geschäfte, Supermärkte und einen Markt. Schöne Souvenirs sind afrikanische Schnitzereien, Keramik, Kupferwaren, Perlenarbeiten und einheimische Edelsteine. **Öffnungszeiten der Geschäfte:** Mo-Fr 08.00-17.00 Uhr, Sa 08.00-13.00 Uhr.
SPORT: Es gibt **Tennis-, Bowling-** und **Golfanlagen** (in Chingola); Privatklubs haben weitere Sportanlagen. In den meisten Klubs muß man erst von einem Mitglied empfohlen werden, bevor man eine vorläufige Mitgliedschaft bekommen kann. In Lusaka und Kitwe bestehen Möglichkeiten zum **Reiten**. **Schwimmen, Schnellbootfahren** und andere Wassersportarten sind am Mindola-Damm im Copperbelt möglich. In Kariba kann man Hausboote mieten. Viele Privatklubs haben **Swimmingpools**, einige Klubs in Lusaka verleihen auch **Segelboote**.
VERANSTALTUNGSKALENDER
Juli '96 *Likumbi Lya Mize*. **Juli** *Umutomoboko* (Folklore des Lunda-Stamms), Provinz Luapala. **Sept./Okt.** *Shimunenga*, Maala, Kafue-Ebene. **Febr. '97** *Ncwala* (trad. Frühjahrsfeiern, Tanz, Grillfest), Mutenguleni, östliche Provinz. **Anfang Febr./März** *Kuomboka*-Zeremonie (der Häuptling der Lozi wird mit seinem gesamten Haushalt durch die Kanäle von Leaului nach Limulunga, seiner Regenzeitresidenz, gerudert), westliche Provinz.

März/April *Jährliches Livingstone Kunst- und Kulturfestival*. Genaue Daten sind vom Zambia National Tourist Board erhältlich (Adressen s. o.).
SITTEN & GEBRÄUCHE: Die afrikanische Kultur lebt in zahlreichen Gebräuchen sowie in der Folklore und den Handarbeiten der verschiedenen Regionen weiter. Traditionelle Tänze und farbenprächtige Zeremonien finden jedes Jahr statt. Wer abgelegenere Regionen besucht, sollte mit freundlicher Neugier der Einheimischen rechnen. Zur Begrüßung gibt man sich die Hand. Ein kleines Geschenk des Heimatlandes oder der Firma wird gern angenommen. Legere Kleidung wird empfohlen. Rauchen ist überall erlaubt. **Fotografieren:** Vorsicht bei der Motivwahl, immer erst um Erlaubnis fragen. Militäranlagen dürfen nicht fotografiert werden. **Trinkgeld:** 10% Steuern werden auf alle Rechnungen aufgeschlagen, in Hotels wurde Trinkgeld offiziell abgeschafft. Trotzdem werden manchmal 10% für Bedienung auf die Rechnung gesetzt bzw. 10% Trinkgeld erwartet.

WIRTSCHAFTSPROFIL

WIRTSCHAFT: Im ersten Jahrzehnt nach der Unabhängigkeit machte der Wirtschaft vor allem das Fehlen eigener Häfen und Küsten zu schaffen, das hohe Transportkosten verursachte. Stützpfeiler der Wirtschaft sind die Kupferminen – Sambia ist Mitglied im Rat der kupferexportierenden Länder (CIPEC) – allerdings sind die Kupferpreise seit Jahren instabil, und längerfristig wird eine allmähliche Abnahme des Kupferverbrauchs erwartet; 1991 machte Kupfer immer noch 93% des Exports aus. Die Landwirtschaft Sambias leidet unter mangelhafter Infrastruktur und häufigen Dürren. 68% der Bevölkerung sind in der Landwirtschaft beschäftigt; sie trägt aber nur 34% zum Bruttosozialprodukt bei. Maisanbau und Viehzucht werden für den Export betrieben, andere Erzeugnisse sind für den Eigenbedarf bestimmt, müssen jedoch durch große Lebensmittelimporte ergänzt werden. Trotz eines leichten Anstiegs der Weltpreise für Agrarprodukte und Kupfer gegen Ende der achtziger Jahre hat sich die Wirtschaft bislang nicht wesentlich erholt, und Entwicklungshilfe und Umschuldung sind weiterhin notwendig. Westliche Nationen, die Entwicklungshilfe lei-

sten, sind auf die neue Regierung unter Frederick Chiluba besser zu sprechen als auf dessen Vorgänger, der sich nicht an die mit dem Weltwährungsfonds vereinbarten Rückzahlungsraten hielt. Chilubas Regierung hat die üblichen marktorientierten Reformen eingeführt (Kürzung von Subventionen, Liberalisierung des Handels, Privatisierungen) und die Schuldenrückzahlung wiederaufgenommen, woraufhin neue Finanz- und Entwicklungshilfe ins Land kam. 1992 wurde mit Hilfe des Internationalen Währungsfonds und der Weltbank ein Dreijahresprogramm zur Umstrukturierung der Wirtschaft verabschiedet. Sambia ist Mitglied der Entwicklungsgemeinschaft des südlichen Afrikas. Haupthandelspartner sind Großbritannien, Deutschland, Frankreich, Thailand, Japan, USA und die SACU-Staaten (Südafrikanische Zoll- und Handelsunion).
GESCHÄFTSVERKEHR: Englisch ist unter Geschäftsleuten weit verbreitet, zunehmend werden Visitenkarten überreicht. Jackett und Krawatte oder Tropenanzug sind bei Geschäftstreffen üblich. **Geschäftszeiten:** Mo-Fr 08.00-13.00 und 14.00-17.00 Uhr.
Kontaktadressen: *Die wirtschaftlichen Interessen Österreichs werden von der Außenhandelsstelle der Wirtschaftskammer Österreich in Harare (s. Simbabwe) vertreten. Lusaka Chamber of Commerce and Industry* (Industrie- und Handelskammer), Showgrounds, PO Box 30844, Lusaka. Tel: (01) 25 23 69. Telefax: (01) 25 24 83. *Zambia Chamber of Commerce and Industry* (Industrie- und Handelskammer), PO Box 30844, Lusaka. Tel: (01) 22 83 01. Telefax: (01) 22 67 27. *Ministry of Commerce, Trade and Industry,* Kwacha Annex, PO Box 31968, Cairo Road, Lusaka. Tel: (01) 22

83 01. Telefax: (01) 22 67 27. Telex: 45630. *Investment Centre,* Ndeke House, Fifth Floor, Haile Selassie Avenue, PO Box 34580, Lusaka. Tel: (01) 25 21 30/33/52. Telefax: (01) 25 21 50.
KONFERENZEN/TAGUNGEN: Kontaktadresse: *Mulungushi International Conference Centre,* PO Box 30575, Lusaka. Tel: (01) 29 05 06.

KLIMA

Die Höhenlage Sambias macht das Klima im Land recht angenehm, tropisch heiß ist es hier vor allem in den Tälern. Es gibt drei Jahreszeiten: den kühlen, trockenen Winter von Mai bis September; die heiße Trockenzeit im Oktober und November und die noch heißere Regenzeit von Dezember bis April.
Kleidung: Leichte Tropen- und Regenkleidung.

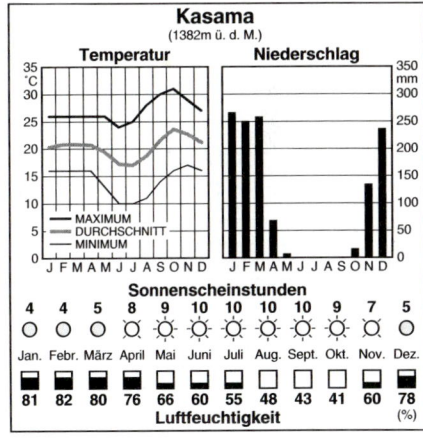

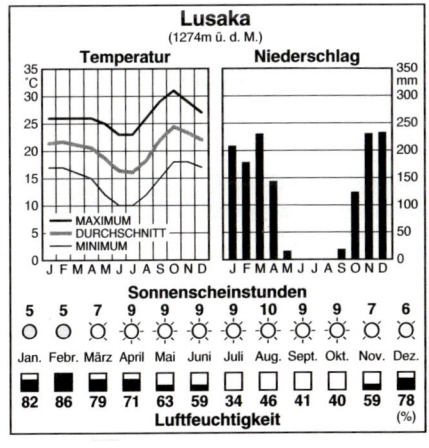

San Marino

Lage: Südeuropa, im Nordosten der italienischen Halbinsel.

Alitalia
Frankfurt Airport-Center
D-60549 Frankfurt/M.
Tel: (069) 69 50 52 33. Telefax: (069) 69 50 52 06.
Mo-Fr 09.00-17.30 Uhr.
Ufficio di Stato per il Turismo (Fremdenverkehrsamt)
Via Contrada Omagnano 20
47031 San Marino
Tel: 88 24 00. Telefax: 88 25 75.
Honorarkonsulat der Republik San Marino
Wächtersbacher Straße 89
D-60386 Frankfurt/M.
Tel: (069) 42 67 75. Telefax: (069) 42 08 12 05.
Mo-Do 10.00-16.00 Uhr, Fr 10.00-14.00 Uhr.
Honorarkonsulat der Republik San Marino
Grolmanstraße 27
D-10623 Berlin
Tel:(030) 885 14 96. Telefax: (030) 885 14 98.
Mo, Di und Do 15.00-18.00 Uhr.
Generalkonsulat der Republik San Marino
Getreidemarkt 12
A-1010 Wien
Tel: (0222) 586 21 80. Telefax: (0222) 586 22 35.
Mo-Fr 10.00-12.00 und 16.00-18.00 Uhr.
Generalkonsulat der Republik San Marino
5 Rue des Alpes
CH-1201 Genf
Tel: (022) 731 30 30. Telefax: (022) 731 41 10.
Mo-Fr 09.00-12.00 und 14.00-17.00 Uhr.
Konsulate in Basel und Lugano.
Generalkonsulat der Bundesrepublik Deutschland
Via Solferino 40
I-20121 Mailand
Tel: (02) 655 44 34. Telefax: (02) 655 42 13.
Botschaft der Republik Österreich
Via Reno 9
I-00198 Rom
Tel: (06) 841 62 62. Telefax: (06) 854 30 58.

TIMATIC INFO-CODES

Abrufbar über Ihr CRS-System (für START/Amadeus Ama-Maske benutzen). Für Galileo bitte TI-DFT eingeben (mit Bindestrich).

Flughafengebühren	TI DFT/ BLQ /TX
Währung	TI DFT/ BLQ /CY
Zollbestimmungen	TI DFT/ BLQ /CS
Gesundheit	TI DFT/ BLQ /HE
Reisepassbestimmungen	TI DFT/ BLQ /PA
Visabestimmungen	TI DFT/ BLQ /VI

Generalkonsulat der Schweizerischen Eidgenossenschaft
Via Barnaba Oriani 61
I-00197 Rom
Tel: (06) 808 36 41/-45. Telefax: (06) 808 85 10.

FLÄCHE: 60,57 qkm.
BEVÖLKERUNGSZAHL: 24.000 (1993).
BEVÖLKERUNGSDICHTE: 396 pro qkm.
HAUPTSTADT: San Marino. **Einwohner:** 4385 (1993).
GEOGRAPHIE: San Marino ist ein kleines Land am Osthang des Etruskischen Apennins und grenzt an die italienischen Regionen Emilia-Romagna (im Norden und Osten) und Marken (im Süden und Westen). Die drei Gipfel des *Monte Titano* sind ein besonderer Blickfang in der grünen Hügellandschaft. San Marino besteht aus der Hauptstadt gleichen Namens und acht weiteren Gemeinden.
STAATSFORM: Parlamentarische Republik seit 1599. Regierungschef: Zwei *Capitani Reggenti*, vom *Consiglio* für je 6 Monate gewählt. Parlament mit 60 Abgeordneten. Legislaturperiode: 5 Jahre. Freundschaftsvertrag und Zollunion mit Italien.
SPRACHE: Italienisch, daneben Romagnol.
RELIGION: Römisch-katholisch.
ORTSZEIT: MEZ (MEZ + 1 im Sommer).
NETZSPANNUNG: 220 V, 50 Hz.
POST- UND FERNMELDEWESEN: Telefon: Selbstwählferndienst. **Landesvorwahl:** 378. Es gibt keine Ortsnetzkennzahlen. **Telexdienst/Telegrammaufgabe** in großen Hotels. **Post:** Das Postwesen ist ausgezeichnet. Luftpostsendungen innerhalb Europas sind ca. 3-4 Tage unterwegs, postlagernde Sendungen kann man an alle Postämter schicken.
DEUTSCHE WELLE
Der Einsatz der Kurzwellenfrequenzen ändert sich mehrfach im Laufe eines Jahres, und Sendungen auf den folgenden Frequenzen werden jeweils nur zu bestimmten Tageszeiten ausgestrahlt. Näheres in der Einleitung.

| MHz | 15,275 | 9,545 | 6,140 | 6,075 | 3,995 |
| Meterband | 19 | 31 | 49 | 49 | 75 |

REISEPASS/VISUM

Die Einreise erfolgt über Italien. An der Grenze gibt es keine besonderen Formalitäten, es gelten die gleichen Bestimmungen wie für die Einreise nach Italien (weitere Informationen s. *Italien*).

GELD

Währung: Italienische Lira (Lit). Banknoten gibt es im Wert von 100.000, 50.000, 10.000, 5000, 2000 und 1000 Lit. Münzen sind im Wert von 1000, 500, 200, 100, 50, 20, 10 und 5 Lit in Umlauf.
Kreditkarten: Alle gängigen internationalen Kreditkarten werden vielerorts angenommen. Einzelheiten vom Aussteller der betreffenden Kreditkarte.
Euroschecks werden bis zu einem Höchstbetrag von 300.000 Lira pro Scheck akzeptiert.
Postsparbuch: Abhebung in Lira bei allen Postämtern.
Wechselkurse

	Lit Sept. '92	Lit Okt. '93	Lit Jan. '95	Lit Jan. '96
1 DM	792,89	968,91	1046,60	1098,96
1 US$	1178,34	1682,00	1622,25	1579,75

Anmerkung: Weitere Einzelheiten in der entsprechenden Rubrik im Kapitel *Italien*.

DUTY FREE

Zollunion mit Italien. Keine Ein- und Ausfuhrbeschränkungen.
Weitere Informationen s. *Italien*.

GESETZLICHE FEIERTAGE

1. Mai '96 Tag der Arbeit. **6. Juni** Fronleichnam. **28. Juli** Jahrestag zum Gedenken an das Ende des Faschismus. **15. Aug.** Mariä Himmelfahrt. **3. Sept.** Tag der Republik. **1. Okt.** Amtsantritt der *Capitani Reggenti*. **1. Nov.** Allerheiligen. **2. Nov.** Totengedenktag. **8. Dez.** Mariä Empfängnis. **25. Dez.** Weihnachten. **26. Dez.** St. Stephan. **1. Jan. '97** Neujahr. **6. Jan.** Dreikönigsfest. **5. Febr.** St. Agatha, Befreiungstag. **25. März** Arengo-Gedenktag. **1. April** Amtsantritt der *Capitani Reggenti*. **31. März** Ostermontag. **1. Mai** Tag der Arbeit. **29. Mai** Fronleichnam.

GESUNDHEIT

San Marino verfügt über ein gutes Gesundheitswesen und entsprechende Krankenhäuser. Weitere Informationen s. *Italien*.

REISEVERKEHR - International

FLUGZEUG: Verbindungen u. a. mit Italiens nationaler Fluggesellschaft *Alitalia (AZ)* (über Rom oder Mailand nach Rimini) und *Lufthansa (LH)* (z. B. von München nach Florenz).

Durchschnittliche Flugzeiten: *Frankfurt* – Bologna/Rimini: 1 Std. 25; *Wien* – Bologna: 1 Std. 45; *Zürich* – Bologna: 2 Std. 20 (Zwischenlandung in Rom).
Internationale Flughäfen: Die italienischen Flughäfen *Bologna (BLQ)*, 125 km nordwestlich von San Marino, und *Rimini (RMI)*, 27 km nordöstlich von San Marino, sind die nächsten Anflugstellen. Von hier aus fahren Linienbusse nach San Marino.
BAHN: Der nächste Bahnhof ist ebenfalls in Rimini. Eine Seilbahn verbindet die Hauptstadt mit Borgo Maggiore.

UNTERKUNFT

HOTELS: Der Standard der Hotels in San Marino ist hoch. Hoher Komfort und gute Ausstattung sind die Regel. Voll- und Halbpension werden angeboten. Für Gruppen, Kinder und große Familien werden Preisnachlässe gewährt. Weitere Informationen erhalten Sie vom Fremdenverkehrsamt (Adresse s. o.). **Kategorien:** Hotels in San Marino werden folgendermaßen eingestuft: 1/A: Luxusklasse; 1/B: Mittelklasse; 2 und 3: Touristenklasse.

URLAUBSORTE & AUSFLÜGE

Zahlreiche Museen, Galerien, malerische Häuser und Kirchen machen die Stadt **San Marino** zu einem attraktiven Reiseziel. Im Stadtzentrum liegt ein großer, mittelalterlicher Platz, die zauberhafte *Piazza della Libertà*. Die drei Festungstürme an den Hängen des *Monte Titano* sind durch Wälle und Fußwege verbunden und von der Stadt aus leicht zu erreichen. Die Stadt San Marino ist auf drei Seiten von Stadtmauern umgeben. Tore, Türme, Wehrgänge, Kirchen und mittelalterliche Häuser sind in diese Mauern miteingebaut. Bei einem Stadtbummel sollte man sich unbedingt den prunkvollen Regierungspalast *Palazzo Pubblico* (1894), die neoklassizistische *Basilika*, das *Landesmuseum* und die *Gemäldegalerie* ansehen. Museum und Galerie der Kirche *San Francesco* (14. Jh.) sind auch sehr sehenswert. Ein Besuch in der Kirche *San Quirino* und der *Kunstgewerbeausstellung* lohnt sich ebenfalls. Auf den Gipfeln des Monte Titano stehen die drei stolzen Burgen *Guita* (11. Jh.), *Montale* (13 Jh.) und *Fratta*, von der aus sich der schönste Blick eröffnet.
In der Umgebung der Hauptstadt liegen die acht weiteren Gemeinden des Landes. Die Burg *Malatesta* in **Serravalle** sollte man sich in Ruhe anschauen. Die moderne Kirche und das Briefmarken- und Münzenmuseum in **Borgo Maggiore** sind sehr interessant, und in **Valdragone** laden die Kirche und das Nonnenkloster zur Besichtigung ein. Ein Rundgang durch die alte Festung in **Pennarossa** sollte auch auf dem Programm stehen. Wälder und klare Bäche prägen das Landschaftsbild. Der *Monte Titano* ist ideal für Spaziergänge. Die Strände der italienischen Adriaküste kann man leicht von San Marino aus erreichen.

SOZIALPROFIL

ESSEN & TRINKEN: Italienische Spezialitäten werden überall angeboten. Leckere Vorspeisen sind *Tortellini, Passatelle* (Brühe), *Tagliatelle, Lasagne, Ravioli* und *Cannelloni. Arbalesters Passaduri* ist eine einheimische Spezialität. Empfehlenswerte Hauptgerichte sind gebratenes Kaninchen mit Fenchel, angebratenes Geflügel, Wachteln, Kalbsschnitzel, Bologneser Kalbskotelett, verschiedene »Häppchen« (drei zarte Fleischarten) und Römische Kalbsschnitzel. Naschkatzen sollten die San-Marino-Torte und *Caccietello* (ähnlich wie Karamelpudding) probieren. Die Restaurants in den Dörfern sind ebenfalls ausgezeichnet. Tischbedienung ist üblich, es gibt nur wenige Selbstbedienungs-Restaurants.
Getränke: In San Marino werden ausgezeichnete Weine wie Muskat, Briancele, Albana und Sangiovese gekeltert. *Mistra* ist ein wohlschmeckender einheimischer Likör.
NACHTLEBEN: Revuen, Festivals und Theateraufführungen sorgen für vielseitige Abendunterhaltung. Im Sommer werden zahlreiche Volksfeste veranstaltet.
EINKAUFSTIPS: Schöne Mitbringsel sind Keramiken, Briefmarken und Münzen des Staatlichen Zentrums für Numismatik und Philatelie, einheimische Weine, Liköre, Schmuck und Spielkarten. **Öffnungszeiten der Geschäfte:** Mo-Sa 08.00-13.00 und 15.30-19.30 Uhr.
SPORT: In der Republik gibt es zahlreiche **Tennis**- und **Fußballplätze**. Sportlich Aktiven bietet San Marino außerdem **Bowling** und **Basketball, Rollschuhlauf, Gymnastik, Angeln** und **Schwimmen**. In Serravalle gibt es einen ausgezeichneten Sportklub mit modernsten Anlagen.
VERANSTALTUNGSKALENDER
Mai '96 *San Marino Formula One Grand Prix* (Formel-I-Autorennen), Imola. **Aug.** *Internationale Tennismeisterschaften*. **Sept.** (1) *15. Festa del Campeggiatore* (Camping- und Karawan-Rallye). (2) *Coppa Placci*. (3) *Gran Premio Ippico Pavarotti*, Modena. **3. Sept.** *Nationalfeiertag* (Wettbewerb für Armbrustschützen), San Marino.
SITTEN & GEBRÄUCHE: Zur Begrüßung gibt man sich die Hand. Auch hier helfen Höflichkeit und gutes Benehmen meist weiter. Termine und Verabredungen sollten weder für die frühen Morgenstunden noch direkt nach der Mittagspause vereinbart werden; italienische Sprachkenntnisse sind von Nutzen. **Trinkgeld:** Bedienung ist meist in der Rechnung enthalten, ein kleines Trinkgeld wird trotzdem erwartet.

WIRTSCHAFTSPROFIL

WIRTSCHAFT: Die wichtigsten Wirtschaftszweige sind Tourismus, kleinere Industriebetriebe, Textilverarbeitung, Landwirtschaft (Getreide, Wein, Olivenöl, Käse) und Viehzucht, Metall- und Holzverarbeitung sowie die Möbel-, Keramik- und Farbenherstellung. Die sanmarinesischen Briefmarken werden von Philatelisten in aller Welt hoch geschätzt; ihr Verkauf erbringt 10% des Bruttosozialprodukts. Der Fremdenverkehr ist die wichtigste Einnahmequelle und steuert 60% zum Volkseinkommen bei. Jährlich werden etwa 3 Mio. Besucher gezählt. Zwischen San Marino und Italien besteht eine Zollunion, zwischen San Marino und der EU eine Handels- und Zollunion. San Marino wird von Italien durch Subventionen in Höhe von 9000 Mio. Lire unterstützt. Italien ist außerdem der Haupthandelspartner San Marinos.
GESCHÄFTSVERKEHR: Terminvereinbarung ist üblich.
Kontaktadressen: S. *Italien.*

KLIMA

Gemäßigtes Klima. Im Winter wenig Schneefall, im Sommer regnet es kaum.
Kleidung: Regenschutz nicht vergessen.

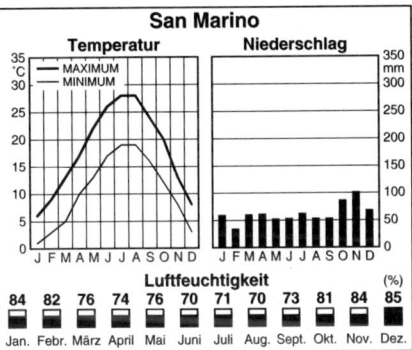

COLUMBUS ATLAS

Auf ca. 100 Seiten enthält dieser Atlas unter anderem europäische Fähr- und Eisenbahnverbindungen und weltumspannende Kreuzfahrtkarten, Straßenkarten, Gebietskarten vielbesuchter Regionen wie z. B. Costa Brava, Florida u. a. Falls Sie bei der Beratung oder Reiseplanung verstärkt auf Karten zurückgreifen möchten, werden Sie diesen speziell auf die Reisebranche zugeschnittenen Atlas unentbehrlich finden – und dazu besonders preisgünstig!

*Weitere Einzelheiten von:
Columbus Press, Verkaufsabteilung,
Aurikelweg 9,
D-38108 Braunschweig.
Tel: 05309/2123. Telefax: 05309/2877.*

São Tomé und Principe

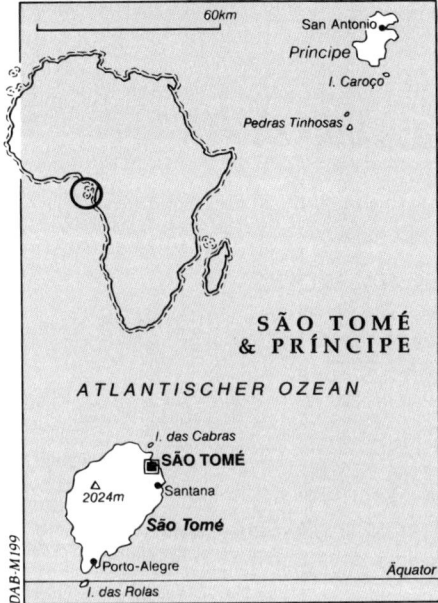

☐ *Internationaler Flughafen*

Lage: Westafrika, Golf von Guinea.

Botschaft der Republik São Tomé und Principe
42 Avenue Brugmann
B-1060 Brüssel
Tel: (02) 734 89 66. Telefax: (02) 347 54 08.
Mo-Fr 08.30-15.30 Uhr.
(auch zuständig für die Bundesrepublik Deutschland, Österreich und die Schweiz)

Botschaft der Republik São Tomé und Principe
Rua da Junqueira 2
P-1300 Lissabon
Tel: (01) 363 82 42. Telefax: (01) 364 48 03.
(auch zuständig für die Bundesrepublik Deutschland, Österreich und die Schweiz)

Honorarkonsulat der Republik São Tomé und Principe
Margaretengürtel 1a-3a
A-1050 Wien
Tel: (0222) 545 16 51 50. Telefax: (0222) 545 16 51 46.
Mo-Do 08.00-16.30 Uhr, Fr 08.00-12.30 Uhr.
Öffnungszeiten nach Vereinbarung, keine Visumausstellung.
Die Bundesrepublik Deutschland, Österreich und die Schweiz unterhalten keine diplomatischen Vertretungen in São Tomé und Principe. Zuständig sind für die Bundesrepublik Deutschland die Botschaft in Libreville (s. Gabun), für Österreich die Botschaft in Lagos (s. Nigeria) und für die Schweiz die Botschaft in Yaoundé (s. Kamerun).

FLÄCHE: 1001 qkm.
BEVÖLKERUNGSZAHL: 122.000 (1993).
BEVÖLKERUNGSDICHTE: 122 pro qkm.
HAUPTSTADT: São Tomé. Einwohner: 35.000 (1984).
GEOGRAPHIE: São Tomé und Principe besteht aus zwei großen Inseln (São Tomé: 836 qkm und Principe: 128 qkm) sowie aus den kleineren Inseln Cabras, Gago Coutinho, Pedras Tinhosas und Rolas, die etwa 200 km vor der Westküste Gabuns im Golf von Guinea liegen. Die Landschaft ist zerklüftet und dicht bewaldet, es gibt nur wenige Bodenschätze.
STAATSFORM: Republik seit 1975, Verfassung von 1990. Staatsoberhaupt: Miguel Trovoada, seit April 1991. Regierungschef: Carlos da Graça, seit Okt. 1994.

TIMATIC INFO-CODES

Abrufbar über Ihr CRS-System (für START/Amadeus Ama-Maske benutzen). Für Galileo bitte TI-DFT eingeben (mit Bindestrich).

Flughafengebühren	TI DFT/ TMS /TX
Währung	TI DFT/ TMS /CY
Zollbestimmungen	TI DFT/ TMS /CS
Gesundheit	TI DFT/ TMS /HE
Reisepassbestimmungen	TI DFT/ TMS /PA
Visabestimmungen	TI DFT/ TMS /VI

Nationalversammlung mit 55 Mitgliedern. Direktwahl des Staatsoberhauptes alle 5 Jahre. Unabhängig seit Juli 1975 (ehem. portugiesische Kolonie).
SPRACHE: Amtssprache ist Portugiesisch. Crioulo, ein auf dem Portugiesischen basierendes Kreol, dient als Umgangssprache. Englisch und Französisch werden ebenfalls teilweise gesprochen.
RELIGION: Römisch-katholisch (93%), protestantische Minderheit und Anhänger von Naturreligionen.
ORTSZEIT: MEZ - 1.
NETZSPANNUNG: 220 V.
POST- UND FERNMELDEWESEN: Telefon: Begrenzter Selbstwählferndienst. Landesvorwahl: 239. Alle internationalen Gespräche müssen beim Fernamt angemeldet werden. 45% der Inlandsverbindungen können nen direkt angewählt werden. **Telexdienst** und **Telegrammaufgabe** in der Hauptstadt und in größeren Hotels. **Post:** Luftpostsendungen nach Europa sind bis zu zwei Wochen unterwegs.
DEUTSCHE WELLE
Der Einsatz der Kurzwellenfrequenzen ändert sich mehrfach im Laufe eines Jahres, und Sendungen auf den folgenden Frequenzen werden jeweils nur zu bestimmten Tageszeiten ausgestrahlt. Näheres in der Einleitung.

MHz	15,275	15,135	11,795	9,545	6,075
Meterband	19	19	25	31	49

REISEPASS/VISUM

Wichtiger Hinweis: Die Einreisebestimmungen mancher Länder können sich kurzfristig ändern – rufen Sie sicherheitshalber auf Ihrem CRS-System (TIMATIC-Info-Code-Fenster in diesem Kapitel) den aktuellen Stand ab bzw. wenden Sie sich an die zuständige diplomatische Vertretung. Etwaige Zahlen in der Tabelle beziehen sich auf nachfolgende Fußnoten.

	Paß erforderlich?	Visum erforderlich?	Rückflugticket erforderlich?
Deutschland	Ja	Ja	Ja
Österreich	Ja	Ja	Ja
Schweiz	Ja	Ja	Ja
Andere EU-Länder	Ja	Ja	Ja

REISEPASS: Allgemein erforderlich zur Einreise.
VISUM: Genereller Visumzwang. Wer am gleichen Tag wieder ausreist, Rück- bzw. Weiterflugtickets und andere erforderliche Reisedokumente vorweisen kann, benötigt kein Transitvisum.
Visagebühren: 1000 bfr, 6500 Esc.
Gültigkeitsdauer: Wenden Sie sich an die Botschaft.
Antragstellung: Konsularabteilung der Botschaft (Adressen s. o.).
Unterlagen: (a) Gebühr. (b) 2 Paßfotos. (c) 4 Antragsformulare. (d) Reisepaß. (e) Der postalischen Antragstellung sollten ein frankierter und adressierter Umschlag und der Zahlungsbeleg über die Visumgebühren beigelegt werden.
Bearbeitungszeit: 24 Std. Bei postalischer Beantragung 1-2 Wochen.
Aufenthaltsgenehmigung: Anfragen sind an die Botschaften zu richten.

GELD

Währung: 1 Dobra (STD) = 100 Centimos. Banknoten gibt es im Wert von 1000, 500, 100 und 50 STD; Münzen sind im Wert von 20, 10, 5, 2 und 1 STD sowie 50 Centimos im Umlauf.
Kreditkarten: Einzelheiten vom Aussteller der betreffenden Kreditkarte.
Anmerkung: Hotels, Fluggesellschaften und Autovermietungen erwarten zumeist Bezahlung in US-Dollar.
Wechselkurse

	STD Sept. '92	STD Febr. '94	STD Jan. '95	STD Jan. '96
1 DM	162,35	138,73	612,43	1222,19
1 US$	241,27	240,84	949,28	1756,90

Devisenbestimmungen: Die Einfuhr von Landes- und Fremdwährungen ist unbegrenzt, es besteht jedoch Deklarationspflicht. Die Ausfuhr ist auf den bei der Einreise deklarierten Betrag begrenzt.
Öffnungszeiten der Banken: Mo-Fr 07.30-11.30 Uhr.

DUTY FREE

Folgende Artikel können zollfrei nach São Tomé und Principe eingeführt werden:
Tabakartikel, Spirituosen (in geöffneten Flaschen) und Parfüm (in geöffneten Flaschen) für den persönlichen Gebrauch.

GESETZLICHE FEIERTAGE

1. Mai '96 Tag der Arbeit. **16. Mai** Christi Himmelfahrt. **6. Juni** Fronleichnam. **12. Juli** Unabhängigkeitstag. **15. Aug.** Mariä Himmelfahrt. **30. Sept.** Nationalisierung der Landwirtschaft. **1. Nov.** Allerheiligen. **21. Dez.** Machtübernahme des Volkes. **25./26. Dez.** Weihnachten. **1. Jan. '97** Neujahr. **3. Febr.** Erinnerungstag an das Massaker 1953. **28. März** Karfreitag. **31. März** Ostermontag. **1. Mai** Tag der Arbeit. **8. Mai** Christi Himmelfahrt.

São Tomé und Principe / Saudi-Arabien

GESUNDHEIT

In der folgenden Tabelle aufgeführte Impfvorschriften können sich kurzfristig ändern. Es wird stets empfohlen, auf Ihrem CRS-System (TIMATIC-Info-Code-Fenster in diesem Kapitel) den aktuellen Stand der Gesundheitsbestimmungen abzurufen bzw. rechtzeitig vor der Reise ärztlichen Rat einzuholen.

	Vorsichtsmaßnahmen empfohlen	Impfschein erforderlich
Gelbfieber	Ja	1
Cholera	2	2
Typhus & Polio	Ja	-
Malaria	3	-
Essen & Trinken	4	

[1]: Eine Impfbescheinigung gegen Gelbfieber wird von allen Reisenden verlangt, die älter als ein Jahr sind. Reisende, die aus infektionsfreien Gebieten kommen und sich weniger als zwei Wochen im Land aufhalten, sind davon ausgenommen.
[2]: Eine Impfbescheinigung gegen Cholera ist keine Einreisebedingung, das Risiko einer Infektion besteht jedoch. Da die Wirksamkeit der Schutzimpfung umstritten ist, empfiehlt es sich, rechtzeitig vor Antritt der Reise ärztlichen Rat einzuholen. Näheres unter *Gesundheit* (s. Inhaltsverzeichnis).
[3]: Malariaschutz ganzjährig in allen Landesteilen erforderlich. Die gefährlichere Form *Plasmodium falciparum* soll Chloroquin-resistent sein.
[4]: Wasser sollte generell vor der Benutzung zum Trinken, Zähneputzen und zur Eiswürfelbereitung entweder abgekocht oder anderweitig sterilisiert werden. Milch ist nicht pasteurisiert und sollte ebenfalls abgekocht werden. Trocken- und Dosenmilch nur mit keimfreiem Wasser benutzen. Milchprodukte aus ungekochter Milch am besten vermeiden. Fleisch- und Fischgerichte nur gut durchgekocht und heiß serviert essen. Der Genuß von Schweinefleisch, rohen Salaten und Mayonnaise sollte vermieden werden. Gemüse sollte gekocht und Obst geschält werden.
Tollwut kommt vor. Wer ein erhöhtes Risiko eingeht (z. B. längerer Aufenthalt in abgelegenen Gebieten), sollte vor Reiseantritt eine Schutzimpfung erwägen. Bei Bißwunden so schnell wie möglich ärztliche Hilfe in Anspruch nehmen. Weitere Informationen im Kapitel *Gesundheit* (s. Inhaltsverzeichnis).
Bilharziose-Erreger kommen in manchen Teichen und Flüssen vor, das Schwimmen und Waten in Binnengewässern sollte daher vermieden werden. Gut gepflegte Schwimmbecken mit gechlortem Wasser sind unbedenklich.
Hepatitis A, B und *E* kommen ebenfalls vor.
Gesundheitsvorsorge: Der Abschluß einer Reisekrankenversicherung wird empfohlen.

REISEVERKEHR - International

FLUGZEUG: Die nationale Fluggesellschaft *Air São Tomé e Príncipe* bietet sechsmal wöchentlich (täglich außer Mi) Flüge zwischen São Tomé und Libreville (Gabun) mit Anschlußverbindung nach Europa an. Außerdem gibt es Linienflüge von Portugal und Angola. Die günstigsten Verbindungen von Deutschland, Österreich und der Schweiz sind über Lissabon.
Durchschnittliche Flugzeit: Frankfurt – São Tomé: 9 Std.
Internationaler Flughafen: *São Tomé* (TMS) liegt 5,5 km nordwestlich der Stadt.
Flughafengebühren: Erwachsene: 20 US$; Kinder (2-11 Jahre): 10 US$; Kleinkinder: gebührenfrei.
SCHIFF: Der Haupthafen ist São Tomé. Da der Hafen keine Tiefenrinne hat, laufen ihn nur wenige internationale Kreuzfahrtlinien und andere Passagierschiffe an.

REISEVERKEHR - National

FLUGZEUG/SCHIFF: Linienflugverkehr viermal wöchentlich (Mo, Mi, Fr und Sa) von São Tomé nach Principe (Flugzeit 35 Min.); relativ unregelmäßige Fährverbindungen.
BUS/PKW: Das 380 km lange Straßennetz ist nur teilweise asphaltiert. Fahrzeuge mit Allradantrieb sind für Fahrten außerhalb der Städte notwendig. Das **Busliniennetz** ist gut. **Taxis** sind ebenfalls vorhanden. **Mietwagen** kann man von verschiedenen Autovermietungen und über das *Miramar Hotel* (s. u.) erhalten. **Unterlagen:** Internationaler Führerschein.

UNTERKUNFT

Landesweit gibt es zehn Hotels. Das vor einigen Jahren eröffnete Hotel *Miramar* hat 50 Zimmer. Restaurants, eine Cafeteria, Imbißstube, Swimmingpool, Duty-free-Shop, zwei Bars, Tennis- und Squashplätze, ein Billardtisch, Video- und Satellitenfernsehen, ein Anleger mit Wassersportanlagen (speziell Tauchen und Angeln) sowie Konferenzräume für 200 Personen stehen hier zur Verfügung. Ein weiteres Luxushotel, *Club Santana*, wird in Kürze eröffnet werden. Das neue Hotel *Marlin Beach* liegt an einem der schönsten Strände São Tomés und bietet Standard- bis Luxusunterbringung in 50 Zimmern, mit Restaurant und Swimmingpool. Die Hotels *Avenida* und *Residencial Jardim* sind zwei kleinere, aber relativ komfortable Hotels. Auf Principe gibt es im Moment nur ein Hotel. Das *Bom Bom Island Resort* bietet Unterkunft in 25 Bungalows, die zu Privatstränden führen. Es gibt auch eine Kette staatlicher Pensionen mit einfacher, zweckmäßiger Ausstattung. Mit längeren Stromausfällen auf der Insel muß gerechnet werden.

URLAUBSORTE & AUSFLÜGE

Die Inseln sind eine Kette erloschener Vulkane mit einer zerklüfteten Landschaft, dichten Wäldern und einsamen, palmengesäumten Stränden. Die Inseln sind erst 1987 »entdeckt« worden und für Touristen zugänglich gemacht worden. Die unverfälschte Schönheit der Natur und die erholsame Abgeschiedenheit suchen ihresgleichen. Die wechselhafte Inselgeschichte wurde vom Sklavenhandel und den Plantagen, auf denen die Sklaven beschäftigt wurden, bestimmt. Diese Plantagen sind heute größtenteils Staatseigentum, prägen aber immer noch das Landschaftsbild. Die Stadt *São Tomé* mit ihren portugiesischen Kolonialbauten ist sehr reizvoll.
Das Hotel *Miramar* (s. o.) arrangiert auf Anfrage Boots- und Ausflugsfahrten. An der Küste des *Bom Bom Island Resorts* bestehen Möglichkeiten zum Hochseeangeln.

SOZIALPROFIL

ESSEN & TRINKEN: In der Hauptstadt gibt es zwei Restaurants und zahlreiche einfachere Lokale mit freundlicher Atmosphäre, die von den Einheimischen vorgezogen werden. Man muß fast immer im voraus buchen, damit der Eigentümer ausreichend Lebensmittel besorgen kann; dies gilt auch für die eleganteren Restaurants. Fischgerichte sind sehr beliebt; es gibt aber auch Huhn, Schweine-, Rind- und Ziegenfleisch. Die Menüauswahl ist verhältnismäßig gering (normalerweise Suppe, Fisch und Obst), die meisten Gerichte sind stark gewürzt. Spirituosen sind überall erhältlich.
SITTEN & GEBRÄUCHE: Der portugiesische Einfluß ist immer noch deutlich zu spüren. Die Insulaner sind freundlich und höflich. Zur Begrüßung gibt man sich die Hand, die üblichen Höflichkeitsformen gelten auch hier. Rauchen ist überall gestattet. **Trinkgeld** wird nicht unbedingt gern gesehen.

WIRTSCHAFTSPROFIL

WIRTSCHAFT: Grundlage der Wirtschaft ist der Export landwirtschaftlicher Produkte, überwiegend Kakao, Palmöl, Bananen, Kaffee und Kokosnüsse. Da die Agrarerzeugnisse hauptsächlich für den Export bestimmt sind, muß ein Großteil des Nahrungsmittelbedarfs durch Importe gedeckt werden. Diversifizierung, Privatisierung und der Aufbau von landwirtschaftlichen Kleinbetrieben soll die Abhängigkeit vom Kakaoexport und damit vom Weltpreis verringern. Die Regierung hat Fischereirechte an die Betreiberländer großer Fischereiflotten verkauft, da die einheimischen Fischer ohnehin nicht mit den modernen australischen und russischen Fabrikschiffen konkurrieren konnten. Die Fertigungswirtschaft beschränkt sich auf die Bereiche Nahrungsmittelverarbeitung und Verbrauchsgüterproduktion (v. a. Seife, Textilien und Bier). Wichtige Bezugsgebiete sind Portugal und Angola, Hauptexportmarkt sind die Niederlande. São Tomé und Principe ist Mitglied der Afrikanischen Entwicklungsbank, einer Entwicklungshilfeorganisation. Die Tourismusindustrie zieht z. Zt. die meisten ausländischen Investitionen an.
GESCHÄFTSVERKEHR: Tropenkleidung ist angemessen. Vorherige Terminvereinbarung ist üblich.
Kontaktadressen: *Die wirtschaftlichen Interessen Österreichs werden von der Außenhandelsstelle der Wirtschaftskammer Österreich in Lagos (s. Nigeria) vertreten.*
Câmara do Comércio da Indústria e Agricultura (Landwirtschafts-, Handels- und Industriekammer), Rua de Moçambique. São Tomé. Tel: 2 27 93.

KLIMA

Tropisches Klima mit viel Regen, hohen Temperaturen und hoher Luftfeuchtigkeit. Im gebirgigen Süden der Hauptinsel fallen mehr Niederschläge als im Norden. Die Haupttrockenzeit ist von Anfang Juni bis Ende September, die kurze Trockenzeit (»Pequena Gravana«) von Ende Dezember bis Anfang Februar.

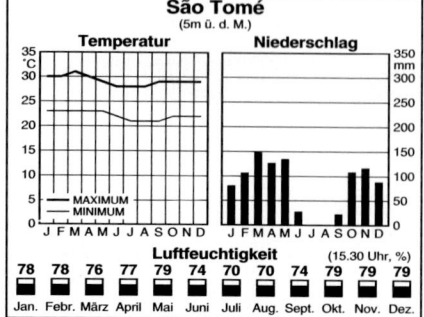

Saudi-Arabien

Lage: Vorderasien.

SAUDIA
Saudi Arabian Airlines
Frankfurt Airport Center (FAC)
Gebäudeteil A, 7. St.
Postfach 50
D-60549 Frankfurt/M.
Tel: (069) 69 50 14-0. Telefax: (069) 69 50 14 44.
Mo-Fr 09.00-17.00 Uhr.
Saudi Hotels and Resort Areas Co (SHARACO)
PO Box 5500
Riyadh 11422
Tel: (01) 465 71 77. Telefax: (01) 465 71 72.
Botschaft des Königreichs Saudi-Arabien
Godesberger Allee 40-42
D-53175 Bonn
Tel: (0228) 81 09-0, *Konsularabt.*: 37 80 18/19. Telefax: (0228) 37 55 93.
Mo-Fr 09.00-14.00 Uhr.
Botschaft des Königreichs Saudi-Arabien
Formanekgasse 38
A-1190 Wien
Tel: (0222) 36 23 16/17. Telefax: (0222) 36 25 60.
Mo-Fr 09.00-16.00 Uhr, *Konsularabt.*: Mo-Fr 09.00-10.00 und 12.00-16.00 Uhr.
Botschaft des Königreichs Saudi-Arabien
Kramburgstraße 12
CH-3006 Bern
Tel: (031) 352 15 55. Telefax: (031) 351 45 81.
Mo-Fr 09.00-15.00 Uhr, *Konsularabt.*: Mo-Fr 09.00-12.00 Uhr.
Botschaft der Bundesrepublik Deutschland
Diplomatic Quarter
PO Box 94001
Riyadh 11693
Tel: (01) 488 07 00. Telefax: (01) 488 06 60.
Generalkonsulat in Jeddah.
Botschaft der Republik Österreich
Malaz District
PO Box 94373
Riyadh 11693
Tel: (01) 477 74 45, 476 12 99, 476 51 02. Telefax: (01) 476 67 91.

TIMATIC INFO-CODES

*Abrufbar über Ihr CRS-System (für START/Amadeus Ama-Maske benutzen). Für Galileo bitte TI-DFT eingeben (**mit** Bindestrich).*

Flughafengebühren	TI DFT/ RUH /TX
Währung	TI DFT/ RUH /CY
Zollbestimmungen	TI DFT/ RUH /CS
Gesundheit	TI DFT/ RUH /HE
Reisepassbestimmungen	TI DFT/ RUH /PA
Visabestimmungen	TI DFT/ RUH /VI

Konsulat in Jeddah.
Botschaft der Schweizerischen Eidgenossenschaft
Diplomatic Quarter
PO Box 94311
Riyadh 11693
Tel: (01) 488 12 91. Telefax: (01) 488 06 32.
Generalkonsulat in Jeddah.

FLÄCHE: 2.240.000 qkm.
BEVÖLKERUNGSZAHL: 17.392.000 (1993).
BEVÖLKERUNGSDICHTE: 8 pro qkm.
HAUPTSTADT: Riyadh (Riad). **Einwohner:** 1.975.000 (1990).
GEOGRAPHIE: Saudi-Arabien bedeckt 80% der arabischen Halbinsel und grenzt im Nordwesten an Jordanien, im Norden an den Irak und Kuwait, im Osten an den Persischen Golf, Katar, die Vereinigten Arabischen Emirate und Oman sowie im Süden an Jemen. Im Westen liegt das Rote Meer. An der Küste des Roten Meeres zieht sich ein schmaler feuchtheißer Küstenstreifen (*Tihama*) hin, der überwiegend aus großen Feuchtgebieten und Lavafeldern besteht. Hinter der Küstenebene steigt eine Anzahl von Plateaus bis auf 2000 m an, im Süden (*Asir*) sogar bis auf 3000 m. Östlich dieser Berge, im äußersten Norden, liegt *An Nafud*, in der Landesmitte erhebt sich der *Nedsch*. Beide Regionen sind Halbwüsten mit Oasen. Im meist abflußlosen Landesinneren gibt es ausgedehnte Sandwüsten, u. a. das »Leere Viertel« oder *Rub al Khali*. An der Golfküste liegen fruchtbare Tiefebenen, die in Gebirgskämme aus Kalkstein übergehen.
STAATSFORM: Absolute Monarchie seit 1932, Verfassung von 1993, der Islam ist Verfassungs- und Gesetzesquelle. Staatsoberhaupt und Regierungschef: König Fahd Ibn Abdul-Azîz al Sa'ud, seit Juni 1982. Ein Ministerrat wird vom König ernannt. Legislative, Exekutive und Jurisdiktion liegen beim König. 1992 kündigte der König Reformen und die Einführung einer auf dem islamischen Recht basierenden Verfassung an. Staatsgründung im September 1932.
SPRACHE: Arabisch. Englisch wird in Geschäftskreisen gesprochen.
RELIGION: 98% Muslime, überwiegend Sunniten, Schiiten in der östlichen Provinz; Christen und Hindus (ausländische Arbeitskräfte).
ORTSZEIT: MEZ + 2.
NETZSPANNUNG: 125/215 V, 50/60 Hz.
POST- UND FERNMELDEWESEN: Telefon: Das moderne Telekommunikationsnetz des Landes ist mit Satelliten-, Mikrowellen- und Kabelsystemen ausgestattet. Selbstwählferndienst. **Landesvorwahl: 966. Telefaxgeräte** gibt es in allen größeren Hotels. **Telex/Telegramme:** In allen Postämtern kann man Telegramme aufgeben. Die größeren Hotels haben auch Telexanschlüsse. **Post:** Luftpostsendungen nach Europa sind bis zu einer Woche unterwegs.
DEUTSCHE WELLE
Der Einsatz von Kurzwellenfrequenzen ändert sich mehrfach im Laufe eines Jahres, und Sendungen auf den folgenden Frequenzen werden jeweils nur zu bestimmten Tageszeiten ausgestrahlt. Näheres in der Einleitung.

MHz	21,560	17,845	15,275	13,780	9,545
Meterband	13	16	19	22	31

REISEPASS/VISUM

Wichtiger Hinweis: *Die Einreisebestimmungen mancher Länder können sich kurzfristig ändern – rufen Sie sicherheitshalber auf Ihrem CRS-System (TIMATIC-Info-Code-Fenster in diesem Kapitel) den aktuellen Stand ab bzw. wenden Sie sich an die zuständige diplomatische Vertretung. Etwaige Zahlen in der Tabelle beziehen sich auf nachfolgende Fußnoten.*

	Paß erforderlich?	*Visum erforderlich?*	*Rückflugticket erforderlich?*
Deutschland	Ja	Ja	Ja
Österreich	Ja	Ja	Ja
Schweiz	Ja	Ja	Ja
Andere EU-Länder	Ja	Ja	Ja

Einreiseverbot: Die Regierung Saudi-Arabiens verweigert folgenden Personen die Einreise: (a) Inhaber von israelischen Reisepässen; (b) Inhaber von Reisepässen mit israelischen Sichtvermerken (Zweitpaß erforderlich); (c) Jüdischen Reisenden; (d) Reisende, die nicht angemessen gekleidet oder offensichtlich angetrunken sind. Das Mitführen von Alkohol ist verboten.
Anmerkung: (a) Alleinreisende Frauen müssen am Flughafen vom Ehemann/Sponsor abgeholt werden oder eine bestätigte Buchung zum Bestimmungsflughafen in Saudi-Arabien vorweisen können. Falls sie vom Sponsor abgeholt werden, sollte man bedenken, daß Frauen in der Regel nicht mit Männern, mit denen sie weder verwandt noch verheiratet sind, im gleichen Auto fahren dürfen. Weitere Einzelheiten erfahren Sie von der Botschaft. (b) Ausländische Passagiere, die in Saudi-Arabien als Hauspersonal arbeiten, müssen ein bestätigtes Rückflugticket vorweisen können.
REISEPASS: Allgemein erforderlich zur Einreise, ausgenommen sind islamische Pilger mit einem »Pilgerpaß«, Rück-/Weiterflugtickets und anderen erforderlichen Reisedokumenten, die über Jeddah oder Dhahran einreisen können. Der Reisepaß muß noch mindestens sechs Monate gültig sein. Der deutsche Kinderausweis wird nur dann anerkannt, wenn er mit einem Paßfoto versehen ist und genug Platz für einen Visumstempel enthält.
VISUM: Genereller Visumzwang, ausgenommen sind Staatsangehörige von Bahrain, Katar, Kuwait, Oman und den Vereinigten Arabischen Emiraten (Ausnahme: Bürger jüdischer Herkunft) sowie Inhaber von Wiedereinreise- oder Landegenehmigungen des saudischen Außenministeriums.
Visaarten: Geschäfts-, Transit-, Einfach- oder Mehrfachvisa. Diese Visa werden nur für Verwandtenbesuche u. ä. ausgegeben, Touristenvisa gibt es nicht. Transitvisa: Gültigkeit für 3 Tage. Wer ein gebuchtes Rück-/Weiterflugticket und gültige Reisedokumente vorweisen kann und das Land mit dem gleichen oder nächsten Flugzeug (in Jeddah, Riyadh und Dhahran darf man sich höchstens 12 Std. aufhalten) wieder verläßt, braucht kein Transitvisum.
Visagebühren: Geschäftsvisa: 100 DM, 800 öS, 81 sfr.
Antragstellung: Konsularabteilung der Botschaft (Adressen s. o.).
Unterlagen: (a) Gültiger Reisepaß. (b) Antragsformular. (c) Paßfoto. (d) Gebühr. (e) Für Geschäftsvisa (nur Männer): 2 Paßfotos; Angaben über Zweck und Dauer der Reise; Übernahmeerklärung der Reise- und Aufenthaltskosten durch die Firma und Anschrift des Geschäfts-partners in Saudi-Arabien sowie offizielles Empfehlungsschreiben der saudischen Industrie- und Handelskammer. (f) Der postalischen Antragstellung sollten ein adressierter und frankierter Umschlag und der Zahlungsbeleg über die Visumgebühren beigefügt werden.
Anmerkung: Die Visabestimmungen können sich kurzfristig ändern. Auskünfte erteilen die zuständigen Konsulate oder Konsularabteilungen der Botschaften zu den aktuellen Bestimmungen (Adressen s. o.).

GELD

Währung: 1 Saudi Arabischer Riyal (RI) = 20 Qurush = 100 Halalah. Banknoten gibt es im Wert von 500, 100, 50, 10, 5 und 1 RI; Münzen sind im Wert von 2 und 1 Qurush sowie von 100, 50, 25, 10, 5 und 1 Halalah in Umlauf.
Kreditkarten: *American Express, Diners Club, Eurocard* und *Visa* werden akzeptiert. Einzelheiten vom Aussteller der betreffenden Kreditkarte.
Reiseschecks: US-Dollar- oder DM-Reiseschecks werden empfohlen.
Wechselkurse

	RI Sept. '92	RI Febr. '94	RI Jan. '95	RI Jan. '96
1 DM	2,50	2,16	2,42	2,61
1 US$	3,72	3,75	3,75	3,75

Devisenbestimmungen: Es gibt keine Ein- und Ausfuhrbeschränkungen, israelische Währung darf jedoch nicht eingeführt werden.
Öffnungszeiten der Banken: Sa-Mi 08.00-12.00 und 17.00-20.00 Uhr, Do 08.00-12.00 Uhr.

DUTY FREE

Folgende Artikel können zollfrei nach Saudi-Arabien eingeführt werden:
600 Zigaretten oder 100 Zigarren oder 500 g Tabak;
Parfüm für den persönlichen Gebrauch.
Anmerkung: Kameras und Schreibmaschinen sind zollpflichtig; wenn man diese Artikel innerhalb von 90 Tagen wieder ausführt, wird der Betrag zurückerstattet.
Einfuhrverbot: Alkohol, Schweinefleisch und andere Nahrungsmittel, die Schweinefleisch enthalten, pornographische Artikel, Verhütungsmittel, Schußwaffen und alle anderen Waffen, Feuerwerkskörper, Munition, Schießpulver, Perlen, Diätpillen, Pferde, Vögel (bis auf einige seltene Arten), Chloridverbindungen, Kalium, alle Arten von Betäubungsmitteln/Rauschgiften, Medikamente ohne Rezept, Spielzeugpistolen und -gewehre, Darstellungen von Menschen oder Tieren (Schmuck oder Statuen), Maschinen, Ausrüstungen und Zubehör zum Glücksspiel (mit Ausnahme von Freizeitspielen), scharfkantige Schwerter/Dolche, Teleskope, Nachtkameras, Waren, die das offizielle Emblem Saudi-Arabiens aufweisen und Waren, die die Namen oder Fotografien bekannter Persönlichkeiten aufweisen, sowie Artikel, die von der Arabischen Liga verboten sind (eine genaue Liste ist von der Botschaft erhältlich).

GESETZLICHE FEIERTAGE

19. Mai '96 Muharram (Islamisches Neujahr). **28. Mai** Ashoura. **28. Juli** Mouloud (Geburt des Propheten). **8. Dez.** Leilat al-Meiraj (Himmelfahrt des Propheten). **10. Jan. '97** Beginn des Ramadan. **11. Febr.** Eid al-Fitr (Ende des Ramadan). **19. April** Beginn des Eid al-Adha. **9. Mai** Muharram (Islamisches Neujahr). **11. Mai** Ashoura.
Anmerkung: Die angegebenen Daten für islamische Feiertage richten sich nach dem Mondkalender und verschieben sich daher von Jahr zu Jahr. Während des Fastenmonats Ramadan, der dem Festtag Eid al-Fitr vorangeht, essen Mohammedaner nicht tagsüber, sondern erst nach Sonnenuntergang, wodurch der normale Geschäftsablauf gestört werden kann. Diese Unterbrechungen können auch während des Eid al-Fitr auftreten. Dieses Fest, ebenso wie das Eid al-Adha, hat keine festgelegte Zeitdauer und kann je nach Region 2-10 Tage dauern. Nähere Informationen im Kapitel *Welt des Islam* (s. Inhaltsverzeichnis).

GESUNDHEIT

In der folgenden Tabelle aufgeführte Impfvorschriften können sich kurzfristig ändern. Es wird stets empfohlen, auf Ihrem CRS-System (TIMATIC-Info-Code-Fenster in diesem Kapitel) den aktuellen Stand der Gesundheitsbestimmungen abzurufen bzw. rechtzeitig vor der Reise ärztlichen Rat einzuholen.

	Vorsichtsmaßnahmen empfohlen	*Impfschein erforderlich*
Gelbfieber	Nein	1
Cholera	Nein	-
Typhus & Polio	Ja	-
Malaria	2	-
Essen & Trinken	3	-

[1]: Eine Impfbescheinigung gegen Gelbfieber wird von allen Reisenden verlangt, die aus Infektionsgebieten kommen.
[2]: Malariaschutz gegen die vorherrschende gefährlichere Form *Plasmodium falciparum* ganzjährig in allen Landesteilen erforderlich, ausgenommen sind die östlichen, nördlichen und mittleren Provinzen, die höheren Lagen der Provinz Asir und die Stadtgebiete der westlichen Provinz (Jeddah, Mekka, Medina und Taif). Chloroquin-Resistenz wurde gemeldet.
[3]: Wasser sollte generell vor der Benutzung zum Trinken, Zähneputzen und zur Eiswürfelbereitung entweder abgekocht oder anderweitig sterilisiert werden. Milch ist nicht pasteurisiert und sollte abgekocht werden. Trocken- und Dosenmilch nur mit keimfreiem Wasser anrühren. Milchprodukte aus ungekochter Milch am besten vermeiden. Fleisch- und Fischgerichte nur gut durchgekocht und heiß serviert essen. Der Genuß von rohen Salaten und Mayonnaise sollte vermieden werden. Gemüse sollte gekocht und Obst geschält werden.
Tollwut kommt vor. Wer ein erhöhtes Risiko eingeht (z. B. längerer Aufenthalt in abgelegenen Gebieten), sollte vor Reiseantritt eine Schutzimpfung erwägen. Bei Bißwunden so schnell wie möglich ärztliche Hilfe in Anspruch nehmen. Weitere Informationen im Kapitel *Gesundheit* (s. Inhaltsverzeichnis).
Bilharziose-Erreger kommen in manchen Teichen und Flüssen vor, das Schwimmen und Waten in Binnengewässern sollte daher vermieden werden. Gut gepflegte Schwimmbecken mit gechlortem Wasser sind unbedenklich.
Hepatitis A, B und *E* kommen vor.
Anmerkung: Während des Hadsch (alljährliche Wallfahrt nach Mekka) müssen Pilger eine Impfbescheinigung gegen *Meningokokken*-Meningitis vorweisen. Die Infektionsgefahr ist im August am höchsten.
Gesundheitsvorsorge: Die medizinischen Einrichtungen sind ausgezeichnet, die Behandlungskosten jedoch dementsprechend hoch. Der Abschluß einer Reisekrankenversicherung wird empfohlen.

REISEVERKEHR - International

FLUGZEUG: Saudi-Arabiens nationale Fluggesellschaft heißt *SAUDIA (SV)*.
Durchschnittliche Flugzeiten: *Frankfurt* – Jeddah: 5 Std. 25; *Frankfurt* – Riyadh: 5 Std; *Wien* – Dhahran: 6 Std. 30; *Wien* – Jeddah: 5 Std. 50 (mit Umsteigen); *Wien* – Riyadh: 4 Std. 20; *Zürich* – Dhahran: 7 Std. 20 (mit Umsteigen); *Zürich* – Jeddah: 5 Std. 40 (mit einer Zwischenlandung); *Zürich* – Riyadh: 4 Std. 40.
Internationale Flughäfen: *Riyadh (RUH)* (King Khaled International) liegt 35 km nördlich der Stadt (Fahrzeit 35-45 Min.). Am Flughafen gibt es Banken, eine Post, Tourist-Information, Mietwagenschalter, Hotelreservierungsschalter, Geschäfte und Restaurants. Gute Busverbindungen. Taxistand.
Dhahran (DHA) liegt 13 km südöstlich des Zentrums (Fahrzeit 20 Min.). Bank, Post, Mietwagenschalter, Geschäfte und Restaurants. Taxis sind vorhanden.
Jeddah (JED) (King Abdul Aziz) liegt 18 km nördlich der Stadt (Fahrzeit 40 Min.). Bank, Post, Mietwagenschalter, Tourist-Information, Hotelreservierungsschalter, Geschäfte und Restaurants. Busse fahren rund um die Uhr alle 30 Min. nach Jeddah, weitere Busverbindungen nach Mekka, Medina und Taif. Taxis stehen zur Verfügung. Von der Fläche her ist Jeddah der größte Flughafen der Welt.
SCHIFF: Die größten internationalen Passagierhäfen sind Dammam (am Golf) sowie Jeddah und Yanbu (Rotes Meer).
BUS/PKW: Die Hauptverbindungsstraßen im Fernverkehr führen von Amman (Jordanien) nach Dammam, Medina und Jeddah. Darüber hinaus gibt es Straßen nach Jemen (von Jeddah), Katar und in die Vereinigten Arabischen Emirate sowie eine Dammstraße zwischen Al

Khobar und Bahrain. Über den Zustand der Verbindungsstraßen in den Irak und nach Kuwait nach dem verheerenden Golfkrieg können z. Zt. keine genauen Angaben gemacht werden. Erkundigen Sie sich bei den Botschaften (Adressen s. o.).

REISEVERKEHR - National

FLUGZEUG: Es gibt 21 Verkehrsflughäfen, und Flugzeuge sind bei weitem das beste Verkehrsmittel für Reisen innerhalb des Landes. *SAUDIA* verbindet die größeren Städte miteinander. Der *Arabische Express* (Touristenklasse, 75 Min.) verbindet Jeddah mit Riyadh und Riyadh mit Dhahran. Üblicherweise holt man sich eine Platzkarte am Abend vor dem Abflug ab. Während des Hadsch gibt es zahlreiche Sonderflüge von und nach Jeddah.
SCHIFF: An beiden Küsten kann man Dhaus für Ausflüge mieten.
BAHN: Die einzige Bahnstrecke verläuft von Riyadh nach Dammam über Harad, Hofuf und Dhahran. Auf ihr verkehren täglich klimatisierte Züge mit Speisewagen. Eine weitere Strecke von Riyadh nach Dammam ist im Bau.
BUS/PKW: Das 151.532 km lange Straßennetz, das weiter ausgebaut wird, verbindet die größeren Städte und die ländlicheren Regionen. Die Straßen werden ständig verbessert, und die meisten Hauptstraßen sind ausgezeichnet. Vor kurzem wurde eine Schnellstraße von Jeddah nach Medina eröffnet und die Straße von Jeddah nach Dammam verbessert. Die Straße, die sich an den Hängen bei Taif und Mekka hinabwindet, ist ein wahres Meisterwerk der Straßenbaukunst. Allerdings kann das Fahren in der östlichen Provinz schwierig sein, und manche Lastwagenfahrer befestigen an den Reifen Messer, ähnlich wie im Film »Ben Hur«. Die Klärung der Schuldfrage bei Verkehrsunfällen ist äußerst willkürlich, und zahlreiche Verkehrsverstöße werden automatisch mit Gefängnisstrafen geahndet. Da Ausländer in Saudi-Arabien eher geduldet werden als erwünscht sind, sollte man besonders vorsichtig und vorschriftsmäßig fahren. Nicht-Moslems dürfen Mekka und die unmittelbare Umgebung nicht betreten; die Polizei weist Besucher auf die spezielle Ringstraße hin, die als »Christliche Umgehungsstraße« bekannt ist.
Bus: Planmäßiger Buslinienverkehr der *SAPTCO* im Fern- und Nahverkehr. Teilweise werden klimatisierte Doppeldeckerbusse eingesetzt. Alle Busse müssen einen abgeschirmten Teil für weibliche Passagiere haben. **Taxis** stehen in den Städten zur Verfügung, allerdings ist die Benutzung verhältnismäßig teuer. Taxameter sind selten, und man sollte den Fahrpreis im voraus vereinbaren. **Mietwagen** kann man bei den größeren internationalen Autovermietern erhalten (Mindestalter 25 Jahre). **Unterlagen:** Der eigene Führerschein gilt bis zu 3 Monaten, sofern man eine beglaubigte arabische Übersetzung vorweisen kann. Internationaler Führerschein (mit Übersetzung) wird empfohlen, ist jedoch nicht vorgeschrieben. Frauen dürfen nicht selbst oder zusammen mit Männern fahren, mit denen sie weder verwandt noch verheiratet sind.

UNTERKUNFT

HOTELS: Die Auswahl an Unterkunftsmöglichkeiten ist landesweit sehr gut, die Preise richten sich nach dem Standard und den jeweiligen Einrichtungen. Außer in der Pilgerzeit sind ausreichend Unterkünfte vorhanden, während dieser Zeit empfiehlt sich Vorausbuchung. In Luxus- und Spitzenhotels werden 15% für Bedienung und in allen anderen Hotels 10% Bedienungsgeld berechnet. In Mekka und Medina sind die Hotelpreise zur Pilgerzeit doppelt so hoch. In den Sommermonaten wird in den Urlaubsorten wie Taif, Abha, Kamis Mushait und al-Baha ein Zuschlag von 25% verlangt. **Kategorien:** Einstufung in sieben unterschiedliche Hotelklassen: Deluxe, 1. Klasse A und B, 2. Klasse A und B sowie 3. Klasse A und B.

URLAUBSORTE & AUSFLÜGE

Zur besseren Übersicht ist diese Rubrik in folgende Regionen unterteilt: Der Nedsch, der Hedschas, Hasa und der Asir. Diese Unterteilung stimmt nicht unbedingt mit Stammes- oder Verwaltungsgrenzen überein.

Nedsch (Zentrum)

Das steinige Wüstenplateau in der Mitte Saudi-Arabiens, der *Nedsch*, ist recht abgelegen und unzugänglich. Von hier führte Ibn Saud seinen Nomadenstamm auf Eroberungszüge, um ein neues Königreich zu gründen. Trotz des Ölreichtums führen einige Najdis weiterhin einen halbnomadischen Lebensstil und hüten Schafe und Kamele. Viele ließen sich aber auch in den Städten nieder, denen sie vorher Tribut abverlangten. Die zahlreichen Wachtürme auf den höchsten Punkten des Plateaus erinnern an den alten Konflikt zwischen Nomaden und Bauern.
Die königliche Hauptstadt **Riyadh** (Riad) ist eine moderne Stadt, die auf den Fundamenten der ersten von Ibn Saud eroberten Stadt ruht. 1902 stürmte er das *Fort Qasr al Masmuk*, und im Haupttor steckt heute noch eine Speerspitze, mit der Ibn Saud angeblich den türkischen Gouverneur getötet haben soll. Außer dieser Festung und einiger traditioneller Paläste in der Nähe des Deera-Platzes ist nur wenig von der Altstadt erhalten geblieben. Die *Königlichen Kamelrennen* finden in der Umgebung im April/Mai statt.
Schöne Ausflugsziele im Nedsch sind auch: **Diriya, Wadi Hanifa, Shaib Awsat, Shaib Laha, Al-Hair, Wadi-al-Jafi, Tumair, Towqr, Aneyzah, Qassim** und **Hail**.

Hedschas (Westen)

Die Westküste ist eine wichtige Handelsregion und zudem bemerkenswert für die Ansammlung heiliger islamischer Städte, wie Mekka und Medina, die Pilger aus aller Welt anziehen. Die Stadt Jeddah war bis vor kurzem die diplomatische Hauptstadt Saudi-Arabiens und ist weiterhin ein bedeutendes Wirtschafts- und Kulturzentrum. Die Altstadt mit ihren reizvollen Kaufmannshäusern und dem typischen Souk ist wirklich sehenswert.
Mekka: Das geistige Zentrum der islamischen Welt darf nur von Moslems betreten werden. Die wichtigsten Wallfahrtsorte sind die *Kaaba*, der *Berg des Lichts*, die *Ebene von Arafat* und das Haus von *Abdullah Bin Abdul Muttalib*, in dem Mohammed geboren wurde.
Medina: Die zweitheiligste Stadt des Islam darf ebenfalls nur von Moslems betreten werden.
Jeddah: Obwohl die Stadt enorm gewachsen ist, bemüht man sich, die Altstadt zu erhalten. Die alten, korallenfarbenen osmanischen Gebäude werden gegenwärtig restauriert. Das Angebot an Freizeitanlagen wurde erweitert, und die schöne Uferpromenade lädt zum Spazierengehen ein. Es gibt einen Freizeitpark, und die wunderschöne Bucht ist ein wahres Segler- und Taucherparadies. Die Hotels und Restaurants sind weltoffen und international. Ein Besuch der Fisch- und Fleischmärkte ist auch sehr interessant.
Die ehemalige Sommerhauptstadt **Taif**, ein beliebter Urlaubsort, liegt auf einer 900 m hohen Klippe am Rand des Plateaus oberhalb von Mekka und hat im Vergleich zu den übrigen Landesteilen ein angenehmes, gemäßigtes Klima. Sie ist für ihre rosafarbenen Paläste und die atemberaubende Bergstraße bekannt, die sich von den Klippen der Taif-Böschung zur Küstenebene hinabschlängelt.
Usta, Wadi Fatima, Hanakiyah, Khaybar und **Yanbu** sind auch einen Besuch wert.

Hasa (Osten)

Diese fruchtbare Küstenebene wird von der schiitischen Minderheit bewohnt, die traditionell von Fischfang, Handel, Perlentauchen und den Erträgen der Dattelpalmenhaine lebt. Ein Großteil des saudischen Erdölvorkommens befindet sich in Hasa (Saudi-Arabien ist das ölreichste Land der Erde); die einheimische Bevölkerung wird zahlenmäßig weit von ausländischen Ölarbeitern übertroffen.
In der Provinz gibt es noch einige Orte, die sich den Charakter der alten Hasa-Tradition bewahrt haben. **Al Hofuf** ist eine geschäftige Oase mit türkischem Einfluß und einem interessanten Kamelmarkt; in **Djebel-al-Qara** werden die Töpfereien seit acht Generationen von der gleichen Familie betrieben; in der 500 Jahre alten Salzmine von **Abqaiq** wird weiterhin Salz abgebaut; das verfallene Zollhaus in **Uqair**, ein ehemals wichtiger portugiesischer Hafen und Endpunkt der Karawanen, zeugt von der bewegten Vergangenheit. Auf der **Tarut-Insel** liegt die älteste Stadt der arabischen Halbinsel, heute ein malerisches Fischer- und Weberdorf.

Asir (Süden)

In dieser Region gibt es die einzige Bergkette des Königreichs, die mit einer unglaublich wilden Vegetation aus Palmen und immergrünen Büschen bewachsen ist. Hirse, Weizen und Datteln werden hier angebaut und weiterhin mit traditionellen Methoden geerntet. Die Bewohner dieser Region können ihre Abstammung teilweise auf afrikanische Sklaven zurückführen. In den abgelegeneren Gegenden leben Paviane, Gazellen, Leoparden, Honigdachse, Mungos und andere »afrikanische« Tiere. Die alten phallusförmigen *Gasaba*-Türme findet man nur im Asir, ihr genauer Zweck ist unbekannt.
Interessant sind auch die Karawanenstadt **Qaryat-al-Fau**, in der gegenwärtig Ausgrabungen durchgeführt werden; der große Staudamm und Tempel von **Najran** und die nahegelegenen, reich verzierten Ruinen der alten Städte **Timna** und **Shiban**, die inmitten von Bananen-, Limonen- und Granatapfelhainen liegen.

SOZIALPROFIL

ESSEN & TRINKEN: Das Grundnahrungsmittel ist *Pitta* (flaches, ungesäuertes Brot), das zu jeder Mahlzeit gegessen wird. Reis, Linsen, Kichererbsenpüree (*Hummus*) und gemahlener Weizen (*Burghul*) werden ebenfalls angeboten. Meist stehen Lamm und Huhn auf der Speisekarte, Rindfleisch ist eher selten. Die Hauptmahlzeit des Tages ist das Mittagessen, und es gibt entweder *Kultra* (Fleischspieße) oder *Kebabs* mit Suppe und Gemüse. Arabische Kuchen und Reispudding (*Muhalabia*) sind auch beliebt. Die Vorspeise *Mezzeh* kann aus bis zu 40 Gerichten bestehen. In den größeren Städten ist die Küche abwechslungsreich, und die Auswahl an internationalen Gerichten und Schnellimbissen ist groß, besonders in der östlichen Provinz und in Jeddah. Tischbedienung ist üblich. **Getränke:** Es gibt keine Bars. Alkohol ist gesetzlich verboten, und Verstöße werden hart bestraft ohne Rücksicht auf Nationalität und Konfession. Alkoholfreies Bier und alkoholfreie Cocktails werden in den Hotelbars serviert.
NACHTLEBEN: Abgesehen von Restaurants und Hotels gibt es kein Nachtleben im westlichen Stil.
EINKAUFSTIPS: *Souks* (Märkte) verkaufen Weihrauch, Schmuck, Bronze- und Messingartikel, reichverzierte Dolche und Schwerter, und in den östlichen Provinzen werden große Truhen mit Messingbeschlägen zum Kauf angeboten. Handeln ist üblich, auch für Kameras und andere elektrische Artikel, die teilweise sehr preisgünstig sind. **Öffnungszeiten der Geschäfte:** Sa-Do 09.00-13.00 und 16.30-20.00 Uhr (Ramadan 20.00-01.00 Uhr), regionale Unterschiede.
SPORT: Die 50 km nördlich von Jeddah gelegene Obhir-Bucht bietet gute **Bade-**, **Wasserski-**, **Angel-** und **Segelmöglichkeiten**. Die Strände der Golfküste südlich von Al Khobar sind ebenfalls sehr schön. In den anderen Landesteilen haben die Hotels meist eigene **Swimmingpools**. Die britische und amerikanische Botschaft betreiben Fitneßcenter nur für Männer mit Swimmingpools, **Golfklubs**, **Tennis-** und **Squashplätzen**. Firmen, die ausländische Arbeitnehmer beschäftigen, haben meist auch eigene Sportplätze. Die Wüstenlandschaft ist ideal zum Motorradfahren, allerdings ist dies nicht überall gestattet. **Fußball** ist sehr beliebt, und in den größeren Städten gibt es moderne Stadien.
SITTEN & GEBRÄUCHE: Zur Begrüßung gibt man sich die Hand. Der islamische Glaube ist tief verwurzelt (s. *Welt des Islam*). Einladungen in Privathäuser sind selten, die Bewirtung findet meist in Hotels oder Restaurants statt. Obwohl es üblich ist, mit der rechten Hand zu essen, steht auch Besteck zur Verfügung. Ein kleines Firmengeschenk oder ein Mitbringsel aus der Heimat wird normalerweise gern angenommen. Frauen sollten sich zurückhaltend kleiden, um Unannehmlichkeiten zu vermeiden. Männer sollten in der Öffentlichkeit keine Shorts tragen oder sich mit bloßem Oberkörper zeigen. Nichtraucherzonen sind ausgeschildert und sollten beachtet werden. Während des Ramadan sollten auch Besucher nicht in der Öffentlichkeit essen, trinken oder rauchen. **Fotografieren:** Es ist grundsätzlich angebracht, Zurückhaltung zu bewahren und immer um Erlaubnis zu fragen, bevor man den Auslöser betätigt. Es ist verboten, Frauen oder Persönlichkeiten des öffentlichen Lebens zu fotografieren. Für militärische Anlagen, Einrichtungen in Grenznähe, Flughäfen und andere öffentliche Gebäude gilt ebenfalls Fotografierverbot. **Trinkgeld:** Kellner, Hotelportiers und Taxifahrer erwarten 10-15%.

WIRTSCHAFTSPROFIL

WIRTSCHAFT: Erdöl- und Erdgasprodukte erbringen über 90% der Exporteinnahmen Saudi-Arabiens sowie zwei Drittel des Bruttosozialprodukts. Das Land ist der größte Rohölexporteur und der drittgrößte Erdölproduzent der Welt (nach der GUS und den USA); durch die Entdeckung von Erdöl ist in dem ehemals verarmten Wüstenstaat eine wohlhabende und immer moderner werdende Wirtschaft erblüht. Die Einnahmen des Landes schwanken mit dem Ölpreis auf dem Weltmarkt und den von der OPEC beschlossenen Produktionsquoten und waren daher in den achtziger Jahren – relativ – bescheiden. Langfristig braucht sich Saudi-Arabien als Land mit den größten Erdölvorräten der Welt keine großen Sorgen zu machen. Die Ölindustrie ist der Hauptarbeitgeber, 38% der Erwerbstätigen sind in der Landwirtschaft beschäftigt, in der Weizen, Obst, Gemüse, Gerste, Eier und Geflügel in Mengen erzeugt werden, die mittlerweile fast den gesamten Eigenbedarf des Landes decken. Ein komplexes System sorgt für die Bewässerung in dem äußerst regenarmen Land. Zu den neu entwickelten Industriezweigen zählt die Produktion von Petrochemikalien, Stahl, Maschinen und Konsumgütern, die Bauindustrie hat ebenfalls einen raschen Aufschwung erlebt. Den höchsten Zuwachs hat gegenwärtig der Dienstleistungssektor zu verzeichnen, so z. B. die Finanz- und Unternehmensberatung sowie das Bankenwesen und das Immobiliengewerbe. Die Hauptbezugsländer sind Japan und die USA; saudisches Öl fließt in erster Linie nach Deutschland, Italien, Frankreich und Südkorea.
GESCHÄFTSVERKEHR: Termine müssen im voraus vereinbart werden. Visitenkarten sollten auf der Rückseite eine arabische Übersetzung tragen. Wochenende ist am Donnerstag und Freitag. **Geschäftszeiten:** Sa-Do 09.00-13.00 und 16.30-20.00 Uhr (im Fastenmonat Ramadan 20.00-01.00 Uhr) mit einigen regionalen Unterschieden (z. B. Dhahran: Sa-Mi 07.00-11.30 und 13.00-16.30 Uhr). **Behörden:** Sa-Mi 07.30-14.30 Uhr.
Kontaktadressen: *German-Saudi Arabian Liaison Office for Economic Affairs* (Delegierter der Deutschen Wirtschaft), PO Box 61695, Riyadh 11575. Tel: (01) 403 15 00. Telefax: (01) 403 51 21.
The Commercial Counsellor at the Austrian Embassy (Außenhandelsstelle der Wirtschaftskammer Österreich), PO Box 94362, Riyadh 11693. Tel: (01) 404 10 10. Telefax: (01) 404 29 75.
Zweigstelle in Jeddah.

Council of Saudi Arabian Chambers of Commerce and Industry (Industrie- und Handelskammer), PO Box 16683, Riyadh 11474. Tel: (01) 405 32 00. Telefax: (01) 402 47 47.

KLIMA

Wüstenklima; Saudi-Arabien ist eines der trockensten Länder der Welt. In Jeddah und der Küstenregion am Roten Meer ist es das ganze Jahr über sehr heiß. Im Landesinneren (Riyadh) ist es im Sommer heißer und im Winter kühler als in den Küstengebieten, die Temperaturen können in den Wintermonaten (Dezember – Februar) nachts unter den Gefrierpunkt sinken; gelegentlich starke Regenfälle im Winter. In der Rub al Khali gibt es nur sehr selten Niederschläge.
Kleidung: Tropische oder leichte Kleidung.

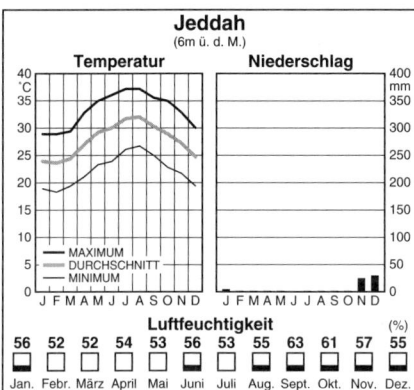

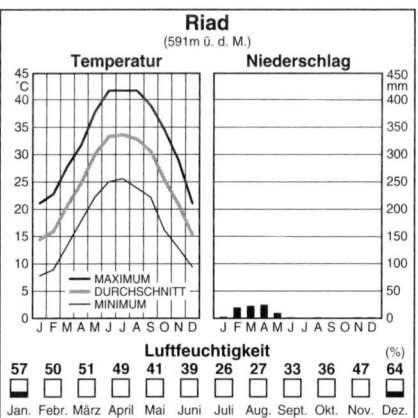

Eine weitere wichtige Veröffentlichung von *Columbus Press* ist der »World Travel Guide«, der jährlich herausgegeben wird und auf über tausend Seiten Informationen in englischer Sprache über alle Länder der Erde enthält.

Weitere Einzelheiten von:
Columbus Press, Verkaufsabteilung, Aurikelweg 9, D-38108 Braunschweig. Tel: 05309/2123. *Telefax:* 05309/2877.

Lage: Nordeuropa, Skandinavien.

Schweden-Werbung für Reisen und Touristik
Lilienstraße 19
D-20095 Hamburg
Tel: (040) 33 01 85, *Prospektbestellung:* 33 79 50. Telefax: (040) 33 05 99.
Mo-Fr 09.00-12.00 und 13.00-16.00 Uhr.
(auch für Anfragen aus Österreich und der Schweiz zuständig)
Swedish Travel & Tourism Council
Box 3030
S-10361 Stockholm
Tel: (08) 725 55 00. Telefax: (08) 725 55 31.
Mo-Fr 8.30-12.00 und 13.00-17.00 Uhr.
Svenska Turistföreningen (Schwedischer Tourismusverband)
Kungsgatan 2
Box 25
S-101 20 Stockholm
Tel: (08) 790 31 00. Telefax: (08) 678 19 38.
Swedish Tourist Centre
Kungsträdgården
S-103 93 Stockholm
Tel: (08) 789 24 90. Telefax: (08) 789 24 91.
Königlich Schwedische Botschaft
Heussallee 2-10
D-53113 Bonn
Tel: (0228) 26 00 20. Telefax: (0228) 22 38 37, 21 39 79.
Mo-Fr 08.20-17.00 Uhr, *Konsularabt.:* Mo-Fr 09.00-12.00 Uhr.
Außenstelle mit Visumerteilung in Berlin (Tel: (030) 891 70 91), *Generalkonsulat mit Visumerteilung in Hamburg*

(Tel: (040) 450 14 50).
Königlich Schwedische Botschaft
Obere Donaustraße 49-51
A-1020 Wien
Postfach 18
A-1025 Wien
Tel: (0222) 214 77 01. Telefax: (0222) 214 50 44.
Mo-Fr 09.00-12.00 Uhr (Publikumsverkehr).
Konsulate in Dornbirn, Eisenstadt, Innsbruck, Klagenfurt, Linz und Salzburg *(Antragstellung möglich, Bearbeitung erfolgt in Wien)*.
Königlich Schwedische Botschaft
Bundesgasse 26
Postfach
CH-3001 Bern
Tel: (031) 312 05 63. Telefax: (031) 312 16 92.
Mo-Fr 09.00-12.30 und 13.30-17.00 Uhr, *Konsularabt.:* Mo-Fr 09.00-12.00 Uhr.
(verschickt auf Anfrage auch touristisches Informationsmaterial)
Konsulate in Basel, Genf, Lausanne, Lugano, Vaduz und Zürich.
Botschaft der Bundesrepublik Deutschland
Skarpögatan 9
S-115 27 Stockholm
Box 27832
S-115 93 Stockholm
Tel: (08) 670 15 00. Telefax: (08) 661 52 94.
Generalkonsulat in Göteborg.
Honorarkonsulate in Halmstad, Helsingborg, Jönköping, Kalmar, Karlstad, Linköping, Luleå, Malmö, Norrköping, Sundsvall, Trelleborg, Uddevalla und Visby.
Botschaft der Republik Österreich
Kommendörsgatan 35/V
S-114 58 Stockholm
Tel: (08) 665 17 70, 663 00 52. Telefax: (08) 662 69 28.
Honorargeneralkonsulate in Göteborg (mit Paß- und Sichtvermerksbefugnis) und Stockholm (ohne Paß- und Sichtvermerksbefugnis).
Honorarkonsulat ohne Paß- und Sichtvermerksbefugnis in Malmö.
Botschaft der Schweizerischen Eidgenossenschaft
Birger Jarlsgatan 64
Box 26143
S-100 41 Stockholm
Tel: (08) 676 79 00. Telefax: (08) 21 15 04.

FLÄCHE: 449.964 qkm.
BEVÖLKERUNGSZAHL: 8.691.000 (1993).
BEVÖLKERUNGSDICHTE: 19 pro qkm.
HAUPTSTADT: Stockholm. **Einwohner:** 693.100 (1993, Großraum 1,69 Mio.).
GEOGRAPHIE: Schweden wird im Westen von Norwegen, im Nordosten von Finnland, im Osten von der Ostsee und im Süden und Südosten von Skagerrak und Kattegat begrenzt. Die meisten der vielen tausend Seen befinden sich im südlichen Mittelschweden. Schweden hat 38.485 qkm Binnengewässer. Der größte See ist der 5540 qkm große Vänern, die höchste Erhebung der 2114 m hohe Kebnekaise. Etwa die Hälfte des Landes ist bewaldet, Nadelwald überwiegt, im Süden gibt es jedoch auch große Laub- und Mischwälder. Der schwedische Teil Lapplands im Norden des Landes ist bergig und erstreckt sich über den Polarkreis hinaus.
STAATSFORM: Parlamentarisch-demokratische Monarchie seit 1809, Verfassung von 1975. Staatsoberhaupt: König Carl XVI. Gustav, seit 1973. Regierungschef: Ingvar Carlsson, seit 1994. Einkammerparlament *(Riksdag)* mit 349 Abgeordneten. Legislaturperiode: 4 Jahre. Schweden ist seit dem 1. Januar 1995 Mitglied der Europäischen Union. Unabhängig seit 1523 (davor mit Dänemark und Norwegen vereint), seit 1917 parlamentarische Demokratie mit königlichem Staatsoberhaupt.
SPRACHE: Schwedisch, Finnisch (ca. 30.000 Finnen leben in Schweden), Lappisch; daneben vielfach Englisch, Deutsch und Französisch als Fremdsprachen.
RELIGION: 89% der Bevölkerung gehören der schwedischen evangelisch-lutherischen Staatskirche an. Katholische, protestantische, buddhistische, orthodoxe, moslemische und jüdische Minderheiten sowie Anhänger der Pfingstbewegung.
ORTSZEIT: MEZ.
NETZSPANNUNG: 220 V, 50 Hz.
POST- UND FERNMELDEWESEN: Telefon: Selbstwählferndienst. **Landesvorwahl:** 46. Es gibt keine Telefone in den Postämtern, dafür jedoch in den sogenannten *Telegrafbyråer* (Telegrafenämtern) und den Telefonbüros *(Tele oder Telebutik)* des Telekom-Unternehmen »telia«. Telefonkarten *(Telefonkort)* sind auch in Zeitungskiosken und Tabakläden erhältlich. Die Aufschrift »Riks« kennzeichnet Telefonzellen für Ferngespräche. **Telex-/Telegrammservice** in allen größeren Städten. **Telefax**-Center findet man in ganz Schweden. Das *TeleCenter* im Stockholmer Hauptbahnhof hat deutschsprachige Mitarbeiter und bietet Telefax-, Telex- und Telegrammeinrichtungen (geöffnet tgl. 08.00-21.00 Uhr). **Post:** Einige Postämter haben im Juli samstags geschlossen. Die Briefkästen sind gelb. Briefmarken und Aerogramme kann man außer in Postämtern auch in vielen Buchhandlungen, Zeitungs- und Schreibwarenläden kaufen. Luftpostbriefe innerhalb Europas sind etwa 3-4 Tage unterwegs. Man kann an nahezu alle Postämter postlagernd schreiben. Öffnungszeiten der Postämter:

Mo-Fr 09.00-18.00 Uhr, Sa 09.00-12.00 Uhr. In ländlichen Gegenden sind die Öffnungszeiten oft kürzer.
DEUTSCHE WELLE
Der Einsatz der Kurzwellenfrequenzen ändert sich mehrfach im Laufe eines Jahres, und Sendungen auf den folgenden Frequenzen werden jeweils nur zu bestimmten Tageszeiten ausgestrahlt. Näheres in der Einleitung.

MHz	17,845	13,780	9,545	6,140	6,075
Meterband	16	22	31	49	49

REISEPASS/VISUM

Wichtiger Hinweis: *Die Einreisebestimmungen mancher Länder können sich kurzfristig ändern – rufen Sie sicherheitshalber auf Ihrem CRS-System (TIMATIC-Info-Code-Fenster in diesem Kapitel) den aktuellen Stand ab bzw. wenden Sie sich an die zuständige diplomatische Vertretung. Etwaige Zahlen in der Tabelle beziehen sich auf nachfolgende Fußnoten.*

	Paß erforderlich?	*Visum erforderlich?*	*Rückflugticket erforderlich?*
Deutschland	1	Nein	Nein
Österreich	1	Nein	Nein
Schweiz	1	Nein	Nein
Andere EU-Länder	1	Nein	Nein

REISEPASS: [1] Staatsangehörige der Bundesrepublik Deutschland, Belgiens, Frankreichs, Italiens, Liechtensteins, Luxemburgs, der Niederlande, Österreichs und der Schweiz benötigen zur Einreise für einen Aufenthalt von maximal 3 Monaten nur den nationalen Personalausweis. Er muß mindestens zwei Monate über den geplanten Aufenthalt hinaus gültig sein. Staatsbürger Dänemarks, Finnlands, Islands und Norwegens können ohne Paß für einen unbegrenzten Aufenthalt nach Schweden einreisen. Staatsangehörige aller anderen Länder benötigen einen Reisepaß.
VISUM: Genereller Visumzwang für alle Reisenden, ausgenommen sind:
(a) Staatsangehörige der Bundesrepublik Deutschland, Österreichs, aller anderen EU-Länder sowie der Schweiz;
(b) Staatsangehörige von Andorra, Argentinien, Australien, den Bahamas, Barbados, Belize, Bolivien, Botswana, Brasilien, Brunei, Chile, Costa Rica, Dominica, der Dominikanischen Republik, Ecuador, El Salvador, Fidschi, Grenada, Guatemala, Honduras, Hongkong, Island, Israel, Jamaika, Japan, Kanada, Kenia, Kiribati, Kolumbien, Korea-Süd, Lesotho, Liechtenstein, Malawi, Malaysia, Malta, Mauritius, Mexiko, Monaco, Namibia, Neuseeland, Nicaragua, Norwegen, Panama, Paraguay, Peru, Polen, den Salomonen, Sambia, San Marino, den Seychellen, Simbabwe, Singapur, der Slowakischen Republik, Slowenien, St. Lucia, St. Vincent und den Grenadinen, Suriname, Swasiland, Tansania, Thailand, Trinidad und Tobago, der Tschechischen Republik, Tuvalu, Ungarn, Uruguay, den USA, Venezuela und Zypern.
Anmerkung: Wer vorhat, auch noch andere skandinavische Länder zu besuchen, sollte bedenken, daß der Gesamtaufenthalt in allen skandinavischen Ländern insgesamt drei Monate pro 1-Jahres-Periode nicht übersteigen darf.
Visaarten: *Touristenvisa:* 30 DM, 200 öS, 25,50 sfr; *Transitvisa:* 20 DM, 135 öS, 25,50 sfr. Die Gebühren sind vom jeweiligen Wechselkurs abhängig. Visagebühren entfallen für:
(a) Personen unter 16 Jahren;
(b) Inhaber eines britischen Reisepasses mit dem Vermerk *British Protected Persons;*
(c) Staatsbürger von Algerien, Antigua und Barbuda, Bangladesch, Benin, Bosnien-Herzegowina, Burkina Faso, China (VR), Côte d'Ivoire, Estland, Gambia, Guyana, Indien, Indonesien, Irak, Jugoslawien (Serbien und Montenegro), Korea-Nord, Kuwait, Lettland, Litauen, den Malediven, der Ehemaligen jugosl. Republik Mazedonien, Marokko, Niger, Pakistan, Papua-Neuguinea, den Philippinen, St. Kitts und Nevis, Sri Lanka, Südafrika, Syrien, Togo, Tunesien, der Türkei, Uganda und Vietnam.
Antragstellung: Zuständiges Konsulat oder Konsularabteilung der Botschaft (Adressen s. o.).
Unterlagen: (a) Gültiger Reisepaß. (b) 2 Paßfotos. (c) Unterschriebenes Antragsformular. (d) Adressierter Freiumschlag bei postalischer Antragstellung (mit Paß per Einschreiben schicken). (e) Scheck oder Postanweisung über Visagebühr bei postalischer Antragstellung.
Bearbeitungszeit: Unterschiedlich, je nach Nationalität 1 Tag bis 6 Wochen.
Aufenthaltsgenehmigung: Anfragen sind an die schwedischen Botschaften zu richten.

GELD

Währung: 1 Schwedische Krone (Skr) = 100 Öre. Banknoten gibt es in den Werten von 1000, 500, 100, 50 und 10 Skr; Münzen in den Nennbeträgen 10, 5 und 1 Skr sowie 50, 25, 10 und 5 Öre.
Kreditkarten: *Eurocard, American Express, Diners Club* und *Visa* werden angenommen. Einzelheiten vom Aussteller der betreffenden Kreditkarte.
Reiseschecks werden überall angenommen.
Euroschecks können nur zum Geldwechseln in Banken, jedoch nicht als Zahlungsmittel verwendet werden. Höchstbetrag: 1800 Skr pro Scheck. Es gibt keine EC-Geldautomaten, mit einer EC-Karte kann man jedoch am »Bankomat« Geld abheben.
Postsparbuch: Abhebung in schwedischen Kronen bei ca. 200 Postämtern im ganzen Land.
Wechselkurse

	Skr Sept. '92	Skr Febr. '94	Skr Jan. '95	Skr Jan. '96
1 DM	3,66	4,52	4,80	4,60
1 US$	5,44	7,85	7,43	6,61

Devisenbestimmungen: Keine Ein- oder Ausfuhrbeschränkungen für Landes- und Fremdwährungen. Für etwaige Kontrollen sollten alle Umtauschbelege aufbewahrt werden.
Öffnungszeiten der Banken: Normalerweise Mo-Fr 09.30-15.00 Uhr; in den größeren Städten schließen die Banken vielfach erst um 18.00 Uhr. Samstags haben alle Banken geschlossen. Die Forex-Wechselstuben in den Hauptbahnhöfen von Stockholm, Göteborg und Malmö sind täglich 08.00-21.00 Uhr geöffnet.

DUTY FREE

Folgende Artikel können zollfrei nach Schweden eingeführt werden:
(a) Seit Januar 1993 gibt es keine Beschränkungen mehr für die private Wareneinfuhr (einschließlich von Verbrauchsgütern wie Alkohol und Tabak) innerhalb der Europäischen Union. Schweden darf jedoch folgende mengenmäßigen Beschränkungen für die Einfuhr aus anderen EU-Mitgliedsländern aufrechterhalten (eine Revision ist für den 31. Dez. 1996 vorgesehen):
300 Zigaretten oder 150 Zigarillos oder 75 Zigarren oder 400 g Rauchtabak;
1 l Spirituosen (über 22%) oder 3 l alkoholische Getränke (z. B. Portwein, Sherry, Schaumweine, Brennweine) mit einem Alkoholgehalt von über 15%, jedoch höchstens 22%;
5 l nichtschäumende Weine;
15 l Bier.
(b) Für Reisende aus Nicht-EU-Ländern (oder falls die Waren innerhalb der EU zollfrei eingekauft wurden):
200 Zigaretten oder 50 Zigarren oder 100 Zigarillos oder 250 g andere Tabakerzeugnisse;
1 l Spirituosen mit einem Alkoholgehalt von über 22% oder 2 l Sekt oder 2 l alkoholische Getränke mit einem Alkoholgehalt von über 15%, jedoch höchstens 22%;
2 l Wein (Alkoholgehalt höchstens 15%);
15 l Bier;
50 g Parfüm oder 250 ml Eau de toilette;
500 g Kaffee;
100 g Tee;
andere Artikel bis zu einem Gesamtwert von 1700 Skr.
Anmerkung: (a) Einfuhr von alkoholischen Getränken nur von Personen ab 20 Jahren. (b) Tabakwaren können nur von Personen ab 15 Jahren eingeführt werden.
Einfuhrverbot für folgende Frischwaren: Kartoffeln, Wurzelgemüse, Bohnen, Erbsen, Milch, Sahne, Quark, Eier, Frischfleisch und Frischkäse. Lebende Tiere und vom Aussterben bedrohte Tiere und Pflanzen sowie deren Teile oder daraus hergestellte Produkte dürfen nur mit Erlaubnis der schwedischen Landwirtschaftsbehörden eingeführt werden.
Außerdem: Messer und Springmesser, Narkotika (als Arznei sind solche Substanzen auf einen 5-Tage-Bedarf beschränkt) und Arzneimittel für den persönlichen Gebrauch, die eine dreimonatige Bedarfsmenge überschreiten.
Ausfuhrverbot: Ältere Kulturgegenstände, Schußwaffen, Munition, vom Aussterben bedrohte Pflanzen und Tiere sowie deren Teile oder daraus hergestellte Erzeugnisse ohne entsprechende Ausfuhrgenehmigung.

GESETZLICHE FEIERTAGE

1. Mai '96 Maifeiertag. **16. Mai** Christi Himmelfahrt. **27. Mai** Pfingstmontag. **22. Juni** Mittsommerabend/-tag. **2. Nov.** Allerheiligen. **24.-26. Dez.** Weihnachten. **1. Jan. '97** Neujahr. **6. Jan.** Dreikönigsfest. **28. März** Karfreitag. **31. März** Ostermontag. **1. Mai** Maifeiertag. **8. Mai** Christi Himmelfahrt. **19. Mai** Pfingstmontag.

GESUNDHEIT

In der folgenden Tabelle aufgeführte Impfvorschriften können sich kurzfristig ändern. Es wird stets empfohlen, auf Ihrem CRS-System (TIMATIC-Info-Code-Fenster in diesem Kapitel) den aktuellen Stand der Gesundheitsbestimmungen abzurufen bzw. rechtzeitig vor der Reise ärztlichen Rat einzuholen.

	Vorsichtsmaßnahmen empfohlen	*Impfschein erforderlich*
Gelbfieber	Nein	Nein
Cholera	Nein	Nein
Typhus & Polio	Nein	-
Malaria	Nein	-
Essen & Trinken	Nein	

Gesundheitsvorsorge: Aushelfender Träger ist die *Försäkringskassan* (Schwedische Allgemeine Versicherungskasse). Ärztliche Behandlung erfolgt durch private Allgemeinärzte und Zahnärzte, die der Sozialversicherung angeschlossen sind, Zahnbehandlung auch durch den Nationalen Zahnbehandlungsdienst. Die Behandlung in Krankenhäusern ist im allgemeinen kostenfrei. Kostenbeteiligung bei Medikamenten auf Rezept, bei ärztlicher und zahnärztlicher Behandlung.
Bei Behandlungen im Rahmen des staatlichen Gesundheitsdienstes genügt die Vorlage des deutschen Reisepasses oder Personalausweises. Einwohner Deutschlands, die nicht die deutsche Staatsbürgerschaft haben, und österreichische Staatsangehörige besorgen sich bei ihrer Krankenkasse vor der Reise die Anspruchsbescheinigung E 111. Schweizer sollten eine Reisezusatzversicherung abschließen. Im Sommer empfiehlt es sich, ein Mückenschutzmittel einzupacken, die schwedischen sollen die besten sein.

REISEVERKEHR - International

FLUGZEUG: Die nationale Fluggesellschaft heißt *SAS Scandinavian Airlines System*. Mit dem *Visit Scandinavia Air Pass* von SAS (3 Monate gültig) kann man zwischen den skandinavischen Ländern und innerhalb Schwedens verbilligt fliegen.
Durchschnittliche Flugzeiten: *Frankfurt* – Stockholm: 2 Std; *Frankfurt* – Göteborg: 1 Std. 45; *Berlin* – Stockholm: 1 Std. 50; *Berlin* – Göteborg: 1 Std. 50; *Hamburg* – Stockholm: 1 Std. 35; *Hamburg* – Göteborg: 1 Std. 35; *Wien* – Stockholm: 2 Std. 10; *Zürich* – Stockholm: 2 Std. 30; *Zürich* – Göteborg: 2 Std; *Genf* – Stockholm: 2 Std. 25.
Internationale Flughäfen: *Stockholm (STO)* (Arlanda) liegt 40 km nördlich der Stadt. Gute Busverbindung zur Stadt, zum Cityterminal am Hauptbahnhof (Fahrzeit 40 Min.). Taxistand vorhanden. Flughafeneinrichtungen: Duty-free-Shop, Mietwagenschalter (mehrere große Verleihfirmen), Banken, Tourist-Information, Hotel-Reservierungsschalter, Post, Läden, Restaurant/Bar und Cafés.
Göteborg (GOT) (Landvetter) liegt 25 km östlich der Stadt (Fahrzeit 30 Min.). Regelmäßige Busverbindung zum Hauptbahnhof. Taxistand. Duty-free-Shop, Tourist-Information, Hotel-Reservierungsschalter, Konferenzeinrichtungen, Mietwagenschalter, Bank, Post, Restaurant/Bars und Cafés.
Malmö (MMA) (Sturup) liegt 31 km östlich der Stadt (Fahrzeit 30 Min.). Busverbindung zur Stadt (Hauptbahnhof). Taxistand. Konferenzeinrichtungen, Forex-Wechselstube, Tourist-Information, Mietwagenschalter, Duty-free-Shop, Post, Bar und Restaurant.
SCHIFF: *Malmö Hafen Hoverport (HMA)*, 200 m vom Hauptbahnhof entfernt, ist die Anlegestelle für den von SAS betriebenen Hovercraft-Service nach Dänemark mit Anschluß zum Flughafen Kopenhagen (Kastrup). Duty-free-Shops und Taxistand vorhanden.
Verbindungen von Deutschland aus:
Kiel – Göteborg, Abfahrt einmal täglich, Fahrzeit: 14 Std. (*Stena Line*).
Kiel – Nynäshamn, Abfahrt einmal wöchentlich (*Baltic Line*).
Rostock – Trelleborg, Abfahrt dreimal (Mo nur zweimal) täglich, Fahrzeit 5-6 Std. (*TT-Line, DFO*).
Saßnitz (Rügen) – Trelleborg, Abfahrt fünfmal täglich, Fahrzeit: 3 Std. 45 (*DFO-Hansa Ferry*).
Travemünde – Trelleborg, Abfahrt zwei- bis dreimal täglich, Fahrzeit: 7-9 Std. (*TT-Line*).
Travemünde – Malmö, Abfahrt ein- bis zweimal täglich. (*Nordölink*, Frachtfähre, nimmt Passagiere mit).
Bei Anreise über Dänemark:
Helsingør – Helsingborg, Abfahrt dreimal pro Stunde, Fahrzeit: 25 Min. (*Scand Lines*).
Dragør – Limhamn (bei Malmö), Abfahrt tagsüber alle 45 Min; Fahrzeit: 55 Min. (*Scand Lines*).
Frederikshavn – Göteborg, Abfahrt vier- bis siebenmal täglich, Fahrzeit: 3 Std. 15 (*Stena Line*).
Frederikshavn – Göteborg, Abfahrt drei- bis fünfmal täglich, Fahrzeit: 1 Std. 45 (*SeaCat*).
Grenå – Halmstad – Varberg, Abfahrt zweimal täglich, Fahrzeit: 4 Std. (*Lion Ferry*).
Kopenhagen – Malmö, Abfahrt einmal pro Stunde, Fahrzeit: 45 Min. (Tragflächenboot, nur Personenverkehr) (*Flygbåtarna*).
Kopenhagen – Landskrona, Abfahrt ein- bis zweimal pro Stunde, Fahrzeit: 1 Std. (*Direkten*).
Rønne – Ystad, Abfahrt zwei- bis viermal täglich, Fahrzeit: 2 Std. 30 (*Bornholmstrafikken*).
Finnland – Schweden:
Die wichtigsten Verbindungen sind Stockholm – Helsinki (*Viking Line* und *Silja Line*, Abfahrt jeweils einmal täglich, Fahrzeit 14-15 Std.) und Umeå – Vaasa (*Silja Line*, verkehrt siebenmal pro Woche, Fahrzeit 4 Std.). Außerdem z. T. saisonaler Fährverkehr mit *Eckerölinjen* und *Viking Line* von Eckerö, Marienhamn, Turku und Jakobstad nach Grisslehamn, Stockholm, Kappelskär, Skellefteå und Oxelösund.
Polen – Schweden:
Gdynia – Karlskrona, Abfahrt einmal täglich, Fahrzeit: 15 Std. (*Stena Line*).
Swinemünde – Ystad, Abfahrt einmal täglich. Fahrzeit: 6 Std. (nach Ystad) bzw. 9 Std. (nach Swinemünde) (*Unity Line*).
Estland – Schweden:
Est Line verkehrt drei- bis viermal wöchentlich von Tallinn nach Stockholm (Fahrzeit: 14 Std.).
Russische Föderation – Schweden:
Nynäshamn – St. Petersburg/Riga, Abfahrt zweimal wöchentlich, Fahrzeit: 25 Std. (*Baltic Line*).

Gönnen Sie sich ein Abenteuer in der Wildnis Lapplands
Bodö
Arctic Circle
Laisvall
Oslo
Helsinki
Stockholm
Die fünf Jahreszeiten – präsentiert von:
Silvervargen
HOTEL SILVERVARGEN 930 93 LAISVALL SCHWEDEN
TELEFAX: +46 961 200 20 TEL: +46 961 201 00, +46 10 690 52 00

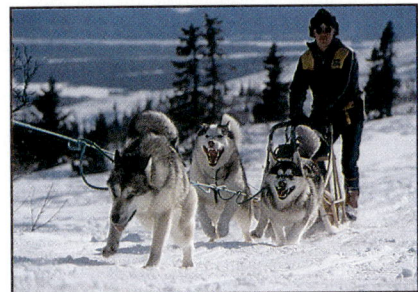

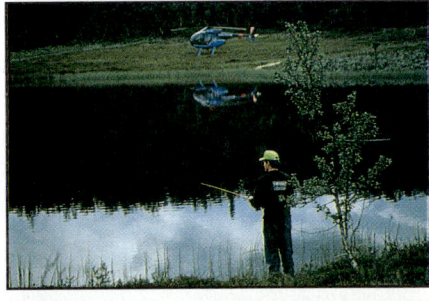

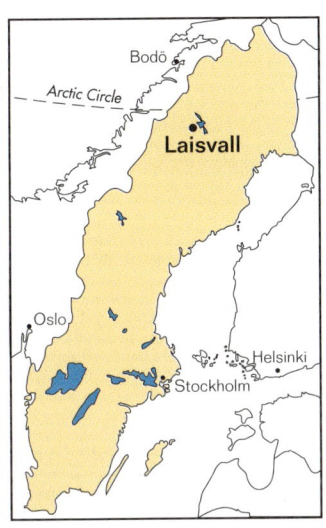

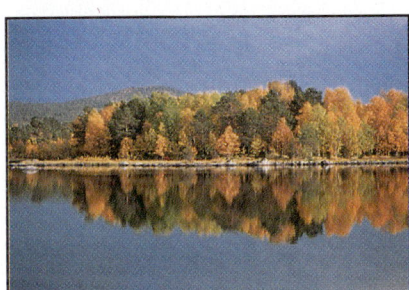

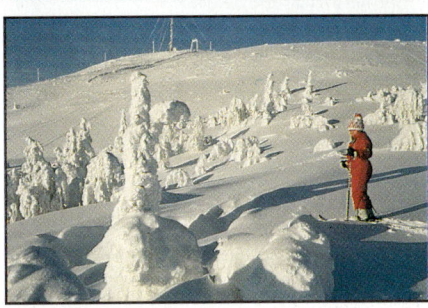

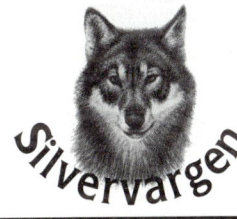

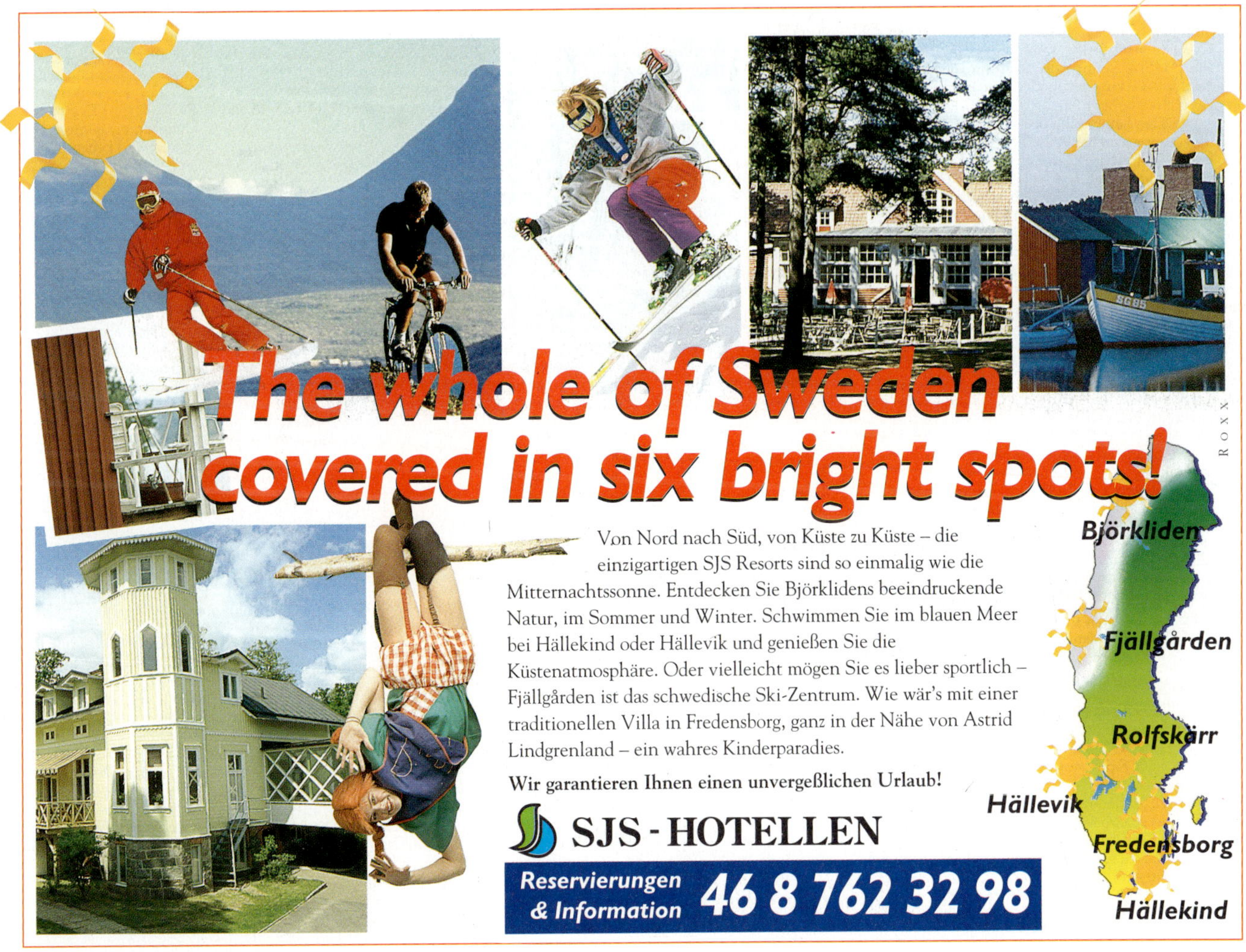

The whole of Sweden covered in six bright spots!
Von Nord nach Süd, von Küste zu Küste – die einzigartigen SJS Resorts sind so einmalig wie die Mitternachtssonne. Entdecken Sie Björklidens beeindruckende Natur, im Sommer und Winter. Schwimmen Sie im blauen Meer bei Hällekind oder Hällevik und genießen Sie die Küstenatmosphäre. Oder vielleicht mögen Sie es lieber sportlich – Fjällgården ist das schwedische Ski-Zentrum. Wie wär's mit einer traditionellen Villa in Fredensborg, ganz in der Nähe von Astrid Lindgrenland – ein wahres Kinderparadies.
Wir garantieren Ihnen einen unvergeßlichen Urlaub!
SJS - HOTELLEN
Reservierungen & Information
46 8 762 32 98
Björkliden
Fjällgården
Rolfskärr
Hällevik
Fredensborg
Hällekind
ROXX

Fährverbindungen von und nach **Großbritannien** (Göteborg – Newcastle und Göteborg – Harwich) werden von *Scandinavian Seaways* angeboten (Fahrzeit: 23-24 Std.).
Stockholm wird außerdem im Rahmen von Kreuzfahrten u. a. von *Hanseatic Tours, Hapag-Lloyd, Seetours* und *Transocean Tours* angelaufen.
BAHN: Kombinierte Bahn-/Fährverbindungen über Dänemark mit der Vogelfluglinie zwischen Puttgarden (Fehmarn) und Rødby (Abfahrt der Eisenbahn-, Auto- und Passagierfähren alle 30 Min.). Weiterfahrt über Kopenhagen nach Helsingør oder Frederikshavn und per Fährschiff nach Schweden (s. o.). *EuroCity-Nachtzug*-Verbindung von Hamburg über Puttgarden nach Stockholm. Autoreisezüge verkehren nur bis Hamburg. Bahn/Fährverbindungen von Saßnitz/Rügen aus nach Trelleborg empfehlen sich für Reisende, die aus Ost- und Mitteldeutschland (Großraum Berlin, Brandenburg, Mecklenburg, Leipzig, Rostock usw.) anreisen. Weitere Verbindungen nach Schweden von Polen (Gdansk) aus.
BUS/PKW: Es empfiehlt sich, auf den Fähren auf der gewünschten Fährstrecke im voraus einen Platz für den Wagen zu reservieren. Fährverbindungen s. o.
Reisebusse: *EUROLINES*, Hamburg (Tel: (040) 24 71 06, 24 53 10) verkehrt zwischen mehreren deutschen Städten (ganzjährig: Köln, Bremen, Hamburg, Karlsruhe, Mannheim, Heidelberg, Frankfurt, München, Nürnberg, Stuttgart, Kassel und Hannover) und allen größeren Städten in Schweden (Schwerpunkt Südschweden, nördlichstes Ziel Stockholm). Es gibt eine Busverbindung von Basel über Hamburg nach Schweden.

REISEVERKEHR - National

FLUGZEUG: *SAS* und *Linjeflyg (LF)* fliegen über 30 Flughäfen an. Die Flugpreise sind verhältnismäßig preiswert, zusätzlich werden verbilligte Flugtickets angeboten. Nähere Auskünfte erteilen die Fluggesellschaften. Helikopter und Wasserflugzeuge können ebenfalls gemietet werden.
SCHIFF: Die schwedischen Seehäfen werden regelmäßig von verschiedenen europäischen Reedereien angelaufen (s. o.).
Gotlandlinjen verkehrt zwischen Nynäshamn, Oskarshamn und Visby auf der Insel Gotland. *Ven-Trafiken* verkehrt zwischen Ven und Landskrona/Helsingborg. Fahrten auf dem Göta-Kanal, der die großen Seen in Mittelschweden verbindet, werden von Mitte Mai bis Mitte September angeboten. Die Reise von Stockholm nach Göteborg dauert 4 Tage. Ein günstiges Angebot für Sommerurlauber ist das Schärenticket, das 14 Tage lang freie Fahrt in den Stockholmer Schären gewährt.
Ausflugsboote verkehren auf den unzähligen Seen (besonders im Norden). Weitere Informationen von den regionalen Fremdenverkehrsämtern.
BAHN: Das Streckennetz der *Schwedischen Staatsbahnen (SJ)* umfaßt 9900 km einschl. der Fährverbindung Helsingør – Helsingborg. Im dichter besiedelten Süd- und Mittelschweden fahren die Züge stündlich zwischen den größeren Städten. Zu den dünn besiedelten waldreichen Gebieten nördlich des Polarkreises verkehrt täglich ein Zug. Das Seengebiet im Norden ist ein beliebtes Urlaubsziel. Die meisten Züge haben Speise- und Schlafwagen, InterCity-Züge führen stets einen Speisewagen. Die schnellen InterCity-Züge verkehren auf den Strecken Malmö – Göteborg, Göteborg – Stockholm und Stockholm – Malmö. Zwischen Stockholm und Göteborg sowie Stockholm und Falun, Karlstad, Jönköping (über Skövde oder Nässjö) und Linköping fahren die superschnellen X2000-Züge, die höchsten Komfort bieten. Besonders reizvoll ist eine Fahrt mit der *Inlandsbanan* ab Kristinehamn über Östersund nach Gällivare nördlich des Polarkreises. Für den X2000, sämtliche InterCity-Züge und einige Sonderzüge ist eine Platzreservierung obligatorisch. Das Schwedische Reisebüro in Berlin (Tel: (030) 32 76 11 11, Telefax: (030) 32 76 11 90) ist Vertreter der Schwedischen Staatsbahnen in Deutschland.
Sonderfahrkarten: Verschiedene Fahrpreisermäßigungen sind für Familien und Individualreisende erhältlich. Das *ScanRail-Ticket* berechtigt zur unbegrenzten Benutzung des Streckennetzes in Schweden, Dänemark, Norwegen und Finnland wahlweise innerhalb eines Monats oder an 5 beliebigen Tagen innerhalb eines Zeitraums von 15 Tagen bzw. 10 beliebigen Tagen innerhalb eines Zeitraums von 1 Monat (erhältlich jeweils für die 1. und 2. Klasse). Ermäßigungen werden für Kinder zwischen 4 und 11 J. sowie Jugendlichen zwischen 12 und 25 Jahren gewährt.
InterRail-Pässe, europäische Seniorenpässe *(Rail Europ S)* und der *EURO DOMINO*-Netzkarte sind auch in Schweden gültig, Einzelheiten s. *Deutschland.* Für die herrliche Strecke Gällivare-Mora, auf der im Sommer die *Inlandsbanan* verkehrt, werden ebenfalls Sonderfahrkarten angeboten.
Sondertarife: Kinder unter 16 Jahren fahren zum halben Fahrpreis bzw. zu ermäßigtem Tarif. Zwei Kinder unter 12 Jahren in Begleitung eines Erwachsenen werden umsonst befördert, für Platzkarten, Liege- und Schlafwagenreservierung zahlen jedoch auch Kinder den vollen Preis. Außerhalb der Hauptverkehrszeiten gibt es für bestimmte Züge verbilligte Fahrkarten für die 2. Klasse. Die Ermäßigungen gelten für Züge, die im Fahrplan als »niedriger Fahrpreis« oder »rote Abfahrten« (*röd avgång*, im Fahrplan rot gekennzeichnet)« angegeben sind.
Hinweis: Es gelten z. T. gewisse Einschränkungen (nur bestimmte Wochentage, keine Zwischenaufenthalte usw.). Einzelheiten von der Vertretung der Schwedischen Eisenbahnen (Adresse s. o.).
BUS/PKW: Schweden verfügt über ein gutes Straßennetz, und es kommt relativ selten zu Staus. In abgelegenen Regionen sollte man wegen des Wildwechsels (vor allem Elche) besonders aufmerksam und vorsichtig fahren. Besondere Schilder machen darauf aufmerksam. Die Tankstellen akzeptieren immer öfter Kreditkarten, sie haben häufig 24-Stunden-Zapfsäulen und Geldscheinautomaten, die 100, 50 und 10 Skr (Banknoten) annehmen. Bleifreies Benzin ist überall erhältlich. **Bus:** *Linjebuss* und *Swebus* betreiben Schnellbuslinien- und Regionalbusliniennetze im ganzen Land weitere Betreiber sind *Inlandstrafik* und *Mohlins.* Im Norden verkehren Postbusse. Preiswerte und zuverlässige Verbindungen gibt es in alle Städte. An den Wochenenden (Fr-So) werden von vielen Busunternehmen Fahrkarten zu ermäßigten Tarifen angeboten, Ermäßigungen für Kinder werden ebenfalls gewährt. **Taxis** gibt es an allen Flughäfen sowie in den Städten. Es gibt auch Langstreckentaxis. Die Zuschläge für Nacht- und Feiertagsfahrten sind je nach Unternehmen verschieden. **Mietwagen** sind in den meisten Städten erhältlich. Alle international bekannten Firmen sind vertreten. **Verkehrsbestimmungen:** Höchstgeschwindigkeiten: 70-90 km/h auf Landstraßen, 90-110 km/h auf Autobahnen. Innerhalb geschlossener Ortschaften: 50 km/h bzw. 30 km/h in Wohngebieten und in der Nähe von Schulen. In der Hauptreisezeit zwischen Mitte Juni und Mitte August sind auf Autobahnen nur 90 km/h zulässig. Ausgenommen von dieser Regelung sind die nördlichen Provinzen Ångermanland, Jämtland, Västerbotten und Lappland, wo man auch während der Sommermonate 110 km/h fahren darf. Alkohol am Steuer wird mit empfindlichen Geld- oder Gefängnisstrafen belegt. Die Promillegrenze ist 0,2‰. Strafmandate sind sofort zahlbar. Autos und Motorräder müssen auch während des Tages das Abblendlicht einschalten. Für Motorradfahrer sind Motorradhelme Vorschrift. Kinder unter 7 J. dürfen nur im Auto mitfahren, wenn ein Kindersitz oder Kindersicherheitsgurte vorhanden sind. Es besteht Anschnallpflicht. Ein rotes Warndreieck sollte mitgeführt werden. Selbstbedienungs-Tankstellen überwiegen, die Bezahlung ist auch mit Kreditkarten möglich. Vom 1. Oktober bis zum 30. April kann man mit Schneeketten fahren. Weitere Informationen von den schwedischen Automobilclubs *Motormännens Riksförbund (M)* und *Kungliga Automobilklubben* (KUK), beide in Stockholm. **Unterlagen:** Der Führerschein des eigenen Landes reicht aus. Das Mindestalter für Autofahrer ist 18 Jahre, für Motorradfahrer 17 Jahre. Die Fahrzeugpapiere müssen mitgeführt werden; ist das Fahrzeug nicht Eigentum des Fahrers, so muß dieser im Besitz einer Benutzungsvollmacht sein. Ausländische Autofahrer genießen den in Schweden gesetzlich vorgeschriebenen Mindestversicherungsschutz. Es empfiehlt sich jedoch, die internationale Grüne Versicherungskarte mitzunehmen.
STADTVERKEHR: Das öffentliche Nahverkehrssystem ist gut ausgebaut, übersichtlich und zuverlässig. Das Stockholmer Verkehrsnetz umfaßt Busse, U-Bahnen (*T-Banan*) und Vorortzüge. Sammelkarten, Netz- und besondere Touristenkarten kann man im voraus kaufen, Einzelfahrscheine erhält man vom Busfahrer. In Göteborg und Norrköping gibt es Straßenbahnen. In Stockholm und einigen anderen Städten kann man Ausflugsfahrten mit Linienschiffen der Verkehrsunternehmen machen (s. *Urlaubsorte & Ausflüge*).
FAHRZEITEN von Stockholm zu den größeren schwedischen Städten (ungefähre Angaben in Std. und Min.):

	Flugzeug	Bahn	Bus/Pkw
Göteborg	0.50	4.30	6.00
Malmö	1.05	6.45	8.00
Östersund	0.55	6.30	8.00
Karlstad	0.40	3.30	5.00
Luleå	1.15	15.00	20.00
Mora	1.00	4.30	6.00

UNTERKUNFT

Der Standard im schwedischen Hotel- und Gaststättengewerbe ist sehr hoch, das Angebot reicht von Spitzenhotels bis zu einfachen Unterkünften in Pensionen oder Jugendherbergen.
HOTELS bieten normalerweise einen hohen Standard. Die meisten Hotels haben Restaurants und/oder Cafeterias sowie Fernsehräume. In jeder schwedischen Stadt gibt es gute Spitzen- oder Mittelklassehotels. Die meisten Hotels sind Familienbetriebe, Hotelketten sind jedoch auch vertreten. An den Wochenenden und im Sommer findet man viele Sonderangebote. In Stockholm, Malmö und Göteborg stehen das ganze Jahr über günstige Pauschalangebote zur Verfügung. **Kategorien:** Es gibt kein offizielles Klassifizierungssystem, Spitzenhotels sind jedoch im allgemeinen am *SHR*-Zeichen zu erkennen, das anzeigt, daß sie dem Schwedischen Hotel- und Gaststättenverband angehören. Anschrift: *Sveriges Hotell och Restaurang Företagarna*, Kammakargatan 39, Box 1158, S-111 81 Stockholm. Tel: (08) 23 12 90. Telefax: (08) 21 58 61.
Hotels der Touristenklasse: In ganz Schweden gibt es zahlreiche Landhotels, die für ihre gute Küche bekannt sind. Einige sind renovierte Herrenhäuser oder Bauernhöfe, die Jahrhunderte alt sind und seit Generationen derselben Familie gehören. Andere sind alte Gasthäuser. Sie liegen häufig in einer landschaftlich besonders reizvollen Umgebung, an Seen, am Meer, in den Bergen oder in malerischen alten Städtchen. Im Sommer bieten viele Hotels ihren Gästen die Möglichkeit zum Schwimmen, Angeln, Golfspielen oder organisieren Ausflüge für Vogelfreunde und für Urlauber, die mehr über die heimische Pflanzenwelt wissen möchten.
Berghotels: Wer einmal ganz abschalten will, für den ist die Einsamkeit der schwedischen *Fjälls* oder Berge ideal. Man kann in Berghotels übernachten und von hier aus Bergtouren unternehmen. Bergtouren mit Führer, Angel- und Kanuausflüge sowie Trimm-Dich-Programme werden angeboten. Viele dieser Hotels werden im Winter als Skihotels genutzt.
Ermäßigungen: Einige Hotelketten haben besondere Pauschalangebote, die im voraus gebucht werden können. Im Sommer und an Wochenenden werden z. T. Ermäßigungen bis zu 50% gewährt. Es gibt u. a. das Scandic-Hotelscheck-System und den Sweden Hotel Pass. Die Schwedischen Informationsbüros in Hamburg und Zürich verschicken auf Anfrage einen jährlich erscheinenden Hotelführer (*Hotels in Schweden*), der alle Einzelheiten enthält.
URLAUB AUF DEM BAUERNHOF: In ganz Schweden besteht die Möglichkeit, geruhsame naturverbundene Ferien auf ausgesuchten Bauernhöfen zu verbringen. Das Angebot ist jedoch noch relativ begrenzt, die Unterkünfte befinden sich entweder im Hauptgebäude oder in Anbauten bzw. Nebengebäuden. Normalerweise wird Übernachtung mit Frühstück angeboten; Kochgelegenheiten für die anderen Mahlzeiten sind vorhanden. Einige Höfe bieten auch Vollpension an. Buchung durch die örtlichen Fremdenverkehrsämter. Ein Verzeichnis über Urlaub auf dem Bauernhof erhalten Sie bei *LRF Lantbrukarnas Riksförbund*, Klara Östra Kyrkogata 12, S-105 33 Stockholm. Tel: (08) 787 50 00. Telefax: (08) 411 01 98, 20 08 32.
FERIENHÄUSER und Blockhütten mitten im Wald findet man im ganzen Land. Sie befinden sich in landschaftlich schönen Gegenden, in der Nähe von Seen, auf ruhigen Waldlichtungen oder abgelegenen Inseln. Die Ferienhäuser sind zumeist nach strengen Vorschriften der örtlichen Behörden entworfen, sanitäre Anlagen und Standard sind dementsprechend gut. Wohnzimmer, zwei oder drei Schlafzimmer, Toilette sowie eine gutausgestattete Küche sind die Regel. Bis zu sechs Personen können untergebracht werden; Besteck, Küchengerät, Laken und Kopfkissen werden gestellt. Die Gäste brauchen nur Bettdecken und Handtücher mitzubringen. Die Blockhütten sind etwas einfacher ausgestattet. In abgelegenen Gegenden kann man auch renovierte Bauernhöfe und kleine Landhäuser mieten. Bettwäsche, Kopfkissen und Küchengerät sind vorhanden. **Feriendörfer:** Es gibt 250 Feriendörfer in Schweden für Urlauber, die gerne rundum versorgt sein möchten. Geschäfte und Lebensmittelläden gehören zu den Anlagen, einige bieten auch Freizeitzentren, Schwimmbäder, Saunen, Waschsalons, Kinderspielplätze, Minigolf, Tennis-, Badminton- und Volleyballplätze. Aktiv- und Freizeitprogramme (Tanz, Musik, Grillabende, Reiten, Angeln, Wandern auf markierten Wegen und andere Ausflüge) gehören oft zum Angebot. Man kann auch Boote und Fahrräder mieten. Die Mietpreise richten sich nach Standard, Größe und Lage des Hauses. In der Hauptsaison (Mitte Juni - Mitte August) und während der schwedischen Winterschulferien (Februar) sind die Mietpreise höher. Einige Veranstalter bieten Pauschalreisen an, bei denen neben der Miete auch schon die Autofähre nach Schweden im Preis mit inbegriffen ist. Weitere Informationen über Ferienhäuser und -wohnungen sind von Reiseveranstaltern oder den örtlichen Fremdenverkehrsämtern erhältlich.
CAMPING ist bei schwedischen Familien sehr beliebt, und es gibt eine Vielzahl von gut ausgestatteten Campingplätzen. Die meisten Plätze liegen am Seeufer oder am Meer, so daß man schwimmen oder Boot fahren kann. Es gibt über 700 ausgewiesene Zeltplätze, die vom Schwedischen Fremdenverkehrsamt klassifiziert wurden. Viele haben eine Boots- und Fahrradvermietung, Minigolf- und Tennisplätze und Saunen.
50 Campingplätze befinden sich in den Bergen, 12 davon liegen jenseits des Polarkreises, wo die Sonne im Sommer nicht untergeht. Auf etwa 180 Plätzen gibt es Einrichtungen für Behinderte. Zwischen dem 1. Juni und dem 15. August ist die Hauptsaison, in dieser Zeit stehen dem Besucher alle Einrichtungen zur Verfügung. Viele Plätze öffnen bereits im April oder Mai, oft sind dann jedoch einige der Einrichtungen (z. B. das Postamt) noch geschlossen. Etwa 200 Plätze sind auch im Winter geöffnet, besonders in den Wintersportgebieten Nord- und Mittelschwedens. Alle Campingplätze, die im Winter geöffnet haben, haben Stromanschlüsse für Wohnwagen. Campingurlaub in Schweden ist preiswert. Der Preis für eine Übernachtung in bereitgestellten Zelten oder Wohnwagen ist im europäischen Vergleich erstaunlich niedrig. Auf einigen Plätzen muß man aber für die Benutzung der Duschen und Waschsalons extra bezahlen. Eine Camper-Karte *(Campingkort)* wird auf den mei-

Europabuss

50jährige Erfahrung in Transport speziell für die Reiseindustrie

- ◊ Längere Ausflüge
- ◊ Stadtrundfahrten
- ◊ Hotelbuchungen
- ◊ Führer
- ◊ Reisebuscharter
- ◊ Transfers
- ◊ Urlaubsprogramme nach Wunsch

Einige unserer Gruppenangebote

12tägige Rundreise durch Schweden und Norwegen, mit 4 Übernachtungen in Stockholm, jeweils 1 Übernachtung in Lillehammer und Bergen, jeweils 2 Übernachtungen in Oslo und Göteborg. Preise ab 595 DM pro Person. Übernachtung in erstklassigen Hotels, inkl. Frühstück.

7 Tage Schweden mit Bootsfahrt auf dem Göta Kanal, 4 Übernachtungen in Stockholm und eine in Göteborg. Preise ab 399 DM pro Person. Übernachtung in erstklassigen Hotels, inkl. Frühstück.

7 Tage Lachsangeln in Blekinge/Schweden. Freuen Sie sich auf Angeln im Mörrum-Fluß oder auf Fischtrolling in der Hanö-Bucht vor Karlshamn. Letzteres ist zu einer internationalen Attraktion geworden. Der weltgrößte atlantische Lachs kann hier gefangen werden – der schwerste bisher wog 58 kg. Preise ab 375 DM pro Person. Übernachtung in erstklassigen Hotels, inkl. Frühstück.

Weitere Auskünfte von:
Europabuss Reisebureau AB, Box 545, Kattsundsgatan 15, S-201 25 Malmö, Schweden
Tel: 46-40.23 86 00   Telefax: 46-40.23 60 22

Schweden – Dänemark – Norwegen – Finnland

Für eine unübertroffene Auswahl an schwedischem Kristall mit Garantie-Anlieferung und Versicherung, heißen wir Sie herzlich in unseren Geschäften und Galerien willkommen.
Für weitere Informationen und eine Ausgabe unseres Kataloges, rufen Sie uns an.

ZENTRUM – KUNGSGATAN 9, 111 43 STOCKHOLM, SCHWEDEN. TEL: 46-8-10 43 72.
ALTSTADT – ÖSTERLÅNGGATAN 1, 111 31 STOCKHOLM, SCHWEDEN. TEL: 46-8-10 77 18.

sten Plätzen verlangt; wer noch keine hat, kauft sie auf dem ersten Campingplatz, sie gilt dann für die ganze Saison. Man kann sie auch direkt beim Schwedischen Campingverband (SCR) bestellen (Adresse s. u.). Internationale Campingkarten sind ebenfalls gültig. Die schwedischen Campingplätze gehören, was das Angebot an Einrichtungen und die Sauberkeit angeht, zu den besten in Europa. Die ausgewiesenen Zeltplätze, die einmal im Jahr vom Schwedischen Fremdenverkehrsverband überprüft werden, sind in drei Kategorien aufgeteilt:
3 Sterne: Alle Einrichtungen wie o. a., außerdem 24-Std.-Bewachung, Postdienst, Autowaschanlage, Cafeteria, Kochmöglichkeiten, Spielprogramm und Freizeitangebote sowie ein Gemeinschaftsraum.
2 Sterne: Alle Einrichtungen wie o. a., außerdem Tagesbewachung, Gelände ist eingezäunt und nachts beleuchtet, Telefon, Abflußrohre und Stromanschluß für Wohnwagen, Steckdosen für Rasierapparate, Kiosk und Lebensmittelgeschäft.
1 Stern: Tägliche Inspektion, Schranke am Eingang, Abfallbehälter, Trinkwasser, WCs, Waschgelegenheiten, heißes Wasser zum Abwaschen, Waschen und Duschen. *Camping-Schecks* sind auf rund 500 Campingplätzen gültig, sie können bereits im voraus gekauft werden, jedoch nur zusammen mit der Rückfahrkarte für die Autofähre. Jeder Scheck gilt für eine Familienübernachtung, einschl. Auto und Zelt oder Wohnwagen. Wohnwagen und Wohnmobile kann man auch mieten. Wildes Campen ist außer auf Acker- und Weideland vorübergehend ebenfalls erlaubt. Es ist zu beachten, daß Motorfahrzeuge nur auf befestigten Wegen fahren dürfen.
Weitere Informationen erhalten Sie von *Sveriges Campingvärdars Riksförbund* (Zentrale der Campingplätze SCR), Box 255, S-451 17 Uddevalla. Tel: (0522) 3 93 45. Telefax: (0522) 64 24 30.
Campinggas ist in Schweden nur schwer erhältlich, man nimmt am besten einen Vorrat mit. Das Gas der schwedischen Firmen *Primus* und *Sievert* kann man normalerweise an den Tankstellen zum Nachfüllen kaufen.
CAMPING-KABINEN sind eine gute Alternative zu Zelten und Wohnwagen. Auf 350 Zeltplätzen gibt es 4400 Wohnkabinen. Sie haben zwischen zwei und sechs Betten, Kochgelegenheiten und Küchengeräte sind vorhanden (Bettzeug wird jedoch nicht gestellt). Es können alle Einrichtungen des Campingplatzes benutzt werden.
JUGENDHERBERGEN: Die schwedischen Jugendherbergen *(Vandrarhem)* sind vielfach zweckmäßige Gebäude, manche sind jedoch auch in Herrenhäusern untergebracht. Die interessanteste Jugendherberge ist wohl die *Af Chapman*, ein renoviertes Segelschiff, das mitten in Stockholm vor Anker liegt. Es gibt keine Altersbegrenzung. 2- und 4-Bettzimmer, Familienzimmer und Kochgelegenheiten sind stets vorhanden. Die Jugendherbergen werden vom *STF* (*Svenska Turistföreningen*) betrieben, auch Mitglieder ausländischer Jugendherbergswerke erhalten unter Vorlage des Mitgliedsausweises einen Preisnachlaß. Alle Jugendherbergen haben im Sommer geöffnet, manche auch ganzjährig. Sie sind tagsüber geschlossen, Neuankömmlinge können jedoch zwischen 08.00-09.30 und 17.00-22.00 Uhr an der Rezeption ein Bett reservieren. Im Sommer empfiehlt sich Vorausbuchung. Pro Jugendherberge sind maximal fünf Übernachtungen erlaubt. Ein Adressenverzeichnis der Jugendherbergen ist vom *STF* (s. u.) erhältlich. Die Herbergen sind auch im »Internationalen Jugendherbergshandbuch« aufgeführt, das vom Jugendherbergswerk erhältlich ist.
SVENSKA TURISTFÖRENINGEN (Schwedischer Tourismusverband): Der *STF* betreibt nicht nur Schwedens Jugendherbergen, sondern unterhält auch viele Bergstationen sowie Berghütten an den langen Bergwanderwegen. Der STF veröffentlicht eine Liste der Gästeunterkünfte (Herbergen, Berghütten usw.) und gibt Empfehlungen für Bergwanderer und Kanusportler heraus. Adresse: *STF*, Box 25, S-101 20 Stockholm. Tel: (08) 790 31 00. Telefax: (08) 789 19 38.

URLAUBSORTE & AUSFLÜGE

Schweden ist das ideale Urlaubsland für Naturfreunde. Knapp 50% des Landes sind bewaldet, und die zahlreichen Seen bieten gute Wassersportmöglichkeiten. Reizvolle historische Städte, interessante prähistorische Stätten mit Felszeichnungen, faszinierende Zeugnisse der Wikingerzeit und die urwüchsige Naturlandschaft, vor allem in Nordschweden, gehören zu den touristischen Hauptattraktionen. Fast jede Ortschaft hat ein hübsches Heimatmuseum, in dem man einen Einblick in die lokale Volkskunst erhält.

Stockholm und Umgebung

Stockholm wurde vor 700 Jahren auf 14 Inseln von König Birger Jarl an jenem Punkt gegründet, an dem sich das Süßwasser des Mälar-Sees *(Mälaren)* mit dem Salzwasser der Ostsee mischt. Einen Stadtbummel beginnt man am besten in der Altstadt (*Gamla Stan*), deren schöne alte Häuser und mit Kopfstein gepflasterte Gassen einen lebhaften Eindruck vom alten Stockholm vermitteln. Die Gebäude sind gut erhalten und schön anzusehen. Die Hauptstraßen *Österlånggatan* und *Västerlånggatan* sind Fußgängerzonen, in denen Boutiquen, Kunstgewerbe- und Antiquitätenläden zum Schaufensterbummel einladen. In der Altstadt stehen drei historisch interes-

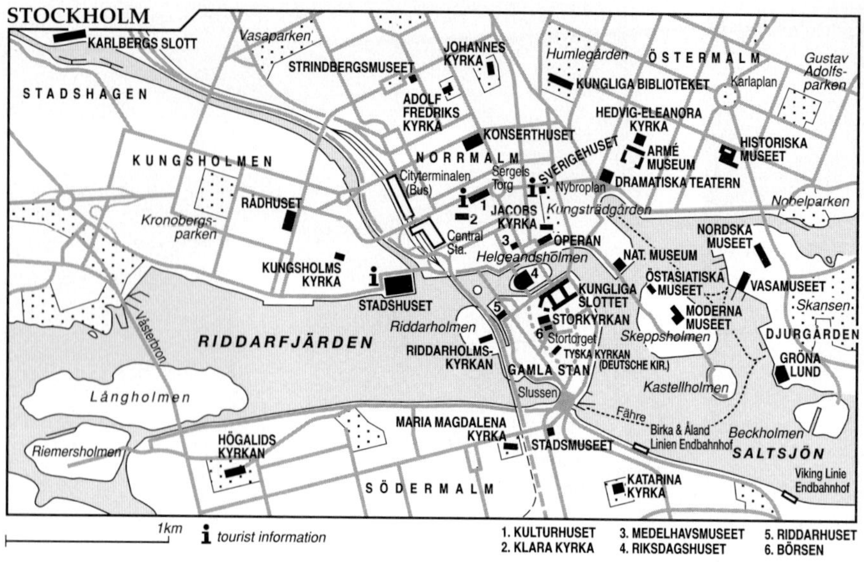
STOCKHOLM
KARLBERGS SLOTT
Vasaparken
STRINDBERGSMUSEET
JOHANNES KYRKA
Humlegården
ÖSTERMALM
Gustav Adolfs-parken
STADSHAGEN
ADOLF FREDRIKS KYRKA
KUNGLIGA BIBLIOTEKET
Karlaplan
HEDVIG-ELEANORA KYRKA
KONSERTHUSET
KUNGSHOLMEN
NORRMALM
SVERIGEHUSET
ARMÉ MUSEUM
HISTORISKA MUSEET
Cityterminalen (Bus)
Sergels Torg
Nybroplan
DRAMATISKA TEATERN
RÅDHUSET
JACOBS KYRKA
Kungsträdgården
Nobelparken
Kronobergsparken
Central Sta.
OPERAN
NORDSKA MUSEET
Helgeandsholmen
NAT. MUSEUM
KUNGSHOLMS KYRKA
ÖSTASIATISKA MUSEET
VASAMUSEET
KUNGLIGA SLOTTET
STADSHUSET
MODERNA MUSEET
Skansen
Riddarholmen
STORKYRKAN
Stortorget
Skeppsholmen
DJURGÅRDEN
RIDDARFJÄRDEN
RIDDARHOLMS-KYRKAN
TYSKA KYRKAN (DEUTSCHE KIR.)
GRÖNA LUND
GAMLA STAN
Västerbron
Långholmen
Kastellholmen
Slussen
Fähre
Birka & Åland Linien Endbahnhof
Beckholmen
Riemersholmen
HÖGALIDS KYRKAN
MARIA MAGDALENA KYRKA
STADSMUSEET
SALTSJÖN
KATARINA KYRKA
Viking Linie Endbahnhof
SÖDERMALM
1km
tourist information
1. KULTURHUSET
2. KLARA KYRKA
3. MEDELHAVSMUSEET
4. RIKSDAGSHUSET
5. RIDDARHUSET
6. BÖRSEN

sante Kirchen. Die *Storkyrkan* und die *Riddarholmskyrkan* stammen aus dem 13. Jahrhundert, das Interieur der deutschen Kirche *(Tyska kyrkan)* ist von barocker Pracht. Auf der anderen Hafenseite befindet sich das Königliche Schloß (*Kungliga Slottet*) mit den Prunksälen, den Kronjuwelen, dem Staatssaal, der königlichen Kapelle, der königlichen Waffenkammer und dem Palastmuseum. Das elegante Rathaus (*Stadshuset*) wurde vor 70 Jahren eingeweiht und liegt am Ufer des Mälaren, nahe der Altstadt. Von der Spitze des 100 m hohen Turmes hat man einen guten Rundblick über die Stadt. Ein anderer guter Aussichtspunkt ist die Aussichtsplattform des 155 m hohen *Kaknäs-Fernsehturms*, des höchsten Gebäudes Skandinaviens.
Die Insel **Djurgården** kann man mit dem Bus (vom Stadtzentrum) oder mit der Fähre erreichen. Die bekannteste Sehenswürdigkeit der Insel ist das *Vasamuseum*, in dem das 360 Jahre alte Holzkriegsschiff ausgestellt ist, das 1628 bei seinem Stapellauf versank und 1961 im Stockholmer Hafen gefunden wurde. Das *Skansen*, ein hochinteressantes Freilicht-Folkloremuseum, das 1991 sein hundertjähriges Bestehen feierte, befindet sich ebenfalls auf Djurgården. Über 150 Gebäude aus allen Regionen Schwedens vermitteln einen Eindruck der traditionellen Bauweise in den verschiedenen Landesteilen. Ein Zoo sowie ein Aquarium sorgen für weitere Abwechslung. Auf der anderen Straßenseite liegt der *Gröna Lund Tivoli*, ein Vergnügungs- und Freizeitpark, in dem es meistens hoch hergeht.
Stockholm hat über 150 Museen; 8 davon liegen im Bezirk Djurgården, darunter auch das Nordische Museum (*Nordiska Museet*), das Waldemarsudde Haus, in dem bis 1947 Prinz Eugen, der »malende Prinz«, wohnte, und die *Liljevalchs Konsthall*. Im Historischen Museum (*Historika Museet*) sind prähistorische Schätze und Werkzeuge sowie Kunstgegenstände aus dem Mittelalter ausgestellt. Das Nationalmuseum beherbergt Schwedens bedeutendste Sammlung von Gemälden, Skulpturen, Drucken, Zeichnungen und Designs. Die *Stockholmkortet* (Stockholmkarte) gewährt Besuchern freie Fahrt auf allen öffentlichen Verkehrsmitteln im Großraum Stockholm; eine Stadtrundfahrt wahlweise mit Bus oder Schiff gehört zu den Vergünstigungen, ebenso wie freier Eintritt in Museen, ins Königliche Schloß und viele weitere Sehenswürdigkeiten Stockholms und Umgebung. Die Karte ist u. a. im Stockholmer Touristenzentrum im *Sverigehuset* (Schwedenhaus) erhältlich. Gültigkeitsdauer: ab 24 Stunden bis zu mehreren Tagen. Im *Kungsträdgården* finden im Sommer Rockkonzerte statt, der Eintritt ist frei. Beliebter Treffpunkt der Stockholmer ist das schöne *Café Opera*.
Ausflüge: Mit den Fahrgastschiffen der Stockholmer Schiffahrtsbetriebe kann man unzählige Ausflugs- und Entdeckungsfahrten unternehmen. »Unter den Brücken von Stockholm« ist eine Rundfahrt durch einen Teil des Hafens und über den Mälaren. Eine längere Fahrt führt in die herrlichen Schären mit Zwischenhalt in den Urlaubsorten **Sandhamn**, **Saltsjöbaden** und **Vaxholm**. Man kann auch eine Bootsfahrt vom Rathaus zum *Schloß Drottningholm* unternehmen, das auf einer kleinen Insel im Mälaren liegt. Hier steht auch das *Königliche Theater*, das im 18. Jahrhundert erbaut wurde und bis heute unverändert geblieben ist. Die Aufführungen finden in zeitgenössischen Kostümen statt. Im Theatermuseum kann man die Entwicklung des schwedischen Theaters seit der Renaissancezeit verfolgen.

Göteborg

Die Geschichte der zweitgrößten Stadt Schwedens ist eng mit dem Meer verbunden. Viele der zahlreichen Besucher Schwedens kommen auch heute noch im Göteborger Hafen an. Die Stadt wurde von holländischen Architekten entworfen, die breiten Straßen sind im rechten Winkel zueinander angelegt, und ein Netz von Kanälen durchzieht die Stadt. Im Bezirk *Nordstaden* liegt das älteste Gebäude der Stadt, das *Kronhuset* (1643), das heute das Stadtmuseum beherbergt. In der Nähe liegen die *Kronhusbodarna*, Kunst- und Handwerkstätten aus dem 18. Jahrhundert. Der Botanische Garten (*Botaniska Trädgården*) ist auf jeden Fall einen Besuch wert; der Steingarten gehört zu den schönsten der Welt, das Alpinum hat über 3000 verschiedene Bergpflanzen. Das kürzlich restaurierte Palmenhaus im schönen *Trädgårdsföreningen*-Park in der Stadtmitte ist ebenfalls sehenswert. Der Liseberg-Vergnügungspark mit dem berühmten Riesenrad ist ideal für Kinder. Es gibt viele Museen – das Schiffahrtsmuseum (*Sjöfartsmuseet*), das Schwedens maritime Geschichte und die Entwicklung des Schiffbaus darstellt, ist eines der interessantesten. Im Kunstmuseum hängen u. a. Gemälde von Rembrandt, Rubens, Picasso und natürlich Carl Larsson. Auf der Prachtstraße *Avenyn* kann man in den Straßencafés sitzen und dem bunten Treiben zusehen. Mit der *Göteborgskortet* hat man freie Fahrt mit allen öffentlichen Verkehrsmitteln in der City, freien Eintritt in die städtischen Museen und den Liseberg-Park und kommt in den Genuß vieler anderer Vergünstigungen. Sie ist im Touristenbüro erhältlich und ist ab 24 Stunden bis zu mehreren Tagen gültig.
Ausflüge: Auf einer Rundfahrt mit den bekannten *Paddan*-Schiffen kann man die Sehenswürdigkeiten der Stadt am besten kennenlernen. Ablegestelle ist der *Kungsportsplatsen*, die Fahrt dauert 1 Std. und führt unter 20 Brücken hindurch zum geschäftigen Hafen. Eine andere beliebte Fahrt führt zur Festung *Nya Elfsborg* (17. Jh.), die auf einer Insel an der Hafeneinfahrt gebaut wurde. Stadtrundfahrten mit dem Bus werden in verschiedenen Sprachen angeboten. Die Dauer ist unterschiedlich. Mit dem 24-Stunden-Ticket der Straßenbahn kann man die Stadt auf eigene Faust erkunden. Göteborg ist Ausgangspunkt für die 3-Tage-Rundfahrt nach Stockholm, durch das Seengebiet und zum historischen Göta-Kanal.
Urlaubsorte: Vgl. *Westküste* (s. u.).

Skåne

An der Südspitze Schwedens liegt die fruchtbare Region Skåne (Schonen), die bis 1658 zu Dänemark gehörte. Man spricht noch heute einen eigenen Dialekt in Skåne, und die über 200 Burgen, Schlösser und Herrenhäuser, die manchmal Teile von großen Gutshöfen sind, erinnern an die dänische Herrschaftszeit. Die Küche dieser Gegend ist weithin bekannt, die Landschaft besteht aus hügeligem Acker- und Weideland, Wäldern, aber nur wenigen Seen. Ost-, Süd- und Westküste bieten gute Bade- und Angelmöglichkeiten. Die engen Straßen im Hinterland sind ideal für Radfahrer. Skåne hat einige der schönsten Golfplätze Schwedens. **Malmö** ist eine freundliche Stadt mit idyllischen Kanälen und Plätzen. Besonders sehenswert ist das imposante Renaissance-Rathaus und das Schloß. Die *Malmökortet* bietet Besuchern diverse Vergünstigungen, u. a. freie Fahrt mit den regionalen Bussen und freien Eintritt in Museen, und ist vom Fremdenverkehrsamt in Malmö erhältlich.
Ausflüge: Die mittelalterliche Stadt **Lund** hat einen dreifschiffigen romanischen Dom (12. Jh.). Sehenswert sind außerdem die astrologische Uhr aus dem 14. Jahrhundert, die Universität und das Kulturhistorische Museum.
Urlaubsorte: Malmö, Lund, Helsingborg, Ystad, Falsterbo, Mölle und Båstad.

Im Land des Schwedenglases

Böhmische Einwanderer begründeten im 18. Jahrhundert in **Småland**, nördlich von Skåne, Schwedens Glasindustrie. In Orrefors, Kosta/Boda und anderen Glashütten

arbeiten die Glasbläser auch heute noch nach traditionellen Methoden. Småland ist eine große Provinz, und das »Glasreich« ist nur ein kleiner Teil davon. Es ist ein schönes Urlaubsgebiet mit dichten Wäldern, malerischen Seen und gewundenen Straßen, an denen hie und da ein rotes Holzhaus zu sehen ist. Am Stadtrand von **Vimmerby**, dem Geburtsort der beliebten Kinderbuchautorin Astrid Lindgren, können sich große und kleine Kinder die »Villa Kunterbunt« und den Bauernhof der »Kinder von Bullerbü« in dem Freizeitpark *Astrid Lindgrens Welt* einmal näher anschauen. In der Provinz **Blekinge** ist die Landschaft lieblicher, und große Eichenwälder laden zu ausgedehnten Spaziergängen ein. Einer der schönsten Fernwanderwege, der 240 km lange *Blekingeled*, führt quer durch die Provinz. An der Ostseeküste liegen viele reizvolle Küstenstädte. Der Mörrumsån-Fluß ist für Lachs und Seeforellen und der Vättern für Saibling bekannt. 75% der schwedischen Glasarbeiten kommen aus der Umgebung von **Växjö** und **Kalmar.** Beide Orte liegen etwas abseits inmitten ausgedehnter Wälder und ziehen jedes Jahr viele Besucher an.
Ausflüge: Mo-Fr 08.00-15.00 Uhr sind die Glashütten Besuchern zugänglich, und man kann den Handwerkern bei der Arbeit zuschauen. Die meisten Glashütten haben ihre eigenen Geschäfte. Bootsfahrten werden zur *Visingsö-Insel* und zum Vättern angeboten. Auf der reizvollen Ostseeinsel Öland gibt es eine Festung (s. u.).
Urlaubsorte: Sölvesborg, Karlshamn, Ronneby, Karlskrona, Ljungby, Värnamo, Gränna, Oskarshamn, Västerrik, Jönköping, Växjö und Kalmar.

Die Westküste

Halland ist eine lange schmale Provinz, die sich an der Westküste entlangzieht. Im Gegensatz zur Nachbarprovinz Bohuslän (s. u.) ist die Landschaft lieblich mit kilometerlangen Sandstränden, die oft von Kiefernwäldern gesäumt sind. Die Landschaft im Landesinneren verändert sich an den Ausläufern des Tafellandes von Småland, hier findet man Täler und Gebirgskämme, weitläufige Waldgebiete und heidekrautbewachsene Moore. Interessante Ausflugsziele sind **Kungsbacka**, ein Marktort im Norden der Provinz, und die nahegelegene *Onsala-Halbinsel*, auf der man wunderbar baden, segeln und angeln kann. **Fjärås Bräcka** ist ein ungewöhnlicher Kiesbergkamm, der aus der Eiszeit stammt. Weiter südlich liegt **Varberg**, einer der größten Badeorte Hallands, der von einer Festung aus dem 13. Jahrhundert überragt wird. Weitere schöne Urlaubsorte sind **Falkenberg** und **Tylösand** mit einem langen, von Dünen und Kiefern vor dem Wind geschützten Sandstrand. Die Hauptstadt Hallands ist die bedeutende Hafen- und Industriestadt **Halmstad**. Die Gewässer der Westküste werden durch den Golfstrom erwärmt, ein Strandurlaub bietet sich daher an. In der Provinz **Bohuslän** gibt es viele idyllische Orte, an denen man sonnenbaden und den Alltag vergessen kann. Die Küste hat unzählige Buchten und Hunderte von Felseninseln. An der Küste findet man malerische Dörfer mit den typischen rotangestrichenen Holzhäuschen, vor denen die Netze zum Trocknen aufgehängt werden. Die Geschichte dieser Region reicht weit zurück, und man stößt auf viele Relikte aus der Bronze- und Wikingerzeit.
Im Süden der schwedischen Westküste zwischen **Strömstad** und **Laholm** gibt es viele schöne Urlaubsorte mit langgestreckten, flachen Sandstränden, Felsenküsten und geschützten Buchten. Im Hinterland bestimmen Wiesen und kleine Fischerdörfer das Landschaftsbild.
Urlaubsorte: Göteborg (s. o.), Halmstad, Lysekil, Tylösand, Falkenberg, Varberg, Bovallstrand, Hunnebostrand, Kungshamn und Smögen sowie die Inseln Orust und Tjörn.

Gotland und Öland

Die beiden größten Inseln Schwedens liegen in der Ostsee, südöstlich des schwedischen Festlandes. Hier gibt es mehr Sonnenschein als sonstwo in Schweden, viele Schweden verbringen daher hier ihren Sommerurlaub, und die Strände sind oft ziemlich überfüllt. Die Inseln sind besonders für Vogel- und Blumenliebhaber interessant, und man findet viele historische Städtchen und Stätten (u. a. prähistorische Fluchtburgen und Gräber). Es gibt täglich mehrere Fährverbindungen zu beiden Inseln, Öland kann man auch mit dem Bus über die längste Brücke Europas (bei Kalmar) erreichen. Auf der Insel kann man überall Fahrräder mieten.
Ausflüge: Man findet auf beiden Inseln faszinierende Stätten aus der Stein-, Bronze- und Eisenzeit. Auf **Gotland** befinden sich die eindrucksvollen Lummelunda-Tropfsteinhöhlen. **Kattlundsgård** ist eine schöne mittelalterliche Stadt. Der historische Stadtkern der zauberhaften alten Hansestadt **Visby** ist von einer mittelalterlichen Ringmauer umgeben, an der sich Rosen emporranken. Ausflugsziele auf **Öland:** Die Königliche Sommerresidenz bei Solliden, die Burg Borgholm, die restaurierte mittelalterliche Kirche in Gärdslösa; das kürzlich ausgegrabene befestigte Dorf bei Eketorp sowie zahlreiche Runensteine der Wikinger und Windmühlen.
Urlaubsorte: Visby und Borgholm.

Das schwedische Seengebiet

Die »Wiege der schwedischen Kultur« liegt in den neun Provinzen **Västergötland**, **Dalsland** und **Värmland** im Westen, **Närke**, **Västmanland** und **Dalarna** im Norden und **Östergötland**, **Södermanland** und **Uppland** im Osten. Die Mehrheit der Bevölkerung Schwedens lebt im Seengebiet, und die Auswahl an Hotels, Campingplätzen und Pensionen auf dem Land ist gut.
Ebenen, Wiesen und große Seen bestimmen das Landschaftsbild. In den westlichen Provinzen liegt der größte See Schwedens, der Vänern. Auch im Osten und Norden gibt es viele Seen, der Mälaren, der Hjälmaren und der Siljansjö sind die größten. Die Ostseeküste bietet weitere Urlaubsmöglichkeiten.
Ausflüge: In **Västergötland** kann man das *Schloß Läckö* besichtigen, den Trollhätte-Kanal Richtung Göteborg und Westküste entlangschippern, Kanu fahren und angeln. Im Norden der Provinz beginnt der *Tiveden*, einer der schönsten schwedischen Nationalparks.
Närke: Sehenswert sind das *Stjernhov-Herrenhaus* und ein im 17. Jahrhundert erbautes Gasthaus bei Grythyttan im Västmanland. **Dalarna** ist ein beliebtes Reiseziel für Touristen aus dem In- und Ausland. In den hübschen Ortschaften am malerischen *Siljansjö* findet im Sommer ein vielbesuchtes Musikfestival statt. Freunde des schwedischen Malers Carl Larsson können auf einer Führung sein Haus und seinen Garten in Sundborn bei Falun besichtigen. Die Provinz ist bekannt für ihr Kunstgewerbe – erinnert sei nur an die geschnitzen Dala-Pferdchen – und die folkloristischen Traditionen, die hier noch lebendig sind. Dalarna ist auch ein ideales Wandergebiet. Auf der **Sollerön**-Insel befinden sich Wikingergräber, und in **Kolmården** gibt es einen Zoo und einen Safaripark. *Schloß Gripsholm*, von Kurt Tucholsky so herrlich beschrieben, liegt im **Södermanland**. In **Östergötland**, dem Ausgangspunkt des Göta-Kanals, kann man Stille und Einsamkeit auf einem der vielen Schäreninselchen genießen. Weitere interessante Urlaubsziele sind die schöne alte Universitätsstadt **Uppsala** (Schloß, mächtiger Dom und bedeutende Universitätsbibliothek) und das Barockschloß *Skokloster*.
Urlaubsorte: Skara, Karlstad, Lidköping, Örebro, Askersund, Grythyttan, Rättvik, Leksand, Vadstena, Linköping, Tällberg, Sunne, Mariefred (Grab des Schriftstellers Kurt Tucholsky, der hier 1935 starb), Uppsala, Sigtuna und Björkön.

Die Ostküste (nördlich von Stockholm)

Dieser Teil der Ostseeküste erstreckt sich über 1500 km bis zur finnischen Grenze. Die Provinz **Gästrikland** mit ihren Fichtenwäldern liegt im Süden. Nördlich davon liegt **Hälsingland**, ein Gebiet mit großen Seen, herrlichen Aussichtspunkten und den für die Region typischen Herrenhäusern aus Holz. **Medelpad,** das heute eines der am stärksten industrialisierten Gebiete Schwedens ist, war früher ein wichtiges Zentrum der Forstwirtschaft. Es gibt jedoch auch hier noch viele ursprüngliche Landstriche, in denen man Ferienhäuser mieten und nach Herzenslust angeln kann. Die Gegend ist reich an prähistorischen Stätten und Relikten alter Kulturen.
In der Provinz **Ångermanland** erwartet den Besucher eine der schönsten Landschaften in ganz Schweden mit Wäldern, Seen, Inseln, Fjorden sowie Bergen, deren Hänge dramatisch zum Meer hin abfallen. Wer unberührte Natur sucht, sollte nach **Västerbotten** fahren. Die Küste **Norrlands** (die »schwedische Riviera«) ist bestens für einen Erholungsurlaub geeignet. Im Hinterland gibt es viele klare Seen und fischreiche Flüsse. Gute Straßen führen ins südliche Lappland. Weiter an der Küste entlang findet man bei **Lövånger** Hunderte von renovierten Holzhäusern, die an Urlauber vermietet werden. Am Polarkreis sind die Wasser- und Lufttemperaturen im Sommer ähnlich angenehm wie am Mittelmeer, und es gibt viel Sonnenschein.
Norrbotten mit seinen vielen Bergflüssen ist ein Paradies für Angler. Hochseeangeln ist ebenfalls möglich.
Urlaubsorte: Furuvik, Gävle, Söderhamn, Hudiksvall, Bollnäs, Ljusdal, Arbrå, Järvsö, Sundsvall, Härnösand, Ramsele, Umeå, Piteå, Luleå und Boden.

Lappland

Im riesigen Gebiet **Lapplands**, einer der am wenigsten erschlossenen Regionen Europas, leben nur 5% der schwedischen Bevölkerung auf 25% der Gesamtfläche Schwedens. Die Landschaft ist zugleich einladend und unwirtlich. Bergwanderer, die die markierten Wege verlassen, tun dies auf eigene Gefahr. Die bekannteste Route heißt *Kungsleden* und bietet erfahrenen Bergwanderern die Möglichkeit, Schwedens höchsten Gipfel, den *Kebnekaise*, zu besteigen. Andere beliebte Wanderwege befinden sich in den Nationalparks *Sarek* (dramatische Hochgebirgslandschaft, jedoch keine Wanderwege oder Hütten) und *Padjelanta* (größter schwedischer Nationalpark, herrliche Hochgebirgslandschaft mit großen Seen, markierten Wanderwegen und Hütten). Im Westen steigen die Berge zur norwegischen Grenze hin an, und das Wetter ist sehr veränderlich.
Jämtland grenzt an das südliche Lappland; Skifahrer und im Sommer Bergwanderer und Angler kommen hier auf ihre Kosten. **Härjedalen** ist für seine Tierwelt bekannt. Bussarde, Rentiere, Biber, Luchse und Schwedens einzige Moschusochsenherde sind hier anzutreffen.
Ausflüge: In **Gällivare** halten die Lappen ihre Jahresmärkte ab. Eine Sammlung der lappischen Kunst und Kultur ist in **Jokkmokk** zu finden sowie ein *Lapp Staden*, ein altes Dorf aus 70 konischen lappischen Hütten. In **Arjeplog** gibt es ein interessantes Museum der lappischen Kultur. Einen Friedhof aus der Eisenzeit und eine mittelalterliche Kirche findet man auf der Insel **Frösö**. Mit einer Seilbahn kann man von **Åre** zum Gipfel des Åreskutan fahren.
Urlaubsorte: Kiruna, Gällivare, Jokkmokk, Arvidsjaur, Ammarnäs, Tärnaby, Åre, Storlien, Storuman, Sylarna, Blåhammaren und Östersund. Åre und Storlien sind zwei der bekanntesten Skiorte.

SOZIALPROFIL

ESSEN & TRINKEN: Die Restaurants sind teuer, am preisgünstigsten sind die Tagesgerichte, die mittags angeboten werden. Die Schweden mögen einfache Gerichte aus frischen Zutaten. Da Schweden ein Land der Seen ist und die Schweden eine alte Seefahrernation sind, findet man auf den Speisekarten der Hotels und Restaurants viele Fischgerichte. Um das *Smörgåsbord* (kalte Platte) so richtig zu genießen, sollte man die Gerichte in der traditionellen Reihenfolge essen. Zuerst probiert man eingelegten Hering mit Salzkartoffeln, dann vielleicht einige weitere Fischgerichte wie geräucherten Lachs oder Anchovis, danach kalten Braten, Pastete, Rindfleischscheiben, gefülltes Kalbsfleisch oder geräuchertes Rentierfleisch. Dann folgen die warmen Gerichte, z. B. ein Heringsgericht, kleine Fleischklößchen (*Köttbullar*) oder ein Omelett. Ein Obstsalat und Käse mit verschiedenen Knäckebrotsorten sind ein guter Abschluß der Mahlzeit. Zu den anderen Spezialitäten, die man unbedingt probieren sollte, gehören geräuchertes Rentierfleisch aus Lappland, *Gravad lax* (eingelegter Lachs), wilde Erdbeeren und die Moltebeeren, die nur in Skandinavien wachsen. Zum Nachtisch oder zum Kaffee sind frische Waffeln mit Himbeeren oder Preiselbeeren beliebt. Unwiderstehlich sind *Semlor*, mit Marzipan und Sahne gefülltes Hefegebäck. Auch unterwegs ist für das leibliche Wohl gesorgt, an den Landstraßen findet der Reisende viele Picknickstellen mit Holztischen und Bänken. **Getränke:** *Aquavit* und *Brännvin* werden eisgekühlt zum *Smörgåsbord* getrunken. Es gibt viele unterschiedliche Marken, und die Geschmacksrichtungen reichen von neutral bis süß. Schwedische Hell- und Dunkelbiere gibt es in drei Stärken. Wein und Sekt sind sehr teuer. An Jugendliche unter 20 Jahren werden keine Spirituosen verkauft. Wein, Bier und Spirituosen werden in staatlichen Geschäften verkauft (*Systembolaget*), die während der normalen Geschäftszeiten geöffnet haben. Sonntags wird in Cafés, Bars oder Restaurants Alkohol nicht vor 13.00 Uhr ausgeschenkt. Nach Mitternacht ist Alkohol nur in Nachtklubs erhältlich, die bis 02.00 oder 03.00 Uhr geöffnet haben. Spirituosen sind nur in bestimmten Lokalen mit entsprechender Schanklizenz (*Fullständiga Rättigheter*) erhältlich. Die Strafen für Alkohol am Steuer sind hoch.
NACHTLEBEN: In Stockholm findet man unzählige Gaststätten, Cafés, Diskotheken, Restaurants, Kinos und Theater. Auf dem Lande ist das Angebot begrenzt, und die Abende verlaufen ruhiger. Die Saison des Königlichen Balletts in Stockholm dauert von August bis Juni. Open-air-Konzerte und Theaterveranstaltungen in Freilichtarenen finden im Sommer in vielen Städten Schwedens statt. Im Barocktheater von Schloß Drottningholm (außerhalb Stockholms) werden Opern aus dem 18. Jahrhundert aufgeführt.
EINKAUFSTIPS: Schöne Mitbringsel sind Glas- und Kristallwaren, Stahl- und Silberartikel und *Hemslöjd* (Kunstgewerbeartikel) sowie Holzschnitzereien und Stoffe mit modernen Designs. Damen- und Kinderbekleidung sind ebenfalls empfehlenswerte Einkäufe (z. B. handgestrickte nordische Pullover). **Öffnungszeiten der Geschäfte:** Mo-Fr 09.30-18.00 Uhr und Sa 09.00-13.00 Uhr. In den Großstädten haben die Kaufhäuser an bestimmten Abenden bis 20.00/22.00 Uhr geöffnet, einige auch sonntags 12.00-16.00 Uhr. Auf dem Land schließen die Geschäfte/Tankstellen um 17.00/18.00 Uhr.
SPORT: Wandern: Es gibt ein großes Netz von Wanderwegen, die z. T. auch behindertengerecht sind. Für Ausdauernde bietet sich der 500 km lange *Kungsleden* (Königsweg) an, der von Hemaran an der norwegischen Grenze entlang nach Norden bis Abisko führt. Weitere Wanderrouten s. *Lappland*. **Fahrradfahren** ist eine beliebte Freizeitbeschäftigung. Das Schwedische Institut zur Förderung des Radsports bietet in Verbindung mit den örtlichen Fremdenverkehrsämtern Radtouren an. **Golf:** Es gibt 150 Golfplätze in Schweden. Ein Golfplatz befindet sich auch oberhalb des Polarkreises, so daß man im Sommer zur Zeit der Mitternachtssonne praktisch rund um die Uhr den Golfschläger schwingen kann. Um Mitternacht werden traditionell viele Wettkämpfe ausgetragen. **Wintersport:** Außer in Südschweden kann man Schnee meist von Dezember bis März garantieren. Vor allem Langlauf ist zu empfehlen, in Nordschweden sind viele Loipen beleuchtet. Im Norden sind auch die Abfahrtsmöglichkeiten besonders gut, außerdem werden dort Fahrten mit dem Hundeschlitten angeboten. **Wassersport:** Schweden hat Hunderte von Kilometern Sandstrand und 96.000 Seen mit allen Wassersportmöglichkeiten (**Paddeln, Segeln, Rudern, Kanufahren, Wildwasserfahren** und **Windsurfen**). An der Felsküste nördlich von Göteborg finden von Juni bis August Tauchkurse statt. **Boote:** Es gibt etwa 50 Bootsvermietungen. Auf vielen Campingplätzen kann man Boote und Kanus lei-

hen. Segel- und Motorboote sind in mehr als 25 Orten Schwedens zu mieten. Auf vielen der malerischen Kanäle werden Ausflugsfahrten angeboten, die klassische Kanaltour ist eine Dampferfahrt auf dem Göta-Kanal. Alle Mahlzeiten und Kabinen sind im Preis inbegriffen (s. auch *Reiseverkehr - National*). Von Stockholm aus kann man zu den Schären (über 30.000 Inseln) fahren. **Angeln** wird in Schweden großgeschrieben, das gilt für die 96.000 Seen ebenso wie für die 6760 km lange Küste und die vielen Flüsse. Im Frühling beginnt die Lachssaison. Für die fünf größten Seen benötigt man keinen Angelschein, aber an den kleineren Seen und Flüssen wird eine Lizenz verlangt, die in Sportgeschäften und Verkehrsämtern erhältlich ist. Hochsee-Angelfahrten werden angeboten. Die *Svenska Turistföreningen* (STF) veröffentlicht eine Liste mit 330 Fischereihäfen, die solche Fahrten durchführen.

VERANSTALTUNGSKALENDER
Mai '96 (1) *Traditioneller Frühlingsmarkt*, Rättvik, Dalarna (seit 1880). (2) *Festival des Humors*, Örebro. **Mai - Sept.** *Drottningholmer Hoftheater* (Ballett, Oper, Konzerte), Stockholm. **Ende Juni** *Mittsommerfest*, zahlreiche Veranstaltungen in ganz Schweden. **Juni - Juli** *Lappland Kammermusikfestival* (größtes Kammermusikfestival Schwedens), Arjeplog. **Juli** (1) *Musikfestival*, Siljansjö, Dalarna. (2) *31 Jahre Hälsingehambon* (Volkstanz), Järvsö. **Anfang Aug.** *Kräftpremiären* (Krebsessen zur Eröffnung der Krebsfangsaison), landesweit. **Aug.** (1) *Jazzfestival*, Göteborg. (2) *Stockholmer Wasserfestival* (Stadtfest), Stockholm. **Nov.** *Internationales Filmfestival*, Stockholm. **Nov. - Dez.** *Weihnachtsmarkt*, Skansen (Stockholm) und andere Städte. **Dez.** *Prozession zu Ehren der Lichterkönigin St. Lucia*, landesweit. **Jan. '97** *Schneefestival (Schnee skulpturen)*, Kiruna, Lappland. **Febr.** *Winterfest der Lappen*, Jokkmokk, Lappland (fast 400jährige Tradition). **Ende Febr./Anf. März** *Vasaloppet* (Skilangstreckenlauf von Sälen nach Mora), Dalarna. **SITTEN & GEBRÄUCHE:** Außer im Behördenverkehr ist in Schweden allgemein das »Du« üblich. Unpünktlichkeit gilt als sehr unhöflich, man sollte jedoch nie zu früh zu einer Einladung erscheinen. An der Wohnungstür zieht man sich die Schuhe aus. Man sollte nicht trinken, bevor der Gastgeber sein Glas hebt und einen Trinkspruch ausgesprochen hat. *Skål* heißt Prost. Nach dem Essen bedankt man sich mit »*Tack för maten*« bei Koch oder Köchin. Freizeitkleidung ist fast überall angebracht, nur in besseren Restaurants, Klubs und zu besonderen Anlässen wird elegantere Kleidung erwartet. Auf Einladungen wird vermerkt, falls Abendkleidung erwünscht ist. In den öffentlichen Verkehrsmitteln und in vielen öffentlichen Gebäuden ist das Rauchen verboten. Schweden ist ein ausgesprochen kinderfreundliches Land. In Restaurants gibt es oft Spielecken für Kinder, Kinderstühle und Wickelräume gehören zur Standardausstattung. Größere Bahnhöfe haben spezielle Warteräume für Familien, in denen Spielzeug bereit liegt. **Trinkgeld:** Das Bedienungsgeld ist in Hotel- und Restaurantrechnungen bereits enthalten. Nachts ist der Bedienungszuschlag höher. Taxifahrer erwarten mindestens 10% Trinkgeld.

WIRTSCHAFTSPROFIL

WIRTSCHAFT: Schweden ist eines der hochindustrialisiertesten Länder Europas und ein moderner Wohlfahrtsstaat mit vorbildlichen Sozialeinrichtungen. Rund die Hälfte des Landes ist bewaldet, und die holzverarbeitende Industrie ist dementsprechend von großer Bedeutung. Papier, Zellstoff und Möbel machen 20% des schwedischen Exports aus. Weitere Hauptausfuhrgüter sind Maschinen, Apparate, Transportmittel, Bürobedarf und chemische Erzeugnisse. Viele Industrien sind in staatlicher Hand. Das Land ist reich an Bodenschätzen, neben Silber-, Blei-, Kupfer-, Zink-, Mangan- und Wolframerzen wird vor allem Eisenerz abgebaut. Nur etwa 10% der Fläche sind Ackerland, die Landwirtschaft konzentriert sich vor allem auf Südschweden. Angebaut werden hauptsächlich Kartoffeln, Getreide, Zuckerrüben, Raps und Obst. Es wird intensive Viehzucht betrieben, in Nordschweden auch Ren- und Pelztierzucht. Kernenergie und Wasserkraft sind die wichtigsten Energieträger, Kernkraftwerke decken 40% des Energiebedarfs. Nach einer Kursänderung in der Energiepolitik rückte die Regierung zwischenzeitlich von dem vorgesehenen Ausstieg aus der Kernenergie bis zum Jahr 2002 ab. Die steigende Inflationsrate, wachsende Arbeitslosigkeit (1993 bei 8%) und das rückläufige Wirtschaftswachstum bereiten der Regierung seit einiger Zeit Kopfzerbrechen. Ein Sofortprogramm zur Inflationsbekämpfung zeigte bislang keine durchgreifende Wirkung. Die Ausgaben für den Import mineralischer Brennstoffe und Fertigwaren belasten Staatssäckel und Wirtschaft am meisten. Die durch die guten Sozialleistungen nötig gewordene hohe Besteuerung und steigende Lohn- und Lohnnebenkosten führten zu einer Verlagerung zahlreicher Unternehmen ins Ausland und zur Schließung vieler Betriebe. Die Regierung hofft, durch Sparmaßnahmen, Kürzungen im Sozialbereich und eine rigorose Lohnpolitik ein schnelleres Ende der schweren Rezession herbeizuführen. Für 1994 wurde erstmalig wieder ein leichtes Wirtschaftswachstum vorausgesagt. Von der Mitgliedschaft in der Europäischen Union verspricht man sich ebenfalls Vorteile. Haupthandelspartner des Landes sind Deutschland, Frankreich, Italien, Großbritannien und die USA.

GESCHÄFTSVERKEHR: Geschäftsleute sprechen in der Regel Englisch, mitunter auch Deutsch. Visitenkarten sind üblich, auf Pünktlichkeit wird großen Wert gelegt. Im Juli, dem traditionellen Urlaubsmonat, schließen fast alle Betriebe. **Geschäftszeiten:** In vielen Betrieben gibt es Gleitzeit; Mittagspause ist normalerweise zwischen 12.00 und 13.00 Uhr.
Kontaktadressen: *Schwedische Handelskammer*, Berliner Allee 32, D-40212 Düsseldorf. Tel: (0211) 32 00 14. Telefax: (0211) 32 44 88.
Schwedischer Außenwirtschaftsrat, Cicerostraße 21, D-10709 Berlin. Tel: (030) 893 60 60. Telefax: (030) 89 36 06 66. *Zweigstellen in Hamburg und Stuttgart.*
Tysk-Svenska Handelskammaren (Deutsch-Schwedische Handelskammer), Verdandigatan 2, S-114 24 Stockholm. Tel: (08) 791 40 60. Telefax: (08) 790 30 98. *Schwedische Außenhandelsstelle*, Universitätsstraße 5, A-1010 Wien. Tel: (0222) 402 35 15. Telefax: (0222) 402 35 15, Durchwahl 24.
Österikes Handelsdelegat i Sverige (Außenhandelsstelle der Wirtschaftskammer Österreich), Karlaplan 5, S-115 20 Stockholm. Tel: (08) 667 01 30. Telefax: (08) 660 83 78. *Förbundet Svensk Handel* (Schwedischer Handelsverband), Box 5512, S-114 85 Stockholm. Tel: (08) 666 11 00. Telefax: (08) 662 74 57.
Weitere Handelskammern für Regionen und Städte.
KONFERENZEN/TAGUNGEN: Die größten Kongreßzentren stehen in Stockholm, Göteborg (Kapazitäten für max. 1500 Teilnehmer) und Malmö (max. 900 Teilnehmer) zur Verfügung, aber sogar in Lappland gibt es zwei Tagungsstätten. Die Globus-Arena in Stockholm ist für Konferenzen mit maximal 5000 Teilnehmern eingerichtet; weitere Stockholmer Tagungsstätten bieten Kapazitäten für bis zu 3000 Teilnehmer. Andere Konferenzlokalitäten verfügen über Kapazitäten für 200-500 Personen. Weitere Informationen sind u. a. erhältlich bei:
Stockholm Convention Bureau, Box 6911, S-102 39 Stockholm. Tel: (08) 736 15 00. Telefax: (08) 34 84 41.
Göteborg Convention Bureau, Mässangatan 8, S-412 51 Göteborg. Tel: (031) 81 82 00. Telefax: (031) 81 10 48. *Malmö Congress Bureau*, Centralstationen, S-211 20 Malmö. Tel: (040) 23 25 60. Telefax: (040) 23 55 20.

KLIMA

Je nach Region unterschiedliches Klima. In Nordschweden wird der Winter lang und sehr kalt mit Tiefsttemperaturen bis zu -40°C. Die Mitternachtssonne scheint oberhalb des Polarkreises von Mitte Juni bis Mitte Juli. Die Sommer können allgemein sehr heiß sein, sind aber im Norden kürzer. In Süd- und Mittelschweden sind die Winter ebenfalls kalt mit viel Schnee. Es ist jedoch eine trockene Kälte, die nicht unangenehm ist. Die Insel Öland ist für ihr besonders trockenes, warmes Klima bekannt.

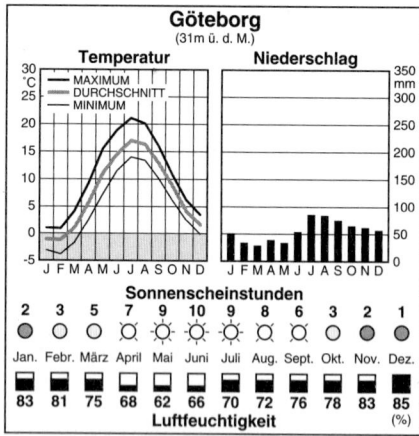

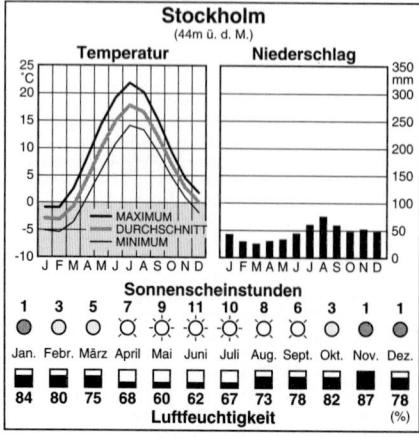

Schweiz

Lage: Mitteleuropa.

Schweiz Tourismus (amtliche Agentur der SBB)
Kaiserstraße 23
D-60311 Frankfurt/M.
Tel: (069) 256 00 10, *Prospektbestellung rund um die Uhr:* 23 96 66. Telefax: (069) 25 60 01 38.
Mo-Fr 09.00-17.00 Uhr.
Schweiz Tourismus
Haus der Schweiz
Unter den Linden 24/Friedrichstraße 155-156
D-10117 Berlin
Tel: (030) 201 20 50. Telefax: (030) 201 20 51.
Mo-Fr 09.00-13.00 Uhr.
Schweiz Tourismus
Kasernenstraße 13
D-40213 Düsseldorf
Tel: (0211) 323 09 13. Telefax: (0211) 13 34 36.
Mo-Fr 09.00-13.00 Uhr.
Schweiz Tourismus
Speersort 8/IV
D-20095 Hamburg
Tel: (040) 32 14 69. Telefax: (040) 32 39 00.
Mo-Fr 09.00-13.00 Uhr.
Schweiz Tourismus
Leopoldstraße 33
D-80802 München
Tel: (089) 33 30 18. Telefax: (089) 34 53 46.
Mo-Fr 09.00-13.00 Uhr.
Schweiz Tourismus (amtliche Agentur der SBB)
Kärntner Straße 20
A-1015 Wien
Tel: (0222) 512 74 05. Telefax: (0222) 513 93 35.
Mo-Fr 09.00-17.30 Uhr.
Schweiz Tourismus
Bellariastraße 38
CH-8027 Zürich
Tel: (01) 288 11 11. Telefax: (01) 288 12 05.
Mo-Fr 08.00-18.00 Uhr.
Botschaft der Schweizerischen Eidgenossenschaft (ohne Visumerteilung)
Gotenstraße 156
D-53175 Bonn
Tel: (0228) 81 00 80. Telefax: (0228) 810 08 19.
Mo-Fr 09.00-12.00 und 15.00-16.00 Uhr.
Außenstelle der Botschaft ohne Visumerteilung in Berlin. Generalkonsulate ohne Visumerteilung in Dresden, Düsseldorf, Frankfurt/M. Freiburg i. Br. Hamburg, München und Stuttgart.

TIMATIC INFO-CODES

*Abrufbar über Ihr CRS-System (für START/Amadeus Ama-Maske benutzen). Für Galileo bitte TI-DFT eingeben (**mit Bindestrich**).*

Flughafengebühren	TI DFT/ ZRH /TX
Währung	TI DFT/ ZRH /CY
Zollbestimmungen	TI DFT/ ZRH /CS
Gesundheit	TI DFT/ ZRH /HE
Reisepassbestimmungen	TI DFT/ ZRH /PA
Visabestimmungen	TI DFT/ ZRH /VI

Konsularisches Dienstleistungszentrum der Schweiz (mit Visumerteilung)
Peter-Hensen-Straße 1
D-53175 Bonn
Tel: (0228) 816 61 00. Telefax: (0228) 816 61 01.
Mo-Fr 8.15-12.15 und 13.15-17.15 Uhr, Fr bis 15.30 Uhr.
Botschaft der Schweizerischen Eidgenossenschaft (mit Visumerteilung)
Prinz-Eugen-Straße 7
A-1030 Wien
Tel: (0222) 7 95 05. Telefax: (0222) 795 05 21.
Mo-Fr 09.00-12.00 Uhr.
Botschaft der Bundesrepublik Deutschland
Willadingweg 83
CH-3006 Bern
Postfach 250
CH-3000 Bern 16
Tel: (031) 359 41 11. Telefax: (031) 359 44 44, *Visastelle*: 352 11 94.
Generalkonsulate in Genf und Zürich.
Honorargeneralkonsulat in Basel.
Honorarkonsulat in Lugano.
Botschaft der Republik Österreich
Kirchenfeldstraße 28
CH-3005 Bern
Tel: (031) 351 01 11/-15. Telefax: (031) 351 56 64.
Generalkonsulate mit Paß- und Sichtvermerksbefugnis in Basel, Genf und Zürich.
Konsulate mit Paß- und Sichtvermerksbefugnis in Lausanne. *Konsulat* mit Paß- und ohne Sichtvermerksbefugnis in Luzern und St. Gallen.
Konsulate ohne Paß- und Sichtvermerksbefugnis in Chur und Lugano.

FLÄCHE: 41.285 qkm.
BEVÖLKERUNGSZAHL: 7.036.900 (1994).
BEVÖLKERUNGSDICHTE: 170 pro qkm.
HAUPTSTADT: Bern. **Einwohner:** 129.420 (1994).
GEOGRAPHIE: Die Schweiz grenzt im Westen an Frankreich, im Norden an Deutschland, im Osten an Österreich und das Fürstentum Liechtenstein und im Süden an Italien. Das Land gliedert sich in drei Großlandschaften: die Schweizer Alpen, die von der Rhein-Rhone-Furche durchzogen werden; das hügelige Schweizer Mittelland, das vom Bodensee bis zum Genfer See reicht, und dem Schweizer Jura, ein ziemlich rauhes, langgestrecktes Faltengebirge. In der Schweiz liegen die höchsten Berge Europas und einige der eindrucksvollsten Wasserfälle und Seen. Trotz des hohen Anteils des Landes an Hochgebirge sind 43% Wiesen und Weiden. Die Milch- und Viehwirtschaft spielt eine dementsprechend wichtige Rolle. Die höchsten Berge sind die *Dufourspitze* im Monte-Rosa-Massiv (4634 m) an der italienischen Grenze, der *Dom* (4545 m), das *Weißhorn* (4506 m) und das *Matterhorn* (4478 m). Die Schweiz mit ihrer großartigen Naturszenerie ist ein Reiseland par excellence, das bereits zu Beginn des 19. Jahrhunderts für den Tourismus entdeckt wurde. Die beliebtesten Urlaubsgebiete sind das Engadin, das Berner Oberland, das Gebiet um den Vierwaldstätter See, das Wallis und das Tessin.
STAATSFORM: Parlamentarisch-direktdemokratischer Bundesstaat mit Kollegialregierung. Gliederung in 23 Kantone (davon drei in Halbkantone unterteilt) mit eigenem Kantons- und Regierungsrat. Staats- und Regierungschef ist der Bundespräsident, der jährlich von der Bundesversammlung neu gewählt wird. Amtsinhaber 1996: Jean-Pascal Delamuraz. Die Bundesversammlung, die Legislative, besteht aus zwei gleichberechtigten Kammern: dem Nationalrat (200 Mitglieder, Wahl alle vier Jahre) und dem Ständerat (46 Vertreter der Kantone). Die Exekutive liegt beim siebenköpfigen Bundesrat, einer Kollegialbehörde, dem der Bundespräsident vorsteht. In einer Volksabstimmung sprach sich die Mehrheit der Bevölkerung gegen einen Beitritt der Schweiz zum Europäischen Wirtschaftsraum EWR aus, auch die zunächst angestrebte EU-Mitgliedschaft scheint damit in weite Ferne gerückt. Dennoch soll das Schweizer Gesetz in vielen Bereichen der Gesetzgebung in den EU-Ländern angeglichen werden.
SPRACHE: Deutsch, Französisch, Italienisch und Rätoromanisch sind die offiziellen Landessprachen. 63,7% der Bevölkerung sprechen Deutsch in den verschiedenen schwyzerdütschen Dialektformen (Ost-, Nord- und Zentralschweiz); 19,2% Französisch (West- und Südwestschweiz); 7,6% Italienisch (Kanton Tessin/Ticino) und 0,6% Rätoromanisch (Kanton Graubünden/Grisons). 8,9% sind anderssprachig. Englisch wird von vielen Schweizern gesprochen. Die kulturelle Vielfalt ist einer der vielen Reize des Landes.
RELIGION: Römisch-katholisch (46,1%) und evangelisch-reformiert (40%). Jüdische und andere Minderheiten.
ORTSZEIT: MEZ.
NETZSPANNUNG: 220 V, 50 Hz.
POST- UND FERNMELDEWESEN: Telefon: Selbstwählferndienst. **Landesvorwahl: 41. Telefaxanschlüsse** in Telegrafenämtern, Postämtern und den meisten großen Hotels. **Telex/Telegramme:** In vielen Hotels stehen Telexgeräte zur Verfügung. Telegramm- und Telexservice auf allen Postämtern. **Post:** Briefe sind bis zu 3 Tagen unterwegs. Postlagernde Sendungen kann man an alle Postämter senden. Öffnungszeiten der Postämter: Mo-Fr 07.30-12.00 und 13.45-18.30 Uhr. Die Postämter schließen am Samstag um 11.00 Uhr.

REISEPASS/VISUM

Wichtiger Hinweis: *Die Einreisebestimmungen mancher Länder können sich kurzfristig ändern – rufen Sie sicherheitshalber auf Ihrem CRS-System (TIMATIC-Info-Code-Fenster in diesem Kapitel) den aktuellen Stand ab bzw. wenden Sie sich an die zuständige diplomatische Vertretung. Etwaige Zahlen in der Tabelle beziehen sich auf nachfolgende Fußnoten.*

	Paß erforderlich?	*Visum erforderlich?*	*Rückflugticket erforderlich?*
Deutschland	Nein/1/2	Nein	Nein
Österreich	Nein/1/2	Nein	Nein
Schweiz	-	-	-
Andere EU-Länder	Nein/1/2	Nein	Nein

REISEPASS: Gültiger Reisepaß erforderlich zur Einreise, ausgenommen sind:
(a) **[1]** Staatsbürger der Bundesrepublik Deutschland, Österreich und der übrigen EU-Länder (gültiger Personalausweis genügt);
(b) Staatsbürger von Malta, Monaco, San Marino und Zypern, sofern sie einen gültigen Personalausweis vorweisen können;
(c) Staatsbürger von Liechtenstein.
Anmerkung: (a) **[2]** Für Staatsbürger von Belgien, Frankreich, Liechtenstein, Luxemburg, den Niederlanden, Österreich, San Marino, Monaco, Portugal und Spanien genügt auch ein Reisepaß, der seit weniger als 5 Jahren abgelaufen ist. (b) **[2]** Staatsbürger der Bundesrepublik Deutschland können auch mit einem Reisepaß, der seit weniger als 1 Jahr abgelaufen ist, einreisen.
VISUM: Genereller Visumzwang, ausgenommen sind für Touristikaufenthalte und Geschäftsreisen von bis zu 3 Monaten:
(a) Staatsbürger der unter *Reisepaß* aufgeführten Länder;
(b) Staatsbürger aller nord-, süd- und mittelamerikanischen Länder, einschließlich der karibischen Inselstaaten, mit Ausnahme der Staatsangehörigen von Belize, der Dominikanischen Republik, Haiti und Peru, die ein Visum benötigen;
(c) Staatsbürger von Andorra, Australien, Brunei, Fidschi, Island, Israel, Japan, Kiribati, Korea-Süd, Malaysia, Neuseeland, Norwegen, Polen, den Salomonen, Singapur, der Slowakischen Republik, Slowenien, Südafrika, der Tschechischen Republik, Tuvalu, Ungarn und der Vatikanstadt;
(d) Staatsangehörige von Bosnien-Herzegowina, Jugoslawien (Serbien und Montenegro), Kroatien und der Türkei sind nur vom Visumzwang befreit, wenn sie ihren ständigen Wohnsitz in einem Mitgliedsland der EU oder der EFTA, in den USA oder in Kanada haben.
Staatsbürger aller übrigen Länder benötigen Visa.
Anmerkung: Wer vorhat, sich länger als 3 Monate ohne Erwerbstätigkeit in der Schweiz aufzuhalten, muß sich vor Ablauf des dritten Monats bei der Fremdenpolizei des zuständigen Kantons melden und eine Aufenthaltsbewilligung beantragen. Wer wiederholt in die Schweiz einreist, ohne die Absicht zu haben, eine Erwerbstätigkeit auszuüben, muß sich ebenfalls bei der Fremdenpolizei melden, wenn sein Aufenthalt insgesamt mehr als 6 Monate innerhalb eines Zeitraums von 12 Monaten dauert.
Visaarten: Einzel-, Mehrfach- und Transitvisa (ein- und zweifach).
Anmerkung: Flugreisende, die sich im Transit befinden, sind von der Visumpflicht befreit, sofern sie einen gültigen Paß besitzen, den Transitraum nicht verlassen, innerhalb von 48 Stunden weiterfliegen, ein Weiterflugticket vorweisen können und über die nötigen Einreisepapiere für das Zielland verfügen. Staatsbürger folgender Länder müssen auf jeden Fall vor der Ankunft in der Schweiz ein Transitvisum einholen: Äthiopien, Afghanistan, Angola, Bangladesch, Ghana, Indien, Irak, Iran, Libanon, Libyen, Nigeria, Pakistan, Somalia, Sri Lanka, Türkei und Zaïre. Ein Transitvisum ist jedoch nicht erforderlich, wenn ein Visum oder eine Aufenthaltsgenehmigung für ein Mitgliedsland der EU bzw. der EFTA sowie Kanadas oder der USA vorgelegt werden kann.
Visagebühren: 48 DM, 340 öS.
Gültigkeitsdauer: Unterschiedlich, je nach Grund des Aufenthalts.
Antragstellung: Zuständiges Konsulat oder Konsularabteilung der Botschaft. (Adressen s. o.)
Unterlagen: (a) Antrag. (b) Paßfoto. (c) Der Reisepaß sollte zum Zeitpunkt der Abreise aus der Schweiz noch mindestens 6 Monate Gültigkeit haben. (d) Rück- oder Weiterfahrkarte. (e) Ggf. Nachweis ausreichender Geldmittel für die Dauer des Aufenthalts. (f) In einigen Fällen auch Einladung (muß von der kantonalen Fremdenpolizei genehmigt sein) oder Nachweis der Geschäftsverbindungen. (g) Ggf. Meldezettel, Aufenthaltsgenehmigung (Österreich) und Versicherungskarte.
Aufenthaltsgenehmigung: Weitere Informationen sind von der Botschaft oder der Fremdenpolizei erhältlich.

GELD

Währung: 1 Schweizer Franken (sfr) = 100 Rappen oder Centimes. Banknoten gibt es im Wert von 1000, 500, 100, 50, 20 und 10 sfr; Münzen sind im Wert von 5, 2 und 1 sfr sowie 50, 20, 10 und 5 Rappen in Umlauf.
Kreditkarten: *Eurocard, American Express, Diners Club, Visa* und andere gängige internationale Kreditkarten werden überall angenommen. Einzelheiten vom Aussteller der betreffenden Kreditkarte.
Euroschecks: Euroschecks werden bis zu einem Höchstbetrag von 300 sfr angenommen.
Postsparbuch: Abhebung in Schweizer Franken bei jedem Postamt.
Wechselkurse

	sfr Sept. '92	sfr Febr. '94	sfr Jan. '95	sfr Jan. '96
1 DM	0,89	0,83	0,84	0,81
1 US$	1,32	1,45	1,31	1,16

Devisenbestimmungen: Keine Ein- oder Ausfuhrbeschränkungen.
Öffnungszeiten der Banken: Mo-Fr 08.30-16.30 Uhr in den Großstädten; Mo-Fr 08.30-12.00 und 14.00-16.30/17.30 Uhr in ländlichen Gegenden (regionale Abweichungen möglich).

DUTY FREE

Folgende Artikel können zollfrei in die Schweiz eingeführt werden (nur für Personen im Mindestalter von 17 Jahren):
(a) Reisende aus europäischen Ländern:
200 Zigaretten oder 50 Zigarren oder 250 g Tabak;
2 l alkoholische Getränke bis zu 15% Alkoholgehalt;
1 l alkoholische Getränke über 15% Alkoholgehalt.
(b) Reisende aus außereuropäischen Ländern:
400 Zigaretten oder 100 Zigarren oder 500 g Tabak;
2 l alkoholische Getränke bis zu 15% Alkoholgehalt;
1 l alkoholische Getränke über 15% Alkoholgehalt;
(c) Reisende aus europäischen und außereuropäischen Ländern:
Geschenke bis zu einem Wert von 100 sfr sowie andere Waren im Wert bis zu 100 sfr (ausgenommen alkoholische Getränke und Tabakwaren, die nur in den o. a. Mengen abgabenfrei sind). Personen unter 17 Jahren können Geschenke im Wert von bis zu 50 sfr zollfrei einführen.
Einfuhrverbot: Betäubungsmittel, Elfenbein, Absinth. Strenge Regelungen bestehen für die Einfuhr von Fleisch und Fleischwaren, Butter, Lebensmitteln, Tieren, Giften, Schußwaffen und Munition.

GESETZLICHE FEIERTAGE

16. Mai '96 Christi Himmelfahrt. **27. Mai** Pfingstmontag. **1. Aug.** Nationalfeiertag. **25. Dez.** Weihnachten. **26. Dez.** Stephanstag. **1. Jan. '97** Neujahr. **28. März** Karfreitag. **31. März** Ostermontag. **8. Mai** Christi Himmelfahrt. **19. Mai** Pfingstmontag.
Anmerkung: In verschiedenen Kantonen gibt es weitere Feiertage (halbe oder ganze Tage), darunter für 1996/97: **1. Mai '96** Tag der Arbeit. **29. Mai** Fronleichnam. **2. Jan. '97** Feiertag.

GESUNDHEIT

In der folgenden Tabelle aufgeführte Impfvorschriften können sich kurzfristig ändern. Es wird stets empfohlen, auf Ihrem CRS-System (TIMATIC-Info-Code-Fenster in diesem Kapitel) den aktuellen Stand der Gesundheitsbestimmungen abzurufen bzw. rechtzeitig vor der Reise ärztlichen Rat einzuholen.

	Vorsichtsmaßnahmen empfohlen	*Impfschein erforderlich*
Gelbfieber	Nein	Nein
Cholera	Nein	Nein
Typhus & Polio	Nein	-
Malaria	Nein	-
Essen & Trinken	Nein	-

Gesundheitsvorsorge: Mit der Anspruchsbescheinigung CH 11 haben in Deutschland Versicherte Anspruch auf stationäre Krankenhauspflege. Aushelfender Träger ist der Schweizerische Verband für die erweiterte Krankenversicherung (SVK). Ambulante Behandlung (Arzneimittel, ärztliche Hilfe) kann mit der genannten Bescheinigung nicht beansprucht werden. Teilweise Rückerstattung der anfallenden Kosten unter Vorlage quittierter Rechnungen. Österreichern wird empfohlen, eine Reisekrankenversicherung abzuschließen. Broschüren über Bäder, Kurorte und Sanatorien sind vom Verkehrsbüro erhältlich.

REISEVERKEHR - International

FLUGZEUG: Die nationalen Fluggesellschaften heißen *Crossair (LX)* und *Swissair (SR)*. Die *Crossair* ist für den europäischen Regionalflugverkehr zuständig.
Durchschnittliche Flugzeiten: *Frankfurt* – Basel/Mühlhausen: 1 Std. 15; *Frankfurt* – Genf: 1 Std. 10; *Frankfurt* – Zürich: 1 Std. 05. Flugverbindungen gibt es auch von Berlin, Bremen, Dresden, Düsseldorf, Hamburg, Hannover, Köln/Bonn, Leipzig/Halle, München, Münster/Osnabrück, Nürnberg und Stuttgart.
Wien – Zürich: 1 Std. 20; *Wien* – Basel/Mühlhausen: 2 Std. 30. Weitere Flugverbindungen von Graz, Innsbruck, Linz und Salzburg.
Internationale Flughäfen: *Zürich (ZRH)* (Kloten) liegt 11 km nördlich der Stadt (Fahrzeit 10 Min.). Flughafen-

einrichtungen: Banken, Post, Mietwagenschalter, Tourist-Information, Hotel-Reservierung, Konferenzeinrichtungen, Duty-free-Shops, Bars und Restaurants. Mehrmals stündlich Zugverbindung zum Züricher Hauptbahnhof (Fahrzeit 10 Min.), der Bahnhof liegt unter dem Terminal B. Außerdem regelmäßige Direktverbindungen in alle Landesteile und nach Stuttgart (mit EuroCity). S-Bahnverbindung zur Innenstadt mit der Linie 2. Buslinienverkehr vom Busbahnhof am Parkhaus B. Verschiedene Hotels bieten zusätzlich einen direkten Transferservice. Passagiere mit Zielflughafen Zürich, Basel, Bern oder Genf können ihr Gepäck schon am Abflughafen aufgeben, es wird dann zum Schweizer Bestimmungsort weiterbefördert. Ausreisende Passagiere, die aus Basel, Zürich oder Genf abfliegen, können ihr Gepäck vielfach schon am Urlaubsort aufgeben (*Fly-Rail-Gepäckservice*). Genaue Auskünfte erteilen die Fluggesellschaften. Am Flughafen gibt es Taxistände. Alle Taxis haben Taxameter für kurze und längere Fahrten. Es wird empfohlen, für längere Fahrten einen Pauschalpreis zu vereinbaren.
Genf/Genève (GVA) (Gen) liegt 5 km nordwestlich der Stadt. Flughafeneinrichtungen: Banken, Post, Reisebüro, Tourist-Information, Mietwagenschalter, Konferenzeinrichtungen, Duty-free-Shops, Bars und Restaurants. Zugverbindungen vom Genfer Flughafen in viele Landesteile. Regelmäßige Bahn- und Oberleitungsbusverbindungen alle 8-10 Min. zur Stadt (Fahrzeit 6 Min.). Taxistand.
Bern (BRN) (Belp) liegt 9 km außerhalb der Stadt. Tourist-Information, Hotel-Reservierungsschalter, Konferenzraum, Mietwagenschalter, Duty-free-Shop, Snackbar, Restaurant, Bustransfer zum Berner Hauptbahnhof (Fahrzeit 20 Min.). Bahnverbindung vom Berner Flughafen zum Flughafen Zürich von 04.55-21.47 Uhr.
Basel (BSL) (Basel/Mühlhausen) liegt 8 km außerhalb von Basel. Bank/Wechselstube, Konferenzräume, Tourist-Information, Mietwagenschalter, Duty-free-Shop, Bars und Restaurants. Busse fahren zum Baseler SBB-Bahnhof. Tägliche Busverbindung ferner nach Mühlhausen und Freiburg.
Anmerkung: Tragbare Computer dürfen bei internationalen Flügen nicht als Handgepäck mitgenommen werden. Diese Bestimmung wurde aus Sicherheitsgründen eingeführt und kann jederzeit außer Kraft gesetzt werden. Erkundigen Sie sich bei der betreffenden Fluggesellschaft vor dem Abflug.
BAHN: Es gibt gute Direktverbindungen in alle Nachbarländer, insbesondere mit den schnellen *EuroCity*-Zügen. Zahlreiche *EuroCity*-Züge verbinden die Schweiz mit Deutschland und Österreich mit Weiterfahrt nach Belgien, Italien, Rumänien und Ungarn sowie in die Tschechische Republik und die Niederlande.
Die *EuroNight*-Nachtzüge (EN) bieten Schlaf- und Liegewagen auf europäischen Strecken, u. a. auf der Strecke Zürich – Graz/Budapest. Die komfortablen CityNightLines (CNL) verbinden Zürich mit Linz und Wien und Zürich und Basel mit Hamburg, Hannover und Bremen.
BUS/PKW: Mehrere Hauptverkehrsadern in Nord-Süd-Richtung verlaufen in der Schweiz, einem der wichtigsten Durchgangsländer im europäischen Fernverkehr. Wichtigster Alpenpaß ist der St. Gotthard. Internationale Bedeutung haben auch der Simplonpaß, der Große St. Bernhard, der San Bernardino, der Julierpaß, der Malojapaß und der Umbrailpaß. Der Tunnel durch den Großen St. Bernhard verbindet das Wallis mit dem Aostatal, der Munt-la-Schera-Tunnel Zernez mit Livigno (Italien), der St.-Gotthard-Straßentunnel die Zentralschweiz mit dem Tessin, der San-Bernardino-Tunnel Graubünden mit dem Tessin. Die Benutzung der Tunnel ist gebührenpflichtig (s. auch *Autobahnvignette*).
Fernbus: Der »Europabus« und andere Buslinien fahren in die Schweiz. Weitere Informationen unter den Rubriken *Unterlagen* und *Verkehrsbestimmungen*.

REISEVERKEHR - National

FLUGZEUG: Der innerschweizerische Flugverkehr wird von *Swissair* und *Crossair* betrieben. Inlandflüge sind allerdings teuer, weshalb viele Geschäftsleute die Bahn vorziehen.
BAHN: Das Streckennetz umfaßt 16.000 km einschließlich Postautolinien, Bergbahnen und Schiffahrtslinien. Betreiber sind die *Schweizerische Bundesbahnen* und private Unternehmen wie die *Rhätische Bahn* in Graubünden/Grisons und die *Berner Oberlandbahnen*. Die wichtigsten Züge führen Speisewagen und einen Minibar-Service. Fahrrad- und Autovermietungen stehen an allen größeren Bahnhöfen zur Verfügung. Mit dem *Swiss Pass* (s. u.) kann man sich die Schweiz »erobern« und die Schönheit von Stadt und Land bequem und ohne Streß kennenlernen. Die Züge verkehren mindestens im Einstundentakt. Viele der Wintersportorte kann man nur mit Bergbahnen erreichen.
Sonderfahrkarten erhält man u. a. vom Schweizer Verkehrsbüro, DB- und ÖB-Fahrkartenausgaben und DER-Reisebüros. Auskünfte erteilt auch die Vertretung der *Schweizerischen Bundesbahnen* (SBB) in Stuttgart: Arnulf-Klett-Platz 2, D-70173 Stuttgart. Tel: (0711) 226 42 29. Telefax: (0711) 29 06 04. Der *Swiss Pass* berechtigt zu beliebig vielen Fahrten auf den Bahn-, Postbus- und Schiffstrecken des *Swiss Travel Systems* und zur Benutzung der öffentlichen Verkehrsmittel in 29 Städten. Viele Bergbahnen gewähren Fahrpreisermäßigungen. Gültigkeit: 4, 8 bzw. 15 Tage oder 1 Monat. Mit dem *Swiss Flexi Pass* (nur in der Schweiz erhältlich) hat man freie Fahrt auf dem gesamten Netz des Swiss Travel Systems an drei beliebigen Tagen innerhalb der 15tägigen Geltungsdauer. Die *Swiss Card* ist eine günstige Ferienkarte, die zu einer Fahrt vom jeweiligen Grenz- bzw. Flughafenbahnhof zum Schweizer Zielort (und zurück) berechtigt. Alle weiteren Fahrkarten (Bahn, Bus, Schiff) erhält man zum halben Preis, für Fahrten mit Bergbahnen wird eine Ermäßigung gewährt. 50% Ermäßigung für Kinder von 6 bis 16 Jahren. Gültigkeit: 1 Monat. Kinder bis zum 16. Lebensjahr fahren umsonst bzw. zum halben Preis, wenn sie mit ihren Eltern unterwegs sind und auf einer *Familienkarte* reisen. Die Familienkarte wird mit dem *Swiss Pass* und der *Swiss Card* gratis abgegeben. Das *Halb-Preis-Abo* ist für einen Monat oder ein Jahr erhältlich und berechtigt zu unbeschränktem Bezug von Fahrkarten zum halben Preis. *Regionale Ferienpässe* sind in gewissen Regionen im Sommer erhältlich. Ein interessantes Angebot für Aktivurlauber ist das *Swiss-Adventure-Programm*. Inhaber eines Swiss Passes oder Swiss Flexi Passes können an verschiedenen reizvollen Freizeitaktivitäten teilnehmen (u. a. Flußfahrten im Kanu, Segeltörns, Riverrafting, Postkutschenfahrten und Fahrradtouren). Zur Teilnahme muß man jeweils eine bestimmte Anzahl von Gutscheinen entweder vor der Abreise oder direkt vor Ort (an jedem Schweizer Bahnhof) kaufen. In einigen Kantonen gibt es regionale Sonderfahrkarten und Pässe zu unterschiedlichen Preisen. Weitere Einzelheiten auch von den *Schweizerischen Bundesbahnen*, Direktion Personenverkehr, Mittelstraße 43, CH-3003 Bern. Der *InterRail-Paß* und die *EURO DOMINO-Netzkarte* sind auch in der Schweiz gültig, Einzelheiten s. *Deutschland*.
BUS/PKW: Die Schweiz verfügt über ein gut ausgebautes Straßennetz. Viele Bergstraßen sind eng, äußerst kurvenreich und oft im Winter bei ungünstigen Witterungsbedingungen nicht befahrbar. Schneeketten und Winterreifen werden im Winter benötigt. Spikes-Reifen dürfen vom 1. November bis 30. April auf Landstraßen benutzt werden (je nach Witterungsverhältnissen auch Verlängerung möglich). Auf Autobahnen darf nicht mit Spikes-Reifen gefahren werden. Ausgenommen sind die St.-Gotthard- und San-Bernardino-Tunnel. Mit der Bahn kommt man meist schneller ans Ziel. **Mietwagen:** Buchungsbüros der größeren europäischen Firmen in allen Städten, Hotels, Flughäfen und größeren Bahnhöfen. **Bus:** Postbuslinien fahren auch die abgelegensten Dörfer an. Es gibt nur wenige Überlandbusse. **Verkehrsbestimmungen:** Anschnallpflicht; Kinder unter 12 Jahren müssen auf dem Rücksitz Platz nehmen. Bei schlechten Lichtverhältnissen muß das Abblendlicht eingeschaltet sein. Alkohol am Steuer wird mit hohen Geldbußen belegt. Promillegrenze: 0,8´. Auf manchen Bergstraßen sind Schneeketten vorübergehend Pflicht. Bleifreies Benzin wird an jeder Tankstelle angeboten. An Autobahnen und in vielen Städten kann man an Tankstellen mit Notenautomaten rund um die Uhr mit 10- und 20-Franken-Scheinen Benzin bekommen. **Geschwindigkeitsbegrenzungen:** 80 km/h auf Landstraßen; 120 km/h auf Autobahnen; 50 km/h in geschlossenen Ortschaften. Für Fahrzeuge mit Spikes-Reifen beträgt die Höchstgeschwindigkeit 80 km/h. **Automobil-Clubs:** *Automobile – Club der Schweiz* Wasserwerkgasse 39, CH-3000 Bern 13. Tel: (031) 328 31 11. *Touring-Club der Schweiz*, Rue Pierre-Fatio 9, CH-1211 Genf 3. Tel: (022) 737 12 12. **Unterlagen:** Der nationale Führerschein reicht aus. Die Mitnahme der internationalen Grünen Versicherungskarte wird empfohlen, um vollen Versicherungsschutz zu gewährleisten. Bei der vorübergehenden Einfuhr eines Privatfahrzeuges ist bei einem Aufenthalt von bis zu einem Jahr kein Zolldokument erforderlich. **Autobahnsteuer (Vignette):** Seit dem 1. Januar 1985 muß man für die Benutzung der Schweizer Autobahnen und Nationalstraßen pro Kalenderjahr pauschal 40 sfr bezahlen. Anhänger und Wohnwagen kosten zusätzlich 40 sfr. Vignette-Aufkleber kann man an den Grenzübergängen kaufen, sie gelten für mehrfache Einreisen innerhalb der Gültigkeitsdauer (jeweils vom 1. Dezember bis zum 31. Januar des übernächsten Jahres, d. h. 14 Monate). Es empfiehlt sich, die Aufkleber bereits im voraus beim nächstgelegenen Schweizer Verkehrsbüro oder bei einem der Automobilclubs zu erwerben, um Wartezeiten an den Grenzübergängen zu vermeiden.
Anmerkung: Auto-Telefone müssen an der Grenze mit den dazugehörigen Papieren angemeldet werden.
STADTVERKEHR: Die städtischen Verkehrsmittel gelten als vorbildlich und sind gut aufeinander abgestimmt. Straßenbahnen und Vorortzüge verkehren in Basel, Bern, Genf, Neuchâtel und Zürich. Diese und viele andere Städte haben auch Oberleitungsbusse. Fahrkartenautomaten stehen überall zur Verfügung. Fahrscheine können selbstverständlich auch an Informations- und Verkaufsschaltern erworben werden. Die Fahrpreise richten sich nach den jeweiligen Fahrzonen; Tageskarten, die für eine oder mehrere Städte gültig sind, werden ebenfalls angeboten.
FAHRZEITEN von Zürich zu den folgenden größeren Städten (ungefähre Angaben in Std. und Min.):

	Flugzeug	Bahn	Bus/Pkw
Basel	0.30	1.05	1.10
Bern	-	1.10	1.15
Genf	0.40	2.55	2.45
Lugano	0.45	3.00	3.00

UNTERKUNFT

HOTELS: Die Hotels haben durchweg einen hohen Standard und bieten meist viel Komfort. Man sollte im voraus buchen, die Verkehrsbüros nehmen allerdings keine Buchungen entgegen. Die Palette reicht von vornehmen Luxushotels bis hin zu Gasthäusern und Pensionen mit Familienatmosphäre. Es gibt auch zahlreiche Unterkünfte, die behindertengerecht ausgestattet sind. Der »Hotelführer für Behinderte« ist vom *Schweizerischen Invalidenverband* erhältlich, Adresse: Postfach, CH-4601 Olten. Tel: (062) 212 12 62.
Etwa 40% der Hotels sind dem *Schweizer Hotelier-Verein* (SHV) angeschlossen. Adresse: Monbijoustraße 130, Postfach, CH-3001 Bern. Tel: (031) 370 41 11. Telefax: (031) 370 44 44.
Kategorien: 1-5 Sterne; Geltungsbereich: die dem SHV angeschlossenen Hotels.
5 Sterne (Luxusklasse): Sehr hoher Standard, viel Komfort, für gehobene Ansprüche. Alle Zimmer mit Bad oder Dusche/WC, Farbfernseher. 16-24stündiger Etagenservice. Mindestgröße: 35 Gästezimmer.
4 Sterne (Gehobene Klasse): Hoher Standard. Alle Zimmer mit Bad oder Dusche/WC; 16-24stündiger Etagenservice; 60% der Zimmer haben Farbfernseher. Mindestgröße: 25 Gästezimmer.
3 Sterne (Gute Mittelklasse): Sehr guter Standard. 75% der Zimmer mit Bad oder Dusche/WC. Mindestgröße: 10 Zimmer.
2 Sterne (Komfortabel): Guter Standard. 30% der Zimmer mit Bad oder Dusche/WC.
1 Stern (Einfach): Einfache saubere Unterkünfte.
Anmerkung: Die Mitgliedschaft im SHV ist freiwillig, daher ist es durchaus möglich, daß einige erstklassige Hotels nicht als Sternehotels registriert sind. Je nach Urlaubsort gibt es geringfügige Preisunterschiede. Der SHV veröffentlicht einen jährlichen Hotelführer mit Angaben über Preise, Ausstattung und Service der 2591 dem Verband angeschlossenen Hotels und Pensionen. Der Führer enthält zusätzlich touristische Informationen und ist im Buchhandel erhältlich. Für jüdische Feriengäste steht ein Verzeichnis von Hotels und Restaurants zur Verfügung, die koscheres Essen anbieten. Darüber hinaus gibt es gesonderte Verzeichnisse von Hotels mit Vorrichtungen für Behinderte und Unterkünften, die besonders für Familien geeignet sind. Broschüren und Verzeichnisse sind vom Verkehrsbüro erhältlich.
FERIENHÄUSER UND -WOHNUNGEN: Informationen über Ferienhäuser, Chalets, Appartements und Ferienwohnungen erhalten Sie vom örtlichen Verkehrsbüro oder ansässigen Maklern. Das Schweizer Verkehrsbüro verschickt auf Anfrage eine Adressenliste.
BÄDER UND KURORTE: In der Schweiz gibt es verschiedene Mineralquellen, mit deren Hilfe die unterschiedlichsten Krankheiten behandelt werden. Ein Verzeichnis der Schweizer Badekurorte ist vom Schweizer Verkehrsbüro erhältlich. Weitere Auskünfte erteilen der *Verband Schweizer Badekurorte* (VSB), Postfach 1456, CH-5400 Baden. Tel: (056) 222 53 18. Telefax: (056) 222 53 20 sowie der *Verband Schweizer Kurhäuser*, Postfach 17, CH-9063 Stein. Tel: (071) 368 50 57. Telefax: (071) 368 50 55.
PRIVATKLINIKEN: Informationen über Privatkliniken und Sanatorien sind der Broschüre »Privatkliniken in der Schweiz« zu entnehmen, die beim Verkehrsbüro erhältlich ist.
CAMPING: Es gibt etwa 450 Zeltplätze in der Schweiz. Auf Privatgrundstücken/Ackerland sollte man nicht zelten. Campingführer werden vom *Schweizer Camping- und Caravaning-Verband* veröffentlicht (erhältlich im Buchhandel oder beim Verband). Die Adresse des *Schweizer Camping- und Caravaning-Verbandes* ist: Habsburgerstraße 35, CH-6000 Luzern 4. Tel: (041) 210 48 22. Telefax: (041) 210 00 02.
JUGENDHERBERGEN: Personen über 25 erhalten nur dann ein Bett, wenn ausreichend Platz vorhanden ist. Ein internationaler oder nationaler Jugendherbergsausweis muß vorgelegt werden. Man sollte mindestens 5 Tage im voraus buchen. Buchungsbestätigung bei Beilage der *Internationalen Jugendherbergs-Rückantwortkarte* möglich. Ein Verzeichnis der Schweizer Jugendherbergen ist vom Schweizer Verkehrsbüro erhältlich oder von den *Schweizer Jugendherbergen*, Schaffhauserstraße 14, Postfach 161, CH-8042 Zürich. Tel: (01) 360 1414. Telefax: (01) 360 14 60.

URLAUBSORTE & AUSFLÜGE

Die folgende Unterteilung in die Abschnitte Westschweiz, Nordschweiz, Zentralschweiz, Ostschweiz, Südschweiz und Skiorte dient der besseren Übersicht.

Westschweiz

Jura, Neuchâtel (Neuenburg) und Fribourg (Freiburg): Der Bieler See, der Murtensee und der Neuenburger See liegen an den Ausläufern des Jura. Obwohl diese Region nicht zu den beliebtesten Touristenzielen gehört, bieten das Hügelland, die *Franches Montagnes* im Kanton Jura sowie die Alpenausläufer im Kanton Fribourg gute Wander-, Zelt- und Angelmöglichkeiten. Die Schlucht des Doubs ist besonders eindrucksvoll. **Fribourg**, von seiner

INTERNATIONALES ROTKREUZ- UND ROTHALBMONDMUSEUM

17 Avenue de la Paix
CH-1202 Genf
Gegenüber den Vereinten Nationen

Tel: 41-22-734 52 48
Fax: 41-22-734 57 23

Geöffnet täglich außer Dienstag von 10 bis 17 Uhr

Auf Anfrage Führungen in verschiedenen Sprachen oder Tonbänder

Hier können Sie die legendäre Vergangenheit des Roten Kreuzes und seine heutigen humanitären Verpflichtungen miterleben.

Gleichzeitig können Sie das Museum ganz oder teilweise für Seminare, Symposien oder Versammlungen mieten – ein Plus für das Image der Gruppe, die in einem so bedeutsamen Rahmen empfangen wird.

Wir können Ihnen folgende Infrastruktur mit dazugehörigem Material zur Verfügung stellen:

Auditorium

120-150 Sitzplätze

Podium

Dia- und Filmprojektor

Kabine für 16 mm Filme

Dia- und Filmvorführungen auf Breitleinwand

Rückprojektor für Dias

Klimatisierung

Garderobe

Telefonkabinen

Behindertengerechte Einrichtungen

Restaurant, Gelegenheit zum Essen bis zu 120 Personen

Empfänge / Cocktails bis zu 200 Personen

Atmosphäre her ebenso romanisch wie deutsch, ist eine der schönsten historischen Städte der Schweiz. *Gruyère* (Greyerz) im Süden des Kantons Fribourg ist eine Voralpenregion, in der viel Milch- und Viehwirtschaft betrieben wird. Der Gruyère ist eine der besten Schweizer Käsesorten. Gruyère ist eine hübsche alte Stadt, deren historische Stadtmauern vollständig erhalten geblieben sind. Aus der Westschweiz kommen die berühmten Schweizer Uhren; wer die Uhrenmuseen in **La Chaux-de-Fonds** oder in **Le Locle** besucht, kommt vielleicht dem Geheimnis der Schweizer Präzisionsuhren auf die Spur. Die Seeufer sind auch für ihren guten Wein bekannt.
Urlaubsorte: St-Blaise, La Chaux-de-Fonds, Le Locle, Neuchâtel, Auvernier, Colombier, La Neuveville, Fribourg, Gruyères, Murten, Le Brassus und St-Ursanne.
Genf und Genfer See: Die Universitätsstadt Genf (Genève) liegt am Rhoneausfluß des Genfer Sees (Lac Léman) in den Ausläufern des Jura. Die kosmopolitische Stadt ist Sitz der Vereinten Nationen, des Internationalen Roten Kreuzes und vieler anderer internationaler Organisationen. Ihre Popularität verdankt die Stadt jedoch nicht nur ihrer herrlichen Lage. Für viele ist Genf die interessanteste Stadt der Schweiz. Elegante Geschäfte, Nachtklubs, Restaurants, gute Museen und Kunstgalerien sowie ein vielfältiges Kulturangebot lassen keine Langeweile aufkommen. Das *Musée d'Art et d'Histoire* ist vor allem für seine Gemäldesammlung bekannt. Die reizvolle Altstadt erkundet man am besten ganz in Ruhe zu Fuß. Eine der schönsten Sehenswürdigkeiten ist die romanische Kathedrale *St-Pierre*. Besuchenswert ist auch das zauberhafte alte Rathaus (16. Jh.). Im hübschen *Jardin Anglais* gibt es eine originelle Blumenuhr. Eine Bootsfahrt auf dem Genfer See ist unbedingt zu empfehlen. Meist sind viele Segelboote auf dem See unterwegs, und der *Jet d'Eau*, eine 145 m hohe Fontäne, ist schon von weitem zu sehen. Das Freizeitangebot für Aktivurlauber ist sehr vielseitig, vor allem Wassersport, Golf, Reiten und Bergsteigen sind sehr beliebt. Südlich von Genf, bereits auf französischem Boden, liegt der *Mont Salève*, dessen Kalkwände eine ausgezeichnete Kletterschule hervorgebracht haben. Romantiker können auch mit Pferd und Wagen über die Jurahöhen ziehen. Im Winter vertreibt man sich die Zeit mit Skilaufen und Schlittschuhlaufen. Weinberge bedecken die Hänge der *Monts du Lavaux*; *Riex* und *Epesses* sind zwei der bekanntesten Weindörfer am Nordufer des Genfer Sees.
Lausanne, die Hauptstadt des Kantons Vaud (Waadt), liegt malerisch am Nordufer des Genfer Sees inmitten zauberhafter Weinberge. Wahrzeichen der lebendigen Stadt sind die *Kathedrale Notre Dame* in der *Cité*, der hübschen Altstadt, und das benachbarte Schloß (1397- 1431). Das Rathaus mit Renaissancefassade ist ebenfalls sehenswert. 15 Museen und ein vielseitiges Kultur- und Sportangebot sorgen für Abwechslung. Kreuzfahrten und Ausflüge in die reizvolle Umgebung bieten sich an. Schön ist ein Spaziergang die Uferpromenade entlang am alten Hafen *Port d'Ouchy*. Von Ouchy kann man mit der Zahnradbahn in die Lausanner Innenstadt hinauffahren. Eine Vielzahl kleiner Flüsse und Hügel bestimmt das Landschaftsbild in der Waadt. Hier wird viel Acker- und Weinbau betrieben. Umgeben von Weinbergen liegt das *Château d'Aigle*, die ehemalige Residenz der bernischen

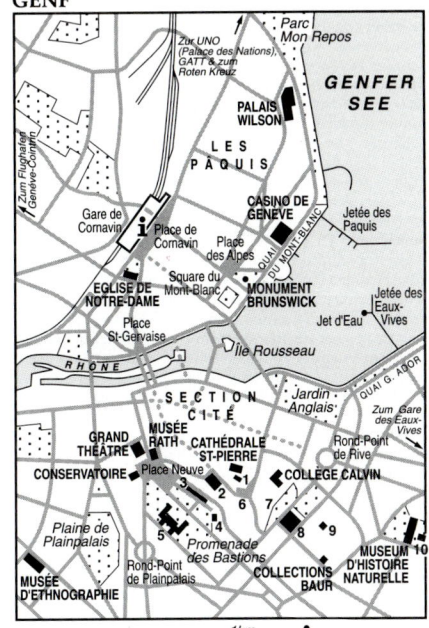

GENF

1. AUDITOIRE
2. HÔTEL DE VILLE
3. MONUMENT DE LA RÉFORMATION
4. PALAIS EYNARD
5. UNIVERSITÉ
6. Place du Bourg de Four
7. Prom. de St-Antione
8. MUSÉE D'ART & D'HISTOIRE
9. MUSÉE D'INSTRUMENTS
10. MUSÉE D'HORLOGERIE

Landvögte. Eines der bedeutendsten Baudenkmäler der Schweiz ist die ehemalige Benediktinerklosterkirche *St-Pierre* (11. Jh.) in dem Städtchen **Romainmôtier**. Auf dem Gletscher bei *Les Diablerets* kann man auch im Sommer Ski laufen. Die Aussicht auf den Montblanc (mit 4810 m der höchste Berg Europas), schneebedeckte Gipfel und grüne Alpentäler ist unbeschreiblich. *Villars* ist ein populärer Wintersport- und Luftkurort. Der 1300 m hoch gelegene Kurort **Leysin** bietet herrliche Panoramablicke auf die Rhoneebene, das Montblanc-Massiv und den Genfer See. **Montreux** ist für sein ungewöhnlich mildes Klima und sein Internationales Jazzfestival bekannt. Aber auch Freunde der klassischen Musik kommen in der Stadt am Fuß der Voralpen auf ihre Kosten. *Schloß Chillon* ist eines der beliebtesten Fotomotive der Schweiz.
Sommerurlaubsorte: Lausanne, Montreux, Yverdon, Nyon-Coppet, Morges, Vevey, Villeneuve, Château-d'Oex, Les Diablerets, Leysin, Villars, Gryon, Payerne, Ste-Croix, Orbe und Vallée de Joux.
Winterurlaubsorte: Rochers-de-Naye, Les Avants, Château-d'Oex, Rougemont, Les Diablerets, Leysin, Villars, Gryon, St-Cergue, Ste-Croix und Vallée de Joux.

Nordschweiz

Zürich, die größte Stadt der Schweiz, liegt am Zürichsee, dem die Limmat entfließt. Die Stadt ist ein wichtiges Handels- und Finanzzentrum, aber auch die Kultur wird in Zürich groß geschrieben. Das *Zürcher Schauspielhaus* ist eine der renommiertesten deutschsprachigen Bühnen. Ein Besuch im *Schweizerischen Landesmuseum* lohnt sich auf jeden Fall (bedeutende kulturhistorische Sammlung). Im *Kunsthaus* sind Gemälde und Skulpturen von Weltrang ausgestellt. Das barocke *Zunfthaus zur Meise* ist für seine Keramiksammlung bekannt. Die malerische Altstadt bietet viele Sehenswürdigkeiten, besonders schön ist die dreischiffige *Basilika Fraumünster* (13.-15. Jh.) mit den schillernden Buntglasfenstern von Marc Chagall. Wahrzeichen der Stadt sind die Doppeltürme des *Großmünster* (11.-13. Jh.). Das imposante *Rathaus* stammt aus der Spät-Renaissance (17. Jh.). Es bieten sich vielfältige Einkaufs-, Ausflugs- und Erholungsmöglichkeiten. Die vornehme Bahnhofstraße ist eine der schönsten Einkaufsstraßen Europas. Im Sommer sind Bootsfahrten auf dem Zürichsee sehr beliebt. Zürich liegt im Mittelland, einer grünen lieblichen Landschaft mit hübschen alten Städtchen und blitzsauberen Dörfern. Wenn möglich, sollte man einen Tagesausflug auf den *Uetliberg* machen, den man mit der Uetlibergbahn erreicht. Bei gutem Wetter eröffnet sich von der Aussichtsplattform ein wunderbarer Rundblick auf die Alpenkette. **Regensberg** ist eine der schönsten historischen Städte der Schweiz. Die mittelalterliche Burg in **Rapperswil** ist

ebenfalls sehr sehenswert. **Schaffhausen** liegt oberhalb des berühmten Rheinfalls am nördlichen Flußufer. Bei Föhn kann man auch von hier die Alpen sehen.
Nordwestschweiz: Diese Region spielt in der Touristik eigentlich keine große Rolle, es gibt jedoch einige bekannte Urlaubsorte. Die alte Universitäts- und Handelsstadt **Basel** liegt zwischen dem Elsaß und dem Jura am Rhein. Während der Basler Fasnacht herrscht drei Tage lang ein buntes Treiben, und auch Besucher können an dem Mummenschanz teilnehmen. Basel ist auch eine Stadt der Kultur und Wissenschaft. Das *Kunstmuseum* sollte man sich unbedingt ansehen (bedeutende Sammlung, u. a. Gemälde von Cranach, Holbein, Rembrandt, Gauguin, Rodin, van Gogh, Monet, Degas, Pissaro, Picasso, Matisse und Max Ernst). Die mittelalterliche *Altstadt* ist noch immer sehr schön. Die ältesten Teile des *Münsters* stammen aus dem 9.-13. Jahrhundert, seine zwei Türme sind weithin sichtbar. Bemerkenswert sind auch das *Spalentor* (1370) und die *Peterskirche* (15. Jh.). Die Lage im Dreiländereck verleiht Basel eine weltoffene Atmosphäre, und Ausflüge nach Deutschland und Frankreich bieten sich an. Im nahen Jura kann man herrliche Bergwanderungen unternehmen. In **Solothurn** gibt es viele Bauwerke aus der Zeit der Renaissance und des Barock. Wer etwas Zeit mitbringt, sollte auch einen Abstecher nach *Aarau* und *Baden* mit ihren malerischen Altstädten machen. Sehenswert ist auch der Badekurort Rheinfelden. Erholung findet man bei Bootsfahrten auf dem Rhein.

Zentralschweiz

Das **Berner Oberland** mit der Jungfrau-Region ist eines der schönsten Feriengebiete der Schweiz. Hier liegen einige der bekanntesten Urlaubsorte. **Adelboden, Grindelwald** und **Lenk** waren schon im 19. Jahrhundert vor allem beim europäischen Adel und bei Künstlern außerordentlich beliebt. Die majestätische Bergwelt zieht auch heute noch Touristen aus aller Welt an. Der zwischen dem Thuner- und dem Brienzer See gelegene Ferien- und Luftkurort **Interlaken** ist das Tor zum Berner Oberland und Ausgangspunkt der schmalspurigen Berner-Oberland-Bahnen (BOB). *Jungfrau* (4158 m), *Mönch* (4099 m) und *Eiger* (3970 m), dessen gefährliche, fast senkrecht abfallende *Nordwand* erst 1938 erstiegen wurde, gehören zu den bekanntesten Gipfeln der Schweiz. Auf das Jungfraujoch führt eine Zahnradbahn. Das stark vergletscherte *Finsteraarhorn* ist mit 4275 m der höchste Berg der Berner Alpen. Den besten Panoramablick hat man vom *Niesen* (2362 m) am Südwestufer des Thuner Sees, zu erreichen mit der Standseilbahn von Mülenen. Klare Seen, Bergflüsse, vergletscherte Gipfel und Blumenwiesen machen den Reiz dieser Region aus.
Adelboden ist ein hübsches Bergdorf mit guten Wintersportmöglichkeiten. Man erreicht Adelboden, wie auch **Zweisimmen**, von Spiez am Thuner See aus. Der Luftkurort **Thun** hat eine reizvolle Innenstadt. Von **Mürren**, einem autofreien Ferien- und Wintersportort, kann man mit der Schilthornbahn auf das 2970 m hohe *Schilthorn* fahren. Weitere interessante Ausflugsziele sind die Wasserfälle bei Gießbach und das Freilichtmuseum von Ballenberg.
Bern, die Hauptstadt der Schweiz, liegt sehr schön; man hat einen Ausblick auf den Jura im Westen und im Süden auf die Voralpen und die Alpen. Bei Föhn scheinen die Berge greifbar nahe. Das Stadtbild ist auch heute noch anmutig; der mittelalterliche Stadtkern, der von der UNESCO zum Weltkulturgut erklärt wurde, befindet sich auf der Aarehalbinsel zwischen dem *Zeitglockenturm* und der *Nydeggkirche*. Jeweils am Dienstag und Samstag findet morgens ein Blumen- und Gemüsemarkt statt. Die zahlreichen interessanten Museen sind nicht nur an Regentagen besuchenswert. Bern verfügt über die größte Sammlung von Arbeiten des bekannten Malers Paul Klee.
Sommerurlaubsorte: Interlaken, Mürren, Wengen, Lenk, Grindelwald, Adelsoden, Brienz, Meiringen, Thun und Spiez.
Winterurlaubsorte: Interlaken, Mürren, Wengen, Lenk, Grindelwald, Adelsoden, Gstaad, Lauterbrunnen, Zweisimmen und Meiringen.
Luzern und Umgebung: Berge, Seen, Nadelwälder und Weideland sind charakteristisch für dieses schon seit langem sehr beliebte Urlaubsgebiet. Das durch zwei Zahnradbahnen erschlossene Bergmassiv der Rigi ist berühmt für seine großartigen Aussichtspunkte. Die besten sind *Kulm* (1800 m) und *Scheidegg* (1665 m). Der Ausblick auf die umliegenden Seen und die Alpen ist großartig. Auf den zahlreichen Wanderwegen kann man die würzige Bergluft so richtig genießen. **Luzern** liegt am Vierwaldstätter See, auf dem Fahrten mit nostalgischen Raddampfern angeboten werden. Der mittelalterliche Stadtkern ist erhalten geblieben; die schöne *Hofkirche*, das alte *Rathaus* (1602-1606) und das berühmte *Löwendenkmal* sind nur einige der interessantesten Bauwerke dieser schönen Stadt. Die 170 m lange überdachte *Kapellbrücke*, die über die Reuß führt, war ursprünglich eine der ältesten Holzbrücken des Landes (1333 errichtet). Im Sommer 1993 brannte sie leider ab, wurde jedoch innerhalb eines Jahres wiederaufgebaut. Das *Richard-Wagner-Haus* und das *Verkehrshaus der Schweiz* sind ebenfalls einen Besuch wert. In Luzern finden jedes Jahr internationale Musikfestwochen statt. Auf dem nahegelegenen Rotsee wird alljährlich die renommierte Rotsee-Regatta ausgetragen. Sonnenberg, Gütsch, Pilatus und alle anderen Berge im Umkreis von Luzern erreicht man mit Drahtseilbahnen, Skiliften und Zahnradbahnen. Sehr reizvoll ist die Fahrt von dem Kurort **Engelberg** zum *Titlis* (3239 m), der zu jeder Jahreszeit mit Schnee bedeckt ist. Das Panorama der Alpen ist unvergeßlich. In Engelberg selbst gibt es ein großartiges Benediktinerkloster (1120) und eine prächtige Barockkirche zu sehen, in der sich die größte Orgel der Schweiz befindet. **Schwyz** ist ein netter Flecken mit vielen schönen Patrizierhäusern.
Sommerurlaubsorte: Luzern, Engelberg, Weggis, Vitznau, Schwyz, Sarnen, Küssnacht, Hergiswil, Gersau, Einsiedeln, Bürgenstock und Brunnen.
Winterurlaubsorte: Engelberg, Andermatt, Melchsee-Frutt, Rigi und Sörenberg.

Ostschweiz

Graubünden (Grisons): In Graubünden, wo Rhein und Inn entspringen, betreibt man Alpwirtschaft, Ackerbau, Viehzucht und in den warmen Tälern auch Weinbau. In der rauhen bündnerischen Gebirgsregion gibt es insgesamt 150 Täler. Die Höhenkurorte **St. Moritz, Davos, Klosters** und **Arosa** sind in aller Welt bekannt, nicht zuletzt für ihre hervorragenden Wintersportmöglichkeiten. St. Moritz ist Inbegriff der Eleganz, das 1560 m hoch gelegene Davos bietet auch Kunstinteressierten etwas – das *Ernst-Ludwig-Kirchner-Museum* zeigt die größte Privatsammlung der Arbeiten dieses großen expressionistischen Malers. In **St. Moritz, Pontresina** und **Zuoz** findet man die typischen Engadiner Steinhäuser. Durch das Hochtal des Engadin (1000-1800 m), dessen Hänge mit herrlichen Lärchenwäldern bedeckt sind, fließt der Inn. Die zauberhafte Engadiner Seenlandschaft und die grandiose Bergwelt sind ein Ferienparadies für jung und alt. Bergwandern und Skilaufen kann man hier nach Herzenslust. In den kleinen Dörfern gibt es oft preiswerte Unterkünfte. Die höchste Erhebung Graubündens ist die *Bernina* (4049 m) an der Grenze zu Italien. **Chur** ist Ausgangspunkt der Rhätischen Bahn, die u. a. nach St. Moritz, Arosa und Disentis fährt. Besonders sehenswert sind die *St. Luziuskirche*, die *Kathedrale* (12.-13. Jh.) und das *Rätische Museum*. Von Chur erreicht man auch viele andere schöne Skiorte. Die Busfahrt von Chur über den San-Bernardino-Paß nach Bellinzona im Tessin ist atemberaubend. **Flims** ist ein hübscher Luftkurort, eingebettet in eine wundervolle Berglandschaft. Der Kanton Graubünden blickt auf eine lange Geschichte zurück; die vielen Schlösser, Burgen, Kirchen und Kapellen sind Zeugnisse der großen Vergangenheit. In den Ortschaften feiert man gern, und es gibt viele traditionelle Volksfeste. Den 168 qkm großen *Schweizer Nationalpark* erreicht man am besten von Zernez aus. Er ist zu einem Drittel bewaldet und bietet vielen Tieren einen Lebensraum, darunter Murmeltieren, Rotwild, Steinwild und Adlern. Da die Tiere recht scheu sind, empfiehlt es sich, ein Fernglas mitzunehmen. Die Wanderwege (insgesamt 80 km) dürfen nicht verlassen werden.
Urlaubsorte (ganzjährig Saison): Flims, St. Moritz, Arosa, Davos, Bad Scuol, Bad Tarasp-Vulpera, Bad Vals, Bergün, Chur, Disentis, Klosters, Laax, Lenzerheide, Müstair, Obersaxen, Pontresina, Poschiavo, San Bernardino, Samedan, Savognin, Sedrun, Sils, Silvaplana und Zernez.
Östlich und südlich des Bodensees: Das Gebiet um den Bodensee am Nordrand der Alpen hat ein ausgespochen mildes Klima, was den Wein- und Obstanbau begünstigt. *Appenzell* ist eine reizvolle Voralpenregion, deren höchste Erhebung der *Säntis* (2504 m) ist, ein ideales Bergwandergebiet. Vom Gipfel hat man eine herrliche Aussicht auf das österreichische Bundesland Vorarlberg, Graubünden, die Glarner Alpen und über den Bodensee bis nach Schwaben in Deutschland. Das grüne Weideland erstreckt sich bis nach St. Gallen und weiter zum Bodensee. Der Rhein durchfließt den Bodensee und bildet bei Schaffhausen den imposanten Rheinfall, den größten Wasserfall Mitteleuropas. **Stein am Rhein** ist eine beschauliche mittelalterliche Kleinstadt. **St. Gallen** hat eine zauberhafte Altstadt mit Patrizierhäusern aus dem 17. und 18. Jahrhundert. Besonders sehenswert sind die weltberühmte *Stiftsbibliothek* im Innenhof des *Benediktinerklosters* (bedeutende Manuskripte und Inkunabeln), die *Stadtbibliothek Vadiana*, die 1551 gegründet wurde, und die dreischiffige barocke *Domkirche*. Die Ostschweiz ist eine Region, die dem Besucher viel zu bieten hat. Alte Traditionen haben sich vor allem in Appenzell bewahrt, aber auch anderswo trägt man noch die alten Trachten bei Dorf- und Volksfesten und musiziert nach Herzenslust.
Sommerurlaubsorte: Schaffhausen, Stein am Rhein, Uferorte am Bodensee, Wildhaus und Unterwasser.
Winterurlaubsorte: Wildhaus und Unterwasser im Toggenburg.

Südschweiz

Wallis (Valais): Das Wallis im oberen Rhonetal erstreckt sich bis zum Genfer See. Zwischen Alpennord- und Südseite findet man eine abwechslungsreiche Landschaft, die jeden Urlauber begeistern wird. In den stark vergletscherten Walliser Alpen liegen die höchsten Gipfel der Schweiz: *Dufourspitze* (4634 m), *Dom* (4545 m), *Weißhorn* (4506 m) und *Matterhorn* (4478 m). Die Wald- (2300 m) und Schneegrenzen (3200 m) liegen sehr hoch. Kleine Dörfer mit alten Holzhäusern klammern sich förmlich an die Berghänge. Die bunten Blumenkästen auf den Fenstersimsen bieten im Sommer einen prachtvollen Anblick. In den zahlreichen romantischen Seitentälern liegen viele schöne Urlaubsorte, die bekanntesten sind wohl **Saas Fee** im Saastal und **Zermatt** im Mattertal, das vom Matterhorn überragt wird. Zermatt ist ein renommiertes Wintersportzentrum mit internationalem Publikum. Im Ort selbst sind Autos nicht zugelassen; wer nicht zu Fuß unterwegs ist, bewegt sich mit Pferd und Wagen fort. Es gibt gut markierte Wanderwege; Seilbahnen, Ski- und Sessellifte erschließen auch die Hochlagen. Erholungssuchende Bergwanderer und ehrgeizige Bergsteiger kommen gleichermaßen auf ihre Kosten. Europas höchste Seilbahn führt auf das Kleine Matterhorn bei Zermatt. Im Wallis liegen die größten Schweizer Gletscher: der 25 km lange *Große Aletschgletscher* bedeckt 87 qkm. Den berühmten Rhonegletscher und die Eisgrotte bei Gletsch sowie den unterirdischen See bei St-Léonard sollte man sich auf jeden Fall ansehen. In der historischen Kleinstadt **Brig** am Südufer der Rhone steht das bedeutendste Barockschloß der Schweiz, das *Stockalperschloß*. Der Bischofssitz *Sion* (Sitten) und *Martigny* mit seiner Burgruine sind ebenfalls sehenswert und gute Ausgangspunkte für Ausflüge in die schöne Umgebung. Wer Burgen mag, sollte nach *Leuk, Sierre, Sion* und *Monthey* fahren.
Urlaubsorte (ganzjährig Saison): Zermatt, Saas Fee, Crans-Montana, Leukerbad, Champex, Champéry, Riederalp, Bettmeralp und Verbier.
Winterurlaubsorte: Bellwald, Fiesch, Grächen, Les Marécottes, Champéry-Planachaux, Morgins, Salvan und Finhaut.
Ticino (Tessin): Im südlichsten Kanton der Schweiz spricht man italienisch, Klima und Atmosphäre sind mediterran. Der Schriftsteller Hermann Hesse hat die herrlichen Täler, die Weinberge, die malerischen Dörfer mit ihren Steinziegeldächern und die üppigen Gärten seiner Wahlheimat in Wort und Bild festgehalten. Er lebte in der Nähe von **Lugano**, der größten Tessiner Stadt. Sie liegt am Fuß des San Salvatore und des Monte Brè am *Lago di Lugano*. Die Stadt gehört zu den beliebtesten Schweizer Ferienzielen. Schöne Piazzas, Palazzos, Palmen und die lange Uferpromenade machen ihren Reiz aus. Kunsthistorisch Interessierte sollten sich die *Kathedrale San Lorenzo* ansehen. **Locarno** am *Lago Maggiore* mit seinen engen Gassen und Straßencafés ist besonders schön im Frühling und im Herbst. Feigen und Zitrusfrüchte gedeihen hier. Die Stadt liegt wunderschön, Gärten und Weinberge bedecken die umliegenden Hügel. Auf der Promenade kann man am Seeufer entlangspazieren und den Ausblick auf das malerische Umland genießen. Die zauberhaften Dörfer der Gegend sind mit dem Bus zu erreichen. Ausflugsfahrten zu den oft idyllischen Pässen, u. a. zum *Lukmanier-*, *Furka-* und dem *Oberalppaß*, werden angeboten. Auch Mailand und Venedig liegen in erreichbarer Nähe. Schifffahrten kann man auf dem bezaubernden Lago Maggiore unternehmen. Bei **Brissago** liegen zwei reizvolle Inseln, die *Isole di Brissago*. Auf der größeren der beiden Inseln gibt es einen schönen Botanischen Garten mit mediterraner Vegetation. Naturfreunde sollten die Region *Bolle di Magadino* aufsuchen, eine noch fast unberührte Landschaft. Das *Paläontologische Museum* in Meride ist ebenfalls sehenswert.
Urlaubsorte: Locarno, Ascona, Brissago, Lugano, Morcote und Gandria.

Skiorte

ADELBODEN-REGION: Adelboden: Saison: Weihnachten bis Anfang April. Beschauliches Bergdorf mit wenig Nachtleben. **Lenk:** Saison: Mitte Dezember bis Ende März. Ausgezeichnete Pisten, aber sehr ruhig. Gut für Familien, kaum Nachtleben. **Kandersteg:** Anfänger und Fortgeschrittene. Begrenzte Anzahl von Pisten.
CRANS/MONTANA-REGION: Crans-sur-Sierre: Saison: Mitte Dezember bis Mitte April. Momentan sehr »in«, lebhaftes Nachtleben. **Montana:** Gemischtes Publikum, ruhiger. Abends ist recht viel los. **Anzère:** Saison: Mitte Dezember bis Mitte März. Speziell für junge Leute. Viele Engländer fahren hierher.
DAVOS/KLOSTERS-REGION: Davos: Saison: Dezember bis Mitte April. Nur wenig Abwechslung für junge Leute. Gutes *Après-Ski*-Angebot. **Klosters:** Saison: Dezember bis Mitte April. Ruhiger Ort, teures *Après-Ski*. Eher für ältere Semester. **Arosa:** Saison: Dezember bis Ende April. Für Skiläufer und Nichtsportler ist gesorgt. Pferdeschlitten.
ENGADIN: St. Moritz: Saison: Anfang Dezember bis Ende April. Renommierter, großer und teurer Winterurlaubsort. Vielfältiges Freizeitangebot und Nachtleben für jedes Alter und jeden Geschmack. **Pontresina:** Saison: Anfang Dezember bis Mitte April. In der Nähe von St. Moritz. **Celerina:** Reizvolles traditionelles Dorf. Das Nachtleben findet im nahegelegenen St. Moritz statt. **Samnaun:** Bei Deutschen beliebt. Gut für Skilanglauf. Zollfreie Zone. **Zuoz:** Begrenzte Abfahrtsmöglichkeiten. Hübsches Dorf.
FLIMS-REGION: Laax: Altes Bauerndorf. Ausgezeichnete Skimöglichkeiten für Anfänger und Fortgeschrittene. **Flims:** Saison: Mitte Dezember bis Mitte April. Ruhiger Ort mit Skischule. Ausgezeichnete Pisten. Gutes Freizeitangebot, auch Nichtskiläufer werden sich nicht langweilen.
GSTAAD: Saison: Weihnachten bis Anfang April. Berühmter Wintersportort. Modebewußt, schick und

teuer. Viel *Après-Ski*. **Château-d'Oex:** Vor allem Anfänger. Traditioneller Bergort. Unterkunft meist in Chalets. **Rougemont:** Idyllisches Dorf. Gut für Skilanglauf. Wenig Nachtleben. **Saanenmöser, Schönried und Saanen:** Schöne Chalets. Alle Klassen. **Zweisimmen:** Ortschaft mit Skischule. Wird allen Ansprüchen gerecht. Wenig Nachtleben. **Les Diablerets:** Saison: Mitte Dezember bis Mitte April. Beschaulicher Ort, ideal für Familien. Gute Anfängerhügel. Vielfältige Freizeit- und Unterhaltungsmöglichkeiten. Skilauf auch im Sommer auf dem Gletscher möglich. **Leysin:** Saison: Mitte Dezember bis Mitte März. Recht ruhiges Nachtleben. Viele Schulklassen. **Villars-sur-Ollon:** Saison: Mitte Dezember bis Ende März. Ruhiger, typisch schweizerischer Ort. Kaum Nachtleben. **Les Mosses:** Gut für Anfänger und Fortgeschrittene. Ruhiges Nachtleben.

JUNGFRAU-REGION: Grindelwald: Saison: Mitte Dezember bis Ende März. Im alten Stil. Abends ist nicht allzuviel los. **Wengen:** Saison: Dezember bis April. Breites Freizeit- und Unterhaltungsangebot, auch Nichtskiläufer müssen sich nicht langweilen. **Mürren:** Saison: Anfang Dezember bis Mitte April. Rustikales Chaletdorf.

LENZERHEIDE-REGION: Valbella: Für alle Klassen. Eine schwierige Abfahrt. Gut für Familien. Wunderschöne Umgebung. **Lenzerheide:** Saison: Mitte Dezember bis Mitte April. Gute Restaurants. Eher ruhiges Nachtleben.

OBERTOGGENBURG-REGION: Alt St. Johann: Bildschön. Beliebt, aber nicht überlaufen. Für Fortgeschrittene, einige schwierige Pisten. **Wildhaus:** Nicht überlaufen. Abfahrtspisten für alle Klassen. Breites Freizeit- und Unterhaltungsangebot. Das Nachtleben findet zum größten Teil in den Hotels statt.

PORTES DU SOLEIL-REGION: Champéry: Saison: Mitte Dezember bis Anfang April. Ruhiger Ort, beliebt bei Familien. **Champoussin:** Ausgezeichnete Pisten, für alle Klassen. **Morgins:** Hübscher Skiort. Überwiegend leichte Abfahrten. Gut für Familien.

RIEDERALP-REGION: Bettmeralp: Zwei Abfahrten für Anfänger, zwei für alte Skihasen, der Rest für Fortgeschrittene. Gute Restaurants. Angemessene Preise. **Riederalp:** Saison: Anfang Dezember bis Ende März. Schöne Umgebung. Kaum Nachtleben, ruhig.

SARGANS-REGION: Wangs-Pizol: Einige gute Abfahrten, die einiges Können erfordern. Gute Skischule für Kinder und Anfänger. Wenig Nachtleben. **Braunwald:** Für Anfänger und Fortgeschrittene. **Flumser Berge:** Gut für Skilanglauf. Kaum Freizeit- und Unterhaltungsmöglichkeiten für Nichtskiläufer. Gut für Familien.

VERBIER/LES QUATRE VALLÉES-REGION: Verbier: Saison: Mitte Dezember bis Ende April. Für Könner. Vielfältiges Freizeit- und Unterhaltungsangebot für junge Leute. **Bruson:** Ruhiger. Die meisten Hänge sind für Anfänger und Fortgeschrittene geeignet. **Super St. Bernard:** Eine Skistation ohne Unterkünfte, ein schöner Tagesausflug. Für alle Klassen. **Thyon 2000:** Moderner Skiort. Eine lange Abfahrt. Alle anderen Pisten für Anfänger und Fortgeschrittene. Nicht viel Abwechslung. Gut für Gruppen und Familien.

ANDERMATT-REGION: Andermatt: Saison: Mitte Dezember bis Mitte April. Breites Freizeit- und Unterhaltungsangebot für Nichtskifahrer. Recht lebhaftes Nachtleben. **Engelberg:** Saison: Mitte Dezember bis Mitte April. Historischer Bergort. Einige Abfahrten für Könner und Fortgeschrittene. Relativ gutes Nachtleben. **Hoch-Ybrig** (Zentralschweiz): Ideal für Familien. Mittelmäßiges Nachtleben. Wunderschöne Landschaft.

ZERMATT-GEBIET: Zermatt: Saison: Anfang Dezember bis Mitte April. Für alle Klassen. Reges Nachtleben. Breites Freizeit- und Unterhaltungsangebot für Nichtsportler. **Saas Fee:** Saison: Anfang Dezember bis Mitte April. Gutes *Après-Ski*. Autofrei. **Grächen:** Für Anfänger und Fortgeschrittene. Viel Abwechslung für Nichtskiläufer.

RUNDREISEN: 5tägige: Lausanne – Montreux – Matterhorn. **7tägige:** (a) Zürich – Bodensee – St. Gallen – Chur – Luzern – Zürich. (b) Bern – Neuchâtel – Lausanne – Fribourg – Bern.

SOZIALPROFIL

ESSEN & TRINKEN: Die Schweizer Küche ist außerordentlich vielfältig. Die wohl bekannteste Spezialität ist *Käse-Fondue*, ein Gericht aus geschmolzenem Käse (meist *Gruyère* und *Emmentaler*) mit Weißwein, *Kirsch* und ein wenig Knoblauch. Ein weiteres typisches und bekanntes Käsegericht ist *Raclette*. *Emmentaler, Appenzeller, Gruyère* und *Tête de Moine* sind nur einige der bekanntesten Schweizer Käse. Eine der vielen leckeren regionalen Spezialitäten ist *Bündnerfleisch* (getrocknetes Rindfleisch). Das Fleisch wird sehr dünn geschnitten und mit Silberzwiebeln und eingelegten Gurken serviert. *Papet vaudois* ist ein wohlschmeckendes Gericht aus Lauch und Kartoffeln. Die wohl bekannteste Genfer Spezialität ist *Pied de Porc* (Schweinshaxe). Es gibt unzählige Salamisorten und Würste aus Schweinefleisch, darunter *Landjäger, Beinwurst, Engadinerwurst* oder *Knackerli*. *Rösti* (geschnittene und gebratene Kartoffeln) und *Fondue Bourguignonne* (mit verschiedenen Soßen serviertes Fleischfondue) sind auch sehr schmackhaft. Die Auswahl an Kuchen und Backwaren ist ebenfalls verlockend. *Leckerli* sind eine Basler Spezialität (gewürzter Honigkuchen mit Puderzucker). In Bern wird der Honigkuchen mit einem weißen Zuckerbären dekoriert. *Gugelhopf* (Napfkuchen, oft mit Sahnecremefüllung) und *Fasnachtsküchli* (Puderzuckergebäck, das in der Karnevalszeit gegessen wird) sind besonders leckere Süßigkeiten. Weitere süße Köstlichkeiten sind *Engadiner Nuß-, Zuger Kirsch-* und *Aargauer Rüblitorte*. Schweizer Schokolade ist weltberühmt. **Getränke:** Die Auswahl an Schweizer Weinen ist groß. Obstbranntweine wie *Kirsch, Marc, Pflümli* und *Williams* sowie Schweizer Bier sind ebenfalls beliebt. Zum Essen trinkt man vielfach Mineralwasser.

NACHTLEBEN: In den meisten Städten und Urlaubsorten gibt es Kinos, Theater, Nachtklubs und/oder Diskotheken, die manchmal auch Mahlzeiten servieren. In zahlreichen Orten kann man in Spielkasinos sein Glück versuchen. In Bars und Restaurants werden oft einheimische Unterhaltungsprogramme geboten.

EINKAUFSTIPS: Schöne Mitbringsel sind Schweizer Uhren, volkstümliche Handarbeiten wie Stickereien und Spitzenwaren, Leinen, Berner Holzschnitzereien, Schokolade, Bergkäse und Schweizer Taschenmesser. **Öffnungszeiten der Geschäfte:** Mo-Fr 08.30-18.30 Uhr, Sa 08.30-16.00 Uhr. In den Städten sind Kaufhäuser und andere Geschäfte am Montag vormittag geschlossen. Einmal pro Woche bleiben die Geschäfte in den Großstädten bis 21.00 Uhr geöffnet.

SPORT: Bergsteigen/Wandern: Die Schweizer Berge sind ideal für erholungssuchende Bergwanderer und erfahrene Bergsteiger. Gute Ausrüstung ist unbedingt erforderlich, und man sollte immer den Wetterbericht abwarten. Winterwanderungen in verzauberten Schneelandschaften sind ein ganz besonderes Erlebnis. **Tennis:** Viele Hotels haben Tennisplätze. **Golf:** Ein Verzeichnis aller Golfplätze ist vom Verkehrsamt erhältlich. **Fahrräder** kann man fast überall mieten. **Wassersport:** Gute Wassersportmöglichkeiten auf vielen Schweizer Seen. **Wasserski, Segeln** und **Kanufahren** kann man besonders gut auf dem Lago di Lugano, dem Genfer und dem Neuenburger See. **Wintersport:** Die unzähligen Skiorte der Schweiz sind die eigentliche Hauptattraktion des Landes. Man kann alle Wintersportarten betreiben (**Skilaufen, Rodeln, Bobfahren, Eislaufen, Eisstockschießen** usw.), Näheres s. o. **Hundeschlitten-Trekkings** werden speziell im Schweizer Jura durchgeführt. **Squash, Badminton, Drachenfliegen** und **Paragleiten** sind ebenfalls möglich. Weitere Informationen vom Verkehrsbüro.

VERANSTALTUNGSKALENDER

1. - 5. Mai '96 *Internationales Jazzfestival*, Bern. **6. - 9. Juni** *Internationales Cartoonfestival* (Comics), Sierre. **5. - 20. Juli** *Internationales Jazzfestival*, Montreux. **23. - 28. Juli** *Paléo-Festival* (Open-air Rock und Folk), Nyon. **9. Juli - 8. Aug.** *Musiksommer (klassische Musik)*, Gstaad. **1. Aug.** *Schweizer Nationaltag* (Feuerwerk, Folklore), landesweit. **1. - 11. Aug.** *Internationales Filmfestival*, Locarno. **17. Aug. - 11. Sept.** *Internationale Musikfestwochen* (Klassik), Luzern. **27. Aug. - 1. Sept.** *Internationales Folklorefestival*, Fribourg. **29. Aug. - 3. Sept.** *Golf: European Masters und Swiss Open*, Crans-Montana. **8./9. Sept.** *Knabenschießen* (Wettschießen der Zürcher Jugend, Volksfest und Jahrmarkt), Zürich. **11. - 22. Sept.** *Comptoir* (Messe), Lausanne. **27. - 29. Sept.** (1) *Weinlesefest mit Umzügen*, Neuchâtel. (2) *Fête de la Brocante* (Antiquitäten- und Flohmarkt), Landeron. **26. Okt. - 4. Nov.** *Muba* (größte Schweizer Herbstmesse), Basel. **9. Nov.** *Räben-Chilbi* (Jahrmarkt mit Umzügen und Laternenzügen), Richterswil. **25. Nov.** *Zibelemärit* (Zwiebelmarkt und Volksfest), Bern. **5. Dez.** *Klausjagen* (traditionelle Feier zum Nikolaustag), Küssnacht am Rigi. **13. - 15. Dez.** *Fête de l'Escalade* (historisches Festival), Genf. **26. - 31. Dez.** *Internationaler Spengler-Cup* (Eishockey), Davos. **26. Febr. '97** *Morgestraich* (Auftakt der Fasnacht um 04.00 Uhr), Basel. **10. März** *Engadin Skimarathon* (Volkslanglauf von Maloja nach Zuoz), Engadin. **26. - 28. Febr.** *Fasnacht*, Basel.

Dies ist nur eine kleine Auswahl der jährlichen Veranstaltungen. Die Schweiz Tourismus veröffentlicht eine vollständige Liste.

SITTEN & GEBRÄUCHE: Es ist üblich, Blumensträuße auszuwickeln, bevor man sie der Gastgeberin überreicht. Rote Rosen schenkt man nur der Dame seines Herzens; Chrysanthemen und weiße Astern werden nur für Begräbnisse verwendet. Freizeitkleidung ist üblich. Zu besonderen Anlässen und in guten Restaurants trägt man elegantere Kleidung. **Trinkgeld** ist grundsätzlich inbegriffen; bei guter Bedienung rundet man jedoch den Rechnungsbetrag großzügig auf.

WIRTSCHAFTSPROFIL

WIRTSCHAFT: Die Schweiz ist ein hochentwickeltes Industrieland mit einer stark exportorientierten Wirtschaft. Hauptexportgüter sind Maschinen, Kunststoffe, Edelmetalle, Schmuckwaren, Uhren (95% aller Schweizer Uhren werden exportiert) und Arzneimittel. Im Bereich der Fertigungswirtschaft ist die Schweiz besonders für ihre Präzisionsinstrumente und -maschinen weltbekannt. Hohe Zuwachsraten hatten in den letzten Jahren neben der Maschinenindustrie vor allem die Bereiche Holz- und Kunststoffindustrie zu verzeichnen. In den Branchen Textil- und Bekleidungsindustrie sowie Schmuckwaren verlief die Entwicklung allerdings ungünstiger. Die Nahrungsmittelindustrie (v. a. Schokolade, Käse und Babynahrung) hat international einen guten Ruf. Obwohl die Schweiz die Hälfte des eigenen Nahrungsmittelbedarfs durch Importe deckt, ist die Landwirtschaft durchaus ein wichtiger Wirtschaftsfaktor. Rund 3% der Erwerbspersonen sind im Agrarsektor tätig. Angebaut werden hauptsächlich Getreide, Kartoffeln und Zuckerrüben sowie Wein, Obst und Tabak im Tessin, im Wallis und am Genfer See. Viehzucht und Milchwirtschaft sind ebenfalls von Bedeutung. Die Schweiz ist arm an Bodenschätzen und von Rohstoffimporten abhängig. Der Fremdenverkehr ist neben dem Bank- und Versicherungswesen die wichtigste Erwerbsquelle im Dienstleistungssektor. Die Schweiz ist eines der bedeutendsten Finanzzentren in Europa. Wichtigste Arbeitgeber sind der Tourismus und die Hotellerie. Der Anteil des Tourismus an der Beschäftigung beträgt 10,6%. Die Ausgaben ausländischer Touristen erbrachten 1993 mit 12,8 Mrd. sfr rund 4% des Bruttoinlandsproduktes. Etwa 34% der Erwerbstätigen sind in der Industrie beschäftigt, davon allein 10% in der expandierenden chemischen Industrie. Hauptexportmärkte sind die EU-Länder, vor allem Deutschland, Frankreich, Großbritannien und Italien sowie die USA. Die Schweiz ist Mitglied der Europäischen Freihandelszone (EFTA), und wird zunächst weder dem EWR noch der EU beitreten. Die Investitionstätigkeit hat inzwischen leicht zugenommen, und der Konjunkturaufschwung setzt sich bei sinkender Inflationsrate (1993 bei 3,3%) langsam fort. Für 1994 wurde ein geringer Anstieg des Bruttoinlandsproduktes erwartet. Die Arbeitslosenquote liegt weiterhin bei 4,5%, und bleibt damit im internationalen Vergleich sehr niedrig.

GESCHÄFTSVERKEHR: Visitenkarten sind üblich. **Geschäftszeiten:** Mo-Fr. 08.00-12.00 und 14.00-17.00 Uhr.

Kontaktadressen: *Botschaft der Schweizerischen Eidgenossenschaft*, Handels- und Wirtschaftsdienst, Gotenstraße 156, D-53175 Bonn. Tel: (0228) 810 08 32. Telefax: (0228) 810 08 19.

Handelskammer Deutschland - Schweiz, Talacker 41, CH-8001 Zürich. Tel: (01) 221 37 02. Telefax: (01) 221 37 66.

Österreichische Handelsdelegation, Postfach, CH-8039 Zürich. Tel: (01) 212 48 00. Telefax: (01) 212 28 38.

Schweizerische Handelskammer, Neuer Markt 4, A-1010 Wien. Tel: (0222) 512 79 50. Telefax: (0222) 513 92 82.

Schweizerische Zentrale für Handelsförderung, Stampfenbachstraße 85, CH-8035 Zürich. Tel: (01) 365 51 51. Telefax: (01) 365 52 21.

Zweigstelle in Lausanne.

Weitere Informationen ferner von den regionalen Handelskammern in den einzelnen Kantonen.

KONFERENZEN/TAGUNGEN: Die verkehrsgünstige Lage im Herzen Europas sowie ihre Neutralität und Stabilität machen die Schweiz zu einem bevorzugten Ziel für Tagungen internationaler Organisationen. Alle größeren Städte und viele der kleineren Urlaubs- und Kurorte sind für Kongresse auch mit hohen Teilnehmerzahlen eingerichtet; Hotels und Kongreßzentren bieten modernste Konferenzeinrichtungen einschl. Dolmetscherdienst und audiovisueller Hilfsmittel. In allen Großstädten stehen besondere Kongreßdienste als Anlaufstelle für Ratsuchende und Interessenten zur Verfügung. *Swiss Congress and Incentive Destinations* bietet landesweit ein umfassendes Dienstleistungsangebot. Anschrift: Bellariastraße 38, Postfach 572, CH-Zürich. Tel: (01) 201 53 00. Telefax: (01) 201 53 01.

KLIMA

Die Alpen sind eine Wetterscheide. Nördlich der Alpen überwiegend atlantisches Klima, südlich davon im Tessin herrscht mediterranes Klima mit sehr warmen Sommern und milden, sonnigen Wintern. Je nach Höhenlage unterschiedliche Bedingungen in den einzelnen Regionen. In den höheren Lagen (v. a. in den Alpen) ist es beträchtlich kühler. Ganzjährig gemäßigtes Klima in der Nordschweiz.

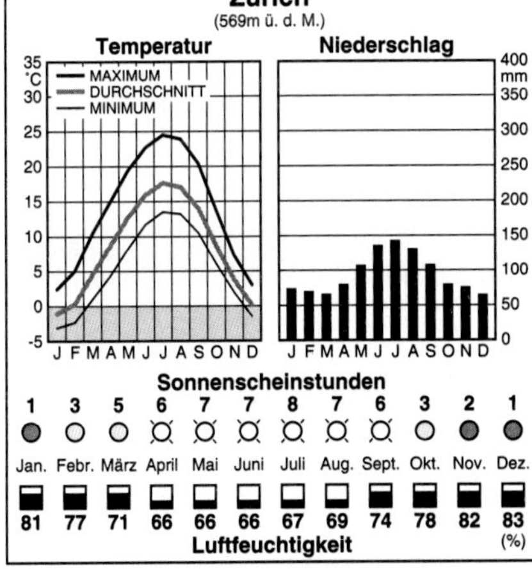

Senegal

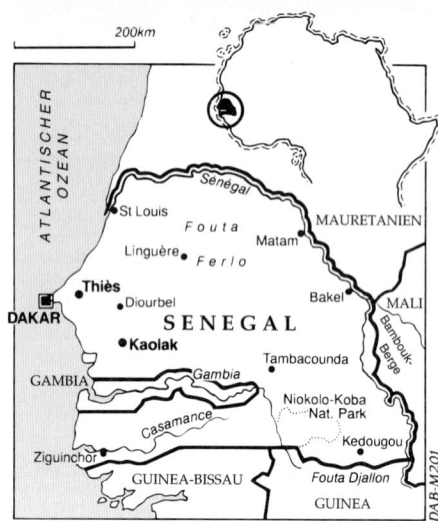

☐ Internationaler Flughafen

Lage: Westafrika.

Ministry of Tourism and Air Transport
23 Rue Calmette
BP 4049
Dakar
Tel: 23 65 02. Telefax: 22 94 13.
Botschaft der Republik Senegal
Argelanderstraße 3
D-53115 Bonn
Tel: (0228) 21 80 08. Telefax: (0228) 21 78 15.
Konsularabt.: Mo-Fr 09.00-14.00 Uhr.
(auch zuständig für Österreich)
Generalhonorarkonsulat mit Visumerteilung in Stuttgart
(Tel: (0711) 256 92 15).
Honorarkonsulate mit Visumerteilung in Berlin (Tel: (030) 861 01 24), Düsseldorf (Tel: (0211) 61 43 61, 61 10 00), Frankfurt/M. (Tel: (069) 55 65 04), Hamburg (Tel: (040) 31 10 12 00) und München (Tel: (089) 34 51 02).
Generalkonsulat der Republik Senegal (mit Visumerteilung)
Kohlstattgasse 3
A-6020 Innsbruck
Tel/Telefax: (0512) 58 89 57.
Mo-Fr 10.00-12.00 Uhr.
Generalkonsulat der Republik Senegal (mit Visumerteilung)
Getreidegasse 22
A-5020 Salzburg
Tel: (0662) 84 57 20 10.
Di und Fr 09.00-11.00 Uhr.
Honorarkonsulat der Republik Senegal (mit Visumerteilung)
Kärntnerring 11-13
A-1010 Wien
Tel: (0222) 512 85 76. Telefax: (0222) 512 85 23.
Do 13.00-16.00 Uhr.
Honorarkonsulat der Republik Senegal
Case postale 164
CH-1701 Fribourg
Tel: (037) 88 74 54. Telefax: (037) 88 74 55.
Mo-Fr 08.15-11.30 und 13.00-16.30 Uhr.
Ständige Vertretung der Republik Senegal
93 Rue de la Servette
CH-1202 Genf

TIMATIC INFO-CODES

Abrufbar über Ihr CRS-System (für START/Amadeus Ama-Maske benutzen). Für Galileo bitte TI-DFT eingeben (**mit** Bindestrich).

Flughafengebühren	TI DFT/ DKR /TX
Währung	TI DFT/ DKR /CY
Zollbestimmungen	TI DFT/ DKR /CS
Gesundheit	TI DFT/ DKR /HE
Reisepassbestimmungen	TI DFT/ DKR /PA
Visabestimmungen	TI DFT/ DKR /VI

Tel: (022) 734 53 00. Telefax: (022) 740 07 11.
Mo-Fr 09.00-17.30 Uhr.
Honorarkonsulat der Republik Senegal
c/o Maison Félix Construction
1 Rue de Renens
Case postale 122
CH-1030 Bussigny
Tel: (021) 701 04 41.
Mo-Fr 09.00-11.00 und 14.00-16.00 Uhr.
Honorarkonsulat der Republik Senegal
7 Via Monte Ceneri
CH-6900 Lugano
Tel: (091) 921 22 21. Telefax: (091) 921 13 13.
Mo-Fr 09.00-12.00 Uhr.
Botschaft der Bundesrepublik Deutschland
20 Avenue Pasteur, Angle Rue Mermoz
BP 2100
Dakar
Tel: 23 48 84, 23 25 19. Telefax: 22 52 99.
Botschaft der Republik Österreich
24 Boulevard El Hadj Djily Mbaye (ehem. Pinet-Laprade)
Entrée Rue Malan
BP 3247
Dakar
Tel: 22 38 86, 21 73 56. Telefax: 21 03 09.
Botschaft der Schweizerischen Eidgenossenschaft
Rue René N'Diaye, Angle Rue Seydou Nourou Tall
BP 1772
Dakar
Tel: 23 58 48. Telefax: 22 36 57.

FLÄCHE: 196.722 qkm.
BEVÖLKERUNGSZAHL: 7.902.000 (1993).
BEVÖLKERUNGSDICHTE: 40,2 pro qkm.
HAUPTSTADT: Dakar. **Einwohner:** 1.490.450 (1988).
GEOGRAPHIE: Senegal grenzt im Süden an Guinea und Guinea-Bissau, im Osten an Mali, im Norden an Mauretanien und umschließt Gambia vollständig. Im Westen liegt der Atlantische Ozean. Der größte Teil des Landes liegt weniger als 100 m ü. d. M., Ausnahmen bilden die Fouta-Djallon-Ausläufer im Südwesten und die Bambouk-Berge an der malischen Grenze. An der Küste zwischen Dakar und Saint-Louis gibt es Wanderdünen. Südlich von Dakar münden an der palmengesäumten Küste einige Flüsse in den Atlantik. Im Norden, südlich des Senegalbeckens, liegt die unfruchtbare Fouta Ferlo, eine trockene Sahelebene mit spärlicher Vegetation.
STAATSFORM: Präsidialrepublik seit 1963. Staatsoberhaupt: Präsident Abdou Diouf, seit 1981. Regierungschef: Habib Thiam, seit April 1991. Der Präsident wird auf jeweils 7 Jahre gewählt. Die letzten Wahlen fanden im Mai 1993 statt. Einkammerparlament mit 120 Abgeordneten.
SPRACHE: Amtssprachen sind Französisch und Wolof. Senegalo-Guineanisch, Mandé, Ful, Peul, Malinké u. a. als Umgangssprachen.
RELIGION: 94% sunnitische Moslems; christliche und animistische Minderheiten.
ORTSZEIT: MEZ - 1.
NETZSPANNUNG: 220 V, 50 Hz.
POST- UND FERNMELDEWESEN: Telefon: Selbstwählferndienst. **Landesvorwahl:** 221. **Telefax:** SONATEL ist für die gesamten Telekommunikationseinrichtungen zuständig, es gibt eine öffentliche Telefaxstelle. Einige Hotels stellen ihre eigenen Anschlüsse zur Verfügung. **Telex/Telegramme:** In den Hauptpostämtern und mehreren Hotels ist dieser Service vorhanden. **Post:** Luftpostsendungen nach Europa sind 7-10 Tage unterwegs, auf dem Landweg dauert es 2-6 Wochen.
DEUTSCHE WELLE
Der Einsatz der Kurzwellenfrequenzen ändert sich mehrfach im Laufe eines Jahres, und Sendungen auf den folgenden Frequenzen werden jeweils nur zu bestimmten Tageszeiten ausgestrahlt. Näheres in der Einleitung.
| MHz | 15,275 | 15,135 | 11,795 | 9,700 | 9,545 |
| Meterband | 19 | 19 | 25 | 31 | 31 |

REISEPASS/VISUM

Wichtiger Hinweis: Die Einreisebestimmungen mancher Länder können sich kurzfristig ändern – rufen Sie sicherheitshalber auf Ihrem CRS-System (TIMATIC-Info-Code-Fenster in diesem Kapitel) den aktuellen Stand ab bzw. wenden Sie sich an die zuständige diplomatische Vertretung. Etwaige Zahlen in der Tabelle beziehen sich auf nachfolgende Fußnoten.

	Paß erforderlich?	Visum erforderlich?	Rückflugticket erforderlich?
Deutschland	Ja	Nein	Ja
Österreich	Ja	Nein	Ja
Schweiz	Ja	Ja	Ja
Andere EU-Länder	Ja	1	Ja

REISEPASS: Allgemein erforderlich zur Einreise.
VISUM: Genereller Visumzwang, ausgenommen sind Staatsbürger von:
(a) [1] der Bundesrepublik Deutschland und aller anderen EU-Länder;
(b) Benin, Burkina Faso, Côte d'Ivoire, Gabun, Gambia, Ghana, Guinea, Guinea-Bissau, Israel, Kanada, Kap Verde, Kongo, Mali, Marokko, Mauretanien, Mauritius, Niger, Ruanda, Sierra Leone, Südafrika, Togo, Tunesien, den USA und der Zentralafrikanischen Republik.
Visaarten: Touristen-, Geschäfts- und Transitvisa.
Visagebühren: Unterschiedlich, je nach Aufenthaltsdauer. Für Aufenthalte bis zu einem Monat: 9 DM; 250 öS; 30 sfr. Für längere Aufenthalte Auskünfte von der Botschaft oder vom Konsulat (Adressen s. o.).
Gültigkeitsdauer: 3 Monate vom Tag der Ausstellung.
Antragstellung: Konsulat oder Konsularabteilung der Botschaft (Adressen s. o.).
Unterlagen: (a) Gültiger Reisepaß. (b) 4 Paßfotos. (c) 4 Anträge. (d) Für Geschäftsvisa: Firmenschreiben. (e) Adressierter Freiumschlag.
Bearbeitungszeit: 2 Tage, die Anträge sollten per Einschreiben geschickt werden. Für Staatsbürger von ehemaligen Ostblock- und arabischen Ländern: 6-8 Wochen.

GELD

Währung: 1 CFA-Franc (CFA Fr) = 100 Centimes. Banknoten gibt es im Wert von 10.000, 5000, 1000 und 500 CFA Fr; Münzen sind im Wert von 100, 50, 25, 10 und 5 CFA Fr in Umlauf. Senegal ist Teil des französischen Währungsgebietes. Anfang 1994 wurde der CFA-Franc gegenüber dem französischen Franc um ca. 50% abgewertet.
Kreditkarten: *American Express* und teilweise auch *Diners Club, Eurocard* und *Visa* werden akzeptiert. Einzelheiten vom Aussteller der betreffenden Kreditkarte.
Reiseschecks: FF-Reiseschecks werden empfohlen.
Wechselkurse

	CFA Fr Sept. '92	CFA Fr Febr. '94	CFA Fr Jan. '95	CFA Fr Jan. '96
1 DM	169,38	339,41	344,31	342,57
1 US$	251,71	589,20	533,68	492,45

Devisenbestimmungen: Die Einfuhr der Landeswährung ist unbeschränkt, die Ausfuhr ist auf 20.000 CFA Fr begrenzt. Die Einfuhr von Fremdwährungen ist unbegrenzt, es besteht jedoch Deklarationspflicht. Ausfuhr von Fremdwährungen in Höhe des bei der Einreise deklarierten Betrages, ansonsten max. 50.000 CFA Fr.
Öffnungszeiten der Banken: Mo-Do 08.00-11.15 und 14.30 -16.30 Uhr.

DUTY FREE

Folgende Artikel können zollfrei nach Senegal eingeführt werden:
200 Zigaretten oder 50 Zigarren oder 250 g Tabak; Parfüm für den persönlichen Gebrauch.

GESETZLICHE FEIERTAGE

1. Mai '96 Tag der Arbeit. **12. Mai** Christi Himmelfahrt. **27. Mai** Pfingstmontag. **14. Juli** Bund-Tag. **28. Juli** Mouloud (Geburtstag des Propheten). **15. Aug.** Mariä Himmelfahrt. **1. Nov.** Allerheiligen. **25. Dez.** Weihnachten. **1. Jan. '97** Neujahr. **10. Jan.** Beginn des Ramadan. **8. Febr.** Beginn des Korité. **28. März** Karfreitag. **31. März** Ostermontag. **4. April** Nationaltag. **19. April** Beginn des Tabaski. **1. Mai** Tag der Arbeit. **8. Mai** Christi Himmelfahrt. **19. Mai** Pfingstmontag.
Anmerkung: Die angegebenen Daten für islamische Feiertage richten sich nach dem Mondkalender und verschieben sich daher von Jahr zu Jahr. Während des Fastenmonats Ramadan, der dem Festtag Korité vorangeht, essen Mohammedaner nicht tagsüber, sondern erst nach Sonnenuntergang, wodurch der normale Geschäftsablauf gestört werden kann. Diese Unterbrechungen können auch während des Korité auftreten. Dieses Fest, ebenso wie das Tabaski, hat keine festgelegte Zeitdauer und kann je nach Region 2-10 Tage dauern. Nähere Informationen im Kapitel *Welt des Islam* (s. Inhaltsverzeichnis).

GESUNDHEIT

In der folgenden Tabelle aufgeführte Impfvorschriften können sich kurzfristig ändern. Es wird stets empfohlen, auf Ihrem CRS-System (TIMATIC-Info-Code-Fenster in diesem Kapitel) den aktuellen Stand der Gesundheitsbestimmungen abzurufen bzw. rechtzeitig vor der Reise ärztlichen Rat einzuholen.

	Vorsichtsmaßnahmen empfohlen	Impfschein erforderlich
Gelbfieber	Ja	1
Cholera	Ja	2
Typhus & Polio	Ja	-
Malaria	3	-
Essen & Trinken	4	-

[1]: Eine Impfbescheinigung gegen Gelbfieber wird von allen Reisenden verlangt, die über ein Jahr alt sind und aus Endemiegebieten kommen.
[2]: Eine Impfbescheinigung gegen Cholera ist keine Einreisebedingung, das Risiko einer Infektion besteht jedoch. Da die Wirksamkeit der Schutzimpfung umstrit-

ten ist, empfiehlt es sich, rechtzeitig vor Antritt der Reise ärztlichen Rat einzuholen. Näheres unter *Gesundheit* (s. Inhaltsverzeichnis).
[3]: Malariaschutz gegen die vorherrschende gefährlichere Form *Plasmodium falciparum* ganzjährig in allen Landesteilen erforderlich. Von Januar bis Juni ist das Malariarisiko im mittleren Westen geringer. Chloroquin-Resistenz wurde gemeldet.
[4]: Wasser sollte generell vor der Benutzung zum Trinken, Zähneputzen und zur Eiswürfelbereitung entweder abgekocht oder anderweitig sterilisiert werden. Milch ist nicht pasteurisiert und sollte ebenfalls abgekocht werden. Trocken- und Dosenmilch nur mit keimfreiem Wasser anrühren. Milchprodukte aus ungekochter Milch am besten vermeiden. Fleisch- und Fischgerichte nur gut durchgekocht und heiß serviert essen. Der Genuß von rohen Salaten und Mayonnaise sollte vermieden werden. Gemüse sollte gekocht und Obst geschält werden.
Tollwut kommt vor. Wer ein erhöhtes Risiko eingeht (z. B. längerer Aufenthalt in abgelegenen Gebieten), sollte vor Reiseantritt eine Schutzimpfung erwägen. Bei Bißwunden so schnell wie möglich ärztliche Hilfe in Anspruch nehmen. Weitere Informationen im Kapitel *Gesundheit* (s. Inhaltsverzeichnis).
Bilharziose-Erreger kommen in manchen Teichen und Flüssen vor, das Schwimmen und Waten in Binnengewässern sollte daher vermieden werden. Gut gepflegte Schwimmbecken mit gechlortem Wasser sind unbedenklich.
Hepatitis A, B und E kommen vor.
Gesundheitsvorsorge: In Dakar gibt es zahlreiche Ärzte, und die meisten Arzneimittel sind erhältlich. Im Landesinneren ist die medizinische Versorgung eher dürftig. Der Abschluß einer Reisekrankenversicherung wird empfohlen.

REISEVERKEHR - International

FLUGZEUG: Senegals nationale Fluggesellschaft *Air Sénégal/SONATRA (DS)* bietet Flüge nach Kap Verde. Es gibt keine Direktverbindungen von Österreich. *Condor* fliegt Dakar von Frankfurt aus an. *Swissair* bietet Direktflüge von Zürich. *Air France* und *Air Afrique* betreiben Flugdienste von Paris nach Dakar.
Durchschnittliche Flugzeiten: *Frankfurt* – Dakar: 6 Std. 45 (eine Zwischenlandung); *Zürich* – Dakar: 6 Std. 20 (Direktflug mit *Swissair*).
Internationaler Flughafen: *Dakar (DKR)* (Dakar-Yoff) liegt 17 km nordwestlich der Stadt (Fahrzeit 25 Min.). Am Flughafen gibt es eine Bank, eine Post, eine Tourist-Information, Mietwagenschalter, Duty-free-Shops, Bars und Restaurants. Taxis und Busse stehen zur Verfügung.
SCHIFF: Es gibt regelmäßige Verbindungen von Frankreich, den Kanarischen Inseln, Marokko, Spanien sowie von mehreren südamerikanischen und westafrikanischen Häfen; die Preise sind allerdings hoch.
BAHN: Es gibt eine Verbindung nach Bamako (Mali). Auf der Strecke verkehren zwei Personenzüge (ein senegalesischer und eine malischer) mit Speise- und Schlafwagen. Die Fahrt dauert 30-36 Std. Man sollte den senegalesischen Zug benutzen, da dessen Ausstattung besser ist.
BUS/PKW: Die Straßen von Mauretanien sind geteert und gut instandgehalten; der beste Grenzübergang ist bei Rosso. Die ungeteerte Straße von Guinea-Bissau überquert die Grenze bei São Domingo. Eine weitere Straße führt von Mali über Tambacounda in den Senegal. Ferner gibt es eine 5500 km lange Straße durch die Sahara, die von Algerien durch Mali verläuft. Die Trans-Gambische Schnellstraße »überquert« den Fluß Gambia mit der Fähre. Busse und Taxis fahren regelmäßig zu den Grenzübergängen.

REISEVERKEHR - National

FLUGZEUG: *Air Sénégal* fliegt die größeren Städte des Landes an. *Gambia Airways* bietet Flugdienste von Dakar nach Banjul.
SCHIFF: Eine Fähre verkehrt zwischen Dakar und Ziguinchor.
BAHN: Das Streckennetz umfaßt ca. 1200 km. Züge verbinden Dakar und alle Städte an der Strecke nach Mali. Zusätzliche Verbindungen von Dakar nach Saint-Louis. Gegenwärtig wird das Netz modernisiert und erweitert.
BUS/PKW: Das ca. 3900 km umfassende Netz asphaltierter Straßen verbindet die größeren Städte an der Küste. Das 10.400 km lange Straßennetz im Landesinneren ist weniger gut und während der Regenzeit oft unpassierbar. An den Ein- und Ausgängen der Dörfer gibt es häufig Geschwindigkeitskontrollen, Strafmandate müssen sofort bezahlt werden. **Taxis** mit Taxametern gibt es in den meisten Städten. Es ist preiswerter, ein Taxi auf der Straße anzuhalten, als es zum Hotel kommen zu lassen. Buschtaxis und Kombiwagen sind ideal für Fahrten ins Landesinnere. **Mietwagen** sind in Dakar und in den größeren Städten erhältlich. **Unterlagen:** Französischer oder internationaler Führerschein.
STADTVERKEHR: In Dakar verkehren Busse und Minibusse.

UNTERKUNFT

HOTELS: Die Regierung ist darauf bedacht, den Tourismus auszubauen, und in den letzten Jahren wurden mehrere neue Hotels gebaut. Einige Hotels von internationalem Standard gibt es in Petite Côte, einem Strand zwischen Dakar und Joal. In Casamance entstanden luxuriöse Ferienanlagen, u. a. ein Feriendorf des *Club Mediterranée*. Während der Hauptsaison von Dezember bis Mai sollte man Unterkünfte in Dakar im voraus buchen. Die meisten Zimmer haben Klimaanlage, die Preise sind jedoch recht hoch. Ein Hotel ganz besonderer Art ist das schwimmende *Hotel Bou el Mogdad* mit komfortablen Kabinen und viel Leben an Bord.
CAMPING: Von wildem Zelten ist dringlichst abzuraten. Auf den staatlichen Campingplätzen (*Campements*) stehen einige Betten zur Verfügung, aber kein Bettzeug. In den abgelegeneren Regionen sind die Einrichtungen eher einfach. Manchmal sind auch Bungalows und afrikanische Hütten vorhanden, aber normalerweise muß man sein eigenes Zelt mitbringen.
MISSIONEN: Die katholischen Missionen nehmen Besucher nur in Ausnahmefällen auf.
DORFHÜTTEN: Manchmal kann man in einer Dorfhütte übernachten, aber man sollte seinen eigenen Schlafsack dabeihaben.

URLAUBSORTE & AUSFLÜGE

Dakar ist eine geschäftige Hafenstadt mit guten Restaurants, Geschäften und einem abwechslungsreichen Nachtleben. Die *Gorée-Insel*, ehemaliger befestigter Sklavenmarkt und erste französische Niederlassung in Afrika, kann leicht per Fähre erreicht werden. Hier kann man das interessante *Historische Museum* besichtigen, dem Zoo einen Besuch abstatten oder einfach nur die Kolonialarchitektur der Herrenhäuser, die sich deutlich von den ärmlichen Sklavenhütten unterscheiden, bewundern. Das sehenswerte *IFAN-Museum* bietet eine große Sammlung westafrikanischer Masken und Musikinstrumente. Der *Sandaga-* und der *Kermelmarkt* haben für jeden Geschmack und Geldbeutel etwas; besonders Stoffe und traditionelle Kleidung gibt es hier zu kaufen. Auch die Altstadt von Dakar ist einen Besuch wert. Der *N'Gor-Strand* auf der gleichnamigen Insel in der Nähe des Flughafens ist ein schönes Ausflugsziel.
Saint-Louis, an der Mündung des Senegal-Flusses, mit seinen ausgedehnten Befestigungsanlagen wurde ebenfalls von den Franzosen zur Zeit des Sklavenhandels gegründet. Die schönen Strände der Umgebung laden zum Nichtstun ein. Von hier ist auch eine mehrtägige Ausflugsfahrt auf dem Senegal möglich.
Ziguinchor ist ein guter Ausgangspunkt für Ausflüge in die Region **Casamance** mit ihren Mangrovensümpfen und Palmen. Im *Parc National de Basse Casamance* kann man u. a. rote Kolobusaffen, Leoparden, Duikerböcke und Krokodile sehen. Während der Trockenzeit (Dez. - Mai) bietet diese Region einen Zwischenstopp für Millionen von Zugvögeln. Man kann hier in *Touristen-Campements* wohnen, die von Dörfern oder Kollektiven betrieben werden.
Hauptsehenswürdigkeiten auf der **Karaban-Insel** sind die Ruinen einer bretonischen Kirche und ein malerischer Kolonialort.
Die *Nationalparks Niokolo Koba, Basse Casamance, Langue de Barbarie* und *Djoudi* beeindrucken vor allem im Winter durch ihre artenreiche Vogelwelt. In allen diesen Parks stehen einfache Unterkünfte (*Campements*) zur Verfügung. Der *Lac de Guiers* bietet zahlreichen Vogelarten einen Lebensraum.
Das Quellgebiet des **Saloum-Flusses** ist eine archäologische Fundgrube, es wurden Relikte einer Zivilisation gefunden, über die noch heute kaum etwas bekannt ist. Der *Parc du Delta du Saloum* ist ein Naturparadies mit Sümpfen, Lagunen, Dünen und vielen kleinen Inseln. Die besten Strände des Landes befinden sich in Cap Skiring und südlich von Dakar, an der *Côte Petite*.

SOZIALPROFIL

ESSEN & TRINKEN: Die senegalesische Küche gehört zu den besten Afrikas. Hauptsächlich Geflügel und Meeresfrüchte werden in einzigartigen Variationen in zahlreichen Restaurants angeboten. In den Gasthäusern der ländlichen Regionen sind die Gerichte meist weniger ausgefallen und raffiniert, aber es schmeckt genauso gut, und die Portionen sind reichlich. Einheimische Spezialitäten sind *Chicken au Yassa* (Huhn mit Zitrone, Paprikaschoten und Zwiebeln), *Tiebou Dienne* (Reis und Fisch), *Dem à la Saint-Louis* (gefüllte Meeräsche), *Maffe* (Huhn oder Hammel in Erdnußsoße) und *Accras* (eine Art Fettgebackenes). Spanferkel ist eine Spezialität der Region Casamance. Obst und Gemüse gibt es in Hülle und Fülle. Tischbedienung ist üblich, und islamische Tischsitten herrschen vor. Man ißt mit der rechten Hand, vor allem, wenn man einen einheimischen Gastgeber hat; in Restaurants westlichen Stils ist jedoch Besteck vorhanden. **Getränke:** In einigen Hotels gibt es Bars und Klubs, in denen alkoholische Getränke angeboten werden. Traditionell trinkt man Pfefferminztee. Die erste Tasse ist leicht bitter, die zweite wird mit mehr Zucker getrunken, und die dritte ist sehr süß. Der Palmwein der Casamance-Region wird entweder frisch oder gegoren getrunken. *Toufam* (eine Art Joghurt mit Zuckerwasser verdünnt) wird Besuchern in Toucouleur-Dörfern serviert. Einzigartig im Geschmack ist auch das Getränk aus einheimischem geröstetem Kaffee und Piment.
NACHTLEBEN: Im Senegal finden das ganze Jahr über äußerst sehenswerte traditionelle Festivals statt. In Dakar gibt es mehrere Nachtklubs, und an der Straße nach N'Gor ein Spielkasino. Die zahlreichen Kinos zeigen die neusten französischen Filme.
EINKAUFSTIPS: Handeln ist üblich. In Soumbedionne, auf dem *Corniche de Fann*, gibt es ein Kunsthandwerksdorf, in dem man den Handwerkern bei der Arbeit zuschauen und ihre Erzeugnisse erstehen kann. Schöne Mitbringsel sind holzgeschnitzte Spielbretter, Masken und Statuen, Musikinstrumente und Metallarbeiten, einschl. Kupferanhänger, Schüsseln und Statuetten. Auf den meisten Märkten werden traditionelle Stoffe, Stickereien und Kleidungsstücke, Tonwaren, Keramikketten und Schmuck aus Holz, verschiedenen Samen und Haifischzähnen angeboten. **Öffnungszeiten der Geschäfte:** Unterschiedlich, meist Mo-Sa 08.00-12.00 und 14.30-18.00 Uhr. Einige Geschäfte öffnen auch Sonntag vormittags, andere haben montags geschlossen.
SPORT: Schwimmen: Zahlreiche Hotels haben eigene Swimmingpools, und der Dakar Lido bietet gute Bademöglichkeiten. Die Strände in der Region Casamance, in der Hann-Bucht, an der »Kleinen Küste« und auch N'Gor-Strand sind ideal zum Schwimmen. Die Küste von Kap Vert bis nach Saint-Louis eignet sich nicht zum Baden. **Wasserskianlagen** sind am »Kinderstrand« Dakars, an der Lagune zwischen N'Gor und der Insel sowie in den Jachthäfen der Hann-Bucht vorhanden. **Fischen:** Das *Centre de Pêche Sportive* im Hafen Dakars und die Jachthäfen der Hann-Bucht vermieten vollausgerüstete Boote. **Tauchen:** Die Tauchgründe der Kap-Vert-Halbinsel sind ausgezeichnet. **Reiten:** Pferde kann man in der Region Kap Vert mieten. In N'Gor, Nianing, Dakar und Cap Skiring gibt es **Tennisplätze** und in Camberene einen 9-Loch-**Golfplatz**. In Dakar-Yoff kann man **Minigolf** spielen. **Publikumssport:** Die Senegalesen sind begeisterte **Fußball**-Fans und lieben den **Afrikanischen Ringkampf**. Jeden Sonntag finden in der Fass-Arena und in den Vororten oder auch im *Iba-Mar-Diop-Stadion*, nahe der Großen Moschee, Spiele und Wettkämpfe statt.
SITTEN & GEBRÄUCHE: Zur Begrüßung gibt man sich die Hand. Wer ein Dorf besucht und übernachten oder die Umgebung besuchen möchte, sollte dem Dorfhäuptling oder Schullehrer einen Höflichkeitsbesuch abstatten. Sie dienen oft als Übersetzer, sind hilfreiche Führer und stehen auch sonst gerne mit Rat und Tat zur Seite. Oft werden Unterkünfte als Freundschaftsgeschenk angeboten, und eine Bezahlung ist unerwünscht. Ein kleines Gastgeschenk wie Arzneien, Lebensmittel oder Geld für die Dorfgemeinschaft ist jedoch angebracht. Alltagskleidung wird überall akzeptiert. Badekleidung gehört an den Strand oder den Swimmingpool. Einige öffentliche Gebäude, vor allem Moscheen, sind Nichtraucherzonen. **Trinkgeld:** 10-15% für Bedienung wird auf alle Hotel- und Restaurantrechnungen aufgeschlagen. Taxifahrer erhalten normalerweise kein Trinkgeld.

WIRTSCHAFTSPROFIL

WIRTSCHAFT: Erdnüsse erbringen die größten Exporteinkünfte des Landes – in guten Jahren ist Senegal der größte Erdnußproduzent der Welt. Die Wirt-

Eine weitere wichtige Veröffentlichung von Columbus Press ist der »World Travel Guide«, der jährlich herausgegeben wird und Informationen in englischer Sprache auf mehr als tausend Seiten über alle Länder der Erde enthält.

Weitere Einzelheiten von:
Columbus Press, Verkaufsabteilung, Aurikelweg 9, D-38108 Braunschweig.
Tel: 05309/2123. Telefax: 05309/2877.

schaftslage des Landes hängt daher stark von der Erdnußernte und den Weltmarktpreisen ab. In den letzten Jahren ließen beide zu wünschen übrig, und Senegal mußte Finanzhilfe aus dem Ausland beantragen, um die notwendigen Lebensmittel importieren zu können. Weitere landwirtschaftliche Erzeugnisse wie Reis, Zucker und Baumwolle werden erst seit kurzem verstärkt angebaut, um die Wirtschaftsgrundlage allmählich zu verbreitern. Die Fischgründe des Landes sind reichhaltig, allerdings flächenmäßig recht klein. Der Abbau von Mineralien ist gegenwärtig auf Phosphate beschränkt – die chemische Industrie verarbeitet Kalk- und Aluminiumphosphate. Es gibt einige Eisenerzvorkommen, und im Landesinneren vermutet man Erdölvorkommen, nach denen zur Zeit gesucht wird. Nach der Côte d'Ivoire ist Senegal das am weitesten industrialisierte Land Westafrikas. Die bedeutendsten Industriezweige sind die Verarbeitung von landwirtschaftlichen Erzeugnissen und Phosphaten, die Textilindustrie, der Schiffbau, der Bau von Lastkraftwagen sowie die Herstellung von landwirtschaftlichen Geräten, Lebensmitteln, Druckereierzeugnissen, Düngemitteln, Farben und Zement. Dennoch ist das Land stark von Auslandshilfe abhängig, und die Finanzlage ist angespannt. Senegal ist Mitglied der CFA-Franc-Zone. Frankreich ist der größte Handelspartner, gefolgt von der Côte d'Ivoire, Indien und Italien. Der Tourismus ist von zunehmender Bedeutung für die Wirtschaft Senegals und erwirtschaftet bereits ca. 3% des Bruttoinlandsproduktes.
GESCHÄFTSVERKEHR: Leichter Anzug bzw. Kleid sind für Geschäftstreffen angemessen. Die Geschäftssprache ist Französisch. Termine sollten im voraus vereinbart werden; Pünktlichkeit wird erwartet, obwohl die Geschäftspartner sich oft verspäten. Visitenkarten in französischer oder englischer Sprache sind zu empfehlen. Zwischen Juli und Oktober ist Urlaubszeit. **Geschäftszeiten:** Mo-Fr 08.00-12.00 und 14.30-18.00 Uhr, Sa 08.00-12.00 Uhr. Während des Ramadan haben einige Büros von 07.30-14.30 Uhr geöffnet.
Kontaktadressen: *Die wirtschaftlichen Interessen Österreichs werden von der Außenhandelsstelle der Wirtschaftskammer Österreich in Casablanca (s. Marokko) vertreten.*
Chambre de Commerce, d'Industrie et d'Agriculture de la Région de Dakar (Industrie- und Handelskammer von Dakar), BP 118, Dakar. Tel: 23 71 89. Telefax: 23 93 63.

KLIMA

Dezember bis Mai (Trockenzeit), wenn Passatwinde an der Küste für willkommene Abkühlung sorgen, ist die beste Reisezeit. Im Anschluß an die Trockenzeit wehen heiße Monsunwinde vom Süden her, die die Regenzeit und heißes, schwüles Wetter mit sich bringen. In der Region Casamance und im Südosten kommen die meisten Niederschläge vor, in der Sahelzone im Norden und Nordosten fällt dagegen kaum Regen, und die Temperaturen liegen hier wesentlich höher.
Kleidung: Ganzjährig leichte atmungsaktive Kleidung. Regenschutz von Mai bis November. Wärmere Sachen für abends (vor allem in Dakar) von Dezember bis April.

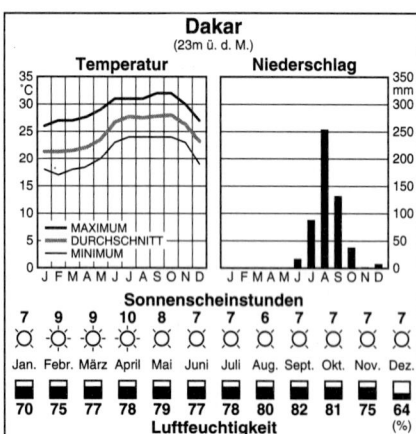

Pass- und Visavorschriften mancher Länder können sich kurzfristig ändern – Im Zweifelsfall erkundigen Sie sich bitte vor der Abreise bei der zuständigen Botschaft

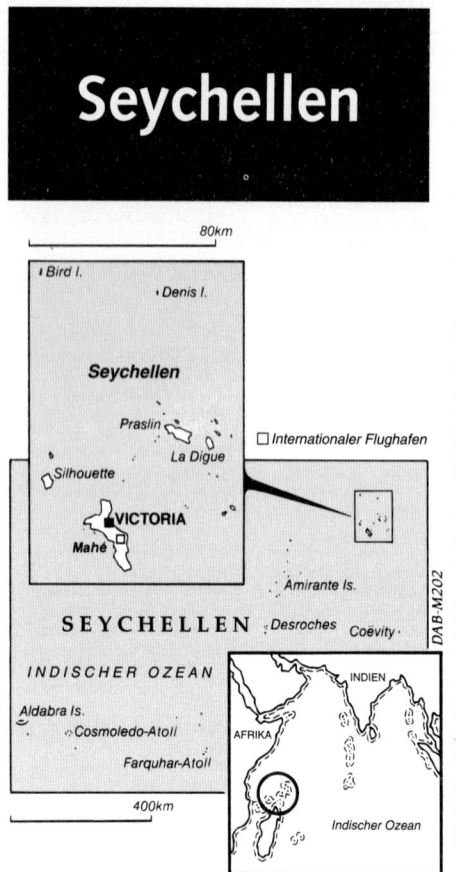

Lage: Indischer Ozean, 1600 km östlich von Kenia.

Fremdenverkehrsamt der Seychellen
Hochstraße 15
D-60313 Frankfurt/M.
Tel: (069) 29 20 64. Telefax: (069) 29 62 30.
Mo-Fr 09.00-13.00 und 14.00-17.00 Uhr.
(auch zuständig für Österreich und die Schweiz)
Seychelles Tourist Board
Independence House
PO Box 92
Victoria
Mahé
Tel: 22 53 33. Telefax: 22 40 35.
Honorarkonsulat der Republik Seychellen
Oederweg 43
D-60318 Frankfurt/M.
Tel: (069) 59 82 62. Telefax: (069) 597 01 66.
Mo-Fr 09.00-17.00 Uhr.
Geschäftsbereich: Berlin, Hessen, Thüringen, Mecklenburg-Vorpommern, Brandenburg, Sachsen-Anhalt und Sachsen.
Honorarkonsulat der Republik Seychellen
Esplanade 6
D-20354 Hamburg
Tel: (040) 34 66 06.
Öffnungszeiten nach Vereinbarung.
Geschäftsbereich: Hamburg, Bremen, Schleswig-Holstein, Niedersachsen und Nordrhein-Westfalen.
Honorarkonsulat der Republik Seychellen
Summerstraße 8
D-82211 Herrsching
Tel: (08152) 56 94. Telefax: (08152) 53 67.
Di-Do 09.00-16.00 Uhr.
Geschäftsbereich: Saarland, Rheinland-Pfalz, Baden-Württemberg und Bayern.
Generalkonsulat der Republik Seychellen
c/o Firma Dr. Pisec
Gußhausstraße 12
A-1040 Wien

TIMATIC INFO-CODES	
*Abrufbar über Ihr CRS-System (für START/Amadeus Ama-Maske benutzen). Für Galileo bitte TI-DFT eingeben (**mit** Bindestrich).*	
Flughafengebühren	TI DFT/ SEZ /TX
Währung	TI DFT/ SEZ /CY
Zollbestimmungen	TI DFT/ SEZ /CS
Gesundheit	TI DFT/ SEZ /HE
Reisepassbestimmungen	TI DFT/ SEZ /PA
Visabestimmungen	TI DFT/ SEZ /VI

Tel: (0222) 505 32 15, 505 15 85. Telefax: (0222) 505 13 73.
Mo-Fr 09.00-18.00 Uhr.
Honorarkonsulat der Republik Seychellen
General Guisan-Quai 22
CH-8002 Zürich
Tel: (01) 285 79 29. Telefax: (01) 202 67 38.
Mo-Fr 08.00-12.00 und 13.15-17.30 Uhr.
Honorarkonsulat der Bundesrepublik Deutschland
Mont Fleuri
PO Box 132
Victoria
Mahé
Tel: 26 12 22. Telefax: 26 12 33.
Übergeordnete Vertretung ist die Botschaft in Nairobi (s. Kenia).
Österreich und die Schweiz unterhalten keine diplomatische Vertretung auf den Seychellen, zuständig ist die jeweilige Botschaft in Nairobi (s. Kenia).

FLÄCHE: 454 qkm.
BEVÖLKERUNG: 72.000 (1992). Die Koralleninseln sind nicht ganzjährig bewohnt.
BEVÖLKERUNGSDICHTE: 159 pro qkm.
HAUPTSTADT: Victoria (Mahé). **Einwohner:** 24.325 (1987).
GEOGRAPHIE: Der Seychellen-Archipel umfaßt 400.000 qkm des Indischen Ozeans nordöstlich von Madagaskar und besteht aus 115 größeren und kleineren Inseln. Diese fallen in zwei auffallend unterschiedliche geologische Kategorien:
Granitinseln: Eine dichte Gruppe aus 42 Inseln; die einzige Inselgruppe der Welt, die aus Granit besteht. Die üppige tropische Vegetation bringt u. a. Kokosnüsse, Bananen, Mangos, Yamswurzeln und Brotfrucht hervor. Einheimische Wälder gibt es in höheren Abhängen, in denen auch Tee und Zimt angebaut werden. Alle Inseln einschließlich der zweitgrößten Insel Praslin sind weniger als 65 km von Mahé entfernt.
Koralleninseln: Die Koralleninseln bedecken ein großes Gebiet des Indischen Ozeans südwestlich der Granitinseln. Sie liegen nur wenige Meter über dem Meeresspiegel, sind aber dank jahrelanger reichhaltiger Guano-Düngung dicht und üppig bewachsen. Diese Inselgruppe ist nicht ganzjährig bewohnt. Aldabra ist das größte Atoll der Welt, macht ein Drittel der Landfläche der Seychellen aus und ist zum UNESCO-Naturdenkmal erklärt worden.
Mahé ist die größte Insel beider Gruppen und liegt 4° südlich des Äquators. Auf der 27 km langen und 8 km breiten Insel leben 90% der Bevölkerung. Hier befindet sich auch die Landeshauptstadt mit dem Hauptort Victoria. Mahé ist eine typische Granitinsel, hügelig und überwiegend mit Dschungel bedeckt; höchster Punkt der Insel und auch des Landes ist der Morne Seychellois mit 905 m. Die abgelegene Lage der Seychellen hat dem Artenreichtum der Tier- und Pflanzenwelt eine einzigartige Entwicklung ermöglicht. Ein Beispiel sind die Coco-de-Mer-Palmen, die die größten Samenkapseln der Welt hervorbringen, sowie eine einzigartige Vielfalt von Orchideen, Riesenschildkröten und Geckos, außerdem Chamäleons und Flughunde (eine große Fledermausart). Eine Reihe von Nationalparks und Naturschutzgebieten schützen diesen erstaunlichen Artenreichtum.
Die Bewohner der Seychellen sind zum größten Teil Nachkommen von französischen und britischen Plantagenbesitzern, befreiten afrikanischen Sklaven sowie einigen indischen und chinesischen Einwanderern, die auf diesen Inseln gemeinsam eine eigene Kultur entwickelt haben.
STAATSFORM: Präsidialrepublik im Commonwealth seit 1976. Staats- und Regierungschef: France-Albert René, seit Juni 1977, letzte Wiederwahl im Juli 1993. Die Nationalversammlung (Einkammerparlament) hat 33 Abgeordnete. Die abgelegenen Wahlen finden alle fünf Jahre statt. Eine neue Verfassung wurde im Juni 1993 per Referendum angenommen und ein Mehrparteiensystem eingeführt.
SPRACHE: Die offizielle Landessprache ist Kreolisch. Englisch und Französisch sind weit verbreitet.
RELIGION: 90% Katholiken, außerdem Anglikaner und Hindus.
ORTSZEIT: MEZ + 3.
NETZSPANNUNG: 240 V, 50 Hz; dreipolige Stecker.
POST- UND FERNMELDEWESEN: Selbstwählferndienst. **Landesvorwahl: 248.** *SEYTELS/Cable und Wireless Ltd.* ist für **Telexe, Telegramme, Telefonverbindungen** und **Telefax** zuständig und bietet einen 24-Stunden-Service. Eine Telefonkarte wurde 1988 eingeführt. **Post:** Das Hauptpostamt ist in Victoria. Die Leerung für Luftpostsendungen findet um 15.00 Uhr an Wochentagen und um 12.00 Uhr samstags statt; Luftpost nach Europa ist ca. eine Woche unterwegs. Öffnungszeiten der Postämter: Mo-Fr 08.00-12.00 und 13.00-16.00 Uhr, Sa 08.00-12.00 Uhr.
DEUTSCHE WELLE
Der Einsatz der Kurzwellenfrequenzen ändert sich mehrfach im Laufe eines Jahres und Sendungen auf den folgenden Frequenzen werden jeweils nur zu bestimmten Tageszeiten ausgestrahlt. Näheres in der Einleitung.

MHz	15,275	15,135	11,795	9,545	7,185
Meterband	19	19	25	31	41

REISEPASS/VISUM

Wichtiger Hinweis: Die Einreisebestimmungen mancher Länder können sich kurzfristig ändern – rufen Sie sicherheitshalber auf Ihrem CRS-System (TIMATIC-Info-Code-Fenster in diesem Kapitel) den aktuellen Stand ab bzw. wenden Sie sich an die zuständige diplomatische Vertretung. Etwaige Zahlen in der Tabelle beziehen sich auf nachfolgende Fußnoten.

	Paß erforderlich?	*Visum erforderlich?*	*Rückflugticket erforderlich?*
Deutschland	Ja	Nein	Ja
Österreich	Ja	Nein	Ja
Schweiz	Ja	Nein	Ja
Andere EU-Länder	Ja	Nein	Ja

REISEPASS: Allgemein mit mindestens 6 Monaten Gültigkeit erforderlich.
VISUM: Ein Visum muß nicht extra beantragt werden, bei der Einreise wird ein bis zu 6 Wochen gültiger Besucherpaß *(Visitor's Permit)* ausgestellt, sofern ein Rück- oder Weiterreiseticket vorgelegt und ein Nachweis über gebuchte Unterkunft für die ersten drei Nächte sowie ausreichende Geldmittel für die Dauer des Aufenthalts erbracht werden können. Das Visitor's Permit kann für 200 SR jeweils um 3 Monate bis zu einer Gesamtdauer von 12 Monaten verlängert werden (Nachweis entsprechender Geldmittel für den verlängerten Aufenthalt wird dann gefordert).
Transit: Transitreisende müssen ein Ticket für die Weiterreise vorweisen können.
Aufenthaltserlaubnis: Anträge an die Einwanderungsbehörden.

GELD

Währung: 1 Seychellen-Rupie (SR) = 100 Cents. Banknoten gibt es in den Nennbeträgen 100, 50, 25 und 10 SR. Münzen im Wert von 5 und 1 SR sowie 25, 10, 5 und 1 Cent. Eine Reihe von Gold- und Silbermünzen sind erhältlich (bis zum Wert von 1500 SR), die jedoch nicht als Zahlungsmittel verwendet werden.
Geldwechsel ist u. a. in den Flughafenbanken möglich, die zu allen An- und Abflugzeiten geöffnet sind.
Kreditkarten: *American Express* und *Visa* werden vielerorts akzeptiert, seltener *Eurocard* und *Diners Club*. Einzelheiten vom Aussteller der betreffenden Kreditkarte.
Reiseschecks werden in den meisten größeren Hotels, Pensionen, Restaurants und Geschäften angenommen.
Wechselkurse

	SR Sept. '92	SR Febr. '94	SR Jan. '95	SR Jan. '96
1 DM	3,30	3,01	3,20	3,41
1 US$	4,91	5,23	4,97	4,90

Devisenbestimmungen: Unbegrenzte Ein- und Ausfuhr von Fremd- und Landeswährung.
Öffnungszeiten der Banken: Im allgemeinen Mo-Fr 08.30-13.00 Uhr, einige Banken haben jedoch auch nachmittags geöffnet; Sa 08.30-11.00 Uhr.

DUTY FREE

Die folgenden Artikel können zollfrei in die Seychellen eingeführt werden:
200 Zigaretten oder 50 Zigarren oder 250 g Tabak;
2 l Spirituosen oder Wein;
Parfüm für den persönlichen Gebrauch;
andere zollpflichtige Artikel bis zum Wert von 1000 SR (500 SR für Kinder).
Einfuhrverbot: Schußwaffen (einschl. Luftpistolen, Luftgewehre und Fischharpunen). Die Einfuhr von Tieren und Nahrungsmitteln unterliegt strenger Kontrolle und erfordert eine Lizenz. Die Mitnahme von Tieren erfordert eine schriftliche Genehmigung der zuständigen einheimischen Behörden *(Chief Veterinary Officer)* sowie eine 15tägige Quarantänezeit.

GESETZLICHE FEIERTAGE

1. Mai '96 Tag der Arbeit. **5. Juni** Tag der Befreiung. **6. Juni** Fronleichnam. **29. Juni** Unabhängigkeitstag. **15. Aug.** Mariä Himmelfahrt. **1. Nov.** Allerheiligen. **8. Dez.** Mariä Empfängnis. **25. Dez.** Weihnachten. **1. Jan. '97** Neujahr. **30./31. März** Ostern. **1. Mai** Tag der Arbeit. **29. Mai** Fronleichnahm.

GESUNDHEIT

In der folgenden Tabelle aufgeführte Impfvorschriften können sich kurzfristig ändern. Es wird stets empfohlen, auf Ihrem CRS-System (TIMATIC-Info-Code-Fenster in diesem Kapitel) den aktuellen Stand der Gesundheitsbestimmungen abzurufen bzw. rechtzeitig vor der Reise ärztlichen Rat einzuholen.

	Vorsichtsmaßnahmen empfohlen	*Impfschein erforderlich*
Gelbfieber	Nein	1
Cholera	2	2
Typhus & Polio	3	-
Malaria	Nein	-
Essen & Trinken	4	-

[1]: Eine Impfbescheinigung gegen Gelbfieber wird von allen Reisenden verlangt, die aus Infektionsgebieten kommen.
[2]: Eine Impfbescheinigung gegen Cholera ist keine Einreisebedingung, das Risiko einer Infektion ist jedoch nicht auszuschließen. Da die Wirksamkeit der Schutzimpfung umstritten ist, empfiehlt es sich, rechtzeitig vor Antritt der Reise ärztlichen Rat einzuholen. Näheres unter *Gesundheit* (s. Inhaltsverzeichnis).
[3]: Typhus kommt vor, Poliomyelitis jedoch nicht.
[4]: Leitungswasser ist im allgemeinen gechlort und relativ sauber, während der Akklimatisierung können jedoch leichte Magenverstimmungen auftreten. Für die ersten Wochen des Aufenthalts wird daher abgefülltes Wasser empfohlen, welches überall erhältlich ist. Milch ist pasteurisiert, und Milchprodukte sind im allgemeinen ebenso unbedenklich wie einheimisches Fleisch, Geflügel, Meeresfrüchte, Obst und Gemüse.
Tollwut kommt vor. Wer ein erhöhtes Risiko eingeht (z. B. längerer Aufenthalt in abgelegenen Gebieten), sollte sich vor Reiseantritt impfen lassen. Bei Bißwunden sofort ärztliche Hilfe in Anspruch nehmen. Weitere Informationen im Kapitel *Gesundheit* (s. Inhaltsverzeichnis).
Hepatitis A und *E* sind weit verbreitet, *Hepatitis B* ist hochendemisch.
Gesundheitsvorsorge: Es gibt ein großes Krankenhaus in Victoria und Kliniken auf Mahé, Praslin und La Digue. Besucher erhalten ambulante Behandlung für ein Grundhonorar von 75 SR. Der Abschluß einer Reisekrankenversicherung wird jedoch empfohlen.

REISEVERKEHR - International

FLUGZEUG: Die nationale Fluggesellschaft heißt *Air Seychelles (HM)*. Die Seychellen werden außerdem von *Condor, British Airlines, Air France* und *Kenya Airways* angeflogen.
Durchschnittliche Flugzeiten: *Frankfurt* – Mahé: 11 Std; *Wien* – Mahé: 12 Std. (über Paris); *Zürich* – Mahé: 12 Std. 50 (über Paris); *London* – Mahé: 11 Std. 30 (15 Std. über Nairobi).
Internationaler Flughafen: *Mahé Island* (SEZ) (Seychelles International) liegt 10 km südöstlich von Victoria (Fahrzeit 20 Min.). Duty-free-Shop, Bank/Wechselstube, Mietwagenschalter, Tourist-Information, Bars und Restaurants. Busse verkehren zur Stadt und Taxis sind ebenfalls vorhanden.
Flughafengebühren: 100 SR.
SCHIFF: Kreuzfahrtschiffe sowie Frachtschiffe legen in Mahé, Praslin und La Digue an, es gibt jedoch keinen Linienverkehr.

REISEVERKEHR - National

FLUGZEUG: *Air Seychelles* bietet ein gutes Flugnetz mit Charter- und Linienflügen von Mahé zu den Inseln Praslin, Denis, Bird, Frégate und Desroches an.
SCHIFF: Private Schoner fahren regelmäßig zwischen den Inseln Mahé, Praslin und La Digue. Auf manchen Strecken verkehren auch staatliche Fähren.
BUS/PKW: Auf den größeren Inseln wie Mahé und Praslin gibt es befestigte Straßen, die anderen Inseln haben Sandpisten. **Bus:** Auf Mahé fahren regelmäßig Busse zwischen Victoria und den ländlichen Gegenden. Auf Praslin und auf La Digue gibt es Linienbusse. Einige Minibusse dienen als Flughafenzubringer und zu Ausflugsfahrten. Die Fahrpreise sind sehr günstig. **Taxi:** Auf Mahé und Praslin gibt es rund 135 Taxis, die Fahrpreise sind von der Regierung festgesetzt. Die Fahrpreise auf Praslin sind rund 25% teurer; zwischen 20.00 und 06.00 Uhr wird auf beiden Inseln ein Zuschlag verlangt. **Mietwagen:** Es gibt über 550 Mietwagen auf Mahé, auf Praslin ist das Angebot jedoch begrenzt. Reservierung im voraus ist zu empfehlen, besonders in der Hauptsaison. Die Miet- und Versicherungsbedingungen sollte man sich sehr genau durchlesen. Das Mindestalter ist 21 Jahre, Benzin kostet ca. 30% mehr als in Europa. Auf Praslin und La Digue können auch Fahrräder gemietet werden. **Verkehrsbestimmungen:** Man fährt links, die Höchstgeschwindigkeit ist 65 km/h außerhalb und 40 km/h innerhalb von Ortschaften, auf Praslin überall 40 km/h. **Unterlagen:** Der Führerschein des eigenen Landes reicht aus.
FAHRZEITEN von der Insel Mahé zu den anderen Inseln der Seychellen (ungefähre Angaben in Std. und Min.):

	Flugzeug	Schiff
Praslin	0.15	2.30
La Digue	-	3.15
Bird Is.	0.30	7.00
Denis Is.	0.30	6.00
Round Is.	-	0.30
Frégate Is.	0.15	2.00
Moyenne	-	0.30
Desroches	1.00	-

Anmerkung: Die Fähre von Praslin nach La Digue ist ca. 30 Min. unterwegs.

UNTERKUNFT

Obwohl die Seychellen seit über zehn Jahren ein beliebtes Urlaubsziel sind und heute eine große Auswahl an Unterkünften von Ferienwohnungen mit Selbstverpflegung bis zu Luxushotels zur Verfügung steht, ist bei der Planung der touristischen Anlagen von Anfang an dafür gesorgt worden, daß die außerordentliche Schönheit und der unverwechselbare Charme der Inseln erhalten bleiben. Neue Gebäude dürfen z. B. nicht höher als die umliegenden Palmen gebaut werden. Ein unvergeßlicher Aufenthalt in einer herrlichen, noch ursprünglichen Landschaft ist daher garantiert, ohne daß auf Komfort verzichtet werden muß. Es gibt etwa 4500 Hotelbetten auf den Inseln, und vor allem während der Hauptsaison von Dezember bis Januar und im August empfiehlt es sich, im voraus mit Anzahlung zu buchen. Es gibt keine Jugendherbergen, und Zelten ist nicht gestattet.
HOTELS UND PENSIONEN: Alle neueren Hotels entsprechen dem internationalen Standard; es gibt einige größere Resort-Hotels, die Klimaanlage, Zimmer mit Bad, Swimmingpool und vielfältige Sporteinrichtungen bieten. Ältere Hotels und Pensionen haben nicht immer alle diese Annehmlichkeiten, aber ihre paradiesische Abgeschiedenheit macht sie seit jeher attraktiv für alle, die Frieden und Ruhe suchen. Der englische Schriftsteller Somerset Maugham suchte sich einst die ruhigste dieser Inseln aus, um ungestört an einem Roman schreiben zu können. Viele der ehemaligen Plantagenhäuser sind behutsam modernisiert und in Hotels oder Pensionen mit freundlicher Atmosphäre umgewandelt worden. Auf den abgelegensten Inseln findet man Häuschen und Pensionen mit Strohdächern, wie die Einheimischen sie für sich selbst bauen. Dem Hotelverband der Seychellen gehören zehn Hotels auf den Inseln an. Er erteilt gern nähere Auskünfte, Anschrift: *Compagnie Seychelloise de Promotion Hotelière Ltd.*, PO Box 683, Victoria, Mahé. Tel: 22 46 94. Telefax: 22 52 91. Weitere Informationen auch vom Fremdenverkehrsamt.
FERIENWOHNUNGEN: Ferienwohnungen für Selbstverpfleger gibt es auf allen größeren Inseln.

URLAUBSORTE & AUSFLÜGE

Granitinseln

Mahé: Die Mehrheit der Bevölkerung lebt auf dieser größten Insel der Seychellen, die von Korallenriffen umgeben ist. Hier liegen die Hauptstadt *Victoria*, der internationale Flughafen, der Hafen und die meisten Hotels. Auf Mahé erwarten den Besucher an die 70 Strände mit feinem, weißem Pulversand und üppigem Pflanzenwuchs, der sich von den Plantagen mit Kokospalmen und Zimtbäumen bis hin zu Wäldern auf Anhöhen mit unvergleichlichem Blick auf die Nachbarinseln erstreckt. Ausflüge kann man im Glasbodenboot von Victoria aus zum nahegelegenen *St. Anne Marine National Park* unternehmen, der die Inseln **St. Anne, Cerf, Long, Round** und **Moyenne** einschließt. Interessant ist auch eine Tour mit dem Bus zum Markt, zum *Botanischen Garten* (Coco-de-Mer-Palmen, Riesenschildkröten und Orchideen) und zu den im Kolonialstil erbauten Herrenhäusern, die sogar noch im Stadium des Verfalls würdevoll aussehen. Weiter geht es durch die alten Vanille- und Zimtplantagen und immer wieder durch den allgegenwärtigen, leuchtendgrünen Dschungel. Am höchsten Punkt der Insel liegt der *Morne Seychellois National Park*. Das *National Museum* in Victoria informiert über Geschichte, Musik und Folklore der Seychellen und hat eine ausgezeichnete Ausstellung über die Geschichte des Gewürzanbaus.
Praslin: Die zweitgrößte Insel ist zwei bis drei Stunden mit dem Schiff oder 15 Min. mit dem Flugzeug von Mahé entfernt (es gibt 20 Linienflüge pro Tag). Die Insel ist berühmt für das Tal *Vallée de Mai*, aus dem die Coco-de-Mer-Palme mit der riesigen, eindrucksvoll geformten Seychellennuß stammt. Regelmäßige Touren zu den kleineren Inseln wie **Cousin, Aride, Curieuse** und **La Digue** werden angeboten.
La Digue liegt eine drei- bis dreieinhalbstündige Schiffsreise von Mahé oder eine halbe Stunde mit dem Flugzeug entfernt. Diese wunderschöne Insel ist der Brutplatz der seltenen schwarzen Paradies-Fliegenfänger. Es gibt hier kaum Autos, und der Ochsenkarren bleibt weiterhin das Hauptverkehrsmittel. Man kann aber auch Fahrräder mieten, um majestätischen alten Plantagenhäusern wie dem *Chateau St. Cloud*, den Vanilleplantagen, Kopra-Betrieben und herrlichen Stränden einen Besuch abzustatten.
Frégate: Die östlichste und abgelegenste der Granitinseln soll in längst vergangenen Zeiten einmal Piraten Unterschlupf gewährt haben. Frégate liegt 15 Flugminuten von Mahé entfernt. Das fast ausgestorbene Elster-Rotkehlchen der Seychellen ist hier zuhause.
Die Insel **Thérèse** ist für ihre Thermalquellen und Schildkröten-Kolonie berühmt.
Cousin liegt zwei Stunden mit dem Schiff von Mahé entfernt und wurde 1968 vom internationalen Verband für Vogelschutz gekauft und zum Vogelschutzgebiet erklärt. Hier sind u. a. die seltene und geschützte Feen-Seeschwalbe, der Toc-Toc-Vogel und der Bürstenrohrsänger beheimatet. Die beste Besuchszeit ist Mai oder April, wenn rund eine Viertelmillion Vögel hier nisten. Die Besichtigung der Insel ist nur für Gruppen möglich. Sie dauert ein bis zwei Stunden und wird von Reisebüros vor Ort organisiert, meist in Verbindung mit einem Ausflug zu mehreren Inseln.
Aride liegt zwei Stunden von Mahé entfernt, ist die

nördlichste der Granitinseln und Heimat einer riesigen Seevogelkolonie. 1973 kaufte Christopher Cadbury, der Präsident eines englischen Naturschutzverbandes, die Insel. Für Besucher ist sie von Oktober bis Ende April zugänglich.

Curieuse ist mit dichtem Gebüsch und großen Takamaka-Bäumen überwachsen und etwa 3 km lang. Die Insel ist ein Schutzgebiet für Riesenschildkröten, die von Aldabra eingeführt wurden. Besuche können von Praslin aus organisiert werden.

Silhouette soll die Heimat von Hodoul, einem der berüchtigsten Piraten des Indischen Ozeans, gewesen sein. Die Insel hat ca. 200 Einwohner und ist vom *Beau-Vallon-Strand* auf Mahé aus zu sehen. Ein traditionelles Plantagenhaus aus Holz kann hier besichtigt werden.

Koralleninseln

Denis: Eine fünf- bis siebenstündige Schiffsreise oder 30 Flugminuten von Mahé entfernt liegt die Insel Denis am Rande des kontinentalen Sockels. Zahlreiche Tiefseeangler zieht es hierher, von Oktober bis Dezember wird hier Fächerfisch gefangen. Seevögel haben über die Jahre eine dicke Schicht Guano hinterlassen, der den üppigen Pflanzenwuchs fördert. Mindestaufenthalt zwei Tage.

Bird: Liegt sechs bis acht Schiffsstunden oder 30 Flugminuten von Mahé entfernt und ist für die Millionen schwarzer Seeschwalben berühmt, die zwischen Mai und September hier brüten. Die Insel liegt am Rand des kontinentalen Sockels (der Meeresboden fällt hier auf 2000 m Tiefe ab), was sie zu einem bevorzugten Ziel für Fischer macht. Die dritte Attraktion der Insel ist Esmeralda, von der gesagt wird, daß sie 150 Jahre alt und die größte Schildkröte der Welt ist.

Desroches ist die größte Insel des Amirantes-Archipels und 193 km (eine Flugstunde) südwestlich von Mahé gelegen. Das Korallenriff um die Insel hält die Küstengewässer ruhig und macht sie ideal für alle Wassersportarten. Obwohl die Insel erst vor kurzem als Urlaubsgebiet erschlossen wurde, kann man bereits Schnellboote und Ausrüstungen zum Wasserskifahren, Windsurfen, Segeln, Fischen und Tauchen mieten. Tauchen ist hier ein besonderes Vergnügen, die Unterwasserlandschaft mit ihren Höhlen und unzähligen Fischarten ist absolut faszinierend. Es werden auch Tauchkurse angeboten. Von September bis Mai ist das Wasser am klarsten. Zur Unterkunft stehen 20 Häuschen zwischen Kokospalmen und kasuarina-Bäumen zur Verfügung.

Pflanzen- und Tierwelt

Dank der außerordentlichen Geschichte dieser abgelegenen Inseln gibt es auf den Seychellen Pflanzen, die nirgendwo anders auf diesem Planeten gedeihen. 81 seltene Pflanzenarten sind die Nachkommen des üppigen tropischen Waldes, der die Inseln vor dem relativ späten Eintreffen der Menschen (vor 200 Jahren) bedeckte. Einzigartig und besonders hervorzuheben ist die auf Praslin im *Vallée de Mai* wachsende Coco-de-Mer-Palme. Ihre eigenartig geformten Samenschoten sind die größten der Natur und gaben Anlaß zu Legenden an den afrikanischen und indischen Küsten, an denen sie angespült wurden. Da die Inseln unbekannt waren, dachte man, daß die Seychellennüsse in den Meerestiefen wachsen. Unter den zahlreichen Orchideenarten findet man Vanille, die zur Gewinnung von Vanilleessenz vor allem früher viel angebaut wurde. Ihre Blätter und Blüten bieten einen wunderschönen Anblick. Es ist aber nicht nötig, alle Inseln nach seltenen Pflanzenarten auszukundschaften, da man die meisten auch im Botanischen Garten von Victoria bewundern kann. Die Seychellen üben außerdem eine große Anziehungskraft auf Vogelkundler aus. Millionen von Seeschwalben nisten auf einigen Inseln – unter ihnen die anmutigsten Seevögel überhaupt, die Feen-Seeschwalben. Bis zu zwei Millionen schwarze Seeschwalben nisten alljährlich auf der Insel Bird, und auf Aride können die größten Kolonien der Welt von rosaroten Seeschwalben und anderen tropischen Vögeln beobachtet werden. Andere Arten sind so selten, daß sie fast ausgestorben sind. Auf der Insel La Digue gibt es nur noch 30 Pärchen des Paradies-Fliegenfängers. Das Elster-Rotkehlchen gibt es nur auf Frégate, den Schwarzen Papagei nur auf Praslin und den melodischen Bürstenrohrsänger nur auf Cousin. Aktiver Naturschutz begann auf den Seychellen erst vor 20 Jahren. Seit dieser Zeit und seit der Einrichtung von Vogel- und Naturschutzgebieten ist viel für die Erhaltung des Vogelparadieses der Seychellen getan worden – und damit gleichzeitig für alle Vogelliebhaber, die es hierherzieht.

SOZIALPROFIL

ESSEN & TRINKEN: Die kreolische Küche der Seychellen verbindet französische, afrikanische, chinesische, indische und englische Einflüsse. Die sorgfältige Mischung der Gewürze ist besonders typisch, und Kokosmilch und Brotfrucht werden viel verwendet. Die einheimischen Spezialitäten sind *Kat-Kat Banane, Coconut Curry, Chatini Requin, Bourgeois Grillé, Tectec-Suppe, Bouillon Bréde, Chauve-Souris* (Flughunde), *Cari Bernique, Salade de Palmiste* (aus Palmenherzen, auch Millionärssalat genannt) und *La Daube* (aus Brotfrucht, Yamswurzel, Cassava und Bananen). Brotfrucht wird ähnlich wie Kartoffeln zubereitet (püriert, fritiert, gebacken usw.), ist jedoch etwas süßer im Geschmack. Weitere einheimische Früchte und Gemüse sind Auberginen, Flaschenkürbisse, Kohl, Patoles, Paw-Paw (Papaya), Bananen, Mangos, Avocados, Jackfrucht, Grapefruit, Guavas, Litschis, Ananas, Melonen, Limonen und gelbe Äpfel. Die Tomate wird romantisch als *Pomme d'Amour* bezeichnet. Hummer, Tintenfisch, Flughunde, Schweine- und Hühnerfleisch werden häufiger verwendet als Rind und Lamm, die eingeführt werden müssen. Die meisten Restaurants bieten auch einige Gerichte, die als »internationale Küche« bezeichnet werden, meistens handelt es sich um frischen Fisch und Schalentiere. Auf Mahé gibt es auch chinesische und italienische Restaurants. Einige der großen Hotels haben eigene Bäckereien, und in den kleineren Pensionen erhält man meist hausgebackenes Brot. In den Restaurants wird im allgemeinen am Tisch bedient. Der Restaurantverband der Seychellen setzt für seine Restaurants einen Durchschnittspreis an, berechnet für ein dreigängiges Gericht einschließlich zwei Gläser Wein und Kaffee. Gruppen von vier oder mehr Personen sollten Vorbestellungen vornehmen, besonders auf Round, Cerf und in den *La-Réserve*-Restaurants auf Praslin. **Getränke:** Es gibt eine große Auswahl an Wein, Spirituosen und anderen alkoholischen Getränken. *Seybrew*, ein Bier deutschen Stils, wird hier gebraut. Die gleiche Firma stellt auch Dunkelbier und alkoholfreie Getränke her. Der einheimische Tee ist sehr beliebt (s. *Einkaufstips*). In Geschäften wird Alkohol Mo-Fr 14.00-18.00 Uhr und Sa 08.00-12.00 und 14.00-18.00 Uhr verkauft. Lokale öffnen 11.30-15.00 und 18.00-22.00 Uhr. In der Öffentlichkeit und auf der Straße ist der Alkoholkonsum nicht gestattet.

NACHTLEBEN: Diskotheken und Nachtklubs sollte man auf den Seychellen nicht erwarten, die einheimische *Camtolet*-Musik ist jedoch sehr lebhaft und hörenswert und oft von Tänzern begleitet. Zur Abendunterhaltung finden häufig Theateraufführungen statt (kreolisch, französisch und englisch), und es gibt Kinos in Victoria und Kasinos im *Beau Vallon Bay Hotel* und im *Plantation Club*.

EINKAUFSTIPS: Das einheimische Kunsthandwerk bringt vor allem Textilien wie z. B. Batikstoffe, Flechtarbeiten (u. a. Körbe, Tischsets und Hüte), Schnitz- und Tischlerarbeiten (wie traditionelle Möbel, Ornamente und Modellboote) hervor. Keramik und Gemälde sind ebenfalls erhältlich. Ein Andenken ganz besonderer Art ist eine Coco-de-Mer oder Schmuck aus den grünen Schneckenhäusern der Inseln. Teeanbau und -verarbeitung wird auf den Seychellen in geringem Umfang betrieben. Einheimischer Tee kann u. a. in Mahés Teefabrik, die man besichtigen kann, gekostet und gekauft werden. Vanille wird am Fuß von Baumstämmen angebaut, die der rankenden Pflanze Halt geben. Vanilleschoten gibt es in Geschäften zu kaufen. Zimt wächst auf allen Inseln wild. Er kann als Öl oder in Stangen gekauft werden, die aus der getrockneten Rinde bestehen und vor Gebrauch zerrieben werden. **Öffnungszeiten der Geschäfte:** Die größeren Geschäfte in Victoria sind Mo-Fr 08.00-17.00 Uhr und Sa 08.00-12.00 Uhr geöffnet. Einige Geschäfte sind von 12.00-13.00 Uhr geschlossen.

SPORT: Das **Tauchen** in den Korallenriffen ist wahrscheinlich die Hauptattraktion der Seychellen. Harpunenfischen ist verboten, wahrscheinlich sind die Fische deshalb so zutraulich und gut zu beobachten. Das Wasser ist so klar, daß die Bedingungen für Unterwasseraufnahmen ausgezeichnet sind. Die Küstengewässer beheimaten 100 verschiedene Korallenarten und 900 verschiedene Fischarten. Der Tauchklub *Seychelles Underwater Centre* wird von Berufstauchern betrieben. **Wassersport:** Ausrüstungen für Windsurfer, Kanus, Segelboote usw. können an den belebteren Stränden wie Beau Vallon Bay auf Mahé gemietet werden, Wasserskifahren und Fallschirmsegeln ist in vielen Urlaubsgebieten möglich. Taucherbrillen, Schnorchel und Schwimmflossen können auch ausgeliehen werden. **Bootsverleih:** Motorboote, Kajütboote und Jachten können zum Angeln und Erforschen der Inseln gemietet werden. Einheimische Agenturen nehmen Vorausbuchungen entgegen. **Fischen:** Sportfischen ist hier eine verhältnismäßig neue Freizeitbeschäftigung, aber der Fischreichtum zieht in letzter Zeit Anhänger dieser Sportart zunehmend an. Die Saison ist stark vom Wetter abhängig: Von Mai bis September wehen die Passatwinde von Südosten, und von November bis Februar von Nordwesten. Schwarzer, blauer und gestreifter Fächerfisch, Segelfisch, Gelbfisch, Thunfisch und Barrakuda sind nur einige der Arten, die in diesen tropischen Gewässern zu finden sind. **Golf:** Zum *Reef Hotel* gehört ein Golfplatz mit neun Löchern in Anse Aux Pins auf Mahé, und Besucher können im Klubhaus eine befristete Mitgliedskarte erwerben und Schläger und Zubehör leihen. **Weitere Sportarten:** Es gibt **Squash-, Badminton-** und **Tennisanlagen.**

VERANSTALTUNGSKALENDER

Ende Sept. '96 *La Fête La Digue*, alljährliche Regatta. **Ende Okt.** *Kreolisches Festival* (eine Woche Tanz, Musik und kulinarische Spezialitäten). **Nov.** *Alljährliches Wettangeln.* **April '97** *SUBIO* (Festival der Unterwasserfotografie), alljährlich.

SITTEN & GEBRÄUCHE: Das Leben auf den Inseln ist einfach und anspruchslos, und der Tourismus wird behutsam ausgebaut, um den ursprünglichen Charme der Seychellen zu erhalten. Vor der Eröffnung des internationalen Flughafens 1971 waren die Inseln nur auf dem Seeweg erreichbar, Besucher hatten Seltenheitswert, und die Insulaner waren kaum von der Außenwelt beeinflußt. Sie haben ihre eigene Sprache und Kultur entwickelt, die wie so vieles auf diesen Inseln einzigartig sind. Gastfreundschaft wird großgeschrieben, Besucher werden oft in Privathäuser eingeladen. Gastgeber freuen sich über ein Geschenk. Freizeitkleidung ist überall akzeptabel, da elegantere Kleidung so gut wie nie getragen wird. Badekleidung gehört allerdings an den Strand. **Trinkgeld:** 5-10% der Rechnung oder des Fahrpreises ist üblich und sollte in Hotels, Restaurants, im Umgang mit Taxifahrern, Hotelportiers usw. gegeben werden. Alle Hotel- und Restaurantrechnungen beinhalten 10% Bedienung, deren Bezahlung jedoch nicht obligatorisch ist.

WIRTSCHAFTSPROFIL

WIRTSCHAFT: Anfang der siebziger Jahre überflügelte der Tourismus die Landwirtschaft als größten Wirtschaftszweig der Seychellen. Der Fremdenverkehr ist heute bei weitem der wichtigste Arbeitgeber und erbringt 70% der Devisen. 1993 besuchten rund 14.000 Feriengäste die Inseln, die meisten kamen aus Frankreich, Italien, Großbritannien, Irland und Deutschland. Für 1994 wird eine weitere Steigerung erwartet. Das rasche Wirtschaftswachstum der siebziger Jahre infolge des Touristenbooms verlangsamte sich in den achtziger Jahren allmählich – hohe Flugpreise, unzureichende Verbindungen und innenpolitische Unruhen waren hierfür verantwortlich. Um eine Konjunkturflaute so kurz nach der Aussicht auf Wohlstand zu verhindern, bemüht sich die Regierung seither um eine Verbreiterung der Wirtschaftsgrundlage. Die Fischereiflotte soll modernisiert und erweitert und die 200-Seemeilen-Zone um die Inseln besser ausgenutzt werden. Die Industrie beschränkt sich auf Brauereierzeugnisse, Tabak, Plastik, Seife und Waschmittel sowie einige kleinere Fertigungsbetriebe. Eine nationale Ölgesellschaft wurde 1980 gegründet, nachdem vor den Küsten Erdgas gefunden wurde. Die Probebohrungen werden fortgesetzt. Fisch, Kopra und Zimt sind die wichtigsten Exporterzeugnisse; Nahrungsmittel, Brennstoffe, Konsumgüter und Transportmittel werden eingeführt. Die geographische Lage der Seychellen begünstigt das Reexportgeschäft.

GESCHÄFTSVERKEHR: Gepflegte Kleidung wird erwartet, obwohl Anzug und Krawatte nicht üblich sind. **Geschäftszeiten:** Mo-Fr 08.00-12.00 und 13.00-16.00 Uhr.

Kontaktadressen: *Die wirtschaftlichen Interessen Österreichs werden von der Außenhandelsstelle der Wirtschaftskammer Österreich in Johannesburg (s. Südafrika) vertreten.*

Seychelles Chamber of Commerce and Industry (Industrie- und Handelskammer), PO Box 443, Victoria, Mahé. Tel: 22 38 12.

KLIMA

Monsunregen erreichen die Inseln zumeist zwischen November und Februar zusammen mit den Passatwinden aus dem Nordwesten. Dieser schwülen Jahreszeit folgt kühleres Wetter und rauhere See, wenn von Mai bis September der Passat aus Südosten weht – die Temperaturen fallen jedoch selten unter 24°C.

Kleidung: Leichte Baumwoll- und Leinenkleidung.

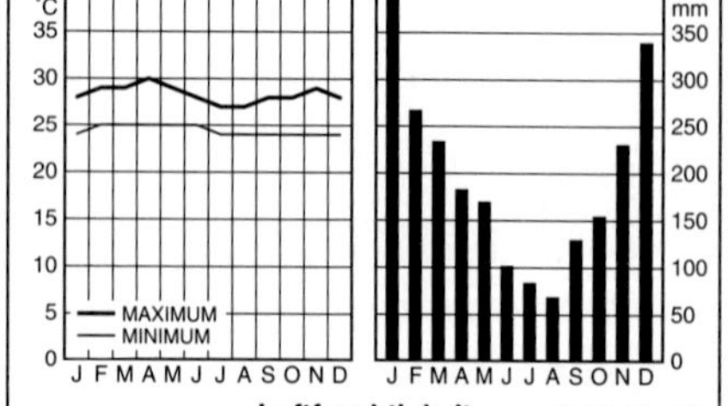

Shetland-Inseln

... siehe Inhaltsverzeichnis

Sierra Leone

□ Internationaler Flughafen

Lage: Westafrika.

Anmerkung: Aufgrund des Bürgerkriegs wird von Reisen nach Sierra Leone dringend abgeraten. In den letzten Monaten sind mehrere Ausländer von Rebellen als Geiseln festgehalten worden. Die folgenden Angaben reflektieren größtenteils die Situation vor dem Bürgerkrieg und sind hier in der Hoffnung wiedergegeben, daß sie nach der Lösung des Konflikts bald wieder nützlich sein werden.

National Tourist Board of Sierra Leone
International Conference Centre
Aberdeen Hills
PO Box 1435
Freetown
Tel: 27 25 20. Telefax: 27 21 97.
Botschaft der Republik Sierra Leone
Rheinallee 20
D-53173 Bonn
Tel: (0228) 35 20 01. Telefax: (0228) 36 42 69.
Mo-Fr 09.00-16.00 Uhr.
Honorargeneralkonsulat mit Visumerteilung in Hamburg (Tel: (040) 410 40 72).
Honorarkonsulate mit Visumerteilung in Frankfurt/M. (Tel: (06109) 3 32 77) und München (Tel: (089) 324 31 16).
Generalkonsulat der Republik Sierra Leone
Talgasse 11, Suite 7
A-1150 Wien
Tel: (0222) 89 40 58 21. Telefax: (0222) 894 05 82 40.
Di, Do 10.00-12.00 Uhr und nach Vereinbarung.
Generalkonsulat der Republik Sierra Leone
62 Quai Gustave Ador
CH-1207 Genf 6
Tel: (022) 735 85 78. Telefax: (022) 736 25 41.
Publikumsverkehr nur Di 14.00-18.00 Uhr, telefonisch Mo-Fr 09.00-12.00 und 14.00-17.00 Uhr.
Botschaft der Bundesrepublik Deutschland
Santanno House
10 Howe Street
PO Box 728
Freetown
Tel: 22 25 11/12. Telefax: 22 62 13.

TIMATIC INFO-CODES

Abrufbar über Ihr CRS-System (für START/Amadeus Ama-Maske benutzen). Für Galileo bitte TI-DFT eingeben (mit Bindestrich).

Flughafengebühren	TI DFT/ FNA /TX
Währung	TI DFT/ FNA /CY
Zollbestimmungen	TI DFT/ FNA /CS
Gesundheit	TI DFT/ FNA /HE
Reisepassbestimmungen	TI DFT/ FNA /PA
Visabestimmungen	TI DFT/ FNA /VI

Konsulat der Republik Österreich (ohne Paß-, mit Sichtvermerksbefugnis)
U.C.I. Ltd.
2 Pilgrim's Way
Kissy Dockyard
PO Box 497
Freetown
Tel: 25 05 20. Telefax: 25 12 65.
Übergeordnete Vertretung ist die Botschaft in Abidjan (s. Côte d'Ivoire).
Generalkonsulat der Schweizerischen Eidgenossenschaft
Freetown Cold
Storage Co. Ltd.
George Brook
PO Box 99
Freetown
Tel: 24 04 45, 24 05 29, 24 14 61. Telefax: 24 05 55.

FLÄCHE: 71.740 qkm.
BEVÖLKERUNGSZAHL: 4.468.000 (1993).
BEVÖLKERUNGSDICHTE: 62 pro qkm.
HAUPTSTADT: Freetown. Einwohner: 384.499 (1985).
GEOGRAPHIE: Sierra Leone grenzt im Nordwesten, Norden und Nordosten an die Republik Guinea und im Südosten an Liberia. Im Süden und Südwesten liegt der Atlantische Ozean. Eine bis zu 110 km breite Ebene zieht sich an der Küste entlang, auf der Freetown-Halbinsel erheben sich die *Sierra Lyoa Mountains* (bis 1000 m). Einigen Küstenregionen sind bis zu 112 km lange Sandbänke vorgelagert. Hinter der feuchten Küstenebene beginnt das z. T. landwirtschaftlich genutzte Waldgebiet, durch das die drei wichtigsten Flüsse fließen. Das Land steigt zu den östlichen *Guinea Highlands* an, einem Hochplateau mit Erhebungen von über 1830 m in den *Loma Mountains* und *Tingi Hills*. Die Bevölkerung setzt sich aus zahlreichen verschiedenen Gruppen zusammen, und einige Volksgruppen sind in bestimmten Regionen stärker vertreten, wie die Mende im Süden und die Temne im Westen.
STAATSFORM: Präsidialrepublik seit 1978. Staatsoberhaupt: Hauptmann Valentine E. M. Strasser, seit Mai 1992. Regierungschef: Hauptmann Julius Maada Bio, seit 1993. Militärputsch und Sturz des ehemaligen Staats- und Regierungschefs General-Major Dr. Joseph Saidu Momoh im April 1992; die von ihm im Oktober 1991 unterzeichnete Verfassung, die dem Machtmonopol der Staatspartei *All People's Congress* ein Ende setzte, wurde außer Kraft gesetzt. Einrichtung eines Nationalen Provisorischen Regierungsrates mit 23 Mitgliedern. Hauptmann Strasser strebte die Demokratisierung des Landes an. Ende 1994 nahmen die Rebellen-Kampfhandlungen jedoch bürgerkriegsartige Zustände an. Tausende von Menschen wurden bereits von den uniformierten Mördertruppen getötet, wobei nicht klar ist, welche Interessengruppe hinter den Angriffen auf die Zivilbevölkerung steht. Aufhebung des Verbots von politischen Betätigungen am 21. Juni 1995.
SPRACHE: Amtssprache ist Englisch; Krio (Kreolisch), Malinké, Mende (Süden), Temne und andere einheimische Sprachen dienen als Umgangssprache.
RELIGION: Anhänger von Naturreligionen; 39% Moslems und 8% Christen.
ORTSZEIT: MEZ - 1.
NETZSPANNUNG: 230/240 V, 50 Hz; Adapter werden empfohlen.
POST- UND FERNMELDEWESEN: Telefon: Selbstwählferndienst. **Landesvorwahl: 232. Telexdienst/Telegrammaufgabe** im *Slecom House*, 7 Wallace Johnson Street, Freetown. Post: Luftpostsendungen nach Europa sind ca. 5 Tage unterwegs.
DEUTSCHE WELLE
Der Einsatz der Kurzwellenfrequenzen ändert sich mehrfach im Laufe eines Jahres, und Sendungen auf den folgenden Frequenzen werden jeweils nur zu bestimmten Tageszeiten ausgestrahlt. Näheres in der Einleitung.

MHz	15,275	15,135	11,795	7,185	6,075
Meterband	19	25	41	49	

REISEPASS/VISUM

Wichtiger Hinweis: Die Einreisebestimmungen mancher Länder können sich kurzfristig ändern – rufen Sie sicherheitshalber auf Ihrem CRS-System (TIMATIC-Info-Code-Fenster in diesem Kapitel) den aktuellen Stand ab bzw. wenden Sie sich an die zuständige diplomatische Vertretung. Etwaige Zahlen in der Tabelle beziehen sich auf nachfolgende Fußnoten.

	Paß erforderlich?	Visum erforderlich?	Rückflugticket erforderlich?
Deutschland	Ja	Ja	Ja
Österreich	Ja	Ja	Ja
Schweiz	Ja	Ja	Ja
Andere EU-Länder	Ja	1	Ja

Anmerkung: Staatsbürger Liberias sollten sich bei der Botschaft erkundigen, da Visaanträge individuell behandelt werden.
REISEPASS: Allgemein erforderlich zur Einreise, muß noch mindestens 3 Monate gültig sein. Kinderausweise müssen mit einem Lichtbild und einem Eintrag der entsprechenden Nationalität versehen sein.
VISUM: Allgemein erforderlich, ausgenommen sind

Staatsbürger von [1] Großbritannien und Commonwealth-Ländern (Mitgliedstaaten s. Inhaltsverzeichnis).
Visagebühren: 100 DM, 525 öS, 53 sfr.
Visaarten: Touristen- und Geschäftsvisa.
Gültigkeitsdauer: Einreisegenehmigung und Visa sind normalerweise für Aufenthalte von 3 Monaten gültig; Verlängerungsmöglichkeit in Sierra Leone besteht, maximale Aufenthaltsdauer: 6 Monate.
Antragstellung: Zuständiges Konsulat bzw. Konsularabteilung der Botschaft (Adressen s. o.).
Unterlagen: (a) 2 Antragsformulare. (b) 2 Paßfotos. (c) Gültiger Reisepaß. (d) Nachweis ausreichender Geldmittel für die Dauer des Aufenthaltes. (e) Impfbescheinigung gegen Gelbfieber. (f) Gebühr. (g) Für Geschäftsvisa: Firmenschreiben.
Der postalischen Antragstellung sollten ein frankierter Rückumschlag (Einschreiben) und der Zahlungsbeleg über die Visagebühren beigefügt werden.
Bearbeitungszeit: 3 Tage, Verzögerungen sind jedoch möglich.

GELD

Währung: 1 Leone (Le) = 100 Cents. Banknoten sind im Wert von 100, 50, 20, 10, 5 und 2 Le in Umlauf. Münzen in den Nennbeträgen 1 Le und 50, 20, 10, 5, 1 und 0.5 Cent.
Kreditkarten: *American Express* und teilweise auch *Diners Club*, *Eurocard* und *Visa* werden akzeptiert. Einzelheiten vom Aussteller der betreffenden Kreditkarte.
Reiseschecks: Reiseschecks in US-Dollar oder Britischen Pfund werden empfohlen.
Wechselkurse

	Le Sept. '92	Le Febr. '94	Le Jan. '95	Le Jan. '96
1 DM	3,30	317,93	383,62	633,04
1 US$	4,91	551,92	594,62	910,00

Devisenbestimmungen: Die Ein- und Ausfuhr der Landeswährung ist auf 50.000 Le begrenzt. Die Einfuhr von Fremdwährungen ist unbegrenzt, es besteht jedoch Deklarationspflicht. Ausfuhr maximal in Höhe des bei der Einreise deklarierten Betrages.
Öffnungszeiten der Banken: Mo-Do 08.00-13.30 Uhr, Fr 08.00-14.00 Uhr.

DUTY FREE

Folgende Artikel können zollfrei nach Sierra Leone eingeführt werden:
*200 Zigaretten oder 225 g Tabak;
1,136 l Wein oder Spirituosen;
1,136 l Parfüm.*

GESETZLICHE FEIERTAGE

28. Juli '96 Mouloud (Geburtstag des Propheten). **25./26. Dez.** Weihnachten. **1. Jan. '97** Neujahr. **10. Jan.** Beginn des Ramadan. **8. Febr.** Beginn des Eid al-Fitr. **28.-31. März** Ostern. **27. April** Unabhängigkeitstag. **19. April** Beginn des Eid al-Adha.
Anmerkung: Die angegebenen Daten für islamische Feiertage richten sich nach dem Mondkalender und verschieben sich daher von Jahr zu Jahr. Während des Fastenmonats Ramadan, der dem Festtag Eid al-Fitr vorangeht, essen Mohammedaner nicht tagsüber, sondern erst nach Sonnenuntergang, wodurch der normale Geschäftsablauf gestört werden kann. Diese Unterbrechungen können auch während des Eid al-Fitr auftreten. Dieses Fest, ebenso wie das Eid al-Adha, hat keine festgelegte Zeitdauer und kann je nach Region 2-10 Tage dauern. Nähere Informationen im Kapitel *Welt des Islam* (s. Inhaltsverzeichnis).

GESUNDHEIT

In der folgenden Tabelle aufgeführte Impfvorschriften können sich kurzfristig ändern. Es wird stets empfohlen, auf Ihrem CRS-System (TIMATIC-Info-Code-Fenster in diesem Kapitel) den aktuellen Stand der Gesundheitsbestimmungen abzurufen bzw. rechtzeitig vor der Reise ärztlichen Rat einzuholen.

	Vorsichtsmaßnahmen empfohlen	Impfschein erforderlich
Gelbfieber	Ja	1
Cholera	Ja	2
Typhus & Polio	Ja	-
Malaria	3	
Essen & Trinken	4	

[1]: Eine Impfbescheinigung gegen Gelbfieber wird von allen Reisenden verlangt. Sierra Leone ist Gelbfieber-Endemiegebiet.
[2]: Eine Impfbescheinigung gegen Cholera ist keine Einreisebedingung, das Risiko einer Infektion besteht jedoch. Da die Wirksamkeit der Schutzimpfung umstritten ist, empfiehlt es sich, rechtzeitig vor Antritt der Reise ärztlichen Rat einzuholen. Näheres unter *Gesundheit* (s. Inhaltsverzeichnis).
[3]: Malariaschutz gegen die vorherrschende gefährlichere Form *Plasmodium falciparum* ist ganzjährig in allen Landesteilen erforderlich. Chloroquin-Resistenz wurde gemeldet.

[4]: Wasser sollte generell vor der Benutzung zum Trinken, Zähneputzen und zur Eiswürfelbereitung entweder abgekocht oder anderweitig sterilisiert werden. Milch ist nicht pasteurisiert und sollte ebenfalls abgekocht werden. Trocken- und Dosenmilch nur mit keimfreiem Wasser anrühren. Milchprodukte aus ungekochter Milch am besten vermeiden. Fleisch- und Fischgerichte nur gut durchgekocht und heiß serviert essen. Der Genuß von Schweinefleisch, rohen Salaten und Mayonnaise sollte vermieden werden. Gemüse sollte gekocht und Obst geschält werden.

Tollwut kommt vor. Wer ein erhöhtes Risiko eingeht (z. B. längerer Aufenthalt in abgelegenen Gebieten), sollte vor Reiseantritt eine Schutzimpfung erwägen. Bei Bißwunden so schnell wie möglich ärztliche Hilfe in Anspruch nehmen. Weitere Informationen im Kapitel *Gesundheit* (s. Inhaltsverzeichnis).

Bilharziose-Erreger kommen in manchen Teichen und Flüssen vor, das Schwimmen und Waten in Binnengewässern sollte daher vermieden werden. Gut gepflegte Schwimmbecken sind unbedenklich.

Hepatitis A und *E* sind weit verbreitet, *Hepatitis B* ist hoch endemisch.

Gesundheitsvorsorge: Es gibt nur wenige medizinische Einrichtungen, der Standard ist nicht sehr hoch. Nach einer UNO-Schätzung hat Sierra Leone die höchste Sterblichkeitsziffer, die zweithöchste Kindersterblichkeitsrate und die niedrigste Lebenserwartung der Welt. Kirchliche Missionen und internationale Hilfsorganisationen unterhalten einige medizinische Einrichtungen und Sozialdienste. Eine Reiseapotheke sollte mitgenommen werden. Der Abschluß einer Reisekrankenversicherung wird dringend empfohlen.

REISEVERKEHR - International

FLUGZEUG: Sierra Leones nationale Fluggesellschaft *Sierra Leone National Airlines* bietet Flüge von Paris nach Freetown und in die Nachbarländer. Sierra Leone wird außerdem von *KLM* und *Sabena* angeflogen. Es gibt keine Direktflüge von Frankfurt, Wien oder Zürich.
Durchschnittliche Flugzeit: *Frankfurt – Freetown:* 6 Std.
Internationaler Flughafen: *Freetown (FNA)* (Lungi) liegt 24 km nördlich der Stadt (Fahrzeit 2 Std.). Am Flughafen gibt es eine Wechselstube, mit Post, Geschäfte und Bars. Katamaran-/Fährverbindung zur Stadt. Taxis und Busse zur Stadt benutzen die Autofähre.
SCHIFF: Vom Haupthafen Freetown gibt es Verbindungen nach Liberia und Guinea.
BAHN: Es verkehren gegenwärtig keine Personenzüge.
BUS/PKW: Es gibt Verbindungsstraßen von Guinea und Liberia, sie können jedoch, je nach der aktuellen politischen Lage, u. U. gesperrt sein. Die Botschaft erteilt weitere Auskünfte.

REISEVERKEHR - National

FLUGZEUG: *Sierra Leone National Airlines* bietet Flüge nach Hastings, Kenema, Bo, Gbangbatoke, Yengema und Bonthe an.
SCHIFF: Fähren verbinden alle Küstenhäfen miteinander. Weitere Informationen vor Ort. Flüsse sind wichtige Verkehrs- und Transportwege.
BUS/PKW: Das Straßennetz umfaßt über 6440 km. Die Hauptstraßen sind mit einem teerartigen Belag versehen, während Nebenstraßen nur schlecht instandgehalten und in der Regenzeit oft unpassierbar sind. Nachts befinden sich auf den Hauptstraßen in der Nähe den Städte oft Straßenblockaden. **Bus:** Die *Sierra Leone Road Transport Corporation* sorgt für Verbindungen im Nah- und Fernverkehr. Die Busse sind schnell, preiswert und verkehren zwischen allen größeren Städten. **Unterlagen:** Internationaler Führerschein.
STADTVERKEHR: Die *Road Transport Corporation* betreibt in Freetown Buslinendienste in begrenztem Umfang. Ein Großteil der öffentlichen Verkehrsmittel sind Minibusse und Sammeltaxis.

UNTERKUNFT

In Freetown gibt es mehrere Hotels von internationalem Standard, die Klimaanlagen und eigene Swimmingpools haben; Vorausbuchung wird empfohlen. Auf der Freetown-Halbinsel befinden sich bei Lakka und Tokay drei weitere Luxushotels. Das YMCA (CVJM) in Freetown bietet saubere, preiswerte Unterkünfte mit Gemeinschaftsbädern und Kochgelegenheiten. Im Landesinneren sind nur wenige Hotels vorhanden, aber in Bo gibt es ein Hotel von internationalem Standard, und in Kenema stehen einige einfache Unterkünfte zur Verfügung. Manche Rasthausplätze kann man nur über den Innenministerium buchen, man sollte seine eigene Bettwäsche bzw. einen Schlafsack mitbringen.

URLAUBSORTE & AUSFLÜGE

Die palmengesäumten Strände der **Freetown-Halbinsel** sind am leichtesten zu erreichen. Der *Leicester Peak* bietet einen atemberaubenden Panoramablick auf die vom Meer und von Bergen eingeschlossene Stadt. Eine enge, steile Straße führt durch die Berge zu den alten kreolischen Dörfern (um 1800 gegründet) **Leicester, Gloucester** und **Regent**. Die Dörfer **Sussex, York, Kent,**
Waterloo, Hastings und **Wellington** wurden von befreiten Sklaven gegründet. Die Straße schlängelt sich durch das malerische *Grafton Valley*, vorbei am *Guma Valley*, und führt schließlich zum *Damm-See*. Die Strände der Halb-insel sind sehr schön und ideal zum Schwimmen und Sonnenbaden. *Bureh Town* und *Number Two River* sind vielleicht die reizvollsten.

Dichtbewaldete Hügel umschließen die geschäftige historische Hafenstadt **Freetown**. Bei einem Stadtbummel sollte man sich den 500 Jahre alten Baumwollbaum und den *De-Ruyter-Stein* ansehen. Im *King's Yard* fand die Landverteilung für befreite Sklaven statt, ein Besuch des Museums bietet interessante Einblicke in die Lokalgeschichte. Das *Fourah-Bay-College* ist die älteste Universität Westafrikas, die *Marcons-Kirche* wurde 1820 erbaut. Auf dem *King-Jimmy-Markt* und den farbenfrohen Basaren kann man nach Herzenslust stöbern.

Auf der **Bunce-Insel**, die bequem auf einem Tagesausflug erkundet werden kann, befand sich einer der ersten Sklavenmärkte Westafrikas.

TIERSCHUTZGEBIETE: Besuchsgenehmigungen und einen Führer erhält man vom Ministerium für Forst- und Landwirtschaft in Freetown.

Den **Outamba-Kilimi-Nationalpark** im Norden kann man von Freetown mit Bus, Auto oder Flugzeug erreichen. Die abwechslungsreiche und eindrucksvolle Landschaft ist Lebensraum von Elefanten, Schimpansen und Zwerg-Flußpferden.

Das **Sakanbiarwa**-Naturschutzgebiet sollte man Anfang des Jahres besuchen, die Blütenpracht der zahlreichen Orchideenarten ist eine wahre Augenweide.

SOZIALPROFIL

ESSEN & TRINKEN: Englische, französische, armenische und libanesische Gerichte werden in den zahlreichen Restaurants der Hauptstadt angeboten. In vielen Hotels bestimmt die afrikanische Küche die Speisekarte, einheimische Spezialitäten sind köstlich zubereiteter Fisch und Hummer, ausgezeichnete Garnelen, exotische Früchte und Gemüse.

NACHTLEBEN: In Freetown gibt es Nachtklubs und zwei Spielkasinos. Musik, Tanz und typisch einheimische Unterhaltung bieten die Hotels am *Lumley Beach* und in der Region *Cape Sierra*. Die bekanntesten einheimischen Musikgruppen treten auf der Terrasse eines Strandklubs auf.

EINKAUFSTIPS: Schöne Mitbringsel sind Masken, Lederarbeiten, Holzschnitzereien und andere kunstgewerbliche Artikel. **Öffnungszeiten der Geschäfte:** Mo-Sa 08.00-12.00/12.30 und 14.00-16.30/17.00 Uhr.

SPORT: In der Ferienregion des *Cape Sierra*, bei *Lakka* und *Tokay* gibt es gute und sichere Strände, die sich zum **Schwimmen** eignen; **Surfen, Segeln** und **Hochseeangeln** bieten sich außerdem an. **Taucher** können sich an den schönen Korallen der klaren Gewässer am *York Beach* und am *Lumley Beach* erfreuen. Der Golfklub ist ausgezeichnet. **Fußball** und **Basketball, Tauchen, Schwimmen, Gymnastik** und **Leichtathletik** sind im *Siaka*-Stadion und -Sportzentrum in Freetown möglich. Im Stadion werden außerdem Fußball-Ligaspiele ausgetragen.

SITTEN & GEBRÄUCHE: Die Mehrheit der Bevölkerung lebt nach wie vor von Ackerbau und Viehzucht. Stammesoberhäupter, Religion und Geheimgesellschaften spielen immer noch eine große Rolle im gesellschaftlichen Leben und sorgen für sozialen Zusammenhalt. Dank eines starken Traditionsbewußtseins werden die alten Tänze und Gesänge nicht vernachlässigt. Zur Begrüßung gibt man sich die Hand, und die üblichen Höflichkeitsformen gelten auch hier. Besonders Geschäftsreisende werden normalerweise in Hotels oder Restaurants bewirtet. Kleine Geschenke der Firma oder aus dem Heimatland des Gastes werden gern angenommen. Alltagskleidung wird überall akzeptiert, und elegante Kleidung wird nur zu besonderen Anlässen erwartet. **Trinkgeld:** Hotels und Restaurants berechnen 10-15% für Bedienung.

WIRTSCHAFTSPROFIL

WIRTSCHAFT: Etwa zwei Drittel der Erwerbspersonen sind in der Landwirtschaft tätig, die in erster Linie Kaffee, Kakao, Ingwer und Maniok produziert. Die Fischerei ist ebenfalls von großer Bedeutung. Stützpfeiler der Wirtschaft und größter Devisenbringer ist jedoch der Bergbau - Rutil (Titanerz) steht dabei an erster Stelle (44% der Exporteinnahmen), Diamanten und Gold sind ebenfalls von großer Bedeutung. Daneben wird auch Bauxit gefördert. Die Erschließung der Erdölvorkommen des Landes bereitet bisher Schwierigkeiten, so daß kostbare Devisen für den Import von Erdöl aufgewendet werden müssen. Ein Tauschabkommen mit Großbritannien sorgt seit 1986 für eine gewisse Linderung. Die verstärkte Nutzung von Wasserkraft und Solarenergie ist aber geplant. Arbeitslosigkeit und Inflation sind hoch. Die wichtigsten Handelspartner sind die USA, Großbritannien, Deutschland und China (VR). Der Bürgerkrieg verschlingt angeblich 75% des Staatshaushaltes, und das Land ist dem finanziellen Ruin nahe. 1994 wurden neue Kredite vom Internationalen Währungsfonds zugesagt.

GESCHÄFTSVERKEHR: Englisch ist in Geschäftskreisen am gebräuchlichsten. Terminvereinbarung und Visitenkarten sind üblich, Pünktlichkeit wird erwartet.
September bis Juni sind die besten Monate für Geschäftsreisen. **Geschäftszeiten:** Mo-Fr 08.00-12.00/12.30 und 14.00-16.30/17.00 Uhr.
Kontaktadressen: *Die wirtschaftlichen Interessen Österreichs werden von der Außenhandelsstelle der Wirtschaftskammer Österreich in Lagos (s. Nigeria) vertreten.*
Sierra Leone Chamber of Commerce, Industry and Agriculture (Industrie-, Handels- und Landwirtschaftskammer), PO Box 502, Freetown. Tel: 22 63 05. Telefax: 22 80 05.

KLIMA

Ganzjährig tropisch und schwül, die beste Reisezeit ist zwischen November und April. Meeresbrisen sorgen in der Küstenregion für willkommene Abkühlung. Von Dezember bis Januar weht der trockene und staubige *Harmattan*-Wind von der Sahara. Heftige Schauer und hohe Niederschlagsmenge in der Regenzeit von Mai bis November.
Kleidung: Tropische Kleidung, Regenschutz von Mai bis November.

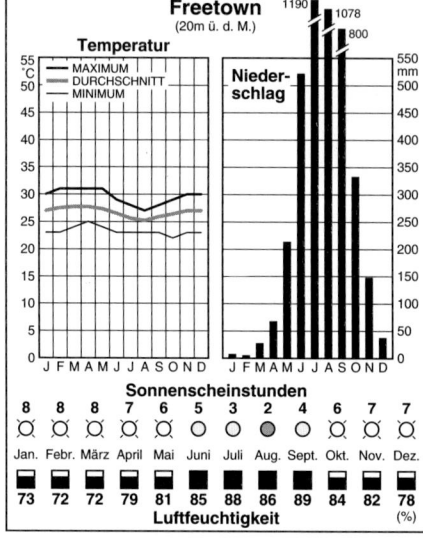

COLUMBUS ATLAS

Auf ca. 100 Seiten enthält dieser Atlas unter anderem europäische Fähr- und Eisenbahnverbindungen und weltumspannende Kreuzfahrtkarten, Straßenkarten, Gebietskarten vielbesuchter Regionen wie z. B. Costa Brava, Florida u. a. Falls Sie bei der Beratung oder Reiseplanung verstärkt auf Karten zurückgreifen möchten, werden Sie diesen speziell auf die Reisebranche zugeschnittenen Atlas unentbehrlich finden – und dazu besonders preisgünstig!

Weitere Einzelheiten von:
Columbus Press, Verkaufsabteilung,
Aurikelweg 9,
D-38108 Braunschweig.
Tel: 05309/2123. Telefax: 05309/2877.

Simbabwe

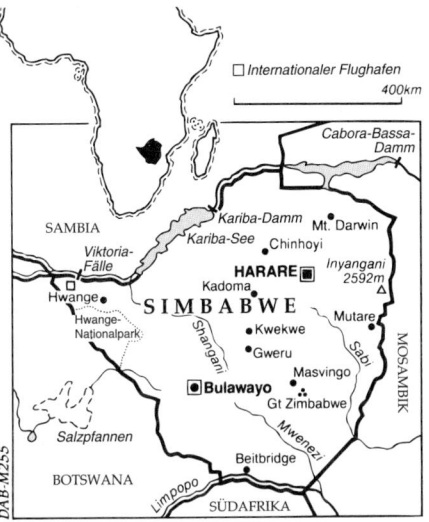

Lage: Südliches Afrika.

Zimbabwe Tourist Office
An der Hauptwache 7
D-60313 Frankfurt/M.
Tel: (069) 920 77 30. Telefax: (069) 92 07 73 15.
Mo-Fr 09.00-13.00 und 14.00-16.00 Uhr.
(auch zuständig für Österreich und die Schweiz)
Zimbabwe Tourist Development Corporation
PO Box CY 286
Causeway
Harare
Tel: (14) 75 87 14. Telefax: (14) 75 88 28.
Botschaft der Republik Simbabwe
Villichgasse 7
D-53177 Bonn
Tel: (0228) 35 60 71/72. Telefax: (0228) 35 63 09.
Mo-Fr 09.00-13.00 und 14.00-16.30 Uhr.
(auch zuständig für Österreich)
Botschaft der Republik Simbabwe
27 Chemin William Barbey
CH-1292 Chambésy
Tel: (022) 758 30 11. Telefax: (022) 758 30 44.
Mo-Fr 09.00-17.00 Uhr.
Botschaft der Bundesrepublik Deutschland
14 Samora Machel Avenue
PO Box 2168
Harare
Tel: (14) 73 19 56/57/58. Telefax: (14) 79 06 80.
Botschaft der Republik Österreich
New Shell House, Room 216
30 Samora Machel Avenue
PO Box 4120
Harare
Tel: (14) 70 29 21/22. Telefax: (14) 70 58 77.
Botschaft der Schweizerischen Eidgenossenschaft
9 Lanark Road
Belgravia
PO Box 3440
Harare
Tel: (14) 70 39 97/98. Telefax: (14) 79 49 25.
FLÄCHE: 390.759 qkm.
BEVÖLKERUNGSZAHL: 10.739.000 (1993).
BEVÖLKERUNGSDICHTE: 27,5 pro qkm.
HAUPTSTADT: Harare. **Einwohner:** 1.184.200

TIMATIC INFO-CODES

Abrufbar über Ihr CRS-System (für START/Amadeus Ama-Maske benutzen). Für Galileo bitte TI-DFT eingeben (mit Bindestrich).

Flughafengebühren	TI DFT/ HRE /TX
Währung	TI DFT/ HRE /CY
Zollbestimmungen	TI DFT/ HRE /CS
Gesundheit	TI DFT/ HRE /HE
Reisepassbestimmungen	TI DFT/ HRE /PA
Visabestimmungen	TI DFT/ HRE /VI

(1992).
GEOGRAPHIE: Simbabwe grenzt im Nordwesten an Sambia, im Osten und Nordosten an Mosambik, im Süden an Südafrika und im Südwesten an Botswana. Im hügeligen Hochland in der Landesmitte entspringen zahlreiche Flüsse, die in den Kariba-Stausee im Nordwesten, in die Feuchtwassergebiete Botswanas im Westen oder in den Sambesi-Fluß im Nordosten fließen. Das Hochland wird oft von *Kopjes* (massiven Granitsteinblöcken) unterbrochen. An der Ostgrenze zu Mosambik erhebt sich eine 350 km lange majestätische Bergkette, deren höchste Erhebung der 2590 m hohe Mount Inyangani ist. Simbabwe hat einige der schönsten Nationalparks des südlichen Afrikas, Hwange (im Südwesten des Landes), Matapos (im Süden) und Nyanga (im Nordosten) seien hier besonders erwähnt. Die Tierreservate, die Viktoria-Fälle und die Simbabwe-Ruinen sind die größten Touristenattraktionen.
STAATSFORM: Präsidialrepublik seit 1980. Staats- und Regierungschef: Dr. Robert Gabriel Mugabe, seit 1987. Parlament mit 120 direkt gewählten, 20 ernannten Mitgliedern und 10 Stammeshäuptlingen. Bei den Wahlen 1990 erhielt Mugabes *Zimbabwe African National Union (ZANU-PF)* die absolute Mehrheit.
SPRACHE: Offizielle Landessprache ist Englisch; die einheimischen Bantu-Sprachen Shona und Ndebele dienen als Umgangssprachen.
RELIGION: Anhänger von Naturreligionen, 58% Christen; moslemische und jüdische Minderheiten.
ORTSZEIT: MEZ + 1.
NETZSPANNUNG: 220/240 V, 50 Hz.
POST- UND FERNMELDEWESEN: Telefon: Selbstwählferndienst. Landesvorwahl: 263. Die Vorwahl der Hauptstadt Harare aus dem Ausland ist »4«, innerhalb des Landes »14«. **Telefax-Service** in einigen wenigen Hotels. **Telex/Telegramme:** Telegrammaufgabe und Telexgeräte in Postämtern und größeren Hotels. **Post:** Luftpostbriefe nach Europa sind bis zu einer Woche unterwegs.

DEUTSCHE WELLE

Der Einsatz der Kurzwellenfrequenzen ändert sich mehrfach im Laufe eines Jahres, und Sendungen auf den folgenden Frequenzen werden jeweils nur zu bestimmten Tageszeiten ausgestrahlt. Näheres in der Einleitung.

MHz	15,275	15,135	11,795	9,700	9,545
Meterband	19	19	25	31	31

REISEPASS/VISUM

Wichtiger Hinweis: Die Einreisebestimmungen mancher Länder können sich kurzfristig ändern - rufen Sie sicherheitshalber auf Ihrem CRS-System (TIMATIC-Info-Code-Fenster in diesem Kapitel) den aktuellen Stand ab bzw. wenden Sie sich an die zuständige diplomatische Vertretung. Etwaige Zahlen in der Tabelle beziehen sich auf nachfolgende Fußnoten.

	Paß erforderlich?	Visum erforderlich?	Rückflugticket erforderlich?
Deutschland	Ja	Nein	Ja
Österreich	Ja	Nein	Ja
Schweiz	Ja	Nein	Ja
Andere EU-Länder	Ja	1/2/3	Ja

Einreisebeschränkungen: Staatsbürgern von Korea-Süd und Taiwan (China) wird empfohlen, sich bei den zuständigen Konsulaten oder Konsularabteilungen der Botschaften nach den neuesten Bestimmungen zu erkundigen.
REISEPASS: Allgemein erforderlich. Der Reisepaß muß mindestens 6 Monate über der Aufenthalt hinaus gültig sein.
VISUM: Allgemein erforderlich, ausgenommen sind Staatsangehörige von:
(a) [1] der Bundesrepublik Deutschland, Österreich und der Schweiz sowie allen EU-Mitgliedstaaten außer Staatsbürgern von Griechenland und Portugal, die ein Visum benötigen (s. u.);
(b) [2] französischen Überseebesitzungen;
(c) Antigua und Barbuda, Australien, den Bahamas, Barbados, Belize, Botswana, Brunei, Dominica, Fidschi, Gambia, Ghana, Grenada, Guyana, Island, Jamaika, Japan, Kanada, Kenia, Kiribati, Lesotho, Liechtenstein, Madagaskar, Malawi, Malaysia, Malediven, Malta, Mauritius, Monaco, Nauru, Nepal, Neuseeland, Norwegen, Papua-Neuguinea, St. Lucia, St. Vincent und die Grenadinen, Sambia, San Marino, den Seychellen, Sierra Leone, Singapur, den Salomonen, Südafrika, Swasiland, Tansania, Thailand, Tonga, Trinidad und Tobago, Tuvalu, Uganda, den USA, Vanuatu, West-Samoa und Zypern.
Anmerkung: [3] Staatsangehörigen anderer Länder kann ebenfalls bei der Einreise in Simbabwe ein Visum ausgestellt werden; Reisepaß, ein gültiges Flugticket für die Rück- oder Weiterreise und der Nachweis ausreichender Geldmittel sind erforderlich. Staatsbürger der folgenden Länder müssen jedoch auf alle Fälle vor der Einreise ein Visum beantragen:
Andorra, Äthiopien, Afghanistan, Albanien, Algerien, Angola, Bangladesch, Bhutan, Bosnien-Herzegowina, Bulgarien, Burundi, China (VR), Guinea-Bissau, GUS-Staaten, Indien, Irak, Iran, Israel, Jemen, Jugoslawien (Serbien und Montenegro), Kambodscha, Kap Verde, Korea-Nord, Kroatien, Kuba, Laos, Libanon, Libyen, Mali, Mazedonien (Ehemalige Jugoslawische Republik), Mongolei, Mosambik, Myanmar, Nigeria, Pakistan, Philippinen, Polen, Portugal, Rumänien, Senegal, Slowakische Republik, Slowenien, Somalia, Sri Lanka, Sudan, Syrien, Thailand, Tschechische Republik, Ungarn, Vietnam und Zaïre.
Visaarten: *Single-Entry Visa* zur einmaligen Einreise. *Double-Entry Visa* zur zweimaligen Einreise. *Multiple-Entry Visa* zur mehrfachen Einreise.
Visagebühren: *Single:* 70 DM, 55 sfr; *Double:* 95 DM; *Multiple:* 75 sfr.
Gültigkeitsdauer: Visa sind für Aufenthalte von bis zu drei Monaten gültig.
Antragstellung: Bei der Botschaft (Adressen s. o.).
Unterlagen: (a) Antragsformular. (b) Fahrkarte für Rück- oder Weiterreise. (c) Nachweis ausreichender Geldmittel.
Bearbeitungszeit: Nach Bezahlung der Gebühr max. eine Woche.
Aufenthaltsgenehmigung: Schriftlicher Antrag an den *Chief Immigration Officer*, P. Bag 7717, Causeway, Harare.

GELD

Währung: 1 Zimbabwe Dollar (Z$) = 100 Cents. Geldscheine gibt es im Wert von 100, 50, 20, 10, 5 und 2 Z$; Münzen in den Nennbeträgen 1 Z$ sowie 50, 20, 10, 5 und 1 Cent.
Geldwechsel: Alle gängigen Währungen können bei Banken und in Hotels zum offiziellen Wechselkurs umgetauscht werden.
Kreditkarten: *American Express, Diners Club* und *Visa* werden akzeptiert, *Eurocard* ist weniger gebräuchlich. Einzelheiten vom Aussteller der betreffenden Kreditkarte.
Reiseschecks werden in Banken und großen Hotels angenommen.
Wechselkurse

	Z$ Sept. '92	Z$ Febr. '94	Z$ Jan. '95	Z$ Jan. '96
1 DM	3,39	4,86	5,39	6,47
1 US$	5,04	8,43	8,36	9,31

Devisenbestimmungen: Die Ein- und Ausfuhr der Landeswährung ist auf 500 Z$ beschränkt (die Landeswährung darf nur in Banknoten ausgeführt werden). Fremdwährungen können unbegrenzt ein- und ausgeführt werden.
Öffnungszeiten der Banken: Mo, Di, Do, Fr 08.00-15.00 Uhr, Mi 08.00-13.00 Uhr und Sa 08.30-11.30 Uhr.

DUTY FREE

Die folgenden Artikel können zollfrei nach Simbabwe eingeführt werden:
Waren bis zum Gesamtwert von 2000 Z$ einschließlich 5 l alkoholische Getränke (davon bis zu 2 l Spirituosen), Tabak, Parfüm und Geschenke.

GESETZLICHE FEIERTAGE

1. Mai '96 Tag der Arbeit. 25. Mai Afrikatag. 11./12. Aug. Heldentage. 25./26. Dez. Weihnachten. 1. Jan. '97 Neujahr. 28.-31. März Ostern. 18. April Unabhängigkeitstag. 1. Mai Tag der Arbeit.

GESUNDHEIT

In der folgenden Tabelle aufgeführte Impfvorschriften können sich kurzfristig ändern. Es wird stets empfohlen, auf Ihrem CRS-System (TIMATIC-Info-Code-Fenster in diesem Kapitel) den aktuellen Stand der Gesundheitsbestimmungen abzurufen bzw. rechtzeitig vor der Reise ärztlichen Rat einzuholen.

	Vorsichtsmaßnahmen empfohlen	Impfschein erforderlich
Gelbfieber	Nein	1
Cholera	Ja	2
Typhus & Polio	Ja	-
Malaria	3	-
Essen & Trinken	4	-

[1]: Eine Impfbescheinigung gegen Gelbfieber wird von allen Reisenden verlangt, die aus Infektionsgebieten kommen.
[2]: Eine Impfbescheinigung gegen Cholera ist keine Einreisebedingung, das Risiko einer Infektion besteht jedoch. Da die Wirksamkeit der Schutzimpfung umstritten ist, empfiehlt es sich, rechtzeitig vor Antritt der Reise ärztlichen Rat einzuholen. Näheres unter *Gesundheit* (s. Inhaltsverzeichnis).
[3]: Malariaschutz von November bis einschl. Juni für alle Gebiete unter 1200 m sowie ganzjährig im Sambesi-Tal erforderlich. Die vorherrschende gefährlichere Malariaart *Plasmodium falciparum* soll Chloroquin-resistent sein.
[4]: Wasser sollte generell vor der Benutzung zum Trinken, Zähneputzen oder zur Eiswürfelbereitung abgekocht oder anderweitig sterilisiert werden. Trocken- und Dosenmilch nur mit sterilisiertem Wasser anrühren.

Fleisch- und Fischgerichte nur gut durchgekocht und heiß serviert essen. Der Genuß von Schweinefleisch, rohen Salaten und Mayonnaise sollte vermieden werden. Gemüse sollte gekocht und Obst geschält werden. *Tollwut* kommt vor. Wer ein erhöhtes Risiko eingeht (z. B. längerer Aufenthalt in abgelegenen Gebieten), sollte vor Reiseantritt eine Schutzimpfung erwägen. Bei Bißwunden so schnell wie möglich ärztliche Hilfe in Anspruch nehmen. Weitere Informationen im Kapitel *Gesundheit* (s. Inhaltsverzeichnis).
Bilharziose-Erreger kommen in manchen Teichen und Flüssen vor, das Schwimmen und Waten in Binnengewässern sollte daher vermieden werden. Gut gepflegte Schwimmbecken mit gechlortem Wasser sind unbedenklich.
Hepatitis A, B und *E* kommen vor.
Gesundheitsvorsorge: Die medizinische Versorgung in den größeren Städten ist gut. Auch in den abgelegeneren Gebieten gibt es fast überall gut ausgestattete Krankenhäuser. Der Abschluß einer Reisekrankenversicherung wird dringend empfohlen.

REISEVERKEHR - International

FLUGZEUG: Simbabwes nationale Fluggesellschaft heißt *Air Zimbabwe*. *Lufthansa, KLM, Air France, British Airways* und *Swissair* fliegen Harare ebenfalls an.
Durchschnittliche Flugzeit: *Frankfurt* – Harare: 11 Std. (eine Zwischenlandung).
Internationale Flughäfen: *Harare* (HRE) liegt 12 km südöstlich der Stadt. Am Flughafen gibt es eine Bank, eine Post, Duty-free-Shops, Geschäfte und Restaurants. Ein Buszubringer fährt alle 30 Min. von 06.00-22.00 Uhr. Ein Taxistand ist ebenfalls vorhanden.
Bulawayo (BUQ) liegt 24 km von der Stadt entfernt. Unregelmäßige Busverbindung. Taxistand vorhanden.
Victoria Falls (VFA) liegt 22 km von der Stadt entfernt. Begrenzter Busverkehr. Taxistand vorhanden.
Flughafengebühren: 20 US$, ausgenommen sind Kinder unter 12 Jahren.
BAHN: Züge fahren von Südafrika durch Botswana nach Bulawayo und nach Harare. Es gibt eine Bahnverbindung nach Sambia über Victoria Falls. Der Zugverkehr nach Mosambik (Beira) ist zeitweise unterbrochen aufgrund der instabilen politischen Lage des Nachbarlandes.
BUS/PKW: Straßenverbindungen nach Tansania, Malawi, Südafrika, Mosambik, Botswana und Sambia sind vorhanden. Der oft schlechte Zustand der Landstraßen erschwert das Fahren, besonders während der Regenzeit; die Hauptverkehrsstraßen nach Beitbridge und Victoria Falls sind jedoch gut ausgebaut. Nähere aktuelle Auskünfte sind am besten bei der Botschaft oder dem Zimbabwe Tourist Office zu erfragen (Adressen s. o.).

REISEVERKEHR - National

FLUGZEUG: Inlandverbindungen mit *Air Zimbabwe* (UM) nach Kariba, Hwange, Bulawayo, Gweru, Masvingo, Buffalo Range und zu den Viktoria-Fällen.
BAHN: Züge der *National Railways of Zimbabwe* verkehren täglich von Plumtree über Bulawayo, die Viktoria-Fälle, Harare und Mutare nach Triangle.
BUS/PKW: Das Straßennetz ist gut ausgebaut, asphaltierte Straßen verbinden die größeren Städte und erschließen viele ländliche Gegenden. **Bus:** Das britische Busunternehmen *Zimbabwe Omnibus Company* versorgt mit seinen Buslinien den größten Teil des Landes. Die Linienbusse der *Express Motorways Africa (Central) Limited* fahren nach Great Zimbabwe, Masvingo, Nyanga, Rusape und Harare. **Mietwagen** sind an den Flughäfen und über Hotels erhältlich. **Unterlagen:** Ein internationaler Führerschein ist erforderlich.
STADTVERKEHR: Die Busverbindungen in Harare sind relativ gut. Eine Tochtergesellschaft der *Zimbabwe Omnibus Company* betreibt die Linienbusse. Die Fahrkarten muß man vor Fahrtantritt an einem Schalter kaufen. Ein Linienbusnetz gibt es auch in Bulawayo.

UNTERKUNFT

HOTELS: Es gibt Hotels und *Lodges* (eine Art Gasthaus, das Zimmer mit Frühstück anbietet). Eine Liste der registrierten Hotels ist vom Fremdenverkehrsamt erhältlich. **Kategorien:** Kategorisierung der Hotels nach dem 5-Sterne-System. Mehr als 70 Hotels (mit mindestens einem Stern) sind beim Fremdenverkehrsamt registriert. Den Hotelverband erreicht man unter der folgenden Adresse: *Hotel and Restaurant Association of Simbabwe*, 9th Floor, Travel Centre, Jason Moyo Avenue, Harare. Tel: (14) 73 32 11.
CAMPING: In den meisten Urlaubsgebieten gibt es Campingplätze, in den Nationalparks stehen Lodges und Hütten zur Verfügung.

URLAUBSORTE & AUSFLÜGE

Simbabwe, das frühere Rhodesien, hat sich von den Auswirkungen des blutigen Bürgerkrieges, der das Land nach der einseitigen Unabhängigkeitserklärung von 1965 heimsuchte, inzwischen fast vollständig erholt. In keinem anderen Land Afrikas ist das Verhältnis zwischen Wildnis und Zivilisation so ausgewogen. Die beste Reisezeit ist zwischen Juli und Oktober. Nähere Auskünfte erteilt das Fremdenverkehrsamt.

Das Hochland

Der Hochland besteht aus einer Kette niedriger Berge, die sich in der Landesmitte von Nordosten nach Südwesten erstrecken. Hier befindet sich das dichtbesiedelste Gebiet des Landes, in dem auch die beiden größten Städte des Landes liegen.
Harare: Die Hauptstadt Simbabwes hieß früher Salisbury und ist Handels- und Industriezentrum des Landes. Harare ist für die meisten Besucher die erste Etappe ihrer Simbabwe-Reise und Ausgangspunkt für Fahrten in die anderen Landesteile. Die saubere, moderne Stadt hat schöne Parks mit oft blühenden Bäumen. Die interessantesten Sehenswürdigkeiten sind das moderne Museum mit Kunstgalerie, der *Robert-McIlwaine-Freizeitpark* mit See und Wildreservat, der *Lion Cheetah Park*, in dem es Löwen und Geparden zu bewundern gibt, die *Larvon Bird Gardens* und der schön angelegte Botanische Garten von Ewanrigg. Wegen seines sonnigen Klimas hat Harare auch den Beinamen »Sunshine City«.
Bulawayo ist die zweitgrößte Stadt Simbabwes, bedeutendes Handels- und Industriezentrum, Sitz der Zentrale der *National Railways of Zimbabwe* und touristischer Anziehungspunkt. Ein Besuch des Nationalmuseums lohnt sich wirklich. Unweit der Stadt befinden sich die alten *Khami-Ruinen* und weiter südlich liegt der *Rhodes-Matopos-Nationalpark*, dessen bizarre Formationen riesiger Granitblöcke schon manchen Besucher in Erstaunen versetzt haben. Fischreiche Staudämme, Höhlen mit Wandmalereien und ein Wildreservat mit vielen Tierarten machen das Gebiet zu einem der beliebtesten Ausflugsziele.

Parks und Reservate

Parks und Reservate bedecken mehr als 11% (44.688 qkm) der Gesamtfläche des Landes. Schutzgebiete gibt es in allen Landesteilen, von den bewaldeten Bergen der östlichen Hochländer bis zum sonnenverbrannten Grasland des Hwange-Nationalparks, von den heißen Mopani-Wäldern bis zu den Ufern des Kariba-Sees. Simbabwe hat 10 Nationalparks und 10 Freizeitparks, mehrere Botanische Gärten, Reservate und 14 Safarigebiete, in denen gejagt werden darf (das Jagen unterliegt strengen Kontrollen, und die Einkünfte sollen dem Naturschutzprogramm zugute kommen).
Der **Hwange-Nationalpark** ist mit 14.620 qkm Simbabwes größter Nationalpark; der Artenreichtum der Tierwelt ist einmalig. Gegen Abend kommen die Tiere in Scharen zu den Wasserstellen. Mehrere Straßen führen von den drei Safari-Camps des Parks in die Gebiete, in denen die meisten Tiere gesichtet werden können. An einigen Wasserstellen sind Hochstände errichtet worden, von denen aus man als Besucher alles aus nächster Nähe und doch in sicherem Abstand beobachten kann. Hwange ist eines der letzten großen Elefantenreservate, und Elefantenherden kommen vor allem gegen Ende der Trockenzeit im September zu den Wasserstellen, um zu trinken und zu baden. In den letzten Jahren haben sich die Herden stark vermehrt, und einheimische Naturschützer haben die überschüssigen Bestände abgeschossen, eine Maßnahme, die bei einigen europäischen Naturschutzorganisationen auf Kritik gestoßen ist. Die größten Wasserfälle der Welt und ohne Zweifel das größte Naturschauspiel Afrikas, die **Viktoria-Fälle,** liegen 120 km vom Hwange-Nationalpark entfernt. Sie sind 2,5 km breit, pro Minute stürzen 550 Mio. Liter Wasser über 100 m tief in eine enge Schlucht. Der Sprühregen ist noch in einer Entfernung von 30 km zu sehen. Um einen Eindruck von der Größe der Viktoria-Fälle zu bekommen, sollte man einen Rundflug mit einem Kleinflugzeug machen (angeboten werden sogenannte »Engelsflüge«) oder eine Bootsfahrt auf dem breiten Sambesi. Man kann auch ohne große Formalitäten die Grenze nach Sambia überqueren, um die Wasserfälle von der anderen Seite zu sehen.
Im nahegelegenen **Sambesi-Nationalpark** kann man Säbelantilopen und andere exotische Tiere beobachten.
Simbabwes schönster Park ist der 2196 qkm große **Mana-Pools-Nationalpark** an den Ufern des Sambesi. Ein Großteil des Parks ist mit Wald bedeckt; Flußpferde, Elefanten, Nashörner, Büffel und viele Antilopenarten haben hier einen Lebensraum gefunden. Besucher dürfen hier auch zu Fuß mit dem Fernglas die Tiere aufspüren. Im Busch und in den Uferregionen leben unzählige Vogelarten, die das Herz jedes Vogelkundlers höher schlagen lassen. Tigerfisch, Brasse und großer *Vundu* kommen in den Gewässern vor. Der Park ist allerdings von November bis März geschlossen.
Im Nordwesten an der Grenze zu Sambia liegt der 7770 qkm große **Kariba-See.** Komfortable Safari-Camps, Ausflugsschiffe und Safari-Busse ermöglichen es, der reichen Tierwelt dieser Region näherzukommen.
Zu einem Urlaub in Simbabwe gehört ein Ausflug zu den Simbabwe-Ruinen des **Great Zimbabwe National Monument**, der bedeutendsten und größten noch erhaltenen historischen Stätte Südafrikas. Die eindrucksvollen Ruinen sind die Überreste eines Stadtstaates, der mit Gold handelte und im Mittelalter seine Blütezeit erlebte. Der große Tempel ist aus handbearbeiteten Steinen ohne Verwendung von Mörtel errichtet. Seine Mauern sind 9 m hoch, 4 m dick und haben einen Umfang von 228 m. Insgesamt bestehen die Tempelruinen aus 485.521 Kubikmetern Mauerwerk. Der unweit gelegene **Lake-Kyle-Nationalpark** hat einen gut ausgestatteten Campingplatz.
Anmerkung: Aus Sicherheitsgründen dürfen die Reservate nicht mit dem Motorrad befahren werden.

Das östliche Hochland

Die *Inyangani-*, *Vumba-* und *Chimanimani-*Gebirgszüge sind eines der Haupturlaubsgebiete des Landes und bei Einheimischen wie Touristen gleichermaßen beliebt. Die kühle Bergluft ist erfrischend, und man kann sich hier wunderbar erholen. Der Inyangani ist mit 2590 m der höchste Berg Simbabwes. Die Landschaft ist sehr abwechslungsreich; tiefe Täler, Schluchten, kahle Granitgipfel, bewaldete Abhänge, rauschende Forellenbäche und steile Felswände bestimmen das Landschaftsbild. Man kann sich in dieser Region selbstverständlich auch sportlich betätigen. Tennis, Squash, Billard und Boccia erfreuen sich großer Beliebtheit. Die hügeligen Golfplätze sind eine Herausforderung, Bergsteigen und Ponyreiten sind ebenfalls beliebte Freizeitbeschäftigungen. Wer will, kann sein Glück im Kasino versuchen. In dem gebirgigen und dicht bewaldeten Terrain ist es nicht leicht, Tiere zu beobachten, man muß schon viel Geduld aufbringen, um Leoparden und seltene Waldantilopen zu sehen.

SOZIALPROFIL

ESSEN & TRINKEN: Simbabwes Restaurants bieten Spezialitäten der einheimischen und internationalen Küche an. Man geht gerne essen, denn die Preise in den Restaurants sind relativ günstig. Fleischgerichte sind besonders zu empfehlen. Ein traditionelles Gericht ist *Sadza* (ein dicker Maismehlbrei) mit Fleisch und/oder Soße und einem Dip. Tischbedienung ist üblich.
Getränke: In Simbabwe trinkt man helles Bier ebenso gern wie dunkles. In den Hotels sind auch importierte Weine, Liköre und Spirituosen erhältlich. Zu besonderen Anlässen braut man – meist in großen Mengen – das traditionelle Maisbier *Whawha*. Bars gibt es fast nur in Hotels, diese sind rund um die Uhr geöffnet. Ausschank ist sonst zwischen 10.30-15.00 und 16.30-23.00 Uhr.
NACHTLEBEN: Die größeren Städte haben Nachtklubs, Kinos und Theater, in kleineren Ortschaften bieten Restaurants und Diskotheken oft die einzige Abendunterhaltung. In den Hauptferiengebieten gibt es drei Kasinos.
EINKAUFSTIPS: 15-18% Verkaufssteuer werden auf alle Einkäufe aufgeschlagen, ausgenommen sind Artikel, die exportiert werden. Kupferwaren, Schnitzereien aus Holz und Speckstein, Lederwaren, Keramik und Korbwaren sind die schönsten Mitbringsel. **Öffnungszeiten der Geschäfte:** Mo-Fr 08.00-17.00 Uhr, Sa 08.00-13.00 Uhr.
SPORT: **Fußball** und **Kricket** sind die Publikumsrenner in Simbabwe. **Tennis**, **Squash**, **Reiten**, **Rugby** und **Hockey** sind ebenfalls sehr beliebt. Spezielle Klubs bieten **Drachenfliegen**, **Wasserskilaufen**, **Windsurfen** und **Fallschirmspringen**.
VERANSTALTUNGSKALENDER
April - Mai '96 *Handelsmesse*, Bulawayo. **Anfang Aug.** *Internationale Buchmesse*. **Febr. '97** *Reisemesse*.
SITTEN & GEBRÄUCHE: In den Städten macht sich der britische Einfluß stark bemerkbar, in ländlichen Gegenden haben sich dagegen die alten Traditionen und traditionelle Handwerke erhalten. Zur Begrüßung gibt man sich die Hand. Bei Einladungen in Privathaushalte hält man sich an die allgemein üblichen Höflichkeits- und Umgangsformen. Gegeneinladungen werden gerne angenommen. Kleine Gastgeschenke sind nicht unüblich. Freizeitkleidung ist tagsüber angemessen, bei Geschäftsbesuchen trägt man Anzug und Krawatte bzw. Kostüm. In besseren Restaurants und Hotelbars ist ebenfalls elegantere Kleidung angebracht. In öffentlichen Verkehrsmitteln und einigen öffentlichen Gebäuden ist Rauchen verboten. **Trinkgeld:** Ein Trinkgeld von 10-15% ist üblich.

WIRTSCHAFTSPROFIL

WIRTSCHAFT: Die langanhaltenden Dürreperioden haben Simbabwes Wirtschaft nicht so stark betroffen wie viele andere afrikanische Länder. Der Mangel an Devisen behinderte jedoch die Einfuhr von Gütern, die für den Ausbau der Industrie nötig wären. Tabak, Zucker, Kaffee, Baumwolle, Tee und Erdnüsse sind die Hauptexportgüter. Im Rahmen des Dritten Lomé-Abkommens liefert Simbabwe Rindfleisch bester Qualität an die EU-Länder. Das Abkommen regelt den Handel zwischen der EU und den Ländern Afrikas, der Karibik und der Pazifikregion, die sich in der ACP zusammengeschlossen haben. Die Bergbauindustrie ist für die Wirtschaft des Landes ebenfalls von großer Bedeutung. Chrom, Kupfer, Wolfram und Asbest werden exportiert. Steinkohle ist eine der Hauptenergiequellen Simbabwes. Die metallverarbeitende Industrie liefert u. a. Eisenlegierungen und Feingold für den Export. Die herstellende Industrie ist relativ gut entwickelt. Sie hat indirekt von dem Handelsembargo profitiert, das gegen das damalige Rhodesien nach der einseitigen Unabhängigkeitserklärung in den sechziger Jahren verhängt wurde. Damals wurden Maßnahmen zur Förderung der einheimischen Industrie getroffen, die sich heute bezahlt machen. Die Regierung setzt auf diesen Wirtschaftszweig große Hoffnungen und sieht in ihm einen der Garanten für ein kontinuierliches Wirtschaftswachstum. In diesem Sektor eröffnen sich Möglichkeiten für europäische Exporteure, da viele der verwendeten Maschinen und Geräte überaltert und erneuerungsbedürftig sind. Simbabwe ist immer noch in gewisser Hinsicht wirtschaftlich von Südafrika abhängig. Dies betrifft nicht nur den Import von Fertigwaren, sondern auch den Warenexport auf dem Seeweg, da Simbabwe ein Binnenland ist und keinen eigenen Seehafen hat. Außer aus Südafrika bezieht Simbabwe seine Importe hauptsächlich aus Großbritannien. Die Briten sind ihrerseits Hauptabnehmer simbabwischer Güter, andere wichtige Handelspartner sind Deutschland, Japan, Botswana und die USA. Nach einer drei Jahre währenden Debatte sollen jetzt eine Landreform sowie eine Liberalisierung des Handels eingeführt werden.

GESCHÄFTSVERKEHR: Anzug und Krawatte bzw. Kostüm sind angebracht. Bei geschäftlichen Treffen geht es im allgemeinen nicht so formell zu wie in Europa. **Geschäftszeiten:** Mo-Fr 08.00-16.30 Uhr.
Kontaktadressen: *The Commercial Counsellor at the Austrian Embassy* (Außenhandelsstelle der Wirtschaftskammer Österreichs), PO Box 1850, Harare. Tel: (14) 75 24 14, 75 16 85, 75 02 83. Telefax: (14) 75 14 38.
Zimbabwe National Chambers of Commerce (Handelskammer), PO Box 1934, Harare. Tel: (14) 75 34 44. Telefax: (14) 75 34 50.
Industrial Development Corporation of Zimbabwe Ltd (Organisation für Industrielle Entwicklung), PO Box CY 1431, Causeway, Harare. Tel: (14) 70 69 71. Telefax: (14) 79 60 28.

KLIMA

Obwohl Simbabwe in den Tropen liegt, ist das Klima durch die Höhen- und Binnenlage des Landes gemäßigt. Die heiße Trockenzeit dauert von September bis Oktober, die Regenzeit von November bis März. Die beste Reisezeit ist von April bis Mai und von August bis September.
Kleidung: Leichte atmungsaktive Baumwoll- und Leinensachen. Regenschutz nicht vergessen.

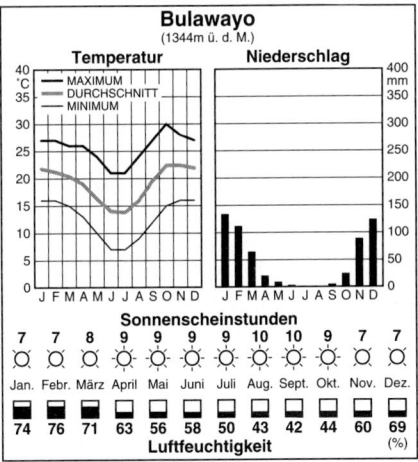

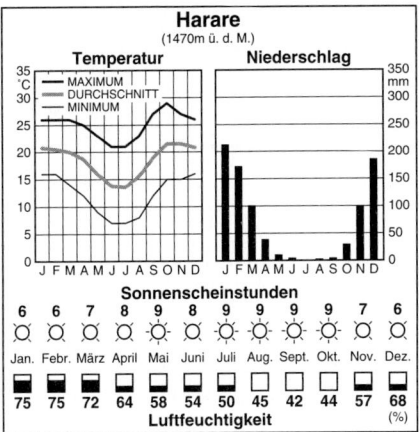

Singapur

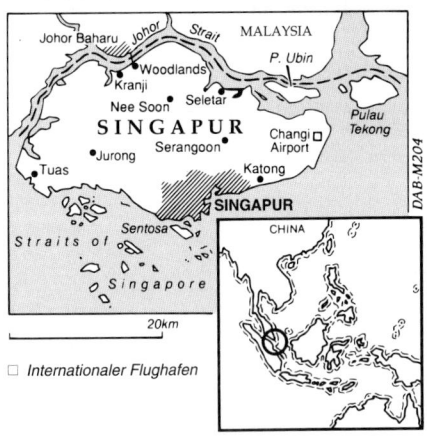

☐ *Internationaler Flughafen*

Lage: Südostasien.

Singapore Tourist Promotion Board
Hochstraße 35-37
D-60313 Frankfurt/M.
Tel: (069) 92 07 70-0. Telefax: (069) 297 89 22.
Mo-Fr 08.30-17.00 Uhr.
(auch zuständig für Österreich)
Singapore Tourist Promotion Board
Löwenstraße 51
CH-8001 Zürich
Tel: (01) 211 74 74. Telefax: (01) 211 74 22.
Mo-Fr 09.00-12.00 und 13.00-17.00 Uhr.
Singapore Tourist Promotion Board
Tourism Court
1 Orchard Spring Lane
Singapur 247729
Tel: 736 66 22. Telefax: 736 94 23.
Botschaft der Republik Singapur
Südstraße 133
D-53175 Bonn
Tel: (0228) 95 10 30, *Konsularabt.*: 951 03 17. Telefax: (0228) 31 05 27.
Mo-Fr 09.00-13.00 und 13.30-17.00 Uhr (Visabeantragung nach Vereinbarung).
(auch zuständig für Österreich)
Honorarkonsulat der Republik Singapur
Am Stadtpark 9
A-1030 Wien
Tel: (0222) 717 07 12 50. Telefax: (0222) 717 07 16 56.
Mo-Fr 09.00-12.00 Uhr.
(Visumerteilung im Einvernehmen mit Bonn)
Botschaft der Republik Singapur
12 Square de l'Avenue Foch
F-75116 Paris
Tel: (1) 45 00 33 61. Telefax: (1) 45 00 61 79.
Mo-Fr 09.00-13.00 und 14.00-17.00 Uhr.
(auch zuständig für die Schweiz)
Konsulat der Republik Singapur
ICC Building
20 Route de Pre-Bois
CH-1215 Genf 15
Tel: (022) 929 66 55. Telefax: (022) 929 66 59.
Mo-Fr 08.30-13.00 und 14.00-17.00 Uhr.
Botschaft der Bundesrepublik Deutschland
545 Orchard Road
1401 Far East Shopping Centre
Singapur 238882
Tel: 737 13 55. Telefax: 737 26 53.
Botschaft der Republik Österreich
Shaw Centre
1 Scotts Road 24-05/06

TIMATIC INFO-CODES

Abrufbar über Ihr CRS-System (für START/Amadeus Amaske benutzen). Für Galileo bitte TI-DFT eingeben (mit Bindestrich).

Flughafengebühren	TI DFT/ SIN /TX
Währung	TI DFT/ SIN /CY
Zollbestimmungen	TI DFT/ SIN /CS
Gesundheit	TI DFT/ SIN /HE
Reisepassbestimmungen	TI DFT/ SIN /PA
Visabestimmungen	TI DFT/ SIN /VI

Singapur 0922
PO Box 238
Singapur 9124
Tel: 235 40 88/89. Telefax: 737 12 02.
Botschaft der Schweizerischen Eidgenossenschaft
1 Swiss Club Link
Singapur 1128
Tel: 468 57 88. Telefax: 466 82 45.

FLÄCHE: 641 qkm.
BEVÖLKERUNGSZAHL: 2.790.000 (1993).
BEVÖLKERUNGSDICHTE: 4353 pro qkm.
HAUPTSTADT: Singapur. **Einwohner:** 2.818.200 (1992).
GEOGRAPHIE: Der Inselstaat Singapur liegt vor der Südspitze der malaiischen Halbinsel und wird durch zwei befahrbare Dämme (Straße und Eisenbahn) mit ihr verbunden. In den Dämmen verlaufen mehrere Rohre, die die Wasserversorgung des Landes sicherstellen. Die Insel wird durch die ca. 1 km breite Straße von Johor vom Festland getrennt, weitere 57 Inselchen gehören ebenfalls zum Hoheitsgebiet. Der Inselstaat ist überwiegend flach, der 166 m hohe Bukit Timah ist die höchste Erhebung. Im Nordosten der Insel wurden große Gebiete dem Meer abgewonnen, der Urwald und die Sümpfe in den Tiefebenen sind größtenteils gerodet bzw. trockengelegt worden.
STAATSFORM: Parlamentarische Republik seit 1959. Staatsoberhaupt: Präsident Ong Teng Cheong, seit Sept. 1993. Regierungschef: Goh Chok Tong, seit Sept. 1990. Einkammerparlament mit 81 Abgeordneten. Allgemeines Wahlrecht. Der Präsident hat Exekutivvollmachten und wird alle vier Jahre vom Parlament gewählt. Letzte Verfassungsänderung von 1991.
SPRACHE: Amts-, Geschäfts- und Verwaltungssprache ist Englisch. Malaiisch ist Nationalsprache, daneben werden Chinesisch (Mandarin und einige Dialekte, u. a. Hokkien) und Tamil gesprochen.
RELIGION: Buddhismus, Christentum, Hinduismus, Islam, Sikhreligion und Taoismus.
ORTSZEIT: MEZ + 7 (im Sommer MEZ + 6).
NETZSPANNUNG: 220/240 V, 50 Hz; Adapter empfohlen.
POST- UND FERNMELDEWESEN: Telefon: Selbstwählferndienst. Landesvorwahl: 65. **Telefax:** In zahlreichen Hotels und den Telecom-Stellen in Robinson Road und Exeter Road stehen Telefaxgeräte zur Verfügung.
Telex/Telegramme: Telegramme können in Postämtern, Hotels, im *Central Telegraph Office* (35 Robinson Road) und im *Comcentre* in der Nähe von Orchard Road (rund um die Uhr geöffnet) aufgegeben werden. Telexe kann man in einigen Hotels, öffentlichen Telexstellen und an den Telecomschaltern aufgeben. Eingehende internationale Telexe werden nur angenommen, wenn diese sich auf zuvor in Singapur abgeschickte Telexe beziehen und der Empfänger anwesend ist. **Post:** Luftpost nach Europa ist ca. eine Woche unterwegs. In einigen Hotels gibt es kleinere Postämter. Öffnungszeiten der Postämter: Mo-Fr 09.00-17.00 Uhr, Mi bis 21.00 Uhr. Die Postschalter am Flughafen und in Orchard Point sind täglich 08.00-20.00 Uhr geöffnet.
DEUTSCHE WELLE
Der Einsatz der Kurzwellenfrequenzen ändert sich mehrfach im Laufe eines Jahres, und Sendungen auf den folgenden Frequenzen werden jeweils nur zu bestimmten Tageszeiten ausgestrahlt. Näheres in der Einleitung.

MHz	21,640	17,845	9,680	9,655	9,525
Meterband	13	16	31	31	31

REISEPASS/VISUM

Wichtiger Hinweis: Die Einreisebestimmungen mancher Länder können sich kurzfristig ändern – rufen Sie sicherheitshalber auf Ihrem CRS-System (TIMATIC-Info-Code-Fenster in diesem Kapitel) den aktuellen Stand ab bzw. wenden Sie sich an die zuständige diplomatische Vertretung. Etwaige Zahlen in der Tabelle beziehen sich auf nachfolgende Fußnoten.

	Paß erforderlich?	Visum erforderlich?	Rückflugticket erforderlich?
Deutschland	Ja	Nein	Ja
Österreich	Ja	Nein	Ja
Schweiz	Ja	Nein	Ja
Andere EU-Länder	Ja	Nein	Ja

Anmerkung: (a) Schwangere Frauen (ab 6. Monat) müssen vor der Abreise einen sogenannten *Social Visit Pass* beantragen. Einzelheiten von der Botschaft (Adressen s. o.). (b) Einfuhrverbot für Narkotika. **Auf Drogenbesitz steht die Todesstrafe.**
REISEPASS: Allgemein erforderlich zur Einreise. Der Reisepaß muß mindestens noch 6 Monate über das Einreisedatum hinaus gültig sein.
VISUM: Genereller Visumzwang für Staatsangehörige der folgenden Länder:
(a) Afghanistan, Algerien, China (VR), GUS-Staaten, Indien, Irak, Jemen, Jordanien, Kambodscha, Laos, Libanon, Libyen, Syrien, Tunesien und Vietnam;
(b) Flüchtlinge aus dem Nahen Osten und Palästina, Inhaber eines *Document of Identity* von Hongkong und Personen mit arabischen Reisedokumenten. Inhaber eines *Certificate of Identity* von Hongkong, in dem eingetragen ist, daß sie zur Wiedereinreise nach Hongkong

berechtigt sind, brauchen jedoch für einen Aufenthalt, der 2 Wochen nicht überschreitet, kein Visum. Staatsangehörige aller anderen Länder erhalten bei der Ankunft einen *Visit Pass* (Stempel im Reisepaß) mit 14 Tagen Gültigkeit. Verlängerungsmöglichkeit besteht, Anträge sind an das *Immigration Department* zu richten. Wer beabsichtigt, sich länger als 3 Monate im Land aufzuhalten, muß einen *Social Visit Pass* beantragen.
Visaarten: *Visum, (Tourist-) Visit Pass, Professional Visit Pass* für Geschäftsreisende und *Transitvisum*. Wer ein bestätigtes Weiterflugticket vorlegen kann und innerhalb von 14 Tagen das Land verläßt, benötigt kein Visum. Staatsbürger der unter *Visum* genannten Länder sind hiervon ausgenommen.
Anmerkung: Wer einen gültigen Reisepaß eines GUS-Staates oder der VR China vorlegt und ein festgebuchtes Rück-/Weiterflugticket hat, kann sich ohne Visum bis zu 36 bzw. 48 Std. in Singapur aufhalten.
Visagebühren: 15 DM, 100 öS, 12 sfr (Visum), der *Visit Pass* ist gebührenfrei.
Gültigkeitsdauer: *Visit Pass:* 14 Tage, Verlängerung bis zu 3 Monaten möglich. *Professional Visit Pass:* bis zu 6 Monate. *Visum:* Erkundigen Sie sich bei der Botschaft.
Antragstellung: Konsulat bzw. Konsularabteilung der Botschaft (Adressen s. o.).
Unterlagen: *Professional Visit Pass:* (a) Gültiger Reisepaß (zweifache Fotokopie ausreichend). (b) 2 Paßfotos. (c) Einführungsschreiben der eigenen und der Sponsorfirma (jeweils in zweifacher Ausfertigung). (d) Liste der Vorlesungen/geplanten Reden.
Visum: (a) Gültiger Reisepaß. (b) 3 Antragsformulare. (c) 3 Paßfotos. (d) 2 Kopien eines Schreibens, aus dem der Zweck der Reise hervorgeht.
Social Visit Pass: (a) Gültiger Reisepaß. (b) Rück-/Weiterflugticket. (c) Nachweis ausreichender Geldmittel.
Bearbeitungszeit: 4-6 Wochen.
Aufenthaltsgenehmigung: Bitte wenden Sie sich an die Botschaft.

GELD

Währung: 1 Singapur-Dollar (S$) = 100 Cents. Banknoten sind im Wert von 10.000, 1000, 500, 100, 50, 20, 10, 5 und 1 S$ in Umlauf; Münzen in den Nennbeträgen 1 S$ sowie 50, 20, 10, 5 und 1 Cent.
Kreditkarten: *American Express, Diners Club, Eurocard* und *Visa* werden akzeptiert. Einzelheiten vom Aussteller der betreffenden Kreditkarte.
Reiseschecks: US-Dollar- oder DM-Reiseschecks werden empfohlen.
Wechselkurse

	S$ Sept. '92	S$ Febr. '94	S$ Jan. '95	S$ Jan. '96
1 DM	1,07	0,91	0,94	0,99
1 US$	1,59	1,59	1,46	1,42

Devisenbestimmungen: Die Ein- und Ausfuhr von Landes- und Fremdwährungen ist unbegrenzt.
Öffnungszeiten der Banken: Mo-Fr 10.00-15.00 Uhr, Sa 11.00-16.00 Uhr. Einige Banken in der Orchard Road haben So 09.30-15.00 Uhr geöffnet.

DUTY FREE

Folgende Artikel können von Personen über 18 Jahren zollfrei nach Singapur eingeführt werden:
1 l Spirituosen;
1 l Wein;
1 l Bier;
Parfüm für den persönlichen Gebrauch.
Anmerkung: Die angegebenen Mengen gelten nicht bei Einreise über Malaysia.
Ein- und Ausfuhrverbot: Rauschgift, psychotropische Substanzen, Feuerwerkskörper, Feuerzeuge in Pistolen- oder Gewehrform, Spielgeld, Raubkopien, vom Aussterben bedrohte Tiere und deren Teile oder Produkte, pornographisches Material und aufwieglerische oder verräterische Schriften.
Tiere, Pflanzen mit Erde, Waffen, Sprengstoff, kugelsichere Kleidung, Spielzeuggewehre, -pistolen und -revolver, bespielte Kassetten, Kaugummi, Zeitungen, Bücher und Zeitschriften, Filme, Videos und Video-CDs, Medikamente, Pharmazeutika, Gift, Telefone, Radios, Spielzeug-Walkietalkies und alle anderen Kommunikationsmittel dürfen nur mit vorheriger Genehmigung eingeführt werden. Für die Einfuhr von Medikamenten, die in Singapur verschreibungspflichtig sind, benötigt man ein ärztliches Attest.
Anmerkung: Der Besitz von Rauschgift wird mit der Todesstrafe geahndet.

GESETZLICHE FEIERTAGE

1. Mai '96 Tag der Arbeit. **31. Mai** Vesak-Tag. **9. Aug.** Nationalfeiertag. **10. Nov.** Diwali. **25. Dez.** Weihnachten. **1. Jan. '97** Neujahr. **Jan./Febr.*** Chinesisches Neujahr. **10. Jan.** Beginn des Ramadan. **8. Febr.** Beginn des Hari Raya Puasa. **18. April** Beginn des Hari Raya Haji. **1. Mai** Tag der Arbeit. **31. Mai** Vesak-Tag.
Anmerkung: (a) In Singapur werden nur einige islamische Festtage als öffentliche Feiertage begangen, sie beeinflussen in erster Linie den Tagesablauf moslemischer Geschäftsleute. Die angegebenen Daten für islamische Feiertage sind nach dem Mondkalender berechnet und verschieben sich daher von Jahr zu Jahr. Während des Ramadan, der dem Festtag Hari Raya Puasa (Eid al-Fitr) vorangeht, essen Mohammedaner nicht tagsüber, sondern erst nach Sonnenuntergang, wodurch der normale Geschäftsablauf gestört werden kann. Diese Unterbrechungen können auch während des Hari Raya Puasa auftreten. Dieses Fest, ebenso wie Hari Raya Haji (Eid al-Adha), kann je nach Region 2-10 Tage dauern. Weitere Informationen im Kapitel *Welt des Islam* (s. Inhaltsverzeichnis).
(b) [*] Das Datum des Chinesischen Neujahrs richtet sich nach dem Mondkalender und verschiebt sich daher von Jahr zu Jahr.

GESUNDHEIT

In der folgenden Tabelle aufgeführte Impfvorschriften können sich kurzfristig ändern. Es wird stets empfohlen, auf Ihrem CRS-System (TIMATIC-Info-Code-Fenster in diesem Kapitel) den aktuellen Stand der Gesundheitsbestimmungen abzurufen bzw. rechtzeitig vor der Reise ärztlichen Rat einzuholen.

	Vorsichtsmaßnahmen empfohlen	*Impfschein erforderlich*
Gelbfieber	Nein	1
Cholera	Ja	2
Typhus & Polio	3	-
Malaria	Nein	-
Essen & Trinken	4	-

[1]: Eine Impfbescheinigung gegen Gelbfieber wird von allen Reisenden verlangt, die über ein Jahr alt sind und sich innerhalb der vorausgehenden sechs Tage in Infektionsgebieten aufgehalten haben (auch wenn sie nur auf der Durchreise waren). Alle Länder und Regionen, die als Endemiegebiete gelten, werden von den Behörden Singapurs als Infektionsgebiete betrachtet.
[2]: Eine Impfbescheinigung gegen Cholera ist keine Einreisebedingung, das Risiko einer Infektion besteht jedoch. Da die Wirksamkeit der Schutzimpfung umstritten ist, empfiehlt es sich, rechtzeitig vor Antritt der Reise ärztlichen Rat einzuholen. Näheres unter *Gesundheit* (s. Inhaltsverzeichnis).
[3]: Typhus kommt vor, Poliomyelitis jedoch nicht.
[4]: Trinkwasser ist gechlort und kann u. U. leichte Magenverstimmungen hervorrufen. Während der ersten Urlaubstage sollte man daher abgefülltes Wasser trinken, welches überall erhältlich ist. Milch ist pasteurisiert und kann, ebenso wie Milchprodukte aus ungekochter Milch, Fleisch, Geflügel, Meeresfrüchte, Obst und Gemüse, unbesorgt verzehrt werden.
Tollwut kommt vor. Wer ein erhöhtes Risiko eingeht (z. B. längerer Aufenthalt in abgelegenen Gebieten), sollte vor Reiseantritt eine Schutzimpfung erwägen. Bei Bißwunden so schnell wie möglich ärztliche Hilfe in Anspruch nehmen. Weitere Informationen im Kapitel Gesundheit (s. Inhaltsverzeichnis).
Hepatitis A, B und *E* kommen vor.
Gesundheitsvorsorge: Das Krankenhaus in Singapur bietet einen Notdienst an, die Krankenversorgung ist ausgezeichnet. Es stehen auch Privatpraxen zur Verfügung. Der Abschluß einer Reisekrankenversicherung wird empfohlen.

REISEVERKEHR - International

FLUGZEUG: Singapurs nationale Fluggesellschaft *Singapore Airlines (SQ)* bietet Flugdienste nach Singapur von Berlin-Schönefeld (2 x wöchentlich), Frankfurt/M. (tgl., fast immer nonstop), Wien (2 x wöchentlich über Athen) und Zürich (tgl.). Außerdem tägliche Direktverbindung von Zürich mit *Swissair* über Bangkok sowie Nonstopflüge mehrmals die Woche mit *Lufthansa* von Frankfurt.
Durchschnittliche Flugzeiten: *Berlin* – Singapur: 15 Std. (einschl. Stopp in Zürich); *Frankfurt* – Singapur: 11 Std. 50; *Wien* – Singapur: 14 Std. 30; *Zürich* – Singapur: 12 Std. (nonstop).
Internationaler Flughafen: *Changi (SIN)* liegt ca. 20 km östlich der Stadt (Fahrzeit 25 Min.). Am Flughafen gibt es Banken und Wechselstuben (24 Std. geöffnet), zwei Postämter, Duty-free-Shops, Mietwagenschalter, Hotel-Reservierungsschalter, Bars und Restaurants. Busse fahren alle 10 Minuten zur Stadt (07.00-23.30 Uhr), sind aber weder für ältere Personen noch für Reisende mit schwerem Gepäck zu empfehlen. Taxis haben Taxameter und berechnen einen Zuschlag von 3 S$ für Fahrten vom Flughafen zur Stadt und von 50% zwischen 24.00-06.00 Uhr.
Flughafengebühren: 15 S$. Transitreisende und Kinder unter 2 Jahren sind hiervon befreit.
SCHIFF: Singapur ist eine der geschäftigsten Hafenstädte der Welt.
BAHN: Internationale Verbindungen nach Kuala Lumpur, Butterworth (Malaysia) und Bangkok (Thailand). Züge zwischen Singapur und Kuala Lumpur verkehren fünfmal täglich, einige sind klimatisiert und haben Speisewagen. Nachtzüge führen Schlafwagen.
BUS/PKW: Zwei Dämme führen durch die Straße von Johor und verbinden Singapur mit der Halbinsel von Malaysia und Asien. Stadt- und Reisebusse fahren nach Johor Bahru (Malaysia) und zu anderen Orten.

REISEVERKEHR - National

FLUGZEUG: Der *Republic of Singapore Flying Club* bietet Rundflüge an.
SCHIFF: Eine Fähre fährt täglich ab 07.30 Uhr alle 15 Minuten vom World Trade Centre nach Sentosa. Für Hafenrundfahrten und Ausflüge zu den Inseln stehen auch Dschunken zur Verfügung.
BUS/PKW: Zwei örtliche Busunternehmen sind für den öffentlichen Nahverkehr zuständig. Zusätzlich werden Minibusse und während der Stoßzeiten Zubringerdienste eingesetzt. Die Verkehrsmittel sind zuverlässig und preiswert. In Bussen ohne Schaffner gelten Einheitsfahrpreise. In Buchläden erhält man eine Broschüre mit Liniennetzübersicht und Fahrplänen. **Mietwagen** kann man am Flughafen oder über Hotels erhalten.
Unterlagen: Internationaler Führerschein.
STADTVERKEHR: Die zahlreichen, verhältnismäßig preiswerten Taxis stehen meistens vor Hotels oder an besonderen Halteplätzen. Bei heftigen Regenfällen und in Stoßzeiten (07.00-10.15 und 16.00-18.00 Uhr) findet man selten ein Taxi. Alle Taxis haben Taxameter. Oft werden Zuschläge berechnet: z. B. 50% für mehr als zwei Fahrgäste (drei Kinder unter 12 Jahren gelten als zwei Erwachsene), 1 S$ pro Gepäckstück im Kofferraum, 50% für Fahrten zwischen 24.00-06.00 Uhr, 3 S$ für alle Fahrten vom Flughafen, 2 S$ für telefonische Vorbestellung, 3 S$ wenn man mehr als 30 Min. im voraus bestellt, und 1 S$ für Fahrten vom Central Business District (Mo-Fr 16.00-19.00 Uhr, Sa 12.00-15.00 Uhr). Bei Inselrundfahrten am besten im voraus einen Fahrpreis pro Stunde vereinbaren. **Metro:** Singapur hat eines der besten U-Bahnnetze der Welt (MRT). Nach Fertigstellung werden die beiden Linien 42 Stationen auf einer Gesamtstrecke von 67 km anfahren. Die Züge verkehren von 06.00 bis 24.00 Uhr alle 6 Minuten.
Central Business District: Mo-Sa 07.30-10.15 Uhr und 16.30-18.30 Uhr ist das Geschäftsviertel nur für Fahrzeuge mit mindestens vier Personen (einschl. Fahrer) zugänglich, um Staus zu vermeiden. Einen besonderen Aufkleber für die Windschutzscheibe, der von dieser Vorschrift befreit, kann man von Kiosken an den Hauptstraßen kaufen.

UNTERKUNFT

HOTELS: In Singapur stehen Unterkünfte aller Art zur Verfügung. Es gibt über 60 moderne Spitzenhotels mit Swimmingpools, Sportanlagen, mehreren Restaurants, Tagungsräumen und Geschäften. Vorausbuchung wird empfohlen. 4% Steuer und 10% Bedienungsgeld werden auf alle Rechnungen aufgeschlagen. Nähere Informationen vom Fremdenverkehrsamt (Adressen s. o.). Weitere Auskünfte erteilt auch die *Singapore Hotel Association*, 11 Mount Sophia, Block C, John Wesley Centre, Singapur 0922. Tel: 339 99 18. Telefax: 339 37 95. **Kategorien:** Die als Hotels von internationalem Standard *(International Standard)* eingestuften Hotels bieten modernste Ausstattung und höchsten Komfort (u. a. Swimmingpools und Klimaanlage).
JUGENDHERBERGEN: Es gibt zwei Jugendherbergen in Singapur: *YMCA International House* (1 Orchard Road, Singapur 0923) und *YMCA Hostel* (618 Fort Canning Road, Singapur 0617).

URLAUBSORTE & AUSFLÜGE

Singapur ist faszinierend, weltoffen und ein wahrer Schmelztiegel unterschiedlichster Einflüsse. Den Besucher erwartet eine verwirrende, überaus reizvolle Mischung verschiedener Kulturen: Chinesen, Inder, Japaner, Araber, Europäer und Malaien leben hier miteinander. Den verschiedenen Broschüren des Fremdenverkehrsamts kann man alles Wissenswerte über Land und Leute entnehmen. Nachstehend finden Sie Kurzbeschreibungen der wichtigsten Sehenswürdigkeiten, einschl. der schönen Parkanlagen, Gärten und Inseln der Umgebung.

Singapur

Die Stadt **Singapur** wurde 1819 von Sir Stamford Raffles gegründet, einem hohen Angestellten der *British East India Company*; für jede Kulturgruppe war ein eigener Stadtteil vorgesehen. Trotz einer gewissen Vermischung beeindruckt die bunte Vielfalt der verschiedenen Traditionen immer noch. Besonders *Chinatown, Arab Street, Serangoon Road* (Dreh- und Angelpunkt des indischen Viertels) und *Padang Square* (hier fühlt man sich in die Kolonialzeit zurückversetzt) haben sich ihren ursprünglichen Charakter bewahrt, bzw. sind im traditionellen Stil restauriert worden (der manchmal ein bißchen künstlich wirkt). Am besten erkundet man diese faszinierenden Viertel zu Fuß: Die traditionelle Architektur, die breite Palette der unterschiedlichen Lebensarten, Gebräuche und Speisen der einzelnen Stadtteile stehen in reizvollem Kontrast zu den ultramodernen Einkaufszentren und Geschäften von *Marine Square, Orchard Road* und *Raffles City* mit ihrem überwältigenden Angebot.
Arab Street bildet den Mittelpunkt des arabischen Viertels der Stadt. *Baghdad Street* und *Bussorah Street* bieten hervorragende Einkaufsmöglichkeiten. Die goldene

Versteckt im Herzen Chinatowns befindet sich das erste Boutique Hotel des Inselstaates, ein Komplex aus mehreren umgebauten Geschäftshäusern – das Inn of the Sixth Happiness.

Hier gibt es Rosenholz und Jade, Peranakan Porzellan und kunstvoll bestickte Seide. Unvergeßlich sind auch die Betten – das Schwarzholz-Opium-Bett in der Heritage Suite und das rote Honeymoon-Bett in der Hochzeitssuite, mit individuellem Zimmerservice. Eine Reise in die Vergangenheit.

Das Ambiente fast aller 44 Zimmer erinnert an China um die Jahrhundertwende. Die Zimmer sind mit traditionellem chinesischen Teegeschirr und allem modernen Komfort ausgestattet. Das Hotel ist jedoch nicht in seiner Entwicklung stehengeblieben: es stehen Ihnen Fax-Maschinen, Büro-Dienste, ein Konferenzraum und, nicht zu vergessen, die Dienste eines einheimischen Handlesers zur Verfügung.

Für Antiquitätenliebhaber, anspruchsvolle Reisende und diejenigen, die Hotels mit einer besonderen Note bevorzugen – das Inn of the Sixth Happiness versetzt Sie in den »Siebten Himmel«.

Kommen und erleben Sie es selbst.

Inn of the Sixth Happiness
Oriental Boutique Hotel
No. 9 - 37, Erskine Road, Singapore 069 333, Tel.: (65) 223 32 66, Fax.: (65) 223 7951

Kuppel der *Sultan-Moschee* ist das Wahrzeichen des Viertels, in der Nähe liegen zwei alte Friedhöfe der islamischen Bevölkerungsgruppe.

Das geschäftige und farbenprächtige *Chinatown* bietet eine Riesenauswahl an Geschäften und Restaurants. Hier kann man bei einem Stadtbummel auch den *Fuk-Tak-Ch'i-Tempel* in der Telok Ayer Street und den *Temple of the Calm Sea* besichtigen. Uralte Künste wie Kalligraphie, Papierherstellung und Wahrsagen werden gepflegt und spielen immer noch eine große Rolle. Traditionell hergestellte Artikel und einheimische Gerichte werden zum Kauf angeboten.

Die indische Bevölkerungsgruppe lebt hauptsächlich in der Umgebung der *Serangoon Road.* Zahlreiche Geschäfte und Restaurants bestimmen auch hier das Straßenbild. Auf dem Programm sollte auch ein Besuch des *Sri-Veeramakalimman-Tempels* und der *Mahatma-Gandhi-Gedenkhalle* (Race Course Lane) stehen. Schöne Spaziergänge kann man im *Farrer-Park* machen.

Kein Besuch wäre ohne einen Abstecher zum weltberühmten *Raffles-Hotel* vollständig, dessen Writer's Bar so manchen Schriftsteller inspiriert hat. »Singapore Slings« in der Long Bar sind beinahe ein Muß. Ein Denkmal von Sir Stamford Raffles, dem Gründer Singapurs, wurde am Ufer des Singapur-Flusses genau an der Stelle errichtet, wo er angeblich zum ersten Mal das Land betrat. Das nahegelegene *Parliament House* (1820 erbaut) ist das älteste Regierungsgebäude des Landes. In der Hill Street, nicht weit vom Raffles-Hotel, steht die schöne *Armenische Kirche*. Die Kultur eines Landes offenbart sich nicht zuletzt in ihren religiösen Bauwerken, und die kulturelle Vielfalt Singapurs läßt sich bei einem Rundgang durch die Innenstadt auch an den zahlreichen buddhistischen Tempeln, islamischen Moscheen, Kathedralen und Hindu-Tempeln ablesen, die zum einzigartigen Flair der Stadt beitragen. *St. Andrew's Cathedral*, die *Cathedral of the Good Shepherd*, die *Al-Abrar-Moschee*, die *Kong-Meng-Sang-Phor-Kark-See-Tempelanlage*, der *Chettiar-Hindu-* und der *Sri-Mariamman-Tempel* sind nur einige Beispiele hierfür. Der *Singapore Official Guide* ist ein sehr nützliches Taschenbuch, das ausführliche Informationen über diese und andere sehenswerte Gebets- und Gotteshäuser enthält.

Das *Singapore Science Centre* in Jurong ist sehr interessant, einige der zahlreichen Ausstellungsstücke kann man auch anfassen. Die *Aviation-Gallery* dokumentiert die faszinierende Geschichte der Luftfahrt. Die große Leinwand des Kinos *Omnitheatre* erinnert an ein Planetarium. Öffnungszeiten: Di-So 10.00-18.00 Uhr.

Das *New Ming Village* in der Pandan Road begeistert Liebhaber chinesischen Porzellans. Die Töpfer stellen Imitationen uralter Meisterwerke der Ming- und Qing-Dynastien her, die man kaum von den Originalen unterscheiden kann. Allerdings sind die hier angebotenen Stücke wesentlich erschwinglicher. Öffnungszeiten: tgl. 09.00-17.30 Uhr.

Ein Besuch des *National Museum & Art Gallery* (Landesmuseum und Kunstgalerie) und der *Singapore Mint Coin Gallery* lohnt sich auf jeden Fall, bei einem Spaziergang im *Merlion Park* kann man sich dann entspannen und von so viel Kultur erholen. Die *Thong Chai Medical Institution* und das *Singapore Crocodilarium* (Fütterung um 11.00 Uhr, Krokodil-Ringen 13.15 und 16.15 Uhr) bieten weitere interessante Abwechslung. Ein Tip für Vogel- und Gesangsfreunde, jeden Sonntag um 08.00 Uhr findet an der Ecke Tiong Bahru Road/Seng Poh Road ein *Vogelsing-Wettbewerb* statt.

Parks und Gärten

Im Westen der Stadt liegt der **Botanische Garten** mit Gartenanlagen und noch ursprünglichem Urwald. Diese 32 ha große Anlage ist die Heimat zahlreicher Tier- und Pflanzenarten. Der Garten öffnet seine Pforten Mo-Fr von 05.00-23.00 Uhr, an Wochenenden und Feiertagen bis Mitternacht. Der Eintritt ist kostenlos.

Im **Bukit-Timah-Naturschutzgebiet**, nordwestlich des Botanischen Gartens an der Bukit Timah Road, führen markierte Wanderwege durch üppige tropische Vegetation zu den höchsten Punkten der Insel. Auch hier ist der Eintritt kostenlos.

An der Fort Canning Rise erstreckt sich der 3 ha große **Fort Canning Park**, eine alte Festung der malaiischen Herrscher. Auf diesem Gelände kann man die Ruinen der Festung erkunden und den christlichen Friedhof (19. Jh.) besichtigen.

Die **Haw Par Villa – Dragon World** an der Pasir Panjang Road ist eine Huldigung an die chinesische Mythologie. Zahlreiche steinerne Statuen sind Zeugnisse von uralter Religion und Aberglauben, die auch in einer Multi-Media-Show lebendig werden. Die Anlage ist täglich von 09.00-18.00 Uhr geöffnet.

Westlich des Stadtzentrums liegen die **Chinesischen und Japanischen Gärten**, die durch eine 60 m lange, reich verzierte Brücke verbunden werden. Tausende verschiedenster Bäume, Sträucher und Blumen sind ein lebendes Beispiel für die Kunstfertigkeit und das Können orientalischer Gärtner. Öffnungszeiten der Gärten: Mo-Sa 09.00-19.00 Uhr, sonn- und feiertags 08.30-19.00 Uhr. Ein geringes Eintrittsgeld muß gezahlt werden.

In dem auf einem Hügel gelegenen **Mandai Orchid Garden**, in der Nähe des Zoos, werden Orchideen gezüchtet. Diese exotischen Blumen und den wunderschönen Wassergarten kann man täglich zwischen 09.00-17.30 Uhr bewundern. Ein geringes Eintrittsgeld wird verlangt.

Der **Jurong Bird Park** am Jurong Hill (in der Nähe der Chinesischen und Japanischen Gärten) dehnt sich auf einer Fläche von 20 ha aus und ist die Heimat einer unvergleichlichen Vielzahl südostasiatischer Vogelarten. Im größten Vogelhaus der Welt kann man Vögel im freien Flug bewundern, in einem weiteren sind verschiedene Nachtvögel untergebracht. Mehrere aufsehenerregende Vogelschauen werden gezeigt. Der Park ist täglich von 09.00-18.00 Uhr geöffnet.

Im **Zoo** im Norden der Stadt werden die Tiere überwiegend in Freigehegen gehalten. Über 170 Tierarten, von denen einige sehr selten oder vom Aussterben bedroht sind, kann man hier sehen, z. B. Orang-Utans (mit

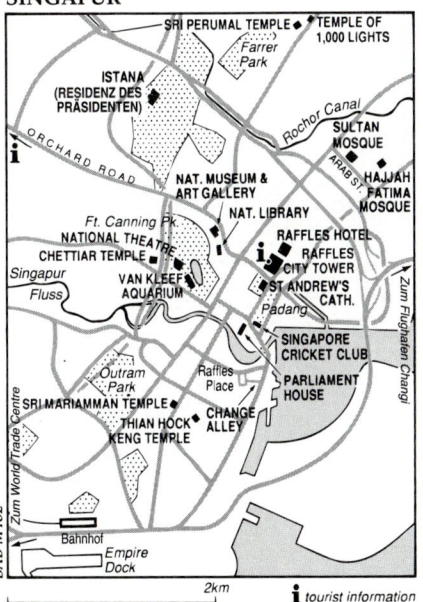

denen man auf Wunsch auch frühstücken kann), Sumatra-Tiger, Komodowarane und Panther. Die Badezeit (09.30 Uhr) und die Fütterung der Elefanten (10.30, 11.30, 14.30 und 15.30 Uhr) gehören zu den täglichen Attraktionen. Der Zoo ist von 08.30-18.00 Uhr geöffnet. Neuerdings gibt es von 19.00-24.00 Uhr eine Nacht-Safari.

Die Inseln

Mehrere Millionen Dollar wurden für die Erschließung der größten und bekanntesten Insel in Küstennähe, **Sentosa**, bereitgestellt. Die Urlaubsinsel bietet eine breite Palette von Freizeitmöglichkeiten und Attraktionen: im *Butterfly-Park* gibt es über 50 verschiedene (lebendige) Schmetterlingsarten, im *Maritime Museum* erhält man einen Einblick in die Geschichte der Hafenstadt Singapur. Das *Rare Stone Museum* und das *Garden Plaza* sollte man sich ebenfalls nicht entgehen lassen. Im *Rasa Sentosa Food Centre*, dem *New Food Centre* und dem *Pasar Malam Night Bazaar* kann man dem geschäftigen Treiben zusehen.
Die Strände von Sentosa sind gut. Hier können alle nur erdenklichen Wassersportarten ausgeübt werden.
Verkehrsverbindung: Eine Fähre pendelt regelmäßig zwischen Sentosa und Singapur (alle 15 Min., 07.30-22.45 Uhr), außerdem gibt es eine Drahtseilbahn (täglich 10.00-19.30 Uhr, sonn- und feiertags 09.00-19.30 Uhr). Außerdem gibt es jetzt auch eine Busverbindung zum Stadtzentrum über eine Verbindungsbrücke. Der Besuch der Insel kostet eine Kleinigkeit, eine Sammelkarte ermöglicht den Zugang zur Insel und den Eintritt zu einigen der Sehenswürdigkeiten.
St. John's Island ist eine große und hügelige Insel, auf der es mehrere ausgezeichnete Strände gibt. Zahlreiche Bäume spenden Schatten, und ausgezeichnete Wanderwege laden zu ausgedehnten Spaziergängen ein.
Verkehrsverbindung: Mit der Fähre vom World Trade Centre in Singapur braucht man ca. eine Stunde.
Die **Kusu-Insel** hat zwei besonders interessante Sehenswürdigkeiten: das *Keramat* (ein Moslem-Schrein) und den chinesischen Tua-Pekong-Tempel.
Verkehrsverbindung: Fahrzeit mit der Fähre vom World Trade Centre (Singapur) ca. 30 Min.
Pulau Hantu, Pulau Sekeng und die **Sisters-Inseln** (die beiden letzteren gehören zu den Southern-Inseln) sind ideal zum Angeln, Tauchen und Schwimmen.
Verkehrsverbindung: Keine regelmäßige Fährverbindung, man kann jedoch Boote mieten. Weitere Informationen vor Ort.
Malaysia: Die Ostküste Malaysias ist ein beliebtes Urlaubsgebiet, dies gilt besonders für Desaru. Weitere Einzelheiten im Kapitel *Malaysia*.

SOZIALPROFIL

ESSEN & TRINKEN: Singapur ist ein Feinschmecker-Paradies: Vom einfachen Straßenkiosk bis zum exklusiven Luxusrestaurant wird alles geboten. Über 30 verschiedene kulinarische Kulturen sind hier vertreten, darunter alle Variationen der chinesischen Küche. Indische, malaiische, indonesische, japanische, koreanische, italienische, schweizer, amerikanische, russische, französische und englische Gerichte stehen ebenfalls auf der Speisekarte. In der beliebten malaiischen Küche verwendet man Kokosmilch und zahlreiche Gewürze. *Satay* (Bambusstäbchen mit mariniertem Huhn, Rind, Schwein oder Lamm, über Holzkohle gegrillt) wird mit Erdnuß-Soße, Gurken, Zwiebeln und Reis serviert. Die indonesischen Gerichte sind meist recht scharf gewürzt. *Beef Rendang* (Rindfleisch mit Kokosmilch und Curry) und *Chicken Sambal* sind sehr pikant. Eher süßlich ist *Gado Gado* (Gemüsesalat mit Erdnuß-Soße). In Singapur ißt man häufig unter freiem Himmel, und die über 8000 Eßstände machen die Auswahl nicht leicht. Einige sind ruhig gelegen, andere stehen in lärmenden Straßen; die Auswahl leckerer und preiswerter Gerichte ist schier endlos. Im Newton Circus und in der Rasa Singapura kann man jedes nur erdenkliche asiatische Gericht probieren. Hygienische Standards an den Essensständen werden strikt kontrolliert, das Essen ist völlig unbedenklich. Es gibt zwar einige Cafeterias, aber i. allg. ist Tischbedienung üblich. **Getränke:** In den Bars und Cocktail-Bars gibt es Tisch- und Tresenbedienung. Schankzeiten sind nicht gesetzlich festgelegt. Während der »Happy Hour« (17.00-19.00 Uhr) werden Getränke preiswerter angeboten.
NACHTLEBEN: Kulturelle Veranstaltungen, Straßenopern und -theater, Theateraufführungen sowie zahlreiche Kinos bieten preiswerte und abwechslungsreiche Abendunterhaltung. Zahlreiche Hotel- und Cocktailbars sind bis in die frühen Morgenstunden geöffnet. Internationale Künstler treten in Nachtklubs auf, die meist auch gute Küche anbieten.
EINKAUFSTIPS: Die Vielfalt und Qualität der angebotenen Waren machen Singapur zum Einkaufsparadies. Beliebte Mitbringsel sind chinesische, indische, malaiische, balinesische und Filipino-Antiquitäten, Batiken, Fotoausrüstungen, chinesische, indische und Perser-Teppiche, importierte und maßgeschneiderte Kleidung, Schmuck, Seidenstoffe, Parfüm, Silberwaren und Perücken. Fast alle Geschäfte in Chinatown befinden sich jetzt in mehrstöckigen klimatisierten Einkaufszentren, wodurch die ursprüngliche Atmosphäre allerdings verlorengegangen ist. Orchard Road ist die Hauptgeschäfts- und Einkaufsstraße der Stadt, zahlreiche Hotelkomplexe wie Marina Square haben eigene Einkaufszentren. Elektrische Geräte aller Art werden in der Sungei Road angeboten, Vorsicht vor den ausgezeichneten Fälschungen ist jedoch geboten. Die Broschüre *Singapore Shopping* des Fremdenverkehrsamts enthält weitere Informationen. **Öffnungszeiten der Geschäfte:** Mo-Sa 09.30-19.00 Uhr, z. T. auch länger. Vor allem in Touristengebieten öffnen viele Geschäfte auch sonntags.
SPORT: Zahlreiche Sportvereine und Klubs stehen auch Feriengästen offen. **Badminton** ist schon fast Nationalsport und wird das ganze Jahr über gespielt. **Kricket** ist ebenfalls beliebt, der *Singapore Cricket Club* ist einer der ältesten Sportvereine der Welt. Auf seinem Gelände werden auch Fußball, Tennis, Hockey, Bowls und Rugby gespielt. Im *Singapore Island Country Golf Club* (bis 21.00 Uhr geöffnet), im *Keppel-Club* und auf der Sentosa-Insel gibt es **Golfplätze. Pferderennen** werden vom *Singapore Turf Club* veranstaltet. **Polospiele** finden regelmäßig im *Singapore Polo Club* statt. **Angeln** ist ganzjährig möglich. Preiswerte Boote und Ausrüstungen kann man an den Jardine Steps im Changi Park mieten. Die Insel Sentosa bietet hervorragende Möglichkeiten zum **Kanufahren** und **Surfen.** Auch am East Coast Park gibt es gute Surfmöglichkeiten. Die Einheimischen fahren oft zur malaysischen Ostküste, um dort **Wassersport** zu treiben. Weitere Informationen im Kapitel *Malaysia*.
VERANSTALTUNGSKALENDER
26. Mai - 26. Juni '96 *Kunstfestival.* **22./23. Juni** *Dragon Boat Festival*, Siloso Beach, Sentosa. **1. - 31. Juli** *Singapore Food Festival.* **Juli - Aug.** Das *Festival der Hungrigen Geister* geht auf den Glauben zurück, daß die Geister der Toten während des achten Mondmonats auf Erden wandeln. Es werden orginell-bunte Straßenfeste gefeiert (z. B. werden *Wayangs* – chinesische Opern – aufgeführt), die ein Jahr des Wohlstands und Erfolgs garantieren sollen. **Sept.** *Mondkuchen-Festival*, ein traditionelles chinesisches Fest mit Laternenzügen, auf denen süße Mondkuchen gegessen werden. Chinesen sollen während der Herrschaft der Mongolen geheime Nachrichten in solchen Küchlein versteckt haben. **Okt.** *Navarathivi*, klassische Tänze zu indischer Musik. **Nov.** *Thimithi:* Hindu-Asketen laufen am Sri-Mariamman-Tempel in der South Bridge Road über glühende Kohlen. **10. Nov.** *Diwali*, das Fest der Lichter wird mit der Erleuchtung der Serangoon Road begangen. Während dieses dreiwöchigen Hindu-Festes feiert man den Sieg des Guten über das Böse, des Lichtes über die Dunkelheit. **11. Nov. - 2. Jan. '97** *Weihnachtsbeleuchtung*, die berühmte Einkaufsstraße Orchard Road wird mit Millionen von Lichtern in eine Märchenwelt verwandelt. **14. Jan.** *Ponggal*, die Südinder feiern ihre Ernte vier Tage lang mit ritueller Musik und Gaben an die Götter zum Erntedank. Am Perumal-Tempel kann man die Feiern am besten beoabachten. **Jan./Febr.** *Chinesisches Neujahr*, im laternengeschmückten Chinatown kann man das geschäftige Treiben derer beobachten, die chinesische Delikatessen zum Fest einkaufen. Die lebhafte und lautstarke *Chingay Parade* bietet Löwen- und Drachentänzer, geschmückte Festwagen und Akrobaten. **Febr.** *Thaipusam* ist eines der spektakulärsten Hindu-Feste der Welt. Büßer tragen, begleitet von religiöser Musik, farbenfroh dekorierte Stahlaufbauten (*Kavadis*), die mit Haken und Speeren an ihren Körpern befestigt sind. Die 5 km lange Prozession führt von der Serangoon Road bis zur Tank Road. **April** *Hari Raya Puasa*, während der Feierlichkeiten wird das Moslem-Viertel Geylang Serai jede Nacht ab 19.30 Uhr beleuchtet. Zahllose Straßenkioske bieten malaiische Speisen an.
Der *Singapore Calender of Festivals & Events* enthält ein vollständiges Verzeichnis mit genauen Daten und ausführlichen Informationen. Erhältlich auf Anfrage beim Fremdenverkehrsamt.
SITTEN & GEBRÄUCHE: Zur Begrüßung gibt man sich die Hand; die üblichen Höflichkeitsformen gelten auch hier. Kleine Geschenke werden vom Gastgeber oder Geschäftspartner gern entgegengenommen. Legere Kleidung wird überall akzeptiert, in einigen exklusiven Hotels und Restaurants wird abends jedoch elegantere Kleidung erwartet. Abendkleidung wird nur selten getragen, man legt jedoch generell großen Wert auf die persönliche Erscheinung. Jede der unterschiedlichen Volksgruppen hat sich ihre kulturellen und religiösen Eigenheiten bis heute bewahrt. Über 50% der Bevölkerung sind jünger als 20 Jahre. Wer Straßen beschmutzt oder verkehrswidrig überquert, muß mit hohen Strafen rechnen. Rauchen wird ungern gesehen und ist in öffentlichen Gebäuden und Restaurants nicht gestattet. Zuwiderhandlungen und Wegwerfen von Zigarettenstummeln ziehen sofortige Geldstrafen bis zu 500 S$ nach sich. **Trinkgeld** ist in Hotels und Restaurants nicht üblich. In Rechnungen sind 10% für Bedienung bereits enthalten.

WIRTSCHAFTSPROFIL

WIRTSCHAFT: Singapur ist ein wichtiger Warenumschlagplatz in Südostasien – über ein Drittel der Exporterlöse sind auf Reexporte zurückzuführen. Das Pro-Kopf-Einkommen der Einwohner wird im südostasiatischen Raum nur noch von Japan übertroffen und liegt über dem einiger westeuropäischer Länder. Das Land ist allerdings von Nahrungsmittel- und Rohstoffimporten abhängig. Die bedeutendsten Wirtschaftszweige sind Schiffsbau und -reparatur, Erdölraffinerie, die Herstellung elektronischer Geräte und das Bankwesen. Die Tourismusindustrie gewinnt zunehmend an Bedeutung und erwirtschaftete 1992 22% des Bruttosozialproduktes. Die Ende der siebziger Jahre eingeführten Wirtschaftsförderungsmaßnahmen im Bereich Export- und Dienstleistungsindustrie zielten darauf ab, Singapur zum wirtschaftlichen Dreh- und Angelpunkt der Region zu machen. Besondere Erfolge sind in der Spitzentechnologie zu verzeichnen, vor allem in der EDV und Fernmeldetechnik. Auch das Finanzwesen hat einen Aufschwung erlebt. Die politische Situation in Hongkong hat zahlreiche Unternehmen der Region dazu bewegt, ihren Sitz nach Singapur zu verlegen. Einträglich ist der herrliche Naturhafen Singapurs, der nach Rotterdam der verkehrsreichste Hafen der Welt ist. Japan, die USA und Malaysia liefern zusammen über die Hälfte der umfangreichen Importe des Landes und nehmen einen Großteil der Exporte ab. Die EU-Länder sind ein weiterer wichtiger Handelspartner.
GESCHÄFTSVERKEHR: Bei Geschäftsbesuchen sind Anzug und Krawatte bzw. Kostüm angebracht. In Geschäftskreisen wird überwiegend Englisch gesprochen. Chinesische Einwohner werden mit ihrem Familiennamen angesprochen; Malaien haben keine Nachnamen, sondern setzen den Anfangsbuchstaben des Namens ihres Vaters vor den eigenen Vornamen. Wie in Europa sollten Termine vereinbart und Visitenkarten ausgetauscht werden, nur in Regierungskreisen werden keine Visitenkarten benutzt. Auf Pünktlichkeit wird großer Wert gelegt. **Geschäftszeiten:** 09.00-13.00 und 14.00-17.00 Uhr.
Kontaktadressen: *Singapore Trade Development Board*, Goethestraße 5, D-60313 Frankfurt/M. Tel: (069) 920 73 50. Telefax: (069) 92 07 35 22.
Association of German Chambers of Industry and Commerce (Delegierter der Deutschen Wirtschaft für Singapur), Singapore Representative Office, 25 International Business Park, 04-65/77 German Centre, Singapur 2260. Tel: 562 90 00. Telefax: 563 75 70.
The Commercial Counsellor at the Austrian Embassy (Außenhandelsstelle der Wirtschaftskammer Österreich), PO Box 238, Singapur 9124. Tel: 235 40 88/89. Telefax: 737 12 02.
Handelsdelegation Singapurs, Alte Landstraße 58, CH-8802 Kilchberg. Tel: (01) 715 21 18. Telefax: (01) 715 31 92.
Swiss Business Association, c/o Desco Singapore Pte. Ltd., 05-05 Bugis Junction, Office Tower, 230 Victoria Street, Singapur 0718. Tel: 337 22 61. Telefax: 337 10 98.
Singapore Federation of Chambers of Commerce and Industry (Vereinigung der Industrie- und Handelskammern), 47 Hill Street 03-01, Chinese Chamber of Commerce and Industry Building, Singapur 0617. Tel: 338 97 61. Telefax: 339 56 30.
KONFERENZEN/TAGUNGEN: Singapur ist die wichtigste Kongreßstadt Asiens und eine der zehn bedeutendsten Konferenzdestinationen der Welt. Zahlreiche Hotels haben ausgezeichnete Konferenzeinrichtungen mit modernsten audio-visuellen Anlagen, außerdem stehen Büroservice, Übersetzer- und Simultandolmetscherdienste zur Verfügung. In *Raffles City*, einem brandneuen Geschäftszentrum, das zwei riesige Hotels und zahllose Geschäfte und Restaurants beherbergt, können bis zu 6000 Delegierte unter einem Dach tagen. Weitere Informationen, Broschüren und Planungshilfen vom *Singapore Convention Bureau*, Tourism Court, 1 Orchard Spring Lane, Singapur 1024. Tel: 736 66 22. Telefax: 736 94 23.

KLIMA

Warm mit hoher Luftfeuchtigkeit. Regenzeit während des Nordost-Monsuns von November bis Januar mit manchmal tagelangen Niederschlägen. Plötzliche und heftige Schauer können aber während des ganzen Jahres auftreten.
Kleidung: Sommerliche Baumwolle und Leinen. Regenschirm oder leichter Regenmantel wird empfohlen.

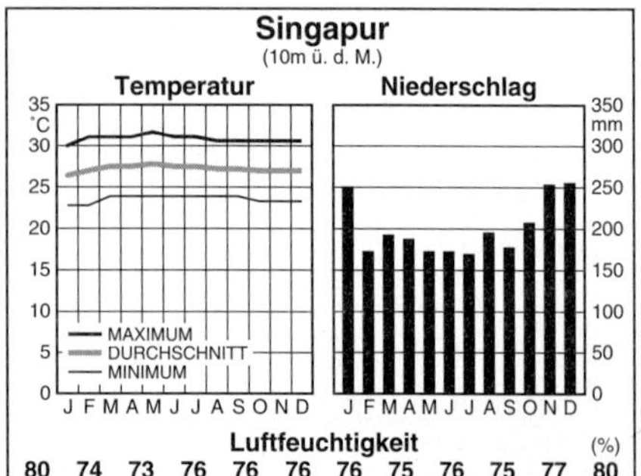

Slowakische Republik

Lage: Mitteleuropa.

Fremdenverkehrsbüro der Slowakischen Republik
Oelser Straße 15b
D-40231 Düsseldorf
Tel/Telefax: (0211) 21 99 07.
Mo-Do 09.00-16.00 Uhr, Fr 09.00-12.00 Uhr.
(auch für Österreich und die Schweiz zuständig)

CEDOK-Reisen GmbH
Kaiserstraße 54
D-60329 Frankfurt/M.
Tel: (069) 27 40 17-0. Telefax: (069) 23 58 90.
Mo-Fr 09.00-12.00 und 13.00-17.00 Uhr.

SATUR-Reisen GmbH
Strausberger Platz 8
D-10243 Berlin
Tel: (030) 426 20 94. Telefax: (030) 427 47 56.
Mo-Fr 10.00-18.00 Uhr.

SCK Slowakisches Reisebüro
Parkring 12
A-1010 Wien
Tel: (0222) 512 01 99. Telefax: (0222) 512 59 16 85.
Mo-Fr 09.00-17.00 Uhr.

SATUR (Zentrale)
Mileticova 1
SK-82472 Bratislava
Tel: (07) 21 22 05. Telefax: (07) 21 26 64.

Botschaft der Slowakischen Republik
August-Bier-Straße 31
D-53129 Bonn
Tel: (0228) 9 14 55-0. Telefax: (0228) 914 55 38.
Mo-Fr 08.00-12.00 und 13.00-16.30 Uhr, *Konsularabt.*:
Mo-Fr 08.30-11.00 Uhr.
Außenstelle mit Visumerteilung in Berlin (Tel: (030) 200 49 49, 200 45 38) und *Generalkonsulat* mit Visumerteilung in München (Tel: (089) 910 20 60).

Botschaft der Slowakischen Republik
Armbrustergasse 24
A-1190 Wien
Tel: (0222) 318 90 55-5. Telefax: (0222) 318 90 60.
Mo-Fr 08.00-16.00 Uhr, *Konsularabt.*: Mo-Fr 08.00-11.00 Uhr.

Botschaft der Slowakischen Republik
Thunstraße 99
CH-3006 Bern
Tel: (031) 352 36 46/47, 352 76 00. Telefax: (031) 351 48 59.
Mo-Fr 08.30-12.00 und 13.00-17.00 Uhr, *Konsularabt.*:

▼ *Tracht der Hohen Tatra*

Der Donau-Radwanderweg

Die Fahrradroute entlang der Donau ist die längste in g
Europa. Sie beginnt in der deutschen Stadt Passau
führt entlang der Donau durch Wien nach Bratislava.
1995 wurde diese Radstrecke bis zur slowakischen S
Medvedovo erweitert, dem Grenzübergang nach Ung
und auf der slowakischen Seite des Flußes entlang
nach Komarno und Sturovo.

Der Donau-Radwanderweg von Bratislava nach Medve
befindet sich im guten Zustand und bietet zudem e
Reise von unvergeßlichen, einzigartigen Eindrücken.

Dieser Radweg entlang der Donau in der Slowakisc
Republik bietet auf 168 km idyllische Landschaft u
einzigartige Anblicke, wie zum Beispiel den Gabcik
Damm, die Sie ganz nach Lust und Lau
genießen können.

Das Bratislava-Dreieck

– nur ein paar gute Gründe für Ihren Besuch.

Drei Hauptstädte liegen in nächster Nähe: Prag p
Flugzeug, und Budapest oder Wien per Schiff d
Donau entlang. Drei einzigartige Kulturen könn
von Ihnen in den Museen, Gallerien u
Opernhäusern entdeckt werden. Drei verschiede
nationale Küchen warten auf Sie – Bier und Klöß
Wein und Wiener Schnitzel, die gute Halász
(Fischsuppe) oder auch Gulasch, Bryndzové Haluš
und zahlreiche andere Spezialitäten.

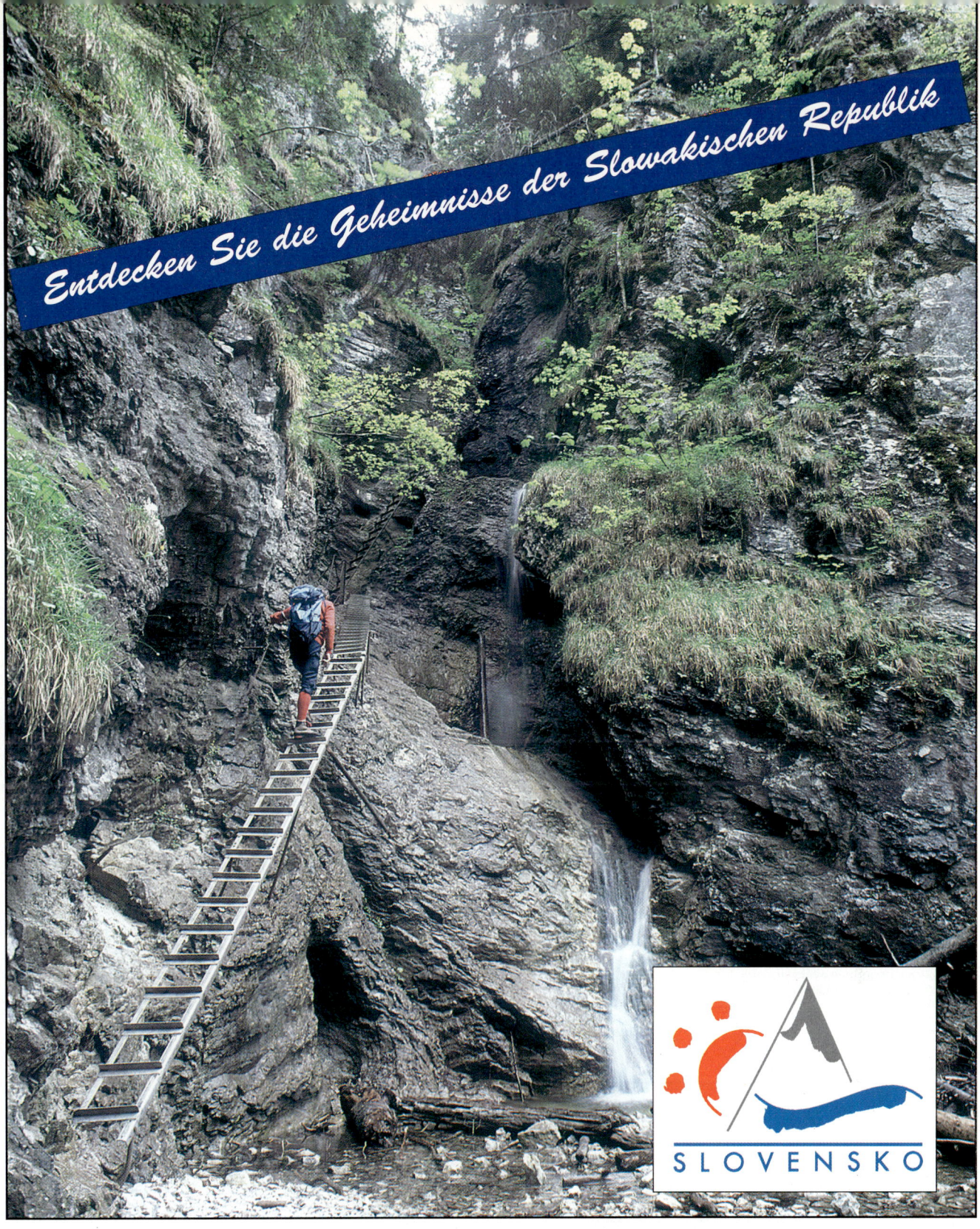

Die Slowakische Republik bildet eine schöne Verbindung zwischen Österreich, der Tschechischen Republik, Polen, der Ukraine und Ungarn. Ein ideales Ziel für Urlauber auf der Suche nach Geschichte, landschaftlicher Schönheit und erschwinglichen Preisen. Hier finden Sie auch die unberührte Natur der Hohen Tatra mit ihren lieblichen Tälern, oder auch Kurorte, dichte Wälder und anheimelnde Kirchen. Mehr als tausend Jahre Geschichte, von der Steinzeit über römische Ruinen bis hin zu mehr als 100 mittelalterlichen Burgen, warten darauf, von Ihnen entdeckt zu werden. Ein freundliches Willkommen erwartet Sie in Dörfern und Städten, in Ferienhäusern und Privatunterkünften ebenso wie in erstklassigen Hotels. Erholen und entspannen Sie sich in der herrlichen Landschaft mit Wandern und Skifahren, stöbern Sie nach handgearbeiteten Souvenirs oder entdecken Sie die Geschichte abseits der Touristenpfade. Die unberührte Natur der Slowakischen Republik wartet auf Sie.

Slowakische Republik

Mo-Fr 10.00-12.00 Uhr.
Generalkonsulat der Bundesrepublik Deutschland
Palisády 47
SK-81303 Bratislava
Tel: (07) 31 53 00/22. Telefax: (07) 31 53 63.
Botschaft der Republik Österreich
Holubyho 11
SK-81103 Bratislava
Tel: (07) 31 11 03, 31 17 20. Telefax: (07) 31 31 45.
Die Schweiz unterhält bislang noch keine diplomatische Vertretung in der Slowakischen Republik, zuständig ist die Botschaft in Prag (s. Tschechische Republik).

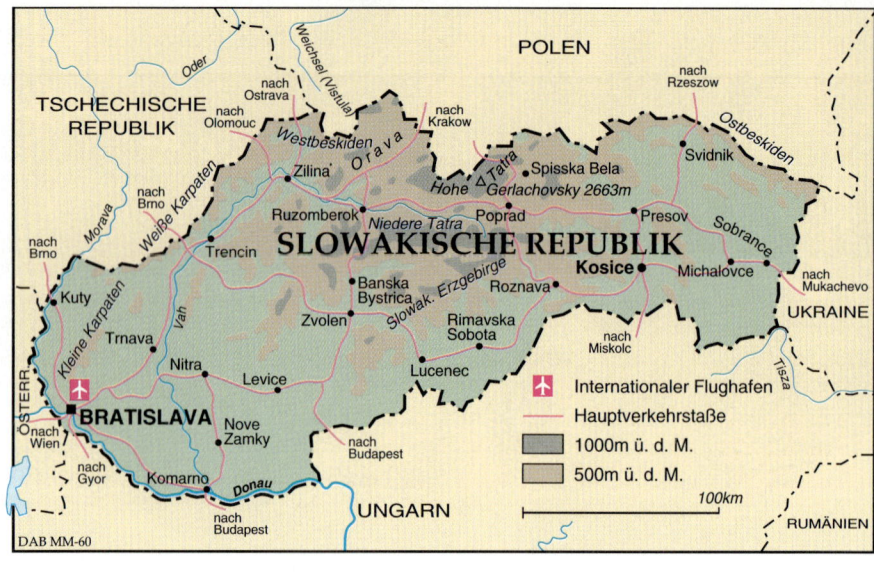

FLÄCHE: 49.036 qkm.
BEVÖLKERUNGSZAHL: 5.313.000 (1993).
BEVÖLKERUNGSDICHTE: 108 pro qkm.
HAUPTSTADT: Bratislava (Preßburg). **Einwohner:** 446.785 (1993).
GEOGRAPHIE: Die Slowakische Republik grenzt an die Tschechische Republik, Österreich, Polen, Ungarn und die Ukraine. Die Vielgestaltigkeit der malerischen Landschaft zeigt sich in zahlreichen Bergen, Seen, sanften grünen Tälern, bizarren Sandsteinfelsen und faszinierenden Tropfstein- und Eishöhlen. Die Hohe und Niedere Tatra und die Ausläufer der Karpaten erheben sich von den großen Donauebenen bei Bratislava. Die Donau fließt durch den Südosten der Slowakischen Republik weiter nach Ungarn. Die Slowakische Republik war einst unter ungarischer Herrschaft, und der ungarische Einfluß ist noch heute in der Musik, Küche und Architektur besonders im Süden des Landes spürbar. Dort lebt die ungarische Minderheit, deren Bevölkerungsanteil etwa 10% beträgt.
STAATSFORM: Republik; seit dem 1. Jan. 1993 unabhängig. Staatsoberhaupt: Präsident Michal Kovác, seit Febr. 1993. Regierungschef: Vladimír Meciar, seit 1993. Nationalrat mit 150 Mitgliedern.
SPRACHE: Slowakisch ist die offizielle Landessprache. Tschechisch, Russisch, Ungarisch, Deutsch und Englisch werden ebenfalls gesprochen.
RELIGION: Hauptsächlich römisch-katholisch; außerdem Protestanten, Reformierte Kirche, Lutheraner, Methodisten, Baptisten und Juden.
ORTSZEIT: MEZ.
NETZSPANNUNG: 220 V, 50 Hz.
POST- UND FERNMELDEWESEN: Telefon: Selbstwählferndienst. **Landesvorwahl:** 42. Für Auslandsgespräche gibt es spezielle Telefonzellen. In den Hotels können Gebühren für Ferngespräche sehr hoch sein. **Telexe/Telegramme** können in den Großstädten, u. a. in Hotels, aufgegeben werden. Die Telegrafenämter in der Innenstadt von Bratislava (Kollárska 12) und neben dem Hauptbahnhof (Dimitrovovo Námestie) sind rund um die Uhr geöffnet. **Post:** An alle Postämter kann man auch postlagernd schreiben. Öffnungszeiten der Postämter: Mo-Fr 08.00-18.00 Uhr.
DEUTSCHE WELLE
Der Einsatz der Kurzwellenfrequenzen ändert sich mehrfach im Laufe eines Jahres, und Sendungen auf den folgenden Frequenzen werden jeweils nur zu bestimmten Tageszeiten ausgestrahlt. Näheres in der Einleitung.

MHz	15,275	13,780	9,545	6,075	3,995
Meterband	19	22	31	49	75

▼ *Traditionelles Bauernhaus, Hohe Tatra*

REISEPASS/VISUM

Wichtiger Hinweis: Die Einreisebestimmungen mancher Länder können sich kurzfristig ändern – rufen Sie sicherheitshalber auf Ihrem CRS-System (TIMATIC-Info-Code-Fenster in diesem Kapitel) den aktuellen Stand ab bzw. wenden Sie sich an die zuständige diplomatische Vertretung. Etwaige Zahlen in der Tabelle beziehen sich auf nachfolgende Fußnoten.

	Paß erforderlich?	Visum erforderlich?	Rückflugticket erforderlich?
Deutschland	Nein	Nein	Nein
Österreich	Ja	Nein	Nein
Schweiz	Ja	Nein	Nein
Andere EU-Länder	Ja	Nein	Nein

REISEPASS: Allgemein erforderlich. Deutsche Staatsbürger können auch mit dem Personalausweis einreisen. Pässe visumpflichtiger Staatsbürger sollten mindestens noch 8 Monate gültig sein.
VISUM: Allgemein erforderlich, ausgenommen sind Staatsbürger der folgenden Länder für Aufenthalte von bis zu 90 Tagen, sofern nicht anders angegeben:
(a) Bundesrepublik Deutschland, übrige EU-Länder (Großbritannien max. 180 Tage, Österreich und Italien max. 30 Tage) und Schweiz;
(b) Andorra, Aruba, Bulgarien (max. 30 Tage), Estland, franz. Überseegebiete (max. 30 Tage), Island, Kroatien (max. 30 Tage), Kuba (max. 30 Tage), Lettland, Liechtenstein, Litauen, Malta, Malaysia, Monaco, Norwegen, Polen, Rumänien (max. 30 Tage), San Marino (max. 30 Tage), Slowenien, Tschechische Republik (unbegrenzt), Ungarn, USA (max. 30 Tage), Vatikanstadt und Zypern (max. 30 Tage);
(c) Russische Föderation und Ukraine für Dienst-, Austausch- und Pauschalreisen (für private Urlaubsreisen ist eine beglaubigte Einladung erforderlich).
Staatsbürger aller nicht aufgeführten Länder benötigen Visa, die entweder vorher beantragt werden müssen oder direkt an den Grenzübergangsstellen, die meist rund um die Uhr geöffnet sind, ausgestellt werden. Staatsbürger der folgenden Länder müssen auf jeden Fall vor der Einreise ein Visum beantragen:
Alle afrikanischen Länder (mit Ausnahme von Südafrika und Tunesien), Afghanistan, Albanien, Armenien, Aserbaidschan, Bangladesch, Bosnien-Herzegowina, China (VR), Georgien, Indien, Irak, Iran, Jemen, Jugoslawien (Serbien und Montenegro), Kambodscha, Laos, Libanon, Mauritius, Mazedonien (Ehemalige Jugoslawische Republik), Mongolei, Pakistan, Philippinen, Sri Lanka, Syrien, Tadschikistan, Türkei und Vietnam sowie Palästinenser (unabhängig vom Ausstellungsort der Pässe). Voraussetzung für die Visumerteilung für Staatsbürger dieser Länder ist der Nachweis einer unbefristeten Aufenthaltsgenehmigung im jeweiligen Wohnsitzland Deutschland, Österreich bzw. Schweiz.
Visaarten: Transitvisa, Einfach- und Mehrfachvisa.
Kinder unter 15 J., die im Reisepaß der Eltern eingetragen sind, benötigen kein Visum.
Visagebühren: Unterschiedlich, je nach Nationalität, Aufenthaltsdauer und Visumart. Kostenlos für Staatsbürger von Afghanistan, Bolivien (nur Urlaubsreisen), China (nur Urlaubsreisen), Costa Rica, Ecuador, Guinea, Indien, Pakistan, den Seychellen und Südafrika (nur Urlaubsreisen). Weitere Informationen von der Botschaft.
Gültigkeitsdauer: Transitvisa: 48 Std., Besuchsvisa: im allgemeinen 6 Monate ab Ausstellungstag für einen Aufenthalt von maximal 30 Tagen.
Antragstellung: Konsulat oder Konsularabteilung der Botschaft (Adressen s. o.).
Unterlagen: (a) Antragsformular. (b) 2 Paßfotos. (c) Reisepaß, der noch mindestens 8 Monate gültig sein und eine freie Seite haben muß. (d) Ausstellungsgebühr in bar oder per Postanweisung.
Bearbeitungszeit: 1-2 Tage.
Aufenthaltsgenehmigung: Anfragen sind an die Botschaft zu richten.

GELD

Währung: 1 Slovenská Koruna (SK) oder Slowakische Krone = 100 Halierov (Einzahl: Heller). Banknoten gibt es im Wert von 1000, 500, 100, 50, 20 und 10 SK; Münzen in den Nennbeträgen 10, 5, 2 und 1 SK sowie 50, 20, 10 und 5 Halierov.
Geldwechsel: Fremdwährungen (einschl. Reiseschecks) können in allen Zweigstellen der Staatsbanken, Wechselbüros, SATUR-Büros, größeren Hotels und an den Grenzübergängen umgetauscht werden.
Kreditkarten: *American Express, Diners Club, Visa* und *Eurocard* werden in größeren Hotels, manchen Restaurants und Geschäften akzeptiert. Einzelheiten vom Aussteller der betreffenden Kreditkarte.
Eurochecks werden bis zu einem Betrag von 6500 SK akzeptiert.
Reiseschecks werden ebenfalls akzeptiert.
Wechselkurse

	Kcs Sept. '92	Kcs Febr. '94	SK Jan. '95	SK Jan. '96
1 DM	17,87	19,24	20,05	20,60
1 US$	26,56	33,40	31,07	29,62

Anmerkung: Die Angaben für 1992/4 beziehen sich auf die tschechoslowakische Krone. Im Februar 1993 wurde die Slowakische Krone eingeführt.
Devisenbestimmungen: Die Ein- und Ausfuhr der Landeswährung ist nicht gestattet. Die Ein- und Ausfuhr von Fremdwährungen ist unbegrenzt.
Öffnungszeiten der Banken: Mo-Fr 08.00-17.00 Uhr.

Slowakische Republik **629**

Eisenbahnen der Slowakischen Republik (ZSR)

Das Schienennetz der Slowakischen Republik bietet Verbindungen nach Budapest, Bukarest, Hamburg, Krakau, L'vov, Moskau, St. Petersburg, Warschau, Wien und Vilnius. Weiterhin gibt es Direktverbidungen zur Hohen Tatra, der beliebtesten Region des Landes. Von Wien aus gibt es täglich drei, von Budapest täglich fünf Anschlüsse über Bratislava zur Hohen Tatra. Der Fahrpreis von Poprad in der Hohen Tatra nach Wien beträgt **27,54 ECU** (2. Klasse) und **41,31 ECU** (1. Klasse), von Poprad nach Budapest **33,05 ECU** (2. Klasse) und **49,58 ECU** (1. Klasse).

Für die folgenden Schnellzüge auf den Strecken der ZSR wird ein Zuschlag erhoben:
Budapest — Bratislava — Berlin, internationaler EuroCity 170/171 – COMENIUS;
Budapest — Bratislava — Berlin, internationaler EuroCity 174/175 – HUNGARIA;
Budapest — Bratislava — Malmö, internationaler InterCity 1110/1111 – CSARDÁS;
Budapest — Bratislava — Prag, internationaler InterCity 76/77 – MATHIAS CORVINUS;
Budapest — Bratislava — Warschau, internationaler InterCity 130/131 – POLONIA;
Bratislava — Prag, internationaler InterCity 74/75 – SLOVENSKÁ STRELA;
Kosice — Zilina — Prag, internationaler InterCity – KOSICAN.

Die folgenden InterCity-Züge im Inlandsverkehr verbinden Bratislava mit Kosice, der Hauptstadt der Ostslowakei:
Bratislava — Kosice, nationaler InterCity 510/511 TATRAN;
Bratislava — Kosice, nationaler InterCity 512/513 KRIVÁN;
Bratislava — Kosice, nationaler InterCity 1600/1601 GERLACH.

Platzreservierungen sind erforderlich für InterCity-Züge im Inlandsverkehr. Platzreservierungen auf ZSR-Zügen und internationalen Verbindungen können auf dem Hermes Computerbuchungssystem mit der Code-Nummer KVC-ZSR gemacht werden. EURO DOMINO, RAIL EUROPS, EURO MINI-GRUPPE, BIJ und INTERRAIL-Pässe bieten attraktive Ermäßigungen.

Informationen und Platzreservierung: ZSR-Reservierungen
Hauptbahnhof Fax: +42-7-49 67 01
Bratislava hl. st.
Predstanicné nám. c. 1 Telex: 42-7-91 12 31
810 02 Bratislava

DUTY FREE

Folgende Artikel können zollfrei in die Slowakische Republik eingeführt werden:
200 Zigaretten oder 100 Zigarillos oder 50 Zigarren oder 250 g Tabakwaren;
1 l Spirituosen;
2 l Wein;
500 ml Parfüm oder 250 ml Eau de toilette.
Anmerkung: Haustiere dürfen nur mit internationalem Impfschein und tierärztlichem Attest eingeführt werden, das bescheinigt, daß innerhalb der letzten 90 Tage in der Heimatregion keine Tollwutfälle bekannt geworden sind.
Einfuhrverbot: Drogen, Betäubungsmittel, pornographische Materialien sowie Gegenstände, die für Krieg, Gewalt, Faschismus, Nazismus oder Rassendiskriminierung werben. Wertgegenstände wie Kameras und Zelte sollten bei der Einreise deklariert werden.

GESETZLICHE FEIERTAGE

1. Mai '96 Tag der Arbeit. **5. Juli** Tag der Slawenapostel Kyrill und Method. **29. Aug.** Nationalfeiertag. **1. Sept.** Verfassungstag. **15. Sept.** Mariä Sieben Leiden. **1. Nov.** Allerheiligen. **24.-26. Dez.** Weihnachten. **1. Jan. '97** Neujahr und Unabhängigkeitstag. **6. Jan.** Dreikönigsfest. **28.-31. März** Ostern. **1. Mai** Tag der Arbeit.

GESUNDHEIT

In der folgenden Tabelle aufgeführte Impfvorschriften können sich kurzfristig ändern. Es wird stets empfohlen, auf Ihrem CRS-System (TIMATIC-Info-Code-Fenster in diesem Kapitel) den aktuellen Stand der Gesundheitsbestimmungen abzurufen bzw. rechtzeitig vor der Reise ärztlichen Rat einzuholen.

	Vorsichtsmaßnahmen empfohlen	Impfschein erforderlich
Gelbfieber	Nein	Nein
Cholera	Nein	Nein
Typhus & Polio	Nein	-
Malaria	Nein	-
Essen & Trinken	1	-

[1]: Leitungswasser ist normalerweise gechlort und relativ sauber, es können jedoch u. U. leichte Magenverstimmungen auftreten. Für die ersten Wochen des Aufenthaltes wird daher abgefülltes Wasser empfohlen, welches überall erhältlich ist. Milch ist pasteurisiert und kann ebenso wie Milchprodukte, Fleisch, Geflügel, Obst und Gemüse bedenkenlos verzehrt werden.
Hepatitis A tritt auf.
Gesundheitsvorsorge: Der Abschluß einer Reisekrankenversicherung wird empfohlen.

REISEVERKEHR - International

FLUGZEUG: Die Slowakische Republik wird von *Ceskoslovenske Aeroline (OK)*, *Tatra Air, Aeroflot, Hamus Air Bulgaria* und *Eurowings* angeflogen.
Durchschnittliche Flugzeiten: *Frankfurt* – Bratislava: 1 Std; *Wien* – Bratislava: 1 Std; *Zürich* – Bratislava: 1 Std. 10.
Internationaler Flughafen: *Bratislava (BTS)* (Ivánka) liegt 12 km vom Stadtzentrum entfernt und wird nur von Mitteleuropa aus angeflogen. Am Flughafen gibt es eine Bank, eine Post, Geschäfte einschl. Duty-free-Shops, Mietwagenschalter (*Budget, Europcar, Hertz* und *Univox*), Hotel-Reservierung, Tourist-Information, Bars und ein Restaurant/Snackbar. Taxistand und Linienbusverbindung zur Stadt (Fahrzeit ca. 30 Min.).
Poprad-Tatra liegt 5 km vom Stadtzentrum entfernt. Der internationale Flughafen von *Wien* (Schwechat) liegt nur 50 km von Bratislava entfernt und wird ebenfalls oft zur Anreise benutzt.
Flughafengebühren: 6 US$ bei Ausreise.
SCHIFF: Bratislava wird von verschiedenen Reedereien im Rahmen von Flußkreuzfahrten auf der Donau angefahren.
BAHN: Gute Verbindungen in die Slowakische Republik über Wien oder Prag. Von Wien nach Bratislava

COLUMBUS REISEFÜHRER 1996/97

Slowakische Republik

▲ Blick auf den Strbské-Pleso-See in den Gerlachowsky-Bergen, Hohe Tatra

fährt man nur eine Stunde, etwa vier Züge verkehren pro Tag. Von Berlin gibt es mehrere Direktverbindungen nach Bratislava. Ferner bestehen Verbindungen von Budapest und Kiew (Ukraine). Auskünfte erteilen die *Generalvertretungen der Eisenbahnen der Slowakischen Republik*, Anschriften: Neumannstraße 96, D-13189 Berlin, Tel: (030) 208 00 04 und Parkring 12, A-1010 Wien, Tel: (0222) 512 89 74. Die Vertretung in Wien ist auch für die Schweiz zuständig. *InterRail-Pässe* und *EURO DOMINO* Netzkarten gelten auch in der Slowakei, Einzelheiten s. *Deutschland*.

BUS/PKW: Es gibt Grenzübergänge zur Tschechischen Republik, der Ukraine, nach Polen, Ungarn und Österreich (Berg – Bratislava). Eine Autobahn führt von Bratislava über Brno (Brünn) nach Prag.

Fernbusse: Die *Deutsche Touring* fährt einmal pro Woche nach Bratislava von Köln (über Frankfurt/M. und Nürnberg) und München. Karten für die Verbindung von Frankfurt sind auch bei CEDOK-Reisen in Frankfurt/M. erhältlich (Adresse s. o.). *Bustours Austria* bietet zahlreiche Busreisen in die Slowakische Republik, u. a. nach Bratislava und in die Tatra (Saison zwischen Ende März und Oktober).

REISEVERKEHR - National

FLUGZEUG: *Ceskoslovenske Aeroline* betreibt das Inlandflugnetz, das die meisten größeren Städte verbindet – Bratislava, Poprad, Presov, Piestany, Bystrica und Kosice. *SlovAir* fliegt vom Flughafen Ivánka in Bratislava die größeren Städte im Linien- und Charterdienst an.

SCHIFF: Es gibt mehrere schiffbare Wasserwege, die wichtigsten Häfen befinden sich in Bratislava und Komarno.

BAHN: Das Bahnnetz wird von den Eisenbahnen der Slowakischen Republik betrieben. Es gibt täglich mehrere Schnellzüge zwischen Bratislava und den meisten Städten und Urlaubsorten. Auf den Hauptstrecken ist es empfehlenswert, im voraus zu reservieren. Die Fahrpreise sind niedrig; für Schnellzüge wird ein Zuschlag erhoben. Weitere Informationen sind von SATUR- bzw. CEDOK-Reisen, dem Slowakischen Reisebüro und den Generalvertretungen der Eisenbahnen in Wien und Berlin erhältlich (Adressen s. o.).

BUS/PKW: Die wichtigste Verbindungsstraße führt von Bratislava über Trencin, Banská Bystrica, Zilina, Kralovany und Poprad nach Presov. **Bus:** Das umfassende Busnetz verbindet alle Ortschaften, die nicht an das Bahnnetz angeschlossen sind. **Mietwagen** können über SATUR-Reisen bzw. die Slowakischen Reisebüros in den größeren Städten und Urlaubsorten bestellt werden. Es besteht Gurtanlegepflicht und absolutes Alkoholverbot am Steuer. Tankstellen sind abends oft geschlossen. Bleifreies Benzin ist nicht überall erhältlich. ADAC, ÖAMTC und andere Automobilklubs haben Bleifreikarten für Länder, in denen noch kein flächendeckendes Netz von Tankstellen mit bleifreiem Benzin vorhanden ist. Dort sind die Ortschaften, in denen bleifrei getankt werden kann, verzeichnet. **Unterlagen:** Nationaler Führerschein, Fahrzeugschein und Grüne Internationale Versicherungskarte.

STADTVERKEHR: In Bratislava und einigen anderen Städten gibt es Busse, Oberleitungsbusse und Straßenbahnen. Die meisten Busse und Bahnen verkehren zwischen 04.30 und 24.00 Uhr und haben Einheitsfahrpreise; Zeitkarten sind erhältlich. Die Fahrscheine werden durch Maschinen entwertet. Wer keinen gültigen Fahrschein hat, muß mit einer Strafe rechnen. Busse und Straßenbahnen, die blau gekennzeichnet sind, fahren die ganze Nacht hindurch. Taxis in den Großstädten haben Taxameter und sind relativ billig, nachts zahlt man einen Zuschlag.

FAHRZEITEN von Bratislava zu den folgenden größeren slowakischen Städten (ungefähre Angaben in Std. und Min.):

	Flugzeug	Bahn	Bus/Pkw
Piestany	-	0.50	0.50
Kosice	1.00	7.00	5.30
Poprad	0.45	4.30	4.00
B. Bystrica	-	4.10	2.30

UNTERKUNFT

HOTELS: In der Slowakischen Republik gibt es insgesamt 890 Beherbergungsstätten. In der Hochsaison (Mai - Oktober, vor allem jedoch Juli/August) sind Übernachtungsmöglichkeiten knapp, Vorausbuchung wird empfohlen. Gegenwärtig gibt es Hotels der höheren Klasse in Bratislava, den Kreisstädten, z. B. Banská Bystrica und Kosice, den bekannten Kurorten und den Touristenzentren im mittleren und östlichen Teil des Landes. Viele Unterkunftsmöglichkeiten werden modernisiert und ausgebaut, so daß in naher Zukunft mit einer Aufwertung

innerhalb der Kategorien zu rechnen ist. Im Zentrum Bratislavas wurde kürzlich das *Hotel Forum Bratislava* mit 200 Zimmern, mehreren Restaurants und Tagungsräumen eröffnet. Die 4-Sterne-Hotels *Dunaj* (Donau) und *Perugia* sind besonders für Geschäftsreisende empfehlenswert. Weitere Informationen von der *Slowakischen Restaurant und Hotel Union,* Hotel Lux, Nám. Slobody 2, Sk97400 Banská Bystrica. Tel: (088) 2 46 64. Telefax: (088) 5 34 55. **Kategorien:** Das internationale 5-Sterne-System ist inzwischen eingeführt worden, in den ländlichen Gegenden gilt jedoch teilweise noch das alte **ABC**-System: **5 Sterne** (vormals **A*** oder **DeLuxe**, keine Klassifizierung), **4 Sterne** (vormals **A**, 14 Hotels, 3556 Betten), **3 Sterne** (**B***, 71 Hotels, 9523 Betten), **2 Sterne** (**B**, 126 Hotels, 13.141 Betten) und **1 Stern** (**C**, 85 Hotels, 6963 Betten). Eigene Badezimmer kann man im allgemeinen von 3 Sternen aufwärts erwarten.
MOTELS fallen in die Kategorien A, B, C und D. In **B-Motels** hat jedes Zimmer ein Waschbecken mit fließend heißem und kaltem Wasser und Zentralheizung. Auf jeder Etage gibt es ein separates Badezimmer und WC für Männer und Frauen. In **A-Motels** kann man einen Fahrstuhl, Bad oder Dusche in jedem Zimmer, ein Radio und mitunter einen Fernsehapparat erwarten.
PRIVATUNTERKÜNFTE: Es gibt 10.205 Zimmer in Privathäusern, die über SATUR- bzw. CEDOK-Reisen und das Slowakische Reisebüro gebucht werden können.
FERIENHÄUSER sind im ganzen Land in drei Kategorien erhältlich. **B-Ferienhäuser** sind im Winter beheizt und bieten Trinkwasser und z. T. die Möglichkeit, Mahlzeiten zu bestellen. In **A-Ferienhäusern** gibt es zusätzlich elektrisches Licht, WC, einen Waschraum mit fließend Wasser, Wasch- und Bügeleinrichtungen und einen Sportplatz. SATUR-Reisen, CEDOK-Reisen bzw. das Slowakische Reisebüro erteilen weitere Auskünfte.
CAMPING: Auf den Zeltplätzen sind Duschen, Kochgelegenheiten, ein Geschäft und in manchen Fällen Mietwohnwagen vorhanden. **Autocamper:** In den C- und D-Klassen findet man folgende Einrichtungen: Parkplatz, eingezäunten Zeltplatz, Tag- und Nachtrezeption, Waschraum, WC, Trinkwasser und eine überdachte Kochgelegenheit mit Abwaschmöglichkeit. In den **A-** und **B-Klassen** gibt es zusätzlich einen Kiosk, Duschen mit heißem und kaltem Wasser, WC, Wasch- und Bügelmöglichkeiten, Rezeption, Gesellschaftsraum, Verkauf von Souvenirs usw. Weitere Auskünfte erteilt die *Slowakische Camping- und Caravaning Gesellschaft,* Junácka 6, SK-83280 Bratislava. Tel: (07) 279 02 23/24. Telefax: (07) 279 05 69.

URLAUBSORTE & AUSFLÜGE

Bratislava ist die Hauptstadt der Slowakischen Republik und das politische, wirtschaftliche und kulturelle Zentrum des Landes. Die Geschichte dieser wunderschönen Donaustadt geht bis in die Zeit der Kelten und Römer zurück. 1291 erhielt Bratislava die Stadtrechte. 1536, zur Zeit der türkischen Belagerung von Ungarn, wurde es zur ungarischen Haupt- und Krönungsstadt. Bauwerke aus jeder nur erdenklichen Stilepoche sind hier vorhanden. Die altehrwürdige Burg, gegründet im 10. Jh. und einige Male um- und wiederaufgebaut, blickt auf die neue Donaubrücke und das historische Viertel mit mittelalterlichen Gäßchen, dem gotischen *St.-Martin-Dom,* der *Krönungskirche ungarischer Könige,* dem *Rolandbrunnen* und dem *Rathaus.* Viele alte Häuser wurden restauriert, und zahlreiche Paläste erinnern an die Kaiserzeit: die Barockbauten *Balássa-Palais* und *Pálffy-Palais,* das *Erdödy-Palais* im Rokoko-Stil und das im Stil des französischen Klassizismus erbaute *Primatial-Palais.* Zu den ältesten Baudenkmälern von Bratislava gehören das Rathaus

BRATISLAVA

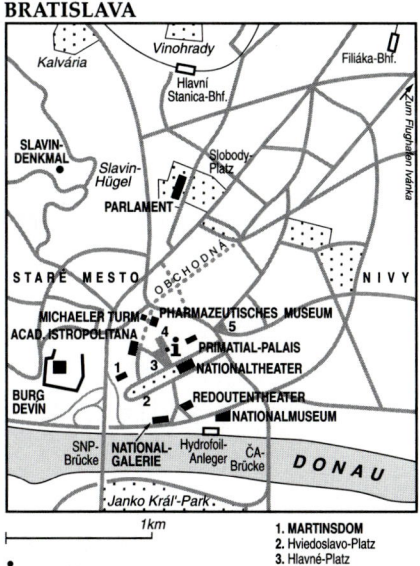

1. MARTINSDOM
2. Hviedoslavo-Platz
3. Hlavné-Platz
4. Františkanke-Platz
5. Kamenné-Platz

▲ *Kapelle in Tatranska Lomnica, Hohe Tatra*

und die *Franziskanerkirche* aus dem 13. Jahrhundert. Bratislava hat Weltstadt-Flair und viele sehenswerte Museen und Galerien wie die *Galerie der Hauptstadt Bratislava* mit Gemälden und Plastiken aus dem 15.-17. Jahrhundert (im Pállfy-, Mirbach- und Primatial-Palais untergebracht), die *Slowakische Nationalgalerie* (slowakische Kunst der Gotik und des Barock), das *Pharmazeutische Museum* und das *Waffen- und Stadtbefestigungsmuseum* in der Nähe des Michaelstors. Die Theater und Konzerthallen der Stadt haben einen ausgezeichneten Ruf und jeden Oktober findet hier ein internationales Musikfest statt. Sehenswert ist ebenfalls die Universität Bratislavas, die im 15. Jahrhundert erbaut wurde.
Die mittelalterliche Stadt **Bardejov** hat einen wunderschönen Marktplatz mit Häusern im Renaissance- und im gotischen Stil. Bestes Beispiel ist das *Rathaus* (1505-1511), das heute die größte Ikonensammlung des Landes beherbergt. Sehenswert ist ferner die *St.-Ägidius-Kirche* mit ihren 11 gotischen Flügelaltären.
Nitra liegt inmitten von Weinbergen, und die Stadt feiert alljährlich im August das Slawische Erntefest. Nitra ist berühmt für seine Burg auf dem Berg Zobor, von der man einen fantastischen Blick auf die Stadt und das umliegende Land hat.
Die Universitätsstadt **Banská Bystrica** liegt im Herzen der Slowakei, am Schnittpunkt der Niederen Tatra, des Slowakischen Erzgebirges und der Kremnitzer Berge. Der alte Marktplatz mit den hübschen Bürgerhäusern sowie das *Uhrenzentrum* (1567), das heute unter Denkmalschutz steht, sind besonders besuchenswert.
Spisská Nová Ves ist für seine gotische Kirche (14. Jh.) mit dem höchsten Kirchturm des Landes bekannt (86 m).
Levocas Innenstadt steht heute unter Denkmalschutz und bietet viele Sehenswürdigkeiten, wie die *St.-Jakobskirche* mit dem von Meister Pavol geschnitzten, fast 19 m hohen und 6 m breiten Altar (1508). Das *Renaissance-Rathaus* sowie mehr als 50 hübsche Bürgerhäuser sind ebenfalls sehenswert.
Spikká Kapitula war seit dem 13. Jahrhundert Sitz der Bischöfe, und die Stadt, die im 12. Jahrhundert entstand, hat auch heute noch einen mittelalterlichen Charakter.
Kosice ist die Hauptstadt der östlichen Slowakei. Der *Elisabethdom* von 1508 mit seinem holzgeschnitzten Hauptaltar ist einen Besuch wert.
AUSSERHALB DER STÄDTE: Die bezaubernde Berg-, Seen- und Waldlandschaft der Slowakei ist ideal für alle Freiluftaktivitäten, vor allem auch für den Wintersport.
In der **Hohen Tatra** findet man die höchsten Gipfel der Slowakei, deren landschaftliche Reize man zu Fuß am besten erkunden kann. **Strbské Pleso** ist einer der besten Skiurlaubsorte und Austragungsort internationaler Skiwettbewerbe. Am bekanntesten ist jedoch **Smokovec**, ein großes Urlaubszentrum, von dem aus viele Exkursionen in die herrliche Gebirgswelt beginnen.
Zahlreiche Seen und Flüsse bieten ausgezeichnete Möglichkeiten zum Fischen, Kanufahren und Schwimmen. Zu den bekanntesten Urlaubsorten gehören **Orava**, **Liptovska Mara** und **Zemplínska Sírava**.
NATIONALPARKS: In der Slowakischen Republik gibt es fünf Nationalparks und 15 weitere Gebiete, die unter Naturschutz stehen. Die Landschaft ist sehr abwechslungsreich und bietet eine einmalige Tier- und Pflanzenwelt. Der **Nationalpark Niedere Tatra** im Herzen der Slowakei umfaßt mehrere Ski- und Urlaubsorte sowie das Demänova-Tal mit seinem weitverzweigten

Slowakische Republik

Höhlensystem. Der **Nationalpark Tatra** ist das älteste Landschaftsschutzgebiet des Landes. **Tatranská Lomnica**, ein bekannter Wintersportort, ist ein guter Ausgangspunkt für Ausflüge in die Hohe Tatra. Der **Pieniny-Nationalpark** liegt 30 km nordöstlich der Hohen Tatra und gehört teilweise zu Polen. Der **Nationalpark Kleine Fatra** ist für seine Täler, Schluchten und artenreiche Tierwelt bekannt und zu jeder Jahreszeit sehr beliebt bei Wanderern. Der **Nationalpark Slovensky Raj** hat eine zerklüftete Landschaft und viele Wasserfälle; *Hrabusice-Podleskok* eignet sich als Ausgangspunkt für Wanderungen in die Umgebung.

KURORTE: Die Slowakei ist reich an Mineralquellen, die in den Kurorten für Kurzwecke genutzt werden. Es gibt mehr als 20 Kurzentren, von denen einige weltweit bekannt sind. **Bardejovské Kúpele** hat acht Heilquellen und war bereits im 13. Jahrhundert ein Kurort. Die Thermalbäder von **Dundince**, nahe der ungarischen Grenze, sind für Behandlungen von Rheumatismus und Gelenkkrankheiten bekannt. Der bedeutendste slowakische Kurort ist **Piestany**, weltbekannt für die Behandlung von rheumatischen Erkrankungen. Er wurde bereits von den römischen Legionären genutzt. In den Schwefelquellen von **Trencianské Teplice**, die bereits seit dem 15. Jahrhundert bestehen, werden hauptsächlich Nervenkrankheiten behandelt.

RUNDREISEN: 6tägige: Bratislava – Nitra – Banská Bystrica – Donovaly – Levoca – Spis – Bardejov – Trocany – Hervartov – Kozany – Liptovsky Mikulás – Zilina – Trencín. **7tägige:** Bratislava–Piestany – Zilina – Niedere Tatra – Chopok – Hohe Tatra – Rotes Kloster an der polnischen Grenze – Fluß Dunajec – Krásna Horka – Dobsiná – Banská Bystrica.

SOZIALPROFIL

ESSEN & TRINKEN: In der slowakischen Küche macht sich der ungarische Einfluß bemerkbar, und Gulasch ist hier pikanter als in Böhmen. Zu den Spezialitäten zählen *Bryndzove halusky* (Kartoffelnockerl mit Schafsmilchquark und gebratenem Speck). Auf der Speisekarte slowakischer Restaurants findet man häufig Wild, in den gebirgigen Gegenden gegrilltes Hammelfleisch, im Süden im Holzkohleofen gebackene Gans. Als Beilagen gibt es oft *Knedliky* (Knödel) und *Zeli* (würziger Weißkohl). Schweinebraten mit Sauerkraut und Kartoffelknödel ist das Nationalgericht. **Getränke:** Fruchtsäfte, Spirituosen und Bier sind beliebt. Landesspezialitäten sind *Slivowitz* (Pflaumenschnaps) und *Merunkowitz* (Aprikosenschnaps). Pilsner ist weltberühmt, außerdem gibt es *Borovicka* (starker Gin), *Becherovka* (Kräuterschnaps) und Sekt aus dem Bratislavaer Raum.

NACHTLEBEN: An Restaurants, Bierkellern, Cafés und gemütlichen Weinstuben herrscht kein Mangel. In den größeren Städten gibt es interessante Theater- und Opernprogramme, in den Großstädten auch Diskotheken und Nachtklubs.

EINKAUFSTIPS: Gute Mitbringsel sind Kunstbücher, Porzellan, Holzschnitzereien, handbestickte Kleidungsstücke und bestimmte Lebensmittel. In den Tuzex-Läden sind Exportwaren erhältlich, Bezahlung in jeder Währung. Für hier gekaufte Waren wird kein Zoll erhoben – der Kassenzettel der Verkaufsstelle genügt. Besonders schön sind Keramikwaren aus der östlichen Slowakei und Holzschnitzereien aus Spisska Bela. **Öffnungszeiten der Geschäfte:** Mo-Fr 09.00-12.00 und 14.00-18.00 Uhr, Sa 09.00-12.00 Uhr. Einige Geschäfte haben auch sonntags geöffnet.

SPORT: Fußball, Volleyball, Tennis und **Eishockey** sind beliebt. In den Bergregionen gibt es gut markierte **Wanderwege**, im Winter kann man hier **Ski fahren**. **Kanu-** und **Wasserskifahren**, **Segeln** und **Angeln** ist an zahlreichen Seen und Flüssen möglich (s. *Urlaubsorte & Ausflüge*).

VERANSTALTUNGSKALENDER
Mai '96 Frauen-Basketball Grand Prix, Kosice. **18. Mai** *International Cyclotour*, Bratislava. **Juni** (1) *Slovnaft-Treffen* (Leichtathletik), Bratislava. (2) *Donau-Preis* (Festival des Kinderfernsehens), Bratislava. (3) *Art Film* (Filmfestival), Trencianske Teplice. (4) *Kultursommer*, Bratislava. **17. - 23. Juni** 4. *Festival der Slawischen Kultur*, Zilina. **7. - 8. Juli** *Zemplín Festival* (internationales Folklorefestival), Michalovce. **31. Aug. - 1. Sept.** 43. *Internationaler Peniny Wasser-Slalom*, Cerveny Klástor. **Sept./Okt.** 16. *BIB* (Ausstellung von Kinderbuch-Illustrationen), Bratislava. **9. - 13. Okt.** *Internationales Festival der Bergfilme*, Poprad. **20. - 22. Okt.** *Bratislava Jazz-Tage*. **24. - 27. Okt.** 5. *Tatra Tourist Workshop*, Poprad. **10. Nov.** 6. *Festival Religiöser Lieder*, Humenné. **2. Dez. '96 - 7. Jan. '97** *Weihnachten auf der Burg*, Burg Bojnice.
Fast alle Städte feiern ihre eigenen Volksfeste mit Tänzen, regionalen Trachten und leckeren Spezialitäten. Die meisten Feste finden im Sommer statt, das Erntedankfest im September bildet den Abschluß der Saison. Weitere Informationen erhalten Sie von SATUR- bzw. CEDOK-Reisen und dem Slowakischen Reisebüro (Adressen s. o.).

SITTEN & GEBRÄUCHE: Zurückhaltende Alltagskleidung ist angemessen. Bei formellen Einladungen und in besonders vornehmen Restaurants und Hotels wird elegantere Kleidung erwartet. **Trinkgeld:** 5-10% werden gern angenommen.

WIRTSCHAFTSPROFIL

WIRTSCHAFT: In keinem anderen Ostblockland war die staatliche Kontrolle im Wirtschaftssektor so groß wie in der ehemaligen Tschechoslowakei, in der es keinerlei private Unternehmen gab. Nach dem Prager Frühling konzentrierte sich die wirtschaftliche Entwicklung des Landes verstärkt auf die Schwer- und Rüstungsindustrie. Das Land hat kaum Bodenschätze und bezog einen Großteil seiner Rohstoffe, insbesondere Erdöl, aus der ehemaligen UdSSR. Seit 1990 bemühte sich die Regierung, eine Wirtschaftsreform durchzuführen, die Privatisierungen und die Einführung einer freien Marktwirtschaft vorsah. Im Herbst 1991 wurden in einer ersten Phase des Reformprogrammes innerhalb von zwei Wochen 1700 Unternehmen privatisiert. Seit der Teilung des Landes hat die Slowakische Republik jedoch einen neuen Kurs eingeschlagen und strebt Privatisierungen durch direkte Verkäufe und Versteigerungen an. Schwerpunktsektoren sind der Maschinenbau, die chemische Industrie, Textil-, Leder-, Schuh- und Glasherstellung, Elektronik, Atomenergie und Automobilindustrie. Die Landwirtschaft produziert in erster Linie für den Export, Bier und Nutzholz sind die wichtigsten Erzeugnisse. Haupthandelspartner sind die Tschechische Republik, Rußland, Deutschland, Österreich, Italien und Polen. Die ehemalige Tschechoslowakei hatte Sonderabkommen mit der damaligen EG getroffen, die jedoch durch die Spaltung des Landes ungültig wurden. Am 1. Februar 1995 trat der Assoziierungsvertrag mit der EU in Kraft. Im Juni desselben Jahres wurde ein Antrag auf EU-Mitgliedschaft gestellt. Die Slowakische Republik ist Mitglied des Europarates. Der Visegrád-Dreibund, ein politisches und wirtschaftliches Bündnis der Staaten Tschechoslowakei, Ungarn und Polen, wurde nach der Trennung der Tschechoslowakei zum Viererbund.

GESCHÄFTSVERKEHR: Geschäftsleute kleiden sich recht formell. Bei Verhandlungen sind lange Mahlzeiten durchaus möglich. Die Haupturlaubszeit im Juli und August sollte vermieden werden. **Geschäftszeiten:** Mo-Fr 08.00-16.00 Uhr.

Kontaktadressen: *Delegierter der Deutschen Wirtschaft*, Palisády 36, SK-81645 Bratislava. Tel: (07) 49 22 55, 31 14 64. Telefax: (07) 31 58 86.
Österreichisch-Slowakische Handelskammer, PO Box 138, SK-81499 Bratislava. Tel: (07) 33 04 43, 33 05 93, 33 18 07. Telefax: (07) 33 23 94.
Schweizerisch-Slowakische Handelskammer, Birmensdorferstraße 527, CH-8055 Zürich. Tel: (01) 462 13 85. Telefax: (01) 461 39 63.
Slowakische Industrie- und Handelskammer, Gorkého 9, SK-81603 Bratislava. Tel: (07) 33 32 72. Telefax: (07) 33 07 54.

KLIMA

Kalte Winter und milde Sommer.
Lage: Südliches Mitteleuropa.

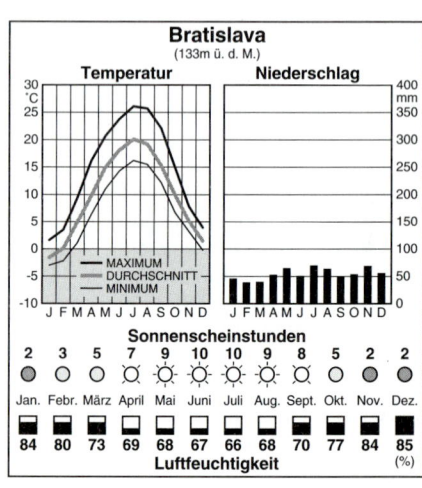

Slowenien

□ Internationaler Flughafen

Slowenisches Fremdenverkehrsamt
Maximiliansplatz 12a
D-80333 München
Tel: (089) 29 16 12 02.
Mo-Fr 08.30-12.00 und 13.00-17.00 Uhr.
Slowenisches Fremdenverkehrsamt
Hilton Center
Landstraßer Hauptstraße 2
A-1030 Wien
Tel: (0222) 715 40 10. Telefax: (0222) 713 81 77.
Mo-Fr 09.00-17.00 Uhr.
Slowenisches Fremdenverkehrsamt
St. Leodegarstraße 2
CH-6006 Luzern
Tel: (041) 410 85 15. Telefax: (041) 410 83 54.
Mo-Fr 09.00-12.00 und 13.45-18.00 Uhr.
Zentrum für Tourismus und Wirtschaft
Igriska 5
SLO-61000 Ljubljana
Tel: (061) 125 61 72, 125 63 06. Telefax: (061) 125 73 23.
Botschaft der Republik Slowenien
Siegfriedstraße 28
D-53179 Bonn
Tel: (0228) 85 80 31, *Konsularabt.*: 85 80 33. Telefax: (0228) 85 80 57.
Mo-Fr 09.00-16.00 Uhr, *Konsularabt.*: 09.00-12.00 Uhr, Mi auch 15.00-17.00 Uhr.
Generalkonsulat mit Visumerteilung in München (Tel: (089) 543 98 19, 543 94 81).
Botschaft der Republik Slowenien
Nibelungengasse 13/3
A-1010 Wien
Tel: (0222) 586 13 07. Telefax: (0222) 586 12 65.
Mo-Fr 09.00-12.00 Uhr.
Generalkonsulat mit Visumerteilung in Klagenfurt (Tel: (0463) 5 41 50; *Geschäftsbereich*: Kärnten, Tirol, Vorarlberg und den Amtsbereich Salzburg).
Botschaft der Republik Slowenien
Schwanengasse 9
CH-3011 Bern
Tel: (031) 312 44 18. Telefax: (031) 312 44 14.
Mo 10.00-14.00 Uhr, Mi 13.00-18.00 Uhr, Do 10.00-13.00 Uhr.

TIMATIC INFO-CODES

Abrufbar über Ihr CRS-System (für START/Amadeus Ama-Maske benutzen). Für Galileo bitte TI-DFT eingeben (mit Bindestrich).

Flughafengebühren	TI DFT/ LJU /TX
Währung	TI DFT/ LJU /CY
Zollbestimmungen	TI DFT/ LJU /CS
Gesundheit	TI DFT/ LJU /HE
Reisepassbestimmungen	TI DFT/ LJU /PA
Visabestimmungen	TI DFT/ LJU /VI

Botschaft der Bundesrepublik Deutschland
Presernova 27
SLO-61000 Ljubljana
PP 85
SLO-61101 Ljubljana
Tel: (061) 21 61 66. Telefax: (061) 125 42 10.
Botschaft der Republik Österreich
Strekljeva 5
SLO-61000 Ljubljana
Tel: (061) 21 34 36, 21 34 12. Telefax: (061) 22 17 17.
Konsulat ohne Paß- und Sichtvermerksbefugnis in Maribor.
Konsulat der Schweizerischen Eidgenossenschaft
Emona-Center, 2. Stock
Smartinska 130
SLO-61000 Ljubljana
Tel: (061) 140 52 31, 140 53 51. Telefax: (061) 140 11 54.

FLÄCHE: 20.253 qkm.
BEVÖLKERUNGSZAHL: 1.937.000 (1993).
BEVÖLKERUNGSDICHTE: 96 pro qkm.
HAUPTSTADT: Ljubljana. Einwohner: 270.760 (1993).
GEOGRAPHIE: Slowenien ist ein kleines, verkehrsgünstig gelegenes Land, das von Norden nach Süden und von Osten nach Westen von Transitstraßen durchzogen wird. Im Westen grenzt Slowenien an Italien, im Norden an Österreich, im Nordosten an Ungarn und im Süden an Kroatien. Berge, Wälder und Flüsse bestimmen das abwechslungsreiche Landschaftsbild. Der wichtigste Hafen an der 47 km langen Adriaküste ist Koper. Die noch weitgehend ursprüngliche Landschaft, alte Burgen und Schlösser, die selbstverständliche Gastfreundlichkeit der Menschen und nicht zuletzt die berühmte Karst-Region mit dem weltbekannten Gestüt der Lipizzaner machen Slowenien zu einem reizvollen Reiseland.
STAATSFORM: Republik seit 1991, demokratischer Mehrparteienstaat. Staatsoberhaupt: Milan Kucan, seit April 1990 (1992 wiedergewählt). Regierungschef: Janez Drnovsek, seit April 1992. Zweikammerparlament, Staatsversammlung mit 90 Abgeordneten und Staatsrat mit 40 Mitgliedern. Am 8. Okt. 1991 trat die im Juni verkündete Unabhängigkeitserklärung in Kraft. Am 15. Jan. 1992 wurde die Republik Slowenien von den damaligen EG-Ländern offiziell anerkannt.
SPRACHE: Slowenisch ist Amtssprache, Minderheitssprachen sind Serbokroatisch, Ungarisch und Italienisch. Viele Slowenen sprechen auch etwas Deutsch und Englisch.
RELIGION: Überwiegend römisch-katholisch, jüdische und moslemische Minderheiten.
ORTSZEIT: MEZ.
NETZSPANNUNG: 220 V, 50 Hz.
POST- UND FERNMELDEWESEN: Telefon: Selbstwählferndienst. **Landesvorwahl:** 386. Es gibt Karten- und Münztelefone, für die spezielle Münzen bei der Post oder in Zeitungsläden erhältlich sind. Telefonkarten werden nur in Postämtern verkauft. **Telefaxstellen** gibt es in Postämtern und Hotels. **Telex/Telegramme:** Es gibt nur wenige Telexanschlüsse. Telegramme können in jedem Postamt aufgegeben werden. **Post:** Im Inland recht zuverlässig. Briefmarken kann man auch an Zeitungskiosken kaufen. Öffnungszeiten der Postämter: Mo-Fr 08.00-18.00 Uhr, Sa 08.00-13.00 Uhr. Nachtschalterservice in größeren Städten. In der Innenstadt von Ljubljana gibt es sieben Postämter, darunter eins für Touristen (Prazakova 6).
DEUTSCHE WELLE
Der Einsatz der Kurzwellenfrequenzen ändert sich mehrfach im Laufe eines Jahres, und Sendungen auf den folgenden Frequenzen werden jeweils nur zu bestimmten Tageszeiten ausgestrahlt. Näheres in der Einleitung.

MHz	15,275	13,780	9,545	6,075	3,995
Meterband	19	22	31	49	75

REISEPASS/VISUM

Wichtiger Hinweis: Die Einreisebestimmungen mancher Länder können sich kurzfristig ändern – rufen Sie sicherheitshalber auf Ihrem CRS-System (TIMATIC-Info-Code-Fenster in diesem Kapitel) den aktuellen Stand ab bzw. wenden Sie sich an die zuständige diplomatische Vertretung. Etwaige Zahlen in der Tabelle beziehen sich auf nachfolgende Fußnoten.

	Paß erforderlich?	Visum erforderlich?	Rückflugticket erforderlich?
Deutschland	Nein/1	Nein	Nein
Österreich	Nein/1	Nein	Nein
Schweiz	Nein/1	Nein	Nein
Andere EU-Länder	Nein/1	2	Nein

REISEPASS: Allgemein erforderlich, ausgenommen sind [1] Staatsangehörige der EU-Länder, der Schweiz und Kroatiens für Aufenthalte von maximal 30 Tagen. Bei Einreise mit dem Personalausweis wird an der Grenze kostenlos ein Passierschein ausgestellt. Bei Transitreisen ist generell immer ein Reisepaß erforderlich. Kinder unter 16 Jahren benötigen einen Kinderausweis (ab 5 Jahren mit Lichtbild), wenn sie nicht im Elternpaß eingetragen sind.
VISUM: Allgemein erforderlich, ausgenommen sind Staatsangehörige folgender Länder:
(a) [2] Bundesrepublik Deutschland, Österreich und Schweiz sowie übrige EU-Länder für Aufenthalte von bis zu 90 Tagen (bei Einreise mit Einreisepaß);
(b) Andorra, Algerien, Argentinien, Australien, Bosnien-Herzegowina, Chile, Iran, Island, Israel, Japan, Kanada, Korea-Süd, Kroatien, Liechtenstein, Mazedonien (Ehem. jugosl. Republik), Malta, Monaco, Neuseeland, Norwegen, Polen, San Marino, der Slowakischen Republik, Tschechische Republik, Türkei, Tunesien, Ungarn, Uruguay, USA, Vatikanstadt und Zypern für Aufenthalte von bis zu 90 Tagen;
(c) Staatsangehörige von Bulgarien und Rumänien für Aufenthalte bis zu 30 Tagen;
(d) Staatsangehörige von Singapur für Aufenthalte bis zu 14 Tagen.
Visaarten: Einfachvisum, Mehrfachvisum und Transitvisum. Geschäfts- und Arbeitsvisa können bei den diplomatischen Vertretungen oder in Slowenien selbst beantragt werden. Mehrfachvisa werden nur unter bestimmten Voraussetzungen auf schriftliches Gesuch hin (meist für Geschäftsreisen) ausgestellt.
Visagebühren: *Einfach-/Transitvisum*: 50 DM, 350 öS, 43 sfr; *Mehrfachvisum*: 100 DM, 700 öS, 85 sfr; *Geschäftsvisum*: 100 DM, 1050 öS, 170 sfr.
Gültigkeitsdauer: Einfach- und Mehrfachvisa: unterschiedlich, 1 Woche bis 3 Monate. Transitvisa: max. 7 Tage.
Antragstellung: Konsulat bzw. Konsularabteilungen der Botschaft (Adressen s. o.).
Unterlagen: (a) Gültiger Reisepaß. (b) Antragsformular. (c) Gebühr.
Der Antrag muß persönlich gestellt werden.
Bearbeitungszeit: In der Regel sofort.

GELD

Währung: 1 Slowenischer Tolar (SLT) = 100 Stotin. Banknoten sind im Wert von 5000, 1000, 500, 200, 100, 50 und 10 SLT in Umlauf, Münzen in den Nennbeträgen 20, 10, 5, 2 und 1 SLT sowie 50 Stotin. Der Slowenische Tolar wurde im Oktober 1991 eingeführt, die galoppierende Inflationsrate (1992: 200%) ist mittlerweile auf rund 15% (1994) gesunken.
Geldwechsel: In Banken, Wechselstuben und Hotels.
Kreditkarten: *American Express*, *Eurocard*, *Visa* und *Diners Club* werden in Hotels und größeren Geschäften angenommen. Einzelheiten vom Aussteller der betreffenden Kreditkarte.
Reiseschecks werden fast überall angenommen und können in vielen Postämtern eingelöst werden.
Wechselkurse

	SLT Juni '92	SLT Febr. '94	SLT Jan. '95	SLT Jan. '96
1 DM	56,80	77,54	82,62	90,35
1 US$	84,78	134,61	128,06	129,88

Devisenbestimmungen: Die Ein- und Ausfuhr von Fremdwährungen unterliegt keinen Beschränkungen. Die Ein- und Ausfuhr der Landeswährung ist auf 300.000 SLT beschränkt.
Öffnungszeiten der Banken: Mo-Fr 08.30-12.00 und 14.00-16.30 Uhr, Sa 08.00-12.00 Uhr.

DUTY FREE

Folgende Artikel dürfen zollfrei nach Slowenien eingeführt werden:
200 Zigaretten oder 50 Zigarren oder 250 g Tabak;
2 l Wein;
1 l Spirituosen;
50 g Parfüm oder 250 ml Eau de toilette;
Geschenke im Wert von 100 US$.

GESETZLICHE FEIERTAGE

1./2. Mai '96 Tage der Arbeit. **26./27. Mai** Pfingsten. **25. Juni** Staatsfeiertag. **15. Aug.** Mariä Himmelfahrt. **31. Okt.** Reformationstag. **1. Nov.** Allerseelen. **25. Dez.** Weihnachten. **26. Dez.** Unabhängigkeitstag. **1./2. Jan. '97** Neujahr. **8. Febr.** Tag der Kultur. **30./31. März** Ostern. **27. April** Tag des Widerstands. **1./2. Mai** Tage der Arbeit. **18./19. Mai** Pfingsten.

GESUNDHEIT

In der folgenden Tabelle aufgeführte Impfvorschriften können sich kurzfristig ändern. Es wird stets empfohlen, im Ihrem CRS-System (TIMATIC-Info-Code-Fenster in diesem Kapitel) den aktuellen Stand der Gesundheitsbestimmungen abzurufen bzw. rechtzeitig vor der Reise ärztlichen Rat einzuholen.

	Vorsichtsmaßnahmen empfohlen	Impfschein erforderlich
Gelbfieber	Nein	Nein
Cholera	Nein	Nein
Typhus & Polio	Nein	-
Malaria	Nein	-
Essen & Trinken	Nein	-

Gesundheitsvorsorge: Obwohl de jure das gegenseitige Abkommen Deutschlands mit Jugoslawien und damit auch die Anspruchsbescheinigung Ju 6 noch gültig sind, wird auf jeden Fall der Abschluß einer Reisekrankenversicherung empfohlen. Dies gilt auch für Reisende aus Österreich und der Schweiz.

REISEVERKEHR - International

FLUGZEUG: Sloweniens nationale Fluggesellschaft *Adria Airways* bietet Linienflugdienste und Charterverbindungen in viele europäische Städte, darunter Frankfurt (tgl.), München (tgl.), Wien und Zürich (Kontaktadressen s. o.). *Austrian Airlines* fliegen von Wien und *Swissair* von Zürich.
Durchschnittliche Flugzeiten: *Frankfurt* – Ljubljana: 1 Std. 15; *Wien* – Ljubljana: 1 Std. 10; *Zürich* – Ljubljana: 1 Std.
Internationale Flughäfen: *Ljubljana* (*LJU*) (Brnik) liegt 25 km vom Stadtzentrum entfernt. Flughafeneinrichtungen: Bank, Restaurants/Bars, Geschäfte einschl. Duty-free-Shops, Postamt, Tourist-Information und Mietwagenschalter. Taxistand. Der Bus zum Stadtzentrum braucht 45 Min., außerdem fährt ein Bus nach Kranj (Fahrzeit 15 Min.).
In *Maribor* landen ebenfalls einige internationale Flüge. Restaurant und Duty-free-Shop vorhanden.
Flughafengebühr: 23,50 DM oder Gegenwert.
SCHIFF: Es gibt Verbindungen von der Adriaküste zu den italienischen Häfen.
BAHN: Es gibt Zugverbindungen in die meisten wichtigen west- und osteuropäischen Städte und gute Verbindungen nach Wien, München, Triest und Venedig. Internationale Züge führen Schlaf- und Liegewagen, Speisewagen und eine Bar. *InterRail*-Pässe und *EURO DOMINO*-Netzfahrkarte gelten auch in Slowenien, Einzelheiten s. *Deutschland*.
BUS/PKW: Es gibt zahlreiche Grenzübergänge nach Italien, Österreich, Ungarn und Kroatien. Die wichtigsten sind:
Österreich: Wurzenpass (Villach) – Korensko Sedlo; Loibltunnel (Klagenfurt) – Ljubelj (Ljubljana); Seebergsattel – Jezersko; Rabenstein – Vic; Eibiswald – Radlje ob Dravi; Spielfeld (Graz) – Sentilj (Maribor); Karawankentunnel (Villach) – Jesenice; Lavamünd – Dravograd.
Italien: Albaro Veskova – Skofije; Pesse (Triest) – Kozina; Triest – Lipica; Triest – Koper; Fernetti (Triest) – Fernetici (Sezana); Gorizia – Nova Gorica; Passo del Predil – Predel, Fusine Laghi – Ratece, Tarvisio – Ratece.
Ungarn: Rédics – Dolga Vas.
Kroatien: (Villach) Ljubljana – Zagreb sowie Buje, Rupa und Varazdin.
Alle großen Grenzübergänge sind rund um die Uhr geöffnet. Weitere Informationen s. *Unterlagen* und *Verkehrsbestimmungen*.
Fernbusse: Verbindungen mit dem Europabus nach Maribor, Ljubljana und Gornja Radgona. Auskünfte erteilt u. a. die *Deutsche Touring GmbH* in Frankfurt/M., Tel: (069) 79 03-0. Von Österreich und der Schweiz werden ebenfalls verschiedene Busreisen nach Slowenien angeboten, Informationen u. a. von *Bustours* in Wien sowie vom *Walliser Reiseunternehmen* und *Marti* in Zürich.

REISEVERKEHR - National

FLUGZEUG: Verkehrsflughäfen für den Inlandverkehr gibt es in Maribor im Osten Sloweniens und in Portoroz an der Adriaküste.
Flughafen: *Portoroz* wird nur von kleinen Flugzeugen im Inlandverkehr angeflogen. Mietwagenschalter, Taxistand.
SCHIFF: Die wichtigsten slowenischen Hafenstädte sind Koper, Izola und Piran.
BAHN: Das Schienennetz umfaßt 1200 km, nahezu alle Ortschaften sind mit dem Zug zu erreichen. Auskünfte erteilen Informationsstellen der Schweizerischen Bundesbahnen SBB und die *Generalvertretungen der Slowenischen Eisenbahnen* in Wien und München. Adressen: Opernring 1/R., A-1010 Wien. Tel: (0222) 587 42 51. Telefax: (0222) 587 42 51 13 und Fürtenriederstraße 49, D-80868 München. Tel: (089) 546 77 10. Telefax: (089) 54 67 71 11.
BUS/PKW: Das Verkehrsnetz ist recht gut ausgebaut, es gibt mehrere Autobahnen und Schnellstraßen. Autobahnen verbinden Ljubljana, Postojna und Razdrto mit der Küste im Südwesten des Landes und Ljubljana mit Kranj, der Region Gorenjska im Nordwesten und dem 7 km langen Karawankentunnel, der von Jesenice nach Österreich führt. Insgesamt umfaßt das Straßennetz etwa 11.000 km, davon sind 90% asphaltiert. Weitere Informationen vom ADAC-Partnerklub *Auto-Moto Zveza Slovenije* (*AMZS*), Dunajska 128, SLO-61000 Ljubljana. Tel: (061) 168 11 11. Information und Notruf unter der Nummer 987. Bleifreies Benzin ist überall erhältlich. Die Promillegrenze liegt bei 0,5‰. **Mietwagen:** Niederlassungen internationaler und lokaler Verleihfirmen in allen größeren Städten, Urlaubsgebieten und auf dem internationalen Flughafen Brnik. Mindestalter meist 21 Jahre (z. T. auch 18 Jahre). **Unterlagen:** Der Führerschein des eigenen Landes reicht aus. Zollunterlagen werden nicht verlangt, man sollte jedoch die Fahrzeugpapiere dabei haben. Die Grüne Versicherungskarte ist erforderlich. **Verkehrsbestimmungen:** Geschwindigkeitsbegrenzungen: 120 km/h auf Autobahnen; 100 km/h auf Kraftfahrstraßen; 80 km/h auf allen anderen Straßen; 60 km/h innerhalb geschlossener Ortschaften.
STADTVERKEHR: In Ljubljana und Maribor gibt es Busse. Taxis stehen in allen größeren Städten zur Verfügung.
FAHRZEITEN von Ljubljana zu folgenden größeren slowenischen Städten (ungefähre Angaben in Std. und Min.):

	Bahn	Bus/Pkw
Portoroz	2.30	1.30
Maribor	2.30	2.00
Lipica	-	1.00
Bled	1.15	0.45
Murska Sobota	3.30	3.00
Postojna	1.00	0.45
Novo Mesto	1.30	1.00

UNTERKUNFT

Insgesamt stehen in Slowenien über 75.000 Hotelbetten zur Verfügung. Mittelklasse-Hotels überwiegen, in Ljubljana gibt es ein 5-Sterne-Hotel. **Kategorien:** DeLuxe, A-, B-, C- und D-Klasse. Weitere Unterkunftsmöglichkeiten bieten sich in Privatzimmern, Pensionen, Ferienwohnungen und Ferienhäusern. Ferien auf dem Bauernhof werden ebenfalls angeboten. Nähere Auskünfte erteilt das Slowischefremdenvekehrsamt und Wirtschaft (Adressen s. o.).

URLAUBSORTE & AUSFLÜGE

Ljubljana, die Hauptstadt Sloweniens, wurde das erste Mal urkundlich im Jahre 1144 unter dem Namen »Laibach« erwähnt. Die Geschichte der Stadt geht jedoch bis in das Zeitalter der Römischen Emona (14 AD) zurück; die Mauer und Fundamente zweier römischer Villen aus dieser Zeit sind bis heute noch erhalten geblieben. Die Stadt selber zieht sich an den Ufern der Ljubljanica entlang, wo auch die schönsten Teile der *Altstadt* liegen. Hier findet man Häuser mit Fassaden aus der Renaissance, der Barockzeit und Sezession, geschmückte Portale und gewölbte Hofeingänge, die heutzutage Antiquitätenläden, elegante Geschäfte und zahlreiche Cafés beherbergen. Im Sommer lohnt es sich einen Abendbummel durch diesen lebhaften Stadtteil zu machen, da – versteckt in den einzelnen Innenhöfen – oft Theateraufführungen, Lesungen oder Konzerte aufgeführt werden. Am Anfang der Altstadt befindet sich das *Rathaus* (Ende des 15. Jh. erbaut, 1718 neu gestaltet), in dem die Einheimischen im 16. und 17. Jahrhundert vagabundierenden Komödianten zugesehen haben. Der *Barocke Brunnen* (1751) vor dem Eingang stammt von Francesco Robba und stellt allegorisch Skulpturen die drei Flüsse aus der Umgebung dar: Sava, Krka und Ljubljanica. Die zweitürmige romanische *Kathedrale Stolnica* mit ihren prächtigen Fresken ist ebenfalls einen Besuch wert. Teile der Kirche stammen aus dem 12 Jahrhundert. Ihr jetziges Aussehen erhielt die Kathedrale allerdings erst 1701/1708 unter itelienischen Einflüssen. Gleich hinter der Kathedrale befindet sich der *Marktplatz*, dessen buntes Treiben besonders an einem Samstag zu empfehlen ist. Am Marktplatz befindet sich ebenfalls die berühmte »Drachenbrücke«, *Zmajski most*, deren Drache schon seit Jahrhunderten das Stadtwappen von Ljubljana ist. Auf der gegenüberliegenden Seite des Marktes befindet sich die Brücke *Tromostovje*, was so viel wie »drei Brücken« heißt. Zu der mittleren Steinbrücke wurden 1931 von dem slowenischen Architekten Joze Plecnik zwei Fußgängerbrücken hinzugefügt, um der Altstadt einen noch besseren Zugang zu verleihen. Das *Schloß* liegt auf einem Hügel, von dessen Turm aus man einen schönen Blick auf die gesamte Stadt hat, bei gutem Wetter sogar bis zu den Julischen und Steiner Alpen. Nach Beendigung der Restaurierungsarbeiten ist es wieder für Besucher geöffnet. Am Ostufer des Flusses befindet sich das *Stadtmuseum* mit seiner bedeutenden römischen Sammlung. Im Universitätsviertel liegt die *Ursulinenkirche* (1726), das beste Beispiel der Barocks in Ljubljana. Der Hauptaltar ist das größte Werk von Francesco Robba. Das Nationalmuseum, die Oper, die Nationalgalerie, die Städtische Galerie und das Haus der Modernen Kunst mit den wunderschönen *Tivoli-Gärten* sind weitere touristische Anziehungspunkte.
Die zweitgrößte slowenische Stadt **Maribor** erstreckt sich an dem Fluß Drava und hat ebenfalls einiges zu bieten. Wunderschöne, reichverzierte Barockbauten bezeugen die lange Geschichte der Universitätsstadt. Besonders reizvoll ist der Stadtteil *Lent*, der nach dem Abschluß der Sanierungsarbeiten in neuem Glanz erstrahlt. Hier kann man den ältesten Rebstock Europas bestaunen (400 Jahre alt), der auch heute noch jährlich 60 Liter guten Wein gibt. Maribor hatte einst drei Burgen von denen heute leider nur noch eine (15 Jh.) erhalten geblieben ist. In ihr ist ein interessantes Regionalmuseum untergebracht. Wahrzeichen der Altstadt ist die prächtige *Pestsäule* (1743) auf dem Hauptplatz.
In den **Julischen** und **Steiner Alpen** kann man nicht nur herrlich wandern, sondern auch im Winter gut Ski laufen. Die beliebtesten Wintersportzentren sind **Kranjska Gora, Planica**, das für seine guten Sprungschanzen bekannt ist, und **Bovec** im Socatal. Unweit der Grenze zu Österreich liegt **Podkoren**. **Bled** mit seinen hübschen Villen und Gärten war bereits zu Beginn des Jahrhunderts ein vielbesuchter Urlaubsort. Am idyllischen **Bled-See** gelegen, bieten sich Möglichkeiten zum Schlittschuhlaufen und Eisstockschießen im Winter und Kanufahren im Sommer. Forellen und Karpfen können geangelt werden. Die Wallfahrtskirche *St. Maria*, die auf einer kleinen Insel im See liegt, sowie die *Burg*, ehemaliger Sitz der Bischöfe von Brixen, sind äußerst sehenswert. Von hier hat man einen wunderschönen Blick auf die Stadt, den See und die umliegenden Berge. **Ptuj** ist für seine römischen Ruinen bekannt; die Stadt hat sich bis heute ihren mittelalterlichen Stadtkern und ihre Karnevalstradition bewahrt. **Portoroz** ist der größte Urlaubsort Sloweniens am Meer und ein bekannter Kurort.
Die Hafenstadt **Koper** hat immer noch italienisches Flair. Durch das *Muda-Tor* gelangt man in die malerische Altstadt. Der weithin sichtbare *Stadtturm* (1480), das Wahrzeichen der Stadt, sowie einige Bauwerke im venezianisch-gotischen Stil wie die *Kathedrale* aus dem 15. Jahrhundert, die *Loggia* und der *Justizpalast* sind ganz besonders sehenswert. Die im romanischen Stil erbaute *Carmin Rotunda* (1317) sollte man sich unbedingt anschauen, und das *Landesmuseum* bietet eine interessante Sammlung alter Karten der Gegend.
In dem hübschen Küstenort **Piran** wurde der Komponist Guiseppe Tartini geboren. Bei einem Stadtbummel durch die engen verwinkelten Gäßchen stößt man auf Schritt und Tritt auf zauberhafte Kirchen und andere eindrucksvolle Baudenkmäler. Den schönsten Blick auf die Dächer und Türme des hoch zwischen den Buchten von Strunjan und Piran gelegenen Städtchens hat man vom Kampanile der *Renaissancekirche St. Georg*.
Die herbe **Karstlandschaft** mit ihren großen Höhlen, Steinhäusern und Wäldern hat einen ganz besonderen Reiz. Weltbekannt ist das Gestüt **Lipica**, das im 16. Jahrhundert gegründet wurde. Auf dem Besuchsprogramm stehen neben der Besichtigung des Gestüts, je nachdem, wieviel Zeit man mitbringt, Ausflugsfahrten in alten Pferdekutschen, abenteuerliche Besichtigungen der Höhlen der Umgebung (u. a. die atemberaubenden *Höhlen von Skocjan*, die von der UNESCO zum Weltnaturdenkmal erklärt wurden), eine Kostprobe der lokalen Spezialitäten oder eine Partie Golf.

SOZIALPROFIL

ESSEN & TRINKEN: Die Slowenische Küche ähnelt der des Nachbarlandes Österreich, und auch deutsche und vor allem italienische Einflüsse sind unverkennbar. Sauerkraut, Bratwürste und vor allem Schweinefleischgerichte finden sich häufig auf der Speisekarte. Zu Gemüse wird oft *Prsut* (luftgetrockneter Schinken) gereicht. Typisch sind ferner Buchweizengerichte. Zum Nachtisch werden Apfelstrudel, *Gibanica* (in Schichten, sehr gehaltvoll) und Hefekuchen mit Walnußfüllung serviert.
Getränke: Riesling und Roséweine sind zu empfehlen. Bekannt sind die Marken *Teran* (Karst-Region) und *Cvitschek* (Dolenjska). In Slowenien gibt es drei bekannte Weinanbaugebiete. Guter Obstschnaps wird ebenfalls gebraut.
NACHTLEBEN: Die größeren Städte bieten eine gute Auswahl an Theatern, Kinos und Nachtklubs. Ljubljana hat eine Oper, und Konzerte des Symphonieorchesters finden regelmäßig im großen Saal des Kultur- und Kongreßzentrums statt. In vielen Städten gibt es Amateurtheater und Chöre.
EINKAUFSTIPS: Traditionelle Handarbeiten wie Stickereien, Holzschnitzereien und Töpferwaren sind gute Mitbringsel. **Öffnungszeiten der Geschäfte:** Mo-Fr 07.00-19.00 Uhr, Sa 07.00-13.00 Uhr. Einige Läden haben auch Sonntag vormittags und an Feiertagen geöffnet.
SPORT: Heilbäder gibt es im Osten, Nord- und Südosten des Landes, die bekanntesten **Wintersportorte** sind Bled, Bohinj, Vogal, Kranjska Gora und Mariborsko Pohorje (wichtiges Damen-Weltcup-Rennen). Gute Bedingungen für Abfahrten und Langlauf. Slowenien hat herrliche **Wandergebiete**, insgesamt stehen rund 9000 km markierter Wanderwege zur Verfügung. Einer der schönsten, die Slowenische Transversale, führt durch eine herrliche Berglandschaft. Übernachtet wird in 140 Alpenhütten oder in einer der einladenden Gasthäuser der größeren Ortschaften. Auch auf Bauernhöfen findet man häufig Unterkunft. Eine Wanderung auf diesem ältesten Wanderweg Europas ist ein unvergeßliches Erlebnis, das den Alltagsstreß vergessen läßt. **Angelscheine** erhält man in Hotels und bei den örtlichen Behörden. An der Adriaküste kann man ohne Genehmigung angeln, in anderen Gewässern ist eine Lizenz erforderlich. Weitere Informationen vor Ort. **Segeln** ist ein beliebter Sport an der Küste. Segelboote können in allen Häfen gemietet werden. Wer mit dem eigenen Boot anreist, muß sich vorher eine Genehmigung holen. **Radfahren, Rudern** in Bergflüssen und Seen, **Drachenfliegen** und **Gleitschirmfliegen** sind ebenfalls möglich. In der Nähe von Bled gibt es einen wunderschönen **Golfplatz**. Weitere schöne Golfplätze findet man in Lipica, Mokrice und Rogaska Slatina. **Reiterferien** werden in verschiedenen Regionen angeboten. **Skifahren** ist neben **Fußball** der beliebteste **Publikumssport**.
VERANSTALTUNGSKALENDER
Juni - Sept. '96 *22. Internationale Grafik-Biennale*, Ljubljana. **Mitte Juli - Ende Aug.** *Internationales Sommerfestival*, Ljubljana. **Aug. - Sept.** *42. Internationales Weinfest*, Ljubljana.
Ein Verzeichnis der zahlreichen bunten Veranstaltungen, die alljährlich in Slowenien stattfinden, ist auf Anfrage

Slowenien / Somalia

vom Fremdenverkehrsamt erhältlich.
SITTEN & GEBRÄUCHE: Zur Begrüßung gibt man sich die Hand. Die Slowenen sind gastfreundlich und großzügig. Die üblichen Umgangsformen gelten auch hier, zwanglose Kleidung wird akzeptiert. In öffentlichen Verkehrsmitteln sowie in Kinos, Theatern, Ämtern und Wartezimmern ist Rauchen verboten. **Trinkgeld:** In Hotels, Restaurants und Taxis sind 10 % Trinkgeld üblich.

WIRTSCHAFTSPROFIL

WIRTSCHAFT: Slowenien ist die wohlhabendste der ehemaligen jugoslawischen Republiken. Wichtigster Wirtschaftszweig ist die Industrie (v. a. Textilien, Nahrungsmittel und chemische Produkte). Aufgrund des niedrigen Selbstversorgungsgrades und des Mangels an Bodenschätzen wurde die slowenische Wirtschaft von den Folgen des Bürgerkrieges hart getroffen; das Bruttoinlandsprodukt ging 1991 um 15% und 1992 um weitere 10% zurück, stieg aber 1993 schon wieder leicht an. Gleichzeitig fiel der Lebensstandard um 30%, und die Arbeitslosigkeit lag 1993 bei über 15% (früher Vollbeschäftigung). Die Inflation ist mittlerweile unter Kontrolle. Finanzielle Hilfe und Investitionen aus dem Ausland sind dringend erforderlich, um der Wirtschaft neue Impulse zu geben. In Anbetracht der Mitgliedschaft Sloweniens im Internationalen Währungsfonds erscheinen sie auch durchaus möglich. Der wirtschaftliche Reformprozeß und die geplante Privatisierung schreiten jedoch nur langsam voran und wurden bislang oft durch politische Unstimmigkeiten innerhalb der Regierung verzögert. Die Touristikbranche, die zunächst hohe Verluste zu verzeichnen hatte, scheint sich jetzt zu erholen. 1992 kamen bereits wieder über eine Mio. Gäste ins Land, womit die alten Besucherzahlen fast wieder erreicht wurden. Rund 5% der Erwerbstätigen sind im Fremdenverkehr beschäftigt, der ca. 2,6% des Bruttoinlandsproduktes erbringt. Die meisten Urlauber kamen bislang aus Italien, Österreich und Deutschland. Besonders bei den Deutschen wird ein Slowenienurlaub immer beliebter. 1993 waren es ca. 95.000 deutsche Besucher. Haupthandelspartner sind Deutschland, Italien, Kroatien, Frankreich und Österreich. Ausgeführt werden vor allem Maschinen, Arzneimittel, chemische Erzeugnisse und Fertigwaren.
GESCHÄFTSVERKEHR: Termine sollten im voraus vereinbart und pünktlich eingehalten werden. Visitenkarten sind üblich. Geschäftsleute sprechen i. allg. Deutsch, Englisch oder auch Italienisch. Vor Ort bieten eine Vielzahl von Maklern, Beratern, Gutachtern und Rechtsanwälten ausländischen Firmen ihre Dienste an.
Geschäftszeiten: Mo-Fr 07.00-15.00 Uhr.
Kontaktadressen: *Handelsabteilung der Botschaft der Republik Sloweniens,* Siegfriedstraße 28, D-53179 Bonn. Tel: (0228) 85 81 06. Telefax: (0228) 85 80 57.
Repräsentanz der Deutschen Wirtschaft, Trg Republike 3 (TR3), SLO-61000 Ljubljana. Tel: (061) 126 25 67. Telefax: (061) 126 47 80.
Avstrijsko Veleposlanistvo, Gospodarski oddelek (Außenhandelsstelle der Wirtschaftskammer Österreichs), PP 313, SLO-61001 Ljubljana. Tel: (061) 125 22 44/54. Telefax: (061) 125 32 61.
Handelskammer der Republik Slowenien, Slovenska Cesta 41, SLO-61000 Ljubljana. Tel: (061) 125 01 22. Telefax: (061) 21 82 42.
KONFERENZEN/TAGUNGEN: Slowenien ist ein Tagungsort mit Tradition, hier wurde 1821 das Bündnis der Heiligen Allianz zwischen Rußland, Preußen und Österreich geschlossen. Die wichtigsten Tagungsorte sind Ljubljana, Bled, Portoroz, Radenci und Rogaska Slatina mit Kapazitäten für maximal 2000 Teilnehmer. Nähere Auskunft erteilt das *Kulturni & Kongresni Center Cankarjev Dom,* Prisirnova 10, SLO-61000 Ljubljana. Tel: (061) 22 38 41. Telefax: (061) 21 74 31.

KLIMA

Kontinentalklima mit heißen Sommern und kalten Wintern im Osten und Südosten, im Nordwesten Alpenklima, im Küstengebiet Mittelmeerklima.

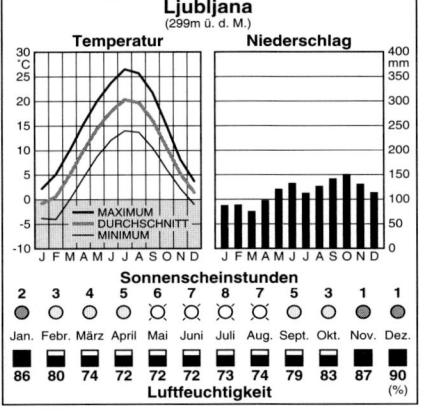

Somalia

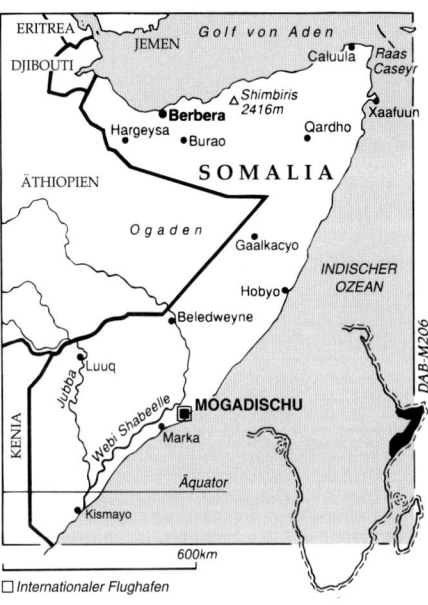

□ *Internationaler Flughafen*

Lage: Ostafrika.

Anmerkung: Von Reisen nach Somalia wird weiterhin dringend abgeraten. Die Hauptstadt und zahlreiche Landesteile sind stark umkämpft. Nach dem Scheitern der UN-Friedensmission werden die UN-Truppen abgezogen. Die diplomatischen Vertretungen in Somalia sind bis auf weiteres geschlossen, die somalische Botschaft in Bonn ist ebenfalls geschlossen. Aktuelle Informationen beim Auswärtigen Amt in Bonn, dem Außenministerium in Wien und dem EDA in Bern. Die folgenden allgemeinen Angaben und Auskünfte treffen zum größten Teil auf die Zeit vor dem Bürgerkrieg zu.

Botschaft der Demokratischen Republik Somalia
Hohenzollernstraße 12
D-53173 Bonn
Tel: (0228) 35 16 43.
Mo-Fr 10.00-14.00 Uhr.
(auch zuständig für Österreich, derzeit nur persönlich/schriftlich zu erreichen)
Botschaft der Demokratischen Republik Somalia
26 Rue Dumont d'Urville
F-75116 Paris
Tel: (1) 45 00 76 51.
Mo-Fr 09.30-13.00 und 14.30-17.00 Uhr, *Konsularabt.:* Mo-Fr 10.00-13.00 Uhr.
(auch zuständig für die Schweiz)
Die Vertretungen der Bundesrepublik Deutschland, Österreichs und der Schweiz sind z. Zt. geschlossen. Zuständig für Österreich ist die Botschaft in Addis Abeba (s. Äthiopien), für die Schweiz die Botschaft in Nairobi (s. Kenia).

FLÄCHE: 637.657 qkm.
BEVÖLKERUNGSZAHL: 8.954.000 (1993).
BEVÖLKERUNGSDICHTE: 14 pro qkm.
HAUPTSTADT: Mogadischu. **Einwohner:** 600.000 (1984).
GEOGRAPHIE: Somalia grenzt im Norden an den Golf von Aden, im Süden und Westen an Kenia, im Westen an Äthiopien und im Nordwesten an Djibouti. Im Osten liegt der Indische Ozean. Somalia ist karg und trocken mit halbwüstenartigen Ebenen im Landesinneren, einer subtropischen südlichen Region und einer schmalen Küstenebene. Der Norden ist überwiegend gebirgig. Der Großteil des Landes, besonders im Süden, Westen und in der Landesmitte, besteht aus einem fast wasserlosen Plateau. Die Strände werden durch ein Korallenriff geschützt, das sich von Mogadischu bis zur kenianischen Grenze erstreckt und zu den längsten der Welt gehört. Die zwei Flüsse des Landes, Juba und Shebelle, entspringen in der Ogaden-Region Äthiopiens. An ihren Ufern wird Landwirtschaft betrieben. Die Bevölkerung lebt größtenteils an der Küste und in den feuchteren Regionen der Flüsse.
STAATSFORM: Republik seit 1979. Seit Ende 1990 herrscht Bürgerkrieg. Neue Verfassung mit Einkammerparlament vorgesehen. Im Januar 1991 wurde eine Interimsregierung mit 83 Mitgliedern und Stellvertretern gebildet. Staatsoberhäupte: Interimspräsident Ali Mahdi Muhammad, seit 1991 (selbst ernannt), Staatspräsident Mohammed Farah, seit Juni 1995. Regierungschef: Omar Arteh Ghaleb, seit 1991. Die unabhängige Republik Somaliland, die im Mai 1991 ausgerufen worden war, zerfiel im März 1992 in Einflußzonen rivalisierender Familienclans, lehnte jedoch eine Wiedervereinigung mit Somalia im Mai des gleichen Jahres ab. Seit Anfang 1993 wird an einer Verfassungsänderung gearbeitet, die die Schaffung eines Nationalrates vorsieht. Der Nationalrat soll höchste politische Entscheidungsinstanz bis zur Abhaltung von freien Wahlen sein. Tatsächlich ist Somalia seit Anfang 1993 ohne Regierung und Staatsführung.
SPRACHE: Offizielle Landessprachen sind Somali und Arabisch. Swahili wird besonders im Süden gesprochen, teilweise auch Englisch, Französisch und Italienisch.
RELIGION: 99% sunnitische Moslems.
ORTSZEIT: MEZ + 2.
NETZSPANNUNG: 220 V, 50 Hz; nur in Hotels.
POST- UND FERNMELDEWESEN: Telefon: Selbstwählferndienst. **Landesvorwahl:** 252. Ferngespräche ins Ausland müssen in Somalia über das Fernamt geführt werden. **Telexe/Telegramme** können in begrenztem Umfang in der Hauptstadt aufgegeben werden, u. a. im Hauptpostamt in Mogadischu, gegenüber vom Hotel Juba. **Post:** Luftpost nach Europa ist bis zu zwei Wochen unterwegs.
DEUTSCHE WELLE
Der Einsatz der Kurzwellenfrequenzen ändert sich mehrfach im Laufe eines Jahres, und Sendungen auf den folgenden Frequenzen werden jeweils nur zu bestimmten Tageszeiten ausgestrahlt. Näheres in der Einleitung.

MHz	15,275	15,135	11,795	7,185	6,075
Meterband	19	19	25	41	49

REISEPASS/VISUM

Wichtiger Hinweis: Die Einreisebestimmungen mancher Länder können sich kurzfristig ändern – rufen Sie sicherheitshalber auf Ihrem CRS-System (TIMATIC-Info-Code-Fenster in diesem Kapitel) den aktuellen Stand ab bzw. werden Sie sich an die zuständige diplomatische Vertretung. Etwaige Zahlen in der Tabelle beziehen sich auf nachfolgende Fußnoten.

	Paß erforderlich?	Visum erforderlich?	Rückflugticket erforderlich?
Deutschland	Ja	Ja	Ja
Österreich	Ja	Ja	Ja
Schweiz	Ja	Ja	Ja
Andere EU-Länder	Ja	Ja	Ja

Anmerkung: Bei Redaktionsschluß war die somalische Botschaft in Bonn geschlossen, und Touristen- und Geschäftsvisa waren aufgrund des Bürgerkrieges nicht erhältlich. Die folgenden Visabestimmungen galten vor dem Bürgerkrieg.
REISEPASS: Allgemein erforderlich.
VISUM: Allgemein erforderlich. Wer gebuchte Flugtickets und gültige Reisedokumente besitzt, innerhalb von 24 Std. mit dem gleichen Flugzeug weiterreist und den Flughafen nicht verläßt, braucht kein Transitvisum.
Visaarten: Touristen- und Geschäftsvisa.
Visagebühren: Auskünfte von der Botschaft (Adressen s. o.).
Gültigkeitsdauer: Unterschiedlich, Auskünfte erteilt die Botschaft.
Antragstellung: Konsularabteilung der Botschaft (Adressen s. o.).
Unterlagen: (a) 3 Antragsformulare. (b) 3 Paßfotos. (c) Gebühr. (d) Einladungsschreiben der Firma in Somalia (für Geschäftsvisa).
Der Antragstellung sollte ein Einschreiben-Freiumschlag beigelegt werden.
Bearbeitungszeit: 1 Monat.
Aufenthaltsgenehmigung: Anträge an die Botschaft.

GELD

Währung: 1 Somali-Schilling (SOS) = 100 Cents. Banknoten sind im Wert von 1000, 500, 100, 20, 10 und 5 SOS in Umlauf; Münzen in den Nennbeträgen 1 SOS sowie 50, 10, 5 und 1 Cent.
Kreditkarten: *Diners Club* wird teilweise akzeptiert. Einzelheiten vom Aussteller der betreffenden Kreditkarte.
Reiseschecks: US-Dollar-Reiseschecks werden empfohlen.

Somalia

Wechselkurse

	SOS Sept. '92	SOS Febr. '94	SOS Jan. '95	SOS Jan. '96
1 DM	1772,28	1514,52	1689,22	1822,61
1 US$	2633,84	2629,13	2618,33	2620,00

Anmerkung: Der Somali-Schilling ist mehrmals abgewertet worden.
Devisenbestimmungen: Die Ein- und Ausfuhr der Landeswährung ist auf 200 SOS beschränkt. Die Einfuhr von Fremdwährungen ist unbegrenzt, muß aber deklariert werden. Der Betrag muß innerhalb von fünf Tagen bei der offiziellen Bank umgetauscht werden. Die Ausfuhr ist auf den deklarierten Betrag begrenzt.
Öffnungszeiten der Banken: Sa-Do 08.00-11.30 Uhr.

DUTY FREE

Folgende Artikel können zollfrei nach Somalia eingeführt werden:
400 Zigaretten oder 400 g Tabak;
1 Flasche Wein oder Spirituosen;
Parfüm für den persönlichen Gebrauch.

GESETZLICHE FEIERTAGE

1. Mai '96 Tag der Arbeit. **28. Mai** Ashoura. **26. Juni** Unabhängigkeitstag. **1. Juli** Gründung der Republik Somalia. **28. Juli** Mouloud (Geburtstag des Propheten). **1. Jan. '97** Neujahr. **10. Jan.** Beginn des Ramadan. **8. Febr.** Beginn des Eid al-Fitr. **19. April** Beginn des Eid al-Adha. **1. Mai** Tag der Arbeit.
Anmerkung: Die angegebenen Daten für islamische Feiertage richten sich nach dem Mondkalender und verschieben sich daher von Jahr zu Jahr. Während des Fastenmonats Ramadan, der dem Festtag Eid al-Fitr vorangeht, essen Mohammedaner nicht tagsüber, sondern erst nach Sonnenuntergang, wodurch der normale Geschäftsablauf gestört werden kann. Diese Unterbrechungen können auch während des Eid al-Fitr auftreten. Dieses Fest, ebenso wie das Eid al-Adha, hat keine festgelegte Zeitdauer und kann je nach Region 2-10 Tage dauern. Nähere Informationen im Kapitel *Welt des Islam* (s. Inhaltsverzeichnis).

GESUNDHEIT

In der folgenden Tabelle aufgeführte Impfvorschriften können sich kurzfristig ändern. Es wird stets empfohlen, auf Ihrem CRS-System (TIMATIC-Info-Code-Fenster in diesem Kapitel) den aktuellen Stand der Gesundheitsbestimmungen abzurufen bzw. rechtzeitig vor der Reise ärztlichen Rat einzuholen.

	Vorsichtsmaßnahmen empfohlen	Impfschein erforderlich
Gelbfieber	Ja	1
Cholera	Ja	2
Typhus & Polio	Ja	-
Malaria	3	-
Essen & Trinken	4	-

[1]: Eine Impfbescheinigung gegen Gelbfieber wird von allen Reisenden verlangt, die aus Infektionsgebieten kommen.
[2]: Eine Impfbescheinigung gegen Cholera ist keine Einreisebedingung, das Risiko einer Infektion besteht jedoch. Da die Wirksamkeit der Schutzimpfung umstritten ist, empfiehlt es sich, rechtzeitig vor Antritt der Reise ärztlichen Rat einzuholen. Näheres unter *Gesundheit* (s. Inhaltsverzeichnis).
[3]: Malariaschutz gegen die vorherrschende gefährlichere Form *Plasmodium falciparum* ganzjährig in allen Landesteilen erforderlich. Chloroquin-Resistenz wurde gemeldet.
[4]: Leitungswasser ist normalerweise gechlort und relativ sauber, es können jedoch in der Umgewöhnungsphase leichte Magenverstimmungen auftreten. Für die ersten Wochen des Aufenthalts wird daher abgefülltes Wasser empfohlen, welches überall erhältlich ist. Wasser außerhalb der Städte ist nicht immer keimfrei und sollte sterilisiert werden. Milch ist nicht pasteurisiert und sollte ebenfalls abgekocht werden. Trocken- und Dosenmilch nur mit keimfreiem Wasser anrühren. Milchprodukte aus ungekochter Milch sind ebenfalls zu vermeiden. Fleisch- und Fischgerichte nur gut durchgekocht und heiß serviert essen. Der Genuß von rohen Salaten und Mayonnaise sollte vermieden werden. Gemüse sollte gekocht und Obst geschält werden.
Tollwut kommt vor. Wer ein erhöhtes Risiko eingeht (z. B. längerer Aufenthalt in abgelegenen Gebieten), sollte vor Reiseantritt eine Schutzimpfung erwägen. Bei Bißwunden so schnell wie möglich ärztliche Hilfe in Anspruch nehmen. Weitere Informationen im Kapitel *Gesundheit* (s. Inhaltsverzeichnis).
Bilharziose-Erreger kommen in manchen Teichen und Flüssen vor, das Schwimmen und Waten in Binnengewässern sollte daher vermieden werden. Gut gepflegte Schwimmbecken mit gechlortem Wasser sind unbedenklich.
Hepatitis A und E sind weit verbreitet. *Hepatitis* B ist hochendemisch.
Gesundheitsvorsorge: Die andauernden Kampfhandlungen haben das medizinische Versorgungssystem in Mitleidenschaft gezogen. Internationale Organisationen bemühen sich im Moment um den Aufbau eines Versorgungsnetzes. Der Abschluß einer Reisekrankenversicherung wird dringend empfohlen.

REISEVERKEHR - International

FLUGZEUG: Somalias nationale Fluggesellschaft heißt *Somali Airlines* (HH).
Durchschnittliche Flugzeit: *Frankfurt* – Mogadischu 10 Std. 35 (mit Zwischenaufenthalt in Rom).
Internationaler Flughafen: *Mogadischu* (MGQ) liegt 6 km westlich der Stadt. Taxis sind vorhanden.
Flughafengebühren: 20 US$ (oder Gegenwert) bei der Ausreise. Transitreisende und Kinder unter 2 Jahren sind hiervon befreit.
SCHIFF: Die Haupthäfen sind Mogadischu, Kismayo, Berbera und Marka. *Norwegian American* betreibt Passagierverbindungen nach Mogadischu.
BUS/PKW: Es gibt Verbindungsstraßen nach Djibouti und Kenia. Die Grenzübergänge nach Äthiopien sind gegenwärtig geschlossen. Die Straßen sind schlecht, und ein wüstentaugliches Fahrzeug mit Allradantrieb wird dringend empfohlen.

REISEVERKEHR - National

FLUGZEUG: *Somali Airlines* (HH) fliegt alle größeren Städte des Landes an.
SCHIFF: Somalia besteht überwiegend aus einem breiten, wüstenartigen Küstenstreifen. Da die Straßen im allgemeinen weniger gut sind, ist die Küstenschiffahrt im Güter- und Personenverkehr besonders wichtig.
BUS/PKW: Die Straßenbenutzung außerhalb Mogadischus kann mit Schwierigkeiten verbunden sein. Straßen führen von der Hauptstadt nach Burao und Baidoa. Weiterhin gibt es befestigte Straßen zwischen Mogadischu und Kismayo sowie zwischen Mogadischu und Hargeisa. Passagiere werden fast ausschließlich auf Lastwagen befördert, Autos und Busse sind weniger zahlreich. In Friedenszeiten war das Busnetz im Süden zwischen den größeren Städten verhältnismäßig gut. **Taxis** gibt es in den größeren Städten.
STADTVERKEHR: In Mogadischu verkehren normalerweise Minibusse und Sammeltaxis, vor allem an Werktagen vom Morgen bis zum frühen Nachmittag.

UNTERKUNFT

HOTELS: Mogadischu und Hargeisa bieten Hotels mit internationalem Standard. Weitere Hotels befinden sich in Afgoi, Berbera, Borama, Burao, Kismayo und Marka. Marka hat das beste Hotel Somalias inmitten eines schönen Parks mit Unterkünften in traditionellen Häuschen.
GUEST HOUSES: In vielen Ortschaften gibt es staatliche *Guest Houses* mit Schlafsälen für 4-10 Personen.
LODGES: Die Nationalparks in Bush-Bush, am Lac Badana und in anderen Regionen bieten Lodges als Touristenunterkünfte.

URLAUBSORTE & AUSFLÜGE

Im Südwesten Somalias liegt der **Kismayo-Nationalpark**, die Heimat zahlreicher bekannter und einiger seltener ostafrikanischer Tierarten. In **Hargeisa** im Norden des Landes sind vorwiegend seltenere Tiere zu Hause. Ein dritter Park wurde vor kurzem außerhalb Mogadischus eröffnet. Es gibt zehn Wildparks landesweit.

SOZIALPROFIL

ESSEN & TRINKEN: Zu Friedenszeiten boten die Restaurants der größeren Städte europäische, chinesische, italienische und somalische Gerichte an. Einheimische Spezialitäten sind Hummer, Krabben, Tintenfisch, frischer Thunfisch, somalische Bananen, Mangos und Papayas. Ein traditionelles somalisches Gericht ist gegrillte junge Ziege mit gewürztem Reis.
NACHTLEBEN: Einheimische Bands spielen europäische und afrikanische Musik. Rituelle und andere Tänze, Musik und Volkslieder sind feste Bestandteile der zahlreichen Feste.
EINKAUFSTIPS: Traditionelle Kunstgewerbeartikel wie Gold- und Silberschmuck, Webstoffe und Korbwaren aus der Benadir-Region sowie Meerschaum- und Holzschnitzereien sind beliebte Mitbringsel. **Öffnungszeiten der Geschäfte:** Sa-Do 08.00-12.30 und 16.30-19.00 Uhr.
SPORT: Die langen Sandstrände werden durch ein Korallenriff geschützt und ermöglichen sicheres **Baden**. Einige Hotels haben eigene **Swimmingpools**. Der **Golfklub** und der *Anglo-American Beach Club* (Mogadischu) sind auch Besuchern zugänglich. Die hervorragenden Fischgründe der Nordküste sollen zu den besten der Welt gehören.
SITTEN & GEBRÄUCHE: Trotz moderner Einflüsse spielen traditionelle Tänze, Musik, Lieder und Kunsthandwerk immer noch eine große Rolle. Besucher werden von den freundlichen, warmherzigen und fröhlichen Menschen willkommengeheißen. Zwanglose Kleidung wird akzeptiert. **Trinkgeld:** 10-15% in Hotels und Restaurants.

WIRTSCHAFTSPROFIL

WIRTSCHAFT: Aufgrund der jahrelangen Unruhen und des andauernden Bürgerkriegs ist die somalische Wirtschaft fast völlig zusammengebrochen. Flüchtlinge vor den Kampfhandlungen und der ostafrikanischen Dürre haben die Reserven des Landes erschöpft, und Somalia gehört heute zu den ärmsten Ländern der Welt. 1992 waren mehr als 4,5 Mio. Menschen von internationaler Nahrungsmittelhilfe abhängig. Im ersten Halbjahr 1992 starben monatlich 8000 Kinder an Hunger und Krankheit. Landwirtschaft und Viehzucht beschäftigen die Mehrheit der erwerbstätigen Bevölkerung, jeglicher Fortschritt oder Produktionssteigerungen wurden jedoch bislang durch primitive Methoden, widrige Boden- und Klimaverhältnisse und den chronischen Mangel an Fachkräften behindert. Nutzvieh und Tierhäute erbrachten 80% der Exporteinnahmen, bis der Hauptabnehmer Saudi-Arabien aus gesundheitlichen Gründen eine Einfuhrsperre für somalische Tiere verhängte. In einigen Regionen werden mit Hilfe von künstlicher Bewässerung Bananen für den Export angebaut, außerdem Baumwolle, Mais, Sorghum und andere Getreide für den Eigenbedarf. Die Fischerei ist ausbaufähig, die Häfen des Landes haben ebenfalls wirtschaftliches Potential. Es gibt kaum Industrie. Somalia hat einige Bodenschätze, die erforderlichen Investitionen, der Fachkräftemangel und die instabile politische Lage haben bisher allerdings eine kommerzielle Ausbeutung verhindert. Angesichts des fortdauernden Bürgerkriegs und der hohen Auslandsverschuldung sind die Zukunftsaussichten ziemlich düster. Hauptbezugsgebiete sind Italien, die USA, Deutschland, Kenia und Großbritannien.
GESCHÄFTSVERKEHR: Leichter Anzug ohne Krawatte bzw. Kostüm genügt. Oktober bis Mai ist die beste Zeit für Geschäftsreisen. **Geschäftszeiten:** Sa-Do 08.00-12.30 und 16.30-19.00 Uhr. Behörden: Sa-Do 08.00-14.00 Uhr.
Kontaktadressen: *Die wirtschaftlichen Interessen Österreichs werden von der Außenhandelsstelle der Wirtschaftskammer Österreich in Kairo (s. Ägypten) vertreten.*
Chamber of Commerce, Industry and Agriculture (Industrie-, Landwirtschafts- und Handelskammer), PO Box 27, Mogadischu.

KLIMA

Es gibt vier Jahreszeiten. Der heiße und sehr trockene *Jilal* beginnt etwa im Januar. Die erste Regenzeit *Gu* hält von März bis Juni an. *Hagaa* im August bringt heißen, trockenen Monsunwind und Staubwolken. Die zweite Regenzeit, *Dayr*, dauert von September bis Dezember.
Kleidung: Leichte Sachen, auch Regenschutz.

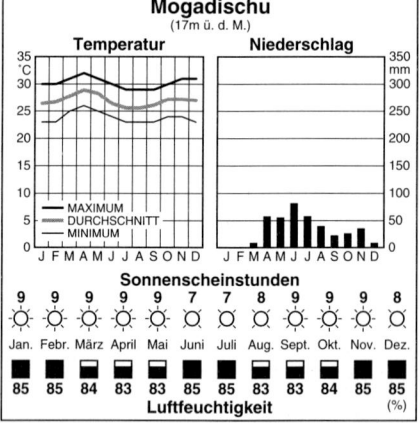

WELTKARTE?

LÄNDERKARTEN?

ZEITZONENKARTE?

INFORMATION ÜBER

IMPFBESTIMMUNGEN UND

GESUNDHEITSVORKEHRUNGEN?

. . . siehe Inhaltsverzeichnis

Spanien

☐ Wichtiger Internationaler Flughafen

Lage: Westeuropa.

Spanisches Fremdenverkehrsamt
Kurfürstendamm 180
D-10707 Berlin
Tel: (030) 882 65 43. Telefax: (030) 882 66 61.
Mo-Fr 10.00-16.00 Uhr.

Spanisches Fremdenverkehrsamt
Grafenberger Allee 100
D-40237 Düsseldorf
Tel: (0211) 680 39 82. Telefax: (0211) 680 39 85/86.
Mo-Fr 09.00-13.00 Uhr.

Spanisches Fremdenverkehrsamt
Myliusstraße 14
D-60323 Frankfurt/M.
Tel: (069) 72 50 33/38. Telefax: (069) 72 53 13.
Mo-Do 09.00-17.00 Uhr, Fr 09.00-14.00 Uhr.

Spanisches Fremdenverkehrsamt
Postfach 151940
D-80051 München
Tel: (089) 538 90 75. Telefax: (089) 532 86 80.
Mo-Fr 09.00-17.00 Uhr.

Spanisches Fremdenverkehrsamt
Walfischgasse 8
A-1014 Wien
Tel: (0222) 512 95 80. Telefax: (0222) 512 95 81
Mo-Fr 09.00-17.00 Uhr.

Spanisches Fremdenverkehrsamt
Seefeldstraße 19
CH-8008 Zürich
Tel: (01) 252 79 30. Telefax: (01) 252 62 04.
Mo-Fr 09.00-17.00 Uhr.

Spanisches Fremdenverkehrsamt
15 Rue Ami Levrier
CH-1201 Genf
Tel: (022) 731 11 32. Telefax: (022) 731 13 66.
Mo-Fr 09.00-17.00 Uhr.

Secretaria General de Turismo
María de Molina 50
E-28006 Madrid
Tel: (91) 411 40 14. Telefax: (91) 411 42 32.

Königlich Spanische Botschaft (ohne Visumerteilung)
Schloßstraße 4

TIMATIC INFO-CODES

Abrufbar über Ihr CRS-System (für START/Amadeus Ama-Maske benutzen). Für Galileo bitte TI-DFT eingeben (mit Bindestrich).

Flughafengebühren	TI DFT/ MAD /TX
Währung	TI DFT/ MAD /CY
Zollbestimmungen	TI DFT/ MAD /CS
Gesundheit	TI DFT/ MAD /HE
Reisepassbestimmungen	TI DFT/ MAD /PA
Visabestimmungen	TI DFT/ MAD /VI

D-53115 Bonn
Tel: (0228) 21 70 94/95, 21 75 27. Telefax: (0228) 22 34 05.
Mo-Fr 08.30-17.00 Uhr.
Generalkonsulate mit Visumerteilung in Berlin (Tel: (030) 261 60 81/82), Düsseldorf (Tel: (0211) 43 47 77), Frankfurt/M. (Tel: (069) 596 10 41), Hamburg (Tel: (040) 44 36 20, 45 24 16), Hannover (Tel: (0511) 31 10 85/86), München (Tel: (089) 98 50 27/28/29) und Stuttgart (Tel: (0711) 226 20 01/02).
Generalkonsulat ohne Visumerteilung in Bremen.

Königlich Spanische Botschaft
Argentinierstraße 34
A-1040 Wien
Tel: (0222) 505 57 80. Telefax: (0222) 504 20 76.
Mo-Fr 09.00-17.00 Uhr, *Konsularabt.:* Mo-Fr 09.00-13.00 Uhr.
Honorarkonsulate ohne Visumerteilung in Linz, Muntlix (Vorarlberg) und Salzburg.

Königlich Spanische Botschaft (keine Visumerteilung für Touristen und Geschäftsreisende)
Kalcheggweg 24
CH-3006 Bern
Tel: (031) 352 04 12/13, 352 25 68. Telefax: (031) 351 52 29.
Mo-Fr 08.30-15.00 Uhr.

Königlich-Spanisches Generalkonsulat (mit Visumerteilung)
Marienstraße 12
CH-3005 Bern
Tel: (031) 352 41 42. Telefax: (031) 351 08 29.
Konsularabt.: Mo-Fr 08.00-12.00 Uhr.
Weitere *Generalkonsulate* mit Visumerteilung in Genf (Tel: (022) 734 46 04) und Zürich (Tel: (01) 363 06 44/-49).

Botschaft der Bundesrepublik Deutschland
Calle de Fortuny 8
E-28010 Madrid
Tel: (91) 319 91 50/00. Telefax: (91) 310 21 04.
Generalkonsulate in Barcelona, Bilbao und Sevilla.
Konsulate in Las Palmas de Gran Canaria, Palma de Mallorca und Santa Cruz de Tenerife.
Honorarkonsulate in Alicante, Almería, Figueras, Ibiza, Jerez de la Frontera, Mahón/Menorca, Málaga, Muriedas, San Sebastián, Santa Cruz de La Palma, Tarragona, Valencia, Vigo und Zaragoza.

Botschaft der Republik Österreich
Paseo de la Castellana 91
E-28046 Madrid 16
Tel: (91) 556 53 15, 556 54 03, 556 55 04, 556 56 05. Telefax: (91) 597 35 79.
Generalkonsulat mit Paß- und Sichtvermerksbefugnis in Barcelona.
Konsulat mit Paß- und Sichtvermerksbefugnis in Málaga.
Konsulate ohne Paß- und Sichtvermerksbefugnis in Bilbao, Sevilla, Valencia, Palma de Mallorca, Las Palmas de Gran Canaria und Santa Cruz de Tenerife.

Botschaft der Schweizerischen Eidgenossenschaft
Edificio Goya
Calle Núñez de Balboa 35, 7°
E-28001 Madrid
Apartado 1317
E-28080 Madrid
Tel: (91) 431 34 00. Telefax: (91) 577 68 98.
Generalkonsulat in Barcelona.
Konsulate in Las Palmas de Gran Canaria, Málaga und Palma de Mallorca.

FLÄCHE: 504.782 qkm.
BEVÖLKERUNGSZAHL: 39.481.000 (1993).
BEVÖLKERUNGSDICHTE: 78 pro qkm.
HAUPTSTADT: Madrid. Einwohner: 3.010.492 (1991).
GEOGRAPHIE: Spanien nimmt etwa vier Fünftel der Iberischen Halbinsel ein, die außerdem Portugal, Andorra und Gibraltar umfaßt. Im Nordosten bilden die Pyrenäen eine natürliche Grenze zu Frankreich. Zum Staatsgebiet gehören auch die südöstlich von Barcelona im Mittelmeer gelegenen Balearen (Mallorca, Menorca, Ibiza und Formentera) und die Kanarischen Inseln vor der Westküste Afrikas. Ceuta, Chafarinas, Melilla und Ladu sind winzige spanische Enklaven in Nordafrika. Diese *Presidios* sind Überreste des spanischen Kolonialreiches. Spanien ist ein sehr gebirgiges Land und liegt im Durchschnitt 610 m ü. d. M. Die rund 400 km langen Pyrenäen erstrecken sich vom Baskenland im Nordwesten bis zum Mittelmeer. Einige Gipfel erreichen eine Höhe von 1524 m; der *Pico de Aneto* ist mit 3404 m die höchste Erhebung. Das Landesinnere bildet die Meseta, ein riesiges 600-800 m hohes Plateau, das durch zahlreiche Sierras geteilt wird. Im Nordwesten und Norden wird sie durch das Kantabrische Gebirge und das Iberische Randgebirge, im Süden durch die Sierra Morena begrenzt. Jenseits der Sierra Morena liegt das Guadalquivir-Tal. Die gebirgige Landschaft Galiziens befindet sich an der stark zerklüfteten Atlantikküste. Gebirgsland füllt auch den äußersten Süden aus; die Sierra Nevada südöstlich von Granada ist Teil der parallel zum Mittelmeer verlaufenden Betischen Kordilleren. Sie weist der höchsten Berg des spanischen Festlandes auf, den *Mulhacén* (3481 m). Die höchste Erhebung Spaniens ist der *Pico del Teide* auf Teneriffa. Die Küsten Spaniens sind über 3000 km lang. Die Mittelmeerküste reicht von der französischen Grenze bis zum Felsen von Gibraltar. Die Straße von Gibraltar verbindet Mittelmeer und Atlantik und trennt Spanien von Nordafrika.
STAATSFORM: Monarchie auf parlamentarisch-demokratischer Grundlage seit 1978. Staatsoberhaupt: König Juan Carlos I., seit 1975. Regierungschef: Felipe González Márquez, seit 1982. Bei Wahlen im Februar 1996 errang die Partida Populaire den Sieg, Felipe González wird bis zur neuen Regierungsbildung weiterhin Regierungschef bleiben. Zweikammerparlament (*Cortes Generales*) – Abgeordnetenhaus (*Congresode los Diputados*, 350 Abgeordnete) und Senat (*Senado*, 255 Senatoren).
SPRACHE: Spanisch (Kastilianisch), Katalanisch, Galizisch, Baskisch; in Touristengebieten z. T. Englisch und Deutsch.
RELIGION: Römisch-katholisch.
ORTSZEIT: Spanien/Balearen: MEZ (MEZ + 1 im Sommer).
Kanarische Inseln: MEZ - 1 (MEZ im Sommer).
NETZSPANNUNG: 220 V, 50 Hz (110/125 V häufig noch in älteren Gebäuden).
POST- UND FERNMELDEWESEN: Telefon: Selbstwählferndienst. Landesvorwahl: 34. Ortsnetzkennzahlen der größten Städte: Madrid 91, Alicante 965, Barcelona 93, Benidorm 965, Bilbao 94, Granada 958, Las Palmas 928, Málaga und Torremolinos 952, Santander 942, Sevilla 95, Teneriffa 922 und Valencia 96. Bei Anrufen aus dem Ausland fällt die »9« weg. **Telefaxgeräte** stehen in 4- und 5-Sterne-Hotels zur Verfügung, die überwiegend von Geschäftsleuten und Konferenzteilnehmern besucht werden. **Telex/Telegramme** können in allen Hauptpostämtern und zahlreichen Hotels aufgegeben werden. Die Postämter am Plaza de la Cibeles in Madrid, am Plaza Antonio Lopez in Barcelona und in der Calle Alameda Urquillo 15 in Bilbao sind rund um die Uhr geöffnet. Die Gebühren für Telexe werden pro Minute berechnet; dabei schreiben Hotels ein Minimum von einer und Postämter von drei Minuten vor. **Post:** Die Briefzustellung ist ausgezeichnet. Luftpostsendungen im innereuropäischen Postverkehr sind etwa 5 Tage unterwegs. Postlagernde Sendungen können an alle Hauptpostämter geschickt werden.
DEUTSCHE WELLE
Der Einsatz der Kurzwellenfrequenzen ändert sich mehrfach im Laufe eines Jahres, und Sendungen auf den folgenden Frequenzen werden jeweils nur zu bestimmten Tageszeiten ausgestrahlt. Näheres in der Einleitung.

MHz	13,780	9,735	9,545	7,130	6,075
Meterband	22	31	31	41	49

REISEPASS/VISUM

Wichtiger Hinweis: Die Einreisebestimmungen mancher Länder können sich kurzfristig ändern – rufen Sie sicherheitshalber vor Ihrem CRS-System (TIMATIC-Info-Code-Fenster in diesem Kapitel) den aktuellen Stand ab bzw. wenden Sie sich an die zuständige diplomatische Vertretung. Etwaige Zahlen in der Tabelle beziehen sich auf nachfolgende Fußnoten.

	Paß erforderlich?	Visum erforderlich?	Rückflugticket erforderlich?
Deutschland	1	Nein	Nein
Österreich	2	Nein	Nein
Schweiz	2	Nein	Nein
Andere EU-Länder	1/2	Nein	Nein

REISEPASS: Allgemein erforderlich. Ausgenommen sind Staatsbürger der folgenden Länder:
(a) **[1]** Deutschland (gültiger Personalausweis oder Reisepaß, der nicht länger als ein Jahr abgelaufen ist;
(b) **[2]** Staatsbürger der anderen EU-Mitgliedsländer (mit Ausnahme von Irland) sowie von Andorra, Liechtenstein, Malta, Monaco und der Schweiz können mit Personalausweis oder abgelaufenem Reisepaß (max. 5 Jahre) einreisen.
Anmerkung: Generell empfiehlt sich die Mitnahme eines gültigen Reisepasses bzw. Personalausweises.
VISUM: Allgemein erforderlich, ausgenommen sind Staatsbürger der folgenden Länder:
(a) Bundesrepublik Deutschland, Österreich, übrige EU-Länder und Schweiz für max. 90 Tage;
(b) Andorra, Argentinien, Bolivien, Brasilien, Chile, Costa Rica, Ecuador, El Salvador, Guatemala, Honduras, Island, Israel, Japan, Kanada, Kenia, Kolumbien, Korea-Süd, Kroatien, Liechtenstein, Malaysia, Malta, Mexiko, Monaco, Neuseeland, Nicaragua, Niederländische Antillen, Norwegen, Panama, Paraguay, San Marino, Singapur, Slowakische Republik, Slowenien, Tschechische Republik, Ungarn, USA, Uruguay, Vatikanstadt, Venezuela und Zypern für max. 90 Tage;
(c) Algerien, Marokko, Tunesien und Türkei für Aufenthalte, die 30 Tage nicht überschreiten, vorausgesetzt, sie sich haben das Recht, sich für einen unbestimmten Zeitraum in einem Mitgliedsland der Europäischen Union aufzuhalten. Staatsangehörige von Marokko benötigen ein Visum für Geschäftsreisen;
(d) Kinder unter 14 Jahren benötigen unabhängig von ihrer Nationalität kein Visum, wenn sie im Besitz eines gültigen Reisepasses sind und von einem Erwachsenen begleitet werden.
Visaarten: Es gibt diverse verschiedene Einreisevisa, je nach Dauer und Zweck der Einreise.
Visagebühren: Das kürzeste Visum (30 Tage gültig, auch

als »Transitvisum« gültig), kostet 36,80 DM; 267,50 öS; 28,60 sfr.
Anmerkung: Staatsangehörige, die kein Visum für einen begrenzten Aufenthalt benötigen, brauchen auch kein Transitvisum für die Durchreise.
Gültigkeitsdauer: 30 Tage Aufenthalt oder 5 Tage Transit. In Ausnahmefällen werden auch Visa für max. 90 Tage Aufenthalt ausgestellt.
Antragstellung: Konsulat oder Konsularabteilung der Botschaft (Adressen s. o.).
Unterlagen: (a) 3 Antragsformulare. (b) 3 Paßfotos. (c) Gültiger Reisepaß. (d) Bestätigung über gebuchte Rück- oder Weiterreise. (e) Unterkunftsbestätigung. (f) Nachweis ausreichender Geldmittel für die Dauer des Aufenthalts. (g) Ggf. Nachweis des ständigen Wohnsitzes in einem EU-Land bzw. der Schweiz. (f) Für Geschäftsvisa ist zusätzlich eine schriftliche Einladung einer Firma in Spanien erforderlich. (g) Bei postalischer Antragstellung muß ein adressierter Freiumschlag beigefügt werden.
Anmerkung: Die für einen Visaantrag einzureichenden Unterlagen variieren je nach Nationalität und Länge bzw. Grund des Aufenthaltes. Weitere Informationen erteilen die Konsulate bzw. die Konsularabteilungen der Botschaften (Adressen s. o.).
Bearbeitungszeit: Bis zu 3 Wochen.
Aufenthaltsgenehmigung: Informationen von der Botschaft.

GELD

Währung: Peseta (Pta). Banknoten gibt es im Wert von 10.000, 5000, 2000, 1000 und 500 Pta; Münzen in den Nennbeträgen 500, 200, 100, 50, 25, 10, 5 und 1 Pta.
Kreditkarten: *American Express, Diners Club, Eurocard* und *Visa* werden fast überall akzeptiert. Einzelheiten vom Aussteller der betreffenden Kreditkarte.
Reiseschecks: Spanische Währung oder DM-Reiseschecks werden empfohlen.
Euroschecks werden bis zu 25.000 Pta pro Scheck akzeptiert.
Postsparbuch: Abhebung in Peseten bei jedem Postamt.
Wechselkurse

	Pta Sept. '92	Pta Febr. '94	Pta Jan. '95	Pta Jan. '96
1 DM	64,71	80,98	84,92	84,19
1 US$	96,17	140,58	131,63	121,02

Devisenbestimmungen: Die Einfuhr der Landeswährung ist unbegrenzt, aber alle Summen über 1 Mio. Pta. müssen bei der Einreise deklariert werden. Für Summen, die 5 Mio. Pta. überschreiten, ist eine Genehmigung erforderlich. Die Ausfuhr ist auf 1 Mio. Pta oder die bei der Einreise deklarierte Summe begrenzt. Keine Einfuhrbeschränkungen für Fremdwährungen, Beträge über 500.000 Pta sollten jedoch deklariert werden. Fremdwährungen dürfen bis zu einem Gegenwert von 500.000 Pta ausgeführt werden, unter bestimmten Umständen kann die Summe auch höher sein.
Öffnungszeiten der Banken: Mo-Do 08.30-16.30 Uhr, Fr 08.30-14.00 Uhr und Sa 08.30-13.00 Uhr. Von Juni bis September: Mo-Fr 08.30-14.00 Uhr und Sa geschlossen.

DUTY FREE

Folgende Artikel können zollfrei eingeführt werden:
(a) Seit Januar 1993 gibt es keine Beschränkungen mehr für die private Wareneinfuhr (einschließlich von Verbrauchsgütern wie Alkohol und Tabak) innerhalb der Europäischen Union. Es wurden jedoch folgende Richtmengen festgesetzt, bei deren Überschreiten gewerblicher Handel vermutet wird, der im Bestimmungsland zu versteuern ist:
800 Zigaretten;
400 Zigarren;
200 Zigarillos;
1000 g Tabak;
90 l Wein (darunter nicht mehr als 60 l Schaumwein);
10 l Spirituosen;
20 l alkoholische Getränke (z. B. Portwein oder Sherry) mit einem Alkoholgehalt von höchstens 22%;
110 l Bier.
(b) Bei Einreise aus Nicht-EU-Ländern (oder falls die Waren innerhalb der EU zollfrei eingekauft wurden):
200 Zigaretten oder 100 Zigarillos oder 50 Zigarren oder 250 g Tabak;
1 l Spirituosen (über 22% Alkoholgehalt) oder 2 l Sekt oder Tafelwein oder Aperitifs bis zu 22% Alkoholgehalt;
2 l Wein;
250 ml Eau de toilette und 50 g Parfüm;
Geschenke im Wert von 5000 Pta.
Anmerkung: (a) Tabakwaren und alkoholische Getränke dürfen nur von Personen ab 17 Jahren eingeführt werden. (b) Es gibt keine Einfuhrbeschränkungen für die Kanarischen Inseln, Geschenke dürfen jedoch den Wert von 8000 Pta nicht übersteigen.

GESETZLICHE FEIERTAGE

Die folgenden Feiertage werden in ganz Spanien begangen:
1. Mai '96 Tag der Arbeit. **15. Aug.** Mariä Himmelfahrt. **12. Okt.** Nationalfeiertag. **1. Nov.** Allerheiligen. **6. Dez.** Verfassungstag. **8. Dez.** Mariä Empfängnis. **25. Dez.** Weihnachten. **1. Jan. '97** Neujahr. **6. Jan.** Dreikönigsfest. **28. März** Karfreitag. **31. März** Ostermontag. **1. Mai** Tag der Arbeit.
Die folgenden Feiertage werden nur regional begangen:
15. Mai '96 Madrid. **17. Mai** Galizien. **30. Mai** Kanarische Inseln. **31. Mai** Kastilien/La Mancha. **9. Juni** La Rioja und Murcia. **28. Juli** Kantabrien. **8. Sept.** Asturien und Extremadura. **11. Sept.** Katalonien. **9. Okt.** Valencia. **Febr. '97** Andalusien.

GESUNDHEIT

In der folgenden Tabelle aufgeführte Impfvorschriften können sich kurzfristig ändern. Es wird stets empfohlen, auf Ihrem CRS-System (TIMATIC-Info-Code-Fenster in diesem Kapitel) den aktuellen Stand der Gesundheitsbestimmungen abzurufen bzw. rechtzeitig vor der Reise ärztlichen Rat einzuholen.

	Vorsichtsmaßnahmen empfohlen	*Impfschein erforderlich*
Gelbfieber	Nein	Nein
Cholera	Nein	Nein
Typhus & Polio	-	-
Malaria	Nein	-
Essen & Trinken	1	-

[1]: Leitungswasser ist gechlort und keimfrei, es können jedoch u. U. leichte Magenverstimmungen auftreten. Während der ersten Urlaubstage sollte man zur Umgewöhnung abgefülltes Wasser trinken. Milch, Milchprodukte, Fleischwaren, Geflügel, Meeresfrüchte, Obst und Gemüse können unbesorgt verzehrt werden.
Gesundheitsvorsorge: Für Deutsche und Österreicher ist die ärztliche Behandlung frei bei Vorlage des Reisepasses und des zweifachen Vordrucks E 111; sie erfolgt in den medizinischen Zentren *(Centro Sanitario de la Seguridad Social)*. Für Arzneimittel muß ein Kostenanteil bezahlt werden. Zahnärztliche Behandlungen sind kostenpflichtig. Schweizer sollten eine Reisezusatzversicherung abschließen.

REISEVERKEHR - International

Anmerkung: Reiseinformationen für die **Kanarischen Inseln** und die **Balearen** s. u.
FLUGZEUG: Spaniens nationale Fluggesellschaft heißt *Iberia (IB)*. Es gibt gute Verbindungen im internationalen Linien- und Pauschalreiseverkehr.
Durchschnittliche Flugzeiten: *Berlin* – Barcelona: 2 Std. 30; *Berlin* – Madrid: 3 Std; *Frankfurt* – Barcelona: 2 Std; *Frankfurt* – Madrid: 2 Std. 30; *Wien* – Barcelona: 2 Std. 30; *Wien* – Madrid: 3 Std; *Zürich* – Barcelona: 2 Std; *Zürich* – Madrid: 2 Std.
Internationale Flughäfen: *Alicante (ALC)* (Altet) liegt 15 km südwestlich der Stadt. Am Flughafen gibt es einen Duty-free-Shop, Banken, Post, Restaurant, Mietwagenschalter, Tourist-Information und Hotel-Reservierungsschalter. Zubringerbusse fahren alle 60 Min. zur Stadt (07.30-23.30 Uhr). Taxis stehen ebenfalls zur Verfügung, auch für die Verbindung der Flughäfen Alicante und Valencia.
Barcelona (BCN) (Del Prat) liegt 15 km südwestlich der Stadt. Flughafeneinrichtungen: Bank, Mietwagenschalter, Duty-free-Shops, Tourist-Information, Bars und Restaurants. Zubringerbusse fahren alle 40 Min. (06.25-21.55 Uhr), Züge alle 15 Min. Taxistand.
Bilbao (BIO) liegt 10 km nördlich der Stadt. Zubringerbusse alle 90 Min. Am Flughafen gibt es eine Bank, Mietwagenschalter und ein Restaurant. Ein Taxistand ist ebenfalls vorhanden.
Madrid (MAD) (Barajas) liegt 16 km östlich der Stadt. Zubringerbusse alle 15 Min. (04.00-01.15 Uhr). Banken, Duty-free-Shops, Mietwagenschalter, Tourist-Information, Hotel-Reservierungsschalter, Restaurants und Bars. Taxistand.
Málaga (AGP) liegt 10 km südwestlich der Stadt. Bank, Duty-free-Shops, Mietwagenschalter, Hotel-Reservierungsschalter, Bars und Restaurants. Zubringerbus und Züge alle 30 Min. (07.15-23.45 Uhr). Taxistand.
Santiago de Compostela (SCQ) liegt 13 km außerhalb der Stadt. Bank, Mietwagenschalter, Hotel-Reservierungsschalter, Geschäfte, Bars und Restaurants. Bus- und Taxiverbindung zur Innenstadt.
Sevilla (SVQ) liegt 8 km außerhalb der Stadt. Bank, Duty-free-Shops, Tourist-Information, Mietwagenschalter, Bars und Restaurants. Bus- und Taxiverbindung zum Stadtzentrum.
Valencia (VLC) (Manises) liegt 8 km außerhalb der Stadt. Am Flughafen gibt es eine Bank und eine Wechselstube, Duty-free-Shops, Mietwagenschalter, Tourist-Information, Bars und Restaurants. Bus- und Taxiverbindung zum Stadtzentrum.
SCHIFF: Regelmäßige Verbindungen zu mehreren europäischen Hafenstädten.
BAHN: Es gibt keine direkten Zugverbindungen von Deutschland und Österreich. In der Regel steigt man in Paris um, Verbindungen auch über Italien/Monaco und die Schweiz. Von Zürich fährt ein komfortabler Nachtzug nach Barcelona (über Bern, Freiburg, Lausanne, Genf). Tagsüber gibt es eine Verbindung von Genf nach Barcelona (Umsteigen in Montpellier erforderlich). Weitere Informationen von der offiziellen Vertretung der Spanischen Eisenbahnen für die Schweiz: *Travel Trade Representatives Georges Sand*, Seestraße 50, CH-8802 Kilchberg. Tel: (01) 715 05 65. Telefax: (01) 715 05 67.
BUS/PKW: Die wichtigsten Autobahnen nach Spanien führen von Frankreich über Bordeaux oder Toulouse nach Bilbao (Nordspanien) und über Marseilles oder Toulouse nach Barcelona (Ostspanien). Der *Europabus* fährt mehrere Städte in Spanien an. Weitere Informationen vom Spanischen Fremdenverkehrsamt oder der Deutschen Touring GmbH in Frankfurt/M., Tel: (069) 79 03-0.

REISEVERKEHR - National

FLUGZEUG: *Iberia (IB)* fliegt regelmäßig die größeren Städte Spaniens an sowie die Kanarischen Inseln, die Balearen und die Enklaven an der nordafrikanischen Küste. Weitere Verbindungen mit *Aviaco (AO)* und *Air Europa (AEA)*.
Flugtaxis gibt es an fast allen Flughäfen. Reservierungen sollten auf alle Fälle rechtzeitig gemacht werden.
SCHIFF: Tragflächenboote und Autofähren verkehren regelmäßig zwischen Algeciras und Ceuta (Enklave in Nordafrika), Málaga (bzw. Almería) und Melilla (nordafrikanische Enklave), Barcelona (bzw. Valencia, Alicante) und den Balearen sowie zwischen Barcelona und den Kanarischen Inseln.
BAHN: Die wichtigsten Züge haben Klimaanlagen und Speise- oder Büfettwagen. Für InterCity-Züge müssen Sitzplätze reserviert werden. Hochgeschwindigkeitszüge verkehren auf den Strecken Madrid – Córdoba – Sevilla und Madrid – Málaga. Autoreisezüge stehen u. a. auf den Strecken Barcelona – Málaga, Bilbao – Málaga, Bilbao – Cádiz und Bilbao – Alicante zur Verfügung.
Ermäßigungen: Verbilligte Tagesrückfahrkarten werden angeboten. Kinder unter 4 Jahren fahren umsonst, Kinder zwischen 4 und 11 Jahren zahlen die Hälfte. Außerdem gibt es bei Vorausbuchung Ermäßigungen von bis zu 50% für Gruppen von mindestens 8 Personen. Weitere Informationen vom Fremdenverkehrsamt. *InterRail-Pässe, EURODOMINO*-Netzkarten und *Rail Europ Seni (RES) Card* sind auch in Spanien gültig, Einzelheiten s. *Deutschland.*
BUS/PKW: Das Straßennetz umfaßt über 150.000 km. Gute Autobahnen und Schnellstraßen verbinden die Großstädte. Die Autobahnbenutzung ist fast überall gebührenpflichtig. Es gibt jedoch zweispurige Schnellstraßen, die den Norden mit dem Süden Spaniens verbinden und kostenlos benutzt werden können. Die Landstraßen sind z. T. in weniger gutem Zustand. Das Netz von Tankstellen, die bleifreies Benzin anbieten, ist flächendeckend. Es gibt ein gut ausgebautes und preiswertes **Busnetz**. Fahrkarten und Abfahrt jeweils am Busbahnhof. Selbst abgelegene Dörfer sind mit dem Bus erreichbar. **Mietwagen:** Die bekannten Verleihfirmen haben in allen größeren Städten Niederlassungen.
Motorräder: Sturzhelme sind Vorschrift. Personen unter 18 Jahren dürfen Motorräder über 75 cc weder mieten noch fahren. **Verkehrsbestimmungen:** In geschlossenen Ortschaften nachts immer mit Abblendlicht fahren. Reservebirnen und ein rotes Warndreieck müssen mitgeführt werden. Zwei rote Lichter auf der Verkehrsampel bedeuten »keine Einfahrt«. Anschnallpflicht auf den Vordersitzen. Die Höchstgeschwindigkeit auf den Autobahnen beträgt 120 km/h (100 km/h für Busse und LKWs); innerhalb geschlossener Ortschaften 50km/h und auf allen anderen Straßen 90km/h. Promillegrenze: 0,8´. **Unterlagen:** Landeseigener Führerschein oder EU-Führerschein. Die Mitnahme der internationalen Grünen Versicherungskarte wird dringend empfohlen.
STADTVERKEHR: Das städtische Nahverkehrssystem ist im allgemeinen sehr gut. Alle Urlaubsorte und Kleinstädte haben ein gutes Busnetz, in Barcelona und Madrid verkehren auch U-Bahnen (preiswerte Sammelkarten erhältlich).
FAHRZEITEN von Madrid zu den folgenden größeren Städten in Spanien (ungefähre Angaben in Std. und Min.):

	Flugzeug	Bahn	Bus/Pkw
Barcelona	1.00	8.00	8.00
Valencia	0.50	4.00	5.00
Bilbao	0.50	6.00	5.00
Sevilla	0.55	7.00	6.00
Mallorca	1.00	-	-
Kanar. Inseln	2.30	-	-
Málaga	1.00	7.00	8.30
Santander	0.50	6.00	5.00
Palma	1.10	*5.00	*6.00

Anmerkung:[*] Zuzüglich 9 Std. per Boot.

UNTERKUNFT

HOTELS: Breitgefächertes Angebot von Hotelunterkünften aller Klassen, einschl. Appartements, Motels und *Residencias*. Residencias haben keinen Speisesaal, bieten aber Frühstück und eine Cafeteria. Genauere Informationen vom Spanischen Hotelverband: *Federación Española de Hoteles*, Orense 32, E-28020 Madrid. Tel: (91) 556 71 12. Telefax: (91) 556 73 61. Informationen erteilt auch *ZONTUR*, Gremio Toneleros 24, Polígono San Castelló, E-07009 Palma de Mallorca. Tel: (971) 43 04 83. Telefax: (971) 75 91 55.
Kategorien: Die meisten Reisenden übernachten in Hotels, (Kategorien: 1-5 Sterne und Grande DeLuxe),

Wir stehen für Sie Kopf!

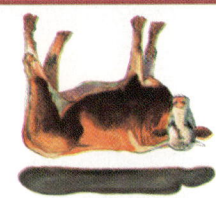

**Augustín de Foxá, s/n
28036 Madrid
Tel: (91) 323 30 87.
Fax: (91) 733 02 14.**

HOTELES HUSA
Fundado en 1930

Das Hotel Chamartín liegt gleich neben dem Bahnhof Chamartín in Madrid. Von hier aus haben Sie Anschluß in alle Teile Spaniens und Europas. Der internationale Flughafen Madrid-Barajas ist nur 10 Minuten entfernt, Madrids moderne Messehallen ganze fünf Minuten und einige der wichtigsten Geschäfts- und Freizeit-Zentren nur wenige Schritte. Das frisch renovierte Hotel Chamartín, mit einem jetzt noch breiteren Serviceangebot als zuvor, präsentiert sich als die ideale Basis für Geschäfts- und Urlaubsreisen in die spanische Hauptstadt!

- 360 geräumige Zimmer und 18 Suiten mit Vollbad, Klimaanlage, Musikkanal, Satellitenfernsehen, Direktwahl-Telefon, Minibar und Safe •
- Cafeteria – Buffet •
- Mehrzweckräume für 20 bis 550 Personen •
- Tagungs- und Konferenzdienst: Verstärkeranlagen und Bildprojektoren, Fax, Telex, Fotokopien, Simultandolmetscher, Hostessen-Service, Sekretär- und Übersetzerdienste •

EUROPEAN
Medical Centre

TAGESKLINIK

24-Std. NOTAUFNAHME
☎ **283 44 44 • 283 49 95**

- **Allgemein-Praxis • Fachärzte**
- **Zahnarzt • Ambulanz**
- **Alle internationalen Krankenversicherungen**

Avda. de España, Conj. Buenavista, Local 9, Sitio de Calahonda.
Fax: 283 00 31. MIJAS COSTA – Malaga

PUEBLO ELDORADO PLAYA
HORIZONTE CLUB

Horizonte Club, Pueblo Eldorado Playa, 43850 Cambrils   Tel: +34 77 36 11 90-95   Fax: +34 77 36 28 20   Telex: 56452 PEP-E

- **So wohnen Sie:** Sporthotel: Im Frühling '95 renovierte Doppelzimmer mit Dusche, Doppelwaschbecken und sep. WC, Balkon, Mietsafe, Heizung. Zimmer mit Frühstück oder Halbpension am Buffet inkl. Wein und Fruchtsaft. Einige Zimmer mit Verbindungstür.
- **Bungalow:** Typ Atrium mit Patio (für 4 Personen), total renoviert im Winter '95/'96.
- **Villas:** freistehende Villen mit Garten (für 4 oder 6 Personen).
- **Animation:** Gymnastik, Aerobic, Stretching, Volleyball, Basketball, Boccia, Fußball, Rollschuhbahn, Tischtennis, Minigolf, Club-Marathonlauf, Beach-Volley, Seidenmalatelier, Disco, Barbecue, Tanz mit Orchester.
- **Sport gegen Gebühr:** Tennisschule, 6 Kunstrasen-/Quarzsand-Plätze, Clubeigene Golfakademie, Par-3-Loch Parcours, Driving-Range, Chipping & Putting Green in der Hotelanlage, drei 18-Loch Golfplätze in der Nähe, Reit- und Surfschule, Mountainbikes, Fahrräder für Erwachsene und Kinder, Wasserski, Tretboote und Kanus.
- **Für Kinder:** Funpool und Spielplatz. Baby-Club für 2-4jährige von 10-13 Uhr und 16-18 Uhr. Am Vor- und Nachmittag Mini-Club mit Kinderprogramm für 5-12jährige.

Familien mit Kindern, Pärchen, Alleinreisende, Teens und Twens, Ältere und Junggebliebene – alle fühlen sich wohl in dieser großzügigen, im spanischen Stil erbauten Ferienanlage südlich von Cambrils. Die Straßenverhältnisse im reizvollen Hinterland sind ideal für Radsportler.

Das bietet Ihre Club-Anlage: Rezeption, Speisesaal mit Terrasse, Informationsbüro, gepflegtes A-la-Carte-Restaurant mit internationalen und lokalen Spezialitäten, Bar, Aufenthaltsraum, Snackbar, Strandbar, Boutique, Supermarkt, Parkplätze. Beheizte Funpool-Anlage mit Liegewiese beim Zentrum, zusätzliches Schwimmbad mit Liegewiese nahe dem Meer (Liegestühle am Meer gegen Gebühr).
Buchungen über TUI oder den ADAC.

Herbergen und Pensionen (1-3 Sterne). Im Anschluß Ausstattung und Serviceangebot der Hotels/Pensionen der einzelnen Kategorien im Überblick.

5-Sterne-Hotels: Klimaanlage in allen Zimmern, Zentralheizung, mindestens zwei Fahrstühle, Aufenthaltsräume, Hotelbar, Garage (Stadthotels), Friseur, alle Zimmer mit Bad und Telefon, einige Suiten; Wäsche wird gewaschen und gebügelt.

4-Sterne-Hotels: Klimaanlage oder Zentralheizung (je nach Klima) in allen Zimmern, mindestens zwei Aufenthaltsräume, alle Zimmer mit Bad oder Dusche, Waschbecken, WC, fließend heißes Wasser und Telefon. Garage (Stadthotels), Fahrstuhl, Hotelbar; Wäsche wird gewaschen und gebügelt.

3-Sterne-Hotels: Klimaanlage oder Zentralheizung (je nach Klima), Aufenthaltsraum, Fahrstuhl, Hotelbar; alle Zimmer mit Bad oder Dusche, Waschbecken, WC, fließend heißem Wasser, Telefon. Wäsche wird gewaschen und gebügelt.

2-Sterne-Hotels: Klimaanlage oder Zentralheizung (je nach Klima), Aufenthaltsraum, Fahrstuhl (in Gebäuden mit zwei oder mehr Stockwerken), Hotelbar, 15% der Zimmer mit Bad, 45% mit Dusche, Waschbecken und WC. Die restlichen Zimmer mit Waschbecken, fließend heißem Wasser und einem Badezimmer für je sechs Zimmer. Alle Zimmer mit Telefon. Wäsche wird gewaschen und gebügelt.

1-Stern-Hotels: Zentralheizung, Fahrstuhl in Gebäuden mit mehr als vier Stockwerken, 25% der Zimmer mit Dusche, Waschbecken und WC, 25% mit Dusche und Waschbecken, alle anderen Zimmer mit Waschbecken (fließend heißes Wasser); ein Badezimmer für je sieben Zimmer. Telefon auf jeder Etage, Wäsche wird gewaschen und gebügelt.

3-Sterne-Herberge: Zentralheizung, Fahrstuhl in Gebäuden mit mehr als vier Stockwerken, Aufenthaltsraum, 5% der Zimmer mit Bad, Waschbecken und WC. Die restlichen Zimmer sind mit Dusche und Waschbecken sowie mit fließend heißem Wasser ausgestattet. Alle Zimmer mit Telefon, ein Badezimmer für je acht Zimmer. Wäsche wird gewaschen und gebügelt.

2-Sterne-Herberge: Zentralheizung, Fahrstuhl in Gebäuden mit mehr als fünf Stockwerken, Aufenthaltsraum, ein Bad für je zehn Zimmer, alle Zimmer mit Waschbecken, Telefon im Haus.

1-Stern-Herberge: Alle Zimmer mit Waschbecken (kaltes Wasser), ein Bad für 12 Zimmer, Telefon im Haus. Rechtzeitiges Buchen empfiehlt sich immer, besonders während der Fiestas oder in beliebten Urlaubsorten an der Küste vom späten Frühling bis Oktober. Buchungen können schriftlich direkt ans Hotel gemacht werden; ein Hotelverzeichnis ist vom Fremdenverkehrsamt, bei Reisebüros oder ausgewählten Hotelvermittlungen erhältlich. Größere Hotels können auf Deutsch angeschrieben werden, alle anderen Hotels sollte man besser auf Spanisch anschreiben.

STAATLICHE HOTELS unterstehen dem Ministerium für Tourismus und befinden sich in landschaftlich besonders schönen und mitunter recht abgelegenen Gegenden. Historische Gebäude wie Klöster, alte Paläste und Burgen stehen ebenso zur Verfügung wie attraktive Neubauten. Der Standard ist durchweg hoch, jedes Gebäude hat jedoch seinen eigenen ganz individuellen Charme. Im Anschluß eine Kurzbeschreibung der verschiedenen Typen:

Paradores sind Hotels mit allen modernen Annehmlichkeiten wie Zentralheizung, Bad und Telefon in allen Zimmern; Aufenthaltsräumen, Garagen und dem üblichen Service. Schriftliche Reservierung empfohlen durch die *Central De Reservas De España*, Calle Requena 3, E-28013 Madrid. Tel: (91) 559 00 69. Telefax: (91) 559 32 33.

Refugios (Berghotels) liegen in wunderschönen Gebirgsgegenden und bieten bequeme Unterkünfte und ausgezeichneten Service. Die Zimmer sind gemütlich und haben Heizung und Waschbecken mit fließend heißem Wasser. Die Umgebung lädt zu Ausflügen, zum Bergsteigen und Angeln ein.

Hosterias: Diese traditionellen Restaurants im ortstypischen Stil bieten Gerichte von ausgezeichneter Qualität an.

GASTHÖFE: *Pensiones* gibt es überall in Spanien. Das Niveau reicht von anspruchsvoll bis zu sehr einfach. Fast alle Gasthöfe sind in Familienbesitz und bieten Übernachtung mit Frühstück. Duschenbenutzung gegen Aufpreis.

CAMPING: In Spanien gibt es Campingplätze jeden Niveaus und in allen Preislagen. Ein Campingausweis wird empfohlen. Außerhalb der Campingplätze muß eine Genehmigung der Polizei und des Grundstückseigentümers eingeholt werden; es dürfen nicht mehr als drei Zelte/Wohnwagen aufgestellt werden und nicht mehr als zehn Camper pro Platz übernachten. Privates Zelten ist nur an abgelegenen, einsamen Stellen erlaubt. Nähere Informationen erteilt der Campingverband *Federación Española de Empresarios de Campings y CV*, General Oraa 52-2°D, E-28006 Madrid. Tel: (91) 562 99 94. Telefax: (91) 563 70 94.

JUGENDHERBERGEN: Information vom Spanischen Fremdenverkehrsamt oder dem *Instituto de la Juventud*, Calle José Ortega y Gasset 71, E-28006 Madrid. Tel: (91) 344 77 00. Telefax: (91) 401 81 60.

URLAUBSORTE & AUSFLÜGE

Spanien beeindruckt durch seine geographische und kulturelle Vielfalt. Die Mittelmeerküste ist ideal zum Sonnenbaden, aber immer mehr Touristen entdecken die unglaubliche Schönheit und das kulturelle Erbe des Landesinneren. Man findet jede nur erdenkliche Landschaft in Spanien: Dichte Laub- und Nadelwälder, endlose Steppen, üppige Salzwiesen, pittoreske Felsenbuchten, wolkenverhangene Gipfel und weite Sandstrände. Man findet einzigartige mittelalterliche Städte, uralte Flüsse, die sich durch Obstplantagen ziehen, sprudelnde Bäche, die in Schluchten hinabstürzen – und überall Burgen, Schlösser, Paläste und andere Wahrzeichen der unvergleichlich reichen Geschichte des Landes. Die bewegte Vergangenheit hat auch in der Vielfalt der spanischen **Architektur** (u. a. römische, maurische, byzantinische, romanische und westgotische Einflüsse, Renaissance, Barock und Jugendstil) ihre Spuren hinterlassen. Der Sinn für Tradition spiegelt sich im ganzen Land in Burgen, Kirchen, Denkmälern und Wohnhäusern wider.

Meisterwerke der einzelnen architektonischen Richtungen finden sich überall: Römische Ruinen in Italica, Sagunto, Tarragona, Mérida (Theater und Amphitheater), Segovia (Aquädukt) und Alcudia; maurische Architektur in Córdoba (große Moschee), Sevilla (Alcázar, Giralda-Turm) und vor allem in Granada (Alhambra). Ein prägnantes Beispiel des Mudejar-Stils (13.-16. Jh.), der sich aus maurischer und christlicher Bauweise entwickelte, sind die nuancen-

Hauptstädte der Autonomen Gemeinschaften unterstrichen

☐ Internationaler Flughafen

Spanien

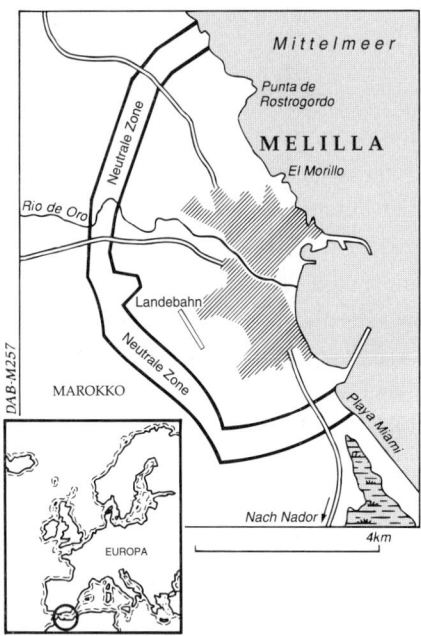

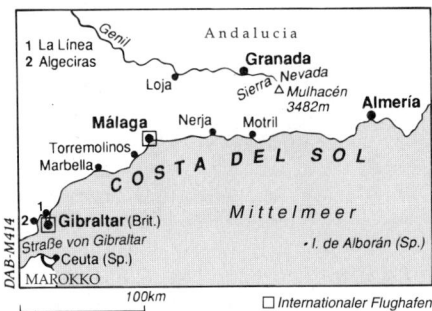

reichen Keramikarbeiten von Teruel. Gotische Kirchen der frühen, mittleren und späten Perioden befinden sich in Burgos, Toledo, León, Barcelona, Gerona, Pamplona, Segovia und Sevilla. In Salamanca und Valladolid kann man prächtige Barockbauten besichtigen.

Die typisch spanischen Burgen stammen überwiegend aus dem 15. Jahrhundert, aber auch die wunderschönen Paläste, Kirchen und öffentlichen Gebäude des 16., 17. und 18. Jahrhunderts sind ein Teil des reichen architektonischen Erbes. Die Architektur des 19. und 20. Jahrhunderts hat nur wenig zu diesem Erbe beigetragen, mit Ausnahme der Jugendstilbauten und der Architektur von Antonio Gaudí (s. Barcelona weiter unten).

Die spanische **Tierwelt** ist sehr artenreich. In den Ausläufern der nördlichen Gebirge leben Bären, Steinböcke und Gemsen. Wildschweine, Luchse, Mungos, Chamäleons, Taranteln, Skorpione, Land- und Wasserschildkröten und sogar wilde Kamele sind in den Marschen und Sanddünen der Coto de Doñana zu Hause, ebenso wie Flamingos, Ibisse, Löffelreiher und Pirole. In Murcia leben Wölfe. Überall im Land kann man mit etwas Glück Wiedehopfe, Bussarde, Eulen und Adler beobachten. Geier, in den Pyrenäen sogar die sehr seltenen Lämmergeier, nisten auf den Gipfeln der hohen Berge. Die scheuen Lämmergeier werfen erbeutete Knochen aus großer Höhe auf die Felsen, um an das nahrhafte Knochenmark zu gelangen. Zahlreiche Zugvogelrouten führen durch Spanien. Zu bestimmten Jahreszeiten wird der Himmel von Millionen Vögeln verdunkelt, die sich auf dem Rückweg von Afrika befinden. Der weiße Storch bleibt zum Brüten in Spanien, und in den Frühlings- und Sommermonaten scheint fast jeder Kirchturm von einem Storchennest gekrönt zu sein. In den Buchten der Nordwestküste gibt es zahlreiche Lachse und in fast allen Flüssen und Bächen Forellen.

Spaniens 52 Provinzen werden seit 1983 als 17 autonome Regionen verwaltet, jeder Region wird bis zu einem gewissen Grad Selbstverwaltung zugestanden. Im nachfolgenden Abschnitt ist Spanien in acht Regionen unterteilt, die aber weder politische noch kulturelle Grenzen andeuten sollen:
Andalusien, Ceuta und Melilla, einschl. *Costa de Almería, Costa del Sol und Costa de la Luz;*
Kastilien/La Mancha und Estremadura;
Madrid;
Kastilien/León und La Rioja;
Die nördliche Region, einschl. *Baskenland, Kantabrien, Asturien und Galizien;*
Navarra und Aragón;
Katalonien, einschl. *Costa Brava und Costa Dorada;* und
Valencia und Murcia, einschl. *Costa del Azahar, Costa Blanca und Costa Calida.*
Die Beschreibungen der **Balearen** und der **Kanarischen Inseln** finden Sie in separaten Abschnitten nach der Rubrik **Klima**.

Andalusien, Ceuta und Melilla

Einschl. Costa de Almería, Costa del Sol und Costa de la Luz

Die Gebirgsregion Andalusien liegt ganz im Süden Spaniens. Sie hat reiche Mineralvorkommen und ist ein wichtiges Anbaugebiet für Oliven, Weintrauben, Apfelsinen und Zitronen.

Das Landesinnere: Die Provinzhauptstadt **Sevilla** ist eine der größten Städte Spaniens; die 500 Jahre anhaltende Maurenherrschaft hat hier zahlreiche Spuren hinterlassen. Sevilla ist das romantische Herz Spaniens, die Heimat Carmens und Don Juans. Die Kathedrale ist das größte gotische Bauwerk der Welt. Sie hat eine äußerst umfangreiche Sammlung gotischer Kunstwerke und Steinmetzarbeiten zu bieten. Christoph Kolumbus und der Heilige Ferdinand liegen hier begraben. Von der *Giralda*, dem 93 m hohen Turm, hat man eine prachtvolle Aussicht. Bedeutend sind außerdem der *Alcázar*, der Festungspalast der arabischen Könige und der *Torre del Oro* (1220 m), ein maurischer Festungsturm, der einstmals mit Gold bedeckt war. In der Nähe fließt der Guadalquivir. In der Osterwoche wird in Sevilla die religiöse Inbrunst der Spanier deutlich. Hotelunterkünfte sollten in dieser Zeit besonders früh gebucht werden. Nach der Osterwoche wird die berühmte April-Fiesta gefeiert: Paare in wunderschönen traditionellen Flamenco-Kostümen ziehen auf feurigen andalusischen Pferden über den Rummelplatz. Eine ganze Woche lang wird nur gegessen, getrunken, gesungen und getanzt. Bunte Laternen auf dem Rummelplatz und die *Casetas* am Straßenrand zaubern ein farbenprächtiges Schauspiel.

In **Córdoba** im Nordosten stehen weitere Überreste des muselmanischen Weltreichs. Besonders eindrucksvoll sind hier die bemalten Säulen und Bögen der gewaltigen Moschee aus dem 8. Jahrhundert, dem bedeutendsten religiösen Bauwerk, das die Araber auf europäischem Boden schufen. Das prächtige maurische Bauwerk ist heute eine Kathedrale.

In **Granada** steht die *Alhambra*, wahrscheinlich das beste Beispiel maurischer Baukunst in Spanien. Diese Residenz der maurischen Könige mit ihrem reichen Interieur muß man gesehen haben, ihre außergewöhnliche Eleganz und Schönheit können nicht in Worte gefaßt werden. Der Palast ist umgeben von den wunderschönen Gärten von *Generalife*, deren Teiche und Springbrunnen die heiße Sommerluft kühlen. Die Alhambra ist wohl das hervorragendste Bauwerk überhaupt in einem so geschichtsträchtigen Land voller bedeutender Relikte zahlloser Epochen und Zivilisationen. In der prächtigen Kathedrale von Granada liegen die Grabmäler von König Ferdinand und Königin Isabella.

Südlich von Granada, etwa 40 km von der Küste entfernt, liegt das Hochland der **Sierra Nevada**, einer fast horizontal verlaufenden Bergkette mit den höchsten Erhebungen der Iberischen Halbinsel. Eine Straße führt fast bis zum Gipfel des 3400 m hohen *Pico de Veleta*, außerdem werden Busfahrten dorthin angeboten. In diesem Teil Spaniens kann man einen Winterurlaub mit Wassersport und Strandurlaub an der sonnigen Mittelmeerküste verbinden (s. u.). *Capileira* (südlich des Pico de Veleta), *Borreguiles* und *Pradollano* (beide in der Solynieve-Region) sind vielbesuchte Urlaubsorte in den Bergen.

Das historische **Jaén** ist die wichtigste Stadt im Nordwesten der Sierra Nevada. Unter den zahlreichen historischen Gebäuden und Kunstschätzen sind besonders das *Museo Provincial* (Heimatmuseum), die Kathedrale und die Burg *Santa Catalina* hervorzuheben. **Baeza** liegt etwa 48 km von Jaén entfernt. Der architektonische Stil der Bauwerke reicht von der Romanik bis zur Renaissance. Das Stadtbild von Baeza beeindruckt durch seine Eleganz; die aristokratische Bauweise der zahllosen Herrenhäuser wirkt durch den Goldton der Steine besonders eindrucksvoll.

Etwa 10 km von Baeza und 58 km von Jaén entfernt liegt **Ubeda** mit zahlreichen eindrucksvollen Renaissance-Palästen.

COSTA DE ALMERIA: Im Osten der Costa del Sol liegt die Provinz **Almería**. Die gleichnamige Hauptstadt ist eine ehemalige arabische Hafenstadt mit zahlreichen maurischen Häusern vor der Silhouette zweier Burgen. Die Stadt liegt in einer weiten Bucht, die Umgebung ist hügelig mit subtropischer Vegetation. Die Kathedrale (16. Jh., schöne Renaissancefassade), die Kirche *Santiago el Viejo* und die Ruinen der maurischen Burg *Alcazaba* sind sehenswert.

Urlaubsorte an der Costa de Almería: Adra, Roquetas, Cabo de Gata, Aguadulce, Mojácar und San José.

Die **COSTA DEL SOL** erstreckt sich von der Costa de Almería an der andalusischen Mittelmeerküste entlang bis nach Tarifa im Süden. Vor allem seiner ausgezeichneten Strände und malerischen Städte wegen ist die Costa del Sol eine dicht besiedelte Ferienregion. **Málaga**, die bedeutendste Stadt dieser Region, liegt nur ein paar Kilometer von den berühmten Urlaubsorten **Marbella** und **Torremolinos** entfernt. An der über 160 km langen Küste kann man trotz dichter Besiedlung noch fast leere Strände finden. Die Stadt **Nerja** ist auch als »Europas Balkon« bekannt. Der Name bezieht sich auf einen hoch über dem Meer gelegenen Aussichtspunkt, der einen beeindruckenden Rundblick auf das Mittelmeer ermöglicht. Im gleichen Vorgebirge liegen einige guterhaltene prähistorische Höhlen. Von Málaga aus kann man Ausflüge ins Hinterland machen, besonders empfehlenswert ist eine Fahrt zur alten Bergstadt **Ronda** in der Sierra de Ronda. Málaga selbst ist bekannt für seinen Wein und zahlreiche bedeutende Bauwerke römischen und maurischen Ursprungs.

Urlaubsorte an der Costa del Sol: Calahonda, Torre del Mar, El Palo, Málaga, Nerja, Torremolinos, Benalmádena Costa, Fuengirola/Mijas, Marbella, San Pedro de Alcántara und Estepona.

Die **COSTA DE LA LUZ** mit ihren endlosen Sandstränden erstreckt sich an der südlichen Atlantikküste von Tarifa bis an die portugiesische Grenze.

Von **Algeciras** gibt es Fährverbindungen nach Tanger und Ceuta an der nordafrikanischen Küste und zu den Kanarischen Inseln. Die Strecke zwischen Algeciras und

MADRID

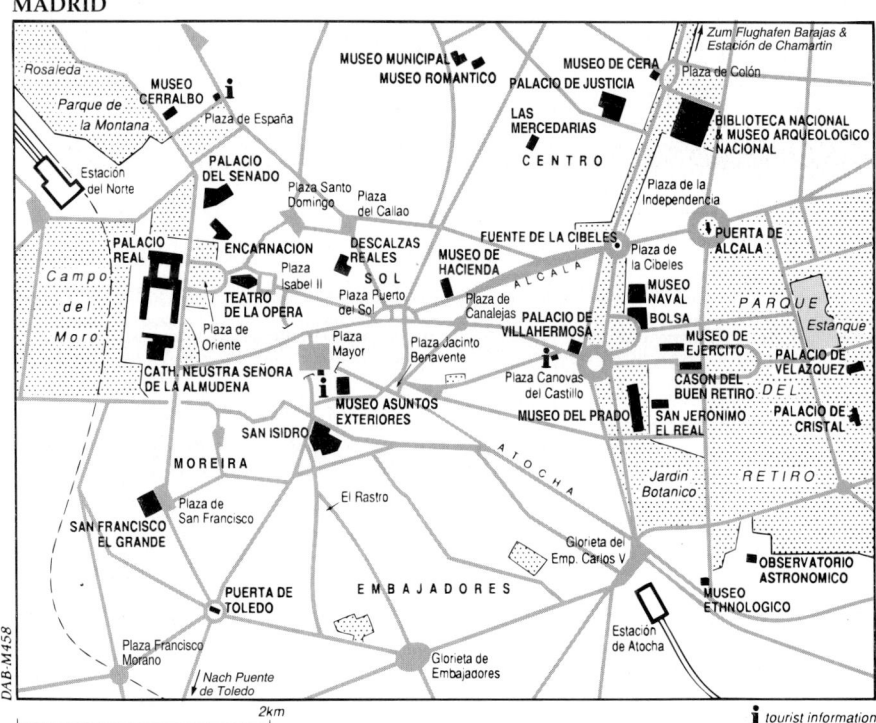

Cádiz ist eine der schönsten des Landes mit einer atemberaubenden Aussicht auf die Straße von Gibraltar, die nordafrikanische Küste und sogar das Atlasgebirge. Wahrzeichen von Cádiz sind die unzähligen Palmen, die Aussichtstürme (*Miradores*) und die hübschen weißen Häuser. Cádiz ist eine der ältesten Städte der Iberischen Halbinsel und wurde 1000 v. Chr. von den Phöniziern gegründet. Die *Academia de Bellas Artes* enthält eine bedeutende Gemäldesammlung (Murillo, Rubens). In der Provinz Huelva liegt die Stadt **El Rocío**. Hier findet jedes Jahr die bedeutende Fiesta der Jungfrau von El Rocío statt. Im Norden der Provinz Huelva liegen die wunderschönen Tropfsteinhöhlen *Grutas de las Maravillas* in **Aracena** und der Nationalpark *Coto de Doñana* (s. o.).

Urlaubsorte an der Costa de la Luz: Barbate, Algeciras, Tarifa, Conil de la Frontera, Chiclana de la Frontera, Cádiz, El Puerto de Santa María, Rota, Chipiona, Sanlúcar de Barrameda, Torre la Higuera, Mazagón, Punta Umbría, El Rompido, La Antilla und Isla Cristina.

DIE AFRIKANISCHEN ENKLAVEN: Der Freihafen **Ceuta** liegt an der nordafrikanischen Küste. Die Kathedrale und der *Plaza de Africa* im Innenstadt sind besonders sehenswert. Im Vorgebirge befinden sich die Ruinen der alten Festung. Es gibt Busverbindungen nach Marokko und eine Fährverbindung mit Algeciras auf dem Festland.

Der Freihafen **Melilla**, ebenfalls an der nordafrikanischen Küste gelegen, ist eine sehr moderne Stadt. Einige historische Bauwerke, darunter eine Kirche aus dem 16. Jahrhundert, sind jedoch erhalten geblieben. Autofähren von Málaga und Almería stellen die Verbindung zum Festland her.

Kastilien/La Mancha und Estremadura

Diese Region liegt im Landesinneren zwischen Madrid und Andalusien und grenzt im Norden, Osten und Süden an hohe Berge. Für die Bewässerung sorgen die beiden großen Flüsse Tajo und Guadiana, die nach Westen durch Portugal und dann in den Atlantik fließen. Kastilien/La Mancha und der höhergelegene westliche Teil der Region, wird auch *Castilla La Nueva* genannt – Neu-Kastilien.

KASTILIEN/LA MANCHA: Südlich von Madrid auf einem Felsvorsprung am Tajo liegt die alte spanische Hauptstadt **Toledo**. Die eindrucksvolle gotische Kathedrale und der *Alcázar*, die ehemalige Zitadelle, beherrschen das Stadtbild. Die engen, verwinkelten Gassen scheinen ebenso schmal zu sein wie die Fechtwaffen, die Toledo so berühmt gemacht haben. Die Stadt ist mit Recht stolz auf ihre Sammlung von Gemälden von El Greco, der hier gelebt und gearbeitet hat. El Grecos berühmtestes Gemälde, »Die Beisetzung des Grafen von Orgaz«, kann in der *Santo-Tomé-Kirche* besichtigt werden.

Im Nordosten von Madrid liegt **Guadalajara**, Hauptstadt der gleichnamigen Provinz am Río Henares. Die Stadt ist reich an alten Kirchen und Palästen. Besonders interessant sind der *Palacio del Infantado* (15. Jh.) und die *San-Gines-Kirche*.

Die Provinzhauptstadt **Ciudad Real** ist die bedeutendste Stadt der Region *La Mancha*, der Heimat des Don Quixote. Zahlreiche Stätten in der Umgebung erinnern an den Romanhelden. In *Campo de Criptana* soll er gegen die Windmühlen gekämpft haben.

Cuenca, ebenfalls eine Provinzhauptstadt, ist für die »hängenden Häuser« bekannt. Cuenca ist eine sehr reizvolle mittelalterliche Stadt. Die gotische Kathedrale ist besonders reich an Ornamenten. In der Umgebung gibt es Wälder, Seen und eindrucksvolle Höhlen. Auf den hohen Bergen und in den Tälern liegen zahlreiche befestigte Städte und Dörfer.

Albacete ist Zentrum eines Weinbaugebietes. Hier fanden im Mittelalter während der *Reconquista* (dem Kampf der christlichen Bevölkerung gegen die arabische Herrschaft) zwei besonders blutige Schlachten statt; an diese Zeit erinnern jedoch nur noch wenige Bauwerke. Die maurische Burg in **Almansa** und die alten Festungsstädte **Chinchilla de Monte Aragón** und **Villena** sind weitere Beispiele für die bewegte Vergangenheit dieser Gegend.

ESTREMADURA: Diese Region besteht aus den Provinzen Cáceres und Badajoz. Die Stadt **Cáceres** wurde im Jahre 1 v. Chr. von den Römern gegründet, später von den Westgoten zerstört und von den Mauren wieder aufgebaut. Zeugnisse dieser wechselhaften Geschichte können noch heute gefunden werden, obwohl die meisten Gebäude aus dem 16. Jahrhundert stammen, dem »Goldenen Zeitalter« der Stadt. Ganz in der Nähe liegt das bildschöne Dorf **Arroyo de la Luz**. 48 km weiter östlich kommt man nach **Trujillo**, dem Geburtsort Pizarros. **Plasencia** wurde im 12. Jahrhundert gegründet und hat ein wunderschönes mittelalterliches Aquädukt und eine sehenswerte Kathedrale.

Die alte Festungsstadt **Badajoz** in der gleichnamigen Provinz nahe der portugiesischen Grenze wurde von den Römern gegründet. Die *Alcazaba*, der maurische Teil, steht auf einem Hügel im Nordosten der Stadt. In der Nähe liegen **Alburquerque**, wo man eindrucksvolle Burgruinen und eine imposante gotische Kathedrale besichtigen kann, und **Mérida**. Im Museum für Archäologie werden Überreste römischer Ruinen ausgestellt. Ein paar Kilometer entfernt, in **Medellín**, wurde 1485 der Eroberer Cortés geboren.

Madrid

Die Hauptstadt Madrid liegt in der gleichnamigen Region. In dieser Metropole gibt es zahlreiche Theater, Kinos und Opernhäuser und über 50 Museen und Kunstgalerien. Der *Prado* ist eines der bekanntesten Museen der Welt (s. u.). Der *Palacio Real*, das frühere Königsschloß, das in einem herrlichen Garten aus dem 18. Jahrhundert liegt, beherbergt Gemälde, Wandteppiche, Rüstungen, Teppiche und eine umfangreiche Uhrensammlung. Die *Puerta del Sol*, von der zehn Seitenstraßen abgehen, ist der Mittelpunkt Madrids. Südlich davon liegt eine Steinplatte mit der Aufschrift »Nullkilometer«. Von diesem Punkt werden alle Entfernungen in Spanien gemessen. Nach kurzem Bummel in Richtung Südwesten gelangt man auf *Plaza Mayor*. Der weitläufige Platz ist von Arkaden mit zahlreichen kleinen Geschäften umgeben. Die umliegenden Straßen vermitteln noch einen Eindruck vom »alten Madrid«.

Der **Prado** enthält eine der berühmtesten Gemäldesammlungen der Welt. Zahlreiche spanische Könige haben bedeutende Gemälde für die Sammlung erworben. Werke von El Greco, Murillo, Goya, Velazquez, Tizian, Raphael, Botticelli, Veronese, Tintoretto, Breughel und Bosch können hier u. a. bewundert werden. Eine Sammlung der Werke von Spaniens größtem Maler, Pablo Picasso, ist geplant. Sein Meisterwerk »Guernica«, das das Leiden der spanischen Bevölkerung während des Bürgerkrieges vergegenwärtigt, wurde inzwischen an Spanien zurückgegeben und hängt ebenfalls im Prado.

Das **Centro Cultural Reina Sofia** mit seinem jüngst eröffneten Museum **Thyssen-Bornemisza** im Villa-Hermosa-Palast gegenüber vom Prado ist äußerst sehenswert; das Museum beherbergt mit seinen 500 Kunstwerken die größte Privatsammlung der Welt.

AUSFLÜGE: Das prachtvolle Klosterschloß **El Escorial** liegt etwa 40 km nördlich von Madrid in San Lorenzo del Escorial. Mittelpunkt der Schloßanlage ist die Kirche mit ihrer imposanten Kuppel und zwei Glockentürmen, die über die hohen Mauern emporragen. El Escorial diente als Kloster, Kirche, Königliche Sommerresidenz und Begräbnisstätte der spanischen Könige. Es wurde zwischen 1563 und 1584 von Philip II. errichtet, die

644 Spanien

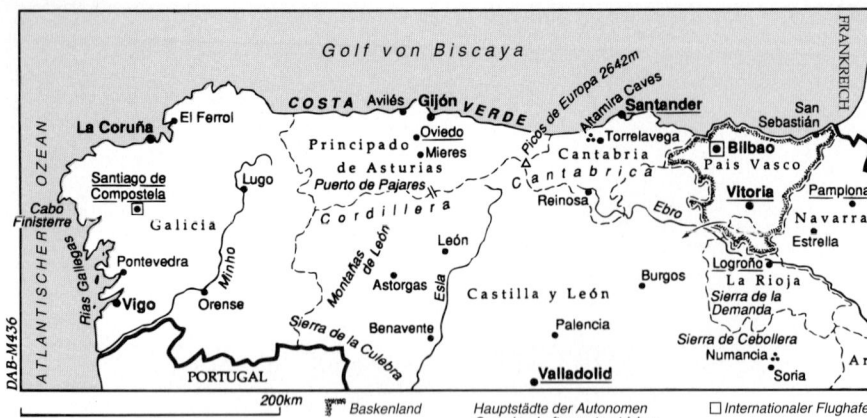

berühmte Bibliothek enthält den *Codex Aureus* (1039). 9 km von Escorial entfernt liegt das *Valle de los Caídos* (Tal der Gefallenen). Eine riesige Krypta wurde als Mahnmal für die Toten des Bürgerkrieges in den Berg gehauen. Auf ihrem Gipfel steht ein 152 m hohes Kreuz. General Franco liegt hier begraben. *Alcalá de Henares* ist der Geburtsort des Dichters Cervantes und Katharina von Aragóns. *Aranjuez* hat einen berühmten Sommerpalast, und die *Casita del Labrador* liegt in der Nähe des Flusses Tagus, an dessen fruchtbaren Ufern Spargel und Erdbeeren angebaut werden.

Im September werden die *Ferias Mayores* (Jahrmärkte) und zu Ostern die Umzüge der *Semana Santa* (Heilige Woche) veranstaltet, beides prächtige und farbenfrohe spanische Feste. Das Angebot an Ausflugsfahrten ist groß. Die Reisegesellschaft *Viajes Marsans* in Madrid veranstaltet eine dreitägige »Burgen-Rundfahrt«.

Die *Guadarrama*-Region bietet ausgezeichnete Wintersportmöglichkeiten. Einzelheiten finden Sie in der Rubrik *Wintersportorte* weiter unten.

Kastilien/León und La Rioja

Die Binnenlandregion Kastilien/León erstreckt sich im Norden und Nordwesten von Madrid und bildet den nördlichen Teil des zentralen Plateaus, der Meseta. Auch Kastilien/León ist im Norden, Osten und Süden von hohen Bergen umgeben. Hier entspringt der große Fluß Douro, der nach Portugal fließt. Obwohl es fast das ganze Jahr über heiß und trocken ist, ist die Region mit ihren ausgedehnten Ebenen ein bedeutendes Agrargebiet im sonst sehr gebirgigen Spanien.

CASTILLA LA VIEJA: Avila ist die am höchsten gelegene Provinzhauptstadt in ganz Spanien. Die mittelalterliche Stadt ist von eindrucksvollen Stadtmauern umgeben. Hier befindet sich das bekannte Karmeliterinnenkloster der Heiligen Theresa, einer Mystikerin und Ordensreformerin. Das riesige, noch funktionsfähige Aquädukt in **Segovia** ist eines der am besten erhaltenen römischen Bauwerke der Welt. Außerdem gibt es zahlreiche guterhaltene romanische Kirchen, eine Kathedrale und den arabischen Alcázar.

In der Hauptstadt **Soria** der gleichnamigen Provinz können im *Museo Numantino* unzählige Überreste der keltisch-iberischen und römischen Zivilisationen besichtigt werden. Auch ein Besuch der Kirche *San Juan de Duero* (13. Jh.), der Kathedrale von San Pedro und des Renaissance-Palastes *Palacio de los Condes de Gomara* ist lohnenswert. 9 km nördlich liegt eine weitere archäologische Stätte: *Numancia*, eine keltisch-iberische Befestigungsanlage. **La Rioja** ist ein weltbekanntes Weinbaugebiet. Die Hauptstadt **Logroño** ist der Mittelpunkt der Provinz, die auf eine bedeutende Vergangenheit zurückblickt und die Wiege der kastilischen Poesie ist.

Der bekannte Ritter und spanische Nationalheld El Cid, Verkörperung der romantischen Traditionen von Ritterlichkeit und Ehre, wurde in **Burgos** geboren. Er liegt in Valladolid begraben (s. u.).

Palencia, Hauptstadt der gleichnamigen Provinz, war einstmals Sitz der Könige von Kastilien und der Volksvertretung. Die Kathedrale ist eines der schönsten spätgotischen Bauwerke des Landes. Die Stadt hat zahlreiche weitere Gebäude aus dem späten Mittelalter und ein archäologisches Museum.

Valladolid ist Hauptstadt einer Provinz, die besonders reich an Burgen und historischen Bauwerken ist. Die berühmten üppigen Gärten der Stadt bilden einen reizvollen Kontrast zur überwiegend dürren und trockenen Landschaft der Umgebung. Auch hier werden die *Ferias Mayores* (Jahrmärkte) und die Osterumzüge veranstaltet; wer die Stadt zu dieser Zeit besuchen möchte, sollte rechtzeitig buchen. Die Stadt ist eng mit vier großen Namen der Iberischen Halbinsel verbunden, darunter auch Kolumbus, der zwar kein Spanier war, aber 1506 hier gestorben ist. Sein Haus ist zu besichtigen, ebenso wie das Haus von Cervantes, das zu einem Museum umgebaut wurde. 1469 heirateten Ferdinand und Isabella in Valladolid und vereinigten damit die Häuser von Kastilien und Aragón. Die Stadt hat eine wunderschöne mittelalterliche Kathedrale und eine sehenswerte Universität.

LEON wurde 850 nach langer maurischer Herrschaft von den Christen zurückerobert. Die Gebäude spiegeln überwiegend den christlichen Einfluß wider. Die Kathedrale *Santa María de Regla* ist eines der schönsten Beispiele der spanischen Frühgotik. Interessante Ausflugsziele sind **Puerto de Pajares**, **Benavente** und **Astorga**, das wie auch einige andere Städte dieser Region als Raststätte auf dem *Jakobsweg* gedient hat (s. auch Santiago de Compostela und Jakobsweg in der Rubrik *Nördliche Region* weiter unten). Die Umgebung von Astorga ist besonders reizvoll. Südlich von León liegt die Provinz **Zamora**. In der gleichnamigen Provinzhauptstadt fanden während der *Reconquista* zahlreiche heftige Kämpfe zwischen den Christen und Mauren statt. Der Nationalheld El Cid tat sich hierbei besonders hervor. Die Stadt hat eine romanische Kathedrale und mehrere Kirchen aus dem 12. Jahrhundert. 19 km nordwestlich liegt ein künstlicher See, der 1931 angelegt wurde. An den Ufern des Sees steht die westgotische Kirche *El Campillo* (7. Jh.), die wegen des Baus des neuen Reservoirs an eine andere Stelle versetzt wurde.

Salamanca ist die südlichste Provinz von León. Die Universitäts- und Provinzhauptstadt Salamanca liegt an den Ufern des schnellfließenden Tormes. Sonne und Wind haben den schönen alten Gebäuden ihre reizvolle goldbraune Färbung verliehen. Das berühmteste von ihnen ist die Kathedrale, mit deren Bau um 1500 begonnen wurde. Sie wurde jedoch erst 1733 fertiggestellt. Die Universität wurde im 13. Jahrhundert gegründet und ist die älteste Spaniens. Die schönen Häuser an der *Plaza Mayor* sind ebenfalls bemerkenswert. Die Fiesta im September ist vielbesucht, Unterkünfte sollten auch hier lange im voraus gebucht werden.

Die nördliche Region

Einschl. Baskenland, Santander, Asturien und Galizien

Diese Region umfaßt den Nordwesten Spaniens und die Nordküste bis zur französischen Grenze. Die Küste im Osten der Region nahe der französischen Grenze ist ein beliebtes Urlaubsgebiet.

DAS BASKENLAND: Die baskischen Provinzen **Guipúzcoa**, **Vizcaya** und **Alava** liegen an der Atlantikküste in den östlichen Ausläufern des Kantabrischen Gebirges. Die Landwirtschaft ist Hauptarbeitgeber in dieser fruchtbaren Region, obwohl die Industrie in den letzten Jahren stark ausgebaut wurde. Die Basken sind ein sehr altes Volk. Seit Jahrhunderten versuchen Sprachwissenschaftler vergeblich, die Herkunft der baskischen Sprache festzustellen. Das Baskenland konnte sich bis zum 19. Jahrhundert eine gewisse Unabhängigkeit bewahren.

Bilbao, die wichtigste Stadt der Region, wurde im frühen 14. Jahrhundert gegründet. In der Altstadt stehen eine gotische Kathedrale und das sehenswerte Rathaus. **San Sebastián**, die Provinzhauptstadt, liegt unweit der französischen Grenze. Die Stadt ist ein außerordentlich ansprechender und vielbesuchter Urlaubsort mit prächtigen Alleen und einem Sandstrand mitten im Zentrum. Vom 7 km westlich gelegenen *Monte Ulia* genießt man eine wunderschöne Aussicht über die Landschaft und den Golf von Biskaya.

In **Vitoria**, der dritten Provinzhauptstadt des Baskenlandes, errangen die Engländer unter Wellington während des spanischen Aufstands den bedeutenden Sieg über die Franzosen. Zahlreiche Denkmäler erinnern an diese Begebenheit. Vitoria hat zwei Kathedralen, von denen eine im 15. Jahrhundert fertiggestellt wurde. Mit dem Bau der zweiten wurde 1907 begonnen, sie ist aber bis heute noch nicht fertiggestellt.

SANTANDER: Obwohl die Provinz Santander historisch ein Teil von Alt-Kastilien ist, wird sie wegen ihrer Küstenlage in dieser Rubrik behandelt. Die historische Hauptstadt **Santander** liegt in einer wunderschönen Bucht inmitten hügeliger Landschaft. Die gotische Kathedrale wurde 1941 durch ein Feuer zerstört, ist aber sorgfältig restauriert worden. Das Städtische Museum besitzt eine bedeutende Sammlung von Gemälden aus dem 17. und 18. Jahrhundert. Ganz in der Nähe liegen die schönen Strände von **El Sardinero** und **Magdalena.** Magdalena ist ein guter Ausgangspunkt für Ausflüge zu den *Picos de Europa*, dem höchsten Kantabrischen Gebirge in Asturien, in dem noch Geier nisten. Als Alternative bieten sich ein Besuch einer der zahlreichen reizvollen Badeorte wie z. B. **Comillas** und **San Vincente** an, oder eine Fahrt zu den *Höhlen von Altamira* mit ihren 13.000 Jahre alten Wandmalereien. Hierfür wird eine Erlaubnis benötigt. Die Stadt **Solares** hat eine Mineralquelle. **Santillana del Mar**, eine vollkommen erhaltene

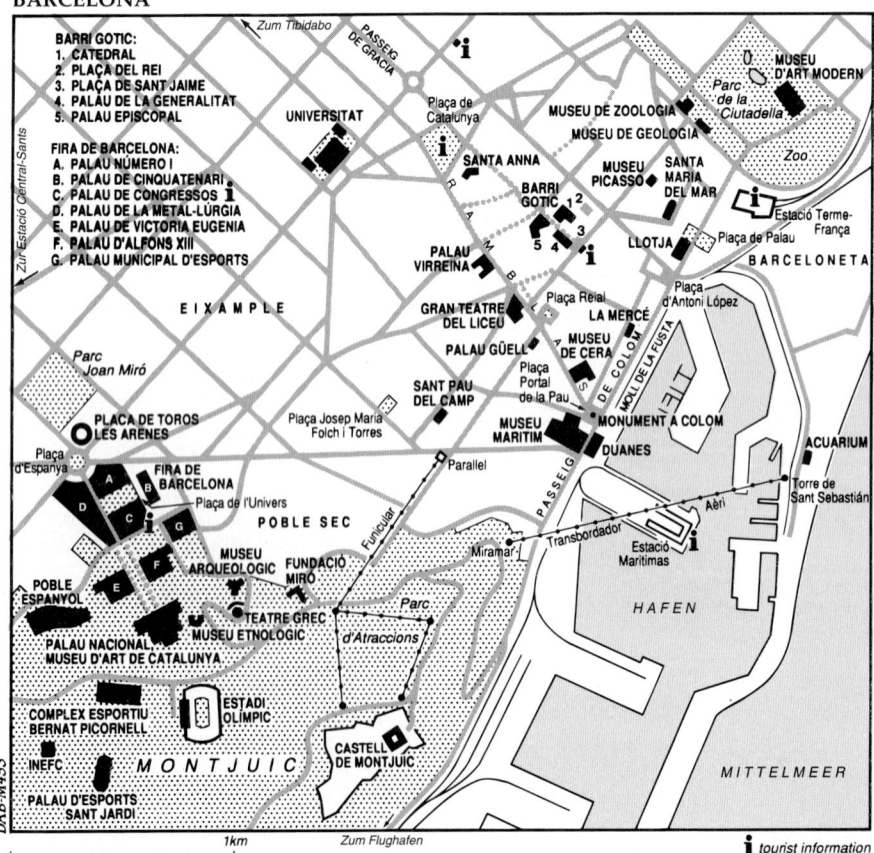

COLUMBUS REISEFÜHRER 1996/97

mittelalterliche Stadt, ist nur einer der vielen reizvollen Urlaubsorte dieser Region.

ASTURIEN: Dieses ehemals unabhängige Fürstentum hat zwei bedeutende Städte. **Oviedo** ist die Hauptstadt mit einer besonders interessanten, winzigen Altstadt, die von der gotischen Kathedrale beherrscht wird. Die Hafenstadt **Gijon** ist das industrielle Zentrum. Der Strand ist groß und sehr beliebt; in der näheren Umgebung gibt es weitere Strände.

GALIZIEN besteht aus den Provinzen La Coruña, Lugo, Orense und Pontevedra. Die Region ist gebirgig mit weitläufigen Heidelandschaften, die von tiefen Schluchten und reißenden Flüssen unterbrochen werden. Die Küste besteht größtenteils aus sandigen Buchten, an die sich häufig Fichten- und Eukalyptuswälder anschließen, und fjordähnlichen *Rías*, die die Landschaft an den Flußmündungen einschneiden. Fast alle Häuser sind aus Granit gebaut.

La Coruña (Corunna) ist die größte Stadt in der Umgebung und wurde wahrscheinlich von den Phöniziern gegründet. Von hier legte 1588 die Armada Richtung England ab. An der nördlichen Seite des Hafens liegt die bemerkenswerte *Ciudad Vega*.

Auch der weltbekannte Wallfahrtsort **Santiago de Compostela** befindet sich in dieser Region (s. »Jakobsweg«). Die römischen Stadtmauern von **Lugo** sind fast vollständig erhalten geblieben. **Orense** reizte die Römer seiner Heilquellen wegen. Die Kathedrale aus dem 13. Jahrhundert wurde auf den Ruinen einer Kirche aus dem 6. Jahrhundert errichtet. **Pontevedra**, die vierte Provinzhauptstadt dieser Region mit zahlreichen bedeutenden alten Bauwerken und Arkaden, ist ganz aus Granit erbaut. Weiter im Süden liegt die bedeutende Hafenstadt **Vigo** inmitten einer landschaftlich sehr reizvollen Gegend. Vom *Castillo del Castro* genießt man eine schöne Aussicht auf die Stadt und über die Bucht.

JAKOBSWEG: Im Mittelalter wurde die Grabstätte des Apostel Jakobus in Santiago de Compostela als eines der heiligsten Relikte des Christentums verehrt. Tausende von Pilgern reisten jedes Jahr durch Spanien, um den Schrein zu besuchen. An dieser Route, dem »Jakobsweg«, standen Klöster, Kapellen und Hospize, in denen man sich um das Wohlergehen der Pilger kümmerte. Zahlreiche dieser Gebäude sind immer noch erhalten und geben dem Besucher einen erhebenden Einblick in die religiöse Architektur des spanischen Mittelalters. Die Wallfahrt begann in Canfranc oder Valcarlos (Provinz Navarra) und führte in westlicher Richtung nach Pamplona, Santo Domingo de la Calzada, Logroño, Burgos, León, Astorga und Santiago de Compostela. Am 25. Juli beginnt in Santiago de Compostela die Festwoche des Schutzheiligen Spaniens. Unterkünfte für diese Zeit sollten frühzeitig gebucht werden.

URLAUBSORTE AM NORDATLANTIK: Der Küstenstrich, der sich von der französischen Grenze über die Kantabrische Küste und das Cap Finisterre bis zur portugiesischen Grenze erstreckt, hat zahlreiche schöne Strände, die kaum touristisch erschlossen sind. Ein Grund dafür ist wohl das etwas rauhere Klima in diesem Teil Spaniens. Oft sind die feinsandigen Strände von Klippen und Felsen umgeben. Das üppig-grüne Hinterland hat Asturien den Namen *Costa Verde* (grüne Küste) eingebracht. Die Flüsse in Galizien haben fjordähnliche Mündungen (*Rías*).

Urlaubsorte an der nordatlantischen Küste: Fuenterrabía, San Sebastián, Orio, Zaraúz, Guetaria, Zumaya, Deva, Motrico, Ondarroa, Lequeitio, Ibarranguelua, Pedernales, Mundaca, Baquio, Gorliz, Plencia, Sopelana, Algorta, Las Arenas, Abanto y Ciervana, Castro Urdiales, Laredo, Isla, Ajo, Somo, Santander, Santa Cruz de Bezana, Liencres, Miengo, Suances, Cobreces, Comillas, San Vicente de la Barquera, Pechón, Colombres, Llanes, Ribadesella, Colunga, Villaviciosa, Gijón, Luanco, Salinas, Cudillero, Luarca, Tapia de Casariego, Castropol, Ribadeo, Barreiros, Foz, Ceruo, Jove, Vivero, Vicedo, El Barquero, Ortiguerira, Cedeira, Valdovino, San Martín de Covas, El Ferrol del Caudillo, Cabanas, Mino, Sada, Mera, Santa Cruz, Santa Cristina, La Coruña, Cayon, Malpica, Lage, Camarinas, Finisterre, Curcubión, Carnota, Muros, Noya, Puerto del Son, Santa Eugenia de Ribera, Puebla del Caraminal, Rianjo, Villagarcía de Arosa, Villanueva de Arosa, Cambados, El Grove, La Toja, Sangenjo, Poyo, Pontevedra, Marín, Bueu, Cangas de Morrazo, Redondela, Vigo, Nigran, Bayona und La Guardia.

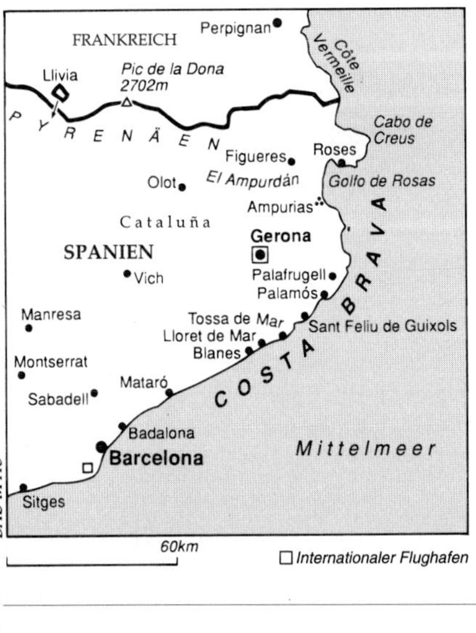

URLAUBSORTE IN DEN BERGEN: Die Kantabrische Gebirgskette erstreckt sich von der Kantabrischen Corniche bis zu den Rías Gallegas. Die höchsten Gipfel sind die *Picos de Europa* (2615 m), die bei Wanderern, Bergsteigern und Naturliebhabern gleichermaßen beliebt sind. Zum Teil ist das Kantabrische Gebirge auch für den Wintersport geeignet. Weitere Informationen finden Sie unter der Rubrik *Wintersportorte* weiter unten.

Navarra und Aragón

Diese einstigen iberischen Königreiche liegen südwestlich der französischen Grenze mit den Pyrenäen im Nordosten. Das karge, trockene Land steht im reizvollen Gegensatz zu den üppigen fruchtbaren Tälern der tieferen Lagen.

NAVARRA: Die ungefähren Grenzen des ehemaligen Königreiches bestehen noch heute. Navarra und Aragón liegen abseits der Touristenrouten. Nur die ehemalige Haupt- und heutige Provinzhauptstadt **Pamplona** bildet eine Ausnahme. Im Juli findet hier anläßlich des *San-Fermín*-Festes die weltberühmte *Corrida* (die Stampede der Stiere) statt. Dabei werden die Stiere auf einer ganz bestimmten Route durch die Stadt zur Kampfarena getrieben, und die jungen Männer aus Pamplona (und jeder andere, der genug Mut hat) fühlen sich herausgefordert, vor der Stierherde herzulaufen. Pamplona war die geistige Heimat des amerikanischen Schriftstellers Ernest Hemingway. Seine Bücher »Tod am Nachmittag« und »Fiesta« haben dazu beigetragen, daß Pamplona heute in der Fiestawoche ein vielbesuchter Urlaubsort ist. Man sollte frühzeitig buchen und mit verhältnismäßig hohen Preisen rechnen.

ARAGÓN: Das alte iberische Königreich Aragón ist landschaftlich verhältnismäßig eintönig mit zahlreichen abgelegenen Ebenen. Die Blütezeit des Königreichs war im 15. Jahrhundert. Zahlreiche Könige der damaligen Zeit residierten in der heutigen Provinzhauptstadt **Zaragoza** (Saragossa). Wie fast alle größeren Ortschaften in Aragón liegt auch Zaragoza in einer *Huerta*, einer schmalen Oase am Flußufer. Die Universitätsstadt hat eine mittelalterliche Kathedrale und ein ausgezeichnetes Museum. In der Umgebung gibt es einige Weinbaugebiete, z. B. **Borja** und **Cariñena** sowie zahlreiche Burgen. **Huesca**, eine wichtige Marktstadt, liegt an den Ausläufern der Pyrenäen. Die Umgebung bietet dem Besucher ein breitgefächertes Angebot an Freizeitaktivitäten, wie z. B. einen Besuch im *Parque Nacional de Ordesa*, ausgezeichnete Möglichkeiten zum Wandern und Bergsteigen oder eine Fahrt zum vielbesuchten Urlaubsort **Arguis** in der Region *Puerto de Monrepós*; schön sind auch Tagestouren zum Kurort **Balneario de Panticosa** oder zur hochgelegenen Grenzstadt **Canfranc**.

Teruel ist die südlichste Provinz Aragóns. Die Provinzhauptstadt liegt auf einem Hügel, der sich über den Schluchten des Río Turia erhebt. Überall macht sich ein starker maurischer Einfluß bemerkbar (die *Reconquista* wurde 1492 beendet, die letzte Moschee aber erst 10 Jahre später geschlossen), da zahlreiche Gebäude dieser Periode erhalten geblieben sind. Ganz in der Nähe liegt die kleine Bischofsstadt **Sergobe** in spektakulärer Lage zwischen zwei von Burgen gekrönten Hügeln.

DIE PYRENÄEN: Die Provinzen Navarra und Aragón bieten zum Teil ausgezeichnete Wintersportmöglichkeiten im spanischen Teil der Pyrenäen. Mitunter kann sechs Monate lang mit Schnee gerechnet werden. Weitere Informationen finden Sie in der Rubrik *Wintersportorte* weiter unten.

Katalonien

Einschl. Costa Brava und Costa Dorada

Die hügelige Küstenregion Katalonien liegt im Nordwesten Spaniens und grenzt an Frankreich. Ihre alte Kultur unterscheidet sich deutlich von der der Nachbarregionen. Viele Einwohner dieser Gegend sprechen Katalanisch oder in den Pyrenäen auch Aranesisch als Muttersprache. In der unmittelbaren Umgebung von Barcelona liegt Spaniens wichtigstes Industrie- und Handelsgebiet, aber das felsige und bewaldete Hinterland ist noch größtenteils unberührt. Die Urlaubsorte an der Costa Brava und Costa Dorada ziehen jährlich Tausende von Urlaubern an. Die Region ist ein wichtiger Lieferant landwirtschaftlicher Produkte wie Olivenöl, Wein, Mandeln und Obst.

BARCELONA: Die zweitgrößte Stadt des Landes ist Spaniens wichtigstes Industrie- und Handelszentrum und einer der bedeutendsten Mittelmeerhäfen. Die *Ramblas*, wo sich einst die alten Stadtmauern befanden, bilden heute den beliebtesten und belebtesten Straßenzug der Stadt. Hier promeniert man, um zu sehen und gesehen zu werden. Man sollte genug Zeit mitbringen, denn in Barcelona gibt es Kunstsammlungen von internationaler Bedeutung zu besichtigen, z. B. das *Picasso-Museum*, das *Miro-Museum* und die *Fundación Antoni Tapies*. Das Museum in der Altstadt in der Nähe des Bahnhofs zeigt eine ausgezeichnete Sammlung von frühen Picasso-Zeichnungen. Auch das Museum für Katalanische Kunst, das Seefahrtsmuseum (*Museo Maritimo*) und das Zoologische Museum sind einen Besuch wert. Überall in der Stadt stößt man auf eindrucksvolle Bauten, von denen hier nur die alte Kathedrale (1298-1448), der Bischofspalast, der *Palacio de la Generalidad* und der *Plaza del Rey* erwähnt seien. Das Stadtbild Barcelonas ist von prächtigen Barock-, Gründerzeit- und Jugendstil-Gebäuden geprägt, an vielen Stellen auch von Bauwerken des weitblickenden katalanischen Architekten Antoni Gaudí, der 1852 geboren wurde. Im Alter von 32 Jahren übernahm er in Barcelona den Weiterbau der *Sagrada Familia* (Kirche der Heiligen Familie), einem der außergewöhnlichsten und sicherlich eindrucksvollsten Kirchenbauwerke der Welt. Biblische Szenen sind inmitten von steinernen Palmblättern, eigenartigen Rebenzweigen und pilzähnlicher Vegetation überall in die Wände des Gebäudes gearbeitet. George Orwell beschrieb die Kirche als »das scheußlichste Gebäude der Welt«. Obwohl das Bauwerk noch unvollendet ist (Gaudí starb 1926 während der Bauarbeiten), sind die Einwohner Barcelonas unwahrscheinlich stolz darauf. Nach über 100 Jahren wird der Bau immer noch – nach Gaudís Plänen – weitergeführt. Zu den schönsten Wohngebäuden, die er in Barcelona baute, zählen die *Casa Battló*, die *Casa Mila* (ein Apartmenthaus in der Form eines Drachens, der auf einem geschmolzenen Käsestück balanciert). Eine Buslinie fährt zu dem im Norden der Stadt gelegenen *Parque Güell*, den Gaudi ursprünglich als urbanen Wohnpark konzipiert hatte, später jedoch als reine Erholungsanlage mit faszinierenden buntgemusterten Mosaikflächen und skurrilen Säulengängen verwirklichte. Vom *Tibidabo*, dem höchsten Gipfel in der Umgebung, dem *Montjuich*, auf den eine Drahtseilbahn führt, und dem Parque Güell genießt man einen herrlichen Blick über die Stadt.

DIE COSTA BRAVA: 65 km nordöstlich von Barcelona beginnt diese von Pinien bewachsene felsige Küstenlinie, die immer wieder von feinsandigen Buchten unterbrochen wird. Hier liegen einige der bekanntesten Urlaubsorte Spaniens. Manche Orte, wie **Tossa de Mar**, sind trotz des umfangreichen Tourismus noch verhältnismäßig unverdorben und haben ihren Kleinstadtcharakter bewahrt; andere Orte, wie **Lloret de Mar**, sind intensiv auf Tourismus ausgerichtet. Während der Sommermonate ist die Küste total überfüllt, und nur mit viel Geduld und einigen energischen Fußmärschen kann man noch verhältnismäßig leere Strände finden. Küstenfähren stellen Verbindungen zu fast allen Urlaubsorten der Costa Brava her.

Obwohl fast alle Besucher der Costa Brava Strand und Sonne suchen, sollte man sich doch aufraffen und einige Ausflüge zu interessanten Orten in der Umgebung unternehmen. **Girona** (Gerona) ist eine der ältesten Städte Kataloniens. In **Figueras** steht das Salvador-Dali-Museum. In **Cadaquès** hat Dali viele Jahre lang gelebt; dieses bezaubernde Fischerdorf erreicht man mit dem Bus von Figueras aus in 30 Min. **Ampurias** hat eindrucksvolle griechisch-römische Ruinen.

Urlaubsorte an der Costa Brava: Rosas, San Pedro Pescador, San Martín de Ampurias, La Escala, Estartit, Bagur, Palafrugell, Palamós, Playa de Aro, S'Agaro, Sant Feliú de Guixols (mit sehenswertem Markt), Tossa de Mar, Lloret de Mar und Blanes.

DIE COSTA DORADA erstreckt sich südlich von Barcelona bis nach Tarragona. Die schönen Sandstrände sind oft durch Straßen oder Schienenstränge vom Hinterland getrennt.

Der lebhafte und kosmopolitische Urlaubsort **Sitges** liegt kaum 40 km südlich von Barcelona. Eine Auswahl interessanter Museen lädt zum Besuch ein, im *Cav-Ferrat-Museum* hängen zwei wunderschöne El-Greco-Gemälde. Die Autobahn A2 in Richtung Lérida führt an zwei Klosteranlagen vorbei – dem Zisterzienser-Kloster *Santa Cruz* (1159) und dem Kloster *Santa María* in Poblet in der Nähe der mittelalterlichen Stadt **Montblanc. Lérida** ist Hauptstadt der Provinz mit ihrer wildromantischen Gebirgslandschaft. Die abwechslungsreiche Szenerie und die vielen Denkmäler gestalten diese Region zu einer der reizvollsten in Spanien. Die Küstenstadt **Tarragona** ist ein seltenes Beispiel einer noch fast vollkommen erhaltenen römischen Stadt mit Aquädukt und beeindruckendem Amphitheater, das einen stimmungsvollen Ausblick aufs Meer bietet. Die Kirche der Stadt **Manresa** wurde im 14. Jahrhundert errichtet und ist mit einer interessanten Bleiverglasung versehen. 60 km nordwestlich von Barcelona liegt **Montserrat**. Das weltbekannte Kloster ist die Heimat des legendären Heiligen Grals und der weltberühmten Schwarzen Madonna. Es wurde 880 gegründet und liegt inmitten einer gezackten Berglandschaft 1135 m hoch über dem Río Llobregat. Die Aussicht von hier ist atemberaubend, wie auch auf dem Bergpfad von der *San-Jeronimo-Einsiedelei* aus.

Urlaubsorte an der Costa Dorada: Calella de la Costa, Arenys de Mar, Castelldefels, Sitges, Calafell, Comarruga, Torredembarra, Tarragona, Salou, Cambrils, Miami Playa, Hospital del Infante und San Carlos de la Rapita.

DIE PYRENÄEN: Auch Katalonien hat zahlreiche Wintersportorte in den Pyrenäen, einige haben sechs Monate lang Schnee. Weitere Informationen finden Sie unter der Rubrik *Wintersportorte* weiter unten.

Valencia/Murcia

Einschl. Costa del Azahar, Costa Blanca und Costa Calida

VALENCIA ist bekannt für seine Orangenhaine und ist außerdem ein vielbesuchter Urlaubsort mit zwei größeren Stränden in der nahen Umgebung. Die mittelalterliche Kirche (13. Jh.) soll ebenfalls die Heimstätte des Heiligen Grals sein. Valencias Hauptattraktion ist die *Fallas*, ein Festival, das jedes Jahr am 19. März stattfindet. Aus Anlaß des Festes werden prächtige Feuerwerke veranstaltet und satirische Darstellungen von Personen des öffentlichen Lebens aus Pappmaché verbrannt.

DIE COSTA DEL AZAHAR zieht sich von Vinaroz an der Küste der Provinz Castellón und dem Golf von Valencia entlang bis hinter Denia. Die Region hat langgestreckte Strände. Die alte Festungsstadt **Peñiscola** ist besonders eindrucksvoll, wenn man sie aus einer gewissen Entfernung sieht. Landeinwärts von Peñiscola gelangt man zu der interessanten Burgruine **Chisvert** und nach **Oropesa** mit dem *Torre del Rey* aus dem 16. Jahrhundert. Sehenswert ist auch das Karmeliterkloster am *Desierto de las Palmas*. Nördlich von Valencia liegt **Castellón de la Plana**, die reizvolle Provinzhauptstadt von Castellón. Die Stadt liegt in einer fruchtbaren Ebene und ist Zentrum eines blühenden Zitrusfruchthandels.

Urlaubsorte an der Costa del Azahar: Vinaroz, Benicarlo, Peñiscola, Alcosebre, Oropesa, Benicasim, Valencia, Cullera, Gandia und Oliva.

ALICANTE und DIE COSTA BLANCA: Weiter südlich an der Küste liegt die Stadt **Alicante**, Mittelpunkt der *Costa Blanca* (weiße Küste). Die hochgelegene Maurenburg *Santa Barbara* beherrscht das Stadtbild und bietet einen wunderschönen Ausblick auf die Stadt. Von Alicante lohnt sich ein Ausflug ins Landesinnere nach **Guadalest.** Das Dorf ist wie ein Adlernest hoch in den Bergen gelegen, und die letzten Meter können nur zu Fuß oder mit dem Esel bewältigt werden. Die Burgen in **Elda** und **Villena** sind nur zwei der zahllosen Stätten von historischer Bedeutung. **Elche** bietet dem Naturinteressierten den berühmten Palmenhain mit über einer Million Palmen und einen sehenswerten Botanischen Garten. Jedes Jahr im August werden mittelalterliche Mysterienspiele in der *Basilica* aufgeführt.

Die Region **Costa Blanca** ist in den letzten Jahren erheblich ausgebaut worden; fast alle Küstenstädte zwischen dem Peñón de Ifach und Alicante sind heute Touristenorte. Die Costa Blanca liegt weiter südlich als die Costa Brava. Es ist daher wärmer und die Strände sind größer, vor allem die beiden wunderschönen Strandbuchten von Benidorm, dem größten und überlaufensten Urlaubsort der Region. Alle Orte sind im Sommer so gut wie ausgebucht.

5 km abseits der Hauptstraße, die an den Stadtmauern der Stadt **Calpe** vorbeiführt, ragt der sehenswerte *Peñón de Ifach* (Felsen von Ifach) aus dem Meer. Ein Tunnel führt zu dem legendären Monolithen, der eine Höhe von 300 m erreicht.

Urlaubsorte an der Costa Blanca: Denia, Javea, Moraira, Calpe, Benidorm, Villajoyosa, Alicante, Los Arenales del Sol, Santa Pola, Guardamar del Segura, Torrevieja, Campoamor, Santiago de la Ribera, La Manga del Mar Menor, Puerto de Mazarrón und Aguilas.

MURCIA und DIE COSTA CALIDA: Diese Region liegt im Süden von Valencia und Alicante. Mit Ausnahme der fruchtbaren Flußtäler ist sie dünn besiedelt. Die Berge Andalusiens erstrecken sich direkt bis ans Meer.

Die Stadt **Murcia** hat eine Universität und eine Kathedrale. Im Sommer kann es unerträglich heiß werden. Zwei besonders interessante Veranstaltungen finden hier im Frühjahr statt: Die Festlichkeiten anläßlich der Karwoche und die »Blumenschlacht«.

Das Küstengebiet von Murcia, die **Costa**, die oft als Teil der Costa Blanca betrachtet wird, hat nur wenige Urlaubsorte, wie z. B. Mar Menor, La Unión, Carboneras, Puerto de Mazarrón und Aguilas. **Cartagena**, die wichtigste Küstenstadt der Region, wurde 221 v. Chr. von den Karthagern gegründet. Im Museum gibt es eine gute Sammlung römischer und noch älterer Fundstücke.

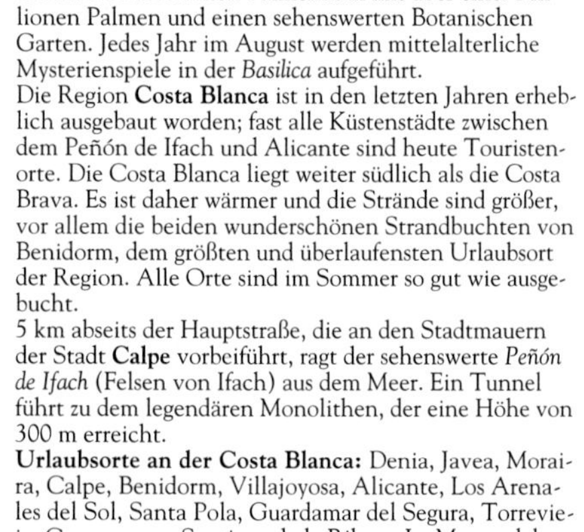

Wintersportorte

Spanien bietet zahlreiche Wintersportmöglichkeiten. Oft kann man den Skiurlaub mit einem Badeurlaub kombinieren, die Penibetische Bergkette ist dafür besonders geeignet. Die zahlreichen Wintersportorte haben alle modernen Annehmlichkeiten, es stehen ausgezeichnete Pisten zur Verfügung, und man kann mit blauem Himmel und Sonnenschein rechnen. Unterkünfte findet man in guten Hotels, Gasthöfen oder Berghütten.

Die fünf größten Skigebiete Spaniens befinden sich in den Pyrenäen, im Kantabrischen Gebirge, im Iberischen Randgebirge, im Kastilischen Scheidegebirge und in den Betischen Kordilleren. Diese Gebirge haben mannigfaltige Attraktionen und eignen sich zum Bergsteigen so gut wie zum Wintersport. Anschließend folgt eine kurze Beschreibung der Wintersportorte. Weitere Informationen erhält man vom Spanischen Fremdenverkehrsamt, das zahlreiche Broschüren mit Informationen über Unterkünfte, Verkehrsverbindungen, detaillierten Beschreibungen der Urlaubsorte usw. herausgibt.

In der nachfolgenden Beschreibung sind die Urlaubsorte **fett** gedruckt, anschließend folgt die entsprechende Provinz. Der nächste Flughafen, die Höhe und der Umfang des Schneegebiets sind *kursiv* gedruckt.

In fast allen Orten kann man Skiausrüstungen kaufen oder mieten, und es gibt Nachtklubs, Bars, Krankenhäuser, Kindergärten und eine katholische Kirche. Die Unterkünfte sind entweder direkt im Ort oder im Umkreis von 30 km. Manche Urlaubsorte haben zusätzliche Einrichtungen wie geheizte Swimmingpools, Tennisplätze, Minigolfanlagen, Reitschulen, Tontaubenschießen und Bowlingbahnen. Alle angegebenen Orte haben Skilifte (ausgenommen in Skilanglauf-Gebieten), viele auch Kinder- und Sessellifte, einige Standseil- oder Drahtseilbahnen. Weitere Einzelheiten finden Sie in den obengenannten Broschüren.

DIE PYRENÄEN

Eine Region mit Hochtälern, ideal für Abfahrtsläufe. Die meisten Skiorte liegen in Katalonien. In Aragón findet man die höchsten Gipfel mit einer Höhe von bis zu 3400 m. In Navarra gibt es keine hochgelegenen Bergorte, dafür aber sanfte Hänge und wunderschöne Wälder.

KATALANISCHE PYRENÄEN

Vallter 2000, Gerona. *Flughäfen:* Gerona 90 km, Barcelona 150 km. *Höhe:* 2000-2650 m. *Schneegebiet:* 50 qkm.

Nuria, Gerona. *Flughäfen:* Gerona 110 km, Barcelona 135 km. *Höhe:* 1960-2920 m. *Schneegebiet:* 79 qkm.

La Molina-Supermolina, Gerona. *Flughäfen:* Gerona 140 km, Barcelona 160 km. *Höhe:* 1436-2540 m. *Schneegebiet:* 70 qkm.

Masella, Gerona. *Flughäfen:* Gerona 160 km, Barcelona 175 km. *Höhe:* 1600-2530 m. *Schneegebiet:* 43 qkm.

Rasos de Peguera, Barcelona. *Flughafen:* Barcelona 135 km. *Höhe:* 1800-2050 m. *Schneegebiet:* 15 qkm.

Port de Comte, Lérida. *Flughafen:* Barcelona 160 km. *Höhe:* 1700-2380 m. *Schneegebiet:* 80 qkm.

San Juan de l'Erm, Lérida (Skilanglauf). *Flughafen:* Cerdaña (Kleinflugzeuge). *Höhe:* 1600-2150 m. *Schneegebiet:* 40 qkm.

Lles, Lérida (Skilanglauf). *Flughafen:* Cerdaña (Kleinflugzeuge). *Höhe:* 1900-2300 m. *Schneegebiet:* 30 qkm.

Llessúy, Lérida. *Flughafen:* Barcelona 258 km. *Höhe:* 1280-2900 m. *Schneegebiet:* 30 qkm.

Super Espot, Lérida. *Flughafen:* Barcelona 270 km. *Höhe:* 1480-2320 m.

Baqueira Beret, Lérida (größter Skiort). *Flughafen:* Barcelona 309 km. *Höhe:* 1520-2470 m. *Schneegebiet:* 40 qkm.

Tuca-Betrén, Lérida. *Flughafen:* Barcelona 295 km. *Höhe:* 1050-2250 m. *Schneegebiet:* 15 qkm.

ARAGONISCHE PYRENÄEN

Cerler, Huesca. *Flughäfen:* Zaragoza 227 km, Barcelona 300 km. *Höhe:* 1500-2850 m. *Schneegebiet:* 24 qkm.

Panticosa, Huesca. *Flughafen:* Zaragoza 168 km. *Höhe:* 1165-2100 m.

El Formigal, Huesca. *Flughafen:* Zaragoza 167 km. *Höhe:* 1500-2350 m. *Schneegebiet:* 38 qkm.

Candanchú, Huesca. *Flughafen:* Zaragoza 180 km. *Höhe:* 1450-2400 m. *Schneegebiet:* 18 qkm.

Astún, Huesca. *Flughafen:* Zaragoza 180 km. *Höhe:* 1420-2400 m. *Schneegebiet:* 40 qkm.

Zusätzlich gibt es überall in den Pyrenäen Stellen, die für den Wintersport geeignet sind. Zahlreiche Orte werden gerade mit den nötigen Einrichtungen ausgestattet, bitte erkundigen Sie sich beim Spanischen Fremdenverkehrsamt nach Einzelheiten. Die wichtigsten Orte und Gegenden dieser Art sind:

Tossa de Das, Barcelona; *Camprodon*, Gerona; *Valle de Farreras*, Lérida; *Bosost*, Lérida; *La Maladeta*, Huesca; *Val de Broto*, Huesca; *Bielsa*, Huesca; *Isaba*, Navarra und *Burguete*, Navarra.

KANTABRISCHES GEBIRGE

Das Kantabrische Gebirge im Norden des Landes fällt tief zum Atlantik hin ab; im Süden sind die Abhänge etwas sanfter. Im östlichen Teil (Baskenland) sind die Berge zerklüfteter als im Westen (Galizien), und es gibt dort einige wichtige Wintersportorte. Der Enol-See dieser Region ist ein beliebtes Ausflugsziel.

Alto Campo, Santander. *Flughafen:* Cantabria 99 km. *Höhe:* 1515-2150 m. *Schneegebiet:* 20 qkm.

Picos de Europa, Cantabria. *Höhe:* 1000-1770 m.

Valgrande-Pajares, Asturien und León. *Flughafen:* Oviedo 100 km. *Höhe:* 1350-1834 m. *Schneegebiet:* 75 qkm.

San Isidro, León und Asturien. *Flughafen:* Oviedo 70 km. *Höhe:* 1500-1955 m. *Schneegebiet:* 60 qkm.

Cabeza de Manzaneda, Orense. *Flughafen:* Santiago de Compostela 190 km. *Höhe:* 1450-1760 m. *Schneegebiet:* 20 qkm.

Weitere Skiorte dieser Region sind *Riaño-Maraña* an den Abhängen des Mampodre; *San Emiliano* im Nordwesten und *Leitariegos* im Westen.

IBERISCHES RANDGEBIRGE

In diesem Gebirge im Nordosten des Landes zwischen Burgos und Cuenca sind viele der Abhänge mit Pinienwäldern bedeckt. Der höchste Berg ist der Moncayo, dessen Gipfel eine Höhe von 2313 m erreicht.

Valdezcaray, Logroño. *Flughafen:* Villafría (Burgos) für Kleinflugzeuge, 100 km. *Höhe:* 1550-1860 m. *Schneegebiet:* 8 qkm.

Lunada-Espinosa, Burgos. *Flughafen:* Villafría (Burgos) für Kleinflugzeuge.

Valle del Sol, Burgos. *Flughafen:* Villafría (Burgos) für Kleinflugzeuge, 100 km. *Höhe:* 1500-1700 m. *Schneegebiet:* 15 qkm.

Sierra de Gudar, Teruel. *Flughafen:* Valencia 135 km. *Höhe:* 1600-2025 m. *Schneegebiet:* 15 qkm.

KASTILISCHES SCHEIDEGEBIRGE

Die Bergkette in Mittelspanien wird auch Carpetan-Berge genannt und verläuft vom Nordosten nach Südwesten. Sie teilt die Meseta in zwei Teile, die durch mehrere Pässe miteinander verbunden sind. Die Guadarrama- und Gredos-Gebirge liegen ebenfalls in diesem Gebiet. Der höchste Gipfel ist über 2500 m hoch. Die Region ist von Madrid aus leicht zu erreichen.

La Pinilla, Segovia. *Flughafen:* Madrid 112 km. *Höhe* 1500-2270 m. *Schneegebiet:* 15 qkm.

Valcotos, Madrid. *Flughafen:* Madrid 82 km. *Höhe:* 1785-2270 m. *Schneegebiet:* 30 qkm.

Valdesqui, Madrid. *Flughafen:* Madrid 85 km. *Höhe:* 1876-2260 m. *Schneegebiet:* 20 qkm.

Puerto de Navacerrada, Madrid. *Flughafen:* 75 km. *Höhe:* 1700-2200 m. *Schneegebiet:* 42 qkm.

BETISCHE KORDILLEREN

Dieses Gebirge liegt im Süden des Landes. Eine Verwerfung teilt die Berge in einen südlichen und einen nördlichen Teil. Die wichtigsten Skiorte liegen im Süden. Hier findet man auch die höchsten Gipfel des Festlandes (Sierra Nevada), mit einer Höhe von über 3440 m. Flußerosion hat tiefe Schluchten geschaffen, die zu sanften Wiesen und Stränden am Mittelmeer führen. Einige der Pisten liegen nicht weiter als 35 km von Granada entfernt.

Solynieve, Granada. *Flughafen:* Granada 34 km. *Höhe:* 2100-3470 m. *Schneegebiet:* 40 qkm.

RUNDREISEN: 5tägige: (a) Madrid – Toledo – Aranjuez – Alcalá de Henares – Guadalajara – Segovia – Avila – San Lorenzo del Escorial – Madrid. (b) Málaga – Marbella – Algeciras – Cádiz – Coto de Doñana – Jerez – Aracena – Seville – Málaga. (c) San Sebastián – Bilbao – Santander – Santillana del Mar – San Vicente – Picos de Europa – Oviedo.

7tägige: (a) Seville – Cordoba – Ubeda – Baeza – Jaén – Granada – Sierra Nevada – Almería. (b) Seville – Badajoz – Mérida – Cáceres – Salamanca – Zamora – Astorga – León – Oviedo – Gijón. (c) Madrid – Alcalá de Henares – Guadalajara – Cuenca – Teruel – Albacete – Cuidad Real – Toledo – Aranjuez – Madrid. (d) Madrid – San Lorenzo del Escorial – Avila – Segovia – Valladolid – Salamanca – Plasencia – Cáceres – Badajoz – Trujillo – Madrid. (e) Figueres – Empúries – Girona – Cadaquès – Barcelona – Montserrat – Sitges – Tarragona. (f) Valcarlos – Pamplona – Santo Domingo de la Calzada – Logroño – Burgos/León – Astorga – Santiago de Compostela.

SOZIALPROFIL

ESSEN & TRINKEN: Die angebotenen Gerichte sind recht preiswert und reichhaltig, jedoch nicht immer Feinschmeckergerichte. Als Einführung in die spanische Küche sollte man am besten *Tapas* ausprobieren. Diese Zwischenmahlzeiten werden in den einheimischen Bars den ganzen Tag über angeboten. Das Angebot reicht von Käse und Oliven bis hin zu Tintenfisch und Fleischspezialitäten, die Preise sind ebenso unterschiedlich. Die spanische Küche basiert zum großen Teil auf Meeresfrüchten. Regionale Spezialitäten findet man eher im Landesinneren als an der Küste. Im Baskenland sollte man Kabeljau *Vizcaina* oder Kabeljau *Pil-pil* probieren, außerdem *Angulas* (wohlschmeckende junge Aale aus Aguinaga), Barsch und Tintenfisch. Asturien bietet die Bohnensuppe *Fabada*, zahlreiche Käsesorten und den besten Cidre Spaniens. In Galizien sollte man die ausgezeichneten Schalentiere versuchen, besonders als Eintöpfe. Empfehlenswert ist auch der Seehecht à la Gallega.

Die *Paella* der östlichen Regionen verdient sicherlich ihren guten Ruf. Es gibt zahlreiche Versionen mit Geflü-

gel, Meeresfrüchten, Kaninchen und anderen Fleischsorten. Zu den ausgezeichneten Spezialitäten Kataloniens zählen Hummer Katalonisch, Würstchen mit Bohnen und Rebhuhn mit Kohl.
In Kastilien spezialisiert man sich auf Bratengerichte aus Lamm-, Rind- und Kalbfleisch und Spanferkeln; doch auch die Eintopfgerichte, ausgezeichneten Würstchen, Landschinken und Rebhühner sind nicht zu verachten. In der andalusischen Küche macht sich deutlich ein arabischer Einfluß bemerkbar. Besonders empfehlenswert sind die *Gazpacho*, eine vorzügliche kalt servierte Gemüsesuppe, zahlreiche Fischgerichte wie z. B. frische Anchovis und *Jabugo*-Schinken aus Huelva. Restaurants unterliegen Bestimmungen der Regierung und sind in Kategorien eingeteilt. Zahlreiche Restaurants bieten Tagesmenüs an (*Menu del día*). **Getränke:** In Spanien wird viel Wein getrunken, und Sherry ist eines der wichtigsten Exportgüter. Das englische Wort ist eine anglisierte Bezeichnung für die Stadt *Jerez*, in der der Weinhandel mit England begann. Großbritannien kauft etwa 75% des Sherry-Exports. Es gibt vier Hauptarten dieses Südweines: *Fino* ist sehr hell und trocken; *Amontillado* ist ebenfalls trocken, hat aber mehr Bouquet und eine dunklere Farbe; *Oloroso* ist halbtrocken, vollmundig, duftend und goldfarben; *Dulce* ist süß, schwer und sehr dunkel. Auch die Städte Sanlúcar de Barrameda und Puerto de Santa María sind für die Sherry-Produktion bekannt und einen Besuch wert. In Jerez kann man die *Bodegas* (Weinlagerhäuser) besuchen. Im Baskenland wird gerne *Chacolí* getrunken, ein »grüner« Wein, der leicht schäumt und eher säuerlich als trocken ist.
Die bekanntesten Tafelweine sind *Riojas* und *Valdepenas*, die nach den Regionen ihrer Herkunft benannt werden. *Rioja*, aus der nordöstlichen Logroño-Region, hat eine gewisse Ähnlichkeit mit dem französischen Bordeaux, ist aber nicht so delikat. *Valdepenas* ist ein etwas rauherer Landwein, aber durchaus angenehm und herzhaft. Sein Anbaugebiet liegt auf halbem Wege zwischen Madrid und Córdoba. Die katalonischen Weine *Ampurdán* und *Perelada* sind ziemlich schwer und entweder süß oder recht herb. Die einzige Ausnahme bildet der ausgezeichnete und vollmundige *Penedés*, der dem Burgunder ähnelt. Der trockene und kräftige Wein von Alicante ist schon ein leichter Aperitif. Die nahegelegene Murcia-Region produziert ausgezeichnete Weine. Es lohnt fast immer, die Hausweine in unterschiedlichen Regionen zu probieren (*Vino de la casa*). Diese Weine kommen direkt vom Weinfaß, sind nicht annähernd so teuer wie abgefüllte Weine und selbst in kleinen Orten von ausgezeichneter Qualität. Auch in Supermärkten kann man preiswerte regionale Landweine erstehen. Die einheimischen Sektsorten werden *Champan* oder *Cava* genannt, die beliebtesten Marken im reichhaltigen Angebot sind *Codorniú* und *Freixenet*, trocken oder halbtrocken. Der überwiegende Teil der spanischen Sektsorten ist jedoch süß und fruchtig.
Spanischer Weinbrand ist ebensowenig mit französischem Cognac zu vergleichen wie schottischer Whisky mit irischem. Er ist verhältnismäßig preiswert und durchaus schmackhaft, obwohl viele Cognac-Kenner ihn ein bißchen süß finden.
Spanien hat ein großes Angebot an ausgezeichneten Mineralwassern. Sehr beliebt sind *Lanjarón* (mit oder ohne Kohlensäure) aus der gleichnamigen Stadt, *Vichy Catalan*, *Malavella* und *Font Vella*.
NACHTLEBEN: In den Großstädten gibt es Nachtklubs, Cafés und Restaurants wie überall in Europa. Jede Stadt und jeder Urlaubsort hat sein eigenes Unterhaltungsangebot. Das Spektrum reicht von Flamenco und ähnlichen Volkstänzen bis zu Diskotheken. Das Unterhaltungsprogramm beginnt, egal, wo man sich aufhält, generell sehr spät und hört auch erst am frühen Morgen auf.
EINKAUFSTIPS: In Spanien werden Artikel ausgezeichneter Qualität zu angemessenen Preisen angeboten; nicht nur in den Geschäften der Großstädte, sondern auch in kleinen Ortschaften. Wunderbar stöbern kann man auf dem *Rastro-Markt* in Madrid, besonders am Sonntag. Die Marktstände stehen zur Hälfte unter freiem Himmel. In Katalonien gibt es Webereien, deren Textilien auf der ganzen Welt bekannt sind. Spanische Leder- und Wildlederwaren sind von hoher Qualität; die besten werden in Andalusien hergestellt. Hervorragende handgefertigte Möbel zählen zu den schönsten Erzeugnissen. Valencia ist ein bedeutendes Zentrum dieses Industriezweiges und veranstaltet eine jährlich stattfindende internationale Möbelmesse. In Alicante werden Spielwaren hergestellt, außerdem Schuhe, wie auch auf den Balearen. Aus Cáceres, Granada und Murcia kommen erstklassige Teppiche und Läufer.
Die ausgezeichneten Sherrys, Weine und Spirituosen sind vorzügliche Reiseandenken. **Öffnungszeiten der Geschäfte:** Mo-Sa 09.00/10.00-13.30/14.00 und 16.30/17.00-20.00/20.30 Uhr. Kaufhäuser öffnen Mo-Sa 09.30/10.00-20.00 Uhr.
SPORT: In den meisten größeren Ortschaften und auf den Inseln können die unterschiedlichsten Sportarten ausgeübt werden. Im sonnigen Süden Spaniens ist sportliche Betätigung im Freien das ganze Jahr über möglich. **Golf** kann auf über 70 Plätzen gespielt werden. **Wassersport:** Wasserski, Schwimmen, Segeln, Angeln und Windsurfen werden überall in den Urlaubsorten an der Costa del Sol, Costa Brava und Costa Blanca angeboten. In Tarifa in der Nähe von Cádiz finden Windsurf-Meisterschaften statt. **Wintersport:** S. o. unter *Wintersportorte*. **Publikumssport:** Typisch spanische Sportarten sind **Pelota vasca** oder **Jai-alai**. In den nördlichen Städten finden von Oktober bis Juni täglich Spiele statt; im Baskenland auch im Sommer. **Fußball** ist eine nationale Leidenschaft. Die Fußballklubs Real Madrid und Barcelona sind weltbekannt. Normalerweise finden die Ligaspiele sonntags statt, manchmal werden auch Länderspiele ausgetragen. **Pferderennen:** Im Herbst und Frühling werden Rennen in Madrid, im Sommer in San Sebastián und im Winter in Sevilla ausgetragen. Palma de Mallorca hat eine Trabrennbahn.
VERANSTALTUNGSKALENDER
Spanien ist für seine lebendige Folklore-Tradition bekannt, und irgendwo findet eigentlich immer ein Folklore-Festival statt. Das Ministerium für Tourismus gibt ein Verzeichnis aller Festivals und Fiestas heraus. Über 3000 nationale, regionale und internationale Feste werden jedes Jahr gefeiert. Fiestas, Feste zu Ehren der Heiligen, *Romerías* (Prozessionen zu Schreinen) und *Verbenas* (abendliche Feste am Vorabend eines religiösen Feiertages) werden mit viel Begeisterung, Schwung und Energie begangen. Die Osterwoche ist die beste Zeit für Besucher, die regionale Vielfältigkeit dieser Feiern zu erleben. Nachfolgend eine kleine Auswahl der jährlichen Veranstaltungen. Eine vollständige Liste ist auf Anfrage vom Spanischen Fremdenverkehrsamt erhältlich.
3. Mai '96 *Cruces de Mayo*, Granada. **12. Mai** *Spanischer Motorrad-Grand-Prix*, Jerez. **2. Juni** *Spanischer Formel-I-Grand-Prix*, Montmelo, Barcelona. **7. - 12. Juni** *San Bernabe Festival*, Marbella. **5. Juli** *El Coso Blanco* (Blumenfestival), Castro Urdiales, Kantabrien. **Aug.** *Santanders Internationales Kulturfestival*. **4. Aug.** (1) *Internationaler Kanuwettbewerb*, Ribadavia, Asturien. (2) *Albarino Wein Festival*, Cambados, Pontevedra. **17. Aug.** *Aste Nagusia* (Festival), Bilbao. **28. Aug.** *La Tomatina* (Festival), Bunol, Valencia. **15. Sept.** *Europäischer Motorrad-Grand-Prix*, Montmelo, Barcelona. **23. - 28. Sept.** *La Merced* (Festival), Barcelona. **26./27. Okt** *Saffran Festival*, Consuegra, Toledo. **9. - 13. Nov.** *Benidorm Festival*. **22. Dez.** *Migas Festival*, Torrox, Malaga. **28. Dez.** *Verdiales* (Musikfestival), Málága. **Febr. '97** *Karneval*, landesweit.
Anmerkung: Lesen Sie bitte auch die Rubrik *Gesetzliche Feiertage* weiter oben.
SITTEN & GEBRÄUCHE: Die spanische Lebensart hat sich in den letzten Jahren sehr verändert. Zahlreiche streng religiöse Bräuche sind besonders in den Großstädten modernen Sitten gewichen. Trotzdem haben einige alte Gebräuche, Umgangsformen und Traditionen noch immer Gültigkeit; Höflichkeit, Ritterlichkeit und Gastfreundlichkeit spielen nach wie vor eine wichtige Rolle. Zur Begrüßung gibt man sich die Hand. Die gängigen Höflichkeitsformeln sollten beachtet werden, so freut sich z. B. bei Einladungen der Gastgeber über ein kleines Geschenk. Blumen überreicht man nur zu besonderen Anlässen. Alltagskleidung wird im allgemeinen akzeptiert. In einigen Hotels und Restaurants wird von Männern Jackett und Krawatte erwartet. Abendkleidung ist nur bei besonders förmlichen Veranstaltungen vorgeschrieben. Badekleidung gehört ohne Ausnahme an den Strand. Nichtraucherzeichen sollten beachtet werden. **Trinkgeld:** Bedienungsgeld ist i. allg. in den Hotelrechnungen enthalten, trotzdem ist es üblich, Zimmermädchen ein kleines Trinkgeld zu hinterlassen. Gepäckträger erhalten eine geringe Summe pro Gepäckstück. In den meisten Restaurants ist die Bedienung in der Rechnung enthalten; Trinkgeld nach eigenem Ermessen. In Cafés und Bars hinterläßt man etwas Kleingeld. Taxis mit Taxameter erwarten etwa 5-10% Trinkgeld.

WIRTSCHAFTSPROFIL

WIRTSCHAFT: Spanien ist ein wichtiges Industrieland mit bedeutender Landwirtschaft. Bis zum Ende des Franco-Regimes 1975 entwickelte sich die spanische Wirtschaft in fast völliger Isolation, die durch hohe Zölle und strenge Einfuhrkontrollen aufrechterhalten wurde. Spaniens Beitritt zur EG 1986 ging trotz gegenteiliger Befürchtungen ohne große Probleme oder gravierende Anfangsschwierigkeiten vonstatten. Trotz des Niedergangs zahlreicher Industriezweige wie z. B. Schiffbau, Stahl und Textilien, die alle stark von der Weltwirtschaftskrise betroffen waren, hatte Spanien in den achtziger Jahren die höchste Zuwachsrate aller EG-Länder zu verzeichnen. Die einstmals galoppierende Inflationsrate sinkt inzwischen wieder (1993 bei 4,6%) – nur die Arbeitslosenquote ist mit rund 22% weiterhin die höchste in der Europäischen Union, was vor allem auf die umfassenden Rationalisierungsmaßnahmen im Industriesektor zurückzuführen ist. In bezug auf das Bruttosozialprodukt stand die spanische Wirtschaft 1992 an achter Stelle der Weltrangliste. Nach Jahren des stabilen Wirtschaftswachstums setzte jedoch 1992 bei abnehmender Investitionstätigkeit und rückläufiger Industrieproduktion eine Rezession ein. Die wichtigsten Agrarerzeugnisse sind Getreide, Gemüse, Zitrusfrüchte, Olivenöl und Wein; Investitionen und Modernisierungsprogramme der EU haben die Leistungsfähigkeit dieses Sektors erheblich verbessert. In der Nahrungsmittelverarbeitung waren ebenfalls hohe Zuwachsraten zu verzeichnen. Die Fischereiflotte, einst eine der größten der Welt, ist heute wesentlich kleiner, jedoch nach wie vor von großer Bedeutung. In der Industrie hat der rasche Zuwachs der Bereiche chemische Industrie, Elektronik, Informationstechnologie und Industriedesign die älteren, rückläufigen Industriezweige abgelöst. Der Fremdenverkehr ist ebenfalls eine wichtige Erwerbsquelle. Die Tourismusindustrie erwirtschaftet 8,8% des Bruttosozialproduktes und beschäftigt ca. 10% der Erwerbstätigen. Die meisten Besucher kommen aus Frankreich und Portugal, gefolgt von Deutschland, Großbritannien und den Niederlanden. Die EU-Partnerländer sind die größten Handelspartner Spaniens.
GESCHÄFTSVERKEHR: Spanische Sprachkenntnisse sind von Vorteil, obwohl spanische Geschäftspartner oft Englisch, eventuell auch Deutsch oder Französisch verstehen. Terminvereinbarungen und Visitenkarten sind üblich. **Geschäftszeiten** schwanken von Betrieb zu Betrieb und sollten im voraus erfragt werden.
Kontaktadressen: *Wirtschaftsabteilung der Spanischen Botschaft*, Koblenzer Straße 99, D-53177 Bonn. Tel: (0228) 36 20 99. Telefax: (0228) 36 17 13.
Cámara de Comercio Alemana para España (Deutsche Handelskammer für Spanien), Apdo. de Correos 61055, E-28080 Madrid. Tel: (91) 359 70 10. Telefax: (91) 359 12 13.
Zweigstelle in Barcelona.
Handelsabteilung der Spanischen Botschaft, Postfach 604, A-1011 Wien. Tel: (0222) 513 39 33/34. Telefax: (0222) 513 81 47.
El Delegado Comercial de Austria (Außenhandelsstelle der Wirtschaftskammer Österreich), Orense, 11-6°, E-28020 Madrid. Tel: (91) 556 43 58, 556 43 62/66. Telefax: (91) 556 99 91.
Zweigstelle in Barcelona.
Handelsabteilung der Spanischen Botschaft, Effingerstraße 4, CH-3011 Bern. Tel: (031) 381 21 71/72. Telefax: (031) 382 18 45.
Spanisch-Schweizerische Handelskammer, Werdstraße 36, CH-8004 Zürich. Tel: (01) 241 00 80. Telefax: (01) 291 22 03.
Delegierter der Asociación Economica Hispano-Suiza in der Schweiz, c/o Schweizer Bankgesellschaft, Bahnhofstraße 45, CH-8001 Zürich. Tel: (01) 234 20 92. Telefax: (01) 234 32 18.
Asociación Economica Hispano-Suiza (Spanisch-Schweizerische Handelsvereinigung), Zurbarán 28-6° planta, E-28010 Madrid. Tel: (91) 308 38 11. Telefax: (91) 308 42 87.
Consejo Superior de Cámaras Oficiales de Comercio, Industria y Navegación de Espana (Industrie-, Handels- und Schiffahrtskammer), Calle Claudio Coello 19, 1°, E-28001 Madrid. Tel: (91) 575 34 00. Telefax: (91) 435 23 92.
Cámara de Comercio Internacional (Internationale Handelskammer), Avenida Diagonal 452, 3°, E-08006 Barcelona. Tel: (93) 416 93 00. Telefax: (93) 416 93 01.
KONFERENZEN/TAGUNGEN: 14 spanische Städte gründeten 1982 das Spanische Tagungsbüro, das Planungshilfen und andere Serviceleistungen anbietet. In den meisten dieser Städte gibt es sowohl Kongreßzentren als auch Hotels mit Konferenzeinrichtungen. Weitere Informationen, Broschüren und Planungsideen vom *Spain Convention Bureau*, Palacio de Congreso, Paseo de la Castellana 99, E-28046 Madrid. Tel: (91) 337 81 00. Telefax: (91) 597 10 94.

KLIMA

Das Klima schwankt zwischen gemäßigt im Norden bis heiß und trocken im Süden. April bis Oktober ist die beste Reisezeit. Madrid besucht man am besten im späten Frühling oder Herbst – im Hochsommer kann es vor allem im Landesinneren sehr heiß werden, im Winter hingegen speziell im Norden und auf dem Zentralplateau recht kalt.

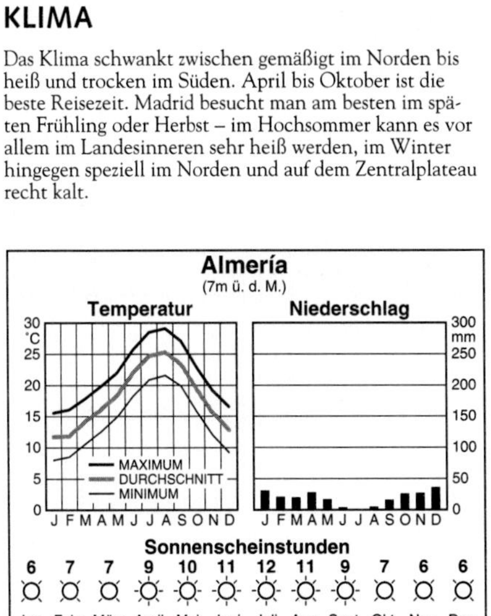

Spanien

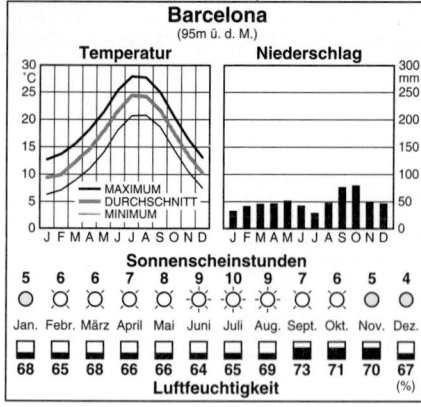

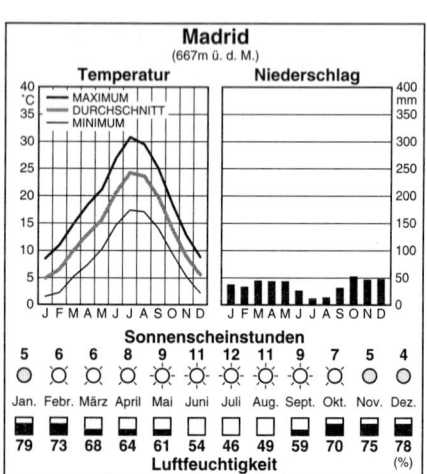

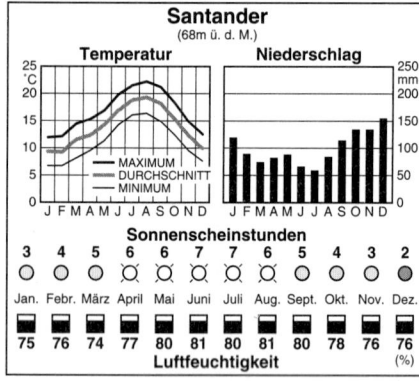

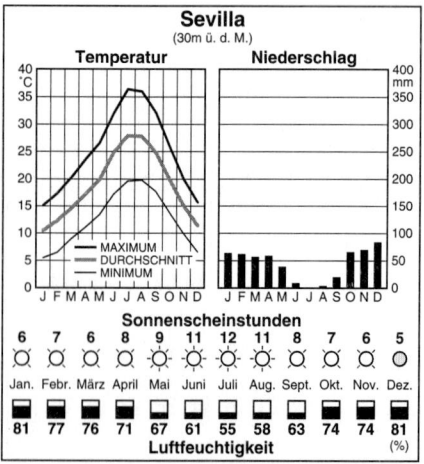

Die Balearen

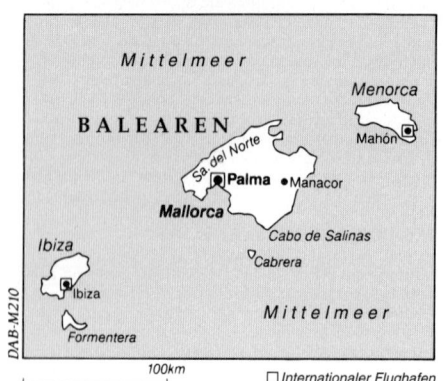

Ibiza, Mallorca, Menorca und Formentera
Lage: Mittelmeer, 240 km östlich von Valencia an der spanischen Küste.
Anmerkung: Auf den Balearen gelten die gleichen *Reisepaß/Visa-* und *Gesundheits*-Bestimmungen wie in Spanien. Die spanische Peseta ist auch die Währung der Balearen. Bitte lesen Sie die entsprechenden Rubriken weiter oben.

FLÄCHE: Gesamtfläche: 5014 qkm.
Mallorca: 3640 qkm. **Menorca:** 700 qkm. **Ibiza:** 572 qkm. **Formentera:** 100 qkm.
BEVÖLKERUNG: 709.138 (1991).
BEVÖLKERUNGSDICHTE: 141,4 pro qkm.
HAUPTSTADT: Palma de Mallorca. **Einwohner:** 296.754 (1991).
GEOGRAPHIE: Mallorca, Menorca und Ibiza sind die größten dieser Inselgruppe, die 193 km südlich von Barcelona vor der Ostküste Spaniens liegt. Die Landschaft ist von Waldgebieten, Mandelbäumen und fruchtbaren Ebenen geprägt; an den wunderschönen Küsten werden die zahllosen sandigen Buchten durch schroffe Klippen getrennt.
Die größte Insel, **Mallorca** (auch als »Insel der Träume« bekannt), hat eine abwechslungsreiche Landschaft mit Bergen und Tälern, felsigen Buchten und sandigen Stränden. Hauptmerkmal ist die bergige Sierra del Norte, die entlang der Nordküste verläuft. Die Insel ist dicht bewachsen mit frischen grünen Pinien und uralten Oliven- und Mandelbäumen, deren Blüten im Frühling die Landschaft wie eingeschneit erscheinen lassen. Auf **Menorca** stößt man vielerorts auf Spuren der reichen Geschichte und der engen Verbindung zu Großbritannien. Der englische Admiral Nelson hat sich einige Zeit auf der Insel aufgehalten. Die Hauptstadt Mahón und die alte Stadt Ciudadela im Norden liegen an der Spitze tiefer Buchten, die natürliche Häfen bilden. Zahlreiche Buchten und Sandstrände laden auf dieser noch unverfälschten und verhältnismäßig ruhigen Insel zum Baden ein.
Ibiza, die drittgrößte Insel, hat eine zerklüftete Küste mit vielen Obstgärten und Waldgebieten. Die gleichnamige Stadt liegt oberhalb eines geschäftigen Hafens. Ein schmaler Kanal trennt Ibiza von **Formentera**, der kleinsten bewohnten Insel der Balearen.

REISEVERKEHR

FLUGZEUG: Durchschnittliche Flugzeiten: *Frankfurt – Palma de Mallorca:* 2 Std; *Frankfurt – Ibiza:* 2 Std. 30; *Wien – Palma de Mallorca:* 4 Std. 10 (mit Umsteigen in Zürich); *Zürich – Palma de Mallorca:* 1 Std. 50.
Internationale Flughäfen: *Palma de Mallorca (PMI)* (Son San Juan) liegt 9 km südöstlich der Stadt. Am Flughafen gibt es eine Bank, eine Post, Duty-free-Shop, Tourist-Information, Mietwagenschalter, Bars und Restaurants. Der Bus fährt alle 30 Min. zur Stadt (06.30-24.00 Uhr). Vom Iberia-Büro, Archiduque, Luis Salvador 2, fährt man zurück zum Flughafen. Taxis stehen ebenfalls zur Verfügung.
Mahón (MAH) liegt 6 km von Mahón entfernt. Taxistand, Flughafenbus.
Ibiza (IBZ) liegt 8 km von der Stadt Ibiza entfernt. Taxis und stündliche Busverbindungen (07.30-22.30 Uhr) zur Stadt.
SCHIFF: Die folgenden Reedereien fahren zu den Balearen: *Compañía Transmediterránea* (Autofähre) von Alicante, Barcelona, Valencia und zwischen den Inseln; *Isnasa-Islena de Navegación; CNAN – Compagnie Nationale Algérienne de Navigation* (Autofähre) von Algier; *DFDS* (Autofähre) von Italien. Außerdem gibt es eine Fährverbindung von Sète (Frankreich) nach Palma. Die Balearen werden auch im Rahmen von Kreuzfahrten angelaufen.
Regionalverkehr: Regelmäßige Verbindung zwischen Ibiza und Formentera.
BAHN: Auf Mallorca verkehrt fünfmal täglich eine Schmalspurbahn zwischen Palma und Soller und stündlich von Palma nach Inca. *Inter-Rail-Pässe* haben keine Gültigkeit. Auf den anderen Inseln gibt es keine Eisenbahnlinien.
BUS/PKW: Alle Inseln haben gute Busverbindungen zwischen den Urlaubsorten und den größeren Ortschaften. Es gibt Auto-, Motorroller- und Fahrradvermietungen. Die steilen engen Straßen lassen kaum zwei Busse oder Autos aneinander vorbei, es gibt aber an einigen Stellen besondere Straßenverbreiterungen. Um Schwierigkeiten zu vermeiden, sollte man sich im Hotel die Busfahrpläne geben lassen.

UNTERKUNFT

Es gibt über 227.000 Hotelbetten auf den Inseln, außerdem andere Unterkünfte aller Kategorien einschließlich Ferienhäuser und -wohnungen. Möblierte und unmöblierte Ferienhäuser können für die ganze Saison gebucht werden. Die Nachfrage ist sehr groß, man sollte rechtzeitig buchen. Die Preise richten sich nach der Saison und dem Niveau der Unterkunft. Es werden zahlreiche Pauschalreisen angeboten.

URLAUBSORTE & AUSFLÜGE

Mallorca: Mit seinem umfangreichen Angebot an Tages- und Halbtagstouren hat Mallorca von allen Balearen-Inseln wahrscheinlich am meisten zu bieten. Der Norden der Insel ist besonders empfehlenswert. Alle Rundfahrten führen über Palma und haben die Sehenswürdigkeiten der Insel im Programm. Ein Sonderzug fährt von Palma nach Soller; eine Fahrt zur Halbinsel Formentor an der nordöstlichen Spitze sollte ebenfalls unternommen werden. Dieses Gebiet ist für seine schönen Pinienwälder und einsamen Buchten bekannt. Man kann zahlreiche halbversteckte Strände und hochgelegene Bergdörfer erkunden.
Die Küste ist 300 km lang, und obwohl einige Ferienorte unter einer gewissen Überentwicklung gelitten haben, findet man doch noch zahlreiche wunderschöne Buchten und ein interessantes Binnenland. Die meisten Urlaubsorte liegen in der Umgebung von Palma und an der Ostküste. Der gebirgige Norden ist die am wenigsten erschlossene Region. Die Straße erreicht die Küste nur an wenigen Stellen und führt von Puerto Soller bis Formentor quer über die Insel. Nur eine Seitenstraße führt nach La Colobra an der Küste. Überall sonst erreicht man das Meer nur auf schmalen Pfaden. Das flache Binnenland ist berühmt für seine Mandelbäume; die Zahl wird auf über 6 Millionen geschätzt.
In *Palma*, der Hauptstadt, findet man zahlreiche Beispiele der maritimen Vergangenheit dieser wichtigen Hafenstadt. Die alte Stadt liegt in der Mitte der weiten Bucht von Palma, im Osten und Westen stehen moderne Gebäude. Von der *Belver-Burg* (14. Jh.) hat man einen schönen Ausblick auf die Stadt. Sehenswert sind die goldfarbene *Sandstein-Kathedrale La Seo*, der *Erzbischöfliche Palast*, *Kloster* und *Kirche des Hl. Franziskus* und die *Montesion-Kirche* sowie zahlreiche andere Kirchen und Paläste.
Menorca: Die zweitgrößte Insel liegt etwa 40 km nordöstlich von Mallorca. Die Hauptstadt *Mahón* an der Ostküste, in der noch zahlreiche Gebäude aus der Zeit der britischen Besatzung erhalten geblieben sind, läßt sich am besten zu Fuß erkunden. Besonders sehenswert sind das Rathaus *(Casa Consistorial)*, die *Santa-María-Kirche* und die *San-Francisco-Kirche*. Es werden Hafenrundfahrten angeboten. Eine gut ausgebaute Straße verbindet Mahón mit der alten Stadt *Ciudadela* (der ehemaligen Hauptstadt) an der gegenüberliegenden Seite der Insel. Teile der Kathedrale stammen aus dem 14. Jahrhundert; die Stadt rühmt sich außerdem seiner diversen eleganten *Palacios* und mittelalterlichen Kirchen. Beide Städte haben ausgezeichnete Strände in der näheren Umgebung. Es gibt keine Küstenstraßen, aber man kann zahlreiche Ausflüge ins Landesinnere unternehmen. Überall auf der Insel findet man prähistorische Steingräber *(Taulas* oder *Talayouts)*. In *Talah* steht ein 4000 Jahre alter Hünen-Steinkreis. Menorca hat seine traditionellen Erwerbsarten wie Viehzucht und Lederverarbeitung beibehalten und ist daher weniger vom Tourismus abhängig als andere Inseln.
Ibiza: Die drittgrößte Insel ist ein sehr beliebtes Urlaubsziel, trotzdem ist noch etwas von der ursprünglichen Atmosphäre erhalten geblieben. Im Norden und Süden gibt es dichte Pinienwälder, überall liegen Obstgärten. Weite Sandstrände erstrecken sich im Süden der Hauptstadt *Ibiza*, deren Erscheinungsbild von einer mittelalterlichen Festung und der *Dalt Vila* (Oberstadt) geprägt ist. Im Südwesten befindet sich der punische Friedhof *Puig des Molins*. Zwei vielbesuchte Urlaubsorte sind die Küstenstädte *San Antonio Abad* und *Santa Eulalia del Río*.
Formentera: Ein 4 km breiter Kanal trennt die Insel von Ibiza. Im Sommer gibt es stündliche Fährverbindungen. Die größte Ortschaft ist *San Francisco Javier*. Auch Formentera besitzt ausgedehnte Pinienwälder und sandige Strände. Der Lebensrhythmus verläuft etwas geruhsamer als auf der Nachbarinsel Ibiza.

SOZIALPROFIL

ESSEN & TRINKEN: Zu den Spezialitäten der reichhaltigen balearischen Küche zählen zahlreiche Gerichte

aus Kaninchenfleisch, Meeresfrüchten, Schweinefleisch, einheimischem Obst und Gemüse. Auf Mallorca sollte man die *Ensaimada* (leichte Gebäckrolle) und die ausgezeichneten Suppen probieren; auf Ibiza *Flao*, *Graixonere de peix*, *Tumbet*, *Escaldums* aus Geflügel, *Sobresada* und *Frit* (Pommes Frites). Mayonnaise ist eine kulinarische Kreation der Insel Menorca. **Getränke:** Auf den Balearen werden gute Weine und aromatische Liköre hergestellt, wie z. B. *Palo* (aus Johannisbrot) und *Frigola*. Zahlreiche importierte Getränke sind überall erhältlich.
NACHTLEBEN: Einige der vielen Nachtklubs und Diskotheken haben Tanzflächen auf Terrassen mit Blick über das Meer. Veranstaltungen mit Tanzkapellen und künstlerischen Darbietungen werden angeboten, und zur Abrundung des Unterhaltungsprogramms stehen diverse Kinos, Theater, Konzerte und Kunstausstellungen zur Verfügung. *Magaluf*, 18 km westlich von Palma, hat ein elegantes Kasino mit Restaurant.
EINKAUFSTIPS: Auf den Balearen sind handwerkliche Traditionen besonders ausgeprägt. Zum Angebot gehören Möbel, Handstickereien, handbemalte Keramiken, geschnitzte Wandschirme aus Olivenholz, Kunstschmiedearbeiten, Glaswaren, Korbwaren aus Bast und Palmblättern, handgearbeitete Schuhe, die berühmten Perlen aus Mallorca und Modeschmuck aus Menorca.
SPORT: Schwimmen: Man kann fast das ganze Jahr über im Meer baden; darüber hinaus gibt es überall beheizte Swimmingpools. **Segeln:** Die geschützten Buchten bieten verschiedene Möglichkeiten zum Segeln. In den Jachthäfen (Palma de Mallorca, Mahón, Ciudadela, Andraitx und Ibiza) muß eine Liegegebühr bezahlt werden. **Wassersport:** Weitere Wassersportarten wie Wasserski, Windsurfen, Fallschirm-Segeln, Angeln und Tauchen sind möglich. **Tennis** kann man im Real-Klub von Palma, in Ibiza und auf den Privatplätzen der Hotels spielen. **Golf:** Die großen Hotels haben Golfplätze, und es gibt überall auf den Inseln **Minigolfanlagen** und **Bowlingbahnen**.

KLIMA

Auf den Inseln herrscht gemäßigtes Mittelmeerklima. Die ständigen Seebrisen verhindern ein zu hohes Ansteigen der Temperaturen im Sommer; die Winter sind mild und trocken.

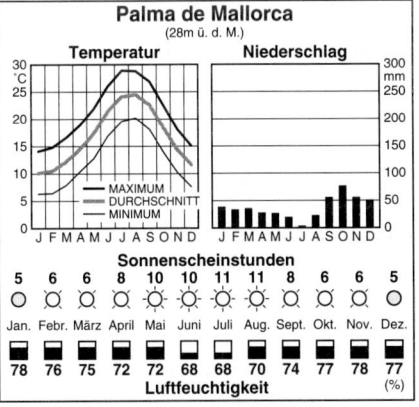

WELTKARTE?

LÄNDERKARTEN?

ZEITZONENKARTE?

INFORMATION ÜBER

IMPFBESTIMMUNGEN UND

GESUNDHEITSVORKEHRUNGEN?

... siehe Inhaltsverzeichnis

Die Kanarischen Inseln

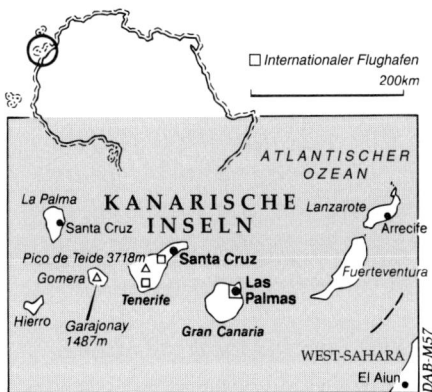

Lage: Nordatlantik, vor der Westküste Nordafrikas.
Anmerkung: Die *Reisepaß/Visa-* und *Gesundheits-*Bestimmungen sind die gleichen wie in Spanien. Die spanische Peseta ist auch die Währung der Kanarischen Inseln. Bitte lesen Sie die entsprechenden Rubriken weiter oben.

FLÄCHE: 7273 qkm.
BEVÖLKERUNG: 1.493.784 (1991).
BEVÖLKERUNGSDICHTE: 205,4 pro qkm.
HAUPTSTÄDTE: Santa Cruz de Tenerife (Teneriffa). Einwohner: 200.172 (1991). Las Palmas de Gran Canaria. Einwohner: 354.877 (1991).
GEOGRAPHIE: Die Kanarischen Inseln liegen vor der Nordwestküste Afrikas. Die Gruppe besteht aus sieben Inseln und ist in zwei Provinzen unterteilt. Die Provinz **Las Palmas** umfaßt die Inseln Gran Canaria, Fuerteventura und Lanzarote. **Santa Cruz de Tenerife** besteht aus **Teneriffa**, **La Palma**, **Gomera** und **Hierro**. Alle Inseln sind vulkanischen Ursprungs, das Klima ist subtropisch, warm und trocken. Die Landschaft ist recht unterschiedlich; man findet hohe Gipfel, Bergketten, versteckte Täler, vulkanische Wüsten, steile Felsklippen, vollkommen runde Krater und wunderschöne Wälder.
ORTSZEIT: MEZ - 1 (MEZ April - September).
DEUTSCHE WELLE
Der Einsatz der Kurzwellenfrequenzen ändert sich mehrfach im Laufe eines Jahres, und Sendungen auf den folgenden Frequenzen werden jeweils nur zu bestimmten Tageszeiten ausgestrahlt. Näheres in der Einleitung.

MHz	17,560	15,135	9,545	7,185	6,075
Meterband	16	19	31	41	49

REISEVERKEHR

FLUGZEUG: *Iberia (IB)* verbindet alle Inseln mit Ausnahme von Gomera. *Condor* bietet Direktverbindungen auf die Kanarischen Inseln von allen größeren deutschen Flughäfen und fliegt nonstop von Salzburg nach Teneriffa, Las Palmas, Lanzarote und Fuerteventura.
Durchschnittliche Flugzeiten: *Frankfurt* – Las Palmas: 3 Std. 30; *Frankfurt* – Teneriffa: 4 Std.
Internationale Flughäfen: *Las Palmas (LPA)* liegt 22 km südlich der Stadt auf Gran Canaria. Flughafeneinrichtungen: Bank, Post, Duty-free-Shop, Mietwagenschalter, Bars und Restaurants. Ein Hotelbus fährt alle 30 Min. zur Stadt (06.10-01.10 Uhr). Rückfahrt zum Flughafen vom Hotel Iberia, Avenida Maritima, zwischen 05.30-23.30 Uhr. Linienbusse fahren alle 15 Min. (24 Std.), Abfahrt in Richtung Flughafen von der Busstation Parque de San Telmo. Taxis verlangen nach 22.00 Uhr einen Zuschlag. *Teneriffa-Norte Los Rodeos (TCI)* liegt 15 km südlich von Santa Cruz im Norden der Insel. Ein Bus fährt alle 30 Min. (06.00-23.00 Uhr).
Teneriffa-Sur Reina Sofia (TFS), im Süden der Insel, bedient Urlaubsorte wie Playa de las Americas. Am Flughafen gibt es eine Bank, eine Post, Mietwagenschalter, Bars und Restaurants. Busverbindungen und Taxis ste-

hen zur Verfügung.
Regional: *Iberia (IB)* verbindet die Inseln untereinander (mit Ausnahme von Gomera).
SCHIFF: An den Kanarischen Inseln legen viele Kreuzfahrtschiffe an.
Regionalverkehr: Es bestehen regelmäßige Verbindungen mit Auto- und Passagierfähren zwischen allen Inseln. Tagesausflüge zu den kleineren Inseln können arrangiert werden.
BUS/PKW: Es gibt Busverbindungen und die Möglichkeit, Autos zu mieten.

URLAUBSORTE & AUSFLÜGE

Die größte Insel, **Teneriffa**, besteht im wesentlichen aus einem zentralen Gebirge und vielen sehenswerten Tälern. Ein Teil der Insel steht unter Naturschutz. Ein gigantischer Krater mit einem Durchmesser von 19 km ist ebenso sehenswert wie der höchste Berg Spaniens, der *Pico de Teide* im Norden. Die Hauptstadt **Santa Cruz** hat ein reiches Angebot interessanter Architektur (z. B. die San Francisco-Kirche), und die Museen bieten einen guten Überblick über Kunst und Kultur der Kanarischen Inseln. In **Puerto de la Cruz**, dem wichtigsten Urlaubsort, gibt es zahlreiche Gebäude aus dem 17. Jahrhundert. Auch die Städte **La Laguna**, **La Orotava** (mitten in einem wunderschönen Tal gelegen), **Güimar**, **Garachico** (»Perle am Meer«) und **Los Cristianos** sind einen Besuch wert.
La Palma ist in ihrer Größenordnung die höchstgelegene Insel der Welt. In ihrer Mitte befindet sich einer der größten Krater der Welt, der *Caldera de Taburiente*. Vom Aussichtspunkt La Cumbrecita hat man den besten Überblick über den Vulkan. Die Hauptstadt **Santa Cruz** (nicht mit Santa Cruz de Tenerife zu verwechseln) hat zahlreiche historische Bauwerke aus dem 16. Jahrhundert und ein sehenswertes Naturgeschichtliches Museum. Entdeckungsfahrten über die Insel sollte man z. B. nach **Los Llanos de Aridane**, **Tazacorte**, **Mazo**, zur *Belmaco-Höhle* und zur natürlichen Grotte *Cueva Bonita* machen.
Gomera (Hauptstadt **San Sebastián**) hat eine abwechslungsreiche Vegetation und zahlreiche weiße Sandstrände. Die Landschaft ist rauh, aber nicht so bergig wie auf den anderen Inseln. Die besten Verkehrsverbindungen bestehen oft auf dem Wasserweg. San Sebastián hat interessante Verbindungen zu Christoph Kolumbus. In der alten Festung *Torre del Conde*, die heute unter Denkmalschutz steht, wird sein Andenken aufrechterhalten. Die Bewohner von Gomera benutzen eine eigenartige Pfeifsprache, um sich von Gipfel zu Gipfel zu verständigen. Interessante Orte sind auch **Hermigüa**, **El Bosque del Cedro**, das einmalig schöne **Vallehermoso** und die Fischereihäfen **Playa de Santiago** und **La Rajita**.
Hierro (Hauptstadt **Valverde**) ist die westlichste Insel. Die Küste besteht im wesentlichen aus steilen Klippen, die Insel hat daher kaum Strände. Auch die Hauptstadt liegt im Landesinneren. **Malpaso**, die höchste Erhebung, ist über 1300 m hoch. Die unverdorbene Insel hat zahlreiche Pinienwälder und kleine Dörfer. La Restinga ist der südlichste Punkt der Kanarischen Inseln und somit politisch gesehen auch der Spaniens. In der Nähe der Hauptstadt liegen **Taibique**, **Frontera** und **El Barrio** (der »Vorort«). Der westliche Teil der Insel ist fast unbewohnt.
Gran Canaria (Hauptstadt Las Palmas) ist die drittgrößte Insel der Gruppe. Die Insel wird oft als »Miniatur-Kontinent« bezeichnet, da hier Pflanzen aus Europa, Amerika und Afrika gedeihen. Längster Strand der Insel (6,5 km), mit herrlichen Dünen und streckenweise FKK-Strand, ist der feine Sandstrand zwischen **Playa del Inglés** und **Maspalomas**. Die Hauptstadt ist ein größerer Ort mit zahlreichen historischen und architektonisch interessanten Gebäuden, wie z. B. dem *Museo de Nestor*, der Altstadt und der gotischen *Santa Ana-Kathedrale*. Kolumbus hat hier eine Zeitlang gewohnt, bevor er zu seinen Entdeckungsreisen aufbrach. Zum näheren Erkunden der Insel bieten sich eine Fahrt nach **Telde**, **Tejeda**, **Ingenio** (berühmt für Kunsthandwerk), **San Bartolomé de Tirajana** (in einem Vulkankrater), **Agüimes**, **Arinaga**, **San Agustín**, **Playa del Inglés**, zu den historischen Stätten *Galdar* und *Agaete*, den *Tara-Höhlen* und der Hafenstadt **Sardina del Norte** an.
Fuerteventura, die zweitgrößte Insel, bietet eine große Anzahl schöner Badestrände. Etwa ein Drittel der Einwohner lebt in der Hauptstadt **Puerto del Rosario**, die im 18. Jahrhundert gegründet wurde. In Corralejo im

---

Eine weitere wichtige Veröffentlichung von Columbus Press ist der »World Travel Guide«, der jährlich herausgegeben wird und Informationen in englischer Sprache auf mehr als tausend Seiten über alle Länder der Erde enthält.

Weitere Einzelheiten von:
Columbus Press, Verkaufsabteilung, Aurikelweg 9, D-38108 Braunschweig.
Tel: 05309/2123. Telefax: 05309/2877.

NAYSA
LUFTTAXIS, KANARISCHE INSELN UND LANGSTRECKEN

PASSAGIER- UND TRANSPORTFLÜGE AUF BESTELLUNG

Transportprobleme? Können Sie Ihren Zeitplan nicht dem Linienflugplan anpassen oder möchten Sie lange Wartezeiten auf Flughäfen vermeiden? Wenn Sie eine rasche und problemlose Transportmöglichkeit brauchen, wenden Sie sich an zuverlässige Experten! Wir fliegen alle Kanarischen Inseln sowie afrikanische und europäische Destinationen an – z. B. Madeira, London, Malaga, Madrid, Paris, Mailand, Zürich, auch Marokko, Mauretanien, den Senegal und Kap Verde.

AUSFLÜGE AUS DER VOGELPERSPEKTIVE

Die sieben Kanarischen Inseln sind landschaftlich recht unterschiedlich, und jede hat ihre ganz besonderen Attraktionen. Aus der Luft können Sie versteckte Sandbuchten, majestätische Berghöhen und grüne Täler für sich entdecken und die ganze Schönheit der Inseln in einem Flug erfassen – wahrhaftig der Höhepunkt Ihres Urlaubs! Ob für Einzelpersonen oder Gruppen, **NAYSA** bietet »AusFlüge« für jeden Bedarf!

FRAGEN SIE NACH UNSEREM KATALOG:
NAYSA, PO Box 39, 35230 Aeropuerto de Gran Canaria, Islas Canarias, Spanien. Tel: +34 (28) 57 41 41. Fax: +34 (28) 57 40 94.

DER SCHNELLERE UND BILLIGERE TRANSPORT – WANN IMMER SIE IHN BRAUCHEN – RUND UM DIE UHR, 365 TAGE IM JAHR.

Norden werden traditionelle Strohhüte hergestellt. Zahlreiche prähistorische Stätten und die Normannenburg **Rico Roque** in der Nähe von Cotillo zählen zu den besonderen Attraktionen der Insel. Die Kirche Santa María in **Betancuria**, der alten Inselhauptstadt, hat wunderschöne Decken- und Wandmalereien. Eine der reizvollsten Regionen ist **Jandía** im Süden; hier findet man außergewöhnlich schöne Strände. Kamele sind ein beliebtes Transportmittel auf Fuerteventura.

Das am weitesten östlich gelegene **Lanzarote** ist öde und verhältnismäßig flach. Die Insel verdankt ihre etwas unheimliche Landschaft der Aktivität längst erloschener Vulkane. Die vulkanische Asche und die zahlreichen Krater werden heutzutage von den Inselbewohnern zum Weinanbau genutzt. Inselhauptstadt ist die Hafenstadt **Arrecife** an der Südostküste. Diese Gegend bildet den flachsten Teil der Insel. Die Verbindungen zu den anderen Städten dieser Region sind gut. Die höchsten Gebiete liegen im Norden und Osten. Man sollte genug Zeit mitbringen für einen Besuch der alten Hauptstadt **Teguise** mit der auf einer Vulkanspitze errichteten *Guanapay-Burg*, oder der Stadt **Haría**, die an eine Oase erinnert. In **Malpaís de la Corona** kann man die vulkanische *Los-Verdes-Höhle* besichtigen, die 6,5 km lang ist. Ganz in der Nähe liegt die Lagune *Jameo del Agua*. Der Nationalpark *Timanfaya* nimmt fast ein Drittel der Insel ein. Die majestätische Schönheit und absolute Leere dieses Lavagebietes ist erfurchterweckend. Besonders beliebt sind Kamelritte zu den Vulkanen.

SOZIALPROFIL

ESSEN & TRINKEN: Die Küche der Kanarischen Inseln ist auf Fischgerichte spezialisiert. Beilagen bilden normalerweise die berühmten »runzeligen« Kartoffeln und eine besondere Soße, die *Mojo picón*. Traditionelle Gerichte sind Brunnenkressensuppe und *Sancocho canario*, ein äußerst empfehlenswertes Gericht aus Fischsalat und einer scharfen Soße. Bananen, Tomaten, Avocados und Papayas werden auf den Inseln angebaut und spielen ebenfalls eine große Rolle in der kanarischen Küche. Zu einigen einheimischen Gerichten werden an Stelle von Brot Beilagen aus Maismehl, Vollkornmehl und geröstetem Getreide gegessen. *Tirijalas*, *Bienmesabes*, *Frangollo*, *Bizcochos* und *Lustrados* sind leckere Backwaren, ebenso wie die Fleischpasteten und das einheimische »Nougat« aus Maismehl und Melasse. In den Touristengebieten werden in den Restaurants internationale Gerichte und einheimische Spezialitäten serviert; zahlreiche Restaurants haben sich auf die Gastronomie einzelner Länder spezialisiert. **Getränke:** Wein, Spirituosen und Liköre aus aller Welt werden angeboten. Die ausgezeichneten spanischen Weine und Spirituosen sind oft recht preiswert. Das einheimische helle Bier hat nur einen geringen Alkoholgehalt. Auf der Insel Hierro werden die *Quesadillas*-Weine hergestellt, auf La Palma die *Rapaduras y Marquesotes*. Außerdem gibt es Rum, Honig-Rum und *Malmsey*-Wein auf den Inseln.

EINKAUFSTIPS: Neben der Möglichkeit, zollfrei einzukaufen, verlockt den Besucher eine reichhaltige Anzahl an lokalem Kunstgewerbe: wunderschöne Stickereien und Spitze von hoher Qualität, Töpferwaren, Korbwaren aus Palmblättern, Weide und Schilfrohr und ausgezeichnete Holzschnitzereien. Der auf den Inseln angebaute Tabak ist hervorragend, Zigarren von den Kanarischen Inseln sind weltberühmt.

SPORT: Die Inseln sind ideal für **Wassersport** wie Wasserski, Windsurfen, Tauchen, Angeln und Schwimmen. Es gibt zahlreiche **Tennisplätze**, **Reitställe** und **Golfplätze**. Einige weniger bekannte Publikumssportarten werden praktiziert. Man kann zwischen **Jai-alai**, kanarischem Ringen, dem Stockspiel (einer Art Fechten mit langen Stöcken) und **Garrocha** (hauptsächlich auf La Palma) wählen.

KLIMA

Das Klima der nördlichen Inseln ist subtropisch. Die südlichen Inseln sind heißer und trockener, es gibt kaum Niederschläge.

Kleidung: Sommerliche Baumwolle und Leinen, etwas wärmere Kleidung während der Wintermonate.

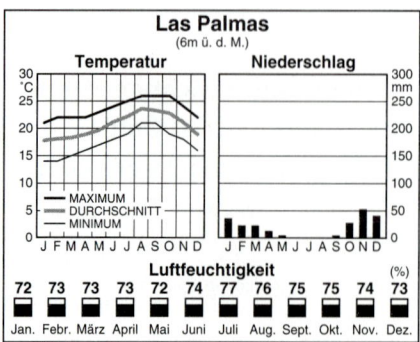
Las Palmas (6m ü. d. M.)

COLUMBUS ATLAS

Auf ca. 100 Seiten enthält dieser Atlas unter anderem europäische Fähr- und Eisenbahnverbindungen und weltumspannende Kreuzfahrtkarten, Straßenkarten, Gebietskarten vielbesuchter Regionen wie z. B. Costa Brava, Florida u. a. Falls Sie bei der Beratung oder Reiseplanung verstärkt auf Karten zurückgreifen möchten, werden Sie diesen speziell auf die Reisebranche zugeschnittenen Atlas unentbehrlich finden – und dazu besonders preisgünstig!

Weitere Einzelheiten von:
Columbus Press, Verkaufsabteilung,
Aurikelweg 9,
D-38108 Braunschweig.
Tel: 05309/2123. Telefax: 05309/2877.

□ Internationaler Flughafen

Lage: Indischer Subkontinent.

Anmerkung: In den nördlichen und östlichen Provinzen kommt es immer noch zu Zusammenstößen zwischen Regierungstruppen und den tamilischen Separatisten. Reisen in dieses Gebiet sollten auf jeden Fall vermieden werden. Aktuelle Informationen über die Lage sind von der deutschen und der Schweizer Botschaft in Sri Lanka erhältlich. Aktuelle Informationen vom Auswärtigen Amt in Bonn, dem Außenministerium in Wien und dem EDA in Bern.

Sri Lanka Fremdenverkehrsamt.
Allerheiligentor 2-4
D-60311 Frankfurt/M.
Tel: (069) 28 77 34, 28 82 16. Telefax: (069) 28 83 71.
Mo-Fr 09.00-17.00 Uhr.
(auch für Anfragen aus Österreich und der Schweiz zuständig)

Ceylon Tourist Board
78 Stuart Place
PO Box 1504
Colombo 3
Tel: (01) 43 70 59. Telefax: (01) 43 79 53.

Botschaft der Demokratischen Sozialistischen Republik Sri Lanka
Noeggerathstraße 15
D-53111 Bonn
Tel: (0228) 69 89 46, 69 30 84. Telefax: (0228) 69 49 88.
Mo-Fr 09.00-17.00 Uhr, *Konsularabt.:* Mo-Fr 09.30-12.30 Uhr.
(auch zuständig für die Schweiz)
Honorarkonsulate ohne Visumerteilung in Hamburg und München.

Botschaft der Demokratischen Sozialistischen Republik Sri Lanka
Herrengasse 6-8
A-1010 Wien
Tel: (0222) 533 74 26/27. Telefax: (0222) 533 74 32.
Mo-Fr 08.30-16.30 Uhr, *Konsularabt:* Mo-Fr 08.30-12.00 Uhr.
Honorarkonsulat ohne Visumerteilung in Wien.

TIMATIC INFO-CODES

Abrufbar über Ihr CRS-System (für START/Amadeus Ama-Maske benutzen). Für Galileo bitte TI-DFT eingeben (mit Bindestrich).

Flughafengebühren	TI DFT/ CMB /TX
Währung	TI DFT/ CMB /CY
Zollbestimmungen	TI DFT/ CMB /CS
Gesundheit	TI DFT/ CMB /HE
Reisepassbestimmungen	TI DFT/ CMB /PA
Visabestimmungen	TI DFT/ CMB /VI

Konsulat der Demokratischen Sozialistischen Republik Sri Lanka (mit Visumerteilung)
56 Rue de Moillebeau
CH-1211 Genf 19
Tel: (022) 734 93 40/49. Telefax: (022) 734 90 84.
Mo-Fr 09.00-12.00 Uhr.
Geschäftsbereich: gesamte Schweiz außer Zürich, Schaffhausen, Appenzell, St. Gallen, Graubünden und Thurgau.

Konsulat der Demokratischen Sozialistischen Republik Sri Lanka
Dufourstraße 185a
CH-8008 Zürich
Tel/Telefax: (01) 381 66 16/18
Sekretariat:
Postfach 158
CH-8422 Tsunden
Geschäftsbereich: Zürich, Schaffhausen, Appenzell, St. Gallen, Graubünden und Thurgau.

Botschaft der Bundesrepublik Deutschland
40 Alfred House Avenue
Colombo 3
PO Box 658
Colombo
Tel: (01) 58 04 31/-34. Telefax: (01) 58 04 40.

Konsulat der Republik Österreich (ohne Paß- und Sichtvermerksbefugnis)
424 Union Place
Colombo 2
PO Box 903
Colombo
Tel: (01) 69 16 13. Telex: 21330.
Übergeordnete Vertretung ist die Botschaft in New Delhi (s. Indien).

Botschaft der Schweizerischen Eidgenossenschaft
63 Gregory's Road
Colombo 7
PO Box 342
Colombo
Tel: (01) 69 51 48, 69 51 69. Telefax: (01) 69 51 76.

FLÄCHE: 65.628 qkm.
BEVÖLKERUNGSZAHL: 17.897.000 (1993).
BEVÖLKERUNGSDICHTE: 273 pro qkm.
HAUPTSTADT: Colombo. **Einwohner:** 615.000 (1990).
GEOGRAPHIE: Die Insel Sri Lanka liegt vor der Küste des indischen Bundesstaates Tamil Nadu. Sie wird von Indien durch den Indischen Ozean getrennt, in dem die Inselkette *Adam's Bridge* liegt. Die Landschaft Sri Lankas ist ungewöhnlich, mit tiefliegenden Küstenebenen, die sich von der Nord- und Westküste ins Landesinnere erstrecken. Die mittleren und südlichen Gebiete steigen zu Hügeln und Bergen an. Die höchste Erhebung ist der *Pidurutalagala* (2524 m). *Adam's Peak* wird auch Samanalakanda genannt; auf ihm befindet sich ein übergroßer Fußabdruck, der sogenannte »Fußabdruck Buddhas«.
STAATSFORM: Sozialistische Präsidialrepublik im Commonwealth seit 1978, letzte Änderung 1978. Staatsoberhaupt: Frau Chandrika Bandaranaike Kumaratunga, seit November 1994. Regierungschefin: Sirimavo Bandaranaike, seit 1994. Einkammerparlament (Nationalversammlung) mit 254 Abgeordneten.
SPRACHE: Singhalesisch (Sinhala) und Tamilisch als Amtssprache. Malaiisch; Englisch ist Handels- und Bildungssprache.
RELIGION: Buddhismus (69%); Hindus (15%), christliche und moslemische Minderheiten.
ORTSZEIT: MEZ + 4 Std. 30.
NETZSPANNUNG: 230/240 V, 50 Hz. Dreipolige Rundstecker und Glühbirnen mit Bajonettfassung sind üblich.
POST- UND FERNMELDEWESEN: Telefon: Selbstwählferndienst zu den größeren Städten. **Landesvorwahl: 94. Telefaxservice** gibt es in den größeren Hotels und im Hauptpostamt in Colombo, Duke Street. **Telexe** können im selben Postamt am *Overseas Telephone Service*-Schalter abgeschickt werden. **Telegramme** kann man in allen Postämtern aufgeben. **Post:** Luftpost nach Europa ist bis zu einer Woche unterwegs.

DEUTSCHE WELLE
Der Einsatz der Kurzwellenfrequenzen ändert sich mehrfach im Laufe eines Jahres, und Sendungen auf den folgenden Frequenzen werden jeweils nur zu bestimmten Tageszeiten ausgestrahlt. Näheres in der Einleitung.

MHz	21,640	17,845	15,275	11,795	9,655
Meterband	13	16	19	25	31

REISEPASS/VISUM

Wichtiger Hinweis: Die Einreisebestimmungen mancher Länder können sich kurzfristig ändern – rufen Sie sicherheitshalber auf Ihrem CRS-System (TIMATIC-Info-Code-Fenster in diesem Kapitel) den aktuellen Stand ab bzw. wenden Sie sich an die zuständige diplomatische Vertretung. Etwaige Zahlen in der Tabelle beziehen sich auf nachfolgende Fußnoten.

	Paß erforderlich?	Visum erforderlich?	Rückflugticket erforderlich?
Deutschland	Ja	Nein/1	Ja
Österreich	Ja	Nein/1	Ja
Schweiz	Ja	Nein/1	Ja
Andere EU-Länder	Ja	Nein/1	Ja

REISEPASS: Allgemein erforderlich, muß noch mindestens 3 Monate bis zur Ausreise gültig sein.
VISUM: Allgemein erforderlich. [1] Geschäftsreisende brauchen auf jeden Fall ein Visum. Ausgenommen sind Staatsbürger der folgenden Länder, sofern sie ein Rück- oder Weiterreiseticket besitzen und als *Touristen* einreisen für Aufenthalte von bis zu 30 Tagen, falls nicht anders angegeben:
(a) Bundesrepublik Deutschland, Österreich und Schweiz sowie alle EU-Länder (Staatsbürger von Finnland und Schweden bis zu 90 Tagen);
(b) Albanien, Bahrain, Bosnien-Herzegowina, Bulgarien, Estland, GUS-Staaten, Indonesien, Israel, Japan, Kanada, Katar, Kroatien, Korea-Süd, Kuwait, Lettland, Litauen, Malediven, Nepal, Norwegen, Oman, Pakistan, Polen, Rumänien, Saudi-Arabien, Singapur, Slowakische Republik, Slowenien, Thailand, Türkei, Tschechische Republik, Ungarn, Vereinigte Arabische Emirate und Zypern für Aufenthalte von bis zu 30 Tagen;
(c) Australien, Bangladesch, Finnland, Malaysia, Neuseeland, Philippinen, Schweden und USA.
Anmerkung: Die oben genannten Staatsbürger erhalten bei der Einreise ein kostenloses *Entry-Visa*.
Visaarten: Touristen- und Geschäftsvisa.
Visagebühren: Unterschiedlich, je nach Nationalität.
Gültigkeitsdauer: 30 Tage. Anträge zur Verlängerung des Aufenthalts sind rechtzeitig an das *Department of Immigration and Emigration*, Chaitya Road in Colombo 1 zu stellen. Erforderlich sind ein Geldmittelnachweis von 15 US$ pro Tag sowie eine Fahrkarte oder ein Flugschein zur Rück- oder Weiterreise.
Antragstellung: Konsulat (oder Konsularabteilung der Botschaft). Adressen s. o.
Unterlagen: (a) Gültiger Reisepaß. (b) Antragsformular. (c) 2 Paßfotos, die auf der Rückseite unterschrieben sein muß. (d) Gebühr. (e) Nachweis ausreichender Geldmittel. (f) Vorweis eines Rückflugtickets. (g) Für Geschäftsvisa ein Einführungsschreiben der Firma des Heimatlandes.
Der postalischen Antragstellung sollte ein frankierter und adressierter Umschlag beigelegt werden.
Bearbeitungszeit: Ca. 1 Woche. Es wird empfohlen, ein Visum mindestens 1 Monat vor der Abreise zu beantragen.
Aufenthaltsgenehmigung: Anfragen sind an die Botschaft zu richten.

GELD

Währung: 1 Sri Lanka Rupie (RS) = 100 Cents. Banknoten gibt es im Wert von 1000, 500, 100, 50, 20 und 10 RS. Münzen im Wert von 10, 5, 2 und 1 RS sowie 50, 25, 10, 5, 2 und 1 Cent. Außerdem sind zahlreiche Gedenkmünzen in Umlauf.
Geldwechsel: Fremdwährungen dürfen nur in bestimmten Banken, Wechselstuben und Hotels umgetauscht werden; die Transaktionen müssen in das bei der Einreise ausgegebene Formular D eintragen werden. Man sollte sich vor der Einreise bei einer Bank erkundigen, da einige Währungen (z. B. die von Pakistan und Indien) nicht umgetauscht werden.
Kreditkarten: *American Express, Visa* und *Eurocard* werden allgemein akzeptiert, *Diners Club* ist weniger gebräuchlich. Einzelheiten vom Aussteller der betreffenden Kreditkarte.
Reisechecks werden empfohlen, da der Wechselkurs günstiger ist als für Bargeld. Sie können allerdings nur in größeren Städten eingelöst werden.

Wechselkurse

	RS Sept. '92	RS Febr. '94	RS Jan. '95	RS Jan. '96
1 DM	29,43	28,30	32,04	37,46
1 US$	43,70	49,13	49,66	53,85

Devisenbestimmungen: Die Ein- und Ausfuhr der Landeswährung ist auf 1000 RS begrenzt. Die Einfuhr von Fremdwährungen ist nicht begrenzt, es wird jedoch empfohlen, das Geld zu deklarieren. Die Einfuhr von Banknoten aus Indien und Pakistan ist verboten.
Öffnungszeiten der Banken: Mo-Sa 09.00-15.00 Uhr in den meisten größeren Städten; sonst Di-Fr 09.00-13.30 Uhr. Die Bank im Flughafen in Colombo hat zu jeder Abflugs- und Ankunftszeit geöffnet.

DUTY FREE

Folgende Artikel können zollfrei nach Sri Lanka eingeführt werden:
*200 Zigaretten oder 50 Zigarren oder 340 g Tabak
2 Flaschen Wein und 1,5 l Spirituosen;
Parfüm für den persönlichen Gebrauch und 250 ml Eau de toilette.*
Einfuhr- und Ausfuhrverbot für Waffen und Drogen. Antiquitäten (Gegenstände, die älter als 50 Jahre sind) dürfen nur mit Sondergenehmigung ausgeführt werden.
Anmerkung: (a) Edelmetalle wie Gold, Platin und Silber sowie Schmuckstücke müssen bei der Einreise deklariert werden. Grundsätzlich sollten wertvolle Gegenstände bei der Einreise deklariert werden, um eine problemlose Wiederausfuhr zu garantieren. (b) Es gibt keinen Freibetrag für Geschenke.

GESETZLICHE FEIERTAGE

1. Mai '96 Maifeiertag. **22. Mai** Tag der Nationalhelden. **30. Juni** Nationalfeiertag. **28. Juli** Geburtstag des Propheten. **25./26. Dez.** Weihnachten. **31. Dez.** Nationalfeiertag. **1. Jan. '97** Neujahr. **4. Febr.** Tag der Unabhängigkeit. **8. Febr.** Beginn des Eid al-Fitr. **28. März** Karfreitag. **31. März** Ostermontag. **19. April** Beginn des Eid al-Adha. **1. Mai** Maifeiertag. **22. Mai** Tag der Nationalhelden.

Anmerkung: (a) Zusätzlich zu den o. a. Feiertagen wird an jedem Vollmondtag das *Poya Fest* gefeiert. Religiöse Feiertage werden mithilfe astrologischer Berechnungen bestimmt, so daß man oft nur das ungefähre Datum angeben kann. (b) Die angegebenen Daten für islamische Feiertage richten sich nach dem Mondkalender und verschieben sich daher von Jahr zu Jahr. Während des Ramadan, der dem Festtag Eid al-Fitr vorangeht, essen Mohammedaner nicht tagsüber, sondern erst nach Sonnenuntergang, wodurch der normale Geschäftsablauf gestört werden kann. Diese Unterbrechungen können auch während des Eid al-Fitr auftreten. Dieses Fest, ebenso wie Eid al-Adha, kann bis zu 10 Tagen dauern (je nach Region). Weitere Informationen im Kapitel *Welt des Islam* (s. Inhaltsverzeichnis).

GESUNDHEIT

In der folgenden Tabelle aufgeführte Impfvorschriften können sich kurzfristig ändern. Es wird stets empfohlen, auf Ihrem CRS-System (TIMATIC-Info-Code-Fenster in diesem Kapitel) den aktuellen Stand der Gesundheitsbestimmungen abzurufen bzw. rechtzeitig vor der Reise ärztlichen Rat einzuholen.

	Vorsichtsmaßnahmen empfohlen	*Impfschein erforderlich*
Gelbfieber	Nein	1
Cholera	Ja	2
Typhus & Polio	3	-
Malaria	4	-
Essen & Trinken	5	-

[1]: Eine Impfbescheinigung gegen Gelbfieber wird von Reisenden verlangt, die aus Infektionsgebieten kommen und über ein Jahr alt sind.

[2]: Eine Impfbescheinigung gegen Cholera ist keine Einreisebedingung, das Risiko einer Infektion besteht jedoch. Da die Wirksamkeit der Schutzimpfung umstritten ist, empfiehlt es sich, rechtzeitig vor Antritt der Reise ärztlichen Rat einzuholen. Näheres unter *Gesundheit* (s. Inhaltsverzeichnis).

[3]: Typhus, Paratyphus sowie Poliomyelitis kommen vor.

[4]: Malaria, überwiegend in der weniger gefährlichen Form *Plasmodium vivax*, tritt ganzjährig im gesamten Land auf mit Ausnahme der Distrikte Colombo, Kalutara und Nuwara Eliya. Die auch vorkommende gefährlichere Form *Plasmodium falciparum* soll stark Chloroquin-resistent sein.

[5]: Wasser sollte generell vor der Benutzung zum Trinken, Zähneputzen und zur Eiswürfelbereitung entweder abgekocht oder anderweitig sterilisiert werden. Milch ist nicht pasteurisiert und sollte ebenfalls abgekocht werden. Trocken- und Dosenmilch nur mit keimfreiem Wasser anrühren. Milchprodukte aus ungekochter Milch am besten vermeiden. Fleisch- oder Fischgerichte nur gut durchgekocht und heiß serviert essen. Der Genuß von Schweinefleisch, Mayonnaise und rohen Salaten sollte vermieden werden. Obst sollte geschält und Gemüse gekocht werden.

Tollwut kommt vor. Wer ein erhöhtes Risiko eingeht (z. B. längerer Aufenthalt in abgelegenen Gebieten), sollte vor Reiseantritt eine Schutzimpfung erwägen. Bei Bißwunden so schnell wie möglich ärztliche Hilfe in Anspruch nehmen. Weitere Informationen im Kapitel *Gesundheit* (s. Inhaltsverzeichnis).

Hepatitis A, B und *E* kommen ebenfalls vor.

Gesundheitsvorsorge: Die Behandlung in den staatlichen Krankenhäusern ist kostenlos. Das *General Hospital* in Colombo hat Tag und Nacht geöffnet. Einige Hotels haben Hausärzte. Der Abschluß einer Reisekrankenversicherung mit Notrückführung wird dringend empfohlen.

REISEVERKEHR - International

FLUGZEUG: Sri Lankas nationale Fluggesellschaft *Air Lanka (UL)* bietet Flugdienste nach Colombo von Frankfurt/M., Wien und Zürich.

Durchschnittliche Flugzeiten: *Frankfurt* – Colombo: 9-10 Std. (länger bei Stopp in Bombay oder Dubai); *Wien* – Colombo: 13 Std. (einschl. 2 Stopps); *Zürich* – Colombo: 9 Std. 30 (nonstop); *Hongkong* – Colombo: 5 Std. 10; *Seychellen* – Colombo: 3 Std. 55; *Tokio* – Colombo: 12 Std.

Internationaler Flughafen: *Colombo (CMB)* (Katunayake) liegt 32 km nördlich der Stadt. Am Flughafen gibt es Banken, eine Post, Duty-free-Shops, Mietwagenschalter, Tourist-Information, Hotel-Reservierungsschalter, Bars und Restaurants. Busverbindungen zur Stadt. Außerdem fahren Taxis zur Stadt. Ein Zug fährt zum Bahnhof Maradana (1,6 km von der Stadtmitte entfernt).

Flughafengebühren: 500 RS bei der Ausreise. Kinder unter zwei Jahren und Transitreisende sind hiervon ausgenommen.

SCHIFF: Die internationalen Häfen sind Colombo und Galle. Viele Fracht- und Passagierlinien laufen Sri Lanka an.

REISEVERKEHR - National

FLUGZEUG: Der größte Flughafen im Inlandverkehr ist *Ratmalana* in Colombo. Es gibt tägliche Verbindungen zu den kleineren Flughäfen in Batticoloa, Gal Oya, Palali und Trincomalee.

Hubschraubertouren: *Helitours of Ceylon* (mit Piloten der Luftwaffe) bieten Chartertouren zu allen größeren Touristenorten.

BAHN: Von Colombo fahren Züge in die wichtigsten Touristengebiete; nur wenige haben jedoch 1. Klasse, Klimaanlage und Speisewagen. Auf den Hauptstrecken verkehren neue Schnellzüge, ansonsten sind die Züge recht langsam. Das gesamte Bahnnetz ist 1979 km lang.

Anmerkung: Aufgrund der politischen Unruhen ist die Bahnverbindung nach Jaffna erheblich eingeschränkt.

BUS/PKW: Die meisten Straßen sind asphaltiert. Die Höchstgeschwindigkeit außerhalb von Ortschaften beträgt 75 km/h und innerhalb von Ortschaften 56 km/h. **Bus:** Das *Sri Lanka Central Transport Board* betreibt das ausgedehnte Busnetz. Der Standard ist relativ gut. **Mietwagen:** Mehrere internationale Mietwagenfirmen sind vertreten. Es gibt auch klimatisierte Kleinbusse. Autos mit Chauffeur sind preiswert und empfehlenswert. **Taxis** gibt es in den meisten Städten. **Unterlagen:** Ein internationaler Führerschein wird empfohlen. Ansonsten muß man sich eine befristete Fahrerlaubnis ausstellen lassen, die unter Vorlage des eigenen gültigen Führerscheins vom Automobilklub in Colombo erhältlich ist.

STADTVERKEHR: Bus: Das *Central Transport Board* betreibt in Colombo ein ausgedehntes Busnetz, außerdem gibt es private Busse und Minibusse. Das Fahrgeld wird beim Schaffner bezahlt. Die Busse sind oft überfüllt. **Taxis** haben Taxameter und sind an den gelben Dächern zu erkennen.

FAHRZEITEN von Colombo zu den folgenden größeren Städten Sri Lankas (ungefähre Angaben in Std. und Min.):

	Flugzeug	Bahn	Bus/Pkw
Kandy	-	3.00	2.30
Galle	-	3.00	3.00
Bentota	-	1.45	1.45
Matara	-	4.30	4.00
Badulla	-	9.00	9.30
Negombo	-	0.45	0.45
Nuwaraeliya	-	5.00	3.30
Anuradhapura	0.45	6.00	5.30
Pollonnaruwa	1.00	7.00	6.00
Trincomalee	1.00	7.00	6.00
Kataragama	-	-	6.30

UNTERKUNFT

HOTELS: Die Auswahl an Unterkünften ist groß und reicht von internationalen Spitzenhotels mit jeglichem Komfort bis hin zu Landhotels (*Guest Houses* und *Rest Houses*), die einfach, aber zweckmäßig eingerichtet sind. Wer Land und Leute kennenlernen möchte, kann auch in Privathäusern oder auf Tee- oder Gummiplantagen unterkommen. Darüber hinaus gibt es Bungalows in Parks, die vom *Department of Wildlife Conservation* vermietet werden und einfachen Ansprüchen durchaus genügen. Informationen über Jugendherbergen erhalten Sie vom Fremdenverkehrsamt (Adresse s. o.).

URLAUBSORTE & AUSFLÜGE

Von historischem Interesse sind Anuradhapura, Polonnaruwa, Sigiriya, Dambulla, Panduwasnuwara und Yapahuwa. Hier findet man Zeugnisse einer Zivilisation, die sich im Laufe von Jahrhunderten unter dem Einfluß des Buddhismus entwickelte. In Sri Lanka existiert diese für ihre Sanftmut bekannte Glaubensrichtung noch in ihrer reinsten Form. Große künstliche Seen und Parkanlagen, Schreine, Tempel und Klöster zeugen von der prachtvollen Vergangenheit und einer kultivierten und künstlerisch begabten Bevölkerung.

Die Regionsaufteilung der nachfolgenden Rubrik richtet sich nicht nach den Verwaltungsgrenzen.

Colombo

Sri Lankas Hauptstadt ist eine faszinierende Stadt, in der sich die alte Kultur mit modernen westlichen Einflüssen verbindet. Eine 34 km lange, von Palmen gesäumte Straße führt vom internationalen Flughafen Katunayake (Colombo) zur Stadt.

Fort: Im heutigen Wirtschafts- und Finanzzentrum der Stadt waren im 16.-18. Jahrhundert holländische und portugiesische Garnisonen stationiert. Weithin sichtbar ist der *Clock Tower*.

Pettah liegt 1,6 km vom Fort entfernt und ist ein geschäftiger Basar.

Buddhistische Tempel: *Kelani Rajamaha Viharaya* (10 km vom Fort entfernt), *Vajiraramaya* in Bambalapitiya (6 km entfernt), *Dipaduttaramaya* in Kotahena (5 km) und *Gotami Vihare* in Borella (7 km). Ebenfalls einen Besuch wert sind das *Gangaramaya-Bhikkhu-Ausbildungszentrum* sowie *Sima Malaka* (3 km entfernt in der Sri Jinaratana Road 61), *Purana Viharaya* (Metharamaya, Lauries Road, Colombo 4) und *Purana Viharaya* in Hendala, an der Straße von Colombo nach Negombo auf dem Weg zum Pegasus Reef Hotel.

Hindutempel: In Kochikade Kotahena, Pettah und Bambalapitiya (Colombo 4); Sri Siva Subramania Swami Kovil (Colombo 11, von der Sea Street aus zu Fuß erreichbar).

Moscheen: *Davatagaha-Moschee* (Union Place, Colombo 2); *Afar-Jumma-Moschee* (Pettah).

Parlamentsgebäude: *Sri Jayawardenepura*, Kotte.

Parks: Der *Vihara-Maha-Devi-Park* wurde nach der Mutter eines der bedeutendsten Könige Sri Lankas benannt. Der Park ist für seine blühenden Bäume bekannt, die zwischen März und Anfang Mai einen zauberhaften Anblick bieten. Der gut beleuchtete Park ist bis 21.00 Uhr geöffnet.

Weitere Sehenswürdigkeiten: Das Planetarium, der Zoo (einer der schönsten in ganz Asien) und diverse Museen und Kunstgalerien.

Kandy und das Hügelland

Die 115 km von Colombo entfernt liegende Stadt **Kandy** ist eine hübsche, natürlich befestigte Stadt. Sie war die letzte Festung der Könige Kandys und widerstand allen ausländischen Eroberungsversuchen, bis sie 1815 durch einen Vertrag den Briten zufiel. Heute soll in Kandy der Fortbestand der traditionellen Kultur gewährleistet werden, indem jahrhundertealte Bräuche und Rituale sowie der überlieferte Lebensstil, Kunst und Kunsthandwerk gefördert werden. Viele interessante Museen bezeugen die kulturelle Bedeutung der Stadt.

Besichtigungsfahrten zu folgenden Sehenswürdigkeiten werden empfohlen: Tempel des »Heiligen Zahns«, (Dalada Maligawa, enthält eine Zahnreliquie Buddhas), *Embekke Devale*, *Lankatillaka*, *Gadaladeniya*, *Degaldoruwa-Tempel*, Königlicher Botanischer Garten, *Peradeniya*, Elefantenbad in Katugastota, *Kandyan Arts Association* (Kunstverband), *Kalapura* (Kunsthandwerksdorf) in Nattarampotha (2,5 km von Kandy entfernt) und *Henawela*, ein Dorf, das für seine »Dumbara-Matten« bekannt ist (16 km von Kandy).

Strände

Sri Lanka bietet ca. 1600 km schöner, palmengesäumter Strände mit warmem, klarem Meerwasser und farbenreichen Korallenriffen.

Südwestküste: Die beste Zeit für einen Urlaub an der Südwestküste ist zwischen November und April, an der Ostküste zwischen April und September.

Mt. Lavinia liegt 11 km von Colombo entfernt und ist ein einladender Badeort in der Nähe des Verkehrsflughafens.

Beruwela (58 km von Colombo entfernt) bietet während des ganzen Jahres gute Bademöglichkeiten.

Bentota , 61 km von Colombo entfernt und zwischen dem Meer und einem Fluß gelegen, ist ein hübscher Ferienort.

Hikkaduwa (9 km von Colombo) zeichnet sich durch ein schönes Korallenriff und einen Strand aus.

Galle (115 km von Colombo) ist für sein altes holländisches Fort sowie für die Spitzenherstellung, Schnitzereien und Edelsteinverarbeitung bekannt.

Tangale (195 km von Colombo) hat eine schöne Bucht, in der man das ganze Jahr über sicher schwimmen kann.

Negombo liegt 37 km von Colombo entfernt in der Nähe des internationalen Flughafens Katunayake. Der Ort ist Sri Lankas ältestes und bekanntestes Fischerdorf. Der Strand trennt das Meer von der Lagune. Besonders empfehlenswert sind die lokalen Meeresfrüchte, vor allem Schalentiere.

Ostküste und Jaffna: *Wegen der anhaltenden Kampfhandlungen wird von Reisen in diese Gebiete bei Redaktionsschluß dringend abgeraten. Besuchern wird empfohlen, vor der Abreise in dieses Gebiet vom Fremdenverkehrsamt bzw. bei den oben genannten Informationsstellen nähere Auskünfte über die aktuelle Situation einzuholen.*

Trincomalee, 265 km von Colombo entfernt, ist der ideale Ort für Strandliebhaber. Er hat einen der besten natürlichen Häfen der Welt und ausgezeichnete Strände. Alle Wassersportarten (einschl. Angeln) sind möglich.

Batticaloa (312 km von Colombo) ist für sein altes holländisches Fort und den mysteriösen »Singenden Fisch« bekannt – von April bis September kann man einen sehr markanten, tiefen Ton aus der Lagune hören, über dessen Ursprung man nichts Genaues weiß.

Kalkudah (32 km von Batticaloa) ist durch ein Riff geschützt und hat eine günstige Lage. Das glasklare ruhige Meer bietet ideale Bademöglichkeiten.

Passekudah in der Nähe von Kaludah bietet eine schöne Bucht, klares Wasser und sichere Badegründe.

Nilaveli, 18 km von Trincomalee entfernt, ist ein typischer Urlaubsort mit ausgezeichneten Stränden, alle Wassersportarten sind möglich.

Arugam Bay ist eine malerische Bucht, 314 km von Colombo und 3 km von Potuvil entfernt, in der man gut surfen kann.

Jaffna, 396 km von Colombo entfernt, ist die inoffizielle Hauptstadt der Tamil-Separatisten. Sie unterscheidet sich in ihrer Topographie, in der Geschichte, der Bevölkerung und im Lebensstil vom Rest Sri Lankas. Die Stadt wurde 1987 während der Belagerung durch indische Truppen zerstört. Sie war für die Hindutempel, das holländische Fort, die Keerimalai-Bäder, die Gezeitenquelle und das Chundikulam-Schutzgebiet bekannt. Die zahlreichen Strände sind besonders pittoresk; der bekannteste ist Casuarina Beach. Gegenwärtig sind Reisen in dieses Gebiet nicht möglich.

SOZIALPROFIL

ESSEN & TRINKEN: Die typischen Gerichte des Landes sind sehr schmackhaft, wenn man sich erst einmal an die Schärfe der Gewürze gewöhnt hat. Gemüse, Obst, Fleisch und Meeresfrüchte sind reichlich vorhanden. In Colombo werden auch europäische, chinesische, indische und japanische Gerichte angeboten. Die Spezialität ist ein einfaches Curry-Gericht, das mit Kokosnußmilch, Zwiebelscheiben, Chillis, aromatischen Gewürzen wie Gewürznelken, Muskatnuß, Zimt, Saffran und aromatischen Blättern zubereitet wird. *Hoppers* ähneln einem halben, getoasteten Brötchen mit einem weichen Spiegelei. *Stringhoppers* sind gedünstete Nudeln aus Reismehl, etwas dünner als Spaghetti. *Jaggery*, eine Art Karamelbonbon aus dem Saft der Kitulpalme, ist ebenfalls lecker. Die *Durianfrucht* gilt als besondere Delikatesse. **Getränke:** Das Nationalgetränk ist Tee, der zu den besten der Welt gehört. *Toddy* (Palmensaft) ist ein beliebtes Getränk. Wird dieser fermentiert, erhält man *Arrak*, den es in unterschiedlichen Alkoholstärken gibt. Am *Poya*-Feiertag (an jedem Vollmond) wird kein Alkohol ausgeschenkt.
NACHTLEBEN: Einige Hotels in Colombo haben Restaurants mit Tanzmusik. Es gibt Theater, Kinos mit amerikanischen Filmen, Ballettaufführungen und Konzerte.
EINKAUFSTIPS: Zu empfehlen ist der Kauf von Kunstgewerbeartikeln und Gegenständen aus Silber, Messing, Keramik, Holz und Terrakotta sowie aus Rohr gearbeitete Körbe, Strohhüte, Schilfmatten, Ebenholzelefanten und Trommeln. Einige der Masken, die bei Prozessionen, an Feiertagen und zu Tanzaufführungen getragen werden, stehen auch zum Verkauf. Die »Maske der 18 Krankheiten« stellt einen Dämonen dar, der ein Opfer festhält. Er wird von 18 Gesichtern umgeben; jedes heilt eine Krankheit. Auch die für Touristen angefertigten Masken sind oft gut gearbeitet. In Sri Lanka werden viele Edelsteine gefunden, es werden jedoch oft Fälschungen angeboten, die nur schwer von echten Steinen zu unterscheiden sind. Man sollte nur in seriösen Geschäften kaufen. Es lohnt sich, Batik und Seide einzukaufen, gute Spitze ist ebenfalls erhältlich. **Öffnungszeiten der Geschäfte:** Mo-Fr 09.00-17.30 Uhr. Viele Geschäfte haben auch Samstag vormittags geöffnet.
SPORT: Golf: Auf mehreren Plätzen kann kurzfristige Mitgliedschaft erworben werden. **Angeln:** Sportangeln ist in Sri Lanka sehr beliebt, einige Klubs bieten vorübergehende Mitgliedschaft. **Tauchen:** *Underwater Safaris* (25 Barnes Place, Colombo 7) führen Tauchexpeditionen durch und stellen Ausrüstung zur Verfügung. **Schwimmen:** Ausgezeichnete Strände erstrecken sich über mehr als 1600 km, außerdem gibt es mehrere Schwimmklubs. **Wasserski:** Möglichkeiten zum Wasserskilaufen bietet *Sun Stream Boat Services*, National Holiday Resort, Bentota. **Windsurfen** ist bisher in Kalutara, Bentota, Beruwela und Negombo möglich. **Rugby, Kricket, Hockey, Fußball, Squash** und andere Hallensportarten sind ebenfalls beliebt. Weitere Auskünfte beim örtlichen Fremdenverkehrsamt.
VERANSTALTUNGSKALENDER
Mai '96 *Vesak-Festival* (erinnert an die Geburt und den Tod Buddhas). **Juli/Aug.** (1) *Kataragama-Festival*, Tissamaharama. (2) *Esala Perahera-Festival*, Kandy. **Dez.** *Sanghamitta-Tag.* **Jan. '97** (1) *Duruthu Perahera-Festival*, Kelaniya (erinnert an den Besuch Buddhas in Sri Lanka). (2) *Thai Pongal* (traditionelles Hindufest, an dem Danksagungsgebete gesprochen werden und beim Sonnenaufgang Milchreis gekocht wird). **Febr.** *Navam Perahera-Festival* (bunte Straßenprozession mit etwa 100 Elefanten und Tänzern), Colombo. **4. Febr.** *Gedenktag* (zum Gedenken an die Gewährung der Unabhängigkeit 1948, nach 150 Jahren britischer Kolonialherrschaft). **Mitte April** *Singhalesisches und Tamilisches Neujahr.* **Mai** *Vesak-Festival* (erinnert an die Geburt und den Tod Buddhas). Genaue Daten vom Fremdenverkehrsamt.
SITTEN & GEBRÄUCHE: Als Gast bekommt man oft Tee angeboten, den man der Höflichkeit halber stets annehmen sollte. Pünktlichkeit wird erwartet. Eine kleine Aufmerksamkeit wie ein Souvenir aus dem Heimatland oder ein Firmengeschenk wird gern gesehen. Alltagskleidung ist durchaus akzeptabel. Beim Besuch religiöser Stätten müssen Hüte abgesetzt und Schuhe ausgezogen werden, Schultern und Oberschenkel sollten bedeckt sein. Jacke und Krawatte werden von Männern nur zu besonderen Anlässen erwartet. **Trinkgeld** liegt im Ermessen des Gastes. Die meisten Hotelrechnungen enthalten 10% Trinkgeld. Taxifahrer erwarten 5%.
Nach Anbruch der Dunkelheit finden häufig Sicherheitskontrollen statt. Man sollte den Beamten unbedingt Folge leisten und sie nicht provozieren. Ebenso ist beim **Fotografieren** Vorsicht geboten; öffentliche Gebäude und Militäranlagen sollten nicht ohne ausdrückliche Erlaubnis fotografiert werden. Es ist ratsam, den Reisepaß immer bei sich zu haben.

WIRTSCHAFTSPROFIL

WIRTSCHAFT: Sri Lanka ist überwiegend ein Agrarland – etwa die Hälfte der Bevölkerung arbeitet in der Landwirtschaft. Tee, Gummi und Kokosnüsse erbringen 75% der Exporteinkünfte; der Reisanbau deckt den Eigenbedarf. Forstwirtschaft und Fischerei spielen ebenfalls eine große Rolle. Bergbau und Fertigungswirtschaft dominieren in der Industrie und haben derzeit die höchsten Zuwachsraten zu verzeichnen. Graphit ist das wichtigste Mineral, die jüngsten Wachstumsraten sind jedoch in erster Linie auf erhöhte Exporte von Schmucksteinen zurückzuführen. Es gibt Eisenerz, Kalkstein, Ton und Uran; mehrere größere Ölgesellschaften führen darüber hinaus weiterhin Testbohrungen durch, obwohl man bisher nicht auf nennenswerte Vorkommen gestoßen ist. Viele der Schlüsselindustrien stehen unter staatlicher Kontrolle (z. B. Zement und Textilien). Die Regierung bemüht sich verstärkt, wichtige exportorientierte Wirtschaftszweige zu fördern. Wichtigster Energieträger ist die Wasserkraft. Die unsichere politische Situation im Land hat auch die Wirtschaft in Mitleidenschaft gezogen, die Tourismusindustrie hat sich in den letzten Jahren aber wieder etwas erholt. Sri Lanka importiert in erster Linie Industriegüter, Maschinen, Nahrungsmittel und Öl; der Markt für Konsumgüter bietet vielversprechende Aussichten für Exporteure. Japan, die USA und Großbritannien sind die größten Handelspartner. Das Handelsdefizit des Landes wird durch ausländische Entwicklungshilfezahlungen und Darlehen »ausgeglichen«. Das Wirtschaftsprogramm der derzeitigen Regierung, das Privatisierungen im öffentlichen Dienst vorsieht, erwies sich bislang als erfolgreich und veranlaßte die Weltbank, 1992 Kredite in Höhe von 825 Mio. US-Dollar bereitzustellen.
GESCHÄFTSVERKEHR: In Geschäftskreisen wird häufig Englisch gesprochen; besonders formelle Kleidung wird nicht erwartet. Vorherige Terminabsprachen und Visitenkarten sind üblich, und Pünktlichkeit gilt als üblich. **Geschäftszeiten:** Mo-Fr 08.00/09.00-16.00/17.00 Uhr.
Kontaktadressen: *Die wirtschaftlichen Interessen Österreichs werden von der Außenhandelsstelle der Wirtschaftskammer Österreich in New Delhi (s. Indien) vertreten.*
Federation of Chambers of Commerce and Industry of Sri Lanka (Föderation der Industrie- und Handelskammern), 29 Gregory's Road, Colombo 7. Tel: (01) 69 82 25. Telefax: (01) 69 95 30.
National Chamber of Commerce of Sri Lanka (Handelskammer), PO Box 1375, Colombo 10. Tel: (01) 44 74 12. Telefax: (01) 44 54 09.
Ceylon National Chamber of Industries (Industriekammer), PO Box 1775, Colombo 3. Tel/Telefax: (01) 42 37 34.

KLIMA

Tropisches Klima, milder in Höhenlagen und Küstennähe. Der Monsun bringt zweimal im Jahr heftige Dauerregen mit sich, von Mai bis Juli und von Dezember bis Januar.
Kleidung: Sommerkleidung, Regenschutz.

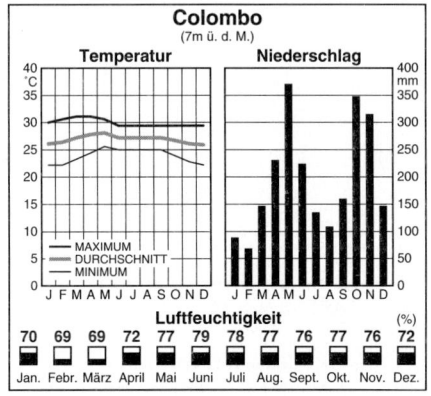

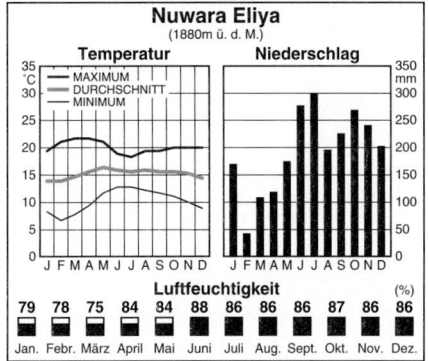

Südafrika

Lage: Südafrika.

SATOUR – South African Tourism Board
An der Hauptwache 11
D-60313 Frankfurt/M.
Postfach 10 19 40
D-60019 Frankfurt/M.
Tel: (069) 929 12 90. Telefax: (069) 28 09 50.
Mo-Fr 09.00-14.00 Uhr (telefonisch).
SATOUR – South African Tourism Board
Stefan-Zweig-Platz 11
A-1170 Wien
Tel: (0222) 47 04 51 10. Telefax: (0222) 47 04 51 14.
Mo-Fr 09.00-17.00 Uhr.
SATOUR – South African Tourism Board
Seestraße 42
CH-8802 Kilchberg
Tel: (01) 715 18 15. Telefax: (01) 715 18 89.
Mo-Fr 09.00-11.00 und 14.00-16.00 Uhr.
SATOUR – South African Tourism Board
Private Bag X164
442 Rigel Avenue South
Erasmusrand
Pretoria 0001
Tel: (012) 347 06 00. Telefax: (012) 45 48 89.
Botschaft der Republik Südafrika
Auf der Hostert 3
D-53173 Bonn
Tel: (0228) 82 01-0. Telefax: (0228) 820 11 48.
Mo-Fr 08.00-12.45 und 13.30-16.30 Uhr (nachmittags nur telefonisch), *Konsularabt.:* Mo-Fr 09.00-12.00 Uhr (Publikumsverkehr).
Außenstelle mit Visumerteilung in Berlin (Tel: (030) 82 50 11; zuständig für die neuen Bundesländer).
Generalkonsulate mit Visumerteilung in Hamburg (Tel: (040) 450 12 00; Hamburg, Bremen, Schleswig-Holstein und Niedersachsen), München (Tel: (089) 231 16 30; Bayern, Baden-Württemberg) und Frankfurt/M. (Tel: (069) 719 11 30; Hessen, Rheinland-Pfalz, Saarland).
Honorarkonsulate ohne Visumerteilung in Bremen, Hannover und Lübeck.
Botschaft der Republik Südafrika
Sandgasse 33
A-1190 Wien
Tel: (0222) 32 64 93. Telefax: (0222) 32 64 93 51,

TIMATIC INFO-CODES

*Abrufbar über Ihr CRS-System (für START/Amadeus Ama-Maske benutzen). Für Gálileo bitte TI-DFT eingeben (**mit** Bindestrich).*

Flughafengebühren	TI DFT/ DUR /TX
Währung	TI DFT/ DUR /CY
Zollbestimmungen	TI DFT/ DUR /CS
Gesundheit	TI DFT/ DUR /HE
Reisepaßbestimmungen	TI DFT/ DUR /PA
Visabestimmungen	TI DFT/ DUR /VI

Hintergrund-Information zu Pretoria, Gauteng-Provinz, Südafrika

Der Großraum Pretoria erstreckt sich auf mehr als 900 qkm und beherbergt 1,6 Mio. Menschen. Die Verwaltungshauptstadt des Landes ist zentral gelegen. 29% der gesamten nationalen Bevölkerung leben in einem Radius von 200 km um die Stadt. Neun der insgesamt 11 offiziellen Landessprachen werden hier häufig gesprochen, die übrigen zwei sind jedoch auch zu hören.

Eine multikulturelle Atmosphäre, eine harmonische Mischung aus Tradition, Kultur, Sprache und Architektur; in einem Wort – Pretoria. Die Stadt schillert wie ein Regenbogen, ein wahrer afrikanischer Mikrokosmos. Südafrika ist als »World in One Country« bekannt, Pretoria kann man fast als »Ein Land innerhalb einer Stadt« bezeichnen. Dem Besucher wird hier ein unvergeßlicher Einblick in die Welt Afrikas geboten.

Touristen entdecken bei einem Besuch Pretorias die Geschichte des Landes als britische Kolonie ebenso wie als Schauplatz der Apartheid. Der Aufbau eines neuen demokratischen Südafrikas kann hier hautnah miterlebt werden. Mit dem Amtsantritt von Präsident Nelson Mandela am 10. Mai 1994 in Pretoria trafen in dem beeindruckenen Union Building Vergangenheit und Zukunft aufeinander – damals Sitz der Apartheid, heute die Regierung von Präsident Mandela.

Pretoria ist in erster Linie eine Kulturstadt mit Museen sowie geschichtsträchtigen Gebäuden und Monumenten, wie z. B. das Voortrekker Monument und auch das Museum des Mariammen Tempels und Melrose House. In letzterem wurde der Peace of Vereeniging zwischen den Buren und den Briten am Anfang diesen Jahrhunderts unterzeichnet. In Atteridgeville steht auch ein Denkmal für die Mitglieder des Native Corps, die im 2. Weltkrieg gefallen sind. Die neue Pretoria City Library, hier werden 4,78 Million Bücher jährlich ausgeliehen, mit ihrer multikulturellen Atmosphäre, ist ebenfalls einen Besuch wert.

Pretoria ist auch eine Universitätsstadt. Nicht weniger als insgesamt neun Fortbildungsstätten sind hier vertreten, und manche Vororte sind regelrecht vom aufregenden studentischen Lebensgeist durchdrungen. Gleichzeitig ist Pretoria auch ein Forschungszentrum, u. a. befindet sich hier das Human Sciences Research Council und das Council for Scientific and Industrial Research.

Darstellende Künste werden auch in Pretoria gefördert und genossen. Der State Theater Komplex ist eine der bekanntesten Bühnen der Stadt, im Vorort Mamelodi findet man die ungezwungenen, afrikanischen Jazz Clubs. Die städtischen Kunstgalerien zeigen alle Facetten nationaler Kunst. Flohmärkte und Open-air-Kunstausstellungen bestimmen die Wochenenden und sind wahre Schatztruhen für preiswerte und ungewöhnliche Kunstobjekte.

Pretoria ist das Zuhause des weltweit bekannten National Zoological Parks, ein wahres Schaustück. Auf den Bürgersteigen vor dem Eingang sitzen Ndebele-Frauen auf dem Boden und stellen ihre einzigartigen Perlenarbeiten her und verkaufen auch andere Souvernirs. Es gibt auch spezielle Blindenführungen durch den Zoo sowie auch zweimal wöchentlich Nachtwanderungen.

In der Umgebung und in Pretoria selbst gibt es mehr als 100 Natur- und Vogelschutzgebiete, von denen das Rietvlei Nature Reserve mit 3200 ha das größte ist. Hier können Besucher bis zu 2000 Wildtiere beobachten. Das Rietvlei Nature Reserve befindet sich nur 20 km vom Stadtzentrum entfernt. Eine Auto-Safari empfiehlt sich ganz besonders für Kurzurlauber, die sich die »Big Five« ganz aus der Nähe ansehen möchten. Empfehlenswert sind auch die 2-Tage-Buschwanderungen oder die Reittouren.

Der Großraum Pretoria, 1370 m. ü. d. M., ist bekannt für sein angenehmes Klima, selbst im Winter. Das Klima war auch ausschlaggebend, Pretoria zum Standort der National Environmental Week zu machen. Die Sommertemperaturen schwanken zwischen 15°C und 28°C, die Wintertemperaturen reichen von 6°C bis hin zu 23°C. Es gibt eine Sommerregenzeit mit Gewittern am Nachmittag, dagegen sind die Winter eher trocken und mild mit kälteren Nächten.

Die Hauptstadt liegt nur 50 km von Südafrikas internationalem Flughafen (Johannesburg International Airport) und nur 60 km von Johannesburg selbst, der Provinzhauptstadt von Gauteng, entfernt. Gute Verkehrsanbindung zum Johannesburg International Airport und Johannesburg im Süden, ebenso wie mit den anderen Provinzhauptstädten und den Touristenattraktionen im Osten, Norden und Westen.

Pretoria bietet Hotels mit internationalem Standard und zahlreiche einladende Pensionen, die mit farbenprächtigen Gärten aufwarten. Die eindrucksvollen Jacarandabäume sind hier überall zu finden und zeigen sich während ihrer Blütezeit (Ende September bis Oktober) in einer lila Blütenpracht.

Weitere Informationen vom Directorate Marketing and Communication, Central Pretoria Metropolitan Substructure, PO Box 440, Pretoria 0001. Tel: 012-313 80 18. Telefax: 012-324 23 80.

DENKMÄLER	**NATIONALPARKS**	**WANDERWEGE**	**SPORTSTADIEN**
ZOO	**BOTANISCHER GARTEN**	**SKY DIVING**	**OPER UND BALLETT**
AFRIKANISCHE KUNST	**SEGELN**	**MINENBESICHTIGUNG**	**MINERALBÄDER**

LIEBE AUF DEN ZWEITEN BLICK
- AUCH ER HAT SIE ENTDECKT.

Man kann ohne weiteres verstehen, daß Sie früher ein etwas einseitiges Bild von Pretoria haben mussten. Jetzt hat sich jedoch vieles geändert und unsere regenbogenfarbene Nation ist auch in Südafrika's Verwaltungshauptstadt bestens verteten. Wir hoffen deshalb, daß auch Sie sich auf den zweiten Blick in Pretoria verlieben werden.

Pretoria ist eine Stadt attraktiver Gegensätze. "Ein offenes Fenster auf das südliche Afrika." Eine Stadt, in der der heisse Jazz der Townships mit Opernmelodien und Ballettmusik wetteifert; in der man nur wenige Minuten vom geschäftigen Treiben der Innenstadt die Ruhe und den Frieden der Parke und Wanderwege geniessen kann, die nur vom Vogelgezwitscher und den geheimnisvollen Rufen der Natur unterbrochen werden. Eine Stadt, die Ihnen alles bieten kann - von hochmodernen Sportanlagen und Konferenzzentren mit Luxushotels bis zu einfachen und kostengünstigen Gasthäusern.

Ob Sie Picasso oder Pierneef bevorzugen oder von der Anziehungskraft unserer bodenständigen afrikanischen Kunst bezaubert sind, ob Sie lieber die Höhlen von Sterkfontein besichtigen möchten, wo man den drei Millionen Jahre alten Schädel von "Frau Ples" entdeckt hat oder ob Sie eher Ihr Glück in einem der extravaganten Casinos versuchen möchten - es lohnt sich auf jeden Fall, bei Ihrem Besuch in Südafrika Pretoria und seine Umgebung in Ihren Reiseplan einzubeziehen. Auch Sie werden dann verstehen warum er sich in Pretoria verlieben konnte.

Für weitere Informationen bitten wir Sie, den Direktor für Marketing- und Öffentlichkeitsarbeit in Pretoria anzurufen (27-12-313-8018), uns ein Fax zu schicken (27-12-324-2380) oder zu schreiben (Adresse: PO Box 440, Pretoria 0001, Südafrika).

PRETORIA

'n Lekker place to be.*

---

* Diese originelle Mischung aus Englisch und Afrikaans kann nur annähernd in seiner Bedeutung als "Ein Leckerer Ort zum Leben" übersetzt werden.

HYDROMED BLOEMFONTEIN

Corner Parfitt Avenue & Kellner Street, Westdene, Bloemfontein

Tel: (051) 404 66 66
Telefax: (051) 471 676

Professioneller Service

- **Notaufnahme**
  Ärzte stehen rund um die Uhr zur Verfügung.
- **OPs für:**
  Herz-Thorax
  Orthopädie
  Augenheilkunde mit modernster Lasertechnologie
  Urologie inklusive Laser-Lithotripsie
  Plastische und Reconstructive Chirurgie
  Neurochirurgie
  Laparoscopische Chirurgie, z. B. Cholecystectomie und Nissen Repair
- **Intensivstationen für:**
  Herz-Thorax
  Innere Medizin
  Renal
  Chirurgie
  Neonatal
  High Care
- **Stationen für:**
  Orthopädie
  Innere Medizin
  Chirurgie
  Pädiatrie
  Psychatrie mit Übernachtungsmöglichkeit für Eltern
- **Weitere Abteilungen:**
  Radiologie mit Ultraschall
  CAT Scanner
  Magnetischer Resonanzscanner
  Mammographie
  Angiographie
- **Weitere Einrichtungen:**
  Friseur
  Drogerie
  Florist
  Café und Restaurant
  Bank und Geldautomat
  Öffentliche Telefone auf jeder Etage
  Telefon am Bett auf Wunsch

EIN EHER UNKONVENTIONELLES KONFERENZZENTRUM

FALLS SIE AN PANIKANFÄLLE IM LETZTEN MOMENT GEWÖHNT SIND ODER DARAN GLAUBEN, DASS IMMER NOCH ETWAS SCHIEFGEHEN KANN, DANN WERDEN SIE UNS LEICHT UNKONVENTIONELL FINDEN.

VÖLLIGER EINSATZ IST DER SCHLÜSSEL
UNSER ZIEL IST EIN QUALITATIV HOHER KUNDENSERVICE

PLANEN SIE EINE KONFERENZ ODER EINE VERANSTALTUNG? UNSER TEAM BRINGT EINE UNVERGLEICHLICHE ERFAHRUNG FÜR DAS ORGANISIEREN VON KONFERENZEN UND IM HOSPITALITY-BEREICH MIT SICH. WIR HELFEN IHNEN DABEI, ALLE IHRE WÜNSCHE UND VORSTELLUNGEN IN DIE TAT UMZUSETZEN, SO DASS ORGANISATOREN UND TEILNEHMER ZUFRIEDEN SIND!

DAS ZENTRUM LIEGT IN DEN ÖSTLICHEN VORORTEN VON PRETORIA UND HAT GUTE VERKEHRSANBINDUNGEN ZU DEN FLUGHÄFEN. WIR BIETEN EINRICHTUNGEN FÜR GRUPPEN VON 10-450 MITWIRKENDEN, ALLERDINGS KÖNNEN AUCH BIS ZU 700 TEILNEHMER BEI VERSCHIEDENEN VERANSTALTUNGEN GLEICHZEITIG UNTERGEBRACHT WERDEN.

UNSERE IDEALEN EINRICHTUNGEN WERDEN SELBST DEN KRITISCHSTEN INTERNATIONALEN KUNDENWÜNSCHEN GERECHT.
IHRE NÄCHSTE KONFERENZ ODER VERANSTALTUNG – WIE WÄRE ES MAL ETWAS UNKONVENTIONELL?

FÜR WEITERE INFORMATIONEN UND BUCHUNGEN WENDEN SIE SICH AN: CENTRAL RESERVATIONS
PO BOX 395 PRETORIA 0001 SÜDAFRIKA - TEL: +27 12 841 38 09 / 841 38 22. TELEFAX: +27 12 841 38 27.

 CSIR

DEUTSCHE KONFERENZORGANISATOREN!

...RUFEN SIE UNS GLEICH AN UND LASSEN SIE SICH VON UNS ÜBER DIE MÖGLICHKEITEN BERATEN, WIE IHRE KONFERENZ IN SÜDAFRIKA ZUM VOLLEN ERFOLG WERDEN KANN! IHRE CHANCE, ETWAS AUSSERGEWÖHNLICHES FÜR IHRE FIRMA ODER IHRE KUNDEN ZU ORGANISIEREN. WENDEN SIE SICH AN:

MARKETING MANAGER
TEL: +27 12 841 46 15 TELEFAX: +27 12 841 20 51

Konsularabt.: 32 64 93 18.
Mo-Fr 08.30-12.00 und 14.00-16.00 Uhr.
Honorarkonsulate ohne Visumerteilung in Graz (Tel: (0316) 52 05 20), Innsbruck (Tel: (0512) 57 73 33), Linz (Tel: (0732) 780 04 00) und Salzburg (Tel: (0662) 62 20 35).
Botschaft der Republik Südafrika
Jungfraustraße 1
CH-3005 Bern
Tel: (031) 352 20 11. Telefax: (031) 352 11 16.
Mo-Fr 08.00-13.00 und 14.00-17.15 Uhr, *Konsularabt.*:
Mo-Fr 09.00-12.00 und 14.00-16.00 Uhr.
Generalkonsulat mit Visumerteilung in Genf (Tel: (022) 849 54 54).
Botschaft der Bundesrepublik Deutschland
180 Blackwood Street
Arcadia
Pretoria 0083
PO Box 2023
Pretoria 0001
Tel: (012) 344 38 54/-59. Telefax: (012) 343 94 01.
Generalkonsulate in Johannesburg und Kapstadt.
Honorarkonsulat in Duban und Port Elizabeth.
Dienststelle in Kapstadt.

Botschaft der Republik Österreich
1109 Duncan Street
Momentum Office Park
0011 Brooklyn
PO Box 95572
0145 Waterkloof, Pretoria
Tel: (012) 46 33 61/64, 46 25 88. Telefax: (012) 46 11 51, 46 24 83.
Generalkonsulat mit Paß- und Sichtvermerksbefugnis in Johannesburg.
Generalkonsulat in Kapstadt.
Konsulat ohne Paß- und Sichtvermerksbefugnis in Durban.
Botschaft der Schweizerischen Eidgenossenschaft
818 George Avenue
Arcadia 0083
PO Box 2289
Pretoria 0001
Tel: (012) 43 67 07/28/34. Telefax: (021) 43 67 71.
Generalkonsulat in Johannesburg.
Konsulat in Kapstadt.

FLÄCHE: 1.221.037 qkm.
BEVÖLKERUNGSZAHL: 39.659.000 (1993).
BEVÖLKERUNGSDICHTE: 32,5 pro qkm.
HAUPTSTADT: Pretoria (Regierungssitz). **Einwohner:** 525.583 (1991).
Cape Peninsula, mit Kapstadt (Sitz des Parlaments). **Einwohner:** 854.616 (1991).
Bloemfontein (Juristische Hauptstadt). **Einwohner:** 226.867 (1991).
GEOGRAPHIE: Die Republik Südafrika liegt an der Südspitze des afrikanischen Kontinents. Das Land wird im Osten vom Indischen Ozean, im Westen vom Atlantischen Ozean und im Norden von Namibia, Botswana, Simbabwe, Mosambik und Swasiland begrenzt. Lesotho wird von Südafrika eingeschlossen. Es gibt in erster Linie drei Landschaftsformen: das Hochplateau, die Berge und die Küstenregion. Das Hochplateau hat steile Böschungen, die über den Ebenen (dem *Veld*) aufragen. Die Vegetation besteht aus offenem Grasland, das im nördlichen Transvaal in Buschland übergeht. Obwohl es zwei große Flußsysteme gibt, den Limpopo und den Orange, ist das Plateau recht wasserarm. An der Küste gibt es sowohl Sandstrände als auch Felsenbuchten, das Hinterland ist mit Sträuchern bewachsen. Die Bergregion, die sich vom Kap der guten Hoffnung bis zum Limpopo-Tal erstreckt, liegt an der Küste. Sie besteht aus den Drakensberg-, Nuweveldberg-

und Strombergketten.
STAATSFORM: Parlamentarische Bundesrepublik seit 1961. Staats- und Regierungschef: Nelson R. Mandela, seit Mai 1994. Zweikammerparlament: Nationalversammlung mit 400 Mitgliedern und Senat mit 90 Mitgliedern. Bei einem Volksentscheid im März 1992 sprach sich die Mehrheit der weißen Wähler für den Reformkurs de Klerks aus. Nach der Verfassungsänderung im Oktober 1992 konnten sich Schwarze zum ersten Mal an der Regierung beteiligen. Die ersten freien und allgemeinen Wahlen fanden im April 1994 statt, aus denen der *ANC (African National Congress)* als Sieger hervorging. Seit Juni 1994 ist Südafrika wieder Mitglied des Commonwealth.
SPRACHE: Die offiziellen Landessprachen sind Englisch und Afrikaans. Bantu- und indische Sprachen sind Umgangssprachen. Neun afrikanische Sprachen werden ebenfalls viel gesprochen, vor allem Xhosa, Zulu und Sotho.
RELIGION: Christentum (78%), u. a. afrikanische Kirche, Reformierte holländische Kirche, anglikanische Kirche, Methodisten und römisch-katholisch. Minderheiten von Juden, Moslems, Hindus und Anhänger von Naturreligionen.
ORTSZEIT: MEZ + 1.
NETZSPANNUNG: 250 V (Pretoria); 220/230 V, 50 Hz in den anderen Landesteilen.
POST- UND FERNMELDEWESEN: Telefon: Selbstwählferndienst. **Landesvorwahl: 27. Telefaxanschlüsse** findet man in den meisten Hotels. **Telex/Telegramme:** Telegrafenämter gibt es in allen Städten. Öffentliche Telexstellen stehen in den Postämtern von Kapstadt, Durban, Johannesburg (24 Std.) und Pretoria zur Verfügung. **Post:** Luftpostsendungen nach Europa sind bis zu sieben Tage unterwegs. Öffnungszeiten der Postämter: Mo-Fr 08.00-16.30 Uhr, Sa 08.30-12.00 Uhr. Manche Schalter schließen Mo-Fr um 15.30 Uhr und Sa um 11.00 Uhr. Die kleineren Postämter machen von 13.00-14.00 Uhr Mittagspause. Postämter im ganzen Land nehmen postlagernde Sendungen entgegen.
DEUTSCHE WELLE
Der Einsatz der Kurzwellenfrequenzen ändert sich mehrfach im Laufe eines Jahres, und Sendungen auf den folgenden Frequenzen werden jeweils nur zu bestimmten Tageszeiten ausgestrahlt. Näheres in der Einleitung.

MHz	15,275	15,135	11,795	9,700	6,075
Meterband	19	19	25	31	49

REISEPASS/VISUM

Wichtiger Hinweis: *Die Einreisebestimmungen mancher Länder können sich kurzfristig ändern – rufen Sie sicherheitshalber auf Ihrem CRS-System (TIMATIC-Info-Code-Fenster in diesem Kapitel) den aktuellen Stand ab bzw. wenden Sie sich an die zuständige diplomatische Vertretung. Etwaige Zahlen in der Tabelle beziehen sich auf nachfolgende Fußnoten.*

	Paß erforderlich?	*Visum erforderlich?*	*Rückflugticket erforderlich?*
Deutschland	Ja	Nein	Ja
Österreich	Ja	Nein	Ja
Schweiz	Ja	Nein	Ja
Andere EU-Länder	Ja	Nein	Ja

Hinweis: Die Visabestimmungen können sich kurzfristig ändern. Erkundigen Sie sich rechtzeitig vor Reiseantritt bei der Botschaft. Staatsbürger aller Länder, visumpflichtig oder nicht, erhalten an der Grenze eine Aufenthaltsgenehmigung. Ein Visum ist keine Garantie für eine Einreiseerlaubnis. Unter Umständen wird ein Nachweis über ausreichende Geldmittel und eines Rück- bzw. Weiterreisetickets verlangt.
REISEPASS: Allgemein erforderlich, muß noch mindestens 3 Monate über die geplante Aufenthaltsdauer hinaus gültig sein. Kinder können bis zum 16. Lebensjahr im Reisepaß ihrer Eltern eingetragen sein. Bei einem eigenen Kinderausweis muß ein Lichtbild sowie ein Vermerk der Nationaltät des Kindes vorhanden sein.
VISUM: Allgemein erforderlich, ausgenommen sind Staatsbürger folgender Länder für Urlaubs- oder Geschäftsreisen:
(a) Mitgliedstaaten der Europäischen Union sowie die Schweiz;
(b) Andorra, Argentinien, Australien, Bahrain, Bolivien, Botswana, Brasilien, Chile, Island, Israel, Japan, Kap Verde, Kanada, Lesotho, Liechtenstein, Monaco, Namibia, Neuseeland, Norwegen, Paraguay, Singapur, Swasiland, Uruguay und USA ;
(c) Costa Rica und Ecuador bis zu 90 Tagen;
(d) Ägypten, Barbados, Belize, Benin, Côte d'Ivoire, El Salvador, Französich-Guyana, Gabun, Guatemala, Guyana, Honduras, Hongkong, Jordanien, Katar, Kenia, Komoren, Kongo, Korea-Süd, Kuwait, Madagaskar, Malawi, Malaysia, Mali, Malta, Marokko, Mauritius, Mexiko, Nicaragua, Oman, Panama, Peru, Polen, Sambia, Saudi-Arabien, Senegal, Seychellen, Slowakische Republik, Suriname, Taiwan (China), Thailand, Tschechische Republik, Türkei, Tunesien, Ungarn, Venezuela, Vereinigte Arabische Emirate und Zypern für Aufenthalte bis zu 30 Tagen.
Visaarten: Besuchsvisa (die unter bestimmten Voraussetzungen auch für Geschäftsreisen benutzt werden können), Studien- und Arbeitsvisa (Langzeitvisa). Mit einem Besuchsvisum darf man in Südafrika keine Arbeit aufnehmen.
Visagebühren: Die Visumerteilung ist kostenlos. Für Studien- und Arbeitsvisa werden anfallende Telex-/Telefaxgebühren erhoben.
Unterlagen: Für Touristen- und Geschäftsvisa: (a) Gültiger Reisepaß. (b) Ausreichende Geldmittel für die Dauer des Aufenthalts. (c) Rück- oder Weiterreisefahrschein. (d) Antrag. (e) Falls man auf der Durchreise ist, ein Nachweis, daß man in das Zielland einreisen darf.
Antragstellung: Konsulate bzw. Konsularabteilung der Botschaft (Adressen s. o.). Alle Anträge werden in Pretoria bearbeitet.
Bearbeitungszeit: 14 Tage bis 6 Wochen, für Studien- und Arbeitsgenehmigungen ca. 8 Wochen.
Aufenthaltsgenehmigung: Anfragen sind vor der Abreise an die Botschaft zu richten.

GELD

Währung: 1 Rand (R) = 100 Cents. Banknoten sind im Wert von 50, 20, 10 und 5 R in Umlauf; Münzen in den Nennbeträgen 2 und 1 R sowie 50, 20, 10, 5, 2 und 1 Cent.
Kreditkarten: *Eurocard, American Express, Diners Club* und *Visa* sind weithin gebräuchlich. Einzelheiten vom Aussteller der betreffenden Kreditkarte.
Wechselkurse

	R Sept. '92	R Febr. '94	R Jan. '95	R Jan. '96
1 DM	1,87	1,97	2,29	2,52
1 US$	2,79	3,42	3,54	3,63

Devisenbestimmungen: Die Ein- und Ausfuhr der Landeswährung ist auf 500 R begrenzt. Die Einfuhr von Fremdwährungen ist nicht begrenzt, muß aber deklariert werden. Die Ausfuhr ist auf die bei der Einreise deklarierte Summe beschränkt.
Öffnungszeiten der Banken: Mo-Fr 08.30-15.30 Uhr, Sa 08.00-11.30 Uhr.

DUTY FREE

Folgende Artikel können zollfrei nach Südafrika eingeführt werden:
400 Zigaretten und 50 Zigarren und 250 g Tabak;
1 l Spirituosen und 2 l Wein;
50 ml Parfüm und 250 ml Eau de toilette;
Geschenke bis zum Wert von 500 R.

GESETZLICHE FEIERTAGE

1. Mai '96 Tag der Arbeit. **16. Juni** Tag der Jugend. **9. Aug.** Tag der Frau. **24. Sept.** Heritage Day. **16. Dez.** Tag der Versöhnung. **25.-27. Dez.** Weihnachten. **1. Jan. '97** Neujahr. **21. März** Tag der Menschenrechte. **28.-31. März** Ostern. **27. April** Freiheitstag. **1. Mai** Tag der Arbeit.

GESUNDHEIT

In der folgenden Tabelle aufgeführte Impfvorschriften können sich kurzfristig ändern. Es wird stets empfohlen, auf Ihrem CRS-System (TIMATIC-Info-Code-Fenster in diesem Kapitel) den aktuellen Stand der Gesundheitsbestimmungen abzurufen bzw. rechtzeitig vor der Reise ärztlichen Rat einzuholen.

	Vorsichtsmaßnahmen empfohlen	*Impfschein erforderlich*
Gelbfieber	Nein	1
Cholera	Nein	-
Typhus & Polio	2	-
Malaria	3	-
Essen & Trinken	4	-

[1]: Eine Impfbescheinigung gegen Gelbfieber wird von allen Reisenden verlangt, die aus Infektionsgebieten kommen und über ein Jahr alt sind. Afrikanische und südamerikanische Länder der endemischen Zone werden von Südafrika als Infektionsgebiete behandelt.
Reisende, die eine Linienflugreise zwar außerhalb der als infiziert angesehenen Gebiete begonnen haben, aber durch solche Gebiete als Transitpassagiere gereist sind, benötigen keine Impfbescheinigung, sofern sie sich während der Durchreise nur auf dem für Linienflüge vorgesehenen Flughafen oder in der nächstgelegenen Stadt aufgehalten haben.
Alle Passagiere, die ihren Flug in einem Infektionsgebiet begonnen haben oder die auf einem Charterflug – unter Benutzung einer anderen Flugroute als im Linienverkehr üblich – in einem derartigen Gebiet zwischengelandet sind, benötigen eine Impfbescheinigung.
[2]: Typhus kommt vor, es wurden einige wenige Poliomyelitisfälle gemeldet.
[3]: Die gefährlichere Malariaart *Plasmodium falciparum* kommt ganzjährig in den Ebenen des nördlichen und östlichen Transvaal sowie in Nord-Ost-Natal (bis zum Tugela-Fluß) vor. Chloroquin-Resistenz ist gemeldet worden.
[4]: Trinkwasser ist in den Stadtgebieten unbedenklich, in den ländlichen Gegenden jedoch nicht immer keimfrei und sollte sterilisiert werden. Milch, Milchprodukte, Fleischwaren, Geflügel, Meeresfrüchte, Obst und Gemüse können unbesorgt verzehrt werden.
Bilharziose-Erreger kommen in manchen Teichen und Flüssen vor, das Schwimmen und Waten in Binnengewässern sollte daher vermieden werden. Gut gepflegte Schwimmbecken mit gechlortem Wasser sind unbedenklich.
Hepatitis A tritt in einigen Regionen auf, *Hepatitis B* ist hochendemisch.
Gesundheitsvorsorge: Die medizinische Versorgung ist ausgezeichnet. Der Abschluß einer Reisekrankenversicherung wird empfohlen.

REISEVERKEHR - International

FLUGZEUG: Die nationale Fluggesellschaft *South African Airways (SAA)* bietet Direktflüge nach Johannesburg und Kapstadt von Frankfurt/M., Düsseldorf und München sowie von Zürich nach Johannesburg und Kapstadt. Von Wien gibt es eine Direktverbindung nach Johannesburg mit *Austrian Airlines*. Weitere Flugdienste nach Johannesburg mit *Lufthansa* und *Swissair*.
Durchschnittliche Flugzeiten: *Frankfurt* – Johannesburg: 11 Std; *München* – Johannesburg: 10 Std. 30; *Zürich* – Johannesburg: 10 Std; *Wien* – 13 Std. (einschl. Stopp in Nairobi).
Internationale Flughäfen: *DF Malan Airport (CPT)* (Kapstadt) liegt 22 km südöstlich der Stadt (Fahrzeit 25 Min.). Am Flughafen gibt es eine Bank, Post, Mietwagenschalter, Geschäfte, Duty-free-Shops, Bars und Restaurants. *Inter-Cape*-Busse sind auf Ankunfts- und Abflugzeiten abgestimmt. Es gibt einige kostenlose Hotelbusse. Taxifahrer berechnen nach 23.00 Uhr einen Zuschlag.
Durban International (DUR) liegt 16 km südwestlich der Stadt (Fahrzeit 20 Min.). Banken, Post, Duty-free-Shops, Mietwagenschalter, Tourist-Information, Hotel-Reservierungsschalter, Bars und Restaurants. Flughafenbusse stehen zwischen 08.00 und 22.00 Uhr bereit. Taxistand.
Jan Smuts International Airport (JNB) (Johannesburg) liegt 24 km nordöstlich der Stadt (Fahrzeit 30 Min.). Bank, Post, Duty-free-Shops, Tourist-Information, Hotel-Reservierungsschalter, Mietwagenschalter, Bar und Restaurant. Busse nach Pretoria und Johannesburg verkehren von 05.00 bis 22.00 Uhr. Man kann auch mit dem Zug von Kempton Park nach Johannesburg fahren. Einige größere Hotels bieten kostenlose Hotelbusse.
Flughafengebühren: Internationale Flüge: 22,50 DM.
SCHIFF: Die größten Häfen sind Kapstadt, Durban, Port Elizabeth und East London. Verschiedene Schiffahrtsgesellschaften bieten Kreuzfahrten von Südafrika zu den Inseln im Indischen Ozean oder laufen Südafrika im Rahmen von anderen Kreuzfahrten an.
BAHN: Die Hauptstrecken in die Nachbarländer führen nach Simbabwe, Botswana und Mosambik.
BUS/PKW: Die beiden wichtigsten Verbindungsstraßen im Fernverkehr führen nach Simbabwe (über die Beit Bridge) und Botswana (über Ramathlabama).

REISEVERKEHR - National

FLUGZEUG: Tägliche Flüge der *South African Airways (SAA)* verbinden Kapstadt, Durban, Pretoria, Port Elizabeth, East London, Kimberley und Bloemfontein. Von diesen Flughäfen gibt es außerdem Verbindungsflüge zu den Provinzstädten.
Preisnachlässe: Ausländischen Besuchern, die mit einer IATA-Fluggesellschaft einreisen, steht der *Africa Explorer* zur Verfügung. Dieser Flugpaß berechtigt zu verbilligten Inlandflügen der SAA (60% vom Normalpreis); Gültigkeit mindestens sieben Tage, maximal einen Monat. Ausgangsflughafen ist jeder beliebige Inlandflughafen, der von *SAA Star* angeflogen wird. Jede Strecke darf nur einmal geflogen werden. *Apex, Slumber, Super-Saver* und *Saver Fares* bieten weitere günstige Fahrpreisermäßigungen.
Flughafengebühren: Nationale Flüge: 7 DM.
SCHIFF: *Starlight Cruises* verkehren zwischen den Haupthäfen des Landes.
BAHN: Die wichtigsten InterCity-Züge sind der **Blue Train** (Luxus-Expreßzug), der zwischen Pretoria, Johannesburg und Kapstadt verkehrt (jeden zweiten Tag); der **Trans-Oranje** zwischen Kapstadt und Durban über Kimberley und Bloemfontein (zweimal wöchentlich); der **Trans-Natal-Express** zwischen Durban und Johannesburg (täglich) und der **Trans-Karoo-Express** zwischen Kapstadt, Johannesburg und Pretoria (täglich). *Rovos Rail* bietet Dampflok-Safaris nach Ost-Transvaal, *Transnet Museum* durch Südafrika und Simbabwe. Die Langstreckenzüge haben keine Schlafwagen; die Abteile werden nachts in Liegewagen umfunktioniert, und Bettzeug ist gegen einen Aufpreis erhältlich. Auf allen Hauptstrecken sollte rechtzeitig gebucht werden. In den Stadtgebieten von Pretoria/Johannesburg und Kapstadt verkehren in kurzen Abständen Nahverkehrszüge. Alle Züge haben Wagen 1. und 2. Klasse. In den Abteilen der 1. Klasse haben 2-4 Personen Platz, in denen der 2. Klasse 4-6 Personen.
BUS/PKW: In den bewohnten Regionen ist das Straßennetz gut. Ein Drittel der Straßen des Landes sind asphaltiert (darunter alle Hauptstraßen). Bußgelder für Geschwindigkeitsüberschreitungen sind sehr hoch. Reservebenzin darf nicht mitgeführt werden. Tankstellen sind täglich von 07.00-19.00 Uhr geöffnet, einige auch rund um die Uhr. Es herrscht Linksverkehr. **Bus:** Zahlreiche Firmen bieten Langstreckenverbindungen an, die Busse sind grundsätzlich klimatisiert. **Taxis** gibt es in allen Städten, an Flughäfen und vor Hotels, sie fahren meist nach festgesetzten Tarifen. Auf Langstrecken sollte man vor der Fahrt die Preise vergleichen. **Mietwagen:** Autovermieter

WELCOME
TOURS UND SAFARIS

IHR VERLÄSSLICHER REISEPARTNER IN SÜDAFRIKA

- *SÜDAFRIKAS GRÖSSTES TOURENPROGRAMM FINDEN SIE IN UNSEREM KATALOG*
- *GRUPPENREISEN NACH MASS*
- *PAUSCHALANGEBOTE FÜR LOST CITY UND SUN CITY*
- *VERMIETUNG VON LIMOUSINEN UND LUXUSFAHRZEUGEN MIT 7 BIS 20 PLÄTZEN*
- *VERTRETUNGEN, REISEN ABSEITS DER ÜBLICHEN TOURISTENPFADE*

WENN SIE SICH NÄHER INFORMIEREN MÖCHTEN, RUFEN SIE UNS AN: TEL (+27 11) 320 8050. FAX (+27 11) 442 8865.

---

wie *Avis*, *Imperial* und *Budget* findet man in allen Städten und an den Flughäfen. **Unterlagen:** Internationaler Führerschein erforderlich.
STADTVERKEHR: In allen größeren Städten gibt es gute Bus- und Bahnnetze, in Johannesburg auch Oberleitungsbusse. Die Fahrpreise in Kapstadt und Johannesburg werden nach Fahrzonen berechnet. Man kann Einzel- und Sammelfahrkarten (*Clipcards* für 10 Fahrten) an den Kiosken kaufen. In Pretoria gibt es viele verbilligte Fahrscheine. In Durban wird den städtischen Bussen von Minibussen und Sammeltaxis (legalen und illegalen) Konkurrenz gemacht, die man auch in allen anderen südafrikanischen Städten findet und die mit Vorsicht zu benutzen sind. Die Tarife regulärer Taxen sind innerhalb der Städte höher als auf Langstrecken. Taxifahrer erwarten 10% Trinkgeld.
FAHRZEITEN von Kapstadt zu den folgenden größeren südafrikanischen Städten (ungefähre Angaben in Std. und Min.):

	Flugzeug	Bahn	Bus/Pkw
Johannesburg	2.00	25.00	15.00
Durban	2.00	38.00	18.00
Pretoria	2.00	26.00	16.00
Port Elizabeth	1.00	-	07.00
Bloemfontein	1.50	21.00	10.00

UNTERKUNFT

Südafrika bietet eine große Auswahl an Unterkunftsmöglichkeiten, die von 5-Sterne-Hotels bis zu strohgedeckten Rundhütten in den Wildreservaten reicht. Übernachtungspreise sollte man sich grundsätzlich bei der Buchung bestätigen lassen.
HOTELS: Alle Hotels sind beim südafrikanischen Fremdenverkehrsverband registriert, der auch den Standard überprüft. Adresse: SATOUR Standards Department, Private Bag X164, Pretoria 0001. Tel: (012) 347 00 67. Telefax: (012) 45 48 89. 800 Hotels gehören dem Dachverband des Hotel- und Gaststättengewerbes an, Anschrift: *Federated Hotel Association of South Africa (FEDHASA)*, PO Box 718, Randburg 2125. Tel: (011) 886 23 94. Telefax: (011) 789 48 11.
Kategorien: 1994 wurde ein landesweites Klassifizierungssystem eingeführt. Die Beteiligung ist freiwillig. Hotels werden mit 1-5 Sternen ausgezeichnet, je nachdem welcher Service angeboten wird. Die beiden zusätzlichen Farbkategorien geben Aufschluß über den Standard der Bedienung und der Gastlichkeit:
Weinrot – Guter Standard des Serviceangebots, der Bedienung und Gastlichkeit, zusätzlich zum üblichen Service.
Silber – Ausgezeichneter Standard des Serviceangebots, der Bedienung, Gastlichkeit, Qualität und des Ambientes. An jedem Hotel, das an dieser Kategorisierung teilnimmt, findet man eine Plakette, die die Sternekategorie und die zusätzliche Klassifikationsfarbe anzeigt.
FERIENWOHNUNGEN: In den Haupturlaubsgebieten und Kurorten findet man Ferienwohnungen, Bungalows und Unterkünfte auf Bauernhöfen. Das Klassifizierungsprogramm für Ferienwohnungen ist Teil des Anfang 1994 eingeführten landesweiten Klassifizierungssystems. Ferienwohnungen bekommen zwischen 1 und 5 Sternen, je nach Bedienungsstandard und Gastlichkeit. Die Zusatzklassifikation wird in drei Kategorien aufgeteilt.
CAMPING: Caravanparks gibt es in allen beliebten Urlaubsgebieten und entlang der Ferienstraßen, der Standard ist meist hoch. Von einigen Firmen kann man auch vollausgerüstete *Motorhomes* mieten. Die Klassifizierung erfolgt nach dem Klassifizierungsprogramm für Ferienwohnungen. Weitere Informationen erhalten Sie von SATOUR oder von *Aventura*, PO Box 720, Groenkloof 0027. Tel: (012) 346 22 77. Telefax: (012) 346 22 93.
TIERPARKS: In den Tierparks findet man geschützte Camps, deren Unterkünfte aus strohgedeckten Rundhütten oder kleinen Häuschen bestehen (z. T. direkt luxuriös und mit Klimaanlage). Die meisten Häuser und Rundhütten bieten Bäder und Duschen, einige haben Küchen. Einkaufsmöglichkeiten sind meist vorhanden, in den größeren Camps gibt es auch Restaurants.
JUGENDHERBERGEN: In Südafrika gibt es 14 Jugendherbergen und 15 CVJMs.

URLAUBSORTE & AUSFLÜGE
Südtransvaal

In dieser Region, die auch *Witwatersrand* (»Wildwasserscheide«) genannt wird, wurde im 19. Jahrhundert die ertragreichste Goldader der Welt entdeckt. Hier gibt es erfrischende künstliche Seen, auf denen man Bootsfahrten unternehmen, angeln oder Vögel beobachten kann, außerdem zahlreiche Parks, Naturschutzgebiete und Grünanlagen.
JOHANNESBURG: Nachdem 1886 Gold entdeckt wurde, entwickelte sich Johannesburg rasch zu einer modernen Geschäftsstadt, die heute Weltzentrum der Goldgewinnung und wirtschaftlicher Mittelpunkt Südafrikas ist.
Besichtigungen: Das 202 m hohe *Carlton Panorama* bietet eine ausgezeichnete Aussicht über Johannesburg und eine Lichtschau mit Soundeffekten. *Northcliff Ridge* ist der höchste natürliche Punkt der Stadt. *Gold Reef City*, die interessante rekonstruierte Goldgräberstadt mit Hotels, Bars, Geschäften und Theatern, bietet Besuchern die Möglichkeit, einen Blick in die Vergangenheit zu werfen. In der *Johannesburg Art Gallery* ist eine gute Sammlung englischer, holländischer, französischer und südafrikanischer Kunstwerke ausgestellt. Das *Planetarium*, der Kunstgewerbemarkt am *Zoo-Lake* und *Hillbrow* sind ebenfalls einen Besuch wert. Eine Vielzahl unterschiedlicher Vogelarten läßt sich im *Florence-Bloom-Vogelpark* und im *Melrose-Vogelpark* beobachten. Vom *Harvey-Wildblumenpark* in Linksfield genießt man eine schöne Aussicht auf Johannesburg und Magaliesberg. Außerdem gibt es einen schönen Zoo und einen Botanischen Garten mit exotischen Bäumen und über 4000 Rosenarten sowie einem Kräutergarten.
Museen: Das *Adler-Museum für Medizin* umfaßt ein afrikanisches Herbarium und die Praxis eines Medizinmannes. Das *Africana-Museum* beherbergt eine Ausstellung von Erinnerungsstücken an das alte Johannesburg und die ersten Siedler am Kap sowie eine große völkerkundliche Sammlung. Das *Bensusan-Museum für Fotografie* bietet eine Sammlung alter Fotoausrüstungen, und im *Bernberg-Museum* sind Kleidungsstücke aus dem 18. und 19. Jahrhundert ausgestellt. Im *Jewish Museum* erhält man einen Einblick in die Geschichte des Judentums in Südafrika.
PRETORIA wurde nach dem Holländer Andries Pretorius benannt und ist die Verwaltungshauptstadt Südafrikas. Die Stadt hat den Beinamen *Jacaranda City*, da im späten Frühling die Jakarandabäume so wunderbar in den Straßen blühen. Überhaupt ist Pretoria eine außergewöhnlich grüne Stadt mit zahlreichen Parks und Gartenanlagen, in denen Aloen, Akazien und Feigenbäume wachsen.
Besichtigungen: *Church Street* ist mit 26 km Länge eine der längsten geraden Straßen der Welt. Es gibt zahlreiche besuchenswerte Museen, darunter das Militärmuseum *Fort Klapperkop*, das *Geologische Museum* (Fossilien- und Edelsteinsammlung), das *Pretoria Art Museum* und das *Transvaal-Museum für Naturgeschichte*. Besonders interessant ist auch das *State Theatre*, das allen darstellenden Künsten gewidmet ist. Das *Austin-Roberts-Vogelschutzgebiet* beheimatet unzählige Wasservögel. Weitere herrliche Naturschutzgebiete sind der *Derdepoort Regional Park*, *Fountains Valley Nature Reserve*, *Wonderboom Nature Reserve*, die *National Botanical Gardens* und *Meyers Park Nature Reserve*.
AUSFLÜGE: Zu den vielen Attraktionen des südlichen Transvaal zählen in erster Linie die Naturschutzgebiete. Die schöne *Magalies*-Bergkette, die nach dem Häuptling des Po-Stammes benannt wurde, beeindruckt durch ihre vielfältige Flora und Fauna. Es gibt zahlreiche private Tier- und Naturreservate. Die vom Aussterben bedroh-

Paddagang Wine House

23 Church Street   Tulbagh 6820   Tel. (0236) 300242

Inmitten friedlicher Umgebung in der historischen Church Street, liegt diese einzigartige Weinzerei. Hier findet man die traditionelle Küche des Kaps der Guten Hoffnung und Weine des Tulbagh Valleys.

Täglich geöffnet von 09.00-17.00 Uhr für Fünf-Uhr-Tee, Mittagstisch und Weinverkauf. Gruppenreservierungen für Frühstück und Abendessen werden gern angenommen.

---

ten Kapgeier sind hier zu finden. In dieser Region befindet sich der *Hartebeespoort-Damm* mit beliebten Wassersport- und Campinganlagen und Gelegenheit zum Angeln und Bergsteigen. Ein Aquarium, 3 km vom Damm entfernt, beheimatet exotische Fische, Krokodile und Robben. Außerdem gibt es einen Zoo, einen Schlangenpark und ein Naturschutzgebiet. In der Nähe von Krugersdorp befinden sich die *Sterkfontein-Höhlen*, in denen ein Frauenschädel gefunden wurde, der eine Million Jahre alt sein soll.

Osttransvaal

Das hohe, baumlose Grasland des Plateaus erstreckt sich über Hunderte von Kilometern bis zur Kette der Drakensberge. Hier geht die Landschaft in ein subtropisches Waldgebiet über, das als *Lowveld* bekannt ist und in dem besonders viele Tierarten einen Lebensraum gefunden haben.
AUSFLÜGE: Der weltbekannte **Krüger-Nationalpark** ist so groß wie Rheinland-Pfalz und bietet u. a. Zebras, Giraffen, Gnus, Elefanten, Impalas, Leoparden, Geparden, Nashörnern, Büffeln, Straußen, dem Nashornvogel und dem Fischadler ein Habitat. Es stehen ausgezeichnete Unterkünfte für Besucher zur Verfügung.
An der Westgrenze des Krüger-Nationalparks gibt es einige private Tierparks, die die Flora und Fauna des Lowveld schützen (*Klaserie, Timbavati, Sabi-Sand Reserve* und *Umbata Nature Reserve*).
Es gibt mehrere gute Besichtigungsrouten durch die Region, die bekannteste ist jedoch die **Summit Route**, die über den 2150 m hohen *Long Tom Pass* führt, über *Sabie* vor der großartigen Kulisse von Mauchsberg und Mount Anderson mit Wasserfällen und Wildblumen, soweit das Auge reicht. Weiter geht es über *Graskop*, ein Walddorf, das an den Ausläufern der Drakensberge liegt; über *Pilgrim's Rest*, eine Stadt aus der Goldgräberzeit mit vielen historischen Gebäuden; das Schutzgebiet am Mount Sheba mit 1500 ha Schluchten und Wasserfällen; *Pinnacle Rock*, eine riesige, freistehende Granitsäule, und das 1000 m hohe *God's Window* mit herrlicher Aussicht über das Lowveld. Hier sollte man sich die *Lissabon-* und *Berlin-Fälle* nicht entgehen lassen. Die *Bourke's Luck Potholes* sind tiefe Löcher im Fels, die über die Jahre durch Kieselsteine im Flutwasser ausgewaschen worden sind. Die Summit Route führt weiter durch den *Blyde River Canyon* und das *Blyderivierspoort Nature Reserve*, eine riesige Schlucht mit reichhaltiger Flora und Fauna; über das *F. H. Odendaal Camp* mit guten Aussichtspunkten und Unterkünften; *Sybrand Van Niekerk* (*Swadini Camp*), das vom Mariepskop überragt wird und außerhalb des Naturschutzparks einen Reptilienpark bietet; das *Museum of Man* mit Felszeichnungen und archäologischen Ausgrabungen; die *Echo Caves* im Molopong Valley, in denen Werkzeuge aus der Stein- und Eisenzeit zu sehen sind; und über den *Abel Erasmus-Paß* und durch den *J. G. Strijdom-Tunnel*, die 335 m oberhalb des Ohrigstad River liegen. Auf der letzten Etappe führt die Straße 700 m abwärts zum reizvollen Olifant River.
Nelspruit ist ein guter Ausgangspunkt für eine Besichtigung der berühmten *Sudwala-Höhlen*, die tief in den Mankelekele-Berg eindringen und mit ihren zahlreichen geheimnisvollen Seitenkammern mit Stalaktiten und Stalagmiten für Wissenschaftler und Touristen gleichermaßen interessant sind. Einige der Seitenhöhlen sind ausgesprochen groß, wie etwa die *P. R. Owen Hall*, ein unterirdisches Amphitheater mit einer so guten Akustik, daß hier bereits Konzerte aufgeführt wurden. Außerdem werden geführte Besichtigungstouren angeboten. Der nahegelegene Saurierpark bietet lebensgroße Nachbildungen der prähistorischen Riesen, die vor 250 Mio. Jahren Südafrika bevölkerten.

KwaZulu/Natal

Diese Provinz grenzt im Norden an Eastern Transvaal, Swasiland und Mosambik, im Osten an den Indischen Ozean, im Westen an den Orange Free State und Lesotho und im Süden an Eastern Cape. Zur Provinz gehört Zululand (KwaZulu), die traditionelle Heimat der Zulus. Die Landschaft ist abwechslungsreich: ungezähmte Wildnis, weiße Sandstrände, subtropische Planzenwelt, Ackerland, die Städte und Hügel der Midlands und das Drakensberg-Gebirge.
DURBAN bietet eine interessante Mischung östlicher, westlicher und afrikanischer Welten. Die von Palmen gesäumte Strandpromenade, der Hafen und die Jachten geben der Stadt ein buntes Erscheinungsbild. In der Innenstadt gibt es neben Bürohäusern, Geschäftszentren, Theatern und Läden zahlreiche Tempel (*Temple of Understanding*), Moscheen (*Jumah Mosque*) und Basare.
Besichtigungen: *Durban Harbour* ist Südafrikas größter Hafen, und hier werden zahlreiche Vergnügungskreuzfahrten angeboten; das *Maritime Museum* auf einem klassischen Dampfer ist auf jeden Fall einen Besuch wert. Im *Sea World Aquarium and Dolphinarium* kann man neben Delphinen, Pinguinen und Robben auch viele tropische Fische, Haie und Schildkröten sehen. Zu den wichtigsten Museen der Stadt gehören das *Killie-Campbell-Africana-Museum* mit der *Killie-Campbell-Africana-Bibliothek*, der *Mashu-Sammlung für Ethnologie* und der *William-Campbell-Möbelsammlung*, das *Local History Museum* und das *Old House Museum*. Durban bietet außerdem zahlreiche bunte Märkte wie den *Victoria Street Market*, einen orientalischen Markt mit exotischen Schmuckstücken, Obst und Gewürzen oder den Flohmarkt, der am letzten Sonntag des Monats im *Amphitheatre Garden* stattfindet. Die Stadt besitzt außerdem viele schöne Gartenanlagen: Der Botanische Garten, die Japanischen Gärten und Amphitheatre Gardens sind besonders sehenswert.
DIE MIDLANDS UND DRAKENSBERGE
Zwischen der Küste KwaZulu/Natals und dem Drakensberg-Gebirge liegen die sogenannten Midlands, eine landschaftlich reizvolle Gegend mit bewaldeten Hügeln, Ackerland und saftiggrünen Ebenen mit kleinen Städten, Dörfern und Bauernhöfen. Hier leben zahlreiche Wild- und Vogelarten, und die Flüsse sind bei Anglern sehr beliebt.
Das Drakensgebirge ist die größte Gebirgskette des Landes und ein beliebtes Ferienziel, das sich gut zum Wandern, Bergsteigen und Reiten eignet.
AUSFLÜGE: Es gibt viele sehenswerte National- und Naturschutzparks wie den *Royal Natal National Park*, das *Spioenkop Public Resort Nature Reserve*, das *Kamberg Nature Reserve*, das *Giant's Castle Game Reserve* und das *Vergelegen Nature Reserve*. Wanderungen auf den *Cathkin Peak* (3149 m), *Cathedral Peak* (3004 m) und dem *Champagne Castle* (3377 m) bieten sich an. Von mehreren Pässen hat man eine fantastische Aussicht auf die umliegenden Berge und Täler: *Oliviershoek Pass, Sani Pass* und *Van Reenen's Pass*. **Ladysmith**, eine bedeutende Kleinstadt in den Natal Midlands, wurde während des Burenkrieges 115 Tage lang belagert, und viele der berühmtesten Schlachten fanden hier statt. Erinnerungsstücke und Überreste dieser Kriegszeiten sind im *Siege Museum* zu sehen.
Pietermaritzburg liegt im Herzen des Zululandes und ist eine Stadt voller Charme. Da sie lange Zeit britische Garnisonsstadt war, sind noch viele Zeugnisse des britischen Regimes wie auch zahlreiche Bauwerke britischer Architektur zu sehen. Zu den interessantesten Museen gehören das *Macrorie House Museum*, das *Natal Museum* und das *Voortrekker Museum*.
DIE KÜSTE UND DAS LANDESINNERE
Im Norden der Provinz KwaZulu/Natal gibt es die schönsten Wild- und Naturparks mit reicher Tier- und Pflanzenwelt: das *Hluhluwe Game Reserve*, das *Kosi Bay Nature*

OLIVIER TRAVEL (PTY) LTD
OLIVIER TOURS (PTY) LTD

**23 NORTHUMBERLAND ROAD
BELLVILLE 7530, SÜDAFRIKA
PO BOX 47, BELLVILLE 7535**

Tel: +27 21-948-6971   Telefax: +27 21-948-5487

RESERVIERUNGEN FÜR FLUG-, ÜBERLAND- UND SEEREISEN, HOTELS, MIETWAGEN, AUSFLÜGE, APEX-GRUPPEN UND SPEZIALREISEN.

- BUCHUNGEN FÜR ALLE IATA UND NICHT-IATA FLUGGESELLSCHAFTEN
- GOLFREISEN
- FLY-IN SAFARIS
- RESERVIERUNGEN FÜR HOTELS, NATIONALPARKS, PRIVATE GAME LODGES UND PENSIONEN
- MIETWAGENVERLEIH, MOTORRADTOUREN
- KREUZFAHRTEN
- BLUE TRAIN
- ROVOS RAIL
- REISEBUS-SERVICE
- INDIVIDUELL AUSGEARBEITETE EINZEL – UND GRUPPENREISEN
- INCENTIVE-REISEN
- KONGRESS-VERANSTALTER
- INCOMING-AGENTUR MIT BÜRO IN DEUTSCHLAND

Poppenweilerstraße 45, 71640 Ludwigsburg. Tel: +49 (0)7141-290529. Telefax: +49 (0)7141-290426.

BIG FIVE SAFARIS
AND TOURS – SOUTH AFRICA CC
EIN EXZELLENTER PERSÖNLICHER SERVICE

INDIVIDUELL ZUGESCHNITTENE URLAUBSREISEN – PRIVATAUSFLÜGE UND -SAFARIS

ERFAHRENE RANGERS/FÜHRER SORGEN FÜR KOMFORT WÄHREND IHRES URLAUBS IN SÜDAFRIKA.
HIER KÖNNEN SIE NOCH WAHRE ABENTEUER ERLEBEN.

SIE TREFFEN DIE WAHL: EINE BIG-FIVE-WANDERUNG IM HERZEN DER BIG-FIVE-REGION ODER VIELLEICHT EINE ANSPRUCHSVOLLERE SAFARI/TOUR MIT ÜBERNACHTUNG IN LUXURIÖSEN UNTERKÜNFTEN IN PRIVATEN UND NATIONALEN TIERSCHUTZGEBIETEN ODER HOTELS IN HISTORISCHEN STÄDTEN.

BESUCHEN SIE ZULU-DÖRFER, IN DENEN DIE TRADITION DER ZULUS LEBENDIG IST, FAHREN SIE AUF DER GARTENROUTE BIS NACH KAPSTADT ODER ENTLANG DER WEINSTRAßE, SPIELEN SIE GOLF, GEHEN SIE ANGELN ODER GENIESSEN SIE EINFACH EINEN ENTSPANNTEN URLAUB.

FLY-IN SAFARIS EBENFALLS IM ANGEBOT.

Ihre Wahl. Ihr Urlaub. Ihre Freizeit.

Vorausbuchung empfohlen.

RESERVIERUNGEN (24 STD.) TEL/TELEFAX: 27 11 318 30 95
BIG FIVE SAFARIS: EIN EXZELLENTER PERSÖNLICHER SERVICE

PO BOX 166
NOORDWYK
MIDRAND 1687
SOUTH AFRICA

Reserve, das *Mkuzi Game Reserve*, das *Ndumu Game Reserve*, den *Sodwana Bay National Park*, das *Umfolozi Game Reserve* und das *Itala Game Reserve*. Die Küste bietet traumhafte weiße Sandstrände wie *Tongaat Beach*, *Marina Beach* und *Ifafa Beach*. An der Südküste liegen viele der bekanntesten Urlaubsorte.

Die nördliche Kapregion

Diese große und oft unzugängliche Wildnis wird vom Orange River mit Wasser versorgt. Zahlreiche Wildarten kommen vor, von denen viele unter Naturschutz stehen. Die Entdeckung von großen Diamantenvorkommen trug zum Aufschwung von Kimberley bei, der größten Stadt dieser Region. Seit 1850 werden im Namaqualand Edel- und Halbedelsteine sowie Kupfer abgebaut. Die Region ist außerdem für die hier häufigen Felszeichnungen der Buschmänner berühmt.

KIMBERLEY: 1866 fand in Hopetown (128 km südlich von Kimberley) ein Junge einen glänzenden »Kieselstein«. Dieses Fundstück machte die bis dahin kaum entwickelte und dünn besiedelte Gegend zum Diamantenzentrum der Welt. Kimberley ist heute eine attraktive Stadt mit breiten Alleen und guten Einkaufszentren. Zu den Sehenswürdigkeiten zählen das *Big Hole*, die größte Ausgrabungsstätte der Welt, sowie das Bergbaumuseum mit Nachbauten aus der Zeit des Goldfiebers (19. Jh.). Im *De-Beers-Hall-Museum* ist eine Ausstellung von Rohdiamanten und geschliffenen Diamanten untergebracht. Der berühmte »616«, der 616karätige, größte Rohdiamant der Welt sowie der »Eureka«-Diamant (der erste in Südafrika entdeckte Diamant) sind hier zu bewundern. Die *William Humphreys Art Gallery* bietet eine der besten Kunstsammlungen südafrikanischer, französischer, englischer, holländischer und flämischer Kunst.

AUSFLÜGE: Die Bürgersteige in **Nooitgedacht,** in der Nähe von Kimberley, bestehen aus Ventersdorp-Lava, die über 250 Mio. Jahre alt ist und von den Gletschern der Eiszeit glattgeschliffen wurde. In dieser Region gibt es auch einige besonders schöne Felszeichnungen. Die Zeichnungen der Buschmänner sind vom Kap bis zum Sambesi und von den Ebenen der Ostküste bis nach Südwestafrika verbreitet und normalerweise mit Feuersteinen oder anderen spitzen Gegenständen in die Felsen eingraviert. Sie zeichnen sich durch Schlichtheit und verblüffende Genauigkeit aus, sind nur selten farbig und sollen etwa 10.000 Jahre alt sein.

Olifantshoek bei Witsand (70 km entfernt) ist als das »Tor zum weißen und lauten Sand« bekannt – hier gibt es ebenfalls Felszeichnungen zu sehen. Wenn der Sand der 100 m hohen Sandberge aufgewühlt wird, gibt er, besonders bei heißem Wetter, seltsame Klagelaute von sich.

Der Nationalpark bei *Vaalbos* beheimatet Antilopen, Kudus, Giraffen und andere Herdentiere.

An den Südhängen der **Gatkopies**, in der Nähe von Postmasburg, findet man große, uralte Bergwerke. Archäologische Funde deuten darauf hin, daß die Hottentotten hier schon 700 n. Chr. Bergbau betrieben haben.

Augrabies ist die Bezeichnung der Hottentotten für einen »sehr lauten Ort«, womit die Wasserfälle, die 56 m tief in eine 20 m breite Schlucht fallen, genauestens beschrieben wären. Sie liegen 120 km westlich von Upington. Außerdem gibt es bemerkenswerte Stromschnellen in der 18 km langen Schlucht, da der Fluß weitere 35 m Neigung zu überwinden hat. Die Region ist ein Nationalpark und die Heimat von Pavianen und anderen Affenarten, Antilopen und Nashörnern.

Der **Kalahari-Gemsbok-Nationalpark** grenzt an den Botswana-Nationalpark und ist mit 127.135 qkm der größte Naturschutzpark Afrikas und eines der größten noch erhaltenen Biotope der Welt. Der Artenreichtum der Flora und Fauna ist sehr eindrucksvoll.

Namaqualand ist eine große, schwer zugängliche Halbwüste, die sich nach einem ausgiebigen Winterregen in ein Blumenmeer verwandelt. Man findet selbst Gänseblümchen, Lilien und alle möglichen Heil- und Gewürzkräuter. Bevor im 17. Jahrhundert weiße Siedler in dieses Gebiet eindrangen, wurden die reichen Kupfervorkommen vom Nama-Stamm der Hottentotten genutzt. 1685 führte der Gouverneur der Kapregion, Simon van der Stel, eine Expedition zum »Kupferberg«, der in der Nähe der heutigen Stadt Springbok liegt. Im 19. Jahrhundert begann der Kupferabbau im großen Stil.

Die östliche Kapregion & die Gartenroute

Die östliche Kapregion bietet eine außerordentliche landschaftliche Vielfalt, die vom Ödland der Great Karoo über den Knysna-Wald bis zum fruchtbaren Ackerland zwischen den Ebenen Little Karoo und dem Long Kloof reicht. In dieser Region liegen auch die großen Seehäfen East London und Port Elizabeth.

PORT ELIZABETH hat ein reges kulturelles Leben; im restaurierten *Opera House* werden Ballett-, Opern-, Musik- und Theaterproduktionen aufgeführt, und das *Mannville Open Air Theatre* im St. George's Park ist für seine Shakespeare-Inszenierungen bekannt. Man findet ausgezeichnete Geschäfte sowie weitläufige Parks und öffentliche Gartenanlagen. An den Stränden der Stadt in der geschützten Warmwasserbucht kann man zahlreiche Wassersportarten ausüben.

Besichtigungen: Zu den Sehenswürdigkeiten zählen der *Apple Express* (einer der letzten Schmalspurzüge mit Dampflok), der seit 1906 Port Elizabeth mit Loerie am Long Kloof verbindet. Die Stadthalle und der Marktplatz mit der Kopie des Dias-Kreuzes, das an den portugiesischen Seefahrer Bartholomäus Dias erinnert, sind einen Besuch wert; eine weitere Attraktion ist das Denkmal von Prester John.

An der Küstenpromenade von Humewood befinden sich das *Ozeanarium*, der Schlangenpark und das Tropenhaus. Die Kunsthalle *King George IV* bietet eine gute Kunstsammlung mit Werken aus dem 19. und 20. Jahrhundert. Im *Settler's Park Nature Reserve* in der How Avenue sind besonders viele einheimische Pflanzen zu bewundern. Der *St. George's Park* bietet Freiluft- und Kunsthandwerksausstellungen sowie Theateraufführungen.

AUSFLÜGE: Der **Addo-Elephant-Nationalpark** liegt 72 km nördlich von Port Elizabeth und wurde 1931 zum Schutz der Elefanten der Region angelegt. Auch Schwarze Nashörner, Büffel, Antilopen und über 170 verschiedene Vogelarten sind hier anzutreffen.

Der **Zuurberg-Nationalpark** in den Winterhoek-Bergen beheimatet eine Vielzahl von Tier- und Pflanzenarten; im Alexandria Forest, einem immergrünen Hochwald an der Küste, brüten die seltenen Schwarzen Adler.

East London liegt an der herrlichen Ostküste, die zur *Romantic Coast* gehört. Hier gibt es ausgezeichnete Strände wie *Eastern Beach*, *Nahoon Beach* und *Orient Beach*. Die Stadt bietet gute Freizeiteinrichtungen und Unterhaltungsmöglichkeiten. Das Stadtmuseum hat eine besonders schöne naturgeschichtliche Sammlung.

Das **Karoo** ist ein großes, schönes Hochland, das für atemberaubende Sonnenuntergänge bekannt ist. Ein Abstecher zum *Mount-Zebra-Nationalpark* an den Nordhängen der Blankenbergkette lohnt sich. Mitten im *Karoo-Naturreservat*, am Fuß der Sneeu-Berge, liegt die Stadt *Graaff-Reinet* mit zahlreichen hübschen Bauwerken aus dem 18. und 19. Jahrhundert sowie Parks und Museen. Von hier aus kann man gut Ausflüge in die reizvolle Umgebung unternehmen.

Die **Gartenroute** führt durch die *Outeniqua-Berge* im Landesinneren, die kargen Ebenen der *Little Karoo*, den *Tsitsikamma Coastal Park* und die *Swart-Berge* mit den riesigen unterirdischen *Cango-Höhlen*. Ihren Namen erhielt die Strecke aufgrund der außerordentlichen Pflanzenvielfalt (einschl. der geschützten roten »Georgslilie«). *Jeffrey's Bay* ist insbesondere bei Wellenreitern beliebt. *St. Francis Bay* bietet breite, paradiesische Strände zum Baden und Muschelsammeln. Die Lagune am *Paradise Beach* ist ein Vogelschutzgebiet mit Flamingos und Schwänen. *Knysna* liegt in einem lauschigen grünen Wald und ist ein beliebtes Touristenziel. Die Knysna-Lagune gehört zu einem Nationalpark, der sich von *Buffels Bay* nach *Noetzie* erstreckt. In beiden Orten gibt es schöne Sandstrände. Zwischen Knysna und George liegt ein Seengebiet mit wogendem Farnkraut, Seen und Flüssen. Den Beinamen *Garden City* verdankt **George** dem eindrucksvollen Baumbestand, der das Städtchen ziert. Bei *Oudtshoorn* gibt es mehrere Straußenfarmen.

Die westliche & südliche Kapregion

Dieses Gebiet bietet außergewöhnliche landschaftliche Schönheit mit großem Blumenreichtum und erstreckt sich von den einsamen westlichen Felsgebieten hinter Lambert's Bay bis hin zu den Bergen im Süden der Halbinsel. Hier wird auch Weinbau betrieben.

KAPSTADT: Südafrikas Parlamentssitz liegt am Fuß des *Tafelbergs* mit Blick auf den Atlantischen Ozean. Zu den Sehenswürdigkeiten zählen das 1666 erbaute *Castle of Good Hope* in der Darling Street, das Kulturgeschichtliche Museum, das Malaiische Viertel, der *Nico-Malan*-Theaterkomplex und das Alte Stadthaus am Greenmarket Square (Sammlung flämischer und holländischer Gemälde aus dem 17. Jahrhundert). Ausgezeichnete Sport- und Einkaufsmöglichkeiten sind ebenfalls vorhanden. *Victoria & Alfred*, der alte viktorianische Hafen von Kapstadt, wurde zu einem Vergnügungszentrum ausgebaut und bietet zahlreiche Geschäfte, Bars und Restaurants.

AUSFLÜGE: Im **Cape of Good Hope Nature Reserve** an der Südspitze der Kaphalbinsel gibt es Blumen, Vögel und andere Tiere in Hülle und Fülle. Entlang der Bucht findet man viele Fischerdörfer und einladende Urlaubsorte wie **Llandudno**, **Hout Bay**, **Kommetjie** und **Fish Hoek**. Zum Gipfel *Chapman's Peak* gelangt man auf einer Straße mit herrlicher Aussicht von Hout Bay aus. **Stellenbosch** ist ein Zentrum der Weinproduktion mit zahlreichen hübschen Gebäuden, einschl. des Dorfmuseums und der Holländisch-Reformierten Kirche. In *Franschhoek*, ebenfalls im Weinanbaugebiet, wohnten einst aus Frankreich eingewanderte Hugenotten, die ihre Weinbaukunst mit nach Südafrika brachten.

Im **Drakenstein Valley** gibt es malerische Weinberge, Obstgärten und Bauernhöfe zu besichtigen. Man kann mehreren »Weinstraßen« folgen. Im **Bontebok-Nationalpark** in der Nähe von Swellendam gibt es besonders viele Tierarten.

Das fruchtbare Gebiet der südlichen Kapregion geht allmählich zur schönen, zerklüfteten **Westküste** über, an der zahlreiche Schalentiere zu finden sind.

SOZIALPROFIL

ESSEN & TRINKEN: Zu den vielen frischen einheimischen Produkten zählen ausgezeichnetes Fleisch, Obst und Weine. Zu den typisch südafrikanischen Speisen gehören *Sosaties* (eine Art Schaschlik), *Bobotie* (Gehacktes mit Curry), *Bredies* (Eintopf mit Fleisch, Tomaten und anderem Gemüse), *Crayfish* (Flußkrebs) und viele traditionelle Fischgerichte und Meeresfrüchte der westlichen Kapregion. Curry- und Chutneygerichte sind besonders lecker. *Biltong* (Trockenfleisch) ist eine weitere Spezialität. **Getränke:** Es gibt ausgezeichnete einheimische Weiß- und Rotweine, auch Sherry wird im Land gekeltert. *Liquor Stores*, in denen Spirituosen verkauft werden, haben Mo-Fr 09.00-17.00 Uhr und Sa 09.00-13.00 Uhr geöffnet.

NACHTLEBEN: Die Kinos zeigen eine Vielzahl international bekannter Filme. In den Großstädten gibt es Theater, Opernhäuser und Konzerte mit Symphonieorchestern. Einige Nachtklubs und Diskotheken haben bis in die frühen Morgenstunden geöffnet. In den großen Hotels findet man oft Live-Tanzmusik.

EINKAUFSTIPS: Die Geschäfte der Großstädte können sich durchaus mit denen europäischer Metropolen messen. Typisch südafrikanische Mitbringsel sind Gold, Diamanten- und Halbedelsteinschmuck, Leder, Samt, Keramik, afrikanische Handarbeiten, Safarianzüge und Federn. **Öffnungszeiten der Geschäfte:** Mo-Fr 08.30-17.00 Uhr, Sa 08.30-13.00 Uhr.

SPORT: Südafrikaner sind begeisterte Sportler, und auch als Besucher ist man bei vielen Sportveranstaltungen willkommen. **Golf:** Es gibt über 400 Golfplätze, Besucher können zumeist an Wochenenden spielen. Die Gebühren sind durchschnittlich. **Tennis/Squash** kann zumeist von Hotels vermittelt werden. Die Küstenhotels können **Segelboote** vermitteln, ebenso wie Informationen über die besten Möglichkeiten zum **Schwimmen** (Badestrände oder Swimmingpools) und **Wellenreiten**. **Angeln:** Die besten Angelgründe findet man an der Küste des Indischen Ozeans. **Publikumssport:** Ein Verzeichnis aller großen Sportveranstaltungen ist von SATOUR erhältlich. **Pferderennen** werden in Durban, Johannesburg, Kapstadt und mehreren anderen Städten veranstaltet.

VERANSTALTUNGSKALENDER

Juni '96 *Comrades-Marathon*, Pietermaritzburg-Durban. **Juli** (1) *Nationales Standard Bank-Kunstfestival*, Grahamstown. (2) *Rothmans July Handicap*, Durban. **Aug./Sept.** *Namaqualand-Blumenschau*. **Sept.** *All Africa International Athletics Meeting*, Johannesburg. **Sept./Okt.** *International Eisteddfod of South Africa*, Roodepoort. **Okt.** (1) *Jakaranda-Blüte*, Pretoria. (2) *Stellenbosch-Festival* (Speisen und Getränke). **Nov.** *Kirschenfest*, Ficksburg. **Dez.** *Million Dollar Golf Challenge*, Sun City.

SITTEN & GEBRÄUCHE: Zur Begrüßung gibt man sich die Hand. Bei Privatbesuchen werden die üblichen Höflichkeitsformen erwartet. Zwanglose Kleidung ist in den meisten Situationen angemessen, nur bei besonderen Anlässen ist elegante Kleidung angebracht. Im Kino und Theater ist Rauchen verboten. **Trinkgeld:** 10% ist üblich, wenn das Trinkgeld nicht im Preis enthalten ist. Portiers, Kellner und Zimmerservice-Personal, Gepäckträger und Taxifahrer erwarten ein Trinkgeld; in den Hotelrechnungen ist kein Bedienungsgeld enthalten.

WIRTSCHAFTSPROFIL

WIRTSCHAFT: Südafrika hat die leistungsfähigste Wirtschaft im Südteil des afrikanischen Kontinents. Dank der Produktivität der Landwirtschaft ist der Selbstversorgungsgrad des Landes, was Lebensmittel angeht, hoch – Viehzucht ist weit verbreitet, und Zucker und Getreide werden in großen Mengen erzeugt. Hauptstütze der Wirtschaft ist heute allerdings der Bergbau, obwohl in diesem Bereich seit Mitte der achtziger Jahre ein Rückgang der Produktion zu verzeichnen ist. Kohle kommt in großen Mengen vor, aber auch seltene, auf dem Weltmarkt sehr gefragte, Erze wie Chrom, Mangan, Vanadium und Platin, die es außerhalb der GUS kaum gibt, werden abgebaut. Die wertvollsten Mineralien des Landes sind jedoch Gold und Diamanten, mit denen Südafrika seit Jahren den Weltmarkt beherrscht. Trotz der Bedeutung des Bergbaus ist die Fertigungswirtschaft der größte Industriezweig. Stahl- und Schwerindustrie produzieren Maschinen und Transportmittel. In den letzten Jahren haben High-Tech-Unternehmen und der Dienstleistungssektor einen Aufschwung erlebt, die Konkurrenz in Europa, Nordamerika oder Japan ist jedoch bislang noch übermächtig. Nur ein wichtiger Rohstoff fehlt dem Land – Erdöl, und ein langjähriges Handelsembargo der Vereinten Nationen hatte die südafrikanische Regierung erfinderisch gemacht. Die Ölversorgung wurde mit allen Mitteln gesichert, von heimlichen Einkäufen auf dem Weltmarkt bis hin zum Bau einer einzigartigen Kohle-Öl-Konversionsanlage. Außerdem unterlag Südafrika einem Waffenembargo, auf das Pretoria mit dem Aufbau einer Rüstungsindustrie reagierte – diese ist mittlerweile erfolgreich genug, um selbst zu exportieren. (Die Herkunft südafrikanischer Produkte aller Art wurde im allgemeinen vor oder während des Exports verschleiert, um mögliche Käufer nicht abzuschrecken.) In den achtziger Jahren litt Südafrika effektiv unter einer Rezession, obwohl trotz der auferlegten Wirtschaftssanktionen schwere Schäden abgewendet werden konnten. Die Dürre der letzten Jahre hat die Wirtschaftskrise verschärft. Das Bruttosozialprodukt schrumpft kontinuierlich, und 1994 lag die Arbeitslosigkeit bei über 40%. Eine hohe Inflationsrate, beträchtliche Auslandsschul-

den und eine schwache Währung zwangen die Regierung 1989 zu einer noch nie dagewesenen Umschuldung mit weitreichenden politischen Konsequenzen. Inzwischen ist die Inflation unter Kontrolle. Die Zukunft der Wirtschaft ist ein wichtiger Punkt auf der politischen Tagesordnung – Geschäftskreise im In- und Ausland hoffen auf einen stabilen politischen Übergang und ein Wirtschaftsklima mit möglichst geringen Kontrollen und Einschränkungen. Die Tourismusindustrie erwirtschaftete 1992 rund 2% des Bruttoinlandsproduktes, die meisten Besucher kamen aus Großbritannien und Deutschland. Seit 1989 ist ein konstanter Anstieg in den Besucherzahlen zu verzeichnen; für die nächsten Jahre wird ein Wachstum von 12-20% vorausgesagt. Die USA, Großbritannien, Deutschland, Italien und Japan sind die wichtigsten Handelspartner Südafrikas.
GESCHÄFTSVERKEHR: Vorherige Terminvereinbarungen und Visitenkarten sind üblich, und Pünktlichkeit ist selbstverständlich. **Geschäftszeiten:** Mo-Fr 08.30-16.30 Uhr.
Kontaktadressen: *S. A.-German Chamber of Commerce and Industry Ltd.* (Südafrikanisch-Deutsche Handelskammer), PO Box 87078, Johannesburg. Tel: (011) 486 27 75. Telefax: (011) 486 36 25, 486 36 75.
The Austrian Trade Commissioner (Österreichische Außenhandelsstelle), Private Bag X18, Parklands, Johannesburg. Tel: (011) 442 71 00. Telefax: (011) 442 83 04.
Swiss-South African Chamber of Commerce, PO Box 2312, Houghton 2041. Tel: (011) 728 52 08. Telefax: (011) 728 69 20.
South African Chamber of Business (SACOB), PO Box 91267, Auckland Park 2006. Tel: (011) 482 25 24. Telefax: (011) 45 00 93.
South African Foreign Trade Organization (Südafrikanische Außenhandelsvereinigung), PO Box 782706, Sandton 2146. Tel: (011) 883 37 37. Telefax: (011) 883 65 69.
KONFERENZEN/TAGUNGEN: Die größten Konferenzzentren befinden sich in Pretoria und Johannesburg, in zahlreichen Städten stehen jedoch Hotels und Universitäten mit Tagungsräumen zur Verfügung. Die Abteilung Tagungs- und Konferenzplanung des Fremdenverkehrsamtes SATOUR berät ausländische Tagungsplaner. *Conference and Incentive Division,* SATOUR, Private Bag X164, Pretoria 0001. Tel: (012) 347 06 00. Telefax: (012) 45 48 89.

KLIMA

Allgemein sonnig mit milden Wintern, obwohl in den Bergen am Kap und um Natal oft Schnee fällt. Mitunter kann es auch in den Ebenen vorübergehend recht kühl werden. Da Südafrika südlich des Äquators liegt, sind die Jahreszeiten denen der nördlichen Hemisphäre entgegengesetzt – im südlichsten Küstengebiet Mittelmeerklima mit Winterregen, an der Ostküste heiß mit häufigen Niederschlägen. Trocken im Landesinneren.
Kleidung: Leichte Baumwoll- und Leinensachen. Wärmere Kleidung im Winter. Regenschutz wird empfohlen.

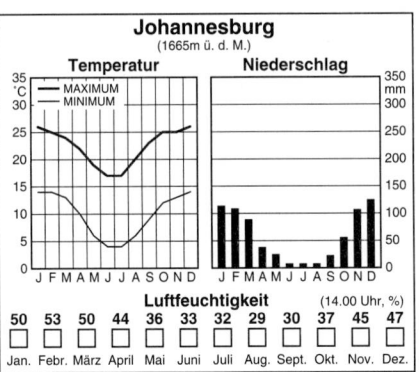

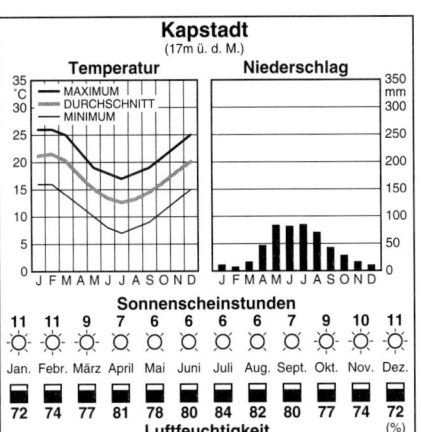

Lage: Nordostafrika.

Anmerkung: Der Bürgerkrieg zwischen Moslems und Christen im Süden des Landes dauert an. Man sollte sich vor der Reise beim Auswärtigen Amt in Bonn, dem Außenministerium in Wien und dem EDA in Bern nach der aktuellen Situation erkundigen.

Public Corporation of Tourism and Hotels
PO Box 7104
Khartoum
Tel: (011) 8 17 64. Telex: 22436.
Botschaft der Republik Sudan
Viktoriastraße 26a
D-53177 Bonn
Tel: (0228) 36 30 74/75. Telefax: (0228) 36 44 64.
Mo-Fr 08.30-16.00 Uhr.
Botschaft der Republik Sudan
Friedrich-Schmidt-Platz 3/3
A-1080 Wien
Tel: (0222) 403 66 40/41. Telefax: (0222) 403 66 42.
Mo-Fr 09.00-16.00 Uhr, *Konsularabt.:* Mo-Fr 09.00-11.00 Uhr.
Generalkonsulat der Republik Sudan (mit Visumerteilung)
49 Avenue Blanc
CH-1202 Genf
CP 335
CH- 1211 Genf 19
Tel: (022) 731 26 66. Telefax: (022) 731 26 56.
Mo-Fr 09.00-13.00 und 14.30-17.30 Uhr, *Konsularabt.:* 09.00-12.30 Uhr.
Übergeordnete Vertretung ist die sudanesische Botschaft in Paris.
Botschaft der Bundesrepublik Deutschland
53 Baladia Street, Block No. 8 D
Plot No. 2
PO Box 970
Khartoum
Tel: (011) 7 79 75/79/90/95. Telefax: (011) 7 76 22.
Konsulat der Republik Österreich
Abulela Building, Block No. 6 EW
Baladia Avenue
PO Box 21
Karthoum
Tel: (011) 7 67 50. Telefax: (011) 7 71 70.

TIMATIC INFO-CODES

*Abrufbar über Ihr CRS-System (für START/Amadeus Ama-Maske benutzen). Für Galileo bitte TI-DFT eingeben (**mit** Bindestrich).*

Flughafengebühren	TI DFT/ KRT /TX
Währung	TI DFT/ KRT /CY
Zollbestimmungen	TI DFT/ KRT /CS
Gesundheit	TI DFT/ KRT /HE
Reisepassbestimmungen	TI DFT/ KRT /PA
Visabestimmungen	TI DFT/ KRT /VI

Übergeordnete Vertretung ist die Botschaft in Kairo (s. Ägypten).
Botschaft der Schweizerischen Eidgenossenschaft
House No. 7
New Extension
Street 15
PO Box 1707
Khartoum
Tel: (011) 45 10 10, 45 11 15. Telefax: 45 28 04.

FLÄCHE: 2.505.813 qkm.
BEVÖLKERUNGSZAHL: 26.641.000 (1993).
BEVÖLKERUNGSDICHTE: 11 pro qkm.
HAUPTSTADT: Khartoum. Einwohner: 473.597 (1983), ca. 1,6 Mio. mit Omdurman und Nord-Khartoum.
GEOGRAPHIE: Der Sudan grenzt im Norden an Ägypten, im Nordosten an das Rote Meer, im Osten an Eritrea und Äthiopien, im Süden an Kenia, Uganda und Zaïre, im Westen an die Zentralafrikanische Republik und den Tschad und im Nordwesten an Libyen. Zwischen dem Nord- und Südsudan gibt es beträchtliche Unterschiede hinsichtlich der Kultur, des Klimas und der Landschaft. Im Norden reichen die Ausläufer der Libyschen und der Nubischen Wüste bis nach Khartoum; außer an den Ufern des Nils und in einigen Oasen ist die Region karg und öde. Sie geht in Trockensavanne über, die mit kurzem, hartem Gras und Büschen bewachsen ist und das Land zwischen den Breitengraden 15°N und 10°N bedeckt. Im Süden schließt sich offene Savanne an, die im Osten überwiegend flach ist, sich aber im Westen zu zwei hohen Plateaus erhebt (Janub Darfur, 3088 m und Janub Kordofan, 500 m). Landwirtschaft wird hauptsächlich in den fruchtbaren Tälern zwischen dem Blauen und Weißen Nil betrieben, die bei Khartoum zusammenfließen. Südlich dieser Trockensavanne befindet sich ein großes flaches Becken, das vom Weißen Nil und seinen Nebenflüssen durchquert wird. In der Mitte liegt das Sudd, ein 120.000 qkm großes Sumpfgebiet, das im Süden in äquatorialen Wald übergeht und an der Grenze zu Uganda zu dschungelbewachsenen Bergen ansteigt. Die höchste Erhebung ist der Kinyeti (3480 m).
STAATSFORM: Islamische Republik seit 1986. Regierungschef und Staatsoberhaupt: Generalleutnant Omar Hassan Ahmad al-Bashir, seit dem Militärputsch 1989. Die Verfassung von 1985 wurde mit dem Militärputsch außer Kraft gesetzt. Im Februar 1992 erfolgte die Bildung eines Nationalen Übergangsparlaments, das den Revolutions-Kommandorat ablöste und als gesetzgebendes Organ fungieren soll. Bürgerkrieg seit 1983.
SPRACHE: Arabisch (50%), afrikanisch (50%), Englisch als Bildungssprache.
RELIGION: 70% Moslems (Sunniten), Anhänger von Naturreligionen, Minderheiten von Kopten und Christen.
ORTSZEIT: MEZ + 1.
NETZSPANNUNG: 240 V, 50 Hz.
POST- UND FERNMELDEWESEN: Telefon: Selbstwählferndienst. Auslandsgespräche werden vom Fernamt vermittelt. **Landesvorwahl: 249. Telex/Telegramme:** Das Haupttelegrafenamt in Khartoum (Gamma Avenue) hat täglich 24 Std. geöffnet (auch an Feiertagen). Telexe können von Hauptpostämtern gesendet werden. Alle bisher dreistelligen Nummern sind fünfstellig und beginnen mit »22«. **Post:** Luftpost nach Europa ist bis zu einer Woche unterwegs. Öffnungszeiten der Postämter: Sa-Do 08.30-12.00 und 17.30-18.30 Uhr.
DEUTSCHE WELLE
Der Einsatz der Kurzwellenfrequenzen ändert sich mehrfach im Laufe des Jahres, und Sendungen auf den folgenden Frequenzen werden jeweils nur zu bestimmten Tageszeiten ausgestrahlt. Näheres in der Einleitung.

MHz	15,275	15,135	11,795	9,700	6,075
Meterband	19	19	25	31	49

REISEPASS/VISUM

Wichtiger Hinweis: Die Einreisebestimmungen mancher Länder können sich kurzfristig ändern – rufen Sie sicherheitshalber auf Ihrem CRS-System (TIMATIC-Info-Code-Fenster in diesem Kapitel) den aktuellen Stand ab bzw. wenden Sie sich an die zuständige diplomatische Vertretung. Etwaige Zahlen in der Tabelle beziehen sich auf nachfolgende Fußnoten.

	Paß erforderlich?	Visum erforderlich?	Rückflugticket erforderlich?
Deutschland	Ja	Ja	Ja
Österreich	Ja	Ja	Ja
Schweiz	Ja	Ja	Ja
Andere EU-Länder	Ja	Ja	Ja

Einreiseverbot: Die sudanesische Regierung verweigert Staatsbürgern von Israel sowie Inhabern von Reisepässen mit israelischen Sichtvermerken (gültig oder abgelaufen) die Ein- und Durchreise.
REISEPASS: Allgemein erforderlich, Mindestgültigkeit 6 Monate.
VISUM: Allgemein erforderlich, ausgenommen sind Staatsbürger von Libyen, Syrien und Indonesien (letztere erhalten ein Visum am Flughafen).
Visaarten: Touristen-, Geschäfts- und Transitvisa.
Visagebühren: *Touristen- und Transitvisa:* 80 DM, 550

öS, 90 sfr; *Geschäftsvisa:* 90 DM, 650 öS, 90 sfr.
Gültigkeitsdauer: Normalerweise 3 Monate ab Ausstellung für Aufenthalte von 1 Monat. Weitere Auskünfte erhalten Sie von der Botschaft (Adressen s. o.).
Transitvisum: Wer seine Reise innerhalb von 24 Std. mit dem gleichen oder nächsten Flugzeug fortsetzt, den Flughafen nicht verläßt, einen gebuchten Flug und die notwendigen Unterlagen zur Weiterreise besitzt, benötigt kein Transitvisum. Am Flughafen gibt es keine Unterkunftsmöglichkeiten.
Antragstellung: Zuständige konsularische Vertretung (Adressen s. o.).
Unterlagen: (a) 2 Antragsformulare. (b) 2 Paßfotos. (c) Gebühr. (d) Für Geschäftsvisa ein Firmenschreiben oder ein Einladungsschreiben einer sudanesischen Firma. (e) Rückflugschein. (f) Nachweis ausreichender Geldmittel für Touristenvisa.
Der postalischen Antragstellung sollten ein frankierter und adressierter Umschlag und der Zahlungsbeleg über die Visagebühren beigefügt werden.
Bearbeitungszeit: Zwischen 3 Tagen und 3 Wochen.
Aufenthaltsgenehmigung: Anfragen sind an die Botschaft zu richten.
Anmerkung: Für Reisen außerhalb der Hauptstadt ist eine Genehmigung der Paß- und Einwanderungsbehörde in Khartoum erforderlich; die Ausstellung dauert 2 Tage.

GELD

Währung: 1 Sudanesischer Dinar (LSD) = 10 Sudanesische Pfund = 100 Piaster. Banknoten gibt es im Wert von 100, 50, 20, 10, 5, 1 LSD sowie 50 und 25 Piaster. Münzen in den Nennbeträgen 50, 10, 5, 2 und 1 Piaster. Es sind auch einige Gedenkmünzen in Umlauf.
Kreditkarten: *American Express* wird i. allg. akzeptiert, *Diners Club* und *Eurocard* werden nur begrenzt angenommen. Einzelheiten vom Aussteller der betreffenden Kreditkarte.
Reiseschecks werden nur beschränkt angenommen.
Wechselkurse

	LSD Sept. '92	LSD Febr. '94	LSD Jan. '95	LSD Jan. '96
1 DM	6,76	7,51	20,05	57,39
1 US$	10,05	13,05	31,08	82,50

Devisenbestimmungen: Keine Ein- oder Ausfuhrbeschränkungen für Fremdwährungen, sie müssen jedoch deklariert werden. Die Ein- und Ausfuhr der Landeswährung ist nicht gestattet.
Öffnungszeiten der Banken: Sa-Do 08.30-12.00 Uhr.

DUTY FREE

Folgende Artikel können zollfrei in den Sudan eingeführt werden:
200 Zigaretten oder 50 Zigarren oder 225 g Tabak;
Parfüm oder Eau de toilette für den persönlichen Gebrauch.
Einfuhrverbot: Die Einfuhr von israelischen oder südafrikanischen Waren ist verboten. Der Sudan richtet sich nach den Einfuhrbestimmungen der Arabischen Liga, die u. a. die Einfuhr von alkoholischen Getränken untersagen.

GESETZLICHE FEIERTAGE

19. Mai '96 Islamisches Neujahr. **1. Juli** Dezentralisierungstag. **28. Juli** Mouloud (Geburtstag des Propheten). **25. Dez.** Weihnachten. **1. Jan. '97** Unabhängigkeitstag. **10. Jan.** Beginn des Ramadan. **11. Febr.** Eid al-Fitr (Ende des Ramadan). **3. März** Tag der Einheit. **6. April** Tag der Auflehnung. **19. April** Eid al-Adha (Opferfest). **27. April** Sham an Nassim (koptischer Ostermontag). **9. Mai** Islamisches Neujahr.
Anmerkung: Die angegebenen Daten für islamische Feiertage richten sich nach dem Mondkalender und verschieben sich daher von Jahr zu Jahr. Während des Ramadan, der dem Festtag Eid al-Fitr vorangeht, essen Mohammedaner nicht tagsüber, sondern erst nach Sonnenuntergang, wodurch der normale Geschäftsablauf gestört werden kann. Diese Unterbrechungen können auch während des Eid al-Fitr auftreten. Dieses Fest, ebenso wie das Eid al-Adha, hat keine bestimmte Zeitdauer und kann je nach Region 2-10 Tage dauern. Weitere Informationen im Kapitel *Welt des Islam* (s. Inhaltsverzeichnis).

GESUNDHEIT

In der folgenden Tabelle aufgeführte Impfvorschriften können sich kurzfristig ändern. Es wird stets empfohlen, auf Ihrem CRS-System (TIMATIC-Info-Code-Fenster in diesem Kapitel) den aktuellen Stand der Gesundheitsbestimmungen abzurufen bzw. rechtzeitig vor der Reise ärztlichen Rat einzuholen.

	Vorsichtsmaßnahmen empfohlen	*Impfschein erforderlich*
Gelbfieber	Ja	1
Cholera	Ja	2
Typhus & Polio	Ja	-
Malaria	3	-
Essen & Trinken	4	-

[1]: Eine Impfbescheinigung gegen Gelbfieber wird von allen Reisenden verlangt, die aus Infektionsgebieten kommen (auch Gelbfieber-Endemiegebiete) und über ein Jahr alt sind. Außerhalb der Städte besteht Ansteckungsgefahr. Eventuell wird beim Verlassen des Sudans eine Impfbescheinigung gegen Gelbfieber verlangt.
[2]: Eine Impfbescheinigung gegen Cholera ist keine Einreisebedingung, das Risiko einer Infektion besteht jedoch. Da die Wirksamkeit der Schutzimpfung umstritten ist, empfiehlt es sich, rechtzeitig vor Antritt der Reise ärztlichen Rat einzuholen. Näheres unter *Gesundheit* (s. Inhaltsverzeichnis).
[3]: Malariarisiko besteht ganzjährig in allen Landesteilen. Die vorherrschende gefährliche Form *Plasmodium falciparum* soll hochgradig Chloroquin-resistent sein.
[4]: Wasser sollte generell vor der Benutzung zum Trinken, Zähneputzen und zur Eiswürfelbereitung entweder abgekocht oder anderweitig sterilisiert werden. Milch ist nicht pasteurisiert und sollte ebenfalls abgekocht werden. Trocken- und Dosenmilch nur mit keimfreiem Wasser anrühren. Milchprodukte aus ungekochter Milch am besten vermeiden. Fleisch- und Fischgerichte nur gut durchgekocht und heiß serviert essen. Der Genuß von rohen Salaten und Mayonnaise sollte vermieden werden. Gemüse sollte gekocht und Obst geschält werden.
Tollwut kommt vor. Wer ein erhöhtes Risiko eingeht (z. B. längerer Aufenthalt in abgelegenen Gebieten), sollte vor Reiseantritt eine Schutzimpfung erwägen. Bei Bißwunden so schnell wie möglich ärztliche Hilfe in Anspruch nehmen. Weitere Informationen unter *Gesundheit* (s. Inhaltsverzeichnis).
Bilharziose-Erreger kommen in manchen Teichen und Flüssen vor, das Schwimmen und Waten in Binnengewässern sollte daher vermieden werden. Gut gepflegte Schwimmbecken mit gechlortem Wasser sind unbedenklich.
Hepatitis A, B und *E* kommen vor.
Gesundheitsvorsorge: In manchen Krankenhäusern ist die Behandlung kostenlos; außerhalb von Khartoum ist die ärztliche Versorgung lückenhaft. Der Abschluß einer Reisekrankenversicherung, einschl. Notrückführung, wird dringend empfohlen.

REISEVERKEHR - International

FLUGZEUG: Sudans nationale Fluggesellschaft heißt *Sudan Airways (SD)*. Es gibt Verbindungen von Zürich und Wien über Frankfurt oder London mit *Sudan Airways* oder *Lufthansa*.
Durchschnittliche Flugzeiten: *Frankfurt* – Khartoum: 7 Std. 15 (Direktflug mit einer Zwischenlandung); *London* – Khartoum: 6 Std.
Internationaler Flughafen: *Khartoum Civil (KRT)* liegt 4 km südöstlich der Stadt (Fahrzeit 20 Min.). Am Flughafen gibt es einen Duty-free-Shop und Restaurants. Taxis fahren zur Stadt, nach 22.00 Uhr wird ein Zuschlag verlangt.
Flughafengebühren: 600 LSD. Transitreisende und Kinder unter 2 Jahren sind hiervon befreit.
SCHIFF: Der einzige Hafen des Landes ist Port Sudan am Roten Meer, der aus Europa von der Reederei *Polish Ocean Lines*, aus den USA von *Hellenic Lines* und von mehreren afrikanischen Ländern angelaufen wird. Die Fährverbindung zwischen Assuan und Abu Simbel in Ägypten und Wadi Halfa im Sudan exisiert nicht mehr. Es gibt Verbindungen von Saudi-Arabien und Jemen (*Fayez Trading Company* und *Mohammed Sadaka Establishment Company*).
BUS/PKW: Von Ägypten, Libyen, dem Tschad, Uganda und der Zentralafrikanischen Republik führen Straßen in den Sudan. Autofahrer sollten eine Durchfahrterlaubnis lange im voraus beantragen. Anträge sind an den Regierungsvertreter im Ausland oder direkt in Khartoum zu stellen; erforderlich sind Angaben über das Fahrzeug und die Passagiere, Unterlagen eines anerkannten Automobilklubs oder eine Bank- oder Firmengarantie.

REISEVERKEHR - National

Anmerkung: In den südlichen Provinzen ist Reisen nur begrenzt möglich (s. o. *Reisepaß/Visum*).
FLUGZEUG: *Sudan Airways* fliegt 20 Flughäfen an, einschl. Dongola, Juba, Port Sudan und El Obeid. Die zuverlässigste Verbindung ist die Route von Port Sudan nach Khartoum. Zweimal wöchentlich gibt es eine Flugtaxiverbindung von Khartoum nach Nyala.
Flughafengebühren: 200 LSD für Inlandflüge.
SCHIFF: Alle Städte am Nil werden durch Flußdampfer miteinander verbunden, die jedoch zum größten Teil für Touristen nicht unbedingt zu empfehlen sind. Der Fahrplan hängt vom Wasserstand ab. Es empfiehlt sich, Lebensmittel und Wasser mitzunehmen. Dongola, Karima, Kosti und Juba gehören zu den Anlaufhäfen. Im Süden des Landes wird gegenwärtig ein 320 km langer befahrbarer Kanal (*Jonglei*) gebaut.
BAHN: Das Bahnnetz ist umfassend, die Züge sind jedoch sehr langsam und nur einfach ausgestattet. Es gibt drei Klassen und außerdem eine Luxusklasse (*Mumtaza*). Auf den Hauptstrecken von Khartoum nach Wau/Nyala, Khartoum nach Kassala/Wadi Halfa und von Port Sudan nach Khartoum gibt es Schlafwagen. Einige Wagen sind klimatisiert, hierfür wird ein Zuschlag verlangt.
BUS/PKW: Nur ein kleiner Teil des Straßennetzes ist asphaltiert. Landstraßen sind in schlechtem Zustand, im Norden sind diese während der Regenzeit (Juli - September) oft nicht befahrbar. Für längere Fahrten sollte man ausreichend Ersatzteile mitnehmen und nur absolut fahrtüchtige Fahrzeuge benutzen. **Fernbus:** Zwischen den größeren Städten verkehren Busse, die von den Marktplätzen abfahren. Lastwagen sind preiswertere, wenn auch unbequeme Transportmittel. **Taxis** haben keine Taxameter, daher sollte man den Fahrpreis im voraus vereinbaren. **Mietwagen** sind in größeren Städten sowie in Hotels erhältlich. Die Gebühren sind hoch. **Unterlagen:** Der Fahrzeughalter benötigt ein *Carnet de Passage*, einen Geldmittelnachweis und eine Bescheinigung der sudanesischen Botschaft, daß das Fahrzeug verkehrstauglich ist. Ein internationaler Führerschein wird empfohlen, ist jedoch nicht Vorschrift. Bei Vorlage des eigenen Führerscheins kann von den örtlichen Behörden eine befristete Fahrerlaubnis ausgestellt werden. Wohnwagen und Fahrzeugen unter 1500 cc wird die Einreise verweigert.
STADTVERKEHR: Die öffentlichen Busse in Khartoum sind heutzutage unzuverlässig und verkehren unregelmäßig. Deshalb gibt es immer mehr private *Bakassi*-Minibusse, die *Boks* genannt werden. Sie haben keine festgesetzten Haltestellen. Diese Unternehmen bewegen sich an der Grenze der Legalität und sollten mit Vorsicht benutzt werden.

UNTERKUNFT

HOTELS: Außerhalb von Khartoum und Port Sudan findet man nur wenige Unterkünfte. In Khartoum gibt es 11 mittelgroße Hotels, einschl. einiger mit internationalem Standard, in Port Sudan drei. In den anderen größeren Städten bieten einige kleinere Hotels und Herbergen Unterkunftsmöglichkeiten.
JUGENDHERBERGEN: Informationen erteilt die *Youth Hostel Association*, PO Box 1705, Khartoum. Tel: (011) 8 14 64, 2 20 87.

URLAUBSORTE & AUSFLÜGE

Der Sudan ist erst seit kurzem touristisch erschlossen, daher sind die Verkehrsverbindungen und Einrichtungen außerhalb Khartoums immer noch beschränkt. Viele Landesteile sind aufgrund der durch Unabhängigkeitsbewegungen verursachten Unruhen unzugänglich (s. o. *Reisepaß/Visum*).
KHARTOUM: Die Hauptstadt liegt am Zusammenfluß des Blauen und Weißen Nils. Mit der ehemaligen Hauptstadt **Omdurman** und **Nord-Khartoum** bildet sie eine Einheit, die die »Drei-Städte-Hauptstadt« genannt wird. Zu den Sehenswürdigkeiten gehören der Kamelmarkt in *Omdurman* und der arabische *Souk* (Markt), auf dem einheimisches Kunsthandwerk sowie geschnitztes Ebenholz und Gold- und Silberschmuck angeboten werden. In den Empfangshallen der größeren Hotels und in mehreren Geschäften im Stadtzentrum gibt es außerdem eine gute Auswahl sudanesischer Souvenirs.
Von besonderem historischem und künstlerischem Interesse ist das gut bestückte *Nationalmuseum*, das archäologische Ausgrabungsstücke aus dem Jahre 4000 v. Chr. und früher ausstellt. Ein Besuch des Museums im *Khalifenhaus* ist für Reisende interessant, die an der Geschichte des Sudan interessiert sind, insbesondere an der Herr-

Eine weitere wichtige Veröffentlichung von Columbus Press ist der »World Travel Guide«, der jährlich herausgegeben wird und Informationen in englischer Sprache auf mehr als tausend Seiten über alle Länder der Erde enthält.

Weitere Einzelheiten von:
Columbus Press, Verkaufsabteilung, Aurikelweg 9, D-38108 Braunschweig.
Tel: 05309/2123. Telefax: 05309/2877.

schaft des Mahdi (1881-1899).
Ausflüge: Ein Besuch der *Gezira-Modellfarm* oder ein Ausflug am Nil entlang zum *Jebel-Aulia-Damm* bieten sich an, wo der Nil besonders fischreich ist. Der Sonnenuntergang auf dem Fluß ist ein unvergeßliches Naturschauspiel.
NORDEN und OSTEN: Die archäologisch interessantesten Stätten befinden sich nördlich von Khartoum am Nil; dazu gehören **Bajrawiya**, **Naga**, **Musawarat**, **El Kurru**, **Nuri** und **Meroe**.
Der **Dinder-Nationalpark** erstreckt sich über 6475 qkm und liegt an der äthiopischen Grenze, südöstlich von Khartoum. Er ist einer der größten Parks der Welt und beheimatet viele wilde Tierarten, einschl. Löwen, Giraffen, Leoparden, Kudus, Buschböcken und Antilopen. Zu den dort anzutreffenden Vogelarten gehören Perlhühner, Geier, Pelikane, Störche, Eisvögel und die schönen Königskraniche. In der Hauptsaison (Dezember - April) gibt es von Khartoum aus organisierte dreitägige Ausflüge.
Eine der Hauptattraktionen des Sudan, das **Rote Meer**, zeichnet sich durch klares Wasser, zahlreiche Fischarten sowie zauberhafte Unterwasserparks und Korallenriffe aus. Das geschäftige **Port Sudan**, **Suakin**, das während der osmanischen Zeit eine große Rolle spielte, und das **Arous-Urlaubsdorf** (50 km nördlich von Port Sudan) sind nur drei der vielen sehenswerten Orte. **Erkowit**, 1200 m ü. d. M. gelegen, ist ein schöner Urlaubsort, der für seine immergrüne Vegetation bekannt ist.
DER WESTEN: Der **Djebel Marra** (3088 m) ist der höchste Berg in der Darfur-Region im westlichen Sudan. Diese landschaftlich sehr reizvolle Gegend mit Wasserfällen, vulkanischen Seen und einem angenehmen Klima ist ein beliebtes Urlaubsgebiet.
DER SÜDEN: In diesem Landesteil herrscht gegenwärtig Bürgerkrieg; Reisen in den Süden sind daher zur Zeit nicht möglich. Landschaftlich typisch für den Süden sind grüne Wälder, offenes Parkland, Wasserfälle und baumlose Sümpfe mit vielen Vogelarten und wilden Tieren wie Elefanten, schwarzen und weißen Nashörnern, Antilopen, Kudus, Zebras, Krokodilen, Nilpferden, Hyänen, Büffeln und dem nahezu ausgestorbenen Schuhschnabel. Die Urlaubsanlage **Gemmeiza** im Herzen von Ost-Äquatoria ist wegen ihres Tierreichtums besonders interessant.

SOZIALPROFIL

ESSEN & TRINKEN: Die Grundnahrungsmittel sind *Ful*, eine Bohnenart, und *Dura*, gekochter Mais (oder Hirse), der mit diversen Gemüsen gegessen wird. Die Restaurants und Hotels in Khartoum und Port Sudan bieten internationale Gerichte an. Es gibt einige griechische Restaurants sowie Gaststätten, die sich auf Gerichte des Nahen Ostens spezialisiert haben. Falls man in ein sudanesisches Haus eingeladen wird, werden normalerweise einheimische Gerichte serviert. Da islamisches Recht (*Sharia*) herrscht, ist Alkohol verboten.
NACHTLEBEN: Unterhaltung findet man vor allem in Khartoum und Omdurman. Es gibt das Nationaltheater, Konzerthallen und Kinos sowie Aufführungen auf öffentlichen Plätzen und in Hotels.
EINKAUFSTIPS: Im *Souk* werden Lebensmittel, einheimisches Kunsthandwerk, Gewürze, preiswerter Schmuck und Silbergegenstände verkauft. Zu empfehlen ist der Kauf von Korbwaren, Ebenholz-, Gold- und Silberartikeln und Kunsthandwerksartikeln. Gepardfelle (*Cheetah*) sollten nicht gekauft werden, da Geparden vom Aussterben bedroht sind und unter das Artenschutzabkommen des *World Wildlife Fund* fallen.
Öffnungszeiten der Geschäfte: Sa-Do 08.00-13.30 und 17.30-20.00 Uhr.
SPORT: Am Roten Meer gibt es viele Wassersportmöglichkeiten, einschl. **Schwimmen**, **Tauchen** in den Korallenriffen und **Hochseefischen** nach Barrakuda, Haien und Kabeljau.
SITTEN & GEBRÄUCHE: Im Norden des Landes wird das Leben durch die arabische Kultur geprägt, während die Einwohner des fruchtbareren Südens vielen unterschiedlichen Stämmen angehören, die alle ihren eigenen Lebensstil und Glauben haben. Da der Sudan ein überwiegend islamisches Land ist, sollten Frauen freizügige Kleidungsstücke vermeiden. Bei islamischen und gesellschaftlichen Anlässen und in manchen Restaurants wird formelle Kleidung erwartet. Sudanesen sind für ihre Gastfreundschaft bekannt. **Trinkgeld** wird nicht erwartet.

WIRTSCHAFTSPROFIL

WIRTSCHAFT: Einst als »Brotkorb der arabischen Welt« bezeichnet, machen dem Sudan mit seinem an sich hohen wirtschaftlichen Potential seit Jahren wiederholt Dürren, Bürgerkrieg und riesige Auslandsschulden schwer zu schaffen. Der überwiegende Teil der Erwerbstätigen ist in der Landwirtschaft beschäftigt, die in den letzten Jahren wieder Zuwachsraten aufweist. Es wird vor allem Baumwolle erzeugt (die ca. 50% der Exporteinnahmen liefert), außerdem Weizen, Hirse, Erdnüsse, Sesam, Sorghum und Zuckerrohr. Die Gummiproduktion hat in letzter Zeit aufgrund der Einführung synthetischer Ersatzstoffe sowie steigender Konkurrenz, vor allem aus Westafrika, an Bedeutung verloren. Auch die Viehzucht weist rückläufige Zahlen auf, was in erster Linie auf die Dürren zurückzuführen ist. Die nicht sehr umfangreiche Fertigungswirtschaft konzentriert sich auf die Verarbeitung der landwirtschaftlichen Erzeugnisse – so z. B. in den Zuckerraffinerien oder der Herstellung von Konsumgütern wie Textilien, Zigaretten und Batterien. Einkünfte aus den nicht unerheblichen, wenn auch nicht riesigen, Ölvorkommen des Landes haben sich durch die niedrigeren Ölpreise auf dem Weltmarkt verringert. Weitere Mineralfunde sind bisher noch nicht voll ausgeschöpft worden. Seit Beginn der achtziger Jahre ist die Handelsbilanz des Sudan aufgrund des chronischen Devisenmangels stark rückläufig. Die wichtigsten Bezugsgebiete sind Großbritannien, Saudi-Arabien, Italien, die USA und Deutschland. Ägypten, Saudi-Arabien und die EU-Staaten (an erster Stelle Großbritannien) sind die größten Absatzgebiete des Landes. Ausländische Finanzhilfen bewahren die sudanesische Wirtschaft vor dem völligen Zusammenbruch, die Weltbank verweigert jedoch weitere Kredite.
GESCHÄFTSVERKEHR: Leichter Anzug bzw. Kostüm sind angemessen. Die islamischen Bräuche sollten in den entsprechenden Regionen beachtet werden. In Geschäftskreisen wird viel Englisch gesprochen, über ein paar Brocken Arabisch freut sich jedoch jeder sudanesische Geschäftspartner. Pünktlichkeit ist weniger wichtig als Geduld und Höflichkeit. **Geschäftszeiten:** Sa-Do 08.30-13.00 Uhr.
Kontaktadressen: *Die wirtschaftlichen Interessen Österreichs werden von der Außenhandelsstelle der Wirtschaftskammer Österreich in Kairo (s. Ägypten) vertreten.*
Sudan Chamber of Commerce (Handelskammer), PO Box 81, Khartoum. Tel: (011) 7 23 46.
Sudan Development Corporation (SDC), PO Box 710, Khartoum. Tel: (011) 4 24 25. Telefax: (011) 4 04 73.

KLIMA

Sehr heiß, nur von November bis März vor allem im Norden geringfügig kühler. Häufige Sandstürme in der Sahara von April bis September. Im äußersten Norden kaum Niederschläge, im mittleren Landesteil geringfügige Niederschläge im Juli und August. Niederschlagsreiche Regenzeit im Süden von Mai bis Oktober.
Kleidung: Tropische Kleidung während des ganzen Jahres, wärmere Sachen für kühle Morgen und Abende (vor allem in Wüstengegenden).

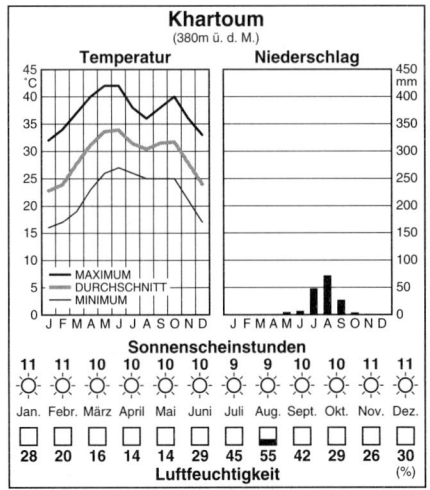

WELTKARTE?

LÄNDERKARTEN?

ZEITZONENKARTE?

INFORMATION ÜBER

IMPFBESTIMMUNGEN UND

GESUNDHEITSVORKEHRUNGEN?

. . . siehe Inhaltsverzeichnis

Suriname

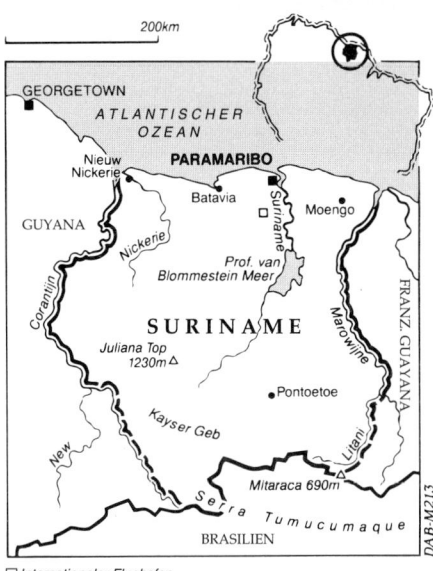

☐ *Internationaler Flughafen*

Lage: Nordküste Südamerikas.

Suriname Airways
Weteringschans 165
NL-1017 XW Amsterdam
Tel: (020) 626 20 60. Telefax: (020) 626 45 49.
Mo-Fr 09.00-17.00 Uhr.
Suriname Tourism Department
Cornelis Jongbawstraat 2
Paramaribo
Tel: 41 03 57.
Suriname Tourism Company
METS Ltd.
Rudielaan 5
Paramaribo
Tel: 49 28 92, 49 71 80. Telefax: 49 70 62.
Honorargeneralkonsulat der Republik Suriname (ohne Visumerteilung)
Adolf-Kolping-Straße 16
D-80336 München
Tel: (089) 55 33 63, 55 50 33, 59 43 69. Telefax: (089) 59 70 64.
Mo-Fr 08.00-12.00 Uhr.
Übergeordnete Vertretung ist die Botschaft in Den Haag:
Embassy of the Republic of Suriname (ohne Visumerteilung)
Alexander Gogelweg 2
NL-2517 JH Den Haag
Tel: (070) 365 08 44. Telefax: (070) 361 74 45.
Mo-Fr 09.00-17.00 Uhr.
(auch zuständig für Österreich und die Schweiz)
Consulaat-Generaal van de Republiek Suriname (mit Visumerteilung)
De Cuserstraat 11
NL-1081 CK Amsterdam
Tel: (020) 642 67 17, 642 61 37. Telefax: (020) 646 53 11.
Mo, Di, Do, Fr 09.00-17.00 Uhr, *Konsularabt.:* 09.00-12.00 Uhr (Visabeantragung) und 14.00-16.00 Uhr (Abholen von Visa).
Honorarkonsulat der Bundesrepublik Deutschland
c/o N.V. Katwijk, Kantoor & Direktie
Maagdenstraat 46 bov.
PO Box 466
Paramaribo

TIMATIC INFO-CODES

*Abrufbar über Ihr CRS-System (für START/Amadeus Ama-Maske benutzen). Für Galileo bitte TI-DFT eingeben (**mit Bindestrich**).*

Flughafengebühren	TI DFT/ PBM /TX
Währung	TI DFT/ PBM /CY
Zollbestimmungen	TI DFT/ PBM /CS
Gesundheit	TI DFT/ PBM /HE
Reisepassbestimmungen	TI DFT/ PBM /PA
Visabestimmungen	TI DFT/ PBM /VI

Tel: 47 43 80. Telefax: 47 15 07.
Übergeordnete Vertretung ist die Botschaft in Port of Spain (s. Trinidad und Tobago).
Konsulat der Republik Österreich (ohne Pass- und Sichtvermerksbefugnis)
Lim A Postraat 21
Paramaribo
Tel: 47 21 66, 47 21 86. Telefax: 41 00 67.
Übergeordnete Vertretung ist die Botschaft in Caracas (s. Venezuela).
Die Schweiz unterhält keine diplomatische Vertretung in Suriname; zuständig ist die Botschaft in Caracas (s. Venezuela).

FLÄCHE: 163.265 qkm.
BEVÖLKERUNGSZAHL: 414.000 (1993).
BEVÖLKERUNGSDICHTE: 2,5 pro qkm.
HAUPTSTADT: Paramaribo. **Einwohner:** 200.000 (1990).
GEOGRAPHIE: Suriname grenzt im Norden an den Atlantik, im Osten an den Fluß Marowijne, der die Grenze zu Französisch-Guayana bildet, im Westen an den Fluß Corantijn an der Grenze zu Guyana und im Süden an Wälder, Savannen und Berge, die eine natürliche Grenze zu Brasilien bilden. Der Norden besteht aus Küstenebenen mit Mangrovensümpfen. Weiter im Landesinneren erstreckt sich ein schmaler Savannengürtel. Im Süden geht die Hügellandschaft in Berge über, ist mit dichtem tropischen Wald bedeckt und wird von zahlreichen Flüssen durchzogen.
STAATSFORM: Präsidialrepublik seit 1987; Staatsoberhaupt: Ronald R. Venetiaan, seit 1991. Regierungschef: Jules Ajodhia, seit 1991. Laut Verfassung von 1987 Einkammerparlament (Nationalversammlung) mit 51 Abgeordneten. Wahlen im Fünf-Jahres-Rhythmus. Unabhängig seit November 1975 (ehem. Kolonie Niederländ.-Guyana).
SPRACHE: Niederländisch ist die offizielle Landessprache. Der kreolische Dialekt *Sranan Tongo* dient als Umgangssprache. Ein Großteil der Bevölkerung spricht Hindi und Javanisch. Englisch wird ebenfalls gesprochen.
RELIGION: 42% Christen, 27% Hindus, 20% Muslime, Anhänger von Naturreligionen.
ORTSZEIT: MEZ - 4.
NETZSPANNUNG: 110/220 V, 60 Hz.
POST- UND FERNMELDEWESEN: Telefon: Selbstwählferndienst. **Landesvorwahl: 597. Telex/Telegramme/Telefax** können von Telesur-Stellen geschickt werden. Es gibt auch internationale Telexverbindungen.
Post: Luftpost nach Europa ist bis zu einem Monat unterwegs, in die Niederlande ca. eine Woche.
DEUTSCHE WELLE
Der Einsatz der Kurzwellenfrequenzen ändert sich mehrfach im Laufe eines Jahres, und Sendungen auf den folgenden Frequenzen werden jeweils nur zu bestimmten Tageszeiten ausgestrahlt. Näheres in der Einleitung.

MHz	17,860	17,810	17,765	11,795	9,545
Meterband	16	16	16	25	31

REISEPASS/VISUM

Wichtiger Hinweis: *Die Einreisebestimmungen mancher Länder können sich kurzfristig ändern – rufen Sie sicherheitshalber auf Ihrem CRS-System (TIMATIC-Info-Code-Fenster in diesem Kapitel) den aktuellen Stand ab bzw. wenden Sie sich an die zuständige diplomatische Vertretung. Etwaige Zahlen in der Tabelle beziehen sich auf nachfolgende Fußnoten.*

	Paß erforderlich?	*Visum erforderlich?*	*Rückflugticket erforderlich?*
Deutschland	Ja	Ja	Ja
Österreich	Ja	Ja	Ja
Schweiz	Ja	Nein	Ja
Andere EU-Länder	Ja	1	Ja

REISEPASS: Allgemein erforderlich. Reisepaß muß noch mindestens 6 Monate über die Länge des Aufenthalts hinaus gültig sein. Der deutsche Kinderausweis wird nicht anerkannt.
VISUM: Allgemein erforderlich, ausgenommen sind Staatsbürger von:
(a) [1] Dänemark, Finnland, Großbritannien und Schweden (Staatsangehörige aller anderen EU-Staaten benötigen Visa) sowie der Schweiz;
(b) Antigua und Barbuda, Barbados, Brasilien, Chile, Costa Rica, Dominica, Gambia, Grenada, Guyana, Israel, Japan, Korea-Süd, Malaysia, den Niederländischen Antillen, Norwegen, Philippinen, Singapur, St. Kitts und Nevis, St. Vincent und die Grenadinen, St. Lucia und Trinidad und Tobago.
Transitvisa sind nicht erforderlich, wenn man mit dem gleichen oder nächsten Flugzeug weiterreist.
Visagebühren: 75 Hfl (Konsulat in Amsterdam).
Gültigkeitsdauer: Ein Visum ist 2 Monate gültig, Verlängerung vor Ort auf maximal 6 Monate möglich.
Antragstellung: An die geographisch nächstgelegene Botschaft. Das Generalkonsulat in Amsterdam bearbeitet alle europäischen Anträge außer Staatsbürger von Belgien, die in Brüssel ein Visum beantragen müssen.
Unterlagen: (a) Antragsformular. (b) 1 Paßfoto. (c) Reisepaß (mindestens noch drei Monate Gültigkeit). (d) Gültiges Rück-/Weiterreiseticket.

Der postalischen Antragstellung sollten ein frankierter und adressierter Umschlag und der Zahlungsbeleg über die Visumgebühren beigefügt werden.
Bearbeitungszeit: 10 Tage per Postweg, am gleichen Tag bei persönlicher Antragstellung (beim Generalkonsulat in Amsterdam).

GELD

Währung: 1 Suriname-Gulden (Sf) = 100 Cents. Banknoten gibt es im Wert von 500, 250, 100, 25, 10 und 5 Sf; Münzen sind im Wert von 2, 5 und 1 Sf sowie 25, 10, 5 und 1 Cent in Umlauf.
Kreditkarten: *American Express* und teilweise auch *Diners Club* werden akzeptiert. Einzelheiten vom Aussteller der betreffenden Kreditkarte.
Reiseschecks: Empfohlen werden DM- oder Hfl-Reiseschecks.
Wechselkurse

	Sf Sept. '92	Sf Febr. '94	Sf Jan. '95	Sf Jan. '96
1 DM	1,21	1,03	213,09	292,17
1 US$	1,79	1,79	330,29	420,00

Devisenbestimmungen: Die Ein- und Ausfuhr der Landeswährung ist auf 100 Sf begrenzt. Die Einfuhr von Fremdwährungen ist unbegrenzt; Deklaration von Beträgen, die den Wert von 5000 Sf übersteigen, ist jedoch erforderlich. Die Ausfuhr von Fremdwährungen ist auf den bei der Einreise deklarierten Betrag beschränkt.
Öffnungszeiten der Banken: Mo-Fr 07.30-14.00 Uhr.

DUTY FREE

Folgende Artikel können zollfrei nach Suriname eingeführt werden:
400 Zigaretten oder 100 Zigarren oder 200 Zigarillos oder 500 g Tabak;
2 l Spirituosen;
4 l Wein;
50 g Parfüm;
1 l Eau de toilette.
Einfuhrverbot: Obst darf nur aus den Niederlanden und nur für den persönlichen Gebrauch eingeführt werden, Fleisch und Fleischwaren nur mit besonderer Genehmigung.

GESETZLICHE FEIERTAGE

1. Mai '96 Tag der Arbeit. **1. Juli** Tag der Nationalen Einheit. **25. Nov.** Unabhängigkeitstag. **25./26. Dez.** Weihnachten. **1. Jan. '97** Neujahr. **10. Febr.** Beginn des Eid al-Fitr. **März** Phagwa. **28.-31. März** Ostern. **1. Mai** Tag der Arbeit.
Anmerkung: (a) Chinesische, jüdische und hinduistische Geschäfte haben zusätzlich an ihren eigenen Feiertagen geschlossen. (b) Die oben angegebenen Daten für islamische Feiertage sind nach dem Mondkalender berechnet und verschieben sich daher von Jahr zu Jahr. Während des Ramadan, der dem Festtag Eid al-Fitr vorangeht, kann der normale Geschäftsablauf gestört werden. Diese Unterbrechungen können auch während des Eid al-Fitr auftreten. Dieses Fest, ebenso wie Eid al-Adha (Eid al-Zuha), kann je nach Region 2-10 Tage dauern. Weitere Informationen im Kapitel *Welt des Islam* (s. Inhaltsverzeichnis). (c) Hindu-Feiertage richten sich nach örtlichen astrologischen Beobachtungen und können daher nur mit dem Monat angegeben werden.

GESUNDHEIT

In der folgenden Tabelle aufgeführte Impfvorschriften können sich kurzfristig ändern. Es wird stets empfohlen, auf Ihrem CRS-System (TIMATIC-Info-Code-Fenster in diesem Kapitel) den aktuellen Stand der Gesundheitsbestimmungen abzurufen bzw. rechtzeitig vor der Reise ärztlichen Rat einzuholen.

	Vorsichtsmaßnahmen empfohlen	*Impfschein erforderlich*
Gelbfieber	Nein	1
Cholera	Ja	2
Typhus & Polio	Nein	-
Malaria	3	-
Essen & Trinken	4	-

[1]: Eine Impfbescheinigung gegen Gelbfieber wird von allen Reisenden verlangt, die aus Infektionsgebieten kommen.
[2]: Eine Impfbescheinigung gegen Cholera ist keine Einreisebedingung, das Risiko einer Infektion ist jedoch nicht auszuschließen. Da die Wirksamkeit der Schutzimpfung umstritten ist, empfiehlt es sich, rechtzeitig vor Antritt der Reise ärztlichen Rat einzuholen. Näheres im Kapitel *Gesundheit* (s. Inhaltsverzeichnis).
[3]: Malariarisiko besteht ganzjährig in allen Landesteilen mit Ausnahme der Region um Paramaribo und der Küstengegenden nördlich des 5°N. Die vorherrschende gefährlichere Form *Plasmodium falciparum* soll hochgradig Chloroquin- und Sulfadoxin/Pyrimethamin-resistent sein.
[4]: Leitungswasser ist normalerweise gechlort und keimfrei, es können jedoch u. U. leichte Magenverstimmungen auftreten. Für die ersten Wochen des Aufenthalts wird daher zur Umgewöhnung abgefülltes Wasser empfohlen, welches überall erhältlich ist. Das Trinkwasser außerhalb der größeren Städte ist nicht immer keimfrei und sollte sterilisiert werden. Milch der staatlichen »Melk Centrale« ist pasteurisiert und damit unbedenklich. Trocken- und Dosenmilch nur mit keimfreiem Wasser anrühren. Fleisch- und Fischgerichte nur gut durchgekocht und heiß serviert essen. Der Genuß von Schweinefleisch, rohen Salaten und Mayonnaise sollte vermieden werden. Gemüse sollte gekocht und Obst geschält werden.
Tollwut kommt vor. Wer ein erhöhtes Risiko eingeht (z. B. längerer Aufenthalt in abgelegenen Gebieten), sollte vor Reiseantritt eine Schutzimpfung erwägen. Bei Bißwunden so schnell wie möglich ärztliche Hilfe in Anspruch nehmen. Näheres im Kapitel *Gesundheit* (s. Inhaltsverzeichnis).
Bilharziose-Erreger kommen in manchen Teichen und Flüssen vor, das Schwimmen und Waten in Binnengewässern sollte daher vermieden werden. Gut gepflegte Schwimmbecken mit gechlortem Wasser sind unbedenklich.
Hepatitis B und *D* sowie *Virushepatitis* kommen vor.
Gesundheitsvorsorge: In Paramaribo gibt es fünf gut ausgestattete Krankenhäuser, und auch in abgelegenen Gegenden ist medizinische Versorgung gewährleistet. Der Abschluß einer Reisekrankenversicherung wird empfohlen.

REISEVERKEHR - International

FLUGZEUG: Die nationale Fluggesellschaft heißt *Suriname Airways (SLM)*. Sie fliegt über Amsterdam direkt nach Suriname. *KLM*, *Antillean Airways (ALM)* und *Air France* fliegen ebenfalls nach Suriname.
Durchschnittliche Flugzeit: Es gibt keine direkten Linienflüge von Frankfurt, Wien oder Zürich. Alle europäischen Verbindungen sind über Amsterdam. Die reine Flugzeit von *Frankfurt* nach Paramaribo beträgt ca. 9 Std.
Internationaler Flughafen: *Paramaribo (PBM)* (John Adolf Pengel) liegt 45 km südlich der Stadt. Am Flughafen gibt es eine Bank, eine Post, Duty-free-Shops, Bars und Restaurants. Flughafen- und Linienbusse sowie Taxis stehen zur Verfügung (Fahrzeit 45 Min.).
Flughafengebühren: 5 US$ bei der Ausreise. Kinder unter 2 Jahren sind davon ausgenommen.
SCHIFF: Der wichtigste internationale Hafen ist Paramaribo. Er wird von der *Suriname Navigation Company* monatlich von New Orleans/USA und Mexiko aus angelaufen. Es gibt Verbindungen zwischen den Küstenhäfen sowie nach Holland und Deutschland. Schiffe der *Royal Netherlands Steamship Company* mit einigen Passagierkabinen verkehren zwischen Amsterdam und Suriname. Es gibt regelmäßige Fährverbindungen über die Flüsse Suriname und Marowijne nach Französisch-Guayana sowie über den Corantijn nach Guyana.
BUS/PKW: Die Küstenstraße von Cayenne (Französisch-Guayana) ist die einzige Straßenverbindung nach Suriname.

REISEVERKEHR - National

FLUGZEUG: *Suriname Airways (SLM)* betreibt Flüge ins Landesinnere und nach Nieuw Nickerie von Paramaribo (Zorg en Hoop Airfield) aus und bietet außerdem Charterflüge an.
Anmerkung: Vor Ausflügen ins Landesinnere wartet man am besten den Wetterbericht ab, da schwere Regenfälle zu Verzögerungen führen können.
BUS/PKW: Das Straßennetz ist relativ gut, wenn auch lückenhaft. Wer mit dem Wagen unterwegs ist, sollte ausreichend Ersatzteile mitführen. **Bus:** Von der Hauptstadt fahren preiswerte Busse in die meisten Dörfer.
Taxis haben keine Taxameter, der Fahrpreis sollte im voraus vereinbart werden. **Mietwagen** sind am Flughafen in Paramaribo bei *City Taxi* und *Intercar Rental* sowie durch Vermittlung der größeren Hotels erhältlich.
Unterlagen: Internationaler Führerschein wird empfohlen.

UNTERKUNFT

HOTELS: In Paramaribo gibt es moderne, klimatisierte Hotels. Aufgrund der beschränkten Zimmerkapazität wird Vorausbuchung empfohlen. Auf Rechnungen wird 10% für Bedienung aufgeschlagen. Es stehen auch mehrere Gasthäuser und Pensionen zur Verfügung, das Fremdenverkehrsamt erteilt weitere Auskünfte. Außerhalb der Hauptstadt und Nieuw Nickerie gibt es nur wenige Hotels und Restaurants, und man sollte seine eigene Hängematte und Lebensmittel mitnehmen.
CAMPING: Die Urlaubsorte Cola Kreek, Blaka Watra, Zandery 1 und Republiek im Landesinneren bieten Picknickplätze und Camping-/Badestellen.
JUGENDHERBERGEN: In Paramaribo, in der Heerenstraat, gibt es eine *YWCA*-Herberge für Frauen.

URLAUBSORTE & AUSFLÜGE

PARAMARIBO: Bei einem Stadtbummel kommt man an zahlreichen hübschen Kolonialbauten mit europäischen Einflüssen vorbei. Im nahegelegenen, restaurierten *Fort Zeelandia* ist das Suriname-Museum untergebracht.

Surinam Airways mit dem Heimatflughafen Paramaribo ist Ihre erste Etappe auf dem Weg in die ganze Karibik und die übrigen Länder Südamerikas.

- Passagierservice
- Verpflegungsservice
- Frachtabfertigung
- Charterservice
- Technische Dienste

Surinam Airways hat eine Tochtergesellschaft:

Movement for Eco-Tourism in Suriname

METS wendet sich an Reisende, denen das empfindliche soziale und ökologische Gleichgewicht wichtig ist und die am liebsten unberührte Landschaften mit freundlichen Bewohnern besuchen.

Mit drei Resorts im Landesinneren bietet METS Individualreisenden und Kleingruppen einen persönlichen Service und außergewöhnliche Reiseerlebnisse. Neben den Touren ins Innere des Regenwaldes werden auch Reisen in andere Landesteile und nach Guyana, Französisch-Guayana, Curaçao, Trinidad und Tobago, Barbados und Brasilien angeboten.

Zusammen verwirklichen wir Ihren Traum vom Regenwald
• *Fly Surinam Airways and be sure!* •

SURINAM AIRWAYS: ZENTRALE PARAMARIBO
136 COPPENAMESTRAAT
TEL: (597) 46 57 00 FAX: (597) 49 00 30

SURINAM AIRWAYS, AMSTERDAM, HOLLAND
165 WETERINGSCHANS
TEL: (020) 626 20 60, 648 03 33 FAX: (020) 626 45 49

METS n.v. ZENTRALE
05 RUDIELAAN, SURINAME, SÜDAMERIKA
TEL: (597) 49 28 92 FAX: (597) 49 70 62

Die völlig aus Holz erbaute römisch-katholische Kirche, der *Independence Square* und der Palast des Präsidenten mit dem schönen Palmengarten sind einen Besuch wert. Die Hafen- und Marktbezirke sorgen für Abwechslung: Hier herrscht immer ein munteres Treiben. *Palmentuin* und *Cultuurtuin* sind herrliche Parkanlagen; Cultuurtuin liegt außerhalb der Stadt.

Die übrigen Landesteile sind nur dünn besiedelt. Wer sich allerdings für tropische Vegetation, eine abwechslungsreiche Landschaft und das artenreiche Tierleben interessiert, findet auch hier genügend Sehenswertes. Von Mangrovensümpfen, kleinen und großen Flüssen, Wasserfällen, tropischem Regenwald und Bergen bis zu Harpyie-Adlern, Riesenottern, Seekühen (*Manatees*), Jaguaren, Tapiren, Schlangen, exotischen Vögeln und Riesenmeeresschildkröten kann man hier die Vielfalt der Natur bestaunen. In zwei Naturreservaten an der Küste gibt es auch gute Strände. Im *Raleighvallen/Voltzberg*- und im *Brownsberg-Naturpark* kann man in *Lodges* Unterkunft finden.

SOZIALPROFIL

ESSEN & TRINKEN: Die verschiedenen Bevölkerungsgruppen des Landes sorgen für eine gute Auswahl an europäischen, indonesischen, kreolischen, chinesischen, indischen, europäischen und amerikanischen Gerichten. Einheimische Spezialitäten sind indonesische *Rijstafel* mit Reis (gekocht oder gebraten), gut gewürztem Fleisch- und Gemüsebeilagen, *Nasi Goreng* (indonesischer gebratener Reis) und *Bami Goreng* (indonesische gebratene Nudeln). Interessant und wohlschmeckend sind auch kreolische Gerichte wie *Pom* (pürierte Tayerwurzel und Geflügel), *Pastei* (Hühnerpastete mit Gemüse) und Erdnußsuppe. Indische Gerichte wie *Roti* (eine Art Fladenbrot) mit Hähnchencurry und Kartoffeln serviert, und ausgezeichnete chinesische Gerichte wie *Chow Mein* und *Chop Suey* sind ebenfalls erhältlich. *Moksi Meti* (verschiedene Fleischsorten auf Reis) ist eine einheimische Spezialität. Getränke: *Dawet* (Kokosmilchgetränk), *Gemberbier* (kreolisches Ingwergetränk) und *Pilsner Parbo Bier* sind einheimische Spezialitäten.
NACHTLEBEN: In Paramaribo haben einige Hotels Nachtklubs, in denen getanzt werden kann. Einige Diskotheken und mehrere Kinos, einschl. von Autokinos, bieten weitere Abendunterhaltung. Im allgemeinen empfiehlt es sich, im eigenen Hotel zu bleiben oder mit Einheimischen auszugehen, die die jeweiligen Nachtklubs kennen. Dies gilt insbesondere außerhalb des Stadtzentrums. Das *Local Events Bulletin*, das in den meisten Hotels erhältlich ist, enthält einen Veranstaltungskalender.
EINKAUFSTIPS: Schöne Souvenirs sind Holzschnitzereien des Stammes der Maron, handgeschnitzte und -bemalte Tabletts und Flaschenkürbisse, Pfeil und Bogen, Hängematten aus Baumwolle, Flechtwerk und Keramik, Gold- und Silberschmuck, javanische Bambusartikel und Batik sowie Tabak und Spirituosen. Chinesische Geschäfte verkaufen importierte Jade, Seide, Glas, Puppen, Stickereien und Wandbehänge. **Öffnungszeiten der Geschäfte:** Mo-Fr 08.00-16.30 Uhr, Sa 08.00-13.00 Uhr.
SPORT: Schwimmen: Die Strände sind zumeist schlammig und zum Baden weniger geeignet. Es gibt aber Hotelswimmingpools und öffentliche Schwimmbäder. Auf Einladung können Besucher auch die Swimmingpools in Privatklubs benutzen. **Tennis:** Einige Hotels und Privatklubs haben Tennisplätze, die man nach vorheriger Einladung benutzen kann. Weitere Informationen von den Hotels. **Golf:** Ein 18-Loch-Golfplatz liegt an der Flughafenstraße, 5 km außerhalb von Paramaribo. **Segeln:** Möglich, Einzelheiten vor Ort im Jachthafen von Ornamibo. **Angeln:** ist ebenfalls beliebt. **Publikumssport:** In der Hauptstadt finden regelmäßig Fußballspiele im *Andre-Kamperveen-Stadion* statt, in verschiedenen *Sports Halls* wird **Basketball, Volleyball** und **Badminton** gespielt.
SITTEN & GEBRÄUCHE: Zwanglose Kleidung ist in den meisten Fällen angemessen. Anstelle von Jackett und Krawatte werden *Guayabera* oder Safari-Anzüge immer beliebter. Frauen sollten bei Ausflügen ins Landesinnere lange Hosen tragen. Badekleidung gehört an den Strand oder Swimmingpool. **Fotografieren:** Öffentliche Gebäude, militärische Anlagen und Polizeiwachen sollten nicht fotografiert werden. Am besten immer um Erlaubnis fragen, bevor man Personen ablichtet. **Trinkgeld:** Hotels berechnen 10-15% für Bedienung, und in manchen Restaurants werden ebenfalls 10% berechnet. Taxifahrer erwarten kein Trinkgeld.

WIRTSCHAFTSPROFIL

WIRTSCHAFT: Vor dem Bürgerkrieg erwirtschafteten Aluminium und aluminiumverarbeitende Industriezweige 75% der Exporteinnahmen des Landes. Weitere wichtige Rohstoffe sind Eisenerz, Kupfer, Nickel, Gold und Platin. Die riesigen Ressourcen in Surinames Dschungelgebieten sind noch kaum ausgebeutet, die Holzwirtschaft nimmt jedoch stark an Bedeutung zu. Das landwirtschaftliche Potential ist hoch – Reis, Zitrusfrüchte, Gemüse und Bananen sind die Haupterzeugnisse. Die Krabbenfischerei ist ebenfalls ein wichtiger Wirtschaftszweig. In der Fertigungswirtschaft werden in geringem Umfang verschiedene Produkte für den Eigenbedarf des Landes hergestellt, von Seife bis hin zu Fernsprech-

Schaltanlagen. Die einst wichtigen Handelsbeziehungen zu den Niederlanden wurden durch einen Militärputsch getrübt, der die Niederlande dazu bewog, ihre finanzielle Unterstützung einzustellen. Anfang 1987 brachte der Bürgerkrieg die Aluminiumindustrie zum Stillstand und zerstörte wichtige Knotenpunkte der Infrastruktur. Eine Wirtschaftskrise konnte erst durch die Einführung einer Übergangsregierung verhindert werden, die die ehemals guten Beziehungen zu den Niederlanden bis zu einem gewissen Grad wiederherstellte. Im Februar 1988 kündigten die Niederlande daraufhin an, 17 Millionen Gulden als Nothilfe zu gewähren. Dieses Hilfsprogramm wurde jedoch nach einem weiteren Militärputsch im Dezember 1990 vorläufig suspendiert. Im Januar 1988 unterzeichnete Suriname ein Darlehensabkommen mit Brasilien. Seit den Wahlen des Jahres 1991 ist der Militär im Hintergrund gehalten, und die niederländischen Zahlungen fließen wieder. Hauptbezugsgebiete sind die USA, die Niederlande und Trinidad und Tobago. Die Exportgüter gehen hauptsächlich nach Norwegen, in die Niederlande und in die USA. Suriname ist Mitglied der SELA (Lateinamerikanisches Wirtschaftssystem), dem 27 lateinamerikanische und karibische Staaten angeschlossen sind. Hauptziel des Wirtschaftssystems ist die Schuldenverringerung Lateinamerikas.
GESCHÄFTSVERKEHR: Anzug bzw. Kostüm wird erwartet. **Geschäftszeiten:** Mo-Fr 07.00-15.00 Uhr.
Kontaktadressen: *Die wirtschaftlichen Interessen Österreichs werden von der Außenhandelsstelle der Wirtschaftskammer Österreich in Caracas (s. Venezuela) vertreten.*
Kamer van Koophandel en Fabrieken (Industrie- und Handelskammer), PO Box 149, Paramaribo. Tel: 47 35 27. Telefax: 47 47 79.

KLIMA

Tropisches Klima, das durch Passatwinde gemildert wird. Die beste Reisezeit ist zwischen Dezember und April. Am heißesten ist es zwischen Mai und Oktober, in dieser Zeit fallen auch die meisten Niederschläge.
Kleidung: Leichte Tropen- und Regensachen.

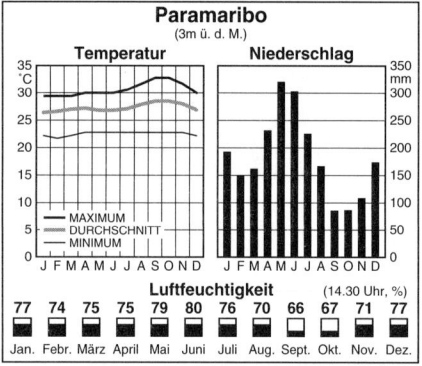

Eine weitere wichtige Veröffentlichung von *Columbus Press* ist der »World Travel Guide«, der jährlich herausgegeben wird und auf über tausend Seiten Informationen in englischer Sprache über alle Länder der Erde enthält.

Weitere Einzelheiten von:
Columbus Press, Verkaufsabteilung,
Aurikelweg 9,
D-38108 Braunschweig.
Tel: 05309/2123. Telefax: 05309/2877.

Swasiland

☐ *Internationaler Flughafen*

Lage: Südliches Afrika.

Ministry of Broadcasting, Information and Tourism
PO Box 338
Mbabane
Tel: 4 27 61. Telex: 4 27 74.
Honorargeneralkonsulat des Königreiches Swasiland (mit Visumerteilung)
Worringer Straße 59
Postfach 102901
D-40211 Düsseldorf
Tel: (0211) 35 08 66. Telefax: (02133) 7 33 51.
Di und Do 08.00-13.00 Uhr.
Generalkonsulat des Königreiches Swasiland (mit Visumerteilung)
Lintheschergasse 17
CH-8001 Zürich
Postfach 667
CH-8039 Zürich
Tel: (01) 211 52 03. Telefax: (01) 211 50 86.
Mo-Fr 09.00-12.00 Uhr.
(auch zuständig für Österreich)
Übergeordnete Vertretung in Europa ist die Botschaft in Brüssel:
Botschaft des Königreiches Swasiland
71 Rue Joseph II, Bte. 8
B-1000 Brüssel
Tel: (02) 230 00 44, 230 01 69. Telefax: (02) 230 50 89.
Mo-Fr 09.00-13.00 und 14.00-16.30 Uhr.
Die Bundesrepublik Deutschland unterhält keine diplomatische Vertretung in Swasiland, zuständig ist die Botschaft in Maputo (s. Mosambik).
Konsulat der Republik Österreich (ohne Paß- und Sichtvermerksbefugnis)
Hhelehle
PO Box 3304
Manzini
Tel: 5 43 68, 5 52 76.
Übergeordnete Vertretung ist die Botschaft in Pretoria (s. Südafrika).
Die Schweiz unterhält keine diplomatische Vertretung in Swasiland, zuständig ist die Botschaft in Pretoria (s. Südafrika).

TIMATIC INFO-CODES

*Abrufbar über Ihr CRS-System (für START/Amadeus Ama-Maske benutzen). Für Galileo bitte TI-DFT eingeben (**mit** Bindestrich).*

Flughafengebühren	TI DFT/ MTS /TX
Währung	TI DFT/ MTS /CY
Zollbestimmungen	TI DFT/ MTS /CS
Gesundheit	TI DFT/ MTS /HE
Reisepassbestimmungen	TI DFT/ MTS /PA
Visabestimmungen	TI DFT/ MTS /VI

Swasiland

FLÄCHE: 17.363 qkm.
BEVÖLKERUNGSZAHL: 880.000 (1993).
BEVÖLKERUNGSDICHTE: 51 pro qkm.
HAUPTSTADT: Mbabane. **Einwohner:** 52.000 (1990).
GEOGRAPHIE: Swasiland grenzt im Norden, Westen und Süden an Südafrika und im Osten an Mosambik. Das Land teilt sich in vier geographische Regionen: das Inkangala-Hochveld, ein Streifen teilweise aufgeforsteter, zerklüfteter Landschaft, einschl. des Usutu-Pinienwaldes; die Peak-Wälder im Nordwesten; das Mittelveld, das sich sanft vom Hochveld über Hügel auf fruchtbare Täler senkt und das Unterveld oder Buschland mit 170-360 m hohen Hügeln. Am östlichen Rand des Untervelds liegt das Lubombo-Plateau, das überwiegend als Weide- und Ackerland genutzt wird. Swasiland ist eines der bestbewässerten Länder des südlichen Afrika. Die vier größten Flüsse, Komati, Usutu, Mbuluzi und Ngwavuma, fließen von West nach Ost und münden in den Indischen Ozean.
STAATSFORM: Parlamentarische Monarchie im Commonwealth seit 1973, Verfassung von 1978; Staatsoberhaupt: König Mswati III., seit 1986. Regierungschef: Prinz Mbilini Dlamini, seit November 1993. Bisher ernannte der König die Minister und den Ministerpräsidenten. Das Parlament bestand aus dem Senat mit 20 ernannten und 10 gewählten Senatoren, und dem Versammlungshaus mit 10 ernannten und 55 gewählten Abgeordneten. Diese wurden durch ein Wahlkollegium bestimmt, das wiederum auf Regionalebene durch die *Tinkundla* (Stammeshäuptlinge) direkt gewählt wurde. Im Oktober 1992 wurde das Parlament aufgelöst, und es wird an einer neuen Verfassung gearbeitet. Parteien gibt es bislang nicht, die *Tinkundla* haben eine beratende Funktion. Unabhängig seit September 1968.
SPRACHE: Siswati und Englisch.
RELIGION: Christentum (78%) und Banturreligionen.
ORTSZEIT: MEZ + 1.
NETZSPANNUNG: 220 V, 50 Hz.
POST- UND FERNMELDEWESEN: Telefon: Selbstwählferndienst. **Landesvorwahl:** 268. **Telefaxanschlüsse** stehen in einigen Hotels zur Verfügung. **Telexe/Telegramme** können in geringem Umfang in der Hauptstadt aufgegeben werden. **Post:** Es gibt nur wenige Postämter.

Luftpost nach Europa ist bis zu 2 Wochen unterwegs. Öffnungszeiten der Postämter: Mo-Fr 08.00-13.00 und 14.00-17.00 Uhr, Sa 08.00-11.00 Uhr.
DEUTSCHE WELLE
Der Einsatz der Kurzwellenfrequenzen ändert sich mehrfach im Laufe eines Jahres, und Sendungen auf den folgenden Frequenzen werden jeweils nur zu bestimmten Tageszeiten ausgestrahlt. Näheres in der Einleitung.

MHz	15,275	15,135	11,795	9,700	6,075
Meterband	19	19	25	31	49

REISEPASS/VISUM

Wichtiger Hinweis: Die Einreisebestimmungen mancher Länder können sich kurzfristig ändern – rufen Sie sicherheitshalber auf Ihrem CRS-System (TIMATIC-Info-Code-Fenster in diesem Kapitel) den aktuellen Stand ab bzw. wenden Sie sich an die zuständige diplomatische Vertretung. Etwaige Zahlen in der Tabelle beziehen sich auf nachfolgende Fußnoten.

	Paß erforderlich?	Visum erforderlich?	Rückflugticket erforderlich?
Deutschland	Ja	Ja/2	Ja
Österreich	Ja	Ja/2	Ja
Schweiz	Ja	Ja/2	Ja
Andere EU-Länder	Ja	1/2	Ja

REISEPASS: Allgemein erforderlich.
VISUM: Genereller Visumzwang, ausgenommen sind Staatsbürger von:
(a) **[1]** Finnland, Großbritannien, Italien und Schweden;
(b) Australien, den Bahamas, Barbados, Botswana, Gambia, Ghana, Grenada, Guyana, Island, Israel, Jamaika, Kanada, Kenia, Lesotho, Liechtenstein, Malawi, Malaysia, Malta, Neuseeland, Norwegen, San Marino, den Seychellen, Singapur, Sambia, Simbabwe (einschl. Inhaber von gültigen rhodesischen Reisepässen), Südafrika, Tansania, Tonga, Trinidad und Tobago, Uganda, den USA und Zypern.
Visaarten: Einfachvisa zur einmaligen Einreise, Mehrfachvisa zur mehrfachen Einreise innerhalb von 3 oder 6 Monaten. Mehrfachvisa werden nur in Ausnahmefällen ausgestellt.
Visagebühren: 20 DM, 30 sfr (Einfachvisa), 35 DM, 30 sfr (Mehrfachvisa), bis 6 Monate 50 DM (Mehrfachvisa).
Wichtiger Hinweis: [2] Staatsbürger können ein Visum kostenlos an der Grenze erhalten. Es empfiehlt sich jedoch, das Visum vor Antritt der Reise beim Konsulat oder der Konsularabteilung der Botschaft zu beantragen, um Wartezeiten zu vermeiden.
Gültigkeitsdauer: Einfachvisa und Mehrfachvisa sind 3 Monate ab Ausstellung gültig. Wer sich länger als 6 Monate im Land aufhalten möchte, sollte beim *Immigration Office* in Swasiland eine vorläufige Aufenthaltsgenehmigung beantragen (Adresse s. u.).
Antragstellung: Honorargeneralkonsulat bzw. Generalkonsulat (Adressen s. o.).
Unterlagen: (a) Antragsformular. (b) Gebühr. (c) Gültiger Reisepaß.
Der postalischen Antragstellung sollten ein frankierter Rückumschlag (Einschreiben) und die Visagebühren in bar beigefügt werden.
Bearbeitungszeit: 1 Woche.
Aufenthaltsgenehmigung: Anträge sind an das *Immigration Office*, PO Box 372, Mbabane zu richten oder an die Botschaft in Brüssel (Adresse s. o.).

GELD

Währung: 1 Lilangeni (E) = 100 Cents. Banknoten gibt es im Wert von 50, 20, 10, 5 und 2 E; Münzen in den Nennbeträgen 1 E sowie 50, 20, 10, 5, 2 und 1 Cent.
Kreditkarten: *American Express*, *Eurocard* und teilweise auch *Visa* werden akzeptiert. Einzelheiten vom Aussteller der betreffenden Kreditkarte.
Reiseschecks: DM-Reisechecks werden empfohlen.
Wechselkurse

	E Sept. '92	E Febr. '94	E Jan. '95	E Jan. '96
1 DM	1,87	1,97	2,29	2,52
1 US$	2,77	3,42	3,54	3,63

Devisenbestimmungen: Swasiland gehört der Zoll- und Währungsunion mit Südafrika, Lesotho und Botswana an. Es gelten die gleichen Bestimmungen wie für Südafrika.
Öffnungszeiten der Banken: Mo-Fr 08.30-13.00 Uhr, Sa 08.30-11.00 Uhr.

▼ *Schilfrohrtanz, Swasiland*

DUTY FREE

Folgende Artikel können zollfrei nach Swasiland eingeführt werden:
400 Zigaretten und 50 Zigarren und 250 g Tabak;
1 l Spirituosen und 2 l Wein;
50 ml Parfüm und 250 ml Eau de toilette;
Geschenke bis zum Wert von 200 E.

GESETZLICHE FEIERTAGE

16. Mai '96 Christi Himmelfahrt. **22. Juli** Geburtstag des verstorbenen König Sobhuza. **24. Aug.** Umhlanga-Tag. **6. Sept.** Somhlolo (Unabhängigkeitstag). **24. Okt.** UNO-Tag. **25./26. Dez.** Weihnachten. **1. Jan. '97** Neujahr. **März** Commonwealth-Tag. **28.-31. März** Ostern. **19. April** Geburtstag des König Mswati. **25. April** Nationaler Flaggentag. **8. Mai** Christi Himmelfahrt.

GESUNDHEIT

In der folgenden Tabelle aufgeführte Impfvorschriften können sich kurzfristig ändern. Es wird stets empfohlen, auf Ihrem CRS-System (TIMATIC-Info-Code-Fenster in diesem Kapitel) den aktuellen Stand der Gesundheitsbestimmungen abzurufen bzw. rechtzeitig vor der Reise ärztlichen Rat einzuholen.

	Vorsichtsmaßnahmen empfohlen	*Impfschein erforderlich*
Gelbfieber	Ja	1
Cholera	Nein	-
Typhus & Polio	2	-
Malaria	3	-
Essen & Trinken	4	-

[1]: Eine Impfbescheinigung gegen Gelbfieber wird von allen Reisenden verlangt, die aus Infektionsgebieten kommen.
[2]: Typhus kommt vor, einige wenige Poliomyelitis-Fälle wurden gemeldet.
[3]: Malariarisiko ganzjährig in den tiefliegenden Regionen. Die vorherrschende gefährlichere Form *Plasmodium falciparum* soll stark Chloroquin-resistent sein.
[4]: Leitungswasser ist normalerweise gechlort und relativ sauber, es können jedoch leichte Magenverstimmungen auftreten. Für die ersten Wochen des Aufenthalts wird daher abgefülltes Wasser empfohlen, welches überall erhältlich ist. Trinkwasser außerhalb der größeren Städte ist nicht immer keimfrei und sollte sterilisiert werden. Milch ist pasteurisiert und kann, ebenso wie einheimische Milchprodukte, Fleisch, Geflügel, Obst und Gemüse, unbesorgt verzehrt werden.
Bilharziose-Erreger kommen in manchen Teichen und Flüssen vor, das Schwimmen und Waten in Binnengewässern sollte daher vermieden werden. Gut gepflegte Schwimmbecken mit gechlortem Wasser sind unbedenklich.
Hepatitis A und B treten ebenfalls auf.
Gesundheitsvorsorge: Der Abschluß einer Reisekrankenversicherung wird empfohlen.

REISEVERKEHR - International

FLUGZEUG: Swasilands nationale Fluggesellschaft heißt *Royal Swazi National Airways Corporation (ZC)*. Es gibt keine Direktflüge von Deutschland, Österreich und der Schweiz.
Durchschnittliche Flugzeit: *Frankfurt* – Manzini: 15 Std.
Internationaler Flughafen: *Manzini (MTS)* (Matsapha) liegt 5 km westlich der Stadt. Am Flughafen gibt es eine Bank, Autovermietung, Läden, Bar und Restaurants. Flughafenbusse fahren zur Stadt. Taxis sind ebenfalls vorhanden.
Flughafengebühren: 20 E bei der Ausreise. Kinder unter 3 Jahren sind davon ausgenommen.
BUS/PKW: Es gibt gute Straßenverbindungen nach Südafrika, u. a. nach Johannesburg, Durban und ins nördliche Zululand; Touristenbusse verbinden Natal und Transvaal. Einmal wöchentlich fährt ein Bus von Mbabane und Manzini nach Johannesburg sowie zweimal wöchentlich von Mbabane nach Maputo.

REISEVERKEHR - National

BUS/PKW: Das Straßennetz ist relativ gut; Straßen sind jedoch oft schmal, kurvenreich und gefährlich. Es herrscht Linksverkehr. **Fernbusse** verbinden die verschiedenen Landesteile. **Mietwagen** sind am Flughafen, in Mbabane und Manzini erhältlich. **Unterlagen:** Internationaler Führerschein wird empfohlen. Der landeseigene Führerschein gilt für maximal 6 Monate in Verbindung mit einer beglaubigten Übersetzung in englischer Sprache.
FAHRZEITEN von Mbabane zu den folgenden Orten (ungefähre Angaben in Std. und Min.):

	Pkw/Bus
Manzini	0.45
Nhalangano	2.00
Piggs Peak	1.00
Siteki	1.30

UNTERKUNFT

In Swasiland gibt es einige gute Hotels von internationalem Standard; rechtzeitige Vorausbuchung wird empfohlen. Außerhalb der Städte sind kleinere Hotels, *Guest Houses*, Camping- und Wohnwagenplätze vorhanden. Weitere Informationen erteilt die *Hotel and Tourism Association of Swasiland*, PO Box 462, Sokhamlilo Building, Johnson/Walker Streets, Mbabane. Tel: 4 22 18. Telefax: 4 45 16.

URLAUBSORTE & AUSFLÜGE

Die überaus reizvolle Landschaft des üppigen **Ezulwini-Tals** ist die Hauptattraktion des Landes. Obwohl Swasiland als eines der schönsten Länder Afrikas gilt, wurde es erst vor 12 Jahren, nach dem Bau des ersten südafrikanischen Hotels mit Spielkasino, für den Tourismus entdeckt.
In diesem malerischen Tal erwarten den Besucher u. a. der ausgezeichnete Royal-Swazi-Golfplatz, das besagte Spielkasino, eine heiße Mineralquelle (es gibt sieben weitere im Land), die Einheimische und Gäste liebevoll »Cuddle Puddle« nennen, ein ausgezeichnetes Fitneßstudio und zahlreiche gute Hotels.
Manzini, das Industriezentrum des Landes, liegt ca. 30 Autominuten östlich des Tals. Der Weg dorthin führt am Wegweiser zu den berühmtesten Wasserfällen des Landes vorbei, den *Mantenga-Fällen* mit dem angeschlossenen geschäftigen Mantenga-Kunst- und Handwerkszentrum und dem nahegelegenen Mlilwane-Wildreservat. Weiter geht die Fahrt zunächst an **Lobamba** vorbei, der Verwaltungshauptstadt des Königreichs, am Matsapha-Flughafen und schließlich am **Matsapha**-Industriegebiet, wo vom Nagel bis zum Fernsehapparat fast alles produziert wird.
Mlilwane ist das älteste Wildreservat des Landes; das ehemalige Privatgrundstück wurde der Nation als Tierschutzgebiet überlassen. Man hat hier große Anstrengungen unternommen, bestimmte Tiere wieder im Land anzusiedeln.
Nach Mlilwane sind zwei weitere Schutzgebiete eingerichtet worden: **Hlane** im Nordosten, wo große Tierherden über die endlosen Ebenen ziehen; und **Malolotsha** im Norden in der Nähe des *Piggs Peak*, auf dem Gipfel einer von steilen Tälern und tosenden Wasserfällen umgebenen Bergkette in einer atemberaubend schönen Landschaft. Beide Schutzgebiete sind einfach per Straße zu erreichen.
Obwohl der Tourismus im südlichen Landesteil noch in den Kinderschuhen steckt, sollen hier vorerst noch keine Tierreservate angelegt werden. Das erste Projekt war der Bau eines weiteren Hotels mit Spielkasino in **Nhlangano**, ca. 120 km südlich von Mbabane, mit einem ausgezeichneten Golfplatz und Swimmingpool. Der nahegelegene Fluß **Mkondo** schlängelt sich durch Schluchten und Täler und schießt über Wasserfälle und Stromschnellen. Im Hintergrund schimmern braun-, lila- und blaufarbige Bergketten. In dieser Region kann man einige der besten Felsenzeichnungen der Buschmänner Swasilands besichtigen, weitere Zeichnungen gibt es auch in den Bergen nördlich von Mbabane.

SOZIALPROFIL

ESSEN & TRINKEN: Restaurants gibt es in erster Linie in den größeren Städten und in Hotels. Überwiegend wird internationale Küche angeboten, vereinzelt jedoch auch griechische, ungarische und indische Spezialitäten. An Marktständen kann man die traditionelle Fleischsuppe, zahlreiche Maisgerichte, pürierte Mehlkartoffeln und gegrillte Maiskolben probieren (je nach Jahreszeit). **Getränke:** Die Auswahl an Spirituosen, Bier und Wein ist gut. Traditionelles Swasi-Bier wird von den Marktfrauen gebraut und an Ständen verkauft.
NACHTLEBEN: In Mbabane und im Ezulwini-Tal gibt es Nachtklubs und Diskotheken, von denen einige Live-Musik und Kabarett bieten. Hauptattraktion im Ezulwini-Tal ist das Spielkasino des *Royal Swazi Sun Hotels and Spa*. Ein Kino ist dort ebenfalls vorhanden.
EINKAUFSTIPS: Mbabane hat ein modernes Einkaufszentrum, die Märkte sind allerdings interessanter und bieten mehr Lokalkolorit. Schöne Souvenirs sind Perlenarbeiten, Korbwaren, Gras- und Sisalmatten, Kupferartikel, Holzschüsseln, Edelsteinschmuck, Holz- und Specksteinschnitzereien, Flaschenkürbisse, Keulen- und Spazierstöcke, Kampfäxte, *Karosses* (Ledermatten), Trommeln, Webstoffe, Batiken und bedruckte Stoffe, die oft für einheimische Kleidungsstücke verwendet werden.
Öffnungszeiten der Geschäfte: Mo-Fr 08.00-17.00 Uhr, Sa 08.00-13.00 Uhr.
SPORT: Golf: Im Ezulwini-Tal gibt es einen 18-Loch-Golfplatz, der zum *Royal Swazi Sun Hotel and Spa* gehört und den Havelock-Golfplatz. **Tennis:** Das *Royal Swazi Sun Hotel and Spa* und viele andere Hotels haben eigene Tennisplätze. **Schwimmen:** Mehrere Hotels bieten Swimmingpools, die normalerweise auch Nichtgästen zur Verfügung stehen. **Wandern:** Beliebte Wanderwege führen auf *Sheba's Breasts*, zu den *Malolotsha-Fällen* am Piggs Peak und zum *Emlembe*, dem höchsten Gipfel des Landes.
VERANSTALTUNGSKALENDER
Alljährlich im Dezember oder Januar – die Zeit wird sorgfältig von den Astrologen bestimmt – findet das *Ncwala* (»Fruchtfest«) statt, das von der ganzen Nation gefeiert wird. Höhepunkt des vier Tage dauernden Festes ist ein Ritual, bei dem der König feierlich die erste Frucht der neuen Ernte ißt. Durch die Zeremonie versichert man sich der Segnung der Vorfahren, die für einen guten Ertrag sorgen. Im August oder September findet der *Umhlanga* (»Schilfrohrtanz«) statt, in dem die jungen Frauen der Mutter des Königs huldigen.
SITTEN & GEBRÄUCHE: Traditionen spielen in der Kultur des Landes eine große Rolle und spiegeln sich in Musik, Tänzen, Legenden und dem Kunsthandwerk wider. Zwanglose Kleidung ist angemessen, nur im Spielkasino und in den Spitzenhotels wird elegantere Kleidung erwartet. **Fotografieren:** Grundsätzlich immer um Erlaubnis fragen, bevor man jemanden ablichtet; unter Umständen wird ein kleiner Geldbetrag erwartet. Der königliche Palast, die königliche Familie, uniformierte Polizei, Militärpersonal und militärische Einrichtungen dürfen nicht fotografiert werden. Wer traditionelle Zeremonien fotografieren möchte, sollte sich vorher mit dem *Government Information Service* (PO Box 338, Mbabane, Tel: 4 27 61) in Verbindung setzen. **Trinkgeld:** Auf alle Hotel- und Restaurantrechnungen werden 10% aufgeschlagen.

WIRTSCHAFTSPROFIL

WIRTSCHAFT: Bestimmender Faktor der swasiländischen Wirtschaft ist die enge Verbindung zur Republik Südafrika; Swasiland ist Mitglied der Südafrikanischen Zollunion und gehört zum Währungsgebiet des Rand. Wichtigste Erwerbsquelle ist die Landwirtschaft, in der 65% der Bevölkerung beschäftigt sind. Die Hauptexporterzeugnisse sind Zucker, Zitrusfrüchte und Ananas. 1992 wurde die Landwirtschaft von einer weit verbreiteten Dürre getroffen. Weitere Schlüsselindustrien sind die Asbestproduktion und der Kohlebergbau. Die Forstwirtschaft spielt ebenfalls eine Rolle. Der Tourismus, überwiegend aus Südafrika, ist im Wachstum begriffen. Seit einigen Jahren krankt die Wirtschaft an der sinkenden Nachfrage nach den Hauptexportprodukten und an Devisenmangel. Die Regierung bemüht sich, die Investitionstätigkeit in der Landwirtschaft und im Bergbau zu fördern, hat sich jedoch häufig gegen den Vorwurf wehren müssen, daß ein Großteil der angeblichen Landesprodukte aus dem von Handelsembargos betroffenen Südafrika kam. Solche Praktiken wurden 1987 in einer Untersuchung des amerikanischen Senats nachgewiesen und nahmen daraufhin, wenn auch nur vorübergehend, ab. Das Ende internationaler Sanktionen gegen Südafrika wird sich langfristig positiv auf Swasilands Wirtschaft auswirken, kurzfristig könnte es hingegen eine vorübergehende Abnahme der Exporteinkünfte zur Folge haben. Nach Südafrika ist Großbritannien der wichtigste Handelspartner des Landes.
GESCHÄFTSVERKEHR: Englisch ist in Geschäftskreisen weit verbreitet. **Geschäftszeiten:** Mo-Fr 08.00-13.00 und 14.00-17.00 Uhr, Sa 08.00-13.00 Uhr.
Kontaktadressen: *Die wirtschaftlichen Interessen Österreichs werden von der Außenhandelsstelle der Wirtschaftskammer Österreich in Johannesburg vertreten (s. Südafrika).*
Swaziland Chamber of Commerce and Industry (Industrie- und Handelskammer), PO Box 72, Mbabane. Tel: 4 44 08. Telefax: 4 54 42.
KONFERENZEN/TAGUNGEN: Das *Royal Swazi Convention Centre* im Ezulwini-Tal verfügt über Einrichtungen für bis zu 600 Konferenzteilnehmer. Mehrere Hotels bieten kleinere Tagungsräume mit audiovisuellen Hilfsmitteln und Übersetzerdiensten. Das *Ministry of Broadcasting, Information and Tourism* (Adresse s. o.) erteilt nähere Informationen.

KLIMA

Je nach Höhenlage verschieden; es wird jedoch nur in niedrigen Lagen unangenehm heiß oder kalt. Im Hochland kann Frost auftreten, obwohl das Klima hier im allgemeinen gemäßigt ist. Subtropisches, trockeneres Klima in mittleren Lagen. Niederschläge sind zwischen Oktober und März am häufigsten.
Kleidung: Leichte Sachen, Pullover oder Jacke für kühle Abende. Regenschutz wird empfohlen.

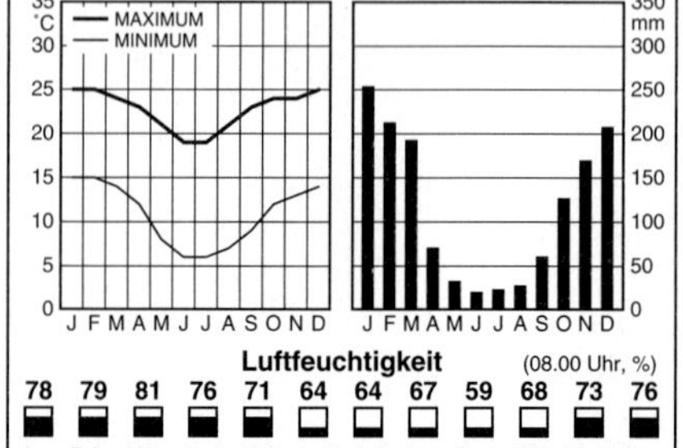

Syrien

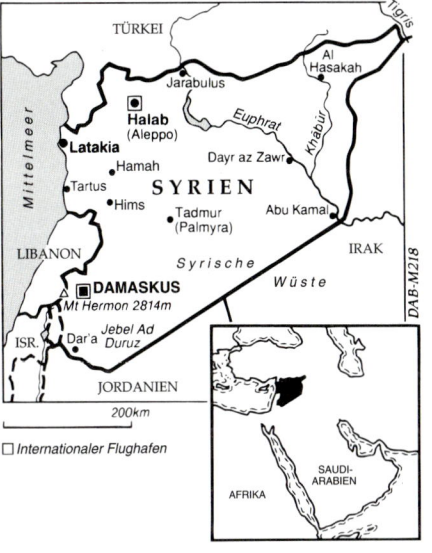

Lage: Naher Osten.

Syrian Arab Airlines
Düsseldorfer Straße 4
D-60329 Frankfurt/M.
Tel: (069) 238 54 40. Telefax: (069) 23 67 94.
Mo-Fr 09.00-18.00 Uhr.
Syrian Arab Airlines
Pacellistraße 5
D-80333 München
Tel: (089) 22 20 67. Telefax: (089) 29 69 16.

▼ *Die Ruinen von Palmyra*

Mo-Fr 09.00-18.00 Uhr.
Ministry of Tourism
Rue Victoria
Damaskus
Tel: (011) 221 59 16. Telefax: (011) 224 26 36.
Botschaft der Arabischen Republik Syrien
Andreas-Hermes-Straße 5
D-53175 Bonn
Tel: (0228) 81 99 20. Telefax: (0228) 819 92 99.
Mo-Fr 09.00-12.00 Uhr.
Honorarkonsulat der Arabischen Republik Syrien (mit Visumerteilung)
Kärntnerring 2
A-1015 Wien
Tel: (0222) 533 46 33. Telefax: (0222) 505 83 81.
Mo-Fr 10.00-13.00 Uhr.
Generalkonsulat der Arabischen Republik Syrien (mit Visumerteilung)
72 Rue de Lausanne
CH-1202 Genf
Tel: (022) 732 56 58.
Mo-Fr 09.30-12.30 Uhr.
Botschaft der Arabischen Republik Syrien
20 Rue Vaneau
F-75007 Paris
Tel: (1) 40 62 61 00. Telefax: (1) 47 05 92 73.
Mo-Fr 10.00-15.00 Uhr.
(übergeordnete Vertretung, auch zuständig für die Schweiz)
Botschaft der Bundesrepublik Deutschland
53 Rue Ibrahim Hanano
BP 2237
Damaskus
Tel: (011) 332 38 00/01. Telefax: (011) 332 38 12.
Honorarkonsulat in Aleppo.
Botschaft der Republik Österreich
Mezzeh Villas-Est
Rue Farabi 152/a
Building Mohammed Nafim
Al-Deker
Damaskus
Tel: (011) 611 67 30/31. Telefax: (011) 611 67 34.
Honorargeneralkonsulat ohne Paß- und Sichtvermerksbefugnis in Damaskus.
Honorarkonsulat ohne Paß- und Sichtvermerksbefugnis in Aleppo.
Botschaft der Schweizerischen Eidgenossenschaft
Abou Roumane
26 Rue al-Mehdi ben Baraka
Immeuble Chora
BP 234
Damaskus
Tel: (011) 331 18 70/71. Telefax: (011) 332 11 37.

FLÄCHE: 185.180 qkm.
BEVÖLKERUNGSZAHL: 13.812.284 (1994).
BEVÖLKERUNGSDICHTE: 74,6 pro qkm.
HAUPTSTADT: Damaskus. **Einwohner:** 1.444.138 (1994).
GEOGRAPHIE: Syrien grenzt im Westen an das Mittelmeer und den Libanon, im Süden an Israel und Jordanien, im Osten an den Irak und im Norden an die Türkei. Geographisch kann Syrien in vier Hauptgebiete unterteilt werden: die fruchtbaren Küstenebenen im Westen, ein Plateau und die Bergkette Jebel an-Nusariyah, Ebenen in der Landesmitte sowie Wüste und

TIMATIC INFO-CODES

Abrufbar über Ihr CRS-System (für START/Amadeus Ama-Maske benutzen). Für Galileo bitte TI-DFT eingeben (mit Bindestrich).

Flughafengebühren	TI DFT/ DAM /TX
Währung	TI DFT/ DAM /CY
Zollbestimmungen	TI DFT/ DAM /CS
Gesundheit	TI DFT/ DAM /HE
Reisepassbestimmungen	TI DFT/ DAM /PA
Visabestimmungen	TI DFT/ DAM /VI

Syrien

Savanne im Südosten. Der 2330 km lange Euphrat kommt aus der Türkei und fließt durch den Norden des Landes bis in den Irak. Der Fluß durchquert das Land auf ca. 600 km, was ihn zum längsten Fluß Syriens macht. Im Nordosten fließt der Kabur durch das Al-Kabur-Becken.

STAATSFORM: Präsidialrepublik seit 1973. Staatsoberhaupt: Hafiz al-Assad, im Dezember 1991 wiedergewählt gemäß der syrischen Verfassung auf sieben Jahre. Regierungschef: Mahmud Al-Zu'bi. Einkammerparlament (Volksversammlung) mit 250 Abgeordneten.

SPRACHE: Offizielle Landessprache ist Arabisch sowie die Sprachen der Minderheiten Kurdisch (3%) und Armenisch (2%). Fremdsprachen: Englisch und Französisch.

RELIGION: 90% Muslime, 9% Christen, sowie andere Religionsgemeinschaften.

ORTSZEIT: MEZ + 1.

NETZSPANNUNG: 220 V, 50 Hz.

POST- UND FERNMELDEWESEN: Telefon: Selbstwählferndienst. **Landesvorwahl:** 963. Es gibt bisher noch keine öffentlichen **Telefaxstellen. Telex:** Öffentliche Telexanschlüsse stehen in größeren Hotels zur Verfügung. **Post:** Luftpost nach Europa ist etwa eine Woche unterwegs. Pakete ins Ausland sollten im Postamt gepackt werden, die Formalitäten nehmen oft viel Zeit in Anspruch. Öffnungszeiten der Postämter: Kleinere Postämter haben 08.00-14.00 Uhr geöffnet, Hauptpostämter den ganzen Tag.

DEUTSCHE WELLE

Der Einsatz der Kurzwellenfrequenzen ändert sich mehrfach im Laufe eines Jahres, und Sendungen auf den folgenden Frequenzen werden jeweils nur zu bestimmten Tageszeiten ausgestrahlt. Näheres in der Einleitung.

MHz	21,560	15,275	13,780	11,795	9,545
Meterband	13	19	22	25	31

REISEPASS/VISUM

Wichtiger Hinweis: Die Einreisebestimmungen mancher Länder können sich kurzfristig ändern – rufen Sie sicherheitshalber auf Ihrem CRS-System (TIMATIC-Info-Code-Fenster in diesem Kapitel) den aktuellen Stand ab bzw. wenden Sie sich an die zuständige diplomatische Vertretung. Etwaige Zahlen in der Tabelle beziehen sich auf nachfolgende Fußnoten.

	Paß erforderlich?	Visum erforderlich?	Rückflugticket erforderlich?
Deutschland	Ja	Ja	Nein
Österreich	Ja	Ja	Nein
Schweiz	Ja	Ja	Nein
Andere EU-Länder	Ja	Ja	Nein

Anmerkung: Die angegebenen Visabestimmungen können sich kurzfristig ändern. Bitte erkundigen Sie sich vor der Abreise bei der zuständigen konsularischen Vertretung.

Einreise- und Transitverbot: Israelischen Staatsbürgern wird die Einreise verweigert, sowie Staatsbürgern von Korea-Süd. Wer einen israelischen Sichtvermerk oder einen Stempel für eine israelisch-jordanische Grenzüberschreitung im Reisepaß hat, darf ebenfalls nicht einreisen. Weibliche Staatsbürger von Afghanistan, Bangladesch, den Philippinen, Sri Lanka und Thailand benötigen zur Einreise eine Genehmigung der syrischen Einwanderungsbehörde.

REISEPASS: Allgemein erforderlich, ausgenommen sind Staatsbürger des Libanon, die mit Personalausweis einreisen können. Der deutsche Kinderausweis muß die Paßnummer und den Ausstellungsort des väterlichen Reisepasses enthalten. Alleinreisende Kinder brauchen jedoch ein Visum.

VISUM: Genereller Visumzwang, ausgenommen sind Staatsbürger von Ägypten, Algerien, Bahrain, Jemen, Jordanien, Katar, Kuwait, Libanon, Libyen, Marokko, Mauretanien, Oman, Saudi-Arabien, Somalia, Sudan, Tunesien und den Vereinigten Arabischen Emiraten.

Visaarten: Touristen-, Geschäfts- und Transitvisum. Wer innerhalb von 24 Std. mit demselben oder dem nächsten Flugzeug weiterreist, ohne die Transithalle zu verlassen, sowie gültige Reisedokumente und bestätigte Flugtickets vorlegen kann, braucht kein Transitvisum.

Visagebühren: 35 DM, 145 öS, 30 sfr (einmalige Einreise, 3 Monate gültig); 55 DM, 290 öS, 87 sfr (zweimalige Einreise, 3 Monate gültig); 90 DM (mehrmalige Einreise, 6 Monate gültig). Die Gebühren ändern sich etwa alle 6 Monate.

Gültigkeitsdauer: Touristenvisum 3 Monate, Transitvisum 3 Monate (bis zu 3 Tage Aufenthalt), Geschäftsvisum 6 Monate (jeweils ab Ausstellungsdatum). Besucher, die länger als 15 Tage in Syrien bleiben möchten, sollten sich an die Einwanderungsbehörde in Damaskus wenden.

Antragstellung: Konsulat bzw. Konsularabteilung der Botschaft (Adressen s. o.). Staatsbürger von Ländern, in denen es keine syrische Vertretung gibt, sowie Reisegruppen mit mehr als 10 Teilnehmern erhalten ihre Visa bei der Einreise.

Unterlagen: (a) Antragsformular. (b) Paßfoto. (c) Reisepaß. (d) Firmenschreiben mit Angaben über die Firma (für Geschäftsvisa). (e) Angaben über geplante Touren im Nahen Osten und Anzahl der Einreisen nach Syrien (für Touristenvisa). (f) Gebühr. (g) Rück-/Weiterflugticket. Der postalischen Antragstellung sollte ein frankierter Rückumschlag und der Zahlungsbeleg über die Visumgebühren beigefügt werden.

Bearbeitungszeit: 3-4 Tage.

Aufenthaltsgenehmigung: Anträge sind an die Einwanderungsbehörden in Damaskus zu richten.

GELD

Währung: 1 Syrisches Pfund (S£) = 100 Piaster. Banknoten sind im Wert von 500, 100, 50, 25, 10 und 5 S£ in Umlauf; Münzen in dem Nennbetrag 1 S£ sowie 100, 50, 25, 10 und 5 Piaster.

Geldwechsel: Seit der Einführung strenger Kontrollen 1986 ist der Schwarzmarkt fast völlig verschwunden. Die Landeswährung kann i. allg. nicht in harte Währungen zurückgetauscht werden. Alle Banken unterstehen der Regierungskontrolle, in jeder größeren Stadt gibt es eine Filiale der syrischen Kommerzbank.

Kreditkarten: *American Express* und *Diners Club* werden akzeptiert, einige größere Hotels nehmen auch *Eurocard* an. Flugtickets können ebenfalls mit Kreditkarten gekauft werden. Einzelheiten vom Aussteller der betreffenden Kreditkarte.

Reiseschecks: DM-Reiseschecks werden empfohlen. Reiseschecks kann man nicht immer am Flughafen von Damaskus umtauschen.

Wechselkurse

	S£ Sept. '92	S£ Febr. '94	S£ Jan. '95	S£ Jan. '96
1 DM	14,21	11,85	14,66	29,15
1 US$	21,11	20,57	22,72	41,90

Devisenbestimmungen: Die Einfuhr der Landeswährung ist unbegrenzt, die Ausfuhr ist verboten. Fremdwährungen dürfen unbegrenzt eingeführt werden (Deklarationspflicht über 5000 US$) und dürfen bis 5000 US$ bzw. bis zur Höhe des deklarierten Betrags ausgeführt werden.

Öffnungszeiten der Banken: Sa-Do 08.00-14.00 Uhr, donnerstags wird oft früher geschlossen.

DUTY FREE

Folgende Artikel können zollfrei nach Syrien eingeführt werden:
200 Zigaretten oder 50 Zigarren oder 250 g Tabak;
1 l Spirituosen und 1 Flasche Wein;
Parfüm und Eau de toilette für den persönlichen Gebrauch.
Anmerkung: Gold muß bei der Einreise deklariert werden; ausgenommen sind persönliche Schmuckstücke.

GESETZLICHE FEIERTAGE

1. Mai '96 Tag der Arbeit. **6. Mai** Tag der Märtyrer. **19. Mai** Islamisches Neujahr. **28. Juli** Geburtstag des Propheten. **6. Okt.** Beginn des Oktoberkrieges. **25. Dez.** Weihnachten. **1. Jan. '97** Neujahr. **10. Febr.** Eid al-Fitr. **8. März** Revolutionstag. **21. März** Muttertag. **31. März**

Eine Reise nach Syrien – ein Vergnügen für das Herz und den Verstand

Syrien – ein sagenumwobenes Land mit faszinierendem Charme: Wüsten, schneebedeckte Berge, wunderschöne Täler, die zum Träumen einladen, sonnige Strände am Mittelmeer, gewaltige Festungen aus dem Mittelalter und alte Moscheen.

Syrien liegt an der östlichen Küste des Mittelmeeres. Hier erblühte die Zivilisation bereits vor 6000 Jahren. Ein Treffpunkt verschiedener Völker, Kulturen und Königreiche. Ein Land, das zunehemed modern ist, aber gleichzeitig auf vielerlei Art sein reiches Erbe vermittelt. Die Wiege der Zivilisation, jedoch verknüpft mit den arabischen Traditionen von Großzügigkeit und Gastfreundschaft.

WEITERE INFORMATIONEN VOM: SYRIAN ARAB REPUBLIC MINISTRY OF TOURISM. TEL: 963 11 223 7940. FAX: 963 11 224 2636.

674 Syrien

▲ *Khalid ibn al Walid's Moschee, Homs*

Griechisch-Katholisches Ostern. **7. April** Griechisch-Orthodoxes Ostern. **17. April** Unabhängigkeitstag. **18. April** Eid al-Adha. **1. Mai** Tag der Arbeit. **6. Mai** Tag der Märtyrer. **9. Mai** Islamisches Neujahr.
Anmerkung: Die oben angegebenen Daten für islamische Feiertage sind nach dem Mondkalender berechnet und verschieben sich daher von Jahr zu Jahr. Während des Fastenmonats Ramadan, der dem Festtag Eid al-Fitr vorangeht, essen Mohammedaner nicht tagsüber, sondern erst nach Sonnenuntergang, wodurch der normale Geschäftsablauf gestört werden kann. Diese Unterbrechungen können auch während des Eid al-Fitr auftreten. Dieses Fest, ebenso wie das Eid al-Adha, kann je nach Region 2-10 Tage dauern. Weitere Informationen im Kapitel *Welt des Islam* (s. Inhaltsverzeichnis).

▼ *Die Kirche von Lady Al Malkieh, Hasake*

GESUNDHEIT

In der folgenden Tabelle aufgeführte Impfvorschriften können sich kurzfristig ändern. Es wird stets empfohlen, auf Ihrem CRS-System (TIMATIC-Info-Code-Fenster in diesem Kapitel) den aktuellen Stand der Gesundheitsbestimmungen abzurufen bzw. rechtzeitig vor der Reise ärztlichen Rat einzuholen.

	Vorsichtsmaßnahmen empfohlen	Impfschein erforderlich
Gelbfieber	Ja	1
Cholera	Nein	-
Typhus & Polio	Ja	-
Malaria	2	-
Essen & Trinken	3	-

[1]: Eine Impfbescheinigung gegen Gelbfieber wird von allen Reisenden verlangt, die aus Infektionsgebieten kommen.
[2]: Malariaschutz gegen die weniger gefährliche Malariaart *Plasmodium vivax* ist von Mai bis einschließlich Oktober landesweit erforderlich, ausgenommen sind Städte und die Distrikte Deir-ez-Zor und Sweida.
[3]: Leitungswasser ist normalerweise gechlort und relativ sauber, es können jedoch u. U. leichte Magenverstimmungen auftreten. Für die ersten Wochen des Aufenthalts wird daher abgefülltes Wasser empfohlen, welches überall erhältlich ist. Wasser außerhalb der Stadtgebiete ist nicht immer keimfrei und sollte vor der Benutzung zum Trinken, Zähneputzen und zur Eiswürfelbereitung entweder abgekocht oder anderweitig sterilisiert werden. Milch ist nicht pasteurisiert und sollte ebenfalls abgekocht werden. Trocken- und Dosenmilch nur mit keimfreiem Wasser anrühren. Milchprodukte aus ungekochter Milch am besten vermeiden. Fleisch- und Fischgerichte nur gut durchgekocht und heiß serviert essen. Der Genuß von rohen Salaten und Mayonnaise sollte vermieden werden. Gemüse sollte gekocht und Obst geschält werden. *Tollwut* kommt vor. Wer ein erhöhtes Risiko eingeht (z. B. längerer Aufenthalt in abgelegenen Gebieten), sollte vor Reiseantritt eine Schutzimpfung erwägen. Bei Bißwunden so schnell wie möglich ärztliche Hilfe in Anspruch nehmen. Weitere Informationen im Kapitel *Gesundheit* (s. Inhaltsverzeichnis).
Bilharziose-Erreger kommen in manchen Teichen und Flüssen vor, das Schwimmen und Waten in Binnengewässern sollte daher vermieden werden. Gut gepflegte Schwimmbecken mit gechlortem Wasser sind unbedenklich.
Hepatitis A, B und *E* kommen ebenfalls vor.
Gesundheitsvorsorge: Der Abschluß einer Reisekrankenversicherung wird empfohlen. Es gibt ca. 200 Krankenhäuser (12.000 Betten) und 16.000 Ärzte. Wer die Behandlungskosten nicht aufbringen kann, erhält kostenlose medizinische Betreuung.

REISEVERKEHR - International

FLUGZEUG: Syriens nationale Fluggesellschaft *Syrian Arab Airlines* (RB) bietet Linienflüge nach Damaskus an von Berlin, Frankfurt/M. und München. *Austrian Airlines* betreibt Flugdienste von Wien.
Durchschnittliche Flugzeiten: Berlin – Damaskus: 6 Std;

Ihr fliegender Teppich zum Orient

Syrian Arab Airlines

Palmyra – Triumphbogen

Palmyra – Baal-Tempel

Unsere Flugzeugtypen vom Modell Boeing 747-SP und 727-200 sowie Tupolev 154 M und 134 bringen Sie schnell und sicher in das Land von 1001 Nacht. Anschlüsse gibt es Europa- und weltweit sowie seit neuestem auch nach Stockholm, Madrid und Khartoum. Unser schönes Land ist also einfach und bequem erreichbar.

Intern fliegt Syrian Arab Airlines Aleppo, Deir-ez-Zor, Hama, Homs, Kamisli und Latakia an, damit unsere Gäste auch alle syrischen Schätze von Menschengeist und Menschenhand vollbracht bewundern können. Besonders sehenswert sind die Ruinen von Palmyra, das 127 km von Homs entfernt liegt. Hier folgen die Besucher nicht nur den Spuren der sagenhaften syrischen Königin Zenobia, sondern können u. a. auch den einmaligen Baal-Tempel, die Zitadelle Fakhreddin Ibn Maan sowie die uralte Heilquelle von Palmyra erkunden.

Für weitere Informationen setzen Sie sich einfach mit unseren Büros in Deutschland in Verbindung:

Frankfurt/M.
Düsseldorfer Straße 4
D-60329 Frankfurt/M.
Tel: (069) 25 10 08/9.
Telefax: (069) 23 67 94.

München
Pacellistraße 5d
D-80333 München
Tel: (089) 22 20 67-69.
Telefax: (089) 29 69 16.

Berlin
Lietzenburger Straße 56
D-10719 Berlin
Tel: (030) 881 52 17.

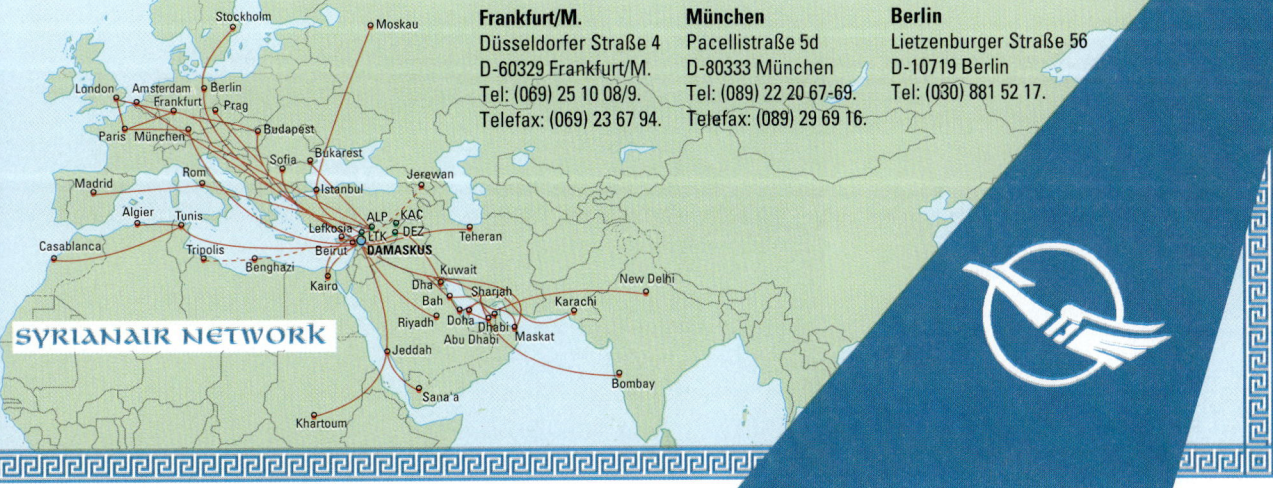

676 Syrien

BUS/PKW: Die wichtigsten internationalen Straßen führen von Istanbul über die E5 nach Ankara, Adana und Iskenderum (Türkei) weiter nach Syrien. Die Abzweigung bei Bab-al-Hawa führt nach Aleppo und die bei Kassab nach Lattakia. Die besten Straßen Richtung Süden kommen von Akaba am Roten Meer (Jordanien). **Fernbusse:** Es bestehen Busverbindungen zwischen Amman, Bagdad und Damaskus. Weitere Informationen s. *Unterlagen* und *Verkehrsbestimmungen*.

Frankfurt – Damaskus: 5 Std; *München* – Damaskus: 5 Std; *Wien* – Damaskus: 3 Std. 30.
Internationaler Flughafen: *Damaskus International Airport (DAM)* liegt 30 km südöstlich der Stadt (Fahrzeit 30 Min.). Am Flughafen gibt es eine Bank, Geschäfte einschl. Duty-free-Shops, Tourist-Information, Bars und Restaurants. Linienbusse fahren alle 20 Min. vom Stadtzentrum zum Flughafen. Taxis sind ebenfalls vorhanden, Fahrpreise sollten vorher ausgehandelt werden.
Aleppo (ALP) (Nejrab) liegt 10 km außerhalb der Stadt (Fahrzeit 20 Min.). Bank, Restaurant/Snackbar und Tourist-Information. Linienbusse und Taxis stehen zur Verfügung.
Lattakia liegt 25 km außerhalb der Stadt. Einige Charterflüge benutzen diesen Flughafen.
Flughafengebühren: 200 S£ bei der Ausreise, Transitreisende sind hiervon ausgenommen.
SCHIFF: Lattakia, Tartus und Banias sind die wichtigsten Hafenstädte. Es gibt eine Autofähre nach Bodrum (Türkei). Es gibt keine Passagierverbindungen.
BAHN: Bahnverbindungen führen nach Istanbul und Ankara (Türkei). In Ankara steigt man in den *Taurus-Express* nach Aleppo (Syrien) um.
BUS/PKW: Die wichtigsten internationalen Straßen führen von Istanbul über die E5 nach Ankara, Adana und Iskenderum (Türkei) weiter nach Syrien. Die Abzweigung bei Bab-al-Hawa führt nach Aleppo und die bei Kassab nach Lattakia. Die besten Straßen Richtung Süden kommen von Akaba am Roten Meer (Jordanien). **Fernbusse:** Es bestehen Busverbindungen zwischen Amman, Bagdad und Damaskus. Weitere Informationen s. *Unterlagen* und *Verkehrsbestimmungen*.

REISEVERKEHR - National

FLUGZEUG: *Syrian Arab Airlines (RB)* verbindet Aleppo, Palmyra, Deir-ez-Zor, Al-Qamishlye und Lattakia. Inlandflüge sind recht preiswert.
BAHN: Das 3735 km lange Streckennetz besteht aus 1785 km Normalspur, der Rest ist Schmalspur. Von Damaskus verkehren Züge in den Norden des Landes; die Verbindungen sind allerdings sehr unregelmäßig. Schlaf- und Speisewagen stehen nur bei der Direktverbindung in die Türkei zur Verfügung. Einige Züge sind klimatisiert. Außerdem besteht eine Zugverbindung von Aleppo zur libanesischen Grenze.
BUS/PKW: Das Straßennetz umfaßt rund 30.000 km, von denen 22.500 km einen Belag haben. Manche Straßen sind während der Regenzeit unbefahrbar. Die wichtigste Straße führt von Aleppo nach Damaskus und Dar'a (Nord-Süd-Achse). **Bus:** Linienbusse von Damaskus und Aleppo sind zuverlässig, preiswert und verbinden fast alle Ortschaften. Die weiß-orangefarbenen staatlichen *Karnak-Busse* sind klimatisiert, rechtzeitige Vorausbuchung wird empfohlen. Die Busse halten meist im Stadtzentrum. Private Busse und Minibusse sind zwar billiger, aber weniger komfortabel und haben keine festen Fahrpläne. **Taxi:** Sammeltaxis fahren in fast alle Landesteile. Andere Taxis, meist alte Limousinen, fahren auf allen wichtigen Strecken. Sie kosten 50-70% mehr als Karnak-Busse. **Verkehrsbestimmungen:** Die Höchstgeschwindigkeit in geschlossenen Ortschaften beträgt 40 km/h. **Unterlagen:** Internationaler Führerschein. Die Grüne Versicherungskarte wird bisher nicht anerkannt. Eine Versicherung ist gesetzlich vorgeschrieben. Man braucht eine Zollbescheinigung für die Einfuhr eines Autos, die bei allen Automobilklubs erhältlich ist.
STADTVERKEHR: In allen größeren Ortschaften verkehren staatliche Busse. Fast alle Busse außerhalb der Hauptstadt sind allerdings nur in arabisch beschriftet, was die Benutzung für Besucher ohne Sprachkenntnisse erheblich erschwert. Taxis stehen zur Verfügung, Fahrpreise sollten vorher ausgehandelt werden.
FAHRZEITEN von Damaskus zu den folgenden größeren syrischen Städten (ungefähre Angaben in Std. und Min.):

	Flugzeug	Bus/Pkw
Aleppo	1.00	5.30
Lattakia	1.00	5.00
Deir-ez-Zor	1.00	8.00
Al-Qamishlye	1.00	8.00
Palmyra	1.25	3.00
Dar'a	-	5.00
Hassake	-	8.00
Homs	-	1.30
Hama	-	2.00
Tartus	-	3.00

UNTERKUNFT

HOTELS: Unterkünfte sind mitunter schwer zu finden, man sollte deshalb auf eine Buchungsbestätigung bestehen. Es gibt keine saisonbedingten Preisunterschiede. 15% für Bedienung werden auf die Rechnung aufgeschlagen. Die meisten Hotels verlangen Devisen zur Bezahlung der Rechnung. **Kategorien:** Hotels werden mit 1-5 Sternen ausgezeichnet. Damaskus bietet mit drei 5-Sterne-Hotels und verschiedenen anderen Hotels mit mindestens 3 Sternen die beste Auswahl. In Aleppo gibt es mehrere 2- bis 5-Sterne-Hotels, in Homs 2- bis 4-Sterne, in Hama ein 5-Sterne-Hotel. In Lattakia gibt es eine gute Auswahl an 1- bis 5-Sterne-Hotels, in den Bergen

außerhalb Lattakias stehen 1- bis 3-Sterne-Hotels zur Verfügung. Hotels in Tartus haben 1-4 Sterne; jeweils ein Hotel gibt es in Idlib (2 Sterne) und Palmyra (5 Sterne). Mehrere 3-Sterne-Hotels sind in Sweida vorhanden. Weitere gute Unterkunftsmöglichkeiten in Hassake (1-3 Sterne), Al-Qamishlye (1-2 Sterne), Deir-ez-Zor und Dar'a (2 und 5 Sterne), Raqqah (1-4 Sterne) und Bosra (ein 5-Sterne-Hotel).
GUEST HOUSES: In Damaskus, Zabadani, Aleppo, Idlib, Dar'a und Bosra sind einfache Guest Houses vorhanden. Im Sommer gibt es auch in den *Cités Universitaires* Unterkünfte für Preisbewußte.
CAMPING: Es gibt einige ausgewiesene Campingplätze, z. B. in Damaskus, Aleppo, Lattakia und Tartus. Außerhalb zahlreicher Urlaubsorte kann man ebenfalls zelten.

URLAUBSORTE & AUSFLÜGE

Der Süden

Damaskus: Die Hauptstadt Syriens ist die älteste bewohnte Stadt der Welt und daher reich an verschiedenen Kulturen, Sehenswürdigkeiten und Menschen. Die *Ummayyad-Moschee* erreicht man nach einem Bummel durch den *Al-Hamidiyyeh-Basar*. Die Moschee spiegelt in vieler Hinsicht die bewegte Geschichte der uralten Stadt wieder. Sie ruht auf den Ruinen eines Tempels des aramäischen Gottes Haddad, der von den Römern umgebaut und dem Gott Jupiter geweiht wurde. Die Byzantiner zerstörten den heidnischen Tempel und errichteten eine Kathedrale zu Ehren Johannes des Täufers. 636 n. Chr. führten die Araber den Islam ein und wandelten die Kathedrale in die heutige Moschee um. Innerhalb der Moschee liegt das Grab Johannes des Täufers. Die *Tikiyyeh-Moschee* wurde im 16. Jahrhundert mit zwei sehr eleganten Minaretten und einer riesigen Kuppel gebaut. Der *Al-Azem-Palast* (18. Jh.) ist heute ein Nationalmuseum mit zahlreichen wunderschönen Ausgaben des Korans. In der Altstadt von Damaskus, ein Stück von der berühmten *Via Recta* oder *Bab Sharqi* (»Gerade Straße«) entfernt, steht das *Haus von Hanania*. Hier versteckte sich einst der Apostel Paulus und benutzte die unterirdische Kapelle für den Gottesdienst. Die Kirche am Stadtwall von Damaskus, aus der er mit Hilfe eines Korbes entkommen konnte, kann ebenfalls besichtigt werden. Sehenswert sind auch der *Schrein der Saida Zainab* (der Enkelin des Propheten Mohammed), *Saladins Grabmal* im Hof hinter der Ummayyad-Moschee sowie die Außenbezirke von Damaskus. In Dummar finden saisonbedingte Feste statt, hier sind auch zahlreiche Restaurants zu finden. *Ghota*, der »Obstgarten« von Damaskus, ist während der Baumblüte im Frühjahr besonders schön.
Bosra: In dem guterhaltenen Amphitheater der römischen Stadt wird jedes zweite Jahr ein Musikfestival veranstaltet. Sehenswert ist auch der *Souk*.
Urlaubsorte/Ausflüge: *Bloudan* und *Zebadani* liegen in der Nähe von Damaskus. Ein Abstecher zu den *Tel-Shehab-Wasserfällen* ganz im Süden dieser Region lohnt sich unbedingt.

Die Landesmitte

Palmyra: Die legendäre Königin Zenobia verteidigte die Stadt gegen Angriffe der Römer und Perser. 272 n. Chr. eroberte und zerstörte der römische Kaiser Aurelius die Stadt, nahm Zenobia gefangen und brachte sie nach Rom. Besonders sehenswert sind das *Tal der Gräber*, das *Hypogäum der drei Brüder*, der *Bel-Tempel* und der *Triumphbogen*. Diese Ruinen gelten als die bedeutendsten antiken Bauwerke im Nahen Osten.
Homs: In der drittgrößten Stadt Syriens steht die erste Erdölraffinerie des Landes, hier ist zudem viel Industrie angesiedelt. Besuchenswert ist vor allem das Mausoleum des *Khalid Ibn al-Walid*.
Crac des Chevaliers: Die berühmteste Festung der Kreuzritter liegt ca. 65 km von Homs entfernt. Zur Zeit des Königreichs Jerusalem (1100-1290) war die von mehreren Wachttürmen geschützte Festung Hochburg der Hospitaler, eines religiösen Ordens, der sich um Kranke, Reisende und Pilger kümmerte. In Friedenszeiten diente die 670 m hoch gelegene Burg-Garnison für Tausende von Soldaten. Die fruchtbare Umgebung versorgte die Bewohner mit Lebensmitteln. Die Kreuzritter-Burgen *Salaheddin* in der Nähe von Lattakia und Markab bei Banias sind ebenfalls einen Besuch wert.
Hama: Diese Stadt am Orontes liegt etwa 45 km von Homs entfernt und wurde angeblich 5000 v. Chr. gegründet. Die *Norias*, gigantische hölzerne Wasserräder, bewässern auch heute noch die Stadt und zahlreiche öffentliche Gartenanlagen. Sehenswert sind die *Große Moschee* und das Museum im *Al-Azem-Palast*.

Der Norden

In *Aleppo*, das womöglich noch älter ist als Damaskus, steht eine mächtige Zitadelle, das beste syrische Beispiel arabischer Militärarchitektur. Sie wurde auf einer Stelle errichtet, an der sich einst eine Akropolis der Hethiter befand. Die Anzahl der Moscheen ist erstaunlich. Für Touristen ist ganz besonders ein *Souk* interessant, ein Markt, der auf 16 km engen, gewundenen Straßen besteht. Hier steht ein Geschäft neben dem anderen. Die öffentlichen *Hammams* (Bäder) und die uralten *Khans* (Rasthäuser) sind sehr gut erhalten und auf jeden Fall sehenswert. Das archäologische Museum der Stadt dokumentiert die altehrwürdige Geschichte des Landes. Aleppo ist Geschäfts- und Industriezentrum Syriens.
Das am Mittelmeer gelegene **Lattakia** ist nicht nur eine bedeutende Hafenstadt, sondern auch ein beliebter Urlaubsort. Die Stadt liegt an den Ausläufen einer bewaldeten Bergkette, der Grund für den herrlichen Ausblick auf die Küste. Zahlreiche antike Stätten können besichtigt werden, darunter die Ruinen des *Bacchus-Tempels* und des *Triumphbogens*.
Urlaubsorte/Ausflüge: *Tartus* bietet schöne Strände und Berge. 10 km landeinwärts liegen die *Drekisch-Berge* mit sauberen, klaren Quellen. In der Nähe von Lattakia liegen die beliebten Ferienorte *Kassab* und *Slounfeh*.

Der Osten

Die Städte und Sehenswürdigkeiten in diesem Abschnitt werden in der Reihenfolge behandelt, in der sie am Fluß Euphrat in südwestlicher Richtung liegen. Die Festung *Ja'bar*, westlich von Raqqah, spiegelt sich im blauen Wasser des Euphrat. Die antike Stadt **Raqqah** am linken Flußufer wurde im 4. Jh. vor Chr. von Alexander dem Großen gegründet. Seit der Fertigstellung des Euphrat-Damms ist sie eine bedeutende Wirtschaftsmetropole Syriens. **Halabiyyeh** und **Zalabiyyeh** waren militärisch wichtige Städte zur Zeit der Königin Zenobia. Die Ruinen können 40 km von **Deir-ez-Zor** besichtigt werden. Deir-ez-Zor am rechten Flußufer wird oft als Perle des Euphrats bezeichnet. Die Parks und Obstgärten an den Flußufern harmonieren wunderbar mit der goldenen Wüste, durch die sich der silberne Euphrat schlängelt. Die Zitadelle *Rahba* in der Nähe von **Al-Mayadin** wurde zum Schutz der Handelsroute entlang des Euphrat gegen die Tartaren und Mongolen errichtet. Die antike Stadt **Doura Europos** (Salhieh) hat eine lange Geschichte als Handels- und Militärstützpunkt unter den Griechen, Römern, Persern und Palmyrern.
Mari liegt an der Handelsroute von Syrien nach Mesopotamien. Die ältesten Ruinen der Stadt sind 5000 Jahre alt. Den *Königlichen Palast* sollte man auf jeden Fall besichtigen. Der Herrscher des Stadtstaates Mari, Zimrilim, erbaute das gewaltige Gebäude mit 300 Räumen vor 2000 Jahren. In den dreißiger Jahren dieses Jahrhunderts wurde es bei Ausgrabungsarbeiten wiederentdeckt. Heute wird es durch ein modernes Dach vor Witterungseinflüssen geschützt.
RUNDREISEN: 5tägige: Damaskus – Maaloula – Palmyra – Crac des Chevaliers – Damaskus. **7tägige:** Damaskus – Maaloula – Palmyra – Crac des Chevaliers – Lattakia – Aleppo – Damaskus.

ADONIS
TRAVEL & TOURISM
Ghassan Idris

SYRIEN
LIBANON

Ghassan Idris und das Adonis Personal: 30 Spezialisten im Bereich der Gastfreundschaft unternehmen alle Anstrengungen, um den ausgefallensten Wünschen und höchsten Ansprüchen eines kulturellen Urlaubs gerecht zu werden.
Mit ADONIS wird Ihr Urlaub garantiert »sur mesure«.

Almoutanabi Str. 34 - 36 - PO Box 4895 - Tel: 223 62 72 - 221 10 25
Fax: 22318 27 - 222 30 62 - Tlx: 413107-412344 - Damaskus, Syrien

Byblos I Blvd. - Tel: 09/94 95 99 - Fax: 09/94 63 51
Tlx: 45244 BYBMER - PO Box 22 - Jbeil, Libanon

Syrien

▲ Souk Al-Tawil, Hama

SOZIALPROFIL

ESSEN & TRINKEN: Zahlreiche Restaurants in Damaskus und Aleppo bieten orientalische und europäische Gerichte an. Landesspezialitäten sind *Kubbeh* (Klößchen aus Grieß, Fleisch, Zwiebeln und Nüssen), *Yabrak* (mit Reis und Fleisch gefüllte Weinblätter), *Ouzi* (mit Reis und Fleisch gefüllte Pasteten) und verschiedene Gemüsesorten, die mit Fleisch und Tomatensoße zubereitet auf verschiedenen Tellern serviert und mit Reis gemischt gegessen werden. Unter anderem werden Okra, grüne Bohnen und die einheimische Gemüseart *Malukhiyya* angeboten. Tischbedienung ist üblich. **Getränke:** Die zahlreichen Bars bieten Spirituosen aller Art an. Alkohol ist erlaubt, allerdings nicht während des Fastenmonats Ramadan. In dieser Zeit sollte man vor Einbruch der Dunkelheit in der Öffentlichkeit weder rauchen noch trinken.
EINKAUFSTIPS: Die *Souks* (Märkte) bieten eine reichhaltige Auswahl an Souvenirs, dies gilt besonders für Aleppo. Syriens Handwerker stellen Meisterwerke aus Perlmutt und Olivenholz her (z. B. Backgammonspiele) sowie Handgewebtes, Stickereien, Lederwaren aller Art und wunderschönen Gold- und Silberschmuck. **Öffnungszeiten der Geschäfte:** Sa-Do 09.30-14.00 und 16.30-21.00 Uhr (im Sommer); 09.30-14.00 und 16.00-20.00 Uhr (im Winter).
SPORT: In den Urlaubsorten am Mittelmeer können Wassersportarten wie z. B. **Kanufahren** und **Tauchen** ausgeübt werden. Zahlreiche Hotels im Landesinneren haben **Swimmingpools** und öffentliche Schwimmbäder, vor allem in Aleppo und Damaskus.

VERANSTALTUNGSKALENDER

April/Mai '96 *Wüstenfest*, Palmyra. **Juli** (1) *Weinfestival*, Sweida. (2) *Baumwollfestival*, Aleppo. **3. Juli** *Internationale Messe*, Damaskus. **Aug. - Sept.** *Internationale Messe*, Damaskus. **Okt.** *Folklore- und Musikfestival*, Bosra. **Nov.** *Film- und Theaterfestival*, Damaskus. **April '97** *Blumenfest*, Lattakia.
SITTEN & GEBRÄUCHE: Die Syrer sind zurecht stolz auf ihre modernen Errungenschaften, auf ein einmaliges Kulturerbe und auf die wunderbare Kunsthandwerkstradition des Landes. Gastfreundschaft ist eine tiefverwurzelte und jahrtausendealte arabische Tradition, jeder Gast wird ausgesprochen höflich empfangen. Besucher sollten die orientalische Lebensweise voll auskosten, aber gleichzeitig die arabischen Sitten und Gebräuche beachten. Zur Begrüßung und zum Abschied gibt man sich die Hand. Ständig werden Erfrischungen wie Kaffee angeboten. Ein Andenken aus der Heimat oder der Firma wird gern angenommen. Zurückhaltende Alltagskleidung ist angemessen. Shorts und Badekleidung gehören an den Strand bzw. Swimmingpool. Nichtraucherzonen sind ausgeschildert. Während des Fastenmonats Ramadan darf vor Einbruch der Dunkelheit in der Öffentlichkeit weder geraucht noch getrunken werden. **Fotografieren:** Alle Einrichtungen, die auch nur im entferntesten militärisch sein könnten, dürfen nicht fotografiert werden. Dies gilt auch für die Umgebung militärischer Anlagen und selbst für die Antennen der Radiosender. Man sollte sich den Hintergrund sehr genau ansehen, bevor ein Foto geschossen wird. Vorsicht bei der Motivwahl ist generell angebracht; bevor man Personen fotografiert, sollte zuvor unbedingt um Erlaubnis gefragt werden. **Trinkgeld:** In den Rechnungen sind meist 10% für Bedienung enthalten, zusätzliche 10% sind üblich. Für alle Dienstleistungen wird ein kleines Trinkgeld erwartet.

WIRTSCHAFTSPROFIL

WIRTSCHAFT: Landwirtschaft und Erdölgewinnung sind Syriens Schlüsselindustrien. 23% der Erwerbstätigen ist in der Landwirtschaft beschäftigt (1992), in der als Hauptexporterzeugnis Baumwolle angebaut wird; Weizen, Gerste, Obst und Gemüse werden in erster Linie für den Eigenbedarf angebaut. Die Fertigungswirtschaft hat nur regionale Bedeutung. Den größten wirtschaftlichen Stellenwert haben die Ölvorkommen, die im Vergleich zu den übrigen Ländern der Region zwar gering sind, aber seit Anfang der siebziger Jahre für einen kleinen Handelsüberschuß ausreichen. 1987 kam es allerdings zu einer Krise, bedingt durch den niedrigen Ölpreis, die Schließung der größten Pipeline (durch den Irak) und die hohen Militärausgaben. Finanzhilfen aus der damaligen Sowjetunion und dem Iran waren erforderlich. Bis 1989 hatte sich die Wirtschaft so weit erholt, daß Syrien zum ersten Mal seit 30 Jahren einen beachtlichen Handelsüberschuß zu verzeichnen hatte, vor allem die Ölindustrie florierte wieder. Seit Ende der achtziger Jahre wird der private Sektor ausgeweitet, was zur Vergrößerung des Exportvolumens und einer Belebung der Wirtschaft geführt hat. Der Golfkrieg hatte unterschiedliche Auswirkungen auf die syrische Wirtschaft; wie in allen Nachbarländern des Irak war auch in Syrien der Handel betroffen. Als Mitglied der von den USA angeführten Koalition erhielt Damaskus jedoch Wirtschaftshilfe aus dem Westen und den anderen Golfstaaten. Die Umwälzungen in der früheren Sowjetunion haben einige Schwierigkeiten verursacht, da Syrien lange Zeit ein bedeutender Handelspartner und Abnehmer sowjetischer Maschinen und Waffen war. Momentan machen der Regierung wirtschaftlich gesehen in erster Linie die hohe Auslandsverschuldung, sowie die Öffnung des Atatürk-Dammes in der Türkei und die daraus resultierende Wasserknappheit zu schaffen. Frankreich und Italien sind die Haupthandelspartner des Landes; die wichtigsten Ausfuhrgüter sind 62% Erdöl und Erdölderivate, 25% Baumwolle und Textilien, außerdem Viehzuchtprodukte, Früchte und Wolle (1990).
GESCHÄFTSVERKEHR: Anzug bzw. Kostüm sind angemessen. Fast alle Geschäftsleute in Syrien sprechen außer arabisch auch französisch oder englisch. Terminvereinbarungen sind erforderlich, Visitenkarten erwünscht. Geschäftliche Unterredungen werden in arabischen Ländern häufig mit mehreren Partnern gleichzeitig abgehalten. Gute arabische Dolmetscher sind nicht einfach zu finden. **Geschäftszeiten:** Sa-Do 08.30-14.30 Uhr. Regierungsämter, Banken und muslimische Firmen haben freitags geschlossen, dafür sonntags geöffnet; christliche Firmen haben freitags geöffnet und sonntags geschlossen. Während des Fastenmonats Ramadan öffnen Regierungsämter eine Stunde später, alles geht langsamer vonstatten.
Kontaktadressen: *The Commercial Counsellor at the Austrian Embassy* (Außenhandelsstelle der Wirtschaftskammer Österreich), PO Box 7659, Damaskus. Tel: (011) 212 46 16, 212 47 71. Telefax: (011) 224 85 36. *Damascus Chamber of Commerce* (Handelskammer), BP 1040, Damaskus. Tel: (011) 21 13 39. Telex: 41 13 26. *Federation of Syrian Chambers of Commerce*, BP 5909, Damaskus. Tel: (011) 333 73 44. Telefax: (011) 333 11 27.

KLIMA

Trockene, heiße Sommer und verhältnismäßig kalte Winter. Nachts fallen die Temperaturen stark ab.
Kleidung: Leichte Sachen im Sommer, in praller Sonne wird unbedingt eine Kopfbedeckung empfohlen. Warme Winterkleidung in den Monaten November bis März.

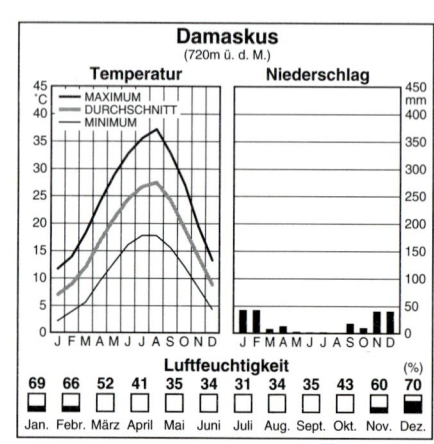

Tadschikistan

Lage: Zentralasien, zwischen Afghanistan und China.

Anmerkung: In Berg-Badachschan im Pamir-Gebirge im tadschikisch-afghanischen Grenzgebiet kommt es immer noch vereinzelt zu bewaffneten Grenzzwischenfällen. Von Reisen nach Tadschikistan wird immer noch abgeraten, vor allem da der Waffenstillstand nicht verlängert wurde und sich die Sicherheitslage kurzfristig ändern kann. Die schlechte Versorgungslage (v. a. auch Treibstoffknappheit und Engpässe bei der Stromversorgung) und die mangelnde Infrastruktur erschweren das Reisen im ganzen Land. Aktuelle Informationen erteilen das Auswärtige Amt in Bonn, das Außenministerium in Wien bzw. das EDA in Bern.

Olympia-Reisen
Siegburger Straße 49
D-53229 Bonn
Tel: (0228) 40 00 30. Telefax: (0228) 46 69 32.
Mo-Fr 08.00-18.00 Uhr.

Intourist Tadschikistan
c/o Hotel Tadschikistan
Ulica Schotemur 22
Duschanbe 734001
Tel: (03772) 27 49 73, 27 43 73. Telefax: (03772) 27 51 55.

Botschaft der Republik Tadschikistan
Hans-Böckler-Straße 3
D-53225 Bonn
Tel: (0228) 97 29 50. Telefax: (0228) 972 95 55.
Mo-Fr 09.00-13.00 Uhr.
(auch zuständig für Österreich und die Schweiz)

Botschaft der Bundesrepublik Deutschland
2. Projesd Asisbekowa 21
734013 Duschanbe
Tel: (03772) 21 21 89/98. Telefax: (03772) 21 22 45.
Die diplomatische Vertretung Österreichs erfolgt durch die Botschaft in Moskau (s. Russische Föderation).
Die diplomatische Vertretung der Schweiz erfolgt durch die Botschaft in Taschkent (s. Usbekistan).

FLÄCHE: 143.100 qkm.
BEVÖLKERUNGSZAHL: 5.767.000 (1993).
BEVÖLKERUNGSDICHTE: 40 pro qkm.

TIMATIC INFO-CODES

Abrufbar über Ihr CRS-System (für START/Amadeus Ama-Maske benutzen). Für Galileo bitte TI-DFT eingeben (mit Bindestrich).

Flughafengebühren	TI DFT/ DYU /TX
Währung	TI DFT/ DYU /CY
Zollbestimmungen	TI DFT/ DYU /CS
Gesundheit	TI DFT/ DYU /HE
Reisepassbestimmungen	TI DFT/ DYU /PA
Visabestimmungen	TI DFT/ DYU /VI

HAUPTSTADT: Duschanbe. **Einwohner:** 582.400 (1991).
GEOGRAPHIE: Tadschikistan grenzt im Norden an Kirgisistan und Usbekistan, im Süden an Afghanistan und im Osten an die Volksrepublik China. 93% der Republik besteht aus Gebirge, von denen das bis auf 7495 m ansteigende Hochgebirgsland des Pamir die größte Fläche einnimmt. Aufgrund der einmalig schwer zugänglichen Gebirgslandschaft ist es im Winter unmöglich, den Osten oder Norden des Landes ohne Umweg über Kirgisistan oder Usbekistan zu erreichen. In den fruchtbaren Ebenen des Südwesten wird vor allem Baumwolle angebaut. In der nördlichen Region Chudschand (ehemals Leninabad) überwiegen Baumwollanbau und Seidenproduktion.
STAATSFORM: Präsidialrepublik seit 1994. Im Januar 1994 wurde ein neues Regierungssystem eingeführt, und die neue Verfassung ist seit November 1994 gültig. Staatsoberhaupt: Präsident Imomali S. Rachmanov, seit November 1994. Regierungschef: Dschamsched Karimov, seit Dezember 1994. Das halbautonome Gebiet Berg-Badachschan strebt nach größerer Selbständigkeit.
RELIGION: Islam, russisch-orthodoxe Minderheiten.
SPRACHE: Hauptsächlich Tadschikisch, eine alte persische Sprache, die zur Gruppe der iranischen Sprachen gehört. Im Gebirgszug des Pamir gibt es mindestens fünf verschiedene Sprachen, die alle mit Altiranisch verwandt sind. Russisch wird ebenfalls viel gesprochen, und eine Diskriminierung gegen die russischsprachige Bevölkerung ist gesetzlich verboten. In der Touristikbranche wird außerdem häufig Englisch gesprochen.
ORTSZEIT: MEZ + 5.
NETZSPANNUNG: 220 V, 50 Hz.
POST- UND FERNMELDEWESEN: Telefon: Selbstwählferndienst nur *nach* Tadschikistan. **Landesvorwahl:** 7 Ortsnetzkennzahl für Duschanbe ist 03772. Ferngespräche ins Ausland werden generell von Fernamt vermittelt und können von Telefonämtern aus geführt werden, die normalerweise an die Postämter angeschlossen sind (Maidoni-Dusti-Straße, vormals Ploshchad Lenina, in Duschanbe). Außerdem kann man Ferngespräche von einigen Hotels aus anmelden, wie z. B. dem Hotel Tadschikistan und dem Hotel Oktjabrskaja. Für Direktverbindungen innerhalb des GUS wählt man eine 8, wartet auf einen Wählton und wählt dann die Teilnehmernummer. Ortsgespräche sind kostenlos. **Telefax:** Große Hotels bieten ihren Gästen einen Telefaxservice an. **Telex/Telegramme** können in den Postämtern der größeren Städte aufgegeben werden. Für den Telexservice wird eine Tastatur mit kyrillischen und lateinischen Buchstaben verwendet, die recht unpraktisch ist. Große Hotels bieten ihren Gästen einen Telexdienst an. **Post:** Post nach Westeuropa ist zwischen zwei Wochen und zwei Monaten unterwegs. Frankierte Umschläge können in Postämtern gekauft werden. Die Adresse sollte in der folgenden Reihenfolge auf den Umschlag geschrieben werden: Land, Postleitzahl, Stadt, Straße, Hausnummer und schließlich der Name des Adressaten. Öffnungszeiten der Postämter: Sa-Do 08.00-18.00 Uhr. Touristen können außerdem die Postämter in den großen Hotels benutzen.
DEUTSCHE WELLE
Der Einsatz der Kurzwellenfrequenzen ändert sich mehrfach im Laufe eines Jahres, und Sendungen auf den folgenden Frequenzen werden jeweils nur zu bestimmten Tageszeiten ausgestrahlt. Näheres in der Einleitung.

MHz	21,640	15,275	13,780	9,655	9,525
Meterband	13	19	22	31	31

REISEPASS/VISUM

Wichtiger Hinweis: Die Einreisebestimmungen mancher Länder können sich kurzfristig ändern – rufen Sie sicherheitshalber auf Ihrem CRS-System (TIMATIC-Info-Code-Fenster in diesem Kapitel) den aktuellen Stand ab bzw. wenden Sie sich an die zuständige diplomatische Vertretung. Etwaige Zahlen in der Tabelle beziehen sich auf nachfolgende Fußnoten.

	Paß erforderlich?	Visum erforderlich?	Rückflugticket erforderlich?
Deutschland	Ja	Ja	Nein
Österreich	Ja	Ja	Nein
Schweiz	Ja	Ja	Nein
Andere EU-Länder	Ja	Ja	Nein

Anmerkung: Die Einreisebestimmungen können sich jederzeit ändern. Reisenden wird empfohlen, sich vor Reiseantritt mit einem Spezialreisebüro bzw. den zuständigen Vertretungen in Verbindung zu setzen (Adressen s. o.).
REISEPASS: Allgemein erforderlich, muß noch 6 Monate über den Aufenthalt hinaus gültig sein.
VISUM: Allgemein erforderlich.
Anmerkung: Visa werden weder an der Grenze noch im Flughafen ausgestellt.
Visaarten: Touristen- und Geschäftsvisa (mehrmalige Einreise).
Visagebühren: Die Preise ändern sich häufig, Informationen von den zuständigen Vertretungen einholen.
Gültigkeitsdauer: Wird individuell entschieden.
Antragstellung: Bei den Konsularabteilungen der einzelnen Botschaften (Adressen s. o.).
Unterlagen: (a) Reisepaß. (b) 4 Paßfotos. (c) Antrag. (d) Gebühr. (e) Eine Einladung eines tadschikischen Staatsbürgers oder einer tadschikischen Organisation bzw. die Buchungsbestätigung eines Reisebüros (für Touristen). (f) Ggf. ein Rückflugticket.
Bei postalischer Beantragung sollte ein frankierter Rückumschlag (Einschreiben) und der Zahlungsbeleg über die Visumgebühren beigefügt werden.
Bearbeitungszeit: 10 Tage, falls der Antrag direkt nach Tadschikistan gefaxt wurde.
Aufenthaltsgenehmigung: Anträge sollten an die Abteilung für Konsularangelegenheiten des Außenministeriums gestellt werden.

GELD

Währung: Tadschikistan ist neben Belarus einer der beiden einzigen Staaten der ehemaligen Sowjetunion, der in der Rubel-Zone verblieben ist. Im Januar 1994 wurde der neue Tadschik Rubel (TR) in der Hoffnung eingeführt, die astronomische Inflationsrate bald eindämmen zu können. Unmittelbare Folge der Einführung war jedoch zunächst eine Preissteigerung. Banknoten sind in den Nennbeträgen von 50.000, 10.000, 5000, 1000, 500, 200 und 100 Rbl in Umlauf. Es gibt nur wenige Geldmünzen; sie sollen jedoch bald in größerer Anzahl eingeführt werden. Der Wechselkurs auf dem Schwarzmarkt liegt bis zu 30% höher als die offizielle Rate. Die Einführung einer eigenen Währung, des Somon, ist geplant.
Geldwechsel: Bezahlung in US-Dollars wird bevorzugt, allerdings werden auch andere Devisen akzeptiert. Alle Rechnungen müssen normalerweise bar bezahlt werden, und Touristen müssen ihre Hotelrechnung in Devisen begleichen. Bei Pauschalreisen und organisierten Touren ist die Unterkunft allerdings meistens im Preis inbegriffen. Da es kaum Kleingeld gibt, sollte man immer Banknoten mit geringem Nennwert bei sich haben. Geld sollte grundsätzlich in den offiziellen Wechselstuben der Hotels oder Banken umgetauscht und die Quittungen sollten aufbewahrt werden.
Kreditkarten: Einige Hotels in der Hauptstadt akzeptieren *Visa*, *Diners Club* und *Eurocard*. Außerhalb von Duschanbe sind Kreditkarten weniger gebräuchlich. Einzelheiten vom Aussteller der betreffenden Kreditkarte.
Reiseschecks werden nicht akzeptiert.
Wechselkurse

	Rbl Sept. '92	Rbl Febr. '94	Rbl Jan. '95	Rbl Jan. '96
1 DM	0,38	0,34	0,43	0,45
1 US$	0,56	0,58	0,67	0,64

Anmerkung: Offizieller Wechselkurs: Der tatsächliche Marktwert weicht stark ab (1 DM = 4457,16 Rbl; 1 US$ = 3251,48 Rbl; Stand Jan. '96). Die Russische Zentralbank setzt den offiziellen Wechselkurs zweimal wöchentlich fest.
Devisenbestimmungen: Die Ein- und Ausfuhr der Landeswährung ist verboten. Die Einfuhr von Fremdwährungen ist unbegrenzt, muß aber bei der Einreise deklariert werden. Die Ausfuhr von Fremdwährungen ist auf den bei der Einreise deklarierten Betrag beschränkt. Es wird empfohlen, die Landeswährung vor der Ausreise zurückzutauschen.
Öffnungszeiten der Banken: Sa-Do 09.30-17.30 Uhr.

GESETZLICHE FEIERTAGE

9. Sept. '96 Unabhängigkeitstag. **1. Jan. '97** Neujahr. **10. Jan.** Beginn des Ramadan. **10. Febr.** Ramazan (Ende des Ramadan). **23. Febr.** Tag der Gründung der nationalen Armee. **8. März** Tag der Frau. **21. März** Idi Navrus (vorislamische Neujahrsfeier). **29. April** Idi Qourbon (Opferfest).
Anmerkung: Die angegebenen Daten für islamische Feiertage richten sich nach dem Mondkalender und verschieben sich daher von Jahr zu Jahr. Während des Fastenmonats Ramadan, der dem Festtag Ramazon vorangeht, essen Mohammedaner nicht tagsüber, sondern erst nach Sonnenuntergang, wodurch der normale Geschäftsablauf gestört werden kann. Diese Unterbrechungen können auch während des Ramazon auftreten. Dieses Fest hat keine festgelegte Zeitdauer und kann je nach Region 2-10 Tage dauern. Nähere Informationen im Kapitel *Welt des Islam* (s. Inhaltsverzeichnis).

GESUNDHEIT

In der folgenden Tabelle aufgeführte Impfvorschriften können sich kurzfristig ändern. Es wird stets empfohlen, auf Ihrem CRS-System (TIMATIC-Info-Code-Fenster in diesem Kapitel) den aktuellen Stand der Gesundheitsbestimmungen abzurufen bzw. rechtzeitig vor der Reise ärztlichen Rat einzuholen.

	Vorsichtsmaßnahmen empfohlen	Impfschein erforderlich
Gelbfieber	Nein	Nein
Cholera	1	1
Typhus & Polio	2	–
Malaria	3	–
Essen & Trinken	4	–

[1]: Eine Impfbescheinigung gegen Cholera ist keine Einreisebedingung, das Risiko einer Infektion besteht

jedoch. 1993 wurden fünf Cholerafälle mit tödlichem Ausgang gemeldet. Da die Wirksamkeit der Schutzimpfung umstritten ist, empfiehlt es sich, rechtzeitig vor Antritt der Reise ärztlichen Rat einzuholen. Näheres unter *Gesundheit* (s. Inhaltsverzeichnis).
[2]: Typhus und Paratyphus kommen vor, Poliomyelitis ist ebenfalls weit verbreitet.
[3]: Malariafälle wurden aus den südlichen Grenzgebieten gemeldet. Besucher, die in diese Gegend reisen möchten, sollten entsprechende Vorsichtsmaßnahmen treffen. Die weniger gefährliche Form *Plasmodium vivax* herrscht vor.
[4]: Wasser, das zum Trinken, Zähneputzen oder zur Eiswürfelbereitung benutzt werden soll, sollte vorher abgekocht oder anderweitig sterilisiert werden. Milch ist pasteurisiert, und Milchprodukte können ohne Bedenken verzehrt werden. Fleisch- und Fischgerichte nur gut durchgekocht und heiß serviert essen. Der Genuß von Schweinefleisch, Salat und Mayonnaise sollte vermieden werden. Gemüse sollte gekocht und Obst geschält werden.
Tollwut kommt vor. Wer ein erhöhtes Risiko eingeht (z. B. längerer Aufenthalt in abgelegenen Gebieten), sollte vor Reiseantritt eine Schutzimpfung erwägen. Bei Bißwunden so schnell wie möglich ärztliche Hilfe in Anspruch nehmen.
Hepatitis A, B und *E* kommen ebenfalls vor.
Diphtherie-Ausbrüche wurden gemeldet, eine Schutzimpfung wird empfohlen.
Gesundheitsvorsorge: Der Abschluß einer Reisekrankenversicherung wird dringend empfohlen. Da das nationale Gesundheitswesen unter chronischem Medikamentenmangel leidet, wird Reisenden empfohlen, eine gut bestückte Reiseapotheke mit Erste-Hilfe-Ausrüstung mitzunehmen.

REISEVERKEHR - International

FLUGZEUG: Die nationale Fluggesellschaft *Tajik Air* hat ihren internationalen Flugdienst im Dezember 1993 aufgenommen und fliegt regelmäßig nach London und New Delhi (Indien). Derzeit wird darüber verhandelt, Karachi, Frankfurt/M. und Bangkok in den Flugplan aufzunehmen. Ferner kann man von Duschanbe nach Moskau, St. Petersburg und Sharja (VAE) fliegen, falls der Flugverkehr nicht aufgrund von Treibstoffengpässen oder Unruhen in Tadschikistan unterbrochen wird. Der Iran und die USA sind als weitere Flugziele im Gespräch. Die tägliche Flugverbindung nach Moskau ist aufgrund der Treibstoffknappheit unzuverlässig.
Durchschnittliche Flugzeiten: *London* – Duschanbe: 6 Std; *Moskau* – Duschanbe: 4 Std; *Karachi* – Duschanbe: 2 Std. und *New Delhi* – Duschanbe: 1 Std. 30.
Internationaler Flughafen: *Duschanbe (DYU)* liegt südlich der Stadt. Taxistand vorhanden. Oberleitungsbusse fahren in die Innenstadt.
BAHN: Züge sind, abgesehen vom Flugzeug, die zuverlässigste Möglichkeit, nach Duschanbe zu gelangen. Eine Nebenstrecke der Transkaspischen Eisenbahn führt von der afghanischen Grenze in Usbekistan Richtung Norden nach Duschanbe. Die Fahrt von Taschkent (Usbekistan) nach Duschanbe dauert ca. 22 Stunden, von Moskau fährt man ca. 4 Tage in die tadschikische Hauptstadt. Chudschand im Norden des Landes kann direkt von Samarkand (Usbekistan) aus erreicht werden.
BUS/PKW: Es gibt Verbindungsstraßen nach Usbekistan und Kirgisistan. Manchmal werden die Grenzen jedoch ohne Vorankündigung geschlossen, oder heftiger Schneefall macht die Straßen unpassierbar. **Fernbus:** Der Fernbusverkehr wird immer wieder durch Grenzschließungen unterbrochen und ist unzuverlässig. Der Busdienst zwischen Duschanbe und Samarkand wurde im Januar 1994 erneut aufgenommen. Die Grenze zwischen Tadschikistan und Afghanistan ist offiziell geschlossen.

REISEVERKEHR - National

FLUGZEUG: Inlandflugverkehr nach Chorog (Berg-Badachschan), Chudschand und Kulob. Diese Verbindungen sind jedoch von den Witterungsbedingungen und den ganzjährig auftretenden Treibstoffengpässen abhängig.
Durchschnittliche Flugzeiten: Duschanbe – *Chorog*: 1 Std; Duschanbe – *Chudschand*: 1 Std. und Duschanbe – *Kulob*: 30 Min.
BAHN: Es gibt nur drei Zugstrecken in Tadschikistan: Eine führt südlich von Duschanbe über Kurgon-Teppa und Schaartuz nach Termez an der usbekisch-afghanischen Grenze; die zweite verbindet Duschanbe über Kurgon-Teppa mit Tugul an der afghanischen Grenze; die dritte liegt im Norden und führt vom Fergana-Tal über Chudschand in die usbekische Stadt Samarkand. Die Strecke südlich von Duschanbe war vorübergehend geschlossen, nachdem sie im Herbst 1993 gesprengt wurde. Inzwischen ist sie jedoch repariert. Eine Nebenstrecke von Kulob nach Kurgon-Teppa ist derzeit im Bau.
BUS/PKW: Das Straßennetz ist relativ gut, einige Straßenabschnitte sind jedoch saisonbedingt unpassierbar. Im Winter (Oktober bis März) sind drei der vier wichtigsten Verbindungsstraßen von der Hauptstadt in den Südwesten des Landes aufgrund heftiger Schneefälle geschlossen (in östlicher Richtung die Straße nach Chorog über Khalaikum, nordöstlich die Verbindung in die kirgisische Stadt Osch durch das Garm-Tal und Richtung Norden die Straße nach Chudschand über den Anzob-Pass und Ayni). Einzige Möglichkeit, diese Regionen in den Wintermonaten zu erreichen, ist der Weg über Usbekistan. Die Direktverbindung zwischen Duschanbe und Chorog wurde im Sommer 1993 aufgrund der Kampfhandlungen nördlich der Stadt Khalaichum geschlossen, und die Brücke bei Ayni wurde gesprengt, ist jedoch inzwischen wieder instand gesetzt. Die Straße zwischen Chorog und der kirgisischen Stadt Osch ist das ganze Jahr über passierbar und führt durch eine der schönsten und ursprünglichsten Regionen der Welt, den Pamir-Gebirgszug. Viele Straßen sind aufgrund der politischen und wirtschaftlichen Schwierigkeiten der letzten Zeit in schlechtem Zustand, da notwendige Straßenarbeiten aufgeschoben wurden. Ausländern ist es – theoretisch – gestattet, im ganzen Land (mit Ausnahme der Grenzregionen) ohne besondere Erlaubnis zu reisen. Es wird lediglich ein entsprechender Vermerk im Visum benötigt. Es wird jedoch darauf hingewiesen, daß die Straße von Duschanbe nach Chorog zum größten Teil Grenzregion ist. Besucher, die auf Einladung mit einem Pauschalangeboten reisen, sollten ihren Reiseveranstalter von ihren Plänen in Kenntnis setzen. Einzelreisende sollten möglichst viele offiziell aussehende Dokumente mit sich führen, die das Verhandeln an den Kontrollstellen erleichtern. **Bus:** Wenn die Straßen geöffnet sind, gibt es einen Service zwischen den größeren Städten. **Taxis** und Wagen mit Chauffeur sind in allen größeren Städten vorhanden. Viele Taxis haben keine Lizenz, und es wird empfohlen, den Fahrpreis im voraus zu vereinbaren. Viele Straßennamen haben sich seit der Unabhängigkeitserklärung geändert, deshalb sollte man sowohl den alten als auch den neuen Straßennamen erwähnen, wenn man nach dem Weg fragt. **Mietwagen** für Selbstfahrer sind nicht erhältlich. **Unterlagen:** Es ist theoretisch möglich, sein eigenes Transportmittel zu kaufen oder mitzubringen. Fahrer sollten im Besitz eines Internationalen Führerscheins und eines Kfz-Versicherungsschutzes sein.

UNTERKUNFT

Außerhalb der Hauptstadt gibt es nur wenige Hotels in Tadschikistan. Obwohl es keine Unterkunftsbeschränkungen für Besucher gibt, sind die meisten Hotels, abgesehen von den großen Hotels in Duschanbe (Hotel Tadschikistan, Tel: (03772) 27 43 73, Telefax: (03772) 27 51 55 und Hotel Oktjabrskaja Tel: (03772) 21 12 80), nicht an ausländische Besucher gewöhnt, und nur die hartnäckigsten Anfragen haben Erfolg. Die großen Hotels sind sauber und freundlich; es ist jedoch schwierig, im Hotel Oktjabrskaja unterzukommen, da hier die amerikanische und die russische Botschaft untergebracht sind. Gegenwärtig müssen die Gäste des Hotel Tadschikistan ihr Abendessen mindestens fünf Stunden im voraus bestellen, da das Restaurant am Abend nicht offiziell geöffnet ist. Das Restaurant des Hotels Oktjabrskaja schließt um 19.00 Uhr. Außerhalb der Hauptstadt ist das Hotel Leninabad in Chudschand sauber und einigermaßen auf ausländische Gäste eingestellt. In Chikalovsk, eine kurze Autofahrt südlich von Chudschand, bietet das moderne Hotel Chudschand Übernachtungsmöglichkeiten. Chikalovsk ist allerdings eine geschlossene Stadt und jeder, der im Hotel Chudschand übernachten möchte, braucht eine Genehmigung der örtlichen Militärverwaltung. In Chorog kann man in den Datschas der Regierung übernachten, man sollte aber keinen westlichen Standard in bezug auf Komfort, Service oder Sauberkeit erwarten.

URLAUBSORTE & AUSFLÜGE

Die Infrastruktur des Landes ist bisher nie in größerem Umfang auf Tourismus eingestellt gewesen und daher noch als Geheimtip zu betrachten. Einige Sehenswürdigkeiten wurden während des Bürgerkrieges zerstört, es gibt allerdings immer noch viel Sehenswertes. Besonders eindrucksvoll sind die großartigen Gebirgslandschaften.
Die tadschikische Hauptstadt **Duschanbe** liegt im *Hissar-Tal* im Südwesten des Landes, nur drei Stunden von der afghanischen Grenze entfernt. Bevor die Transkaspische Eisenbahnlinie 1929 Duschanbe erreichte, war es ein Dorf und vor allem für seinen Montagsmarkt bekannt (der Name Duschanbe ist von dem tadschikischen Wort für Montag abgeleitet). In der Zeit der Sowjetherrschaft wurde die Stadt etwas phantasielos in Stalinabad umbenannt. Die interessantesten Sehenswürdigkeiten liegen alle in und um den *Prospekt Rudaki*, der vom Bahnhof im Süden bis zum Busbahnhof im Norden führt. Neben der Hauptmoschee findet man hier eine Synagoge, die Ende des 19. Jahrhunderts erbaut wurde, eine russische Kirche und ein Opernhaus mit Säulenhalle. Das *Behzod-Museum* (Geschichte und Landeskunde) nördlich des Bahnhofs (Maidoni Aini) ist ebenfalls einen Besuch wert. Hier kann man ausgestopfte Schneeleoparden und Marco-Polo-Schafe bewundern. Das *Ethnographische Museum* in der *Kutschai Ismoili Somoni* in der Nähe des Hotels Tadschikistan ist zur Zeit geschlossen.
16 km westlich von Duschanbe liegt ein interessantes Ensemble von Baudenkmälern, dessen Bauzeit sich über drei Jahrhunderte hinzog (16.-19. Jh.). Zu den Sehenswürdigkeiten zählen die Ruine einer Zitadelle, Moscheen, zwei *Medressen* (islamische Hochschulen) und eine Karawanserei.
Weiter westlich, an der usbekischen Grenze, liegt **Penjikent**. Hier werden die kürzlich entdeckten Überreste einer alten Festung ausgegraben. Penjikent ist außerdem für seine besonders kunstvollen Fresken bekannt. Die *Marghuzor-Seen* südlich von bieten ein einmaliges Naturschauspiel: Die sieben Seen haben alle eine unterschiedliche Farbe, die sich mit den Lichtverhältnissen ändert.
In den Ruinen eines Buddhisten-Tempels in der Nähe von **Kurgon-Teppa** im Süden des Landes wurde die größte Buddhafigur Zentralasiens entdeckt. Sie lagert jetzt in Duschanbe, unwürdigerweise in 60 Einzelteile zerstückelt.
Das Hochgebirgsland des **Pamir** ist der »Nabel Asiens« und gilt als eine der am wenigsten erforschten Regionen der Erde. Hochgelegen, kalt und abgeschieden hat sie seit langem Bergsteiger und Jäger aus allen Teilen der ehemaligen Sowjetunion angezogen, aber erst jetzt ist sie auch dem Rest der Welt zugänglich. Der Großteil der Pamir-Gebirgszüge liegt in der halbautonomen Region **Berg-Badachschan**, und Reisende sollten sich darüber im klaren sein, daß in diesem Gebiet ein bewaffneter Kampf um größere Autonomie geführt wird. Die Anschläge beschränken sich jedoch größtenteils auf Gegenden, die für Besucher nicht interessant sind; einzige Ausnahme ist die Straße zwischen Duschanbe und Chorog. **Chorog** ist die einzige größere Stadt entlang der Pamir-Landstraße, die sich von Duschanbe bis nach Kirgisistan erstreckt. Chorog ist Hauptstadt der östlichen Region Berg-Badachschan, es gibt jedoch nur eine Straße und ein Museum, das ausgestopfte Tiere und Fotografien Lenins ausstellt. Der Flug von Duschanbe nach Chorog soll die schwierigste Flugstrecke der Welt sein. Der *Sares-See* im Herzen des Pamir-Gebirgszuges entstand 1911, nachdem ein ganzer Berghang bei einem Erdbeben in den Bergfluß rutschte. Im Norden des Pamir-Gebirgszuges liegt der *Kara-Kul-See*, der vor 10 Mio. Jahren von einem Meteoriten geformt wurde. Er liegt so hoch (3915 m ü. d. M.), daß weder Fische noch andere aquatische Lebensformen in ihm zu finden sind. Die beiden Siebentausender *Pik Lenina* und *Pik Kommunizma* nordwestlich bzw. westlich des Kara-Kul-Sees überragen Tadschikistan und die Nachbarrepublik Kirgisistan im Norden. Intourist Tadschikistan bietet Hubschrauberflüge für alle an, die die Gipfel erklimmen möchten. Viele sind davon überzeugt, daß der legendäre Schneemensch oder Yeti in dieser abgelegenen Wildnis lebt. Touren für Bergsteiger können von Intourist Tadschikistan oder Alp-Navruz organisiert werden. Alp-Navruz und Pamir-Balchuk stellen Reiserouten zusammen und organisieren Touren, die auf den individuellen Geschmack der Besucher zugeschnitten sind. Intourist Tadschikistan hat einige Standardtouren im Programm, die sich auf den Südwesten des Landes und das benachbarte Bergland konzentrieren. Diese Reisen werden vorwiegend in den Sommermonaten angeboten. Normalerweise beginnen alle Fahrten in Moskau und beinhalten eine 14tägige Trekking-Tour um die herrlichen Seen der antiken Provinz Sogiana (z. B. den Iskander-Kul-See nördlich von Duschanbe) und die Marghuzor-Seen, Angelausflüge in Samarkand (Usbekistan) und einen Ausflug zu den Gebirgspässen von Kara-Tak, nördlich von Duschanbe. Man wandert ca. 8-10 km pro Tag. Das Gepäck wird von Eseln getragen, und man übernachtet in Gebirgsdörfern.

SOZIALPROFIL

ESSEN & TRINKEN: Ein traditionelles tadschikisches Mahl beginnt mit einer Süßspeise wie *Halwa* und Tee, gefolgt von Suppe und Fleisch und wird mit *Palov* beendet. *Palov*, das Nationalgericht aller zentralasiatischen Republiken, besteht aus Hammelfleischstücken, geraspelten gelben Steckrüben und Reis, die in einem großen Wok gebraten werden. *Schaschlik* (aufgespießte Hammelstücke, die über einem Kohlenfeuer gegrillt und mit rohen Zwiebelringen serviert werden) und *Non* (Fladenbrot) werden oft an Straßenecken angeboten. Man erhält beide aber auch in Restaurants. Das *Vastojtschny-Bar-Restaurant* in Duschanbe (Prospekt Rudaki, in der Nähe des Hotels Tadschikistan) serviert besonders gute Schaschliks. *Manty* (große Nudelsäckchen mit Fleischfüllung) und *Tschiburecki* (frittierte Teigküchlein) gehören zu den beliebtesten Zwischenmahlzeiten. *Schurbo* ist eine Fleisch- und Gemüsesuppe. *Laghman* ist eine ähnliche Suppe, wird aber mit Nudeln serviert. Im Sommer kann man frisches Obst genießen: Tadschikische Weintrauben und Melonen waren in der ganzen ehemaligen Sowjetunion berühmt. Auf den Basaren erhält man außerdem Granatäpfel, Aprikosen, Pflaumen, Feigen und Persimonen. Die Gerichte, die in den Hotels serviert werden, erinnern nur wenig an traditionelles tadschikisches Essen: *Borschtsch*, *Entrecôte* (gut durchgebratene Steaks), *Cutlet* (gegrillte Frikadellen) und *Strogan* (eine einheimische Variante des Bœuf Stroganoff) stehen auf der Speisekarte. *Pilmeni*, die ursprünglich aus der Ukraine kommen, sind kleine Nudeltäschchen mit Fleisch- oder Gemüsefüllung (ähnlich wie Ravioli), die manchmal in Gemüsesuppen serviert werden.
Getränke: Tee (*Tschai*), ist Nationalgetränk und fast überall erhältlich. Bier, Wein, Wodka, Brandy und Sekt

(*Schampanski*) sind in zahlreichen Restaurants, jedoch nur ab und zu, erhältlich. Bietet das Restaurant diese Getränke nicht an, darf man auch eigene alkoholische Getränke mitbringen. *Kefir* wird oft zum Frühstück serviert.
NACHTLEBEN: Außer im Hotel Oktjabrskaja gibt es keine Restaurants, die auch abends geöffnet haben, und selbst das Oktjabrskaja schließt um 19.00 Uhr, eine Folge der im Januar 1994 verhängten Ausgangssperre. Es gibt eine Bar im Keller des Hotels Tadschikistan, die an manchen Abenden geöffnet ist. Opern- und Ballettvorführungen finden nach wie vor im Theater auf dem Prospekt Rudaki statt, das Programm ist allerdings auf Matineen begrenzt. Die Straßen Duschanbes sind nach 20.00 Uhr menschenleer.
EINKAUFSTIPS: Versorgungsengpässe sind in Tadschikistan an der Tagesordnung; es gibt einen Basar und Straßenmarkt hinter dem Hotel Tadschikistan in Duschanbe, auf dem man Lebensmittel und einige Handarbeiten erstehen kann. Auf dem *Schohmansur Bazar* (auch *Ziljoni Basar* genannt) in der Nähe von Maidoni Aini kann man ebenfalls Lebensmittel kaufen. Souvenirs bekommt man im Geschäft an der Ecke Prospekt Rudaki und Kutschai Ismoili Somoni, unter dem sich eine Galerie befindet, in der Werke einheimischer Künstler verkauft werden. **Öffnungszeiten der Geschäfte:** Sa-Do 08.00-17.00 Uhr (Lebensmittelgeschäfte), Sa-Do 09.00-18.00 Uhr (alle anderen Geschäfte).
SPORT: Nationalsport ist der **Ringkampf**, der hier *Guschtin Geri* genannt wird. *Buzkaschi* ist ein Mannschaftsspiel, bei dem zwei berittene Teams versuchen, einen nach islamischen Gesetzen geschlachteten Ziegenkadaver, der zwischen 30 und 40 kg wiegt, über die Ziellinie der jeweiligen gegnerischen Mannschaft zu manövrieren. Die Spieler dürfen den Gegenspielern den Kadaver entreißen, Fouls werden dagegen nicht gerne gesehen. Als Gebirgsland ist Tadschikistan ideal zum **Bergsteigen** und **Trekking**. **Skifahren** kann man in den Hügeln hinter Duschanbe.
VERANSTALTUNGSKALENDER
21. März '96 Feiern und Umzüge finden zum *Navrus* statt, dem vorislamischen Neujahr. Man ißt *Sumalak*, ein besonderes Gericht aus Weizenkeimen.
SITTEN & GEBRÄUCHE: Non (Fladenbrot) sollte niemals mit der Oberseite nach unten hingelegt werden. Beim Betreten eines Hauses zieht man die Schuhe aus, läßt aber die Socken an. Kurze Hosen sind äußerst ungewöhnlich in Tadschikistan. Frauen in Shorts ziehen daher unweigerlich die Aufmerksamkeit der tadschikischen Männer auf sich.

WIRTSCHAFTSPROFIL

WIRTSCHAFT: Tadschikistan zählte zu den ärmsten Staaten der ehemaligen Sowjetunion, und der Bürgerkrieg von 1992/93 hatte verheerende Folgen für die Wirtschaft. 1993 betrug das Haushaltsdefizit über 50% des Bruttoinlandsproduktes, und Tadschikistan ist momentan auf Hilfsleistungen der Russischen Föderation angewiesen. Größte wirtschaftliche Bedeutung haben die Regionen Chudschand im Norden und das Hissar-Tal im Südwesten, zu dem auch Duschanbe gehört. Wichtigster Industriezweig ist die Textilindustrie (Baumwollanbau), größter Devisenbringer die Aluminiumerzeugung (50% aller Devisen). Ausgeführt werden vor allem Baumwolle, Seide, Textilien, Maschinen und Buntmetalle. Tadschikistan hat beträchtliche Uranvorkommen, weiterhin verfügt das Land über Vorkommen an Silber (laut Regierung die größten Silberreserven der Welt), Eisen, Wismut, Zink, Kohle, Gold und Halbedelsteinen wie Lapislazuli. Nur ein Bruchteil der Gesamtfläche des Landes ist aufgrund der Höhenlage für die Landwirtschaft nutzbar, und viele Lebensmittel müssen importiert werden. Schaf- und Rinderzucht haben die größte Bedeutung, Getreide und Obst werden ebenfalls angebaut. Während des Bürgerkrieges verließen die meisten russischen Techniker das Land, was sich nachteilig auf die Infrastruktur, vor allem das Telefonnetz und das Bankwesen, auswirkte. Der Wiederaufbau der Wirtschaft wird außerdem dadurch erschwert, daß das Nachbarland Usbekistan immer wieder die Treibstoffversorgung unterbricht. Große Hoffnungen werden auf die Ausbeutung der Gold- und Silbervorkommen sowie den Ausbau der Textilindustrie gesetzt. Die Regierung hat mit einem Privatisierungsprogramm begonnen und konzentriert sich auf den Dienstleistungssektor, um der Wirtschaft neue Impulse zu geben. Es gibt bereits einige Joint-ventures mit ausländischen Firmen, darunter mehrere mit österreichischen Unternehmen. Österreich und Tadschikistan unterzeichneten auch ein bilaterales Wirtschaftsabkommen. Tadschikistan wurde 1992 Mitglied des Islamischen Organisation für Wirtschaftliche Zusammenarbeit (ECO) und trat 1993 dem Internationalen Währungsfonds (IMF) und der Europäischen Entwicklungsbank bei. Das Land ist außerdem Mitglied des Zentralasiatisch-Türkischen Gipfels (OATCT), der u. a. verstärkte wirtschaftliche Kooperation der Mitgliedstaaten und die Schaffung einer Freihandelszone vorsieht.
GESCHÄFTSVERKEHR: Tadschikistan ist an ausländischen Investitionen insbesondere im Bereich der Aluminiumverarbeitung interessiert, die einer umfassenden Modernisierung bedarf. Andere wichtige Investitionssektoren sind Landwirtschaft, Viehzucht, Bergbau,

Mineralverarbeitung und chemische Industrie. Ausländische Unternehmen werden von keinem Wirtschaftszweig ausgeschlossen: Zwar gehören das Land, das Vieh und die Mineralvorkommen der Regierung, sie können aber geleast werden. Ausländische Konzerne können außerdem am Privatisierungsprogramm teilnehmen. Ausländische Investitionen in bestimmten Vorzugsgebieten (die bisher allerdings noch nicht festgelegt wurden) erhalten von der Regierung Steuervergünstigungen (u. a. bei Import- und Exportsteuern). Tatsächlich handelt aber jeder Investor seine eigenen Vertragsbedingungen aus, die oft weitaus günstiger als das Angebot der Regierung sind. Alle ausländischen Investoren müssen beim Ministerium für Außenhandel registriert sein (s. u.).
Geschäftszeiten: Mo-Fr 09.00-17.00/18.00 Uhr.
GESCHÄFTSVERKEHR: Kontaktadressen: *Bundesverband der Deutschen Industrie, Ost-Ausschuß der Deutschen Wirtschaft*, Gustav-Heinemann-Ufer 84-88, D-50968 Köln. Tel: (0221) 370 84 17. Telefax: (0221) 370 85 40, 370 86 90.
Wirtschaftskammer Österreich, Außenwirtschaftsorganisation, Osteuropareferat, Wiedner Hauptstraße 63, A-1045 Wien. Tel: (0222) 5 01 05-4322. Telefax: (0222) 5 02 06-255.
Die wirtschaftlichen Interessen Österreichs werden von der Außenhandelsstelle der Wirtschaftskammer Österreich in Moskau (s. Russische Föderation) wahrgenommen.
Interessengemeinschaft für die GUS, Georgien und das Baltikum, c/o SHIV (VORORT), Postfach 690, CH-8034 Zürich. Tel: (01) 382 23 23. Telefax: (01) 382 23 32.
Industrie- und Handelskammer, Kutscha Mazayeva 21, 734012 Duschanbe. Tel: (03772) 27 95 19.
Tajikvneschtorg-Industrieverband, PO Box 48, Rudaki 25, 734025 Duschanbe. Tel: (03772) 23 29 03. Telefax: (03772) 22 81 20.

KLIMA

Die Temperaturen in Duschanbe liegen zwischen -12°C im Dezember/Januar und 45°C im Juli/August. Die Luftfeuchtigkeit ist im allgemeinen niedrig. In den Bergen fallen die Temperaturen auf bis zu -50°C und erreichen im Sommer höchstens 20°C.
Kleidung: Reisende, die eine Tour in die Berge planen, sollten warme Kleidung mitnehmen. Leichte Baumwoll- oder Leinensachen genügen für Sommeraufenthalte im Südwesten.

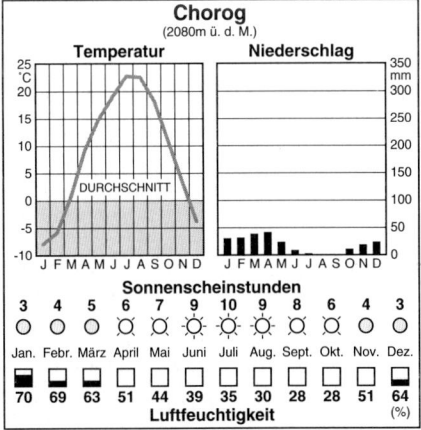

WELTKARTE?

LÄNDERKARTEN?

ZEITZONENKARTE?

INFORMATION ÜBER

IMPFBESTIMMUNGEN UND

GESUNDHEITSVORKEHRUNGEN?

... siehe Inhaltsverzeichnis

Pass- und Visavorschriften mancher Länder können sich kurzfristig ändern – Im Zweifelsfall erkundigen Sie sich bitte vor der Abreise bei der zuständigen Botschaft

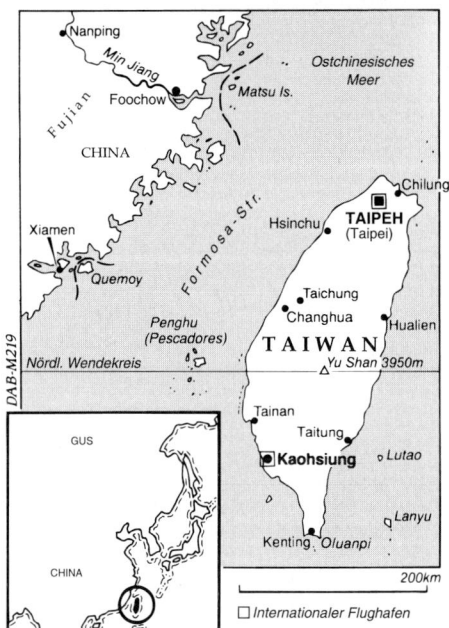

☐ Internationaler Flughafen

Lage: Ostasien, Insel vor Südostchina (ehemals Formosa).

Die Bundesrepublik Deutschland, Österreich und die Schweiz unterhalten keine diplomatischen Beziehungen zu Taiwan, China. Die jeweiligen Handels- und Kulturvertretungen fungieren jedoch als inoffizielle »Botschaften« bzw. »Konsulate«.

Fremdenverkehrsamt Taiwan
Dreieichstraße 59
D-60594 Frankfurt/M.
Tel: (069) 61 07 43. Telefax: (069) 62 45 18.
Mo-Fr 09.00-12.00 und 13.00-17.00 Uhr.
Taiwan Visitors' Association
5th Floor, 9 Minchuan East Road, Sec. 2
Taipeh
Tel: (02) 594 32 61. Telefax: (02) 594 32 65.
Tourism Bureau
Verkehrs- und Kommunikationsministerium
9th Floor
290 Chung Hsiao East Road, Sec. 4
Taipeh
Tel: (02) 349 16 35. Telefax: (02) 773 54 87.
Taipeh Wirtschafts- und Kulturbüro (inoffizielle »Botschaft«)
Villichgasse 17
D-53177 Bonn
Tel: (0228) 36 40 14/18. Telefax: (0228) 35 48 74.
Mo-Fr 09.00-12.00 Uhr.
Geschäftsbereich: Hessen, Nordrhein-Westfalen, Rheinland-Pfalz, Saarland.
Taipeh Wirtschafts- und Kulturbüro (inoffizielles »Generalkonsulat«)
Berliner Straße 55
D-10713 Berlin
Tel: (030) 861 25 74. Telefax: (030) 873 94 01.
Mo-Fr 09.00-12.00 Uhr.
Geschäftsbereich: Berlin, Brandenburg, Sachsen, Sachsen-Anhalt, Thüringen.
Taipeh Wirtschafts- und Kulturbüro (inoffizielles »Generalkonsulat«)

TIMATIC INFO-CODES

Abrufbar über Ihr CRS-System (für START/Amadeus Ama-Maske benutzen). Für Galileo bitte TI-DFT eingeben (mit Bindestrich).

Flughafengebühren	TI DFT/ TPE /TX
Währung	TI DFT/ TPE /CY
Zollbestimmungen	TI DFT/ TPE /CS
Gesundheit	TI DFT/ TPE /HE
Reisepassbestimmungen	TI DFT/ TPE /PA
Visabestimmungen	TI DFT/ TPE /VI

Mainzer Landstraße 51
60329 Frankfurt/M.
Tel: (069) 25 92 34/35. Telefax: (069) 25 91 28.
Mo-Fr 09.00-12.00 Uhr.
Geschäftsbereich: Hessen, Nordrhein-Westfalen, Rheinland-Pfalz, Saarland.
Taipeh Wirtschafts- und Kulturbüro (inoffizielles »Generalkonsulat«)
Mittelweg 144
D-20148 Hamburg
Tel: (040) 44 77 88.
Mo-Fr 09.00-12.00 Uhr.
Geschäftsbereich: Bremen, Hamburg, Mecklenburg-Vorpommern, Niedersachsen, Schleswig-Holstein.
Taipeh Wirtschafts- und Kulturbüro (inoffizielles »Generalkonsulat«)
Tengstraße 38
D-80796 München
Tel: (089) 271 60 61. Telefax: (089) 273 11 21.
Mo-Fr 09.00-12.00 und 14.00-17.00 Uhr.
Geschäftsbereich: Bayern, Baden-Württemberg.
Institut für Chinesische Kultur (inoffizielle »Botschaft«)
Praterstraße 31/15
A-1020 Wien
Tel: (0222) 212 47 2-0/4. Telefax: (0222) 212 47 03.
Mo-Fr 09.30-12.00 Uhr.
Délégation Culturelle et Economique de Taipeh (Wirtschafts- und Kulturbüro, Botschaftsfunktion)
Monbijoustraße 30
CH-3011 Bern
Tel: (031) 382 29 27. Telefax: (031) 382 15 23.
Mo-Fr 09.30-12.00 Uhr (nach tel. Vereinbarung)
German Trade Office
4th Floor, No. 4
Min Sheng East Road, Sec. 3
10444 Taipeh
Tel: (02) 506 90 28. Telefax: (02) 506 81 82.
Austrian Trade Delegation
Room 608
205 Tunhwa North Road
Taipeh
Tel: (02) 715 52 21. Telefax: (02) 717 32 42.
Swiss Industries Trade Office
Room 3101
333 Kee Lung Road, Sec. 1
Taipeh
Tel: (02) 720 10 01. Telefax: (02) 757 69 84.

FLÄCHE: 36.000 qkm.
BEVÖLKERUNGSZAHL: 20.944.000 (1993).
BEVÖLKERUNGSDICHTE: 579 pro qkm.
HAUPTSTADT: Taipeh. **Einwohner:** 2.653.000 (1993).
GEOGRAPHIE: Formosa ist die Hauptinsel einer aus 78 Inseln bestehenden Gruppe. Die zentrale Bergkette bedeckt 75% der Landmasse und verläuft entlang der Ostküste von Nord nach Süd. Mehr als 60 Gipfel steigen über 3000 m hoch an, der *Yu Shan* (Jadeberg) ist mit 3950 m die höchste und am dichtesten bewaldete Erhebung. Etwa ein Viertel des Landes besteht aus an der Küste gelegenen Schwemmebenen. Die 64 Inseln der Pescadores (Fischerei-Inseln), die die Chinesen *Penghu* nennen, liegen westlich der Hauptinsel und umfassen 127 qkm. Die Inselfestungen Quemoy (Kinmen) und Matsu gehören zur Festlandprovinz Fukien.
STAATSFORM: Republik seit 1947. Staatsoberhaupt: Lee Teng-Hui, seit 1988 (wiedergewählt März 1996). Regierungschef: Lien Chan, seit Febr. 1993. Im März 1992 wurde die Nationalversammlung von der wahlberechtigten Bevölkerung für einen Zeitraum von vier Jahren und zwei Monaten gewählt (zuvor betrug die Amtsperiode sechs Jahre). Nach den Wahlen 1996 wird die Wahl der Nationalversammlung alle vier Jahre stattfinden. Die Hauptaufgabe der Nationalversammlung ist die Wahl des Premierministers und des Stellvertretenden Premierministers (mit der Gewalt, ihn wieder abzusetzen), die Verfassung zu ändern und über die Änderungen abzustimmen, die vom Legislativ-*Yuan* vorgeschlagen werden. Die fünf *Yuans* (Regierungsorgane) besitzen einen Großteil der politischen Macht: Exekutiv-Yuan, Legislativ-Yuan, Justiz-Yuan, Prüfungs-Yuan und Kontroll-Yuan. Lien Chan ist Präsident des Exekutiv-Yuan. Zu den Aufgaben der Yuans gehören die Präsentation neuer Gesetzesentwürfe vor der Nationalversammlung, die Regierungsverwaltung, die Überwachung der Exekutive, die Gesetzesauslegung und die Überwachung der Anstellung von Regierungsbeamten.
SPRACHE: Chinesisch, südchinesisches Min, südchinesisches Hakka, malaio-polynesische Sprachen. In Touristengebieten wird auch Englisch gesprochen.
RELIGION: Hauptsächlich Buddhismus (43%) und Taoismus; christliche und islamische Minderheiten. Konfuzianische Lehre weit verbreitet.
ORTSZEIT: MEZ + 7.
NETZSPANNUNG: 110 V, 60 Hz.
POST- UND FERNMELDEWESEN: Telefon: Selbstwählferndienst. **Landesvorwahl: 886**. Die Ortsnetzkennzahl für Taipeh lautet ist »02«. Das interne Telefonnetz ist umfassend. **Telefaxe** können im Hauptbüro der *ITA* (28 Hangchow South Road, Sec. 1, Taipeh) aufgegeben werden. **Telex/Telegramme:** Telegramme werden ebenfalls im ITA-Büro entgegengenommen (Adresse s. o.) oder in einer der vier Filialen. Telexanschlüsse gibt es in großen Hotels oder im ITA-Büro. **Post:** Luftpost nach Europa ist bis zu 10 Tagen unterwegs. Die Postämter der größeren Städte nehmen auch postlagernde Sendungen entgegen.
DEUTSCHE WELLE
Der Einsatz der Kurzwellenfrequenzen ändert sich mehrfach im Laufe eines Jahres, und Sendungen auf den folgenden Frequenzen werden jeweils nur zu bestimmten Tageszeiten ausgestrahlt. Näheres in der Einleitung.

MHz	21,640	13,780	11,795	12,00	9,570
Meterband	13	22	25	25	31

REISEPASS/VISUM

Wichtiger Hinweis: *Die Einreisebestimmungen mancher Länder können sich kurzfristig ändern – rufen Sie sicherheitshalber auf Ihrem CRS-System (TIMATIC-Info-Code-Fenster in diesem Kapitel) den aktuellen Stand ab bzw. wenden Sie sich an die zuständige diplomatische Vertretung. Etwaige Zahlen in der Tabelle beziehen sich auf nachfolgende Fußnoten.*

	Paß erforderlich?	*Visum erforderlich?*	*Rückflugticket erforderlich?*
Deutschland	Ja	1	Ja
Österreich	Ja	1	Ja
Schweiz	Ja	Ja	Ja
Andere EU-Länder	Ja	Ja/1	Ja

Einreisebeschränkungen: Staatsbürgern mit Reisepässen ausgestellt von der Volksrepublik China wird die Einreise verweigert.
REISEPÄSS: Allgemein erforderlich, muß noch mindestens 6 Monate gültig sein.
VISUM: Allgemein erforderlich. Staatsbürger der folgenden Länder benötigen kein Visum für Aufenthalte von bis zu 14 Tagen (nicht verlängerbar):
(a) [1] Belgien, Bundesrepublik Deutschland, Frankreich, Großbritannien, Luxemburg, Niederlande, Österreich, Schweden und Spanien;
(b) Australien, Japan, Kanada, Neuseeland und USA.
Anmerkung: Staatsbürger der oben genannten Länder die sich in Taiwan (China) länger als 14 Tage aufhalten möchten, brauchen ein Visum.
Visaarten: Visa für einmalige und mehrmalige Einreise.
Visagebühren: Einmalige Einreise: 72 DM, 400 öS, 45 sfr. Mehrmalige Einreise: 144 DM, 750 öS, 90 sfr.
Gültigkeitsdauer: *Einmaliges Einreisevisum:* In der Regel 30-60 Tage innerhalb von drei Monaten vom Tag der Ausstellung an. Dieses Visum kann man vor Ort noch zweimal jeweils für 60 Tage verlängern. *Mehrmaliges Einreisevisum:* In der Regel 6-12 Monate.
Antragstellung: Bei den als Botschaften fungierenden Taipeh Wirtschafts- und Kulturbüros (Adressen s. o.).
Unterlagen: (a) Antragsformular. (b) 1 Paßfoto. (c) Reisepaß (mind. noch 6 Monate gültig). (d) Gebühr (bar oder als Verrechnungsscheck). (e) Bestätigtes Rück- bzw. Weiterflugticket. (f) Bei postalischer Antragstellung muß ein adressierter Einschreiben-Freiumschlag mit eingereicht werden. (g) Für Mehrfachvisa (Geschäftsreisen): Einladungsschreiben des Geschäftspartners in Taiwan (China).
Bearbeitungszeit: Persönliche Beantragung 3 Tage, bei postalischer 8-10 Tage.
Aufenthaltsgenehmigung: Für mehr als 6 Monate Aufenthalt ist ein *Resident Visum* erforderlich. Erkundigen Sie sich bei den zuständigen Handels- bzw. Kulturdelegationen (Adressen s. o.).

GELD

Währung: 1 Neuer Taiwan Dollar (NT$) = 100 Cents. Banknoten gibt es im Wert von 1000, 500, 100 und 50 NT$; Münzen im Wert von 50, 10, 5 und 1 NT$ sowie 50 Cents.
Kreditkarten werden in den meisten Hotels, Restaurants und großen Geschäften akzeptiert. Einzelheiten vom Aussteller der betreffenden Kreditkarte.
Reiseschecks: US-Dollar-Reiseschecks werden empfohlen.
Wechselkurse

	NT$ Sept. '92	NT$ Febr. '94	NT$ Jan. '95	NT$ Jan. '96
1 DM	17,00	15,20	16,96	19,01
1 US$	25,26	26,39	26,29	27,32

Devisenbestimmungen: Die Ein- und Ausfuhr der Landeswährung ist auf 40.000 NT$ begrenzt. Mehr als 20 Münzen dürfen nicht ausgeführt werden, für die Ausfuhr größerer Beträge ist eine Genehmigung erforderlich. Die Einfuhr von Fremdwährungen ist unbegrenzt, muß aber deklariert werden. Die Ausfuhr ist auf 5000 US$ (oder den bei Einreise deklarierten Betrag) begrenzt. Alle Umtauschbelege müssen aufgehoben werden.
Öffnungszeiten der Banken: Mo-Fr 09.00-15.30 Uhr, Sa 09.00-12.30 Uhr.

DUTY FREE

Folgende Artikel können von Personen über 20 J.ahren zollfrei eingeführt werden:
200 Zigaretten oder 25 Zigarren oder 454 g Tabak;
1 l Spirituosen;
Gegnstände für den persönlichen Gebrauch im Wert von 2000 NT$.
Einfuhrverbot: Narkotika, Frischfleisch, Glücksspielartikel und Spielzeugpistolen. Alles Gepäck muß schriftlich deklariert werden.

GESETZLICHE FEIERTAGE

1. Mai '96 Tag der Arbeit. **20. Juni*** Drachenboot-Fest. **27. Sept.*** Fest der Herbstmitte. **28. Sept.** Geburtstag des Konfuzius. **10. Okt.** Tag der Revolution von 1911. **25. Okt.** Jahrestag der Beendigung der Japanischen Besetzung. **31. Okt.** Geburtstag Chiang Kai-Sheks; Tag der Veteranen. **12. Nov.** Geburtstag des Dr. Sun Yat-Sen. **25. Dez.** Verfassungstag. **1. Jan. '97** Gründungstag der Republik. **Jan/Febr.*** Chinesisches Neujahr. **29. März** Tag der Jugend. **4. April** Tag der Frauen und Kinder. **5. April** Ching Ming. **1. Mai** Tag der Arbeit.
Anmerkung: [*] Diese Feiertage werden nach dem Mondkalender berechnet und verschieben sich daher von Jahr zu Jahr. Es können sich außerdem leichte Abweichungen vom genannten Datum ergeben.

GESUNDHEIT

In der folgenden Tabelle aufgeführte Impfvorschriften können sich kurzfristig ändern. Es wird stets empfohlen, auf Ihrem CRS-System (TIMATIC-Info-Code-Fenster in diesem Kapitel) den aktuellen Stand der Gesundheitsbestimmungen abzurufen bzw. rechtzeitig vor der Reise ärztlichen Rat einzuholen.

	Vorsichtsmaßnahmen empfohlen	*Impfschein erforderlich*
Gelbfieber	Nein	1
Cholera	2	2
Typhus & Polio	3	-
Malaria	Nein	-
Essen & Trinken	4	-

[1]: Eine Impfbescheinigung gegen Gelbfieber wird von allen Reisenden verlangt, die aus Infektionsgebieten kommen.
[2]: Eine Impfbescheinigung gegen Cholera ist keine Einreisebedingung, das Risiko einer Infektion besteht jedoch. Da die Wirksamkeit der Schutzimpfung umstritten ist, empfiehlt es sich, rechtzeitig vor Reiseantritt ärztlichen Rat einzuholen. Weitere Informationen im Kapitel *Gesundheit* (s. Inhaltsverzeichnis).
[3]: Typhus kommt nicht vor, Poliomyelitisfälle wurden gemeldet.
[4]: Wasser sollte generell vor der Benutzung zum Trinken, Zähneputzen und zur Eiswürfelbereitung abgekocht oder anderweitig sterilisiert werden. Milch ist nicht pasteurisiert und sollte ebenfalls abgekocht werden. Trocken- und Dosenmilch nur mit keimfreiem Wasser anrühren. Milchprodukte aus ungekochter Milch am besten vermeiden. Fleisch- oder Fischgerichte nur gut durchgekocht und heiß serviert essen. Der Genuß von Schweinefleisch, Mayonnaise und Salat sollte vermieden werden. Obst sollte geschält und Gemüse gekocht werden.
Hepatitis A und *B* kommen vor.
Gesundheitsvorsorge: Notbehandlungen sind u. a. im *Mackey Memorial Hospital* und im *Adventist Hospital* möglich, in denen englischsprachiges Personal zur Verfügung steht. Importierte Medikamente sind teuer, eventuell eine Reiseapotheke mitnehmen. Der Abschluß einer Reisekrankenversicherung wird empfohlen.

REISEVERKEHR - International

FLUGZEUG: Die nationale Fluggesellschaft heißt *China Airlines (CI)*. Direktflüge mit *Eva Air* von Wien nach Taipeh. Ansonsten Verbindungen über Amsterdam oder London und Bangkok bzw. Hongkong.
Durchschnittliche Flugzeiten: *Frankfurt* – Taipeh: 15 Std. (einschl. Zwischenlandungen); *Wien* – Taipeh: 13 Std. (inkl. Stopp in Bangkok); *Zürich* – Taipeh: 15 Std. (einschl. Zwischenlandungen).
Internationale Flughäfen: *Taipeh (TPE)* (Chiang Kai-Shek) liegt 40 km südwestlich der Stadt (Fahrzeit 40 Min.). Flughafeneinrichtungen: Banken, Post, Duty-free-Shop, Mietwagenschalter, Tourist-Information, Hotel-Reservierungsschalter, Bars und Restaurants. Der Flughafenbus fährt zum Hauptbahnhof in der Chung Hsiao East Road. Die Buslinie 1 verkehrt zwischen 06.40 und 23.00 Uhr alle 15 Min. Rückfahrt vom Airport Bus Terminal des Inlandflughafens *Sung Shan* (Tun-Hwa North Road). Taxis stehen ebenfalls zur Verfügung. Der Zubringerservice zwischen dem Internationalen Flughafen und Sung Shan verkehrt zwischen 06.30 und 02.30 Uhr alle 15 Minuten, die Fahrt dauert 40 Min.
Kaohsiung International (KHH). Kostenloser Hotelbus-Service (Fahrzeit 30 Min.). Bank/Wechselstube, Duty-free-Shop, Mietwagenschalter, Bars und Restaurants. Taxistand.
Flughafengebühren: 300 NT$ bei der Ausreise. Transitreisende und Kinder unter 2 Jahren sind hiervon befreit.
SCHIFF: Passagierverbindungen gibt es nur zwischen Keelung und den japanischen Häfen Okinawa und Osaka.

REISEVERKEHR - National

FLUGZEUG: *China Airlines (CI), Far Eastern Air Transport* und andere Fluglinien fliegen vom Inlandflughafen *Sung Shan* alle größeren Städte an. Einzelheiten über Busverbindungen zum Internationalen Flughafen *Chiang Kai-Shek* s. o.
SCHIFF: Ausreichende Passagierverbindungen zwischen allen Häfen. Weitere Informationen vor Ort.
BAHN: Bahnstrecken gibt es entlang der West- und Ostküsten. Klimatisierte elektrische Züge fahren im Einstundentakt von Taipeh nach Kaohsiung. Einige Züge haben Speise- und Schlafwagen.
BUS/PKW: Das ausreichende Straßennetz verbindet alle größeren Städte. Einige Hauptstraßen sind auch in Englisch ausgeschildert. **Bus:** Es gibt regionale und Langstreckenbusse. **Taxis** sind zahlreich vorhanden, alle haben Taxameter und sind relativ preiswert. Das Fahrziel muß für den Fahrer in Chinesisch aufgeschrieben sein. **Mietwagen** gibt es in den größeren Städten. **Unterlagen:** Internationaler Führerschein.
STADTVERKEHR: Mehrere private Busunternehmen betreiben das umfangreiche Nahverkehrsnetz in Taipeh.
FAHRZEITEN von Taipeh zu den folgenden größeren Städten (ungefähre Angaben in Std. und Min.):

	Flugzeug	Bahn	Bus/Pkw
Kaohsiung	0.40	5.00	5.00
Tainan	0.40	4.30	4.00
Taichung	0.30	2.30	2.30
Hualien	0.30	3.00	7.00
Taitung	0.50	6.00	10.00
Sonnenm.-See	-	-	4.30
Alishan	-	-	6.00
Kenting	-	-	7.00
Makung	0.40	-	-

UNTERKUNFT

HOTELS: Die über 100 Urlaubshotels bieten eine breitgefächerte Auswahl an Unterkunftsmöglichkeiten und Dienstleistungen. Übernachtungspreise schwanken zwischen 100 und 200 US$ pro Übernachtung; in kleineren Hotels 60-100 US$. Nähere Auskünfte erteilt das Fremdenverkehrsamt in Frankfurt. Viele Hotels sind der *Taipei Hotel Association* angeschlossen (4 Stock, 7, Chung-hua Road, Sec. 1, Taichung. Tel: (04) 224 48 68.). **Kategorien:** Hotels werden mit 1-5 »Pflaumenblüten« ausgezeichnet, diese Klassifizierung entspricht in etwa dem Sterne-System.
4 bis 5 Pflaumenblüten: 50 Hotels gehören dieser Luxusklasse an (25 davon in Taipeh) und bieten umfassenden Service und Extras wie Tennisplätze, Swimmingpools und Schönheitssalons.
2 bis 3 Pflaumenblüten: Die 80 Hotels dieser Gruppe sind sauber, bequem und zweckmäßig.
CAMPING: Campingplätze sind vorhanden.
JUGENDHERBERGEN: Schlafsäle und Zimmer gibt es in allen größeren Städten und in den beliebtesten ländlichen Regionen. Eine Adressenliste ist vom Fremdenverkehrsamt erhältlich (Adresse s. o.).

URLAUBSORTE & AUSFLÜGE

Taipeh

Die Hauptstadt ist seit 1967 eine separate Provinz und seither die am schnellsten wachsende Stadt Asiens, sie ist auf das Vierfache ihrer ursprünglichen Größe angewachsen.
Sehenswürdigkeiten: Im Stadtzentrum liegen das *Nationale Geschichtsmuseum*, das *Museum der Schönen Künste*, das *Provinzmuseum* und die *Chung-Cheng- (Chiang-Kai-Shek-) Gedächtnishalle*, ein besonders schönes Beispiel klassischer chinesischer Architektur. Der imposante Haupteingang ist 30 m hoch.
Der 1740 erbaute *Lungshan-* (Drachenberg-) *Tempel* ist Kuan Yin geweiht, der Göttin der Gnade. Dieser Tempel gilt als Meisterwerk asiatischer Tempelkunst; insgesamt gibt es landesweit über 500 Tempel und Schreine.
Weitere bedeutende Bauwerke der klassischen chinesischen Architektur sind der *Märtyrerschrein*, die *Sun-Yat-Sen-Gedächtnishalle* und das *Chungsham-Haus* im Yangminghan-Bezirk der Stadt. 40 Autominuten von Taipehs Stadtzentrum entfernt liegt das *Nationale Palastmuseum*, das die größte und wertvollste chinesische Kunstsammlung der Welt beherbergt. Der Yangmingshan-Park ist für seine Kirsch- und Azaleenbäume bekannt, die zur Blütezeit Tausende von Besuchern anlocken.

Der Norden

Eine der Attraktionen von **Keelung** ist die eindrucksvolle Statue von Kuan Yin, der Göttin der Gnade, auf der Hügelspitze. Die nordöstliche Küstenstraße führt durch die Ausläufer der zentralen Bergkette, und man hat eine atemberaubende Aussicht auf das Ostchinesische Meer und den Pazifik. Die Fahrt führt durch viele kleine Dörfer, in denen sich der Lebensstil trotz des raschen Fortschritts kaum verändert hat. Zu den größten Attraktionen dieser Region zählen **Yehliu** mit seinen bemerkenswerten Steinformationen; die Strände der **Green Bay** und **Chinshan** mit umfangreichen Urlaubsanlagen und der **Shihmen-Damm** sowie **Wulai**, ein Bergurlaubsort südlich von Taipeh. In Wulai gibt es einen Park und ein Dorf, dessen Bewohner handgearbeitete Kunstgegenstände verkaufen, für Touristen wirbelnde Tänze aufführen und ihre alten Lieder singen. Im **Nationalen Landschaftsschutzgebiet der Nordostküste** gibt es ebenfalls ungewöhnliche Felsformationen zu erkunden. Außerdem kann man baden, tauchen, surfen, Wasserski fahren, zelten und bergsteigen. Hier findet man auch die besten Angelgründe für Meeresfische. Im **»Fenster von China«** in Lungtan (53 km südwestlich von Taipeh) stehen Nachbauten historischer und bekannter Stätten Chinas im Maßstab 1: 25.

Die Inselmitte

In der Inselmitte ist die Landschaft besonders abwechslungsreich. Die inselüberquerende Hauptstraße führt über einmalige Bergpässe wie die **Taroko-Schlucht**, die aus hohen, mit Marmor durchzogenen Klippen besteht. **Lishan** ist ein beliebter Bergurlaubsort auf dem »Birnenberg« und liegt 1945 m hoch. Sehenswert sind auch der **Sonnenmond-See**, der **Chitou-Wald**, der **Yu Shan** (Jadeberg) und die Gebirgsbahn nach **Alishan**. In der Zentralregion gibt es außerdem besonders viele schöne Tempel. Die größten Städte sind **Taichung** (gleichzeitig einer der größten Häfen der Insel) und die im Osten gelegene Stadt **Hualien.**

Die Süden

Der beliebte tropische **Nationale Kenting-Waldfreizeitpark** bietet schöne Strände, Korallenseen, ein Vogelschutzgebiet und neue Wassersport- und Golfanlagen. Das Industriezentrum **Kaohsiung** hat nach Taipehs Chiang Kai-Shek den zweitgrößten Flughafen des Landes. **Tainan**, die älteste Stadt der Insel, ist als »Stadt der 100 Tempel« bekannt. In Wirklichkeit gibt es 220 Tempel, unter ihnen die imposantesten Beispiele konfuzianischer Tempelarchitektur der Insel. **Lanyu** (Orchideeninsel) ist eine der kleinsten Inseln der Ostküste und Heimat der eingeborenen Yami, einem der letzten Jäger- und Sammlerstämme der Welt. Am **Lotus-See** stehen Frühlings- und Herbstpavillons sowie einige Drachen- und Tigerpagoden.

SOZIALPROFIL

ESSEN & TRINKEN: Chinesen sind nie um eine blumenreiche Beschreibung verlegen und nennen ihre Küche die »alte Kunst der höchsten Harmonie«. Sie ist eine Augenweide und ein wahrer Genuß. Die einheimischen Restaurantsbesitzer sehen sich als Hüter dieser Tradition. Alle bekannten chinesischen Kochrichtungen sind auf der Insel vertreten; neben der einheimischen Küche Kantonesisch, Peking, Szechuan, Shanghai, Hunan und Mongolisch. Die kantonesische Küche ist farbenfroher und süßer als die der anderen Regionen. Beliebt sind Garnelen mit Cashewnüssen, Hähnchen in Zwiebeln mariniert, Rindfleisch in Austernsoße und süßsaures Schweinefleisch. Nachspeisen wie gedünstete, fleischgefüllte Klöße, Eingemachtes, Frühlingsrollen und Törtchen sind sehr beliebt. Die Peking-Küche ist mild und verbindet gebratenes oder gegrilltes Fleisch (oft am Tisch zubereitet) mit Gemüse in hauchdünnen Reispfannkuchen. Spezialitäten sind Pekingente, Karpfen, gedünstete Krabben, Hähnchenfleisch in einer dickflüssigen Soße und Aal in Pfeffersoße. Zu den Spezialitäten der Szechuan-Küche, in der viel roter Pfeffer und Knoblauch verwendet wird, zählen *Tofu* (aus Sojabohnen), Auberginen mit Knoblauchsoße, *Gungbao*-Hähnchen, gebratene Krabben in Pfeffersoße und Hähnchenfleisch mit *Gingko*-Nüssen. Die Shanghaier Küche verwendet überwiegend Meeresfrüchte und reichhaltige, eher salzige Soßen. Haifischflossen mit Huhn, Pilze mit Krebsfleisch, *Ningpo* (gebratener Aal) und Haifischflossensuppe sind hier die Besonderheiten. Die würzige Küche Hunans bietet gedünsteten Schinken und Honigsoßen, Hähnchenfleisch mit Erdnüssen und geräucherte Ente. In der mongolischen Küche sollte man *Huoguo* (»Feuertopf« – Fleisch, das in Sesamsoße, Garnelenöl, Ingwersaft und Bohnenpaste getaucht wird) und Gegrilltes probieren (mehrere Fleisch- und Gemüsesorten auf einem Eisengrill gegart und in einem Sesambrötchen serviert). In der einheimischen Küche werden oft Meeresfrüchte in dickflüssigen Soßen angeboten; im Süden wird Sojasoße und im Norden Knoblauch verwendet. Besonders lecker sind Frühlingsrollen mit Erdnußbutter, süßsaure Rippchen, Tofu in roter Soße, Austernomelett und viele ausgezeichnete Meeresfrüchte. Weitere Informationen unter *Essen & Trinken* in den Kapiteln Volksrepublik China und Hongkong.
Restaurants/Bars: Tischbedienung ist üblich, einige Hotels bieten jedoch auch Selbstbedienung. Westliche und chinesische Spezialitäten werden in den meisten Hotelrestaurants angeboten. Einige größere Hotels bieten eine Auswahl regionaler chinesischer Kochkünste. In den meisten Bars wird am Tresen bedient.
NACHTLEBEN: In den Nachtklubs der Hotels werden Abendessen, Tanz und Shows geboten. Auch in kleineren Bars gibt es häufig Unterhaltungsprogramme. Opernaufführungen finden auf der Straße statt, auf Plätzen, vor Tempeln, und wo immer eine Bühne errichtet werden kann. Im Nationaltheater von Taipeh werden Ballette, Opern und Dramen inszeniert. Bei zahlreichen Festen werden in Tempeln und Dörfern Marionettenstücke aufgeführt. Kinos zeigen chinesische und ausländische Filme.
EINKAUFSTIPS: Die besten Einkaufsmöglichkeiten bieten die Nachtmärkte. Schöne Mitbringsel sind Seegrasmatten, Hüte, Handtaschen, Sandalen, Bambusartikel, chinesische Musikinstrumente, Trachtenpuppen, handbemalte Seidenlampen, Lackarbeiten, Keramik, Teakmöbel, gemaserte Steine, Jade, *Ramie*-Fasermatten, Zinnartikel, handgefertigte Schuhe, Stoffe und *Chops* (dekorierte und mit Initialen versehene Holz- oder Marmor-Eßstäbchen). **Öffnungszeiten der Geschäfte:** Mo-Sa 09.00-21.00/22.00 Uhr, sonntags geschlossen.
SPORT: Fischen: Seen, Flüsse, Fischfarmen und das Meer bieten ausgezeichnete Angelmöglichkeiten. Die Fischgründe der Flüsse Tamsui und Hsintien sowie des Grünen Sees und des Shihmen-Stausees, alle in der Nähe von Taipeh, sind hervorragend. **Golf:** Es gibt mehrere Golfplätze. Bürgen können durch die Reisebüros gestellt werden. Weitere Informationen erteilt auch die *Chinese Taipei Golf Association* (79 Lane, 187 Tunhua South Road, Taipeh). **Bergsteigen:** Für Bergsteiger sind Hänge aller Schwierigkeitsgrade vorhanden. **Roll- und Schlittschuhlaufen:** In Taipeh gibt es zwei Eislauf- und landesweit zahlreiche Rollschuhbahnen. **Tauchen:** Die Korallenriffe im Süden des Landes und die Fischerei-Inseln sind ideal für Taucher. Die *Chinese Diving Federation* (123 Chui Chuan Street, Taipeh) erteilt weitere Auskünfte. **Schwimmen** kann man in Flüssen, Seen und natürlich auch im Meer. **Tennis:** Zahlreiche Hotels, Universitäten und Hochschulen haben Tennisplätze. **Bowling** ist Nationalsport, in allen größeren Städten gibt es Bowlingbahnen. **Thermalquellen** gibt es überall auf der Insel, teilweise mit Kurbädern und Hotels.
VERANSTALTUNGSKALENDER
Mai '96 *Folklorefest*, Lukang. **20. Juni** *Drachenboot-Fest.* **Juli** *Geburtstag von Hsiahai Cheng-hung* (Stadtgott von Taipeh). **Juli** *Erster Tag des Geistermonats.* **Aug.** (1) *Erntefest der Ami*, Hualien und Taitung. (2) *Erntefest der Rukai*, Kaohsiung, Pingtung und Taitung. (3) *Festival der Milchstraße* (Fest der Liebenden). **27. Sept.** *Fest der Herbstmitte* (Mondfest). **28. Sept.** *Geburtstag des Konfuzius.* **Febr. '97** *Chinesisches Neujahrsfest.* **März** (1) *Geburtstagsfest von Kuan Yin* (Göttin der Gnade). (2) *Laternenfest.*
Eine vollständige Liste ist auf Anfrage vom Fremdenverkehrsamt erhältlich.
SITTEN & GEBRÄUCHE: Zur Begrüßung gibt man sich die Hand. Zwanglose Kleidung ist angemessen. Gäste werden normalerweise in Restaurants bewirtet, Gegeneinladungen werden nicht erwartet. Diskussionen über die Volksrepublik China sind häufig. Chinesische Kunstformen (Drama, Oper usw.) spielen eine große Rolle, und auch die alten Feste und Feiertage werden begeistert begangen. Trotz der blitzartigen Industrialisierung des Landes ist der traditionelle Lebensstil weitgehend erhalten geblieben. **Trinkgelder** sind nicht üblich, setzen sich aber langsam durch. Hotels und Restaurants berechnen 10% Bedienungsgeld, ein zusätzliches Trinkgeld ist nicht nötig. Taxifahrer erwarten kein Trinkgeld.

WIRTSCHAFTSPROFIL

WIRTSCHAFT: In den fünfziger Jahren fand auf der Insel ein Wirtschaftswunder statt, das sie bis 1980 in die Reihen der 20 größten Handelsregionen der Welt katapultierte. Dieser Erfolg ist auf die zügige Industrialisierung im Einklang mit niedrigen Betriebskosten und Löhnen zurückzuführen, die die Produkte des Landes – trotz der kostspieligen Armee und der diplomatischen Isolation der Insel – auf dem Weltmarkt konkurrenzfähig gemacht haben. Textilien, Schiffbau, Metalle, Sperrholz, Möbel und Petrochemie sind die wichtigsten Industriesektoren. Um die Wachstumsrate aufrechtzuerhalten, fördert die Regierung derzeit den Finanzsektor sowie die Bereiche Elektronik und Informationstechnologie. Landwirtschaft und Fischerei decken trotz eines rückläufigen Trends immer noch einen Großteil des Nahrungsmittelbedarfs des Landes. Die Insel hat nach Japan den höchsten Lebensstandard in Südostasien und die größten Devisenreserven der Welt (62 Milliarden US-Dollar 1992). 1988 konnte das Land Exporte im Wert von 53,5 Milliarden US-Dollar verzeichnen. Neben den USA sind Hongkong und Japan die größten Handelspartner des Landes. Private und staatliche Investoren des Landes sind neuerdings vor allem in Osteuropa aktiv. Auf dem Binnenmarkt werden Wachstum und Investitionstätigkeit allmählich geringer – der Golfkrieg und die darauf folgende Ölpreissteigerung haben sich negativ auf die Leistungsbilanz ausgewirkt. Rund 2 Mio. Gäste besuchten 1994 die Insel, die meisten Besucher kamen aus Japan, den USA und Hongkong.
GESCHÄFTSVERKEHR: Obwohl viele Geschäftsleute Englisch sprechen, ist mitunter ein Dolmetscher erforderlich. Gesprächstermine sollten im voraus vereinbart werden, und Visitenkarten sind üblich. Pünktlichkeit wird erwartet. **Geschäftszeiten:** Mo-Fr 08.30-17.30 Uhr, Sa 08.30-12.30 Uhr.
Kontaktadressen: *Taipei Trade Office* (Handelsbüro), Mainzer Landstraße 51, D-60329 Frankfurt/M. Tel: (069) 25 01 05. Telefax: (069) 23 79 79.
Zweigstellen in Hamburg (Tel: (040) 35 16 27) und Stuttgart (Tel: (0711) 226 40 85).
German Trade Office (Deutsches Wirtschaftsbüro), 4 Min-Sheng E. Road, 4th Floor, Sec. 3, Taipeh 10444.

Tel: (02) 506 90 28, 506 24 67. Telefax: (02) 506 81 82.
Taiwan Trade Center, Stubenring 4/12a, A-1010 Wien.
Tel: (0222) 513 19 33/34. Telefax: (0222) 513 67 32.
The Austrian Trade Delegate (Österreichische Außenhandelsstelle), PO Box 87-630, Taipeh. Tel: (02) 715 52 20. Telefax: (02) 717 32 42.
Taipei Trade Office, Sihlquai 306, CH-8005 Zürich. Tel: (01) 271 76 20. Telefax: (01) 271 76 79.
General Chamber of Commerce of the Republic of China (Allgemeine Handelskammer), 6th Floor, 390 Fu Hsing South Road, Sec. 1, Taipeh. Tel: (02) 701 26 71. Telefax: (02) 754 21 07.
China External Trade Development Council (Außenhandelsrat), 333 Keelung Road, 4th-8th Floors, Sec. 1, Taipeh 10548. Tel: (02) 725 52 00. Telefax: (02) 757 66 53.
KONFERENZEN/TAGUNGEN: Es gibt über 20 Tagungszentren im Land, das größte ist die Sun-Yat-Sen-Gedächtnishalle mit Kapazitäten für 2653 Teilnehmer. Nähere Informationen erteilt das *Taipei International Convention Center* (TICC), 1 Hsin-yi Road, Sec. 5, PO Box 109 816, Taipeh. Tel: (02) 723 25 35. Telefax: (02) 723 25 91.

KLIMA

Tropisches Klima mit gemäßigten Temperaturen im Norden, kühler im Winter zwischen November und Februar. Im Süden liegen die Temperaturen etwas höher, und Sonnenscheinstunden sind zahlreich. Taifune können zwischen Juni und Oktober auftreten.
Kleidung: Leichte Sachen, auch Übergangskleidung und Regenschutz.

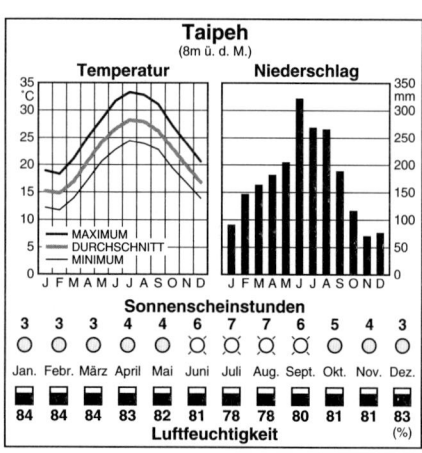

Eine weitere wichtige Veröffentlichung von *Columbus Press* ist der »World Travel Guide«, der jährlich herausgegeben wird und auf über tausend Seiten Informationen in englischer Sprache über alle Länder der Erde enthält.

Weitere Einzelheiten von:
Columbus Press, Verkaufsabteilung,
Aurikelweg 9,
D-38108 Braunschweig.
Tel: 05309/2123. Telefax: 05309/2877.

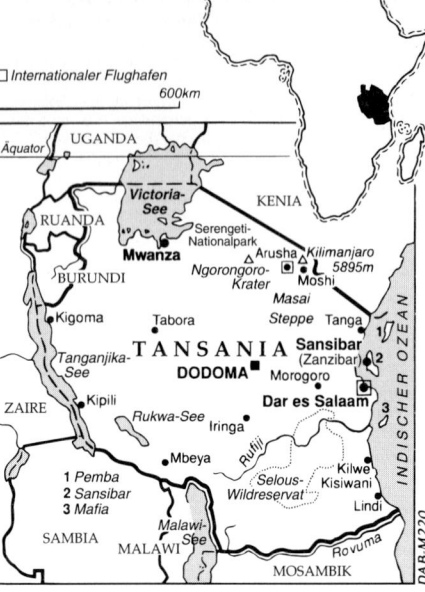

Lage: Ostafrika.

Tanzania Tourist Board
IPS Building
Maktaba Street
PO Box 2485
Dar es Salaam
Tel: (051) 2 76 71. Telefax: (051) 4 67 80.
Botschaft der Vereinigten Republik Tansania
Theaterplatz 26
D-53177 Bonn
Tel: (0228) 35 80 51/-54. Telefax: (0228) 35 82 26.
Mo-Fr 08.30-12.00 und 14.00-16.30 Uhr.
(auch zuständig für Österreich und die Schweiz)
Honorarkonsulate ohne Visumerteilung in Frankfurt/M. und Hamburg.
Botschaft der Bundesrepublik Deutschland
NIC Investment House
Samora Avenue
PO Box 9541
Dar es Salaam
Tel: (051) 4 63 34. Telefax: (051) 4 62 92.
Honorarkonsulat in Moshi.
Generalkonsulat der Republik Österreich (ohne Paß- und Sichtvermerksbefugnis)
Alcove Building
Samora Avenue 20 J
PO Box 312
Dar es Salaam
Tel: (051) 4 62 51.
Übergeordnete Vertretung ist die österreichische Botschaft in *Nairobi* (s. Kenia).
Botschaft der Schweizerischen Eidgenossenschaft
17 Kenyatta Drive
PO Box 2454
Dar es Salaam
Tel: (051) 6 60 08/09. Telefax: (051) 6 67 36.

FLÄCHE: 945.087 qkm.
BEVÖLKERUNGSZAHL: 28.000.000 (1993).
BEVÖLKERUNGSDICHTE: 30 pro qkm.
HAUPTSTADT: Dodoma. **Einwohner:** 203.833 (1988).
Die Verwaltung ist z. T. noch in Dar es Salaam (Einwohner 1990: 1.436.000), der ehemaligen Hauptstadt.
GEOGRAPHIE: Tansania liegt am Indischen Ozean und grenzt im Norden an Kenia und Uganda, im Westen an Burundi, Ruanda und Zaïre und im Süden an Sambia, Malawi und Mosambik. Das tansanische Festland besteht aus der 16-64 km breiten Küstenebene mit üppiger tropischer Vegetation, der 213-1067 m hoch gelegenen Masai-Savanne im Norden und dem Hochplateau im Süden, das sich bis nach Sambia und zum Nyassa-See erstreckt. Savanne und Buschland bedecken den Großteil des Landes, Halbwüsten und fruchtbare Küstenebenen machen die verbleibende Landschaft aus. Die Binnengewässer umfassen eine Fläche von über 53.000 qkm, den größten Anteil haben die Seen des Rift Valleys, dem ostafrikanischen Grabenbruch. Die Inseln Sansibar und Pemba, ca. 45 km vor der Nordostküste, gehören zum Hoheitsgebiet.
STAATSFORM: Föderative Präsidialrepublik seit 1964. Staatsoberhaupt: Ali Hassan Mwinyi, seit 1985. Regierungschef: Cleopa David Msuya, seit Dez. 1994. Vizepremier und Präsident von Sansibar und Pemba: Dr. Salmin Amour, seit Okt. 1990. Einkammerparlament mit 216 auf fünf Jahre gewählten und 75 ernannten Mitgliedern. Das Staatsoberhaupt wird alle fünf Jahre direkt gewählt.
SPRACHE: Offizielle Landessprache ist Kiswahili; Englisch ist Umgangssprache. Bantu, nilo-hamitische und khoisanische Sprachen werden ebenfalls gesprochen.
RELIGION: Islam (35%), christliche Glaubensrichtungen (47%), Naturreligionen und hinduistische Minderheit.
ORTSZEIT: MEZ + 2.
NETZSPANNUNG: 240 V, 50 Hz. Adapter empfohlen.
POST- UND FERNMELDEWESEN: Telefon: Selbstwählferndienst. **Landesvorwahl:** 255. Telefonzellen sind in Postämtern und größeren Städten vorhanden. **Telefaxanschlüsse** gibt es nicht. **Telex/Telegramme:** Im *Kilimanjaro-Hotel*, Dar es Salaam, im *Mount-Meru-Hotel* in Arusha und im Postamt in Dar es Salaam gibt es Telexgeräte. Telegramme können im Postamt aufgegeben werden. **Post:** Luftpost nach Europa ist ca. fünf Tage unterwegs.
DEUTSCHE WELLE
Der Einsatz der Kurzwellenfrequenzen ändert sich mehrfach im Laufe eines Jahres, und Sendungen auf den folgenden Frequenzen werden jeweils nur zu bestimmten Tageszeiten ausgestrahlt. Näheres in der Einleitung.

MHz	17,560	15,275	15,135	11,795	6,075
Meterband	16	19	19	25	49

REISEPASS/VISUM

Wichtiger Hinweis: Die Einreisebestimmungen mancher Länder können sich kurzfristig ändern – rufen Sie sicherheitshalber mit Ihrem CRS-System (TIMATIC-Info-Code-Fenster in diesem Kapitel) den aktuellen Stand ab bzw. wenden Sie sich an die zuständige diplomatische Vertretung. Etwaige Zahlen in der Tabelle beziehen sich auf nachfolgende Fußnoten.

	Paß erforderlich?	Visum erforderlich?	Rückflugticket erforderlich?
Deutschland	Ja	Ja	Ja
Österreich	Ja	Ja	Ja
Schweiz	Ja	Ja	Ja
Andere EU-Länder	Ja	1/2	Ja

REISEPASS: Allgemein erforderlich, muß noch 6 Monate ab dem Einreisedatum gültig sein.
VISUM: Genereller Visumzwang, ausgenommen sind Staatsbürger von:
(a) [1] Dänemark, Finnland, Großbritannien, Irland und Schweden;
(b) allen Commonwealth-Ländern (Mitgliedstaaten s. Inhaltsverzeichnis) mit Ausnahme von Indien, Namibia, Nigeria und Pakistan (Staatsbürger dieser Länder benötigen ein Visum);
(c) Island, Norwegen und Ruanda;
(d) Inhaber eines Wiedereinreisevisums.
Anmerkung: [2] Alle Besucher, die kein Visum benötigen, müssen im Besitz eines Besucherpasses (*Visitor's Pass*) sein, den man vor der Einreise bei der tansanischen Botschaft beantragen sollte (Adresse s. o.), der aber auch an der Grenze/Flughafen für 150 DM erhältlich ist. In diesem Fall muß die Einreise über Dar es Salam oder Kilimajaro Flughäfen, Sansibar oder Nganga (keniansche Grenze erfolgen).
Visagebühren: Unterschiedlich, je nach Nationalität. *Deutschland* und *Schweiz:* 20 DM; *Österreich:* 29 DM.
Gültigkeitsdauer: Maximal 3 Monate ab Einreisedatum (einmalige Einreise); maximal 1 Monat ab Einreisedatum (mehrmalige Einreise).
Antragstellung: Konsularabteilung der Botschaft (Adresse s. o.). Die Beantragung sollte mindestens 3 Wochen vor dem geplanten Abreisetermin erfolgen.
Unterlagen: Für Visa und *Visitor's Pass:* (a) Antragsformular. (b) 1 Paßfoto. (c) Gültiger Reisepaß. (d) Gebühr. (e) Buchungsbestätigung für Rückflugticket.
Bei postalischer Antragstellung sollte ein adressierter Rückumschlag (Einschreiben und/oder Eilsendung) beigefügt werden.
Bearbeitungszeit: 5 Tage, postalisch 2-3 Wochen.
Aufenthaltsgenehmigung: Anträge sind an den *Director of Immigration*, PO Box 512, Dar es Saalam zu richten.

Flughafengebühren	TI DFT/ DAR /TX
Währung	TI DFT/ DAR /CY
Zollbestimmungen	TI DFT/ DAR /CS
Gesundheit	TI DFT/ DAR /HE
Reisepassbestimmungen	TI DFT/ DAR /PA
Visabestimmungen	TI DFT/ DAR /VI

TIMATIC INFO-CODES
Abrufbar über Ihr CRS-System (für START/Amadeus Ama-Maske benutzen). Für Galileo bitte TI-DFT eingeben (mit Bindestrich).

GELD

Währung: 1 Tansanischer Schilling (TS) = 100 Cents. Banknoten gibt es im Wert von 10.000, 5000, 1000, 500, 200, 100, 50, 20 und 10 TS; Münzen in den Nennbeträgen 50, 20, 10, 5 und 1 TS sowie 50, 20, 10 und 5 Cents.
Geldwechsel: Umtausch von Bargeld bei jeder Zweigstelle der *National Bank of Commerce* und allen autorisierten Wechselstuben.
Kreditkarten: *Diners Club* und *Eurocard* werden teilweise akzeptiert. Einzelheiten vom Aussteller der betreffenden Kreditkarte.
Reiseschecks: US-Dollar-Reiseschecks werden empfohlen. Sie können bei jeder Zweigstelle der *National Bank of Commerce* und allen autorisierten Wechselstuben eingelöst werden.
Wechselkurse

	TS Sept. '92	TS Febr. '94	TS Jan. '95	TS Jan. '96
1 DM	216,20	272,95	337, 84	368,70
1 US$	321,29	473,83	523,66	530,00

Devisenbestimmungen: Die Ein- und Ausfuhr der Landeswährung ist nicht gestattet. Unbegrenzte Ein- und Ausfuhr von Fremdwährungen
Öffnungszeiten der Banken: Mo-Fr 08.30-16.00 Uhr, Sa 08.30-13.00 Uhr.

DUTY FREE

Folgende Artikel können von Personen ab 16 Jahren zollfrei nach Tansania eingeführt werden:
200 Zigaretten oder 50 Zigarren oder 250 g Tabak;
1 l Spirituosen oder 1 l Wein;
250 ml Parfüm.
Anmerkung: Für Video- und Filmgeräte, Radios, Tonbänder und Musikinstrumente muß u. U. eine Kaution hinterlegt werden. Die Einfuhr von Schußwaffen ist nur mit Sondergenehmigung möglich. Wer einheimische Kunstgegenstände kauft, sollte die Quittung aufbewahren und bei der Ausreise dem Zollbeamten vorlegen.

GESETZLICHE FEIERTAGE

1. Mai '96 Tag der Arbeit. **7. Juli** Saba Saba-Bauerntag. **28. Juli** Mouloud (Geburtstag des Propheten). **9. Dez.** Unabhängigkeitstag. **25. Dez.** Weihnachten. **12. Jan. '97** Sansibar-Revolutionstag. **10. Jan.** Beginn des Ramadan. **5. Febr.** Chama-Cha-Mapinduzi-Tag. **10. Febr.** Beginn des Eid al-Fitr (Ende des Ramadan). **18. April** Beginn des Eid al-Haji (Eid al-Adha). **1. Mai** Tag der Arbeit.
Anmerkung: Die oben angegebenen Daten für islamische Feiertage sind nach dem Mondkalender berechnet und verschieben sich daher von Jahr zu Jahr. Während des Fastenmonats Ramadan, der dem Festtag Eid al-Fitr vorangeht, essen Mohammedaner nicht während des Tages, sondern erst nach Sonnenuntergang, wodurch der normale Geschäftsablauf gestört werden kann. Diese Unterbrechungen können auch während des Eid al-Fitr auftreten. Dieses Fest, ebenso wie Eid al-Haji (Eid al-Adha), kann je nach Region 2-10 Tage dauern. Weitere Informationen finden Sie im Kapitel *Welt des Islam* (s. Inhaltsverzeichnis).

GESUNDHEIT

In der folgenden Tabelle aufgeführte Impfvorschriften können sich kurzfristig ändern. Es wird stets empfohlen, auf Ihrem CRS-System (TIMATIC-Info-Code-Fenster in diesem Kapitel) den aktuellen Stand der Gesundheitsbestimmungen abzurufen bzw. rechtzeitig vor der Reise ärztlichen Rat einzuholen.

	Vorsichtsmaßnahmen empfohlen	*Impfschein erforderlich*
Gelbfieber	Ja	1
Cholera	Ja	2
Typhus & Polio	3	-
Malaria	4	-
Essen & Trinken	5	-

[1]: Eine Impfbescheinigung gegen Gelbfieber wird von allen Reisenden verlangt, die aus Infektionsgebieten kommen und über ein Jahr alt sind. Alle Länder und Regionen der endemischen Zonen werden von der tansanischen Regierung weiterhin als Infektionsgebiete betrachtet.
[2]: Eine Impfbescheinigung gegen Cholera ist keine Einreisebedingung, das Risiko einer Infektion besteht jedoch. Da die Wirksamkeit der Schutzimpfung umstritten ist, empfiehlt es sich, rechtzeitig vor Antritt der Reise ärztlichen Rat einzuholen. Näheres unter *Gesundheit* (s. Inhaltsverzeichnis).
[3]: Typhus kommt vor, Poliomyelitis ist endemisch.
[4]: Malariaschutz ganzjährig in allen Landesteilen unter 1800 m. Die vorherrschende gefährliche Form *Plasmodium falciparum* soll hochgradig Chloroquin- und Sulfadoxin/Pyrimethamin-resistent sein.
[5]: Wasser sollte generell vor der Benutzung zum Trinken, Zähneputzen und zur Eiswürfelbereitung entweder abgekocht oder anderweitig sterilisiert werden. Milch ist nicht pasteurisiert und sollte ebenfalls abgekocht werden. Trocken- und Dosenmilch nur mit keimfreiem Wasser anrühren. Milchprodukte aus ungekochter Milch am besten vermeiden. Fleisch- und Fischgerichte nur gut durchgekocht und heiß serviert essen. Der Genuß von rohen Salaten und Mayonnaise sollte vermieden werden. Gemüse sollte gekocht und Obst geschält werden.
Tollwut kommt vor. Wer ein erhöhtes Risiko eingeht (z. B. längerer Aufenthalt in abgelegenen Gebieten), sollte vor Reiseantritt eine Schutzimpfung erwägen. Bei Bißwunden so schnell wie möglich ärztliche Hilfe in Anspruch nehmen. Weitere Informationen im Kapitel *Gesundheit* (s. Inhaltsverzeichnis).
Bilharziose-Erreger kommen in manchen Teichen und Flüssen vor, das Schwimmen und Waten in Binnengewässern sollte daher vermieden werden. Gut gepflegte Schwimmbecken mit gechlortem Wasser sind unbedenklich.
Hepatitis A und E sind weit verbreitet, *Hepatitis B* ist hochendemisch.
Gesundheitsvorsorge: 1980 wurde die medizinische Versorgung verstaatlicht. Es gibt ca. 2000-3000 Krankenhäuser und Kliniken, einige Kirchenmissionen haben medizinische Versorgungsstationen. Außerdem gibt es Privatärzte, Krankenhäuser und Gesundheitszentren. Der Abschluß einer Reisekrankenversicherung wird empfohlen.

REISEVERKEHR - International

FLUGZEUG: Tansanias nationale Fluggesellschaft heißt *Air Tanzania Corporation (ATC)*. *Lufthansa* hat Tansania nicht mehr im Programm, *Swissair* fliegt Dar es Salaam jedoch dreimal wöchentlich an.
Durchschnittliche Flugzeiten: *Zürich* – Dar es Salaam: 9 Std. 50; *London* – Dar es Salaam: 12 Std. 45.
Internationaler Flughafen: *Dar es Salaam International Airport (DAR)* liegt 15 km südwestlich der Stadt (Fahrzeit 25 Min.). Am Flughafen gibt es eine Bank (24 Std. geöffnet), Wechselstuben, eine Post, Duty-free-Shops (24 Std. geöffnet), Tourist-Information, Hotel-Reservierungsschalter, Mietwagenschalter, Bars und Restaurants. Zubringerbusse und Taxis sind vorhanden.
Kilimanjaro International Airport (JRO). Busse und Taxis fahren zur nahegelegenen Stadt Arusha.
Flughafengebühren: 20 US$ für alle Abflüge oder entsprechenden Gegenwert in anderer Währung. Transitpassagiere und Kinder unter zwei Jahren sind davon befreit.
SCHIFF: Passagier- und Frachtlinien laufen Dar es Salaam an. Weitere Auskünfte erteilen auch: *Tanzania Harbours Authority/THA* (PO Box 9184, Dar es Salaam. Tel: (051) 2 12 12. Telefax: (051) 3 20 66) oder *National Shipping Agencies/NASACO* (PO Box 9082, Dar es Salaam).
BAHN: Züge der *Tanzania-Zambia Railway Authority (Tazara)* fahren zweimal wöchentlich von Dar es Salaam nach Kapiri Mposhi (Sambia), an der Grenze steigt man um. Der Zug hat einen Speisewagen. Von Kigoma und Mwanza kann man per Schiff die Reise nach Burundi, Ruanda und Uganda fortsetzen. Züge sind meist überfüllt, aber Bahnbeamte helfen bei der Suche nach einem Sitzplatz. Sein Gepäck sollte man immer in Sichtweite behalten. Seit einiger Zeit ist die Bahnverbindung zwischen Tansania und Kenia unterbrochen.
BUS/PKW: Gute geteerte Straßen verbinden Tansania, Sambia und Kenia. Die befestigte *Great North Road* führt von Lusaka (Sambia) direkt nach Dar es Salaam. Die Straßenverbindungen zwischen Tansania, Ruanda und Mosambik lassen einiges zu wünschen übrig.

REISEVERKEHR - National

FLUGZEUG: *Air Tanzania* fliegt regelmäßig alle größeren Städte an. Die Flüge sind in der Regel zuverlässig, trotzdem sollte man sich vor Abflug in einem Büro der Fluggesellschaft nach eventuellen Flugplanänderungen erkundigen. Alle Nationalparks haben Landepisten. Kleinflugzeuge zweier Chartergesellschaften fliegen die Landepisten der Städte und im Busch an.
SCHIFF: Ein Schnellboot verkehrt zweimal wöchentlich in jede Richtung zwischen Dar es Salaam und Sansibar (Fahrzeit 2-3 Std.). Einmal wöchentlich gibt es eine Verbindung von Sansibar nach Pemba. Dampfer verkehren auf dem Tanganjika- und dem Victoria-See. Es gibt drei Klassen, die 1. Klasse ist bequem und selten überfüllt. Die Dampfer des Victoria-Sees verbinden Bukoba, Mwanza und Musoma; die Fahrpläne werden nicht immer eingehalten. Weitere Auskünfte erteilen die *Tanzania Railways Corporation* oder *NASACO*.
BAHN: Züge der *Tanzania Railways (TR)* verkehren auf den wichtigsten Strecken. *TR* fährt täglich von Dar es Salaam nach Mwanza und Kigoma; ein Speisewagen ist vorhanden. Von Dar es Salaam gibt es täglich Verbindungen nach Moshi und Arusha. *Tazara* fährt zweimal wöchentlich zur sambischen Grenze.
BUS/PKW: Ein gutes, wetterfestes Straßennetz verbindet alle größeren Städte. Nebenstraßen sind oft in schlechtem Zustand und in der Regenzeit (April - Mai) nur mit Fahrzeugen mit Allradantrieb befahrbar. Nachtfahrten sollten vermieden werden, da wilde Tiere, Rinder und Ziegen auf der Straße umherwandern. Ersatzteile sind schwer erhältlich, Benzinengpässe kommen vor. **Busse** verbinden fast alle Ortschaften und sind recht preiswert, jedoch eher unzuverlässig. Besonders gegen Monatsende und während der Regenzeit werden Fahrpläne nicht immer eingehalten, und Ausfälle sind häufig. **Mietwagen:** Fahrzeuge ohne Chauffeur sind teuer und selten, empfehlenswert sind Fahrzeuge mit Chauffeur, die von folgenden Firmen erhältlich sind: *Tanzania Safari Tours* und *National Tours*. **Unterlagen:** Internationaler Führerschein wird empfohlen, unter Vorlage des eigenen Führerscheins stellt die Polizei eine befristete Fahrerlaubnis aus.
STADTVERKEHR: In Dar es Salaam gibt es Busse und Minibusse, in denen Einheitsfahrpreise berechnet werden. Die Busse sind oft überfüllt und unzuverlässig. In Dar es Salaam stehen Taxis an den Hotels zur Verfügung. Sie haben festgelegte Tarife für Fahrten innerhalb der Stadt. In anderen Städten sollten die Tarife im voraus vereinbart werden. Taxifahrer erwarten 10% Trinkgeld.

UNTERKUNFT

HOTELS: Hotels aller Klassen stehen zur Verfügung. Preiswertere Hotels sind zweckmäßig, wenn auch nicht unbedingt komfortabel, und häufig ausgebucht. Preise sind i. allg. recht hoch. Zwei Personen können sich meist ein Einzelzimmer teilen; dies ist nicht in Hotels der höheren Preisklassen möglich. Auf der Insel Sansibar ist ein umwelt- und sozialverträgliches Clubdorf geplant.
LODGES: Lodges stehen in allen Nationalparks zur Verfügung. Buchung durch das *Tanzania Tourist Board* (Adresse s. o.). Neue Lodges sind von einigen internationalen Hotelketten geplant.
GUEST HOUSES: Einheimische Bars bieten zum Teil auch preiswerte Unterkünfte an, allerdings sollte man mit Betrunkenen rechnen, das Zimmer mit einem Reisegefährten teilen und Wertgegenstände im Auge behalten. Zimmer können nicht im voraus gebucht werden. Dem jeweiligen Standard entsprechend sind Guest en Houses in den Städten oft teuer.
CAMPING: Campingplätze gibt es in den folgenden Parks: Arusha-Nationalpark (vier), Tarangire-Nationalpark (zwei), Manyara-See-Nationalpark (zwei), Ngorongoro Conservation Unit (zwei), Serengeti-Nationalpark (sieben), Kilimanjaro-Nationalpark (einen), Mikumi-Nationalpark (zwei) und Ruaha-Nationalpark (zwei). Einige bieten Waschgelegenheiten, Toiletten, Hütten und Feuerholz; in anderen ist die Ausstattung teilweise recht einfach. Bereits vor der Ankunft sollte man eine Erlaubnis zum Betreten sowie zum Fotografieren und Filmen beantragen und sich über Preise und Campbenutzungsordnung informieren. Schriftliche Buchungen an: *Director, Tanzania National Parks*, PO Box 3134, Arusha. Tel: (057) 34 71 oder den Leiter des jeweiligen Nationalparks.
JUGENDHERBERGEN: Manyara-See-Nationalpark (hauptsächlich für Schul- und Lehrgruppen), Serengeti-Nationalpark, YMCA-Hostels in Moshi und Dar es Salaam, YWCA-Hostel in Dar es Salaam.

URLAUBSORTE & AUSFLÜGE

Dar es Salaam

Die Hafenstadt und ehemalige Hauptstadt Dar es Salaam ist ein idealer Ausgangspunkt für jeden Urlaubsaufenthalt in Tansania. Vom Flughafen sind der **Kilimanjaro**, **Dodoma** (die neue Hauptstadt) und **Sansibar** leicht erreichbar. Man kann Wildtiere aller Art beobachten, angeln und eine Reihe von Wassersportarten ausüben. Die schönen Strände laden zum Schwimmen und Sonnenbaden ein. Industrie und kommerzielle Aktivität haben sich auf die Größe und Bedeutung der Stadt ausgewirkt, trotzdem haben sich manche Stadtviertel eine angenehm geruhsame Atmosphäre bewahrt. Die geschäftige Metropole ist farbenprächtig und voll interessanter Bauwerke. Zahlreiche Moscheen, Kirchen, Tempel, Märkte, Basare, Geschäfte, Hotels, Restaurants, Kinos und Gartenanlagen sorgen für einen abwechslungsreichen Stadtbummel.
Sehenswürdigkeiten: Das *Nationalmuseum*, das *Observatorium* und die *Universität* von Dar es Salaam sowie das *Dorfmuseum* mit Beispielen traditioneller Architektur und traditionellen Kunstgewerbes.

Die Küste

Im Fischerdorf **Msasani**, ca. 8 km von der Hauptstadt entfernt, kann man Gräber aus dem 17. Jahrhundert besichtigen. Im südlich gelegenen **Kilwa Kisiwani** gibt es interessante arabische und portugiesische Ruinen zu erforschen.
In der Umgebung von Dar es Salaam liegen zahlreiche wunderschöne Strände, besonders empfehlenswert sind **Kunduchi**, **Mjimwena** und **Mbwa Maji**. Das malerische Fischerdorf **Kunduchi** liegt ca. 24 km nördlich der Hauptstadt. Ganz in der Nähe befinden sich Ruinen persischer Moscheen und Grabstätten. Das *Bahari*- und das *Kunduchi Beach-Hotel* liegen ca. 3 km von der Insel **Mbudya** entfernt. Die unbewohnte Insel gehört zu einem geschützten Korallenriff und ist ideal zum Tauchen, Schnorcheln und Angeln. Das *African Vacation Village* auf der Halbinsel in der Nähe von Kunduchi ist eine weitere unabhängige Hotelanlage. Die Insel **Sinda** (14 km vor Dar es Salaam) bietet ideale Bedingungen zum Schnorcheln und Muschelsammeln.
72 km nördlich von Dar es Salaam liegt **Bagamoyo**, einst ein Anlaufhafen der Sklavenhändler und Ausgangspunkt vieler Karawanen. Die kleine Stadt liegt in der Nähe von Sansibar in einer wunderschönen Bucht mit herrlichen Stränden. Die Moschee und die arabischen Grabstätten

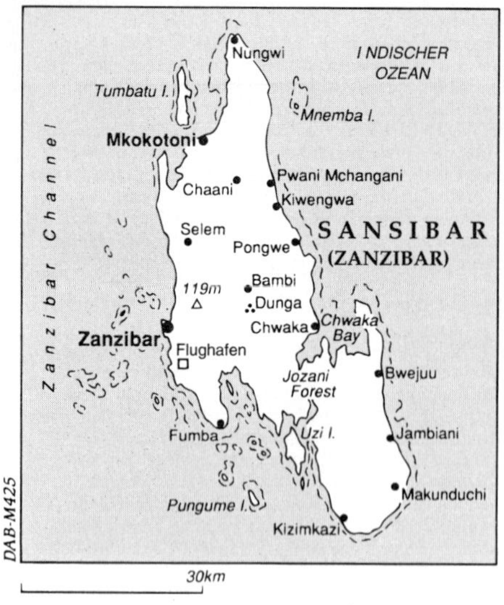

gehen auf das 18. und 19. Jahrhundert zurück. 5 km südlich liegt das Dorf **Kaole**, dessen nahegelegene Moschee und Säulen 800 Jahre alt sein sollen. Die zweitgrößte Hafenstadt des Landes, **Tanga**, ist ein idealer Ausgangspunkt für Ausflüge zur atemberaubenden **Usambara-Bergkette** und nach **Moshi** am Fuße des Kilimanjaro.

Sansibar und Mafia-Insel

Die wunderschöne Insel **Sansibar** ist nur 20 Flugminuten von Dar es Salaam entfernt. Die Stadt Sansibar beherbergt einige eindrucksvolle Bauwerke, so ist die Altstadt *Stone-Town* von der UNESCO zum Weltkulturgut erklärt worden. Bei einem Stadtbummel kann man die wunderschönen, geschnitzten Holzpforten der Häuser bewundern. Die Häuser der Altstadt sind aus glitzernden Korallenblöcken erbaut und zeichnen sich durch zahlreiche Balkone aus. Das ehemalige Haus des britischen Forschungsreisenden Dr. Livingstone ist durchaus einen Besuch wert. Die *Anglikanische Kathedrale* wurde auf den Überresten des alten Sklavenmarkts errichtet. Vor dem Palast des Sultans und dem imposanten *Beit-el-Ajaib* (Haus der Wunder) am Hafen gleiten heute noch malerische Dhaus vorbei. Inmitten tropischer Vegetation und duftender Gewürzplantagen stößt man auf Paläste, Festungen, Aquädukte und Badehäuser.
Anmerkung: Auf Sansibar sollte man die islamischen Sitten und Gebräuche beachten. Weitere Informationen unter *Welt des Islam* (s. Inhaltsverzeichnis).
Die Insel **Mafia** kann in ca. 40 Flugminuten von Dar es Salaam erreicht werden. Hier gibt es eine einzigartige Unterwasserwelt. Die *Mafia Island Lodge* ist bei Sportanglern aus aller Welt bekannt, die jedes Jahr diesen angeblich besten Fischgrund der Welt aufsuchen. Motorboote und Ausrüstungen kann man mieten.

Kilimanjaro

Der mit 5895 m höchste Berg Afrikas zieht Bergsteiger aus aller Welt an. Alle Aufstiege müssen von einem Führer begleitet werden. Gipfelstürmer sollten ca. drei Tage einplanen und warme Kleidung mitnehmen. Es gibt drei Rasthütten in verschiedenen Höhen, in der letzten sollte man sich genügend Zeit zur Akklimatisierung lassen. Näheres unter *Sport*.

Die Nationalparks

Die 11 Nationalparks Tansanias bedecken eine Fläche von 33.660 qkm. Zusätzlich gibt es die einmalige *Ngorongoro Conservation Unit*, ein Schutzgebiet, in dem die Masai weiterhin ihre Rinder hüten.
Serengeti-Nationalpark: Das womöglich schönste und eines der bekanntesten Tierschutzgebiete Afrikas umfaßt eine Fläche von ca. 13.000 qkm. Der amerikanische Schriftsteller Ernest Hemingway benutzte die herrliche Landschaft oft als Schauplatz seiner Afrikaromane. Im artenreichsten Gebiet Tansanias findet man u. a. Gnus, Zebras, Elefanten und Löwen. Jedes Jahr kann man die eindrucksvolle Nord-Süd-Wanderung der riesigen Herden auf der Suche nach Weideland beobachten. In diesem Gebiet brüten und leben außerdem unzählige Vogelarten. Von Dezember bis Mai ist die beste Besuchszeit.
Ngorongoro-Krater: Hoch über den Ebenen der Serengeti erhebt sich der majestätische Ngorongoro-Krater, der sich sein ökologisches Gleichgewicht erhalten konnte. Mit seinen bis zu 2286 m hohen Wänden bietet der Krater auf 22 km Durchmesser einer unvorstellbar artenreichen Tierwelt Schutz und Lebensraum. Diese wunderschöne grüne »Schüssel« darf nur vom Kraterrand aus bewundert werden. U. a. sind hier Zebras, Gnus, Gazellen, Elefanten, Nashörner, Leoparden, Löwen, Giraffen und Büffel beheimatet.
Manyara-See-Nationalpark: In diesem Schutzgebiet kann man mit ein bißchen Glück eine Besonderheit beobachten: Die Löwen ruhen sich zu Mittag meist auf Akazienbäumen aus, nicht auf dem Boden. Das Rift Valley bildet den beeindruckenden Hintergrund einer Region mit Wäldern, Savannen, Sümpfen und dem sodahaltigen See. Der Park ist vor allem die Heimat großer Elefantenherden; aber auch Büffel, Paviane, Nashörner, Impalas, Giraffen, Leoparden, Zebras, andere Herdentiere und verschiedene Affenarten sind hier anzutreffen. In Manyara gibt es auch zahlreiche Vogelarten; die unzähligen Flamingos der stillen Gewässer sind noch weithin als rosafarbene Linie zu sehen.
Arusha-Nationalpark: Dieser Park liegt im Ngurdoto-Krater, der zu einem vor ca. 250.000 Jahren erloschenen Vulkan gehört. Von besonderen Aussichtspunkten kann man Büffel, Nashörner, Elefanten, Giraffen und Warzenschweine beobachten.
Mikumi-Nationalpark: Dieses Reservat umfaßt 1300 qkm. Hier kann man Löwen, Zebras, Flußpferde, Leoparden, Geparden, Giraffen, Impalas, Gnus und Warzenschweine in freier Wildbahn sehen. Ein beliebtes Besucherziel ist der *Kikaboga Hippo Pool*, die Badestelle der Flußpferde. Obwohl Dezember bis März die beste Besuchszeit ist, sind Ausflüge ganzjährig möglich.
Ruaha-Nationalpark: Eines der größten Elefantenschutzgebiete des Landes (ca. 118 km von Iringa entfernt) liegt in den südlichen Hochländern an einer wetterfesten Straße. Man kann auch zahlreiche Antilopenarten beobachten. Die unvergleichliche Landschaft der Ruaha-Schlucht ist unvergeßlich. Flug- und Buslinien verbinden Iringa mit Dar es Salaam und anderen Städten. Die beste Besuchszeit ist von Juli bis November.
Tarangire-Nationalpark: Dieser Park liegt knapp 130 km von Arusha entfernt und liegt 8 km abseits der Straße, die vom Kap der Guten Hoffnung nach Kairo führt. Der Artenreichtum dieses Parks wird nur noch durch die Serengeti übertroffen.
Gombe-Nationalpark: In dem an den Ufern des Tanganjika-Sees in der Nähe von Kigoma gelegenen Schutzgebiet leben ca. 200 Schimpansen. In dieser natürlichen Umgebung ist eine genauere Beobachtung dieser Menschenaffen möglich als anderswo auf der Welt. Seit ca. 30 Jahren wird hier das Verhalten der Schimpansen erforscht und aufgezeichnet. Die überraschenden Ergebnisse haben zum besseren Verständnis unseres engsten »Verwandten« beigetragen, der anderswo immer noch für Tierversuche eingefangen und dessen Arterhaltung ernsthaft bedroht ist.
Selous-Game Reserve: Das Selous-Wildreservat im Süden des Landes ist das größte der Welt und Heimat der größten Elefantenherden der Erde. Löwen, Nilpferde, Krokodile und andere Tiere sind ebenfalls reichlich vertreten. In dieser wunderschönen Region kann man Wandersafaris und Flußfahrten mit Führern unternehmen.

SOZIALPROFIL

ESSEN & TRINKEN: Fast alle Hotels bieten einheimische Spezialitäten aus Mais, Bohnen, Maismehl, Fisch und Fleisch an. In den großen Hotels werden auch europäische Gerichte angeboten. Meeresfrüchte wie Hummer, Krabben, Krevetten, Thunfisch und Hai stehen ebenso auf der Speisekarte wie tropische Früchte aller Art, darunter Kokosnüsse, Ananas und Bananen. Tischbedienung ist üblich. **Getränke:** Kaffee und Tee sind hervorragend. Trotz der weiten Verbreitung des islamischen Glaubens ist Alkoholkonsum gestattet, und das einheimische Bier ist besonders schmackhaft. Spezialitäten sind auch *Konyagi* (einheimischer Gin) und *Afrikoko*, ein Likör mit Schokolade und Kokosnuß. Der süße *Dodoma*-Wein ist in Rot und Rosé erhältlich. In den Bars wird am Tresen bedient.
NACHTLEBEN: In Dar es Salaam gibt es vier Nachtklubs und ein Kabarett. Kinos sind klimatisiert, ein Autokino ist auch vorhanden. In der Oyster Bay befindet sich das *Little Theatre*.
EINKAUFSTIPS: In den Stadtzentren gibt es einheimische Märkte, auf denen man afrikanische Kuriositäten wie Trommeln, alte Messing- und Kupfergegenstände, geschnitzte Schachfiguren, Schmuckwaren, Holzschnitzereien, Körbe, Batikarbeiten und große Salatschüsseln kaufen kann, die in einem Stück aus Teak, Mninga oder Ebenholz hergestellt werden. Auf »Souvenirs« wie Jagdtrophäen, Tierfelle, Elfenbein u. ä. sollte man verzichten, da diese unter das Artenschutzabkommen fallen und nicht in die Bundesrepublik, die Schweiz oder nach Österreich eingeführt werden dürfen. **Öffnungszeiten der Geschäfte:** Mo-Sa 08.00-12.00 und 14.00-17.15/18.00 Uhr.
SPORT: In vielen Sportklubs, ob privat oder in Hotels, muß man vorübergehend Mitglied werden. In zahlreichen Urlaubsorten gibt es **Tennis-** und **Basketballplätze**. **Bergsteigen:** Bergtouren auf den Kilimanjaro und andere Berge setzen Erfahrung, gute Ausrüstung mit warmer Kleidung, angemessenem Schuhwerk, Handschuhen und Kopfbedeckung voraus. Man sollte bedenken, daß selbst für niedrige Gipfel Führer und Träger notwendig sind. Zahlreiche Hotels bieten Bergtouren mit Trägern und Verpflegung an, die allerdings nicht sehr preiswert sind. Rechtzeitige Vorausbuchung wird empfohlen. Bergsteiger können eigene Ausrüstungen mitbringen und in den Parks Träger und zusätzliche Ausrüstungen mieten (z. B. warme Schlafsäcke und Bekleidung). **Wassersport:** An der Küste kann man segeln, schwimmen und angeln. Die Angelsaison dauert von September bis März.

VERANSTALTUNGSKALENDER
Im Sukuma- (oder Bujora-) Museum, 15 km östlich von Mwanza, werden wöchentlich die traditionellen Tänze des Wasukuma-Stammes aufgeführt, einschl. des *Bugobobo* (Sukuma-Schlangentanz). Während des islamischen Festes Eid al-Fitr am Ende des Fastenmonats Ramadan gibt es eine Veranstaltung in Makunduchi auf Sansibar, bei der sich Männer aus dem Süden und Norden gegenseitig mit Palmwedeln von Bananenpalmen schlagen. Die Frauen aus den Städten singen traditionelle Gesänge. Nachts wird zum Festmahl getanzt.
SITTEN & GEBRÄUCHE: Zur Begrüßung und zum Abschied gibt man sich die Hand. Eine einzelne Person wird mit *Jambo* begrüßt, worauf man ein *Jambo* erwidert. Gruppen begrüßt man mit *Hamjambo* und grüßt mit *Hatujambo* zurück. Ein paar Worte in Kiswahili werden von den Einheimischen geschätzt. Traditionell ißt man mit der Hand, und Gastgeber freuen sich über ein Geschenk. Ein Aschenbecher ist normalerweise ein Zeichen, daß geraucht werden darf. Kinos und öffentliche Verkehrsmittel sind Nichtraucherzonen. **Fotografieren:** Mitunter wird eine geringe Geldsumme erwartet. Grundsätzlich immer um Erlaubnis fragen, bevor man jemanden knipst. **Trinkgeld** wird im allgemeinen nicht erwartet.

WIRTSCHAFTSPROFIL

WIRTSCHAFT: 80% der Erwerbstätigen sind in der Landwirtschaft tätig, in der sowohl Nahrungsmittel für den Eigenbedarf als auch Exportprodukte wie Baumwolle, Kaffee, Tee, Sisal, Tabak, Gewürznelken und Cashewnüsse angebaut werden. Niedrige Preise haben die Exporteinkünfte trotz erhöhter Produktion konstant gehalten. Im Bergbau werden in geringem Umfang Diamanten, Gold und Edelsteine gefördert. Zur Zeit werden in den Küstengewässern Probebohrungen nach Öl und Erdgas durchgeführt. Zuckerraffinerien, Brauereien, Textilien- und Zigarettenfabriken sind die wichtigsten Bereiche der nicht sehr umfangreichen Industrie. Viele tansanische Importe werden über Kenia eingeführt, da die Handelsbedingungen dort günstiger sind und Mombasa über bessere Hafenanlagen verfügt. Großbritannien ist das wichtigste Bezugsgebiet, die Importe werden zum Teil von der Weltbank und durch Wirtschaftshilfe der EU finanziert. Hauptexportländer sind die Bundesrepublik Deutschland, Indien und Taiwan (China). Im Gegenzug für finanzielle Unterstützung durch den Internationalen Währungsfonds verpflichtete sich die tansanische Regierung zu zahlreichen Sparmaßnahmen. Ende 1993 unterschrieben Tansania, Uganda und Kenia ein Wirtschaftsabkommen, das einen freien Personen-, Waren-, Kapital- und Dienstleistungsverkehr zwischen diesen Ländern ab 1994 vorsieht. Tourismus entwickelt sich zu einer wichtigen Wirtschaftssparte des Landes. Allein 100.000 Besucher kamen 1993 nach Sansibar.
GESCHÄFTSVERKEHR: Einheimische Geschäftsleute erwarten die üblichen Höflichkeitsformen. Auf äußere Erscheinung wird großen Wert gelegt; Sakko und Krawatte oder Safarianzug bzw. Kleid, Kostüm oder Hosenanzug sind angemessen. **Geschäftszeiten:** Mo-Fr 07.30-14.30 Uhr, Sa 07.30-12.00 Uhr.
Kontaktadressen: *Die wirtschaftlichen Interessen Österreichs werden von der Außenhandelsstelle der Wirtschaftskammer Österreich in Harare (s. Simbabwe) vertreten.*
Dar es Salaam Chamber of Commerce (Handelskammer), Kelvin House, Samora Machel Avenue, PO Box 41, Dar es Salaam. Tel: (051) 2 18 93. Telex: 41628.

KLIMA

Tropisches Klima, an der Küste heiß und feucht, Regenzeit von März bis Mai. Äußerst trocken in der Hochebene; im nordwestlichen Hochland herrscht kühles und gemäßigtes Klima mit Regenzeiten von November bis Dezember und Februar bis Mai.
Kleidung: Ganzjährig Tropenkleidung. In der kühleren Jahreszeit von Juni bis September sind abends ein Pullover oder eine Jacke angebracht. Regenschutz nicht vergessen.

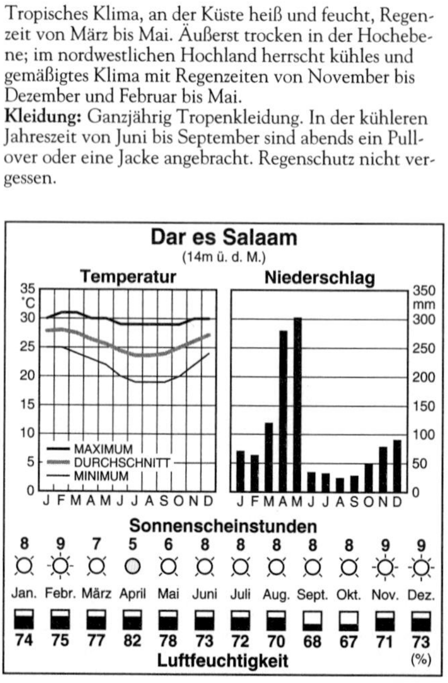

Thailand

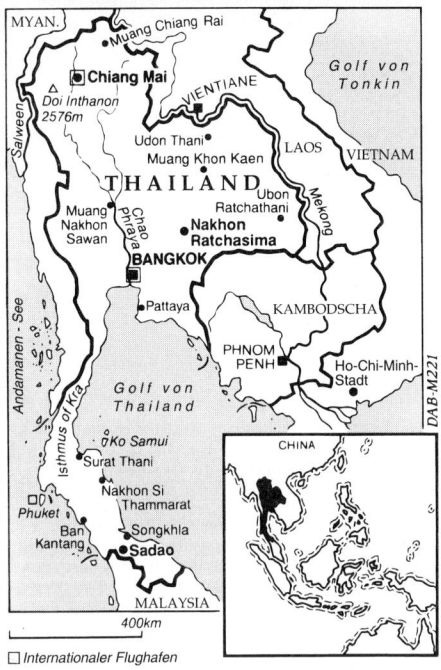

Lage: Südostasien

Thailändisches Fremdenverkehrsbüro
Bethmannstraße 58
D-60311 Frankfurt/M.
Tel: (069) 29 57 04, 29 58 04. Telefax: (069) 28 14 68.
Mo-Fr 09.00-12.30 und 13.30-17.00 Uhr.
(auch für Österreich und die Schweiz zuständig)
Tourism Authority of Thailand (TAT)
372 Thanan Bamrung Muang
Bangkok 10100
Tel: (02) 226 00 60. Telefax: (02) 226 62 27.
Thailändische Botschaft
Ubierstraße 65
D-53173 Bonn
Tel: (0228) 95 68 60, *Konsularabt.*: 956 86 24. Telefax: (0228) 956 86 90.
Mo-Fr 09.00-12.30 Uhr.
Honorargeneralkonsulat mit Visumerteilung in Hamburg (Tel: (040) 24 83 91 18).
Generalkonsulate mit Visumerteilung in Berlin (Tel: (030) 831 27 15, 831 45 74), Frankfurt/M. (Tel: (069) 2 01 10) und München (Tel: (089) 168 97 88).
Konsulat mit Visumerteilung in Düsseldorf (Tel: (0211) 838 22 47).
Thailändische Botschaft
Weimarer Straße 68
A-1180 Wien
Tel: (0222) 478 27 29-0 Telefax: (0222) 478 29 07.
Mo-Fr 09.00-13.00 und 14.00-16.00 Uhr.
Konsulate in Wien, Dornbirn, Innsbruck und Salzburg.
Thailändische Botschaft
Eigerstraße 60
CH-3007 Bern
Tel: (031) 372 22 81. Telefax: (031) 372 07 57.
Mo-Fr 09.00-12.00, *Konsularabt.*: 09.00-12.00 Uhr.
Generalkonsulate mit Visumerteilung in Genf (Tel: (022) 311 07 23) und Zürich (Tel: (01) 211 70 60).
Botschaft der Bundesrepublik Deutschland
9 South Sathorn Road
Bangkok 10120

TIMATIC INFO-CODES

Abrufbar über Ihr CRS-System (für START/Amadeus Ama-Maske benutzen). Für Galileo bitte TI-DFT eingeben (mit Bindestrich).

Flughafengebühren	TI DFT/ BKK /TX
Währung	TI DFT/ BKK /CY
Zollbestimmungen	TI DFT/ BKK /CS
Gesundheit	TI DFT/ BKK /HE
Reisepaßbestimmungen	TI DFT/ BKK /PA
Visabestimmungen	TI DFT/ BKK /VI

PO Box 2595
Bangkok 10500
Tel: (02) 213 23 31/-36. Telefax: (02) 287 17 76.
Botschaft der Republik Österreich
14 Soi Nandha
Sathorn Tai Road
Off Attakarnprasit
Bangkok 10120
PO Box 1155 Suan Plu
Bangkok 10121
Tel: (02) 287 39 70/71/72. Telefax: (02) 287 39 25.
Konsulate in Chiang Mai und Phuket.
Botschaft der Schweizerischen Eidgenossenschaft
35 North Wireless Road
Bangkok 10330
PO Box 821
Bangkok 10501
Tel: (02) 253 01 56/60. Telefax: (02) 255 44 81.

FLÄCHE: 513.115 qkm.
BEVÖLKERUNGSZAHL: 58.995.000 (1995).
BEVÖLKERUNGSDICHTE: 115 pro qkm.
HAUPTSTADT: Bangkok (Krung Thep). **Einwohner:** 7.753.000 (1995).
GEOGRAPHIE: Thailand grenzt im Westen an Myanmar (vormals Burma) und den Indischen Ozean, im Süden und Osten an Malaysia und den Golf von Thailand, im Osten an Kambodscha und im Norden und Osten an Laos. Der Chao Phraya und seine Nebenflüsse fließen durch große Teile des thailändischen Festlandes. Im Nordosten erhebt sich das Korat-Plateau etwa 300 m über die Hochebene. Diese weitgehend unfruchtbare Region macht etwa ein Drittel des Landes aus, die bewaldeten Hügel im Norden bedecken ein weiteres Drittel.
STAATSFORM: Parlamentarische Monarchie seit 1932. Staatsoberhaupt: König Bhumibol Adulayedej (Rama IX.), seit 1946. Regierungschef: Banharn Silapa-archa, seit Juli 1995. Zweikammerparlament: Repräsentantenhaus mit 391 gewählten Mitgliedern, Senat mit 270 vom Militär ernannten Mitgliedern.
SPRACHE: Amtssprache ist Thai. Umgangssprachen sind u. a. Malaiisch und Chinesisch. Englisch ist Handelssprache.
RELIGION: Die größte Religionsgemeinschaft sind die Theravada-Buddhisten (95%), christliche und islamische Minderheiten.
ORTSZEIT: MEZ + 6.
NETZSPANNUNG: 220 V, 50 Hz. Steckdosen und Fassungen für Glühbirnen sind sehr unterschiedlich, Adapter empfohlen.
POST- UND FERNMELDEWESEN: Telefon: Selbstwählferndienst. **Landesvorwahl:** 66. **Telefaxdienst** bei der *Communication Authority of Thailand* und den größeren Hotels. **Telex/Telegramme:** Telegramme nimmt das Hauptpostamt in der New Road, Bangkok, sowie jedes Telegrafenamt entgegen. **Post:** Luftpostsendungen nach Europa sind bis zu einer Woche unterwegs. Öffnungszeiten der Postämter: Das Hauptpostamt in Bangkok hat Mo-Fr 08.00-18.00 Uhr und an Wochenenden und Feiertagen 09.00-13.00 Uhr geöffnet. Die Postämter in anderen Landesteilen sind in der Regel 08.00-16.30 Uhr geöffnet.
DEUTSCHE WELLE
Der Einsatz der Kurzwellenfrequenzen ändert sich mehrfach im Laufe eines Jahres, und Sendungen auf den folgenden Frequenzen werden jeweils nur zu bestimmten Tageszeiten ausgestrahlt. Näheres in der Einleitung.

MHz	21,640	17,845	11,795	9,655	9,525
Meterband	13	16	25	31	31

REISEPASS/VISUM

Wichtiger Hinweis: Die Einreisebestimmungen mancher Länder können sich kurzfristig ändern – rufen Sie sicherheitshalber auf Ihrem CRS-System (TIMATIC-Info-Code-Fenster im letzten Kapitel) den aktuellen Stand ab bzw. wenden Sie sich an die zuständige diplomatische Vertretung. Etwaige Zahlen in der Tabelle beziehen sich auf nachfolgende Fußnoten.

	Paß erforderlich?	Visum erforderlich?	Rückflugticket erforderlich?
Deutschland	Ja	1/2	Ja
Österreich	Ja	1/2	Ja
Schweiz	Ja	1/2	Ja
Andere EU-Länder	Ja	1/2	Ja

Einreisebeschränkungen: Die thailändischen Behörden behalten sich vor, Reisenden, deren äußere Aufmachung Anstoß erregt, die Einreise zu verweigern (ungepflegte Haare und allgemeine Erscheinung). Der deutsche Kinderausweis wird nicht anerkannt.
REISEPASS: Allgemein erforderlich zur Einreise, muß noch 6 Monate über die Aufenthaltsdauer hinaus gültig sein.
VISUM: [1] Genereller Visumzwang für Geschäftsreisende.
Vom Visumzwang befreit sind Staatsangehörige der folgenden Länder **für touristische Aufenthalte** von bis zu 30 Tagen, falls nicht anders angegeben:
(a) [2] Bundesrepublik Deutschland, Österreich und die Schweiz sowie übrige EU-Länder (Dänemark, Finnland und Schweden für max. 90 Tage);
(b) Ägypten, Algerien, Argentinien, Australien, Bahrain, Brasilien, Brunei, Djibouti, Fidschi, Indonesien, Island, Israel, Japan, Jemen, Kanada, Katar, Kenia, Kuwait, Malaysia, Marokko, Mauretanien, Mexiko, Myanmar, Oman, Papua-Neuguinea, Philippinen, Saudi-Arabien, Senegal, Slowenien, Singapur, Südafrika, Türkei, Tunesien, USA, Vanuatu, Vereinigte Arabische Emirate und West-Samoa;
(c) Korea-Süd, Neuseeland und Norwegen (max. 90 Tage);
(d) Hongkong mit britischen Reisepässen (max. 15 Tage).
Anmerkung: Staatsangehörige folgender Länder, die im Besitz eines bestätigten Weiter- bzw. Rückreisetickets sind, können bei der Einreise nach Thailand in die Don Muang, Chiang Mai, Phuket und Hat Yai Flughäfen ein Visum zu touristischen Zwecken erhalten. Dieses ist allerdings nur für 15 Tage gültig (15 US$ und 2 Paßfotos bereithalten):
Albanien, Andorra, Antigua und Barbuda, Äquatorialguinea, Bahamas, Barbados, Belize, Bhutan, Bulgarien, Burkina Faso, Burundi, Bolivien, Botswana, Chile, Costa Rica, Côte d'Ivoire, Dominica, Dominikanische Republik, Ecuador, Gabun, Gambia, Grenada, Guatemala, Guinea, Guinea-Bissau, Haiti, Honduras, Indien, Jamaika, Kap Verde, Kamerun, Kiribati, Kolumbien, Komoren, Lesotho, Liechtenstein, Liberia, Malawi, Malediven, Mali, Malta, Mauritius, Monaco, Nauru, Niger, Panama, Paraguay, Peru, Ruanda, Salomonen, Sambia, St. Kitts und Nevis, St. Lucia, St. Vincent und die Grenadinen, San Marino, São Tomé und Principe, Seychellen, Sierra Leone, Simbabwe, Somalia, Suriname, Tansania, Togo, Tonga, Trinidad und Tobago, Tschad, Tuvalu, Uganda, Uruguay, Vatikanstadt, Venezuela, Zaïre, Zentralafrikanische Republik und Zypern.
Visaarten: Touristen- und *Non-Immigrant Visa* (für Geschäftsreisen)
Gültigkeitsdauer: Touristenvisa werden in der Regel für Aufenthalte von bis zu 60 Tagen ausgestellt, *Non-Immigrant Visa* für Aufenthalte von maximal 90 Tagen, beide ab Einreisedatum.
Visagebühren: Touristenvisa: 30 DM, 200 öS, 25 sfr pro Einreise; *Non-Immigrant Visa*: 50 DM, 300 öS, 40 sfr pro Einreise.
Antragstellung: Konsulat oder Konsularabteilung der Botschaft (Adressen s. o.).
Unterlagen: (a) Gültiger Reisepaß. (b) Antragsformular. (c) 2 Paßfotos. (d) Visagebühr. (e) Bestätigtes Weiterreise- bzw. Rückflugticket. (f) Für Geschäftsreisen zusätzlich ein Schreiben der eigenen sowie der thailändischen Firma mit einer Bestätigung, daß die Firma für alle möglichen Kosten aufkommen wird. (g) Frankierter Rückumschlag (Einschreiben) bei postalischer Antragstellung.
Bearbeitungszeit: 10-15 Tage.

GELD

Währung: 1 Baht (BHT) = 100 Satangs. Banknoten gibt es im Wert von 1000, 500, 100, 50 und 20 BHT. Münzen sind im Wert von 10, 5 und 1 BHT sowie 50 und 25 Satang in Umlauf. Zusätzlich gibt es eine große Anzahl von Gedenkmünzen, die ebenfalls gesetzliche Zahlungsmittel sind.
Kreditkarten: *Eurocard* und *Visa* werden vielerorts angenommen, *Diners Club* seltener. Einzelheiten vom Aussteller der betreffenden Kreditkarte.
Wechselkurse

	BHT Sept. '92	BHT Febr. '94	BHT Jan. '95	BHT Jan. '96
1 DM	16,96	14,64	16,20	17,56
1 US$	25,2	25,42	25,11	25,24

Devisenbestimmungen: Die Einfuhr der Landeswährung ist unbegrenzt, die Ausfuhr ist auf 50.000 BHT beschränkt. Die Ein- und Ausfuhr von Fremdwährungen ist unbeschränkt.
Öffnungszeiten der Banken: Mo-Fr 08.30-15.30 Uhr. Wechselstuben sind von 07.00-21.00/22.00 Uhr geöffnet.

DUTY FREE

Folgende Artikel können zollfrei nach Thailand eingeführt werden:
200 Zigaretten oder 250 g Zigarren oder Tabak;
1 l Wein oder andere alkoholische Getränke;
Geschenke im Wert von 3000 BHT.
Anmerkung: Die Einfuhr von Waffen, Munition und Betäubungsmitteln ist verboten. **Besitz von Heroin wird mit langjährigen Gefängnisstrafen oder der Todesstrafe bestraft.** Für die Ausfuhr von Antiquitäten ist eine Ausfuhrgenehmigung des thailändischen *Department of Fine Arts* erforderlich. Die Ausfuhr von Buddhastatuen und -abbildungen ist nur für religiöse, kulturelle und Studienzwecke erlaubt; eine Genehmigung des thailändischen *Department of Fine Arts* ist erforderlich.

GESETZLICHE FEIERTAGE

1. Mai '96 Tag der Arbeit. **5. Mai** Tag der Krönung. **10. Mai** Königliche Pflug-Zeremonie. **31. Mai** Visakha Puja. **29. Juli** Asalha Puja. **12. Juli** Khao Phansa. **12. Aug.** Geburtstag der Königin. **23. Okt.** Chulalongkorn-Tag. **5. Dez.** Geburtstag des Königs. **10. Dez.** Tag der Verfassung. **31. Dez.** Silvester. **1. Jan. '97** Neujahr. **Febr.** Makhabuja. **6. April** Chakri-Tag. **12.-14. April**

Thailand

Songkran-Fest. **Mai** Visakha Puja. **1. Mai** Tag der Arbeit. **5. Mai** Tag der Krönung. **10. Mai** Königliche Pflug-Zeremonie.

GESUNDHEIT

In der folgenden Tabelle aufgeführte Impfvorschriften können sich kurzfristig ändern. Es wird stets empfohlen, auf Ihrem CRS-System (TIMATIC-Info-Code-Fenster in diesem Kapitel) den aktuellen Stand der Gesundheitsbestimmungen abzurufen bzw. rechtzeitig vor der Reise ärztlichen Rat einzuholen.

	Vorsichtsmaßnahmen empfohlen	Impfschein erforderlich
Gelbfieber	Nein	1
Cholera	Ja	2
Typhus & Polio	3	-
Malaria	4	-
Essen & Trinken	5	-

[1]: Eine Impfbescheinigung gegen Gelbfieber wird von Reisenden verlangt, die aus Infektionsgebieten kommen und über ein Jahr alt sind. Länder und Regionen der Gelbfieber-Endemiezonen werden von Thailand als Infektionsgebiete betrachtet.
[2]: Eine Impfbescheinigung gegen Cholera ist keine Einreisebedingung, das Risiko einer Infektion besteht jedoch. Da die Wirksamkeit der Schutzimpfung umstritten ist, empfiehlt es sich, rechtzeitig vor Antritt der Reise ärztlichen Rat einzuholen. Näheres unter *Gesundheit* (s. Inhaltsverzeichnis).
[3]: Typhus kommt vor, die Inzidenz von Poliomyelitis ist eher gering.
[4]: Malaria in der gefährlicheren Form *Plasmodium falciparum* kommt in ländlichen Regionen und vor allem in bewaldeten und hügeligen Gebieten das ganze Jahr über vor. In den Städten und wichtigsten Fremdenverkehrsorten besteht kein Risiko. Starke Chloroquin-, Sulfadoxin/Pyrimethamin- und Mefloquin-Resistenz wurde gemeldet. Die Malariaerreger in den Grenzgebieten mit Kambodscha und Myanmar sollen Mefloquin- und Chinin-resistent sein.
[5]: Wasser sollte generell vor der Benutzung zum Trinken, Zähneputzen und zur Eiswürfelbereitung entweder abgekocht oder anderweitig sterilisiert werden. In den meisten Hotels wird jedoch abgefülltes Trinkwasser kostenlos zur Verfügung gestellt. Milch ist außerhalb der Stadtgebiete nicht pasteurisiert und sollte ebenfalls abgekocht werden. Milchprodukte aus ungekochter Milch am besten vermeiden. Fleisch- und Fischgerichte nur gut durchgekocht und heiß serviert essen. Der Genuß von Schweinefleisch, rohen Salaten und Mayonnaise sollte vermieden werden. Gemüse sollte gekocht und Obst geschält werden.
Tollwut kommt ebenfalls vor. Wer ein erhöhtes Risiko eingeht (z. B. längerer Aufenthalt in abgelegenen Gebieten), sollte sich vor Reiseantritt impfen lassen. Bei Bißwunden sofort ärztliche Hilfe in Anspruch nehmen. Weitere Informationen im Kapitel *Gesundheit* (s. Inhaltsverzeichnis).
Hepatitis A, B und E treten auf.
Gesundheitsvorsorge: Der Abschluß einer Reisekrankenversicherung wird empfohlen. In größeren Ortschaften ist die medizinische Versorgung gut. Alle großen Hotels haben Bereitschaftsärzte.

REISEVERKEHR - International

FLUGZEUG: Die nationale Fluggesellschaft heißt *Thai Airways International* (TG).
Durchschnittliche Flugzeiten: *Frankfurt* – Bangkok: 10 Std. 20; *Wien* – Bangkok: 10-11 Std; *Zürich* – Bangkok: 10 Std. 35; *London* – Bangkok: 11 Std. 45; *Manila* – Bangkok: 3 Std. 10; *Singapur* – Bangkok: 2 Std. 15; *Sydney* – Bangkok: 11 Std.
Internationale Flughäfen: *Bangkok International* (BKK) (Don Muang) liegt 25 km nördlich der Stadt (Fahrzeit 30-45 Min.). Zur Hauptverkehrszeit kann es wesentlich länger dauern (bis zu zwei Stunden), die neue Bahnverbindung vom Hauptbahnhof ist schneller. Duty-free-Shop, Mietwagenschalter, Banken (24 Std.), Restaurant und Bar, Postamt, Tourist-Information und Hotel-Reservierungsschalter. Taxis sind am *Thai-Limousine-Service*-Schalter zu buchen. Zum *Oriental Hotel, Shangri-La* und *Royal Orchid Sheraton* gibt es eine Hubschrauberverbindung (*Si-Chan Flying Service*) sowie eine neue Bootsverbindung mit dem *Airport River Express*. Um 09.00, 12.00 und 19.00 Uhr fährt ein Bus nach Pattaya; Rückfahrt um 06.00 und 16.00 Uhr.
Chiang Mai International Airport (CNX) liegt am Stadtrand (Fahrzeit 10 Min.). Zur Innenstadt fährt man am besten mit dem Taxi. Flughafeneinrichtungen: Mietwagenschalter, Bank/Wechselstube (08.30-15.30 Uhr), Restaurant (08.00-22.00 Uhr) und Bar (21.00-02.00 Uhr).
Phuket International Airport (HKT) liegt 35 km von Phuket entfernt. Mietwagenschalter, Restaurant (08.00-22.00 Uhr), Duty-free-Shop und Bar (21.00-02.00 Uhr).
Hat Yai International wurde vor kurzem für Inlandflüge und Flüge zu anderen asiatischen Städten in Betrieb genommen. Die nächstgelegene Stadt Songkhla liegt ca. 20 km entfernt. Taxis, Busse und Züge stehen zur Verfügung.

Flughafengebühren: 200 BHT pro Person für internationale Flüge, Transitreisende und Kinder unter zwei Jahren sind ausgenommen.
SCHIFF: Bangkok ist der größte internationale Hafen Thailands. Passagierverkehr im kleinen Rahmen wird von Fracht- und Passagierschiffahrtsgesellschaften und -veranstaltern betrieben.
BAHN: Direktzüge fahren nach Kuala Lumpur mit Anschlußverbindungen nach Singapur (täglich, Fahrzeit 48 Std.) und zur laotischen und kambodschanischen Grenze (bei Aranyaprathet).
BUS/PKW: Von Malaysia aus kann man auf dem Landweg nach Thailand einreisen; die Straßen nach Myanmar, Laos und Kamboscha sind für Besucher geschlossen, sollen jedoch bald geöffnet werden. Es gibt einen kleinen Grenzverkehr.

REISEVERKEHR - National

FLUGZEUG: *Thai Airways International* sowie *Bangkok Airways* fliegen alle größeren Städte des Landes an. Außerhalb der Hauptsaison gibt es oft Vergünstigungen und Sondertarife.
Flughafengebühr: 30 BHT für Inlandflüge.
SCHIFF: Es gibt eine Fährverbindung zwischen Thahnon Tok und Nonthaburi sowie zahlreiche Wassertaxis. Ausflugsfahrten sind auf der *Oriental Queen* möglich.
BAHN: Das Bahnnetz erstreckt sich über 4450 km und verbindet alle größeren Städte. Die vier Hauptstrecken führen in die nördlichen, östlichen, südlichen und westlichen Regionen des Landes; ferner gibt es eine Bahnstrecke zwischen Thonburi (Bangkok), der berühmten Brücke über den Fluß Kwai und Nam Tok. Auf allen Strecken verkehren täglich mehrere Züge, z. T. führen sie Speise- und Schlafwagen und haben eine Klimaanlage. Die Züge fahren im allgemeinen recht langsam, sind jedoch bequem. Der *Southern Line Express* hält in Surat Thani, von wo Fahrgäste per Bus und Fähre zur Insel Koh Samui weiterfahren können. Einige Fahrpläne sind auch auf Englisch erhältlich.
BUS/PKW: Das Straßennetz (44.400 km) in Thailand ist relativ gut ausgebaut, es gibt zahlreiche Schnellstraßen. **Bus:** Langstreckenbusse verkehren zwischen allen Städten und in alle Landesteile. Die Fahrpreise sind sehr günstig, die Busse jedoch überfüllt. In den klimatisierten Bussen privater Unternehmer kann man Sitzplätze buchen, hier liegen die Preise etwas höher. **Mietwagenfirmen** gibt es in allen größeren Städten. **Taxi:** Es empfiehlt sich, den Fahrpreis vor Fahrtantritt abzusprechen; die meisten Taxifahrer sprechen weder Deutsch noch Englisch. Taxis verkehren in Thailand überall, bei Tag und Nacht. Trinkgeld wird nicht erwartet. Es gibt drei verschiedene Arten von Taxis, solche mit Taxameter, solche ohne Taxameter und die dreirädrigen *Tuk-Tuks*. Auch in Taxis mit Taxameter kann man den Fahrpreis aushandeln. Während der Hauptverkehrszeit kommt man mit dem *Tuk-Tuk* (Motorrikscha) schneller voran. Besucher sollten den Namen eines nahegelegenen Hotels oder einer Sehenswürdigkeit im Zusammenhang mit dem Fahrziel angeben. Taxifahrer versuchen des öfteren, ihre Fahrgäste zu einem Touristengeschäft abzuschleppen (wo sie Kommission erhalten), bevor sie zu ihrem Ziel fahren. **Unterlagen:** Ein internationaler Führerschein ist erforderlich.
STADTVERKEHR: Die *Government Mass Transit Authority* ist für den öffentlichen Nahverkehr in Bangkok zuständig; es gibt jedoch auch unzählige private Bus- und Minibusunternehmen. In klimatisierten Bussen und Schnellbussen liegen die Fahrpreise höher, i. allg. sind sie jedoch immer noch durchaus preiswert. Bezahlt wird beim Schaffner. In Stadtbussen sollte man die Rücksitze für die buddhistischen Mönche in ihren safrangelben Gewändern freihalten. Wassertaxis sind sehr gebräuchlich, zeitsparend und billig. Es empfiehlt sich, bei der Ankunft in Bangkok einen Plan des Busliniennetzes zu kaufen.
FAHRZEITEN von Bangkok zu den folgenden größeren Städten (ungefähre Angaben in Std. und Min.):

	Flugzeug	Bahn	Bus/Pkw
Chiang Rai	1.15	-	12.00
Chiang Mai	1.00	14.00	10.00
Hat-Yai	1.15	17.00	15.00
Hua Hin	0.40	4.00	2.45
Pattaya			1.45
Phitsanulok	0.45	6.00	5.30
Phuket	1.10	-	10.45
Samui	1.10	12.00	10.45
Surat Thani	1.00	13.00	9.00
U-R*	1.45	8.30	8.00
Udonthani	1.35	10.15	8.00

Anmerkung: [*] Ubon-Ratchathani.

UNTERKUNFT

HOTELS: In Bangkok gibt es einige der besten Hotels in Asien; über 12.000 der Hotelzimmer entsprechen internationalem Standard. Alle Luxushotels haben Swimmingpool und Klimaanlage, Zimmerservice ist rund um die Uhr erhältlich. Es gibt Zimmer jeder Preislage. Die Hotels außerhalb der Hauptstadt sind weniger luxuriös ausgestattet, jedoch äußerst preisgünstig. Service und Gastlichkeit werden überall großgeschrieben. Der thailändische Hotelverband hat einen Hotel-Reservierungsschalter auf fast allen Flughäfen und ist unter folgender Adresse zu erreichen: Thai Hotel Association, 1 Soi Phra Chen, Wireless Road, Lumpini, Bangkok 10330. Tel: (02) 251 30 17. Telefax: (02) 252 55 82.
Kategorien: Es gibt keine offiziellen Hotelkategorien, der Zimmerpreis richtet sich jedoch in der Regel nach dem Standard der Unterkunft. Das Thailändische Fremdenverkehrsbüro (Adresse s. o.) erteilt nähere Auskunft.
FERIENHÄUSER UND -WOHNUNGEN werden im Anzeigenteil der englischsprachigen Zeitungen angeboten; man kann auch einfach direkt in Restaurants in Urlaubsgegenden nachfragen.
CAMPING: Die meisten Zeltplätze befinden sich in den Nationalparks unter Verwaltung des Ministeriums für Forstwirtschaft, ansonsten gibt es auch Zeltplätze in manchen Feriengebieten. Im allgemeinen ist Zelten in Thailand jedoch nicht sehr weit verbreitet, da überall billige Zimmer zur Verfügung stehen.
JUGENDHERBERGEN: Herbergen der YMCA/YWCA (CVJM) und kleine, billige Hotels gibt es überall im Land.

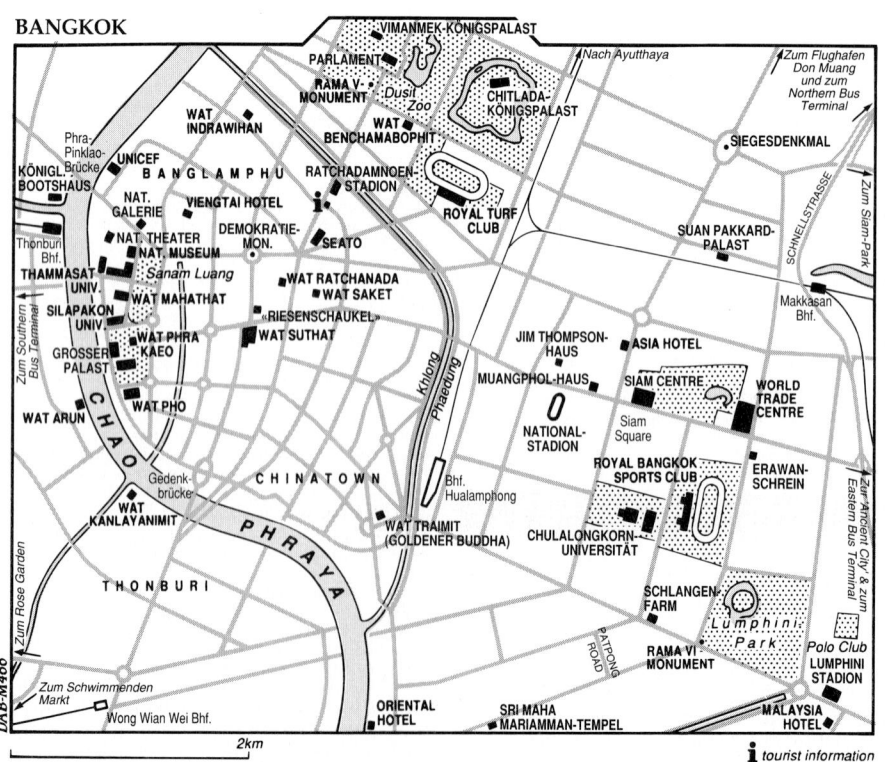

URLAUBSORTE & AUSFLÜGE

Bangkok

Die dem Stadtbild nach stark westlich orientierte Hauptstadt ist dennoch ihrem Wesen nach asiatischen Traditionen verhaftet geblieben, denen westlicher »Fortschritt« bisher nichts anhaben konnte. Besucher sollten sich nicht wundern, wenn im Zusammenhang mit der Hauptstadt immer wieder »Krung Thep« erwähnt wird. Dies ist der verkürzte thailändische Name der Stadt, der eigentlich aus 32 Wörtern besteht. Bangkok ist das politische, kulturelle und wirtschaftliche Zentrum des Landes. Fast an jeder Straßenecke steht eine Baustelle, als sei die Stadt ständig bestrebt, ihre Silhouette zu verändern. Chaotisch anmutender Verkehr und Lärm stehen im Gegensatz zu der unendlichen Ruhe und Höflichkeit der Thais. Trotz allem geht das Leben an den zahlreichen Kanälen (*Khlongs*) weiterhin seinen geruhsamen Gang. Die besten Hotels überblicken den *Chao-Phraya-Fluß*, an dessen Ufer auch der *Große Palast* zu finden ist. Das riesige Gelände beherbergt den *Wat Phra Kaeo*, eine Tempelanlage mit dem Tempel des Smaragdbuddha. Diese Buddhafigur besteht aus einer besonders leuchtend-grünen Jadeart und ist nicht, wie man vermuten könnte, mit Smaragden besetzt. Für den Besuch des Großen Palastes gelten bestimmte Kleidungsregeln. So müssen Frauen einen Rock tragen, der die Knie bedeckt, und von Männern werden lange Hosen erwartet. Andernfalls wird der Eintritt verweigert. Flußaufwärts vom Großen Palast ist das *Königliche Bootshaus*. Hier kann man die reichverzierten königlichen Barkassen bewundern, die für besondere Prozessionen auf dem Chao Phraya verwendet werden. Innerhalb der Stadtgrenzen Bangkoks gibt es über 300 faszinierende Tempel und Schreine. Am bekanntesten sind *Wat Benchamabophit* (Marmor-Tempel), *Wat Arun* (Tempel der Morgendämmerung) und *Wat Traimit* (Tempel des Goldenen Buddhas). Eine der größten Tempelanlagen des Landes ist *Wat Pho*. Die gesamte Anlage besteht aus über 30 Tempeln, von denen der Tempel des Liegenden Buddhas der größte ist. Mit einer Länge von über 44 m und einer Höhe von 15 m hat diese Buddhafigur unglaubliche Ausmaße. In den Gärten der Anlage kann man der Großstadthektik wunderbar entfliehen. Dieser Tempel ist auch das offizielle Ausbildungszentrum für die traditionellen Thai-Massagepraktiken. Ein Besuch der zahlreichen farbenfrohen Märkte ist auch zu empfehlen, besonders erwähnt sei hier der berühmte *Schwimmende Markt*. Allerdings ist er in den letzten Jahren mehr und mehr zur Touristenattraktion geworden. Handeln ist an der Tagesordnung, und die *Khlongs* sind mit geschäftigem Treiben gefüllt. Zu den weiteren Sehenswürdigkeiten gehören der *Lak Muang* (»der Stadtstein«), der *Erawan*-Schrein, an dem tägliche frische Opfergaben dargebracht werden, und das *Nationalmuseum*. Im *Suan Pakkard-Palast* kann man wertvolle Antiquitäten besichtigen. Zu den Sehenswürdigkeiten zählen auch das zu einem Kunstgewerbemuseum umgebaute Haus des amerikanischen Seidenhändlers *Jim Thompson*, der 1967 spurlos in Malaysia verschwand. Im angeschlossenen Geschäft wird Qualitätsseide verhältnismäßig günstig angeboten. Ebenso interessant sind der *Bangkoker Zoo* und die *Schlangenfarm* des Rotkreuzzentrums, wo zahlreiche Antiseren gegen Schlangenbisse entwickelt werden. Entfernungen zwischen den einzelnen Sehenswürdigkeiten können überraschend groß sein; am besten benutzt man ein Taxi.

Ausflüge: Flußaufwärts liegen die alte Hauptstadt **Ayutthaya** und der alte Sommerpalast *Bang Pa-In* inmitten herrlicher tropischer Gärten. Beide sind bequem mit einem der zahlreichen Ausflugsboote auf dem Chao Phraya zu erreichen.

Östlich von Bangkok liegt die *Ancient City*, ein riesiges Privatgrundstück mit Modellen der bedeutendsten thailändischen Baudenkmäler (zum Teil in Originalgröße) sowie der in der Nähe der Grenze nach Kambodscha gelegenen eindrucksvollen Tempelruinen des Kaiserreiches der Khmer.

Am Rande von Bangkok liegt auch das beliebte *Rose Garden Country Resort*. Hier finden täglich Folklore-Konzerte und Darbietungen traditioneller thailändischer Tänze statt.

Die Landesmitte

Die zentrale Hochebene nördlich von Bangkok ist die wohlhabendste Region des Landes. Königreiche und bedeutende Städte erlebten hier ihren Aufstieg und Niedergang.

Phitsanulok bietet sich als Ausgangspunkt für Ausflüge in die Umgebung an, z. B. zu den alten Königsstädten *Sukhothai* und *Kamphaeng Phet*. Sukhothai und die Umgebung wurden von der UNESCO zum Weltkulturgut erklärt. Vom historischen Sukhothai sind heute nur noch Ruinen zu sehen, die alle zu einem Nationalpark gehören. Das große Gelände umfaßt Paläste, Tempel und Pavillons sowie zahlreiche Seen und Kanäle. Fahrräder zur Erkundung des Parks kann man am Eingang mieten, Gruppen können auch mit kleinen Elektrozügen den Park erkunden. Im März werden hier zahlreiche religiöse Feste begangen.

In der Provinz **Kanchanaburi** im Westen des Landes gibt es heute moderne Hotels; eine Rundreise durch diese schönste Gegend Thailands westlich von Bangkok lohnt sich unbedingt. In Kanchanaburi steht die berühmte »Brücke über den Kwai«; ferner gibt es herrliche Wasserfälle und Kalksteinhöhlen zu bewundern.

Im Nordosten, etwa drei Autostunden von Bangkok entfernt, liegt das **Khao Yai National Park & Wildlife Reserve**. Außer der erstaunlichen Pflanzen- und Tierwelt gibt es in diesem sehr beliebten Nationalpark auch ein kleines Ferienzentrum mit Hotels, so daß man von hier aus problemlos zahlreiche historische Stätten und die großartigen Ruinen der alten Khmer im Nordosten Thailands besuchen kann (u. a. in **Pimai**, **Lop Buri** und **Phanom Rung**). Im Nordosten werden Feste gefeiert, die man in anderen Landesteilen nicht kennt; besonders erwähnt sei hier das Elefantentreiben bei **Surin**, das alljährlich im November stattfindet.

Chiang Mai

Chiang Mai im Norden ist die zweitgrößte Stadt Thailands. Von hier aus kann man die reizvolle Umgebung erkunden: die alten und wunderschönen Tempel; Teakwälder, in denen Elefanten zur Arbeit eingesetzt werden; geheimnisvolle Höhlen und Wasserfälle und die Völkerstämme des Nordens mit ihrer einzigartigen Kultur. Einer der bekanntesten Tempel in Nordthailand ist der *Doi Suthep*, der eine wunderbare Aussicht über die Stadt bietet. Hoch auf einem Berg gelegen, kann er entweder mit einer Zahnradbahn (Fahrpreis: 5 BHT) oder über eine Treppe mit 400 Stufen erreicht werden. Die Treppengeländer selbst sind schon einen Besuch wert. Eine grün und rot glasierte Schlange windet sich auf dem Geländer hinunter, um am Haupteingang in einem furchterregenden Drachenkopf zu enden. Viele Thais betrachten einen Besuch von Chiang Mai nur als vollständig, wenn sie diesen Tempel gesehen haben.

Ausflüge: Verschiedene Dörfer in Stadtnähe sind für einheimische Kunstgewerbeartikel bekannt; im Mae-Sa-Tal gibt es eine »Elefantenschule« und eine Orchideenfarm; längere Touren führen zum *Doi Inthanan National Park* und nach **Chiang Rai** in der Nähe des Mekong-Flusses und des Goldenen Dreiecks. Die größte Stadt im *Goldenen Dreieck* ist **Mae Sai** an der Grenze zu Myanmar. Hier kann man burmesische Waren wie Teppiche, Gewürze und Kräuter billig erstehen. Der Grenzübergang nach Myanmar ist in erster Linie für Thais geöffnet.

Strände

Südlich von Bangkok am Golf von Thailand liegen **Pattaya**, Südostasiens bekanntester Badeort, und das weniger überlaufene Ferienzentrum **Bang Saen**. Nicht weit enfernt ist **Koh Samet**, eine unberührte Insel, die leicht per Boot (Fahrzeit 30 Min.) von **Rayong** erreicht werden kann. Eine ca. zweistündige Autofahrt von Bangkok entfernt liegen **Cha'am** und **Hua Hin**. Hua Hin war einst ein königlicher Badeort und erfreut sich momentan wieder zunehmender Beliebtheit.

Zahlreiche beliebte Ferienziele liegen am Indischen Ozean. Die Insel **Phuket** ist durch einen Damm mit der Südwestküste Thailands verbunden. In den letzten Jahren sind auf dieser Insel zahlreiche Hotels aus dem Boden geschossen, so daß Phuket allmählich Pattaya den Anspruch auf die »Nummer Eins« unter den Feriengebieten Südostasiens streitig macht. Es gibt aber immer noch einige menschenleere Strände und abgelegene Buchten.

In der **Phang Nga Bay**, die von Phuket aus leicht zu erreichen ist, ist der Ausblick auf das Meer und die umliegenden Inseln wirklich atemberaubend. Ca. 3500 Inseln (*Hongs*) sind über die ganze Bucht verteilt. Die felsigen Inseln bieten in ihrem Inneren einer reichhaltigen Fauna und Flora ein Zuhause. Bis vor kurzem gab es keinen Zugang zu den Hongs, so daß sich die Natur ohne jeglichen menschlichen Einfluß entwickelte. Ein Veranstalter bietet spezielle Kanuausflüge, mit denen man durch Felsspalten und Höhlen das Innere besuchen kann. Die Anzahl der Gruppenteilnehmer ist jedoch begrenzt, und es gelten bestimmte Verhaltensregeln innerhalb der Inseln. So sollte weder geredet werden, noch sollten »Souvenirs« mitgenommen werden, um die unberührte Natur zu erhalten.

Songkhla im Süden des Landes am Golf von Thailand liegt etwa 1300 km von Bangkok entfernt; ein reizvoller, freundlicher Ferienort mit chinesischem Flair, ideal für Erholungssuchende. Weiter nördlich im Golf von Thailand liegen die idyllischen Inseln **Koh Samui** und **Koh Phangan** mit feinem Sandstrand, zahlreichen Kokosnußplantagen und erfrischenden Wasserfällen. Wenn sie auch kein Geheimtip mehr sind, stellen sie doch eine gute Alternative zu den größeren Touristenzentren wie Phuket und Pattaya dar.

RUNDREISEN: 5tägige: (a) Bangkok – Ayutthaya – Pattaya – Rayong – Koh Chang – Bangkok. (b) Bangkok – Kanchanaburi – Ratchaburi – Hua Hin – Bangkok. **7tägige:** (a) Bangkok – Chiang Mai – Chiang Rai – Goldenes Dreieck – Bangkok. (b) Bangkok – Surat Thani – Koh Phangan – Koh Samui – Bangkok. (c) Bangkok – Mae-Hon-Song – Pai – Chiang Mai – Bangkok.

SOZIALPROFIL

ESSEN & TRINKEN: Es gibt sowohl europäische als auch asiatische Restaurants. Thailändisches Essen ist äußerst schmackhaft und scharf gewürzt; in den meisten Restaurants wird jedoch berücksichtigt, daß Europäer scharfes Essen nicht gewöhnt sind. Vor allem *Pri-Kee-Noo*, kleine rote oder grüne Pfefferschoten, sind von Neuankömmlingen mit äußerster Vorsicht zu genießen. Diese werden meist in einer Vinaigrette zum Hauptgericht serviert. Zu den Spezialitäten zählen *Tom Yam* (eine Kokosmilchsuppe mit *Makroot*-Blättern, *Lemon Grass*, Ingwer sowie Huhn oder Krabben); Reis mit *Kaeng Pet* (scharfer »Roter« Curry mit Kokosmilch, Kräutern, Knoblauch, Pfefferschoten, Krabbenpaste, Koriander und anderen Gewürzen); *Kaeng Khiaw* (»Grüner« Curry mit Auberginen, Rind oder Huhn); *Gai Yang* (Grillhähnchen) und *Kao Pat* (Reispfanne mit Krabben, Huhn- und Schweinefleisch, Zwiebeln, Eiern und Safran). Diese Gerichte werden oft mit Zwiebeln, Gurken, Sojasoße und Pfefferschoten serviert. Unter den Nachspeisen sind *Salim* (süße Nudeln in Kokosmilch) und *Songkaya* (Pudding aus Kokosmilch, Ei und Zucker, oft in einer Kokosnußschale serviert) besonders zu empfehlen. Lecker zum Frühstück sind auch Mangos mit süßem Reis (in Kokosmilch gekocht), die allerdings nur während der Mangoernte von März bis Mai angeboten werden. Weitere exotische Obstsorten sind *Papaya, Jackfruit, Mangosteens, Rambutans, Pomelos* (eine Art süße Grapefruit) und vor allem *Durians*, die von Ausländern (die man hier *»Farangs«* nennt) wegen ihres eigenartigen Geruchs entweder heiß geliebt oder geradezu verabscheut werden. Man sollte jedoch beachten, daß zahlreiche Hotels die Aufbewahrung von Durians im Zimmer nicht zulassen. In thailändischen Restaurants ißt man mit Löffel und Gabel, in chinesischen Restaurants mit Stäbchen oder auf Wunsch mit Messer und Gabel. In Restaurants werden meist vor dem Essen heiße oder kalte Erfrischungstücher zum Händeabwischen gereicht. **Getränke:** Kokosmilch wird direkt aus der Schale angeboten. Neben zahlreichen anderen einheimischen Getränken sind vor allem *Singha*-Bier und *Mekhong*-Whisky eine Kostprobe wert.

NACHTLEBEN: Bangkoks Nachtleben ist weltberühmt; Nachtklubs (meist mit Hostessen), Massagesalons, Straßencafés, klassische Tanztheater und Kinos sind bis spät in die Nacht geöffnet.

EINKAUFSTIPS: Besonders schöne Mitbringsel sind thailändische Seide und Baumwollstoffe, Lederwaren, Silber, Keramik mit grüner *Celadon*-Glasur, Puppen, Masken, Lackarbeiten sowie Artikel aus Bambus und Bronze. Der Wochenendmarkt in Bangkoks *Chatuchak Park* ist herrlich zum Stöbern und Staunen, hier ist von echten Antiquitäten bis hin zu Kampffischen alles erhältlich. Maßgeschneiderte Kleidung ist auch zu empfehlen und kann innerhalb von wenigen Tagen angefertigt werden. **Öffnungszeiten der Geschäfte:** Mo-Sa 10.00-19.00 Uhr (Kaufhäuser), 08.00-21.00 Uhr (kleinere Läden). Die meisten Geschäfte haben auch sonntags geöffnet.

SPORT: Schwimmen und **Tauchen** sind wohl die beliebtesten Freizeitbeschäftigungen für Urlauber an den weitläufigen Stränden der thailändischen Küste und auf den Inseln. Schon mit der Taucherbrille erschließt man sich einen einmaligen Einblick in die klare, bunte Unterwasserwelt; Ausrüstungen zum **Tiefseetauchen** stehen vor allem in den Feriengebieten Pattaya und Phuket zum Verleih. **Wasserskifahren** kann man hauptsächlich in Pattaya und im Binnenland auf dem Chao Phraya bei Nonthaburi und Pakred in der Nähe von Bangkok. **Jetskis** stehen in den Urlaubsorten zum Verleih. In den meisten Urlaubsgebieten gibt es auch **Golfplätze**. An vielen Stränden wird **Paragliding** angeboten. **Publikumssport: Boxkämpfe** werden an drei Abenden der Woche sowie Samstag nachmittags im Lumphini-Stadion veranstaltet, im Ratchadamnoen-Stadion viermal die Woche. **Hahnenkämpfe** im *Rose Garden* in Bangkok sind zwar bei Zuschauern beliebt, aber sicher weniger bei den gefiederten Teilnehmern. **Pferderennen** finden samstags im *Royal Bangkok Sports Club* und sonntags im *Royal Bangkok Turf Club* statt. **Flugdrachenkampf** ist ein Sport, den es nur in Thailand gibt, in Bangkok kann man den Veranstaltungen von Ende Februar bis Anfang Juni im *Pramane*-Park (Bangkoks größtem Park) beiwohnen.

VERANSTALTUNGSKALENDER

1996: *Goldenes Jubiläum der Thronbesteigung des Königs* und *700 Jahre seit der Gründung von Chiang Mai.*

10. Mai '96 *Königliche Pflugzeremonie*, Bangkok. **Juni** *Phi*

Pass- und Visavorschriften mancher Länder können sich kurzfristig ändern – Im Zweifelsfall erkundigen Sie sich bitte vor der Abreise bei der zuständigen Botschaft

Ta Khon Festival, Loei. **Juli** *Kerzenfestival*, Ubon Ratchathani. **Aug.** *Rambutan-Fest*, Surat Thani. **Sept.** (1) *Bootsrennen*, Phichit. (2) *Chinesisches Mondfest*, Songkhla. **Okt.** (1) *Nächtliche Bootprozession*, Nakhon Phanom. (2) *Tak Batdevo*, Uthai Thani. **Nov.** (1) *Elefantentreiben*, Surin. (2) *Loi Krathong*, Sukhothai. (3) *Lichterfestival*, Ayutthaya. (4) *Chinesisches Bankett für Affen*, Lop Buri. **Nov./Dez.** *Blüte der mexikanischen Sonnnenblumen*, Mae Hong Son. **Dez.** *I-san-Drachenfestival*, Buri Ram.
Eine vollständige Liste ist auf Anfrage beim Fremdenverkehrsamt erhältlich (Adresse s. o.).
SITTEN & GEBRÄUCHE: Die traditionellen Gebräuche in Thailand sind seit Jahrhunderten kulturellen Einflüssen aus China, Indien und neuerdings auch aus dem Westen ausgesetzt. Westlichen Besuchern gibt man oft zur Begrüßung die Hand, Thais werden auf traditionelle Art begrüßt, mit aneinandergelegten Handflächen, wobei die Fingerspitzen nach oben zeigen, und leichter Verbeugung. Westliche Besucher sollten sich nicht scheuen, Thais auf die traditionelle Weise zu begrüßen. Buddhistische Mönche werden auf jeden Fall so gegrüßt. Die königliche Familie genießt grenzenlosen Respekt, und ihre Handlungen werden niemals in Frage gestellt. Besucher sollten dies berücksichtigen und in keiner Weise Kritik üben. Im allgemeinen sind Thais sehr zurückhaltende Menschen und verlieren nur selten die Ruhe. Westliche Besucher sollten beachten, daß nur Kinder Ärger und Frustration zum Ausdruck bringen. Ein Erwachsener, der sich so verhält, »verliert sein Gesicht«. Geduld und Ruhe sind an der Tagesordnung, wenn etwas mal nicht gleich klappt. Vor dem Betreten eines Privathauses oder eines Tempels sollte man die Schuhe ausziehen. Gegessen wird mit Löffel und Gabel, westliche Etikette setzt sich jedoch auch beim Eßbesteck allmählich durch. Freizeitkleidung ist überall akzeptabel, selten wird von Männern erwartet, daß sie einen Anzug tragen. Ein traditionelles thailändisches Hemd ist für Männer die beste Bekleidung für besondere Anlässe. Badekleidung gehört an den Strand, »oben ohne« wird nicht gern gesehen. Rauchen ist fast überall gestattet. **Trinkgeld:** Die meisten Hotels berechnen 10% Bedienungsgeld und 11% Regierungssteuer. Taxifahrer erwarten kein Trinkgeld.

WIRTSCHAFTSPROFIL

WIRTSCHAFT: Nach asiatischen Maßstäben ist Thailand ein relativ wohlhabendes Land. In den letzten Jahren geben jedoch die hohe Auslandsverschuldung und das überholungsbedürftige Steuerwesen Grund zur Beunruhigung. Der bedeutendste Wirtschaftszweig ist noch immer die Landwirtschaft, in letzter Zeit wird die Industrie des Landes jedoch zunehmend ausgebaut. Zu den landwirtschaftlichen Erzeugnissen zählen Reis (Thailand ist der größte Reisexporteur der Welt), Zucker, Maniok, Mais, Gummi, Baumwolle und Tabak. Die Fischerei spielt ebenfalls eine große Rolle. Die Forstwirtschaft muß sich von den übermäßigen Abholzen der Teakwälder in den letzten Jahrzehnten erst wieder erholen, die Regierung plant die Aufforstung. In der Zwischenzeit floriert der Holzhandel mit Myanmar (vormals Burma), das dringend auf Devisen angewiesen ist. Der bedeutendste Bodenschatz Thailands ist Zinn, die Einnahmen aus dem Abbau dieses Metalls sind jedoch stark zurückgegangen, seit der Hauptumschlagplatz für Zinn, das Londoner *International Tin Council*, zusammenbrach. Erfolgversprechend ist die Entdeckung von Erdgas in den thailändischen Küstengewässern. Die Industrialisierung des Landes wurde Anfang der sechziger Jahre eingeleitet und umfaßt heute so unterschiedliche Zweige wie Zementherstellung, Elektronik, Schmuckherstellung, Zucker- und Ölraffinerien. Im Dienstleistungssektor ist vor allem die Bedeutung des Tourismus in den letzten 20 Jahren ständig gestiegen (1990 kamen über 5 Mio. Besucher), auch als Finanzzentrum wird Thailand immer wichtiger. Stark zunehmende Investitionen haben eine größere Nachfrage für Maschinen und Ausrüstungen zur Folge und beleben den Handel ganz beträchtlich. Zu den wichtigsten Industriebereichen gehören: Nahrungsmittelverarbeitung, Textilindustrie, Elektronik, Kraftfahrzeugbau, die petrochemische Industrie und die Eisen- und Stahlherstellung. Thailands rasches und anhaltendes Wirtschaftswachstum deutet darauf hin, daß es bald zu den sechs erfolgreichsten Ländern in Asien zählen wird, vorausgesetzt, die politische Lage bleibt stabil. Die wichtigsten Handelspartner sind die USA, Japan und Singapur.
GESCHÄFTSVERKEHR: Geschäftsleute in gehobenen Positionen sprechen zumeist Englisch, in kleineren Firmen sowie Betrieben außerhalb des Industriegürtels von Bangkok kann es jedoch Sprachprobleme geben. Visitenkarten sind erforderlich. Vorherige Terminvereinbarung ist üblich. **Geschäftszeiten:** Behörden sind Mo-Fr 08.30-16.30 Uhr geöffnet; Privatfirmen Mo-Fr 08.00-17.00 Uhr. Manche Büros haben samstags halbtags geöffnet.
Kontaktadressen: *Deutsch-Thailändische Handelskammer*, PO Box 1728, Bangkok 10501. Tel: (02) 236 23 96. Telefax: (02) 236 47 11.
The Commercial Counsellor at the Austrian Embassy (Österreichische Außenhandelsstelle), PO Box 495, Bangkok 10501. Tel: (02) 251 41 73/74. Telefax: (02) 253 35 67.
Thai Chamber of Commerce (Handelskammer), 150 Thanon Rajbopit, Bangkok 10200. Tel: (02) 225 00 86. Telefax: (02) 225 33 72.
KONFERENZEN/TAGUNGEN: Zu den 191 Mitgliedern der *Thailand Incentive and Convention Association* zählen Hotels, Fluggesellschaften, Verlagshäuser, Werbeagenturen, Kreuzfahrtgesellschaften, Reisebüros, Rechtsanwälte und Banken. Der Verband veröffentlicht Broschüren sowie ein Jahreshandbuch und bietet Planungshilfen. Anschrift: *Thailand Incentive and Convention Association (TICA)*, Room 1509/2, 15th Floor, Bangkok Bank Building, Bangkok. Tel: (02) 235 07 31. Telefax: (02) 235 07 30. Das *Bangkok Convention Centre* ist das größte Kongreßzentrum des Landes, es gibt jedoch im ganzen Land zahlreiche Konferenzlokalitäten (einschließlich Hotels). Adresse: Bangkok Convention Centre, Central Plaza Hotel, 1695 Plaholyothin Road, Bangkok. Tel: (02) 541 14 01. Telefax: (02) 541 11 24. Die meisten Konferenzteilnehmer kamen 1988 aus Malaysia, Japan, den USA, Taiwan und Australien; ein zunehmendes Interesse wird aus Kanada und Deutschland verzeichnet. Die Weltbank und der Internationale Währungsfonds hielten hier im Oktober 1991 ihre Jahrestagung mit etwa 15.000 Delegierten ab.

KLIMA

Im allgemeinen heiß, vor allem von Mitte Februar bis Juni. Der Monsun von Mai bis Oktober bringt starke Regenfälle bei kaum niedrigeren Temperaturen mit sich. Die beste Reisezeit ist von November bis Februar in der kühleren Jahreszeit.
Kleidung: Leichte, atmungsaktive Kleidung und Regenschutz.

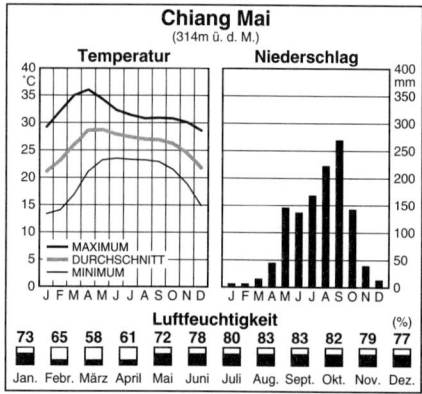

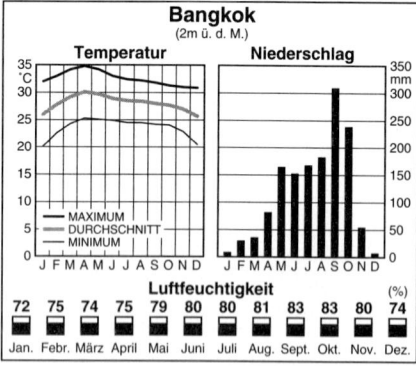

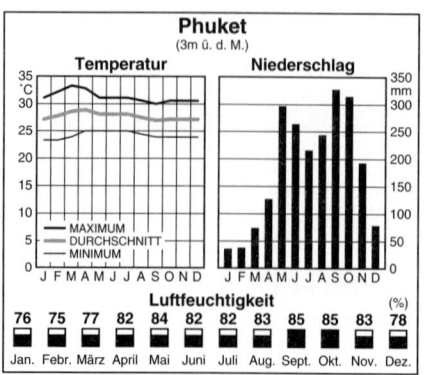

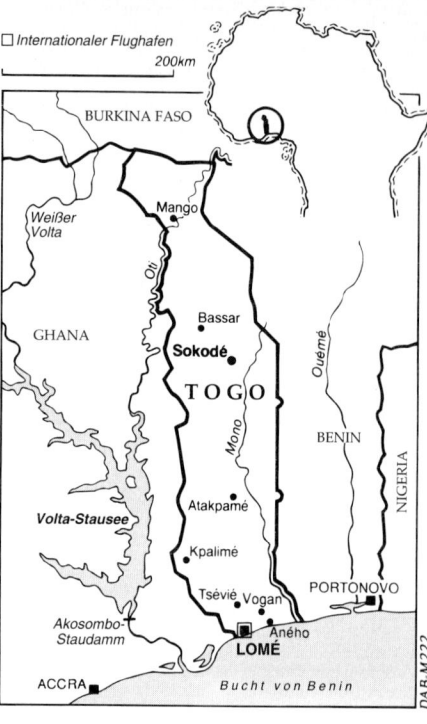

Lage: Westafrika.

Direction des Professions Touristiques
BP 1289
Lomé
Tel: 21 56 62. Telex: 5007.
Botschaft der Republik Togo
Beethovenallee 13
D-53173 Bonn
Mo-Fr 09.00-16.00 Uhr.
Nur persönlich oder postalisch erreichbar.
(auch zuständig für Österreich und die Schweiz)
Honorarkonsulate ohne Visumerteilung in Berlin, Bremen, Düsseldorf, Hamburg, Hannover und München.
Konsulat der Republik Togo (ohne Visumerteilung)
Klosterneuburg
Eichweg 4
A-2300 Wien
Tel: (0222) 317 20 29. Telefax: (0222) 319 90 25.
Mo-Fr 10.00-12.00 Uhr.
Österreicher können ihr Visum in Bonn oder bei der französischen Botschaft in Wien beantragen.
Botschaft der Republik Frankreich (Konsularabteilung)
Wipplingerstraße 24/26
A-1010 Wien
Tel: (0222) 535 62 09/-13, *Konsularabt.*: 535 64 09. Telefax: (0222) 532 13 15.
Mo-Fr 08.30-11.00 Uhr (Publikumsverkehr), *Konsularabt.*: Mo-Fr 15.00-17.00 Uhr (tel. Auskünfte).
Botschaft der Republik Togo
8 rue Alfred Roll
F-75017 Paris
Tel: (1) 43 80 12 13. Telefax: (1) 43 80 90 71.
Konsulat der Republik Togo (mit Visumerteilung)
11bis rue Toepffer
CH-1206 Genf

TIMATIC INFO-CODES

*Abrufbar über Ihr CRS-System (für START/Amadeus Ama-Maske benutzen). Für Galileo bitte TI-DFT eingeben (**mit** Bindestrich).*

Flughafengebühren	TI DFT/ LFW /TX
Währung	TI DFT/ LFW /CY
Zollbestimmungen	TI DFT/ LFW /CS
Gesundheit	TI DFT/ LFW /HE
Reisepassbestimmungen	TI DFT/ LFW /PA
Visabestimmungen	TI DFT/ LFW /VI

Tel: (022) 346 52 60. Telefax: (022) 346 59 39.
Mo-Fr 10.00-12.00 Uhr.
(zuständig für Genf)
Konsulat der Republik Togo (mit Visumerteilung)
Stegackerstraße 12
CH-4132 Muttenz
Tel: (061) 462 11 44. Telefax: (061) 462 11 46.
Mo-Fr 8.00-12.00 und 13.00-17.00 Uhr.
(zuständig für die ganze Schweiz)
Botschaft der Bundesrepublik Deutschland
Boulevard de la République
BP 1175
Lomé
Tel: 21 23 70. Telefax: 22 18 88.
Österreich und die Schweiz unterhalten keine eigenen diplomatischen Vertretungen in Togo. Für Österreich ist die Botschaft in Abidjan (s. Côte d'Ivoire) *und für die Schweiz die Botschaft in Lagos* (s. Nigeria) *zuständig.*

FLÄCHE: 56.785 qkm.
BEVÖLKERUNGSZAHL: 3.885.000 (1993).
BEVÖLKERUNGSDICHTE: 68 pro qkm.
HAUPTSTADT: Lomé. **Einwohner:** 500.000 (1987).
GEOGRAPHIE: Togo grenzt im Norden an Burkina Faso, im Osten an Benin und im Westen an Ghana; im Süden bildet der Atlantische Ozean eine natürliche Grenze. Das schmale Land steigt hinter den Küstenlagunen und Sumpfebenen zu einem hügeligen Plateau an. Im Norden senkt es sich zu einer großen Ebene, die vom Fluß Oti bewässert wird. Das Landesinnere ist dicht bewaldet, während sich im Norden und Süden Savanne ausdehnt. Der Fluß Mono mündet im Osten ins Meer. Endlose palmengesäumte Sandstrände sind typisch für den schmalen Küstenstrich zwischen Lomé und Cotonou.
STAATSFORM: Präsidialrepublik seit 1967. Staatsoberhaupt: General Gnassingbé Eyadéma, seit Januar 1967; bei den letzten Wahlen 1993 mit 96% der Stimmen wiedergewählt (jedoch geringe Wahlbeteiligung). Regierungschef: Edem Kodjo, seit April 1994. Bei den ersten freien Parlamentswahlen Anfang 1994 gewann die Opposition.
SPRACHE: Amtssprache ist Französisch. Afrikanische Dialekte wie Kabyé und Ewé dienen als Umgangssprache. Englisch wird nur wenig gesprochen.
RELIGION: 50% Naturreligionen, 35% Christen, 12% Moslems.
ORTSZEIT: MEZ - 1.
NETZSPANNUNG: 220 V, 50 Hz.
POST- UND FERNMELDEWESEN: Telefon: Selbstwählferndienst zu den größeren Städten. **Landesvorwahl: 228.** Es gibt keine Ortsnetzkennzahlen.
Telex/Telegramme: In der Hauptstadt gibt es einige Einrichtungen. **Post:** Postalische Einrichtungen sind auf größere Städte beschränkt. Postlagernde Sendungen sind möglich, der Service ist sehr zuverlässig. Luftpostsendungen nach Europa sind bis zu zwei Wochen unterwegs.
DEUTSCHE WELLE
Der Einsatz der Kurzwellenfrequenzen ändert sich mehrfach im Laufe eines Jahres, und Sendungen auf den folgenden Frequenzen werden jeweils nur zu bestimmten Tageszeiten ausgestrahlt.

MHz	21,560	17,860	15,275	11,795	9,545
Meterband	13	16	19	25	31

REISEPASS/VISUM

Wichtiger Hinweis: *Die Einreisebestimmungen mancher Länder können sich kurzfristig ändern – rufen Sie sicherheitshalber auf Ihrem CRS-System (TIMATIC-Info-Code-Fenster in diesem Kapitel) den aktuellen Stand ab bzw. wenden Sie sich an die zuständige diplomatische Vertretung. Etwaige Zahlen in der Tabelle beziehen sich auf nachfolgende Fußnoten.*

	Paß erforderlich?	Visum erforderlich?	Rückflugticket erforderlich?
Deutschland	Ja	Nein/1	Ja
Österreich	Ja	Ja	Ja
Schweiz	Ja	Ja	Ja
Andere EU-Länder	Ja	1	Ja

REISEPASS: Allgemein erforderlich, muß mindestens noch 6 Monate gültig sein. Ausgenommen sind Staatsbürger folgender Länder:
(a) Ghana, Mauretanien und Nigeria mit *Carnet de Voyage*;
(b) Benin, Burkina Faso, Côte d'Ivoire, Guinea (Republik), Mali, Niger, Senegal, Tschad und Zentralafrikanische Republik mit gültigem Personalausweis oder *Carnet de Voyage*.
Der Reisepaß muß mindestens noch sechs Monate gültig sein.
Anmerkung: Familienpässe werden nicht anerkannt.
VISUM: Genereller Visumzwang, ausgenommen sind Staatsangehörige folgender Länder:
(a) [1] Belgien, Bundesrepublik Deutschland, Dänemark, Frankreich, Griechenland, Großbritannien, Irland, Italien, Luxemburg, Niederlande und Schweden;
(b) Andorra, Benin, Burkina Faso, Côte d'Ivoire, Gabun, Gambia, Ghana, Guinea (Republik), Guinea-Bissau, Kanada, Kap Verde, Liberia, Madagaskar, Mali, Mauretanien, Monaco, Niger, Nigeria, Norwegen, Senegal, Sierra Leone, Tschad, USA und Zentralafrikanische Republik;
(c) Kamerun (maximal 10 Tage).
Visaarten: Einreisevisa.
Visagebühren: Je nach Nationalität. *Deutschland:* 40 DM. *Österreich:* 126 öS. *Schweiz:* 30 sfr.
Gültigkeitsdauer: Das Visum ist nur 2 Tage gültig und muß nach Ankunft in Lomé sofort im Hotel oder Flughafen verlängert werden. In der Regel gelten die Visa bis zu 2 Monaten.
Antragstellung: Konsularabteilung der Botschaft (Adressen s. o.).
Unterlagen: (a) 2 Antragsformulare. (b) 2 Paßfotos. (c) Gebühr. (d) Für Geschäftsvisa: Firmenschreiben. (e) Gelbfieber-Impfzeugnis.
Der postalischen Antragstellung sollten ein frankierter und adressierter Umschlag und der Zahlungsbeleg über die Visumgebühren beigelegt werden.
Bearbeitungszeit: 2 Tage.
Aufenthaltsgenehmigung: Anträge sind in Togo zu stellen.

GELD

Währung: 1 CFA-Franc (CFA Fr) = 100 Centimes. Banknoten gibt es im Wert von 10.000, 5000, 1000 und 500 CFA Fr; Münzen sind im Wert von 100, 50, 25, 10 und 5 CFA Fr in Umlauf. Togo ist Teil des französischen Währungsgebietes, und die Landeswährung ist in allen Ländern des ehemaligen Französisch-Westafrika gesetzliches Zahlungsmittel (Benin, Burkina Faso, Côte d'Ivoire, Niger, Senegal, Togo).
Anmerkung: Anfang 1994 erfolgte eine Abwertung des CFA-Franc gegenüber dem französischen Franc um ca. 50%.
Kreditkarten: *American Express* und teilweise auch *Diners Club*, *Eurocard* und *Visa* werden akzeptiert. Einzelheiten vom Aussteller der betreffenden Kreditkarte.
Reiseschecks in französischen Francs werden empfohlen.
Wechselkurse

	CFA Fr Sept. '92	CFA Fr Febr. '94	CFA Fr Jan. '95	CFA Fr Jan. '96
1 DM	169,38	339,41	344,30	342,57
1 US$	251,72	589,20	533,68	492,45

Devisenbestimmungen: Die Einfuhr der Landeswährung ist auf 1 Mio. CFA Fr beschränkt, die Ausfuhr auf 25.000 CFA Fr. Es gibt keine Einfuhrbeschränkungen für Fremdwährungen, es besteht jedoch Deklarationspflicht. Die Ausfuhr ist auf den deklarierten Betrag beschränkt.
Öffnungszeiten der Banken: Mo-Fr 08.00-16.00 Uhr.

DUTY FREE

Folgende Artikel können von Personen über 15 Jahren zollfrei nach Togo eingeführt werden:
100 Zigaretten oder 50 Zigarren oder 100 g Tabak;
1 l Spirituosen und 1 l Wein;
Parfüm für den persönlichen Gebrauch.
Anmerkung: Besucher dürfen für die Dauer des Aufenthalts auch Kleidung (nicht neu), Gegenstände für den persönlichen Bedarf, zwei Kameras mit Film, ein Fernglas, ein Musikinstrument und eine Schreibmaschine sowie kleine Camping- und Sportgeräte einführen.

GESETZLICHE FEIERTAGE

1. Mai '96 Tag der Arbeit. **16. Mai** Christi Himmelfahrt. **27. Mai** Pfingstmontag. **15. Aug.** Mariä Himmelfahrt. **24. Sept.** Jahrestag des mißglückten Angriffs auf Lomé. **1. Nov.** Allerheiligen. **25. Dez.** Weihnachten. **1. Jan. '97** Neujahr. **13. Jan.** Tag der Befreiung. **10. Jan.** Beginn des Ramadan. **24. Jan.** Tag des Sieges. **10. Febr.** Beginn des Eid al-Fitr. **31. März** Ostermontag. **24. April** Tag des Sieges. **27. April** Unabhängigkeitstag. **18. April** Beginn des Tabaski (Eid al-Adha). **1. Mai** Tag der Arbeit. **8. Mai** Christi Himmelfahrt. **19. Mai** Pfingstmontag.
Anmerkung: Die angegebenen Daten für islamische Feiertage sind nach dem Mondkalender berechnet und verschieben sich daher von Jahr zu Jahr. Während des Fastenmonats Ramadan, der dem Festtag Eid al-Fitr vorangeht, essen Mohammedaner nicht tagsüber, sondern erst nach Sonnenuntergang, wodurch der normale Geschäftsablauf gestört werden kann. Diese Unterbrechungen können auch während des Eid al-Fitr auftreten. Dieses Fest, ebenso wie das Tabaski (Eid al-Adha) hat keine bestimmte Zeitdauer und kann je nach Region 2-10 Tage dauern. Weitere Informationen im Kapitel *Welt des Islam* (s. Inhaltsverzeichnis).

GESUNDHEIT

In der folgenden Tabelle aufgeführte Impfvorschriften können sich kurzfristig ändern. Es wird stets empfohlen, auf Ihrem CRS-System (TIMATIC-Info-Code-Fenster in diesem Kapitel) den aktuellen Stand der Gesundheitsbestimmungen abzurufen bzw. rechtzeitig vor der Reise ärztlichen Rat einzuholen.

	Vorsichtsmaßnahmen empfohlen	Impfschein erforderlich
Gelbfieber	Ja	1
Cholera	Ja	2
Typhus & Polio	3	-
Malaria	4	-
Essen & Trinken	5	-

[1]: Eine Impfbescheinigung gegen Gelbfieber wird von allen Reisenden verlangt, die über ein Jahr alt sind.
[2]: Eine Impfbescheinigung gegen Cholera ist keine Einreisebedingung, das Risiko einer Infektion besteht jedoch. Da die Wirksamkeit der Schutzimpfung umstritten ist, empfiehlt es sich, rechtzeitig vor Antritt der Reise ärztlichen Rat einzuholen. Näheres unter *Gesundheit* (s. Inhaltsverzeichnis).
[3]: Typhus kommt vor, Poliomyelitis ist endemisch.
[4]: Malariaschutz gegen die vorherrschende gefährlichere Form *Plasmodium falciparum* ganzjährig in allen Landesteilen. Sie soll Chloroquin-resistent sein.
[5]: Wasser sollte generell vor der Benutzung zum Trinken, Zähneputzen und zur Eiswürfelbereitung entweder abgekocht oder anderweitig sterilisiert werden. Milch ist nicht pasteurisiert und sollte ebenfalls abgekocht werden. Trocken- und Dosenmilch nur mit keimfreiem Wasser anrühren. Milchprodukte aus ungekocher Milch am besten vermeiden. Fleisch- und Fischgerichte nur gut durchgekocht und heiß serviert essen. Der Genuß von Schweinefleisch, rohen Salaten und Mayonnaise sollte vermieden werden. Gemüse sollte gekocht und Obst geschält werden.
Tollwut kommt vor. Wer ein erhöhtes Risiko eingeht (z. B. längerer Aufenthalt in abgelegenen Gebieten), sollte vor Reiseantritt eine Schutzimpfung erwägen. Bei Bißwunden so schnell wie möglich ärztliche Hilfe in Anspruch nehmen. Weitere Informationen im Kapitel *Gesundheit* (s. Inhaltsverzeichnis).
Bilharziose-Erreger kommen in manchen Teichen und Flüssen vor, das Schwimmen und Waten in Binnengewässern sollte daher vermieden werden. Gut gepflegte Schwimmbecken mit gechlortem Wasser sind unbedenklich.
Hepatitis A, B und *E* kommen ebenfalls vor.
Gesundheitsvorsorge: Der Abschluß einer Reisekrankenversicherung wird empfohlen. Auf je 20.000 Einwohner entfällt ein Arzt. Man sollte eine gute Reiseapotheke mitnehmen.

REISEVERKEHR - International

FLUGZEUG: Togo wird vor allem von *Air Afrique (RK)* bedient. Die günstigsten Verbindungen von Deutschland, Österreich und der Schweiz bieten *Air France* über Paris und *Sabena* über Brüssel. Von Zürich gibt es auch Charterflugverkehr. Togo ist ein wichtiger Knotenpunkt für den innerafrikanischen Luftverkehr; es gibt häufige Flugverbindungen zu den meisten afrikanischen Reisezielen.
Durchschnittliche Flugzeiten: *Brüssel* – Lomé: 8 Std. 20; *Paris* – Lomé: 7 Std. 40; *Frankfurt* – Lomé: 10 Std; *Zürich* – Lomé: 10-11 Std.
Internationaler Flughafen: *Lomé (LFW)* liegt 4 km außerhalb der Hauptstadt. Am Flughafen gibt es eine Bank, eine Post, Duty-free-Shops, Mietwagenschalter, Bars und Restaurants. Taxistand. Busse fahren zur Stadtmitte.
SCHIFF: Fähren von Benin und Ghana laufen Lomé und die Küstenhäfen an.
BUS/PKW: Straßen führen von Benin, Ghana und Burkina Faso nach Togo. Die Straßenverhältnisse lassen jedoch zu wünschen übrig.

REISEVERKEHR - National

FLUGZEUG: *Air Togo* fliegt Sokodé, Mango, Dapango, Lama-Kara, Niamtougou und Lomé an.
SCHIFF: Fähren verbinden die Küstenhäfen.
BAHN: Mindestens einmal täglich verkehren Züge zwischen Lomé, Atakpamé und Blitta.
BUS/PKW: Die meisten Ortschaften werden durch Straßen verbunden, die jedoch während der Regenzeit größtenteils unbefahrbar sind. **Mietwagen** sind in Lomé erhältlich. **Bus/Taxi:** Die einheimischen Bus- und Taxiunternehmen sind verhältnismäßig gut und preiswert.
Unterlagen: Internationaler Führerschein.

UNTERKUNFT

HOTELS: Unterkünfte, die internationalem Niveau entsprechen, stehen nur in Lomé und Lama-Kara zur Verfügung, Hotels gibt es jedoch in allen größeren Städten. Vorausbuchung wird empfohlen.
CAMPING: Es gibt kostenlose Campingplätze, trotzdem wird vom Zelten abgeraten.

URLAUBSORTE & AUSFLÜGE

Die Hauptstadt **Lomé** liegt direkt an der Grenze zu Ghana. Das ehemalige Verwaltungsviertel um den Markt mit seinen engen Straßen und alten Kolonialgebäuden wurde von den Franzosen angelegt. Es gibt immer noch einige Beispiele deutscher Kolonialarchitektur, wie die neugotische Kathedrale und die alte Werft. Interessant sind die verschiedenen Märkte der Stadt, besonders der *Grand Marché*, der Händler aus dem gesamten Umkreis anzieht. Hier kann man wirklich alles kaufen, von Fahrrädern bis zu Stoffen. Auf dem *Marché des Féticheurs*, dem größten Fetischmarkt Westafrikas, werden traditionelle Medizinen angeboten.
Die Strände in der Nähe von Lomé sind recht gut.
In **Togoville** wurde der Kolonialvertrag zwischen den

Togo / Tonga

Deutschen und Mlapa III. unterzeichnet. Der Dorfälteste zeigt Besuchern noch heute den Vertrag. Im Dorf gibt es zahlreiche Voodoo-Grabstätten; von hier wurde der Voodoo-Glaube nach Haiti gebracht. Es gibt außerdem eine römisch-katholische Kirche, die von den Deutschen gebaut wurde. Der *Lake Togo* ist ein beliebtes Ausflugsziel von Wassersportlern.
Die *Peter-und-Paul-Kirche*, die *Protestantische Kirche* und der *Deutsche Friedhof* in *Aného*, Hauptstadt Togos bis 1920, zeugen von der Kolonialzeit. An den palmengesäumten Stränden stehen vereinzelt malerische Fischerdörfer, in denen traditioneller Lebensstil vorherrscht.
Zu Togos Nationalparks gehört der *Fazao-Malfacassa-Nationalpark* außerhalb von **Sokodé**, im Malfacassa-Gebirge; hier leben viele Affen und eine der letzten Elefantenherden Togos. Im *Kéran-Nationalpark* in der Nähe von **Kara** sind Paviane und Antilopen beheimatet. Auch in der *Fosse aux Lions* stößt man auf einige der selten gewordenen Elefanten des Landes.

SOZIALPROFIL

ESSEN & TRINKEN: Manche Restaurants bieten afrikanische Gerichte, die meisten sind jedoch auf französische Küche spezialisiert. Besonders in Lomé gibt es zahlreiche kleine Cafés mit einheimischer Küche. Spezialitäten sind Suppen, die auf Palmennüssen, Erdnüssen und Mais basieren. Fleisch, Geflügel und Meeresfrüchte in köstlichen Variationen stehen häufig auf der Speisekarte. **Getränke:** Die Auswahl an Spirituosen ist gut; das einheimische Bier ist zu empfehlen.
NACHTLEBEN: Besonders in Lomé gibt es zahlreiche Nachtklubs mit warmer Küche. Hier tanzt man bis in die frühen Morgenstunden zu einer Mischung aus beliebter westafrikanischer und westlicher Musik. In den Kinos werden französisch- und englischsprachige Filme gezeigt.
EINKAUFSTIPS: Die Märkte sind ideal zum Stöbern, Einkaufen und Handeln. Schöne Souvenirs sind Wachsdrucke, Indigostoffe, *Kente*- und Farbdruckstoffe aus Ghana, Stickereien, Batik und Spitze aus Holland, einheimische, schwere Marmor-Aschenbecher, Gold- und Silberschmuck, traditionelle Masken, Holzskulpturen und religiöse Statuetten. Ungewöhnliche Mitbringsel sind Kauri-Muscheln (das ehemalige Muschelgeld) und die zahlreichen Voodoo-Pulver und Mixturen. **Öffnungszeiten der Geschäfte:** Mo-Fr 08.00-12.00 und 14.30-17.30 Uhr, Sa 07.30-12.30 Uhr.
SPORT: Die Brandung ist teilweise sehr stark, und nur sehr gute Schwimmer sollten sich unter diesen Bedingungen ins Wasser wagen. Am Strand von Lomé sind auch Swimmingpools vorhanden. Unbesorgt **baden** kann man in den Swimmingpools der Hotels und im Badeort *Porto Seguro* (eine kurze Autofahrt von Lomé entfernt). In Porto Seguro gibt es auch gute Möglichkeiten zum **Wasserskifahren** und **Segeln**. Einige Hotels haben **Tennisplätze**, die auch Nichtgästen zur Verfügung stehen.
VERANSTALTUNGSKALENDER
Mitte Juli '96 (1) *Evala* (Initiationsriten, die traditionell Ringkämpfe einschließen), Kabyé-Region. (2) *Akpema* (Initiationsriten der Mädchen), Kabyé-Region. **Aug.** (1) *Ayizan* (Bohnenfest, erste Augusthälfte). (2) *Kpessosso* (Neujahrsfeier der Guin, zweite Augusthälfte). **7. Sept.** *Agbogbozan* (Ewé Diaspora-Festival). **Anfang Sept.** *D'pontre* (Yamswurzel-Festival), Bassar-Region. **Nov.** *Reinigungsfeste*, im ganzen Land. **Dez.** *Kamou* (Erntefest), Kabyé-Region.
SITTEN & GEBRÄUCHE: Musik und Tanz spielen im Leben der Togolesen traditionell eine große Rolle. Das vielfältige Kolonialerbe Togos zeigt sich besonders in den verschiedenen christlichen Einflüssen und europäischen Sprachen. Praktische, zwanglose Kleidung ist angemessen, aber Badekleidung sollte nur am Strand bzw. Swimmingpool getragen werden. **Trinkgeld:** Falls nicht in der Rechung enthalten 10%; Taxifahrer erwarten normalerweise kein Trinkgeld.

WIRTSCHAFTSPROFIL

WIRTSCHAFT: Die Mehrheit der Erwerbstätigen ist in der Landwirtschaft beschäftigt, größter Devisenbringer sind jedoch die Phosphaterze, das Hauptexportgut des Landes. Die Bandbreite der landwirtschaftlichen Produktion reicht von Kakao über Kaffee, Baumwolle, Kopra, Erdnüssen, Maniok, Reis und Hirse bis hin zu Mais. Neuerdings werden versuchsweise auch Tomaten, Gewürzkräuter und Zuckerrohr angebaut. Exportiert werden hauptsächlich Baumwolle, Kaffee und Kakao. Die Industrie des Landes konzentriert sich auf die Verarbeitung dieser Erzeugnisse, mit Ausnahme einer Handvoll Textil- und Konsumgüterbetriebe, die für den Binnenmarkt produzieren. Abgesehen von der Phosphatproduktion gibt es nur wenig Industrie in Togo. Der Bergbau unterliegt der Kontrolle der Regierung. Wichtigste Handelspartner sind die EU-Länder, vor allem Frankreich und die Niederlande. Auch zu Côte d'Ivoire und Senegal bestehen gute Handelsbeziehungen. Die 1980 vom Internationalen Währungsfonds eingeführten Sparmaßnahmen wurden auch in den neunziger Jahren fortgesetzt. Die Wirtschaft leidet unter niedrigen Warenpreisen und mangelnder Investitionstätigkeit, die durch die andauernden politischen Unruhen hervorgerufen wurde. Die Wichtigkeit Togos als Export-Drehscheibe für benachbarte Länder ohne Zugang zum Meer hat seit den frühen neunziger Jahren aufgrund der politischen Unruhen abgenommen. Auch der Tourismus hat darunter gelitten.
GESCHÄFTSVERKEHR: Abgesehen von formellen Geschäftstreffen und gesellschaftlichen Anlässen ist sportliche Tropenkleidung durchaus gern gesehen. Visitenkarten und Terminvereinbarungen im voraus sind üblich. Französisch ist Geschäftssprache. **Geschäftszeiten:** Mo-Fr 07.00-12.00 und 14.30-17.30 Uhr.
Kontaktadressen: *Die wirtschaftlichen Interessen Österreichs werden von der Außenhandelsstelle der Wirtschaftskammer Österreich in Lagos (s. Nigeria) vertreten.*
Chambre de Commerce, d'Agriculture et d'Industrie du Togo (CCAIT) (Industrie- und Handelskammer), BP 360, Lomé. Tel: 21 70 65. Telefax: 21 47 30.

KLIMA

Nicht ganz so heiß wie in anderen Ländern der westafrikanischen Küste – der *Harmattan* aus dem Norden weht von Dezember bis Januar, die Regenzeit dauert von April bis Juli. Kurze Regenschauer kommen auch im Oktober/November vor. Am heißesten und trockensten ist es im Februar und März.
Kleidung: Leichte atmungsaktive Sachen, einige wärmere Kleidungsstücke, Regenschutz.

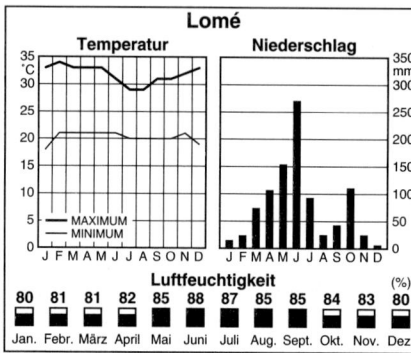

COLUMBUS ATLAS
Auf ca. 100 Seiten enthält dieser Atlas unter anderem europäische Fähr- und Eisenbahnverbindungen und weltumspannende Kreuzfahrtkarten, Straßenkarten, Gebietskarten vielbesuchter Regionen wie z. B. Costa Brava, Florida u. a. Falls Sie bei der Beratung oder Reiseplanung verstärkt auf Karten zurückgreifen möchten, werden Sie diesen speziell auf die Reisebranche zugeschnittenen Atlas unentbehrlich finden – und dazu besonders preisgünstig!

Weitere Einzelheiten von:
Columbus Press, Verkaufsabteilung,
Aurikelweg 9,
D-38108 Braunschweig.
Tel: 05309/2123. Telefax: 05309/2877.

Tonga

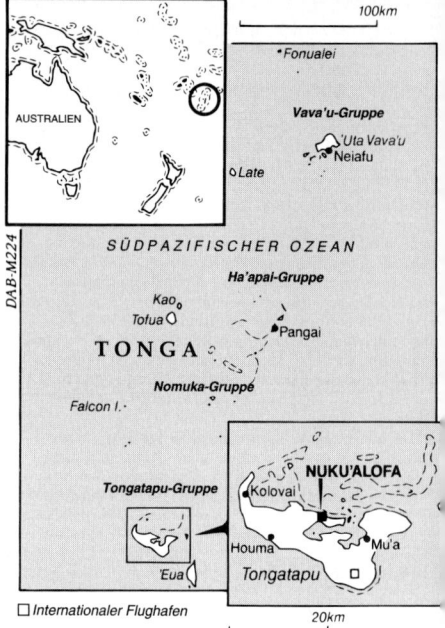

Lage: Südpazifik.

Tourism Council of the South Pacific (TCSP)
Deutsche Vertretung: Interface International
Dircksenstraße 40
D-10178 Berlin
Tel: (030) 23 81 76 45. Telefax: (030) 23 81 76 41.
Mo-Fr 09.00-18.00 Uhr.
Tonga Visitors' Bureau
Vuna Road
PO Box 37
Nuku'alofa
Tel: 2 17 33. Telefax: 2 21 29.
Konsulat des Königreichs Tonga (ohne Visumerteilung)
Angermunderstraße 64
D-40489 Düsseldorf
Tel: (0203) 74 12 11. Telefax: (0203) 74 28 52.
Mo, Mi, Fr 09.30-12.30 Uhr.
Konsulat des Königsreichs Tonga (ohne Visumerteilung)
Weinbergstraße 29
CH-8006 Zürich
Tel: (01) 251 15 55. Telefax: (01) 251 15 62.
Mo-Fr 08.30-12.00 Uhr.
Tonga High Commission (mit Visumerteilung)
36 Molyneux Street
GB-London W1H 6AB
Tel: (0171) 724 58 28. Telefax: (0171) 723 90 74.
Mo-Fr 09.00-13.00 und 14.00-17.00 Uhr.
(auch zuständig für Deutschland, Österreich und die Schweiz)
Honorarkonsulat der Bundesrepublik Deutschland
PO Box 32
Nuku'alofa
Tel: 2 34 77. Telefax: 2 31 54.
Übergeordnete Auslandsvertretung ist die Botschaft in Wellington (s. Neuseeland).
Österreich und die Schweiz unterhalten keine diplomatischen Vertretungen in Tonga, zuständig für Österreich ist die Bot-

TIMATIC INFO-CODES

Abrufbar über Ihr CRS-System (für START/Amadeus Ama-Maske benutzen). Für Galileo bitte TI-DFT eingeben (mit Bindestrich).

Flughafengebühren	TI DFT/ TBU /TX
Währung	TI DFT/ TBU /CY
Zollbestimmungen	TI DFT/ TBU /CS
Gesundheit	TI DFT/ TBU /HE
Reisepassbestimmungen	TI DFT/ TBU /PA
Visabestimmungen	TI DFT/ TBU /VI

schaft in Canberra (s. Australien), *für die Schweiz die Botschaft in Wellington* (s. Neuseeland).

FLÄCHE: 748 qkm.
BEVÖLKERUNGSZAHL: 98.000 (1993).
BEVÖLKERUNGSDICHTE: 131 pro qkm.
HAUPTSTADT: Nuku'alofa (Tongatapu-Insel). **Einwohner:** 21.383 (1986).
GEOGRAPHIE: Das Königreich Tonga besteht aus 172 meist unbewohnten Inseln im Südpazifik, die sich über ein Gebiet von 7700 qkm erstrecken. Die größten Inselgruppen sind Tongatapu, 'Eua, Ha'apai und Vava'u. Tonga hat sowohl hohe vulkanische als auch flache Koralleninseln. Einige Vulkane sind nach wie vor tätig; die Falcon-Insel der Vava'u-Gruppe ist ein unterseeischer Vulkan, der von Zeit zu Zeit ausbricht. Lava und Asche des Vulkans bilden eine Insel, die nach dem Ausbruch wieder verschwindet. Nuku'alofa auf der Insel Tongatapu hat einen palmengesäumten Hafen, der durch ein Riff geschützt ist. Die flache Insel hat eine große Lagune, aber keine Flüsse, und wird von vielen kleineren Inselchen umgeben. Die bewaldete Insel 'Eua ist hügelig mit hohen Klippen und schönen Stränden. Die Ha'apai-Inseln sind eine fast kreisförmig angeordnete Inselgruppe, die 160 km nördlich von Tongatapu liegt und über ausgezeichnete Strände verfügt. Tofua, die größte Insel der Gruppe, ist ein aktiver Vulkan mit einem heißen, dampfenden Kratersee. Die hügeligen Vava'u-Inseln liegen 90 km nördlich von Ha'apai, sind dicht bewaldet und werden von einem Netz schmaler Kanäle durchzogen. Sie sind für ihre eindrucksvollen Tropfsteinhöhlen bekannt.
STAATSFORM: Konstitutionelle Monarchie seit 1875. Staatsoberhaupt: König Taufa'ahau Tupou IV., seit 1965. Regierungschef: Baron Vaea von Houma, seit 1991. 30köpfiges Parlament aus Häuptlingen, gewählten Vertretern, Ministern (auf Lebenszeit vom König ernannt) und Gouverneuren. Es gibt keine organisierten Parteien, obwohl bei den letzten Wahlen 1993 die Oppositionsgruppe *Pro-Democracy Movement* eine Mehrheit errang und jetzt 6 Vertreter im Parlament hat.
SPRACHE: Tonga ist Amtssprache; es wird auch Englisch gesprochen.
RELIGION: 70% Protestanten (u. a. »Wesleyan Church« und »Free Church of Tonga« sowie Sieben-Tage-Adventisten), 20% Katholiken.
ORTSZEIT: MEZ + 12.
NETZSPANNUNG: 240 V, 50 Hz.
POST- UND FERNMELDEWESEN: Telefon: Selbstwählferndienst. **Landesvorwahl: 676.** Es gibt keine Ortsnetzkennzahlen. **Telefaxe/Telexe/Telegramme** können bei *Cable & Wireless* aufgegeben werden. **Post:** Das Hauptpostamt liegt im Zentrum von Nuku'alofa. Nebenstellen des Postamts befinden sich auf Ha'apai, Vava'u und 'Eua. Die Post muß vom Postamt abgeholt werden. Luftpostsendungen nach Europa sind ca. 10 Tage unterwegs. Öffnungszeiten der Postämter: Mo-Fr 08.30-16.00 Uhr.
DEUTSCHE WELLE
Der Einsatz der Kurzwellenfrequenzen ändert sich mehrfach im Laufe eines Jahres, und Sendungen auf den folgenden Frequenzen werden jeweils nur zu bestimmten Tageszeiten ausgestrahlt. Näheres in der Einleitung.

MHz	21,640	17,845	11,795	9,735	9,690
Meterband	13	16	25	31	31

REISEPASS/VISUM

***Wichtiger Hinweis:** Die Einreisebestimmungen mancher Länder können sich kurzfristig ändern – rufen Sie sicherheitshalber auf Ihrem CRS-System (TIMATIC-Info-Code-Fenster in diesem Kapitel) den aktuellen Stand ab bzw. wenden Sie sich an die zuständige diplomatische Vertretung. Etwaige Zahlen in der Tabelle beziehen sich auf nachfolgende Fußnoten.*

	Paß erforderlich?	*Visum erforderlich?*	*Rückflugticket erforderlich?*
Deutschland	Ja	1	Ja
Österreich	Ja	1	Ja
Schweiz	Ja	1	Ja
Andere EU-Länder	Ja	1	Ja

Anmerkung: Alle Reisenden müssen ein bestätigtes Flug- oder Schiffsticket für die Rück- oder Weiterreise und ausreichende Geldmittel für die Dauer des Aufenthalts nachweisen können. Eine Verlängerung der Aufenthaltsdauer von 30 Tagen bis zu maximal 6 Monaten kann nur vom *Principal Immigration Officer* in der Hauptstadt Nuku'alofa vorgenommen werden.
REISEPASS: Allgemein erforderlich, muß noch mindestens 6 Monate gültig sein. Bei Kindern unter fünf Jahren reicht ein Eintrag im Reisepaß der Eltern aus. Kinder über fünf Jahre benötigen einen eigenen Reisepaß mit Foto und Angabe der entsprechenden Nationalität.
VISUM: [1] Visa werden bei Ankunft am Flughafen und/oder im Hafen von Nuku'alofa für Staatsangehörige aller Länder ausgestellt.
Anmerkung: Zur Sicherheit sollten sich Staatsbürger bestimmter Länder, besonders ehemaliger Ostblock-Staaten, vor der Abreise bei der High Commission in London erkundigen.
Visagebühren: Gebührenfrei.
Gültigkeitsdauer: 30 Tage Aufenthalt.
Antragstellung: Wenn erfordlich, bei der High Commission in London (Adresse s. o.).
Bearbeitungszeit: 2-7 Tage.

GELD

Währung: 1 Pa'anga (T$) = 100 Seniti. Banknoten gibt es im Wert von 50, 20, 10, 5, 2 und 1 T$ sowie 50 Seniti; Münzen in den Nennbeträgen 2 und 1 T$ sowie 50, 20, 10, 5, 2 und 1 Seniti.
Kreditkarten: *Visa, American Express* und *Diners Club* werden in manchen Hotels akzeptiert. Einzelheiten vom Aussteller der betreffenden Kreditkarte.
Anmerkung: Da der Umtausch Schwierigkeiten bereiten kann, werden US-Dollar, britische Pfund Sterling oder australische Dollar empfohlen.
Wechselkurse

	T$ Sept. '92	T$ Febr. '94	T$ Jan. '95	T$ Jan. '96
1 DM	0,91	0,81	0,83	0,93
1 US$	1,36	1,40	1,29	1,34

Devisenbestimmungen: Unbegrenzte Ein- und Ausfuhr von Landes- und Fremdwährungen.
Öffnungszeiten der Banken: Mo-Fr 09.00-15.30 Uhr, Sa 08.30-11.30 Uhr.

DUTY FREE

Folgende Artikel können zollfrei nach Tonga eingeführt werden:
400 Zigaretten;
2 l Spirituosen.
Anmerkung: (a) Die Einfuhr von pornografischen Materialien, Waffen und Munition ist verboten. (b) Vögel, Tiere, Obst und Pflanzen unterliegen Quarantäne-Bestimmungen. (c) In Tonga gibt es mehrere Duty-free-Shops.

GESETZLICHE FEIERTAGE

4. Mai '96 Geburtstag des Kronprinzen. **4. Juni** Unabhängigkeitstag. **4. Juli** Geburtstag des Königs. **4. Nov.** Tag der Verfassung. **4. Dez.** Tupou I.-Tag. **25./26. Dez.** Weihnachten. **1. Jan. '97** Neujahr. **28.-31. März** Ostern. **25. April** Anzac-Tag. **4. Mai** Geburtstag des Kronprinzen.

GESUNDHEIT

In der folgenden Tabelle aufgeführte Impfvorschriften können sich kurzfristig ändern. Es wird stets empfohlen, auf Ihrem CRS-System (TIMATIC-Info-Code-Fenster in diesem Kapitel) den aktuellen Stand der Gesundheitsbestimmungen abzurufen bzw. rechtzeitig vor der Reise ärztlichen Rat einzuholen.

	Vorsichtsmaßnahmen empfohlen	*Impfschein erforderlich*
Gelbfieber	Nein	1
Cholera	Nein	Nein
Typhus & Polio	2	-
Malaria	Nein	-
Essen & Trinken	3	-

[1]: Eine Impfbescheinigung gegen Gelbfieber wird von allen Reisenden verlangt, die aus Infektionsgebieten kommen und über ein Jahr alt sind.
[2]: Typhus kommt vor, Poliomyelitis jedoch nicht.
[3]: Leitungswasser in Nuku'alofa ist normalerweise gechlort und relativ sauber, es können jedoch u. U. zuerst leichte Magenverstimmungen auftreten. Zur Umgewöhnung wird daher abgefülltes Wasser empfohlen. Das Wasser außerhalb der Hauptstadt ist nicht immer keimfrei und sollte daher sterilisiert werden. Milch ist pasteurisiert, Milchprodukte können ohne Bedenken verzehrt werden. Auch Fleisch-, Geflügel- und Fischgerichte gelten als unbedenklich, sofern sie gut durchgekocht sind.
Hepatitis A und *B* kommen vor.
Gesundheitsvorsorge: In den größeren Orten findet man medizinische Zentren. Die Notrufnummer ist 911. Der Abschluß einer Reisekrankenversicherung wird empfohlen.

REISEVERKEHR - International

FLUGZEUG: Tongas nationale Fluggesellschaft heißt *Royal Tongan Airlines*. Tonga wird auch von *Air New Zealand, Air Pacific, Hawaiian Air, Samoa Air* und *Polynesian Airlines* angeflogen. 1996 wird wieder der *Visit South Pacific Pass* von den folgenden Fluggesellschaften angeboten: *Air Pacific, Qantas, Royal Tongan Airlines, Air Caledonia International, Polynesian Airlines, Solomon Airlines* (Näheres von IATA Reisebüros). Südpazifikflüge werden hierbei bis auf 50% reduziert. Der Visit South Pacific Pass fliegt u. a. folgende Ziele an: Sydney und Brisbane (Australien), Auckland (Neuseeland), Tonga, Cook-Inseln, Fidschi und West-Samoa. Es können mindestens zwei und maximal acht Ziele angeflogen werden. Die Reise muß außerhalb des Südpazifiks begonnen werden, und es ist ratsam, die Flüge im voraus zu buchen. Umbuchungen durch Preisaufschlag, allerdings nur bei Neuausstellung des Tickets. Rückerstattung des gesamten Betrages nur dann, wenn die Reise noch nicht angetreten wurde.
Reisegepäck: Gepäckstücke dürfen bis zu 20 kg pro Person wiegen.
Durchschnittliche Flugzeit: *Frankfurt* – Nuku'alofa: 24 Std.
Internationaler Flughafen: *Tongatapu (TBU)* (Fua'Amotu International) liegt 21 km außerhalb von Nuku'alofa. Duty-free-Shop, Mietwagenschalter sowie Busse und Taxis vorhanden.
Flughafengebühren: 15 T$. Transitpassagiere, die sich nicht länger als 12 Std. im Land aufhalten, und Kinder sind hiervon ausgenommen.
SCHIFF: Die Haupthäfen Nuku'alofa, Pangai, Neiafu und Niuatoputapu werden von einigen Kreuzfahrtschiffen angelaufen.

REISEVERKEHR - National

FLUGZEUG: *Royal Tongan Airlines* bieten regelmäßige Verbindungen zwischen den verschiedenen Inseln.
SCHIFF: Zwischen allen Inselgruppen verkehren Fähren. Es gibt regelmäßige Verbindungen von der Faua-Werft in Nuku'alofa nach Ha'apai und Vava'u. Die Fahrzeiten können sich je nach Nachfrage und Wetterbedingungen ändern.
BUS/PKW: Das Straßennetz ist gut und überwiegend asphaltiert. Es herrscht Linksverkehr. **Bus:** Auf Tongatapu verkehren Minibusse. **Mietwagen** sind bei mehreren Firmen erhältlich. **Taxi:** Limousinen, Mini-Mokes, Minibusse und *Ve'etolus* (Taxis auf drei Rädern ohne Dach) befördern Fahrgäste auf Wunsch, der Fahrpreis sollte im voraus vereinbart werden. **Unterlagen:** Unter Vorlage des eigenen Führerscheins und Reisepasses wird von der Verkehrspolizei in Nuku'alofa gegen Gebühr eine befristete Fahrerlaubnis ausgestellt.
FAHRZEITEN von Nuku'alofa zu den folgenden größeren Zentren Tongas (ungefähre Angaben in Std. und Min.):

	Flugzeug	Schiff
Neiafu (Vava'u)	1.00	24.00
Pangai (Ha'apai)	0.30	18.00
'Eua	0.10	3.00

UNTERKUNFT

Ausgezeichnete Hotels, Motels und Ferienanlagen mit Häuschen im landestypischen Stil stehen zur Verfügung, auch die traditionellen *Rest Houses* sind bei Touristen sehr beliebt. Es gibt gegenwärtig 900 Hotelbetten. Nähere Informationen vom *Tourism Council of the South Pacific* oder dem *Tonga Visitors' Bureau* (Adressen s. o.). Das *Niu-akalo-Hotel* in der Ha'apai-Gruppe bietet Campingmöglichkeiten.

URLAUBSORTE & AUSFLÜGE

Tongatapu-Inseln

Auf Tongatapu sollte man auf jeden Fall den *Königlichen Palast* am Ufer in **Nuku'alofa** besichtigen, der hinter der Vuna-Werft an der Kreuzung von Vuna Street und Taufa'ahau Street zu finden ist. Der Palast wurde 1867 fertiggestellt und hat schöne Zinnen und Turmspitzen im viktorianischen Stil. Die Gartenanlagen sind üppig mit tropischen Sträuchern und Blumen bepflanzt. Besuchern ist das Betreten des Palastes und des Gartens nicht gestattet, über die niedrigen Mauern kann man jedoch mehr als einen flüchtigen Blick werfen.
Die *Mala'ekula* (Königsgräber) befinden sich im südlichen Teil des Geschäftsviertels an der Taufa'ahau Street. Seit 1893 werden hier die Mitglieder der königlichen Familie beigesetzt.
Zu den eindrucksvollsten Sehenswürdigkeiten Tongas gehören die *Blow Holes* an der Küste von **Houma**, 14,5 km von Nuku'alofa entfernt. Die Wellen lassen das Meerwasser, das durch die Löcher in den Korallenriffen hindurchfließt, 18 m hoch aufspritzen. Diese Küstenregion ist unter den Inselbewohnern als *Mapu'a Vaea* (»Flöte des Häuptlings«) bekannt, da die geysirartigen Öffnungen eigenartige Pfeiftöne erzeugen.
In **Kolovai**, 18 km westlich von Nuku'alofa, findet man die seltenen Flughunde. Diese vegetarischen Fledermäuse haben Flügelspannweiten von bis zu einem Meter. Die gut erreichbaren und geschützt gelegenen Strände von *Ha'atafu* und *Monotapu* liegen ebenfalls am Westzipfel der Insel.
Im Osten befinden sich die *Langi* (Terrassengräber). Sie liegen 9,5 km vom Ha'amonga Trilithon (s. u.) entfernt in Richtung Nuku'alofa und bestehen aus vierseitigen Erdwällen mit riesigen Steinblöcken, die in Terrassenform bis zu 4 m Höhe für die alten *Tu'i Tonga* (Geisterkönige) angelegt wurden. Die Steine bestehen aus Korallen, wurden etwa um das Jahr 1200 v. Chr. aufgestellt und möglicherweise von der Insel Wallis in großen Kanus *(Lomipeau)* hierher befördert.
Der *Ha'amonga Trilithon* ist ein imposanter Steinbogen, der wahrscheinlich als Jahreskalender benutzt wurde. Er stammt aus der gleichen Zeit wie die Terrassengräber und besteht ebenfalls aus Korallen. Jeder Stein soll rund 40 Tonnen wiegen.
Auch die *Anahulu-Höhle*, eine unterirdische Tropfsteinhöhle in der Nähe des gleichnamigen Strandes (ca. 24

km von der Hauptstadt entfernt) und der *Oholei Beach* mit guten Bademöglichkeiten sind einen Besuch wert. Die Insel **'Eua** liegt 10 Flugminuten von Tongatapu entfernt und wurde erst vor kurzem touristisch erschlossen. Es gibt ein Guest House und ein Motel, aber der traditionelle Lebensstil der Südsee-Inseln ist weitgehend erhalten geblieben. Auf 'Eua leben zahlreiche exotische Vogelarten.

Vava'u-Inseln

Diese Inselgruppe liegt 240 km nördlich von Tongatapu und besteht aus rund 50 dichtbewaldeten Inseln. Es gibt ein Hotel, ein Motel, ein Strandresort und vier Gasthäuser, eine tägliche Flugverbindung (1 Std.) von der Hauptstadt und eine wöchentliche Fährverbindung. Private Schiffe und Fähren legen auch im Hafen der Hauptstadt **Neiafu** an. Die Tauchgründe sind ausgezeichnet, die Sichtweiten betragen bis zu 30 m. Zu den Attraktionen zählen die königliche *Residenz Fangatongo*, der Blick vom Berg Talau und der *Sailoame-Markt* in Neiafu.

SOZIALPROFIL

ESSEN & TRINKEN: Restaurants sind in erster Linie auf die Hotels beschränkt; es gibt jedoch auch einige eigenständige Restaurants, die einheimische, französische, taiwanische und japanische Küche anbieten. Die Grundnahrungsmittel sind *Ufi* (große, weiße Yamswurzeln) und *Taro*. Zu den einheimischen Spezialitäten zählen *Lu pullu* (Fleisch mit Zwiebeln, in Kokosnußmilch mariniert und in *Taro*-Blättern im Erdofen gebacken), *Feke* (gegrillter Tintenfisch in Kokosnußsoße), gebratene Venusmuscheln, *'Ota* (roher Fisch in Zitronensaft mariniert) und Hummer. Die tropischen Früchte und Salate der Inseln sind ausgezeichnet. Festessen spielen im Lebensstil Tongas eine bedeutende Rolle. Auf einer *Pola* (einem großen Tablett aus geflochtenen Palmwedeln) werden bis zu 30 verschiedene Gerichte serviert, darunter Spanferkel, Flußkrebs, Hähnchen, Tintenfisch und Gemüse, das im *Umu* (Erdofen) gedünstet und mit einer Vielzahl tropischer Früchte serviert wird.
NACHTLEBEN: Das Nachtleben ist eher geruhsam und beschränkt sich auf Musik und Tanz in den Hotels und Klubs sowie manchmal im *Yacht Club*. Außerdem finden Shows in den größeren Hotels und im Tonga-Nationaltheater statt, und es werden Festessen und Unterhaltungsprogramme organisiert. In Nuku'alofa gibt es ein Kino, einige Hotels führen abends Filme vor. An manchen Abenden finden in den größeren Hotels Aufführungen statt, tongaische Festessen und andere einheimische Unterhaltungen werden ebenfalls veranstaltet.
EINKAUFSTIPS: Besonders schöne Mitbringsel sind *Tapa*-Kleidung (aus der Borke von Maulbeerbäumen), *To'avala Pandanus*-Matten, *Pandanus*-Körbe, polierte Kelche aus Kokosnuß sowie Aschenbecher, holzgeschnitzte Modelle von Auslegerkanus, Schmuck und mit Silber eingelegte Dolche. Briefmarken und Münzen aus Tonga haben Sammlerwert; komplette Briefmarkenbögen kann man in der Briefmarkenabteilung der Staatsbank Tongas kaufen. Duty-free-Shops gibt es auf Tongatapu und Vava'u. Eine Regierungssteuer von 5% wird auf alle Rechnungen aufgeschlagen. **Öffnungszeiten der Geschäfte:** Mo-Fr 08.00-17.00 Uhr, Sa 08.00-12.00 Uhr.
SPORT: Schwimmen: Auf allen Inseln gibt es Sandstrände und ausgezeichnete Bademöglichkeiten. Einige Hotels haben auch Swimmingpools. **Wellenreiten:** Auf der Insel 'Eua, 11 km von Nuku'alofa entfernt, gibt es einen erstklassigen Surf-Strand. Am Niutoua Beach auf der Hauptinsel und auf den Ha'apai- und Vava'u-Inseln kann man ebenfalls gut surfen. **Reiten:** Pferde kann man auf den Inseln 'Eua, Vava'u und Tongatapu mieten. **Angeln:** In den Gewässern leben Barrakuda, Thunfisch und Fächerfisch; Mietboote sind erhältlich. **Wasserski** wird auf Tongatapu angeboten. **Tauchen:** Die Korallenriffe Tongas sind außergewöhnlich schön und bieten eine große Auswahl an Tauch- und Schnorchelmöglichkeiten. Vollausgerüstete Boote sowie Atemgeräte und Tauchermasken sind erhältlich. **Rugby, Handball, Fußball** und **Kricket** sind beliebte Mannschaftssportarten in Tonga.
VERANSTALTUNGSKALENDER
Mai '96 *Vava'u-Festival.* Juni (1) *Ha'apai-Touristenfestival.* (2) *'Eua-Touristenfestival.* Juli *Heilala-Festival*, Geburtstag des Königs Taufa'ahau Tupou IV. und Jahrestag der Krönung. **Sept./Okt.** *Königliche Landwirtschafts-*

und Industriemesse. **Mai '97** *Vava'u-Festival.*
SITTEN & GEBRÄUCHE: Zur Begrüßung gibt man sich die Hand. Für Besucher werden nicht selten riesige Festessen veranstaltet. Ein kleines Danksagungsgeschenk aus der Heimat wird nicht erwartet, aber gern angenommen. Legere Kleidung ist überall akzeptabel, aber Badekleidung gehört an den Strand. Es ist verboten, in der Öffentlichkeit ohne Hemd herumzulaufen. Der Sonntag gilt als heilig, was aufgrund der umstrittenen »Tongaschleife« nicht unproblematisch ist. Die internationale Datumsgrenze bildet um Tonga eine Schleife, so daß die Inseln dem fast in direkter Linie nördlich gelegenen Samoa um einen Tag voraus sind. Die Religionsgemeinschaft der Sieben-Tage-Adventisten behauptet daher, daß der in Tonga begangene Sonntag in Wirklichkeit ein Samstag ist, und weigert sich, an einem Tag in die Kirche zu gehen, der nur durch internationale Gesetzgebung zum Sonntag gemacht wurde. Dieses komplexe und schier unlösbare Problem kommt Besuchern zwar verwirrend vor; man sollte jedoch den Glauben der Inselbewohner respektieren, obwohl die strengen Sonntagsgesetze mitunter für Touristen etwas lästig sein können. **Trinkgeld** wird nicht erwartet.

WIRTSCHAFTSPROFIL

WIRTSCHAFT: Tonga ist überwiegend ein Agrarstaat, die wichtigsten landwirtschaftlichen Produkte sind Kopra, Bananen, Vanille, Kürbis und Kokosnußprodukte. Die herstellende Industrie, die ausgebaut werden soll, beschränkt sich bislang auf die Herstellung von Handarbeiten für die wachsende Tourismusindustrie und einige kleine Betriebe im Bereich der Nahrungsmittelverarbeitung und Sportartikel- und Kleidungsherstellung. Der Tourismus erwirtschaftete 1992 rund 34% des Bruttosozialproduktes. Die bisher erfolglose Suche nach Erdöl wird weiter fortgesetzt. Importiert werden hauptsächlich Mehl, Fleisch, Erdölprodukte, Maschinen, Transportmittel und Verbrauchsgüter. Australien und Neuseeland sind die wichtigsten Bezugsländer, Japan und die USA die wichtigsten Absatzgebiete des Landes. Tonga ist vor kurzem dazu übergegangen, seine geographische Lage dahingehend auszunutzen, daß sechs Satelliten zur transpazifischen Kommunikation aufgestellt wurden. Mit dem Einverständnis von Intelsat erwirtschaftet Tongasat wichtige Devisen, indem es die Satelliten an ausländische Telekommunikationsfirmen vermietet.
GESCHÄFTSVERKEHR: Kein Anzugzwang bei den meisten geschäftlichen Treffen. Neben Englisch wird auch viel Französisch gesprochen. **Geschäftszeiten:** Mo-Fr 08.00-17.00 Uhr. **Behörden:** Mo-Fr 08.30-16.30 Uhr, Sa 09.00-13.00 Uhr.
Kontaktadressen: *Die wirtschaftlichen Interessen Österreichs werden von der Außenhandelsstelle der Wirtschaftskammer Österreich in Sydney (s. Australien) vertreten. Office of the Minister of Labour, Commerce and Industries* (Industrie- und Handelskammer), PO Box 110, Nuku'alofa. Tel: 2 36 11. Telefax: 2 32 16.

KLIMA

Etwas kühler als die meisten Tropenregionen. Die beste Reisezeit ist zwischen Mai und November. Heftige Regenfälle in den Monaten Dezember bis März.
Kleidung: Leichte Baumwoll- und Leinensachen, wärmere Kleidung für kühle Abende.

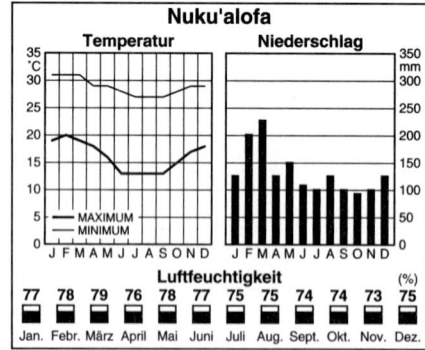

Trinidad und Tobago

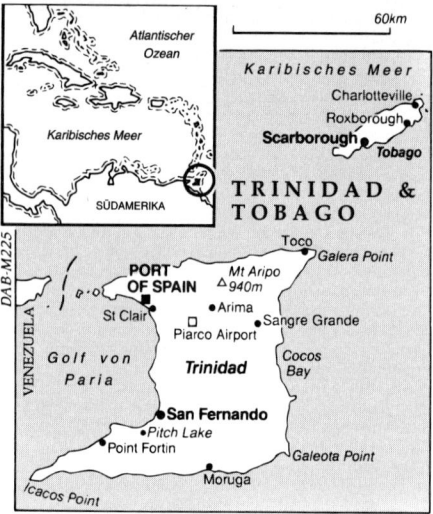

Lage: Südliche Karibik, vor der Nordküste Südamerikas.

Fremdenverkehrsamt von Trinidad & Tobago
Berger Straße 17
D-60316 Frankfurt/M.
Tel: (069) 94 33 58 11. Telefax: (069) 94 33 58 20.
Mo-Fr 09.00-18.00 Uhr.
(auch zuständig für Österreich und die Schweiz)
Tourism and Industry Development Corporation of Trinidad and Tobago
Albion Court
61 Dundonald Street
Port of Spain
Tel: 624 29 53. Telefax: 625 47 55.
High Commission of Trinidad & Tobago
42 Belgrave Square
GB-London SW1X 8NT
Tel: (0171) 245 93 51. Telefax: (0171) 823 10 65.
Mo-Fr 09.00-17.00 Uhr, *Konsularabt.:* Mo-Fr 10.00-14.00 Uhr.
(auch zuständig für Deutschland)
Generalkonsulat der Republik Trinidad & Tobago (mit Visumerteilung)
37-39 Rue de Vermont
CH-1202 Genf
Tel: (022) 734 91 30/39. Telefax: (022) 734 91 38.
Mo-Fr 09.00-17.00 Uhr.
(auch zuständig für Österreich)
Honorarkonsulat in Bern.
Botschaft der Bundesrepublik Deutschland
7-9 Marli Street
PO Box 828
Port of Spain
Tel: 628 85 32, 628 16 30/31/32. Telefax: 628 52 78.
Konsulat der Republik Österreich (ohne Paß- und Sichtvermerksbefugnis)
27 Frederick Street
Port of Spain
Tel: 623 59 12. Telefax: 627 84 44.
Übergeordnete Vertretung ist die Botschaft in Caracas (s. Venezuela).
Generalkonsulat der Schweizerischen Eidgenossenschaft
c/o Nestle Trinidad & Tobago Ltd.
Churchill-Roosevelt Highway
Valsayn

TIMATIC INFO-CODES	
Abrufbar über Ihr CRS-System (für START/Amadeus Amadeus-Maske benutzen). Für Galileo bitte TI-DFT eingeben (mit Bindestrich).	
Flughafengebühren	TI DFT/ POS /TX
Währung	TI DFT/ POS /CY
Zollbestimmungen	TI DFT/ POS /CS
Gesundheit	TI DFT/ POS /HE
Reisepassbestimmungen	TI DFT/ POS /PA
Visabestimmungen	TI DFT/ POS /VI

Eine weitere wichtige Veröffentlichung von Columbus Press ist der »World Travel Guide«, der jährlich herausgegeben wird und Informationen in englischer Sprache auf mehr als tausend Seiten über alle Länder der Erde enthält.

Weitere Einzelheiten von:
Columbus Press, Verkaufsabteilung, Aurikelweg 9, D-38108 Braunschweig.
Tel: 05309/2123. Telefax: 05309/2877.

PO Box 172
Port of Spain
Tel: 663 68 32/38. Telefax: 663 54 67.
Übergeordnete Vertretung ist die Botschaft in Caracas (s. Venezuela).

FLÄCHE: 5128 qkm.
BEVÖLKERUNGSZAHL: 1.278.000 (1993).
BEVÖLKERUNGSDICHTE: 249 pro qkm.
HAUPTSTADT: Port of Spain. **Einwohner:** 51.100 (1991).
GEOGRAPHIE: Trinidad und ihre kleine Schwesterinsel Tobago liegen vor der venezolanischen Küste. Im Norden Trinidads erhebt sich eine Bergkette, an deren Fuß die Hauptstadt Port of Spain liegt. Südlich von Port of Spain senkt sich das Land zur Westküste hin; in den Caroni-Sümpfen liegt ein prachtvolles Vogelschutzgebiet, in dem der scharlachrote Ibis beheimatet ist. Die Nord- und Ostküsten bieten herrliche Strände. Die Ebene in der Mitte Trinidads wird hauptsächlich landwirtschaftlich genutzt.
STAATSFORM: Präsidialrepublik seit 1976. Staatsoberhaupt: Noor Mohammed Hassanali, seit März 1987. Regierungschef: Patrick Manning, seit Dezember 1991. Zweikammerparlament, Senat mit 31 ernannten Mitgliedern und Repräsentantenhaus mit 36 gewählten Abgeordneten. Wahlen finden alle 5 Jahre statt. Letzte Wahl Dezember 1992.
SPRACHE: Offizielle Landessprache ist Englisch. Es werden auch Französisch, Spanisch, Hindi und Chinesisch gesprochen.
RELIGION: 29% römisch-katholisch, 23% hinduistisch, 13% protestantisch, 7% islamisch.
ORTSZEIT: MEZ - 5.
NETZSPANNUNG: 115/230 V, 60 Hz. Adapter empfohlen.
POST- UND FERNMELDEWESEN: Telefon: Selbstwählferndienst. **Landesvorwahl: 1809.** Es gibt keine Ortsnetzkennzahlen. **Telefaxgeräte** gibt es in einigen Hotels. **Telex/Telegramme:** In Port of Spain stehen am Independence Square und in der Edward Street gute Einrichtungen zur Verfügung; *Textel* hat rund um die Uhr geöffnet. Telegramme kann man auch in Hotels und am Flughafen aufgeben. Telexanschlüsse in Scarborough (Tobago) werden von *Cable & Wireless (WI) Ltd.* betrieben. **Post:** Das Hauptpostamt ist in der Wrightson Road, Port of Spain. Luftpost nach Europa ist bis zu zwei Wochen unterwegs.
DEUTSCHE WELLE
Der Einsatz der Kurzwellenfrequenzen ändert sich mehrfach im Laufe eines Jahres, und Sendungen auf den folgenden Frequenzen werden jeweils nur zu bestimmten Tageszeiten ausgestrahlt. Näheres in der Einleitung.

MHz	17,860	17,715	15,275	9,545	6,100
Meterband	16	16	19	31	49

REISEPASS/VISUM

Wichtiger Hinweis: *Die Einreisebestimmungen mancher Länder können sich kurzfristig ändern – rufen Sie sicherheitshalber auf Ihrem CRS-System (TIMATIC-Info-Code-Fenster in diesem Kapitel) den aktuellen Stand ab bzw. wenden Sie sich an die zuständige diplomatische Vertretung. Etwaige Zahlen in der Tabelle beziehen sich auf nachfolgende Fußnoten.*

	Paß erforderlich?	Visum erforderlich?	Rückflugticket erforderlich?
Deutschland	Ja	Nein	Ja
Österreich	Ja	Nein	Ja
Schweiz	Ja	Nein	Ja
Andere EU-Länder	Ja	Nein	Ja

REISEPASS: Allgemein erforderlich. Reisepässe müssen mindestens für die Aufenthaltsdauer gültig sein, und ein Ticket für die Rück- oder Weiterreise sowie ausreichende Geldmittel für die Dauer des Aufenthalts müssen vorgelegt werden können.
VISUM: Allgemein erforderlich, ausgenommen sind Staatsbürger der folgenden Länder:
(a) Bundesrepublik Deutschland, Österreich und die übrigen EU-Länder sowie die Schweiz für touristische Aufenthalte von bis zu 3 Monaten;
(b) Antigua und Barbuda, Bahamas, Bangladesch, Barbados, Belize, Botswana, Brasilien, Dominica, Französisch-Guayana, Gambia, Ghana, Grenada, Guadeloupe, Guyana, Island, Israel, Jamaika, Kanada, Kenia, Kiribati, Kolumbien, Korea-Süd, Lesotho, Liechtenstein, Malawi, Malaysia, Malta, Martinique, Mauritius, Nauru, Niederländische Antillen, Norwegen, Pakistan, Salomonen, Sambia, St. Kitts und Nevis, St. Lucia, St. Vincent und die Grenadinen, Seychellen, Sierra Leone, Simbabwe, Singapur, Suriname, Swasiland, Tonga, Türkei, Tuvalu, USA, Vanuatu, West-Samoa und Zypern für touristische Aufenthalte von bis zu 3 Monaten;
(c) Venezuela, bei Einreise direkt aus Venezuela, für touristische Aufenthalte von bis zu 14 Tagen.
Anmerkung: Staatsangehörige der folgenden Länder müssen ein Visum spätestens 5 Wochen vor der geplanten Abreise beantragen: Albanien, Bosnien-Herzegowina, Bulgarien, China (VR), Dominikanische Republik, Estland, GUS-Staaten, Haiti, Indien, Iran, Irak, Jordanien, Jugoslawien (Serbien und Montenegro), Korea-Nord, Kroatien, Kuba, Kuwait, Lettland, Libanon, Litauen, Libyen, Ehemalige Jugoslawische Republik Mazedonien, Nigeria, Papua-Neuguinea, Polen, Rumänien, Saudi-Arabien, Slowakische Republik, Slowenien, Sri Lanka, Syrien, Taiwan (China), Tansania, Tschechische Republik, Uganda, Ungarn und Vietnam.
Visaarten: Touristenvisa.
Visagebühren: 8,50 £, 56 sfr.
Antragstellung: Konsulat in Genf bzw. High Commission in London (Adressen s. o.).
Gültigkeitsdauer: 3 Monate.
Bearbeitungszeit: 48 Std., Verzögerungen sind möglich.
Aufenthaltsgenehmigung: Anfragen an die High Commission.

GELD

Währung: 1 Trinidad-und-Tobago-Dollar (TT$) = 100 Cents. Banknoten gibt es im Wert von 100, 20, 10, 5 und 1 TT$; Münzen in den Nennbeträgen 1 TT$ sowie 50, 25, 10, 5 und 1 Cent.
Geldwechsel: Geld kann nur in dazu authorisierten Banken und Hotels gewechselt werden. Beim Rücktausch in Fremdwährungen können sich Verzögerungen ergeben.
Kreditkarten: *American Express, Diners Club, Eurocard* und *Visa* werden zum Teil akzeptiert. Einzelheiten vom Aussteller der betreffenden Kreditkarte.
Reiseschecks: US-Dollar-Reiseschecks werden empfohlen. Banken berechnen eine Wechselgebühr.
Wechselkurse

	TT$ Sept. '92	TT$ Febr. '94	TT$ Jan. 95	TT$ Jan. '96
1 DM	2,87	3,19	3,66	3,97
1 US$	4,27	5,54	5,67	5,71

Devisenbestimmungen: Für Touristen gelten folgende Bestimmungen: Die Einfuhr von Landes- und Fremdwährungen ist unbegrenzt, es besteht jedoch Deklarationspflicht. Ausfuhr der Landeswährung bis 200 TT$, Fremdwährungen in Höhe des deklarierten Betrags.
Öffnungszeiten der Banken: Mo-Do 09.00-14.00 Uhr, Fr 09.00-12.00 und 15.00-17.00 Uhr.

DUTY FREE

Folgende Artikel können zollfrei nach Trinidad und Tobago eingeführt werden:
200 Zigaretten oder 50 Zigarren oder 250 g Tabak;
1,5 l Wein oder Spirituosen;
Parfüm für den persönlichen Gebrauch;
Geschenke bis zum Höchstwert von 50 TT$.

GESETZLICHE FEIERTAGE

27. Mai '96 Pfingstmontag. **6. Juni** Fronleichnam. **19. Juni** Tag der Arbeit. **1. Aug.** Befreiungstag. **31. Aug.** Unabhängigkeitstag. **24. Sept.** Tag der Republik. **Okt.** Diwali. **25./26. Dez.** Weihnachten. **1. Jan. '97** Neujahr. **8. Febr.** Beginn des Eid al-Fitr. **10./11. Febr.** Karneval. **28.-31. März** Ostern. **19. Mai** Pfingstmontag. **29. Mai** Fronleichnam.

GESUNDHEIT

In der folgenden Tabelle aufgeführte Impfvorschriften können sich kurzfristig ändern. Es wird stets empfohlen, auf Ihrem CRS-System (TIMATIC-Info-Code-Fenster in diesem Kapitel) den aktuellen Stand der Gesundheitsbestimmungen abzurufen bzw. rechtzeitig vor der Reise ärztlichen Rat einzuholen.

	Vorsichtsmaßnahmen empfohlen	Impfschein erforderlich
Gelbfieber	Ja	1
Cholera	Nein	Nein
Typhus & Polio	Nein	-
Malaria	Nein	-
Essen & Trinken	2	-

[1]: Eine Impfbescheinigung gegen Gelbfieber wird von allen Reisenden verlangt, die aus Infektionsgebieten kommen und über ein Jahr alt sind.
[2]: Leitungswasser ist normalerweise gechlort und relativ sauber, es können jedoch u. U. leichte Magenverstimmungen auftreten. Für die ersten Wochen des Aufenthalts wird daher abgefülltes Wasser empfohlen, welches überall erhältlich ist. Wasser außerhalb der Städte ist nicht immer keimfrei und sollte abgekocht oder anderweitig sterilisiert werden. Milch ist pasteurisiert und kann, ebenso wie Milchprodukte, Fleisch, Geflügel, Meeresfrüchte, Obst und Gemüse, i. allg. bedenkenlos verzehrt werden.
Tollwut kommt vor. Wer ein erhöhtes Risiko eingeht (z. B. längerer Aufenthalt in abgelegenen Gebieten), sollte vor Reiseantritt eine Schutzimpfung erwägen. Bei Bißwunden so schnell wie möglich ärztliche Hilfe in Anspruch nehmen. Vorsicht ist insbesondere vor Fledermäusen geboten. Weitere Informationen im Kapitel *Gesundheit* (s. Inhaltsverzeichnis).
Bilharziose-Erreger können in manchen Teichen und Flüssen sporadisch auftreten, das Schwimmen und Waten in Binnengewässern sollte daher vermieden werden. Gut gepflegte Schwimmbecken mit gechlortem Wasser sind unbedenklich.
Gesundheitsvorsorge: Der Abschluß einer Reisekrankenversicherung wird empfohlen. Auf je 1500 Einwohner entfällt ein Arzt.

REISEVERKEHR - International

FLUGZEUG: Trinidad und Tobagos nationale Fluggesellschaft *BWIA (BW)* bietet Direktflüge von Frankfurt und Zürich, jedoch nicht von Wien. *LIAT (LI)* verkehrt im Karibikraum. Mit einem *InterCaribbean BWIA Airpass* steht Reisenden fast der ganze Karibikraum offen (gültig in allen Karibikstaaten, die von *BWIA* angeflogen werden: neben Trinidad und Tobago auch Antigua und Barbuda, Barbados, Grenada, Jamaika, St. Lucia und St. Maarten). Innerhalb seiner Gültigkeitsdauer von 30 Tagen berechtigt er zu unbegrenzten Flügen mit BWIA, allerdings müssen die gewünschten Strecken und das Datum des ersten Fluges schon beim Kauf festgelegt werden; die Daten der weiteren Flüge können jedoch auch erst später bestimmt werden. Zulässig ist jeweils nur ein Stopover auf jeder Insel.
Durchschnittliche Flugzeiten: *Frankfurt* – Port of Spain: 9 Std. 30 (weitere 30 Min. nach Scarborough auf Tobago); *Zürich* – Port of Spain: 10 Std; *London* – Port of Spain: 10 Std. 30; *New York* – Port of Spain: 5 Std. 20; *Barbados* – Port of Spain: 45 Min.
Internationaler Flughafen: *Port of Spain (POS)* liegt 25,5 km südöstlich der Stadt. Am Flughafen gibt es eine Bank, Duty-free-Shops, Tourist-Information, Mietwagenschalter, Bars und Restaurants. Taxis und Busse stehen zur Verfügung. Taxis verlangen nach Mitternacht einen Zuschlag. Oft teilt man sich ein Taxi.
Flughafengebühren: 75 TT$ bei der Ausreise. Transitreisende und Kinder unter 5 Jahren sind hiervon befreit.
SCHIFF: Die Haupthäfen sind Port of Spain, Pointe-à-Pierre und Point Lisas.

REISEVERKEHR - National

FLUGZEUG: *BWIA* fliegt i. allg. stündlich nach Scarborough (*Crown Point Airport*) auf Tobago. Der Flughafen liegt 13 km südlich der Stadt. Es gibt auch einige Nachtflüge. In der Hauptsaison wird Vorausbuchung empfohlen.
SCHIFF: Eine Linienfähre setzt von Port of Spain nach Scarborough über (Fahrzeit 5 Std.). Tagsüber hat man einen guten Ausblick auf beide Inseln, die Nachtfahrt ist eher unbequem. Für den Rückweg wird der Flug empfohlen, da die Tickets recht preiswert sind.
BUS/PKW: Das verhältnismäßig gute Straßennetz Trinidads verbindet die größeren Ortschaften. Die beiden Hauptstraßen verlaufen von Nord nach Süd und von Ost nach West. Nebenstraßen lassen manchmal einiges zu wünschen übrig und sind bei schlechtem Wetter nur mit Schwierigkeiten befahrbar. **Busse** werden von der staatlichen *Public Service Corporation (PTSC)* betrieben. Da es keine Züge gibt, werden alle größeren Städte mit preiswerten Bussen verbunden, die aber meist überfüllt und unzuverlässig sind. **Taxis** gibt es in und um Port of Spain, die Nummernschilder beginnen mit »H«. *Route*-Taxis fahren auf festgesetzten Strecken, es gelten Festpreise. Sammeltaxis werden immer populärer. **Mietwagen** und Motorräder sind in Port of Spain oder Scarborough sowie über die Hotels erhältlich. **Unterlagen:** Deutsche, österreichische und Schweizer Führerscheine sind bis zu drei Monaten gültig.
STADTVERKEHR: Da das Busliniennetz nur klein ist, überwiegen Sammeltaxis im öffentlichen Nahverkehr; sie fahren auf festgelegten Strecken, was durch die jeweilige Farbe angezeigt wird. Außer an Haltestellen kann man diese auch auf der Straße anhalten; der Fahrer hupt, wenn er noch Platz hat. Die Taxis warten meist auf eine volle Fuhre, es gelten Festpreise. Eine Preisliste ist vom Fremdenverkehrsamt erhältlich. Die meisten Routen enden in der Nähe des Independence Square, Port of Spain. Andere Taxis sind teurer, und man sollte den Fahrpreis vorher vereinbaren.

UNTERKUNFT

HOTELS: Die Auswahl reicht von Hotels internationaler Ketten bis zu kleineren privaten Hotels. Auf Tobago werden die Urlaubshotels empfohlen. Preise sind sehr unterschiedlich, auf alle Rechnungen werden 10% Steuer sowie Mehrwertsteuer aufgeschlagen. Informationen sind erhältlich von der *Trinidad and Tobago Hotel and Tourism Association*, PO Box 243, Port of Spain. Tel/Telefax: 624 39 28.
GUEST HOUSES: Eine Liste aller Pensionen auf Trinidad und Tobago ist vom *Tourist Office* in London erhältlich.
Anmerkung: Während des Karnevals wird rechtzeitige Vorausbuchung empfohlen.

URLAUBSORTE & AUSFLÜGE

Trinidad ist die Heimat des Karnevals, der Steel-Bands, des Calypso und Limbo. Die Mischung der verschiedenen Kulturen gibt den Inseln ein unnachahmliches Flair.

Trinidad

Am Fuß der üppig-grünen Berge liegt die Hauptstadt **Port of Spain**, das Wirtschaftszentrum des erdölreichen Inselstaats. In diesem Schmelztiegel der Kulturen stehen Basare neben Wolkenkratzern und Moscheen neben

Kathedralen. Die vielfältige Architektur der Hauptstadt reicht von reichverzierten viktorianischen Häusern bis hin zu *Stollmeyers Castle*, dem Nachbau einer typischen Rheinburg. Bei einem Stadtspaziergang sollte man sich das *Queen's Royal College* im Stil der deutschen Renaissance und die neugotische *Holy-Trinity-Kathedrale* (19. Jh.) ansehen. Die Frederick Street ist ideal für einen Einkaufsbummel, und im *Königlichen Botanischen Garten* kann man sich wunderbar entspannen und sich an Hunderten von Orchideenarten erfreuen. Das prachtvolle Kolonialgebäude *Red House* ist heute Regierungssitz, während die Residenz des Staatspräsidenten und das Büro des Premierministers beide im maurischen Stil errichtet wurden. Das *Nationalmuseum* und die *Kunstgalerie* sind ebenfalls einen Besuch wert.
Die überaus schöne **Queen's Park Savannah**, ehemals Teil einer Zuckerrohrplantage, liegt nur einen Spaziergang von der Innenstadt entfernt am Fuß der nördlichen Bergkette. Die Anlage umfaßt eine Pferderennbahn und Sportplätze in reizvoller Landschaft mit schönen, duftenden Blumen und tropischen Bäumen. Die zahlreichen geräumigen Herrenhäuser dienen heute zum größten Teil als Verwaltungsgebäude.
Fort George (1804 erbaut) am Stadtrand bietet einen ausgezeichneten Blick auf Port of Spain und die Bergkette im Norden Venezuelas.
Die beliebtesten Strände in der Nähe von Port of Spain sind *Maracas Bay*, *Las Cuevas* und *Chaguaramas*.
Das **Caroni Bird Sanctuary** (13 km südlich der Hauptstadt) ist mit dem Fahrzeug oder Boot bequem erreichbar, hier ist der scharlachrote Ibis beheimatet (s. *Tier- und Pflanzenwelt*). 16 km von Port of Spain entfernt liegt das *Diego Mountain Valley* mit einem der schönsten Wasserräder der Insel, und im Dorf *Chaguanas* kann man karibische Spezialitäten kosten. Im *Asa Wright Nature Centre* (Blanchisseuse) sind seltene Vogelarten wie der Ölvogel oder *Guacharo* zu sehen. Die *Aripo Caves* sind für ihre eindrucksvollen Tropfsteine bekannt.
An der Ostküste liegt *Valencia*, ein üppiger Tropenwald in der Nähe des Hollis-Stausees. *Cocal* und *Mayaro* sind ebenfalls einen Besuch wert.
San Fernando ist die zweitgrößte Stadt der Insel. Ganz in der Nähe kann man das Naturphänomen des *Pitch Lake* bewundern – dieser 36,4 ha große Teersee füllt sich immer wieder von neuem.

Tobago

Im Gegensatz zu seinem geschäftigen, 32 km entfernten, großen Nachbarn geht es auf Tobago eher geruhsam zu. Stille Gewässer, Hügel und endlose weiße Sandstrände bestimmen das Landschaftsbild. Die Hauptstadt **Scarborough**, deren malerische Häuschen sich von der Hügelkuppe bis zum Ufer erstrecken, hat einen interessanten *Botanischen Garten*. Vom *King George Fort* (1779 erbaut) kann man die herrlichen Sonnenuntergänge so richtig genießen. In der nahegelegenen Kleinstadt **Plymouth** gibt es viele alte Grabsteine, deren Inschriften nachdenklich stimmen. Einige stammen aus dem frühen 18. Jahrhundert. Es gibt zahlreiche paradiesische Strände, darunter *Pigeon Point* an der Südwestküste (Strandgebühr); *Store Bay*, wo man braune Pelikane beim Fischen beobachten kann; *Man O'War Bay* am anderen Ende der Insel sowie *Mt. Irvin Bay* und *Bacolet Bay*. Das große Korallenriff *Buccoo Reef* liegt 1,6 km vom Pigeon Point entfernt. Ausflüge mit dem Glasbodenboot sind sehr beliebt, und das Riff bietet ausgezeichnete Schnorchelmöglichkeiten.
In **Fort James** steht ein prächtiges rotes Backsteinhaus, und in **Whim** kann man ein ehemaliges Plantagenhaus besichtigen. Das *Arnos Vale Hotel* ist in einem alten Plantagenhaus untergebracht. Auf dem Gelände steht eine 1857 erbaute Zuckerfabrik mit alten Mühlen. Vogelbeobachtung ist hier eine beliebte Freizeitbeschäftigung.
Vor der Silhouette des *Pigeon Peak*, dem höchsten Punkt der Insel, liegt die Hafenstadt **Charlotteville** mit einem wunderbaren Panoramablick auf die umliegenden Hochländer. In dieser Gegend findet man gute Badestrände. Wer nicht nur sonnenbaden will, kann die zahlreichen Wanderwege des *Tobago Forest Reserve* erkunden.
An der Atlantikküste der Insel liegen die Dörfchen *Mesopotamia*, *Goldsborough*, *Roxborough* und mehrere pittoreske Buchten. Vom Strandort *Speyside* kann man die kleinen Inseln *Goat Island* und *Little Tobago* sehen, letztere ist ein 182 ha großes Vogelschutzgebiet.

Tier- und Pflanzenwelt

Die Vielfalt an Vögeln und Blumen, Schmetterlingen und Fischen auf den Inseln ist einzigartig. Die Lebensräume der Tiere sind fast völlig ungestört und doch leicht erreichbar. Allein 622 verschiedene Schmetterlings- und über 700 Orchideenarten sind auf den Inseln zu finden. Die Orchideen kann man am besten in Port of Spains Botanischem Garten bewundern, abgesehen davon gibt es eine imposante Vielfalt einheimischer Bäume, Buschfarne und Kakteen. Der *Emperor Valley Zoo* bietet ebenfalls einen Einblick in die einheimische Tier- und Pflanzenwelt, einschl. Reptilien und Säugetiere. Interessierte Vogelkundler sollten auf Trinidad im Nariva-Sumpf, in der Aripo-Savanne und im *Asa Wright Nature Centre* besonders nach dem Nationalvogel Ausschau halten. Der scharlachrote Ibis ist im *Caroni Bird Sanctuary* daheim, der Anblick der Vögel bei Sonnenuntergang ist besonders spektakulär. Das Vogelschutzgebiet *Little Tobago* ist ebenfalls nicht nur für Vogelkundler interessant. Kolibris gibt es überall auf Tobago, insgesamt 19 verschiedene Arten. Sieben davon findet man nur hier. Die Karibik ist Lebensraum zahlreicher tropischer Fischarten, und herrliche Korallen liegen gut sichtbar unter der Wasseroberfläche im *Buccoo-Riff*.

SOZIALPROFIL

ESSEN & TRINKEN: Bars und Restaurants haben bis in die Nacht geöffnet, und die Auswahl an einheimischen und westlichen Speisen und Getränken ist groß. Chinesische, indische und karibische Gerichte werden auf Trinidad angeboten. Auf Tobago kann man britische, amerikanische und kreolische Gerichte sowie einige schmackhafte Meeresfrüchte probieren, darunter Hummer, Meeresschnecken und Jackfisch. Einheimische Spezialitäten sind Pilau-Reis und kreolische Suppen, am bekanntesten sind *Sans Coche*, *Calaloo* und pikante Kichererbsensuppe. *Tatoo*, *Manicou*, Schweinesülze, grüner Salat, *Tum-Tum* (pürierte grüne Kochbananen), gebratenes Wildbret, *Lappe* (Kaninchen), *Quenk* (Wildschwein), Wildente und *Pastelles* (Fleisch in Maismehlpasteten in Bananenblätter gewickelt) werden ebenfalls angeboten. Kleine Austern, *Chip-Chip* (kleine Schalentiere, ähnlich den Venusmuscheln), Krabben-*Malete* und der Süßwasserfisch *Cascadou* schmecken ausgezeichnet. Auch indische Spezialitäten wie *Roti* (eine Art Fladenbrot mit Fleisch- oder Gemüsefüllung) und scharfe Curry-Gerichte findet man auf der Speisekarte. **Getränke:** Hervorzuheben sind die ausgezeichneten Rumsorten. Rum und Angostura gemixt mit etwas Saft ergibt köstliche Cocktails. Die einheimischen Biersorten *Carib* und *Stag* trinkt man am besten eisgekühlt.
NACHTLEBEN: Trinidad bietet ein recht vielfältiges Nachtleben; es gibt einige Nachtklubs, und Hotels bieten ebenfalls Unterhaltungsprogramme. Außerdem sorgen Calypso- und Limbotänze, Steelband-Shows oder Diskomusik für abendliches Vergnügen.
EINKAUFSTIPS: In Port of Spain hat man die Wahl zwischen internationalen Konsumgütern und einheimischen Erzeugnissen. Schöne Reiseandenken sind Calypso-Schallplatten, Stroh- und Sisalarbeiten, Stahltrommeln, farbenfrohe Sommerkleidung, Ledertaschen, Sandalen, Keramikwaren und Holzschnitzarbeiten. Gold- und Silberschmuck ist oft recht preiswert, indische Seide und Stoffe sind ebenfalls günstige Einkäufe. Eine Flasche Rum ist natürlich auch nicht zu verachten. **Öffnungszeiten der Geschäfte:** Mo-Fr 08.00-16.00 Uhr und Sa 08.00-12.00 Uhr. In Port of Spain haben einige Geschäfte auch länger geöffnet. An öffentlichen Feiertagen und besonders während des Karnevals bleiben die Läden geschlossen.
SPORT: Tennis: Die meisten größeren Hotels haben Tennisplätze. Die **Golfplätze** in Trinidad liegen etwas außerhalb von Port of Spain. Auf Tobago kommen Golfer im ausgezeichneten *Mount Irvine Golf Club* auf ihre Kosten. **Angeln:** Hochseeangeln sowie Angeln in Flüssen und Seen ist sehr zu empfehlen. Königsfisch, Wahoo, Bonito und Gelber Thunfisch sind am häufigsten anzutreffen, an der West- und Nordküste von Trinidad gibt es auch Grouper, Lachs und Snapper. **Kricket** ist Nationalsport und fast schon eine Leidenschaft. Die Saison ist von Februar bis Juni. Im *Queen's Park Oval* in Port of Spain kann man einheimischen und internationalen Top-Kricketspielern zusehen. Die Regeln sind für Nichteingeweihte allerdings höchst verwirrend. **Pferderennen:** Die Inselbewohner sind begeisterte Anhänger dieses Sports, und im *Queen's Park Savannah* finden besonders zu Neujahr und Ostern mehrere vielbeachtete Rennen statt. Gute **Wassersportmöglichkeiten** bestehen vor allem an den Stränden der Nord- und Ostküsten Trinidads und auf Tobago. Das Buccoo-Riff südwestlich von Tobago mit seinen Korallengärten und seiner faszinierenden Unterwasserwelt ist ein absolutes Taucherparadies. Entdeckungsfahrten mit dem Glasbodenboot sind sehr beliebt.
VERANSTALTUNGSKALENDER
Mai '96 (1) *La Divina Pastora-Festival*, Siparia. (2) *Trinidad-und-Tobago-Liederfest*, St. Ann's. (3) *Hosay* (fällt mit dem islamischen Neujahr zusammen; die islamische Bevölkerung von Port of Spain, San Fernando und Tunapuna feiert ein eigenes Straßenfest). **Juni** (1) *Erntefest*, Tobago. (2) *Hockeywoche*. (3) *Trinidad-und-Tobago-Marathon*, Port of Spain. **Juni/Juli** *Fischerfest*, St. Peter's Day, Carenage. **Juli/Aug.** (1) *Tobago Heritage Festival*, Tobago (zweiwöchiges kulturelles Festival mit Musik, Tanz und traditionellen Spezialitäten). (2) *Sandskulpturen-Wettbewerb*, verschiedene Orte. **Aug.** *Santa-Rosa-Festival*, Arima. **Sept.** *Volleyballturnier*, Port of Spain (Karibischer Pokal). **Okt.** (1) *Amerindian Heritage Festival*, Arima. (2) *Orchideenschau*, Port of Spain. (3) *Ramleela-Festival* (Hindufest). (4) *Nationale Blumenschau*. (5) *Nationale Hallenhockey-Meisterschaften*, Port of Spain. **23. Okt.** *Divali*. **Nov.** *Pan-Jazzfestival*, landesweit. **Dez.** *Internationales Autorennen*, Wallerfield. **10./11. Febr. '97** *Karneval*, Trinidad (s. u.).
Anmerkung: Die vielen ethnischen Bevölkerungsgruppen Trinidads sorgen für ein vielfältiges kulturelles Leben, das sich in Kleidung, Religion, Architektur, Musik, Tänzen und selbst in den Straßennamen der Inseln widerspiegelt. Größter Anlaß zum Feiern ist der jährliche **Karneval**, der in der ganzen Karibik sowie in der übrigen Welt berühmt ist. Die Festlichkeiten erreichen an den zwei Tagen vor Aschermittwoch ihren Höhepunkt, aber die Feiern beginnen bereits nach Weihnachten, wenn die Calypso-Musiker ihre neuesten Kompositionen und Arrangements vorführen. Während des Karnevals kommt das normale Leben zum Stillstand, und die beiden Inseln versinken mit Begeisterung in den Karnevalsfeiern. Die schönste Art, den Karneval hautnah zu erleben, ist *Play mas*. Die Teilnehmer kleiden sich dabei in spezielle Kostüme, die von den Mitgliedern der einzelnen Kapellen getragen werden, und folgen der Kapelle durch die Straßen. Um daran teilzunehmen, sollte der Besucher eine Woche vor Karnevalsbeginn auf Trinidad eintreffen.
Eine Woche vor dem richtigen Karnevalsbeginn findet die **Panorama** statt, das große Steel-Band-Tournament. Alle großen Steel-Bands führen ihr Können im und um die *Savannah* auf, dem großen Park nördlich von Port of Spain.
Hinweis: Die Einwohner Trinidads sind wie die meisten anderen Einwohner der Karibik warmherzige und freundliche Menschen – trotzdem sollten Besucher vor allem während des Karnevals auf ihr Eigentum achten.
SITTEN & GEBRÄUCHE: *Liming*, ausgiebig plaudern, ist ein außerordentlich beliebter Zeitvertreib. Man spricht vor allem gern und viel über Kricket, wenn man nicht gerade einem Kricketspiel zuschaut. Viele einheimische Bräuche und Wertvorstellungen finden Eingang in die Texte des *Calypso*, der mit viel Witz und Humor das politische und gesellschaftliche Leben der Inselrepublik kommentiert. Gastfreundschaft wird großgeschrieben, und man wird oft in Privathäuser eingeladen. Freizeitkleidung ist üblich, und auch bei gesellschaftlichen Anlässen und Geschäftstreffen kann man kurzärmelig erscheinen. Badekleidung gehört jedoch an den Strand. **Trinkgeld:** Die meisten Hotels und Gasthäuser berechnen 10% Bedienungsgeld, ansonsten sind 10-15% üblich.

WIRTSCHAFTSPROFIL

WIRTSCHAFT: Seit Beginn der achtziger Jahre nimmt das Wirtschaftsvolumen der Inseln ab, was auf den Rückgang der Erdölförderung zurückzuführen ist, die erst zehn Jahre zuvor aufgenommen wurde. Inzwischen ist man jedoch auf große Erdgasvorräte gestoßen, die das Rohmaterial für die petrochemische Industrie des Inselstaates liefern, auf die die Regierung große Hoffnungen setzt. 1991 machten Erdöl und -derivate 67% des Exports aus und chemische Produkte 14%. Ein Teil der Einkünfte aus diesem Wirtschaftszweig ist außerdem in den Aufbau der einheimischen Plastik- und Elektronikindustrie geflossen. Außer Öl und Gas hat Trinidad auch die größten Asphaltvorkommen der Welt. Der Tourismus ist ein weiterer wichtiger Devisenbringer, das Potential wird jedoch bisher nicht voll ausgeschöpft, da die Regierung in diesen Wirtschaftszweig nur zögernd investiert. In der Landwirtschaft wird in erster Linie Zuckerrohr angebaut, und obwohl Trinidad einst landwirtschaftliche Erzeugnisse exportierte, muß heute ein Großteil der Lebensmittel eingeführt werden. Der Inselstaat gehört der Karibischen Wirtschaftsunion CARICOM an. Viele der Importe (außer Lebensmitteln auch Maschinen und Transportmittel) kommen aus den USA, Japan und Großbritannien. 1992 kündigte die Regierung ein begrenztes Privatisierungsprogramm an. Die Abwertung der nationalen Währung 1993 sollte dazu beitragen, die Exporte des Landes konkurrenzfähiger zu machen.
GESCHÄFTSVERKEHR: Leichter Anzug bzw. Kostüm ist angemessen. Die beste Zeit für Geschäftsreisen ist von Dezember bis April (die Weihnachtszeit ausgenommen). **Geschäftszeiten:** Mo-Fr 08.00-16.00 Uhr.
Kontaktadressen: *Die wirtschaftlichen Interessen Österreichs werden von der Außenhandelsstelle der Wirtschaftskammer Österreich in Caracas* (s. Venezuela) *vertreten.*
Trinidad and Tobago Chamber of Industry and Commerce Inc. (Industrie- und Handelskammer), PO Box 499, Port of Spain. Tel: 624 60 82. Telefax: 627 43 76.

KLIMA

Tropisches Klima, das durch Passatwinde aus Nordosten gemildert wird. Die Trockenzeit dauert von November bis Mai. Zwischen Juni und Oktober ist es am heißesten, und es regnet mitunter tagelang. Höchsttemperaturen zwischen 35° und 41°C.
Kleidung: Leichte Tropenkleidung, Regenschutz für die Regenzeit.

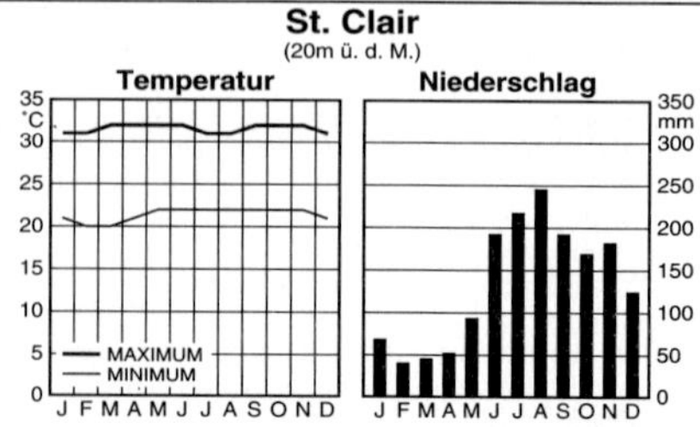

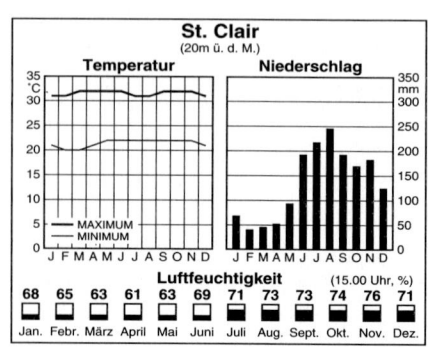

Tschad

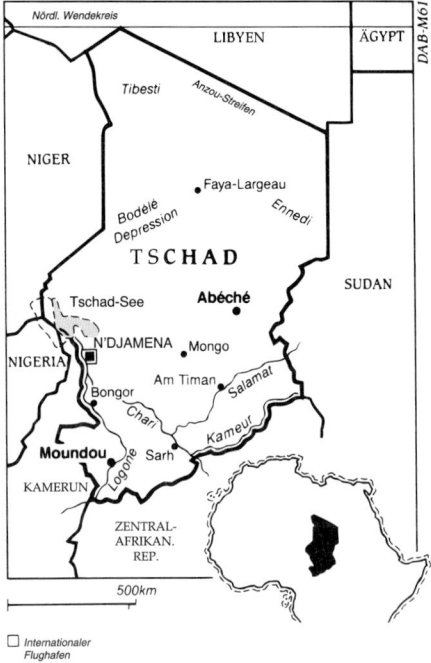

Lage: Zentralafrika.

Anmerkung: Von Reisen in den Tschad sollte momentan Abstand genommen werden. Zahlreiche der über 50 Parteien erhalten bewaffnete Unterstützung. Vorfälle mit Armeeangehörigen wurde ebenfalls gemeldet. N'Djamena ist im allgemeinen ruhig, die folgenden Gebiete sollten jedoch vermieden werde: der Anzou-Streifen an der libyschen Grenze; ländliche Regionen an der Grenze zum Sudan und im Süden und der Tschad-See. Von Nachtfahrten ist generell abzuraten. Weitere Informationen vom Auswärtigen Amt in Bonn, dem Bundesministerium für Auswärtige Angelegenheiten in Wien oder dem EDA in Bern.

Direction du Tourisme, des Parcs Nationaux et Réserves de Faune
BP 86
N'Djamena
Tel: 51 23 03. Telefax: 57 22 61.
Botschaft der Republik Tschad
Basteistraße 80
D-53173 Bonn
Tel: (0228) 35 60 26. Telefax: (0228) 35 58 87.
Mo-Do 9.00-13.00 und 13.30-15.00 Uhr, Fr 09.00-12.00 Uhr.
(auch zuständig für Österreich und die Schweiz)
Honorarkonsulat der Republik Tschad (mit Visumerteilung)
Bachstraße 45
D-53498 Bad Breisig
Tel: (02633) 9 76 63. Telefax: (02633) 71 00.
Publikumsverkehr nach tel. Vereinbarung.
Botschaft der Republik Tschad
65 Rue des Belles-Feuilles
F-75116 Paris
Tel: (1) 45 53 36 75. Telefax: (1) 45 53 16 09.
Mo-Fr 09.00-12.30 und 14.00-16.30 Uhr.

TIMATIC INFO-CODES

Abrufbar über Ihr CRS-System (für START/Amadeus Amu-Maske benutzen). Für Galileo bitte TI-DFT eingeben (mit Bindestrich).

Flughafengebühren	TI DFT/ NDJ /TX
Währung	TI DFT/ NDJ /CY
Zollbestimmungen	TI DFT/ NDJ /CS
Gesundheit	TI DFT/ NDJ /HE
Reisepassbestimmungen	TI DFT/ NDJ /PA
Visabestimmungen	TI DFT/ NDJ /VI

(auch zuständig für die Schweiz)
Botschaft der Bundesrepublik Deutschland
Avenue Félix Eboué
BP 893
N'Djamena
Tel: 51 62 02, 51 56 47. Telefax: 51 48 00.
Österreich unterhält keine diplomatische Vertretung im Tschad, zuständig ist die Botschaft in Lagos (s. Nigeria).
Botschaft der Schweizerischen Eidgenossenschaft
Quartier Sabangali
1102 N'Djamena
Tel: 51 53 40. Telefax: 51 50 33.

FLÄCHE: 1.284.000 qkm.
BEVÖLKERUNGSZAHL: 6.010.000 (1993).
BEVÖLKERUNGSDICHTE: 4,7 pro qkm.
HAUPTSTADT: N'Djamena. **Einwohner:** 687.800 (1992).
GEOGRAPHIE: Der Tschad grenzt im Norden an Libyen, im Westen an Niger, Nigeria und Kamerun, im Süden an die Zentralafrikanische Republik und im Osten an den Sudan. Die landschaftliche Vielfalt reicht von äquatorialen Wäldern bis hin zu den trockensten Wüstengebieten der Erde. Der Tschad-See ist je nach Wasserstand zwischen 25.000 und 10.000 qkm groß, hier wächst viel Papyrus, und zahlreiche Inseln aus schwimmenden Pflanzen bedecken den See. Die Flüsse Chari, Logone und Bahr Salamat im Süden des Landes sind oft ausgetrocknet. Das Tschad-Becken ist von Bergen und dem zentralafrikanischen Plateau umgeben. Im Osten steigt die kristalline Ovaddai-Bergkette bis auf 1500 m an. Im Nordosten erheben sich die rosafarbenen Höhen des Ennedi und im Norden die vulkanische Tibesti-Bergkette, die überwiegend aus kahlem Fels, Schluchten und Tälern besteht. Der Streit mit Libyen um den Aozou-Streifen im Norden des Landes wurde vor dem Internationalen Gerichtshof in Den Haag zugunsten des Tschad entschieden. Die libyschen Soldaten haben das Gebiet inzwischen verlassen.
STAATSFORM: Präsidialrepublik seit 1960. Staatsoberhaupt: Idriss Déby, seit Dez. 1990. Regierungschef (Übergangsregierung): Djimasta Koibla, seit April 1995. Die Verfassung von 1989 wurde im Dezember 1990 suspendiert und die Nationalversammlung aufgelöst. Im März 1992 wurden erstmalig seit 1972 Oppositionsparteien zugelassen. Im Januar 1993 trat die Nationalkonferenz zusammen und erklärte sich als Souveräne Nationalkonferenz von der Regierung unabhängig. Seit April 1993 ist eine Übergangsverfassung in Kraft.
SPRACHE: Französisch und Arabisch als Amtssprachen. Im Norden wird viel Arabisch gesprochen, im Süden Sara. Außerdem über 50 regionale Sprachen, die größten Stammesgruppen im Norden (überwiegend islamisch) sind die Nare-Araber, Toubou, Fulani, Haussa, Kanembou, Boulala und Wadai; im Süden (überwiegend christlich) die Baguirmi, Kotoko, Sara, Massa und Moundang.
RELIGION: Moslems (50%), Christen sowie Anhänger von Naturreligionen (über 50%).
ORTSZEIT: MEZ.
NETZSPANNUNG: 220/380 V, 50 Hz.
POST- UND FERNMELDEWESEN: Telefon: Landesvorwahl: 235. Manchmal müssen die Gespräche über die Vermittlung geführt werden. **Telexe/Telegramme** können in den Hauptpostämtern in N'Djamena, Sarh, Moundou und Abéché aufgegeben werden. **Post:** Luftpost nach Europa ist ca. eine Woche unterwegs. Öffnungszeiten der Postämter: Mo-Fr 07.30-12.00 Uhr; Sa 14.30-18.30 Uhr; So 08.00-11.00 Uhr (nur Briefmarkenverkauf).
DEUTSCHE WELLE
Der Einsatz der Kurzwellenfrequenzen ändert sich mehrfach im Laufe eines Jahres, und Sendungen auf den folgenden Frequenzen werden jeweils nur zu bestimmten Tageszeiten ausgestrahlt. Näheres in der Einleitung.

MHz	15,275	15,135	11,795	9,700	9,545
Meterband	19	19	25	31	31

REISEPASS/VISUM

Wichtiger Hinweis: Die Einreisebestimmungen mancher Länder können sich kurzfristig ändern – rufen Sie sicherheitshalber auf Ihrem CRS-System (TIMATIC-Info-Code-Fenster in diesem Kapitel) den aktuellen Stand ab bzw. wenden Sie sich an die zuständige diplomatische Vertretung. Etwaige Zahlen in der Tabelle beziehen sich auf nachfolgende Fußnoten.

	Paß erforderlich?	Visum erforderlich?	Rückflugticket erforderlich?
Deutschland	Ja	Ja	Ja
Österreich	Ja	Ja	Ja
Schweiz	Ja	Ja	Ja
Andere EU-Länder	Ja	Ja	Ja

REISEPASS: Allgemein erforderlich, ausgenommen sind Staatsbürger von Äquatorialguinea, Burkina Faso, Côte d'Ivoire, Kamerun, Kongo, Mauretanien, Niger, Senegal, Togo und der Zentralafrikanischen Republik, die auch mit einem Personalausweis oder einem Reisepaß, der nicht länger als 5 Jahre abgelaufen ist, einreisen können.
VISUM: Allgemein erforderlich, ausgenommen sind Staatsbürger der unter *Reisepaß* aufgezählten Länder.

Visaarten: Touristenvisa. Wer innerhalb von 48 Std. das Land mit dem gleichen oder nächsten Flugzeug wieder verläßt, braucht kein Transitvisum, sofern ein bestätigtes Flugticket und gültige Reisedokumente für das Zielland vorgelegt werden können und das Flughafengebäude nicht verlassen wird.
Visagebühren: 70 DM, 200 FF.
Anmerkung: Für Reisen außerhalb der Hauptstadt ist eine Genehmigung vom Innenministerium des Tschad erforderlich, die bei der Einreise beantragt werden kann, jedoch nicht in jedem Fall ausgestellt wird.
Antragstellung: Konsulat oder Konsularabteilung der Botschaft (Adressen s. o.).
Unterlagen: (a) Gültiger Reisepaß. (b) 2 Paßfotos. (c) 2 Antragsformulare. (d) Empfehlungsschreiben. (e) Reisedokumente und Geldmittelnachweis. (f) Gebühr.
Der postalischen Antragstellung sollten ein frankierter und adressierter Umschlag und der Zahlungsbeleg über die Gebühren beigelegt werden.

GELD

Währung: CFA-Francs (CFA Fr) = 100 Centimes. Banknoten gibt es im Wert von 10.000, 5000, 1000 und 500 CFA Fr; Münzen in den Nennbeträgen 500, 100, 50, 25, 10, 5 und 1 CFA Fr. Der Tschad ist Teil der französischen Währungszone, und die Banknoten gelten in allen Ländern des ehemaligen Französisch-Äquatorialafrika (Gabun, Kamerun, Kongo, Tschad und Zentralafrikanische Republik).
Kreditkarten: *Diners Club* und *Eurocard* werden in geringem Umfang akzeptiert. Einzelheiten vom Aussteller der betreffenden Kreditkarte.
Reiseschecks und Banknoten in US-Dollars oder französischen Francs werden empfohlen.
Wechselkurse

	CFA Fr Sept. '92	CFA Fr Febr. '94	CFA Fr Jan. '95	CFA Fr Jan. '96
1 DM	169,38	339,41	344,31	342,57
1 US$	251,71	589,20	533,68	492,45

Devisenbestimmungen: Die Einfuhr von Landes- und Fremdwährungen ist unbegrenzt, muß aber deklariert werden. Die Ausfuhr ist auf den bei der Einreise deklarierten Betrag beschränkt.
Öffnungszeiten der Banken: Mo-Sa 07.00-11.00 Uhr, Fr 07.00-10.30 Uhr.

DUTY FREE

Folgende Artikel können zollfrei in den Tschad eingeführt werden:
400 Zigaretten/Zigarillos oder 125 Zigarren oder 500 g Tabak (Frauen dürfen nur Zigaretten einführen);
3 Flaschen Wein;
1 Flasche Spirituosen.

GESETZLICHE FEIERTAGE

1. Mai '96 Tag der Arbeit. **25. Mai** Afrikanischer Befreiungstag, Jahrestag der Gründung der OAU. **27. Mai** Pfingstmontag. **28. Juli** Mouloud (Geburtstag des Propheten). **11. Aug.** Unabhängigkeitstag. **15. Aug.** Mariä Himmelfahrt. **1. Nov.** Allerheiligen. **28. Nov.** Jahrestag der Ausrufung der Republik. **25. Dez.** Weihnachten. **1. Jan. '97** Neujahr. **8. Febr.** Beginn des Eid al-Fitr (Ende des Ramadan). **31. März** Ostermontag. **19. April** Beginn des Eid al-Adha. **1. Mai** Tag der Arbeit. **19. Mai** Pfingstmontag. **25. Mai** Afrikanischer Befreiungstag, Jahrestag der Gründung der OAU.
Anmerkung: Die angegebenen Daten für islamische Feiertage sind nach dem Mondjahr berechnet und verschieben sich daher von Jahr zu Jahr. Während des Fastenmonats Ramadan, der dem Festtag Eid al-Fitr vorangeht, essen Mohammedaner nicht tagsüber, sondern erst nach Sonnenuntergang, wodurch der normale Geschäftsablauf gestört werden kann. Diese Unterbrechungen können auch während des Eid al-Fitr auftreten. Dieses Fest, ebenso wie das Eid al-Adha, kann je nach Region 2-10 Tage dauern. Nähere Informationen im Kapitel Welt des Islam (s. Inhaltsverzeichnis).

GESUNDHEIT

In der folgenden Tabelle aufgeführte Impfvorschriften können sich kurzfristig ändern. Es wird stets empfohlen, auf Ihrem CRS-System (TIMATIC-Info-Code-Fenster in diesem Kapitel) den aktuellen Stand der Gesundheitsbestimmungen abzurufen bzw. rechtzeitig vor der Reise ärztlichen Rat einzuholen.

	Vorsichtsmaßnahmen empfohlen	Impfschein erforderlich
Gelbfieber	-	1
Cholera	2	2
Typhus & Polio	3	-
Malaria	4	-
Essen & Trinken	5	-

[1]: Eine Impfbescheinigung gegen Gelbfieber wird allen Reisenden empfohlen, die über ein Jahr alt sind.
[2]: Eine Impfbescheinigung gegen Cholera ist keine Einreisebedingung, das Risiko einer Infektion besteht

jedoch. Da die Wirksamkeit der Schutzimpfung umstritten ist, empfiehlt es sich, rechtzeitig vor Antritt der Reise ärztlichen Rat einzuholen. Näheres unter *Gesundheit* (s. Inhaltsverzeichnis).
[3]: Typhus kommt vor, Poliomyelitis ist endemisch.
[4]: Malaria kommt das ganze Jahr über in allen Landesteilen vor, in erster Linie in der gefährlicheren Form *Plasmodium falciparum*, die Chloroquin-resistent sein soll.
[5]: Wasser ist nicht immer keimfrei und sollte vor der Benutzung zum Trinken, Zähneputzen und zur Eiswürfelbereitung unbedingt abgekocht oder anderweitig sterilisiert werden. Milch ist nicht pasteurisiert und sollte ebenfalls abgekocht werden. Trocken- und Dosenmilch nur mit keimfreiem Wasser anrühren. Milchprodukte aus ungekochter Milch am besten vermeiden. Fleisch- und Fischgerichte nur gut durchgekocht und heiß serviert essen. Der Genuß von Schweinefleisch, rohen Salaten und Mayonnaise sollte vermieden werden. Gemüse sollte gekocht und Obst geschält werden.
Tollwut kommt vor. Wer ein erhöhtes Risiko eingeht (z. B. längerer Aufenthalt in abgelegenen Gebieten), sollte vor Reiseantritt eine Schutzimpfung erwägen. Bei Bißwunden so schnell wie möglich ärztliche Hilfe in Anspruch nehmen. Weitere Informationen im Kapitel *Gesundheit* (s. Inhaltsverzeichnis).
Bilharziose-Erreger kommen in manchen Teichen und Flüssen vor, das Schwimmen und Waten in Binnengewässern sollte daher vermieden werden. Gut gepflegte Schwimmbecken mit gechlortem Wasser sind unbedenklich.
Hepatitis A und E sind verbreitet, *Hepatitis* B ist hochendemisch.
Gesundheitsvorsorge: Die medizinische Versorgung ist besonders im Norden des Landes unzureichend. Der Abschluß einer Reisekrankenversicherung mit Notrückführung wird dringend empfohlen.

REISEVERKEHR - International

FLUGZEUG: Die nationale Fluggesellschaft *Air Tchad* (HT) bietet nur Flüge innerhalb Afrikas an. Der Tschad ist auch Teilhaber von *Air Afrique*. Es gibt keine direkten Linienflüge von Deutschland, Österreich oder der Schweiz. Direktflüge ab Paris 2 x wöchentlich mit Air Afrique und 1 x wöchentlich mit *Air France*.
Durchschnittliche Flugzeit: *Paris* – N'Djamena: 5 Std. 30.
Internationaler Flughafen: *N'Djamena* (NDJ) liegt 4 km nordwestlich der Stadt. Es gibt Taxis, aber keinen Duty-free-Shop.
Flughafengebühren: 2500 CFA Fr.
BAHN: Im Tschad gibt es kein Schienennetz. Pläne für den Bau einer Bahnverbindung nach Kamerun sind bisher nicht verwirklicht worden.
BUS/PKW: Es gibt Straßenverbindungen in die Zentralafrikanische Republik, nach Kamerun und Nigeria. Die gegenwärtig beste Straße führt von N'Djamena nach Bangui (Zentralafrikanische Republik) über Bongor, Lai, Doba, Gore (Grenze) und Bossangoa (der Strecke über Sarh vorzuziehen). Der Landweg von Maiduguri in Nigeria führt durch einen schmalen Streifen Kameruns; die Grenze zwischen Kamerun und dem Tschad bildet der Fluß Logone, der in den Tschad-See fließt. Man kann mit dem Boot übersetzen (es gibt keine Brücke). Während der Regenzeit sind die Straßen oft nicht passierbar.

REISEVERKEHR - National

FLUGZEUG: Inlandflüge werden von *Air Tchad* (HT) betrieben. Eine Baumwollfirma, *Cotton-Tchad*, betreibt eigene Flüge in begrenztem Umfang und hat mitunter ein oder zwei Plätze frei, die jedoch sehr gefragt sind.
BUS/PKW: Autofahrten außerhalb N'Djamena sind nur mit Allradantrieb möglich, außerdem ist normalerweise eine Genehmigung erforderlich, da es bestimmte Sicherheitseinschränkungen gibt. Da auch nur wenige Unterkunftsmöglichkeiten, Lebensmittel, Benzin und Reparaturwerkstätten zur Verfügung stehen, hat die Regierung vor allem im nördlichen und mittleren Landesteil die Bewegungsfreiheit eingeschränkt. Dies gilt auch für Fahrzeugkolonnen auf den Strecken von Libyen über Zouar und Faya-Largeau nach N'Djamena und für die Straße von N'Djamena über Ati und Abéché zur sudanesischen Grenze. Benzin ist teuer. Es gibt eine unbefestigte Straße von Maiduguri in Nigeria über Kamerun nach N'Djamena, die viel von Lastwagen befahren wird. Ihre Befahrbarkeit hängt jedoch u. a. vom Wetter ab, zwischen Ende Juli und Anfang September bleibt man hier selbst mit dem Landrover stecken. Die Straße von N'Gaoundere (Kamerun) über Garoua, Maroua und das Wazza-Tierreservat nach N'Djamena bietet asphaltierte Teilstrecken, die unbefestigten Abschnitte machen die Straße jedoch während der Regenzeit schwer befahrbar. Viele andere Straßen benötigen dringend Reparaturen – internationale Hilfsfonds haben hierfür Geldmittel zur Verfügung gestellt, die Ausmaße des Projekts sind jedoch riesig. **Unterlagen:** *Carnet de passage*, internationaler Führerschein und entweder die Grüne Versicherungskarte oder eine Vollkaskoversicherung des Tschad.
STADTVERKEHR: Das Straßennetz in der Hauptstadt N'Djamena ist relativ gut, und Mietwagen mit und ohne Fahrer sind in begrenztem Umfang erhältlich. Minibusse und Taxis in N'Djamena berechnen Einheitsfahrpreise.

UNTERKUNFT

HOTELS: In N'Djamena gibt es drei gute Hotels, außerhalb der Hauptstadt sind die Unterkunftsmöglichkeiten jedoch stark eingeschränkt. In Sarh befinden sich zwei kleine Hotels, im Zakouma-Nationalpark gibt es einen modernen Hotelkomplex und im Südwesten des Landes mehrere kleine Lodges. Vorausbuchung wird empfohlen, und vor der Reise sollte man unbedingt bei der Botschaft aktuelle Informationen über die Situation im Land einholen. Nähere Auskunft von der *Société Hôtelière et Touristique*, BP 478, N'Djamena.

URLAUBSORTE & AUSFLÜGE

Anmerkung: Aufgrund innenpolitischer Probleme ist der Tschad bisher noch kaum vom Tourismus entdeckt worden. Vor allem der Norden des Landes muß sich von dem jüngsten Krieg mit Libyen erholen. Reisen außerhalb von N'Djamena sind nach wie vor gefährlich, und vor Verlassen der Hauptstadt muß eine Genehmigung eingeholt werden (s. *Reisepaß/Visum*).
N'Djamena: Das historische Viertel und die täglich stattfindenden farbenfrohen Märkte sind besonders interessant. Im Museum gibt es schöne Ausstellungsstücke der Sar-Kultur aus dem 9. Jahrhundert zu sehen.
Zakouma-Nationalpark: Dieser Park besteht aus einer großen Ebene, die von Nord nach Süd vom Bahr Salamat und seinen Nebenflüssen durchzogen wird. Hier stößt man mit etwas Glück auf Nashörner, Elefantenherden und zahlreiche andere Tierarten.
Der **Tschad-See** war einst das Zentrum von Afrikas lukrativem Salzhandel. Heute wird der See allmählich immer kleiner, und die Region ist wenig bevölkert.
Tibesti-Berge: Diese erstaunliche Gegend voll schroffer Abgründe und Felswände ist selten von Nichtmoslems besucht worden. Während der großen Entdeckerwelle im 19. Jahrhundert blieb die Region für Fremde geschlossen. Nach der jüngsten Beilegung des Konfliktes mit Algerien kann man dieses Gebiet vielleicht bald wieder bereisen. Aus der Tibesti-Bergkette sollen die besten Rennkamele der Welt kommen. Die Bewohner sind entfernt mit den nomadischen Tuareg der westlichen Sahara verwandt. Der griechische Geschichtsschreiber Herodot nannte sie *Troglodyten* und beschrieb sie als stämmige, aber sehr agile Höhlenbewohner.

SOZIALPROFIL

ESSEN & TRINKEN: Es gibt nur sehr wenige Restaurants, die sich fast ausschließlich in den Hotels der Hauptstadt befinden; es ist nicht ratsam, anderswo zu essen. Die Lebensmittelversorgung unterliegt häufigen Engpässen. Alkoholische Getränke sind nur in wenigen Bars und den größeren Hotels von N'Djamena erhältlich; Alkohol- und Zigarettenkonsum ist nicht sehr verbreitet.
NACHTLEBEN: Das Nachtleben ist auf die größeren Städte beschränkt.
EINKAUFSTIPS: Der Tschad ist bekannt für ausgezeichnete Kunstgewerbeartikel. Besonders schöne Mitbringsel sind Kamelhaarteppiche, verzierte Kalebassen, Messer, Waffen, Tonwaren und Schmuck. **Öffnungszeiten der Geschäfte:** Di-Sa 09.00-12.30 und 16.00-19.30 Uhr, Mo meist geschlossen. Die Lebensmittelgeschäfte haben Sonntag vormittags geöffnet. Der Markt der Hauptstadt ist von 07.30 Uhr bis zum Sonnenuntergang geöffnet.
SITTEN & GEBRÄUCHE: Im allgemeinen wird erwartet, daß die traditionellen Glauben und die Gebräuche respektiert werden. Die Bekleidung ist zwanglos, aber im Einklang mit den Gesetzen des Islam zurückhaltend. Vor allem in den Städten wird eine strenge Geschlechtertrennung praktiziert. Zur Begrüßung gibt man sich die Hand. Mit der linken Hand wird kein Essen angenommen oder überreicht. Das Zeigen der Fußsohlen wird als Beleidigung aufgefaßt. **Trinkgeld:** 10% ist üblich. US-Dollar werden gerne angenommen.

WIRTSCHAFTSPROFIL

WIRTSCHAFT: Bürgerkriege, fehlende Infrastruktur, Mangel an Bodenschätzen und die Dürren der letzten Jahre haben eine Entwicklung der Wirtschaft weitgehend verhindert. Ca. 73% der Bevölkerung sind in der Landwirtschaft beschäftigt, produziert wird hauptsächlich Baumwolle, die 80% (1990) der Exporteinnahmen liefert sowie Lebensmittel für den Eigenbedarf (Hirse, Sorgum, Erdnüsse). Der Süden des Landes ist am dichtesten besiedelt, vor allem im Sarh, wo überwiegend Angehörige des Bauernstammes der Sara ansässig sind. Die Fischer der Kotoko sowie die Massa leben im Südwesten; die Boudama und Kouri, die vom Fischfang und der Viehzucht leben, bewohnen die Inseln im Tschad-See. Die Sahelregion im Landesinneren ist die Heimat traditioneller Hirtenstämme wie der Maba, Dadjo, Barma und verschiedener arabischer Völkerstämme. Nahrungsmittel sind knapp, und viele Regionen sind auf internationale Lebensmittelhilfe angewiesen. Frankreich ist mit Abstand der größte Handelspartner des Tschad, gefolgt von Kamerun, Nigeria, den Niederlanden, Italien, den USA, Großbritannien und Deutschland.
GESCHÄFTSVERKEHR: Französische Sprachkenntnisse sind unerläßlich, da es keine professionellen Übersetzer gibt. Die beste Zeit für Geschäftsreisen sind die Monate November bis Mai. **Geschäftszeiten:** Mo-Do und Sa 07.00-14.00 Uhr, Fr 07.00-12.00 Uhr.
Kontaktadressen: *Die wirtschaftlichen Interessen Österreichs werden von der Außenhandelsstelle der Wirtschaftskammer Österreich in Lagos* (s. Nigeria) *vertreten.*
Chambre Consulaire (Handelskammer), BP 458, N'Djamena. Tel: 51 52 64.

KLIMA

Heißes Tropenklima mit regional unterschiedlichen Temperaturen. Die Regenzeit im Süden dauert von Mai bis Oktober, in der Landesmitte von Juni bis September. Im Norden sind das ganze Jahr über geringfügige Niederschläge möglich. In der Trockenzeit ist es oft windig und abends kühler.
Kleidung: Leichte Baumwoll- und Leinensachen. Wärmere Kleidung für kühle Abende. Je nach Jahreszeit eventuell Regenschutz.

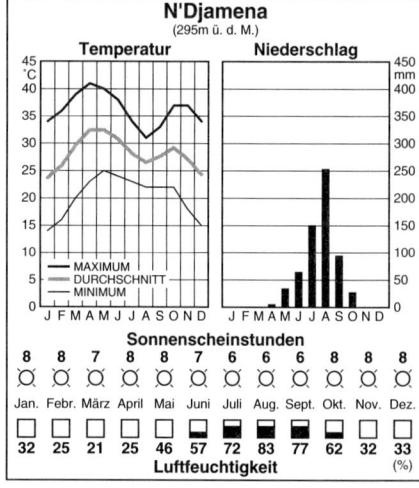

Eine weitere wichtige Veröffentlichung von *Columbus Press* ist der »World Travel Guide«, der jährlich herausgegeben wird und auf über tausend Seiten Informationen in englischer Sprache über alle Länder der Erde enthält.

Weitere Einzelheiten von:
Columbus Press, Verkaufsabteilung,
Aurikelweg 9,
D-38108 Braunschweig.
Tel: 05309/2123. Telefax: 05309/2877.

Tschechische Republik

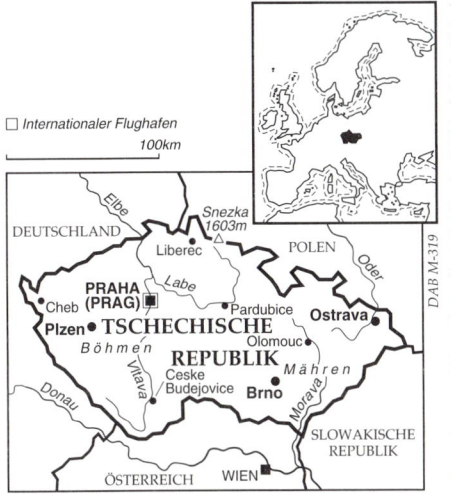

Lage: Mitteleuropa.

Vertretung der Tschechischen Zentrale für Tourismus in Deutschland
Leipziger Straße 60
D-10117 Berlin
Tel/Telefax: (030) 204 47 70.
Mo-Fr 10.00-18.00 Uhr.

Vertretung der Tschechischen Zentrale für Tourismus in Österreich
Herrengasse 17
A-1010 Wien
Tel: (0222) 535 23 61. Telefax: (0222) 894 28 74.
Mo-Fr 10.00-12.00 und 13.00-18.00 Uhr.

Tschechische Zentrale für Tourismus
Národní trída 28
CZ-110 01 Prag 1
Tel: (02) 21 10 51 11. Telefax: (02) 21 10 53 35.

Botschaft der Tschechischen Republik
Ferdinandstraße 27
D-53127 Bonn
Tel: (0228) 9 19 70. Telefax: (0228) 919 73 02, *Konsularabt.:* 919 73 02.
Mo-Fr 09.00-12.00 und 14.00-16.00 Uhr, *Konsularabt.:* Mo-Fr 08.30-11.00 Uhr.

Außenstelle der Botschaft (mit Visumerteilung)
Wilhelmstraße 44
D-10117 Berlin
Tel: (030) 220 04 81. Telefax: (030) 229 40 33.
Mo-Fr 08.30-11.00 Uhr.

Generalkonsulat der Tschechischen Republik (mit Visumerteilung)
Siedlerstraße 2
D-85774 München
Tel: (089) 950 12 46. Telefax: (089) 950 33 66.
Mo-Fr 08.30-11.00 Uhr.

Botschaft der Tschechischen Republik
Penzinger Straße 11-13
A-1140 Wien
Tel: (0222) 894 21 26, 894 37 41. Telefax: (0222) 894 12 00.
Mo-Fr 08.00-12.00 und 13.00-16.00 Uhr, *Konsularabt.:* Mo-Fr 08.00-11.00 Uhr.

Botschaft der Tschechischen Republik
Muristraße 53
CH-3006 Bern 16
Tel: (031) 352 36 45, 352 56 78. Telefax: (031) 352 75 02.
Mo-Fr 10.00-12.00 und 13.00-17.00 Uhr.
Konsulat in Zürich (Tel: (01) 262 15 81).

Botschaft der Bundesrepublik Deutschland
Vlasská 19, Malá Strana
PO Box C. 88
CZ-118 01 Prag 1
Tel: (02) 24 51 03 23. Telefax: (02) 24 51 01 56.

Botschaft der Republik Österreich
Viktora Huga 10
CZ-225 43 Prag 5
Tel: (02) 24 51 16 77. Telefax: (02) 54 96 26.

Botschaft der Schweizerischen Eidgenossenschaft
Pevnostní 7
CZ-162 00 Prag 6
Tel: (02) 24 31 12 28. Telefax: (02) 24 31 13 12.

FLÄCHE: 78.864 qkm.
BEVÖLKERUNGSZAHL: 10.296.000 (1993).
BEVÖLKERUNGSDICHTE: 131 pro qkm.
HAUPTSTADT: Prag (Praha). **Einwohner:** 1.217.315 (1992).
GEOGRAPHIE: Die Tschechische Republik grenzt an Deutschland, Polen, Österreich und die Slowakische Republik. Die Grenze zwischen den beiden Landesteilen Böhmen im Westen und Mähren im Osten bildet die lieblich-romantische Böhmisch-Mährische Höhe. Die

TIMATIC INFO-CODES

Abrufbar über Ihr CRS-System (für START/Amadeus Ama-Maske benutzen). Für Galileo bitte TI-DFT eingeben (mit Bindestrich).

Flughafengebühren	TI DFT/ PRG /TX
Währung	TI DFT/ PRG /CY
Zollbestimmungen	TI DFT/ PRG /CS
Gesundheit	TI DFT/ PRG /HE
Reisepassbestimmungen	TI DFT/ PRG /PA
Visabestimmungen	TI DFT/ PRG /VI

▼ *Prag bei Nacht*

Tschechische Republik

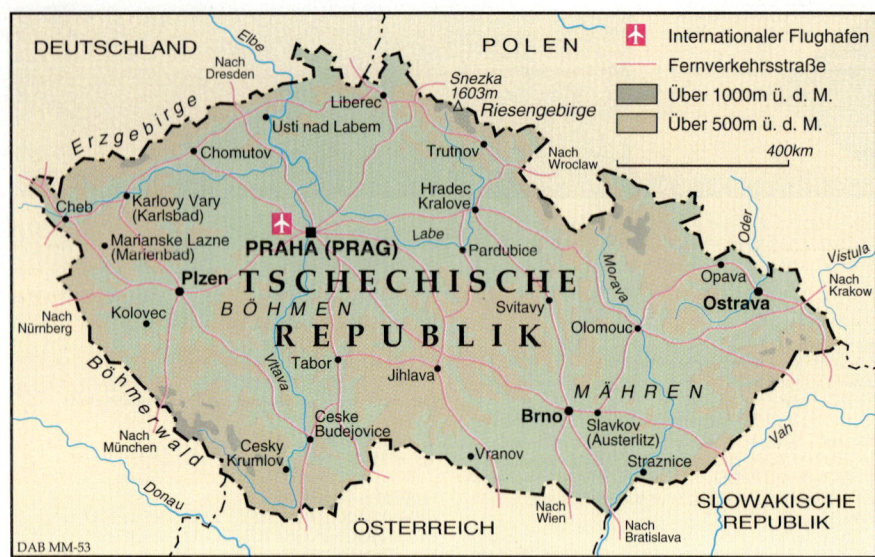

SPRACHE: Tschechisch ist Landessprache und wird in Böhmen und Mähren gesprochen. Slowakisch, Russisch, Polnisch und Deutsch werden ebenfalls gesprochen.
RELIGION: Überwiegend römisch-katholisch; außerdem protestantisch. Jüdische und orthodoxe Minderheiten sowie zahlreiche konfessionslose.
ORTSZEIT: MEZ (MEZ + 1 im Sommer).
NETZSPANNUNG: 220 V, 50 Hz. In Prag teilweise auch noch 110 V.
POST- UND FERNMELDEWESEN: Telefon: Selbstwählferndienst. **Landesvorwahl:** 42. Für Auslandsgespräche gibt es spezielle Telefonzellen. **Telexe/Telegramme** können in Hotels und in den Großstädten aufgegeben werden. **Post:** Das Hauptpostamt in Prag, Jindrisska, Prag 1, hat 24 Std. geöffnet. An alle Postämter kann man auch postlagernd schreiben. Öffnungszeiten der Postämter: Mo-Fr 08.00-18.00 Uhr.
DEUTSCHE WELLE
Der Einsatz der Kurzwellenfrequenzen ändert sich mehrfach im Laufe eines Jahres, und Sendungen auf den folgenden Frequenzen werden jeweils nur zu bestimmten Tageszeiten ausgestrahlt.

| MHz | 17,560 | 9,545 | 6,140 | 6,075 | 3,995 |
| Meterband | 16 | 31 | 49 | 49 | 75 |

Landschaft ist vielfach noch nahezu unberührt, und wem der Sinn nach Ruhe steht, findet hier Abgeschiedenheit in reizvoller Natur. Berühmte Kur- und Badeorte, zahlreiche Burgen und Schlösser, Kulturdenkmäler und historische Städte sind weitere Anziehungspunkte. In Böhmen locken außer der wunderschönen Hauptstadt Prag vor allem die Kurstädte Karlovy Vary (Karlsbad), Márianské Lázne (Marienbad) und die Bergregion des Böhmerwaldes. Die Elbe entspringt im Riesengebirge, einem der schönsten Skigebiete des Landes, und fließt durch Ostböhmen. Südböhmen ist bekannt für seine Schlösser und Burgen und eine Vielzahl von Seen, von denen eine Reihe zur Sommererholung genutzt wird. Die landwirtschaftliche Region Morava (Mähren) bietet bewaldetes Hochland, Weinberge, traditionelle Volkskunst und malerische Burgen. Brno (Brünn) ist das Kultur- und Verwaltungszentrum von Mähren.

STAATSFORM: Republik seit dem 1. Januar 1993. Parlament: Repräsentantenhaus mit 200, Senat mit 81 Mitgliedern. Staatsoberhaupt: Václav Havel, seit Februar 1993. Regierungschef: Ministerpräsident Václav Klaus, seit Januar 1993. Neuwahlen: Juni 1996.

REISEPASS/VISUM

Wichtiger Hinweis: Die Einreisebestimmungen mancher Länder können sich kurzfristig ändern – rufen Sie sicherheitshalber auf Ihrem CRS-System (TIMATIC-Info-Code-Fenster in diesem Kapitel) den aktuellen Stand ab bzw. wenden Sie sich an die zuständige diplomatische Vertretung. Etwaige Zahlen in der Tabelle beziehen sich auf nachfolgende Fußnoten.

	Paß erforderlich?	Visum erforderlich?	Rückflugticket erforderlich?
Deutschland	Ja	Nein	Nein
Österreich	Ja	Nein	Nein
Schweiz	Ja	Nein	Nein
Andere EU-Länder	Ja	Nein	Nein

▼ *Prager Burg mit Erzbischöflichem Palais*

Ein Land mit Geschichte

BURG ČESKÝ KRUMLOV

PRAG – KARLSBRÜCKE

Die Tschechische Zentrale für Tourismus betreibt sowohl Tourismuswerbung für die Tschechische Republik im Ausland als auch Studien zum Fremdenverkehr aus dem In- und Ausland. Der Schwerpunkt der Studien liegt auf der Verarbeitung statistischer Daten und ihrer Auswertung, deren Ergebnisse Unternehmern zur Verfügung gestellt werden.

Unternehmensbildungen, die auf Investitionen im Bereich der Tourismusindustrie ausgerichtet sind, werden von der Tschechische Zentrale für Tourismus in tschechischen Regionen direkt gefördert.

In Zusammenarbeit mit professionellen Unternehmerorganisationen unterstützt sie deren Mitglieder bei der Teilnahme an Messen und anderen werbewirksamen Veranstaltungen im Ausland.

Tschechische Zentrale für Tourismus.
PO Box 259, Národní trída 28,
110 01 Prag 1, Tschechische Republik.
Tel: +42 (2) 211 05 111.
Fax: +42 (2) 211 05 335.

KARLOVY VARY

AUSSICHT VON DRÁBSKÉ SVĚTNIČKY

Tschechische
Zentrale für Tourismus

Ein neues Hilton in Prag

PROBŘEŽNI 1, 18600 PRAG 8, TSCHECHISCHE REPUBLIK
TEL. 42 2 2484 1111, 42 2 2484 2032.
FAX. 42 2 2481 1973.

DAS HILTON • DAS HOTEL

IHR ZUVERLÄSSIGER PARTNER IN BÖHMEN, MÄHREN UND DER SLOWAKEI

- Urlaubs-, Sport-, Kultur-, Städte- und Geschäftsreisen
- Gruppenreisen
- Ca. 100 Hotels, Ferienwohnungen und Zusatzleistungen
- Gesamtangebot auch on-line über start buchbar
- Katalog und aktuelle Informationen auch im Internet

Czech International Travel a.s.
Areál Hotel Oáza
Jeremenkova 106
CZ-140 00 Prag 4

In START-Reisebüros buchbar
unter VERAN CZIT, AKT B

Fordern Sie unseren Katalog an!

Internet: http://www.bohemia.net/czit
e-mail: czit@bohem-net.cz
Telefon: 0042 2 61215077
Fax: 0042 2 61215077

IHR ZUVERLÄSSIGER PARTNER IM HERZEN EUROPAS

WAS BIETEN WIR AN:

- komplette touristische Leistungen für Gruppen in allen Regionen der Tschechischen Republik
- Städtereisen ● Rundreisen ● Bildungsreisen
- Schülerreisen ● Kulturreisen ● Chorreisen
- Incentive ● Clubreisen ● thematische Programme
- Unterkunft in 1-5-Sterne-Hotels
- bunte Palette von Zusatzleistungen
- kreative Ideen
- perfekte Realisierung Ihrer individuellen Wünsche

WAS GARANTIEREN WIR:

- fachkompetente Reisevorbereitung
- umfangreiche Kenntnisse der örtlichen Verhältnisse und Konditionen
- sorgfältige Auswahl unserer Leistungsträger
- gründliche Qualitäts-Überwachung
- langjährige Erfahrungen in der Tourismus-Branche

UND WAS GEWINNEN SIE:

- optimales Verhältnis Preis/Leistung
- ausführliche Informationen für Ihre erfolgreiche Reiseplanung
- höchstmögliche Sicherheit des problemlosen Reiseablaufes
- Zufriedenheit Ihrer Kunden

KONTAKTADRESSE:

Tomáš Kovařík Incoming Tours
P.O. Box 01, CZ-190 03 Praha 93
Telefon: +42-2-82 56 82
Telefax: +42-2-82 56 82
Verwaltung:
Sokolovská 268, Praha 9

Tschechische Republik

▲ Schloß Červena Lhotà

REISEPASS: Allgemein erforderlich.
VISUM: Allgemein erforderlich, ausgenommen sind Staatsbürger der folgenden Länder für Aufenthalte von maximal 90 Tagen, sofern nicht anders angegeben:
(a) Bundesrepublik Deutschland, übrige EU-Länder (Großbritannien und Irland maximal 180 Tage, Österreich maximal 30 Tage) und Schweiz;
(b) Andorra, Bulgarien (30 Tage), Franz. Überseegebiete (30 Tage), Island, Kroatien (30 Tage), Kuba (30 Tage), Lettland, Liechtenstein, Litauen, Malta, Malaysia, Mazedonien (Ehem. jugosl. Republik, 30 Tage), Monaco, Norwegen, Polen, Rumänien (30 Tage mit vom Innenministerium beglaubigter Einladung), Russische Föderation (30 Tage, nur Touristenvisum), San Marino, Slowakische Republik, Slowenien, Ungarn (30 Tage), USA (30 Tage), Vatikanstadt, und Zypern.
Staatsangehörige aller nicht aufgeführten Länder benötigen ein Visum, das vor Reiseantritt beantragt werden muß; dazu gehören:
Staatsbürger aller afrikanischen Staaten (außer Südafrika) sowie von Ägypten, Afghanistan, Albanien, Armenien, Aserbaidschan, Bangladesch, Bosnien-Herzegowina, China (VR), Georgien, Indien, Irak, Iran, Jemen, Bundesrepublik Jugoslawien (Serbien und Montenegro), Kambodscha, Laos, Libanon, Marokko, der Mongolei, Pakistan, den Philippinen, Sri Lanka, Syrien, Tadschikistan, der Türkei, Vietnam sowie Palästinenser (unabhängig vom Ausstellungsort ihrer Pässe).
Voraussetzung für die Visumerteilung an die zuletzt genannten Staatsangehörigen ist der Nachweis einer unbefristeten Aufenthaltsgenehmigung in Deutschland.
Visaarten: Transitvisa, Einfach- und Mehrfachvisa. Kindern unter 15 Jahren, die im Reisepaß der Eltern eingetragen sind, wird das Visum kostenlos erteilt. Kinder, die einen eigenen Reisepaß besitzen, müssen auch ein separates Visum beantragen.
Visagebühren: Unterschiedlich, je nach Nationalität und Visumart; bei Ausstellung an der Grenze ca. 90 DM. Erkundigen Sie sich bei der Botschaft. Bei Ausstellung durch die Botschaften/Konsulate werden Visagebühren grundsätzlich per Nachnahme erhoben.
Gültigkeitsdauer: Transitvisa: 6 Monate ab Ausstellungsdatum für Durchreise innerhalb von 48 Std. Einfachvisa: im allgemeinen 6 Monate ab Ausstellungsdatum für einen Aufenthalt von maximal 30 Tagen gültig.
Antragstellung: Konsulat oder Konsularabteilung der Botschaft (Adressen s. o.) bzw. Grenzübergang.
Unterlagen: (a) Antragsformular. (b) 2 neue Paßfotos. (c) Reisepaß, der noch mindestens 8 Monate gültig sein und eine freie Seite haben muß.
Bearbeitungszeit: Bis zu 4 Wochen.
Aufenthaltsgenehmigung: Anfragen sind an die Botschaft zu richten.

GELD

Währung: 1 *Koruna Ceská* (Kc) oder Tschechische Krone = 100 Heller *(Háleru)*. Die neue Währung wurde im Februar 1993 eingeführt. Die neuen Banknoten gibt es im Wert von 5000, 1000, 500, 200, 100, 50 und 20 Kc; Münzen sind in den Nennbeträgen 50, 20, 10, 5, 2 und 1 Kc und 50, 20, und 10 Heller im Umlauf. Die alten Banknoten sind nicht mehr gültig.
Geldwechsel: Fremdwährungen (einschl. Reiseschecks) können in allen Zweigstellen der Banken, Wechselbüros, größeren Hotels und an den Grenzübergängen umgetauscht werden.
Kreditkarten: *American Express, Diners Club, Visa, Eurocard, Carte Blanche* und *JCB* werden in größeren Hotels, manchen Restaurants und einigen Geschäften akzeptiert. Einzelheiten vom Aussteller der betreffenden Kreditkarte.
Eurochecks werden bis zu 6500 Kc pro Scheck akzeptiert; als Zahlungsmittel jedoch nur in einigen Geschäften und Restaurants.
Reiseschecks werden fast überall akzeptiert.
Wechselkurse

	Kc Sept. '92*	Kc Febr. '94	Kc Jan. '95	Kc Jan. '96
1 DM	17,87	17,31	17,99	18,52
1 US$	26,56	30,05	27,88	26,62

Anmerkung: [*] Die Angaben beziehen sich auf die tschechoslowakische Krone. Im Februar 1993 wurde die tschechische Krone eingeführt.
Devisenbestimmungen: Die Ein- und Ausfuhr der Landeswährung ist ohne besondere Genehmigung der Tschechischen Nationalbank nur bis zu einem Betrag von 100 Kc möglich (nur neue Währung). Die Ein- und Ausfuhr von Fremdwährungen ist unbegrenzt, die Deklaration größerer Beträge wird aber empfohlen.
Öffnungszeiten der Banken: Mo-Fr 08.00-18.00 Uhr.

DUTY FREE

Folgende Artikel können zollfrei in die Tschechische Republik eingeführt werden:
200 Zigaretten (oder die gleiche Menge anderer Tabakwaren);
1 l Spirituosen;
2 l Wein;
500 ml Parfüm oder 250 ml Eau de toilette;
die eingeführten Waren sollten den Wert von 3000 Kc nicht überschreiten.
Einfuhrverbot: Pornographische Materialien. Wertgegenstände wie Kameras und Zelte sollten bei der Einreise deklariert werden.
Ausfuhrbeschränkung: Kunstgegenstände, Antiquitäten, Kulturgüter, Tiere und Pflanzen dürfen nur gegen Vorlage von entsprechenden Ausfuhrdokumenten ausgeführt werden.

GESETZLICHE FEIERTAGE

1. Mai '96 Tag der Arbeit. **8. Mai** Tag der Befreiung vom Faschismus. **5. Juli** Tag der Slawenapostel Kyrill und Method. **6. Juli** Tag des Märtyrers Jan Hus. **28. Okt.** Unabhängigkeitstag. **24.-26. Dez.** Weihnachten. **1. Jan. '97** Neujahr. **8. April** Ostermontag. **1. Mai** Tag der Arbeit. **8. Mai** Tag der Befreiung vom Faschismus.

GESUNDHEIT

In der folgenden Tabelle aufgeführte Impfvorschriften können sich kurzfristig ändern. Es wird stets empfohlen, auf Ihrem CRS-System (TIMATIC-Info-Code-Fenster in diesem Kapitel) den aktuellen Stand der Gesundheitsbestimmungen abzurufen bzw. rechtzeitig vor der Reise ärztlichen Rat einzuholen.

	Vorsichtsmaßnahmen empfohlen	Impfschein erforderlich
Gelbfieber	Nein	Nein
Cholera	Nein	Nein
Typhus & Polio	Nein	Nein
Malaria	Nein	Nein
Essen & Trinken	1	-

[1]: Milch ist pasteurisiert und kann ebenso wie Milchprodukte, Fleisch, Geflügel, Obst und Gemüse bedenkenlos verzehrt werden.
Hepatitis A kommt vor.
Gesundheitsvorsorge: Der Abschluß einer Reisekrankenversicherung wird empfohlen.

REISEVERKEHR - International

FLUGZEUG: Die tschechische Fluggesellschaft *Ceské Aerolinie (CSA)* bietet Flugdienste nach Prag von Düsseldorf, Wien, Zürich, Genf und London.
Durchschnittliche Flugzeiten: Wien – Prag: 45 Min; Zürich – Prag: 1 Std. 30.
Internationaler Flughafen: Praha (PRG) (Ruzyne) liegt 17 km außerhalb der Stadt (Fahrzeit 30 Min.). Am Flughafen gibt es eine Bank (24 Std. geöffnet), Wechselstuben, ein Postamt, Duty-free-Shops, Autovermietung, Tourist-Information, Hotel-Reservierung, Bars (24 Std. geöffnet) und Restaurants (08.00-20.30 Uhr). Der Flughafenbus fährt 30 Min. nach Prag, die Linien 108/119/179 fährt etwa alle 10 Min. in die Stadt; Fahrzeit Taxis: 15 Minuten.
BAHN: Gute Verbindungen in die Tschechische Republik über Berlin, Dresden, Nürnberg oder Wien. Von Berlin-Hbf fährt man 4 Std. 37 nach Prag. Der EC *Hungaria* fährt über Berlin, Dresden und Prag nach Budapest. Zwischen Hamburg und Prag fahren täglich Züge. Der *Vindabona-Express* mit Speisewagen verbindet einmal täglich Wien mit Berlin über Prag. Weitere Auskünfte erteilen die Büros der Tschechischen Staatsbahn in Berlin (Tel: (030) 208 00 04). *InterRail*-Pässe und *EURO DOMINO*-Karten gelten auch in der Tschechischen Republik (Einzelheiten s. *Deutschland*).
BUS/PKW: Es gibt gute Straßenverbindungen in alle Nachbarländer und Grenzübergangstellen nach Deutschland, Polen, Österreich und in die Slowakische Republik. Von Deutschland aus kann man die Grenze bei Waidhaus überqueren. Von Österreich gibt es vier große Grenzübergänge. Der *Europabus* fährt ganzjährig von Hamburg/Berlin nach Prag sowie von Frankfurt/M./Nürnberg/Würzburg nach Prag, Plzen (Pilsen). Auskünfte erteilt die Deutsche Touring GmbH, Tel: (069) 79 03-0. *Bustours Austria* in Wien bietet ebenfalls zahlreiche Busreisen nach Prag und andere touristisch reizvolle Gegenden. Informationen unter der Nummer (0222) 534 11-0. Telefax: (0222) 53 41 11 29.

Das Universitätskrankenhaus in Brno-Bohunice – modernste Ausstattung und zuvorkommende Pflege

Das Universitätskrankenhaus in Brno-Bohunice bietet den Einwohnern Südmährens und anderer Regionen der Tschechischen Republik spezialisierte Präventiv- und Heilfürsorge. Urlauber und Besucher aus dem Ausland werden ebenfalls hier behandelt. Von den Ärzten bis hin zu den Krankenschwestern und anderem Personal können sich Patienten auf professionelle und freundliche Behandlung verlassen. Die Ausstattung des Krankenhauses entspricht modernstem Standard, und Wissenschaft und Forschung nehmen einen wichtigen Platz ein – in Zusammenarbeit mit der medizinischen Fakultät der Universität und den Fachschulen des Gesundheitswesens bildet das Krankenhaus angehende Ärzte, Krankenschwestern und Laboranten aus.

Bei einer Bettenzahl von insgesamt 1470 und einer Angestelltenzahl von 2927 (Stand: 31. 5. 94) bietet das Krankenhaus Patienten und Besuchern eine Reihe von Dienstleistungen. Geschäfte für Lebensmittel, Textilien, Papier, Bücher, Blumen, Tabak, Zeitungen und Zeitschriften sind vorhanden, außerdem eine Drogerie, ein Friseur- und ein Schönheitssalon. Selbst ein Mietwagendienst und eine Reparaturwerkstatt zählen zum Angebot.

Zu den internistischen Spezialgebieten des Krankenhauses gehören u. a. die Neurologische Klinik, die Psychiatrische Klinik und die Dermatovenerologische Klinik, die Klinik für Infektionskrankheiten sowie die Klinik für Lungenkrankheiten.

Die chirurgischen Abteilungen umfassen u. a. die Orthopädische Klinik, die Frauenklinik, die Hals-Nasen-Ohren-Klinik, die Augenklinik und die Urologische Klinik, eine Verbrennungs- und plastisch-chirurgische Abteilung sowie eine ambulante Abteilung für Schmerzbehandlung.

Auch die Laborabteilungen verfügen über alle modernen Spezialeinrichtungen, von der Transfusionsabteilung über die Radiodiagnostische Klinik bis hin zur Mikrobiologischen und zur Nuklearmedizinischen Abteilung.

Sollten Sie bei Ihrem Aufenthalt in der weiteren Umgebung von Brno medizinische Hilfe benötigen, sind Sie im Universitätskrankenhaus Brno-Bohunice in den besten Händen!

UNIVERSITÄTSKRANKENHAUS
BRNO-BOHUNICE
JIHLAVSKA 20, 639 00 BRNO.
TEL: 0042 (5) 4319 3004.
FAX: 0042 (5) 4321 5250.

NEUE IDEEN FÜR GUTE GESCHÄFTE!

Wir bieten in der Tschechischen und Slovakischen Republik für Gruppen sowie Individualreisende folgendes an:
- Unterkunft in allen Hotelkategorien (★ - ★★★★★)
- Kongresstouristik und Incentive-Programme
- Kultur- und Sportveranstaltungen
- Sehenswürdigkeitsausflüge, Bootsfahrten
- Stadtführungen, Reisebegleitungen, Transfere
- Unterkunft für Schüler- und Studentengruppen

NovaTour

NovaTour GmbH, Kroftova 6, 150 00 Prag, Tschechische Republik, Tel.: +42-2-548653, Fax: +42-2-541379

Tschechische Republik

▲ *Burgruine, Troski*

REISEVERKEHR - National

FLUGZEUG: *České Aerolinie* (CSA) betreibt das nationale Flugnetz, das die meisten größeren Städte verbindet – Prag, Ostrava, Karlovy Vary und Brno.
SCHIFF: Es gibt eine Anzahl von schiffbaren Wasserwegen. Die wichtigsten Häfen befinden sich in Prag, Kolin, Melnik, Usti nab Labem und Decin an der Elbe und Moldau (Vltava).
BAHN: Das Bahnnetz wird von der Tschechischen Staatsbahn betrieben. Es gibt täglich mehrere Verbindungen zwischen Prag und den anderen größeren Städten. Die Fahrpreise sind niedrig; für Schnellzüge wird ein Zuschlag erhoben. Auf viel befahrenen Strecken sollte man im voraus Plätze reservieren.
BUS/PKW: Eine Autobahn verbindet Prag mit Brno und mit der slowakischen Hauptstadt Bratislava. **Bus:** Das umfassende Busnetz verbindet alle Ortschaften, die nicht an das Bahnnetz angeschlossen sind. **Mietwagen** sind erhältlich. Es besteht Gurtanlegepflicht und absolutes Alkoholverbot am Steuer. Es dürfen nicht mehr als 10 l Kraftstoff in Reservekanistern aus der Tschechischen Republik ausgeführt werden. Tankstellen haben abends oft geschlossen. Es gibt ein flächendeckendes Netz von Tankstellen, die auch bleifreies Benzin anbieten (ca. alle 30-50 km). **Unterlagen:** Nationaler Führerschein, Fahrzeugschein und Grüne Internationale Versicherungskarte.
STADTVERKEHR: Die öffentlichen Verkehrsmittel sind ausgezeichnet. In Prag gibt es U-Bahnen (Einheitsfahrpreise), Straßenbahnen und Busse (deren Fahrscheine man im voraus in Tabakläden mit dem Zeichen *Predprodej Jizdenek* kauft). In Brno, Ostrava, Plzen und in einigen anderen Städten verkehren Busse, Oberleitungsbusse und Straßenbahnen. Die meisten Busse und Bahnen verkehren zwischen 04.30 und 24.00 Uhr und haben Einheitsfahrpreise; Zeitkarten sind erhältlich. Die Fahrscheine werden durch Automaten im Abteil entwertet. Für die Prager U-Bahn gibt es Einzel- und Umsteigefahrscheine. Wer keinen gültigen Fahrschein hat, muß mit einer Strafe rechnen. Busse und Straßenbahnen mit roten Kennzeichen an den Haltestellen fahren die ganze Nacht hindurch. Taxis in den Großstädten haben Taxameter und sind relativ billig, nachts zahlt man einen Zuschlag.

DAS AM BESTEN AUSGESTATTETE MODERNE KLINIKUM IN DER TSCHECHISCHEN REPUBLIK
• *289 BETTEN* • *MODERNSTE TECHNOLOGIE* • *BREITES ANGEBOT AN AMBULANTEN UND STATIONÄREN DIENSTEN* • *AUSGEZEICHNETE UNTERBRINGUNG*

Krankenhaus Na Homolce
Ul. Roentgenova 2, 151 19 Prag 5
Tschechische Republik
Tel: (+42 2) 5292 2146 Erwachsene
(+42 2) 5292 2025 Kinder
(+42 2) 52 92 21 91, 57 21 11 11
Notfall Innere Medizin (Erwachsene)
(+42 2) 52 60 40 Notfallchirurgie (Erwachsene)
(+42 2) 52 92 20 43 Notfall (Kinder)
Fax: (+42 2) 52 22 47

NA HOMOLCE KRANKENHAUS

Notfalldienst
Rund um die Uhr, mit 53 Intensivstationsbetten und 34 Betten für Patienten unter besonderer Beobachtung
Hochentwickelte Technik
Computertomograph, DS-Angiographie, MRI, Leksell-Gamma-Messer, Blutbank, Klinische Microbiologie, Biochemie, Haematologie- und Immunologie-Laboratorien, Anaesthesiologie, hyperbare Sauerstoffkammer
Klinische Dienste
Alle Fachbereiche Innerer Medizin, Zahnmedizin, Paediatrie, Physiotherapie und Rehabilitation
Chirurgische Dienste
Neurochirurgie, Herzkreislaufchirurgie, Allgemeine Chirurgie, Orthopädie, Hals-Nasen-Ohren-Chirurgie, Gynäcologie, Kosmetische Chirurgie
Hochspezialisierte Abteilungen
Stereotactische und Strahlen-Neurochirurgie, Gefäßchirurgie, Laparoscopie, Cardiologie, Center für Herzrhythmusstörungen und Herzschrittmacher

Für medizinische Versorgung von höchster Qualität während Ihres Aufenthalts in der Tschechischen Republik

Sie haben Ihren idealen Gesundheitsurlaub gefunden:
Bad Karlsbrunn-Lázně Karlova Studánka

Bad Karlsbrunn-Lázně Karlova Studánka liegt am Osthang des Praděd (Altvater), dem höchsten Berg Mährens. Der Nadelwald, der das Heilbad von allen Seiten einschließt, ist von besonderer Schönheit und hat in höheren Lagen teilweise Urwaldcharakter.

Bad Karlsbrunn-Lázně Karlova Studánka liegt zudem weit von rauch- und rußentwickelnden Industrie-gebieten entfernt und hat außergewöhnlich keim- und staubfreie Luft – traditionell die sauberste Luft in Mitteleuropa. Kein Wunder, daß Bad Karlsbrunn-Lázně Karlova Studánka in der Prophylaxe und Behandlung von Erkrankungen der Atemwege so erfolgreich ist! Weitere Indikationen für einen Kuraufenthalt in diesem friedlichen, bezaubernden Ort sind Herzkrankheiten, hoher Blutdruck, Blutgefäßkrankheiten, Anämie sowie auch Wirbelsäulen- und Gelenk-krankheiten. Kohlensäure- und eisenhaltige Mineralquellen sowie Yoga, Krankengymnastik, Balneotherapie, Moorpackungen mit örtlichem, heilkräftigem Moorschlamm, individuelle Rehabilitationsprogramme, Vollwert- bzw. Diäternährung unterstützen die außerordentliche klimatische Heilwirkung. Vier Kurhäuser mit Einzel-, Doppel-, Dreibettzimmern und Appartements stehen zur Verfügung, außerdem mehrere Privatpensionen.

Viele Besucher von Bad Karlsbrunn-Lázně Karlova Studánka haben einfach Lust auf Wandern, herrliche Natur und einen rundherum gesunden Urlaub. Bad Karlsbrunn-Lázně Karlova Studánka ist der Ausgangsort für Wanderungen auf den 1492 m hohen Altvater, durch die umliegenden Waldgebiete und das romantische Tal der Weißen Oppa. Auch die Kultur kommt nicht zu kurz: Konzerte, Vorträge, Tanzabende, Kino und Ausstellungen zählen zum kulturellen Angebot, Tennis und Tischtennis, Volleyball, Billiard, Angeln und Skifahren zu den beliebtesten Sportarten.

In Bad Karlsbrunn-Lázně Karlova Studánka muß man sich einfach wohlfühlen – Sie werden nur Ihren besten Freunden von Ihrer Entdeckung erzählen wollen, um sich im nächsten Jahr wieder einen Platz zu sichern.

Unsere Broschüre und weitere Informationen erhalten Sie von: Bad Karlsbrunn-Lázně Karlova Studánka, 793 24 Karlova Studánka, Tschechische Republik. Tel: +42 (646) 9 33 24 (Direktion), 9 33 26 (Reisebüro), 93 41 11 (Zentrale). Fax: +42 (646) 9 33 23.

Tschechische Republik

Beste Qualität
am besten Ort

HOTEL ADRIA **** befindet sich in Prags Geschäftszentrum sowie im kulturellen und historischen Mittelpunkt der Stadt.
* 66 modern ausgestattete Zimmer mit dem Komfort eines Vier-Sterne-Hotels.
* Das Hotel ist ideal sowohl für Geschäftsleute als auch für Individualreisende.
* Private Garagen vorhanden.

TREUE-BONUS-PROGRAMM – Ermäßigungen je nach Anzahl der Übernachtungen.

CLUB TRITON – ein Weinlokal mit einzigartigen Darstellungen der griechischen Mythologie.

CAFÉ NEPTUN – Bankett- und Konferenzsaal für 80-100 Personen.

LOBBY BAR – warme und kalte Erfrischungsgetränke, in den warmen Jahreszeiten wird auch im Sommergarten serviert.

Václavské náměstí 26, 110 00 Prag 1, Tschechische Republik.
Tel: (42) 2/21081111
Fax: (42) 2/21081300

STEIGEN SIE MIT UNS HOCH HINAUF!

ČSA bietet Ihnen das vorteilhafte OK-Plus-Vielflieger-Programm.
Mit ČSA fliegen Sie zu den wichtigsten Destinationen in Europa, Nordamerika, im Nahen, Mittleren und Fernen Osten.
ČSA fliegt für Sie mit modernsten Flugzeugen vom Typ Airbus A310-300, Boeing 737-500, ATR 72, ATR 42 und bietet Ihnen perfekten Service und freundliche Bedienung.
In der Business Class an Bord der Flugzeuge vom Typ Airbus A310-300 warten jetzt neue Komfortsitze auf Sie, die Ihre Fernflüge noch bequemer machen werden.

WEITERE INFORMATIONEN ERHALTEN SIE IN UNSEREN ČSA-BÜROS:

110 00 Prag
Revoluční 1
Tel.: 02-232 43 05, 231 99 95
Fax: 02-24 81 04 26

10243 Berlin
Karl-Marx-Allee 96
Tel.: 030-589 33 23 (294 78 77*)
　　　030-589 48 28 (294 79 97*)
Fax: 030-589 32 97 (294 78 75*)
*) Diese Telefon- und Faxnummern gelten ab Sommer 1996.

40210 Düsseldorf
Graf-Adolf-Str. 68
Tel.: 0211-35 08 34
Fax: 0211-35 08 35

60313 Frankfurt/Main
Rathenauplatz 2-8
Tel.: 069-92 00 350
Fax: 069-92 00 35 20

20099 Hamburg
Georgplatz 6
Tel.: 040-33 93 54-5
Fax: 040-33 56 91

1010 Wien
Parkring 12
Tel.: 01-512 38 05, 512 98 86
Fax: 01-512 988 675

1215 Genf
P.O.Box 188
Tel.: 022-798 33 30
Fax: 022-788 31 53

8006 Zürich
Sumatrastraße 25
Tel.: 01-363 80 00, 363 80 09
Fax: 01-363 80 60

ČSA – AT HOME IN THE SKIES

Genießen Sie einen Kururlaub im böhmischen Märchenland

Jáchymov / St. Joachimsthal (geg. 1516) wurde Dank der riesigen Vorkommen an Silber zur zweitgrößten Stadt Böhmens nach Prag. Hier wurden die berühmten "Tholer" geprägt, die später dem US-Dollar Pate standen. An der Wiege des ersten Radonbades der Welt standen die Nobelpreisträger Marie u. Pierre Curie, die 1898 das sensationelle Radium entdeckten. Das Grundheilmittel der Kuranstalt sind thermale Radonwannenbäder, kombiniert mit spezieller Krankengymnastik (z. B. bei Morbus Bechterew oder Osteoporose), Massagen aller Art, Reflexmethoden, trockene CO_2-Bäder inkl. Akupunktur, Akupressur, Elektrotherapie, Puls-Magnetotherapie, Lasertherapie und in besonderen Fällen mit der Brachyradiumtherapie (sog. Joachimsthaler Schachteln).

Heilanzeigen: Entzündliche u. degenerative Erkrankungen des Bewegungsapparates, nach Unfällen u. Operationen, Krankheiten des peripheren Nervensystems, metabolische Krankheiten (z. B. Gicht), spezielles Seniorenprogramm.

Weitere Auskünfte:
Lécëbné láznë, a.s.
362 51 JÁCHYMOV
Tschechische Republik
Tel: +42 164 911208
Telefax: +42 164 911730
Telex: 0663 154375

AVE
a.s., Travel agency
YOUR PARTNER FOR PRAGUE

- Unterkünfte für Gruppen und Individualreisende in Prag und anderen tschechischen Städten in Hotels, Pensionen, Jugendherbergen und Privatwohnungen
- Kongreß- und Incentive-Programme
- Transportservice
- Fremdenführer
- Stadtrundfahrten und Ausflüge
- Kartenverkauf
- Geldwechsel

Informationen und Buchungen:
AVE, a.s., Křížová 59, 150 00 Prag 5
Tel: +42 2 24617133, 549744
Fax: +42 2 542239, 549743
E-mail: avetours @ avetours. anet. cz.

Grandhotel Pupp
Seit 1701 ein Begriff für Tradition und Gastlichkeit

<u>Das Grandhotel Pupp</u> ist ein Hotel, das seine Tradition seit dem Jahre 1701 beibehalten hat. Zu Beginn des 18. Jahrhunderts standen an seiner Stelle zwei Saalbauten – der Sächsische Saal und der Böhmische Saal. Johann Georg Pupp, der Zuckerbäcker des Grafen Chotek, kaufte die beiden Objekte und baute sie in einen Hotelkomplex um.

Grandhotel Pupp bietet Gästen Unterkunft in den neu renovierten de Luxe Zimmern. Alle Zimmer sind mit stilvollen Möbeln, Satellitenfernseher mit eigenem Hotel TV-System, Minibar, Telefonen, Tresor und Marmorbadezimmern ausgestattet. Teilweise Holzparkette und Air-condition.

Das Hotel verfügt über 19 Einzelzimmer, 51 Doppelzimmer, 32 Studios und zwei Top-Appartements (Präsident- und Kaiser-Appartement). Außerdem 4 Restaurants und Cafés sowie 4 Konferenzräume mit verschiedenen Kapazitäten. Der im Neobarockstil erbaute Festsaal mit einer Kapazität von 650 Plätzen eignet sich besonders für Konzerte, Bälle, Galaabendessen sowie für Kongresse und Seminare.

Das Hotel bietet Ihnen folgende Dienstleistungen an: Fitneßzentrum, Sauna und Solarium, Hotelarzt, Kuranwendungen im Bad Nr. III, Friseur- und Kosmetiksalon, Wechselstube, Souvenirverkauf, Sekretariatsdienste, TV-Infokanal, rund um die Uhr bewachter Parkplatz, Hoteltaxi. Golf, Tennis und Pferderennen finden Sie ca. 15-45 Min. vom Hotel entfernt, und in der Saison sind Sie außerdem herzlich in das beheizte Freibad »Geysirpark Pupp-Motel« eingeladen.

Grandhotel Pupp Karlovy Vary, a.s., Mírové nám. 2, 360 91 Karlovy Vary, Tschech. Republik
Tel: +42 / 17 / 3109 111 & Fax: +42 / 17 / 32 240 32

★★★★
Kurhotel Elwa

Genießen Sie einen Gesund-Urlaub im weltberühmten Kurort Karlovy Vary (Karlsbad)!

Karlovy Varys einziges privates Kurhotel, das auf die Diagnose und umfassende Behandlung von Störungen der Verdauungsorgane spezialisiert ist.
Alle 17 Zimmer in unserem Kurhotel mit Bad/WC, Minibar, Radio, Satellitenfernsehen und Telefon.

Wir bieten Ihnen:
- Ärztliche Untersuchungen und zwei Kuranwendungen pro Tag
- Elegantes Restaurant von internationalem Rang – individuell abgestimmte Diäten unter Aufsicht unseres auf Ernährungswissenschaften spezialisierten Arztes
- Zimmerservice, Wäschedienst und chemische Reinigung
- Lesezimmer, Schönheitssalon und Fitneßzentrum
- Hotel-Minibus mit Ausflügen in die Umgebung sowie zahlreiche Freiluftaktivitäten und kulturelle Veranstaltungen
- Äußerst günstige Zimmerpreise bei optimalem Leistungsangebot

Kurhotel und Sanatorium Elwa,
Zahradní 29, 36001 Karlovy Vary, Tschechische Republik
Telefon: +42 (17) 3228472-5   Telefax: +42 (17) 3228473

Tschechische Republik

▲ Blick auf Prag

FAHRZEITEN von Prag zu den folgenden größeren tschechischen Städten (ungefähre Angaben in Std. und Min.):

	Flugzeug	Bahn	Bus/Pkw
Brno	0.50	4.45	2.15
Karlovy Vary	0.35	4.45	2.00
Ostrava	1.00	6.00	6.00

UNTERKUNFT

HOTELS: Zimmerpreise sind generell niederiger als in Westeuropa; das Angebot ist noch nicht sehr groß. Während des jährlichen Musikfestivals »Frühling in Praha« (Mitte Mai bis Angang Juni) sind kaum freie Hotelbetten zu finden. Zur Auswahl stehen Hotels mit ein bis fünf Sternen, Pensionen und Privatwohnungen. In den Sommermonaten gibt es auch eine Vielzahl and Campingplätzen, die u. a. auch Wohnwagen vermieten. Weitere Informationen von *Assoziation der Reisebüros der Tschechischen Republik*, Zitná 12, CZ-121 05 Prag 2. Tel: (02) 24 21 65 69. Telefax: (02) 29 99 48.

URLAUBSORTE & AUSFLÜGE

Prag: Die malerische Hauptstadt an der Moldau, auch Goldene oder Hundertürmige Stadt genannt, spielte in der Geschichte Europas eine bedeutende Rolle. Heute geben die prachtvollen Sehenswürdigkeiten, das historische Stadtzentrum und Museen Eindrücke der geschichtlichen Vergangenheit. Die namhafte Universität wurde 1348 gegründet. In der *Nationalgalerie* sowie in zahlreichen weiteren Galerien und Ausstellungssälen kann man das umfangreiche Angebot faszinierender Werke der bildenden Kunst bewundern. Das *Nationaltheater*, das in einem wundervollen historischen Gebäude untergebracht ist, ist nur eine der vielen guten Bühnen der Stadt. Die Prager Philharmoniker und das jährliche internationale Musikfestival *Prager Frühling* sind allen Freunden der klassischen Musik ein Begriff. In der Stadtmitte liegt das Viertel *Hradcany*. Hier findet man die *Prager Burg*, die seit dem 9. Jahrhundert Sitz der tschechischen Prinzen und Könige war und seit 1918 Sitz der Präsidenten der Republik ist. Sie bietet einen wunderschönen Ausblick auf Prag. Zum gesamten Komplex der Burg gehören der *Veitsdom*, dessen Grundstein 1344 gelegt wurde, der *Alte Königspalast* im gotischen Stil, die *Basilika* und das *St.-Georgskloster* aus der vorromanischen Zeit, der *Lobkowicz-Palast*, der aus der Renaissance-Zeit stammt, später aber in den Barockstil umgebaut wurde, sowie der *Königliche Sommerpalast*, der als Sommerhaus von König Ferdinand II. als Geschenk für seine Frau Anne in Auftrag gegeben wurde. Das *Goldene Gäßchen* ganz in der Nähe wurde vor Hunderten von Jahren von Alchimisten bewohnt. Auch Franz Kafka lebte zeitweilig in einem der kleinen Häuschen, die heute zu den Touristenattraktionen Prags gehören. Der Blick über die Vltava (Moldau), über die die mittelalterliche *Karlsbrücke* führt, zeigt das altehrwürdige Stadtzentrum von Prag. Prags Altstadt ist eine der schönsten in Europa. Auf dem *Altstädter Ring* befindet sich das *Rathaus* aus dem Jahre 1338. An der Südseite des Rathauses befindet sich die *Astronomische Uhr* aus dem frühen 15. Jahrhundert. Weitere Sehenswürdigkeiten sind die dreischiffige *Tynkirche* aus der Mitte des 14. Jahrhunderts, der gotische Stadtpalast *Haus an der Steinglocke* und die barocke *St.-Nikolaus-Kirche*. Malá Strana ist ein Viertel mit engen, verwinkelten Sträßchen, kleinen Handwerkerhäusern und vornehmen Bürgerhäusern aus dem 17. und 18. Jahrhundert. Im Viertel *Josefov* befand sich bis 1896 das jüdische Ghetto. Heute kann man hier nur noch den jüdischen Friedhof, die alte Synagoge, die zu den ältesten Synagogen Europas zählt, das jüdische Rathaus (16. Jh.) sowie vier weitere Synagogen besichtigen.

In der Neustadt befindet sich der *Wenzeslaus-Platz*: Schon im Mittelalter fanden hier Veranstaltungen statt. 1989 demonstrierten auf diesem Platz zahlreiche Menschen gegen das kommunistische Regime. Das neue Rathaus, die *Jesuitenkirche St. Ignatius* und die Abtei und Kirche *Na Slovanech* sind ebenfalls sehenswert. Bekannte Ausflugsziele nahe der Stadt sind z. B. die Stadt **Kutná Hora** mit dem einmaligen gotischen Dom, die *Burgen Karlstejn und Krivoklát* und das *Schloß Konopiste*. Weitere Kleinode der tschechischen Architektur sind z. B. die Städte **Telc, Litomysl** und **Olomouc.**

Karlovy Vary ist das bekannteste Kurbad. Es ist berühmt für seine warmen Quellen und zieht seit Jahrhunderten Patienten aus allen Teilen der Welt an. Am Stadtrand kann man die weltberühmte *Moser-Glasbläserei* besuchen. Schön ist auch ein Besuch der *Brezova-Porzellanfabrik* (interessantes Museum). Im Sommer finden in Karlovy Vary internationale Filmfestspiele statt.

Mariánské Lázne und **Frantiskovy Lázne** sind die beiden anderen Kurstädte dieser Region. Mariánské Lázne ist besonders reizvoll und hat schon Goethe und Beethoven in seinen Bann gezogen.

Tschechische Republik

Ceske Budejovice, in dieser südböhmischen Stadt fuhr 1832 die erste Eisenbahn auf dem europäischen Kontinent. Budweis wurde im 13. Jahrhundert als königliche Stadt von König Premysl Otakar II. gegründet. Die Altstadt besteht aus vielen Renaissance- und Barockhäusern. Die *Budvar-Brauerei* ist ein weiterer Anziehungspunkt für viele Besucher.

Cesky Krumlov, südlich von Ceske Budejovice, bezaubert durch seine wunderbaren historischen Bauwerke. Die *St.-Veits-Kirche* zählt zu den wertvollsten Baudenkmälern der böhmischen Gotik. Das Schloß kann sich in seiner Pracht und Größe durchaus mit der Prager Königsburg messen. Hier befindet sich die einmalige Bildersammlung des österreichischen Expressionisten Egon Schiele.

Brno wurde im 13. Jahrhundert gegründet und hat ein interessantes Museum, den *St.-Peter-und-Pauls-Dom* sowie die barocke *Festung Spilberk*. Die historische Metropole Mährens ist von einer malerischen Landschaft umgeben. Das *Automodrom*, auf dem jedes Jahr im Juli der Grand Prix ausgetragen wird, ist ebenfalls hier zu finden. Von September bis Oktober findet alljährlich ein Musikfest statt. Während des ganzen Jahres finden hier zahlreiche internationale Messen statt.

AUSSERHALB DER STÄDTE: Die bezaubernde Berg-, Seen- und Waldlandschaft der Tschechischen Republik ist ideal für alle Freiluftaktivitäten, vor allem Wintersport. In 30 Bergregionen gibt es Wintersportzentren. Das *Riesengebirge*, der höchste Gebirgszug Böhmens, steht unter Naturschutz. Die Märchenfigur Rübezahl (Krákonos) ist hier zu Hause. Die Landschaft ist zu jeder Jahreszeit attraktiv, Wander- und Wintersportmöglichkeiten sind ausgezeichnet. Die Gletscherseen *Cerné jezero* (Schwarzsee) und *Certovo jezero* (Teufelssee) gehören zu den reizvollsten Gebieten Sumavas, das im deutschsprachigen Raum als **Böhmerwald** bekannt ist. Die wörtliche Übersetzung des Names bedeutet »der Brausende«. In dieser Region gibt es schöne, klare Wildbäche, ruhige Täler, ausgedehnte Wälder und eine einzigartige Flora und Fauna. Schon im 19. Jahrhundert schrieb Adalbert Stifter über das »Paradies Böhmerwald«. Zahlreiche Häuser im rustikalen Barockstil (Ursprungsort, 19. Jahrhundert) sind hier ebenfalls zu entdecken.

Prachatice ist auf jeden Fall einen Besuch wert. Es gehört zu den besterhaltenen Kleinstädten im Böhmerwald. Zu den über 100 Sehenswürdigkeiten gehören das alte Stadthaus aus der ersten Hälfte des 16. Jahrhunderts, einige Kaufmannshäuser aus der gleichen Periode und die Überreste der alten Stadtbefestigung.

SOZIALPROFIL

ESSEN & TRINKEN: Zu den Spezialitäten zählen *Bramborak*, eine Delikatesse aus Kartoffelpuffern mit Knoblauch, Wurst und Senf sowie Prager Schinken. Als Beilagen gibt es oft *Knedliky* (Knödel) und *Zeli* (würziger Weißkohl). Schweinebraten mit Knödeln und Sauerkraut ist das Nationalgericht. Das traditionelle Weihnachtsessen ist Karpfen. Er wird gebraten, gegrillt, gedünstet oder gebacken. Das Essen beginnt meistens mit Suppe: *Bramborová* (Kartoffelsuppe mit Pilzen), *Hrachová* (Erbsensuppe), *Zelná* (Weißkohlsuppe) oder *Rybi polévka* (Fischsuppe). Als Nachspeise gibt es den berühmten *Palatschinken, Powidldatschgerl, Kolaschen, Liwanzen* (böhmische Süßlspeise) oder Apfelstrudel. **Getränke:** Fruchtsäfte, Spirituosen und Bier sind beliebt. Landesspezialitäten sind *Slivowitz* (Pflaumenschnaps), *Merunkowitz* (Aprikosenschnaps), *Borovicka* (starker Gin) und *Becherovka* (Kräuterschnaps). Die Biere *Budvar* und *Pilsner Urquell* sind weltberühmt. Das *Staropramen* soll aber ebenso wohlschmeckend sein.

NACHTLEBEN: An Restaurants, Bierkellern, Cafés und gemütlichen Weinstuben herrscht kein Mangel. Die Theater und die Oper in Prag sind weithin bekannt. In den Großstädten gibt es Diskotheken und Nachtklubs.

EINKAUFSTIPS: Gute Mitbringsel sind böhmisches Glas und Kristall, Kunstbücher, Keramik, Porzellan, Holzschnitzereien, handbestickte Kleidung und kulinarische Spezialitäten (Prager Schinken, Znaimer Delikateßgurken u. a.). Regionale Besonderheiten sind auch Steingut aus Kolovce und Straznice, Porzellan-Ornamente und Steinschnitzereien aus Karlovy Vary, feine Spitze und Nadelstickereien aus vielen Städten Mährens sowie blutroter Granat und andere Halbedelsteine aus Böhmen. **Öffnungszeiten der Geschäfte:** Mo-Fr 09.00-18.00 Uhr, Sa 09.00-14.00 Uhr. Viele Lebensmittelläden haben Mo-Fr 08.00-20.00 Uhr und Sa 09.00-16.00 Uhr geöffnet.

SPORT: **Fußball**, **Volleyball**, **Tennis** und **Eishockey** sind beliebt. In den Bergregionen gibt es gutmarkierte **Wanderwege**, im Winter kann man **Ski fahren**. **Kanu-** und **Wasserskifahren**, **Segeln** und **Angeln** sind auf zahlreichen Seen und Flüssen möglich (s. *Urlaubsorte & Ausflüge*).

VERANSTALTUNGSKALENDER
In vielen Städten feiert man bunte Volksfeste mit Tanz, Trachten und verlockenden Leckereien. Berühmt ist der *Prager Frühling* im Mai (Konzerte, Ballett und Oper mit internationalen Künstlern). Die meisten Feste finden im Sommer statt. Volksfeste finden in Straznice, Vlcnov, Hluk und Domazlice statt.

Mai/Juni '96 *Prager Frühling*, Prag. **Juni** *Internationales Folklore-Festival*, Straznice. **Aug.** *Chopin-Festival*, Mariánské Lázne. **Sept.** (1) *Prager Herbst* (internationales Musikfestival), Prag. (2) *Ema-Destinová-Musikfestival*, Ceske Budejovice. (3) *Internationales Touristen-Filmfestival*, Karlovy Vary. **Okt.** *Velká pardubická* (Springreiten), Pardubice. **Febr. '97** *Holiday World* (Internationale Tourismus- und Reisemesse), Prag.

Weitere Informationen erhalten Sie von den Vertretungen der Tschechischen Zentrale für Tourismus in Berlin und Wien.

SITTEN & GEBRÄUCHE: Bei formellen Einladungen und in besonders vornehmen Restaurants und Hotels wird elegantere Kleidung erwartet. **Trinkgeld:** 5-10% werden gern angenommen.

WIRTSCHAFTSPROFIL

WIRTSCHAFT: In keinem anderen Ostblockland war die staatliche Kontrolle so groß wie in der ehemaligen Tschechoslowakei, in der es keinerlei private Unternehmen gab. Besonders nach dem Prager Frühling konzentrierte sich die wirtschaftliche Entwicklung des Landes auf die Schwer- und Rüstungsindustrie. Das Land hat kaum Bodenschätze und bezog einen Großteil seiner Rohstoffe, insbesondere Erdöl, aus der damaligen UdSSR. Seit 1990 bemühte sich die Regierung, Wirtschaftsreformen durchzuführen, die Privatisierungen und die Einführung der freien Marktwirtschaft vorsah. Im Herbst 1991 wurden in einer ersten Phase des Reformprogrammes 1700 Unternehmen privatisiert. In einer zweiten Phase im Herbst 1994 wurde dann ein Großteil der Industrie und Landwirtschaft in private Hände übergeben. Seit der Teilung des Landes scheint dieses Programm in der Tschechischen Republik Erfolg gehabt zu haben. Die Regierung bemüht sich außerdem um Investitionen aus dem Ausland und Joint-ventures, besonders in den Bereichen Luftfahrt, Automobilindustrie, Elektronik, Atomkraft, Textil-, Leder- und Glasherstellung. Die wichtigsten Handelspartner sind derzeit Deutschland, die Slowakische Republik, die GUS, Österreich und Italien. Die Bemühungen der Regierung sind auf verbesserte Handelsbeziehungen mit Westeuropa ausgerichtet. Im Juni 1993 unterzeichnete die EU-Kommission einen getrennten Assoziationsvertrag mit der Tschechischen Republik, der am 1. Februar 1994 in Kraft trat. Die Tschechische Republik ist zusammen mit Polen, Ungarn und der Slowakischen Republik Mitglied der Visegrád-Gruppe, die sich um eine Annäherung an die Europäische Union bemüht.

GESCHÄFTSVERKEHR: Viele Geschäftsleute sprechen Deutsch. Geschäftsleute kleiden sich recht formell. Bei Verhandlungen sind lange Mahlzeiten üblich. Während der Urlaubszeit im Juli und August haben viele Firmen geschlossen. **Geschäftszeiten:** Mo-Fr 08.00-16.00 Uhr.

Kontaktadressen: *Deutsch-Tschechische Industrie- und Handelskammer*, Masarykovo-Nabrezi No. 30, CZ-110 00 Prag 1. Tel: (02) 24 91 52 16-7. Telefax: (02) 24 91 38 27.
Obchodní rada Rakouského Velvyslanectví (Außenhandelsstelle der Wirtschaftskammer Österreich), Krakovská 7, PO Box 493, CZ-111 21 Prag 1. Tel: (02) 26 84 45. Telefax: (02) 26 84 12.
Handelskammer Schweiz-Tschechische Republik, Birmensdorferstraße 29, CH-8055 Zürich. Tel: (01) 462 13 85. Telefax: (01) 461 39 63.
HST Obchodní Komora Svycarsko-Ceská Republica (Handelskammer Schweiz-Tschechische Republik), Národní trída 10, CZ-110 00 Prag 1.
Hospodárská komora Ceské republiky (Tschechische Industrie- und Handelskammer), Argentinská 38, CZ-170 05 Prag 7. Tel: (02) 66 79 48 80. Telefax: (02) 87 54 38.

KONFERENZEN/TAGUNGEN: Das internationale Kongreßzentrum in Prag bietet Kapazitäten für 5000 Teilnehmer. Zahlreiche Hotels im ganzen Land haben ebenfalls Konferenzeinrichtungen. In Brno finden das ganze Jahr über zahllose internationale Messen statt. Weitere Informationen vom *Prague Convention Bureau*, Rytírská 26, CZ-110 00 Prag 1. Tel: (02) 24 23 51 59. Telefax: (02) 24 23 43 99.

KLIMA

Kalte Winter und milde Sommer.

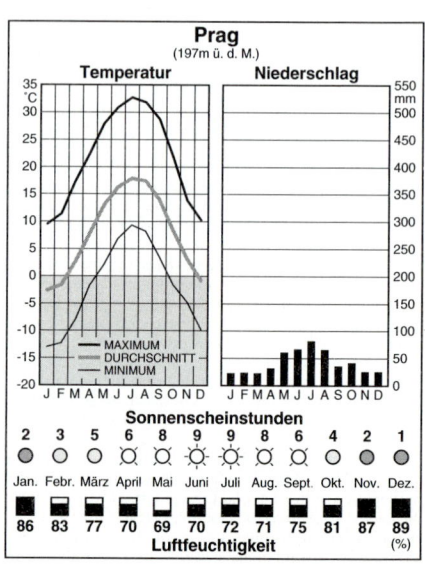

Tunesien

Lage: Nordafrika.

Fremdenverkehrsamt von Tunesien
Am Hauptbahnhof 6
D-60329 Frankfurt/M.
Tel: (069) 23 18 91/92. Telefax: (069) 23 21 68.
Mo-Fr 09.00-18.00 Uhr.

Fremdenverkehrsamt von Tunesien
Kurfürstendamm 171
D-10707 Berlin
Tel: (030) 885 04 57. Telefax: (030) 885 21 98.
Mo-Fr 09.00-18.00 Uhr.

Fremdenverkehrsamt von Tunesien
Landesgerichtsstraße 22
A-1010 Wien
Tel: (0222) 40 83 94 40. Telefax: (0222) 408 39 60 18.
Mo-Fr 09.00-17.30 Uhr.

Fremdenverkehrsamt von Tunesien
Bahnhofstraße 69
CH-8001 Zürich
Tel: (01) 211 48 30/31. Telefax: (01) 210 44 40.
Mo-Fr 09.00-12.30 und 13.30-18.00 Uhr.

Office National du Tourisme Tunisien
1 Avenue Muhammad V
Tunis
Tel: (01) 34 10 77. Telefax: (01) 35 09 97.

Botschaft von Tunesien (ohne Visumerteilung)
Godesberger Allee 103
D-53175 Bonn
Tel: (0228) 37 69 81/82/83, 37 43 62. Telefax: (0228) 37 42 23.
Mo-Fr 09.00-15.30 Uhr.
Generalkonsulate mit Visumerteilung in:
Berlin (Tel: (030) 472 20 87), *Geschäftsbereich:* Berlin, Brandenburg, Sachsen, Sachsen-Anhalt, Thüringen; Düsseldorf (Tel: (0211) 37 10 07), *Geschäftsbereich:* Nordrhein-Westfalen, Rheinland-Pfalz, Saarland; Hamburg (Tel: (040) 220 17 56), *Geschäftsbereich:* Bremen, Hamburg, Mecklenburg-Vorpommern, Niedersachsen, Rostock, Schleswig-Holstein;

TIMATIC INFO-CODES

Abrufbar über Ihr CRS-System (für START/Amadeus Ama-Maske benutzen). Für Galileo bitte TI-DFT eingeben (mit Bindestrich).

Flughafengebühren	TI DFT/ TUN /TX
Währung	TI DFT/ TUN /CY
Zollbestimmungen	TI DFT/ TUN /CS
Gesundheit	TI DFT/ TUN /HE
Reisepassbestimmungen	TI DFT/ TUN /PA
Visabestimmungen	TI DFT/ TUN /VI

München (Tel: (089) 55 46 35), *Geschäftsbereich:* Baden-Württemberg, Bayern, Hessen.
Botschaft von Tunesien
Opernring 5
A-1010 Wien
Tel: (0222) 581 52 81/82. Telefax: (0222) 581 55 92.
Mo-Fr 09.00-17.00 Uhr.
Konsularabteilung der Botschaft
Opernring 3
A-1010 Wien
Tel: (0222) 581 52 80.
Mo-Fr 09.00-13.00 Uhr.
Botschaft von Tunesien
Kirchenfeldstraße 63
CH-3005 Bern
Tel: (031) 352 82 26. Telefax: (031) 351 04 45.
Mo-Fr 09.00-16.00 Uhr.
Botschaft der Bundesrepublik Deutschland
1 Rue el Hamra
Mutuelleville
BP 35
1002 Tunis (Belvédère)
Tel: (01) 78 64 55. Telefax: (01) 78 82 42.
Botschaft der Republik Österreich
16 Rue Ibn Hamdis
El Menzah I
BP 23
El Menzah I
1004 Tunis
Tel: (01) 75 10 91/94, 76 73 85. Telefax: (01) 76 78 24.
Botschaft der Schweizerischen Eidgenossenschaft
10 Rue Ech-Chenkiti
Mutuelleville
1002 Tunis-Belvédère
BP 501
1025 Tunis
Tel: (01) 78 39 97, 78 13 21, 79 59 57. Telefax: (01) 78 87 96.

FLÄCHE: 163.610 qkm.
BEVÖLKERUNGSZAHL: 8.656.000 (1993).
BEVÖLKERUNGSDICHTE: 53 pro qkm.
HAUPTSTADT: Tunis. Einwohner: 674.100 (1994)
GEOGRAPHIE: Die Republik Tunesien liegt an der Mittelmeerküste Nordafrikas, 130 km südwestlich von Sizilien und 160 km südlich von Sardinien. Die Landschaft ist sehr abwechslungsreich, mit Klippen an der Nordküste und Wäldern im Landesinneren sowie tiefen, fruchtbaren Tälern und Wüsten, steilen Bergen und salzigen Niederungen, die unter dem Meeresspiegel liegen. Südlich von Gafsa und Gabès beginnt die Sahara. Vor der über 1000 km langen Küste liegen zahlreiche kleine Inseln, darunter Djerba im Süden und Kerkennah im Osten. Mit Pinien bewachsene Hügel erstrecken sich vom Nordwesten bis zum Südosten, dahinter liegen saftiges Weideland, Obstgärten, Weingüter und Olivenhaine.
STAATSFORM: Präsidialrepublik seit 1959. Staatsoberhaupt: Zine el-Abidine Ben Ali, seit 1987 (wiedergewählt 1994). Regierungschef: Dr. Hamed Karoui, seit 1989. Einkammerparlament: *Assemblée Nationale* mit 163 Mitgliedern, die alle 5 Jahre gewählt werden. 19 Sitze sind für die Opposition reserviert. Es gibt verschiedene beratende Körperschaften: den Staatsrat, den Sozial- und Wirtschaftsrat, den Konstitutionsrat und den höheren islamischen Rat. Wahlrecht ab 20 Jahren.
SPRACHE: Arabisch ist Amtssprache. Tunesisch, ein westarabischer Dialekt, wird als Umgangssprache gesprochen. Französisch ist wichtig für Geschäftsleute und nützlich für Touristen – es wird als Zweitsprache in den Schulen gelehrt. Englisch und Deutsch versteht man mitunter in größeren Städten und Urlaubsorten.
RELIGION: Der Islam ist Staatsreligion. Es gibt katholische und protestantische Minderheiten.
ORTSZEIT: MEZ.
NETZSPANNUNG: 220 V, 50 Hz.
POST- UND FERNMELDEWESEN: Telefon: Selbstwählferndienst. **Landesvorwahl:** 216. Ortsnetzkennzahlen: Tunis (01), Bizerte und Manzil Burgiba (02), Sousse (03), Gabès (05), Kairouan (07). **Telefaxe** können in den großen Städten aufgegeben werden. **Telex/Telegramme:** Das Telekommunikationszentrum in Tunis (29, Jamal Abdelnasser) hat öffentliche Telexstellen. Am Zentralpostamt an der Rue Charles de Gaulle in Tunis kann man Telegramme aufgeben. **Post:** Luftpost nach Europa dauert 3-5 Tage. Einen Schalter für postlagernde Sendungen gibt es in den meisten Postämtern. Öffnungszeiten der Postämter: *Sommer* (i. allg. 15. Juni - 15. Sept.): Mo-Sa 08.00-13.00 Uhr. *Winter:* Mo-Fr 08.00-12.00 und 14.00-18.00 Uhr, Sa 08.00-12.00 Uhr. *Während des Ramadan:* Mo-Sa 08.00-15.00 Uhr.
DEUTSCHE WELLE
Der Einsatz der Kurzwellenfrequenzen ändert sich mehrfach im Laufe eines Jahres, und Sendungen auf den folgenden Frequenzen werden jeweils nur zu bestimmten Tageszeiten ausgestrahlt. Näheres in der Einleitung.

MHz	15,135	13,780	9,545	6,075	1,557
Meterband	19	22	31	49	MW

REISEPASS/VISUM

Wichtiger Hinweis: Die Einreisebestimmungen mancher Länder können sich kurzfristig ändern – rufen Sie sicherheitshalber auf Ihrem CRS-System (TIMATIC-Info-Code-Fenster in diesem Kapitel) den aktuellen Stand ab bzw. wenden Sie sich an die zuständige diplomatische Vertretung. Etwaige Zahlen in der Tabelle beziehen sich auf nachfolgende Fußnoten.

	Paß erforderlich?	Visum erforderlich?	Rückflugticket erforderlich?
Deutschland	Ja	Nein	Ja
Österreich	Ja	Nein	Ja
Schweiz	Ja	Nein	Ja
Andere EU-Länder	Ja	Nein	Ja

REISEPASS: Allgemein erforderlich.
VISUM: Allgemein erforderlich, ausgenommen sind Staatsbürger von:
(a) EU-Ländern (einschl. Deutschlands und Österreichs) sowie der Schweiz für Aufenthalte von maximal 4 Monaten;
(b) Algerien, Antigua und Barbuda, Bahrain, Barbados, Belize, Bermuda, Bosnien-Herzegowina, Britische Überseegebiete, Brunei, Bulgarien, Chile, Côte d'Ivoire, Dominica, Fidschi, Gambia, Ghana, Guinea (Republik), Hongkong, Island, Japan, Jugoslawien (Serbien und Montenegro), Kanada, Katar, Kiribati, Korea-Süd, Kroatien, Kuwait, Libyen, Liechtenstein, Malaysia, Mali, Malta, Marokko, Mauretanien, Mauritius, Mazedonien (Ehem. jugosl. Republik), Monaco, Montserrat, Niger, Norwegen, Oman, Rumänien, St. Kitts und Nevis, St. Lucia, St. Vincent und den Grenadinen, den Salomonen, San Marino, Saudi-Arabien, Senegal, den Seychellen, Slowenien, der Türkei, Ungarn, den USA, der Vatikanstadt und den Vereinigten Arabischen Emiraten.
Auskünfte über die maximale Aufenthaltsdauer für Staatsbürger dieser Länder erteilt die Botschaft.
Visaarten: Touristen- und Transitvisa.
Visagebühren: Touristen- oder Transitvisum: 20 DM; 73 öS, 13 sfr.
Anmerkung: Passagiere mit gültigen Reisepapieren und bestätigtem Weiterflug innerhalb von 48 Std. (24 Std. für Staatsbürger der Volksrepublik China, Syriens und des Libanons), die den Flughafen nicht verlassen, benötigen kein Transitvisum.
Gültigkeitsdauer: Bis zu 4 Monaten.
Antragstellung: Konsulat bzw. Konsularabteilung der Botschaft (Adressen s. o.).
Unterlagen: (a) Gültiger Reisepaß. (b) Antragsformular. (c) 2 bzw. 3 Paßfotos.
Bearbeitungszeit: 4-6 Wochen.
Aufenthaltsgenehmigung: Antrag an das Innenministerium, Avenue Habib Bourguiba, Tunis, Tunesien.

GELD

Währung: 1 Dinar (TD) = 1000 Millimes. Banknoten gibt es in den Werten von 20, 10 und 5 TD. Münzen gibt es in den Werten von 1 TD sowie 500, 100, 50, 20, 10 und 5 Millimes.
Geldwechsel: Geldumtausch ist in allen 3- und 4-Sterne-Hotels und Banken möglich.
Kreditkarten: *Eurocard, American Express, Diners Club* und *Visa* werden fast überall akzeptiert. Einzelheiten vom Aussteller der betreffenden Kreditkarte.
Reiseschecks werden in allen Banken und Wechselstuben getauscht.
Eurochecks werden bis zu 200 TD pro Scheck angenommen.
Wechselkurse

	TD Sept. '92	TD Febr. '94	TD Jan. '95	TD Jan. '96
1 DM	0,57	0,61	0,64	0,66
1 US$	0,84	1,06	0,99	0,95

Devisenbestimmungen: Die Ein- und Ausfuhr der Landeswährung ist verboten. Fremdwährungen können in unbeschränkter Menge eingeführt werden, alle Beträge über 500 TD müssen deklariert werden. Die Ausfuhr ist auf die Höhe der deklarierten Summe beschränkt. Rücktausch der Landeswährung in Fremdwährung ist bis zu 30% der eingeführten Gesamtsumme oder 100 TD pro Person möglich, je nachdem, welche Summe höher ist. Umtauschquittungen und Kaufbelege sollte man bis zur Ausreise aufbewahren.
Anmerkung: Die tunesische Währung wird in Duty-free-Shops nicht angenommen.
Öffnungszeiten der Banken: Mo-Fr 07.30-11.00 Uhr (Sommer); Mo-Do 08.00-11.00 und 14.00-16.00 Uhr, Fr 08.00-11.30 und 13.00-15.15 Uhr (Winter).

DUTY FREE

Folgende Artikel können zollfrei nach Tunesien eingeführt werden:
400 Zigaretten oder 100 Zigarren oder 500 g Tabak;
1 l Spirituosen (über 25% Alkoholgehalt) oder 2 l alkoholische Getränke (Alkoholgehalt bis zu 25%);
250 ml Parfum;
1000 ml Eau de toilette;
Geschenke bis zum Wert von 100 TD.

GESETZLICHE FEIERTAGE

1. Mai '96 Tag der Arbeit; Aid el-Kebir. **21. Mai** Ras El Am Hejri (Islamisches Neujahr). **25. Juli** Tag der Republik. **4. Aug.** El Mouled (Geburtstag des Propheten). **13. Aug.** Tag der Frau. **15. Okt.** Bizerte-Tag. **7. Nov.** Nationalfeiertag. **1. Jan. '97** Neujahrstag. **8. Febr.** Aid el-Seghir (Ende des Ramadan). **20. März** Unabhängigkeitstag. **21. März** Tag der Jugend. **9. April** Märtyrertag. **19. April** Beginn des Aid el-Kebir. **1. Mai** Tag der Arbeit. **11. Mai** Ras El Am Hejri (Islamisches Neujahr).
Anmerkung: Die oben angegebenen Daten für islamische Feiertage sind nach dem Mondkalender berechnet und verschieben sich daher von Jahr zu Jahr. Während des Fastenmonats Ramadan, der dem Festtag Aid el-Seghir (Eid al-Fitr) vorangeht, essen Moslems nicht während des Tages, wodurch der normale Geschäftsablauf gestört werden kann. Diese Unterbrechungen können auch während des Aid el-Seghir auftreten. Dieses Fest, ebenso wie das Aid el-Kebir, kann je nach Region 2-10 Tage dauern. Weitere Informationen im Kapitel *Welt des Islam* (s. Inhaltsverzeichnis).

GESUNDHEIT

In der folgenden Tabelle aufgeführte Impfvorschriften können sich kurzfristig ändern. Es wird stets empfohlen, auf Ihrem CRS-System (TIMATIC-Info-Code-Fenster in diesem Kapitel) den aktuellen Stand der Gesundheitsbestimmungen abzurufen bzw. rechtzeitig vor der Reise ärztlichen Rat einzuholen.

	Vorsichtsmaßnahmen empfohlen	*Impfschein erforderlich*
Gelbfieber	Nein	1
Cholera	2	-
Typhus & Polio	3	-
Malaria	Nein	-
Essen & Trinken	4	-

[1]: Eine Impfbescheinigung wird von allen Reisenden verlangt, die aus Infektionsgebieten kommen und über ein Jahr alt sind.
[2]: Eine Impfbescheinigung gegen Cholera ist für die Einreise nach Tunesien nicht erforderlich, das Risiko einer Infektion besteht jedoch. Da die Wirksamkeit der Schutzimpfung umstritten ist, empfiehlt es sich, rechtzeitig vor Reiseantritt ärztlichen Rat einzuholen. Weitere Informationen im Kapitel *Gesundheit* (s. Inhaltsverzeichnis).
[3]: Typhus kommt vor, Poliomyelitisfälle wurden seit 1992 nicht mehr gemeldet.
[4]: Leitungswasser ist gechlort und normalerweise unbedenklich, kann allerdings u. U. in der Umgewöhnungszeit leichte Magenbeschwerden hervorrufen, weshalb für die ersten Urlaubstage abgefülltes Wasser empfohlen wird. Trinkwasser außerhalb größerer Städte ist nicht immer keimfrei und sollte abgekocht oder anderweitig sterilisiert werden. Milch ist pasteurisiert. Trocken- und Dosenmilch nur mit keimfreiem Wasser anrühren. Fleisch- und Fischgerichte nur gut durchgekocht und heiß serviert essen. Der Genuß von rohen Salaten und Mayonnaise sollte vermieden werden. Gemüse sollte gekocht und Obst geschält werden.
Tollwut kommt vor. Wer ein erhöhtes Risiko eingeht (z. B. längerer Aufenthalt in abgelegenen Gebieten), sollte vor Reiseantritt eine Schutzimpfung erwägen. Bei Bißwunden so schnell wie möglich ärztliche Hilfe in Anspruch nehmen. Weitere Informationen im Kapitel *Gesundheit* (s. Inhaltsverzeichnis).
Hepatitis A tritt auf.
Gesundheitsvorsorge: Der Abschluß einer Reisekrankenversicherung wird empfohlen. Tunesien hat eine gute öffentliche Krankenversorgung, 70% der Bevölkerung erhalten kostenlose Behandlung. Ein Arzt steht ca. 7000 Einwohnern zur Verfügung.

REISEVERKEHR - International

FLUGZEUG: Die nationale Fluggesellschaft heißt *Tunis Air (TU)*. Es gibt Direktflüge von allen größeren europäischen Städten, u. a. *Frankfurt* – Tunis, Monastir; *Berlin, Hamburg, Düsseldorf, München* – Tunis; *Wien* – Tunis; *Zürich, Genf* – Tunis.
Durchschnittliche Flugzeiten: *Frankfurt* – Tunis: 2 Std. 40; *Wien* – Tunis: 2 Std. 15; *Zürich* – Tunis: 2 Std. 10; *Genf* – Tunis: 1 Std. 55; *Frankfurt* – Monastir: 2 Std; *Frankfurt* – Djerba: 3 Std. 45; *Wien* – Djerba: 3 Std. 55 (eine Zwischenlandung).
Internationale Flughäfen: *Tunis (TUN)* (Carthage International) liegt 8 km nördlich von Tunis (Fahrzeit 10 Min.). Am Flughafen gibt es Banken, eine Post, Duty-free-Shops, Tourist-Information, Mietwagenschalter, Bars und Restaurants. Ein Zubringerbus zur Stadt verkehrt alle 15 Min. Linienbusse fahren alle 30 Min. Die Fahrt zum Flughafen beginnt am Hotel *Africa Meridien*. Taxis berechnen einen Nachtzuschlag.
Djerba (DJE) (Melita) liegt 8 km von der Stadt entfernt.
Monastir (MIR) (Skanes) liegt 8 km außerhalb der Stadt.
Sfax (SFA) liegt 15 km von der Stadt entfernt.
Tozeur (TOE) (Nefta) liegt 10 km von der Stadt entfernt.
Ein neuer Flughafen wurde kürzlich in *Tabarka (TBJ)* eröffnet.
Alle Flughäfen haben Bars, Restaurants und Duty-free-Shops. Taxis stehen an allen Flughäfen zur Verfügung.
Anmerkung: Die Landeswährung wird in Duty-free-Shops nicht angenommen.
Flughafengebühren: 45 TD nur für Tunesier. Kinder unter 2 Jahren sind hiervon befreit.
SCHIFF: Es gibt regelmäßige Fährverbindungen von Frankreich und Italien nach Tunesien. Alle Fährgesellschaften haben Vertretungen in europäischen Städten. Einzelheiten teilt das Fremdenverkehrsamt mit. Nachstehend die Hauptfährverbindungen mit der jeweiligen Dauer der Überfahrt:
Marseilles – Tunis: 21-24 Std.
Genua – Tunis: 21-24 Std.
Neapel – Tunis: 21-24 Std.
Palermo (Sizilien) – Tunis: 10 Std.
Trapani (Sizilien) – Kelibia: 3 Std. (Luftkissenboot von Mai bis September).
BAHN: Es gibt eine tägliche Verbindung zwischen Tunis und Algier (aufgrund der politischen Situation in Algerien u. U. nicht in Betrieb; es wird empfohlen, sich vor der Abreise zu erkundigen).
BUS/PKW: Es gibt mehrere Grenzübergangsstellen von Algerien; von Annaba nach Tabarka an der Küste entlang, von Souk Ahras nach Ghardimaou (Ghar ad-Dima) und von El Qued nach Gafsa. Von Libyen fährt man an der Küste entlang nach Gabès über Ben Gardane und Ras Ajdir.

REISEVERKEHR - National

FLUGZEUG: Das Inlandflugnetz wird von *Tuninter* betrieben, die im Ausland von *Tunis Air* vertreten werden. Tägliche Linienflüge verkehren zwischen Tunis und Djerba (sechsmal täglich, Flugzeit 1 Std. 05). Es gibt täglich Flüge (zweimal täglich mittwochs und donnerstags) zwischen Tunis und Sfax und einen Flug pro Woche zwischen Tunis und Monastir. Tozeur (Sahara) wird zweimal montags und einmal täglich donnerstags, freitags, samstags und sonntags von Tunis aus angeflogen. Flüge zwischen Tunis und dem neu eröffneten Flughafen in Tabarka sind geplant. Die Preise sind recht günstig und die Flüge oft ausgebucht, rechtzeitige Vorausbuchung wird empfohlen. Weitere Informationen von *Tunis Avia*, 19 Avenue Habib Burguiba, Tunis. Tel: (01) 25 42 39, 51 80 17.
SCHIFF: Fähren verbinden Sfax und die Kerkennah-Inseln zweimal täglich, Djorf und die Insel Djerba regelmäßig tagsüber.
BAHN: Züge der *SNCFT* verbinden Tunis, Hammamet, Nabeul, Sousse, Sfax, Sbeitla, Kasserine, Mateur, Bizerte, Tabarka, Beja, Ghardimaou und Gabès. Fahrkarten sollten vor Reiseantritt gekauft werden, andernfalls muß man den doppelten Fahrpreis zahlen. Mehrere Züge verkehren täglich auf allen Strecken, einige haben Klimaanlagen oder Speisewagen. Es empfiehlt sich, im voraus zu buchen, besonders für klimatisierte Züge.
Ermäßigungen: Rundreisefahrkarten sind verbilligt, Kinder (4-9 Jahre) zahlen drei Viertel des Preises, und Kinder unter 4 Jahren fahren umsonst.
BUS/PKW: Tunesien hat ein gut ausgebautes Straßennetz. Bei Pannen hilft kostenlos die *Garde Nationale* (Nationalgarde) – normalerweise wird die nächste Werkstatt benachrichtigt. **Fernbus:** Die *Société Nationale des Transports* und andere Buslinien verbinden die Städte und sind preiswert und verhältnismäßig bequem. Passagiere dürfen 10 kg Gepäck ohne Aufpreis mitführen; jedes Gepäckstück muß registriert werden. Die größte (jedoch nicht unüberwindbare) Schwierigkeit besteht darin, herauszufinden, welcher Bus wann wohin fährt.
Langstreckentaxis (großer Mercedes oder ähnliches Fahrzeug) werden *Louages* genannt und dürfen bis zu 5 Fahrgäste transportieren. Wenn das Taxi voll besetzt ist, fahren sie zu jedem gewünschten Reiseziel in Tunesien. Es gibt viele Louage-Haltestellen; sie sind das schnellste öffentliche Verkehrsmittel, und die Preise sind den Bus- und Bahnpreisen ähnlich. **Mietwagen** können in Tunesien sehr teuer sein. Der Fahrer muß mindestens 21 Jahre und der Führerschein mindestens 12 Monate alt sein.
Höchstgeschwindigkeit: 50 km/h in Städten, 100 km/h auf Schnellstraßen. **Unterlagen:** Zulassung, gültiger Führerschein und Grüne Versicherungskarte werden verlangt. Eine Versicherung für 21 Tage kann man an der Grenze abschließen.
Anmerkung: Aus Sicherheitsgründen ist es verboten, in die Sahara zu fahren, ohne dem Posten der Nationalgarde der nächstgelegenen Stadt die genaue Fahrtroute, geplante Dauer und das Endziel mitzuteilen. Volle Verpflegung, genügend Wasser, ein entsprechend ausgerüstetes, absolut fahrtüchtiges Fahrzeug und ein erfahrener Führer sind unbedingt notwendig.
STADTVERKEHR: Öffentliche Verkehrsbetriebe *(SNT)* versorgen alle Städte, die Verkehrsmittel sind zahlreich, aber überfüllt. Es gibt auch Nahverkehrszüge von Tunis zu den Außenbezirken Goulette und La Marsa. **Taxi:** Innerhalb von Tunis und anderen Städten gibt es nur wenige Stadttaxis, alle haben Taxameter. Man sollte nur den angezeigten Fahrpreis bezahlen (plus Trinkgeld). Der Nachtzuschlag beträgt 50%.
FAHRZEITEN von Tunis zu den folgenden größeren tunesischen Städten (ungefähre Angaben in Std. und Min.):

	Flugzeug	Bahn	Bus/Pkw
Hammamet	-	1.00	0.45
Nabeul	-	1.00	0.45
Sousse	-	2.30	2.00
Port el Kantaoui	-	2.30	2.00
Monastir	0.35	3.00	3.00
Sfax	0.50	4.00	4.00
Gabès	-	6.00	5.00
Djerba	0.60	-	7.00
Tozeur	1.10	-	6.00

Anmerkung: Reisenden nach Port el Kantaoui wird empfohlen, mit der Bahn nach Sousse zu fahren und die restlichen 7 km per Taxi zurückzulegen. Um nach Monastir zu gelangen, sollte man ebenfalls nach Sousse fahren und in die *Metro Leger* umsteigen. Nach Djerba fährt man am besten mit der Bahn nach Gabès und benutzt dann den Zubringerbus.

UNTERKUNFT

HOTELS: Tunesien hat ca. 150.000 Hotelbetten. Außerdem gibt es überall Feriendörfer. Ein umfassendes Verzeichnis ist vom Fremdenverkehrsamt erhältlich.
Kategorien: Die Hotels sind in fünf Kategorien eingeteilt, das Spektrum reicht von Deluxe (5 Sterne) bis einfach, aber sauber (1 Stern).
Marhalas sind umgebaute Karawansereien und bestehen oft aus miteinander verbundenen unterirdischen Häusern. Sie haben ihre eigenen einfachen, aber sauberen Restaurants. Es gibt Marhalas in Houmt Souk, Nefta und Kairouan. In Matmata sind zwei originalgetreue Höhlenwohnungen als Touristenhotels erbaut worden, außerdem sind einige der früher als Kornspeicher genutzten *Ksars* zu Touristenunterkünften umgewandelt worden.
CAMPING: Mit der Erlaubnis des Eigentümers, der Polizei oder der Nationalgarde kann man am Strand oder in den Parks zelten. Die größten Campingplätze sind *Le Moulin Bleu* in Hammam-Plage (20 km von Tunis entfernt); *L'Auberge des Jasmins* in Nabeul (65 km von Tunis), mit Duschen, Waschbecken, Toiletten, heißem und kaltem Wasser, Geschäft, Restaurant, Freilichtbühnen und einem großen Orangenhain; *L'Ideal Camping* in Hammamet (60 km von Tunis entfernt) mit Restaurant; *Sonia Camping & Caravan* in Zarzis (505 km von Tunis) und das Jugendzentrum von Gabès (404 km von Tunis entfernt und nur im Sommer geöffnet).
JUGENDHERBERGEN stehen allen Mitgliedern des JHW zur Verfügung. Vorausbuchung wird empfohlen, besonders für Reisegruppen. Näheres vom Fremdenverkehrsamt.

URLAUBSORTE & AUSFLÜGE

Zur besseren Übersicht ist Tunesien hier in sechs Regionen und eine gesonderte Rubrik über *Historische Stätten* unterteilt.

Tunis und Umgebung

Tunis ist eine moderne, internationale Hauptstadt mit eleganten Hotels, Geschäften, Unterhaltungsmöglichkeiten aller Art und blumengeschmückten Alleen. In der Mitte liegt die **Medina** (die Altstadt), eine der am besten erhaltenen mittelalterlichen Städte der islamischen Welt. Der Haupteingang an der *Porte de France* und der britischen Botschaft führt direkt zur *Rue Djamaa Ez-Zitouna*, der Hauptstraße der *Souks* (Märkte). Weitere Souks, die sich mitunter auf ganz bestimmte Produkte spezialisiert haben, zweigen von der Hauptstraße ab. *Djamaa Ez-Zitouna*, die große Moschee, ist eine gute Orientierungshilfe. Das **Bardo-Museum** ist im ehemaligen Palast des Bey untergebracht und beherbergt viele karthagische, römische, byzantinische und arabische Schätze. Das **Nationalmuseum** hat prähistorische, punische, römische und byzantinische Ausstellungsstücke und steht auf den Ruinen des *Antonius-Bades*, das man ebenfalls besichtigen kann.
Im kühlen, bewaldeten **Belvédère-Park** oberhalb der Stadt gibt es einen hübschen moslemischen Pavillon und einen Zoo. Im Vorort **La Soukra** findet man einen Golfplatz und Reitställe.
URLAUBSORTE: Im Nordosten von Tunis liegt der Hafen und Badeort **La Goulette**; dort kann man an heißen Sommernächten vor den Restaurants und Cafés sitzen und Fischspezialitäten und andere tunesische Gerichte an der frischen Luft genießen. Weiter an der Küste entlang gibt es die Ruinen von **Karthago** zu besichtigen, einer Stadt, die einst ebenso berühmt war wie Rom (s. *Historische Stätten*); **Sidi-Bou Said, La Marsa** und **Gammarth** sind ebenfalls sehenswert. Alle Städte können von Tunis aus mit der Bahn erreicht werden. *Sidi-Bou Said* ist eine mit Bougainvillea, Nelken und Geranien bewachsene Landspitze mit vielen, im andalusischen Stil erbauten Villen mit leuchtendblauen Türen und Fensterläden. Die Stadt ist für die Herstellung bildschöner, filigranartiger Vogelkäfige bekannt. Sehenswert sind auch die maurischen Cafés. *La Marsa, Gammarth* und *Raouad* liegen in einer grünen Landschaft mit herrlichen Sandstränden und bieten ausgezeichnete Hotels, internationale Restaurants und ein interessantes Nachtleben.
In den südlichen Randgebieten liegt **Hammam-Lif**, ein kleines Urlaubsdorf am Strand, das vom **Djebel Bou Kornine** (einem Berg mit zwei Gipfeln) überragt wird.

Der Norden

Dieser als »Grünes Tunesien« bekannte Landesteil ist eine wunderschöne Gegend mit Hügeln, Bergen und fruchtbaren Ebenen. Es gibt große Temperaturschwankungen, und gelegentlich liegt Schnee auf den Gipfeln des Khumir. Das Wetter ist auch im Sommer etwas kühler als im Süden. Die Hotels an der Küste sind erstklassig. **Bizerte** war früher die römische Stadt Hippo Dyarrytus. Der alte Fischereihafen, die *Kasbah* (arabisches Altstadtviertel) und das andalusische Viertel sind erhalten geblieben. Breite Alleen und palmenbewachsene Promenaden ziehen sich durch die Stadt, moderne Hotels mit schönen Gärten und die prächtige Kongreßhalle liegen an der Corniche oberhalb der Dünen.
Die Landschaft um **Cap Bizerte**, **Cap Blanc**, den **Bizerte-See** und den **Ichkeul-See** lädt zu Spazierfahrten ein. Der Ichkeul-See ist das Habitat vieler Arten von Federwild und der bewaldete **Djebel Ichkeul** die Heimat von Büffeln, die ein königliches Geschenk an den Bey von Tunis waren.
Utica, 32 km von Bizerte und Tunis entfernt, ist eine alte phönizische Siedlung (s. *Historische Stätten*). **Raf Raf** in der Nähe ist ein bezauberndes Dorf auf einer Hügelkuppe.
Nach **Tabarka**, einer malerischen Hafen- und Urlaubsstadt ca. 140 km westlich von Bizerte, gelangt man über eine kurvenreiche Straße, die durch **Teskraia** und **Djebel Aboid** führt. Die friedliche Stadt Tabarka hat eine gewaltige genuesische Festung, die Einwohner betreiben Fischfang (Seehecht und Meerbarbe) und tauchen nach Korallen. Die Korallenbänke laden zum Erforschen mit der Taucherbrille ein. Ein großer 10.000-Betten-Komplex wird gerade gebaut, ebenso ein Jachthafen. Ein neuer internationaler Flughafen ist vor kurzem in Betrieb genommen worden.
Die bewaldeten und mit Blumen bedeckten Ausläufer des Khumir hinter der Korallenküste erinnern an die stilleren Fleckchen der Provence, obwohl die Wälder aus Korkeichen und nicht aus Olivenbäumen bestehen. In der Nähe des Hügeldorfs und Seebads **Ain Draham** kann man das ganze Jahr über Rotwild, Luchse und Schakale beobachten. Weiter südlich, an **Bulla Regia** (s. *Historische Stätten)* vorbei, stößt man auf das hochgelegene **El Kef** mit herrlichen Thermalquellen. Die Geschichte dieser Region geht bis in die Zeit der Römer und Punier zurück.

Cap Bon

Hammamet, 65 km von Tunis entfernt, liegt an der Südspitze von Cap Bon und ist Tunesiens beliebtester und am besten erschlossener Urlaubsort. Kein Hotel darf höher als die Bäume der Umgebung gebaut werden. Die Hotels sind in den unterschiedlichsten maurischen Baustilen errichtet worden und erinnern mit ihren weißen Kuppeln an die nahegelegene Altstadt. Die vom Meer umgebene *Medina* (Altstadt) hat eine Stadtmauer und wird von einer goldbraunen *Kasbah* bewacht, von deren Türmen aus man einen herrlichen Blick hat auf die engen Straßen mit Werkstätten, Souvenirläden und Boutiquen mit Lederwaren, Strickwaren, Naturschwämmen und Stickereien. Das türkische Bad (*Hammam*) ebenso wie die Kasbah und die Moschee stammen aus dem 15. Jahrhundert. Auch ausländische Besucher dürfen das Bad benutzen.
Ein breiter Sandstrand führt von der Medina aus zum Erholungsgebiet. Direkt dahinter liegen die Läden, Restaurants, Nachtklubs, Bars und Cafés. Das Unterhaltungsangebot der Ferienhotels umfaßt u. a. Diskotheken und Folkloreabende. Am Strand kann man auf Pferden und Kamelen reiten.
Das **Internationale Kulturzentrum** hat eine der schönsten Gartenanlagen Tunesiens. Ursprünglich gehörte die Villa Georges Sebastian, dem Freund und Gastgeber vieler französischer Künstler und Schriftsteller. Heute ist sie ein Schauplatz für Konzerte unter freiem Himmel, für Bühnenstücke von internationalem Rang und Folklore-Darbietungen.
Nabeul ist eine recht moderne Stadt ca. 10 km östlich von Hammamet. Sie steht auf Ruinen aus punischer und römischer Zeit und hat ihre jahrhundertealte Tradition der Herstellung von Tontöpfen und feiner Keramik, Parfüm aus Orangen- und Jasminblüten, Spitze und Lederwaren beibehalten. Jeden Freitag ist Markttag. Die Hotels und Ferienhäuser, die im traditionellen Stil gebaut sind, liegen nahe am wunderschönen Strand und den Geschäften und Freizeitanlagen. Sie sind von Obstgärten und Feldern mit Kaktusfeigen und Kakteen umgeben. Weitere Informationen unter *Unterkunft*.
Cap Bon hat ein ganzjährig mildes Seeklima, eine leicht erreichbare Küste und ist landschaftlich sehr abwechslungsreich; diese Kombination machte die Region schon für punische und römische Adlige zu einem beliebten Feriengebiet. Cap Bon ist die Landzunge zwischen dem Golf von Tunis und dem Golf von Hammamet und ein großes Weinanbaugebiet, in dem auch Feigen, Oliven, Orangen, Zitronen und Getreide angebaut werden. Der ehemalige Palast des Bey von Tunis in **Korbous** ist in ein Kurzentrum umgewandelt worden, in dem Arthritis und Hautkrankheiten mit therapeutisch wirksamen Mineralwassern behandelt werden. Vom nahegelegenen Fischerstädtchen **Sidi Daoud** aus kann man die Inselchen **Zembra** und **Zembretta** erreichen.
El Haouraria liegt in der Waldregion am Rande des Kaps. Alljährlich überfliegen zahlreiche Zugvögel das Dorf, und jeden Frühling findet hier ein Fest der Falkner statt. Ganz in der Nähe ragen die Klippen bis zu 400 m hoch auf. **Kerkouane** hat eine große archäologische Ausgrabungsstätte aus der punischen Zeit. **Kelibia** ist ein Fischerstädtchen mit romantischer Burgruine. Einige der Einwohner haben blaue Augen und rotes Haar, sie werden »Lengleez« genannt und sollen von britischen Seeleuten abstammen, die vor langer Zeit hier Schiffbruch erlitten haben.
Landeinwärts von Cap Bon liegen **Zaghouan** und **Thuburba Majus** (s. *Historische Stätten)*.

Die Ostküste

Dieses Küstengebiet bietet eine Landschaft der Hügel und Ebenen voller Gärten und Haine mit Oliven-, Granatapfel- und Mandelbäumen. Die Hügel enden in weißen Sandstränden, Felsenklippen und Unterwasserfelsen. Der Norden der Ostküste ist heute eine der am dichtesten besiedelten Regionen Tunesiens. In den von der Sonne ausgedörrten Dörfern in der steinigen Landschaft werden Oliven und Obst angebaut. In kleinen Museen sind Sammlungen mit jahrhundertealtem Goldschmuck zu sehen. Viele Handwerker in den Städten üben auch heute noch die Goldschmiedekunst aus. Diese Gegend ist auch für traditionelle Webstoffe bekannt. Besonders bemerkenswert sind die Baumwollstoffe von Ksar Hellal und die Wollstickereien von Mahdia und El Djem (s. *Historische Stätten*). Mitunter gibt es in den kleinsten Dörfern das ungewöhnlichste Handwerk; in **Hergla** z. B. werden Filter aus Alfalfa hergestellt, die im ganzen Land für die Olivenpressen benutzt werden. Viele der Städte und Dörfer stehen auf Ruinen römischer und punischer Siedlungen. Die Museen von Sousse und El Djem beherbergen Sammlungen mit ungewöhnlichen Mosaiken, die den außergewöhnlichen Reichtum dieser Gegend während der römischen Herrschaft zeigen. Dieser Reichtum war einer der Gründe, der die Araber bewog, die größten Städte hier zu errichten – **Kairouan**, ein wichtiger religiöser Mittelpunkt, und **Mahdia**, heute ein beliebter Urlaubsort.
Sousse, Tunesiens drittgrößte Stadt, ist eine bedeutende Hafenstadt und liegt in einer günstigen Position an der Ostküste. Die Sandstrände reichen bis zum 7 km entfernten **Port el Kantaoui** im Norden und sind ideal für Pferde- und Kamelritte. Die meisten Hotels liegen außerhalb dieser modernen Stadt, deren Cafés, Bars, Diskotheken und ausgezeichnete Restaurants Alternativen zu den von den Hotels angebotenen Unterhaltungen und Folkloreabenden bieten. Imposante uralte Wehrgänge umgeben die Altstadt. Das *Ribat* aus dem 8. Jahrhundert gehört zu einer Kette von befestigten Klöstern, die gebaut wurden, um Nordafrika gegen Angriffe der Christen zu verteidigen. Die Männer und Frauen, die in diesen spartanischen Quartieren lebten, gelobten, für die Verteidigung des moslemischen Glaubens zu sterben. Von den Wachtürmen aus hat man einen guten Blick über die *Medina* und die Gartenterrasse des Museums – dessen faszinierende »Zeichentrick«-Mosaiken man gesehen haben muß, vor allem, wenn man noch nicht im Bardo-Museum in Tunis war.
Port el Kantaoui ist ein Gartenstädtchen mit Jachthafen und einem Meisterschafts-Golfplatz. Viele Hotels haben große Rasenflächen, die zu den feinsandigen Stränden herabführen. Es gibt ausgezeichnete Möglichkeiten zum Hochseefischen.
Monastir, 24 km weiter südlich, ist ein kleiner Urlaubsort und bekannt für seine Moschee aus dem 10. Jahrhundert. Monastir ist eine Mischung aus sehr alt und modern. Das 20. Jahrhundert hat der Stadt einen Flughafen und den Jachthafen beschert, der zwischen kleinen Sandbuchten liegt. Während der Hochsaison gibt es zahlreiche Feste und Pferderennen. Außerdem kann man auch ein Museum für Islamische Kunst besuchen. In der Nähe wird ein zweiter Golfplatz angelegt.
21 km weiter südlich liegt der Marktort **Moknine**. Ein Teil der Bevölkerung ist jüdisch, und ihr traditioneller Schmuck gehört zu den faszinierendsten Ausstellungsstücken im kleinen Volksmuseum.
Mahdia liegt 25 km weiter südlich an der Küste, ist ein Fischerstädtchen und Urlaubsort und nimmt einen wichtigen Platz in der arabisch-moslemischen Geschichte ein. Der allgegenwärtige Obaid Allah, bekannt als der Mahdi, baute Mahdia im 10. Jahrhundert zur Hochburg und Hauptstadt der Fatimiten-Dynastie auf.

Die Inseln Djerba und Kerkennah

Die Insel Djerba hat eine Größe von 514 qkm und ist über einen 6 km langen Damm mit dem Festland verbunden. Eine Fähre verkehrt regelmäßig, und es gibt einen Flughafen. **Houmt Souk** ist die Marktstadt für die umliegenden Bauernhöfe und Dörfer. Es gibt ca. 40 Hotels an den Stränden. Die Einwohner von zwei Dörfern stammen von jüdischen Flüchtlingen ab, die Jerusalem nach der römischen Besetzung 70 n. Chr. verließen. Der jüdische Einfluß ist besonders bei den Schmuckstücken zu spüren, die hier verkauft werden. Mehrere Dörfer auf Djerba spezialisieren sich auf ein bestimmtes Produkt – in **Guellala** wird z. B. Keramik hergestellt, und in **Adjim** taucht man nach Naturschwämmen.
Kerkennahs zwei bewohnte Inseln, **Gharbi** und **Chergui**, sind mit der Autofähre vom schönen **Sfax** aus erreichbar. Ein Feriendorf und eine Handvoll Hotels und Bars deuten an, daß der Tourismus auch hier angekommen ist. Die einzige vorhandene Industrie ist die Fischerei. Kerkennah ist bekannt für seine traditionellen und farbenfrohen Hochzeiten, bei denen Besucher gern zuschauen dürfen.

Zentraltunesien

Die Oasen und *Chotts* (riesige getrocknete Salzseen) lassen eine eigenartige und unheimliche Atmosphäre entstehen. Die Chotts sind im Sommer weiß überkrustet (zu dieser Jahreszeit sind die Straßen am besten befahrbar) und erwecken den Eindruck unendlicher Weite. Ein Dunstschleier am Boden schimmert in der Sonne, und eine weit entfernte Kamelkarawane scheint durch die Luft zu schweben. Trugbilder in Form von Palmen kann man manchmal am Nachmittag sehen, wie in der Sahara. In den Oasen, die früheren Reisenden wohl wie Visionen des Paradieses erschienen, wachsen zahllose Dattelpalmen. Granatäpfel, Bananen und andere Früchte werden an den Ufern der klaren Bäche angebaut. Palmensaft wird zu einem *Lagmi* genannten Wein verarbeitet, über dessen Stärke die unglaublichsten Behauptungen aufgestellt werden.
Das leicht erreichbare **Gabès** ist eine im Süden gelegene Oase am Meer; man kann mit einer Pferde-*Calèche* durch die Straßen der Oase fahren. Gabès hat auch einen Hafen und ist ein idealer Ausgangspunkt für Ausflüge durch die *Chotts* zu den landeinwärts gelegenen Oasen **Gafsa**, **Tozeur**, **Nefta** und **Douz** oder weiter südlich zur Sahara und den **Matmata-Bergen** (s. *Der Süden*). Gafsa, etwa 160 km landeinwärts, ist eine Stadt mit rosaroten Mauern; eine warme Thermalquelle (30°C) verteilt sich über drei römische Zisternen. Der Zoo mit vielen heimischen Tieren und Vögeln liegt am Stadtrand.
Tozeur ist vielleicht die üppigste Oase des ganzen Landes. 200 Quellen bewässern Tausende der besten Dattelpalmen – jeder der hohen Bäume soll täglich 100 Kubikmeter Wasser benötigen. Man kann auf einem Esel oder auf einem Kamel durch die Oase reiten, und der »Paradiesgarten« mit Unmengen exotischer Blumen und Früchte ist unbedingt einen Besuch wert. Die Gebäude wurden aus ungebrannten Ziegeln in einem geometrischen Muster gebaut, das an Berberteppiche erinnert. Tozeur hat einen internationalen Flughafen und wird oft, wie auch Nefta, mit einem Küstenort kombiniert als Pauschalreiseziel angeboten.
Die Oase von **Nefta** sieht wie eine Schüssel aus und wird von den Einheimischen »Korb« oder »Füllhorn« genannt. Die Stadt besteht aus sandfarbenen Häusern und liegt auf einem Hügel oberhalb der Oase. Trotz eines luxuriösen 4-Sterne-Hotels fühlt man sich wie in einer abgelegenen Grenzstadt. Nördlich von Tozeur und Nefta liegen die von Lehmwällen umgebenen Dörfer **Chebika**, **Tamerza** und **Mides**.
Im Südosten, hinter Kebili, liegt **Douz** an der *Grand Erg Oriental*, dem großen Sandsee der östlichen Sahara. Donnerstags wird der Kamelmarkt abgehalten, der, ebenso wie die *Marhoul*-Zeremonie, äußerst schöne Fotos liefert – dieses Sahara-Fest findet jedes Jahr im Januar in der Nähe von Douz statt; man feiert den Beginn des saisonbedingten Abwanderns der Nomaden in die Wüste mit Ritualen wie Kamelringen und Dichterturnieren, Folkloretänzen und musikalischen Darbietungen.
Mitunter sieht man eine »Wüstenrose«: kristallisierte Mineralien werden durch starke Sonnenbestrahlung zu blumenähnlichen Formen »gebacken«.
Anmerkung: Jeder Ausflug in die Wüste muß sehr sorgfältig geplant werden; ein entsprechendes Fahrzeug, ausreichende Verpflegung, genug Wasser und ein erfahrener Führer sind absolut lebensnotwendig (s. *Reiseverkehr – National*). Übernachtungsmöglichkeiten und Restaurants findet man überall in Südtunesien. Gepflasterte Straßen und Sandwege ermöglichen die Fahrten zu Sehenswürdigkeiten und über die verkrusteten *Chotts*.

Der Süden

Ein Untergrundhotel in einer Mondlandschaft, Höhlensiedlungen tief im Berg und wie gigantische Honigwaben anmutende Häuser in uralten steinernen Getreidesilos sind nur einige der faszinierenden Sehenswürdigkeiten, die man südlich von Gabès, Djerba oder Zarzis besuchen kann.
Matmata (hier wurde »Krieg der Sterne« gedreht) und andere Berberdörfer bestehen zum großen Teil aus in den Erdboden gegrabenen Vertiefungen: ein guter Schutz gegen extreme Sommerhitze und rauhe Winterwinde. Die Häuser haben zwei Stockwerke, die oberen Zimmer werden als Lagerräume benutzt. Teilweise hat man diese Untergrundhäuser miteinander verbunden, um Hotels und Restaurants zu schaffen. Moderner Komfort ist meist vorhanden, die Einrichtung ist jedoch traditionell. Es gibt sogar unterirdische Ölfabriken, in denen Kamele benutzt werden, um die Olivenpressen zu betreiben. Kuppeln, die über den Erdboden reichen, sind Zeichen für *Marabouts*, Schreine heiliger Männer.
Die Landschaft Matmatas besteht aus stark verwitterten kegelförmigen Hügelchen, die von engen Schluchten durchzogen werden, in denen hier und da Oliven- und Feigenbäume wachsen. Auf den flachen Stellen grasen Ziegen zwischen Gärten und kleinen Olivenhainen.
Die Straße südöstlich von Gabès führt durch **Mareth** nach **Medenine**. Diese Marktstadt hat ein *Ksar*, eine

befestigte Zitadelle, die von alten Getreidespeichern (*Ghorfas*) umgeben ist; einige der Silos sind 2-3 Stockwerke hoch und z. T. bewohnt. Andere Ghorfas wurden zu Gasthäusern umgebaut oder sind kleine Läden, in denen man Silberschmuck der Beduinen kaufen kann. Auf einer Rundfahrt von Medenine nach Foum Tataouine kann man weitere Ksars besichtigen, einschließlich **Ksar Djouama** (14. Jh.), **Beni Kheddache** auf einer Bergspitze, **Haddada** mit einem kleinen Hotel und **Ghoumrassen** in einem Tal. Alle haben Höhlenwohnungen. Die Straße sollte mit einem Jeep befahren werden.

Die schönsten Berg-Ksars sind **Ouled Soltane**, südlich von Tataouine und **Chenini** im Westen. Die Straße nach Chenini wird sicher jedem in Erinnerung bleiben – sie führt im Zickzack durch eine zimtfarbene Berglandschaft.

Die Ausläufer der Sahara liegen südlich von **Tataouine**, **Remada** und **Borj Bourguiba**. Einige örtliche Reiseunternehmen veranstalten Fahrten mit dem Landrover. Individualreisende sollten strengste Vorsorgemaßnahmen treffen, man kann in der Wüste sehr leicht die Orientierung verlieren. Es ist absolut lebensnotwendig, den Posten der Nationalgarde in Medenine oder der nächstliegenden Stadt zu benachrichtigen. Reiseroute, Zeitdauer und Ziel der Fahrt müssen dem diensthabenden Offizier mitgeteilt werden; ein entsprechendes Fahrzeug muß mit ausreichend Wasser, Lebensmitteln, Reparatur- und Erste-Hilfe-Ausrüstung und Zelt ausgestattet sein, es sollte nur ein erfahrener Führer mitgenommen werden, und es ist angebracht, genaue Wettervorhersagen einzuholen, besonders für längere Fahrten. Am besten macht man sich zusammen mit anderen Fahrzeugen auf den Weg und hinterläßt an jedem Gardeposten die Reiseroute und andere Einzelheiten.

Zarzis in der Nähe von Djerba ist ein Urlaubsort mit einer Oase an der Küste, die aus rund 500.000 Palmen und 100.000 Olivenbäumen besteht.

Historische Stätten

Tunesien verfügt über eine große Zahl teilweise recht gut erhaltener Überreste punischer, römischer, byzantinischer und islamischer Siedlungen.

Die bekannteste historische Stätte ist **Karthago** in der Nähe von Tunis, Stadt der legendären Königin Dido, die mit Rom um die Vorherrschaft im Mittelmeerraum rang. Die Römer waren aufgebracht über die Demütigungen, die sie durch Hannibal und die Karthager erlitten hatten, und so wurde Karthago nach der Eroberung 146 v. Chr. völlig zerstört und symbolisch mit Salz unfruchtbar gemacht. Später bauten die Römer Karthago wieder auf und machten es zur Provinzhauptstadt Nordafrikas. Ende des 5. Jahrhunderts litt die Region unter den Vandalen, die auch »wie die Vandalen hausten« und den römischen Statuen die Nasen abschlugen. 698 n. Chr. wurde Karthago erneut dem Erdboden gleichgemacht – diesmal von arabischen Eindringlingen.

Wahrzeichen der kleinen weißgetünchten Stadt **El Djem** (40 km landeinwärts von Mahdia) ist das gut erhaltene Kolosseum. Die ockerfarbenen Außenwände sind 35 m hoch, einst gab es hier 30.000 Sitzplätze.

Kairouan (50 km landeinwärts von Sousse) ist nach Mekka, Medina und Jerusalem die viertwichtigste Stadt des Islam. Sie wurde 670 n. Chr. von einem Anhänger des Propheten Mohammed gegründet, der viele wundersame Erscheinungen hatte und steht an der Stelle, an der eine Quelle entsprang. Es heißt, daß sieben Besuche in Kairouan einer Fahrt nach Mekka entsprechen. Der Vorhof der Großen Moschee (die auch von »Ungläubigen« besucht werden darf) soll an heiligen Tagen bis zu 200.000 Pilger aufnehmen können. Es gibt viele andere Moscheen und Schreine, aber die Große Moschee ist die heiligste Stätte. Der Gebetsraum wird von einem mehrfarbigen »Säulenwald« aus römischer, byzantinischer und arabischer Zeit getragen. Die 5 m hohe, kunstvoll geschnitzte Holzkanzel stammt aus dem 9. Jahrhundert, wie auch das Minarett mit 128 Stufen.

Utica ist von Tunis oder Bizerte aus erreichbar und war bereits um 1100 v. Chr. eine phönizische Kolonie. Damit ist sie älter als Karthago, ihre Rivalin späterer Jahrhunderte. Durch ein großes Rundbogentor kann man den Marmorfußboden eines Palastes und den Rosmaringarten bewundern. Mosaike mit Fischmotiven schmücken das Becken eines früheren Springbrunnens. In den Ruinen anderer Häuser der byzantinischen, römischen und punischen Epochen gibt es ebenfalls dekorierte Fußböden zu besichtigen.

Dougga liegt 100 km südwestlich von Tunis. Das 168 n. Chr. von den Römern erbaute Theater hat 3500 Plätze und wird heute noch für Aufführungen klassischer griechischer Dramen und der *Comédie Française* benutzt. Amüsant ist das traute Nebeneinander von 12 Toilettensitzen im Bad der Zyklopen – dafür soll das Kapitol das großartigste in Nordafrika sein.

Bulla Regia, südlich von Tabarka, hat mindestens 23 interessante Sehenswürdigkeiten aus römischer, frühchristlicher und byzantinischer Zeit. Viele der besten Mosaiken sind ins Bardo-Museum nach Tunis gebracht worden, aber der »Jagdpalast« besitzt Mosaiken mit wilden Tieren und Jagdszenen sowie erkennbare Spuren des Speisezimmers, der Küche und des Schlafzimmers.

Sbeitla, 160 km landeinwärts von Sousse und Sfax, ist eine der größten archäologischen Stätten des Landes. Es gibt unzählige Ruinen römischer Tempel und Bäder, frühchristlicher Kirchen und byzantinischer Festungen.

SOZIALPROFIL

ESSEN & TRINKEN: Das tunesische Nationalgericht ist *Couscous*. *Tajine* ist ein leckerer Lammeintopf. Zu den Spezialitäten zählen auch Fischgerichte, z. B. *Dorade* (Meerbrasse), und *Brik* oder *Brik à l'oeuf* (Teigtasche mit Eifüllung). *Couscous* (aus Weizen) wird auch in gesüßten Desserts verwendet. Tunesische Gerichte sind oft mit Olivenöl zubereitet und mit Anis, Koriander, Kreuzkümmel, Kümmel, Zimt, Safran, Minze, Orangenblüten oder Rosenwasser gewürzt. Touristenrestaurants servieren oft recht fade »internationale« Küche, und es lohnt sich, die Spezialitäten des Landes in kleineren Restaurants zu probieren. Die Preise sind sehr unterschiedlich – hohe Preise sind keine Garantie für bessere Qualität. In Tunis und anderen großen Städten gibt es auch französische, italienische und andere europäische Restaurants. Normalerweise wird am Tisch bedient, man kann aber auch einige Selbstbedienungsrestaurants finden. **Getränke:** Maurische Cafés mit traditionellem Dekor servieren ausgezeichneten türkischen Kaffee und Pfefferminztee mit Pinienkernen. Tunesien produziert ausgezeichnete Tafelweine, Sekt, Bier, Aperitifs und einheimische Liköre wie *Boukha* (aus Feigen destilliert) oder *Thibarine* (Dattellikör).

NACHTLEBEN: In der Theatersaison von Oktober bis Juni finden Theater- und Konzertveranstaltungen von einheimischen und ausländischen (hauptsächlich französischen) Ensembles statt. Internationale Gruppen treten in den Theatern von Tunis, Hammamet und Sousse auf. In den größeren Städten gibt es zahlreiche Kinos. Urlaubs- und Stadthotels haben oft Nachtklubs, in denen Bauchtanz aufgeführt wird oder einheimische Bands die lebhafte traditionelle Musik spielen.

EINKAUFSTIPS: Besonders schöne Mitbringsel sind Kupferwaren (gravierte Tabletts, Aschenbecher und ähnliches), Gegenstände aus Olivenholz, Lederwaren (vor allem Taschen), traditionelle Kleidung (Kaftan, Djelaba, Burnus), Töpferwaren und Keramik, Folklorepuppen, bunte Stickereien, gemusterte Kacheln, ausgezeichnete Silberwaren und emaillierter Schmuck. Tunesiens wertvollste Produkte sind gewebte und geknüpfte Teppiche. Die Qualität der Teppiche wird strengstens von der Nationalen Handwerkskammer (ONAT) geprüft, beim Kauf sollte man daher unbedingt auf die ONAT-Echtheitsgarantie achten. **Öffnungszeiten der Geschäfte:** 08.00-12.00 und 16.00-19.00 Uhr im Sommer, 08.30-12.00 und 15.00-18.00 Uhr im Winter. **Wochenmärkte:** An bestimmten Wochentagen finden in den Städten und Dörfern Märkte statt, die meist gute Einkaufsmöglichkeiten bieten. Alle Produkte der Region werden angeboten, darunter Kunstgewerbe, landwirtschaftliche Erzeugnisse und Gebrauchtwaren. Es gibt auch ONAT-Werkstätten und -Geschäfte, in denen die Waren zu Festpreisen angeboten werden und man per Euroscheck (Scheckkarte) bezahlen kann. Bei Bezahlung in Devisen erhält man in ONAT-Läden 10% Rabatt. Auf Artikel, die in EU-Länder geschickt werden und deren Wert 4000 DM nicht übersteigt, wird keine Steuer erhoben (hierfür ist ein *EUR 1*-Formular erforderlich). Bei jedem Einkauf von mehr als 5 TD muß man sich eine Quittung geben lassen und diese zusammen mit den Umtauschquittungen der Banken bei der Ausreise vorzeigen.

SPORT: Segelfliegen kann man in einem eigens hierfür eingerichteten Zentrum in Djebel Rassas, 25 km von Tunis entfernt, das im Land das bekannteste seiner Art ist. Segelflugzeuge und qualifizierte Ausbilder stehen zur Verfügung. **Golf:** Ausgezeichnete Golfplätze gibt es in Port el Kantaoui (in der Nähe von Sousse), Monastir (zwei), Tabarka, Tunis, Hammamet (zwei) und einer auf Djerba. **Angeln** und **Tiefseefischen** bieten sich an. Außerdem kann man zusehen beim Korallentauchen in Tabarka, beim Krakenfischen auf den Kerkennah-Inseln oder beim Schwammtauchen in Sfax, auf der Insel Djerba und im Golf von Gabès. In Tabarka, Monastir und Port el Kantaoui gibt es vollständig ausgerüstete **Tauchzentren**. Ein Taucheranzug ist nur zwischen November und April nötig. Zum Tiefseefischen muß man die eigene Ausrüstung mitbringen und sich an Ort und Stelle über die Naturschutzbestimmungen informieren. Wer seine eigene Ausrüstung mitbringt, kann seine Atemgeräte in den Büros der *Société d'Air Liquide* in Megrine (7 km von Tunis entfernt) und Sfax auffüllen lassen. Im Falle eines Unfalls stehen die Dekompressionskammern des Flottenstützpunktes in Bizerte zur Verfügung. **Schwimmen:** In Tunis gibt es drei öffentliche Schwimmbäder. Die meisten Hotels an der Küste haben geheizte Swimmingpools und Privatstrände. **Vogelbeobachtung:** Zahlreiche Vogelarten finden in den Nationalparks einen geschützten Lebensraum. Die Korkeichenwälder von Ain Draham, der See und die Sümpfe von Ichkeul in der Nähe von Bizerte, die Felsenhügel und Steppen von Kef bis Kasserine und die Oasen und Wüsten im Süden des Landes haben alle ihre charakteristischen Vogelarten. Die Vogelwelt ändert sich auch mit den Jahreszeiten – im Winter suchen Löffler, Gänse, Enten, Rotkehlchen und Bachstelzen Zuflucht vor dem kalten Norden, und im Frühling und Herbst ziehen Schwalben, Grasmücken und Raubvögel am Cap Bon auf ihren Flügen zwischen Afrika und Europa vorbei. Im Sommer nisten hier Störche und Tümmlertauben. **Heilbäder:** Es gibt über 100 heiße Quellen in Tunesien, in erster Linie im Norden des Landes. Viele dieser Heilbäder wurden schon von den Phöniziern und Römern benutzt. In den größten Badeorten gibt es ausgebildetes Personal mit Kenntnissen verschiedener Kurmethoden; Behandlungen gegen Rheuma, Arthritis, verschiedene Lungen- und Hautkrankheiten, Durchblutungsstörungen u. a. werden angeboten. Näheres vom Fremdenverkehrsamt. **Segeln:** Port el Kantaoui ist ein internationaler Hafen mit Liegeplätzen für 340 Boote, Hafenmeister, Tiefseenavigationsschule, Segelschule, Schiffsausrüstern, Bootsvermietung und Trockendock. Die Preise sind konkurrenzfähig, besonders für das Kielholen im Winter. Ein neueröffneter Jachthafen in Monastir hat ähnliche Einrichtungen. Ein weiteres Segel- und Wasserskizentrum mit Jachthafen ist *Le Club Nautique de Sidi-Bou Said*. Der Jachthafen von Tabarka wurde vor kurzem fertiggestellt.

VERANSTALTUNGSKALENDER

Juni '96 (1) *Fest des Sperbers*, El Haouaria, auf dem Cap Bon. (2) *Fest von Malouf*, Testour (andalusische Folklore). (3) *Odysseusfest*, Houmt Souk (traditionelle Gesänge und Tänze der Insel Djerba). (4) *Fest von Dougga*, Beja (Aufführung klassischer Dramen im Römischen Theater). **Juli** *El-Djem-Festival*, El Djem, Römisches Kolosseum (Folklore und Theater). **Juli - Aug.** (1) *Fest im Römischen Theater*, Karthago (Musik, Theater, Tänze, Folklore). (2) *Monastir-Festival*, Monastir (Musik, Tanz, Theater). **Aug.** *Fest von Hammamet im Internationalen Kulturzentrum*, Hammamet (Musik, Theater, Tänze, Folklore). **Sept.** *Fest der Kavallerie*, Kairouan (traditionelle arabische Pferdespiele wie Rennen und Tänze). **Dez.** (1) *Fest der Tozeur-Oase*, Tozeur (Umzüge geschmückter Fahrzeuge, Folklore, Kamelkämpfe). (2) *Douz-Festival*, Douz (Folklore, Kamelrennen, Kavallerie, Musik).

SITTEN & GEBRÄUCHE: Die unterschiedliche Herkunft der Tunesier zeigt sich in der Architektur, Kunst, Musik und in regionalen Volkstänzen. In der Sahara im Süden gehen Beduinen ihrem traditionellen Nomadenleben nach. Zur Begrüßung gibt man sich die Hand. Gastfreundschaft spielt eine große Rolle, und kleine Geschenke der Anerkennung oder als Zeichen der Freundschaft sind immer willkommen. Kleidung darf zwanglos sein, aber im Hinblick auf den überwiegend islamischen Glauben der Bevölkerung sollten Frauen weder bloße Knie noch Schultern zeigen. Badekleidung gehört an den Strand. **Trinkgeld:** 10-15% für alle Dienstleistungen.

WIRTSCHAFTSPROFIL

WIRTSCHAFT: Tunesien hat weniger Bodenschätze als die angrenzenden Nachbarländer, eine umsichtige Wirtschaftspolitik hat dem Land jedoch einen gewissen Wohlstand gebracht. Landwirtschaft und Bergbau sind die Grundlagen der Wirtschaft. Die wichtigsten Agrarerzeugnisse sind Weizen, Gerste, Olivenöl, Wein und Obst. Es wird viel Phosphat, Eisen, Blei und Zink abgebaut. Tunesien exportiert auch Erdöl in kleinen Mengen. Die herstellende Industrie ist klein und beschränkt sich auf Petroleumderivate und die Veredelung von Phosphaterzen. Die sinkenden Weltmarktpreise für Erdöl und Phosphaterze haben sich negativ auf die Wirtschaft ausgewirkt; die vermehrte Ausfuhr von Elektrogütern hat jedoch zu einem beträchtlichen Exportzuwachs geführt. Die Regierung bemüht sich mit Unterstützung des Internationalen Währungsfonds und der Einführung liberaler Handelsgesetze um einen Ausbau der Wirtschaft. Frankreich, Italien und Deutschland sind die Haupthandelspartner. Tunesien ist Mitglied der Arabischen Liga und der Union des Arabischen Maghreb.

GESCHÄFTSVERKEHR: In Geschäftskreisen wird Arabisch oder Französisch gesprochen. Geschäftsleute, die diese Sprachen nicht beherrschen, sollten sich vor einem Termin erkundigen, ob ein Dolmetscher benötigt wird. Termine sind einzuhalten. **Geschäftszeiten:** *Winter:* Mo-Fr 08.00-12.30 und 14.30-18.00 Uhr, Sa 08.00-12.00 Uhr. *Sommer:* Mo-Sa 07.00-13.00 Uhr. **Kontaktadressen:** *Chambre Tuniso-Allemande de l'Industrie et du Commerce* (Deutsch-Tunesische Industrie- und Handelskammer), 6 Rue Didon, 1002 Tunis-Notre Dame. Tel: (01) 78 59 10, 78 52 38. Telefax: (01) 78 25 51.

Le Conseiller Commercial auprès de l'Ambassade d'Autriche (Außenhandelsstelle der Wirtschaftskammer Österreich), BP 461, 1025 Tunis. Tel: (01) 79 78 75, 79 99 30, 79 98 48. Telefax: (01) 35 47 44.

Chambre de Commerce et d'Industrie de Tunis (Handelskammer), 1 Rue des Entrepreneurs, 1000 Tunis. Tel: (01) 24 28 72. Telefax: (01) 24 12 02.

Agence de Promotion de l'Industrie (API), 63 Rue de Syrie, 1001 Tunis. Tel/Telefax: (01) 79 21 44.

KONFERENZEN/TAGUNGEN: Die größte Organisation kann bei der Planung von Konferenzen und Tagungen in Tunesien behilflich sein: *Direction de Marketing, Office National du Tourisme Tunisien*, 1 Avenue Mohamed V, 1001 Tunis. Tel: (01) 34 10 77. Telefax: (01) 35 09 97.

Tunesien / Türkei

KLIMA

Ganzjährig warm. Die besten Reisezeiten sind Frühling und Herbst. Im Landesinneren können die Temperaturen extrem ansteigen. Der Winter ist mild mit gelegentlichen Niederschlägen.
Kleidung: Sommerliche Baumwoll- und Leinensachen, etwas wärmere Kleidung für den Winter. Regenschutz und eine gute Sonnenbrille nicht vergessen!

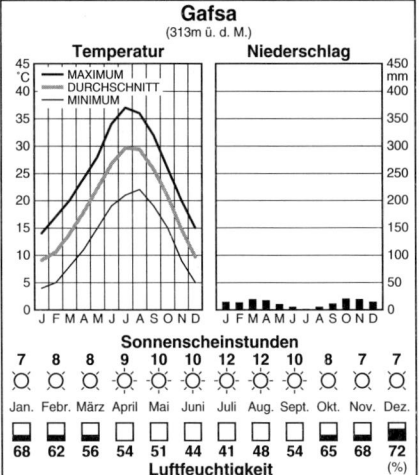

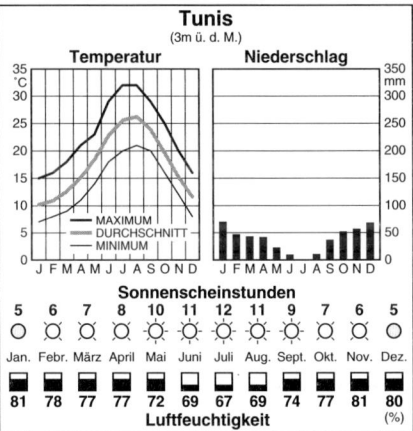

Eine weitere wichtige Veröffentlichung von *Columbus Press* ist der »World Travel Guide«, der jährlich herausgegeben wird und auf über tausend Seiten Informationen in englischer Sprache über alle Länder der Erde enthält.

Weitere Einzelheiten von:
Columbus Press, Verkaufsabteilung,
Aurikelweg 9,
D-38108 Braunschweig.
Tel: 05309/2123. Telefax: 05309/2877.

☐ *Internationaler Flughafen*

Lage: Südosteuropa/Kleinasien.

Anmerkung: Trotz scharfer Sicherheitsvorkehrungen der türkischen Polizei kommt es immer noch zu vereinzelten Anschlägen der PKK (Kurdische Arbeiterpartei) in Touristenzentren. 100%ige Sicherheit kann nicht garantiert werden. Vor Reisen in die südöstliche und östliche Türkei wird gewarnt, Geiselnahmen von Touristen kommen vor. Aus demselben Grund ist von Autotransitreisen in den Iran abzuraten.

Türkisches Fremdenverkehrsbüro
Taunusstraße 52-60
D-60329 Frankfurt/M.
Tel: (069) 23 30 81/82. Telefax: (069) 23 27 51.
Mo-Fr 09.00-17.00 Uhr.
Türkisches Fremdenverkehrsbüro
Karlsplatz 3/1
D-80335 München
Tel: (089) 59 43 17. Telefax: (089) 550 41 38.
Mo-Fr 09.00-17.00 Uhr.
Türkisches Fremdenverkehrsbüro
Singer Straße 2/8
A-1010 Wien
Tel: (0222) 512 21 28/29. Telefax: (0222) 513 83 26.
Mo-Fr 09.00-17.00 Uhr.
Türkisches Fremdenverkehrsbüro
Talstraße 82
CH-8001 Zürich
Tel: (01) 221 08 10. Telefax: (01) 212 17 49.
Mo-Fr 09.00-17.00 Uhr.
Ministerium für Tourismus
Ismet Inönü Bulvari 5
Bahçelievler
TR-Ankara
Tel: (9312) 212 83 00. Telefax: (9312) 212 83 91.
Botschaft der Türkischen Republik (ohne Visumerteilung)
Utestraße 47
D-53179 Bonn
Tel: (0228) 95 38 30. Telefax: (0228) 34 88 77.
Mo-Fr 09.00-13.00 und 15.00-18.00 Uhr.
Generalkonsulat der Türkischen Republik (mit Visumerteilung)

TIMATIC INFO-CODES

Abrufbar über Ihr CRS-System (für START/Amadeus Amaske benutzen). Für Galileo bitte TI-DFT eingeben (mit Bindestrich).

Flughafengebühren	TI DFT/ ANK /TX
Währung	TI DFT/ ANK /CY
Zollbestimmungen	TI DFT/ ANK /CS
Gesundheit	TI DFT/ ANK /HE
Reisepassbestimmungen	TI DFT/ ANK /PA
Visabestimmungen	TI DFT/ ANK /VI

Zeppelinallee 17
D-60325 Frankfurt/M.
Tel: (069) 795 00 30. Telefax: (069) 70 90 32.
Mo-Fr 08.30-12.30 Uhr.
Weitere Generalkonsulate mit Visumerteilung in Berlin (Tel: (030) 892 50 33), Düsseldorf (Tel: (0211) 45 47 80), Essen (Tel: (0201) 84 21 60), Hamburg (Tel: (040) 448 03 30), Hannover (Tel: (0511) 1 77 08), Hürth (Tel: (02233) 974 18 23), Karlsruhe (Tel: (0721) 984 40 33), Mainz (Tel: (06131) 98 26 00), München (Tel: (089) 178 03 10), Münster (Tel: (0251) 4 70 07), Nürnberg (Tel: (0911) 94 67 60) und Stuttgart (Tel: (0711) 16 66 70).
Honorargeneralkonsulat ohne Visumerteilung in Bremen.
Botschaft der Türkischen Republik (Konsularabteilung)
Prinz-Eugen-Straße 40
A-1040 Wien
Tel: (0222) 50 57 33 80. Telefax: (0222) 505 36 60.
Mo-Fr 14.30-16.30 Uhr.
Generalkonsulate mit Visumerteilung in Bregenz (Tel: (05574) 42 08 30) und Salzburg (Tel: (0662) 84 36 72).
Botschaft der Türkischen Republik
Lombachweg 33
CH-3006 Bern
Tel: (031) 351 16 91. Telefax: (031) 352 88 19.
Mo-Fr 09.00-12.00 und 14.00-16.00 Uhr (auch *Konsularabt.*).
Generalkonsulate mit Visumerteilung in Genf (Tel: (022) 798 12 32) und Zürich (Tel: (01) 363 87 55/56).
Botschaft der Bundesrepublik Deutschland
Atatürk Bulvari 114
TR-06540 Kavaklidere-Ankara
PK 54
TR-06552 Çankaya-Ankara
Tel: (9312) 426 54 65/51/52/53. Telefax: (9312) 426 69 59, 427 89 27.
Generalkonsulate in Istanbul und Izmir.
Honorarkonsulate in Antalya, Bursa, Edirne, Iskenderun und Sivas.
Botschaft der Republik Österreich
Atatürk Bulvari 189
TR-06680 Ankara
PK 131
TR-06661 Ankara-Kücükesat
Tel: (9312) 434 21 72/73/74. Telefax: (9312) 418 94 54.
Generalkonsulat in Istanbul.
Konsulate ohne Paß- und Sichtvermerksbefugnis in Adana, Antalya und Izmir.
Botschaft der Schweizerischen Eidgenossenschaft
Atatürk Bulvari 247
PK 25
TR-06692 Kavaklidere-Ankara
Tel: (9312) 467 55 55/56. Telefax: (9312) 467 11 99.
Generalkonsulat in Istanbul.

FLÄCHE: 779.452 qkm.
BEVÖLKERUNGSZAHL: 59.597 000 (1993).
BEVÖLKERUNGSDICHTE: 76,5 pro qkm.
HAUPTSTADT: Ankara. **Einwohner:** 2.559.471 (1990).
GEOGRAPHIE: Die Türkei grenzt im Nordosten an das Schwarze Meer und Georgien, im Osten an den Iran, im Südosten an den Irak, im Süden an Syrien und das Mittelmeer, im Westen an das Ägäische Meer und im Nordwesten an Griechenland und Bulgarien. Kleinasien (oder Anatolien) umfaßt 97% des Landes und liegt auf einer großen, breiten Halbinsel, die von Osten nach Westen 1650 km breit und von Norden nach Süden 650 km lang ist. Die Pontic-Bergkette im Norden und die Taurus-Bergkette im Süden umschließen das zentrale Plateau Anatoliens und gehen dann in das riesige Gebirgsgebiet im Osten des Landes über. Hier entspringen die Flüsse Euphrat und Tigris.
STAATSFORM: Parlamentarische Republik seit 1982. Staatsoberhaupt: Süleyman Demirel, seit Mai 1993. Regierungschef: Tansu Çiller, seit Juni 1993. Einkammerparlament: Nach der Verfassung von 1982 werden die 450 Mitglieder der Nationalversammlung alle fünf Jahre direkt gewählt. Die Nationalversammlung wählt den Präsidenten auf sieben Jahre. Laut der Verfassungsänderung vom Juli 1995, soll das Parlament in Zukunft 550 Mitglieder haben.
SPRACHE: Türkisch ist die Landessprache. Im Südosten der Türkei wird teilweise Kurdisch gesprochen, außerdem hört man mitunter Arabisch, Griechisch und Armenisch. In Städten und Touristenorten wird oft Deutsch gesprochen, daneben Englisch und Französisch.
RELIGION: Islam mit einer kleinen christlichen Minderheit.
ORTSZEIT: MEZ + 1.
NETZSPANNUNG: 220 V, 50 Hz.
POST- UND FERNMELDEWESEN: Telefon: Selbstwählferndienst. **Landesvorwahl:** 90. Das interne Telefonnetz ist umfassend, in ländlichen Gegenden wird möglicherweise ein Dolmetscher benötigt. Bei Anrufen aus dem Ausland fällt die »9« der Stadtvorwahl weg. **Telefaxgeräte** stehen in einigen Hotels zur Verfügung. **Telexe/Telegramme** können in Ankara im Hauptpostamt in Ulus (09.00-19.00 Uhr) oder in Istanbul im *Telegraf Gisesi* in Sirkeci (24 Std.) aufgegeben werden. **Post:**

Luftpost nach Europa ist ca. drei Tage unterwegs. Die Postämter haben ein gelbes Schild mit der Aufschrift *PTT*. Öffnungszeiten der Postämter: Mo-Sa 08.00-24.00 Uhr und So 09.00-19.00 Uhr (Hauptpostämter). Kleine Postämter haben die gleichen Öffnungszeiten wie Behörden.

DEUTSCHE WELLE

Der Einsatz der Kurzwellenfrequenzen ändert sich mehrfach im Laufe eines Jahres, und Sendungen auf den folgenden Frequenzen werden jeweils nur zu bestimmten Tageszeiten ausgestrahlt. Näheres in der Einleitung.

MHz	15,275	13,780	11,865	9,545	6,075
Meterband	19	22	25	31	49

REISEPASS/VISUM

Wichtiger Hinweis: Die Einreisebestimmungen mancher Länder können sich kurzfristig ändern – rufen Sie sicherheitshalber auf Ihrem CRS-System (TIMATIC-Info-Code-Fenster in diesem Kapitel) den aktuellen Stand ab bzw. wenden Sie sich an die zuständige diplomatische Vertretung. Etwaige Zahlen in der Tabelle beziehen sich auf nachfolgende Fußnoten.

	Paß erforderlich?	Visum erforderlich?	Rückflugticket erforderlich?
Deutschland	Nein	Nein	Ja
Österreich	Ja	2	Ja
Schweiz	Nein	Nein	Ja
Andere EU-Länder	1	2	Ja

REISEPASS: Allgemein erforderlich, ausgenommen sind Staatsbürger von:
(a) **[1]** der Bundesrepublik Deutschland, Belgien, Frankreich, Griechenland, Luxemburg und den Niederlanden, sofern sie im Besitz eines gültigen Personalausweises sind und als Touristen einreisen (Staatsbürger aller anderen EU-Länder benötigen einen Reisepaß);
(b) der Schweiz.
Anmerkung: Die Mitnahme des Reisepasses wird empfohlen, da bei Kontrollen im Land danach gefragt werden kann.
VISUM: Allgemein erforderlich, ausgenommen sind Staatsangehörige der folgenden Länder (für einen Aufenthalt bis zu 3 Monaten, sofern nicht anders angegeben):
(a) **[2]** Bundesrepublik Deutschland, Belgien, Dänemark, Finnland, Frankreich, Griechenland, Luxemburg, Niederlande und Schweden (Staatsbürger von Österreich, Großbritannien, Irland, Italien, Portugal und Spanien benötigen Visa, bekommen diese jedoch direkt bei der Einreise, s. u. *Anmerkung* (a) und (c);
(b) Liechtenstein und Schweiz;
(c) Australien, Argentinien, Bahamas, Bahrain, Barbados, Belize, Chile, Ecuador, Fidschi, Grenada, Iran, Island, Israel, Jamaika, Japan, Kanada, Katar, Korea-Süd, Kenia, Kuwait, Malaysia, Malta, Marokko, Mauritius, Monaco, Neuseeland, Norwegen, Oman, St. Lucia, San Marino, Saudi-Arabien, Seychellen, Singapur, Trinidad und Tobago, Tunesien, Vatikanstadt, Vereinigte Arabische Emirate und der türkische Teil Zyperns;
(d) Bosnien-Herzegowina, Indonesien, Kroatien, der Ehem. jugosl. Republik Mazedonien, Rumänien, Slowenien sowie Inhaber von Pässen des früheren Jugoslawiens, die in der Ehem. jugosl. Republik Mazedonien seßhaft sind, für max. 2 Monate;
(e) Bolivien, Kasachstan, Kirgisistan und Südafrika für max. 1 Monat.
Anmerkung: (a) Für Touristen und Geschäftsleute, deren Aufenthalt 3 Monate nicht überschreitet, wird das Visum am Einreiseort ausgestellt. Für einen längeren Aufenthalt (zur Arbeitsaufnahme, Ausbildung oder zu Forschungszwecken) muß das Visum vor der Abreise beim türkischen Konsulat beantragt werden.
(b) Visa für Staatsbürger der nachstehenden Länder werden auf ein herausnehmbares Blatt im Reisepaß eingetragen: Korea-Nord, Taiwan (China) und griechischer Teil Zyperns.
(c) Staatsbürger der folgenden Länder erhalten bei der Einreise ein Visum; Gebühren und Gültigkeitsdauer sind je nach Land unterschiedlich:
Österreich, Großbritannien, Hongkong, Irland, Italien, Portugal, Spanien und USA für max. 3 Monate;
Estland, GUS-Staaten, Jordanien, Lettland, Litauen, Polen, Slowakische Republik, Tschechische Republik und Ungarn für max. 1 Monat;
Guatemala für max. 15 Tage.
Staatsbürger von Österreich müssen die Visa in öS bezahlen, Staatsbürger von Großbritannien und Irland in Britischen £ Sterling, Staatsbürger aller anderen Länder in US$.
(d) Staatsbürger der GUS-Staaten erhalten Visa nur an den folgenden Stellen: Flughäfen Istanbul (Atatürk) und Ankara (Esenboga), Grenzübergänge Sarp und Kapikule, Seehäfen Istanbul, Trabzon, Samsun, Giresun, Hopa und Rize.
Visaarten: Touristen-/Geschäftsvisum für einfache und mehrfache Einreise, Arbeits-, Ausbildungs- und Forschungsvisum und Transitvisum.
Transitvisa werden nicht benötigt von Personen mit bestätigtem Weiterflug (und gegebenenfalls Visum), die ihre Reise mit dem gleichen oder nächsten Flugzeug fortsetzen.
Transitvisa werden von allen anderen Reisenden verlangt, die ihre Reise innerhalb von 72 Std. fortsetzen. Sollte dieser Zeitraum überschritten werden, ist ein Einreisevisum erforderlich. Transitvisa werden nur bei Vorlage des Reisepasses und bestätigter Weiterreise ausgestellt.
Visagebühren: Unterschiedlich, je nach Nationalität. Ab 30 DM, 150 öS (direkt bei der Einreise) oder ab 300 öS (bei vorheriger Beantragung und Ausstellung in Österreich) und ab 34 sfr.
Gültigkeitsdauer: Unterschiedlich. Transitvisum: 72 Std.
Antragstellung: Konsulat oder Konsularabteilung der Botschaft (Adressen s. o.).
Bearbeitungszeit: Bis zu 3 Tage.

GELD

Währung: 1 Türkische Lira (TL) = 100 Kurus. Banknoten gibt es im Wert von 1.000.000, 500.000, 250.000, 100.000, 50.000, 20.000, 10.000 und 5000 TL. Münzen in den Nennbeträgen 5000, 2500, 1000, 500, 100 und 50 TL.
Geldwechsel: Alle Umtausch- und Einkaufsbelege müssen aufbewahrt werden als Nachweis für legalen Umtausch. Die Kurse können in Deutschland, Österreich und der Schweiz von Bank zu Bank unterschiedlich sein. Weitere Informationen von allen Banken.
Kreditkarten: *American Express, Visa, Diners Club* und *Eurocard* werden akzeptiert. Einzelheiten vom Aussteller der betreffenden Kreditkarte.
Eurocheques (Höchstbetrag im Gegenwert von 400 DM) und **Reiseschecks** werden eingelöst.
Wechselkurse

	TL Sept. '92	TL Febr. '94	TL Jan. '95	TL Jan. '96
1 DM	5011,89	10.239,30	24.967,50	41.217,4
1 US$	7448,32	17.775,00	38.700,10	59.250,0

Devisenbestimmungen: Die Einfuhr von Landes- und Fremdwährungen ist unbegrenzt. Größere Summen in Fremdwährungen sollten bei den türkischen Behörden deklariert werden. Die Landeswährung darf im Gegenwert von maximal 5000 US$ ausgeführt werden, Fremdwährungen bis zur Höhe des deklarierten Betrags.
Öffnungszeiten der Banken: Mo-Fr 08.30-12.00 und 13.30-17.00 Uhr.

---

6 Jahre SunExpress - Vom Pilotprojekt zum Trendsetter

Mit der kleinstmöglichen Flotte, einer einzigen Boeing 737-300, nahm SunExpress im April 1990 den Flugbetrieb auf. Heute, nach nur sechs Jahren, ist SunExpress längst ein bekannter Name und eine erste Adresse für Ferienflüge in die Türkei. Im Frühjahr 1990 veröffentlichte SunExpress als Tochtergesellschaft von Lufthansa und Turkish Airlines ihren ersten Flugplan. Dem Türkei-Tourismus wurde eine glänzende Zukunft vorausgesagt. Gute Aussichten also für das kleine selbstbewußte Team von SunExpress, am sich abzeichnenden Aufschwung teilzuhaben. Die Heimatbasis von SunExpress war von Beginn an Antalya an der schönen Türkischen Riviera.

Der erste Flug, am 4. April 1990, brachte Urlauber von Frankfurt nach Antalya. Auch Izmir wurde von Anfang an bedient. Düsseldorf, München, Nürnberg und Münster/Osnabrück waren die weiteren Abflughäfen im ersten Flugplan.

Die Initiatoren und Gründer von SunExpress legten bereits im Pilotprojektstadium der Airline fest, von Beginn an den Reiseveranstaltern und deren Kunden ein Qualitätsprodukt zu günstigen Preisen zu bieten und darüber hinaus auch Türkeiflüge von den kleineren Flughäfen wie Münster/Osnabrück oder Saarbrücken anzubieten. Vorteil: Die Anreise zum Flughafen wird für viele Türkeiurlauber deutlich kürzer als zum nächstliegenden Groß-Flughafen und damit bequemer. Mit diesem Konzept lag das Gründerteam von SunExpress genau richtig; es sollte sich schon im ersten Jahr bewähren. Denn das Ergebnis für 1990 mit 75.000 Passagieren und weit über 90% pünktlichen Flügen war sehr ermutigend. Die logische Konsequenz: Zwei weitere Boeing 737-300 verdreifachten im Frühjahr 1991 das Sitzplatzangebot der Flotte. Salzburg ergänzte als erster außerdeutscher Flughafen den Flugplan, denn schließlich hatte sich SunExpress vorgenommen, nicht nur ab Deutschland, sondern mehr und mehr auch europaweit für den Türkei-Tourismus zu fliegen.

Mit zum sympathischen Image trugen von Anfang an die charmanten türkischen Stewardessen bei, die alle deutsch sprechen und nach Lufthansa-Standards ausgebildet wurden und werden. Die Lufthansa-Standards gelten seit der Gründung auch für die Wartung und Pflege der Flugzeuge.

Als Trendsetter profilierte sich SunExpress bei der Förderung des Türkei-Tourismus in den Wintermonaten. Die großen Hotels an der Türkischen Riviera waren noch 1990 in den Wintermonaten alle geschlossen, die Tore zu den vielen antiken Stätten ebenfalls.

In vielen Gesprächen konnte SunExpress die Hoteliers und Agenturen in und um Antalya davon überzeugen, daß es sich lohnen würde, auch im milden Winter auf Tourismus zu setzen. Die Gespräche hatten Erfolg. Seit einigen Jahren sind deshalb die hervorragenden großen Hotels in und um Antalya auch in den Wintermonaten geöffnet, und viele Reiseveranstalter bieten die Türkische Riviera auch in den Wintermonaten an.

Eindrucksvoll dokumentiert sich die Entwicklung des Winter-Flugverkehrs an den Zahlen des Flughafens Antalya. Verglichen mit den rund 30.000 ankommenden Passagieren im Winter 1990/91 sprechen die mehr als 330.000 Passagiere im November/Dezember 1995 eine deutliche Sprache.

Eine ähnliche Entwicklung verspricht sich SunExpress für die Region Bodrum und Marmaris mit dem Flughafen Dalaman. Diese Region wurde erstmals zum Winter 1994/95 intensiv als lohnendes Urlaubsziel in den Wintermonaten propagiert. Die Sommersaison bleibt jedoch nach wie vor die aufkommensstärkste Zeit. Und der Flugplan für den Sommer 1996 zeigt es: SunExpress hat das Ziel, europaweit für den Türkei-Tourismus zu fliegen erfüllt. Neben 16 Abflughäfen in Deutschland sind jetzt insgesamt 30 Flughäfen in anderen Ländern im Flugplan enthalten. Nach dem erfolgreichen Jahr 1995 mit rund 900.000 Passagieren, erwartet SunExpress 1996 eine weitere Steigerung um 5%.

Die Flotte ist inzwischen auf drei Boeing 737-300 und zwei Boeing 737-400 sowie einen Airbus A320 angewachsen. Damit hat sich SunExpress in jeder Hinsicht zu einem Marktführer im Türkei-Flugverkehr entwickelt.

SunExpress:
die sonnige Urlaubslinie in die Türkei.

SunExpress – eine Tochtergesellschaft der Condor – freut sich darauf, mit Ihnen in eine der schönsten Urlaubsregionen am Mittelmeer zu starten.
Schon an Bord unserer modernen Boeings 737 können Sie die sonnige Atmosphäre und die Gastfreundlichkeit unserer türkischen Heimat genießen. Wir wünschen Ihnen erholsame und erlebnisreiche Ferientage an der reizvollen türkischen Südküste. Willkommen bei Freunden!

DUTY FREE

Folgende Artikel können zollfrei in die Türkei eingeführt werden:
200 Zigaretten und 50 Zigarren oder 200 g Tabak [1];
5 l Spirituosen, jedoch nicht mehr als drei Flaschen der gleichen Sorte;
5 Flaschen Parfüm (120 ml);
Geschenke im Werte von 500 DM.
Anmerkung: (a) [1] Zusätzlich können nach Ankunft 400 Zigaretten oder 100 Zigarren oder 500 g Tabak zollfrei im Duty-free-Shop gekauft werden. (b) Nur bestimmte Artikel für den persönlichen Gebrauch dürfen zollfrei eingeführt werden. Eine vollständige Liste erhalten Sie vom Generalkonsulat. Anschließend ein Auszug aus der Liste der erlaubten Artikel für den persönlichen Gebrauch: eine Kamera und fünf Filme; ein Taschenrechner; ein Reisewecker; eine manuelle Schreibmaschine (auf elektrische und elektronische Schreibmaschinen wird Zoll erhoben); eine Videokamera und fünf unbespielte Kassetten; eine 8-mm-Filmkamera und zehn unbelichtete Filme; ein tragbares Radio oder Radio/Kassettenrecorder (mit eingebauten Lautsprechern); fünf verschiedene LPs oder CDs und ein Portable Computer (nicht mehr als 4 Kilobytes Speicherkapazität). (c) Für spitze Instrumente und Waffen ist eine Einfuhrerlaubnis erforderlich. (d) Die Einfuhr von Rauschgiften aller Art ist streng verboten.
Exportbeschränkungen: (a) Die Ausfuhr von Souvenirs wie z. B. Teppichen unterliegt strengen Zollbestimmungen (je nach Alter und Wert). (b) Die Ausfuhr von Antiquitäten ist verboten. (c) Für die Ausfuhr von Mineralien benötigt man eine Lizenz (Ministerium für Bergbau und Forschung).

GESETZLICHE FEIERTAGE

1. Mai '96 Frühlingstag. **19. Mai** Jugend- und Sporttag. **30. Aug.** Siegestag. **29. Okt.** Tag der Republik. **1. Jan. '97** Neujahr. **8. Febr.** Seker Bayrami (Ende des Ramadan). **23. April** Unabhängigkeits- und Kindertag. **19. April** Kurban Bayrami (Opferfest). **1. Mai** Frühlingstag. **19. Mai** Jugend- und Sporttag.
Anmerkung: Die angegebenen Daten für islamische Feiertage sind nach dem Mondkalender berechnet und verschieben sich daher von Jahr zu Jahr. Während des Fastenmonats Ramadan, der dem Festtag Seker Bayram vorangeht, essen Mohammedaner nicht während des Tages, sondern erst nach Sonnenuntergang, wodurch der normale Geschäftsablauf gestört werden kann. Diese Unterbrechungen können auch während des Seker Bayrami auftreten. Dieses Fest, ebenso wie das Kurban Bayrami, kann je nach Region 2-10 Tage dauern. Weitere Informationen im Kapitel *Welt des Islam* (s. Inhaltsverzeichnis).

GESUNDHEIT

In der folgenden Tabelle aufgeführte Impfvorschriften können sich kurzfristig ändern. Es wird stets empfohlen, auf Ihrem CRS-System (TIMATIC-Info-Code-Fenster in diesem Kapitel) den aktuellen Stand der Gesundheitsbestimmungen abzurufen bzw. rechtzeitig vor der Reise ärztlichen Rat einzuholen.

	Vorsichtsmaßnahmen empfohlen	*Impfschein erforderlich*
Gelbfieber	Nein	Nein
Cholera	Nein	Nein
Typhus & Polio	Ja	-
Malaria	1	-
Essen & Trinken	2	-

[1]: Von März bis Ende November besteht in der Çukurova/Amikova-Region und von Mitte März bis Mitte Oktober im südöstlichen Anatolien ein Malariarisiko, allerdings in der weniger gefährlichen Form *Plasmodium vivax*.
[2]: In den größeren Städten ist das Trinkwasser normalerweise gechlort, sollte aber trotzdem mit Vorsicht genossen werden. Es sollte vor der Benutzung zum Trinken, Zähneputzen und zur Eiswürfelbereitung abgekocht oder anderweitig sterilisiert werden. Die Aufschrift *Içilmez* bedeutet »kein Trinkwasser«, Wasser mit der Bezeichnung *Içilir, Içme suyu* oder *Içilebilir* kann getrunken werden. Abgefülltes Mineralwasser ist überall erhältlich. Milch ist nicht pasteurisiert und sollte abgekocht werden. Trocken- und Dosenmilch nur mit keimfreiem Wasser anrühren. Milchprodukte aus ungekochter Milch am besten vermeiden. Fleisch- oder Fischgerichte nur gut durchgekocht und heiß serviert essen. Schweinefleisch, Mayonnaise und rohe Salate sollten vermieden werden. Obst sollte geschält und Gemüse gekocht werden.
Tollwut kommt vor. Wer ein erhöhtes Risiko eingeht (z. B. längerer Aufenthalt in abgelegenen Gebieten), sollte vor Reiseantritt eine Schutzimpfung erwägen. Bei Bißwunden so schnell wie möglich ärztliche Hilfe in Anspruch nehmen. Weitere Informationen im Kapitel *Gesundheit* (s. Inhaltsverzeichnis).
Hepatitis A, *B* und *E* kommen vor.
Gesundheitsvorsorge: Die Krankenversorgung in der Türkei ist gut. Es gibt einen Arzt pro 1700 Einwohner und ein Krankenhausbett pro 470 Einwohner. Zahlreiche türkische Ärzte und Zahnärzte, vor allem in den großen Krankenhäusern, sprechen eine Fremdsprache. Staatsbürger der Bundesrepublik Deutschland benötigen für freie Behandlung bzw. Kostenrückerstattung die Anspruchsbescheinigung T/11, die bei der Krankenkasse erhältlich ist. Österreicher brauchen einen Urlaubskrankenschein. Staatsbürgern der Schweiz wird der Abschluß einer Reisekrankenversicherung empfohlen.

REISEVERKEHR - International

FLUGZEUG: Die nationale Fluggesellschaft der Türkei heißt *THY Turkish Airlines (TK)*. *Lufthansa, Austrian Airlines* und *Swissair* fliegen Ankara und Istanbul an.
Durchschnittliche Flugzeiten: *Frankfurt* – Istanbul: 2 Std. 45; *Wien* – Istanbul: 2 Std. 10; *Zürich* – Istanbul: 2 Std. 40.
Internationale Flughäfen: *Ankara (ANK)* (Esenboga) liegt 35 km nordöstlich der Stadt. Am Flughafen gibt es Banken, eine Post, Duty-free-Shops, Mietwagenschalter, Bars und Restaurants. THY-Busse fahren ca. 90 Min. vor Abflug der Inlandflüge und 135 Min. vor internationalen Flügen zum Flughafen. Ein Taxistand ist ebenfalls vorhanden.
Istanbul (IST) (Atatürk, ehemals Yesilköy) liegt 24 km westlich der Stadt (Fahrzeit 30 Min.). Bank, Post, Duty-free-Shops, Tourist-Information, Mietwagenschalter, Hotel-Reservierungsschalter, Bars und Restaurants. Ein THY-Bus fährt alle 15 Min. zum THY-Terminal. Ein Taxistand ist ebenfalls vorhanden.
Izmir (ADB) (Adnan Menderes). Der THY-Bus fährt ca. 75 Min. vor Abflug zum Flughafen. Bank/Wechselstube, Restaurant und Bar vorhanden.
Dalaman (DLM) liegt 5,5 km außerhalb der Stadt und 55 km von Fethiye entfernt. Dieser relativ neue Flughafen macht die bisher abgelegene Südosttürkei zugänglicher; hier landen vor allem Chartermaschinen aus Westeuropa oder Linienmaschinen aus Istanbul. Ein Taxistand ist vorhanden.
Antalya (AYT) liegt ca. 11 km östlich der Stadt. Taxis und Minibusse fahren zur Stadt.
SCHIFF: Istanbul, Izmir, Mersin, Antalya und Bodrum sind die wichtigsten Hafenstädte. Diverse Schiffahrtslinien laufen die Türkei an. *Turkish Maritime Lines* unterhalten einen Auto-Fährdienst von Venedig nach Izmir, Çesme, Marmaris und Antalya; Buchung über *Reca-Reiseagentur* in Sindelfingen (Tel: (07031) 87 60 77). *Marlines* verbinden Ancona und Kusadasi; Buchung über *Euronautic Tours* in Nürnberg (Tel: (0911) 26 89 89). Außerdem gibt es Fährverbindungen zwischen Mersin – Gazimagosa, Tasucu – Girne und Alanya – Girne (Türkische Republik Nordzypern). Von Bodrum gibt es eine Auto- und Passagierfähre zu der griechischen Insel Kos. Von Kusadasi geht im Sommer eine Fähre zu der griechischen Insel Samos, von Ayvalik nach Lesbos, von Çesme nach Chios, von Bodrum nach Kos und von Marmeris nach Rhodos.
BAHN: Von München fährt mehrmals wöchentlich ein Zug (Autoreisezug mit Liege- und Schlafwagen) nach Istanbul; die Fahrzeit beträgt ca. 36 Std. 30. Der *Istanbul-Express* fährt von Köln über Belgrad nach Istanbul; einen Teil der Strecke verkehrt er als Autoreisezug. Einmal wöchentlich fährt ein Nachtzug mit Schlafwagen von Moskau nach Istanbul. *InterRail-* und *EURO DOMINO-*Pässe gelten ebenfalls in der Türkei (Einzelheiten s. *Deutschland*).
BUS/PKW: Es gibt Straßenverbindungen nach Rußland, Griechenland, Bulgarien und in den Iran (s. *Anmerkung* am Kapitelanfang). Die Anreise von Deutschland erfolgt entweder über Österreich, Ungarn, Rumänien und Bulgarien oder man setzt von Italien aus mit der Autofähre über. **Reisebus:** Es gibt regelmäßige Verbindungen zwischen der Türkei und Deutschland, Österreich, der Schweiz, Frankreich, dem Irak, Jordanien, dem Iran, Syrien und Saudi-Arabien.

REISEVERKEHR - National

FLUGZEUG: *Turkish Airlines* fliegen von Istanbul, Ankara und Izmir in alle größen Städte der Türkei. Inhaber eines Internationalen Studentenausweises (ISIC) erhalten 60% Ermäßigung auf internationalen Flügen (ausgenommen ist der Nahe Osten) und 10% Ermäßigung auf nationalen Flügen.
SCHIFF: *Adriatic Line*, die Tochtergesellschaft der *Turkish Maritime Lines*, läuft diverse Küstenstädte an – eine ausgezeichnete und erholsame Art, das Land zu besichtigen. Eine Autofähre verbindet die Städte Mersin und Magosa (über Latakia). Die *Mersin Tourist Line* fährt von Mersin nach Izmir und Istanbul über Antalya, Bodrum und Kusadasi. Zwischen Istanbul und Izmir verkehren zahlreiche Boote mit Schlafkabinen. Außerdem gibt es Fähren auf dem Schwarzen Meer entlang der türkischen Nordküste. Eine Autofähre überquert regelmäßig die Dardanellen von Gelibolu (Gallipoli) aus und fährt von Çanakkale nach Eceabat und von Gelibolu nach Lapseki.
Turkish Maritime Lines gewährt den Inhabern eines ISIC-Studentenausweises (*International Student Identity Card*) eine Ermäßigung von 15% (einfache Fahrt) bzw. 25% (Hin- und Rückfahrt) auf internationalen Strecken und von 50% im Binnenverkehr.
BAHN: Zwischen allen größeren Städten verkehren mehrmals täglich Züge der Türkischen Staatsbahn (*TCDD*), die besten Verbindungen bestehen zwischen Istanbul und Ankara, sowie auf den Hauptlinien von Osten nach Westen sowie von Norden nach Süden (kostenlose Platzreservierung erforderlich). Zahlreiche Züge haben Schlaf-, Liege- und Speisewagen, aber keine Klimaanlage. Die Fahrkarten für Schnell- und Postzüge sind teurer, obwohl Schnellzüge recht langsam fahren und man manchmal umsteigen muß. Auf bestimmten Touristenstrecken fahren Dampflokomotiven, so z. B. in der östlichen Türkei der *Anatolien-Express*. Fahrkarten erhält man auf Bahnhöfen an den *TCDD*-Schaltern und bei *TCDD*-Vertretungen. Inhaber eines ISIC-Ausweises erhalten 20% Ermäßigung.
BUS/PKW: Zur Zeit werden zahlreiche Straßen ausgebessert und neue Straßen gebaut. Neue Autobahnen mit einer Gesamtlänge von 1400 km sind derzeit im Bau. Im Falle eines Unfalls wendet man sich am besten an den Türkischen Automobilverband (*Turkiye Turing ve Otomobil Kurumu*). Bleifreies Benzin ist nicht an jeder Tankstelle erhältlich. **Fernbus:** Zahlreiche private Busunternehmen bieten Tag- und Nachtverbindungen zu allen türkischen Städten an. Mit dem Bus kommt man oft schneller ans Ziel als mit der Bahn. Aufgrund der großen Konkurrenz sind zudem die Fahrpreise günstig. Fahrkarten erhält man in den Zweigstellen der verschiedenen Unternehmen, entweder am Busbahnhof oder in den Stadtbüros. Es lohnt sich, die Preise zu vergleichen. In größeren Städten gibt es Busbahnhöfe (*Otogar*), in Kleinstädten fahren die Busse vom Stadtzentrum ab. **Mietwagen** können in allen größeren Städten mit und ohne Fahrer gemietet werden. Alle internationalen Mietwagenfirmen haben Niederlassungen in der Türkei. **Unterlagen:** Bei einem Aufenthalt von mehr als 3 Monaten ist eine Zollbescheinigung (*Triptique*) erforderlich, erhältlich vom Türkischen Automobilverband. Die Grüne Versicherungskarte oder eine entsprechende internationale Versicherung werden verlangt; der Führerschein des eigenen Landes reicht aus, sofern man mit dem eigenen Wagen einreist. Für Mietwagen ist ein internationaler Führerschein erforderlich.
STADTVERKEHR: In Istanbul, Ankara und Izmir gibt es ein umfangreiches Busnetz, zum Teil auch Oberleitungsbusse. Auch in allen anderen größeren Ortschaften gibt es Busse. Sie sind im allgemeinen pünktlich, modern und leicht zu benutzen. Die Fahrkarten kauft man am Kiosk und wirft sie in einen Behälter neben dem Fahrer. Taxis, Sammeltaxis und Minibusse stehen ebenfalls zur Verfügung. Die zahlreichen Taxis erkennt man an einem schwarz-gelb karierten Streifen. In Ankara und Istanbul gibt es Taxis mit Taxameter, ansonsten sollte man den Fahrpreis vorher aushandeln.
Ein *Dolmus* ist ein Sammeltaxi (am gelben Streifen erkennbar), das auf bestimmten Routen fährt. Die Fahrpreise richten sich nach der zurückgelegten Entfernung und werden von den örtlichen Behörden vorgeschrieben. In großen Städten fahren die *Dolmus* bis in die Vororte, zu Flughäfen und in Nachbarstädte. Sie sind recht praktisch und preiswerter als normale Taxis. Trotz der vorgeschriebenen Fahrpreise sollte man sich vor höheren »Sonderpreisen« in acht nehmen, die für von der üblichen Route abgelegene Fahrziele, Nachtfahrten und bei schlechtem Wetter verlangt werden. Je nach Bedarf wird aus einem Taxi kurzerhand ein *Dolmus* und umgekehrt. Fähren führen über den Bosporus und zu anderen Stadtteilen von Istanbul. 1988 wurde eine zweite Brücke eröffnet. In Ankara ist der Bau einer Untergrundbahn geplant.
FAHRZEITEN von Ankara zu den folgenden größeren türkischen Städten (ungefähre Angaben in Std. und Min.):

	Flugzeug	Bahn	Bus/Pkw
Istanbul	0.45	8.00	8.00
Izmir	0.50	14.00	10.00
Antalya	1.00	-	9.00
Adana	0.55	13.00	8.00
Erzurum	1.15	18.00	11.00
Van	1.15	23.00	15.00
Trabzon	1.40	-	13.00
Mugla	1.25	-	10.00

UNTERKUNFT

HOTELS: Die Türkei hat in den letzten Jahren erhebliche Anstrengungen unternommen, das Hotelangebot zu verbessern. Die meisten großen Hotels befinden sich in Großstädten wie Istanbul, Ankara und Izmir.
In den Küstenorten und Touristengebieten gibt es zahlreiche Hotels, Motels und Campingplätze. In den abgelegenen Landesteilen sind die Unterkünfte recht einfach und entsprechen kaum westlichem Niveau.
Alle Unterkünfte müssen ein Beschwerdebuch haben, in das man aber auch positive Bemerkungen oder Vorschläge eintragen kann. Beschwerden können außerdem direkt an das Ministerium für Tourismus gerichtet werden (Adresse s. o.) oder an das Fremdenverkehrsamt des jeweiligen Ortes. **Kategorien:** Hotels haben 1 bis 5 Sterne (1-5 Yildizi). Motels und Ferienhäuser sind entweder 1. Klasse oder 2. Klasse (1/2 Sinif).
PENSIONEN gibt es in Urlaubsorten und größeren Städten.

ISTANBUL • ULUDAG • KUSADASI • ALTINKUM • CESME • BODRUM
MARMARIS • ICMELER • DALYAN • FETHIYE • OLUDENIZ • PATARA
KALKAN • KAS • KEMER • ANTALYA • BELEK • SIDE • ALANYA

Das größte Reisebüro-Netz in der Türkei

Seit zehn Jahren kann SIMENA Tourism & Travel Agency die größte Expansionsrate unter den Reiseveranstaltern in der Türkei aufweisen.

Wir bieten in jeder Hinsicht einen umfassenden qualitätsbewußten Service: Wir organisieren den Flughafen-Transfer und die Unterkunft in Hotels, Villen und Apartments, wir stellen erfahrene Reiseleiter zur Verfügung, die Sie zu allen bekannten historischen Stätten der Türkei begleiten, wir vermitteln Autoverleih und Bootfahrten und sind in allen bekannten Urlaubsorten vertreten.

Wir haben auch ein Angebot für unterschiedliche individuelle Wünsche und vertreten die britische Agentur EXPLORE, die sich auf Abenteuerreisen spezialisiert, sowie die holländische DJOSER, die kleine Busreisen vermittelt.

Jetzt kann SIMENA dank des größten Reisebüro-Netzes in der Türkei auch in Deutschland den gleichen Service anbieten.

1985 – der Beginn einer zehnjährigen Erfolgsgeschichte

SIMENA TOURS wurde 1985 gegründet und beförderte in der ersten Saison etwa 1000 Touristen von Holland nach Antalya und Kas in der Südtürkei.

Im gleichen Jahr wurde SIMENA auf dem britischen Markt eingeführt und übernahm für AEGEAN TURKISH HOLIDAYS und TURQUOISE HOILIDAYS von London die Betreuung vor Ort.

Seither hat SIMENA rapide ständig ihren frühen Erfolg weitergeführt und wurde zum Repräsentanten der Aegean Turkish Holidays und der Turquoise Holidays in Dalaman und der INTERNATIONAL LEISURE GROUP (Intasun, Lancaster, Global) in Süddalaman mit Büros in KAS, KALKAN und FETHIYE.

In allen bekannten Urlaubsorten vertreten

Seit der Gründung von IBEROTRAVEL UK vertritt SIMENA zusätzlich SUNWORLD am Flughafen von Dalaman. 1993 war die Firma auf den vier großen türkischen Flughäfen Istanbul, Izmir,

Dalaman und Antalya vertreten und betrieb jetzt Büros in Istanbul, Kusadasi, Bodrum, Marmaris, Fethiye, Kas, Side und Alanya. Im gleichen Jahr belief sich der Gesamtumsatz der Firma auf über 10.275.000 US Dollar.

Einer der führenden zehn Inlandsreiseveranstalter

1994 expandierte SIMENA weiter, konnte 72.000 Buchungen aufweisen und die Qualität des Services weiter verbessern, indem sie mehr Bustouren, Kreuzfahrten und Anreize organisierte. Das Resultat davon war, daß SIMENA als einer der führenden zehn Reiseveranstalter in der Türkei anerkannt wird.

Das Unternehmen existiert jetzt seit zehn Jahren und kann für 1995 eine Kundenkapazität von 100.000 nachweisen. Wir haben unsere Auslandskapazität entsprechend der anerkannten Möglichkeiten dieses Sektors erhöht.

Jetzt feiert SIMENA zehniähriges Geschäftsjubiläum und hat das größte Reisebüro-Netz in der Türkei. Wir freuen uns darauf, mit Deutschland Geschäftsbeziehungen aufzunehmen.

Was auch immer Ihre Wünsche sind, rufen Sie SIMENA unverzüglich an.

Tel: 90-212-233 00 01 | Fax: 90-212-230 48 03 | Telex: 27728 SMNS
233 00 02

FERIENHÄUSER UND -WOHNUNGEN können gemietet werden. Auskünfte erteilen die Türkischen Fremdenverkehrsbüros (Adressen s. o.).
CAMPING: Es gibt zahlreiche recht einfache Campingplätze.
JUGENDHERBERGEN: Inhaber eines ISIC-Studentenausweises oder eines internationalen Jugendherbergsausweises können die Jugendherbergen in Istanbul, Kumla und Canakkale benutzen.
Einige türkische Organisationen, wie z. B. *Turkish Airlines*, gewähren bei Vorlage des ISIC-Studentenausweises Ermäßigungen.

URLAUBSORTE & AUSFLÜGE

Istanbul

Istanbul, herrlich am Goldenen Horn gelegen, verbindet Asien mit Europa. Die Atmosphäre ist geschäftig und kosmopolitisch. Die bewegte Vergangenheit als Hauptstadt des Römischen, Byzantinischen und Ottomanischen Reiches hat ein reiches Erbe hinterlassen. Unzählige Moscheen, Museen und prächtige Paläste, das farbige Leben am Ufer des Bosporus und die überdachten Basare geben dieser faszinierenden Stadt ein einzigartiges Flair.
Istanbul besteht aus drei recht unterschiedlichen Teilen. Das alte Istanbul hat zahlreiche Parkanlagen und Gärten. Zu den Sehenswürdigkeiten gehören der *Topkapi*, der Palast der ottomanischen Sultane, von dem man einen herrlichen Ausblick auf das Marmara-Meer und den Bosporus hat, die *Blaue Moschee*, die einzige Moschee der Welt mit sechs Minaretten, und die *Hagia Sofia*, einst eine römische Kathedrale, später eine Moschee und heute ein Museum. Sie ist das größte freistehende Gebäude der Welt und hat zahlreiche Erdbeben überstanden, die kleinere Gebäude zerstört haben. Außerdem ist die unterirdische byzantinische Zisterne, die durch 336 korinthische Säulen gestützt wird, einen Besuch wert. Auf der gegenüberliegenden Seite des Goldenen Horns liegt **Pera**, das moderne Istanbul. Die großen Hotels, die weitläufigen Plätze und das internationale Nachtleben bilden einen starken Kontrast zur Altstadt. Sehenswert ist die Prinzenpassage mit vielen Restaurants. **Üsküdar** (Scutari), am dritten Ufer gelegen, ist der asiatische Teil Istanbuls. Hier kümmerte sich die englische Krankenpflegerin Florence Nightingale während des Krimkrieges um die Kriegsverletzten. Zwei Hängebrücken, die längsten Europas, überspannen den Bosporus. Von ihnen hat man einen unvergeßlichen Rundblick über Istanbul.
Zahlreiche Urlaubsorte am Bosporus wie *Tarabya* und *Machka* liegen ganz in der Nähe. Besonders sehenswert sind die alten Befestigungsmauern von *Rumeli Hisarti*, der Nationalpark am Berg Olympus von Mysia und die Ruinen von *Troja*. Boote fahren über den Bosporus zu den Prinzen-Inseln.

Thrakien und Marmara

Die Dardanellen, das Marmara-Meer und der Bosporus trennen die sanften Hügel und Sonnenblumenfelder des europäischen Thrakien vom asiatischen Teil der Türkei. **Edirne**, die Provinzhauptstadt, hat eine recht bewegte Vergangenheit. Drei der schönsten Moscheen in der Türkei, die *Eski Cami*, die *Uc Serefeli Cami* und die bekannte *Selimiye*, zählen zu den vielen Sehenswürdigkeiten. Die Landschaft besteht aus Bergen, Wäldern und wunderschönen Stränden. Das pittoreske **Marmara** ist ein populäres Urlaubsgebiet. An der Küste liegen die Urlaubsorte *Yalova*, *Erdek* und *Gemlik*. Der Berg *Uludag*, der ehemalige sagenhafte Berg Olympus von Mysia, ist heute das bedeutendste Wintersportgebiet der Türkei. Am Fuß des Berges liegt die historische Stadt **Bursa**, die gleichzeitig ein Kurort ist. Sie zeichnet sich durch zahlreiche elegante Gebäude aus der ottomanischen Zeit aus, wie das *Grüne Mausoleum* und die *Große Moschee*. Überall in der Stadt **Iznik** stehen Ruinen aus der Zeit der Römer, Byzantiner, Seldschuken und Ottomanen. Hier werden die bildschönen Kacheln hergestellt, die so viele Moscheen und Paläste in der Türkei schmücken. Die Stadt **Izmit**, die heute leider von Abgasen verpestet ist, hat antike Stadtwälle und ein römisches Aquädukt.

Die Ägäisküste

Das antike Ionien ist eine der Wiegen der westlichen Zivilisation. An der herrlichen Küste liegen malerische Urlaubsorte und bedeutende Ausgrabungsstätten, hier wurden die Überreste des legendären homerischen Troja gefunden. Bei den Ausgrabungsarbeiten Anfang dieses Jahrhunderts stieß Schliemann auf die Reste von neun verschiedenen Siedlungen. Die sechste Schicht soll die Ruinen des Stadtstaates Troja enthalten, den Homer so ausführlich in seiner Ilias beschrieben hat.
Die Ruinen der einst bedeutenden Stadt *Pergamon* (das heutige Bergama) liegen südlich von Troja; im Altertum war sie für ihre ausgezeichnete Bibliothek berühmt. Zu besichtigen gibt es den Athene- und den Trajans-Tempel, den Zeusaltar, eine Akropolis, ein Theater, ein Gymnasium, das Asklepion, ein Museum und eine Basilika aus roten Ziegeln. Der Pergamon-Altar mit bedeutenden Reliefs befindet sich heute im Pergamon-Museum in Berlin.
Die Hafenstadt **Izmir**, der Geburtsort Homers, ist die drittgrößte Stadt der Türkei. Die moderne Großstadt, in der es zahlreiche große Hotels gibt, liegt in einer wunderschönen Bucht, umgeben von terrassenartig angelegten Hügeln. Hier befand sich einst die griechische Festung Smyrna. Mehrere Erdbeben und ein großes Feuer haben die alte Siedlung fast vollständig zerstört. Übriggeblieben ist die auf dem *Berg Pagos* gelegene Zitadelle aus dem 4. Jahrhundert, die eine wunderschöne Aussicht auf die Stadt, den Golf von Izmir und eine römische Agora mit guterhaltenen Säulen und Statuen von Poseidon und Artemis bietet. **Çesme** mit ausgezeichneten Stränden, einer Festung aus dem 15. Jahrhundert und Thermalquellen ist nur einer der vielen beliebten Urlaubsorte in dieser Region. Die malerische Hafenstadt **Sigacik**, die Ruinen der alten ionischen Stadt **Teos** und die Sandstrände von **Akkum** liegen zwischen Izmir und Çesme. Am Fuß des Berges Pion befinden sich die Ruinen der griechisch-römischen Stadt *Ephesus* (das heutige Selçuk), die im 13. Jahrhundert v. Chr. gegründet wurde. Das *Große Theater* sowie die *Celsus-Bibliothek* sind inzwischen restauriert worden; außerdem können der *Serapis-Tempel* (2. Jh.), die elegante Fassade des *Hadrian-Tempels*, die Hafenstraße, verschiedene Häuser am Hang, die Agora, ein Gymnasium und ein Stadion besichtigt werden. *Meryemana*, angeblich das Haus der Jungfrau Maria, liegt in der Nähe von Ephesus in einem kleinen Tal des *Bulbul Dagi* (»Nachtigall-Berg«) und ist heute ein weltberühmter Schrein, der jedes Jahr Tausende von Pilgern anzieht. Die Ruinen von *Priene*, *Milet* und *Didyma* (einst eine bedeutende Orakelstätte) sind ebenfalls äußerst interessant; sie liegen wie Ephesus in der Nähe des attraktiven Ferienortes *Kusadasi*, der ausgezeichnete Sandbuchten hat und sich als Ausgangspunkt für Ausflüge in die Umgebung anbietet.
Weiter im Südwesten liegt die Küstenstadt **Bodrum**. Die prächtige *St.-Peter-Burg* aus dem 15. Jahrhundert beherrscht das Stadtbild. Von hier kann man Ausflüge zu der beliebten griechischen Insel *Kos* unternehmen. **Marmaris** liegt an einer Förde und ist von Pinienwäldern umgeben. Ganz in der Nähe ist das Fischerdorf **Datca**, weiter südlich liegt **Fethiye**, ein Urlaubsort mit viel Charme in einer geschützten Bucht mit vielen kleinen Inseln. Die Felsengräber der Lykier sind einen Besuch wert. Ganz in der Nähe liegt der erst vor kurzem entdeckte, außergewöhnlich schöne Strand *Öludeniz* – eine vom Meer geschützte Lagune mit kristallklarem, strahlendblauem Wasser. Obwohl auch hier für Touristen gebaut wird, ist die Lagune selbst relativ wenig davon betroffen, da sie unter Naturschutz steht. **Pamukkale** in der Nähe von Denizli ist bekannt für die spektakulären, zu Kalkstein erstarrten Wasserfälle, deren bizarre Schönheit Besucher aus aller Welt anzieht. Die Heilkraft der Thermalquellen war schon den Römern bekannt. Hier befinden sich auch die Ruinen der römischen Stadt Hierapolis.

Die westliche Mittelmeerküste

Die von zahlreichen versteckten Sandbuchten unterbrochene »Türkische Riviera« ist ein vielbesuchtes Urlaubsgebiet, das mit Sonnenschein um Besucher wirbt. Auch hier findet man überall Kreuzritterburgen und andere Zeugnisse einer bewegten Vergangenheit. Auf einer Klippe liegt **Antalya**, eine hübsche Stadt mit einem Jachthafen und ausgezeichneten Hotels; idealer Ausgangspunkt für Ausflüge zu den antiken griechischen Städten Perge, Aspendos und Side. In Antalya selbst kann man das antike *Hadriantor*, die Moscheen *Kesik Minare* und *Yivli Minare* und den runden römischen Turm *Hidirlik Kulesi* besichtigen. Westlich von Antalya in der Nähe von *Kemer* liegt ein Feriendorf des *Club Mediterranée*. Außerhalb der hellenistischen Stadtmauern der Ruinen von **Perge** befindet sich ein guterhaltenes römisches Amphitheater. Man kann noch immer die Radspuren der Kampfwagen sehen. Außerdem gibt es ein imposantes Siegestor, ein Thermalbad und eine Agora. Im eindrucksvollen Amphitheater (2. Jh.) in **Aspendos** werden noch heute griechische Tragödien aufgeführt. Nördlich der Stadt liegt das schönste römische Aquädukt in der Türkei. In **Side**, einem belebten Badeort, kann man nahezu unbeschädigte griechische Stadtmauern besichtigen sowie einen wunderschönen Brunnen, ein Theater, zwei Agoras und die römischen Bäder. **Alanya**, einer der populärsten Urlaubsorte am Mittelmeer, liegt am Fuße des Taurus-Gebirges unterhalb einer Seldschuken-Zitadelle. Eine Küstenrundfahrt mit dem Boot führt an prächtigen Klippen und versteckten Buchten vorbei. Von der Zitadelle mit dreifachen Burgmauern hat man eine atemberaubende Aussicht.

Die östliche Mittelmeerküste

Eine landschaftlich besonders schöne Straße führt von **Anamur**, dessen Stadtbild von einer auf einer Klippe gelegenen byzantinischen Burg beherrscht wird, nach **Silifke**. Das Museum der historischen Stadt enthält Funde der zahlreichen Ausgrabungsstätten in dieser Region. Die Hafenstadt **Mersin** wurde auf einer bis in die Altsteinzeit zurückreichenden Stätte errichtet. Es gibt recht gute Hotels. Die wohlhabende Stadt **Adana** in der Cukurova-Ebene ist das Zentrum der türkischen Baumwollindustrie. Die enorme *Taskopru-Brücke* wurde im 2. Jahrhundert von Hadrian erbaut. Der alte, überdachte Basar sowie die Kreuzritterburgen und Hethiter-Siedlungen in der Umgebung sind sehenswert. Von **Iskenderun** führt eine Straße über den Belen-Paß nach **Antakya**, dem biblischen Antiochia. Hier gründete Petrus die erste christliche Gemeinde. Etwas außerhalb der Stadt liegt die Grotte, in der er seine ersten Predigten hielt.

Die Schwarzmeerküste

Diese zerklüftete Bergregion zeichnet sich durch wilde Schönheit aus, hat aber weder den geschichtlichen Hintergrund noch das angenehme Klima der anderen Regionen der Türkei. Trotz des wechselhaften Wetters gibt es einige Ferienorte mit guten Sandstränden wie **Kilyos**, **Sile**, **Akcakoca**, **Unye**, **Ordu** und **Giresun**. Die Unterkünfte sind oft sehr einfach. Eine landschaftlich interessante Straße verbindet die Bezirksstädte **Samsun** und **Trabzon**. In Samsun deutet nur wenig auf die historische Vergangenheit hin, die Stadt spielte jedoch eine bedeutende Rolle in der modernen Geschichte der Türkei. Ein Denkmal erinnert an den Unabhängigkeitskrieg, der hier 1919 begann. In Trabzon können die Ruinen einer byzantinischen Festung und zahlreiche andere alte Bauwerke besichtigt werden. Die *Sofienkirche* wurde während der 200 Jahre anhaltenden Herrschaft der Kommagenen errichtet. Ein etwa 54 km von Trabzon entfernt liegendes Kloster aus dem 14. Jahrhundert wurde der Jungfrau Maria geweiht; es ist auf einer Höhe von 300 m in eine Felswand hineingebaut und hat sehenswerte Wandmalereien.

Zentralanatolien

In diesem riesigen Plateau stand die Wiege der alten Zivilisationen der Hethiter und Phrygier. Mittelpunkt ist die moderne Großstadt **Ankara**, die Hauptstadt der Türkei. Sie wurde in den zwanziger und dreißiger Jahren in dem nur dünn besiedelten Gebiet unter der Aufsicht von Kemal Atatürk gebaut, um die alte Hauptstadt Istanbul zu ersetzen. Atatürks Mausoleum ist das Wahrzeichen der Stadt und nur eines der zahlreichen Denkmäler dieses Nationalhelden der modernen Türkei. Ankara wurde auf den Ruinen einer alten Siedlung errichtet. Das Museum der Anatolischen Zivilisationen, unterhalb der Zitadelle, beherbergt eine einmalige und prächtige Sammlung von Kunst- und Gebrauchsgegenständen der Hethiter, der Römer, der Seldschuken und aus der neolithischen Zeit. Einige der wunderschönen Moscheen stammen aus dem 12. Jahrhundert. 1906 wurden in **Bogazkale** (Hattusa) die Staatsarchive der Hethiter gefunden. Im Dreieck *Bogazkale – Alaca Hüyük – Yazilikaya* kann man die bedeutendsten Stätten des Hethiterreiches besichtigen. **Sungurlu** ist ein guter Ausgangspunkt für Ausflüge in diese faszinierende, jedoch unterentwickelte Region. **Amasya**, eine der reizvollsten Städte Anatoliens, war die Hauptstadt des einstigen Königreiches Pontus. Die Felsengräber der Könige von Pontus und die auf einem hohen Berg gelegenen Ruinen einer Zitadelle mit den Überresten eines ottomanischen Palastes sind einen Besuch wert. Ganz in der Nähe liegen die Städte **Tokat** und **Sivas** mit bedeutenden Beispielen der seldschukischen Architektur.
Die surrealistisch anmutende Erosionslandschaft von **Kappadokien** besteht aus bizarren Felsformationen, Tuffsteinkegeln und Schluchten. Die Bewohner dieses Gebietes haben seit 400 v. Chr. ganze Siedlungen in die weichen Felswände aus vulkanischem Gestein geschlagen. Viele Generationen verfolgter Siedler (meist Christen) hielten sich in dem komplizierten Höhlensystem versteckt. Einige der Dörfer, z. B. *Soganli*, sind noch immer bewohnt, die meisten mußten jedoch wegen drohenden Steinschlags evakuiert werden. In *Göreme* kann man faszinierende Felskirchen mit byzantinischen Fresken besichtigen. In *Zelve* steht ein etwas unheimlich wirkendes Kloster. Die von bizarr geformten Felsen umgebenen Dörfer *Ortahisar* und *Uchisar* mit ihren Festungen bieten einen ausgezeichneten Rundblick. Man sollte sich das enge Tal von *Ihlara* und die unterirdischen Städte *Kaymakli* und *Derinkuyu* auf keinen Fall entgehen lassen. Überall in Kappadokien findet man kleine, freundliche Hotels und Campingplätze; die besten Hotels gibt es in den Städten **Nevsehir** und **Ürgüp**. Die historischen Siedlungen *Kanes*, *Karum* und *Fraktin* (heute ein Wintersportort) in der Nähe der Stadt **Kayseri** sind ebenfalls einen Besuch wert.
Konya, die ehemalige Hauptstadt der Seldschuken und die viertgrößte Stadt der Türkei, ist eine der ältesten Siedlungen der Welt – sie geht auf das 7. Jahrtausend v. Chr. zurück. Hier lebte der Mystiker Mevlana, der den Orden der Tanzenden Derwische gründete. Mevlanas Mausoleum wurde 1927 ein Museum, nachdem Kemal Atatürk eine weltlich orientierte Politik einführte, für viele Gläubige ist es aber immer noch ein Heiligtum. Besonders sehenswert sind außerdem die *Alaeddins Moschee* (13. Jh.), das Portal der *Ince Minare Medrese*, das Fayencen-Museum der *Karatay Medrese* und die *Iplikci-Moschee*, Konyas ältestes Gebäude. Die antiken Stätten *Beysehir* und *Binbirkilise* liegen in der Nähe von Konya.

Ostanatolien

Das weitläufige und kaum bevölkerte Ostanatolien unterscheidet sich gewaltig vom Rest der Türkei. Es ist

ein erstaunlich rauhes und ursprüngliches Land mit extremen Temperaturunterschieden. Die Landschaft hat eine gewisse desolate Schönheit und besteht aus ockerfarbenen Bergen der mittleren Hochlagen, fruchtbaren Tälern, schneebedeckten Bergen, Seen und Wasserfällen. Es gibt zahlreiche Moscheen, Paläste und Monumente zu besichtigen. **Erzurum**, die größte Stadt der Region, war viele Jahrhunderte lang eine der östlichsten Bastionen der Byzantiner. Die Moscheen und Mausoleen der Seldschuken und der Mongolen, byzantinische Stadtmauern sowie zwei Koranschulen mit schönen Minaretten und feingeschnitzten Eingangstoren sind einen Besuch wert. Die Grenzstadt **Kars**, nordöstlich von Erzurum, zeichnet sich durch eine eindrucksvolle mittelalterliche Festung (12. Jh.) aus. Östlich von Kars liegen die *Ani-Ruinen* aus dem 10. Jahrhundert. Noahs Arche soll auf Agri Dagi, dem Berg Ararat aus der Bibel, gestrandet sein. Am Fuße des Berges, in **Dogubayazit**, liegen der Märchenpalast und die Moschee des Ishak Pasha. Die Aussicht vom Palast ist atemberaubend. Die befestigte Stadt **Van** liegt am östlichen Ufer des riesigen Van-Sees. Sie war zwischen 800 und 600 v. Chr. eine bedeutende Festung der Urartu. Die Felsengräber und Ruinen von Moscheen der Seldschuken und Ottomanen sollte man auf keinen Fall versäumen. Auf der Insel *Akdamar* steht die bezaubernde Kirche des Heiligen Kreuzes aus dem 10. Jahrhundert. **Diyarbakir** wurde im 4. Jahrhundert erbaut und ist von drei mächtigen Wällen aus schwarzem Basalt umgeben. In **Mardin** stehen weiße Gebäude aus dem Mittelalter und eine römische Zitadelle. **Urfa** ist ebenfalls sehenswert. In **Nemrut Dagi** stehen gigantische Steinstatuen, die König Antiochus I. im 1. Jahrhundert v. Chr. errichten ließ und die einen unvergeßlichen Anblick bieten. Unterkünfte in dieser Region sind sehr einfach und mitunter schwer zu finden.

Wintersportorte

Die Wintersportorte der Türkei liegen meist auf bewaldeten Bergen der mittleren Hochlagen. Die nachfolgenden Skigebiete können mit dem Auto oder mit dem Flugzeug (*Turkish Airlines*) erreicht werden.
Uludag liegt 36 km südlich von Bursa und kann entweder über eine asphaltierte Straße oder mit der Drahtseilbahn erreicht werden. Saison ist von Januar bis April. Es gibt Anfängerhügel, Slalom, Riesenslalom, drei Skilifte, drei Sessellifte, ein kleines Krankenhaus und Après-Ski. Unterkunft findet man in Hotels und Skihütten (Kapazität 3100 Betten).
Saklikent: 48 km nördlich von Antalya liegt die Bakirli-Dagi-Bergkette (2546 m). Es gibt Pensionen und Skihütten (Kapazität 2500 Betten). Die besondere Attraktion dieser Gegend ist das nahegelegene Mittelmeer. Im März und April kann man morgens Ski laufen, dann zur Küste herunterfahren und am Nachmittag schwimmen gehen.
Köroglu Dagi liegt an der Autobahn zwischen Istanbul und Ankara, etwa 50 km von Bolu entfernt. Das von Pinienwäldern umgebene Skigebiet liegt auf einer Höhe von 1900-2350 m. Das Kartal-Hotel (2. Klasse – Kapazität 400 Betten) hat einen Swimmingpool und einen Skilift. Skiausrüstungen können gemietet werden, Skilehrer stehen zur Verfügung.
Palandoken, 6 km von Erzurum (Höhe 2200-3100 m), hat die längsten und schwierigsten Pisten der Türkei. Zum Skilaufen benötigt man die Genehmigung des Generaldirektors für Sportunterricht (*Beden Terbiyesi GM Kayak Federasyonu*, Ulus Ishani, A-Blok, Ulus, Ankara). Das Skihotel (Kapazität 100 Betten) hat Zentralheizung und einen Sessellift. Skilehrer stehen zur Verfügung, man kann auch Ausrüstungen mieten. In Erzurum gibt es ebenfalls einige Hotels. Hauptsaison ist von Dezember bis April.
Sarikamis: Dieses Skigebiet in der Nähe von Kars hat gute Pisten und ideale Schneebedingungen (Höhe 2250 m). Hauptsaison ist von Januar bis März. Das Skihotel (Kapazität 60 Betten) hat Zentralheizung, Sessellift und Skilehrer. In Kars findet man ebenfalls Unterkunft.
Erciyes ist 25 km von Kayseri entfernt und liegt am östlichen Hang des Berges Erciyes Dagi (2150 m). Saison ist von November bis Mai. Das Hotel (Kapazität 120 Betten) stellt Skiausrüstungen und Skilehrer zur Verfügung. Zum Skilaufen benötigt man eine Erlaubnis des Generaldirektors für Sportunterricht (Adresse s. o.).

SOZIALPROFIL

ESSEN & TRINKEN: Fast alle Hotels haben ein Restaurant, selbstverständlich gibt es jedoch auch zahlreiche gastronomische Betriebe außerhalb der Hotels. Die türkische Küche kombiniert Einflüsse der Mittelmeerländer mit den kulinarischen Traditionen eines Hirtenvolkes, das vor langer Zeit aus Zentralasien einwanderte. Einheimische Produkte wie Obst, Gemüse, Fleisch und Fisch werden frisch verarbeitet, daher die hervorragende Qualität der Gerichte. Lammfleisch steht auf allen Speisekarten, z. B. als *Shish Kebab* (gegrillte Lammspieße) und *Döner Kebab* (Lammfleisch am Drehspieß). Fische und Schalentiere sind ebenfalls sehr frisch, Spezialitäten sind *Barbunya* (Meerbarben) und *Kilic Baligi* (Schwertfisch). *Dolma* (mit Nüssen und Rosinen gefüllte Weinblätter) und *Karniyarik* (mit Hackfleisch gefüllte Auberginen) sollte man ebenfalls versuchen. Gäste, die Schwierigkeiten mit den Namen der Gerichte haben, dürfen in den meisten Fällen in die Küche gehen, in die Kochtöpfe schauen und sich die gewünschten Speisen direkt aussuchen. **Getränke:** *Ayran* (ein erfrischendes Getränk aus Joghurt), in Gläsern servierter Apfeltee und starker, schwarzer türkischer Kaffee sind überall erhältlich. Der Genuß von Alkohol ist nicht verboten, während des Fastenmonats Ramadan sollte man aber den Sitten und Gebräuchen des Landes Rechnung tragen und keinen Alkohol trinken. Das einheimische Bier und die Weine sind ausgezeichnet. Das Nationalgetränk *Raki* (Anisschnaps) wird milchig, wenn man Wasser zugibt, und wird daher auch »Löwenmilch« genannt. Raki trinken ist ein Ritual, normalerweise werden dazu verschiedene *Meze* (Vorspeisen) serviert.
NACHTLEBEN: In fast allen größeren Städten gibt es Kinos und Nachtklubs mit europäischer und orientalischer Musik. In Izmir, Istanbul und Ankara kann man Theater- und Konzertveranstaltungen besuchen. Zahlreiche Restaurants und Hotels veranstalten Unterhaltungsabende. In den Urlaubsorten ist die Auswahl an Diskotheken und Bars recht groß. Zur Entspannung empfiehlt sich ein Besuch im Türkischen Bad.
EINKAUFSTIPS: Der *Kapali-Carsi-Basar* in Istanbul bietet eine große Auswahl an Schmuck, Teppichen und Antiquitäten. Besonders empfehlenswert ist der Kauf von Textilien, Stickereien, Teppichen (insbesondere Kelims), Schmuck, Leder- und Wildlederwaren, Intarsienarbeiten, bemalten Kacheln und Gegenständen aus Kupfer, Onyx und Perlmutt. **Öffnungszeiten der Geschäfte:** Mo-Sa 09.00-13.00 und 14.00-19.00 Uhr.
SPORT: Bergsteigen: In der Türkei gibt es mehrere Bergketten, deren Gipfel Höhen zwischen 3250 m und 5165 m erreichen (der Agri Dagi/Ararat ist der höchste Berg in Anatolien), die sowohl Anfängern als auch erfahrenen Bergsteigern gute Betätigungsmöglichkeiten bieten. Die notwendige Genehmigung erhält man vom Türkischen Bergsteigerklub. **Skilaufen:** Die Wintersportorte liegen meist in schönen Waldgebieten (s. *Wintersportorte*), vor allem im Norden (in der Nähe von Ankara) und im Westen. Sie sind oft einfach über asphaltierte Straßen oder per Flugzeug zu erreichen. **Wassersport:** Das Mittelmeer, vor allem in der Nähe von Izmir, ist sehr warm und daher gut für Wassersport aller Art geeignet.

VERANSTALTUNGSKALENDER

Mai '96 (1) *Marmaris Yatcilik-Festival*, Marmaris (Internationale Jachtwoche). (2) *Silifke-Festival*, Silifke (Volkstanzfest). (3) *Nysa-Kunst- und Kulturfestival*, Sultanhisar. (4) *Yunus-Emre-Kunst- und Kulturwoche*, Eskisehir. (5) *Aksu-Kunst- und Kulturfestival*, Giresun.
Mai/Juni *Internationale Asien-Europa-Biennale*, Ankara.
Juni (1) *Alanya-Tourismus-Festival*. (2) *Sanaat-ve-*

Turizm-Festival, Marmaris (diverse Veranstaltungen). (3) Barlin-Erdbeerfestival. (4) Internationales Teefest, Rize. (5) Internationale Regatta Istanbul – Izmir. (6) Foça-Festival (Folklore, Musik und Wassersport). (7) Bergama-Festival. (8) Atatürk-Kulturfestival, Amasya. (9) Kalkasöl-Kunst- und Kulturfestival, Artvin. (10) Folklore-Festival, Bursa. (11) Kus-Cenneti-Kultur- und Tourismusfestival, Bandirma. (12) Safranboly-Architektur- und Folklorewoche. **Juni/Juli** (1) Istanbul-Festival, Istanbul. (2) Meer- und Musikfestival, Çesme. (3) Traditionelles Kirkpinar-Ringen, Edirne. (4) Ihlara-Kunst- und Tourismuswoche, Aksaray. **Juli** (1) Tourismus- und Kulturfestival, Iskenderun. (2) Volkstanzfestival, Samsun. (3) Keramik-Festival, Kütahya. (4) Nasreddin-Hoca-Festival, Aksehir. (5) Hittite-Festival, Corum. (6) Troja-Festival, Çanakkale. **Aug.** (1) Insuyu-Festival, Burdur. (2) Hacibektas-Veli-Gedenkfeier. **Ende Aug./Anfang Sept.** Internationale Industriemesse, Izmir. **Sept.** (1) Seyh-Edibali'l-Kulturfestival, Bilecik. (2) GAP-Kunst- und Kulturfestival, Gaziantep. (3) Internationales Meerschaum-Festival, Eskisehir. (4) Internationales Weinerntefest, Urgüp. (5) Allin-Portakal-Filmfestival. (6) Yagci-Bedir-Teppichfestival, Sindirgi Balikesir. **Okt.** Internationales Gullei-Festival, Bozburun. **Nov.** Internationale Jacht-Regatta, Marmaris. **Dez.** Fest der tanzenden Derwische, Konya.

SITTEN & GEBRÄUCHE: Zur Begrüßung gibt man sich die Hand. Türken sind sehr gastfreundlich. Besucher sollten islamische Sitten und Gebräuche respektieren. Legere Kleidung wird überall akzeptiert, Badekleidung gehört jedoch an den Strand. In Kinos, Theatern, Stadtbussen und Dolmussen darf nicht geraucht werden. Kopfschütteln bedeutet nicht wie in Nordeuropa »nein«, man bewegt den Kopf nach hinten und hebt die Augenbrauen, wenn man eine ablehnende Antwort geben will. **Trinkgeld:** In den Rechnungen der Hotels und Restaurants ist Bedienungsgeld enthalten.

WIRTSCHAFTSPROFIL

WIRTSCHAFT: Die Mehrheit der Erwerbstätigen ist noch immer in der Landwirtschaft beschäftigt, obwohl die Industrie in den letzten Jahren eine größere Wachstumsrate zu verzeichnen hatte. Bei den Agrarexporten stehen Tabak und Baumwolle an erster Stelle, in kleineren Mengen werden daneben auch Weizen, Zuckerrüben, Haselnüsse, Weintrauben, Oliven und Zitrusfrüchte ausgeführt. Das Land ist reich an Bodenschätzen, darunter Kupfer, Chrom, Borax sowie Bauxit und Kohle. Die Erdölförderung spielt inzwischen auch eine wichtige Rolle, das Land besitzt eigene Raffinerien. Die Fertigungsindustrie konzentriert sich vor allem auf die Bereiche Textilien, Eisen- und Stahlerzeugnisse. Der Tourismus konnte in den letzten Jahren einen enormen Zuwachs verzeichnen und hat sich zu einem der Hauptdevisenbringer entwickelt. 1993 besuchten über eine Million Deutsche die Türkei. Seitdem die Regierung eine liberalere Wirtschaftspolitik verfolgt, hat sich das Handelsvolumen gewaltig vergrößert; der Wirtschaftsverkehr mit dem Ausland wurde dabei schwerpunktmäßig vom Nahen Osten nach Europa (vor allem zu den EU-Ländern) verlagert. Weitere Exportmärkte dürften sich in den neuen Republiken im Süden der ehemaligen Sowjetunion eröffnen. Ende 1991 wurde ein Handelsabkommen mit der EFTA unterzeichnet, wodurch die Einfuhrzölle auf türkische Fertigwaren und Agrargüter entfallen. Obwohl das BSP in den achtziger Jahren durchschnittlich um ca. 5% wuchs und die Handelsbilanz relativ günstig ausfiel, bereiten die konstant hohe Inflationsrate von 66% (1993), hohe Arbeitslosenquoten (bei 9%), das Haushaltsdefizit sowie mangelndes Fremdkapital der Regierung einiges Kopfzerbrechen. Seit 1964 ist die Türkei mit der EG assoziiert; der Wunsch auf Vollmitgliedschaft in der Europäischen Union wird jedoch in Brüssel bislang mit Zurückhaltung aufgenommen. Wichtigste Handelspartner sind die EU-Länder, vor allem Deutschland, sowie die USA und Saudi-Arabien. 1992 unterzeichnete die Türkei zusammen mit weiteren zehn Staaten ein Abkommen zur regionalen wirtschaftlichen Zusammenarbeit (Albanien, Armenien, Aserbaidschan, Bulgarien, Georgien, Griechenland, Moldawien, Rumänien, Russische Föderation und Ukraine).

GESCHÄFTSVERKEHR: Auch in Geschäftskreisen wird häufig Deutsch gesprochen, türkische Sprachkenntnisse werden jedoch gern gesehen. Pünktlichkeit wird erwartet, Visitenkarten sind üblich. **Geschäftszeiten:** Mo-Fr 08.30-12.00 und 13.00-17.30 Uhr. Im Sommer: An der Mittelmeer- und an der Ägäisküste sind Behörden und zahlreiche andere Büros nachmittags geschlossen. Die Öffnungszeiten werden jedes Jahr vom Provinzgouverneur festgesetzt.

Kontaktadressen: Delegierter der Deutschen Wirtschaft, PK 22, TR-80840 Ortaköy-Istanbul. Tel: (9212) 259 11 95/96. Telefax: (9212) 259 19 39.
Avusturya Ticaret Müstesari (Außenhandelsstelle der Wirtschaftskammer Österreichs), PK 46 Kavaklidere, TR-06692 Ankara. Tel: (9312) 436 12 72/73. Telefax: (9312) 436 74 49.
Zweigstelle in Istanbul.
Union of Chambers of Commerce, Industry, Maritime Commerce and Commodity Exchanges of Turkey (UCCET), Atatürk Bulvari 149, Bakanliklar, TR-Ankara. Tel: (9312) 417 77 00. Telefax: (9312) 418 10 02.

KLIMA

Die Gebiete an den Küsten der Ägäis, des Mittelmeeres und am Marmara-Meer haben typisches Mittelmeerklima mit heißen Sommern und milden Wintern. In den übrigen Landesteilen variiert das Klima.
Kleidung: Sommer- und leichte Wintersachen, je nach Saison. Regenschutz nicht vergessen.

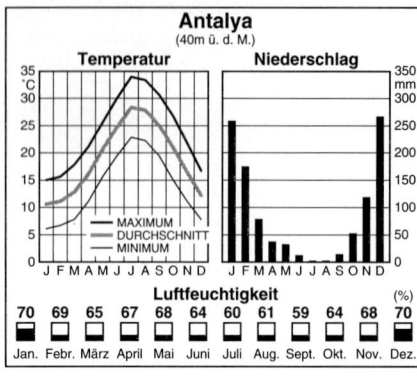

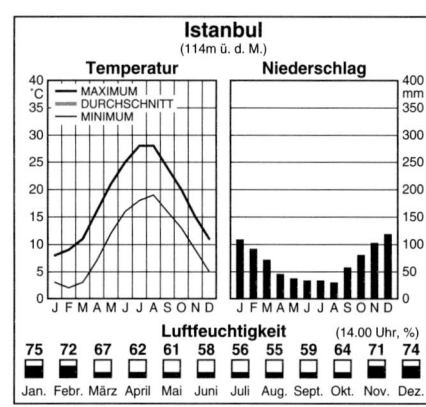

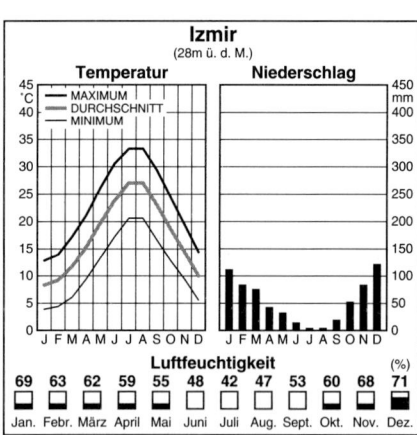

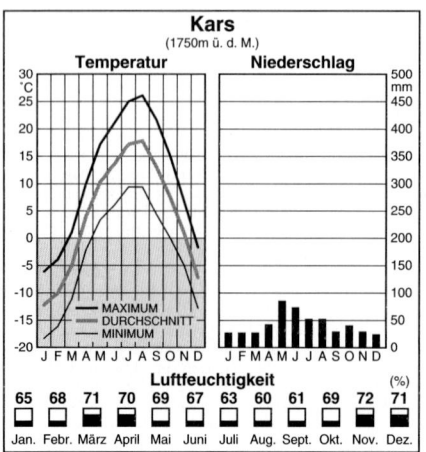

Turkmenistan

Lage: Zentralasien.

Olympia-Reisen
Siegburger Straße 49
D-53229 Bonn
Tel: (0228) 40 00 30. Telefax: (0228) 46 69 32.
Mo-Fr 08.00-18.00 Uhr.
Turkmenintour
Ulitsa Makhtumkhuli 74
Aschchabad
Tel: (03632) 25 69 32, 25 51 91. Telefax: (03632) 29 31 69.
Ministry of Culture and Tourism
Ulitsa Puschkin 14
Aschchabad 744000
Tel: (03632) 25 35 60. Telefax: (03632) 51 19 91.
Botschaft von Turkmenistan
Friedrich-Schmid-Platz 3
A-1080 Wien
Tel: (0222) 407 31 90. Telefax: (0222) 407 31 89.
Mo-Fr 09.00-12.15 und 13.30-17.00 Uhr.
(auch zuständig für Deutschland und die Schweiz)
Botschaft der Bundesrepublik Deutschland
Magtumguli Avenue
Pobedy Park
Dzerjinsky Street
744000 Aschchabad
Tel: (03632) 51 21 44/-48. Telefax: (03632) 51 09 23.
Die diplomatische Vertretung Österreichs und der Schweiz erfolgt durch die Botschaften in Moskau (s. Russische Föderation).

FLÄCHE: 488.100 qkm.
BEVÖLKERUNGSZAHL: 3.921.000 (1993).
BEVÖLKERUNGSDICHTE: 8 pro qkm.
HAUPTSTADT: Aschchabad. **Einwohner:** 517.200 (1993).
GEOGRAPHIE: Turkmenistan grenzt im Südosten an Afghanistan, im Süden an den Iran, im Osten an Usbekistan und im Norden an Kasachstan. Im Westen bildet das Kaspische Meer eine natürliche Grenze. Mehr als 80% der Gesamtfläche ist Wüste. Die Karakorum-Wüste

TIMATIC INFO-CODES

Abrufbar über Ihr CRS-System (für START/Amadeus Ama-Maske benutzen). Für Galileo bitte TI-DFT eingeben (mit Bindestrich).

Flughafengebühren	TI DFT/ ASB /TX
Währung	TI DFT/ ASB /CY
Zollbestimmungen	TI DFT/ ASB /CS
Gesundheit	TI DFT/ ASB /HE
Reisepassbestimmungen	TI DFT/ ASB /PA
Visabestimmungen	TI DFT/ ASB /VI

zwischen dem Kaspischen Meer und Amu-Darja ist das größte Wüstengebiet der GUS. Der längste Bewässerungskanal der Welt erstreckt sich über 1100 km vom Fluß Amu-Darja im Osten durch Aschchabad zum Kaspischen Meer.
STAATSFORM: Präsidialrepublik, seit Oktober 1991 unabhängig. Staats- und Regierungschef: General Saparmurad A. Nijasow, seit 1990 (1994 durch ein Referendum im Amt bestätigt). Parlament mit 50 Mitgliedern.
SPRACHE: Turkmenisch (gehört zu den Turksprachen).
RELIGION: Islam (hauptsächlich Sunniten), russisch-orthodoxe Minderheit.
ORTSZEIT: MEZ + 4.
NETZSPANNUNG: 220 V, 50 Hz.
POST- UND FERNMELDEWESEN: Telefon: Selbstwählferndienst nur *nach* Turkmenistan. **Landesvorwahl: 7.** Ferngespräche ins Ausland werden vom Fernamt vermittelt oder können vom Hauptpostamt in der Ulitsa Karl Libnicht geführt werden. Für Direktverbindungen innerhalb der GUS wählt man eine »8«, wartet auf einen Wählton und wählt dann die Teilnehmernummer. Ortsgespräche sind kostenlos. **Telefax:** Größere Hotels bieten ihren Gästen einen Telefaxservice. **Telexe/Telegramme** können in den Postämtern der größeren Städte aufgegeben werden. In größeren Hotels steht Gästen ein Telexdienst zur Verfügung. **Post:** Briefe sind zwischen zwei Wochen und zwei Monaten unterwegs. In den Postämtern werden frankierte Briefumschläge verkauft. Die Adresse sollte in folgender Reihenfolge geschrieben werden: Land, Postleitzahl, Stadt, Straße, Hausnummer, Name. Touristen können auch die Postämter in den größeren Intourist-Hotels benutzen. Öffnungszeiten: Mo-Fr 09.00-18.00 Uhr, Hauptpostamt in Aschchabad 09.00-19.00 Uhr.
DEUTSCHE WELLE
Der Einsatz der Kurzwellenfrequenzen ändert sich mehrfach im Laufe eines Jahres, und Sendungen auf den folgenden Frequenzen werden jeweils nur zu bestimmten Tageszeiten ausgestrahlt. Näheres in der Einleitung.

MHz	21,560	15,275	13,780	9,545	6,140
Meterband	13	19	22	31	49

REISEPASS/VISUM

Wichtiger Hinweis: *Die Einreisebestimmungen mancher Länder können sich kurzfristig ändern – rufen Sie sicherheitshalber auf Ihrem CRS-System (TIMATIC-Info-Code-Fenster in diesem Kapitel) den aktuellen Stand ab bzw. wenden Sie sich an die zuständige diplomatische Vertretung. Etwaige Zahlen in der Tabelle beziehen sich auf nachfolgende Fußnoten.*

	Paß erforderlich?	*Visum erforderlich?*	*Rückflugticket erforderlich?*
Deutschland	Ja	Ja	Nein
Österreich	Ja	Ja	Nein
Schweiz	Ja	Ja	Nein
Andere EU-Länder	Ja	Ja	Nein

Anmerkung: Die Einreisebestimmungen können sich kurzfristig ändern. Reisenden wird empfohlen, sich vor Reiseantritt mit einer Spezialreiseagentur bzw. den zuständigen Vertretungen in Verbindung zu setzen (Adressen s. o. bzw. *Russische Föderation*).
REISEPASS: Allgemein erforderlich.
VISUM: Allgemein erforderlich, ausgenommen sind Staatsbürger der GUS-Staaten. Für Reisen in Grenzgebiete ist eine Sondergenehmigung erforderlich.
Visaarten: Einfach- und Mehrfachvisa.
Visagebühren: *Einfachvisum:* 20 US$ (max. 10 Tage Aufenthalt), 30 US$ (max. 20 Tage Aufenthalt), 40 US$ (max. 1 Monat Aufenthalt), 30 US$ pro Monat (1-3 Monate Aufenthalt, plus 10 US$ Stempelgebühr) und 20 US$ pro Monat (3-12 Monate Aufenthalt, plus 10 US$ Stempelgebühr). *Mehrfachvisum:* 60 US$ (1 Monat Aufenthalt), 50 US$ pro Monat (1-3 Monate Aufenthalt, plus 10 US$ Stempelgebühr) und 30 US$ pro Monat (3-12 Monate Aufenthalt, plus 10 US$ Stempelgebühr). Bei Expreßausstellung ist eine erhöhte Gebühr zu zahlen. Es besteht eine Verlängerungsmöglichkeit für 10, 20 oder 30 Tage gegen eine Gebühr von je 20 US$ pro 10-Tages-Periode.
Gültigkeitsdauer: Individuell verschieden.
Unterlagen: (a) Gültiger Reisepaß (Kopie). (b) Angabe der genauen Reisedaten. (c) Gebühr (bar oder Banküberweisung, Bezahlung nur in US$). (d) Bestätigung der geplanten Reise vom Außenministerium in Turkmenistan, die vor Ort von einem Reiseunternehmen, Turkmenintour oder vom turkmenischen Geschäftspartner besorgt werden muß. (e) Bei Geschäftsreisen zusätzlich eine Einladung des turkmenischen Geschäftspartners. Bei Beantragung bei Vertretungen der Russischen Föderation: Neben Name, Paßnummer, Ausstellungsort und -datum sollten die Aufenthaltsdauer und der Grund des Besuches angegeben werden. Die turkmenischen Behörden senden bei Annahme des Antrags eine Bestätigung zur Botschaft der Russischen Föderation im Heimatland des jeweiligen Antragstellers. Für die Ausstellung des Visums werden außerdem vier Paßfotos benötigt.
Antragstellung: (a) *Deutsche und österreichische Staatsbürger:* Konsularabteilung der Botschaft (Adresse s. o.). (b) *Schweizer Staatsbürger:* Wird die Reise nach Turkmenistan über ein Reisebüro gebucht, so beinhaltet sie einen Aufenthalt in Moskau. Dort kann das Visum, das vom Reisebüro beantragt wurde, bei der dortigen turkmenischen Botschaft gegen eine Gebühr von ca. 35 US$ abgeholt werden. Wer eine Einladung aus Turkmenistan mit Bestätigung des Außenministeriums besitzt, erhält ein Visum bei der Einreise. Andernfalls wendet man sich an die Botschaft in Wien (Adresse s. o.).
Bearbeitungszeit: 7-10 Werktage, Expreßausstellung innerhalb von ca. 24 Stunden.

GELD

Währung: 1 Manat = 100 Tenge. Banknoten gibt es in den Werten von 1000, 500, 100, 50, 10, 5 und 1 Manat. Münzen sind in den Nennbeträgen von 50, 20, 10, 5 und 1 Manat in Umlauf. Der Manat wurde 1993 eingeführt, die gängigste Währung im Zahlungsverkehr ist jedoch immer noch der US-Dollar; andere Fremdwährungen werden kaum akzeptiert. Alle Rechnungen müssen in Devisen bezahlt werden, bei Pauschalreisen mit Turkmenintour erfolgt die Bezahlung bereits im voraus.
Geldwechsel: In Banken und großen Hotels. Barzahlung ist üblich.
Kreditkarten werden nicht akzeptiert.
Reiseschecks: Nur Reiseschecks von einer Bank, die ein Abkommen mit der Turkmenischen Nationalbank hat, werden akzeptiert.
Wechselkurs: Der Manat ist bislang nicht konvertibel. Der offizielle Wechselkurs des Manat gegenüber dem US$ betrug im Februar 2,30. Neuere Angaben liegen nicht vor.
Devisenbestimmungen: Die Ausfuhr der Landeswährung ist verboten. Fremdwährungen sollten bei der Einfuhr deklariert werden.

DUTY FREE

Die folgenden Artikel können zollfrei nach Turkmenistan eingeführt werden:
400 Zigaretten oder 100 Zigarren oder 500 g andere Tabakwaren;
2 l Spirituosen;
Parfüm für den persönlichen Bedarf;
andere Waren im Wert von bis zu 5000 US$.

GESETZLICHE FEIERTAGE

9. Mai '96 Tag des Sieges (2. Weltkrieg). **18. Mai** Tag der Einheit. **27./28. Okt.** Unabhängigkeitstag. **1. Jan. '97** Neujahr. **12. Jan.** Gedenktag. **19. Febr.** Geburtstag des Präsidenten. **8. Febr.** Navrus Bayram (Eid al-Fitr). **8. März** Internationaler Frauentag. **19. April** Gurban Bayram (Eid al-Adha). **9. Mai** Tag des Sieges. **18. Mai** Tag der Einheit.
Anmerkung: Die angegebenen Daten für islamische Feiertage richten sich nach dem Mondkalender und verschieben sich daher von Jahr zu Jahr. Während des Fastenmonats Ramadan, der dem Festtag Eid al-Fitr vorangeht, essen Mohammedaner nicht tagsüber, sondern erst nach Sonnenuntergang, wodurch der normale Geschäftsablauf gestört werden kann. Diese Unterbrechungen können auch während des Eid al-Fitr auftreten. Dieses Fest, ebenso wie das Eid al-Adha, hat keine festgelegte Zeitdauer und kann je nach Region 2-10 Tage dauern. Nähere Informationen im Kapitel *Welt des Islam* (s. Inhaltsverzeichnis).

GESUNDHEIT

In der folgenden Tabelle aufgeführte Impfvorschriften können sich kurzfristig ändern. Es wird stets empfohlen, auf Ihrem CRS-System (TIMATIC-Info-Code-Fenster in diesem Kapitel) den aktuellen Stand der Gesundheitsbestimmungen abzurufen bzw. rechtzeitig vor der Reise ärztlichen Rat einzuholen.

	Vorsichtsmaßnahmen empfohlen	*Impfschein erforderlich*
Gelbfieber	Nein	Nein
Cholera	Ja	1
Typhus & Polio	2	-
Malaria	3	-
Essen & Trinken	4	-

[1]: Eine Impfbescheinigung gegen Cholera ist keine Einreisebedingung, das Risiko einer Infektion besteht jedoch. Da die Wirksamkeit der Schutzimpfung umstritten ist, empfiehlt es sich, rechtzeitig vor Antritt der Reise ärztlichen Rat einzuholen. Weitere Informationen im Kapitel *Gesundheit* (s. Inhaltsverzeichnis).
[2]: Typhus, Paratyphus und Poliomyelitis kommen vor.
[3]: Malariaprophylaxe empfiehlt sich bei Reisen in das Flußtal des Amu-Darja im Osten Turkmenistans.
[4]: Wasser sollte generell vor der Benutzung zum Trinken, Zähneputzen oder zur Eiswürfelbereitung abgekocht oder anderweitig sterilisiert werden. Trocken- und Dosenmilch nur mit sterilisiertem Wasser anrühren. Fleisch- und Fischgerichte nur gut durchgekocht und heiß serviert essen. Der Genuß von Schweinefleisch, rohen Salaten und Mayonnaise sollte vermieden werden. Gemüse sollte gekocht und Obst geschält werden.
Tollwut kommt vor. Wer ein erhöhtes Risiko eingeht (z. B. längerer Aufenthalt in abgelegenen Gebieten), sollte vor Reiseantritt eine Schutzimpfung erwägen. Bei Bißwunden so schnell wie möglich ärztliche Hilfe in Anspruch nehmen.
Hepatitis A, B und *E* kommen ebenfalls vor.
Diphterie-Ausbrüche wurden gemeldet, eine Schutzimpfung wird empfohlen.
Gesundheitvorsorge: In Notfällen ist die Behandlung kostenlos. Der Abschluß einer Reisekrankenversicherung wird dringend empfohlen. Eine Reiseapotheke und alle notwendigen Medikamente sollten mitgeführt werden.

REISEVERKEHR - International

FLUGZEUG: Turkmenistans nationale Fluggesellschaft *Turkmenistan Airlines* bietet Flugdienste nach Istanbul (Türkei), Abu Dhabi (VAE) und Karachi (Pakistan). *Iranian Airlines* fliegen Aschchabad von Teheran aus an, *Turkish Airlines* von Istanbul. Außerdem gibt es Verbindungen von Moskau, St. Petersburg, Taschkent (Usbekistan), Almaty (Kasachstan) und Kiew (Ukraine). In Turkmenistan müssen Flugtickets in Devisen bezahlt werden, von Ausländern wird meist das Zehnfache des regulären Preises verlangt.
Durchschnittliche Flugzeiten: *Istanbul* – Aschchabad: 2 Std. 30; *Abu Dhabi* – Aschchabad: 2 Std; *Karachi* – Aschchabad: 4 Std. 30; *Teheran* – Aschchabad: 1 Std; *Moskau* – Aschchabad: 3 Std. 30; *Taschkent* – Aschchabad: 2 Std; *Almaty* – Aschchabad: 2 Std. 30; *Kiew* – Aschchabad: 2 Std.
Internationaler Flughafen: *Aschchabad (ASB)* liegt 4 km nördlich der Stadt. Ein neuer internationaler Flughafen ist 6 km von der Hauptstadt eröffnet worden. Taxistand und Busverbindung sind vorhanden.
SCHIFF: Über das Kaspische Meer bestehen von Turkmenbaschi (ehemals Krasnowodsk) Verbindungen nach Baku (Aserbaidschan) sowie gelegentlich nach Astrachan in der Russischen Föderation. Der wichtigste Schiffahrtsweg im Inlandsverkehr ist der Amu-Darja.
BAHN: Die Hauptstrecke verläuft zwischen Turkmenbaschi im Westen über Aschchabad nach Tschardschau im Osten. Hier bestehen Anschlußverbindungen in die Russische Föderation und weiter nach Osten in andere zentralasiatische Republiken. Das Streckennetz soll ausgebaut und nach Mashad (Eröffnung für 1996 geplant) und Bandar Shahi (Iran) verlängert werden, von wo Direktverbindungen nach Istanbul zur Verfügung stehen. Nach Taschkent (Usbekistan) ist man ca. 24 Std. unterwegs, nach Moskau drei Tage.
BUS/PKW: Straßen gibt es nach Kasachstan, Usbekistan und nach Mashad und Teheran im Iran. Der iranisch-turkmenische Grenzübergang ist in der Regel nur für Staatsbürger des Iran und der GUS-Staaten geöffnet. Die iranischen und turkmenischen Behörden stellen u. U. Sondergenehmigungen für andere Staatsangehörige aus, die man sich jedoch vor der Abreise besorgen muß. Es gibt Busverbindungen in die Hauptstädte der Nachbarstaaten und nach Norden durch die Karakorum-Wüste nach Kunya-Urgentsch und in die usbekische Stadt Chiva. Von Mary führt eine Straße nach Herat in Afghanistan.

REISEVERKEHR - National

FLUGZEUG: *Turkmenistan Airlines* fliegt Aschchabad, Mary, Tschardschau und Turkmenbaschi an. Flugtickets müssen in Turkmenistan in Devisen bezahlt werden. Die Flugzeit von Aschchabad nach Mary beträgt 1 Std., nach Tschardschau fliegt man 1 Std. 30.
BAHN: Die Transkaspische Eisenbahn führt von Turkmenbaschi über Aschchabad und Mary nach Tschardschau und weiter nach Buchara in Usbekistan.
BUS/PKW: Die Hauptstraße verläuft parallel zur Eisenbahnlinie (s. o.). Außerdem führt eine Straße von Aschchabad nach Norden durch die Karakorum-Wüste (die Strecke durch die Wüste ist 500 km lang) bis nach Taschaus und Kunya-Urgentsch. **Fernbus:** Es gibt Busverbindungen in alle größeren Städte. **Taxi:** In allen größeren Städten gibt es Taxis und Wagen mit Chauffeur. Die Mehrzahl hat keine Lizenz; es empfiehlt sich, den Fahrpreis im voraus zu vereinbaren. Da seit der Unabhängigkeit viele Straßennamen geändert wurden, sollte man das Fahrziel mit dem neuen und dem alten Namen angeben. **Mietwagen** für Selbstfahrer sollen bald zur Verfügung stehen, ein internationaler Führerschein wird dann benötigt.

UNTERKUNFT

HOTELS: Die Bettenkapazität ist immer noch relativ begrenzt. Dem Mangel an Hotels soll jedoch möglichst schnell abgeholfen werden; viele neue und luxuriöse Hotels sind seit der Unabhängigkeit in der Hauptstadt gebaut worden oder stehen kurz vor der Vollendung. Hotels in Provinzstädten werden modernisiert; der im Westen übliche Komfort kann jedoch nicht erwartet werden – nur in Turkmenbaschi gibt es ein Hotel mit 40 Zimmern, das westlichem Standard entspricht. In Aschchabad wurden in den letzten Jahren mehrere kleine Hotels (15-40 Zimmer) gebaut, die ebenfalls internatio-

nales Niveau haben. Ein weiteres Luxushotel, das *Ak Altin Plaza Hotel*, soll demnächst eröffnet werden. Die größten Hotels in Aschchabad sind derzeit das *Hotel Aschchabad* (das Haupttouristenhotel), *Hotel Oktjabrskaja* und das *Hotel Tourist*. Das *Hotel Jubiljenaja* ist meist ausgebucht. Rechnungen müssen in Devisen bezahlt werden.
PENSIONEN: Am Kaspischen Meer gibt es sogenannte *Dom Odicha*, Erholungsheime für Arbeiter, die gelegentlich Zimmer vermieten.
CAMPING: Die Campingplätze am Kaspischen Meer werden zur Zeit modernisiert.

URLAUBSORTE & AUSFLÜGE

Die Hauptstadt **Aschchabad** ist eine moderne, ursprünglich 1881 gegründete Stadt (1948 von einem Erdbeben zerstört), die in den letzten Jahren stark gewachsen ist. Viele der wichtigsten Sehenswürdigkeiten befinden sich am Svovoda Prospekt, der Hauptstraße. Das *Kunstmuseum* und das *Volkskundemuseum* sind in einem schönen Gebäude mit Säulen und orientalischen Fenstern untergebracht (Ulitsa Makhtumkhuli, beide Museen werden gegenwärtig renoviert). Neben der Teppichknüpferei in der Ulitsa Kuragli (ehemals Piervomeiskaja) befindet sich ein kleines *Teppichmuseum*. Die *Glasbläsereien* sind ebenfalls einen Besuch wert. Im *Botanischen Garten* hinter der Hochschule findet man Ruhe und Erholung. Zerstreuung bietet auch ein Nachmittag auf der vielbesuchten Rennbahn (Hippodrom). In dem 10 km südlich von Aschchabad gelegenen *Gestüt Turkmenbaschi* werden die berühmten Akilteken-Pferde gezüchtet. Auch die Kultur kommt nicht zu kurz – es gibt zwei Theater. Außerhalb der Stadt kann man die Ruinen des antiken *Nisa*, der Hauptstadt des mächtigen Königreichs Parthien (3. Jh. v. Chr.), besichtigen. Die *Firjusa-Schlucht* in den Bergen südlich von Aschchabad ist ein beliebtes Ausflugsziel im Sommer.
90 km westlich von Aschchabad befindet sich *Kov Ata*, ein von unterirdischen heißen Quellen gespeister Mineralsee. Hier gibt es keine Unterkunftsmöglichkeiten, der Ausflug kann aber bequem an einem Tag bewältigt werden.
Die zweitgrößte turkmenische Stadt **Mary** liegt in der Nähe der Ruinen des antiken *Merv* – der einst zweitgrößten Stadt des Islam, die 1221 von Dschingis-Khans Sohn Toloi dem Erdboden gleichgemacht wurde. Die Ruinen von Merv und aller vorangegangenen und nachfolgenden Städte sind über ein weites Gebiet verstreut. Besonders hervorzuheben sind die *Mausoleen der Herrscher und Heiligen*, vor allem das 1140 vollendete imposante *Mausoleum des Sultan Sanjar*. Von den traditionellen Lehmbauten der Turkmenen ist leider nicht viel übriggeblieben, da sie sehr anfällig sind für Witterungsschäden und außerdem unter den zahlreichen Invasionen gelitten haben.
Turkmenbaschi (ehemals Krasnowodsk) am Ufer des Kaspischen Meeres ist eine russische Stadtgründung, in der heute die Transkaspische Eisenbahn endet. Das *Museum für Geschichte und Naturkunde* ist sehenswert.
In **Kunya-Urgentsch** am Rande der Karakorum-Wüste, 500 km nördlich von Aschchabad, befindet sich das höchste Minarett Zentralasiens – das 62 m hohe *Kutluk-Timur-Minarett* (14. Jh.).

SOZIALPROFIL

ESSEN & TRINKEN: Die turkmenische Küche ähnelt der anderer zentralasiatischer Länder. In Aschchabad gibt es einige Restaurants westlichen Stils, die Speisekarte ist unbegrenzt. *Plov* (im Wok zubereitete Lammstücke, Rüben und Reis) ist das Nationalgericht aller zentralasiatischen Republiken. *Schaschlik* und *Lipioschka* (Fladenbrot) werden in Restaurants und an Imbißständen angeboten. *Manty* sind mit Fleisch gefüllte Teigbällchen. *Schorpa* ist eine Fleisch- und Gemüsesuppe. Besondere Spezialitäten sind *Ka'urma* (Lammfleisch im eigenen Fett ausgebacken) und *Tschurban Tschurpa* (Lammfett mit grünem Tee). *Ischklykli* sind mit Fleisch und Zwiebeln gefüllte Teigtaschen, die in erhitztem Sand gegart werden. Am Ufer des Kaspischen Meeres werden die Gerichte mit Fisch anstelle von Lammfleisch zubereitet. Im Westen des Landes wird Lammfleisch mit Kräutern im Tandoori-Ofen gegart. Auf den Speisekarten der Hotelrestaurants findet man viele russische Spezialitäten. **Getränke:** Das Nationalgetränk ist grüner Tee. Zum Frühstück trinkt man oft Kefir. In Restaurants wird Bier, Wein, Wodka, Weinbrand und Schaumwein serviert.
NACHTLEBEN: In Aschchabad finden Opern-, Ballett- und Theateraufführungen statt.
EINKAUFSTIPS: Auf dem Sonntagsmarkt in Aschchabad gibt es die berühmten Buchara-Teppiche zu kaufen, die eigentlich in Turkmenistan hergestellt werden und nicht in der usbekischen Stadt Buchara. Im Kunstmuseum verkauft ein Laden turkmenisches Kunsthandwerk, Silber und Kleidungsstücke, wie z. B. Schaffellmützen. Auf dem Zentralbasar werden Nahrungsmittel und Kuriositäten angeboten. Der neue *Tekke Basar* wurde ganz aus Marmor gebaut.
VERANSTALTUNGSKALENDER
Mai '96 *Tag des Teppichs*. **Sept.** *Bakschi-Tag* (Folkloremusik). **Nov.** *Erntedankfest*. **April '97** *Akilteken-Tag* (Paraden und Wettrennen mit den berühmten Akilteken-Pferden). **Mai** *Tag des Teppichs*.
SITTEN & GEBRÄUCHE: Vor dem Betreten eines Hauses zieht man die Schuhe aus. Fladenbrot sollte nie mit der Oberseite nach unten auf den Tisch gelegt werden. Frauen sollten sich zurückhaltend kleiden.

WIRTSCHAFTSPROFIL

WIRTSCHAFT: Turkmenistan war eines der ärmsten Länder der ehemaligen UdSSR. Seit der Unabhängigkeit 1991 ist es zum viertgrößten Erdgas-Produzenten aufgestiegen und hat mit der Ausbeutung der Erdölvorkommen begonnen. Da es gegenwärtig nur eine Pipeline gibt, mangelt es jedoch noch an Exportmöglichkeiten. Ausländische Investitionen sollen hier Abhilfe schaffen. Turkmenistan verfügt ferner über kleinere Vorkommen an Schwefel, Salz, Salpeter, Kohle und Eisenbromid. Die Landwirtschaft ist noch immer der größte Arbeitgeber und beschäftigt 43% der Erwerbstätigen. Das Land besteht hauptsächlich aus Wüste, und nur 2% der Fläche ist landwirtschaftlicher Anbau möglich. Zur Bewässerung dient der Kara-Kum-Kanal, der vom Amu-Darja gespeist wird. Die wichtigsten Agrarerzeugnisse sind Baumwolle, Weizen, Obst, Gemüse und Mais. Außerdem werden Seide und Wolle produziert. Es gibt kaum Industrie, größte Bedeutung haben die Textil-, Nahrungsmittel- und petrochemische Industrie. Das Land erhofft sich einen wirtschaftlichen Aufschwung durch verstärkte Auslandsinvestitionen und ist bestrebt, vor allem die petrochemische Industrie auszubauen. Zu diesem Zweck wurden zahlreiche Anreize für ausländische Investoren geschaffen. Es wurden acht Freie Wirtschaftszonen eingerichtet und besondere Vergünstigungen eingeführt, z. B. Befreiung von Importzöllen, drei Jahre Steuerfreiheit ab Produktionsbeginn, weitere 13 Jahre Steuervergünstigungen, abgabenfreie Ausfuhr und eine beschleunigte Lizenzvergabe. Joint-ventures sind im ganzen Land möglich, ausländische Firmen können sich jedoch nur in den Freien Wirtschaftszonen niederlassen. Turkmenistan ist seit 1992 Mitglied der Zentralasiatischen Organisation für Wirtschaftliche Zusammenarbeit (ECO) und trat auch dem Zentralasiatisch-Türkischen Gipfel (OATCT) bei, dem die Türkei und alle zentralasiatischen GUS-Staaten angehören. Mit der Volksrepublik China wurde 1994 ein bilaterales Abkommen unterzeichnet, das eine verstärkte wirtschaftliche Zusammenarbeit vorsieht.
GESCHÄFTSVERKEHR: Kontaktadressen: *Bundesverband der Deutschen Industrie, Ost-Ausschuß der Deutschen Wirtschaft*, Gustav-Heinemann-Ufer 84-88, D-50968 Köln. Tel: (0221) 370 84 17. Telefax: (0221) 370 85 40, 370 86 90.
Wirtschaftskammer Österreich, Außenwirtschaftsorganisation, Osteuroparefarat, Wiedner Hauptstraße 63, A-1045 Wien. Tel: (0222) 5 01 05-4322. Telefax: (0222) 5 02 06-255.
Die wirtschaftlichen Interessen Österreichs werden von der Außenhandelsstelle der Wirtschaftskammer Österreich in Moskau (s. Russische Föderation) wahrgenommen.
Interessengemeinschaft für die GUS, Georgien und das Baltikum, c/o SHIV (Vorort), Postfach 690, CH-8034 Zürich. Tel: (01) 382 23 23. Telefax: (01) 382 23 32.
Industrie- und Handelskammer, Ul. Lakhuti 17, 744000 Aschchabad. Tel: (03632) 25 57 56.

KLIMA

Ausgeprägtes Kontinentalklima mit sehr heißen Sommern und recht kalten Wintern (bis -5°C). In der Wüste wird es tagsüber noch heißer, während nachts die Temperaturen plötzlich sinken – im Winter bis zu -15°C.
Kleidung: Sommerkleidung für die heiße Jahreszeit, im Winter und bei Übernachtungen in der Wüste Wollkleidung und Mantel.

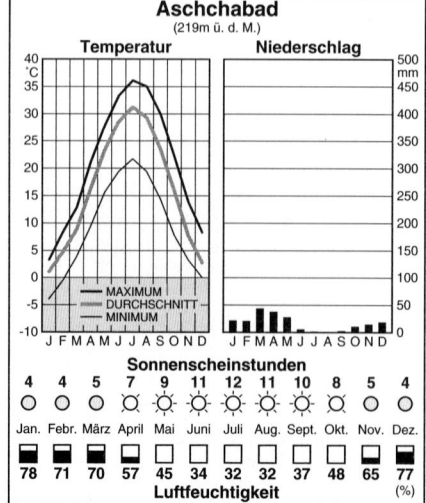

Turks- und Caicos-Inseln

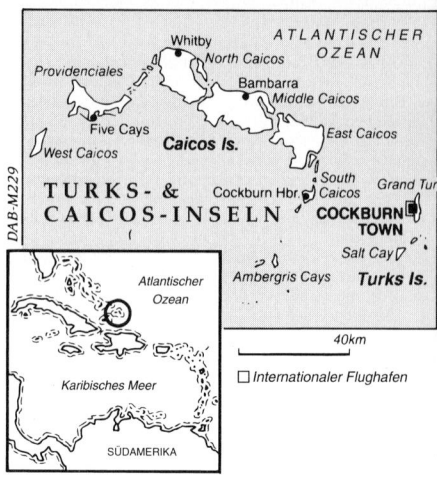

Lage: Karibik, südöstlich der Bahamas.

Turks & Caicos Tourist Board Information Office
International House
47 Chase Side
GB-Enfield
Middlesex EN2 6NB
Tel: (0181) 364 51 88. Telefax: (0181) 367 99 49.
Mo-Fr 09.30-17.30 Uhr.
Turks & Caicos Tourist Board
Pond Street
PO Box 128
Grand Turk
Tel: 23 21. Telefax: 27 33.
Die Turks- und Caicos-Inseln sind eine britische Kronkolonie und werden im Ausland von den britischen Botschaften diplomatisch vertreten. Adressen s. Großbritannien.
Die Bundesrepublik Deutschland, Österreich und die Schweiz unterhalten keine diplomatische Vertretung auf den Turks- und Caicos-Inseln, zuständig ist für die Bundesrepublik Deutschland die Botschaft in Kingston (s. Jamaika), für Österreich das Konsulat in Nassau (s. Bahamas) und für die Schweiz die Botschaft in London (s. Großbritannien).

FLÄCHE: 430 qkm.
BEVÖLKERUNGSZAHL: 13.000 (1993).
BEVÖLKERUNGSDICHTE: 30 pro qkm.
VERWALTUNGSSITZ: Cockburn Town (Grand Turk). Einwohner: 3761 (1990).
GEOGRAPHIE: Die südlich von den Bahamas gelegene britische Kronkolonie Turks und Caicos ist ein Archipel mit über 40 Inseln. Es gibt zwei Hauptinselgruppen, die jeweils von einem Korallenriff umgeben sind. Caicos, die größere von ihnen, umfaßt die Inseln *Providenciales*, *Middle Caicos* (auch Grand Caicos genannt), *North Caicos*, *South Caicos*, *East Caicos* und *West Caicos* sowie viele kleine *Cays*, von denen einige bewohnt sind. Die Gruppe der Turks-Inseln liegt 35 km entfernt und ist durch einen breiten Kanal abgetrennt. Sie besteht aus *Grand Turk*, *Salt Cay* und einer Anzahl kleinerer, unbewohnter *Cays*.
STAATSFORM: Britische Kronkolonie seit 1670. Staatsoberhaupt: Königin Elizabeth II., vertreten durch den Gouverneur Martin Bourke, seit 1993. Regierungschef: Washington Misick, seit April 1991. Die Regierung setzt sich aus Legislativ- und Exekutivrat zusammen.
SPRACHE: Englisch.
RELIGION: Überwiegend Protestanten (Anglikaner),

TIMATIC INFO-CODES	
*Abrufbar über Ihr CRS-System (für START/Amadeus Ama-Maske benutzen). Für Galileo bitte TI-DFT eingeben (**mit Bindestrich**).*	
Flughafengebühren	TI DFT/ GDT /TX
Währung	TI DFT/ GDT /CY
Zollbestimmungen	TI DFT/ GDT /CS
Gesundheit	TI DFT/ GDT /HE
Reisepassbestimmungen	TI DFT/ GDT /PA
Visabestimmungen	TI DFT/ GDT /VI

daneben Katholiken, Methodisten, Baptisten und Sieben-Tage-Adventisten.
ORTSZEIT: MEZ - 6 (MEZ - 5 zwischen dem 7. April und dem 26. Oktober).
NETZSPANNUNG: 110 V, amerikanische Steckdosen.
POST- UND FERNMELDEWESEN: Telefon: Selbstwählferndienst. **Landesvorwahl: 1 809 946** und **1 809 941**. Es gibt keine Ortsnetzkennzahlen. Das Kommunikationsnetz wird von *Cable & Wireless (WI) Ltd.* betrieben; auf allen Inseln ist das Telefonnetz vollautomatisch. Telefonkarten sind im Wert von 20, 10 und 5 US$ von *Cable & Wireless* und anderen Verkaufsstellen erhältlich (plus 10% Steuer). Billigtarife gelten Mo-Fr 19.00-06.00 Uhr sowie samstags und sonntags den ganzen Tag.
Telex/Telefaxe/Telegramme: Internationaler Telegramm-, Telefax- und Telexdienst in der Hauptstadt sowie auf den meisten Inseln Mo-Sa 08.00-18.00 Uhr.
Post: Das Hauptpostamt ist auf Grand Turk. Zweigstellen befinden sich auf South Caicos, Salt Cay und Providenciales. Luftpostsendungen nach Europa sind fünf Tage unterwegs. Öffnungszeiten der Postämter: Mo-Do 08.00-16.00 Uhr, Fr 08.00-15.30 Uhr.
DEUTSCHE WELLE
Der Einsatz der Kurzwellenfrequenzen ändert sich mehrfach im Laufe eines Jahres, und Sendungen auf den folgenden Frequenzen werden jeweils nur zu bestimmten Tageszeiten ausgestrahlt. Näheres in der Einleitung.

MHz	17,765	17,715	15,275	9,545	6,100
Meterband	16	16	19	31	49

REISEPASS/VISUM

Wichtiger Hinweis: Die Einreisebestimmungen mancher Länder können sich kurzfristig ändern – rufen Sie sicherheitshalber auf Ihrem CRS-System (TIMATIC-Info-Code-Fenster in diesem Kapitel) den aktuellen Stand ab bzw. wenden Sie sich an die zuständige diplomatische Vertretung. Etwaige Zahlen in der Tabelle beziehen sich auf nachfolgende Fußnoten.

	Paß erforderlich?	*Visum erforderlich?*	*Rückflugticket erforderlich?*
Deutschland	Ja	Nein	Ja
Österreich	Ja	Nein	Ja
Schweiz	Ja	Nein	Ja
Andere EU-Länder	Ja	Nein	Ja

Anmerkung: Da sich die Visabestimmungen oft ändern, ist es ratsam, sich vor der Abreise nach den aktuellen Regelungen zu erkundigen. Einzelheiten von den zuständigen britischen Vertretungen (Adressen s. *Großbritannien*).
REISEPASS: Gültiger Reisepaß erforderlich zur Einreise, ausgenommen sind Staatsbürger Kanadas und der USA (Identitätsnachweis, z. B. Wählerkarte, genügt).
VISUM: Allgemein erforderlich, ausgenommen sind Staatsbürger von:
(a) der Bundesrepublik Deutschland, Österreich und der übrigen EU-Länder sowie der Schweiz;
(b) Commonwealth-Ländern;
(c) Argentinien, Bahrain, Bolivien, Brasilien, Bulgarien, Chile, China, Costa Rica, Côte d'Ivoire, Ecuador, Island, Israel, Jemen, Katar, Korea-Süd, Kuwait, Liechtenstein, Mexiko, Monaco, Nicaragua, Norwegen, Oman, Panama, Paraguay, Peru, Polen, San Marino, Saudi-Arabien, Senegal, Suriname, Taiwan (China), Tunesien, Vereinigte Arabische Emirate, Ungarn, Uruguay, Vatikanstadt, Venezuela und Zaïre.
Visaarten: Einreisevisa.
Visagebühren: Unterschiedlich. Bei den britischen Vertretungen zu erfragen (Adressen s. *Großbritannien*).
Gültigkeitsdauer: Unterschiedlich, weitere Auskünfte erteilen die britischen Botschaften und Konsulate.
Antragstellung: Britisches Konsulat oder Konsularabteilung der Botschaft (Adressen s. *Großbritannien*).
Unterlagen: (a) Reisepaß. (b) Paßfoto. (c) Rück- oder Weiterreiseticket. Der postalischen Antragstellung sollten ein frankierter und adressierter Umschlag und der Zahlungsbeleg über die Visumgebühren beigefügt werden.
Aufenthaltsgenehmigung: Beantragung von Arbeits- und Aufenthaltsgenehmigungen beim *Chief Immigration Officer*, Immigration Department, Government Buildings, Grand Turk, Turks & Caicos Islands.

GELD

Währung: 1 US-Dollar (US$) = 100 Cents. Banknoten gibt es im Wert von 100, 50, 20, 10, 2 und 1 US$. Münzen sind im Wert von 1 US$ sowie 50, 25, 10, 5 und 1 Cent in Umlauf.
Kreditkarten: *American Express, Diners Club, Eurocard* und *Visa* werden fast überall angenommen. Einzelheiten vom Aussteller der betreffenden Kreditkarte.
Reiseschecks werden in den meisten Hotels und Läden akzeptiert.
Wechselkurse

	US$ Sept. '92	US$ Febr. '94	US$ Jan. '95	US$ Jan. '96
1 DM	0,67	0,58	0,66	0,70

Devisenbestimmungen: Es bestehen keine Beschränkungen für die Ein- und Ausfuhr von Landes- und Fremdwährungen.
Öffnungszeiten der Banken: Mo-Do 08.30-14.30 Uhr, Fr 08.30-16.30 Uhr.

DUTY FREE

Folgende Artikel können zollfrei nach Turks und Caicos eingeführt werden (Personen über 17 Jahre):
200 Zigaretten oder 50 Zigarren oder 225 g Tabak;
1,136 l Spirituosen oder Wein.
Anmerkung: Harpunen und Schußwaffen dürfen nur mit einer besonderen Genehmigung eingeführt werden.

GESETZLICHE FEIERTAGE

13. Mai '96 Nationaler Heldentag. **6. Juni** J. A. G. S. McCartney Gedenktag. **10. Juni** Offizieller Geburtstag der Königin. **1. Aug.** Tag der Emanzipation. **20. Sept.** Nationaler Jugendtag. **7. Okt.** Kolumbus-Tag. **24. Okt.** Tag der internationalen Menschenrechte. **25./26. Dez.** Weihnachten. **1. Jan. '97** Neujahr. **März** Commonwealth-Tag. **28. März** Karfreitag. **31. März** Ostermontag. **Mai** Nationaler Heldentag.

GESUNDHEIT

In der folgenden Tabelle aufgeführte Impfvorschriften können sich kurzfristig ändern. Es wird stets empfohlen, auf Ihrem CRS-System (TIMATIC-Info-Code-Fenster in diesem Kapitel) den aktuellen Stand der Gesundheitsbestimmungen abzurufen bzw. rechtzeitig vor der Reise ärztlichen Rat einzuholen.

	Vorsichtsmaßnahmen empfohlen	*Impfschein erforderlich*
Gelbfieber	Nein	Nein
Cholera	Nein	Nein
Typhus & Polio	Nein	-
Malaria	Nein	-
Essen & Trinken	1	-

[1]: Wasser ist nicht immer keimfrei und sollte vor der Benutzung zum Trinken, Zähneputzen und zur Eiswürfelbereitung entweder abgekocht oder anderweitig sterilisiert werden. Fleisch- und Fischgerichte nur gut durchgekocht und heiß serviert essen. Der Genuß von Schweinefleisch, rohen Salaten und Mayonnaise sollte vermieden werden. Gemüse sollte gekocht und Obst geschält werden.
Hepatitis A kann auftreten.
Gesundheitsvorsorge: Das einzige Krankenhaus befindet sich auf Grand Turk. Kliniken gibt es auf South Caicos, Middle Caicos, North Caicos, Providenciales und Salt Cay. Der Abschluß einer Reisekrankenversicherung wird empfohlen.

REISEVERKEHR - International

FLUGZEUG: Die meisten Flugdienste (darunter auch Nachtflüge von Miami/USA) bietet *Turks & Caicos Airways (TCA)*. *American Airlines (AAL)* und *Carnival Airlines (KW)* fliegen die Inseln ebenfalls an. Die besten Verbindungen von Europa sind über Miami (USA) sowie von London über Nassau (Bahamas).
Durchschnittliche Flugzeiten: *London* – Grand Turk: 13 Std. 30 (einschl. 1 Std. Aufenthalt in Nassau); *Miami* – Grand Turk: 1 Std. 30; *Miami* – Providenciales: 1 Std. 20; *New York* – Grand Turk: 4 Std; *New York* – Providenciales: 5 Std. 50.
Internationale Flughäfen: *Grand Turk (GDT)*, 3 km südöstlich von Cockburn Town. Taxis fahren zu den verschiedenen Hotels, unterschiedliche Fahrpreise. Flughafeneinrichtungen: Duty-free-Shop, Bank/Wechselstube. Die kleinen Flugplätze auf *South Caicos* und *Providenciales* werden ebenfalls von internationalen Fluggesellschaften angeflogen.
Flughafengebühren: 15 US$ bei der Ausreise.
SCHIFF: Die Inselgruppe wird nicht von den großen Kreuzschiffahrtslinien angelaufen. Man kann Boote mieten und auf die Bahamas oder nach Haiti fahren.

REISEVERKEHR - National

FLUGZEUG: Neben den internationalen Flughäfen bzw. Flugplätzen auf Grand Turk, South Caicos und Providenciales (s. o.) gibt es Pisten auf Middle Caicos, Pine Cay, Parrot Cay, North Caicos und Salt Cay. Flugdienste der *Turks & Caicos Airways* verkehren täglich zwischen allen bewohnten Inseln. Günstige Charterflüge werden ebenfalls angeboten.
SCHIFF: Nur begrenzte Verbindungen zwischen den Küstenorten und den Inseln. Auf den meisten bewohnten Inseln kann man Boote mieten.
BUS/PKW: Das Straßennetz umfaßt über 120 qkm, etwa 20% der Straßen sind asphaltiert. **Taxis** findet man an den meisten Flughäfen. Sie sind oft Mangelware, und man muß sich u. U. ein Taxi mit anderen Fahrgästen teilen. **Mietwagenverleih** bei einheimischen Firmen auf Grand Turk, South Caicos, Providenciales und North Caicos. Es herrscht Linksverkehr. Motor- und Fahrräder können ebenfalls gemietet werden. **Unterlagen:** Gegen Gebühr und Vorlage eines internationalen oder nationalen Führerscheins erhält man eine befristete Fahrerlaubnis.
FAHRZEITEN von Grand Turk zu den folgenden Inseln und Urlaubsorten (ungefähre Angaben in Std. und Min.):

	Flugzeit
Salt Cay	0.05
South Caicos	0.15
Middle Caicos	0.20
North Caicos	0.25
Pine Cay	0.30
Providenciales	0.30
Puerto Plata (Dom. Rep.)	0.45
Cap Haïtien (Haiti)	0.45
Nassau (Bahamas)	2.20

UNTERKUNFT

Das Angebot an Unterkunftsmöglichkeiten auf Grand Turk, North-, Middle- und South Caicos, Salt Cay, Providenciales und Pine Cay reicht von Hotels über komfortable Pensionen und Gasthäuser bis zu Apartmentanlagen. Der Standard ist allgemein hoch, viele Unterkünfte liegen in Strandnähe und haben eigene Gartenanlagen, Swimmingpools und Wassersportausrüstungen. Auf Providenciales gibt es eine Ferienanlage des *Club Mediterranée*. Auf alle Hotelrechnungen werden 7% Steuern und 10% Bedienungsgeld aufgeschlagen. Man muß im voraus reservieren. Nähere Auskünfte erteilen die *Turks & Caicos Islands Resort Association*, c/o Ramada Turquoise Reef Resort and Casino, Providenciales, Turks & Caicos Islands, Tel: 55 55, Telefax: 55 22 sowie die *Turks & Caicos Hotel Associaton*, Third Turtle Inn, Providenciales, Turks & Caicos Islands. Tel: 42 30. Informationen sind außerdem vom Fremdenverkehrsamt in Enfield erhältlich, das auch Buchungen entgegennimmt (Adresse s. o.). **Kategorien:** Es gibt zwei Erster-Klasse-Hotels und zwei Deluxe-Hotels.

URLAUBSORTE & AUSFLÜGE

Die Turks- und Caicos-Inseln sind ein ideales Ferienziel für erholungssuchende Reisende, die den grauen Alltag vergessen und einmal ganz abschalten wollen. Sonne, Strand und warme Wassertemperaturen sind garantiert. Die Inseln sind nicht kommerzialisiert und haben ihren ursprünglichen Charakter weitgehend bewahrt. Es gibt 33 Nationalparks, viele Naturschutzgebiete und historische Stätten. Kleine Unterkünfte mit persönlichem Service und freundlicher Atmosphäre sorgen für einen rundum angenehmen Aufenthalt.

Die Caicos-Gruppe

Es gibt sechs Hauptinseln und viele kleinere Cays, von denen die meisten unbewohnt sind.
Der Tourismus konzentriert sich auf die Insel **Providenciales**, hier befinden sich auch die Ferienanlage des *Club Mediterranée* und das *Ramada Turquoise Reef Resort*. Die landschaftliche Schönheit der Insel lockt jedes Jahr zahlreiche Feriengäste an. Traumstrände, die schöne Küste, das klare Wasser und die farbenprächtigen Korallenriffe sind die Hauptattraktionen der Insel. Alle nur erdenklichen Schattierungen von grün und blau kann man hier sehen. Die meisten touristischen Einrichtungen gibt es in der Gegend von *Turtle Cove* und *Grace Bay*.
Die Fischgründe um **West Caicos** mit seiner schroffen Küste sind ausgezeichnet. Das tiefe Wasser bietet hervorragende Tauchmöglichkeiten. Die Insel ist gegenwärtig unbewohnt und wird nur manchmal von abenteuerlustigen Jachtbesitzern und Fischern sowie von vielen tausend Seevögeln besucht.
North Caicos ist als »Garteninsel« der Caicos bekannt, da man hier gutes Ackerland findet. An den langen, einsamen weißen Sandstränden liegen die Hotelkomplexe *Prospect of Whitby, Ocean Beach* und *Pelican Beach Hotels*. Man kann sich hier in absoluter Ruhe und Abgeschiedenheit erholen oder Spaziergänge unternehmen.
Pine Cay bietet einen der schönsten Strände der Caicos-Inseln, wenn nicht gar der ganzen Karibik. Hier befindet sich auch der *Meridian Club*, eine der besten Urlaubsanlagen der Inselgruppe. Pine Cay ist Teil des *Caicos Cays Unterwasser-Nationalparks*. Die Korallenriffe der Caicos-Bank mit ihrer faszinierenden Unterwasserwelt muß man einfach gesehen haben. Allein die Farbenpracht der bunten Fische ist sehenswert.
Parrot Cay liegt zwischen Providenciales und North Caicos. Auf der früher unbewohnten Insel entstand ein exklusives Resort.
Auf **Middle Caicos** oder Grand Caicos gibt es keine Hotel- und Ferienzentren. Das Eiland ist für die Gastfreundschaft und den Gleichmut seiner Bewohner bekannt. Hier läßt man sich nicht so leicht aus der Ruhe bringen. Die Insel ist mit einer ausgesprochen romantischen Küste gesegnet, westlich der *Conch Bar* ist die Küste stark gezackt und bildet hübsche kleine Buchten. Die eindrucksvollen Höhlen der Insel sollte man sich unbedingt ansehen.
Wenn man **East Caicos** auf dem Weg nach South Caicos überfliegt, sollte man aus dem Fenster schauen, in dem klaren grünen Wasser rund um die Insel kann man Lachse sehen. Auf dieser unbewohnten Insel befinden sich einige der besten Strände der Karibik.

Die Stadt *Cockburn Harbour* liegt auf einer kleinen Bergkette im äußersten Südwesten von **South Caicos**. Früher wurde hier das auf den Inseln gewonnene Salz verladen. Ein farbenfrohes Schauspiel bieten die Boote, die jeden Tag von Cap Haïtien auf Haiti mit Obst und Gemüse beladen hier anlegen und den Duft tropischer Früchte mitbringen. Cockburn Harbour ist ein ruhiger freundlicher Ort, in dem abendliche Spaziergänge sehr beliebt sind. Tagsüber kann man sich an einem der vielen Strände in der Sonne räkeln. Wie überall auf den Inseln des Turks- und Caicos-Archipels findet der Besucher auch hier ausgezeichnete Möglichkeiten für die Hochseefischerei, Sport- und Vergnügungsfahrten und nicht zuletzt zum Tauchen.

Die Turks-Gruppe

Diese Inselgruppe ist kleiner und wird durch die *Turks Island Passage* von den 35 km entfernten Caicos-Inseln getrennt; sie besteht aus zwei Hauptinseln und einigen kleineren, unbewohnten Cays.
Grand Turk liegt nur wenige Flugminuten von South Caicos entfernt und ist das historische und kulturelle Zentrum der Turks- und Caicos-Inseln. Die kleine Inselhauptstadt *Cockburn* ist Verwaltungssitz und Wirtschaftszentrum der gesamten Archipels. In der *Front Street* liegen einige interessante Gebäude aus der Kolonialzeit; sie wurden Anfang des 19. Jahrhunderts errichtet und sind von schönen Gärten umgeben. In die Gärten gelangt man durch prunkvolle Eingänge, die in die hohen weißgestrichenen Mauern eingelassen sind.
Direkt an der Küste liegt das *Turks and Caicos National Museum;* hier kann man das älteste Schiffwrack Amerikas besichtigen sowie Manuskripte, Drucke und Kunstgegenstände der Kultur und Geschichte der Inseln. An der Ostküste gibt es zahlreiche schöne Buchten. Fischen und Tauchen kann man auf Grand Turk nach Herzenslust.
Salt Cay, die reizvollste der Salt-Inseln, hat wunderschöne Strände. Hier wird auch heute noch Salz gewonnen. Wahrzeichen der Insel ist ein großes weißes Haus, das ca. 1830 erbaut wurde. Von der Architektur her erinnert es sehr an die für die Bermudas typischen Häuser.

SOZIALPROFIL

ESSEN & TRINKEN: Es gibt nur wenige Lokale und Restaurants. Mahlzeiten werden meist in den Hotels eingenommen. Zu den Inselspezialitäten gehören Wellhornschneckensuppe, sämige Meeresschneckensuppe, Hummer und frischer Fisch. Es werden auch europäische Gerichte und amerikanische Imbisse wie Hot Dogs und Hamburger angeboten. Einige Restaurants haben Büffets, Tischbedienung ist jedoch allgemein üblich. **Getränke:** Alkohol ist überall erhältlich. Rumpunsch und Cocktails sind köstlich, und in den meisten Bars gibt es eine große Auswahl an importierten Biersorten, Weinen und Spirituosen.
NACHTLEBEN: Es gibt einige kleine Nachtklubs und Diskotheken. Die Hotels organisieren oft Strandparties und andere Unterhaltungsprogramme. Veranstaltungen werden häufig im Radio im Lokalsender bekanntgegeben.
EINKAUFSTIPS: Die kleinen Inselgeschäfte verkaufen auf den Inseln gefertigte Körbe, Muscheln, Muschelschmuck, Schwämme, Batiken und T-Shirts.
SPORT: Schwimmen: Insgesamt 370 km Strand stehen zur Verfügung, und man findet viele sichere Badestellen. In den Hotels gibt es darüber hinaus Swimmingpools. **Tauchen:** Die herrlichen Korallenriffe und die faszinierende Unterwasserwelt ziehen Taucher aus aller Welt an. Die meisten Klubs und Zentren bieten qualifizierte Ausbilder und Ausrüstungen und veranstalten Tauchausflüge. **Fischen:** Gute Möglichkeiten zum Hochseefischen. Die Hotels vermieten Boote, und einheimische Fischer stehen gern als Führer zur Verfügung. **Tennisplätze** gibt es auf Grand Turk am *Coral Reef*, auf Providenciales im *Turtle Cove Inn*, im *Club Mediterranée*, im *Erebus Inn* und im *Ramada Hotel* und auf Pine Cay im *Meridian Club* (Schläger und Bälle werden verliehen). **Golf:** Auf dem Gelände des *Provo Golf Club* auf Providenciales erwartet Golf-Fans ein 18-Loch-Golfplatz. **Vogelbeobachtung:** Es gibt viele Schutzgebiete für Vögel- und Schmetterlinge. **Walbeobachtung:** Buckelwale ziehen von Januar bis April auf ihrem Weg nach Süden durch die *Turks Island Passage*.
VERANSTALTUNGSKALENDER
Mai '96 Regatta, South Caicos. **Juni** Offizieller Geburtstag der Königin. **Juni** Billfish Tournament, Providenciales. **Juli** (1) Provo Summer Festival (Karneval, Regatta), Providenciales. (2) Festarama, North Caicos. **Aug.** (1) M. C. Expo, Middle Caicos. (2) Kaktusfest, Grand Turk. **31. Dez.** Dandamist (Silvesterfeier), Grand Turk. **April '97** Spring Garden Festival, Grand Turk. **Mai** Regatta, South Caicos.
SITTEN & GEBRÄUCHE: Zur Begrüßung gibt man sich die Hand. Gastfreundschaft ist eine Selbstverständlichkeit. Wird man von einem der freundlichen Inselbewohner nach Hause eingeladen, sollte man sich wenn möglich mit einer Gegeneinladung revanchieren. Kleine Gastgeschenke aus der Heimat des Besuchers werden gerne angenommen. Zwanglose Kleidung ist für die meisten Anlässe angemessen; Badekleidung sollte nur am Strand getragen werden. **Trinkgeld:** In den Hotels wird kein Trinkgeld erwartet, da 10% Bedienungsgeld auf alle Rechnungen aufgeschlagen werden. In den Restaurants sind 10-15% üblich.

WIRTSCHAFTSPROFIL

WIRTSCHAFT: Seit in den sechziger Jahren die Salzgewinnung weitgehend eingestellt wurde, sind Tourismus und Off-shore-Unternehmen die Haupteinnahmequellen der Inseln. Die Fischerei (überwiegend Langusten und Muscheln) ist ein wichtiger Wirtschaftszweig und Devisenbringer, Hauptexportmarkt sind die USA. Nahrungsmittel müssen zum Großteil eingeführt werden, und die Inseln sind auf Wirtschaftshilfe von Großbritannien angewiesen, das auch der größte Handelspartner ist. Die Wirtschaftspolitik der gegenwärtigen Regierung der *Progressive National Party* (PNP) zielt auf die Förderung von freiem Unternehmertum und Auslandsinvestitionen ab und sieht den Ausbau von Tourismus und Finanzwesen vor.
GESCHÄFTSVERKEHR: Zwanglose entspannte Atmosphäre auch in Geschäftskreisen. Günstigste Zeit für Geschäftsreisen: April bis Oktober. **Geschäftszeiten:** Mo-Fr 08.00-13.00 und 14.00-16.30 Uhr.
Kontaktadresse: *Chamber of Commerce* (Handelskammer), PO Box 148, Grand Turk, Turks & Caicos Islands. Tel: 23 68. Telefax: 23 65.

KLIMA

Tropisches Klima, die Passatwinde bringen willkommene Abkühlung. Temperaturen liegen in der Regel tagsüber um 28°C, nachts um 24°C. Die Nächte können gelegentlich auch kühl sein. Im Winter regnet es öfter.
Kleidung: Leichte Tropenkleidung. Für die Abende sollte man einen leichten Pullover mitnehmen.

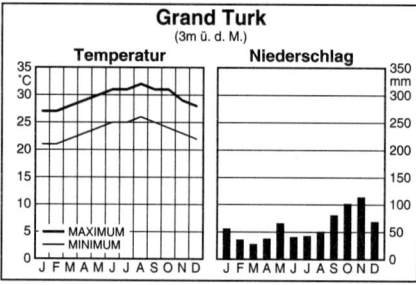

COLUMBUS ATLAS

Auf ca. 100 Seiten enthält dieser Atlas unter anderem europäische Fähr- und Eisenbahnverbindungen und weltumspannende Kreuzfahrtkarten, Straßenkarten, Gebietskarten vielbesuchter Regionen wie z. B. Costa Brava, Florida u. a. Falls Sie bei der Beratung oder Reiseplanung verstärkt auf Karten zurückgreifen möchten, werden Sie diesen speziell auf die Reisebranche zugeschnittenen Atlas unentbehrlich finden – und dazu besonders preisgünstig!

Weitere Einzelheiten von:
*Columbus Press, Verkaufsabteilung,
Aurikelweg 9,
D-38108 Braunschweig.
Tel: 05309/2123. Telefax: 05309/2877.*

Tuvalu

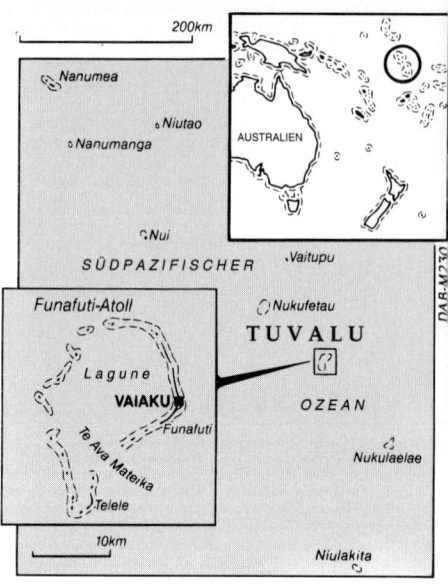

Lage: Ozeanien.

Tourism Council of the South Pacific (TCSP)
Deutsche Vertretung: Interface International
Dircksenstraße 40
D-10178 Berlin
Tel: (030) 23 81 76 45. Telefax: (030) 23 81 76 41.
Mo-Fr 09.00-18.00 Uhr.
Ministry of Commerce and Natural Resources (Tourist Information)
Vaiaku
Funafuti
Tel: 737.
Honorargeneralkonsulat von Tuvalu
Klövensteenweg 115a
D-22559 Hamburg
Tel: (040) 81 05 80. Telefax: (040) 81 10 16.
Di und Do 09.00-11.00 Uhr.
*(auch zuständig für Österreich und die Schweiz)
Die Bundesrepublik Deutschland, Österreich und die Schweiz unterhalten keine diplomatischen Vertretungen auf Tuvalu, zuständig sind für die Bundesrepublik Deutschland die Botschaft in Wellington (s. Neuseeland), für Österreich die Botschaft in Canberra (s. Australien) und für die Schweiz das Generalkonsulat in Sydney (s. Australien).*

FLÄCHE: 26 qkm.
BEVÖLKERUNGSZAHL: 9100 (1992).
BEVÖLKERUNGSDICHTE: 350 pro qkm.
HAUPTSTADT: Vaiaku (Funafuti). **Einwohner:** 4000 (Insel, 1993).
GEOGRAPHIE: Tuvalu (früher Ellice-Inseln) ist eine Inselgruppe aus neun kleinen Atollen im Pazifischen Ozean und erstreckt sich ca. 560 km von Nord nach Süd. Die nächsten Nachbarn sind Fidschi (Süden), Kiribati (Norden) und die Salomonen (Westen). Die Hauptinsel Funafuti ist gleichzeitig Hauptstadt und liegt 1920 km nördlich von Suva (Fidschi).
STAATSFORM: Parlamentarische Monarchie im Commonwealth seit 1978. Staatsoberhaupt: Königin Elizabeth II., vertreten durch den Generalgouverneur Tulaga Manuella, seit Juni 1994. Regierungschef: Kamuta Laatasi, seit Dez. 1993. Einkammerparlament mit 12 Mitgliedern. Allgemeine Parlamentswahlen finden alle 4

TIMATIC INFO-CODES	
*Abrufbar über Ihr CRS-System (für START/Amadeus Ama-Maske benutzen). Für Galileo bitte TI-DFT eingeben (**mit** Bindestrich).*	
Flughafengebühren	TI DFT/ FUN /TX
Währung	TI DFT/ FUN /CY
Zollbestimmungen	TI DFT/ FUN /CS
Gesundheit	TI DFT/ FUN /HE
Reisepassbestimmungen	TI DFT/ FUN /PA
Visabestimmungen	TI DFT/ FUN /VI

Jahre statt, der Premierminister und das Kabinett werden aus den Reihen der Parlamentsmitglieder bestimmt.
SPRACHE: Amtssprache ist Tuvaluisch (ein polynesischer Dialekt), daneben Englisch.
RELIGION: Protestanten (98%).
ORTSZEIT: MEZ + 11.
NETZSPANNUNG: 240 V, 60 Hz; nur auf Funafuti. Adapter empfohlen.
POST- UND FERNMELDEWESEN: Telefon: Selbstwählferndienst. **Landesvorwahl:** 688. Es gibt keine Ortsnetzkennzahlen. Da die Kapazität begrenzt ist, muß gelegentlich das Fernamt eingeschaltet werden, welches zu folgenden Zeiten erreichbar ist: Mo-Do 19.30-08.30 Uhr; Fr 19.30-03.00 Uhr; Sa, So und feiertags 04.00-08.00 und 22.00-24.00 Uhr. **Telex/Telegramme/Telefax:** Es gibt eine öffentliche Telex- und Telefaxstelle im *Teledommunications Centre* auf Funafuti. Telegramme kann man im Postamt in Funafuti aufgeben. **Post:** Luftpostsendungen nach Europa sind 5-10 Tage unterwegs, u. U. auch länger.
DEUTSCHE WELLE
Der Einsatz der Kurzwellenfrequenzen ändert sich mehrfach in Laufe eines Jahres, und Sendungen auf den folgenden Frequenzen werden jeweils nur zu bestimmten Tageszeiten ausgestrahlt. Näheres in der Einleitung. **Anmerkung:** Tuvalu ist kein Hauptsendegebiet der Deutschen Welle; die folgenden Kurzwellenfrequenzen müssen ausprobiert werden.

MHz	17,845	11,795	9,735	9,690	9,655
Meterband	16	25	31	31	31

REISEPASS/VISUM

Wichtiger Hinweis: Die Einreisebestimmungen mancher Länder können sich kurzfristig ändern – rufen Sie sicherheitshalber auf Ihrem CRS-System (TIMATIC-Info-Code-Fenster in diesem Kapitel) den aktuellen Stand ab bzw. wenden Sie sich an die zuständige diplomatische Vertretung. Etwaige Zahlen in der Tabelle beziehen sich auf nachfolgende Fußnoten.

	Paß erforderlich?	Visum erforderlich?	Rückflugticket erforderlich?
Deutschland	Ja	Nein	Ja
Österreich	Ja	Nein	Ja
Schweiz	Ja	Nein	Ja
Andere EU-Länder	Ja	Nein	Ja

REISEPASS: Allgemein erforderlich.
VISUM: *Entry Permits* sind bei der Ankunft erhältlich, sofern man einen gültigen Reisepaß und ein Rück-/Weiterflugticket vorlegen und seine Unterkunft durch Reservierung oder eine Einladung belegen kann. Bei Zwischenaufenthalten des Flugzeugs ist kein Transitvisum erforderlich.
Gültigkeitsdauer: 1 Monat; Verlängerungsmöglichkeit auf bis zu 3 Monate.

GELD

Währung: Australische und tuvaluische Währungen sind gesetzliche Zahlungsmittel.
1 Australischer Dollar (A$) = 100 Cents. Banknoten gibt es im Wert von 100, 50, 20, 10 und 5 $A. Münzen sind im Wert von 1 und 2 A$ und in den Nennbeträgen 50, 20, 10 und 5 Cents in Umlauf.
1 Tuvaluischer Dollar = 100 Cents. Münzen sind im Wert von 1 Dollar und 50, 20, 10, 5, 2 und 1 Cent in Umlauf.
Kreditkarten: *Eurocard* wird in begrenztem Umfang akzeptiert. Visa wird in der *National Bank of Tuvalu* angenommen. Einzelheiten vom Aussteller der betreffenden Kreditkarte.
Reiseschecks: Australische Dollar-Reiseschecks werden empfohlen.
Wechselkurse

	A$ Sept. '92	A$ Febr. '94	A$ Jan. '95	A$ Jan. '96
1 DM	0,91	0,81	0,83	0,93
1 US$	1,39	1,40	1,29	1,34

Devisenbestimmungen: Es gibt keine Ein- oder Ausfuhrbeschränkungen für Landes- oder Fremdwährungen.
Öffnungszeiten der Banken: Mo-Do 09.30-13.00 Uhr, Fr 08.30-12.00 Uhr.

DUTY FREE

Folgende Artikel können zollfrei nach Tuvalu eingeführt werden:
200 Zigaretten oder 225 g Tabak oder Zigarren;
1 l Spirituosen und 1 l Wein (Personen über 18 Jahre);
Artikel bis zu einem Wert von 25 $A.
Einfuhrverbot: Pornographische Artikel, reiner Alkohol, Narkotika, Waffen und Munition. Deklarationspflicht für Pflanzen und Tierprodukte, diese unterliegen Quarantänebestimmungen.

GESETZLICHE FEIERTAGE

15. Juni '96 Geburtstag der Königin. 5. Aug. Nationaler Kindertag. 1./2. Okt. Tuvalu-Tag. 14. Nov. Geburtstag des Prince of Wales. 25./26. Dez. Weihnachten. 1. Jan. '97 Neujahr. März Commonwealth-Tag. 28.-31. März Ostern.

GESUNDHEIT

In der folgenden Tabelle aufgeführte Impfvorschriften können sich kurzfristig ändern. Es wird stets empfohlen, auf Ihrem CRS-System (TIMATIC-Info-Code-Fenster in diesem Kapitel) den aktuellen Stand der Gesundheitsbestimmungen abzurufen bzw. rechtzeitig vor der Reise ärztlichen Rat einzuholen.

	Vorsichtsmaßnahmen empfohlen	Impfschein erforderlich
Gelbfieber	Nein	1
Cholera	Nein	Nein
Typhus & Polio	2	Nein
Malaria	Nein	-
Essen & Trinken	3	-

[1]: Eine Impfbescheinigung gegen Gelbfieber wird von allen Reisenden verlangt, die aus Infektionsgebieten kommen und über ein Jahr alt sind.
[2]: Typhus kommt vor, Poliomyelitis nicht.
[3]: Wasser wird in Tanks aufbewahrt und sollte nicht verschwendet werden. Es empfiehlt sich, die Ratschläge der Einheimischen zu befolgen.
Hepatitis A und B kommen vor.
Gesundheitsvorsorge: Besucher sollten eine antiseptische Salbe mitbringen, da selbst kleine Wunden schnell vereitern können. Auf Funafuti gibt es ein gutausgestattetes Krankenhaus mit 31 Betten. Der Abschluß einer Reisekrankenversicherung wird empfohlen.

REISEVERKEHR - International

FLUGZEUG: *Air Marshall* fliegt dreimal wöchentlich Funafuti von Nadi (Fidschi) und zweimal wöchentlich von Majuro (Marschall-Inseln) über Tarawa (Kiribati) an. Von Nadi gibt es internationale Anschlußverbindungen. Vorausbuchung wird empfohlen.
Internationaler Flughafen: *Funafuti International (FUN).* Hotelbus zum einzigen Hotel.
Flughafengebühren: 10 A$.
SCHIFF: Es gibt Schiffsverbindungen von Fidschi, Australien und Neuseeland zum Haupthafen von Funafuti.

REISEVERKEHR - National

FLUGZEUG: Die einzige Piste ist auf Funafuti, es gibt keinen Inlandflugverkehr.
SCHIFF: Das Passagier- und Frachtschiff *Nivaga II* verkehrt zwischen den Inseln. Heimathafen ist Funafuti.
BUS/PKW: Es gibt nur wenige Straßen, die sind teilweise asphaltiert. Es gibt keine **Taxis**, aber es verkehren **Minibusse** privater Busunternehmen. Übliche Verkehrsmittel auf den Inseln sind **Kleinlastwagen**, **Motorroller** und **Fahrräder**, die man im Hotel mieten kann.

UNTERKUNFT

Das einzige Hotel des Landes ist das *Vaiaku Lagi Hotel* in Funafuti. Es gibt 23 Zimmer, Konferenzeinrichtungen stehen zur Verfügung. Vorausbuchung wird empfohlen. Möglicherweise muß man das Zimmer mit jemandem teilen. Ein weiteres Hotel ist z. Zt. im Bau. Ferner gibt es einige nette Privatpensionen. Es gibt keine ausgewiesenen Campingplätze, Zelten ist jedoch überall erlaubt. Weitere Informationen vom *Tourism Concil of the South Pacific* (Adresse s. o.).

URLAUBSORTE & AUSFLÜGE

Tuvalu ist der Inbegriff des Südsee-Paradieses, und die meisten Besucher kommen wegen der unverfälschten, friedlichen Atmosphäre auf die Insel. Pandanusbäume, Papayas, Bananenpalmen, Brotfruchtbäume und vor allem Kokospalmen sind typisch für die Inseln. Die Hauptattraktion ist die wunderschöne, gewaltige *Funafuti-Lagune*, die 14 km breit und 18 km lang ist. Hier gibt es zahllose palmengesäumte Inseln von atemberaubender Schönheit. Man kann von staatlichen und privaten Firmen Boote für Besichtigungs- und Erkundungsfahrten mieten.
Neben den Regierungsgebäuden in **Vaiaku** befindet sich das örtliche Parlamentsgebäude (*Manepa*). Das *Kunstgewerbezentrum* in der Nähe des Flughafens ist auf jeden Fall einen Besuch wert. Überall auf den Inseln stößt man auf Gebäude in traditioneller Bauweise mit strohgedeckten Dächern.

SOZIALPROFIL

ESSEN & TRINKEN: Meistens stehen Meeresfrüchte und einheimische tropische Lebensmittel auf der Speisekarte. Im Vaiaku Lagi Hotel werden täglich Mahlzeiten serviert, alle zwei Wochen wird im Hof gegrillt. Auf der Hauptinsel Funafuti gibt es auch einige Imbißstuben und zwei Restaurants. **Getränke:** Bier wird importiert.
NACHTLEBEN: Alle 14 Tage findet im Vaiaku Lagi Hotel eine Diskothek statt. Tanzvorführungen mit lokalen Künstlern können organisiert werden, die Gagen sind nicht hoch.
EINKAUFSTIPS: Die Einkaufsmöglichkeiten sind begrenzt. In der Nähe des Hotels gibt es ein Kunsthandwerkszentrum, das einheimische Kunstgewerbeartikel anbietet: Hüte, Matten, Muschelketten und traditionelle Holzkästen mit Deckel (*Tulumas*), die von Fischern benutzt werden.
SPORT: Wer **Wassersport** treiben möchte, sollte seine eigene Ausrüstung mitbringen. Taucherexkursionen sind möglich, Näheres von *Tuvalu Tours* in Funafuti. Angesichts der starken Gezeiten sollte man nur in der Lagune baden. Beim **Schwimmen** in der Lagune am besten Badeschuhe tragen, da Steinfische manchmal sehr gefährlich werden können. Vorsicht vor Haien, selbst in der Lagune sind schon Haie gesehen worden. Das Hotel hat einen **Tennisplatz**, Schläger und Bälle muß man allerdings selbst mitbringen. **Fußball** wird auf den Inseln gerne gespielt. Beliebt ist auch **Kilikiti**, eine Art Kricket. **Te ano**, ein weiteres traditionelles Ballspiel, ähnelt dem Volleyball.
SITTEN & GEBRÄUCHE: Traditionelle Werte spielen weiterhin eine große Rolle. Wenn man eine Kirche, das Versammlungshaus eines Dorfes (*Manepa*) oder ein Privathaus betritt, sollte man sich die Schuhe ausziehen. Alkoholkonsum ist nur in Lokalen mit Lizenz gestattet. Saloppe Kleidung wird akzeptiert, Frauen sollten jedoch auf Miniröcke und Bikinis verzichten. FKK und »Oben ohne« sind nicht erlaubt. Bei Einladungen zu Festen oder Festessen sollte man sich an die Tips der Einheimischen halten; dies gilt auch für andere Gelegenheiten. In Gegenwart von Einheimischen sollte man sich nicht in der eigenen Muttersprache unterhalten, da dies als unhöflich betrachtet wird. **Trinkgeld** ist nicht üblich.

WIRTSCHAFTSPROFIL

WIRTSCHAFT: Haupteinnahmequellen sind die Geldüberweisungen der im Ausland beschäftigten Tuvaluer und der Verkauf von Briefmarken, die einen hohen Sammlerwert haben. Küstenfischerei wird unter Lizenz von amerikanischen und japanischen Flotten betrieben, die Fischerei hat einen hohen wirtschaftlichen Stellenwert. Einziges Exportgut ist Kopra, da die Inseln landwirtschaftlich kaum genutzt werden können. Australien, Neuseeland und Fidschi sind die Haupthandelspartner. Die britische Entwicklungshilfe, die dem Ausbau der Infrastruktur dient, wird seit 1987 in die Konten einer Stiftung eingezahlt, deren Zinseinkünfte für Entwicklungsprojekte verwendet werden. Die Regierung ist bemüht, den Tourismus und die Fischerei auszubauen.
GESCHÄFTSVERKEHR: Im Geschäftsverkehr geht es recht formell zu, Pünktlichkeit ist selbstverständlich.
Geschäftszeiten: Mo-Do 07.30-12.00 und 13.00-16.15 Uhr, Fr 07.30-12.45 Uhr.
Kontaktadressen: *Die wirtschaftlichen Interessen Österreichs werden von der Außenhandelsstelle der Wirtschaftskammer Österreich in Sydney (s. Australien) vertreten.*
Tuvalu Co-operative Society Ltd, PO Box 17, Funafuti. Tel: 724. Telefax: 800.
Development Bank of Tuvalu, PO Box 9, Vaiaku, Funafuti. Tel/Telefax: 850.

KLIMA

Feuchtheißes Klima, die Durchschnittstemperatur liegt bei 28°C. Kaum Temperaturschwankungen zwischen den Jahreszeiten. Von März bis Oktober ist es etwas kühler, die Regenzeit dauert von November bis Februar. Die durchschnittliche Niederschlagsmenge beträgt 3000 mm pro Jahr.
Kleidung: Leichte Baumwoll- und Leinensachen für den Sommer, Regenschutz ist empfehlenswert.

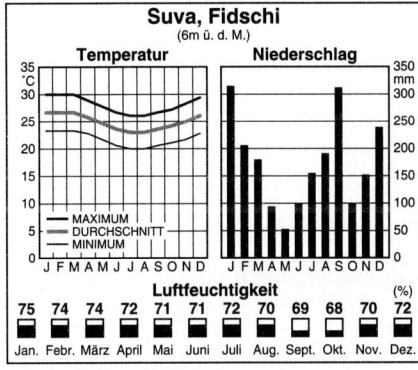
Suva, Fidschi (6m ü. d. M.)

Zur Benutzung dieses Buches beachten Sie bitte auch die *Einleitung*

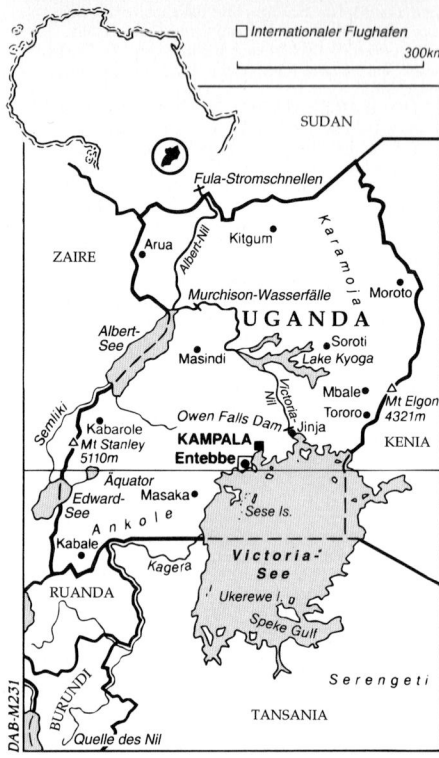

Lage: Ostafrika.

Anmerkung: Aufgrund erneuter Kämpfe entlang der sudanesischen Grenze und im nördlichen Landesteil wird dringend von Reisen in die folgenden Gebiete abgeraten: Apac, Arua, Gulu, Kitgum, Kotido, Lira, Moroto, Moyo, Nebbi und Soroti.

Uganda Tourist Board
Parliament Avenue
PO Box 7211
Kampala
Tel: (041) 24 21 96. Telefax: (041) 24 21 88.
Ministry of Tourism, Wildlife & Antiquities
Parliament Avenue
PO Box 4241
Kampala
Tel: (041) 23 29 71. Telex: 62218.
Botschaft der Republik Uganda
Dürenstraße 44
D-53173 Bonn
Tel: (0228) 35 50 27. Telefax: (0228) 35 16 92.
Mo-Fr 09.00-16.00 Uhr.
(auch zuständig für Österreich)
Honorarkonsulate ohne Visumerteilung in Hamburg, Mainz und München.
Honorarkonsulat der Republik Uganda (ohne Visumerteilung)
Forchheimer Gasse 5
A-1230 Wien
Tel: (0222) 863 11 40. Telefax: (0222) 863 11 43.
Mo-Fr 09.00-16.00 Uhr (nach telefonischer Anmeldung).
Botschaft der Republik Uganda
13 Avenue Raymond Poincaré
F-75116 Paris
Tel: (1) 53 70 62 70. Telefax: (1) 53 70 85 15.

TIMATIC INFO-CODES

*Abrufbar über Ihr CRS-System (für START/Amadeus Ama-Maske benutzen). Für Galileo bitte TI-DFT eingeben (**mit** Bindestrich).*

Flughafengebühren	TI DFT/ EBB /TX
Währung	TI DFT/ EBB /CY
Zollbestimmungen	TI DFT/ EBB /CS
Gesundheit	TI DFT/ EBB /HE
Reisepassbestimmungen	TI DFT/ EBB /PA
Visabestimmungen	TI DFT/ EBB /VI

Mo-Fr 09.30-13.00 und 14.00-16.00 Uhr.
(auch zuständig für die Schweiz)
Botschaft der Bundesrepublik Deutschland
15 Philip Road
Kololo
PO Box 7016
Kampala
Tel: (041) 25 67 67/68, 23 64 21/22. Telefax: (041) 24 31 36.
Austrian Regional Bureau for Development Cooperation
Blacklines House
2 Collville Street
PO Box 7457
Kampala
Tel: (041) 23 51 03/79. Telefax: (041) 23 51 60.
Honorarkonsulat in Kampala.
Übergeordnete Vertretung ist die Botschaft in Nairobi (s. Kenia).
Konsulat der Schweizerischen Eidgenossenschaft
Roscoe Road/Baskerville Avenue 1
Kololo
PO Box 4187
Kampala
Tel: (041) 24 15 74. Telefax: (041) 23 68 52.
Übergeordnete Vertretung ist die Botschaft in Nairobi (s. Kenia).

FLÄCHE: 241.139 qkm.
BEVÖLKERUNGSZAHL: 18.026.000 (1993).
BEVÖLKERUNGSDICHTE: 75 pro qkm.
HAUPTSTADT: Kampala. **Einwohner:** 650.800 (1990).
GEOGRAPHIE: Uganda grenzt im Norden an den Sudan, im Osten an Kenia, im Südosten an den Victoria-See, im Süden an Tansania und Ruanda sowie im Westen an Zaïre. Die Hauptstadt Kampala liegt am Ufer des Victoria-Sees, dessen wichtigster Abfluß der Weiße Nil ist, der durch einen Großteil des Landes fließt. Tropische Wälder, die terrassenartigen Hügel von Kigezi und die Teeplantagen an den Hängen der schneebedeckten *Ruwenzori Mountains* prägen das abwechslungsreiche Landschaftsbild. Die unfruchtbare Karamoja-Ebene liegt an der sudanesischen Grenze, die üppig-grüne Region Buganda weist die höchste Bevölkerungsdichte auf. Die schönen Savannen von Acholi, Bunyoro, Tororo und Ankole sowie die fruchtbare Baumwollanbauregion von Teso sind weitere reizvolle Anziehungspunkte.
STAATSFORM: Präsidialrepublik. Staatsoberhaupt: Yoweri Kaguta Museveni, seit Januar 1986 (1990 im Amt bestätigt). Regierungschef: Kintu Musoke, seit November 1994. Die Nationalversammlung wurde nach einem Putsch 1985 aufgelöst. Legislative und Exekutive liegen bei der Übergangsregierung (verfassungsgebende Versammlung mit 288 Mitgliedern), die von Yoweri Musevenis Nationaler Widerstandsbewegung (NRM) kontrolliert wird. Parteien sind weiterhin legal, effektiv ist jedoch jegliche politische Aktivität verboten. Ein neuer Verfassungsentwurf ist in Vorbereitung.
SPRACHE: Amtssprachen sind Englisch und Kisuahili; daneben zahlreiche Bantusprachen wie Buganda, Banyoro, west- und ostnilotische Sprachen.
RELIGION: 76% Christen, 10% Muslime und Anhänger von Naturreligionen.
ORTSZEIT: MEZ + 2.
NETZSPANNUNG: 240 V, 50 Hz. Adapter empfohlen.
POST- UND FERNMELDEWESEN: Telefon: Selbstwählferndienst von und zu größeren Städten. **Landesvorwahl: 256. Telefaxe** können von den größeren Städten gesendet werden. **Telexdienst** im *Postal & Telecommunications Office* (35 Kampala Road, Kampala) und in den Hauptpostämtern in Jinja und Mbale (08.00-16.00 Uhr) sowie in einigen Hotels. **Post:** Luftpostsendungen nach Europa sind drei Tage bis mehrere Wochen unterwegs. Öffnungszeiten der Postämter: Mo-Fr 08.30-12.30 und 14.00-16.30 Uhr.
DEUTSCHE WELLE
Der Einsatz von Kurzwellenfrequenzen ändert sich mehrfach im Laufe eines Jahres, und Sendungen auf den folgenden Frequenzen werden jeweils nur zu bestimmten Tageszeiten ausgestrahlt. Näheres in der Einleitung.

MHz	15,275	15,135	11,795	9,545	6,075
Meterband	19	19	25	31	49

REISEPASS/VISUM

Wichtiger Hinweis: Die Einreisebestimmungen mancher Länder können sich kurzfristig ändern – rufen Sie sicherheitshalber auf Ihrem CRS-System (TIMATIC-Info-Code-Fenster in diesem Kapitel) den aktuellen Stand ab bzw. wenden Sie sich an die zuständige diplomatische Vertretung. Etwaige Zahlen in der Tabelle beziehen sich auf nachfolgende Fußnoten.

	Paß erforderlich?	Visum erforderlich?	Rückflugticket erforderlich?
Deutschland	Ja	Nein	Ja
Österreich	Ja	Nein	Ja
Schweiz	Ja	Nein	Ja
Andere EU-Länder	Ja	Nein	Ja

REISEPASS: Allgemein erforderlich zur Einreise.
VISUM: Genereller Visumzwang, ausgenommen sind Staatsangehörige folgender Länder für Aufenthalte von bis zu 3 Monaten:
(a) Bundesrepublik Deutschland, Österreich, übrige Länder der Europäischen Union und der Schweiz;
(b) Äthiopien, Angola, Antigua und Barbuda, Australien, Bahamas, Bahrain, Barbados, Belize, Botswana, Burundi, Djibouti, Eritrea, Fidschi, Gambia, Grenada, Hongkong, Israel, Jamaika, Japan, Kanada, Kenia, Komoren, Korea-Süd, Kuwait, Lesotho, Libyen, Madagaskar, Malawi, Malaysia, Malta, Mauritius, Mosambik, Namibia, Neuseeland, Norwegen, Oman, Ruanda, St. Lucia, St. Vincent und die Grenadinen, Salomonen, Sambia, Saudi-Arabien, Seychellen, Sierra Leone, Simbabwe, Singapur, Somalia, Sudan, Swasiland, Taiwan (China), Tansania, Tonga, Tuvalu, USA, Vanuatu, Vereinigte Arabische Emirate und Zypern.
Visaarten: Touristenvisum. Wer mit demselben oder nächsten Flugzeug weiterreist, festgebuchte Tickets vorlegen kann und den Flughafen nicht verläßt, braucht kein Transitvisum.
Visagebühren: Unterschiedlich, je nach Nationalität.
Gültigkeitsdauer: 3 Monate. Weitere Informationen von der Botschaft.
Antragstellung: Konsularabteilung der Botschaft (Adressen s. o.).
Unterlagen: (a) Gültiger Reisepaß. (b) 2 Antragsformulare. (c) 2 Paßfotos. (d) Gebühr (Bargeld, Scheck oder Postanweisung). (e) Rück-/Weiterflugtickets.
Der postalischen Antragstellung sollten ein frankierter und adressierter Umschlag und der Zahlungsbeleg über die Visumgebühren beigelegt werden.
Bearbeitungszeit: 2-7 Tage, bei persönlicher Beantragung am selben Tag.
Aufenthaltsgenehmigung: Anfragen sind an die Botschaft zu richten.

GELD

Währung: 1 Uganda-Shilling (USh) = 100 Cents. Banknoten gibt es im Wert von 10.000, 5000, 1000, 200, 100 und 50 USh. Münzen werden nur selten benutzt. Der Shilling ist schon mehrmals stark abgewertet worden.
Geldwechsel: Reisegeld sollte zum besseren Touristenkurs (dem sog. *Window 2*) getauscht werden. Man sollte nur die offiziellen Banken und Wechselstuben benutzen.
Kreditkarten: *Visa* und teilweise auch *Eurocard* werden akzeptiert. Einzelheiten vom Aussteller der betreffenden Kreditkarte.
Reisechecks: US-Dollar-Reiseschecks werden empfohlen.
Wechselkurse

	USh Sept. '92	USh Febr. '94	USh Jan. '95	USh Jan. '96
1 DM	807,47	491,35	591,87	701,22
1 US$	1200,00	852,96	917,41	1008,00

Anmerkung: Offizielle Wechselkurse; Auskünfte über Wechselkurse für Touristen erteilt die *Commercial Bank* in Uganda.
Devisenbestimmungen: Die Ein- und Ausfuhr der Landeswährung ist verboten (ausgenommen Kleingeld). Die Einfuhr von Fremdwährungen ist unbegrenzt, muß jedoch deklariert werden. Das Formular unbedingt aufbewahren. Die Ausfuhr von Fremdwährungen ist auf den deklarierten Betrag begrenzt.
Öffnungszeiten der Banken: Mo-Fr 08.30-14.00 Uhr.

DUTY FREE

Folgende Artikel können zollfrei nach Uganda eingeführt werden:
200 Zigaretten oder 225 g Tabak;
1 Flasche Spirituosen oder Wein;
568 ml Parfüm;
andere Artikel bis zu einem Wert von 100 US$ für den persönlichen Gebrauch.

GESETZLICHE FEIERTAGE

1. Mai '96 Maifeiertag. **3. Juni** Märtyrertag. **9. Juni** Tag der Helden. **9. Okt.** Unabhängigkeitstag. **25. Dez.** Weihnachten. **1. Jan. '97** Neujahr. **10. Febr.** Eid al-Fitr. **28.-31. März** Ostern. **18. April** Eid al-Adha. **1. Mai** Maifeiertag.
Anmerkung: Die angegebenen Daten für islamische Feiertage sind nach dem Mondkalender berechnet und verschieben sich daher von Jahr zu Jahr. Weitere Informationen im Kapitel *Welt des Islam* (s. Inhaltsverzeichnis).

GESUNDHEIT

In der folgenden Tabelle aufgeführte Impfvorschriften können sich kurzfristig ändern. Es wird stets empfohlen, auf Ihrem CRS-System (TIMATIC-Info-Code-Fenster in diesem Kapitel) den aktuellen Stand der Gesundheitsbestimmungen abzurufen bzw. rechtzeitig vor der Reise ärztlichen Rat einzuholen.

	Vorsichtsmaßnahmen empfohlen	Impfschein erforderlich
Gelbfieber	Ja	1
Cholera	Ja	2
Typhus & Polio	Ja	-
Malaria	3	
Essen & Trinken	4	

[1]: Eine Impfbescheinigung gegen Gelbfieber wird von allen Reisenden verlangt, die über ein Jahr alt sind und aus Endemiegebieten einreisen.
[2]: Eine Impfbescheinigung gegen Cholera ist keine Einreisebedingung, das Risiko einer Infektion besteht jedoch. Da die Wirksamkeit der Schutzimpfung umstritten ist, empfiehlt es sich, rechtzeitig vor Antritt der Reise ärztlichen Rat einzuholen. Näheres unter *Gesundheit* (s. Inhaltsverzeichnis).
[3]: Malariaschutz gegen die vorherrschende gefährlichere Form *Plasmodium falciparum* ist ganzjährig in allen Landesteilen erforderlich, auch in den größeren Städten. Chloroquin-Resistenz wurde gemeldet.
[4]: Wasser ist nicht immer keimfrei und sollte vor der Benutzung zum Trinken, Zähneputzen und zur Eiswürfelbereitung entweder abgekocht oder anderweitig sterilisiert werden. Milch ist nicht pasteurisiert und sollte ebenfalls abgekocht werden. Trocken- und Dosenmilch nur mit keimfreiem Wasser anrühren. Milchprodukte aus ungekochter Milch am besten vermeiden. Fleisch- und Fischgerichte nur gut durchgekocht und heiß serviert essen. Der Genuß von Schweinefleisch, rohen Salaten und Mayonnaise sollte vermieden werden. Gemüse sollte gekocht und Obst geschält werden.
Tollwut kommt vor. Wer ein erhöhtes Risiko eingeht (z. B. längerer Aufenthalt in abgelegenen Gebieten), sollte vor Reiseantritt eine Schutzimpfung erwägen. Bei Bißwunden so schnell wie möglich ärztliche Hilfe in Anspruch nehmen. Weitere Informationen im Kapitel *Gesundheit* (s. Inhaltsverzeichnis).
Bilharziose-Erreger kommen in manchen Teichen und Flüssen vor, das Schwimmen und Waten in Binnengewässern sollte daher vermieden werden. Gut gepflegte Schwimmbecken mit gechlortem Wasser sind unbedenklich.
Hepatitis A, B und E kommen vor.
Gesundheitsvorsorge: Die Mitnahme einer Reiseapotheke wird empfohlen, man sollte sich vor der Einreise bei der Botschaft erkundigen, ob die Einfuhr gebührenpflichtig ist. Der Abschluß einer Reisekrankenversicherung mit Notrückführung wird dringend empfohlen. 1972 verließen die meist nicht-afrikanischstämmigen Einwohner das Land, wodurch das Gesundheitswesen erheblich in Mitleidenschaft gezogen wurde. Nur in den größeren Städten gibt es angemessene medizinische Versorgung.

REISEVERKEHR - International

FLUGZEUG: Ugandas größte nationale Fluggesellschaft heißt *Uganda Airlines Corporation (QU)*. *British Airways* fliegt Uganda von verschiedenen britischen Städten aus an.
Durchschnittliche Flugzeiten: *Frankfurt* – Kampala: 9 Std. 40 (reine Flugzeit, Zwischenaufenthalt in Brüssel); *Wien* – Kampala: 11 Std. 25 (reine Flugzeit, Zwischenaufenthalt in Brüssel); *London* – Kampala: 8 Std; *Zürich* – Kampala: 9 Std. 40 (reine Flugzeit, Zwischenaufenthalt in Brüssel).
Internationaler Flughafen: *Entebbe (EBB)* liegt 35 km südwestlich von Kampala (Fahrzeit 40 Min.). Am Flughafen gibt es eine Bank, Wechselstuben, eine Post, Duty-free-Shops, Mietwagenschalter, Hotel-Reservierung, Tourist-Information, Bars und Restaurants. Tagsüber Busverbindungen zur Stadt. Taxis sind ebenfalls vorhanden.
Flughafengebühren: 20 US$. Transitreisende und Kinder unter zwei Jahren sind ausgenommen.
Anmerkung: Alle in Uganda gekauften Flugtickets müssen in harter Währung bezahlt werden.
BAHN: Von Nairobi (Kenia) gibt es eine Bahnverbindung nach Tororo. Zur Weiterfahrt ins Landesinnere muß man mitunter umsteigen.
BUS/PKW: Straßen führen in alle Nachbarstaaten. Die Verbindungsstraßen nach Kenia sind gut, während die Straßenverbindungen nach Ruanda gegenwärtig ausgebaut werden. Die Grenze zu Ruanda ist jedoch derzeit geschlossen. **Bus:** Linien- und Ausflugsbusse fahren von Nairobi nach Uganda. Zweimal wöchentlich verkehren Busse zwischen Kampala und Kigali (Ruanda).

REISEVERKEHR - National

FLUGZEUG: *Uganda Airlines* fliegt von Entebbe aus alle größeren Städte einschließlich Arua und Kasese an. Es gibt auch Charterflüge.
BAHN: Das über 1000 km lange Streckennetz beschreibt einen Halbkreis von Pakwach am Albert-See (Mobutu-See) in der Nähe der zaïrischen Grenze durch mehrere Städte im Norden nach Tororo an der kenianischen Grenze, weiter zum Victoria-See und nach Kampala und endet in Kasese in der Nähe des George-Sees. Zweimal täglich fahren Züge von Tororo nach Kampala und einmal täglich auf anderen Strecken. Züge dienen vor allem dem Gütertransport, die wenigen Abteile für Fahrgäste sind jedoch neu und verhältnismäßig komfortabel; Fahrpläne werden nicht immer eingehalten.
BUS/PKW: Der Zustand der Straßen ist unterschiedlich. Die Hauptstadt Kampala ist Verkehrsknotenpunkt; im Norden gibt es nur wenige Straßen. Polizeikontrollen können vorkommen. **Busse** fahren in fast alle Regionen, sind jedoch nicht gerade für ihre Pünktlichkeit bekannt und oft überfüllt. **Unterlagen:** Nationaler oder internationaler Führerschein.

UNTERKUNFT

HOTELS: In den größeren Städten gibt es mehrere einfache Hotels mit zweckmäßiger Ausstattung. Die Regierung und einige private Firmen sind bemüht, die Bettenkapazität zu erhöhen. Einige der großen Nationalparks bieten ebenfalls Unterkünfte (s. u.). Weitere Auskünfte erteilt *Uganda Hotels Limited*, PO Box 7173, Kampala. Tel: (041) 23 03 11.

URLAUBSORTE & AUSFLÜGE

Kampala: Die Hauptstadt erstreckt sich über sieben Hügel und besitzt moderne Bauwerke, breite Alleen, das interessante *Uganda Museum* sowie Moscheen und Paläste des alten Königreichs Buganda. Die obere Hälfte des Nakasero Hill bildet das Viertel der Botschaften und der besten internationalen Hotels. Zahlreiche Geschäfte, Straßenmärkte und lebhafter Verkehr zeichnen die Innenstadt aus. Zu den interessantesten Sehenswürdigkeiten zählen die *Kabaka Tombs* auf dem Kasubi Hill, die Gräber der Könige der Buganda. Die strahlendweiße Kibuli-Moschee, die katholische Rubaga-Kathedrale, die anglikanische Namirebe-Kathedrale und der riesige Sikh-Tempel stehen ebenfalls auf dem Besichtigungsprogramm der meisten Besucher.
Der internationale Flughafen in **Entebbe** in der Nähe von Kampala ist für viele Ausgangspunkt einer Ugandareise. Die Stadt hat einen schönen *Botanischen Garten* und einen Badestrand am See. Vorsicht vor Bilharziose.
Von **Kasese** bieten sich Ausflüge in die *Ruwenzori Mountains* und zu den *Edward- und George-Krateerseen* an.
Fort Portal ist ideal für Fahrten zu den Thermalquellen von Bundibugyo und zum Tororo-Tierschutzgebiet.
Ein Abenteuer für sich ist die Gorillabeobachtung im Gebiet des *Mount Muhavura* und des *Mount Mgahinga*.
Kisoro ist Ausgangspunkt der Bergtouren zum Habitat des größten Menschenaffens der Welt. In der Nähe gibt es sieben Seen mit guten Fischgründen.
Mbale liegt in einer fruchtbaren Ebene. Dieser Ort in der Nähe des *Mount Elgon* ist bei Bergwanderern und Bergsteigern gleichermaßen beliebt.
Nationalparks: Es gibt Nationalparks und Tierschutzgebiete, einige gehören zu den schönsten Afrikas. Die größten sind *Kabalega*, *Ruwenzori* und *Kidepo*. Kabalega und Ruwenzori bieten gute Unterkunftsmöglichkeiten; der *Ruwenzori-Nationalpark* (auch Queen-Elizabeth-Nationalpark genannt) gilt als einer der großartigsten afrikanischen Parks überhaupt. Im *East National Park* in der Nähe von Kampala gibt es Lodges, *Banda* (Hütten) und Campingplätze.

SOZIALPROFIL

ESSEN & TRINKEN: In und um Kampala gibt es zahlreiche Restaurants. Alle staatlichen Hotels bieten einheimische und internationale Gerichte an. Spezialitäten sind *Matooke* (Bananenbrei), Hirsebrot, Maniok, Süßkartoffeln, Huhn- und Rindfleischeintöpfe sowie Meeresfrüchte. **Getränke:** Nationalgetränk ist *Waragi*, ein Bananen-Gin, der auch in Cocktails sehr beliebt ist.
EINKAUFSTIPS: Schöne Souvenirs sind Armreifen, Ketten und Broschen, Holzschnitzereien, Korbwaren, Tee, Kaffee und Keramik. **Öffnungszeiten der Geschäfte:** Mo-Fr 08.30-17.00 Uhr, Sa 08.30-19.00 Uhr.

SPORT: Ausgangspunkt der beliebten **Bergtouren** zum *Mount Muhavura*, zum *Mount Mgahinga* und zu den *Ruwenzori Mountains* sind Kasese und Kisoro. **Bergwandern** ist speziell auf dem *Mount Elgon* (bei Mbale) zu empfehlen. Die zahlreichen Gewässer im Landesinneren, besonders die sieben Seen bei Kisoro, bieten gute **Fischgründe**. Mit Ausnahme des Nagubo-Sees in den Kigezi-Hügeln wird wegen Bilharziosegefahr vom **Schwimmen** abgeraten. Es gibt einen 18-Loch-**Golfplatz** in Kampala sowie kleinere Plätze in allen größeren Städten.
SITTEN & GEBRÄUCHE: Zur Begrüßung gibt man sich die Hand. Zwanglose Kleidung ist meist angebracht. Das **Fotografieren** militärischer Einrichtungen ist verboten. **Trinkgeld:** Kellner und Taxifahrer erhalten 10% Trinkgeld.

WIRTSCHAFTSPROFIL

WIRTSCHAFT: Die Produktion in der einst blühenden Landwirtschaft kam durch die Ölkrise, Mißwirtschaft und die militärischen Auseinandersetzungen von 1979, als Idi Amin abgesetzt wurde, sowie dem darauffolgenden Bürgerkrieg fast völlig zum Erliegen. Inzwischen ist Kaffee erneut zum Hauptexportgut geworden, und auch die Teeplantagen werden wieder bewirtschaftet. Der ehemals wichtige Abbau von Phosphor, Kupfer und Wolfram hat sich ebenfalls erholt und erbringt einen beachtlichen Teil der Exporterlöse. Beim Wiederaufbau der Fertigungsindustrie wurden gleichfalls Erfolge verzeichnet, besonders erwähnt seien hier Tabakerzeugnisse, Zuckerraffinerien und Brauereien. Obwohl die Aussichten Ende der achtziger Jahre aufgrund hoher Verteidigungsausgaben weniger rosig waren, brachten die letzten drei Jahre einen überraschenden Aufschwung. Die Regierung nutzte die größere Stabilität im Land verstärkt dazu, die Wirtschaft zu fördern und – auf Drängen von Entwicklungshilfe leistenden Ländern – den Verteidigungshaushalt zu kürzen. 1990 stieg das Bruttosozialprodukt um 6%, ein Anzeichen, daß Ugandas enormes wirtschaftliches Potential in letzter Zeit besser ausgenutzt wird. Haupthandelspartner sind vor allem Kenia sowie Großbritannien, die USA, Deutschland, die Niederlande und Frankreich.
GESCHÄFTSVERKEHR: In Geschäftskreisen wird Englisch gesprochen. Termine sollten im voraus vereinbart werden. **Geschäftszeiten:** Mo-Fr 08.00-12.45 und 14.00-17.00 Uhr.
Kontaktadressen: Die wirtschaftlichen Interessen Österreichs werden von der Außenhandelsstelle in Harare (s. Simbabwe) wahrgenommen.
National Chamber of Commerce and Industry (Industrie- und Handelskammer), PO Box 3809, Kampala. Tel: (041) 25 87 91. Telefax: (041) 25 87 93.
Uganda Investment Authority, PO Box 7418, Kampala. Tel: (041) 25 15 62. Telefax: (041) 24 29 03.

KLIMA

Aufgrund der Höhenlage (über 1200 m) sind die Temperaturen in einigen Landesteilen trotz der Nähe zum Äquator verhältnismäßig niedrig. Sie liegen im Durchschnitt zwischen 16°C und 34°C. Die Gipfel der Ruwenzori Mountains sind oft schneebedeckt. Heftige Regenfälle zwischen März und Mai sowie Oktober und November.
Kleidung: Leichte Sachen und Regenschutz. Wärmere Kleidung für kühle Abende.

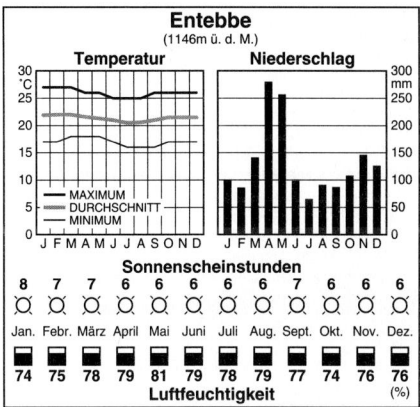

Pass- und Visavorschriften mancher Länder können sich kurzfristig ändern – Im Zweifelsfall erkundigen Sie sich bitte vor der Abreise bei der zuständigen Botschaft

Ukraine

Lage: Südosteuropa.

Olympia-Reisen
Siegburger Straße 49
D-53229 Bonn
Tel: (0228) 40 00 30. Telefax: (0228) 46 69 32.
Mo-Fr 08.00-18.00 Uhr.
Verband für Internationalen Tourismus
Val Jaroslawow 36
252034 Kiew
Tel: (044) 212 42 15.Telefax: (044) 224 81 59.
Botschaft der Ukraine
Rheinhöhenweg 101
D-53424 Remagen
Tel: (02228) 94 18 16, *Konsularabt.*: 94 18 41/2. Telefax: (02228) 94 18 63.
Mo-Fr 08.30-13.00 und 14.30-18.00 Uhr, *Konsularabt.*: Mo-Fr 9.00-12.30 Uhr, telefonische Auskünfte nur 15.00-17.00 Uhr.
Außenstelle der Botschaft der Ukraine
Unter den Linden 63-65
D-10117 Berlin
Tel: (030) 229 16 18. Telefax: (030) 229 17 45.
Mo, Mi, Fr 08.00-12.00 Uhr.
Geschäftsbereich: Berlin und neue Bundesländer.
Generalkonsulat der Ukraine
Pienzenauerstraße 15
D-81679 München
Tel: (089) 982 87 71.
Mo-Fr 09.00-13.00 Uhr, Di 14.00-18.00 Uhr.
Geschäftsbereich: Baden-Württemberg, Bayern, Saarland.
Honorarkonsulat ohne Visumerteilung in Düsseldorf.
Botschaft der Ukraine
Naaffgasse 23
A-1180 Wien
Tel: (0222) 479 71 72. Telefax: (0222) 479 71 72 47.
Mo-Fr 09.00-12.00 Uhr (mittwochs geschlossen).
Botschaft der Ukraine
Feldeggweg 5
CH-3005 Bern
Tel: (031) 352 23 16, *Konsularabt.*: 351 63 16. Telefax: (031) 351 64 16.
Konsularabt.: Mo, Mi, Fr 09.00-12.30 Uhr, Botschaft nur n. V.
Botschaft der Bundesrepublik Deutschland
Wul. Tschkalowa 84
252054 Kiew
Tel: (044) 216 67 94, 216 14 77. Telefax: (044) 216 92 33.

TIMATIC INFO-CODES

Abrufbar über Ihr CRS-System (für START/Amadeus Ama-Maske benutzen). Für Galileo bitte TI-DFT eingeben (mit Bindestrich).

Flughafengebühren	TI DFT/ KBT /TX
Währung	TI DFT/ KBT /CY
Zollbestimmungen	TI DFT/ KBT /CS
Gesundheit	TI DFT/ KBT /HE
Reisepassbestimmungen	TI DFT/ KBT /PA
Visabestimmungen	TI DFT/ KBT /VI

Botschaft der Republik Österreich
Ivana Franka 33
252030 Kiew 21
Tel: (044) 220 54 73. Telefax: (044) 220 86 57.
Botschaft der Schweizerischen Eidgenossenschaft
Wul. Fedorova 12
2. Stock
252005 Kiew
Tel: (044) 220 54 73. Telefax: (044) 220 86 57.

FLÄCHE: 603.700 qkm.
BEVÖLKERUNGSZAHL: 51.551.000 (1993).
BEVÖLKERUNGSDICHTE: 85 pro qkm.
HAUPTSTADT: Kiew. **Einwohner:** 2.635.000 (1991).
GEOGRAPHIE: Die Ukraine grenzt im Norden an Belarus, im Norden und Osten an die Russische Föderation, im Westen an Polen, die Slowakische Republik und Ungarn und im Südwesten an Rumänien und Moldawien. Der Norden ist sehr waldreich, in den anderen Landesteilen überwiegen Waldsteppe (Buchen und Eichen) und baumlose Steppe. Wichtigster Fluß ist der Dnjepr, der ins Schwarze Meer fließt. Die bis 1956 zu Rußland gehörende Halbinsel Krim im Süden des Landes ist inzwischen zum Zankapfel zwischen der Ukraine und Rußland geworden. Seit 1992 ist sie autonome Republik.
STAATSFORM: Republik. Staatsoberhaupt: Leonid D. Kutschma, seit Juli 1994. Regierungschef: Jevgenij Martschuk, seit Juni 1995. Verfassungsänderung in Vorbereitung. Parlament mit 450 Mitgliedern. Die autonome Krimrepublik, die eine eigene Legislative und Exekutive besitzt, ist Teil des Staatsgebietes. Bei den Parlamentswahlen im März/April 1994 errangen die kommunistischen Parteien rund ein Viertel der Sitze.
SPRACHE: Ukrainisch, das über Jahrhunderte von der Obrigkeit unterdrückt wurde, ist Amtssprache, Russisch ebenfalls, welches vielfach noch Umgangssprache ist, insbesondere in Kiew, der Ostukraine und auf der Krim. Regional auch Gagausisch (eine Turksprache), Slowakisch und andere Minderheitensprachen.
RELIGION: Ukrainisch-orthodox, daneben russisch-orthodox, griechisch-katholisch und römisch-katholisch, jüdische und muslimische Minderheiten.
ORTSZEIT: MEZ + 1.
NETZSPANNUNG: 220 V, 50 Hz. Zwischenstecker erforderlich.
POST- UND FERNMELDEWESEN: Telefon: Die meisten größeren Städte bieten Selbstwählferndienst. Landesvorwahl: 7. Die Telefonstellen der Hauptpostämter sind in der Regel durchgehend geöffnet. **Telefax:** Dieser Dienst steht in den meisten Hotels und Büros zur Verfügung. **Telex/Telegramme:** 24-Stunden-Service in den Hauptpostämtern der Großstädte. **Post:** Der Postverkehr ist unzuverlässig, Sendungen nach Westeuropa sind oft über zwei Wochen unterwegs. Öffnungszeiten der Post: In der Regel 08.00-17.00 Uhr. Das Hauptpostamt in Kiew (Krestschatik 22) ist rund um die Uhr geöffnet.
DEUTSCHE WELLE
Der Einsatz der Kurzwellenfrequenzen ändert sich mehrfach im Laufe eines Jahres, und Sendungen auf den folgenden Frequenzen werden jeweils nur zu bestimmten Tageszeiten ausgestrahlt. Näheres in der Einleitung.

MHz	21,560	15,275	13,780	9,545	6,075
Meterband	13	19	22	31	49

REISEPASS/VISUM

Wichtiger Hinweis: Die Einreisebestimmungen mancher Länder können sich kurzfristig ändern – rufen Sie sicherheitshalber auf Ihrem CRS-System (TIMATIC-Info-Code-Fenster in diesem Kapitel) den aktuellen Stand ab bzw. wenden Sie sich an die zuständige diplomatische Vertretung. Etwaige Zahlen in der Tabelle beziehen sich auf nachfolgende Fußnoten.

	Paß erforderlich?	Visum erforderlich?	Rückflugticket erforderlich?
Deutschland	Ja	Ja	Ja
Österreich	Ja	Ja	Ja
Schweiz	Ja	Ja	Ja
Andere EU-Länder	Ja	Ja	Ja

Anmerkung: Auf dem Landweg von/nach Moldawien, Belarus und in die Russische Föderation sind Visa des betreffenden GUS-Staates erforderlich, die am besten vor der Abreise besorgt werden sollten. Wer ohne ein gültiges Visum in die Russische Föderation von der Ukraine einreist, muß z. B. mit einer Geldstrafe von mindestens 250 US-Dollar rechnen. Ukrainische Visa *gelten nicht* für die Russische Föderation oder andere GUS-Staaten. Ebenso sind Visa, die für andere GUS-Länder ausgestellt wurden, *nicht* für die Ukraine gültig. In Ausnahmefällen können Kurzzeitvisa auch direkt bei der Einreise in die Ukraine (an der Grenze, auf dem Kiewer Flughafen sowie an den Häfen Simferopol, Jalta und Odessa) gegen eine Gebühr von 180 US-Dollar ausgestellt werden. Diese berechtigen zu einem Aufenthalt von 72 Stunden.
REISEPASS: Allgemein erforderlich. Der Reisepaß muß noch midestens 3 Monate über den Aufenthalt hinaus gültig sein.
VISUM: Allgemein erforderlich, ausgenommen sind Staatsbürger einiger ehemaliger kommunistischer Länder. Die ukrainischen Behörden raten aber dazu, sich vor der Abreise auf jeden Fall bei einer Konsularstelle zu erkundigen.
Visaarten: *Einfachvisum*, *Geschäftsvisum*, *Besuchsvisum* (Privatbesuche), *Mehrfachvisum* (2-3malige Einreise, i. allg. nur für Geschäftsreisende, Kongreßteilnehmer usw.), *Sammelvisum* (für Gruppenreisende ab 10 Personen), *Dauervisum* (beliebig viele Reisen; nur für Geschäfts- und Dienstreisende oder bei Einreise zu wissenschaftlichen Zwecken), *Transitvisum*.
Hinweis: Im Unterschied zu allen anderen Visaarten gelten Dauervisa für das gesamte Gebiet der Ukraine und nicht nur für bestimmte Zielorte.
Gültigkeit: 90 Tage; Mehrfach- und Dauervisum: 6 Monate. Transitvisum: 1 Tag (Flugzeug), 2-3 Tage (Pkw/Zug). Eine Verlängerung ist u. U. möglich, die örtliche Vertretung des Innenministeriums entscheidet im Einzelfall.
Visagebühren: *Besuchsvisum*: 50 DM, 400 öS, 90 sfr; *Einfachvisum*: 60 DM, 400 öS (600 öS bei Expreßausstellung), 90 sfr; *Geschäftsvisum*: 80 DM; 400 öS (600 öS bei Expreßausstellung), 90 sfr; *Sammelvisum für Gruppenreisen*: 40 DM, 200 öS, 30 sfr pro Person; *Mehrfachvisum*: gestaffelte Gebühren bei den Vertretungen in Deutschland und der Schweiz, 1600 öS; *Dauervisum*: 400 DM, 1600 öS, 360 sfr; *Transitvisum*: 50 DM, 200 öS, 45 sfr. Kinder unter 16 Jahren sowie Teilnehmer an wissenschaftlichen Veranstaltungen erhalten Visa kostenlos.
Antragstellung: Konsularabteilung der Botschaft bzw. zuständiges Konsulat (Adressen s. o.).
Unterlagen: (a) Gültiger Reisepaß (original). (b) Antrag. (c) 1 Paßfoto. (d) Gebühr. (e) Bei *Touristenreisen* zusätzlich Gutschein eines Reisebüros mit bestätigter Hotelbuchung. (f) Bei *Privatbesuchen* ein Einladungsschreiben mit Bestätigung der örtlichen Milizbehörde. (g) Bei *Geschäftsreisen* ein Schreiben der zu besuchenden Organisation (in kyrillischer Schrift), aus dem der Zweck der Reise hervorgeht. Das Schreiben muß außerdem beinhalten: Stempel mit Ausgangsdatum, Stempel und Unterschrift der einladenden Firma, Wiederholung der Unterschrift in Druckbuchstaben, Numerierung. (h) Bei Beantragung eines *Transitvisums*: Nachweis des Sichtvermerks für das Zielland und Fahrkarte. (i) Für *Dauervisa*: Einladungsschreiben der zu besuchenden ukrainischen Organisation mit Begründung, warum die Ausstellung eines Dauervisums nötig ist. Vor der Erteilung eines Dauervisums muß das Einverständnis des ukrainischen Außenministeriums eingeholt werden. (j) Bei der Beantragung von *Sammelvisa* müssen keine Originalpässe, Visaanträge oder Paßfotos eingereicht werden. Es genügt die Vorlage der Reisepässe in Kopie, einer Sammelliste mit Namen, Vornamen, Geburtsdatum, Staatsangehörigkeit und Reisepaßnummer der Teilnehmer (jeweils dreifache Ausfertigung) sowie der genauen Reiseroute mit Angaben, in welchen Städten eine Hotelübernachtung geplant ist.
Bei postalischer Antragstellung muß ein frankierter Rückumschlag und der Zahlungsbeleg über die Visumgebühren beigefügt werden.
Bearbeitungszeit: 5-10 Werktage, bei postalischer Antragstellung 2-3 Wochen. Expreßausstellungen dauern 3 Tage.

GELD

Währung: Der im Januar 1992 eingeführte Karbowanez sollte eigentlich nur eine Übergangswährung sein, ist jedoch weiterhin offizielles Zahlungsmittel. 1 Karbowanez (UKR) = 100 Kopeken.
Geldwechsel: Geld sollte nur in offiziellen Wechselstuben oder Banken umgetauscht werden. Nicht alle Banken haben Wechselschalter. Tauschgeschäfte auf dem Schwarzen Markt sind riskant und nicht zu empfehlen. Die Mitnahme von US-Dollars in kleinen Beträgen ist empfehlenswert.
Kreditkarten: *Eurocard*, *American Express*, *Visa* und *Diners Club* werden nur von einigen Hotels und Restaurants angenommen.
Wechselkurse

	UKR Febr. '94	UKR Febr. '95	UKR Jan. '96
1 DM	k. A.	67.182	125.147,8
1 US$	36.000	104.133	179.900,0

Devisenbestimmungen: Alle Fremdwährungen sollten deklariert und jeder Geldumtausch in einem Zollformular vermerkt werden, das bei der Ausreise dem Beamten ausgehändigt wird.
Öffnungszeiten der Banken: Mo-Fr 09.30-17.30 Uhr.

DUTY FREE

Momentan gibt es keine verbindlichen Bestimmungen für die zollfreie Ein- und Ausfuhr von Waren. Schmuck und andere Wertgegenstände müssen deklariert werden. Kunstwerke, Antiquitäten und Kaviar sollten nur mit offizieller Genehmigung ausgeführt werden.

GESETZLICHE FEIERTAGE

1./2. Mai '96 Tage der Arbeit. **9. Mai** Tag des Sieges (2. Weltkrieg). **24. Aug.** Unabhängigkeitstag. **1. Jan. '97** Neujahr. **7. Jan.** Orthodoxe Weihnachten. **8. März** Internationaler Frauentag. **1./2. Mai** Tage der Arbeit. **9. Mai** Tag des Sieges (2. Weltkrieg).

GESUNDHEIT

In der folgenden Tabelle aufgeführte Impfvorschriften können sich kurzfristig ändern. Es wird stets empfohlen, auf Ihrem CRS-System (TIMATIC-Info-Code-Fenster in diesem Kapitel) den aktuellen Stand der Gesundheitsbestimmungen abzurufen bzw. rechtzeitig vor der Reise ärztlichen Rat einzuholen.

	Vorsichtsmaßnahmen empfohlen	*Impfschein erforderlich*
Gelbfieber	Nein	Nein
Cholera	Ja	1
Typhus & Polio	2	-
Malaria	Nein	-
Essen & Trinken	3	-

[1]: Cholerafälle sind aus dem Süden des Landes gemeldet worden. Eine Impfbescheinigung gegen Cholera ist keine Einreisebedingung, das Risiko einer Infektion besteht jedoch. Da die Wirksamkeit der Schutzimpfung imstritten ist, empfiehlt es sich, rechtzeitig vor Antritt der Reise ärztlichen Rat einzuholen. Näheres unter *Gesundheit* (s. Inhaltsverzeichnis).
[2]: Poliomyelitis kommt vor, Typhus nicht.
[3]: Wasser ist nicht immer keimfrei und sollte vor der Benutzung zum Trinken, Zähneputzen und zur Eiswürfelbereitung entweder abgekocht oder anderweitig sterilisiert werden. Milch ist pasteurisiert und kann, ebenso wie einheimische Milchprodukte, unbesorgt verzehrt werden. Fleisch- und Fischgerichte nur gut durchgekocht und heiß serviert essen. Der Genuß von Schweinefleisch, rohen Salaten und Mayonnaise sollte vermieden werden. Gemüse sollte gekocht und Obst geschält werden.
Tollwut kommt vor. Wer ein erhöhtes Risiko eingeht (z. B. längerer Aufenthalt in abgelegenen Gebieten), sollte vor Reiseantritt eine Schutzimpfung erwägen. Bei Bißwunden so schnell wie möglich ärztliche Hilfe in Anspruch nehmen. Weitere Informationen im Kapitel *Gesundheit* (s. Inhaltsverzeichnis).
Hepatitis A kommt ebenfalls vor. Es wird außerdem empfohlen, sich gegen *Diphterie* impfen zu lassen.
Gesundheitsvorsorge: Die medizinische Versorgung ist theoretisch kostenlos für jeden, der krank wird. Die Gesundheitsversorgung ist jedoch momentan nicht immer ausreichend gewährleistet. Bei leichten Erkrankungen sollte man sich an die Hotelleitung wenden. Bei schweren Krankeitsfällen ist es ratsam, das Land zu verlassen. Eine Reisekrankenversicherung mit Notrückführung wird dringend empfohlen. Wer auf Medikamente angewiesen ist, sollte seine Reiseapotheke entsprechend bestücken, da viele Medikamente in der Ukraine nicht erhältlich sind. Man sollte sich vor der Abreise vergewissern, ob für die benötigten Arzneimittel eventuell Einfuhrbeschränkungen bestehen.

REISEVERKEHR - International

FLUGZEUG: *Air Ukraine International (PS)*, ein irisch-ukrainisches Joint-venture, betreibt direkte Flugdienste nach Kiew von Frankfurt/M., Berlin-Tegel und München, außerdem Direktflüge von Wien und Zürich. Weitere Flugverbindungen von Lwiw nach Warschau, von Simferopol in die Türkei und von Iwano-Frankiwsk nach Großbritannien (nur im Sommer). *Swissair* bietet Linienflüge von Zürich nach Kiew. *Lufthansa* fliegt Kiew von Frankfurt und München aus an. *Austrian Airlines* betreibt tägliche Flugdienste von Wien nach Kiew.
Durchschnittliche Flugzeiten: *Berlin* – Kiew: 2 Std. 25; *Frankfurt/M.* – Kiew: 2 Std. 40; *München* – Kiew: 2 Std. 20; *Wien* – Kiew: 2 Std; *Zürich* – Kiew: 3 Std; *London* – Kiew: 3 Std. 30; *Moskau* – Kiew: 1 Std. 15.
Internationaler Flughafen: *Borispol (KBT)* liegt ca. 40 km von der Kiewer Innenstadt entfernt. Der bislang ziemlich schmutzige und unübersichtliche Flughafen wird derzeit modernisiert. Die Verkehrsanbindung ist unzuverlässig. Es empfiehlt sich, ein Taxi zu nehmen.
SCHIFF: Neben dem Schwarzmeerhafen Odessa und dem Donauhafen Ismail sind Jalta und Jewpatorija auf der Krim die wichtigsten Hafenstädte. Es gibt Verbindungen in die russischen Häfen Noworossijsk und Sotschi sowie nach Batumi und Suchumi (derzeit geschlossen) in Georgien. Der Dnjepr ist der meistbefahrene Schiffahrtsweg im Inlandverkehr.
Kreuzfahrtschiffe der *Seetours* laufen Odessa und Jalta im Rahmen ihrer Schwarz- und Mittelmeerrundfahrten an. Die meisten Kreuzfahrten, die Jalta anlaufen, legen von türkischen, bulgarischen oder rumänischen Häfen ab. Jalta ist jedoch auch Abfahrtshafen verschiedener Kreuzfahrten.
BAHN: Die meisten Städte sind an das 22.730 km große Schienennetz angebunden. Von Kiew kann man in alle anderen GUS-Staaten fahren. Die Fahrzeit von Kiew nach Moskau beträgt 16 Std., nach St. Petersburg etwa 36 Std. Es gibt zudem Direktverbindungen nach Bratislava (Slowakische Republik), Bukarest (Rumänien), Budapest (Ungarn), Prag (Tschechische Republik), Vilnius (Lettland), Riga (Litauen), Wroclaw und Warschau (Polen) und Berlin. Informationen sind von der Verwaltungszentrale der Staatlichen Eisenbahnen in Kiew erhältlich, Tel: (044) 223 63 05.
BUS/PKW: 201.900 km des 247.300 km umfassenden Straßennetzes sind asphaltiert. Die Straßen sind im allgemeinen in einem recht guten Zustand. Die wichtigsten Grenzübergangsstellen sind Przemysl/Polen – Mostiska (bei der Anreise aus Norddeutschland über Polen), Vysné Nemecké/Slowakische Republik – Uschgorod (bei Anfahrt aus Süddeutschland und Österreich über die Slowakische Republik) und Zahony/Ungarn – Tschop (bei Anfahrt aus Süddeutschland und Österreich über Ungarn). Von Kiew gelangt man über Charkiw auf die Halbinsel Krim. Bei Anreise aus Moskau besteht die Möglichkeit, über Charkiw und Simferopol nach Jalta zu gelangen. Inzwischen gibt es auch private Autoreparaturwerkstätten, Ersatzteile sind jedoch häufig noch Mangelware. Bleifreies Benzin ist nicht überall erhältlich. Da die Treibstoff-Versorgungslage generell schlecht ist, sollte man immer dort volltanken, wo bleifreies Benzin angeboten wird. Weitere Informationen über *Unterlagen* und *Verkehrsbestimmungen* s. u.

REISEVERKEHR - National

FLUGZEUG: Inlandflugverkehr zwischen Kiew und allen größeren Städten. Aufgrund der Treibstoffknappheit werden die Flugpläne nicht immer eingehalten. Im Winter ruht der Flugverkehr häufig. Es ist relativ schwierig und langwierig, in der Ukraine Flugtickets zu kaufen, meist muß man sich mit dem örtlichen Intourist-Büro auseinandersetzen. Die besten Flugverbindungen bieten die Strecken von Kiew nach Lwiw, Dnjepropetrowsk, Donetsk und Odessa.
BAHN: Es gibt Verbindungen von Kiew in alle größeren Städte. Die Züge fahren recht langsam, sind aber im Winter zuverlässiger als Flugverbindungen. Es ist nicht einfach, Fahrkarten zu kaufen.
BUS/PKW: Die wichtigen Städte sind über insgesamt gute Autostraßen mit Tank- und Übernachtungsmöglichkeiten zu erreichen. **Busse** verkehren zwischen größeren Städten, jedoch wird von ihrer Benutzung abgeraten. **Mietwagen** stehen inzwischen in einigen größeren Städten zur Verfügung. Die angebotenen Fahrzeuge sind allerdings oft in keinem sehr guten Zustand.
Verkehrsbestimmungen: Es besteht Gurtanlegepflicht. Höchstgeschwindigkeiten: 60 km/h innerhalb geschlossener Ortschaften, 90 km/h auf Landstraßen und 110 km/h auf Autobahnen. Wer seinen Führerschein weniger als 2 Jahre hat, darf nicht schneller als 70 km/h fahren. Absolutes Alkoholverbot (0,0‰). **Taxi:** Auch für lange Strecken eine durchaus interessante Alternative, die Fahrt von Kiew nach Odessa kostet etwa 200 US-Dollar.
Unterlagen: Ein internationaler Führerschein wird empfohlen.
STADTVERKEHR: Busse, Oberleitungsbusse und Straßenbahnen gibt es in den meisten Städten. Die Kiewer U-Bahn ist sauber, billig und zuverlässig. Busse und Oberleitungsbusse sind jedoch meist hoffnungslos überfüllt und verkehren in recht unregelmäßigen Abständen. Auf einigen Strecken fahren Minibusse, die je nach Wunsch beliebig oft halten. Taxis haben schwarz-gelbe Leuchtanzeigen. Es gibt private und staatliche Taxiunternehmen, staatliche Taxis haben Taxameter, bei privaten Taxis sollte man den Fahrpreis vorher vereinbaren. Generell bezahlt man in Devisen. Vielfach fährt man auch einfach per Anhalter, dabei ist es ratsam, den Preis im voraus zu vereinbaren. Zwischen 01.00 und 05.00/06.00 Uhr verkehren keine öffentlichen Verkehrsmittel.

UNTERKUNFT

HOTELS: Hotels, die internationalem Standard entsprechen, sind noch selten. Komfortable Unterkunft bieten die Hotels Dnister und Grand Hotel in Lwiw und das Hotel Kiewskaja Rus in Kiew, das jedoch sehr teuer ist. In Kiew und Lwiw gibt es außerdem ein Intourist-Hotel. Das Hotel Dnipro (Wul. Krestschatik 1/2) und das Hotel Lybid gehören zu den billigeren Hotels der Hauptstadt. Ein elegantes Ambiente hat das Hotel London in Odessa. Das Hotel Jalta in Jalta bietet guten Standard und liegt direkt am Meer. Die Auswahl ist generell in den Urlaubszentren am größten. Die Bezahlung erfolgt meist in Devisen.
PRIVATZIMMER: In den Feriengebieten und größeren Städten gibt es Vermittlungsbüros für Privatunterkünfte. Privatzimmer sind eine gute Gelegenheit, die Gastfreundschaft und Freundlichkeit der Ukrainer zu erleben. Außerdem sind sie auch billiger.
CAMPING: Es gibt kaum ausgewiesene Campingplätze. Außer in Landschaftsschutzgebieten und an Hauptverkehrsstraßen ist das Zelten jedoch grundsätzlich überall erlaubt.

URLAUBSORTE & AUSFLÜGE

Die ukrainische Hauptstadt **Kiew** ist eine grüne Stadt mit vielen Parkanlagen, die auf eine über 1500jährige wechselvolle Geschichte zurückblickt. Die Stadt hat ihren Reiz bewahrt, obwohl viele Gebäude im 2. Weltkrieg zerstört wurden. Bei einem Stadtrundgang sollte man sich unbedingt die großartige *St.-Sophien-Kathedrale* (1037), die prachtvolle *St.-Andrejew-Kirche* (18. Jh.) und das bedeutende *Höhlenkloster* (11. Jh.) anschauen. Die herrliche St. Sophien-Kathedrale gilt als eines der wichtigsten russischen Bauwerke überhaupt (beeindruckende Ikonen und Fresken). Das imposante *Goldene Tor* ist der letzte Überrest der Mauer, die im 10. Jahrhundert zur Verteidigung der Stadt gebaut wurde. Die *Oper* ist nicht nur für Musikfreunde interessant. Das *Ukrainische Kunstmuseum* dokumentiert eindrucksvoll die Entwicklung der Kunst vom 16. Jahrhundert bis zur Gegenwart (Malerei, Graphik und Bildhauerei). Das *Geschichtsmuseum* zeigt eine äußerst zerbrechliche Sammlung ausgeblasener Eier, die mit komplizierten Mustern bemalt sind. Auf dem *Andrejew-Hügel* in der Altstadt bieten Künstler ihre Werke an. Die vielen Cafés und Restaurants laden in dieser mit Kopfstein gepflasterten Straße, die von der St. Andrejew-Kirche überragt wird, zum Verweilen ein. In der schönen Hauptstraße Wul. Krestschatik und am Unabhängigkeitsplatz scheint es manchmal, als fände sich hier die ganze Stadt zu einem Spaziergang ein. Besonders im Frühling, wenn die Kastanienbäume blühen, ist der Platz mit seinen schönen Springbrunnen und Blumenrabatten sehr reizvoll. Oft finden hier Konzerte und andere Veranstaltungen statt. Das Parlamentsgebäude liegt neben einem großen Park, der Erholung vom Großstadtlärm bietet. In luftiger Höhe auf dem *Wladimir-Hügel* genießt man einen wunderbaren Ausblick auf die malerisch gelegene Stadt am Dnjepr. Im Sommer wird im Dnjepr gebadet, im Winter balanciert man auf dem Eis und versucht sein Glück beim Angeln. Schiffahrten auf dem Dnjepr sind sehr beliebt und eine besonders schöne Art, sich einen ersten Eindruck von dieser reizvollen Stadt zu verschaffen. Auf der *Truchaniw-Insel* gibt es einen schönen Park und einen Strand.
Lwiw ist eine hübsche, beschauliche Stadt in den Karpaten, die reich an bedeutenden Baudenkmälern vieler Stilepochen ist. Die beeindruckende architektonische Vielfalt der Bauwerke ist auf die vielen Invasionen vergangener Jahrhunderte zurückzuführen. Besonders besuchenswert sind die *Dominikanerkirche* (18. Jh.) und die *St.-Jur-Kathedrale*. Sehr sehenswert ist auch der alte Marktplatz (*Starij Rynok*), dessen mittelalterlicher Charakter erhalten geblieben ist. Die Zweiflüssestadt liegt eingebettet in eine liebliche Hügellandschaft, die zahlreiche Ausflugs- und gute Wandermöglichkeiten bietet.

Schwarzmeerregion

Die Millionenstadt **Odessa** ist ein wichtiger Hafen, bedeutender Industriestandort und Sitz zahlreicher kultureller und wissenschaftlicher Einrichtungen. Auch als Kurort hat sich die Stadt seit langem einen Namen gemacht. Die berühmte *Potjomkin-Freitreppe* aus dem epochemachenden Film Sergej Eisensteins führt zur hübschen Seepromenade hinunter. Verschiedene Bootsfahrten in die nähere und weitere Umgebung werden von den Anlegestellen angeboten. Dem französischen Grafen Richelieu, dem Odessa viel verdankt, wurde in der Nähe der Freitreppe ein Standbild errichtet. Die Decke des prunkvollen *Opernhauses* schmücken Szenen aus verschiedenen Shakespeare-Stücken. Die Akustik ist hervorragend, neben Opernaufführungen stehen auch Ballettabende auf dem Programm. Sehenswert sind außerdem die *Philharmonie*, der prächtige *Woronzow-Palast* und die *Himmelfahrts-Kathedrale*. Im *Archäologischen Museum* sind bedeutende Fundstücke aus dem alten Ägypten und der Schwarzmeer-Region ausgestellt. Im *Museum für Westliche und Orientalische Kunst* hängen u. a. Werke von Rubens, Brueghel und Caravaggio. Verschiedene Denkmäler erinnern an die bewegte Vergangenheit der Stadt, die mißglückte erste Revolution von 1905, die legendäre Oktoberrevolution und die Verteidigung Odessas gegen deutsche Truppen im 2. Weltkrieg. Der Botanische Garten, mehrere Parks und natürlich die Badestrände der Stadt bieten vielfältige Freizeit- und Erholungsmöglichkeiten.
Die **Halbinsel Krim** ganz im Süden des Landes ist eines der beliebtesten Feriengebiete am Schwarzen Meer. Der »Kurlaub« hat hier dank des angenehmen Klimas und der zahlreichen Mineralquellen eine lange Tradition; schon Mitte des 19. Jahrhunderts suchte die Oberschicht Erholung und Heilung in dieser schönen Region. Später entstanden Kurheime, die auch der einfachen Bevölkerung zugänglich waren, und heute genießen in- und ausländische Urlaubsgäste die lange Badesaison. Der Großraum Jalta umfaßt zahlreiche attraktive Kur- und Badeorte.
In **Jalta**, der »Perle der Krim«, steht das berühmte *Tschechow-Museum*, das im früheren Wohnhaus des Schriftstellers untergebracht ist. Hier schrieb Anton Tschechow einige seiner bekanntesten Werke, und die liebevoll aufbewahrten Erinnerungsstücke geben einen unmittelbaren Einblick in das Leben dieses Meisters der russischen Sprache. Im einzigen Theater der Stadt kommen seine großen Dramen häufig zur Aufführung. Jalta ist heute ein beliebter Urlaubsort. Die zauberhafte Lage am Meer und die exotische Vegetation machen den Reiz dieser grünen Hafenstadt aus. Vom Klima verwöhnt und vor kalten Winden geschützt, blühen selbst im Winter in diesem schönen Seebad die Blumen. Interessante Sehenswürdigkeiten sind die an der Seepromenade gelegene Hauptstraße, das Historische Museum und der Aussichtspunkt auf dem Darsan-Hügel, den man mit einer Seilbahn erreichen kann. Der moderne

Jalta-Hotelkomplex mit reichhaltigem Sport- und Unterhaltungsangebot einschließlich eines Hotelstrandes bietet komfortable Unterkunft. An der Südküste der Krim eröffnen sich unzählige Ausflugsmöglichkeiten. Unbedingt sehenswert sind der für den letzten Zaren erbaute *Weiße Palast* in **Liwadija**, in dem 1945 die Konferenz von Jalta stattfand. Weitere interessante Herrensitze und Schlösser findet man überall entlang der Küste. Der südlich von Jalta in **Alupka** gelegene *Woronzow-Palast* mit seinen schönen Parkanlagen ist sehr besuchenswert. Er wurde von einem englischen Architekten erbaut und ist die Hauptsehenswürdigkeit dieses hübschen Kurorts, in dem man nach Voranmeldung auch an Weinproben teilnehmen kann.

Sitz der Verwaltung der Krim, von Industrie, Universität und vielen kulturellen Einrichtungen ist die Großstadt **Simferopol**. Es gibt mehrere interessante Museen, vor allem die Gemäldesammlung im *Museum der Schönen Künste* ist sehenswert. Die Überreste der antiken Stadt Neapolis bezeugen die lange Siedlungsgeschichte in diesem Raum. Ein Tagesausflug nach **Bachtschisaraj** bietet sich an. Die Stadt ist für einen imposanten Palastkomplex bekannt, der auch Moscheen und Gärten umfaßt.

SOZIALPROFIL

ESSEN & TRINKEN: Die meisten Restaurants sind recht teuer. Zu den Spezialitäten gehören *Borschtsch* (Suppe aus roter Beete), *Wareniki* (Pasteten mit Käse-, Fleisch- oder Quarkfüllung), *Galuschki* (kleine Mehlklöße) und *Holubtsi* (Kohlrouladen). Fleisch- und Kartoffelgerichte sind außerordentlich beliebt, Schweinespeck ist besonders typisch für die ukrainische Küche. Zum Nachtisch ißt man gern ein Stückchen Honigkuchen oder Mohnstrudel. **Getränke:** Weine von der Krim sind ausgezeichnet, besonders zu empfehlen sind *Krasnij Kamen* (Roter Stein), *Abrau* und *Miskako* (beide trocken). Sekt aus der Ostukraine (Marke *Artyomow*) ist sehr gut, ebenso süffig sind die Schaumweine aus Massandra.

NACHTLEBEN: Ausgezeichneten Opernaufführungen in prächtigem Rahmen kann man in den Theatern in Kiew, Lwiw und Odessa beiwohnen. Bekannte Künstler treten meist im Kiewer Ukraine-Theater auf. In der Ukraine singt man gerne und viel. Jeder Anlaß ist dabei willkommen, vor allem bei Familienfeiern wird aus voller Kehle gesungen. Die Volksmusiktradition ist auch heute noch lebendig; wiederaufgelebt ist die Kirchenchormusik, für die die Ukraine einst bekannt war. Varieté und Marionettentheater bieten weitere Abwechslung. Die Karten für kulturelle Veranstaltungen sind sehr günstig und auch noch an der Abendkasse zu haben, da die Preise für viele Ukrainer unerschwinglich sind.

EINKAUFSTIPS: Kunst und Kunstgewerbeartikel kann man an Straßenständen direkt vom Künstler, in Galerien oder Andenkenläden kaufen. Keramik- und Lederwaren, Holzschnitzereien, Schmuck und Gemälde sind besonders schöne Mitbringsel. **Öffnungszeiten der Geschäfte:** Mo-Fr 09.00-17.00 (Kaufhäuser), kleine Läden in der Regel Mo-Fr 09.00-18.00 Uhr geöffnet, einige Geschäfte auch bis 20.00 Uhr.

SPORT: Die Karpaten bieten gute **Wintersportmöglichkeiten** (v. a. Skifahren). Beliebt sind die Wintersportorte Slawsko und Skole unweit der slowakischen Grenze und Worokta, das an der rumänischen Grenze liegt. **Bergsteigen** und **Bergwandern** ist in dieser Region ebenfalls möglich. Die Karpaten und das Karpatenvorland mit ihren vielen Kurorten und schönen Wandergebieten sind ideal für Erholungssuchende und »Kurlauber«. Der im Nationalpark Karpaten gelegene Kurort Jeremtsch ist vielbesucht. Die Krim bietet ausgezeichnete **Bademöglichkeiten** von April bis Oktober. Beim Publikumssport steht **Fußball** an erster Stelle, obwohl auch **Eiskunstlauf**, **Tennis** und **Leichtathletik** für volle Arenen sorgen.

VERANSTALTUNGSKALENDER
Aug. '96 *Sarochin-Markt*, Zentral-Ukraine. **24. Aug.** Landesweite Feiern zum *Tag der Unabhängigkeit*. **6. Jan. '97** *Krestschenje* (Dreikönigsfest), landesweit. **1. April** Feiern zum *1. April* (bunte Veranstaltungen mit Straßentänzen und Trachtenumzügen), Odessa.

SITTEN & GEBRÄUCHE: Ukrainer sind für ihre Gastfreundschaft und Herzlichkeit bekannt. Oft wird man bereits nach kurzer Bekanntschaft nach Hause eingeladen. Freizeitkleidung ist angemessen, nur für Theater- und Opernbesuche zieht man sich eleganter an. **Trinkgeld:** Die Bedienung ist in der Regel bereits in den Rechnungen enthalten. Ein kleines Trinkgeld oder sogar ein kleines Geschenk helfen jedoch, die mageren Löhne aufzubessern, und verhelfen dem Gast zu besserem Service.

WIRTSCHAFTSPROFIL

WIRTSCHAFT: Die Ukraine ist etwa so groß wie Frankreich, das Bruttoinlandsprodukt beträgt jedoch nur ein Drittel des französischen. Das Wirtschaftspotential stimmt trotz allem hoffnungsvoll für die Zukunft. Die Industrie ist gut ausgebaut, und das Land verfügt über reiche Mineralvorkommen. Schwer- und Leichtindustrie, Bergbau, Stahlerzeugung, Maschinenbau, chemische Industrie, Textil-, Fahrzeug- und Nahrungsmittelindustrie sind von Bedeutung. Das wichtigste Industriegebiet liegt in der Ostukraine. Die Industrieproduktion ging in den letzten Jahren kontinuierlich zurück, gleiches galt bislang auch für die Landwirtschaft, 1993 gab es jedoch eine Rekordernte. Die berühmten Schwarzerdeböden sind ideal für den landwirtschaftlichen Anbau, Getreide, Zuckerrüben (die Ukraine ist einer der größten Zuckerproduzenten Europas), Sonnenblumen, Gemüse und Tabak sind die Hauptagrarerzeugnisse. Viehzucht und Milchwirtschaft spielen ebenfalls eine Rolle. Die wichtigsten Bodenschätze sind Kohle, Eisenerz, Mangan und Uran. Ein Reformprogramm ist eingeleitet, und Privateigentum ist wieder zugelassen. Die Reformen schreiten jedoch nur langsam voran, mehr als 95% der Industriebetriebe sind noch in staatlicher Hand. Dies ist auch einer der Gründe, weshalb ausländische Investoren noch immer auf sich warten lassen. Die hohe Inflationsrate (1993 über 3000%) ist ein weiteres großes Problem, das auch durch die Einführung der Übergangswährung Karbowanez bisher nicht gelöst werden konnte. Wichtigste Ausfuhrgüter sind Zucker, Mangan- und Eisenerze sowie Kohle. Hauptabsatzgebiete sind die Volksrepublik China, Lettland, die Türkei und Litauen. Anfang 1992 wurde ein gemeinsamer Wirtschaftsraum mit Belarus geschaffen. Die Ukraine ist außerdem eines von 11 Unterzeichnerländern des Schwarzmeerabkommens. Mit Österreich wurde vor einiger Zeit ein Handelsabkommen geschlossen, und es gibt bereits über 50 ukrainisch-österreichische Jointventures.

GESCHÄFTSVERKEHR: Anzug oder Kostüm sind angemessen. Visitenkarten sind üblich. Einige große Kiewer Hotels vermitteln Dolmetscherdienste. **Geschäftszeiten:** 09.00-13.00 und 14.30-17.00/18.00 Uhr. Lange Mittagspausen von mindestens eineinhalb Stunden sind die Regel.

Kontaktadressen: *Bundesverband der Deutschen Industrie, Ost-Ausschuß der Deutschen Wirtschaft*, Gustav-Heinemann-Ufer 84-88, D-50968 Köln. Tel: (0221) 370 84 17. Telefax: (0221) 370 85.
Delegierter der Deutschen Wirtschaft, Wul. Puschkinska 34, 252004 Kiew. Tel: (044) 224 59 98, 224 55 95. Telefax: (044) 225 42 34.
Wirtschaftskammer Österreich, Außenwirtschaftsorganisation, Osteuropareferat, Wiedner Hauptstraße 63, A-1045 Wien. Tel: (0222) 5 01 05-4322. Telefax: (0222) 5 02 06-255.
Außenhandelsstelle der Wirtschaftskammer Österreich, Holowposchtamt, a/c 62 252001 Kiew. Tel: (044) 225 13 41, 225 03 18. Telefax: (044) 230 25 37.
Interessengemeinschaft Schweiz-GUS, Postfach 690, c/o SHIV (Vorort), CH-8034 Zürich. Tel: (01) 382 23 23. Telefax: (01) 382 23 32.
Industrie- und Handelskammer der Republik Ukraine, Wul. V. Zhytomyrska 33, 254655 Kiew. Tel: (044) 212 29 11. Telefax: (044) 212 33 53.
Außenhandelsministerium, Lvivska pl. 8, 252053 Kiew. Tel: (044) 226 27 33.

KLIMA

Überwiegend gemäßigtes Kontinentalklima. Warme Sommer, sonniger Herbst und kalte, schneereiche Winter. Mediterran an der Schwarzmeerküste.

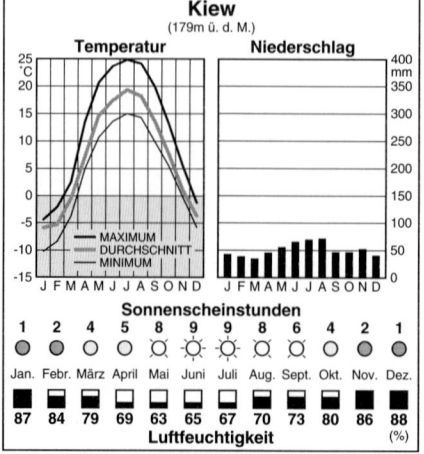

Ungarn

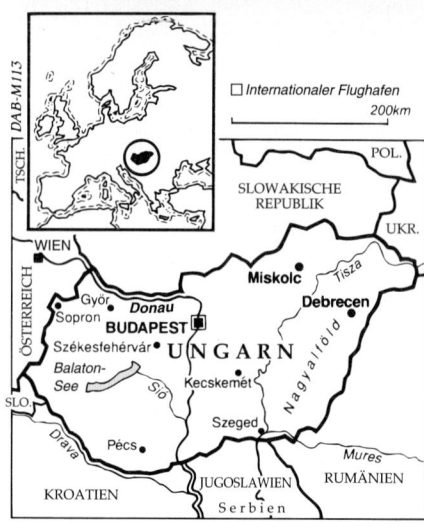

Lage: Mitteleuropa.

Ungarisches Fremdenverkehrsamt
Berliner Straße 72
D-60311 Frankfurt/M.
Tel: (069) 929 11 90. Telefax: (069) 92 91 19 18.
Mo-Fr 09.00-16.00 Uhr.
Ungarisches Fremdenverkehrsamt
Parkring 12/3/6
A-1010 Wien
Tel: (0222) 513 91 22, 512 66 41-24/25. Telefax: (0222) 513 12 01.
Mo-Do 09.00-16.00 Uhr, Fr 09.00-14.00 Uhr.
Verband der Fremdenverkehrsämter
Akacfa út. 20
H-1072 Budapest
Tel: (01) 141 38 89. Telefax: (01) 322 74 53.
Tourinform
Süto út. 2
H-1052 Budapest
Tel: (01) 117 98 00. Telefax: (01) 117 96 78.
Idegenforgalmi, Beszerzési, Utazási és Szállitási Rt. (IBUSZ) (Ungarisches Reisebüro)
Ferenciek tere 10
H-1053 Budapest
Tel: (01) 118 68 66. Telefax: (01) 118 89 58.
Máv Tours (Reisebüro der Ungarischen Bundesbahn)
Teréz krt. 62
H-1067 Budapest
Tel: (01) 269 16 02. Telefax: (01) 269 16 03.
Express Utazási Iroda (Reise- und Hotel AG)
Szabadság tér 16
H-1054 Budapest
Tel: (01) 131 77 77. Telefax: (01) 153 17 15.
Botschaft der Republik Ungarn
Turmstraße 30
D-53175 Bonn
Tel: (0228) 37 11 12. Telefax: (0228) 37 10 25.
Konsularabt.: Tel: (0228) 37 10 20. Telefax: (0228) 37 10 29.
Mo-Fr 09.00-12.00 Uhr.
Außenstelle der Botschaft mit Visumerteilung in Berlin (Tel: (030) 229 16 66).
Generalkonsulate mit Visumerteilung in Dresden (Tel: (0351) 502 33 70), München (Tel: (089) 91 10 32) und Stuttgart (Tel: (0711) 238 93 20).
Botschaft der Republik Ungarn
Bankgasse 4-6
A-1010 Wien

TIMATIC INFO-CODES	
*Abrufbar über Ihr CRS-System (für START/Amadeus Ama-Maske benutzen). Für Galileo bitte TI-DFT eingeben (**mit** Bindestrich).*	
Flughafengebühren	TI DFT/ BUD /TX
Währung	TI DFT/ BUD /CY
Zollbestimmungen	TI DFT/ BUD /CS
Gesundheit	TI DFT/ BUD /HE
Reisepassbestimmungen	TI DFT/ BUD /PA
Visabestimmungen	TI DFT/ BUD /VI

HOTEL & PENSION
IHR "ZUHAUSE" IN BUDAPEST

BARA

- Zentral gelegen am Zubringer für die M 1 und M 7, trotzdem im Grünen, nahe zur Burg und Citadella, nur 2 Minuten vom Stadtzentrum.
- Wir bieten 40 bequem eingerichtete Zimmer mit Satellit-Farbfernseher, Direktwahltelefon.
- Frühstücks-Buffet. Unser Restaurant mit handgeschnitzten ungarischen Möbeln verwöhnt Sie mit ungarischen sowie internationalen Spezialitäten.
- Tiefgarage für 70 Autos und zusätzlich noch eigener Parkplatz.
- Neuer Hotelflügel mit 36 Zimmern, Konferenzräume für bis zu 300 Personen ab 1997.

hotel és panzió

1112 Budapest, Hegyalja út 34-36.
Tel: 36 1 185 3445
oder 162 0557
Fax: 36 1 185 0995

Tel: (0222) 533 26 31. Telefax: (0222) 535 99 40, *Konsularabt.*: Tel: (0222) 532 83 76. Telefax: (0222) 532 11 17.
Mo-Fr 08.30-12.30 Uhr.
Konsulate ohne Visumerteilung in Salzburg und Innsbruck.
Botschaft der Republik Ungarn (Konsularabteilung)
Eigerplatz 5
CH-3007 Bern
Tel: (031) 371 13 56, 371 66 22. Telefax: (031) 371 71 14.
Mo-Fr 10.00-12.00 Uhr.
Konsulate ohne Visumerteilung in Basel, Genf und Zürich.
Botschaft der Bundesrepublik Deutschland
Stefánia út. 101-103
PO Box 40
H-1440 Budapest
Tel: (01) 251 89 99. Telefax: (01) 160 19 03.
Botschaft der Republik Österreich
Benczúr út. 16
H-1068 Budapest
Tel: (01) 269 67 00. Telefax: (01) 269 67 02.
Konsulat in Pécs.
Botschaft der Schweizerischen Eidgenossenschaft
Stefánia út. 107
H-1143 Budapest
Tel: (01) 343 18 38, 343 94 91. Telefax: (01)343 94 92.

FLÄCHE: 93.030 qkm.
BEVÖLKERUNGSZAHL: 10.210.000 (1993).
BEVÖLKERUNGSDICHTE: 110 pro qkm.
HAUPTSTADT: Budapest. Einwohner: 1.995.696 (1994).
GEOGRAPHIE: Ungarn wird im Norden von der Slowakischen Republik, im Nordosten von der Ukraine, im Osten von Rumänien, im Süden von der Bundesrepublik Jugoslawien (Serbien und Montenegro), Kroatien und Slowenien und im Westen von Österreich begrenzt. Im Nordwesten liegt das fruchtbare Kleine Ungarische Tiefland, an das sich das Ungarische Mittelgebirge anschließt. Die Große Ungarische Tiefebene (*Nagyalföld*) erstreckt sich von der Donau bis zu den Ausläufern der Karpaten, den Transsylvanischen Alpen in Rumänien und im Süden bis zur *Fruska-Gora*-Bergkette in Jugoslawien. Der fischreiche Balaton (Plattensee) ist einer der größten europäischen Seen.
STAATSFORM: Parlamentarische Republik. Staatsoberhaupt: Dr. Árpád Göncz, seit Mai 1990. Regierungschef: Ministerpräsident Gyula Horn, seit Juli 1994. Die Republik Ungarn hat heute ein pluralistisches Regierungssystem, nachdem sie über 40 Jahre lang ein Einparteienstaat war. Der Nationalversammlung gehören 386 Abgeordnete an.
SPRACHE: Madjarisch (Ungarisch) ist Amtssprache. Deutsch wird z. T. ebenfalls gesprochen. Vor allem in Westungarn spricht man auch Englisch und Französisch.
RELIGION: 67% römisch-katholisch, 25% protestantisch, daneben jüdische und ungarisch-orthodoxe Glaubensangehörige und eine Minderheit von Muslimen.
ORTSZEIT: MEZ.
NETZSPANNUNG: 220 V, 50 Hz.
POST- UND FERNMELDEWESEN: Telefon: Selbstwählferndienst. **Landesvorwahl:** 36. Die Vorwahl für Ferngespräche ist »06«. Münzfernsprecher sind für 5 Ft eingerichtet, die roten Telefone sind für Auslandsgespräche. **Telefaxgeräte** gibt es in allen Hotels. **Telex:** Diese Einrichtung findet man in großen Hotels und im Budapester Hauptpostamt: Petöfi Sandor Utca (Mo-Sa 07.00-21.00 Uhr). **Post:** Luftpostsendungen innerhalb Europas sind 3-7 Tage unterwegs. Neben dem Hauptpostamt sind auch die Postämter am West- und Ostbahnhof in Budapest 24 Std. geöffnet. Briefmarken erhält man außerdem in Tabakläden. Öffnungszeiten der Postämter: Mo-Fr 08.00-18.00 Uhr, Sa 08.00-14.00 Uhr.
DEUTSCHE WELLE
Der Einsatz der Kurzwellenfrequenzen ändert sich mehrfach im Laufe eines Jahres, und Sendungen auf den folgenden Frequenzen werden jeweils nur zu bestimmten Tageszeiten ausgestrahlt. Näheres in der Einleitung.

MHz	15,275	13,780	9,545	6,075	1,557
Meterband	19	22	31	49	MW

REISEPASS/VISUM

Wichtiger Hinweis: Die Einreisebestimmungen mancher Länder können sich kurzfristig ändern – rufen Sie sicherheitshalber auf Ihrem CRS-System (TIMATIC-Info-Code-Fenster in diesem Kapitel) den aktuellen Stand ab bzw. wenden Sie sich an die zuständige diplomatische Vertretung. Etwaige Zahlen in der Tabelle beziehen sich auf nachfolgende Fußnoten.

	Paß erforderlich?	Visum erforderlich?	Rückflugticket erforderlich?
Deutschland	Nein/1		
Österreich	Ja	Nein	Nein
Schweiz	Ja	Nein	Nein
Andere EU-Länder	1	Nein	Nein

REISEPASS: [1] Allgemein erforderlich zur Einreise (Gültigkeit mindestens noch 6 Monate), deutsche Staatsbürger können auch mit dem Personalausweis einreisen.
VISUM: Genereller Visumzwang, ausgenommen sind Staatsangehörige folgender Länder:
(a) die meisten EU-Mitgliedstaaten und Schweiz für Aufenthalte von maximal 3 Monaten, Staatsbürger von Österreich und Finnland für maximal 1 Monat;
(b) Argentinien, Bulgarien, Chile, Costa Rica, Ecuador, Island, Israel, Kanada, Korea-Süd, Liechtenstein, Monaco, Norwegen, Polen, Seychellen, Südafrika, Uruguay und USA für Aufenthalte bis zu 90 Tagen;
(c) Estland, GUS-Staaten (mit Ausnahme von Usbekistan), Jugoslawien (Serbien und Montenegro), Kroatien, Kuba, Lettland, Litauen, Malaysia, Malta, Nicaragua, Rumänien, San Marino, Slowakische Republik, Slowenien, Tschechische Republik und Zypern für Aufenthalte bis zu 30 Tagen;
(d) Singapur für Aufenthalte bis zu 14 Tagen.
Visaarten: Einreisevisa (auch für Transit) zur einmaligen, doppelten oder mehrmaligen Einreise für Einzelreisende oder Gruppen.
Visagebühren: *Einfache Einreise:* 60 DM, 430 öS, 45 sfr; *zweifache Einreise:* 85 DM, 710 öS, 85 sfr; *mehrfache Einreise:* 155 DM, 1500 öS, 160 sfr (für 6 Monate), 300 sfr (für 1 Jahr).
Antragstellung: Beim zuständigen Konsulat bzw. der Konsularabteilung der Botschaft, Adressen s. o. Visa sind für Staatsbürger einiger Länder gegen Aufpreis auch an den Grenzübergängen, dem Budapester Flughafen und in den internationalen Häfen erhältlich.
Unterlagen: (a) 3-5 Paßfotos. (b) Gültiger Reisepaß. (c) Ausgefüllter Antrag. (d) Visumgebühr. (e) Einladungsschreiben des ungarischen Geschäftspartners bei Geschäftsreisen. (f) Staatsbürger der Türkei und aller Staaten Afrikas und Asiens müssen zusätzlich ein Rückfahr- bzw. Weiterreiseticket beilegen (ggf. in Kopie oder Buchungsbestätigung).
Bearbeitungszeit: In der Regel 10 Tage. Das Visum kann 48 Stunden nach erfolgter Genehmigung abgeholt werden. Bei postalischer Antragstellung sollte ein frankierter adressierter Umschlag (Einschreiben) beigefügt werden.
Anmerkung: (a) Pro Reisepaß wird zusätzlich eine Bearbeitungsgebühr erhoben. (b) Wer vorhat, sich länger als 30 Tage im Land aufzuhalten, muß innerhalb von 48 Std. bei der Polizei melden (normalerweise wird dies vom Hotel erledigt). Diese Regelung entfällt, wenn Reisende privat bei Freunden wohnen.

GELD

Währung: 1 Forint (Ft) = 100 Fillér. Banknoten gibt es im Wert von 5000, 1000, 500, 100 und 50 Ft. Münzen sind in den Nennbeträgen 20, 10, 5, 2 und 1 Ft sowie 50,

20 und 10 Fillér in Umlauf. Es gibt eine Reihe von Gedenkmünzen, die ebenfalls gesetzliche Zahlungsmittel sind.
Geldwechsel: Fremdwährungen kann man in Hotels, Banken, an Flughäfen, Bahnhöfen und in einigen Reisebüros und Restaurants umtauschen. Man sollte alle Umtauschquittungen aufheben und kein Geld auf dem Schwarzmarkt wechseln.
Kreditkarten: *Eurocard, Visa, American Express* und *Diners Club* werden akzeptiert. Einzelheiten vom Aussteller der betreffenden Kreditkarte.
Reiseschecks: DM-Reiseschecks werden empfohlen.
Euroschecks: Garantiehöchstbetrag 18.000 Ft.
Postsparbuch: Abhebung in Forint bei über 1100 Postämtern.
Wechselkurse

	Ft Sept. '92	Ft Febr. '94	Ft Jan. '95	Ft Jan. '96
1 DM	51,42	58,75	73,00	94,93
1 US$	76,41	101,98	113,15	136,46

Devisenbestimmungen: Die Einfuhr der Landeswährung ist auf 10.000 Ft beschränkt (am besten vor der Reise bei der Botschaft oder einer Bank nachfragen). Die Einfuhr von Fremdwährungen ist unbegrenzt, muß jedoch deklariert werden. Die Ausfuhr der Landeswährung ist auf 10.000 Ft, die Ausfuhr von Fremdwährungen auf den bei der Einreise deklarierten Betrag beschränkt. Es gibt keine Mindestumtauschbestimmungen.
Öffnungszeiten der Banken: Mo-Fr 09.00-14.00 Uhr, Sa 09.00-12.00 Uhr.

DUTY FREE

Folgende Artikel können zollfrei nach Ungarn eingeführt werden:
250 Zigaretten oder 50 Zigarren oder 250 g Tabak;
1 l Spirituosen und 2 l Wein.

GESETZLICHE FEIERTAGE

1. Mai '96 Tag der Arbeit. **20. Aug.** Stephanstag. **23. Okt.** Tag der Republik. **25./26. Dez.** Weihnachten. **1. Jan. '97** Neujahr. **15. März** Jahrestag der ungarischen Revolution (1848). **31. März** Ostermontag. **1. Mai** Tag der Arbeit.

GESUNDHEIT

In der folgenden Tabelle aufgeführte Impfvorschriften können sich kurzfristig ändern. Es wird stets empfohlen, auf Ihrem CRS-System (TIMATIC-Info-Code-Fenster in diesem Kapitel) den aktuellen Stand der Gesundheitsbestimmungen abzurufen bzw. rechtzeitig vor der Reise ärztlichen Rat einzuholen.

	Vorsichtsmaßnahmen empfohlen	*Impfschein erforderlich*
Gelbfieber	Nein	Nein
Cholera	Nein	Nein
Typhus & Polio	1	-
Malaria	Nein	-
Essen & Trinken	Nein	-

[1]: Typhus tritt auf, Poliomyelitis nicht.
Hepatitis A kommt vor.
Gesundheitsvorsorge: Der Abschluß einer Reisekrankenversicherung wird empfohlen.

REISEVERKEHR - International

FLUGZEUG: Die nationale Fluggesellschaft *Malév (MA)* fliegt insgesamt 40 Städte an. *Lufthansa, Austrian Airlines* und *Swissair* fliegen Budapest ebenfalls an.
Durchschnittliche Flugzeiten: *Frankfurt* – Budapest: 1 Std. 40; *Wien* – Budapest: 50 Min; *Zürich* – Budapest: 1 Std. 30; *Genf* – Budapest: 1 Std. 55.
Internationaler Flughafen: *Budapest Ferihegy (BUD)* liegt 16 km außerhalb der Stadt (Fahrzeit 30 Min.). Es gibt zwei Abfertigungshallen, Terminal 2 wird ausschließlich von *Malév, Air France* und *Lufthansa* benutzt. Flughafeneinrichtungen: Duty-free-Shop, Banken, Postamt, Tourist-Information, Hotel-Reservierungsschalter, Mietwagenschalter, Restaurant und Bar. Linienbusverbindung zur Stadt. Ein Taxistand ist ebenfalls vorhanden.
SCHIFF: Vom 4. April bis zum 1. Oktober verkehrt täglich außer sonntags ein Tragflächenboot zwischen Wien und Budapest. Zusätzlich steht eine Luftkissenbootverbindung zwischen April und Oktober zur Verfügung. Man darf 20 kg Gepäck kostenlos mitnehmen. Romantische Donaufahrten mit verschiedenen Landausflügen in ungarischen Städten werden u. a. von *Transocean-Tours* angeboten. Abfahrthafen ist Passau, in Melk, Dürnstein, Wien, Budapest und Esztergom bzw. Dürnstein, Wien, Kalocsa, Mohacz, Esztergom und Bratislava (Slowakische Republik) wird Halt gemacht.
BAHN: Die Bahnverbindungen in die europäischen Nachbarstaaten sind gut. Der *Orient Express* fährt von Paris über Stuttgart, München und Wien nach Budapest. Es gibt Wagen 1. und 2. Klasse. Der Luxuszug *Imperial Express* macht auf seiner Rundreise von Wien auch in Budapest Halt. Betreiber sind *T.G.E. Exclusive Voyages GmbH* in Wien. Tel: (0222) 877 24 44. Telefax: (0222) 877 79 04.
Der *Wiener Walzer* bietet eine Verbindung nach Budapest von Basel über Zürich, Innsbruck, Salzburg, Linz und Wien. Von Basel nach Wien führt der Zug Schlaf- und Liegewagen. Der *EuroCity Hungaria* fährt von Hamburg über Berlin, Dresden und Prag in die ungarische Hauptstadt. Der *EuroCity Franz Liszt* fährt von Dortmund über Passau und Wien nach Budapest; weitere schnelle EuroCity-Verbindungen mit dem *EC Béla Bartók* (Budapest – München) und dem *EC Lehár* (Wien – Budapest). Von Deutschland aus stehen ebenfalls Autoreisezüge zur Verfügung.
Die meisten internationalen Sonderfahrkarten und Pässe (u. a. *InterRail*-Paß und *EURO DOMINO*) gelten auch in Ungarn, Einzelheiten s. *Deutschland*. Platzreservierungen werden für alle Züge empfohlen.
Gepäckhöchstgewicht: 35 kg für Erwachsene, 15 kg für Kinder.
BUS/PKW: Anreise mit dem Pkw von Deutschland und der Schweiz aus über Österreich und die Slowakische Republik. Die Europastraße E 5 von Wien ist eine der günstigsten Verbindungen, sie führt an Bratislava (Slowakische Republik) vorbei. Die wichtigsten Grenzübergänge sind:
Österreichisch-Ungarische Grenze: Nickelsdorf – Hegyeshalom; Heiligenkreuz – Rábafüzes; Klingenbach – Sopron; Deutschkreuz – Kópháza; Rattersdorf – Liebing – Köszeg und Schachtendorf – Bucsu. **Slowakisch-Ungarische Grenze:** Rusovce – Rajra; Slovenské Darmoty – Balassagyarmat; Filakovo – Salgótarján; Komárno – Komárom und Sahy – Parassapuszta. Gute Busverbindungen gibt es von Österreich, Deutschland, Italien, Polen und der GUS. Viermal wöchentlich verkehrt ein Europabus der Touring GmbH zwischen München und Budapest. Eine zusätzliche Verbindung gibt es von Nürnberg aus (einmal wöchentlich). Näheres von der *Deutschen Touring GmbH*, Tel: (069) 79 03-0. Bei Anreise mit dem Pkw können Visa auch an der Grenze ausgestellt werden (gilt nicht für alle Nationalitäten – s. *Reisepaß/Visum*).

REISEVERKEHR - National

FLUGZEUG: Es gibt keinen planmäßigen internen Flugverkehr; dafür gibt es Charterflüge vom Verkehrsflughafen *Budaors*, der 16 km von der Budapester Innenstadt entfernt liegt.
SCHIFF: Vom Frühling bis zum Spätherbst gibt es einen regelmäßigen Schiffsverkehr auf der Donau und auf dem Balaton. Ferner betreiben *MAHART* und die *Budapester Verkehrsgesellschaft (BKV)* Fähren u. a. im Innenstadtbereich und am Római Part. Zwischen Esztergom und Párkány (Sturovo) verkehren täglich von 08.00-18.00 Uhr Auto- und Busfähren (nur wenn der Fluß zugefroren ist, ruht der Verkehr). Zusätzlicher Fährverkehr auf dem Balaton zwischen Tihanyrév und Szántódrév.
BAHN: Das Streckennetz wird von *MAV* betrieben und umfaßt 8500 km. Alle größeren Städte können bequem mit der Eisenbahn erreicht werden; die Verbindungen sind gut, allerdings fehlt es noch oft an Service-Einrichtungen. Alle Expreßzüge führen einen Buffetwagen. Für Expreßzüge wird ein Zuschlag erhoben; besonders im Sommer sind Sitzplatzreservierungen erforderlich. Fahrkarten und Platzkarten können bis zu 60 Tage im voraus gekauft werden.
Fahrpreisermäßigungen/Sonderfahrkarten: Es gibt Gruppenermäßigungen (ab 6 Personen) und Fahrpreisermäßigungen für Rentner (Frauen ab 55, Männer ab 60 Jahren). Touristenkarten (Gültigkeit 7-10 Tage) sind ebenfalls erhältlich. Weitere Informationen vom Fremdenverkehrsamt (Adressen s. o.).
BUS/PKW: Ungarn verfügt über ein gut ausgebautes Straßennetz. Es gibt acht Hauptverkehrsstraßen; außer der A 8 beginnen alle in Budapest. Die beiden wichtigsten Verbindungsstraßen von Budapest sind die A 1 von Györ nach Wien und die A 7, die am Balaton vorbeiführt. Die A 3 verbindet Budapest mit Ostungarn. **Bus:** Fast alle ungarischen Städte sind von Budapest mit dem Bus zu erreichen. Die Fahrkarten erhält man bei den *Volán-* und *IBUSZ*-Büros im ganzen Land. Es gibt auch eine Busnetzkarte. **Mietwagenverleih** am *Ferihegy*-Flughafen, bei IBUSZ, Volán, dem Fremdenverkehrsamt in Budapest und den größeren Hotels. **Verkehrsvorschriften:** Höchstgeschwindigkeit: 50 km/h in geschlossenen Ortschaften, 80 km/h auf Landstraßen, 100 km/h auf Schnellstraßen und 120 km/h auf Autobahnen. Anschnallpflicht. Striktes Alkoholverbot am Steuer (0,0 ‰), die Strafen bei Zuwiderhandlung sind hoch. Auch tagsüber muß mit Abblendlicht gefahren werden. Bleifreies Benzin ist nicht an jeder Tankstelle erhältlich.
Pannendienst: Der Ungarische Automobilklub betreibt einen Pannendienst an Wochenenden auf den Hauptstraßen und 24 Std. auf den Autobahnen.
Unterlagen: Internationaler Führerschein und Grüne Versicherungskarte.
STADTVERKEHR: Die größeren Städte verfügen über gute Nahverkehrsnetze. In Budapest gibt es Busse, Oberleitungsbusse, Straßenbahnen, Vorortzüge (*HEV*), drei U-Bahnlinien und Fähren. Fahrkarten für Straßenbahnen und Omnibusse sind im Vorverkauf u. a. in Tabakläden erhältlich. Tageskarten sind für alle Verkehrsmittel erhältlich. Die Straßenbahnen und Busse fahren von 04.30-23.00 Uhr, es gibt auch einige Nachtlinien. U-Bahnverkehr von 04.30-23.10 Uhr. Weiterhin stehen eine Zahnradbahn (Városmajor – Széchenyi-Berg), ein alter Zug aus der Pionierzeit der Eisenbahn (Hüvösvölgy – Széchenyi-Berg), ein Sessellift und eine Seilbahn zur Verfügung. In den anderen Städten gibt es Straßenbahnen oder Busse.
FAHRZEITEN von Budapest zu den folgenden größeren ungarischen Städten (ungefähre Angaben in Std. und Min.):

	Bahn	Bus/Pkw
Sopron	3.25	3.30
Miskolc	2.20	3.00
Pécs	3.00	3.00
Szeged	2.20	2.00
Szentendre	0.40	0.30
Balaton	2.15	2.00

UNTERKUNFT

HOTELS: In Hotels aller Klassen werden Besucher sehr freundlich aufgenommen, und die Serviceleistungen sind in der Regel gut. Touristenpensionen mit 4- oder 5-Bett-Zimmern bieten einfache und preiswerte Unterkunft. **Kategorien:** Einstufung in 1-5-Sterne-Hotels. **5- und 4-Sterne:** Luxusklasse, sehr komfortabel. **3-Sterne:** Weniger luxuriös, aber wohnlich mit guter Ausstattung. **2- und 1-Sterne:** Sauber und zweckmäßig.
Privatunterkünfte in **Gasthäusern** sind preiswert und ideal, um Land und Leute wirklich kennenzulernen. Manchmal steht ein eigenes Badezimmer zur Verfügung, Frühstück wird jedoch nicht angeboten. Buchung u. a. über die örtlichen Fremdenverkehrsämter in Ungarn. Es empfiehlt sich, lange im voraus zu buchen. Weitere Auskünfte vom *Ungarischen Hotelverband*, Hotel Atrium Hyatt, Roosevelt tér 2, H-1051 Budapest. Tel: (01) 266 86 03. Telefax: (01) 266 89 63.
FERIENDÖRFER UND -HÄUSER: Vollausgestattete Bungalows mit zwei Zimmern kann man in den Urlaubsgebieten mieten. Weitere Informationen erhalten Sie von den Fremdenverkehrsämtern in Ungarn.
CAMPING: Wildes Zelten ist nicht gestattet. Buchungen nimmt u. a. der *Ungarische Camping und Caravanning Club* entgegen. Adresse: Kálvin tér 9, H-1091 Budapest. Tel: (01) 217 72 48. Telefax: (01) 217 69 71. Man muß in der Regel seine eigene Ausrüstung mitbringen. Wohnwagen sind auf allen Zeltplätzen, die Stromanschlüsse haben, zugelassen. Eine Stellgebühr wird erhoben. 50% Ermäßigung für Personen unter 16 Jahren, Kinder unter 6 Jahren zahlen nichts. **Kategorien:** Einstufung in vier Kategorien – **1, 2, 3 und 4 Sterne** – je nach Ausstattung. Die meisten Plätze haben von Mai bis September geöffnet.
JUGENDHERBERGEN: Landesweit gibt es 24 Jugendherbergen, 10 davon in Budapest. Nähere Auskünfte erteilt der *Verband Ungarischer Jugendherbergen*, Bejcsy-zsilinszky út. 31/r.2/3, H-1065 Budapest. Tel: (01) 131 97 05, 111 32 97. Telefax: (01) 111 32 97.

URLAUBSORTE & AUSFLÜGE

Bei Ungarn denkt man fast zwangsläufig an die Weite der Pußta, schnelle Pferde, Ziehbrunnen, Zigeunermusik, Tokajer, Kaffeehäuser und Budapest, das Paris des Ostens. Jeder Reisende wird jedoch seine eigenen Impressionen mit nach Hause nehmen. Die folgende Aufteilung in fünf Regionen dient der besseren Übersicht.

Budapest und Umgebung

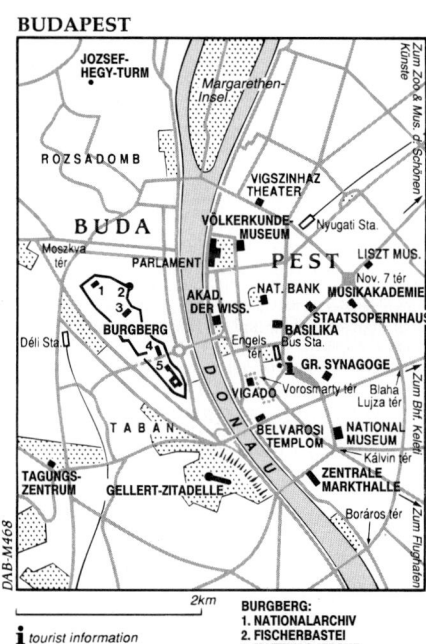

BUDAPEST

JOZSEF-HEGY-TURM
Margarethen-Insel
Zum Zoo & Mus. d. Schönen Künste
ROZSADOMB
VIGSZINHAZ THEATER
BUDA
VÖLKERKUNDE-MUSEUM
Nyugati Sta.
Moszkva tér
PARLAMENT
PEST
LISZT MUS.
Nov. 7 tér
NAT. BANK
MUSIKAKADEMIE
AKAD. DER WISS.
STAATSOPERNHAUS
BURGBERG
BASILIKA
Déli Sta.
Engels tér
Bus Sta.
GR. SYNAGOGE
VIGADO
Vorosmarty tér
Blaha Lujza tér
Zum Bhf. Keleti
TABAN
DONAU
BELVAROSI TEMPLOM
NATIONAL MUSEUM
Kálvin tér
TAGUNGS-ZENTRUM
GELLERT-ZITADELLE
ZENTRALE MARKTHALLE
Boráros tér
Zum Flughafen
DAB-M468
2km
tourist information
BURGBERG:
1. NATIONALARCHIV
2. FISCHERBASTEI
3. MATTHIAS-KIRCHE
4. BURGTHEATER
5. VARPALOTA (KÖNIGSPALAST)

Die wunderschön gelegene Hauptstadt **Budapest** ist zweifelsohne eine der reizvollsten europäischen Städte. Die beiden Stadtteile *Buda* und *Pest* waren bis 1872 selbständige Städte. Pest am linken Donauufer ist das Geschäftsviertel. Das alte Buda mit seinen kopfsteingepflasterten Straßen und mittelalterlichen Bauwerken ist durch die berühmte *Kettenbrücke* mit Pest verbunden. In Buda stehen die schöne *Matthiaskirche* und die *Fischerbastei*, von der man einen herrlichen Ausblick genießen kann. Auch hoch oben auf dem Gellértberg (Gallért-Hegy) eröffnet sich eine wunderbare Aussicht auf die Stadt, die Donau und die Berge der Umgebung. Hier steht auch die habsburgische *Zitadelle*. Auf dem Vár-Hegy thront die eindrucksvolle *Budaer Burg* mit dem *Königlichen Palais*. Im Palais, das nach dem 2. Weltkrieg wiederaufgebaut wurde, ist die Nationalgalerie untergebracht. Besonders interessant ist die Abteilung »Ungarische Kunst des 19. und 20. Jahrhunderts« (u. a. zahlreiche Gemälde von Mihaly Munkácsy). Im Historischen Museum, das ebenfalls im Schloß beheimatet ist, kann man Reste der alten Stadt sowie gotische Skulpturen sehen. Im Stadtteil Pest liegen das *Parlament* (am Donaukai), das *Ungarische Nationalmuseum* mit vielen faszinierenden Exponaten (darunter dem ältesten Totenkopf Europas und dem goldenen Taktstock von Franz Liszt); die *Belvárosi-Templom*, die älteste Kirche in Budapest (12. Jh.); das *Museum der Schönen Künste* (bedeutende Sammlung europäischer Gemälde) und das *Ethnografische Museum*. Die *Margarethen-Insel* ist mit Buda und Pest durch eine Brücke verbunden. Die ganze Insel ist ein großer Freizeit- und Vergnügungspark mit Sportanlagen, Schwimmbädern, Thermen, einem Rosengarten und zwei eleganten Hotels. In Budapest gibt es etwa 126 heiße Quellen, das Thermalwasser wird zur Behandlung der verschiedensten Krankheiten verwendet; eine der Mineralquellen erfreut auch die Flußpferde im Zoo, die sich vielleicht deshalb so kräftig vermehren. Sehr zu empfehlen ist eine Bootsfahrt auf der Donau, die Dampfer legen am linken Donauufer auf der Pester Seite ab.
Budapest ist eine lebendige Stadt, in der sich nicht nur Schriftsteller, Künstler und Musiker schon immer zu Hause fühlten.
Flußaufwärts liegt **Szentendre**, eine alte serbische Marktstadt, in der der Maler Károly Ferenczy lebte und wirkte. Das *Museum* wurde nach ihm benannt und beherbergt neben einer Gemäldesammlung archäologische und völkerkundliche Abteilungen. Im *Orthodox-Serbischen Museum für Kirchengeschichte* sind viele Meisterwerke der Kirchenkunst aus dem 14.-18. Jahrhundert ausgestellt. In der Stadt finden viele interessante Ausstellungen statt, die Keramiken von Margit Kovács sind besonders sehenswert.
Die frühere königliche Festungsstadt **Visegrád**, 20 km weiter flußaufwärts, ist heute ein beliebter Urlaubsort. Im Mittelalter war Visegrád eine wichtige Stadt und königliche Residenz. Die alte Zitadelle (13. Jh.) wurde freigelegt und restauriert. Das *König-Matthias-Museum* befindet sich im *Salomon-Turm* und enthält viele interessante archäologische Fundstücke.
Im 12. und 13. Jahrhundert machten die Magyarenkönige das ehemalige römische Lager **Esztergom** zu ihrer Residenz. Hier steht die größte *Basilika* des Landes, und Kunstliebhaber sollten auf jeden Fall einen Abstecher in eines der interessanten Museen der Stadt machen, ganz besonders sehenswert ist das *Keresztény-Museum* (v. a. sakrale Kunstwerke, u. a. bedeutende Gemälde von Cranach).

Balaton und Westungarn

Am Balaton macht Ungarn Urlaub – der Plattensee bietet schöne Strände. Das Wasser ist im Durchschnitt nur 3 m tief. Die Landschaft in der Umgebung des Sees besteht aus fruchtbaren Ebenen mit kleinen alten Dörfern. Weiter westlich, an der österreichischen Grenze, wird das Land hügeliger und ist waldreich.
Auf dem Weg von Budapest zum Balaton kommt man an **Székesfehérvár** vorbei. Sehenswert sind das barocke *Rathaus* (17. Jh.), der *Zichy-Palast* und der *Romkert* (»Ruinengarten«, ein Freilichtmuseum).
Siófok am Südufer des Sees bietet gute Sandstrände und Freizeiteinrichtungen.
Keszthely ist eine hübsche alte Stadt, in der sich die älteste Landwirtschaftsakademie Europas befindet, das *Georgikon*, das im 18. Jahrhundert gegründet wurde. Weiterhin interessant sind die *Helikon-Bibliothek* und das *Balaton-Museum*.
Balatonfüred ist ein bekanntes Kurbad mit 11 Heilquellen.
Eines der schönsten Städtchen am Balaton ist das malerische **Tihany**, das auf einer Halbinsel liegt.
Veszprém, 10 km nördlich vom Balaton, wurde auf fünf Hügeln erbaut. Hauptsehenswürdigkeiten der schönen Stadt mit ihren kopfsteingepflasterten Straßen sind das *Var-Museum*, das *Bischofspalais* und die *Gizella-Kapelle* (13. Jh.).
Sopron liegt nahe der österreichischen Grenze und wurde auf alten römischen Fundamenten erbaut. Überall stößt man auf Zeugnisse der reichen Vergangenheit der Region. Der *Feuerturm*, das *Liszt-Museum* und der alte Steinbruch bei *Fertörákos* sind einen Besuch wert.
Der Kurort *Balf* und das Barockschloß *Fertöd* liegen ganz in der Nähe. Zwei andere Städte der Region, die man sich anschauen sollte, sind *Köszeg* (alte Stadtmauern) und *Györ* an der Autobahn von Wien nach Budapest. Etwa 18 km südöstlich von Györ auf einem Hügel liegt das Kloster *Pannonhalma* mit der ältesten Kirche Ungarns und einer Bibliothek, die über 250.000 Bücher enthält.

Die Tiefebene

Die fruchtbare Tiefebene mit ihren Weinbergen und Obstgärten bedeckt über die Hälfte Ungarns.
Kecskemét liegt 85 km von Budapest entfernt. In dieser Industriestadt haben sich viele alte Bauwerke, darunter einige Beispiele der typischen Bauernarchitektur und einige schöne Kirchen (Szent Miklós Templom) erhalten. In Kecskemét wurde einer der größten ungarischen Komponisten, Zoltán Kodály, geboren. In der Stadt gibt es zahlreiche Museen, u. a. das Museum für Naive Kunst, das Spielzeugmuseum und das Museum für Volkstümliches Kunstgewerbe sowie eine Künstlerkolonie. Vor den Toren der Stadt befindet sich der *Kiskunság-Nationalpark* mit dem Schäfermuseum, in dem man sich mit den Lebensgewohnheiten von Mensch und Tier in früheren Zeiten bekannt machen kann.
Szeged ist das Kultur- und Wirtschaftszentrum dieser Region. Das berühmte Opern-, Drama- und Ballettfest findet im Juli und August statt. Die schönste griechisch-orthodoxe Kirche Ungarns steht hier.
Baja ist eine kleine, malerische Stadt an den Ufern der Donau und des Sugovica. Die vielen kleinen Inseln und die schönen alten Kirchen machen den besonderen Reiz des Städtchens aus; auch hier gibt es eine Künstlerkolonie.

Südungarn

Pécs (Fünfkirchen), die größte Stadt der Region, bezaubert ihre Besucher durch ihre vielen mittelalterlichen Gebäude. An die Zeit, als das Gebiet Teil des römischen Reiches war, erinnern die zahlreichen archäologischen Ausgrabungsstätten und die Ausstellungsstücke der Museen. Die türkische Herrschaft im 16. Jahrhundert hat auch ihre Spuren hinterlassen. Interessierte finden hier, wie in so vielen anderen ungarischen Städten, herausragende Beispiele der ottomanischen Architektur. Hervorzuheben ist besonders die *Pascha-Hassan-Yakovali-Moschee*.
In **Mohács** an der Donau fand im Jahre 1526 die entscheidende Schlacht gegen die Türken statt, die zur türkischen Herrschaft über Ungarn führte. Auf dem Schlachtfeld befindet sich heute ein Park zum Gedenken an das historische Ereignis.
Kalosca ist eine Stadt der Museen, in denen die ungarische Volkskunst in ihrer ganzen Vielfalt lebendig gehalten wird. Südlich von Kalosca liegt der *Gemenc-Wald*, ein Naturschutzgebiet, das vielen Pflanzen- und Tierarten einen Lebensraum bietet.

Die nördlichen Hochländer

Miskolc nahe der slowakischen Grenze ist die zweitgrößte Stadt Ungarns. Die Industriestadt bietet einige Sehenswürdigkeiten, darunter mittelalterliche Bauwerke und das verwirrende Labyrinth künstlicher Höhlen in den Avashügeln in der Nähe des Stadtzentrums. Die schönen *Bükk-Berge* sind von der Stadt aus leicht zu erreichen.
Eger ist eine der ältesten ungarischen Städte und hat annähernd 200 historisch bedeutende Bauwerke, einschl. eines Minaretts. Östlich von Miskolc liegt **Tokaj**, das Zentrum des berühmtesten Weinanbaugebietes des Landes. Auf halber Strecke zwischen Tokaj und der slowakischen Grenze erblickt man die imposante *Sárospatak-Burg*, eines der bedeutendsten historischen Baudenkmäler Ungarns.
RUNDREISEN: 5tägige: (a) Szentendre – Visegrád – Esztergom – Györ – Sopron. (b) Eger – Miskolc – Tokaj. **7tägige:** (a) Székesfehérvár – Veszprém – Balatonfüred – Zalaegerszeg – Keszthely – Siófok (Plattensee). (b) Kecskemét – Szeged – Baja – Mohács – Pécs.

SOZIALPROFIL

ESSEN & TRINKEN: In Ungarn ißt man ausgezeichnet und oft preiswert. Es gibt eine gute Auswahl an Restaurants. Ob einem der Sinn nach Pilz- oder Geflügelgerichten, Hausmannskost oder Fisch steht, in Budapest findet jeder das Richtige. Tischbedienung ist üblich, aber es gibt auch viele preiswerte Selbstbedienungsbistros. Eine typische Mahlzeit besteht aus zwei oder drei Gängen. *Cukrászda* (Konditoreien, in denen im allgemeinen auch Milchprodukte erhältlich sind) bieten leichte Zwischenmahlzeiten an. Mit die bekanntesten Spezialitäten der ungarischen Küche sind *Halászlé* (Fischsuppe) mit Nudeln und *Gulyás*-Suppe; wer dieses »Gulasch« bestellt, sollte jedoch nicht überrascht sein, wenn er eine Art deftige Kartoffelsuppe vorgesetzt bekommt. Gulasch, wie man es in Westeuropa kennt, wird *Pörkölt* und *Tokány* genannt. Gefülltes Kraut, süße Kuchen, *Gundel Palacsinta* (Palatschinken), *Rètes* (Strudel) und Pasteten sind auch sehr beliebt und zu empfehlen. In vielen Gaststätten kann man beim Essen Zigeuner- oder Walzerklängen lauschen. Die Speisekarten sind meist in deutsch und ungarisch beschriftet. **Getränke:** *Eszpresso*-Bars, Cafés und andere Bars bieten alkoholische und alkoholfreie Erfrischungsgetränke an. *Gerbeauds* ist wohl das bekannteste Budapester Café. *Tokaji* (Tokajer, ein süffiger Dessertwein) oder *Erlauer Stierblut* (vollmundiger Rotwein) sind ausgezeichnet. *Pálinka* (Aprikosenschnaps) ist ein typisch ungarischer Branntwein. Importierte Biere und alkoholfreie Getränke sind überall erhältlich. Es gibt kein Gesetz, das die Ausschankzeiten regelt. Alkohol wird nur an Personen über 18 Jahren ausgeschenkt. Minderjährige dürfen zwar Gaststätten besuchen, erhalten aber keinen Alkohol.
NACHTLEBEN: In Budapest gibt es viele Nachtklubs, Bars und Diskotheken. Im Budapester Hilton und auf der Donau gegenüber vom Forum befinden sich Spielkasinos. Die Kinos der Großstädte zeigen auch Filme in englischer Sprache. In den Genuß eines ausgesprochen flotten Nachtlebens kommen Nachtschwärmer im Sommer in dem beliebten Urlaubsgebiet am Balaton. Besonders in Westungarn findet man viele gute Weinkeller. Bei der Folklore gilt es zwischen der ungarischen (*Magyar Zene*) und der echten zigeunerischen (*Zigányzene*) Volksmusik zu unterscheiden. Ein Abend in der ausgezeichneten Budapester Oper wird nicht nur Opernfreunde begeistern. Die Eintrittspreise sind, gemessen an den in Westeuropa üblichen Preisen, günstig.
EINKAUFSTIPS: Schöne Reiseandenken sind u. a. bestickte Blusen und Tischdecken, Herend- und Zsolnay-Porzellan, Holzarbeiten und Trachtenpuppen. **Öffnungszeiten der Geschäfte:** Mo-Fr 10.00-18.00 Uhr und Sa 10.00-13.00 Uhr.
SPORT: Einzelheiten über **Reiterferien** und Unterkunftsmöglichkeiten in Gestüten erhalten Sie vom Fremdenverkehrsamt (Adressen s. o.). **Segeln** und **Rudern** kann man auf der Donau und auf dem Balaton. **Wasserski**, **Surfen** und **Schwimmen** sind ebenfalls möglich. Im Winter kann man auf dem zugefrorenen Balaton wunderbar **Schlittschuhlaufen**.
VERANSTALTUNGSKALENDER
1996: *Millezentenarium von Ungarn*, Veranstaltungen landesweit.
Mai '96 (1) *Internationales Folklorefestival*, Körmend. (2) *Internationale Glasmesse*, Pécs. **Juni** (1) *Wasserfestival am Theiss-See*, Abádszalók. (2) *Budapester Sommer*, Budapest. (3) *Sommertheater*, Miskolc. **Juli** (1) *Hirten- und Reitertage in Kleinkumanien*, Apajpuszta. (2) *Volkstanzfestival*, Budapest. (3) *Volkskunst- und Kunstgewerbemarkt am Jakobstag*, Szántódpuszta. **Juli** *Internationales Bartók-Seminar und -Festival*, Szombathely. **Juli** *Barockfestival*, Eger. **Aug.** (1) *Zempléner Kunsttage*, Sárospatak. (2) *Internationales Sommerfestival*, Zala-Egerszeg. **Sept.** (1) *Budapester Herbstfestival*, Budapest. (2) *Europäisches Trinkliederfestival*, Pécs. **Sept.** *Weinlesetage und VII. Internationales Volkstanztreffen Agria*, Eger. **Okt.** *Oktobertage der alten Musik*, Szentendre. **März '97** *Budapester Frühlingsfestival*, Budapest.
Im Juli und August gibt es in vielen Städten Musik- und Volksfeste.
SITTEN & GEBRÄUCHE: Moderne Musik ist sehr beliebt. In den kleineren Dörfern bemühen sich vor allem die älteren Leute, Traditionen, alte Weisen und Volkstänze zu erhalten und an die Jüngeren weiterzugeben. Zur Begrüßung gibt man sich die Hand. Man sollte Vor- und Nachnamen benutzen. Beim Essen werden meist Trinksprüche ausgesprochen, die man erwidern sollte. *Egészségünkre* heißt »zum Wohl«. Kleine Gastgeschenke werden gerne angenommen, ganz besonders, wenn man zum Essen eingeladen wird. Saloppe Freizeitkleidung ist fast überall angemessen. Elegantere Kleidung wird in besseren Bars, guten Restaurants und zu besonderen Anlässen erwartet. Auf Einladungen werden normalerweise keine Angaben über die gewünschte Bekleidung gemacht. In öffentlichen Verkehrsmitteln und öffentlichen Gebäuden ist das Rauchen verboten; in Fernverkehrszügen darf man rauchen. **Trinkgeld:** 10-15% sind üblich.

WIRTSCHAFTSPROFIL

WIRTSCHAFT: Bereits vor den politischen Umwälzungen in Osteuropa hatte Ungarn seine Wirtschaft mehr als andere Ostblockstaaten dezentralisiert und dereguliert. Diese Politik brachte große Erfolge – ein konstantes Wirtschaftswachstum und ein reichhaltiges Angebot an Lebensmitteln und Verbrauchsgütern – aber auch hohe Auslandsschulden und eine hohe Inflationsrate. Ungarn hat außer Bauxit, Erdgas und etwas Erdöl keine nennenswerten Bodenschätze. Das Land ist daher stark vom Außenhandel abhängig, nach Regierungsangaben erbringt der Außenhandel mehr als 50% des Bruttosozialproduktes. Weitere 8-9% erwirtschaftet der Tourismus, in dem ca. 7% der Erwerbstätigen beschäftigt sind. Sehr viele Rohstoffe müssen importiert werden, die meisten kommen aus den GUS-Staaten und wurden bislang gegen Fertigwaren getauscht. Die bedeutendsten Industrieerzeugnisse sind Chemikalien, Plastik, Arzneimittel, Dünger, Computer, Telekommunikationsanlagen, Baumaterialien und Aluminium. Ungarn exportiert traditionell landwirtschaftliche Erzeugnisse wie Obst, Gemüse, Mais, Weizen, Zuckerrüben und Kartoffeln sowie Nutzvieh. Die Regierung will die Landwirtschaft ausbauen, insbesondere im Hinblick auf die langfristig angestrebte EU-Mitgliedschaft. Bereits 1991 wurde ein Abkommen mit der Europäischen Gemeinschaft getroffen, das ungarischen Produkten den Zugang zum Markt der EU erleichtern soll. Ungarn war Mitglied im RGW, und die Mitglieder dieser Organisation – vor allem die ehemalige

Park HOTEL FLAMENCO BUDAPEST ★★★★

Ein 4-Sterne Stadthotel im Zentrum. 338 vollklimatisierte Zimmer und 10 Appartements mit Bad, Minibar, Radio, Farbfernseher mit Videoprogrammen und Satellitenempfang. Restaurant ❋ Coffee Shop ❋ Terrasse ❋ Nachtlokal ❋ Drinkbar ❋ Vollklimatisierte Konferenzräume (einige mit Tageslicht) ❋ Business Service ❋ Executive Floors (TOP CLUB) ❋ Hallenbad mit Sauna und Solarium ❋ Friseur- und Kosmetiksalon ❋ Souvenirgeschäft ❋ Reisebüro ❋ Parking ❋ Garage.

FLAMENCO MEETING CENTER

	Größe (m^2)	Höhe (cm)	Türe (cm)	Kapazität * pers.	Theater	Schule	Empfang	Bankett
I. Raum	58,2	280	140 X 200		50	40	40	30
I-IV. Räume	233	280	140 X 200		160	90	220	80
Mehrzwecksraum	365	340	200 X 200		350-400	180-200	350	200-220
Seminarraum 1, 2, 3	43	240	150 X 200		30-35	25-30	30-40	–

UTELL INTERNATIONAL   Managed by HungarHotels   *Your best choice for quality*

H–1113 Budapest, Tas vezér u. 7. Hungary   Tel.: 361/161-2252   Fax: 361/165-8007   E-mail: budfla@hungary.net

---

Gruß aus Bad Hévíz

HOTEL CARBONA

H-8381 HÉVÍZ, ATTILA U. 1.   TEL.: (00-36)83/340-467   FAX: 340-468

Sowjetunion – waren bis vor kurzem die wichtigsten Handelspartner. Inzwischen verlagerte sich jedoch das Gewicht nach Westeuropa. Deutschland, Österreich und die anderen Staaten der Europäischen Union sind heute neben der GUS Ungarns bedeutendste Außenhandelspartner. Ein Privatisierungsprogramm wird schrittweise durchgeführt, zunächst auf dem Immobilienmarkt und im Einzelhandelssektor. Die Preisbindung wurde weitgehend aufgehoben. Investitionen ausländischer Unternehmen sind bisher zwar nicht im erhofften Umfang eingetroffen, eine Besserung ist jedoch abzusehen. Ungarn gehört dem Visegrád-Vierbund an, dessen Mitglieder anstreben, gemeinsam den schwierigen Übergang von der Planwirtschaft zur sozialen Marktwirtschaft zu bewältigen.
GESCHÄFTSVERKEHR: Von Geschäftsleuten erwartet man, daß sie gut gekleidet sind. Die ungarischen Geschäftsleute sind freundlich, und Besucher werden oft zum Essen in ein Restaurant eingeladen. Visitenkarten werden viel benutzt; es empfiehlt sich, eine ausreichende Menge mit ungarischer Übersetzung mitzubringen. Die beste Zeit für Geschäftsreisen ist von September bis Mai. Termine sollten grundsätzlich im voraus vereinbart werden. Dolmetscher und Übersetzer können durch *IBUSZ* (Adresse s. o.) gebucht werden. **Geschäftszeiten:** Mo-Fr 08.30-17.00 Uhr.
Kontaktadressen: *Deutsch-Ungarische Industrie- und Handelskammer* (Német Magyar Ipari és Kereskedelmi Kamara), Stéfania ú. 99, H-Budapest XIV. Tel: (01) 252 24 78. Telefax: (01) 163 24 27.
Handelsabteilung der Botschaft der Republik Ungarn, Parkring 12, Stg. 3/6, A-1010 Wien. Tel: (0222) 512 66 41. Telefax: (0222) 513 12 01.
Az Osztrák Nagykövetség (Außenhandelsstelle der Wirtschaftskammer Österreich), Délibáb út. 21, H-1062 Budapest VI. Tel: (01) 268 04 00. Telefax: (01) 268 04 08.
Handelskammer Schweiz-Ungarn, c/o Schweizerische Zentrale für Handelsförderung, Stampfenbachstraße 85, CH-8035 Zürich. Tel: (01) 365 53 65. Telefax: (01) 364 19 57.
Handelskammer Schweiz-Ungarn, c/o Ungarische Wirtschaftskammer, Postfach 106, H-1389 Budapest. Tel: (01) 175 67 64. Telefax: (01) 269 46 28.
Magyar Kereskedelmi és Iparkamara (Ungarische Industrie- und Handelskammer), Postfach 106, H-1389 Budapest. Tel: (01) 153 33 33. Telefax: (01) 153 12 85.
KONFERENZEN/TAGUNGEN: Weitere Informationen vom Fremdenverkehrsamt (Adressen s. o.) oder vom *Hungarian Convention Bureau*, Kecskeméti út. 14, H-1053 Budapest. Tel: (01) 138 43 51. Telefax: (01) 117 50 57.

KLIMA

Gemäßigtes Kontinentalklima mit heißen Sommern und kalten Wintern. Herbst und Frühling sind mild. Ganzjährig Niederschläge.
Kleidung: Regenschutz nicht vergessen.

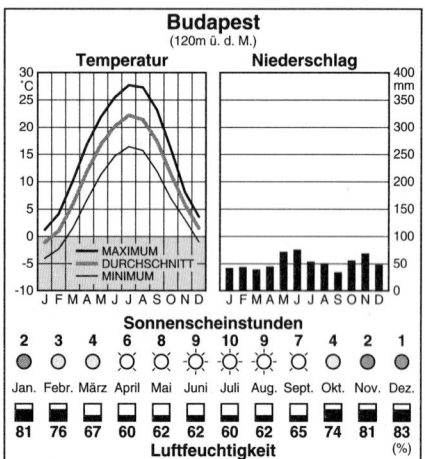

Zur Benutzung dieses Buches beachten Sie bitte auch die *Einleitung*

Lage: Südamerika.

Dirección Nacional de Turismo
Agraciada 1409, 4°, 5° y 6°
Montevideo
Tel: (02) 90 41 48.
Botschaft der Republik Uruguay
Gotenstraße 1-3
D-53175 Bonn
Tel: (0228) 35 65 70/79. Telefax: (0228) 36 14 10.
Mo-Do 09.00-13.00 und 14.30-17.00 Uhr, Fr 09.00-13.00 Uhr.
Außenstelle Berlin
Dorotheenstraße 97
D-10117 Berlin
Tel: (030) 229 14 24. Telefax: (030) 229 28 39.
Mo-Fr 09.00-13.00 Uhr.
Generalkonsulate mit Visumerteilung in Hamburg (Tel: (040) 410 65 42), Frankfurt/M. (Tel: (069) 51 85 10) und München (Tel: (089) 59 13 61).
Botschaft der Republik Uruguay
Krugerstraße 3/1/4-6
A-1010 Wien
Tel: (0222) 513 22 40. Telefax: (0222) 513 99 13.
Mo-Fr 09.00-17.00 Uhr, *Konsularabt.*: Mo-Fr 09.00-13.00 Uhr.
Honorarkonsulat ohne Visumerteilung in Salzburg.
Botschaft der Republik Uruguay
Kramgasse 63
CH-3011 Bern
Tel: (031) 311 27 92, 312 22 26, *Konsularabt.*: 312 14 00. Telefax: (031) 311 27 47.
Mo-Fr 09.30-15.30 Uhr, *Konsularabt.*: Mo-Fr 08.00-14.00 Uhr.
Honorarkonsulate ohne Visumerteilung in Zürich, Lugano und Basel.
Botschaft der Bundesrepublik Deutschland
La Cumparsita 1417/1435
Casilla de Correo 20014
Montevideo
Tel: (02) 92 52 22. Telefax: (02) 92 34 22.
Honorargeneralkonsulat der Republik Österreich (mit Paß- und Sichtvermerksbefugnis)
Calle Maldonado 1193, 2°
Casilla de Correo 1458

TIMATIC INFO-CODES

Abrufbar über Ihr CRS-System (für START/Amadeus Ama-Maske benutzen). Für Galileo bitte TI-DFT eingeben (mit Bindestrich).

Flughafengebühren	TI DFT/ MVD /TX
Währung	TI DFT/ MVD /CY
Zollbestimmungen	TI DFT/ MVD /CS
Gesundheit	TI DFT/ MVD /HE
Reisepassbestimmungen	TI DFT/ MVD /PA
Visabestimmungen	TI DFT/ MVD /VI

11000 Montevideo
Tel: (02) 91 40 00. Telefax: (02) 25 43 57.
Übergeordnete Vertretung ist die Botschaft in Buenos Aires (s. Argentinien).
Botschaft der Schweizerischen Eidgenossenschaft
Calle Ing. Frederico Abadie 2936/40
11300 Montevideo
Casilla de Correo 12261
11300 Montevideo
Tel: (02) 70 43 15, 70 46 10, 71 55 45. Telefax: (02) 71 50 31.

FLÄCHE: 177.414 qkm.
BEVÖLKERUNGSZAHL: 3.149.000 (1993).
BEVÖLKERUNGSDICHTE: 18 pro qkm.
HAUPTSTADT: Montevideo. Einwohner: 1.251.647 (1985).
GEOGRAPHIE: Uruguay ist einer der kleinsten südamerikanischen Staaten und grenzt im Norden an Brasilien und im Südosten an den Atlantischen Ozean. Der Fluß Uruguay, der zur Küste hin in das Río-de-la-Plata-Delta übergeht, bildet die Süd- und Westgrenze zu Argentinien. Die Landschaft besteht aus hügeligem, von Flüssen durchzogenem Weideland. An der Küste gibt es zahlreiche schöne Strände. Der Großteil des Landes wird als Weideland für Rinder und Schafe genutzt. Montevideo liegt am südlichsten Punkt des Landes, hier leben über 50% der Bevölkerung. Etwa 90% des Landes sind für die Landwirtschaft geeignet, aber nur 12% werden genutzt. Die Lage am Ostufer des Río Uruguay brachte Uruguay den Beinamen »Ostrepublik« ein.
STAATSFORM: Präsidialrepublik. Staats- und Regierungschef: Präsident Iulio María Sanguinetti, seit März 1995. Das Zweikammerparlament wird auf fünf Jahre gewählt. Die Amtszeit des Präsidenten beträgt ebenfalls fünf Jahre.
SPRACHE: Offizielle Landessprache ist Spanisch. In Urlaubsorten wird auch Englisch gesprochen.
RELIGION: Römisch-katholisch (78%), daneben Protestanten, Juden und Konfessionslose.
ORTSZEIT: MEZ - 4.
NETZSPANNUNG: 220 V, 50 Hz.
POST- UND FERNMELDEWESEN: Telefon: Reibungsloser Selbstwählferndienst nach Uruguay, Ferngespräche von Uruguay ins Ausland kommen jedoch seit immer problemlos zustande. **Landesvorwahl:** 598. Das staatliche Telefonnetz ist relativ gut, die Vermittlung von Ferngesprächen kann jedoch mitunter viel Zeit in Anspruch nehmen. **Telefaxgeräte** gibt es in einigen Hotels. **Telex/Telegramme:** Telexe kann man in größeren Hotels und bei *Antel* abschicken. Telegramme können bei *ITT Comunicaciones*, *Mundiales SA*, *Italcable* und *Western Telegraph Co Ltd*. aufgegeben werden. **Post:** Luftpost nach Europa ist 3-5 Tage unterwegs. Öffnungszeiten der Postämter: 08.00-18.00 Uhr (Hauptpostamt in der Altstadt von Montevideo: 08.00-22.00 Uhr).
DEUTSCHE WELLE
Der Einsatz der Kurzwellenfrequenzen ändert sich mehrfach im Laufe eines Jahres, und Sendungen auf den folgenden Frequenzen werden jeweils nur zu bestimmten Tageszeiten ausgestrahlt. Näheres in der Einleitung.

MHz	17,860	17,810	17,765	11,785	9,545
Meterband	16	16	16	25	31

REISEPASS/VISUM

Wichtiger Hinweis: Die Einreisebestimmungen mancher Länder können sich kurzfristig ändern – rufen Sie sicherheitshalber auf Ihrem CRS-System (TIMATIC-Info-Code-Fenster in diesem Kapitel) den aktuellen Stand ab bzw. wenden Sie sich an die zuständige diplomatische Vertretung. Etwaige Zahlen in der Tabelle beziehen sich auf nachfolgende Fußnoten.

	Paß erforderlich?	Visum erforderlich?	Rückflugticket erforderlich?
Deutschland	Ja	Nein	Ja
Österreich	Ja	Nein	Ja
Schweiz	Ja	Nein	Ja
Andere EU-Länder	Ja	1	Ja

REISEPASS: Allgemein erforderlich, ausgenommen sind Staatsbürger von:
(a) Uruguay mit Personalausweis, die über Argentinien, Brasilien, Chile oder Paraguay einreisen, und Personen mit einer uruguayischen Aufenthaltsgenehmigung (3 Jahre Gültigkeit) oder Personalausweis, die über Argentinien einreisen;
(b) Argentinien, Chile und Paraguay mit Personalausweis für einen Aufenthalt von max. 90 Tagen.
VISUM: Genereller Visumzwang, ausgenommen für Aufenthalte von max. 3 Monaten sind Staatsbürger folgender Länder:
(a) [1] Bundesrepublik Deutschland, Österreich, Schweiz und andere EU-Länder;
(b) Argentinien, Belize, Bolivien, Brasilien, Chile, Costa Rica, Dominikanische Republik, Ecuador, Guatemala, Honduras, Island, Israel, Japan, Kolumbien, Liechtenstein, Malta, Mexiko, Nicaragua, Norwegen, Panama, Paraguay, Peru, Polen, Seychellen, Slowenien, Ungarn und USA.
Visaarten: Transit- und Touristenvisa. Wer innerhalb von 8 Std. vom gleichen Flughafen wieder ausreist und ein gebuchtes Flugticket vorlegen kann, braucht kein

Transitvisum.
Visagebühren: 42 US$, je nach US$-Wechselkurs ändern sich die jeweiligen Beträge in DM, öS und sfr.
Antragstellung: Konsulat bzw. Konsularabteilung der Botschaft (Adressen s. o.).
Unterlagen: (a) Gültiger Reisepaß. (b) 1 Paßfoto. (c) Reisedokumente. (d) Antragsformular. (e) Für Geschäftsvisa ein Firmenschreiben.
Der postalischen Antragstellung sollte ein frankierter und adressierter Umschlag beigelegt werden.
Bearbeitungszeit: 1 Woche (2 Wochen, wenn eine Sondergenehmigung in Uruguay beantragt werden muß). Verzögerungen können vorkommen.
Aufenthaltsgenehmigung: Anfragen an die Botschaft.

GELD

Währung: 1 Neuer Uruguayischer Peso (NU$) = 100 Centésimos. Banknoten gibt es im Wert von 10.000, 5000, 1000, 500, 100 und 50 NU$; Münzen in den Nennbeträgen 10, 5, 2 und 1 NU$.
Anmerkung: Der Neue Uruguayische Peso wurde am 1. März 1993 eingeführt und entsprach 1000 alten Pesos.
Geldwechsel: Der Umtausch sollte vorzugsweise in Banken oder Wechselstuben vorgenommen werden, beim Umtausch in Hotels ist der Kurs meist ungünstiger. Die Inflationsrate ist niedriger als in den meisten anderen südamerikanischen Ländern, die Wechselkurse schwanken aber dennoch häufig.
Kreditkarten: *American Express*, *Diners Club*, *Eurocard* und *Visa* werden akzeptiert. Einzelheiten vom Aussteller der betreffenden Kreditkarte.
Reiseschecks: US-Dollar-Reiseschecks werden empfohlen.
Wechselkurse

	NU$ Sept. '92	NU$ Febr. '94	NU$ Jan. '95	NU$ Jan. '96
1 DM	2154,91	2,60	3,64	4,93
1 US$	3202,47	4,52	5,64	7,09

Devisenbestimmungen: Es gibt keine Ein- und Ausfuhrbeschränkungen für Landes- und Fremdwährungen.
Öffnungszeiten der Banken: Mo-Fr 13.00-17.00 Uhr.

DUTY FREE

Folgende Artikel können zollfrei nach Uruguay eingeführt werden:
(a) Staatsbürger Uruguays, die über Argentinien, Bolivien, Brasilien, Chile oder Paraguay einreisen (max. viermal jährlich):
200 Zigaretten oder 25 Zigarren;
1 l Spirituosen;
2 kg Lebensmittel.
Der Gesamtwert darf 30 US$ nicht überschreiten.
(b) Alle anderen Reisenden:
400 Zigaretten oder 50 Zigarren;
2 l Spirituosen;
5 kg Lebensmittel.
Der Gesamtwert darf 150 US$ nicht überschreiten.

GESETZLICHE FEIERTAGE

1. Mai '96 Tag der Arbeit. **18. Mai** Jahrestag der Schlacht von Las Piedras. **19. Juni** Geburtstag General Artigas. **18. Juli** Verfassungstag. **25. Aug.** Unabhängigkeitstag. **12. Okt.** Kolumbustag. **2. Nov.** Allerseelen. **8. Dez.** Segnung des Wassers. **25. Dez.** Weihnachten. **1. Jan. '97** Neujahr. **6. Jan.** Dreikönigsfest. **19. April** Landung der 33 Patrioten. **1. Mai** Tag der Arbeit. **18. Mai** Jahrestag der Schlacht von Las Piedras.
Anmerkung: Während der Karnevalswoche (einschl. Aschermittwoch) und zu Ostern haben zahlreiche Geschäfte geschlossen.

GESUNDHEIT

In der folgenden Tabelle aufgeführte Impfvorschriften können sich kurzfristig ändern. Es wird stets empfohlen, auf Ihrem CRS-System (TIMATIC-Info-Code-Fenster in diesem Kapitel) den aktuellen Stand der Gesundheitsbestimmungen abzurufen bzw. rechtzeitig vor der Reise ärztlichen Rat einzuholen.

	Vorsichtsmaßnahmen empfohlen	*Impfschein erforderlich*
Gelbfieber	Nein	Nein
Cholera	Nein	Nein
Typhus & Polio	1	-
Malaria	Nein	-
Essen & Trinken	2	-

[1]: Typhus kann vorkommen, Poliomyelitis jedoch nicht.
[2]: Trinkwasser kann i. allg. unbesorgt getrunken werden. Außerhalb der größeren Städte ist es jedoch nicht immer keimfrei und sollte sterilisiert werden. Milch ist pasteurisiert und kann, ebenso wie Milchprodukte aus ungekochter Milch, Fleischwaren, Geflügel, Meeresfrüchte, Obst und Gemüse, unbesorgt verzehrt werden. *Tollwut* kommt vor. Wer ein erhöhtes Risiko eingeht (z. B. längerer Aufenthalt in abgelegenen Gebieten), sollte vor Reiseantritt eine Schutzimpfung erwägen. Bei Bißwunden so schnell wie möglich ärztliche Hilfe in Anspruch nehmen. Weitere Informationen im Kapitel *Gesundheit* (s. Inhaltsverzeichnis).
Gesundheitsvorsorge: Die ärztliche Versorgung ist ausgezeichnet. Der Abschluß einer Reisekrankenversicherung wird empfohlen.

REISEVERKEHR - International

FLUGZEUG: Uruguays nationale Fluggesellschaft heißt *Primeras Líneas Uruguayas de Navegación Aérea (PLUNA) (PU)*.
Durchschnittliche Flugzeit: *Frankfurt* – Montevideo: 14 Std. (einschl. Zwischenaufenthalt).
Internationaler Flughafen: *Montevideo (MVD)* (Carrasco) liegt 21 km außerhalb der Stadt (Fahrzeit 35 Min.). Am Flughafen gibt es eine Bank, Post, Tourist-Information, Mietwagenschalter, Duty-free-Shops, Bars und Restaurants. Busse fahren zwischen 07.00 und 21.00 Uhr alle 2 Std., Rückfahrt von 07.30-19.30 Uhr vom IBAT-Terminal, Yaguarón 1318. Flughafenbusse verkehren alle 15 Minuten zwischen 05.00 und 24.00 Uhr, Rückfahrt vom Busbahnhof Arenal Grande (05.00-23.00 Uhr). Taxis sind ebenfalls vorhanden.
Flughafengebühren: 12 US$ bei der Ausreise; 6 US$ nach Buenos Aires. Kinder unter 2 Jahren sind hiervon befreit.
SCHIFF: Montevideo ist der größte internationale Hafen des Landes und wird von Frachtschiffen aus Europa und USA angelaufen. Eine Nachtfähre verbindet Buenos Aires mit Montevideo (Fahrzeit 10 Std.). Es gibt auch eine Schiffsverbindung von Colonia (160 km westlich von Montevideo) nach Buenos Aires sowie Tragflächenboote (dreimal täglich).
BAHN: Kein Passagierservice nach Brasilien und Argentinien.
BUS/PKW: Langstrecken-, *ONDA*- und *TTL*-Busse verbinden Brasilien regelmäßig mit Uruguay. Die Reisebusse sind modern und verfügen über eine Bar, TV, Radio und WC. Fahrzeit von Montevideo nach Porto Alegre (Brasilien) 14 Std., nach Rio de Janeiro (Brasilien) 59 Std. Weitere Verbindungen wöchentlich mit *COIT*-Bussen von Asunción und Iguazú (Paraguay) und von Santiago (Brasilien).

REISEVERKEHR - National

FLUGZEUG: *PLUNA (PU)* bietet täglich Flugdienste zu allen größeren Städten des Landes. Fliegen ist allerdings verhältnismäßig teuer. *TAMU* wird von der Luftwaffe betrieben und verbindet Paysandú, Salto, Rivera, Artigas, Tacuarembó und Melo.
Anmerkung: Für alle im Land gekauften Flugtickets wird ein Aufschlag von 3,5% berechnet.
SCHIFF: Es gibt keine fahrplanmäßigen Fährverbindungen auf den großen Flüssen. Der Río Uruguay ist von Colonia bis Salto schiffbar und der Río Negro (von Nordost nach Nordwest) bis zur Hafenstadt Mercedes.
BAHN: Vier Haupt- und Nebenstrecken verbinden Montevideo mit allen größeren Städten. Passagierservice z. Zt. nur zwischen Montevideo und Canelones.
BUS/PKW: 80% des 45.000 km langen Straßennetzes sind asphaltiert oder anderweitig befestigt. **Bus:** Drei Busgesellschaften (*CITA, COT* und *ONDA*) verkehren landesweit, sie verbinden alle Städte des Landes und die Grenzübergänge nach Brasilien. **Mietwagen** sind in Montevideo erhältlich. **Unterlagen:** Internationaler Führerschein wird empfohlen. Eine befristete Fahrerlaubnis (90 Tage gültig) wird im Rathaus ausgestellt (*Municipio*).
STADTVERKEHR: Montevideo hat ein umfangreiches Busnetz, einige Oberleitungsbusse verkehren in der Stadt und in den Vororten. In der Stadtmitte gelten Einheitsfahrpreise. In allen Städten und an den Flughäfen gibt es Taxis mit Taxameter, Fahrer haben eine Preisliste. Jedes Gepäckstück kostet extra, und von 24.00-06.00 Uhr wird ein Zuschlag berechnet. Innerhalb der Städte kann man Taxis stundenweise zum Pauschalpreis mieten.

UNTERKUNFT

HOTELS: In Montevideo und den Urlaubsorten gibt es Spitzenhotels. Im Sommer und während des Karnevals (Montevideo) wird Vorausbuchung empfohlen. Die Hauptstadt bietet auch zahlreiche preiswerte Hotels.
Kategorien: Hotels in Uruguay können nach Preis und Standard in drei Gruppen aufgeteilt werden. Während der Urlaubszeit sind die Preise höher, zahlreiche Strandhotels bieten ausschließlich Vollpension an. In Montevideo wird eine Mehrwertsteuer (18%) berechnet.
CAMPING: Landesweit gibt es zahlreiche Zeltplätze. Auf anderen Grundstücken darf man nur mit polizeilicher Genehmigung zelten.
JUGENDHERBERGEN: Es gibt mehrere preiswerte Jugendherbergen.

URLAUBSORTE & AUSFLÜGE

Die meisten Südamerika-Urlauber besuchen Uruguay. Das ideale Klima, 500 km guter Sandstrände am Atlantik und am Río de la Plata sowie Wälder, Berge, Thermalquellen, Hotels, Spielkasinos, Festivals und zahlreiche Sport- und Unterhaltungsmöglichkeiten machen den Reiz dieses Landes aus.
Montevideo: 50% der Bevölkerung lebt in der Hauptstadt, die gleichzeitig Handelszentrum des Landes ist. In der Nähe der Stadt gibt es neun große Badestrände, die beliebtesten sind Playas, Ramírez, Malvin, Pocitos, Carrasco und Miramar. Auch in den Vororten gibt es Hotels, Restaurants und Nachtklubs.
Punta del Este: Die wunderschönen Strände am Atlantik haben diese Küstenregion zu einem beliebten Urlaubsgebiet gemacht, Hauptsaison ist von Dezember bis April/Mai. Am elegantesten ist Punta del Este, 145 km von Montevideo entfernt. Die zwei herrlichen Strände laden zum Fischen, Wasserskifahren, Wellenreiten und Segeln ein. Ein Golfplatz ist auch vorhanden. In den Wäldern am Stadtrand liegen versteckt Ferienhäuser und Villen. Auch die beiden vorgelagerten Inseln **Lobos** und **Gorriti** sind einen Ausflug wert.
Andere Sehenswürdigkeiten: Die westlich von Montevideo gelegene *Colonia Suiza* (»Schweizer Kolonie«) kann man mit einem Tragflächenboot erreichen. Die schöne Altstadt ist sehr sehenswert. Andere Strandurlaubsorte wie **Atlántida**, **Piriápolis** und der Fischereihafen **Paloma** werden nicht nur von Sonnenanbetern gern besucht.
Carmelo am Río Uruguay und **Mercedes** am Río Negro gehören zu den schönsten Flußhäfen; **Salto**, ebenfalls am Uruguay, ist eine der größten Städte des Landes. *Fray Bentos*, in der Nähe von Mercedes, wurde nach einer nahegelegenen Fleischfabrik benannt. Die Fahrt nach Norden durch *Florida* und *Duranzo* nach *Tacuarembó* an der brasilianischen Grenze führt durch die Agrarregion. Inmitten idyllischer Hügellandschaft liegt die malerische Stadt **Minas**. In **Colonia del Sacramento**, im 17. Jahrhundert von den Portugiesen gegründet, findet man die interessantesten Kolonialgebäude des Landes.

SOZIALPROFIL

ESSEN & TRINKEN: In den *Parrilladas* (Grillrestaurants) wird Rindfleisch in allen Variationen angeboten. *Asado* (Rindfleisch vom Holzkohlengrill), *Asado de Tira* (Rippchen), *Pulpa* (Rindfleisch ohne Knochen), *Lomo* (Filetsteak) und *Bife de Chorrizo* (Rumpsteak) stehen häufig auf der Speisekarte. Beliebt sind auch *Costillas* (Schnitzel) und *Milanesa* (Kalbskotelett) mit Pommes Frites oder gemischtem Salat als Beilage. *Chivito* ist ein belegtes Brot mit Fleisch, Salat und Ei. Weitere Spezialitäten sind *Puchero* (Rindfleisch mit Gemüse, Speck, Bohnen und Wurst), Pizza, Pastete, Brathähnchen in Wein, Meeresfrüchte, *Morcilla Dulce* (süße Blutwurst mit Orangenschale und Walnüssen) und *Morcilla Salada* (gesalzene Wurst). Der Eintopf *Cazuela* wird normalerweise mit *Mondongo* (Kutteln) serviert. Zum Nachtisch gibt es oft *Chaja* (kugelförmiges Gebäck, mit Sahne und Marmelade gefüllt), *Mossini* (Sahnetorte), Zitronentörtchen oder *Yemas* (Eischnee). In den Restaurants ist Tischbedienung üblich. In den Cafés und Bars wird sowohl am Tresen als auch am Tisch bedient. **Getränke:** Die Qualität des einheimischen Weins ist recht unterschiedlich (*Medio-Medio*, Rot- und Weißwein). Das Bier ist sehr gut. Importierte Spirituosen sind überall erhältlich. Einheimische Spirituosen wie Caña, Grappa, Gin und Whisky sind ausgezeichnet.
NACHTLEBEN: Von März bis Januar kann man in Montevideo Theater und Ballett genießen oder Konzerte des Symphonieorchesters besuchen. Sehr ausgehfreudig sind Uruguayer am Abend im allgemeinen nicht. Im Carrasco-Bezirk gibt es Diskotheken mit guter Livemusik, außerdem finden in Montevideo auch zahlreiche Tanzabende statt. Die Bars der großen Hotels sind empfehlenswert. Wenn Tanzmusik gespielt wird, liegen die Preise meist sehr viel höher. Es gibt mehrere Spielkasinos.
EINKAUFSTIPS: Typisch uruguayische Mitbringsel sind Wildlederjacken, Amethystschmuck, Schuhe, Geldbörsen, Antiquitäten und Gemälde. **Öffnungszeiten der Geschäfte:** Mo-Fr 09.00-12.00 und 14.00-19.00 Uhr; Sa 09.00-12.30 Uhr.
SPORT: Golf: In Montevideo gibt es einen öffentlichen Golfplatz, außerdem private Plätze am *Victoria Plaza Hotel* und im *Punta del Este Country Club*. **Angeln:** Drei Gebiete sind besonders empfehlenswert: von *Colonia* bis *Piriápolis* (Río de la Plata), von *Piriápolis* bis *Punta del Este* (angeblich die besten Fischgründe der Welt) und die Atlantikküste bis zur brasilianischen Grenze. Boote und Ausrüstungen sind in Salto, Paysandú, Fray Bentos, Punta del Este, Montevideo und Mercedes erhältlich. **Schwimmen:** Herrliche Badestrände bei günstigem Wetter, nur die »Stadtstrände« (Ramírez bis Pocitos) sind weniger zu empfehlen. Zahlreiche Urlaubsorte im Landesinneren haben eigene Swimmingpools. Die Thermalquellen von *Salto* sind einen Besuch wert. **Bootfahren** ist eine beliebte Freizeitbeschäftigung. *Santiago Vazquez* am Fluß St. Lucia ist ein vielbesuchtes Zentrum für Bootsfreunde. Überall in Uruguay kann man Motor- und Segelboote mieten. **Pferderennen:** *Hipodromo de Maroñas* (Sa, So nachmittags) und *Las Piedras* (Do, Sa und So) sind die zwei größten Rennbahnen. **Fußball** ist der beliebteste Publikumssport, und landesweit werden Spiele ausgetragen.
VERANSTALTUNGSKALENDER
Das wichtigste Fest des Jahres ist der Karneval. Obwohl die offizielle »Fiesta« nur Montag und Dienstag vor Aschermittwoch stattfindet, schließen die meisten Geschäfte und Büros für die ganze Woche. Häuser und Straßen werden entsprechend dekoriert, und auf den Freilichtbühnen finden zahlreiche Aufführungen statt.
SITTEN & GEBRÄUCHE: Zur Begrüßung gibt man sich die Hand. Uruguayer sind sehr gastfreundlich und

bewirten Gäste gern im Restaurant oder eigenen Haus. Die üblichen Höflichkeitsformen gelten auch hier. Kinos, Theater und öffentliche Verkehrsmittel sind Nichtraucherzonen.

WIRTSCHAFTSPROFIL

WIRTSCHAFT: Das verhältnismäßig wohlhabende Uruguay ist überwiegend ein Agrarland, besonders die Viehwirtschaft ist bedeutend. Wolle und Rindfleisch sind die wichtigsten Exportgüter. Milchprodukte werden vor allem in die Nachbarstaaten ausgeführt. Die Ernteergebnisse für Getreide, Reis, Obst und Gemüse schwanken z. T. erheblich. Erdöl wird weiterhin importiert, da bisherige Versuchsbohrungen erfolglos blieben. Zwei neue Wasserkraftwerke decken jedoch fast den gesamten Strombedarf des Landes. Die Leichtindustrie konzentriert sich besonders auf die Bereiche Lebensmittelverarbeitung, Textilien, Metall und Gummi, und Regierungspläne sehen einen weiteren Ausbau dieses überaus produktiven Wirtschaftszweigs vor. Es gibt keine Schwerindustrie. Uruguay, der flächenmäßig kleinste Staat Südamerikas, hat ein gutes Schulsystem, eine breite Mittelschicht und gute Sozialleistungen. Außerdem hat das Land eine der niedrigsten Geburtsraten der Region. Wie seine Nachbarstaaten hat auch Uruguay unter der Auslandsverschuldung zu leiden, allerdings liegt sie mit rund 6 Mrd. US-Dollar vergleichsweise niedrig. Uruguay ist Mitglied der *Asociación Latinoamericana de Integración* (ALADI), der Handelsvereinigung Südamerikas und Gründungsmitglied von *Mercosur*, dem südamerikanischen Binnenmarkt, dessen Ziel die Aufhebung aller Handelsbarrieren in naher Zukunft ist. Gerade Uruguay wird voraussichtlich von Mercosur profitieren, da das bestehende Wirtschaftspotential, trotz moderner Infrastruktur und eines hohen Bildungsgrads der Bevölkerung, bisher noch nicht voll genutzt werden konnte. Die geplante Privatisierung verschiedener staatlicher Einrichtungen – dazu gehören u. a. die nationale Fluggesellschaft und die Elektrizitätswerke – stößt auf hartnäckige Opposition; gemäß dem Ergebnis eines Referendums von 1992 können die Privatisierungspläne nur in eingeschränktem Maße realisiert werden. Der Dienstleistungssektor soll ausgebaut werden. Die wichtigsten Handelspartner sind Brasilien, Argentinien, die USA, China, Japan und Deutschland.
GESCHÄFTSVERKEHR: Spanische Sprachkenntnisse sind von Nutzen, aber die meisten Geschäftsleute sprechen auch Englisch. Terminvereinbarung ist üblich, und Pünktlichkeit wird erwartet. Visitenkarten sollten auf der Rückseite eine spanische Übersetzung haben. In der Karnevalszeit ruht das Geschäftsleben. **Geschäftszeiten:** Mo-Fr 08.30-12.00 und 14.30-18.30/19.00 Uhr. **Behörden:** Mo-Fr 12.00-19.00 Uhr (Mitte März - Mitte November), Mo-Fr 07.30-13.30 Uhr (Mitte November - Mitte März).
Kontaktadressen: *Cámara de Comercio Uruguayo-Alemana* (Deutsch-Uruguayische Handelskammer), Casilla de Correo 1499, 11000 Montevideo. Tel: (02) 97 03 07/08. Telefax: (02) 96 32 81.
Die wirtschaftlichen Interessen Österreichs werden von der Außenhandelsstelle der Wirtschaftskammer Österreich in Buenos Aires (s. Argentinien) wahrgenommen.
Cámara de Comercio Suizo (Außenhandelskammer der Schweiz), Pablo de Maria 1065, 11200 Montevideo. Tel: (02) 49 33 85. Telefax: (02) 71 05 29.
Cámara Nacional de Comercio (Handelskammer), Casilla 1000, 11000 Montevideo. Tel: (02) 96 12 77. Telefax: (02) 96 12 43.
Cámara de Industrias del Uruguay (Industriekammer), Avenida Gral Rondeau 1665, 11100 Montevideo. Tel: (02) 92 74 81. Telefax: (02) 92 09 95.

KLIMA

Uruguay hat ein besonders gutes, gemäßigtes Klima. Die Sommer (Dezember - März) sind angenehm und die Winter mild. Die übrigen Jahreszeiten bieten sonnige Tage und kühle Nächte.
Kleidung: Leichte Baumwoll- und Leinensachen im Sommer, wärmere Kleidung für kühle Abende (Dez. - März).

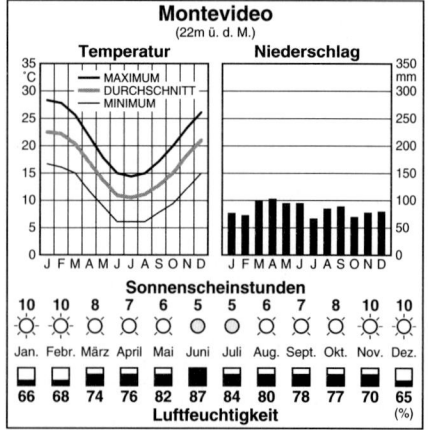

Lage: Nordamerika.

United States Travel and Tourism Administration (USTTA)
4 and Constitution Avenue NW
Washington, DC 20230
Tel: (202) 482 38 11. Telefax: (202) 482 28 87.
Botschaft der USA
Deichmanns Aue 29
D-53170 Bonn
Tel: (0228) 33 91. Telefax: (0228) 339 26 63.
Mo-Fr 08.30-17.00 Uhr, *Konsularabt.:* Mo-Fr 08.30-11.30 Uhr (14.00-16.00 Uhr tel. Anfragen).
Außenstelle der Botschaft ohne Visumerteilung in Berlin (Tel: (030) 238 51 74).
Generalkonsulate mit Visumerteilung in Berlin (Tel: (030) 832 49 87; telefonische Anfragen nur 14.30-16.00 Uhr) und Frankfurt/M. (Tel: (069) 75 35-0).
Generalkonsulate ohne Visumerteilung in Leipzig.
Konsulat ohne Visumerteilung in Stuttgart.
Botschaft der USA
Boltzmanngasse 16
A-1090 Wien
Tel: (0222) 3 13 39. Telefax: (0222) 310 06 82.
Mo-Fr 08.30-17.00 Uhr.
Konsulat-Agency ohne Visumerteilung in Salzburg.
Generalkonsulat der USA (mit Visumerteilung)
Gartenbaupromenade 2
A-1010 Wien
Tel: (0222) 3 13 39. Telefax: (0222) 513 43 51.
Mo-Fr 08.30-11.00 Uhr (14.30-16.30 Uhr tel. Anfragen).
Botschaft der USA
Jubiläumstraße 93
CH-3005 Bern
Tel: (031) 357 70 11. Telefax: (031) 357 73 44.
Konsularabt.: Tel: (031) 357 72 45. Telefax: (031) 357 73 98.
Mo-Fr 08.30-11.30 Uhr (08.00-12.00 und 13.00-17.00 Uhr tel. Anfragen).
Generalkonsulat ohne Visumerteilung in Zürich (Tel: (01) 422 25 66; nur für amerikanische Staatsbürger).
Botschaft der Bundesrepublik Deutschland
4645 Reservoir Road NW
Washington, DC 20007-1998
Tel: (202) 298 81 40 (Telefonzentrale), 298 40 00 (automatisiertes Informationssystem). Telefax: (202) 298 42 49, 471 55 58.
Generalkonsulate in Atlanta, Boston, Chicago, Detroit, Houston, Los Angeles, Miami, New York, San Francisco und Seattle.
Honorarkonsulate in Albuquerque, Anchorage, Buffalo, Charlotte, Cincinnati, Cleveland, Columbus, Corpus Christi, Dallas, Denver, Des Moines, Honolulu, Indianapolis, Jackson, Jacksonville, Kansas City (Kansas), Las Vegas, Louisville, Minneapolis, Mobile, Nashville, New Orleans, Oklahoma City, Philadelphia, Phoenix, Pittsburgh, Portland (Oregon), Salt Lake City, San Antonio, San Diego, St. Louis, St. Petersburg, Savannah, Spartanburg, Spokane und Virginia Beach.

Botschaft der Republik Österreich
3524 International Court NW
Washington, DC 20008
Tel: (202) 895 67 00. Telefax: (202) 895 67 50.
Generalkonsulate in Chicago, Los Angeles und New York.
Konsulate ohne Paß- und Sichtvermerksbefugnis in Atlanta, Boston, Buffalo, Columbus, Denver, Detroit, Honolulu, Houston, Kansas City (Missouri), Miami, New Orleans, Philadelphia, San Francisco, St. Paul und Seattle.
Botschaft der Schweizerischen Eidgenossenschaft
2900 Cathedral Avenue NW
Washington, DC 20008-3499
Tel: (202) 745 79 00. Telefax: (202) 387 25 64.
Generalkonsulate in Atlanta, Chicago, Houston, Los Angeles, New York und San Francisco.
Honorarkonsulate in Boston, Buffalo, Cleveland, Dallas, Denver, Detroit, Honolulu, Indianapolis, Kansas City (Missouri), Miami, Minneapolis, New Orleans, Philadelphia, Phoenix, Pittsburgh, Salt Lake City, Spartanburg und Seattle.

FLÄCHE: 9.529.063 qkm.
BEVÖLKERUNGSZAHL: 257.800.000 (1993).
BEVÖLKERUNGSDICHTE: 27,1 pro qkm.
HAUPTSTADT: Washington DC. **Einwohner:** 585.220 (1990, Großraum 3.920.000).
In den USA gibt es 18 Städte mit einer größeren Bevölkerungszahl als Washington DC. New York ist die größte Stadt mit über 7 Millionen Einwohnern. Los Angeles, Chicago, Houston, Philadelphia, San Diego, Detroit und Dallas hatten 1990 über eine Million Einwohner.
GEOGRAPHIE: Die USA bedecken einen Großteil des nordamerikanischen Kontinents und werden im Norden von Kanada, im Süden von Mexiko, dem Golf von Mexiko und dem Karibischen Meer, im Osten vom Atlantischen Ozean und im Westen vom Pazifischen Ozean und dem Arktischen Meer begrenzt. Der Staat Alaska liegt im äußersten Nordwesten des Kontinents und ist durch Kanada vom Rest der USA getrennt. Hawaii liegt im mittleren Pazifik. Aufgrund der riesigen Ausmaße der Vereinigten Staaten ist die Landschaft außerordentlich vielfältig. Das Klima reicht von subtropisch bis hin zu arktisch mit der entsprechenden Flora und Fauna. Weitere detaillierte Beschreibungen über die geographischen Einzelheiten jedes Gebietes finden Sie im Abschnitt *Die Staaten A-Z*.
STAATSFORM: Präsidialrepublik mit bundesstaatlicher Verfassung seit 1789, letzte Verfassungsänderung 1992. Staats- und Regierungschef: Präsident William Jefferson Blythe (Bill) Clinton (42. Präsident der USA), seit Januar 1993. Zweikammerparlament (*Congress*): Repräsentantenhaus mit 435 für zwei Jahre gewählten Abgeordneten und Senat (*Senate*) mit 100 für sechs Jahre gewählten Mitgliedern. Nach dem Präsidenten und Regierungschef wird die höchste Rang vom Außenminister eingenommen (*Secretary of State*). 50 gleichberechtigte Bundesstaaten mit eigener Verfassung, eigenem

TIMATIC INFO-CODES

Abrufbar über Ihr CRS-System (für START/Amadeus Ama-Maske benutzen). Für Galileo bitte TI-DFT eingeben (mit Bindestrich).

Flughafengebühren	TI DFT/ JFK /TX
Währung	TI DFT/ JFK /CY
Zollbestimmungen	TI DFT/ JFK /CS
Gesundheit	TI DFT/ JFK /HE
Reisepassbestimmungen	TI DFT/ JFK /PA
Visabestimmungen	TI DFT/ JFK /VI

□ *Wichtiger internationaler Flughafen*

Wichtiger Hinweis für Reiseagenten! Warum ein Hotelzimmer buchen, wenn Sie ein ganzes Haus zum selben Preis für Ihre Kunden bekommen können?!

Private, fast neue Ferienwohnungen und -häuser, ganz in der Nähe von Walt Disney World® und anderen Attraktionen

• luxuriöse Einrichtung • vollausgestattete Küche • Schlafplätze für bis zu 10 Personen • Kabelfernsehen • Ferienhäuser mit oder ohne Pool und Whirlpool • Golfplätze mit günstigen Green Fees • beleuchtete Tennisplätze • Süßwasserseen • Clubhaus mit Bar & Restaurant • Buchungen für Firmen- und Gruppen erhalten Preisermäßigung

Rufen oder faxen Sie uns unverbindlich sofort an und fragen Sie nach unseren günstigen Preisen und guter Kommissionsbasis!

Tel: 001 (407) 273 8770 oder **Fax: 001 (407) 658 6530**
Unsere Reservierungsagenten stehen Ihnen gern mit Beratung zur Verfügung

Informationen und Buchungen:
Tel: (800) 247-8417 oder (407) 273-8770
Fax: (407) 658-6530
5946 Curry Ford Road, Orlando, FL 32822

VENTURA RESORT RENTALS, INC.
VENTURA PROPERTIES, INC.

Orlando and Kissimmee

Parlament und einem gewählten Gouverneur. Hoheitsrechte der einzelnen Bundesstaaten in den Bereichen Gesetzgebung für Schulwesen sowie bürgerliche, Handels- und Strafgerichtsbarkeit.
SPRACHE: Englisch. Viele andere Sprachen werden in bestimmten Landesteilen gesprochen. An der mexikanischen Grenze hat in einigen Gegenden Spanisch die englische Sprache als wichtigste Umgangssprache abgelöst. Etwa 20 Millionen Einwohner sprechen kein Englisch.
RELIGION: Protestantisch (51%), römisch-katholisch (26,2%), jüdisch und viele andere Glaubensrichtungen. In den großen Städten leben Mitglieder bestimmter ethnischer oder religiöser Gruppen häufig im gleichen Stadtviertel.
ORTSZEIT: Die USA hat 6 Zeitzonen (Zeitzonenkarte s. Inhaltsverzeichnis):
Eastern Standard Time/New York: MEZ - 6.
Central Standard Time/Chicago: MEZ - 7.
Mountain Standard Time/Salt Lake City: MEZ - 8.
Pacific Standard Time/Los Angeles: MEZ - 9.
Yukon Time/Alaska-Festland: MEZ -10.
Alaska-Hawaii Time/Hawaii und Aleuten-Inseln westlich von Alaska: MEZ - 11.
Anmerkung: Von April bis Oktober wird die Uhr in allen Staaten außer im größten Teil von Indiana, Arizona, in einigen Teilen von Florida und Hawaii 1 Std. vorgestellt.
NETZSPANNUNG: 110/120 V, 60 Hz. Adapter oder duale Stromschalter erforderlich.
POST- UND FERNMELDEWESEN: Telefon: Selbstwählferndienst. **Landesvorwahl:** 1. **Telefaxservice** ist weit verbreitet und wird in allen größeren Städten und Hotels angeboten. **Telex/Telegramme:** *Western Union* betreibt die Telexanschlüsse im ganzen Land. Telegramme können in den Telegrafen- und Postämtern aufgegeben werden. **Post:** Da es verhältnismäßig wenige Postämter gibt, sollte man Briefmarken in größeren Mengen kaufen. Hotels und Geschäfte haben Briefmarkenautomaten, die aber 25% teurer sind. Luftpost nach Europa ist bis zu einer Woche unterwegs. Für Geschenke in die USA unter 50 US$ mit dem Vermerk »Unsolicited Gift« braucht der Empfänger keinen Zoll zu bezahlen. Öffnungszeiten der Postämter: Mo-Sa 09.00-17.00 Uhr. In den Großstädten sind die Hauptpostämter 24 Std. lang geöffnet.
DEUTSCHE WELLE
Der Einsatz der Kurzwellenfrequenzen ändert sich mehrfach im Laufe eines Jahres, und Sendungen auf den folgenden Frequenzen werden jeweils nur zu bestimmten Tageszeiten ausgestrahlt. Näheres in der Einleitung.

MHz	17,810	17,715	9,735	6,145	6,100
Meterband	16	16	31	49	49

REISEPASS/VISUM

Wichtiger Hinweis: Die Einreisebestimmungen mancher Länder können sich kurzfristig ändern – rufen Sie sicherheitshalber auf Ihrem CRS-System (TIMATIC-Info-Code-Fenster in diesem Kapitel) den aktuellen Stand ab bzw. wenden Sie sich an die zuständige diplomatische Vertretung. Etwaige Zahlen in der Tabelle beziehen sich auf nachfolgende Fußnoten.

	Paß erforderlich?	Visum erforderlich?	Rückflugticket erforderlich?
Deutschland	Ja	Nein	Ja
Österreich	Ja	Nein	Ja
Schweiz	Ja	Nein	Ja
Andere EU-Länder	Ja	1/2	Ja

Einreisebeschränkungen: Folgenden Reisenden wird die Einreise in die Vereinigten Staaten von Amerika verweigert, falls zuvor kein *Waiver of Ineligibility* ausgestellt wurde:
(a) Personen mit ansteckenden Krankheiten;
(b) Personen mit Vorstrafenregister;
(c) Drogenabhängige, -benutzer oder -händler;
(d) Personen, die zuvor aus den USA ausgewiesen wurden oder denen die Einreise innerhalb der letzten fünf Jahre verweigert wurde.
REISEPASS: Allgemein erforderlich, sollte noch mindestens 6 Monate gültig sein. Ausgenommen sind Staatsbürger von:
(a) Kanada, die aus der westlichen Hemisphäre in die USA einreisen;
(b) Einwohner Kanadas oder Bermudas, die Staatsbürger eines Commonwealth-Landes (Mitgliedstaaten s. Inhaltsverzeichnis) oder Irlands sind und aus Nord-, Mittel- oder Südamerika (mit Ausnahme von Kuba) in die USA einreisen.
VISUM: Allgemein erforderlich, ausgenommen sind Staatsbürger der folgenden Länder für einen Aufenthalt von bis zu 90 Tagen und, falls sie per Flugzeug oder Schiff einreisen, mit gültigem Weiter- bzw. Rückflugticket und ausgefülltem Formblatt I-94-W an Bord einer Transportgesellschaft des *Visa Waiver Pilot Program* (eine Liste ist in den meisten Reisebüros erhältlich):
(a) [1] Bundesrepublik Deutschland, Österreich und die Schweiz, Belgien, Dänemark, Finnland, Frankreich, Großbritannien, Italien, Irland, Luxemburg, die Niederlande, Schweden und Spanien (Staatsbürger Griechenlands und Portugals benötigen ein Visum);
(b) Andorra, Brunei, Island, Japan, Liechtenstein, Monaco, Neuseeland, Norwegen und San Marino;
(c) Kanada;
(d) Einwohner von Kanada und Bermuda wie oben unter *Reisepaß*;
(e) [2] Großbritannien mit Wohnsitz auf den Cayman- oder Turks- und Caicos-Inseln, die direkt von dort einreisen.
Anmerkung: Staatsbürger der unter *Visum* aufgeführten Länder können nicht auf dem Landweg über Kanada oder Mexiko ohne Visum in die USA einreisen (Gebühren 6 US$). Weitere Auskünfte erteilen die Konsulate und die Konsularabteilungen der Botschaften (Adressen s. o.).
Visaarten: *Non-immigrant* (Urlaubs- und Geschäftsreisen); Studentenvisa (Teilnahme an akademischen oder Austauschprogrammen); Journalisten-, Zeitarbeits- und Transitvisa. Die meisten Europäer erhalten Mehrfachvisa.
Anmerkung: Einige Fluggesellschaften sind dazu berechtigt, ausländische Staatsangehörige ohne Visum zu befördern, falls sich diese im Transit befinden und vom selben Flughafen innerhalb der nächsten 8 Stunden weiterfliegen sowie bestätigte Weiterreisetickets und alle nötigen Dokumente zur Einreise in das Zielland vorweisen können. In allen anderen Fällen wird ein Transitvisum benötigt.
Visagebühren: Unterschiedlich, je nach Nationalität. Entsprechen den Kosten, die das Land des Antragstellers für amerikanische Staatsbürger erhebt. Deutsche Staatsbürger: 30 DM.
Gültigkeitsdauer: Unterschiedlich, je nach Nationalität. In der Regel werden Visa für die mehrmalige Einreise und für maximal 10 Jahre ausgestellt. Die Aufenthaltsdauer wird in den USA bei der Einreise von den Immigrationsbeamten festgesetzt. Generell beträgt die Aufenthaltsdauer jedoch maximal sechs Monate. Verlängerungen müssen beim *US Immigration & Naturalisation Service* in den USA beantragt werden, der auch weitere Auskünfte erteilt.
Anmerkung: Ein Visum ist nicht automatisch ungültig, wenn der Reisepaß abgelaufen ist. Ein noch gültiges Visum in einem abgelaufenen Reisepaß reicht zur Einreise aus, wenn das Visum selbst nicht entwertet wurde, weniger als 10 Jahre alt ist und zusammen mit einem gültigen Reisepaß der gleichen Nationalität des abgelaufenen Reisepasses vorgelegt wird.
Antragstellung: Bei den Konsulaten oder den Konsularabteilungen der Botschaften (Adressen s. o.).
Unterlagen: (a) Gültiger Reisepaß. (b) Nachweis ausreichender Geldmittel für die Aufenthaltsdauer. (c) 1 Paß-

foto. (d) 1 ausgefülltes Antragsformular.
Anmerkung: Eventuell müssen weitere Dokumente vorgelegt werden, die Grund und Einzelheiten der Reise beweisen sowie ein Nachweis, daß man beabsichtigt, wieder ins Heimatland zurückzukehren.
Bearbeitungszeit: Bei postalischer Antragstellung erfolgt die Bearbeitung etwa innerhalb von 10 Werktagen, jedoch unter Umständen bis zu 6 Wochen.
Aufenthaltsgenehmigung: Das Einwanderungsgesetz der USA ist recht umfangreich. Personen, die sich dort niederlassen wollen, erhalten weitere Informationen vom *Immigration Department*.

GELD

Währung: 1 US-Dollar (US$) = 100 Cents. Banknoten gibt es im Wert von 500, 100, 50, 20, 10, 5, 2 und 1 US$. Münzen in den Nennbeträgen 1 US$ sowie 50, 25, 10, 5 und 1 Cent.
Geldwechsel: Hotels wechseln generell keine Fremdwährungen, und nur einige wenige Banken tauschen Fremdwährungen um. Es empfiehlt sich daher, ausreichend US-Dollar vor der Abreise zu wechseln.
Kreditkarten: Alle gängigen Kreditkarten werden akzeptiert. Die Benutzung von Kreditkarten wird empfohlen. Man sollte zumindest eine Kreditkarte besitzen, da viele Hotels oder Mietwagenfirmen Vorausbezahlung verlangen, falls nicht mit Kreditkarte bezahlt wird. Einzelheiten vom Aussteller der betreffenden Kreditkarte.
Reiseschecks: US$-Reiseschecks werden empfohlen.
Wechselkurs

	US$ Sept. '92	US$ Febr. '94	US$ Jan. '95	US$ Jan. '96
1 DM	0,67	0,58	0,65	0,69

Devisenbestimmungen: Es gibt keine Beschränkungen für den Im- oder Export von Währungen. Die Ein- und Ausfuhr von Beträgen über 10.000 US$ (einschl. Inhaberaktien) muß beim US-Zoll auf dem Formular 4790 deklariert werden. Alle Goldmünzen und Goldmengen müssen vor der Ausfuhr deklariert werden.
Öffnungszeiten der Banken: I. allg. Mo-Fr 09.00-15.00 Uhr.

DUTY FREE

Folgende Artikel dürfen ab 21 Jahren zollfrei in die USA eingeführt werden:
200 Zigaretten oder 50 Zigarren oder 2 kg Tabak (auch anteilmäßig);
1 l Spirituosen;
Geschenke bis zum Wert von 100 US$ (einschl. 100 Zigarren zusätzlich zu der o. a. Tabakmenge).*
Anmerkung: [*] (a) Die Artikel sollten nicht als Geschenke verpackt sein, da sie dem Zoll gezeigt werden müssen. (b) Die Einfuhrbestimmung für Geschenke gilt nur einmal in 6 Monaten für Nicht-Einwohner der USA, die länger als 72 Std. im Land bleiben. (c) Informationen über die Einfuhr von Haustieren können Sie der Zollbroschüre *Pets, Wildlife – US Customs* entnehmen, die bei den amerikanischen Botschaften und Konsulaten erhältlich ist.
Einfuhrverbot: Die Einfuhr der folgenden Artikel ist entweder verboten oder nur mit Sonderlizenz erlaubt: (a) Narkotika und gefährliche Arzneimittel, die nicht aus medizinischen Gründen eingeführt werden (Attest des behandelnden Arztes erforderlich). (b) Absinth, biologische Materialien, Saatgut, Obst und Pflanzen (einschl. vom Aussterben bedrohte Pflanzen- und Gemüsearten und deren Produkte). (c) Schußwaffen und Munition. (d) Gefährliche Gegenstände (Feuerwerkskörper, giftige Artikel). (e) Fleisch- und Geflügelprodukte. (f) Pornografische Erzeugnisse. (g) Klappmesser. (h) Gegenstände aus Kuba, Iran, Irak, Haiti, Libyen, Nordkorea, Serbien und Montenegro.

GESETZLICHE FEIERTAGE

27. Mai '96 Gedenktag. **4. Juli** Unabhängigkeitstag. **2. Sept.** Tag der Arbeit. **14. Okt.** Kolumbustag. **11. Nov.** Veteranentag. **28. Nov.** Erntedankfest. **25. Dez.** Weihnachten. **1. Jan. '97** Neujahr. **15. Jan.** Martin-Luther-King-Tag. **19. Febr.** Tag des Präsidenten. **28. März** Karfreitag. **27. Mai** Gedenktag.
Anmerkung: Weitere Feiertage werden in den einzelnen Bundesstaaten an verschiedenen Tagen begangen.

GESUNDHEIT

In der folgenden Tabelle aufgeführte Impfvorschriften können sich kurzfristig ändern. Es wird stets empfohlen, auf Ihrem CRS-System (TIMATIC-Info-Code-Fenster in diesem Kapitel) den aktuellen Stand der Gesundheitsbestimmungen abzurufen bzw. rechtzeitig vor der Reise ärztlichen Rat einzuholen.

	Vorsichtsmaßnahmen empfohlen	*Impfschein erforderlich*
Gelbfieber	Nein	Nein
Cholera	Nein	Nein
Typhus & Polio	Nein	-
Malaria	Nein	-
Essen & Trinken	1	-

[1]: Leitungswasser ist zum Trinken geeignet. Milch, Milchprodukte, Fleischwaren, Geflügel, Meeresfrüchte, Obst und Gemüse können unbesorgt verzehrt werden.
Tollwut kommt vor. Wer ein erhöhtes Risiko eingeht (z. B. längerer Aufenthalt in abgelegenen Gebieten), sollte vor Reiseantritt eine Schutzimpfung erwägen. Bei Bißwunden so schnell wie möglich ärztliche Hilfe in Anspruch nehmen. Weitere Informationen im Kapitel *Gesundheit* (s. Inhaltsverzeichnis).
Gesundheitsvorsorge: Der Abschluß einer Reisekrankenversicherung über mindestens 500.000 US$ wird dringend empfohlen. Nur Notfälle werden ohne vorherige Bezahlung behandelt. Andere Behandlungen werden ohne Nachweis einer Versicherung oder Kaution oft abgelehnt. Die medizinischen Einrichtungen sind normalerweise sehr gut. Wer auf längere Zeit mit Schulkindern einreist, sollte beachten, daß ein Nachweis über Impfschutz gegen Diphterie, Masern, Polio und Röteln für die Schulzulassung benötigt wird. Manche Schulen verlangen auch Schutzimpfungen gegen Tetanus, Mumps und Keuchhusten.

REISEVERKEHR - International

Anmerkung: Die Einreise erfolgt in den meisten Fällen mit dem Flugzeug.
FLUGZEUG: Die wichtigsten nationalen Fluggesellschaften der USA sind *American Airlines, Continental Airlines, Delta Air, Northwest Airlines, Trans World Airlines (TWA)* und *United Airlines*. Zahlreiche weitere Fluggesellschaften fliegen die USA an.
Durchschnittliche Flugzeiten: *Frankfurt* – New York: 8 Std. 30; *Frankfurt* – Los Angeles: 11 Std. 30; *Berlin* – New York: 9 Std. 30;
Wien – New York: 10 Std; *Wien* – Los Angeles: 15 Std. (mit Umsteigen);
Zürich – New York: 7 Std. 10; *Zürich* – Los Angeles: 12 Std. 10;
Singapur – Los Angeles: 18 Std. 45; *Singapur* – New York: 21 Std. 25;
Sydney – Los Angeles: 17 Std. 55; *Sydney* – New York: 21 Std. 05.
Anmerkung: Flüge in westlicher Richtung (von Europa in die USA oder von der Ost- zur Westküste) dauern wegen des Windeinflusses länger als Flüge in östlicher Richtung. Flüge von der Ostküste der USA nach Europa verringern sich um ca. 30-40 Min. (von der Westküste 1 Std.).
Internationale Flughäfen: Alle Flughäfen haben Banken, Duty-free-Shops (mit Ausnahme von Kansas City, Phoenix, St. Louis, Salt Lake City und San Diego), Restaurants, Bars, Geschäfte, Mietwagenschalter, Taxistände und Tourist-Information (mit Ausnahme von Chicago, Kansas City und Seattle).
Anchorage (ANC) liegt 5 km nordwestlich von Anchorage (Fahrzeit 20 Min.).
Atlanta (ATL) (Hartsfield Atlanta International) liegt 16 km südlich von Atlanta (Fahrzeit 25 Min.).
Austin (AUS) (Robert Mueller Municipal) liegt 8 km nordöstlich der Stadt (Fahrzeit 10 Min.).
Baltimore (BWI) (Baltimore/Washington International) liegt 16 km südlich von Baltimore (Fahrzeit 20 Min.).
Boston (BOS) (Logan International) liegt 6 km nordöstlich von Boston (Fahrzeit 25 Min.).
Chicago (ORD) (O'Hare International) liegt 23 km nordwestlich von Chicago (Fahrzeit 35 Min.).
Cincinnati (CVG) (Nothern Kentucky International) liegt 20 km südwestlich von Cincinnati (Fahrzeit 30 Min.).
Cleveland (CLE) (Hopkins International) liegt 19 km südwestlich von Cleveland (Fahrzeit 15-30 Min.).
Dallas/Fort Worth (DFW) (International) liegt 24 km nordwestlich von Dallas und 29 km nordöstlich von Fort Worth entfernt (Fahrzeiten 20-40 Min.).
Denver (DEN) (International) liegt 38 km nordöstlich von Denver (Fahrzeit 35 Min.).
Detroit (DTW) (Metropolitan) liegt 32 km südwestlich von Detroit (Fahrzeit 30-40 Min.).
Honolulu (HNL) (International) liegt 10 km nordwestlich von Honolulu (Fahrzeit 20 Min.).
Houston (IAH) (Intercontinental) liegt 32 km nördlich von Houston (Fahrzeit 35 Min.).
Kansas City (MCI) (International) liegt 32 km nordwestlich von Kansas City (Fahrzeit 30 Min.).
Las Vegas (LAS) (McCarran International) liegt 14 km südlich von Las Vegas (Fahrzeit 10-30 Min.).
Los Angeles (LAX) (International) liegt 24 km südwestlich von Los Angeles (Fahrzeit 30 Min.).
Miami (MIA) (International) liegt 11 km nordwestlich von Miami (Fahrzeit 15 Min.).
Minneapolis/St. Paul (MSP) (International) liegt 16 km außerhalb von Minneapolis (Fahrzeit 20 Min.) und 17 km außerhalb von St. Paul (Fahrzeit 20 Min.).
New Orleans (MSY) (International) liegt 16 km westlich von New Orleans (Fahrzeit 30 Min.).
New York (JFK) (John F. Kennedy International) liegt 22 km südöstlich von New York City (Fahrzeit 50 Min.).
New York (LGA) (LaGuardia) liegt 13 km östlich von New York City (Fahrzeit 30 Min.).
New York (EWR) (Newark International) liegt 26 km südwestlich von New York City (Fahrzeit 30 Min.).
Orlando (MCO) (International) liegt 16 km südöstlich von Orlando (Fahrzeit 25 Min.).
Philadelphia (PHL) (International) liegt 13 km südwestlich von Philadelphia (Fahrzeit 15 Min.).
Phoenix (PHX) (Sky Harbor International) liegt 6 km südöstlich von Phoenix (Fahrzeit 20 Min.).
Pittsburgh (PIT) (International) liegt 26 km nordwestlich von Pittsburgh (Fahrzeit 30 Min.).
Portland (PDX) (Portland International) liegt 14 km nordöstlich von Portland (Fahrzeit 20 Min.).
St. Louis (STL) (Lambert International) liegt 21 km nordwestlich von St. Louis (Fahrzeit 25 Min.).
Salt Lake City (SLC) (Salt Lake City International) liegt 8 km nordwestlich von Salt Lake City (Fahrzeit 15 Min.).
San Diego (SAN) (Lindbergh Field) liegt 3 km außerhalb von San Diego (Fahrzeit 10 Min.).
San Francisco (SFO) (International) liegt 25 km südlich von San Francisco (Fahrzeit 30 Min.).
Seattle (SEA) (Seattle-Tacoma International) liegt 22 km südlich von Seattle (Fahrzeit 30 Min.).
Tampa (TPA) (International) liegt 8 km westlich von Tampa (Fahrzeit 15 Min.).
Washington (IAD) (Dulles International) liegt 43 km westlich von Washington DC (Fahrzeit 45 Min.).
SCHIFF: Viele Kreuzfahrtschiffe aus der ganzen Welt laufen die West- und Ostküsten der USA an. Das Fremdenverkehrsamt der USA (Adresse s. o.) erteilt nähere Auskünfte.
BAHN: In Tecate (Tijuana), Yuma, Nogales, Douglas, El Paso, Del Rio und Laredo geht das amerikanische Streckennetz in das mexikanische über, es stehen jedoch nur wenige regelmäßige Verbindungen im Personenverkehr zur Verfügung. Es gibt mehrere Passagierverbindungen nach Kanada. Die Hauptstrecken sind New York – Montréal und New York – Toronto. Von Milwaukee, Chicago, Detroit und Buffalo fahren Züge nach Toronto, Hamilton und Ottawa.
BUS/PKW: Es gibt zahlreiche Grenzübergänge zwischen Kanada und den USA. Die Hauptstrecken sind New York – Montréal/Ottawa, Detroit – Toronto/Hamilton, Minneapolis – Winnipeg und Seattle – Vancouver/Edmonton/Calgary.

REISEVERKEHR - National

Anmerkung: Detailliertere Informationen finden Sie im Abschnitt *Die Staaten A-Z* (s. u.).
FLUGZEUG: Der Flug von Ost nach West dauert 5 Std., von Nord nach Süd 2 Std. Da es zwischen den Fluggesellschaften eine sehr starke Konkurrenz gibt, sind die Flugpreise recht unterschiedlich. Die Auswahl an 1. Klasse-, Economy-, Ausflugs- und verbilligten Tickets ist groß. Nachtflüge sind normalerweise preiswerter. *TWA, Delta* und andere Fluggesellschaften bieten auf allen Inlandflügen für Besucher besondere Vergünstigungen an, wenn man die Tickets mindestens 21 Tage im voraus kauft. Die Bestimmungen sind nachfolgend aufgeführt. *British Airways, Delta* und *Virgin Atlantic* bieten einen *Discover America Pass* an mit wahlweise 3-12 Coupons für ebensoviele Flüge in den USA zu reduziertem Preis. Der Paß muß außerhalb der USA gekauft werden. Der *United Skypass* besteht aus 3-10 Coupons und gilt für United-Flüge in den USA (einschl. Alaska), Kanada, Mexiko und der Karibik.
Sobald die Reiseroute feststeht, empfiehlt es sich für Reisebüros, die einzelnen Fluggesellschaften nach Preisangeboten und weiteren Pässen zu befragen.
Anmerkung: Die zulässige Gepäckmenge richtet sich eher nach Anzahl und Umfang der Gepäckstücke als nach dem Gewicht.
Durchschnittliche Flugzeiten: Detroit – New York: 1 Std. 40; Los Angeles – Chicago: 4 Std. 15; Los Angeles – New York: 5 Std. 20; Miami – Chicago: 3 Std. 10; Miami – Los Angeles: 7 Std; Miami – New York: 2 Std. 40; New York – Chicago: 2 Std. 50; New York – Dallas: 4 Std; New York – Detroit: 2 Std; New York – Los Angeles: 6 Std; New York – Miami: 3 Std. 10; Seattle – San Francisco: 1 Std. 50.
Weitere Flugzeiten s. *Die Staaten A-Z*.
SCHIFF: Die Schiffsverbindungen auf den Flüssen, Seen und an den Küsten sind gut. Besonders auf dem Ohio River gibt es regen Schiffsverkehr.
Die großen Seen: Passagier- und Frachtschiffe sowie Ausflugsboote verkehren auf den großen Flüssen und Seen von Duluth, Sault Sainte Marie, Milwaukee, Chicago, Detroit, Toronto, Rochester, Cleveland und Buffalo aus.
BAHN: Obwohl das Bahnnetz der USA über 300.000 km lang ist, werden nur noch wenige Strecken von Passagierzügen befahren. Außerhalb des dichtbesiedelten Nordostens gibt es nur vereinzelte Fernverbindungen. Fast alle Fernverkehrszüge werden von der *National Railroad Passenger Corporation* (Amtrak), Vorort- und Kurzstreckenzüge von regionalen Firmen betrieben. *Amtraks* Hauptstrecke ist die Verbindung Boston – New York – Washington DC; andere Strecken führen nach Süden (Florida und New Orleans) sowie von Boston über New York und Washington DC nach Chicago. Von Chicago führt eine tägliche Verbindung nach Seattle, Portland, Oakland (San Francisco), Los Angeles, San Antonio und New Orleans. Dreimal wöchentlich fährt ein Zug von Los Angeles nach New Orleans.
***Amtrak*-Pauschalreisen:** Es werden 74 unterschiedliche Pauschalreisen in 34 Staaten der USA angeboten. Die *Amtrak*-Broschüre enthält alle Einzelheiten. Die meisten Züge sind klimatisiert, haben Einheitsklasse und gegen

Royal Caribbean zum Früh&Spar-Tarif!

Alle reden von Last-Minute. Dabei gibt's doch echte Alternativen: die neuen Früh&Spar-Tarife von Royal Caribbean. Maxi-Komfort, Mega-Vergnügen, Mini-Preise. Zum Beispiel ab **1.249,– DM** für eine Woche östliche Karibik ab/bis Miami. Riskieren Sie mal einen Blick, Ihren Kunden zuliebe. Denn wer zu spät kommt, kriegt was übrigbleibt.

Infos, Kataloge und Sofortbestätigung bei Buchung gibt's direkt bei Royal Caribbean Cruise Line in Frankfurt. Anruf genügt.

ROYAL CARIBBEAN
... das könnte Ihnen so passen!

RCCL, Telefon (0 69) 25 03 73, Fax 23 20 40 · Unsere Partner: Aeroworld, DER, Meier's Weltreisen, Seetours – und Sie!

Aufpreis Schlafwagen; alle Fernverkehrszüge haben Speisewagen. Besonders die Ost-West-Strecken führen durch wunderschöne Landschaft. Die meisten Amerikaner benutzen das Auto oder den Bus, aber auch in den USA werden Bahnreisen immer beliebter. Weitere Informationen von Amtrak, Tel: (212) 582 68 75 (New York) oder (213) 624 01 71 (Los Angeles) oder in Deutschland bei MESO, Amerika-Kanada-Reisen GmbH, Tel: (030) 881 41 22 (für den Norden und die neuen Bundesländer) und Tel: (069) 2 72 71-0 (für den Süden und Nordrhein-Westfalen).

Verbilligte Fahrkarten: Es gibt regionale und landesweite *USA Rail Passes*. Die landesweiten Pässe bieten 15 oder 30 Tage unbegrenztes Reisen auf dem gesamten *Amtrak*-Netz bis nach Montréal, mit Ausnahme von Schlafwagenfahrten und der Benutzung des »Metroliner« zwischen New York und Washington DC. Der *National Rail Pass* gilt 15 oder 30 Tage lang überall in den USA. (15 Tage 369 DM, Hochsaison 544 DM; 30 Tage 543 DM, Hochsaison 680 DM. Die Hochsaison dauert vom 17. Juni - 21. Aug.)

Die regionalen Bahnpässe sind nach Gebieten aufgeteilt. Die Pässe müssen außerhalb der USA unter Vorlage des Reisepasses gekauft und innerhalb von 90 Tagen benutzt werden. Sie beinhalten 2. Klasse-Platzreservierungen in den *Amtrak*-Zügen (ggf. 1. Klasse gegen Aufpreis):

Northeast Region Pass gilt von Newport News, Virgina nach Boston, St. Albens, Vermont und Montreal (Kanada), westlich von Philadelphia nach Harrisburg, Pennsylvania, westlich von New York zu den Niagara Fällen und ist wahlweise an 15 Tagen (240 DM, Hochsaison 268 DM) oder 30 Tagen (298 DM, Hochsaison 320 DM) gültig.

East Region Pass gilt östlich von Chicago bis New Orleans und Montréal und ist ebenfalls für 15 Tage (288 DM, Hochsaison 320 DM) oder 30 Tage (369 DM, Hochsaison 408 DM) erhältlich. *West Region Pass* gilt westlich von Chicago bis New Orleans und ist an 15 Tagen (335 DM, Hochsaison 408 DM) oder 30 Tagen (448 DM, Hochsaison 512 DM) gültig.

Far West Pass gilt in der Region Seattle, San Diego, Salt Lake City bis Flagstaff und ist ebenfalls für 15 Tage (287 DM, Hochsaison 320 DM) oder 30 Tage (369 DM, Hochsaison 408DM) erhältlich.

Coastal Region Pass gilt von Montréal nach Miami an der Ostküste und von Seattle nach San Diego an der Westküste und ist 30 Tage (320 DM, Hochsaison 360 DM) gültig. *Die Pässe gelten lediglich als Bezahlung der Sitzplätze – für einen garantierten Sitzplatz auf einer bestimmten Amtrak-Reiseroute ist eine gesonderte Reservierung erforderlich.* Ob eine Reservierung nötig ist, erfährt man an allen Amtrak-Bahnhöfen. Für Fahrten während den Hauptreisezeiten sollte man weit im voraus reservieren. Kinder unter 2 Jahren reisen umsonst, Kinder zwischen 2 und 15 Jahren zahlen die Hälfte. Es gibt Gruppen-, Familien-, Wochenend- und Pauschalfahrkarten. Die Fahrkarten können mitunter teurer sein als kombinierte Bus-/Flugtickets. Außerhalb der USA gekaufte Einzelfahrkarten sind oft bedeutend billiger.

Durchschnittliche Fahrzeiten: Chicago – New Orleans: 18 Std; Chicago – New York: 18 Std; Chicago – Washington DC: 23 Std; Los Angeles – Dallas: 39 Std; Los Angeles – Chicago: 61 Std; New York – Miami: 26 Std; New York – New Orleans: 27 Std; New York – Washington DC: 4 Std.

Weitere Fahrzeiten s. *Die Staaten A-Z*.

PKW/BUS: Am besten erforscht man das Land mit dem Auto, obwohl die Entfernungen gewaltig sind. Man sollte die Fahrzeiten richtig einschätzen, um Überanstrengungen zu vermeiden. Die Fahrbedingungen sind ausgezeichnet, alle Orte sind dem Straßennetz angeschlossen. Benzin ist billiger als in Europa. Der Amerikanische Automobilklub (*AAA*) bietet Reisedienste, Landkarten, Ratschläge und Versicherungen, die in den meisten Staaten auch für Mietwagen vorgeschrieben sind. Mitglieder eines europäischen Automobilklubs erhalten oft Ermäßigungen vom *AAA*.

Fernbusse: Das größte Busunternehmen der USA, das das ganze Land befährt, ist *Greyhound World Travel*. Zusammen mit über 11.000 anderen Busgesellschaften versorgt es die gesamten USA mit preiswerten Verbindungen. Die Intercity-Busse sind klimatisiert, haben verstellbare Sitze und WCs. *Greyhound* befährt die Südstaaten, die südlichen Zentralstaaten, den Süden der Rocky Mountains und bietet Verbindungen nach Mexiko und Kanada an. Gepäckaufbewahrungen und Imbißstuben sind normalerweise rund um die Uhr geöffnet. Übernachten im Busbahnhof (etwa beim Warten auf einen Anschlußbus) ist verboten, Tiere werden nicht befördert.

Verbilligte Fahrkarten: *Greyhound Lines* bietet den *Ameripass* an, mit dem man 4, 7, 15 oder 30 Tage lang unbegrenzt die USA bereisen kann. Verlängerungen werden pro Tag berechnet. Der Paß muß durch *Greyhound World Travel* außerhalb der USA gekauft werden. Kinder zwischen 2 und 11 Jahren bezahlen die Hälfte, die Zahl der Zwischenaufenthalte ist unbegrenzt. *Greyhound Lines* bietet auch Preisnachlässe auf Einzelfahrten an. *Intra-* und *Intercity Tours (Greyhire)* gibt es in den ganzen USA. Weitere Einzelheiten erfahren Sie von den internationalen Greyhound-Büros in New York (Tel: (212) 971 63 00) und Los Angeles (Tel: (213) 629 84 00) oder bei *ISTS Intercontinental Reisen GmbH*, Tel: (089) 272 71-0.

Mietwagen: An allen internationalen Flughäfen und in den Großstädten sind die bekannten internationalen Autovermietungen vertreten. Es gibt Pauschaltarife und ausgezeichnete Rabatte für Besucher. Von Kreditkarteninhabern wird oft keine Anzahlung verlangt. Ein »Economy« oder »Compact« entspricht einem normalen europäischen Auto; ein »Standard« ist eine große Limousine. Das Mindestalter ist je nach Autovermieter unterschiedlich (genauso wie Zahlungsweise und Übergabe). Reisebüros sollten sich für Kunden unter 25 Jahren genau erkundigen.

Drive Away: *AAA* und *Auto Driveway* bieten die Möglichkeit, Autos auf bestimmten Strecken zu überführen. Man muß eine Kaution hinterlegen und bezahlt das Benzin selbst; die Ankunftszeit ist vorgeschrieben und läßt wenig Spielraum für Besichtigungen (wer später ankommt, muß hohe Bußgelder bezahlen). Einzelheiten finden Sie in der Rubrik *Automobile & Truck Transporting* in den Branchentelefonbüchern der USA. Einige Firmen bieten diesen Dienst bis nach Kanada an. Weitere Informationen sind erhältlich von *Auto Driveway*, Tel: (312) 341 19 00.

Campers/Motorhomes: Campmobile und *Motorhomes* sind eine weitere gute Möglichkeit, das riesige Land kennenzulernen. Es gibt zwei unterschiedliche Fahrzeugarten zu mieten: Bei einem *Motorhome* sind Wohn-/Schlafraum und Fahrerraum miteinander verbunden, es bietet Platz für bis zu 5 Personen. Ein *Camper* ist wie ein kleiner Lastwagen mit einer Wohn-/Schlafkabine, die vom Fahrerraum getrennt ist und bis zu 3 Personen Unterkunft bietet. Es gibt zahlreiche Modelle mit unterschiedlichem Komfort, alle verfügen jedoch über Kühlschrank, Gasherd, Waschbecken, WC und Dusche. Alle Fahrzeuge gibt es auch mit Automatik. Das Fremdenverkehrsamt der USA gibt detaillierte Auskünfte (Adresse s. o.).

Unterlagen: Ein internationaler Führerschein wird empfohlen, ist aber nicht gesetzlich vorgeschrieben (wird oft als zusätzlicher Ausweis anerkannt). Der Führerschein des eigenen Landes wird bis zu einem Jahr anerkannt.

Versicherung: Allen Reisenden, die in den USA ein Fahrzeug mieten, wird der Abschluß einer Haftpflichtversicherung dringend empfohlen. Die gelbe »Non-Resident Interstate Liability Insurance Card« (Haftpflicht), die als Versicherungsnachweis gilt, kann man bei den Autoversicherungen erhalten.

Verkehrsbestimmungen: Die Höchstgeschwindigkeit ist je nach Bundesstaat 89-104 km/h. An den Autobahnen weisen Schilder die Höchstgeschwindigkeiten aus; Überschreitungen kosten hohe Strafen. Man sollte beachten, daß das Überholen eines Schulbusses, aus dem Kinder aussteigen und der die Warnblinker anhat, verboten ist. Alle Fahrzeuge müssen warten, bis der Bus die Türen geschlossen hat und abgefahren ist. Falls man von der Polizei angehalten wird, sollte man nicht sofort das Strafmandat bezahlen, da dies als Bestechungsversuch ausgelegt werden könnte. Autofahrer müssen ihren Führerschein stets mit sich führen. **Anmerkung:** Alkohol am Steuer ist streng verboten, Zuwiderhandlungen werden empfindlich bestraft.

Durchschnittliche PKW-Fahrzeiten: Los Angeles – Chicago: 44 Std; Miami – Los Angeles: 57 Std; Miami – New York: 27 Std; New York – Chicago: 16 Std; New York – Dallas: 33 Std; New York – Los Angeles: 58 Std; New York – Miami: 27 Std.

Durchschnittliche *Greyhound*-Fahrzeiten: Dallas – New Orleans: 13 Std; Detroit – Chicago: 6 Std; Los Angeles – Las Vegas: 5 Std. 30; Miami – Atlanta: 18 Std; New Orleans – Houston: 8 Std; New York – Washington DC: 4 Std. 40.

STADTVERKEHR: Einige Städte der USA haben seit der »Transit-Renaissance«, die der Ölkrise der siebziger Jahre folgte, ein gutes öffentliches Verkehrsnetz. In mehreren Großstädten gibt es U-Bahnnetze, z. B. in New York (*Subway*), Washington DC (*Metro*), Boston (*»T«*), Chicago (*Train*) und San Francisco (*BART-Bay Area Rapid Transit*). Andere sind geplant oder im Bau, wie das seit langer Zeit überfällige öffentliche Verkehrssystem in Los Angeles. Darüber hinaus gibt es mehrere Straßenbahnen und Oberleitungsbusse, einschl. der beliebten alten Straßenbahn in San Francisco.

Anmerkung: Viele U-Bahnnetze sind außerhalb der Stoßzeiten gefährlich, bieten aber während des Tages eine schnelle, billige und zuverlässige Reisemöglichkeit (besonders in New York, Boston und Chicago – die New Yorker U-Bahn steht in dem Ruf, sehr gefährlich zu sein, was aber übertrieben ist). Die Benutzung anderer Verkehrsmittel tagsüber ist oft sehr umständlich.

UNTERKUNFT

HOTELS: Es gibt viele gute traditionelle Hotels, die Mehrzahl der Hotels ist jedoch modern, hat Einheitspreise und gehört nationalen oder internationalen Hotelketten an. Die Qualität ist normalerweise hoch, Fernseher und Telefone befinden sich in jedem Zimmer. Weitere Auskünfte erteilt die *American Hotel & Motel Association*, Suite 600, 1201 New York Avenue NW, Washington, DC 20005-3931. Tel: (202) 289 31 00. Telefax: (202) 289 31 99. **Kategorien:** Es gibt fünf verschiedene Preisgruppen: Super, DeLuxe, Standard, »Moderate« und »Inexpensive«.

Gutscheinsysteme mit Vorausbezahlung werden von diversen Firmen angeboten und in vielen Hotel- und Motelketten der USA anerkannt. Weitere Einzelheiten vom Fremdenverkehrsamt der USA (Adresse s. o.).

GUEST HOUSES: In den USA gibt es einen Guest-House-Verband. Weitere Informationen erhalten Sie vom Direktor der *Tourist House Association of America*, PO Box 355-AA, Greentown, PA 18426. Tel: (717) 676 32 22.

BED & BREAKFAST: Diese englische Traditionseinrichtung breitet sich inzwischen auch in den USA aus. Nicht alle Häuser sind durch Schilder ausgezeichnet, Verzeichnisse sind jedoch erhältlich.

FERIENHÄUSER UND -WOHNUNGEN werden in den USA *Apartments*, *Condominiums* (kurz: *Condos*), *Efficiencies* oder *Villas* genannt. Weitere Informationen vom Fremdenverkehrsamt der USA (Adresse s. o.).

URLAUB AUF DER RANCH: In den südlichen und westlichen Bundesstaaten findet man Ranches, die Reiten, Rindertreiben und Aktivurlaube in den Bergen oder an Seen anbieten.

JUGENDHERBERGEN: 74 YMCA-Zentren befinden sich in 68 Städten der USA. Man benötigt keinen Mitgliedsausweis, sollte aber im Hauptbüro zwei Tage im voraus reservieren. Der YMCA bietet verhältnismäßig preiswerte Unterkünfte in den Stadtzentren der gesamten USA. Die meisten Zentren haben Einzel- und Doppelzimmer für Männer und Frauen und oft auch Sporteinrichtungen. Etwa 130 Jugendherbergen bieten ihren Mitgliedern einfache, preiswerte Unterkünfte, normalerweise in kulturell, historisch oder landschaftlich interessanten Gegenden. Die Mitgliedschaft im Jugendherbergsverband ist nicht vom Alter abhängig, und Einzel-, Familien- oder Gruppenausweise sind erhältlich.

CAMPING: Besonders in den Rocky Mountains und in Neuengland ist Zelten sehr beliebt. Die Neuengland-Staaten umfassen die sechs Staaten im Nordosten der USA, die zuerst von England besiedelt wurden – Maine, New Hampshire, Vermont, Massachusetts, Rhode Island und Connecticut. Die Saison dauert im Norden von Mitte Mai bis Mitte September. Es ist verboten, an Autobahnen und auf Plätzen, die nicht als Zeltplätze ausgewiesen sind, zu campen. Auskünfte über Campingplätze erteilt *KOA (Kampgrounds of America)*, Tel: (406) 248 74 44. Telefax: (406) 248 74 14. Die über 24.000 Plätze gehören den folgenden zwei Kategorien an:

Staatliche Campingplätze befinden sich normalerweise

in den National- oder Staatsparks und in den Wäldern. Sie bieten einfache, aber komfortable Einrichtungen und oft WCs, Stromanschlüsse für Wohnwagen und Picknickplätze. Man kann meistens nicht im voraus reservieren, und die Aufenthaltsdauer ist begrenzt. Manche Nationalparks nehmen Reservierungen entgegen. **Private Campingplätze** können sowohl einfach als auch ausgesprochen luxuriös sein. Auf den meisten Plätzen gibt es Wasch- und Trockeneinrichtungen, Unterhaltungsveranstaltungen und Informationsbüros. Reservierungen können durch ein zentrales Buchungsbüro in den USA vorgenommen werden.
HAUSTAUSCH: Verschiedene Maklerbüros bieten diese Urlaubsart an. Weitere Informationen vom Fremdenverkehrsamt der USA (Adresse s. o.).

URLAUBSORTE & AUSFLÜGE

Die bekannteren Sehenswürdigkeiten sind unter *Die Staaten A-Z* beschrieben.
RUNDREISEN: 7tägige: (a) New York – Providence – Newport – Martha's Vineyard – Cape Cod – Boston. (b) New Orleans – Baton Rouge – Memphis – St. Louis.
10tägige: (a) Miami – Fort Lauderdale – Palm Beach – Tampa – Orlando – Jacksonville – Tallahassee – Pensacola. (b) Houston – San Antonio – El Paso – Tucson – Grand Canyon – Phoenix. (c) San Diego – Los Angeles – Santa Barbara – Monterey – Redwoods-National park – San Francisco.

SOZIALPROFIL

ESSEN & TRINKEN: Das Angebot reicht von Schnellimbiß-Ketten über Drive-Ins und Coffee-Shops, Diners (komplett mit Auffahrt und Neonlichtern, hauptsächlich in Kleinstädten) und Cafeterias bis zu Restaurants mit Tresen- oder Selbstbedienung. Die Restaurants in Großstädten sind normalerweise modern und sehr sauber und bieten eine große Auswahl an Gerichten aller Preisklassen an. Das amerikanische Frühstück kann sich sehen lassen, es besteht nicht selten aus warmen Speisen wie z. B. Pfannkuchen oder heißen Waffeln mit Ahornsirup und Obst oder *Home fries and Grits* (eine Spezialität des Südens). Ausländer wundern sich oft über die Frage, wie sie ihre Frühstückseier haben wollen, z. B. *Over easy* (Spiegelei, umgedreht und von beiden Seiten gebraten) oder *Sunny side up* (normales Spiegelei mit der »spiegelnden« Seite oben). Steakhäuser und Schnellimbiß-Ketten, die Hot dogs (*Weenies*), Hamburger und Pizzas servieren, findet man überall. Viele Restaurants bieten sowohl amerikanische als auch kontinentale Küche und internationale Spezialitäten. Die regionalen Spezialitäten reichen von mexikanischen Gerichten im Südwesten zu französischen, kreolischen und Cajun-Gerichten im tiefen Süden. Auch Grills sind im Süden sehr beliebt. Zu den Preisnachlässen vieler Restaurants gehören *Early Bird Dinners* (vor 18.00 Uhr serviert), *Children's Platters* (preisgünstiges Kindermenü) und *Restaurant Special* (Tagesgericht zu ermäßigtem Preis). Manchmal gibt es auch *All-you-can-eat-Menus* (für einen festgesetzten Preis kann man soviel essen, wie man möchte). **Getränke:** Es gibt viele unterschiedliche Bars, elegante Cocktailbars, Cafés, Saloonbars und Pubs im englischen Stil, aber auch einfache Kneipen. In den Großstädten gibt es häufig *Happy Hours* mit billigeren Getränken und kostenlosen Snacks. Grundsätzlich muß man für Bedienung extra bezahlen. Die Ausschankzeiten werden von den Staaten, Bezirken, Städten oder Gemeinden festgelegt. Das Mindestalter für den Alkoholkonsum liegt bei 21 Jahren. Die Alkoholgesetze unterscheiden sich stark je nach Bundesstaat; z. B. ist der Konsum von Alkohol in Nevada zu jeder Zeit und überall gestattet, in anderen Bundesstaaten nur begrenzt erlaubt und in manchen Gegenden (z. B. im ganzen Staat Utah) ganz verboten. In solchen Gegenden findet man oft Privatklubs oder eine nahegelegene Stadt, in der Alkohol verkauft werden darf. Geöffnete Alkoholbehälter dürfen jedoch nicht in Kraftfahrzeugen mitgeführt werden. Bier wird sehr viel getrunken, aber auch kalifornische Weine werden immer beliebter. Weitere Informationen unter *Essen & Trinken* im Abschnitt *Die Staaten A-Z* weiter unten.
NACHTLEBEN: Clubs in den Städten sind normalerweise bis in die frühen Morgenstunden geöffnet. Alle Arten von Theater- und Musikveranstaltungen werden angeboten. Tickets für den New Yorker *Broadway* können für Gruppen über 20 Personen beim *Group Sales Box Office* gebucht werden (3rd Floor, 226 West 47th Street, New York, NY 10036. Tel: (212) 398 83 83. Telefax: (212) 398 83 89). Tickets müssen im voraus bezahlt werden und können am Abend der Vorstellung an der Kasse abgeholt werden. Glücksspiele sind nur in lizensierten Kasinos erlaubt. Spieler müssen mindestens 21 Jahre alt sein.
EINKAUFSTIPS: Große Auswahl, lange Öffnungszeiten und günstige Preise charakterisieren den Einkauf in den USA. Viele kleine Geschäfte, Spezialitätengeschäfte und Hypermärkte sind 24 Std. lang geöffnet. Kleidung und elektronische Geräte kann man direkt vom Hersteller kaufen. Ge- und verkauft wird auf Flohmärkten, in Billigshops, großen Kaufhausketten und Ladengalerien. Besonders Einkaufszentren sind in den USA sehr beliebt, sie bestehen aus verschiedenen Geschäften in einem einzigen Gebäudekomplex, meist auf mehreren Etagen und mit Innenhof. Man sollte beachten, daß man in den meisten Bundesstaaten eine Verkaufssteuer bezahlen muß, die nicht im Preis enthalten ist (normalerweise 3-15%). Weitere Einzelheiten über die Verkaufssteuern und Gesetze sind in einer Broschüre beschrieben, die unter folgender Adresse bezogen werden kann: PO Box 95-M, Oradell, NJ 07649. **Öffnungszeiten der Geschäfte:** Mo-Sa 09.00/09.30-17.30/18.00 Uhr. Teilweise haben die Geschäfte ein- oder zweimal wöchentlich länger oder in manchen Bundesstaaten auch sonntags geöffnet.
SPORT: Die Nationalsportarten sind **American Football, Baseball** und **Basketball. Eishockey** und **Tennis** sind auch beliebt. Besucher können in über 200 Klubs vorübergehend Mitglied werden. **Golf:** Einige Klubs stehen auch Besuchern offen. Weitere Informationen vom *Taconic Golf Club*, PO Box 183, Williamstown, MA 01267. Tel: (413) 458 96 69. Telefax: (413) 458 26 54. Amerikas große Wildnisgebiete und Berge bieten Gelegenheit zu vielen **Freiluftaktivitäten**. Weitere Informationen von *Outward Bound*, Route 9D R2, PO Box 280, Garrison, New York, NY 10524. Tel: (914) 424 40 00. Telefax: (914) 424 42 80. **Pferderennen:** Das amerikanische Rennsport-Zentrum befindet sich im »Bluegrass Country« in Kentucky. Die wichtigsten Rennen des Jahres, *Bluegrass Stakes* und *Kentucky Derby*, werden auf der Churchill Downs-Rennbahn in Louisville, Kentucky ausgetragen. Auch in Neuengland gibt es große Pferderennbahnen. **Rodeos** sind ein geschichtliches Erbe aus der Cowboyzeit. Sie werden in Colorado, Oklahoma, Texas und in allen westlichen Staaten veranstaltet. **Ski:** Die größten Skigebiete sind: im Osten Maine, New Hampshire und Vermont; in Kalifornien Lake Tahoe, Squaw Valley und Mammoth Mountain und in Colorado Aspen und Summit County. Weitere Möglichkeiten zum Skifahren bieten sich in Idaho, Montana, New Mexico und Utah. **Skilanglauf** ist in Neuengland, Kalifornien, Minnesota, Wisconsin, Colorado und Wyoming möglich. Ein *Ski Touring Guide* wird vom *Ski Touring Council* in New York veröffentlicht.
VERANSTALTUNGSKALENDER
Die größten Feste des Jahres sind das Erntedankfest (Thanksgiving) und Weihnachten.
Weihnachten: In Amerika wird Weihnachten im großen Stil gefeiert. In Neuengland und den anderen nördlichen Staaten sind »weiße Weihnachten« recht häufig, was die Freude am Fest noch erhöht. Man röstet Eßkastanien im Kamin und trinkt heiße Schokolade oder Grog. Der Weihnachtsbaum wird am Heiligabend reich verziert. Die Häuser werden in der Weihnachtszeit mit Kränzen, Girlanden und elektrischen Lichtern üppig geschmückt.
Erntedankfest: Dieser Feiertag findet am vierten Donnerstag im November im Familienkreis oder mit guten Freunden statt. Man segnet das Essen und ißt gefüllten Truthahn, Röstkartoffeln und Yamswurzeln. Dieser Feiertag stammt aus der Zeit, als sich die Engländer in der Neuen Welt niederließen. Sie dankten damit den Indianern für deren großzügige Hilfe und Ratschläge.
4. Juli: Dieser Feiertag wird zum Gedenken an Amerikas Sieg über die britische Kolonialmacht (Unabhängigkeitskrieg) gefeiert. Er wird im ganzen Land mit großen Feuerwerken begangen. Amerikanische Feuerwerke gehören zu den schönsten der Welt, und einige der aufregendsten finden an den Küsten statt, wo die Aussicht nicht von Gebäuden gestört wird.
Halloween: Dieser Feiertag (31. Okt.) ist typisch amerikanisch und eher etwas für Kinder. Als Hexen, Geister oder Teufel kostümiert ziehen sie in Gruppen durch die Nachbarschaft, klopfen an Haustüren und sagen »Trick or Treat«, wenn die Tür geöffnet wird. Die Hauseigentümer geben den Kindern kleine Geschenke (Obst oder Süßigkeiten), damit ihnen kein Streich gespielt wird. In der Nacht vor Halloween sind jedoch kleine Streiche angesagt, und zahlreiche Zäune und Telefonmasten werden mit Toilettenpapier umwickelt. Halloween ist ein fester Bestandteil der amerikanischen Kultur und wird es wohl auch weiterhin bleiben.
Faschingsdienstag (Mardi Gras): New Orleans feiert jedes Jahr Fasching (28. Jan. - 11. Febr. '97). Zu den Festlichkeiten mit Paraden, Straßentänzen und Umzügen in Masken und Kostümen reisen Besucher aus dem In- und Ausland an.
Anmerkung: Weitere Veranstaltungshinweise finden Sie in der Rubrik *Die Staaten A-Z*.
SITTEN & GEBRÄUCHE: Die relativ kurze Geschichte der Besiedlung des Landes durch eine große Anzahl unterschiedlicher Nationen brachte eine Vielfalt verschiedener Sitten, Kulturen und Traditionen mit sich. In den Großstädten leben Personen gleicher Abstammung oft in den gleichen Vierteln. Die Atmosphäre ist grundsätzlich eher locker und leger. Zur Begrüßung gibt man sich die Hand. Die Amerikaner sind für ihre Offenheit und Gastfreundschaft berühmt. Auch hier freut sich der Gastgeber über ein kleines Geschenk. Kleidung ist normalerweise zwanglos. Gute Hotels, Restaurants und Klubs erwarten Abendkleidung. In öffentlichen Gebäuden und Verkehrsmitteln besteht oft Rauchverbot. Viele Restaurants haben Raucher- und Nichtraucherzonen. **Trinkgeld** ist üblich und normalerweise nicht in der Rechnung enthalten. Auch Eintrittsgebühren für Klubs usw. beinhalten kein Trinkgeld. Kellner, Taxifahrer und Friseure erwarten 15%, Gepäckträger 1 US$ pro Gepäckstück.

WIRTSCHAFTSPROFIL

WIRTSCHAFT: Die USA sind nach wie vor die größte Weltwirtschaftsmacht. Die Expansion und Entwicklung des Landes im Laufe des 19. Jahrhunderts, die Masseneinmigration, Neuerungen der Technologie und der Absatzmethoden, die Ausbeutung natürlicher Ressourcen und der Ausbau des internationalen Handels haben die Vereinigten Staaten zu einem der wohlhabendsten Länder der Erde gemacht – dank eines stabilen politischen und wirtschaftlichen Systems, das bestens auf solche Neuentwicklungen eingestellt war. Das Bruttosozialprodukt pro Kopf ist allerdings niedriger als in vielen westeuropäischen Industrieländern. Die entscheidende Rolle des US-Dollars ist auf die umfangreichen Auslandsinvestitionen der USA zurückzuführen, durch die das Land in fast jedem Wirtschaftszweig den Weltmarkt beherrscht. Große Teile der Landfläche der USA werden land- und forstwirtschaftlich genutzt, vor allem Baumwolle, Getreide und Tabak werden in großem Umfang exportiert. Im Bergbau werden Öl und Gas, Kohle, Eisen, Kupfer, Uran und Silber gefördert. In der Industrieproduktion führen die Sektoren Stahl, Kraftfahrzeuge, Luftverkehr, Telekommunikation, Chemie, Elektronik und Konsumgüter den Weltmarkt an. Seit dem Ende der siebziger Jahre sind jedoch die meisten Erwerbstätigen im Dienstleistungssektor beschäftigt; vor allem im Finanzsektor, in der Freizeitindustrie und im Tourismus. Trotz ihres riesigen Umfangs und ihrer großen Vielfalt erlebte die amerikanische Wirtschaft jedoch Anfang der neunziger Jahre eine konjunkturelle Flaute. 1990 stieg das Wirtschaftswachstum bei wachsender Arbeitslosenzahl nur um 0,9% an, und 1991 ging es sogar um 1,2% zurück. 1992 und 1993 wurde jedoch wieder ein leichter Anstieg verzeichnet. In den letzten zehn Jahren stieg das Importvolumen beständig schneller als das Exportvolumen, und einst

marktführende Wirtschaftszweige sehen sich heute starker Konkurrenz aus Japan, der EU und den Pazifikstaaten ausgesetzt – dies gilt vor allem für die Bereiche Erdöl, chemische Erzeugnisse, Kraftfahrzeuge und selbst High-Tech-Geräte wie etwa Computer. Das Außenhandelsdefizit wirkt sich ungünstig auf die Wirtschaft aus, und die Staatsverschuldung ist seit der Regierungszeit von Reagan und Bush durch Steuersenkungen und erhöhte Verteidigungsausgaben hoch. Die Anhänger des Schutzzollsystems in den USA haben in den letzten Jahren großen Zulauf gefunden und üben mittlerweile einen bedeutenden Einfluß auf die Regierung aus. Eine Reihe von Produkten und Dienstleistungen (Halbleiter, Transport- und Finanzdienstleistungen) gaben Anlaß zu Streitigkeiten zwischen den USA und nacheinander Japan und der Europäischen Union. Der landwirtschaftliche Sektor wird wohl zum größten Stein des Anstoßes werden, denn sowohl Japan als auch die Europäische Union verfügen über gut geschützte Binnenmärkte. Das Inkrafttreten des Europäischen Binnenmarktes 1993 gab Anlaß zu einiger Sorge in Washington. Die Landwirtschaft und der Dienstleistungssektor waren Hauptgesprächsthemen der letzten GATT-Gesprächsrunde im Januar 1994. Im August 1992 unterzeichneten US-Präsident Bush, der kanadische Premierminister Mulroney und der mexikanische Präsident Salinas de Gortari das *North American Free Trade Agreement* (NAFTA). Ziel des Abkommens ist es, im Verlauf der nächsten 15 Jahre Zolltarife und Handelsschranken abzubauen, die den Verkehr von Waren, Dienstleistungen und Finanzen auf dem nordamerikanischen Kontinent bisher einschränken. Die NAFTA-Länder, in denen insgesamt 365 Millionen Menschen leben, erbringen eine Wirtschaftsleistung von ca. 6,2 Billionen US$, die fast genau mit der der Europäischen Union übereinstimmt, die eine Wirtschaftsleistung von 6,1 Billionen US$ bei einer Bevölkerung von 345 Millionen hat. Größter Handelspartner der USA ist das Nachbarland Kanada, gefolgt von Japan, Mexiko, Deutschland und Großbritannien.

GESCHÄFTSVERKEHR: Von Geschäftsleuten wird eine gepflegte Erscheinung erwartet, die Umgangsformen sind allerdings allgemein weniger formell als in Europa. An heißen Tagen können Männer auch ein kurzärmeliges Hemd unter dem Anzug tragen. Terminvereinbarungen, Pünktlichkeit und Visitenkarten sind eine Selbstverständlichkeit. Das Datum wird in Amerika in der Reihenfolge Monat, Tag, Jahr aufgeschrieben. Aus dem 7. April 1995 wird z. B. 4/7/95. Es empfiehlt sich, Monatsnamen auszuschreiben, um Verwirrung zu vermeiden. **Geschäftszeiten:** Mo-Fr 09.00-17.30 Uhr.
Kontaktadressen: *Handelsabteilung der Botschaft der USA*, Deichmanns Aue 29, D-53179 Bonn. Tel: (0228) 339 27 60.
Zweigstellen in Hamburg, Berlin, Düsseldorf, Frankfurt, München und Leipzig.
American Chamber of Commerce, Roßmarkt 12, D-60311 Frankfurt/M. Tel: (069) 929 10 40. Telefax: (069) 92 91 04 11.
Florida Department of Commerce, Division of International Trade & Development, Schillerstraße 10, D-60313 Frankfurt/M. Tel: (069) 131 01 04. Telefax: (069) 131 06 47.
State of Pennsylvania, Handels- und Investitionsbüro, Steinrutsch 7a, D-65931 Frankfurt/M. Tel: (069) 36 36 58. Telefax: (069) 36 37 10.
Handelsabteilung der Botschaft der USA, Boltzmanngasse 14, A-1090 Wien. Tel: (0222) 3 13 39. Telefax: (0222) 310 69 17, 319 04 60.
Handelsabteilung der Botschaft der USA, Postfach, CH-3001 Bern. Tel: (031) 357 73 45. Telefax: (031) 357 73 36.
German-American Chamber of Commerce Inc. (Deutsch-Amerikanische Handelskammer), 40 West 57th Street, 31st Floor, New York, NY 10019-4092. Tel: (212) 974 88 30. Telefax: (212) 974 88 67.
Zweigstellen in Atlanta und Houston.
German-American Chamber of Commerce of the Midwest (Deutsch-Amerikanische Handelskammer im Mittelwesten), Suite 2525, 401 N. Michigan Avenue, Chicago, IL 60610-4212. Tel: (312) 644 26 62. Telefax: (312) 644 07 38.
German-American Chamber of Commerce of the Western United States, Inc. (Deutsch-Amerikanische Handelskammer der westlichen Staaten), Suite 910, 465 California Street, San Francisco, CA 94104. Tel: (415) 392 22 62. Telefax: (415) 392 13 14.
Representative of German Trade and Industry (Delegierter der Deutschen Wirtschaft), Association of German Chambers of Industry & Trade, Suite 550, 1627 I Street NW, Washington, DC 20006. Tel: (202) 659 47 77. Telefax: (202) 659 47 79.
The Austrian Trade Commissioner (Außenhandelsstelle der Wirtschaftskammer Österreich), 32nd Floor, 150 East 52nd Street, New York, NY 10022. Tel: (212) 421 52 50. Telefax: (212) 751 46 75.
The Austrian Trade Commissioner (Außenhandelsstelle der Wirtschaftskammer Österreich), Suite 1950, 500 North Michigan Avenue, Chicago, IL 60611. Tel: (312) 644 55 56. Telefax: (312) 644 65 26.
The Austrian Trade Commissioner (Außenhandelsstelle der Wirtschaftskammer Österreich), Suite 2420, 11601 Wilshire Boulevard, Los Angeles, CA 90025. Tel: (310) 477 99 88. Telefax: (310) 477 16 43.
The Austrian Trade Commissioner (Außenhandelsstelle der Wirtschaftskammer Österreich), 1 Peachtree Center, Suite 4130, 303 Peachtree Street, ME Atlanta, GA 330308. Tel: (404) 522 33 35. Telefax: (404) 525 26 63.
The Austrian Trade Commissioner (Außenhandelsstelle der Wirtschaftskammer Österreich), Suite 501, 1350 Connecticut Avenue NW, Washington, DC 20036. Tel: (202) 835 89 62. Telefax: (202) 835 89 60.
Swiss-American Chamber of Commerce (Hauptsitz der Schweizerisch-Amerikanischen Handelskammer), Talacker 41, CH-8001 Zürich. Tel: (01) 211 24 54. Telefax: (01) 211 95 72.
Swiss-American Chamber of Commerce (Schweizerisch-Amerikanische Handelskammer), 608 Swiss Avenue, Raum 309, New York, NY 10020. Tel: (212) 246 77 89. Telefax: (212) 246 13 66.
Swiss-American Chamber of Commerce (Schweizerisch-Amerikanische Handelskammer), Suite 1800, Atlanta Financial Center, 3343 Peachtree NE, Atlanta, GA 30326-1010. Tel: (404) 816 33 11. Telefax: (404) 264 26 52.
Swiss-American Chamber of Commerce (Schweizerisch-Amerikanische Handelskammer), 8th Floor, 800 Wilshire Boulevard, Los Angeles, CA 90017. Tel: (213) 489 31 67. Telefax: (213) 489 33 36.
Swiss-American Chamber of Commerce (Schweizerisch-Amerikanische Handelskammer), PO Box 2269, San Francisco, CA 94126-2269. Tel: (415) 433 66 79. Telefax: (415) 956 56 75.
Chamber of Commerce of the USA (Industrie- und Handelskammer der USA), 1615 H Street NW, Washington, DC 20062-2000. Tel: (202) 659 60 00. Telefax: (202) 463 58 36.
New York Chamber of Commerce and Industry (Industrie- und Handelskammer von New York), 1 Battery Park Plaza, New York, NY 10004. Tel: (212) 493 74 00. Telefax: (212) 344 33 44.
United States Export Assistant Center (Handelsministerium der USA), District Office, Room 635, 6 World Trade Center, New York, NY 10048. Tel: (212) 264 06 35. Telefax: (212) 264 13 56.
National Foreign Trade Council Inc (Nationaler Außenhandelsrat), 1270 Avenue of the Americas, New York, NY 10020. Tel: (212) 399 71 28. Telefax: (212) 399 71 44.

KONFERENZEN/TAGUNGEN: Das Fremdenverkehrsamt der USA, die Verkehrsämter der einzelnen Staaten und die Außenhandelskammern erteilen gern nähere Auskünfte. Außerdem sollen folgende Zeitschriften Konferenzplanern die Entscheidung erleichtern: *Meeting & Conventions Magazine*, *Successful Meetings Magazine* und *Corporate Meetings and Incentive Magazine*. Laut Statistik ist Chicago die größte Messestadt der Welt.

KLIMA

Das Gebiet der USA erstreckt sich (mit Ausnahme von Alaska und Hawaii) über sechs Klimazonen. Die *Continental Moist Zone* liegt im Nordosten, die südwestliche Begrenzung dieser Klimazone verläuft in etwa entlang der Grenze von Iowa mit Nebraska und Missouri. Die Sommer sind warm und sehr niederschlagsreich, die Winter kalt. An den großen Seen muß man mit strengen Wintern mit Schnee und Frost rechnen. Südlich schließt sich die *Subtropical Moist Zone* an, die nach Westen bis an die Grenze von Oklahoma mit Arkansas und Louisiana und im Süden bis an den Golf von Mexiko reicht. Die Temperaturen sind ähnlich wie in der Continental Moist Zone mit warmen, regnerischen Sommern, aber die jahreszeitlichen Unterschiede sind nicht so krass, und die Winter werden nicht so kalt. Die *Continental Steppe Zone* liegt im Nordwesten der USA und zieht sich durch die großen Binnen- und Hochebenen westlich der Rocky Mountains. Dieses Gebiet ist wesentlich niederschlagsärmer. Die Sommer sind warm, die Winter kühl und trocken. Die Rocky Mountains selbst bilden zusammen mit den Gebirgszügen an der Pazifikküste die *Highland Climate Zone*. Wegen der Hochlage sind die Temperaturen in diesem Gebiet grundsätzlich niedriger als in Gebieten auf dem gleichen Breitengrad in Tallage. In der weiten Tiefebene zwischen den Rocky Mountains und den Erhebungen an der Ostküste liegt die *Continental Desert Zone*, die sich im Süden bis zur mexikanischen Grenze erstreckt. In diesem Wüstenklima wird es im Sommer recht warm, im Winter kühl. Es fallen das ganze Jahr über kaum Niederschläge. Der Küstenstreifen am Pazifik mit dem kalifornischen Längstal des Sacramento River bildet die *Marine Temperate Zone*. Hier herrscht sehr gemäßigtes Klima, die Sommer sind warm, im Süden heiß, und die Winter sind im Norden kühl und im Süden mild. Die meisten Niederschläge fallen im Winter. In Alaska gibt es drei unterschiedliche Klimazonen. An der Südküste herrscht gemäßigtes ozeanisches Klima. Die größte Klimazone ist die subarktische Zone, die bis zum Brooks Range-Gebirge im Norden reicht. Die Winter werden hier recht kalt. Die kälteste Zone ist das Gebiet im Norden des Bundesstaates, die Tundra-Zone mit Dauerfrost, kurzen Sommern und langen Wintern. Wesentlich wärmer ist das Klima im tropischen Bundesstaat Hawaii. Im Frühling und Herbst fallen an den Ostküsten der Inseln heftige Niederschläge.

DIE STAATEN A - Z

Alabama

Lage: Südosten

Alabama Bureau of Tourism & Travel
Suite 126
401 Adams Avenue
PO Box 4309
Montgomery, AL 36103
Tel: (334) 242 41 69. Telefax: (334) 242 45 54.
Greater Birmingham Convention & Visitors Bureau
2200 Ninth Avenue North
Birmingham, AL 35203-1100
Tel: (205) 252 98 25. Telefax: (205) 458 80 86.
Huntsville and Madison County Convention & Visitors Bureau
700 Monroe Street
Huntsville, AL 35801
Tel: (205) 551 22 30. Telefax: (205) 551 23 24.
Mobile Convention & Visitors Corporation
1 South Water Street
Mobile, AL 36602
Tel: (334) 415 20 00. Telefax: (334) 415 24 26.

FLÄCHE: 135.775 qkm
BEVÖLKERUNGSZAHL: 4.187.000 (1993).
BEVÖLKERUNGSDICHTE: 30,8 pro qkm.
HAUPTSTADT: Montgomery. Einwohner: 187.106 (1990).
GEOGRAPHIE: Die Landschaft Alabamas besteht aus Bergen, einem Seengebiet im Norden, Höhlen, Wäldern und einem winzigen Küstenstreifen am Golf von Mexiko im Süden. Weite Gebiete werden für den Anbau von Baumwolle genutzt. Birmingham ist die größte Stadt und der kulturelle Mittelpunkt.
ORTSZEIT: MEZ - 7.

REISEVERKEHR

FLUGZEUG: Alabama hat keinen internationalen Flughafen. Die Flughäfen in Birmingham, Dothan, Huntsville, Mobile und Montgomery stellen Verbindungen innerhalb von Alabama und zu allen Teilen der USA her.
BAHN: Birmingham liegt an der *Amtrak*-Linie von New York und Washington DC nach New Orleans. Von Birmingham gibt es eine Verbindung nach Mobile im Süden des Staates.
BUS/PKW: Die *Greyhound*-Linie 19 fährt von Chicago bzw. Detroit über Louisville und Nashville nach Birmingham und Montgomery und weiter nach St. Petersburg. Die Linie 7005 verbindet Birmingham mit Dallas und Atlanta. Außerdem gibt es zahllose Verbindungen innerhalb Alabamas und zu den Nachbarstaaten.
Durchschnittliche *Greyhound*-Fahrzeiten: Birmingham – Atlanta: 3 Std; Birmingham – Chicago: 13 Std. 30; Birmingham – Detroit: 16 Std. 30; Birmingham – Memphis: 6 Std; Birmingham – Mobile: 6 Std. und Birmingham – New Orleans: 9 Std.

WELTKARTE?

LÄNDERKARTEN?

ZEITZONENKARTE?

INFORMATION ÜBER

IMPFBESTIMMUNGEN UND

GESUNDHEITSVORKEHRUNGEN?

. . . siehe Inhaltsverzeichnis

Alabamas preisgünstigste Saison dauert das ganze Jahr.

Fordern Sie Ihre Gratis-Broschüre, den Alabama Vacation Guide, bei folgender Adresse an: Alabama Bureau of Tourism & Travel, Dept. WTGG, PO Box 4927, Montgomery, AL 36103-4927, USA oder faxen Sie Ihren Namen und Adresse an: 001 334 242 45 54.

ALABAMA
America's Best Values

URLAUBSORTE & AUSFLÜGE

Die Stadt **Huntsville** im Norden hat sich mit Hilfe des von Wernher von Braun gegründeten *George C. Marshall Space Flight Center*, einem Weltraum- und Raketenzentrum, von einer unbedeutenden Kleinstadt inmitten von Baumwollfeldern zu einer modernen Großstadt entwickelt. 8 km entfernt liegt das *NASA Space and Rocket Center*. Das Seengebiet im Norden ist ein beliebtes Sport- und Erholungsgebiet. In dem kleinen Ort **Tuscumbia** am Tennessee River wurde Helen Keller (1880-1968) geboren, die, obwohl sie blind und taubstumm war, zum Dr. phil. promovierte und sich um entscheidende Verbesserungen in der Blindenerziehung verdient gemacht hat.

Die größte Stadt ist **BIRMINGHAM**, zu deren Sehenswürdigkeiten das neue städtische Sport- und Kulturzentrum sowie das *Museum of Art* und das *Red Mountain Museum* (Naturkunde und Fossilien) zählen. Birmingham, am Fuß des *Red Mountain* gelegen, ist eine reizvolle Stadt mit dem typischen Charme der Südstaaten. Das Viertel um die *Morris Avenue* wurde vor einiger Zeit restauriert, und Besucher werden das nostalgische Flair der mit Gaslaternen beleuchteten Straßen genießen. Das zweistöckige neoklassizistische Herrenhaus *Arlington* (1842 erbaut) erinnert an die Pracht der Zeit vor dem Bürgerkrieg. Das Kulturangebot ist breitgefächert und reicht von Oper und Ballett bis zu modernem Theater und Unterhaltungsshows. Ein Kulturfestival findet alljährlich Mitte April statt. Den eigentlichen Reiz der Stadt machen jedoch die vielen Parks und Gärten aus. Besonders schön sind der Botanische Garten und die *Japanese Gardens* mit einem echt japanischen Teehaus. Im Umkreis von 30 km liegen zwei Staatsparks mit vielseitigen Freizeitmöglichkeiten, *Rickwood Caverns State Park* im Norden und *Oak Mountain State Park* im Süden. Auch die *Russell-Höhlen* sind einen Besuch wert. *Mound State Monument* ist Museum und archäologische Ausgrabungsstätte zugleich. Ein rekonstruiertes Dorf mit einem Tempel veranschaulicht das Leben der Menschen, die hier in prähistorischen Zeiten ansässig waren. Das historische **Montgomery** war im amerikanischen Sezessionskrieg Regierungssitz und Stützpunkt der Südstaatenkonföderation. **Mobile** an der Golfküste ist ein weiteres beliebtes Urlaubsziel.

Vielen Reisenden fiel ein höherer Lebensstandard auf

Die Vorteile, wenn Sie im Sheraton Civic Center übernachten, sind klar. Im Kultur- und Geschäftszentrum Birminghams gelegen, bietet es attraktive Zimmerpreise mit dem Sure Saver Business- und dem Sure Saver Weekend-Pauschalangebot. Und wir bieten eine ganze Menge:

- 770 Zimmer, 51 Suiten, 3 Club-Etagen
- Kaffemaschinen und großzügig bemessener Schreibtisch in jedem Zimmer
- Fitness Center, Swimmingpool, Sauna, Whirlpool
- 3 Restaurants
- Angeschlossen an das Civic Center, das Medical Forum, der Alabama Sports Hall Of Fame
- Hotelbuszubringer von und zum Flughafen
- Sure Saver Business Preis: 96 US$
  Sure Saver-Preis bei 14tägiger Vorausbuchung: 89 US$
  Sure Saver Weekend: 85 US$

Buchungen unter: 205-307-3000
oder 1-800-325-3535

Sheraton Civic Center
The Center Of It All!
2101 Civic Center Boulevard
Birmingham, Alabama 35203

Alaska

Lage: Westlich von Kanada.

Alaska Division of Tourism
Pfingstweidstraße 4
D-60316 Frankfurt/M.
Tel: (069) 43 83 11. Telefax: (069) 43 83 88.
Mo-Fr 09.00-18.00 Uhr (Versand von Informationsmaterial, kein Publikumsverkehr).
(auch zuständig für Österreich und die Schweiz)
Alaska Division of Tourism
PO Box 110801
Juneau, AK 99811-0801
Tel: (907) 465 20 12. Telefax: (907) 465 22 87.
(Anfragen aus dem europäischen Raum nur an das Büro in Frankfurt/M.)
Anchorage Convention & Visitors Bureau
Suite 200
1600 A Street
Anchorage, AK 99501-5162
Tel: (907) 276 41 18. Telefax: (907) 278 55 59.
Fairbanks Convention & Visitors Bureau
550 First Avenue
Fairbanks, AK 99701
Tel: (907) 456 57 74. Telefax: (907) 452 28 67.
Juneau Convention & Visitors Bureau
Davis-Log Cabin
134 Third Street
Juneau, AK 99801
Tel: (907) 586 22 01. Telefax: (907) 586 63 04.

FLÄCHE: 1.700.138 qkm.
BEVÖLKERUNGSZAHL: 599.000 (1993).
BEVÖLKERUNGSDICHTE: 0,35 pro qkm.
HAUPTSTADT: Juneau. **Einwohner:** 26.751 (1990).
GEOGRAPHIE: Alaska, der größte Staat der USA, ist kaum besiedelt. Die Weite und Einsamkeit, die man hier findet, ist für Europäer einfach überwältigend. In über 100 *State Parks* kann man die wunderbare, noch unberührte Wildnis kennenlernen. Alaska ist ein Land von 5000 Gletschern, 3000 Flüssen, Wasserfällen, Fjorden, Wäldern, Steppen, Wiesen und 3 Mio. Seen. Der 6194 m hohe *Mount McKinley* ist die höchste Erhebung Nordamerikas. Die Tierwelt ist überaus vielfältig. In den weiten Wäldern und Tundraflächen leben Elche, Moschusochsen, Karibus, Wölfe und Bären. An den Küsten kann man Wale, Tümmler und Seelöwen beobachten. Unter den 400 Vogelarten, die es in Alaska gibt, ist der Weißkopfadler vielleicht der imposanteste. Die größte Stadt ist Anchorage mit rund 225.000 Einwohnern. Haupteinnahmequelle des an Bodenschätzen reichen Staates sind der Erdöl- und Gasexport. Weitere wichtige Beschäftigungszweige sind die Fischerei, die holzverarbeitende Industrie und die Landwirtschaft.
SPRACHE: Obwohl Englisch offizielle Landessprache ist, überleben in Alaska noch zahlreiche Sprachen und Dialekte der Ureinwohner. Viele Menschen sind zweisprachig, wobei die ältere Bevölkerung die eigene Sprache dem Englischen vorzieht.
ORTSZEIT: MEZ - 10, östlich von W 169° 30'; MEZ - 11 westlich von W 169° 30'.

Pass- und Visavorschriften mancher Länder können sich kurzfristig ändern – Im Zweifelsfall erkundigen Sie sich bitte vor der Abreise bei der zuständigen Botschaft

---

GESETZLICHE FEIERTAGE
18. Okt. Alaska-Tag (Tag der formellen Übergabe Alaskas an die USA). **27. März** Seward-Tag (an diesem Tag wurde der Kaufvertrag über Alaska zwischen Rußland und den USA unterzeichnet).

REISEVERKEHR - International
FLUGZEUG: Zahllose Fluggesellschaften fliegen Anchorage an.
Internationaler Flughafen: *Anchorage* (ANC) liegt 5 km außerhalb von Anchorage (Fahrzeit 20 Min.).
SCHIFF: Es bestehen regelmäßige Fährverbindungen von Kanada und dem US-Staat Washington.
BAHN: Es gibt keine direkte Bahnverbindung zwischen Alaska und den anderen Staaten der USA.
BUS/PKW: Auf dem eindrucksvollen Alaska Highway kann man von Kanada nach Alaska einreisen.

REISEVERKEHR - Regional
FLUGZEUG: Es gibt zahlreiche Flughäfen in Alaska, die die wichtigsten Städte untereinander verbinden. Von Anchorage, Juneau und Fairbanks gibt es Direktflüge zu den anderen Staaten der USA.
BAHN: Die *Alaska Railroad* verbindet Anchorage mit Fairbanks und Seward. Im Südosten des Staates bietet die *White Pass and Yukon Route* Fahrten auf historischen Strecken und in atemberaubend schöner Landschaft an.

URLAUBSORTE & AUSFLÜGE
Die Hauptstadt **JUNEAU** liegt im südöstlichen Küstenstreifen inmitten einer malerischen Fjord- und Gletscherlandschaft. Die hübsche *Kirche St. Nicholas* mit ihren Zwiebeltürmen erinnert an die vielen russischen Einwanderer. Der historische Stadtkern *Gold Rush Historic District*, der vor kurzem saniert wurde, steht in reizvollem Kontrast zu den Hochhäusern des Regierungsviertels. **Sitka**, die frühere Hauptstadt Russisch-Alaskas, bietet interessante Zeugnisse aus der Zeit, als Alaska noch zu Rußland gehörte. Sehenswert ist vor allem die *Kathedrale St. Michael*. Das *Indian Cultural Center* im *Sitka National Park* gibt einen Eindruck der Traditionen der Ureinwohner. Auch auf der **Prince-of-Wales-Insel** findet man Spuren der einst in Alaska ansässigen Indianerstämme. In **Anchorage** leben über 50% der Bevölkerung. Eine Vielzahl interessanter Museen, guter Restaurants und Einkaufsmöglichkeiten machen die dynamische Stadt zum idealen Ausgangspunkt für Erkundungsfahrten in den herrlichen *Chugach State Park* mit seiner alpinen Landschaft und in das *Potter Point State Game Refuge*, in dem man Wasservögel beobachten kann. Einzigartig ist eine 30minütige Fahrt mit der *Alaska Railroad* nach Whittier und in das wundervolle Erholungsgebiet des *Prince William Sound*. Segeln, Angeln, Wandern, Kajak fahren und Naturbeobachtung bieten sich in diesem Landstrich mit seinen vielen Inseln, Fjorden und Gletschern an. Die Fahrt von Whittier mit der Fähre nach Valdez führt am eindrucksvollen *Columbia Glacier* vorbei. Ausgezeichnete Wintersportmöglichkeiten mit Pisten aller Schwierigkeitsgrade bietet das *Alyeska-Skigebiet* am Mount Alyeska rund 70 km südlich von Anchorage. Langlauf, Gletscherwanderungen und Schlittenhundfahrten runden das Freizeitprogramm ab. Besonders beeindruckend ist ein Besuch des *Portage-Gletschers* (ca. 1 Autostunde von Anchorage entfernt). Etwa 300 km nördlich liegt der riesige *Denali State Park* mit dem majestätischen Mount McKinley. In der weiten Tundra haben Grizzly- und Schwarzbären, Elche, Karibus, Wölfe und Adler einen Lebensraum gefunden. Östlich von Anchorage gelangt man zum *Wrangell St. Elias National Park*, der für seine große landschaftliche Schönheit geschätzt wird. Im *Kenai Fjords National Park* auf der Halbinsel Kenai sind Seeotter, Seelöwen, Robben und Wale zu Hause. **Kenai** selbst ist eine der schönsten russischen Kirchen in Alaska. In Zentral- und Nordalaska kann man verlassene Goldgräberstädte besichtigen oder lange Wanderungen durch das *Noatak National Preserve*, den *Kobuk Valley National Park* oder den *Arctic National Park* unternehmen. **Fairbanks**, die zweitgrößte Stadt Alaskas, wurde 1901 gegründet. Ihr Name ist mit dem Goldrausch verbunden, der Alaska um die Jahrhundertwende erfaßte. Hauptattraktion der Stadt ist der Freizeitpark *Alaskaland*. Nordalaska liegt nördlich des Nordpolarkreises, in **Barrow** an der Nordküste geht die Sonne vom 10. Mai bis zum 2. August nicht unter. Im *Katmai National Park* kann man Braunbären beobachten, die an Wasserfällen Lachse fangen. Das *Arctic Museum* in der am Beringmeer gelegenen Eskimosiedlung **Kotzebue** ermöglicht faszinierende Einblicke in die traditionelle Lebensweise der Eskimos.

SOZIALPROFIL
VERANSTALTUNGSKALENDER
27. Mai '96 *Eisbärschwimmen*, Nome. **6. Juli** *Moose Dropping Festival*, Nome. **26. Juli** *Sommer-Kunstfestival*, Fairbanks. **3. Aug.** *Tanana Valley State Fair*, Fairbanks. **14. Okt.** *Alaska-Tag-Festival*, Sitka.

KLIMA

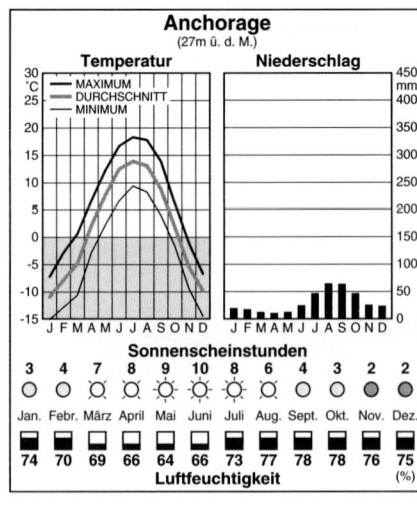

Arizona

Lage: Südwesten.

Arizona Office of Tourism
Suite 4015
2702 North Third Street
Phoenix, AZ 85004
Tel: (602) 230 77 33. Telefax: (602) 240 54 75.
Phoenix & Valley of the Sun Convention & Visitors Bureau
Suite 600
1 Arizona Center
400 East Van Buren Street
Phoenix, AZ 85004
Tel: (602) 254 65 00. Telefax: (602) 253 44 15.
Scottsdale Chamber of Commerce
7343 Scottsdale Mall
Scottsdale, AZ 85251-4498
Tel: (602) 945 84 81. Telefax: (602) 947 45 23.
Tucson Convention & Visitors Bureau
130 South Scott Avenue
Tucson, AZ 85701
Tel: (520) 624 18 17. Telefax: (520) 884 78 04.

FLÄCHE: 295.276 qkm.
BEVÖLKERUNGSZAHL: 3.936.000 (1993).
BEVÖLKERUNGSDICHTE: 13,3 pro qkm.
HAUPTSTADT: Phoenix. **Einwohner:** 983.403 (1990).
GEOGRAPHIE: Die Landschaft von Arizona ist beeindruckend, es gibt karge Plateaus, Berge und weite Wüstenregionen. Der berühmte Grand Canyon, Painted Desert und Petrified Forest sind drei wirklich sehenswerte Nationalparks. Phoenix, die größte Stadt, hat interes-

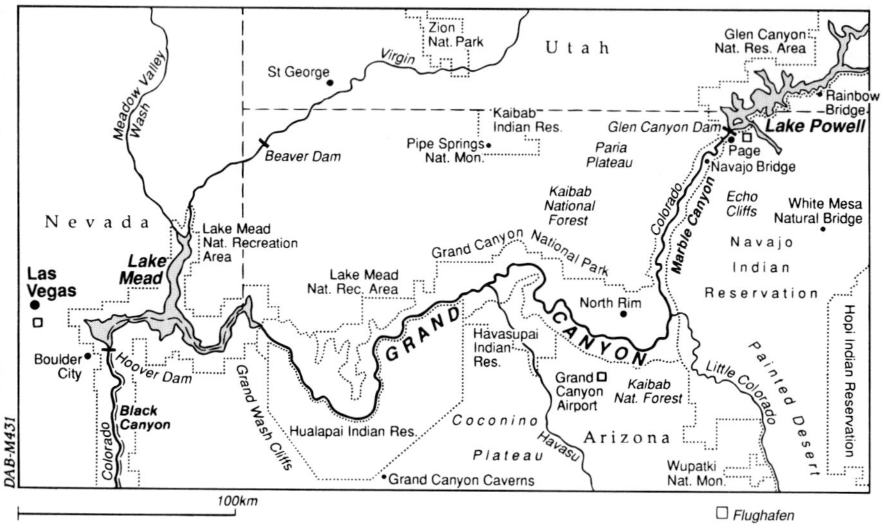

sante Museen, Galerien, Parks und Gärten. Tuscon ist ebenfalls besuchenswert. Das Suguaro National Monument, das Arizona-Sonora-Wüstenmuseum, der Kaibab-Wald, der Monument Valley Navajo Tribal Park, der Hoover-Staudamm und die Monte zuma-Burg sind weitere vielbesuchte Touristen attraktionen.

ORTSZEIT: MEZ - 8.

REISEVERKEHR

FLUGZEUG: Durchschnittliche Flugzeiten: *Phoenix* – Atlanta: 3 Std. 30; *Phoenix* – Chicago: 3 Std. 30; *Phoenix* – Frankfurt: 14 Std. 20 (reine Flugzeit, Umsteigen in Dallas); *Phoenix* – Los Angeles: 2 Std; *Phoenix* – Miami: 4 Std; *Phoenix* – New York: 4 Std; *Phoenix* – Zürich: 13 Std. 20 (reine Flugzeit, Umsteigen in Chicago oder New York).

Verbindungen von Wien sind über Frankfurt/M. möglich.

Internationaler Flughafen: *Phoenix Sky Harbor International Airport (PHX)* liegt 6 km außerhalb des Stadtzentrums (Tel: (602) 273 33 00). Ein Zubringerbus fährt von 06.00-18.30 Uhr alle 25 Min. (Fahrzeit 22 Min.) zum Stadtzentrum. Weitere Informationen über Busverbindungen unter Tel: (602) 253 50 00. Taxis sowie ein Limousinendienst stehen rund um die Uhr zur Verfügung. Ein 24stündiger Busdienst verkehrt alle 15 Min. zwischen 09.00-21.00 Uhr, danach seltener. Der neugebaute Terminal 4 für internationale Flüge wurde 1991 eröffnet.

BAHN: *Amtrak*-Züge verbinden Phoenix mit allen größeren Städten. Züge fahren direkt von El Paso nach Los Angeles. Die beiden staatsinternen *Amtrak*-Linien sind *Sunset Limited Line* (Benson – Tucson – Phoenix – Yuma) und *Southwest Limited Line* (Winslow – Flagstaff – Seligman – Kingman). Der *West Region Rail Pass* bietet für 15 oder 30 Tage unbegrenzte Bahnbenutzung vom Mittleren Westen wie Chicago im Osten und New Orleans im Südosten bis zur Pazifikküste. Der *Far West Region Rail Pass* gilt ebenfalls für 15 oder 30 Tage und bietet Fahrten von der Pazifikküste bis nach Denver. Schlafwagen erster Klasse sind gegen Aufpreis erhältlich.

BUS/PKW: Die meisten größeren Straßen verlaufen von Osten nach Westen. **Fernbusse:** *Greyhound* und *Continental Trailways*-Busse fahren zu vielen Städten im Norden, Süden und in der Mitte des Staates. *Grey Line* bietet Rundfahrten und Ausflüge von 2 Stunden bis zu 2 Tagen an und hat Büros in Phoenix, Tucson und Flagstaff.

Durchschnittliche Pkw-Fahrzeiten: Phoenix – Tucson: 2 Std; Phoenix – Las Vegas: 7 Std; Phoenix – San Diego: 6 Std; Phoenix – Los Angeles: 6 Std. 30; Phoenix – El Paso: 8 Std. 30 und Phoenix – Albuquerque: 9 Std.

Alle Fahrzeiten bei Fahrt ohne Halt und innerhalb der Geschwindigkeitsbegrenzungen.

Durchschnittliche *Greyhound*-Fahrzeiten: Phoenix – Tucson: 2 Std; Phoenix – Las Vegas: 7 Std. 30; Phoenix – San Diego: 8 Std; Phoenix – Los Angeles: 8 Std. 30; Phoenix – El Paso: 9 Std. und Phoenix – Albuquerque: 10 Std.

STADTVERKEHR: Busse in Phoenix fahren tagsüber alle 30 Min., während der Stoßzeiten alle 10-20 Min. Sammelkarten zu je 10 Stück sowie Tages- und Monatskarten sind erhältlich. Schnellbusse sind teurer. Personen unter 18 Jahren, Rentner (über 65 Jahre) und Behinderte erhalten Ermäßigungen. Ein besonderer *Dial-a-Ride*-Service verkehrt Mo-Fr 06.30-10.00 Uhr in Phoenix und Scottsdale. Die Busverbindungen zwischen Phoenix und Scottsdale sind ausgezeichnet.

Mietwagen sind in Phoenix bei vielen Autovermietern zu speziellen Wochen- und Wochenendtarifen erhältlich.

URLAUBSORTE & AUSFLÜGE

PHOENIX, die Hauptstadt Arizonas, hat in letzter Zeit durch den Ausbau des Flughafens und bedeutende Investitionen in der Stadtsanierung an Bedeutung gewonnen. Das Angebot an 5-Sterne-Hotels ist größer als in anderen amerikanischen Städten. Zu den neuen Gebäuden im Geschäftsviertel gehören *Renaissance Square*, ein 26 Etagen hoher Büroturm mit einem gerade fertiggestellten, 28 Etagen hohen Zwillingsturm; das neue 20 Mio. US$ teure *Hilton Hotel* (225 Suiten); das *Arizona Center* (eine gewaltige Anlage mit 600-Zimmer-Hotel, Büros, Restaurants, Geschäften und Unterhaltungseinrichtungen) und der *Patriots Square Park* in der Mitte von Phoenix mit einer bemerkenswerten Laser-Show, die man kilometerweit sehen kann.

Weitere Sehenswürdigkeiten sind der *Encanto Park, Pueblo Grande, Papago Park* (einschl. Phoenix Zoo und Desert Botanical Gardens), *South Mountain Park* und das *Heard Museum* für Kunst, Völkerkunde, Geschichte und Kultur der amerikanischen Ureinwohner in Arizona.

Den **Grand Canyon** kann man vom Stadtzentrum von Phoenix mit *Arizona Air*, mit *Grand Canyon Helicopters* oder per Bahn mit der *Grand Canyon Railroad* (Tel: (602) 773 19 76. Telefax: (602) 52 07 73 16 10) erreichen.

LAKE HAVASU CITY: Diese Wüstenstadt wurde vor einiger Zeit in einer Art Schildbürgerstreich die neue Heimat der unansehnlichen Betonbrücke London Bridge, die mit dem Londoner Wahrzeichen, der Tower Bridge, verwechselt und daher für viel Geld gekauft wurde. Sie führt heute über den Colorado River und ist Mittelpunkt einer Reihe von Geschäften, Gaststätten und Pensionen im pseudo-englischen Stil. Weitere Informationen vom *Lake Havasu City Convention & Visitors Bureau*, Tel: (520) 453 34 44. Telefax: (520) 680 00 10.

SCOTTSDALE: In dieser Stadt kann man sich sowohl in zahlreichen Museen und über 100 Kunstgalerien als auch im Freien gut beschäftigen. Es gibt 125 Golfplätze, unzählige Tennisplätze und Schwimmbäder sowie ausgezeichnete Einkaufsmöglichkeiten.

Taliesin West, Heimat und Arbeitsplatz des berühmten Architekten Frank Lloyd Wright, ist täglich geöffnet. In der *Scottsdale Galleria* wurde ein neues, zwei Stockwerke hohes Aquarium für über 100 Fischarten und andere Meereslebewesen gebaut.

Desert Voyagers (Tel: (602) 998 72 38) veranstaltet diverse Floßfahrten auf den Flüssen Salt und Verde sowie kombinierte Floß-/Jeep-Fahrten in der Sonora-Wüste. Stilecht werden im Lande Lloyd Wrights Nachbauten der Flugzeuge aus dem 1. Weltkrieg und Waco-Doppeldecker mit offenem Cockpit (Barnstormer-Doppeldecker) hergestellt. Man kann sogar Originalausrüstungen mieten und in den Flugzeugen mitfliegen, mit Kunstflug-Einlagen für ganz Wagemutige. Als Ausweichaktivitäten bieten sich Drachenfliegen, Fahrten im Heißluftballon oder Reiten an.

SEDONE/OAK CREEK CANYON: Die attraktive Stadt liegt in reizvollen roten Felsformationen und Klippen am Fuß des Oak Creek. Im schönen *Verde River Canyon* gedeiht üppiges Grün. Man kann prähistorische Ruinenstätten der Indianer besichtigen. Ausflüge ins Tal werden angeboten, oft gehören Grillparties im Westernstil am Fluß oder Live-Unterhaltung mit zum Programm.

TUCSON: Dieser beliebte Winterurlaubsort wächst sehr schnell zu einer größeren Stadt heran. Tucson liegt inmitten einer Gebirgskette in der Sonora-Wüste und ist für ununterbrochenen Sonnenschein bekannt. Der Ort liegt nur 160 km von der mexikanischen Grenze entfernt; der mexikanische Einfluß zeigt sich in der Architektur, der guten Küche, quirligen Festen und bunten Kulturfestivals.

Das *Tucson Children's Museum* hat viele Ausstellungsstücke zum Anfassen und ist bei Kindern und Erwachsenen gleichermaßen beliebt. *Tubac* ist eine Künstlerkolonie mit Geschäften und Kunstgalerien sowie Standort eines von Mauern umgebenen Forts und einer archäologischen Ausgrabungsstätte. Der *Tohono Chul Park* ist ein Wüstenschutzgebiet, in dem man einen Einblick in das Leben der Wüste bekommt und sich zwischendurch im Tea Room mit kalten Erfrischungen versorgen kann.

APACHE TRAIL ist ein landschaftlich außergewöhnlich ansprechender Wanderweg, der durch Wüsten und Täler führt, über Felsausläufer, vorbei an glitzernden Seen und an dem Vulkankegel, der als Berg des Aberglaubens bekannt ist.

Goldfield Ghost Town, Mine Tours und das *Superstition Mountain Museum* sind ebenfalls einen Besuch wert. *Tortilla Flat* ist eine alte Postkutschen-Haltestelle, an der es Eiscreme in den eigenwilligen Geschmacksrichtungen »Killer-Chilli« und »Prickly Pear« (Kaktusfeige) gibt. *Roosevelt Bridge* ist eine beeindruckende Hängebrücke. Das *Tonto National Monument* ist eine guterhaltene Klippensiedlung, die vor 500 Jahren von Salado-Indianern gegründet wurde und Webarbeiten, Schmuckstücke, Waffen und Werkzeuge ausstellt.

GRAND CANYON: Dieses Tal ist wahrscheinlich das bekannteste Touristenziel in den ganzen USA – seine Größe ist zweifellos eindrucksvoll. Die riesige Erdspalte ist per Flugzeug, Helikopter oder Eisenbahn mit Dampflok (von 1901) erreichbar, von Williams zum südlichen Felsrand oder von der Wahweap Lodge über den Powell-See zur *Rainbow Bridge* (dem größten Steinbogen der Welt). Im Tal befinden sich einige Hotels; man sollte jedoch im voraus buchen. Da das Tal sehr abgelegen ist, wird Besuchern unter Zeitdruck die »Flugbesichtigungstour« empfohlen. Der Flug führt über den Grand Canyon, den *Hanasupai Canyon* (sehr einsam), den *Canyon de Chelly* und das eindrucksvolle *Monument Valley*.

INDIANERRESERVATIONEN: In der 15.600 qkm großen Navajo-Reservation leben heute 200.000 Navajos. Die früher halbnomadischen und kriegerischen Stämme sind für ihre Anpassungsfähigkeit bekannt und haben viele Techniken spanischer und anderer Siedler in ihre Kultur übernommen. Sie leben in *Hogans* (kuppelförmigen Häusern aus Holz und Adobe) in kleinen weit verstreut liegenden Ortschaften. In der Mitte der Reservation befindet sich die 1560 qkm große Hopi-Indianerreservation, in der 7000 Hopis zu Hause sind. Sie leben seit 1500 Jahren in diesem Gebiet und sind für ihr erstaunliches landwirtschaftliches Können auf diesem trockenen und kargen Boden bekannt. Die Hopis leben in behaglichen Dörfern oberhalb des landschaftlich imposanten Tafellandes.

Weitere Informationen vom *Native American Travel Center*, Suite 114, 4130 North Goldwater Boulevard, Scottsdale, AZ 85251. Tel: (602) 945 07 71. Telefax: (602) 945 02 64.

Das Gebiet um den **LAKE POWELL** ist ein wahres Wunderland aus roten Felsen und blauem Wasser. Auf dem riesigen, idyllischen See werden diverse Bootsrundfahrten veranstaltet. Nähere Informationen erteilt *Wahweap Lodge & Marina*. Tel: (520) 645 24 33. Telefax: (602) 331 52 58.

SOZIALPROFIL

ESSEN & TRINKEN: Viele Restaurants bieten amerikanische, mexikanische, chinesische und italienische Küche.

NACHTLEBEN: Das *Herberger Theater Center* in Phoenix berherbergt die Theatergesellschaft Arizonas, die Oper, das Ballett und das Schauspielhaus. In Phoenix, Scottsdale, Tucson und in den vielen Urlaubsorten dieses Staates ist das Angebot an Nachtklubs und Abendunterhaltung groß.

EINKAUFSTIPS: In Phoenix gibt es ausgezeichnete Einkaufsmöglichkeiten. Im Geschäftsviertel liegen das neue *Arizona Center* und der *Mercado* mit Geschäften und Restaurants im mexikanischen Stil, der für 14 Mio. US$ gebaut wurde. Die *Civic Plaza* in der Stadtmitte ist ein weiteres großes Einkaufsgebiet. Beliebte Mitbringsel aus Arizona sind Silberarbeiten der Navajos, Türkisschmuck, Sandbilder, Webteppiche, Bilder und Silberschmuck der Hopis, Kachina-Schnitzereien (besonders die berühmten Puppen), Steingut, Korbwaren und Gemälde.

SPORT: American Football wird in der Saison wöchentlich im *Sun Devil Stadium* gespielt; der Lokalverein heißt *Phoenix Cardinals*. In Arizona trainieren außerdem einige der besten **Baseballvereine** der USA, einschl. der *Cleveland Indians* (Tucson), *San Francisco Giants* (Phoenix), *Chicago Cubs* (Mesa), *Milwaukee Brewers* (Sun City), *Seattle Mariners* (Tempe) und *San Diego Padres* (Yuma). **Basketballspiele** finden zwischen den *Phoenix Suns* und anderen Vereinen statt. In Phoenix wird gerade für 89 Mio. US$ die *America West Arena* gebaut. In Phoenix und Tucson werden **Boxkämpfe** ausgetragen. Die besten Adressen für **Pferderennen** sind *Turf Paradise* (Phoenix) und *Rillito Downs* (Tucson). Auf dem *Corona Speedway* und *Tucson Dragway* (Tucson) sowie in Phoenix auf dem *Beeline Dragway, Manzanita Park, Phoenix Dragway* und *Phoenix International Raceway* werden **Autorennen** veranstaltet. **Rodeos** sind in Arizona beliebt, und es gibt über 25 Rodeo-Austragungsstätten im ganzen Staat. **Skilaufen** ist im Winter in folgenden Gebieten möglich: *The Arizona Snow Bowl* bei Flagstaff,

The Phoenician in Scottsdale, Arizona. Ein optisches Meisterwerk aus Natur, Garten- und Parkanlagen, Architektur und Kunst auf über 120 ha am Fuß des Camelback Mountain. Die Luxuseinrichtung des Phoenician, der erstklassige Service, die ausgezeichnete Küche und die Freizeitanlagen von Weltformat sind für Geschäfts- und Urlaubsreisende gleichermaßen attraktiv.

Im Phoenician, einem Mitglied der *ITT Sheraton Luxury Collection*, ist für jede nur erdenkliche Annehmlichkeit gesorgt. Jedes Zimmer zeichnet sich durch erlesene Eleganz aus: die liebevollen Details der handgearbeiteten Rattanmöbel und die großzügigen Badezimmer mit italienischem Marmor sprechen für sich. Neben 473 eleganten Zimmern und Suiten stehen 107 geräumige »Casitas« zur Verfügung, die höchsten Komfort und Zurückgezogenheit bieten und dabei nur einen Katzensprung vom Hauptgebäude entfernt liegen.

In mehreren Restaurants mit jeweils ganz eigenem Ambiente und verschiedener Küche hat der Gast zu jeder Mahlzeit die Wahl. Im *The Terrace Dining Room* wird italienisch-amerikanische Kost zum Frühstück, Lunch und Dinner serviert – und ein wahrer Schmaus zum Sunday Brunch.

Im *Windows on the Green Restaurant* erwartet den Gast ein Panoramablick auf den saftig-grünen Golfplatz, während er die Spezialitäten der einfallsreichen Küche des amerikanischen Südwesten genießt. *Mary Elaine's* bietet französische Köstlichkeiten mit den Aromen und Spezialitäten der Französischen Riviera, zubereitet entsprechend dem Geschmack der neunziger Jahre mit einer Vielfalt frischester Zutaten, hauptsächlich Meeresfrüchte und Fischgerichte.

Als Alternative zum Abendessen bietet sich zudem der traditionelle Nachmittagstee im *Lobby Tea Court* an. Oder probieren Sie die verführerische Auswahl von leckeren Salaten, Sandwiches, Kuchen, Gebäck und Cappuccino sowie die hauseigenen Eiscremesorten und Sorbets in unserem *Café & Ice Cream Parlor*. In der *19th Hole Snack Bar & Patio* am Golfclubhaus werden Zwischenmahlzeiten und kalte Getränke serviert. In den verschiedenen Bars mit Live-Entertainment kann man seinen Lieblingsdrink in entspannter Atmosphäre genießen.

The Phoenician bietet vielfältige Sport- und Freizeitanlagen – von Volleyball bis Croquet, von Badminton bis Bogenschießen, für alles ist gesorgt. Genießen Sie Badefreuden in einem der sieben Swimminpools oder bei einem Rutsch auf der fast 50 m langen Rutschbahn. Tägliches Freizeitprogramm für Erwachsene, Teens und Kinder, unter Aufsicht unserer erfahrenen Animateure. Egal ob Ihnen der Sinn nach einer ruhigen Partie Backgammon im Foyer oder nach einer Jeep-Rallye in der Wüste steht – für jeden Geschmack und jedes Alter ist etwas dabei.

Auf dem 18-Loch-Golfplatz des Phoenician erwartet Sie die totale Herausforderung. Landschaftlich wunderbar gestaltete Fairways, orginal-englischer Rasen auf dem Puttinggrün, trockene Wüstenbunker, dornige Kakteen und schwieriges Wasserterrain sorgen dafür, daß jede Runde auf diesem Par-71-Parcours zum Abenteuer wird.

Der *Tennis Garden* besteht aus 11 Plätzen mit Flutlicht, darunter ein Übungsplatz mit Ballmaschine und ein Center Court mit Sitzplätzen für Zuschauer. Zwei Plätze haben die neueste Rebound-Ace-Beschichtung aus Australien, ein weiterer bietet Wimbledon Gras, die übrigen neun sind plexibeschichtet.

Im *The Centre for Well-Being* muß man sich einfach wohlfühlen. Hier können Sie den Alltagssorgen bei Massage und individueller Gesichts- und Körperbehandlung den Rücken kehren. Den Massagen und Behandlungen liegen Einflüsse aus Asien, Europa und den Südweststaaten der USA zugrunde. Genießen Sie bei Panoramablick ein anregendes Fitneßtraining im Aerobic- oder Kraftstudio oder ein erfrischendes Herz-Kreislauf-Training. Zur Verfügung stehen ferner Umkleidekabinen für Damen und Herren, Sauna, Dampfbad, Whirlpool und Swiss Showers, Schönheitssalon und Friseur. In unserer *Water-Bar* können Sie verschiedene Mineralwasser aus der ganzen Welt, mit und ohne Kohlensäure, probieren. Individuelle Programme für körperliches, geistiges und seelisches Wohlbefinden werden angeboten. Unser *Funicians Kids Club* kümmert sich in der Zwischenzeit um die Jugend.

Für Geschäftsleute stehen Konferenzräume auf insgesamt 6000 qm Fläche zur Verfügung. Der *Grand Ballroom*, das *Estrella Theatre* und 23 Seminarräume verfügen über audiovisuelle Anlagen, Satellitenverbindung, ein elektronisches System zur Erfassung von Abstimmungsergebnissen, Simultan-Dolmetscheranlagen für 8 Sprachen und andere Konferenzeinrichtungen. Das Business Center bietet Büroservice und technische Dienstleistungen an.

Für Geschäfts- und Urlaubsreisende, die das gewisse Etwas suchen, ist The Phoenician der richtige Rahmen, um Geschäftsterminen oder Freizeitvergnügen nachzugehen.

THE PHOENICIAN
6000 East Camelback Road, Scottsdale,
Arizona 85251, USA
Tel: (602) 941 8200. Telefax: (602) 947 4311.
In Deutschland: Tel: (0130) 90 92.

Entscheiden Sie Sich Für Mehr.

Wir machen nicht viele Worte, wir bieten Ihnen ganz einfach das Beste. Nicht mehr und nicht weniger. Bei uns finden Sie Zimmer mit allem Komfort – italienischer Marmor, Berberteppiche und Rattanmöbel. Vier anspruchsvolle Restaurants. Mehr als 4000 qm Swimmingpool und Wasserfälle, Spektakuläre Golf- und Tennisplätze auf 120 ha großem Gelände mit Wüste, Gartenanlagen und Bergen. Und selbstverständlich decken wir Ihnen abends schon die Bettdecke auf, so daß Sie gleich hineinschlüpfen können...

THE PHOENICIAN
SCOTTSDALE
ITT Sheraton Luxury Collection

Rufen Sie uns oder Ihr Reisebüro noch heute an. Buchungsbüro: (602) 941-8200 • Deutschland 0130-9092
6000 East Camelback Road • Scottsdale, Arizona 85251 U.S.A. • Fax: (602) 947-4311

A member of
The Leading Hotels of the World 0130-852110

USA

Mount Lemmon (1 Std. außerhalb von Tucson) und in der *Sunrise Ski Area* außerhalb von Springerville. Andere Sportarten wie **Bogenschießen, Reiten, Bowling, Fischen, Golf, Bergsteigen, Schwimmen, Tennis, Drachenfliegen** u. v. a. können ebenfalls ausgeübt werden.
VERANSTALTUNGSKALENDER
Der jährliche *Navajo Nation Fair* ist das größte Indianerfest der Welt. Es findet in Window Rock (der Hauptstadt der Navajo-Nation) an fünf Tagen im **September** statt. Es gibt Lasso-Wettkämpfe, Rodeos, Pferderennen, Kunst- und Handwerksausstellungen, Country- und Westerntänze, Musik- und Tanzwettbewerbe, Vieh- und Landwirtschaftsausstellungen, kulinarische Köstlichkeiten und eine große Parade. Das *Fest in der Sonne* findet im **Febr./März** in Tucson statt und ist ein großes Kunstfestival.

KLIMA

Das ganze Jahr über warm und angenehm; in den Bergen frische Brisen, in den Wüsten recht heiß.
Kleidung: Leichte Baumwollkleidung das ganze Jahr über. Für kühle Abende Pullover oder Jacke mitnehmen. In den Skigebieten und in den Bergen benötigt man warme Sachen.

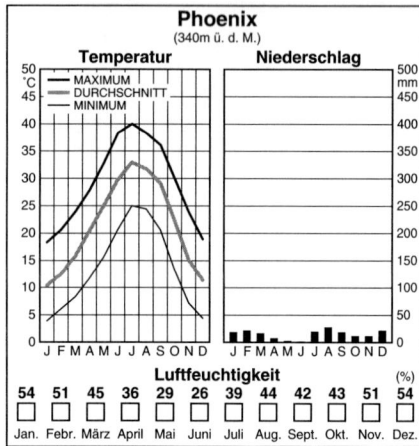

Arkansas

Lage: Südstaaten.

Arkansas Division of Parks & Tourism
1 Capitol Mall
Little Rock, AR 72201
Tel: (501) 682 77 77. Telefax: (501) 682 13 64.
Hot Springs Convention & Visitors Bureau
134 Convention Boulevard
PO Box K
Hot Springs, AR 71902
Tel: (501) 321 22 77. Telefax: (501) 321 21 36.
Little Rock Convention & Visitors Bureau
PO Box 3232
Little Rock, AR 72203
Tel: (501) 376 47 81. Telefax: (501) 376 78 33.

FLÄCHE: 137.742 qkm.
BEVÖLKERUNGSZAHL: 2.424.000 (1993).
BEVÖLKERUNGSDICHTE: 17,6 pro qkm.
HAUPTSTADT: Little Rock. **Einwohner:** 175.795 (1990).
GEOGRAPHIE: Das vielfältige Landschaftsbild umfaßt Ebenen, Berge, Wälder, Flüsse, Rinderfarmen, Industriezentren und Ölquellen. Die vielen Seen gehören zu den Hauptattraktionen.
ORTSZEIT: MEZ - 7.

REISEVERKEHR

FLUGZEUG: Der Flughafen in Little Rock verbindet mit allen größeren Städten der USA.
BAHN: Die *Mississippi West Line* von Amtrak durchquert Arkansas auf der Strecke von Chicago nach Dallas.
BUS/PKW: Die *Greyhound*-Linie 12 von Dallas und die Linie 7036 von Oklahoma City durchqueren Arkansas und führen über *Little Rock* nach Nashville (Tennessee).

URLAUBSORTE & AUSFLÜGE

Der *Hot-Springs-Nationalpark* bietet vielfältige Erholungs- und Freizeitmöglichkeiten in zauberhafter Landschaft. **Hot Springs** ist ein idyllisch gelegener Kurort, dessen Thermalquellen schon manchem Erleichterung verschafft haben. Für Zerstreuung sorgen neben dem anregenden Kurbetrieb diverse Sportanlagen und Veranstaltungen. Besuchenswert ist auch *Eureka Springs*, eine Stadt, die an einem Berghang gebaut wurde.
Zu den Sehenswürdigkeiten dieses Staates zählen außerdem die *Blanchard-Spring-Höhlen*; der *Diamonds State Park* und *Mountain View*, das Volkskunde-Zentrum der Ozark-Mountains. **LITTLE ROCK**, eine der ersten Siedlungen des Staates, ist die einzige Großstadt. Sie bietet Parkanlagen, Museen und Kunstzentren. Lohnenswert ist ein Bummel durch das historische Viertel, in dem einige reizvolle alte Häuser erhalten sind. US-Präsident Bill Clinton, der frühere Gouverneur von Arkansas, hat der Stadt zu einiger Popularität verholfen.

Colorado

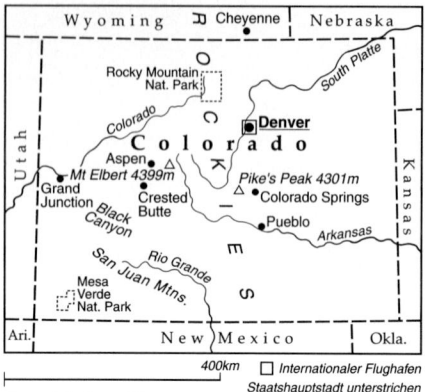

Lage: Mittlerer Westen.

Aspen & Vail Tourism Bureau
c/o Mangum Management GmbH
Herzogspitalstraße 5
D-80331 München
Tel: (089) 26 78 10. Telefax: (089) 260 40 09.
Keystone Resort/Breckenridge
Alt Erlenbach 25
D-60437 Frankfurt/M.
Tel: (06101) 4 40 52. Telefax: (06101) 45 24.
Denver Fremdenverkehrsbüro
Rocky Mountain International
c/o Wiechmann Tourism Services
Scheidswaldstraße 73
D-60385 Frankfurt/M.
Tel: (069) 44 60 02. Telefax: (069) 43 96 31.
Mo-Fr 09.00-18.00 Uhr.
(auch zuständig für Österreich und die Schweiz)
Colorado Travel Marketing
6043 23rd Street Road
Greeley, CO 80634
Tel: (970) 330 09 62. Telefax: (970) 330 01 55.
Colorado Springs Convention & Visitors Bureau
Suite 104
104 South Cascade Avenue
Colorado Springs, CO 80903
Tel: (719) 635 75 06. Telefax: (719) 635 49 68.
Denver Metro Convention & Visitors Bureau
225 West Colfax Avenue
Denver, CO 80202
Tel: (303) 892 11 12. Telefax: (303) 892 16 36.
Colorado Ski Country USA
Suite 1440
1560 Broadway
Denver, CO 80202
Tel: (303) 837 07 93. Telefax: (303) 837 16 27.

FLÄCHE: 269.618 qkm.
BEVÖLKERUNGSZAHL: 3.566.000 (1993).
BEVÖLKERUNGSDICHTE: 13,2 pro qkm.
HAUPTSTADT: Denver. **Einwohner:** 467.610 (1990).
GEOGRAPHIE: Colorado liegt hoch in den berühmten Rocky Mountains und bietet Nationalparks, Wälder, Geisterstädte aus der Goldgräberzeit, alte indianische Tempel und gute Skiurlaubsorte.
ORTSZEIT: MEZ - 8.

REISEVERKEHR

FLUGZEUG: Durchschnittliche Fugzeiten: Denver – Atlanta: 3 Std. 05; Denver – Boston: 4 Std; Denver – Chicago: 2 Std. 30; Denver – Dallas: 2 Std; Denver – Frankfurt: 13 Std. 50 (reine Flugzeit, Zwischenaufenthalt von 3 Std. 30 in Charlotte); Denver – Houston: 2 Std; Denver – Los Angeles: 2 Std; Denver – Miami: 3 Std. 50; Denver – New York: 3 Std. 45; Denver – San Francisco: 2 Std. 20; Denver – Seattle: 2 Std. 25; Denver – Washington DC: 3 Std. 30; Denver – Wien: 13 Std. 20 (reine Flugzeit, Umsteigen in Chicago); Denver – Zürich: 9 Std. 10 (reine Flugzeit, Umsteigen in Chicago).
Internationaler Flughafen: Der *Denver International Airport* (DIA) liegt 38 km nordöstlich der Stadt. Dieser Flughafen wurde am 9. März 1994 eröffnet und ist flächenmäßig mit 137 qkm der größte Flughafen der Welt. Der Flughafen liegt 38 km nordöstlich von Denver (Fahrzeit 30 Min.).
Weitere Flughäfen: Die Ski-Urlaubsorte haben ihre eigenen Flughäfen, von denen Verbindungen zu zahlreichen Großstädten innerhalb der USA angeboten werden. Regionale Flughäfen: *Aspen, Colorado Springs, Vail/Eagle County, Gunnison Airport, Grand Junction, Durange/La Plata Airport* und *Yampa Valley* (für Anschluß nach Steamboat).
BAHN: *Amtrak*-Linien verbinden Colorado mit Los Angeles, San Francisco, Seattle und Chicago. In der Wintersaison kann man mit dem *Ski Train* eine Ausflugsfahrt durch die Rocky Mountains machen.
BUS/PKW: Die *Greyhound*-Linien 2 und 3 führen über Denver. Die Linie 2 führt von Salt Lake City, Cheyenne und Kansas City nach Denver, die Linie 3 von Las Vegas und Omaha nach Denver.
Durchschnittliche Pkw-Fahrzeiten: Denver – Albuquerque: 9 Std; Denver – Atlanta: 30 Std. 30; Denver – Boston: 40 Std. 10; Denver – Chicago: 20 Std. 20; Denver – Cleveland: 27 Std. 30; Denver – Dallas: 16 Std; Denver – Detroit: 26 Std; Denver – Los Angeles: 23 Std. 50; Denver – Miami: 42 Std. 30; Denver – Minneapolis: 17 Std. 30; Denver – New Orleans: 25 Std. 50; Denver – New York: 37 Std; Denver – St. Louis: 17 Std. 10; Denver – Salt Lake City: 10 Std; Denver – San Francisco: 25 Std. 20; Denver – Seattle: 28 Std. 30; Denver – Washington DC: 34 Std.
Alle Fahrzeiten bei Fahrt ohne Halt und innerhalb der Geschwindigkeitsbegrenzungen.
Durchschnittliche Greyhound-Fahrzeiten: Denver – Cheyenne: 2 Std. 30; Denver – Las Vegas: 16 Std; Denver – Albuquerque: 9 Std. 30; Denver – Amarillo: 10 Std. 30; Denver – Kansas City: 13 Std.
STADTVERKEHR: Denver hat gute Busverbindungen, ein Kleinbahn-System (MAC) und Taxis. Das *16th Street Mall Shuttle* bietet einen kostenlosen Service in der 2 km langen Fußgängerzone im 90-Sekunden-Takt an.
Mietwagen: Es gibt zahlreiche Mietwagenfirmen. Unter anderem bieten *Alamo, Avis, Budget, Dollar* und *Hertz* diesen Service an.

URLAUBSORTE & AUSFLÜGE

Colorado ist für herrliche Naturlandschaften, großartige Nationalparks und ausgezeichnete Wander- und Wintersportmöglichkeiten bekannt. Faszinierende Goldgräberstädte aus Pionierzeiten versetzen den Besucher in die aufregende Zeit des Wilden Westens zurück.
In **DENVER** gibt es viele Museen, Parks und Gärten. Besonders sehenswert ist *Larimer Square*, ein restaurierter Platz mit hübschen viktorianischen Häusern, interessanten Geschäften und Cafés. Der nahegelegene *Lower Downtown District*, auch kurz »LoDo« genannt, bietet Kunstgewerbeläden, Werkstätten, Ateliers, Restaurants und Galerien, die zum Verweilen einladen. Einkaufsparadies und Treffpunkt im Herzen der Stadt ist die von Bäumen gesäumte, 1,6 km lange *16th Street Mall* mit ihren Brunnen, Cafés und Straßenmusikanten. Die Hauptstadt des Bundesstaates hat eine halbe Million Einwohner (im Großraum Denver leben 1,9 Millionen Menschen) und ist ein wichtiges Geschäftszentrum. Vor der Silhouette der imposanten Rocky Mountains gelegen, beeindruckt die Stadt durch ihre ausgedehnten Grünflächen und Parkanlagen, die insgesamt mehrere tausend Hektar bedecken. 205 Parks und Grünanlagen gibt es hier; sehr besuchenswert ist der City Park, der u. a. auch den Denver Zoo, einen Golfplatz sowie das sehr interessante *Museum of Natural History* umfaßt. Entspannung findet man auch im *Denver Botanic Garden* mit seinen Wasserspielen, einem im japanischen Stil angelegten Garten und dem preisgekrönten Wintergarten. Das goldene Dach des Colorado State Capitols ist weithin sichtbar, von hier hat man auch einen guten Ausblick über die Stadt selbst. Wer gern mehr über den Wilden Westen wissen möchte, sollte sich das *Colorado History Museum* nicht entgehen lassen. Die Ausstellungsstücke dokumentieren das Leben der Indianer, Cowboys, Minenarbeiter und Pioniere, die diese Gegend besiedelten. Indianische Kunst kann man im *Denver Art Museum* kennenlernen. Die Nähe zu den »Rockies« macht Denver zu einem Eldorado für alle, die gerne Ski fahren, wandern, klettern, angeln und campen. Das Mineralbad **Colorado Springs** liegt fast 2000 m hoch inmitten reizvoller Landschaft und ist ein beliebtes Urlaubs- und Ausflugsziel. In der Umgebung gibt es viele Sehenswürdigkeiten. Die *Royal Gorge Bridge* ist die höchste Hängebrücke der Welt. Die bizarren Sandsteinformationen des *Garden of the Gods* sollte man sich unbedingt anschauen. Außerdem sehenswert sind der Viertausender *Pike's Peak* (Zahnradbahn von Manitou Springs) und der *Black Canyon*. In Colorado gibt es zwei herrliche Nationalparks; im *Mesa Verde National Park* geben die Überreste indianischer Siedlungen einen Eindruck von der alten Kultur der Ureinwohner Amerikas. Eine Fahrt in den *Rocky Mountain National Park* mit seiner majestätischen Gebirgslandschaft ist ein unvergeßliches Erlebnis. Eine einzigartige Natur, riesige Wälder, Gletscher und klare Seen erwarten den Besucher. Die Wintersportmöglichkeiten sind gut, Unterkünfte stehen allerdings nur begrenzt am Rand des Parks zur Verfügung. Die schicken Skigebiete in der Gegend von **Aspen**, die geeignete Pisten für Anfänger und Könner bieten, haben interna-

tionalen Ruf. Zu den anderen wichtigen Skigebieten, die in den letzten Jahren auch bei europäischen Wintersportfans immer beliebter werden, zählen Vail und *Summit County* (Keystone, Arapahoe Basin und Breckenridge). Vail in der Gore Creek Valley wurde im Stil eines Tiroler Bergdorfes gebaut und verfügt über Abfahrten aller Schwierigkeitsgrade. Nur 20 Autominuten entfernt liegt *Beaver Creek Resort*, ein ruhiges Skidorf mit ausgezeichneten Wintersportmöglichkeiten. Viele Skigebiete besitzen schnelle Vierer-Sessellifte, die die Wartezeiten auf ein Minimum reduzieren. Hundeschlitten, Pferdeschlitten und Schneemobilfahren gehören meist ebenso zum Angebot wie Eislauf, Langlauf und gute Abfahrten in herrlichem Pulverschnee. Unterkunft findet man in Hotels von Weltrang.

Die Rocky Mountains bieten eine Fülle von Nationalparks und *National Monuments* (Naturdenkmäler). Auf einem Hochplateau im Südwesten des Staates erstreckt sich der 21.044 ha große **Mesa Verde National Park**, der zum Weltkulturgut erklärt wurde. Hier erwarten den Besucher einige der dramatischsten Zeugnisse der fast unbekannten Anasazi-Kultur. Die Behausungen der Anasazi, die bis zu 200 Zimmer umfassen, wurden vor rund 700 Jahren direkt in die schroffen Felswände gemeißelt. Im Park befindet sich auch ein Museum, in dem man zu erklären versucht, weshalb die Anasazi ihre Dörfer in Höhlen anlegten und warum sie diese um 1300 plötzlich verließen. 104 km von Denver entfernt ist der **Rocky Mountain National Park**, eine der beliebtesten Attraktionen Colorados. Durch den Park führt die Trail Ridge Road, die an einigen Stellen bis zu 3736 m Höhe erreicht und gleichzeitig einer der längsten Highways in ganz Amerika ist. Auf 640 km Länge werden Besuchern beeindruckende Gipfel und Canyons, üppig-blühende Täler und friedliche Seen, tosende Wasserfälle und unberührte Wildnis geboten. **Estes Park** ist ein beliebter Ferienort am Fuß der Rocky Mountains. Zu den zahlreichen **National Monuments** gehören das *Colorado National Monument* mit seinen eindrucksvollen roten Canyons, das *Dinosaur National Monument*, in dem bereits zahlreiche Fossilien von Dinosauriern und Reptilien gefunden wurden und das *Great Sand Dunes National Monument*, gewaltige Sanddünen im Osten des San Luis Valley. Im *Hovenweep National Monument* kann man Felsenwohnungen und andere faszinierende Überreste einer 900 Jahre alten Kultur besichtigen.

SOZIALPROFIL

ESSEN & TRINKEN: Zu den regionalen Spezialitäten gehören fangfrische Regenbogenforelle, Büffel- und Elchsteaks und viele mexikanische Gerichte. Restaurants, die südostasiatische, die einfallsreiche *New Southwestern* und internationale Küche anbieten, gibt es in jeder Preislage. Wer eine Mahlzeit im Coloradostil zu sich nehmen möchte, sollte eine der vielen kleinen Brauereien und *Brewpubs* (Brauereikneipen) in Denver, Boulder und vielen anderen Bergstädten besuchen, die frisch gebrautes Bier und köstliches Essen anbieten.

Getränke: In Colorado wird das meiste Bier in den USA gebraut. Viele der 30 Biersorten, die man in Denver bekommen kann, sind in keiner anderen Stadt erhältlich. Die Brauerei *Coors* bietet kostenlose Führungen durch ihre Anlage an, die die größte der Welt ist. Das Mindestalter für den Alkoholkonsum ist 21 Jahre, und unter Umständen muß man beim Alkoholkauf seinen Personalausweis vorzeigen. Nach 02.00 Uhr ist in den Bars Sperrstunde.

NACHTLEBEN: Der Denver Performing Arts Complex beherbergt sieben Theater und die *Boettcher Concert Hall*. Andere, kleinere Veranstaltungsorte bieten Theatervorstellungen, Pop-, Jazz- und Country- und Westernkonzerte, Tanzvorführungen und Kabarett. Ausführliche Informationen sind in *The Denver Post* oder den *Rocky Mountain News* aufgelistet. In vielen Wintersportorten, insbesondere in Aspen, gibt es unzählige Restaurants, Bars und Après-ski-Veranstaltungen.

EINKAUFSTIPS: In Denver gibt es zahlreiche Einkaufsmöglichkeiten, insbesondere in den Einkaufszentren Cherry Creek Shopping Center, Tabor Center, Tivoli Center und Larimer Square. In Aspen in den Rocky Mountains gibt es eine große Auswahl an Läden. Hier findet man Geschäfte fast aller berühmten Modeschöpfer. Besonders lohnend sind goldene Ohrringe und Ketten, indianischer Schmuck, Navajo-Teppiche und indianische Handarbeiten.

SPORT: Colorado ist ein wahres Paradies für jeden Sportfanatiker. Die Rocky Mountains bieten perfektes **Skifahren** im Winter und ermöglichen zahlreiche Sportarten im Sommer wie **Wildwasserfahren**, **Wandern** und **Reiten**. Außerdem werden **Fischen**, **Golf** und **Tennis** angeboten. Man kann auch **Fußball-**, **Basketball-** und **Baseballspielen** sowie **Motorrennen** zusehen.

VERANSTALTUNGSKALENDER
Mai '96 (1) *Cinco de Mayo* (Denver feiert die spanischen Einflüsse in Erbe und Kultur), Denver. (2) *Indian Nations Rendezvous*, Denver. (3) *Bolder Boulder* (10 km Wettrennen mit Weltklasse-Läufern), Boulder. **Juni** (1) *Capitol Hill People's Fair*, Denver. (2) *Kirschblüten-Festival*, Denver. (3) *Bathesda Dutch Festival*, Denver. (4) *Juneteenth* (Feiern zum Gedenken an das Ende der Sklaverei in Texas), Denver. (5) *Greek Marketplace*, Denver. **Juni/Juli** *Colorado Music Festival*, Chautauqua Auditorium. **Juli** *Cherry Creek Arts Festival*, Cherry Creek North. **Aug.** (1) *Rocky Mountain Scottish Festival and Highland Games*, Highland Heritage Park. (2) *The International* (Golfturnier), Castle Pines Golf Club. **Okt.** (1) *Colorado Festival der Darstellenden Künste*, Denver. (2) *Great American Beer Festival*, Denver. (3) *Internationales Filmfestival*, Denver. **Nov.** *ArtReach Festival of Trees*, Denver. **Nov./Dez.** *Holiday in the City*, Denver. **Jan. '97** *National Western Stock Show and Rodeo*, Denver. **Febr.** *Buffalo Bill's Birthday Celebration*, Denver.

Anmerkung: Die Wintersportorte bieten gesonderte Veranstaltungen während der Wintersaison.

KLIMA

In der Hauptstadt Denver herrscht ein mildes, trockenes Klima mit durchschnittlich 300 Sonnentagen im Jahr. Der Frühling ist mild mit warmen Tagen und kühlen Abenden. Im Sommer wird es sehr warm, mit geringer Luftfeuchtigkeit und kühlem Abendwind. In Denver ist es oft noch im November sommerlich warm. Der Winter ist kalt, sonnig und klar mit Schneefällen. In den Bergen sind die Tage im Sommer warm und die Abende kühl. Der Herbst beginnt hier früher, und von Dezember bis April gibt es starke Schneefälle. Die Temperaturen liegen dann um den Gefrierpunkt.

Kleidung: Warme Kleidung, insbesondere in den Bergen, wird von November bis März/April benötigt. Baumwolle und Leinen reichen während der Sommermonate aus.

Connecticut

Lage: Nördliche Ostküste.

Herzog HC GmbH
Borsigallee 17
D-60388 Frankfurt/M.
Tel: (069) 42 08 90 89. Telefax: (069) 41 25 25.
Mo-Fr 09.00-18.00 Uhr (kein Publikumsverkehr).
Connecticut Office of Tourism
865 Brook Street
Rocky Hill, CT 06067
Tel: (860) 258 43 00. Telefax: (860) 258 42 75.
New Haven Visitors Bureau
1 Longwharf Drive
New Haven, CT 06511
Tel: (203) 777 85 50. Telefax: (203) 782 77 55.
Coastal Fairfield County
Convention and Visitors Bureau
297 West Avenue
Norwalk, CT 06850
Tel: (203) 854 78 25. Telefax: (203) 853 75 24.
Greater Hartford Visitors Bureau
1 Civic Center Plaza
Hartford, CT 06103
Tel: (860) 728 67 89. Telefax: (860) 293 23 65.
Mystic Information Center
Building 1D
Olde Mystic Village
Mystic, CT 06355
Tel: (203) 536 16 41.

FLÄCHE: 14.358 qkm.
BEVÖLKERUNGSZAHL: 3.277.000 (1993).
BEVÖLKERUNGSDICHTE: 228,2 pro qkm.
HAUPTSTADT: Hartford. Einwohner: 139.739 (1990).
GEOGRAPHIE: Connecticut ist einer der Neuengland-Staaten an der Ostküste. Die Landschaft ist lieblich und erinnert sehr an englische Parkanlagen. In Connecticut gibt es sowohl ruhige Kolonialdörfer als auch teure Pendlerstädte für New Yorker Manager; Seen, Berge, Wälder und breite Sandstrände sind typisch für diesen Bundesstaat.
ORTSZEIT: MEZ - 6.

REISEVERKEHR

FLUGZEUG: Der Flughafen in Hartford verbindet mit allen größeren Städten der USA.
BAHN: Die Amtrak-Linien *Montréaler*, *Northeast Corridor Connecting Train*, *Colonial* und *Virginian* fahren Hartford, Mystic, New Haven, Stamford und andere Orte in Connecticut an.
BUS/PKW: Einige *Greyhound*-Linien führen durch Connecticut auf der Strecke von New York nach Boston.

URLAUBSORTE & AUSFLÜGE

HARTFORD ist eine moderne Stadt mit einigen interessanten Museen. Das *Mark-Twain-Haus* ist wirklich sehenswert. Ganz in der Nähe liegt das Haus der Schriftstellerin Harriet Beecher Stowe, deren Buch »Onkel Toms Hütte« Weltruhm erlangte. Das *Old State House* wurde 1796 fertiggestellt. Die Neugestaltung der Innenstadt machte vor einiger Zeit Furore. Bei einem Rundgang durch die *Constitution Plaza* kann sich jeder selbst ein Urteil bilden. Hauptanziehungspunkt von **New Haven** ist die renommierte *Yale-Universität*, mit ihren guten Kunstgalerien und der ausgezeichneten neuen Bibliothek, in der seltene Handschriften und Bücher besichtigt werden können. Das bekannte *Peabody-Museum* für Naturgeschichte ist ebenfalls besuchenswert. Im *Mystic-Seaport-Museum* in der Nähe des Küstenorts **Mystic** erfährt man alles Wissenswerte über den Walfang, der einst in dieser Gegend betrieben wurde. Der *Long Island Sound* mit seinen zahlreichen Urlaubsorten und Fischereihäfen bietet vielseitige Freizeit- und Ausflugsmöglichkeiten. Auch den *Gillette Castle Park* in Hadlyme sollte man sich ansehen.

Delaware

Lage: Nördliche Ostküste.

Delaware Tourism Office
99 Kings Highway
PO Box 1401
Dover, DE 19903
Tel: (302) 739 42 71. Telefax: (302) 739 57 49.
Greater Wilmington Convention & Visitors Bureau
Suite 504
1300 Market Street
Wilmington, DE 19801
Tel: (302) 652 40 88. Telefax: (302) 652 47 26.

FLÄCHE: 6448 qkm.
BEVÖLKERUNGSZAHL: 700.000 (1993).
BEVÖLKERUNGSDICHTE: 108,6 pro qkm.
HAUPTSTADT: Dover. Einwohner: 27.630 (1990).
GEOGRAPHIE: Auch Delaware, einer der kleinsten Staaten der USA, liegt an der Ostküste. Wilmington ist das Wirtschafts- und Verwaltungszentrum dieses kleinen Staates.
ORTSZEIT: MEZ - 6.

REISEVERKEHR

BAHN: Verschiedene *Amtrak*-Linien führen über Wilmington von Washington DC und Baltimore im Süden nach New York und Boston im Norden.
BUS/PKW: Die Greyhound-Linien 10, 12 und 22 führen von Washington über Wilmington nach Philadelphia. Es gibt außerdem eine Verbindung von Wilmington nach Atlantic City.

URLAUBSORTE & AUSFLÜGE

WILMINGTON wurde 1638 gegründet und hat Museen, Galerien und einen Hafen. An der Stelle des *Fort Christina Historic Parks* befand sich die erste dauerhafte Siedlung des Landes. Die meisten Einwohner leben in ländlichen Gegenden, und selbst die Hauptstadt **Dover** ist für amerikanische Verhältnisse sehr klein. Der ehemalige Dorfanger ist heute das Stadtzentrum. Weitere Sehenswürdigkeiten in Dover sind das *Delaware State Museum* und die presbyterianische Kirche von 1790. Außerhalb der Hauptstadt befinden sich das historische *New Castle* und die Fischerstadt **Lewes**. *Rehoboth Beach* und der *Delaware Seashore State Park* sind ebenfalls einen Besuch wert.

Eine weitere wichtige Veröffentlichung von *Columbus Press* ist der »World Travel Guide«, der jährlich herausgegeben wird und auf über tausend Seiten Informationen in englischer Sprache über alle Länder der Erde enthält.

Weitere Einzelheiten von:
Columbus Press, Verkaufsabteilung,
Aurikelweg 9,
D-38108 **Braunschweig**.
Tel: 05309/2123. *Telefax*: 05309/2877.

Florida

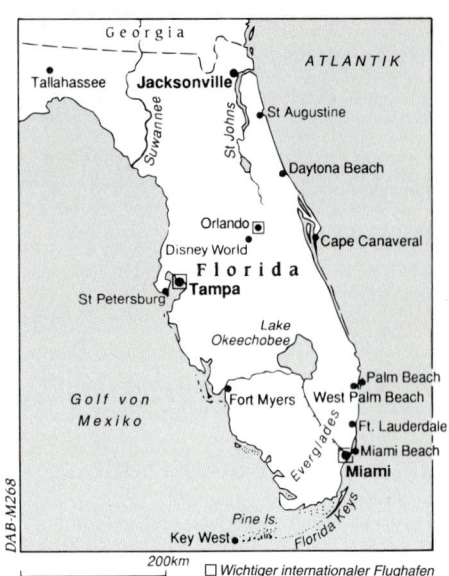

Lage: Südostküste.

Fremdenverkehrsamt Florida
Schillerstraße 10
D-60313 Frankfurt/M.
Tel: (069) 131 07 31. Telefax: (069) 131 06 47.
(nur schriftliche Anfragen, auch zuständig für Österreich und die Schweiz)
Orlando Tourism Bureau
Kleine Hochstraße 9
D-60313 Frankfurt/M.
Tel: (069) 28 96 85. Telefax: (069) 29 59 74.
Mo-Fr 09.00-17.00 Uhr (nicht für den Publikumsverkehr geöffnet).
(auch zuständig für Österreich und die Schweiz)
Palm Beach County Fremdenverkehrsbüro
c/o Wiechmann Tourism Services
Scheidswaldstraße 73
D-60385 Frankfurt/M.
Tel: (069) 43 56 64. Telefax: (069) 43 96 31.
Mo-Fr 09.00-18.00 Uhr.
(auch zuständig für Österreich und die Schweiz)
St. Petersburg/Clearwater Area Convention & Visitors Bureau
Alt Erlenbach 25
D-60437 Frankfurt/M.
Tel: (06101) 4 40 52. Telefax: (06101) 45 24.
Florida Division of Tourism
Department of Commerce
Suite 511
Collins Building
107 West Gaines Street
Tallahassee, FL 32399-2000
Tel: (904) 488 56 07, 488 91 87. Telefax: (904) 487 01 34.
Besucheranfragen und Prospektversand:
126 Van Buren Street
Tallahassee, FL 32399-2000
Tel: (904) 487 14 62.
Florida Hotel/Motel Association
200 West College Avenue
PO Box 1529
Tallahassee FL 32302-1529
Tel: (904) 224 28 88. Telefax: (904) 222 34 62.
Florida Association of RV Parks & Campgrounds
1340 Vickers Drive
Tallahassee, FL 32303-3041
Tel: (904) 562 71 51. Telefax: (904) 562 71 79.
Greater Fort Lauderdale Tourism Center
Suite 303
1850 Eller Drive
Fort Lauderdale, FL 33316
Tel: (305) 765 44 66. Telefax: (305) 765 44 67.
Greater Miami Convention & Visitors Bureau
Suite 2700
701 Brickell Avenue
Miami, FL 33131
Tel: (305) 539 30 92. Telefax: (305) 539 31 13.
Orlando/Orange County Convention & Visitors Bureau
Suite 100
6700 Forum Drive
Orlando, FL 32821-8087
Tel: (407) 363 58 49. Telefax: (407) 363 58 99.
Tallahassee Area Convention & Visitors Bureau
200 West College Avenue (32301)
PO Box 1369
Tallahassee, FL 32302
Tel: (904) 413 92 00. Telefax: (904) 487 46 21.

FLÄCHE: 170.314 qkm.
BEVÖLKERUNGSZAHL: 13.679.000 (1993).
BEVÖLKERUNGSDICHTE: 80,3 pro qkm.
HAUPTSTADT: Tallahassee. Einwohner: 124.773 (1990).
GEOGRAPHIE: Dieses ehemalige Indianergebiet bietet alles von einfacher Abgeschiedenheit in der Sonne bis zu Luxus im großen Stil. Die Halbinsel ist eines der Hauptferiengebiete der USA mit ihren gewundenen Wasserwegen, Süßwasserseen, Hügeln, Wäldern, Sümpfen, Städten, 13.560 km Küste, vielen Buchten, Inseln und einem wundervollen Klima. An der südöstlichen Spitze liegen Miami und der berühmt-berüchtigte Miami Beach, wo die Sonne das ganze Jahr über scheint. Floridas größter Strand, *Miracle Strip*, erstreckt sich an der Nordküste von Apalachicola nach Pensacola und besteht aus über 160 km reinen weißen und oft einsamen Sandstränden. In der Nähe von Tampa gibt es 45 km Sandstrand an der Pinellas Suncoast, die Walt Disney World, das Kennedy-Weltraumzentrum und viele weitere Touristenattraktionen.
ORTSZEIT: MEZ - 6.

REISEVERKEHR

FLUGZEUG: Durchschnittliche Flugzeiten: *Miami* – Atlanta: 1 Std. 50; *Miami* – Barbados: 3 Std. 25; *Miami* – Caracas: 3 Std. 10; *Miami* – Charlotte: 2 Std; *Miami* – Chicago: 3 Std. 10; *Miami* – Dallas/Fort Worth: 3 Std. 20; *Miami* – Frankfurt: 10 Std. 15; *Miami* – Freeport: 40 Min; *Miami* – Grand Turk: 1 Std. 45; *Miami* – Guatemala City: 2 Std. 40; *Miami* – Honolulu: 12 Std. 15; *Miami* – Houston: 3 Std; *Miami* – London: 8 Std. 10; *Miami* – Los Angeles: 7 Std; *Miami* – Mexico City: 3 Std. 15; *Miami* – New York: 2 Std. 40; *Miami* – Orlando: 55 Min; *Miami* – Panama City: 3 Std; *Miami* – Port-au-Prince: 45 Min; *Miami* – Providenciales: 1 Min. 35; *Miami* – St. Croix: 2 Std. 40; *Miami* – San Francisco: 7 Std. 25; *Miami* – San Juan: 2 Std. 25; *Miami* – Santo Domingo: 2 Std. 10; *Miami* – Tampa: 55 Min; *Miami* – Washington DC: 2 Std. 20; *Miami* – Wien: 11 Std. 20; (reine Flugzeit, Umsteigen in Zürich oder New York); *Miami* – Zürich: 10 Std. 15.
Tampa – Frankfurt: 13 Std. 35 (einschl. Zwischenaufenthalt von 1 Std. 55 in Charlotte); *Tampa* – London: 11 Std. 35 (einschl. eines Zwischenaufenthaltes); *Tampa* – Miami: 55 Min; *Tampa* – New York: 2 Std. 40; *Tampa* – Zürich: 10 Std. 45 (reine Flugzeit, Umsteigen in Atlanta).
Orlando – Frankfurt: 12 Std. 20 (einschl. 1 Std. 50 Zwi-

Landen Sie nur ein bißchen näher am Strand, und Sie haben Sand in Ihren Schuhen...

Der Internationale Flughafen von Daytona Beach ist Ihr Tor zu den weltberühmten Stränden, Orlandos Attraktionen, dem Kennedy Space Center und historischen St. Augustine.

Daytona Beach/New Smyrna Beach/DeLand... Von hier aus können Sie ganz Florida erleben!

Lieber Direkt
LTU INTERNATIONAL AIRWAYS
Germany to Daytona Beach, Florida

DAYTONA BEACH INTERNATIONAL AIRPORT

USA 757

schenaufenthalt in Charlotte); *Orlando* – London: 12 Std. (einschl. eines Zwischenaufenthaltes); *Orlando* – Miami: 55 Min; *Orlando* – New York: 2 Std. 30; *Orlando* – Washington DC: 2 Std. 05; *Orlando* – Zürich: 11 Std. 20 (reine Flugzeit, Umsteigen in Atlanta). Verbindungen von Wien sind nur über Frankfurt/M. möglich.

Internationale Flughäfen: *Miami* (MIA) liegt 11 km nordwestlich der Stadt (Fahrzeit 15 Min.), Tel: (305) 876 70 00. Ein Bus pendelt rund um die Uhr vom Flughafen zum Geschäftsviertel und hält auf Wunsch an den Hotels. Die Buslinie 20 fährt von 06.00-01.00 Uhr alle 30 Min. Taxis und Limousinen sind vorhanden. *Greyhound*-Busse fahren nach Homestead, Islamorada, Key Largo, Key West und Marathon.

Tampa (TPA) liegt 8 km westlich der Stadt (Fahrzeit 15 Min.), Tel: (813) 870 87 00. Es gibt Busse, Taxis und Limousinen.

Orlando (MCO) liegt 16 km südöstlich der Stadt (Fahrzeit 25 Min.), Tel: (407) 825 20 01. Mietwagen, Busse, Taxis und Limousinen stehen zur Verfügung.

SCHIFF: Der Hafen von Miami wird als Welthauptstadt der Kreuzfahrten bezeichnet und bietet Schiffe für jede Gelegenheit – von der Konferenz an Bord über die Wochenendfahrt bis zu ausgedehnten Seereisen. Der zweitwichtigste Hafen für Kreuzfahrten in Florida ist Port Everglades in Fort Lauderdale. Port Canaveral und Port of Palm Beach sind weitere Häfen an der Ostküste; die wichtigsten Anlaufstellen für Kreuzfahrten an der Westküste sind St. Petersburg und Tampa. Einige der wichtigsten Reedereien in Florida sind *Admiral, Carnival, Chandris Fantasy-Celebrity Cruises, Commodore, Costa, Crown, Cunard, Dolphin, Holland America, Norwegian American, Premier, Princess, Regency, Royal Caribbean, Royal Viking, Seabourn, SeaEscape, Sitmar* und *Sun Line*.

BAHN: Der Amtrak-Bahnhof in Miami liegt 11 km nördlich des Geschäftsviertels. Der Bahnhof ist der südliche Endbahnhof des Bahnnetzes der Ostküste für Züge aus New York und Boston (Fahrzeiten s. Abschnitt *New York*). Eine Nebenlinie endet in Sarasota, einige Kilometer südlich von Tampa am Golf von Mexiko. Es gibt keine Direktverbindung zwischen den beiden Bahnhöfen.

BUS/PKW: Die größten Straßen Floridas führen von Daytona Beach nach St. Petersburg (I-4), von Jacksonville zur Grenze nach Alabama (I-10), von St. Petersburg nach Tampa (I-275), von der südlichen Westküste nach Ft. Lauderdale (I-75) und von Clearwater nach Vero Beach (State 60). Die meisten Straßen sind ausgezeichnet.

Durchschnittliche Pkw-Fahrzeiten: Miami – Orlando:

▲ Longboat Key

4 Std; Miami – Tampa: 5 Std; Miami – Daytona Beach: 5 Std; Miami – New York: 27 Std; Miami – Chicago: 27 Std; Miami – Dallas: 28 Std; Miami – Los Angeles: 57 Std. und Miami – Seattle: 69 Std.
Tampa – Orlando: 1 Std. 30.
Alle Fahrzeiten bei Fahrt ohne Halt und innerhalb der Geschwindigkeitsbegrenzungen.

Durchschnittliche *Greyhound*-Fahrzeiten: Miami (Tel: (305) 374 61 60) – Ft. Lauderdale: 1 Std. 55; Miami – Palm Beach: 3 Std; Miami – Orlando: 7 Std. 15; Miami – St. Petersburg: 8 Std. 30; Miami – Jacksonville: 9 Std. 30; Miami – Tampa: 10 Std; Miami –Tallahassee: 13 Std. und Miami – Atlanta: 18 Std.

STADTVERKEHR: Miami/Miami Beach: Im Geschäftsviertel ist ein neues, verbessertes öffentliches Nahverkehrssystem eingeführt worden; es soll noch weiter ausgebaut werden und ein Hochbahn- und Busnetz miteinschließen. Von der Hochbahn *Downtowner People Mover* aus hat man außerdem einen guten Blick über die Stadt. Im Großraum Miami gibt es regen Linienbusverkehr. Die Fahrpreise sind angemessen, man kann Umsteigetickets kaufen. Taxis können auf der Straße angehalten oder telefonisch bestellt werden, sind aber teuer und bleiben in den Stoßzeiten oft im Stau stecken. Die bekannten Autovermieter haben am Flughafen oder im Geschäftsviertel von Miami Vertretungen. Viele bieten Mitfahrgelegenheiten zu anderen Orten des Bundesstaates an. Die großen Hotels vermitteln oft Mietwagen.

URLAUBSORTE & AUSFLÜGE

Die **FLORIDA KEYS** erstrecken sich über 290 km und führen über 42 Brücken von der Biscayne Bay in Miami zu den Dry Tortugas, die nur 145 km von Havanna entfernt liegen und allgemein als »Ende der Welt« bekannt sind. Sie sind in die *Upper*, *Middle* und *Lower Keys* unterteilt. Die Umgebung der Keys wird hauptsächlich von smaragd-grünen Lagunen, tiefblauem Meer, raschelnden Palmen, rauschenden Pinien und oliv-grünen Mangroven dominiert. **Key Largo** ist ein Taucherparadies, nicht

Pelican Cove Resort

Der Resort mit einer Atmosphäre so angenehm wie das Klima, direkt am Atlantik, im schönen Islamorada in den Florida Keys.

UNTERBRINGUNG: Luxuriöse Unterkünfte mit Zimmern, vollausgestatteten Kochnischen und Bad mit Whirlpool. Alle bieten private Balkone mit Meerblick.

EINRICHTUNGEN/FREIZEIT: Beheizter Süßwasserswimmingpool, Whirlpool, Salzwasserswimmingpool, kostenloses kontinentales Frühstück, Tennis, Wassersportangebot an unserem Sandstrand, Bootanleger und Docks, Konferenzräume am Anleger, Hochsee- und Flußangelausflüge, Schnorcheln, Tauchen, Bootsverleih, Cabana Bar und Café.

Pelican Cove Resort
M.M. 84.5 Oceanside, Old Overseas Hwy,
Islamorada, Florida Keys 33036
Informationen auch über:
http://florida-keys.fl.us/pelican.htm

Tel: (305) 664 44 35   Telefax: (305) 664 51 34   1-800-445 46 90   E-mail: us@pcove.com

10% Kommission wird sofort gezahlt

Genießen Sie Ihren Mittagsschlaf
...Genießen Sie Ihre Sonnenbräune
..........Genießen Sie Ihr Abenteuer

Genießen Sie Ihren Mittagsschlaf unter der Palme, genießen Sie Ihre Sonnenbräune unter der fabel-haften Sonne Floridas oder genießen Sie ein Abenteuer an Bord des TIKI Charterbootes. Sie können sich problemlos Charterboote mieten, um die Unterwasserwelt zu ergründen oder um an den Korallenriffen zu schnorcheln und tauchen.

LA SIESTA steht nicht nur unter Familienleitung, sondern ist auch seit langem in dessen Besitz. Lage: Auf halbem Weg zwischen Miami und Key West, in 2,8 ha großer tropischer Umgebung und mit 167 m an Strand. Wir bieten Ihnen ein Süßwasserschwimmbecken mit Rutsche, Grillplätze, Volleyball, Basketball, Shuffleboard und einen großen Kinderspielplatz. Unsere Ein-,

Zwei- und Dreibettzimmer-Villen und Appartements mit tropisch elegantem Komfort haben volleingerichtete Kochnischen, Farbfernseher, Telefone, individuell regulierbare Klimaanlagen und tägliche Zimmerreinigung. Wir befinden uns in der Nähe von Restaurants und Geschäften.

An unserer geschützten Bucht steht unser 33 m langer Pier mit Flutlicht für das Nachtangeln. Verleih von Waverunners, Kajaks, Paddelbooten und Fahrrädern.

Lindback's La Siesta resort

Tel: (305) 664 21 32;
(800) 222 16 93.
Fax: (305) 664 96 03.

80241 Overseas Highway
Mile Marker 80.5 Oceanside
Islamorada, Florida Keys 33036
E-mail: lasiesta@fla-keys.com

CHESAPEAKE RESORT

Zivilisation wie sie wirklich sein sollte...

Genuß

Vertiefen Sie Ihre Sonnenbräune an unseren über 300 m langen weißen Sandstränden, die die Salzwasser-Lagune umsäumen.
Entspannen Sie sich am Swimmingpool oder im Whirlpool.
Spielen Sie Tennis. Messen Sie sich mit unserem Fitneßcenter.
Angeln Sie in den fischreichsten Gewässern der Welt unter der Leitung unserer Backcountry Guides, u. a. gibt es hier Bonefish, Redfish oder Tarpon. Zur Auswahl stehen auch Hochseeangelfahrten im Golfstrom. Tauchen Sie am einzigen lebenden Korallenriff der USA, und schwimmen Sie inmitten bunter, tropischer Fischschwärme in Unterwassergärten oder Wracks.
Segeln Sie auf der farbig-schillernden See.
Oder träumen Sie in einer sanft schaukelnden Hängematte unter Palmen...
Im Chesapeake finden Gäste 65 großzügig anglegte Unterkünfte.
Zimmer und Suiten bieten atemberaubende Aussichten auf den Atlantik.
Individuell ausgestattete Villen mit volleingerichteter Küche, entweder als Studio oder mit 1/2 Schlafzimmern.
Garten-Motelzimmer bieten eine abgeschlossene Veranda und Blick über die Tennisplätze.
Restaurants, Lounge und Unterhaltungsbereiche befinden sich in angrenzenden Gebäuden, alle nur einen Katzensprung entfernt.
Angebote für Hochzeitsreisende, und Konferenzräume sind vorhanden.
Seit Jahren als Urlaubsziel von Präsidenten und Stars bekannt, finden Sie in Islamorada eine hervorragende Auswahl an Restaurants und Einkaufsmöglichkeiten ebenso wie einige der bekanntesten Bars der Florida Keys.

Entspannung

Hohe Palmen, blühender Hibiskus und farbenprächtige Bougainvillea verzieren das 0,5 ha große tropische Gelände...
Entdecken Sie das perfekte Versteck weit entfernt vom Großstadt-Streß.
Nur 2 Stunden Autofahrt von Miami liegt das Chesapeake Resort im herrlichen Islamorada, auf halbem Weg zwischen Miami und Key West.

83409 Overseas Highway · PO Box 909 · Islamorada, Florida Keys 33036
• Tel: (305) 664 46 62 • (800) 338 33 95 • Fax: (305) 664 85 95 •
• Chesapea@aol.com • http://Florida-Keys.FL.US/Cheaspea.htm

---

zuletzt, weil man hier Nordamerikas einziges lebendes Korallenriff im *John Pennekamp Coral Reef State Park* oder *Key Largo National Marine Sanctuary* besichtigen kann. Diese beiden Schutzgebiete bieten 55 Korallenarten und fast 500 verschiedene Fischarten; eine Erkundungsfahrt mit dem Glasbodenboot durch den John Pennekamp Coral Reef State Park ist möglich, der 21.000 ha Korallenriffe beinhaltet. In Key Largo gibt es außerdem das einzige Unterwasserhotel der Welt, in dem die Gäste ihre Abendstunden inmitten der bunten Meeresfauna verbringen können. **Islamorada Key** in den Upper Keys ist die Hauptinsel der »Purple Isles«-Gruppe, die sich aus den Inseln Plantation Keys, Windley Key, Upper/Lower Matecumbe Key zusammensetzen. Diese Insel, als »Sportfishing Capital of the World« bekannt, macht ihrem Namen alle Ehre. Angler können hier u. a. nach Sailfish, Marlin, Dolphins (nicht Flipper), Kingfish, Snapper, Barracuda und Grouper fischen. Aber auch Segeln, Tauchen, Jet Skiing und Windsurfen sind hier allzeit beliebte Sportvergnügen. Außerdem befindet sich in Islamorada Key einer der ältesten und beliebtesten Marine Parks im ganzen Land, das *Theater of the Sea.* In **Key Marathon**, dem Herzen der Florida Keys, leben große Herden einer seltenen Seekuhart. *Crane Point Hammock*, ein 240 qkm großes Wildschutzgebiet, und das *Dolphin Research Center* sind weitere Anziehungspunkte dieser Insel. Das größte Lower Key, **Big Pine Key**, ist ein tropisches Naturparadies, auf dem eine Rehart ihr zuhause hat sowie auch Alligatoren zu finden sind. Autofahrer sollten beim Befahren des *National Key Deer Refuge* besonders darauf achten, das Wild nicht zu stören. Das bekannteste Key ist jedoch **Key West**, eine etwa 3 qkm große Insel mit bezaubernden Holzhäuschen, wie man sie auch auf den Bahamas findet, und einer faszinierenden Vergangenheit. 1931 kaufte sich Ernest Hemingway ein Landhaus und verbrachte 10 Jahre seines Lebens hier, in denen er viele seiner berühmten Bücher schrieb. Heute zieht es viele Touristen zu dem *Ernest Hemingway Home and Museum*, wie auch zu seiner beliebtesten Kneipe. Zu den weiteren Sehenswürdigkeiten auf Key West gehören *Audubon House of Gardens*, das Haus des berühmten Ornithologen des 19. Jahrhunderts, die *East Martello Museum and Art Gallery*, das *Key West Aquarium*, das *Key West Lighthouse Museum* und *Turtle Kraals*, wo man 400 Pfund schwere Schildkröten und seltene Vogelarten aus der Nähe beobachten kann. *Das Miami Seaquarium* in **Virginia Key** und an der Biscayne Bay ist ein tropisches Inselparadies, in dem man Schwertwale, Delphine (einschl. »Flipper«) und Seelöwen bewundern kann. *Planet Ocean* auf dem Virginia Key erreicht man über den Rickenbacker-Damm, hier werden die Rätsel der Weltmeere untersucht und erklärt. Man kann einen Wirbelsturm hautnah erleben, durch Wolken gehen, ein U-Boot besichtigen und die Entstehung der Meere beobachten. **Key Biscayne**, 10 km vom Geschäftsviertel Miamis entfernt, ist ebenfalls über den Rickenbacker-Damm zu erreichen. Zu den Hauptattraktionen dieses Urlaubsortes gehören die schönen Strände, ein Zoo, ein Picknickhain und Badehäuser. Man kann mit einer Kleinbahn fahren und den *Bill Baggs Cape Florida State Park* mit Picknick-, Angel-, Boots- und Bademöglichkeiten besuchen.

MIAMI/MIAMI BEACH: Miami ist der größte Hafen der Welt für Kreuzfahrten (mit Stegkapazität für 14 Schiffe) und sowohl auf dem Wasser- als auch auf dem Luftweg ein ideales Sprungbrett in die Karibik. Der frühere Winterurlaubsort ist heute das ganze Jahr über viel besucht. Die Temperaturen sind ganzjährig angenehm – zwischen 20°C im Dezember und 27°C im August. Hotelzimmer und Apartments sind von April bis Mitte Dezember wesentlich billiger. Die Insel Miami Beach ist durch einen Damm und Brücken mit dem Festland verbunden. 80 Häuserblocks und 800 Gebäude sind um den Flamingo-Park gruppiert. Diese Gegend rühmt sich der größten Ansammlung von Art Deco-Gebäuden. Miamis Stadtbild hat sich in den letzten Jahren durch Sanierungs- und Neubauprojekte stark verändert. Der 1988 eröffnete *Bayside Market Place*, ein Neubaukomplex mit Geschäften, Restaurants und Pavillons rings um den Jachthafen, wurde für 93 Mio. US$ erbaut. Der 12 ha

MIAMI

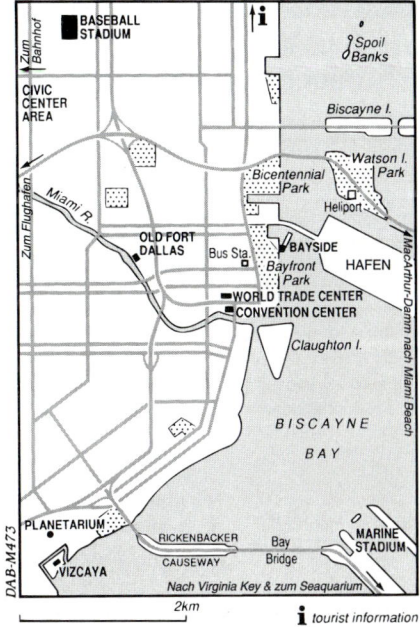

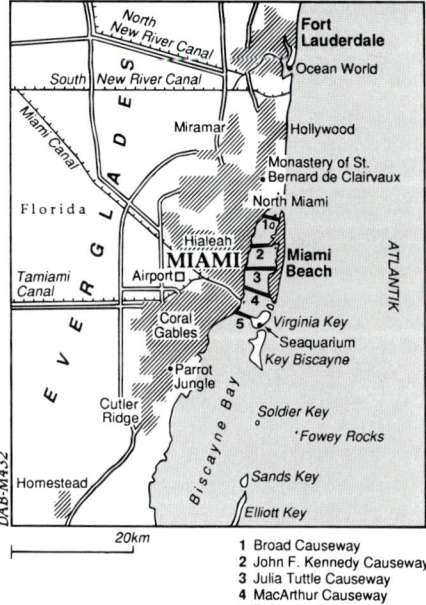

1 Broad Causeway
2 John F. Kennedy Causeway
3 Julia Tuttle Causeway
4 MacArthur Causeway
5 Rickenbacker Causeway

große *Bayfront Park* zieht sich an der Bucht entlang und verbindet Bayfront mit Riverwalk. Greater Miami oder Metropolitan Dade County setzt sich aus mehreren Ortschaften zusammen, darunter Miami, Miami Beach, Coral Gables, South Miami, Hialeah, Key Biscayne, Coconut Grove und Little Havanna (mit kubanischen Restaurants und Cafés). Im Nordosten liegt die beliebte *Sunny Isles Motel Row*, im Südwesten das *Miracle-Mile*-Einkaufsgebiet in Coral Gables (mit venetianischem Stadtbad) und das moderne Universitätsgelände. Im *Greynolds Park* im Norden gibt es Picknickplätze, Bootsvermietungen und einen Golfplatz. Eine Kuriosität ist das Kloster von *St. Bernard de Clairvaux* aus dem 12. Jahrhundert, das vom Verleger William Randolf Hearst in Spanien gekauft und dann Stein für Stein importiert wurde. Kulturell interessant sind das *Miami Wax Museum*, das *Metropolitan Museum Art Center*, das *Lowe Art Museum* mit einer umfassenden Sammlung primitiver Kunst sowie europäischer und orientalischer Gemälde und das *Bass Museum of Art*. Die *American Sightseeing Tours* führen täglich halb- oder ganztägig durch das Stadtgebiet von Greater Miami; außerdem bieten verschiedene Reiseveranstalter Rundfahrten per Boot an.

Von **Watson Island** kann man aus dem Hubschrauber einen Blick aus der Vogelperspektive auf Miami und Miami Beach werfen. Der Rundflug dauert 14 Min. Der *Fairchild Tropical Garden* in der Old Cutler Road in Süd-Miami ist mit 33 ha farbenprächtigen tropischen Pflanzen aus aller Welt, einem Regenwald, Palmen, einem Senkgarten und einem Pflanzenhaus mit seltenen Arten der größte Botanische Garten der USA. Die *HMS Bounty* in Bayside ist eine Nachbildung des berühmten Schiffs aus dem 18. Jahrhundert mit voller Takelage, das durch das Buch »Meuterei auf der Bounty« berühmt wurde. Die *Lion Country Safari* ist eine 800 km lange Fahrt auf dem Southern Boulevard nach Westen durch einen Wildschutz- und Freizeitpark, in dem etwa 1000 afrikanische, asiatische und amerikanische Tiere relativ frei leben. Im *Miami Metrozoo*, unweit der Hauptverkehrsstraße Floridas, 152nd Street West, wird der natürliche Lebensraum der Tiere simuliert. Im *Miccosukee Indian Village*, westlich von Miami, kann man erfahren, wie dieser Indianerstamm (es gibt ihn noch heute) in der Mitte der Everglades (s. u.) lebte. Im *Monkey Jungle* südlich der Hauptstraßenabfahrt 216 Street West, »wo die Menschen eingesperrt sind und die Affen frei herumlaufen«, kann man eine Affenkolonie sehen, die in einem üppigen Tropendschungel lebt. Zu den Hauptattraktionen zählen der *Wild Monkey Swimming Pool*, der *Amazing Rainforest* und der *Ape Encounter*. *Vizcaya*, südlich des Geschäftsviertels von Miami und der Biscayne Bay, ist ein schöner Palast mit 70 Räumen im Stil der italienischen Renaissance. Er liegt in einem 4 ha großen kultivierten Garten und beherbergt eine ausgezeichnete Sammlung von Möbeln und Kunstgegenständen. Das *Miami Museum of Science & Space Transit Planetarium* liegt in der Nähe von Vizcaya in der South Miami Avenue und bietet zahlreiche Attraktionen, einschl. einer Laserschau. Der *Parrot Jungle*, 18 km südlich von Miami, ist Habitat von 1100 Vögeln. Der *Everglades National Park* westlich von Miami ist das größte subtropische Wildnisgebiet in Nordamerika. Er erstreckt sich auf 1,4 Mio. ha über drei Bundesstaaten und nimmt den größten Teil der Südspitze Floridas ein. Der Nationalpark beheimatet 600 Fischarten, 300 Vogelarten sowie zahllose Arten von Säugetieren und Pflanzen, die nirgendwo sonst auf der Welt wachsen. Es gibt Wanderpfade, Schwimmgebiete, Lagerstellen, Wanderungen mit Führung, Reitwege sowie Möglichkeiten zum Boot und Kanu fahren. Das übrige Gebiet der Everglades wird jedoch nach und nach entwässert, wodurch der Lebensraum einiger Indianerstämme und Tierarten zerstört wird. Nördlich der Everglades verbindet der *Tamari Trail* Miami und Tampa. Der einzige Zugang von hier zu dem 5439 qkm großen Naturgebiet ist der Wasserweg.

Die weltberühmten **FORT LAUDERDALE**, nördlich von Miami, ist wegen seiner vielen eleganten Lagunen, Kanäle und Flüsse mit Venedig verglichen worden. Wassersport steht an erster Stelle. Es gibt einen 37 km langen weißen Strand, über 50 Golfplätze, 288 Parks, in denen man reiten kann, ideale Bedingungen für Wanderungen in der freien Natur, Picknicks und zum Camping sowie ausgezeichnete Einkaufsmöglichkeiten auf dem berühmten Las Olas Boulevard. Das Übernachtungsangebot ist groß und reicht von eleganten Resorts bis zu winzigen Häuschen an der Küste.

In der *Bahia Mar Marina* kann man Boote mieten, oder eine Fahrt mit der *Jungle Queen* unternehmen. Im Hafen sind etwa 30.000 Schiffe registriert. In der *Ocean World*, nicht weit vom Geschäftsviertel von Fort Lauderdale, kann man Vorführungen mit Delphinen und Seelöwen, aber auch Haifische, Alligatoren, Meeres- und Seeschildkröten sowie tropische Vögel bestaunen. Das Haus des Künstlers Frederic Bartlett, *Bonnet House*, ist ein subtropisches Anwesen südlich des Sunrise Boulevard. Führungen werden angeboten. Das *Discovery Center*, zu dem auch ein Planetarium und ein Insektenzoo gehören, bringt der ganzen Familie die Welt der Kunst, Geschichte und Wissenschaft näher. Auch der *International Swimming Hall of Fame Aquatic Complex*, das *Museum of Art* mit einer ausgezeichneten Völkerkundeabteilung und das *Archäologische Museum* sind sehr interessant. *Trolley Tours Inc.* veranstalten Führungen im gesamten Stadtgebiet. Tagestickets kosten 8 US$ pro Tag, Kinder unter 10 fahren umsonst mit. *Voyager Sightseeing Train* bieten eine Rundfahrt in offenen Straßenbahnwagen an. Das *Water Kingdom Atlantis*, unweit von Fort Lauderdale in **Hollywood**, ist ein riesiger Wasser-Vergnügungspark mit vielen Attraktionen. In dem wunderschönen Badeort **Palm Beach** steht das *Henry Morrison Flagler Museum*, ein Andenken an den Bahnmagnaten, der Palm Beach zu einem Urlaubsort ausbaute, indem er palmengesäumte Alleen anlegte. Weitere Sehenswürdigkeiten in Palm Beach sind der *Dreher Park Zoo*, das *Morikami Museum* mit dem japanischen Garten, die *Norton Gallery of Art*, das *South Florida Science Museum* und der *Lion Country Safari Park* mit über 1000 wilden Tieren, kostenlosen Bootsfahrten, Minigolf und einem Dinosaurier- und Reptilienpark. Nordwestlich von Palm Beach liegt *Lake Okeechobee*, wo man nach Großmaulbarschen angeln kann.

TAMPA, die drittgrößte Stadt Floridas, liegt an der Westküste. Sie wurde lange als Ort der »Superreichen« angesehen. Der spanische Einfluß ist nicht zu übersehen; Tampa verfügt heute über eine bedeutende Tourismusindustrie.

Ybor City innerhalb des Stadtgebiets ist eine vollständige spanische Ortschaft, die nach dem kubanischen Zigarrenfabrikanten Vincent Martinez Ybor benannt wurde, der in Tampa 1866 ein Geschäft eröffnete. Ybor City hat schmiedeeiserne Balkone, Plazas, Arkaden und Straßencafés. *Busch Gardens*, eine der Hauptattraktionen von Tampa, ist ein 120 ha großer Afrika-Freizeitpark aus der Zeit um die Jahrhundertwende. Eine Einspurbahn, die »Skyride«, ein Zug mit Dampflok und Fahrten zur »Insel der Abenteuer« werden geboten, ebenso Vorführungen, ein Zoo und das *Moroccan Palace Theater*.

Die weltberühmte *Pinellas Suncoast* ist von Tampa aus über die Staatsautobahn in 30 Min. zu erreichen. Das ganzjährige Urlaubsgebiet hat durchschnittlich 361 Sonnenscheintage im Jahr. An der 205 km langen Küste liegen 45 km Sandstrände sowie die Urlaubsorte *Clearwater Beach, Dunedin, Holiday Isles, Madeira Beach, St. Pete Beach, Tarpon Springs* (*Sponge Docks*), *Treasure Island* und *St. Petersburg*, ein besonders bei Senioren beliebter Urlaubsort. **St. Petersburg** befindet sich an Floridas Westküste und grenzt im Osten an Tampa Bay und im Westen an den Golf von Mexico. Die *Pinellas Peninsula* und deren berühmten Strände sind nur einen

Willkommen am St. Petersburg Beach an der atemberaubenden Westküste Floridas, nur 1,5 Stunden Autofahrt von Orlando

Hier finden Sie ein einzigartiges Ganzjahresurlaubsziel für alle Geschmäcker. Genießen Sie unser hervorragendes Wetter! Unsere sonnengetränkten Strände bieten weichen weißen Sand umsäumt von Palmen am Golf von Mexiko. Beobachten Sie unsere einheimischen Tierarten – Delphine, Seekühe, Reiher und Pelikane.

An den Stränden werden alle erdenklichen Wassersportarten angeboten – und vieles mehr.

Gastronomie: Hunderte von Restaurants bieten internationale Küchen: frische Meeresfrüchte, große Steaks, chinesische, deutsche, spanische, mexikanische, französische und italienische Spezialitäten.

Ausflüge: Pass-a-Grille, am Ende von St. Pete Beach gelegen, beeindruckt durch die altmodisch-angenehme Atmosphäre der Florida Keys mit seinen alten Häusern, dem geschäftigen Fischereihafen und zahlreichen hervorragenden Restaurants.

Ganz in der Nähe von St. Petersburg Beach:

Fast alles läßt sich problemlos von hier aus erreichen, direkter Anschluß an den Highway 275, der Sie sicher und schnell zu den nachfolgenden Attraktionen bringt. Verirren ist unmöglich!

St. Petersburg: 20minütige Autofahrt. Bildschöne Bucht, zahllose Kunstgewerbegeschäfte, ein geschäftiger Jachthafen und The Pier mit guten Restaurants.

Tampa: 40minütige Fahrt. Elegantes Hyde Park mit einladenden Geschäften, Straßencafés und Restaurants. Ybor City mit der kubanischen Atmosphäre erinnert an New Orleans. Allabendlich erwachen die Straßen zum Leben mit Nachtklubs, Jazzkneipen und Live-Musik – hier schließt alles erst bei Sonnenaufgang!

Sarasota: 40minütige Fahrt. Ein unbedingtes Muß. Die Fahrt über die Skyline Bridge wird Ihnen auf jeden Fall im Gedächtnis bleiben. St. Armand's Circles Geschäfte und Restaurants sind auch in Florida einzigartig.

Tarpon Springs: 1 Stunde Autofahrt. Entdecken Sie die griechische Atmosphäre in dieser unnachahmlichen Gemeinde. Ein idealer Tagesausflug, um die griechische Gastfreundschaft so richtig auszukosten.

Orlando: 1,5stündige Fahrt – zu allen Attraktionen.

SUPER URLAUBSZIELE

Alle Hotels liegen direkt an den weichen weißen Sandstränden des wunderschönen Golfes von Mexiko. Sicheres Baden an der Westküste Floridas ist garantiert.

ST. PETE BEACH, FLORIDA

Dieses 12stöckige Hotel bietet einzigartige Sonnenuntergänge am Strand und Golf von Mexiko.

Wunderschöner weißer Privatstrand
Neurenovierte Zimmer mit Privatbalkon und Blick auf die Bucht oder den Golf
Penthouse Nachtklub und Lounge mit Live-Unterhaltung jeden Abend bis 2 Uhr morgens
Beheizter Swimmingpool, Fitneßcenter, Zimmerausstattung mit Kühlschrank und Fön
Kostenlose Übernachtung für Jugendliche unter 19 Jahren, Gratis-Verpflegung für Kinder unter 12 Jahren
Wassersportgeräteverleih am Strand
Golf/Tennis, Boot-/Angel-Charter in der Nähe

5250 Gulf Boulevard, St. Pete Beach, Florida 33706
Tel: 813 360 18 11. Verkaufsabteilung: Telefax: 813 360 38 98
Buchungen: Telefax: 813 360 69 19
Holiday Inn Buchungs-Büro in Deutschland: 0130 81 51 31

CRS-Codes: Sabre: AA9222 • Worldspan: TW/DL3880 • Apollo/Galileo: UA50288
• System One/Amadeus: EA/AMF28

Auf einer Fläche von 2 ha zauberhafter Gärten, finden Sie hier den idealen Ort, um Spaß zu haben und sich zu entspannen.

Neurenovierte Zimmer mit Blick auf die schönangelegten Gärten oder den Golf und Strand
Jimmy B's Beach Bar – die beliebteste Strandbar mit allabendlicher Live-Unterhaltung
Einige Zimmer bieten vollausgestattete Kochnischen sowie Kaffeemaschine und großzügige Eßecke
Beheizte Swimmingpools

6200 Gulf Boulevard, St. Pete Beach, Florida 33706
Tel: 941 367 19 02. Telefax: 941 367 44 22
Days Inn Buchungs-Büro in Deutschland: (069) 42 08 90 89

FORT MYERS BEACH, FLORIDA

Dieses tropische Resort bietet einen Key West-Abend im Stil des Alten Florida am Golf von Mexiko.

Die meisten Zimmer überblicken den spektakulären Strand
Suiten bieten Blick auf den Strand und vollausgerüstete Kochnischen und großzügig angelegte Eß- und Wohnbereiche
Beheizter Swimmingpool sowie Wassersportangebot
Key West Beach Bar mit allabendlicher Unterhaltung

1160 Estero Boulevard, Ft. Myers Beach, Florida 33931
Tel: 941 463 61 58. Telefax: 941 765 42 40
Ramada Buchungs-Büro in Deutschland: 0130 81 23 40

Entspannen Sie sich in unserem tropischen Urlaubsversteck, direkt am Golf von Mexiko.

Beheizter Swimmingpool
Jimmy B's Beach Bar mit täglicher Live-Unterhaltung
Windsurfen, Parasailung und Jetskiing

1130 Estero Boulevard, Ft. Myers Beach, Florida 33931
Tel: 941 463 97 59. Telefax: 941 765 42 40
Days Inn Buchungs-Büro in Deutschland: (069) 42 08 90 89

Direkt am Golf von Mexiko, genießen Sie den Swimmingpool, den Strand und die nahegelegenen Einkaufsmöglichkeiten und Restaurants.

Die meisten Zimmer überblicken den wunderschönen Strand
Suiten mit vollausgestatteten Kochnischen sowie großzügig bemessenen Eß- und Wohnbereichen.
Swimmingpool und Wassersportangebot

1100 Estero Boulevard, Ft. Myers Beach, Florida 33931
Tel: 941 463 92 31. Telefax: 941 765 42 40
Howard Johnson Buchungs-Büro in Deutschland:
0130 86 55 86

Fordern Sie eine vollständige Preisliste an!

Rufen Sie Plumlee an für unsere Preisliste von Ferienwohnungen und -häusern

Telefon (USA & Kanada): (813) 595 7586, (800) 521 7586
Deutschland (gebührenfrei): 0130 81 67 82
Telefax: (813) 595 4104

Sand Castle I - II - III   **Reef Club**

Wieso nur ein Zimmer mieten, wenn Sie eine luxuriös ausgestattete Ferienwohnung direkt am Strand haben könnten? Wenden Sie sich an
PLUMLEE

Freizeitspaß im Golf von Mexiko

Ferienwohnungen befinden sich direkt am Strand, südlich von Clearwater Beach.
1/2/3 Bett-Zimmer, vollausgestattete Kochnische, Waschmaschine/Trockner, Klimaanlage, Swimmingpool, Whirlpool, Gas-Grill.

PLUMLEE GULF BEACH REALTY INC.
417 1st Street, Indian Rocks Beach, FL 34635

Strand–Häuser I - II - III

Katzensprung von Floridas Hauptattraktionen entfernt, wie den Busch Gardens, Walt Disney World Vacation Kingdom, Sea World, Universal Studios und vielem mehr. Das *Salvador Dali-Museum* in St. Petersburg beherbergt die größte Sammlung des spanischen Künstlers weltweit. Das *St. Petersburg Museum of Fine Arts* ist für seine Ausstellungen von französischen, impressionistischen Malern bekannt. **St. Pete Beach** befindet sich 30-Minuten-Autofahrt vom Tampa International Airport und durchschnittlich 90 Minuten von allen Attraktion Central Floridas entfernt. Wunderschöne puderweiße Sandstrände und ein schier unendliches Wassersportangebot machen es zu einem idealen Urlaubsort. In der Umgebung besteht auch ein großartiges Kultur- und Freizeitangebot mit St. Petersburg selbst und seinen Theatern, Konzerthallen und Museen oder auch ein Ausflug nach Disney World, Sea World, Cypress Gardens oder Universal Studios. In der Nähe finden Sportbegeisterte auch Pferde- und Hunderennbahnen, Baseball- und American Football-Stadien oder können rasante Jai-Alai-Spiele miterleben. Die *Suncoast Sanctuary* an den **Indian Shores** ist das größte Vogelkrankenhaus in Nordamerika. Über 500 Vögel gibt es hier zu sehen, inklusive einer großen brütenden Kolonie von permanent verletzten braunen Pelikanen. Exemplare der Meeresfauna werden im *Clearwater Marine Aquarium* ausgestellt. *Boatyard Village* ist ein von 1890 wiederaufgebautes Fischerdorf, das in der Bucht von **Tampa Bay** zu finden ist. *Celebration Station* in **Clearwater** ist ein kleiner Vergnügunspark mit Autoskootern, Bootskootern und vielem mehr.

Weiter südlich liegt der Küstenort **Fort Myers** mit seinen berühmten Palmenalleen und dem schön restaurierten Geschäftsviertel aus der Jahrhundertwende. Von hier aus kann man einen Abstecher zu den hübschen Inseln **Sanibel**, **Captiva**, **Estero** und **Pine** machen. Am Mac Gregor Boulevard in Fort Myers kann man das *Winter Home* des amerikanischen Erfinders Edison, voll eingerichtet wie zu seinen Lebzeiten, mitsamt Labor und botanischen Garten besichtigen. Spektakuläre Wasser-, Licht- und Musikshows (überdacht und im Freien) locken in *Waltzing Waters*, südlich von Fort Myers, die Besucher an. Die *Homosassa Springs Nature World* in der Nähe des Golf von Mexiko bietet Besuchern die Möglichkeit, unter dem Meeresspiegel 10.000 Fische und freundliche Meeressäugetiere aus der Nähe zu betrachten. Das *Ringling Museum of Art* liegt auf einem 27 ha großen Gelände des verstorbenen John Ringling außerhalb von **Sarasota** und ist das offizielle Staatsmuseum von Florida. *Bellm's Cars & Music of Yesteryear* mit über 170 antiken Autos (das älteste von 1897), Musikboxen, einem ländlichen Kaufladen, Pferdestall und einer Schmiede liegt ebenfalls in Sarasota. Die *Everglades Wonder Gardens* in **Bonita Springs** bieten einen Einblick in die Geschichte Floridas und die Fauna der Everglades mit Bären, Ottern, Panthern, Hirschen, Raubvögeln, Alligatoren, Schlangen und den vom Aussterben bedrohten Everglades-Krokodilen. Die *African Safari* im Karibischen Garten in **Naples**, am Rande des Sumpfgebietes *Big Cypress Swamp*, besteht aus 21 ha schöner tropischer Landschaft mit wilden Tieren. *Fort de Soto Park*, ein historisches Fort, ist ideal zum Beobachten der Ozeandampfer, die die Tampa Bay verlassen. Weitere schöne Parks sind das *Adventure Island Theme Park*, *Hillsborough River Park*, *Lowry Park* und der *Waterfront Park*.

In **ORLANDO** im Herzen von Florida wird Freizeitvergnügen großgeschrieben. Die Stadt hat 47 Parks und 54 Seen.

Eola Park, die 20 ha großen *Le Gardens*, das *Orange Country Historical Museum* und das *Cartoon Museum* sind sehr sehenswert. Das Restaurant/Theater *Celebrity* bietet in jeder Saison fünf verschiedene Inszenierungen.

Orlando liegt in der Nähe von *Disneyland*, einer der

größten Touristenattraktionen der USA (s. u.). Vom *Citrus Tower* am Highway 27 in **Clermont** genießt man einen schönen Blick über die Zitrusfrucht-Anbauregion von Zentralflorida. *Sea World* ist der größte Meeres-Freizeitpark der Welt; hier werden Schwertwale, Delphine, Pinguine, Haie, Robben und Seelöwen gehalten. Der 64 ha große Freizeitpark *Boardwalk & Baseball* lockt mit 30 nervenkitzelnden Bahnen (einschl. Floridas schnellster Achterbahn), Shows und vielen anderen Attraktionen. Im *Medieval Times*, westlich von **Kissimmee**, wird man mit Hilfe einer Burg aus dem 11. Jahrhundert, Banketten, Schwertkämpfen und Turnieren ins frühe Mittelalter zurückversetzt. Das NASA Kennedy-Weltraumzentrum (*Spaceport USA*) an der Ostküste veranstaltet Foto- und Kunstvorführung in einem »IMAX Theater«, das u. a. den Abschuß der Weltraum-Shuttle auf einer großen Leinwand zeigt. Im *Gatorland Zoo* nördlich von Kissimmee befindet sich die größte Alligatorenfarm der Welt mit wilden Tieren Floridas, Vögeln, einem urzeitlichen Sumpfweg und Tausenden von Alligatoren und Krokodilen. In den dreißiger Jahren wurde mit dem Bau der ansprechenden *Florida Cypress Gardens* (7 ha) in **Winter Haven** begonnen. Sie bestehen aus zahlreichen schön angelegten Gärten, moosbewachsenen Zypressen, Blumen, Teichen und Grotten sowie einem kleinen Zoo. Hier finden die Southern Ice-Eiskunstlaufshow, die Aquacade-Hochsprung- und Schwimmshow und die berühmte Wasserskishow statt. In *Silver Springs* fährt man in Glasbodenbooten durch eine Dschungelatmosphäre. Zu den Attraktionen des nahegelegenen *Wild-Waters*-Freizeitparks zählen Fahrten auf künstlichen Wasserwegen, ein Wellenbad und ein Minigolfplatz. Für energiegeladene Wanderer ist der *Florida Hiking Trail* gedacht, der sich über eine Länge von 2100 km durch die Mitte des Bundesstaats schlängelt. Orlandos neueste Attraktion sind die *Universal Studios*, ein 178 ha großes Filmstudio und Unterhaltungsgebiet, das Shows und Modelle vieler bekannter Kinofilme zeigt, z. B. aus »ET«, »Der weiße Hai« und »Zurück in die Zukunft«, die alle hier gedreht wurden. Die Besichtigungstour durch die Filmstudios gewährt einen interessanten Einblick in die glitzernde Film- und Fernsehwelt.
Disneyland (*Walt Disney World*): Dieser äußerst beliebte, 112.000 ha große Freizeitpark liegt 32 km südwestlich von Orlando am *Lake Buena Vista* und umfaßt ein 2880 ha großes Naturschutzgebiet. Der Park wurde 1971 eröffnet und zieht heute 20 Mio. Besucher pro Jahr an. Zwischen den einzelnen Teilen wird man auf Kleinbahnen, Fähren und Booten befördert. *Walt Disney World* ist das ganze Jahr über geöffnet.

Das 104 ha große *EPCOT Center* (»Experimentelle Prototyp-Ortschaft von Morgen«) wurde 1982 eröffnet und behandelt verschiedene Themengebiete wie wissenschaftliche Erfolge und Entdeckungen. Zu den Hauptattraktionen gehören »Raumschiff Erde«, »Das Universum der Energie«, »Die Welt der Bewegung«, »Reise in die Phantasie«, »Das Land«, »Computerzentrale«, »Horizonte«, »Lebendes Meer« und »Die Wunder des Lebens«. Das *World Showcase* (auch im EPCOT Center) stellt Ausstellungsstücke aus 11 Nationen um eine *World Showcase Lagoon* herum aus – Kanada, Großbritannien, Frankreich, Japan, »Das amerikanische Abenteuer«, Italien, Deutschland, China, Marokko, Mexiko und Norwegen sind vertreten.
Vacation Kingdom ist eine Gruppe von Urlaubshotels unter bestimmten Mottos auf einem 100 ha großen Gelände. Zur Auswahl stehen das *Polynesian Village*, das *Disney Inn*, der *Fort -Wilderness*-Campingplatz, das *Grand Floridian Beach Resort* und das *Caribbean Beach Resort*. Es gibt Tagungsräume, Restaurants, Geschäfte, Nachtklubs, Unterhaltungsräume, Meisterschaftsgolfplätze, Tennisplätze, Reitmöglichkeiten, Swimmingpools, Bootsfahrten und Wasserskiausrüstungen sowie das *River Country Water Adventure*, den tropischen Garten *Discovery Islands*, Naturschutzgebiete und den *Typhoon Lagoon Water Park*.
Innerhalb des Vacation Kingdom gibt es das *Magic Kingdom*, das auf einem 40 ha großen Gelände 45 Abenteuer anbietet. Es ist in sieben Länder unterteilt, jedes mit Unterhaltung, Restaurants und Geschäften, die auf beliebten Disneythemen von Vergangenheit und Zukunft beruhen: *Adventureland*, *Liberty Square*, *Frontierland*, *Main Street*, *Fantasyland*, *Tomorrowland* und *Mickey's Birthday Land*.
Die *Disney MGM Studios* sind aktive Fernseh- und Filmstudios mit Produktions-, Tour- und Unterhaltungseinrichtungen.
Das *Walt Disney World Village* umfaßt den *Disney Village Market Place* (mit 30 Geschäften, 10 Restaurants, dem *Empress Lilly*-Flußboot und *Village Lounge*), das *Disney Village Clubhouse & Village Resort*, *Hotel Plaza*, *Village Office Plaza*, *Conference Center* und *Pleasure Island* – eine 2,4 ha große Nachtrestaurant- und Unterhaltungsanlage.
JACKSONVILLE liegt wenige Kilometer vom Atlantik entfernt an den Ufern des Flusses St. John in Nordflorida. Die ansprechende große Hafenstadt wurde nach dem Präsidenten Andrew Jackson benannt. *Jacksonville Beach* bietet ausgezeichnete Einkaufsmöglichkeiten am Strandpier, auch Essengehen und Angeln sind hier beliebt. Sehenswürdigkeiten sind das *Fort Caroline National Memorial*, die *Cummer Gallery of Art*, das *Art Museum* und der Zoo.
St. Augustine, die älteste Stadt der USA, hat verwinkelte Straßen und Trachtenausstellungen zu bieten. *Zorayda Castle* im Geschäftsviertel von St. Augustine ist eine Nachbildung der Alhambra mit phantastischen Schätzen aus aller Welt und einer Dokumentation zum Leben der maurischen Könige und der spanischen Besatzungszeit. *Ripley's Believe-it-or-not Museum*, ganz in der Nähe, beherbergt eine große Anzahl von Kuriositäten und Kunstgegenständen, die von Robert Ripley auf der ganzen Welt gesammelt wurden. *Daytona Beach* ist für seinen breiten Strand und seine Autorennen bekannt, besonders das *Daytona 500*.
PENSACOLA ist einer der wichtigsten Urlaubsorte an der reizvollen Nordwestküste Floridas. Seit der Ankunft der ersten spanischen Siedler 1559 stand die Stadt unter spanischer, britischer und französischer Herrschaft. *Seville Square* (mit Restaurants und ausgefallenen Geschäften), *Plaza Ferdinand*, das spanische Luftfahrtmuseum, die spanischen Forts und das historische Geschäftsviertel sind alle einen Besuch wert. Der *Pensacola Historic District* wurde zu einem *National Historic Landmark* erklärt.
Cedar Keys ist eine Kette von ca. 100 Inseln vor der Nordwestküste Floridas. Drei dieser Inseln bilden das *Cedar Keys National Wildlife Refuge*. Zu den schönsten Stränden zählen **Panama City**, **Gulf Breeze Beach**, **Navarre Beach**, **Pensacola Beach**, **Destin Beach**, **Perdido Key**, **Fort Walton Beach** und **South Walton Beach**. Außerdem zeichnet sich die Gegend durch bekannte Fischgründe wie *Bob Sikes Bridge Fishing Pier*, *Pensacola Bay Bridge Fishing Pier*, *Pensacola Beach Fishing Pier* (*Casino Beach*), *Fort Pickens Fishing Pier* und *Navarre Beach Pier* aus.

SOZIALPROFIL

ESSEN & TRINKEN: Miami/Miami Beach: Kubanische und mexikanische Küche ist in Miami sehr beliebt. Da Florida eine Halbinsel ist, sind Meeresfrüchte die Spezialität des Bundesstaates. Frische Steinkrebse kann man in keinem anderen Ort der USA essen.
Tampa: Hier ißt man mit Vorliebe spanisch/lateinamerikanisch, aber die Auswahl ist groß.
NACHTLEBEN: Miami/Miami Beach: Miami hat viele Theater und Veranstaltungssäle. Die bekanntesten sind die *Theaters of Performing Arts* im *Miami Beach Convention Center Complex* und das *Coconut Grove Playhouse* (3500 Main Highway), das die größeren Broadway-Hits aufführt. Die *Opera Guild of Greater Miami* bucht bekannte Stars, ihre Shows werden normalerweise im

RESERVATIONS
Direct: 011 941 597 3232, Fax: 011 941 597 9151, Sabre/Pars: RH-08562, Apollo: RH-8638, Access: RH-1001, Sabre/Fantasia: RH-8562, Galileo/Apollo: RH-8638, Worldspan: RH-8562, System One: APF012

The REGISTRY Resort — Naples, Florida — DIE NATÜRLICHE WAHL

Dade Country oder im *Miami Beach Auditorium* aufgeführt. In den meisten Hotels und Urlaubsorten gibt es Nachtklubs. Die Coconut-Grove-Region mit modernen Nachtklubs und Cocktailbars bietet in Bars und auf der Straße ein pulsierendes Nachtleben. Man spaziert herum, um zu sehen, wo am meisten los ist. Die kubanischen Abendrestaurants sprühen meist vor Leben und bieten auch die besten Einrichtungen. *Les Violins* und *Les Folies* am Biscayne Boulevard werden sehr empfohlen, da sie ausgezeichnete Shows und gute Mahlzeiten bieten.
Fort Lauderdale: Das *Parker Playhouse* wurde von Zev Buffman gegründet, dem Eigentümer des *Coconut Grove Playhouse*. Aufführungen finden normalerweise zuerst im Coconut und danach im Parker statt. Im *Sunrise Music Theater* sind schon Frank Sinatra und Pat Boone aufgetreten.
EINKAUFSTIPS: Miami: Die beliebtesten Einkaufsstraßen der Stadt sind die Flagler Street zwischen Biscayne Bay und Miami Avenue und der Biscayne Boulevard zwischen der Flagler Street und der nördlich gelegenen 16th Street mit dem ultramodernen *Omni Shopping Complex*. Auf dem Gelände des *Tropicaire*-Autokinos (7751 Bird Road, Miami) wird jedes Wochenende ein Flohmarkt abgehalten.
Miami Beach: Größte Einkaufsstraße ist die Lincoln Road Mall. Nördlich von Miami Beach liegt das Bal Harbour-Einkaufsgebiet.
Tampa: Um das Einkaufszentrum Franklin Street Mall liegen die meisten Geschäfte.
SPORT: Florida bietet unzählige Sportmöglichkeiten.

Windhundrennen finden in Pensacola, Jacksonville, Daytona Beach, Orange Lake, St. Petersburg, Sarasota, Tampa, Bonita Springs, Palm Beach, Miami und Fort Lauderdale statt. **Jai Alai** wird in Chattaahoochee, Daytona Beach, Tampa, Palm Beach, Fort Lauderdale und Miami gespielt. **Trabrennen** werden in Pompano ausgetragen und **Vollblut-Pferderennen** in Tampa, Miami und Fort Lauderdale. Beliebte Publikumssportarten sind **Basketball** (Miami Arena in Miami), **American Football** (*Miami Dolphins*-Team im Joe Robbie Stadium in Miami, *Orlando Thunder*-Team in Orlando und *Tampa Bay Buccaneers*-Team in Tampa). **Polo** wird im *Palm Beach Polo and Country Club* in Palm Beach gespielt. Weitere Sportmöglichkeiten sind **Golf, Fischen, Bootrennen, Autorennen, Rodeo, Baseball, Tennis, Segeln, Tauchen** und **Radfahren**. Zum Fischen braucht man ggf. eine Genehmigung; nähere Auskünfte erteilt die *Florida Game and Freshwater Fish Commission*, Tel: (904) 488 19 60. Weitere Informationen über die o. a. Sporteinrichtungen erteilt die *Florida Sports Foundation*, Room 455, Collins Building, 107 W. Gaines Street, Tallahassee, FL 32399-2000. Tel: (904) 488 83 47.

VERANSTALTUNGSKALENDER
Mai '96 (1) *Caribbean Carnival*, Tallahassee. **4./5. Mai** *Pirates in Paradise Festival*, Marathon. **10. - 12. Mai** *Springfest 1996*, Pensacola. **11./12. Mai** *Central Florida Balloon Rally*, DeLand Airport. **2. - 22. Juni** *Sarasota Music Festival*. **14. - 16. Juni** *Florida Women's Show*, Ocean Center, Daytona Beach. **14. - 23. Juni** *Florida Film Festival*, Orlando. **29. Juni** *Taste the Tropics*, West Palm Beach. **Juli** *Silver Spurs Rodeo*. **3. Juli** *Africa Fete*, Marlin Gardens, Miami Beach. **13. Juli** *12th Annual Underwater Music Festival and Seafood Fest*, Looe Key. **10./11. Aug.** *Venice Sharks Tooth und Seafood Festival*, Venice. **25. - 27. Aug.** *Summer in the City Festival*, Miami. **6./7., 13./14. Sept.** *Night of Joy at the Walt Disney World Magic Kingdom*. **27. - 29. Sept.** *Seafood Festival*, Pensacola. **29. Sept. - 8. Okt.** *Caribbean American Carnival*, Miami. **5./6. Okt.** *Downtown Sarasota Oktoberfest*, Selby Five Points Park. **7./8. Okt.** *Columbus Day Regatta*, Biscayne Bay. **24. - 29. Okt.** *Walt Disney's World On Ice*, Miami. **26. Okt.** (1) *Church Street Station's Halloween Mini Monster Mash*, Orlando. (2) *The Great Pumpkin Patch*, West Palm Beach. **6. - 24. Nov.** *Fort Lauderdale International Film Festival*. **14. Dez.** *Sandy Claws Beach Run*, Tampa.

KLIMA
Das Klima wird vom nahen Atlantik beeinflußt, der die Sommertemperaturen mildert. Es gibt zahlreiche Gewitter, die Region leidet auch unter Wirbelstürmen und weniger heftigen Tropenstürmen, die in den Monaten Juli bis Oktober viel Regen mit sich bringen. Die Winter sind mild.
Kleidung: Leichte Baumwoll- und Regensachen. Gegen die starke Mittagssonne im Sommer sollte man Sonnenschutz wie Sonnenbrillen, Sonnenhüte und langärmelige Hemden/Blusen mitnehmen. Strandkleidung nicht vergessen.

Eine weitere wichtige Veröffentlichung von Columbus Press ist der »World Travel Guide«, der jährlich herausgegeben wird und Informationen in englischer Sprache auf mehr als tausend Seiten über alle Länder der Erde enthält.

Weitere Einzelheiten von:
Columbus Press, Verkaufsabteilung, Aurikelweg 9, D-38108 Braunschweig.
Tel: 05309/2123. Telefax: 05309/2877.

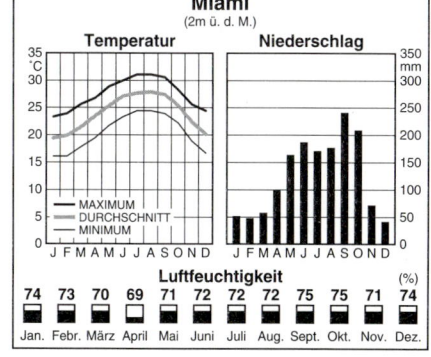

Miami (2m ü. d. M.) — Temperatur / Niederschlag / Luftfeuchtigkeit (%): Jan. 74, Febr. 73, März 70, April 69, Mai 71, Juni 72, Juli 72, Aug. 75, Sept. 75, Okt. 75, Nov. 71, Dez. 74.

SOUTHWEST FLORIDA
FORT MYERS...SANIBEL ISLAND...NAPLES

Alles, was Sie sich jemals von Florida erträumt haben – warme, sonnengetränkte, schneeweiße Strände, emporragende Palmen, die sich in der sanften Brise wiegen, farbenprächtige Sonnenuntergänge.... diese Träume werden an den Küsten des Golfes von Mexiko wahr, Floridas atemberaubender Südwestküste.

Um all dies hautnah erleben zu können, brauchen Sie nur hierher zu kommen, und nichts ist einfacher als das. Der Southwest Florida International Airport, südöstlich von Fort Myers, ist das Tor zu fünf Regionen – Lee, Collier, Charlotte, Hendry und die Glades, ein Gebiet mit unbegrenzten Urlaubsmöglichkeiten für Jedermann.

Das angenehme Klima ist hervorragend für Entdeckungsreisen durch die zahlreichen Parks und Tierschutzgebiete. Außerdem ist es ideal für eine Fülle von Freizeitaktivitäten – für einen Jeden ist etwas dabei: Muschelsammeln, Kanufahren, Golf, Strandlaufen, Windsurfen, Radfahren, Tennis, Bootfahren, Angeln, Wasserskilaufen oder man genießt ganz einfach die vielen Sehenswürdigkeiten.

Der spanische Entdecker Ponce de Leon gilt als der erste Tourist, der Floridas Lee Island Coast besucht hat. 1513 markierte er Pine Island mit einem Stein, auf dieser Insel fand er später durch den Pfeil eines Calusa Indianers seinen Tod. Muschelhaufen sind noch heutzutage auf der Insel zu finden, die zur Geschichte der seefahrenden Indianer beigetragen haben.

Pine Island, dieses subtropische Paradies, ist ein beliebter Urlaubsort für Einheimische und Besucher aus allen Teilen der USA und Übersee. Besonders Einheimische aus den Ballungsgebieten des Staates suchen hier ihr »Altes Florida«.... eine entspannte, subtropische Inselatmosphäre, die man vielerorts inzwischen vergeblich sucht. Zusätzlich zu der wunderschönen Natur finden Aktivurlauber neben Golf-, Tennis- und Wassersportmöglichkeiten auch andere Attraktionen, wie z. B. das Haus des Erfinders Thomas Edison, ein Teddybär-Museum, ein Muschel-Museum und einen Zoo, um nur einige zu nennen.

Die zahlreichen Inseln, die vor der Golfküste verstreut liegen, machen den Charme und die Atmosphäre dieser Region aus: Sanibel, Captiva, Upper Captiva, Useppa, Cabbage Key, Lover's Key, Marco, Estero, Gasparilla und Pine Island sind der Traum eines jeden Strandliebhabers. Ob Jung oder Alt, Pärchen oder Singles, Familien oder Alleinstehende – Southwest Florida verwirklicht alle Ihre Träume, und vieles mehr!

Southwest Florida International Airport Serves:
Fort Myers - Sanibel and Captiva Islands - Fort Myers Beach
North Fort Myers - Cape Coral - Bonita Springs and Beaches
Pine Island - Boca Grande - Lehigh Acres - Naples - Marco Island - Everglades City
Port Charlotte - Punta Gorda - Englewood - LaBelle - Clewiston

SANIBEL UND CAPTIVA ISLANDS

Muscheln sammeln am Strand von Sanibel Island

Erste Anlaufstelle ist die unberührte und doch luxuriöse Insel Sanibel, die mit dem Festland durch einen malerischen Damm über die schäumende Gischt des Pine Island Sound verbunden ist. Sanibel ist für seine wunderschönen Muschelbänke bekannt, aber auch die Strände gewinnen an Popularität. 1989 zählte die Zeitschrift *Condé Nast Traveler* Sanibels Strände zu den 12 besten der USA.

Periwinkle Way ist die Hauptstraße der Insel. Australische Pinien und üppige Tropenpflanzen säumen ihren Weg. Vom Sanibel Lighthouse bis zur Tarpon Bay Road tauchen immer wieder interessante Geschäfte und einzigartige Restaurants auf. Versteckt in der üppigen Vegetation befinden sich kleine Gallerien und kuriose Boutiquen, ganz zu schweigen von den vielen Aussichtspunkten, die es dem Besucher schwer machen, die Fahrt fortzusetzen. Das Angebot für hungrige Besucher reicht von Gourmet-Restaurants bis hin zu kleinen einfachen Fischbars. Resorts, Motels, Ferienhäuser und Villen teilen sich den Strand mit den emporragenden australischen Pinien.

Zwei besondere Attraktionen sind der Lighthouse Park und das J. N. »Ding« Darling National Wildlife Refuge, die insgesamt mehr als ein Drittel der Inselfläche ausmachen. Innerhalb des Tierschutzgebietes findet man schöne Wanderwege, Kanurouten und einen 8 Kilometer langen Scenic Drive, inmitten von Sea Grape, Wachs- und Salzeichen, roten Mangroven, Cabbage- oder Sabalpalmen und anderen einheimischen Palmenarten. Besucher mit weniger guten Botanikkenntnissen erhalten im *Interpretative Center* eine Broschüre, die die Hauptattraktionen des Naturschutzgebietes beinhaltet. Naturliebhaber finden den besten Ausblick auf Fauna und Flora von den zahlreichen Aussichtstürmen, die gut plaziert über den ganzen Park verteilt sind.

Am Blind Pass ist Sanibel mit Captiva Island verbunden, wo der berüchtigte spanische Pirat Jose Gaspar seine weiblichen Gefangenen festhielt. Üppige Vegetation mit exotischen Pflanzen und subtropischen Gewächsen bestimmen die Insel.

Von Captival aus können mehrere der Inseln per Boot erreicht werden. Nehmen Sie an einer Muschelsammel-Tour auf Upper Captiva teil oder besuchen Sie das Cayo Costa State Island Preserve. Oder vielleicht machen Sie einen Ausflug zum rustikalen Cabbage Key mit seinem traditionellen Gasthaus, dessen Wände mit Dollarnoten beklebt sind.

Leuchtturm auf Sanibel

FORT MYERS UND UMGEBUNG

Das Winterhaus von Thomas Edison

Auf dem Festland erwartet den Besucher Fort Myers, bekannt für seine palmengesäumten Boulevards und das Ferienhaus von Thomas Alva Edison. Edison verbrachte 46 Winter in diesem im »Alten Florida«-Stil erbauten Haus, das heute besichtigt werden kann. Edisons Wohnräume, Labor und der Garten umfassen 6 Hektar an den Ufern des Caloosahatchee Rivers. Eine Allee von Royal Palmen, von denen die ersten 200 von Edison selbst gepflanzt worden sind, überschattet den McGregor Boulevard auf 24 km Länge.

Der Caloosahatchee River teilt Fort Myers und Cape Coral, und bietet dadurch mehr Kanäle als Venedig. Weitere Attraktionen in den umliegenden Städten North Fort Myers, Lehigh und Bonita Springs sind z. B. das Haus von Henry Ford, das Lee County Nature Center und die Muschel-Fabrik.

Hochseeangeln ist ein beliebter Zeitvertreib in Southwest Florida. Die Gewässer bieten zahlreiche Fischarten wie Red Snapper und Grouper oder auch Snook und Tarpon. Nur eine kurze Bootsfahrt vom Festland enfernt und durch einen Damm bei Punta Gorda mit Southwest Florida verbunden, liegt Boca Grande – ein Überrest vom »Alten Florida« auf der Insel Gasparilla. Die ruhige Kleinstadt widerstand den modernen Einflüssen und hat sich die beschauliche Atmosphäre eines Fischerdorfes erhalten. 1912 wurde das Gasparilla Inn als stilvoller Resort für die Elite gebaut. Lange Zeit als Spielplatz der Reichen bekannt, bietet Boca Grande gute Fischgründe, insbesondere für Tarpon. Sportangler aus aller Welt fahren nach Boca Grande Pass, um diesen Fisch zu fangen, der mehrere Kilo wiegen kann.

Weiter südlich liegt Estero Island mit dem bekannten Fort Myers Beach, dessen Meeresboden sanft abfällt; dieser Strand zählt zu einem der sichersten der Welt. Der Sand ist hier außergewöhnlich weich und weiß, fast wie Puderzucker. Im Winter ist Estero Bay Anlaufhafen der Krabben- und Fischkutter. Estero eignet sich besonders gut für Familienurlaub. Alle nur erdenklichen Wasservergnügen können hier ausgeübt werden, z. B. Windsurfen, Katamaransegeln und Parasailing. Boote können in den Jachthäfen gechartert werden, und die nahegelegenen Restaurants profitieren von den frisch gefangenen Red Snappers und Groupers.

Falls Sie dem Golfspielen verfallen sind, werden Sie hier keine Schwierigkeiten haben, Ihrer Leidenschaft nachzugehen. Southwest Florida hat mehr Golflöcher pro Kopf als jedes andere Urlaubsziel in den USA.

NAPLES

Die charmante Stadt Naples, mit ihrem eleganten Flair, ist umgeben von den majestätischen Everglades, den Ten Thousand Islands und dem Golf von Mexiko. Naples ist bekannt für seine gemütlichen Strandhäuser, 5-Sterne-Resorts, saubere Küste und sein artenreiches Tierleben. Das stille türkisfarbene Wasser und die schneeweißen Sandstrände ziehen zahlreiche Besucher aus aller Welt an.

Naples verdankt seine entspannte Atmosphäre und Umgebung dem gelassenen Gemüt der Einheimischen und den gepflegten Straßen, Parks und Einkaufszentren. Einkaufen in Naples wird aufgrund der großen Auswahl zum wahren Genuß. In den Alleen von Olde Naples, in der Umgebung der Fifth Avenue South und Third Street, findet der Besucher ein Sortiment an Souvenir- und Antiquitätenläden, Modeboutiquen und Gallerien. Nach einem anspruchsvollen Tagesprogramm laden sonnige Cafes und Restaurants zur Erholung ein.

Selbst beim Einkauf brauchen Sie den Strand nicht zu verlassen – genießen Sie eine hervorragende Auswahl an Geschäften direkt am Strand. Der Old Marine Market Place in Tin City an der Naples Bay erinnert an die Zeit, in der fangfrischer Fisch in den Blechbaracken verladen wurde. In der Nähe liegt The Village an der Venetian Bay; es erinnert an ein mediterranes Einkaufszentrum mit gewundenen Kanälen und Gassen. An den glitzernden Wasserfällen der Waterside Shops liegt ein Einkaufszentrum mit national bekannten Galerien, Modedesignern und Kaufhäusern.

Bei insgesamt 53 Golfplätzen ist es kein Wunder, daß Naples auch »Golfhauptstadt der Welt« genannt wird. Während des ganzen Jahres

Naples Pier bei Sonnenuntergang

Am Strand in Naples

finden hier Wettkämpfe wie die PGA Greater Naples Intellinet Golf Challenge und das Florida Open der Senioren statt. Tennis steht nach Golf gleich an zweiter Stelle auf der Popularitätsskala. Öffentliche Tennisplätze gibt es im Park, der nicht weit vom Strand entfernt ist.

Zahlreiche Tierarten haben sich in der Umgebung von Naples angesiedelt. Verschiedene Möglichkeiten bestehen, um gefährdete Tierarten in ihrem Lebensraum zu beobachten, wie z. B. Seekühe, den American Bald Eagle und den nordamerikanischen Holzstorch. Naturfreunde werden ganz besonders im National Audubon Society's Corkscrew Swamp Sanctuary auf ihre Kosten kommen. Drei Kilometer lange, wunderschön angelegte Fußwege führen hier durch den Park. Einige Minuten südlich von Naples liegt das drittgrößte Naturschutzgebiet von Florida, der Everglades National Park. Ausflüge bieten einen Einblick in den einzigen subtropischen Landstrich auf dem Festland der USA. Fahrten mit Luftkissenbooten, Naturwanderungen und Safaris werden angeboten. Im nahegelegenen Collier Seminole State Park gehören Bootsfahrten durch die Mangrovenwälder am Blackwater River zum Programm.

Eine ruhigere Zeit garantiert der Caribbean Gardens Zoo mit 21 Hektar an tropischen Gärten und seltenen, gefährdeten Tierarten. Die 3000 Teddybären im Teddybär-Museum in allen Größen, Arten und Formen erfreuen heute Jung und Alt.

MARCO ISLAND UND DIE EVERGLADES

Am südlichsten Zipfel der Golfküste Floridas (südlich von Naples) liegen Marco Island und die Everglades. Versteckt inmitten der Ten Thousand Islands sind ihre atemberaubende Schönheit, farbenprächtige Naturschauspiele und artenreiche Fauna zu bestaunen.

Marco Island mit sonnengetränkten Stränden und türkisfarbenem Meer, ist ideal, um dem Alltag zu entfliehen. Ihre Perfektion steht im krassen Gegensatz zu der ungebändigten Natur und weitläufigen Sumpflandschaft der weltberühmten Everglades. Sonnenanbeter, Öko-Abenteurer und hoffnungslose Romantiker kommen hier alle auf ihre Kosten.

Ein tropisches Abenteuer erwartet den Besucher. Suchen Sie Muscheln auf den vorgelagerten Inseln, flitzen Sie mit Luftkissenbooten über die artenreichste Wasserlandschaft der USA oder entdecken Sie exotische Vogelarten und seltene Tiere in der artenreichen Wasserwelt. Marco Island bietet amerikanischen und europäischen Gästen sonnengetränkte Strände, Golfplätze mit Sumpfhindernissen, außerordentliche Fischgründe, schmackhafte Meeresfrüchte und atemberaubende Sonnenuntergänge.

Die Everglades, Floridas beliebteste Natursehenswürdigkeit, genießen ebenfalls den Ruf eines unberührten Urlaubsziels. Die Zeit scheint stehen geblieben zu sein im »River of Grass« und den beschaulichen Fischerdörfern von Everglades City und Chololoskee Island. Hier finden Besucher interaktive ökologische Abenteuer in der unglaublichen Schönheit von Floridas letzter Wildnis.

Insgesamt gibt es nur 3000 Hotelzimmer auf den Inseln und in den Everglades, neben drei sonnigen Inselresorts umgeben von weißen Sandstränden, einem Gasthaus aus dem Jahre 1850 im Plantagenstil und einer Anzahl von kleinen Hotels und Ferienanlagen. Zusätzlich gibt es über 30 Campingplätze und Wohnmobilparks im Herzen der hügeligen Landschaft.

PUNTA GORDA UND PORT CHARLOTTE

Nördlich von Fort Myers befinden sich Punta Gorda und Port Charlotte auf den gegenüberliegenden Ufern des Peace River. Die beschauliche Kleinstadt Punta Gorda, deren Namen im Spanischen soviel wie »Weiter Punkt« bedeutet, feierte 1987 ihr hundertjähriges Bestehen. Aus diesem Anlaß wurden zahlreiche Bauten restauriert, u. a. auch das Freeman House, das im National Register of Historic Places aufgeführt ist. Im Zentrum gibt es eine einzigartige Auswahl an Geschäften und Restaurants, nur wenige Minuten von Charlotte Harbor entfernt.

Harpunenfischen

COLUMBUS REISEFÜHRER 1996/97

Fisherman's Village wurde auf dem Gelände des ehemaligen Punta Gorda City Dock errichtet. Vorhanden sind zahlreiche Geschäfte, Restaurants, Ferienanlagen, Tennisplätze und ein Jachthafen. Drei der städtischen Parks, die direkt am Wasser liegen, bieten jede Menge Freizeitaktivitäten.

Vor ca. 30 Jahren war Port Charlotte nicht mehr als eine Viehweide. Heute gibt es hier 165 künstlich angelegte Kanäle und eine 60 Kilometer lange Küste, die sich von Charlotte Harbor zu den Flüssen Peace und Myakka erstreckt. Auf dem pittoresken Peace River können Kanus für Ausflüge gemietet werden.

Angeln, Segeln und andere Sportarten sind das ganze Jahr über in Port Charlotte möglich. Segelausflüge, Dämmertörns und Hochseeangelausflüge werden von Charlotte aus organisiert. Landratten haben die Wahl zwischen Golf, Tennis oder Strandspaziergängen in Englewood, das die saubersten Strände des Countys aufweisen kann; und für Einkaufslustige sorgt das erst kürzlich eröffnete Port Charlotte Town Center für Abwechslung.

CLEWISTON

Am südöstlichen Ufer des Lake Okeechobee und in nächster Nähe des Golfes von Mexiko und des Atlantiks liegt Clewiston, die »Süßeste Stadt in Amerika«. Clewiston ist Standort der United States Sugar Corporation, wie auch eines der landwirtschaftlichen Zentren Floridas. Die Stadt ist umgeben von tausenden Hektar Zuckerrohr, Zitrusfruchthainen, Viehfarmen und Gemüsefeldern.

Hier spiegelt die natürliche Schönheit des Landes etwas von der ursprünglichen Atmosphäre Floridas wider. Eine angenehme Kleinstadtatmosphäre ohne Hektik und Streß regt zum Segeln, Angeln, Golfspielen und zu Vogelbeobachtungen an. Lake Okeechobee, der zweitgrößte Süßwassersee der USA, ist ideal zum Segeln und Angeln. In dem 2000 Quadratkilometer großen See findet man zahlreiche Fischarten wie Great Bass, Bream, Speckled Perch und Catfish, welche dem großen See zu seinem guten Ruf als Sportangelzentrum verholfen haben.

Auf halbem Weg zwischen Clewiston und Fort Myers liegt LaBelle. Diese ruhige Stadt liegt am Ufer des Caloosahatchee Rivers, der vom Lake Okeechobee zum Golf von Mexiko fließt. Zu den beliebtesten Freizeitaktivitäten der Gegend gehören Flußkreuzfahrten, Golf oder vielleicht einfach nur ein Picknick, das mit einem Nachmittagsschläfchen in der Hängematte unter einer großen Eiche seinen geruhsamen Abschluß findet.

MOORE HAVEN UND UMGEBUNG

Am Westufer des Lake Okeechobee existiert ein wahres Mekka für Sportangler. Hier befindet sich das urwüchsige Glades County, das für seine hervorragenden Wassersportmöglichkeiten und Campingplätze bekannt ist.

Wie kommen Sie hierher?
Nonstop mit der LTU International Airways zum Southwest Florida International Airport.

Der Southwest Florida International Airport liegt im Herzen von Südwest-Florida ... nur wenige Minuten entfernt von kilometerlangen, weissen Sandstränden am Golf von Mexiko, die fast 365 Tage im Jahr mit Sonnenschein verwöhnt sind. LTU International Airways bringt Sie bis vor die Haustüre. Für weitere Informationen, wenden Sie sich bitte an Ihren Reisevertreter.

Southwest Florida International Airport liegt im Umkreis von:
Fort Myers – Sanibel und Captiva Islands – Fort Myers Beach – North Fort Myers – Cape Coral
Bonita Springs und Bonita Beach – Pine Island – Boca Grande – Lehigh Acres – Naples – Marco Island
Everglades City – Port Charlotte – Punta Gorda – Englewood – LaBelle – Clewiston

Moore Haven am Caloosahatchee River liegt westlich von Lake Okeechobee. Sportangeln empfiehlt sich besonders hier und in Lakeport, das am Westufer des Sees liegt. Palmdale, ein Viehumschlagplatz im nördlichen Teil des Countys, ist Standort des Zypressen-Museums. Die 200-Seelen-Stadt ist gleichzeitig das Zuhause des Gatorama, eine Attraktion von einer Fülle von Alligatorenarten sowie dem Fisheating Creek, der von Frischluftenthusiasten als einer der am schönsten gelegenen Flüsse gepriesen wird. Nadelwälder, Weiden, Orangenhaine und stille Kanäle prägen dieses ursprüngliche Florida.

Verlängerung der Landebahn auf 4000 Meter ermöglichen die Ausweitung der bisherigen Direktflüge nach Europa.

Southwest Florida International Airport begann vor kurzem ein Partnerschaftsprogramm mit dem Stuttgarter Flughafen. Dieses Programm, das erste seiner Art zwischen einem US-amerikanischen und einem europäischen Flughafen, wurde ins Leben gerufen, um eine wirtschaftliche und touristische Expansion zu fördern, Studentenaustausche zu unterstützen, und, am allerwichtigsten, um weitere europäische Direktflüge anzubieten.

Weitere 1700 Hektar sollen zur bereits bestehenden Fläche hinzukommen. Nach Abschluß wird die Gesamtbodenfläche des Flughafens mehr als 3400 Hektar betragen. Der sogenannte »2010 Plan« sieht u. a. den Bau einer zweiten Start- und Landebahn sowie eines neuen Terminals vor.

ANREISE

Innerhalb von 10-55 Minuten nach Ankunft im Southwest Florida International Airport kann man die oben aufgezählten Orte und vieles mehr besuchen. Der Flughafen ist einer der am schnellsten expandierenden Flughäfen der USA, 1994 reisten hier mehr als 4 Millionen Passagiere ein. Direkt- und Anschlußflüge zu verschiedenen Zielen innerhalb des nordamerikanischen Kontinents werden von allen größeren US-amerikanischen und kanadischen Fluglinien angeboten.

Internationales Ankunftsgebäude im Southwest Florida International Airport

Europäische Flugziele sind einfach über die großen US-amerikanischen Drehscheiben zu erreichen und nach Deutschland gibt es Direktflüge mit LTU International Airways. Als die zweitgrößte deutsche Fluggesellschaft, bietet LTU momentan drei Direktflüge pro Woche zum Southwest Florida International Airport – zwei gehen von Düsseldorf und einer von Frankfurt aus.

Der Flughafen wurde vor kurzem um- und ausgebaut, um dem verstärkten Andrang aus Europa gerecht zu werden. Die neuangelegte hypermoderne Ankunftshalle und die

WEITERE INFORMATIONEN:

Um seine Rolle als neuer internationaler und expandierender Flughafen hervorzuheben, hat man den Drei-Letter-Code **RSW** gleichzeitig zum neuen Motto gemacht: Ready to Serve the World!

Southwest Florida International Airport
Lee County Port Authority
16000 Chamberlin Parkway, Suite 8671
Fort Myers, FL 33913
Tel: (941) 768 43 82
(Fluginformation), (941) 768 43 81
(Public Relations)

Lee County
Inkl. Fort Myers, Sanibel und Captiva Islands, Fort Myers Beach, North Fort Myers, Cape Coral, Bonita Springs und Beaches, Pine Island, Boca Grande und Lehigh Acres.

Lee County Visitor & Convention Bureau
PO Box 2445
2180 West First Street
Fort Myers, FL 33902-2445
Tel: (USA und Kanada): 1 800 533 47 53, Apparat 200
Deutschland: (09371) 6945
Großbritannien: (0171) 243 84 97

Collier County
Inkl. Naples, Marco Island, Everglades City und Chokoloskee Island.

Naples Area Tourism Bureau
PO Box 10129
Naples, FL 33942
Tel (USA): 1 800 605 78 78
Deutschland: (0130) 81 19 54
Großbritannien: 0800 96 21 22

Marco Island Covention & Visitors Bureau
1102 North Colllier Boulevard
Marco Island, FL 33937
Tel: (USA): 1 800 788 MARCO
Deutschland: (0130) 81 01 10
Großbritannien: 0800 89 14 11

Charlotte County
Inkl. Port Charlotte und Punta Gorda.

Charlotte County Chamber of Commerce
2702 Tamiami trail
Port Charlotte, FL 33952
Tel: (941) 627 22 22

Hendry County
Inkl. Clewiston und LaBelle.

LaBelle Chamber of Commerce
PO Box 456
LaBelle, FL 33935
Tel: (941) 675 01 25

Clewiston Chamber of Commerce
PO Box 275
Clewiston, FL 33440
Tel: (941) 983 79 79

Glades County
Inkl. Moore Haven, Lakeport und Palmdale.

Glades County Chamber of Commerce
PO Box 490
Moore Haven, FL 33471
Tel: (941) 946 04 40

Naples ist einfach bezaubernd

Wo immer Sie in Naples sind, ein Strand ist immer in Ihrer Nähe

Es ist gut zu wissen, daß ein schöner schneeweißer Strand niemals allzuweit vom ausgepackten Koffer in Naples ist. Die gesamte *Platinum Coast* kann man von der Stadt aus auf zahlreichen Strandpromenaden erreichen, die angenehme Zugänge und gute Parkmöglichkeiten bieten. Stecken Sie also Ihre Zehen in den weichen weißen Sand, suchen Sie nach Muscheln, werfen Sie Ihre Angel in der Brandung aus oder erfrischen Sie sich in den sanften Meereswellen. Packen Sie also Ihre Badetasche, plazieren Sie Ihr Handtuch unter einer wogenden Palme und ergeben Sie sich Ihren Träumen... Verpassen Sie aber nicht die tollen Sonnenuntergänge in Southwest Florida, denn diese werden sicherlich zu Ihren täglichen Genüssen zählen.

Im folgenden verschiedene Vorschläge der Reisebüros von Naples, welche Ihnen einen erfolgreichen Urlaub in der Sonne, am Strand und dem Meer garantieren werden:

Im Herzen von Naples können Sie den Mangrovenwald im *Clam Pass Park* entweder auf einem gemütlichen Spaziergang von einem erhöhten Holzsteg aus erforschen oder durch diesen per Straßenbahn fahren. Der Holzsteg, der sich durch die Wasserwildnis schlängelt, endet direkt am weißen Strand der Golfküste. Clam Pass bietet Ermäßigungen, Erfrischungsräume sowie genügend Parkplätze.

Ein weiteres Kennzeichen der Stadt ist der *Naples Fishing Pier*, der an der 12th Avenue South 305 m weit in den Golf von Mexiko hineinreicht. Der Pier ist nicht nur beliebt für Abendspaziergänge bei Sonnenuntergang, sondern bietet auch gute Angelgründe für Snook, Grouper, Red Snapper und zahlreiche andere Fischarten dieser Region. Der Zugang zum Pier ist kostenlos. Alle Parkplätze haben Parkuhren. Ein Ködershop, Snack Bar, Erfrischungsräume und Duschen sind hier ebenfalls vorhanden. Der Pier ist durchgehend geöffnet. Ermäßigungen gibt es zwischen 07.00-18.00 Uhr.

Und Mutter Natur gleich um die Ecke

Zwischen den Florida Everglades und dem Golf von Mexiko gelegen, ist es kein Wunder, daß die Natur um Naples Besuchern viel mehr zu bieten hat, als man erwartet. Alligatoren, Otter, Seekühe, die verschiedensten Vögel sowie Zypressensümpfe und Mangrovenwälder wurden durch das umweltbewußte Denken und Handeln der Menschen am Leben erhalten.

Spaß haben und entdecken

Zerstreuung gibt es auch fernab der Badestrände. Einkaufsbummel, Golf und Tennis sind nur ein Teil des aufregenden Angebotes für Jedermann.
Ein »bäriges« Wunderland für Groß und Klein erwartete die Besucher im *Teddy Bear Museum* von Naples in 2511 Pine Ridge Road. Das 8000 qm große Museum bietet über 2400 Teddybären ein Zuhause und ist das einzige seiner Art in ganz Amerika.

Ein Besuch der *Carribbean Gardens* ist ein Tageserlebnis von 21 ha botanischer und zoologischer Gärten komplett mit Safaris, Elefantenritten, einem Streichelzoo und Spielplatz. Die Caribbean Gardens befinden sich in 1590 Goodlette-Frank Road.

Falls Sie sich mehr für Tagesausflüge in der Umgebung interessieren, empfehlen wir Ihnen einen Besuch im *Big Cypress National Preserve* – eine Marsch voller Fischreiher, Bald Eagles, Rehe und den gefährdeten Florida Panthern.

Das Naples Area Tourism Bureau

Für weitere Informationen über die oben erwähnten und andere Attraktionen rufen Sie das Naples Area Tourism Bureau gebührenfrei aus Deutschland an unter der Nummer (0130) 81 01 10 oder setzen Sie sich direkt mit uns in Verbindung: PO Box 10129, Naples, FL 33942. Tel: (941) 598 32 02 oder gebührenfrei (1 800) 605 78 78 oder (0800) 962 21 22.
Telefax: (941) 275 65 01.

Anreise

Die Naples Region ist äußerst einfach von den internationalen Flughäfen aus wie auch der Interstate 75 erreichbar. Anfahrtzeiten variieren je nach Jahreszeit und Verkehrsaufkommen. Drei Ausfahrten der I-75 führen nach Naples. Falls Sie ein spezielles Urlaubsziel haben: Exit 17 führt Sie nach Immokalee, Exit 16 nach Naples und Exit 15 zum Golden Gate und Marco Island. Außerdem bietet der Flughafen von Naples Anschlußflüge nach Tampa, Orlando, Key West und Miami.

Tennis in den Tropen

Kommen Sie für das gewisse Etwas Mehr. Urlaub nicht nur für Tennisspieler.

Unser wunderschöner Urlaubsort, ein 33 ha großer Resort in Naples-am-Golf, bietet Florida-Urlaubern eine Alternative zu anderen kleinen, teuren Hotelzimmern. Unsere 148 Unterkünfte sind modern ausgestattete Appartements mit zwei Schlafzimmern, zwei Badezimmern, geräumigem Wohn- und Eßraum, Küche, Waschmaschine mit Trockner und eigener Terrasse oder Balkon. Wir bieten zusätzlich ausgezeichnete Tennisangebote und einen Tropenurlaub, der Ihnen die schönsten Eindrücke Ihres Lebens hinterlassen wird.

Unser Angebot werden Sie einfach umwerfend finden.

- 16 Tennisplätze – davon 11 Sand- und 5 Hartplätze, 10 mit Flutlicht
- Freibad • Le Petit Café – ein Poolrestaurant mit Bar
- Basketballplatz
- Tennisschule bietet Intensivkurse — Einzel- und Gruppenunterricht
- 3 ha große Seenplatte zum Fischen
- Whirlpool im Freien • Fitneßcenter und Sauna
- Golfpauschalangebote mit Abschlagzeiten auf den 30 nahegelegenen Golfplätzen • feine, schneeweiße Sandstrände am Golf von Mexiko, die weniger als 5 km von Ihrer Haustür entfernt sind.

4800 Airport Pulling Road • Naples, FL 33942
Telefon: 94 12 63 19 00 • Gebührenfrei USA: 80 02 92 66 63
Gebührenfrei Kanada: 80 06 21 66 65 • Telefax: 94 16 49 78 55
Deutschland WATS: (0130) 82 87 46 • Großbritannien WATS: (0800) 96 62 41

WTC World Tennis Center Resort & Club

NAPLES – STRANDURLAUB, DEN MAN SICH LEISTEN KANN!

Eingebettet in seine eigene Welt, versetzt Sie dieser ursprüngliche Ort in eine karibische Traumwelt. Das Vanderbilt Inn On The Gulf liegt direkt am Golf von Mexiko und bietet 147 Zimmer mit tropischem Flair, davon 16 mit Meeresblick, umgeben von einer tropischen Oase mit exotischen Blumen und in satt-grüner Landschaft.

Sie werden die vielen Möglichkeiten, die Ihnen zur Verfügung stehen, genießen: ein Sonnenbad am Pool, Spiele auf dem rund 100 m großen, weißen Sandstrand oder wählen Sie aus unserem Wassersportangebot. Und wenn es Zeit ist, am Abend gemütlich essen zu gehen, freuen Sie sich auf das Jasmine Court Restaurant, die Seabreeze Lounge oder bummeln Sie zu unserer am Strand gelegenen Oase...die Chickee Bar & Restaurant bietet entspanntes Essen unter dem glitzernden Sternenhimmel. KINDER ESSEN KOSTENLOS.

Reservierungen unter
(800) 643-8654
941-597-3151 • Fax 941-597-3099
11000 Gulf Shore Drive North, Naples, FL 33963

VANDERBILT INN ON THE GULF NAPLES

Georgia

Lage: Südosten.

Department of Industry, Trade & Tourism
Tourism Division
PO Box 1776
Suite 1000
Marriott Marquis Two Tower
285 Peachtree Center Avenue, NE (30301-1232)
Atlanta, GA 30303
Tel: (404) 656 35 90. Telefax: (404) 651 90 63.
Atlanta Convention & Visitors Bureau
Suite 2000
Harris Tower
233 Peachtree Street NE
Atlanta, GA 30303
Tel: (404) 521 66 25, 521 66 42. Telefax: (404) 521 65 62.
Athens Convention & Visitors Bureau
7th Floor
220 College Avenue (30601)
PO Box 948
Athens, GA 30603
Tel: (706) 546 18 05. Telefax: (706) 546 80 40.
Savannah Area Convention & Visitors Bureau
Savannah Chamber of Commerce
Suite 100
222 West Oglethorpe Avenue (31402)
PO Box 1628
Savannah, GA 31401
Tel: (912) 944 04 56. Telefax: (912) 944 04 68.

FLÄCHE: 153.952 qkm.
BEVÖLKERUNGSZAHL: 6.917.000 (1993).
BEVÖLKERUNGSDICHTE: 44,9 pro qkm.
HAUPTSTADT: Atlanta. Einwohner: 394.017 (1990).
GEOGRAPHIE: Georgia wurde 1732 gegründet und ist die jüngste der ursprünglich 13 englischen Kolonien der USA. Der Bundesstaat ist eine reizvolle Mischung des alten und neuen Südens. Die abwechslungsreiche Landschaft reicht von Bergen im Nordosten bis zum geheimnisvollen, tiefliegenden Okefenokee Swamp im Süden, von den Indianern »Land der zitternden Erde« genannt. Ebenso wechselt das Klima von geringer Luftfeuchtigkeit in den Blue Ridge Mountains bis hin zu subtropisch in der südlichen Küstenregion.
ORTSZEIT: MEZ - 6.

REISEVERKEHR

FLUGZEUG: Durchschnittliche Flugzeiten: Atlanta – Frankfurt: 8 Std. 40; Atlanta – London: 9 Std. 15; Atlanta – Miami: 1 Std. 40; Atlanta – New York: 2 Std. 20; Atlanta – Washington DC: 1 Std. 30; Atlanta – Wien: 10 Std. (reine Flugzeit, Umsteigen in Zürich); Atlanta – Zürich: 8 Std. 55.
Internationaler Flughafen: Hartsfield Atlanta International Airport (ATL) liegt 16 km südlich der Stadt (Fahrzeit 20 Min.). Ein Bus fährt rund um die Uhr alle 15 Min. Die Buslinie 72 verkehrt von 05.00-23.00 Uhr alle 30 Min., außerdem gibt es Taxis und Limousinen.
BAHN: Amtrak verbindet New York mit New Orleans und Mobile und hält in Brookwood Station, Peachtree Street, Atlanta (Fahrzeiten s. New York weiter unten).
BUS/PKW: Greyhound und Southern Stage benutzen beide den Greyhound-Busbahnhof am International Boulevard. Die Greyhound-Linie 10 führt von New Orleans über Atlanta nach Washington DC und Philadelphia, die Linie 20 von Chicago über Cincinnati und Atlanta nach St. Petersburg.
Durchschnittliche Pkw-Fahrzeiten: Atlanta – Birmingham: 3 Std; Atlanta – Charlotte: 5 Std. 30; Atlanta – Nashville: 5 Std; Atlanta – Tallahassee: 5 Std; Atlanta – Salt Lake City: 6 Std; Atlanta – Jacksonville: 7 Std; Atlanta – Charleston (South Carolina): 7 Std; Atlanta – Memphis: 8 Std; Atlanta – New Orleans: 10 Std; Atlanta – Cincinnati: 10 Std; Atlanta – Charleston (West Virginia): 11 Std; Atlanta – Miami: 13 Std; Atlanta – Chicago: 14 Std; Atlanta – New York: 17 Std; Atlanta – Dallas: 17 Std; Atlanta – Los Angeles: 45 Std. und Atlanta – Seattle: 59 Std.
Alle Fahrzeiten bei Fahrt ohne Halt innerhalb der Geschwindigkeitsbegrenzungen.
Durchschnittliche Greyhound-Fahrzeiten: Atlanta – Birmingham: 3 Std; Atlanta – Charlotte: 5 Std. 30; Atlanta – Chattanooga: 2 Std. 30; Atlanta – Jacksonville: 8 Std; Atlanta – Miami: 18 Std; Atlanta – Mobile: 8 Std. 30; Atlanta – New Orleans: 12 Std; Atlanta – Washington DC: 15 Std; Atlanta – Philadelphia: 18 Std. 30; Atlanta – Chicago: 18 Std. 30; Atlanta – St. Petersburg: 14 Std.
STADTVERKEHR: Das öffentliche Verkehrsnetz ist ausgezeichnet. Die preiswertesten Verbindungen bietet die Metropolitan Atlanta Rapid Transport Authority (MARTA) mit 89 km Schnellbahn- und Buslinien.
Mietwagen: Man kann Autos und Motorcamper für Fahrten in die Umgebung von Atlanta mieten. Regionale Firmen findet man im Branchenbuch.

URLAUBSORTE & AUSFLÜGE

ATLANTA ist heute eine geschäftige Industriestadt mit über zwei Mio. Einwohnern. Hier vollzog sich ein dramatischer Wandel vom alten zum neuen Stil des Südens. Die pittoresken Häuser im Georgia-Stil in den Wohngebieten werden von Magnolien und Hartriegelbäumen beschattet. Wenige Häuserblocks entfernt vergrößern moderne Hochhäuser die schöne Skyline von Atlanta.
Das Georgia State Capitol, die Georgia Hall of Fame und die Hall of Flags liegen in der Washington Street am Capitol Square. Der Zero Mile Post unter der Central Avenue Bridge ist der Grundstein der Stadt. In der Ebenezer-Baptistenkirche liegt der amerikanische Bürgerrechtler Martin Luther King begraben. In der 14stöckigen Omni Megastructure sind Büros, ein Hotel, internationale Boutiquen, sechs Kinos, eine Schlittschuhbahn und Sportanlagen untergebracht. Underground Atlanta ist ein restauriertes, vier Straßenblocks umfassendes Viertel in der Nähe des Geschäftszentrums von Atlanta. Der Grant Park umfaßt den Atlanta Zoo, das restaurierte Konföderiertenfort Walker und das Cyclorama, ein berühmtes, 123 m langes Gemälde der Schlacht um Atlanta. Im Piedmont Park kann man schwimmen und Tennis und Golf spielen.
24 km östlich des Geschäftsviertels von Atlanta befindet sich der Stone Mountain. Hier wurden Figuren der drei konföderierten Helden Robert E. Lee, Jefferson Davis und »Stonewall« Jackson aus den Felsen gemeißelt. Unweit von Atlanta liegt Augusta, Austragungsort des Masters Golf Tournament (April). In der ehemaligen Bergbaustadt **Dahlonega** können Besucher Gold waschen. Das historische Madison hat den Sezessionskrieg unbeschadet überstanden. Die nahegelegene Pine-Mountains-Region ist für die Callaway Gardens und Präsident Franklin D. Roosevelts Little White House in **Warm Springs** bekannt.
SAVANNAH, 400 km südöstlich von Atlanta an der Atlantikküste gelegen, ist die erste Stadt der USA, die auf dem Reißbrett entstand. Sie steht heute weitgehend unter Denkmalschutz. Von der ursprünglichen Schönheit Savannahs ist noch viel erhalten geblieben. Es gibt über 1000 historisch bedeutende Gebäude, wie z. B. das Owens Thomas House im Regency-Stil und das Davenport House, eines der besten Beispiele englischer Architektur des 18. Jahrhunderts in der Neuen Welt. Fort Pulaski, eines von fünf Forts der Stadt, steht zur Besichtigung offen. Es wurde nach dem polnischen Helden des amerikanischen Unabhängigkeitskrieges benannt. In Savannah Beach gibt es schöne Sandstrände, Uferwege, Anglerpiers und einen Freizeitpark.
Die **Golden Isles**, südlich der Stadt, sind berühmt für ihre Erholungsorte mit schönen weißen Sandstränden und Golf-, Tennis- und Angelmöglichkeiten. **St. Simons** ist die größte Insel mit ausgedehnten Wäldern und ursprünglichen Marschen und Küsten. **Waycross** ist einer der drei Ausgangspunkte zum Okefenokee Swamp, einem der schönsten Wildnisgebiete des Landes. Der Sumpf ist die Heimat von exotischen Pflanzen und hat ein reges Tierleben, es gibt sogar Alligatoren.

SOZIALPROFIL

ESSEN & TRINKEN: Überall in Georgia findet man leckere kreolische und Cajun-Gerichte.
NACHTLEBEN: Das Academy Theater führt neue und experimentelle Stücke auf. Die Alliance Theater Company im Memorial Arts Center hat von Januar bis Mai Spielzeit. Das Atlanta Children's Theater spielt auf verschiedenen Bühnen der Stadt. Das Atlanta University Center Summer Theater und das New Cosmos Cultural Theater bieten Aufführungen schwarzer Künstler. Das Atlanta Ballet hat von Herbst bis Frühling Saison. Ausgehen ist überhaupt kein Problem, das Angebot ist vielfältig und reicht von ruhigen Piano-Bars über Konzerte bis hin zu Restaurant-Theatern.
EINKAUFSTIPS: Peachtree Center und Omni Center haben eine Reihe eleganter Boutiquen. Die Lennox Square Hall und die Phipps Plaza sind gute Einkaufszentren in den Vororten, die mit MARTA-Bussen erreichbar sind.
VERANSTALTUNGSKALENDER
11./12. Mai '96 Howard Finster Art Festival, Summerville. **25. Mai** Stone Mountain Village Arts & Crafts Festival. **4. - 7. Juni** Georgia Blueberry Festival, Alma. **29. Juni** Fantastic Fourth Celebration, Stone Mountain. **11. -13. Juli** Watermelon Days Festival, Cordele. **19. Juli - 4. Aug.** Olympische Spiele, Centennial Park, Atlanta. **Mitte Aug.** Georgia Mountain Fair, Hiawassee. **7. - 18. Aug.** Beach Music Festival, Jekyll Island. **17. Aug.** Powers' Crossroads Country Fair & Art Festival, Newnan. **31. Aug. - 2. Sept.** Oktoberfest, Helen. **7. Sept. - 28. Okt.** Oliver Hardy Festival, Harlem. **5. Okt.** Georgia Marble Festival, Jasper. **5./6. Okt.** Big Pig Jig, Vienna. **17. - 20. Okt.** Scottish Festival Tattoo and Highland Games, Stone Mountain. **2. Nov.** Mule Day, Calvary. **2./3. Nov.** Toccoa Fall Harvest Festival. **15. - 17. Dez.** Fantasy in Lights, Pine Mountain. **7. Dez.** (1) Christmas on the River, Savannah. (2) Victorian Candlelight Christmas, Tifton.

KLIMA

Schwül und heiß im Sommer, häufig regnerisch, milde Winter. In den Bergen ist es kühler.

Kleidung: Leichte Baumwoll- und Regensachen. Wärmere Kleidung für die Abende, den Winter und die Berggegenden.

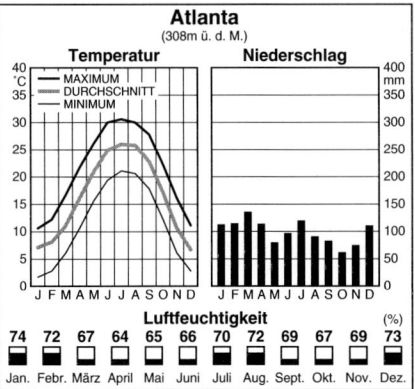

Hawaii

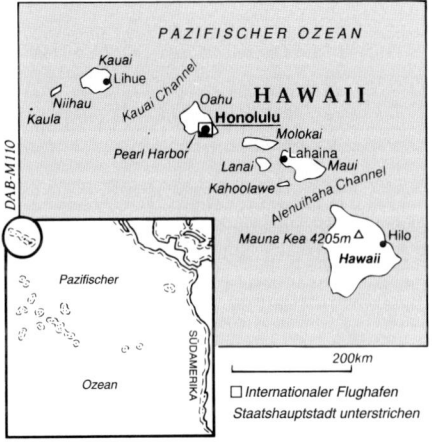

Lage: Pazifischer Ozean.

Fremdenverkehrsamt Hawaii
Borsigallee 17
D-60388 Frankfurt/M.
Tel: (069) 42 08 90 89. Telefax: (069) 41 25 25.
Mo-Fr 09.00-18.00 Uhr.
(auch zuständig für Österreich und die Schweiz)
Hawaii State Office of Tourism
1 Capital District Building
250 South Hotel Street, 5th Floor
Diamond Head Wing
Honolulu, HI 96813
PO Box 2359
Honolulu, HI 96804
Tel: (808) 586 25 501. Telefax: (808) 586 25 49, 922 89 91.
Hawaii Visitors Bureau
Suite 801
Waikiki Business Plaza
2270 Kalakaua Avenue
Honolulu, HI 96815
Tel: (808) 923 18 11. Telefax: (808) 922 89 91, 923 06 78.

FLÄCHE: 28.313 qkm.
BEVÖLKERUNGSZAHL: 1.172.000 (1993). Etwa 80% der Bevölkerung lebt auf der Insel Oahu.
BEVÖLKERUNGSDICHTE: 41,4 pro qkm.
HAUPTSTADT: Honolulu. **Einwohner:** 365.272 (1990).
GEOGRAPHIE: Hawaii ist eine Inselkette, die aus 20 Pazifikinseln besteht. Auf Oahu liegt die Hauptstadt Honolulu, das Geschäftszentrum der Inselgruppe; die größte Insel ist jedoch Hawaii. Die Inseln liegen 3862 km von der Pazifikküste der USA entfernt und gelten als eine amerikanisierte Version von Polynesien. Oahu hat zwei diagonal verlaufende Gebirgszüge, Waianae und Koolau, mit zahlreichen wunderschönen Wasserfällen. Hawaii ist von Obstgärten bedeckt und hat schroffe Klippen. Auf den Hawaii-Inseln gibt es üppige Regenwälder und grüne Ebenen, aber viele der Vulkane haben so gut wie keine Vegetation.
SPRACHE: Englisch ist die offizielle Landessprache; Hawaiisch wird selten gesprochen.
ORTSZEIT: MEZ – 11.

GESETZLICHE FEIERTAGE
Die gleichen Feiertage wie auf dem Festland der USA, zusätzlich:
1. Mai '96 Lei-Tag. **11. Juni** König-Kamehameha-Tag. **19. Aug.** Zulassungstag. **9. Okt.** Tag der Entdeckung. **26. März '97** Kuhio-Tag. **1. Mai** Lei-Tag.

REISEVERKEHR
FLUGZEUG: *Hawaiian Airlines* und *Aloha Airlines* sowie zwei regionale Fluggesellschaften betreiben den Flugverkehr innerhalb der Inselgruppe.
Durchschnittliche Flugzeiten: *Honolulu* – Anchorage: 5 Std. 40; *Honolulu* – Chicago: 9 Std. 55; *Honolulu* – Frankfurt oder London: 17-19 Std. (einschl. Zwischenlandung, je nach Flugroute); *Honolulu* – Los Angeles: 5 Std. 20; *Honolulu* – Miami: 10 Std. 35; *Honolulu* – New York: 11 Std. 40; *Honolulu* – San Francisco: 5 Std. 05; **Interne Flugzeiten:** *Honolulu* – Singapur: 18 Std. 15; *Honolulu* – Sydney: 12 Std. 30; *Honolulu* – Washington DC: 11 Std; *Honolulu* – Wien: 21-23 Std. (je nach Flugroute); *Honolulu* – Zürich: 18-19 Std. (je nach Flugroute, Umsteigen meist in Los Angeles).
Honolulu – Kavai-Insel: 30 Min; *Honolulu* – Maui-Insel: 30 Min; *Honolulu* – Hawaii-Insel: 35 Min.
Internationaler Flughäfen: *Honolulu International Airport (HNL)* liegt etwa 6 km nordwestlich der Stadt und 10 km nordwestlich von Waikiki. Busse zu den Hotels von Waikiki erwarten alle ankommenden Flüge (Fahrzeit 30 Min.). Die Buslinie 8 fährt von 06.18-01.18 Uhr alle 30 Min. (Fahrzeit 30 Min.). Außerdem stehen Taxis zur Verfügung.
Inlandflughäfen: *Kauai:* Princeville (Privatflughafen), Lihue. *Molokai:* Kaunakakai. *Maui:* West-Maui, Kahului, Kaanapali. *Lanai:* Lanai City. *Hawaii:* Kona, Kamuela, Hilo.
SCHIFF: Hawaiis Haupthäfen sind Honolulu, Hilo und Lahaina. Die folgenden Reedereien für Kreuzfahrten laufen Hawaii an: *P&O (Honolulu)*, *Nauru Pacific*, *American Hawaii*, *Royal Viking*, *Cunard*, *Union Lloyd* und *Princess*. Es gibt keine regelmäßigen Fährverbindungen.
BAHN: Die *Hawaiian Railway Society* auf Oahu bietet einstündige Fahrten an mit einer historischen Diesel-Lokomotive, die früher beim Zuckerrohr-Transport benutzt wurde. Weitere Informationen unter Tel: (808) 681 54 61.
BUS/PKW: Im allgemeinen gibt man Fußgängern die »Vorfahrt«. **Bus:** Moderne Luxusbusse verkehren auf Honolulu. Auf den anderen Inseln gibt es keine öffentlichen Verkehrsmittel, es stehen jedoch Taxis und Mietwagen zur Verfügung. **Taxis** haben Taxameter und stehen auf allen Hauptinseln zur Verfügung. **Mietwagen** erhält man durch örtliche und internationale Autovermieter (Mindestalter 21 Jahre). **Unterlagen:** Der Führerschein des eigenen Landes reicht aus.
STADTVERKEHR: Auf Honolulu gibt es ein gutes Busnetz. Es gelten Einheitsfahrpreise, man benötigt passendes Fahrgeld.

UNTERKUNFT
HOTELS: Auf den sechs größten Inseln befinden sich Hotels aller Preislagen. Viele der bekannten Hotelketten haben hier Hotels. **Apartments** und **Ferienwohnungen** werden von einigen Agenturen angeboten.
Camping: Informationen erteilt das *Department of Parks and Recreation*, 650 South King Street, Honolulu, HI 96813 oder *Division of State Parks*, 1151 Punchbowl Street, Honolulu, HI 96813.

URLAUBSORTE & AUSFLÜGE
OAHU: Honolulu: Wer Hawaii besucht, kommt meistens in der Hauptstadt an. Das beliebteste Urlaubsgebiet der Stadt ist *Waikiki Beach*. Durchaus einen Besuch wert sind auch die *Kalakaua Avenue*, *Kilohana Square*, das *Ala Moana Center* und die *Kahala Mall* (alles gute Einkaufsgegenden) sowie der Zoo im *Kapiolani Park* (wo alljährlich der Honolulu Marathon stattfindet). Sehenswert sind außerdem der *Punchbowl* – ein grasbewachsener Krater mit Gräbern amerikanischer Kriegsgefallener – das Geschäftsviertel Honolulus (einschl. *Chinatown*), die *Academy of Arts*, das *Bishop Museum*, *Iolani Palace* und das spektakuläre *Nuuanu Pali*. Es gibt noch viele andere Parks, Aquarien, Museen und Theater in der Stadt und der näheren Umgebung.
Viele verschiedene Ausflugsprogramme werden angeboten. Man sollte mindestens einen Tag für die große Inselrundfahrt über ganz Oahu einplanen. Sehenswürdigkeiten auf dieser Route sind der *Waimea Falls Park*, die *Waialua Plantation*, die *Sacred Birthstones*, *Kaena Point*, *Pearl Harbour*, das *Polynesian Cultural Center*, der *Sea Life Park* und das Wellenreiter-Paradies *Makaha*.
HAWAII ist die größte Insel der Gruppe. Zu ihren Hauptattraktionen gehören die Stadt **Hilo**, Badeorte wie *Kailau-Kona* und die »Goldküste« *Kawaihae*, der historische Nationalpark von **Honaunau**, die tropischen Hochländer mit den beiden berühmten Berge *Mauna Kea* und *Mauna Loa*.
MAUI: Auf dieser Insel sind folgende Städte und Landschaften besonders interessant: **Wailuku**, das geschäftige **Kahului**, das *Iao Valley*, die historische Plantagenstadt

Lahaina, der riesige Vulkankrater *Mount Haleakala* (»Haus der Sonne«), die wunderschöne ruhige Ostküste, das reizvolle *Hana Valley* und die Wasserfälle der *Wailua Cove*.
LANAI: Unbedingt gesehen haben muß man das Dorf *Kaunolo*, den *Munro Trail*, der zum spektakulären *Hauola Gulch* führt, die Petroglyphe (Felsmalerei) am *Shipwreck Beach* und den tropischen Regenwald in der Inselmitte.
MOLOKAI: Die Hafenstadt *Kaunakakai*, *Mount Kamakou*, die *Hipuapu-Fälle* und das schöne *Halawa Valley* gehören hier zu den bekanntesten Sehenswürdigkeiten.
KAUAI: *Mount Waialeale*, die Plantagenstadt **Lihue**, der Fluß *Wailua* und der nahegelegene Tempel *Heiau-Holo-Holo-Ku*, *Waimea Canyon*, der tropische Regenwald der *Kaana Ridge* und die nahegelegene Insel *Nihau* laden zu einem Besuch ein.

SOZIALPROFIL
ESSEN & TRINKEN: Die angebotenen Gerichte sind grundsätzlich amerikanisch mit orientalischen Einflüssen der vielen ethnischen Gruppen der Inselbevölkerung. Das typisch hawaiianische Festmahl ist *Luau*, das *Puaa Kalua* (ein ganzes Schwein) zur Grundlage hat. Das Schwein wird gehäutet und mit Salz und Sojasoße eingerieben, auf einen Maschendraht gelegt und mit heißen Steinen vom *Imu*-Feuer gefüllt. Es wird über dem *Imu* zusammen mit Süßkartoffeln, Kochbananen und manchmal *Laulaus* (gedämpftes Schweinefleisch, Fisch, spinatartige *Taro*- und andere Blätter) gegart. Es wird dazu in Bananen- und Maisblätter gewickelt, damit es im eigenen Saft siedet. Man ißt dieses Gericht mit den Fingern zusammen mit *Poi* (einer dicken Paste aus gemahlenem *Taro*), *Opihi* (schwarze, salzige Suppe aus Meeresfrüchten) und *Lomi Lomi*-Lachs (in Zwiebel- und Tomatenmarinade). *Chicken Luau* besteht aus zarten Hähnchenstücken, die mit *Taro*-Spitzen in Kokosnußcreme gekocht werden. Als Garnierung benutzt man *Limu* (getrocknetes Seegras), *Paakai*-Salz sowie kleingehackte und geröstete *Kukui*-Nüsse. Einheimische Meeresfrüchte wie *Moi*-Meeräschen, *Ulua*, *Opakapaka*, Hummer und Thunfisch sind ebenfalls beliebt. Frühstücksspezialitäten sind Makadamia-Nüsse sowie Bananen- und Kokospfannkuchen mit Kokosnuß-Sirup. Frisches Obst und Nußeis-Spezialitäten sind leckere Nachspeisen. **Getränke:** Alkoholverkauf nur an Personen über 21 Jahre. In Parks oder am Strand ist es verboten, Alkohol zu trinken.
NACHTLEBEN: Es gibt viele Bars und Nachtklubs. Bekannte internationale Spitzenstars treten hier auf, aber auch die einheimischen Shows sind sehenswert. Es gibt Jazz, Big Bands, Tanznachmittage, Diskotheken und viele andere Unterhaltungsmöglichkeiten.
EINKAUFSTIPS: Der internationale Marktplatz und das *Royal Hawaiian Shopping Center* am Waikiki Beach, Honolulu, sind sehr beliebte Einkaufszentren. **Öffnungszeiten der Geschäfte:** Mo-Sa 09.00-22.00 Uhr. Einige Geschäfte sind sonntags von 08.30-18.00 Uhr geöffnet.
SPORT: Es gibt viele schöne **Golfplätze**. **Angeln:** Hochseefischen ist sehr beliebt. **Wassersport:** Die Hawaii-Inseln sind wie für Wassersportarten wie geschaffen. Natürlich steht **Wellenreiten** an erster Stelle, für Aktive wie auch für Zuschauer. **Jachten** mit und ohne Mannschaft können Interessierte wöchentlich chartern. **Schnorcheln** ist ganz besonders in der Nähe des Molokini Kraters (Maui) zu empfehlen. Außerdem finden farbenfrohe internationale Veranstaltungen statt, wie das Kanurennen der Auslegerkanus im Hafen von Waikiki.
VERANSTALTUNGSKALENDER
Die **Kapitän-Cook-Feiern** finden jährlich **Ende Februar** in Waimea Town statt. Die Feierlichkeiten beginnen am Freitagnachmittag und dauern bis Samstagnacht. Höhepunkt der vielen Veranstaltungen sind die Wettrennen, die als *Captain Cook's Caper* bekannt sind. Weitere interessante Feste sind:
Mai '96 (1) Lei-Tag-Feier. (2) Ananas Festival, Lanai City. (3) *Asian and Pacific Islander Day*, Kona. (4) *Molokai Ka Hula Piko*, Molokai. (5) *Big Islnd Bounty Food Festival*, Mauna Lani. **Juni** (1) *King Kamehameha Celebrations*. (2) *Waiki'i Music Festival*, Kona. **Juni/Juli** *Hawaii State Farm Fair*, Honolulu. **Juli** (1) *International Festival of the Pacific*, Hilo. (2) *Kakaako Seafood Festival*, Oahu. **Sept.** *Queen Liliuokalani World Championship Long Distance Canoe Races*, Kailua-Kona. **Sept./Okt.** (1) *Aloha Festivals*, ganz Hawaii. (2) *Waimea Falls Park Makahiki Festival*, Waimea Falls Park. **Okt.** *Kahala Country Fair*, North Kahala. **Dez.** *Bishop Square's Annual Christmas Lighting*, Honolulu. **März '97** *Prince Kuhio Festival*.
SITTEN & GEBRÄUCHE: Die Ureinwohner Hawaiis wurden als gastfreundliche und warmherzige Menschen beschrieben. Diese Tradition wird durch die Aloha-Kultur am Leben erhalten. Eine Girlande aus Blumen oder Muscheln *(Lei)* symbolisiert diesen Geist und wird dem Besucher oft zum *Luau* (Festessen) überreicht. Mehrere Gerichte haben symbolische Bedeutung. Das alte Aloha-Brauchtum und das hochmoderne Hawaii existieren nebeneinander, eine Kommerzialisierung der traditionellen Bräuche hat jedoch leider schon eingesetzt.

WIRTSCHAFTSPROFIL

WIRTSCHAFT: Die Wirtschaft hängt sehr vom Umfang des Bundeshaushalts ab (es gibt viele militärische Anlagen). Weitere Erwerbsquellen sind Landwirtschaft und Tourismus.
GESCHÄFTSVERKEHR: Honolulu ist eine moderne Geschäftsstadt, gleiches Geschäftsleben wie auf dem Festland der USA. **Geschäftszeiten:** Mo-Fr 07.45-17.00 Uhr.
Kontaktadresse: *Chamber of Commerce of Hawaii*, Suite 200, 1132 Bishop Street, Honolulu, HI 96813. Tel: (808) 522 88 00. Telefax: (808) 545 43 09.
KONFERENZEN/TAGUNGEN: Oahu (die Insel, auf der Honolulu liegt) bedeutet »Versammlungsort«. Jahrhundertelang trafen sich hier die Inselkönige. Das East-West-Center liegt neben der Universität von Hawaii und dient als Drehpunkt für den Kulturaustausch zwischen den Menschen Asiens, des Pazifiks und der USA. Viele Hotels haben Konferenzeinrichtungen und Informationsschalter, die u. a. Büroservice, Übersetzer- und Dolmetscherdienste vermitteln. Das Besucherbüro Hawaiis hat 2600 Mitgliedsfirmen, die eine Vielzahl von Serviceleistungen anbieten. Weitere Informationen beim *Hawaii Visitors Bureau*, Meetings and Conventions, Waikiki Business Plaza, 2270 Kalakana Avenue, Suite 801, Honolulu, HI 96815. Tel: (808) 923 18 11. Telefax: (808) 923 06 78.

KLIMA

Das ganze Jahr über warm, in einigen Regionen starke Regenfälle von Dezember bis März.
Kleidung: Ganzjährig leichte Sachen, im Winter etwas wärmere Kleidung. Badesachen und Sonnenschutz sollten nicht vergessen werden.

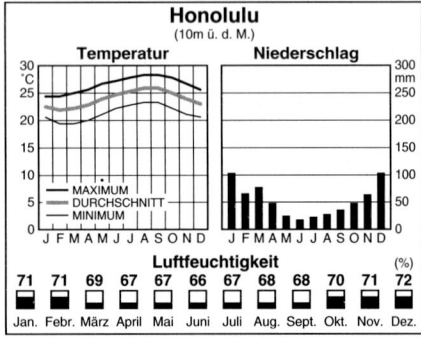

Idaho

Lage: Nordwesten.

Idaho Fremdenverkehrsbüro
Rocky Mountain International
c/o Wiechmann Tourism Services
Scheidswaldstraße 73
D-60385 Frankfurt/M.
Tel: (069) 44 60 02. Telefax: (069) 43 96 31.
Mo-Fr 09.00-18.00 Uhr.
(auch zuständig für Österreich und die Schweiz)
Idaho Department of Commerce
700 West State Street
Boise, ID 83720
PO Box 83702
ID 83720-0093
Tel: (208) 334 24 70. Telefax: (208) 334 26 31.
Boise Convention & Visitors Bureau
Suite 200
168 North 9th Street
ID 83702
PO Box 2106
Boise, ID 83701
Tel: (208) 344 77 77. Telefax: (208) 344 62 36.

FLÄCHE: 216.456 qkm.
BEVÖLKERUNGSZAHL: 1.099.000 (1993).
BEVÖLKERUNGSDICHTE: 5,1 pro qkm.
HAUPTSTADT: Boise. **Einwohner:** 125.738 (1990).
GEOGRAPHIE: Idaho liegt in den Rocky Mountains. In diesem Bundesstaat befindet sich die tiefste Schlucht Nordamerikas (Hell's Canyon) und im Clearwater-Nationalpark der größte Bestand an weißen Kiefern. Das berühmte Urlaubsgebiet Sun Valley bietet Skipisten und andere Wintersport- und Sommerurlaubsmöglichkeiten.
ORTSZEIT: MEZ - 8.

REISEVERKEHR

FLUGZEUG: Vom Flughafen in Boise gibt es Verbindungen zu allen größeren Städten in den USA.
BAHN: Die *Amtrak*-Linie *Pioneer* von Chicago über Denver nach Seattle durchquert Idaho im Süden und hält in Coeur d'Alene, Pocatello, Boise und Nampa. Die *Empire-Builder*-Linie von Chicago über Minneapolis nach Seattle durchquert den Norden von Idaho und hält in Sandpoint.
BUS/PKW: Die *Greyhound*-Linie 7 von Seattle über Chicago nach New York fährt über Spokane im Norden des Staates. Die Linien 2 und 3 von Portland nach Salt Lake City führen über Boise, Twin Falls und Pocatello im Süden von Idaho.

URLAUBSORTE & AUSFLÜGE

BOISE ist für sein Sommerfest bekannt, und im August findet hier die Landesmesse Idahos statt. Auch die großen *Shoshone-Wasserfälle*, die Eishöhlen der Shoshone-Indianer, das historische *Fort Hall*, die Krater im Gebiet des *Moon National Monument*, das *Coeur-d'Alene*-Bergbaugebiet und der *Nez Perce National Historical Park* sind sehenswert.

Illinois

Lage: Norden.

Illinois Fremdenverkehrsbüro
c/o Wiechmann Tourism Services
Scheidswaldstraße 73
D-60385 Frankfurt/M.
Tel: (069) 44 33 53. Telefax: (069) 43 96 31.
Mo-Fr 09.00-18.00 Uhr.
(auch zuständig für Österreich und die Schweiz)
Illinois Bureau of Tourism
Suite 3-400
State of Illinois Center
100 West Randolph Street
Chicago, IL 60601
Tel: (312) 814 47 32. Telefax: (312) 814 61 75.
Chicago Convention & Tourism Bureau
2301 South Lakeshore Drive
Chicago, IL 60616-1497
Tel: (312) 567 85 00. Telefax: (312) 567 85 33.
Chicago Southland Convention & Visitors Bureau
Suite 202
20200 Governor's Drive
Olympia Fields, IL 60461
Tel: (708) 503 18 00. Telefax: (708) 503 12 98.
Springfield Convention & Visitors Bureau
109 North 7th Street
Springfield, IL 62701
Tel: (217) 789 23 60. Telefax: (217) 544 87 11.

FLÄCHE: 150.007 qkm.
BEVÖLKERUNGSZAHL: 11.697.000 (1993).
BEVÖLKERUNGSDICHTE: 77,9 pro qkm.
HAUPTSTADT: Springfield. **Einwohner:** 105.227 (1990).
GEOGRAPHIE: Illinois erstreckt sich vom Lake Michigan bis zum Mississippi und umfaßt weite Gebiete fruchtbaren Ackerlands, die Großstadt Chicago, sanfte glazial überformte Ebenen und im Süden die Hügel und Täler der Illinois Ozarks. Abraham Lincoln, der 16. Präsident der USA, verbrachte den größten Teil seines politischen und geschäftlichen Lebens (er war Rechtsanwalt) in diesem Bundesstaat.
ORTSZEIT: MEZ - 7.

REISEVERKEHR

FLUGZEUG: Durchschnittliche Flugzeiten: *Chicago* – Anchorage: 7 Std. 30; *Chicago* – Frankfurt: 8 Std. 25; *Chicago* – Honolulu: 10 Std. 20; *Chicago* – London: 7 Std. 35; *Chicago* – Los Angeles: 4 Std. 45; *Chicago* – Miami: 3 Std. 20; *Chicago* – Montréal: 2 Std. 15; *Chicago* – New York: 2 Std. 05; *Chicago* – Toronto: 1 Std. 40; *Chicago* – Vancouver: 6 Std. 10; *Chicago* – Washington DC: 2 Std; *Chicago* – Wien: 11 Std; *Chicago* – Zürich: 9 Std. 10.
Internationaler Flughafen: *Chicago* (CHI) (O'Hare International ORD), 35 km nordwestlich der Stadt, ist der geschäftigste Flughafen der Welt. Busse, Taxis und Vorortzüge fahren fast rund um die Uhr zur Stadt. Die meisten großen Autovermieter haben Schalter am Flughafen.
Inlandflughafen: *Midway Airport (MDW)*, südwestlich von Chicago, fertigt regionale Flüge ab.
BAHN: Union Station im Geschäftsviertel von Chicago ist der Knotenpunkt für den Personenverkehr. Drei der vier transkontinentalen Linien treffen hier aufeinander; der Bahnhof ist auch der nördliche Endpunkt der Nord-Süd-Linien nach San Antonio und New Orleans. Eine sechste Linie verläuft nordwärts nach Toronto und Montréal, Verbindungen in die Nachbarstaaten sind begrenzt.
Durchschnittliche *Amtrak*-Fahrzeiten: *Broadway Limited:* Chicago – Pittsburgh: 9 Std; Chicago – Philadelphia: 17 Std; Chicago – New York: 19 Std. *Lake Shore Limited:* Chicago – Toledo: 4 Std; Chicago – Cleveland: 7 Std; Chicago – Buffalo: 10 Std; Chicago – New York: 18 Std. *Cardinal:* Chicago – Indianapolis: 3 Std; Chicago – Washington DC: 23 Std; Chicago – Baltimore: 24 Std; Chicago – New York: 27 Std. *City of New Orleans:* Chicago – Memphis: 10 Std; Chicago – New Orleans: 18 Std. *International:* Chicago – Kalamazoo: 2 Std; Chicago – Port Huron: 6 Std; Chicago – Toronto: 10 Std. *Ann Rutledge:* Chicago – St. Louis: 6 Std; Chicago – Kansas City: 12 Std. *Empire Builder:* Chicago – Minneapolis/St. Paul: 9 Std; Chicago – Spokane (Anschluß nach Portland und Seattle): 25 Std. *Pioneer:* Chicago – Omaha: 8 Std; Chicago – Denver: 18 Std; Chicago – Salt Lake City: 33 Std; Chicago – Portland: 52 Std; Chicago – Seattle: 56 Std. Durchschnittliche Fahrzeiten auf den Strecken Chicago – Los Angeles und Chicago – Oakland s. *Kalifornien*.
BUS/PKW: Durchschnittliche Pkw-Fahrzeiten: Chicago – Milwaukee: 2 Std; Chicago – Madison: 3 Std; Chicago – Indianapolis: 4 Std; Chicago – Detroit: 5 Std; Chicago – St. Louis: 6 Std; Chicago – Des Moines: 7 Std; Chicago – Cleveland: 7 Std; Chicago – Nashville: 9 Std; Chicago – Kansas City: 10 Std; Chicago – New York: 16 Std; Chicago – Dallas: 19 Std; Chicago – Miami: 27 Std; Chicago – Seattle: 44 Std; Chicago – Los Angeles: 44 Std.
Alle Fahrzeiten bei Fahrt ohne Halt innerhalb der Geschwindigkeitsbegrenzungen.
Durchschnittliche *Greyhound*-Fahrzeiten: Chicago – Milwaukee: 2 Std; Chicago – Indianapolis: 4 Std; Chicago – Detroit: 6 Std; Chicago – St. Louis: 7 Std; Chicago – Cleveland: 7 Std. 30; Chicago – Omaha: 10 Std. 30; Chicago – Memphis: 11 Std. 30.
STADTVERKEHR: Bus: Das große Busliniennetz der *Chicago Transit Authority (CTA)* befährt alle wichtigen Straßen in Nord-Süd- und Ost-West- Richtung. **Mietwagen:** Pkw und Motorcamper werden angeboten.

URLAUBSORTE & AUSFLÜGE

CHICAGO, die *Windy City*, ist eines der größten Handels-, Industrie- und Verkehrszentren der Welt und Geburtsort des Wolkenkratzers. Dennoch befinden sich am Ufer des Lake Michigan zahlreiche Sandstrände, Hunderte von Parkanlagen, kleine Häfen, Zoos und große Waldschutzgebiete. Die Stadt ist mit einer Einwohnerzahl von ca. 3 Mio. Zentrum des mittleren Westens. Sie bietet allein in ihrem Geschäfts- und Flughafenviertel über 43.000 Hotelzimmer. Für USA-Besucher bietet sich Chicago als Tor zu den Staaten Illinois und Indiana mit ihren ländlichen Gegenden und Städten an oder zu den Erholungsgebieten in Wisconsin.
Das *Museum of Science* hat über 2000 Ausstellungsstücke. Das *Field Museum of Natural History* verfolgt die Entwicklung des Universums von den Anfängen vor 4,5 Milliarden Jahren bis zum heutigen Tag. Außerdem sehenswert sind das *Art Institute of Chicago*, *Brookfield Zoo*, *Tropic World*, *Seven Seas Panorama* und der *Six Flags Great America Amusement Park*. Viele Wolkenkratzer in Chicago, wie der *Sears Tower* und das *John Hancock Center*, haben Aussichtstürme. Im *Alten Wasserturm*, ein Wahrzeichen der Stadt, der das große Feuer von 1871 überstand, ist heute das *Tourist Information Center* untergebracht (täglich geöffnet).
Springfield ist die Hauptstadt von Illinois. Hier heiratete Abraham Lincoln und begann seine Laufbahn als Rechtsanwalt. Sehenswürdigkeiten sind u. a. Lincolns Grabmal und das *Illinois State Museum*. Der *New Salem State Park* in der Nähe ist ein Freizeitpark im Stil der Pioniertage zu Lincolns Zeiten. Süd-Illinois war eines der ersten französischen Siedlungsgebiete Nordamerikas. Das farbenfrohe Erbe kann man in den Städten **Prairie du Rocher** und **Kaskaskia** erleben. Der *Shawnee National Forest* erstreckt sich über die niedrigeren Regionen von Illinois mit großen Wildnisgebieten und vielen Touristenorten. *Fort Crevecoeur* im Westen ist der Nachbau eines französischen Vorpostens. Die *Dickson Mounds* wurden vor vielen Jahrhunderten von Mississippi-India-

nern erbaut. Im Norden liegt Galena, eine viktorianische Stadt mit zahlreichen historischen Sehenswürdigkeiten und Touristeneinrichtungen. Im *Starved Rock State Park & Lodge* kann man von Mai bis September wandern, picknicken und Bootsausflüge machen.

SOZIALPROFIL

ESSEN & TRINKEN: Chicago ist für seine ausgezeichneten Rippensteaks und dickkrustigen Pizzas bekannt. Die Auswahl an Restaurants, die internationale Küche anbieten, ist groß.
NACHTLEBEN: *Goodman, Shubert, Blackstone* und *Arie Crown* sind einige der größeren Theater. Im *Auditorium Theater* kann man Ballettaufführungen und Konzerte besuchen. Die *Lyric Opera Company* tritt in *Civic Center for the Performing Arts* auf; das *Chicago Symphony Orchestra* spielt in der *Orchestra Hall*. Chicago bietet ein sehr großes Unterhaltungsangebot mit Nachtklubs, Jazzklubs, Kinos und Diskotheken mit Bauchtanz, Rockbands oder Folkveranstaltungen. Die Stadt ist Heimat des *City Blues*, der von Musikern wie Buddy Guy und Junior Wells entwickelt wurde und heute von Robert Cray in Chicago und auf der ganzen Welt repräsentiert wird.
EINKAUFSTIPS: Einige der beliebtesten Einkaufsgebiete Chicagos sind State Street Mall, North Michigan Avenue's Magnificent Mile, Woodfield Mall und die liebenswerten Spezialitätengeschäfte der Altstadt, der Lincoln Avenue und der Neustadt.
VERANSTALTUNGSKALENDER
Juni '96 (1) *Chicago Blues Festival*, Grant Park. (2) *Chicago Highland Games and Scottish Festival*. (3) *Long Grove Strawberry Festival*. **Juli** (1) *Fourth of July Concert and Fireworks*, Chicago. (2) *Fiesta de Hemingway*, Oak Park. **Sept.** *Cascade of Colors Balloon Festival*, Carbondale. **Okt.** *Union County Fall Colorfest*. **4. Nov. - 31. Dez.** *Country Christmas*, Galena. **Dez.** *Lucia Lights*, Bishop Hill. **Nov./Jan. '97** *Lake Shelbyville Festival of Lights*, Findlay. **Febr.** *Chicagoer Autoschau*, McCormick Square.

KLIMA

Sehr unterschiedlich mit heißen Sommern und, besonders im Norden, sehr kalten Wintern mit einem hohen »wind chill factor«. Die Luftfeuchtigkeit ist im Sommer an den großen Seen am höchsten.
Kleidung: Regenschutz ist angebracht.

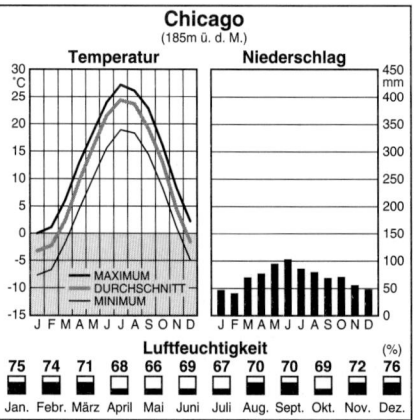

Zur Benutzung dieses Buches beachten Sie bitte auch die *Einleitung*

WELTKARTE?

LÄNDERKARTEN?

ZEITZONENKARTE?

INFORMATION ÜBER

IMPFBESTIMMUNGEN UND

GESUNDHEITSVORKEHRUNGEN?

... siehe Inhaltsverzeichnis

Indiana

Lage: Norden.

Indiana Tourism Division
1 North Capitol Avenue
Indianapolis, IN 46204-2288
Tel: (317) 232 88 60. Telefax: (317) 233 68 87.
Indianapolis Convention & Visitors Bureau
Suite 100
1 RCA Dome
20 South Capital Avenue
Indianapolis, IN 46225
Tel: (317) 639 42 82. Telefax: (317) 639 52 73.
Greater Lafayette Convention & Visitors Bureau
301 Frontage Road
PO Box 5547
Lafayette, IN 47903
Tel: (317) 447 99 99. Telefax: (317) 447 50 62.
Bloomington/Monroe County Convention & Visitors Bureau
2855 North Walnut Street
Bloomington, IN 47404
Tel: (812) 334 89 00. Telefax: (812) 334 23 44.
Grant County Convention & Visitors Bureau
215 South Adams Street
Marion, IN 46952
Tel: (317) 668 54 35. Telefax: (317) 668 54 43.

FLÄCHE: 93.328 qkm.
BEVÖLKERUNGSZAHL: 5.713.000 (1993).
BEVÖLKERUNGSDICHTE: 61,2 pro qkm.
HAUPTSTADT: Indianapolis. **Einwohner:** 766.538 (1992).
GEOGRAPHIE: Indiana grenzt im Norden an den Lake Michigan und hat tiefe Täler, Seen, Ebenen, Bergausläufer, große Agrar- und Industriegebiete.
ORTSZEIT: MEZ - 6.

REISEVERKEHR

FLUGZEUG: Ein internationaler Flughafen liegt 8 km außerhalb von Indianapolis. Er verbindet mit allen größeren Städten in den USA.
BAHN: Die Amtrak-Linie *Lake Shore Limited* von Chicago nach Buffalo führt über Hammond-Whiting, South Bend und Elkhart im Norden des Staates. Der *Capitol Limited* von Chicago nach Washington hält in Hammond-Whiting, South Bend, Elkhart und Waterloo. Der *Broadway Limited* von Chicago nach New York hält in Hammond-Whiting, Nappanee und Garrett. Die *Cardinal-Line* führt von Chicago über Dyer, Lafayette, Crawfordsville, Indianapolis und Connersville nach New York. Der *Chicago Hub* verkehrt von Chicago über Dyer, Rensselaer, Lafayette und Crawfordsville nach Indianapolis und von Chicago über Dyer und Michigan City nach Grand Rapids.
BUS/PKW: Der Amtrak Thruway Bus Service fährt von Garrett über Fort Wayne nach Waterloo. Zahlreiche Greyhound-Linien führen durch Indiana, die meisten über Indianapolis. Linie 3 und 7 verbinden Chicago über Gary und South Bend im Norden des Staates mit Cleveland. Die Linie 20 von Chicago nach Cincinnati hält in Lafayette und Indianapolis. Die Linie 1 führt von St. Louis über Indianapolis nach Pittsburgh, die Linie 19 von Chicago über Lafayette und Indianapolis nach Louisville.
Durchschnittliche Greyhound-Fahrzeiten: Chicago – Indianapolis: 4 Std; Cincinnati – Indianapolis: 2 Std. 30; Indianapolis – Columbus: 4 Std; Detroit – Indianapolis: 7 Std; Louisville – Indianapolis: 2 Std; St. Louis – Indianapolis: 5 Std.

URLAUBSORTE & AUSFLÜGE

INDIANAPOLIS ist ein bedeutender Knotenpunkt für Industrie, Kultur und Wirtschaft. Das Gesicht dieser fortschrittlichen, schwungvollen Stadt hat sich im Laufe der Zeit häufig gewandelt. Nach dem Anschluß an das Eisenbahnnetz entwickelte sich Indianapolis schnell zu einem wichtigen Regionalzentrum. Heute ist die Stadt vor allem auch als Austragungsort eines der großen internationalen Autorennen, das *Indianapolis Motor Speedway*, bekannt. Auch die Kultur kommt nicht zu kurz, das *Indianapolis Symphony Orchestra* hat einen guten Ruf. Theater, Musical, Oper, Ballett und moderner Tanz gehören ebenfalls zum Kulturangebot. Einige historische Gebäude, darunter das Haus des 23. US-Präsidenten Benjamin Harrison, haben sich erhalten. Im *Morris Butler House* ist ein interessantes Museum untergebracht (viktorianische Kunst). Das *Indianapolis Museum of Art* ist ein großer Gebäudekomplex aus drei Museen mit Kunstwerken aus dem Mittelalter und der Renaissance. Im *Children's Museum* gibt es sogar ein Karussel. Sehenswert sind ferner das *State Capitol*, *St. John's Church* und *Christ Church Cathedral*. Ein Bummel über den *City Market* macht Spaß, fast 100 Buden, Stände und Läden bieten Kunstgewerbe, kulinarische Köstlichkeiten und allerlei hübsche Kleinigkeiten an. *Eagle Creek Park* ist einer der größten Stadtparks der USA, und auch im schönen *Garfield Park* kann man sich gut die Beine vertreten.

Das *Historical Museum* in der Kleinstadt **Lafayette** enthält interessante Ausstellungsstücke und Dokumente aus dem frühen 19. Jahrhundert, als die Indianer sich vergeblich gegen die übermächtigen weißen Soldaten und Siedler wehrten, die ihnen das Land wegnahmen. Besuchenswert sind außerdem u. a. der *Indiana-Dunes*-Nationalpark, *Amish Acres* (eine restaurierte Amisch-Siedlung aus dem 19. Jahrhundert) bei Nappanee, die Pioniersiedlung *Conner-Prärie*, die *Squire-Boone*-Höhlen und das berühmte *Fort Wayne*.

Iowa

Lage: Mittlerer Norden.

State of Iowa
Meisengasse 8
D-60313 Frankfurt/M.
Tel: (069) 28 38 58. Telefax: (069) 28 14 93.
Mo-Fr 09.00-17.30 Uhr (nicht für den Publikumsverkehr geöffnet).
Iowa Division of Tourism
200 East Grand Avenue
Des Moines, IA 50309
Tel: (515) 242 47 05. Telefax: (515) 242 47 49.
Des Moines Convention & Visitors Bureau
Ruan Two Building
601 Locust
Des Moines, IA 50309
Tel: (515) 286 49 60. Telefax: (515) 244 97 57.
Iowa City Convention & Visitors Bureau
408 First Avenue
Coralville, IA 52241
Tel: (319) 337 65 92. Telefax: (319) 337 99 53.

FLÄCHE: 145.754 qkm.
BEVÖLKERUNGSZAHL: 2.814.000 (1993).
BEVÖLKERUNGSDICHTE: 19,3 pro qkm.
HAUPTSTADT: Des Moines. **Einwohner:** 193.187 (1990).
GEOGRAPHIE: Etwa 95% des sanft hügeligen Landes werden landwirtschaftlich genutzt; aber es gibt auch interessante Städte, Parks, viele Seen und Freizeitgebiete.
ORTSZEIT: MEZ - 7.

REISEVERKEHR

BAHN: Die Amtrak-Linie *Pioneer* führt von Seattle über Creston, Osceola, Ottumwa, Mt. Pleasant und Burlington nach Chicago.
BUS/PKW: Die Greyhound-Linie 3 führt von Omaha nach Chicago über Des Moines und Iowa City. Weitere Verbindungen nach Ames, Cedar Rapids, Davenport, Dubuque und Waterloo.

URLAUBSORTE & AUSFLÜGE

Des Moines, am gleichnamigen Fluß gelegen, ist erst seit 1857 Hauptstadt von Iowa. Sehenswert ist das mächtige Kapitol mit seiner Goldkuppel. Das *Art Center* ist der amerikanischen Volkskunst des 19. und 20. Jahrhunderts gewidmet. In und um Des Moines gibt es 58 Parks mit lauschigen Wäldchen, schönen Gartenanlagen, bunten Blumenrabatten und Picknickstellen. Der *Saylorville Lake* ist ideal für alle Wassersportarten. Die Universität des Staates befindet sich in der alten Hauptstadt **Iowa City**. Beliebte Erholungsgebiete sind **East** und **West Okoboji**, **Spirit Lake** und **Clear Lake**. Das reiche Kulturerbe wird in den vielen Museen und historischen Stätten der deutschen, schweizerischen und elsässischen *Amana*-Kolonien deutlich. Sie wurde Mitte des 19. Jahrhunderts in der Nähe von Homestead von Angehörigen einer religiösen Gruppierung gegründet, die in der heimatlichen Europa verfolgt wurde. In **Pella** spiegelt sich der niederländische Einfluß in den Tulpenfeldern, der Architektur und dem Brauchtum wider. Eine Fahrt mit der *Boone-and-Scenic-Valley*-Bahn ist wirklich ein Erlebnis. Interessant ist auch ein Besuch im *Effigy Mounds Park* mit Relikten indianischer Kultur oder im *Fort Dodge*, das als Museum restauriert wurde.

SOZIALPROFIL

VERANSTALTUNGSKALENDER
1996: *150jähriges Bestehen von Iowa*.
4. Mai '96 *Alljährliches Puppen- und Spielzeugfestival*, Amana. **31. Mai - 1. Juni** *Iowa Heritage Expo*. **8./9. Juni** (1) *Great Mississippi Valley Rodeo*, West Locust. (2) *World Pork Expo*, Des Moines. **Mitte Juni** *Iowa Festival*, Iowa City. **8. - 18. Aug.** *Iowa State Fair*, Des Moines. **22. - 25. Aug.** *Iowa Folklife*, Des Moines. **Sept.** *Czidar's Apfelfest*, Dubuque. **12. Okt.** *»A Rhapsody for Bix«* präsentiert von Komponist Lalo Schifrin, Iowa. **28. Dez.** *Sesquicentennial Statehood Day Celebration*, Des Moines.

Kalifornien

Lage: Westküste.

California Division of Tourism
Suite 1600
801 K Street
PO Box 1499
Sacramento, CA 95812-1499
Tel: (916) 322 28 81, 322 13 96 (Tonbandansage). Telefax: (916) 322 34 02.
Los Angeles Convention & Visitors Bureau
Suite 6000
633 West 5th Street
Los Angeles, CA 900171
Tel: (213) 624 73 00. Telefax: (213) 624 97 46.
San Diego Convention & Visitors Bureau
Suite 1400
401 B Street
San Diego, CA 92101
Tel: (619) 232 31 01. Telefax: (619) 696 93 71.
San Francisco Convention & Visitors Bureau
Suite 900
201 3rd Street
San Francisco, CA 94103-3185
Tel: (415) 974 69 00. Telefax: (415) 227 26 02.

FLÄCHE: 424.002 qkm.
BEVÖLKERUNGSZAHL: 31.211.000 (1993).
BEVÖLKERUNGSDICHTE: 75,9 pro qkm.
HAUPTSTADT: Sacramento. **Einwohner:** 382.816 (1992).
GEOGRAPHIE: Kalifornien ist wegen seines sonnigen Klimas und des Kalifornischen Goldrausches auch als »Goldener Staat« bekannt und wird für seine einzigartige Mischung aus herrlichen Stränden, Bergen, zerklüfteter Küste, Wüsten, Wäldern und Obsthainen geschätzt. Die größten Touristenziele im beliebtesten Staat der USA sind Los Angeles, San Francisco, San Diego sowie die Urlaubsorte Santa Barbara, Palm Springs und die Künstlerkolonien Laguna Beach und Mendocino.
ORTSZEIT: MEZ - 9.

REISEVERKEHR

FLUGZEUG: Durchschnittliche Flugzeiten: *Los Angeles* – Anchorage: 6 Std. 40; *Los Angeles* – Chicago: 4 Std. 15; *Los Angeles* – Frankfurt: 10 Std. 30; *Los Angeles* – Guatemala City: 4 Std. 35; *Los Angeles* – Honolulu: 5 Std. 30; *Los Angeles* – London: 10 Std. 15; *Los Angeles* – Mexico City: 4 Std. 55; *Los Angeles* – Miami: 4 Std. 55; *Los Angeles* – New York: 5 Std. 20; *Los Angeles* – Orange County: 30 Min; *Los Angeles* – Papeete (Tahiti): 8 Std. 10; *Los Angeles* – San Diego: 45 Min; *Los Angeles* – San Francisco: 1 Std. 20; *Los Angeles* – Singapur: 20 Std. 25; *Los Angeles* – Sydney: 19 Std. 30; *Los Angeles* – Washington DC: 4 Std. 30; *Los Angeles* – Wien: 15 Std. (einschl. 2 Std. 45 Zwischenaufenthalt in New York); *Los Angeles* – Zürich: 12 Std. 10.

San Francisco – Anchorage: 5 Std. 35; *San Francisco* – Chicago: 4 Std. 15; *San Francisco* – Frankfurt: 10 Std. 30; *San Francisco* – Honolulu: 5 Std. 40; *San Francisco* – London: 12 Std. 10; *San Francisco* – Los Angeles: 1 Std. 20; *San Francisco* – Mexico City: 5 Std. 10; *San Francisco* – Miami: 6 Std. 20; *San Francisco* – New York: 5 Std. 40; *San Francisco* – Papeete: 10 Std. 40; *San Francisco* – Seattle: 1 Std. 50; *San Francisco* – Singapur: 21 Std. 25; *San Francisco* – Sydney: 16 Std. 40; *San Francisco* – Vancouver: 2 Std. 35; *San Francisco* – Washington DC: 6 Std; *San Francisco* – Wien: 19 Std. (einschl. 2 Std. 45 Zwischenaufenthalt in New York); *San Francisco* – Zürich: 15 Std. 30 (einschl. 2 Std. Zwischenaufenthalt in Los Angeles).

Internationale Flughäfen: *Los Angeles International (LAX)* liegt in der Santa Monica Bay, 24 km außerhalb der Stadtmitte. Es gibt Busverbindungen zum Geschäftsviertel und zu vielen Orten der Umgebung, wie z. B. Hollywood, zu angemessenen Preisen.
San Francisco (SFO) liegt 21 km südöstlich der Stadt (Fahrzeit 30 Min.). Der *Airporter* (Flughafenbus) fährt von 05.00-23.00 Uhr alle 20 Min. Limousinen, Taxis und Linienbusse stehen ebenfalls zur Verfügung.
Oakland (OAK) liegt auf der anderen Seite der Bucht. Der Flughafen wird für internationale Charterflüge und Inlandflüge genutzt und liegt 32 km vom Geschäftsviertel San Franciscos entfernt. Ein Flughafenbus verbindet mit dem Geschäftsviertel von Oakland sowie dem *San Francisco International Airport*. Air-BART-Busse verbinden den Flughafen mit dem *BART Rapid Transit System* (U-Bahn) im Geschäftsviertel von San Francisco.
Inlandflughäfen: *Burbank (BUR)* liegt 34 km vom Geschäftsviertel von Los Angeles entfernt.
San Diego International (SAN) liegt 4,8 km westlich des Stadtzentrums von San Diego und ist der wichtigste Flughafen Südkaliforniens.
SCHIFF: Eine Fähre verbindet San Francisco mit den Küstenorten Sausalito, Tiburon, Vallejo Oakland, Alameda und Larkspur im landschaftlich schönen Marin County. Sie fährt vom Pier 1 neben dem Fährgebäude am Ende der Market Street ab.
BAHN: Der *Amtrak*-Bahnhof in **Los Angeles** (800 North Alameda Street, am Rand des Geschäftsviertels) ist der westliche Endbahnhof vieler großer Linien durch den Süden der Rocky Montains und südlicher Endpunkt der *West Coast Line* von Seattle. Es gibt häufige Verbindungen nach San Diego im Süden.
Der *Transbay-Terminal* (425 Mission Street) in **San Francisco** wird nur für Vorortzüge benutzt. Der wesentlich größere *Amtrak*-Bahnhof in Oakland (auf der anderen Seite der Bucht) ist Knotenpunkt der Westküstenlinien und westlicher Endbahnhof der Strecke über Salt Lake City, die Rocky Mountains und darüber hinaus. *Amtrak* betreibt eine Busverbindung zwischen den Bahnhöfen von Oakland und San Francisco.
Durchschnittliche Amtrak-Fahrzeiten: *Texas Eagle:* Los Angeles – Phoenix: 8 Std; Los Angeles – El Paso: 18 Std; Los Angeles – San Antonio: 29 Std; Los Angeles – Austin: 32 Std; Los Angeles – Fort Worth: 37 Std; Los Angeles – Dallas: 39 Std; Los Angeles – St. Louis: 54 Std; Los Angeles – Chicago: 61 Std. *Southwest Chief:* Los Angeles – Flagstaff: 9 Std; Los Angeles – Albuquerque: 16 Std; Los Angeles – Kansas City: 32 Std; Los Angeles – Chicago: 38 Std. *Sunset Limited:* Los Angeles – Houston: 34 Std; Los Angeles – New Orleans: 43 Std. *Coast Starflight:* Los Angeles – San Jose: 9 Std; Los Angeles – Oakland: 11 Std; Los Angeles – Sacramento: 13 Std; Los Angeles – Portland (Oregon): 29 Std; Los Angeles – Seattle: 33 Std.
California Zephyr: Oakland – Reno: 6 Std; Oakland – Salt Lake City: 16 Std; Oakland – Denver: 31 Std; Oakland – Chicago: 50 Std.
BUS/PKW: Durchschnittliche Pkw-Fahrzeiten: Los Angeles – San Diego: 2 Std; Los Angeles – Las Vegas: 6 Std; Los Angeles – San Francisco: 8 Std; Los Angeles – Phoenix: 8 Std; Los Angeles – Reno: 10 Std; Los Angeles – Albuquerque: 16 Std; Los Angeles – Seattle: 24 Std; Los Angeles – Dallas: 29 Std; Los Angeles – Chicago: 44 Std; Los Angeles – Miami: 58 Std; Los Angeles – New York: 58 Std.
San Francisco – Reno: 4 Std; San Francisco – Portland: 13 Std; San Francisco – Albuquerque: 12 Std; San Francisco – Seattle: 16 Std; San Francisco – Dallas: 36 Std; San Francisco – Chicago: 45 Std; San Francisco – New York: 61 Std; San Francisco – Miami: 65 Std. Alle Fahrzeiten bei Fahrt ohne Halt innerhalb der Geschwindigkeitsbegrenzungen.
Durchschnittliche Greyhound-Fahrzeiten: Los Angeles – San Diego: 2 Std. 30; Los Angeles – Las Vegas: 5 Std. 30; Los Angeles – San Francisco: 7 Std. 30; Los Angeles – Phoenix: 8 Std. 30; Los Angeles – Yosemite: 10 Std. 15; Los Angeles – Sacramento: 12 Std. 30; Los Angeles – Albuquerque: 17 Std. 30; Los Angeles – Portland (Oregon): 22 Std.
San Francisco – Sacramento: 2 Std; San Francisco – Lake Tahoe: 5 Std; San Francisco – Reno: 5 Std. 30; San Francisco – Las Vegas: 7 Std 30; San Francisco – Yosemite: 7 Std. 30; San Francisco – Portland: 16 Std.
STADTVERKEHR: Los Angeles: Die großen Entfernungen zwischen den Sehenswürdigkeiten in Los Angeles erscheinen am Anfang recht störend, aber per Auto sind sie leicht zu überwinden. Die Stadtautobahnen sind gut ausgeschildert, können aber während der Stoßzeiten verstopft sein. Alle bekannten Autovermieter haben ein Flughafen und im Geschäftsviertel von Los Angeles Niederlassungen. *Southern California Rapid Transit District (RTD)* betreibt ein gutes Busnetz im Stadtgebiet. Der *Orange County Transit District* betreibt den Vorortverkehr. Die beiden Verkehrsnetze sind aufeinander abgestimmt. Busverbindungen sind nicht allzu häufig, aber relativ billig. Obwohl es überall Taxis gibt, sind diese wegen der Größe der Stadt teuer und unpraktisch.
San Diego: Gutes Busliniennetz, die Preise sind angemessen. Taxis sind teuer. Die bekannten Autovermieter (*Avis, Hertz, Budget, Dollar-a-Day* und *National*) haben hier Niederlassungen.
San Francisco: Das ausgezeichnete Verkehrsnetz mit Bussen und Cable Cars (s. *Urlaubsorte & Ausflüge*) ist die preiswerteste Art, die Sehenswürdigkeiten zu erreichen. Der Einzelfahrpreis schließt Umsteigen innerhalb des Verkehrssystems mit ein. Beim Einsteigen muß man das genaue Fahrgeld bereithalten. Taxis sind im ganzen Stadtgebiet zu finden. Taxikosten sind hier geringer, da die Stadt im Verhältnis zu anderen Großstädten eher klein ist. Alle bekannten Autovermieter haben Niederlassungen in San Francisco; man kann auch Motorcamper mieten. Busse und Straßenbahnen verbinden das Geschäftsviertel mit abgelegeneren Attraktionen wie dem *Golden Gate Park, Twin Peaks, Seal Rocks, Mission Dolores*, dem *Presidio* und der *Golden Gate Bridge*. Die futuristische U-Bahn des Bay Area Rapid Transit (*BART*) verbindet San Francisco mit den Orten an der Ostseite der Bucht, einschl. Oakland, Alameda, Fremont, Richmond und Berkeley, einer der Standorte der riesigen *University of California*.

URLAUBSORTE & AUSFLÜGE

LOS ANGELES, die »Stadt der Engel«, wurde 1781 gegründet und ist heute die zweitgrößte Stadt der USA. Sie erstreckt sich über eine Fläche von 1930 qkm zwischen den St. Gabriel Mountains und dem Pazifik. Greater Los Angeles ist eigentlich ein Zusammenschluß mehrerer Gemeinden mit sehr unterschiedlichem Charakter. In der näheren Umgebung gibt es schneebedeckte Berge, große Wüsten, Sandstrände und Canyons. *Beverly Hills* ist einer der elegantesten Orte von Südkalifornien. Hier stehen viele luxuriöse Häuser von Film- und Fernsehstars. *Chinatown*, in der Mitte von LA, vermittelt mit seinen Düften, Geräuschen und Gebäuden original chinesische Eindrücke. Auf dem *Hollywood Boulevard* sind außerhalb des Mann's Chinese Theater die Handabdrücke zahlreicher Stars einzementiert. Viele dieser Persönlichkeiten können im Wachsfigurenkabinett *Movieland Wax Museum* in *Buena Park* aus der Nähe betrachtet werden. *Griffith Park*, ein riesiger Stadtpark, umfaßt den *Los Angeles Zoo*, ein Observatorium, eine Kleinbahn, Golf- und Tennisplätze. Am *El Pueblo de Los Angeles State Historical Park* lag vor 200 Jahren das ursprüngliche Los Angeles; viele Gebäude aus der spanischen Kolonialzeit sind hier erhalten oder restauriert worden. Von den vielen Museen und Kunstgalerien der Stadt sind das *Los Angeles County Museum of Art* und das *Natural History Museum of Los Angeles County* besonders sehenswert.

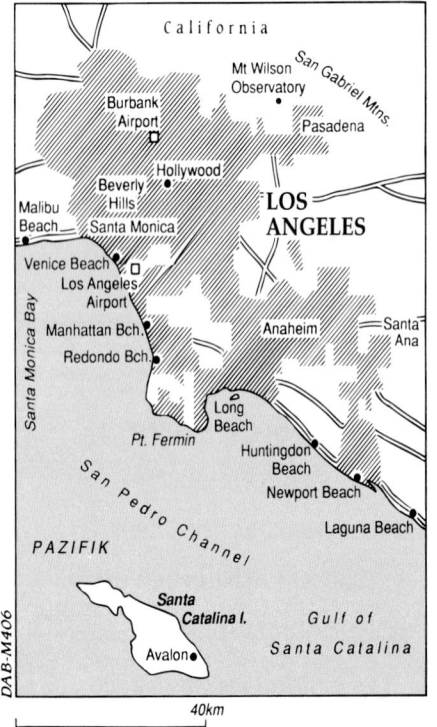

Außergewöhnliche Autos, Filmstars, architektonisch interessante Gerbäude – und Sie haben noch nicht einmal Ihr Gepäck abgeholt!

Ob Sie nun Urlauber oder Geschäftsreisender sind, LAX ist das Tor zu Süd-Californiens aufregendem kulturellen Leben.

Die kostenlose Reisebroschüre "All About LAX" ist auf deutsch oder englisch erhältlich unter:

City of Los Angeles Department of Airports
One World Way
Los Angeles CA 90045
Tel: 310.646.5260
Fax: 310.646.1894

Die Amerikanische Riviera

Entdecken Sie das kalifornische Paradies mit majestätischer Bergwelt und schneeweißen Stränden.

Wenn Sie das Wort »Riviera« hören, denken Sie bestimmt zuerst an Europa – an den spektakulären, schmalen Küstenstreifen am Mittelmeer, der sich von Frankreich über Monaco bis nach Norditalien erstreckt.

Auf der anderen Seite der Welt, direkt am herrlichen Pazifik, liegt die Amerikanische Riviera – Santa Barbara.

Geographisch gesehen ähneln sich die beiden Rivieras: majestätische Berge und eine unverwechselbare Küstenlinie mit Blick auf vorgelagerte Inseln. Beide bieten eine herrlich südliche Lage mit wohlbekanntem, angenehmem Klima. (Santa Barbara liegt am einzigen Stück der gesamten

Pazifikküste, das von Ost nach West verläuft). Umgeben von Bergen und Inseln genießen die Regionen Sonnenschein von morgens bis abends. Aber Santa Barbara unterscheidet sich in einigen wichtigen Merkmalen von seinem europäischen Gegenstück. Erstens bietet dieses tropische Paradies alle Annehmlichkeiten eines erstklassigen Resorts – ohne Menschenmassen. Zweitens finden Sie hier eine unvergleichbare Atmosphäre – eine ansprechende Mischung aus facettenreicher Geschichte, unverwechselbarer Architektur und der legendären Southern-California-Lebensweise. Weltweit für ihre außergewöhnliche Schönheit bekannt, bietet Ihnen Santa Barbara kristallklare Luft, eine atemberaubende Landschaft und strahlend weiße, von Palmen gesäumte Strände.

Santa Barbara steht für Gastlichkeit, Offenheit und eine entspannte Kleinstadtatmosphäre ebenso wie für Attraktionen, wie Sie sie eigentlich von einer Großstadt erwarten würden. Wo sonst können Sie ein paar Tage auf einer typischen Western Ranch verbringen, Wale beobachten, an Weinproben bei mehr als 30 Winzern teilnehmen oder einen Ausflug mit dem Mountainbike unternehmen? Wo sonst wird Ihnen Segeln, Museumsbesuche und Kunstgalerien, hunderte hervorragender Restaurants sowie ganzjährige Auftritte berühmter Tanz-, Theaterensembles und Orchester angeboten? Santa Barbara, 144 km nördlich von Los Angeles gelegen, ist überraschend einfach zu erreichen. Mehr als 100 Flüge landen täglich im Santa Barbara Airport. Non-stop Anschluß von LAX nach Santa Barbara wird siebenmal täglich von Santa Barbara Airbus geboten. AMTRAK-Züge halten hier achtmal täglich, Greyhound Bus Lines bieten ebenfalls Anschluß in diese Region. Das perfekte Urlaubsziel mit hunderten von Aktivitäten zu jeder Jahreszeit.

Anspruchsvolle Besucher und Prominente machen seit mehr als einem Jahrhundert in Santa Barbara Urlaub. Unser Name ist auf fast allen Kontinenten bekannt, da hier auch das sogenannte »Western White House« liegt (Ronald Reagans Ranch und auch Bill Clintons Strandhaus befinden sich hier), und sogar eine TV-Serie ist nach uns benannt worden.

An der Amerikanischen Riviera finden Sie Unterkünfte, Attraktionen und kulinarische Spezialitäten für einen jeden Geschmack und Geldbeutel.

DEN KOSTENLOSEN 72-SEITIGEN SANTA BARBARA COUNTY DESTINATION GUIDE ERHALTEN SIE UNTER:

Tel: 805-966-9224 Fax: 805-966-1728
E-Mail: sbcvb@silcom•com

Entspannung und Ruhe finden Sie im Eagle Inn. Dieses elegante Resort mit spanischer Kolonialarchitektur liegt nur einen kurzen Fußweg vom Zentrum Santa Barbaras, von den zahlreichen Stränden, dem Anleger und dem historischen Stearn's Wharf entfernt. Jedes unserer Zimmer ist einzigartig, hell und geräumig. Unsere Hochzeitssuite mit privater Veranda und Kamin ist perfekt für Ihre Hochzeitsreise. Unsere Familienapartments, meist mit Kochnischen, sind ebenso komfortabel. Zur modernen Ausstattung gehören Kaffee/Tee auf dem Zimmer, Telefon, Kabelfernsehen, kostenloser Filmkanal, Kühlschrank und Mikrowelle. Fitnessclub und Whirlpool in der Nähe. Kostenloses kontinentales Frühstück täglich.
The Eagle Inn, 232 Natoma Avenue, Santa Barbara, CA 93101.
Tel: (805) 965 3586. Fax: (805) 966 1218.

Franciscan Inn

Das Franciscan Inn ist ein Stück Paradies an der Amerikanischen Riviera. Nur einen Häuserblock vom Strand und Anleger entfernt, bietet dieses 3-Sterne-Hotel, das auch eine AAA-Kategorisierung hat, eine ideale Unterkunft für Urlauber oder Geschäftsreisende. Die Innenstadt Santa Barbaras, die Hafenanlagen und zahlreiche Restaurants sind sehr einfach von diesem Hotel in West Beach zu erreichen. Zum Start in den Tag bieten wir Ihnen frisch gebackene Leckereien, Fruchtsäfte und heiße Getränke sowie eine Tageszeitung. Am Nachmittag genießen unsere Gäste hausgemachte warme Kekse, Kaffee und Tee. Der Swimming- und der Whirlpool sind ganzjährig geheizt.
Franciscan Inn, 109 Bath Street, Santa Barbara, CA 93101.
Tel: (805) 963 8845. Fax: (805) 564 3295.

Erstklassiges Hotel mit vollem Service. Ein großes Einkaufszentrum liegt direkt gegenüber. Nicht weit von Stränden, der Mission, Restaurants und Geschäften entfernt. Ansprechender Mini-Resort mit Restaurant und Lounge, zwei Swimmingpools, zwei Whirlpools, Sauna, Massagesalon und Fitnesseinrichtungen. Die Zimmer haben Terrasse mit Blick auf den Pool oder die Garteninnenhöfe, Kaffee/Tee, Kühlschrank, Klimaanlagen und Wandtresore. Kostenloser Flughafen-/Zugzubringer. Informationen in mehreren Sprachen. 116-132 US$.
Pepper Tree Inn, 3850 State Street, Santa Barbara, CA 93105.
Reservierungen: (805) 687 5511. Fax: (805) 682 2410.

Ocean Palms Hotel

Atemberaubende Blicke auf das Meer, die Sandstrände und auf die, in den Hafen einlaufenden Boote von Ihrem Zimmer aus oder von unseren Ein-/Zwei-Zimmer-Häuschen mit Kochnische. Genießen Sie kostenlosen Kaffee/Tee, frisch gebackene Muffins sowie Wein und Käse an unseren beheizten Swimming- und Whirlpools. Zahlreiche erstklassige Restaurants und Sehenswürdigkeiten sind gleich in der Nähe und tragen zur hervorragenden Lage bei. Nichtraucher-Zimmer, HBO-Kabelkanal. Wochen- und monatliche Pauschalangebote. 65-300 US$ saisonbedingt.
Ocean Palms Hotel, 232 W. Cabrillo, Santa Barbara, CA 93101.
Reservierungen: (805) 966 9133. Fax: (805) 965 7882.

Als einer der erstklassigsten Resorts der Westküste bietet das Four Seasons Biltmore, Santa Barbara, 234 Zimmer, Suiten und Ferienhäuser inmitten 8 ha tropischer Gärten mit Blick auf den Pazifik. Die preisgekrönten Restaurants bieten ein einzigartiges Panorama auf den Ozean. Im Angebot stehen zwei Swimmingpools, drei Tennisplätze mit Flutlicht, zwei Fitnessclubs mit Whirlpool und ein Meisterschafts-Golfkurs ganz in der Nähe. Preise ab 199-360 US$. Pauschalangebote und verbilligte Preise an Werktagen.
Four Seasons Biltmore, 1260 Channel Drive, Santa Barbara, CA 93108.
Tel: (805) 969 2261/Großbritannien 0800 526 648/Deutschland (0130) 85 23 32.

Santa Barbara Airbus bietet seit 1983 zuverlässigen, pünktlichen Pendelverkehr 14 x täglich zwischen dem internationalen Flughafen von Los Angeles und Santa Barbara. Entspannen Sie sich und genießen Sie den Komfort des Reisebusses, der Platz für 47 Passagiere hat und mit WC ausgestattet ist. Günstige Preise für Individualreisende, Gruppen und Familien. Santa Barbara Airbus/Walter's Limousine bietet Limousinen mit Chauffeur für 6-8 Personen. Gruppen-Charter-Service möglich in Personenbussen mit 21-47 Sitzplätzen.

Tel: (805) 964-7759
Fax: (805) 683-0307

Das malerische **SANTA BARBARA** liegt in den Ausläufern der Santa Ynez-Bergen, 534 km nördlich von Los Angeles und überblickt den Pazifik. Dem Besucher bietet sich eine reizende Landschaft, zahlreiche Hügel und Berge, kleine Gärten, weite Felder und Wiesen an. Am besten lernt man diese Region und ihre Sehenswürdigkeiten entlang der beliebten Ferienstraße *Scenic Loop* kennen. Diese führt u. a. am *Santa Barbara County Courthouse* vorbei, das eines der schönsten Gebäude der Welt ist. Die elegante Innenausstattung bietet handbemalte Zimmerdecken, schmiedeeiserne Kronleuchter, riesige Wandgemälde, reichgeschnitzte Türen und importierte Fliesen. Einen hervorragenden Panoramablick erhält man vom 24 m hohen Uhrenturm. Die *Mission Santa Barbara* ist vielleicht die schönste alte spanische Kirchenmission Kaliforniens. 1786 erbaut, besitzt die Kirche einzigartige Zwillingstürme und eine wunderschöne Fassade. Die meisten der mit Adobeziegeln gedeckten Häuser aus der spanischen und mexikanischen Kolonialzeit befinden sich im Stadtzentrum. So weist der *Hill-Carrillo Adobe* den ersten Holzboden der Stadt auf. Die *Fernald Mansion and Trussell-Winchester Adobe* ist ein altes viktorianisches Herrenhaus mit 14 Zimmern, einer schönen Treppe und zahlreichen geschnitzten Dekorationen. Weitere Attraktionen sind das *Museum of Natural History*, das *Santa Barbara Museum of Natural History* und das *Santa Barbara Historical Museum*. Letzteres bietet die beste Sammlung historischer Funde aus der Umgebung wie Kunstwerke, verschiedene Sattel, ungewöhnliche Kostüme und antikes Spielzeug. Das *Santa Barbara Museum of Art* ist das größte Kunstmuseum Kaliforniens. Hier hängen u. a. Gemälde von O'Keefe, Eakins, Singer-Sargent und Hopper und vor der Eingangstür sitzt Rodins weltberühmte Statue »Der Denker«. Die verschiedensten Pferdekutschen und -wagen kann man im *Carriage Museum* bewundern. Der *Santa Barbara Botanic Garden*

The Alisal Guest Ranch and Resort, 1054 Alisal Road u Solvang, CA 93463   Tel: (805) 688-6411   Fax: (805) 688-2510   Reservierungen: (800) 4-ALISAL

Rechtzeitig zurück in die Vergangenheit

Ein Urlaub auf der Alisal Guest Ranch and Resort ist eine Reise zurück in die Vergangenheit – zum Wilden Westen. Inmitten der 40 qkm großen, wunderschönen Landschaft ist Alisal Kaliforniens einzige Ranch mit vollkommenem Service. Hier vermischen sich der rustikale Charme der traditionellen Rinderfarm mit erstklassigen Unterkünften, modernen Konferenzeinrichtungen, Reittouren, Golf, Tennis, Bootfahren und Angeln zu einem entspannten Zufluchtsort und Konferenztreffpunkt.

- 73 BUNGALOWS MIT KAMIN
- MODIFIED AMERICAN PLAN
- 2 GOLFPLÄTZE DER MEISTERKLASSE
- 10.000 QM GROSSER SÜSSWASSERSEE
- BEAUFSICHTIGTER KINDERSPIELPLATZ
- 1830 QM GEMEINSCHAFTSRAUM
- MOTTO-PARTIES & WESTERN GRILLABENDE
- RODEO & VIEHTREIBEN

Die schönste Lodge im Westen...
inem Ort, an dem Mensch und Natur friedvoll zusammenleben

Cathedral Oaks Lodge
SANTA BARBARA

LAGE Abseits vom Highway 101, am Fuß des Santa Ynez Gebirges, Abfahrt Turnpike Road. Nur 8 km vom Ozean und 5 Minuten vom Stadtzentrum, UCSB, Geschäften und anderen Attraktionen entfernt.

UNTERKÜNFTE 126 wunderschöne Zimmer und Suiten, alle mit eigenem Balkon oder Terrasse. Üppige Gärten und Süßwasserlagune mit zahmen Enten und Koi-Fischen. Kaffeemaschine auf den Zimmern, und kontinentales Frühstück am Büffet gratis.

IM ANGEBOT Konferenzräume für bis zu 75 Personen. Beheizter Swimmingpool und Whirlpool. Kostenloser Flughafen- und Bahnhofzubringer.

PREISE Einzelzimmer 75-105 US$. Doppelzimmer 85-115 US$ und Zwei-Zimmer Suiten 120-160 US$. Saisonbedingte Preise. Auch kommerzielle, Gruppen- und Pauschalpreise im Angebot.

BUCHUNGEN national **unter der Telefonnummer (800) 654 19 65. 10% KOMMISSION WERDEN SOFORT AUSGEZAHLT.**

4770 Calle Real, Santa Barbara, CA 93110
Tel: (805) 964 35 11 Telefax: (805) 964 00 75

Vormals Turnpike Lodge

dient in erster Linie der Züchtung von Kaliforniens einheimischer Flora wie Kakteen, Redwoods und Wildblumen. Im *Andreé Clark Bird Refuge* kann man nach Herzenslust um die friedliche Lagune oder in den Gartenanlagen spazierengehen und die zahlreichen Süßwasservögel beobachten. Oder man entscheidet sich für einen Besuch des *Santa Barbara Zoological Gardens*, der über 700 Tierarten der ganzen Welt, inklusive Raubkatzen, Elefanten und Giraffen, ein zuhause bietet. **Stearns Wharf**, das einmal dem berühmten Schauspieler James Cagney und seinen Brüdern gehörte, ist der älteste Pier in Kalifornien, der noch in Betrieb ist. Geschenke und Souvenirs werden hier ebenso angeboten wie Weinproben und ein Fischmarkt. Außerdem ist der Panoramablick vom Pier aus auf die Berge und den Ozean einfach atemberaubend. Unbedingt eingeplant werden sollte ein Besuch des größten Feigenbaumes Amerikas, des *Moreton Bay Fig Tree*. Dieser wurde aus Australien importiert und 1874 in Santa Barbara angepflanzt. Mittlerweile hat der Baum einen Umfang von 48 m und bietet 6400 qm Schatten.

Aber auch Einkaufsbummler kommen in Santa Barbara auf ihre Kosten. State Street, El Paseo, La Arcada Court, Pasa Nuevo, Victoria Court, La Cumbre Plaza, Coast Village Road und Montecito Village bieten gute Einkaufsmöglichkeiten. *Brinkerhoff Avenue* ist eine charmante Einkaufsstraße inmitten von viktorianischen Häuserblöcken, in denen u. a. Antiquitäten und andere ungewöhnliche Souvenirs verkauft werden. Im *El Paseo* Einkaufszentrum, im kolonial-spanischen Baustil, gibt es vor allem Spezialgeschäfte und Kunstgalerien. Frisches Obst, Gemüse, Blumen und andere Leckereien bekommt man am *Farmer's Market* von den örtlichen Bauern zu erschwinglichen Preisen angeboten. Das **Wine Country** der Santa Barbara Region, mit seinen 30 Weinkellereien und fast 4047 ha an Weinbergen, ist die am schnellsten expandierende Region ihrer Art weltweit. Hervorragende Weine wie Chardonnay, Pinot Noir, Cabernet Sauvignon, Sauvignon Blanc, Riesling sowie viele mehr werden in dieser Region angebaut und gekeltert.

In Santa Barbara gibt es insgesamt etwa 4700 Hotelzimmer. Unterkünfte gibt es in erstklassigen Hotels, Standardhotels oder in gemütlichen Pensionen. Außerdem ist Santa Barbara Ziel aller Gourmetfreunde, die hier auf der Suche nach den neuesten kalifornischen Spezialitäten sind. Preisgekrönte Restaurants und die hervorragende Weinregion machen Santa Barbara regelrecht zu einem kulinarischen Mekka mit ausgezeichneten Angeboten in jeder Hinsicht. Über 400 Restaurants bieten eine internationale Küche an. Und wer sich sportlich fit

halten möchte, wird sich zwischen Ballonfliegen, Radtouren, Bootsfahrten, Fischen, Segeln, Golf, Wanderungen, Reiten, Bowling, Polo, Rollschuhlaufen, Tauchen, Surfen, Schwimmen, Tennis und Walbeobachtungen entscheiden müssen.
Andere beliebte Touristenattraktionen sind **Pasadena**, **Burbank** und **Anaheim** mit der *Knott's Berry Farm*, einem Western-Freizeitpark. Der ursprünglich von Walt Disney kreierte Freizeitpark **Disneyland** liegt 43 km südöstlich des Los Angeles Civic Center. Auf über 32 ha kann man sieben unterschiedliche Freizeitgebiete erforschen: *Adventureland* befaßt sich mit Asien, Afrika und dem Südpazifik; im *Critter Country* fährt man in ausgehöhlten Baumstämmen auf gewunden Wasserwegen, bevor man eine nie endende künstliche Stromschnelle herunterfährt, die Geschwindigkeiten bis zu 64 km/h erreicht; *Fantasyland* ist dem Zauber der Märchenbücher gewidmet; *Frontierland* will den Besucher in die Zeit der Pioniere und des Wilden Westens zurückversetzen; *Main Street USA* spiegelt das amerikanische Kleinstadtleben um die Jahrhundertwende wider; *New Orleans Square* ist die Heimat von Geistern, Piraten und kleinen Kramläden; und *Tomorrowland* zeigt die Welt der Zukunft.
Auch in der ältesten kalifornischen Stadt **SAN DIEGO**, 215 km südlich von Los Angeles, ist der spanische Einfluß spürbar. Von hier aus kann man gut den Süden Kaliforniens erkunden.
Am einfachsten und preiswertesten lernt man San Diego auf einer Stadtrundfahrt kennen. *The Bus That Goes in Circles* ist eine private Buslinie, die alle größeren Hotels und die Sehenswürdigkeiten verbindet. Der *Balboa Park* ist ein weitläufiges Freizeitgebiet, in dem der *San Diego Zoo* (Heimat von 3400 Tieren), der *San Diego Wild Animal Park*, der *Anza Borrego Desert State Park* und *Sea World* untergebracht sind; außerdem auch Museen, Kunstgalerien, Theater und Sportanlagen. *Old Town* ist die älteste europäische Siedlung in Kalifornien; in *San Diego* und *Seaport Village* gibt es alte Missionen. Das Urlaubsgebiet um *La Jolla* bietet nördlich und südlich der Stadt riesige Sandstrände.
Von San Diego sind der Pazifik-Unterwasserpark *(Rancho Palos Verdes)* und der Ozeanriese *Queen Mary* (Long Beach Harbour) einfach zu erreichen. **Palm Springs**, 160 km von Los Angeles entfernt, ist ein Winterkurort für Jetsetter und bietet gute Bäder, Kuranlagen, Golf- und Tennisklubs sowie eine Straßenbahn. Andere lohnende Ziele sind *Six-Flags-Magic-Mountain*-Freizeitpark in Valencia, das *J. Paul Getty Museum* in der Nähe von **Malibu** (das reichste Museum der Welt), **Pasadena** (*Tournament of Roses Parade* und American Footballspiele im *Rose-Bowl*-Stadion), das *Norton Simon Museum of Art* und das **Death Valley National Monument**, 5790 qkm zerklüfteter Wüste, Sanddünen, Salzebenen und Täler, die im Sommer sehr heiß sind (beste Besuchszeit ist Anfang November bis Ende April).
SAN FRANCISCO, die kosmopolitische Hafenstadt an der Golden Gate Bridge, wurde zuerst von spanischen Missionaren besiedelt, aber das eigentliche Bevölkerungswachstum begann zur Zeit des kalifornischen Goldrauschs. Die Kabelwagen (*Cable Cars*), die die steilen Hügel befahren, sind ein Wahrzeichen der Stadt und eine originelle Art, die bekannten Restaurants, Einkaufsgebiete und Touristenattraktionen dieser schönen Stadt kennenzulernen.
Chinatown ist die größte chinesische Gemeinde außerhalb Asiens mit chinesischen Theatern, Museen, Restaurants und Kulturzentren. Das *Japan Center* ist ein 2 ha großer Komplex mit Restaurants, Geschäften, Springbrunnen, Teestuben und Bädern. Die *Golden Gate Bridge* ist das berühmteste Wahrzeichen der Stadt und bietet außerdem einen wundervollen Ausblick. *Alcatraz-Island* in der Bucht von San Francisco, einst Amerikas berüchtigstes Gefängnis, wurde zu einer Touristenattraktion umgebaut. *Lombard Street* ist als die »krummste Straße der Welt« bekannt und von schönen Häusern und Blumengärten umgeben.
Der ansprechende *Golden Gate Park* umfaßt Museen, wunderschöne Seen, einen Botanischen Garten und viele Kilometer landschaftlich schöner Straßen und Wege. Die *Twin Peaks* bieten eine der besten Aussichten auf die Stadt. Das *San Francisco Museum of Fine Art*, das *MH de Young Memorial Museum* im Golden Gate Park, das *Asian Art Museum*, die *California Academy of Sciences* mit dem Planetarium und der neuen anthropologischen Ausstellung, der *California Palace of the Legion of Honor*, die *Old Mint* und das *Octagon House* sind alle einen Besuch wert.
Eine lustige Abwechslung ist ein Ausflug ins Geschäftsviertel mit den berühmten Cable Cars. Das *Cable Car Barn & Museum* zeigt, wie das System funktioniert. *North Beach*, Heimat vieler Italo-Amerikaner, hat zahlreiche Kunstgalerien, Straßencafés, Buchläden und Kaffeehäuser.
Die Künstlerkolonie **Sausalito** mit ihren farbenfrohen Jachten und Hausbooten, Restaurants, Kunstgalerien und Antiquitätengeschäften liegt auf der anderen Seite der Bucht. **Mendocino** ist eine weitere reizvolle Künstlerkolonie an der Nordküste. Die Kleinstadt **St. Helena** liegt im Herzen eines bekannten Weinbaugebiets. Im *Muir Woods National Monument*, ca. 24 km von San Francisco entfernt, stehen jahrhundertealte Redwoodwälder. Weitere lohnende Ausflugsziele sind der *Mariott's-Great-America*-Freizeitpark in Santa Clara, *Marine World/Africa USA* in der Bucht von San Francisco und der 23.472 ha große *Redwood-Nationalpark* zwischen Eureka und Crescent City, der mächtige Baumriesen und eine herrliche Küste hat.
Der *Lassen-Volcanic-Nationalpark* am Mount Lassen wird von einem großen Vulkan überragt. Die Halbinsel *Monterey*, wo sich Seeotter und Seelöwen von Seegras ernähren, ist für die historische Stadt **Monterey** und das im September stattfindende Jazz-Festival bekannt. Das Aquarium ist ausgezeichnet. Die Stadt diente außerdem dem Literaturnobelpreisträger John Steinbeck als Vorlage für drei seiner Romane. Es gibt eine weitere Künstlerkolonie in **Carmel**. *Sequoia* und der *Kings Canyon Nationalpark* haben schöne, alte Wälder an den Ausläufern des Mount Whitney, dem höchsten Berg Kaliforniens. *Yosemite-Nationalpark* umgibt ein spektakuläres Gletschertal und ist für seine Berge, Wiesen, Kiefernwälder, Wasserfälle, Mammutbäume und Sportzentren berühmt. Die Staatshauptstadt **Sacramento** ist eine alte Stadt aus der Zeit des Goldfiebers. **Sutter's Fort** zeugt ebenfalls noch von der Pionierzeit Kaliforniens. *Lake Tahoe*, unterhalb der Gipfel der Sierra Nevada an der Grenze zu Nevada, bietet Skigebiete, Strände, Wasserski- und andere Sportmöglichkeiten.
Wenige Kilometer nördlich von Los Angeles liegt **SANTA MONICA**, eine charmante Kleinstadt an der südkalifornischen Pazifikküste. Palmenumsäumte Klippen, zahlreiche Stars, hervorragende Menüs – Santa Monica bietet eine lebendige Kunst- und Kulturszene und vereint erfolgreich eine entspannte Kleinstadtatmosphäre mit einem anspruchsvollen Kulturangebot. Alle Sehenswürdigkeiten, internationale Hotels, Restaurants und Geschäfte sowie der Strand sind zu Fuß leicht erreichbar. Die beliebtesten Strände *Santa Monica State Beach* und *Will Rogers State Beach* sind nur wenige Minuten vom Stadtzentrum entfernt. Das *Santa Monica Museum of Art*, von dem bekannten Architekten Frank O'Gheary entworfen, bietet ganzjährig Ausstellungen zeitgenössischer und moderner Künstler. Im nahegelegenen Malibu befindet sich das *J. Paul Getty Museum*, ein originalgetreuer Nachbau einer römischen Landvilla, welches eine der größten und weltbesten Kunstausstellungen beherbergt. Es empfiehlt sich mit öffentlichen Verkehrsmitteln anzureisen, da kaum Parkplätze vorhanden sind. Ein Einkaufsbummel durch Santa Monicas Straßen ist ein weiteres Urlaubsvergnügen. *Montana Avenue*, *Main Street*, *Santa Monica Place* und *Third Street Promenade* – eine jede hat ihren eigenen Charakter und bietet exklusive Boutiken, Spezialgeschäfte und internationale Restaurants. Third Street Promenade verwandelt sich am Abend in ein lebhaftes Unterhaltungsviertel, in dem Straßenkünstler und Musiker die Gassen füllen und die Touristen unterhalten. Wenige Minuten von Beverley Hills und Hollywood und nur 13 km vom Los Angeles International Airport gelegen, eignet sich Santa Monica als idealer Urlaubsort im typisch kalifornischen Stil. Beliebte Touristenattraktionen wie *Disneyland*, *Universal Studios Hollywood*, *Knotts Berry Farm* und die *Queen Mary* sind auch nur einen Katzensprung entfernt. Sonnengetränktes Santa Monica ist ein idealer Zufluchtsort von hektischem Stadtleben, in dem nicht nur Stars wie Greta Garbo, Clark Gable, Bette Davis und heutzutage Michelle Pfeiffer und Meryl Streep ihre Erholung gefunden haben. Das Wahrzeichen von Santa Monica ist der im Jahre 1908 gebaute *Pier*. Derzeit finden umfangreiche Restaurierungsarbeiten in Millionenhöhe statt, um dem ältesten Vergnügungs-Pier der Westküste zu seinem ursprünglichen Glanz zu verhelfen. Attraktionen sind das neurenovierte *Boat House*, *Rusty's Restaurant*, *Mariasol Restaurant* sowie diverse andere Lokale, Geschäfte und ein Fischmarkt. Nördlich der Stadt befinden sich die landschaftlich schönen *Santa Monica Mountains*. Das *Santa Monica Mountains National Recreation Area*, das 61 Mio. qkm umfaßt, bietet Naturliebhabern Campen, Wandern, Backpacking, Reiten und Picknicks an der frischen Luft in unberührter Natur. Die 75.000 qkm große Ranch, *Wills Rogers State Historic Park*, ist für Besucher geöffnet und unterhält Gäste mit Polo-Spielen an Wochenenden. Viele der berühmten Meisterköche des Landes haben exklusive Restaurants in Santa Monica eröffnet. Es wird behauptet, daß Santa Monica mehr kulinarische Etablissements als Einwohner und einige der besten Teehäuser und Pubs außerhalb von England zu bieten hat. Für Fans der britischen Kultur und Musik empfiehlt es sich die Kneipen *Fair City* und *Kings Head* aufzusuchen. Andere beliebte Treffpunkte sind *The Pink*, eine kleine Diskothek, *The Renaissance*, ein moderner sogenannter Superclub mit zwei Restaurants und Tanzflächen und nicht zuletzt *The West End*, ein Tanzclub mit Live-Unterhaltung.

SOZIALPROFIL

ESSEN & TRINKEN: Los Angeles: Die Spezialitäten der Region sind Grillfleisch und Meeresfrüchte.
San Francisco: Viele Restaurants bieten neben internationaler Küche eine gute Auswahl an vegetarischen Gerichten. Man sollte frischen Krebs und Garnelen in den Fischrestaurants der berühmten Fishermans Wharf probieren.
Getränke: Kalifornische Weine machen den berühmten europäischen Marken Konkurrenz.
THEATER & KONZERTE: Los Angeles: Broadway-Hits kann man in den Theatern des *Music-Center*-Komplexes (135 N Grand Avenue) sehen. Im *Dorothy Chandler Pavilion* findet jährlich die Filmpreisverleihung (*Academy Awards*) statt. Hier befinden sich außerdem die *Los Angeles Philharmonic* und die *Civic Light Opera*. In der weltberühmten *Hollywood Bowl* (2301 N Highland Avenue) werden im Sommer Konzerte veranstaltet. Das *Universal Amphitheater* auf dem Gelände der *Universal Studios* ist Schauplatz großer Pop- und Rockkonzerte. Weitere Veranstaltungsorte sind das *Mark Taper Forum*, das *Ahmanson Theater*, das *Shubert Theater* und die Freilichtbühne *Greek Theater* im Griffith Park.
San Francisco: Das *Orpheum Theater* führt Operetten auf. Im *Geary Theater* ist das *American Conservatory Theatre*, das auch besondere Veranstaltungen im *Marines Memorial Theater* zeigt, untergebracht. Die Theater *Curran* und *Golden Gate* zeigen große Broadway-Inszenierungen. Die *San Francisco Symphony* tritt in der ausgezeichneten neuen *Louise M. Davies Symphony Hall* auf, während man Pop- und Rockkonzerte im Juli im *Civic Auditorium* hören kann. Während der Urlaubszeit im Dezember kann man das *San Francisco Ballet* im *Opera House* bewundern. Die Opernsaison in San Francisco, eine der besten der USA, dauert von Mitte September bis November.
NACHTLEBEN: Die Nachtklubs in **Los Angeles** sind ausgezeichnet, und man sieht häufig Stars. Die meisten Klubs befinden sich in der Umgebung des Sunset Boulevard in Hollywood und im San Fernando Valley. Viele Hotels bieten ebenfalls Unterhaltungsprogramme an.
San Francisco bietet ein äußerst vielfältiges Unterhaltungsangebot mit Piano-Bars und eleganten Restaurants.
EINKAUFSTIPS: Im Geschäftsviertel von **Los Angeles** und Beverly Hills gibt es gute Geschäfte, Boutiquen und Kaufhäuser. Preiswerte Souvenirs, Schmuck und Handarbeiten werden in Little Tokio und in der Olvera Street verkauft.
Besonders beliebte Mitbringsel aus **San Francisco** sind Kunstgegenstände, Schmuck und Handarbeiten. Die meisten Geschäfte befinden sich um den Union Square im Stadtzentrum. Weitere Einkaufsgegenden sind der Ghirardelli Square und die Cannery (moderne Kleidung, Lebensmittel, Kunst und ausländische Küchenartikel), die Union Street (Boutiquen, Antiquitäten und Handarbeiten in restaurierten viktorianischen Gebäuden), der Jackson Square (ein Einrichtungs- und Dekorationszentrum) und Pier 39, eine Einkaufs- und Restaurantanlage an einem langen Pier sowie in China- und Japantown.
SPORT: Los Angeles: Im Santa Anita Park (Arcadia) finden im Oktober und von Dezember bis April **Pferderennen** statt. Im Hollywood Park, Inglewood, werden **Vollblutrennen** (Mitte April - Ende Juni) und **Trabrennen** (Aug. - Anfang Dez.) ausgetragen. Baseball (Aug. - Dez.), **Basketball** und **Hockey** sind auch weit verbreitet. Die beliebtesten Sportarten in **San Francisco** sind **Baseball** (April - Sept.), **American Football** (Sept. - Dez.) und **Fußball** (Sept. - Juni). **Pferderennen** finden auf den *Bay-Meadows*-Rennbahnen und in San Mateo (Sept. - Juni) sowie auf den *Gold Fields* in Albany (Winter und Frühling) statt.
VERANSTALTUNGSKALENDER
18. April - 5. Mai '96 *San Francisco International Film Festival*. **24. - 27. Mai** *Pacific Fine Art Festival*, Maiden Lane. **1./2. Juni** (1) *Union Street Spring Festival of Arts and Crafts*.(2) *Annual La Jolla Festival of the Arts and Food Faire*. **4. Juli** *Fireworks Display*, Lake Tahoe. **20. Juli** *Rhythm and Brews Festival*, Harveys Casino, Lake Tahoe. **2. - 4. Aug.** *Latin American Festival*, Bazaar del Mundo. **17./18. Aug.** *International Dance Festival*, Balboa Park. **8. Sept.** *Western Regional Chilli Cook-Off*. **27. - 29. Sept.** *San Francisco Blues Festival*. **9. Okt.** *Columbus Day Celebration*, North Beach. **19./20. Okt.** *Great Halloween and Pumpkin Festival*, San Francisco. **25. Okt. - 3. Nov.** *Grand National Rodeo*, Cow Palace. **6. - 23. Dez.** *Wild Animal Park Festival of Lights*. **7. - 10. Jan. '97** *MacWorld Expo*, Moscone Center.

KLIMA

Heiß im Sommer, mild und feucht im Winter.

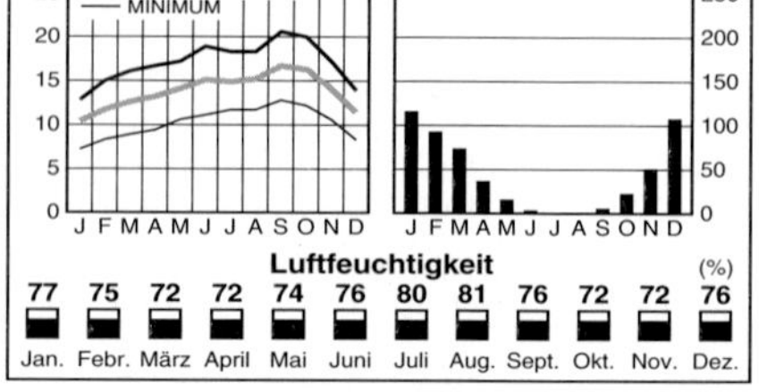

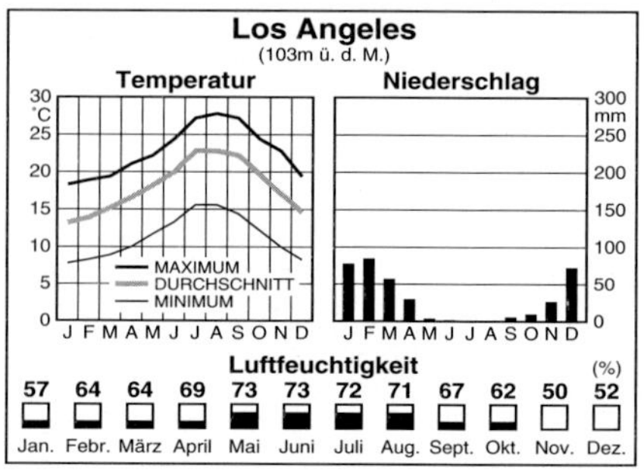

USA **785**

Privat, Exklusiv, Günstig Gelegen!

EIN ANGENEHMER UND FREUNDLICHER SERVICE IN EINEM HOTEL MIT EUROPÄISCHEM FLAIR

Lage: In einem ruhigen Wohngebiet in West Hollywood, unweit von Beverly Hills. Der berühmte Sunset Strip mit Einkaufszentren und Restaurants liegt nur ein paar Schritte entfernt und Century City, Hollywood, das Pacific Design Center und die Universal Studios Hollywood nur wenige Minuten.

Unterkünfte: 125 gut ausgestattete Suiten, einige davon mit Kochnischen; alle bieten Farbfernseher und Video, Klimaanlage, Telefone mit mehreren Anschlüssen, Anrufbeantworter, offene Kamine, Balkon und zweimal täglich Zimmerservice.

Besonderheiten: Fabelhaftes Restaurant, Dachpool & Whirlpool, Tennisplatz mit Flutlicht, Fitneßclub mit allen Finessen, Fahrrad- und Joggingwege, Nichtraucherzimmer und behindertengerechte Einrichtungen, Konferenzräume, Zimmerservice, zweisprachiges Personal, Wechselstube und Videothek.

Preise: Suiten 160 US$ bis 475 US$.

Informieren Sie sich über unsere Wochenend-, Bed & Breakfast- und Sonderangebote.

Innerhalb von 72 Std. nach Abreise der Gäste wird Ihnen die Kommission ausgezahlt.

le montrose
SUITE HOTEL DE GRAN LUXE

900 Hammond Street, West Hollywood, CA 90069
(310) 855-1115 Fax (310) 657 9192
Internet: http://www.travelweb.com

UNITED STATES & CANADA
APOLLO/GEMINI/GALILEO: 07683
SABRE: 05594, SYSTEM ONE: LAXVAL,
DATAS II: 01566, PARS: LAXVA

Member of **THE GRANDE COLLECTION OF HOTELS**

Geleitet von Outrigger Lodging Services

Im Herzen von Santa Monica

steht das wunderschöne Art Deco Gebäude des Hotel Shangri-La. In Reichweite liegen zahlreiche von Santa Monicas schicken und beliebtesten Restaurants, Kinos und Einkaufszentren. Das Hotel befindet sich gerade mal einen halben Häuserblock vom Strand entfernt.
Alle Zimmer mit Klimaanlage, Heizung und atemberaubenden Meeres- und Küstenblicken. Alle unsere Gäste erhalten kostenlos Parkplätze, Tageszeitung, kontinentales Frühstück und Nachmittagstee. Preise ab 115 US$.
Hotel Shangri-La, 1301 Ocean Avenue, Santa Monica, CA 90401
Tel: (310) 394 2791. Fax: (310) 451 3351. (800) 345 STAY.

Pacific Shore Hotel

Reservierungen:
tel 800-622-8711 oder 310-451-8711, telefax 310-394-3761
*Apollo (UA 60717) *Amadeus (IA/SMOPAC) *Worldspan (IP/8277)
*System One (EA SMOPAC) *Axess (JL/2121) *Sabre (8216)
*Sahara (2089).
Adresse: 1819 Ocean Avenue, Santa Monica Beach, CA 90401

Lage: Nur 200 Schritte vom Santa Monica Beach, zwei Häuserblöcke von zahlreichen Geschäften, Boutiquen, Restaurants, Theatern und Nachtklubs. Nur 800 m zum Venice Beach, 8 km nach Malibu und 11 km zum Los Angeles International Airport.
Ausstattung: 168 Gästezimmer mit Meer-, Berg- oder Stadtblick. Restaurant, Salon, großer Swimmingpool, Whirlpool und Sonnenterrasse, Souvenirladen, Autovermietung, Ausflüge und Shuttlebus zur näheren Umgebung. Zimmer bieten auf Wunsch auch Videofilme, Computerspiele (Nintendo), Fön und Safe.
Preise: 105-150 US$ (saisonal unterschiedlich)

COLUMBUS REISEFÜHRER 1996/97

Kansas

Lage: Landesmitte.

Kansas Travel & Tourism
Suite 1300
700 SW Harrison Street
Topeka, KS 66603
Tel: (913) 296 20 09. Telefax: (913) 296 69 88.
Wichita Convention & Visitors Bureau
Suite 100
100 South Main Street
Wichita, KS 67202
Tel: (316) 265 28 00. Telefax: (316) 265 01 62.

FLÄCHE: 213.111 qkm.
BEVÖLKERUNGSZAHL: 2.531.000 (1993).
BEVÖLKERUNGSDICHTE: 11,9 pro qkm.
HAUPTSTADT: Topeka. Einwohner: 119.883 (1990).
GEOGRAPHIE: Kansas liegt geographisch im Mittelpunkt Nordamerikas und ist ein landwirtschaftlicher Staat mit riesigen Weizenfeldern. Vieles erinnert an den Wilden Westen.
ORTSZEIT: MEZ - 7.

REISEVERKEHR

FLUGZEUG: Der Flughafen in Wichita bietet Verbindungen zu allen größeren Städten in den USA.
BAHN: Die Amtrak-Linie Chicago Hub führt von Chicago bis Kansas City. Mit der River-Cities-Linie erreicht man Kansas City von New Orleans, Memphis und St. Louis aus. Die Southwest Chief durchquert den Staat in Ost-West-Richtung und hält in Garden City, Dodge City, Hutchinson, Newton, Emporia, Topeka, Lawrence und Kansas City.
BUS/PKW: Die Greyhound-Linie 2 fährt von Denver über Oakley, Hays, Salina, Junktion City und Topeka nach Kansas City und von dort nach Omaha oder St. Louis.
Durchschnittliche Greyhound-Fahrzeiten: Kansas City – Denver: 13 Std; Kansas City – Omaha: 5 Std; Kansas City – St. Louis: 5 Std.

URLAUBSORTE & AUSFLÜGE

Kansas City gehört zu zwei Staaten, Missouri und Kansas; der größere Teil der Stadt liegt im Staat Missouri (Sehenswürdigkeiten, Freizeit- und Erholungsmöglichkeiten s. u.). Die größte Stadt, Wichita, hat ein reiches Kulturangebot mit Museen, Parks, Kunstzentren, Theater, Musik und Sportmöglichkeiten. In der restaurierten Front Street des Städtchens Dodge City, einst wichtiger Viehmarkt, kann man ein bißchen Wildwest-Atmosphäre schnuppern. Eine Reise in die aufregende Vergangenheit bieten auch verschiedene Museen der Kleinstadt. Die Hauptstadt Topeka liegt am Kansas River und hat ein sehenswertes Kapitol. Besuchenswert sind ferner das Kansas Cosmosphere and Discovery Center in Hutchinson und die schwedische Siedlerstadt Lindsborg. Die zahlreichen Freizeitparks, Stauseen und Flüsse bieten gute Sport- und Erholungsmöglichkeiten.

Kentucky

Lage: Mittlerer Osten.

Kentucky Department of Travel Development
Suite 2200
500 Mero Street
Frankfort, KY 40601
Tel: (502) 564 49 30. Telefax: (502) 564 56 95.
Northern Kentucky Convention & Visitors Bureau
605 Philadelphia Street
Covington, KY 41011
Tel: (606) 261 46 77. Telefax: (606) 261 51 35.
Louisville and Jefferson Convention & Visitors Bureau
400 South First Street
Louisville, KY 40202
Tel: (502) 584 21 21. Telefax: (502) 584 66 97.
Greater Lexington Convention & Visitors Bureau
301 East Vine Street
Lexington, KY 40507
Tel: (606) 233 12 21. Telefax: (606) 254 45 55.

FLÄCHE: 104.665 qkm.
BEVÖLKERUNGSZAHL: 3.789.000 (1993).
BEVÖLKERUNGSDICHTE: 36,2 pro qkm.
HAUPTSTADT: Frankfort. Einwohner: 25.968 (1990).
GEOGRAPHIE: Die Landschaft besteht überwiegend aus Weideland und Bluegrasswiesen. Kentucky ist ebenso bekannt für seine Pferdezucht wie für außergewöhnliche Höhlen, Bourbon-Whisky und Bluegrass-Musik.
ORTSZEIT: MEZ - 6 (Osten); MEZ - 7 (Westen).

REISEVERKEHR

FLUGZEUG: Die Flughäfen in Lexington und Louisville bieten Verbindungen zu allen größeren Städten in den USA.
BAHN: Die Amtrak-Linie Cardinal von Chicago nach New York führt über Maysville im Norden des Staates.
BUS/PKW: Die Greyhound-Linie 19 führt von Chicago über Louisville nach Cincinnati oder über Louisville und Bowling Green nach St. Petersburg. Eine weitere Route führt von Louisville über Lexington und Ashland nach Charleston.
Durchschnittliche Greyhound-Fahrzeiten: Louisville – Chicago: 6 Std; Louisville – Cincinnati: 2 Std; Louisville – Indianapolis: 2 Std; Louisville – Nashville: 3 Std. 30; Louisville – St. Louis: 6 Std.

URLAUBSORTE & AUSFLÜGE

In der Universitätsstadt Lexington befinden sich traditionsreiche Gestüte, viele stehen auch Besuchern offen. Das verhältnismäßig kleine FRANKFORT liegt am Kentucky River. Zu den Sehenswürdigkeiten der Staatshauptstadt gehören das Kentucky-Historical-Society-Museum im alten Kapitol, das neue State Capitol und die Liberty Hall. In Louisville findet im Frühjahr das berühmte Kentucky Derby statt. Außerdem gibt es hier zahlreiche historische Gebäude, interessante Kunstausstellungen und ein faszinierendes Raumfahrtmuseum. Der West Main Street Historic District umfaßt den alten Stadtkern und das alte Geschäftsviertel. In den alten viktorianischen Lagerhäusern entstanden neue Läden und Büros. Elegante Häuser aus der Zeit um die Jahrhundertwende kann man auch im Belgravia und St. James Courts Historic District, einem vornehmen Wohnviertel, bewundern. Unbedingt einplanen sollte man eine Ausflugsfahrt auf dem Ohio River mit der Belle of Louisville, einem schönen alten Raddampfer. Butchertown, das deutsche Viertel, ist bekannt für seine Antiquitätenläden. Hier steht auch das Haus des Erfinders Thomas A. Edison. Das beliebteste Einkaufszentrum ist die Fourth Avenue Mall mit dem riesigen Galleria Complex, dessen Boutiquen und Geschäfte etwas für jeden Geschmack und Geldbeutel bieten. Außerhalb von Louisville kann man die zentrale Goldlagerungstätte Fort Knox und die Pionierstadt am Kentucky Lake, einem riesigen künstlichen See besichtigen. In der Umgebung der Stadt gibt es weitere Seen mit guten Wassersportmöglichkeiten. Ein Abstecher in den Mammoth Cave National Park mit der gewaltigen Tropfsteinhöhle lohnt sich unbedingt. Ideal zum Wandern ist der Daniel-Boone-Staatswald. Bardstown, die »Bourbon-Hauptstadt« der Welt, liegt südöstlich von Louisville und ist ebenfalls einen Besuch wert.

Louisiana

Lage: Südküste.

Louisiana Office of Tourism
Department of Culture, Recreation & Tourism
PO Box 94291
Capitol Station
Baton Rouge, LA 70804-9291
Tel: (504) 342 81 00. Telefax: (504) 342 83 90.
Fremdenverkehrsbüro Louisiana und Greater New Orleans
Rocky Mountain International
c/o Wiechmann Tourism Services
Scheidswaldstraße 73
D-60385 Frankfurt/M.
Tel: (069) 43 56 55. Telefax: (069) 43 96 31.
Mo-Fr 09.00-18.00 Uhr.
New Orleans Metropolitan Convention & Visitors Bureau
1520 Sugar Bowl Drive
New Orleans, LA 70112
Tel: (504) 566 50 11. Telefax: (504) 566 50 05.
Southwest Louisiana Convention & Visitors Bureau
1211 North Lakeshore Drive
PO Box 1912
Lake Charles, LA 70602
Tel: (318) 436 95 88. Telefax: (318) 494 79 52.
Shreveport-Bossier Convention & Visitors Bureau
629 Spring Street (71101)
PO Box 1761
Shreveport, LA 71166
Tel: (318) 222 93 91. Telefax: (318) 222 00 56.

FLÄCHE: 134.275 qkm.
BEVÖLKERUNGSZAHL: 4.295.000 (1993).
BEVÖLKERUNGSDICHTE: 32 pro qkm.
HAUPTSTADT: Baton Rouge. Einwohner: 219.531 (1990).
GEOGRAPHIE: Das sumpfige Mississippi-Tal von Louisiana ist eine der landschaftlich ansprechendsten Regionen der USA. New Orleans, die größte Stadt, ist die wichtigste Touristenattraktion. New Orleans ist für den Dixieland Jazz, seine Architektur, seine ausgezeichnete Küche, das French Quarter und seine Museen und Galerien bekannt. In Lafayette beginnt der 40 km lange Azalea Trail. Das Atchafalaya-Becken ist ein riesiger abgelegener Sumpf. Auf den Inseln Avery und Jefferson erheben sich gewaltige Salzkuppeln. Alexandria ist von Wäldern und Parks umgeben.
ORTSZEIT: MEZ - 7.

REISEVERKEHR

FLUGZEUG: Durchschnittliche Flugzeiten: New Orleans – Atlanta: 30 Min; New Orleans – Chicago: 1 Std; New Orleans – Frankfurt: 12 Std. (reine Flugzeit, Zwischenaufenthalt in Pittsburgh); New Orleans – Los Angeles: 4 Std; New Orleans – Miami: 1 Std; New Orleans – New York: 2 Std; New Orleans – Zürich: 11 Std. (reine Flugzeit, Zwischenaufenthalt in Chicago).
Es gibt keine Direktflüge von Wien, alle Verbindungen sind über Frankfurt, Düsseldorf oder München.
Internationaler Flughafen: New Orleans International Airport (MSY) liegt 23 km außerhalb des Stadtzentrums (Fahrzeit 20-30 Min.) und wird gerade ausgebaut. Jefferson Transit fährt wochentags alle 15-20 Min. und an Wochenenden alle 30 Min. eine Busverbindung zur Stadt. Der Greyhound-Bus fährt vom Flughafen in alle Teile des Staates. Rhodes Transportation (Tel: (504) 522 60 10) bietet einen 24stündigen Limousinendienst zur Stadt. Der Mississippi Coast Limousine Service (Coastliner) bietet mesrmal täglich 08.00-23.30 Uhr Verbindungen zur Golfküste mit Halt in vielen Ortschaften, die auf dem Weg liegen. Taxis fahren rund um die Uhr. Am Flughafen befinden sich zwei Banken, Geschäfte, Schnellimbisse, Restaurant/Bar, Postamt und Autovermietungen (Avis, Hertz, Budget, Dollar und National).
BAHN: Amtrak und Southern Railways fahren beide New Orleans an. Amtrak verkauft den speziellen Eastern Region Rail Pass, der 45 Tage freie Fahrt bis nach Burlington im Norden und Chicago im Nordwesten gewährt. Passagierzüge fahren von Union Station (1001 Loyola Avenue) ab.
BUS/PKW: Es gibt Bus- und Fernbusverbindungen von Greyhound und Trailways zu den umliegenden Städten. Amtrak betreibt einen Amtrak Thruway Bus Service von Baton Rouge nach New Orleans. Die Greyhound-Linien 10 und 14 fahren von Houston über Lake Charles, Lafayette, New Iberia, Houma (bzw. Baton Rouge) und Hammond nach New Orleans und von dort nach Montgomery und weiter nach New York (Linie 10) bzw. nach Tallahassee und weiter nach Miami (Linie 14).
Durchschnittliche Pkw-Fahrzeiten: New Orleans – Mobile: 3 Std; New Orleans – Houston: 6 Std; New Orleans – Birmingham: 7 Std; New Orleans – Memphis: 8 Std.
Alle Fahrzeiten bei Fahrt ohne Halt innerhalb der Geschwindigkeitsbegrenzungen.
Durchschnittliche Greyhound-Fahrzeiten: New Orleans (Tel: (504) 525 60 75) – Mobile: 4 Std; New Orleans – Houston: 8 Std; New Orleans – Birmingham: 9 Std; New Orleans – Memphis: 10 Std.
STADTVERKEHR: Bus: Die berühmte Straßenbahn aus dem Film »Endstation Sehnsucht« in New Orleans ist inzwischen durch einen Bus ersetzt worden. Straßenbahnen verkehren jedoch noch auf der St. Charles Avenue und Carrolton, Abfahrt in der Canal Street. Fahrten mit der Pferdekutsche sind eine originelle Art, das französische Viertel kennenzulernen. Mietwagen: Avis, Hertz, Budget, Dollar, Econocar, Thrifty, National und American International haben Filialen im oder am Flughafen. Unterlagen: Eigener Führerschein und eine internationale Kreditkarte.

URLAUBSORTE & AUSFLÜGE

NEW ORLEANS ist für seinen einzigartigen Charme weltberühmt und ist ein Schmelztiegel vieler unterschiedlicher Kulturen, einschl. französischer, spanischer, afrikanischer, karibischer und deutscher. Diese Einflüsse spiegeln sich in einer faszinierenden Mischung in der ausgezeichneten Küche, Architektur und Kultur der Stadt wider. Es gibt zahllose Museen und Kunstgalerien zu besichtigen. Die Stadt ist die Wiege des Jazz und des Cocktails, die typisch für ihren Lebensstil sind. Das einzigartige French Quarter ist ein sehr beliebtes Touristenziel mit seinen Gebäuden aus der Kolonialzeit, versteckten Innenhöfen, interessanten schmiedeeisernen Geländern und dem New Orleans Jazz, der durch die lebendigen Straßen klingt. Jackson Square, Dreh- und Angelpunkt des französischen Viertels, ist ein Treffpunkt für Pantomimen, Musikanten, Stepptänzer und andere Künstler. Es gibt viele ausgezeichnete Restaurants, Bars und Nachtklubs. Die Stadt liegt an der Mündung des Mississippi und lädt ein zu schönen Spaziergängen am Fluß oder auf der Esplanade, die den Atlantik überblickt. In Cabildo, einem ehemaligen spanischen Herrschersitz, fand der historische Kauf des Staates Louisiana statt; Casa Hove ist ein schönes Beispiel kreolischer Baukunst. Weitere Anziehungspunkte sind der International Trade Mart; Duelling Oaks (im 18. Jahrhundert fanden hier Duelle statt); das Conti Wax Museum; Audobon's House, wo der berühmte Maler lebte und arbeitete; der Audobon Zoo and Zoological Garden (Öffnungszeiten: Mo-Fr 09.30-16.30 Uhr, Sa/So 09.30-17.30 Uhr); das Aquarium of the Americas (vier Biotope mit unterschiedlicher Fisch- und Pflanzenwelt); Vieux Carré; Orleans Ballroom und St.

HOUMAS HOUSE PLANTATION AND GARDENS

Am Ufer des gewaltigen Mississippi stellen farbenprächtige Gartenanlagen und 200jährige Eichen die romantische Kulisse für das großartige Herrenhaus im Stil des Klassizismus (1840). Vor dem Amerikanischen Bürgerkrieg war Houmas Louisianas größte Zuckerrohrplantage. 1940 wurde es vollkommen restauriert und ist stilgerecht mit authentischen Antiquitäten eingerichtet. Fremdenführer, gekleidet im Stil aus der Zeit vor dem Bürgerkrieg, leiten Rundgänge durch das Haus. Der Film "Hush, Hush Sweet Charlotte" mit Bette Davis wurde hier gedreht. Gruppenermäßigungen sind ab 20 Personen erhältlich. Von New Orleans aus innerhalb einer Stunde leicht zu erreichen, von Baton Rouge auf der Interstate 10 in anderthalb Stunden.

40136 Highway 942, Burnside, Darrow, LA 70725-2302, USA
Telefon: (504) 473-7841   Fax: (504) 474-0480

Louis Cathedral. In den ausgezeichneten Cafés des französischen Markts am Flußufer wird französisches Gebäck serviert. Pontalba House ist ein interessantes staatliches Museum mit antiken Möbeln und Dekorationen. Sehenswert sind die Preservation Hall, in der jede Nacht original New Orleans Jazz gespielt wird, und The Garden District, in dem Herrenhäuser mit weißen Säulen stehen, die von schönen Gärten mit Eichen und eleganten schmiedeeisernen Zäunen umgeben sind.
Am Ende der Canal Street ist die Anlegestelle für zahlreiche Fähren, die den Mississippi überqueren oder auf- und abfahren. 1-11tägige Kreuzfahrten werden auch angeboten. Steamboat NACHEZ bietet Hafen- und Abendkreuzfahrten, Bayou Jean Lafitte veranstaltet ein 72 km langes Louisiana-Bayou-Abenteuer und Cotton Blossom eine Zoo-Kreuzfahrt zwischen dem Aquarium und Riverfront Park zum Audobon Zoo. Die Bayou Segnette Swamp Boat Tours bieten besondere Kreuzfahrten durch die Louisiana-Sümpfe. Weitere Informationen über Kreuzfahrten erteilt die New Orleans Steamboat Company, Suite 1300, 2 Canal Street, New Orleans, LA 70130. Tel: (504) 586 87 77.
BATON ROUGE, die Hauptstadt von Louisiana, liegt mitten in der Plantagenregion. Der Blues spielt eine bedeutende Rolle in der Geschichte der Stadt, er wurde von den Sklaven bei der Baumwollernte gesungen. In Baton Rouge wurden viele berühmte Bluesmusikanten der USA geboren. Zahlreiche Klubs, Konzerte und Feste

huldigen dieser schwermütigen Musik. Das 138 m hohe marmorne Capitol Building ist ein 34stöckiges Gebäude mit einer Aussichtsplattform mit Blick auf die 11 ha große Gartenanlage des Kapitolgrundstücks; das Old Capitol ist eine Mischung normannischer, gotischer und maurischer Architektur. Im Governor's Mansion sind Ausstellungsstücke aus Kunst, Naturgeschichte und Völkerkunde zu besichtigen. Der 56 ha große Baton Rouge Zoo beheimatet über 400 Tiere. Das Louisiana Arts and Science Center Riverside befindet sich in einer nachgebauten Bahnstation; das Freilichtmuseum The Rural Life Museum auf dem Gelände einer ehemaligen Plantage gewährt einen Einblick in die Arbeitsweisen des 19. Jahrhunderts.
In dieser Region stehen viele eindrucksvolle alte Plantagenhäuser, von denen manche Übernachtung und Frühstück sowie Besichtigungstouren anbieten. Das schönste Plantagenhaus, Le Petit Versailles, gehörte im 19. Jahrhundert dem Pflanzer Valcourt Aimé, der als Louis XIV. von Louisiana bekannt war.
Auch **LAFAYETTE**, eine Stadt mit wunderschönen Gartenanlagen und Veranstaltungsort des Mardi Gras, ist einen Besuch wert. Im industriellen und kulturellen Zentrum des »Cajun«-Landes wohnen 100.000 Menschen, von denen viele Französisch sprechen. Die ersten Siedler kamen 1764 aus Nova Scotia (Kanada) auf der Flucht vor den Briten hierher, nachdem sie sich geweigert hatten, ihren katholischen Glauben abzulegen und der britischen Krone Treue zu schwören. Sie wurden ursprünglich »Acadians« genannt, was später zu Cajuns verkürzt wurde. Das Land besteht zum großen Teil aus Sümpfen und sumpfigen Flußarmen. In Acadian Village und Vermilionville befinden sich originalgetreue Nachbildungen alter Cajundörfer.
Von der Stadt **Houma** aus kann man zahlreiche Ausflüge in das Atchafalaya-Gebiet unternehmen, das ehemalige Delta des Mississippi. Dieses riesige Sumpfgebiet wird von Hunderten von Kanälen durchzogen, in denen man sich ohne Führer hoffnungslos verirren kann. Hier kann man Alligatoren, Schlangen, Wasservögel und viele andere Tiere in freier Wildbahn beobachten. **New Iberia** ist die Heimat der weltberühmten Tabasco-Soße. Man kann an Touren durch subtropische Gärten teilnehmen, oder staatliche Herrenhäuser aus der Zeit vor dem Bürgerkrieg, Reismühlen und die Farmen und Fabriken zur Herstellung von Tabasco besichtigen. **St. Martinville** ist eine ruhige und elegante Stadt, die früher als »Le Petit Paris« bekannt war, da hier luxuriöse Bälle, Opern und Gesellschaftsfeste in großem Stil stattfanden. Das Cajun-Museum und die Kirche sind einen Besuch wert, ebenso wie der Creole Nature Trail in der

Nähe des Lake George, wo man Enten, Gänse, Alligatoren, Biber- und Moschusratten in freier Wildbahn sehen kann.
NATCHITOCHES, die älteste Stadt Louisianas, liegt am Cane River. Sie wurde 1714 als Fort und Handelsposten gegründet, der die Spanier von der Invasion der französischen Kolonie abhalten sollte, und ist heute ein landwirtschaftliches Zentrum mit Flair. Die meisten der zahllosen historischen Gebäude bieten Übernachtung mit Frühstück an. Die Stadt ist umgeben von Pecannußbäumen, Baumwollfarmen und Herrenhäusern aus dem 18. Jahrhundert. Die Umgebung von Natchitoches ist als Crossroads-Region bekannt, weil hier die spanische und französische Kultur des Südens mit dem Pioniergeist des Nordens zusammentreffen. Es ist außerdem eine Hochburg der Country-Musik und brachte Künstler wie Jerry Lee Lewis und Mickey Gilley hervor. In Marthaville findet jedes Jahr ein Geigenwettbewerb statt.
Monroe, ganz in der Nähe, ist eine weitere am Fluß gelegene Stadt mit vielen historischen Häusern und einem Museum. Louisiana Purchase Gardens and Zoo (Monroe) ist ein 40 ha großer Park mit moosbedeckten Eichen, Gartenanlagen und gewundenen Wasserwegen. Der 29 km lange Wanderweg Dogwood Trail Drive führt über die höchsten Hügel des Staates, vorbei an blühendem Hartriegel, der die ganz eigene Schönheit der Region offenbart.
SHREVEPORT ist ein bedeutendes Erdgas- und Ölzentrum nahe der texanischen Grenze und gilt als typisch amerikanisch. Die Stadt ist auch ein bekanntes Handels- und Unterhaltungsgebiet mit drei großen Veranstaltungen pro Jahr, die Besucher von nah und fern anziehen. Auf dem Shreve Square gibt es diverse Nachtklubs, Restaurants und Geschäfte.
Das Louisiana State Exhibit Museum mit Dioramas, einer Kunstgalerie, historischen Wandgemälden und archäologischen Fundstücken ist ebenso sehenswert wie das R W Norton Museum, das Old-West-Künstler ausstellt, und das American Rose Center.
Diese Gegend ist wegen der vielen Wälder und Seen, die ausgezeichnete Angel-, Kanu- und Wandermöglichkeiten bieten, als Sportler-Paradies bekannt. Aktivurlaube werden angeboten. In **Toledo Bend** findet jedes Jahr ein Fishing Tournament statt. Der Louisiana Downs Thoroughbred Racetrack, auf der anderen Seite des Red Rivers in **Bossier City**, ist vom späten Frühling bis zum Herbst für Pferderennen geöffnet. Die Poverty Point State Commemorative Area ist eine alte Indianersiedlung aus der Zeit um 1700 v. Chr. und eine der wichtigsten archäologischen Ausgrabungsstätten der USA. Auch der Kurort **Hot Wells** ist einen Besuch wert.

SOZIALPROFIL

ESSEN & TRINKEN: Kreolische Küche ist die Spezialität Louisianas und sollte auf jeden Fall probiert werden. Die kulturelle Vielfalt in diesem Bundesstaat brachte eine neue Küche hervor, die die besten Rezepte jeder Nation einbezieht. Durch die Lage am Meer ist das Angebot an frischem Fisch, Garnelen, Krebsen, Austern und Langusten besonders groß. Wildbret ist auch sehr beliebt, einschl. Kaninchen und wildem Puter. Bananen, Ananas und andere Früchte werden in der kreolischen Küche häufig zusammen mit pikanten Gewürzen wie scharfem Pfeffer und Filé (einem Gewürz zur Herstellung von Gumbo) benutzt. Der Bezirk Crescent City in New Orleans ist für seine ausgezeichneten Restaurants bekannt, die kreolische Spezialitäten wie Oysters Rockefeller (Austern), Bananas Foster und Pompano en Papillote anbieten. Austern-Bars sind weit verbreitet, vor allem am Flußufer und an der Küste. Kreolische Cafés bieten traditionelle Speisen wie Gumbo mit Nierenbohnen und Reis an. Cajun-Spezialitäten sind Etouffée, Sauce Piquante und Jambalaya. Hot Boudin, eine Fleischpastete in Halbmondform mit einer würzigen Mischung aus Rind- und Schweinefleisch, ist die Spezialität von Natchitoches. Die Stadt Henderson am Rand des Atchafalaya-Sumpfes ist für Cajun-Küche und die vielen auf Meeresfrüchte spezialisierten Restaurants bekannt, die Besucher von weit her anziehen. Spezialitäten des Southern Cookin' im Crossroads-Gebiet im nördlichen Louisiana sind die leckeren Brathähnchen, Grillfleisch, Maisbrot und Pfirsichkuchen. **Getränke:** Durch das südliche Klima sind kalte Getränke sehr gefragt. Alkohol wird in einigen Teilen von Nord-Louisiana überhaupt nicht verkauft. Eistee ist sehr beliebt.
NACHTLEBEN: Le Petit Théâtre du Vieux Carré in New Orleans ist einer der ältesten Theatergruppen des Landes und sehr zu empfehlen. Auch das Little Theatre in Shreveport beheimatet eine gute Theatergruppe. Die Musik Louisianas ist durch die rhythmischen Gesänge der Bootsbesatzungen und Gospels der Landarbeiter beeinflußt und brachte Jazzgrößen wie den aus New Orleans stammenden Jelly Roll Morton und Louis Armstrong hervor. Deshalb kann man Jazz, Blues, Gospel, Rythmn 'n' Blues, Zydeco (wird von den französischsprechenden Schwarzen gespielt), Cajun- und Countrymusik überall hören. Viele Konzerte finden auf Flußbooten auf dem Mississippi statt. Das Nachtleben ist besonders in New Orleans sehr lebendig. Die Varietés und Kabaretts der berüchtigten Bourbon Street, wo jede dritte Tür ein Nachtklub ist, sind weltberühmt. Wenige Minuten vom Geschäftsviertel entfernt liegt die Fat City mit vielen Nachtklubs und 24-Std.-Cafés.
EINKAUFSTIPS: Im französischen Viertel von New Orleans gibt es ausgezeichnete Einkaufsmöglichkeiten. Zahllose Artikel eignen sich als Reisemitbringsel, wie z. B. kreolische Pecannuß-Pralinen, Faschingsmasken, gute handgemischte Parfüms in schönen Flakons und Antiquitäten aus der Royal Street. Weitere gute Einkaufsgebiete in New Orleans sind Canal Place, die Esplanade, der französische Markt sowie das Riverwalk-and-Uptown-Square-Einkaufszentrum. Die Northgate Mall in Lafayette und das Lakeside-Einkaufszentrum in Metairie sind ebenfalls ausgezeichnet. Ausländische Besucher können in bestimmten Läden zollfrei einkaufen, einen Steuerrückerstattungsantrag erhält man in jedem Geschäft mit dem Aufkleber »Louisiana Tax Free Shopping (LTFS)«. Die Steuer wird bei der Ausreise unter Vorlage des Antrags, der Quittung und des Flugtickets zurückerstattet. Wer die Möglichkeit nicht wahrnimmt, kann die Rückerstattung auch postalisch unter Beifügung derselben Unterlagen und einer notariell beglaubigten Erklärung (weshalb die Rückerstattung nicht bei der Ausreise vorgenommen wurde) sowie einer Erklärung über den Verbleib der Ware vornehmen.
SPORT: Angeln: Süßwasser- und Hochseefischen ist das ganze Jahr über möglich. Königsmakrele, Barsch und andere Arten findet man in den Küstengewässern und im Golf von Mexiko. Flußkrebse gibt es nur im Binnenland. Im Landesinneren braucht man einen Angelschein, zum Hochseefischen jedoch nicht. Viele der Freizeitgebiete eignen sich hervorragend zum **Schwimmen**. Es gibt 18-Loch-**Golfplätze** in Louisiana (City Park Golf Course), Shreveport (Andrew Querbes Park), in Lakeside und New Orleans (Lakewood Country Club, Austragungsort des Wettbewerbs »Greater New Orleans Open« im Frühling).
VERANSTALTUNGSKALENDER
Der Karneval in New Orleans erreicht am Fastnachtsdienstag, oder Mardi Gras, seinen Höhepunkt. Kostüme, schöne Festwagen, Straßentanz und allgemein wild-ausgelassenes Verhalten ist an der Tagesordnung. Feiern im Mardi-Gras-Stil finden auch in den Cajunstädten Church Point und Mamou mit Musik, Tanz und reichlich Gumbo statt. Die Spring Fiesta beginnt am ersten Freitag nach Ostern (4. April '97) mit Jazzparaden, Straßentanz, Flußbootkonzerten und Freiluft-Kunstausstellungen. Das zweiwöchige New Orleans Jazz and Heritage Festival findet jeden Frühling zwischen Ende April und Anfang Mai statt und wird mit Essen, Musik und Kunsthandwerk sowie Jazz, Gospel, Blues und Volksmusikkonzerten, Paraden und Flußkreuzfahrten gefeiert. Das Festival International de Louisiane findet jeden April in Lafayette statt und feiert die südliche Musik Louisianas mit Live-Bands, die karibische Musik spielen. Das Festival of Lights in Natchitoches ist eine Weihnachtsfeier mit zahllosen bunten elektrischen Lichtern, die Kamele, weise Männer und andere Figuren darstellen. Die Reflektion des Cane-Flusses erhöht die Strahlung, und auf dem Fluß findet ein Feuerwerk statt. In Shreveport gibt es drei große jährliche Veranstaltungen: Im April findet der 10tägige Holiday in Dixie mit Blumenschauen, Sportwettkämpfen, einer Flugschau, einer Haustierschau, einer Schatzsuche, Karneval, zwei Kostümbällen und einer großen Abschiedsparade statt. Der State Fair im Herbst dauert 10 Tage und zieht etwa 500.000 Besucher an, die sich die Autorennen, Rodeos, Karnevals, Kunst- und Handwerksausstellungen, Konzerte und Feuerwerke sowie das Red River Revel, eine Kunstfeier am Flußufer ansehen.

KLIMA

Schwül und subtropisch. Im Sommer ist es recht heiß, im Frühling und Herbst mild und im Winter kühler.
Kleidung: Leichte Baumwollsachen im Sommer, Pullover und Jacken im Winter. Ganzjährig Regenschutz.

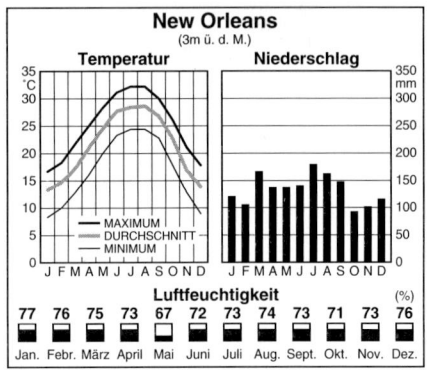

Maine

Lage: Nordostküste.

Maine Publicity Bureau
PO Box 2300
Hallowell, ME 04347
Tel: (207) 623 03 63. Telefax: (207) 623 03 88.
Discover New England
c/o Herzog HC GmbH
Borsigallee 17
D-60388 Frankfurt/M.
Tel: (069) 42 08 90 89. Telefax: (069) 41 25 25.
Mo-Fr 09.00-18.00 Uhr (kein Publikumsverkehr).
Portland Convention & Visitors Bureau
305 Commercial Street
Portland, ME 04101
Tel: (207) 772 49 94. Telefax: (207) 874 90 43.
Kennebunk-Kennebunkport Chamber of Commerce
PO Box 740
Kennebunk, ME 04043
Tel: (207) 967 08 58.Tel; (207) 967 28 67.

FLÄCHE: 91.653 qkm.
BEVÖLKERUNGSZAHL: 1.239.000 (1993).
BEVÖLKERUNGSDICHTE: 13,5 pro qkm.
HAUPTSTADT: Augusta. **Einwohner:** 21.325 (1990).
GEOGRAPHIE: Maine ist einer der Staaten Neuenglands und hat eine der schönsten Landschaften des Nordens. Etwa 80% des Staates sind bewaldet, es gibt über 2200 Seen mit malerischen Ufern sowie Berge und Täler.
ORTSZEIT: MEZ - 6.

REISEVERKEHR

BUS/PKW: Es gibt eine Greyhound-Verbindung von Boston über Portland, Brunswick und Belfast oder Portland, Lewiston und Augusta nach Bangor.

URLAUBSORTE & AUSFLÜGE

Bangor ist ein wichtiges Wirtschafts-, Finanz- und Kulturzentrum. **PORTLAND**, die größte Stadt in Maine, hat ein schön saniertes Hafenviertel und einige sehenswerte Museen. Auf einer Insel im Atlantischen Ozean liegt der herrliche Acadia-Nationalpark. Hier kann man nach Herzenslust wandern, es gibt etwa 160 km markierte Wanderwege. **Kittery** ist die älteste Stadt des Staates, und **Kennebunkport**, in dem Ex-Präsident Bush seine Ferien zu verbringen pflegt, gilt als eine der schönsten Städte an der Nordküste. Die Umgebung von **Lewiston** ist wegen seiner wunderschönen Badeseen ein beliebtes Urlaubsgebiet. Ein weiteres schönes Ausflugsziel ist die nicht fast unberührte Landschaft des Baxter State Park, in dessen Abgeschiedenheit man Ruhe und Entspannung finden kann. Das Natur- und Völkerkundemuseum in der kleinen Hauptstadt **Augusta**, das Maine State Museum, gibt einen Einblick in die Entwicklungsgeschichte des Staates.

Lage: Ostküste.

Maryland Division of Tourism & Promotion
9th Floor
217 East Redwood Street
Baltimore, MD 21202
Tel: (410) 767 34 00. Telefax: (410) 333 66 43.
Annapolis Information & Tourism Office
26 West Street
Annapolis, MD 21401
Tel: (410) 268 86 87. Telefax: (410) 263 95 91.
Baltimore Area Convention & Visitors Association
12th Floor
100 Light Street
Baltimore, MD 21202
Tel: (410) 659 73 00. Telefax: (410) 659 73 13.
Tri-County Council for Western Maryland
111 South George Street
Cumberland, MD 21502
Tel: (301) 777 21 58. Telefax: (301) 777 24 95.

FLÄCHE: 32.134 qkm.
BEVÖLKERUNGSZAHL: 4.965.000 (1993).
BEVÖLKERUNGSDICHTE: 154,5 pro qkm.
HAUPTSTADT: Annapolis. **Einwohner:** 33.187 (1990).
GEOGRAPHIE: Maryland wurde 1634 von Lord Baltimore gegründet und war einer der 13 Gründerstaaten der USA. Die atlantische Ebene wird durch die Chesapeake Bay unterteilt und steigt über sanfte Hügel und schönes Ackerland zu den in der Landesmitte gelegenen Allegheny Mountains im Nordwesten an. Das Angebot für Besucher reicht von den 16 km langen weißen Sandstränden bei Ocean City bis zu Baltimores geschäftigem Inner Harbour an der Chesapeake Bay. Die 6437 km lange Küste der Bucht trennt die Ostküste Marylands vom Rest des Bundesstaats. Die Brücke über die Chesapeake Bay (11,6 km) stellt die Hauptverbindung zwischen den beiden Landesteilen dar. Baltimore liegt nicht weit von Washington DC, die Entfernung zwischen den beiden Städten beträgt ca. 64 km.
ORTSZEIT: MEZ - 6.

REISEVERKEHR

FLUGZEUG: Durchschnittliche Flugzeiten: Baltimore – Frankfurt: 10 Std. 10 (reine Flugzeit, Zwischenaufenthalt in Pittsburgh); Baltimore – London: 7 Std. 40; Baltimore – New York: 1 Std. 15.
Es gibt keine Direktflüge von Wien oder Zürich, alle Verbindungen sind über Frankfurt, Düsseldorf und München.
Internationaler Flughafen: Baltimore-Washington International (BWI) liegt 16 km südlich von Baltimore und 55 km nordöstlich von Washington DC. Es gibt Flughafenbusse zum Washingtoner Geschäftsviertel sowie Bahn- und Busverbindungen nach Baltimore. Taxis fahren von und nach Baltimore, die Taxifahrt nach Washington DC wird durch die Entfernung recht teuer.
BAHN: Baltimore liegt an der wichtigsten Ostküstenlinie von Amtrak und hat dadurch Direktverbindungen nach New Orleans und Miami. Es gibt auch häufige Verbindungen nach Washington DC und New York (ungefähre Fahrzeiten s. New York).
BUS/PKW: Durchschnittliche Pkw-Fahrzeiten: Baltimore – Washington DC: 50 Min; Baltimore – Philadelphia: 2 Std; Baltimore – New York: 4 Std; Baltimore – Chicago: 15 Std; Baltimore – Miami: 23 Std; Baltimore – Dallas: 29 Std; Baltimore – Los Angeles: 56 Std; Baltimore – Seattle: 59 Std.
Alle Fahrzeiten bei Fahrt ohne Halt innerhalb der Geschwindigkeitsbegrenzungen.
Durchschnittliche Greyhound-Fahrzeiten: Baltimore

(Tel: (410) 752 09 19) – Washington DC: 1 Std; Baltimore – Philadelphia: 2 Std. 15; Baltimore – New York: 3 Std. 40.
STADTVERKEHR: Sanierungsprojekte haben das Stadtbild Baltimores in den vergangenen zehn Jahren stark verändert. Die Stadt hat heute eine U-Bahn und einige neue Schnellstraßen. Der gesamte Innenstadtverkehr wird durch die *Mass Transit Administration* geregelt. Taxis kann man am Straßenrand anhalten oder per Telefon bestellen. Man kann Autos und Motorcamper mieten.

URLAUBSORTE & AUSFLÜGE

BALTIMORE, die größte Stadt Marylands, ist eine geschäftige Hafenstadt. Das restaurierte *Inner-Harbor*-Viertel zieht zahlreiche Touristen an. Baltimore hat eine kosmopolitische Bevölkerung von über 2 Mio. und dennoch eine ansprechende, dorfähnliche Atmosphäre. Die Fregatte *Constellation*, das erste Schiff der US-Marine (1797) und das älteste noch schwimmende Schiff der Welt, liegt am Pier 1 des Inner Harbor vor Anker. In dem 1,2 ha großen Gebiet stehen auch das *World Trade Center*, das *National Aquarium*, das *Maryland Science Center* und zwei Uferpavillons mit Geschäften und Restaurants. Im Freilicht-Amphitheater findet jedes Jahr ein Straßenkünstlerfest statt. Wenige Bootsminuten entfernt liegt das sternförmige Ziegelsteinfort *McHenry National Monument*, dessen Bombardement 1814 den Anstoß zur Komposition der Nationalhymne *The Star Spangled Banner* gab. Ganz in der Nähe befindet sich das Charles Center mit 8,8 ha Büros, Hochhäusern, Hochwegen, Springbrunnen und Plazas, einschl. des *Morris Mechanic Theaters*. Ebenfalls in der Nähe ist die *Baltimore Arena and Festival Hall*, in der Eishockeyspiele, Musikkonzerte und andere Veranstaltungen stattfinden. Unter den Museen sind das *Baltimore Museum of Art* (zahlreiche post-impressionistische Arbeiten), die *Walters Art Gallery* und das *City Life Museum*, ein Häuserblock mit Gebäuden, die das Stadtleben des 19. Jahrhunderts darstellen, besonders sehenswert. *Mount Vernon Place* bietet Häuser und Plätze aus dem 19. Jahrhundert sowie viele kulturelle Einrichtungen, so z. B. die *Maryland Historical Society* und das *Peabody Conservatory of Music*. Hier steht auch das *Washington Monument*, von dem man einen guten Panoramablick hat. Das *Fort McHenry National Monument* ist im Sommer Schauplatz besonderer Militärparaden und militärischer Zeremonien.
ANNAPOLIS, die Staatshauptstadt, hat einen attraktiven Hafen, die eindrucksvolle US-Marine-Akademie und schöne zeitgenössische Architektur.
Der *Chesapeake & Ohio Canal National Historic Park* erstreckt sich über 295 km von Washington DC nach Cumberland im westlichen Maryland, wo der junge George Washington seine Militärkarriere begann. Der Kanal war früher ein wichtiger Handelsweg. Der Maultier-Treidelpfad ist heute ein beliebter Wander- und Fahrradweg. Der große Urlaubsort **Ocean City** lockt mit einem weitläufigen weißen Sandstrand, einer 5 km langen Uferpromenade, Ständen und Karussells, Straßenbahnfahrten, Bootsfahrten und Gelegenheiten zum Hochseefischen und Tauchen. *Muddy Creek Falls* liegt in der Nähe von Deep Creek Lake im Garrett County. Das *Carroll Country Farm Museum* ist eine noch bewirtschaftete Farm aus dem 19. Jahrhundert in der Nähe von **Westminster**. In der alten protestantischen *Old Trinity Church* in Church Creek werden heute noch Gottesdienste abgehalten.
FREDERICK ist eine Stadt mit hübschen Ziegelgebäuden und Parks. In und um Frederick gibt es einiges zu besichtigen.
Der *Gambrill State Park* liegt westlich der Stadt und bietet von den Catoctin Peaks einen ausgezeichneten Panoramablick. Das *Camp David Presidential Retreat* nahe Thurmont ist das traditionelle Urlaubsgebiet für US-Präsidenten. Die Öffentlichkeit hat keinen Zugang, aber die Landschaft im umliegenden *Catoctin Mountain Park* ist genauso schön. Der *Cunningham Falls State Park* liegt in der Nähe. Andere Attraktionen Marylands sind u. a. **Smith Island** und *Tangier Sound*, Heimat der Fischer der Chesapeake Bay, die Austern, Krebse und Venusmuscheln fangen.

SOZIALPROFIL

ESSEN & TRINKEN: Baltimore ist für seine vielen guten Restaurants bekannt, die frische Meeresfrüchte aus der Chesapeake Bay anbieten.
NACHTLEBEN: Das *Baltimore Symphony Orchestra* gibt in der *Myerhoff Symphony Hall* und im *Lyric Theatre* Konzerte. Restaurant-Theater sind in Baltimore sehr beliebt; Hotels und Clubs bieten ausgezeichnete Aufführungen. Die *Left Bank Jazz Society* veranstaltet Sonntag nachmittags im *Famous Ballroom* Konzerte. In der *Hopkins Plaza* und der *Center Plaza* (Rockmusik) finden viele Konzerte statt. Baltimore hat zahlreiche Nachtklubs, Baltimore Street ist für ihre Varietés bekannt.
EINKAUFSTIPS: Die größeren Kaufhäuser stehen in und um die Howard Street, am Harbor Place und in der Antique Row. Charles Street bietet elegante Mode- und Möbelgeschäfte. Mount Vernon Place ist eine Gegend mit vielen Geschäften und Boutiquen inmitten großartiger Gebäude aus dem 19. Jahrhundert.
VERANSTALTUNGSKALENDER:
5. Mai '96 *Chesapeake Bay Bridge Walk*, Annapolis. **11. - 18. Mai** *Maryland Preakness Celebration & Race*, Baltimore. **22. Juni** *Tangier Sound Country Music Festival*, Crisfield. **19. - 21. Juli** *Artscape*, Baltimore. **2. - 4. Aug.** *Rocky Gap Country/Bluegrass Music Festival*, Cumberland. **5. - 9. Aug.** *Annual White Marlin Open*. **24. Aug. - 2. Sept.** *Maryland State Fair*, Timonium. **19. - 22. Sept.** *Sunfest*, Ocean City. **10. - 20. Okt.** *US Sailboat Show and US Powerboat Show*, Annapolis. **8. - 10. Nov.** *Waterfowl Festival*, Easton. **31. Dez.** *First Night Annapolis*, Annapolis.

KLIMA

Schwüle, feuchte Sommer und milde, feuchte Winter.

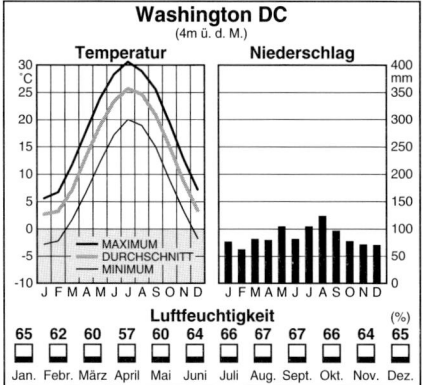

Massachusetts

□ *Wichtiger internationaler Flughafen*

Lage: Ostküste.

Discover New England
c/o Herzog HC GmbH
Borsigallee 17
D-60388 Frankfurt/M.
Tel: (069) 42 08 90 89. Telefax: (069) 41 25 25.
Mo-Fr 09.00-18.00 Uhr (kein Publikumsverkehr).
Massachusetts Port Authority
c/o Mangum Management GmbH
Herzogspitalstraße 5
D-80331 München
Tel: (089) 260 40 77. Telefax: (089) 260 40 09.
Mo-Fr 09.00-17.30 Uhr.
Massachusetts Office of Tourism
13th Floor
100 Cambridge Street
Boston, MA 02202
Tel: (617) 727 32 01. Telefax: (617) 727 65 25.
Greater Boston Convention & Visitors Bureau
Suite 400
Prudential Tower
PO Box 990468
Boston, MA 02199-0468
Tel: (617) 536 41 00. Telefax: (617) 424 76 64.
Greater Springfield Convention & Visitors Bureau
1500 Main Street
POBox 15589
Springfield, MA 01115-5589
Tel: (413) 787 15 48. Telefax: (413) 781 46 07.
Cape Cod Chamber of Commerce
Junction Routes 6 & 132
PO Box 16
Hyannis, MA 02601
Tel: (508) 362 32 25. Telefax: (508) 362 36 98.

FLÄCHE: 27.337 qkm.
BEVÖLKERUNGSZAHL: 6.012.000 (1993).
BEVÖLKERUNGSDICHTE: 220 pro qkm.
HAUPTSTADT: Boston. **Einwohner:** 551.675 (1992).
GEOGRAPHIE: Die englischen Puritaner segelten 1620 mit der *Mayflower* nach Massachusetts, einem der 13 Gründerstaaten der USA. Heute ist Massachusetts ein großer Industriestaat, in dem man sowohl kopfsteingepflasterte Gassen und Dorfanger als auch Weltraumzentren finden kann. Die Berkshire Hills durchziehen den Staat im Westen. Im Osten fällt das Land sanft zum Meer hin ab. Hier liegen die Staatshauptstadt Boston und die Strände der *Cape Cod National Seashore*. Die beiden Gebiete werden durch das Connecticut River Valley voneinander getrennt.
ORTSZEIT: MEZ - 6.

REISEVERKEHR

FLUGZEUG: Durchschnittliche Flugzeiten: Boston – Frankfurt: 8 Std; Boston – London: 7 Std. 15; Boston – New York: 1 Std; Boston – Providence: 25 Min; Boston – Wien: 13 Std. 25 (einschl. 2 Std. Zwischenaufenthalt in New York); Boston – Zürich: 8 Std. 15 (reine Flugzeit, Zwischenaufenthalt entweder in New York oder Chicago).
Internationaler Flughafen: Boston Logan International (BOS) liegt 5 km von Stadtzentrum entfernt. Es gibt einen kostenlosen Flughafenbus (mit der Aufschrift MASSPORT), der an jedem Terminal und an der MBTA-U-Bahn hält, die alle 8-12 Min. abfährt (Fahrzeit zum Geschäftsviertel 15 Min.). Außerdem gibt es Taxis, Limousinen, Autovermietungen und Busse. Die Anlegestelle des *MASSPORT Water Shuttle* erreicht man mit einem Sonderbus, die Bootsfahrt zur Rowes Wharf im Bostoner Geschäftsviertel dauert sieben Minuten.
BAHN: *Amtrak* verbindet Boston mit Washington DC, New York City, Chicago und Montréal (Kanada) und bietet im Sommer eine Verbindung von New York City nach Cape Cod.
Durchschnittliche *Amtrak*-Fahrzeit: Boston – New York: 4 Std. 30.
BUS/PKW: Durchschnittliche Pkw-Fahrzeiten:
Boston – Hartford: 2 Std; Boston – Portland (Maine): 2 Std; Boston – Albany: 3 Std; Boston – New York: 4 Std; Boston – Montréal: 6 Std; Boston – Chicago: 20 Std; Boston – Miami: 31 Std; Boston – Dallas: 37 Std; Boston – Los Angeles: 63 Std; Boston – Seattle: 63 Std.
Alle Fahrzeiten bei Fahrt ohne Halt innerhalb der Geschwindigkeitsbegrenzungen.
Durchschnittliche *Greyhound*-Fahrzeiten: Boston (Tel: (617) 526 218 01) – Albany: 3 Std. 30; Boston – New York: 4 Std. 30; Boston – Montréal: 7 Std; Boston – St. John: 10 Std. 30.
STADTVERKEHR: Die *Massachusetts Bay Transport Authority* (MBTA oder T) betreibt das U-Bahn-, Bus- und Bahnnetz in Boston und den Nachbarstädten. Die Fahrpreise sind angemessen, und man kann von einem Transportmittel zum anderen umsteigen. Man bezahlt nur, wenn man in die Stadt fährt. Die Vororte haben Busnetze. Taxis gibt es überall, aber während der Stoßzeiten kann es zu Verspätungen kommen. Außerdem gibt es Vorortzüge nach Norden, Nordwesten, Westen und Süden; Mietwagen sind erhältlich.

URLAUBSORTE & AUSFLÜGE

BOSTON ist eine Stadt der Gegensätze, eine angenehme Mischung aus alt und neu. Die Stadt wirkt recht englisch mit ihren hügeligen, kurvenreichen und kopfsteingepflasterten Straßen, einem Stadtpark mit schönem Rasen und gemütlichen viktorianischen Häusern mit polierten Messingtürklopfern. Boston spielte eine bedeutende Rolle im Widerstand gegen die britische Kolonialherrschaft, der schließlich zum amerikanischen Unabhängigkeitskrieg führte. Der Roman *The Bostonians* von Henry James beschreibt den Charakter dieser Stadt recht anschaulich. Der *Freedom Trail* führt an 16 geschichtsträchtigen Stätten vorbei, von denen einige im *Boston National Historical Park* zu finden sind. Man erkennt den Weg an roten Zeichen auf dem Bürgersteig. Der höchste Aussichtspunkt Neuenglands ist das 60stöckige *John Hancock Observatory*, von dem man die Stadt aus der Vogelperspektive sehen kann. Weitere Touristenattraktionen sind eine Hafenrundfahrt, auf der man die Bostoner Skyline, den Flughafen und die *USS Constitution* aus dem Jahre 1822 im Flottenhafen von Charlestown bewundern kann. Das *Museum of Fine Arts*; das berühmte *Museum of Science*; das *John F. Kennedy Library and Museum* und das *Boston Tea Party Ship & Museum* sind wohl die interessantesten Museen der Stadt. Die *Faneuill Hall* und die *Old North Church* sind ebenfalls sehenswert.
Cambridge liegt gegenüber von Boston am Charles River. Hier befindet sich die *Harvard University*, die älteste Universität der USA (1636). Südlich von Boston liegt **Quincy**, der Geburtsort der Präsidenten John Adams und John Quincy Adams. **Salem**, nördlich von Boston, ist berühmt-berüchtigt für die Hexenprozesse von 1692. Westlich von Boston liegt **Concord**, eine der schönsten alten Städte der USA. Im Freilichtmuseum *Plimouth Plantation* in **Plymouth** steht die Nachbildung eines Pilgerdorfes von 1622. Die nahegelegene *Edaville Railroad* bietet Fahrten in einem altertümlichen Dampf-

zug an. In **New Bedford**, einem restaurierten Walfängerort, steht das *Seamen's Bethel*, das in Herman Melvilles bekanntem Roman »Moby Dick« beschrieben wurde. **Cape Cod** bietet ungefähr 400 km wunderschöner Strände und 21 Küstenstädte und Fischerdörfer. Auch diese Gegend ist, wie so viele andere auch, eine beliebte Ferienregion der USA. In **Provincetown**, an der Spitze des Kaps, betraten die *Pilgrims* zum ersten Mal amerikanischen Boden. **Martha's Vineyard** ist eine Bilderbuchinsel vor der Küste von Cape Cod. Der Inselflughafen in *Edgartown* wird von Boston und New York angeflogen. *Nantucket Island* war früher ein Walfanghafen und ist heute ein beliebtes Ziel für Sonnenanbeter. *Old Sturbridge Village* mitten in Massachusetts ist ein lebendiges Geschichtsmuseum, das ein Dorf Neuenglands um 1830 darstellt. Nur zwei Stunden von Boston entfernt liegen die *Berkshire Hills* und der *Mohawk Trail*. Der legendäre Indianerpfad schlängelt sich durch 200.000 ha Staatsparks, Wälder und Reservationen. Wunderschön ist hier vor allem die herbstliche Pracht der Bäume. Das *New England Science Center* in **Worcester** bietet einen Zoo und viele andere Attraktionen für die ganze Familie.

SOZIALPROFIL

ESSEN & TRINKEN: In Boston leben viele unterschiedliche Volksgruppen, und das kulinarische Angebot reicht von griechischen und portugiesischen über syrische bis hin zu chinesischen Gerichten. Meeresfrüchte sind in ganz Massachusetts eine Spezialität; es gibt einheimischen Hummer, Kammuscheln, Venusmuschelsuppe und jungen Heilbutt.
NACHTLEBEN: Boston hat Tradition als Revuestadt für Broadway-Shows; die Theatersaison ist im Herbst und Winter. Das *Boston Symphony Orchestra*, eines der großen internationalen Ensembles, bietet in der Saison ein volles Konzertprogramm und hat ihr Sommerdomizil in Tanglewood in den Berkshire Hills. Im Mai/Juni werden *Boston-Pops*-Konzerte veranstaltet. Darüber hinaus gibt es in Boston zahlreiche Jazz- und Tanzklubs sowie ruhige Piano-Bars.
EINKAUFSTIPS: Die Newbury Street an der Back Bay hat viele hochmoderne Geschäfte. Kaufhäuser und das *Filene's Bargain Basement* befinden sich im Geschäftsviertel. Der *Faneuil Hall Marketplace* ist ein Einkaufszentrum mit kleinen Geschäften und Restaurants.
VERANSTALTUNGSKALENDER
2. - 7. Juli '96 *Harborfest*, Boston. **Juli/Aug.** *Tanglewood Music Festival*, Lenox. **15. Sept. - 2. Okt.** *The Eastern States Exhibition*, Springfield. **11. - 30. Okt.** *Haunted Happenings*, Salem. **20. Okt.** *Head of the Charles Regatta*, Boston. **31. Dez.** *First Night Celebration*, landesweit.

KLIMA

Von Mai bis Oktober warm und sonnig; kalte Winter.

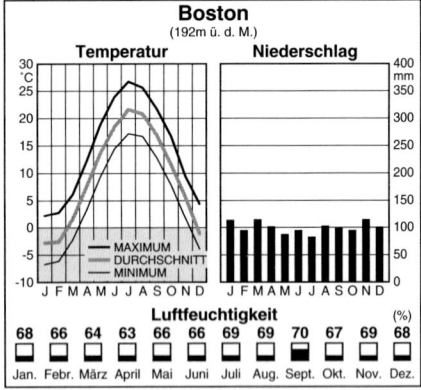

Michigan

Lage: Norden.

Michigan Travel Bureau
3rd Floor
135 West Allegan
PO Box 30226
Lansing, MI 48933
Tel: (517) 373 06 70. Telefax: (517) 373 00 59.
Metropolitan Detroit Convention & Visitors Bureau
Suite 1900
100 Renaissance Center
Detroit, MI 48243-1056
Tel: (313) 259 43 33. Telefax: (313) 259 75 83.
Jackson Convention & Visitors Bureau
6007 Ann Arbor Road
Jackson, MI 49201
Tel: (517) 764 44 40. Telefax: (517) 764 44 80.

FLÄCHE: 250.465 qkm.
BEVÖLKERUNGSZAHL: 9.478.000 (1993).
BEVÖLKERUNGSDICHTE: 37,8 pro qkm.
HAUPTSTADT: Lansing. **Einwohner:** 127.321 (1990).
GEOGRAPHIE: Michigan besteht aus zwei Halbinseln, die durch den Lake Michigan getrennt werden und durch die längste Hängebrücke der Welt miteinander verbunden sind. Vier der Großen Seen (Lake Superior, Lake Huron, Lake Erie und Lake Michigan) liegen zum Teil in diesem Bundesstaat. Die untere Halbinsel besteht hauptsächlich aus Ackerland und Industriegebieten mit Seen, Wiesen und Sandstränden sowie der »Autostadt« Detroit. Die obere Halbinsel ist zerklüfteter mit Wäldern, weißen Stränden, Forellenbächen und Skiurlaubsorten.
ORTSZEIT: MEZ - 6.

REISEVERKEHR

FLUGZEUG: Durchschnittliche Flugzeiten: *Detroit – Frankfurt*: 12 Std. (einschl. Umsteigen in Pittsburgh oder Charlotte); *Detroit – London*: 7 Std. 10; *Detroit – New York*: 1 Std. 40; *Detroit – Wien*: 16 Std. 15 (einschl. 3 Std. Zwischenaufenthalt in Chicago); *Detroit – Zürich*: 6 Std. 20.
Internationaler Flughafen: *Detroit Metropolitan Airport* liegt 34 km westlich der Stadtmitte. Busse und Taxis fahren zum Geschäftsviertel, außerdem stehen Mietwagen zur Verfügung.
BAHN: Detroit liegt an der *Amtrak*-Linie Chicago – Toronto (Fahrzeiten s. *Illinois*).
BUS/PKW: Durchschnittliche Pkw-Fahrzeiten: Detroit – Cleveland: 3 Std; Detroit – Indianapolis: 5 Std; Detroit – Cincinnati: 5 Std; Detroit – Toronto: 5 Std; Detroit – Chicago: 5 Std; Detroit – Buffalo: 6 Std; Detroit – New York: 13 Std; Detroit – Dallas: 24 Std; Detroit – Miami: 27 Std; Detroit – Los Angeles: 49 Std; Detroit – Seattle: 49 Std. Alle Fahrzeiten bei Fahrt ohne Halt innerhalb der Geschwindigkeitsbegrenzungen.
Durchschnittliche *Greyhound*-Fahrzeiten: Detroit (Tel: (313) 961 85 62) – Cleveland: 4 Std; Detroit – Cincinnati: 6 Std; Detroit – Chicago: 6 Std; Detroit – Toronto: 6 Std; Detroit – Indianapolis: 7 Std; Detroit – Duluth: 19 Std.
STADTVERKEHR: In den größeren Orten gibt es Busse und Taxis. Im Detroiter Geschäftsviertel gibt es ein Schnellzugnetz, den *People Mover*.

URLAUBSORTE & AUSFLÜGE

Das industrielle **DETROIT** ist die Autostadt der USA. Sie wurde 1701 gegründet und hat heute ca. 1 Mio. Einwohner. Die Stadt ist durch ihre Lage am St. Lawrence Seaway, der sie mit dem Atlantik verbindet, ein bedeutender Hafen.
Es gibt zahlreiche Museen, Kunstgalerien, Zoos und Freizeitparks. Kulturelle Veranstaltungen und die Ligaspiele der heimischen Vereine sind Publikumsmagneten. Das *Renaissance Center* beherbergt viele Restaurants, ein Hotel mit 1400 Zimmern und eine Anzahl unterschiedlicher Geschäfte. In *Belle Island*, einem städtischen Inselpark, kann man Fahrrad und Kanu fahren oder ein Aquarium und ein Museum besuchen, das die Geschichte der Großen Seen behandelt. Das *Cultural Center* umfaßt das *Detroit Historical Museum*, das *Detroit Science Center* und das *Detroit Institute of Arts*, eines der größten Kunstmuseen der USA. Im *Detroit Zoological Park* leben über 5000 Tiere in relativ natürlicher Umgebung, das Gelände kann mit einem Traktor-Zug besichtigt werden. *Greektown* an der Monroe Avenue bietet griechische Restaurants, Musik und Spezialitätengeschäfte. Das *Fort Wayne Military Museum* ist ein gut erhaltenes Fort aus dem Bürgerkrieg.
Ausflüge zu den Großen Seen **Lake Michigan**, **Lake Superior** und **Lake Huron** sind besonders beliebt. In einem Vorort von Detroit, **Dearborn**, kann man das *Greenfield Village* und das *Henry Ford Museum* besuchen. Das 5 ha große überdachte Museum stellt Amerikas industrielle Entwicklung dar; das 96 ha große Dorf besteht aus über 80 Gebäuden, einer Bahn und einem Flußboot. In **Ann Arbor** befindet sich die Universität von Michigan. Die großen Seen, 60.000 km Flüsse und 11.000 Seen laden zu Bootsfahrten, Kanusport, Angeln und anderen Wassersportarten ein. **Traverse City** im Westen des Staates ist Mittelpunkt eines Erholungsgebietes mit Sanddünen, Urlaubsorten, Golf- und Skimöglichkeiten. **Mackinac Island** ist ein bekanntes, autofreies Sommerurlaubsgebiet, wo man sich zu Fuß, per Fahrrad oder Pferdewagen fortbewegt. Besondere Attraktionen der Insel sind das eindrucksvolle *Grand Hotel* und *Fort Mackinac*, ein restaurierter Militärposten aus dem 18. Jahrhundert. Der *Isle Royale National Park* ist eine schöne, weitgehend naturbelassene Insel im Lake Superior.

SOZIALPROFIL

ESSEN & TRINKEN: Steaks und Meeresfrüchte sind besonders beliebt.
EINKAUFSTIPS: In Detroit kauft man am besten im *Renaissance Center*, in *Greektown* oder den Einkaufszentren der Vororte ein. Die Urlaubsorte haben Spezialitätengeschäfte und Einkaufsgalerien.
NACHTLEBEN: Das *Fisher Theater* in Detroit führt Broadway-Shows auf. Das *Detroit Symphony Orchestra* spielt von September bis April in der *Orchestra Hall* und während des *Meadow-Bank*-Musikfestes in der Universität von Oakland (Juni - Mitte August). Die Aufführungen des *Michigan Opera Theater* finden in der Frühjahrssaison im *Masonic Temple* und in der Herbstsaison im *Fisher Theater* statt. Opern, Ballette und Theaterstücke kann man im *Music Hall Center* sehen (Okt. - Dez.). In der *Cobo Arena* finden Rock- und Soulkonzerte statt. Einige Restaurants bieten Konzerte und andere Aufführungen. Das Musikangebot in den Klubs ist recht abwechslungsreich und reicht von *Motown*-Soulmusik bis hin zu klassischer Musik. In allen Regionen gibt es Sommertheater.
SPORT: Am weitesten verbreitet sind professioneller **Basketball**, **Hockey**, **American Football** und **Pferderennen**. Zahlreiche öffentliche **Golfplätze** stehen zur Verfügung.
VERANSTALTUNGSKALENDER
Mai '96 (1) *Blossomtime Festival*, Benton Harbour und St. Joseph. (2) *Holland Tuliptime Festival*, Holland. **Juni** (1) *Spirit-of-Detroit-Thunderfest*, Detroit River. (2) *Annual Valvoline Detroit Grand Prix*, Belle Isle. (3) *Cereal Festival*, Battle Creek. (4) *Frankenmuth Bavarian Festival*, Frankenmuth. (5) *International Freedom Festival*, Detroit. **Juli** (1) *National Cherry Festival*, Traverse City. (2) *Ann Arbor Arts Fair*, Ann Arbor. **Sept.** *Montreux-Detroit Jazz Festival*, Detroit.
Detroits *Riverfront Festivals* werden von **Mai** bis **Sept.** veranstaltet und bieten an den Wochenenden Veranstaltungen mit Musik, Tanz und Spezialitäten der verschiedenen Kulturen.

KLIMA

Die Sommer sind warm mit kühlen Nächten. Die Winter sind, besonders an den großen Seen, sehr kalt (gute Wintersportmöglichkeiten).

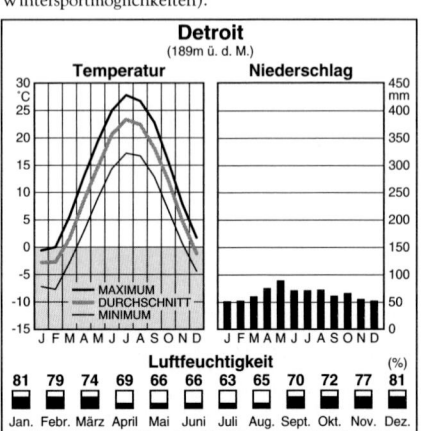

Minnesota

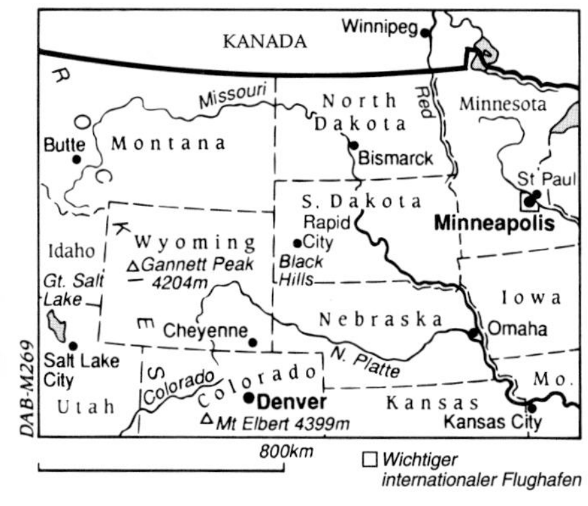

Lage: Norden.

Minnesota Office of Tourism
121 7th Place East
100 Metro Square
St. Paul, MN 55101-2112
Tel: (612) 296 50 29. Telefax: (612) 296 70 95.
Greater Minneapolis Convention & Visitors Association
4000 Multifoods Tower
33 South 6th Street
Minneapolis, MN 55402
Tel: (612) 661 47 00. Telefax: (612) 335 58 41.
St. Paul Convention & Visitors Bureau
101 Northwest Center
55 East 5th Street
St. Paul, MN 55101-1713
Tel: (612) 297 69 85. Telefax: (612) 297 68 79.

FLÄCHE: 225.182 qkm.
BEVÖLKERUNGSZAHL: 4.517.000 (1993).
BEVÖLKERUNGSDICHTE: 20,1 pro qkm.
HAUPTSTADT: St. Paul. **Einwohner:** 272.235 (1990).
GEOGRAPHIE: Minnesota liegt im Norden der USA und grenzt an Kanada, die nördlichen Staaten des Mittleren Westens und den Lake Superior, den größten Süßwassersee der Welt. Minnesota ist ein weites Land der Seen und Wälder, das nicht zuletzt auch wegen der vielen Holzhäuser an Skandinavien erinnert. Ein Zeugnis der zahlreichen schwedischen, finnischen und norwegischen Immigranten, die sich hier Anfang des 19. Jahrhunderts niederließen. Die beiden größten Städte des Staates, die »Twin Cities« St. Paul und Minneapolis, liegen links und rechts des mächtigen Mississippi, an dessen Zusammenfluß mit dem Minnesota Anfang des 19. Jahrhunderts Fort Snelling erbaut wurde. Pelzhändler und Holzfäller waren die ersten weißen Siedler, die sich in der ursprünglich ausschließlich von Indianern bewohnten Gegend niedergelassen hatten.
Minnesota ist ein beliebtes Urlaubsziel und hat 64 Staatsparks, 55 Staatswälder und über 11.000 Seen. Die südlichen zwei Drittel des Landes sind Prärie, im Norden befinden sich aufgeforstete Hügel, die Basis der Holzindustrie des Bundesstaates.
ORTSZEIT: MEZ - 7.

REISEVERKEHR

FLUGZEUG: Durchschnittliche Flugzeiten: *Minneapolis/St.Paul* – Frankfurt: 11 Std. 35 (reine Flugzeit, Zwischenaufenthalt in Pittsburgh); *Minneapolis/St. Paul* – London: 12 Std. 45 (einschl. Zwischenlandung); *Minneapolis/St. Paul* – New York: 2 Std. 50; *Minneapolis/St. Paul* – Salt Lake City: 2 Std. 40; *Minneapolis/St. Paul* – Zürich: 10 Std. (reine Flugzeit, Zwischenaufenthalt in Chicago).
Internationaler Flughafen: *Minneapolis-St. Paul International (MSP)* liegt 16 km außerhalb der aneinander grenzenden Städte. Es gibt Limousinen und Taxis.
BAHN: *Minneapolis/St. Paul* liegt an der *Empire Builder-Line* von Chicago nach Seattle. Weitere Bahnhöfe in Minnesota auf dieser Strecke sind *Winona, Red Wing, St. Cloud, Staples* und *Detroit Lakes* (ungefähre Fahrzeiten s. *Illinois*).
BUS/PKW: Es gibt einen *Amtrak Thruway Bus Service* von Minneapolis/St. Paul nach Duluth.
Durchschnittliche Pkw-Fahrzeiten: Minneapolis/St. Paul – Duluth: 3 Std; Minneapolis/St. Paul – Madison: 5 Std; Minneapolis/St. Paul – Fargo: 5 Std; Minneapolis/St. Paul – Sioux Falls: 5 Std; Minneapolis/St. Paul – Omaha: 7 Std; Minneapolis/St. Paul – Chicago: 8 Std; Minneapolis/St. Paul – Winnipeg: 8 Std; Minneapolis/St. Paul – St. Louis: 11 Std; Minneapolis/St. Paul – Rapid City: 11 Std; Minneapolis/St. Paul – Denver: 17 Std; Minneapolis/St. Paul – Dallas: 19 Std; Minneapolis/St. Paul – New York: 25 Std; Minneapolis/St. Paul – Seattle: 34 Std; Minneapolis/St. Paul – Miami: 35 Std; Minneapolis/St. Paul – Los Angeles: 41 Std.
Alle Fahrzeiten bei Fahrt ohne Halt innerhalb der Geschwindigkeitsbegrenzungen.
Durchschnittliche *Greyhound*-Fahrzeiten: Minneapolis (Tel: (612) 371 33 23) – Duluth: 3 Std; Minneapolis – Fargo: 5 Std. 30; Minneapolis – Milwaukee: 8 Std.

URLAUBSORTE & AUSFLÜGE

ST. PAUL, das 1840 gegründet wurde, ist seit 1849 Hauptstadt von Minnesota. Der Anschluß an das Eisenbahnnetz hatte der Siedlung, die zunächst *Pig's Eye* genannt wurde, zu Wohlstand verholfen. *Summit Avenue* mit seinen hübschen Bürgerhäusern zeugt von dieser Blütezeit, in der auch *St. Paul's Cathedral*, die dem römischen Petersdom nachempfunden ist, errichtet wurde. Die Bibliothek stammt ebenfalls aus dieser Zeit. Lohnenswert ist ein Besuch im nahegelegenen *Alexander Ramsey House*, einer im Stil der französischen Renaissance 1872 erbauten imposanten Residenz mit 15 Zimmern. Die Innenausstattung besteht zum Großteil aus Originalmöbelstücken. In den fünfziger Jahren erhielt das Stadtzentrum ein neues Gesicht, *Downtown* St. Paul ist heute eine gelungene Mischung aus alt und neu. Das *Capitol*, der Sitz der Landesregierung entstand um die Jahrhundertwende, Führungen werden täglich angeboten. Im *Landmark Center*, dem früheren Gebäude des Bundesgerichtshofs, gibt es Kunstgalerien, ein Restaurant und Ausstellungen zur Stadtgeschichte. Das *St. Paul Art Center for the Performing Arts* bietet Theater, Konzerte und Kunstausstellungen. Auf der gegenüberliegenden Straßenseite befindet sich das hypermoderne *Science Museum* mit dem faszinierenden *Omnitheater*, in dem Filmvorführungen dem Besucher das Erlebnis der Raumfahrt vermitteln. Das *Ordway Music Theatre* in der Innenstadt hat zwei Veranstaltungshallen, in denen Oper, Konzerte, Liederabende, Tanzdarbietungen, Theater und Popshows gleichermaßen zu Hause sind. Abwechslung in den kalten Wintermonaten bietet der alljährlich Anfang Februar stattfindende *Winter Carnival*. Ein weiteres großes Ereignis im städtischen Veranstaltungskalender ist der *Minnesota State Fair* Mitte August bis Anfang September. Der *State Fair* bietet die Gelegenheit, die preisgekrönten Zuchtbullen, Kühe und Schweine der hiesigen Farmer zu bewundern und vielfältige Konzerte und Shows zu erleben. Achterbahn, Karussels und andere Vergnügungen sorgen für weitere Kurzweil. St. Paul ist eine grüne Stadt mit vielen Parks und Seen. In den Sommermonaten kann man mit alten Schaufelraddampfern zum historischen *Fort Snelling* fahren, in dem man einen Eindruck vom Pionierleben bekommt. Dieser State Park liegt 10 km südwestlich der Stadt und wurde 1819 ursprünglich als Militärposten gegründet. Soldaten, Wäscherinnen, Schmiede und Köche in Originaltracht erzählen Besuchern, wie man um 1820 in diesen Breitengraden lebte (geöffnet Mai - Okt.).
Gibt sich St. Paul vielleicht ein bißchen würdevoller, so ist **MINNEAPOLIS** bewußt fortschrittlich. Es ist eine moderne Stadt mit guten Theatern, Nachtklubs, Geschäften, einem ganzjährigen Sportprogramm, einem ausgezeichneten Symphonieorchester und der großen Universität von Minnesota. Wie in den meisten amerikanischen Großstädten prägen auch hier die typischen Wolkenkratzer das Stadtbild. Der *IDS Tower* im Zentrum ist das höchste Gebäude der Stadt. Von der Aussichtsplattform in der 51. Etage eröffnet sich ein schöner Blick auf die Twin Cities. In dieser luftigen Höhe befindet sich auch eines der besten Restaurants der Stadt, das *Window of the World*. Die Innenstadt wird von der *Nicollet Mall* beherrscht mit ihren zahlreichen Restaurants, Geschäften und Unterhaltungszentren für jeden Geschmack und Geldbeutel. Ganz in der Nähe befindet sich die *Public Library* (Stadtbücherei) mit dem *Minneapolis Planetarium*. Der vor kurzem in dem Vorort Bloomington eröffnete *Mega Mall* ist, wie der Name schon sagt, der größte Einkaufs- und Vergnügungskomplex der USA. Über 300 Kaufhäuser, Geschäfte, Boutiquen, Kinos und Restaurants bieten ein Überangebot an kulinarischen und anderen Versuchungen und sorgen dafür, daß man nur allzu leicht sein Geld los wird. Kinder sind im lustigen *Camp-Snoopy-Vergnügungspark* gut aufgehoben.
Kunstfreunde kommen im *Institute of Arts* auf ihre Kosten, hier sind Kunstwerke aus Europa, dem Orient und Amerika ausgestellt, darunter Gemälde von Rembrandt, Rubens und Matisse. Das *Walker Art Center* ist die richtige Adresse für moderne Kunst (montags geschlossen). Hier kann man auch Konzerte und Vorlesungen besuchen. Gegenüber liegt der interessante *Minneapolis Sculpture Garden*. Auf dem Gelände der großen University of Minnesota liegt das naturgeschichtliche *Bell Museum of Natural History*. Auch das *Minnesota Transportation Museum* ist einen Besuch wert. Die *Minneapolis Orchestra Hall* gilt als eine der besten in den USA. Hier wird jedes Konzert zum Ohrenschmaus. Das *Guthrie Theater* ist bekannt für seine Inszenierungen von Klassikern, zu denen Interessierte aus einem Umkreis von Hunderten von Kilometern anreisen. Im *Northup Auditorium* auf dem Universitätsgelände werden ebenso wie im prachtvoll restaurierten *State Theater* in der Innenstadt Broadway Shows, Ballett und Konzerte geboten. Beim alljährlichen *Renaissance Festival* hält das englische Mittelalter in Minneapolis Einzug. An den Wochenenden im August und September kann man Turnieren beiwohnen oder durch eine der vielen Kunstgewerbemärkte und -ausstellungen bummeln. Gemälde, Töpferwaren, Schmuck, handgemachte Haushaltsgegenstände und allerlei verlockende Leckereien werden feilgeboten. Etwas außerhalb der Stadt liegt der großartige *Minnesota Zoological Garden* mit weiträumigen Freigehegen. Über 2000 Pflanzenarten und 375 verschiedene Tierarten machen ihn zu einem beliebten Ausflugsziel. Im *Valleyfair*-Freizeitpark suchen vor allem am Wochenende viele Familien Erholung. Schön ist ein Besuch im *Eloise Butter Wildflower Garden and Bird Sanctuary* im Wirth Park. Die Wasserfälle im *Minnehaha Park* wurden durch das »Lied von Hiawatha« des amerikanischen Dichters Longfellow berühmt. Der Naherholung dient auch das reizvolle Waldgebiet der *North Woods*. Wie überall in den USA spielt Sport auch in Minneapolis eine große Rolle. Die Spiele der Baseballmannschaft der »Twins« und der Teams der »Vikings« und »Golden Gophers« (American Football) finden meist vor ausverkauftem Haus im *Hubert H. Humphrey Metrodome* statt.
Die Zwillingsstädte sind das Tor in den Norden des Bundesstaates, der mit seinen herrlichen Seen und ausgedehnten Wäldern unerschöpfliche Wander-, Sport- und Ausflugsmöglichkeiten bietet. Es gibt zwei beliebte Skigebiete im Umkreis der Twin Cities, die *Hyland Hills Ski Area* und etwas weiter entfernt die *Buckhill Ski Area*. Ein vielbesuchtes Naherholungsgebiet ist *Boundary Waters*, das ideal für Wanderungen, zum Angeln, Campen und Kanu fahren ist.
Die schön gelegene Hafenstadt **DULUTH** (4 Std. Fahrzeit von den Twin Cities) an der Westspitze des Lake Superior fahren Schiffe aus aller Welt über den St.-Lorenz-Strom an. See- und Hafenrundfahrten bieten sich an. Weitere Anziehungspunkte sind das *Canal Park Museum*, die *Aerial Life Bridge* und die *Skyline Parkway Street* hoch über der Stadt. Das *Depot* ist ein liebevoll restaurierter Bahnhof mit interessanten Ausstellungen. Er ist Teil eines rekonstruierten Dorfes im *St. Louis Country's Heritage & Arts Center*. Im Herbst, wenn sich das Laub färbt, ist ein Ausflug in diese grüne Stadt besonders reizvoll.
Spirit Mountain ist ein ganzjährig geöffnetes Urlaubs- und Freiluft-Erholungszentrum 11 km südlich von Duluth. Der spektakuläre *North Shore Drive* (US-Highway 61) verläuft am Ufer des Lake Superior von Duluth zur kanadischen Grenze über eine Strecke von 240 km. Das *North-Woods*-Gebiet besteht aus weitläufiger Wildnis und Seen. *Brainerd, Bemidji, Detroit Lakes, Lake Mille Lacs* und *Grand Rapids* sind einige der größeren Urlaubsgebiete. Im *Split Rock Lighthouse State Park* steht, ca. 43 km nördlich von **Two Harbors**, ein Leuchtturm in wunderschöner landschaftlicher Umgebung. Die *Gooseberry*-Wasserfälle, 23 km nördlich von Two Harbors am North Shore Drive, rauschen 30 m tief in den Lake Superior.

SOZIALPROFIL

ESSEN & TRINKEN: Frische Meeresfrüchte sind die Spezialität des Staates. In den *Twin Cities* gibt es außerdem ausgezeichnete Steakhäuser.
NACHTLEBEN: Es gibt zahlreiche Theater in den Städten (90 Theatergruppen). Das *Guthrie Theater* in Minneapolis bietet innovative Aufführungen klassischer Dramen. Das *University of Minnesota Theater* führt von Juni bis August auf dem *Showboat*, das in Universitätsnähe auf dem Mississippi vor Anker liegt, Theaterstücke auf. Das bekannte *Minnesota Orchestra* spielt regelmäßig in der *Orchestra Hall* von Minneapolis. Das *St. Paul Chamber Orchestra* tritt im *Ordway Music Theatre* auf. Die Nachtklubs der Zwillingsstädte bieten Rockgruppen, Jazzcombos und musikalische Komödien. Beliebte Treffpunkte sind das *Loon* und das *Monte Carlo* in Minneapolis sowie *Gallivan's* in St. Paul.
SPORT: Bei so vielen Seen gibt es in Minnesota zahlreiche **Angelgründe** und ein gutes Angebot an **Wassersportmöglichkeiten**. Der Staat bietet auch ideale Bedingungen für Camper und Wanderer. Im *Quetico Reserve* im Superior Natural Forest kann man **Kanu fahren. Reiten, Tennis** und **Golf** bieten sich ebenfalls an. Im Norden des Bundesstaates ist **Wintersport** möglich.
VERANSTALTUNGSKALENDER
Mai '96 (1) *Cinco de Mayo*, St. Paul. (2) *Family Festival*, St. Paul. (3) *Syttende Mai*, Benson. (4) *Waterfront City Festival*, Duluth. (5) *Front Porch Festival*, Hastings. **Juni** (1) *Great Midwestern Think-Off*, New York Mills. (2) *Bayport Arts & Crafts Fair*, Bayport. **Juli** (1) *Red Lake Pow Wow*, Red Lake. (2) *Arts in the Park*, Brainerd. (3) *Korn & Klover Karnival*, Hinckley. (4) *Range Polka Fest*, Chisholm. (5) *Heritagefest*, New Ulm. (6) *Folk Festival*, Two Harbors. (7) *Aquatenniel*, Minneapolis. **Aug.** (1) *Berne Swissfest*, West Concord. (2) *Taste of Dorset*, Dorset. (3) *Bayfront Blues Festival*, Duluth. (4) *Craftman's Fair*, Crosslake. **Sept.** *Minnesota State Fair*, St. Paul. **März '97** *St. Urho's Day.*

KLIMA

Äußerst kalte Winter, vor allem an den großen Seen. Warm im Sommer, oft gibt es Hitzewellen und Trockenperioden.

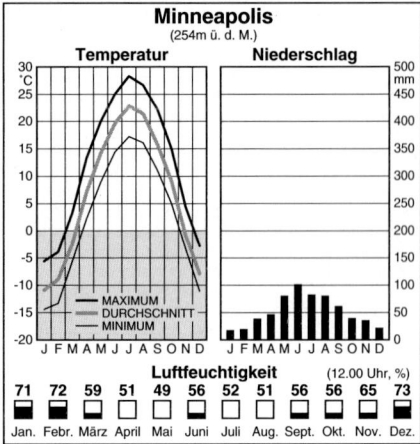

Mississippi

Lage: Süden.

State of Mississippi
Messeturm, Box 23
Friedrich-Ebert-Anlage 49
D-60308 Frankfurt/M.
Tel: (069) 97 54 45 08. Telefax: (069) 97 54 49 04.
(Publikumsverkehr nach Vereinbarung)
Mississippi Division of Tourism
Department of Economic and Community Development
PO Box 1705
Oceanspring, MS 39566-1735
Tel: (601) 875 07 05. Telefax: (601) 875 31 67.
Meridian-Lauderdale County Partnership
Suite 800
721 Front Street
PO Box 790
Meridian, MS 39302
Tel: (1 800) 748 99 70. Telefax: (601) 693 56 38.
Natchez-Adams County Convention & Visitors Bureau
422 Main
PO Box 1485
Natchez, MS 39121
Tel: (601) 446 63 45. Telefax: (601) 442 08 14.

FLÄCHE: 125.443 qkm.
BEVÖLKERUNG: 2.643.000 (1993).
BEVÖLKERUNGSDICHTE: 21,1 pro qkm.
HAUPTSTADT: Jackson. Einwohner: 196.637 (1990).
GEOGRAPHIE: Der Staat hat weitläufige Waldgebiete und zahlreiche Naturparks. Über 6400 ha, einschl. der Clarbco- und Percy-Quinn-Staatsparks, werden als Freizeitparks und zum Camping genutzt.
ORTSZEIT: MEZ - 7.

REISEVERKEHR

FLUGZEUG: Die Flughäfen in Jackson und Meridian stellen Verbindungen zu allen größeren Städten in den USA her.
BAHN: Die Amtrak-Linie Crescent führt von New York über Meridian, Laurel, Hattiesburg und Picayune nach New Orleans.
Die Linien City of New Orleans von Chicago und River Cities von Kansas City führen über Batesville, Grenada, Winona, Durant, Canton, Jackson, Hazlehurst, Brookhaven und McComb nach New Orleans.
BUS/PKW: Die Greyhound-Linie 7005 von Dallas fährt über Jackson und Meridian nach Atlanta. Weitere Verbindungen führen von New Orleans über Jackson, Yazoo City und Greenwood nach Memphis bzw. über Hattiesburg, Laurel und Meridian nach Birmingham.

URLAUBSORTE & AUSFLÜGE

Mississippi ist für seine Herrenhäuser aus der Zeit vor dem amerikanischen Bürgerkrieg, seine reizvolle Landschaft und seine schönen Strände bekannt. Bienville, DeSoto, Delta und das für seine restaurierten Landhäuser berühmte Holly Springs sind große Waldgebiete, die vielfältige Wander- und Ausflugsmöglichkeiten bieten. Am Ausgangspunkt des Natchez Trace Trails nach Nashville liegt Natchez mit zahlreichen sehenswerten Gebäuden aus dem 18. und 19. Jahrhundert. Die Strecke führt am alten indianischen »Smaragdhügel« und an der Geisterstadt Rocky Springs vorbei. In Vicksburg befindet sich eine Gedenkstätte, die an eine Schlacht des Sezessionskriegs erinnert. Bei einem Stadtbummel kann man einige hübsche alte Häuser bewundern, die noch aus der Zeit vor dem Bürgerkrieg erhalten geblieben sind. Biloxi liegt am Golf von Mexiko. Herrliche Strände, gute Wassersportmöglichkeiten und der Karneval mit seiner ansteckenden Fröhlichkeit sind Anziehungspunkte dieser Kleinstadt. Die Hauptstadt Jackson hat einiges zu bieten, es gibt zahlreiche imposante neoklassizistische Bauten wie die 1847 erbaute City Hall. Im ehemaligen Regierungsgebäude ist heute ein interessantes historisches Museum untergebracht.

Missouri

Lage: Landesmitte.

Missouri Division of Tourism
PO Box 1055
Jefferson City, MO 65102
Tel: (314) 751 41 33. Telefax: (314) 751 51 60.
Greater Kansas City Convention & Visitors Bureau
Suite 2550
1100 Main Street
Kansas City, MO 64105
Tel: (816) 691 38 28. Telefax: (816) 691 38 05.
Cape Girardeau Convention & Visitors Bureau
PO Box 617
Cape Girardeau, MO 63702-0617
Tel: (314) 335 16 31. Telefax: (314) 334 67 02.
Springfield Convention & Visitors Bureau
3315 East Battlefield Road
Springfield, MO 65804-4048
Tel: (417) 881 53 00. Telefax: (417) 881 22 31.
St. Louis Convention & Visitors Bureau
Suite 1000
10 South Broadway
St. Louis, MO 63102
Tel: (314) 421 10 23. Telefax: (314) 421 00 39.

FLÄCHE: 180.546 qkm.
BEVÖLKERUNGSZAHL: 5.234.000 (1993).
BEVÖLKERUNGSDICHTE: 30 pro qkm.
HAUPTSTADT: Jefferson City. Einwohner: 33.619 (1990).
GEOGRAPHIE: Missouri liegt im Herzen der USA und ist eine Mischung aus Wildwest-Erbe, kultiviertem Südstaaten-Lebensstil, intellektuell-europäischem Osten und industriellem Norden. Das Missouri-Tal war früher eine bedeutende Pionierroute und St. Louis auch als Tor zum Westen bekannt. Der Missouri ist der längste Fluß der USA. Der Staat wird im Osten vom Mississippi begrenzt. In seinem Norden liegen große Prärien, im Westen endlose Ebenen, im Süden sanfte Hügel und Berge und im Südosten die Baumwollfelder des Mississippis. Die Flußbootkultur wurde von Mark Twain in seinem Buch »Leben auf dem Mississippi« und den herrlichen Geschichten von »Tom Sawyer und Huckleberry Finn« verewigt.
ORTSZEIT: MEZ - 6.

REISEVERKEHR

FLUGZEUG: Durchschnittliche Flugzeiten: St. Louis – Frankfurt: 12 Std. (reine Flugzeit, Zwischenaufenthalt in Pittsburgh); Kansas City – Frankfurt: 11 Std. 35 (reine Flugzeit, Zwischenaufenthalt in Pittsburgh). Es gibt keine Direkflüge nach St. Louis oder Kansas City von Wien, alle Verbindungen sind von Frankfurt, Düsseldorf oder München; St. Louis – Zürich: 10 Std. (reine Flugzeit, Zwischenaufenthalt in Chicago); Kansas City – Zürich: 10 Std. (reine Flugzeit, Zwischenaufenthalt in Chicago).
Internationale Flughäfen: Lambert International Airport liegt 21 km nordwestlich von St. Louis (Fahrzeit 30 Min.). Busse, Taxis, Flughafenlimousinen und Mietwagen stehen zur Verfügung.
Kansas City International Airport (KCI) liegt 15 km vom Stadtzentrum entfernt (Fahrzeit 30 Min.). Flughafenbusse, Limousinen, Taxis, Zubringerbusse der Hotels und Mietwagen stehen zur Verfügung.
BAHN: Die Amtrak-Linie Chicago – San Antonio führt über St. Louis; Kansas City liegt auf der Strecke Chicago – Los Angeles. Die ungefähren Fahrzeiten in der Rubrik Illinois bzw. Kalifornien weiter oben. Es gibt auch eine tägliche Direktverbindung von Kansas City (Abfahrt 15.45 Uhr) über St. Louis (21.05 Uhr) und Memphis (05.05 Uhr am nächsten Tag) nach New Orleans (Ankunft 12.50 Uhr).
BUS/PKW: Greyhound, Gulf Transport, Great Southern und Vandalia bieten Langstreckenverbindungen an.
Durchschnittliche Pkw-Fahrzeiten: St. Louis – Kansas City, Indianapolis oder Louisville: je 5 Std; St. Louis – Chicago, Nashville oder Memphis: je 6 Std; St. Louis – Cincinnati, Little Rock oder Des Moines: je 7 Std; St. Louis – Oklahoma City: 10 Std; St. Louis – Minneapolis/St. Paul: 11 Std; St. Louis – Dallas: 13 Std; St. Louis – New York: 19 Std; St. Louis – Miami: 25 Std; St. Louis – Los Angeles: 39 Std; St. Louis – Seattle: 45 Std.
Kansas City – Topeka: 2 Std; Kansas City – Omaha: 4 Std; Kansas City – Des Moines: 4 Std; Kansas City – Oklahoma City oder Little Rock: 7 Std; Kansas City – Memphis: 9 Std; Kansas City – Chicago: 10 Std; Kansas City – Dallas: 12 Std; Kansas City – New York: 25 Std; Kansas City – Miami: 30 Std; Kansas City – Los Angeles: 34 Std; Kansas City – Seattle: 40 Std.
Alle Fahrzeiten bei Fahrt ohne Halt innerhalb der Geschwindigkeitsbegrenzungen.
Durchschnittliche Greyhound-Fahrzeiten: St. Louis (Tel: (314) 231 44 85) – Indianapolis oder Kansas City: je 5 Std; St. Louis – Louisville: 6 Std; St. Louis – Chicago oder Memphis: je 7 Std; St. Louis – Tulsa oder Nashville: je 9 Std.
Kansas City (Tel: (800) 231 22 22) – Omaha oder St. Louis: je 5 Std; Kansas City – Oklahoma City: 9 Std; Kansas City – Denver: 13 Std.
STADTVERKEHR: Die Busunternehmen Gray Line, Saint Louis Sightseers und St. Louis Tram Tours verkehren innerhalb von St. Louis und zu den umliegenden Orten. Es gibt Mietwagen und Taxis. Das öffentliche Verkehrsnetz versorgt Kansas City einschließlich der Vororte. Besichtigungsfahrten im Stadtzentrum und in die Umgebung werden angeboten; Mietwagen und Taxis stehen ebenfalls zur Verfügung.

URLAUBSORTE & AUSFLÜGE

ST. LOUIS ist die größte Stadt des Staates und der größte Binnenhafen in den USA. Sie war einst ein Handelszentrum für Pelzjäger und Pioniere, die den Westen zugänglich machten. Heute ist die Stadt ein bedeutender Verkehrsknotenpunkt und ein modernes Handels-, Industrie- und Kulturzentrum. Der Mississippi-Kult wird liebevoll aufrechterhalten, an den Ufern des Flusses hört man Ragtime, Dixieland, Blues und Jazz. Den Einfluß der zahlreichen ethnischen Volksgruppen, die St. Louis zu dem machten, was es heute ist, kann man noch an den deutschen Bürgerhäusern, den eleganten französischen Herrenhäusern im Süden der Stadt und den italienischen und serbischen Stadtvierteln ablesen. Das Gateway-Arch-Denkmal am Flußufer ist 192 m hoch. Von hier aus brachen die Siedler-Trecks in den Wilden Westen auf. Man kann den Ausblick von der Beobachtungsplattform genießen und sich Ausstellungen zu den Weststaaten ansehen. Weitere Sehenswürdigkeiten in St. Louis sind der Six-Flags-Over-Mid-America-Freizeitpark, das National Museum of Transport, der Missouri Botanical Garden, der aktiv für die Erhaltung der tropischen Regenwälder arbeitet, und der St. Louis Zoological Park. Im Forest Park in der Mitte der Stadt gibt es ein gutes Kunstmuseum mit interessanten Sonderausstellungen.
Hannibal im Nordosten ist der Geburtsort von Mark Twain. Zahlreiche Museen und Veranstaltungen sind dem Andenken und den Werken des berühmten Schriftstellers gewidmet.
Im Westen von St. Louis entlang des Missouri gibt es einige kleine, von Deutschen gegründete Weinstädtchen (wie z. B. Hermann), die einen Besuch wert sind.
KANSAS CITY war einst östlicher Knotenpunkt der Pionierwege von Westen und Süden, z. B. des Oregon-, des California- und des Santa Fe Trail. Heute ist Kansas City ein bedeutendes Handels- und Agrarzentrum für den Mittleren Westen. Mitten durch die Straße State Line verläuft die Staatsgrenze zwischen Kansas City in Missouri und Kansas City in Kansas.
Im Freizeitkomplex Worlds of Fun gibt es 120 Achterbahnen, Karussells und ähnliche Anlagen. Außerdem werden Fahrten mit dem Flußdampfer angeboten. Das Country Club Plaza, das älteste Einkaufszentrum der USA, wurde 1922 eröffnet und mutet mit seinen Brunnen und Statuen fast europäisch an. Sehenswert sind auch der Wasser-Freizeitpark Oceans of Fun und das Nelson-Atkins Museum of Art. Kansas City ist eine Stadt des Jazz, aber auch Oper, Ballett und Klassik kommen nicht zu kurz.
Independence liegt 16 km östlich von Kansas City. Dem ehemaligen Präsidenten Harry S. Truman, der hier gelebt hat, ist das Truman Library & Museum gewidmet. Es werden Ausflüge und Abendessen mit anschließendem Tanz auf Flußbooten veranstaltet. In St. Joseph, nördlich von Kansas City, kann man das Pony Express Stables Museum und das Patee House Museum besichtigen. Das bewaldete Ufer des Lake of the Ozarks in der

Mitte des Staates hat eine Gesamtlänge von 1600 km. Hier kann man zahlreiche Wassersportarten ausüben (z. B. Kanufahren), Golf oder Tennis spielen, Höhlen und Museen besichtigen oder Unterhaltungsshows besuchen. Die State Parks *Bennett Springs*, *Lake of the Ozarks* und *Ha Ha Tonka* sollte man unbedingt in sein Besuchsprogramm aufnehmen.

SOZIALPROFIL

ESSEN & TRINKEN: In **St. Louis** gibt es eine große Auswahl an Gaststätten von eleganten Restaurants bis zu einfachen Imbißstuben, die einheimische Küche servieren. **Kansas City** ist weltberühmt für seine Steaks.
NACHTLEBEN: St. Louis: Die Veranstaltungen in der *Powell Symphony Hall*, im *Fox Theater* und im *Muny Theater* sind einen Besuch wert. An den Flußufern von St. Louis gibt es zahllose Clubs, Restaurants und Nachtklubs. Auf den festliegenden Flußbooten wird jeden Abend Jazz, Ragtime und Dixieland gespielt. Fast alle modernen Hotels in St. Louis haben Diskotheken.
Kansas City: Die Konzerte der *Kansas City Philharmonic* finden in der *Music Hall* statt, die Aufführungen des *Missouri Repertory Theater* in der Universität von Missouri. Auch das *Lyric Theater* und das *Starlight Theater* sind empfehlenswert.
EINKAUFSTIPS: Das eleganteste Einkaufszentrum von St. Louis ist das *Plaza Frontenac* im Westen der Stadt mit ausgezeichneten Boutiquen, Spezialitäten-, Delikatessen- und Antiquitätengeschäften. Am Wochenende sollte man sich den Soulard-Markt im Süden anschauen. Der ehemalige Bauernmarkt wurde 1847 eröffnet. An den Ständen um das Hauptgebäude werden Landprodukte wie Fleisch und Selbstgebackenes ganz frisch verkauft.
VERANSTALTUNGSKALENDER
1. - 4. Mai '96 *St. Louis Storytelling Festival*, Gateway Arch. **18./19. Mai** *German Maifest*, Hermann. **14./15. Juni** (1) *Lewis and Clark Rendezvous*, St. Charles. (2) *Riverfest*, Cape Girardeau. **4. Juli** *Fair St. Louis*. **3. - 7. Juli** (1) *National Tom Sawyer Days*, Hannibal. (2) *Firefall '96*, Springfield. **21. Juli** *Blessing of the Fleet*, St. Louis. **26. Juli - 4. Aug.** *Ozark Empire Fair*, Springfield. **7. - 10. Aug.** (1) *Bluegrass Music Festival*, Kahoka. (2) *Jaycee Bootheel Rodeo*, Skeston. **8. - 17. Aug.** *US National Hot Air Balloon Championships*, Columbia. **15. - 24. Aug.** *Missouri State Fair*, Sedalia. **16. - 18. Aug.** (1) *Festival of the Little Hills*, St. Charles. (2) *Trails West!*, St. Joseph. **10. Sept. - 27. Okt.** *National Festival of Craftsmen*, Branson.

KLIMA

Ausgesprochen kontinentales Klima, die Sommer sind warm (mit regelmäßigen Hitzewellen) und die Winter kalt.

Montana

Lage: Norden.

Fremdenverkehrsbüro Montana
Rocky Mountain International
c/o Wiechmann Tourism Services
Scheidswaldstraße 73
D-60385 Frankfurt/M.
Tel: (069) 44 60 02. Telefax: (069) 43 96 31.
Mo-Fr 09.00-18.00 Uhr.
Montana Travel Promotion Office
PO Box 200533
Helena, MT 59620
Tel: (406) 444 26 54. Telefax: (406) 444 18 00.
Missoula Convention & Visitors Bureau
825 East Front
PO Box 7577
Missoula, MT 59807-7577
Tel: (406) 543 66 23. Telefax: (406) 543 66 25.

FLÄCHE: 380.850 qkm.
BEVÖLKERUNGSZAHL: 839.000 (1993).
BEVÖLKERUNGSDICHTE: 2,2 pro qkm.
HAUPTSTADT: Helena. **Einwohner:** 24.569 (1990).
GEOGRAPHIE: Montana ist besonders für Naturfreunde interessant – die Landschaft besteht aus riesigen Wäldern, weitläufigen Wildnisgebieten und herrlichen Nationalparks. Im Osten bestimmen endlose Prärien das Landschaftsbild, und die zerklüfteten Gebirgsketten der westlichen Rocky Mountains suchen ihresgleichen. Es gibt klare Bergseen, Gletscher, Flüsse, Wasserfälle, Skigebiete und nur wenige Menschen, denn Montana ist sehr dünn besiedelt.
ORTSZEIT: MEZ - 8.

REISEVERKEHR

FLUGZEUG: Die Flughäfen in Billings, Bozeman, Helena und Missoula verbinden mit allen größeren Städten in den USA.
BAHN: Die *Amtrak*-Linie *Empire Builder* durchquert Montana im Norden auf der Route von Seattle oder Portland über Libby, Whitefish, West Glacier (Apgar), Essex, Glacier Park, Browning, Cut Bank, Havre, Malta, Glasgow und Wolf Point nach Chicago.
BUS/PKW: Die *Greyhound*-Linie 7 von Seattle fährt über Butte, Bozeman, Billings und Miles City nach Chicago.

URLAUBSORTE & AUSFLÜGE

Die beliebtesten Touristenziele sind der wunderbare **Yellowstone-Nationalpark** (z. T. Wyoming, s. u.) und der **Glacier-Nationalpark** mit seiner abwechslungsreichen Landschaft, die bei Wanderern außerordentlich beliebt ist. Darüber hinaus gibt es viele weiträumige Erholungsgebiete und Freizeitparks, wie das *Bob-Marshall-Wildreservat*, die *National Bison Range*, *Flathead Lake* und den riesigen *Charlie-Russell-Wildpark*. Der Yellowstone Park, einer der größten der USA, ist vielleicht der bekannteste Nationalpark der Welt. Sein Pflanzen- und Tierreichtum ist neben den Geysiren eine der Hauptattraktionen. Wild, Elche, Bisons und in abgelegeneren Gebieten auch Bären leben hier. Herrlich ist der *Yellowstone Lake* im Südteil des Parks. Besuchern stehen verschiedene Unterkunftsmöglichkeiten zur Verfügung.
In der ehemaligen Goldgräberstadt **Helena** kann man Museen und die im gotischen Stil erbaute *St. Helena-Kathedrale* besichtigen, viele Gebäude stammen aus dem 19. Jahrhundert. Weitere Sehenswürdigkeiten des *Treasure State*, wie Montana auch genannt wird, sind das Schlachtfeld *Custers* und die rekonstruierten Westernstädte **Virginia City** und **Nevada City**, in denen Mitte des letzten Jahrhunderts der Goldrausch ausbrach. Der Wilde Westen wird auch heute noch auf Rodeos und bei indianischen Powwows und Tänzen lebendig.

Nebraska

Lage: Mittlerer Norden.

Nebraska Division of Travel and Tourism
PO Box 94666
Lincoln, NE 68509
Tel: (402) 471 37 94. Telefax: (402) 471 30 26.
Greater Omaha Convention & Visitors Bureau
Suite 202
6800 Mercy Road
Omaha, NE 68106-2627
Tel: (402) 444 46 60. Telefax: (402) 444 45 11.

FLÄCHE: 200.358 qkm.
BEVÖLKERUNGSZAHL: 1.607.000 (1992).
BEVÖLKERUNGSDICHTE: 8 pro qkm.
HAUPTSTADT: Lincoln. **Einwohner:** 191.972 (1990).
GEOGRAPHIE: Die Landschaft in diesem Bundesstaat ist außerordentlich vielfältig. Nebraska steigt von der Prärie am Missouri zu den großen Ebenen und den Ausläufern der Rocky Mountains an.
ORTSZEIT: MEZ - 7.

REISEVERKEHR

FLUGZEUG: Der Flughafen in Omaha verbindet mit allen größeren Städten in den USA.
BAHN: Die *Amtrak*-Linien *Pioneer* von Seattle und *Desert Wind* von Los Angeles führen über McCook, Holdrege, Hastings, Lincoln und Omaha nach Chicago.
BUS/PKW: Die *Greyhound*-Linie 3 fährt von Los Angeles über North Platte, Grand Island, Lincoln und Omaha, bzw. von San Francisco über Sidney, North Platte, Grand Island, Lincoln und Omaha nach New York. Weitere Verbindungen sind Omaha – Cheyenne und Omaha – Kansas City.
Durchschnittliche *Greyhound*-Fahrzeiten: Omaha – Denver: 11 Std. 30; Omaha – Cheyenne: 10 Std; Omaha – Chicago: 10 Std. 30; Omaha – Kansas City: 5 Std.

URLAUBSORTE & AUSFLÜGE

Die größte Stadt, **Omaha**, ist ein vielbesuchtes Ferienziel mit vielseitigen Freizeitmöglichkeiten. Ein Symphonieorchester, Popkonzerte im Sommer, ein Ballettensemble und einige Theater sorgen für Unterhaltung. Die von presbyterianischen Missionaren 1856 errichtete *Bellevue Church* ist die älteste Kirche Nebraskas. Einige interessante Museen bieten Abwechslung nicht nur an Regentagen. Das *Joslyn Art Museum* hat ein faszinierendes Art Deco Design und gibt einen Überblick über die Entwicklung der Kunst von der Antike bis zur Gegenwart. Die Geschichte einer der großen Eisenbahngesellschaften aus den Pionierragen kann im *Union Pacific Historical Museum* verfolgt werden. Besonders interessant ist das *Great Plains Black Museum*, das sich mit dem Erbe der farbigen Amerikaner in Nebraska seit der Mitte des 19. Jahrhunderts befaßt. Schön ist auch ein Besuch im privaten *Omaha Children's Museum*. Im Old-Market-Viertel entstand ein großes Einkaufszentrum mit Kinos und anderen Freizeiteinrichtungen. Nur wenige Kilometer außerhalb der Stadt bietet der 520 ha große *Fontenelle Forest* ausgezeichnete Wandermöglichkeiten auf markierten Wegen durch Feuchtgebiete und Prärielandschaft an herrlichen Seen vorbei. Ganz in der Nähe liegt **Boys Town**, das berühmte Gemeinwesen für heimatlose Jungen, das von diesen selbst verwaltet wird (Besuche sind möglich). In **Lincoln** befinden sich das eindrucksvolle *State Capitol*, das Museum der Universität von Nebraska und die bekannte Sheldon-Kunstgalerie.
Im Westen des Staates bestimmen endlose Ebenen das Landschaftsbild, aus denen bei Bridgeport unvermittelt und schon von weitem zu sehen zwei hohe Berge, *Scotts Bluff* und *Chimney Rock* (ein mächtiger Felsen), aufragen.

Nevada

Lage: Westen.

Nevada Commission on Tourism
5151 South Carson Street
Capitol Complex
Carson City, NV 89710
Tel: (702) 687 43 22. Telefax: (702) 687 67 79.
Las Vegas Convention & Visitors Authority
c/o Mangum Management GmbH
Herzogspitalstraße 5
D-80331 München
Tel: (089) 26 78 10. Telefax: (089) 260 40 09.
Mo-Fr 09.00-17.30 Uhr.
Las Vegas Convention & Visitors Authority
3150 Paradise Road
Las Vegas, NV 89109-9096
Tel: (702) 892 07 11. Telefax: (702) 892 28 24.
Reno-Sparks Convention & Visitors Authority
4590 South Virginia Street
PO Box 837
Reno, NV 89502
Tel: (702) 827 76 00. Telefax: (702) 827 76 46.

FLÄCHE: 286.367 qkm.
BEVÖLKERUNGSZAHL: 1.389.000 (1993).
BEVÖLKERUNGSDICHTE: 4,8 pro qkm.
HAUPTSTADT: Carson City. **Einwohner:** 40.443 (1990).
GEOGRAPHIE: In Nevada gibt es für jeden Geschmack etwas: Kiefernwälder und Berge oder Wüsten, Geisterstädte und moderne Großstädte mit viel Neonlicht und breitem Unterhaltungsangebot.
ORTSZEIT: MEZ - 9.

REISEVERKEHR

FLUGZEUG: Die Flughäfen in Las Vegas und Reno verbinden mit allen größeren Städten in den USA.
BAHN: Die *Amtrak*-Linie *California Zephyr* von San Francisco führt über Reno, Sparks, Winnemucca und Elko nach Chicago. Die Linie *Desert Wind* führt von Los Angeles über Las Vegas und Caliente nach Chicago.
BUS/PKW: Die *Greyhound*-Linien 2 und 3 fahren von San Francisco über Reno, Winnemucca, Elko und Wells nach Salt Lake City. Die Linie 3 fährt außerdem von Los Angeles über Las Vegas nach Salt Lake City.
Durchschnittliche *Greyhound*-Fahrzeiten: Las Vegas – Denver: 16 Std; Las Vegas – Los Angeles: 5 Std. 30; Las Vegas – Phoenix: 17 Std. 30; Las Vegas – San Diego: 8 Std; Las Vegas – Salt Lake City: 9 Std; Reno – Los Angeles: 12 Std. 30; Reno – Portland: 14 Std; Reno – San Francisco: 5 Std; Reno – Salt Lake City: 10 Std.

URLAUBSORTE & AUSFLÜGE

LAS VEGAS, die größte Stadt des Staates, ist ein riesiges Spiel-, Freizeit- und Vergnügungszentrum. Es gibt unzählige Sportplätze und Stadien, Spitzenrestaurants und Nachtklubs. Am »Strip« (einem Teil des Las Vegas Boulevard South) reihen sich Luxushotels, Kasinos und Shows, die mit großen internationalen Namen locken, aneinander. Das *Downtown Casino Center* ist etwas preiswerter. **Reno**, eine weitere Kasinostadt mit Vergnügungszentren, ist ebenso bekannt für seine ruhigen Wohngebiete, die von historischen und landschaftlichen Sehenswürdigkeiten umgeben sind. Der *Lake Tahoe* liegt an der Grenze nach Kalifornien in einem weithin bekannten Bergurlaubsgebiet mit ganzjährigen Sport- und Freizeitmöglichkeiten. Naturfreunde sollten sich auch das beliebte Erholungsgebiet am *Lake Mead* und den nahegelegenen *Valley of Fire State Park* mit seinen roten Canyons und dem versteinerten Wald ansehen. Den schönen *Pyramid Lake* und die eindrucksvollen *Lehman-Höhlen* sollte man sich ebenfalls nicht entgehen lassen. Faszinierend sind auch die *Red Rock Canyon Recreation Lands* mit ihren ungewöhnlichen Steinformationen, die in allen möglichen Farbtönen schimmern. Hier steht auch die *Spring Mountain Ranch*, das riesige Anwesen des verstorbenen Millionärs Howard Hughes, das man besichtigen kann. Wer das berühmte *Death Valley* (»Tal des Todes«) besucht, wird unvergeßliche Eindrücke mit nach Hause nehmen. Für Sonnenschutz und ausreichenden Getränkevorrat sollte bei den extrem hohen Temperaturen (über 50°C sind keine Seltenheit) allerdings gesorgt werden. Von Besuchen im Sommer ist aufgrund der Hitze abzuraten. In diesem Bundesstaat kann man aber auch Ski fahren – *Lee Canyon*, etwa 60 km von Las Vegas, ist eines der beliebtesten Skigebiete.

New Hampshire

Lage: Nordostküste.

Discover New England
c/o Herzog HC GmbH
Borsigallee 17
D-60338 Frankfurt/M.
Tel: (069) 42 08 90 89. Telefax: (069) 41 25 25.
Mo-Fr 09.00-18.00 Uhr (kein Publikumsverkehr).
New Hampshire Office of Tourism
172 Pembroke Road
PO Box 1856
Concord, NH 03302-1856
Tel: (603) 271 26 66. Telefax: (603) 271 67 84.
New Hampshire Lodging & Restaurant Association
14 Dixon Avenue
PO Box 1175
Concord, NH 03302-1175
Tel: (603) 228 95 85. Telefax: (603) 226 18 29.
Mount Washington Valley Chamber of Commerce
PO Box 2300
North Conway, NH 03860
Tel: (603) 356 57 01. Telefax: (603) 356 70 69.

FLÄCHE: 24.219 qkm.
BEVÖLKERUNGSZAHL: 1.125.000 (1993).
BEVÖLKERUNGSDICHTE: 46,7 pro qkm.
HAUPTSTADT: Concord. **Einwohner:** 36.006 (1990).
GEOGRAPHIE: New Hampshire, einer der Staaten Neuenglands, ist berühmt für seine wunderschöne Landschaft, die sich vom Mount Washington in den nördlichen White Mountains über die Seen bis zu den Atlantikstränden bei Hampton erstreckt.
ORTSZEIT: MEZ - 6.

REISEVERKEHR

FLUGZEUG: Der Flughafen in Manchester verbindet mit allen größeren Städten in den USA.
BUS/PKW: Eine *Greyhound*-Linie führt von Boston über Portsmouth nach Bangor.

URLAUBSORTE & AUSFLÜGE

In New Hampshire gibt es kaum Großstädte, **Manchester** mit seinen knapp 100.000 Einwohnern ist mit Abstand die größte Stadt. Ländliche Idylle wie im Bilderbuch herrscht vor. Bei einer Fahrt mit der Zahnradbahn auf den 1900 m hohen *Mount Washington* eröffnet sich ein herrlicher Panoramablick auf Kanada und die Nachbarstaaten. Die eindrucksvolle Schlucht *Franconia Notch* (13 km entfernt) zählt zu den schönsten Naturwundern Neuenglands. **Cannon Mountain, Loon Mountain** und **Waterville Valley** sind bekannte Skiorte. **Meredith** am malerischen *Lake Winnipesaukee* bietet gute Wassersportmöglichkeiten. Die Stadt **Laconia** zwischen Winnipesaukee und Winnisquam ist ein beliebtes Ausflugsziel.

New Jersey

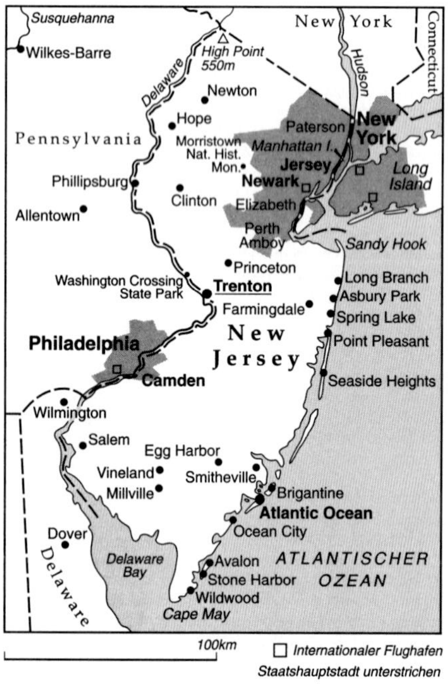

Lage: Nordostküste.

New Jersey Division of Travel & Tourism
CN 826
20 West State Street
Trenton, NJ 08625-0826
Tel: (609) 292 24 70. Telefax: (609) 633 74 18.
Atlantic City Convention & Visitors Authority
2314 Pacific Avenue
Atlantic City, NJ 08401
Tel: (609) 348 71 00. Telefax: (609) 345 22 00.
Greater Wildwood Division of Tourist Information
Scheloenger Avenue
On the Boardwalk
Wildwood, NJ 08260
Tel: (609) 522 14 07/8. Telefax: (609) 729 22 34.

FLÄCHE: 20.590 qkm.
BEVÖLKERUNGSZAHL: 7.879.000 (1993).
BEVÖLKERUNGSDICHTE: 382,7 pro qkm.
HAUPTSTADT: Trenton. **Einwohner:** 88.675 (1990).
GEOGRAPHIE: New Jersey grenzt im Osten an den Atlantik und im Westen an den Delaware River. Dieser Staat ist verhältnismäßig klein, hat aber zahlreiche endlose Strände, eine liebliche Landschaft und natürliches Parkland, umgeben von Bergen, Seen und Wäldern. Atlantic City ist ein traditionell beliebter Urlaubsort mit Luxushotels, eleganten Kasinos und erstklassigen Unterhaltungsprogrammen. Im weltbekannten *Meadowlands-Sportkomplex* trainieren die Sportprofis, und es werden Pferderennen veranstaltet. Zahlreiche historische Städte und Freizeitparks laden zur Besichtigung ein; New Jersey ist auch bekannt für günstige Einkaufsmöglichkeiten.
ORTSZEIT: MEZ - 6.

REISEVERKEHR

FLUGZEUG: Durchschnittliche Flugzeiten: S. *New York* (kaum Unterschiede).
Internationaler Flughafen: *Newark International Airport (EWR)* liegt 27 km südwestlich von New York. Im Flughafen gibt es Banken, Friseure, Geschäfte, Duty-free-Shops, Restaurants, Bars, Cafés, einen Kindergarten und Autovermietungen (*Avis, Budget, Hertz* und *National*). Ein kostenloser Zubringerbus zu anderen Terminals (24 Std.) und Parkplätze stehen zur Verfügung. Es gibt auch Busverbindungen nach Newark und Umgebung.
Verbindungen nach New York City: Der *New-Jersey-Transit*-Airlink-Bus Nr. 302 verkehrt wochentags und sonntags alle 20-30 Minuten von 06.05-01.40 Uhr, samstags alle 30 Minuten von 06.25-01.55 Uhr; er verbindet Newarks Penn Station mit dem PATH Rapid Transit System mit Haltestellen am World Trade Center, Christopher Street, 9th Street, 14th Street, 23rd Street and 33rd Street in Manhattan. Der *New-Jersey-Transit*-Express-Bus Nr. 300 fährt vom Flughafen zum Port Authority Bus Terminal an der 42nd Street und 8th Avenue alle 15-30 Minuten rund um die Uhr. Weitere Informationen vom *New Jersey Transit Information Center*, Tel: (201) 762 51 00. Der Airport-Express-Bus von *Olympia Trails* fährt von Newark Airport zum One World Trade Center alle 30 Minuten von 06.45-20.45 Uhr wochentags und von 07.15-20.45 Uhr am Wochenende. Ein weiterer Airport-Express-Bus mit Haltestellen am Grand Central Station (41st Street and Park Avenue) und Penn Station (34th Street and 8th Avenue) fährt alle 20-30 Minuten zwischen 06.15 und 24.00 Uhr täglich. Weitere Informationen von *Olympia Trails* (Tel: (212) 964 62 33). *Gray Line Air Shuttle* (Tel: (212) 315 30 06) bietet einen Sammeltaxi-Minibus vom Flughafen zu Adressen im Gebiet zwischen 23rd und 63rd Street nach Bedarf an (08.00-23.00 Uhr, Fahrzeit 55 Minuten). Taxis sind rund um die Uhr erhältlich; Fahrten in den Westteil von Manhattan (zwischen Battery Park und 72nd Street) kosten 30-31 US$ plus Autobahngebühren; für Fahrten in den Ostteil von Manhattan und über die 14th Street hinaus wird ein Zuschlag von 2 US$ erhoben, zusätzlich wird 1 US$ für Gepäckstücke über 50 cm Länge berechnet. Limousinen fahren zu festgelegten pro Person-Preisen.
Verbindungen nach New Jersey: Busbahnhöfe, Taxistände und Autovermietungen befinden sich in den Tiefgeschossen der Terminals A, B und C; hier sind ebenfalls Informationen über Fahrpläne und -preise erhältlich. Der *New-Jersey-Transit*-Flughafenbus Nr. 302 fährt regelmäßig zum Newarks Penn Station, dem Geschäftsviertel und zur Broad Street Station. *New Jersey Transit* bietet ebenfalls regelmäßige Verbindungen nach Fort Dix, der McGuire Air Force Base in New Jersey sowie nach Elizabeth, Essex, Union, Somerset and Hunterdon Counties. *Princeton Airporter* fährt regelmäßig Middlesex und Mercer Counties an. Weitere Informationen von *Princeton Airporter*, Tel: (609) 587 66 00. *Trans-Bridge Lines* verkehren zwischen dem Flughafen und Hunterdon County. Weitere Informationen von *Trans-Bridge Lines*, Tel: (610) 868 60 01. Vom Flughafen verkehren regelmäßig Limousinen nach Fort Monmouth, Middlesex, Morris, Monmouth und Union Counties. Weitere Informationen erteilen *Airport Limousine Express*, Tel: (201) 621 73 00. Taxis stehen rund um die Uhr zur Verfügung. Es gelten Einheitspreise, die an den Taxiständen aushängen. Besonders günstige *Share-and-Save*-Gruppenfahrten gibt es von 08.00-24.00 Uhr. Bei Fahrten von Newark zum Flughafen ist der Fahrpreis auf dem Taxameter angezeigt.
Verbindungen zwischen den Flughäfen: Es gibt einen Inter-Airport Hubschrauber-Service zum Flughafen JFK. *Princeton Airporter* bieten regelmäßige Busverbindungen zum JFK. *Carey Coaches* fahren von 07.15-22.15 Uhr alle 30 Minuten zu den Flughäfen *LaGuardia* und *JFK*. Weitere Informationen von *Carey Transportation Coaches*. Limousinen stehen für Fahrten zu den Flughäfen *JFK* und *LaGuardia* zur Verfügung. Taxis berechnen Einheitsfahrpreise plus Autobahngebühren.
Verbindungen zu anderen Reisezielen: Limousinen, Busse und Bahnen (via *Airlink*) verbinden mit Pennsylvania, Connecticut und dem Staat New York.
SCHIFF: *Circle Line Tours* bietet einen ganzjährigen Fährdienst zur Freiheitsstatue und nach Ellis Island (Abfahrt im Liberty State Park, Jersey City). *Hoboken Ferry Service, TNT Hydrolines* und *Port Imperial Ferry* betreiben Fähren von und nach New York City. Die *Cape May-Lewes Ferry* fährt von Cape May in den Staat Delaware.
BAHN: Am Bahnhof Penn Station in Newark halten Züge von *Amtrak* (landesweit) und *New Jersey Transit*.
BUS/PKW: Von New Jersey nach New York City fährt man entweder über die George Washington-Brücke oder durch den Lincoln- bzw. den Holland-Tunnel. Die Walt-Whitman- und die Benjamin-Franklin-Brücke verbinden die Stadt mit Philadelphia in Pennsylvania, die Delaware-Memorial-Brücke mit Delaware. Die New Jersey Turnpike (Autobahn) verläuft in nord-südlicher Richtung durch den Staat, der Garden State Parkway, ebenfalls eine Autobahn, führt an die Küste. **Bus:** Am Bahnhof Penn Station (McCarter Highway/Market Street, Newark) halten Stadt- und Überlandbusse.
Durchschnittliche Pkw-Fahrzeiten: Newark – Philadelphia: 1 Std. 30; Newark – Hartford: 2 Std. 30; Newark – Albany und Baltimore: je 3 Std. 30; Newark – Boston und Washington DC: je 4 Std. 30; Newark – Portland (Maine): 6 Std. 30; Newark – Montréal: 7 Std. 30; Newark – Buffalo: 7 Std; Newark – Pittsburgh 6 Std; Newark – Toronto 8 Std; Newark – Cleveland: 9 Std; Newark – Indianapolis: 14 Std; Newark – Chicago: 15 Std; Newark – Miami: 26 Std. 30; Newark – Dallas: 32 Std. 30; Newark – Los Angeles: 57 Std; Newark – San Francisco und Seattle: je 60 Std.
Alle Fahrzeiten bei Fahrt ohne Halt innerhalb der Geschwindigkeitsbegrenzungen.
Durchschnittliche *Greyhound*-Fahrzeiten: New Jersey – Philadelphia: 1 Std. 40; New Jersey – Albany: 3 Std; New Jersey – Washington DC: 4 Std. 40; New Jersey – Boston: 4 Std. 45; New Jersey – Montréal: 8 Std. 30; New Jersey – Buffalo und Pittsburgh: je 9 Std; New Jersey – Cleveland: 9 Std. 30.

URLAUBSORTE & AUSFLÜGE

NEWARK ist eine für amerikanische Verhältnisse recht alte Stadt und die größte Stadt in New Jersey. Sie ist ein Verkehrsknotenpunkt und eine Kunst- und Kulturmetropole. Die Atmosphäre ist ausgesprochen hektisch. Das *New Newark Museum* hat eine umfangreiche Kunstsammlung mit 66 Galerien für antike und moderne Kunst, ein Planetarium und einen kleinen Zoo. Der *Branch Brook Park* ist im Frühling voller Kirschblüten, jedes Jahr findet hier ein Kirschblütenfest statt.
Etwas östlich von Newark liegen *Ellis Island* und eine weitere winzige Insel, auf der die weltbekannte *Statue of Liberty* (Freiheitsstatue) steht. Die Fähren der *Circle Line* fahren vom Liberty State Park in **Jersey City** zu diesen historischen Stätten. Nördlich von Newark liegt der 1000 ha große *Palisades Interstate Park*. Mehrere Straßen und Wanderwege führen durch dieses landschaftlich sehr schöne Gebiet mit herrlicher Aussicht, Picknickstellen, einem historischen Museum und einem Naturschutzgebiet. Im Winter kann man Ski laufen. Der riesige Freizeitpark ist besonders bei Kindern sehr beliebt. In **East Rutherford**, nordwestlich von Newark, liegt der *Meadowlands Sports Complex*. Hier trainieren professionelle Fußball-, Basketball- und Eishockeymannschaften; die Pferderennbahn ist weltbekannt.
ATLANTIC CITY wird auch die Königin unter den Urlaubsorten genannt. Hier gibt es 12 Hotels mit angeschlossenen Spielkasinos, Unterhaltungsprogramme von Weltformat, Sportmeisterschaften aller Art, Feinschmecker-Restaurants, elegante Geschäfte, wunderschöne Strände und einen erstklassigen *Boardwalk*. Die Stadt ist als Urlaubsort sehr beliebt.
Der *Atlantic City Boardwalk* hat auf der einen Seite Spielkasinos, Achterbahnen, Karussells, Spielhallen und Geschäfte, auf der anderen Seite einen kilometerlangen Sandstrand mit imposanter Brandung. Hier steht das riesengroße *Trump Plaza Hotel* sowie das *Trump Taj Mahal Casino*. Die *Convention Hall* ist eine architektonische Komposition im Art-Deco-Stil, in der die größte Orgel der Welt besichtigt werden kann. Das *Atlantic City Art Center and Historic Museum* ist der 150jährigen Geschichte der Stadt als Badeort und Unterhaltungszentrum gewidmet. Fotos und Erinnerungsstücke an die jährlich stattfindenden Miss-Amerika-Wahlen werden ebenfalls ausgestellt. *The Shoppes on Ocean One* ist ein modernes Einkaufszentrum in Form eines Ozeandampfers.
Die nähere Umgebung von Atlantic City hat auch eine beschauliche Seite. Das authentische Dorf *Towne of Historic Smithville* aus dem 18. Jahrhundert ist einen Besuch wert. Nördlich von Atlantic City, in **Brigandine**, liegen das *Edwin B. Forsythe National Wildlife Refuge*

(Wildreservat) und das *Sea Life Museum* (Sa und So 12.00-16.00 Uhr geöffnet). Der Eintritt ist kostenlos. In **Egg Harbor** befindet sich das *Renault Winery and Glass Museum* in einem für amerikanische Verhältnisse recht alten Weingut.

TRENTON, die Hauptstadt von New Jersey, war 1794 auch Hauptstadt der Vereinigten Staaten. Die Stadt liegt im Herzen der reizvollen und geschichtsträchtigen Delaware-Flußregion. Ausflüge nach Trenton, Princeton (Princeton-Universität) und zum *Washington Crossing State Park* erzählen viel über die wichtige Rolle New Jerseys bei der Geburt der Vereinigten Staaten von Amerika. Zahlreiche Museen und Theater sorgen für ein abwechslungsreiches Kunst- und Kulturangebot.

Vor dem *Old Barracks Museum* in der Barracks Street wurde während des Unabhängigkeitskrieges gegen die britische Kolonialmacht eine berühmte Schlacht ausgetragen (am Tag nach Weihnachten). Die alten Quartiere der Soldaten, Antiquitäten und originalgetreue Räume aus dem 18. Jahrhundert stehen heute zur Besichtigung offen. Auch das *William Trent House* und das *State House* sind einen Besuch wert. Die im *New Jersey State Planetarium* und *Museum* gezeigten historischen Ausstellungsstücke gehen bis auf das Jahr 500 v. Chr. zurück.

Princeton, Standort der renommierten Princeton-Universität, liegt 18 km nördlich von Trenton. In der hübschen Universitätsstadt gibt es ausgezeichnete Kunstausstellungen und sehenswerte Aufführungen der darstellenden Künste. Man sollte auch einen Besuch im *Einstein House* (Einstein lehrte an der Princeton-Universität), im *Princeton University Art Museum*, im *Bainbridge House*, im *Clarke House* auf dem *Princeton Battlefield* (Schlachtfeld) und von *Drumthwacket* nicht versäumen. Der im griechisch-neugotischen Stil errichtete Palast erinnert an die Herrenhäuser der Südstaaten und ist offizielle Residenz des Gouverneurs. In **Camden**, 43 km südlich von Trenton, kann man *Walt Whitman's House*, das *Campbell Soup Museum* und das *New Jersey Aquarium* besichtigen. Die historische Stadt **Salem** liegt 53 km südlich von Camden an der *Route* 45. In der *Market Street* stehen 60 Häuser aus dem 18. Jahrhundert, außerdem gibt es mehrere Museen und die 500 Jahre alte *Salem-Eiche* in der Nähe des Gerichtsgebäudes. Im Naturschutzgebiet *Pine Barrens* kann man zelten, Kanu fahren, schwimmen, angeln, reiten und wandern.

Das Urlaubsgebiet **SHORE REGION** an der 203 km langen Küste von New Jersey bietet wunderschöne weiße Sandstrände, liebliches Farmland und zahlreiche historische Stätten.

In Küstenstädten wie **Seaside Heights** und **Point Pleasant** gibt es zahllose Spielhallen, Achterbahnen und Karussells. In den etwas ruhigeren Städten, z. B. *Spring Lake* und *Ocean Grove*, findet man kuriose Gasthöfe. Der Rocksänger Bruce Springsteen wohnt in **Asbury Park.** Diese etwas verwahrlost wirkende Küstenstadt hat eine gewisse Zirkusatmosphäre und ein lebhaftes Nachtleben für vergnügungssüchtige Nachteulen. Für einen Besuch im *Six Flags Great Adventure*-Freizeitpark von **Jackson Township** sollte man sich einen ganzen Tag Zeit nehmen, es gibt so viel zu sehen und zu tun. Der *Allaire State Park* in **Farmingdale** ist ein restauriertes Bergarbeiterdorf aus dem 18. Jahrhundert. Geschäfte, Bäckereien, Kirchen und eine Schmiede aus vergangenen Tagen können hier besichtigt werden. Auch das Naturzentrum, das Museum, der Picknickplatz und die Kunstgewerbe-/ Antiquitätenläden sind einen Besuch wert. Eine Fahrt mit dem Zug der *Pinecreek Railroad* sollte man sich nicht entgehen lassen. Am Wochenende finden *Square Dance*-Veranstaltungen statt. Die großen Raddampfer *River Belle* und *River Queen* laden zu schönen Ausflügen auf dem Fluß ein. Am *Point Pleasant Beach* kann man Boote zum Hochseeangeln mieten. Es werden auch Gruppenausflüge angeboten mit dem authentischen Schaufelraddampfer *Sandy Rock Lady*, der vom Atlantic Highlands-Hafen aus den malerischen Shrewsbury-Fluß befährt. Im *Manasquan Inlet* kann man ausgezeichnet angeln.

Die **SKYLANDS REGION** im Nordwesten ist eine schöne noch unberührte Gegend und das ganze Jahr über ein ideales Urlaubsgebiet. Die Wintersportorte **Vernon Valley/Great Gorge** haben hervorragende Pisten für Skiläufer aller Klassen; im Sommer ist **Action Park** der ideale Ort zum Zelten, Wandern und für den Wassersport. Zahlreiche Staats- und Nationalparks wie der *Delaware Water Gap National Recreation Park* stehen ebenfalls für einen Aktivurlaub zur Verfügung. Man kann historische Stätten aus dem Unabhängigkeitskrieg (1775-1783), Weingüter, Museen und Antiquitätengeschäfte besuchen. Zahlreiche kleine Gasthöfe sind ganzjährig geöffnet.

In **Clinton** locken das *Clinton Historical Museum* und das *Spruce Run Reservoir* mit kuriosen Läden und stilvollen Restaurants in idyllischer Umgebung. Das *Waterloo Village* in **Stanhope** ist ein restauriertes Dorf aus dem 18. Jahrhundert mit Häusern und Kunstgewerbeläden aus der Kolonialzeit und ist im Sommer Veranstaltungsort einiger Jazz- und Bluegrass-Festivals. Der *Morristown National Historic Park* in **Morristown** war früher das Winterlager des Generals George Washington und seiner Armee. *Fort Mansion* ist heute ein Museum. Das ganze Jahr über werden die Schlachten nachgespielt. In **Hope** gibt es zwei besondere Attraktionen für Kinder: das 12 ha große *Land of Make Believe* (Land der Phantasie) und den *Fairy Tale Forest* in Oak Ridge, ein Zauberwald mit lebensgroßen, beweglichen Märchengestalten. Im Sommer kann man auf dem Delaware-Fluß angeln oder Kanu fahren. Die Gegend ist auch sehr geeignet für lange Wanderungen. Im Winter bieten sich Schlittschuhlaufen, Rodeln, Schneemobilfahren oder Skilaufen an. Eis-Angeln ist auch eine beliebte Sportart der Wintermonate. Die State Parks *Jenny Jump, Swartswood, Wawayanda, Worthington, Allmuchy, Spruce Run* und *Voorhees* sind ideal für alle Wintersportarten.

Die **SOUTHERN SHORE REGION** liegt an der südöstlichen Spitze New Jerseys am Atlantik. Naturliebhaber können Vögel beobachten, und begeisterte Angler werden sich über den Fischreichtum freuen. In den Küstenorten gibt es Vergnügungsparks.

Die Orte **Wildwoods** und **Ocean City** haben sehr belebte Uferpromenaden, während **Stone Harbor** und **Avalon** sich eher zur Erholung eignen. **Cape May** ist ein vielbesuchter viktorianischer Badeort, berühmt für seine zahllosen Gasthöfe, *Trolley Tours* und den artenreichen *Cape May County Zoo. Wheaton Village* in **Millville** ist das größte Glasmuseum der Welt. Über 7000 Ausstellungsstücke aus amerikanischem Glas sind hier ausgestellt, vom einfachen Briefbeschwerer bis zu Tiffany-Meisterwerken. *Cold Spring Village* in Cold Spring ist ein weiteres nachgebautes altes Bauerndorf mit Häusern, Restaurants und Geschäften, die Leben und Handwerk der damaligen Zeit widerspiegeln sollen. Auf der *Leaming's Run Gardens and Colonial Farm* in Swainton kann man durch 25 verschiedene Gärten spazieren. Die zahlreichen Fischteiche sind von wunderschönen Pflanzen und Blumen umgeben.

SOZIALPROFIL

ESSEN & TRINKEN: New Jersey bietet eine reiche Auswahl an einheimischen Gerichten und internationalen Spezialitäten.

NACHTLEBEN: In zahllosen Theatern werden Werke von Shakespeare oder moderne Dramen aufgeführt. Das *New Jersey Symphony Orchestra* gibt das ganze Jahr über Konzerte aller Art. Weltbekannte Künstler treten z. B. in der *Brendan Byrne Arena* im *Meadowlands Sports Complex* und im *Garden State Arts Center* in Holmdel auf. Das *Paper Mill Playhouse*, das offizielle Staatstheater von New Jersey und das *George Street Playhouse* in New Brunswick führen ganzjährig Musicals und Theaterstücke auf. Die Nachtklubs und Spielkasinos in Atlantic City sind bis in die frühen Morgenstunden geöffnet. Auch zahlreiche Klubs und Vergnügungszentren in Ocean City und anderen Badeorten schließen sehr spät. Generell ist die Atmosphäre auf den Boardwalks bis in die späten Nachtstunden hinein äußerst lebhaft.

EINKAUFSTIPS: New Jersey ist ein Einkaufsparadies für jeden Geschmack und Geldbeutel. In Einkaufspassagen der gehobenen Klasse findet man Kaufhäuser berühmter Kaufhausketten wie Macy's, Bloomingdale's und Saks Fifth Avenue. Erstaunliche Sonderangebote für Markenwaren werden im *Secaucus Outlet Center* von Secaucus und in den Zweiggeschäften von Flemington (Liberty Village und Turntable Junction) angeboten. In den Kleinstädten gibt es zahlreiche Antiquitätengeschäfte. Auf Flohmärkten im Freien werden Schmuck, Kleidung, Haushaltswaren, Möbel und vieles mehr gehandelt. In New Jersey gibt es keine Mehrwertsteuer für Kleidung.

VERANSTALTUNGSKALENDER

31. Mai - 2. Juni '96 *Riverfest*, Redbank. **19. - 23. Juni** *1996 US Equestrian Team Festival of Champions*, Bernardsville/Gladstone. **24. - 30. Juni** *Shop Rite LPGA Classic*, Somers Point. **20. - 26. Juli** *St. Anne's Italian Festival*, Hoboken. **23. - 25. Aug.** *Sussex Air Show*, Sussex. **21./22. Sept.** *Garden State Wine Growers Fall Wine and Cheese Festival*, Stanhope. **22. Sept.** *Hey Rube Get a Tube Race and Parade*, Point Pleasant Beach. **11. - 13. Okt.** *Wheaton Village Craft Fair*, Millville. **23. Nov. - 3. Jan. '97** *Christmas in Cape May*.

KLIMA

Das Klima ist wechselhaft mit gelegentlichen Regenfällen. Im Sommer gibt es häufig Hitzewellen, Temperaturen um 40°C sind durchaus keine Seltenheit und können einige Tage anhalten.

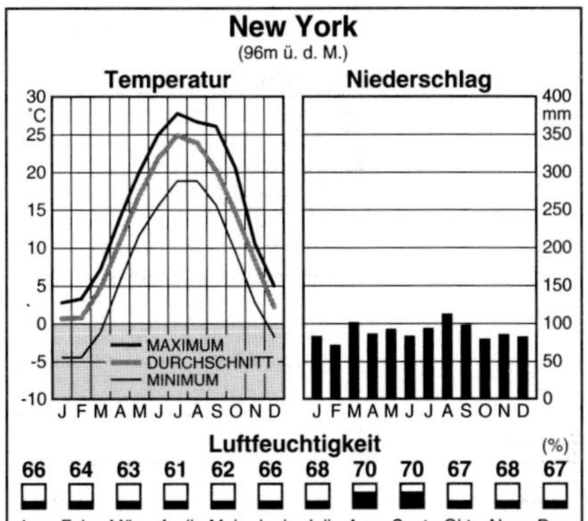

New Mexico

Lage: Südwesten.

New Mexico Tourism and Travel Division
c/o Travel Industry Winkelhoch GmbH
Liefenroth 25
D-51645 Gummersbach
Tel: (02261) 97 90 56. Telefax: (02261) 97 90 55.
New Mexico Department of Tourism
Lamy Building
491 Old Santa Fe Trail
Santa Fe, NM 87503
Tel: (505) 827 74 00. Telefax: (505) 827 74 02.
Albuquerque Convention & Visitors Bureau
PO Box 26866
Albuquerque, NM 87125
Tel: (505) 842 99 18. Telefax: (505) 247 91 01.
Santa Fe Convention & Visitors Bureau
201 West Marcy Street
PO Box 909
Santa Fe, NM 87504-0909
Tel: (505) 984 67 60. Telefax: (505) 984 66 79.

FLÄCHE: 314.939 qkm.
BEVÖLKERUNGSZAHL: 1.616.000 (1993).
BEVÖLKERUNGSDICHTE: 5,1 pro qkm.
HAUPTSTADT: Santa Fe. **Einwohner:** 55.859 (1990).
GEOGRAPHIE: In New Mexico gibt es Wüsten, Wälder, einladende Städte, Seen und Berge. Die landschaftliche und kulturelle Vielfalt des Staates ist beeindruckend, das spanische und indianische Erbe auch heute noch lebendig. Alburquerque ist die einzige Großstadt.
ORTSZEIT: MEZ - 8.

REISEVERKEHR

FLUGZEUG: Der internationale Flughafen in Albuquerque verbindet mit allen größeren Städten in den USA.

BAHN: Die *Amtrak*-Linie *Sunset Limited* fährt von Los Angeles über Lordburg und Deming nach New Orleans. Die Linie *Southwest Chief* verkehrt von Los Angeles über Gallup, Albuquerque, Lamy, Las Vegas und Raton nach Chicago. Es gibt einen Zubringerdienst zwischen Santa Fe und Lamy.

BUS/PKW: Die *Greyhound*-Linie 1 fährt von Los Angeles bzw. Phoenix über Gallup, Albuquerque, Santa Rosa und Tucumcari nach Amarillo. Die Linien 12 und 14 fahren von Phoenix über Lordsburg und Las Cruces nach El Paso. Weitere Verbindungen führen von Los Angeles über Gallup, Albuquerque, Santa Fe und Raton nach Denver und von Santa Fe nach Taos.

Durchschnittliche *Greyhound*-Fahrzeiten: Albuquerque – Amarillo: 5 Std; Albuquerque – Denver: 9 Std. 30; Albuquerque – El Paso: 6 Std; Albuquerque – Los Angeles: 17 Std. 30; Albuquerque – Phoenix: 10 Std.

URLAUBSORTE & AUSFLÜGE

Der kulturelle Einfluß der Pueblo-Indianer und der Spanier ist noch überall spürbar in New Mexico. Die größte Stadt **Albuquerque** hat eine hübsche Altstadt mit kleinen Kunstgewerbeläden, Museen, Kulturzentren und einer reizvollen *Plaza* mit Gaslaternen. Im *Indian Petroglyph State Park* sind eindrucksvolle Felsgemälde von Tieren und Flötenspielern zu sehen. Auf dem Gelände der Universität gibt es mehrere gute Museen, darunter das *Fine Arts Center* (Schöne Künste), das *Maxwell Museum of Anthropology* (Anthropologie) und das *Museum of Geology and Meteoritics* (Geologie und Meteoritenkunde). Das *Indian Pueblo Cultural Center* beschäftigt sich mit der indianischen Kultur. Alburquerque ist ein beliebtes Touristenziel und ein guter Ausgangspunkt für die weitere Erkundung der vielen Sehenswürdigkeiten des Staates. Das *Coronado State Monument* nördlich der Stadt besteht aus einer Anzahl unterirdischer Kammern und Gewölbe, sogenannter Kivas, mit unzähligen Wandgemälden, die alte Rituale darstellen. In **Santa Fe**, der ältesten Staatshauptstadt der USA, kann man Beispiele der Adobe- (Lehmziegel-) Architektur sehen. Santa Fe ist eine historische Stadt, in der sich viele interessante alte Gebäude erhalten haben. Im alten Viertel am Fluß steht das *Museum of New Mexico*, das in einem der ältesten Bauwerke der USA, dem ehemaligen *Palace of the Governors*, untergebracht ist. Von den zahlreichen schönen Kirchen sind insbesondere die ebenfalls 1610 erbaute *San Miguel Mission* und *Loretto Chapel* einen Besuch wert. Höhepunkt des alljährlich stattfindenden *New Mexico State Fair* ist ein großes Rodeo. In der Umgebung von Santa Fe gibt es viel zu entdecken. Frische Luft kann man im riesigen *Santa Fe National Forest* schnappen. *Taos* mit seiner bunten Plaza ist eine malerische Künstlerkolonie. In *Ranchos de Taos* steht eine der schönsten Kirchen im Südwesten der USA, die *St. Francis of Assisi Mission Church. Taos Pueblo* ist eines der ältesten, reizvollsten und berühmtesten *Pueblos* (Indianerdörfer) überhaupt. Das spanische Wort »Pueblo« bedeutet Dorf oder Gemeinde. In New Mexico gibt es insgesamt 19 indianische Pueblos, in denen regelmäßig Tänze und

USA

Zeremonien stattfinden, bei denen Touristen meist willkommen sind. Ein Besuch lohnt sich auf jeden Fall und gewährt faszinierende Einblicke in das Leben einer alten Kultur. Meist gibt es wunderbares Kunsthandwerk zu kaufen. Interessierte sollten sich beim jeweiligen Dorfvorstand anmelden, der sie auch mit den jeweiligen Gepflogenheiten vertraut macht (so ist z. B. Fotografieren nicht in allen Pueblos erlaubt). Sogar Freunde des Wintersports kommen in New Mexico auf ihre Kosten. Die Skipisten des *Sandia-Peak*-Gebietes sind sowohl von Albuquerque als auch von Santa Fe bequem zu erreichen. Die *Carlsbad-Höhlen* im *Carlsbad Caverns National Park* sind unbedingt besuchenswert, auch wenn nur ein Teil der Tropfsteinhöhlen besichtigt werden kann. Auch die Fahrt nach *Gallup* (ca. 200 km von Santa Fe) lohnt sich. Hier findet Mitte August das *Inter-Tribal Indian Ceremonial* statt, zu dem Indianer aus ganz Nordamerika anreisen. Weitere Attraktionen in New Mexico sind der Bergurlaubsort **Ruidoso**, das spanische Kolonialdorf **La Mesilla**, die prähistorischen indianischen Stätten und die Indianer-Reservation der Navajos bei Farmington.

New York

Lage: Nordosten.

New York State Division of Tourism
33rd Floor
633 3rd Avenue
New York, NY 10017
Tel: (212) 803 22 47. Telefax: (212) 803 22 99.

New York City Convention & Visitors Bureau
2 Columbus Circle
New York, NY 10019
Tel: (212) 484 12 00 Telefax: (212) 246 63 10.

Hotel Association of New York City
36th Floor
437 Madison Avenue
New York, NY 10022-7398
Tel: (212) 754 67 00. Telefax: (212) 754 02 43.

Travellers Aid Society
2nd Floor
1451 Broadway
New York, NY 10036
Tel: (212) 944 00 13. Telefax: (212) 764 26 75
(Die Angestellten dieser Gesellschaft sprechen Spanisch und helfen ausländischen Besuchern bei rechtlichen, medizinischen und anderen Problemen. Am JFK-Flughafen befindet sich ein weiteres Büro.)

Albany County Convention and Visitors Bureau
52 South Pearl Street
Albany, NY 12207
Tel: (518) 434 12 17. Telefax: (518) 434 08 87.

Niagara Falls Convention & Visitors Bureau
310 Fourth Street
Niagara Falls, NY 14303
Tel: (716) 285 24 00. Telefax: (716) 285 08 09.

FLÄCHE: 141.080 qkm.
BEVÖLKERUNGSZAHL: 18.197.000 (1993).
BEVÖLKERUNGSDICHTE: 129 pro qkm.
HAUPTSTADT: Albany. Einwohner: 101.082 (1990).
GEOGRAPHIE: Der Staat New York erstreckt sich von der Atlantikküste bis nach Kanada und zu den Großen Seen. Die Hauptstadt Albany bietet palastartige Anwesen und das imposante historische Empire State Plaza, aber auch malerische Dörfer, unterirdische Wasserfälle und Nationalparks in den Bergen der Umgebung. Long Island, die 241 km lange Gletschermoräne, ist eine Mischung aus Vororten und Wäldern, die weit in den Atlantik hinausragt. Das nord-südlich verlaufende Hudson-Tal schneidet tief ins Land. Die *Finger Lakes*, sanfte Hügel und ausgedehnte Parkanlagen, liegen weiter westlich in Richtung der Niagara-Fälle. Die bewaldeten Hänge der *Catskill Mountains* im Nordosten und der nördlichen *Adirondack Mountains* laden mit zahlreichen Flüssen und Seen zu Wanderungen ein. Auch die 1000 Islands, eine Inselgruppe dicht an der kanadischen Grenze, die mitten durch den Lake Ontario verläuft, sind leicht zu erreichen.
ORTSZEIT: MEZ - 6.

REISEVERKEHR

FLUGZEUG: Durchschnittliche Flugzeiten: *New York – Anchorage*: 8 Std. 30; *New York – Atlanta*: 2 Std. 40; *New York – Baltimore*: 1 Std. 20; *New York – Barbados*: 4 Std. 40; *New York – Bermuda*: 2 Std; *New York – Boston*: 1 Std. 10; *New York – Buenos Aires*: 10 Std. 15; *New York – Buffalo*: 1 Std. 50; *New York – Caracas*: 4 Std. 55; *New York – Chicago*: 2 Std. 50; *New York – Cincinnati*: 2 Std. 10; *New York – Cleveland*: 1 Std. 45; *New York – Dallas/Fort Worth*: 4 Std; *New York – Detroit*: 2 Std; *New York – Frankfurt*: 7 Std. 30; *New York – Hartford*: 1 Std; *New York – Honolulu*: 12 Std; *New York – Houston*: 4 Std; *New York – London*: 6 Std. 50 (3 Std. 50 mit Concorde); *New York – Los Angeles*: 6 Std; *New York – Mexiko City*: 5 Std. 10; *New York – Miami*: 3 Std. 10; *New York – Minneapolis/St. Paul*: 3 Std. 10; *New York – Montréal*: 1 Std. 25; *New York – Moskau*: 8 Std. 50; *New York – Nassau*: 3 Std; *New York – New Orleans*: 3 Std. 25; *New York – Norfolk*: 1 Std. 30; *New York – Orlando*: 2 Std. 50; *New York – Philadelphia*: 50 Min; *New York – Pittsburgh*: 1 Std. 30; *New York – Providence*: 1 Std; *New York – Rio de Janeiro*: 9 Std. 15; *New York – Rom*: 8 Std. 10; *New York – St. Croix*: 4 Std; *New York – St. Maarten*: 3 Std. 50; *New York – St. Thomas*: 3 Std. 50; *New York – Santo Domingo*: 3 Std. 50; *New York – San Francisco*: 6 Std. 10; *New York – San Juan*: 3 Std. 50; *New York – Shannon*: 6 Std. 05; *New York – Singapur*: 21 Std. 55; *New York – Sydney*: 26 Std; *New York – Tampa*: 3 Std; *New York – Tel Aviv*: 12 Std. 30; *New York – Toronto*: 1 Std. 30; *New York – Washington DC*: 1 Std. 10; *New York – Wien*: 8 Std. 50; *New York – Zürich*: 7 Std. 15.

Internationale Flughäfen: *John F Kennedy (JFK)* und *LaGuardia (LGA)* werden von nationalen und internationalen Fluggesellschaften angeflogen. Fast alle internationalen Flüge nach New York landen auf dem Flughafen JFK. Obwohl LGA hauptsächlich von inneramerikanischen Fluggesellschaften angeflogen wird, landen auch einige europäische Flüge hier.
Europäische Passagiere, die auf dem Flughafen JFK ankommen, fliegen normalerweise auch von hier weiter. Einige Anschlußflüge zu kleineren Flugplätzen oder solche mit Flügen, die in Newark International Airport (EWR) landen, gehen ab LGA (Einzelheiten über Flughafen-Verbindungen s. u.).

John F Kennedy International (JFK) liegt 24 km südöstlich von Manhattan (Fahrzeit 50 Min.). Der *JFK Express*, eine 24stündige Bus-/U-Bahnlinie, fährt alle 10 Minuten von 05.00-24.00 Uhr und alle 30 Minuten von 24.00-05.00 Uhr; der Bus verbindet mit der NYC-Subway in der Howard Beach Station, Linie A. Von dort gibt es Verbindungen in alle Stadtteile. Rückfahrt zum Flughafen von Mitt- oder Süddmanhattan (Fahrzeit 60-75 Min.). Die Busfahrt ist gratis, die U-Bahnfahrt kostet 1,25 US$. Die Bus/U-Bahnverbindung Q 3 hat Anschluß mit den NYC-Subway Linien F oder R, die weiter nach Manhattan und Brooklyn fahren. Informationen über den *JFK Express*: Tel: (718) 632 05 00 und Q 3: Tel: (718) 330 12 34. Die Bus-/U-Bahnlinie Q 10 verbindet mit den U-Bahnhöfen auf Lefferts Boulevard (U-Bahnlinie A nach Brooklyn, Lower und West Side Manhattan) und dem Kew Gardens-Union Turnpike (U-Bahnlinien E und F nach Queens und Mid-Manhattan). Weitere Informationen von *Green Bus Lines*, Tel: (718) 995 47 00. *Carey Coaches* betreiben zwei Buslinien, die von 06.00-24.00 Uhr alle 30 Minuten folgende Haltestellen in Manhattan anfahren: 125 Park Avenue (gegenüber der Grand Central Station in der 41st-42nd Street), Port Authority Bus Terminal (42nd Street zwischen 8th und 9th Avenue), New York Hilton Hotel (53rd Street und 6th Avenue), Sheraton Manhattan Hotel (7th Avenue zwischen 51st-52nd Street), Marriott Marquis Hotel (Broadway zwischen 45th-46th Street) und Holiday Inn Crowne Plaza (48th Street auf dem Broadway). Busse fahren von 05.00-01.00 Uhr vom Bahnhof Grand Central Station und von 07.15-22.15 Uhr vom Port Authority Terminal nach JFK sowie von 05.45-22.00 Uhr von den Hotels nach JFK (Fahrzeit 40-60 Min.). Weitere Informationen von *Carey Transportation Coaches*, Tel: (718) 632 05 00. *Gray Line Air Shuttle* (Tel: (212) 315 30 06) bietet bei Bedarf von 08.00-23.00 Uhr einen Sammelbus-Service, der zwischen 23rd und 63rd Street in Manhattan Halt macht (Fahrzeit 40-60 Min.). Tagsüber kann man vom Gate 32 Terminal zur East 34th Street in Manhattan fahren (Flugzeit 10 Min.). Weitere Informationen über Fahrpläne und Reservierungen von *New York Helicopters*. Taxis sind teuer, und Reisende sollten sich nicht mit Taxifahrern einlassen, die ihnen direkt ein Taxi anbieten. Man sollte immer zuerst den üblichen Fahrpreis herausfinden, da einige Taxifahrer zuviel berechnen. Gelbe Taxis verlangen einen Zuschlag von 50 Cents von 20.00-06.00 Uhr.

Weitere Verbindungen: Man kann Limousinen mieten für Fahrten in einige Städte in Connecticut, Long Island und im Staat New York. Es gibt Busverbindungen nach New Jersey und Pennsylvania.

LaGuardia (LGA) liegt 13 km östlich von Manhattan im Stadtteil Queens. *Carey Transportation Coaches* fahren alle 30 Minuten von 06.45-24.00 Uhr in die Innenstadt und halten folgende Haltestellen in Manhattan an: Grand Central Station, Port Authority Bus Terminal, New York Hilton Hotel, Sheraton Manhattan Hotel, Marriott Marquis Hotel und Holiday Inn Crown Plaza. Von 06.00-24.00 Uhr fahren Busse von Grand Central Station nach LaGuardia, 07.15-23.15 Uhr vom Port Authority Bus Terminal und 05.45-22.00 Uhr von den Hotels (Fahrzeit 30 Min.). *Gray Line Air Shuttle* fährt 07.00-23.00 Uhr bei Bedarf das Gebiet zwischen 23rd und 63rd Street für 12 US$ pro Person an (Fahrzeit 30-45 Minuten). Außerdem gibt es einen Fährdienst, den *Delta Water Shuttle*, vom Marine Air Terminal zur 34th Street am East River oder zum Pier 11 an der Wall Street in Downtown Manhattan (Fahrzeit 30-45 Min.). Gelbe Taxis stehen an den Taxiständen zur Verfügung. Fahrpreise von LaGuardia nach Manhattan betragen etwa 23 US$.

Verbindungen zu anderen Reisezielen: Limousinen-, Bus- und Bahnverbindungen (Verbindungen via *Airlink*) stehen nach Pennsylvania, Connecticut und dem Staat New York zur Verfügung.

Verbindungen zwischen den Flughäfen: Regelmäßige Hubschrauberflüge betreiben *New York Helicopter (HD)* zum Newark Airport Terminal C und *Carey Transportation Coaches* zum Flughafen LGA alle 30 Minuten von 07.30-21.30 Uhr. Newark Airport bietet einen Limousinen-Service. Taxis stehen ebenfalls zur Verfügung.

SCHIFF: Die *Staten Island Ferry* fährt vom Battery Park (Stadtzentrum) an der Freiheitsstatue und Ellis Island vorbei zum vornehmen Staten Island. *Circle Line Tours* bieten eine dreistündige Rundfahrt um die Insel Manhattan und eine Fahrt zur Freiheitsstatue an (Abfahrt vom Pier 83, West 43rd Street). Längere Bootsfahrten führen von New York City nach Poughkeepsie. New York ist eine bedeutende Hafenstadt.

BAHN: Am Bahnhof Pennsylvania Station (34th Street/6th Avenue) halten Züge der *Long Island Railroad* (Long Island und New Jersey) und von *Amtrak* (landesweit). Von der Grand Central Station (42nd Street/Park Avenue) fahren Züge zum nördlichen Teil des Staates (*Metro North*). Es gibt täglich zwei Verbindungen nach Montréal und nach Toronto.

Durchschnittliche Amtrak-Fahrzeiten: Mit dem *Adirondack*: New York – Montréal: 14 Std. 30; mit dem *Pennsylvanian*: New York – Philadelphia: 1 Std. 30; New York – Harrisburg: 16 Std; mit dem *Maple Leaf*: New York – Buffalo: 8 Std; New York – Niagara-Fälle: 9 Std; New York – Toronto: 12 Std; mit dem *Silver Meteor*: New York – Baltimore: 3 Std; New York – Washington DC: 4 Std; New York – Jacksonville: 18 Std; New York – Orlando (Disneyland): 21 Std; New York – Miami: 26 Std; New York – Tampa: 23 Std; mit dem *Crescent*: New York – Charlotte: 10 Std; New York – Atlanta: 16 Std; New York – Birmingham: 19 Std; New York – New Orleans: 27 Std. Es gibt regelmäßige Zubringerdienste nach Washington DC (3 Std. 15) und Boston (4 Std. 30).

Die Fahrzeiten der Zugverbindungen von New York nach Chicago finden Sie im Abschnitt *Illinois* weiter oben.

BUS/PKW: Von Manhattan nach New Jersey fährt man über die George-Washington-Brücke oder durch den Lincoln- oder Holland-Tunnel. Die Verrazano-

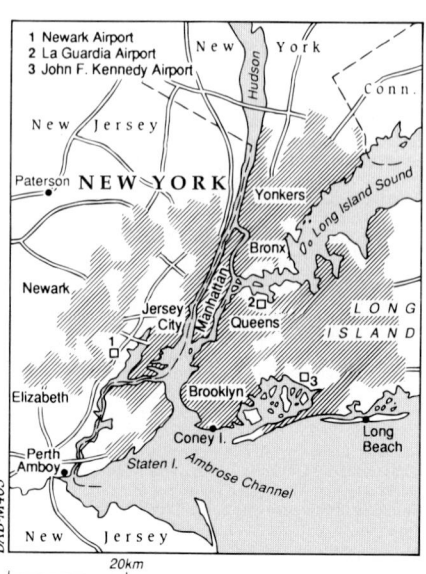

NEW YORK: Lower Manhattan

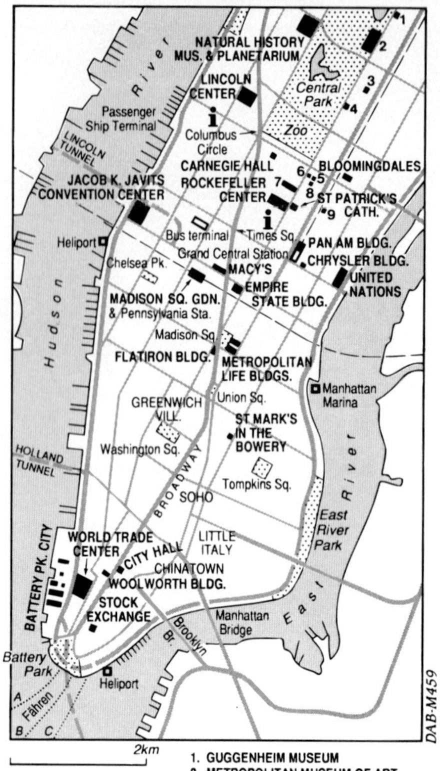

i *tourist information*

A. Nach Ellis Island
B. Zur Freiheitsstatue
C. Nach Staten Island

1. GUGGENHEIM MUSEUM
2. METROPOLITAN MUSEUM OF ART
3. WHITNEY MUSEUM OF AMERICAN ART
4. FRICK COLLECTION
5. IBM TOWER
6. TRUMP TOWER
7. MUSEUM OF MODERN ART
8. AT&T BUILDING
9. SEAGRAMS BUILDING

Narrows-Brücke verbindet Brooklyn mit Staten Island, die Queensborough-Brücke Manhattan mit Queens, und die Triborough-Brücke stellt eine Verbindung zum nördlichen Teil des Staates New York her. Der New England Thruway und der Bruckner Expressway führen nach New England. **Bus:** Zahlreiche Lang- und Kurzstreckenbusse fahren vom Port Authority Bus Terminal (40th Street/8th Avenue) ab.

Durchschnittliche Pkw-Fahrzeiten: New York – Philadelphia und Hartford: je 2 Std; New York – Albany: 3 Std; New York – Boston und Baltimore: je 4 Std; New York – Washington DC: 5 Std; New York – Portland (Maine): 6 Std; New York – Montréal: 7 Std; New York – Buffalo und Pittsburgh: je 8 Std; New York – Toronto: 9 Std; New York – Cleveland: 10 Std; New York – Indianapolis: 15 Std; New York – Chicago: 16 Std; New York – Miami: 27 Std; New York – Dallas: 33 Std; New York – Los Angeles: 58 Std; New York – San Francisco und Seattle: je 61 Std.

Alle Fahrzeiten bei Fahrt ohne Halt innerhalb der Geschwindigkeitsbegrenzungen.

Durchschnittliche *Greyhound*-Fahrzeiten: New York – Philadelphia: 2 Std. 20; New York – Albany: 3 Std; New York – Washington DC: 4 Std. 40; New York – Boston: 4 Std. 45; New York – Montréal: 8 Std. 30; New York – Buffalo und Pittsburgh: je 9 Std; New York – Cleveland: 9 Std. 30.

STADTVERKEHR: Das größtenteils rechtwinklig angelegte Straßennetz ist oft verstopft. Die meisten Straßen folgen einem wechselnden Einbahnstraßensystem. Der Broadway ist ein alter Indianerpfad und verläuft vom Stadtzentrum Manhattans durch den Staat New York bis nach Albany. **Bus:** Es gibt ein dichtes Liniennetz, das fast ausschließlich der *New York City Transit Authority* untersteht. Man bezahlt entweder mit dem passenden Kleingeld (1,25 US$, Einheitspreis), oder mit Münzen (*Tokens*), die als Tickets für Bus und Subway benutzt werden können. Drei Viertel der Busse sind mit einem speziellen Rollstuhl-Lift ausgestattet. Man sollte sich einen Stadtplan besorgen. *Gray Line Bus Tours*, 900 8th Avenue zwischen West 53rd und West 54th Streets, bieten Stadtrundfahrten nach Lower Manhattan, Harlem, Upper Manhattan sowie eine *Grand Tour* und die Route *Number 5* (mit der Freiheitsstatue, Upper und Lower Manhattan). **Taxi:** Die bekannten *Yellow Cabs* haben Taxameter. Von 20.00-06.00 Uhr wird ein Zuschlag von 50 Cents verlangt. **Hansom cabs** sind Pferdedroschken, die vor dem *Plaza Hotel* an der Ecke 59th Street/Fifth Avenue stehen. **Mietwagen:** Im Stadtzentrum von New York City und an den Flughäfen findet man zahlreiche Niederlassungen der nationalen Autovermietungsfirmen. **Subway:** Das New Yorker U-Bahnnetz ist recht umfangreich und sorgt für gute Verbindungen. Züge verkehren täglich 24 Stunden am Tag. Tagsüber bietet die Subway die schnellsten Verbindungen innerhalb der Stadt. Normale Züge und Expreßzüge verkehren auf denselben Strecken. Expreßzüge halten nur ca. an jeder zehnten Station und sind durch einen einzelnen Buchstaben gekennzeichnet (z. B. A, nicht AA). Ein Plan des Streckennetzes ist hilfreich. *Tokens* kosten ca. 1,25 US$ (Einheitspreis); sie können an den U-Bahnhaltestellen und Zeitungskiosken gekauft werden und sind ebenfalls für Busse gültig. Fahrpreisermäßigungen für Senioren und Schwerbehinderte. Weitere Informationen vom *Authority of Transit*, Tel: (718) 330 30 00.

Anmerkung: Die Subway fährt rund um die Uhr, aber in den Abend- und Nachtstunden sollte man wenig belebte Stationen meiden und sich in den Zügen in der Nähe der Polizei- und Wachpatrouillen und anderer Passagiere aufhalten.

URLAUBSORTE & AUSFLÜGE

NEW YORK CITY, der »Big Apple«, hat kaum seinesgleichen. Als sich vor über 350 Jahren die ersten holländischen Siedler hier niederließen, wurden Seeleute beim Anfahren des Hafens vom Blumenduft der Insel Manhattan angezogen. Heute künden die dramatischen Silhouetten der Wolkenkratzer die Nähe der Metropole an. New York, mit mehr als 14 Millionen Einwohnern die fünftgrößte Stadt der Welt, ist die größte und kosmopolitischste Stadt der USA. In diesem faszinierenden Schmelztiegel wohnen u. a. Deutsche, Polen, Puerto Ricaner, Westinder, Griechen, Schotten, Ungarn, Chinesen, Koreaner, Iren, Italiener, Afrikaner und Rumänen.

New York City besteht aus fünf Bezirken. Mit Ausnahme des zuerst bebauten Gebiets südlich der 14th Street wurden die Straßen nach einem rechtwinkligen System angelegt. Die meisten Sehenswürdigkeiten findet man auf der Insel Manhattan, dem Geschäfts- und Vergnügungsviertel der Metropole. Die in ost-westlicher Richtung verlaufenden Straßen sind als 1st-240th Street durchnummeriert. Die in nord-südlicher Richtung führenden Avenues haben die Nummern 1-12 und die Buchstaben A-D. Die restlichen Bezirke – die Bronx im Norden, Queens im Osten, Brooklyn im Südosten und Staten Island im Südwesten – sind überwiegend Wohngebiete. Jeder Bezirk hat wohlhabende Viertel und Elendsquartiere – Zeichen der verschiedenartigen Sozialstrukturen der Stadt New York.

Die Skyline von Manhattan ist unverkennbar. Einige der Wolkenkratzer sind architektonisch eindrucksvoll und ermöglichen herrliche Ausblicke auf die Stadt. Das vielleicht schönste Hochhaus ist das *Chrysler Building*, komplett im Art-Deco-Stil, das ungewöhnlichste wohl das dreieckige Flatiron Building (5th Avenue/23rd Steet). Im *World Trade Center* gibt es mehrere Aussichtsmöglichkeiten. Tagsüber kann man auf die Dächer der beiden Türme steigen, am Abend stehen die Restaurants und Bars zur Verfügung (elegante Kleidung wird erwartet). Das *Empire State Building*, einer der bekanntesten Wolkenkratzer der Welt, steht in der 34th Street an der 5th Avenue. Ein Fahrstuhl führt zur obersten Etage, die auch nachts eine herrliche Aussicht auf New York bietet. Mit dem Boot vom *Battery Park* an der Südspitze Manhattans erreicht man die *Statue of Liberty* und *Ellis Island*, auf der bis 1954 alle Immigrationswilligen langwierigen und schwierigen Prüfungen unterworfen wurden, bevor sie in das Land der unbegrenzten Möglichkeiten einreisen durften bzw. in ihre Heimat zurückgeschickt wurden. Heute werden aufschlußreiche Führungen über diese *Isle of Tears* veranstaltet. Die *Statue of Liberty* liegt auf einer weiteren winzigen Insel vor Manhattan. Eine Treppe und ein Fahrstuhl innerhalb der Statue führen zu einer Beobachtungsplattform. Eine Fahrt mit der Staten-Island-Fähre ist preiswert, dauert etwa 25 Minuten und bietet einen wirklich atemberaubenden Blick auf Manhattan und den Hafen von New York. *Brooklyn Bridge*, eine imposante Hängebrücke aus dem 19. Jahrhundert, verbindet die Ufer des East River. Im *Rockefeller Center*, zwischen der 5th und 6th Avenue, ist die *Radio City Music Hall*. Auf der *Lower Plaza* gibt es im Winter eine vielbesuchte Eisbahn. Der nahegelegene *Broadway* ist das Herzstück des Theaterviertels. Weitere Sehenswürdigkeiten sind das *Lincoln Center for the Performing Arts*, das Gebäude der *United Nations* (das UN-Hauptquartier), *Coney Island*, der *Bronx Zoo* und die *Roosevelt Island Tramway*. Die berühmten ethnischen Viertel *Chinatown* und *Little Italy* liegen in Lower Manhattan; der deutsche Einfluß in *Germantown* entlang der 86th Street besteht heute im wesentlichen aus deutschen Aufschriften an einigen Gebäuden. In *Greenwich Village*, dem ehemaligen Künstlerviertel, gibt es Cafés, Kunstgewerbeläden, Theater und Nachtklubs.

Museen & Galerien: Überall in der Stadt kann man Museen und Galerien besichtigen, die meisten und bedeutendsten liegen jedoch in Manhattan. Das *Metropolitan Museum of Art* an der 5th Avenue/82nd Street ist eines der größten und umfangreichsten Museen der Welt (freiwilliges Eintrittsgeld). Das *Museum of Modern Art* in 11 West 53rd Street hat eine bedeutende Sammlung moderner Kunst aus Europa und den USA. Sehenswert ist auch der Skulpturen-Garten. Das von Frank Lloyd Wright entworfene *Guggenheim-Museum* an der 5th Avenue/88th Street ist ein sieben Stockwerke hohes konisches Gebäude mit einer ständigen Sammlung moderner Kunst und bedeutenden wechselnden Ausstellungen. Man fährt mit dem Fahrstuhl zum obersten Stockwerk und läuft eine spiralförmige Rampe hinab, vorbei an den Ausstellungsstücken. Das *Whitney Museum of American Art* an der Madison Avenue/75th Street ist ein futuristisches Gebäude mit Ausstellungen amerikanischer Kunst. Die *Frick Collection* ist in einem klassizistischen Palast an der 5th Avenue/70th Street untergebracht. Die Sammlung besteht aus der Originaleinrichtung des Palastes und zahlreichen Gemälden europäischer Meister.

Parks & Gärten: Im weltberühmten *Central Park* (von der Fifth Avenue bis Central Park West und von der 59th Street zur 110th Street) kann man picknicken, Schlittschuh laufen, den Zoo besuchen oder eine Bootsfahrt auf dem See unternehmen. Der *Riverside Park* liegt am Ufer des Hudson und der *Fort Tryon Park* an der nördlichen Spitze von Manhattan. Hier stehen die stilistisch an verschiedenen europäischen Bauwerken des Mittelalters orientierten *Cloisters*, die zum Metropolitan Museum of Art gehören und eine bedeutende Sammlung mittelalterlicher Möbel und Gobelins beherbergen. In Lower Manhattan befinden sich der *Battery Park* und der *Washington Square*; in Brooklyn der *Prospect Park* und *Marine Park* und der *Brooklyn Botanic Garden*. Die Parkanlagen von *Flushing Meadows/Corona*, *Cunningham*, *Kissina* und *Jacob Riis* liegen in Queens. *Clove Lake Park* und *Fort Wadsworth* liegen auf Staten Island, einem ruhigen Wohngebiet unterhalb der Verrazzano-Narrows-Brücke. Von hier hat man eine schöne Aussicht auf den Hafen von New York. Die Bronx hat einen wunderschönen *Botanischen Garten*. Sehenswert sind auch *Bronx Zoo*, *Pelham Bay Park* und *Van Cortlandt Park*. Kein Park sollte nach Einbruch der Dunkelheit ohne Begleitung betreten werden.

Strände: Östlich von New York City gibt es herrliche Strände. *Coney Island*, *Brighton Beach* (beide in Brooklyn) und *Manhattan Beach* sind von Manhattan aus am besten zu erreichen. Die Strände an der Nord- und Südküste von Long Island sind empfehlenswert. Von Queens und Brooklyn bieten sich auch Fahrten zum *Jacob Riis Park* und *Rockaway Beach* an. Weitere Strände sind *Orchard Beach* im Pelham Bay Park, *South Beach* und *Wolfe's Pond Park* auf Staten Island. Der *Jones Beach State Park* ist bei den New Yorkern sehr beliebt. Der 20 km lange Strand hat alle Annehmlichkeiten eines Badeortes. Mit dem Auto fährt man etwa eine Stunde. Der Strand ist auch per Bahn oder Bus von der Pennsylvania Station und dem Port-Authority-Bus-Terminal zu erreichen.

Nördlich von New York City, an den Ufern des Hudson, liegt **ALBANY**, die Hauptstadt des Staates New York. Albany ist ein guter Ausgangspunkt für Ausflüge in den Norden des Staates. Man kann Autos und Wohnwagen mieten. Das *Rockefeller Empire State Plaza* ist das Wahrzeichen der Stadt.

Den riesigen *Adirondack Park* erreicht man am schnellsten mit dem Flugzeug. Eine Fahrt mit der *Adirondack Railway* dauert nur wenig länger (genauere Informationen von *Amtrak*). Die Bergregion des Parks bietet zahlreiche Wintersportmöglichkeiten; am *Lake Placid* wurden 1932 und 1980 die Olympischen Winterspiele ausgetragen. Man kann aber auch wandern, angeln, zelten oder Boot fahren. Die *Fulton Chain of Lakes* (Seenkette) ist ideal für Ausflüge mit dem Kanu. Das Urlaubsgebiet *Lake George* im südöstlichen Teil des Parks ist sehr beliebt. Im *Saratoga Spa State Park* im Hudson-Tal südlich von Lake George gibt es Mineralbäder. Im *Performing Arts Center* finden im Sommer Konzerte und Aufführungen des *Philadelphia Orchestra* und des *New York City Ballet* statt. Die Pferderennen auf den Rennbahnen *Saratoga Race Track* und *Saratoga Harness Park* sind Publikumsmagneten. Die Region *Thousand Island* an der kanadischen Grenze besteht in Wirklichkeit aus beinahe 2000 Inseln der unterschiedlichsten Größen an der Mündung des St. Lorenz-Stroms in den *Lake Ontario*. Es werden Bootsausflüge angeboten. Der bekannteste Urlaubsort ist *Alexandria Bay*; die *Catskill Mountains*, südwestlich von Albany, sind ein vielbesuchtes Wildnisgebiet.

BUFFALO ist eine große Industriestadt am *Lake Erie*, dicht an der kanadischen Grenze. Von hier aus fährt man zu dem atemberaubenden *Niagara River*. Auch die Finger-Lakes-Region, der Lake Ontario und Toronto in Kanada sind leicht zu erreichen. In *Watkins Glen* am *Lake Seneca* werden Autorennen veranstaltet.

Vom *Greater Buffalo Airport (BUF)* fahren Limousinen und Taxis zur 14,5 km entfernten Stadt oder direkt zu den **NIAGARA-FÄLLEN**. *Amtrak*-Züge und regionale Busse fahren regelmäßig von Buffalo zu den weltberühmten Wasserfällen. Mit dem *Greyhound*-Bus kann man direkt von New York nach Niagara fahren. Die Niagara-Fälle bestehen aus drei Wasserfällen, die von verschiedenen Mündungsarmen des Niagara-Flusses gebildet werden: *American*, *Canadian* (Horseshoe) und *Bridal Veil Fall*. Oberhalb und unterhalb der Gefälle fahren Boote. Der Höhenunterschied beträgt 55 m. Mehrere Tunnel führen zu den Beobachtungsplattformen an den Seiten und sogar hinter die Wasserlinie. Die Niagara-Fälle sind ein beliebtes Ziel für Hochzeitsreisende.

SOZIALPROFIL

ESSEN & TRINKEN: Das Angebot reicht von Feinschmecker-Restaurants bis hin zu *Pretzel*-Ständen. Steaks, Meeresfrüchte und Hamburger, die Grundnahrungsmittel der Amerikaner, sind überall erhältlich. Ausgezeichnete französische Gerichte findet man in den Restaurants der Gegend zwischen der 5th und 3rd Avenue (an den Straßen East 50-60). Spanische, indische, thailändische, türkische, jüdische und kubanische Restaurants liegen zwischen dem Broadway und der Upper West Side. Deutsche, tschechische und ungarische Restaurants gibt es in Yorkville, italienische Restaurants in Little Italy, chinesische Restaurants in Chinatown, griechische und armenische Restaurants an der 5th Avenue. In Greenwich Village gibt es hauptsächlich mexikanische, italienische und spanische Restaurants. In Manhattan findet man einfach alles: billige, langweilige Speiselokale (*Diners*), Cafés, Milchbars und elegante Luxusrestaurants. Manche Gaststätten sind bis spät in die Nacht geöffnet. Die servierten Portionen sind großzügig, und die Preise oft recht günstig.
Vom *Convention & Visitors Bureau* ist ein kostenloser Restaurantführer erhältlich. Im wöchentlich erscheinenden *New Yorker Magazine* findet man Adressen unzähliger Restaurants.
Getränke: Die meisten Singles Bars befinden sich in der Upper East Side (zwischen der 59th und der 86th Street, an der 3rd, 2nd und 1st Avenue). Preise für Speisen und Getränke sind angemessen. Zahlreiche Bars sind bis 04.00 Uhr morgens geöffnet. Man findet elegante Cocktailbars ebenso wie schäbige Kneipen für Gewohnheitstrinker. Die Getränkeliste ist oft recht umfangreich. Viele Bars haben zwischen 17.30 und 19.00 Uhr »Happy Hour«, einige bieten dazu sogar kostenlose kalte und warme Speisen an.
THEATER & KONZERTE: Die bekanntesten Theater sind am Broadway. Es gibt auch zahlreiche *Off-Broadway*- und *Off-off-Broadway*-Theater für junge Dramatiker und experimentierfreudige Schauspieler. Überall in der Stadt befinden sich kleinere und weniger teure Theater. In der *Radio City Music Hall* finden ganzjährig Konzerte, Revuen und Sonderaufführungen statt. Im *Lincoln Center* sind das *Metropolitan Opera House*, das *New York City Opera & Ballet* und das *American Ballet Theater* untergebracht. In der *Carnegie Hall* kann man während der Herbst-, Winter- und Frühjahrssaison Sinfonie- und Solistenkonzerte besuchen. In Greenwich Village und SoHo findet man die besten Jazz- und Rock-Klubs, Kinos und *Off-Broadway-Fringe Shows* (Experimentiertheater). Im Stadtzentrum sind die konventionelleren Kinos und Theater. Preiswerte Eintrittskarten für Veranstaltungen am gleichen Tag erhält man an den *TKTS*-Schaltern an der 47th Street und am Broadway. Kostenlose Eintrittskarten zu den Aufnahmen verschiedener Fernsehsendungen stehen ebenfalls zur Verfügung.
NACHTLEBEN: Zeitschriften wie *Where*, *Promenade*, *Village Voice* und *New Yorker* halten Besucher auf dem laufenden mit Informationen über Veranstaltungen und Wissenswertes zum Thema »Big Apple«.
Nachtklubs: *Supper Clubs* sind feudale Nachtklub-Restaurants, die zwei Unterhaltungsprogramme pro Nacht mit bekannten Künstlern zeigen. Die »Gedeckpreise« sind recht hoch, beinhalten aber weder Speisen noch Getränke. In anderen Nachtklubs muß eine Mindestsumme ausgegeben werden. Es gibt unzählige Diskotheken.
EINKAUFSTIPS: Die weltberühmten Kaufhäuser *Bloomingdales*, *Macy's*, *Gimbels*, *Alexander's* und *Saks Fifth Avenue* befinden sich zwischen 5th Avenue und Herald Square. Zahllose elegante Boutiquen laden zum Einkaufsbummel ein. In den Geschäften von Chinatown, Little Italy und Yorkville kann man Speisen und andere für das jeweilige Viertel typische Waren erstehen. Sonderangebote gibt es in der Orchard Street. Die Antiquitäten-, Schmuck-, Lederwaren- und Modegeschäfte in Greenwich Village bieten etwas für jeden Geschmack. Es gibt zahllose Galerien, Buchläden, Kunstausstellungen und Flohmärkte.
Sonderangebote: In den Seitenstraßen der Lower East Side findet man zahlreiche Geschäfte mit attraktiven Sonderangeboten. Viele Straßen haben ihre eigenen »Spezialitäten«, z. B. Mode, Schmuck, Musikinstrumente, Blumen oder Delikatessen. In Diskount-Läden erhält man oft bedeutend mehr für sein Geld als in den sogenannten Sonderverkäufen (*Special Sales*) der Markengeschäfte.
VERANSTALTUNGSKALENDER
15. März - 5. Mai '96 *Frühlings Blumenschau*, New York Botanical Garden, Bronx. **23. - 30. Juni** *Annual Lesbian/Gay Pride Week*, Fifth Avenue. **Juni** *JVC Jazzfestival*. **4. Juli** *Macy's Feuerwerk*, unterer Hudson River. **13./14. Juli** *Keeper of the Western Door Pow-Wow*, Chataqua-Allegheny-Gebiet. **26. - 28. Juli** *Falcon Ridge Folk Festival*, Hillsdale. **Aug.** *Park Avenue Festival*, Rochester. **7. - 10. Aug.** *Bluegrass Festival*, Patterson. **29. Aug. - 2. Sept.** *Annual Columbia County Fair*, Chatham. **Sept.** *Labor Day Parade*, Fifth Avenue. **11. - 20. Sept.** *Long Island Fair*. **9. Okt.** *Columbus-Tag-Umzug*, Fifth Avenue, 44th bis 86th Street. **19./20. Okt.** *Austernfestival*, Long Island. **Nov.** *Herbst-Blumenschau*, New York Botanical Garden, Bronx. **23. Nov. - 5. Jan. '97** *Lichterfest*, Niagara-Fälle.

KLIMA

Wechselhaft mit gelegentlichen Regenfällen; im Sommer gibt es mitunter Hitzewellen. Temperaturen bis zu 38°C sind durchaus keine Seltenheit und können einige Tage lang anhalten.

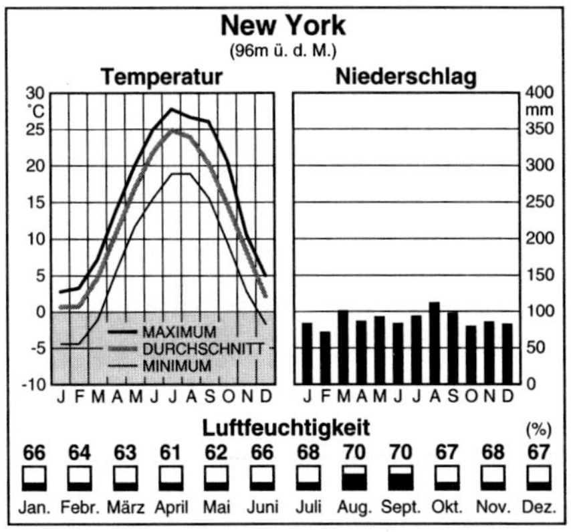

North Carolina

Lage: Ostküste.

North Carolina Tourism
c/o Mangum Management GmbH
Herzogspitalstraße 5
D-80331 München
Tel: (089) 26 76 09. Telefax: (089) 260 40 09.
Mo-Fr 09.00-17.30 Uhr (kein Publikumsverkehr).
State of North Carolina
Wasserstraße 2
D-40213 Düsseldorf
Tel: (0211) 32 05 33. Telefax: (0211) 13 29 54.
(kein Publikumsverkehr)
North Carolina Tourism Office
430 North Salisbury Street
Raleigh, NC 27603
Tel: (919) 733 41 71. Telefax: (919) 733 85 82.
Raleigh Convention & Visitors Bureau
PO Box 1879
Raleigh, NC 27602
Tel: (919) 834 59 00. Telefax: (919) 831 28 87.
Asheville Area Convention & Visitors Bureau
151 Haywood Street
PO Box 1010
Asheville, NC 28802
Tel: (704) 258 61 11. Telefax: (704) 254 60 54.
Charlotte Convention & Visitors Bureau
122 Stonewall Street
Charlotte, NC 28202-1838
Tel: (704) 334 22 82. Telefax: (704) 342 39 72.

FLÄCHE: 139.397 qkm.
BEVÖLKERUNGSZAHL: 7.000.000 (1995).
BEVÖLKERUNGSDICHTE: 49,8 pro qkm.
HAUPTSTADT: Raleigh. **Einwohner:** 250.000 (1995).
GEOGRAPHIE: Die Landschaft North Carolinas geht von Stränden im Osten zu hohen Bergketten im Westen über. Historische Herrenhäuser, Wintersportmöglichkeiten im Nordwesten, herrliche Strände an der Südostküste und ein Wanderparadies in großen Waldgebieten und Nationalparks erwarten den Besucher.
ORTSZEIT: MEZ - 6.

REISEVERKEHR

FLUGZEUG: Die Flughäfen in Charlotte, Fayetteville, Greensboro und Raleigh verbinden mit allen größeren Städten der USA.
BAHN: Die *Amtrak*-Linie *Carolinian* führt von Charlotte über Kannapolis, Salisbury, High Point, Greensboro, Burlington, Durham, Raleigh, Selma, Wilson und Rocky Mount nach New York.
BUS/PKW: Die *Greyhound*-Linien fahren von Atlanta über Charlotte und Greensboro nach Richmond, von Knoxville nach Charlotte oder über Winston Salem, Greensboro und Durham nach Raleigh. Eine weitere Verbindung verkehrt von Charleston über Wilmington, Goldsboro, Raleigh und Rocky Mount nach New York.
Durchschnittliche Greyhound-Fahrzeiten: Charlotte – Atlanta: 5 Std. 30; Charlotte – Jacksonville: 9 Std; Charlotte – Richmond: 7 Std. 30; Fayetteville – Jacksonville: 9 Std; Fayetteville – Richmond: 4 Std.

URLAUBSORTE & AUSFLÜGE

Die vielen Nationalparks im Bergland im Nordwesten des Staates sind ideal für großstadtmüde Erholungssuchende. Wanderwege, Picknickstellen, Angelmöglichkeiten und naturkundliche Studienprogramme lassen keine Langeweile aufkommen. Auf dem wundervollen *New River*, einem der ältesten Flüsse der Welt, der sich seit Menschengedenken durch die *Appalachian Mountains* (Appalachen) schlängelt, kann man ausgezeichnet Kanu fahren. Der *New River State Park* unweit des hübschen Städtchens Jefferson umfaßt mehr als 250 ha. Sehr lohnenswert ist ein Besuch im *Appalachian Cultural Center* bei Boone, in dem man sich mit Kultur und Geschichte der Region vertraut machen kann. Der *South Mountains State Park* bietet herrliche Wasserfälle. Bären und Adler kann man mit etwas Glück im Gebiet des 1800 m hohen *Grandfather Mountain* sehen. Die besten Skipisten (für Könner und Anfänger) findet man in der Nähe von *Blowing Rock* (Appalachian Ski Mountain und Hound Ears Lodge and Club) und bei *Banner Elk* (Ski Beech, Ski Hawksnest und Sugar Mountain Resort).
Asheville hat als Geburtsort des Schriftstellers Thomas Wolfe (»Schau heimwärts Engel«) Berühmtheit erlangt. Die *Thomas Wolfe Memorial State Historic Site* ist täglich außer Montag geöffnet. Der Botanische Garten der hier ansässigen *University of North Carolina* kann nach vorheriger Vereinbarung besichtigt werden. Eine der größten Sehenswürdigkeiten ist das etwas außerhalb der Stadt gelegene riesige *Biltmore Estate* mit dem von George Vanderbilt um die Jahrhundertwende erbauten *Biltmore House*, einem im Stil der französischen Renaissance gestalteten grandiosen Schloß mit 250 Zimmern. Unter den vielen interessanten Kunstgegenständen und Antiquitäten, die die Vanderbilts über Jahre hinweg sammelten, befinden sich viele Kuriositäten wie Napoleons Schachspiel aus Elfenbein, das er während seiner Verbannung auf St. Helena benutzte. Von Asheville ist es nicht weit zum *Great Smoky Mountain National Park*, dem beliebtesten Nationalpark der USA. Eine Fahrt mit der *Great Smoky Mountains Railway* erschließt die Schönheit dieser tierreichen Appalachenregion. Das *Museum of The Cherokee Indian* in **Cherokee** erinnert an die hochentwickelte Kultur der Cherokees, die von ihrem Land, den »Great Blue Hills of God«, wie sie es nannten, vertrieben wurden und auf dem *Trail of Tears* unter schrecklichen Bedingungen nach Oklahoma marschieren mußten. Sehr eindrucksvoll ist auch ein Besuch in *Qualla Boundary*, einer Cherokee-Reservation.
Die größte Stadt in North Carolina, **CHARLOTTE**, ist eine Kongreß- und Finanzmetropole mit breitem Freizeitangebot und gilt als eine der Boomstädte im Süden der USA. **Raleigh** ist für seine interessante Architektur und seine vielseitigen kulturellen Einrichtungen bekannt. Es gibt zahlreiche neoklassizistische Gebäude, namentlich das *State Capitol*, das Mitte des 19. Jahrhunderts erbaut wurde. Das älteste Haus in Raleigh ist das 1760 fertiggestellte *John Lane House*. Die kunst- und landeskundlichen Museen der Stadt sind ebenfalls einen Besuch wert.
Winston-Salem ist aus zwei Städten entstanden; Salem wurde Mitte des 18. Jahrhunderts von Angehörigen einer deutschen Religionsgemeinschaft gegründet, und in *Old Salem* haben sich viele alte Häuser erhalten. Das hiesige *Southeastern Center for Contemporary Art* ist eine der besten Kunstgalerien im Südwesten der USA (moderne Kunst und Skulptur). **Greensboro** hat ebenfalls eine hübsche Altstadt und interessante Museen. Auch Bade- und Strandfreuden kommen in North Carolina nicht zu kurz. Zum Nationalpark der *Outer Banks* gehören zahlreiche unbewohnte Inseln, die eine Nehrung bilden. Hier gibt es noch einsame Strände, man kann in Ruhe Muscheln sammeln und den Alltag einmal völlig vergessen. Auch die Strände an der *Cape Hatteras National Seashore* weiter nördlich sind vollkommen naturbelassen. Reizvolle Urlaubsorte und Fischerdörfer sind jedoch nicht weit.

SOZIALPROFIL

VERANSTALTUNGKALENDER
5. Juni - 23. Aug. '96 *The Lost Colony Outdoor Drama*, Fort Raleigh. **22. Juni - 3. Aug.** *Eastern Music Festival*, Greensboro. **13., 16. Juli** *Annual Grandfather Mountain Highland Games and Gathering of the Scottish Clans*, Linville. **30./31. Aug.** *Annual NC Apple Festival*, Hendersonville. **11. - 13. Okt.** *Annual Chrysanthemum Festival*, Tryon Palace Historic Sites and Gardens. **12. Nov. - 31. Dez.** *Candlelight Christmas at Biltmore*, Biltmore Estate. **9. - 22. Dez.** *Tryon Palace Christmas Celebration*, Tryon Palace Historic Sites and Gardens.

North Dakota

Lage: Mittlerer Norden.

North Dakota Office of Tourism
2nd Floor, Liberty Memorial Building
604 East Boulevard
Bismarck, ND 58505
Tel: (701) 328 25 25. Telefax: (701) 328 48 78.
Greater Grand Forks Convention & Visitors Bureau
4251 Gateway Drive
Grand Forks, ND 58203
Tel: (701) 746 04 44. Telefax: (701) 746 07 75.

FLÄCHE: 183.123 qkm.
BEVÖLKERUNGSZAHL: 635.000 (1993).
BEVÖLKERUNGSDICHTE: 3,5 pro qkm.
HAUPTSTADT: Bismarck. **Einwohner:** 49.256 (1990).
GEOGRAPHIE: North Dakota ist eines der ländlichsten Gebiete der USA und für seine reizvolle Landschaft und sein altes Wildwesterbe bekannt.
ORTSZEIT: MEZ - 7.

REISEVERKEHR

FLUGZEUG: Der Flughafen in Bismarck verbindet mit allen größeren Städten der USA.
BAHN: Die *Amtrak*-Linie *Empire Builder* fährt von Seattle über Williston, Stanley, Minot, Rugby, Devils Lake, Grand Forks und Fargo nach Chicago.
BUS/PKW: Die *Greyhound*-Linie 7 fährt von Seattle über Bismarck, Jamestown und Fargo nach New York.

URLAUBSORTE & AUSFLÜGE

Der 28.000 ha große *Theodore Roosevelt National Park* in den grandiosen *Badlands* bietet atemberaubende Ausblicke; hier liegt das ehemalige Viehhandelszentrum **Medora**. Die großen Büffelherden der Pioniertage gehören zwar leider längst der Vergangenheit an, Raubvögel sind jedoch noch immer zahlreich. Das *Slant Indian Village* gibt Aufschluß über die Geschichte der Indianer in dieser Gegend seit der frühesten indianischen Besiedlung. **FARGO** ist mit fast 70.000 Einwohnern die größte Stadt in North Dakota. In der Umgebung der Hauptstadt **Bismarck** bestimmen Weizenfelder und weite Prärie das Landschaftsbild. Auch ein Ausflug zu den Stränden des *Lake Metigoshe*, dem Tierschutzgebiet *Sully's Hill* oder den Erholungsgebieten am *Lake Sakakawea* und am Fluß *Little Missouri* lohnt sich immer.

Ohio

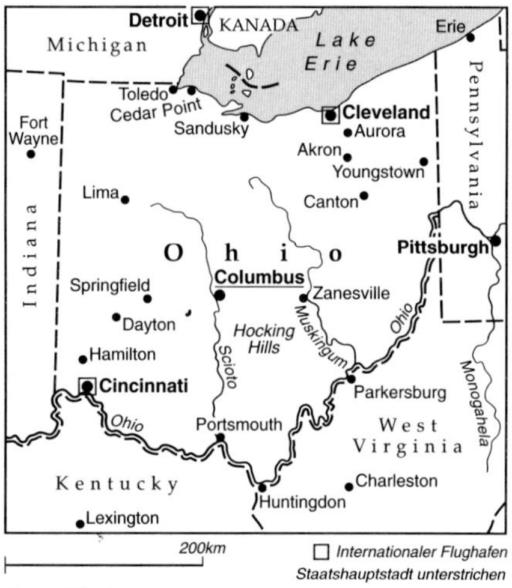

☐ Internationaler Flughafen
Staatshauptstadt unterstrichen

Lage: Norden.

Ohio Division of Travel & Tourism
Action Response Center
29th Floor
77 High Street South
PO Box 1001
Columbus, OH 43266-0101
Tel: (614) 466 88 44. Telefax: (614) 466 67 44.
Greater Columbus Convention & Visitors Bureau
Suite 1300
10 Broad Street West
Columbus, OH 43215
Tel: (614) 221 24 89. Telefax: (614) 221 56 18.
Greater Cincinnati Convention & Visitors Bureau
300 West 6th Street
Cincinnati, OH 45202-2361
Tel: (513) 621 78 62. Telefax: (513) 621 50 20.
Convention & Visitors Bureau of Greater Cleveland
3100 Terminal Tower
Tower City Center
Cleveland, OH 44113
Tel: (216) 621 41 10 (Convention Bureau), (1 800) 321 10 04 (Tourist-Information). Telefax: (216) 621 59 67.

FLÄCHE: 116.103 qkm.
BEVÖLKERUNGSZAHL: 11.091.000 (1993).
BEVÖLKERUNGSDICHTE: 95 pro qkm.
HAUPTSTADT: Columbus. **Einwohner:** 632.910 (1990).
GEOGRAPHIE: In Ohio wurden sieben Präsidenten der USA geboren. Die Sandstrände des Lake Erie markieren die nördliche Grenze des Staates. Das Land besteht aus weitläufigem fruchtbaren Ackerland, in dem einige interessante Industriestädte liegen. Insgesamt besitzt Ohio 40.869 km befahrbarer Wasserwege, darunter den Ohio, den Mohican und den Tuscarawas River.
ORTSZEIT: MEZ - 6.

REISEVERKEHR

FLUGZEUG: Durchschnittliche Flugzeiten: *Cincinnati* – Frankfurt: 10 Std. 20 (reine Flugzeit, Zwischenaufenthalt in Pittsburgh); *Cincinnati* – London: 9 Std; *Cincinnati* – New York: 1 Std. 30; *Cincinnati* – Los Angeles: 4 Std. 15; *Cincinnati* – Miami: 2 Std. 15; *Cincinnati* – Washington DC: 1 Std; *Cincinnati* – Zürich: 10 Std. 50 (reine Flugzeit, Zwischenaufenthalt in Chicago).
Es gibt keine Direktflüge von Wien, alle Verbindungen gehen über Frankfurt, Düsseldorf oder München.
Cleveland – Frankfurt: 11 Std. (reine Flugzeit, Zwischenaufenthalt in Pittsburgh); *Cleveland* – London: 10-11 Std. 30 (je nach Flugroute, einschl. Zwischenaufenthalte); *Cleveland* – Paris: 11-12 Std. (je nach Flugroute, einschl. Zwischenaufenthalte); *Cleveland* – Zürich: 11 Std. 05 (reine Flugzeit, Zwischenaufenthalt in Pittsburgh); *Cleveland* – Los Angeles: 12 Std. (einschl. 1 Std. Aufenthalt in Cincinnati); *Cleveland* – Miami: 5-6 Std. (je nach Flugroute, einschl. Zwischenaufenthalte); *Cleveland* – Washington DC: 3 Std. 30 (einschl. 45 Min. Aufenthalt in Cincinnati); *Cleveland* – Orlando: 4 Std; *Cleveland* – Atlanta: 2 Std; *Cleveland* – New York: 1 Std. 40; *Cleveland* – Cincinnati: 1 Std. 45.
Es gibt keine Direktflüge von Wien, alle Verbindungen gehen über Frankfurt, Düsseldorf oder München.
Internationale Flughäfen: *Cincinnati/Northern Kentucky (CVG)* liegt 19 km südwestlich des Stadtzentrums (Fahrzeit 15 Min.). Verschiedene internationale und regionale Fluggesellschaften bieten Flüge zum Ohio Valley, den Great Lakes, dem Mittleren Süden sowie internationale Verbindungen u. a. nach Toronto. Flughafeneinrichtungen: vier Restaurants (06.00-21.00 Uhr), vier Snackbars, fünf Bars, drei Kinderkrippen, drei Postämter (Mo-Fr 08.00-17.00 Uhr), Wechselstuben (Mo-Fr 09.00-17.00 Uhr), Duty-free-Shop, Geschäfte, Friseur, Business Center, Erste- Hilfe-Station (24 Std.) und Autovermietung (*Avis, Budget, Dollar, Hertz* und *National*). Flughafenbusse fahren alle 15 Minuten zum Zentrum (Fahrzeit 30 Min). Taxis sind vorhanden. Limousinen-Service zu verschiedenen Zielen in der Umgebung.
Cleveland Hopkins International (CLE) liegt 18 km südwestlich der Stadt (Fahrzeit 20 Min.). Zahlreiche amerikanische Fluglinien verbinden mit internationalen und nationalen Zielen, Charterflüge werden ebenfalls angeboten. Flughafeneinrichtungen: Geldautomaten, Wechselstuben (05.30-18.30 Uhr), Restaurants (24 Std.), Snackbars (06.00-23.59 Uhr), Bars, Post (24 Std., eingeschränkter Service), Geschäfte (06.00-23.59 Uhr), Gepäckaufbewahrung (06.00-01.00 Uhr), Behindertеneinrichtungen (Toiletten, Telefone, Autovermietung, Parkplätze und Rampen), Hotel-Reservierungsschalter und Tourist-Information (beide 07.00-19.00 Uhr) sowie Autovermietung (u. a. *Avis, Dollar Rent-a-Car, Hertz* und *Thrifty Car Rental*). Schnellzüge der Greater Cleveland Regional Transit Authority (RTA) verkehren täglich vom Flughafen zur Stadt von 04.30-01.00 alle 15 Minuten während der Stoßzeiten und alle 20 Minuten zu allen anderen Zeiten. Der Bahnsteig befindet sich im Untergeschoß des Flughafengebäudes. Eine einfache Fahrt kostet 1,50 US$ pro Person. 24stündiger Taxi-Service zu allen Zielen innerhalb des Cuyahoga Country. Americab- und Yellow-Cab-Stände sind am Ausgang 2 zu finden. Limousinen stehen ebenfalls zur Verfügung.
SCHIFF: Ohio hat über 1600 km befahrbare Kanäle sowie zahlreiche Bootsausflüge zu bieten. Die Roscoe Village Excursion auf dem Ohio River und Lake Erie in der Nähe von Coshoction wird zwischen Mai und Oktober angeboten, außerdem gibt es Ausflüge auf dem Canal Fulton sowie die 2 km lange Fahrt durch das Piiqua Historical Area auf dem Miami und Erie Canal mit Treidelbooten.
BAHN: Die *Amtrak*-Linie *Lake Shore Limited* fährt von Chicago über Bryan, Toledo, Sandusky, Elyria und Cleveland nach Buffalo, die Linie *Broadway Limited* von Chicago über Fostoria, Akron und Youngstown nach New York. Die Linie *Capitol Limited* verkehrt von Chicago über Toledo, Elyria, Cleveland und Alliance nach Washington, die Linie *Cardinal* von Chicago über Hamilton, Cincinnati, Maysville, South Portsmouth und Catlettsburg nach New York. Weitere Informationen von *Amtrak*, Tel: (216) 696 51 15. Mehrere Ausflugsfahrten mit speziellen Eisenbahnzügen stehen ebenfalls im Programm.
BUS/PKW: Es gibt insgesamt 181.462 km Straßen in Ohio. Straßenzustandsberichte und allgemeine Informationen sind vom Department of Highway Safety erhältlich (Tel: (614) 466 26 60). Bei Autopannen hilft die Nummer: (1 800) 525 55 55. Der amerikanische Automobil Club (AAA) kann unter folgender Notrufnummer erreicht werden: Tel: (513) 762 32 22. **Bus:** Die *Greyhound*-Linien 3 und 7 fahren von Chicago über Toledo, Sandusky und Cleveland nach Pittsburgh. Die Linien 19 und 20 fahren von Cincinnati, Dayton, Lima, Findlay und Toledo nach Detroit. Die Linie 20 verbindet außerdem Cincinnati und Columbus mit Cleveland. Die Linie 1 fährt von Los Angeles über Dayton, Springfield, Columbus, Cambridge und Wheeling nach New York.
Durchschnittliche *Greyhound*-Fahrzeiten: Cincinnati (Tel: (800) 231 22 22) – Cleveland: 5 Std; Cincinnati – Columbus und Louisville: je 2 Std; Cincinnati – Detroit: 6 Std; Cincinnati – Pittsburgh: 6 Std; Cincinnati – Chicago: 7 Std; Cincinnati – St. Louis: 8 Std; Cincinnati – Atlanta: 12 Std; Cincinnati – Washington DC: 12 Std; Cincinnati – Philadelphia: 13 Std; Cincinnati – New York: 15 Std.
Cleveland (Tel: (800) 231 22 22) – Toronto: 7 Std; Cleveland – Chicago: 7 Std. 30; Cleveland – Detroit: 4 Std; Cleveland – Washington DC: 9 Std; Cleveland – New York: 9 Std. 30; Cleveland – Philadelphia: 10 Std.
Columbus (Tel: (800) 231 22 22) – Indianapolis: 4 Std; Columbus – Pittsburgh: 4 Std; Columbus – St. Louis: 9 Std; Columbus – Washington DC: 10 Std; Columbus – Philadelphia: 11 Std; Columbus – New York: 13 Std.

URLAUBSORTE & AUSFLÜGE

CLEVELAND am *Lake Erie* ist eine riesige Industriestadt, in der man Museen, ein Planetarium, Kunstgalerien und Kunstausstellungen besichtigen kann. Das *Cleveland Orchestra* hat Weltruf. Die Konzertsaison in der *Severance Hall* dauert von September bis Mitte Mai. In *Ohio City*, dem im Westen der Stadt gelegenen ältesten Viertel, wurde mit Erfolg Stadtsanierung praktiziert. Es entstanden neue Restaurants und Läden und die alten Häuser aus dem späten 18. Jahrhundert erstrahlen in neuem Glanz. Europäische Einwanderer haben die Stadt mitgeprägt, und die vielen Festivals und verschiedenen Restaurants bezeugen die interessante kulturelle Vielfalt, die sich bis heute erhalten hat. Cleveland hat einen der wichtigsten Häfen der USA und ist ein bedeutender Verkehrsknotenpunkt. Hafenrundfahrten werden von Juni bis September angeboten. Sehenswert ist auch der *Public Square* im Herzen der Stadt. Faszinierende Einblicke in die Geschichte der Medizin erhält man im *Howard Dittrick Museum of Historical Medicine*. Kunstinteressierte sollten unbedingt das *Cleveland Museum of Art* im *Wade Park* besuchen, das u. a. ausgezeichnete Gemälde europäischer Meister besitzt. Cleveland hat zahlreiche Parks, in denen man Ruhe findet. Im Juni sorgt das *Jazz Festival* für gute Stimmung.
CINCINNATI am Ohio ist eine dynamische Stadt mit ausgezeichneten Einkaufsmöglichkeiten und einigen kulturellen Attraktionen. Entspannter geht es auf den Kanal- und Ausflugsfahrten auf dem Ohio River zu. Der 27. US-Präsident Howard Taft wurde hier geboren, und sein Geburtshaus kann besichtigt werden. Das in italienischem Stil erbaute *John Hauck House* gehörte einem einflußreichen Brauereibesitzer. Die Inneneinrichtung mit Originalmöbeln aus dem 19. Jahrhundert ist sehenswert. Das *Cincinnati Art Museum* hat eine hervorragende Sammlung von Gemälden, Skulpturen, Drucken und asiatischer Kunst. Der Eintritt ist Mittwoch abends frei. Das *Contemporary Arts Center* bietet eine Fülle von Gemälden, Skulpturen und Fotografien. Interessant sind auch die verschiedenen Ausstellungen von *Installation Art* und *Conceptual Art* sowie Videokunst. Cincinnati liegt verkehrsgünstig in der Nähe der internationalen Flughäfen *Greater Cincinnati* und *Cleveland Hopkins* und ist ein idealer Ausgangspunkt für Ausflüge nach Indiana und ins schöne *Bluegrass Country* um Lexington in Kentucky. Ein Besuch des *Kentucky Horse Centers* ist zu empfehlen, wo der Besucher einen Einblick in die Trainingsmethoden eines Vollblutgestüts erhält. Pferdeliebhaber werden auch im *Kentucky Horse Park* einiges neues erfahren, dieses Museum ist dem Vierbeiner gewidmet. Wer möchte, kann auch selber in den Sattel steigen. Besonders reizvolle Ausflugsziele in Ohio selbst sind *Cedar Point* am Lake Erie, *Seaworld* in Aurora, die ruhigen Inseln auf dem *Lake Erie* und die landschaftlich schöne Region *Hocking Hills*um Logan.
COLUMBUS, die größte Stadt des Staates, wartet mit einem großen Museumsangebot auf. Das *Ohio Historical Center* ist durchaus einen Besuch wert. Hier können Besucher der Geschichte, Archäologie und Naturgeschichte des Staates nachgehen. Interessant sind auch die Sammlungen von Glasgegenständen, Keramiken und Möbeln. Eine Galerie ist ebenfalls vorhanden. Wer mit Vorliebe Galerien besucht, kommt im *Columbus Museum of Art* auf seine Kosten. Die Ausstellung konzentriert sich auf europäische Impressionisten und Post-Impressionisten sowie Meisterwerke des deutschen Expressionismus. Erschwingliche Werke moderner Künstler sind im *Short North Gallery District* zu erstehen. Die Auswahl reicht von filigranen Glasskulpturen bis zu Secondhand-Kleidung. Darstellende Kunst ist im *Wexner Center for the Arts* zu Hause, aber das Gebäude selbst ist auch für seine innovative Architektur bekannt. Im *Ohio Village* fühlt man sich in die Zeit vor dem Bürgerkrieg zurückversetzt, hier kann man miterleben, wie das tägliche Leben einer Kleinstadt zu dieser Zeit aussah. Im Gegensatz dazu steht das *Center of Science and Industry (COSI)*. Auf vier Stockwerken verteilt erwarten den Besucher permanente und Zeitausstellungen aus dem Bereich der Wissenschaften mit interaktiver Technik. *Thurber House* ist das restaurierte Gebäude, in dem der Schriftsteller und Cartoonist James Thurber seine Kindheit verbrachte.
Zwei der interessantesten Stadtteile sind das *German Village* und der *Brewery District*. Ersteres wurde liebevoll und detailgetreu restauriert und bietet heute architektonisch-interessante Gebäude, gute Restaurants und Bars, deutsche Bäckereien und Buchläden. Im Brewery District sind, wie der Name schon sagt, eine Anzahl alter Brauereien zu finden. Diese beheimaten heute jedoch Restau-

rants, kleine, ausgesuchte Geschäfte und Bierkneipen. Wer Entspannung sucht, kann sie im *Franklin Park Conservatory* finden. Das Glasgebäude ist in zwei Abteilungen unterteilt, im ersten Abschnitt sind tropische Pflanzen in einer viktorianisch anmutenden Umgebung untergebracht, der zweite Teil beherbergt sieben verschiedene Ökosysteme der Welt, u. a. tropischen Regenwald und Wüste.

SOZIALPROFIL

ESSEN & TRINKEN: Ohios Küche ist gutbürgerlich, und die Portionen sind reichlich. Beliebt sind Schwein und Rind in allen möglichen Variationen, im Süden überwiegen jedoch gebratene Hähnchen. Regionale Spezialitäten basieren meist auf Mais und beinhalten *Cornmeal Mush* (ein gebratenes Frühstücksgericht aus Mais, Eiern und Milch), *Hominy* (junger Mais) und Maiskolben. Besonders gefragte Nachspeisen sind verschiedene gedeckte Obstkuchen und Brombeeren. Die Amish sind bekannt für ihre Eiskrem, hausgemachtes *Granola* (Müsli) und süße Brötchen mit Ahornsirup und Zimt.
Getränke: Milch wird mit fast allen Mahlzeiten serviert, und der Tomatensaft aus Ohio ist schon legendär. Alkoholische Getränke, sehr beliebt ist Kentucky Bourbon, werden in staatlichen Geschäften verkauft, die Mo-Sa geöffnet sind. Getränke mit hohem Alkoholgehalt können nur mit Bargeld gekauft werden.
THEATER & KONZERTE: Cincinnati: Die Stadt bietet eine weitgefächerte Kulturszene, angefangen mit der Cincinnati Opera und dem Cincinnati Pops Orchestra über zahlreiche Theater wie dem Cincinnati Playhouse in the Park und dem Ensemble Theater of Cincinnati. **Cleveland:** Mehr als 100 Konzerte, von denen einige gratis sind, stehen während der Saison auf dem Spielplan des Cleveland Institute of Music. Man sollte auch Aufführungen der Cleveland Opera, der Lyric Opera Cleveland und des Cleveland Ballet nicht verpassen. Die Inszenierungen der verschiedenen Theater, u. a. des Cleveland Public Theater und des Cleveland Playhouse, sollten auch auf dem Programm stehen. Karten für die verschiedenen Veranstaltungen können durch *Advantix* bestellt werden, Tel: (216) 241 64 44. **Columbus:** Das Wexner Center for the Arts hat einen guten Ruf für Klassik-Konzerte sowie Tanz und Jazz. Schwarze Künstler treten im Martin Luther King Jr. Performing and Cultural Arts Complex auf.
NACHTLEBEN: Die Flats in Cleveland sind bekannt für ihre Abendunterhaltung. Columbus wartet mit dem Short North District, dem German Village und dem Brewery District auf. Nachtschwärmer kommen in Cincinnatis The Wharf (Covington Landing) und dem Oldenberg Brewery Complex voll auf ihre Kosten.
EINKAUFSTIPS: Die Möglichkeiten sind fast unbegrenzt durch das umfassende Angebot. Lebanon und Waynesville sind als die Antiquitätenzentren des Mittleren Westens bekannt. Ohio ist auch der Staat der Amish, und ihre handgefertigten Artikel werden zumeist in der Umgebung von Fredericksburg (Wayne County) und zwischen Charm und Farmestown (Holmes County) angeboten.
SPORT: Die zahlreichen Wasserwege bieten vielfältige Wassersportmöglichkeiten, u. a. **Kanufahren, Segeln, Schwimmen** sowie **Angeln** und **Bootfahren.** Der *Cleveland Metropark* ist ideal für **Wanderlustige** und **Golfenthusiasten.** Während der jeweiligen Saison sind hier auch **Langlaufskier,** Kanus und Boote zu mieten. **Skifahren** und **Reiten** sind auch sehr beliebt. **Baseball, Amerikanischer Fußball, Basketball, Eishockey** und **Fußball,** nicht nur als Zuschauersportarten, runden das Angebot ab.
VERANSTALTUNGSKALENDER
3./4. Juni '96 *Erdbeer-Festival,* Troy. 7. - 9. Juli, 15. - 17. Sept. *Great Mohican Indian Pow Wow & Rendezvous,* Loudonville. 21. - 23. Juli *River Expo,* Cleveland. 21. - 29. Juli *Pro Football Hall of Fame Festival,* Canton. 22./23. Juli *Dayton Air Show.* 5./6. Aug. *Twin Days* (Zwillingstreffen), Twinsburg. 26. Aug. - 15. Okt. *Ohio Renaissance Festival,* in der Nähe von Waynesville. 18. - 21. Okt. *Kürbisshow,* Circleville.

KLIMA

Kalte Winter und heiße Sommer.

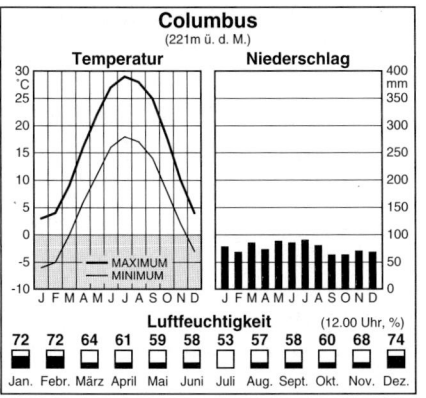

Oklahoma

Lage: Süden.

Oklahoma Tourism & Recreation
505 Will Rogers Building
2401 Lincoln Boulevard
Oklahoma City, OK 73105-4492
Tel: (405) 521 39 81. Telefax: (405) 521 39 92.
Oklahoma City Convention & Visitors Bureau
123 Park Avenue
Oklahoma City, OK 73102
Tel: (405) 297 89 12. Telefax: (405) 297 89 16.
Tulsa Convention & Visitors Bureau
Metropolitan Chamber of Commerce
Suite 100
616 South Boston Avenue
Tulsa, OK 74119-1298
Tel: (918) 585 12 01. Telefax: (918) 592 62 44.

FLÄCHE: 181.048 qkm.
BEVÖLKERUNGSZAHL: 3.231.000 (1993).
BEVÖLKERUNGSDICHTE: 17,9 pro qkm.
HAUPTSTADT: Oklahoma City. **Einwohner:** 453.995 (1992).
GEOGRAPHIE: Der Staat besteht im Osten aus Bergen, Wäldern und Seen, in der Mitte aus Ebenen und Ackerland und im Westen aus offenem Ranchland. In Oklahoma leben die meisten Indianerstämme der USA.
ORTSZEIT: MEZ - 7.

REISEVERKEHR

FLUGZEUG: Die Flughäfen in Oklahoma City und Tulsa verbinden mit allen größeren Städten der USA.
BUS/PKW: Die *Greyhound*-Linie 1 fährt von Los Angeles über Oklahoma City und Tulsa nach New York. Die Linie 7036 fährt von Oklahoma City nach Little Rock, die Linie 9 verbindet Tulsa mit Dallas.
Durchschnittliche *Greyhound*-Fahrzeiten: Oklahoma City – Amarillo: 5 Std; Oklahoma City – Dallas: 4 Std. 30; Oklahoma City – Los Angeles: 27 Std. 30; Oklahoma City – New York: 31 Std; Oklahoma City – Tulsa: 2 Std; Tulsa – Albuquerque: 5 Std; Tulsa – Dallas: 7 Std; Tulsa – St. Louis: 9 Std.

URLAUBSORTE & AUSFLÜGE

OKLAHOMA CITY hat eine kuriose Entstehungsgeschichte. Die heutige Hauptstadt entstand praktisch an einem einzigen Tag, dem 22. April 1889, als die Bundesregierung Land zur Besiedlung durch Weiße freigab, das bislang fünf Indianerstämmen gehörte. Im *Western Heritage Center,* das von 17 Staaten mitfinanziert wurde, wird die Besiedlungsgeschichte des Wilden Westens lebendig. Seit 1928, als in Oklahoma City Öl gefunden wurde, boomt die Stadt; sogar auf dem Gelände des neoklassizistischen Kapitols gibt es Ölquellen, die noch gefördert werden. **Tulsa,** eine typisch amerikanische Stadt mit einer von Wolkenkratzern beherrschten Skyline, hat einen internationalen Flughafen und bedeutende Kunstzentren und -galerien. Sehenswerte sind das *Gilcrease Museum* (indianische Kunst und Arbeiten aus oder zum Thema der Pionierzeit) und das *Philbrook Art Center* (prähistorische Exponate und indianische Malereien). In der Region südöstlich von Tulsa beendeten einst die Indianerstämme des Ostens ihren erzwungenen Marsch aus ihren Stammesgebieten, den *Trail of Tears. Indian City USA* (bei Anadarko), das *Creek Council House Museum* in Okmulgee, *The Five Civilized Tribes Museum* in Muskagee und das *Cherokee Heritage Center* mit der Nachbildung eines Cherokeedorfes (südöstlich von Tahlequah) geben einen Einblick in die jahrhundertealte Kultur der Indianer. Jedes Jahr im März findet in Tulsa das *American Indian Arts Festival* statt.
Der *Eufaula Lake,* der *Lake Texoma* im Texoma State Park, *Arrowhead,* Quartz Mountain und Western Hill sind Nationalparks und schöne Erholungsgebiete. Im *Wichita Mountains Wildlife Refuge* kann man auch Bisons sehen.

Oregon

Lage: Nordwesten.

Oregon Tourism Division
775 Summer Street NE
Salem, OR 97310
Tel: (503) 986 00 00. Telefax: (503) 986 00 01.
Portland/Oregon Convention & Visitors Association
26 South West Salmon
Portland, OR 97204-3299
Tel: (503) 275 97 50. Telefax: (503) 275 97 74.
Lane County Convention & Visitors Association
Suite 190, 115 West 8th Street
Eugene, OR 97440
Tel: (541) 484 53 07. Telefax: (541) 343 63 35.

FLÄCHE: 254.819 qkm.
BEVÖLKERUNGSZAHL: 3.032.000 (1993).
BEVÖLKERUNGSDICHTE: 11,9 pro qkm.
HAUPTSTADT: Salem. **Einwohner:** 107.786 (1990).
GEOGRAPHIE: Oregon hat viele landschaftliche Reize, über 230 *State Parks* und Hunderte von Campingplätzen in 13 *National Forests.* Mit knapp 400.000 Einwohnern ist Portland die einzige Großstadt des Staates.
ORTSZEIT: MEZ - 9.

REISEVERKEHR

FLUGZEUG: Der Flughafen in Portland verbindet mit allen größeren Städten der USA.
BAHN: Die *Amtrak*-Linie *Coast Starlight* fährt von Los Angeles über Klamath Falls, Chemult, Eugene, Albany, Salem und Portland nach Seattle. Die Linie *Empire Builder* nach Chicago beginnt in Portland. Die Linie *Pioneer* fährt von Seattle über Portland, Hood River, The Dalles, Hinkle-Hermiston, Pendleton, La Grande, Baker City und Ontario nach Chicago. Die Linien 2 und 3 fahren von Portland über The Dalles, Pendleton und Baker nach Salt Lake City.
BUS/PKW: Die *Greyhound*-Linie 30 fährt von San Francisco oder Sacramento über Medford, Grants Pass, Eugene, Albany und Salem nach Portland und weiter nach Seattle bzw. von San Francisco über Coos Bay, Florence, Newport und Lincoln City nach Portland.
Durchschnittliche *Greyhound*-Fahrzeiten: Portland – Sacramento: 14 Std; Portland – Salt Lake City: 20 Std; Portland – San Francisco: 16 Std; Portland – Spokane: 8 Std; Portland – Reno: 14 Std.

URLAUBSORTE & AUSFLÜGE

In **PORTLAND,** der »Stadt der Rosen«, gibt es wunderschöne Gärten, Restaurants für jeden Geschmack, gute Geschäfte, Konzerte, Jazz-Festivals und Theater. Das *Rose Festival* im Juni ist der Höhepunkt im alljährlichen Veranstaltungskalender. Ein internationaler Flughafen liegt 14 km östlich des Geschäftsviertels. *Washington Park,* auf den Hügeln im Westen gelegen, ist Teil eines großen Naturschutzgebiets. Im Sommer finden hier verschiedene Freilichtveranstaltungen statt. Zum Park gehören der Zoo, ein japanischer Garten und der Rosengarten. Im Umkreis von ca. 50 km gibt es sieben State Parks, die gute Wander- und Erholungsmöglichkeiten bieten. Besonders schön ist der herrliche Ausblick von *Crown Point* auf die Schlucht des Columbia River. Rund 80 km östlich von Portland liegen die Skigebiete des *Mount Hood National Forest*. Der Anblick des *Lost Lake* vor der Silhouette des *Mount Hood* ist unvergeßlich. Auf dem Weg nach Pendleton im Osten des Bundesstaates geht die Fahrt durch das landschaftlich sehr schöne Tal des Columbia River. Eindrucksvoll ist auch ein Besuch der Höhlenformationen des *Oregon Caves National Monument*. Führungen werden angeboten. In der im 19. Jahrhundert gegründeten Stadt **Jacksonville** haben sich zahlreiche historische Bauwerke erhalten. Der *Crater Lake National Park* entstand vor fast 7000 Jahren durch einen Vulkanausbruch; der *Crater Lake* (Kratersee) ist ein beliebtes Motiv für Hobbyfotografen. Die schöne Pazifikküste südlich der kalifornischen Grenze ist ein vielbesuchtes Ferienziel für Badeurlauber und Erholungssuchende. Eine Straße führt an der Küste entlang von Astoria nach Coos Bay an herrlichen Buchten und steilen Klippen vorbei. Ein Abstecher in das historische Astoria am *Columbia*-Fluß lohnt sich. Interessante Museen und Bauwerke, die an die lange Geschichte der Stadt erinnern, sorgen für kurzweilige Stunden. *Rockaway* ist ein netter Küstenort, Badefreuden kann man aber auch in *Tillamook, Lincoln City, Newport* und *Yachats* frönen. Bei Florence gilt es die *Sea Lion Caves* zu erkunden.

Pennsylvania

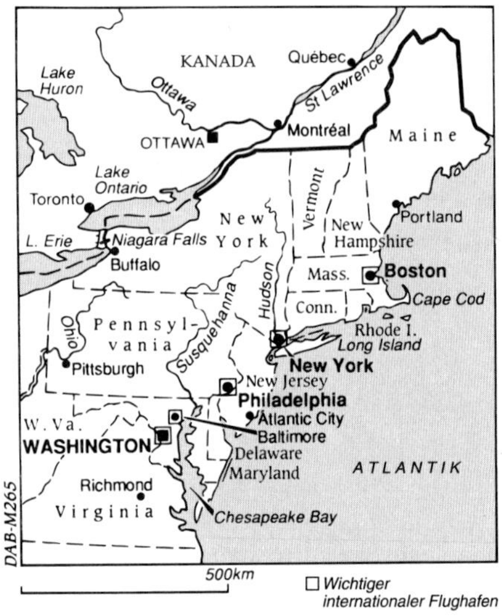

Lage: Nordosten.

Pennsylvania Regional
Auf der Feldbrede 6a
D-33611 Bielefeld
Tel: (0521) 87 55 60. Telefax: (0521) 87 54 65.
Mo-Fr 09.00-17.30 Uhr.
(Philadelphia und Lancaster County)
Pennsylvania Tourism
Kardinal-Schulte-Straße 32
D-51429 Bergisch Gladbach
Tel: (02204) 8 56 78. Telefax: (02204) 8 50 63.
Mo-Fr 09.00-17.30 Uhr (kein Publikumsverkehr).
(ohne Lancaster County)
Pennsylvania Bureau of Travel Development
Department of Commerce
Office of Travel Marketing
453 Forum Building
Harrisburg, PA 17120
Tel: (717) 787 34 05. Telefax: (717) 234 45 60.
Philadelphia Convention & Visitors Bureau
Suite 2020
1515 Market Street
Philadelphia, PA 19102
Tel: (215) 636 33 00. Telefax: (215) 636 33 27.
Pennsylvania Dutch Convention & Visitors Bureau
18th Floor
4 Gateway Center
Pittsburgh, PA 15222
Tel: (412) 281 77 11. Telefax: (412) 644 55 12.
Pittsburgh Convention & Visitors Bureau
501 Greenfield Road
Lancaster, PA 17601
Tel: (717) 299 89 01.
Gettysburg Convention and Visitors Bureau
35 Carlisle Street
Gettysburg, PA 17325
Tel: (717) 334 62 74. Telefax: (717) 334 11 66.

FLÄCHE: 119.291 qkm.
BEVÖLKERUNGSZAHL: 12.048.000 (1993).
BEVÖLKERUNGSDICHTE: 101 pro qkm.
HAUPTSTADT: Harrisburg. **Einwohner:** 52.376 (1990).
GEOGRAPHIE: Pennsylvania ist die Wiege der Vereinigten Staaten. Die Gründerväter des Landes unterzeichneten die berühmte Unabhängigkeitserklärung und die Verfassung in der *Independence Hall* von Philadelphia. Die Bewohner von Pennsylvania repräsentieren eine interessante Mischung der verschiedensten Völker und Kulturen. Die Landschaft besteht aus Bergketten, Wäldern, Agrarland und malerischen Wasserwegen und Flüssen. Der Lake Erie bildet die nordwestliche Grenze.
ORTSZEIT: MEZ - 6.

REISEVERKEHR

FLUGZEUG: Direktflüge nach Philadelphia von Frankfurt (*USAir*) und Zürich (*Swissair*).
Durchschnittliche Flugzeiten: *Philadelphia* – Frankfurt 8 Std; *Philadelphia* – London: 7 Std. 25; *Philadelphia* – New York: 50 Min; *Philadelphia* – Wien: 13 Std. 50 (einschl. 1 Std. 40 Zwischenaufenthalt in Chicago); *Philadelphia* – Zürich: 8 Std.
Internationale Flughäfen: *Philadelphia International (PHL)* liegt 13 km südwestlich der Stadt (Fahrzeit 25 Min). Der *Southeastern Pennsylvania Transit Authority's (SEPTA) Airport Express Train* ist die preiswerteste Verbindung zur Stadt und fährt alle 30 Min. zum Stadtzentrum (täglich 06.00-24.00 Uhr). Taxis, Mietwagen und Limousinen stehen ebenfalls zur Verfügung.
Greater Pittsburgh Airport wird von internationalen und nationalen Fluggesellschaften angeflogen, u. a. *British Airways* (London) und *USAir* (Frankfurt). Der Flughafen liegt 22,5 km westlich von Pittsburgh. Limousinen, Taxis, *Greyhound*-Busse und *Amtrak*-Züge stehen zur Verfügung. In der Stadt verkehren Busse, Straßen- und Hochbahnen der *SEPTA*. Mit dem *Cultural Bus Loop* kann man Stadtrundfahrten machen.
BAHN: Philadelphia liegt an der *Amtrak*-Verbindung Washington DC – New York (Fahrzeit je 1 Std. 30). Es bestehen auch Zugverbindungen nach New Orleans, Miami und Chicago. Einzelheiten über die Zugverbindungen sind den Abschnitten *Illinois* und *New York* zu entnehmen.
BUS/PKW: Das Straßennetz von Pennsylvania ist ausgezeichnet. Gute Landstraßen führen nach Philadelphia, Scranton, Harrisburg, Pittsburgh und Städten in den Nachbarstaaten wie Binghamton in New York und Morgantown in West Virginia. Die *Pennsylvania Turnpike* ist eine gebührenpflichtige Autobahn, die von New Jersey durch Pennsylvania nach Ohio führt.
Durchschnittliche Fahrzeiten: Philadelphia – New York und Baltimore: je 2 Std; Philadelphia – Washington DC: 3 Std; Philadelphia – Pittsburgh: 6 Std; Philadelphia – Chicago: 15 Std; Philadelphia – Miami: 25 Std; Philadelphia – Dallas: 31 Std; Philadelphia – Los Angeles: 56 Std; Philadelphia – Seattle: 59 Std.
Alle Fahrzeiten bei Fahrt ohne Halt innerhalb der Geschwindigkeitsbeschränkungen.
Durchschnittliche *Greyhound*-Fahrzeiten: Philadelphia – New York: 2 Std; Philadelphia – Washington DC: 3 Std; Philadelphia – Pittsburgh: 7 Std; Philadelphia – Chicago: 18 Std; Philadelphia – Miami: 30 Std; Philadelphia – Dallas: 37 Std; Philadelphia – Los Angeles: 65 Std; Philadelphia – Seattle: 74 Std.

URLAUBSORTE & AUSFLÜGE

PHILADELPHIA ist ein guter Ausgangspunkt für Fahrten zum weiter westlich liegenden »Pennsylvania Dutch Country«, zu den nördlichen Wintersportorten der Pocono-Berge, zur südöstlich liegenden Delaware-Halbinsel und zu den Stränden am Atlantik (Atlantic Seaboard). Die Stadt am Delaware ist ein bedeutendes Handels-, Forschungs-, Kunst- und Industriezentrum. Viele Ärzte erhalten hier ihre medizinische Ausbildung. Zahlreiche historische Orte und Gebäude können besichtigt werden.
1776 wurden die Unabhängigkeitserklärung und die Verfassung in der *Independence Hall* unterzeichnet, die im Zentrum des *Independence National Historical Park* besichtigt werden kann. Im gläsernen *Liberty Bell Pavilion* steht die Glocke, mit der die erste öffentliche Bekanntgabe der Unabhängigkeitserklärung eingeläutet wurde. *Franklin Court* ist heute ein unterirdisches Museum an der Stelle, wo einst Benjamin Franklins Haus stand. Sehenswert sind auch *Old City Hall, Christ Church* (Franklin und George Washington gingen hier zur Kirche), *Fairmount Park* am Schuylkill River, das *Philadelphia Museum of Art & Rodin Museum, Penn's Landing* (1682 landete hier William Penn, der Gründer des Staates) und der *Valley Forge National Historical Park* westlich der Stadt (eine bedeutende Gedenkstätte des amerikanischen Unabhängigkeitskrieges).
PITTSBURGH ist die zweitgrößte Stadt des Staates Pennsylvania. In der quirligen Metropole stehen riesige Wolkenkratzer neben schön angelegten Parkanlagen. Pittsburgh war einst Zentrum der Stahlindustrie, zahlreiche Stahlwerke sind heute jedoch stillgelegt, und Pittsburgh hat jetzt den Ruf einer grünen Stadt.
Der *Point State Park Fountain* symbolisiert den Zusammenfluß der Flüsse Monongahela und Allegheny, die zusammen den Ohio bilden. Der Brunnen steht im imposanten Geschäftsviertel *Golden Triangle*. Auch das *Buhl Science Center*, die Universität von Pittsburgh, das *Museum of Natural History* im *Carnegie Institute* und das *Fort Pitt Museum* (Sammlungen des historischen Pennsylvania) sind einen Besuch wert. *Pennsylvania Dutch Country* (das im 18. Jahrhundert eigentlich von Deutschen besiedelt wurde) liegt im Südosten des Staates. Hier wohnen die deutschstämmigen Amisch, die bis zum heutigen Tag die Sitten und Gebräuche ihrer Vorfahren beibehalten haben. Die Männer tragen Bärte, schwarze Hüte und Mäntel, die Frauen Häubchen und einfache, bodenlange Kleider. Die Gebiete **Lancaster, Lititz, Strasburg, Bird-in-Hand** und **Ephrata** sind sehenswert. Das prächtige Kapitol von **Harrisburg** hat 650 Zimmer. Die Stadt **Gettysburg** spielte eine große Rolle während des amerikanischen Bürgerkriegs. Hier kann man den *Gettysburg National Military Park* und die *Eisenhower National Historic Site* (Gedenkstätten) besichtigen. Die *Pocono*-Berge laden zum Angeln, Wandern, Reiten, Zelten und im Winter zum Skilaufen ein. Die Bergorte sind wie die Niagara-Fälle beliebte Ziele für Hochzeitsreisende.

SOZIALPROFIL

ESSEN & TRINKEN: Jede Region in Pennsylvania hat ihre eigenen Spezialitäten. Die Restaurants des Pocono-Berggebietes bieten ausgezeichnete Bergforellen an. Die Gerichte im Pennsylvania Dutch Country sind schmackhafte Variationen der deutschen Küche. Eingelegtes, Mariniertes, Gepökeltes, Apfelbutter, Klöße, Brezeln, Sirup und *Shoo-fly Pie* stehen auf der Speisekarte. Sieben süße und sieben saure Gerichte werden als kaltes Büfett angeboten, ähnlich dem skandinavischen *Smørgasbord*. Schmackhafte Würste und kalter Aufschnitt wie *Lebanon baloney* und getrocknetes Rindfleisch sind ebenfalls Spezialitäten dieser Region. Die besten Restaurants für diese Gerichte liegen in der Umgebung von Lancaster. **Getränke:** In Pennsylvania werden alkoholische Getränke nur an Personen über 21 Jahre ausgeschenkt, und abgefüllte Spirituosen werden nur in staatlich kontrollierten Geschäften verkauft.
EINKAUFSTIPS: Philadelphia war schon immer für ausgezeichnete Antiquitäten und Kunstgewerbeartikel bekannt. Zu den besten Einkaufsgegenden zählen *New Market, Head House Square* und die *Bourse*. Das elegante Kaufhaus *John Wanamaker* in Philadelphia ist einen Besuch wert.
NACHTLEBEN: In den Sommermonaten finden im *John B. Kelly Playhouse* in Philadelphia zahlreiche Aufführungen statt. In der *Academy of Music* stehen Opern und klassische Konzerte des ausgezeichneten *Philadelphia Orchestra*, unter der Leitung von Wolfgang Sawallisch, auf dem Programm. Im riesigen *Mann Music Center* im Fairmount Park werden im Sommer wunderschöne Konzerte veranstaltet. Es gibt zahllose Supper Clubs, Nachtklubs, Jazzklubs und ethnische Veranstaltungen.
VERANSTALTUNGSKALENDER
25. Mai - 28. Sept. '96 *Longwood Gardens Festival of Fountains*, Chester County. **7. - 23. Juni** *Pittsburgh Three-Rivers-Kunstfestival*, Pittsburgh. **29. Juni - 7. Juli** (1) *Gettysburger Bürgerkriegstage*, Adams County. (2) *Kutztown Pennsylvania German Festival*, Berks County. **1. - 4. Aug.** *Three Rivers Regatta*, Pittsburgh. **10. - 18. Aug.** *Musikfest*, Bethlehem, Northhampton County. **6. - 8. Sept.** *Delaware Water Gap Celebration of the Arts*.

KLIMA

Das Wetter ist mitunter recht wechselhaft; ganzjährig gelegentlich Niederschläge. Warme Sommer, mitunter gibt es Hitzewellen.

Rhode Island

Lage: Nordostküste.

Discover New England
c/o Herzog HC GmbH
Borsigallee 17
D-60388 Frankfurt/M.
Tel:(069) 42 08 90 89.Telefax:(069) 41 25 25.
Mo-Fr 09.00-18.00 Uhr (kein Publikumsverkehr).
Rhode Island Tourism Division
1 West Exchange Street
Providence, RI 02903
Tel: (401) 277 26 01. Telefax: (401) 277 21 02.
Providence Convention & Visitors Bureau
30 Exchange Terrace
Providence, RI 02903
Tel: (401) 274 16 36. Telefax: (401) 351 20 90.

FLÄCHE: 4002 qkm.
BEVÖLKERUNGSZAHL: 1.000.000 (1993).
BEVÖLKERUNGSDICHTE: 248,6 pro qkm.
HAUPTSTADT: Providence. **Einwohner:** 160.728 (1990).
GEOGRAPHIE: Rhode Island, einer der Staaten Neuenglands und zugleich der kleinste der 50 Bundesstaaten, bietet breite Sandstrände, Parks, interessante Städte und viele historische Gebäude.
ORTSZEIT: MEZ - 6.

USA

REISEVERKEHR

FLUGZEUG: Der Flughafen in Providence verbindet mit allen größeren Städten der USA.
BAHN: Die *Amtrak*-Linien *Colonial* und *Virginian* fahren von Washington DC über New York und *Providence* nach Boston.
BUS/PKW: Von New York gibt es *Greyhound*-Verbindungen nach New Haven, Hartford und Providence.

URLAUBSORTE & AUSFLÜGE

PROVIDENCE ist die zweitgrößte Stadt Neuenglands mit vielen schönen restaurierten Gebäuden in der *East Side*. Besonders reizvoll sind das *First Baptist Meeting House* (1776 erbaut) und das *John Brown House* (1786). Einer der größten Urlaubsorte ist **Newport**, wo man noch zahlreiche schöne Holzhäuser aus dem 17. und 18. Jahrhundert sehen kann. Die Stadt ist außerdem bekannt für ihre guten Strände, berühmten Jachtregatten und Musik- und Kunstfeste. Viele der imposanten Herrenhäuser, denen z. T. europäische Schlösser als Vorbild dienten, können besichtigt werden (u. a. die von Vanderbilt und Astor). Die Sommerurlaubsinsel *Block Island* ist mit der Fähre von Newport und Galilee aus zu erreichen. Die landschaftlich interessanteste Region, die *Narragansett Bay*, hat eine große Fischindustrie und ist Austragungsort einiger Segelregatten.

South Carolina

Lage: Ostküste.

Fremdenverkehrsbüro South Carolina
Pfingstweidstraße 4
D-60316 Frankfurt/M.
Tel: (069) 43 82 70. Telefax: (069) 43 83 75.
Mo-Fr 09.00-17.00 Uhr (kein Publikumsverkehr).
South Carolina Division of Tourism
Suite 522
1205 Pendleton Street
Columbia, SC 29201
Tel: (803) 734 01 29. Telefax: (803) 734 11 63.
Columbia Convention & Visitors Bureau
1012 Gervais Street
Columbia, SC 29202
Tel: (803) 254 04 79. Telefax: (803) 929 35 10.
Charleston Trident Convention & Visitors Bureau
81 Mary Street
PO Box 975
Charleston, SC 29402
Tel: (803) 577 25 10. Telefax: (803) 723 48 53.

FLÄCHE: 82.902 qkm.
BEVÖLKERUNGSZAHL: 3.643.000 (1993).
BEVÖLKERUNGSDICHTE: 43,9 pro qkm.
HAUPTSTADT: Columbia. **Einwohner:** 98.052 (1990).
GEOGRAPHIE: South Carolina, einer der 13 Gründerstaaten der USA, hat eine bewegte Vergangenheit. In den nördlichen Bergausläufern fanden während des Bürgerkriegs schwere Kämpfe statt, und viele Schlachten des Unabhängigkeitskrieges wurden hier ausgetragen. Die landschaftliche Vielfalt reicht von Bergen und Seen bis zu herrlichen Stränden und wunderschönen Plantagen mit alten Herrenhäusern (fast wie in »Vom Winde verweht«).
ORTSZEIT: MEZ - 6.

REISEVERKEHR

FLUGZEUG: Die Flughäfen in Charleston und Columbia verbinden mit allen größeren Städten der USA.
BAHN: Es gibt *Amtrak*-Verbindungen von Atlanta über Clemson, Greenville und Spartanburg nach Washington DC und New York. Denmark, Columbia, Camden, Yemassee, Charleston, Kingstree, Florence und Dillon sind auch per Zug zu erreichen.
BUS/PKW: *Greyhound*-Verbindungen gibt es in Columbia, Florence, Charleston, Kingstree, Georgetown, Myrtle Beach und Wilmington. Autovermietungen gibt es auf jedem größeren Flughafen.

URLAUBSORTE & AUSFLÜGE

Die älteste britische Siedlung, **CHARLESTON**, liegt an der Küste und ist eine der größten Touristenattraktionen. In dieser Hafenstadt begann einst der amerikanische Bürgerkrieg und Hunderte von historischen Plätzen und Gebäuden stammen noch aus der Zeit der amerikanischen Revolution. Hier findet man unter anderem die typischen Südstaatenresidenzen, kopfsteingepflasterte Straßen und in der näheren Umgebung Plantagen und Gärten. Ganz besonders das historische Geschäftsviertel ist von pastellfarbenen Gebäuden mit schönen schmiedeisernen Verzierungen, Zäunen und üppigen Gärten übersät. Stadtrundfahrten sind auch in der Pferdekutsche möglich. Ansonsten kann man den alten Stadtkern auch gut zu Fuß besichtigen. Es gibt zahlreiche Museen, Antiquitätengeschäfte und Restaurants zu erkunden sowie den Jachthafen, den *Charles Towne Landing State Park* und die *Middleton-Place*-Gartenanlagen, die zu den ältesten der USA gehören. Die nahegelegenen Magnolien- und Zypressengärten und die *Middleton-Place*-Plantage haben ebenfalls reizvolle Gartenanlagen. Auch der *Riverbanks Zoo* in **Columbia** ist einen Besuch wert. Die Hauptstadt bietet neben wundervollen Parks einige interessante Museen sowie das *South Carolina State Museum* und das *Columbia Museum of Art*. Am *State House* sind immer noch Spuren des Kanonenbeschusses von General William Sherman aus dem Bürgerkrieg zu finden. Das *Horseshoe* (Hufeisen) auf dem Universitätsgelände der *University of South Carolina* ist eine sehenswerte Häuserzeile aus dem frühen 19. Jahrhundert. Ein El Dorado für Wassersportfans ist der nahegelegene *Lake Murrey*. Bei **Aiken** südwestlich von Columbia beginnt das Land der Vollblutpferde, die hier für die großen amerikanischen Rennen der Saison trainiert werden. Aiken selbst ist ein hübsches Städtchen mit imposanten alten Häusern. Früher verbrachten hier die einflußreichsten Familien des Landes die Wintermonate. **Abbeville** ist ebenfalls eine reizvolle Kleinstadt, besonders sehenswert ist der Marktplatz. Ein herrliches Feriengebiet ist die Region des *Grand Strand* im Nordosten. Die historische Farmergemeinde von Pendleton, Autorennen in Darlington, die Gastfreundschaft der Südstaaten und die Geschichte in Beaufort, Rock Hill, Florence und Greenwood sowie großartiges Golfspielen in Sumter und die Rosengärten von Orangeburg sind weitere beliebte Feriendestinationen. Entlang der Küste von **Myrtle Beach** stehen dem Besucher mehr als 80 Golfplätze zur Verfügung und der Grand Strand lädt mit 96 Kilometern weiten menschenleeren Stränden zum Muschelsuchen ein. In den *Brookgreen Gardens* ist die größte Sammlung amerikanischer Skulpturen im Freien inmitten moosbewachsener Eichen zu besichtigen. Beliebte Urlaubsorte an dieser 95 km langen sonnigen Küste sind die friedlichen Inseln wie **Kaiwah**, **Seabrook** und **Hilton Head** mit 20 km wunderschöner Strände, urwüchsigen Wäldern und Golfplätzen. Der *Oconee State Park* liegt im dicht bewachsenen Hochland im Norden inmitten des großartigen *Sumter National Forest*. Das Gebiet **Greenville/Spartanburg** ist seit langem als Textilzentrum der Welt sowie als Kulturzentrum bekannt, und bietet einige der schönsten Erholungsmöglichkeiten des Südostens, einschließlich einer abenteuerlichen Kanufahrt auf dem *Chattooga River*. **Walhalla** ist eine pittoreske kleine Ortschaft, die von deutschen Einwanderern Mitte des 19. Jahrhunderts gegründet wurde. Der amerikanischen Geschichte auf der Spur ist man bei einer Fahrt durch das sanfte Hügelland des *Pendleton Historical and Recreational District*. Sehenswerte Museen, malerische Häuser, eine alte Mühle (*Hagood Mill* bei Pickens) und die idyllische Landschaft machen den Reiz dieser Region aus.

South Dakota

Lage: Mittlerer Norden.

Fremdenverkehrsbüro South Dakota
Rocky Mountain International
c/o Wiechmann Tourism Services
Scheidswaldstraße 73
D-60385 Frankfurt/M.
Tel: (069) 44 60 02. Telefax: (069) 43 96 31.
Mo-Fr 09.00-18.00 Uhr.
South Dakota Division of Tourism
711 East Wells Avenue
Pierre, SD 57501-3369
Tel: (605) 773 33 01. Telefax: (605) 773 32 56.
Rapid City Area Convention & Visitors Bureau
444 Mount Rushmore Road
PO Box 747
Rapid City, SD 57709
Tel: (605) 343 17 44. Telefax: (605) 348 92 17.
Sioux Falls Convention & Visitors Bureau & Chamber of Commerce
Suite 102
200 North Philips Avenue
PO Box 1425
Sioux Falls, SD 57101-1425
Tel: (605) 336 16 20. Telefax: (605) 336 64 99.

FLÄCHE: 199.744 qkm.
BEVÖLKERUNGSZAHL: 715.000 (1993).
BEVÖLKERUNGSDICHTE: 3,6 pro qkm.
HAUPTSTADT: Pierre. **Einwohner:** 12.906 (1990).
GEOGRAPHIE: In South Dakota erwarten den Besucher die dramatischen Badlands (»Ödland«), fruchtbare Prärien, alte Pionierstädte und die Black Hills mit Wäldern, Seen und Höhlen.
ORTSZEIT: MEZ - 7 (östlicher Teil), MEZ - 8 (westlicher Teil).

REISEVERKEHR

FLUGZEUG: Der Flughafen in Rapid City verbindet mit allen größeren Städten der USA.
BUS/PKW: *Greyhound*-Busse fahren von Aberdeen und Sioux Falls nach Minneapolis.

URLAUBSORTE & AUSFLÜGE

In South Dakota geht es recht geruhsam zu, es gibt keine Großstädte. **Sioux Falls** mit knapp 90.000 Einwohnern ist die größte Stadt des Staates. Bei einem Besuch im *Pettigrew Museum* kann man sich mit Geschichte und Kultur des Dakota-Stammes vertraut machen, der South und North Dakota den Namen gegeben hat. Sioux Falls und **RAPID CITY** sind gute Ausgangspunkte für eine Erkundungsfahrt durch South Dakota und leicht mit dem Flugzeug zu erreichen. Größte Touristenattraktion ist das *Mount Rushmore Memorial*, wo die Gesichter von vier amerikanischen Präsidenten in mehr als zehnjähriger Arbeit aus dem Berg gemeißelt wurden. Naturfreunde sollten den *Black Hills National Forest*, den *Badlands*-Nationalpark und den *Wind-Cave*-Nationalpark besuchen. Büffel in freier Wildbahn kann man im *Custer State Park* erleben.

Tennessee

Lage: Mittlerer Osten.

Tennessee Department of Tourism
PO Box 23170
Nashville, TN 37202-3170
Tel: (615) 741 21 58/9. Telefax: (615) 741 72 25.
Nashville Convention & Visitors Bureau
161 4th Avenue North
Nashville, TN 37219
Tel: (615) 259 47 60. Telefax: (615) 244 62 78.
Memphis Convention & Visitors Bureau
47 Union Avenue
Memphis, TN 38103
Tel: (901) 543 53 00. Telefax: (901) 543 53 50.
Knoxville Convention & Visitors Bureau
810 Clinch Avenue
PO Box 15012
Knoxville, TN 37901
Tel: (423) 523 72 63. Telefax: (423) 673 44 00.

FLÄCHE: 109.158 qkm.
BEVÖLKERUNGSZAHL: 5.099.000 (1993).
BEVÖLKERUNGSDICHTE: 46,7 pro qkm.
HAUPTSTADT: Nashville. **Einwohner:** 510.784 (1990).
GEOGRAPHIE: Mehr als die Hälfte des Staates ist bewaldet, und große Teile wurden zu Staats- und Nationalparks, Tierreservaten, Wald- und Wildnisschutzgebieten erklärt.
ORTSZEIT: MEZ - 7.

REISEVERKEHR

FLUGZEUG: Die Flughäfen in Memphis und Nashville verbinden mit allen größeren Städten der USA.
BAHN: Die *Amtrak*-Linien *River Cities* und *City of New Orleans* fahren von New Orleans über Memphis und Dyersburg nach Kansas City (River Cities) bzw. Chicago (City of New Orleans).
BUS/PKW: Die *Greyhound*-Linien 12 und 7036 fahren von Little Rock über Memphis, Jackson, Nashville, Knoxville und Kingsport nach Raleigh (7036) und Washington (12).

URLAUBSORTE & AUSFLÜGE

NASHVILLE ist berühmt als Musikstadt und für seine guten Colleges, Kirchen (mehr als 750) und einen originalgetreuen Nachbau des griechischen Parthenon. Die *Country Music Hall of Fame* (Konzertsaal und Museum) und der Musik- und Freizeitpark *Opryland USA* (Live-

Shows) machen der *Music City USA*, wie Nashville auch genannt wird, alle Ehre. Das Unterhaltungsangebot ist groß – Theateraufführungen, Konzerte, Nachtbars, Ballett und Oper, für jeden Geschmack ist etwas dabei. Natürlich bestimmt jedoch die Country und Western Musik den Veranstaltungskalender. Nashville liegt eingebettet in eine reizvolle Hügellandschaft und bietet zahlreiche Ausflugs- und Erholungsmöglichkeiten. Sechs Nationalparks und große Seen befinden sich im Umkreis der Stadt. Besuchenswert ist auch *The Hermitage*, der frühere Landsitz des Präsidenten Andrew Jackson mit schönen Gartenanlagen. **Memphis** ist die größte Stadt des Staates und ein wichtiges Handelszentrum. Ihren Aufstieg verdankt die Stadt am Mississippi der Baumwolle und der verkehrsgünstigen Lage. In den letzten 20 Jahren hat sich das Stadtbild durch Neubauprojekte sehr verändert, und das Sanierungsprogramm zur Stadterneuerung ist noch nicht abgeschlossen. *Victorian Village*, das kleine Altstadtviertel, liegt im Herzen der Innenstadt. Die hübschen Häuser geben einen Eindruck davon, wie es in Memphis im 19. Jahrhundert ausgesehen hat. Das *Fontaine House*, das *Magevney House* (1831 erbautes malerisches Häuschen mit Originalmöbelstücken) und das *Mallory-Neely House* können besichtigt werden. Das rege Nachtleben spielt sich vor allem am *Overton Square* und in der in vielen Blues-Songs besungenen *Beale Street* ab, die vor einiger Zeit saniert wurde. Hier lebte der Vater des Blues, W. C. Handy. Am legendären Geburtsort des Blues entstand ein Zentrum schwarzer Kultur und Musik. Einen Blick in die Vergangenheit erlaubt das Indianerdorf *Chucalissa Indian Village* (Mitchell Road), das zwischen 900 und 1500 mehr als 1000 Einwohner hatte. Beliebt sind Fahrten auf dem Mississippi mit kurzen »Landgängen« auf Sandbänken. Haupt-Touristenattraktion für viele ist jedoch **Graceland**, der frühere Wohnort Elvis Presleys. Jedes Jahr im August gedenkt Memphis mit besonderen Veranstaltungen des König des *Rock 'n' Roll*. In **Chattanooga** sollte man den fast 700 m hohen *Lookout Mountain* mit den *Rock-City-Gärten* und den *Rubin-Wasserfällen* besuchen. **Knoxville** hat einige sehenswerte alte Häuser aus der Zeit vor dem Sezessionskrieg. Die imposantesten sind *Blount Mansion*, das sich der Gouverneur William Blount 1792 erbauen ließ, die schöne *Confederate Memorial Hall* und das außerhalb der Stadt gelegene *Ramsey House*. **Gatlinburg** ist ein guter Ausgangspunkt für Ausflüge zum *Great Smoky Mountain Nationalpark* (s. auch North Carolina).

Texas

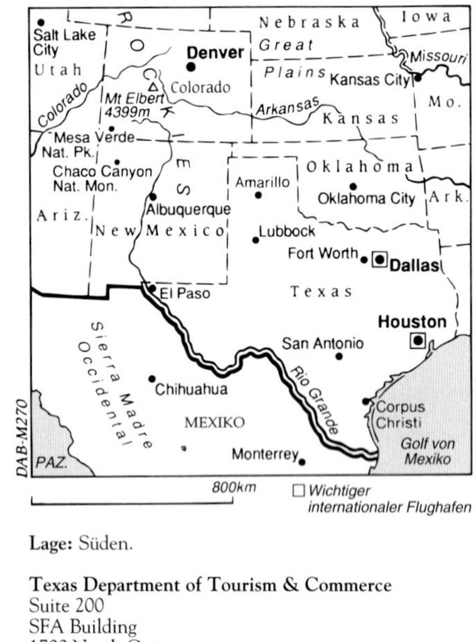

Lage: Süden.

Texas Department of Tourism & Commerce
Suite 200
SFA Building
1700 North Congress
PO Box 12728
Austin, TX 78711
Tel: (512) 462 91 91. Telefax: (512) 936 00 88.
Austin Convention & Visitors Bureau
201 East 2nd Street
Austin, TX 78701
Tel: (512) 474 51 71. Telefax: (512) 404 43 83.
Arlington Convention & Visitors Bureau
Suite 650
1250 East Copeland Road
PO Box A
Arlington, TX 76011
Tel: (817) 265 77 21. Telefax: (817) 265 56 40.
Dallas Convention & Visitors Bureau
Suite 2000
1201 Elm Street
Dallas, TX 75270
Tel: (214) 746 66 64, 746 66 77. Telefax: (214) 746 66 88.
Fort Worth Convention & Visitors Bureau
415 Throckmorton Street
Fort Worth, TX 76102
Tel: (817) 336 87 91. Telefax: (817) 336 32 82.
Greater Houston Convention & Visitors Bureau
801 Congress Avenue
Houston, TX 77002
Tel: (713) 227 31 00. Telefax: (713) 227 63 36.
San Antonio Convention & Visitors Bureau
121 Alamo Plaza
PO Box 2277
San Antonio, TX 78298
Tel: (210) 270 87 00. Telefax: (210) 270 87 82.
El Paso Convention & Visitors Bureau
1 Civic Center Plaza
El Paso, TX 79901
Tel: (915) 534 06 96 (Konferenzinformation), 534 06 00 (Tourist-Information). Telefax: (915) 534 06 86.

FLÄCHE: 695.676 qkm.
BEVÖLKERUNGSZAHL: 18.031.000 (1993).
BEVÖLKERUNGSDICHTE: 26 pro qkm.
HAUPTSTADT: Austin. **Einwohner:** 465.622 (1990).
GEOGRAPHIE: Texas, der *Lone Star State*, ist mit einer Ausdehnung von mehr als 600.000 qkm der zweitgrößte Staat der USA. Bis 1836 war Texas eine spanische Kolonie. Der Rio Grande bildet die Grenze nach Mexiko. Im Westen liegen riesige Gebirge und tiefe *Cañons*, im Osten Plantagen und Nadelwälder. Im Norden des Landes erstrecken sich weitläufige Prärien, im Süden wunderschöne Strände am Golf von Mexiko, Tiefebenen und umfangreiche Zitrusfruchthaine. Riesige Erdölvorkommen haben dem Staat zu Wohlstand verholfen. Houston, Dallas, Fort Worth und San Antonio sind die größten Städte; die Hauptstadt ist Austin.
ORTSZEIT: MEZ - 7.

REISEVERKEHR

FLUGZEUG: Durchschnittliche Flugzeiten:
Dallas/Fort Worth – Austin: 50 Min; *Dallas/Fort Worth* – Frankfurt: 9 Std. 20; *Dallas/Fort Worth* – London: 11 Std. (einschl. Zwischenlandung); *Dallas/Fort Worth* – Miami: 2 Std. 40; *Dallas/Fort Worth* – New York: 3 Std. 30; *Dallas/Fort Worth* – Wien: 14 Std. (einschl. Zwischenlandung); *Dallas/Fort Worth* – Zürich: 11 Std. 50 (einschl. Zwischenlandung).
Houston – Frankfurt: 10 Std. 10; *Houston* – London: 10 Std. 15; *Houston* – Miami: 2 Std. 25; *Houston* – New York: 3 Std. 30; *Houston* – Wien: 16 Std. 40 (einschl. 1 Std. 55 Zwischenaufenthalt in Chicago); *Houston* – Zürich: 12 Std. (einschl. 2 Std. Zwischenaufenthalt in Atlanta).
Internationale Flughäfen: *Dallas/Fort Worth International (DFW)* ist von beiden Städten 27 km entfernt (Fahrzeit 35 Min.). Fast alle Hotels bieten kostenlose Zubringerbusse. Preiswerte Busse zu beiden Stadtzentren fahren alle 30-60 Min. rund um die Uhr. Taxis stehen ebenfalls zur Verfügung.
Houston (IAH) (Intercontinental) liegt 32 km nördlich der Stadt (Fahrzeit 30 Min.). Kostenlose Zubringerbusse der Hotels fahren rund um die Uhr alle 30 Min. von den meisten Hotels ab. Busse zur Stadt und in die Umgebung sind preiswert, Taxis sind jedoch recht teuer.
San Antonio International liegt etwa 14 km außerhalb der Stadt. Flugverbindungen bestehen nach Lateinamerika und zu den größeren Städten innerhalb der Vereinigten Staaten. Expreßbusse (40 Cents pro Person) und Zubringerbusse (6 US$ pro Person) verkehren zum Stadtzentrum. Taxis stehen ebenfalls zur Verfügung, und die Fahrt ins Stadtzentrum kostet etwa 12 US$. Einige Hotels haben eigene Zubringerbusse.
Inlandflughafen: *Love Field* liegt etwa 9,5 km außerhalb von Dallas.
BAHN: Es gibt nur wenige *Amtrak*-Verbindungen. Dallas/Fort Worth liegt auf der Strecke Los Angeles – San Antonio – Chicago, Houston auf der Stecke Los Angeles – New Orleans. Es gibt nur Fernzüge und keine Nahverkehrsverbindungen. Durchschnittliche Fahrzeiten s. *Kalifornien*.
BUS/PKW: *Greyhound*-Busse fahren regelmäßig nach Dallas, Fort Worth, Houston, San Antonio und zu anderen größeren Städten in Texas und den Nachbarstaaten.
Durchschnittliche Pkw-Fahrzeiten: Dallas/Fort Worth – Oklahoma City und Houston: je 4 Std. 30; Dallas/Fort Worth – San Antonio: 6 Std; Dallas/Fort Worth – Little Rock: 7 Std; Dallas/Fort Worth – Amarillo und Kansas City: je 7 Std; Dallas/Fort Worth – Jackson: 8 Std; Dallas/Fort Worth – New Orleans: 10 Std; Dallas/Fort Worth – El Paso: 12 Std; Dallas/Fort Worth – St. Louis: 13 Std; Dallas/Fort Worth – Denver: 16 Std; Dallas/Fort Worth – Chicago: 19 Std; Dallas/Fort Worth – Mexico City: 24 Std; Dallas/Fort Worth – Miami: 28 Std; Dallas/Fort Worth – Los Angeles: 29 Std; Dallas/Fort Worth – New York: 33 Std; Dallas/Fort Worth – Seattle: 44 Std. Houston – San Antonio: 4 Std; Houston – Brownsville und New Orleans: je 7 Std; Houston – El Paso: 15 Std; Houston – Chicago: 24 Std; Houston – Miami: 25 Std; Houston – Los Angeles: 31 Std; Houston – New York: 36 Std; Houston – Seattle: 49 Std.
Alle Fahrzeiten bei Fahrt ohne Halt innerhalb der Geschwindigkeitsbegrenzungen.
Durchschnittliche *Greyhound*-Fahrzeiten: Dallas/Fort Worth (Tel: (800) 231 22 22) – Oklahoma City oder Houston: je 4 Std. 30; Dallas/Fort Worth – San Antonio: 6 Std; Dallas/Fort Worth – Tulsa: 7 Std; Dallas/Fort Worth – Amarillo: 8 Std; Dallas/Fort Worth – Memphis: 13 Std. 30; Dallas/Fort Worth – New Orleans und El Paso: je 13 Std.
Houston – San Antonio: 4 Std; Houston – Dallas: 4 Std. 30; Houston – New Orleans: 8 Std. 30.
STADTVERKEHR: Dallas/Fort Worth: Die Busnetze sind durchweg gut. *Greyhound* verkehrt zwischen Dallas und Fort Worth. Fast alle Autovermietungen haben Niederlassungen in beiden Städten. Wohnwagen können ebenfalls gemietet werden. Die Adressen und Telefonnummern findet man im Dallas/Fort Worth-Branchenbuch.
Houston: Busse der *Metropolitan Transport Authority (METRO)* fahren zu recht günstigen Preisen, Taxis sind recht teuer. Mietwagen sind ideal für Ausflüge, sollten aber rechtzeitig im voraus bestellt werden.

URLAUBSORTE & AUSFLÜGE

DALLAS hat sich vom ehemaligen Handelsposten zu einer weltweit anerkannten Wirtschafts- und Modemetropole entwickelt. Die Stadt hat hochmoderne Wolkenkratzer, elegante Geschäfte, ausgezeichnete Restaurants und ein vielseitiges Kulturleben.
Dallas bietet viele historische Stätten, aber auch faszinierende futuristische Sehenswürdigkeiten. In der City schimmern gläserne Hochhäuser, während im *West End Historic District* Gebäude aus dem 19. Jahrhundert mit zahlreichen Geschäften, Restaurants und Museen stehen. Der *McKinney*-Oberleitungsbus fährt Straßen mit roten Ziegelhäusern entlang. *Old City Park* ist ein Pilot-Gemeindeprojekt mit Wohnhäusern, einer Kirche, einer Schule und einer Hauptstraße, wie sie es zu Siedlerzeiten gegeben hat. In einem gläsernen Fahrstuhl kann man in das 50. Stockwerk des *Reunion Tower* hinauffahren; hier gibt es eine Aussichtsterrasse und ein sich drehendes Restaurant, in dem abends Tanz angeboten wird. *Dealy Plaza* war Schauplatz der Ermordung John F. Kennedys, und im 6. Stock werden Zeugnisse des dramatischen Ereignisses ausgestellt. Das *John F. Kennedy Memorial* in der Main und Market Street ist ganzjährig geöffnet. Im *State Fair Park* kann man das *Age of Steam Museum*, das *Dallas Health & Science Museum*, das *Planetarium*, das *Dallas Museum of Art*, das *Dallas Museum of Natural History* (interessante Dinosaurier-Ausstellung) sowie die *Texas Hall of State* besichtigen. Für Familienunternehmungen eignen sich besonders der *Penny Whistle Park*, das *Dallas Aquarium*, der *Farmer's Market*, der *Dallas Zoo* und das *Dallas Aquarium*.
FORT WORTH war ursprünglich ein Militärposten, spielte später eine wichtige Rolle als Viehmarkt und ist auch heute noch ein Zentrum für die Rinderzucht. Man spürt noch immer den Geist des ehemaligen Wilden Westen.
Auch die historischen Schlachthöfe in Northside erinnern an den Wilden Westen. Ein Blockhüttendorf, ein Zoo und ein japanischer Garten laden zur Besichtigung ein. Besuche zum *Amon Carter Museum of Western Art*, zur *Sid Richardson Collection of Western Art*, zum *Fort Worth Art Museum* und zum *Kimbell Art Museum* sind ebenfalls empfehlenswert.
Der *Six-Flags-Over-Texas*-Freizeitpark zwischen Dallas und Fort Worth hat über 200 verschiedene Karussells, Achterbahnen und ähnliche Nervenkitzel. *Abilene*, 242 km westlich von Fort Worth, ist eine nachgebaute Pionier-Siedlung. Im äußersten Norden, in der Nähe von **Amarillo**, liegt der *Palo Duro Canyon State Park* in atemberaubender Landschaft. Er ist ideal für Wanderungen, Ausritte, Picknicks und zum Camping. Das *Panhandle Plains Museum* im nahegelegenen *Canyon* veranschaulicht die Entwicklungsgeschichte dieser Region von der frühen Geschichte der Indianer über die Pionierzeit bis zur Gegenwart.
HOUSTON hat mehr als 2,7 Millionen Einwohner. Seit 1901 in Beaumont das Schwarze Gold entdeckt wurde, ist Houston Zentrum der amerikanischen Erdölindustrie. Die Stadt ist auch das Hauptquartier der amerikanischen Raumfahrt (das *Lyndon B Johnson Space Center* der NASA ist ganz in der Nähe) und eine bedeutende Hafenstadt. Der 80 km lange *Houston Ship Canal* verbindet Houston mit dem Golf von Mexiko. Die hochaufragenden Wolkenkratzer zeugen von der florierenden Wirtschaft.
Im Stadtzentrum befinden sich das moderne *Civic Center*, der *Sam Houston Historical Park*, der *Tranquility Park* und der *Old Market Square*. Der Eintritt in den Zoologischen Garten ist kostenlos. Das alte Kriegsschiff *Battleship Texas* ankert auf dem Fluß Jacinto. Das nahegelegene *Battleground Monument* erinnert an die Schlacht von 1836, in der die Texaner um ihre Unabhängigkeit kämpften. Im *Lyndon B Johnson Space Center* kann man Filme über das Programm der NASA, Raumschiffe und Ausrüstungen der Astronauten sehen.
Etwa 10 km außerhalb der Stadt liegt das eindrucksvolle *Astrodome*-Sportstadion. Der nahegelegene *AstroWorld*-Freizeitpark hat Attraktionen für die ganze Familie. Gleich nebenan liegt der Wasser-Freizeitpark *Waterworld*. **Galveston Island** südöstlich von Houston am Golf von Mexiko hat eine recht bunte Vergangen-

heit. Hier sollen auch Piraten ihr Unwesen getrieben haben. Heute ist die Insel eher für schöne Strände, ausgezeichnete Wassersportmöglichkeiten und ihren Fischreichtum bekannt.
SAN ANTONIO, eine moderne und wohlhabende Stadt, kann ihre spanische Vergangenheit nicht verleugnen, die sich in den Fiestas, der Architektur und natürlich auch im Lebensstil bemerkbar macht. Das Geschäfts- und Vergnügungsviertel Paseo del Rio ist einmalig. 1836 wurde am *Alamo* eine wilde Schlacht zwischen einer Handvoll Texaner und einer übermächtigen mexikanischen Armee ausgetragen. Davy Crockett war der Führer der freiheitsliebenden Texaner. Der Alamo ist auch heute noch ein Denkmal der Tapferkeit und des Patriotismus der Texaner. Der Unterhaltungskomplex *Heart of Texas* auf der anderen Straßenseite ist der Geschichte, den Legenden und dem Lebensstil des Staates Texas gewidmet. Im nahegelegenen *Brackenridge Park* liegen das Quellgebiet des Flusses San Antonio und uralte Eichenhaine.
Das hügelige Land westlich von San Antonio ist ideal für Wanderungen. Auf zahlreichen Farmen der Umgebung kann man einen Aktivurlaub auf dem Bauernhof verbringen. **New Braunfels**, zwischen Austin und San Antonio, wurde Mitte des 19. Jahrhunderts von deutschen Einwanderern gegründet. Ihre Nachkommen begehen auch heute noch traditionelle deutsche Feste. **Corpus Christi** am Golf von Mexiko war im 19. Jahrhundert ein idealer Piratenunterschlupf und ist heute ein bekannter Seehafen und Urlaubsort. In Küstennähe liegt **Padre Island**, eine schmale, aber 170 km lange Sandbank, die ideal zum Angeln und für alle möglichen Wassersportarten geeignet ist. Ein Großteil des Ufers ist Wasserschutzgebiet. Ein Damm verbindet die Insel mit Corpus Christi.
Die schöne texanische Hauptstadt **AUSTIN** liegt 128 km nordöstlich von San Antonio und ist das Tor zum texanischen Hügelland und den Hochlandseen. Auf dem 100 ha großen Gelände der *University of Texas* stehen die *Lyndon B Johnson Presidential Library*, das *Texas Confederate Museum* und das 1856 errichtete *Governor's Mansion* (Gouverneurspalast).
Nordwestlich der Stadt erstreckt sich die 240 km lange Seenkette der *Highland Lakes*, ein Wassersportparadies. Ein Tagesausflug in die landschaftlich wunderschöne Umgebung lohnt sich unbedingt.
EL PASO, die größte amerikanische Stadt an der mexikanischen Grenze, liegt ganz im Westen des Staates am Rio Grande inmitten der dramatischen Franklin-Berge. Die nächstgelegene texanische Stadt ist weiter entfernt als die Städte New Mexicos, Arizonas und Südkaliforniens. Der *El Paso International Airport* befindet sich 13 km östlich der Stadt und bietet sich als Ausgangspunkt für Reisen in die Berge und Cañons an. Eine Fahrt mit der Hochbahn ermöglicht eine atemberaubende Aussicht auf Texas und Mexiko. El Paso hat ein großes Angebot an kulturellen und sportlichen Freizeitmöglichkeiten wie Symphoniekonzerte, Theater, Museen, Bibliotheken, Pferde- und Hunderennen. Die *University of Texas* ist für ihre Architektur im bhutanesischen Stil bekannt. Hier befindet sich außerdem das *Sun-Bowl*-Stadion.
Südlich von El Paso liegt der *Big Bend National Park*. Öde Wüsten, dichte Wälder, hohe Berge und die tiefen Cañons des Rio Grande bilden seine eindrucksvolle Landschaft.

SOZIALPROFIL

ESSEN & TRINKEN: Dallas/Fort Worth: Im »Rinderland« stehen Steaks und andere Gerichte aus Rindfleisch selbstverständlich ganz oben auf der Speisekarte. Zahlreiche europäische, orientalische, spanische und mexikanische Speisen werden ebenfalls angeboten. Dinner Theatres, in denen man speisen und gleichzeitig eine Aufführung sehen kann, sind sehr beliebt. Dallas hat 5000 Restaurants, und es gibt zahllose Cafeterias und Cafés.
Houston: Besondere Spezialitäten sind Meeresfrüchte, mexikanische und spanische Speisen. Vom *Convention & Visitors Bureau* ist ein Restaurantführer erhältlich.
Austin: 1500 Restaurants bieten eine reiche Auswahl an texanischen Steaks und Grillgerichten sowie mexikanischer, italienischer und Mittelmeerküche.
NACHTLEBEN: Dallas: In der *Dallas Music Hall* im State Fair Park werden Konzerte, Musicals und Opern veranstaltet. Im *Dallas Theater* werden die unterschiedlichsten Bühnenstücke aufgeführt. Es gibt zahlreiche Nachtklubs, Cabarets, Singles Bars und Eckkneipen. Man kann dort klassische Musik, Jazz und Country- und Western-Musik hören. Einige »Privatklubs« liegen in einer »trockenen Zone«, d. h. Alkohol darf nur an Mitglieder ausgeschenkt werden. Für ein paar Dollar kann man jedoch sofort Mitglied werden.
Fort Worth: Das *William Edrington Scott Theater* zeigt Theaterstücke, Musicals und Filme. In der *Casa Mañana* werden im Sommer Broadway-Musicals aufgeführt. Es gibt zahlreiche Nachtclubs, in denen überwiegend Country- und Western-Musik gespielt wird.
Houston: In der *Jesse H Jones Hall for the Performing Arts* sind das *Houston Symphony Orchestra*, das *Houston Ballet* und die *Grand Opera* zu Hause. Sehenswerte Veranstaltungen werden auch im bekannten *Alley Theater*, dem *Miller Theater* im Herman Park (ein Freilichttheater) und in der *Music Hall* aufgeführt. Das Angebot an Nachtclubs reicht von Singles Bars über Straßencafés und Diskotheken bis hin zu Supper Clubs mit internationalen Unterhaltungsprogrammen.
Austin: Im *Paramount Theater* werden Musicals, Komödien, Konzerte und Theaterstücke aufgeführt. Das *Zachary Scott Theater* und das *Zilker Hillside Theater* sind ebenfalls für Musicals bekannt. Austin ist außerdem weltweit für seine Musiklokale berühmt. In der 6th Street gibt es zahlreiche Kneipen, die Country und Western, Soul, Blues, Jazz und andere Live-Musikveranstaltungen bieten.
San Antonio: Im *Majestic Theater* hat das *San Antonio Symphony Orchester* sein Domizil. Das *Arneson Theater* ist ein Freilichttheater am Ufer des Paseo del Rio. Außerdem werden zahlreiche Musicals aufgeführt, und es gibt unzählige Dixieland-, Jazz-, Country- und Western- sowie klassische Konzerte.
EINKAUFSTIPS: Dallas/Fort Worth: Das elegante und einmalige Kaufhaus *Neiman Marcus* sollte man sich auf jeden Fall anschauen. Das *Dallas Market Center* bietet erstklassige Restaurants und Großhandelsgeschäfte. In beiden Städten gibt es ausgezeichnete Spezialitätenläden.
Houston: Im *Galleria Shopping Center* stehen mehr als 300 Geschäfte zur Verfügung. Typische Mitbringsel sind Cowboy-Kleidung, Stiefel, Hüte, Sättel und Ausrüstungen für den Reitsport.
San Antonio: In zahlreichen Geschäften und Einkaufszentren gibt es eine große Auswahl an mexikanischen Kunstgewerbeartikeln.
SPORT: Fußball: Die *Dallas Cowboys* (American Football) und die *Tornadoes* (europäischer Fußball) spielen im *Texas Stadium* (State Highway 183 am Loop 12).
Baseball: Die *Texas Rangers* spielen Baseball im *Arlington Stadium* (Dallas-Fort Worth Turnpike). Die *Dallas Blackhawks* spielen **Hockey** im Fair Park. In der Reunion-Arena sind die **Basketballprofis** zu Hause. In Austin, Dallas und San Antonio gibt es 11 **Golfplätze.** Dallas bietet außerdem zahlreiche Möglichkeiten für **Tennis, Jogging, Radfahren** und **Polo.**
VERANSTALTUNGSKALENDER
5. - 12. Mai '96 *Byron Nelson Golf Tournament*, Irving. **30. Mai - 21. Juni** *Kerrville Folk Festival*, Kerrville. **12. Juni - 24. Aug.** *TEXAS*, Canyon. **13. Juni - 31. Aug.** *Viva! El Paso*, El Paso. **31. Juli - 4. Aug.** *Texas International Fishing Tournament*, South Padre Island. **1. - 4. Aug.** *Texas Folklife Festival*, San Antonio. **27. Sept. - 20. Okt.** *State Fair of Texas*, Dallas. **1. - 10. Nov.** *Wurstfest*, New Braunfels. **27. Nov. - 30. Dez.** *Wonderland of Lights*, Marshall. **7./8. Dez.** *Dickens on the Strand*, Galveston.

KLIMA

Das Klima ist warm und trocken. Im Sommer kann es sehr heiß werden. Gelegentlich gibt es Schauer mit Windböen.

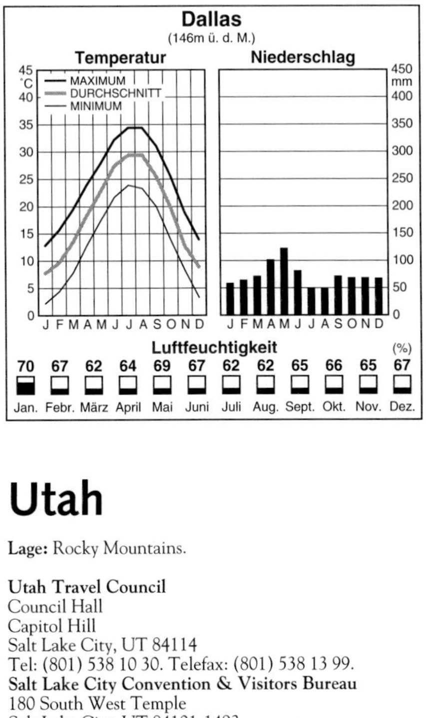

Utah

Lage: Rocky Mountains.

Utah Travel Council
Council Hall
Capitol Hill
Salt Lake City, UT 84114
Tel: (801) 538 10 30. Telefax: (801) 538 13 99.
Salt Lake City Convention & Visitors Bureau
180 South West Temple
Salt Lake City, UT 84101-1493
Tel: (801) 521 28 22. Telefax: (801) 355 93 23.

FLÄCHE: 219.902 qkm.
BEVÖLKERUNGSZAHL: 1.860.000 (1993).
BEVÖLKERUNGSDICHTE: 8,5 pro qkm.
HAUPTSTADT: Salt Lake City. **Einwohner:** 159.936 (1990).
GEOGRAPHIE: Die interessanten Städte, eindrucksvollen Canyons und atemberaubenden Nationalparks in Utah vergißt kein Besucher so schnell.
ORTSZEIT: MEZ - 8.

REISEVERKEHR

FLUGZEUG: Der internationale Flughafen in Salt Lake City verbindet mit allen größeren Städten der USA.
Der Flughafen liegt 11 km westlich des Geschäftsviertels.
BAHN: Die *Amtrak*-Linie *California Zephir* fährt von San Francisco über Salt Lake City, Provo, Helper und Thompson nach Chicago. Die Linie *Desert Wind* fährt von Los Angeles über Milford, Salt Lake City, Provo, Helper und Thompson nach Chicago, der *Pioneer* verbindet Seattle über Ogden (Zubringerbus nach Salt Lake City) mit Cheyenne.
BUS/PKW: Die *Greyhound*-Linien 2 und 3 fahren von San Francisco oder Portland über Salt Lake City nach St. Louis (2) bzw. New York (3). Die Linie 3 fährt Salt Lake City auch von Los Angeles an. Die Linie 552 verkehrt von Salt Lake City über Ogden und Logan nach Butte.
Durchschnittliche *Greyhound*-Fahrzeiten: Salt Lake City – Cheyenne: 9 Std; Salt Lake City – Denver: 11 Std. 30; Salt Lake City – Las Vegas: 9 Std; Salt Lake City – Portland: 20 Std; Salt Lake City – San Francisco: 15 Std.

URLAUBSORTE & AUSFLÜGE

SALT LAKE CITY, die »Hauptstadt« der Mormonen, die hier vor religiöser Verfolgung Zuflucht suchten, wurde 1847 gegründet. Die Stadt liegt zwischen der unwirtlichen Landschaft am *Great Salt Lake* und den *Wasatch Mountains*, die von November bis Mai ausgezeichnete Skipisten bieten. Im Umkreis von nur 50 km befinden sich sieben große Wintersportzentren. Mit der *Snowbird Aerial Tram* kann man auch im Sommer zum fast 4000 m hohen *Hidden Peak* fahren und die herrliche Aussicht genießen. Der *Great Salt Lake* ist weitaus salzhaltiger als Meerwasser und ideal zum Segeln und Schwimmen. In Ufernähe kann man auch unzählige Wasservogelarten beobachten. In Salt Lake City selbst erwarten den Besucher zahlreiche historische Gebäude, Kirchen, Museen, wissenschaftliche Ausstellungen, kulturelle Veranstaltungen und Festivals. Musik, Theater und Tanz spielen eine wichtige Rolle im Leben der Stadt. Der *Mormon Tabernacle Choir* gehört zu den bekanntesten Chören der Welt. Donnerstag abends können Interessierte den Chorproben beiwohnen. Im Besucherzentrum, Ausgangspunkt von kostenlosen Führungen durch den Bereich des *Temple Square*, erfährt man mehr über die Geschichte der Mormonen. Der berühmte *Tabernacle*, 1867 errichtet, kann ebenfalls besichtigt werden. Der *Temple* ist jedoch nur mormonischen Glaubenszugehörigen zugänglich. Das *Seagull Monument* (1913) erinnert an das glückliche Ende der Heuschreckenplage, die 1848 die Ernte zu vernichten drohte. Im sehenswerten *State Capitol* informiert ein Museum über die Geschichte der Pionierzeit. Wechselnde Ausstellungen von Künstlern aus Utah sind im *Salt Lake Art Center* untergebracht. Utahs Nationalparks liegen alle im Süden und Südosten des Staates; *Capitol Reef* ist nicht nur der ursprünglichste der hiesigen Nationalparks, sondern auch von Salt Lake City am schnellsten zu erreichen. Der *Zion National Park* mit seinen tempelartigen Felsformationen liegt am Virgin River Canyon. Beeindruckend ist auch der *Bryce Canyon National Park*, den Fußwege erschließen. Das Dorf Moab ist das Tor zu den Nationalparks *Canyonlands* und *Arches*. Weitere Sehenswürdigkeiten sind die *Timpanogos*-Höhle (nur 30 Autominuten von Salt Lake City), die atemberaubende *Rainbow Bridge* (durch Erosion entstanden) und das *Dinosaur National Monument* in der Nähe von Vernal. Ein beliebtes Erholungsgebiet ist die *Glen Canyon National Recreation Area* in der Nähe des Canyonlands National Park.

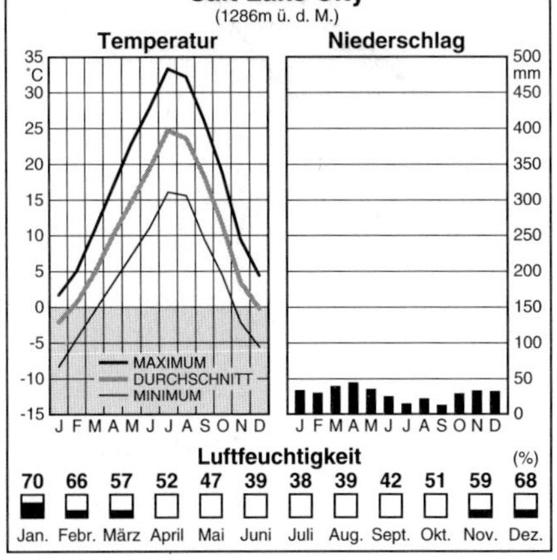

Vermont

Lage: Nordosten.

Discover New England
c/o Herzog HC GmbH
Borsigallee 17
D-60388 Frankfurt/M.
Tel: (069) 42 08 90 89. Telefax: (069) 41 25 25.
Mo-Fr 09.00-18.00 Uhr (kein Publikumsverkehr).
Vermont Travel Division
134 State Street
Montpelier, VT 05602
Tel: (802) 828 32 36. Telefax: (802) 828 32 33.
Burlington Visitors Bureau
60 Main Street
Burlington, VT 05401
Tel: (802) 863 34 89. Telefax: (802) 863 15 38.

FLÄCHE: 24.903 qkm.
BEVÖLKERUNGSZAHL: 576.000 (1993).
BEVÖLKERUNGSDICHTE: 23,1 pro qkm.
HAUPTSTADT: Montpelier. Einwohner: 8247 (1990).
GEOGRAPHIE: Vermont ist der einzige Staat Neuenglands ohne Küste, grenzt aber an das Ufer des Lake Champlain. Wer dichte Wälder, hübsche Städtchen und Zurückgezogenheit sucht, für den ist Vermont das ideale Reiseziel. Gute Wintersportmöglichkeiten sind ebenfalls ein Anreiz für einen Aufenthalt in diesem kleinen freundlichen Staat.
ORTSZEIT: MEZ - 6.

REISEVERKEHR

FLUGZEUG: Der Flughafen in Burlington verbindet mit allen größeren Städten der USA.
BAHN: Die Amtrak-Linie Montrealer fährt von Montréal über St. Albans, Burlington-Essex, Waterbury, Montpelier, White River, Claremont, Bellows Falls und Brattleboro nach New York.

URLAUBSORTE & AUSFLÜGE

Die größte Stadt, BURLINGTON, hat viele Sport- und Freizeitanlagen und bietet einen herrlichen Blick über den Lake Champlain. Ein Abstecher in das interessante Shelburne-Freilichtmuseum lohnt sich, es liegt nur wenige Kilometer von Burlington entfernt. Sehenswert in der Hauptstadt Montpelier ist das neoklassizistische State Capitol. Stowe, das berühmte Skigebiet an den Hängen des Mount Mansfield, Heritage Park mit seinen alten Gebäuden im Neuengland-Stil und der Green Mountain National Forest mit seinen historischen Wegen und Treiberpfaden sind ebenfalls einen Besuch wert. Weitere bekannte Skigebiete befinden sich in Killington, Sugarbush, Mount Snow, Jay Peak, Smuggler's Notch und Haystack.

Virginia

Lage: Ostküste.

Fremdenverkehrsamt Virginia
Steinweg 3
D-60313 Frankfurt/M.
Tel: (069) 29 19 23. Telefax: (069) 29 19 04.
Mo-Fr 09.00-17.00 Uhr.
(auch zuständig für Österreich und die Schweiz)
Virginia Division of Tourism
901 East Byrd Street
Richmond, VA 23219
Tel: (804) 786 20 51. Telefax: (804) 786 19 19.
Norfolk Convention & Visitors Bureau
232 East Main Street
Norfolk, VA 23510
Tel: (804) 664 66 20. Telefax: (804) 622 36 63.
Alexandria Convention & Visitors Bureau
221 King Street
Alexandria, VA 22314
Tel: (703) 838 42 00. Telefax: (703) 838 46 83.
Virginia Convention & Visitors Development
Suite 500
2101 Parks Avenue
Virginia Beach, VA 23451
Tel: (804) 437 47 00. Telefax: (804) 437 47 47.

FLÄCHE: 110.792 qkm.
BEVÖLKERUNGSZAHL: 6.491.000 (1993).
BEVÖLKERUNGSDICHTE: 58,6 pro qkm.
HAUPTSTADT: Richmond. Einwohner: 203.056 (1990).
GEOGRAPHIE: Virginia ist einer der geschichtsträchtigsten und landschaftlich schönsten Staaten der USA. Beim Erkunden der Landschaft stößt man immer wieder auf Höhlen und Wasserfälle.
ORTSZEIT: MEZ - 6.

REISEVERKEHR

FLUGZEUG: Der Flughafen in Williamsburg verbindet mit allen größeren Städten der USA.
BAHN: Die Amtrak-Linien Atlantic City Express und Virginian fahren von Philadelphia über Alexandria, Quantico, Fredericksburg und Ashland nach Richmond. Die Linie Colonial verkehrt von Boston über Alexandria, Quantico, Fredericksburg, Ashland, Richmond, Williamsburg und Lee Hall nach Newport News. Ein Zubringerbus fährt weiter über Norfolk nach Virginia Beach.
BUS/PKW: Die Greyhound-Linie 22 fährt von Raleigh über Richmond nach New York. Die Linie 10 verkehrt von New Orleans über Richmond nach New York. Es gibt eine Greyhound-Verbindung von Richmond über Lynchburg, Roanoke und Wytheville nach Knoxville und eine über Williamsburg, Newport News und Norfolk nach Virginia Beach.

URLAUBSORTE & AUSFLÜGE

Am Ufer des Potomac liegen der Arlington-Nationalfriedhof mit dem Grab von John F. Kennedy, die historische Stadt Alexandria (zahlreiche hübsche Häuser aus der Kolonialzeit) und Mount Vernon, George Washingtons Landsitz. RICHMOND war während des Bürgerkrieges Hauptstadt der Konföderierten und bietet viele schöne, alte Gebäude und besuchenswerte Museen. Weiter östlich liegen Williamsburg, Yorktown und der »Geburtsort« der USA, Jamestown, sowie drei weitere interessante historische Stätten. Die ehemalige Hauptstadt Williamsburg wird von Touristen aus aller Welt besucht. Romantisch ist eine Kutschfahrt durch die Altstadt – das alte restaurierte Stadtviertel Colonial Williamsburg gewährt einen Einblick in das Alltagsleben der Kolonialzeit. Handwerker und Bürger in zeitgenössischen Trachten zeigen den Besuchern, wie man damals lebte, arbeitete und sich die Zeit vertrieb. Das moderne Williamsburg ist bekannt für gute Einkaufsmöglichkeiten und Busch Gardens, einen Freizeitpark, der jung und alt Zerstreuung bietet. In Jamestown, von dem nach zwei Großbränden kaum etwas Historisches übriggeblieben ist, ließen sich Anfang des 17. Jahrhunderts die ersten Siedler nieder. Der Old Church Tower ist das einzige Gebäude, das sich aus dieser Zeit erhalten hat. Yorktown spielte eine wichtige Rolle im Unabhängigkeitskrieg gegen die britische Kolonialmacht. Im Yorktown Information Center sind Ausstellungstücke zu sehen, die an die entscheidene Schlacht erinnern, die den USA die ersehnte Unabhängigkeit brachte. Von Newport News ist es nicht weit nach Norfolk, einer wichtigen Hafenstadt mit einer Reihe bedeutender Museen. Das Chrysler-Museum gehört zu den besten der USA (ausgezeichnete Sammlung von Gemälden, Skulpturen und Glasgegenständen). Das Hermitage Foundation Museum hat eine hervorragende Abteilung für orientalische Kunst. In den liebevoll gepflegten Parkanlagen trifft man sich gern zum Picknick. Mehrere alte Gebäude, darunter das älteste Backsteinhaus der USA (1636), haben sich erhalten. Badefreuden kann man am 20 km langen Ocean View Beach genießen. Windsurfen ist ebenfalls populär. Das Virginia Beach Resort steht allerdings noch höher in der Besuchergunst. Der sonnige Badeort zählt jährlich mehr Feriengäste als irgendein anderer Urlaubsort an der Ostküste. Freunde des Jazz zieht es nach Hampton zum bekannten Jazz Festival, und auch Hampton University ist einen Besuch wert. In der Nähe der reizvollen Kleinstadt Charlottesville liegt Monticello, das prächtige Herrenhaus, das sich Präsident Jefferson bauen ließ. Die Bauzeit betrug 40 Jahre, und das dreistöckige Gebäude mit seinen 35 Zimmern hat manche architektonische Besonderheit zu bieten. Der Shenandoah National Park ist ein weiterer Anziehungspunkt für Besucher von nah und fern. Cumberland Gap, das Tor zu den Allegheny Mountains, und der Great Falls Park ziehen jährlich viele Touristen an. Im Shenandoah-Tal im Westen zwischen den Blue Ridge Mountains und den Allegheny Mountains befinden sich einige beliebte Urlaubsorte; mächtige Wasserfälle, eigentümliche Felsformationen und Höhlen mit eindrucksvollen Stalagmiten garantieren unvergeßliche Eindrücke. Im Südwesten Virginias bestimmen Berge das Landschaftsbild, und man findet hier noch den alten Pioniergeist. Die Region ist auch für ihr Kunstgewerbe bekannt.

Pass- und Visavorschriften mancher Länder können sich kurzfristig ändern – Im Zweifelsfall erkundigen Sie sich bitte vor der Abreise bei der zuständigen Botschaft

---

Washington DC

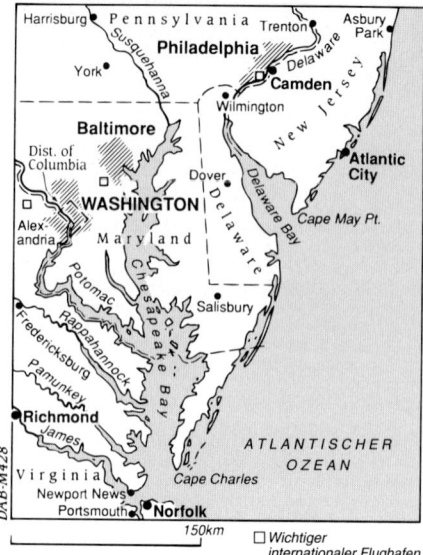

☐ Wichtiger internationaler Flughafen

Lage: Nordosten.

Fremdenverkehrsbüro Washington DC
c/o Wiechmann Tourism Services
Scheidswaldstraße 73
D-60385 Frankfurt/M.
Tel: (069) 495 04 93. Telefax: (069) 43 96 31.
Mo-Fr 09.00-18.00 Uhr.
Washington DC Convention & Visitors Association
Suite 600
1212 New York Avenue NW
Washington, DC 20005
Tel: (202) 789 70 00. Telefax: (202) 789 70 37.

FLÄCHE: 177 qkm.
BEVÖLKERUNGSZAHL: 578.000 (1993).
BEVÖLKERUNGSDICHTE: 3265,5 pro qkm.
ORTSZEIT: MEZ - 6.

REISEVERKEHR

FLUGZEUG: Durchschnittliche Flugzeiten: Washington DC – Anchorage: 10 Std. 25; Washington DC – Atlanta: 1 Std. 40; Washington DC – Chicago: 2 Std. 10; Washington DC – Frankfurt: 7 Std. 40; Washington DC – Honolulu: 13 Std. 40; Washington DC – London: 6 Std. 50; Washington DC – Los Angeles: 5 Std. 40; Washington DC – Miami: 2 Std. 30; Washington DC – Montréal: 2 Std. 05; Washington DC – New York: 1 Std; Washington DC – Orlando: 2 Std. 10; Washington DC – Paris: 8 Std. 20; Washington DC – San Francisco: 7 Std. 10; Washington DC – Singapur: 25 Std. 45; Washington DC – Toronto: 2 Std. 20; Washington DC – Wien: 11 Std. 10 (einschl. Zwischenlandung); Washington DC – Zürich: 9 Std. 30 (einschl. Zwischenlandung).
Internationale Flughäfen: Washington-Dulles International liegt 43 km außerhalb der Stadt (in Virginia) (Fahrzeit 50 Min.). Ein Bus fährt stündlich zur Stadt (06.30-24.00 Uhr). Taxis stehen ebenfalls zur Verfügung. Baltimore-Washington International Airport (BWY) liegt westlich von Baltimore (s. Maryland weiter oben).
Inlandflughäfen: Washington National (DCA) ist ein bedeutender Inlandflughafen 5 km südwestlich der Stadt. Es gibt Bus- (alle 30 Min. von 07.00-22.00 Uhr) und U-Bahnverbindungen (alle 5 Min. zur Innenstadt von 06.00-24.00 Uhr). Taxis stehen ebenfalls zur Verfügung. Zubringerbusse verkehren regelmäßig zwischen den Flughäfen Washington National und Dulles International.
BAHN: Auf der Strecke New York – Philadelphia – Baltimore – Washington verkehren regelmäßig Schnellzüge. Von Philadelphia und Washington kann man direkt nach Pittsburgh fahren. Die Züge in Richtung Florida fahren ab Washington DC über Richmond. Regionalzüge fahren nach Philadelphia. Nach New York fährt man 3 Std. 15 (durchschnittliche Fahrzeiten an der Ostküste s. New York).
BUS/PKW: Durchschnittliche Pkw-Fahrzeiten: Washington DC – Baltimore: 1 Std; Washington DC – Richmond: 2 Std; Washington DC – Norfolk: 4 Std; Washington DC – New York und Pittsburgh: je 5 Std; Washington DC – Charleston (West Virginia): 7 Std; Washington DC – Charlotte: 8 Std; Washington DC – Cincinnati: 10 Std; Washington DC – Chicago: 14 Std; Washington DC – Miami: 22 Std; Washington DC – Dallas: 28 Std; Washington DC – Los Angeles: 55 Std; Washington DC – Seattle: 58 Std.
Alle Fahrzeiten bei Fahrt ohne Halt innerhalb der Geschwindigkeitsbegrenzungen.
Durchschnittliche Greyhound-Fahrzeiten: Washington DC – Richmond: 2 Std; Washington DC – Philadelphia: 3 Std. 30; Washington DC – New York: 4 Std. 30; Was-

USA

WASHINGTON D.C.

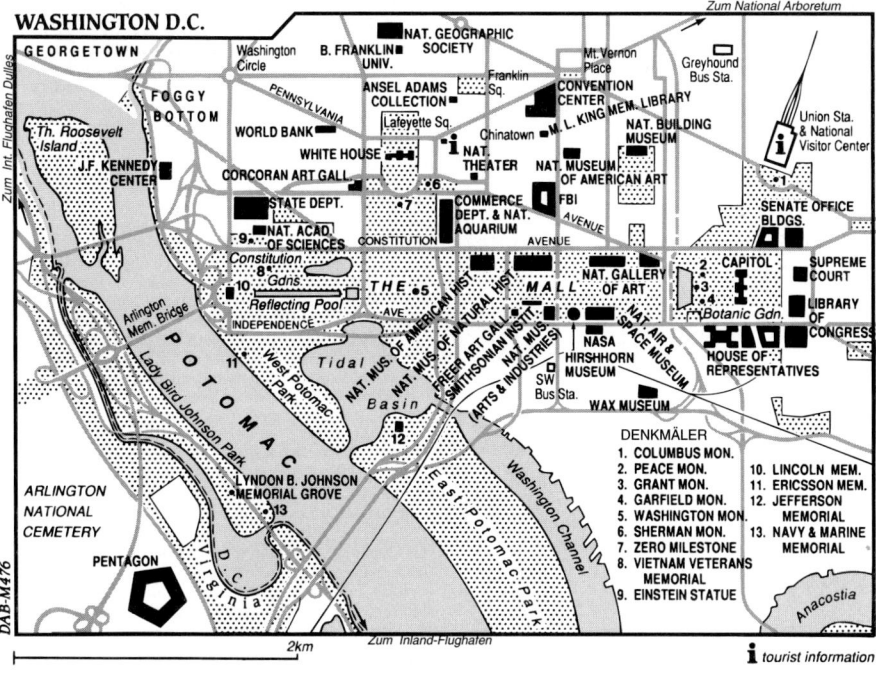

Washington State

hington DC – Pittsburgh: 5 Std. 30; Washington DC – Knoxville: 12 Std. 30.
STADTVERKEHR: Das Metro-System ermöglicht schnelle und bequeme Fahrten innerhalb der Stadt. Die Fahrpreise sind zonengebunden. Das Streckennetz soll bis nach Maryland und ins nördliche Virginia verlängert werden. Innerhalb der Stadt und zu den Vororten verkehren Busse. Man kann zwar ohne Zuschlag von der Metro auf den Bus umsteigen (allerdings nicht während der Stoßzeiten), aber nicht vom Bus auf die Metro. In der Innenstadt fahren Taxis; die recht günstigen Fahrpreise richten sich ebenfalls nach Zonen. Zahlreiche Autovermietungen haben in Washington DC Niederlassungen; auch Wohnwagen sind erhältlich.

URLAUBSORTE & AUSFLÜGE

DC bedeutet *District of Columbia*. **WASHINGTON DC** ist daher kein Staat, sondern ein Verwaltungsbezirk – man wollte eine Hauptstadt schaffen, die unabhängig von den einzelnen Staaten ist. Washington DC ist eine Stadt mit grünen Parkanlagen, Alleen und weißen Marmorgebäuden. Durch die erstaunlich wenigen Wolkenkratzer erweckt es fast einen europäischen Eindruck. Diplomaten aus aller Welt geben der Stadt ein internationales Flair. Es gibt zahllose Hotels und Motels – Tourismus ist der bedeutendste Sektor der Privatindustrie, aber immer mehr Forschungs- und Industrieunternehmen lassen sich hier nieder.
Das Straßennetz ist rechtwinklig angelegt. Breite Diagonalstraßen, die zu Sehenswürdigkeiten wie dem *Capitol* und dem *White House* führen, wurden nach verschiedenen Staaten der USA benannt. *The Green Mall*, ein riesiger langgestreckter Park, zieht sich vom *Capitol Hill* zum *Potomac Park* am gleichnamigen Fluß hin. Nördlich davon erstreckt sich ein zweiter rechtwinkliger Park bis zum *White House*, das seit 1800 Amtssitz jedes Präsidenten der Vereinigten Staaten ist und von über einer Million Besuchern jährlich besichtigt wird. Im Südwesten liegt das *Tidal Basin*, ein wunderschöner See, der von unzähligen japanischen Kirschbäumen umgeben ist. Im Park *Green Mall* befinden sich die bedeutendsten Denkmäler und Institutionen der Stadt: das *Lincoln* und das *Jefferson Memorial*, das *Washington Monument*, das *Smithsonian Institute*, das alte *Museum of Natural History*, die moderne *National Gallery of Art* und natürlich das *Capitol*. Unter der prächtigen 55 m hohen Kuppel tagen Senatoren und Abgeordnete des Repräsentantenhauses. Im Green Mall kann man aber auch Bootsfahrten auf dem *Potomac* unternehmen; die Anlegestelle liegt südlich vom *Lincoln Memorial*. Auf dem Soldatenfriedhof *Arlington National Cemetery* am gegenüberliegenden Ufer sind seit dem Unabhängigkeitskrieg 175.000 amerikanische Soldaten beerdigt worden. Auch Washington DC hat eine *Chinatown* mit ausgezeichneten orientalischen Geschäften und Restaurants. Die *Constitution Gardens* mit einer Fläche von 20 ha und das *J. Edgar Hoover Building* an der Ecke 9th Street/Pennsylvania Avenue, das Hauptquartier des FBI, sind ebenso sehenswert wie das *Pentagon*-Gebäude und der *US Supreme Court*, der höchste Gerichtshof des Landes.

SOZIALPROFIL

ESSEN & TRINKEN: Washington DC hat eine große Auswahl an Restaurants, die Gerichte aus allen Ländern anbieten.
EINKAUFSTIPS: Es gibt mehrere Geschäftsviertel. In der *F Street Mall* (zwischen der 15th und 11th Street) sind die üblichen Geschäfte zu finden. Die *Connecticut Avenue* zwischen K Street und Dupont Circle bietet interessante Läden, in denen man auch Ausgefallenes findet. In *Georgetown*, dem Häuserblock zwischen Wisconsin- und M Street, hat man die Auswahl zwischen Boutiquen, Antiquitätengeschäften, Kunstgewerbeläden und Straßenständen mit Schmuck- und Lederwaren. Besonders ausgefallene Souvenirs werden in den zahlreichen Andenkenläden der Regierungsgebäude verkauft.
NACHTLEBEN: In der Pennsylvania Avenue stehen das *National* und das *Ford Theater*. Das *John F Kennedy Center for the Performing Arts* am Ende der New Hampshire Avenue überblickt den Potomac. In vier Theatern werden Opern, Konzerte, Musicals, Theaterstücke und Festspiele aufgeführt. In einem weiteren Theater ist das *American Film Institute* untergebracht. Im Sommer finden am *Jefferson Memorial* Freiluftkonzerte statt; im East Court Garden der *National Gallery of Art* gibt es jeden Sonntagabend von September bis Juni Konzerte. In Washington DC gibt es nur wenige Nachtklubs mit Unterhaltungsprogrammen. Im Stadtzentrum, in Georgetown und in den Vororten befinden sich jedoch zahlreiche Bars und Diskotheken.
VERANSTALTUNGSKALENDER
Mai '96 (1) *Takoma Park House and Garden Tour*, Takoma Park. (2) *Nationale Tourismus-Woche*. (3) *Memorial Day Jazz Festival*, Altstadt Alexandria. **Juni** (1) *Dance Africa DC*. (2) *Kemper Open Pro-Ams Golf-Wettbewerb*. (3) *Northern Virginia Antiques Show*, Arlington. **Juli** *DC World Jazz Festival*. **4. Juli** Unabhängigkeitstagfeiern. **Sept.** (1) *National Frisbee Festival*. (2) *Fest der afrikanischen Kultur*. (3) *DC Blues Festival*, Rock Creek Park. (4) *Internationales Kinderfest*, Vienna. **Okt.** (1) *Annual Fall Farm Festival*, Oxon Hill Farm Park. (2) *Taste of DC Food Festival*. (3) *Washington International Horse Show*, Landover. **Nov.** *Sugarloaf's Herbst-Handwerksfestival*, Gaithersburg. **Dez. - Jan. '97** *Festival of Lights*, Watkins Regional Park.

KLIMA

Die Sommer sind heiß, im Winter kann es empfindlich kalt werden.

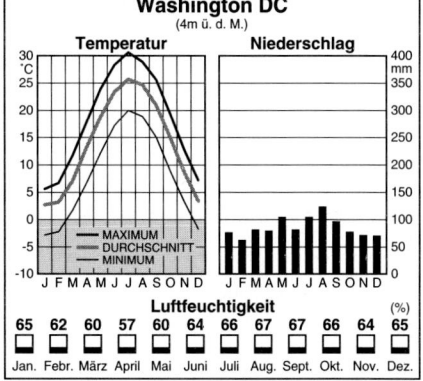

Lage: Nordwesten.

Washington State Tourism
PO Box 42500
Olympia, WA 98504-2500
Tel: (360) 753 56 01. Telefax: (360) 753 44 70.
Seattle/King County Convention & Visitors Bureau
Suite 1300
520 Pike Street
Seattle, WA 98101
Tel: (206) 461 58 00. Telefax: (206) 461 58 55.
Washington State Convention & Trade Center
Visitor Information
Galleria Level
800 Convention Place
Seattle, WA 98101
Tel: (206) 461 58 40. Telefax: (206) 447 50 00.
Spokane Regional Convention & Visitors Bureau
Suite 180
926 West Sprague Avenue
Spokane, WA 99204
Tel: (509) 624 13 41. Telefax: (509) 623 12 97.

FLÄCHE: 184.672 qkm.
BEVÖLKERUNGSZAHL: 5.255.000 (1993).
BEVÖLKERUNGSDICHTE: 28,5 pro qkm.
HAUPTSTADT: Olympia. **Einwohner:** 27.477 (1990).
GEOGRAPHIE: Washington grenzt an Kanada und den Pazifik. Der Staat bietet ideale Bedingungen für Sportarten unter freiem Himmel. Obwohl Washington einer der dichtbesiedelsten Staaten im Westen der USA ist, erreicht man von jeder Stadt in wenigen Minuten ländliche Idylle. Der *Snake River* und der *Columbia River* durchfließen das westliche Staatsgebiet, bevor sie sich an den *Cascades* vereinigen, um gemeinsam durch diese Bergkette zu fließen. Das Gebirge in der Mitte des Staates verläuft in nord-südlicher Richtung. Der 4392 m hohe *Mount Rainer* ist die höchste Erhebung. An der Pazifikküste gibt es schöne Strände und zahlreiche kleine Urlaubsorte. Ein großer Teil des Staates wird von Nadelwald bedeckt. Besonders empfehlenswert sind eine Bootsfahrt auf dem *Puget Sound*, eine Küstenwanderung auf dem *Pacific Crest National Scenic Trail* und Bergsteigen in den *Cascades* und *Olympics*.
ORTSZEIT: MEZ - 9.

REISEVERKEHR

FLUGZEUG: Durchschnittliche Flugzeiten: *Seattle* – Frankfurt: 18 Std. (einschl. Umsteigen mit langen Wartezeiten in Pittsburgh oder Charlotte); *Seattle* – London: 9 Std. 05; *Seattle* – San Francisco: 1 Std. 50; *Seattle* – Wien: 12 Std. (einschl. Zwischenlandung); *Seattle* – Zürich: 11 Std. 10 (einschl. Zwischenlandung).
Internationaler Flughafen: *Seattle-Tacoma International (SEA)* liegt 22 km südlich der Stadt (Fahrzeit 20 Min.). Busse und Taxis stehen zur Verfügung.
SCHIFF: Die *Washington State Ferries* verbinden Seattle

mit der Olympic-Halbinsel, Bainbridge Island und anderen Orten der Umgebung. Der *Victoria Clipper* verbindet Victoria, British Columbia (Kanada) mit Seattle.
BAHN: Seattle wird durch das *Amtrak*-Streckennetz mit Chicago im Osten (via Salt Lake City oder Spokane) und im Süden mit Oakland und Los Angeles verbunden (ungefähre Fahrzeiten s. *Illinois* und *Kalifornien* weiter oben). Außerdem gibt es tägliche Zugverbindungen nach Vancouver in Kanada.
BUS/PKW: Durchschnittliche Pkw-Fahrzeiten: Seattle – Vancouver: 2 Std; Seattle – Portland: 3 Std; Seattle – Spokane: 6 Std; Seattle – Boise: 10 Std; Seattle – Calgary: 15 Std; Seattle – Los Angeles: 24 Std; Seattle – Chicago: 44 Std; Seattle – Dallas: 45 Std; Seattle – New York: 61 Std; Seattle – Miami: 69 Std.
Alle Fahrzeiten bei Fahrt ohne Halt innerhalb der Geschwindigkeitsbegrenzungen.
Durchschnittliche *Greyhound*-Fahrzeiten: Seattle – Vancouver oder Portland: je 4 Std; Seattle – Spokane: 7 Std.
STADTVERKEHR: Seattle hat ein ausgezeichnetes Busnetz. Eine schnelle Einschienenbahn verbindet das Geschäftsviertel mit dem *Seattle Center*. Taxis und Mietwagen stehen ebenfalls zur Verfügung.

URLAUBSORTE & AUSFLÜGE

SEATTLE wird auch »Emerald City« genannt. Die größte Stadt des Staates ist ein wichtiger internationaler und nationaler Knotenpunkt und das Tor zum Nordwesten der USA. Seattle liegt an den Ufern des *Lake Washington* und des *Puget Sound*. Die Aussichten auf das *Cascades*-Gebirge und den *Mount Olympus* sind atemberaubend.
Seattle Center wurde für die Weltausstellung 1962 gebaut und ist der kulturelle Mittelpunkt der Stadt. Zahlreiche Opern, Symphoniekonzerte, Ballettabende und Theateraufführungen finden hier statt. In der 185 m hohen *Space Needle* im gleichen Komplex gibt es ein Restaurant, eine Cocktailbar und eine Aussichtsplattform. In *Chinatown*, wo die meisten asiatischen Einwohner der Stadt wohnen, befinden sich chinesische und japanische Geschäfte und Restaurants. An den Uferpromenaden gibt es ausgezeichnete Fischrestaurants. Auch der *Woodland Park Zoo*, das *Seattle Aquarium* und der japanische Garten sind einen Besuch wert.
In **Tacoma**, südlich von Seattle, liegt der *Point Defiance Park*. Der *Olympic-Nationalpark*, westlich von Seattle, besteht aus Gletscherbergen, Regenwäldern, Seen, Flüssen und einer endlosen, unberührten Küste. In **Spokane** im Osten des Staates, dicht an der Grenze nach Idaho, kann man den *Riverfront Park* besuchen. In **Ellensburg** wird jedes Jahr am Labour-Day-Wochenende das berühmte *Ellensburg Rodeo* veranstaltet. **Kennewick**, **Pasco** und **Richland** liegen im Herzen des Weinbaugebietes. Der *Mount-Rainier-Nationalpark*, südwestlich von Tacoma, ist ein ausgezeichnetes Wintersportgebiet. Von den Berggipfeln genießt man eine herrliche Aussicht. Im *Gifford Pinchot National Park* im Südwesten brach 1980 der Vulkan *Mount St. Helens* aus, wodurch an der Nordflanke des Berges ein riesiger Krater entstand. Man kann mit einem Kleinflugzeug über den Gipfel des Vulkans fliegen.

SOZIALPROFIL

ESSEN & TRINKEN: In Seattle gibt es über 2000 Restaurants. Besonders empfehlenswert sind die zahlreichen Fischrestaurants. **Getränke:** Bier und Wein können täglich außer sonntags von 10.00-20.00 Uhr gekauft werden. Geschäfte in den großen Städten schließen später. Das Mindestalter für den Konsum von Alkohol beträgt 21 Jahre.
NACHTLEBEN: Die Saison der *Seattle Opera* dauert von September bis Mai. Konzerte des *Seattle Symphony Orchestra* kann man in den Monaten November bis April besuchen. Im *Seattle Repertory Theater* und in der *Seattle Opera* werden Broadway-Inszenierungen aufgeführt. Überall in der Stadt sorgen Jazzlokale, Nachtclubs und Diskotheken für breitgefächerte Abendunterhaltung.
EINKAUFSTIPS: Besonders interessante Einkaufsstraßen sind der *Waterfront Gold Rush Strip* und der *Pike Place Market*. Im Stadtzentrum gibt es die bekannten Markengeschäfte und Kaufhäuser.
VERANSTALTUNGSKALENDER
25. April - 5. Mai '96 *Apfelblütenfest*, Wenatchee. **9. - 19. Mai** *Spokane Lilac Festival*. **10. - 12. Mai** *Balloon Stampede*, Walla Walla. **17. - 19. Mai** *Wikingerfest*, Poulsbo. **25./26. Mai** (1) *Ski-to-Sea-Race*, Bellingham. (2) *Laser Light Festival*, Grand Coulee. **15./16. Juni** *Northwest Microbrewery Festival*, Fall City. **12. - 14. Juli** *Chewelah Chataqua*, Chewelah. **26. - 28. Juli** *Columbia Gorge Bluegrass Festival*, Stevenson. **2. - 4. Aug.** *Vintiques Northwest*, Yakima. **19. - 25. Aug.** *Washington State International Kite Festival*, Long Beach. **30. Aug. - 2. Sept.** *Ellensburg Rodeo*. **7./8. Sept.** *Autumn Foods Festival*, Pasco. **5./6. Okt.** (1) *Austernfest*, Shelton. (2) *Issaquah-Lachstage*. **17. - 19. Okt.** (1) *Erntefest*, Lyndon. **29. Nov. - 1. Dez.** *Thanksgiving in the Wine Country*, Yakima-Tal. **2. - 8. Dez.** *Victorian Country Christmas*, Puyallup.

KLIMA

Der Staat Washington hat zwei sehr verschiedene Klimazonen. Westlich des Cascades-Gebirges sind die Temperaturen im Sommer selten höher als 26°C und im Winter kaum unter 8°C, im östlichen Teil des Staates gibt es sehr warme Sommer und kalte Winter.

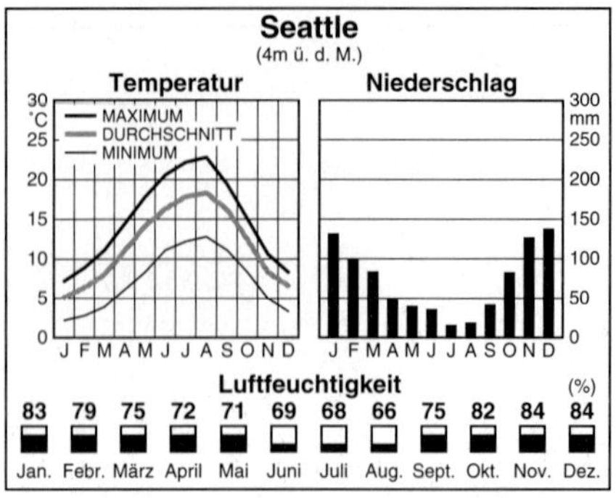

West Virginia

Lage: Osten.

West Virginia Division of Tourism
State Capitol Complex
Room B564
Building 6
1900 Kanawha Boulevard
Charleston, WV 25305-0317
Tel: (304) 558 27 66. Telefax: (304) 558 22 79.
Charleston Convention & Visitors Bureau
Room 200
200 Civic Center Drive
Charleston, WV 25301
Tel: (304) 344 50 75. Telefax: (304) 344 12 41.
Northern West Virginia Convention & Visitors Bureau
709 Beechurst Avenue
Morgantown, WV 26505
Tel: (304) 292 50 81. Telefax: (304) 291 13 54.

FLÄCHE: 62.759 qkm.
BEVÖLKERUNGSZAHL: 1.820.000 (1993).
BEVÖLKERUNGSDICHTE: 29 pro qkm.
HAUPTSTADT: Charleston. **Einwohner:** 57.287 (1990).
GEOGRAPHIE: West Virginia liegt im Appalachen-Gebirge im Osten der USA. Weite Teile des Staates sind Nationalparks, und es gibt keine Großstädte.
ORTSZEIT: MEZ - 6.

REISEVERKEHR

FLUGZEUG: Der Flughafen in Charleston verbindet mit allen größeren Städten der USA.
BAHN: Die *Amtrak*-Linie *Cardinal* fährt von Chicago über Huntington, Charleston, Montgomery, Thurmond, Alderson, Prince und White Sulphur nach New York.
BUS/PKW: Es gibt *Greyhound*-Linien von Winston Salem über Beckley, Charleston und Parkersburg nach Cleveland, von Charleston über Huntington nach Lexington und über Clarksburg nach Pittsburgh.

URLAUBSORTE & AUSFLÜGE

Der herrliche *Monogahela National Forest* mit der Erholungs- und Freizeitregion *Spruce Knob-Seneca Rocks* bedeckt ein großes Gebiet im Osten dieses Gebirgsstaates. In den Appalachen und Allegheny Mountains gelegen, beeindruckt die waldreiche Landschaft durch ihre herbe Schönheit. Die zahlreichen Flüsse und Bäche sind für ihren Fischreichtum bekannt. Bei Petersburg gibt es zwei außergewöhnliche Stein- und Felsformationen inmitten einer großartigen Berglandschaft, die nicht nur bei Hobbyfotografen beliebte Motive sind: *Smoke Hole Caverns* und *Seneca Rocks*. In **Moorefield** nordöstlich von Petersburg sind viele wunderschöne georgianische und viktorianische Häuser mit zeitgenössischen Möbeln aus Frankreich und Italien erhalten geblieben. Beim alljährlichen *Hardy County Heritage Weekend* im September können sie ebenso wie die prächtigen Gärten besichtigt werden. Ganz im Nordosten West Virginias liegt das alte Städtchen **Harpers Ferry** mit seinen hübschen alten Backsteinhäusern und engen Gassen. Die Umgebung ist sehr reizvoll, hier fließen der Potomac und der Shenandoah zusammen, und den Wanderfreuden sind keine Grenzen gesetzt. Informationen über die besten Routen kann man bei der *Appalachian Trail Conference* in Harpers Ferry einholen. **Shepherdstown** ist die älteste Stadt des Staates, sie wurde um 1719 von deutschen Einwanderern gegründet. Ein Besuch im ältesten Kurort der USA, **Berkeley Springs**, ist ebenfalls interessant. Der nahegelegene *Cacapon State Park* ist ein schönes Erholungsgebiet. Gute Wintersportmöglichkeiten bietet der *Canaan Valley State Park*, darüber hinaus sorgen Tennisplätze, ein Golfplatz, ein beheizter Swimmingpool, eine Eislaufbahn und markierte Wanderwege für Abwechslung. Skifahren und Eislaufen kann man auch in *Coopers Rock* bei **Morgantown** im Norden an der Grenze zu Pennsylvania. *Spruce Knob* ist mit ca. 1600 m die höchste Erhebung in West Virginia. Sie befindet sich in der bereits erwähnten *Spruce Knob-Seneca Rocks National Recreation Area*. Weiter südlich erwartet den Besucher eine der größten Touristenattraktionen des Staates, die *Cass Scenic Railroad*. Den ganzen Sommer über werden zwei- und viereinhalbstündige Touren mit der Dampflok angeboten, die atemberaubende Ausblicke auf die imposante Berglandschaft bieten. Der *Watoga State Park* ist der größte Nationalpark in West Virginia. Komplett eingerichtete Holzhäuschen können hier gemietet werden, Vorausbuchung ist unbedingt erforderlich. Ausgezeichnete Freizeiteinrichtungen und Sportanlagen stehen zur Verfügung. Der Süden West Virginias ist für seine Mineralquellen bekannt, an deren Heilkraft schon die Indianer glaubten. Das berühmteste Bad ist das malerisch gelegene **White Sulphur Springs**. Das hiesige Resort-Hotel *Greenbrier* ist eines der luxuriösesten der Welt, zu seinen Gästen zählen gutbetuchte Stars, Politiker und Adelsfamilien. **Lewisburg** ist eine hübsche Kleinstadt, deren Besuch lohnt. Die zauberhaften alten Häuser und die altmodischen Gaslaternen sind äußerst stimmungsvoll und erzeugen eine anheimelnde Atmosphäre. Sehenswert ist auch die alte presbyterianische Kirche (spätes 18. Jh.). **Hinton** ist eine Stadt im Grünen, ganz in der Nähe liegt *Pipestem*, einer der schönsten amerikanischen *State Parks* mit guten Sport- und Freizeitanlagen und ausgezeichneten Unterkunftsmöglichkeiten. Mutige können Wildwasserfahrten mit Schlauchbooten (River-Rafting) auf dem *Bluestone River* unternehmen. Zentren des wirtschaftlichen, politischen und kulturellen Lebens in West Virginia sind **Huntington** und **Charleston**. Huntington ist die größte Stadt des Staates und bietet interessante Museen (*Huntington Galleries*) und gute Freizeiteinrichtungen und Einkaufsmöglichkeiten. Der nahegelegene *Cabwaylingo State Forest* ist ein beliebtes Feriengebiet. Im *Kanawha River Valley* liegt Charleston, seit 1870 Hauptstadt von West Virginia. Das *State Capitol* im Stil der italienischen Renaissance gilt als eines der schönsten Bauwerke der USA. Im Westen des Staates im *Ohio River Valley* bestimmen Weideland und Obstgärten das Landschaftsbild. **Wheeling**, die frühere Hauptstadt, ist eine interessante Industriestadt. Sehenswert sind das *Mansion House Museum* und der *Oglebay Park*, einer der größten Stadtparks der USA. Hier kann man Ski fahren, Schlittschuh laufen, Theateraufführungen der Freilichtbühne beiwohnen, Museen und den Zoo besuchen, Golf spielen, schwimmen, reiten, spazierengehen oder einfach nur faulenzen. Weitere Touristenattraktionen sind *Mammoth Mound*, eine der größten prähistorischen indianischen Begräbnisstätten, und *Cathedral State Park* bei Aurora an der Grenze zwischen West Virginia und Maryland. Auf 50 ha hat sich hier ein Stück Urwald erhalten, und die majestätischen Baumriesen vermitteln einen Eindruck, wie einst die Bergregionen West Virginias aussahen.

Wisconsin

Lage: Norden.

Wisconsin Division of Tourism
123 West Washington Avenue
PO Box 7976
Madison, WI 53707
Tel: (608) 266 23 45. Telefax: (608) 266 34 03.
Greater Madison Convention & Visitors Bureau
615 East Washington Avenue
Madison, WI 53703
Tel: (608) 255 25 37. Telefax: (608) 258 49 50.
Greater Milwaukee Convention & Visitors Bureau
510 West Kilburn Avenue
Milwaukee, WI 53203
Tel: (414) 273 39 50. Telefax: (414) 273 55 96.
Fond Du Lac Convention & Visitors Bureau
19 West Scott Street
Fond Du Lac, WI 54935
Tel: (414) 923 30 10. Telefax: (414) 929 68 46.

FLÄCHE: 169.643 qkm.
BEVÖLKERUNGSZAHL: 5.038.000 (1993).
BEVÖLKERUNGSDICHTE: 29,7 pro qkm.
HAUPTSTADT: Madison. **Einwohner:** 191.262 (1990).
GEOGRAPHIE: In Wisconsin gibt es über 15.000 Seen und zahllose Flüsse und Bäche. Zur abwechslungsreichen Landschaft gehören Sandsteinklippen, Sandstrände, Wälder, Weide- und Ackerland.
ORTSZEIT: MEZ - 7.

REISEVERKEHR

FLUGZEUG: Der Flughafen in Milwaukee verbindet mit allen größeren Städten der USA.

BAHN: Die *Amtrak*-Linie *Empire Builder* fährt von Seattle über La Crosse, Tomah, Wisconsin Dells, Portage, Columbus und Milwaukee nach Chicago. Ein *Amtrak*-Bus verbindet Madison mit Chicago.
BUS/PKW: Es gibt *Greyhound*-Verbindungen von Chicago über Milwaukee nach Green Bay und von Madison nach Milwaukee, Minneapolis und Cedar Rapids.

URLAUBSORTE & AUSFLÜGE

MILWAUKEE, die größte Stadt des Staates am Ufer des Lake Michigan, ist bekannt für ihr deutsches Erbe, vielfältige Kulturveranstaltungen mit Spitzenensembles und gute, internationale (besonders libanesische) Restaurants. Die Konzerte des *Milwaukee Symphony Orchestra* finden im *Performing Arts Center* statt. An warmen Sommerabenden wird draußen in den Gartenanlagen Musik gemacht (*Rainbow Summer Concerts*). Oper und Ballett werden ebenfalls angeboten. Ende Juni/Anfang Juli wird das lustige *Summerfest* gefeiert, das Besucher aus nah und fern anlockt. Milwaukee ist eine dynamische Stadt mit ausgezeichneten Sportanlagen. Baseball-, Basketball-, Football- und Hockeyprofis spielen vor vollen Häusern. Rugby und Polo sind gleichfalls populär. Für aktive Sportler stehen zahlreiche Golf- und Tennisplätze zur Verfügung. In den strengen schneereichen Wintern fährt man Schlittschuh oder geht rodeln. Die vielen Parks sind ideal zum Langlauf, und die reizvolle Uferpromenade lädt auch im Winter zu Spaziergängen ein. Das *Milwaukee Art Museum* verfügt über eine gute Sammlung europäischer und amerikanischer Kunst. Ins 19. Jahrhundert zurückversetzt fühlt man sich in *Walker's Point*, einem sanierten Viertel, in dem die verschiedensten Volksgruppen, darunter auch die Nachkommen europäischer Einwanderer, leben. Schön ist ein Bummel auf der *Old World Third Street* in der Innenstadt, hier kommen besonders Liebhaber von Antiquitäten und Feinschmecker auf ihre Kosten. Nicht nur Kinder werden an einem Besuch im Zoo, einem der schönsten der USA, Spaß haben. Eine der Hauptsehenswürdigkeiten ist das einmalige *Mitchell Park Horticultural Conservatory*, in dem man Pflanzen aus aller Welt bewundern kann. Milwaukee ist auch eine Stadt des Biers – drei Brauereien sorgen dafür, daß niemand auf gutes Bier verzichten muß. Die Brauereien *Pabst* und *Miller* bieten kostenlose Führungen an.
Die Hauptstadt **Madison** ist Sitz der Universität; das imposante *State Capitol* kann täglich besichtigt werden. Sehr sehenswert ist die älteste Siedlung des Staates, **Green Bay**, an der gleichnamigen Bucht des Michigan-Sees. Die *Door*-Halbinsel, die hier in den Michigan-See hineinragt, ist ein beliebtes Urlaubsgebiet mit schönen Stränden und niedlichen Dörfern. Wisconsin bietet seinen Besuchern reizvolle Landschaft. Die schönen Klippen der *Wisconsin Dells* mit ihren skurrilen Formen sollten auf keiner Reiseroute fehlen. *Lake Geneva* ist eine beliebte Freizeitgegend, und der *Devil's Lake State Park* bietet ausgezeichnete Badestrände. Die Ortschaft *Lac du Flambeau* liegt inmitten des großen Seengebietes, in dem viele Indianer leben.

Wyoming

Lage: Mittlerer Westen.

Fremdenverkehrsbüro Wyoming
Rocky Mountain International
c/o Wiechmann Tourism Services
Scheidswaldstraße 73
D-60385 Frankfurt/M.
Tel: (069) 44 60 02. Telefax: (069) 43 96 31.
Mo-Fr 09.00-18.00 Uhr.
Wyoming Division of Tourism
I-25 At College Drive
Cheyenne, WY 82002
Tel: (307) 777 77 77. Telefax: (307) 777 69 04.
Green River Chamber of Commerce
1450 Uinta Drive
Green River, WY 82935
Tel: (307) 875 57 11. Telefax: (307) 875 16 46.
Cheyenne Area Convention & Visitors Bureau
309 West Lincolnway
PO Box 765
Cheyenne, WY 82003
Tel: (307) 778 31 33. Telefax: (307) 778 31 90.
Jackson Hole Visitors Council
PO Box 982
Jackson, WY 83001
Tel: (307) 733 76 06. Telefax: (307) 733 55 85.

FLÄCHE: 253.349 qkm.
BEVÖLKERUNGSZAHL: 470.000 (1993).
BEVÖLKERUNGSDICHTE: 1,9 pro qkm.
HAUPTSTADT: Cheyenne. **Einwohner:** 50.008 (1990).
GEOGRAPHIE: Der »Cowboystaat« Wyoming besteht aus 11 größeren Bergketten, Prärien, Weideland, Parks, Wäldern, Seen und Flüssen. Wyoming ist etwa so groß wie Großbritannien, jedoch nur sehr dünn besiedelt. Hier kann man noch unberührte Wildnis finden. Der riesige Yellowstone-Nationalpark mit seinen Geysiren, heißen Quellen, Tälern, Bergseen und Wasserfällen bietet ein einmaliges Naturerlebnis.
ORTSZEIT: MEZ - 8.

REISEVERKEHR

FLUGZEUG: Der Flughafen in Jackson Hole verbindet mit allen größeren Städten der USA.
BAHN: Die *Amtrak*-Linie *Pioneer* fährt von Seattle über Evanston, Green River, Rock Springs, Rawlings, Laramie und Cheyenne nach Denver.
BUS/PKW: Die *Greyhound*-Linie 3 fährt von Salt Lake City über Evanston, Rock Springs, Rawlins, Laramie und Cheyenne nach Omaha. Weitere Linien verkehren von Laramie und Cheyenne nach Denver.

URLAUBSORTE & AUSFLÜGE

Wyoming ist das ideale Reiseziel für alle, die ursprüngliche weite Landschaft suchen. Der weltbekannte *Yellowstone-Nationalpark* ist der älteste und wohl auch schönste Nationalpark der USA. Eine der Hauptsehenswürdigkeiten ist der *Old-Faithful*-Geysir, dessen bis zu 60 m hohe Fontäne fast jede Stunde zu sehen ist. Insgesamt gibt es 10.000 heiße Quellen im Yellowstone. Die artenreiche Tierwelt ist besonders für Europäer faszinierend – Elche, Bisons, Adler, Bären und Kojoten leben hier in freier Wildbahn. Wer länger bleiben und im *Old Faithfull Inn* übernachten möchte, sollte sich am besten schon zwei Monate vorher ein Zimmer sichern. Der weiter südlich gelegene *Grand Teton National Park* bietet mehrere Dreitausender und ausgezeichnete Freizeiteinrichtungen. Bergsteigen, Wandern, Reiten, Camping und Wassersport sind möglich. Der 4000 m hohe *Grand Teton* ist der zweithöchste Berg in Wyoming. Übernachtet werden kann in mehreren Ferienranches. Die 8 km südlich gelegene Stadt **Jackson** ist sommers wie winters ein interessantes Urlaubsziel. In zahlreichen Kunstgalerien und Museen kann man sich mit der Kultur der Wilden Westens vertraut machen. Höhepunkt im jährlichen Veranstaltungskalender ist das *Grand Teton Music Festival* im Juli und August, bei dem Musik aller Sparten geboten wird. Drei gute Skigebiete mit Abfahrtsstrecken für Anfänger und Könner stehen Wintersportlern im Umkreis der Stadt zur Verfügung. Gute Wintersport- und Wandermöglichkeiten gibt es auch in der Bergkette der *Snowy Range* (Rocky Mountains) und am *Big Horn*. Ein Besuch des *Fossil Butte National Monument* kommt einer Reise in die prähistorische Vergangenheit gleich, hier wurden Millionen Jahre alte Fossilien von Süßwasserfischen gefunden. Faszinierend ist auch das *Flaming Gorge National Recreation Area* mit seinen bizarren, in kräftigen Farben schillernden Felsformationen, die über Jahrtausende von Wind und Wasser geformt wurden.
Der 364 m hohe *Devil's Tower* im Nordosten Wyomings ist der Überrest eines erloschenen Vulkans und Habitat vieler Tier- und Pflanzenarten, die man auf einem Naturlehrpfad kennenlernen kann. Hier wurde Stephen Spielbergs »Unheimliche Begegnung der dritten Art« gedreht. Im Nordwesten des Staates war der berühmte Buffalo Bill zu Hause. Im *Buffalo Bill Historical Center* in **Cody** wird an sein Leben und an die Besiedlung des Westens erinnert. Der Geschichte und Kultur der Prärieindianer ist eine weitere Ausstellung gewidmet. Die Hauptstadt **Cheyenne** war und ist immer noch Zentrum des Viehhandels der Region. Hier findet in der letzten vollen Juliwoche das traditionsreichste und größte Rodeo der Welt statt, die *Cheyenne Frontier Days*. Wer einmal selbst Cowboy spielen möchte, kann eine Zeit auf einer »Working Ranch« verbringen und bei der täglichen Arbeit mitanpacken. Ein Besuch im *Wind-River-Indianerreservat* bei Lander (Zentral-Wyoming), das sich Schoschonen und Arapahos teilen, vermittelt einen unmittelbaren Eindruck vom heutigen Leben der Indianer. Ihrer Geschichte und Kultur kommt man im *North American Indian Heritage Center* auf die Spur. Ausflüge mit indianischen Führern in die großartige Landschaft der *Wind River Mountains* werden angeboten.
Laramie mit dem interessanten Pionierposten *Fort Laramie* ist ein guter Ausgangspunkt für Fahrten in den herrlichen *Medicine Bow National Forest*, einem schönen Wander- und Wintersportgebiet.

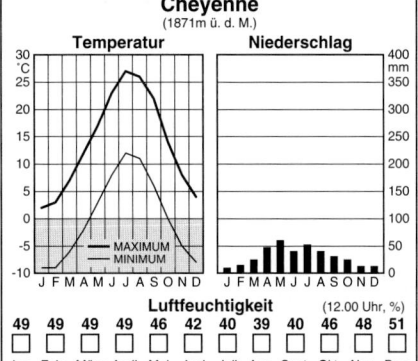

Usbekistan

Lage: Zentralasien.

Olympia-Reisen
Siegburger Straße 49
D-53229 Bonn
Tel: (0228) 40 00 30. Telefax: (0228) 46 69 32.
Mo-Fr 08.00-18.00 Uhr.
Uzbektourism
Beethovenstraße 3
D-60325 Frankfurt/M.
Tel: (069) 74 05 54. Telefax: (069) 74 05 41.
Mo-Fr 09.00-13.00 und 14.00-17.00 Uhr.
Uzbektourism
Ul. Khorezmakaya 47
Taschkent 700047
Tel: (03712) 33 54 14. Telefax: (03712) 32 79 48.
Tashkent Tourist Travel Agency
Ul. Navoi 69a
Taschkent 700011
Tel: (03712) 44 12 94, 44 07 72. Telefax: (03712) 44 07 76.
Botschaft der Republik Usbekistan
Deutschherrenstraße 7
D-53177 Bonn
Tel: (0228) 95 35 70. Telefax: (0228) 953 57 99.
Mo-Fr 09.00-13.00 Uhr (Publikumsverkehr), telefonische Anfragen Mo-Fr 09.00-18.00 Uhr.
(auch zuständig für die Schweiz)
Konsulat der Republik Usbekistan (mit Visumerteilung)
Beethovenstraße 3
D-60325 Frankfurt/M.
Tel: (069) 74 05 69. Telefax: (069) 74 05 41.
Mo-Fr 09.00-13.00 Uhr.
Botschaft der Republik Usbekistan
Friedrich-Schmidt-Platz 3/1/18
A-1080 Wien
Tel: (0222) 405 09 27/28. Telefax: (0222) 405 09 29.
Mo-Fr 09.00-13.00 und 14.00-18.00 Uhr.
Botschaft der Bundesrepublik Deutschland
Prospekt Scharaf Raschidov 15
Postfach 4337
Taschkent
Tel: (03712) 34 66 96, 34 47 25/63. Telefax: (03712) 39 43 59.
Die diplomatische Vertretung Österreichs erfolgt durch die Botschaft in Moskau (s. Russische Föderation).
Botschaft der Schweizerischen Eidgenossenschaft
Murtazayev Street 61
4. Stock/1. Eingang
Taschkent 700079
Tel: (03172) 44 25 91. Telefax: (03172) 44 27 88.

TIMATIC INFO-CODES

*Abrufbar über Ihr CRS-System (für START/Amadeus Ama-Maske benutzen). Für Galileo bitte TI-DFT eingeben (**mit** Bindestrich).*

Flughafengebühren	TI DFT/ TAS /TX
Währung	TI DFT/ TAS /CY
Zollbestimmungen	TI DFT/ TAS /CS
Gesundheit	TI DFT/ TAS /HE
Reisepassbestimmungen	TI DFT/ TAS /PA
Visabestimmungen	TI DFT/ TAS /VI

FLÄCHE: 447.400 qkm.
BEVÖLKERUNGSZAHL: 22.000.000 (1994).
BEVÖLKERUNGSDICHTE: 49,2 pro qkm.
HAUPTSTADT: Taschkent. **Einwohner:** 2.300.000 (1994).
GEOGRAPHIE: Usbekistan grenzt im Süden an Afghanistan, im Westen an Turkmenistan, im Westen und Norden an Kasachstan, im Nordosten an Kirgisistan und im Osten an Tadschikistan. Die Landschaft ist außerordentlich abwechslungsreich. Im Süden und Osten beherrschen die Gebirgsketten des Tienschan und des Pamir-Alaj das Landschaftsbild. Im Nordwesten bilden der Aral-See und die fast menschenleere Ust-Urt-Hochebene mit ihren zahlreichen Baumwollfeldern eine natürliche Grenze. Ein Großteil der Landesfläche ist Wüste.
STAATSFORM: Präsidialrepublik seit 1992, neue Verfassung seit Dezember 1992. Staatsoberhaupt: Präsident Islam Karimow, seit März 1990. Regierungschef: Abdul Hashim M. Mutalow, seit Januar 1992.
SPRACHE: Usbekisch, eine Turksprache, ist Amtssprache, Russisch wird von einer Minderheit gesprochen.
RELIGION: Überwiegend muslimisch, russisch-orthodoxe und jüdische Minderheiten.
ORTSZEIT: MEZ + 4.
NETZSPANNUNG: 220 V, 50 Hz.
POST- UND FERNMELDEWESEN: Telefon: Selbstwählferndienst. **Landesvorwahl: 7** (Ortsnetzkennzahl für Taschkent ist 03712). Gespräche von Hotelzimmern müssen vorbestellt werden. Ferngespräche ins Ausland können auch von den Hauptpostämtern aus geführt werden (u. a. Prospekt Navoi, Taschkent). Für Direktverbindungen innerhalb der GUS wählt man eine »8«, wartet auf einen Wählton und wählt dann die Teilnehmernummer. Ortsgespräche sind kostenlos. **Telefax:** Große Hotels bieten ihren Gästen einen Telefaxservice an. **Telex/Telegramme** können in den Postämtern der größeren Städte aufgegeben werden. Für den Telexservice wird eine Tastatur mit kyrillischen und lateinischen Buchstaben verwendet, die recht unpraktisch ist. Große Hotels bieten ihren Gästen einen Telexdienst an. **Post:** Post nach Westeuropa ist zwischen zwei Wochen und zwei Monaten unterwegs. Frankierte Umschläge können in Postämtern gekauft werden. Die Adresse sollte in der folgenden Reihenfolge auf den Umschlag geschrieben werden; Land, Postleitzahl, Stadt, Straße, Hausnummer und schließlich der Name des Adressaten. Öffnungszeiten der Postämter: Sa-Do 09.00-18.00 Uhr. Das Hauptpostamt in Taschkent (Adresse s. o.) ist bis 19.00 Uhr geöffnet. Touristen können außerdem die Postämter in den großen Uzbekintour-Hotels benutzen.
DEUTSCHE WELLE
Der Einsatz der Kurzwellenfrequenzen ändert sich mehrfach im Laufe eines Jahres, und Sendungen auf den folgenden Frequenzen werden jeweils nur zu bestimmten Tageszeiten ausgestrahlt. Näheres in der Einleitung.

MHz	21,560	15,275	13,780	9,545	7,130
Meterband	13	19	22	31	41

REISEPASS/VISUM

***Wichtiger Hinweis:** Die Einreisebestimmungen mancher Länder können sich kurzfristig ändern – rufen Sie sicherheitshalber auf Ihrem CRS-System (TIMATIC-Info-Code-Fenster in diesem Kapitel) den aktuellen Stand ab bzw. wenden Sie sich an die zuständige diplomatische Vertretung. Etwaige Zahlen in der Tabelle beziehen sich auf nachfolgende Fußnoten.*

	Paß erforderlich?	*Visum erforderlich?*	*Rückflugticket erforderlich?*
Deutschland	Ja	Ja	Nein
Österreich	Ja	Ja	Nein
Schweiz	Ja	Ja	Nein
Andere EU-Länder	Ja	Ja	Nein

Anmerkung: Die Einreisebestimmungen können sich jederzeit ändern. Reisenden wird empfohlen, sich vor Reiseantritt mit einem Spezialreisebüro bzw. den zuständigen Vertretungen der Republik Usbekistan in Verbindung zu setzen (Adressen s. o.).
REISEPASS: Allgemein erforderlich. Der Reisepaß muß noch mindestens 6 Monate über den Aufenthalt hinaus gültig sein.
VISUM: Allgemein erforderlich, ausgenommen sind Staatsbürger aller GUS-Staaten und einiger ehemaliger Ostblock-Staaten.
Visaarten: Transit-, Touristen- und Geschäftsvisa.
Visagebühren: Einreisevisa für Aufenthalte von max. 7 Tagen: 70 DM, 500 öS; 15 Tagen: 82 DM, 600 öS; 30 Tagen: 100 DM, 700 öS; 3 Monaten: 172 DM, 900 öS; 6 Monaten: 260 DM, 1200 öS; 1 Jahr: 412 DM, 1500 öS; Transitvisa für 24 Std: 35 DM, 48 Std: 40 DM, 72 Std: 50 DM, zweimalige Durchreise: 70 DM, mehrmalige Durchreise innerhalb von 6 Monaten: 247 DM. In Österreich liegen die Preise für Transitvisa zwischen 300-400 öS. Die Preise ändern sich oft.
Gültigkeitsdauer: Transitvisum: 2-3 Tage; Touristen- und Geschäftsvisa: 1 Woche, 2 Wochen oder 1 Monat. Touristenvisa berechtigen normalerweise zur einmaligen Einreise, Geschäftsvisa zur mehrmaligen Einreise (Verlängerung möglich). Bisher müssen alle Reiseziele im Visum eingetragen werden (einzige Ausnahme: britische Staatsbürger). Diese Regelung wird sich aber voraussichtlich in naher Zukunft ändern.
Antragstellung: Botschaft der Republik Usbekistan oder Konsulat in Frankfurt (Adressen s. o.). Visa werden in Ausnahmefällen auch bei der Einreise am Flughafen in Taschkent ausgestellt, sofern die nötigen Unterlagen vorgelegt werden können. Es wird jedoch dringend empfohlen, sich bereits vor der Abreise ein Visum zu besorgen.
Unterlagen: (a) Reisepaß. (b) 1 Paßfoto. (c) Ausgefüllter Antrag. (d) Gebühr. (e) Für Touristenvisa zusätzlich Hotelvoucher oder Bestätigung der Hotelbuchung. (f) Für Geschäftsreisen: Einladung eines usbekischen Unternehmens. (g) Für Privatreisen: bestätigte Einladung aus Usbekistan.
Antragstellung per Fax oder auf dem Postweg ist ebenfalls möglich. Der postalischen Beantragung sollten ein adressierter Freiumschlag und der Zahlungsbeleg über die Visumgebühr beigefügt werden.
Bearbeitungszeit: 10 Tage, Geschäftsvisa können u. U. auch schneller ausgestellt werden.
Aufenthaltsgenehmigung: Wer sich vorübergehend in Usbekistan niederlassen möchte, muß sich u. U. einem Aidstest unterziehen.

GELD

Währung: Im Juli 1994 wurde eine nationale Währung, der Som, eingeführt. Banknoten sind im Wert von 100, 50, 25, 10, 5, 3 und 1 Som in Umlauf. Es gibt keine Münzen.
Geldwechsel: Touristen und Geschäftsleute müssen die meisten Rechnungen in Devisen bezahlen. US-Dollar werden am häufigsten akzeptiert. Alle Rechnungen werden in bar bezahlt. Umtausch auf dem Schwarzmarkt ist illegal und strafbar. Banken und Wechselstuben in den größeren Hotels wechseln zum offiziellen Kurs.
Kreditkarten werden in einigen größeren Hotels und Touristengebieten angenommen. Die Einführung einer landeseigenen Kreditkarte ist geplant.
Reiseschecks werden z. T. akzeptiert.
Wechselkurse: Zwischen dem offiziellen und dem inoffiziellen Kurs bestehen große Unterschiede. Offizieller Wechselkurs im September 1994: 18 Som-Coupons = 1 US$.
Devisenbestimmungen: Im- und Export von Fremdwährungen unterliegen keinen Beschränkungen.
Öffnungszeiten der Banken: Mo-Fr 09.00-17.00 Uhr.

DUTY FREE

Folgende Artikel können zollfrei eingeführt werden:
400 Zigaretten oder 100 Zigarren oder 500 g Tabakwaren;
2 l Spirituosen;
Parfüm für den persönlichen Gebrauch;
Waren bis zum Gesamtwert von 5000 US$.
Einfuhrverbot: Waffen, Munition und Drogen.
Ausfuhrverbot: Für Gegenstände, die über 100 Jahre alt oder von besonderem kulturellen Wert sind, benötigt man eine Sondergenehmigung. Beim Kauf sollte man sich am besten eine Bescheinigung über das Warenalter ausstellen lassen.

GESETZLICHE FEIERTAGE

1. Mai '96 Maifeiertag. **9. Mai** Tag des Sieges. **1. Sept.** Unabhängigkeitstag. **8. Dez.** Tag der Verfassung. **1./2. Jan. '97** Neujahr. **8. März** Internationaler Frauentag. **21. März** Navrus (Usbekisches Neujahr). **1. Mai** Maifeiertag. **9. Mai** Tag des Sieges.

In der folgenden Tabelle aufgeführte Impfvorschriften können sich kurzfristig ändern. Es wird stets empfohlen, auf Ihrem CRS-System (TIMATIC-Info-Code-Fenster in diesem Kapitel) den aktuellen Stand der Gesundheitsbestimmungen abzurufen bzw. rechtzeitig vor der Reise ärztlichen Rat einzuholen.

	Vorsichtsmaßnahmen empfohlen	*Impfschein erforderlich*
Gelbfieber	Nein	Nein
Cholera	Ja	1
Typhus & Polio	Ja	–
Malaria	2	–
Essen & Trinken	3	–

GESUNDHEIT

[1]: Eine Impfbescheinigung gegen Cholera ist keine Einreisebedingung, das Risiko einer Infektion ist jedoch gegeben. 1993 wurden in Taschkent fünf Cholerafälle mit tödlichem Ausgang gemeldet. Da die Wirksamkeit der Schutzimpfung umstritten ist, empfiehlt es sich, rechtzeitig vor Antritt der Reise ärztlichen Rat einzuholen. Näheres unter *Gesundheit* (s. Inhaltsverzeichnis).
[2]: Malariafälle wurden aus den südlichen Gebieten an der Grenze nach Afghanistan gemeldet. Besucher, die in diese Gegend reisen möchten, sollten entsprechende Vorsichtsmaßnahmen treffen.
[4]: Wasser, das zum Trinken, Zähneputzen oder zur Eiswürfelbereitung benutzt wird, sollte vorher abgekocht oder anderweitig sterilisiert werden. Milch ist pasteurisiert, und Milchprodukte können ohne Bedenken verzehrt werden. Fleisch- und Fischgerichte nur gut durchgekocht und heiß serviert essen. Der Genuß von Schweinefleisch, Salaten und Mayonnaise sollte vermieden werden. Gemüse sollte gekocht und Obst geschält werden.
Tollwut kommt vor. Wer ein erhöhtes Risiko eingeht (z. B. längerer Aufenthalt in abgelegenen Gebieten), sollte vor Reiseantritt eine Schutzimpfung erwägen. Bei Bißwunden so schnell wie möglich ärztliche Hilfe in Anspruch nehmen. Weitere Informationen im Kapitel *Gesundheit* (s. Inhaltsverzeichnis).
Hepatitis A, B und *E* kommen vor.
Gesundheitsvorsorge: Der Abschluß einer Reisekrankenversicherung wird dringend empfohlen. Da das nationale Gesundheitswesen unter chronischem Medikamentenmangel leidet, wird Reisenden empfohlen, eine gut bestückte Reiseapotheke mit Erste-Hilfe-Ausrüstung mitzunehmen.

REISEVERKEHR - International

FLUGZEUG: Usbekistans nationale Fluggesellschaft *Uzbekistan Airways National Air Company (Havo Yullari)* betreibt direkte Flugdienste von Frankfurt/M. nach Taschkent. *Lufthansa* bietet ebenfalls Direktverbindungen von Frankfurt/M. Es gibt derzeit keine Direktflüge von Österreich und der Schweiz. *Uzbekistan Airways* fliegt außerdem folgende Städte an: London, Beijing, Bangkok, New Delhi, Istanbul, Tel Aviv, Jeddah (Saudi-Arabien), Karachi (Pakistan), Sharja (VAE), Kuala Lumpur (Malaysia) sowie in der GUS Almaty (Kasachstan), Aschchabad (Turkmenistan) und Kiew (Ukraine). Taschkent wird ferner von folgenden Fluggesellschaften bedient: *Pakistan International Airways* (Islamabad), *Air India* (New Delhi), *Turkish Airlines* (Istanbul), *Shinjiang Airways* (Urumchi/China) und *Arianna* (Kabul/Afghanistan). Der Flugverkehr mit Tadschikistan ist zur Zeit noch unterbrochen.
Durchschnittliche Flugzeiten: *Frankfurt* – Taschkent: 6 Std. 30; *Moskau* – Taschkent: 3 Std. 30.
Internationaler Flughafen: *Taschkent International Airport (TAS)* liegt in der Stadt. Busse und Taxis stehen zur Verfügung.
BAHN: Taschkent ist ein wichtiger Knotenpunkt im zentralasiatischen Schienenverkehr. Es bestehen Verbindungen in alle Richtungen: westlich nach Aschchabad (Turkmenistan), südlich nach Samarkand und weiter nach Duschanbe (Tadschikistan), östlich nach Bischkek (Kirgisistan) und Almaty (Kasachstan) und nördlich nach Moskau (Russ. Föderation). Die Fahrt von Moskau nach Taschkent dauert zweieinhalb Tage. Eine weitere Linie führt ins Ferganabecken im Osten des Landes und weiter nach Osch in Kirgisistan. Über Almaty kann man bis nach China fahren, außerdem ist eine Verbindungsstrecke in den Iran geplant, die das Land an den Nahen Osten anschließen soll. Ausländer müssen alle Fahrkarten in Devisen bezahlen (US-Dollar sind besonders gern gesehen), aber die Preise sind gering verglichen mit Westeuropa.
BUS/PKW: Es gibt Verbindungsstraßen zu allen Nachbarstaaten. Die Grenze zwischen Usbekistan und Afghanistan ist nur für Staatsbürger dieser beiden Länder geöffnet. **Bus:** Es gibt Busverbindungen in alle Nachbarstaaten; der Grenzübergang nach Tadschikistan ist jedoch häufig geschlossen. Fernbusse fahren in Taschkent vom Busbahnhof in der Nähe des Hippodroms ab (*Taschkent Avtovokschal*), nicht vom Busbahnhof Samarkand. Auch Bustickets müssen von Ausländern in harter Währung bezahlt werden. **Mietwagen** mit Chauffeur können für längere Fahrten gemietet werden. Die Bezahlung erfolgt normalerweise in US-Dollar. Autovermietungen befinden sich meist an Zug- und Fernbus-Bahnhöfen.
FAHRZEITEN von Taschkent zu den folgenden Städten in der GUS (ungefähre Angaben in Std. und Min.):

	Pkw/Bus
Bischkek (Kirgisistan)	10.00
Almaty (Kasachstan)	15.00
Aschchabad (Turkmenistan)	24.00
Chudschand (Tadschikistan)	3.30

REISEVERKEHR - National

FLUGZEUG: *Uzbekistan Airways* fliegt regelmäßig alle größeren Städte in Usbekistan an. Vor jedem Flug muß man sein Ticket am Flughafen von den Auswanderungsbehörden *(Orwid)* bestätigen lassen. Ausländer müssen alle Flüge in US-Dollar bezahlen, Tickets werden im Büro von Uzbekistan Airways verkauft (gegenüber dem Hotel Rußland, Schota Rustaveli).
FLUGZEITEN von Taschkent zu den folgenden Städten (ungefähre Angaben in Std. und Min.):

Termez	1.20
Nukus	2.00
Samarkand	0.40
Navoi	1.00
Namangan	1.40

BAHN: Das Streckennetz umfaßt 3400 km und verbindet Termez, Samarkand, Buchara, das Ferganabecken und Nukus miteinander. In Taschkent gibt es zwei Bahnhöfe (Nord- und Südbahnhof). Die Transkaspische Eisenbahn durchquert das Land auf der Strecke von Tschardschau (Turkmenistan) über Kagan (in der Nähe von Buchara), Samarkand und Dschisak, von wo Anschlußmöglichkeiten nach Taschkent bestehen.

BUS/PKW: Das Straßennetz ist gut ausgebaut. **Bus:** Alle größeren Städte werden durch Busse verbunden. **Taxis** und Mietwagen gibt es in allen größeren Städten. Die meisten sind nicht registriert, und Preisvereinbarung im voraus wird empfohlen. Da sich sehr viele Straßennamen geändert haben, sollte man immer den alten und neuen Namen nennen. **Mietwagen** können für einzelne Fahrten, stunden-, tage- oder wochenweise gemietet werden.
STADTVERKEHR: In Taschkent gibt es Busse, Oberleitungsbusse, Straßenbahnen, Taxis und die einzige U-Bahn in Zentralasien. Das Taschkenter U-Bahnnetz wurde 1991 erweitert und umfaßt 23 Stationen. Öffentliche Verkehrsmittel sind sehr preiswert und recht zuverlässig.

UNTERKUNFT

HOTELS: Touristen müssen immer noch in Hotels übernachten, die bei Uzbekintour registriert sind. Neben den Uzbekintour-eigenen Hotels gibt es jedoch immer mehr private Unterkünfte, die ebenfalls registriert sind. Man muß sich jede Übernachtung im Hotel bestätigen lassen. Service und Ausstattung entsprechen nicht unbedingt westlichem Standard, werden aber ständig verbessert. Die meisten Hotelzimmer haben Dusche und WC, Seife und Toilettenpapier stehen jedoch nicht immer zur Verfügung. Die größten Hotels in Taschkent sind das Hotel Usbekistan (Tel: (03712) 33 62 44), Hotel Taschkent (Tel: (03712) 33 27 35) und Hotel Rußland; in Buchara das Hotel Buchara (Tel: (03652) 23 50 04) und das Hotel Serafschan; in Samarkand das Hotel Samarkand (Tel: (03662) 33 30 27) und das Hotel Serafschan. In allen größeren Städten gibt es mindestens ein Uzbekintour-Hotel, das Ausländer beherbergt. Wer seine Reise nicht schon im Heimatland gebucht hat, muß in der Regel in US-Dollars bezahlen.
PENSIONEN: Es werden immer mehr Pensionen eröffnet, aber die meisten sind sehr klein und oft ausgebucht.
CAMPING: Uzbekintour bietet in der Hauptsaison Campingurlaub in den Bergen an.

URLAUBSORTE & AUSFLÜGE

Das sagenumwobene farbenprächtige **Samarkand** ist ca. 2500 Jahre alt. Im 14. Jahrhundert erlebte die Stadt im Tal des Serafschan ihre Blütezeit, als sie zur Hauptstadt des Timuriden-Reiches ausgebaut wurde. Die Lage an der Seidenstraße verhalf der Stadt zu weiterem Ansehen und Wohlstand. Islamische Prachtbauten wie die islamische Hochschule (*Medresse*) Bibi Khanum sind Zeugen der glanzvollen Vergangenheit. Der Registan-Platz gilt als einer der schönsten und größten Plätze Zentralasiens. Hier erheben sich die bunt schillernden Medressen *Schir-Dor* und *Tillja-Kari* sowie die Sternwarte *Ulug Beg*. Kein Stadtrundgang wäre ohne eine Besichtigung der Gräberstadt *Schah-i-Sinda* vollständig. In der Krypta des *Gur-Emir-Mausoleums* kann man das Grab Timurs bewundern, des ersten timuridischen Herrschers. Die blauen Kuppeln der Stadt erscheinen märchenhaft und fast unwirklich – sie lassen Erinnerungen an die arabische Märchenwelt aus »Tausendundeiner Nacht« wiederaufleben.
Taschkent liegt im Tal des Tschirtschik-Flusses. Die usbekische Hauptstadt ist heute eine moderne Stadt mit breiten Alleen, Parkanlagen und zahlreichen Springbrunnen, die zur Kühlung der Luft dienen. In der Altstadt westlich des Zentrums findet man noch enge, verwinkelte Gäßchen und alte Gebäude. Besonders sehenswert sind die *Kukeldasch-Medresse* (16. Jh.), in der bald ein Museum untergebracht sein wird, und das *Kaffali-Schasch-Mausoleum*. Interessant ist auch ein Besuch im *Museum für Angewandte Kunst* und in der *Nationalgalerie*. Taschkent war schon im Altertum ein wichtiger internationaler Verkehrsknotenpunkt und ist idealer Ausgangspunkt für Touren in die faszinierende Steppen- und Wüstenlandschaft Zentralasiens.
Das alte heilige **Buchara**, im Südosten der Kysylkum-Wüste gelegen, beherbergte früher über 350 Moscheen und 100 Religionsschulen. Auch heute noch gleicht die Stadt mit den engen, verwinkelten Gassen der Altstadt, den vielen Minaretten und den bunten überdachten Basaren einem riesigen Museum islamischer Kunst. Hier wird die große islamische Vergangenheit wirklich greifbar. Überall in der alten Handels- und Karawanenstadt stößt man auf Zeugnisse der zentralasiatischen Architektur. Die *Khalif-Niazkul-Medresse*, auch als »Char Minor« bekannt, hat vier Türme mit hellblauen Kuppeln. Die ehemalige Burg des Emirs, die Festung *Ark*, ist heute ein Volkskunde-Museum. Das *Ismail-Samani-Mausoleum* wurde im 9./10. Jahrhundert aus gebrannten Ziegeln errichtet. Das *Kaljan-Minarett* (1127), auch »Turm des Todes« genannt, überragt mit 47 m die gesamte Stadt. An Markttagen wurden hier früher Todesurteile vollstreckt. Die *Ulug-Beg-Medresse* ist die älteste Zentralasiens. Bei einem Bummel über den großen Basar kann man originelle Mitbringsel erstehen. Nordöstlich von Buchara liegen Chiva und Urgensch, nicht zu verwechseln mit der turkmenischen Stadt Kunya-Urgentsch. **Chiva** ist als »Museumsstadt« so gut wie unbewohnt und hat sich seit dem 18. Jahrhundert kaum verändert. Auch die alten Stadtmauern haben sich erhalten. Die Kunstgalerie in **Nukus** hat die beste Sammlung russischer Avantgardekunst außerhalb von St. Petersburg. Im Landschaftsschutzgebiet **Tschatkalski** im westlichen Tienschan-Gebirge leben noch Schneeleoparden, Graubären und Adler.

SOZIALPROFIL

ESSEN & TRINKEN: *Plov*, das Nationalgericht aller zentralasiatischen Republiken, besteht aus Hammelfleischstücken, geraspelten gelben Mohrrüben und Reis, die in einem großen Wok gebraten werden. *Schaschlik* (aufgespießte Hammelstücke, die über einem Kohlenfeuer gegrillt und mit rohen Zwiebelringen serviert werden) und *Non* (rundes, ungesäuertes Brot) werden oft an Straßenecken angeboten. Man erhält beide aber auch in Restaurants. Die Brotauswahl in Usbekistan ist überwältigend. *Manty* (große Nudeltaschen mit Fleischfüllung) und *Samsa* (mit Gemüse oder Fleisch gefüllte Teigtaschen) gehören zu den beliebtesten Zwischenmahlzeiten. *Schurwa* ist eine schmackhafte Fleisch- und Gemüsesuppe. Im Sommer kann man frisches Obst genießen: Weintrauben, Granatäpfel, Aprikosen (die man gedörrt auch das ganze Jahr über bekommt) und vor allem Honig- und Wassermelonen. Die Gerichte, die in den Hotels serviert werden, erinnern eher an die russische Küche: *Borschtsch* (rote Beete-Suppe), *Entrecôte* (gut durchgebratene Steaks), Koteletts (gegrillte Hamburger) und *Strogan* (eine einheimische Variante des Bœuf Stroganoff) stehen häufig auf der Speisekarte. *Euévara* sind kleine Nudeltäschchen mit Fleisch- oder Gemüsefüllung (ein bißchen wie Ravioli), die manchmal in Gemüsesuppen serviert werden. Viele Restaurants bieten europäische und koreanische Gerichte an. Das Restaurant im obersten Stockwerk des Hotels Usbekistan serviert usbekische, koreanische und chinesische Spezialitäten. **Getränke:** Tee (*Tschai*) ist auch in Usbekistan Nationalgetränk und fast überall erhältlich. Bier, Wein, Wodka, Brandy und Sekt (*Schampanski*) sind in zahlreichen Restaurants erhältlich. *Kafik* wird oft zum Frühstück serviert.
NACHTLEBEN: In Taschkent gibt es zahlreiche Theater, in denen von europäischen Dramen bis zu usbekischen Volkstänzen alles aufgeführt wird. Im Navoi-Theater gegenüber vom Hotel Taschkent werden Opern- und Ballettabende veranstaltet. Die Preise sind sehr niedrig, die meisten Veranstaltungen beginnen um 18.00 Uhr. In Restaurants spielen oft Livebands unterschiedlicher Qualität und Lautstärke.
EINKAUFTIPS: Typisch zentralasiatisch kann man in den Basaren in Taschkent und Samarkand einkaufen. Das Angebot reicht von Kräutern und Gewürzen bis zu orientalischen Teppichen. Im Alaiski-Basar in Taschkent werden usbekische verzierte Messer angeboten. Beim Basarbummel sollte man sich nach Möglichkeit von einem ortskundigen Freund beraten lassen. Viele Museen verkaufen Reproduktionen der Ausstellungsstücke und einige Originale. Buchara ist für seine Goldstickereien bekannt, besonders die reich bestickten usbekischen Hüte sind ein beliebtes Mitbringsel, ebenso wie Teppiche und Wandbehänge. Für die Ausfuhr von Gegenständen, die über 100 Jahre alt oder von besonderem kulturellen Wert sind, benötigt man eine Sondergenehmigung. **Öffnungszeiten der Geschäfte:** Mo-Fr 08.00-17.00 Uhr (Lebensmittelgeschäfte), 09.00-18.00 Uhr (alle anderen Geschäfte).
SPORT: Der Nationalsport *Beskurasch* ist ein Mannschaftsspiel, bei dem zwei berittene Teams versuchen, einen kopf- und beinlosen Ziegenkadaver, der zwischen 30 und 40 kg wiegt, über die Ziellinie der jeweiligen gegnerischen Mannschaft zu manövrieren. Die Spieler dürfen den Gegenspielern den Kadaver entreißen, Fouls werden dagegen nicht gern gesehen. **Fußball** ist ebenfalls sehr beliebt. Die Berge in der Nähe von Taschkent sind ideal zum **Skifahren**. **Taekwondo** und andere Kampfsportarten sind ebenfalls sehr beliebt.
SITTEN & GEBRÄUCHE: *Non* (Brot) sollte niemals mit der Oberseite nach unten oder auf den Boden gelegt werden (auch nicht in einer Tasche). Beim Betreten eines Hauses zieht man die Schuhe aus, läßt aber die Socken an. Kurze Hosen sind äußerst ungewöhnlich in Usbekistan.

WIRTSCHAFTSPROFIL

WIRTSCHAFT: Usbekistan wurde von den Umwälzungen seit der Unabhängigkeitserklärung weitaus weniger betroffen als andere GUS-Staaten, da die Einführung der freien Marktwirtschaft erst sehr langsam einsetzte. Baumwolle ist nach wie vor der wichtigste Devisenbringer, Usbekistan ist das viertgrößte Baumwollanbaugebiet der Welt. Baumwolle ist mit 40% das wichtigste Exportgut, das Aufrechterhalten der Monokultur hat die Ökologie des Landes jedoch stark in Mitleidenschaft gezogen und zum Teil irreparable Schäden verursacht. Der Einsatz von Pestiziden führte zu einer Versalzung des Grundes und zum teilweisen Austrocknen des riesigen Aral-Sees. Ein Ausweichen auf andere landwirtschaftliche Produkte wird durch die ungünstige Infrastruktur und den verhältnismäßig hohen Weltmarktpreis für Baumwolle behindert. Der Selbstversorgungsgrad bei Lebensmitteln ist daher relativ niedrig, und das Land ist auf Importe aus den anderen GUS-Staaten angewiesen. Die Anbaufläche für Getreide und Obst soll erweitert werden. Ferner gibt es umfangreiche Erdgas- und Erdölvorkommen sowie Gold, Uran, Silber, Kupfer, Zink und Kohle. Die Goldgewinnung spielt eine bedeutende Rolle, Usbekistan ist eines der Hauptförderländer. Man hofft, in naher Zukunft den Energiebedarf des Landes aus den eigenen Vorkommen decken zu können. Wichtigste Industriezweige sind neben der Erdgasproduktion die chemische Industrie, das Hüttenwesen und der Maschinenbau. Das Verlassen der Rubelzone im November 1993 wirkte sich negativ auf die Wirtschaft des Landes aus. Dies veranlaßte Präsident Karimov im Januar 1994, die von der Regierung auferlegten Wirtschaftsschranken und Schutzzölle weitgehend aufzuheben (u. a. Ein- und Ausfuhrzoll) und die Privatisierung zu beschleunigen. Usbekistan ist Mitglied der Zentralasiatischen Wirtschaftszone ECO und des Zentralasiatisch-Türkischen Gipfels (OATCT), dem die Türkei und alle zentralasiatischen GUS-Staaten angehören. Wichtigste Handelspartner sind die anderen GUS-Staaten.
GESCHÄFTSVERKEHR: Die usbekische Regierung fördert Joint-ventures und die Niederlassung ausländischer Unternehmen, vor allem in der verarbeitenden Industrie. Der Präsidentenerlaß vom Januar 1994 umfaßt auch Steuererleichterungen und andere Vergünstigungen für ausländische Investoren. Die Regierung versucht außerdem, ausländische Investitionen für die folgenden Bereiche zu gewinnen: Finanzwesen, Energieerzeugung, Abbau und Verarbeitung von Mineralien, Textilien, Telekommunikation, Tourismus und Ökologie.
Geschäftszeiten: Mo-Fr 09.00-17.00 Uhr.
Kontaktadressen: *Bundesverband der Deutschen Industrie, Ost-Ausschuß der Deutschen Wirtschaft*, Gustav-Heinemann-Ufer 84-88, D-50968 Köln. Tel: (0221) 370 84 17. Telefax: (0221) 370 85 40.
Wirtschaftskammer Österreich, Außenwirtschaftsorganisation, Osteuropareferat, Wiedner Hauptstraße 63, A-1045 Wien. Tel: (0222) 5 01 05-4322. Telefax: (0222) 5 02 06-255.
Die wirtschaftlichen Interessen Österreichs werden von der Außenhandelsstelle der Wirtschaftskammer Österreich in Moskau vertreten (s. Russische Föderation).
Interessengemeinschaft Schweiz-GUS, Postfach 690, c/o SHIV (Vorort), CH-8034 Zürich. Tel: (01) 382 23 23. Telefax: (01) 382 23 32.
Ministerium für Außenhandel, Ul. Buyak Ipak Julli 75, Taschkent. Tel: (03712) 68 92 56. Telefax: (03712) 68 72 31.
Taschkent International Business Center, Ul. Puschkina 17, Taschkent. Tel: (03712) 32 32 31, 56 09 15. Telefax: (03712) 33 44 14.

KLIMA

Strenges Kontinentalklima, im Süden ist es am wärmsten und im Norden am kältesten. Die Durchschnittstemperaturen liegen im Dezember im Norden bei -8°C und im Süden bei 0°C Grad, Temperaturen von bis zu -35°C sind jedoch möglich. Im Sommer kann es 45°C und heißer werden. Die Luftfeuchtigkeit ist gering, die beste Reisezeit ist im Frühling und Herbst.
Kleidung: Leichte Bekleidung für die wärmeren Monate. Im Frühling und Herbst können die Abende kühl werden. Im Winter sind Wintermantel, Kopfbedeckung und festes Schuhwerk unerläßlich.

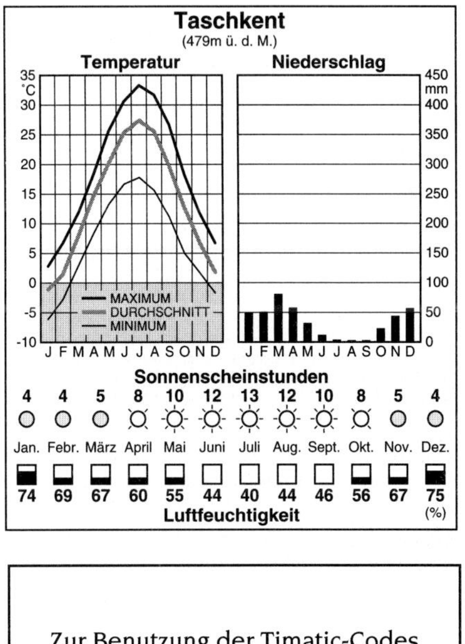

Zur Benutzung der Timatic-Codes beachten Sie bitte auch die ***Einleitung***

Vanuatu

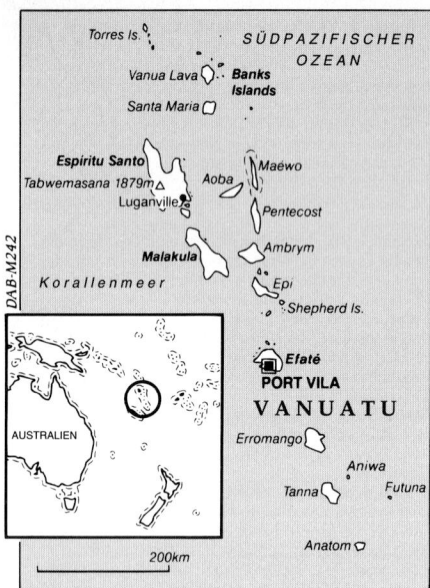

☐ Internationaler Flughafen

Lage: Südwestlicher Pazifik.

Tourism Council of the South Pacific (TCSP)
Deutsche Vertretung: Interface International
Dircksenstraße 40
D-10178 Berlin
Tel: (030) 23 81 76 45. Telefax: (030) 23 81 76 41.
Mo-Fr 09.00-18.00 Uhr.
National Tourism Office of Vanuatu
1st Floor, Int. Building
Kumul Highway
PO Box 209
Port Vila
Tel: 2 26 85. Telefax: 2 38 89.
Konsulat von Vanuatu
Basteiplatz 5
CP 924
CH-8039 Zürich
Tel: (01) 212 70 73. Telefax: (01) 212 70 74.
Mo-Fr 09.00-12.00 Uhr.
(auch Informationsstelle für Deutschland und Österreich)
Die Bundesrepublik Deutschland, Österreich und die Schweiz unterhalten keine diplomatischenVertretungen in Vanuatu. Zuständig sind für Deutschland die Botschaft in Port Moresby (s. Papua-Neuguinea), für Österreich und die Schweiz die jeweiligen Botschaften in Canberra (s. Australien).

FLÄCHE: 12.190 qkm.
BEVÖLKERUNGSZAHL: 161.000 (1993).
BEVÖLKERUNGSDICHTE: 13 pro qkm.
HAUPTSTADT: Port Vila (auf Efate). **Einwohner:** 19.311 (1989).
GEOGRAPHIE: Vanuatu (vormals Neue Hebriden) besteht aus einer unterbrochenen Doppelkette von Inseln, die sich über 900 km in nord-südöstlicher Richtung erstreckt. Mit den Banks- und Torres-Inseln umfaßt die Kette 80 Inseln und Inselchen. Die dichtbewaldeten, bergigen Inseln sind vulkanischen Ursprungs, und es gibt fünf aktive Vulkane. An den Küsten werden schmale Landstreifen landwirtschaftlich genutzt.
STAATSFORM: Republik im Commonwealth seit 1980. Staatsoberhaupt: Jean-Marie Leyé, seit März 1994.

TIMATIC INFO-CODES

Abrufbar über Ihr CRS-System (für START/Amadeus Ama-Maske benutzen). Für Galileo bitte TI-DFT eingeben (mit Bindestrich).

Flughafengebühren	TI DFT/ VLI /TX
Währung	TI DFT/ VLI /CY
Zollbestimmungen	TI DFT/ VLI /CS
Gesundheit	TI DFT/ VLI /HE
Reisepassbestimmungen	TI DFT/ VLI /PA
Visabestimmungen	TI DFT/ VLI /VI

Regierungschef: Ministerpräsident Maxime Carlot Korman, seit November 1991. Die 46 Mitglieder des Einkammerparlaments werden auf 4 Jahre in allgemeinen Wahlen bestimmt. Der Premierminister wird vom Parlament gewählt und ernennt seinerseits den Ministerrat, der die Exekutivgewalt ausübt. Der Präsident wird von einem Wahlkomitee bestimmt.
SPRACHE: Bislama, Französisch und Englisch sind Amtssprachen. Bislama ist eine melanesische Mischung aus Französisch und Englisch. Ferner werden über 110 melanesische Dialekte gesprochen.
RELIGION: Christentum (80%), daneben Cargo-Kulte und Anhänger von Naturreligionen.
ORTSZEIT: MEZ + 10.
NETZSPANNUNG: 220V, 50 Hz.
POST- UND FERNMELDEWESEN: Telefon: Selbstwählferndienst. **Landesvorwahl:** 678. Es gibt keine Ortsnetzkennzahlen. Am Flughafen und in den Postämtern gibt es öffentliche Telefonzellen. **Telefaxanschlüsse** stehen in einigen Hotels zur Verfügung. **Telexe/Telegramme** kann man im Hauptpostamt (Port Vila) und in größeren Hotels aufgeben. **Post:** Luftpost nach Europa ist ca. 7 Tage unterwegs. Postämter gibt es in der Hauptstraße von Port Vila und Luganville (Santo). Öffnungszeiten der Postämter: Mo-Fr 07.30-15.30 Uhr.
DEUTSCHE WELLE
Der Einsatz der Kurzwellenfrequenzen ändert sich mehrfach im Laufe eines Jahres, und Sendungen auf den folgenden Frequenzen werden jeweils nur zu bestimmten Tageszeiten ausgestrahlt. Näheres in der Einleitung.
Anmerkung: Vanuatu ist kein Hauptsendegebiet der Deutschen Welle; die folgenden Kurzwellenfrequenzen müssen ausprobiert werden.

MHz	17,845	11,795	9,735	9,655	9,690
Meterband	16	25	31	31	31

REISEPASS/VISUM

Wichtiger Hinweis: Die Einreisebestimmungen mancher Länder können sich kurzfristig ändern – rufen Sie sicherheitshalber auf Ihrem CRS-System (TIMATIC-Info-Code-Fenster in diesem Kapitel) den aktuellen Stand ab bzw. wenden Sie sich an die zuständige diplomatische Vertretung. Etwaige Zahlen in der Tabelle beziehen sich auf nachfolgende Fußnoten.

	Paß erforderlich?	Visum erforderlich?	Rückflugticket erforderlich?
Deutschland	Ja	Nein	Ja
Österreich	Ja	Nein	Ja
Schweiz	Ja	Nein	Ja
Andere EU-Länder	Ja	Nein	Ja

REISEPASS: Allgemein erforderlich, muß noch mindestens 4 Monate gültig sein.
VISUM: Allgemein erforderlich, ausgenommen sind Staatsbürger folgender Länder für touristische Aufenthalte von maximal 30 Tagen, sofern sie Tickets für die Rück- oder Weiterreise sowie genügend Geldmittel vorlegen können:
(a) EU-Länder und Schweiz;
(b) Commonwealth-Länder (Mitgliedstaaten s. Inhaltsverzeichnis);
(c) französische Überseegebiete und Territorien;
(d) China (VR), Fidschi, Japan, Kamerun, Korea-Süd, Kuba, Marshall-Inseln, Mikronesien, Norwegen, Pakistan, Palau, Philippinen, Taiwan (China), Thailand und USA.
Visaarten: Transit- und Besuchsvisa (für Touristen- und Geschäftsreisen). Besucher, die mit dem gleichen Flugzeug ausreisen und den Flughafen nicht verlassen, brauchen kein Transitvisum.
Visagebühren: Je nach Nationalität unterschiedlich.
Gültigkeitsdauer: 30 Tage innerhalb von 3 Monaten nach der Ausstellung. Visa können in Vanuatu verlängert werden.
Antragstellung: *Principal Immigration Officer*, Private Mail Bag 014, Port Vila, Vanuatu. Tel: 2 23 54. Telefax: 2 54 92.
Unterlagen: (a) Paßfoto. (b) Gültiger Reisepaß. (c) Nachweis ausreichender Geldmittel für die Dauer des Aufenthaltes oder Firmenschreiben.

GELD

Währung: 1 Vatu (VT) = 100 Centimes. Banknoten gibt es im Wert von 5000, 1000, 500 und 100 VT; Münzen sind im Wert von 100, 50, 20, 10, 5, 2 und 1 VT in Umlauf. Australische Dollar werden ebenfalls als Zahlungsmittel benutzt.
Geldwechsel: Geld kann man am Flughafen und in den Handelsbanken tauschen.
Kreditkarten: *American Express, Diners Club, Eurocard, Visa* und alle anderen internationalen Kreditkarten werden akzeptiert. Einzelheiten vom Aussteller der betreffenden Kreditkarte.
Reiseschecks: Australische Dollar-Reiseschecks werden empfohlen.
Wechselkurse

	VT Sept. '92	VT Febr. '94	VT Jan. '95	VT Jan. '96
1 DM	75,26	68,26	71,29	79,41
1 US$	111,85	118,50	110,50	114,15

Devisenbestimmungen: Keine Ein- und Ausfuhrbeschränkungen für Landes- oder Fremdwährungen.
Öffnungszeiten der Banken: Mo-Fr 08.00-15.00 Uhr. Manche Banken haben über Mittag geschlossen.

DUTY FREE

Folgende Artikel können von Personen über 15 Jahre zollfrei nach Vanuatu eingeführt werden:
200 Zigaretten oder 100 Zigarillos oder 50 Zigarren oder 250 g Tabak;
1,5 l Spirituosen;
2 l Wein;
250 ml Eau de toilette und 100 ml Parfüm;
Geschenke bis zum Wert von 20.000 VT.
Einfuhrverbot: Schußwaffen, Munition, Hunde, Katzen, Milchprodukte, Fleischwaren, Pflanzen, Blumen und Samen können nur mit besonderer Genehmigung eingeführt werden.

GESETZLICHE FEIERTAGE

1. Mai '96 Tag der Arbeit. **16. Mai** Christi Himmelfahrt. **30. Juli** Unabhängigkeitstag. **15. Aug.** Mariä Himmelfahrt. **5. Okt.** Verfassungstag. **29. Nov.** Tag der Einheit. **25. Dez.** Weihnachten. **1. Jan. '97** Neujahr. **28.-31. März** Ostern. **1. Mai** Tag der Arbeit. **8. Mai** Christi Himmelfahrt.

GESUNDHEIT

In der folgenden Tabelle aufgeführte Impfvorschriften können sich kurzfristig ändern. Es wird stets empfohlen, auf Ihrem CRS-System (TIMATIC-Info-Code-Fenster in diesem Kapitel) den aktuellen Stand der Gesundheitsbestimmungen abzurufen bzw. rechtzeitig vor der Reise ärztlichen Rat einzuholen.

	Vorsichtsmaßnahmen empfohlen	Impfschein erforderlich
Gelbfieber	Nein	Nein
Cholera	Nein	Nein
Typhus & Polio	1	-
Malaria	2	-
Essen & Trinken	3	-

[1]: Typhus tritt auf, Poliomyelitis nicht.
[2]: Malariarisiko ganzjährig in allen Landesteilen mit Ausnahme der Insel Futuna. Die vorherrschende gefährlichere Form *Plasmodium falciparum* soll hochgradig Chloroquin- und Sulfadoxin/Pyrimethamin-resistent sein.
[3]: Leitungswasser ist normalerweise gechlort und keimfrei, es können während der Umgewöhnungszeit jedoch u. U. leichte Magenverstimmungen auftreten. Für die ersten Wochen des Aufenthalts wird daher abgefülltes Wasser empfohlen, welches überall erhältlich ist. Milch ist pasteurisiert und kann, ebenso wie einheimische Milchprodukte, Meeresfrüchte, Fleisch, Geflügel, Obst und Gemüse, unbesorgt verzehrt werden.
Hepatitis A kommt vor, *Hepatits* B ist endemisch.
Gesundheitsvorsorge: Krankenhäuser sind in Port Vila, Santo, Tanna, Malekula, Epi und Aoba vorhanden. Kleinere Kliniken und Krankenstationen gibt es auf den abgelegeneren Inseln. Der Abschluß einer Reisekrankenversicherung wird empfohlen.

REISEVERKEHR - International

FLUGZEUG: Vanuatus nationale Fluggesellschaft *Air Vanuatu* bietet Verbindungen von Brisbane (Australien), Sydney (Australien), Melbourne (Australien) und Auckland (Neuseeland). *Solomon Airlines* betreiben Flugdienste von Nadi (Fidschi), Honiara (Salomonen), Auckland (Neuseeland), Brisbane (Australien) und Port Moresby (Papua-Neuguinea) nach Port Vila. *Air Pacific* fliegt Vanuatu von Nadi und Suva (Fidschi) aus an. *Air Caledonie* verbindet Port Vila mit Auckland (Neuseeland), Sydney (Australien) und Noumea (Neukaledonien). 1996 wird wieder der *Visit South Pacific Pass* von den folgenden Fluggesellschaften angeboten: *Air Pacific, Qantas, Royal Tongan Airlines, Air Caledonia International, Polynesian Airlines, Solomon Airlines* (Näheres von IATA Reisebüros). Südpazifikflüge werden hierbei bis auf 50% reduziert. Der Visit South Pacific Pass fliegt u. a. folgende Ziele an: Sydney und Brisbane (Australien), Auckland (Neuseeland), Tonga, Cook-Inseln, Fidschi und West-Samoa. Es können mindestens zwei und maximal acht Ziele angeflogen werden. Die Reise muß außerhalb des Südpazifiks begonnen werden, und es ist ratsam, die Flüge im voraus zu buchen. Umbuchungen durch Preisaufschlag, allerdings nur bei Neuausstellung der Tickets. Rückerstattung des gesamten Betrages nur dann, wenn die Reise noch nicht angetreten wurde.
Reisegepäck: Gepäckstücke dürfen bis zu 20 kg pro Person wiegen.
Durchschnittliche Flugzeit: Frankfurt – Vanuatu: 29 Std.
Internationaler Flughafen: *Port Vila (VLI)* (Bauerfield) liegt ca. 5 km außerhalb der Stadt (Fahrzeit 15 Min.). Am Flughafen gibt es eine Bank, Duty-free-Shops, Mietwagenschalter, Tourist-Information und Bars. Zubringerservice für internationale Flüge mit den Bussen von *Tour Vanuatu*, die zwischen dem Flughafen und den Hotels

verkehren. Taxis sind ebenfalls vorhanden.
Flughafengebühren: 2000 VT bei der Ausreise. Kinder unter 2 Jahren sind hiervon ausgenommen.
SCHIFF: Die größten internationalen Häfen sind Port Vila und Santo. Einige Reedereien laufen Vanuatu an.

REISEVERKEHR - National

FLUGZEUG: *Vanair* bietet Inlandsflüge innerhalb der gesamten Inselgruppe an.
Flughafengebühren: 200 VT bei Inlandsflügen. Kinder unter 2 Jahren sind hiervon ausgenommen.
SCHIFF: Fähren verkehren zwischen Port Vila und Santo und den nördlichen und südlichen Inseln. Boote von *Coral* und *Hibiscus Tours* verkehren zwischen vielen der anderen Inseln.
BUS/PKW: Das Straßennetz umfaßt 1000 km, 35 km davon sind gepflastert. **Bus:** Nur begrenzter Buslinienverkehr, der sich auf das Stadtzentrum und Verbindungen zum Flughafen beschränkt. **Taxi:** Am Kulturzentrum in Port Vila gibt es einen Taxistand. **Mietwagen** sind bei den Niederlassungen der internationalen Autovermietungen in Port Vila erhältlich. **Unterlagen:** Nationaler oder internationaler Führerschein.

UNTERKUNFT

Unterkünfte gibt es in ganz Vanuatu, Vorausbuchung wird empfohlen. Port Vila bietet eine gute Auswahl an Unterkünften zu angemessenen Preisen. Auf Mele und Takara sowie an der Südküste stehen Bungalows zur Verfügung. Weitere Unterkünfte gibt es auf Santo und Tanna. Weitere Einzelheiten vom *Tourism Council of the South Pacific* (Adresse s. o.).

URLAUBSORTE & AUSFLÜGE

Das Ausflugsangebot reicht von Vulkanrundflügen und Hafenrundfahrten über Segeltörns und Kulturtouren bis hin zu Besichtigungen der Schauplätze des 2. Weltkrieges. Das *Kulturzentrum* in der Hauptstadt **Port Vila** auf **Efate** bietet eine der umfangreichsten Sammlungen pazifischer Fundstücke der Welt. Aktivurlauber kommen auch nicht zu kurz, die Wassersportmöglichkeiten erscheinen schier unerschöpflich. **Espiritu Santo** inspirierte den amerikanischen Autor James A. Michener zu seinem Roman »Südpazifik«, und Taucher können in den Küstengewässern die Wracks des Linienschiffs *President Coolidge* sowie des Zerstörers *USS Tucker* auf dem Meeresgrund erforschen. Auf **Pentecost** können Besucher gegen eine Gebühr dem spektakulären *Naghol* beiwohnen, einem atemberaubenden Ritual, das eine reiche Yamswurzelernte garantieren soll (nichts für schwache Nerven!). Waghalsige Männer binden sich Lianen um ihre Knöchel und stürzen sich todesmutig von einem 30 m hohen Turm in die Tiefe, nur die Lianen retten sie vor dem Tod. Diese Zeremonie wurde erst kürzlich der Öffentlichkeit zugänglich gemacht, und das Eintrittsgeld wird für einheimische Projekte verwendet. Interessierte Besucher sollten sich rechtzeitig beim National Tourism Office anmelden. Weitere Auskünfte über Sehenswürdigkeiten erteilt auch das *Tourism Council of the South Pacific* (Adresse s. o.).

SOZIALPROFIL

ESSEN & TRINKEN: In den Haupturlaubsgebieten gibt es zahlreiche ausgezeichnete Restaurants. Meeresfrüchte sind auf allen Speisekarten in Port Vila und den anderen größeren Städten zu finden. Die zahlreichen kulturellen Einflüsse Vanuatus, insbesondere der chinesischen und französischen Küche, sind allgegenwärtig. Französischer Käse, Pasteten, Brot, Cognac und Wein kann man in den beiden größten Geschäften von Port Vila kaufen.
NACHTLEBEN: Port Vila bietet mehrere Nachtklubs mit Musik und Tanz, weiterhin gibt es zwei Kinos und ein Autokino. Nächtliche Bootsfahrten schließen meist Wein, Imbiß und Folklore- und Musikdarbietungen ein. Auf zahlreichen traditionellen Festen sind Besucher willkommen. Einige Hotels bieten Abendunterhaltung mit Tanz.
EINKAUFSTIPS: Schöne Souvenirs sind Grashemden aus Futuna und Tanna, Körbe und Matten aus Futuna und Pentecost, Schnitzereien und Masken aus Ambryn und Malekula, Holzarbeiten aus Tongoa und Santo und Muschelketten aus den Dörfern um Port Vila. Duty-free-Shops haben ein recht gutes Angebot an Luxusgütern. **Öffnungszeiten der Geschäfte:** Mo-Fr 07.30-12.00 und 14.00-17.00/19.00 Uhr. Chinesische Geschäfte haben sonntags ab 08.00 Uhr bis zum Abend geöffnet.
SPORT: **Tierbeobachtung** ist sehr beliebt, so ist z. B. auf den südlichen Inseln vor allem zur Brutzeit (Sept. - Jan.) die Vogelwelt besonders faszinierend. Die meisten Tiere sind klein und harmlos, obwohl man durchaus auch Salzwasser-Krokodile und verschiedene Giftschlangen antrifft. Flughunde, Streifenleguane und 71 Schmetterlingsarten sind hier ebenfalls zu Hause, ganz zu schweigen von der erstaunlichen Vielfalt exotischer Meereslebewesen. **Tennisplätze** sind im Tennisklub in Port Vila und am Hotel an der Erakor-Lagune vorhanden. Es gibt mehrere 9-Loch-**Golfplätze**. Die ausgezeichneten Strände und einige Hotelswimmingpools laden zum **Schwimmen** ein. Die Küstengewässer sind ideal zum **Tauchen**, einige Hotels verleihen Ausrüstungen. Einheimische Taucher in Port Vila erteilen Unterricht und vermieten Boote, genauere Auskünfte erteilt das National Tourism Office (Adresse s. o.). **Hochseeangeln** und **Harpunenfischen** werden von einheimischen Bootsvermietern angeboten. Weitere Informationen an der Hotelrezeption.
VERANSTALTUNGSKALENDER
Die *Naghol*-Zeremonie findet auf der Pentecost-Insel zwischen April und Mai statt (s. *Urlaubsorte & Ausflüge*). Die größten Feierlichkeiten finden am 30. Juli zum Unabhängigkeitstag statt. Besucher können auch den traditionellen Ritualen auf der Tanna-Insel beiwohnen (beim *Toka*-Tanz wird kräftig mit den Füßen aufgestampft).
SITTEN & GEBRÄUCHE: Alltagskleidung ist meist angebracht, und Männer tragen nie Krawatten. Elegantere Restaurants und Bars erwarten abends formellere Kleidung. Das Leben geht eher geruhsam vonstatten, in den größeren Ortschaften setzen sich aber langsam moderne Einflüsse durch. In den Hügeldörfern und auf entfernteren Inseln sind die alten Traditionen noch fester verwurzelt. **Trinkgeld** wird nicht erwartet, auf Restaurantrechnungen werden 10% Bedienungssteuer aufgeschlagen.

WIRTSCHAFTSPROFIL

WIRTSCHAFT: Die Wirtschaft Vanuatus stützt sich größtenteils auf Landwirtschaft und Fischerei, die gleichzeitig auch die wichtigsten Arbeitgeber sind. Obst- und Gemüse werden für den Eigenbedarf angebaut; Kopra, Rindfleisch und Kakao sind die Hauptexportgüter. Der Tourismus ist eine weitere Erwerbsquelle, die nach der Gründung der Fluggesellschaft *Air Vanuatu* noch an Bedeutung gewonnen hat. Seit 1979 wird das Offshore-Finanzwesen verstärkt gefördert, und die Steuervorteile veranlaßten zahlreiche internationale Industrie- und Handelsunternehmen, sich im Land anzusiedeln. Diese Entwicklung und die Einrichtung eines eigenen Schiffsregisters trugen wesentlich dazu bei, daß die Handelsbilanz trotz rückläufiger Tendenzen in anderen Bereichen relativ günstig ausfiel. Haupthandelspartner sind Australien, Japan und die Niederlande.
GESCHÄFTSVERKEHR: Geschäfte werden meist zwanglos abgewickelt, Terminvereinbarung wird jedoch empfohlen. In der Regel kein Krawattenzwang. Englisch ist Geschäftssprache. **Geschäftszeiten:** Mo-Fr 07.30-11.30 und 13.30-16.30 Uhr.
Kontaktadressen: *Die wirtschaftlichen Interessen Österreichs werden von der Außenhandelsstelle der Wirtschaftskammer Österreich in Sydney (s. Australien) vertreten.*
Vanuatu Chamber of Commerce (Handelskammer), PO Box 189, Port Vila. Tel/Telefax: 2 32 55.
KONFERENZEN/TAGUNGEN: Konferenzeinrichtungen für 35 bis maximal 500 Teilnehmer stehen zur Verfügung.

KLIMA

Subtropisch. Vanuatus Jahreszeiten sind denen der nördlichen Hemisphäre entgegengesetzt. Der Passat weht von Mai bis Oktober, von November bis April ist es warm, feucht und schwül. Wirbelstürme können zwischen Dezember und April auftreten.
Kleidung: Leichte Sachen im Sommer. Wanderlustigen wird empfohlen, kräftiges Schuhwerk mitzunehmen.

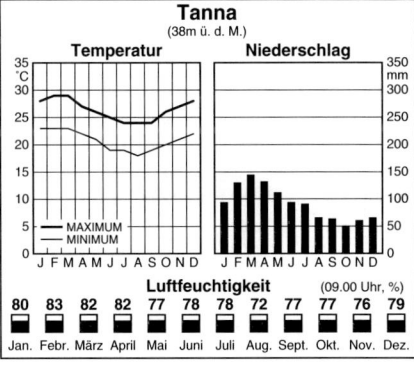

Tanna (38m ü. d. M.)

Pass- und Visavorschriften mancher Länder können sich kurzfristig ändern – Im Zweifelsfall erkundigen Sie sich bitte vor der Abreise bei der zuständigen Botschaft

---

Vatikanstadt

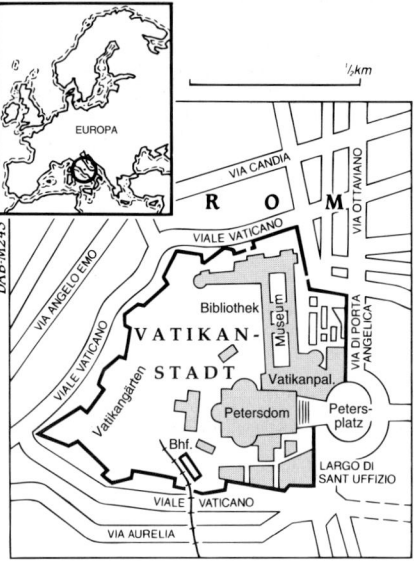

Lage: Europa, Italien (Rom).

Anmerkung: Die Italienischen Fremdenverkehrsämter erteilen alle notwendigen Auskünfte für einen Besuch der Vatikanstadt. Die entsprechenden Adressen finden Sie zu Beginn des Kapitels *Italien*.

Apostolische Nuntiatur
Turmstraße 29
D-53175 Bonn
Postfach 200152
D-53131 Bonn
Tel: (0228) 95 90 10. Telefax: (0228) 37 91 80.
Mo-Fr 09.30-13.00 und 15.00-18.00 Uhr.
Apostolische Nuntiatur
Theresianumgasse 31
A-1040 Wien
Tel: (0222) 505 13 27. Telefax: (0222) 505 61 40.
Mo-Fr 08.30-13.00 und 15.00-17.00 Uhr.
Apostolische Nuntiatur
Thunstraße 60
CH-30 Bern 16
Tel: (031) 352 60 40. Telefax: (031) 352 50 64.
Mo-Fr 08.00-12.00 und 14.00-17.00 Uhr.

FLÄCHE: 0,44 qkm.
BEVÖLKERUNGSZAHL: 802 (1992).
BEVÖLKERUNGSDICHTE: 1822,7 pro qkm.
GEOGRAPHIE: Die Vatikanstadt liegt innerhalb der Stadt Rom, erstreckt sich über einen Hügel westlich des Tiber und wird durch eine Mauer vom Rest der Stadt getrennt. Sie besteht aus dem Petersdom, dem Petersplatz, dem Vatikan und den Vatikangärten und dem päpstlichen Sommersitz Castel Gandolfo.
STAATSFORM: Souveränes Bistum seit 1929.
Staatsoberhaupt: Papst Johannes Paul II., seit 1978. Papst Johannes Paul II. ist gleichzeitig auch der Bischof von Rom. Die Regierung der Gesamtkirche wird von der Römischen Kurie vorgenommen, die sich in den Staatssekretariat (Exekutive des Papstes, und für allgemeine Angelegenheiten zuständig), 9 Kongregationen (Ministerien, zuständig z. B. für die Glaubenslehre), 11 Päpstliche Räte, Büros, 3 Gerichtshöfe (Oberste Apellationsinstanz, zuständig z. B. für Ehe-Annulierungen) und Institutionen wie dem Kardinalskollegium (Wahl sowie Beratung des Papstes) untergliedert. Wahlalter bis 80 Jahre.
SPRACHE: Amtssprachen sind Italienisch und Latein.
RELIGION: Römisch-katholisch.
ORTSZEIT: MEZ.
NETZSPANNUNG: 220 V, 50 Hz.
POST- UND FERNMELDEWESEN: Telefon: Selbstwählferndienst. **Landesvorwahl:** 39-6 69 82 (Telefonzentrale des Vatikan). Der Vatikan hat ein eigenes Fernmeldewesen. **Telefaxanschlüsse** stehen nicht zur Verfügung. **Telex/Telegramme:** Der Vatikan hat einen eigenen Telex- und Telegrammdienst. **Post:** Eigene Briefmarken werden herausgegeben, die auch in Rom Gültigkeit haben.

Vatikanstadt / Venezuela

REISEPASS/VISUM

Es gibt keine besonderen Formalitäten für das Betreten der Vatikanstadt. Der kleinste Staat der Welt kann nur von Rom erreicht werden; die italienischen Einreisebestimmungen finden Sie in den entsprechenden Rubriken des Kapitels *Italien*.
Innerhalb der Vatikanstadt dürfen nur bestimmte Orte besucht werden: der Petersdom, der Petersplatz, das Vatikan-Museum und die Vatikangärten. Für das Betreten anderer Stätten und Gebäude ist eine Sondergenehmigung erforderlich.

GELD

Währung: Der Vatikan hat ein eigenes Währungssystem, die Münzen sind in Wert, Größe und Nennbetrag der italienischen Währung angeglichen. Es gibt folgende Nennbeträge: 100 Gold-Lire (nominal); 500 Silber-Lire; 100 und 50 »Acmonital«-Lire; 10, 5 und 1 »Italma«-Lire sowie 20 »Bronzital«-Lire. Italienische Banknoten und Münzen sind ebenfalls gültige Zahlungsmittel. Bitte lesen Sie die entsprechenden Rubriken im Kapitel *Italien*.

DUTY FREE

Es gibt weder Steuer- noch Zollbestimmungen. Weitere Informationen in der entsprechenden Rubrik im Kapitel *Italien*.

GESETZLICHE FEIERTAGE

Es werden die gleichen Feiertage begangen wie in Italien, zusätzlich:
22. Okt. '96 Amtseinführung des Papstes.

GESUNDHEIT

S. *Italien*.

REISEVERKEHR

Die Vatikanstadt hat einen eigenen Bahnhof und einen Landeplatz für Hubschrauber. Die Höchstgeschwindigkeit auf den Straßen beträgt 30 km/h. Weitere Auskünfte entnehmen Sie bitte den entsprechenden Rubriken im Kapitel *Italien*.

UNTERKUNFT

Innerhalb der Vatikanstadt stehen der Öffentlichkeit keine Unterkünfte zur Verfügung (s. *Italien*).

SEHENSWÜRDIGKEITEN

Der prächtige Petersdom – *San Pietro in Vaticano* – dürfte wohl das bekannteste Wahrzeichen der Stadt sein. Besucher dürfen das eindrucksvolle Renaissance-Gebäude zwischen 16.15-18.00 Uhr besichtigen. Museum und Schatzkammer sind von 09.00-12.00 und 15.00-17.00 Uhr geöffnet. Die *Piazza San Pietro* (Petersplatz) ist eine herrliche Schöpfung des Architekten Giovanni Lorenzo Bernini (errichtet 1656-1667). Auf beiden Seiten ersten im Halbkreis angelegte Kolonnaden. Der ägyptische Obelisk in der Mitte des Platzes wurde zur Zeit Caligulas errichtet. Besonders sehenswert sind die *Necropoli Precostantiniana* unterhalb des Petersdoms. Für die Besichtigung dieser Ausgrabungen benötigt man eine Sondergenehmigung, die im voraus beantragt werden muß und normalerweise nur Studenten und Lehrern mit professionellem Interesse an Ausgrabungen gewährt wird. Anfragen richtet man an das Informationsbüro am Petersplatz. Die *Giardini Vaticani* (Vatikangärten) kann man nur mit einem Führer oder als Teil einer Stadtrundfahrt besuchen. Karten erhält man vom Informationsbüro am Petersplatz, man bestellt sie am besten zwei Tage im voraus. Rechts vom Petersdom stehen die *Palazzi Vaticani*, die offizielle Residenz des Papstes. Die wichtigsten Kulturschätze des Palastes sind die *Stanze* (Räume) *di Raffaello*, mit Wandmalereien von Raffael und seinen Schülern; das Gartenhaus oder *Belvedere*; die *Biblioteca Apostolica Vaticana* (Vatikan-Bibliothek), die 1450 gegründet wurde und Gemälden von unermeßlichen Reichtum bibliophiler Kostbarkeiten beherbergt; die Kunst- und Gemäldesammlung des Vatikans und die *Cappella Sistina* (Sixtinische Kapelle) mit den weltberühmten Deckengemälden von Michelangelo, die die Erschaffung der Welt darstellen, wie sie in der Bibel beschrieben wird. Zu den *Musei del Vaticano* gehören eine Antiquitätensammlung, das *Museo Pio-Clementino*, das *Museo Gregoriano Egizio* (Ägyptisches Museum), das *Museo Gregoriano Etrusco* (Etruskisches Museum); die *Collezione d'Arte Religiosa Moderna* (Museum für moderne religiöse Kunst) mit Werken von Beckmann, El Greco, Kandinsky, Matisse, Munch und anderen und die *Pinacoteca* mit Gemälden vom Mittelalter bis zur Gegenwart, u. a. von Caravaggio, Cranach d. Ä., Raffael, Tizian, Leonardo da Vinci und niederländischen und flämischen Meistern. Im Museum gibt es ein Restaurant und auf dem Dach des Petersdoms eine Bar und Cafeteria.

WIRTSCHAFTSPROFIL

WIRTSCHAFT: Der Vatikan bezieht seine Einnahmen hauptsächlich aus drei Quellen: dem *Instituto per le Opere di Religione (IOR)* – (der Vatikanbank, der die Verwaltung der für religiöse Zwecke bestimmten Gelder obliegt), den als »Peterspfennig« bekannten Sonderkollekten und den Kapitalrenditen. Die Verbindung des IOR mit dem *Banco Ambrosiano*, die mit Schulden in Millionenhöhe in Konkurs ging, hat vor einiger Zeit erhebliches Aufsehen erregt. Trotz Schadensersatzzahlungen in Höhe von 250 Mio. US-Dollar und geringer Kapitalrenditen, die zu einem Haushaltsdefizit führten, ist die finanzielle Macht des Vatikans nach wie vor ungebrochen.
Kontaktadressen: *Handelspräfektur des Hl. Stuhls*, Palazzo delle Congregazioni, Largo del Colonnato 3, I-00193 Rom. Tel: (06) 69 88 42 63. Telefax: (06) 69 88 50 11.
Instituto per le Opere di Religione, V-00120 Città del Vaticano. Tel: (06) 69 88 33 54. Telefax: (06) 69 88 38 09.

KLIMA

S. *Italien*.

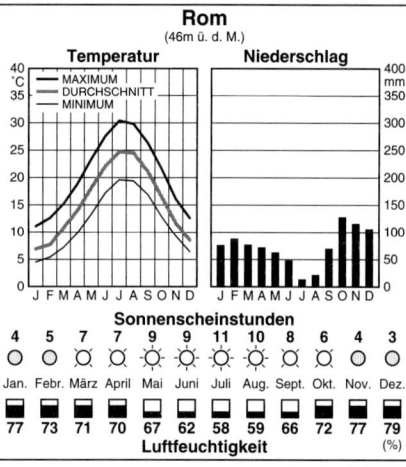

Eine weitere wichtige Veröffentlichung von *Columbus Press* ist der »World Travel Guide«, der jährlich herausgegeben wird und auf über tausend Seiten Informationen in englischer Sprache über alle Länder der Erde enthält.

Weitere Einzelheiten von:
Columbus Press, Verkaufsabteilung,
Aurikelweg 9,
D-38108 Braunschweig.
Tel: 05309/2123. Telefax: 05309/2877.

Venezuela

Lage: Südamerika.

VIASA/IBERIA
Westendstraße 12
D-60325 Frankfurt/M.
Tel: (069) 72 05 92. Telefax: (069) 72 59 33.
Mo-Fr 09.00-17.30 Uhr (Publikumsverkehr), 09.00-18.00 Uhr (tel. Anfragen).
VIASA/IBERIA
Opernring 11
A-1010 Wien
Tel: (0222) 587 82 18. Telefax: (0222) 586 76 30.
Mo-Fr 09.00-17.00 Uhr.
VIASA/IBERIA
Toedistraße 61
CH-8002 Zürich
Tel: (01) 286 28 28. Telefax: (01) 286 28 49.
Mo-Fr 09.00-18.00 Uhr.
Corporación de Turismo de Venezuela
Torre Oueste, 35°-37°
Avda Lecuna
Parque Central
Caracas 1010
Tel: (02) 507 26 79. Telefax: (02) 574 26 79.
Botschaft der Republik Venezuela (ohne Visumerteilung)
Im Rheingarten 7
D-53225 Bonn
Postfach 300254
D-53182 Bonn
Tel: (0228) 40 09 20. Telefax: (0228) 400 92 28.
Mo-Fr 09.00-17.00 Uhr.
Außenstelle der Botschaft der Republik Venezuela
Wilhelmstraße 64
D-10117 Berlin
Postfach 61 04 70
D-10928 Berlin
Tel: (030) 229 21 11. Tel/Telefax: (030) 393 33 53.
Mo-Fr 10.00-15.00 Uhr.
Generalkonsulate mit Visumerteilung in Frankfurt/M. (Tel: (069) 28 72 84/85) und Hamburg (Tel: (040) 410 12 41/71).
Konsulat mit Visumerteilung in München (Tel: (089) 22 14 49).
Botschaft der Republik Venezuela
Marokkanergasse 22
A-1030 Wien
Tel: (0222) 712 26 38/39. Telefax: (0222) 750 32 19.
Mo-Fr 09.00-14.00 Uhr.

TIMATIC INFO-CODES

Abrufbar über Ihr CRS-System (für START/Amadeus Ama-Maske benutzen). Für Galileo bitte TI-DFT eingeben (mit Bindestrich).

Flughafengebühren	TI DFT/ CCS /TX
Währung	TI DFT/ CCS /CY
Zollbestimmungen	TI DFT/ CCS /CS
Gesundheit	TI DFT/ CCS /HE
Reisepassbestimmungen	TI DFT/ CCS /PA
Visabestimmungen	TI DFT/ CCS /VI

Erst
mal nach Caracas,

dann **zum** höchsten

Wasserfall der **Welt.**

Ein Kontinent. Eine Airline. Viasa.
Die moderne Metropole Caracas ist der ideale Ausgangspunkt für Touren zu den karibischen Stränden oder den Tropenwäldern im Süden Venezuelas mit dem atemberaubenden Wasserfall Salto Angel. Zu diesen Traumzielen kommen Ihre Kunden, nonstop von Frankfurt aus, ganz bequem und entspannt mit Viasa, der Linienfluggesellschaft von Venezuela. Tel. 069/72 05 92.

Botschaft der Republik Venezuela
Morillonstraße 9
CH-3007 Bern
Postfach 72
CH-3000 Bern 23
Tel: (031) 371 32 82, *Konsularabt.*: 371 48 08. Telefax: (031) 371 04 24.
Mo-Fr 09.00-13.00 Uhr.
Botschaft der Bundesrepublik Deutschland
Edificio Panaven, 2°
Avenida San Juan Bosco
Esquina 3a Transversal
Altamira
Apartado 2078
Caracas
Tel: (02) 261 01 81, 261 12 05, 261 22 29. Telefax: (02) 261 06 41.
Honorarkonsulate in Ciudad Guayana, Maracaibo, San Cristóbal, Valencia und Porlamar/Isla Margarita.
Botschaft der Republik Österreich
Edificio Torre Las Mercedes, 4°
Avenida La Estancia
Chuao
Caracas
Apartado 61381
Caracas 106
Tel: (02) 91 38 63, 91 39 79. Telefax: (02) 92 95 08.
Konsulat ohne Paß- und Sichtvermerksbefugnis in Maracaibo.
Botschaft der Schweizerischen Eidgenossenschaft
Torre Europa, 6°
Avenida Francisco de Miranda
Campo Alegre
Caracas 1060
Apartado 62555
Chacao
Caracas 1060-A
Tel: (02) 951 40 64, 951 41 66, 951 42 73. Telefax: (02) 951 48 16.

FLÄCHE: 916.700 qkm.
BEVÖLKERUNGSZAHL: 20.913.000 (1993).
BEVÖLKERUNGSDICHTE: 23 pro qkm.
HAUPTSTADT: Caracas. **Einwohner:** 1.824.892 (1991). 5 Mio. mit Außenbezirken (1994).
GEOGRAPHIE: Venezuela grenzt im Norden an die Karibik, im Osten an Guyana und den Atlantischen Ozean, im Süden an Brasilien und im Westen und Südwesten an Kolumbien. Das Land gliedert sich in vier Regionen: das venezolanische Hochland im Westen, das Maracaibo-Becken im Nordwesten, das ausgedehnte Orinocotiefland mit den *Llanos* und das Bergland von Guyana, das fast 50% der Gesamtfläche bedeckt.
STAATSFORM: Präsidiale Bundesrepublik seit 1961. Staats- und Regierungschef: Rafael Caldera Rodríguez, seit Februar 1994. Im März 1992 wurde die Verfassung geändert und das Amt des Ministerpräsidenten geschaffen. Das Zweikammerparlament besteht aus dem Senat, dem 52 Mitglieder, darunter drei ehemalige Staatspräsidenten, angehören, und dem Abgeordnetenhaus (203 Abgeordnete). Alle 5 Jahre finden allgemeine Wahlen statt. Wahlpflicht ab 18 Jahren. Unabhängig seit Juli 1811 (Proklamation), endgültig Juni 1821, Loslösung von Großbritannien Mai 1830.
SPRACHE: Amtssprache ist Spanisch. Indianische Sprachen dienen regional als Umgangssprache. Englisch, Französisch, Deutsch und Portugiesisch werden teilweise ebenfalls gesprochen.
RELIGION: Römisch-katholisch (90%). Protestantische, orthodoxe und jüdische Minderheiten.
ORTSZEIT: MEZ - 5.
NETZSPANNUNG: 110 V, 60 Hz.
POST- UND FERNMELDEWESEN: Telefon: Selbstwählferndienst. **Landesvorwahl: 58. Telefaxgeräte** gibt es in den größeren Hotels. **Telex/Telegramme:** Telexdienst vorhanden; Telegramme kann man im Telegrafenamt aufgeben. **Post:** Luftpost nach Europa ist 3-7 Tage unterwegs; Sendungen im inländischen Postverkehr brauchen manchmal länger. Auf dem Land- und Seeweg ist Post nach Europa mindestens einen Monat unterwegs.
DEUTSCHE WELLE
Der Einsatz der Kurzwellenfrequenzen ändert sich mehrfach im Laufe eines Jahres, und Sendungen auf den folgenden Frequenzen werden jeweils nur zu bestimmten Tageszeiten ausgestrahlt. Näheres in der Einleitung.

MHz	17,860	17,810	17,765	11,785	9,545
Meterband	16	16	16	25	31

REISEPASS/VISUM

Wichtiger Hinweis: *Die Einreisebestimmungen mancher Länder können sich kurzfristig ändern – rufen Sie sicherheitshalber auf Ihrem CRS-System (TIMATIC-Info-Code-Fenster in diesem Kapitel) den aktuellen Stand ab bzw. wenden Sie sich an die zuständige diplomatische Vertretung. Etwaige Zahlen in der Tabelle beziehen sich auf nachfolgende Fußnoten.*

	Paß erforderlich?	*Visum erforderlich?*	*Rückflugticket erforderlich?*
Deutschland	Ja	Nein/2	Ja
Österreich	Ja	Nein/2	Ja
Schweiz	Ja	Nein/2	Ja
Andere EU-Länder	Ja	1/2	Ja

Anmerkung: Die Visabestimmungen ändern sich häufig, erkundigen Sie sich bei der Botschaft.
REISEPASS: Allgemein erforderlich zur Einreise (Gültigkeit mindestens noch 6 Monate). Kinder müssen entweder im Reisepaß ihrer Eltern eingetragen sein oder einen eigenen Reisepaß besitzen.
VISUM: Genereller Visumzwang, ausgenommen sind Staatsangehörige der folgenden Länder, die mit einer **Touristenkarte** für maximal 90 Tage einreisen können:
(a) Bundesrepublik Deutschland, Österreich und Schweiz;
(b) [1] EU-Länder (Staatsbürger Griechenlands und Portugals benötigen jedoch Visa);
(c) Andorra, Antigua und Barbuda, Argentinien, Australien, Barbados, Belize, Brasilien, Costa Rica, Dominica, Island, Kanada, Liechtenstein, Litauen, Mexiko, Monaco, Niederländische Antillen, Neuseeland, Norwegen, St. Kitts und Nevis, St. Lucia, St. Vincent und die Grenadinen, San Marino, Taiwan (China), Trinidad und Tobago sowie USA.
Anmerkung: [2] Die Touristenkarte ist nur für die Einreise per Flugzeug gültig. Besucher, die auf dem Land- oder Wasserweg nach Venezuela einreisen möchten, müssen ein Visum im voraus beantragen. Dies gilt auch bei geplanten Tagesausflügen in eines der Nachbarländer, z. B. auf die kolumbianische Halbinsel Guajira, s. *Urlaubsorte & Ausflüge*. Staatsbürger einiger Länder brauchen eine Einreisegenehmigung des Innenministeriums. Die Konsulate erteilen weitere Auskünfte. Touristenkarten sind bei bestimmten Fluggesellschaften erhältlich.
Visaarten: Touristen-, Geschäfts- und Transitvisa. Staatsbürger der oben genannten Länder benötigen kein Transitvisum.
Visagebühren: *Touristenvisum*: 51 DM, 330 öS. *Geschäftsvisum*: 60 US$ (Deutschland), 660 öS.
Gültigkeitsdauer: *Touristenvisa* und *Geschäftsvisa* (mehrmalige Ein- und Ausreise möglich): bis zu 1 Jahr (bei mehrmaliger Einreise), maximale Aufenthaltsdauer jeweils 90 Tage.
Antragstellung: Zuständige Botschaft oder Konsulat (Adressen s. o.).
Unterlagen: (a) Antragsformular. (b) Paßbild. (c) Rück- bzw. Weiterreiseticket. (d) Für Geschäftsreisen ein Schreiben der Firma mit genauen Daten der Ein- bzw. Ausreise, der Länge des Aufenthaltes, dem Aufenthaltsort und der Bezugsperson sowie einer Bestätigung, daß die Firma für alle Kosten aufkommen wird. Zuvor muß eine Sondergenehmigung beim Innenministerium in Venezuela beantragt werden.
Der postalischen Antragstellung sollten ein frankierter und adressierter Umschlag und der Zahlungsbeleg über die Visumgebühr beigelegt werden.
Bearbeitungszeit: 10 Tage.
Aufenthaltsgenehmigung: Auskünfte erteilt das Innenministerium in Caracas.

GELD

Währung: 1 Bolívar (Bs) = 100 Céntimos. Banknoten gibt es im Wert von 500, 100, 50, 20, 10 und 5 Bs. Münzen sind im Wert von 5, 2 und 1 Bs sowie 50, 25, 10 und 5 Céntimos in Umlauf.
Geldwechsel ist in Wechselstuben (*Cambios*) möglich. Der Wechselkurs in Hotels ist oft ungünstiger.
Kreditkarten: *American Express, Eurocard, Visa* und teilweise *Diners Club* werden akzeptiert. Einzelheiten vom Aussteller der betreffenden Kreditkarte.
Reiseschecks: US-Dollar-Reiseschecks werden empfohlen.
Wechselkurse

	Bs Sept. '92	Bs Febr. '94	Bs Jan. '95	Bs Jan. '96
1 DM	46,58	63,07	109,59	245,53
1 US$	69,22	109,48	169,87	352,94

Anmerkung: Die oben angegebenen Kurse sind (nichtkommerzielle) Wechselkurse für Touristen.
Devisenbestimmungen: Die Ein- und Ausfuhr der Landeswährung ist unbegrenzt. Fremdwährungen müssen bei der Ankunft deklariert werden, die Ausfuhr ist begrenzt auf den deklarierten Betrag.
Öffnungszeiten der Banken: Mo-Fr 08.30-11.30 und 14.00-16.30 Uhr.

DUTY FREE

Folgende Artikel können zollfrei nach Venezuela eingeführt werden:
200 Zigaretten und 25 Zigarren;
2 l Spirituosen;
4 Parfümflakons.

GESETZLICHE FEIERTAGE

1. Mai '96 Tag der Arbeit. **24. Juni** Schlacht von Carabobo. **5. Juli** Unabhängigkeitstag. **24. Juli** Geburtstag von Simón Bolívar und Jahrestag der Schlacht von Lago de Maracaibo. **4. Sept.** Beamtentag. **12. Okt.** Kolumbustag. **24. Okt.** Feiertag (nur in Maracaibo). **24./25. Dez.** Weihnachten. **31. Dez. - 1. Jan. '97** Neujahr. **11./12. Febr.** Karneval. **28.-31. März** Ostern. **19. April** Tag der Unabhängigkeitserklärung. **1. Mai** Tag der Arbeit.
Anmerkung: Banken und andere öffentliche Einrichtungen sind ebenfalls an folgenden Tagen geschlossen: **6. Jan.** Dreikönigsfest. **19. März** St. Josephstag. **16. Mai '96/8. Mai '97** Christi Himmelfahrt. **29. Juni** St. Peter und Paul. **15. Aug.** Mariä Himmelfahrt. **1. Nov.** Allerheiligen. **8. Dez.** Mariä Empfängnis.

GESUNDHEIT

In der folgenden Tabelle aufgeführte Impfvorschriften können sich kurzfristig ändern. Es wird stets empfohlen, auf Ihrem CRS-System (TIMATIC-Info-Code-Fenster in diesem Kapitel) den aktuellen Stand der Gesundheitsbestimmungen abzurufen bzw. rechtzeitig vor der Reise ärztlichen Rat einzuholen.

	Vorsichtsmaßnahmen empfohlen	*Impfschein erforderlich*
Gelbfieber	Ja	1
Cholera	2	2
Typhus & Polio	Nein	-
Malaria	3	-
Essen & Trinken	4	-

[1]: Eine Impfbescheinigung gegen Gelbfieber ist nicht vorgeschrieben; bei Aufenthalten außerhalb der größeren Städte wird jedoch allen Reisenden ab dem zweiten Lebensjahr eine Impfung empfohlen.
[2]: Eine Impfbescheinigung gegen Cholera ist keine Einreisebedingung, das Risiko einer Infektion ist jedoch nicht auszuschließen. Da die Wirksamkeit der Schutzimpfung umstritten ist, empfiehlt es sich, rechtzeitig vor Antritt der Reise ärztlichen Rat einzuholen. Näheres unter *Gesundheit* (s. Inhaltsverzeichnis).
[3]: Malariaschutz gegen die weniger gefährliche Form *Plasmodium vivax* ist ganzjährig in Teilen der Bundesstaaten Amazonas, Anzoátegui, Apure, Barinas, Bolívar, Delta Amacuro, Mérida, Monagas, Portuguesa, Sucre, Táchira und Zulia erforderlich. Die ebenfalls auftretende gefährlichere Form *Plasmodium falciparum* soll hochgradig Chloroquin-resistent sein.
[4]: Trinkwasser ist gechlort und kann u. U. leichte Magenverstimmungen hervorrufen. Während der ersten Urlaubstage wird daher abgefülltes Wasser empfohlen. Wasser außerhalb der Städte ist nicht immer keimfrei und sollte sterilisiert werden. Milch ist pasteurisiert und kann, ebenso wie Milchprodukte aus ungekochter Milch, Fleischwaren, Geflügel, Meeresfrüchte, Obst und Gemüse, unbesorgt verzehrt werden.
Tollwut kommt vor. Wer ein erhöhtes Risiko eingeht (z. B. längerer Aufenthalt in abgelegenen Gebieten), sollte vor Reiseantritt eine Schutzimpfung erwägen. Bei Bißwunden so schnell wie möglich ärztliche Hilfe in Anspruch nehmen. Weitere Informationen im Kapitel *Gesundheit* (s. Inhaltsverzeichnis).
Darm-Bilharziose-Erreger kommen im nördlichen Teil von Zentralvenezuela vor, das Schwimmen und Waten in Binnengewässern in dieser Region sollte daher vermieden werden. Gut gepflegte Schwimmbecken mit gechlortem Wasser sind unbedenklich.
Hepatitis B und *D* sind im Amazonasbecken hochendemisch. *Virushepatitis* kommt vor.
Gesundheitsvorsorge: Ärztliche und zahnärztliche Kosten sind hoch. In den größeren Städten ist die medizinische Versorgung gut, pro 1270 Einwohner steht je ein Arzt zur Verfügung. Der Abschluß einer Reisekrankenversicherung wird empfohlen.

REISEVERKEHR - International

FLUGZEUG: Venezuelas nationale Fluggesellschaft heißt *VIASA (VA)*. Der Generalagent von VIASA in Deutschland, Österreich und der Schweiz ist *Iberia*, Flüge können telefonisch über Iberia in Frankfurt, Wien und Zürich gebucht werden (Adressen s. o.).
Durchschnittliche Flugzeiten: *Frankfurt* – Caracas: 10 Std; *Wien* – Caracas: 11 Std. 50 (reine Flugzeit; mit kostenloser Übernachtung in Madrid); *Zürich* – Caracas: 11 Std. (über Frankfurt; reine Flugzeit ohne Zwischenaufenthalt).
Internationaler Flughafen: *Caracas (CCS)* (Simón Bolívar) liegt 22 km außerhalb der Stadt (Fahrzeit 35 Min.). Am Flughafen gibt es eine Bank, Post, Duty-free-Shops, Tourist-Information, Mietwagenschalter, Bars und Restaurants. Busse fahren rund um die Uhr alle 10 Min. zur Stadt. Rückfahrt vom Parque Zentralbahnhof, Avenida Lecuna mit Halt an den Hotels *Hilton, Macuto, Sheraton* und *Inter-Continental*. Der Stadtbus fährt von 06.00-22.00 Uhr alle 45 Min. zur Stadt; Rückfahrt vom Busbahnhof Nuevo Circo. Taxis sind ebenfalls vorhanden.
Flughafengebühren: 1000 Bs.
SCHIFF: Die größten venezolanischen Häfen sind La Guaira, Puerto Cabello, Maracaibo, Guanta, Porlamar und Ciudad Bolívar (am Orinoco). Die größten Schifffahrtslinien, die Venezuela von Häfen in den USA anlaufen, sind die *Venezuelan Line, Delta Line Cruises* und *Royal Netherlands SS Co*; weitere Verbindungen mit der *Royal Netherlands SS Company* aus Amsterdam, Le Havre oder Bilbao, der *French Line* und den spanischen Schiffen *Cabo San Juan* und *Cabo San Roque* (Mittelmeerraum) sowie *Polish Ocean Lines* und *Lauro* von anderen europäischen Häfen.
Anbieter von Karibik-Kreuzfahrten sind *Cunard, Costa,*

Delta Cruises, Princess Cruises und *Seetours*. Die schwedische Fähre *Almirante Luis Brion* (Kapazität: 1200 Passagiere und 40 Fahrzeuge) verbindet regelmäßig den Bundesstaat Falcon mit Curaçao und Aruba. Die Fahrzeit beträgt dreieinhalb Stunden bei einer Strecke von 160 km. Ausgangspunkt ist das Muaco-Dock, nahe der Hauptstadt des Bundesstaates Falcon.
Eine **Hafengebühr** wird bei der Ausreise erhoben.
BAHN: Es gibt keine internationalen Bahnverbindungen nach Venezuela.
BUS/PKW: Internationale Verbindungsstraßen führen von Kolumbien (Barranquilla und Medellín) nach Maracaibo sowie vom brasilianischen Amazonasgebiet (Manaus) nach Caracas.

REISEVERKEHR - National

FLUGZEUG: Das beste Verkehrsmittel ist das Flugzeug, fast jede größere Stadt wird von den inländischen Fluggesellschaften *Aeropostal (LV)* und *Avensa (VE)* angeflogen. Der *Avensa-Luftpaß* berechtigt wahlweise 4, 7 oder 21 Tage lang zu beliebig vielen Flügen innerhalb des Landes. Maschinen sind oft ausgebucht, und selbst Buchungsbestätigungen garantieren keinen Sitzplatz. Um sicherzugehen, sollte man rechtzeitig vor Abflug am Flughafen sein. Flugpläne werden nicht immer eingehalten.
Flughafengebühren: 40 Bs für Inlandflüge.
SCHIFF: Fähren verkehren zwischen Puerto La Cruz und der Insel Margarita (Fahrzeit 2 Std. 45).
BAHN: Die einzige Bahnverbindung führt von Barquisimeto nach Puerto Cabello. Züge fahren viermal täglich, es gibt keine Klimaanlagen. Pläne zum Ausbau des Streckennetzes bestehen, im Jahr 2000 soll es 2000 km umfassen.
BUS/PKW: Das Straßennetz zwischen den größeren Städten ist sehr gut. Es gibt 17.050 km Autobahn, 13.500 km Schotterstraße und 5850 km andere Straßen. **Bus:** Es gibt einige Überlandverbindungen. **Mietwagen** kann man an den Flughäfen und in den Großstädten erhalten, die Preise sind jedoch hoch. Das Mindestalter beträgt 21 Jahre, und der Wagen muß mit Kreditkarte bezahlt werden. **Unterlagen:** Internationaler Führerschein.
STADTVERKEHR: Mit der U-Bahn fährt man bequem und preiswert in Caracas; es gibt 35 Stationen. Die *Por Puestos* (Sammeltaxis) machen in letzter Zeit dem öffentlichen Busnetz starke Konkurrenz. Sie werden von Minibusfirmen betrieben und haben sich inzwischen zum Hauptverkehrsmittel in den größeren Städten gemausert (außer abends und an Wochenenden gleiche Fahrpreise wie für die Busse). **Taxis** in Caracas haben Taxameter, trotzdem kann der Fahrpreis vorher ausgehandelt werden. Nach Mitternacht wird der Taxameter nicht mehr benutzt, und man sollte den Fahrpreis auf jeden Fall im voraus vereinbaren. Nach 20.00 Uhr wird der doppelte Fahrpreis verlangt. Am Flughafen hängen die Taxifahrpreise aus.
FAHRZEITEN von Caracas zu den folgenden größeren Städten Venezuelas (ungefähre Angaben in Std. und Min.):

	Flugzeug
Porlamar	0.45
Los Roques	0.50
Mérida	1.00
Canaima	1.15
Cumana	0.45
Maracaibo	1.00
Ciudad Bolívar	0.50

UNTERKUNFT

HOTELS: In Caracas stehen dem Feriengast zahlreiche ausgezeichnete Hotels zur Verfügung. Im ganzen Land gibt es viele kleinere Hotels; Vorausbuchung ist auf jeden Fall angebracht. **Kategorien:** Hotels werden in drei Kategorien eingestuft. Als Faustregel gilt wie überall, je teurer das Hotel, desto mehr Komfort wird geboten. Bedienungsgeld wird nicht berechnet, und es gibt keine saisonalen Preisunterschiede.
Hotels außerhalb der Hauptstadt sind preiswerter, der Standard liegt allerdings auch etwas niedriger. Genauere Informationen enthält der *Guía Turistica de Caracas Litoral y Venezuela*, der von der *Corporación de Turismo de Venezuela* herausgebracht wird (Adresse s. o.).
CAMPING: Bislang gibt es keine offiziellen Campingplätze. Man kann sein Zelt an Stränden, auf Inseln, in den *Llanos* oder den Bergen aufschlagen. Reiseveranstalter, die Dschungeltouren anbieten, organisieren manchmal auch Campingausflüge, man darf allerdings keinen Luxus erwarten.

URLAUBSORTE & AUSFLÜGE

Venezuela bietet dem Besucher eine abwechslungsreiche Landschaft mit endlosen Stränden, weiten Ebenen, Wäldern, Dschungelgebieten, großen Flüssen, rauschenden Wasserfällen und hohen Bergen. Die Aufteilung in die Gebiete Caracas, Nordküste, Llanos und Ostvenezuela dient der besseren Übersicht.

Caracas

Die venezolanische Hauptstadt liegt in einem langen, engen Tal, 16 km von der Küste entfernt. Caracas ist typisch für das neue, moderne Venezuela, obwohl es eigentlich eine der ältesten Städte des Landes ist (1557 gegründet). Neben den zahlreichen modernen Gebäuden, Zeugen des stetigen Wandels und der kontinuierlichen Expansion der Stadt, findet man noch immer Überreste der Altstadt wie *San José* und *Las Pastora*. Andere Epochen hinterließen ebenfalls ihre Spuren – schön ist die Plaza Bolívar, an der sich die alte Kathedrale und die imposante *Casa Amarilla* (Erzbischöfliches Palais) erheben. Das *Capitol* (Parlamentsgebäude) wurde 1873 in nur 114 Tagen gebaut und feiert mit seinen herrlichen Wandmalereien die Erfolge der venezolanischen Armee. Im *Panteon Nacional* ist der Sarg des Freiheitskämpfers Simón Bolívar aufgebahrt. Der *Jardín Botánico*, der *Parque Nacional del Este* und der *Country Club* sind ideal zum Atemholen und für ausgedehnte Spaziergänge. Die Stadt bietet eine unendliche Auswahl guter Museen, besonders interessant sind das *Museo de Bellas Artes*, das *Museo del Arte Colonial*, das *Museo del Arte Contemporáneo* und das *Museo de Transporte*. Bei einem Stadtbummel sollte man auch einen Besuch der *Casa Natal de Liberator* (Nachbau des Geburtshauses Bolívars, das durch ein Erdbeben zerstört wurde) und des danebenliegenden Museums einplanen, in dem man diverse persönliche Erinnerungsstücke bewundern kann. Nicht nur Kunstliebhaber kommen angesichts des reichhaltigen kulturellen Angebots und der Vielzahl von Galerien, Konzerten, Theatern, Kinos und Vorträgen auf ihre Kosten. Für Nachtschwärmer ist der *Boulevarde Sabana Grande* mit Nachtklubs, Bars und Cafés die richtige Adresse.
Ausflüge: Vom *Avilaberg* hat man eine gute Aussicht über die Stadt und die Küste. 30 km außerhalb der Stadt gibt es mehrere gute Strände mit ausgezeichneten Bars und Restaurants. Weitere Informationen über die Urlaubsorte finden Sie in den folgenden Rubriken.

Die Nordküste

Die 4000 km lange Karibikküste ist eines der Haupturlaubsgebiete des Landes. Es gibt zahlreiche herrliche Strände und Feriendörfer, deren Ausstattung von komfortabel bis luxuriös reicht. Es gibt täglich Flüge nach Porlamar auf der Insel **Margarita**, die mit ihren schönen Stränden, guten Hotels und großen Einkaufszentren viele Besucher anzieht. Westlich von Caracas liegen Macuto, Marbella, Naiguta, Carabelleda, Leguna und Oriaco, die alle sehr gute Strände bieten. Nördlich von Maiquetia liegt die zauberhafte Insel **Los Roques**.
La Guaria ist der Haupthafen von Caracas. Obwohl Industrieansiedlungen das Stadtbild verändert haben, lohnt sich ein Abstecher in die Altstadt und zur Hügelstraße, die aus der Stadt hinaus führt. Weiter nach Westen auf der Panamerikana kommt man nach **Maracay**. Die Oper, die Stierkampfarena und das Gomez-Mausoleum sollten auf jedem Besichtigungsprogramm stehen. Ein Ausflug zum Gomez-Landhaus, der *Rancho Grande*, bietet sich an.
Die Badeorte **Ocumare de la Costa** und **Cata** kann man über den 1130 m hohen *Portachuelo-Paß* im zentralen Hochland erreichen. Dank der zahlreichen herrlichen Strände und idyllischen Inseln, die bis auf Flamingos und den scharlachroten Ibis unbewohnt sind, erfreut sich die Küstenregion bei Sonnenhungrigen großer Beliebtheit. Die meisten Inseln kann man per Boot erreichen. Vor der Küste bei Tucacas liegt **Morrocoy**, eine der reizvollsten Inseln; hunderte palmenbewachsener Korallenriffe laden hier zum Tauchen und Fischen ein. **Palma Sola** und **Chichiriviche** sind ebenfalls vielbesucht. Bei der ca. vierstündigen Überfahrt von Vela de Coro und Punto Fijo nach Aruba und Curaçao sollte man mit Verspätungen rechnen.
Der quirlige Badeort **Puerto la Cruz** bietet gute Strände, Bars und Restaurants. In der Nähe gibt es jedoch auch viele einsame Strände. Der Jachthafen Morro liegt nicht weit von Puerto la Cruz entfernt in der Region Lecherías. In der malerischen Lagunenstadt *Pueblo Viejo* mit ihren Häusern im Stil alter karibischer Gebäude sind Boote das einzige Verkehrsmittel. Die Gegend um Puerto la Cruz ist sehr reizvoll und steigt immer mehr in der Gunst der Touristen. Südlich von Coro liegt **Barquisimento**, eine der ältesten Städte Venezuelas. Die viertgrößte Stadt des Landes und Hauptstadt der Llanos ist besonders wegen ihrer Kathedrale bekannt, die eines der berühmtesten modernen Bauwerke des Landes ist.
Maracaibo und der **Lago de Maracaibo** liegen in dem Gebiet zwischen der *Cordillera de Mérida* an der kolumbianischen Grenze und der weiter östlich gelegenen Bergkette *Cordillera Oriental*. Hier ist es häufig drückend schwül und windstill. Stadt und Umland profitieren seit langem vom größten Ölfeld der Welt, das hier 1917 entdeckt wurde. Bei einem Ausflug zur Halbinsel **Guajira**, dem ursprünglichen Siedlungsgebiet der Motilone- und Guajiroindios, kann man einen kleinen Einblick in ihre Lebensweise erhalten. Man sollte jedoch bedenken, daß man für diesen Ausflug im voraus ein Visum zur Wiedereinreise von Kolumbien nach Venezuela beantragen muß. Nördlich von Maracaibo leben die Goaroindios, deren Lebensstil sich seit der spanischen Kolonialzeit kaum verändert hat. Ihre Pfahlbauweise brachte Venezuela auch seinen Namen »Klein-Venedig« ein.
Die schneebedeckten hohen Gipfel und eisigen Plateaus der **Cordillera de Mérida** prägen das Landschaftsbild dieser Region. In den Bergausläufern entstanden zahlreiche Städte, die Tradition mit moderner Lebensart verbinden. Lagunen, Berge, Strände, alte Dörfer, geschichtsträchtige Städte, Sanddünen und Seen mit indianischen Pfahldörfern sind typisch für diese Gegend, die reich an Sehenswürdigkeiten und Naturschönheiten ist. Der **Sierra-Nevada-Nationalpark** ist ebenfalls sehenswert.
Mérida in der Sierra Nevada im Süden ist eine Stadt mit breiten, modernen Alleen gesäumt von hochmodernen Bauwerken. Einige alte Gebäude aus der Kolonialzeit haben sich jedoch erhalten. Die Universitätsstadt ist heute ein Touristenzentrum. Im Hintergrund ragen die Gipfel des *Bolívar* (5007 m) und des *Espejo* auf. Die Stadt bietet interessante Museen mit Exponaten moderner Kunst und Zeugnissen aus der Kolonialzeit; zahlreiche andere Sehenswürdigkeiten wie das Valle Grande, die Blumenuhr, Los Chorros de Milla, die Mucubaji-Lagunen, Los Anteojos, Tabay, Pogal, Los Patos, San-say und die berühmte Schwarze Lagune sorgen für weitere Abwechslung. Eine Bergbahn (die höchste Drahtseilbahn der Welt, sie fährt bis auf 4675 m Höhe) verbindet die Stadt mit *Pico Espejo*, von hier eröffnet sich ein herrlicher Panoramablick auf die höchsten Gipfel der Anden und die Llanos. Der *Andenklub* bietet Ausflüge nach Los Nervados an, dem höchstgelegenen Bergdorf des Landes. Abstecher nach **San Javier del Valle**, einem erholsamen Bergort, und nach **Jaji** (schöne Kolonialbauten) sind auch zu empfehlen.

Die Llanos

Diese große, dünnbesiedelte Region von Grassteppen östlich der *Cordillera de Mérida* und nördlich des Orinicos ist überwiegend flach und wird nur hie und da von kleinen Hügeln aufgelockert. Das Gebiet erstreckt sich bis zur Nordküste und ist Zentrum der venezolanischen Rinderzucht. Zahlreiche, langsam dahinfließende Flüsse schlängeln sich durch die Landschaft; an ihren Ufern liegen Wälder und Sümpfe, in denen Silberreiher, Papageien, Alligatoren und Affen leben. Auf den zahlreichen Rodeos kann man die Reitkünste der Steppenbewohner und ihre Kunstfertigkeit mit dem Lasso bewundern. Zur Entspannung kann man auch am *Joropo*, Venezuelas Nationaltanz, teilnehmen.

Ostvenezuela

Die Küste nördlich des Berglands von Guyana bietet schöne Strände und Urlaubsorte wie Higuerote, La Sabana und Lecheria, wo im späten Juni das San-Juan-Festival der Trommeln stattfindet. Das Bergland von Guyana südlich des Orinoco erstreckt sich über die Hälfte der Landesfläche und ist für seinen Gold- und Diamantenreichtum bekannt. Die Orinocoregion und das Orinoco-Delta haben sich zu einer wichtigen Handelsregion entwickelt. Die alte Stadt **Ciudad Bolívar** (ehemals Angostura) am Südufer des Orinocos erlebt gegenwärtig einen Bauboom, aber man kann immer noch Spuren der Kolonialvergangenheit finden. Der tierreiche *Gran-Sabana-Nationalpark* ist das größte Plateau Venezuelas. Santa Elena, der Guri-Damm und die Danto-Wasserfälle sind schöne Ausflugsziele. In der Pionierstadt *Santa Elena de Uairén* findet jeden August eine Fiesta statt. Der in der Nähe des Dorfes Peraitepin gelegene *Roraimaberg* soll dem englischen Kriminalschriftsteller Sir Conan Doyle Anregungen für seine Sherlock-Holmes-Romane gegeben haben. Die Besteigung zu Fuß kann bis zu 14 Tage dauern, und man sollte genügend Verpflegung und Ausrüstung mitnehmen. Der Aufstieg auf den Gipfel des *Tepuly* ist ebenso schweißtreibend wie lohnenswert; in *Los Caribes* können die Diamantenbergwerke besichtigt werden. Nach einem kräftigen Regenschauer suchen die Kinder von *Icaban* nach Goldnuggets, die von den Berghängen heruntergewaschen wurden.
Im Orinoco-Delta kann man Bootsausflüge nach **La Tucupita** unternehmen. In *Canaima* (mit 3 Mio. ha einer der größten Nationalparks der Welt) kann man die glitzernden *Salto del Angel* (Engel-Wasserfälle) bestaunen. Die Wasser des Flusses Churum donnern 979 m tief in einen Abgrund. Der prachtvolle Anblick dieses höchsten Wasserfalls der Welt ist für jeden Besucher unvergeßlich. Touren beinhalten einen Besuch zu den Wasserfällen und anderen Naturwundern, wie den vielen seltenen Pflanzen (es gibt über 500 Orchideenarten). Unterkunft findet man an den Ufern der Lagunen. Andere venezolanische Nationalparks liegen im Bundesstaat *Bolívar* und im Bundesterritorium des Amazonas (*El Cocuy* und *Autana)*.

SOZIALPROFIL

ESSEN & TRINKEN: Kümmel und Safran finden Verwendung in zahlreichen Gerichten, aber der eigentliche unvergleichliche Geschmack wird durch einheimisches Gemüse erzielt. Spezialitäten sind die beliebte Vorspeise *Tequenos* (dünner Teig um einheimischen weißen Käse gewickelt und gebraten), *Arepas* (Maisbrot), *Tostadas* (das Brotinnere wird entfernt und die knusprige Schale mit Schinken, Käse, gewürztem Fleisch, Hühnersalat oder Quark gefüllt) und *Empanadas* (Fleischpastete). *Roast Lapa* (saftiger Braten), *Chipi Chipi* (Suppe aus kleinen Venusmuscheln) und *Hervido* (Suppe mit Rindfleisch-, Huhn- oder Fischstücken und einheimischem Gemüse) sind ebenfalls äußerst wohl-

Venezuela / Vereinigte Arabische Emirate

schmeckend. Die ziemlich scharfe Beilage *Guasacaca* wird normalerweise zu Fleisch gegessen, *Pabellón Criollo* (Hackbraten) mit schwarzen Bohnen, Kochbananen und Reis ist eine weitere Delikatesse. Zu Weihnachten oder Neujahr wird *Hallaca* serviert (Maismehl mit Rind- und Schweinefleisch, Schinken und Paprika gemischt, in Bananenblätter gewickelt und dann gekocht). *Parilla Criolla* (mariniertes Rindfleisch) wird über Holzkohlen gegrillt. Das exotische *Purée de Apio* schmeckt ähnlich wie Eßkastanien. Tischbedienung ist üblich. Öffnungszeiten: 19.30-01.00/02.00 Uhr. **Getränke:** Es gibt keine guten einheimischen Weine, aber ausländische Weine werden im Land abgefüllt. Mehrere gute einheimische Biersorten, der Aperitif *Pousse-Café*, Gin und der ausgezeichnete Rum sind zu empfehlen. Der Kaffee ist sehr gut, und *Merengada* (Fruchtfleisch, Eis, Milch und Zucker) ist ein besonders erfrischendes Getränk. *Batido* ist ebenfalls ein guter Durstlöscher, wird jedoch mit Wasser anstatt mit Milch gemacht. In den Bars wird am Tisch oder Tresen bedient. *Lisa* ist ein Glas Faßbier und *Terzio* eine Flasche. Die meisten Bars haben bis spät geöffnet.
NACHTLEBEN: In den größeren Städten gibt es Nachtklubs und Diskotheken. Im Nationaltheater und auf den vielen städtischen Bühnen kann man Konzerte, Ballette, Theaterstücke, Opern und Operetten genießen. Caracas bietet daneben Freilichttheater und Kinos.
EINKAUFSTIPS: Die Indios stellen zahlreiche schöne venezolanische Handarbeiten her. Hübsche Mitbringsel sind Edelsteine, Schmuck, *Cacique*-Münzen, Gold, Perlen, Hausschuhe, Schuhe, Handtaschen, Pfeil und Bogen der Indios, Matten, Pfeifen, Körbe, *Alpargatas* (traditionelle einheimische Fußbekleidung der Campesinos) und *Chinchorros* (Hängematten). **Öffnungszeiten der Geschäfte:** Mo-Sa 09.00-13.00 und 15.00-19.00 Uhr.
SPORT: Dschungeltouren: Viele Reiseveranstalter bieten Abenteuertouren an. Es gibt zahlreiche **Golfklubs**, Platzbenutzung ohne Mitgliedschaft ist nicht immer möglich. **Wassersport:** Rund eine Stunde von Caracas entfernt liegt die Karibik mit ihren wundervollen Stränden. In Macuto werden jährlich **Segel-** und **Jachtregatten** abgehalten. **Tauchen** mit und ohne Tauchermaske ist in Chichirivche, der Cata-Bucht und Macuto möglich. Schnorchler werden sich besonders auf der Insel Margarita wohlfühlen. **Wintersport:** Die Saison ist von Mai bis Oktober. **Pferderennen:** In Caracas steht Südamerikas modernste und größte Pferderennbahn *La Rinconada*, die an Wochenenden geöffnet hat. **Boxen, Baseball** und **Fußball** sind sehr beliebt. **Ringen:** Wöchentlich finden Wettkämpfe im traditionellen *Lucha-Libre*-Stil statt.
VERANSTALTUNGSKALENDER
In jeder Ortschaft wird ein Fest für den Schutzheiligen gefeiert. Bei diesen Provinzfiestas kann der Besucher die farbenfrohe Folklore sehen und erleben, die eindrucksvoll die kulturelle Vielfalt des Landes dokumentiert – eine einzigartige Mischung indianischer, afrikanischer und spanischer Einflüsse.
SITTEN & GEBRÄUCHE: Zur Begrüßung gibt man sich die Hand; das *Abrazo*, eine Kombination aus Umarmung und Händedruck, ist ebenfalls üblich. In Caracas ist zurückhaltende Alltagskleidung angebracht, Männer sollten bei Geschäftstreffen Anzüge tragen. In Restaurants und zu gesellschaftlichen Anlässen werden Sakko und Krawatte erwartet. An der Küste ist die Kleidung salopper, aber Badekleidung gehört an den Strand. Nichtraucherzonen sollten beachtet werden. **Trinkgeld:** Der Betrag liegt in der Regel im Ermessen des Gastes. In den meisten Bar- und Restaurantrechnungen sind 10% Bedienungsgeld enthalten, weitere 10% sind üblich. Das Hotelpersonal erwartet ebenfalls Trinkgeld; Taxifahrer erhalten nur ein Trinkgeld, wenn sie mit dem Gepäck geholfen haben. In Caracas gibt man mehr Trinkgeld als in anderen Landesteilen.

WIRTSCHAFTSPROFIL

WIRTSCHAFT: Nach den ersten Erdölfunden in den zwanziger Jahren entwickelte sich das Agrarland zu einem der reichsten Länder Südamerikas. Da Venezuela nach Saudi-Arabien über die zweitgrößten Reserven verfügt, wird Erdöl auch weiterhin Hauptstütze der Wirtschaft bleiben. Obwohl gegenwärtig lediglich 10% aller Erwerbstätigen in der Landwirtschaft beschäftigt sind, ist dieser Wirtschaftszweig nach wie vor bedeutend. Venezuela hat einen hohen Selbstversorgungsgrad; Rindfleisch und Milchprodukte sind die wichtigsten landwirtschaftlichen Exportgüter. Kaffee, Reis und Zucker werden fast ausschließlich für den Außenhandel produziert, Getreide für den Eigenbedarf. Der Verfall der Weltmarktpreise für Erdöl, die hohe Auslandsverschuldung und geringe Währungsreserven verringerten die Staatseinnahmen und führten zum Aufschub mehrerer Wirtschafts- und Sozialprogramme, wodurch weite Teile der Bevölkerung verarmten. Ein umfassendes Wirtschafts- und Sozialförderungsprogramm ist heute eine der vorrangigen Aufgaben der Regierung. Besonders der Bergbau wird aufgrund der Gold-, Bauxit- und Diamantenvorkommen als vielversprechend angesehen. Die Rezession der achtziger Jahre konnte nur durch rigorose Sparmaßnahmen unter Kontrolle gebracht werden. In

den späten achtziger und frühen neunziger Jahren erholte sich die venezolanische Wirtschaft und erreichte eine jährliche Wachstumsrate von 9%. Durch den Putschversuch im Februar 1992 und die damit verbundene politische Unsicherheit ging die Wachstumsrate jedoch auf 5% zurück, und die Inflationsrate stieg auf 30%; 1993 lag sie bei 44%. Anfang 1994 kam es durch den Bankrott der zweitgrößten Bank des Landes zu einer Finanzkrise, die nur durch die Intervention der Regierung behoben werden konnte. Die Regierung versucht, zur Unterstützung der Wirtschaft billige Arbeitskräfte aus Osteuropa anzulocken. Bis 1997 sollen 50.000 Personen dazu bewogen werden, in Venezuela zu leben und zu arbeiten. Die Tourismuszahlen steigen beständig an, für 1994 wurden ca. 21.000 Besucher erwartet. Die meisten Urlauber kommen aus den USA und Deutschland. Beliebtestes Ziel ist die Karibikinsel Margarita. Venezuela gehört der OPEC und der *Asociación Latinoamericana de Integración* an. Ziel der letzteren ist ein südamerikanischer Binnenmarkt ähnlich dem europäischen. Die USA sind der größte Handelspartner, gefolgt von Deutschland, Italien, Japan und Brasilien.
GESCHÄFTSVERKEHR: In Geschäftskreisen wird überwiegend englisch gesprochen, Spanischkenntnisse sind jedoch von Vorteil. Termine sollten rechtzeitig vereinbart werden, und Pünktlichkeit wird erwartet. Visitenkarten werden ausgetauscht. **Geschäftszeiten:** Mo-Fr 08.00-18.00 Uhr mit einer ausgedehnten Mittagspause.
Kontaktadressen: *Cámara de Comercio e Industria Venezolano-Alemana* (Deutsch-Venezolanische Industrie- und Handelskammer), Apdo. 61236, Caracas 1060-A. Tel: (02) 267 14 11. Telefax: (02) 266 63 73.
El Consejero Comercial de la Embajada de Austria (Österreichischer Handelsdelegierter), Apdo. 14027, Caracas 1011-A. Tel: (02) 91 99 11, 91 98 44, 91 97 33. Telefax: (02) 91 54 30.
Delegierter in der Schweiz, c/o Bank Cantrade AG, Morgartenstraße 1, Postfach, CH-8039 Zürich. Tel: (01) 295 21 11. Telefax: (01) 295 20 10.
Cámara Venezolano-Suiza de Comércio e Industria (Schweizerisch-Venezolanische Industrie- und Handelskammer), Apdo. 62555, Caracas 1060-A. Tel: (02) 951 01 50. Telefax: (02) 951 62 01.
Federación Venezolana de Cámaras y Asociaciones de Comercio y Producción (FEDECAMARAS), Apdo. 2568, Caracas. Tel: (02) 731 17 11. Telefax: (02) 731 02 20.
KONFERENZEN/TAGUNGEN: Die größeren Hotels haben Konferenzeinrichtungen.

KLIMA

Je nach Höhenlage verschieden. In den Ebenen herrscht tropisches, im Gebirge gemäßigtes Klima. In Höhenlagen über 2000 m kann es recht kalt werden. Trockenzeit ist von Dezember bis April, Regenzeit von Mai bis Dezember. Die beste Reisezeit ist zwischen November und April.
Kleidung: Leichte Sachen das ganze Jahr über in den Ebenen und Küstengegenden. Abends kann es mitunter recht kühl werden. In höheren Lagen benötigt man wärmere Kleidung. Regenschutz nicht vergessen.

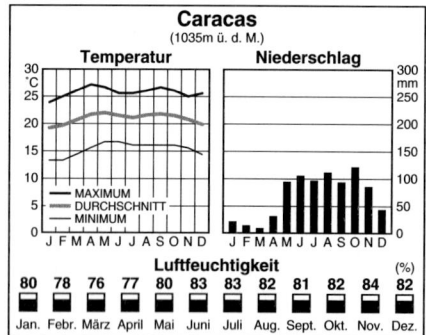

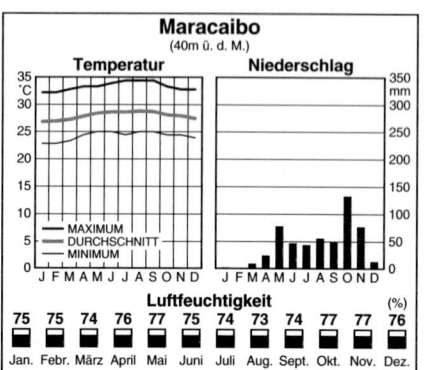

Vereinigte Arabische Emirate

Lage: Naher Osten.

Dubai Commerce and Tourism Promotion Board
Neue Mainzer Straße 57
D-60311 Frankfurt/M.
Tel: (069) 25 34 22. Telefax: (069) 25 31 51.
Mo-Fr 09.00-17.30 Uhr.
(auch zuständig für Österreich und die Schweiz)
Dubai Information Department
PO Box 1420
Dubai.
Ras al-Khaimah Information and Tourism Department
PO Box 141
Ras al-Khaimah
Tel: (07) 75 11 51.
Sharjah Department of Tourism
PO Box 8
Sharjah
Tel: (06) 58 11 11. Telefax: (06) 58 11 67.
Botschaft der Vereinigten Arabischen Emirate
Erste Fährgasse 6
D-53113 Bonn
Tel: (0228) 26 70 70. Telefax: (0228) 267 07 14.
Mo-Fr 09.00-15.00 Uhr, *Konsularabt.*: Mo-Fr 09.00-12.00 Uhr.
Visumerteilung nur für deutsche Staatsbürger.
Botschaft der Vereinigten Arabischen Emirate (ohne Visumerteilung)
Peter-Jordan-Straße 66
A-1190 Wien
Tel: (0222) 368 14 55. Telefax: (0222) 36 44 85.
Mo-Fr 09.00-14.30 Uhr.
Ständige Mission der Vereinigten Arabischen Emirate
58 Rue de Moillebeau
CH-1209 Genf
Tel: (022) 733 43 30. Telefax: (022) 734 55 62.
Mo-Do 09.00-11.30 und 14.00-17.00 Uhr, Fr 09.00-15.00 Uhr, *Konsularabt.*: Mo-Fr 12.30-15.30 Uhr.
Botschaft der Bundesrepublik Deutschland
Al Nahyan Street
PO Box 2591
Abu Dhabi
Tel: (02) 43 56 30. Telefax: (02) 43 56 25.
Generalkonsulat in Dubai.
Botschaft der Republik Österreich (Büro des Handelsrates mit Paß- und Sichtvermerksbefugnis)
Adnic Building, 6. Stock
Sheikh Kahlifa Street
PO Box 3095
Abu Dhabi

TIMATIC INFO-CODES

Abrufbar über Ihr CRS-System (für START/Amadeus Ama-Maske benutzen). Für Galileo bitte TI-DFT eingeben (mit Bindestrich).

Flughafengebühren	TI DFT/ AUH /TX
Währung	TI DFT/ AUH /CY
Zollbestimmungen	TI DFT/ AUH /CS
Gesundheit	TI DFT/ AUH /HE
Reisepassbestimmungen	TI DFT/ AUH /PA
Visabestimmungen	TI DFT/ AUH /VI

Tel: (02) 33 85 41, 32 41 03. Telefax: (02) 34 31 33.
Botschaft der Schweizerischen Eidgenossenschaft
Dhabi Tower, 4. Stock
Hamdan Street
PO Box 46116
Abu Dhabi
Tel: (02) 34 36 36, 33 56 44. Telefax: (02) 21 61 27.
Konsulat in Dubai.

FLÄCHE: 77.700 qkm.
BEVÖLKERUNGSZAHL: 1.807.000 (1993).
BEVÖLKERUNGSDICHTE: 23 pro qkm.
HAUPTSTADT: Abu Dhabi. **Einwohner:** 300.000 (1990).
GEOGRAPHIE: Die Emirate grenzen im Norden an den Persischen Golf und die Musandam-Halbinsel (Enklave von Oman), im Osten an Oman, im Westen an Saudi-Arabien und im Nordwesten an Katar. Der Staat besteht aus einem Bündnis von sieben Scheichtümern. Abu Dhabi ist das größte Emirat; die anderen Scheichtümer sind als die »Nordstaaten« bekannt und sind Dubai, Sharjah, Ajman, Fujairah, Umm al-Qaiwain und Ras al-Khaimah. Das Land ist bergig und besteht überwiegend aus Wüste. **Abu Dhabi** ist flach, sandig, und innerhalb der Grenzen befindet sich die Buraimi-Oase. **Dubai** hat einen tiefen, 16 km langen Meeresarm, der dem Gebiet den Beinamen »Venedig des Golfs« einbrachte. **Sharjah** hat einen Tiefseehafen in Khor Fakkan an der Piratenküste, der den Indischen Ozean überblickt. **Ras al-Khaimah** ist das viertgrößte Emirat. **Fujairah** ist eines der drei kleineren Scheichtümer, liegt an der Batinah-Küste und hat landwirtschaftlich nutzbare Gebiete. **Ajman** und **Umm al-Qaiwain** haben sich aus ehemaligen Fischerdörfern an der Küste entwickelt.
STAATSFORM: Föderation von sieben autonomen Emiraten seit 1971. Staatsoberhaupt: Scheich Zâyid Bin Sultan al Nahayân (Oberhaupt von Abu Dhabi), seit Dez. 1971. Regierungschef: Vizepräsident Scheich Maktoum Bin Rashid Al Maktoum (Emir von Dubai), seit 1979. Die höchste Gewalt liegt beim Obersten Rat der Scheichs, der von den sieben Emiren gebildet wird und das Staatsoberhaupt bestimmt. Alle Entscheidungen müssen von mindestens fünf Herrschern befürwortet werden, einschl. Dubai und Abu Dhabi. Politische Parteien sind unbekannt.
SPRACHE: Arabisch. Englisch ist wichtig als Wirtschafts- und Verkehrssprache. Hindi, Urdu und Farsi werden ebenfalls gesprochen. In Hotels wird mitunter auch Französisch oder Deutsch gesprochen.
RELIGION: 96% Moslems (hauptsächlich Sunniten), christliche und andere Minderheiten.
ORTSZEIT: MEZ + 3.
NETZSPANNUNG: **Abu Dhabi:** 240 V, 50 Hz. **Nordstaaten:** 220 V, 50 Hz. Dreipolige Stecker sind weit verbreitet.
POST- UND FERNMELDEWESEN: **Telefon:** Selbstwählferndienst. **Landesvorwahl: 971.** Gebietsvorwahlen der größten Gebietsnetze: Abu Dhabi (02), Ajman, Sharjah und Umm al-Qaiwain (06), Dubai (04) und Ras al-Khaimah (07). Das Telefonnetz funktioniert gut. Telefonate innerhalb einer Stadt von öffentlichen Fernsprechern aus sind kostenlos. **Telefax:** *ETISALAT* und zahlreiche Hotels bieten diese Einrichtung an. **Telexe/Telegramme** können bei *ETISALAT* aufgegeben werden, die überall in den Emiraten Zweigstellen hat. **Post:** Luftpost und Pakete nach Europa sind ca. fünf Tage unterwegs.
DEUTSCHE WELLE
Der Einsatz der Kurzwellenfrequenzen ändert sich mehrfach im Laufe eines Jahres, und Sendungen auf den folgenden Frequenzen werden jeweils nur zu bestimmten Tageszeiten ausgestrahlt. Näheres in der Einleitung.

MHz	21,560	17,845	15,275	13,780	9,545
Meterband	13	16	19	22	31

REISEPASS/VISUM

Wichtiger Hinweis: Die Einreisebestimmungen mancher Länder können sich kurzfristig ändern – rufen Sie sicherheitshalber auf Ihrem CRS-System (TIMATIC-Info-Code-Fenster in diesem Kapitel) den aktuellen Stand ab bzw. wenden Sie sich an die zuständige diplomatische Vertretung. Etwaige Zahlen in der Tabelle beziehen sich auf nachfolgende Fußnoten.

	Paß erforderlich?	*Visum erforderlich?*	*Rückflugticket erforderlich?*
Deutschland	Ja	Ja	Ja
Österreich	Ja	Ja	Ja
Schweiz	Ja	Ja	Ja
Andere EU-Länder	Ja	1	Ja

Anmerkung: Die Visabestimmungen für britische Staatsbürger können sich in Kürze ändern. Informationen von den zuständigen Botschaften (Adressen s. o.).
Einreiseverbot: Staatsbürgern Israels sowie Inhabern von Reisepässen mit israelischen Sichtvermerken wird die Ein- und Durchreise verweigert. Reisedokumente und Zertifikate, die dem Vertrag von 1951 zufolge ausgestellt wurden, werden nicht anerkannt.
REISEPASS: Allgemein erforderlich. Der Reisepaß muß noch mindestens 6 Monate gültig sein. Kinder müssen entweder im Reisepaß ihrer Eltern eingetragen sein oder einen eigenen Reisepaß besitzen.
VISUM: Allgemein erforderlich, ausgenommen sind:
(a) **[1]** Staatsbürger von Großbritannien für Aufenthalte von bis zu 30 Tagen;
(b) Staatsbürger von Bahrain, Katar, Kuwait, Oman und Saudi-Arabien;
(c) Transitpassagiere, die den Flughafen nicht verlassen und innerhalb von 24 Std. weiterfliegen.
Anmerkung: (a) Nur die Botschaft in Bonn erteilt Visa, allerdings nur für deutsche Staatsbürger. (b) Visa für Touristen und Besucher (Verwandtenbesuch) müssen vom Hotel/Reiseveranstalter bzw. von einem Einwohner der Vereinigten Arabischen Emirate beim Einwanderungsamt beantragt werden. Hierfür sind im voraus die Flugnummer und Personalien sowie die Nummer des Reisepasses erforderlich. (c) Geschäftsvisa werden auf dieselbe Art und nur auf eine Einladung hin erteilt. (d) Flüge innerhalb der Vereinigten Arabischen Emirate gelten z. T. als Auslandsflüge.
Visagebühren: Deutschland: 60 DM.
Gültigkeitsdauer: 2 Monate, 1 Monat Aufenthaltsgenehmigung ab Einreise. Verlängerungen sind nicht möglich.
Antragstellung: Konsularabteilung der Botschaft (Adresse s. o.).
Unterlagen: (a) Gültiger Reisepaß. (b) 2 Antragsformulare. (c) 2 Paßfotos. (d) Gebühr. (e) Für Geschäftsvisa ein Einladungsschreiben einer Firma in den Vereinigten Arabischen Emiraten in dreifacher Ausführung. (f) Telefax oder Schreiben des Gastgebers in den Vereinigten Arabischen Emiraten, das direkt an die Botschaft geschickt werden muß.
Bei postalischer Anforderung muß ein adressierter und frankierter Rückumschlag beigefügt werden.
Bearbeitungszeit: 10 Tage.

GELD

Währung: 1 Dirham (Dh) = 100 Fils. Banknoten gibt es im Wert von 1000, 500, 200, 100, 50, 10 und 5 Dh. Münzen gibt es in 1 Dh sowie 50, 25, 10, 5 und 1 Fils.
Kreditkarten: *American Express, Diners Club, Visa* und *Mastercard* werden vielerorts akzeptiert. Einzelheiten vom Aussteller der betreffenden Kreditkarte.
Wechselkurse

	Dh Sept. '92	Dh Febr. '94	Dh Jan. '95	Dh Jan. '96
1 DM	2,45	2,10	2,37	2,56
1 US$	3,64	3,65	3,67	3,67

Devisenbestimmungen: Keine Beschränkungen für die Ein- und Ausfuhr von Landes- und Fremdwährungen. Israelische Shekel dürfen nicht eingeführt werden.
Öffnungszeiten der Banken: Sa-Do 08.00-13.00 Uhr, in den nördlichen Emiraten 08.00-12.00 Uhr. Manche Banken öffnen auch 16.00-17.30 Uhr. Wechselstuben: 08.30-13.00 und 16.30-20.30 Uhr.

DUTY FREE

Folgende Artikel können zollfrei in die Vereinigten Arabischen Emirate eingeführt werden:
2000 Zigaretten oder 400 Zigarren oder 2 kg Tabak;
2 l Spirituosen und 2 l Wein (nur Nicht-Muslime);
Parfüm für den persönlichen Gebrauch.
Einfuhrverbot: Narkotika, Schußwaffen und Munition, Natur- oder gezüchtete Perlen. Muslime dürfen weder Wein, Alkohol noch Schweinefleisch einführen.

GESETZLICHE FEIERTAGE

18. Mai '96 Muharram (Islamisches Neujahr). **28. Juli** Mouloud (Geburtstag des Propheten). **6. Aug.** Jahrestag der Thronbesteigung des Herrschers von Abu Dhabi. **2. Dez.** Nationalfeiertag. **7. Dez.** Leilat al-Miraj. **25. Dez.** Weihnachten. **1. Jan. '97** Neujahr. **10. Jan.** Beginn des Ramadan. **10. Febr.** Ende des Ramadan. **8. April** Beginn der Wallfahrt. **18. April** Beginn des Eid al-Adha. **8. Mai** Muharram (Islamisches Neujahr).
Anmerkung: Die oben angegebenen Daten für islamische Feiertage sind nach dem Mondkalender berechnet und verschieben sich daher von Jahr zu Jahr. Während des Fastenmonats Ramadan, der dem Festtag Eid al-Fitr vorangeht, essen Mohammedaner nicht während des Tages, wodurch der normale Geschäftsablauf gestört werden kann. Diese Unterbrechungen können auch während des Eid al-Fitr auftreten. Dieses Fest, ebenso wie das Eid al-Adha, kann je nach Region 2-10 Tage dauern. Weitere Informationen im Kapitel *Welt des Islam* (s. Inhaltsverzeichnis).

GESUNDHEIT

In der folgenden Tabelle aufgeführte Impfvorschriften können sich kurzfristig ändern. Es wird stets empfohlen, auf Ihrem CRS-System (TIMATIC-Info-Code-Fenster in diesem Kapitel) den aktuellen Stand der Gesundheitsbestimmungen abzurufen bzw. rechtzeitig vor der Reise ärztlichen Rat einzuholen.

	Vorsichtsmaßnahmen empfohlen	*Impfschein erforderlich*
Gelbfieber	Nein	-
Cholera	1	1
Typhus & Polio	2	-
Malaria	3	-
Essen & Trinken	4	-

[1]: Eine Impfbescheinigung gegen Cholera ist keine Einreisebedingung, das Risiko einer Infektion ist jedoch nicht auszuschließen. Da die Wirksamkeit der Schutzimpfung umstritten ist, empfiehlt es sich, rechtzeitig vor Antritt der Reise ärztlichen Rat einzuholen. Näheres unter *Gesundheit* (s. Inhaltsverzeichnis).
[2]: Typhus kommt vor, die Inzidenz von Poliomyelitis ist eher gering.
[3]: Malariarisiko besteht nicht im Emirat Abu Dhabi und in den Städten Dubai, Sharjah, Ajman oder Umm al-Qaiwain. Vor allem in den Tälern und in niedrigeren Höhenlagen der nördlichen Emirate kann jedoch die weniger gefährliche Malariaart *Plasmodium vivax* auftreten.
[4]: Leitungswasser in Dubai und Sharjah ist keimfrei, anderswo sollte es jedoch gefiltert werden bzw. abgefülltes Wasser benutzt werden. Milch ist nicht pasteurisiert und sollte abgekocht werden. Trocken- und Dosenmilch nur mit keimfreiem Wasser anrühren. Milchprodukte aus ungekochter Milch vermeiden. Fleisch- und Fischgerichte nur gut durchgekocht und heiß serviert essen. Auf rohe Salate und Mayonnaise sollte man außer in internationalen Hotels vorsichtshalber verzichten. Gemüse sollte gekocht und Obst geschält werden.
Tollwut kommt vor. Wer ein erhöhtes Risiko eingeht (z. B. längerer Aufenthalt in abgelegenen Gebieten), sollte vor Reiseantritt eine Schutzimpfung erwägen. Bei Bißwunden so schnell wie möglich ärztliche Hilfe in Anspruch nehmen. Weitere Informationen im Kapitel *Gesundheit* (s. Inhaltsverzeichnis).
Hepatitis A, B und *E* kommen vor.
Gesundheitsvorsorge: Die medizinischen Einrichtungen sind ausgezeichnet, Behandlungen sind jedoch sehr teuer. Der Abschluß einer Reisekrankenversicherung wird dringend empfohlen.

REISEVERKEHR - International

FLUGZEUG: Die nationalen Fluggesellschaften heißen *Emirates (EK)* und *Gulf Air (GF)*. *Emirates* fliegt in den Nahen und Fernen Osten und nach Europa und betreibt alle Inlandflüge von und nach Dubai; *Gulf Air* operiert weltweit und fliegt außerdem alle Flughäfen der Vereinigten Arabischen Emirate an.
Durchschnittliche Flugzeiten: *Frankfurt* – Abu Dhabi: 8 Std. (einschl. Zwischenlandung); *Wien* – Abu Dhabi: 14 Std. 10 (einschl. Zwischenlandung); *Zürich* – Abu Dhabi: 8 Std. (einschl. Zwischenlandung).
Internationale Flughäfen: *Abu Dhabi (AUH)* (Nadia) liegt 37 km außerhalb der Stadt (Fahrzeit 25 Min.). Am Flughafen gibt es eine Bank (24 Std.), Post, Duty-free-Shops, Mietwagenschalter, Hotel-Reservierungsschalter, Bars und Restaurants. Busse verkehren zum Stadtzentrum, ein Taxistand ist ebenfalls vorhanden.
Dubai (DXB) liegt 4 km südöstlich der Stadt (Fahrzeit 10 Min.). Am Flughafen gibt es eine Bank (24 Std.), eine Post (24 Std.), Duty-free-Shops, Mietwagenschalter, Hotel-Reservierungsschalter, Tourist-Information, Restaurants, Bars und einen Taxistand. Busse verkehren zum Stadtzentrum.
Ras al-Khaimah (RKT) liegt 15 km außerhalb der Stadt. Duty-free-Shop, Mietwagenschalter, Restaurant/Imbiß, Bar und Taxistand sind vorhanden.
Sharjah (SHJ) liegt 10 km östlich der Stadt. Am Flughafen gibt es eine Bank (24 Std.), Duty-free-Shops, Mietwagenschalter, Tourist-Information, Restaurants und Bars. Busse verkehren zur Stadt, ein Taxistand ist ebenfalls vorhanden.
Bei *Fujairah* gibt es ebenfalls einen Flughafen mit einem Duty-free-Shop, und bei *Al-Ain* wird ein neuer Flughafen gebaut.
SCHIFF: Die größten internationalen Häfen sind Jebel Ali, Rashid und Zayed (Abu Dhabi), Khalid (Sharjah), Saqr (Ras al-Khaimah) und Fujairah. Verschiedene Kreuzfahrtschiffe laufen Abu Dhabi an, und es gibt Passagier- und Frachtverbindungen in die USA, nach Fernost, Australien und Europa.
BUS/PKW: Eine gute Straße führt nach Oman und eine akzeptable nach Katar, die über die Transarabische Autobahn an die Landstrecke nach Europa anschließt. Weitere Informationen s. *Unterlagen*.

REISEVERKEHR - National

FLUGZEUG: Es gibt täglich Flüge von Abu Dhabi nach Dubai. Es gibt auch verschiedene kleine Fluggesellschaften und Landebahnen.
Anmerkung: Die Flüge zwischen den Emiraten gelten als internationale Flüge, in manchen Fällen sind Mehrfachvisa erforderlich.
SCHIFF: Fracht- und Passagierschiffe laufen alle Küstenhäfen an. In Dubai gibt es eine Fährverbindung über den Meeresarm von Bur Dubai nach Deira.
BUS/PKW: An der Westküste gibt es gute asphaltierte Straßen zwischen Abu Dhabi und Dubai, Sharjah und Ras al-Khaimah; zwischen Sharjah und Dhaid sowie zwischen Dubai, den Nordstaaten und dem Landesinneren. Es herrscht Rechtsverkehr. Die Höchstgeschwindigkeit beträgt 80 bzw. 100 km/h außerhalb geschlossener Ortschaften, 60 km/h in geschlossenen Ortschaften. **Bus:** Ein eher begrenzter Busdienst verbindet die meisten Städte miteinander. **Taxis** gibt es in allen Städten. In Abu Dhabi haben die Stadttaxis Taxameter, bei länge-

ren Fahrten sollte man den Fahrpreis im voraus vereinbaren. Klimatisierte Taxis verlangen einen Zuschlag. Für viele Reisende ist das Taxi die schnellste und bequemste Verbindung zwischen Abu Dhabi und Dubai. **Mietwagen:** Die meisten internationalen Mietwagenfirmen haben Vertretungen an den Flughäfen oder in den Hotels. Mietwagen sind mit und ohne Fahrer erhältlich. **Unterlagen:** Internationaler Führerschein wird empfohlen. Bei Vorlage des nationalen Führerscheins, Reisepasses und zweier Paßfotos können Mietwagenfirmen vorläufige einheimische Führerscheine ausstellen.

UNTERKUNFT

HOTELS: Die Auswahl an Hotelzimmern ist groß; auch an preiswerten Unterkünften herrscht kein Mangel. Es gibt keine jahreszeitlichen Preisunterschiede. Zahlreiche internationale Hotelketten haben hier Niederlassungen: Hyatt, Sheraton, Hilton, InterContinental, Marriott, Forte und Ramada. Eine Buchungsbestätigung ist erforderlich.

URLAUBSORTE & AUSFLÜGE

Zur Übersicht ist diese Rubrik in folgende Regionen unterteilt: Abu Dhabi, Dubai, die Wüste, die Ostküste und die Nördlichen Emirate.

Abu Dhabi

Abu Dhabi ist eine überwiegend moderne Stadt, trotzdem ist ihre reiche Geschichte noch gegenwärtig. Das Weiße Fort (*Diwan Amiri*) stammt aus dem Jahr 1793. Bei einem Stadtrundgang stößt man immer wieder auf bezaubernde Moscheen, von der imposanten Blauen Moschee an der Ecke der Uferpromenade bis hin zu der kleinen, baumgesäumten Moschee auf einer Verkehrsinsel in der Khalifa Street. Ein Museum gibt es ebenfalls zu besichtigen. Der älteste Teil der Stadt ist das *Batin-Viertel*, wo man täglich den malerischen *Dhaus* zusehen kann, die Garnelen und Fische aus dem Golf in die kleinen Häfen heimbringen. In den alten Bauhöfen findet man Handwerker, die seit Jahrhunderten angewandte Techniken benutzen.
Ausflüge: Al-Ain, Oase und alte Karawanserei, liegt 100 km von Abu Dhabi entfernt an der Grenze zu Oman in einer riesigen, fruchtbaren Ebene. Jenseits der Grenze liegt die Oase *Buraimi*. Die Landschaft auf dem Weg hierher hat noch jeden Besucher in Begeisterung versetzt, es gibt einen Kamelmarkt, einen Zoo und ein Museum mit altem und neuem Kunstgewerbe zu bewundern. In **Ain Faidha**, 14 km von Al-Ain entfernt, plätschert eine Quelle. In **Hili**, 10 km von Al-Ain entfernt, liegen wichtige archäologische Ausgrabungsstätten. Die hier entdeckten Steingräber sind rund 5000 Jahre alt. Südlich von Al-Ain erhebt sich der Berg *(Djebel) Hafit*, an dem uralte Gräber, Tonwaren und Schwerter gefunden worden sind; hier gibt es eine mesopotamische Töpferei, und in *Unmal-Nar* liegen alte Grabhügel. Weitere archäologisch interessante Stätten sind die *Elnar-Insel* und *Badi'i Bent Saud*. Einen Vergnügungspark findet man in **Al-Hi**, und in *Liwa* kann man die majestätischen Sandseen bewundern. Landschaftlich reizvoll sind auch die **Qarn-** und **Belghilam-Inseln** (Gazellenzucht) und die **Sadiyat-** und **Abul-Abyadh-Inseln**.

Dubai

Die hochmoderne Geschäftsstadt mit dem unverkennbar arabischen Flair wird durch ihre Lage an einer langen Förde in zwei Hälften geteilt. Bur-Dubai ist die ursprüngliche Stadt, in der altehrwürdige Gebäude in engen Gassen versteckt sind und interessante *Souks* (Märkte), wie z. B. *Sikket-El-Kheil*, zum Stöbern einladen. Das *Dubai-Museum* fehlt auf keiner Stadtrundfahrt, und die *Jumeirah-Moschee* ist nachts beleuchtet und mit ihren märchenhaften Minaretten und Kuppeln ein Anblick wie aus Tausendundeiner Nacht. Hier und da stößt man auf hübsche pastellrosa »Windtürme«, die als Vorgänger der Klimaanlage der Altstadt von Dubai Kühlung verschafften. Auf der Deira-Seite der Förde erstreckt sich der großzügig angelegte moderne Stadtteil mit vielen reizvollen Grünflächen und guten Einkaufsmöglichkeiten, von modernen Einkaufszentren bis hin zu winkligen Souks, auf denen man orientalische Gewürze, Parfüm, Kleidung, Antiquitäten, Kunstgewerbe und Schmuck kaufen kann. 20% des Goldes der Welt kommt per Flugzeug oder Schiff durch Dubai. Es gibt ein vielfältiges Sportangebot, darunter Schnellbootrennen, Wasserskifahren, Tauchen und Eislaufen. Der Erholungs- und Sportkomplex in Jebel Ali umfaßt einen herrlichen Rasen-Golfplatz. Man findet auch Süßwasserseen mit japanischen Karpfen sowie schöne Nationalparks und Gärten – besonders bemerkenswert ist der *Mushrafat-Nationalpark* in der Nähe von Dubai.
Ausflüge empfehlen sich nach **Wadi Hatta**, einem üppig-grünen und reizvollen Tal an den Ausläufern der Hajar-Berge. Es werden auch Fahrten zum *Khor Kalba*, einem der schönsten Muschelstrände der Welt, angeboten. Zu den interessanten archäologischen Stätten der Region zählt *Qassis*, 7 km von Dubai entfernt, wo man alte Tonwaren, Gebrauchsgegenstände und Handwerksgeräte gefunden hat.

Die Wüste

Die Wüste ist eine eindrucksvolle und vielfältige Wildnis aus schönen roten Sanddünen und kahlen Bergen. Mitunter stößt man auf kleine grüne Oasen. Das nomadische *Bedu*-Volk ist für seine Gastfreundschaft berühmt. Ein besonderes Ereignis im Leben der Beduinen sind Kamelrennen, die bei Sonnenaufgang stattfinden und ein Schauspiel sondergleichen sind.
Ausflüge: »Wadi-Bashing« ist ein bei Einheimischen und Touristen beliebter Zeitvertreib. Wadis sind die im Sommer ausgetrockneten Flußbette der Wüste – schon nach relativ kurzer Fahrt mit dem Jeep von den Städten aus ist man fernab der geschäftigen, lebendigen Stadt mitten in einer faszinierenden Wüstenlandschaft. Man kann die Bedu-Camps sowie die weißen Sanddünen bei **Aweer** besuchen, wo sich ein Nationalpark befindet. Wüstensafaris werden auch von Reiseveranstaltern im Land angeboten.

Die Ostküste

Dieser eindrucksvolle, üppige Küstenstreifen bietet einen dramatischen Kontrast zur Wüste. Dies ist das Land der steilen Berge, stillen Sandbuchten, alten Festungen und Dattelpalmengärten, die sich am Ufer des Indischen Ozeans hinziehen. Die Meeresfauna ist überaus vielfältig, und Tauchen und Schnorcheln sind hier sehr beliebt. In den Hotels werden alle gängigen Wassersportarten angeboten.
Ausflüge: Die Urlaubsorte **Dibba** mit einem hervorragenden Naturhafen und **Fujairah** locken mit einem Museum, einer Nekropolis, einer alten Festung und malerischen kleinen Bergdörfern in der Umgebung.

Die Nördlichen Emirate

Diese Region hat sich seit der Entdeckung von Erdgas 1980 sprunghaft verändert, es fand eine große wirtschaftliche Ausdehnung statt. In Sharjah z. B. kann man wunderbar einkaufen, der neue Souk umfaßt Hunderte von Geschäften. An die Geschichte der Stadt erinnert u. a. das alte Fort.
Ausflüge: Ras al-Khaimah mit dem alten Meereshafen, dem herrlichen Küstenpanorama und den Hajar-Bergen oder die Oasen *Dhaid* und *Khatt*, die beide über Mineralquellen verfügen. Die archäologische Ausgrabungsstätte in **Mileiha** (in Sharjah) stammt aus dem Jahr 4 v. Chr., hier wurden Fossilien gefunden, die 80 Mio. Jahre alt sind. Bei Dur in **Umm al-Qaiwain** gibt es hellenische Ruinen zu besichtigen (210-100 v. Chr.), in Ras al-Khaimah die *Drabhaniya-Ruinen* und in **Ajman** die *Zaura-Ruinen*. Die wichtigen Urlaubsgebiete dieses Landesteils sind **Khor Fakkan**, das ausgezeichnete Strände und Wassersportanlagen bietet, sowie die *Khalid Lagoon* (ein Wasserpark mit mehreren Inseln und einem kleinen »Disneyland«).

SOZIALPROFIL

ESSEN & TRINKEN: Spezialitäten der arabischen Küche sind u. a. *Houmus* (Kichererbsen- und Sesampüree), *Tabbouleh*, (Bulghurweizen mit Petersilie und Minze), *Ghuzi* (gebratenes Lamm auf Reis mit Nüssen), *Warak Enab* (mit Reis gefüllte Weinblätter) und *Koussa Mashi* (gefüllte Zucchini). In den Emiraten sind *Makbous* (würziges Lammfleisch mit Reis) sowie Fisch und Meeresfrüchte mit gewürztem Reis besonders beliebt. Die Hotels servieren europäische und arabische Gerichte, und es gibt mehrere Spezialitätenrestaurants, deren Angebot von chinesischer bis hin zu mexikanischer Küche reicht. In Dubai gibt es sogar ein deutsches Restaurant, es ist im *Chicago Beach Hotel* untergebracht und heißt *Der Keller*. In den Supermärkten sind tiefgefrorene Lebensmittel aus der ganzen Welt zu haben.
Getränke: Alkohol für Nicht-Moslems ist nur in lizenzierten Hotels erhältlich. *Ayran* (ein erfrischendes Joghurtgetränk) oder starker schwarzer Kaffee werden oft angeboten.
NACHTLEBEN: In den größeren Städten und Urlaubszentren gibt es Diskotheken, Bars und Kinos, die Filme in englischer Sprache zeigen. An Feiertagen werden traditionelle Tänze aufgeführt.
EINKAUFSTIPS: Zölle sind gering, weshalb viele Artikel in den Emiraten günstiger sind als in den meisten anderen Ländern. Der Duty-free-Shop in Dubai gehört zu den preiswertesten der Welt. Die Souks verkaufen traditionelle Lederartikel sowie Messing- und Silberwaren der Emirate.
SPORT: Golf: Der *Emirates Golf Club* in Dubai, dessen Gebäude wie Wüstenzelte des Weltraumzeitalters aussehen, bietet einen schönen Rasengolfplatz. Ein zweiter Golfplatz *Dubai Creek Golf Club* wurde im November 1992 eröffnet. **Wassersport: Wasserski, Tauchen, Windsurfen** und **Segeln** sind in allen größeren Zentren möglich – der Arabische Golf eignet sich mit seiner gleichbleibenden Brise und einer Vielfalt an Meereslebewesen für Wasserratten aller Disziplinen. **Schwimmen** kann man außer am Strand auch in den Hotel-Swimmingpools. **Tennis/Squash:** Zahlreiche Hotels und Klubs bieten Tennisplätze, und in den Urlaubszentren gibt es auch Squashplätze. **Bowlingbahnen** findet man in einigen Hotels und Klubs. **Publikumssport:** Die äußerst beliebten **Kamel-** und **Pferderennen** werden auf mehreren Rennbahnen abgehalten. **Fußballspielen** kann man in den größeren Städten zuschauen. Neben dem *Jebel Ali Hotel* in Dubai werden freitags auch **Go-Kart-Rennen** veranstaltet.
VERANSTALTUNGSKALENDER
Mai '96 *Internationale Bootsmesse*, Dubai World Trade Centre. **2./3. Mai** *Wooden Powerboat Race*, Mina Seyaha. **9. Mai** Formula 4 Race, Mina Seyaha. **30. Mai** *Dhow Sailing Race 60 feet – Sir Bu Naair*, Mina Seyaha. **27. Sept. - 1. Okt.** *Index* '96 (Innenarchitektur-Ausstellung), Dubai World Trade Centre. **18. - 22. Okt.** *Arab Horse '96* (Pferdeshow), Dubai World Trade Centre. **Nov.** *Internationale Herbst-Handelsmesse*, Dubai World Trade Centre.
SITTEN & GEBRÄUCHE: Die islamischen Religionsgesetze sollten von allen Besuchern respektiert werden. Von Frauen wird erwartet, daß sie keine zu knappe Kleidung tragen, und auch Männer sollten sich für die meisten Anlässe eher formell kleiden. Rauchen ist gestattet, wenn nicht anders angezeigt, mit Ausnahme des Ramadan – während des Fastenmonats sollte man tagsüber in der Öffentlichkeit weder essen oder trinken noch rauchen. Alkohol darf auf öffentlichen Plätzen oder Straßen zu keiner Zeit getrunken werden. **Trinkgeld:** Die meisten Hotels und Restaurants berechnen ein relativ hohes Bedienungsgeld, Trinkgeld ist daher nicht erforderlich, wird aber gern angenommen.

WIRTSCHAFTSPROFIL

WIRTSCHAFT: Die nationale Wirtschaft basiert auf der Erdöl- und Gasförderung und anderen verwandten Industrien, die den Emiraten den jetzigen Wohlstand einbrachten. OPEC-Quoten und die niedrigen Weltmarktpreise der achtziger Jahre ließen die Exporteinnahmen schrumpfen, allerdings sind die Geldreserven groß genug, um weiterhin neue Industrieprojekte und den Aufbau der Infrastruktur zu fördern. Zwei Drittel der Erwerbstätigen sind Ausländer, die hauptsächlich in diesen Projekten beschäftigt sind. Mit Ausnahme der Erdöl- und Erdgasproduktion erhalten die meisten Wirtschaftsbereiche Subventionen. Zahlreiche größere Bauvorhaben, u. a. ein weiterer internationaler Flughafen, werden unterstützt, ebenso wie die Produktion von Verbrauchsgütern für den Binnenmarkt. Tourismus und Geschäftsreisen sind weitere Devisenbringer. Auch bei den Deutschen werden die Vereinigten Arabischen Emirate als Reiseziel immer beliebter: 1993 stieg die Zahl der Besucher aus Deutschland auf 30.500 Gäste an. Die Importe kommen überwiegend aus Japan, den USA und Großbritannien und belaufen sich auf ca. 20 Mio. US-Dollar. Wichtigster Exportpartner ist Japan.
GESCHÄFTSVERKEHR: Geschäftsleute werden oft überschwenglich bewirtet. Vorherige Terminvereinbarung ist empfehlenswert. Englisch wird in Geschäftskreisen viel gesprochen, aber Dolmetscher sind ebenfalls vorhanden. **Geschäftszeiten:** Sa-Mi 08.00-13.00 und 16.00-19.00 Uhr, Do 07.00-12.00 Uhr. **Behörden:** *Sommer*: Sa-Do 07.00-13.00 Uhr. *Winter*: Sa-Mi 07.30-13.30 Uhr, Do 07.30-12.00 Uhr. Während des Ramadan haben Büros nachmittags geschlossen.
Kontaktadressen: *The Commercial Counsellor at the Austrian Embassy* (Handelsbeauftragter der Österreichischen Botschaft), PO Box 3095, Abu Dhabi. Tel: (02) 32 41 03. Telefax: (02) 34 31 33.
Federation of UAE Chambers of Commerce & Industry, PO Box 3014, Abu Dhabi. Tel: (02) 21 41 44. Telefax: (02) 33 92 10.
Zweigstelle in Dubai.
Dubai Chambers of Commerce & Industry, PO Box 1457,

Eine weitere wichtige Veröffentlichung von Columbus Press ist der »World Travel Guide«, der jährlich herausgegeben wird und Informationen in englischer Sprache auf mehr als tausend Seiten über alle Länder der Erde enthält.

Weitere Einzelheiten von:
Columbus Press, Verkaufsabteilung, Aurikelweg 9, D-38108 Braunschweig.
Tel: 05309/2123. Telefax: 05309/2877.

Deira, Dubai. Tel: (04) 22 11 81. Telefax: (04) 21 16 46. *Abu Dhabi Chamber of Commerce and Industry*, PO Box 662, Abu Dhabi. Tel: (02) 21 40 00. Telefax: (02) 21 58 67.
Zusätzlich haben alle Emirate ihre eigenen Industrie- und Handelskammern.
KONFERENZEN/TAGUNGEN: Obwohl die Emirate nicht unbedingt zu den begehrtesten Veranstaltungsorten für Konferenzen zählen, bieten die meisten guten Hotels Tagungseinrichtungen. Im *World Trade Centre* werden zahlreiche Veranstaltungen abgehalten, einschl. Autorallyes und Tennisturniere. Weitere Informationen und Auskünfte sind unter folgender Adresse erhältlich: *Dubai World Trade Centre*, PO Box 9292, Dubai. Tel: (04) 31 42 00. Telefax: (04) 306 40 33.
Weitere Informationen erteilt auch das *Dubai Commerce and Tourism Promotion Board* (Adresse s. o.).

KLIMA

Die beste Besuchszeit ist von Oktober bis Mai; von Juni bis September ist es am heißesten. Niederschläge sind selten.
Kleidung: Leichte bis wärmere Kleidung zwischen November und März, warme Sachen für die Abende.

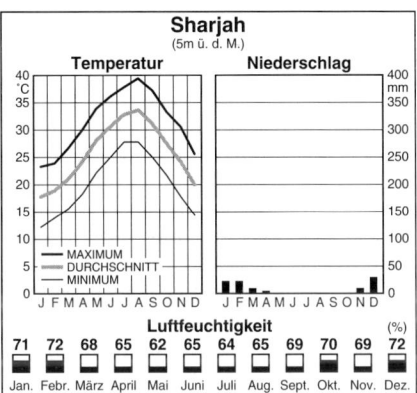

COLUMBUS ATLAS

Auf ca. 100 Seiten enthält dieser Atlas unter anderem europäische Fähr- und Eisenbahnverbindungen und weltumspannende Kreuzfahrtkarten, Straßenkarten, Gebietskarten vielbesuchter Regionen wie z. B. Costa Brava, Florida u. a. Falls Sie bei der Beratung oder Reiseplanung verstärkt auf Karten zurückgreifen möchten, werden Sie diesen speziell auf die Reisebranche zugeschnittenen Atlas unentbehrlich finden – und dazu besonders preisgünstig!

Weitere Einzelheiten von:
Columbus Press, Verkaufsabteilung,
Aurikelweg 9,
D-38108 Braunschweig.
Tel: 05309/2123. Telefax: 05309/2877.

Lage: Südostasien.

Staatliches Fremdenverkehrsamt der S. R. Vietnam
Konstantinstraße 37
D-53179 Bonn
Tel: (0228) 35 70 21/22. Telefax: (0228) 35 18 66.
(derzeit nicht besetzt, nur schriftliche Anfragen)
Lernidee-Reisen GmbH
Offizielle Vertretung von Saigontourist HCMC in Deutschland
Dudenstraße 78
D-10965 Berlin
Tel: (030) 786 50 56. Telefax: (030) 786 55 96.
Mo-Fr 09.00-18.00 Uhr.
Studienreisen Max Klingenstein GesmbH
Bayerngasse 1/11
A-1030 Wien
Tel: (0222) 714 32 18. Telefax: (0222) 713 99 36.
Mo-Fr 08.30-17.30 Uhr.
Harry Kolb
Pilgerweg 4
CH-8802 Kirchberg (ZH)
Tel: (01) 715 36 36. Telefax: (01) 715 31 37.
Mo-Fr 08.00-12.00 und 13.30-18.00 Uhr, Sa 08.00-12.00 Uhr.
Vietnam Tourism
30 A Ly Thuong Kiet
Hanoi
Tel: (04) 26 41 54. Telefax: (04) 25 75 83.
Botschaft der Sozialistischen Republik Vietnam
Konstantinstraße 37
D-53179 Bonn
Tel: (0228) 35 70 21/22. Telefax: (0228) 35 18 66.
Mo-Fr 09.30-12.00 und 14.00-16.00 Uhr.
(auch für die Schweiz zuständig)
Außenstelle der Botschaft der Sozialistischen Republik Vietnam
Königswinterstraße 28
D-10318 Berlin
Tel: (030) 509 82 62, 509 90 22, 509 90 74. Telefax:

TIMATIC INFO-CODES

Abrufbar über Ihr CRS-System (für START/Amadeus Ama-Maske benutzen). Für Galileo bitte TI-DFT eingeben (mit Bindestrich).

Flughafengebühren	TI DFT/ HAN /TX
Währung	TI DFT/ HAN /CY
Zollbestimmungen	TI DFT/ HAN /CS
Gesundheit	TI DFT/ HAN /HE
Reisepassbestimmungen	TI DFT/ HAN /PA
Visabestimmungen	TI DFT/ HAN /VI

(030) 509 91 41.
Mo-Fr (außer Do) 09.00-12.00 und 14.00-16.30 Uhr.
Botschaft der Sozialistischen Republik Vietnam
Felix-Mottl-Straße 20
A-1190 Wien
Tel: (0222) 310 40 74, *Konsularabt.:* 310 40 71. Telefax: (0222) 802 22 23.
Mo-Fr 08.30-12.00 und 13.30-16.30 Uhr, *Konsularabt.:* 08.30-12.00 Uhr.
Konsulat der Sozialistischen Republik Vietnam
13 Chemin Taverney
CH-1218 Grand-Saconnex
Tel: (022) 798 98 66. Telefax: (022) 798 98 58.
Mo-Fr 09.30-11.30 und 14.00-17.00 Uhr.
Botschaft der Bundesrepublik Deutschland
29 Tran Phu
PO Box 39
Hanoi
Tel: (04) 45 38 36/37. Telefax: (04) 45 38 38.
Generalkonsulat in Ho-Chi-Minh-Stadt.
Österreich unterhält keine diplomatische Vertretung in Vietnam, zuständig ist die Botschaft in Jakarta (s. Indonesien).
Botschaft der Schweizerischen Eidgenossenschaft
77b Kim Ma Street
PO Box 42
Hanoi
Tel: (04) 23 20 19. Telefax: (04) 23 20 45.

FLÄCHE: 330.341 qkm.
BEVÖLKERUNGSZAHL: 71.323.000 (1993).
BEVÖLKERUNGSDICHTE: 216 pro qkm.
HAUPTSTADT: Hanoi. **Einwohner:** 3.056.146 (Großraum, 1989).
GEOGRAPHIE: Vietnam ist ein langgezogener Landstreifen am Südchinesischen Meer, der im Norden an China und im Westen an Laos und Kambodscha grenzt. Das Land wird überwiegend landwirtschaftlich genutzt; in der Landesmitte gibt es auch tropischen Regenwald. Die 3260 km lange Küste bietet zahlreiche weiße Traumstrände für einen erholsamen Badeurlaub.
STAATSFORM: Sozialistische Republik seit 1980. Staatsoberhaupt: General Le Duc Anh, seit September 1992. Regierungschef: Vorsitzender des Ministerrates Vo Van Kiet, seit August 1991. Der Nationalversammlung gehören 400 Mitglieder an, die auf Vorschlag der Kommunistischen Partei (KP) alle fünf Jahre gewählt werden. Die neue Verfassung, die im April 1992 verabschiedet wurde, gewährt dem Parlament ein größeres Mitspracherecht gegenüber der KP und strebt eine Liberalisierung der Wirtschaft bei Beibehaltung des Machtmonopols der KP an.
SPRACHE: Offizielle Landessprache ist Vietnamesisch, Chinesisch wird auch gesprochen. Handels- und Bildungssprachen: Französisch und auch Englisch.
RELIGION: Vorwiegend Anhänger des Buddhismus, auch des Taoismus, Konfuzianismus, Hoa Hao, der Cao-Daï-Lehre und des Christentums (überwiegend römisch-katholisch).
ORTSZEIT: MEZ + 6.
NETZSPANNUNG: 220 V, 50 Hz, manchmal 110 V.
POST- UND FERNMELDEWESEN: Telefon: Selbstwählferndienst. **Landesvorwahl:** 84. Das Telefonnetz wird derzeit modernisiert. **Telefaxgeräte** gibt es in den meisten größeren Büros. **Telex/Telegramme:** Telexanschlüsse gibt es nur in größeren Städten, Telegramme kann man in den meisten Städten aufgeben. **Post:** Das Postwesen ist sehr begrenzt. Luftpostsendungen nach Europa sind bis zu einem Monat unterwegs.
DEUTSCHE WELLE
Der Einsatz der Kurzwellenfrequenzen ändert sich mehrfach im Laufe des Jahres, und Sendungen auf den folgenden Frequenzen werden jeweils nur zu bestimmten Tageszeiten ausgestrahlt. Näheres in der Einleitung.

MHz	21,640	17,845	15,275	12,055	9,655
Meterband	13	16	19	25	31

REISEPASS/VISUM

Wichtiger Hinweis: Die Einreisebestimmungen mancher Länder können sich kurzfristig ändern – rufen Sie sicherheitshalber auf Ihrem CRS-System (TIMATIC-Info-Code-Fenster in diesem Kapitel) den aktuellen Stand ab bzw. werden Sie sich an die zuständige diplomatische Vertretung. Etwaige Zahlen in der Tabelle beziehen sich auf nachfolgende Fußnoten.

	Paß erforderlich?	Visum erforderlich?	Rückflugticket erforderlich?
Deutschland	Ja	Ja	Ja
Österreich	Ja	Ja	Ja
Schweiz	Ja	Ja	Ja
Andere EU-Länder	Ja	Ja	Ja

REISEPASS: Allgemein erforderlich zur Einreise, muß noch mindestens 6 Monate gültig sein.
VISUM: Genereller Visumzwang.
Anmerkung: Zur Visumerteilung von Geschäftsvisa muß der vietnamesischen Vertretung eine Einreiseerlaubnis aus Vietnam vorliegen, die manchmal lange auf sich warten läßt.
Visaarten: Touristenvisa sowie Geschäftsvisa zur ein- und mehrmaligen Einreise.
Visagebühren: *Touristenvisa:* 148 DM, 1060 öS, 65 sfr.
Geschäftsvisa: 48 DM, 65 sfr (einmalige Einreise, maxi-

mal 3 Monate gültig), 96 DM, 100 sfr (mehrfache Einreise, maximal 6 Monate gültig), 144 DM, 150 sfr (maximal 1 Jahr gültig). Für Österreicher kostet das Visum generell 1060 öS, unabhängig von der Gültigkeitsdauer.
Gültigkeitsdauer: In der Regel 1 Monat. Verlängerung in Vietnam möglich.
Antragstellung: Konsularabteilung der Botschaft bzw. Konsulat (Adressen s. o.).
Unterlagen: (a) 2 Antragsformulare (b) 2 Paßfotos. (c) Gültiger Reisepaß. (d) Gebühr. (e) Für Einfachvisa müssen genaue Reisedaten angegeben werden, für Mehrfachvisa der Zeitraum, in dem die Reisen nach Vietnam stattfinden sollen.
Der postalischen Antragstellung sollte ein frankierter Rückumschlag beigefügt werden.
Bearbeitungszeit: In der Regel 10 Tage, aber davon abhängig, wie lange die Bestätigung aus Vietnam auf sich warten läßt. Schnellere Visumerteilung bei Beantragung über ein Reisebüro oder per Telefax.

GELD

Währung: Dong (D). Banknoten gibt es im Wert von 50.000, 20.000, 10.000, 5000, 2000, 1000, 500, 200 und 100 D. Münzen wurden aus dem Verkehr gezogen.
Geldwechsel: US-Dollars werden bevorzugt angenommen, allerdings können andere Währungen ebenfalls getauscht werden. Man sollte US-Dollar in kleinen Scheinen mitführen.
Kreditkarten: *Visa* und *Eurocard* werden in großen Hotels und Reisebüros akzeptiert. Einzelheiten vom Aussteller der betreffenden Kreditkarte.
Reiseschecks werden in Hotels und Banken angenommen.
Wechselkurse

	D Sept. '92	D Febr. '94	D Jan. '95	D Jan. '96
1 DM	7346,17	6280,61	7143,75	7660,17
1 US$	10.917,40	10.902,90	11.072,90	11.011,50

Devisenbestimmungen: Die Ein- und Ausfuhr der Landeswährung ist nicht gestattet. Die Einfuhr von Fremdwährungen ist unbegrenzt, Beträge über 5000 US$ müssen deklariert werden. Die Ausfuhr von Fremdwährungen ist auf den bei der Einreise deklarierten Betrag begrenzt.

DUTY FREE

Bei der Einreise müssen zwei Zollerklärungen ausgefüllt werden, die man bis zur Ausreise aufbewahren sollte. Die Bestimmungen ändern sich häufig, aktuelle Auskünfte erteilen die Botschaft oder das Fremdenverkehrsamt.
Folgende Artikel können momentan zollfrei nach Vietnam eingeführt werden:
200 Zigaretten und 50 Zigarren oder 250 g Tabak;
1 Flasche Spirituosen;
Parfüm für den persönlichen Gebrauch.
Einfuhrverbot: Betäubungsmittel, Schußwaffen und pornographische Artikel.
Ausfuhrverbot: Antiquitäten. Für Video- und Tonkassetten ist eine besondere Genehmigung erforderlich (örtliche Reisebüros sind bei den Formalitäten gerne behilflich).

GESETZLICHE FEIERTAGE

24. Mai '96 Buddhas Geburtstag. **2. Sept.** Nationalfeiertag **27. Sept.** Mitjahrsfest. **7. Febr. '97*** Têt Nguyen Dan. **21. Febr.** Magha Puja. **30. April** Befreiungstag. **14. Mai** Buddhas Geburtstag.
Anmerkung: [*] Das vietnamesische Neujahrsfest Têt dauert mehrere Tage. Das Datum wird nach dem Mondkalender berechnet und verschiebt sich daher von Jahr zu Jahr. Das genaue Datum kann Ihnen das Fremdenverkehrsamt mitteilen. Öffentliche Einrichtungen sowie die meisten Geschäfte und Restaurants sind während dieser Zeit geschlossen, und die geöffneten Läden erhöhen oft ihre Preise.

GESUNDHEIT

In der folgenden Tabelle aufgeführte Impfvorschriften können sich kurzfristig ändern. Es wird stets empfohlen, auf Ihrem CRS-System (TIMATIC-Info-Code-Fenster in diesem Kapitel) den aktuellen Stand der Gesundheitsbestimmungen abzurufen bzw. rechtzeitig vor der Reise ärztlichen Rat einzuholen.

	Vorsichtsmaßnahmen empfohlen	*Impfschein erforderlich*
Gelbfieber	Nein	1
Cholera	Ja	2
Typhus & Polio	Ja	-
Malaria	3	-
Essen & Trinken	4	-

[1]: Eine Impfbescheinigung gegen Gelbfieber wird von allen Reisenden verlangt, die aus Infektionsgebieten kommen und über ein Jahr alt sind.
[2]: Eine Impfbescheinigung gegen Cholera ist keine Einreisebedingung, das Risiko einer Infektion besteht jedoch. Da die Wirksamkeit der Schutzimpfung umstritten ist, empfiehlt es sich, rechtzeitig vor Antritt der Reise ärztlichen Rat einzuholen. Näheres unter *Gesundheit* (s. Inhaltsverzeichnis).
[3]: Malariarisiko ganzjährig in allen Landesteilen mit Ausnahme der Stadtzentren und der Flußdeltas. Die vorherrschende gefährlichere Form *Plasmodium falciparum* soll stark Chloroquin-, Sulfadoxin- und Pyrimethamin-resistent sein.
[4]: Wasser sollte generell vor der Benutzung zum Trinken, Zähneputzen und zur Eiswürfelbereitung entweder abgekocht oder anderweitig sterilisiert werden. Milch ist nicht pasteurisiert und sollte ebenfalls abgekocht werden. Trocken- und Dosenmilch nur mit keimfreiem Wasser anrühren. Milchprodukte aus ungekochter Milch am besten vermeiden. Fleisch- und Fischgerichte nur gut durchgekocht und heiß serviert essen. Der Genuß von rohen Salaten und Mayonnaise sollte vermieden werden. Gemüse sollte gekocht und Obst abgeschält werden.
Tollwut kommt vor. Wer ein erhöhtes Risiko eingeht (z. B. längerer Aufenthalt in abgelegenen Gebieten), sollte vor Reiseantritt eine Schutzimpfung erwägen. Bei Bißwunden so schnell wie möglich ärztliche Hilfe in Anspruch nehmen. Weitere Informationen im Kapitel *Gesundheit* (s. Inhaltsverzeichnis).
Bilharziose-Erreger kommen in manchen Teichen und Flüssen vor, das Schwimmen und Waten in Binnengewässern sollte daher vermieden werden. Gut gepflegte Schwimmbecken mit gechlortem Wasser sind unbedenklich.
Als weitere Gesundheitsrisiken sind *Hepatitis A, B* und *E* zu nennen.
Gesundheitsvorsorge: In den größeren Städten gibt es Krankenhäuser und in allen Provinzen Gesundheitszentren, die Einrichtungen sind jedoch eher begrenzt. Der Abschluß einer Reisekrankenversicherung mit Notrückführung wird dringend empfohlen. Zwischen Juni und Oktober ist die Ansteckungsgefahr für Gehirnentzündung (japanische Enzephalitis) in ländlichen Regionen am höchsten, diese Krankheit wird durch Moskitos übertragen. Man sollte sich vor der Abreise beim Arzt nach Schutzmaßnahmen erkundigen. Weitere Informationen im Kapitel *Gesundheit* (s. Inhaltsverzeichnis).

REISEVERKEHR - International

FLUGZEUG: Vietnams nationale Fluggesellschaft heißt *Vietnam Airlines (VN)*. Flüge mit der VN können allerdings nur persönlich in Vietnam gebucht werden. Ho-Chi-Minh-Stadt wird von *Lufthansa* angeflogen. Normalerweise erreicht man Vietnam über Bangkok, Hongkong, Manila oder Singapur.
Durchschnittliche Flugzeiten: *Frankfurt* – Ho-Chi-Minh-Stadt (ehemals Saigon): 14 Std. 35 (einschl. Zwischenlandung); *Hongkong* – Ho-Chi-Minh-Stadt: 2 Std. 30; *Bangkok/Singapur* – Ho-Chi-Minh-Stadt: 1 Std. 30.
Internationale Flughäfen: *Thu Do Airport (HAN)* in Noi Bai liegt 45 km außerhalb von Hanoi. Busse und einige Taxis sind vorhanden.
Tan Son Nhat International Airport (SGN) liegt 7 km außerhalb von Ho-Chi-Minh-Stadt. Busse und einige Taxis stehen zur Verfügung.
Flughafengebühren: 8 US$ bei der Ausreise.
SCHIFF: Die größten Häfen sind Ho-Chi-Minh-Stadt, Vung Tau, Haiphong, Da Nang und Ben Thuy. Es gibt regelmäßige Schiffsverbindungen nach Hongkong, Singapur und Japan.
BAHN: Die Bauarbeiten für die geplante Strecke Nanning – Hanoi sind inzwischen fast abgeschlossen. Täglich verkehren zwei Züge, nur der morgendliche Zug hat Anschluß in China am gleichen Tag. Das Fremdenverkehrsamt (Adresse s. o.) erteilt weitere Informationen.
BUS/PKW: Es gibt Straßenverbindungen von Kambodscha und Laos, die Benutzung ist jedoch eingeschränkt. Die Grenzübergangsstellen nach China sind für den Kfz-Verkehr und einige Reisebusse geöffnet. Erkundigen Sie sich vor der Reise bei der Botschaft oder dem Fremdenverkehrsamt.

REISEVERKEHR - National

FLUGZEUG: *Hang Khong Vietnam* verbindet Hanoi regelmäßig mit Ho-Chi-Minh-Stadt sowie mit sieben anderen Städten, einschl. Da Nang, Hue und Haiphong.
SCHIFF: Es gibt Verbindungen zwischen den Häfen. Kreuzfahrten können organisiert werden. Weitere Informationen erhalten Sie vom Fremdenverkehrsamt.
BAHN: Täglich fahren Fernverkehrszüge, die z. T. recht komfortabel sind und den Norden des Landes mit dem Süden verbinden. Das Streckennetz ist im Norden am dichtesten. Auf der Hauptstrecke, die Hanoi mit Ho-Chi-Minh-Stadt verbindet (mit Halt in Da Nang und Hue), verkehren Expreßzüge. Einzel- und Gruppenreisen können im voraus gebucht werden.
BUS/PKW: Das Straßennetz ist annehmbar. Die Straßen im Landesinneren sind schlechter als an der Küste und in der Regenzeit häufig überschwemmt. **Busse** verkehren in ganz Vietnam, allerdings sind sie meist überfüllt. **Mietwagen** mit Chauffeur sind über *Vietnam Tourism* und *Saigontourist* erhältlich. Die Bezahlung muß in US-Dollar erfolgen. **Unterlagen:** Internationaler Führerschein empfohlen.
STADTVERKEHR: In Ho-Chi-Minh-Stadt verkehren Busse und in Hanoi Busse und Straßenbahnen. Fahrrad-Rikschas und Taxis stehen ebenfalls zur Verfügung.

UNTERKUNFT

Touristeneinrichtungen sind immer noch eher beschränkt; in den meisten Städten gibt es jedoch kleine Hotels und Guest Houses, in größeren Städten auch Mittelklasse-Hotels. In Ho-Chi-Minh-Stadt (Floating Hotel) und Hanoi (Sofitel-Metropol) stehen außerdem Erster-Klasse-Hotels zur Verfügung. Das Rex Hotel in Ho-Chi-Minh-Stadt bietet Konferenz- und Tagungseinrichtungen. Einzelreisen werden verstärkt angeboten, obwohl Gruppenreisen weiterhin üblicher und wesentlich preiswerter sind. Gruppen erhalten in manchen Hotels und Orten oft große Vergünstigungen.

URLAUBSORTE & AUSFLÜGE

Es besteht inzwischen generell Reisefreiheit, und *Travel Permits* sind i. allg. nicht mehr erforderlich. Bei Fahrten in abgelegene Bergregionen ist es jedoch ratsam, sich vorher mit den örtlichen Behörden in Verbindung zu setzen. Vietnam ist ein Reiseland, in dem es noch viel zu entdecken gibt. Gastfreundliche Menschen, eine herrliche, abwechslungsreiche Landschaft und ein angenehmes Klima wiegen die Nachteile einer noch unzureichenden Infrastruktur auf.
Hanoi mit der vorgelagerten Hafenstadt **Haiphong** ist die Hauptstadt des heutigen Vietnams. Breite Alleen führen an alten Gebäuden mit den typischen gelben Stuckarbeiten und an den zahlreichen Seen der Stadt vorbei. Hier steht auch das *Mausoleum von Ho Chi Minh*, das durchaus einen Besuch wert ist. Interessant sind auch das *Museum der Bildenden Künste* und das *Historische Museum*. Badefreuden unter Kokospalmen kann man an dem beliebten Badestrand *Do Son* genießen (25 km von Haiphong). Die malerische *Ha-Long-Bucht*, die rund 70 km von Haiphong entfernt liegt, ist für die mehr als 3000 bizarr anmutenden Felseninseln bekannt, die aus dem leuchtend grünen Wasser aufragen. Bootsausflüge bieten sich zu der Insel *Cat Ba* an, die aufgrund ihrer reichen Fauna und Flora zum Nationalpark erklärt wurde.
Auf dem Weg nach Süden kommt man nicht umhin, **Hue** einen Besuch abzustatten. Die letzte Hauptstadt des ehemaligen Kaiserreichs bestich auch heute noch durch ihre bezaubernde Architektur. Am Ufer des »Flusses der Wohlgerüche« erheben sich die *Zitadelle* und die ehemals *Verbotene Stadt*.
Da Nang ist ein beliebter Ferienort mit schönen Stränden im Delta des Flusses Han. Sehenswert ist das *Cham-Museum*, in dem bedeutende Kunstwerke aus der Zeit dieses untergegangenen Reiches ausgestellt sind. Eine kurze Autofahrt entfernt liegen die Marmorberge *(Ngu Hanh Son)*; für den steilen Aufstieg wird man mit einem herrlichen Rundblick belohnt. Auf dem Gipfel steht eine kleine Pagode, und in dem Künstlerdorf am Fuß der Berge kann man die Werke aus Marmor sehen, die die hier ansässigen Bildhauer geschaffen haben. 30 km südlich von Da Nang liegt die malerische historische Stadt **Hoi An**, die ihre Blütezeit im 17. und 18. Jahrhundert erlebte.
Nha Trang in der Provinz Phu Khan bezaubert durch ihre wunderschöne Lage und ihr mildes Klima. Der lange Sandstrand bietet ideale Badefreuden.
Der beliebte Badeort **Phan Rang**, etwa 350 km nördlich von Ho-Chi-Minh-Stadt gelegen, hat einen herrlichen, von Palmen gesäumten Sandstrand. Es bieten sich Ausflüge zu den *Heiligtümern der Cham* unweit der Stadt an.
Ho-Chi-Minh-Stadt ist die ehemalige Hauptstadt Südvietnams, die zu Ehren des Revolutionsführers Ho Chi Minh umbenannt wurde. Die Stadt ist insgesamt moderner als andere Städte des Landes, hat sich aber in mancher Hinsicht ihren französischen Charme bewahrt. Zahlreiche Cafés, Märkte und Geschäfte prägen das abwechslungsreiche Stadtbild. Die wichtigsten Sehenswürdigkeiten sind das *Drachenhaus*, die *Giac-Lam-Pagode* (1744) und das *Historische Museum*.
Schon im 19. Jahrhundert war **Da Lat** (Provinz Lam Dong) mit seinen hübschen Villen und Gartenanlagen ein gefragter Kurort. Die gute Luft – die kleine Stadt liegt 1600 m ü. d. M., das milde Klima und die herrliche Umgebung garantieren einen schönen Aufenthalt.

SOZIALPROFIL

ESSEN & TRINKEN: Reis, Gemüse und Früchte stehen in allen Variationen auf der Speisekarte; Meeresfrüchte sind das traditionelle wöchentliche Festmahl. Einheimische Spezialitäten sind *Com* (Reissuppe), *Nem* (Schweinefleisch mit Nudeln, Eiern und Pilzen gemischt, dann gebraten und heiß serviert), *Nuoc Mam* (Fischsoße) und *Banh Ghung* (Reis, Schweinefleisch und Zwiebeln, in große Blätter gewickelt und bis zu 48 Std. gekocht), das zu jeder Zeit kalt gegessen wird.
EINKAUFSTIPS: Schöne Mitbringsel sind Lackarbeiten, Schilfrohrmatten, Ziergegenstände und Möbel mit Perlmutteinlegearbeiten sowie *Ao-dais* (traditionelle Trachten der Vietnamesinnen). **Öffnungszeiten der Geschäfte:** Mo-So 08.00-19.00 Uhr.
VERANSTALTUNGSKALENDER
Jede Provinz hat ihre eigenen traditionellen Feste mit Musik, Tanz und Opernaufführungen. Besonders in den Regionen, in denen Minderheiten leben, wird gern gefeiert. Das Neujahrsfest Têt und wichtige buddhistische Feste finden jedes Jahr im Januar oder Februar statt

(obwohl sie gefeiert werden, gelten buddhistische und christliche Feste nicht als nationale Feiertage).
SITTEN & GEBRÄUCHE: Zur Begrüßung gibt man sich die Hand. Zurückhaltende Alltagskleidung ist meist angebracht. **Fotografieren:** Flughäfen, Häfen und ähnliche Anlagen dürfen nicht fotografiert werden. **Trinkgeld** wird offiziell nicht gern gesehen, ist aber besonders im Süden weit verbreitet.

WIRTSCHAFTSPROFIL

WIRTSCHAFT: Die wirtschaftliche Entwicklung Vietnams ist, bedingt durch den verheerenden dreißigjährigen Krieg, die darauffolgende Mißwirtschaft und den lange von den USA verhängten Boykott von wirtschaftlichen Beziehungen des Westens mit Vietnam und westlicher Hilfe, stark rückläufig. Nach dem kommunistischen Sieg 1975 wurde in Vietnam die Planwirtschaft nach sowjetischem Vorbild eingeführt; die Entwicklungen in Osteuropa und der heutigen GUS veranlaßten die Regierung jedoch zur Einführung ihrer eigenen Version von Perestroika, »Doi Moi«. Marktwirtschaftliche Reformen und eine Privatisierungsprogramm werden angestrebt, und der Verkauf von bis zu 500 staatlichen Betrieben ist innerhalb der nächsten Jahre vorgesehen. Problematisch sind die Beseitigung der Kriegsschäden und die Finanzierung der viertgrößten Armee der Welt. Die Kriegsschäden in den wichtigsten Bereichen Lebensmittelverarbeitung, Zement, Verhüttung, Chemie, Textilien und Papier konnten inzwischen mehr oder weniger behoben werden. Die beiden Landeshälften haben eine unterschiedliche Wirtschaftsstruktur. Während der Norden reich an Bodenschätzen (besonders Kohle) ist und das industrielle Zentrum des Landes darstellt, sind im Süden 70% der Bevölkerung in der Landwirtschaft tätig. Vietnam ist immer noch überwiegend ein Agrarland, und die Landwirtschaft ist insgesamt der größte Arbeitgeber. Reis ist das wichtigste Agrarerzeugnis, aber auch Sorghum, Mais, Maniok, Süßkartoffeln, Obst, Gemüse, Kaffee und Tee werden angebaut. Die Versorgungsprobleme innerhalb Vietnams, die nur mit Lebensmittelhilfen der UNO behoben werden konnten, gehören nach wiederholten guten Ernten der Vergangenheit an, und der Eigenbedarf kann inzwischen gedeckt werden. Der Zuwachs in der Fischerei kann auf mehrere vorteilhafte Kooperationsverträge mit Japan und anderen großen Fischereiflotten zurückgeführt werden. Ein zunehmend wichtiger Wirtschaftsfaktor sind die Erdölfelder vor der Südküste des Landes, die vor kurzem zur Förderung freigegeben wurden. Direktinvestitionen aus dem Ausland werden seit 1989 immer häufiger, insbesondere japanische Firmen haben großes Interesse an dem am dichtesten besiedelten Land Südostasiens. Japan hat den GUS-Staaten inzwischen bereits den Rang abgelaufen und ist mittlerweile bedeutendster Exportpartner. Weitere wichtige Handelspartner sind Singapur, Hongkong und Deutschland. Das US-Embargo wurde im Dezember 1993 aufgehoben, so daß Vietnam nun Finanzhilfen der Weltbank und des Internationalen Währungsfonds in Anspruch nehmen kann und internationale Handelsbeziehungen aufnehmen kann. China, Hongkong und Singapur haben Interesse an engeren Beziehungen bekundet.
GESCHÄFTSVERKEHR: Anzüge werden nur bei sehr formellen Anlässen erwartet. In Geschäftskreisen wird kein Englisch gesprochen, gute Französischkenntnisse sind bei weitem nützlicher. **Geschäftszeiten:** Mo-Fr 08.00-12.30 und 13.00-16.30 Uhr, Sa 08.00-12.30 Uhr.
Kontaktadressen: *Die wirtschaftlichen Interessen Österreichs werden von der Außenhandelsstelle der Wirtschaftskammer Österreich in Bangkok (s. Thailand) wahrgenommen.*
Vietcochamber (Industrie und Handelskammer), 33 Ba Trieu, Hanoi. Tel: (04) 25 29 61. Telefax: (04) 25 64 46.

KLIMA

Im Norden herrscht subtropisches Klima mit heißen Sommern und milden Wintern, im Süden herrscht tropisches Klima. Monsunregen treten zwischen Mai und Oktober auf.
Kleidung: Tropische und leichte Baumwollkleidung das ganze Jahr über. In der Regenzeit benötigt man Regenschutz.

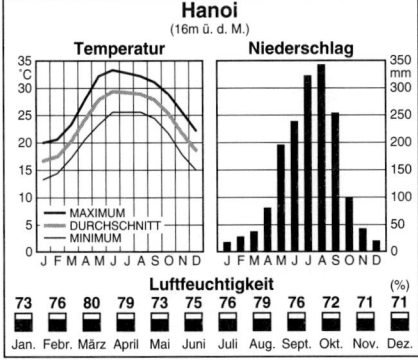

West-Samoa

☐ *Internationaler Flughafen*

Lage: Südpazifik.

Tourism Council of the South Pacific (TCSP)
Deutsche Vertretung: Interface International
Dircksenstraße 40
D-10178 Berlin
Tel: (030) 23 81 76 45. Telefax: (030) 23 81 76 41.
Mo-Fr 09.00-18.00 Uhr.
Western Samoa Visitors' Bureau
PO Box 862
Apia
Tel: 2 08 78. Telefax: 2 28 48.
Honorarkonsulat von Western Samoa (ohne Visumerteilung)
Koetschaustraße 4
D-40474 Düsseldorf
Tel: (0211) 43 45 85. Telefax: (0211) 470 71 85.
Mo-Fr 09.00-12.00 Uhr.
Publikumsverkehr nach vorheriger Vereinbarung.
Konsulat von Western Samoa (ohne Visumerteilung)
Alser Straße 45/4B
A-1080 Wien
Tel: (0222) 405 74 42. Telefax: (0222) 408 78 11.
Mo-Fr 16.00-18.00 Uhr.
Botschaft von Western Samoa
123 Avenue Franklin D. Roosevelt
PO Box 14
B-1050 Brüssel
Tel: (02) 660 84 54. Telefax: (02) 675 03 36.
Mo-Fr 09.00-12.00 und 13.00-17.00 Uhr.
(übergeordnete Vertretung für ganz Europa)
Honorarkonsulat der Bundesrepublik Deutschland
National Provident Fund Building
PO Box 473
Apia
Tel: 2 26 95, 2 36 99. Telefax: 2 26 95.
Übergeordnete Vertretung ist die Botschaft in Wellington (s. Neuseeland).
Österreich und die Schweiz unterhalten keine diplomatischen Vertretungen auf West-Samoa, zuständig für Österreich ist die Botschaft in Canberra (s. Australien), für die Schweiz die Botschaft in Wellington (s. Neuseeland).

FLÄCHE: 2831 qkm.
BEVÖLKERUNGSZAHL: 167.000 (1993).
BEVÖLKERUNGSDICHTE: 59 pro qkm.
HAUPTSTADT: Apia (Upolu). Einwohner: 34.126 (1991).
GEOGRAPHIE: Das auf halber Strecke zwischen Neuseeland und Hawaii gelegene West-Samoa umfaßt den Westteil der Samoa-Inseln. Die größte der neun Inseln ist *Savai'i* (1610 qkm), ihr gegenüber, 13 km südöstlich auf der anderen Seite der Apolima-Straße, liegt das fruchtbare *Upolu* (1120 qkm). Die Hauptstadt Apia liegt im Norden von Upolu. Die Vulkaninseln sind gebirgig, auf Savai'i steigt das Land bis auf 1857 m an, auf Upolu bis auf 1100 m. Der letzte Vulkanausbruch war 1911. Nur vier der sieben kleineren Inseln sind bewohnt. Das angenehme ozeanische Klima und die herrlich-üppige Vegetation machen die Inselgruppe zu einem attraktiven Reiseziel.
STAATSFORM: Parlamentarische Monarchie mit traditionellen Elementen. Staatsoberhaupt: Malietoa Tanumafili II., seit 1962 auf Lebenszeit. Regierungschef: Ministerpräsident Tofilau Eti Alesana, seit 1988. Im April 1991 trat ein neues allgemeines Wahlrecht in Kraft. Die 47 Mitglieder der Gesetzgebenden Versammlung (*Fono*) werden alle 5 Jahre gewählt, zwei zusätzliche Sitze sind für Nicht-Samoaner reserviert. Nach Ableben des jetzigen Staatsoberhauptes soll das Staatsoberhaupt alle fünf Jahre gewählt werden.
SPRACHE: Amtssprachen sind Samoanisch und Englisch.
RELIGION: 71% Katholiken, 22% Protestanten.
ORTSZEIT: MEZ - 12.
NETZSPANNUNG: 240 V, 50 Hz.
POST- UND FERNMELDEWESEN: Telefon: Selbstwählferndienst nach West-Samoa ist möglich; Gespräche ins Ausland müssen über das Fernamt geführt werden. **Landesvorwahl:** 685. Es gibt keine Ortsnetzkennzahlen. **Telefaxgeräte** stehen im Telegrafenamt und in Hotels zur Verfügung. **Telex/Telegramme** kann man in Hotels und in größeren Städten im Telegrafenamt aufgeben. Das Telegrafenamt über dem Hauptpostamt ist täglich 24 Std. geöffnet. **Post:** Luftpostsendungen nach Europa sind ca. drei Wochen unterwegs. Öffnungszeiten des Hauptpostamtes: Mo-Fr 09.00-12.00 und 13.00-15.30 Uhr.
DEUTSCHE WELLE
Der Einsatz der Kurzwellenfrequenzen ändert sich mehrfach im Laufe eines Jahres, und Sendungen auf den folgenden Frequenzen werden jeweils nur zu bestimmten Tageszeiten ausgestrahlt. Näheres in der Einleitung.
Anmerkung: West-Samoa ist kein Zielgebiet der Deutschen Welle; die folgenden Kurzwellenfrequenzen müssen ausprobiert werden.

MHz	17,845	11,795	9,735	9,655	9,690
Meterband	16	25	31	31	31

REISEPASS/VISUM

Wichtiger Hinweis: Die Einreisebestimmungen mancher Länder können sich kurzfristig ändern – rufen Sie sicherheitshalber in Ihrem CRS-System (TIMATIC-Info-Code-Fenster in diesem Kapitel) den aktuellen Stand ab bzw. wenden Sie sich an die zuständige diplomatische Vertretung. Etwaige Zahlen in der Tabelle beziehen sich auf nachfolgende Fußnoten.

	Paß erforderlich?	Visum erforderlich?	Rückflugticket erforderlich?
Deutschland	Ja	Nein	Ja
Österreich	Ja	Nein	Ja
Schweiz	Ja	Nein	Ja
Andere EU-Länder	Ja	Nein	Ja

REISEPASS: Allgemein erforderlich. Der Reisepaß muß bei der Abreise noch mindestens 6 Monate gültig sein.
VISUM: Bei Aufenthalten von maximal 30 Tagen benötigt man kein Visum, sofern man bestätigte Ausreisedokumente bzw. Weiter-/Rückflugticket und einen gültigen Reisepaß vorlegen kann. Außerdem ist der Nachweis von Hotelbuchung oder der Buchung einer anderweitigen Unterkunft erforderlich. Für längere Aufenthalte muß vor der Einreise ein Visum beantragt werden. Der Paß braucht nicht mit eingestempelt zu werden, da Visa im einem gesonderten Blatt erteilt werden. Wer länger als 3 Monate im Land bleibt, benötigt eine Ausreisegenehmigung.
Visaarten: Touristenvisa und Visa für Geschäftsreisen.
Visagebühren: 40 US$, 1200 bfr.
Gültigkeitsdauer: Maximal 6 Monate.
Antragstellung: Bei den zuständigen Konsulaten oder direkt bei der Botschaft in Brüssel. Die Konsulate bearbeiten Anträge und lassen sie in Brüssel bestätigen.
Unterlagen: Antragsformular und Visumgebühr. Visa werden auf einem gesonderten Blatt erteilt, der Paß braucht nicht eingeteilt zu werden.
Bearbeitungszeit: Ungefähr 14 Tage.
Aufenthaltsgenehmigungen werden nicht erteilt.

GELD

Währung: 1 West-Samoanischer Dollar (WS$) (Tala) = 100 Sene. Banknoten gibt es im Wert von 100, 50, 20, 10, 5 und 2 WS$; Münzen sind im Wert von 1 WS$ sowie 50, 20, 10, 5, 2 und 1 Sene in Umlauf.
Kreditkarten: *Eurocard* wird teilweise akzeptiert. Einzelheiten vom Aussteller der betreffenden Kreditkarte.
Reiseschecks: US-Dollar-Reiseschecks werden empfohlen.
Wechselkurse

	WS$ Sept. '92	WS$ Febr. '94	WS$ Jan. '95	WS$ Jan. '96
1 DM	1,65	1,51	1,61	1,76
1 US$	2,46	2,63	2,50	2,52

Devisenbestimmungen: Die Ein- und Ausfuhr der Landeswährung sowie von Fremdwährungen ist unbegrenzt.
Öffnungszeiten der Banken: Mo-Fr 09.00-15.00 Uhr.

DUTY FREE

Folgende Artikel können zollfrei nach West-Samoa eingeführt werden:
200 Zigaretten oder 50 Zigarren;
750 ml Spirituosen.
Einfuhrverbot: Schußwaffen, Munition, Sprengstoffe, rezeptpflichtige Medikamente und pornografische Publikationen. Die Einfuhr von lebenden Tieren und Pflanzen (einschl. Samen, Obst, Erde usw.) ist nur mit vorheriger Genehmigung des Landwirtschaftsministeriums in Apia gestattet.

GESETZLICHE FEIERTAGE

27. Mai '96 Pfingstmontag. **1.-3. Juni** Unabhängigkeitsfeiern. **21. Nov.** Nationaler Frauentag. **25./26. Dez.** Weihnachten. **1. Jan. '97** Unabhängigkeitstag/Neujahr. **2. Jan.** Feiertag. **28.-31. März** Ostern. **25. April** Anzac-Tag. **19. Mai** Pfingstmontag.

GESUNDHEIT

In der folgenden Tabelle aufgeführte Impfvorschriften können sich kurzfristig ändern. Es wird stets empfohlen, auf Ihrem CRS-System (TIMATIC-Info-Code-Fenster in diesem Kapitel) den aktuellen Stand der Gesundheitsbestimmungen abzurufen bzw. rechtzeitig vor der Reise ärztlichen Rat einzuholen.

	Vorsichtsmaßnahmen empfohlen	*Impfschein erforderlich*
Gelbfieber	Nein	1
Cholera	Nein	Nein
Typhus & Polio	2	-
Malaria	Nein	-
Essen & Trinken	3	-

[1]: Eine Impfbescheinigung gegen Gelbfieber wird von allen Reisenden verlangt, die aus Infektionsgebieten kommen und über ein Jahr alt sind.
[2]: Typhus ist weit verbreitet, Poliomyelitis kommt nicht vor.
[3]: Leitungswasser ist normalerweise gechlort und relativ sauber, es können jedoch anfangs u. U. leichte Magenverstimmungen auftreten. Für die ersten Wochen des Aufenthalts wird daher abgefülltes Wasser empfohlen, welches überall erhältlich ist. Trinkwasser außerhalb der Städte ist nicht immer keimfrei und sollte sterilisiert werden. Milch ist pasteurisiert und kann, ebenso wie Milchprodukte aus ungekochter Milch, Fleisch, Geflügel, Meeresfrüchte, Obst und Gemüse, unbesorgt verzehrt werden. *Hepatitis* A und B kommen ebenfalls vor.
Gesundheitsvorsorge: Behandlungen werden im Hauptkrankenhaus von Apia vorgenommen, es gibt außerdem mehr als 30 weitere Gesundheitszentren, Privatpraxen und Zahnärzte. Der Abschluß einer Reisekrankenversicherung wird empfohlen.

REISEVERKEHR - International

FLUGZEUG: West-Samoas nationale Fluggesellschaft heißt *Polynesian Airlines (PH)*. Andere Fluggesellschaften, die ebenfalls nach West-Samoa fliegen, sind *Air Pacific, Air Nauru, Air New Zealand* und *Hawaiian Airlines*. Es gibt Direktflüge von Auckland (Neuseeland), Suva (Fidschi), Tonga, Honolulu (Hawaii) und Sydney nach West-Samoa. Täglich verkehren Flüge von Pago Pago (Amerikanisch-Samoa) nach West-Samoa. 1996 wird wieder der *Visit South Pacific Pass* von den folgenden Fluggesellschaften angeboten: *Air Pacific, Qantas, Royal Tongan Airlines, Air Caledonia International, Polynesian Airlines, Solomon Airlines* (Näheres von IATA Reisebüros). Südpazifikflüge werden hierbei bis auf 50% reduziert. Der Visit South Pacific Pass fliegt u. a. folgende Ziele an: Sydney und Brisbane (Australien), Auckland (Neuseeland), Tonga, Cook-Inseln, Fidschi und West-Samoa. Es können mindestens zwei und maximal acht Ziele angeflogen werden. Die Reise muß außerhalb des Südpazifiks begonnen werden, und es ist ratsam, die Flüge im voraus zu buchen. Umbuchungen durch Preisaufschlag, allerdings nur bei Neuausstellung des Tickets. Rückerstattung des gesamten Betrages nur dann, wenn die Reise noch nicht angetreten wurde.
Reisegepäck darf bis zu 20 kg pro Person wiegen.
Durchschnittliche Flugzeit: *Frankfurt* – Apia: 25 Std. 30 mit Zwischenaufenthalt in Pago Pago/Amerikanisch-Samoa; die Aufenthaltsdauer auf Honolulu ist jedoch nicht mit berechnet.
Internationaler Flughafen: *Apia (APW)* (Faleolo International) liegt 35 km westlich der Hauptstadt. Am Flughafen gibt es eine Bank, eine Post, einen Duty-free-Shop, Mietwagenschalter und eine Bar. Busverbindung und Taxis sind vorhanden.
Flughafengebühren: 20 WS$ beim Abflug. Transitpassagiere und Kinder unter 5 Jahren sind hiervon befreit, Kinder unter 10 Jahren bezahlen die Hälfte.
SCHIFF: Der internationale Hafen Apia (Upolu) wird von Fracht- und Passagierschiffen aus Neuseeland, Australien, Japan, Europa, den USA und den größeren Inseln im Pazifik angelaufen. Dreimal wöchentlich gibt es eine Fährverbindung von Pago Pago (Amerikanisch-Samoa).

REISEVERKEHR - National

FLUGZEUG: *Polynesian Airlines (PH)* fliegt täglich von Apia oder Faleolo auf Upolu nach Salelologa auf Savai'i. Man kann Charterflugzeuge mieten und Besichtigungsflüge buchen.
SCHIFF: Passagier-/Autofähren verkehren zwischen Upolu (Apia) und Savai'i (Fahrzeit 90 Min.).
BUS/PKW: Bus: Auf den meisten Inseln gibt es öffentliche Verkehrsmittel. Es gibt keine Fahrpläne, die Polizisten am Busbahnhof am neuen Markt (Apia) geben Auskunft über die genauen Abfahrtszeiten. **Taxis** in Apia sind preiswert. Da sie keine Taxameter haben, sollte man den Fahrpreis im voraus vereinbaren. **Mietwagen** sind bei mehreren Verleihfirmen erhältlich. Man muß normalerweise eine Kaution hinterlegen und eine Versicherung abschließen. Man kann auch Fahrräder und Motorroller mieten. **Unterlagen:** Nationaler oder internationaler Führerschein, Mindestalter: 21 Jahre.

UNTERKUNFT

Ein staatliches Förderungsprogramm ist um Ausbau und Erweiterung der bestehenden Einrichtungen bemüht. In den letzten Jahren entstanden einige neue Hotels und Ferienanlagen.
HOTELS: Die guten Hotels in West-Samoa bieten hohen Standard zu mäßigen Preisen. Einige Hotels bieten auch Vollpension. In den ländlichen Regionen, u. a. an der Südküste Upolus und auf Savai'i, gibt es ebenfalls einige Hotels.
FERIENHÄUSER UND -WOHNUNGEN: In Feriendörfern kann man zwischen Selbstverpflegung und Restaurantmahlzeiten wählen, es stehen zahlreiche Sportanlagen und andere Einrichtungen zur Verfügung. Die einfach ausgestatteten Strandhäuser sind preiswerter. Man findet i. allg. alle nötigen Einrichtungen in unmittelbarer Nähe.

URLAUBSORTE & AUSFLÜGE

UPOLU ist die am dichtesten bevölkerte Insel. Die Landeshauptstadt und Wirtschaftsmetropole **Apia** liegt an der märchenhaften Nordküste. Die hübschen Holzhäuser aus der Kolonialzeit geben der Stadt ihren unverwechselbaren Reiz. Im nahegelegenen **Vailima** steht das Haus, in dem der schottische Dichter und Schriftsteller Robert Louis Stevenson von 1888 bis zu seinem Tod wohnte. Vom Garten aus kann man sein Grab auf dem Gipfel des *Vaea-Berges* sehen. Das Haus ist heute die offizielle Residenz des Staatsoberhaupts von West-Samoa.
Aleipata-Region: 65 km von Apia entfernt an der Ostküste liegen die *Falefa-Wasserfälle*, der *Mafa-Paß* und die *Fuipisia-Wasserfälle*. Diese wunderschöne Region mit einem 55 m hohen Wasserfall, weißen Sandstränden, einem alten Dorf und vier kleinen Inselchen hat noch jeden Besucher verzaubert. **Lefaga** ist ein malerisches Dorf an der Südwestküste und kann über eine Straße erreicht werden, die über die ganze Insel führt. Die **Manono-Insel** vor der Küste von Upolu diente als Vorbild für die legendäre Insel Bali Hai, den Schauplatz von Rogers und Hammersteins bekanntem Musical »Südpazifik«.
SAVAI'I: Auf der größten Insel der Gruppe findet der Besucher das wahre Polynesien, so sagt man. Savai'i bietet herrliche Strände, die üppige Vegetation des tropischen Regenwaldes und mehrere Vulkane. Es gibt regelmäßige Flug- und Fährverbindungen von Apia (Upolu).
AUSFLÜGE: Die eindrucksvolle und schöne Landschaft ist allgegenwärtig. Es gibt keine regelmäßigen Fährverbindungen zu den kleineren Inseln, sie sind daher nicht so leicht erreichbar.

SOZIALPROFIL

ESSEN & TRINKEN: Es gibt Hotelrestaurants, aber keine wirklichen Spitzenrestaurants. In manchen Gaststätten werden verschiedene chinesische Gerichte angeboten, in Apia gibt es einige Schnellimbisse. Bei samoanischen Festessen werden traditionell Gerichte wie Meeresfrüchte, Spanferkel, Huhn, Brotfrucht und exotische Früchte serviert. **Getränke:** *Kava* ist das Nationalgetränk. Auch die einheimische Biersorte *Vailima* ist sehr zu empfehlen. Sonntags werden nur Hotelgästen und ihrer Begleitung Spirituosen ausgeschenkt.
NACHTLEBEN: Mehrere Nachtklubs bieten Tanz, Getränke und Unterhaltung. Einige Kinos zeigen englische und chinesische Filme (mit englischen Untertiteln).
EINKAUFSTIPS: Beliebte Souvenirs sind buntbemalte *Siapo*-(Tapa) Stoffe aus Maulbeerrinde, Matten und Körbe, polierte *Kava*-Trinkschüsseln aus Hartholz, Muschelschmuck und Briefmarken, die man im philatelistischen Büro erhält. **Öffnungszeiten der Geschäfte:** Normalerweise Mo-Fr 08.00-12.00 und 13.30-16.30 Uhr, Sa 08.00-12.30 Uhr. Einige Geschäfte machen keine Mittagspause.
SPORT: Man kann **Boote** für Netz-, Hochsee- und Schnorchelfischen mieten. Der 18-Loch-**Golfplatz** des *Royal Samoa Golf Clubs* (Fagali'i) und die Anlagen des **Bowling**-Club (Apia) können auch von Nichtmitgliedern benutzt werden. **Tauchen:** West-Samoa ist ein wahres Taucherparadies, aber Ausrüstungen sind nur schwer zu erhalten. **Schwimmen:** Die herrlichen Strände sind ideal für einen erholsamen Badeurlaub; weitere ausgezeichnete Bademöglichkeiten bieten die Falefa-Wasserfälle, das Puila-Höhlenbecken, die Fogaafu-Wasserfälle und der *Papase'ea Sliding Rock*. Auf Gras-, Zement- und Asphaltplätzen kann man das ganze Jahr über **Tennis** spielen. Weitere Auskünfte an der Hotelrezeption. **Publikumssport: Boxkämpfe** werden zwischen Juli und Oktober wöchentlich abgehalten. Eine Art **Kricket** ist sehr beliebt, traditionell britisches Kricket wird zwischen November und März gespielt. Die *Apia Rugby Union* trägt zwischen März und Juni ihre Spiele aus; im *Apia Park* kann man Sonntagnachmittags den Ligaspielen zusehen.
VERANSTALTUNGSKALENDER
Juni '96 Unabhängigkeitstag bei den Fautasi (Bootsregatta). **8. Okt.** Weißer Sonntag oder Kinder-Sonntag.
Dez./Jan. '97 Weihnachten und Neujahr.
SITTEN & GEBRÄUCHE: Die Einwohner West-Samoas halten sehr stark an ihren traditionellen Moral- und Glaubensvorstellungen fest. Die Samoaner sind polynesischer Abstammung und haben einen aufrechten und würdevollen Charakter. Ihre Warmherzigkeit und Gastfreundschaft sind Teil des »fa'a Samoa«, der ureigenen Atmosphäre des Landes. Das Leben ist wohltuend geruhsam für den an Hektik und Termine gewöhnten Europäer. Das Dorfleben wird vom Rat der Häuptlinge bestimmt, der große finanzielle und territoriale Macht hat. Dieses Gesellschaftssystem der »Großfamilie« ist auf verwirrende Weise mit dem übergeordneten politischen System verbunden. Meist ist legere Kleidung angebracht, Krawatten werden nur selten erwartet. Frauen sollten in abgelegeneren Urlaubsorten und Hotels Kleider tragen. Badekleidung gehört an den Strand. **Trinkgeld** wird nicht erwartet, aber kleine Gastgeschenke werden gerne angenommen.

WIRTSCHAFTSPROFIL

WIRTSCHAFT: Die Landwirtschaft dient hauptsächlich der Deckung des Eigenbedarfs. Allerdings werden einige Produkte auch für den Export angebaut, namentlich Kakao, Kopra, Taro, Bananen und Kokosnüsse. 64% der Erwerbstätigen sind in der Landwirtschaft beschäftigt. Die Fertigungsindustrie konzentriert sich überwiegend auf die Nahrungsmittel- und Holzverarbeitung, Textilien und den Leichtmaschinenbau. Einige kleinere Betriebe stellen auch Verbrauchsgüter für den Binnenmarkt her. Kaffee, Holz und Zigaretten werden in kleineren Mengen exportiert. Pläne für den Ausbau der Holzwirtschaft wurden durch die mindere Qualität des Holzes zunichte gemacht. Diese Rückschläge scheinen momentan typisch für die westsamoanische Wirtschaft zu sein, da auch der Bananen- und Kokosnußexport starke Einbußen hinnehmen mußte. Internationale Hilfsleistungen und Geldsendungen der im Ausland beschäftigten Samoaner dienen dem Wiederaufbau der Wirtschaft, die unter den Auswirkungen der Orkane Ofa (1990) und Val (1991) gelitten hat (jeweils Rückgang des Bruttosozialprodukts um 3%). Die Regierung bemüht sich um den Ausbau der exportorientierten Industrie und des Tourismus. Auch als Off-shore-Finanzzentrum wird West-Samoa immer beliebter. West-Samoa importiert in erster Linie Lebensmittel, Erdöl, Maschinen und Transportgüter. Die Hauptabsatzmärkte sind Australien, Neuseeland und andere Commonwealth-Staaten, Japan und die USA. Wichtigstes Bezugsland ist Neuseeland. West-Samoa ist Mitglied des *South Pacific Forums*.
GESCHÄFTSVERKEHR: Die beste Zeit für Geschäftsreisen ist zwischen Mai und Oktober. **Geschäftszeiten:** Mo-Fr 08.00-12.00 und 13.30-16.30 Uhr.
Kontaktadressen: *Die wirtschaftlichen Interessen Österreichs werden von der Außenhandelsstelle der Wirtschaftskammer Österreich in Sydney (s. Australien) vertreten.*
Department of Trade, Commerce and Industry, PO Box 862, Apia, Tel: 2 04 71. Telefax: 2 16 46.
Chamber of Commerce and Industry, POBox 655, Apia, Tel: 2 03 45.

KLIMA

Warmes tropisches Klima; zwischen Mai und September weht der Passat. Es gibt kaum Temperaturunterschiede, nur nachts ist es kühler. Über 2500 Std. Sonnenschein pro Jahr; von Dezember bis April fällt der meiste Niederschlag. Die Wassertemperatur fällt selten unter 23°C.
Kleidung: Leichte Baumwoll- und Leinensachen, wärmere Kleidung für kühle Abende. Leichter Regenschutz.

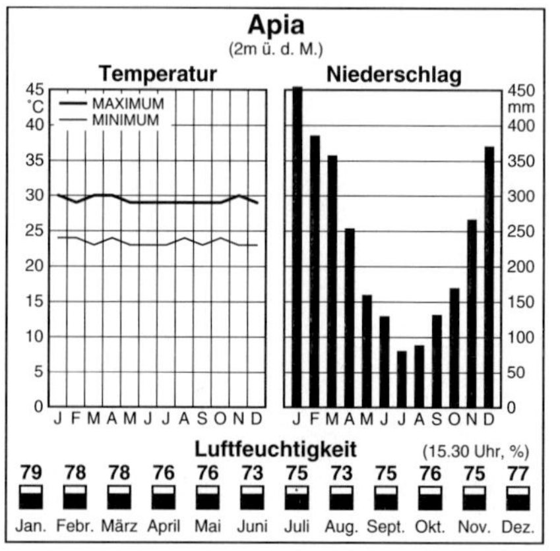

Zaïre

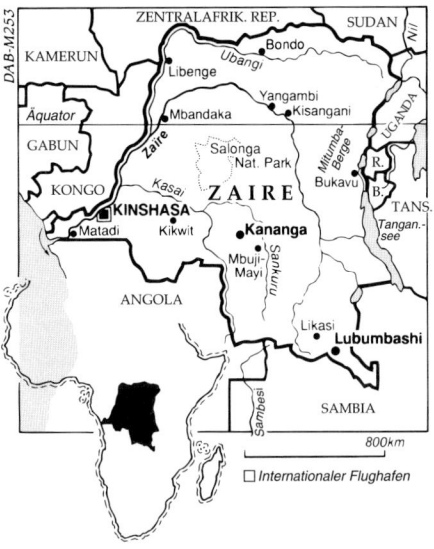

Lage: Zentralafrika.

Anmerkung: Von Reisen nach Zaïre wird derzeit dringend abgeraten. Aufgrund der instabilen innenpolitischen Situation kommt es immer wieder zu gewalttätigen Konflikten. Die Grenzgebiete mit Ruanda – die Gegenden um Goma, Bukavu und Kivu – sollten auf jeden Fall gemieden werden. Aufgrund der Flüchtlingssituation ist die Versorgungslage dort katastrophal. Aktuelle Informationen erteilen das Auswärtige Amt in Bonn, das Außenministerium in Wien bzw. das EDA in Bern. Die folgenden Informationen reflektieren zum Teil die Situation vor dem Ausbruch der Unruhen.

Office National du Tourisme
2a/2b Avenue des Orangers
BP 9502
Kinshasa-Gombe
Tel: (12) 3 00 70.
Botschaft der Republik Zaïre
Im Meisengarten 133
D-53179 Bonn
Tel: (0228) 85 81 60.
Mo, Mi, Fr 10.00-12.30 Uhr.
(auch für Österreich zuständig)
Honorargeneralkonsulate ohne Visumerteilung in Bremen, Düsseldorf und Stuttgart.
Honorarkonsulat ohne Visumerteilung in München.
Botschaft der Republik Zaïre
Sulgenheimweg 21
CH-3007 Bern
Postfach 5261
CH-3001 Bern
Tel: (031) 371 35 38/39. Telex: 911431.
Mo-Fr 08.30-12.00 und 13.00-15.30 Uhr.
Botschaft der Bundesrepublik Deutschland
82 Avenue des Trois Z
Kinshasa-Gombe
BP 8400
Kinshasa 1
Tel: (12) 2 77 20, 2 15 29, 3 33 99. Telex: 21110.
Honorarkonsulate in Bukavu und Lubumbashi.
Die Botschaft der Republik Österreich ist vorübergehend geschlossen, zuständig ist die Botschaft in Nairobi (s. Kenia).
Botschaft der Schweizerischen Eidgenossenschaft
654 Avenue Colonel Tshatshi
Zone de la Gombe

TIMATIC INFO-CODES

Abrufbar über Ihr CRS-System (für START/Amadeus Ama-Maske benutzen). Für Galileo bitte TI-DFT eingeben (mit Bindestrich).

Flughafengebühren	TI DFT/ FIH /TX
Währung	TI DFT/ FIH /CY
Zollbestimmungen	TI DFT/ FIH /CS
Gesundheit	TI DFT/ FIH /HE
Reisepassbestimmungen	TI DFT/ FIH /PA
Visabestimmungen	TI DFT/ FIH /VI

BP 8724
Kinshasa
Tel: (12) 3 42 34/43. Telefax: (12) 3 42 46.

FLÄCHE: 2.345.095 qkm.
BEVÖLKERUNGSZAHL: 41.231.000 (1993).
BEVÖLKERUNGSDICHTE: 18 pro qkm.
HAUPTSTADT: Kinshasa (einschl. Maluku). Einwohner: 3.804.000 (1991).
GEOGRAPHIE: Zaïre, der drittgrößte afrikanische Staat, grenzt im Norden an die Zentralafrikanische Republik und den Sudan, im Osten an Uganda, Ruanda, Burundi und Tansania, im Süden an Sambia und Angola und im Westen an den Kongo. Der nur 27 km lange Küstenstreifen an der Mündung des Zaïre (früher Kongo) in den Atlantik ist der einzige Zugang des Landes zum Meer. Der Zaïre ist der zweitgrößte Fluß Afrikas. Das reizvolle Land am Äquator bietet sehr verschiedene Landschaftsformen, Bergketten im Norden und Westen, das Zaïre-Becken im Landesinneren, das Hochland von *Shaba* im Süden sowie die Vulkane und Seen der Kivu-Region. An der Westgrenze zum Kongo liegen große tropische Regenwälder.
STAATSFORM: Präsidialrepublik. Staatsoberhaupt: Präsident Mobutu Sésé-Séko, seit Juli 1965. Regierungschef: Joseph Kengo Wa Dondo, seit Juni 1994. Eine »Nationalkonferenz zur Demokratisierung des Landes« (Repräsentanten aller politischen Kräfte) begann im September 1991 mit der Ausarbeitung einer neuen Verfassung. Bevor sie sich auflöste, wählte sie im Dezember 1992 einen Hohen Rat der Republik (HCR), der Staatspräsident und Regierung überwachen soll. Präsident Mobutu entließ den offiziellen Regierungschef Etienne Tshisekedi wiederholt, da er sich weigerte, Vertraute des Präsidenten an der Regierung zu beteiligen, und ernannte Faustin Birindwa zum Ministerpräsidenten (Gegenregierung). Der HCR erkannte diese Entscheidung nicht an. Im Januar 1993 kam es aufgrund der Einführung einer neuen Währung zu weiteren Unruhen. Mitte August wurden bei Auseinandersetzungen an der ruandischen Grenze ca. 6500 Menschen getötet. Präsident Mobutu wurde vorgeworfen, die Unruhen als Vorwand zur Blockierung des Demokratisierungsprozesses zu benutzen. Nach internationalen Anstrengungen wurde schließlich mit Billigung Mobutus ein Übergangsparlament aus den beiden konkurrierenden Parlamenten gebildet, das im Juni 1994 Joseph Kengo Wa Dondo in das Amt des Regierungschefs berief. Die Konflikte dauern jedoch nach wie vor an.
SPRACHE: Amtssprache ist Französisch, daneben gibt es vier Nationalsprachen: Chiluba, Kikongo, Lingala und Kisuaheli. Außerdem werden Luvena, Chokwe, Gbaya und Kituba gesprochen.
RELIGION: 80% römisch-katholisch, protestantische und andere christliche Glaubensrichtungen. Anhänger von Naturreligionen und eine muslimische Minderheit.
ORTSZEIT: MEZ (Kinshasa und Mbandaka); MEZ + 1 (Haut-Zaïre, Kasai, Kivu und Shaba).
NETZSPANNUNG: 220 V, 50 Hz.
POST- UND FERNMELDEWESEN: Telefon: Selbstwählferndienst. Landesvorwahl: 243. Das interne Telefonnetz ist oft unzuverlässig. Telefaxgeräte sind in einigen Hotels vorhanden. Telex/Telegramme: Telexanschlüsse gibt es nur in den Postämtern in Kinshasa und Lubumbashi sowie im *InterContinental*-Hotel. Telegramme kann man in den Haupttelegrafenämtern aufgeben, Verzögerungen kommen vor. Post: Luftpostsendungen nach Europa sind 4-18 Tage unterwegs. Öffnungszeiten der Postämter: Mo-Sa 08.00-18.00 Uhr.
DEUTSCHE WELLE
Der Einsatz der Kurzwellenfrequenzen ändert sich mehrfach im Laufe eines Jahres, und Sendungen auf den folgenden Frequenzen werden jeweils nur zu bestimmten Tageszeiten ausgestrahlt. Näheres in der Einleitung.

MHz	15,275	15,135	11,795	9,545	6,075
Meterband	19	19	25	31	49

REISEPASS/VISUM

Wichtiger Hinweis: Die Einreisebestimmungen mancher Länder können sich kurzfristig ändern – rufen Sie sicherheitshalber auf Ihrem CRS-System (TIMATIC-Info-Code-Fenster in diesem Kapitel) den aktuellen Stand ab bzw. wenden Sie sich an die zuständige diplomatische Vertretung. Etwaige Zahlen in der Tabelle beziehen sich auf nachfolgende Fußnoten.

	Paß erforderlich?	Visum erforderlich?	Rückflugticket erforderlich?
Deutschland	Ja	Ja	Ja
Österreich	Ja	Ja	Ja
Schweiz	Ja	Ja	Ja
Andere EU-Länder	Ja	Ja	Ja

Anmerkung: Die nachfolgenden Einreisebestimmungen galten vor Ausbruch der politischen Unruhen in Zaïre. Man sollte sich jedoch in jedem Fall bei den Botschaften nach den neuesten Bestimmungen erkundigen.
REISEPASS: Allgemein erforderlich.
VISUM: Genereller Visumzwang.
Visaarten: Transit-, Touristen- und Geschäftsvisa für ein- und mehrmalige Einreise. Personen, die sich nur 48 Stunden im Land aufhalten, Weiterreisetickets vorweisen können und den Flughafen nicht verlassen, benötigen keine Transitvisa.
Visagebühren: *Transitvisum:* einmalige Einreise (8 Tage): 75 DM, 108 sfr; mehrmalige Einreise: 150 DM. *Visum:* 1 Monat, einmalige Einreise: 125 DM, 153 sfr; 1 Monat, mehrmalige Einreise: 200 DM; 2 Monate, einmalige Einreise: 250 DM, 288 sfr; 2 Monate, mehrmalige Einreise: 300 DM; 3 Monate, einmalige Einreise: 355 DM, 334 sfr; 3 Monate, mehrmalige Einreise: 375 DM; 6 Monate, einmalige Einreise: 450 DM, 448 sfr; 6 Monate, mehrmalige Einreise: 600 DM.
Gültigkeitsdauer: Ein- oder Mehrfachvisa für 1, 2, 3 und 6 Monate. Visa müssen innerhalb von 3 Monaten nach der Ausstellung benutzt werden.
Antragstellung: Konsularabteilung der Botschaft (Adressen s. o.).
Unterlagen: (a) Gültiger Reisepaß mit freien Seiten. (b) 4 Antragsformulare. (c) 4 Paßfotos. (d) Gelbfieber-Impfbescheinigung sowie ein Attest des Hausarztes, daß der Antragsteller keine ansteckenden Krankheiten hat. (e) Weiter-/Rückreiseticket. (f) Bei Geschäftsreisen ein Schreiben der Firma. (g) Der postalischen Antragstellung sollten ein frankierter und adressierter Umschlag und der Zahlungsbeleg über die Visumgebühr beigefügt werden.
Je nach Reisezweck können zusätzliche Unterlagen verlangt werden, für Verwandtenbesuche braucht man ein von den zaïrischen Behörden genehmigtes Einladungsschreiben; für Touristenvisa einen Nachweis ausreichender Geldmittel oder ein Schreiben des Arbeitgebers/der Universität. Geschäftsreisende benötigen ein Schreiben der eigenen Firma und des Geschäftspartners in Zaïre.
Bearbeitungszeit: Mindestens 48 Std.
Aufenthaltsgenehmigung: Anfragen sind an die Botschaft zu richten.

GELD

Währung: 1 Zaïre (Z) = 100 Makuta (Singular: Likuta). Aufgrund der innenpolitischen Situation ändern sich die zugelassenen Banknoten ständig.
Geldwechsel: In Zaïre gibt es einen illegalen Devisen-Schwarzmarkt. Flugtickets können in Zaïre nur mit offiziell gewechseltem Geld gekauft werden.
Kreditkarten: *Eurocard* und *Visa* werden teilweise in den Städten akzeptiert. Einzelheiten vom Aussteller der betreffenden Kreditkarte.
Reiseschecks: US-Dollar-Reiseschecks werden empfohlen.
Wechselkurse

	Z Sept. '92	Z Febr. '94	Z Jan. '95	Z Jan. '96
1 DM	475.815	20,19	2051,55	8278,26
1 US$	707.123	35,04	3179,93	11.900,0

Anmerkung: Zaïre wertete die Landeswährung im Oktober 1993 um 3 Millionen ab. Diese Maßnahme erwies sich jedoch aufgrund der 8000%igen Inflationsrate als nutzlos.
Devisenbestimmungen: Die Ein- und Ausfuhr der Landeswährung ist nicht gestattet. Unbegrenzte Einfuhr von Fremdwährungen, es besteht jedoch Deklarationspflicht. Die Ausfuhr ist auf den bei der Einreise deklarierten Betrag beschränkt.
Öffnungszeiten der Banken: Mo-Fr 08.00-11.30 Uhr.

DUTY FREE

Folgende Artikel können zollfrei nach Zaïre eingeführt werden:
100 Zigaretten oder 50 Zigarren oder gleiche Menge Tabak;
1 geöffnete Flasche Spirituosen;
Parfüm für den persönlichen Gebrauch.
Anmerkung: Für die Einfuhr von Schußwaffen oder Munition ist eine Genehmigung erforderlich.

GESETZLICHE FEIERTAGE

1. Mai '96 Tag der Arbeit. **20. Mai** Jahrestag des *Mouvement Populaire de la Révolution*. **24. Juni** Tag der Fischer und Jahrestag der Währung. **30. Juni** Unabhängigkeitstag. **1. Aug.** Elterntag. **14. Okt.** Tag der Jugend. **27. Okt.** Drei-Z-Tag (Jahrestag der Namensgebung des Landes). **17. Nov.** Tag der Armee. **24. Nov.** Jahrestag der 2. Republik. **25. Dez.** Weihnachten. **1. Jan. '97** Neujahr. **4. Jan.** Tag der Märtyrer für die Unabhängigkeit. **1. Mai** Tag der Arbeit. **20. Mai** Jahrestag des *Mouvement Populaire de la Révolution*.

GESUNDHEIT

In der folgenden Tabelle aufgeführte Impfvorschriften können sich kurzfristig ändern. Es wird stets empfohlen, auf Ihrem CRS-System (TIMATIC-Info-Code-Fenster in diesem Kapitel) den aktuellen Stand der Gesundheitsbestimmungen abzurufen bzw. rechtzeitig vor der Reise ärztlichen Rat einzuholen.

	Vorsichtsmaßnahmen empfohlen	Impfschein erforderlich
Gelbfieber	Ja	1
Cholera	Ja	2
Typhus & Polio	Ja	-
Malaria	3	-
Essen & Trinken	4	-

[1]: Eine Impfbescheinigung gegen Gelbfieber wird von allen Reisenden verlangt, die aus Infektionsgebieten kommen und über ein Jahr alt sind. Zaïre liegt in der Gelbfieber-Endemiezone.
[2]: Eine Impfbescheinigung gegen Cholera ist keine Einreisebedingung, das Risiko einer Infektion ist jedoch hoch, und Vorsichtsmaßnahmen müssen getroffen werden. Da die Wirksamkeit der Schutzimpfung umstritten ist, empfiehlt es sich, rechtzeitig vor Antritt der Reise ärztlichen Rat einzuholen. Näheres unter *Gesundheit* (s. Inhaltsverzeichnis).
[3]: Malariaschutz ganzjährig in allen Landesteilen erforderlich. Die vorherrschende gefährliche Form *Plasmodium falciparum* soll stark Chloroquin-resistent sein.
[4]: Wasser ist nicht immer keimfrei und sollte vor der Benutzung zum Trinken, Zähneputzen und zur Eiswürfelbereitung entweder abgekocht oder anderweitig sterilisiert werden. Milch ist nicht pasteurisiert und sollte abgekocht werden. Trocken- und Dosenmilch nur mit keimfreiem Wasser anrühren. Milchprodukte aus ungekochter Milch am besten vermeiden. Fleisch- und Fischgerichte nur gut durchgekocht und heiß serviert essen. Der Genuß von Schweinefleisch, rohen Salaten und Mayonnaise sollte vermieden werden. Gemüse sollte gekocht und Obst geschält werden.
Tollwut kommt vor. Wer ein erhöhtes Risiko eingeht (z. B. längerer Aufenthalt in abgelegenen Gebieten), sollte vor Reiseantritt eine Schutzimpfung erwägen. Bei Bißwunden so schnell wie möglich ärztliche Hilfe in Anspruch nehmen. Weitere Informationen im Kapitel *Gesundheit* (s. Inhaltsverzeichnis).
Bilharziose-Erreger kommen in manchen Teichen und Flüssen vor, das Schwimmen und Waten in Binnengewässern sollte daher vermieden werden. Gut gepflegte Schwimmbecken mit gechlortem Wasser sind unbedenklich.
Hepatitis A, B und E stellen weitere Gesundheitsrisiken dar.
Gesundheitsvorsorge: Die Regierung investiert selbst für afrikanische Maßstäbe nur wenig in das Gesundheitswesen. Die meisten Ärzte praktizieren in Kinshasa. Es ist ratsam, eine gutausgestattete Reiseapotheke mitzunehmen, da Medikamente nur in größeren Städten erhältlich sind. Der Abschluß einer Reisekrankenversicherung mit Notrückführung wird dringend empfohlen.
Anmerkung: Z. Zt. ist die medizinische Versorgung in einigen Landesteilen, besonders an der Grenze zu Ruanda, nicht gewährleistet.

REISEVERKEHR - International

Anmerkung: Reisebeschränkungen sind häufig. Zur Zeit ist die Einreise auf dem Luftweg nur über Kinshasa möglich; von der Einreise von Ruanda über Goma für Besuche des Kahuzi-Biéga-Nationalparks in Bukavu muß dringend abgeraten werden.
FLUGZEUG: Zaïres nationale Fluggesellschaft heißt *Air Zaïre (QU)*.
Durchschnittliche Flugzeiten: *Frankfurt* – Kinshasa: 8 Std. 15 (mit Zwischenlandung); *Wien* – Kinshasa: 10 Std. (mit Umsteigen); *Zürich* – Kinshasa: 10 Std. 15 (mit zwei Zwischenlandungen).
Internationaler Flughafen: *Kinshasa (FIH)* (N'Djili) liegt 25 km östlich der Stadt (Fahrzeit 45 Min.). Am Flughafen gibt es eine Bank, Post, Tourist-Information, Mietwagenschalter, Bars und Restaurants. Linienbusse fahren von und zur Stadt, Rückfahrt vom Hotel *Memling* (50 Avenue du Tchad). Taxis sind ebenfalls vorhanden.
Flughafengebühren: 21 US$ bei der Ausreise.
SCHIFF: Matadi am Zaïre ist der einzige internationale Hafen des Landes. Es gibt Verbindungen von Antwerpen mit der *Compagnie Maritime Belge* und der *Compagnie Maritime du Zaïre*, außerdem von und nach Großbritannien mit *Elder Dempster Lines* und *Palm Line*.
BAHN: Es gibt Bahnverbindungen nach Dar es Salaam (Tansania), Sambia, Simbabwe, Mosambik und Südafrika. Von der Benutzung der Strecke nach Lobito (Angola) ist wegen der immer noch angespannten politischen Lage abzuraten.
BUS/PKW: Mit dem Auto erreicht man Zaïre am besten über den Sudan, Uganda und Sambia; es gibt jedoch Verbindungsstraßen in nahezu alle Nachbarstaaten. Zur Zeit wird wegen der unsicheren politischen Lage in Uganda und Zaïre davon abgeraten, von Zaïre über Uganda nach Kenia zu fahren. Auch vom Überqueren der Grenze nach Ruanda muß abgeraten werden. Vom Kongo und von der Zentralafrikanischen Republik verkehren Fähren über den Zaïre bzw. den Ubangi. Um den Zaïre von Kinshasa nach Brazzaville (Kongo) zu überqueren, braucht man eine Ausreise-Erlaubnis des *Immigration Department*. Von den Fährverbindungen in die Zentralafrikanische Republik ist nur die Verbindung in Bangassou in Betrieb.

REISEVERKEHR - National

Anmerkung: Reisen innerhalb Zaïres ist nur in sehr begrenztem Umfang möglich. Besucher dürfen weder trampen noch öffentliche Verkehrsmittel oder Fahrzeuge oder Motorräder mit ausländischen Nummernschildern benutzen. Für den Besuch weiter Teile des Landes braucht man eine Erlaubnis.
FLUGZEUG: *Air Zaïre* (QC) verbindet den Flughafen N'Djili mit weiteren 40 Flugplätzen und 150 Pisten. Man kann Kleinflugzeuge chartern.
SCHIFF: Der Zaïre ist auf 1600 km schiffbar, Fähren verkehren zwischen Kinshasa und den flußaufwärts gelegenen Häfen Kisangani und Ilebo. Schiffe gehören zu den besten Verkehrsmitteln, wegen der relativ häufigen Benzinengpässe kann es jedoch zu Verspätungen kommen.
BAHN: Die Hauptstrecke führt von Lubumbashi nach Ilebo, mit Nebenlinien nach Kalemie und Kindu sowie von Kinshasa nach Matadi. Die Züge bieten in der Regel keinen Komfort, Abteile der Luxus- und 1. Klasse entsprechen jedoch – wo vorhanden – europäischem Standard. Es gibt keine Klimaanlagen, die wichtigsten Züge führen Speise- und Liegewagen.
BUS/PKW: Bedingt durch mangelhafte Instandhaltung lassen die Straßen einiges zu wünschen übrig und sind nur im Einzugsgebiet größerer Städte und in Stadtgebieten einigermaßen befahrbar. Für Fahrten ins Landesinnere sind Geländewagen erforderlich. Man sollte Brücken vor dem Überqueren auf ihre Tragfähigkeit prüfen.
Busse verbinden die größeren Städte miteinander, sind aber überfüllt und halten die Fahrpläne oft nicht ein.
Taxis stehen in Kinshasa zur Verfügung, sind aber ebenfalls nicht sehr zuverlässig. **Mietwagen** erhält man am Flughafen. **Unterlagen:** Internationaler Führerschein und *Carnet de Passage* (bei Einreise mit einem Fahrzeug).
STADTVERKEHR: Die Busse der öffentlichen Busgesellschaft in Kinshasa sind meist sehr überfüllt. Minibusse und umgebaute Lastwagen (*Fula-Fulas*) dienen ebenfalls als öffentliche Verkehrsmittel, unregelmäßig fahrende Lastwagenbusse sind als »Taxibusse« bekannt. Die vielen Sammeltaxis bieten mehr Komfort. In den meisten anderen Städten gibt es nur wenige oder gar keine öffentlichen Verkehrsmittel.

UNTERKUNFT

Zaïre macht es Besuchern nicht sehr einfach, das wunderschöne Land kennenzulernen, und Transportprobleme sind häufig. Bedingt durch die teilweise unwirtliche Landschaft gibt es außer an den Flußufern nur wenige Siedlungen. Die meisten Unterkünfte findet man daher in den größeren Städten, während im Landesinneren Unterkunftsmöglichkeiten dünn gesät sind. Weitere Informationen von der Botschaft.
HOTELS: Die wenigen Hotels sind teuer und normalerweise ständig ausgebucht. Die meisten befinden sich in Kinshasa, aber in Muanda, Boma, Matadi, Mbanzangunu, Mbandaka, Lubumbashi, Bukavu, Kolwezi, Kanga und Kisangani gibt es ebenfalls Übernachtungsmöglichkeiten. Weitere Informationen erteilt die *Société Zaïroise de l'Hotellerie*, Immeuble Memling, BP 1076, Kinshasa. Tel: (12) 2 32 60.

URLAUBSORTE & AUSFLÜGE

Das große Land erscheint durch den Mangel an Transportmöglichkeiten noch größer. Der Tourismus steckt momentan noch in den Kinderschuhen, aber mit Geduld und Gelassenheit wird jeder Besucher die Schönheit des Landes bewundern können.

Kinshasa

Die Auswahl an historischen Sehenswürdigkeiten in der Hauptstadt ist nicht sehr groß, aber geschichtlich interessierte Besucher sollten sich auf jeden Fall die prähistorischen und völkerkundlichen Museen der Universität ansehen. Die Universitätsgebäude liegen in einer rechteckigen, klar überschaubaren Anlage an einem Hang, auf dem ganz oben eine farbenfrohe Kapelle steht. Nicht weit entfernt zwischen den Hügeln liegt ein schöner See, der *Ma Valée*, der von tropischem Regenwald umgeben ist. Am Ufer kann man ein malerisches Gasthaus besuchen.
Weitere Sehenswürdigkeiten sind der Fischereihafen *Kinkole*, die Gärten der Präsidentenresidenz *Nsele* mit ihren Pagoden und die großen Wasserreservoirs, in denen man schwimmen und angeln kann. Auf den Märkten und in den Vororten der Hauptstadt stellen Kunsthandwerker traditionelle Holzskulpturen und Schmuck her. Im Nationalmuseum kann man einzigartige Werke traditioneller zaïrischer Kunst bewundern.

Südwest-Zaïre und Bandundu

Die *Insiki-Fälle* (60 m) in Zongo und die Höhlen in der Region Mbanza-Ngungu kann man durchaus an einem Tag besichtigen; für einen richtigen Besuch sollte man jedoch mindestens drei Tage einplanen, da ganz besonders der hübsche Ferienort *Mbanza-Ngungu* ein angenehmes Klima bietet. Von hier sollte man nach Kisantu fahren und den Botanischen Garten *Frère Gillet* mit den weltberühmten, einzigartigen Orchideen besichtigen. Weiter westlich am *Kwilu*, 120 km von Mataoi entfernt, erheben sich schroffe Hänge und Schluchten. Das zerklüftete rechte Flußufer mit dem landschaftlich besonders reizvollen *Inga* zeichnet sich durch seine wilde Schönheit aus. Der Weg zum Meer nach *Moanda* führt vorbei an Wäldern, Höhlen, den *Boma-Wasserfällen* und dem in Äquatornähe gelegenen **Mayumbe**. Unterwegs kann man auch die Gräber von *Tshela* besichtigen.
Das obere Tal des *Kwango* im Südwesten des Landes ist nur schwer erreichbar. Wer einen längeren Ausflug durch die atemberaubende Natur unternimmt, erreicht schließlich die *Tembo-Wasserfälle* (früher Guillaume-Wasserfälle).

Kasai und Shaba

Der südliche *Upemba-Nationalpark* am Fluß Lualaba (nordöstlich von Bugama) besticht durch zahlreiche Seen, in denen Nilpferde, Krokodile und diverse Wasservögel beheimatet sind. Die Gegend ist von Fischern, Rinderzüchtern und Bauern bevölkert, aber es gibt auch einige Bergbaustädte. **Kananga** und **M'Buji-Mayi** sind typische Tropenstädte, **Kalemie** und die Ufer des Tanganjika-Sees erinnern ein wenig an die französische Riviera.
Überall im Süden des Landes gibt es Süßwasserseen, die *Munkamba-*, *Fwa-* und *Kasai-Seen* sind nur einige von vielen. Man kann auch dem Donnern der zahlreichen eindrucksvollen Wasserfälle lauschen, besonders schön sind *Kiobo*, *Lufira* und *Lofol* (384 m) nördlich von **Lubumbashi**.

Haut-Zaïre und Kivu

Die Hochebene erstreckt sich über den östlichen Landesteil bis in die Umgebung der *Tanganjika-*, *Kivu-*, *Idi-Amin-Dada-*, *Mobutu-Sésé-Séko-* und *Bukavu-Seen*. **Goma** und **Bunia** sind kleine malerische Städte mit Villen, Restaurants und Hotels.
Im Norden liegt der 400.000 ha große *Garamba-Nationalpark*, der Löwen, Elefanten, Leoparden, den seltenen Weißen Nashörnern und Giraffen einen Lebensraum bietet. Im *Kaluzi-Biéga-Nationalpark* kann man die Tiefland-Gorillas beobachten.
Im 618 m ü. d. M. gelegenen *Mobutu-Sésé-Séko-See* gibt es mehr Fische als in irgendeinem anderen afrikanischen See. Bunia ist ein idealer Ausgangspunkt für Ausflüge zu diesem See, in die Wälder und Berge, zu den Pygmäendörfern, den Höhlen des Hoyo-Berges und den *Escaliers-de-Venus-Wasserfällen*. Der *Idi-Amin-Dada-See* ist Habitat zahlreicher Vögel aller Größen und Farben. Der höchste Berg der *Ruwenzori-Bergkette* ist der *Pic Marguerite* (5119 m); hier leben auch Gorillas und die äußerst seltenen Okapis.
Zwischen **Goma** und **Beni** liegt die angeblich schönste Berglandschaft Afrikas, allerdings läßt der Straßenzustand einiges zu wünschen übrig.

Der Virunga-Nationalpark

Dieser 12.000 qkm große Park in der Nähe von Goma wird von zwei rauhen Bergketten eingeschlossen, die als natürlicher Schutzwall dienen. Löwen, Elefanten, Büffel, Warzenschweine, Antilopen, Nilpferde und bunte Wasservögel kann man in diesem Naturschutzgebiet in freier Wildbahn beobachten. Abenteuerlustige können auch einen Aufstieg auf die noch aktiven Vulkane *Nyamuragira* (3055 m) und *Nyiragongo* (3470 m) wagen.

SOZIALPROFIL

ESSEN & TRINKEN: In Kinshasa und Lubumbashi gibt es ca. 20 gute Restaurants, die Preise sind jedoch hoch. Das Angebot in Hotels und Restaurants ist meist auf europäische Gäste zugeschnitten, auf der Speisekarte stehen internationale und einheimische Gerichte. Eine Landesspezialität ist *Moambe*-Huhn, das in frischem Palmöl mit Reis und Spinat zubereitet wird. Auch die französischen, belgischen und zaïrischen Restaurants in Kinshasa sind in erster Linie auf Geschäftsleute ausgerichtet. In kleineren Restaurants und Imbissen wird chinesische, tunesische und griechische Küche angeboten.
NACHTLEBEN: Kinshasa bietet das interessanteste Nachtleben, das sich überwiegend im Stadtteil *Cité* abspielt. Hier finden Nachteulen vier Kasinos, mehrere große Nachtklubs und Live-Musikklubs unter freiem Himmel. Die überaus beliebten einheimischen Bands sorgen für ausgelassene Stimmung.
EINKAUFSTIPS: Schöne Souvenirs sind handgearbeitete Armbänder, Ebenholzschnitzereien und einheimische Gemälde. Auf den Märkten und in den Einkaufszentren erhält man alles von frischem Ingwer über Korbwaren bis zu schönen afrikanischen Schnitzarbeiten. **Öffnungszeiten der Geschäfte:** Mo-Sa 08.00-18.00 Uhr.
SPORT: Bergsteigen ist besonders in der Ruwenzori-Bergkette beliebt. **Trekking** bietet sich im Gebiet der Virunga-Vulkane an. **Safaris** sind ein ganz besonderes Erlebnis; es gibt 8 Tierreservate, in denen Safaritouren durchgeführt werden. Die meisten Flüsse und Seen bieten ausgezeichnete **Angelmöglichkeiten**. Im einzigen Meerhafen (Matadi) wird **Segeln** angeboten. **Tennis** und **Golf** sind ebenfalls beliebt.
VERANSTALTUNGSKALENDER
Die *Kinshasa-Messe* findet alle 2 Jahre (das nächste Mal 1996) von Mitte Juni bis Mitte Juli statt.
SITTEN & GEBRÄUCHE: Zwanglose Kleidung wird überall akzeptiert, aber Badekleidung gehört an den Strand oder Swimmingpool. **Fotografieren:** Zum Fotografieren braucht man eine Genehmigung, und selbst dann sind Schwierigkeiten nicht auszuschließen. Öffentliche Gebäude und Anlagen sollten nicht fotografiert werden. **Trinkgeld:** 10% Bedienungsgeld wird auf alle Hotel- und Restaurantrechnungen aufgeschlagen, Extratrinkgeld ist unnötig.

WIRTSCHAFTSPROFIL

WIRTSCHAFT: Fruchtbares Ackerland und große Vorkommen von Mineralien und Rohstoffen für die Energiegewinnung machen Zaïre potentiell zu einem der reichsten Länder Afrikas. Das Land besitzt, an regionalem Standard gemessen, eine hochindustrialisierte Fertigungsindustrie, trotzdem sind zwei Drittel der Erwerbstätigen immer noch in der Landwirtschaft beschäftigt. Dem Verfall der Weltmarktpreise für Mineralien (besonders Kupfer) folgte eine Wirtschaftsflaute, und die hohe Inflationsrate in Zaïre brachte die fast vollständige Entwertung der Währung. Zahlreiche Sparmaßnahmen wurden besonders in der Landwirtschaft eingeführt, die auch vom Internationalen Währungsfonds unterstützt werden, allerdings gibt es bisher noch keine Anzeichen einer Besserung der Lage. Verhandlungen mit dem »Pariser Klub« der Geldgeber zur Kreditstundung bzw. Umschuldung haben ebenfalls noch keine Verbesserung gebracht – ca. 56% des Regierungshaushalts und 30% der Exporteinnahmen wurden zur Kreditrückführung verwendet. Der Bergbau konzentriert sich überwiegend auf Kupfer, Kobalt (65% der Weltvorkommen), Mangan, Zink, Uran, Zinn und Diamanten. Im Gegensatz dazu sind andere Industriezweige unterentwickelt, bedingt durch unzureichende Versorgung durch Zulieferbetriebe und Devisenmangel. Verbrauchsgüter, Textilien, Zement, Lebensmittel, Holz- und Plastikerzeugnisse werden für den Eigenbedarf hergestellt. Im landwirtschaftlichen Bereich dominiert der Anbau von Obst, Gemüse, Kaffee, Kakao, Tee, Gummi, Baumwolle, Reis und Palmöl. Eine Gesundung der Wirtschaft hängt zunächst von einer Erholung des Weltmarktes ab, langfristig gesehen behindert jedoch die überaus schlechte Infrastruktur des Landes einen wirtschaftlichen Aufschwung. Die Wiederaufnahme von Hilfsleistungen, das Anziehen der Rohstoffpreise, größere Erdölfunde in den Küstengewässern und verbesserte Beziehungen zwischen Zaïre und seinen Nachbarstaaten brachten dem Land eine kurze Erholungsphase. Politische Umwälzungen, die 1991 durch zahlreiche Versorgungsengpässe ausgelöst wurden, brachten den langsamen Aufschwung jedoch wieder zum Stillstand. Die Flüchtlingskrise an der Grenze zu Ruanda seit 1994 belastet die wirtschaftliche Situation noch zusätzlich. Der Internationale Währungsfonds bezeichnete Zaïre 1992 als unkooperativ, und die USA, Frankreich und Belgien stellten ihre finanzielle Unterstützung bis auf weiteres ein. Aufgrund der instabilen wirtschaftlichen Lage beträgt die Inflationsrate 8000%, und der Zaïre ist inzwischen wertlos. Belgien ist Zaïres Haupthandelspartner.
GESCHÄFTSVERKEHR: Dolmetscher und Übersetzer stehen im Land zur Verfügung. Die beste Besuchszeit ist in der kühleren Jahreszeit (je nach Landeshälfte verschieden). Männer werden mit *Citoyen* und Frauen mit *Citoyenne* angesprochen. **Geschäftszeiten:** Mo-Fr 07.30-17.00 Uhr, Sa 07.30-12.00 Uhr.
Kontaktadressen: *Die wirtschaftlichen Interessen Österreichs werden von der Außenhandelsstelle der Wirtschaftskammer Österreich in Lagos (s. Nigeria) vertreten.*
Chambre de Commerce Suisse au Zaïre (Schweizer Handelskammer für Zaïre), Postfach, CH-4002 Basel. Tel: (061) 317 32 32. Telefax: (061) 317 32 00.
Chambre de Commerce, d'Industrie et d'Agriculture du Zaïre (Industrie-, Landwirtschafts- und Handelskammer), PO Box 7247, Kinshasa. Tel: (12) 2 22 86. Telex: 21071.

KLIMA

Das Klima hängt von der jeweiligen Entfernung vom Äquator ab. Die Trockenzeit dauert im Norden von Dezember bis März und im Süden von Mai bis Oktober. Die Temperaturen sind fast überall ganzjährig hoch mit hoher Luftfeuchtigkeit. Angenehmes Höhenklima in der Region Kivu, in Hochlagen (1500-4000 m) liegen die Temperaturen zwischen 6°C und 20°C.
Kleidung: Leichte Kleidung für alle Jahreszeiten, Regenkleidung während der Regenzeit.

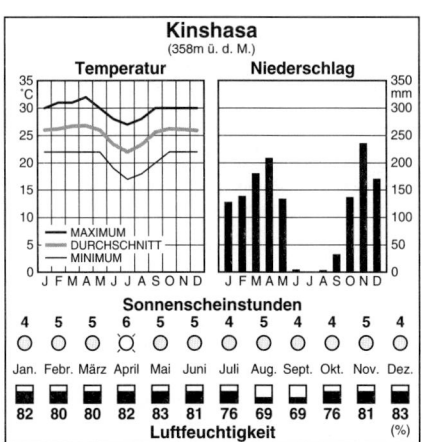

□ Internationaler Flughafen

Lage: Äquatorialafrika.

Office National Centrafricain du Tourisme (OCATOUR)
BP 655
Bangui
Tel: 61 45 66.
Botschaft der Zentralafrikanischen Republik
Rheinaustraße 120
D-53225 Bonn
Mo-Fr 09.00-15.00 Uhr.
(auch zuständig für Österreich und die Schweiz)
Die Botschaft ist derzeit nicht telefonisch erreichbar.
Botschaft der Bundesrepublik Deutschland
Avenue du Président Gamal Abdel Nasser
BP 901
Bangui
Tel: 61 07 46, 61 47 65. Telefax: 61 19 89.
Österreich und die Schweiz unterhalten keine diplomatischen Vertretungen in der Zentralafrikanischen Republik, zuständig sind die österreichische Botschaft in Lagos (s. Nigeria) bzw. die schweizerische Vertretung in Kinshasa (s. Zaïre).

FLÄCHE: 622.984 qkm.
BEVÖLKERUNGSZAHL: 3.156.000 (1993).
BEVÖLKERUNGSDICHTE: 5,1 pro qkm.
HAUPTSTADT: Bangui. Einwohner: 451.690 (1988).
GEOGRAPHIE: Die Zentralafrikanische Republik grenzt im Norden an den Tschad, im Osten an den Sudan, im Süden an Zaïre und den Kongo und im Westen an Kamerun. Das riesige Land im Herzen Afrikas hat keinen Zugang zum Meer und besteht größtenteils aus Wäldern, Savanne und Tierschutzgebieten. An der Grenze nach Kamerun, im Nordwesten, westlich von Bocaranga, steigt das Land bis auf 2000 m an. Im Südwesten liegt dichter tropischer Regenwald. Der größte Teil des Landes besteht aus Hügelland und einem flachen Plateau mit trockenen Laubwäldern, die zum Teil durch Buschfeuer zerstört oder durch Abholzung in Savanne verwandelt worden sind. Im Nordosten geht die Landschaft in stellenweise recht gebirgige Einöde und Wüste über.
STAATSFORM: Präsidialrepublik. Staatsoberhaupt: Ange-Félix Patassé, seit Oktober 1993. Regierungschef: Gabriel Koyambounou, seit April 1995. Verfassungsänderung 1992, Einführung des allgemeinen Wahlrechts, seit Januar 1995 in Kraft. Der *Conseil National Politique Provisoire de la République* (CNPPR) überwacht die Einhaltung der neuen Verfassung.
SPRACHE: Französisch und Sangho sind offizielle Verwaltungs- und Geschäftssprachen; Ubangi-Sprachen und Fulani dienen als Umgangssprachen.
RELIGION: 57% Anhänger von Naturreligionen, 35% Christen, islamische Minderheit.
ORTSZEIT: MEZ.
NETZSPANNUNG: 220/380 V, 50 Hz. Strom nur in größeren Orten.
POST- UND FERNMELDEWESEN: Telefon: Selbstwählferndienst. Landesvorwahl: **236.** Viele Gespräche müssen allerdings noch vom Fernamt vermittelt werden. **Telex/Telegramme:** Telexgeräte stehen in den Postämtern von Bangui sowie in größeren Hotels zur Verfügung. Telegramme können Sa 14.30-18.30 Uhr und So 08.00-18.30 Uhr aufgegeben werden. **Post:** In jedem Bezirk gibt es ein Postamt, Post- und Fernmeldewesen befinden sich jedoch noch im Entwicklungsstadium, und das örtliche Postwesen ist sehr unzuverlässig. Luftpostsendungen nach Europa sind ca. eine Woche unterwegs, mitunter erheblich länger. Postlagernde Sendungen können nur nach Bangui geschickt werden. Öffnungszeiten der Postämter: Mo-Fr 07.30-11.30 und 14.30-16.30 Uhr, Briefmarkenverkauf: Sa 14.30-18.30 Uhr und So 08.00-11.00 Uhr.
DEUTSCHE WELLE
Der Einsatz der Kurzwellenfrequenzen ändert sich mehrfach im Laufe des Jahres, und Sendungen auf den folgenden Frequenzen werden jeweils nur zu bestimmten Tageszeiten ausgestrahlt.

MHz	15,275	15,135	11,795	9,545	6,075
Meterband	19	19	25	31	49

REISEPASS/VISUM

Wichtiger Hinweis: Die Einreisebestimmungen mancher Länder können sich kurzfristig ändern – rufen Sie sicherheitshalber auf Ihrem CRS-System (TIMATIC-Info-Code-Fenster in diesem Kapitel) den aktuellen Stand ab bzw. wenden Sie sich an die zuständige diplomatische Vertretung. Etwaige Zahlen in der Tabelle beziehen sich auf nachfolgende Fußnoten.

	Paß erforderlich?	Visum erforderlich?	Rückflugticket erforderlich?
Deutschland	Ja	Ja/2	Ja
Österreich	Ja	Ja/2	Ja
Schweiz	Ja	Nein/2	Ja
Andere EU-Länder	1	2	Ja

REISEPASS: Allgemein erforderlich zur Einreise. Staatsbürger der folgenden Länder können mit einem Personalausweis oder einem Reisepaß, der nicht länger als 5 Jahre abgelaufen ist, einreisen:
(a) [1] Frankreich;
(b) Benin, Burkina Faso, Côte d'Ivoire, Gabun, Kamerun, Kongo, Monaco, Niger, Senegal, Togo, Tschad und Zaïre.
VISUM: Genereller Visumzwang, ausgenommen sind Staatsangehörige folgender Länder:
(a) [2] Frankreich, Griechenland (letztere nur für Geschäftsreisen) sowie Schweiz. Staatsbürger aller anderen EU-Länder *benötigen* ein Visum;
(b) Äquatorialguinea, Benin, Burkina Faso, Côte d'Ivoire, Gabun, Israel, Kamerun, Kongo, Libanon (nur für Geschäftsreisen), Liechtenstein, Madagaskar, Monaco, Niger, Ruanda, Rumänien, Senegal, Sudan, Togo, Tschad und Zaïre.
Visaarten: Visa für eine Aufenthaltsdauer von bis zu 1 Monat; Visa für Aufenthalte von bis zu 1 Jahr. *Transit:* Wer mit dem gleichen Flugzeug weiterreist, benötigt kein Visum. Eine Ein- und Ausreisegenehmigung ist erforderlich, sie wird von den Einreisebehörden in Bangui ausgestellt. Ausgenommen sind die unter *Reisepaß* aufgeführten Länder.
Visagebühren: Unterschiedlich, erkundigen Sie sich bei der Botschaft.
Antragstellung: Botschaft (Adresse s. o.).
Unterlagen: (a) 2 Antragsformulare. (b) 2 Paßfotos. (c) Hin- und Rückflugticket. (d) Nachweis ausreichender Geldmittel. (e) Gebühren. (f) Gelbfieber-Impfbescheinigung.
Bearbeitungszeit: Normalerweise 2 Arbeitstage.

GELD

Währung: 1 CFA-Franc (CFA Fr) = 100 Centimes. Banknoten gibt es im Wert von 10.000, 5000, 1000 und 500 CFA Fr. Münzen sind im Wert von 500, 100, 50, 25, 10 und 5 CFA Fr in Umlauf. Die Zentralafrikanische Republik gehört dem französischen Währungssystem an; die Banknoten gelten in allen Ländern der Westafrikanischen Währungsunion und der Zentralafrikanischen Zoll- und Wirtschaftsunion.
Kreditkarten: Die bekannten Kreditkarten werden in größeren Hotels akzeptiert. Einzelheiten vom Aussteller der betreffenden Kreditkarte.
Reiseschecks: FF-Reiseschecks werden empfohlen.
Wechselkurse

	CFA Fr Sept. '92	CFA Fr Febr. '94	CFA Fr Jan. '95	CFA F Jan. '96
1 DM	169,38	339,41	344,31	342,57
1 US$	251,72	589,20	533,68	492,45

Devisenbestimmungen: Fremdwährungen können in unbegrenzter Höhe eingeführt werden, es besteht jedoch Deklarationspflicht. Ausfuhr maximal in Höhe der eingeführten Summe. Die Landeswährung kann in unbegrenzter Höhe eingeführt, aber nur in Höhe von maximal 75.000 CFA Fr ausgeführt werden; nach Benin, Burkina Faso, Côte d'Ivoire, Mauretanien, Niger, Senegal und Togo kann die Landeswährung in unbegrenzter Höhe ausgeführt werden.
Öffnungszeiten der Banken: Mo-Fr 07.30-11.30 Uhr.

DUTY FREE

Folgende Artikel können zollfrei in die Zentralafrikanische Republik eingeführt werden:
1000 Zigaretten/Zigarillos oder 250 Zigarren oder 2 kg Tabak (Frauen dürfen nur Zigaretten einführen);
Alkohol und Parfüm für den persönlichen Gebrauch.
Einfuhrverbot: Schußwaffen.
Anmerkung: Tierhäute und Diamanten müssen beim Verlassen der Zentralafrikanischen Republik deklariert werden.

GESETZLICHE FEIERTAGE

1. Mai '96 Tag der Arbeit. **16. Mai** Christi Himmelfahrt. **27. Mai** Pfingstmontag. **30. Juni** Nationaler Gebetstag. **13. Aug.** Unabhängigkeitstag. **15. Aug.** Mariä Himmelfahrt. **1. Nov.** Allerheiligen. **1. Dez.** Nationaltag. **25. Dez.** Weihnachten. **1. Jan. '97** Neujahr. **29. März** Todestag von Barthélemy Boganda. **31. März** Ostermontag. **1. Mai** Tag der Arbeit. **8. Mai** Christi Himmelfahrt. **19. Mai** Pfingstmontag.

GESUNDHEIT

In der folgenden Tabelle aufgeführte Impfvorschriften können sich kurzfristig ändern. Es wird stets empfohlen, auf Ihrem CRS-System (TIMATIC-Info-Code-Fenster in diesem Kapitel) den aktuellen Stand der Gesundheitsbestimmungen abzurufen bzw. rechtzeitig vor der Reise ärztlichen Rat einzuholen.

	Vorsichtsmaßnahmen empfohlen	*Impfschein erforderlich*
Gelbfieber	Ja	1
Cholera	Ja	2
Typhus & Polio	Ja	-
Malaria	3	-
Essen & Trinken	4	-

[1]: Eine Impfbescheinigung gegen Gelbfieber wird von allen Reisenden verlangt, die über ein Jahr alt sind. Die Zentralafrikanische Republik liegt in der Gelbfieber-Endemiezone.
[2]: Eine Impfbescheinigung gegen Cholera ist keine Einreisebedingung, wird aber von den Botschaften empfohlen, da das Risiko einer Infektion hoch ist. Da die Wirksamkeit der Schutzimpfung umstritten ist, empfiehlt es sich, rechtzeitig vor Antritt der Reise ärztlichen Rat einzuholen. Näheres unter *Gesundheit* (s. Inhaltsverzeichnis).
[3]: Malariarisiko und Infektionsgefahr anderer durch Stechmücken übertragener Krankheiten ganzjährig in allen Landesteilen. Die vorherrschende gefährlichere Form *Plasmodium falciparum* soll Chloroquin-resistent sein.
[4]: Wasser ist nicht immer keimfrei und sollte vor der Benutzung zum Trinken, Zähneputzen und zur Eiswürfelbereitung entweder abgekocht oder anderweitig sterilisiert werden. Milch ist nicht pasteurisiert und sollte abgekocht werden. Trocken- und Dosenmilch nur mit keimfreiem Wasser anrühren. Milchprodukte aus ungekochter Milch sollten vermieden werden. Fleisch- und Fischgerichte nur gut durchgekocht und heiß serviert essen. Der Genuß von Schweinefleisch, rohen Salaten und Mayonnaise sollte vermieden werden. Gemüse sollte gekocht und Obst geschält werden.
Tollwut kommt vor. Wer ein erhöhtes Risiko eingeht (z. B. längerer Aufenthalt in abgelegenen Gebieten), sollte vor Reiseantritt eine Schutzimpfung erwägen. Bei Bißwunden so schnell wie möglich ärztliche Hilfe in Anspruch nehmen. Weitere Informationen im Kapitel *Gesundheit* (s. Inhaltsverzeichnis).
Bilharziose-Erreger kommen in manchen Teichen und Flüssen vor, das Schwimmen und Waten in Binnengewässern sollte daher vermieden werden. Gut gepflegte Schwimmbecken mit gechlortem Wasser sind unbedenklich.
Hepatitis A, B und *E* treten auf.
Gesundheitsvorsorge: Der Abschluß einer Reisekrankenversicherung mit eventueller Notrückführung wird dringend empfohlen. Die ärztliche Versorgung außerhalb größerer Ortschaften ist kaum gewährleistet. Medikamente sind nur schwer erhältlich, und eine gute Reiseapotheke (Schmerztabletten, Mittel gegen Magen- und Darmbeschwerden usw.) sollte mitgeführt werden.

REISEVERKEHR - International

FLUGZEUG: Die Fluggesellschaft *Air France* fliegt die Zentralafrikanische Republik an. Die Regierung ist an der Fluggesellschaft *Air Afrique* beteiligt, die Flüge von Paris nach Bangui anbietet. Air Afrique verbindet Europa (Paris und London) und die USA (New York) mit vielen Zielen in West- und Zentralafrika, fliegt neuerdings auch nach Südafrika und Saudi-Arabien und seit Herbst 1995 nach Nairobi (Kenia).
Durchschnittliche Flugzeit: *Frankfurt* – Bangui: 9 Std. 40 (einschl. Zwischenlandung).
Internationaler Flughafen: *Bangui M'Poko (BGF)* liegt etwa 4 km nordwestlich der Stadt (Fahrzeit 30 Min). Flughafeneinrichtungen: Restaurant, Post, Geschäfte und Mietwagenschalter. Ein Linienbus steht für alle Flüge bereit. Taxis sind ebenfalls vorhanden.
Flughafengebühren: 2000 CFA Fr bei Ausreise.
SCHIFF: Schiffe des staatlichen zaïrischen Fährunternehmens *ONATRA* verkehren auf dem Ubangi und verbinden Bangui mit dem Kongo und Zaïre. Die Einreise per Boot aus dem Kongo ist angenehm und überaus interessant. Allerdings geht es recht langsam voran, und der Fahrplan wird nicht immer eingehalten. Es ist fast unmöglich, Auskünfte über die Fahrpreise zu erhalten; theoretisch findet die Fahrt alle zwei Wochen statt. Am besten ist es, alles Nötige in Brazzaville (Kongo) zu arrangieren. Außerdem verkehren Passagier-/Autofähren zwischen Bangui und Zongo (Zaïre); eine weitere Fähre überquert den Ubangi und verbindet Bangassou mit Ndu. Die Fahrpreise sind sehr niedrig, man sollte jedoch mit Pannen und Verspätungen rechnen. Boote können ebenfalls gemietet werden, mitunter zu recht hohen Preisen. An Wochenenden sind die betreffenden zaïrischen Grenzübergänge geschlossen, Ein- und Ausreise auf dem Wasserweg sind dann nicht möglich.
BUS/PKW: Die Straßen von Yaoundé (Kamerun) und N'Djaména (Tschad) sind bei jedem Wetter befahrbar, zusätzlich gibt es weitere Verbindungsstraßen nach Zaïre. Bei Anreise über Zaïre muß man den Ubangi mit der Fähre überqueren (s. o.).

REISEVERKEHR - National

FLUGZEUG: *Inter-RCA* fliegt viele Ziele innerhalb des Landes und in Nachbarstaaten an.
SCHIFF: Fähren verbinden Bangui mit mehreren Städten am Ubangi und Congo und am Sangha, einige sind recht komfortabel.
BUS/PKW: Die wenigen größeren Ortschaften des Landes werden durch gute Straßen miteinander verbunden; viele sind während der Regenzeit unpassierbar, und mit Verspätungen muß gerechnet werden. Außerhalb der Stadtgebiete gibt es nur wenige Fahrzeuge, und Ersatzteile haben Seltenheitswert. Jeder Autofahrer sollte mehrere Benzinkanister mitführen, Tankstellen außerhalb der Stadtgebiete werden nur sehr unregelmäßig beliefert. **Bus:** Preiswerte Linienbusse verkehren zwischen den Städten, die Fahrt kann allerdings recht anstrengend sein. Gegen Bezahlung wird man auch von LKW-Fahrern mitgenommen, die zu allen größeren Städten fahren. **Mietwagen:** Fahrzeuge mit und ohne Chauffeur können von der örtlichen *Hertz*-Agentur *(Location Solo Hertz)* und einheimischen Firmen gemietet werden. **Unterlagen:** Internationaler Führerschein erforderlich.
STADTVERKEHR: Bangui hat ein kleines Busnetz mit zwei Fahrpreiszonen, Taxis gibt es nur in Stadtgebieten. Der Fahrpreis muß vor Reiseantritt ausgehandelt werden, es gibt keine Taxameter.

UNTERKUNFT

HOTELS in Bangui haben einen hohen Standard, einige sind sehr exklusiv und dementsprechend teuer. Die besseren Hotels bieten Klimaanlagen und Swimmingpools. Man sollte möglichst lange im voraus buchen. Außerhalb von Bangui sind gute Unterkünfte schwer zu finden; in einigen Kleinstädten gibt es Pensionen.
CAMPING wird im *Centre d'Accueil des Touristes* am *Kilometre Cinq* angeboten. Da große Teile des Landes menschenleer oder nur von Nomaden bewohnt sind, ist das Herumreisen und Campen hier eigentlich nichts besonderes. Man kann sein Zelt durchaus überall am Wegesrand aufschlagen. Die notwendigen Ausrüstungen und Lebensmittel sollten mitgebracht werden.

URLAUBSORTE & AUSFLÜGE

Bangui: Zu Beginn des 20. Jahrhunderts war Bangui nur ein kleines Dorf an den Ufern des Ubangi; inzwischen dehnt es sich auf einer Fläche von beinahe 15 qkm aus. Die Stadt ruht auf Felsboden inmitten tropischer Vegetation. Das Stadtbild wird von modernen Gebäuden und Mangoalleen geprägt.
5 km westlich der Innenstadt an der Kreuzung Avenue Boganda/Avenue Koudougou liegt das afrikanische Viertel *Kilometre Cinq*. Hier befinden sich der größte Markt der Stadt sowie zahllose Bars und Diskotheken. Auch das Zentrum von Bangui hat einiges zu bieten. Auf dem geschäftigen Markt in der Nähe des *Place de la République* werden wunderschöne Halsketten aus Malachit verkauft. Das *Boganda-Museum*, die Schule für Kunst und Handwerk, die Kathedrale, das *Haussa-Viertel* und die *Saint-Paul-Mission*, deren kleine Kirche den Fluß überblickt, sind auf jeden Fall einen Besuch wert. Die *Grande Corniche* führt zu den Ufern des Ubangi, dort eröffnet sich eine malerische Aussicht auf die Rundhütten und die Boote der einheimischen Fischer.
Außerhalb von Bangui: Im Waldgebiet *Lobaye* und in der Nähe von *M'Baiki*, ca. 100 km südwestlich der Hauptstadt, leben Pygmäen in kleinen Lianenhütten mit Blätterdächern. Am Waldrand gibt es überall Kaffeeplantagen. Das hübsche malerische Dorf **Boali** und die gleichnamigen Wasserfälle ganz in der Nähe sind ein lohnendes Ausflugsziel (90 km nordwestlich von Bangui). Die Wasserfälle sind 250 m breit und 50 m hoch, und der Ausblick vom Restaurant, das am oberen Ende liegt, ist atemberaubend. Auch das nahegelegene Wasserkraftwerk kann man besichtigen. Die mächtigen *Kembe*-Fälle westlich von Bangassou sind ebenfalls sehenswert.
In **Bouar** im Osten des Landes gibt es zahlreiche Grabstätten, deren hochaufragende Megalithen (*Tanjunu*) einige tausend Jahre alt sein sollen.
SAFARIS: In der Zentralafrikanischen Republik gibt es mehrere Nationalparks. Fast alle liegen im äußersten Norden des Landes, in der Nähe der Grenzen zum Tschad und zum Sudan. Sie sind nur während der Trockenzeit von Birao aus mit Geländewagen erreichbar. Der Tierreichtum in diesen Schutzgebieten ist beeindruckend, obwohl skrupellose Wilddiebe und Trophäenjäger die Bestände erheblich dezimiert haben. Am schlimmsten betroffen sind Elefanten und Nashörner. Es gibt keine Unterkünfte, und alle lebensnotwendigen Dinge wie Schlafsack und Lebensmittel müssen mitgebracht werden. Am besten organisiert man die Touren direkt im Land; man sollte aber genug Zeit für die Planung veranschlagen.

SOZIALPROFIL

ESSEN & TRINKEN: Europäische Gerichte erhält man nur in Bangui. Fast alle Hotels haben gute Restaurants, aber auch die anderen Restaurants sind durchaus empfehlenswert. Die Qualität und meistens auch die Preise sind recht hoch. In kleinen Dörfern kann man Lebensmittel durch Tauschgeschäfte erstehen, die einheimische Kost ist recht einfach. **Getränke:** In Bangui gibt es zahllose Bars. In Gebieten mit islamischer Bevölkerung empfiehlt sich Zurückhaltung bei alkoholischen Getränken.
NACHTLEBEN: Die teuren Nachtklubs der wenigen Hotels in Bangui sind für Touristen und Geschäftsleute gedacht. Das einheimische Nachtleben konzentriert sich auf den Bezirk Kilometre Cinq (s. o.).
EINKAUFSTIPS: In Bangui gibt es einige recht gute Geschäfte, in denen man luxuriöse Souvenirs wie Goldschmuck und Ebenholzschnitzereien erstehen kann. Wunderschöne handgefertigte Gegenstände kann man in den Dörfern außerhalb der großen Ortschaften meist durch Tauschgeschäfte bekommen. **Öffnungszeiten der Geschäfte:** Mo-Sa 08.00-12.00 und 16.00-19.00 Uhr. Alle Geschäfte sind sonntags, einige auch montags geschlossen. Der Markt in Bangui öffnet um 07.30 Uhr und schließt bei Einbruch der Dunkelheit.
SITTEN & GEBRÄUCHE: Saloppe Freizeitkleidung wird akzeptiert; in islamischen Gegenden sollte man die herrschenden Sitten und Gebräuche beachten und Verständnis zeigen. Es gilt z. B. als unhöflich, beim Sitzen die Fußsohlen zu zeigen. Zur Begrüßung gibt man sich die Hand. Besonders in den Städten leben Frauen in extremer Isolation abgeschirmt von der Welt. Vor allem

Eine weitere wichtige Veröffentlichung von Columbus Press ist der »World Travel Guide«, der jährlich herausgegeben wird und Informationen in englischer Sprache auf mehr als tausend Seiten über alle Länder der Erde enthält.

Weitere Einzelheiten von:
Columbus Press, Verkaufsabteilung, Aurikelweg 9, D-38108 Braunschweig.
Tel: 05309/2123. Telefax: 05309/2877.

während des Fastenmonats Ramadan sollte man in überwiegend islamischen Gegenden in der Öffentlichkeit weder Alkohol trinken noch rauchen. Näheres unter *Welt des Islam* (s. Inhaltsverzeichnis). **Fotografieren:** Filme sind teuer und sollten in Europa entwickelt werden. Militärische Einrichtungen und öffentliche Gebäude dürfen nicht fotografiert werden. Man sollte grundsätzlich um Erlaubnis fragen, bevor man jemanden fotografiert und die Antwort auch akzeptieren. **Trinkgeld:** 10% sind für alle Dienstleistungen üblich.

WIRTSCHAFTSPROFIL

WIRTSCHAFT: Die Landwirtschaft, die der größte Arbeitgeber des Landes ist, deckt den Eigenbedarf und macht das Land zum Selbstversorger. Zahlreiche Anbauflächen für Kaffee, Baumwolle und Kautschuk dienen einzig der Exportproduktion. Der Export von tropischen Hölzern ist allerdings mittlerweile wegen der Forderung nach Schutz des Regenwalds umstritten. Die Rohstoffausfuhr beschränkt sich auf Diamanten und Gold, die jedoch ca. 50% der Außenhandelseinnahmen erbringen. Die Erschließung von anderen Bodenschätzen wie Uran und Eisen muß noch vorangetrieben werden, und auch die Fertigungsindustrie steckt noch in den Kinderschuhen. Die Zentralafrikanische Republik gehört dem französischen Währungssystem an und ist außerdem Mitglied der UDEAC, der Zoll- und Wirtschaftsunion Zentralafrikas. Die Wirtschaft ist stark von französischer Entwicklungshilfe abhängig. Frankreich und Belgien sind die wichtigsten Handelspartner.
GESCHÄFTSVERKEHR: In größeren Hotels stehen mitunter Übersetzer und Dolmetscher zur Verfügung, französische Sprachkenntnisse sind aber unbedingt notwendig. Visitenkarten sollten auch französisch beschriftet sein. Die Zeit von November bis Mai ist am besten für Geschäftsreisen geeignet. **Geschäftszeiten:** Mo-Fr 07.00-12.00 Uhr.
Kontaktadressen: *Die wirtschaftlichen Interessen Österreichs werden von der Außenhandelsstelle der Wirtschaftskammer Österreich in Lagos (s. Nigeria) vertreten.*
Chambre de Commerce, d'Industrie, des Mines et de l'Artisanat (CCIMA) (Industrie- und Handelskammer), BP 813, Bangui. Tel: 61 42 55. Telex: 5261.

KLIMA

Ganzjährig sehr heiß mit ausgeprägter Trockenzeit. Im Nordosten des Landes sind die Temperaturen besonders hoch. Im Süden treten von Mai bis Oktober Monsunregen auf.
Kleidung: Tropische Kleidung und Regenschutz.

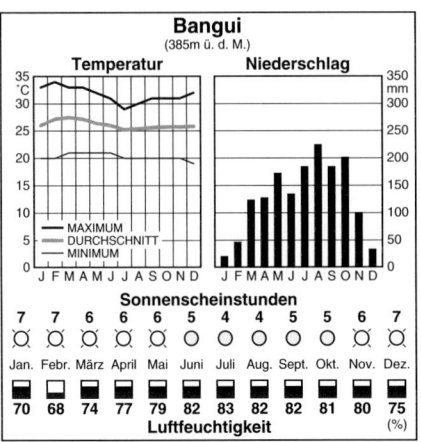

WELTKARTE?

LÄNDERKARTEN?

ZEITZONENKARTE?

INFORMATION ÜBER

IMPFBESTIMMUNGEN UND

GESUNDHEITSVORKEHRUNGEN?

. . . siehe Inhaltsverzeichnis

Zypern

Lage: Europa, östliches Mittelmeer.

Anmerkung: Im Sommer 1974 wurde der Norden der Insel von türkischen Truppen besetzt; die provisorische Grenze verläuft zwischen der Morphou-Bucht und Famagusta. Die folgende Beschreibung bezieht sich nur auf den Inselteil südlich dieser Linie.

Fremdenverkehrszentrale Zypern
Kaiserstraße 50
D-60329 Frankfurt/M.
Tel: (069) 25 19 19. Telefax: (069) 25 02 88.
Mo-Do 09.00-13.00 und 13.30-17.30 Uhr, Fr 09.00-13.00 und 13.30-16.30 Uhr.
Fremdenverkehrszentrale Zypern
Parkring 20
A-1010 Wien
Tel: (0222) 513 18 70. Telefax: (0222) 513 18 72.
Mo-Fr 09.00-16.30 Uhr.
Fremdenverkehrszentrale Zypern
Gottfried-Keller-Straße 7
CH-8001 Zürich
Tel: (01) 262 33 03. Telefax: (01) 251 24 17.
Mo-Fr 09.00-17.00 Uhr.
Cyprus Tourism Organisation
Limassol Avenue 19
PO Box 4535
Lefkosia
Tel: (02) 33 77 15. Telefax: (02) 33 16 44.
Botschaft der Republik Zypern
Kronprinzenstraße 58
D-53173 Bonn
Tel: (0228) 36 35 96, *Konsularabt.:* 36 33 36, 36 35 96.
Telefax: (0228) 35 36 26.
Mo-Fr 09.00-13.00 und 14.00-17.00 Uhr, *Konsularabt.:*
Mo-Fr 09.00-12.00 Uhr.
Generalkonsulat mit Visumerteilung in Hamburg (Tel: (040) 410 74 97).
Honorargeneralkonsulate mit Visumerteilung in Sulzbach (Tel: (06196) 70 14 11) *und München* (Tel: (089) 48 57 64).
Honorarkonsulat mit Visumerteilung in Berlin (Tel: (030) 25 00 08 28).
Honorarkonsulat der Republik Zypern
Singerstraße 27

TIMATIC INFO-CODES

Abrufbar über Ihr CRS-System (für START/Amadeus Ama-Maske benutzen). Für Galileo bitte TI-DFT eingeben (mit Bindestrich).

Flughafengebühren	TI DFT/ LCA /TX
Währung	TI DFT/ LCA /CY
Zollbestimmungen	TI DFT/ LCA /CS
Gesundheit	TI DFT/ LCA /HE
Reisepassbestimmungen	TI DFT/ LCA /PA
Visabestimmungen	TI DFT/ LCA /VI

A-1010 Wien
Tel: (0222) 512 75 55. Telefax: (0222) 513 75 88.
Mo-Fr 08.00-13.00 und 15.00-18.00 Uhr.
Generalkonsulat der Republik Zypern
Talstraße 83
CH-8001 Zürich
Tel: (01) 211 30 23. Telefax: (01) 221 12 87.
Mo-Do 09.00-12.00 und 14.00-16.00 Uhr, Fr 09.00-12.00 Uhr (nach tel. Absprache).
Geschäftsbereich: Zürich, Zug, Schaffhausen, Appenzell, St. Gallen, Graubünden und Thurgau.
Generalkonsulat der Republik Zypern
25 Rue Schaub
CH-1202 Genf
Tel: (022) 734 17 39. Telefax: (022) 733 74 24.
Geschäftsbereich: Bern, Luzern, Uri, Schwyz, Unterwald, Glarus, Freiburg, Solothurn, Basel-Stadt, Basel-Land, Aargau, Tessin, Waadt, Wallis, Neuenburg, Genf und Jura.
Das Konsulat ist zur Zeit geschlossen, zuständig ist das Konsulat in Zürich.
Botschaft der Bundesrepublik Deutschland
Nikitaras Street 10
1080 Lefkosia
PO Box 1795
1513 Lefkosia
Tel: (02) 44 43 62/63/64/68, 44 40 37. Telefax: (02) 36 56 94.
Honorarkonsulat in Lemesos.
Honorargeneralkonsulat der Republik Österreich (mit Paß- und ohne Sichtvermerksbefugnis)
Praxippou 3
Laiki Yitonia
PO Box 3961
Lefkosia
Tel: (02) 45 19 94, 48 11 80. Telefax: (02) 36 26 90.
Übergeordnete Vertretung ist die Botschaft in Athen (s. Griechenland).
Botschaft der Schweizerischen Eidgenossenschaft
Medcon Tower, 6. Stock
Themistocles Dervis Street 46
PO Box 729
1663 Lefkosia
Tel: (02) 44 62 61/62, 44 65 39, 44 65 12. Telefax: (02) 44 60 08.

FLÄCHE: 9251 qkm.
BEVÖLKERUNGSZAHL: 726.000 (1992).
BEVÖLKERUNGSDICHTE: 78,5 pro qkm.
HAUPTSTADT: Lefkosia (früher: Nicosia). Einwohner: 186.400 (1993).
GEOGRAPHIE: Zypern liegt im östlichen Mittelmeer. Die Insel hat zerklüftete Küsten, Sandstrände, felsige Hügel und bewaldete Berge. Die Troodos-Berge in der Landesmitte steigen auf über 1950 m an und bieten im Winter ausgezeichnete Skipisten. Zwischen dieser Bergkette und den in östlicher Richtung verlaufenden Hügeln der Nordküste sowie dem Landzipfel im Osten erstreckt sich die fruchtbare Messaoria-Ebene. Die Morphou-Ebene an der Küste der gleichnamigen Bucht liegt im Westen der Insel.
STAATSFORM: Unabhängige Präsidialrepublik im Commonwealth. Staats- und Regierungschef: Glafkos John Klerides, seit Februar 1993. International wird nur die Regierung im griechisch-zypriotischen Gebiet anerkannt; nur die Türkei erkennt die einseitig proklamierte »Türkische Republik Nordzypern« im Nordteil der Insel an. Parlament mit 80 Sitzen, die 24 für die türkischen Zyprioten vorgesehenen Sitze bleiben weiterhin unbesetzt.
SPRACHE: Offizielle Landessprachen sind Griechisch und Türkisch. Der griechisch-zypriotische Dialekt unterscheidet sich deutlich vom Griechischen des Festlands. Englisch ist wichtig als Bildungs- und Verkehrssprache. In Urlaubsgebieten versteht man oft auch Deutsch oder Französisch.
RELIGION: Griechisch-orthodox mit islamischer Minderheit.
ORTSZEIT: MEZ + 1.
NETZSPANNUNG: 240 V, 50 Hz. Adapter erforderlich.
POST- UND FERNMELDEWESEN: Telefon: Selbstwählferndienst. **Landesvorwahl:** 357. **Telefaxgeräte** stehen in den Hauptpostämtern von Lefkosia, Larnaca, Lemesos und Pafos zur Verfügung.
Telex/Telegramme: Es gibt gegenwärtig keine öffentlichen Telexkabinen, aber größere Hotels haben meist Telexanschlüsse. Telegramme kann man ebenfalls in größeren Hotels sowie im Haupttelegrafenamt (Egypt Avenue, Lefkosia) aufgeben. Es gibt einen 24-Std.-Dienst mit drei Preisstufen. **Post:** Luftpost innerhalb Europas ist drei Tage unterwegs. Die Postämter aller größeren Städte und der Urlaubsorte nehmen postlagernde Sendungen an.
DEUTSCHE WELLE
Der Einsatz der Kurzwellenfrequenzen ändert sich mehrfach im Laufe eines Jahres, und Sendungen auf den folgenden Frequenzen werden jeweils nur zu bestimmten Tageszeiten ausgestrahlt. Näheres in der Einleitung.

MHz	15,275	13,780	9,545	6,075	1,557
Meterband	19	22	31	49	MW

Geschaffen von Experten zum Vergnügen von Kennern

Coral Beach Hotel & Resort befindet sich in einer vier Hektar großen Anlage an einem 300 m langem Strand, westlich von Paphos, der an die bekannte Halbinsel von Akamas angrenzt. Es bietet mit seinen 304 Zimmern modernsten Komfort, besten Service und alle Annehmlichkeiten, die nur ein Fünf-Sterne-Hotel bieten kann.

Das Hotel bietet Gastronomie für Feinschmecker in einer Vielfalt von Restaurants, sowie geräumige Salons, Bars, Nachtklubs und ein Health & Beauty Spa mit Sauna, Dampfbad, Fitnesszentrum, Aerobic-Studio, Hydrotherapie und Massage, Tennis- und Squashanlage.
Für Wassersportfreunde gibt es auch einen 'Vergnügungshafen'...
... zu den weiteren Einrichtungen des Hotels zählt außerdem ein internationales Konferenzzentrum, ausgestattet mit modernster Technologie in einem 1.200 m² großen Sitzungssaal.

Coral Beach
Hotel & Resort
★★★★★
PAPHOS ZYPERN
Coral Bay, P O Box 2422, Paphos, Zypern
Tel: 357-6-621601, Fax: 357-6-621742, Telex 3333 Coratel CY

REISEPASS/VISUM

Wichtiger Hinweis: *Die Einreisebestimmungen mancher Länder können sich kurzfristig ändern – rufen Sie sicherheitshalber auf Ihrem CRS-System (TIMATIC-Info-Code-Fenster in diesem Kapitel) den aktuellen Stand ab bzw. wenden Sie sich an die zuständige diplomatische Vertretung. Etwaige Zahlen in der Tabelle beziehen sich auf nachfolgende Fußnoten.*

	Paß erforderlich?	Visum erforderlich?	Rückflugticket erforderlich?
Deutschland	Ja	Nein	Ja
Österreich	Ja	Nein	Ja
Schweiz	Ja	Nein	Ja
Andere EU-Länder	Ja	Nein	Ja

REISEPASS: Allgemein erforderlich, muß noch 6 Monate über das Ausreisedatum hinaus gültig sein.
VISUM: Genereller Visumzwang, ausgenommen sind Staatsbürger folgender Länder bei Aufenthalten von max. 3 Monaten, sofern nicht anders angegeben:
(a) EU-Länder und Schweiz;
(b) Commonwealth-Länder (Staatsbürger von Bangladesch, Kamerun und Pakistan brauchen Visa);
(c) Bahrain, Fidschi, Island, Japan, Jugoslawien, Katar, Kuwait, Liechtenstein, Norwegen, Oman, Polen, Rumänien, Saudi-Arabien, San Marino, Slowakische Republik, Tschechische Republik, Ungarn, USA, Vatikanstadt und Vereinigte Arabische Emirate;
(d) Russische Föderation für 1 Monat.
Visaarten: Einfach- und Transitvisum. Gebühren können nur in bar oder per Postanweisung bezahlt werden; Staatsbürger von Ägypten, Bulgarien, Israel und Syrien sind von der Gebühr befreit.
Visagebühren: 18 DM; 120 öS; 25-30 sfr (je nach Nationalität).
Gültigkeitsdauer: Max. 3 Monate vom Tag der Ausstellung.
Transitvisa gelten max. 5 Tage, sofern man gültige Reisedokumente und ein Weiterflugticket vorlegen kann.
Antragstellung: Konsulat bzw. Konsularabteilung der Botschaft (Adressen s. o.).
Unterlagen: (a) Reisepaß mit min. 3 Monaten Gültigkeit, sofern das Land diplomatische Beziehungen mit Zypern unterhält; andernfalls 6 Monate. (b) 2 Antragsformulare. (c) 2 Paßfotos. (d) Geldmittelnachweis. (e) Rück-/Weiterflugticket. (f) Geschäftsvisum: Firmenschreiben mit Besuchsgrund.
Der postalischen Antragstellung sollten ein frankierter und adressierter Umschlag und der Zahlungsbeleg der Gebühren beigefügt werden.
Bearbeitungszeit: 1 Tag bis 4 Wochen.
Aufenthaltsgenehmigung: Anfragen an die Botschaft. Die Anträge werden an die Einwanderungsbehörde in Zypern weitergeleitet.

GELD

Währung: 1 Zypern-Pfund (C£) = 100 Cents. Banknoten gibt es im Wert von 20 10, 5 und 1 C£ sowie 50 Cents; Münzen im Wert von 50, 20, 10, 5, 2, 1 und 0,5 Cents. Cents werden auch »Schilling« genannt.
Geldwechsel: Wer von zypriotischen Banken Fremdwährungen benötigt, muß dies vorher anmelden.
Kreditkarten: *American Express, Diners Club, Eurocard* und *Visa* werden akzeptiert. Einzelheiten vom Aussteller der betreffenden Kreditkarte.
Euroschecks werden bis zum Garantiehöchstbetrag von 100 C£ angenommen.
Reiseschecks: DM- oder Pfund-Sterling-Reiseschecks werden empfohlen.
Wechselkurse

	C£ Sept. '92	C£ Febr. '94	C£ Jan. '95	C£ Jan. '96
1 DM	0,28	0,30	0,31	0,32
1 US$	0,41	0,52	0,48	0,46

Devisenbestimmungen: Die Ein- und Ausfuhr der Landeswährung ist auf 50 C£ begrenzt. Es gibt keine Einfuhrbeschränkungen für Fremdwährungen, es besteht jedoch Deklarationspflicht bei Beträgen über dem Gegenwert von 1000 US$. Die Ausfuhr ist auf den deklarierten Betrag beschränkt.
Öffnungszeiten der Banken: Mo-Fr 08.15-12.30 Uhr. Manche Banken in Urlaubsorten haben auch nachmittags geöffnet: 15.30-17.30 Uhr (Winter) und 16.30-18.30 Uhr (Sommer).

DUTY FREE

Folgende Artikel können zollfrei nach Zypern eingeführt werden:
200 Zigaretten oder 50 Zigarren oder 250 g Tabak;
1 l Spirituosen;
750 ml Wein;
300 ml Parfüm und Eau de toilette*;
Souvenirs bis zum Wert von 50 C£.
Anmerkung: [*] Nicht mehr als 150 ml Parfüm pro Flakon.

GESETZLICHE FEIERTAGE

1. Mai '96 Maifeiertag. **15. Aug.** Mariä Himmelfahrt. **1. Okt.** Unabhängigkeitstag. **28. Okt.** Nationalfeiertag.

25./26. Dez. Weihnachten. 1. Jan. '97 Neujahr. 6. Jan. Dreikönigsfest. 10. März Rosenmontag. 25. März Griechischer Unabhängigkeitstag. 1. April Zypriotischer Nationalfeiertag. 25.-28. April Griechisch-orthodoxes Osterfest.

GESUNDHEIT

In der folgenden Tabelle aufgeführte Impfvorschriften können sich kurzfristig ändern. Es wird stets empfohlen, auf Ihrem CRS-System (TIMATIC-Info-Code-Fenster in diesem Kapitel) den aktuellen Stand der Gesundheitsbestimmungen abzurufen bzw. rechtzeitig vor der Reise ärztlichen Rat einzuholen.

	Vorsichtsmaßnahmen empfohlen	Impfschein erforderlich
Gelbfieber	Nein	Nein
Cholera	Nein	Nein
Typhus & Polio	Ja	-
Malaria	Nein	-
Essen & Trinken	1	-

[1]: Milch ist pasteurisiert, und Leitungswasser ist im allgemeinen ohne Bedenken trinkbar. Essen Sie nur gut durchgekochte und heiß servierte Fleisch- und Fischgerichte. Schweinefleisch, Mayonnaise und rohe Salate sollten mit Vorsicht genossen werden.
Tollwut kommt vor. Wer ein erhöhtes Risiko eingeht (z. B. längerer Aufenthalt in abgelegenen Gebieten), sollte vor Reiseantritt eine Schutzimpfung erwägen. Bei Bißwunden so schnell wie möglich ärztliche Hilfe in Anspruch nehmen. Weitere Informationen im Kapitel *Gesundheit* (s. Inhaltsverzeichnis).
Hepatitis A, B und *E* kommen vor.
Gesundheitsvorsorge: Der Abschluß einer Reisekrankenversicherung wird empfohlen. Die Notdienst-Rufnummer ist 199 (in allen Städten).

REISEVERKEHR - International

Anmerkung: Im Oktober 1974 wurden Famagusta und Kyrenia sowie der Flughafen von Ercan von der Regierung Zyperns zu illegalen Einreisehäfen erklärt. Wer in diesen Häfen ankommt, darf nicht in den südlichen Teil der Insel weiterreisen. Weitere Auskünfte von der Fremdenverkehrszentrale.
FLUGZEUG: Zyperns nationale Fluggesellschaft heißt *Cyprus Airways (CY)*.
Durchschnittliche Flugzeiten: *Frankfurt* – Larnaca: 3 Std. 45; *Wien* – Larnaca: 3 Std. 15; *Zürich* – Larnaca: 3 Std. 45.
Internationale Flughäfen: *Larnaca (LCA)* liegt 8 km südlich der Stadt (Fahrzeit 10 Min.). Am Flughafen gibt es zwei Banken (24 Std. geöffnet), eine Post, Duty-free-Shops, Mietwagenschalter, Tourist-Information, Hotel-Reservierung, Bars und Restaurants. Taxis sind ebenfalls vorhanden.
Pafos (PFO) liegt 11 km östlich der Stadt (Fahrzeit 25 Min.). Am Flughafen gibt es einen Duty-free-Shop, Mietwagenschalter, eine Bank/Wechselstube, Bars und Restaurants.
SCHIFF: Reedereien aus Griechenland, Israel, Ägypten und Italien laufen die Insel an. Zypern wird auch im Rahmen von Kreuzfahrten angelaufen. Weitere Informationen erhalten Sie von der Fremdenverkehrszentrale.

REISEVERKEHR - National

PKW/BUS: Es herrscht Linksverkehr. Die Straßenschilder sind in griechischer und lateinischer Schrift beschriftet. **Busse** verkehren auf der ganzen Insel und sind eine gute Möglichkeit, die abgelegeneren Orte kennenzulernen. Das Busnetz ist gut und preiswert. **Taxis** verbinden alle größeren Städte der Insel. Fahrpreise sind festgelegt, alle Taxis haben Taxameter. Zu empfehlen sind die komfortablen, preiswerten Sammeltaxis, die bis zu sieben Personen befördern können. Sie fahren fahrplanmäßig auf bestimmten Strecken und halten auf Wunsch. Die Fahrpreise betragen oft nur 10% der üblichen Taxigebühren. **Mietwagen** sind am Flughafen und in den Geschäftszentren erhältlich. Im Sommer sollten sie rechtzeitig vorbestellt werden. Bei Mietzeiten von über einer Woche wird Rabatt gewährt. **Unterlagen:** Der internationale oder der Führerschein des eigenen Landes ist bis zu einem Jahr gültig.
STADTVERKEHR: In Lefkosia gibt es ein gutes privates Busnetz mit Einheitsfahrpreisen. Taxis sind ebenfalls vorhanden; zwischen 23.00 und 06.00 Uhr wird ein Zuschlag von 15% berechnet. Trinkgeld wird erwartet.
FAHRZEITEN von Lefkosia zu den folgenden größeren Städten und Urlaubsorten Zyperns (ungefähre Angaben in Std. und Min.):

	Bus/Pkw
Lemesos	0.50
Pafos	2.00
Larnaca	0.50
Agia Napa	1.45
Platres	1.30
Protaras	2.00
Polis	3.00
Troodos	1.00

UNTERKUNFT

Unterkunft erhält man in Hotel- und Touristenapartments, möblierten Apartments, Ferienhäusern, Villen, preiswerten Hotels (ohne Sterne), Guest Houses, Jugendherbergen und auf Campingplätzen. **Kategorien:** Es gibt 1- bis 5-Sterne-Hotels; Apartments sind in A, B und C aufgeteilt. Die *Cyprus Tourism Organisation* vergibt die Sterne und kontrolliert den Standard.
HOTELS: Es gibt über 500 Hotels und Apartmenthotels auf der gesamten Insel, weiterhin einfache Hotels ohne Kategorie. Es werden 10% für Bedienung und 3% Steuern berechnet. Außerhalb der Hauptsaison gewähren zahlreiche Unterkünfte Rabatt (Badeorte: 1. Nov. - 31. März außer 20. Dez. - 6. Jan; Bergurlaubsorte: 1. Okt. - 30. Juni). Kinder, die im Zimmer der Eltern schlafen, erhalten ebenfalls Rabatt: *unter 1 Jahr:* nach Absprache; *1-6 Jahre:* 50%; *6-12 Jahre:* 25%. Weitere Informationen erteilen die Fremdenverkehrsämter (Adressen s. o.) und die *Cyprus Hotel Association*, PO Box 4772, Lefkosia. Tel: (02) 36 64 35. Telefax: (02) 46 75 93.
GUEST HOUSES gibt es hauptsächlich in Lemesos und Lefkosia.
CAMPING: Es gibt vier offizielle Campingplätze: Polis und Troodos (April - Okt.), Forest Beach (östlich von Larnaca) und Agia Napa (März - Okt.).
JUGENDHERBERGEN stehen nur Mitgliedern des Internationalen Jugendherbergswerks offen, in Lefkosia oder Lemesos kann man einen Mitgliedsantrag stellen. Herbergen gibt es in Lefkosia (5 Hadjidaki Street, in der Nähe der Themistoklis Dervis Street, Tel: (02) 44 48 08, 44 20 27), in Pafos (37 Eleftherios Venizelos Avenue, Tel: (06) 23 25 88), in den Troodos-Bergen (Kakopetria Road, nur während des Sommers geöffnet, Tel: (05) 42 16 49) und in Larnaca (in der Nähe der St. Lazaruskirche, Tel: (04) 44 20 27).

URLAUBSORTE & AUSFLÜGE

Seit dem 12. Jahrhundert ist das inmitten der Messaoria-Ebene gelegene **LEFKOSIA** (früher: Nicosia) die zypriotische Hauptstadt. Sie ist gegenwärtig durch die UN-Pufferzone, die den türkisch besetzten Norden der Insel vom Süden trennt, geteilt. Die schöne Altstadt bietet zahlreiche malerische Geschäfte innerhalb der alten venezianischen Mauer. Bei einem Stadtbummel kann man den neuen und den alten erzbischöflichen Palast bewundern und den *Johannesdom* mit den byzantinischen Kirchen vergleichen. Ein Besuch des Zypernmuseums und des Volkskunstmuseums gehören in jedes Programm. Außerhalb Lefkosias, in der Nähe von *Deftera*, liegt das neue Reit- und Sportzentrum. Ende Mai finden in Lefkosia die jährliche Internationale Staatsmesse und das Kunstfestival statt.

Ausflüge: Die Provinz Lefkosia erstreckt sich bis zu den westlichen **Troodos-Bergen**, die mit herrlichen Wäldern und Tälern, malerischen Bergdörfern wie **Kakopetria** und den byzantinischen Kirchen in **Galata** aufwarten. Zu den Königlichen Gräbern und zum *Ayios-Heraklidios-Kloster* (Tamassos) kann man ein interessantes Ausflüge unternehmen. Schöne Beispiele der Baukunst sind die Kirche mit den fünf Kuppeln und die Moschee im Dorf **Peristerona**, während die *Kirche von Assinou* aus dem 12. Jahrhundert als eine der prachtvollsten byzantinischen Kirchen im Nahen Osten gilt. Liebhaber religiöser Architektur kommen in dieser Region auf ihre Kosten – bei einer Besichtigung der *Kirche von Stavros tou Ayiasmati* (Platanistassa), des *Kalopanayotis-Johannes-Lampadistis-Klosters*, des *Panayia-tou-Araka-Klosters* (Lagoudera) und des *Macheras-Klosters*, das ca. eine Autostunde südwestlich von Lefkosia liegt. Überall stößt man auf alte Kirchen und Klöster (z. B. in **Kykkos** (s. *Bergurlaubsorte*) und in **Araka**) mit eindrucksvollen und gut erhaltenen byzantinischen Fresken und heidnischen und christlichen Schreinen. Im Pitsilia-Bezirk reihen sich endlose Weinstöcke aneinander, hier werden die Trauben für den *Commandaria-Wein* angebaut. Die Gegend ist mit malerischen Dörfern übersät wie **Zoopygi** mit seinen Mandel- und Walnußhainen, **Kalokhoirio** und **Agros**, einem Dorf mit einem kleinen Hotel und einigen Ferienhäusern.
Die zweitgrößte Stadt Zyperns und gleichzeitig Haupthafen der Insel ist **LEMESOS** (früher: Limassol). An dem modernen Hafen wird ständig gebaut, um den Anforderungen des Handels- und Passagierverkehrs gerecht zu werden. Lemesos ist auch das Zentrum der einheimischen Weinkelterei, dicht an dicht stehen die Rebstöcke an den Hängen der Troodos-Berge. Im September findet hier ein Weinfest statt, Wein und Essen werden kostenlos angeboten. Im Karneval ziehen zahlreiche Bands und schön dekorierte Festwagen durch die Straßen. Die Urlaubsindustrie von Lemesos wächst schnell; am öffentlichen Strand in **Dhassoudi** sind Cafés und Umkleidekabinen vorhanden. Die Stadt entwickelt sich zum Zentrum der zypriotischen Urlaubsindustrie, wie die Hotel- und Ferienwohnungsneubauten mit Restaurants, Klubs, Diskotheken und Nachtklubs in der Nähe der Küste deutlich machen. Es gibt ein Museum, schöne Parks, einen kleinen Zoo und eine Burg zu besichtigen.
Ausflüge: Die Umgebung von Lemesos ist reich an geschichtlich und archäologisch interessanten Stätten. *Amathus* (11 km östlich von Lemesos) war früher die Hauptstadt eines Stadtkönigreiches, heute sind von der damaligen Pracht nur noch teilweise versunkene Ruinen übrig. Die *Akropolis*, die *Nekropolis* und die Überreste einer frühchristlichen Basilika können besichtigt werden, ebenso wie die neuen Ausgrabungen in der unteren Stadt. Weiter östlich liegt das *Ayios-Georgios-Nonnenkloster*, und im Westen erhebt sich die *Kolossi-Burg*, ein

ASTRA EIN ERSTKLASSIGER SERVICE
SELF DRIVE CARS LTD

Autoverleih einfach gemacht

WIR REPRÄSENTIEREN
WELTWEIT
EURODOLLAR

ZENTRALE:
2-4 Iroon Avenue, P.O. Box 4264, 1703, Nikosia-Zypern.
Tel: 02-475800, 474050, Fax: 02-472648

ehemaliger Stützpunkt des mittelalterlichen Johanniterordens. In dem ausgezeichneten griechisch-römischen *Theater von Curium* werden im Sommer Konzerte und Shakespeare-Stücke aufgeführt. Die Stadt ist eine wahre Fundgrube antiker Ruinen, darunter das *Haus von Eustolios* mit unvergleichlichen Mosaiken, der *Tempel des Apollo Hylates*, das Stadion, die Akropolis mit den Ruinen des Forums, die christliche Basilika und zahlreiche andere Gebäude. Im Süden liegen der *Lady's Mile Beach* und der *Akrotiri-Salzsee*, der im Winter von Tausenden von Flamingos bevölkert wird. Lemesos ist auch ein guter Ausgangspunkt für Ausflüge in die Troodos-Berge (s. o. *Ausflüge*, Lefkosia).
PAFOS (früher: Paphos) liegt auf einer felsigen Böschung und bietet von der Oberstadt einen guten Blick auf den Hafen, dessen Restaurants für ihre Fischgerichte berühmt sind. Auch hier gibt es antike Ruinen in Hülle und Fülle, bei einem Spaziergang sollte man sich die Überreste des *Dionysos-Hauses*, die römische Villa mit den schönen Mosaiken und die nahegelegene *Theseus-Villa* nicht entgehen lassen. Verhältnismäßig moderne Attraktionen sind das Heimatmuseum, die Burg mit Blick auf den Hafen, die Königsgräber, die Ruinen der byzantinischen Burg von Kolones und die *Chrysopolitissa-Basilika*, die älteste frühchristliche Basilika der Insel.
Ausflüge: Pafos ist ideal für Ausflüge in die Umgebung. In östlicher Richtung steigt das Land über Weinberge, Wälder und Zederntäler hinweg langsam an. Für Golfenthusiasten soll in Kürze ein Golfplatz eröffnet werden. Nach Norden kommt man an dem in Gebirgsausläufern gelegenen *Ayois-Neophytos-Kloster* (1220) vorbei und erreicht schließlich die Kleinstadt **Polis** an der Nordküste. Hier gibt es einen schönen Naturstrand mit einem Urlaubshotel, einem Campingplatz und einigen Ferienwohnungen; Privatunterkünfte sind auch vorhanden. Im nahegelegenen Fischereihafen **Latchi** werden Meeresfrüchte in allen Variationen angeboten, westlich davon dehnt sich ein weiterer Naturstrand aus, hinter dem sich die verhältnismäßig unbekannte Höhle *Fontana Amorosa* versteckt. Nördlich von Pafos gibt es eine Korallenbucht mit schönem Strand und mehreren guten Restaurants. Im Fischerdorf **Ayois Yeorgios tis Peyias** steht eine alte Basilika; und der nahegelegene *Lara Beach* ist eine Schildkrötenbrutstätte. In der entgegengesetzten Richtung, in der Nähe von Lemesos, liegt **Yeroskipos**, der Ursprungsort des »Türkischen Honigs«, mit einem kleinen, interessanten Heimatmuseum.
LARNACA: Der Südosten Zyperns unterscheidet sich stark von der restlichen Insel. Das einst sehr verträumte, jedoch schon seit 4000 Jahren bewohnte Larnaca verfügt heute neben schönen Sandbuchten über einen internationalen Flughafen, einen neuen Hafen mit zwei Tiefwasserrinnen und einen Jachthafen für 200 Boote. Zahlreiche Hotel- und Apartmentneubauten halten mit der wachsenden Beliebtheit der Stadt als Urlaubsort Schritt, an der Promenade reihen sich unter Palmen Cafés und Tavernen aneinander. Der auferstandene Lazarus war der erste Bischof von Larnaca, sein Grab ist in der berühmten alten *St.-Lazarus-Kapelle* zu sehen. Im *Pierides-Museum* ist eine große Sammlung archäologischer Funde untergebracht. Das *Kataklysmos-Fest* (griechisch-orthodoxe Pfingsten) wird in ganz Zypern begangen, in Larnaca sind die Feierlichkeiten jedoch besonders feucht und fröhlich – Einheimische aus der Umgebung und auch aus Lefkosia vergnügen sich mit Wassersport, Gesängen, Tänzen und Essen und Trinken.
Ausflüge: In der Nähe des Flughafens steht die *Moschee Hala Sultan Tekke*, die viertwichtigste heilige Stätte des Islam, inmitten schöner Gartenanlagen am Ufer des Salzsees, an dem auch Tausende von Flamingos überwintern. Ganz in der Nähe kann man die Kirche von *Panayia Angeloktisti* (»von Engeln erbaut«) mit atemberaubenden byzantinischen Kunstschätzen und einem lebensgroßen Mosaik der Jungfrau Maria mit dem Kind aus dem 6. Jahrhundert besichtigen.
Westlich davon liegt **Lefkara**, das für seine Spitze und das Nonnenkloster von *Ayios Minas* bekannt ist. Abseits der Lemesos-Lefkosia-Straße liegen das *Stavrovouni-Kloster*, die königliche Kapelle in Pyrga sowie das für seine Keramiken berühmte Dorf **Kornos**. Weiter westlich befindet sich **Khirokitia** mit Überresten der ältesten zypriotischen Siedlung aus dem Jahr 5800 v. Chr. (Jungsteinzeit). Im Osten liegt die *Larnaca Bay* mit einem neuen Badestrand und Einrichtungen ähnlich denen in Lemesos sowie mehreren Hotelneubauten.
FAMAGUSTA-REGION: Die Stadt Famagusta liegt im türkisch besetzten Teil Zyperns, die Provinz jedoch zum Großteil im südlichen Teil der Insel. Es gibt ausgezeichnete Hotels und Hotelapartments aller Preisklassen. In dieser fruchtbaren Region wird viel Gemüse für den Export angebaut. Südöstlich Famagustas erstrecken sich herrliche weiße Sandstrände. Im Dorf **Agia Napa** steht ein venezianisches Kloster aus dem 16. Jahrhundert, von dem man einen guten Blick auf den Fischereihafen hat. Dank der Cafés, Restaurants und zahlreicher griechischer und zypriotischer Tanzveranstaltungen ist die typisch zypriotische Atmosphäre erhalten geblieben. Am *Cape Greco* bieten felsige Buchten mit kleinen Sandstränden ideale Schnorchel-, Anker- und Picknickstellen. Die *Fig Tree Bay*, *Flamingo Bay* sowie die Strände *Potaras* und *Pernera* sind sehr beliebt und haben Cafés und Strandbars. Die kleine Stadt **Paralimni** liegt im Landesinneren und bietet Restaurants, Diskotheken und Cafés.
BERGURLAUBSORTE: Platres, 1100 m ü. d. M. in den südlichen Ausläufern des Olympus-Berges gelegen, bietet eine gute Hotelauswahl. Von hier aus kann man zu Picknicks und Ausflügen in die Berge und zu den umliegenden Dörfern aufbrechen. Viele Bergdörfer bieten Unterkünfte, insgesamt gibt es 1958 Betten. Zu den Sehenswürdigkeiten dieser atemberaubenden Landschaft zählen *Phedoulas*, das für seine Kirschen und andere Früchte geschätzt wird; *Kalopanayiotis*, ein weiteres Obstanbaugebiet; die Mineralquellen von *Moutoullas*, deren Wasser abgefüllt und in den Nahen Osten exportiert wird und das Schutzgebiet in *Stavros tis Psokas* für Mufflons, die Wildschafe Zyperns. **Prodromos** ist das höchstgelegene Dorf Zyperns (1400 m ü. d. M.), in dem die angeblich besten Äpfel angebaut werden, während man im *Kykkos-Kloster* eine Goldikone der Jungfrau Maria bewundern kann. In **Throni tis Panayias** liegt das Grabmal des Erzbischofs Makarios III. in einer so schönen Umgebung, daß diese allein schon einen Besuch wert ist. Die Dörfer **Moniatis**, **Saittas** und **Phini** bieten einen Einblick in die örtliche Keramikindustrie; das *Mesapotamos-Kloster* und die *Caledonian-Fälle* sind ebenfalls einen Ausflug wert. *Omodhos* und das Kloster vom Heiligen Kreuz mit kleinem Volkskunstmuseum sowie das *Trooditissa-Kloster* sind weitere interessante Stätten dieser Region.
Kakopetria (670 m ü. d. M.) liegt an den Nordosthängen des Berges Olympus. Der Ort ist in einstündiger Autofahrt einfach von Lefkosia aus erreichbar und besonders bei Besuchern beliebt, denen größere Höhen eher unangenehm sind. Apfel-, Pfirsich- und Birnbäume wachsen hier. Der malerische Dorfplatz wird von Platanen eingerahmt. Wie Platres ist auch dieses Dorf ideal für Ausflüge in die Umgebung mit Bergen, tiefen Schluchten und fruchtbaren Tälern. Von Platres und Kakopetria kann man den Berg Olympus einfach erreichen.
WINTERSPORT: Zypern wird als Wintersportgebiet immer beliebter (Saison: Januar bis Mitte März), und viele Hotels und Reiseveranstalter haben besondere Pauschalangebote. **Troodos** liegt dem Skigebiet am nächsten und bietet Cafés und Unterkünfte. Obwohl Zypern kein bekanntes Skiurlaubsland ist, gibt es ausgezeichnete Pisten in den Troodos-Bergen und drei Skilifte am Olympus. Der Ski-Club in Troodos hat eigene Unterkünfte, allerdings muß man für die Benutzung ein vorläufiges Mitglied sein. Ausrüstungen werden verliehen.

SOZIALPROFIL

ESSEN & TRINKEN: In den größeren Urlaubsorten gibt es Bars und Restaurants. In den Hotelrestaurants haben die einheimischen Spezialitäten eher internationales Flair, aber wirklich authentische Gerichte stehen auch auf der Speisekarte. Fleisch vom Holzkohlengrill und frische Meeresfrüchte werden häufig angeboten. Einheimische Spezialitäten wie *Kebabs* (Lamm- oder andere Fleischstücke am Spieß auf Holzkohle gegrillt), *Dolmas* (Weinblätter mit Hackfleisch und Reis gefüllt) und *Tava* (Eintopf mit Fleisch, Kräutern und Zwiebeln) sollte man probiert haben. Den besten Einblick in die einheimische Küche erhält man durch *Mezze*, eine Auswahl verschiedenster Gerichte. Frisches Obst ist in Hülle und Fülle vorhanden, und Naschkatzen sollten sich auf keinen Fall die süßen Nachtische wie *Baklava* entgehen lassen. Tischbedienung ist üblich, in den Bars wird am Tresen bedient. **Getränke:** Die ausgezeichneten zypriotischen Weine, Spirituosen und das gute Bier werden nur im südlichen Teil der Insel verkauft. Griechischer Kaffee (stark und ungefiltert), Cappuccino und Tee werden in den meisten Bars und Restaurants angeboten. Der Höhepunkt des Weinjahres ist das jährliche Weinfest (Sept.) in Lemesos, wo man den örtlichen Wein und kulinarische Spezialitäten des Landes ausprobieren kann.
EINKAUFSTIPS: Beliebte Souvenirs sind handgefertigte Spitze, Gardinen und Tischdecken, Seide, Korb- und Tonwaren, Silberlöffel und -gabeln (Zeichen der zypriotischen Gastfreundschaft) und Lederartikel. Schmuck wird hier seit der Zeit der Mykener angefertigt; Kunsthandwerker bedienen sich sowohl traditioneller als auch zeitgenössischer Stilrichtungen. Lefkaritika-Spitze ist weltberühmt und eines der bekanntesten Inselprodukte; schöne Andenken sind auch einfache Körbe, Leder- und Tonwaren sowie einheimischer Wein und Spirituosen. Importartikel wie Kameras, Parfüm, Porzellan, Kristall und englische Stoffe werden auf der Insel zu angemessen Preisen verkauft. Maßgeschneiderte Hemden sind besonders preiswert. **Öffnungszeiten der Geschäfte:** Geschäfte sind mittwochs, samstags nachmittags und sonntags geschlossen. Öffnungszeiten sind 07.30-13.00 und 16.00-19.00 Uhr (Sommer) und 08.00-13.00 und 14.30-17.30 Uhr (Winter).
SPORT: Reiten, Tennis, Bergsteigen, Windsurfen, Drachenfliegen, Schwimmen, Angeln, Segeln, Tauchen, Wasserskifahren und Skilaufen sind möglich.
VERANSTALTUNGSKALENDER
Mai '96 (1) *Anthestiria-Blumenfeste*. (2) *21. Internationale Zypern-Messe*, Lefkosia. **10. - 12. Mai** *8. Internationale Oldtimer Rallye*. **Mai/Juni** *Makaria* (Internationales Sportfest), Lefkosia. **3. Juni** *Kataklysmos* (Flutfestival), in allen Küstenorten. **Juni - Aug.** *Festspiele mit griechischen Dramen*. **28. Aug. - 8. Sept.** *Weinfest*, Lemesos. **21. - 28. Sept.** *Othello-Festival*, Pafos. **Aug./Sept./Okt.** *Folklorefeste*, landesweit.
SITTEN & GEBRÄUCHE: Respektieren Sie die religiösen Sitten und Gebräuche der Insulaner. Wer sich in die abgelegeneren Regionen vorwagt, kann mit einem herzlichen Empfang rechnen. Zur Begrüßung gibt man sich die Hand, und die üblichen Höflichkeitsformen gelten auch hier. Lehnen Sie nie einen griechischen Kaffee oder ein Erfrischungsgetränk ab, dies wird als unhöflich empfunden. Bei Einladungen freuen sich die Gastgeber über ein kleines Geschenk. Normalerweise wird legere Kleidung akzeptiert, Badekleidung gehört an den Strand oder Swimmingpool. Zu gesellschaftlichen Anlässen, in exklusiven Restaurants und bei Geschäftstreffen wird formelle Kleidung erwartet.
Trinkgeld: In den Rechnungen ist oft Bedienungsgeld enthalten, zusätzlich wird ein kleines Trinkgeld erwartet.

WIRTSCHAFTSPROFIL

WIRTSCHAFT: Obwohl noch keine politische Lösung des seit Jahrzehnten andauernden Konfliktes in Sicht ist, hat sich die zypriotische Wirtschaft in beiden Inselhälften von den Verheerungen der türkischen Invasion Nordzyperns 1974 und den folgenden Kampfhandlungen gut erholt. Das griechisch-zypriotische Gebiet im Süden ist überwiegend von der Landwirtschaft geprägt. Es werden vor allem Obst und Gemüse angebaut. Exportiert werden hauptsächlich Kartoffeln, Gerste, Zitrusfrüchte und Weintrauben. Die bedeutendsten Industriezweige sind Textilien und Schuhe. Der Abbau von Kupfer ist z. Zt. eingestellt. Der Tourismus hat vor allem im Südteil hohe Zuwachsraten zu verzeichnen. 1993 sollen Schätzungen zufolge ca. 1,6 Millionen Touristen in Zypern Urlaub gemacht haben. Die meisten Besucher kommen aus Großbritannien, Schweden und Deutschland. Der Tourismus erwirtschaftet ca. 40% des Bruttosozialproduktes. Generell ist der griechische Teil der Insel wohlhabender als der türkisch besetzte Norden. Haupthandelspartner sind die EU-Länder, insbesondere Großbritannien, sowie Japan, Ägypten und die USA. Weitere Einnahmen erwachsen der Regierung aus den souveränen britischen Stützpunkten. Ein Zollabkommen mit der EU sieht den Abbau aller Handelsschranken für das Jahr 2003 nach Ablauf einer 15jährigen Übergangsperiode vor. Das zypriotische Beitrittsgesuch von 1990 wurde allerdings abgelehnt; solange die Zypernfrage ungelöst ist, kann mit einer Aufnahme in die EU nicht gerechnet werden.
GESCHÄFTSVERKEHR: Zypriotische Geschäftsleute sind für ihre Gastlichkeit und Höflichkeit bekannt. Geschäftsreisen in den Monaten Juli und August sollte man vermeiden. **Geschäftszeiten:** Mo, Di, Do, Fr 08.00-13.00 und 16.00-19.00 Uhr; Mi, Sa 08.00-13.00 Uhr (Sommer) sowie Mo, Di, Do, Fr 08.00-13.00 und 14.30-17.30 Uhr; Mi, Sa 08.00-13.00 Uhr (Winter).
Kontaktadressen: *Die wirtschaftlichen Interessen Österreichs werden von der Außenhandelsstelle der Wirtschaftskammer Österreich in Athen* (s. Griechenland) *wahrgenommen.*
Cyprus Chamber of Commerce and Industry (Industrie- und Handelskammer), PO Box 1455, Lefkosia. Tel: (02) 44 95 00. Telefax: (02) 44 90 48.
KONFERENZEN/TAGUNGEN: Viele Hotels bieten Konferenzeinrichtungen mit Kapazitäten für max. 1200 Teilnehmer. Lefkosia ist eine preisgünstige Konferenzlokalität mit modernen Tagungsstätten.

KLIMA

Warmes Mittelmeerklima. Heiße und trockene Sommer im Landesinneren, feuchtwarm an der Küste. Milde Winter mit Niederschlägen.
Kleidung: Leichte, atmungsaktive Sachen im Sommer, wärmere Kleidung und Regenschutz im Winter.

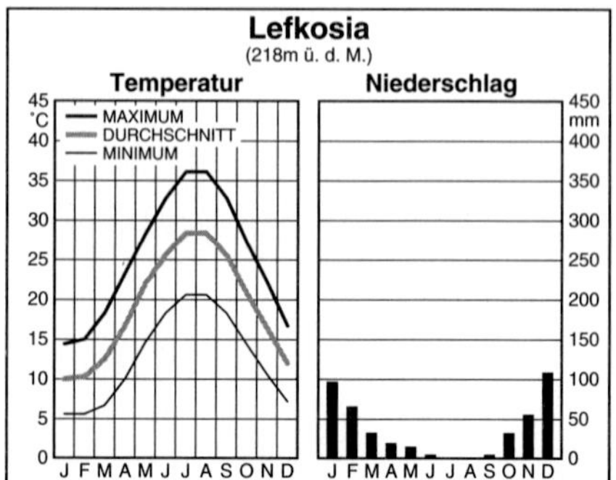

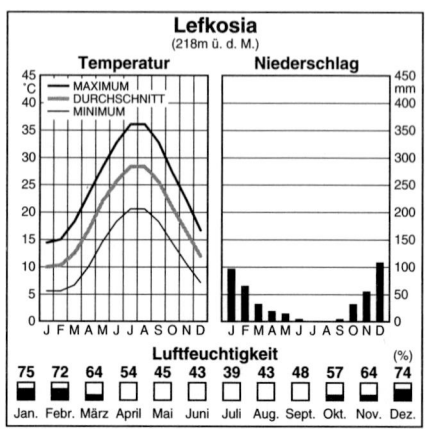

Gesundheit

Anmerkung: Vor Antritt jeder Reise empfiehlt sich ein Besuch beim Hausarzt, der aufgrund der ihm bekannten Krankengeschichte individuelle medizinische Ratschläge geben kann. Die nachfolgend genannten Tropeninstitute erteilen Auskünfte über die jeweils vorgeschriebenen bzw. empfohlenen Vorbeugungsmaßnahmen und führen Schutzimpfungen durch.

Hygiene-Institut der Universität Bonn
Sigmund-Freud-Straße 25
D-53105 Bonn
Tel: (0228) 287 55 20.
Institut für Infektions- und Tropenmedizin der Universität und Landesimpfanstalt
Leopoldstraße 5
D-80802 München
Tel: (089) 39 88 44, 21 80-3517.
Auskunft über Schutzimpfungen: (089) 33 67 44 (Afrika); (089) 33 67 55 (Asien); (089) 33 33 69 (Mittel- und Südamerika).
Ambulanz des Tropeninstituts
Bernhard-Nocht-Institut
Bernhard-Nocht-Straße 74
D-20359 Hamburg
Tel: (040) 31 18 20.
Landesinstitut für Tropenmedizin
Engeldamm 62
(ehemals Fritz-Heckert-Straße)
D-10179 Berlin
Tel: (030) 2 74 60.
Hygiene-Institut der Universität Wien
Kinderspitalgasse 15
A-1095 Wien
Tel: (0222) 4 04 90, 403 83 43-11.
Zusätzlich führen die Gesundheitsämter in Österreich Impfungen jeglicher Art durch.
Schweizerisches Tropeninstitut
Socinstraße 57
Postfach
CH-4002 Basel
Tel: (061) 284 81 11.
Institut für Sozial- und Präventivmedizin
Sumatrastraße 30
CH-8006 Zürich
Tel: (01) 257 66 11.

Gesundheitsvorsorge und medizinische Versorgung können unterwegs ganz anders als im Heimatland sein. Der Genuß andersartiger Speisen und Getränke (Trinkwasser) kann unerwartete Probleme nach sich ziehen; Ungeziefer und Insekten können, besonders in tropischen Ländern, Krankheiten übertragen. Nur wenige Ärzte oder Reisebüros haben die neuesten Informationen zur Hand, um Reisende entsprechend zu beraten, und persönliche Erfahrungen reflektieren nicht unbedingt die augenblicklichen oder allgemeinen Probleme des jeweiligen Landes. So wird z. B. oft vergessen, daß in der Türkei Malaria vorkommt, in ganz Europa Kinderlähmung und weltweit der *Hepatitis-A*-Virus, der durch die meisten Methoden der Trinkwasserdesinfektion nicht beseitigt wird. Spezifische Beratung über vorhandene Krankheiten in Ländern, die man besuchen möchte, ist oft recht kompliziert. Man sollte sich auf jeden Fall erkundigen, gegen welche Krankheiten Vorsorge getroffen werden kann, z. B. durch Schutzimpfungen, prophylaktische Tabletten o. ä., und dann entscheiden, ob Vorbeugung getroffen werden soll und welche Maßnahme im Einzelfall am besten ist.
Ein besonderes Problem ergibt sich für Reisende, die auf dem Landweg reisen und ihre Reiseroute selbst planen. Zur Vermeidung von Krankheiten bzw. für deren Behandlung benötigt man eine wesentlich eingehendere Kenntnis der unbekannten und daher unberechenbaren Umgebung als z. B. bei Flug- oder Schiffsreisen, bei denen Umgebung, Speisen und Getränke mehr oder weniger in den Händen des Reiseveranstalters liegen. Unvorhergesehene Änderungen von Anschlußverbindungen können zu Aufenthalten in Unterkünften führen, die nicht dem erwarteten Standard entsprechen. Verspätungen auf Flughäfen führen mitunter zu langen Aufenthalten in überfüllten und unhygienischen Räumlichkeiten. In solchen Situationen kann man auch leicht mit Krankheiten in Berührung kommen, die durch Insekten übertragen werden. Erschöpfung durch Klimawechsel und Zeitverschiebung verleitet dazu, Vorsichtsmaßnahmen gegenüber Speisen und Getränken außer acht zu lassen. Viele Unannehmlichkeiten lassen sich jedoch vermeiden; grundsätzlich haben erfahrene Reisende weniger Gesundheitsprobleme. Gute Planung, Schutzimpfungen und Kenntnis der Präventivmaßnahmen tragen ebenso dazu bei wie schmerzhafte Erfahrungen auf früheren Reisen.
Eine Umfrage unter Reisenden (fast alle waren in Europa unterwegs, in erster Linie im Mittelmeerraum) ergab, daß während des Auslandsaufenthalts etwa die Hälfte unter Durchfall oder Atembeschwerden gelitten hatte. Übermäßiger Alkoholgenuß, ungewohnter Sonnenschein und lange Nächte trugen ihren Teil dazu bei. Rund 1% aller Pauschalreisenden mit Krankenversicherung machten einen Anspruch geltend. Durchfall und Sonnenbrand waren die häufigsten Gründe, aber auch Unfälle wurden oft angegeben. Die meisten Verletzungen entstanden im und um den Swimmingpool oder im Straßenverkehr, z. B. wenn Fußgänger mit den Verkehrsbedingungen des jeweiligen Landes nicht zurechtkamen. Unbefestigte Straßen sind ein zusätzliches Unfallrisiko. Im Urlaub werden bewährte Vorsichtsmaßnahmen oft zugunsten zwischenmenschlicher Beziehungen ignoriert. Geschlechtskrankheiten sollten sofort behandelt werden, und beim geringsten Verdacht sollte umgehend ein Arzt oder eine Klinik aufgesucht werden.
Wer sich länger in einem Land aufhält, kann durchaus die anfänglichen Akklimatisationsschwierigkeiten überwinden; dennoch besteht immer die Gefahr, Krankheiten zu bekommen, die im jeweiligen Land endemisch sind, etwa Malaria, Hepatitis, Durchfall und Hautkrankheiten. Kinderlähmung würde sicher viel häufiger auftreten, wenn nicht die meisten Reisenden erfolgreich dagegen immunisiert wären.
Der Abschluß einer Reisekrankenversicherung empfiehlt sich für jedes Reiseziel, mit dem das eigene Land kein Gesundheitsabkommen hat, möglichst inklusive einer eventuellen Notrückführung ins Heimatland. Trotzdem genießt man im Ausland selten die gleiche medizinische Betreuung, die man zu Hause gewohnt ist. Durch sprachliche und verwaltungstechnische Unterschiede entstehen mitunter Mißverständnisse. Innerhalb der EU und zwischen einigen anderen Ländern bestehen jedoch gegenseitige Abkommen für die Krankenbehandlung im Notfall. Wer in Deutschland oder Österreich krankenversichert ist, sollte sich vor der Reise das Formblatt E 111 besorgen, das in allen EU-Ländern sowie in Island und Norwegen zu kostenfreier bzw. ermäßigter ärztlicher und zahnärztlicher Behandlung im akuten Bedarfsfall berechtigt. Seit Liechtensteins Beitritt zum Europäischen Wirtschaftsraum EWR im Mai 1995, hat der E 111 auch dort Gültigkeit. Gesundheitsabkommen bestehen auch zwischen Deutschland und der Schweiz, dem ehemaligen Jugoslawien, Rumänien, der Türkei und Tunesien (Anspruchsbescheinigung jeweils bei der Krankenkasse erhältlich). Österreich hat bilaterale Abkommen mit dem ehemaligen Jugoslawien und der Türkei. Bei Reisen in die Nachfolgestaaten des ehemaligen Jugoslawien ist derzeit allerdings der Abschluß einer Reisekrankenversicherung ratsam. Zu welchen Leistungen die gegenseitigen Abkommen im Einzelfall berechtigen, entnehmen Sie dem jeweiligen Länderkapitel in diesem Buch – in manchen Ländern berechtigt das Abkommen zu kostenloser Behandlung, andernorts muß man die Hälfte der Kosten übernehmen oder erhält die im Urlaubsland bezahlten Kosten erst nach längeren Verhandlungen ersetzt. Für eventuelle Notfälle sollte man genügend Geld mitnehmen. Dies gilt besonders für Reisen in Länder, mit denen kein Gesundheitsabkommen besteht und für die der Abschluß einer Reisekrankenversicherung dringend empfohlen wird. Bei jedem Arzt- oder Krankenhausbesuch sollten der Reisepaß und das entsprechende Formblatt der Krankenkasse bzw. die Versicherungspolice mitgenommen werden.
Vor der Abreise sollte man sich erkundigen, welche Medikamente für den persönlichen Bedarf in welcher Menge in das jeweilige Urlaubsland eingeführt werden dürfen. In manchen Fällen ist eine besondere Genehmigung der jeweiligen Gesundheitsbehörden erforderlich.

Schutzimpfungen

GELBFIEBER: Virusträger dieser Krankheit sind bestimmte tropische Waldtiere. Vor allem Affen sind von diesem Virus betroffen, es kann aber durch Mücken von Affen auf Menschen übertragen werden – nicht jedoch durch Kontakt mit erkrankten Personen. *Dschungel-Gelbfieber* tritt sporadisch in Gebieten auf, in denen sich Menschen in der Nähe von Dschungeltieren aufhalten. Wenn dieses Virus tierischen Ursprungs mit Hilfe von Mücken (hauptsächlich *Aedes aegypti*) von Menschen auf Menschen übertragen wird, entstehen Epidemien des sogenannten *Städtischen Gelbfiebers*. Die Schutzimpfung verhindert jedoch erfolgreich die Ausbreitung der Seuche in Ländern, in denen *Aedes*-Mücken weithin verbreitet sind. Es ist daher verständlich, daß diese Länder einen Impfnachweis von allen Reisenden verlangen, die sich vorher in Infektionsgebieten aufgehalten haben. Zahlreiche Landesregierungen fordern Impfbescheinigungen von ausnahmslos allen Reisenden oder aber von allen, die älter als ein Jahr sind und aus Ländern mit endemischen Gelbfieberzonen einreisen. Die Karte im Anschluß zeigt die Verbreitungsgebiete der Krankheit weltweit. In den Tabellen der Rubrik *Gesundheit* in den Länderkapiteln wird jeweils angegeben, ob eine Impfung erforderlich ist.
Nicht notwendig ist die Schutzimpfung außerhalb der Endemischen Zone – auch innerhalb dieser Zone ist sie nur erforderlich, wo es ausdrücklich vorgeschrieben ist. Wenn gerade keine Gelbfieber-Epidemie auftritt, ist z. B. eine Geschäftsreise nach Nairobi durchaus ungefährlich (sofern man sich nur im Stadtgebiet aufhält). Eine solche Entscheidung setzt jedoch genaue Kenntnisse der dortigen Situation voraus; aus praktischen Erwägungen ist bei Reisen in die Endemische Zone eine Schutzimpfung grundsätzlich zu empfehlen. In Deutschland werden Impfungen nur in dafür vorgesehenen Zentren ausgeführt (Adressen s. o.). Zehn Tage nach der Injektion tritt die Gültigkeit der Impfbescheinigung in Kraft, die zehn Jahre sicheren Schutz bietet. Schwangeren Frauen und Kindern im Alter unter neun Monaten wird von der Schutzimpfung abgeraten.
CHOLERA kommt weltweit vor und ist vor allem in Asien, Afrika und Ozeanien weit verbreitet. Die Übertragung erfolgt von Mensch zu Mensch, entweder durch direkten Kontakt oder durch Lebensmittel und Trinkwasser. Als erkannt wurde, daß auch Schutzimpfungen die Verbreitung von Cholera nicht verhindern können, wurde 1973 die Cholera-Schutzimpfung, die zuvor für die Einreise in fast alle Länder Vorschrift war, aus den Statuten der Internationalen Gesundheitsregelung gestrichen. 1990 gab die WHO bekannt, daß Impfungen keinen ausreichenden Schutz gegen Cholera bieten.
TYPHUS und **PARATYPHUS** sind ebenfalls weltweit verbreitet und werden überwiegend oral oder fäkal durch Salmonellen übertragen. Das Ansteckungsrisiko ist in Nordeuropa, den USA, Kanada, Australien, Neuseeland und Japan verhältnismäßig gering und eine Schutzimpfung in diesen Ländern daher kaum notwendig. Außerhalb dieser Länder ist ein erhöhtes Risiko nicht nur von den örtlichen Hygienevorschriften und der Verbreitungsrate der Krankheit, sondern auch vom eigenen Verhalten abhängig. Die Ansteckungsgefahr erhöht sich z. B., wenn man im Freien schläft, in ländlichen Gegenden wohnt und in Restaurants mit zweifelhafter Hygiene ißt. Flugreisende, die sich während des Urlaubs in einem renommierten Hotel mit Vollpension aufhalten, sind weit weniger gefährdet; eine Schutzimpfung ist daher nicht unbedingt erforderlich. Andererseits ist bei einer Reise nach Singapur auf dem Landweg eine Schutzimpfung auf jeden Fall angebracht. Zwischen diesen beiden Extremen gibt es zahlreiche Umstände, bei denen das Risiko nicht genau definiert werden kann. Eine Typhus-Schutzimpfung wird den Millionen Touristen, die jährlich gen Südeuropa fahren, nicht mehr routinemäßig empfohlen, kann aber während örtlich auftretender Epidemien nicht nur für Personen sinnvoll sein, die auf Grund ihres Lebensstils oder Berufes ein erhöhtes Risiko eingehen.
HEPATITIS A: Das *Hepatitis-A*-Virus ist weltweit verbreitet und wird ebenfalls oral oder durch Fäkalien übertragen. Diese Leberentzündung ist weniger gefährlich als die beiden verwandten Krankheiten Hepatitis B und Hepatitis E. Eine vorbeugende Injektion mit Gammaglobulin vermindert das Ansteckungsrisiko deutlich bzw. schwächt den Krankheitsverlauf etwas ab. Das Virus ist auch in Europa weit verbreitet, und viele Reisende sind höchstwahrscheinlich bereits immun. Eine Gammaglobulin-Behandlung empfiehlt sich für den gleichen Personenkreis wie eine Typhus-Schutzimpfung, da die Ansteckungsrisiken für beide Krankheiten im wesentlichen gleich sind. Wer häufig in tropische Länder reist, hat wahrscheinlich bereits Antikörper gegen Hepatitis A entwickelt. Vorhandene Antikörper bedeuten, daß man gegen Hepatitis A immun ist. Andernfalls sollte vor der Abreise Gammaglobulin (und danach alle sechs Monate) oder eine inaktive Hepatitis-A-Injektion verabreicht werden, solange ein Ansteckungsrisiko besteht. Hepatitis A verläuft bei Kindern verhältnismäßig mild und sehr oft asymptomatisch, eine Impfung ist daher nicht unbedingt erforderlich. Es können jedoch reduzierte Dosen Gammaglobulin gegeben werden. Gegen Hepatitis A steht ein neuer Impfstoff zur Verfügung, der langanhaltenden Schutz verleihen kann und für Kinder von über einem Jahr geeignet ist. Für nähere Informationen wenden Sie sich bitte an das Gesundheitsamt oder die Tropeninstitute (Adressen s. o.).
KINDERLÄHMUNG (Poliomyelitis): Diese Viruserkrankung befällt durchaus auch Erwachsene und kommt in Europa noch vor, in tropischen Ländern jedoch wesentlich häufiger. Die Übertragung erfolgt durch Lebensmittel oder Kontakt mit Keimträgern, aber auch durch infizierte Gebrauchsgegenstände. Auch nicht erkrankte Personen können die Krankheit übertragen. Es gibt drei verschiedene Polio-Viren. Eine bevorstehende Auslandsreise ist eine gute Gelegenheit, den Impfschutz zu vervollständigen oder aufzufrischen (alle zehn Jahre). Normalerweise wird oraler Poliomyelitis-Impfstoff (Sabin) gegeben, es werden aber auch Polio-Schutzimpfungen mit passiven Seren (Salk) verabreicht, wo die Verabreichung von lebenden Erregern nicht angezeigt ist. Ein Kombipräparat mit einer geringen Dosis Diphterie-Toxoid ist neuerdings fast überall erhältlich und wird für Reisende als Auffrischungsimpfung empfohlen.
TETANUS (Wundstarrkrampf): Diese Krankheit wird durch langlebige Bakterien übertragen, die weltweit verbreitet sind und auch bei kleinen Verletzungen in die Blutbahn gelangen können. Eine Impfung ist daher jederzeit angebracht, zu Hause wie auch für bevorstehende Reisen. Ein Kombipräparat mit einer geringen Dosis Diphterie-Toxoid ist neuerdings fast überall erhältlich und wird für Reisende als Auffrischungsimpfung empfohlen.

Gelbsucht – Hepatitis A*. Eine Reisebekanntschaft, die Sie nicht machen sollten.

*Hepatitis A ist eine Form der Gelbsucht, die durch das Hepatitis A Virus verursacht wird. Die meisten Hepatitis A Erkrankungen werden bei Reisen in Mittelmeerländer, tropische, subtropische und osteuropäische Länder erworben. Sie können sich schützen!
Fragen Sie Ihren Arzt oder Apotheker nach den Impfungen!

SmithKline Beecham
Pharma

HAV 0125

HEPATITIS A – DIE REISEHEPATITIS

Die Hepatitis A wird durch Viren verursacht und gehört zu den weltweit häufigsten Infektionskrankheiten. Dank guter Hygiene ist diese Erkrankung in den hochentwickelten Industriestaaten selten geworden und nur noch 10% der bis zu 40jährigen sind durch natürlichen Kontakt für den Rest ihres Lebens immun, d.h. die restlichen 90% laufen Gefahr, sich bei Reisen in südliche Länder oder Gebiete mit mangelnder Hygiene zu infizieren.

In Deutschland werden jedes Jahr 5000-6000 Hepatitis-A-Infektionen gemeldet, geschätzt werden ca. 30.000. Davon werden mehr als zwei Drittel im Ausland erworben und verursachen Kosten von mehreren hundert Millionen DM. Damit ist die Hepatitis A nach Durchfallerkrankungen die häufigste Infektionskrankheit in den Tropen und Subtropen. Viele Reisende sind sich dieser Gefahr gar nicht bewußt, aber pro vollbesetztem Jumbo-Jet aus einem Land mit hoher Infektionsgefahr (s. Karte) fliegt statistisch gesehen ein Hepatitis-A-infizierter Passagier mit. Bei Rucksackreisenden liegt aufgrund der schlechteren hygienischen Verhältnisse während der Reise das Risiko bis zu 6mal höher.

WELCHES SIND DIE ANZEICHEN EINER HEPATITIS A?

Nach der Infektion mit dem Hepatitis-A-Virus dauert es durchschnittlich vier Wochen bis die Beschwerden einsetzten. Diese unspezifischen Beschwerden sind Appetitlosigkeit, Übelkeit, Erbrechen, Oberbauchbeschwerden, Durchfälle, oft einhergehend mit Kopfschmerzen, Müdigkeit und Fieber. Diese Symptome werden oft als "normale Grippe" interpretiert, bis es zu den Anzeichen einer Hepatitis kommt: Gelbfärbung der Augen, Schleimhäute und später auch der Haut. Der Stuhl wird hell, der Urin dunkel und es kommt zur Vergrößerung der Leber und der Milz. Die genaue Diagnose kann aber nur durch eine Blutuntersuchung auf spezielle Hepatitis-A-Antikörper gestellt werden. In den meisten Fällen dauert es 6-8 Wochen bis der Patient wieder arbeitsfähig ist, in 10% kann es aber auch zu verlängerten Verläufen von mehreren Monaten und in seltenen Fällen auch bis zum Leberversagen und zum Tod führen. Viele Kinder erkranken ohne diese Symptome, scheiden aber das Virus in großen Mengen aus und können andere anstecken. Erwachsene erkranken häufiger und schwerer als Kinder.

WIE WIRD HEPATITIS A ÜBERTRAGEN?

Die Hepatitis-A-Viren werden von infizierten Personen vor dem Auftreten von Krankheitssymptomen in großen Mengen mit dem Stuhl ausgeschieden. Je nach den hygienischen Bedingungen kann die Ansteckung dann direkt durch Kontakt mit Erkrankten, unsauberen sanitären Anlagen (z. B. auf Campingplätzen) oder vor allem durch Genuß von verschmutztem Wasser (z. B. auch Eiswürfel) oder Nahrungsmitteln (gewaschene Salate, ungeschältes Obst, unzureichend erhitzte Speisen) übertragen werden. Die Ansteckung erfolgt also wie bei den meisten Erregern von Durchfallerkrankungen.

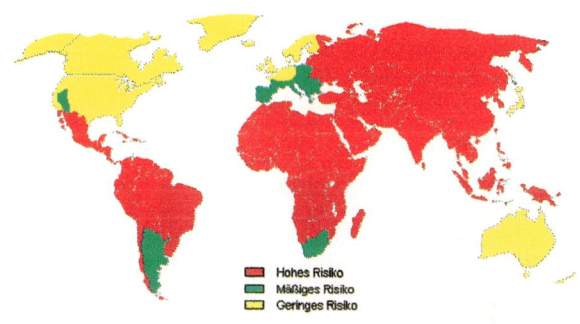

WIE KANN MAN SICH DAGEGEN SCHÜTZEN?

Die einfachste Methode ist, alles, was verunreinigt sein könnte, zu vermeiden. So sollte nur Wasser aus verschlossenen Flaschen getrunken und Eiswürfel im Drink vermieden werden. Auch der Verzehr von Salaten, ungeschältem Obst, rohen Meeresfrüchten usw. sollte vermieden werden. Alles eßbare sollte geschält, gekocht oder gebraten sein. Der Merksatz der Vielreisenden lautet daher:

"Cook it, boil it, peel it or forget it!"

Da dies aber nach allgemeiner Erfahrung sehr schwer einzuhalten ist und das Ansteckungsrisiko auch nicht 100%ig ausschließt, sollte man sich rechtzeitig vor der Reise durch eine aktive Impfung schützen. Die Hepatitis-A-Impfung ist in Deutschland seit Ende 1992 möglich. Nach 2 Impfungen im Abstand von 2-4 Wochen besteht bereits ein Impfschutz von mindestens 12 Monaten bei nahezu 100% der Geimpften. Die 3. Impfung nach 6-12 Monaten gibt dann den Langzeitschutz von 10 Jahren.

FRAGEN SIE IHREN ARZT ODER APOTHEKER! RECHTZEITIG!

Für eine möglichst optimale, auf Ihr individuelles Reiseziel, die Art des Reisens und die Reisedauer abgestimmte Gesundheitsvorsorge ist es wichtig, sich rechtzeitig, also möglichst 6-8 Wochen vor Abreise, bei Ihrem Arzt oder Apotheker fachkundigen Rat einzuholen.

Genießen Sie in Ruhe Ihren Urlaub
General Hospital Nuestra Señora del Pino
Grand Kanaria

Das General Hospital Nuestra Señora del Pino ist ein großes medizinisches Zentrum mit 500 Betten und 10 Operationssälen. Die Versorgung von Einwohnern wie auch Besuchern von Las Palmas und den Kanarischen Inseln ist hier ausgezeichnet.

Moderne technische Ausstattung und hoch spezialisierte Ärzte verhalfen dem Krankenhaus zu seinem guten Ruf. So ist es u. a. wohlbekannt für Herz- und Gefäßchirurgie, Neurochirurgie, thorakale Chirurgie, Bauchspiegelung, Immunologie, Oncologie, Knochenmark- und Cornea-Transplantationen.

Das Krankenhaus ist ebenfalls berühmt für seine Spezial-Abteilungen für interventionelle Cardiologie, für die Behandlung der Wirbelsäule, Schmerzanalgesie und palliative Krebsbehandlung, für Gastroenterologie, für Dialysen, für Gefäß- und interventionelle Radiologie und für percutane Bestrahlung.

Außerdem bietet das Krankenhaus medizinische und chirurgische Behandlungen, Unfallchirurgie, Orthopaedie, Haematologie, internistische Lab-Analysen, Pathologie, diagnostische Radiologie (Computertomographie, Magnetresonanztomographie, Ultraschall), Strahlentherapie, nukleare Medizin, Intensivstationen mit gesonderten Abteilungen für Herzinfarktpatienten.

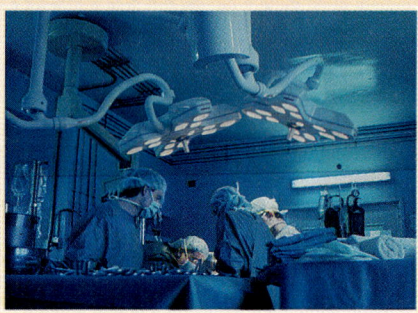

All dies, ebenso wie das Angebot von Tageskliniken und Hausbesuchen, macht das General Hospital Nuestra Señora del Pino für Besucher der Kanarischen Inseln zur besten Wahl in Krankheitsfällen – und sorgt für einen entspannten Aufenthalt.

Hospital General Ntra. Sra. del Pino c/Angel Guimerá, 93-35004 Las Palmas de Gran Canaria
Telefon: +(34 28) 44 10 00 oder 44 13 87 (Verwaltung). Telefax: +(34 28) 44 14 89.

Seltenere/weitere Krankheiten

Tollwut: Die meisten Ärzte halten eine Schutzimpfung für Reisen in Länder, in denen die Krankheit nur endemisch auftritt, nicht für notwendig. Eine Schutzimpfung wird aber allen Reisenden empfohlen, die in abgelegene Gebiete reisen und dadurch vielleicht mehrere Tagesreisen von der nächsten Versorgungsstelle, die Impfstoffe (Hyperglobulin) zur Verfügung hat, entfernt sind. Um das Risiko so gering wie möglich zu halten, sollte man Kontakt mit Tieren vermeiden, insbesondere Füchsen, Rotwild, Hunden und Katzen. Bißwunden sollten sofort gründlich mit Seife und reichlich Wasser ausgewaschen und mit hochprozentigem Alkohol desinfiziert werden. Falls der Tierhalter ermittelt werden kann, sollte man sich erkundigen, ob das Tier gegen Tollwut geimpft worden ist (Zertifikat nachprüfen) und seinen Namen und die Telefonnummer und Adresse hinterlassen für den Fall, daß das Tier innerhalb der nächsten zwei Wochen irgendwelche Krankheitssymptome zeigt. Auf jeden Fall ist es wichtig, sofort den nächsten Arzt oder ein Krankenhaus aufzusuchen und den Vorfall der Polizei zu melden. Nach der Rückkehr ins Heimatland sollte der Hausarzt informiert werden.

Diphtherie: Diese höchst ansteckende Infektion der Atemwege ist ebenfalls weltweit verbreitet; wegen der unzureichenden Immunisierung der Bevölkerung in Osteuropa kommt die Krankheit dort wieder verstärkt vor. In den Jahren zwischen 1975 und 1982 gab es in Deutschland ca. 100 gemeldete Erkrankungen mit einer Todesrate von 22%. Am meisten gefährdet sind Erwachsene, die engen Kontakt mit Kindern in ärmeren Gegenden haben, wie z. B. Sozialarbeiter und Lehrer. Reisenden wird eine Auffrischungsimmunisierung durch die Verabreichung einer geringen Dosis von Diphtherie-Toxoid, das jetzt zur Verfügung steht, empfohlen. Außerdem gibt es neuerdings eine kombinierte Diphterie-Tetanus-Impfung (s. *Tetanus*).

Meningitis (Gehirnhautentzündung): Diese Krankheit wird durch Viren oder Bakterien übertragen.

Bakteriell übertragene Meningitis: Die verantwortlichen Bakterien (Meningokokken) sind weltweit verbreitet. In einigen Gegenden treten jedoch Epidemien auf, häufiger z. B. in den Savannengebieten südlich der Sahara bzw. gelegentlich in Indien, Nepal und Brasilien oder in den letzten Jahren während der Wallfahrten nach Mekka. Die Ansteckung erfolgt durch persönlichen Kontakt, die Krankheit ist heute durch Antibiotika leicht heilbar. Schutzimpfungen gegen Meningokokken-Arten stehen zur Verfügung und werden allen Reisenden empfohlen, die in Gebiete mit auftretenden Epidemien reisen oder sich dort für längere Zeit niederlassen wollen.

Durch Viren übertragene Meningitis: Der Arbo-Virus, der diese Art der Gehirnhautentzündung (genaue Bezeichnung: Frühsommer-Meningo-Enzephalitis FSME) hervorruft, wird durch den Biß einer infizierten Zecke auf den Menschen übertragen. Die Verbreitung dieser Zecken ist auf warme Waldgebiete in Teilen von Mitteleuropa und Skandinavien begrenzt, vor allem in Österreich, der Tschechischen Republik, der Slowakischen Republik, im südwestlichen Deutschland und im Gebiet des ehem. Jugoslawien, breitet sich jedoch verstärkt nach Nordeuropa hin aus. Die meisten Erkrankungen bei Menschen treten im späten Frühling und Frühsommer auf. Hauptsächlich betroffen sind Laubwälder mit dichtem Unterholz. Förster und Waldarbeiter, aber auch Camper und Wanderer sind einem erhöhten Risiko ausgesetzt, da die Zecken sich von Bäumen und Sträuchern auf ihre Opfer (ihren »Wirt«) fallen lassen. Zeckenbisse vermeidet man am besten, indem man dichte Laubwälder meidet, langärmelige Kleidung, lange Hosen und Strümpfe trägt und die Oberflächen der gesamten Kleidung zusätzlich mit insektenabweisenden Mitteln besprüht. Sollte sich ein langanhalter Kontakt nicht vermeiden lassen, steht ein FSME-Impfstoff zur Verfügung.

Japanische B-Enzephalitis: Diese Virusinfektion des Gehirns wird durch Mücken übertragen, die in bestimmten ländlichen Regionen Ostasiens, Indiens und auf einigen pazifischen Inseln vorkommen. Gelegentlich gibt es größere Krankheitsausbrüche. Das Virus verursacht mehr Todesfälle als zahlreiche ähnliche Viren, die Gehirnentzündungen hervorrufen. Wer in ländlichen Gebieten mit erhöhtem oder akutem Risiko übernachten möchte, sollte eine Immunisierung in Betracht ziehen. Man sollte sich beim Hausarzt oder dem Gesundheitsamt erkundigen. Erheblicher Schutz wird auch durch das Vermeiden von Mückenstichen geboten (s. *Malaria* weiter unten). In ländlichen Gebieten, in denen die Krankheit ausgebrochen ist, sollte man sich nachts nur in geschlossenen Räumen aufhalten.

Die Pest ist eine Infektionskrankheit wilder Nagetiere, die durch Flöhe übertragen wird. Sie kommt in zahlreichen ländlichen Gebieten Afrikas, Asiens und auf dem gesamten amerikanischen Kontinent vor. Die Ansteckungsgefahr für Reisende ist verhältnismäßig gering, die Übertragung erfolgt durch den Biß eines infizierten Flohs. Routinemäßige Impfung wird nicht empfohlen. In endemischen Zonen (ländlich-hügelig) sollte der Kontakt mit Nagetieren und deren Zugang zu Lebensmitteln und Abfällen vermieden werden; tote Nagetiere und ihre Schlupfwinkel und Höhlen meidet man am besten ganz. Flohbissen beugt man durch insektenabweisende Mittel vor. Während der Pestepedemie, die 1994 in manchen Teilen Indiens auftrat, wurde Reisenden geraten, die befallenen Gebiete zu meiden, es wurde jedoch nicht grundsätzlich zu einer Schutzimpfung geraten.

Hepatitis B: Diese gefährliche Viruserkrankung wird auf dem Blutweg und durch andere Körperflüssigkeiten, jedoch nicht fäkal oder durch Trinkwasser übertragen. Eine entsprechende Schutzimpfung sollte von allen Gruppen (Ärzte, Krankenschwestern und Laborpersonal) erwogen werden, die eng mit der Bevölkerung eines Landes zusammenarbeiten, in dem es viele Infektionsträger gibt. Die empfohlene Schutzimpfung besteht aus drei Dosen; nach der ersten Impfung erfolgt je eine Nachimpfung nach einem und nach sechs Monaten. Die Immunität sollte etwa fünf Jahre anhalten, aber Personen mit erhöhtem Risiko sollten sich drei Monate nach Beendigung der kompletten Schutzimpfung auf das Vorhandensein von Antikörpern untersuchen lassen.

AIDS: Diese Krankheit entwickelt sich in einem Prozentsatz von Personen, die mit HIV (Human immunodeficiency virus) infiziert sind. Auch Virusträger, die selbst gesund erscheinen, können die Infektion durch Geschlechtsverkehr und Blutkontakt an andere Personen weitergeben, wie z. B. im Fall von Drogenabhängigen, die dieselbe Spritze benutzen; durch eine Transfusion ungetesteter Blutspenden oder die Benutzung nicht sterilisierter Spritzen im Krankenhaus. Obwohl das Virus auf der ganzen Welt auftritt, ist der prozentuale Anteil an HIV-Positiven in der heterosexuellen Bevölkerung in manchen Teilen der Welt besonders hoch, wie z. B. in tropischen Regionen Afrikas, Südamerika und Asien. Das Ansteckungsrisiko kann durch die Vermeidung von Gelegenheitssex und Sex mit Prostituierten sowie durch die Benutzung von Kondomen zusammen mit spermizider Creme verringert werden. Da in vielen Ländern Blutkonserven immer noch nicht mit Gewißheit auf HIV-Viren getestet werden können, sollte man dort Bluttransfusionen nur in absoluten Notfällen akzeptieren. Für Injektionen benötigte Spritzen können ggf. durch 20minütiges Eintauchen in kochendes Wasser sterilisiert werden. Nadelsets mit Spritzen sind erhältlich und sollten u. U. mitgeführt werden. Man sollte auch seine eigene Blutgruppe kennen. Die Weltgesundheitsorganisation hat sich bisher strikt geweigert, den Nachweis eines negativen HIV-Tests als Einreisebestimmung anzuerkennen.

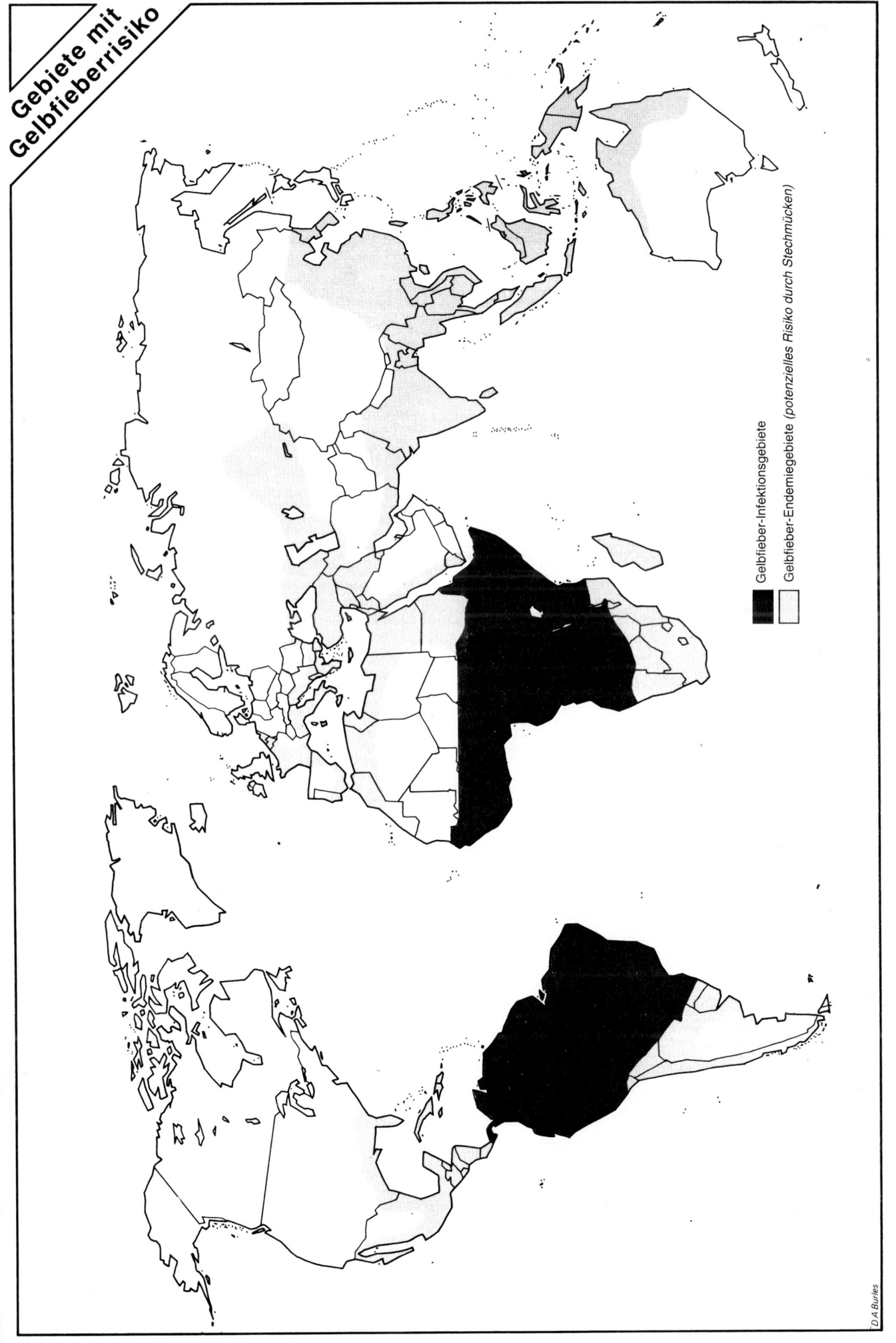

Kurze Übersicht über Schutzimpfungen/Prophylaxe

Mit der Durchführung der nötigen Schutzimpfungen sollte, sofern zeitlich möglich, sehr früh begonnen werden, damit die Zeiträume zwischen den einzelnen Impfungen lang genug sind. Bei kurzfristigen Reisevorbereitungen kann oft durch Schnellprogramme oder Einzelinjektionen geholfen werden, die aber weniger zuverlässigen Schutz gewähren. Die Termine für routinemäßige Impfungen für Kinder sollten nicht versäumt werden. Schwangere Frauen sollten grundsätzlich das mit eventuellen Impfungen verbundene Risiko bedenken. Im Fall einer bereits erfolgten Erstimmunisierung sollten immer nur Auffrischungsimpfungen verabreicht werden.

gegen	Anzahl der Injektionen bei Erstimpfung (einschl. Impfschutzdauer)	Gültigkeitsdauer der Impfbescheinigung	Auffrischungsimpfung	Weitere Informationen
Gelbfieber	Eine Injektion/10 Jahre Schutz	10 Jahre vom 10. Tag nach der Impfung	Alle 10 Jahre, sofort wirksam*	Nebenwirkungen sind selten; gelegentliches Unwohlsein. Nicht für Schwangere und Kleinkinder unter 9 Monaten geeignet.
Cholera**	Zwei Injektionen im Abstand von 4-6 Wochen/mäßiger Schutz für 6 Monate	6 Monate vom 6. Tag nach der Impfung	Eine Impfung alle 6 Monate	Örtliche Schwellungen und Rötungen, Muskelschmerzen und leichtes Unwohlsein. Nicht für Kinder unter einem Jahr geeignet.
Typhus	TOTIMPFUNG Zwei Injektionen im Abstand von 4-6 Wochen	Nicht zutreffend	Eine Impfung alle 3 Jahre	Örtliche Schwellungen und Rötungen, Muskelschmerzen und leichtes Unwohlsein. Nicht für Kinder unter einem Jahr geeignet.
	LEBENDIMPFSTOFF Eine Injektion	Nicht zutreffend	Eine Impfung alle 3 Jahre	Schwache örtliche Schwellungen und Rötungen, Impfstoff teurer, nicht für Kinder unter 18 Monaten geeignet.
	ORAL Dreimal jeden zweiten Tag eine Kapsel	Nicht zutreffend	Jährliche Auffrischungsimpfung in drei Einzeldosen	Nur geringe Nebenwirkungen. Impfstoff muß im Kühlschrank aufbewahrt werden. Nicht zusammen mit Antibiotika verwenden oder innerhalb von 12 Std. nach Mefloquingabe, bei Schwangerschaft oder direkt nach einer Polioschluckimpfung. Nicht für Kinder unter 6 Jahren. Sehr teuer.
Tetanus	Drei Injektionen im Abstand von je 4 Wochen	Nicht zutreffend	Eine Impfung alle 10 Jahre	Örtliche Schwellungen, Rötungen und Muskelschmerzen. Ein Kombipräparat mit einer geringen Dosis Diphterie-Toxoid ist neuerdings fast überall erhältlich und wird für Reisende als Auffrischungsimpfung empfohlen.
Kinderlähmung	Drei Schluckimpfungen im Abstand von je 4 Wochen	Nicht zutreffend	Eine Impfung alle 10 Jahre	Die besser verträgliche Impfung Salk (Totimpfung) ist für Schwangere und immunschwache Personen erhältlich. Ein Kombipräparat mit einer geringen Dosis Diphterie-Toxoid ist neuerdings fast überall erhältlich und wird für Reisende als Auffrischungsimpfung empfohlen.
Hepatitis A	GAMMAGLOBULIN 500 mg Gammaglobulin kurz vor der Abreise/angemessener Schutz für maximal 6 Monate, 250 mg Gammaglobulin kurz vor Abreise/angemessener Schutz für maximal 2 Monate	Nicht zutreffend	Bei Ansteckungsgefahr eine Gammaglobulin-Injektion alle 6 Monate	Sofortiger Schutz bei kurzfristigen Reisen.
	IMPFUNG Eine Injektion/angemessener Schutz für 6-12 Monate	Nicht zutreffend	Einzelne Auffrischungsimpfung nach 6-12 Monaten/ Schutz für 10 Jahre	Ebenso sicherer Schutz wie Gammaglobulin, geeignet für häufiges Reisen. Eine geringdosierte Impfung steht neuerdings für Kinder von 1 bis 15 Jahren zur Verfügung.
Malaria	Die Prophylaxe sollte einige Tage vor der Abreise beginnen und während des gesamten Aufenthalts in Malariagebieten andauern. Tabletten unbedingt noch 4 Wochen nach der Rückkehr weiternehmen. Bei Schwangeren und Neugeborenen Rücksprache mit dem behandelnden Arzt.	Nicht zutreffend	Nicht zutreffend	

*Falls diese Impfung in einen neuen Impfpaß eingetragen wird, sollte der alte Paß als Nachweis des sofortigen Impfschutzes mitgeführt werden.

**Laut WHO kann eine Impfung gegen Cholera die Ausbreitung der Krankheit nicht verhindern. Die internationalen Impfbestimmungen wurden 1973 dahingehend geändert, daß eine Cholera-Impfung nicht mehr Einreisebedingung sein sollte. Einige Länder bestehen jedoch nach wie vor auf einer Impfung.

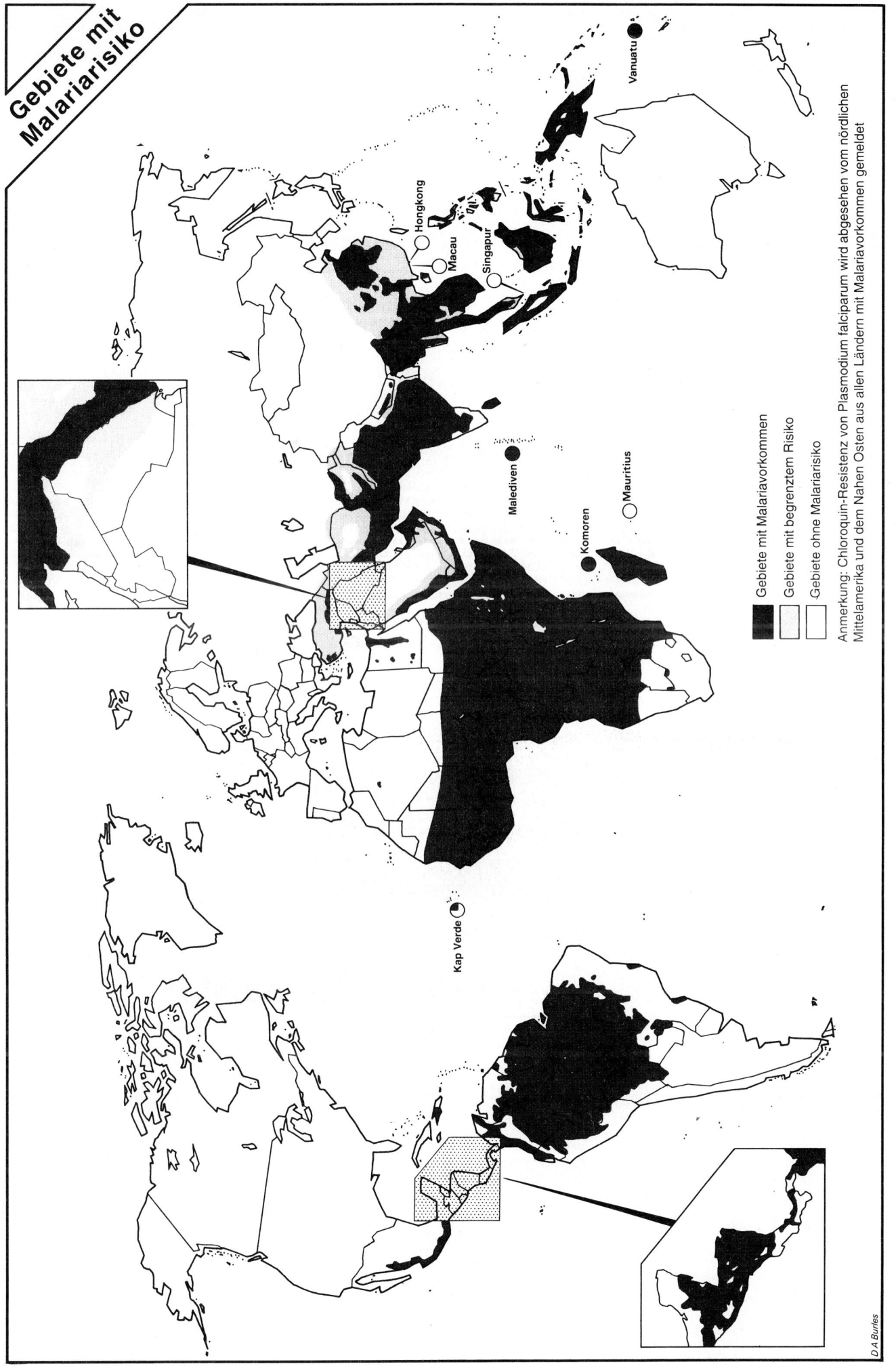

Dies widerspräche nicht nur internationalen Gesundheitsbestimmungen, sondern ist auch klinisch betrachtet wenig stichhaltig und epidemiologisch nicht vertretbar, da eine weitere Verbreitung der Erkrankung dadurch kaum verhindert würde. Dennoch haben inzwischen mindestens 40 Länder strengere Bestimmungen eingeführt wie etwa vorschriftsmäßige HIV-Untersuchungen oder Einreiseverbote für »verdächtige« Personen. Dies gilt jedoch im wesentlichen für Personen, die sich lange im Land aufhalten, dort arbeiten oder studieren wollen.

MALARIA-PROPHYLAXE

Malaria ist in allen tropischen und subtropischen Ländern weit verbreitet und wird durch den Stich weiblicher Anophelesmücken übertragen, die mit dem Malariaparasiten infiziert sind.

Die zunehmende Beweglichkeit der Bevölkerung, insbesondere durch Flugreisen, hat das Malariarisiko zusätzlich erhöht, da man sowohl auf Flughäfen bei Zwischenlandungen als auch im Urlaubsland von Moskitos gestochen werden kann. Die heutige Reisegeschwindigkeit führt dazu, daß die ersten Krankheitssymptome mitunter in einem Land auftreten, in dem die Symptome nicht gleich als Anzeichen von Malaria erkannt werden. Moskitos können durchaus per Flugzeug in nicht-endemische Teile der Welt gelangen und dort z. B. Flughafenpersonal oder Verwandte von Reisenden infizieren. Ansteckungsgefahr besteht auch bei Bluttransfusionen (Aufbewahrung in der Kältekammer tötet die Parasiten nicht ab) und durch mehrfaches Benutzen derselben Nadel bei Drogenabhängigen.

Malaria tropica (Erreger *Plasmodium falciparum*), die gefährlichste Art der Malaria, kann tödlich ausgehen. Nach Europa wird diese Art meistens aus Afrika und Asien eingeführt. Die Prophylaxe richtet sich hauptsächlich gegen diesen Parasiten, trotzdem gelten die gleichen Regeln auch für die weniger gefährlichen Formen Malaria quartana (*Plasmodium malariae*) und Malaria tertiana (*Plasmodium ovale* und *Plasmodium vivax*); zum einen, um eine unangenehme Krankheit zu verhindern, zum anderen, weil eine Ansteckung durch Plasmodium falciparum in keinem Malariagebiet ausgeschlossen werden kann. Es gibt immer noch keinen effektiven Impfstoff gegen Malaria, regelmäßiges Einnehmen prophylaktischer Tabletten ist daher unbedingt notwendig, was zum Teil als unangenehm oder lästig empfunden wird. Durch die zunehmende Resistenz der Krankheitserreger gegen diese Tabletten kann ein Schutz vor Erkrankung trotzdem nicht mehr garantiert werden. Insektenstiche müssen auf jeden Fall vermieden oder reduziert werden (s. u.). Jede erkältungsähnliche Krankheit mit Fieber und Schüttelfrost, die länger als zwei Tage anhält, muß sofort diagnostiziert werden. Beim Auftreten solcher Symptome nach der Rückkehr, selbst Monate später, sollte sofort ein Arzt aufgesucht und über Urlaubsort und Reisetermin informiert werden.

Anmerkung: Die Karte im Anschluß verweist auf Regionen mit Malaria-Risiko bzw. Regionen, in denen Chloroquin-Resistenz gemeldet wurde (Quelle: WHO, Genf).

Vorbeugungsmaßnahmen

(1) Beugen Sie Insektenstichen so gut wie möglich vor, vor allem nach Sonnenuntergang, da die weiblichen Anophelesmücken dann besonders aktiv sind. Langärmelige Kleidung, lange Hosen und Röcke, Fliegendraht vor den Fenstern und Moskitonetze über den Betten sind sinnvolle Schutzvorkehrungen.

(2) Insektenschutzmittel sollten alle zwei Stunden auf die Haut aufgetragen und in Gebäuden und in der Nähe von Wasser und Feuchtgebieten benutzt werden. Insektenabweisende Arm- und Fußbänder, »Mosquito-coils« (ähnlich wie Räucherstäbchen, nur spiralförmig) sowie elektrische Insektenschutz-Verdampfer sind ebenfalls erhältlich.

(3) Beseitigen Sie, soweit möglich, alle Brutmöglichkeiten für Anophelesmücken, z. B. stehendes Wasser in blockierten Abflüssen oder Wasser, das sich um Blumentöpfe sammelt.

(4) Prophylaktische Tabletten sind unbedingt notwendig, da die obengenannten Maßnahmen allein eine Ansteckung nie vollkommen ausschließen können.

(a) Mit der Einnahme sollte zwei Wochen vor Reiseantritt begonnen werden, um die Verträglichkeit der Tabletten zu testen und sicherzugehen, daß eine ausreichende Konzentration des Wirkstoffes im Blut vorhanden ist.

(b) Die Tabletten müssen mit absoluter Regelmäßigkeit eingenommen werden. Prophylaktisch dosierte Tabletten sind zur Behandlung einer bereits erfolgten Malaria-Infektion nicht geeignet.

(c) Die Prophylaxe muß noch mindestens vier Wochen nach Verlassen der Endemischen Zone fortgeführt werden – alle Formen des Parasiten entwickeln sich zuerst in der Leber, bevor sie viel später wieder in den Blutkreislauf geraten, in dem die meisten prophylaktischen Medikamente wirksam werden.

(d) Erkundigen Sie sich bei Ihrem Gesundheitsamt oder einem Tropeninstitut (Adressen s. o.), welche Tabletten im Einzelfall am besten geeignet sind.

UNFÄLLE UND BISSWUNDEN

Die Gefahr von oralen und fäkalen Infektionen, aber auch Bissen, Unfällen und Verbrennungen setzt ein, sobald Kleinkinder krabbeln oder laufen können. Offene Wunden sollten sauber gehalten und während der Heilung mit einem Verband versehen werden. Skorpionbisse mit Todesfolge sind ungewöhnlich, treten aber am ehesten bei Kindern unter zwei Jahren auf. Kleinkinder sollten nicht unbeaufsichtigt im Freien spielen.

Trotz adäquater Malaria-Prophylaxe sollte man andere, durch Insektenstiche übertragene Krankheiten nicht ignorieren. Besonders für Kinder ist eine Infektion mit Dengue-Fieber (Siebentagefieber, eine Virusinfektion mit starken Gelenkschmerzen) sehr unangenehm. Kinder, die auf Mückenstiche allergisch reagieren, sollten besonders umfassend geschützt werden. Entsprechende körperbedeckende Kleidung, Fliegendraht vor den Fenstern und Moskitonetze sind auf Dauer besser geeignet als Insektenschutzmittel.

SCHWANGERSCHAFT

Lebende Impfstoffe sollten während der Schwangerschaft nicht verabreicht werden, obwohl bei jeder Schwangeren ohne entsprechenden Gelbfieber-Impfschutz die theoretische Gefahr der Schutzimpfung für das ungeborene Kind von der Ernsthaftigkeit der Krankheit übertroffen wird. Sollte eine Schutzimpfung nicht stattgefunden haben, wird ein Brief des Arztes, der den Grund der Kontraindikation angibt und von den einheimischen Gesundheitsbehörden durch einen Stempel beurkundet wurde, normalerweise akzeptiert. Gegen Kinderlähmung kann z. B. passiver Poliomyelitis-Impfstoff an Stelle eines oral verabreichten lebenden Impfstoffs (Schluckimpfung) verabreicht werden.

Eine Tetanusimpfung für Schwangere wird empfohlen, die immunisierte Mutter gibt diesen Schutz an das ungeborene Kind weiter, auch eine eventuell notwendige Nachimpfung während der Schwangerschaft ist möglich. Die Infektion mit *Hepatitis A* während der Schwangerschaft kann unter Umständen zu einer Frühgeburt führen. Vorbeugung durch die Verabreichung von Gammaglobulin wird ggf. empfohlen. Die Malaria-Prophylaxe sollte auch während der Schwangerschaft aufrechterhalten werden, einige dieser Medikamente setzen das ungeborene Kind aber gewissen Risiken aus. Der einzige Wirkstoff, den Schwangere unbedenklich einnehmen können, ist Chloroquin (Resochin). Grundsätzlich sollten die Risiken einer Reise während der Schwangerschaft mit dem behandelnden Arzt besprochen werden.

EMPFÄNGNISVERHÜTUNG

Magen- und Darmkrankheiten können die Absorption von oralen Empfängnisverhütungsmitteln stark beeinträchtigen. Jede Frau, die die Pille einnimmt, sollte sich außerdem bewußt sein, daß dieses Medikament verschreibungspflichtig ist und einige Marken im Ausland ohnehin nicht erhältlich sind. Da die Regelmäßigkeit der Einnahme von entscheidender Bedeutung ist, sollten z. B. extreme Zeitverschiebungen bei langen Flugreisen eingeplant werden. Orale Mittel zur Empfängnisverhütung können auch zur Flüssigkeitsretention beitragen, die besonders in heißem Klima zu Problemen führen kann. Zuverlässige Kondome sind nicht überall auf der Welt erhältlich. Alle eventuellen Unklarheiten sollten vor Antritt der Reise mit dem Frauenarzt besprochen werden.

Behinderten-gerechtes Reisen

Einleitung

Da vielfach die nötigen Einrichtungen und Serviceleistungen im öffentlichen Nah- und Fernverkehr, in Gaststätten und Hotels, Museen und Theatern noch nicht zur Verfügung stehen, sind der Reise- und Unternehmungslust behinderter Mitbürger oft enge Grenzen gesetzt. Ist man kurzzeitig oder langfristig behindert, heißt es noch lange nicht, daß man nicht reisen *will* bzw. reisen *muß*, falls man geschäftlich zu tun hat. Reisen für seh-, geh-, hör- oder anderweitig Behinderte bedürfen genauster, manchmal sogar umständlicher Organisation, brauchen jedoch keineswegs zum unmöglichen Problem werden. Bei guter Planung und Beratung von Seiten des Reiseveranstalters, zwecks was möglich bzw. unmöglich erscheint, steht einem schönen, rundum erholsamen Urlaub nichts mehr im Wege.

WAS ZUR BEHINDERUNG ALLES ZÄHLEN KANN

Es gibt viele Arten von Behinderungen, die spezielle Hilfeleistungen und Einrichtungen erforden können. Die Behinderung von Personen, die an den Rollstuhl gebunden sind oder auf Krücken/Stöcken gestützt herumlaufen, ist leicht erkennbar, andere jedoch nicht. Reisende, die an Epilepsie leiden, blind sind oder einen Schlaganfall erlitten haben, gehören z. B. zu dieser Rubrik. Ihre Behinderung ist nicht offensichtlich, beschränkt sie allerdings dennoch in ihrer Wahl und Bewgungsfreiheit. Zur kurzfristigen Behinderung gehören außerdem Brüche und schwangere Frauen im fortgeschrittenen Stadium. Sie alle verkörpern eine Art von Behinderung und bedürfen daher spezieller Einrichtungen wie auch Aufmerksamkeit.

WICHTIGE PUNKTE

Die Auswahl und Möglichkeiten für Behinderte haben sich in den letzten Jahren deutlich verbessert. Immer mehr Hotels und Verkehrsbetriebe stellen sich auf die Belange behinderter Reisender ein. Es gibt einige Veranstalter und Reisebüros, die behindertengerechte Reisearrangements im Programm haben. Das Angebot umfaßt dabei Pauschalgruppenreisen mit Betreuung, integrierte Reiseangebote für Behinderte (mit Unterstützungsmöglichkeit) und Nichtbehinderte ebenso wie nach individuellen Wünschen zusammengestellte Einzelreisen, bei Bedarf mit Pflege- und Betreuerdienst vor Ort. Auch Aktivurlaub und Sportangebote für Behinderte werden bereits angeboten. Im Adressenteil sind einige nützliche Anlaufstellen genannt, die bei der Planung von Ferienreisen behilflich sein können. Dort weiß man z. B., welche Hotels oder Ferienwohnungen behindertengerechte Einrichtungen haben, welche Transportmöglichkeiten bestehen, wie man Transfers organisiert und welche Reiseziele besonders geeignet sind. In Kopenhagen (u. a. Tivoli, Planetarium, Aquarium, Marinemuseum), Wien (viele Museen, Hofburg), Berlin (u. a. Philharmonie, Deutsche Oper, Nationalgalerie, Theater des Westens) und anderen europäischen Großstädten sind zahlreiche Sehenswürdigkeiten und Kultureinrichtungen behindertenfreundlich. Neben Skandinavien sind vor allem die USA, Kanada und Australien sehr fortschrittlich, was behindertengerechte Einrichtungen und Rollstuhlgängigkeit angeht. In den USA und Australien sind alle öffentlichen Gebäude und Toiletten rollstuhlgängig. In beiden Ländern transportieren die Fluggesellschaften auch behinderte Einzelreisende, was bisher keineswegs überall selbstverständlich ist (s. *Flugzeug*). Die Niederlande verfügen über ein vorbildliches Transportsystem. Feedback – gute wie schlechte Erfahrungen des Kunden – sind nützlich und helfen dem Reisebüro bei künftigen Buchungen für behinderte Reisende. Folgende Angaben sollten grundsätzlich an Reiseveranstalter, Verkehrsunternehmen und Hoteliers weitergegeben werden, um einen angenehmen, problemlosen Aufenthalt zu gewährleisten:

- Art der Behinderung
- Art der Mobilitäts-/Gehbehinderung – werden Stock, Krücken oder eine Stütze benötigt?
- Gebrauch eines Rollstuhls nur bei großen Entfernungen, meistens oder grundsätzlich immer?
- Gibt es Probleme beim Transfer vom Rollstuhl in den Bus, das Flugzeug, den Zug und den Sitzplatz?
- Maße des Rollstuhls, ist er batteriebetrieben und zusammenklappbar?
- Ist eine Begleitperson vorhanden oder reist der behinderte Kunde allein? Welche Hilfeleistungen werden benötigt?

Für Geh- und Sehbehinderte ist es wichtig, in allen Verkehrsmitteln immer Plätze in unmittelbarer Nähe des Eingangs zu reservieren.

Bei Diabetikern ergibt sich das Problem des Auslandskrankenschutzes, der bei chronischen Leiden bei vielen Trägern nicht automatisch gewährleistet ist. Für Diabetiker wurden spezielle Reiseführer mit nützlichen Informationen zusammengestellt. Auskünfte erteilt der Deutsche Diabetiker-Bund (Adresse s. u.). Diabetiker sind natürlich nicht die einzigen, die eine besondere Diät brauchen, hilfreich ist hier die *Diät-Gütezeichen-Broschüre*, die Angaben über Gaststätten, Kurheime und Restaurants in Deutschland enthält, in denen Diätfachkräfte zur Verfügung stehen. Anzufordern ist sie bei der Gütegemeinschaft Diätverpflegung (Adresse s. u.).

VERKEHRSMITTEL

Selbständiges Reisen ist für viele Behinderte immer noch ein Traum. Die Zugänglichkeit öffentlicher Verkehrsmittel läßt trotz mancher Verbesserungen auch heute noch viel zu wünschen übrig. Die Anbindung an Nah- und Fernverkehrsnetze obliegt daher meist privaten Transportdiensten. Die Sonderfahrdienste beschränken sich in Deutschland im wesentlichen auf die Stadtgebiete und sind wegen der großen Nachfrage häufig überlastet. Voranmeldung ist unbedingt erforderlich. Ähnlich ist die Situation in Österreich. In der Schweiz stehen im städtischen und regionalen Verkehr in Bern, Basel, Genf, Lausanne, Luzern, St. Gallen und Zürich *Tixi-Taxis* und ähnliche Dienste zur Verfügung, die jedoch meist zwei Wochen vorher bestellt werden müssen. Nicht so ausgebucht ist die Ferntransportorganisation Behindertenferntransporte *BFT* (Tel: (061) 331 34 34 in Basel), die orts- und kantonübergreifend ist und zum Preis einer Bahnfahrkarte der 1. Klasse auch Fernreisen innerhalb der Schweiz ermöglicht. Ein Verzeichnis aller Schweizer Behindertentransportdienste bekommt man bei *ASKIO*, Effingerstraße 55, CH-3008 Bern, Tel: (031) 381 65 57. In allen größeren dänischen Städten (darunter Kopenhagen, Odense und Århus) kann man behindertengerechte Minibusse mit Betreuungspersonal mieten. Der Transport von Rollstühlen (einschl. elektrischer) ist möglich. Verschiedene Taxifirmen bieten außerdem spezielle Wagen, die für Behinderte geeignet sind. Weitere Informationen über angebotene Transferdienste in anderen Ländern s. *Bahn*.

FLUGZEUG

Behinderte Flugreisende können auf den meisten Flughäfen inzwischen einen Transport-Service zum und vom Flugzeug in Anspruch nehmen. Voranmeldung ist erforderlich. Sie erfolgt bei den Fluggesellschaften oder beim jeweiligen Medizinischen Zentrum. Auf allen deutschen und vielen anderen Flughäfen steht bei Bedarf ein Sanitätsfahrzeug für den Transport zum Flugzeug zur Verfügung. Einige Fluggesellschaften bieten bei Voranmeldung einen Abholservice vom Wohnort zum Flughafen (u. a. *LTU International Airways*). Bedauerlich ist, daß sich einige Fluggesellschaften weigern, alleinreisende Rollstuhlfahrer zu befördern. Im innerdeutschen Flugverkehr wird die Begleitperson Schwerstbehinderter umsonst mitgenommen. *Lufthansa* und *United Airlines* bieten allen Schwerbehinderten (ab 50% Behindertengrad) 30% Rabatt bei Flügen in die USA (Holiday und Economy Class). Lufthansa hat bereits acht Airbusse 320 auf verschiedenen Flugrouten im Einsatz, die über rollstuhlgerechte Toiletten verfügen. Der *Fly Rail Gepäckservice* erlaubt Flugreisenden in der Schweiz, ihr Gepäck von mehr als 100 Schweizer Bahnhöfen direkt zum Zielflughafen aufzugeben und umgekehrt. Auch bei Flugreisen ist eine rechtzeitige Buchung mit Angabe der Behinderung und speziellen Wünschen wichtig. Man sollte bei der Buchung angeben, ob man allein oder in Begleitung reist und ob ein eigener Rollstuhl mitgeführt wird. Bei batteriebetriebenen Rollstühlen ist zu beachten, daß nur Trockenbatterien in Passagierflugzeugen zugelassen sind. Sehbehinderte sollten Bescheid sagen, falls sie einen Leithund mitführen. Die meisten großen europäischen Flughäfen verfügen heutzutage über besondere, durch Piktogramme gekennzeichnete Einrichtungen für Behinderte: Toiletten, Spezialparkplätze, auf Wunsch besondere Betreuung/Hilfestellung, rollstuhlgerechte Telefon- und Telexkabinen, Verstärkeranlagen für Schwerhörige, spezielle Warteräume, Leih-Rollstühle im Flughafenbereich, Rampen, Automatiktüren und Aufzüge.

In **DÄNEMARK** sind an allen Flughäfen mit Ausnahme von Aalborg, Roskilde, Westjütland/Stauning und Sønderberg leihweise Rollstühle erhältlich. Besonders die Einrichtungen am Kopenhagener Flughafen Kastrup sind gut. Fünf Elektrowagen dienen dem Transport von der Transithalle von und zum Flugzeug (stehen Körperbehinderten außer Rollstuhlfahrern zur Verfügung). Es gibt einen Halteplatz für Taxis direkt vor dem Flughafengebäude, den man über eine Rampe erreicht; der Bordstein wird somit nicht zum Problem. Bei vorheriger Benachrichtigung hilft das Personal beim Check-in bzw. Check-out sowie beim Einstieg in das Flugzeug.

NIEDERLANDE: Auf dem Amsterdamer Flughafen Schiphol steht Mobilitätsbehinderten ein 24stündiger Hilfsdienst, der *IHD* (International Help to the Disabled), zur Verfügung. Er hilft u. a. beim Einkauf im Duty-free-Shop, beim Einchecken und begleitet behinderte Fluggäste zum Flugzeug bzw. holt sie von dort ab. Wer die Reise mit der Bahn fortsetzen möchte, wird auf Wunsch von den Mitarbeitern des IHD zum Bahnhof gebracht und auf der Rückfahrt wieder vom Zug abgeholt. Kontaktadresse: *IHD Schiphol Service*, Vertrekpassage 114, NL-1118 AS Luchthaven Schiphol. Tel: (020) 316 14 17. Telefax: (020) 316 14 18. Zusendung von Informationsmaterial unter der Nummer: Tel (020) 408 65 50. Telefax: (020) 408 65 04.

SCHIFF

Auch im Fähr- und Schiffsverkehr werden zunehmend behindertenfreundliche Einrichtungen angeboten. Vor allem neuere Schiffe werden dementsprechend ausgerüstet. Die Reederei sollte schon bei der Buchung auf die Art der Behinderung des Reisenden und die erwünschten Hilfeleistungen hingewiesen werden. Bei Kreuzfahrten sind folgende Punkte zu beachten:

- Kreuzfahrten sollten nur in Begleitung erfolgen und sind nicht für mobilitätsbehinderte Reisende geeignet, die sich gar nicht alleine fortbewegen können.
- Bei Landgängen kann man nicht davon ausgehen, daß die Busse behindertengerecht sind.

Ist der Kunde Rollstuhlfahrer, sollte man sich vor der Buchung folgende Informationen über das Schiff verschaffen:

- Breite der Lifttüren, erlauben die Aufzüge Zugang zu allen Teilen des Schiffes?
- Breite der Kabinen- und Badezimmertür; sind Toiletten und Badezimmer rollstuhlgängig, stehen Rampen zur Überbrückung von Stufen zur Verfügung?
- Gibt es Kabinen mit eigener Toilette/Badezimmer oder eigenem Waschbecken, liegen sie in der Nähe eines Aufzuges?
- Sind alle Gemeinschaftsräume stufenlos zugängig bzw. sind die Türen breit genug?
- Wird für einige Landgänge eine Barkasse verwendet, ist Hilfestellung möglich beim Einsteigen, falls die Treppen nicht benutzt werden können? Ist der Landungssteg zu steil für Rollstuhlfahrer? Kann evtl. die Laufplanke der Besatzung benutzt werden, falls diese niedriger ist?
- Sind besondere Vorkehrungen bei der An- und Abfahrt erforderlich?
- Welche Diäten werden angeboten?
- Werden nur bestimmte Arten von Rollstühlen mitgenommen?
- Steht ein Wäschedienst oder ein Waschsalon zur Verfügung?

Die Schiffahrtslinien der Deutschen Bahn AG, die zwischen Harlesiel und Wangerooge, im Nordseeinselverkehr sowie auf dem Bodensee verkehren, sind behindertengerecht. Gleiches gilt für die Schiffe der Deutschen Fährgesellschaft Ostsee (DFO) und der Dänischen Staatsbahnen (DSB) im Fährverkehr zwischen Puttgarden/Insel Fehmarn und Rødby/Lolland. Bauart und besondere Vorrichtungen wie Aufzüge, Übergangsbrücken und behindertengerechte WCs erleichtern vor allem auf neueren Schiffen behinderten Reisenden die Benutzung. Die innerdänischen Fährverbindungen bieten vielfach behindertenfreundliche Einrichtungen. Einzelheiten sowie Informationen über die Rollstuhlgängigkeit im Fährverkehr zwischen Dänemark und Deutschland, Polen, Norwegen, Schweden, Großbritannien und den Färöern sind einer Broschüre zu entnehmen, die beim Dänischen Fremdenverkehrsamt erhältlich ist (s. *Kontaktadressen*). Die Rollstuhlgängigkeit der Schiffe der *Finnjet Silja Line*, die zwischen Travemünde und Helsinki verkehren, ist gut. Es stehen auch spezielle Kabinen zur Verfügung. Buchungen und Informationen: Tel: (040) 32 13 84 in Hamburg, Tel: (022) 36 64 23-0 in Genf und über Dr. Degener Reisen in Salzburg, Tel: (0662) 80 41 13. Die Fährverbindung zwischen Civitavecchia und Golfo Arnci (Italien) ist ebenfalls rollstuhlgängig. Es steht eine Kabine für Behinderte zur Verfügung. *Hapag-Lloyd-Seereisen* bieten Kreuzfahrten nach Übersee, im Mittelmeerraum sowie Nordlandrundfahrten mit der behindertenfreundlichen MS Europa an, die über eine rollstuhlgängige Kabine, geräumige Kabinen für Mobilitätsbehinderte, eine Dialysestation und geschultes Personal verfügt (Adresse s. u.).

BAHN

In Vorbereitung ist ein länderübergreifendes Vormeldeverfahren für europäische Komfortzüge, das behinderten Reisenden Erleichterungen im innereuropäischen Fernverkehr verschaffen wird. So kann z. B. bei einer Reise von Utrecht nach Genf mit Umsteigen in Köln kann in Zukunft die Anmeldung für benötigte Hilfsleistungen für die ganze Reise am Abfahrtsbahnhof erfolgen. In Köln und Genf wird nach Voranmeldung in Utrecht Personal bereitstehen, um beim Um- bzw. Aussteigen behilflich zu sein. Dieser Service wird zunächst nur in Westeuropa angeboten, die osteuropäischen Länder wollen sich jedoch in absehbarer Zeit ebenfalls anschließen.

DEUTSCHLAND: Die Deutsche Bahn AG hat sich in den letzten Jahren verstärkt um eine behindertengerechte Ausstattung ihres Wagenbestandes bemüht und bietet verschiedene Reiseerleichterungen und Vergünstigungen für behinderte Fahrgäste. Alle EC-/IC- und ICE-Züge sowie InterRegio (IR) und Pendolino haben rollstuhlgerechte Großraumwagen. Rollstuhlgerechte Türen und zugängliche Toiletten stehen ebenfalls zur Verfügung. Klappsessel sorgen im Wagen für Sitzkomfort, und Stellplätze für zwei Rollstühle (alle ICs, fast alle ECs) bzw. einen Rollstuhl (InterRegio) sind vorhanden. Im Nahverkehr haben alle Neubauten und alle modernisierten alten Wagen ein Mehrzweckabteil, in dem Rollstuhlfahrer befördert werden können. Die zugelassene Rollstuhlbreite beträgt maximal 70 cm. In Reisezügen mit älteren Wagen gibt es besondere Abteile für Schwerbehinderte, die jeweils am Ende des Wagens zu finden sind. Unter bestimmten Bedingungen werden Schwerbehinderte sowie eine Begleitperson bzw. ein Blindenführhund kostenlos befördert. Voraussetzung ist der Besitz einer gültigen Wertmarke, die vom zuständigen Versorgungsamt ausgegeben wird (erhältlich wahlweise für ein Jahr oder sechs Monate). In besonderen Fällen werden die Marken gebührenfrei abgegeben. Einzelheiten sind dem Informationsheft der DB »Informationen für behinderte Reisende« zu entnehmen, das allen Fahrkartenausgaben und Reisebüros zugeht.

Die Fahrvergünstigungen gelten sowohl für den Schienenverkehr (einschließlich der S-Bahn- und Vorortzüge sowie nichtbundeseigener Eisenbahnstrecken) als auch für die Nahverkehrsverbindungen der Bahnbusse und der Gemeinschaftslinien der DB mit anderen Verkehrsunternehmen. Darüber hinaus erstreckt sich der Geltungsbereich auch auf die Schiffahrtslinien der DB auf dem Bodensee, zwischen Harlesiel und Wangerooge sowie im Nordseeinselverkehr. Kostenlos befördert werden Rollstühle und andere orthopädische Hilfsmittel. Bei IC-/EC- und ICE-Verbindungen ist zu beachten, daß der behinderte Fahrgast den Zuschlag entrichten muß, die Begleitperson jedoch gratis mitfährt. Reservierungen in Liege- und Schlafwagen sind ebenfalls zuschlagpflichtig. Wer unterwegs, etwa beim Ein- oder Umsteigen, Hilfe benötigt, sollte sich einige Tage vor Reiseantritt mit den betreffenden Bahnhöfen (Abfahrts-, Umsteige- und Zielbahnhof) in Verbindung setzen. Zu diesem Zweck ist dem obengenannten Informationsheft der DB eine Reisevormeldung beigefügt. Falls die Benachrichtigung nicht auf diesem Vordruck erfolgt, sollte das Schreiben neben Namen, Anschrift und Telefonnummer folgende Informationen enthalten: Art der Behinderung, Begleitperson ja/nein, zu transportierende Hilfsmittel (z. B. Rollstuhl), Tag der Abreise, Abfahrts- und Ankunftszeit, Zielort sowie die aus der Platzkarte ersichtliche Zug- und Wagennummer oder ein Treffpunkt. Der genannte DB-Reiseführer enthält außerdem hilfreiche Angaben über die Zugangsmöglichkeiten und die zur Verfügung stehenden Hilfsmittel in den einzelnen Bahnhöfen sowie die jeweiligen Ansprechstellen für Hilfesuchende. An einigen Bahnhöfen kann ein eisenbahngerechter Rollstuhl bestellt werden, der Reisenden auch in nicht behindertengerechten Fernverkehrszügen Zugang zum Abteil verschafft (Einsatzdauer pro Reise möglichst nur drei Tage). Wer es vorzieht, den eigenen Rollstuhl mitzunehmen, kann ihn auch als Reisegepäck aufgeben. Weitere Informationen enthält die Broschüre »Gepäckkurier«.

Alle Bahnhöfe in **ÖSTERREICH** haben Fahr- und Tragsessel, enge Türen und Gänge sind kein Problem. Eine Benutzungsgebühr wird nicht erhoben. Hilfestellung beim Ein- und Aussteigen leistet das Zug- und Bahnhofspersonal. Die Bestellung sollte mindestens drei Tage im voraus am Abreisebahnhof erfolgen. Bahnhöfe mit Hebeliften (auch für schwerere Rollstühle bis zu einem Höchstgewicht von 250 kg) sind im Kursbuch speziell gekennzeichnet. Außerdem werden derzeit in Österreich folgende Bahnhöfe behindertengerecht ausgebaut: u. a. Amstetten, Bludenz, Graz Hbf, Innsbruck Hbf, Knittelfeld, Villach Hbf und Wörgl. Für behinderte Fahrgäste ist der Bahn-Totalservice (einschl. Reservierungen für Sitzplatz, Liege- oder Schlafwagen) besonders günstig. Bahn-Servicepässe beinhalten u. a. den Transfer eines Reisenden mit Gepäck von bzw. zu den Bahnhöfen Wien West und Süd, Linz Hbf, Salzburg Hbf, Innsbruck Hbf, Graz Hbf und Klagenfurt Hbf sowie einen Gepäckträgerdienst im Bahnhof. Die Begleitperson kann den entsprechenden Begleiterpaß für Mitreisende in Anspruch nehmen. Mit dem Ergänzungspaß stehen dem Reisenden dieselben Dienstleistungen am Zielort offen, sofern dieser den Transferservice bietet.

Behinderte mit entsprechendem Ermäßigungsausweis können ihr Gepäck zum halben Preis aufgeben. Dringend benötigte Krankengeräte bis zu einem Gewicht von insgesamt 90 kg werden auf dem Streckennetz der ÖBB kostenlos befördert. Auch in Österreich umfaßt das Serviceangebot außerdem einen Haus-zu-Haus-Gepäckdienst, der die Abholung und Zustellung von zwei Gepäckstücken umfaßt, die an Werktagen im Verlauf von 24 Stunden an den Ferienort gebracht werden.

Viele InterCity- und EuroCity-Züge führen behindertengerechte Wagen. Auch Regionalzüge können zum Teil von Rollstuhlfahrern benutzt werden (maximale Rollstuhlbreite 70 cm, in alten Waggons ohne Rollstuhl-Stellplatz nur 65 cm; Länge: 110 cm; Gewicht: 90 kg). Zwischen Zürich, Wien und Innsbruck fahren täglich Züge mit rollstuhlgängigen Waggons. Auf vielen Strecken gibt es Autoreisezüge, die einen besonderen Service für Behinderte bieten (u. a. Wien – Salzburg, Wien – Innsbruck, Wien – Feldkirch, Linz – Feldkirch). Einzelheiten sind Informationsbroschüren zu entnehmen. Behinderte erhalten das Umweltticket zu ermäßigtem Preis, unter bestimmten Voraussetzungen auch gratis. Sonderprospekte der ÖBB (»Mit dem Rollstuhl auf Reisen« und der »Behindertenführer – Die Bahn fährt für alle«) enthalten weitere Informationen. Bezugsadresse und Informationsstelle für spezielle Anfragen: ÖBB, GD 02, Service für Behindertenfragen, Elisabethstraße 9, A-1010 Wien, Tel: (0222) 58 00-35 80-0.

In der **SCHWEIZ** können behinderte Reisende an vielen Bahnhöfen Rollstühle in Anspruch nehmen, die Bestellung erfolgt beim Abfahrtsbahnhof oder bei der Bahnhofshilfe. Alle EC- und IC-Züge, nahezu alle Schnellzüge und einige Regionalzüge (z. B. die »Kolibris«) haben Wagen 2. Klasse mit einem Rollstuhlabteil. Der Standort des Abteils ist außen und innen mit einem Piktogramm kenntlich gemacht. Neue Spezialwagen für Rollstuhlfahrer ermöglichen zudem auch Gruppenreisen Behinderter mit Begleitpersonen (Reservierung erforderlich). Hebebühne und rollstuhlgerechte Toiletten gehören dabei ebenso zur Standardausstattung wie eine HiFi-Anlage mit Induktionsverstärker für Schwerhörige. Breite Einstiege, neuartige Haltegriffe und automatische Abteiltüren bringen weitere Erleichterungen für Mobilitäts- und Sehbehinderte. Zwischen Genf, Bern, Zürich und St. Gallen sowie Genf, Biel, Zürich und Romanshorn werden Speisewagen eingesetzt, die in den sogenannten Stützpunktbahnhöfen für Rollstuhlfahrer zugänglich sind. Je nachdem, wie schwer ein Rollstuhl ist, stehen behinderten Reisenden unterschiedliche Strecken offen: schwere Rollstühle können nur zwischen Stützpunktbahnhöfen befördert werden, bei Bruttogewicht bis maximal 100 kg kommen zusätzlich auch mittlere Bahnhöfe mit ausreichend Personal für Hilfestellung beim Ein- und Aussteigen in Frage. Bei Voranmeldung können u. U. auch kleinere Bahnhöfe die nötigen Hilfsleistungen geben. Zu beachten sind die in der Schweiz zugelassenen Höchstmaße für Rollstühle: Breite: maximal 70 cm, Länge: 120 cm und Höhe: 109 cm. Für Personen mit Hörgeräten sind immer mehr Fahrkartenschalter mit Verstärkeranlage vorhanden. Mehrfahrtenkarten sind seit einiger Zeit mit einer Blindenschrift versehen. Von Blindenorganisationen ist verschiedenes Informationsmaterial in Blindenschrift erhältlich. Einzelheiten sind dem SBB-Prospekt »Informationen und Tips für behinderte Reisende« zu entnehmen (neue Ausgabe jeweils im Mai). Restexemplare sind an Bahnhöfen und bei der SAEB (Schweizer Arbeitsgemeinschaft für die Eingliederung Behinderter) erhältlich. Anschrift: *SAEB*, Zentralsekretariat, Bürglistraße 11, CH-8002 Zürich. Tel: (01) 201 58 26. Telefax: (01) 202 23 77. Hilfreich sind außerdem die folgenden Broschüren der SBB: das Verzeichnis der Stützpunktbahnhöfe (mit Telefonnummern) ein Prospekt, der die Rollstuhlgängigkeit der Züge beschreibt, ein kleines Fahrplanheft mit internationalen und nationalen Verbindungen, in dem kurz die jeweils zur Verfügung stehenden Einrichtungen erwähnt sind. Ein Gepäck-Abhol- und Zustelldienst per Taxi wird in 20 Städten (einschl. Einzugsgebiet) angeboten. In der Schweiz ansässige Behinderte oder deren ständige Begleitperson werden kostenlos auf dem Schweizer Streckennetz befördert. Die vier Jahre gültige Ausweiskarte für Invaliden stellen die kantonalen Behörden aus. Unter bestimmten Voraussetzungen erhalten Behinderte beim Kauf des Jahres-Generalabonnements einen Preisnachlaß von 30%.

In **GROSSBRITANNIEN** stehen mittlerweile an allen Endbahnhöfen Rollstühle bereit. Die *Disabled Person's Railcard* (12 Monate gültig), gewährt Fahrpreisermäßigungen auch für die Begleitperson. Verbilligte Netz- und Fahrkarten erhalten darüber hinaus auch Rollstuhlfahrer, Blinde und Sehbehinderte (jeweils einschl. Begleitperson), die nicht im Besitz der Sonderbahnkarte sind. Rollstühle und Blindenhunde werden generell kostenlos befördert. Zunehmend stehen in Fern- und Mittelstreckenzügen *Sprinter* rollstuhlgerechte WCs, Stellplätze für Rollstühle und Sitzplätze für eine Begleitperson in Türnähe zur Verfügung. Alle InterCity-Züge haben einen Stellplatz in der 2. Klasse (maximale Rollstuhlbreite in der Regel jedoch nur 67 cm). Die Schlafwagen der InterCity-Nachtzüge (*Sleepers*) von London nach Glasgow, Edinburgh, Aberdeen und Inverness nehmen ebenfalls Rollstühle auf. Vorausbuchung ist generell immer erforderlich. In Schnellzügen fahren Rollstuhlfahrer in der 1. Klasse, ohne Aufpreis. Behindertengerechte Toiletten, Telefonzellen und Rampen stehen inzwischen an vielen großen Bahnhöfen zur Verfügung. Weitere Informationen sind u. a. von der Generalvertretung der Britischen Eisenbahnen in Frankfurt/M. (Tel: (069) 23 85 42 44) und Basel (Tel: (061) 272 14 04) oder bei *British Rail*, Customer Services, Paddington Station, London W2 1HF erhältlich (Tel: (0171) 262 67 67).

In **DÄNEMARK** haben alle IC-Züge einen Stellplatz für Rollstühle sowie Extra-Sitzplätze für Rollstuhlfahrer und Begleitperson in der Nähe einer behindertengerechten Toilette (Reservierung erforderlich, kostenpflichtig für die Begleitperson). Das Personal der DSB steht für Hilfeleistungen bereit. Man sollte mindestens zwei Tage vor der geplanten Abfahrt am Ausgangsbahnhof Bescheid sagen. An allen größeren Bahnhöfen gibt es Fahrstühle oder stufenlose Zugänge zum Bahnsteig. Regionalzüge sind mit Rollstuhl-Stellplätzen ausgestattet. Rampen erleichtern das Ein- und Ausladen. Zwischen einigen Bahnhöfen können nicht-elektrische Rollstühle im voraus aufgegeben werden (Gebühr). Elektrische Rollstühle können als Bahngepäck u. U. auch direkt an die Ferienunterkunft verschickt werden. Weitere Auskünfte erteilt jeder Bahnhof in Dänemark.

FRANKREICH: Informationen (auf Französisch) über die zur Verfügung stehenden Einrichtungen im Bereich der Französischen Eisenbahnen SNCF sind bei der Kommerziellen Vertretung erhältlich: Lindenstraße 5, D-60325 Frankfurt/M., Tel: (069) 975 84 60. In bestimmten Regionen gibt es Transportunternehmen mit behindertengerechten Fahrzeugen. In einigen Städten (Paris, Soissons, Moelan-sur-Mer, Tours, Cambrai und Aureilhan) stehen behindertengerechte Taxis zur Verfügung. Behindertengerechte Einrichtungen sowie Hebevorrichtungen gibt es in allen Pariser Bahnhöfen, wie auch in den Bahnhöfen in Metz, Amiens, Lille, Rennes, Vendôme, Nantes, Limoges, Bordeaux, Toulouse, Lyon, Nîmes, Montpellier, Chambéry, Annecy, Dijon, Strasbourg, Toulon und Marseilles. In den TGVs und in allen anderen Schnellzügen steht ein Stellplatz für Rollstühle in einem Wagen 1. Klasse zur Verfügung (Reservierung erforderlich). Rollstuhlfahrer und ihre Begleiter können ohne Aufpreis in der 1. Klasse fahren. Während der Fahrt steht auf Anfrage ein kleiner Rollstuhl bereit, der den Zugang zu den Toiletten erleichtert. Bei nicht-elektrischen Rollstühlen, die als Gepäck aufgegeben werden, ermäßigt sich die Aufgabegebühr um die Hälfte. Im Bereich der Ile-de-France kann man auf den Strecken der RATP die Hilfe einer Begleitperson in Anspruch nehmen (Voranmeldung beim *Service voyage accompagné*). Einen ähnlichen Service für alle Verkehrsmittel bietet die Organisation *Compagnons du Voyage*. Reservierung erforderlich. Anschrift: 17 Quai d'Austerlitz, F-75013 Paris, Tel: (1) 45 83 67 77. *SOS Voyagers* geben Hilfestellung auf den Stationen Paris Nord, Paris Est, Paris Lyon, Paris Montparnasse, Lille, Strasbourg, Dijon, Clermont-Ferrand, Bordeaux, Lyon Perrache, Lyon Part-Dieu, Toulouse, Marseille, Nice, Rennes und St-Pierre-des-Corps.

Ansprechpartner für Hilfesuchende in **BELGIEN** ist die *Nationalgesellschaft der Belgischen Eisenbahnen*, Rue de France 54, PO Box 56, B-1060 Brüssel, Tel: (02) 525 36 01. Zu-sendung von Informationsmaterial unter: Tel: (02) 525 26 37. Informationen sind auch bei den *Belgischen Eisenbahnen*, Goldgasse 2, D-50668 Köln zu erhalten, Tel: (0221) 13 47 61. Die wichtigsten Bahnhöfe sind mit Hebebühnen ausgestattet, und bei Voranmeldung kann Hilfestellung beim Ein- und Aussteigen geleistet werden.

In **ITALIEN** haben alle Züge eigens für Behinderte reservierte Plätze, und zwar sowohl in der 1. als auch in der 2. Klasse. In den IC- und EC-Zügen gibt es jeweils zwei Stellplätze für Rollstuhlfahrer mit Begleitperson in der 2. Klasse. Hebebühnen stehen auf den wichtigen Bahnhöfen als Einstieghilfe bereit. Rollstuhlfahrer, die ihren eigenen Rollstuhl mitbringen, sollten der Betreuungsstelle Bescheid geben, welche Art von Rollstuhl sie benutzen. Die Beförderung ist generell kostenfrei, jedoch ist zu beachten, daß motorbetriebene Rollstühle nur im Gepäckwagen und solche mit Funktionsknöpfen nur in speziellen Waggons transportiert werden können. Wer in einer Liegeposition befördert werden muß, kann in einigen Wagen der 2. Klasse reisen, in denen drei nebeneinandergelegene Sitze unentgeltlich reserviert werden können. Gratis-Platzreservierung wird in den Pendolino-Zügen nur denjenigen gewährt, die mit Begleitung unterwegs sind. Auskünfte von der Vertretung der Italienischen Staatsbahnen in München, die auf Anfrage auch einen deutschsprachigen Prospekt verschickt, der über die verfügbaren Einrichtungen informiert. Anschrift: Bahnhofsplatz 2, D-80335 München, Tel: (089) 59 36 43. Telefax: (089) 55 34 06.

Informationen über die bestehenden Einrichtungen in **LUXEMBURG** sind über das Betriebsbüro des Bahnhofs Luxembourg zu erhalten. Anschrift: 9 Place de la Gare, L-1018 Luxembourg, Tel: 49 90 33 42.

NIEDERLANDE: Die Niederländischen Eisenbahnen veröffentlichen eine Broschüre in Holländisch, die von der folgenden Adresse bezogen werden kann: *Niederländische Eisenbahnen* A. G., Personenverkehr, *Bureau Assistentieverlening Gehandicapten*, Postbus 2429, NL-3500 HA Utrecht, Tel: (030) 35 55 55 (Öffnungszeiten 08.00-16.00 Uhr). Bei dieser Organisation kann man telefonisch oder schriftlich Hilfeleistungen anfordern (mindestens 24 Stunden vor Reiseantritt). Der Prospekt enthält Informationen über die behindertengerechten Einrichtungen der einzelnen Bahnhöfe. Neue sogenannte *Railhoppers* sollen demnächst als D-Züge verkehren, sie werden derzeit auf der Strecke zwischen Zwolle und Emmen getestet. Der extra breite Einstieg ermöglicht das Herausklappen des neuartigen Rollstuhllifts, der vom Schaffner bedient wird. Der Taxistand der blauen *Treintaxis*, die für die Verbindung von und zum Bahnhof sorgen, ist durch eine blaue Säule gekennzeichnet. Treintaxis stehen von 07.00 Uhr bis zur Abfahrt des letzten Zuges zur Verfügung. Die Benutzung ist nur mit dem *Treintaxibiljet* möglich, das an den Fahrkartenschaltern bei Vorlage der Bahnfahrkarte erhältlich ist. Vorbestellung der Taxis mindestens eine halbe Stunde vor der geplanten Abfahrt (die Begleitperson muß auch eine Fahrkarte haben). Hilfestellung beim Ein-, Um- und Aussteigen (nicht jedoch beim Tragen des Gepäcks) leistet das Bahnhofspersonal. Telefonische oder schriftliche Voranmeldung beim *Bureau Assistentieverlening Gehandicapten* (Adresse s. o.). Auf einigen Bahnhöfen kann diese Hilfestellung allerdings nicht gegeben werden. Folgende Höchstmaße für Rollstühle sind in holländischen Zügen zugelassen: Breite: maximal 85 cm, Länge: maximal 150 cm und Gewicht: maximal 250 kg. Für Gehbehinderte, die kleine Strecken auch selbst laufen können, stehen auf einigen Stationen Rollstühle des Roten Kreuzes zur Benutzung auf dem Bahngelände zur Verfügung. Aus Sicherheitsgründen können einige Lifte nur in Begleitung des Bahnhofspersonals benutzt werden. Zu vermeiden sind die Stationen Hemmen-Dodewaard, Kesteren und Klarenbeek, deren Bahnhöfe schlecht zugängliche Einstiege bieten. In den neuen InterCity-Zügen, die zwischen Rotterdam, Den Haag, Enschede und Groningen, Zandvoort aan Zee und Heerlen/Maastricht, Den Haag CS und Venlo, Hoofddorp und Enschede/Bad Bentheim sowie Hoofddorp und Leeuwarden/Groningen verkehren, ist jeweils ein Wagen mit einem Stellplatz für einen Rollstuhl vorhanden. Bei Weiterreise mit dem Flugzeug vom Amsterdamer Flughafen Schiphol kann man die Dienste des IHD (*International Help to the Disabled)* in Anspruch nehmen. Näheres s. *Flugzeug*.

In **NORWEGEN** verfügen alle tagsüber verkehrenden Schnellzüge auf den Strecken Oslo – Bergen, Oslo – Stavanger, Oslo – Trondheim und Trondheim – Bodø über Sonderwagen für Behinderte. Ferner kann an allen Bahnhöfen auf diesen Strecken Hilfe beim Ein- und Aussteigen in Anspruch genommen werden.

In **SCHWEDEN** führen die Züge auf zahlreichen Strecken, darunter fast alle InterCity-Strecken, Extrawagen für Behinderte (Kennzeichnung B8R). Falls dieser ausgebucht ist, steht in allen InterCity- und bestimmten anderen Zügen ein weiterer Stellplatz zur Verfügung. Alle neuen Wagen haben generell behindertengerechte Toiletten und einen Rollstuhl-Stellplatz. Der superschnelle X 2000 hat ebenfalls Stellplätze für Rollstühle und zusätzlich eine Hebebühne. Mahlzeiten können direkt am Platz serviert werden. Die neuen Bahnhöfe sind behindertengerecht (spezielle WCs, Rampen, automatische Türen), einige haben außerdem behindertengerechte Telefon- und Telefaxkabinen sowie Orientierungshilfen für Sehbehinderte. Für den Transfer stehen ein Fahrdienst *(Färdtjänst)* oder Zugtaxen *(Tågtaxi)* zur Verfügung. Nähere Informationen bei den *Schwedischen Staatsbahnen SJ* (S-105 50 Stockholm, Tel: (08) 762 40 01, Telefax: (08) 762 40 00) oder bei der *Vertretung der Schwedischen Eisenbahnen*, Düsseldorfer Straße 18, D-60329 Frankfurt/M., Tel: (069) 25 24 27, Telefax: (069) 25 24 35.

FERNBUS

DEUTSCHLAND: Wer es vorzieht, mit dem Bus zu reisen, kann auf ein Verzeichnis von Busbetrieben mit behindertengerechten Fahrzeugen zurückgreifen, die beim *Bundesverband Deutscher Omnibusunternehmer e. V.* zu beziehen ist. Anschrift: Coburger Straße 1c, D-53113 Bonn, Tel: (0228) 23 80 78. *Holtappels-Reisen* in Bonn veranstaltet Behinderten-Busreisen durch ganz Europa (Tel: (0228) 64 24 02). In der **SCHWEIZ** bietet der schon erwähnte *BFT* in Basel die Möglichkeit, per Bus Reisen durch die Schweiz zu unternehmen (s. o.). In **ÖSTERREICH** führen einige private Transportunternehmen (z. B. *Fahrtendienst Haas* in Wien) auch längere Fahrten, etwa nach Linz, durch. Die Voranmeldung sollte einige Tage im voraus erfolgen. Auf Strecken über 100 km verkehren in **DÄNEMARK** in der Regel mindestens einmal täglich in beide Richtungen Busse mit Lift und Stellplatz für mindestens zwei Rollstühle. Vor allem in Jütland und auf den Linien, die Kopenhagen mit anderen großen Städten wie Århus und Aalborg verbinden, stehen solche Busse bereits zur Verfügung.

STADTVERKEHR

Viele internationale Autovermietungen bieten inzwischen behindertengerechte Fahrzeuge (auch mit Handbetrieb) und rollstuhlgängige Wohnmobile (letztere v. a. in Kanada und USA). Einziger Anbieter umgerüsteter Mietwagen in **DEUTSCHLAND** ist derzeit *Europcar* (erhältlich vor allem an Flughäfen). In vielen Großstädten werden die U- und S-Bahnhöfe allmählich mit behindertengerechten Aufzügen ausgestattet; die neuen Busse und Straßenbahnen sind meist schon ganz behindertengerecht mit hydraulischen Hubliften, oder sind wenigstens so niederflurig, daß das Einsteigen mit geringer Hilfestellung durch die verbreiterten Mitteltüren erfolgen kann. Stellplätze für Rollstühle sind vorhanden. In Berlin, Bremen, Bremerhaven, Hamburg und München steht bereits ein Basisnetz behindertengerechter bzw. -freundlicher Linien zur Verfügung, das weiter ausgebaut werden soll. Ähnlich ist es in anderen Städten. In Deutschland sollen generell nur noch Niedrigflurfahrzeuge im Bus- und Straßenbahnverkehr eingesetzt werden.

Steuertasten in Bahnhofs-Aufzügen sind zunehmend auch in Braille beschriftet, um Sehbehinderten die Benutzung zu erleichtern. Geriffelte Leitstreifen an der Bahnsteigkante dienen als Orientierungshilfe und akustische Signale zeigen in neuen U- und S-Bahnwagen das Schließen der Tür an. Gehörbehinderte können sich an automatische Stationsanzeigen und Warnleuchten halten, die das Schließen der Türen signalisieren. Viele deutsche Städte haben bereits kostenlose Stadtführer für Behinderte zusammengestellt, die meist Auskunft über die Benutzungsmöglichkeiten des jeweiligen Nahverkehrssystems geben und über das betreffende Verkehrs- oder Sozialamt zu beziehen sind. Die Bundesarbeitsgemeinschaft der Clubs Behinderter und ihrer Freunde e. V. (BAGC) verschickt auf Anfrage eine Liste der Städte im In- und Ausland, die einen solchen Stadtführer herausgeben (Anschrift s. u.).

Busse im Stadt- und Regionalverkehr werden auch in **DÄNEMARK** zunehmend behindertengerecht ausgestattet. Niedrigflurbusse sind verstärkt im Einsatz, sie sind jedoch meist nicht für alle Rollstühle geeignet. Auf Strecken über 100 km verkehren in der Regel mindestens einmal täglich in beide Richtungen Busse mit Lift und Stellplatz für mindestens zwei Rollstühle. Vor allem in Jütland und auf den Linien, die Kopenhagen mit anderen großen Städten wie Århus und Aalborg verbinden, stehen solche Busse bereits zur Verfügung. Viele Stationen der Kopenhagener S-Bahn haben einen Fahrstuhl, oder der Bahnsteig ist nicht nur über eine Treppe zugänglich.

ENGLAND: Fast alle neuen Londoner Taxis können Rollstühle befördern, man findet sie an Bahnhöfen, Flughäfen und Hotels. Private Taxis, die sogenannten Minicabs, sind allerdings zumeist nicht in der Lage, Rollstühle aufzunehmen. Behindertenfreundliche Transferbusse *(Stationlink)* verbinden täglich einmal stündlich von Bahnhof Paddington ausgehend alle Londoner Bahnhöfe. Man hat Anschluß zu den rollstuhlgängigen AIRBUS-Bussen zum Flughafen Heathrow. In vielen Stadtvierteln verkehren behindertengerechte *Mobility Busses*, die vor allem zu Einkaufszentren fahren. Plätze in einem rollstuhlgerechten Bus der *Original London Sightseeing Tour* müssen vorbestellt werden. Geriffelte Leitstreifen kennzeichnen Fußgängerübergänge und Bordsteine, ein Signalton die Grünphase vieler Ampeln. Weitere Auskünfte erteilt der Behindertenservice der Londoner Verkehrsbetriebe: *The Unit for Disabled Passengers*, London Regional Transport, 172 Buckingham Palace Road, London SW1W 9TN (Tel: (0171) 918 33 12. Telefax: (0171) 918 38 76). Broschüren sind dort ebenfalls erhältlich.

Andere europäische Großstädte bemühen sich ebenfalls um verbesserte Einrichtungen für Behinderte. In Wien und Graz werden zunehmend Niedrigflurbusse eingesetzt. Für 1995 ist in Wien die Einführung von Niederstflur-Straßenbahnzügen geplant, die es Rollstuhlfahrern ermöglichen werden, alleine aus- und einzusteigen (Einstiegshöhe nur 15-20 cm). Die vielfach in der Schweiz eingeführten Niederflurfahrzeuge sind leider oft nicht für alle Rollstühle geeignet.

UNTERKUNFT

Wichtig bei der Wahl des Ferienortes ist, neben den Transportmöglichkeiten, die Art der Unterkunft. Türbreite, Stufen, Anzahl und Größe der Fahrstühle, die Beschaffenheit der näheren Umgebung: steil/flach, (un)ebene/(un)befestigte Wege und andere Gesichtspunkte spielen bei Mobilitätsbehinderten eine wichtige Rolle. Für Sehbehinderte ist eine einfache räumliche Anordnung vorteilhaft, lange Gänge mit vielen Abzweigungen erschweren die Orientierung. Seitens des Reisebüros gilt es, genau die Bedürfnisse des Kunden zu erfragen und durch schriftliche Bestätigung sicherzustellen, daß die benötigten Einrichtungen auch zur Verfügung stehen. Zimmer im Parterre sind ideal, jedoch auch Räume in unmittelbarer Nähe eines Aufzuges sind geeignet, wobei darauf zu achten ist, daß der Aufzug groß genug ist (mind. 120 cm x 80 cm) und keine Stufen auf dem Weg zwischen dem Zimmer und dem Fahrstuhl zu bewältigen sind. Die Zimmertür muß mindestens 75 cm breit sein, und es muß Platz genug sein (mind. 120 cm x 120 cm), damit ein Rollstuhlfahrer wenden kann. Auf einer Seite des Bettes muß zudem ein Freiraum von mindestens 80 cm vorhanden sein. Haltestangen an Bad und WC sind ebenfalls nötig (Mindestbreite der Badezimmertür: 75 cm). Es empfiehlt sich, eine Unterkunft in zentraler Lage zu wählen. Der Zugang zur Unterkunft selbst sowie der Weg in die Aufenthaltsräume und Freizeiteinrichtungen sollte gleichfalls einfach sein. Einige Hotels bieten völlig rollstuhlgerechte Zimmer. Die deutschen Landesverbände, Spezialveranstalter und Informationsstellen wie Mobility International (Adresse s. u.) informieren über geeignete Unterkünfte im In- und Ausland einschließlich der zur Verfügung stehenden Betreuungsmöglichkeiten.

Das britische *Hotel and Holiday Consortium* vergibt an Beherbergungsstätten mit behindertengerechter Ausstattung das sogenannte *Accessible Symbol*. U. a. müssen folgende Mindestanforderungen erfüllt werden: Soweit vorhanden, müssen Rezeption, Restaurant oder Speisesaal, Foyer, Fernsehzimmer (sofern kein TV-Gerät im Zimmer zur Verfügung steht) sowie Bar für behinderte Gäste zugänglich sein. Mindestens ein Gästezimmer muß mit rollstuhlgerechtem Bad/WC oder einer Unisex-Toilette und Dusche/Bad auf der gleichen Etage ausgestattet sein. Behindertengerechter Zugang zum Gebäude. Behindertenparkplatz.

Informationsbroschüren erleichtern die Wahl eines Feriendomizils. Das Schweizer Verkehrsbüro gibt ein Verzeichnis geeigneter Unterkünfte heraus. Ein kostenloser »Hotelführer für Behinderte« ist überdies beim Schweizerischen Invalidenverband zu bestellen. Mobility International Schweiz hat ebenfalls einen Ferien-, Hotel- und Campingführer für die Schweiz erstellt (Adressen s. u.). Die BAGC hat eine Datenbank behindertengerechter Unterkünfte in Deutschland. Der ADAC veröffentlicht »Familien-Ferien«, in der behindertenfreundliche Ferienheime entsprechend gekennzeichnet sind. Die Broschüre erscheint jährlich im Dezember und ist bei allen ADAC-Geschäftsstellen erhältlich. Am besten erkundigt man sich jedoch direkt vor Ort, ob die gewünschte Unterkunft auch wirklich auf die betreffende Behinderung eingestellt ist. In Österreich gibt es verschiedene Regionalverzeichnisse geeigneter Unterkünfte und Einrichtungen, jedoch keinen umfassenden Katalog für ganz Österreich. Bei der Irischen Fremdenverkehrszentrale kann eine Liste angefordert werden, in der behindertenfreundliche und rollstuhlgängige Hotels, Privatunterkünfte und Ferienhäuser in ganz Irland verzeichnet sind (Adresse s. u.).

Urlaub auf dem Bauernhof: Behindertengerechte Unterkünfte sind im Katalog der DLG gekennzeichnet. Dieser erscheint jährlich Ende November/Anfang Dezember, kostet 14 DM (zzgl. 5,50 DM Porto) und ist zu beziehen bei: *Deutsche Landwirtschafts-Gesellschaft, DLG-Verlag, Eschborner Landstraße 122, D-60489 Frankfurt/M. Tel: (069) 2 47 88-455. Telefax: (069) 2 47 88-480.*

Inzwischen gibt es auch viele **Feriendörfer,** die sich auf die Belange Behinderter eingestellt haben. Die nachstehend genannten Informationsstellen können bei der Wahl behilflich sein. In Dänemark wurde 1990 an der Ostküste Jütlands bei Grenaa das erste Feriendorf für Behinderte (*Dronningens Ferieby*) eröffnet, insgesamt stehen 3 Doppel- und 16 Einzelhäuser zur Verfügung. »Reisen in Dänemark für Körperbehinderte« enthält Angaben über behindertenfreundliche Unterkunftsmöglichkeiten (einschl. Feriendörfer) in den beliebtesten dänischen Urlaubsgebieten (erhältlich vom Dänischen Fremdenverkehrsamt, s. u.).

KONTAKTADRESSEN

Mobility International Schweiz
Froburgstraße 4
Postfach
CH-4601 Olten
Tel: (062) 212 71 52. Telefax: (062) 212 31 05.
(Hotelführer für die Schweiz, Infothek über veröffentlichte Behindertenreiseführer, Auslandsdatenbank für Transportmöglichkeiten, behindertengerechte Unterkünfte, Informationsmaterial über internationale Ferienlager und Sportreisen für Behinderte)
TAMAM-Reisen
Hard 4
CH-8408 Winterthur
Tel: (052) 222 57 25. Telefax: (052) 222 68 38.
(Individual- bzw. Gruppenreisen für Behinderte)
Zelmer-Reisen
Reiseagentur für Behinderte
Am Anker 2
D-40668 Meerbusch
Tel: (02150) 18 61. Telefax: (02150) 54 63.
Carla M. Arning
Dr. Großmann-Straße 3
D-32602 Vlotho
Tel: (05733) 62 10.
(Angebote von Studienreisen im In- und Ausland für Blinde und Sehbehinderte)
Nierenkranke können eine Gastdialyse in Anspruch nehmen, Auskünfte geben:
Dialysepatienten Deutschlands e. V.
Weberstraße 2
D-55130 Mainz
Tel: (06131) 8 51 52. Telefax: (06131) 83 51 98.
(kostenpflichtiges Verzeichnis der Dialysemöglichkeiten, preisgünstiger über Regionalgruppen zu beziehen)
Hilfsfonds Dialyseferien e. V.
Gemeinnütziger Verein
Rieslingweg 10
D-71554 Weissach
Tel: (07191) 5 48 68.
Hapag-Lloyd-Kreuzfahrten GmbH
Gustav-Deetjen-Allee 2-6
D-28215 Bremen
Tel: (0421) 35 00-219. Telefax: (0421) 35 00-593.
(Kreuzfahrten, eine Kabine für Rollstuhlfahrer, geräumige Kabinen für Gehbehinderte, Dialysestation, geschultes Personal)
Reisebüro Hebestreit
Markgröninger Straße 53
D-71701 Schwieberdingen
Tel: (07150) 3 13 94. Telefax: (07150) 3 16 66.
(Reisen für Dialysepatienten)
Mobility Tours
c/o Egnatia Tours
Piaristengasse 60
A-1080 Wien
Tel: (0222) 405 53 46. Telefax: (0222) 405 66 68 33.
(Gruppenreisen ins Ausland mit Betreuungsdienst)
Deutscher Diabetiker-Bund
Bundesverband
Danziger Weg 1
D-58511 Lüdenscheid
Tel: (02351) 98 91 53. Telefax: (02351) 98 91 50.
(Informationsmaterialien, Beratung; auch in den einzelnen Landesverbänden)
Gütegemeinschaft Diätverpflegung
Moorenstraße 80
D-40225 Düsseldorf
Tel: (0211) 33 39 85.
(Diät-Gütezeichen-Broschüre mit Angaben über Gaststätten, Kurheime und Restaurants in Deutschland, in denen Diätfachkräfte zur Verfügung stehen; Schutzgebühr: 6 DM)
Finnische Zentrale für Tourismus
Postfach 170265
D-60076 Frankfurt/M.
Tel: (069) 719 19 80. Telefax: (069) 724 17 25.
Prospektversand: Tel: (06102) 310 04. Telefax: (06102) 735 20.
Mo-Fr 10.00-16.00 Uhr.
(auch zuständig für Österreich)
Finnische Zentrale für Tourismus
Schweizergasse 6
CH-8001 Zürich
Tel: (01) 211 13 40. Telefax: (01) 211 11 19.
Mo-Fr 09.00-12.30 und 13.30-16.00 Uhr.
(englischsprachiges Verzeichnis behindertengerechter Unterkünfte in Finnland)
Dänisches Fremdenverkehrsamt
Postfach 101329
D-20008 Hamburg
Tel: (040) 32 78 03. Telefax: (040) 33 70 83.
Mo-Fr 10.00-16.00 Uhr (nur telefonisch).
(kostenlose Broschüre »Reisen in Dänemark für Körperbehinderte«)
Irische Fremdenverkehrszentrale
Untermainanlage 7
D-60329 Frankfurt/M.
Tel: (069) 23 64 92. Telefax: (069) 23 46 26.
Mo-Do 09.00-17.15 Uhr, Fr 09.00-17.00 Uhr.
Irische Fremdenverkehrszentrale
Hilton Center
16. Stock
Landstrasser Hauptstraße 2
A-1030 Wien
Tel: (0222) 715 83 17.
Mo-Fr 10.00-11.30 und 14.00-16.00 Uhr.
Irland Informationsbüro
Neumühle Töss
Neumühlestraße 42
CH-8406 Winterthur
Tel: (052) 202 69 06/07. Telefax: (052) 202 69 08.
Mo-Fr 08.30-11.30 und 14.00-17.00 Uhr.
(Liste rollstuhl-/behindertenfreundlicher Unterkunftsmöglichkeiten kann angefordert werden)
New Zealand Tourism Board
Friedrichstraße 10-12
D-60323 Frankfurt/M.
Tel: (069) 97 12 11-0. Telefax: (069) 97 12 11-13.
Mo-Fr 09.00-17.30 Uhr.
Bundesarbeitsgemeinschaft der Clubs Behinderter und ihrer Freunde e. V. – BAGC
Eupener Straße 5
D-55131 Mainz
Tel: (06131) 22 55 14, 22 57 78. Telefax: (06131) 23 88 34.
(Listen rollstuhl-/behindertengerechter Einrichtungen im In- und Ausland; Informationen über Verkehrsmittel, einschlägige Reiseveranstalter und Reiseführer; auf Anfrage Informationen zu vielen Städten im In- und Ausland, die Stadtführer für Behinderte anbieten)
Bundesarbeitsgemeinschaft Hilfe für Behinderte e. V.
Kirchfeldstraße 149
D-40215 Düsseldorf
Tel: (0211) 310 06-0.
Mo-Do 08.30-12.30 und 13.30-15.30 Uhr, Fr 08.30-13.00 Uhr.
(Liste mit Reiseveranstaltern, 3 DM Versandgebühr, auch in Briefmarken)
Kommunalverband Ruhrgebiet
Kronprinzenstraße 35
D-45128 Essen
Tel: (0201) 2 06 90. Telefax: (0201) 206 95 00, Telefax für Bestellungen: (0201) 206 97 45.
(kostenlose Broschüre »Wege für Rollstuhlfahrer« mit Kartenmaterial für Naherholungsgebiete im Ruhrgebiet)
Schweiz Tourismus
Bellariastraße 38
Postfach
CH-8027 Zürich
Tel: (01) 288 11 11. Telefax: (01) 288 12 05.
(Verzeichnis geeigneter Unterkünfte, auch über die anderen Schweizer Verkehrsbüros erhältlich, s. *Schweiz*)
Schweizerischer Invalidenverband
Froburgstraße 4
CH-4601 Olten
Tel: (062) 212 12 62.
(kostenloser »Hotelführer für Behinderte«)
Reisebüro Nautilus
Froburgstraße 4
CH-4601 Olten
Tel: (062) 212 33 49.
Verband der Querschnittsgelähmten Österreichs
Sahulkastraße 3/9/R 10
A-1100 Wien
Tel: (0222) 616 86 78.
Holiday Care Service
2nd Floor
Empirial Buildings
Victoria Road
Horley
GB-Surrey RH6 7PZ
Tel: (01293) 77 45 35. Telefax: (01293) 78 46 47.
(Informationsbroschüren über alle Reisebelange behinderter Feriengäste in Großbritannien und anderen europäischen Ländern (geeignete Unterkünfte, auch mit Pflegepersonal und medizinischer Betreuung, Verkehrsmittel, Mietwagen, Aktiv- und Hobbyferien, medizinische Versorgung und organisierte Ferienreisen). Das *Holiday Helper Scheme* stellt behinderten Reisenden auf Wunsch für die Dauer des Aufenthalts einen Begleiter zur Seite.)

Die Welt des Buddhismus

Einführung

Der Buddhismus ging aus den Lehren von Siddharta (Buddha) hervor, eines Angehörigen der adeligen Shakyan-Sippe, der im 6. und 5. Jahrhundert v. Chr. in der Ganges-Ebene in Nordindien lebte. Es wird allgemein angenommen, daß er 563 v. Chr. geboren wurde und um 480 v. Chr. starb. Siddharta war jahrelang ein Anhänger des weitverbreiteten Wedismus, einer spirituellen und philosophischen Glaubensrichtung, aus der der Brahmanismus hervorging. Siddharta zog sich mit 29 Jahren aus dem weltlichen Leben zurück und wurde zum Asketen, der als Prediger durch das Land wanderte. Seine Lehren, denen ein tiefes Erlebnis der »Erleuchtung« zugrundeliegt, übten in vielerlei Hinsicht Kritik an den Doktrinen des Wedismus, so z. B. am Kastensystem und an Opfergaben, und beruhten auf einem Spiritualismus, der dem Menschen die Möglichkeit gibt, die Schmerzen und Leiden der Welt durch Versenkung und Läuterung zu überwinden und das *Nirwana* (»Erlöschen« oder »Verwehen«) zu erreichen. Als Quelle des Leidens werden die menschlichen Begierden gesehen, die es nach und nach zu überwinden gilt. Endziel des Buddhismus ist die Erlangung der Erleuchtung. »Buddha« bedeutet »der Erleuchtete« – und das Aufgehen im Nirwana, dem Endzustand absoluter Seelenruhe. Siddharta hat immer wieder betont, er sei weder ein Gott noch der Sohn eines Gottes und auch kein Prophet, sondern einfach ein gewöhnlicher Mensch, der durch Religiösität einen Zustand der Erleuchtung erreicht hat. Der Buddhismus ist keine theistische Religion, d. h. kein Gott ist Zentralfigur des Glaubens wie im Christentum, Islam und Judaismus, sondern der Mensch im Stadium der vollständigen Erleuchtung. Man erreicht diesen Zustand durch Meditation und persönliche religiöse Erfahrungen sowie durch eine asketische und altruistische Lebensweise. Das Stadium der Erleuchtung wird nicht als konstant betrachtet, sondern fluktuiert ständig. Siddharta selbst hat seine Lehren während seines ganzen Lebens den jeweiligen Umständen und individuellen Erfahrungen angepaßt. Ein Zentralbegriff der Lehre ist das *Karma*, das gute und böse Handeln eines Menschen, das bestimmt, in welcher Form und auf welcher Entwicklungsstufe er im nächsten Leben wiedergeboren wird. Buddhisten glauben, daß das Schicksal eines Menschen in direktem Zusammenhang mit seinem Lebenswandel und Handeln in früheren Leben steht. Der Glauben an die Wiedergeburt und die Seelenwanderungslehre sind von zentraler Bedeutung. Der Kreislauf der Wiedergeburten endet erst mit dem Aufgehen im Nirwana. Im 5. Jahrhundert v. Chr. hatte sich der Buddhismus in Nordindien etabliert und blieb auch für die nächsten hundert Jahre auf den indischen Subkontinent begrenzt. Im 4. Jahrhundert v. Chr. breitete er sich nach Nepal aus und im 2. Jahrhundert v. Chr. bis nach Kaschmir, Sri Lanka und Zentralasien. Zu Beginn der christlichen Zeitrechnung hatte sich der Buddhismus auch in China durchgesetzt, Ende des 3. Jahrhunderts n. Chr. erreichte er Korea.

Der zu dieser Zeit stetig zunehmende Handel im Fernen Osten trug zur weiteren Verbreitung des Buddhismus bei; im 7. Jahrhundert gab es auch auf Java, Sumatra, in Japan, Tibet, Thailand und Burma (heute Myanmar) Buddhisten. Eine Expansion nach Westen wurde durch den Siegeszug des Islam verhindert, der ca. 630 begonnen hatte; in anderen Regionen bekehrten sich jedoch Teile der Bevölkerung zu dem neuen Glauben – Bhutan zum Beispiel kam erst im 9. Jahrhundert mit dem Buddhismus in Berührung, ist jedoch heute eine seiner Hochburgen.

Da sich die Verbreitung des Buddhismus über einen langen Zeitraum (über 1500 Jahre) hinzog, entwickelten sich drei verschiedene Richtungen:

Der **Hinajana-Buddhismus**, der in Thailand, Sri Lanka, Myanmar (Burma), Laos und Kambodscha stark vertreten ist, stellt die strengste buddhistische Lehre dar, nach der man Erlösung nur in strengster Mönchsaskese erlangt. Die Mönche in diesen Ländern tragen orangefarbene oder safrangelbe Gewänder.

Der **Mahajana-Buddhismus** ist der jüngere und freiere Laienbuddhismus und wird vor allem in China, Japan (in diesen beiden Ländern vorwiegend als Zen-Buddhismus) und in Korea weithin praktiziert. Die Priester tragen braune, graue oder schwarze Gewänder.

Der **Wadschrajana-Buddhismus**, eine esoterische Heilslehre, ist in Tibet, Nepal, Sikkim, Bhutan und der Mongolei vertreten; in Tibet und der Mongolei vor allem als Lamaismus (Verschmelzung mit einheimischem magischem Kult), dessen Oberhäupter der Dalai-Lama und Pantschen-Lama sind. Die Mönche tragen rotbraune Gewänder.

Heute ist der Buddhismus keine straff organisierte Religion mit zentralisierten Institutionen, obwohl es doch eine hierarchische Organisationsform innerhalb der drei obengenannten Glaubensrichtungen gibt. In Ländern wie Thailand, Sri Lanka, Myanmar (Burma) und Bhutan, wo der Buddhismus Staatsreligion oder von staatlicher Seite geschützt ist und große Teile der Bevölkerung dem buddhistischen Glauben angehören, sind Staat und Religion sehr eng miteinander verknüpft; Organisation und Institutionen sind in diesen Ländern recht formell. In anderen Ländern, wie z. B. Japan, ist der Buddhismus nicht so fest im öffentlichen Leben verankert und noch weniger institutionalisiert.

BUDDHISTISCHE FESTE

Besucher sind immer auf den zahlreichen farbenprächtigen Festivals willkommen, die ein wichtiger Bestandteil der buddhistischen Lebensweise sind. Es ist jedoch nicht immer leicht, die genauen Daten der Veranstaltungen herauszufinden, da sie nach dem Mondkalender berechnet und oft bei Vollmond abgehalten werden – daher ändern sich die Termine entsprechend von Jahr zu Jahr. Zudem hat jedes Land seine eigenen Feste – es empfiehlt sich, die Daten jeweils vor der Reise zu erfragen. Die einzelnen Länderkapitel in diesem Buch enthalten eine Rubrik mit *Gesetzlichen Feiertagen*, außerdem erteilen die betreffenden Botschaften, Konsulate und Fremdenverkehrsämter gern weitergehende Auskünfte über Feste und Feierlichkeiten, an denen Banken und Geschäfte nicht geschlossen sind. Hilfreiche Adressen am Anfang jedes Kapitels. Die wichtigsten Feste sind hier kurz beschrieben.

Wesak oder Buddha-Tag: Zum Gedenken an Buddhas Erleuchtung, seine Geburt und seinen Tod. Dieses Fest findet im Mai zur Zeit des Vollmonds statt und wird in allen Ländern gefeiert, deren Bewohner dem Hinajana-Buddhismus angehören. Die Häuser und Straßen werden mit Girlanden und gestreiften buddhistischen Flaggen geschmückt, Mönche und Prozessionen ziehen durch die Straßen. Die Gläubigen suchen die Tempel auf, um zu meditieren und religiösen Diskursen zuzuhören.

Kandy Perahera: Dieses Fest wird alljährlich in Kandy, Sri Lanka, gefeiert, dauert etwa eine Woche und findet im Juli oder August statt. Ein Zahn des Buddha, den man in einem Tempel aufbewahrt, wird in farbenprächtigen Prozessionen mit zahlreichen Elefanten durch die Stadt getragen.

Songkran wird im April in Thailand begangen und dauert drei Tage. Zu diesem farbenfrohen Fest spritzt man sich gegenseitig naß, Papierdrachen-Wettkämpfe werden abgehalten, Fische werden freigesetzt, besondere Tänze aufgeführt und vieles andere mehr.

Hana Matsuri (Blumenfest im April), *Jodo-e* (Dezember) und *Nehan-e* (Februar) werden in Japan zum Gedenken an Geburt, Erleuchtung und Tod des Buddha begangen.

Das **Chinesische Neujahr** ist das wichtigste Fest in China und all jenen Ländern, deren Bevölkerung dem Wadschrajana-Buddhismus angehört; auch die chinesischen Einwohner von Malaysia, Taiwan (China), Hongkong, Hawaii und anderer Länder begehen dieses Fest, dessen Ursprung auf die Zeit vor der Etablierung des Buddhismus zurückgeht und das ursprünglich den Frühlingsanfang feierte. Die Feierlichkeiten dauern ca. eine Woche und beginnen entweder Ende Januar oder im Februar. Der dritte Tag ist dem Laternenfest gewidmet – an diesem Tag ziehen die wunderschön bemalten, großen Drachen tanzend durch die Straßen.

In Ländern, in denen der Wadschrajana-Buddhismus überwiegt, werden weitere, äußerst farbenprächtige Festivals und Zeremonien veranstaltet, bei denen Dämonentänze aufgeführt werden und Mönche mit bunten Kopfbedeckungen auf alphornähnlichen Blasinstrumenten spielen. Die Daten für diese Feste sind sehr unterschiedlich, man erkundigt sich am besten kurz vor der Abreise bei der Botschaft oder beim Fremdenverkehrsamt.

Die Welt des Islam

Einführung

Der islamische Prophet Mohammed wurde im Jahre 570 geboren. Sein Vater, ein Qureischi aus Mekka, starb vor seiner Geburt und seine Mutter, als er sechs Jahre alt war. Das Kind wuchs bei seinem Großvater auf, der ihm dabei half, sich im Alter von 25 Jahren in Mekka als Händler zu etablieren. 612 begann er mit der Verkündung seiner Lehren, nachdem er sich durch Visionen zum Propheten berufen fühlte. Trotz anfänglicher Erfolge zwangen ihn die Bürger der Stadt im Jahre 622, nach Medina umzusiedeln. Während der nächsten zehn Jahre beschäftigte er sich mit dem Aufbau einer Gemeinschaft, die sich einzig auf den Willen Gottes stützt. Weitere Konflikte folgten, insbesondere mit den Bürgern Mekkas. Als er 632 starb, waren jedoch viele arabische Stämme bereits unterworfen und bekehrt.

Es folgte eines der erstaunlichsten Phänome der Religionsgeschichte. Innerhalb eines Jahres nach Mohammeds Tod war der Glauben bis in den Irak vorgedrungen, und zu Beginn des folgenden Jahrhunderts reichte sein Einflußbereich vom Indus bis zu den Pyrenäen. Hinsichtlich dieser unerwarteten Ausbreitung muß Karl Martels Sieg bei Tours (732) als eines der entscheidendsten militärischen Ereignisse der Weltgeschichte betrachtet werden. Fast alle der damals eroberten Länder sind auch heute noch ausschließlich islamisch oder haben eine große islamische Gemeinde.

Eine eingehende Beschäftigung mit der Geschichte des Islam und dem Einfluß, den diese Religion auf das christliche Europa ausübte, ist äußerst interessant. Viele Jahrhunderte lang existierten beide Religionen nebeneinander, und in Spanien, Portugal und auf Sizilien kann man heute noch faszinierende Zeugnisse beider Kulturen bewundern. Oft wird die Überlegenheit der islamischen Welt zur Zeit des Mittelalters übersehen, insbesondere im Bereich der Philosophie, der Medizin, der Wissenschaft, der Geographie, der Poesie und der Musik. Zahlreiche klassische Werke sind nur deshalb erhalten geblieben, weil sie im Mittelalter ins Arabische übersetzt wurden, bevor sie im 12. Jahrhundert wieder im christlichen Europa auftauchten. Die wiederentdeckten Werke Aristoteles spielten eine grundlegende Rolle in der Entwicklung der westlichen Philosophie. Während der Kreuzzüge (1100-1290) trafen christliche Heere und »heidnische« Moslems aufeinander, allerdings zeichneten sich letztere durch größere Toleranz und Menschlichkeit aus. Eine objektive Auseinandersetzung mit dem Islam ist in den letzten Jahren durch politische Implikationen oft erschwert worden. Im nachfolgenden Kapitel werden die wichtigsten Grundsätze dieses Glaubens beschrieben. Jedem Reisenden, der ein islamisches Land besucht, wird dringend empfohlen, sich zumindest ansatzweise mit der Geschichte, der Kultur und den Gesetzen dieses faszinierenden und einflußreichen Glaubens vertraut zu machen. Es gibt eine Reihe guter Bücher, die dieses Thema wesentlich ausführlicher behandeln, als es in diesem Kapitel möglich ist.

ISLAM

Der Islam, die jüngste Weltreligion, beruht auf der »Unterwerfung unter den Willen Gottes (Allah)«. Lehren für Seele, Körper und Geist, aber auch Gesetze für die Bereiche Bildung, Wirtschaft, Politik, Wissenschaft und Strafrecht sowie Umgangsformen und alle moralischen Aspekte des täglichen Lebens für Individuen (Männer und Frauen), Familien, Regierungen und für alle Gesellschaftsschichten weltweit sind in dieser Religion verankert. Der **Koran**, die **Sunna** und die **Hadith** sind die wichtigsten Quellen der islamischen Lehre und der Gesetze, die als Grundlage des Rechts dienen. Der Koran *(Quran)*, das heilige Buch des Islam, enthält die Niederschrift des durch den Propheten Mohammed offenbarten Willen **Allahs** (Gottes) in insgesamt 114 Kapiteln (Suren) in arabischer Sprache. Die *Sunna* (arab. »Weg«) ergänzt den *Koran*, indem sie die Lebensweise des **Propheten Mohammed** beschreibt, während die *Hadith* seine Äußerungen zu Lebzeiten wiedergibt.

Der Prophet Mohammed empfing die Worte Allahs mit den Grundlagen der Religion (den *Koran)* im 7. Jahrhundert n. Chr. während seines Aufenthalts in **Mekka** – heute die bedeutendste und heiligste Stadt des Islam – und in Medina. Medina, die zweitheiligste Stadt, liegt ca. 300 km nördlich von Mekka, ebenfalls in Saudi-Arabien. Hierher flüchteten Mohammed und seine Anhänger 622, nachdem die Verkündung seines monotheistischen Glaubens in Mekka auf Feindseligkeit stieß. Die Stadt wurde schnell zur ersten Hochburg des islamischen Glaubens. Die Flucht von Mekka nach Medina *(Hijra)* markiert den Beginn des mohammedanischen Kalenders und damit den des islamischen Neujahrs. 630 unterwarf Mohammed seine Heimatstadt Mekka und zog dorthin zurück. Nach Mohammeds Tod 632 ging die Macht zeitweise in die Hände verschiedener Kalifen über, und es entwickelten sich mehrere Sekten innerhalb der Hauptreligion. Die beiden Richtungen mit der größten Anhängerzahl sind die *Sunniten* in Indonesien, Indien, Malaysia, Pakistan, Bangladesch, Syrien, Jemen, Teilen des Libanon, Ägypten, Nordafrika, Teilen von Westafrika, Saudi-Arabien, den Golf-Staaten und in großen Teilen der Türkei und die *Schiiten* im südlichen Irak, im südlichen Libanon und im größten Teil des Iran.

DIE FÜNF SÄULEN DES ISLAM

Der Islam setzt sich aus fünf religiösen Grundelementen zusammen, allgemein als die *Fünf Säulen des Islam* bekannt:

Schahada ist das Glaubensbekenntnis: »Es gibt keinen Gott außer Allah, und Mohammed ist sein Prophet«.

Salaat: Fünfmal am Tag, bei Sonnenaufgang, zur Mittagszeit, am Nachmittag *(Asr)*, bei Sonnenuntergang und vor dem Schlafengehen, wird gebetet. Der Zeitpunkt wird vom *Muezzin* vom Minarett der Moschee verkündet, was in einigen Ländern zum völligen Stillstand aller Tätigkeiten führt. Der Gläubige wendet sich gen Mekka und betet ein vorgeschriebenes Gebet. Aus praktischen Gründen suchen nicht alle Moslems die Moschee zum Gebet auf, zahlreiche Ladenbesitzer und Geschäftsleute rollen im Geschäft oder Büro ihren Gebetsteppich aus. Das Hauptgebet am Freitag wird von der Kanzel der Moschee aus vorgebetet; eine Predigt ist ebenfalls wichtiger Bestandteil des freitäglichen Gottesdienstes. In zahlreichen Ländern entspricht der Freitag dem christlichen Sonntag, und Banken und Geschäfte haben den ganzen Tag geschlossen.

Zakat ist ein Almosen, eine vorgeschriebene Form der Spende, am besten als eine Art Vermögenssteuer zu beschreiben, die Witwen, Waisen und Armen einer Gemeinde zugute kommt. Die religiöse Pflicht des Gläubigen gebietet, besonders während des Ramadan, ca. 10% seines Vermögens als Almosen an Bedürftige zu geben.

Ramadan: Alle Moslems müssen während des Heiligen Monats Ramadan fasten. Der Ramadan verschiebt sich jährlich um 11 Tage, da er nach dem Mondjahr berechnet wird. Zwischen Sonnenauf- und Sonnenuntergang sind allen Gläubigen Essen und Trinken, Geschlechtsverkehr und Rauchen verboten. Andersgläubige sollten dies respektieren und, wenn irgend möglich, in Gegenwart eines Moslems nicht selbst dagegen verstoßen, da dies als eine Beleidigung des Glaubens aufgefaßt wird und in strenggläubigen Ländern ernsthafte Folgen nach sich ziehen kann. Ganz besonders, wenn der Ramadan in die Sommermonate fällt, stellt die Abstinenz hohe Ansprüche an die Willenskraft. Geschäfte und Restaurants öffnen sehr oft früher als üblich und schließen am Nachmittag, in kleineren Ortschaften vielleicht sogar ganztags, dafür öffnen manche Geschäfte während der Nacht. Nach Einbruch der Dämmerung wird das Fasten mit ausgedehnten Festessen unterbrochen.

Ursprünglich wurde mit diesem Fest die erste Offenbarung des Korans gefeiert, später begingen Mohammeds Anhänger dieses Fest als Erinnerung an einen bedeutenden Sieg über Gegner des Glaubens in Mekka. Am Ende des Ramadan feiert man den *Eid al-Fitr*, der in zahlreichen islamischen Ländern gesetzlicher Feiertag ist. Dieses Fest kann sich über mehrere Tage erstrecken.

Der **Hadsch** ist die Wallfahrt nach Mekka. Jeder gläubige Moslem, der gesundheitlich und finanziell dazu in der Lage ist, sollte diese Pilgerfahrt einmal im Leben unternehmen. Während der Wallfahrtszeit am siebten und achten Tag des Monats *Dhu-al-Hijja* tragen alle Gläubigen (männlich *Hadschi*, weiblich *Hadscha*) beim Betreten des Heiligen Viertels von Mekka ein weißes nahtloses Gewand *(Ihram)*. Hier umrundet der Pilger siebenmal die *Kaaba* (schwarzer Stein im Hof der Heiligen Moschee) und beschreitet siebenmal die Strecke zwischen den Hügeln Safa und Marwah in der Nähe von Mekka. Dieses Ritual ist Haggar gewidmet, die bereits im Alten Testament erwähnt wurde und siebenmal zwischen Safa und Marwah hin- und herlief, auf der Suche nach einer Quelle für ihren durstigen Sohn. Am neunten Tag beten die Pilger gemeinsam auf dem Berg **Arafat** – ein bedeutendes Ritual des *Hadsch*. Die Wallfahrtszeit endet förmlich mit dem Feiertag *Eid al-Adha* (Opferfest, das ebenfalls mehrere Tage dauern kann). Am zehnten Tag des *Dhu-al-Hijja* opfert man ein Kamel, Schaf oder gehörntes Haustier. Nach der Kopfrasur legt man das *Ihram* ab und trägt wieder normale Tageskleidung *(Ihlal)*. Solange sich der Pilger an einem *Muhrim* (einer heiligen Stätte) aufhält, darf kein Beischlaf stattfinden, kein Blut vergossen, nicht gejagt werden, und Pflanzen dürfen nicht versetzt werden.

SITTEN UND GEBRÄUCHE

Moslems betrachten ihre Religion als Teil des täglichen Lebens, durch den eine geordnete Gesellschaft mit klarer Definition des sozialen, geistigen und wirtschaftlichen Status eines jeden Menschen entsteht. Die Verhaltensregeln stammen zum größten Teil aus dem *Koran*. Besonders die Begrüßungsform *Salam aleikum* und die entsprechende Antwort *Wa aleikum salam* sind festgelegt und werden von Moslems auf der ganzen Welt, unabhängig von ihrer eigenen Sprache, benutzt. Gutes Benehmen und Höflichkeit reflektieren die tiefverwurzelten Sitten der Gastfreundschaft und der gegenseitigen Hochachtung. Die Gastfreundschaft war bereits vor der Einführung des Islam tief in der arabischen Kultur verwurzelt und ist durch die Lehren und Gesetze des Islam noch verstärkt worden. Themen wie Krankheit oder Tod sind nicht den gleichen Tabus unterworfen, die in der westlichen Gesellschaft vorherrschen, und werden so offen diskutiert wie bei uns das Wetter. Moslems werden dazu angehalten, enge Familienbindungen zu unterhalten, tolerant zu sein, zu versuchen, andere Leute zu verstehen und ihnen bei der Bewältigung ihrer Probleme zu helfen, soweit das in ihrer Macht steht.
Der Begriff »Familie« umfaßt alle Blutsverwandten; die Bedeutung dieser »Familieneinheit« kann nicht stark genug betont werden. Interne Familienstreitigkeiten gelten als Schande und müssen so schnell wie möglich beigelegt werden.

FRAUEN UND DER ISLAM

Für viele Andersgläubige der westlichen Welt ist ein Aspekt des Islam besonders unverständlich: der Status der Frauen. Dieser Aspekt wird von der westlichen Welt auch am heftigsten kritisiert. Die Forderung, daß Frauen sich dezent kleiden und sich in der Öffentlichkeit bescheiden und zurückhaltend benehmen, ist für Moslems Symbol der Bedeutung der Frau als Mutter und Beschützerin der Familie. Der Prophet Mohammed befürwortete die Monogamie, obwohl Polygamie unter der Voraussetzung gestattet ist, daß der Ehemann in der Lage ist, mehrere Frauen zu unterhalten, und diese auch gleichberechtigt behandelt. Polygamie ist außerdem in besonderen Umständen erlaubt, z. B. wenn es in einer Gesellschaftsschicht mehr Frauen als Männer gibt, oder wenn die Ehefrau chronisch krank oder unfruchtbar ist. Heutzutage ist die Monogamie weiter verbreitet, Polygamie ist zwar erlaubt, wird aber nicht gefördert. Einige königliche Familien islamischen Glaubens, jedoch bei weitem nicht alle, bedienen sich der Polygamie aus politischen Gründen.
Islamische Traditionen wie die Verschleierung der Frau oder von den Eltern arrangierte Ehen werden in einigen islamischen Ländern befolgt, in anderen nicht. Verallgemeinerungen sind sehr schwierig. Viele dieser Sitten und Gebräuche dienen der Unterstreichung der männlichen Vorherrschaft innerhalb der islamischen Gesellschaft. In vielen modernen islamischen Gesellschaften geben Frauen einen Beruf nach, aber den islamischen Kleidungsvorschriften des entsprechenden Landes (falls solche bestehen) muß immer Rechnung getragen werden. In einigen Berufen sind weibliche Arbeitskräfte unentbehrlich, wie zum Beispiel Ärztinnen und Lehrerinnen für moslemische Mädchen und Frauen in strikt islamischen Gesellschaften wie Saudi-Arabien. Immer mehr Frauen stehen im Berufsleben, teilweise aus finanziellen Gründen, teilweise aber auch, weil die religiösen Vorschriften sich gelockert haben. Frauen beherrschen aber unumstritten Haushalt und Familie. Aus der zentralen Bedeutung des Begriffes »Familie« für jeden Moslem erklärt sich die Tatsache, daß hauptsächlich ältere Frauen einen beachtlichen Einfluß genießen. Junge Frauen haben innerhalb der Familie nicht die gleiche Position.
Die unterschiedliche Anwendung der verschiedenen Gesetze des Korans kann man am besten an der Freiheit messen, die den Frauen verschiedener Länder gewährt wird. Der Fundamentalismus, der sich in einigen islamischen Ländern in gewissem Maße ausbreitet, ist im großen und ganzen Ausdruck der Abneigung gegen den Einfluß, den wirtschaftlich stärkere Länder auf die inneren Angelegenheiten dieser Staaten ausüben. In manchen Fällen führt dies zu einer Rückkehr zu beinahe mittelalterlich anmutenden Traditionen (oder sogenannten Traditionen) als ablehnende Reaktion auf die »Dekadenz des Westens«. Während auf der einen Seite einige islamische Gesetze vielleicht einen gewissen Schutz darstellen für die traditionelle, geachtete Stellung der Frau in der Gesellschaft, schränken sie auf der anderen Seite ihre Bewegungsfreiheit ein und nehmen ihr die Möglichkeit, ihr Leben selbst zu bestimmen.

SITTEN UND GEBRÄUCHE

Formen der Anrede: Das arabische (aber sehr förmliche) Wort für »Herr« ist *Sayyid*, während verheiratete Frauen mit *Sayyida* oder *Sitt* und Mädchen mit *Anissa* angesprochen werden. Im Islam wird es auch befürwortet, daß man Männer als »mein Bruder« und Frauen als »meine Schwester« bezeichnet. Der Islam betrachtet alle Menschen als gleichstehend; die Anstandsregeln und die Höflichkeitsformen der islamischen Gesellschaft verhindern jedoch übergroße Vertraulichkeit.
Geschäftsverkehr: Geschäfte werden grundsätzlich auf der Basis der persönlichen Einführung oder Einladung abgeschlossen. Ohne Empfehlung werden Sie zwar auf Ihrer Geschäftsreise überall freundlich empfangen, jedoch kaum in der Lage sein, Geschäfte abzuschließen. Absolute Ehrlichkeit ist Grundlage aller Geschäftsverhandlungen in islamischen Ländern, und ein einmal gegebenes Versprechen ist eine heilige Verpflichtung. Mitunter langwierige Preisdiskussionen sind üblich und eine uralte arabische Tradition des Kaufens und Verkaufens. Nach dem erfolgreichen Abschluß eines Geschäftes kann man nicht mehr zurücktreten oder den Preis erneut verhandeln, ausgenommen, der Partner sieht sich nicht in der Lage, das vereinbarte Geld aufzubringen.
Kleidungsvorschriften entstanden teilweise durch religiöse Überlieferungen, teilweise auch durch klimatische Bedingungen. Die in westlichen Ländern üblichen Anzüge sind in den Sommermonaten allgemein nur angebracht, wenn sie aus sehr leichtem Material gefertigt wurden. Es ist durchaus akzeptabel für Geschäftsleute, zum Termin ein Hemd mit offenem Kragen zu tragen. Frauen sollten unter allen Umständen weite Ausschnitte vermeiden, bestenfalls würden sie damit unwillkommene Aufmerksamkeit erregen oder verspottet werden, schlimmstenfalls Ablehnung oder gar Feindseligkeit herausfordern. Beim Betreten einer Moschee sollten Frauen ein Kopftuch tragen. Moslemische Frauen dürfen im allgemeinen nur Gesicht und Hände unbedeckt lassen.
Man sollte sich niemals so hinsetzen, daß die Fußsohlen zu sehen sind, oder auf eine Person deuten, dies wird als beabsichtigte Beleidigung aufgefaßt. Vor dem Betreten einer Moschee oder einer Wohnung zieht man sich die Schuhe aus.
Männer und Frauen: Man sollte sich immer die Position der Frau im Islam vergegenwärtigen (s. o.) und daran denken, daß einige in Westeuropa gängige Gesten als ernsthafte Beleidigungen ausgelegt werden können. Heirat und Scheidung werden als zivilrechtliche Angelegenheiten betrachtet, eine Scheidung ist zwar nicht allgemein üblich, aber durchaus einfach zu erreichen. Der Ehebruch hingegen ist ein äußerst schwerwiegendes Vergehen, wird als Beleidigung Allahs und der Gesellschaft aufgefaßt und schwer bestraft, in strikt islamischen Gesellschaften durch öffentliches Auspeitschen der Beteiligten, mitunter sogar mit Steinigung bis zum Tod.
Geben und Nehmen: Gegenstände sollten immer mit der rechten Hand überreicht oder entgegengenommen werden. Ein Geschenk mit der linken Hand anzunehmen kommt einer Beleidigung gleich.
Drogenmißbrauch: Obwohl einige Länder Haschisch und Marihuana anbauen, wird der Genuß von Drogen nicht geduldet, in vielen Ländern werden daher der Besitz, der Genuß und vor allen Dingen der Handel mit Drogen strengstens bestraft, zum Teil mit der Todesstrafe. Der Islam gestattet keinen Drogenmißbrauch, verboten sind besonders harte Drogen wie Heroin, Morphium und Kokain, aber auch alle Drogen, die das Bewußtsein, das Denken, die Urteilskraft, die Arbeit, das Studium und das Familienleben beeinflussen.
Alkohol: Laut islamischem Gesetz ist jeglicher Genuß von Alkohol verboten. Zahlreiche Moslems, die ihren Glauben nicht praktizieren, trinken Bier, Wein und Spirituosen und werden diese Getränke auch ihren Gästen anbieten, wenn sie außerhalb des eigenen Landes Einladungen aussprechen. Fast alle islamischen Länder (mit Ausnahme von Libyen, Saudi-Arabien und Kuwait) gestatten den Verkauf von Alkohol an Nicht-Moslems. Im allgemeinen sind diese Getränke nur in internationalen Hotels erhältlich, mitunter brauchen Ausländer allerdings eine besondere Genehmigung der Firma oder der Botschaft. Während des Fastenmonats Ramadan sind Bars normalerweise geschlossen. Zum Essen sollte man keinen Alkohol trinken. Trunkenheit wird als Schande betrachtet – trinken Sie niemals mehr, als Sie vertragen können.
Glücksspiel wird in fast allen islamischen Ländern als ein Übel angesehen und ist daher meist strikt verboten.
Rauchen wird aufgrund der damit verbundenen Gesundheitsgefährdung vom Islam ebenfalls abgelehnt. Eine angebotene Zigarette sollte man jedoch nur als überzeugter Nichtraucher ablehnen, da diese oft ein Kompliment darstellt – vor allem, wenn der Gastgeber sie anbietet. Auch das Angebot, eine *Narghileh* (Wasserpfeife) zu rauchen, sollte man nicht ablehnen und sich dabei einfach am Benehmen der Gastgeber orientieren. Das Rauchen der Wasserpfeife ist in einigen, wenn auch durchaus nicht allen, arabischen Ländern sehr beliebt und Teil des gesellschaftlichen Lebens.
Essen: Der Genuß von Schweinefleisch ist laut islamischem Gesetz verboten. Alle Tiere werden durch das rituelle Durchschneiden der Kehle getötet, dadurch wird dem Tierkörper das Blut entzogen. So entsteht das sogenannte »Halal«-Fleisch. Üblicherweise tranchiert der Gastgeber oder die Gastgeberin das Fleisch und verteilt die Portionen unter den Gästen. Im Restaurant bezahlt in der Regel die Person, die die Einladung ausgesprochen hat; es gilt als Beleidigung, diesen Brauch zu umgehen.
Anmerkung: Die Etikette ist in allen islamischen Ländern äußerst kompliziert, mitunter sogar verwirrend – wer mehr darüber wissen möchte, sollte die entsprechende Fachliteratur lesen. Gleichzeitig sei zur Beruhigung gesagt, daß vor allem dort, wo man an ausländische Besucher gewöhnt ist, von Nicht-Moslems keineswegs erwartet wird, daß sie sich genauestens im islamischen Brauchtum auskennen – es sollte jedoch selbstverständlich sein, sich zumindest ansatzweise mit den Gebräuchen eines Landes vertraut zu machen, in dem man sich eine Zeitlang aufhält.

DER ISLAMISCHE KALENDER

Der islamische Kalender ist nach dem Mondjahr berechnet, d. h. der erste Tag jedes Monats fällt auf den Neumond. In »gewöhnlichen« Jahren mit 354 Tagen hat jeder Monat abwechselnd 30 oder 29 Tage, im »Kabischah«-Jahr mit 355 Tagen hat der letzte Monat 30 Tage. Innerhalb von 30 Jahren gibt es 19 »gewöhnliche« und 11 Kabischah-Jahre. Der neunte Monat eines jeden Jahres ist der Fastenmonat Ramadan.

Die zwölf islamischen Monate (mit den in erster Linie in Saudi-Arabien benutzten Monatsbezeichnungen) sind *Muharram, Safar, Rabiaa (1), Rabiaa (2), Jumada (1), Jumada (2), Rajab, Schaaban, Ramadan, Shawwal, Dhul-al-Qa'da, Dhu-al-Hijja*.

Weitere Informationen erteilen die Gemeinden des Verbandes der Islamischen Kulturzentren in zahlreichen Städten. Kontaktadresse der Hauptverwaltung in Deutschland:
Verband der Islamischen Kulturzentren
Vogelsangerstraße 290
D-50825 Köln
Tel: (0221) 954 41 00. Telefax: (0221) 54 26 16.

Ökotourismus

Die Tourismusindustrie boomt weiter. Trotz Rezession und Wirtschaftskrise zieht es Millionen in die Ferne auf der Suche nach Urlaubsglück, Abenteuer und Unterhaltung. Jedes Jahr werden es mehr, und jährlich werden neue Ferienziele entdeckt. Die Auswüchse des Massentourismus geben jedoch allenthalben Anlaß zur Besorgnis: Initialen in Tempelmauern oder auf klassischen Statuen, Bodenerosion, Gewässerverschmutzung und Hotelburgen aus Beton an vielen Küsten sind nur einige der zahlreichen Kehrseiten des Tourismus. Es scheint jedoch ein Umdenken einzusetzen.
Jüngsten Umfragen zufolge befürworten mehr als 80% aller deutschen Urlauber Tourismus der sanften Art, und Reiseveranstalter versuchen zunehmend, sich auf diesen Trend einzustellen. Nach einer Umfrage von 1991 bemerkten über 50% aller Befragten Umweltprobleme an ihrem Urlaubsort, und die Algenpest an der Adria (1989) führte zu einem deutlichen Rückgang der Besucherzahlen. Informationen über den Ferienort, das Nahverkehrsnetz und den Umweltzustand der Ferienregion sind schon bei der Reiseplanung erwünscht und für viele ausschlaggebend bei der Urlaubswahl. So werden Badeorte zunehmend nach der Sauberkeit der Strände und der Wasserqualität beurteilt und Beherbergungsbetriebe nach ihrer Umweltverträglichkeit. Immer mehr Urlauber sind bereit, Verzicht zu leisten, um Umweltbelastungen zu vermeiden. Tourismus ist einerseits vor allem für kleine Länder mit wenig Bodenschätzen ein wichtiger Wirtschaftsfaktor und Devisenbringer, auf den gerade bei der heutigen Wirtschaftslage nicht verzichtet werden kann; andererseits bringt vor allem der Massentourismus große Probleme mit sich und wirkt oft als Störfaktor in traditionellen Gesellschaften. Eingriffe in gewachsene Strukturen und

Ökotourismus

die Zerstörung überlieferter Lebensformen durch den Kontakt mit einer anderen Kultur, auf deren Bedürfnisse sich die einheimische Tourismusbranche einstellt, sind die Folge. Ein extremes Beispiel ist der indische Bundesstaat Goa, in dem die knappen Wasservorräte für die Hotel-Swimmingpools verwendet wurden, während die Brunnen in den Dörfern, aus denen die Einheimischen ihr Trinkwasser holen, leer sind. Die schlimmen Folgen des Tourismus in den Alpen durch den Massenandrang der Skifahrer sind weithin bekannt. Verschiedene Städte (u. a. Venedig) und Länder (z. B. Bhutan und Bermuda) sahen sich bereits gezwungen, die Besucherzahlen zu begrenzen. Allein die Nationalparks der USA verzeichnen jedes Jahr über 250 Millionen Besucher, was eine erhebliche Belastung für diese Naturräume bedeutet. Je mehr noch unverfälschte Landschaften für den Tourismus an Bedeutung gewinnen und Reisende auf der Suche nach ihrem Stück Urlaubsparadies nach weißen Flecken auf der Tourismus-Landkarte Ausschau halten, umso mehr werden gerade diese Fleckchen Erde, in denen Mensch und Natur noch in Harmonie leben, gefährdet. Das empfindliche Gleichgewicht in diesen gefragten Regionen, in denen man noch naturverbundenes Leben findet, wird durch den Tourismus nur allzu leicht zerstört, wenn nicht behutsam vorgegangen wird. Ein Umdenken, das sich in konkreten Maßnahmen niederschlägt und sich nicht in leeren Absichtserklärungen erschöpft, ist zweifellos erforderlich. Dies gilt für örtliche Fremdenverkehrsämter und die Anbieter in der Tourismusbranche ebenso wie für jeden einzelnen Reisenden. Sanftes Reisen und praktiziertes Umweltbewußtsein fangen schon dabei an, daß man auf einem Ausflug nach dem Picknick am idyllischen Flußufer seinen Müll nicht einfach liegen läßt. Gerade im Urlaub, wo man dem Alltagstrott und der Hetze entfliehen möchte, sollte man doch auch Zeit mitbringen und nicht alle Sehenswürdigkeiten im Schnellzugtempo abhaken wollen. Rücksichtnahme auf Mensch und Natur sollte eine Selbstverständlichkeit sein. Beispiel Fotosafaris: In vielen afrikanischen Nationalparks jagen die Kleinbusse in wilder Fahrt querfeldein auf Kosten der spärlichen Vegetation, damit der Besucher auch ja ein Erinnerungsfoto der großen Katzen, die sich oft im Buschwerk versteckt halten, mit nach Hause nehmen kann. Die Einnahmen aus den Fotosafaris helfen, Nationalparks und damit die Tierwelt zu erhalten, das Ganze sollte jedoch nicht in eine rücksichtslose Fototrophäenjagd um jeden Preis ausarten. Wer beim Kauf von Reiseandenken Kunstgewerbeartikel des Urlaubslandes auswählt, nimmt nicht nur ein schönes Souvenir mit nach Hause, sondern hilft auch den einheimischen Handwerksbetrieben. Mitbringsel aus Krokodilleder, Korallen und anderen gefährdeten Tier- und Pflanzenarten sollten jedoch tabu sein.

Reisen erschließt im Idealfall neue Horizonte und ist seit jeher ein Grundbedürfnis des Menschen, der, von Neugierde und Wandertrieb beflügelt, gerne sehen möchte, wie es woanders aussieht und wie die Menschen anderer Nationen und Regionen leben. Ein bißchen nachzudenken und verantwortungsbewußt zu handeln, muß nicht gleich heißen, daß man vor lauter Rücksichtnahme keinen Spaß mehr im und am Urlaub hat. Was Urlauber heute, geplagt vom Alltagsstreß, in der kostbarsten Zeit des Jahres suchen, sind Erholung, neue Eindrücke und vielleicht ein kleines bißchen Abenteuer. Erlebnisreiche Ferien sind dabei jedoch nicht gleichbedeutend mit Sommerski, Mountainbike-Touren und anderen umweltschädlichen Freizeitbeschäftigungen. Aufklärungsarbeit und eine Sensibilisierung sind hier nötig, denn vielfach wird einfach aus Unwissenheit Schaden angerichtet. Viele traditionelle Ferienziele mit hohen Besucherzahlen bemühen sich heute bereits mit unterschiedlichen Maßnahmen wie Auflagen bei Hotelneubauten, günstigen Umwelttickets, Verkehrsberuhigung und Neupflanzung von Bäumen in Skigebieten, die Umweltbelastung zu verringern bzw. so gering wie möglich zu halten. Hotel- und Reiseleitungen können ebenfalls wertvolle Tips vor Ort geben.

Sanfter Tourismus beginnt schon bei der Anreise: muß es wirklich immer das Flugzeug oder der eigene Pkw sein? Alle Jahre wieder in der Ferienzeit kriechen die Blechkolonnen im Schrittempo Richtung Süden, sicherlich nicht der ideale Ferienbeginn. Warum nicht mit dem Autoreisezug in den Urlaub fahren? Das Umsteigen auf Bahn, Bus und Schiff schont nicht nur die Umwelt, sondern auch die Nerven. Im Flugzeug – ohnehin umweltbelastend mit seinen hohen Abgas- und Lärm-Emissionswerten – werden immer noch mehrheitlich umweltschädliche Einwegpackungen benutzt. Die Reisebranche ist aufgefordert, die möglichen Alternativen und Angebote umweltverträglicher Reisen aufmerksam zu machen und das Programm derartiger Reisen zu erweitern. Einmal am Ferienort angekommen, sollte man, sooft es geht, auf öffentliche Verkehrsmittel zurückgreifen. In vielen Gemeinden werden inzwischen günstige Umwelttickets angeboten. Wenn es denn unbedingt das eigene Auto sein muß, hilft es, wo vorhanden, bleifreies Benzin zu benutzen. Der ADAC und andere Autoclubs informieren über das Netz von Bleifrei-Tankstellen, die im jeweiligen Land zur Verfügung stehen.

Letztlich ist umwelt- und sozialverträgliches Reisen im Interesse aller, denn verschmutzte Strände, verbaute Landschaften und Lärmbelästigung sind sicher kein Anreiz für Besucher. Die Einsicht wächst glücklicherweise überall, Gütesiegel als Auszeichnung für Ferienorte und -regionen mit intakter Umwelt sind bereits vorhanden, wenn es auch noch keine verbindlichen Kriterien gibt. Es tut sich einiges, und vielfältige Initiativen auf Länder- und Gemeindeebene lassen für die Zukunft hoffen. »Weniger ist mehr« ist heute die Devise, Qualität statt Quantität, anstelle von unbegrenzter Expansion um jeden Preis behutsame Erweiterung von Freizeitangebot und Bettenkapazität, so daß der Tourismus als Einnahmequelle erhalten bleibt, ohne daß Naturlandschaften oder Tierarten unnötig gefährdet werden. Die nachfolgenden Beispiele zeigen, daß es durchaus möglich ist, ein Gleichgewicht von Umwelt und Tourismus anzustreben. Einerseits muß die Umweltbelastung durch den Massentourismus verringert werden, andererseits besteht auch die Möglichkeit, mit Hilfe des Fremdenverkehrs Interesse an der Natur und am Umweltschutz zu wecken oder einen Urlaubsaufenthalt sogar mit Umweltschutzaktionen zu verbinden.

1988 erließ Spanien ein neues Gesetz zum Küstenschutz, und 1992 wurden neue Richtlinien zum Thema Umweltschutz und Tourismus erlassen, die u. a. sicherstellen sollen, daß bei der Anlage neuer Golfplätze der Grundwasserspiegel nicht angegriffen wird.

Das Tarka-Projekt in Südwest-England hat es sich zur Aufgabe gemacht, die herrliche Landschaft im Norden der Grafschaft Devon zu schützen und zerstörte Lebensräume von Flora und Fauna, wo nötig, wiederherzustellen. Gleichzeitig wurden Wanderpfade angelegt, auf denen Interessierte das Gebiet erkunden können.

Die *South Devon Green Tourism Initiative*, die bereits einen Preis in Großbritannien gewonnen hat, verbindet erfolgreich die Bedürfnisse lokaler Betriebe mit ökologischen Belangen. Das Pilotprojekt, entwickelt in enger Zusammenarbeit von 200 Betrieben, dem englischen Fremdenverkehrsverband und Naturschutzorganisationen, hat gezeigt, wie einträglich umweltverträglicher Tourismus sein kann, so daß sich mehr und mehr Betriebe nach grünen Gesichtspunkten umstellen. Das Projekt, daß sich momentan auf den Süden der Grafschaft Devon (Torbay, Plymouth, South Hams) konzentriert, umfaßt u. a. »Wildlife Weekends«, bei denen man ohne zu stören die örtliche Tier- und Pflanzenwelt kennenlernen kann, idyllische Wander- und Fahrradwege sowie besonders für Kinder geeignete Veranstaltungen. Ein Ausweitung des Programms auf ganz England und Wales ist geplant.

Den internationalen Umweltpreis des Deutschen Reisebüro-Verbandes gewann 1994 das Umweltsiegel der Tirol-Werbung, das eine größere Umweltfreundlichkeit von Hotels, Pensionen und Freizeitanlagen erreichen möchte. Bereits 106 Betriebe, die die erforderlichen Umweltkriterien erfüllen, wurden ausgezeichnet.

Die deutschen Nordseeinseln Borkum und Föhr, beide beliebte Urlaubsziele, haben sich ebenfalls dem Umweltschutz verschrieben. Die zahllosen Aktivitäten umfassen die Nutzung alternativer Energien, Maßnahmen zur Verkehrsberuhigung und den Verzicht vieler Geschäfte auf Einweg-Verpackungen und Getränkedosen. Auf Borkum wurde 1991 eine Inselreinigung durchgeführt. Urlauber, die sich an der Aktion beteiligten, erhielten Freikarten für das Wellenbad und die Besichtigung des Feuerschiffs »Borkumriff«. Auf Föhr wurden zur Freude von Einheimischen und Feriengästen Wildblumenwiesen angelegt und städtische Grünstreifen in Biotope verwandelt. Im bayerischen Oberstdorf verkehren umweltfreundliche Elektrobusse im Ortsverkehr.

Das *Philippine Department of Tourism* (PDOT) hat einen ökologischen Leitfaden für die philippinische Tourismusbranche zusammengestellt, der für Reiseveranstalter, Tourismusprojekte und Kunden gedacht ist. Bei der Planung von Ferienresorts und anderen Großprojekten sollen Umweltverträglichkeits-Studien erstellt und die Belange der einheimischen Bevölkerung berücksichtigt werden. Abfallvermeidung und sparsamer Verbrauch von Wasser und anderen Resourcen werden ebenfalls angestrebt.

Es gibt vielseitige Möglichkeiten, ein Naturbewußtsein zu wecken und gleichzeitig im Rahmen einer Urlaubsreise aktiv zum Umweltschutz beizutragen.

Unter dem Stichwort »Sanfter Tourismus Saar« veranstalten *Die Naturfreunde* projektorientierte Jugendbegegnungen, bei denen z. B. Landschaftsgebiete aufgeforstet werden.

Die sanften Nationalpark-Wanderwochen der *Naturfreunde Österreich* sollen bei den Teilnehmern durch hautnahes Erleben ein langanhaltendes Interesse an der Natur wecken (Adressen s. u.).

Der Tourismus ist letzten Endes nur der Spiegel einer Gesellschaft und ihrer Werte, die bisher leider Umweltbelange zugunsten kurzsichtiger wirtschaftlicher Erwägungen zurückgestellt hat. Alle Anzeichen sprechen dafür, daß sich dies künftig grundlegend ändern wird, und jeder Reisende kann dazu beitragen.

KONTAKTADRESSEN

DRV-Service GmbH
Mannheimer Straße 15
D-60329 Frankfurt/M.
Tel: (069) 27 39 07 32.
Verschickt die Broschüre »Ökologisch reisen – die Natur entlasten«.

Ecotrans e. V.
Adelgundstraße 18
D-80538 München
Tel: (089) 29 56 10. Telefax: (089) 29 27 40.

Futour Umwelt- und Tourismusberatung
Dipl. Betriebswirt Peter Zimmer & Partner
Waltherstraße 29
D-80337 München
Tel: (089) 544 09 10. Telefax: (089) 54 40 91 19.
Kein Veranstalter, Beratung von Veranstaltern, Hotels und Gemeinden bei der Durchführung umweltverträglicher Angebote.

Natour Umweltreisen
Georgstraße 26
D-53111 Bonn
Tel: (0228) 981 03 80. Telefax: (0228) 981 03 84.

Natur-Studienreisen
Untere Dorfstraße 12
D-37154 Northeim
Tel: (05551) 9 94 70. Telefax: (05551) 99 47 99.

Die Naturfreunde
Verband für Umweltschutz, Touristik und Kultur
Bundesgruppe Deutschland
Großglocknerstraße 28
D-70327 Stuttgart
Postfach 600441
D-70304 Stuttgart
Tel: (0711) 336 91 40. Telefax: (0711) 336 91 44.
Verein mit 107.847 Mitgliedern; Mitgliederbroschüre mit Reiseangeboten für Naturfreunde, Informationsmaterial und Ratschlägen zum Thema sanfter Tourismus.

Naturfreunde-Jugend Deutschlands
Landesverband Bayern
Lindengasse 7
D-90419 Nürnberg
Tel: (0911) 39 65 13. Telefax: (0911) 33 95 96.
Freizeitprogramme, Tagesausflüge und Wochenendferien für junge Naturfreunde.

Ökologischer Tourismus in Europa
Am Michaelshof 8-10
D-53177 Bonn
Tel: (0228) 35 90 08. Telefax: (0228) 35 90 96.
Veröffentlichen eine Mitglieder-Informationsschrift mit nützlichen Adressen und Hinweisen. Vergabe eines Gütezeichens »Der grüne Koffer«.

Reisebüro Neuer Tourismus
Jakobstraße 12
D-93047 Regensburg
Tel: (0941) 56 35 32. Telefax: (0941) 56 26 17.
Geschäftsstelle des Verbandes Sanftes Reisen, in dem sich Anbieter, Vermittler und Veranstalter von sanften Reisen zusammengeschlossen haben, Geschäftsstellen in ganz Deutschland.

Umweltstiftung WWF-Deutschland
Hedderichstraße 110
D-60591 Frankfurt/M.
Tel: (069) 60 50 03-0. Telefax: (069) 61 72 21.
Broschüre mit Tips auf Anfrage.

Verkehrsclub Deutschland VCD
Eifelstraße 2
D-53119 Bonn
Tel: (0228) 98 58 50. Telefax: (0228) 985 85 10.
Verein, der eine verkehrspolitische Mitgliederzeitschrift mit Informationen über Umweltferien und verschiedene Veranstalter herausgibt.

Naturfreunde Internationale (NFI)
Generalsekretariat
Diefenbachgasse 36
A-1150 Wien
Tel: (0222) 892 38 77/78. Telefax: (0222) 812 97 89.
Alle zwei Jahre Ernennung einer »Landschaft des Jahres«; 1993/94: Die Odermündung. Allgemeine Informationen.

Naturfreunde Österreich
Bundesleitung
Viktoriagasse 6
Postfach 98
A-1150 Wien
Tel: (0222) 892 35 34-0/-25 (Sekr.).

Rad und Reisen
Schulgasse 36
A-1180 Wien
Tel: (0222) 405 38 73. Telefax: (0222) 405 38 73 17.

Verkehrsclub Österreich VCÖ
Dingelstedtgasse 15
A-1150 Wien
Tel: (0222) 893 26 97. Telefax: (0222) 893 24 31.
Allgemeine Informationen, Adressen von Initiativen wie Ökoferienbussen.

Arbeitskreis Tourismus und Entwicklung
Missionsstraße 21
CH-4003 Basel
Tel: (061) 261 47 42. Telefax: (061) 268 82 68.
Faltblatt mit Reisetips und kleine Buchreihe zum Thema Tourismus und Entwicklung, u. a. Fallstudien zum Senegal, der Türkei, Tunesien und der Schweiz.

WWF Schweiz
Hohlstraße 110
CH-8010 Zürich
Tel: (01) 297 21 21. Telefax: (01) 297 21 00.